U0660578

莊子學史

第六册（增補繁體版）

方勇◎著

人民出版社

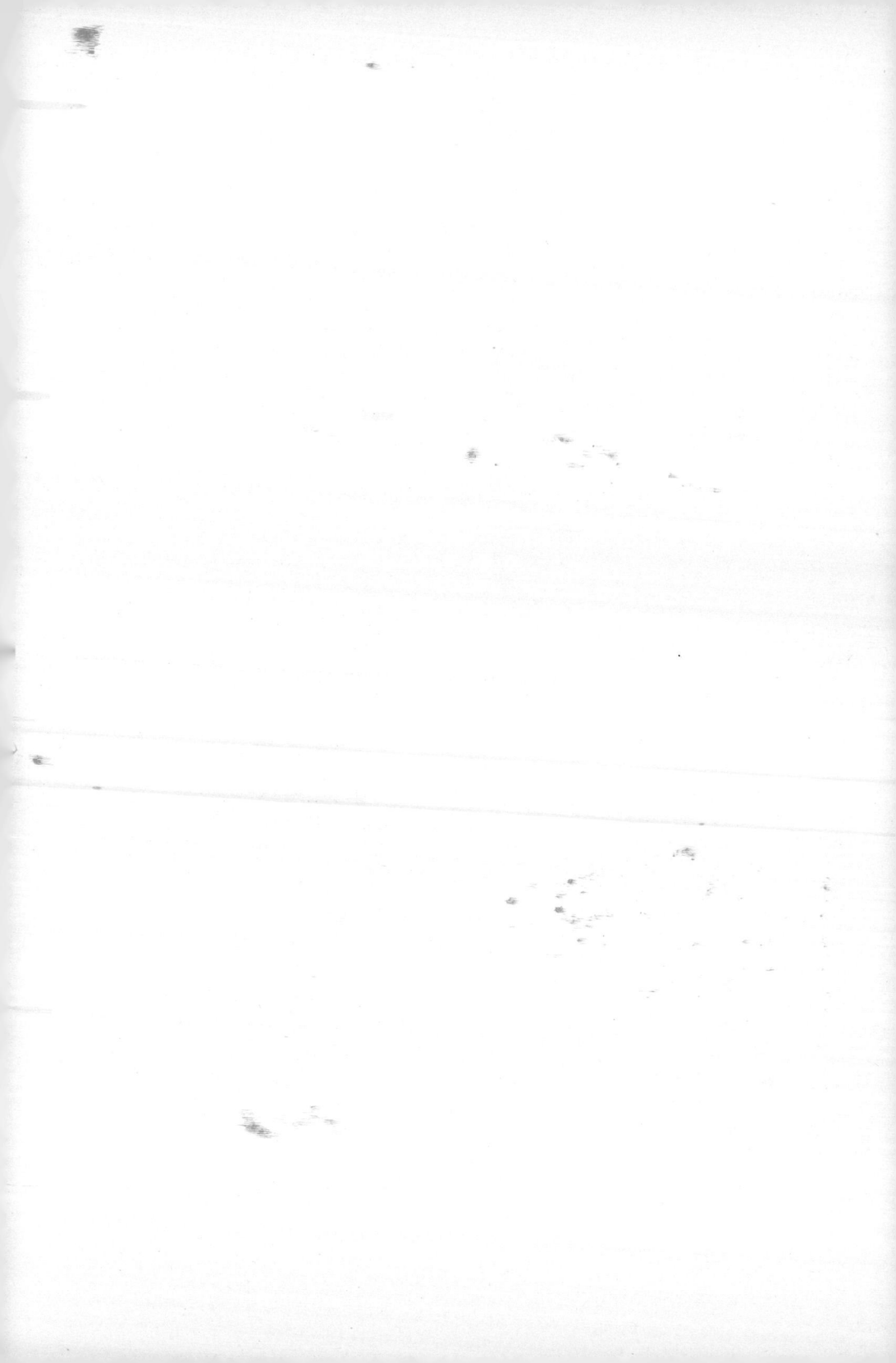

附：中國近百年莊子研究論文輯目

一、大陸地區莊子研究論文輯目

莊子之學說　箕蔭　振華五日大事記　1907年3—10期

莊子解故　章絳　國粹學報　1909年2、3、4、6期

讀莊子天下篇　姚錫鈞　國學叢選　第1、2期　1912—1913年

莊子斠補　劉師培　中國學報　1916年1期

莊子大義　王樹枏　中國學報　1916年2期

讀莊子　胡韞玉　國學叢選　第8期　1917年

南華道體觀闡隱　屠孝寔　學藝　1917年1期

消極革命之老莊　吳虞　新青年（廣州）　1917年2期

莊子哲學淺釋　胡適　東方雜誌　第15卷11期　1918年

莊子哲學淺釋（續）　胡適　東方雜誌　第15卷12期　1918年

馬敘倫之莊子劄記　孟真　新潮　1919年1期

莊子學說略　陳國凡　國民　1919年4期

莊子哲學　蘇甲榮　少年中國　1920年2期

莊子的政治觀　汪受益　新中國　1920年8期

莊子通釋　高夔　國學叢選　第13、14期　1920—1921年

楊朱與莊周二人乎　抑一人乎　陳玄沖、傅銅、蔡元培　哲學　1921年4期

伊壁鳩魯與莊子　錢穆　學燈　1923年3月4、5日

老莊哲學中的社會觀　徐紹烈　時事新報　1923年3月17日—19日

莊子學說概要　黃希傑　學燈　1923年8月8日

翼莊　金天翮　國學周刊　1923年16—18期

論莊子馬蹄篇裏所包含的思想　吳榮華　學燈　1923年10月17日

達爾文的天擇律與莊子的天鈞律　章洪釗　學藝　1924年2期

莊子哲學之研究　周世釗　國學叢刊　1924年1、3期

讀莊子劄記　陶鴻慶　國學叢刊　1924年3期

莊子研究歷程考略　甘蟄仙　東方雜誌　第21卷11、12期　1924年

由讀莊子而考得之孔子與老子　范禕　學衡　第29期　1924年

莊子學說蠡測　趙餘勳　學燈　1924年2月29日，3月4、5日

莊子哲學的研究　林仙亭　廈大周刊第132—136期　1925—1926年

知北遊解綱　畢無方　哲學月刊　1926年2期

莊子天下篇釋義　梁啟超　清華周刊　1926年18期

奚侗莊子補注書後　孤桐　國聞周報　1926年31期

論莊子真僞書　疑古玄同　古史辨第1冊　1926年

論竹柏山房叢書及莊子內篇書　顧頡剛　古史辨　第1冊　1926年

答書（附：莊子外雜篇著錄考）　顧頡剛　古史辨　第1冊　1926年

莊子考辨　蔣復璁　圖書館學季刊　1927年1期

陶癯石老莊劄記跋　孫人和　文字同盟　1927年7期

莊子中的古史　方書林　語言歷史學研究所周刊　第2卷22期　1928年

中郭象注莊子不盜向秀義　劉盼遂　文字同盟　第10期　1928年

老莊哲學之比較研究　陶其情　知難周刊　第83期　1928年

楊朱爲戰國時人楊朱不即是莊周考　黃文弼　哲學月刊　1929年1期

莊子天下篇之管見　周聞章　文學叢刊　1929年1期

莊子的學說　翁壽南　光華期刊　1929年4期

莊子　聞一多　新月　第2卷9期　1929年

莊子哲學管見　胡國鈺　朝華月刊　1930年2期

莊子哲學　羅根澤　哲學評論　1930年2期

莊子考　（日本）武內義雄著　王古魯譯　圖書館學季刊　1930年2期

校道藏本南華真經注疏跋　王重民　北平圖書館館刊　1930年6期

莊子哲學　施章　中央大學半月刊　1930年9期

由新興文學之立場批判莊子文學之價值　施章　中央大學半月刊　1930年10期

藝術家的莊子　熊廷柱　中央大學半月刊　1930年10期
釋莊的我見　胡遠濬　中央大學半月刊　1930年16期
讀莊初論　黄仲琴　嶺南學報　1931年1期
讀莊再論　黄仲琴　嶺南學報　1931年2期
跋宋本呂惠卿莊子義殘卷　傅增湘　北平圖書館刊　1931年2期
莊子的幾個重要思想　龔祥瑞　滬江大學月刊　1931年4期
屈原莊周比較觀　董紹康　南開大學周刊　第118期　1931年
讀莊探驪　鄧崇禮　晨報　1931年8月7、11、14、15日
讀莊偶記（内篇）　鍾鍾山　之江學報　1932年1期
歷代莊子研究述評　張默生　山東八中校刊　1932年1期
讀莊子劄記二則　毛乘雲　讀書月刊　1932年8期
老莊通義　胡淵如　國風　1932年10期
逍遙遊解　伍劍禪　歸納　1933年1期
莊子王本集注自序　李大防　安徽大學月刊　1933年1期
莊子考證　王先進　勵學　1933年1期
老莊之反對教育論　遁如　哲學與教育　1933年1期
齊物論解　伍劍禪　歸納　1933年2期
莊子之學不出於子夏辨　張寧人　珊光　1933年3期
校輯呂注莊子義序　陳任中　北平圖書館刊　1933年6期

莊子新疏序　蔣維喬　光華大學半月刊　1933年7期

斯辟諾薩與莊子　季同　圖書評論　1933年9期

關於老莊的辯證法的商榷　胡守愚　新中華半月刊　1933年12期

莊子寓言篇、墨子魯問篇爲研究兩書之凡例的商榷　戴景曦　廈大周刊　1933年19期

莊子『鯤化爲鵬』說旁證　李行之　涇濤　第8期　1933年

莊子文選與青年　洛夫　濤聲　第2卷42期　1933年

老莊的辯證法　李石岑　東方雜誌　第30卷5期　1933年

老莊人生哲學　小兀　光華大學半月刊　第2卷5、6期　1933—1934年

莊子集解補正　胡懷琛　學藝　1934年1期

戴起教育的眼鏡讀莊子　林礪儒　勷勤大學師範學院季刊　1934年1、2期

闡莊上下篇　陳柱　國學論衡　1934年3期

讀莊偶記(外篇)　鍾鍾山　之江學報　1934年3期

莊子天下篇箋證　高亨　北強月刊　1934年3—5期

莊子處世論　李冰　湖南省立第一師範學校半月刊　1934年8、9期

胠篋篇書後　柳禪　廈大周刊　1934年14期

莊子的人生觀　更生　中央日報　1934年12月16日

讀莊子之我見　周分水　中央日報　1934年12月21日

從西洋哲學觀點看老莊　張東蓀　燕京學報(第16期)　1934年

老莊之養生法　蔣維喬　青鶴雜誌　第2卷16、17期　1934年

莊子天下篇惠施十事解　黄方剛　四川大學季刊　1935年1期
老莊思想與六朝唐宋文學之影響　楊樹芳　協大藝文　1935年1期
莊子中所發現孔子的地位　陳召培　仁愛月刊　1935年2期
郭子翼莊偶釋　豫道人邵村氏　學術世界　1935年2期
莊子小證　劉斯楠　國專月刊　1935年2期
莊子釋詁　吴英華　工商學志　1935年2期
莊子研究　門啟明　哲學評論　1935年2、3期
莊學小識　劉斯楠　國專月刊　1935年3期
逍遥遊釋敘　張純一　國學彙編　1935年3期
莊子内篇章義淺説　胡樸安　國學彙編　1935年3期
莊子之動變説的解説　陳汝夔　學風　1935年3期
莊子考　王學易　勵學　1935年3期
莊子齊物論『兩行』一名之研究　朱進之　新民月刊　1935年3期
莊子天下篇校釋序　劉永濟　國風　1935年3、4期
讀莊偶記(雜篇)　鍾鍾山　之江學報　1935年4期
莊子事跡考　王文奇　河南政治月刊　1935年4期
莊周哲學之辯證觀　翦伯贊　中山文化教育館季刊　1935年4期
老莊新傳　毛起　浙江省立圖書館館刊　1935年4、5期
莊子哲學概觀　翁琴崖　仁愛月刊　1935年4、5期

鐮倉本莊子天下篇　孫道升　大公報　1935年5月31日

莊子天下篇之時代　汪震　晨報　1935年6月7日

評胡適中國哲學史大綱論老莊哲學部分　姚玄華　文化建設　1935年11期

莊子天下篇的作者問題　孫道升　正風半月刊　1935年16期

鐮倉本莊子天下篇跋尾　孫道升　正風半月刊　1935年16期

讀老、莊書後　陳雲官　廈大周刊　第14卷30期　1935年

譚戒甫著莊子天下篇校釋　楊樹達　清華學報　1936年1期

評馬敘倫氏莊子義證　吳英華　工商學志　1936年2期

莊子釋詁　吳英華　工商學志　1936年2期

黑格耳的變化形而上學與莊子的變化形而上學之比較　唐君毅　中山文化教育館季刊　1936年4期

莊子的教育思想　楊瑞才　教育新潮　1936年4期

讀莊子的方法　孫竹譚　河間初中　第52期　1936年4月

齊物論淺釋　陳君哲　新苗　1936年6期

莊子天下篇的辯者學說　羅根澤　晨報　1936年6月29日

莊子內篇劄記　姚寶賢　學術世界　1936年8期

莊子哲學思想之研究　高潔民　江蘇反省院半月刊　1936年9期

莊子的大同思想　林尹　晨報　1936年9月4日

莊子天下篇所述惠施學說十事解　尤敦誼　國風　1936年12期

老莊申韓列傳講記　陳柱　學術世界　1936年12期

莊周的生的哲學思想　吳嘯仙　江蘇反省院半月刊　1936年22期
莊周傳　丁儒侯　國專校友會集刊　第1卷1期　1936年
齊物論通恉　馬燮基　國專校友會集刊　第1卷1期　1936年
莊子逍遙遊篇新義　朱文熊　國專校友會集刊　第1卷1期　1936年
莊子外雜篇探源　羅根澤　燕京學報（第19期）　1936年
莊子内外篇分别之標準　馮友蘭　燕京學報（第20期）　1936年
誰是齊物論之作者　傅斯年　歷史語言研究所集刊　第6卷4期　1936年
逍遙遊向郭義及支遁義探源　陳寅恪　清華學報　1937年2期
讀齊物論記　毛春翔　文瀾學報　1937年2期
莊子的形而上學　黄子通　哲學評論　1937年3期
莊子考證　胡芝薪　文學年報　1937年3期
讀莊隨筆　章紹烈　學風　1937年5期
莊子的哲學　屈鳳梧　黄埔月刊　1937年4、6期
老莊思想的東漸及其影響　張大壯　東方雜誌　第34卷3期　1937年
莊子概論　周逸　船山學報　第13期　1937年
莊子校證　楊明照　燕京學報（第21期）　1937年
老莊學説及其思想之影響　黄良瑜　協大藝文　1938年9期
莊周即子莫説　王樹榮　古史辨　第6冊　1938年
莊子釋義　張栩　古學叢刊　第1—9期　1939—1940年

莊子天下篇作於荀子後考　羅倬漢　語言文學專刊　1940年1期

莊子思想新評述　靳極蒼　新東方　1940年1、2期

釋『齊萬物以爲首』　曾繁康　責善半月刊　1940年8期

老莊道術崖略　聘之　再建旬刊　1940年10、11期

讀莊子偶記　俞士鎮　古學叢刊　第7期　1940年

郭象莊子注是否竊自向秀檢討　楊明照　燕京學報（第28期）　1940年

由經典釋文試探莊子古本　壽普暄　燕京學報（第28期）　1940年

讀莊管見：逍遥遊　杜奉符　責善半月刊　1941年1、2期

讀莊管見：齊物論　杜奉符　責善半月刊　1941年3期

郭象莊子注　田西泉　佛學月刊　1941年3期

讀莊子一得　赫崇學　學海　第1、2、5、6、23—26期　1941—1942年

莊子疑檢目錄　施畸　中山大學師範學院季刊　1943年1期

莊子內篇校釋　聞一多　學術季刊　1943年3期

向郭義之莊周與孔子　湯用彤　哲學評論　1943年4期

莊子研究　李龍漢　真知學報　1943年5期

莊子齊物論解　汪挹南　中日文化　1943年5—7期

莊子章義自序　胡樸安　大衆　1943年10期

天下篇易注序　洞酌　山西大學校刊　1943年9—11期

天下篇『歷物』與大學『格物』辨正　洞酌　山西大學校刊　1943年17期

天下篇『歷物』與大學『格物』辨正　洞酌　山西大學校刊　1944年1期
莊子之天人論　高亨　學思　1944年1期
莊子三十三篇本成立之時代　王利器　真理雜誌　1944年3期
莊子的批判　郭沫若　大學　1945年1—3期
莊子與佛學　馬敘倫　時代精神　1945年3期
老莊哲學的同異　傅西　文教叢刊　1945年3、4期
莊子與斯賓諾沙哲學之比較　張越如　文藝與生活　1946年第1卷3期、第2卷1期
莊子底反經濟觀點　楊榮國　理論與現實　1946年3期
再評李季的老莊封建說　蔡尚思　求真雜誌　1946年4期
李季的邏輯與態度：爲老莊問題而答李季先生　蔡尚思　求真雜誌　1946年6期
托爾斯泰思想與老莊學說的比較　曾虛白　中央日報　1946年6月18日
老莊的生活與空間觀　沙原　和平日報　1946年7月6日
莊子逍遙遊釋義　夏適　中央日報　1946年7月18、19日
老莊人生哲學的同異　萬西　東方雜誌　第42卷11期　1946年
由莊子的齊物論談到『是非』是相對還是絕對　萬西、鮑屢平　東方雜誌　第42卷17期　1946年
莊子年代的試探　孔令谷　新中華　復刊第4卷23期　1946年
莊子天下篇疏證自敘　查猛濟　讀書通訊　第111期　1946年
莊子哲學探討　薛光祖　青職學報　1947年1期
莊子的原來篇目　楊憲益　中央日報　1947年1月7日

今本莊子郭象序非子玄所撰考　王利器　圖書季刊　1947年3、4合期
莊子補正　劉文典　圖書季刊　1947年3、4合期
莊子向郭注異同考　王叔岷　中央圖書館館刊　1947年4期
莊子的生平　易聲伯　建國青年　1947年5期
南郭子綦考　錢穆　中央日報　1947年6月2日
整理老莊注偶記　蒙文通　東南日報　1947年7月30日
莊子天下篇關於老子評論之研究　王維誠　大公報　1947年11月14日
茆泮林莊子司馬彪注考逸補正　王叔岷　歷史語言研究所集刊　第16卷　1947年
莊子論道及其教育觀　楊榮春　中華教育界　復刊第1卷9期　1947年
莊子引得　哈佛燕京學社引得編纂處　燕京學報（第32期）　1947年
莊子內篇義記　羅時憲　文風學報　第1—5期　1947—1949年
莊子原始之一：逍遙遊篇本於宋鈃說　朱謙之　文學　1948年2期
章太炎莊子解故正誤　王叔岷　文史雜誌　第6卷3期　1948年
莊子通論（上、下）　王叔岷　學原　第1卷9、10期　1948年
莊子天學論　李源澄　學原　第2卷3期　1948年
老莊派自然主義底人生觀　項委之　學原　第2卷3期　1948年
郭象莊子注中之自然論　錢穆　學原　第2卷5期　1948年
莊子著作之分期及其師承　李衍隆　新中華　復刊第6卷5期　1948年
莊子別傳　單晏義　凱旋　第31期　1948年

莊子中之劉子　單晏義　凱旋　第32期　1948年

莊子內篇連語音訓　徐德庵　國文月刊　第66、67期　1948年

莊子外篇連語音訓　徐德庵　國文月刊　第70、71期　1948年

莊子雜篇連語音訓　徐德庵　國文月刊　第74期　1948年

莊荀論天道　宗實　中央日報　1949年9月6、10、13日

莊子校釋後記　王叔岷　歷史語言研究所集刊　第21卷　1949年

批判胡適所謂『莊子書中的生物進化論』　譚彼岸　生物學通報　1956年8期

莊子　任繼愈　中國青年　1956年19期

齊物論今譯：莊子內篇語譯之二　高元白　人文雜誌　1957年1期

論莊子的思想性　羅根澤　文學研究　1957年1期

莊子的唯物主義世界觀　任繼愈　新建設　1957年1期

莊子內篇今譯　高元白　教學與研究文輯　1957年2期

群書斠補：莊子補正補遺……　劉文典　雲南大學學報　1957年2期

今本莊子至樂篇之音訓考辨　施畸　華東師範大學學報　1957年3期

莊子的思想　楊向奎　文史哲　1957年8期

讀莊發微　岑仲勉　兩周文史論叢　商務印書館　1958年版

先秦道家哲學主要名詞通釋　馮友蘭　北京大學學報　1959年4期

想起了老莊　新園　解放日報　1959年10月30日

現存莊子天下篇的研究　譚戒甫　中國哲學史論文初集　科學出版社　1959年版

莊子哲學批判　關鋒　哲學研究　1960年7、8期合刊

關於莊子的相對主義　關鋒　人民日報　1960年12月2日

關於莊子外雜篇和內篇的作者問題　周通旦　哈爾濱師範學院學報　1961年1期

莊子探源：從唯物主義的莊周到唯心主義的『後期莊學』　任繼愈　北京大學學報　1961年2期

莊子外雜篇初探　關鋒　哲學研究　1961年2期

論莊子　馮友蘭　人民日報　1961年2月26日

再論莊子　馮友蘭　哲學研究　1961年3期

王夫之的莊子通　關鋒　人民日報　1961年3月15日

莊子哲學相對主義的實質　革鋒　光明日報　1961年3月17日

莊子哲學不是相對主義　施畸　文匯報　1961年3月28日

三論莊子　馮友蘭　北京大學學報　1961年4期

關於莊子哲學思想的研究　光明日報　1961年4月18日

逍遥遊及其它：中國古代對太空的嚮往　知非　人民日報　1961年4月25日

莊子探源之三：論莊周哲學思想的階級實質　任繼愈　北京大學學報　1961年5期

莊子思想探微　楊榮國　哲學研究　1961年5期

莊子內篇是西漢初人的著作嗎　張德鈞　哲學研究　1961年5期

怎樣看待莊子和莊周哲學　中華書局通訊組　人民日報　1961年5月9日

莊子內篇譯解和批判讀後記　吳則虞　哲學研究　1961年6期

北大哲學系討論莊子哲學思想　北京日報　1961年7月13日

老莊的『無爲而治』　任蜎　光明日報　1961年7月28日

北大哲學系討論莊子哲學思想　光明日報　1961年8月3日

北京大學哲學系討論莊子哲學思想　文匯報　1961年8月4日

什麼是『老莊思想』和『玄言詩』　王達津　河北日報　1961年8月18日

關於莊子哲學思想的探討：馮友蘭三論莊子不同意關鋒的論點　文匯報　1961年8月22日

莊子探源之二　任繼愈　光明日報　1961年8月25日

關於莊子哲學思想的討論　人民日報　1961年9月7日

莊子庚桑楚篇一解　楊園　光明日報　1961年9月8日

楊榮國論莊子思想　光明日報　1961年10月4日

哲學研究發表討論莊子的文章　人民日報　1961年10月17日

讀莊子至樂篇　吳則虞　文匯報　1961年11月30日

訓詁劄記：在研究莊子中的一則訓詁劄記　關鋒　光明日報　1961年12月11日

莊子盜跖篇探索　張心澂　光明日報　1961年12月15日

莊子安知魚之樂　阿棠　光明日報　1961年12月22日

漫談莊子的『邏輯』思想　章沛　羊城晚報　1961年12月28日

關於人間世非莊子所作說　關鋒　莊子內篇譯解和批判　中華書局1961年版

論莊子　嚴北溟　復旦大學學報　1962年1期

略論郭象的唯心主義哲學體系　湯一介　北京大學學報　1962年2期

關於莊子哲學討論中的幾個問題　百鳴　文匯報　1962年2月15日

如何評價莊子的哲學思想　嚴北溟　文匯報　1962 年3 月2 日
談談鑒別莊子的標準　張心澂　光明日報　1962 年3 月16 日
如何評價莊子及其哲學思想　周方　文匯報　1962 年3 月20 日
試論莊子的齊物　高亨　文史哲　1962 年4 期
莊子探源之四　任繼愈　北京大學學報　1962 年5 期
介紹王夫之的周易外傳、尚書引義、老子衍和莊子通　王孝魚　哲學研究　1962 年5 期
從道家看莊子　嚴北溟　文匯報　1962 年6 月19 日
談研究莊子　鍾泰　文匯報　1962 年6 月19 日
莊子『無爲』試解　陸欽　光明日報　1962 年8 月10 日
釋莊子齊物論篇的『以明』　任繼愈　文匯報　1962 年9 月6 日
莊子人間世探索　張心澂　廣西日報　1962 年9 月12 日
對莊子秋水的幾點理解　陸欽　光明日報　1962 年9 月14 日
莊子盜跖篇再探　張心澂　廣西日報　1962 年12 月6 日
也談秋水　莊印　光明日報　1962 年12 月28 日
有關莊子的一些歷史資料　江世榮　文史（第一輯）　1962 年
莊子逍遥遊解剖　關鋒　莊子哲學討論集　中華書局　1962 年版
關於莊子哲學思想的幾個問題　湯一介　莊子哲學討論集　中華書局　1962 年版
試論莊子內篇散文的藝術特徵　鄒雲鶴　江漢學報　1963 年2 期
莊子有『阿Q 精神』嗎：和關鋒同志商榷　陸欽　江淮學刊　1963 年4 期

莊子補正跋　張德光　學術研究　1963年5期
代表沒落奴隸主階級的莊子究竟有什麽精神　閻長貴　江淮學刊　1963年6期
莊子的兩則寓言　周振甫　光明日報　1963年10月8日
莊子和阿Q　東方鶩　江淮學刊　1964年1期
從莊子內篇譯解和批判一書看哲學史方法論的若干問題　張豈之　哲學研究　1964年3期
論莊子的散文　胡念貽　文學研究集刊（第一輯）　人民文學出版社　1964年版
論齊物論不代表莊周思想　任繼愈　文史（第四輯）　1965年
莊子盜跖篇節譯　趙紀彬　河南省歷史研究所集刊　1974年2期
老莊哲學是爲奴隸制度唱挽歌：學點中國哲學史之四　潘富恩　文匯報　1974年3月19日
『盜跖』考辨　烏蒙　歷史研究　1977年2期
盜跖辨析　蔣立甫　安徽師大學報　1977年2期
莊子秋水篇闕文臆補　吳世昌　社會科學戰綫　1978年1期
莊子秋水篇校注辨正　何善周　社會科學戰綫　1978年1期
莊子　姜濤　語言教學參考　1978年2期
莊子校釋辨正前言：紀念先師聞一多遇害三十二周年　何善周　理論學習　1978年4期
莊子郭象序的真僞問題　王利器　哲學研究　1978年9期
莊子與浪漫主義問題　陸永品　破與立　1979年1期
讀『東施效顰』寓言有感　劉雲山　實踐　1979年1期
關於莊子郭象序的真僞問題：與王利器先生商榷　余敦康　哲學研究　1979年1期

老莊哲學與司空圖的詩品　羅仲鼎　杭州師院學報　1979年1期

試論逍遥遊的思想及其藝術　韓楚森　教學與研究（南通師專）　1979年1期

神技從何而來：莊子幾則寓言的啟示　談文良　揚州師院學報　1979年1期

關於閱讀莊子的問題：從對一張大字報的回憶談起　嚴北溟　書林　1979年2期

莊子的藝術評價　曹礎基　華南師院學報　1979年3期

莊子寓言文學探索　趙克　黑龍江大學學報　1979年3期

論莊子對蘇軾藝術思想的影響　項楚　四川大學學報　1979年3期

論莊子中駢拇、馬蹄、胠篋三篇的特點和時代　張恒壽　河北師院學報　1979年3期

莊周故里辨　菲銘　歷史研究　1979年10期

論莊子哲學體系的骨架：兼駁關鋒的『新發現』　束景南　哲學研究　1979年11期

莊子和楚辭中昆侖和蓬萊兩個神話系統的融合　顧頡剛　中華文史論叢（總第十輯）　1979年

論莊子內篇產生的時代及其篇名之來由　張恒壽　文史（第七輯）　1979年

再論莊子郭象序的真僞問題：兼答余敦康先生商榷　王利器　中國哲學史論文集　山東人民出版社 1979年版

莊子逍遥遊校釋辨證　何善周　中國古典文學論集　吉林師範大學學報編輯部編輯出版　1979年

論莊子在宥篇各章的異同和時代　張恒壽　河北師院學報　1980年1期

評莊周　王德裕　重慶師範學院學報　1980年1期

評莊子的相對主義認識論　閻韜　南京大學學報　1980年1期

談莊子寓言　朱思信　新疆大學學報　1980年1期

應對莊子重新評價　嚴北溟　哲學研究　1980年1期
評莊周故里爲蒙城説　楊武泉　歷史研究　1980年1期
戰國四家五子思想論略：儒家孟子、荀子，墨家墨子，道家莊子，法家韓非子　金景芳　吉林大學社會科學學報　1980年1期
莊子與惠施：莊子内篇新解前言　王孝魚　晉陽學刊　1980年1期
文心雕龍與老莊思想　皮朝綱　四川師院學報　1980年2期
至人·神人·聖人：讀逍遥遊劄記　姜光斗　遼寧師院學報　1980年2期
逍遥遊首段剖析　王璠　語言文學　1980年2期
莊周故里爲安徽蒙城辨　王曉波　四川大學學報　1980年2期
莊周故里辨商榷　劉文剛　四川師院學報　1980年2期
莊子内篇的道與自我　閻韜　群衆論叢　1980年2期
略談庖丁解牛　王偉民　昆明師院學報　1980年2期
莊子齊物論初探：關於我們古典相對主義的簡介與批判　楊柳橋　文稿與資料　1980年2期
莊子關於真理標準的論述給我們的啟示　李壽章　齊魯學刊　1980年2期
對莊子體育思想的探討　鄭振坤　遼寧師院學報　1980年2期
莊子的自然哲學思想　李烈炎　曲阜師範學院學報　1980年2、3期
爲莊周鳴不平　陸欽　群衆論叢　1980年3期
文學上的莊子　張志嶽　社會科學戰綫　1980年3期
莊子與現實主義問題　陸永品　齊魯學刊　1980年4期

『觀』是貓頭鷹　蕭兵　社會科學輯刊　1980年4期
讀莊劄記二則　吳鷺山　文獻　1980年4輯
也論莊子哲學體系的骨架　陸欽　江淮論壇　1980年4期
莊子逍遙遊辨析　王守華　鄭州大學學報　1980年4期
莊子美學思想管窺　皮朝綱　四川師院學報　1980年4期
莊子思想研究（上）　童書業　陝西師大學報　1980年4期
略談莊子內篇寓言的特點　邱永山　天津師院學報　1980年5期
莊子的散文藝術與思想　顧易生　復旦學報　1980年6期
莊子思想研究（之一）　童書業　文史哲　1980年6期
莊子寓言文學真相的勘定和評價　葉玉華　語文函授通訊　1980年6月
略論莊子的文藝思想　陶白　光明日報　1980年7月16日
一個博大精尖的客觀唯心主義體系：莊子學派哲學思想論辯　曹礎基　哲學研究　1980年8期
試論莊子哲學體系的三個基本範疇　韓強　哲學研究　1980年8期
也論莊子哲學體系的『骨架』　陸欽　哲學研究　1980年8期
關於莊子哲學思想的看法　程宜山　哲學研究　1980年8期
對莊子的相對主義作一點分析　馮契　學術月刊　1980年9期
關於莊子文藝思想的評價問題：答陶白同志　施昌東　光明日報　1980年10月8日
莊子字義劄記　陳世輝　吉林大學社會科學論叢（歷史專集）　1980年
莊周神不滅論的考釋　陳金生　哲學史論叢　吉林人民出版社　1980年版

論莊子天下篇的作者和時代　張恒壽　中國哲學(第四輯)(北京)生活・讀書・新知三聯書店　1980年版

莊子逍遙遊新探　王仲鏞　中國哲學(第四輯)(北京)生活・讀書・新知三聯書店　1980年版

論莊子內篇的真僞和時代　張恒壽　中國哲學史研究集刊　上海人民出版社　1980年版

莊子散文研究管見　陸永品　文學遺產　1981年1期

莊子養生論的『虛幻說』質疑　湯維雄　溫州師專學報　1981年1期

莊子章句齊物論(倫)　聞一多　東北師大學報　1981年1期

有關莊子歷史資料續考　江世榮　中華文史論叢　1981年1期

從道家思想演變看莊子哲學　嚴北溟　社會科學戰綫　1981年1期

從張湛列子注和郭象莊子注的比較看魏晉玄學的發展　湯一介　中國哲學史研究　1981年1期

略談莊子的『道』　董英哲　人文雜誌　1981年1期

試論莊子散文的藝術性　吳煒華　北京財貿學院學報　1981年1期

試論莊子思想的基本傾向及其積極因素　孫以昭　安徽大學學報　1981年1期

莊子思想淺談　江禮中　岳陽師專學報　1981年1期

莊子思想研究(下)　童書業　陝西師大學報　1981年1期

莊子思想研究(之二)　童書業　文史哲　1981年1期

莊子寓言的藝術特點　陸欽　錦州師院學報　1981年1期

『庖丁解牛』解析　王劉純　河南師大學報　1981年1期

曹雪芹與莊子　陶白　紅樓夢學刊　1981年2輯

老莊哲學中的『道』　李申　文史哲　1981年2期

論莊子庚桑楚篇的特點及其與老子書的關係　張恒壽　河北師院學報　1981 年2 期
試談莊子散文的藝術特色　童嘉新　喀什師範學院學報　1981 年2 期
論郭象與莊子人生哲學的異同　李中華　晉陽學刊　1981 年2 期
莊子的悲劇　閻韜　南京大學學報　1981 年2 期
論向秀、郭象兩家莊子注的關係(上)：兼與中國思想通史商榷　胡江源　成都大學學報　1981 年2 期
莊子的文學手段　楊樺　文科教學　1981 年2 期
『似之而非也』：談對幾段引文的理解(莊子山木)　蔡四桂　中山大學研究生學刊(文科)　1981 年3 期
莊子義疏齊物論　聞一多　東北師大學報　1981 年3 期
魯迅對莊子的批判與『國民性』問題　周紹曾　河北大學學報　1981 年3 期
略談莊子的文學成就　沈惠樂　語文學習　1981 年3 期
論莊子的『道』　陸欽　江淮論壇　1981 年3 期
齊物論發微序　曾運乾　湖南師院學報　1981 年3 期
相對主義是莊子哲學思想的核心　王興華　哲學研究　1981 年3 期
莊子哲學初探　張松如、趙明　中國哲學史研究　1981 年3 期
『三餐』是『三飯』說商兑：莊子逍遥遊『三餐而反』解歧　何善周　河北師院學報　1981 年3 期
莊子天下篇　『一二三四』考　蔡德貴　文史哲　1981 年4 期
『丁』是姓，『解』是殺嗎　謝建勳　中學語文教學　1981 年4 期
『庖丁解牛』難點辨析　黎見明　中學語文教學　1981 年4 期
也談『庖丁解牛』的寫事與說理　陳憲猷　語文教學　1981 年4 期

從莊子到郭象的歷史之必然：試析魏晉玄學中的莊子思想　周勤　華東師範大學學報　1981 年4 期
試論莊子散文的風格及其成因　景明　錦州師範學院學報　1981 年4 期
說莊子哲學中的『逍遥遊』　黄寶華　徐州師範學院學報　1981 年4 期
莊周的相對主義與辯證法　謝祥皓　齊魯學刊　1981 年4 期
莊子的批判精神：天下篇新探　王仲鏞　四川師院學報　1981 年4 期
莊子論自然美　董國堯　學習與探索　1981 年4 期
莊子學派的分野　曹礎基　華南師院學報　1981 年4 期
『觀』是貓頭鷹嗎　謝祥皓　社會科學輯刊　1981 年4 期
『庖丁解牛』的語言藝術　胡宗健　教學通訊（文科）　1981 年5 期
魯迅與莊子　牟曉朋、范緒倫　遼寧師院學報　1981 年5 期
試論『有待』、『無待』不是莊子的哲學範疇　劉笑敢　哲學研究　1981 年5 期
逍遥遊評論　謝祥皓　人文雜誌　1981 年6 期
也談莊周故里　常征　江淮論壇　1981 年6 期
莊子在中國小説史上的地位和貢獻　孫乃沅　江淮論壇　1981 年6 期
讀郭象莊子注劄記　湯一介　文獻　1981 年8 期
莊子的美學思想　樊公裁　哲學研究　1981 年9 期
說『庖丁解牛』　孔鏡清　語文戰綫　1981 年11 期
關於莊子哲學性質及其評價　李錦全　哲學研究　1981 年12 期
莊子探源之五：莊周的唯物主義哲學思想　任繼愈　中國哲學史論　上海人民出版社　1981 年版

大宗師一詁　金生　中國哲學(第五輯)　(北京)生活·讀書·新知三聯書店　1981年版

論莊子天下篇的思想史方法論意義　陳俊民　中國哲學史論　山西人民出版社　1981年版

略論莊子哲學中的辯證法思想　何建安　哲學社會科學通訊　1982年1期

莊子的形神觀與古代醫學　翟廷瑨　中州學刊　1982年1期

莊子談藝言美　陳約之　文學評論　1982年1期

關於莊子文藝思想的幾個問題　滕咸惠　山東大學文科論文集刊　1982年1期

莊子在日本　陸欽　社會科學戰綫　1982年1期

論莊子哲學及其歷史功過　張建　中國哲學史研究　1982年1期

論莊子齊物論中物的同一性　王琳　玉林師專學報　1982年1期

逍遙遊義辨　趙明　吉林大學社會科學學報　1982年1期

試論莊子的浪漫主義(上)　殷翔　淮北煤師院學報　1982年1期

試論形成莊子詭奇風格的三大要素　壽湧　華東師範大學學報　1982年1期

莊子章句天下篇　聞一多　河北師院學報　1982年1期

莊子哲學研究概述　劉樹勳　國內哲學動態　1982年1期

『庖丁解牛』的結構藝術　董清法　西南師院學報　1982年2期

莊子馬蹄篇校注辨正　何善周　東北師大學報　1982年2期

略論反對絕對主義的莊學認識論　曹大林　吉林大學社會科學學報　1982年2期

談莊臆斷　陸欽　學術月刊　1982年2期

談莊子的無神論和神不滅論的矛盾　張季平　齊魯學刊　1982年2期

莊子養生思想辨　曠文楠　成都體院學報　1982年2期

莊子哲學的道和聞道之方試析　陳慶坤　吉林大學社會科學學報　1982年2期

論向秀、郭象兩家莊子注的關係(下)：兼與中國思想通史商榷　胡江源　成都大學學報　1982年2期

反對君主專制的思想先驅：莊子無君論思想初探　虞友謙　復旦學報　1982年3期

郭象莊子注哲學思想探析　田文棠　陝西師大學報　1982年3期

論莊子哲學的邏輯思維過程：兼與嚴北溟和張松如、趙明等同志商榷　馮達文　中山大學學報　1982年3期

深於比興　深於取象：談逍遥遊的構思及其藝術特色　劉宜芝　衡陽師專學報　1982年3期

莊子美學思想淺議　閻韜　南京大學學報　1982年3期

莊子：我國古代寓論散文的拓源者　張惠仁　四川師院學報　1982年3期

略論莊子學派的文學思想　馬冀　內蒙古大學學報　1982年3、4期

開浩蕩之奇言：讀莊子逍遥遊　楚子　文史知識　1982年4期

『觀雀』應是鸛雀　涂元濟　社會科學輯刊　1982年4期

莊子的小生產思想傾向　趙子平　河北師院學報　1982年4期

莊子修辭手法初探　黃敏　修辭學習　1982年4期

關於文學上的莊子之評價問題：與張志岳先生商榷　楊成福　山西大學學報　1982年4期

論莊子天下篇的思想傾向　苗潤田　齊魯學刊　1982年4期

試論莊子散文中的人民性　蘇祖斌　重慶師範學院學報　1982年4期

試論莊子哲學中的自由與必然　劉笑敢　中國哲學史研究　1982年4期

莊子逍遥遊探微　陳紅映　思想戰綫　1982 年4 期
莊子論修辭　良淩　修辭學習　1982 年4 期
讀莊子人間世：評莊周的處世哲學　謝祥皓　齊魯學刊　1982年5 期
王夫之莊子通注評（選載）　羅熾　武漢師範學院學報　1982 年5 期
王夫之怎樣理解莊子哲學的基本精神　李申　齊魯學刊　1982 年5 期
先秦莊周學派初步分析　馮金源　社會科學研究　1982 年5 期
莊、惠『濠梁之辯』解　羅契、鄭偉宏　復旦學報　1982 年5 期
莊子貴齊說的實質和思想來源　蔡德貴、劉宗賢　齊魯學刊　1982 年5 期
再談莊子的『馬生人』　陸欽　晉陽學刊　1982 年6 期
『承蜩』、『弄丸』新證　于志琪　中學語文教學　1982 年8 期
莊子哲學討論中若干方法論問題　劉笑敢　哲學研究　1982 年9 期
『庖丁解牛』注解補正　牛鴻恩　中學語文教學　1982 年12 期
『莫若以明』釋：讀齊物論雜記一則　樓宇烈　中國哲學（第七輯）（北京）生活·讀書·新知三聯書店　1982 年版
關於莊子階級屬性的幾個問題　陳小平　中國哲學（第七輯）（北京）生活·讀書·新知三聯書店　1982 年版
莊子的反傳統宗教思想　張季平　中國無神論文集　湖北人民出版社　1982 年版
莊子逍遥遊解歧　何善周　中華文史論叢（總第二十三輯）　1982 年
莊周　李書增　中州古代思想家　河南人民出版社　1982 年版

論莊子的文藝思想及其影響　張少康　古典文學論叢　齊魯書社　1982 年
論莊子外篇中天地、天道、天運、刻意、繕性等篇的特點和時代　張恒壽　文史（第十六輯）　1982 年
莊子佚文舉例　江世榮　文史（第十三輯）　1982 年
莊子養生主校注辨正　何善周　河北師院學報　1983 年1 期
『庖丁解牛』評注　李濟阻　甘肅教育　1983 年1 期
逍遙遊淺析　湯祺廷　江西教育學院學刊　1983 年1 期
莊子外雜篇的作者和墨子的籍貫　侯廷章　南陽師專學報　1983 年1 期
養生主譯注（初稿）　歐揚　武漢師院漢口分院學報　1983 年1 期
莊子『屠龍』寓言發微　龔維英　蘇州大學學報　1983 年1 期
莊子內篇的宇宙觀和認識論　謝祥皓　東嶽論叢　1983 年1 期
莊子散文形象創造的獨特性　章明壽　淮陰師專學報　1983 年1 期
莊子人間世義疏　聞一多　河北師院學報　1983 年1 期
柏拉圖與莊周美學思想比較　楊坤緒　美的研究與欣賞叢刊　1983 年1 輯
精比巧喻　奇幻莫測：讀莊子逍遙遊　褚斌傑、王景琳　名作欣賞　1983 年1 期
李白與莊子及其他　陶白　南京師院學報　1983 年1 期
論李白詩歌藝術上對莊子散文的續承　韓式朋　求是學刊　1983 年1 期
論試莊子的浪漫主義（下）　殷翔　淮北煤師院學報　1983 年1 期
論莊子的浪漫主義理論與藝術實踐　張軍　研究生論文集刊（吉林大學）　1983 年1 期
淺論莊子和浪漫主義文學　尚永亮　淮南師專學報　1983 年1 期

試論莊子的時代、生平及其思想淵源　陶白　江海學刊　1983年1期
也談莊周的自由觀念　李雨豐　昭通師專學報　1983年1期
試論莊子寓言的藝術特色　劉新文　唐山市教師進修學院學刊　1983年1期
莊周哲學思想述評　王明　浙江學刊　1983年1期
莊子在哲學基本問題上的矛盾　尹協理　貴州社會科學　1983年1期
莊子逍遥遊的比喻特色　韓楚森　麗水師專學報　1983年1、2期
過錄本莊子批點爲傅山所作考　吴連城、尹協理　晉陽學刊　1983年2期
再談莊子養生思想　熊曉正　成都體院學報　1983年2期
逍遥遊總論淺析　楊成福　河北大學學報　1983年2期
莊子若干問題簡論　陸永品　河北師院學報　1983年2期
論莊子學説的核心和體系　尹協理　社會科學（甘肅）　1983年2期
莊子逍遥遊篇譯釋　魏明經　南陽師專學報　1983年2期
淺談莊子的寓言　王啟貴　新疆師範大學學報　1983年2期
説蝴蝶夢　張松如　社會科學戰綫　1983年2期
莊子逍遥遊的題旨　盧良彦　台州師專學報　1983年2期
莊子倫理思想初探　王之榜　天津師大學報　1983年2期
莊子美學思想簡論　欒勳　美學評林　1983年2輯
莊子散文的筆法：明清莊子散文研究論略之一　陸永品　文學遺産　1983年2期
莊子哲學的宗教性質　郭瑞祥　學習與思考　1983年2期

并莊屈以爲心：李白詩歌思想内容的一大特色 王運熙 蘇州大學學報 1983年3期

讀莊子 劉葉秋 中國哲學史研究 1983年3期

傅山莊子批（學術資料·上） 吴尹整理 晉陽學刊 1983年3期

郭象的莊子注和莊周的莊子 湯一介 中國哲學史研究 1983年3期

老莊哲學的神學特色：與張松如、趙明同志商榷 李錦全 中國哲學史研究 1983年3期

略論莊子的人格與文格 賈秀英 教學與進修（鎮江師專） 1983年3期

評莊周駁公孫龍的詭辯 裘昌淞 鄭州大學學報 1983年3期

試談莊子散文的浪漫主義特色 顔廷文 新疆大學學報 1983年3期

莊子研究 ［美］彌爾敦著 李紹崑譯 華中師院學報 1983年3期

從莊子寓言看其文藝主張 王愷 南京師院學報 1983年4期

傅山莊子批（學術資料·下） 吴尹整理 晉陽學刊 1983年4期

嚴復評注老莊簡論 嚴仲儀 南京大學學報 1983年4期

莊子的哲學思想 晨陽 河北師範大學學報 1983年4期

莊子倫理思想的理論特徵 黄偉合 華東師範大學學報 1983年4期

莊子評點 嚴復 中國哲學史研究 1983年4期

莊子逍遥遊反映了烏托邦思想 陸欽 求索 1983年4期

船山莊子解初探 魏明壺 晉陽學刊 1983年5期

略論莊子哲學的辯證法思想 何建安 哲學研究 1983年5期

魯迅筆下的老莊：兼論郭沫若莊子與魯迅 夏傳才 魯迅研究 1983年5期

楊朱是莊周嗎：楊朱考及其補充論證質疑　孫開太　學術月刊　1983 年 5 期

莊子的哲學思維方式和基本範疇的演變　韓強　求是學刊　1983 年 5 期

屈原、莊周浪漫主義比較論　張軍　江漢論壇　1983 年 6 期

神秘主義是莊子認識論的歸宿　陳紹燕　文史哲　1983 年 6 期

莊子研究新論　周龍華　國内哲學動態　1983 年 10 期

莊子『三言』試論　楊柳橋　天津師大學報　1983 年 6 期

明清學者對莊子散文藝術性的研究　陸永品　光明日報　1983 年 10 月 18 日

莊子研究三十年　尚永亮　國内哲學動態　1983 年 11 期

莊子研究三十年（續）　尚永亮　國内哲學動態　1983 年 12 期

試論莊子哲學體系的基本屬性和特色　王筱芸　廣西師大研究生論文集　1983 年

莊子内篇早於外雜篇之新證　劉笑敢　文史（第十八輯）　1983 年

論莊子的『道』：淺涉理學一源　馬序　論中國哲學史　浙江人民出版社　1983 年版

莊子的寓言　曾敏之　文史品味録　花城出版社　1983 年版

莊子『三言』新探　孫乃沅　中華文史論叢（總第二十五輯）　1983 年

莊子舊注發疑　曹礎基　中華文史論叢（總第二十五輯）　1983 年

莊子辨正　徐仁甫　中國歷史文獻研究集刊　嶽麓書社　1983 年版

莊子及其後學者的基本思想的考察和分析　劉笑敢　中國哲學（第九輯）（北京）生活・讀書・新知三聯書店　1983 年版

莊子　呂子方　中國科學技術史論文集（上册）　四川人民出版社　1983 年版

莊周　馮鍾芸　中國歷代著名文學家評傳（第一卷）　山東教育出版社　1983年版

莊子齊物論哲學思想與名家學説的關係　李耀仙　中華文史論叢（總第二十八輯）　1983年

相對主義與辯證法：讀齊物論劄記　徐水生　中國哲學史文稿　武漢大學哲學系編印　1983年

老莊的美學思想及其影響　張文勳　古代文學理論研究（第八輯）　1983年

齊物論真僞及著作年代考　李谷鳴　安徽教育學院學報　1984年1期

莊子的藝術風格與莊周的人格　徐成煥　丹東師專學報　1984年1期

逍遥遊詮評　王樹森　吉林大學社會科學學報　1984年1期

畫龍點睛　相得益彰：莊子散文藝術論之一　王景琳　河北學刊　1984年1期

莊子養生思想的非體育本質　曠文楠　成都體院學報　1984年1期

略談逍遥遊的主旨及其論證　陳巽如　韶關師專學報　1984年1期

論莊子内篇的歸屬：讀任繼愈同志的莊子探源　饒東原　湖南師院學報　1984年1期

論莊子的人生哲學　武育香　鄭州師專學報　1984年1期

莊子評點（續）　嚴復　中國哲學史研究　1984年1期

意象思維　姿態横生：談逍遥遊的藝術特色　汪敏之　洛陽師專學報　1984年2期

莊子的『神』及其對古代文論的影響　張毅　藝譚　1984年2期

莊子寓言人物形象描寫芻議：莊子散文藝術研究之二　王景琳　蘇州大學學報　1984年2期

莊子逍遥遊新解：兼評關鋒的『三段式』　邱少華　北京師院學報　1984年2期

從逍遥遊看莊子的憤世嫉俗　賈秀英　教學與進修（鎮江師專）　1984年2期

讀莊子劄記（五則）　楊栩生　綿陽師專教學與研究　1984年2期

談談莊子獨特的表達方式　張采民　南京師大學報　1984年2期
關於莊子養生思想的研究　沈壽　成都體育學院　1984年3期
論莊子　魯凡之　學術研究　1984年3期
郭象的『有無之辯』及其『造物者無主』思想淺析　李中華　北京大學學報　1984年3期
關於莊子天下篇的作者　黃長泉　湖南師院學報　1984年3期
建國以來莊子思想研究述評　尚永亮　教學與科研　1984年3期
勞動者的讚歌：試談莊子中的勞動者形象　顧易生　上海廣播電視（文科月刊）　1984年3期
評莊子今注今譯　陸欽　哲學研究　1984年3期
談莊子散文的藝術特色　吳世義　南寧師院學報　1984年3期
向（秀）郭（象）注莊與老莊思想之比較：本文僅就有與無、道生萬物兩方面探討其差異　李增　中國哲學史研究　1984年3期
意出塵外　怪生筆端：談莊子的浪漫主義兼及莊、孟比較　趙一璋　吉林大學社會科學學報　1984年3期
莊子美學思想平議　吳調公　人文雜誌　1984年3期
莊子相對主義與辯證法的聯繫　徐水生　求索　1984年3期
莊子成書年代考　劉笑敢　中國哲學史研究　1984年4期
關於莊子一書　李書增　河南圖書館季刊　1984年4期
孟、莊、荀、韓散文的藝術風格　呂晴飛　電大文科園地　1984年4期
朴素：莊子美學思想的重要內容　鄧雲生　華中師院學報　1984年4期

屈原莊周浪漫主義比較觀　張嘯虎　江漢大學學報　1984年4期

熔情入理　因理鋪文：試論莊子散文中兩種思維形式的交互使用　王守華　鄭州大學學報　1984年4期

試論孟子和莊子文學思想的貢獻　朱大剛　華東師範大學學報　1984年5期

莊子的美學　中國美學史編寫組　美學　1984年5期

『莊周韓非的毒』（日）木山英雄著　程麻譯　魯迅研究　1984年6期

李白詩歌與莊子美學　葛景春　學術月刊　1984年6期

莊、屈對神話傳說運用之異同　王景琳、徐匋　求索　1984年6期

莊子處世哲學述評　楊英傑　遼寧師大學報　1984年6期

莊子人性論淺析　陳玄榮　理論與實踐（福建）　1984年6期

『登極』何解　謝祥皓　哲學研究　1984年8期

評莊子新探　陸欽　哲學研究　1984年11期

大鵬：李白精神的象徵　高克勤　文史知識　1984年12期

莊子美學觀念初探　鄧雲生、石聲淮　華中師院研究生碩士論文摘要集　1984年

莊子與山海經　呂子方　中國科學技術史論文集（下冊）　四川人民出版社　1984年版

論莊子的『道』、『物』關係　馮禹　中國哲學史論叢　福建人民出版社　1984年版

論莊周早期思想的幾個特點　陸欽　中國哲學史論叢　福建人民出版社　1984年版

從齊物論看莊子的相對主義　趙馥潔　中國哲學史論叢　福建人民出版社　1984年版

莊子哲學認識論是懷疑論　肖振常　中國哲學史論叢　福建人民出版社　1984年版

關於莊子的著作　程宜山　中國哲學史論叢　福建人民出版社　1984年版

崇尚自然的莊子美學思想　楊帆　中國哲學史論叢　福建人民出版社　1984年版

莊子天下篇　艾力農　中國哲學史論叢　福建人民出版社　1984年版

論莊子內篇道與德的關係　王景琳　中國哲學史論叢　福建人民出版社　1984年版

論莊子的人性自然說與自然主義的政治思想　劉澤華、王連升　中國哲學（第十一輯）（北京）生活·讀書·新知三聯書店　1984年版

關於莊子『美學思想』問題　陸永品　文學評論（叢刊22期）　中國社會科學出版社　1984年版

論莊周　王明　道家和道教思想研究　中國社會科學出版社　1984年版

論莊子　張岱年　燕園論學集　北京大學出版社　1984年版

讀逍遙遊筆記　其雨　蘭州教育學院學報　1985年創刊號

莊子人間世校注辨證　何善周　古籍整理研究學刊　1985年創刊號

漫談莊子散文的成就　顧易生　中文自學指導　1985年創刊號

莊子寓言研究　陶白　揚州師院學報　1985年1期

莊子天下篇的辯題是名家邏輯學說的綱要　陳進坤　廈門大學學報　1985年1期

老莊語言特徵管窺　胡安良　青海社會科學　1985年1期

論莊子注的二重化本體論　馬序　蘭州大學學報　1985年1期

莊子相對主義芻議　賴美琴　惠陽師專學報　1985年1期

論莊子的自由觀與人生哲學：『逍遙遊』三境界辨析　周勤　中國社會科學　1985年1期

論莊子相對主義認識論的邏輯根源　王小平　中國哲學史研究　1985年1期

漫述莊禪　李澤厚　中國社會科學　1985年1期
試論莊子寓言的文學特色　李平科　廣東教育學院學報　1985年1期
試探莊子的美學思想　胡健　淮陰師專學報　1985年1期
談我國浪漫主義創作方法論的濫觴：評莊子的創作方法論　阮國華　湖北師範學院學報　1985年1期
莊子美學思想異議　陳守元　重慶師院學報　1985年1期
莊子注自然哲學思想簡議　烈炎、克讓　荊州師專學報　1985年1期
關於莊子寓言研究的幾個問題　趙沛霖　新疆師大學報　1985年2期
敘事而理自明　寫物而意自附：從逍遥遊談莊子散文的風格　覃國航　河池師專學報　1985年2期
逍遥遊分析　余福智　佛山師專學報　1985年2期
齊物論的理論結構之開展（臺灣）陳鼓應　江淮論壇　1985年2期
莊子漫論　公盾　江西師範大學學報　1985年2期
莊子美學觀藝術觀散論　徐克謙　雲南社會科學　1985年2期
讀莊疑思録：有關莊子文藝思想問題的片斷思考　羅宗強　南開學報　1985年2期
關於莊子注釋中的幾個問題：與謝祥皓、陳鼓應二位先生商榷　郎豐生、付亞庶、韓格平　古籍整理研究學刊　1985年2期
簡談莊子思想對中國文學發展的巨大影響　崔大華　商丘師專學報　1985年2期
試論稼軒詞與莊子　鄭宏華　四川師院學報　1985年2期
試論莊子教育思想　鄭其龍　湖南師大學報　1985年2期
哲學家的莊子與藝術家的莊周：兼與李錦全同志商榷　張松如、趙明　社會科學戰綫　1985年2期

竹帛例釋莊子　熊建國　南充師院學報　1985年2期

莊周認識論芻議　劉景山　理論探討　1985年2期

莊子人生哲學中的矛盾　劉笑敢　文史哲　1985年2期

莊子認識系統的特色　（臺灣）陳鼓應　安徽師大學報　1985年2期

莊子哲學性質試探　張茂新　阜陽師範學院學報　1985年2期

論老莊哲學對內家拳的指導和影響　王家鑫　成都體院學報　1985年2、3期

從哲學到藝術的醇化：莊子藝術探源　姚曼波　學術月刊　1985年3期

莊子『帝王』考辨　董楚平　浙江學刊　1985年3期

莊子的文學語言　趙純偉　鞍山師專學報　1985年3期

莊子中的樂話　吉聯抗　中國音樂　1985年3期

郭象莊子注中之自然獨化及玄同彼我之道　唐君毅　中國哲學史研究　1985年3期

論郭象莊子注的哲學範疇及其內在聯繫　田文棠　陝西師大學報　1985年3期

評莊子的『物化』說　王樹森　遼寧師範大學學報　1985年3期

蘇軾論莊子　陶白　江海學刊　1985年3期

談我國浪漫主義創作方法論的濫觴（續）：評莊子的創作方法論　阮國華　湖北師範學院學報　1985年3期

王蒙與莊子　張嘯虎　當代作家評論　1985年3期

一個矛盾的理論體系：論莊子超脫中的自我　饒東原　湖南師大學報　1985年3期

章太炎莊子解故本源　胡道靜　古籍整理研究學刊　1985年3期

莊子與儒家　徐克謙　齊魯學刊　1985年3期
毛姆與莊周　趙曉麗、屈長江　西北大學學報　1985年4期
莊子『道』論之我見　盛君瑞　安慶師院學報　1985年4期
莊子中的樂話(續篇)　吉聯抗　中國音樂　1985年4期
老莊哲學與魯迅的思維方式　王曉華　中國哲學史研究　1985年4期
試論莊子的道德論哲學：兼及莊子美學的基本特徵　韓林德　華南師範大學學報　1985年4期
我讀莊子　戴厚英　書林　1985年4期
莊子論『道』：兼評莊老道論之異同　(臺灣)陳鼓應　中國哲學史研究　1985年4期
莊子人生論辨析　朱貽庭　華東師範大學學報　1985年4期
莊子社會歷史觀的唯心主義實質不在於嚮往原始社會　武育香　荊州師專學報　1985年4期
莊子：中國短篇小說之父　曹大中　湖南師大學報　1985年4期
莊子自然哲學思想簡議　何克讓等　爭鳴　1985年4期
莊子哲理表達的藝術風格　彭懷祖　社會科學(甘肅)　1985年5期
略談莊子中的孔子形象　謝祥皓　齊魯學刊　1985年5期
評莊子的散文藝術　孫以昭　文學評論　1985年5期
莊周美學和柏拉圖美學的比較研究　肖鷹　思想戰綫　1985年5期
郭象哲學性質研究中的幾個方法論問題　王國炎　江西社會科學　1985年6期
試論莊子的逍遥遊思想　劉二柱　天津師大學報　1985年6期
汪洋闢闔　儀態萬方：談莊子的語言藝術　曹礎基　文史知識　1985年6期

莊子後學中的黃老派　劉笑敢　哲學研究　1985年6期
莊子哲學思想研究略述　少巖　文史哲　1985年6期
莊子『心化』論初探　舒鉞　江漢論壇　1985年10期
莊子內篇人生哲學的現實意義　王景琳　江漢論壇　1985年10期
試論莊子哲學與船山美學思想的關係　劉暢　學術月刊　1985年10期
莊子是極端個人主義者　健白　解放日報　1985年11月12日
并莊屈以爲心：兼讀李白詩的自由主題　陳蝶沁　文史知識　1985年12期
莊子散文的說理藝術　陸萬勝　散文世界　1985年12期
莊子無君論思想的影響與歷史地位　虞友謙　文科通訊（淮陰教院）　1986年1期
簡論莊子之觀及其影響　周建國　安慶師院學報　1986年1期
天下篇的寫作時代與作者的探討　朱榴明　常德師專學報　1986年1期
莊子的浪漫主義特色及其成因　尚永亮　中州學刊　1986年1期
莊子雜篇舊注辨正　謝祥皓　古籍整理研究學刊　1986年1期
莊子新探評介　黔容　中國哲學史研究　1986年1期
老莊美學思想中的『有』和『無』的辯證法及其影響　張文勳　文藝理論研究　1986年1期
論王弼與老莊一多思想的差異　馬序　蘭州大學學報　1986年1期
試論莊子散文的藝術結構　王景琳　深圳大學學報　1986年1期
莊子的人生哲學及其在中國文化中的作用　崔大華　哲學研究　1986年1期
莊子對寓言藝術的貢獻　王景琳　北京大學學報　1986年1期

莊子思想對當今文學創作及其評論的啟示　賀立華　東嶽論叢　1986 年1 期

爲勞者的歌：讀莊子劄記　張祖夔　浙江學刊　1986 年1、2 期

略論莊子文藝美學思想及其哲學基礎　林潤瀚　重慶社會科學　1986 年2 期

『天地與我並生，萬物與我合一』：移情作用與審美共鳴　劉曉波　名作欣賞　1986 年2 期

逍遥遊論略　韓世華　中山大學學報　1986 年2 期

逍遥遊寓意探微　李鳴　陝西師大學報　1986 年2 期

莊子的科學思想　曹礎基　華南師範大學學報　1986 年2 期

從辯證法到詭辯論：莊子齊物論淺析　劉笑敢　北京大學學報　1986 年2 期

郭象『逍遥』義辨析　高晨陽　遼寧大學學報　1986 年2 期

領悟人本的愉悦：莊子論樂片述　黄毓任、李慶明　南通師專學報　1986 年2 期

淺談莊子其人其書　歐陽超　武漢教育學院學報　1986 年2 期

莊子是天人合一型思想家　陳紅映　思想戰綫　1986 年2 期

莊子天人合一觀的形成與批判　陳紅映　雲南教育學院學報　1986 年2 期

莊子與薩特的自由觀　劉笑敢　中國社會科學　1986 年2 期

以天合天：莊子關於藝術創作的法則　曹礎基　學術研究　1986 年3 期

莊子天籟思想與後世文藝創作　郭振武　鐵嶺師專學報　1986 年3 期

『莊子與魯迅』新議：兼與王瑶、夏傳才同志商榷　甘競存　南京師大學報　1986 年3 期

逍遥遊積極意義舉要　傅正谷　錦州師院學報　1986 年3 期

莊子『天鈞』、『兩行』説新識　舒鍼　天津社會科學　1986 年3 期

莊子論『常心』與『成心』　舒金城　中國哲學史研究　1986年3期

從呂氏春秋、韓非子等書推測莊子之成書年代　王發國　西南民族學院學報　1986年3期

從孔子莊子之異看儒道二家文藝思潮：　古代文論小劄　吳調公　南通師專學報　1986年3期

漫談老莊的文藝觀和美學觀　張少康　文史知識　1986年3期

披荊斬棘　爲莊子研究開闢坦途：　介紹莊子新探　周乾溁　河北師院學報　1986年3期

淺論莊子中的自然科學思想　公孫廣漢　中國社會科學院研究生院學報　1986年3期

吐崢嶸之高論　開浩蕩之奇言：　談莊子鯤鵬的寓意　江立中　雲夢學刊　1986年3期

莊子思維方式的特徵　趙馥潔　社會科學評論　1986年3期

『自然無爲』與『表己於物』：　莊子審美辯證法研究之一　張偉　遼寧大學學報　1986年4期

楚風・莊周・屈原　宋群力　麗水師專學報　1986年4期

從周易到莊子：　先秦玄理之文的發展　郭預衡　河北師院學報　1986年4期

從老莊論『道』的性質談到無神論與有神論的思想通向問題：　再向張松如、趙明同志請教　李錦全　中國哲學史研究　1986年4期

老莊道家學派的心理思想探索　燕國林　心理科學通訊　1986年4期

略論大鵬形象的歷史內涵與審美價值　王尚文、朱昌元　浙江師範大學學報　1986年4期

試比較莊子與盧梭的自然法平等觀　費開文等　中南政法學院學報　1986年4期

莊子對神話形象的再創造　孟傳書　天津教育學院院刊　1986年5期

莊子論『至德之世』　陳正炎　上海經濟研究　1986年5期

莊子文學思想發微　王達津　南開學報　1986年5期

郭沫若早期如何受莊子的影響　張牛　社會科學研究　1986年5期
詼諧風趣的哲人莊周　田居儉　文史知識　1986年5期
嚮往人生自由的心聲：讀莊子外篇馬蹄　李知文　文史知識　1986年5期
直致任真　率情而往：試談莊子的審美情感論　陳書錄　學術月刊　1986年5期
莊子處世思想新探　張松輝　湖南師範大學社會科學學報　1986年5期
莊子的哲學：一個絕對哲學的體系　樊公裁　天津社會科學　1986年5期
莊子寓言與古代短篇小説辨析：與曹大中同志商榷　東生　湖南師範大學社會科學學報　1986年5期
從莊子談到中國特色的浪漫主義　劉紹瑾　江漢論壇　1986年8期
逍遥遊題旨探求述略　趙家瑩　語文導報　1986年9期
近十年來的莊子研究　曹礎基　語文導報　1986年9期
聞一多對莊子的禮贊、解剖和揚棄　尚永亮　江漢論壇　1986年11期
關於莊子研究的幾個觀點　（臺灣）陳鼓應　光明日報　1986年12月8日
莊子的相對主義認識論與現代物理學的思維方式　賈莉　吉林高等教育研究　1986年增刊
莊子與海德格爾美學思想比較　戴冠青　泉州師專學報　1987年1期
莊子：抒寫心靈、表現自我的文學傑作　郭丹　江西師範大學學報　1987年1期
莊子内篇探微　劉如瑛　揚州師院學報　1987年1期
莊子劄記：莊子新詁六則　趙建偉　文獻　1987年1輯
老莊哲學與德國文學　李昌珂　雲夢學刊　1987年1期
試論莊子藝術形象的浪漫主義實質　陳洪波、陳桐生　湖北教育學院學報　1987年1期

莊子寓言的藝術特徵　魏宏燦　阜陽師範學院學報　1987年1期

對一個原始的文藝心理學模式的美學探討：略論老莊哲學中的心理學美學思想　殷國明　廣西民族學院學報　1987年1期

試論莊子相對主義思想的作用　徐建文　南昌教院學報　1987年2期

張聰東撰莊子研究新著述評　楊武能　重慶社會科學　1987年2期

奥尼爾與老莊哲學　劉海平　中央戲劇學院學報　1987年2期

東晉繪畫美學與老莊哲學　王岳　新疆師大學報　1987年2期

莊子思想的文學特質及其影響　崔大華　文史哲　1987年2期

老子和莊子中的辯證法思想之異同　郭建勳　福建師範大學學報　1987年2期

逍遥遊雜議六題　水渭松　浙江師範大學學報　1987年2期

莊子『道』的哲學及其展開　[日]池田知久著　向寧譯　南開學報　1987年2期

莊子『者』析　喬惟森　西北民族學院學報　1987年2期

莊子人名辨析三則　唐明松　雲南師範大學學報　1987年2期

莊子形象系列之我見　劉松來　文學遺産　1987年2期

莊子寓言淺論　毋進炎　畢節師專學報　1987年2期

莊子寓言中的理趣　王守華　雲南民族學院學報　1987年2期

憤世疾俗　熱烈追求：逍遥遊主旨試探　楊旭升　綿陽師專教學與研究　1987年2期

老莊的女性觀　金科　開發　1987年2期

林希逸莊子鬳齋口義在日本　[日]池田知久著　周一良譯　中國哲學史研究　1987年2期

略論老莊思想與日本　李威周　外國問題研究　1987年2期

求之會通　得其環中：《莊子發微學記》　王樹森　文教資料　1987年2期

試論莊子哲學的客觀唯心主義性質　潘澈、張玉田　長春師院學報　1987年2期

莊子《逍遥遊》藝術談　劉家瑞　中文自修　1987年2期

莊子與屈原藝術手法異同試析　王景琳　河北學刊　1987年2期

莊子語言風格初探　譚耀炬　贛南師範學院學報　1987年2期

莊子哲學的體系及莊學的演變　劉笑敢　文獻　1987年2輯

莊子哲學與尼采哲學的比較探析　王興國　上海社會科學院學術季刊　1987年2期

論孔、莊體育思想　張元　體育文史　1987年3期

從莊子之道看其自然觀　魯洪生　東疆學刊　1987年3期

莊子的文藝思想　顧易生　上海社科院學術季刊　1987年3期

散體賦淵源於散文　濫觴於《莊子》　李回　丹東師專學報　1987年3期

『辯無勝負』的哲理緣由：評價老莊的一種言語觀　胡安良　青海民族學院學報　1987年3期

莊子散文與後世文論　胡樂平　文科月刊　1987年3期

簡談《漁父》爲莊子作　饒恒久　固原師專學報　1987年3期

論莊子的處世哲學　張傳實　東嶽論叢　1987年3期

試論莊子《齊萬物》的思辯途徑　舒鋮　河北學刊　1987年3期

試論莊子的自然原則：兼談莊子再評價　苟世祥　社會科學研究　1987年3期

小談莊子『齊萬物』、『齊是非』的相對主義　章鑣　雲南師範大學學報　1987年3期

莊子崇尚自然朴素之美說質疑　方勇　中州學刊　1987年3期

莊子人生哲學的邏輯進程　吳重慶　中山大學研究生學刊　1987年3期

莊子心理學思想試探　余鐵城　心理學報　1987年3期

莊、韓寓言與戰國中末期寓言的發展　傅軍龍　呼蘭師專學報　1987年4期

『天地與我並生，萬物與我爲一』：兼談莊子與巴斯卡思想之比較　張榮明　上海師範大學學報　1987年4期

『天人合一』與山水藝術：我國古代山水藝術發達原因探源之一　王可平　新美術　1987年4期

莊子與漢賦　徐宗文　安慶師院學報　1987年4期

混世與超世：莊子人生哲學內在矛盾試探　方映靈　中山大學研究生學刊　1987年4期

老莊的藝術心理學　劉偉林　華南師範大學學報　1987年4期

試論老莊思想對僧肇的影響　劉國梁　齊魯學刊　1987年4期

試論老莊哲學對陶淵明的影響　李敘彬　鹽城師專學報　1987年4期

試論莊子的社會政治思想　錢安琪　西南師範大學學報　1987年4期

談莊子散文的意境　張仲謀　九江師專學報　1987年4期

莊子人生哲學淺說　齊人　北京社會科學　1987年4期

從老子的『無知無欲』到莊子的相對主義　李景林　吉林大學社會科學學報　1987年5期

孔子與莊子審美追求比較　張節末　文史哲　1987年5期

論莊子思想對魏晉六朝文學的影響　王載源　江海學刊　1987年5期

試論莊子的個體自由思想　人異　求索　1987年5期

莊子『緣情』思想發微　呂藝　北京大學學報　1987年5期
莊子和海德格爾美學思想比較　戴冠青　當代文藝探索　1987年5期
莊子復辟倒退辨　李回　人文雜誌　1987年6期
莊子的人生哲學及其本質　鄭曉江　江西社會科學　1987年6期
莊子對真理的思考　舒鉞　學術月刊　1987年9期
從莊子書中有關儒家的材料看儒學的發展　（美國）陳啟雲　中國文化與中國哲學　深圳大學國學研究所主編1987年號
老莊、郭象與禪宗：禪道哲理連貫性的詮釋學試探　（美國）傅偉勳　中國文化與中國哲學　深圳大學國學研究所主編1987年號
蝴蝶夢　（臺灣）陳鼓應　老莊論集　齊魯書社1987年版
尼采哲學與莊子哲學的比較研究　（臺灣）陳鼓應　老莊論集　齊魯書社1987年版
論莊子『至德之世』　張軍　老莊論集　齊魯書社1987年版
略論莊周之生死觀　李雨豐　昭通師專學報　1988年1期
莊子及其後學的哲學思想之我見　詹天佐　零陵師專學報　1988年1期
莊子的生態觀　郝樸寧　雲南師大學報　1988年1期
莊子與魏晉以來幾位傑出的詩人　任訪秋　駐馬店師專學報　1988年1期
莊子若干詞語的方言訓詁　師爲公　鐵道師院學報　1988年1期
莊子校釋補　劉如瑛　揚州師院學報　1988年1期
莊子齊物論窺管　高正　北京大學研究生學刊　1988年1期

郭沫若與莊子的思想淵源關係　李向陽　郭沫若學刊　1988年1期

簡析莊子對自由的邏輯論證　孫利天　松遼學刊　1988年1期

屈原與莊周美學理想異同辨　郭維森　南京大學學報　1988年1期

也論逍遙遊的積極意義：與傅正谷同志商榷　成頊、陳洪波　錦州師院學報　1988年1期

莊子『大美』與佛教『摩訶』的比較　鄭思禮　思想戰綫　1988年1期

莊子的言意論及其美學意義　劉紹瑾　江漢論壇　1988年1期

莊子思想的矛盾　周啟成　中國哲學史研究　1988年1期

莊周的超脫思想　劉劍康　益陽黨校學報　1988年2期

『鬼神將來舍』辨析　黃志浩　鎮江師專學報　1988年2期

莊子逍遙遊新探　陸欽　中國哲學史研究　1988年2期

黃老·老莊·無爲而治　熊靜中　渤海學刊　1988年2期

簡論齊物論以及秋水對它相對主義的否定　宋祚胤　湖南師範大學社會科學學報　1988年2期

略說莊子學派浪漫主義文學傳統之形成　薛敏珠　吉林大學學報　1988年2期

試論莊子散文的荒誕意識　黃宏信　阜陽師範學院學報　1988年2期

試論莊子散文的詭辯特色　李敏　福建論壇　1988年2期

試論莊子哲學與楚文化的關係　朱曉鵬　江漢論壇　1988年2期

莊周直覺思維的心理行爲特徵及其文化影響　段建海　陝西師大學報　1988年2期

莊子：惠特曼對郭沫若的影響仲介：兼論借鑒外國文學過程中的本土意識　區鉷　外國文學評論　1988年2期

莊子道論新釋　顏世安　南京大學學報　1988 年2 期
莊子爲楚王後裔之貧士說　王湊青　湖州師專學報　1988 年2 期
莊子養生思想證　劉振坤　體育文史　1988 年3 期
兼取衆長　別開生面：評莊子淺論　劉紹瑾　學術研究　1988 年3 期
『莊子雜編舊注辨正』之辨正　董志翹　古籍整理研究學刊　1988 年3 期
莊子的社會療救思想　何加焉　山西師大學報　1988 年3 期
莊子論辯文章塑造形象的獨特性　鄧韶玉　湖北師範學院學報　1988 年3 期
莊子中的真人與畸人的區別及意義　徐新平　湖南師範大學社會科學學報　1988 年3 期
論莊子宇宙圖式的建構　黄毓任　南通師專學報　1988 年3 期
論莊子的審美知覺　朱堂錦　文藝理論研究　1988 年3 期
莊子的經濟思想　巫寶三　北京社會科學　1988 年3 期
莊子的體道三境界　杜道明　新疆大學學報　1988 年3 期
老莊著作中對立四字格的結構類型和哲理含義初談　胡安良　青海民族學院學報　1988 年3 期
莊子建立人生哲學的基本脈絡　王進駒　廣西師範大學學報　1988 年3 期
莊子與中國古代文論三題　成項　荊州師專學報　1988 年3 期
『物化』與移情　胡安良　青海日報　1988 年3 月16 日
『緣情』的文學理論與莊子　劉紹瑾　暨南學報　1988 年4 期
論莊子的語言觀　李恕豪　天府新論　1988 年4 期
莊子散文的審美特徵　夏雄臨　臨沂師專學報　1988 年4 期

史記『莊周傳』不可信據　龔維英　徽州師專學報　1988年4期
逍遥遊的藝術彈性美　趙玉堂　許昌師專學報　1988年4期
莊子法哲學價值觀探微　公丕祥　南京師大學報　1988年4期
從莊子的『技』看其關於文藝美的思想　王景琳　江淮論壇　1988年4期
淺析老莊學派的養生思想　黄渭銘　哈爾濱體育學院　1988年4期
人體科學與莊子美學　于民　文藝研究　1988年4期
神説：莊子探微之一　曹文星　貴州文史叢刊　1988年4期
試論易老莊：關於宇宙法則簡單性與複雜性的思想　郭和平　雲南教育學院學報　1988年4期
莊子：中國古代夢寐説與夢文學的奠基人　傅正谷　齊魯學刊　1988年4期
莊子的悟『道』與審美體驗　朱良志　齊魯學刊　1988年4期
莊子人生哲學的結構分析　賈雲平　中山大學研究生學刊　1988年4期
老莊思想與初唐『四傑』詩風　羅宗強　徐州教院學報　1988年4期
逍遥遊的『形態』分析　胡安良　語文月刊　1988年5期
莊子『卮言』考辨　姚曼波　江海學刊　1988年5期
淺談莊子寓言的藝術特色　高海安　電大文科園地　1988年5期
考證精當　見解新穎：讀張恒壽著莊子新探　商聚德　河北學刊　1988年5期
論莊子認識論不是不可知論　李堅　遼寧大學學報　1988年5期
莊惠『濠梁之辯』：兩種思維的交叉　翟廷瑨　學術月刊　1988年5期
莊子今注今譯注釋商兑　金永平　浙江學刊　1988年6期

莊子的哲學思想、人生態度和美學思想：中國傳統思想文化研究之一　楊安侖、程俊　湖南師範大學學報　1988年6期

莊子對主體認識能力的思考　舒鋮　哲學研究　1988年6期

從莊子寓言看其美學思想　王增文　大學文科園地　1988年7期

孟子、莊子理想人格之比較　姚儉建　學術月刊　1988年10期

老莊：『入其壘，襲其輜，暴其恃，而見其瑕』——張松如訪問記言　常立　人民日報　1988年10月18日

『息我以死』與『向死而在』：莊子和海德格爾的死亡哲學　李向平　社會科學家　1989年1期

莊子寓言概論　張天元　黑龍江教育學院學報　1989年1期

淺談莊子寓言的藝術特色　張慶元　齊齊哈爾師院學報　1989年1期

從言意之辯到境生象外：論莊、玄、禪對古代詩論的影響　鄧喬彬　華東師範大學學報　1989年1期

莊子意象試論　劉松來　江西師範大學學報　1989年1期

莊子逍遙遊中大鵬形象及其主旨　李生龍　中國文學研究　1989年1期

曹雪芹和莊夫子　姜超　紅樓夢學刊　1989年1期

孔子與莊子的自然美觀　易先林　中國文學研究　1989年1期

老莊利己主義之比較　歐陽斌、王海明　益陽師專學報　1989年1期

略論莊子散文中的匠人形象　梁克隆　中國人民警官大學學報　1989年1期

論莊子對稼軒詞的影響　李博、曾廣開　鄭州大學學報　1989年1期

尼采與老莊　張世英　學術月刊　1989年1期

嚴復的天演哲學與老莊思想　楊達榮　江西社會科學　1989年1期

一幅人類向自由王國飛躍的美妙畫卷：莊子逍遥遊主題新論　張國光　北方論叢　1989年1期
莊子寓言的奇特美　胡如虹　求索　1989年1期
莊子人生思想探尋　丁懷軫　知行學刊　1989年2期
莊子裏的人物變異和價值舉向　胡安良　青海民族學院學報　1989年2期
評莊子的理性懷疑主義哲學傾向　林永光　煙臺師院學報　1989年2期
莊子的美醜觀　劉方　自貢師專學報　1989年2期
『鯤鵬』的人生與『酒神』的人生　倪培林　內蒙古師大學報　1989年2期
莊子的哲學核心與文學表現　何加焉　山西師大學報　1989年2期
莊子中的孔子　楊旭升　四川師範學院學報　1989年2期
從齊物論的兩個體系探索莊子齊一觀的認識根源　饒東原　湖南師範大學社會科學學報　1989年2期
對『貫通』境界的追求：孔、老、莊合論　吴重慶　孔子研究　1989年2期
論老莊對審美主體的規範　林愛和　福建師大福清分校學報　1989年2期
屈莊同異論：對我國古代浪漫主義文學的兩個基本型的特徵及其成因的考察　豐坤武　南通師專學報　1989年2期
莊子不可知論與古希臘羅馬懷疑派哲學的比較　陳紹燕　文史哲　1989年2期
莊子的審美追求與審美超越　龍春麗　鞍山師專學報　1989年2期
莊子及莊周學派的孔子觀：從莊子一書談起　楊義銀、王順達　西南師範大學學報　1989年2期
怎樣讀莊子　曹礎基　古典文學知識　1989年2月
莊子有無弟子　殷南根　復旦學報　1989年2期

莊子人生哲學試探　陳孝寧　昭通師專學報　1989 年2、3 期
大美無言：　老莊的雄渾觀　曹順慶　文藝理論　1989 年3 月
莊子活動年表　曹礎基　華南師大學報　1989 年3 期
莊子散文成就管窺　李增林等　民族藝林　1989 年3 期
莊子齊物論窺管　高正　中國哲學史研究　1989 年3 期
莊子口義的理學觀　楊黛　浙江學刊　1989 年3 期
多元・無限：　莊子的懷疑論　盧振芳　上海教院學報　1989 年3 期
莊子的言意思想淺說　余衛國　寶雞師院學報　1989 年3 期
老莊死亡境界分析　張三夕　寶雞師院學報　1989 年3 期
悲劇靈魂的自我拯救：　論莊子的藝術魅力及其歷史意義　王增恂　學術論壇　1989 年3 期
老、莊異同論：　爲紀念先師熊十力先生誕辰100 周年而作　吳林伯　齊魯學刊　1989 年3 期
劉勰自然觀試論：　兼與莊子自然觀之比較　曹礎基　學術研究　1989 年3 期
老莊論夢與中國古代氣功　徐儀明　河南大學學報　1989 年3 期
老莊政治觀新探　李磊明　寧波師院學報　1989 年3 期
莊子『物化』說的審美意蘊　張利群　廣西大學學報　1989 年3 期
莊子人學二題　邵漢明　吉林大學社會科學學報　1989 年3 期
莊子文藝思想管窺　程惠民　內蒙古師院學報　1989 年3 期
莊子自由觀產生的文化背景　謝聖坤　湖南師範大學社會科學學報　1989 年3 期
簡述莊子人生哲學的特點　林君莊　理論學習月刊　1989 年4 期

莊子『三言』考辨　熊良智　四川師範大學學報　1989年4期

莊子的意境理論　王昱昕　貴陽師專學報　1989年4期

談莊子大宗師篇成篇的幾種可能　汪春泓　天津師大學報　1989年4期

淺談莊子逍遥遊『六月息』的釋義問題　朱中儒　佳木斯師專學報　1989年4期

適性爲美：莊子美學系統管窺　祁志祥　華東師範大學學報　1989年4期

形象與理念的完美結合：談莊子寓言　張宏生　求索　1989年4期

莊子思想在書法藝術意識中的滲透　傅京生　美術研究　1989年4期

莊子宇宙觀之我見　李谷鳴　安徽教育學院學報　1989年4期

莊子：反對權威崇拜主張個性解放的思想家　鄧年武　社會科學家（滬）　1989年4月20日

莊子與中國美學評介　舒卓　文藝研究　1989年5期

一幅人類向自由王國飛躍的美妙畫卷：莊子逍遥遊主題新論　張國光　江漢論壇　1989年5期

郭象哲學的邏輯結構及對莊學的修正　楊義銀　江西社會科學　1989年5期

論莊子美學思想大系　阮忠　華中師範大學學報　1989年5期

評莊子人生哲學　顔世安　南京大學學報　1989年5期

中國古代審美思維方式的雛形：莊子式『物化』思維初探　張利群　社會科學家　1989年5期

莊子人生哲學三境界論：逍遥遊主旨試析　康中乾　中州學刊　1989年5期

關於莊子後學的流派問題　蔣榮昌　四川師範大學學報　1989年6期

論莊子美學與柏拉圖美學　李文方　學習與探索　1989年6期

生命：老、莊哲學的一種内涵　李生龍　湖南師大社會科學學報　1989年6期

莊子論美與審美的思想　古建軍　人文雜誌　1989年6期

莊子散文風格：灑脫　徐生林　中文自學指導　1989年10期

從莊子哲學看中國哲學的思想特徵　楊宏聲　社會科學家(滬)　1989年12月14日

『天之蒼蒼，其正色邪』：對莊子兩個命題美學屬性的質疑　豐坤武　古代文學理論研究(第十四輯)　1989年

莊子東傳考略　王勇　杭州大學學報　1989年增刊

莊子散文的感情色彩　趙耀明　齊魯學刊　1989年增刊

莊子：絶妙的詩　劉生良　中州學刊　1990年1期

莊子文學美成因　魯茂松　學術交流　1990年1期

莊子文藝觀拾遺　姜藍寶　大慶師專學報　1990年1期

從莊子和西方智者學派的比較看相對主義產生的歷史必然性　李霞　淮北煤師院學報　1990年1期

個人主義辨析：楊朱、莊子、尼采、海德格爾、薩特倫理觀比較　王海明　北京師範學院學報　1990年1期

莊、孟、韓寓言比較　李回　晉陽學刊　1990年1期

老莊黃老比較論綱　羅祖基　青海師範大學學報　1990年1期

淺論莊子中人物形象的塑造　王增文　黄淮學刊　1990年1期

試論莊子的宇宙衍化論　舒鋮　人文雜誌　1990年1期

莊子美學思想對古代書法家的影響　朱以撒　福建師大學報　1990年1期

以天籟自然爲美的老莊美學　吳功正　黄淮學刊　1990年1期

莊子外、雜篇對內篇文體的發展　王景琳　寧夏教育學院、銀川師專學報　1990年1期

老莊道論之比較研究　高建立　黃淮學刊　1990年2期

莊子辭語意象手法略論　趙秀培　貴州社會科學　1990年2期

莊子散文的『空白』藝術　張衛中　益陽師專學報　1990年2期

莊子與查拉斯圖拉之比較研究　［美］格拉姆·帕克斯著　王國良譯　社會科學戰綫　1990年2期

楚文化與老莊哲學　張智彥　社會科學輯刊　1990年2期

面對社會文明進步的質疑：莊子哲學思想試析　張茂新　雷州師專學報　1990年2期

淺談莊子的『虛無』與意象　王則遠　廣東教育學院學報　1990年2期

試論莊子的莊與諧　金波、蔡淳　廈門大學學報　1990年2期

試談李白思想與莊子哲學　林肇琛　遼寧大學學報　1990年2期

莊子的『道』與人生境界和處世態度　蔣榮昌　四川師範學院學報　1990年2期

莊子浪漫主義精神論析：兼論『積極說』與『消極說』　王景琳　漢中師院學報　1990年2期

莊子思想的文學特質　崔問石　黃淮學刊　1990年2期

莊子現代版　流沙河　青年作家　1990年2期

莊子相對主義的特點及哲學意義　白曉光　朝陽師專學報　1990年2期

莊子逍遙遊旅遊思想探析　黃德源　學術季刊　1990年2期

莊子校讀劄記　周乾榮　天津師大學報　1990年2期

逍遙遊旨意絜解　劉坤生　汕頭大學學報　1990年3期

莊子與陰陽說　趙東栓　蒲峪學刊　1990年3期

關於莊周的幾個疑難問題　陸欽　黄淮學刊　1990年3期

淺論莊子的喜劇性　曹礎基　華南師範大學學報　1990年3期

意出塵外　怪生筆端：莊子寓言藝術表現論　阮忠　咸寧師專學報　1990年3期

莊子的物化哲學及其美學意義　曹耘　蘇州大學學報　1990年3期

莊子理想人格學説探析　邵顯俠　安徽省委黨校學報　1990年3期

莊子認識論的内在矛盾　李紀軒　黄淮學刊　1990年3期

『莊子精神』同莊子形神論的内在邏輯聯繫　白奚　甘肅理論學刊　1990年4期

老莊異同論　崔大華　中州學刊　1990年4期

老莊哲學思想辨異　夏立憲　上海社會科學院學術季刊　1990年4期

略論老莊學派的文化屬向　夏秋冬　信陽師範學院學報　1990年4期

論莊子散文的浪漫主義特色　陸永品　河北師院學報　1990年4期

論莊子哲學的知與行　楊應龍　江西社會科學　1990年4期

哲學園裏的牡丹花　周桂鈿　社會科學　1990年4期

莊周的天道觀及其人生哲學　韋俊生　廣西大學學報　1990年4期

莊周與柏拉圖美學思想比較三題　祖國華、祁海文　松遼學刊　1990年4期

莊子『道』的含義辨析　康中乾　黄淮學刊　1990年4期

莊子『物化』論的美學意義　王新民　延安大學學報　1990年4期

莊子『心齋』説的審美意味　張利群　廣東教育學院學報　1990年4期

莊子浪漫美學中的『醜』　任白　蒲峪學刊　1990年4期

莊子審美『遺忘』說試論　劉成紀　鄭州大學學報　1990年4期

莊子現代版　流沙河　隨筆　1990年4期

從老子的辯證法到莊子的相對主義　翟祖發　社會科學　1990年5期

略論老莊的生命哲學　吳根友　哲學研究　1990年5期

以『儒』『釋』解『莊』：讀林希逸莊子口義　張毅　南開學報　1990年5期

莊子『卮言』探源　劉士林　中州學刊　1990年5期

莊子的母體文化及與楚文化的關係　孫克強　河南大學學報　1990年5期

莊子和席勒美學的比較　葉伯泉　學術交流　1990年5期

莊子思想與道教的理論基礎　崔大華　哲學研究　1990年5期

莊子學派宇宙本體論的特點和分歧　高正　河北學刊　1990年5期

莊子寓言二則　梁揚　閱讀與寫作　1990年5期

莊子自由觀及其在後代的嬗變　張立偉　江漢論壇　1990年5期

試談莊子返朴歸真的美學觀　白雲山　語文學刊　1990年6期

庶民百姓的代言人：莊子內篇評析　邢建堂　晉陽學刊　1990年6期

莊子藝術精神的當代價值：傳統美學與當代文學論列之三　陳世旭　江西社會科學　1990年6期

老莊美學思想的要義所在　王向峰　學術月刊　1990年10期

畏禍心態：莊子人生哲學的契機　金榮權　江漢論壇　1990年11期

漫論莊子　徐澍　莊子與中國文化　安徽人民出版社　1990年版

莊子故里蒙城說考辨　錢耕森　莊子與中國文化　安徽人民出版社　1990年版

再論莊周故里　菲銘　莊子與中國文化　安徽人民出版社　1990 年版

莊子時空觀新探　肖美豐　莊子與中國文化　安徽人民出版社　1990 年版

意會論乃莊子魂　劉仲林　莊子與中國文化　安徽人民出版社　1990 年版

莊子的名辯觀　劉培育　莊子與中國文化　安徽人民出版社　1990 年版

莊子直覺思維論　顧文炳　莊子與中國文化　安徽人民出版社　1990 年版

莊子的邏輯學與認識論　甄長松　莊子與中國文化　安徽人民出版社　1990 年版

一個拒絕步入文化世界的人：評莊子的人生觀　劉國華　莊子與中國文化　安徽人民出版社　1990 年版

莊子人學思想論綱　丁懷軫　莊子與中國文化　安徽人民出版社　1990 年版

淺談莊子的生命哲學　蔣國保　莊子與中國文化　安徽人民出版社　1990 年版

莊子物我同一的境界說和人格說　邵漢明　莊子與中國文化　安徽人民出版社　1990 年版

淺談莊子追求絕對自由的思想　何明新　莊子與中國文化　安徽人民出版社　1990 年版

莊子哲學與道家傳統精神　滕復　莊子與中國文化　安徽人民出版社　1990 年版

莊子外雜篇中的黃老思想　楊守戎　莊子與中國文化　安徽人民出版社　1990 年版

荀子眼中的莊子　鈕福銘、于萍　莊子與中國文化　安徽人民出版社　1990 年版

莊子思想與竹林玄學　默耕　莊子與中國文化　安徽人民出版社　1990 年版

禪宗與老莊思想　許抗生　莊子與中國文化　安徽人民出版社　1990 年版

莊子學派的文學傾向與楚文藝的浪漫特徵　莊大鈞　莊子與中國文化　安徽人民出版社　1990 年版

莊子的文學成就及其影響　慕占民　莊子與中國文化　安徽人民出版社　1990 年版

莊子文學價值探析　魯家永　莊子與中國文化　安徽人民出版社　1990 年版

莊子散文的創造精神　李竹君　莊子與中國文化　安徽人民出版社　1990 年版

莊子的寓言　丁辛百　莊子與中國文化　安徽人民出版社　1990 年版

莊子論藝術鑒賞　林祥徵　莊子與中國文化　安徽人民出版社　1990 年版

論莊子的藝術虛構　宗明華　莊子與中國文化　安徽人民出版社　1990 年版

略論莊子的『互見法』　孫以昭　莊子與中國文化　安徽人民出版社　1990 年版

莊子：中國畫之藝術魂　甘萬萍　莊子與中國文化　安徽人民出版社　1990 年版

論莊子的自然主義　王載源　莊子與中國文化　安徽人民出版社　1990 年版

漫談莊子的文藝美學思想　呂美生　莊子與中國文化　安徽人民出版社　1990 年版

莊子的審美時空　魯茂松　莊子與中國文化　安徽人民出版社　1990 年版

莊子科技觀辯析　周瀚光　莊子與中國文化　安徽人民出版社　1990 年版

莊子和現代自然科學　王森洋　莊子與中國文化　安徽人民出版社　1990 年版

莊子氣功試解　陳廣忠　莊子與中國文化　安徽人民出版社　1990 年版

淺談莊子與氣功　潘明環　莊子與中國文化　安徽人民出版社　1990 年版

莊子神秘的思維方式（美國）陳榮捷　莊子與中國文化　安徽人民出版社　1990 年版

從濠梁之辯看莊子的『真』觀　毛高格　莊子與中國文化　安徽人民出版社　1990 年版

對莊子的九種誤解（美國）吳匡明　莊子與中國文化　安徽人民出版社　1990 年版

現代西方人爲什麼對莊子感興趣（德國）費南山　莊子與中國文化　安徽人民出版社　1990 年版

建國以來莊子研究簡述　程潮　莊子與中國文化　安徽人民出版社　1990 年版

建國以來發表的莊子研究論文輯目　莊子與中國文化　安徽人民出版社　1990年版

莊、騷浪漫主義之比較　雷德榮　貴州師範大學學報　1991年1期

莊子與柏拉圖對話集美學思想之比較研究　任曉紅　煙臺大學學報　1991年1期

莊子寓言的美學特徵　熊憲光、蔣振華　大慶師專學報　1991年1期

莊子天下篇與莊子惠施篇　甄長松　淮北煤師院學報　1991年1期

本體論：莊子和海德格爾哲學思想的比較研究　徐良　青島師專學報　1991年1期

精神逍遙、適性逍遙與中國文學的發展　宋效永　安徽大學學報　1991年1期

老莊的生死觀與養生法　陸泳德　上海道教　1991年1期

老莊社會心理學思想管窺　李紀軒　黄淮學刊　1991年1期

老莊人生哲學及其與孔子人生哲學的比較　錢耕森、李仁群　安徽大學學報　1991年1期

論莊子成語的審美價值　王淩青　湖州師專學報　1991年1期

論莊子語言表達方式的特性　張利群　暨南學報　1991年1期

漫談莊子中的莊子形象　譚家健　安徽大學學報　1991年1期

試探莊子的智慧發生　劉士林　黄淮學刊　1991年1期

我解莊子的『非彼無我，非我無所取』説　劉金明　寧夏大學學報　1991年1期

虛靜：莊子審美的核心　趙慶麟　上海社會科學院學術季刊　1991年1期

莊禪自由觀之比較　李霞　安徽大學學報　1991年1期

莊子處世哲學與周易　鈕福銘　周易研究　1991年1期

莊子情感理念探溯　劉澤民　益陽師專學報　1991年1期

莊子思想與中國佛學的發展　崔大華　中國社會科學　1991年1期

莊子與諸子異同論　梁建民　咸陽師專學報　1991年1期

莊子哲學與養生學　孫以昭　安徽大學學報　1991年1期

逍遙遊與莊子的美學觀　盧治安　天津教育學院學報　1991年2期

道・美・人生：莊子美學思想探析　史紅　北京師範學院學報　1991年2期

對人類精神解放的追求：莊子『逍遥遊』哲學範疇新解　楊安侖　湖南師範大學社會科學學報　1991年2期

論莊子審美哲學的思維特色及其對中國藝術精神的影響　安港　北京大學研究生學刊　1991年2期

試論莊子的人格結構　池萬興　山西師大學報　1991年2期

試論莊子陷入相對主義的認識根源　鄒學榮　西南師範大學學報　1991年2期

謝靈運與莊子　劉思剛　淄博師專學報　1991年2期

莊子『濠梁之辯』與『辯無勝』　羊滌生　西北大學學報　1991年2期

莊子『物化』的審美觀及其影響　胡雪岡　溫州師範學院學報　1991年2期

莊子故里的國屬問題　崔大華　黃淮學刊　1991年2期

莊子與波德賴爾幻想中的骷髏世界　李谷鳴　安慶師院學報　1991年2期

莊子成語釋文商兑　王淩青　湖州師專學報　1991年3期

莊子的真人境界　姜建設　上海道教　1991年3期

莊子内篇孔、顔形象考論：兼談莊子的成書時間　王景琳　孔子研究　1991年3期

莊子内篇與早期黄老思想的比較　苗潤田　文史哲　1991年3期

莊子中第一、二人稱代詞的比較研究　趙小剛　蘭州大學學報　1991年3期
莊子天下篇『其數一二三四是也』義辨　張亞權　鎮江師專學報　1991年3期
安立自性、順自然而行：莊子養生主發微　王厚琮　唐都學刊　1991年3期
老莊道家自然主義論綱　張加才　蘭州大學學報　1991年3期
試論莊子的天人思想　孫明君　寶雞師院學報　1991年3期
試論莊子與屈原的悲劇心態　李清章　遼寧大學學報　1991年3期
逍遥遊：人格自由的三層境界：莊子與舍勒倫理價值觀比較　劉真倫　重慶師院學報　1991年3期
莊子『齊物』新解　李景林　孔子研究　1991年3期
莊子審美心胸理論析要　史可揚　内蒙古大學學報　1991年3期
莊子逍遥觀三層次説　康中乾　陝西師大學報　1991年3期
莊子寓言冠古今　伍偉民　上海道教　1991年4期
論莊子認識論的神秘主義性質：兼與普羅提諾哲學的比較　陳紹燕　文史哲　1991年4期
淺論莊子的想像與通感　馬非　雲南師範大學學報　1991年4期
莊子的藝術精神　黄君良　齊魯學刊　1991年4期
莊子作者芻議　劉金明　西北第二民族學院學報　1991年4期
莊子和中國古代隱士　高建立　黄淮學刊　1991年4期
莊子美學本體觀釋論　金雅　杭州大學學報　1991年4期
莊子學派與神仙道教　高正　世界宗教研究　1991年4期
莊子與意境説　可人　湘潭師範學院學報　1991年4期

莊子寓言的無限賦形　韓義緣、秦彥士　西南民族學院學報　1991年4期
莊子寓言『庖丁解牛』的底蘊　龔維英　東嶽論叢　1991年5期
試論莊子的兩種人格模式　吳永和　江蘇社會科學　1991年5期
中國古代特殊形態的精神現象學：莊子思想　楊安崙　文藝研究　1991年6期
莊子人生哲學的內在特徵　李俊彥　甘肅社會科學　1991年6期
莊子名辯論　劉培育　哲學研究　1991年8期
從愚君主義到愚民政策：再讀莊子　李若愚　博覽群書　1991年12期
莊子審美自由論　陳望衡　學術月刊　1991年12期
莊子關於『真』與『跡』的思想及其在美學上的意義　劉紹瑾　古代文學理論研究（第十五輯）1991年
莊子『物化』說的審美意蘊　張利群　古代文學理論研究（第十五輯）1991年
莊子寓言論　方勇　寓言文學論文集　中國寓言文學研究會編　1991年
莊子思維方式與文學藝術　袁振保　東方叢刊　1992年1期
『道家主幹說』得失簡評：陳鼓應老莊新論讀後　陳紅兵　哲學研究　1992年1期
莊子天下篇考證述評　李仁群　安徽史學　1992年1期
莊子寓言論　方勇　黔西南民族師專學報　1992年1期
老莊哲學著作的詞彙框架　胡安良　青海民族學院學報　1992年1期
試論『庖丁解牛』的主旨　侯青林　殷都學刊　1992年1期
試論莊子對曹雪芹創作思想的影響　久竹　江西社會科學　1992年1期
試析莊子之『忘』　王生平　甘肅社會科學　1992年1期

相待、無待、見獨：莊子相對主義思想分析　田永朝　南都學壇　1992年1期

藝術的否定與否定的藝術：論莊子美學的邏輯走向　韓德民　安徽師大學報　1992年1期

莊子與古典浪漫主義論略　張碧波、呂世緯　學習與探索　1992年1期

中國英雄傳奇小說的開山之祖：莊子盜跖　方勇　杭州師範學院學報　1992年1期

作爲『意象』與『美』的莊子之『道』　閔卓　淮陰師專學報　1992年1期

莊子藝術變形及其審美特徵　曹海東　華中師範大學學報　1992年2期

莊子寓言藝術探　劉樹勝　渤海學刊　1992年2期

鄙視世俗　追求自由：莊子逍遥遊辨析　李回　丹東師專學報　1992年2期

和諧、自由、創造：莊子論藝術創造活動的條件　曲哲、段建海　黄淮學刊　1992年2期

論莊子哲學中體現的天人思想　孫明君　慶陽師專學報　1992年2期

評莊子與馬斯洛的藝術觀　黄鳴奮　廈門大學學報　1992年2期

試論莊子之『吾』和『我』的差别及其與『己』的關係　張耀南　湘潭大學學報　1992年2期

意愜關飛動　篇終接混茫：杜甫詩美之於莊子　盧燕平　杜甫研究學刊　1992年2期

莊子的論説藝術　汪耀明　淮陰師專學報　1992年2期

莊子社會政治思想淺論　張晗　北京大學研究生學刊　1992年2期

莊子與中國山水畫　婁博生　上海教育學院學報　1992年2期

莊子之『遊』及其審美意義　張利群　晉陽學刊　1992年2期

莊子之魚及其象徵意蘊　阮忠　黄淮學刊　1992年2期

『天人合一』的心理化道路：莊子心理哲學略論　楊矗　山西師大學報　1992年3期

莊子藝術變形與楚文化之關係淺探　曹海東　黃淮學刊　1992年3期

莊子寓言三題　郭思秀　青島師專學報　1992年3期

莊子劄記　何九盈　北京大學學報　1992年3期

超脫的詩意與執著的人生：老莊思想在戴望舒詩中的溶受及其意義　曉林　求是學刊　1992年3期

從中庸和莊子的『天人合一』思想看儒道互補　王暉、鄭鏞　漳州師院學報　1992年3期

解析齊物論中『凡物無成與毀，復通爲一』的觀點　劉金明　寧夏大學學報　1992年3期

論莊子文學的喜劇性　李谷鳴　安徽教育學院學報　1992年3期

人格與哲學的統一：論莊子自由精神與其哲學理論的雙向滲透　謝斌　寶雞師院學報　1992年3期

閃爍思辨靈光的美學思想：莊子美學思想中的幾個辯證因素　郭紹明、玟青　海南大學學報　1992年3期

莊子的自然審美觀特徵及其意義　張利群　西北師大學報　1992年3期

莊子思想的心理透視　王新田　鎮江師專學報　1992年3期

莊子思想與竹林玄學　丁懷超　安徽教育學院學報　1992年3期

天下篇與中國學術史　方勇　河北圖苑　1992年3期

莊子文化社會觀論略　段建海　唐都學刊　1992年3期

莊子學派人生理想淺論　姜建設　史學月刊　1992年3期

莊子與苗族文化摭談　李炳澤　中央民族學院學報　1992年3期

莊子寓言的朦朧意境　蔣振華　湖南教育學院學報　1992年3期

『孔顏樂處』和『魚之樂』論析　孫以楷、謝陽舉　人文雜誌　1992年4期

莊子寓言的寓意接受與群體意識之關係例談　（韓國）權錫煥　湖南教育學院學報　1992年4期

莊子哲學的生命觀　羅仲祥　貴州教育學院學報　1992年4期

從『逍遥遊』談莊子的底蘊及其深層結構　姚曼波　江蘇教育學院學報　1992年4期

讀莊子劄記　趙儷生　齊魯學刊　1992年4期

老莊之靜　洪迪　台州師專學報　1992年4期

論莊子『以天合天』的藝術境界　楊濱　西北第二民族學院學報　1992年4期

試論莊子中的孔子形象　張文詠　朝陽師專學報　1992年4期

試論莊子的諷刺寓言　周淑舫　綏化師專學報　1992年4期

死生一如的生命情調　杜宇民　社會科學家　1992年4期

田駢、慎到心性思想略論：兼與莊子心性思想比較　杜宇民　管子學刊　1992年4期

文章之道：逍遥遊新論　曹天喜　中國文學研究　1992年4期

現代新儒家與傳統道家哲學：論唐君毅對老、莊哲學思想的研究與涵攝　黃海德　四川師範學院學報　1992年4期

也談『新發於硎』　牛鴻恩　北京師範學院學報　1992年4期

在心理默契中領悟人生真諦：莊子的『言』、『意』之辨及其認識論價值　段建海、黨大恩　寶雞師院學報　1992年4期

中西寓言史上的兩部傑作：拉封丹寓言與莊子寓言的比較　劉榮　四川外語學院學報　1992年4期

死亡焦慮與莊子人生哲學的超越性結構　陶東風　東方叢刊　1992年4期

『朴』：老莊美學的核心　舒建華　晉陽學刊　1992年5期

莊子『異說』四題　劉國泰　爭鳴　1992年5期

莊子與中國小說　王恒展　山東師大學報　1992年5期

莊子寓言：以『無』爲本的藝術　袁伯誠　文藝研究　1992年5期

莊子養生主榷譯　歐陽超　武漢教育學院學報　1992年5期

老莊思想『復興』之我見：與郭忠義先生商榷　孫明君　蘭州學刊　1992年5期

莊子關於藝術鑒賞的理論　林祥徵、韓明安　學術交流　1992年5期

莊子人生哲學散論　楊應龍　江西社會科學　1992年5期

嵇康：道家美學的新崛起——嵇康與莊子音樂美學比較談　王向峰　社會科學輯刊　1992年6期

莊、譚相對主義同異觀　魏義霞　學術交流　1992年6期

莊孟人生觀辨析　王克奇　山東師大學報　1992年6期

莊學真人觀的演變　饒龍隼　南開學報　1992年6期

莊子與屈原：在文體與主體之間　何煒　四川師範大學學報　1992年6期

略論莊子的境界哲學　吳學琴　貴州社會科學　1992年9期

論老莊哲學對湯川秀樹的影響　徐水生　哲學研究　1992年12期

莊子思想與浪漫主義　徐德清　古代文學理論研究（第十六輯）　1992年

論先秦小說（其中論及莊子小說）　方勇　中國社會科學院文學研究所編俞平伯先生從事文學活動六十五周年紀念文集　巴蜀書社　1992年版

生命·自然·道：論莊子哲學　顏世安　道家文化研究（第一輯）　上海古籍出版社　1992年版

莊子與印度商羯羅之比較研究　馮禹　道家文化研究（第一輯）　上海古籍出版社　1992年版

莊子與壇經　陸玉林　道家文化研究（第一輯）　上海古籍出版社　1992 年版

略論隋唐老莊學　李大華　道家文化研究（第一輯）　上海古籍出版社　1992 年版

漫遊：莊子與查拉斯圖拉（美國）格拉姆帕克斯著　胡軍、王國良譯　道家文化研究（第一輯）　上海古籍出版社　1992 年版

陳鼓應老莊新論評介　李維武　道家文化研究（第一輯）　上海古籍出版社　1992 年版

儒道兩家思想在中國何以影響深遠長久不衰　任繼愈　道家文化研究（第一輯）　上海古籍出版社　1992 年版

道家學說與流派述要　牟鍾鑒　道家文化研究（第一輯）　上海古籍出版社　1992 年版

道家注重個體説　涂又光　道家文化研究（第一輯）　上海古籍出版社　1992 年版

道家思想的現代性和世界意義　董光璧　道家文化研究（第一輯）　上海古籍出版社　1992 年版

道家理論思維對荀子哲學體系的影響　李德永　道家文化研究（第一輯）　上海古籍出版社　1992 年版

道家古籍存佚和流變簡論　王明　道家文化研究（第一輯）　上海古籍出版社　1992 年版

道家内丹養生學發凡　胡孚琛　道家文化研究（第一輯）　上海古籍出版社　1992 年版

莊子思想簡評　蔡尚思　道家文化研究（第二輯）　上海古籍出版社　1992 年版

老莊哲學思維特徵　蒙培元　道家文化研究（第二輯）　上海古籍出版社　1992 年版

論莊子内七篇　潘雨廷　道家文化研究（第二輯）　上海古籍出版社　1992 年版

以海德格爾爲參照點看老莊　鄭湧　道家文化研究（第二輯）　上海古籍出版社　1992 年版

莊子思想與兩晉佛學的般若思想　崔大華　道家文化研究（第二輯）　上海古籍出版社　1992 年版

道家風骨略論　蕭萐父　道家文化研究（第二輯）　上海古籍出版社　1992 年版

道家的思維方式與中國形上學傳統　朱伯昆　道家文化研究（第二輯）　上海古籍出版社　1992年版
超越的思想理論之建構：論道家思想對中華民族精神形成的傑出貢獻　王樹人　道家文化研究（第二輯）　上海古籍出版社　1992年版
道家開闢了中國的審美之路　成復旺　道家文化研究（第二輯）　上海古籍出版社　1992年版
李約瑟的道家觀　董光壁　道家文化研究（第二輯）　上海古籍出版社　1992年版
道家與郝格爾　熊偉　道家文化研究（第二輯）　上海古籍出版社　1992年版
黄老之學新論讀後的幾點思考　許抗生　管子學刊　1993年1期
莊子舊注辨證小劄　陶瑞芝　思茅師專學報　1993年1期
逍遥遊之逍遥　孫以楷、陸建華　安徽大學學報　1993年1期
莊子美醜轉化論　王春冰　重慶教育學院學報　1993年1期
莊子校讀續劄（雜篇）　周乾濚　天津師大學報　1993年1期
讀莊斷思錄　盧振芳　上海教育學院學報　1993年1期
關於老子和莊子的結構與成書　李仁群　安徽大學學報　1993年1期
海德格爾與老莊　張清民　黄淮學刊　1993年1期
老莊思想與傳統詩論　靳增發　青海教育學院學報　1993年1期
老莊哲學與紅樓夢的思辨魅力　吕啟祥　紅樓夢學刊　1993年1期
論天下篇爲莊子各派理論之總結　王青　南京大學學報　1993年1期
毛澤東詩詞與莊子時空意識之比較　羅維明　廣西師院學報　1993年1期
評莊子寓言的社會史價值　蔣振華　湖南教育學院學報　1993年1期

太谷學派與莊子　方寶川　華東工學院學報　1993年1期
相對地處世　絶對地操存：論莊子的絶對觀　張茂新、許磊　阜陽師範學院學報　1993年1期
莊子是戰國時期以遊爲隱的獨立的知識分子：對學術界關於莊子的階級屬性爭論的思考　袁伯誠　青島師專學報　1993年1期
莊子養生思想辨析：兼評道家支派的養生觀　吳學琴　社會科學　1993年1期
莊子之夢及其生命哲學　阮忠　松遼學刊　1993年1期
自由、藝術美和處世態度：莊子與存在主義美學思想比較　李俊　海南大學學報　1993年1期
走進逍遙　史可揚　内蒙古工學院學報　1993年1期
逍遥遊歧義辨正　劉振東　濟寧師專學報　1993年2期
莊子：賦的濫觴　劉生良　陝西師大學報　1993年2期
莊子的邏輯觀　周文英　江西教育學院學報　1993年2期
莊子意象三題　姚光義　鎮江師專學報　1993年2期
簡論老莊的孝道觀　康學偉　松遼學刊　1993年2期
老莊人學通論　李仁群　哲學研究　1993年2期
論莊子對自然美的描繪　林明華　中國文學研究　1993年2期
試論莊子陷入相對主義的思維過程　蔣顯榮　湖湘論壇　1993年2期
陶淵明的價值轉換及其審美意義：兼論莊子思想對陶淵明的影響　葉伯泉　北方論叢　1993年2期
同理異趣：老莊表現風格同異論之二　胡安良　青海民族學院學報　1993年2期
莊屈風格淵源比較片論　孫克強　河南大學學報　1993年2期

莊子『渾沌之死』及渾沌意藴　阮忠　黄淮學刊　1993年2期
莊子『虛靜』說美學內涵析論　祁海文　松遼學刊　1993年2期
莊子的『道』和柏拉圖的『美』本身　楊榮　甘肅理論學刊　1993年2期
莊子美學的研究方法　張利群　廣西大學學報　1993年2期
莊子與諸子天人思想之異同　孫明君　固原師專學報　1993年2期
『心齋』、『物化』與審美：莊子審美哲學論　劉晟　山東師大學報　1993年3期
『玄覽極致』與『至精至微』：莊子美學思想小議　解義勇　山西大學學報　1993年3期
莊子的第一、二人稱代詞　楊載武　貴州教育學院學報　1993年3期
從『忘』到『遊』：人格的自我防禦與完善機制　曾紅　江西師範大學學報　1993年3期
道家思想研究中的優秀成果：評崔大華著莊學研究　吳光　中國哲學史　1993年3期
郭沫若對莊子的認識與批判　楊勝寬　郭沫若學刊　1993年3期
略論莊子的美學思想　曹明　鹽城師專學報　1993年3期
論莊子寓言之奇　俞士玲　安徽師大學報　1993年3期
論莊子的『儒家心路』歷程　劉士林　史學月刊　1993年3期
論莊子的變態審美觀和相對主義審美標準　顏翔林　中國文學研究　1993年3期
殊途而同歸：席勒和莊子美學之比較　史可揚　內蒙古社會科學　1993年3期
莊子『輪扁斲輪』及其言意學說　阮忠　華中師範大學學報　1993年3期
莊子『庖丁解牛』及其養生理論　阮忠　齊齊哈爾師範學院學報　1993年3期
莊子故里考論　王倩　北京大學研究生學刊　1993年3期

莊子倫理思想管窺　趙軍政　漢中師院學報　1993 年3 期
莊子是中國小説之祖　陸永品　河北大學學報　1993 年3 期
莊子與科學　袁立道　求索　1993 年3 期
莊子與尼采的哲學比較　楊淑芳　平原大學學報　1993 年3 期
莊子與山水審美　何加焉　山西師大學報　1993 年3 期
莊子哲學的理解和現代詮釋　謝豐泰　西藏民族學院學報　1993 年3 期
論莊子哲學中藝術精神的呈現方式:『道』境的顯露與技藝的升華　高樹海　揚州師院學報　1993 年4 期
『反也者,道之動也』何指　尹振環　貴州大學學報　1993年4 期
莊子寓言與現代思想　韓敬　中國哲學史　1993 年4 期
莊子逍遥遊篇義　曹慕樊　樂山師專學報　1993 年4 期
船山詩論與莊子哲學　孫立　中山大學學報　1993 年4 期
戴望舒與莊子比較談　普成麗　楚雄師專學報　1993 年4 期
論『善』在莊子美學思想中的地位　張偉　社會科學輯刊　1993 年4 期
論莊子的審美通感　方勇　中州學刊　1993 年4 期
淺談莊子的相對主義認識論及其對後世的影響　郭豔　寧夏大學學報　1993 年4 期
試論莊子的人格理論和他的人格特點　陳松青　長沙水電師院社會科學學報　1993 年4 期
莊子的自由觀　陳紅映　雲南教育學院學報　1993 年4 期
莊子和柏拉圖:兩種不同的美學體系　葉伯泉　求是學刊　1993 年4 期

莊子人生追求新解　羅安憲　寶雞文理學院學報　1993年4期
莊子審美方式與山水文學深層境界　張瑞君　西南師範大學學報　1993年4期
化腐朽爲神奇：論莊子寓言的客觀意義　姜濤　遼寧大學學報　1993年5期
賈寶玉的理想人格與莊禪精神　魯德才　南開學報　1993年5期
老、莊、墨辯證法的異同　于海江　社會科學輯刊　1993年5期
略談莊子美學思想對中國寫意畫創作的影響　方建華　杭州師範學院學報　1993年5期
論莊子一書中的小説作品　饒恒久　寧夏教育學院銀川師專學報　1993年5期
無意識與莊子寓言文學　方勇　杭州師範學院學報　1993年5期
莊子的齊物與桃源的平衡　方正己　中州學刊　1993年5期
莊子思想内容的再認識　張耿光　貴州社會科學　1993年6期
莊子自然主義的基本内涵　虞友謙　學海　1993年6期
從價值重估到價值認同：郭象與莊子哲學的一個比較　王中江　中州學刊　1993年6期
老莊教育思想的現代闡釋：從教育學角度看臺灣老莊學研究的新動態　林文錡　教育評論　1993年6期
老莊學派仁義觀新探　張松輝　社會科學研究　1993年6期
論莊子秋水説理形象化的藝術特質　盧瑞芬　齊齊哈爾師範學院學報　1993年6期
莊周認識論芻議　單維華　齊齊哈爾師範學院學報　1993年6期
莊子畸人四論　劉成紀　鄭州大學學報　1993年6期
莊、荀學術史論之比較　劉輝平　江西社會科學　1993年11期

莊子三題　毛志成、飛天　1993年12期

『無無』是什麼　張耀南　長沙電力學院學報　1994年1期

並蒂奇葩　爭芳鬥豔：談莊子與屈賦浪漫主義的異同　李金善、愛東坡　承德民族師專學報　1994年1期

從管子的精氣論到莊子氣論的形成　李道湘　管子學刊　1994年1期

對生命存在的終極關懷：析莊子的言意論　魏長寶　長白學刊　1994年1期

非理性的『悟』：莊周哲學與佛禪意境探討　韋俊生　廣西大學學報　1994年1期

論逍遥遊的神話淵源　齊昀　青海教育學院學報　1994年1期

論莊子散文的特色及其對後世的影響　劉生良　延安大學學報　1994年1期

論莊子、屈原的自我悲劇　李清章　中國人民大學學報　1994年1期

荀況與莊周思想比較研究　于世君　遼寧大學學報　1994年1期

莊周、楊朱年代考　馮金源　齊魯學刊　1994年1期

莊子逍遥遊的修辭解析　李忠初　鞍山師範學院學報　1994年1期

莊子的『虚靜』説及虚靜在文藝創作中的作用　張學松　許昌師專學報　1994年1期

莊子的文化淵源新探　陳紅映　思想戰綫　1994年1期

莊子的養生論　陳麒麒　上海道教　1994年1期

莊子的知識論　（韓國）李康洙　孔子研究　1994年1期

莊子論技、藝、道的遞進與統一　婁博生　上海教育學院學報　1994年1期

莊子散文對後世的影響　劉姝　寧夏黨校學刊　1994年1期

莊子與莊子　郝逸今　內蒙古大學學報　1994 年1 期

莊子與道家教育思想的發展　譚佛佑　教育史研究　1994 年1 期

道的概念與正言若反：論老莊的辯證邏輯思想　孫中原　中國文化研究　1994 年1 期

莊子原始科學哲學思想初探　劉明　中國哲學史　1994 年1 期

『野馬』之喻與莊子的哲學悖論　盧國龍　世界宗教研究　1994 年2 期

向莊子祈禱　毛志成　文藝百家　1994 年2 期

『莊子責難』芻議　趙延新　江西社會科學　1994 年2 期

中庸的『誠』與莊子的『真』（日本）森三樹三郎著　王順洪編譯　中國典籍與文化　1994 年2 期

當代莊學與文化研究的『後現代』誤區　陶東風　學術研究　1994 年2 期

發微探真　達古貫今：介紹胡安良教授的老莊研究　李天道　青海師專學報　1994 年2 期

老莊生態思想及其對當代的啟示　佘正英　青海社會科學　1994 年2 期

老子·莊子·老莊後學　李仁群　安徽史學　1994 年2 期

論莊子中孔子形象的多面性與解說者的偏執　方勇　中國文學研究　1994 年2 期

試論莊子散文的風格　黃長泉、李鮮林　中國文學研究　1994 年2 期

莊子逍遙遊標點評議　馮愛文　高師函授學刊　1994 年2 期

試論莊子的價值哲學　劉興邦　中華文化論壇　1994 年2 期

說『環中』：中國古代渾沌論之一　欒勳　淮陰師專學報　1994 年2 期

玄深美富的『老莊派』散文：中國文學流派史節選　李旦初　運城高專學報　1994 年2 期

莊子人生思想新探　吳學琴　安徽教育學院學報　1994 年2 期

莊子文章的漫畫風格　李明珠　安徽教育學院學報　1994年2期

莊子寓言與道　袁伯誠　安徽大學學報　1994年2期

『擢德塞性』考辨　趙季　南開學報　1994年3期

史記中的『莊周傳』難以信據　龔維英　綏化師專學報　1994年3期

莊子寓言的審美特徵　賴偉衛　湖南教育學院學報　1994年3期

莊子寓言的文學貢獻　蔣振華　湖南教育學院學報　1994年3期

莊子中的孔子形象　陳品川　汕頭大學學報　1994年3期

莊子創作論述評　劉劍康　益陽師專學報　1994年3期

從生態人類學看老莊的社會理想　葉舒憲　海南大學學報　1994年3期

滌除玄鑒與游心於道：老莊審美觀照理論比較　毛宣國　晉陽學刊　1994年3期

渾天說雜議：兼評渾天說與老莊思想　周桂鈿　甘肅社會科學　1994年3期

解牛之解　龐樸　學術月刊　1994年3期

孔、莊音樂美學思想之比較　黃毓任　南京師大學報　1994年3期

老莊的氣功思想　葛榮晉　中州學刊　1994年3期

老莊後學人學思想述要　李仁群　理論建設　1994年3期

論莊、騷並稱的文化現象　陸永品　河北大學學報　1994年3期

論莊惠『濠上之辯』　張茂新　阜陽師範學院學報　1994年3期

論莊惠之爭　安繼民　中州學刊　1994年3期

論莊子的言說方式：重釋『卮言、寓言、重言』　崔宜明　江蘇社會科學　1994年3期

阮籍、嵇康與老、莊音樂美學之比較　郭平　南京師大學報　1994年3期

失意士人價值觀的創立：莊子人生哲學體系的剖析　王青郙　西北師大學報　1994年3期

莊子『靈肉』哲學層次論　韓東育　東北師大學報　1994年3期

莊子道論中的個體性原則　李景林、于寧　長白論叢　1994年3期

莊子論隱逸三要素　張立偉　江漢學刊　1994年3期

莊子與叔本華修養論之比較　黄富峰　湖南師範大學社會科學學報　1994年3期

論莊子『逍遥遊』的心靈歷程及其歸宿　戴建業　東方叢刊　1994年3、4期

莊子『寓言』辨　黄烈芬　孔子研究　1994年4期

莊子秋水語詞疑解　賈齊華、李義海　信陽師範學院學報　1994年4期

從抒情特徵看莊子的詩化　陶志宏　重慶教育學院學報　1994年4期

寄將道樞　得其環中：評莊子創作論　王武子　中國圖書評論　1994年4期

老莊哲學：一種政治解脱　王威海　淮北煤師院學報　1994年4期

論莊子的人生哲學　郁建興、王新華　浙江大學學報　1994年4期

淺談莊子寓言的特點　鄧裕華　語文輔導　1994年4期

淺析莊子的『道』、『知也有涯』、『去私』思想的現實意義　羅蘇溟　上海師範大學學報　1994年4期

生命的價值及其實現：孔、莊哲學貫通處　郭沂　孔子研究　1994年4期

試論莊子的辯學思想及其影響　張斌峰　中國青年政治學院學報　1994年4期

試論莊子的言意觀　朱立元、王文英　（上海社會科學院）學術季刊　1994年4期

一部高品位的莊學專著：阮忠莊子創作論評介　曹海東　長沙電力學院學報　1994年4期

莊子的「物化」說與西方現象學　張利群　松遼學刊　1994年4期

莊子內篇道家氣功修煉的三個階段　錢鐵松　上海道教　1994年4期

莊子審美思想與蘇軾文藝觀　張瑞君　山西師大學報　1994年4期

莊子陰陽宇宙觀及其美學特徵　黃毓任　江海學刊　1994年4期

莊子寓言對柳宗元寓言創作的影響　施長州　益陽師專學報　1994年4期

莊子到過甘巴拉　劉立波　解放軍文藝　1994年4月

老莊學派理想社會模式的再探討　姜建設　鄭州大學學報　1994年6期

在「言」與「意」之間：評阮忠莊子創作論　戴學青　華中師範大學學報　1994年6期

莊子「天」、「性」脈絡與美的生成　陳引馳　學術月刊　1994年8期

莊子與莊子故里　劉曉海等　學習論壇　1994年9期

莊子哲學的現代闡釋　崔宜明　社會科學報　1994年10月27日

試析陳獨秀對老莊哲學的批判及其教訓　朱洪　理論建設　1994年增刊

莊子的音樂美學思想　蔡仲德　道家文化研究（第四輯）　上海古籍出版社　1994年版

漢賦中所見老、莊史料述略　董治安　道家文化研究（第四輯）　上海古籍出版社　1994年版

黃帝內經與老、莊　潘雨廷　道家文化研究（第四輯）　上海古籍出版社　1994年版

陸王心學與老莊思想：心的解放與老莊思想之一　成復旺　道家文化研究（第四輯）　上海古籍出版社　1994年版

嚴遵與王充、王弼、郭象之學源流　王德有　道家文化研究（第四輯）　上海古籍出版社　1994年版

郭象哲學的「有」範疇及其文化含蘊　馮達文　道家文化研究（第四輯）　上海古籍出版社　1994年版

道家玄旨論　張岱年　道家文化研究（第四輯）　上海古籍出版社　1994 年版

試論道家文化在中國傳統文化中的地位　卿希泰　道家文化研究（第四輯）　上海古籍出版社　1994 年版

論道家的自然哲學　劉蔚華　道家文化研究（第四輯）　上海古籍出版社　1994 年版

道家傳統與泰州學派　牟鍾鑒　道家文化研究（第四輯）　上海古籍出版社　1994 年版

莊學生死觀的特徵及其影響：兼論道家生死觀的演變過程　朱伯昆　道家文化研究（第四輯）　上海古籍出版社　1994 年版

文言解易的道家傾向　（臺灣）陳鼓應　道家文化研究（第四輯）　上海古籍出版社　1994 年版

道家陰陽剛柔説與繫辭作者問題　王葆玹　道家文化研究（第四輯）　上海古籍出版社　1994 年版

蘇轍和道家　孔繁　道家文化研究（第四輯）　上海古籍出版社　1994 年版

白沙心學與道家自然主義　陳少明　道家文化研究（第四輯）　上海古籍出版社　1994 年版

追求道家形而上學的中心思想：希臘形而上學和道家形而上學的比較　（美國）陳張婉莘　道家文化研究（第四輯）　上海古籍出版社　1994 年版

莊子的生死觀　（日本）金谷治　道家文化研究（第五輯）　上海古籍出版社　1994 年版

從接受美學看莊子　王玫　道家文化研究（第五輯）　上海古籍出版社　1994 年版

莊子語言符號與『副墨之子』章之解析　（臺灣）莊萬壽　道家文化研究（第五輯）　上海古籍出版社　1994 年版

莊子與惠施　李存山　道家文化研究（第五輯）　上海古籍出版社　1994 年版

老莊玄學與僧肇佛學　洪修平　道家文化研究（第五輯）　上海古籍出版社　1994 年版

傅山哲學中的老莊思想　魏宗禹　道家文化研究（第五輯）　上海古籍出版社　1994 年版

道家學說與明清文藝啟蒙　成復旺　道家文化研究（第五輯）　上海古籍出版社　1994 年版

象傳中的道家思維方式　（臺灣）陳鼓應　道家文化研究（第五輯）　上海古籍出版社　1994 年版

楚帛書與道家思想　李學勤　道家文化研究（第五輯）　上海古籍出版社　1994 年版

『身與物化』與『以天合天』：莊子審美心理學中的移情說和距離學　牛芙珍　渤海學刊　1995 年1 期

莊子思想之我見　李雙　三峽學刊　1995 年1 期

莊子大宗師篇新詁（上）　周清泉　成都大學學報　1995 年1 期

并莊屈以爲心：試論莊屈對李白的影響　陶新民　學術界　1995 年1 期

超越·虛靜·物化：莊子審美理論三題　王守國　殷都學刊　1995 年1 期

德里達與老莊哲學　陸揚　法國研究　1995 年1 期

離形去知的『悟』與頓慧透脫的『悟』：簡論莊、禪在『悟』上的差異　邱建國　長沙電力學院學報　1995 年1 期

略論莊學的詩化語言觀　蔡報文　廣東社會科學　1995 年1 期

略論莊子的辯證法思想　單維華　學術交流　1995 年1 期

論莊子逍遙遊的超自然性　陳水德　黃淮學刊　1995 年1 期

論莊子的思維方式　苗潤田　天津師大學報　1995 年1 期

論莊子人格心理對他的文學創作的影響：莊子人格論之三　陳松青　婁底師專學報　1995 年1 期

孟子、莊子比較研究三題　常爲群　南京師大學報　1995 年1 期

莊子的年代和文章　韋慶木　河池師專學報　1995 年1 期

莊子故里考　毛春德　中州今古　1995年1期

『道』家米碩　虛之詩學：試論老莊、禪宗對米碩詩歌創作的影響　杜青鋼　外國文學評論　1995年1月

莊子與逍遙遊中大鵬形象　劉紅　黑龍江教育學院學報　1995年1期

莊子『決』字小考補　馮愛文　武漢教育學院學報　1995年2期

莊子『卮言』試解：兼及『三言』之間的關係　張木苓　天津教育學院學報　1995年2期

莊子裏的『遊』和『藏』　馮寬平　青海民族學院學報　1995年2期

莊子逍遙遊『六月息』新解　史佩信　中國語文　1995年2期

近年來老子、莊子研究撮述　余直　歷史教學　1995年2期

魯迅與莊子的精神聯繫　劉岸汀　鎮江師專學報　1995年2期

莊子的詩與東方的美學之謎　周海巍　社會科學輯刊　1995年2期

莊子的虛靜悟道觀及其審美意義　寇養厚　煙臺大學學報　1995年2期

莊子李白異同論　賀秀明　廈門大學學報　1995年2期

莊子美學時空觀及其現代意義　王文娟　陝西師大學報　1995年2期

自由與和諧：莊子的逍遙遊與齊物論聯解　謝陽舉　西北大學學報　1995年2期

莊子『逍遙』義闡論　陳建梁　海南師院學報　1995年3期

莊子變形初論　楊國強　韶關大學學報　1995年3期

莊子的神話與寓言　袁珂　中華文化論壇　1995年3期

莊子夢寓言：中國夢文學的開山鼻祖　蔣振華　求索　1995年3期

莊子意象感應　姚光義　鎮江師專學報　1995年3期
莊子中的否定詞與否定句：莊子語言分析之一　張耿光　貴州大學學報　1995年3期
憤世的悲歌　執著的追求：談莊子思想及其對後世文人的影響　盧國棟　淄博師專學報　1995年3期
老莊思想同異辨　周可真　社會科學戰綫　1995年3期
論莊子的審美觀照理論　史鴻文　鄭州大學學報　1995年3期
論莊子對無意識心理現象及其作用的認識　方勇　河北師院學報　1995年3期
評莊子的無爲與權謀並重的政治觀　張松輝　孔子研究　1995年3期
淺析莊子無爲政治思想的社會性　陳水德　安徽史學　1995年3期
山水詩的興起與老莊文化　章尚正　綏化師專學報　1995年3期
試論南華真經副墨的作者、書名、要旨和文脈　劉仲宇　上海教育學院學報　1995年3期
試論莊子追求的理想人格　王國勝　河南師範大學學報　1995年3期
試析莊子的『同一論』哲學觀：莊子學習心得　王志芹　上海道教　1995年3期
說『人相忘乎道術』　葉秀山　讀書　1995年3期
小大之辯：讀莊劄記之一　王鍾陵　河北師院學報　1995年3期
莊子『道進乎技』觀述論　祁海文　文史知識　1995年3期
莊子命運觀初探　史向前　貴州社會科學　1995年3期
莊子認識論的超理性特色及其他　蔡報文　合肥教院學報　1995年3期
『游心於淡』與『遊刃有餘』：莊子人生價值觀解析　李遠傑　成都大學學報　1995年4期
莊子思想對書法創作及審美的定性作用　馬欽忠　中國書法　1995年4月

莊子大宗師篇新詁(下)　周清泉　成都大學學報　1995年4期

卦畫與庖丁解牛對文藝的啟示　王質平　貴州文史叢刊　1995年4期

孟、莊『文論』中之儒道文學觀　董正春　管子學刊　1995年4期

生命哲學：　莊子哲學之基礎　郭道榮　成都大學學報　1995年4期

試論莊子的反美學思想　楊徑青　思想戰綫　1995年4期

至人·神人·聖人：　讀莊劄記之二　王鍾陵　河北師院學報　1995年4期

莊子人生哲學中的『命』與『天』　陳紹燕　孔子研究　1995年4期

專家解開莊子故里之謎　王守義、李濟仁　菏澤日報　1995年4月21日

『待』字的訓釋與逍遥遊的主旨：　兼考莊子一書『待』字的用法　黄海波　廣西社會科學　1995年5期

莊子散文藝術窺探　張國寧　青海社會科學　1995年5期

莊子天下篇的主旨和成文年代新探　李叔華　哲學研究　1995年5期

老莊哲學與綠色政治學　陳小雅　求索　1995年5期

原天地之美而達萬物之理　史南飛　求索　1995年5期

重評三十年代『莊子與文選之爭』　譚桂林　求索　1995年5期

莊子故里在東明：　全國莊子故里問題考察論證會綜述　南華生　齊魯學刊　1995年6期

莊子研究四十五年　李霞　哲學動態　1995年6期

從庖丁解牛看莊子的散文特色　辛保平　語文學刊　1995年6期

嚴謹·詳備·創新：　莊子新釋評介　吳桂榮　東嶽論叢　1995年6期

略論莊子散文的審美特徵　梁球　學術論壇　1995年6期

莊子與詩三題　毛志成　詩刊　1995 年 9 期

莊子故里　楊惠民　炎黄世界（商丘專刊）1995 年增刊

莊子的觀點主義　（香港）劉昌元　道家文化研究（第六輯）　上海古籍出版社　1995 年版

莊子的薪火之喻與『懸解』　李存山　道家文化研究（第六輯）　上海古籍出版社　1995 年版

道家在中國哲學史上的地位　張岱年　道家文化研究（第六輯）　上海古籍出版社　1995 年版

論儒家荀況思想與道家哲學的關係　胡家聰　道家文化研究（第六輯）　上海古籍出版社　1995 年版

魏晉玄學與儒道會通　余敦康　道家文化研究（第六輯）　上海古籍出版社　1995 年版

道與禪：道家對禪宗思想的影響　方立天　道家文化研究（第六輯）　上海古籍出版社　1995 年版

論王陽明與道家的思想聯繫　吳光　道家文化研究（第六輯）　上海古籍出版社　1995 年版

道、佛關於經驗的形而上學及其挑戰　（美國）稻田龜男　道家文化研究（第六輯）　上海古籍出版社　1995 年版

成玄英『道』概念分析　（韓國）崔珍哲　道家文化研究（第七輯）　上海古籍出版社　1995 年版

從道家到道教　李申　道家文化研究（第七輯）　上海古籍出版社　1995 年版

莊子氣論發微　王世舜、王蒨　道家文化研究（第八輯）　上海古籍出版社　1995 年版

莊子超越精神賞析　李德永　道家文化研究（第八輯）　上海古籍出版社　1995 年版

漫談莊子的『自由』觀　葉秀山　道家文化研究（第八輯）　上海古籍出版社　1995 年版

莊子言與不言　劉光　道家文化研究（第八輯）　上海古籍出版社　1995 年版

試論莊子的辯學思想及其影響　張斌峰　道家文化研究（第八輯）　上海古籍出版社　1995 年版

兩漢之際的儒學與老莊學　王卡　道家文化研究（第八輯）　上海古籍出版社　1995 年版

憨山德清的以佛解老莊　張學智　道家文化研究（第八輯）　上海古籍出版社　1995年版

道家的超越哲學與中國文藝的超越精神　成復旺　道家文化研究（第八輯）　上海古籍出版社　1995年版

道家中興和中古美學風氣的轉換　朱良志　道家文化研究（第八輯）　上海古籍出版社　1995年版

『終極關懷』的儒道兩走向　馮天瑜　道家文化研究（第八輯）　上海古籍出版社　1995年版

鄒衍與道家的關係　孫開泰　道家文化研究（第八輯）　上海古籍出版社　1995年版

晉宋山水詩與道家精神　王玫　道家文化研究（第八輯）　上海古籍出版社　1995年版

德里達與道家之道　劉鑫　道家文化研究（第八輯）　上海古籍出版社　1995年版

『物物而不物於物』：談談莊子追求的審美境界　張仁香　牡丹江師範學院學報　1996年1期

莊子『物化』說平議　張誠　南開學報　1996年1期

莊子的卮言與先秦祝酒辭　李炳海　社會科學戰綫　1996年1期

莊子散文藝術的再認識　王延榮　紹興師專學報　1996年1期

莊子逍遥遊語意的模糊性及其產生的朦朧美　沈偉東　柳州師專學報　1996年1期

藏外道書中的老莊注　南江子　上海道教　1996年1期

從莊子中的孔子形象看先秦儒道衝突　李霞、李峰　安徽史學　1996年1期

從莊子與屈原的審美理想看『楚文化』　方銘　中國文化研究　1996年1期

夫吹萬不同，怒者其誰邪：讀莊劄記之三　王鍾陵　河北師院學報　1996年1期

老莊對我國遠古審美意識的繼承及其對後世的影響　韓湖初　華南師範大學學報　1996年1期

老莊美學的直覺主義傾向　郝明大　遼寧大學學報　1996年1期

老莊生死觀之比較　李雁　理論學刊　1996年1期
老莊思想的異同及價值簡論　吳士英　殷都學刊　1996年1期
理性與存在：重評莊惠濠梁之辯　魏敦友　湖北大學學報　1996年1期
全國莊子研討會綜述　王萍　文史哲　1996年1期
阮籍的『癡』與莊子哲學　于淑娟　東疆學刊　1996年1期
試論『天人合一』　任繼愈　傳統文化與現代化　1996年1期
簡論沈從文對莊子的借鑒與超越　李成宇　殷都學刊　1996年1期
試論莊子的寓言世界　鄭世明　河南大學學報　1996年1期
試論莊子與屈原的悲劇意識形成基礎　任玲　河南大學學報　1996年1期
重神的藝術追求：從莊學到易學　梁道禮　陝西師範大學學報　1996年1期
談逍遥遊的比喻藝術　粟慧平　郴州師專學報　1996年1期
莊子、屈原浪漫主義比較　劉瑞武　遼寧教育學院學報　1996年1期
莊子『無己』與楊朱『貴己』的比較　李季林　貴州社會科學　1996年1期
莊子逍遥遊至境探究　陳水德　安徽教育學院學報　1996年1期
莊子楚人考　孫以楷　安徽史學　1996年1期
莊子的美學思想與先秦歷史文化語境　李建盛　東方叢刊　1996年1期
莊子故里新探　鮑大雪、王守義、李濟仁　山東社會科學　1996年1期
莊子技藝美學思想及其現代意義　范玉剛　陝西師範大學學報　1996年1期
莊子兩題：兼論莊子對老子思想的傳承與發展　劉坤生　中國哲學史　1996年1期

莊子散文的形象和意境　王相民　江漢大學學報　1996年1期

莊子與叔本華生命悲劇意識比較　曹順慶　中國比較文學　1996年1期

莊子自由觀的楚文化印記　楊蔚　荊州師專學報　1996年1期

莊子故里在山東省東明縣　劉守安、楊學鋒　文匯報　1996年1月17日

意在此而言寄於彼：談莊子惠子相梁的修辭方法　孔維梓　邯鄲市教育學院學報　1996年1、2期

莊子天下篇成文於西漢說質疑　李炳海　中國哲學史　1996年1、2期

『自然』與『物化』：談莊子的審美追求　楊保春　青島大學師範學院學報　1996年2期

逍遥遊『至人、神人、聖人』解　王鍾陵　江蘇社會科學　1996年2期

莊子美學中的虛靜觀　管斌　學術月刊　1996年2期

莊子中的運動結構：莊子語言分析之一　張耿光　貴州大學學報　1996年2期

莊子寓言形象的藝術特色　吳凡　西安政治學院學報　1996年2期

超世・順世・遊世：莊子處世三境界　何宗思　學術論叢　1996年2期

成玄英論『玄』與『又玄』　李剛　宗教學研究　1996年2期

傳統的影響：在誤讀與契合之間——從文學史角度重識莊子與魯迅的關係　鄭家建　上海文化　1996年2期

從莊子的『不譴是非』人生觀到郭象的『安分自得』處世哲學　于秋波　松遼學刊　1996年2期

反對自我封閉　主張思想開放：莊子思想探析　李回、曹軍　丹東師專學報　1996年2期

馮夢龍莊子休鼓盆成大道故事試探　（臺灣）金榮華　黄淮學刊　1996年2期

老莊哲學與精神勝利法　楊徑青　思想戰綫　1996年2期

略論老莊的『天人觀』及其哲學意義：兼與高晨陽先生商榷　王寧山　寧波大學學報　1996年2期
論莊子非現實主義的人生觀　李德才　安徽教育學院學報　1996年2期
莫若以明：讀莊劄記之四　王鍾陵　河北師院學報　1996年2期
試論莊子『無待』的神話學意義及其局限性　趙沛霖　南開學報　1996年2期
試論莊子的悲劇心態　張琦　蘭州商學院學報　1996年2期
天地與我並生的隱士理想：莊子逍遥論　崖麗娟　歷史教學問題　1996年2期
析『莊子蔽於天而不知人』　陳水德、胡穎　六安師專學報　1996年2期
玄學莊學化與阮嵇美學　汪裕雄　江海學刊　1996年2期
莊子的『虛靜』説與胡塞爾的『現象學還原』説的比較　陳震　中山大學研究生學刊　1996年2期
莊子的人生觀　李堆尚　延安大學學報　1996年2期
走出灰暗的『人間世』：對莊子生存哲學的一種解讀　孫月冬　淄博師專學報　1996年2期
『合一』乎？『相分』乎：世紀之交談人與自然的關係　鄭文傑　暨南學報　1996年3期
齊物論『夫道未始有封』及『故昔者堯問於舜』二節解　王鍾陵　安徽師大學報　1996年3期
莊子寓言悲劇衝突的表現形態與情感模式　蔣振華　西南師範大學學報　1996年3期
莊子中『氣』的美學內涵　管斌　山東教育學院學報　1996年3期
禪和莊子哲學　姜超　廣東社會科學　1996年3期
從庖丁解牛談今譯詞語的錘煉：兼與陳鼓應先生商榷　陳良昱　修辭學習　1996年3期
詩意的沉思與哲學的詩化：莊周屈原比較論　趙明　齊魯學刊　1996年3期
從逍遥遊看莊子散文的風格　王良海　遼寧教育學院學報　1996年3期

對莊子自由人思想的理解　鄭廷坤　殷都學刊　1996年3期
論『莊周—盧梭問題』　劉明　北京社會科學　1996年3期
淺談莊子散文的藝術特色　王朝忠　德州師專學報　1996年3期
人的自我批判的宣言：莊子關於人的存在的思考及負面性的批判　李道湘　中央社會主義學院學報　1996年3期
試論柏格森與莊子關於直覺式的審美觀照理論之異同　顧麗霞　中國青年政治學院學報　1996年3期
逃遁與再現：莊子的生命意識與審美的歷史維度　李建盛　中國文學研究　1996年3期
莊子的逍遙境界及其對後世的影響　譚明冉　理論探討　1996年3期
莊子與海德格爾生死觀比較　張利群　江漢論壇　1996年3期
莊子思想及其對中國文學的影響　袁文科　陝西教育學院學報　1996年3、4期
『千世之後，其必有人與人相食者』乎：兩位文化巨人的痛切反思　饒恒久　寧夏大學學報　1996年4期
莊子與稼軒詞風的個性　王延榮　浙江社會科學　1996年4期
暗夜行路與老莊思想　劉揚　外語學刊　1996年4期
莊子與中國詩史之源　孫明君　清華大學學報　1996年4期
莊子寓言的悲劇意識及其情感歷程　蔣振華　湖南教育學院學報　1996年4期
老莊『無用之用』思想析論　朱哲　宗教學研究　1996年4期
老莊道論的宇宙論內涵　李霞　安徽大學學報　1996年4期
老莊哲學的精華和意義　邵建寅　廈門大學學報　1996年4期

試論莊子寓言個性　張崎、張炳成　蘭州大學學報　1996年4期

莊學精神要旨論　李振綱　河北大學學報　1996年4期

莊周化蝶：讀莊劄記之五　王鍾陵　河北師院學報　1996年4期

莊子『逍遥遊』內在本質的探討　張琦　蘭州商學院學報　1996年4期

莊子與德里達：浪跡虛無的大道行　胡繼華　東方叢刊　1996年4期

莊子寓言中的人情世情　林潤宣　理論界　1996年5期

莊子淺讀六題　流沙河　東方文化　1996年5期

莊子至人、神人、聖人異名同實論　楊成孚　南開學報　1996年5期

關於莊子故里的考察與論證　王守義、李濟仁等　齊魯學刊　1996年5期

莊子的邏輯　尤我明　書與人　1996年5期

莊子的聞天樂與審美體驗新解　李建盛　山東師大學報　1996年5期

莊子與齊文化　蔡德貴　文史哲　1996年5期

莊子哲學中的三重人格境界　孫明君　齊魯學刊　1996年5期

自由·美·人生：莊子的『道』路　王劍峰　江西社會科學　1996年5期

從東海神木傳說到莊子的鯤鵬扶搖意象　朱任飛　學習與探索　1996年5期

莊子故里在東明：全國莊子研討會述要　孫世民　光明日報　1996年5月14日

論莊子的詩意與審美的死亡觀　顏翔林　江海學刊　1996年6期

莊子寓言故事中師友型君臣關係模式　于雪棠　東北師大學報　1996年6期

從莊注之差異看『莊子影響』問題　張峰屹　內蒙古大學學報　1996年6期

崑崙、黃帝神話傳說與莊子寓言　朱任飛　學術交流　1996年6期

論莊子美學的物象系統　劉成紀　中州學刊　1996年6期

千秋一夢話莊生　陳炎　東方　1996年6期

試論莊子的理想人格及其修養　戴桂斌　中南民族學院學報　1996年6期

虛而遨遊與駛向赫利孔山：論古今詩人對莊子不係之舟原型的運用與增殖　王次梅　東北師大學報　1996年6期

莊子思想與現代文明　史向前　安徽大學學報　1996年6期

近期臺灣對老莊哲學的研究　劉明　信息窗　1996年7期

老莊故里及文化歸屬考辨　孫立　學術研究　1996年8期

蘇軾的『虛』、『靜』、『明』觀：論莊子的『心齋』思想對蘇軾後期思想的影響　周小華　學術月刊　1996年9期

莊子爲什麼反『技術』　阿巍　文史知識　1996年12期

莊子養生主篇發微　王鍾陵　學術月刊　1996年12期

竹簡本盜跖篇管窺　廖名春　清華大學思想文化研究所集刊（第一輯）　1996年

自由與自然：莊子的心靈境界說　蒙培元　道家文化研究（第十輯）　上海古籍出版社　1996年版

試論莊子的技術哲學思想　劉明　道家文化研究（第十輯）　上海古籍出版社　1996年版

莊子、尼采與藝術的世界觀　劉昌元　道家文化研究（第十輯）　上海古籍出版社　1996年版

讀莊論叢　王叔岷　道家文化研究（第十輯）　上海古籍出版社　1996年版

呂氏春秋引用莊子舉證　王叔岷　道家文化研究（第十輯）　上海古籍出版社　1996年版

道家學風述要　蕭萐父　道家文化研究（第十輯）　上海古籍出版社　1996年版

道家在先秦哲學史上的主幹地位　（臺灣）陳鼓應　道家文化研究（第十輯）　上海古籍出版社　1996年版

道家學說及其對先秦儒學的影響　胡家聰　道家文化研究（第十輯）　上海古籍出版社　1996年版

道家與中國古代的『現代化』：重讀先秦諸子的提綱　李零　道家文化研究（第十輯）　上海古籍出版社　1996年版

道家思想中的語言問題（斯洛文尼亞）瑪亞　道家文化研究（第十輯）　上海古籍出版社　1996年版

呂氏春秋道家說之論證　牟鍾鑒　道家文化研究（第十輯）　上海古籍出版社　1996年版

道、玄與二程理學　蔡方鹿　道家文化研究（第十輯）　上海古籍出版社　1996年版

王陽明的良知說與道家哲學　陳少峰　道家文化研究（第十輯）　上海古籍出版社　1996年版

謝靈運山水詩與道家之關係　王玫　道家文化研究（第十輯）　上海古籍出版社　1996年版

道家哲學的現代理解：以嚴、章、梁、王、胡爲例　王中江　道家文化研究（第十輯）　上海古籍出版社　1996年版

重建本體論：熊十力與道家哲學　李維武　道家文化研究（第十輯）　上海古籍出版社　1996年版

馮友蘭道家觀舉隅　羅熾　道家文化研究（第十輯）　上海古籍出版社　1996年版

略論道家思想在日本的傳播　徐水生　道家文化研究（第十輯）　上海古籍出版社　1996年版

『應用之道』還是『處世之末』：關於莊子人間世的解讀方法　張谷　西安外國語學院學報　1997年1期

莊子相對主義與相對論物理學思想之比較　胡化凱　安徽大學學報　1997年1期

莊子養生主講疏（上）　王鍾陵　鎮江師專學報　1997年1期

莊子漁父篇發微　郭維森　阜陽師範學院學報　1997年1期

從『逍遙遊』到『知北遊』　夏當英　安徽大學學報　1997年1期

大海、海神崇拜和莊子秋水寓言　朱任飛　求是學刊　1997年1期

讀莊子　嚴錫禹　金陵神學志　1997年1期

積澱與超越：淺談莊子審美心態之形成　趙彩芬　河南教育學院學報　1997年1期

嵇阮和莊學品格的實踐化　徐國榮　阜陽師範學院學報　1997年1期

解『莊』的金鑰匙：莊子『三言』論　高樹海　河北師範大學學報　1997年1期

老莊的民本思想　張金嶺　中華文化論壇　1997年1期

老莊精神與魏晉文學　魏宏燦、周新華　阜陽師範學院學報　1997年1期

老莊思想與李白人格理想　阮堂明　阜陽師範學院學報　1997年1期

論『心齋』說　周宏麗　淮陰師專學報　1997年1期

論魯迅對老莊思想的批判　柯貴文　阜陽師範學院學報　1997年1期

明於『大知』的認識論：兼析對莊子哲學的兩個誤解　鄧名瑛、鄭文先　船山學刊　1997年1期

試論老莊思想對元散曲的積極影響　汪芳啟　阜陽師範學院學報　1997年1期

試論莊子『得意忘言』的審美觀　陳靜　天府新論　1997年1期

試論莊子的實踐觀　魏晉、李錦旺　阜陽師範學院學報　1997年1期

略論屈原的審美意識：兼論屈原莊子美學觀之異同　蔡靖泉　職大學刊(哲社版)　1997年1期

試論莊子寓言的藝術特色　李仁質　中央社會主義學院學報　1997年1期

通往自然無爲的莊子修養論美學：中國古代修養美學論綱之一　王建疆　西北師大學報　1997年1期

文學中的『逍遥遊』境界：評莊子與中國文學　張利群　蘇州大學學報　1997年1期
仙道思想：稻作鳥化宇宙觀的展示　陳勤建　華東師範大學學報　1997年1期
語言：筌蹄與家園——莊子言意之辨的現代觀照　李貴、周裕鍇　四川師範大學學報　1997年1期
重估莊子在中國美學史上的地位：兼評李澤厚『儒道互補』説　方然　河南師範大學學報　1997年1期
莊蝶之夢與渾沌之死：莊子『物化』、『氣變』論解析　陳洪　蘇州大學學報　1997年1期
莊之蝶形象探析　西慧玲　牡丹江師範學院學報　1997年1期
莊子的人生哲學思想及其現代價值　覃玉榮　天府新論　1997年1期
莊子的社會批判　安繼民　黄淮學刊　1997年1期
莊子的詩意人生追求與詩化哲學（上）　袁伯誠　青島大學師範學院學報　1997年1期
莊子精神自由觀論　程梅花　阜陽師範學院學報　1997年1期
莊子也是偉大的辯者　鄒林　阜陽師範學院學報　1997年1期
論莊子的社會理想　吕錫琛　求索　1997年1期
莊子與郭沫若　張順發　郭沫若學刊　1997年1期
莊子與斯賓諾莎人生境界之比較　芮常木　徽州師專學報　1997年1期
『遊』與莊子詩學的主體精神　劉可欽　南京大學學報　1997年2期
老莊『無用之用』思想析論　朱喆　中華文化論壇　1997年2期
逍遥遊中的人生境界　王光松　中山大學研究生學刊　1997年2期
莊、韓文學異同論　劉松來　江西師範大學學報　1997年2期
莊子『道』的哲學意義　徐桂紅　陝西教育學院學報　1997年2期

莊子的審美意識芻議　蔡靖泉　上海大學學報　1997年2期

莊子養生主講疏（下）　王鍾陵　鎮江師專學報　1997年2期

從儒道美學觀之比較看莊子在中國美學史上的地位　方然　思想戰綫　1997年2期

論莊子的『小大之辨』　鮑鵬山　青海師範大學學報　1997年2期

論莊子人生哲學　姜思學　農墾師專學報　1997年2期

淺談莊子『自然無爲』思想　曾憲龍　函授教育　1997年2期

試論莊子生死哲學的本體意義　朱人求　中華文化論壇　1997年2期

通達生命詩境的哲學：論莊子哲學與美學的契會　魯旭蓉　山西師範大學學報　1997年2期

唯道集虛：讀莊劄記之六　王鍾陵　河北師院學報　1997年2期

無所可用，故能若是之壽：讀莊漫筆之四　王鍾陵　鐵道師院學報　1997年2期

莊子的人生哲學思想　馮英　長春黨校學報　1997年2期

莊子論『辨』中的主體間性問題　葛榮東　文史哲　1997年2期

莊子哲學的換位思維、換主體思維和負面思維　李堆尚　延安大學學報　1997年2期

『濠梁之辯』之我見　馬添翼　淮陰師專學報　1997年3期

逍遥遊臆解　李英霞　牡丹江師範學院學報　1997年3期

莊子的審美意義：道與美的共生與統一　石曉寧　求是學刊　1997年3期

莊子外雜篇中的莊子　陸建華　淮北煤師院學報　1997年3期

莊子寓言文體新論　劉訪　重慶師院學報　1997年3期

莊子德充符講疏（上）　王鍾陵　鎮江師專學報　1997年3期

從政治哲學到詩意美學：『老莊』比較視域中的莊子美學思想　李建盛　東方叢刊　1997年3期
老莊思想與主體心理矛盾　劉李偉　暨南學報　1997年3期
論莊子的生存心態　成其聖　天津師大學報　1997年3期
水觀：孔孟莊別論　張耀南　長沙電力學院學報　1997年3期
無用之用：讀莊漫筆之五　王鍾陵　鐵道師院學報　1997年3期
向秀莊子注研究　王曉毅　山東大學學報　1997年3期
再説逍遥遊　許興寶　西北第二民族學院學報　1997年3期
真理：波普僞證與莊子證實　王清淮　中國人民警官大學學報　1997年3期
莊子的道　譚坤　昌濰師專學報　1997年3期
莊子的詩意人生追求與詩化哲學（下）　袁伯誠　青島大學師範學院學報　1997年3期
莊子思想與陶淵明的人生境界　張瑞君　西南師範大學學報　1997年3期
莊子與中國啟蒙文學源流　趙稀方　南京大學學報　1997年3期
『安之若命』新解　張采民、朱怡淼　南京師大學報　1997年4期
論語、莊子運算式的召喚性　周光慶、王一軍　華中師範大學學報　1997年4期
莊子德充符講疏（下）　王鍾陵　鎮江師專學報　1997年4期
莊子口義的注莊特色　楊黛　中國文學研究　1997年4期
本體論：莊子和海德格爾的哲學思想　徐良　西北師大學報　1997年4期
從人生境界到審美境界：莊子天人之學的美學精神　陳德禮　青海師範大學學報　1997年4期
老莊的民本思想　張金嶺　四川大學學報　1997年4期

老莊思想是道教的理論基礎　徐小躍　南京大學學報　1997年4期

老莊思想與陶淵明的生死觀　姚蓉　長沙電力學院學報　1997年4期

老莊文化應屬中原文化　張松輝　湖南師範大學社會科學學報　1997年4期

歷史、文化、審美：莊子哲學和美學理解的當代視域　李建盛　求索　1997年4期

略談莊子的審美客體特徵　潘明武　高等函授學報　1997年4期

論『卮言』：道體論形而上學的語言觀　李孺義　哲學研究　1997年4期

論老莊道家的人格思想　王寧山　浙江社會科學　1997年4期

論屈原的遨遊、流浪與莊子的逍遙遊　董運庭　重慶師院學報　1997年4期

論早期天人觀對莊、騷浪漫特色的影響　劉項、王延雙　齊齊哈爾師範學院學報　1997年4期

論莊子的『無知』、『不知』思想　鄧聯合　中州學刊　1997年4期

論莊子的諷刺藝術　李明珠　安徽教育學院學報　1997年4期

論莊子之道的原型意象　潘靜　晉陽學刊　1997年4期

太白詩與莊子文　楊旭升　重慶師院學報　1997年4期

談莊子對儒家和知識的批評　孫金榮　語文函授　1997年4期

重論莊子『逍遙』的實質及其文化意義　張松　東嶽論叢　1997年4期

莊學二題　韓經太　中國文化研究　1997年4期

莊子『至樂無樂』論的美學闡釋　李冬梅　海南師院學報　1997年4期

莊子的人格理論與現代中國人格建構　李道湘　中國社會科學院研究生院學報　1997年4期

莊子養生說發微　陳紹燕　文史哲　1997年4期

莊子的自然人本精神對中國文人的影響　哈嘉瑩　西北師大學報　1997年5期

漢代的莊子研究與莊子影響　葛亮　天津師大學報　1997年5期

寫在莊子祠　毛志成　中國西部文學　1997年5期

簡述莊周自然主義哲學思想及教育思想的影響　唐潔、張成行　四川師範學院學報　1997年5期

老莊語言觀綜述　陳立中　湘潭大學學報　1997年5月

雷神崇拜和莊子寓言　朱任飛　北方論叢　1997年5期

論莊子認識論思想的理論貢獻　毛榮生　社會科學　1997年5期

契合之路程：莊子和莊子的英譯本（上）　汪榕培　外語與外語教學　1997年5期

虛者，心齋也：讀莊漫筆之六　王鍾陵　鐵道師院學報　1997年5期

寓言是莊子散文的主載體：莊子散文形式與內容的完美結合　王筱婭　湖北民族學院學報1997年5期

莊學對畫論的影響　鄧喬彬　華東師範大學學報　1997年5期

莊子與斯多亞派人生哲學比較　章海山　道德與文明　1997年5期

莊子哲學觀念的神話根源　趙沛霖　文史哲　1997年5期

莊子大宗師篇羼雜文字辨　王鍾陵　江蘇社會科學　1997年6期

簡論莊子社會批判觀的基本思路　安繼民　中州學刊　1997年6期

老莊的契道合天與慧能禪的即心即佛　徐小躍　南京社會科學　1997年6期

靈幻的夢想與蒼涼的現實：上古神話與莊子寓言有關鳥意象的文化考察　朱任飛　東北師大學報　1997年6期

北方神話對莊騷浪漫特色的影響　劉項　王延雙　北方論叢　1997年6期

略論莊子思想的開放性　朱孔芬　山東社會科學　1997年6期

契合之路程：莊子和莊子的英譯本(下)　汪榕培　外語與外語教學　1997年6期

神秘數字『十九年』解謎　葉舒憲　廣東社會科學　1997年6期

閒適爲人　真情爲文：林語堂與老莊思想　舒雲　青年思想家　1997年6期

相逢於道路：莊子與海德格爾詩學比較　何芳　北方論叢　1997年6期

莊子天人觀與齊物論思想新探　徐小躍　江蘇社會科學　1997年6期

莊子修養美學的範疇及其影響：中國古代修養美學論綱之二　王建疆　西北師大學報　1997年6期

神話・莊子和想像力傳統：故事新編新論之二　鄭家建　魯迅研究月刊　1997年7期

也談南北文化之劃分及老莊的文化歸屬　劉紹瑾　學術研究　1997年11期

王爾德與莊子哲學　吳學平　解放軍外語學院學報　1997年增刊

『象』與老莊美學　于苐　學術交流　1998年1期

莊子：中國小說創作之祖　劉生良　陝西師範大學學報　1998年1期

莊子寓言中的悲劇形象與知識分子的隱逸意識　(韓國)權錫煥　棗莊師專學報　1998年1期

莊子齊物論通釋　劉坤生　汕頭大學學報　1998年1期

莊子人間世講疏(上)　王鍾陵　鎮江師專學報　1998年1期

辯名析理：郭象注莊子的方法　湯一介　中國社會科學　1998年1期

從哲學到文學的困惑：由莊子言意觀說起　余玫　雲南師範大學學報　1998年1期

風：大道的解說——莊子以風喻道的文化考察　朱任飛　求是學刊　1998年1期

苟全性命於亂世　不求聞達於諸侯：略論莊子的人生觀及對後世的影響　康清蓮　川東學刊　1998年

荒謬中的閃光：讀莊子馬蹄 潘明武 錦州師範學院學報 1998年1期

居所澄明與形上慰藉：莊子立義藝術主體生存本體論 朱懷江 新疆師範大學學報 1998年1期

狂狷之書：韓非子和莊子 鮑鵬山 書與人 1998年1期

老莊道家學派與楚文化之淵源關係 袁伯誠 固原師專學報 1998年1期

老莊的性善論 張金嶺 中華文化論壇 1998年1期

略論莊禪真理觀及其歷史影響 李霞 安徽大學學報 1998年1期

論郭象注莊子的方法 湯一介 中國文化研究 1998年1期

上古神話傳說中的『渾沌母題』與莊子寓言 朱任飛 社會科學戰綫 1998年1期

試論莊子的『道』與中國浪漫主義的產生 韋琴琴 廣西師院學報 1998年1期

逍遥與人生體悟：莊子直覺思維論 王紅蕾 遼寧大學學報 1998年1期

玄珠·崑崙神樹·曲商之木：莊子中黃帝遺玄珠神話的原型考察 朱任飛 中州學刊 1998年1期

嚴復對老莊哲學思維之『超越』特質的認識 高中理 中國哲學史 1998年1期

怎樣理解莊子對美的特殊體驗 趙紅玲 社科縱橫 1998年1期

莊學精神：山水旅遊文化的源泉 魏宏燦 濟寧師專學報 1998年1期

莊子的社會文化批判及其理想 李生龍 船山學刊 1998年1期

莊子和斯多葛學派的自由觀比較 王學鋒 洛陽師專學報 1998年1期

自然與本性 陳嘉映 讀書 1998年1期

逍遥遊：莊子在等差世界中的自然選擇 王凡 吉林師範學院學報 1998年2期

一期

莊子的孔子人物形象論　（韓國）任振鎬　江蘇教育學院學報　1998年2期

莊子幽默藝術初探　陳勁　攀枝花大學學報　1998年2期

莊子人間世講疏（中）　王鍾陵　鎮江師專學報　1998年2期

莊子養生主我見　衛俊秀　陝西師範大學學報　1998年2期

成玄英莊子疏『知與不知，通而爲一』的思想　蔡方鹿　宗教學研究　1998年2期

海德格爾與莊子詩學論略　何芳　求是學刊　1998年2期

老莊道論之異同　楊勝良　廈門大學學報　1998年2期

老莊關係辨異　劉豐　唐都學刊　1998年2期

論莊子的『虛靜』　彭茵　南京社會科學　1998年2期

審乎無假而不與物遷：讀莊漫筆之七　王鍾陵　鐵道師院學報　1998年2期

試析莊子的美學思想　張豔紅　渤海學刊　1998年2期

中國古代辯證自然觀與現代科學思想的變革：從普里高津推崇莊子哲學說起　林可濟　福建師範大學學報　1998年2期

莊學溯源　蔡德貴　中國哲學史　1998年2期

莊學研究新視野：葉舒憲莊子的文化解析評介　王煜　海南大學學報　1998年2期

莊子理想人格的超越性與悲劇性　吳長城　哲學戰綫　1998年2期

莊子理想人格論　朱湘湛、張春　攀枝花大學學報　1998年2期

莊子思維方式探析　張峰屹　內蒙古社會科學　1998年2期

莊子與阮籍的理想人格　張瑞君　山西師大學報　1998年2期

追尋詩意的棲居：莊子與海德格爾詩學比較(之二) 何芳 學術交流 1998年2期

『莊子自是楚人』説 蔡靖泉 荊州師專學報 1998年3期

黄帝四經、老子、莊子差别論 方銘 中共中央黨校學報 1998年3期

逍遥遊篇旨及其鵬、鴳對照 史向前 安徽大學學報 1998年3期

莊子精神概論 袁坤 聊城師範學院學報(哲社版) 1998年3期

莊子人間世講疏(下) 王鍾陵 鎮江師專學報 1998年3期

莊子的文化解析 段從學 文藝研究 1998年3期

成玄英重玄學思想述要：以莊子疏爲中心 强昱 世界宗教研究 1998年3期

讀莊子散文劄記 任典雲、邱魯軍 鎮江師專學報 1998年3期

對郭象『獨化』論的一種詮釋 康中乾 中國哲學史 1998年3期

建設性的後現代主義與莊子思想 孔令憲 求是學刊 1998年3期

解構·還原·創新：葉舒憲莊子的文化解析一書的研究思路 吴光正 民族藝術 1998年3期

老、莊消解性話語解讀模式及其『無中生有』的意義建構方式 曹順慶 復旦學報 1998年3期

困境與解脱：莊子人生哲學剖析 成華青 青海師專學報 1998年3期

老莊論辨 陸建華 安徽大學學報 1998年3期

論郭象對莊子思想的繼承與發展 王燕 學術交流 1998年3期

論莊子人生哲學中『命』與『逍遥』、『遊』的關係 馮定堅 湛江師範學院學報 1998年3期

丘則陋矣：讀莊劄記之八 王鍾陵 河北師範大學學報 1998年3期

試論莊子寓言 吴懷東 學術界 1998年3期

在有言和無言之間：對莊子的兩種『無言』思想的考察　王柏華　北京大學學報　1998 年3 期

莊周故里考　徐壽亭、劉傑　中國方域　1998 年3 期

莊子的浪漫主義是我國浪漫主義文學的源頭：兼談莊、屈浪漫主義的區別　黎遠方　桂林市教育學院學報　1998 年3 期

莊子論道　許婉璞　吉首大學學報　1998 年3 期

莊子美學的內在超越結構　郭持華　益陽師專學報　1998 年3 期

莊子文藝美學思想四談　吳美卿　寧德師專學報　1998 年3 期

莊子新解二則　方正己　河池師專學報　1998 年3 期

超脫人生和超越人生：莊子與尼采的人生哲學比較　張劍英　張家口大學學報　1998 年3、4 期

莊子認識論新論　舒鉞　重慶社會科學　1998 年3、4 期

逍遙遊『汾水之陽』辨　劉東山　福州大學學報　1998 年4 期

莊子成語淺析　馬秀恰、劉青琬　河北大學學報　1998 年4 期

莊子略說　盧柏林　電大教學　1998 年4 期

莊子命名藝術試探　熊憲光、陳勁　西南師範大學學報　1998 年4 期

莊子與道教、現代文明片論　丁懷軫　理論學刊　1998 年4 期

從傳播的角度看莊子的語言藝術　閔惠泉　現代傳播　1998 年4 期

從莊子的『言意』之辨看文藝審美活動的特徵　詹七一、羅曉非　雲南民族學院學報　1998 年4 期

道的精神：莊子的藝術精神　陶君　中國道教　1998 年4 期

蝴蝶與甲蟲：關於莊子與卡夫卡的一點比較　溫去非　遼寧廣播電視大學學報　1998 年4 期

略論莊子的『無用之用』 李明珠 學術界 1998年4期

論莊子的人生痛苦意識 顏世安 江蘇社會科學 1998年4期

漫談『重言』 楊汝福 柳州師專學報 1998年4期

人生、哲學與藝術的完善統一：莊子散文的文學特質與價值 （韓國）任振鎬 寧波大學學報 1998年4期

試比較莊子和休謨懷疑論的同異 盧振芳 上海教育學院學報 1998年4期

試論莊子道的意象 楊國強 韶關大學學報 1998年4期

試論李白自由觀對莊子的超越 羅小芳 柳州師專學報 1998年4期

中、法、英莊子劈棺比較 鄒正昌 益陽師專學報 1998年4期

莊周、盧梭自然主義教育思想比較 唐潔 社會科學研究 1998年4期

莊子『言意之論』與審美 李世橋 河南教育學院學報 1998年4期

莊子的『環中』認知結構初探 傅永新 江蘇社會科學 1998年4期

莊子與郭象倫理思想之比較 傅曉瓊 重慶師院學報 1998年4期

莊子寓言二題 傅軍龍 北方論叢 1998年4期

釋莊子養生主之『割』 劉乃叔 古籍整理研究學刊 1998年4、5期

莊子人格理想與魏晉文學的人格起點 李建中 華中師範大學學報 1998年5期

從老莊申韓同傳看道、法之承變關係 丁鼎、盧友連 齊魯學刊 1998年5期

老莊『自然』觀的實證分析 馮春田 東嶽論叢 1998年5期

老莊利己主義比較 王海賓 天府新論 1998年5期

論莊子逍遥的本質　陸建華　江淮論壇　1998年5期

淺談莊子的文藝美學思想：兼談其對後世的影響　吳美卿　廣州師院學報　1998年5期

心未嘗死者：讀莊漫筆之八　王鍾陵　鐵道師院學報　1998年5期

莊子其人與莊子：莊子的綠色哲學之一　陳明紹　民主與科學　1998年5期

莊子的自由精神　丁懷軫　哲學大視野　1998年5、6期

莊子（內篇）校讀三劄　周乾溁　天津師大學報　1998年6期

寬容：莊子的認識論精神　張祥明　齊魯學刊　1998年6期

老莊哲學與中國書法傳統精神　劉啟林　汕頭大學學報　1998年6期

論老莊對李白的影響　蔣力餘　求索　1998年6期

猶有尊足者存：讀莊漫筆之九　王鍾陵　鐵道師院學報　1998年6期

莊周夢蝴蝶與格里戈爾變甲蟲　張中載　外國文學　1998年6期

莊子的『解衣般礡』論及對中國繪畫的影響　萬偉民、史潔瑩　國畫家　1998年6期

莊子的天　譚坤　昌濰師專學報　1998年6期

莊子之『道』與康得『物自體』比較研究：兼論莊、康不可知論異同　汪秀麗　安徽大學學報　1998年6期

論莊子的人生理想與處世哲學　于銘松　中央社會主義學院學報　1998年7期

論莊子對儒學的剽剝　羅維明　廣州師院學報　1998年8期

莊子與齊：對莊子文化歸屬的再思考　孫立　學術研究　1998年9期

卮言日出　和以天倪：評汪榕培教授英譯莊子　陳建中　外語與外語教學　1998年11期

生命的困境和審美的超越：莊子美學的生命意義　羅堅　社會科學　1998年12期

孔子、莊子生死觀之比較　張美亞　浙江師大學報　1998年增刊

『黃老易』和『莊老易』：道家經典的系統性及其流變　王葆玹　道家文化研究（第十二輯）（北京）生活·讀書·新知三聯書店　1998年版

王弼用莊解易論略　陳少峰　道家文化研究（第十二輯）（北京）生活·讀書·新知三聯書店　1998年版

先秦道家易學發微　（臺灣）陳鼓應　道家文化研究（第十二輯）（北京）生活·讀書·新知三聯書店　1998年版

易傳與道家思維方式合論　羅熾　道家文化研究（第十二輯）（北京）生活·讀書·新知三聯書店　1998年版

太玄經道家易劄記：讀玄劄記之二　魏啟鵬　道家文化研究（第十二輯）（北京）生活·讀書·新知三聯書店　1998年版

讖緯文獻與戰國秦漢間的道家　徐興無　道家文化研究（第十二輯）（北京）生活·讀書·新知三聯書店　1998年版

析鄭玄宇宙生成與衍化的象數模式：兼談鄭注乾鑿度所透顯的道家思想　周立升　道家文化研究（第十二輯）（北京）生活·讀書·新知三聯書店　1998年版

周敦頤易學的道家思想淵源　陳少峰　道家文化研究（第十二輯）（北京）生活·讀書·新知三聯書店　1998年版

蘇氏易傳與三蘇的道家思想　曾棗莊　道家文化研究（第十二輯）（北京）生活·讀書·新知三聯書

店　1998 年版

程頤易學和道家哲學　陳少峰　道家文化研究（第十二輯）（北京）生活·讀書·新知三聯書店　1998 年版

老莊哲學中有無範疇的再檢討：兼評馮友蘭先生的有無觀　朱伯崑　道家文化研究（第十四輯）（北京）生活·讀書·新知三聯書店　1998 年版

莊子的詩意　葉朗　道家文化研究（第十四輯）（北京）生活·讀書·新知三聯書店　1998 年版

論莊子由技入道所開拓的精神境界（馬來西亞）王介英（Heng Kay Song）　道家文化研究（第十四輯）（北京）生活·讀書·新知三聯書店　1998 年版

莊子的心性觀（韓國）李康洙　道家文化研究（第十四輯）（北京）生活·讀書·新知三聯書店　1998 年版

關於莊子的社會危機意識和自由意識的問題（韓國）宋榮培　道家文化研究（第十四輯）（北京）生活·讀書·新知三聯書店　1998 年版

淮南子引莊舉隅（臺灣）王叔岷　道家文化研究（第十四輯）（北京）生活·讀書·新知三聯書店　1998 年版

海外道家文化研究簡介（澳門）柳存仁　道家文化研究（第十四輯）（北京）生活·讀書·新知三聯書店　1998 年版

道家文化國際學術研討會綜述　白奚　道家文化研究（第十四輯）（北京）生活·讀書·新知三聯書店　1998 年版

道家的深湛玄思與批判精神　張岱年　道家文化研究（第十四輯）（北京）生活·讀書·新知三聯書

店　1998年版

論自然：道家哲學的基本觀念　蒙培元　道家文化研究（第十四輯）（北京）生活·讀書·新知三聯書店　1998年版

道家形而上學中『化』觀念及其歷史拓展　王中江　道家文化研究（第十四輯）（北京）生活·讀書·新知三聯書店　1998年版

論三晉的道家之學　王博　道家文化研究（第十四輯）（北京）生活·讀書·新知三聯書店　1998年版

『真』與道家的人性思想　陳靜　道家文化研究（第十四輯）（北京）生活·讀書·新知三聯書店　1998年版

內修：早期道家的主要實踐（美國）羅浩（Harold D. Roth）　道家文化研究（第十四輯）（北京）生活·讀書·新知三聯書店　1998年版

道家的社會關懷（臺灣）陳鼓應　道家文化研究（第十四輯）（北京）生活·讀書·新知三聯書店　1998年版

從道家思想探討蘇軾的詩論（韓國）安熙珍　道家文化研究（第十四輯）（北京）生活·讀書·新知三聯書店　1998年版

『技術』批判：海德格爾和莊子　肖巍　復旦學報　1999年1期

逍遥遊的主旨是無爲　張松輝　齊魯學刊　1999年1期

莊子比喻的特色及其修辭效果　周玉秀　語文學刊　1999年1期

莊子疑難詞語考釋　方向東　南京師大學報　1999年1期

關於莊子寓言定分種種　蔣振華　湖南教育學院學報　1999年1期

孔子與莊子的自然美觀及其影響　楊志勇、易先林　吉首大學學報　1999 年1 期

老莊的文化心態　秦彥士、林光明、葛慶元　中華文化論壇　1999 年1 期

紅樓夢與莊子漫議　曹明　明清小說研究　1999 年1 期

老莊學派倫理思想的自然精神　路雅祺　武漢水利電力大學學報　1999 年1 期

在『紅樓夢與莊子、禪之關係及其文本詮釋座談會』上的發言　劉冬　明清小說研究　1999 年1 期

屈原和莊子：屈莊浪漫主義比較談　李明珠　安徽教育學院學報　1999 年1 期

試論莊子的『言』與『意』　李敬國　甘肅社會科學　1999 年1 期

莊子『有無之情』論辯證　朱懷江　新疆師範大學學報　1999 年1 期

莊子的生態環境觀新探　程潮　嘉應大學學報　1999 年1 期

漫談紅樓夢與莊子　劉福勤　明清小說研究　1999 年1 期

莊子的無用美學發微　方正己　河池師專學報　1999 年1 期

莊學研究二十年　吳長城　社會科學動態　1999 年1 期

煩惱即菩提：紅樓夢與莊、禪談片　王學鈞　明清小說研究　1999 年1 期

『一語天然萬古新，豪華落盡見真淳』：陶淵明的作品風格與老莊思想　姚蓉　湖南大學學報　1999 年2 期

『中國道家認知療法』對老莊哲學身心修養模式的發展　胡凱、肖水源　湖南醫科大學學報　1999 年2 期

莊子中的『畸人』形象芻議　楊林　海南師院學報　1999 年2 期

莊子自然環境保護思想發微　陳瑞臺　內蒙古大學學報　1999 年2 期

保護世界的生物多樣性：莊子的綠色哲理之二　陳明紹　民主與科學　1999 年2 期

才全而德不形：讀莊漫筆之十　王鍾陵　鐵道師院學報　1999年2期
從認識過程看莊子是怎樣陷入相對主義的　蔣顯榮　船山學刊　1999年2期
借鑒老莊思想　調適心理挫折　劉紅　貴州教育學院學報　1999年2期
論老莊的反『禮』思想：兼與孔子『復禮』思想比較　張傑、趙秀雲　管子學刊　1999年2期
論莊子『三元』說及其與儒、墨、楊朱之關係　劉士林　孔子研究　1999年2期
論莊子的遊世思想　顏世安　南京大學學報　1999年2期
論莊子之『適』及其審美觀　汪振城　邯鄲大學學報　1999年2期
孟、莊命論比較　陳紹燕　文史哲　1999年2期
屈莊風格淺論　孫光　河北大學學報　1999年2期
松尾芭蕉的『造化隨順』與莊子的自然觀　陳光　日本研究　1999年2期
用莊子自身的方式解讀莊子：葉舒憲莊子的文化解析的切入點　吳光正　廣東社會科學　1999年2期
優存·自由·美悟：莊子的人生觀及價值觀新探　史鴻文　江漢論壇　1999年2期
語言的困境和美學的使命：莊、禪語言觀的現代觀照　石世明、蔣德陽　渝州大學學報　1999年2期
朱熹之學與老莊　張豔清　中國哲學史　1999年2期
莊學研究二十年　吳長城　許昌師專學報　1999年2期
莊子、屈原之浪漫主義比較　檀晶　固原師專學報　1999年2期
莊子『真人』論　若水　青海社會科學　1999年2期
莊子的『德』與『道』及其文學藝術觀新論　梁樞　社科縱橫　1999年2期
莊子對理想人格的塑造　若水　中國道教　1999年3期

莊子與隱逸　高建立　開封大學學報　1999年3期

莊子秋水『兩涘渚崖』注商　李先華　古漢語研究　1999年3期

莊子養生主『新發於硎』之我見　任福祿　昆明師專學報　1999年3期

博愛：莊子思想之內質　陳水德　安徽大學學報　1999年3期

超越有限性：莊子論逍遙遊　章惠垠　淮北煤師院學報　1999年3期

評池田知久教授老莊思想　李蘇平　中國哲學史　1999年3期

評方勇、陸永品莊子詮評　馬慶洲　漳州師院學報　1999年3期

莊屈浪漫主義風格的共同特色　鍾錫南　湖南教育學院學報　1999年3期

莊子處世觀淺析　周紅　四川省公安管理幹部學院學報　1999年3期

莊子的無君論思想　趙玉英、孫繼旺　濱州師專學報　1999年3期

莊子人生觀散論　呂繼臣　遼寧財專學報　1999年3期

莊子天道觀二題　安繼民　商丘師專學報　1999年3期

莊子養生思想淺說　禹正權　西北第二民族學院學報　1999年3期

『道言悖論』及莊子對言說方式的懷疑、改造與創新　徐克謙　華東師範大學學報　1999年4期

莊子的物性觀及其現代意義　王暉　江蘇社會科學　1999年4期

莊子內篇與周易　于雪棠　北方論叢　1999年4期

莊子一書的個性化教育思想發凡　劉兆偉　教育評論　1999年4期

莊子寓言的文學性　張亞君　甘肅社會科學　1999年4期

從現實基礎看莊子認識論的合理因素　籍成山　昌濰師專學報　1999年4期

從莊子哲學看哲學自身的矛盾　于桂鳳　長白學刊　1999年4期
道教中老子、莊子地位差異辨析　李士菊、劉玉傑　河北師範大學學報　1999年4期
讀解莊子的文化解析　克諧　中文自學指導　1999年4期
老莊的理想人格及其現代價值　呂靜芳　南京政治學院學報　1999年4期
老莊哲學的社會批判意義　蘇建國　昌濰師專學報　1999年4期
離形・去知・任志：解讀莊子一議　胡家祥　撫州師專學報　1999年4期
論莊子的人生哲學　張采民　江蘇教育學院學報　1999年4期
試論郭店楚簡的抄寫時間與莊子的撰作時代：兼論郭店與包山楚墓的時代問題　王葆玹　哲學研究　1999年4期
陶淵明的人格理想與老莊思想　姚蓉　中國文學研究　1999年4期
與道爲一：評莊子藝術論及其特徵　周威兵　北京大學研究生學志　1999年4期
袁宏道的詩文觀與老莊思想　郭順玉　上饒師專學報　1999年4期
中外互闡古今對話如何可能：讀莊子的文化解析有感　吳光正　中文自學指導　1999年4期
莊子的倫理思想　溫克勤　研究與實踐　1999年4期
莊子的言意論與符號學的能所觀　胡建次、邱美瓊　撫州師專學報　1999年4期
莊子與古代山水詩　孫明君　西安交通大學學報　1999年4期
莊子與荀子思維理論比較　陳紅兵　管子學刊　1999年4期
齊物論新解　劉坤生　復旦學報　1999年5期
莊子中的神話世界及其文化意蘊　郭真義　東方文化　1999年5期

莊子養生主主旨新探　李景明　齊魯學刊　1999年5期

博洽、新穎、穩妥：評方勇、陸永品莊子詮評　馬慶洲　書品　1999年5期

老莊道家若干思想述評　謝揚舉　歷史教學問題　1999年5期

老莊道論與境界說　葛麗婭　河南商專學報　1999年5期

論逍遥遊爲莊子內篇之總綱　周明俠　廣東社會科學　1999年5期

聖人有所遊：讀莊漫筆之十一　王鍾陵　鐵道師院學報　1999年5期

莊子：中國傳統文學的自然主義源頭　崔大華　教學與研究　1999年5期

『存在』、『此在』與『是非』：兼論莊子、海德格爾對人的存在問題觀點之異同　徐克謙　南京師大學報　1999年6期

『坐忘』、『心齋』與莊周的精神超脫　劉劍康　湖湘論壇　1999年6期

逍遥遊，大言也：讀莊劄記之一　王鍾陵　書品　1999年6期

莊子內篇的人天理論　陳紅兵　人天科學研究　1999年6期

莊子審美體驗論新解　涂波　人文雜誌　1999年6期

鯤鵬形象意義新探　唐湘　福建論壇　1999年6期

論聞一多的莊子研究：謹以此文紀念聞一多誕辰100周年　蘇志宏　中國社會科學院研究生院學報　1999年6期

真人三解：讀莊漫筆之十二　王鍾陵　鐵道師院學報　1999年6期

聞一多的莊子研究　馬奔騰　北京大學學報　1999年6期

莊子與康得的審美無功利論之比較　周占武　內蒙古大學學報　1999年6期

莊子學說與個性自由　徐克謙　社會科學（上海）　1999年7期

陳鼓應莊子淺說志疑　郭德茂　中華讀書報　1999年7月21日

近20年莊子散文藝術研究綜述　芮寧生　江漢論壇　1999年8期

莊子的生死觀芻議　秦平　學術月刊　1999年8期

深層解讀經典：評樗下讀莊　依絲　中國圖書評論　1999年10期

莊子快樂哲學與現代價值選擇　黃靜　雲南社會科學　1999年增刊

從莊子看心學　陳少明　道家文化研究（第十五輯）（北京）生活·讀書·新知三聯書店　1999年版

道家與道術　（澳大利亞）柳存仁　道家文化研究（第十五輯）（北京）生活·讀書·新知三聯書店　1999年版

道家在中國哲學中的地位　（美國）陳漢生Chad Hansen　道家文化研究（第十五輯）（北京）生活·讀書·新知三聯書店　1999年版

道家的和諧觀　（臺灣）陳鼓應　道家文化研究（第十五輯）（北京）生活·讀書·新知三聯書店　1999年版

南北道家貴陰貴陽說之歧異　王葆玹　道家文化研究（第十五輯）（北京）生活·讀書·新知三聯書店　1999年版

道家和名家之間　（日本）森秀樹　道家文化研究（第十五輯）（北京）生活·讀書·新知三聯書店　1999年版

從西銘開顯的境界看道家對張載的影響　馮達文　道家文化研究（第十五輯）（北京）生活·讀書·新知三聯書店　1999年版

夏目漱石與道家思想　（日本）蜂屋邦夫　道家文化研究（第十五輯）（北京）生活・讀書・新知三聯書店　1999年版

莊周故里初探　王同軒　莊子故里在東明　湖北人民出版社　1999年版

『莊子蔽於天而不知人』小議　張蘭仙　漳州師院學報　2000年1期

莊子之神話與哲學寫作劄記　董鐵柱　北京大學研究生學志　2000年1期

莊子散文的文學特質及其價值　林明華　中國文學研究　2000年1期

莊子文學特徵及其成因探析　邊家珍、魏思玲　河南大學學報　2000年1期

莊子中的大木形象與意象思維　王鍾陵　文學遺產　2000年1期

八十年代臺港老莊研究評價　張京華　江南學院學報　2000年1期

參透自然：莊子精神自由與無爲而爲的安民旨趣　朱松美　濟南大學學報　2000年1期

傳統的影響：在誤讀與契合之間：從文學史角度重識魯迅與莊子之關係　鄭家建　文藝理論研究　2000年1期

管窺莊子與傳道書中『一』思想的論述　李隆河　金陵神學志　2000年1期

論莊子內篇的篇章結構　周明俠　長沙電力學院學報　2000年1期

論莊子對『命』的超越　李明珠　安徽教育學院學報　2000年1期

論莊子思想中『道』與『行』的關係　顔世安　中國哲學史　2000年1期

儒家價值信念的彰顯：論王畿哲學對老莊思想的批判性吸收　付小莉　四川大學學報　2000年1期

試論老莊自然主義教育思想　張勇　安徽師範大學學報　2000年1期

文學莊子二十年　尚永亮、肖波　中州學刊　2000年1期

先秦莊學接受論　高樹海　中國文化研究　2000年1期
心靈的避難所：論莊子筆下的至人、神人、真人、聖人形象的美學意蘊　吳全蘭　桂林市教育學院學報　2000年1期
訓詁二則　鄧聲國　鎮江師專學報　2000年1期
也談『莊周夢蝶』的英譯　宗福常　常熟高專學報　2000年1期
莊周夢蝶與『以物觀物』：齊物論主旨解讀　周明俠　船山學刊　2000年1期
莊子『大美』論　賀付開　船山學刊　2000年1期
莊子逍遙遊『笑』什麼　范國祖　黔南民族師專學報　2000年1期
莊子的『命』與德謨克利特的『必然』範疇之比較　唐名輝　中共濟南市委黨校學報　2000年1期
莊子的自然審美思想及其價值　譚容培　湖南師範大學社會科學學報　2000年1期
莊子對山水遊風興盛之意義管窺　毛紅星　阜陽師範學院學報　2000年1期
莊子和海德格爾美學思想比較　戴冠青　華僑大學學報　2000年1期
莊子思想與中國繪畫精神：兼談中國繪畫差異　任昕　東方叢刊　2000年1期
老子、莊子兩處原文新解　鄧聯合　南京師大學報　2000年2期
莊子：語言的『無何有之鄉』　周甲津、馬大康　文藝理論研究　2000年2期
莊子駢語結構分析　樊中元　廣西師範大學學報　2000年2期
超越與分別：海德格爾和老莊對形而上學思考範式的比較　余日昌　西南師範大學學報　2000年2期
動搖與依違：孔子及莊子之文化理想主義述評　徐風　臨沂師範學院學報　2000年2期
老莊的美的形態論　王向峰　社會科學輯刊　2000年2期

老莊的審美意識論(上)　王向峰　錦州師範學院學報　2000年2期

略論莊子齊物論的『以明』與『兩行』思想　（韓國）孟濟永　中華文化論壇　2000年2期

論莊子生死觀對李賀詩歌創作的影響　張國榮　廣西右江民族師專學報　2000年2期

試論莊子『指與物化』思想的深刻內涵　柳樹滋　海南師院學報　2000年2期

試論莊子的『有無』觀　徐迎新　遼寧師範大學學報　2000年2期

文化潛流：莊子『道』論的後世遺響　曹智頻　宗教學研究　2000年2期

無奈的逍遙：莊子的人生理想　張英、馬傑、白寒　社會科學戰綫　2000年2期

辛棄疾『老莊情結』之我見　霍仲常　黔南民族師專學報　2000年2期

朱光潛文藝觀的莊子美學精神　程勇真　中州大學學報　2000年2期

莊子：審美之『道』的發現者　樊美筠　文史哲　2000年2期

莊子：言說與道——兼論逍遙遊的敘述風格　顔世安　學術月刊　2000年2期

莊子的開放性心態對審美心理的影響　李小成　新疆大學學報　2000年2期

莊子散文藝術的哲學求解　朱奇志　船山學刊　2000年2期

莊子藝術精神在魏晉的勃發　宗明華　遼寧師範大學學報　2000年2期

莊子與斯賓諾莎人生境界之比較　芮常木　廣西經濟管理幹部學院學報　2000年2期

莊子與魏晉文學中的隱逸思想　宗明華　山西大學學報　2000年2期

莊子『重言』初探　張海　成都師專學報　2000年3期

莊子鯤鵬原型新探　楊國強　韶關大學學報　2000年3期

莊子天地篇三重混雜思想體系概說　陳水德　華僑大學學報　2000年3期

莊子天下學術史意義劄記　張涅　浙江海洋學院學報　2000年3期

莊子天下篇的真僞及學術價值　王運生　昆明師範高等專科學校學報　2000年3期

回歸和生命儀式：從養生主試析莊子的生死觀　彭霓　華夏文化　2000年3期

解心釋神：從現代新儒家看莊子的功夫論　曹智頻　安徽大學學報　2000年3期

老莊的審美意識論(下)　王向峰　錦州師範學院學報　2000年3期

老莊之『道』：對人類生存的形上沉思　唐劭廉、呂錫琛　中南工業大學學報　2000年3期

論老莊哲學的終極之道　韋俊生　廣西大學學報　2000年3期

論莊子的技術哲學及其現代意義　(韓國)金聖東　現代哲學　2000年3期

論莊子的齊物和逍遥　何江南　社會科學研究　2000年3期

論莊子的人格困境　陳松青　陰山學刊　2000年3期

森鷗外的渾沌與莊子　(日本)清田文武　日本學論壇　2000年3期

生命的困惑與審美的超越：逍遥遊與赤壁賦生命意蘊之比較　楊慧聰　新鄉師範高等專科學校學報　2000年3期

釋『坳堂』　王光漢　文獻　2000年3期

魏晉莊學發展略論　杜宇民　安徽史學　2000年3期

文化親緣：楚文化與莊子思想　曹智頻　商丘師範學院學報　2000年3期

逍遥：人類個體生命自由精神的張揚　張芳德　湖北民族學院學報　2000年3期

至真至美：老莊美學思想初探　胡叔達　語文學刊　2000年3期

莊子『天』、『人』說的現代啟示　房啟三　文史哲　2000年3期

莊子美學要略　曾祥麟　貴州民族學院學報　2000年3期
莊子養生思想辨　徐濤、劉玉　阜陽師範學院學報　2000年3期
莊子與魏晉文人的創作心態　宗明華　煙臺大學學報　2000年3期
莊子與魏晉文人的獨立人格意識　宗明華　上海大學學報　2000年3期
莊列選略小引論析　宋家庚　蒲松齡研究　2000年3、4期
『困境』與『逍遙』：論莊子的人生哲學及其現代意義　陳延慶　青島化工學院學報　2000年4期
『尊道貴德』：老莊德育觀淺探　吴紅兵　理論月刊　2000年4期
逍遙遊重議　許興寶　淮陰師範學院學報　2000年4期
莊子的『至德之世』與富裕的食物採集文化　羅漫　廣西民族研究　2000年4期
莊子與魏晉文學　宋秋安　許昌師專學報　2000年4期
莊子注釋失誤舉要　高長山　古籍整理研究學刊　2000年4期
道與邏各斯：老莊與赫拉克利特哲學思想之比較　周穎、魏琛琛　淮北煤師院學報　2000年4期
濠梁之辯　誰是贏家：對莊子與惠施哲學思想的探析　及乃濤　喀什師範學院學報　2000年4期
孔、莊理想人格觀比較　郭淑新　安徽師範大學學報　2000年4期
孔子與老莊心理衛生思想哲學起點的不同　孔維民　淮北煤師院學報　2000年4期
老莊思想辯證性辨析　楊涯人、盧美華　理論探討　2000年4期
冷眼與熱心：論莊子二重性　張海平　楚雄師專學報　2000年4期
論老莊與柏格林的直覺主義　周穎、張娜　阜陽師範學院學報　2000年4期
論閆一多的莊子詮釋　阮忠　中州學刊　2000年4期

論莊子的處世態度　陳丹　求索　2000年4期
論莊子的語言觀　梁徐寧　社會科學輯刊　2000年4期
論作爲道路與方法的莊子之『道』　徐克謙　中國哲學史　2000年4期
神來靈氣　文彩天成：簡論莊子寓言　陳龍　玉溪師範高等專科學校學報　2000年4期
生命與心：論莊子哲學　若水、木鈴　青海社會科學　2000年4期
試論莊子的遊生意識及對後世文人的影響　溫斌　陰山學刊　2000年4期
試說莊子陰陽宇宙觀的起源　黄毓任　南通師範學院學報　2000年4期
試析莊子對世俗人生的超越　李華華　徽州社會科學　2000年4期
體『道』：莊子的整體直覺審美方式淺析　趙伯飛、齊淩雲　西安交通大學學報　2000年4期
由『器』而入『道』：從莊子(内篇)看寓言的思維方式兼論其對新時期小説創作與審視的啟發　潘雁飛　蘇州大學學報　2000年4期
莊子的名辯思想及其意義　彭自強　西南師範大學學報　2000年4期
莊子的宇宙定義及其現代意義　張京華　中州學刊　2000年4期
莊子人生哲學及其在魏晉的文學意義　宗明華　安徽大學學報　2000年4期
莊子人生哲學思想淺論　張海雲　青海師專學報　2000年4期
莊子修辭美學思想略論　周春林　曲靖師專學報　2000年4期
追求絕對自由：論莊子的人生哲學　陳延慶　淮北煤師院學報　2000年4期
自由與反叛：逍遥遊的内在精神——兼與歐洲浪漫主義精神比較　趙東栓　綏化師專學報　2000年4期

莊子的齊物論與愛因斯坦的相對論　劍君　北京工人報　2000年4月4日

生命的皈依與迷途：論莊子的生命美學　王林春　山東師範大學碩士學位論文　2000年4月

試論莊子的隱喻特色　張小琴　陝西師範大學碩士學位論文　2000年4月

從哲學角度淺論莊子　羅雨笙　中國道教　2000年5期

老莊道家思想中的負方法淺析　高建立、張大書　松遼學刊　2000年5期

老莊的心理衛生思想摭談　孔維民　阜陽師範學院學報　2000年5期

略析莊子內篇中的『命』的概念　呂玉華　上饒師範學院學報　2000年5期

論莊子哲學的思維方式　陳延慶　商丘師範學院學報　2000年5期

釋『天地不仁，以萬物爲芻狗；聖人不仁，以百姓爲芻狗』義　漆俠　河北大學學報　2000年5期

再說漁父的作者　翟振業　常熟高專學報　2000年5期

莊子反義詞研究　趙華　山東師範大學碩士學位論文　2000年5月

布洛的『心理距離』說與莊子『心齋』說之比較　危磊　社會科學家　2000年6期

恥辱柱上的孽魂：簡談莊子散文中『醜惡者』形象　梁克隆　洛陽師範學院學報　2000年6期

老莊的朴素之美論　王向峰　吉林大學社會科學學報　2000年6期

略論宋代莊學的『儒學化』傾向　耿紀平　中州學刊　2000年6期

孟莊論氣發微　郭明志　北方論叢　2000年6期

天門、天機與天人合一理想：老莊兩個概念的辨析梳理　李炳海　古籍整理研究學刊　2000年6期

莊子『絕聖棄智』再評價　劉景山　理論探討　2000年6期

莊子『以道觀之』的價值觀剖析　劉興邦　求索　2000年6期

莊子思想的現代價值　陳紅映　思想戰綫 2000 年6 期

莊子與老年孔子　徐克謙　許昌師專學報 2000 年6 期

莊子哲學重釋　劉宣如、胡建次　江西社會科學 2000 年6 期

對原始巫教文化的繼承與發展　孫聖河　中國科學院研究生院碩士學位論文 2000 年6 月

莊子說理十法　楊子才　新聞與成才 2000 年9 期

『胠篋』如一　萬象 2000 年10 期

濠梁之辯：沒有贏家　及乃濤　江漢論壇 2000 年10 期

莊子逍遥義由玄學化向佛學化的轉變　方勇　文史知識 2000 年10 期

論莊子哲學的思維方式及其特徵　陳延慶　理論月刊 2000 年10、11 期

對老莊本體論思想的幾點思考　徐小躍　南京社會科學 2000 年12 期

莊子的民俗學研究　馬啟俊　華中師範大學碩士學位論文 2000 年12 月

老莊思想與空（日本）蜂屋邦夫著　雋雪豔譯　道家思想與佛教　遼寧教育出版社2000 年版

王坦之的思想：東晉中期的莊子批判（日本）蜂屋邦夫著　陳捷譯　道家思想與佛教　遼寧教育出版社2000 年版

莊子的超越觀念和鯤鵬精神　施忠連　國際莊子學術研討會論文集　安徽文藝出版社2000 年版

莊周的鄉貫和道統　張正明　國際莊子學術研討會論文集　安徽文藝出版社2000 年版

韓國的老莊研究（韓國）金京玉　國際莊子學術研討會論文集　安徽文藝出版社2000 年版

楚人莊周說　蔡靖泉　國際莊子學術研討會論文集　安徽文藝出版社2000 年版

莫若以明：對『齊物』的質疑　朱鋒　國際莊子學術研討會論文集　安徽文藝出版社2000 年版

莊子散文的楚文化特徵　李竹君　國際莊子學術研討會論文集　安徽文藝出版社2000年版

莊子與楚文化　孫以楷、夏當英　國際莊子學術研討會論文集　安徽文藝出版社2000年版

莊子思想傳入韓國及其影響　（韓國）李延佑　國際莊子學術研討會論文集　安徽文藝出版社2000年版

阜陽出土的莊子雜篇漢簡　韓自強、韓朝　國際莊子學術研討會論文集　安徽文藝出版社2000年版

莊子淺論　張真　國際莊子學術研討會論文集　安徽文藝出版社2000年版

『莊子故里』的入典及其一些看法　李暉　國際莊子學術研討會論文集　安徽文藝出版社2000年版

莊子：在追溯遠古和貶抑聖賢中高揚自我　羅漫　國際莊子學術研討會論文集　安徽文藝出版社2000年版

莊子『至德之世』的人類學價值考察　羅漫　國際莊子學術研討會論文集　安徽文藝出版社2000年版

論莊學三階段　涂又光　國際莊子學術研討會論文集　安徽文藝出版社2000年版

從海德格爾的詩人何爲看莊子的詩性本質　張松　國際莊子學術研討會論文集　安徽文藝出版社2000年版

論莊子的浪漫思想　何明新　國際莊子學術研討會論文集　安徽文藝出版社2000年版

莊子的無何有之鄉　楊汝舟　國際莊子學術研討會論文集　安徽文藝出版社2000年版

莊子的崇尚自然與當今的環境保護　胡安良　國際莊子學術研討會論文集　安徽文藝出版社2000年版

蒙城重建莊子祠的設計思想　張馭寰　國際莊子學術研討會論文集　安徽文藝出版社2000年版

對莊公廟的梁架結構分析　張馭寰　國際莊子學術研討會論文集　安徽文藝出版社2000年版

莊周後人研莊子　盧幹　國際莊子學術研討會論文集　安徽文藝出版社2000年版

莊周故里名人勝跡述略　慕占民　國際莊子學術研討會論文集　安徽文藝出版社2000年版

阜陽出土的莊子雜篇漢簡　韓自強、韓朝　道家文化研究（第十八輯）（北京）生活・讀書・新知三聯書店　2000 年版

莊子的天人關係學說與可持續發展戰略　刁生虎、刁生富　河南師範大學學報　2001 年1 期

莊子外篇存在的問題　王運生　昆明師範高等專科學校學報　2001 年1 期

莊子哲學的內在張力　唐名輝　濟南大學學報　2001 年1 期

比德之旅與心游之路：孔子、莊子的旅遊思想比較　李小波、趙勇　旅遊學刊　2001 年1 期

換個視角看莊子人生觀的積極一面　張建賢　無錫輕工大學學報　2001 年1 期

勞倫斯的自然宗教觀與老莊思想　王輝　瀋陽大學學報　2001 年1 期

老莊『靜』之要義分析　許寧　瀋陽教育學院學報　2001 年1 期

老莊以無爲本的審美主體論　王向峰　東方論叢　2001 年1 期

論老莊的體道創造與『大巧』　孫殿玲　鞍山師範學院學報　2001 年1 期

論莊子『道』的彌合功能　潘靜　晉陽學刊　2001 年1 期

論莊子『至人』蘊含的美學思想　那張軍　無錫輕工大學學報　2001 年1 期

矛盾的莊子與莊子的悖論：逍遥遊的『小大之辯』及其它　尚永亮　蘇州大學學報　2001 年1 期

生的執著與死的解脫：莊子的生死哲學　刁生虎　開封教育學院學報　2001 年1 期

試論莊子哲學與存在主義哲學的宇宙觀　春明　中共寧波市委黨校學報　2001 年1 期

試析莊子的言說方式　張小琴　陝西師範大學學報　2001 年1 期

莊子的性美論　張中全　江漢大學學報　2001 年1 期

莊子科技觀及其哲學基礎　刁生虎　開封大學學報　2001 年1 期

借注莊以創新說：論郭象莊子注對莊子學說的多所修正　方勇　天中學刊　2001 年1 期
莊子論美　錢萬民　楚雄師專學報　2001 年1 期
莊子思想的現代價值　陳紅映　楚雄師專學報　2001 年1 期
莊子在社會統一和進步理念形成進程中的理論貢獻　丁德科　西安交通大學學報　2001 年1 期
莊子哲學中的情：性情之真、感情至深　肖雲、趙小華　阜陽師範學院學報　2001 年1 期
『上與造物者遊，而下與外死生無終始者爲友』：對莊子生死觀的一個考察　段德智　三峽大學學報

2001 年2 期

莊子『體道』的審美心理屬性　宋鳳娣、呂明濤　泰安師專學報　2001 年2 期
比較懷疑論研究：莊子和皮浪主義者塞克斯都斯　周熾成　社會科學戰綫　2001 年2 期
論莊子之『道』的原型的象徵意義　潘靜　山西大學學報　2001 年2 期
莊子『逍遥遊』在魏晉文學中的嬗變　宗明華、索燕華　北華大學學報　2001 年2 期
莊子的人學思想述評　梅良勇、彭隆輝　江西師範大學學報　2001 年2 期
淮南子對莊子的積極闡釋　方勇　漳州師範學院學報　2001 年2 期
莊子美學的泛『自然』傾向　包兆會　華中師範大學學報　2001 年2 期
莊子哲學與科學精神　刁生虎　天府新論　2001 年2 期
周易、老莊與中華文明　蔡運章　洛陽工學院學報　2001 年2 期
淺談莊學『遊』之觀念與中國山水畫　金蕾　雲南文藝評論　2001 年2 期
駢拇『駢』『枝』『殉』辨微：試讀莊子的反異化思想　張青松　茂名學院學報　2001 年2 期
論莊子內篇獨特的篇章結構　杜薇、劉玲娣　張家口師專學報　2001 年2 期

莊子的宇宙意識　刁生虎　河南教育學院學報　2001年2期

論莊子的思維與語言　吳瑞霞　華中科技大學學報　2001年3期

莊子在兩漢之傳播與接受　尚永亮　文學評論　2001年3期

誰爲無者說話：駁莊周　無尚　書屋　2001年3期

莊子論命與生死　羅堯　寶雞文理學院學報　2001年3期

莊子思想的自我主題　涂波　東南大學學報　2001年3期

『德有所長而形有所忘』：談莊子的審美觀及其對藝術創作的深遠意義　童汝勞　石家莊師範專科學校學報　2001年3期

『無爲』與『無待』：莊子逍遥遊解　高迎剛　勝利油田師範專科學校學報　2001年3期

得意之言·不可言傳·大美不言：莊子言、意、美的三個層次　李回　丹東師專學報　2001年3期

莊子思想中的幾個基本觀念　王運生　昆明師範高等專科學校學報　2001年3期

莊子的生態智慧與現代環保理念　屈志勤、李悅書　南華大學學報　2001年3期

看似荒唐言　試解其中味：莊子解讀　宋初健、陳蓮香　新餘高專學報　2001年3期

莊子與阮籍悲劇心態比較論　于淑華　昭烏達蒙族師專學報　2001年3期

莊子與魏晉清談及品題　宗明華　煙臺大學學報　2001年3期

莊子言意之辯及其符號美學分析　黄河　昆明理工大學學報　2001年4期

論莊子哲學思考的原始起點：恐懼與失意　王冬美、錢志鵬　南通職業大學學報　2001年4期

莊子思想中的道、一、氣：比照郭店楚簡老子和太一生水　李存山　中國哲學史　2001年4期

心靈的痛苦與精神的浪遊：重讀莊子　劉勇剛　西安電子科技大學學報　2001年4期

論老莊美學對徐志摩的影響　孟坤　昌濰師專學報　2001年4期

莊子悲劇意識及其超越　安繼民　中州學刊　2001年4期

莊子的理想人格及其現代價值解讀　孫大軍　阜陽師範學院學報　2001年4期

老莊治安學解讀　陳鴻彝　江蘇公安專科學校學報　2001年4期

莊子故里覓蹤　李民　中原文物　2001年4期

『齊物』三義：莊子齊物論主題分析　陳少明　中國哲學史　2001年4期

莊子的『物化』概念解析　梁徐寧　中國哲學史　2001年4期

莊子心性論發微　羅堯　中國哲學史　2001年4期

從批判反思到自由關愛：論莊子哲學與魏晉風度之文化內涵　王立新　重慶教育學院學報　2001年4期

老莊生態智慧論　刁生富、刁生虎　求索　2001年4期

莊子物論的意向本質　朱懷江　社會科學戰綫2001年4期

大道·自然·超自然：老莊思想同源異趣略論　陳水德　淮南師範學院學報　2001年4期

莊子復遠古思想的美學解讀　劉紹瑾　思想戰綫　2001年4期

先秦時期的生態美思想：孟子、莊子解讀　王磊　陝西師範大學學報　2001年4期

莊子心理健康思想研究　強海濱　陝西師範大學碩士學位論文　2001年4月

論莊子的人生觀教育思想　吳永強　首都師範大學碩士學位論文　2001年4月

生命的困境和超越的自由：試論莊子的『逍遙遊』　呂強　山東師範大學碩士學位論文　2001年4月

儒道人性論與治國理論的關係　張秀玉　西北大學碩士學位論文　2001年4月

讀莊子外物劄記 晁福林 齊魯學刊 2001年5期
『吾喪我』：莊子齊物論解讀 陳靜 哲學研究 2001年5期
讀莊子寓言篇劄記 晁福林 雲南社會科學 2001年5期
莊子的批判精神與後現代性 王樹人 文史哲 2001年5期
莊子書之考證 朱謙之 社會科學研究 2001年5期
莊子與盧梭的浪漫主義自然觀 趙東栓 北方論叢 2001年5期
試論莊子齊物論一文的内在綫索 張衛紅 鄭州大學學報 2001年5期
詩亦莊之源 劉戈 淮陰師範學院學報 2001年5期
論莊子的自由觀：兼論其對後世的影響 羅翔 湘潭大學碩士學位論文 2001年5月
原始思維對老子和莊子的影響 閻偉 華中師範大學碩士學位論文 2001年5月
莊子思想對儒家思想的融通 彭昊 湖南師範大學碩士學位論文 2001年5月
漢賦與道家 蔡覺敏 湖南師範大學碩士學位論文 2001年5月
莊學『内聖外王』說研究 金時耐 中國社會科學院研究生院碩士學位論文 2001年5月
莊子與道教重玄學 若水 中國道教 2001年6期
讀莊子徐無鬼劄記 晁福林 北方論叢 2001年6期
讀莊子寓言劄記 晁福林 學術界 2001年6期
由『魚之樂』說及『知』之問題 陳少明 中山大學學報 2001年6期
莊子自由理性的特質及其影響：以『遊』爲中心而論 王中江 中國青年政治學院學報 2001年6期
莊子内篇的思想 劉韶軍 華中師範大學學報 2001年6期

一位儒家學者眼中的莊子哲學：評馮友蘭中國哲學史（兩卷本） 周軍 安徽大學碩士學位論文 2001年6月

嚴復與老莊 陳天林 河北大學碩士學位論文 2001年6月

禪心與莊子 曹曉虎 雲南師範大學碩士學位論文 2001年6月

老莊思想特質的分界 張涅 理論月刊 2001年7期

透視莊子的批判精神 王樹人 哲學動態 2001年11期

莊子智慧說 吳先伍 安徽教育學院學報 2002年1期

論莊子的政治辯證法思想 吳顯慶 安徽教育學院學報 2002年1期

論前人對莊子『逍遙』的不同闡釋 賈宗普 南開學報 2002年1期

差異性：莊子齊物思想的復歸 暴慶剛 內蒙古社會科學 2002年1期

自我、他人與世界：莊子齊物論主題的再解讀 陳少明 學術月刊 2002年1期

論老莊的審美自然觀 王向峰 遼寧大學學報 2002年1期

論莊子言意關係 魏泉 東嶽論叢 2002年1期

試論章太炎先生與莊子研究 黃華珍 古籍整理研究學刊 2002年1期

從『道藝合一』到『道通爲一』：莊子技術思想初探 楊叔子、劉克明 湖北大學學報 2002年1期

語言哲學視野下的莊子和德里達之比較 潘世東 解放軍外國語學院學報 2002年1期

莊子『辯無勝』的名辯學意義與現代啟示 張曉芒 晉陽學刊 2002年1期

莊子的『天人合一』思想與可持續發展戰略 梁鈺之 理論學習與探索 2002年1期

讀莊子寓言劄記 晁福林 中國文化研究 2002年1期

現代莊學及其背景　陳少明　中國哲學史　2002 年1 期
漢代黄老之學到老莊之學的演變　劉曉東　山東大學學報　2002 年1 期
戰國時期隱士生活狀況及隱逸理念考析：莊子讓王篇發微　晁福林　中華文化論壇　2002 年1 期
沈從文與莊子人生哲學　顧梅瓏　常熟高專學報　2002 年1 期
莊子的『自然之樂』與盧梭的『返於自然』音樂美學思想之比較　楊永賢　音樂探索　2002 年1 期
試論如何實踐『代表最廣大人民的根本利益』：借鑒老莊『民本』思想引發的思考　宋新夫、謝榮國　南昌高專學報　2002 年1 期
逍遥學得逍遥遊　鄭小平　紹興文理學院學報　2002 年1 期
莊子逍遥遊意象藝術中的理藴　李鐵榮　福州師專學報　2002 年1 期
簡論莊子散文的小説特點　高文、喬阿革　延安教育學院學報　2002 年1 期
略論老莊哲學思想與可持續發展觀　李紅梅　培訓與研究—湖北教育學院學報　2002 年1 期
莊子研究的不同視角和方法：陳鼓應、劉笑敢、顏世安莊子研究述評　陳紅兵　山東理工大學學報　2002 年1 期
莊子畸人意象二題　黄琳斌　西藏大學學報　2002 年1 期
淺論莊子的哲學思想　潘在能　廣州市公安管理幹部學院學報　2002 年1 期
郭象解莊有誤　王運生　昆明師範高等專科學校學報　2002 年1 期
試論莊子的理想人格　趙秀娟　中國農業大學學報　2002 年1 期
修生保真　歸之自然：試論莊子的人生哲學　侯廣宇　阜陽師範學院學報　2002 年1 期
莊子養生之道淺析　仰和芝　池州師專學報　2002 年1 期

論莊子的死亡倫理及其現代意義　甘若水　青海社會科學　2002年1期
比較康德和莊子的『遊戲』思想　何軍民　淮南師範學院學報　2002年1期
莊子齊物論主旨淺析　田智忠　張家口師專學報　2002年1期
試論『屈莊』政治哲學的文化比較　曲光楠　黑龍江教育學院學報　2002年2期
讀莊子外物劄記　晁福林　北京師範大學學報　2002年2期
論莊子哲學中的『真』　徐克謙　南京大學學報　2002年2期
『命』的語義分析與莊子的『安命』哲學　徐克謙　南京師大學學報　2002年2期
莊子注的著者歸屬之爭與中國哲學史料的釐定方法　康中乾　南開學報　2002年2期
濠上觀魚知其樂：少明師由『魚之樂』說及『知』之問題附論　丁紀　西南民族學院學報　2002年2期
面對社會與面對生命：論向秀、嵇康對莊子的不同解讀　馬良懷　廈門大學學報　2002年2期
莊子的道數與周易象數　劉金明　西南民族學院學報　2002年2期
莊子讓王篇性質探論　晁福林　學習與探索　2002年2期
讀莊子讓王：並論『越人三世弒君』問題　晁福林　浙江社會科學　2002年2期
論莊子的個體關懷和人生思考　尚永亮　東南大學學報　2002年2期
略論莊子散文的藝術性　肖益山　謝明仁　玉林師範學院學報　2002年2期
淺析莊子寓言創作理論　馬漢欽　萍鄉高等專科學校學報　2002年2期
西漢前期黃老的文化派別　鄭傑文　管子學刊　2002年2期
莊子相對主義的認識論探析　蔣顯榮　船山學刊　2002年2期
論老子、莊子中『自然無爲』觀點的差異　張高蘭　陰山學刊　2002年2期

試論莊子的畸人意象　黃琳斌　貴州文史叢刊　2002年2期

生命的困境與心靈的自由：莊子的人生哲學　刁生虎　南都學刊　2002年2期

從盜跖篇看莊子後學的『無爲』思想　晁福林　山東社會科學　2002年2期

莊子的『天論』及其審美旨趣　馬征　煙臺大學學報　2002年2期

論莊子人生哲學　柴忠月　廣西社會科學　2002年2期

道與理念：論莊子與柏拉圖的文藝思想　陳迪泳　廣西大學學報　2002年2期

以『無端崖之辭』繪『無何有』之境：莊子詩化語言藝術分析　謝書民　南都學壇　2002年2期

讀莊子外物劄記　晁福林　青海民族學院學報　2002年2期

人生的自由與超脱：試論道家的人生觀和審美觀　曾斌　康定民族師範高等專科學校學報　2002年2期

武俠小說的鼻祖　歐洲史詩的遠親：重讀莊子說劍　黃國彬　中國比較文學　2002年2期

莊子内篇陳注指瑕　楊逢彬　中國哲學史　2002年2期

莊子與濟慈的美學思想比較　吳瑞裘　龍巖師專學報　2002年2期

從文選注看莊子思想影響　王運生　昆明師範高等專科學校學報　2002年2期

讀莊子讓王篇劄記　晁福林　煙臺師範學院學報　2002年2期

無望的回歸：論莊子的道德思想　王磊　寶雞文理學院學報　2002年2期

淺論莊子的文藝思想　周正湘　湖南大眾傳媒職業技術學院學報　2002年2期

『人之死』的路徑與歸宿：福柯與莊子的比較　陳喜輝　哈爾濱工業大學學報　2002年2期

論老莊道家的道德教化方法及其文化淵源　高春花　河北大學學報　2002年2期

試論莊子散文意象的層面特性　李鐵榮　喀什師範學院學報　2002年2期

道教神仙信仰的思想淵源(上)　張興發　上海道教　2002年2期

道教神仙信仰的思想淵源(下)　張興發　上海道教　2002年3期

儒、道人格思想導向及隱士的人格特徵　劉淑梅、趙東坡　棗莊師範專科學校學報　2002年3期

真理的顛覆者與捍衛者：再論德里達和莊子的解構主義精神之異同　喻斌　江漢石油學院學報　2002年3期

論道家的治國方略：無爲而治　安月興、蔡志榮　河北青年管理幹部學院學報　2002年3期

逍遥遊的現代啟示　李開玲　鹽城工學院學報　2002年3期

『道』與『一』　張迅　外交學院學報　2002年3期

莊子：中國文學的奠基者　魏秀豔、高雲斌　內蒙古民族大學學報　2002年3期

面向文明的反思：莊子哲學的批判性申論　黃帝榮、陳芷燁　社科與經濟信息　2002年3期

老莊之道與孔孟之道異同論　曹玉華　中華文化論壇　2002年3期

論莊子對藝術境界的闡發與創造　戴信軍　西北大學學報　2002年3期

清代老莊研究概述　劉仲華　北京社會科學　2002年3期

莊子『物化』思想初探　何光順　廣西大學學報　2002年3期

試論莊子對其人生哲理的藝術體驗　何根德　山西師大學報　2002年3期

莊子思想三重間架論　陳水德　西北大學學報　2002年3期

莊子與屈原個性精神比較　楊德貴　平頂山師專學報　2002年3期

試論莊子理想人格在科學探索中的積極意義　呂錫琛　現代大學教育　2002年3期

從老莊哲學看叔本華之悲劇主義　張之滄　學海　2002年3期
試析莊子的『情性』觀　晁福林　中州學刊　2002年3期
論莊子的生存方式　王麗梅　北方論叢　2002年3期
老莊思想與禪宗　林繼平　清華大學學報　2002年3期
淺論莊子的自然哲學思想　李群林　零陵師範高等專科學校學報　2002年3期
莊子『卮言』考論　邊家珍　文史哲　2002年3期
莊子汪洋恣肆風格論　潘胡鎖　山西師大學報　2002年3期
論老莊道學的反文化性　周全田　重慶師院學報　2002年3期
萬物以形相禪觀念和齊物論的糾結：兼釋莊子中『強陽』的含義　李炳海　東疆學刊　2002年3期
大宗師篇『故聖人之用兵也』三節爲羼入辨：讀莊漫筆之十三　王鍾陵　蘇州鐵道師範學院學報　2002年3期
渾沌之美：莊子生存美學思想探微　時曉麗　西安電子科技大學學報　2002年3期
莊子的大知識觀與語文教學　任桂平　晉中師範高等專科學校學報　2002年3期
莊子詞語注釋平議　李先華　安徽師範大學學報　2002年4期
再談莊子的意義論　周勇　華中科技大學學報　2002年4期
莊子『真』的美學觀　李明珠　安徽教育學院學報　2002年4期
莊子道與逍遙遊審視　唐祖敏　淮北煤師院學報　2002年4期
莊子語言思想中的現代哲學解釋學意義　張松、燕宏遠　湖南師範大學社會科學學報　2002年4期
『白天看星星』：海德格爾對老莊的解讀　張志偉　中國人民大學學報　2002年4期

論莊子反朴歸真的道德學説及其現實價值　黃釗　中州學刊　2002年4期
莊子『物謂之而然』的語言哲學思想解讀　謝書民　平頂山師專學報　2002年4期
魏晉玄學與莊學新變　尚永亮　中州學刊　2002年4期
莊子直覺思維類型論　王紅蕾、李玲　社會科學輯刊　2002年4期
莊子、卡夫卡與『文明病』　孟玉珍　河南大學學報　2002年4期
試論莊子對我國古代小説發展的重要貢獻　孫敏強　浙江大學學報　2002年4期
莊子的思維方法論解讀　魏傳憲　社會科學輯刊　2002年4期
莊子的認識論思想對我國古典文藝理論的影響　黃麗莎　四川師範學院學報　2002年4期
試論莊子畸人形象的美學價值　吴光、馬玉女　湖州師範學院學報　2002年4期
中國古代小説中的莊子文化探跡　李軍均、劉金仿　延邊大學學報　2002年4期
莊子哲學的內在轉向與其言意觀的關係　潘崗　佳木斯教育學院學報　2002年4期
莊子齊物論行文結構及思辨邏輯　曾林、蔡華　西南民族學院學報　2002年4期
試析莊子『齊物論』之本義　羅四鴒　柳州師專學報　2002年4期
文中之支離疏：莊子醜怪藝術形象的美學開拓　趙東栓　齊齊哈爾大學學報　2002年4期
超越與回歸：莊子自由思想探討　曹智頻　燕山大學學報　2002年4期
淺談莊子散文的藝術特色　張紹明　保山師專學報　2002年4期
莊子環境哲學原理要論　謝陽舉、方紅波　西北大學學報　2002年4期
先秦儒道美學思想關於生命價值的闡釋　黃萍　湖北廣播電視大學學報　2002年4期
論莊子語言的特殊性：捕捉美的理念之光　曲師　棗莊師範專科學校學報　2002年4期

淺談莊子的審美境界　趙豔馳、胡荻秋　克山師專學報　2002年4期

儒、道哲學的生態倫理觀　潘忠宇　寧夏大學學報　2002年4期

超然物外　以道觀之：談莊子人生哲學中的『古之真人』　楊福泉　上海道教　2002年4期

道家思想對奥尼爾後期作品的影響　涂沙麗　華中師範大學碩士學位論文　2002年4月

莊子神話研究　孫俊華　河北師範大學碩士學位論文　2002年4月

德性與情欲的悖立與整合：莊子人學的審美指向及意義　張豔豔　廣西師範大學碩士學位論文　2002年4月

莊子浪漫主義風格與『朴』之美學維度關係探析　李金鋒　黔東南民族師範高等專科學校學報　2002年5期

論道教中『打坐』的機理與作用　郭德才　中國道教　2002年5期

析逍遥遊　陳龍　玉溪師範學院學報　2002年5期

莊子與伽達默爾：忘己與體道　（美國）賢·霍希曼　安徽師範大學學報　2002年5期

莊子外物稱謂『小説』正義　饒龍隼　鄭州大學學報　2002年5期

莊子審美心胸理論是道家美學之魂　史可揚　内蒙古社會科學　2002年5期

莊子的言意觀辨析　孟慶麗　社會科學輯刊　2002年5期

論莊子的『大美』思想　周波　山東師範大學學報　2002年5期

從莊子的仁義觀看儒道兩家關係：莊子讓王篇索隱　晁福林　人文雜誌　2002年5期

老莊直覺思維及其方法論意義　刁生虎　安徽大學學報　2002年5期

莊子美學思想及其藝術價值取向　賈濤　河南大學學報　2002年5期

論唐代莊子寓言賦　方勇、閔麗丹　華東師範大學學報　2002年5期

嚴復進化論與老莊天道自然觀　陳天林　江西社會科學　2002年5期

莊子的人生觀及其對中國文化的影響　朱鴻、陳鴻儒　江西社會科學　2002年5期

語言的困境與哲學的使命：莊子語言哲學論　刁生虎　河南大學碩士學位論文　2002年5月

莊子人生美學思想　廖快　四川師範大學碩士學位論文　2002年5月

莊子思想的美育意義及其當代價值　石豔豔　揚州大學碩士學位論文　2002年5月

莊子外雜篇研究　金德三　中國社會科學院研究生院博士學位論文　2002年5月

莊子闡釋之研究　孫紅　中國社會科學院研究生院博士學位論文　2002年5月

莊子文原於道析：莊子文學思想新論之一　劉宣如、劉飛　江西社會科學　2002年6期

莊子的『從俗脫俗』與詩學的『以俗爲雅』　孫克強、范松義　河南大學學報　2002年6期

崇尚自然　返朴歸真：莊子審美觀解讀　陳志偉　圖書館建設　2002年6期

老莊道學美學新釋　周全田　中南民族大學學報　2002年6期

莊子的大知識觀與語文教學　任桂平　青海民族學院學報　2002年6期

『莊生曉夢迷蝴蝶』：論莊子『終身不仕』的原因　錢憲民　復旦學報　2002年6期

『獨與天地精神相往來』：論莊子哲學之文化品格　王立新　四川師範學院學報　2002年6期

莊子處世哲學新探　楊黎源　探索　2002年6期

中國古典藝術意境的宇宙精神：莊子『天人合一』觀的美學性質及其影響　黃毓任　淮北煤炭師範學院學報　2002年6期

試論莊子民俗內容的哲學意蘊　馬啟俊　阜陽師範學院學報　2002年6期

『逍遥』三論：陳寅恪先生逍遥遊向郭義及支遁義探源讀後　劉坤生　汕頭大學學報　2002年6期

超出象外　得其環中：論莊子齊物論的意旨及思辨方式　賈毅君　陰山學刊　2002年6期

論莊子筆下畸人形象　劉薇　商丘師範學院學報　2002年6期

莊子盗跖篇釋滯　晁福林　江西社會科學　2002年7期

『生死齊一』『悦死惡生』：論莊子的生死哲學　劉月霞、李玉芬、張建功　社會科學論壇　2002年7期

莊子與魯迅早期文體　田剛　魯迅研究月刊　2002年8期

對齊物論中『吾』的解釋學解讀　許雪濤　學術研究　2002年9期

汪洋闢闔　儀態萬方：莊子與莊子之一　方勇、張晨霞　中華活頁文選　2002年9期

先秦諸子寓言的一面旗幟：莊子寓言與其他諸子寓言的異同　張文彥　哈爾濱學院學報　2002年11期

莊子與海德格爾美學思想比較　姚要武　安徽大學碩士學位論文　2002年11月

莊子、尼采人生境界之比較研究　王建良　理論導刊　2002年12期

隱几與養和　揚之水　收藏家　2002年12期

論莊子的『無功』、『無名』、『無己』思想　李明珠　學術月刊　2002年12期

秋水的文化意藴　田桂香　自考·職教·成教　2002年19期

汪洋闢闔　儀態萬方：莊子與莊子之二　方勇、張晨霞　中華活頁文選　2002年23期

向秀莊子注與魏晉玄學　王曉毅　道家文化研究(第十九輯)　(北京)生活·讀書·新知三聯書店　2002年版

向秀、郭象莊子注中的『性』、『心』之學　陳少峰　道家文化研究(第十九輯)　(北京)生活·讀書·新知三聯書店　2002年版

重玄學的心性論：以成玄英的莊學爲中心　（韓國）崔珍皙　道家文化研究（第十九輯）（北京）生活・讀書・新知三聯書店　2002 年版

論陳景元的道家學術　盧國龍　道家文化研究（第十九輯）（北京）生活・讀書・新知三聯書店　2002 年版

論陳景元莊子注的思想主旨　盧國龍　道家文化研究（第十九輯）（北京）生活・讀書・新知三聯書店　2002 年版

宋呂氏莊子義探微：兼論呂惠卿的學術與思想　仲亞東　呂惠卿研究　福建人民出版社　2002 年版

從時代背景看逍遥遊本義及其對中國藝術精神的喚醒　汪春泓　古代文學理論研究（第二十輯）2002 年

莊子逍遥義的歷史演變　方勇、李波　古代文學理論研究（第二十輯）2002 年

說莊子之『忘』：心靈的淨化和無差別境界的追求　涂光社　古代文學理論研究（第二十輯）2002 年

莊子中的神秘主義　包兆會　古代文學理論研究（第二十輯）2002 年

小議楚辭與莊子的『遊』　邵學海　中國楚辭學（第一輯）2002 年

老莊哲學中的科學思想　馬征　煙臺大學學報　2003 年1 期

莊子劄記　何九盈　北京大學學報　2003 年1 期

從『道』的觀念形態看莊子的修辭思想　陳浩　河北師範大學學報　2003 年1 期

從現象學視域看莊子的朦朧和晦澀　包兆會　人文雜誌　2003 年1 期

論莊子的內聖外王之道　蕭漢明　武漢大學學報　2003 年1 期

試析莊子中的『馬』的意象　張家成　哲學研究　2003 年1 期

論莊子後學的悲劇意識：莊子讓王篇探索　晁福林　河北學刊　2003年1期
莊子中莊子國屬的內證　徐文武　荊州師範學院學報　2003年1期
後現代視野中莊子之『遊』　高燕、李貴　四川大學學報　2003年1期
論莊子返回和保持素朴的人性的觀點　何江南　天府新論　2003年1期
莊子精神與魏晉文人的生命形態　張嘉林　貴州文史叢刊　2003年1期
莊子的物我關係思想簡析　隋都華　理論探討　2003年1期
莊子的主客體思想及其現實意義　隋都華　大連大學學報　2003年1期
莊子訓詁二題　黄群建　湖北師範學院學報　2003年1期
大化人間　神遊天外：莊子遊世思想評析　賀新華　萍鄉高等專科學校學報　2003年1期
從精衛、莊子到屈原：楚文化中的悲劇母題　阮豔萍　雲南師範大學學報　2003年1期
論老莊的『道德本體論』及其現代意義　李英華　北京工業大學學報　2003年1期
莊子的教學思想　徐德華　教學研究　2003年1期
爭論，還是爭吵：再論魯迅、施蟄存關於莊子、文選的論爭　張芙鳴　信陽師範學院學報　2003年1期
齊大小，還是辨大小：談逍遥遊中的『小大之辨』　吳小洪　承德民族師專學報　2003年1期
重讀魯迅對老莊思想的批判：『從莊子與文選之爭』談起　錢文亮　江漢大學學報　2003年1期
莊子畸人意象二題　黄琳斌　喀什師範學院學報　2003年1期
莊子中的墨學　孫以楷　職大學報　2003年1期
論莊子逍遥遊中的理性精神　王麗梅　綏化師專學報　2003年1期
論老莊哲學對中國美學思想的影響　李方澤　阜陽師範學院學報　2003年1期

『道歸自然』與『價值倫理學』：莊子與羅爾斯頓生態觀初比較　劉鈺森　中山大學研究生學刊　2003年1期

談怎樣得逍遙：從逍遙遊說開去　蒲日材　廣西梧州師範高等專科學校學報　2003年1期

莊子的實用觀：無用之用　陳林、尚党衛　江蘇大學學報　2003年1期

莊子心理哲學探源　黃海民　前沿　2003年1期

京華煙雲中的『莊周哲學』　詹聲斌　安徽工業大學學報社科版　2003年1期

讀莊子寓言劄記　晁福林　河南社會科學　2003年1期

論莊子的浪漫主義風格　張麗傑　牡丹江師範學院學報　2003年2期

莊子之『道』與莊子文學之特徵　吳小洪、趙陽　泰安教育學院學報岱宗學刊　2003年2期

老莊：永恒的文化極品　王英琦　安徽文學　2003年2期

超越與實踐：析莊子與反杜林論中的自由觀　彭曙齊　南昌高專學報　2003年2期

論莊子對漢賦的影響　蔡覺敏　集美大學學報　2003年2期

試論莊子的主體性思想　陳紅兵　管子學刊　2003年2期

試論莊子外、雜篇中的黃老思想特徵　陳博　西安電子科技大學學報　2003年2期

論莊子寓言對文藝創作理論的啟示　袁平夫　運城學院學報　2003年2期

二十世紀莊子研究的回顧與反思　包兆會　文藝理論研究　2003年2期

論莊子的『道』　陳龍　玉溪師範學院學報　2003年2期

論莊子式的個人主義：兼論東、西方『個人主義』傳統之異同　徐克謙　江蘇社會科學　2003年2期

莊子『心齋』、『坐忘』說的美學意味　李穎、高兵　河北學刊　2003年2期

從莊子看楚人的詩性智慧與楚文學的藝術精神　殷滿堂　湖北社會科學　2003 年2 期

王學與莊學關係初探　朱榮所、張海濤　西華師範學院學報　2003 年2 期

莊子言意道關係新辯：兼論莊子文以明道思想　劉宣如、劉飛、諶怡春　上饒師範學院學報　2003 年2 期

順乎自然　意在言外：試論莊子散文的審美價值觀　陳素娥　江漢大學學報　2003 年2 期

論莊子的音樂美學思想　王志成　齊魯藝苑　2003 年2 期

莊子與自由主義　陳紅映　楚雄師範學院學報　2003 年2 期

莊子物化論及其影響　刁生虎　番禺職業技術學院學報　2003 年2 期

莊子語言藝術淺析　齊寧　遼寧廣播電視大學學報　2003 年2 期

重估莊子的語言藝術：卮言　張梅　東方論壇　2003 年2 期

孔孟老莊美學思想比較　周瑾　中國道教　2003 年2 期

釋莊子中『遊』的範疇涵義　張迪　大連民族學院學報　2003 年2 期

莊子與屈原之異同淺論　蔡覺敏　青海民族學院學報　2003 年2 期

生命困局、思想與文學的相近與不同：莊子與屈原之異同淺論　蔡覺敏　南京師大學報　2003 年2 期

莊子『天人』本體論　楊濱　煙臺大學學報　2003 年2 期

所謂莊子郭象序作者辨正　黃聖平　中國哲學史　2003 年2 期

『面向事物本身』與莊學精神　張再林　中國哲學史　2003 年2 期

從盧梭與莊子看社會轉型期的反科技論　張金蘭　佛山科學技術學院學報　2003 年2 期

由困境到消解和超越：論莊子的恐懼和失意　姜衛華　淮陰師範學院學報　2003 年2 期

論莊子散文的特色及其影響　柴硯生　宿州師專學報　2003年2期
莊子審美方法論的現代解讀　姚鶴鳴　蘇州大學學報　2003年2期
莊子之樂與中國文人的審美襟懷　方紅梅　中南民族大學學報　2003年2期
孟子和莊子中的寓言比較　張航　河南紡織高等專科學校學報　2003年2期
內蘊深沉　不言自美：試析莊子醜怪而大氣之美　李春雲　福建商業高等專科學校學報　2003年2期
道家生死觀的理論內涵及現代價值　刁生虎　佛山科學技術學院學報　2003年2期
從觀魚看莊子哲學的主旨　康中乾　湛江海洋大學學報　2003年2期
莊子對惲壽平繪畫思想的影響　謝麗君　美術觀察　2003年2期
論莊子寓言結構藝術的功效　劉松梅　白城師範學院學報　2003年2期
莊子論『人』　王志宏　南京航空航天大學學報　2003年2期
莊子語言特色的成因　張梅　新疆師範大學學報　2003年3期
別開生面讀莊子：讀張潮的聯莊　權赫子　古典文學知識　2003年3期
老莊之道與言意之辨　羅維明　廣州大學學報　2003年3期
『相濡以沫』與『相忘於江湖』：讀莊一得　何少林　領導之友　2003年3期
莊子的行政理念試析　湯浩　雲南行政學院學報　2003年3期
孔子、莊子、屈原之遊觀思想辨析　章海榮　上海大學學報　2003年3期
惲壽平畫論對莊子哲學的吸收　謝麗君　南京藝術學院學報　2003年3期
莊子德充符校注辨正　何善周　古籍整理研究學刊　2003年3期
禪宗：對莊子的承接與超越　林華　株洲師範高等專科學校學報　2003年3期

莊子浪漫主義理論構建　苗運才　遼寧工程技術大學學報　2003年3期

論莊騷結構的趨同及其藝術價值　吳淑玲　鄭州大學學報　2003年3期

通以顯體：從老莊道論看中國古代哲學的本體學說　李景林　孔子研究　2003年3期

淺論莊子的『逍遙』觀　羅明月　樂山師範學院學報　2003年3期

莊子的審美體驗理論系統　吳建民　長春師範學院學報　2003年3期

試論莊子語言觀及其對道德內丹學的影響　郭健　中國道教　2003年3期

郭象、王弼與莊子　許建良　廣西社會科學2003年3期

莊學之生命觀及文學中的反對與理解　陳引馳　學術月刊　2003年3期

談談莊子的『道進乎技』　李壯鷹　學術月刊　2003年3期

沈從文與莊子『自然人性』思想辨析　楊昌江　培訓與研究—湖北教育學院學報　2003年3期

魯迅與莊子思想比較研究　王吉鵬、于九濤　徐州師範大學學報　2003年3期

莊子審美心態思想述評　吳建民　吉林師範大學學報　2003年3期

逍遙於無何有之鄉：從莊子的逍遙遊看藝術的審美作用　吳健敏　佳木斯大學社會科學學報　2003年3期

莊子美學中的審美活動論　單小曦、劉建文　吉林師範大學學報　2003年3期

論老莊的世界圖式　唐雄山　中華文化論壇　2003年3期

德性與情欲的悖立與悖合：莊子人學的審美指向及意義　張豔豔　東方叢刊　2003年3期

齊物論與竹林玄學　陳少明　現代哲學　2003年3期

齊物論兩種英譯之比較：一點解釋學思考　余樹苹　現代哲學　2003年3期

『日損』的回歸之路：莊子體道論的新闡釋　章會垠　滁州師專學報　2003年3期
莊子的創新思想及其現代意義　劉克明　武漢工程職業技術學院學報　2003年3期
遊：莊子生命境界的自由超越　黄承貴　船山學刊　2003年3期
試論老子的治世觀與莊子的遁世觀　陳長義　內江師範學院學報　2003年3期
自由、自然與境界：論成玄英的莊子疏　李大華　中國哲學史　2003年3期
青年森歐外與莊子的『性命』論　清田文武、張卓識　日本學論壇　2003年3期
從至樂管窺莊子的生命哲學　李飛　常熟高專學報　2003年3期
從袁宏道廣莊看莊禪異同　易聞曉　海南師範學院學報　2003年3期
莊子的唯物主義思想探析　李志強　菏澤學院學報　2003年3期
莊子的多元主義思想　李祥俊　船山學刊　2003年3期
評莊子的藝術美　刑鑾塘、刑起龍　河西學院學報　2003年3期
論莊子對孔子的改塑　羅建新　太原理工大學學報　2003年3期
莊子對古代文論的開拓性貢獻　王德軍　天水師範學院學報　2003年3期
論神話思維對莊騷的影響　蔡覺敏　貴州大學學報　2003年3期
淺談莊子的『時』與『命』　石志鳥　菏澤師範專科學校學報　2003年3期
莊子語言觀之現代觀照　傅嵐　青海師專學報　2003年3期
詩性地理與莊子的哲學發現　劉成紀　江蘇大學學報　2003年3期
孟莊思想異同考辨　張冬青　汕頭大學碩士學位論文　2003年3月
情感與個性：論老莊哲學的藝術轉化　聶春華　汕頭大學碩士學位論文　2003年3月

由虛靜達於自由之境：莊子生命觀念解析　黄萍　中南民族大學學報　2003 年4 期
莊子與郭象的倫理思想比較　王官成　道德與文明　2003 年4 期
老莊思想對儒家道德的解構和顛覆：以魏晉時期爲例　武道房　江淮論壇　2003 年4 期
莊子美學淺析　孫相寧　佳木斯大學社會科學學報　2003 年4 期
莊子美學的基本特點及其現代意義　胡家祥　中南民族大學學報　2003 年4 期
以禪解莊：林希逸莊子口義對莊子的闡釋　孫紅　河南師範大學學報　2003 年4 期
孔子與莊子『遊』之比較　洪瓊　社會科學家　2003 年4 期
試論孔子在莊子中的形象　馬麗婭　浙江師範大學學報　2003 年4 期
論莊子之遊　包兆會　南京大學學報　2003 年4 期
論莊子的美感思想　孫殿玲　廈門大學學報　2003 年4 期
莊子散文與莎士比亞戲劇語言之比較　邢崇　佳木斯大學社會科學學報　2003 年4 期
莊子自由之境的進路　胡東寬　中山大學研究生學刊　2003 年4 期
論莊子與後學在人生哲學上的根本分歧與癥結　鄧聯合　江海學刊　2003 年4 期
論莊子『逍遥遊』的内涵與特色　謝正強　求索　2003 年4 期
老莊的『天人合一』思想對解決當今環境問題的意義　夏顯澤　保山師專學報　2003 年4 期
莊子的『道』、『技』觀與企業文化建設　陳麗琳　西南民族學院學報　2003 年4 期
論莊子審美化的生態觀　時曉麗　西北大學學報　2003 年4 期
莊子與魯迅早期思想　田剛　魯迅研究月刊　2003 年4 期
『無己』與『仁且智』　曹智頻　華南理工大學學報　2003 年4 期

論莊子的自然觀與環境保護　姜葵　貴州財經學院學報　2003 年 4 期

莊、惠之辯：詩性語言和邏輯語言的交鋒　王瀚東　東方叢刊　2003 年 4 期

莊子文學探源　莊大鈞　管子學刊　2003 年 4 期

莊子對中國詩畫融合歷程的影響　李圓　淮北煤炭師範學院學報　2003 年 4 期

論莊子的創作運思觀　梁葆莉　懷化學院學報　2003 年 4 期

論莊子對儒家思想中『無爲』觀念的融通　彭昊　湖南商學院學報　2003 年 4 期

戰國至清代莊子思想研究觀點類編　張涅　浙江海洋學院學報　2003 年 4 期

莊子審美價值透視　劉本鋒　南方文物　2003 年 4 期

試析莊子深層生態思想　白才儒　宗教學研究　2003 年 4 期

呂惠卿與宋呂氏莊子義　鄭小娟　福建教育學院學報　2003 年 4 期

關於『莊子動詞配價研究』的若干問題　殷國光　古漢語研究　2003 年 4 期

存在論與老莊之道　孫業成　船山學刊　2003 年 4 期

莊子『卮言』新解　江合友　船山學刊　2003 年 4 期

從莊子内篇看莊子的救世思想　吳小洪、顧曄鋒　長春理工大學學報　2003 年 4 期

淺論莊子直覺型思維方式　石豔豔　連雲港職業技術學院學報　2003 年 4 期

『遺少氣』·『洋場惡少』·『取悦當道』：關於莊子與文選的論爭　霍秀全　北方工業大學學報　2003 年 4 期

魏晉南北朝自然審美的道教特徵及其哲學意義　沈春雷　四川大學碩士學位論文　2003 年 4 月

解讀意境　李豔玲　蘇州大學碩士學位論文　2003 年 4 月

莊子副詞研究 張海濤 廣西師範大學碩士學位論文 2003年4月
莊子『道言論』研究 曹雪菲 河北師範大學碩士學位論文 2003年4月
莊子神話意象研究：兼論莊子神話與山海經之關係 林振湘 福建師範大學碩士學位論文 2003年4月
莊子寓言芻論 楊子江 華南師範大學碩士學位論文 2003年4月
老莊性情 禪宗境界：袁宏道價值觀、文論初探 牛紹明 曲阜師範大學碩士學位論文 2003年4月
論莊子對語言局限性的認識與超越 高深 曲阜師範大學碩士學位論文 2003年4月
道與藝：莊子的哲學、美學思想與文學藝術 胡曉薇 復旦大學博士學位論文 2003年4月
莊子雜文的社會批判 劉洪仁 四川教育學院學報 2003年5期
論莊子美學的人本主義精神特徵 吳建民 南陽師範學院學報 2003年5期
莊子蝴蝶夢的新解讀 劉文英 文史哲 2003年5期
林希逸以儒解莊及其原因 孫紅 北方論叢 2003年5期
莊子與柏拉圖審美觀之比較 王明強 山東社會科學 2003年5期
論老莊生態智慧與生態旅遊價值取向 詹向紅 安徽教育學院學報 2003年5期
『物物而不物於物』：莊子心靈形上超越之途 魏冬 西藏民族學院學報 2003年5期
葉維廉比較詩學中的莊子情結 劉紹瑾、佀同壯 文史哲 2003年5期
道家的遊無何有之鄉和海德格爾的心靈空間 那薇 北方論叢 2003年5期
道家思想與全球倫理 何懷宏 北京行政學院學報 2003年5期
論老莊哲學的直覺與直觀 喬根鎖 西藏民族學院學報 2003年5期

論老子、莊子中原始思維的若干特徵　閻偉　咸寧學院學報　2003 年5 期

劉鶚批注莊子淺析　朱松齡　南京理工大學學報　2003 年5 期

莊子尚和思想述論　莊大鈞、馬曉樂　山東師範大學學報　2003 年5 期

莊子自然觀的分野　劉建明　石家莊師範專科學校學報　2003 年5 期

虛實有度　譯筆菁華：讀汪榕培莊子英譯　張映先、張小波　湖南師範大學社會科學學報　2003 年5 期

從莊子的意、佛教六根説到晚唐詩論中的意境　王中秋　雲南財貿學院學報　2003 年5 期

試述莊子逍遥遊的主旨及產生緣由　周平　重慶工學院學報　2003 年5 期

淺論老莊玄學對陶淵明其人及詩作的影響　黃桂鳳　經濟與社會發展　2003 年5 期

莊子齊物論研究　羅四鴒　首都師範大學碩士學位論文　2003 年5 月

莊子『超功利』、『自然率真』的審美態度與油畫創作　劉卓　西北師範大學碩士學位論文　2003 年5 月

從環境哲學的視角看莊子思想　方紅波　西北大學碩士學位論文　2003 年5 月

論『得意忘言』哲學命題的美學轉換　徐文英　浙江師範大學碩士學位論文　2003 年5 月

論莊子哲學的批判精神　劉豔　新疆大學碩士學位論文　2003 年5 月

論莊子的修辭理論與實踐　屠志芬　東北師範大學碩士學位論文　2003 年5 月

從隱顯之道看文學：莊子物化文學觀初探　何光順　華南師範大學碩士學位論文　2003 年5 月

跨越時空的對話：老莊和海德格爾哲學思想之比較研究　郭德君　延邊大學碩士學位論文　2003 年5 月

莊子審美生存思想研究　時曉麗　西北大學博士學位論文　2003 年5 月

莊子文學研究　劉生良　陝西師範大學博士學位論文　2003 年5 月

生命與自由：論莊子思想對文人畫理論的影響　劉亞璋　南京藝術學院博士學位論文　2003 年5 月
莊子內篇思想與藝術研究　王麗梅　蘇州大學博士學位論文　2003 年5 月
莊子文學探源　李嚴　中國道教　2003 年6 期
莊子的『渾沌』解　楊寶春、朱占青　天中學刊　2003 年6 期
莊子技術思想初探　楊叔子、劉克明　煤炭高等教育　2003 年6 期
『物我同一』與生態倫理：莊子的生態倫理思想新探　任俊華、李紹元　懷化學院學報　2003 年6 期
再論莊子與齊文化　蔡德貴　東嶽論叢　2003 年6 期
蔓衍與分延：莊子與德里達的語言哲學　陳喜輝、田新華　華中科技大學學報　2003 年6 期
對人的生存境況的終極性反思：老莊與海德格爾的遇合　李劍　蘭州學刊　2003 年6 期
莊子的『反動』思想　王媛　華南師範大學學報　2003 年6 期
多元化：莊子對主體價值評價觀的認定　張祥明　齊魯學刊　2003 年6 期
莊子與南方民族文化　劉亞虎　中南民族大學學報　2003 年6 期
老莊道家古典生態存在論審美觀新説　曾繁仁　文史哲　2003 年6 期
二十世紀莊子文藝思想研究回顧　劉紹瑾、佀同壯　暨南學報　2003 年6 期
釋迦與老莊，如何表裏：概説老莊美學與禪宗美學的同異　王建疆　蘭州學刊　2003 年6 期
論莊子死亡觀的美學價值　劉明　平頂山師專學報　2003 年6 期
論莊子的藝術虛構與生命意識　黎亮　昭通師範高等專科學校學報　2003 年6 期
論莊子『小大之辯』的審美意義　湯力偉、尹娟　湖南文理學院學報　2003 年6 期
魏晉玄學『自然』概念的美學解讀　毛明　四川師範大學碩士學位論文　2003 年6 月

老莊哲學中的『言不盡意』及其審美內涵　孫瑩　遼寧師範大學碩士學位論文　2003年6月

郭象玄學研究：沿著本性論的理路　黃聖平　北京大學博士學位論文　2003年6月

論莊子寓言對神話思維的超越　張文彥　哈爾濱學院學報　2003年7期

莊子思想與當代教育　（韓國）金德三　學術探索　2003年8期

柏拉圖的『迷狂說』與莊子的『心齋說』：中西古典審美觀照理論之比較　閻偉　江漢論壇　2003年10期

中西方哲學關於認識理解的一種比較：以康德、莊子、佛陀爲例　李潤東　哲學研究　2003年11期

試論莊子生態認知模式：從感性到理性再回歸非理性　白才儒　西南民族大學學報　2003年11期

老莊思想對文人畫的影響　王長平　東南文化　2003年12期

在恬淡無爲中逍遥：讀莊子逍遥遊　李富華　名作欣賞　2003年12期

試析莊子心性論　曹曉虎　玉溪師範學院學報　2003年12期

汪洋闢闔　儀態萬方：莊子與莊子之三　方勇、張晨霞　中華活頁文選　2003年15期

論章太炎的莊子學　吳光興　道家文化研究（第二十輯）（北京）生活·讀書·新知三聯書店　2003年版

王國維對莊子思想的闡釋與發揮　聶振斌　道家文化研究（第二十輯）（北京）生活·讀書·新知三聯書店　2003年版

道家思想在當代　（臺灣）陳鼓應　道家文化研究（第二十輯）（北京）生活·讀書·新知三聯書店　2003年版

近代道家思想的新開展　羅檢秋　道家文化研究（第二十輯）（北京）生活·讀書·新知三聯書店

2003 年版

現代新道家之成立論：兼評新儒家作爲意識形態追求的『外王』學　馮達文　道家文化研究（第二十輯）（北京）生活・讀書・新知三聯書店　2003 年版

弘揚道家文化和建立新道家的問題　許抗生　道家文化研究（第二十輯）（北京）生活・讀書・新知三聯書店　2003 年版

道家哲學新知：嚴復的視野　王中江　道家文化研究（第二十輯）（北京）生活・讀書・新知三聯書店　2003 年版

章太炎與道家思想：有關進化、種族、民族認同問題（日本）阪元弘子　道家文化研究（第二十輯）（北京）生活・讀書・新知三聯書店　2003 年版

方東美的新道家哲學（臺灣）葉海煙　道家文化研究（第二十輯）（北京）生活・讀書・新知三聯書店　2003 年版

方東美的道儒釋會通論及其莊學精神　胡軍　道家文化研究（第二十輯）（北京）生活・讀書・新知三聯書店　2003 年版

宗白華對道家美學的闡發　劉綱紀　道家文化研究（第二十輯）（北京）生活・讀書・新知三聯書店　2003 年版

金岳霖：當代新道家　胡軍　道家文化研究（第二十輯）（北京）生活・讀書・新知三聯書店　2003 年版

從『無極而太極』看金岳霖的新道家思想　胡偉希　道家文化研究（第二十輯）（北京）生活・讀書・新知三聯書店　2003 年版

熊十力與道家　郭齊勇　道家文化研究（第二十輯）（北京）生活・讀書・新知三聯書店　2003 年版

熊十力哲學本體論、宇宙論中的道家思想資源　楊丹荷　道家文化研究（第二十輯）（北京）生活・讀書・新知三聯書店　2003 年版

試論道家哲學在馮友蘭新理學中的地位與作用：兼論作爲新道家的馮友蘭　張斌峰　道家文化研究（第二十輯）（北京）生活・讀書・新知三聯書店　2003 年版

胡適與道家　歐陽哲生　道家文化研究（第二十輯）（北京）生活・讀書・新知三聯書店　2003 年版

蒙文通與道家　蕭箑父、朱喆　道家文化研究（第二十輯）（北京）生活・讀書・新知三聯書店　2003 年版

劉師培論道家學術　吳光興　道家文化研究（第二十輯）（北京）生活・讀書・新知三聯書店　2003 年版

吳虞的現代道家觀　何建明　道家文化研究（第二十輯）（北京）生活・讀書・新知三聯書店　2003 年版

略論陳寅恪對道教（家）文化精神的現代闡釋　何建明　道家文化研究（第二十輯）（北京）生活・讀書・新知三聯書店　2003 年版

另眼看道家：張東蓀道家觀述評　張耀南　道家文化研究（第二十輯）（北京）生活・讀書・新知三聯書店　2003 年版

朱謙之與道家　羅檢秋　道家文化研究（第二十輯）（北京）生活・讀書・新知三聯書店　2003 年版

陳攖寧的道家觀　吳亞魁　道家文化研究（第二十輯）（北京）生活・讀書・新知三聯書店　2003 年版

心通九境：唐君毅與道家哲學　李維武　道家文化研究（第二十輯）（北京）生活・讀書・新知三聯書

店　2003年版

自然天籟　秋水文章：莊子導讀　方勇、閔麗丹　教育部新頒語文課程標準指定書目高中文學名著導讀　漢語大詞典出版社　2003年版

莊子技術哲學思想的關鍵範疇和內在維度　祝水富、鄧聯合　中國礦業大學學報　2004年1期

學思相和　靜微達觀：評介王運生莊子明辨　任夢強　昆明師範高等專科學校學報　2004年1期

莊子的現代生命力：評蔡志忠莊子說——自然的簫聲　莊海洪　職大學報　2004年1期

老莊的自然、社會觀及其現代意義　楊傳奇　鄂州大學學報　2004年1期

莊子神人意象原型初探　林振湘　福建師範大學學報　2004年1期

『兩行』與治道：讀王船山莊子解　嚴壽澂　上海行政學院學報　2004年1期

規範的自由與自由的規範：從莊子一書看自由境界　華軍　社會科學戰綫　2004年1期

老莊和玄學家的得道人生　何靜　寧波大學學報　2004年1期

生命的呼喚　心性的回歸：解構思維與老莊哲思的比較　章燕　中華文化論壇　2004年1期

莊子懷疑主義的當代解讀　曹劍波　孝感學院學報　2004年1期

言意之辯與視覺思維：兼及對海德格爾詩論的闡釋　孫輝　湖北大學學報　2004年1期

『任自然』的『逍遙』：嵇康人生美學試析　李耀南　華中科技大學學報　2004年1期

由莊屈漁父篇論中國古代詩詞中的『漁父』意象　張京華、崔曙鳳　零陵學院學報　2004年1期

墨子、莊子、韓非子說詩、引詩之衡鑒：兼論戰國時期非儒家詩學思想　葉文舉　安徽師範大學學報　2004年1期

孟子與莊子思想傾向之比較　胡家祥　黃岡師範學院學報　2004年1期

老莊的處世情懷與人類之愛　韓海泉　青海師範大學學報　2004年1期

老莊哲學的聯繫與差異探微　胡宗勇　宜賓學院學報　2004年1期

形象與思辨的完美結合：談莊子的『三言』及其藝術特色　趙宏偉、苑輝　鞍山師範學院學報　2004年1期

莊子的自由精神與死亡意識　楊亦軍　北京化工大學學報　2004年1期

『以莊解莊』方法論淺析　孫雪霞、何光順　海南大學學報　2004年1期

阿Q與莊子　周五純、王曉河　江南大學學報　2004年1期

淺析莊子人生哲學中的生死觀：莊子由死反觀生的哲學思路　馮慧娟　欽州師範高等專科學校學報　2004年1期

英語世界莊學研究回顧與反思　包兆會　文藝理論研究　2004年1期

追求生命自由的精神境界：解析莊子　周益峰　西北大學學報　2004年1期

莊子道論發微　陶君　中國道教　2004年1期

論莊子與盧梭的自然審美觀看中西詩學思維方式的內在一致性　王焱　海南師範學院學報　2004年1期

先秦的『言意之辯』　黃奕霖　華僑大學學報　2004年1期

論莊子哲學思維方式的矛盾　于桂鳳、梅平　哈爾濱學院學報　2004年1期

荒謬與解脫：試析莊子的解脫之道　樊明光、臧要科　洛陽大學學報　2004年1期

魏晉時期莊子的傳播與接受　馬曉樂　山東教育學院學報　2004年1期

莊子中不同的孔子形象分析　高慶榮、黃發平　通化師範學院學報　2004年1期

莊子寓言與道　袁法周　棗莊師範專科學校學報　2004年1期

老莊哲學：解讀語文課程標準新理念的鑰匙　毋小利　焦作師範高等專科學校學報　2004年1期
莊子與離騷浪漫主義之異同　崔月華　聊城大學學報　2004年1期
當代文學與莊子　樊星　南京師範大學文學院學報　2004年1期
莊子口義對莊子文學的分析　張梅　北京科技大學學報　2004年1期
試論孔子對莊子理論建構的影響　姚曼波　江蘇教育學院學報　2004年1期
從孔子、莊子的思想談藝術的超越性　田曉膺　四川職業技術學院學報　2004年1期
『吾喪我』：莊子的自由精神　嚴海舟　浙江海洋學院學報　2004年1期
論莊子自由思想之超越品格（上）　暴慶剛　東方論壇　2004年1期
析莊子內篇形象對照之美學意蘊　邱蔚華　龍巖師專學報　2004年2期
莊子大木意向探源　林振湘　廈門教育學院學報　2004年2期
論鍾泰先生的莊子發微　蔡文錦　揚州大學學報　2004年2期
莊子物化文學觀初探　何光順　重慶師範大學學報　2004年2期
論莊子的人生哲學及其現代意義　張曉梅　前沿　2004年2期
『莊周夢蝶』的現象學意義　張廷國　學術研究　2004年2期
逍遙與自由：以西方概念闡釋中國哲學的個案分析　謝揚舉　哲學研究　2004年2期
老莊與意境之淵源　馮彬　成都教育學院學報　2004年2期
『老莊』並稱始於淮南子辨正　若水　孔子研究　2004年2期
阮籍達莊論與漢魏之際莊學　王曉毅　史學月刊　2004年2期
道是虛無恬淡之心契入天地萬物的那片無何有之鄉：道家　那薇　杭州師範學院學報　2004年2期

試論成玄英對莊子『心鏡』的理解　郭慶才　天津大學學報　2004年2期

論莊子自由思想之超越品格(下)　暴慶剛　東方論壇　2004年2期

論莊子的超越性人格追求　石豔豔　淮陰工學院學報　2004年2期

莊子知言觀中的道　陳清春　中國哲學史　2004年2期

通往精神家園的體悟之路：莊子詩性解讀　孫麗　東方論壇　2004年2期

論莊、騷的融通與影響　李生龍　中國文學研究　2004年2期

言意之辨的人生哲學意蘊　賀新華　萍鄉高等專科學校學報　2004年2期

評莊子荀子之天人觀　李秀華　廣東技術師範學院學報　2004年2期

不可『道』之『道』借言而『悟』之：莊子的『不知之知』的『道』　潘昱州　西南農業大學學報　2004年2期

真理、技術與語言：比較莊子與柏拉圖對三者關係的認識　許淑芳　浙江傳媒學院學報　2004年2期

論莊子文辭之『大』、『奇』　包兆會　南京師範大學文學院學報　2004年2期

徜徉在入世與出世之間：葛洪儒道兼綜思想剖析　李錦全　宗教學研究　2004年2期

承孟揚莊鑄雄奇：淺論韓愈散文與孟、莊的淵源　楊旭瑋　華中師範大學研究生學報　2004年2期

莊子的現實情結及其生成機制　房瑞麗、刁生虎　河南科技大學學報　2004年2期

語言路上的相遇：海德格爾、莊子的語言美學研究　楊奔、梁冬華　玉林師範學院學報　2004年2期

博爾赫斯的文學與莊子的哲學　楊瀓　遵義師範學院學報　2004年2期

莊子哲學與現代性　伍世文　惠州學院學報　2004年2期

淺論莊子與屈原之作的『拉雜』：莊子與屈原比較之一　蔡覺敏　甘肅聯合大學學報　2004年3期

莊子內篇論析　鄭煒華　甘肅高師學報　2004年3期

莊子內篇寓言表現莊周哲學思想的方式　張群　北方論叢　2004年3期

莊子哲學思想中的主體間性：兼論主體間性的規定性及其表現形式　肖妹　貴州教育學院學報　2004年3期

老莊思想中『醜』的美學內涵　王夢湖　甘肅高師學報　2004年3期

莊子美學性寓言的現代性解讀　孫建章　語文學刊　2004年3期

神聖與澄明之境：心與物融爲一體——論莊子與海德格爾對人與世界原初關聯的哲學思考　那薇　南昌大學學報　2004年3期

莊、易關係淺論：兼論道家易　李延倉　周易研究　2004年3期

海德格爾何以讚賞老莊哲學　林可濟　中共福建省委黨校學報　2004年3期

簡論莊子的自由觀　陳陽全　求索　2004年3期

老莊的自然宇宙觀、社會政治觀探略　楊全順　廣西社會科學　2004年3期

論老莊道家的人文精神　趙行良　廣東社會科學　2004年3期

從塵世的超越到精神的逍遥：莊子精神主體論勾玄　丁懷軫　社會科學戰綫　2004年3期

論莊子齊物觀的本質　郭向東　西北師大學報　2004年3期

莊子『物化』思想研究述略　何光順、孫雪霞　池州師專學報　2004年3期

亦張亦合的生命哲學：莊子和尼采哲學的文學解讀　劉進　南京理工大學學報　2004年3期

『非莊』思想述論：從荀子到葛洪　李延倉　中華文化論壇　2004年3期

莊子『無用之用』：『偷活苟全之大幸』話語下的生命境界追求　蕭仕平　中華文化論壇　2004年3期

莊子中的『也』 王西維 文山師範高等專科學校學報 2004年3期

論先秦人性論哲學的雙重結構及其管理學啟示：以孟子、莊子、荀子爲中心 李延倉 中共四川省委省級機關黨校黨報 2004年3期

淺談老莊道家美學思想的生命意蘊 崔海英 山東商業職業技術學院學報 2004年3期

『窺意象而運斤』：文心雕龍意象說微探 楊洋 河南廣播電視大學學報 2004年3期

老子莊子和愛因斯坦：老子略論 鄭中鼎 職大學報 2004年3期

莊子『X+然』類形容詞語法分析 甘斐哲 南華大學學報 2004年3期

論魏晉佛學與莊子學的互相倚重 方勇、楊妍 浙江大學學報 2004年3期

司馬彪莊子注研究 李晶 四川大學碩士學位論文 2004年3月

通往精神家園的體悟之路：莊子詩性解讀 孫麗 青島大學碩士學位論文 2004年3月

思與詩的對話：海德格爾與莊子詩學思想比較 鍾華 四川大學博士學位論文 2004年3月

莊子單音節實詞反義關係研究 李占平 四川大學博士學位論文 2004年3月

莊子中老子形象的塑造及對老子的反思 孫雪霞 煙臺大學學報 2004年4期

莊子的圓周思維方式 周小玲 零陵學院學報 2004年4期

莊子的和諧觀與人的全面和諧發展 崔華前 新鄉師範高等專科學校學報 2004年4期

莊子思想與中華民族精神 崔華前 許昌學院學報 2004年4期

莊子文藝美學思想論略 孫敏強、孫福軒 江淮論壇 2004年4期

莊子哲學：從反思生命開始 張亞新 江漢論壇 2004年4期

海德格爾與道家的生死觀之比較分析 那薇 學術研究 2004年4期

論孟子、莊子中的孔子形象　霍松林、霍建波　蘭州大學學報　2004年4期

莊子與葛洪：論道家生命哲學向宗教信仰的轉變　董平　浙江社會科學　2004年4期

主客消融與人生自由：莊子人生哲學探微　孫以楷　安徽大學學報　2004年4期

莊子的自由理念　張閏洙　遼寧師範大學學報　2004年4期

超越死亡的美麗境界：說莊子的死亡意識　張瑞君　名作欣賞　2004年4期

試論莊子「精神超越」的限度　喬健　南京師大學報　2004年4期

莊子、郭象聖人觀之比較　馬曉樂　齊魯學刊　2004年4期

莊子與海德格爾在不可知論方面的相互詮釋　那薇　社會科學輯刊　2004年4期

道心與道言：對「天籟」基本內涵之辨析　魏冬　西藏民族學院學報　2004年4期

莊子的「自然人性論」與文明　李唐　湘潭師範學院學報　2004年4期

論阮籍的莊學思想　李磊　雲南社會科學　2004年4期

莊子寓言的雙重承負　蔣振華　中州學刊　2004年4期

「言意之辨」與兩晉南北朝的擬古詩　張晨　山西大學學報　2004年4期

莊子幽默語的修辭意義　黃得蓮　青海師範大學學報　2004年4期

莊子齊物論主旨新探　左國毅　雲南民族大學學報　2004年4期

莊子寓言文學的藝術精神　董華　雲南社會科學　2004年4期

試論老莊哲學思想對現代生活方式的啟示　尹紅澤　培訓與研究　2004年4期

對莊子的另一種解讀：讀張涅莊子解讀——流變開放的思想形式　許廣明　孔子研究　2004年4期

從逍遙遊看小大之辯　儲曉軍　皖西學院學報　2004年4期

『道』與老莊對人類生存的審美沉思　趙國乾　周口師範學院學報　2004年4期
莊子之情感調度藝術　程習勤　江漢大學學報　2004年4期
儒道『天人合一』環境倫理觀的現代價值　米江霞　甘肅理論學刊　2004年4期
生死之重：由儒道對死所持的不同態度引發的思索　蔡紅燕　保山師專學報　2004年4期
莊子與審美高峰體驗及其社會理性缺失之批判　強中華　天水師範學院學報　2004年4期
『言意之辨』與中國傳統哲學　余衛國　南通師範學院學報　2004年4期
莊子人物命名初探　孫雪霞　海南大學學報　2004年4期
莊子、荀子主體性思想比較　陳紅兵　管子學刊　2004年4期
莊子與管子散論　張連偉　管子學刊　2004年4期
逍遙遊之解讀　郭秀鋒、袁茁萌　太原師範學院學報　2004年4期
王夫之莊子解中的天人關係　譚明冉　船山學刊　2004年4期
魏晉玄學的總結與終結：論郭象莊子注　丁功誼　東方叢刊　2004年4期
真修渾沌還是假修渾沌：莊子技術思想引端　劉克明、楊叔子　哈爾濱工業大學學報　2004年4期
超越時空的解脫：以莊子的視角看弗羅斯特詩歌的主題　洪琪　理論界　2004年4期
道家美育思想及其現代意義　岳永潔　山東師範大學碩士學位論文　2004年4月
宋代莊子的闡釋與接受　張愛民　山東師範大學碩士學位論文　2004年4月
莊子寓言與詩性智慧研究略稿　袁法周　寧夏大學碩士學位論文　2004年4月
論莊子的生命智慧　殷虹剛　蘇州大學碩士學位論文　2004年4月
莊子文藝思想的二元對立及其在『虛靜』的審美心胸中融合　譚日純　重慶師範大學碩士學位論文

2004年4月

略論老莊的復歸思想　崔偉　安徽師範大學碩士學位論文　2004年4月

學術文化視野中的莊子思辯之風　吳憲貞　曲阜師範大學碩士學位論文　2004年4月

以莊注老和郭象注莊：淺論中國哲學傳統下的詮釋學　李琳　吉林大學碩士學位論文　2004年4月

莊子變形藝術論　張根雲　內蒙古師範大學碩士學位論文　2004年4月

莊子審美之維的當代解讀：近四十年莊子文藝美學研究　侶同壯　暨南大學碩士學位論文　2004年4月

王安石及其門人莊子學的儒學化　李波　華東師範大學碩士學位論文　2004年4月

莊子與濟慈：『物化』論與『客體感受力』　李會芳　河北師範大學碩士學位論文　2004年4月

老莊人生境界的審美生成　王建疆　復旦大學博士學位論文　2004年4月

論莊子『環中』的美學意藴　張勇　安徽師範大學學報　2004年5期

二十一世紀如何讀莊子：讀方勇、張晨霞莊子閑讀　郝雨　社會科學論壇　2004年5期

三種夢境一樣人生：試析莊子、牡丹亭、紅樓夢之夢　王兵　遼寧教育行政學院學報　2004年5期

談莊子散文中的自然美與想像　趙宏偉　遼寧稅務高等專科學校學報　2004年5期

莊子之『忘』的美學意義　賈永雄　寧波大學學報　2004年5期

中國古典美學研究的創新：讀王向峰先生的老莊美學新論　張學婭　瀋陽大學學報　2004年5期

重『意』輕『言』：『立象盡意』的詩學缺陷　向天淵　南昌大學學報　2004年5期

『神人相分』與『天人合一』：有關中西傳統思想底藴的辯證思考　孟廣林　河南大學學報　2004年5期

胡適與莊子研究　李寶紅　安徽史學　2004年5期

『至樂無樂』思想與當代經濟學中的理性　劉世定　北京大學學報　2004年5期

莊子二題　曾祥旭　南陽師範學院學報　2004年5期

莊子與墨家　童恒萍　中州學刊　2004年5期

老莊哲學與現代人心理　劉少航　佳木斯大學社會科學學報　2004年5期

莊子的無心之言與海德格爾對語言的詮釋　那薇　福建師大學報　2004年5期

哲學問題的審美解答：論莊子把握哲學問題的特殊方式　徐克謙　南京師大學報　2004年5期

論莊子的『適』與『跡』：莊子自然論範疇的詮釋　涂光社　瀋陽師範大學學報　2004年5期

論莊子開放性的心靈哲學　李小成　瀋陽師範大學學報　2004年5期

創新中見功夫：中國莊學史讀後　陸建華　學術界　2004年5期

莊子論墨與戰國中後期墨學的流傳　鄭傑文　齊魯學刊　2004年5期

試論『遊』在莊子美學範疇中的地位　杜繡琳　社會科學輯刊　2004年5期

徐復觀對莊子美學的發明及其誤讀　張節末　浙江社會科學　2004年5期

中西美學視野中的言意觀：以莊子和符號學爲例　汪振軍　鄭州大學學報　2004年5期

逍遥遊的千古難題：陳寅恪先生逍遥遊向郭義及支遁義探源讀後　劉坤生　廣東技術師範學院學報　2004年5期

莊子人生哲學的現代意義　陳永傑　南京師範大學碩士學位論文　2004年5月

老莊東傳日本考略　張楠　東北師範大學碩士學位論文　2004年5月

後現代視域中之莊子：莊子本文文學闡釋之一種　管小其　東北師範大學碩士學位論文　2004年5月

試論先秦文學中的隱逸情結　孟慶茹　東北師範大學碩士學位論文　2004年5月

莊子人生境界原論　李秀華　汕頭大學碩士學位論文　2004年5月

莊子寓言研究　吳小洪　揚州大學碩士學位論文　2004年5月

莊子與尼采思想之比較　周軻　華中科技大學碩士學位論文　2004年5月

王弼與郭象玄學方法研究　徐蕾　河南大學碩士學位論文　2004年5月

莊子寓言敘事研究　李豔華　河南大學碩士學位論文　2004年5月

得道即逍遙：莊子人生哲學思想發微　王新枝　中共中央黨校碩士學位論文　2004年5月

論莊子的鯤鵬意象　林倫偉　華南師範大學碩士學位論文　2004年5月

莊子思想的詩學解讀　褚春元　安徽大學碩士學位論文　2004年5月

試論莊子『道』之思想體系　靳瑞霞　鄭州大學碩士學位論文　2004年5月

聖人與真人：孟子、莊子人生理想之比較研究　吳濤　鄭州大學碩士學位論文　2004年5月

新文化運動時期三位主將的莊子學研究　張瑾　華東師範大學碩士學位論文　2004年5月

論聞一多的莊子學研究　閔麗丹　華東師範大學碩士學位論文　2004年5月

竹林七賢莊學接受研究　張晨霞　華東師範大學碩士學位論文　2004年5月

唐前文學中的莊子闡義　劉建明　江西師範大學碩士學位論文　2004年5月

老莊道家的詩學方向　勞承萬　人文雜誌　2004年6期

神與物遊：從老莊到劉勰　馬漢欽　唐都學刊　2004年6期

王夫之通解莊子『兩行』說及其現代意義　唐亦男　湖南大學學報　2004年6期

莊子哲學思維的特質　劉學　湖南師範大學社會科學學報　2004年6期

莊、韓寓言與戰國中、末期寓言的發展　李繼珍　學術交流　2004年6期

莊子『小大之辯』與逍遥之旨　張連偉、郭君銘　安徽大學學報　2004年6期
通往想像的世界：讀莊子　陳少明　開放時代　2004年6期
從大鵬形象看莊子與李白對生命境界的追求　錢葉春　商丘師範學院學報　2004年6期
釋莊子『天鈞』　連登崗　青海師專學報　2004年6期
略論老子、莊子思想的異同　胡家祥　肇慶學院學報　2004年6期
莊子中『一物多詞』的認知分析　許芃　西安聯合大學學報　2004年6期
天籟的迴響：解讀莊子的教育理想和智慧　吴清　華東師範大學碩士學位論文　2004年6月
在没有終極的世界裏尋找意義：尤金·奥尼爾的後期劇作與莊子哲學　魏瓊　上海外國語大學碩士學位論文　2004年6月
當代視域下的莊子生態美學思想　邵豐　四川師範大學碩士學位論文　2004年6月
論老莊的孤獨與自解：莊子逍遥遊本義探源　韓國良　江漢論壇　2004年7期
中西文化視野中的『物化』範疇　寧媛　江西社會科學　2004年7期
『道通爲一』新解　商戈令　哲學研究　2004年7期
嵇康與道家、道教　劉永霞　求索　2004年7期
莊子『物化』三論及其相互關係　刁生虎　學術探索　2004年8期
即色與逍遥：支道林哲學思想初探　韓國良　廣西社會科學　2004年8期
莊子字數考證　蔣書紅　廣州大學學報　2004年8期
莊子的『唯道集虚』與胡塞爾的『判斷懸置』辨析：審美直觀論　閻偉　理論月刊　2004年9期
論蘇軾文學創作與莊子之關係　王靖懿　韶關學院學報　2004年10期

莊子新解讀　劉紹瑾　中國圖書評論　2004年10期

莊子寓言中人物形象的選擇與塑造　王相飛　樂山師範學院學報　2004年11期

莊子散文教學與中學生健全人格的培養　史秋紅　華中師範大學碩士學位論文　2004年11月

文學莊子探微　孫雪霞　華南師範大學博士學位論文　2004年11月

莊子的進步思想及其現代歸派　崔華前　江漢論壇　2004年12期

略論莊子超越生死的曠達境界　唐坤　江漢論壇　2004年12期

莊子虛無義探微　李永波　理論月刊　2004年12期

莊子在多個學科中的元典意義　向釗　社會科學論壇　2004年12期

莊子生死觀對學校德育的啟示　于洪燕、于洪霞　上海教育　2004年18期

汪洋闢闔　儀態萬方：莊子逍遥遊賞析　方勇、張瑾　巵言錄　中國社會科學出版社　2004年版

莊子批判的歷史考察　方勇　巵言錄　中國社會科學出版社　2004年版

朱熹論莊子　方勇　巵言錄　中國社會科學出版社　2004年版

魯迅論莊子　方勇、林晶　巵言錄　中國社會科學出版社　2004年版

論郭象的莊子注：古代莊子學名著論述之一　方勇　巵言錄　中國社會科學出版社　2004年版

論成玄英的莊子注疏：古代莊子學名著論述之二　方勇　巵言錄　中國社會科學出版社　2004年版

論林希逸的莊子口義：古代莊子學名著論述之三　方勇　巵言錄　中國社會科學出版社　2004年版

論羅勉道的南華真經循本：古代莊子學名著論述之四　方勇　巵言錄　中國社會科學出版社　2004年版

論陸西星的南華真經副墨：古代莊子學名著論述之五　方勇　巵言錄　中國社會科學出版社　2004

年版

莊子、屈原漁父與漁父現象　黃震雲、林光華　中國楚辭學（第四輯）　學苑出版社　2004年版

試論莊子的隱逸思想　楊海軍　和田師範專科學校學報　2005年1期

論莊子好『奇』　周曉英　和田師範專科學校學報　2005年1期

困頓與憂憤：莊子逍遥的底色　陳斯懷　西安文理學院學報　2005年1期

求『守中』而致『極高明』：莊子　潘昱州　重慶郵電學院學報　2005年1期

『莊周夢蝶』的生態美學解讀　孫琪　貴州社會科學　2005年1期

莊子的意之所隨不可言傳與海德格爾的語言之根　那薇　山東大學學報　2005年1期

論莊子天地篇中『玄珠』與道教的關係　李延倉　孔子研究　2005年1期

莊子的天倪、天鈞與海德格爾的區分　那薇　社會科學研究　2005年1期

敦煌本莊子注考　楊思範、許建平　文獻　2005年1期

齊物·齊言·齊論：『齊物論』也釋　陳仁仁　武漢大學學報　2005年1期

無名、無功、無己與莊子的審美風格　曹智頻　現代哲學　2005年1期

莊子與中國荒誕劇　全秋菊　中山大學學報　2005年1期

論莊子的理想人格及其文化意義　陳默、金豔濱　北方論叢　2005年1期

論莊子『環中』的美學意蘊　張勇　文藝理論研究　2005年1期

象思維視野下的齊物論　王樹人　中國社會科學院研究生院學報　2005年1期

淺說紅樓夢與莊子　羅小華　遼寧教育行政學院學報　2005年1期

莊子對內外審美的第一次歷史性相容與中國藝術的合法性生成　王建疆　文藝理論研究　2005年1期

在『物』中尋求詩意的棲居：比較莊子的『物化』與海德格爾的『物性』　劉月新　國外文學　2005 年1 期

客觀必然與精神自由的對立統一：莊子生死觀內在矛盾初探　于洪燕　樂山師範學院學報　2005 年1 期

試析老莊對葛洪道教思想的影響　謝路軍　中國道教　2005 年1 期

唐代隱士與佛教徒對莊子的接受　張愛民　紅河學院學報　2005 年1 期

莊子內篇到外雜篇的嬗變過程淺論　蔡覺敏　信陽師範學院學報　2005 年1 期

理性批判與人文關懷：老莊與海德格爾的哲學對話　姚成元　蕪湖職業技術學院學報　2005 年1 期

莊子『天人觀』芻議　何光順、王媛　唐都學刊　2005 年1 期

論莊子體道方式及對後世美學之影響　李軍學　西安電子科技大學學報　2005 年1 期

莊子大宗師『真人』辨析　吳晶　浙江海洋學院學報　2005 年1 期

管窺莊子哲學思想的文學因質　田笑霞　齊齊哈爾師範高等專科學校學報　2005 年1 期

宋代文論家對莊子的接受　張愛民　青島師範大學學報　2005 年1 期

試論莊子學派與宋玉的親緣關係　王兵、張征　鞍山師範學院學報　2005 年1 期

試論老莊思想對紅樓夢的影響　張豔萍　北京科技大學學報　2005 年1 期

論莊子的人生哲學　龍仕林　湖南城市學院學報　2005 年1 期

莊子殘疾人形象寓意新探：以德充符爲中心　吳益君　湖南科技學院學報　2005 年1 期

莊子『鼓盆而歌』新解　李金松　江西師範大學學報　2005 年1 期

沉潛在鯤鵬的藝術境界中：評劉生良博士的鵬翔無疆——莊子文學研究　陳桐生　陝西師範大學繼續教育學報　2005 年1 期

莊子的大美與康得的崇高之美　賀天忠　文藝理論研究　2005年1期
試論莊子的人生哲學及其現代價值　杜喜榮　雁北師範學院學報　2005年1期
莊子的人生哲學初探　黃琳斌　黔東南民族師範高等專科學校學報　2005年1期
隱喻與莊子哲學　刁生虎　商丘師範學院學報　2005年1期
論莊子的蝴蝶夢：人生在夢幻中超越　劉偉安　台州學院學報　2005年1期
宋代統治者對莊子的闡釋接受　張愛民　泰山學院學報　2005年1期
從齊物論看莊子的名實觀　鄒金霞　中共濟南市委黨校學報　2005年1期
歸有光散文與莊子之關係談　高春花　牡丹江師範學院學報　2005年1期
從莊子的意致說和佛家的六根說看我國古代的意境論　虎利平　昆明大學學報　2005年1期
莊子怪誕美學淺析　黃未、官孟瓊　宜春學院學報　2005年1期
莊子異化問題淺探　劉潯　太原理工大學學報　2005年1期
道家思想之現代價值：老莊思想的傳統詮釋與現代重建　韓晶磊　西安電子科技大學碩士學位論文
2005年1月
從『絕聖棄智』管窺莊子的處世思想　戴道謙　社會科學家　2005年2期
論莊子的心路歷程　余華、粱小康　船山學刊　2005年2期
淺談莊子的生死觀和人格定位對袁枚的影響　孫紅梅　綏化學院學報　2005年2期
試論莊子中的女性形象　陳伶俐　和田師範專科學校學報　2005年2期
論莊子『無待』的自由觀　徐春根　廣西師範大學學報　2005年2期
『己所不欲』與『己之所欲』『施於人』是一種價值霸權：從莊子相對價值論觀點看　徐春根　江西師範大

學學報 2005年2期

自由之困境：論莊子的人生哲學 梁恒 蘭州交通大學學報 2005年2期

論老莊『大美』的道德之審美追求 張鵬飛 四川理工學院學報 2005年2期

真理、藝術和自由：海德格爾與莊子的藝術觀之比較 徐莉 東方論壇 2005年2期

莊子美學與山水文學的濫殤與確立 蔡洞峰 青海師專學報 2005年2期

老莊虛靜論與生命之流 馬正應 黔南民族師範學院學報 2005年2期

論『無待』與『因是』的存在論：人類自由本質及其現實具體化之可能性視野下的莊子思想 張松 東嶽論叢 2005年2期

試論莊子名利觀 徐春根 求索 2005年2期

莊子人生境界的美學內涵及其實現途徑 劉學 求索 2005年2期

超越現實人生 追求人格自由：莊子理想人格在魏晉時期的延續 丁娜妮 湖北經濟學院學報 2005年2期

老莊『守儉抑奢』思想對大學生享樂型人格傾向的調適啟示 呂錫琛、姚勇 株洲工學院學報 2005年2期

莊子之『氣』辨 陳永傑 江南大學學報 2005年2期

語言的朝霞：莊子卮言芻議 高利民 蘭州學刊 2005年2期

宋代隱士與佛教徒對莊子的接受 張愛民 蘭州學刊 2005年2期

莊子號南華真經源流考 楊思範 中國道教 2005年2期

忘生死而順自然：莊子的養生之道 徐宇宏 中國道教 2005年2期

從情看莊子的本真　黨西民　隴東學院學報　2005 年 2 期

難『莊子序非郭象所作說』：兼與王曉毅和黄聖平兩位先生商兑　李耀南　中國哲學史　2005 年 2 期

空山靈雨與莊子的人生哲學　黄林非　理論與創作　2005 年 2 期

論莊子關於藝術家修養的思想　褚春元　內蒙古師範大學學報　2005 年 2 期

試論莊子自然美學思想對『意境』理論的啟發　常娟　藝術百家　2005 年 2 期

論莊子的『無爲』　李明珠　安徽教育學院學報　2005 年 2 期

論莊子思想的不同層次及其作用　嚴春友　河北師範大學學報　2005 年 2 期

連續性與時代性的貫通：讀熊鐵基等著中國莊學史　郭齊勇、秦平　江漢論壇　2005 年 2 期

『齊物論』是莊子的觀點嗎：莊子齊物論新解　嚴春友　社會科學論壇　2005 年 2 期

唯識學視域的莊子思想新探　袁經文　新疆大學學報　2005 年 2 期

狂歡與逍遥：巴赫金與莊子喜劇精神比較　徐勇　社會科學家　2005 年 2 期

試探審美虛靜心境：審美場研究系列論文之一　葛啟進　西華師範大學學報　2005 年 2 期

先秦諸子文學之冠：莊子文學創作特點研究　劉華　河南圖書館學刊　2005 年 2 期

從『天人合一』說看莊子的人生哲學　甘霖　和田師範專科學校學報　2005 年 3 期

莊子的『寓言』、『重言』和『卮言』正解　王麗梅　綏化學院學報　2005 年 3 期

莊子的哲學思想及其成爲道教源流的簡要闡釋　羅杉杉、朱麗曉　宜賓學院學報　2005 年 3 期

莊子與列子生命觀異同論　詹福瑞　哲學研究　2005 年 3 期

理想的幻滅與無奈的悲鳴：試論莊子人生哲學的嬗變　王國勝　理論探索　2005 年 3 期

宋代政治家與莊子　張愛民　內蒙古社會科學　2005 年 3 期

屈原莊子的思想及文風比較　孫紅　黑龍江教育學院學報　2005年3期
孔子、莊子接受思想之比較　馬敬芳　青海社會科學　2005年3期
對莊子思想五種定性說的質疑　嚴春友　河北學刊　2005年3期
莊子的神遇與海德格爾素朴的看　那薇　湖北大學學報　2005年3期
進入莊學的一個視點：『以明』　張金環　湖州師範學院學報　2005年3期
舊學新知　繼軌創獲：評忘筌·夢蝶——莊學綜述　宋鋼　江海學刊　2005年3期
從莊子齊物論看辯證法和詭辯論　宮業勝　社會科學論壇　2005年3期
莊子審美化的宇宙觀　時曉麗、趙巖　西北大學學報　2005年3期
『道』：先秦儒道哲學本體論研究　楊建　海南師範學院學報　2005年3期
後世之文　其體皆備：簡論莊子文體形態及影響　李建偉　管子學刊　2005年3期
言意關係的文化探源　殷學國　陝西理工學院學報社科版　2005年3期
老莊玄學　小乘實有大乘真空：僧肇物不遷論辨析　陳林　宗教學研究　2005年3期
淺析莊子哲學的現實批判及意義　肖中雲　蘭州學刊　2005年3期
試探莊子之『意』　賈小青　蕪湖師專學報　2005年3期
莊子『望洋』釋義辨　連登崗　青海師專學報（教育科學）2005年3期
莊子內篇反問句的語義分析　張黎　甘肅聯合大學學報　2005年3期
蜀學派文學家與莊子　張愛民　蘭州學刊　2005年3期
永遠的竹林：從莊子的自由觀看『竹林七賢』的自由追求　蔡紅燕　保山師專學報　2005年3期
論莊子之夢的文化地位　張蘭花　商丘師範學院學報　2005年3期

談莊子『逍遥無待』的人生境界　鑫鑫、季曉冬　瀋陽大學學報　2005年3期
論莊子的人生哲學及其現實意義　余保剛　新鄉師範高等專科學校學報　2005年3期
淺論莊子的相對主義　韓習山　昭通師範高等專科學校學報　2005年3期
瞻之在前　忽焉在後：英語世界中作爲哲學家的莊子　彭姍姍　中國哲學史　2005年3期
莊子美學的現代意藴　方彬　江西行政學院學報　2005年3期
論魯迅對莊子思想的繼承　楊妍　湘潭師範學院學報　2005年3期
論嚴復的莊子學　陸文軍　華東師範大學碩士學位論文　2005年3月
論莊子對日本文學的影響　中川德之助、劉立善　2005年3期
孟子與莊子文學的比較研究　沈振奇　復旦大學博士學位論文　2005年3月
時間—邏輯鏈條：莊子道體研究的迷障　王瑋　安慶師範學院學報　2005年4期
求活的聖人：莊子的處世哲學　王繼成　邊疆經濟與文化　2005年4期
論莊子的『道』『技』思想　朱喆、劉紅霞　江漢論壇　2005年4期
莊子『巵言』的意義所在　張涅　學術月刊　2005年4期
向秀莊子注别本略論　黄聖平　上海大學學報　2005年4期
談莊子天道關於裁判方法與司法調制的幾個問題：兼議先秦道墨兩派裁判邏輯之爭　周興生　法制與社會發展　2005年4期
中國文化視閾下的還原理論：試析老、莊的『還原』理想與『意象』的深層内涵　林光華　天津社會科學　2005年4期
莊子與蘇格拉底生死觀之比較　陳延慶　北方論叢　2005年4期

莊子無用之用的另一種解讀　高利民　復旦學報　2005年4期
生態倫理意義上的莊子自然人本精神　哈嘉瑩　河北學刊　2005年4期
莊子哲學思想辨惑　劉生良　思想戰綫　2005年4期
雜性觀點解讀莊子　魏仁興　青海師範學院學報　2005年4期
淺論莊屈『登假(霞)』的本義回歸　段現成　蘇州市職業大學學報　2005年4期
水墨畫和老莊哲學精神略論　張白露　藝術百家　2005年4期
莊子『無用之用』的人格意藴　鍾祥　商丘師範學院學報　2005年4期
莊子内篇之『情』新釋　方金奇　上饒師範學院學報　2005年4期
莊子與道家、道教及宗教文化　鍾維克　重慶工商大學學報　2005年4期
論莊子思想對阮籍的影響　戴文霞　昭通師範高等專科學校學報　2005年4期
論宋代陳景元對莊子思想的繼承與發展　張愛民　臨沂師範學院學報　2005年4期
異曲同工：莊子與盧梭人文教育思想的契合　孫剛成、杜學元　河西學院學報　2005年4期
莊子生死哲學的本體關切　王玲莉、朱人求　商丘師範學院學報　2005年4期
投入式的照化行爲化的思考：莊子、席勒、海德格爾藝術觀念的啟示　董志剛　山西師範學院學報　2005年4期
逍遥遊的主旨　劉獻春　高等函授學報　2005年4期
莊子『吾喪我』的現代詮釋　陳清春　中國哲學史　2005年4期
試論莊子卮言與酒之關係　張洪興　延安大學學報　2005年4期
莊子審美生存思想的現實性品格　時曉麗　唐都學刊　2005年4期

對『吾喪我』的思考　高予遠　中國哲學史　2005年4期

讀莊獻疑：齊物論『莫若以明』新解　吳根友　中國哲學史　2005年4期

自然率真：論莊子審美思想對蘇軾文藝觀的影響　趙彩芬　邢臺學院學報　2005年4期

從莊子寓言中看莊子思想　顧曄鋒　思茅師範高等專科學校學報　2005年4期

莊子與叔本華悲劇精神之異同　楊慧群　南通大學學報　2005年4期

簡論莊子的社會批判思想　謝志軍、吳偉強　河北建築科技學院學報　2005年4期

試論莊子寓言中的莊子形象　俞希美、吳小洪　承德民族師專學報　2005年4期

王雱莊子性新論研究　劉宣如、劉飛　南昌航空工業學院學報2005年4期

莊子哲學中『忘』的詮釋　劉濤　瀋陽農業大學學報2005年4期

莊子『轉讓』類動詞及相關句式的考察　殷國光　古漢語研究　2005年4期

莊子蒙人考　王振川　當代宗教研究　2005年4期

超越有限的圖騰：論李白大鵬賦與莊子逍遥遊的繼承關係　張瑞軍　太原師範學院學報　2005年4期

莊子劄記三則　錢毅　殷都學刊　2005年4期

論莊子齊物論思想的系統性　徐文武　學習與探索　2005年4期

德國文學中的莊子因素　張愛民　齊魯學刊　2005年4期

莊子養生觀淺識　韓文奇　甘肅廣播電視大學學報　2005年4期

論莊子『逍遥遊』的心理學內涵　王永豪　寧波廣播電視大學學報　2005年4期

宋朝道教徒與莊子　張愛民　涪陵師範學院學報　2005年4期

唐朝道教徒對莊子的接受　張愛民　聊城大學學報　2005年4期

莊子逍遥遊『摶』、『搏』之辨　馬榮振　池州師專學報　2005年4期

莊子秋水篇『旋其面目』解　徐厚廣　雲南藝術學院學報　2005年4期

莊子是中國『夢象藝術』的創始人　張蘭花、白本松　中州學刊　2005年4期

莊子中的疑問代詞『何』、『誰』、『孰』　劉春萍　安陽師範學院學報　2005年4期

迷途之人：莊子視野中的惠施形象　劉昆笛　天水師範學院學報　2005年4期

再論莊子的體育思想　李夢澤　西安體育學院學報　2005年4期

從秋水篇看莊子的認識論思想　張耀榮　桂林航天工業高等專科學校學報　2005年4期

從魚的故事讀莊子　周慧　中山大學研究生學刊　2005年4期

民國時期三大莊子學著作研究　丁時華　華東師範大學碩士學位論文　2005年4月

解釋學視野中的莊子美學　崔柯　山東師範大學碩士學位論文　2005年4月

莊子人生美學視野下的莊子形象研究　邱蔚華　福建師範大學碩士學位論文　2005年4月

莊子形容詞語法研究　甘斐哲　廣西師範大學碩士學位論文　2005年4月

莊子隱喻、轉喻造詞的認知分析　許芃　山東大學碩士學位論文　2005年4月

論郭象的『適性』即『逍遥』　牛海芳　西南師範大學碩士學位論文　2005年4月

試論莊子言與道的關係　秦曉慧　華中科技大學碩士學位論文　2005年4月

生命哲思與詩意言說：莊子文學的現代闡釋　刁生虎　復旦大學博士學位論文　2005年4月

莊子英譯研究　徐來　復旦大學博士學位論文　2005年4月

道體的失落與重建：莊子、郭注、成疏比較研究　李延倉　山東大學博士學位論文　2005年4月

宋代文論家與莊子　張愛民　廣西社會科學　2005年5期

對向、郭莊子注疑案的一種判定　康中乾　人文雜誌　2005年5期

試論莊子對先秦立言觀的批判與超越　張洪興　社會科學輯刊　2005年5期

逍遥遊向郭義與支遁義辨析　李瑞卿　中文自學指導　2005年5期

莊子審美欣賞論　孫殿玲　瀋陽師範大學學報　2005年5期

莊子『虛靜』説的詩學闡釋　褚春元　江淮論壇　2005年5期

淺論奧克塔唯奧帕斯作品與莊子哲學　張江彩　宜春學院學報　2005年5期

莊子的人生境界論的真善美問題　周元俠　遼寧教育行政學院學報　2005年5期

莊子和梭羅散文思想內涵之比較　張建國　河南大學學報　2005年5期

『吾生也有涯，而知也無涯』（斯里蘭卡）達默迪納　中國道教　2005年5期

因以通君子之道：王夫之的莊學研究　張永奇　北京師範大學碩士學位論文　2005年5月

莊子的名·名結構　鄭路　中國人民大學碩士學位論文　2005年5月

成玄英莊學思想管窺：以成玄英莊子内篇義疏爲中心　魏冬　陝西師範大學碩士學位論文　2005年5月

論莊子的生命美學思想　賴永兵　四川師範大學碩士學位論文　2005年5月

莊子哲學思想中的人我之間　肖妹　華東師範大學碩士學位論文　2005年5月

追求精神自由：莊子哲學主旨的再探索　李漢新　華東師範大學碩士學位論文　2005年5月

南北朝形神之辯與先秦道家　吳勇　安徽大學碩士學位論文　2005年5月

莊子單音節名詞同義關係研究　劉明　河北師範大學碩士學位論文　2005年5月

莊子單音節動詞同義詞研究　李冬鴿　河北師範大學碩士學位論文　2005年5月

莊子單音節形容詞同義關係研究　曹雅玉　河北師範大學碩士學位論文　2005年5月
老莊的語言觀及其文學意義　楊靜　華中科技大學碩士學位論文　2005年5月
責任與逍遥：郭象適性玄學膚探　黨西民　陝西師範大學碩士學位論文　2005年5月
由『虚室生白』到『至美至樂』：莊子美學思想論略　張靜　武漢大學碩士學位論文　2005年5月
關於莊子天道中裁判方法與拉倫茨裁判方法本質諸問題：道家裁判技術發微　周興生　比較法研究　2005年6期
『道』、『禮』之辯：莊子禮學研究　王新建　哲學研究　2005年6期
海德格爾詩學與莊子詩學思想之差異述略　鍾華　湘潭大學學報　2005年6期
論墨子思想與莊子思想的傳承性　姚成蛟　理論界　2005年6期
莊子思想中的後現代精神：莊子與海德格爾、德里達、福柯之比較　方亭　商丘師範學院學報　2005年6期
柴德偉：莊子的『西域』門生　孫煜　國際人才交流　2005年6期
走進課文作者的世界(1)自由的莊子　魏建寬　高中生之友　2005年6期
莊子哲學的歷史淵源　姚曼波　江蘇教育學院學報　2005年6期
談老子、莊子音樂美學思想之差異　杜洪泉、杜洪松　音樂天地　2005年6期
莊子的至道、至德、至治、至美之論：莊子刻意述論　李明珠　安徽教育學院學報　2005年6期
『道』、『理』之辯：莊子理學研究　王新建　哲學研究　2005年6期
論莊子天人合一的古今意義　石豔豔　淮陰工學院學報　2005年6期
從『自然』到『自由』：老莊的生命意識　張紅運　天中學刊　2005年6期

莊子神話思維探因　胡景敏、孫俊華　西華大學學報　2005年6期

波奇雲詭　瑰麗奇譎：論莊子語言的多義性、隨意性與模糊性　章可敦　綏化學院學報　2005年6期

老莊玄學、小乘實有還是大乘真空：僧肇物不遷論辨析　陳林、段方樂　東南大學學報　2005年6期

莊子美學思想研究二十年述評　賴永兵　樂山師範學院學報　2005年6期

莊子的思辨特點與思維方式初論　吳憲貞　綏化學院學報　2005年6期

試論莊子修辭觀辨證色彩　田荔枝　唐山師範學院學報　2005年6期

莊子神話思維探析　胡景敏　西華大學學報　2005年6期

論莊子的理想人格　張曉耕　湖北大學成人教育學院學報　2005年6期

莊子教育思想對現代教育的啟示　牛東晉　晉中學院學報　2005年6期

汪洋恣肆　雋妙文心：論莊子內篇的結構藝術　王麗梅　哈爾濱工業大學學報　2005年6期

試論莊子對三毛生命哲學的影響　肖玉林　湘南學院學報　2005年6期

莊子之『遊』的三個美學層次及其它　徐峰　和田師範專科學校學報　2005年6期

論莊子的絕對自由觀　周煥卿　淮南師範學院學報　2005年6期

論莊子的包舉宇宙之心　溫若公　渭南師範學院學報　2005年6期

莊子削木爲鐻的梓慶與海德格爾真正的衣櫃匠　那薇　寧夏社會科學　2005年6期

莊學的『虛靜』審美觀對晉宋山水詩的內在作用　魏宏燦　商丘師範學院學報　2005年6期

莊子海德格爾詩學的一個『秘密』來源　鍾華　西南師範大學學報　2005年6期

海德格爾詩學與莊子詩學思想之可通約性述論　鍾華　四川大學學報　2005年6期

莊子陰陽宇宙觀考原　黃毓任　學海　2005年6期

『昔之殊途者同歸』：重識莊子、文選之爭　金理　文藝理論研究　2005年6期
試論莊子的相對價值觀及其超越　徐春根　學術論壇　2005年6期
逍遙·齊物·和諧：莊子三題新解　周山　學術月刊　2005年6期
海德格爾與莊子的開拓語言之途　那薇　南京社會科學　2005年6期
論莊子審醜美學的相對性　楊妍　湖南科技學院學報　2005年6期
莊子的現代生態啟示　李倩　西南交通大學學報　2005年6期
論莊子的生命意識　梁銀林　西南民族大學學報　2005年6期
莊子的教育目標對語文教育的啟示　李守紅　甘肅教育　2005年6期
透過現代教育，再次走近莊子　單亞玲　甘肅教育　2005年6期
老莊道德智慧對當代大學生不良人格傾向的調治啟示　姚勇　中南大學碩士學位論文　2005年6月
論老、莊自然主義人生價值觀及其現代意義　鄧小峰　中南大學碩士學位論文　2005年6月
莊子借重儒學研究　高書文　河北大學碩士學位論文　2005年6月
莊子自由觀探論　鄭慶權　華僑大學碩士學位論文　2005年6月
莊子生死觀初探　孫寶安　四川大學碩士學位論文　2005年6月
莊子語詞考釋　芮文浩　南京師範大學碩士學位論文　2005年6月
有無『之間』：莊子道論釋讀　高利民　復旦大學博士學位論文　2005年6月
莊子的自然觀　陳藝嵐　廣西社會科學　2005年7期
莊子人生哲學的內在『矛盾』探析　王國勝　江西社會科學　2005年7期
試論莊子哲學中的隱逸思想　劉梅、肖中雲　求索　2005年7期

知識·技術·技能：重讀莊子逍遥遊的啟示　裴昌　中國職業技術教育　2005年7期
莊子的自我價值取向　鍾祥　山東文學　2005年7期
論莊子萬物一齊的平等境界　唐坤　江漢論壇　2005年7期
莊子散文的浪漫主義特色　丁桂英　名作欣賞　2005年8期
老莊學派的養生思想研究　莊昔聰　武術科學　2005年8期
莊子、李贄『貴真』思想辨析　戴峰　山東社會科學　2005年8期
論道家『和諧』的生態美學思想　孫殿玲　自然辨證法研究　2005年8期
莊子人生的目的就是養生　張京華　養身大世界　2005年8期
莊子的狀態形容詞研究　唐德正　廣西社會科學　2005年8期
簡析莊子的案例教學　鄒文　當代教育科學　2005年9期
論禮樂制度的社會性與客觀性：以莊子禮學觀爲中心　梅珍生　江漢論壇　2005年9期
一個新的視角：從『物化』説看莊子——兼及解莊方法論的透視　何光順　江漢論壇　2005年9期
莊子：由『技』入『道』的養身智慧　吳求　中華養生保健　2005年9期
莊子之『逍遥遊』　孫華　理論界　2005年10期
老莊『道』論自然觀的理性思考　郭嬋娟、李華麗　渭南師範學院學報　2005年10期
從莊子看科技負效應問題　戴峰　理論界　2005年10期
莊子與老子關係的新審視：以莊子内篇和簡本老子爲據　廖群　理論學刊　2005年11期
莊子關於情志與疾病的關係初探　曾高峰　江蘇中醫藥　2005年11期
天人之辯：莊子哲學再詮釋（上）　楊國榮　學術月刊　2005年11期

論莊子、康德『自然』觀之異同　常娟　韶關學院學報　2005年11期

莊子論樂：領略人本的愉悅　黃毓任　求索　2005年12期

莊子哲學中的個體和自我　楊國榮　哲學研究　2005年12期

莊子『道』的技術性　康中乾　哲學研究　2005年12期

對語言局限性的認識　趙海燕　山西高等學校社會科學學報　2005年12期

天人之辯：莊子哲學再詮釋(下)　楊國榮　學術月刊　2005年12期

戰國政學關係思想研究：以荀莊比較爲主綫　黃芸　北京大學博士學位論文　2005年12月

有感於莊子美學：『庖丁解牛』在藝術創造過程中的現實意義　王瑞芹　東方藝術　2005年15期

孟子、莊子、韓非子語言比較　燕鳳春　語文教學與研究　2005年17期

莊子齊物論主旨探微　姚海濤　文教資料　2005年33期

莊子『內篇』的思想特點及其與『外雜篇』的關係　張涅　先秦諸子思想論集　上海古籍出版社　2005年版

逍遙遊的思想流程　張涅　先秦諸子思想論集　上海古籍出版社　2005年版

莊子『外雜篇』對於應帝王篇的思想發展　張涅　先秦諸子思想論集　上海古籍出版社　2005年版

『內聖外王』的實踐與可能：從積極有爲到自然無爲——試析莊子天下篇的道術批評思想　陳榮慶　西北大學學報　2006年1期

莊子寓言故事中的工藝哲學　徐敏　南京藝術學院學報　2006年1期

莊子與漢大賦的『大美』　周威兵　安徽教育學院學報　2006年1期

論莊子的語言懷疑論　徐克謙　現代哲學　2006年1期

莊子逍遥遊『搏』字及其他　婁毅　語文建設　2006年1期
莊子主張『無爲』？　温航亮　船山學刊　2006年1期
莊子認識新探：兼論莊子認識論並非相對主義　杜志強　甘肅理論學刊　2006年1期
莊子的理想人格及其對後世的影響　王國勝　理論探索　2006年1期
莊子經典夢意象的美學分析：以『莊周夢蝶』爲例　鄒強　船山學刊　2006年1期
莊、荀、司馬三家學術史之比較　唐平　船山學刊　2006年1期
從海德格爾的恩惠之樹和莊子的『吾有大樹』　那薇　中州學刊　2006年1期
從愛蓮心的莊學研究看以西評中　周熾成　華南師範大學學報　2006年1期
從雜色看莊子思想對王蒙的影響　時曙暉　伊犁師範學院學報　2006年1期
心病良藥：莊子的一種解讀　曹礎基　華南師範大學學報　2006年1期
俳優與莊子的文章風格　洪之淵　文學遺產　2006年1期
莊子畸人略論　孫豔平　太原教育學院學報　2006年1期
中國古典文論中的『言』、『意』辨考　李德民　内蒙古民族大學學報　2006年1期
莊子散文中的自由精神　王怡　河南教育學院學報　2006年1期
論老莊養生哲學　游建西　宗教學研究　2006年1期
莊子自由觀論析　萬勇華　南京林業大學學報　2006年1期
莊子的人生意蘊　陳曉鋒　南通職業大學學報　2006年1期
莊子外雜篇對莊子『無治主義』思想的多元發展　陳秋山　浙江海洋學院學報　2006年1期
莊子注所言的是『性』本體嗎　黨西民　中山大學研究生學刊　2006年1期

莊子『得意忘言』淺析　海剛　新疆農業職業技術學院學報　2006年1期

狂歡視野中的莊子其人與莊子其文　鄒文貴　佳木斯大學社會科學學報　2006年1期

莊子寓言特點初探　徐鑰　南方論刊　2006年1期

論莊子相對主義思想中的懷疑論　嚴全冬　重慶教育學院學報　2006年1期

莊子造物觀今釋　賈麗敏　設計藝術　2006年1期

神話哲學視域中的莊子天人論　胡景敏　太原理工大學學報　2006年1期

莊子、屈原人才觀與審美觀的比較　王存良　現代語文　2006年1期

莊子中關於『孝』的思想　郭文靜　科技經濟市場　2006年1期

莊子與後現代美醜觀比較研究　范亞麗　中共鄭州市委黨校學報　2006年1期

莊子散文教學與學生人格的培養　李世英　河北建築科技學院學報　2006年1期

論莊子哲學語言的詩化特徵　刁生虎　海南大學學報　2006年1期

論莊子的審美觀　王澤慶　太原理工大學學報　2006年1期

高蹈於邏各斯之外：神話思維對莊子文本特徵的影響　胡景敏　四川理工學院學報　2006年1期

黑水城文獻莊子義考　湯君　敦煌學輯刊　2006年1期

無用之大用：從逍遥遊試析莊子美學的超功利性　袁禕　科教文匯　2006年1期

生命化與境界化：莊子哲學概念的詩化特徵　刁生虎　語文學刊　2006年1期

莊子逍遥遊篇的超越論思想及其對當代生活的啟示　高聚文　財經界　2006年1期

郭象哲學中以莊融儒的特色　任蜜林　中國哲學史　2006年1期

略論莊子中的疊音詞　李海雲　晉中學院學報　2006年1期

莊周故里新探　杜長印　中國歷史文物　2006 年1 期

莊子『知之濠上』五解　張京華　湖南人文科技學院學報　2006 年1 期

莊子『旁礴萬物以爲一』理念及其文學顯現　賈學鴻　山東師範大學學報　2006 年1 期

淺析荀子和莊子『天人相分』的思想　姬海濤　邯鄲學院學報　2006 年1 期

老莊生死觀探微　鄭曉江　江西師範大學學報　2006 年1 期

精神的徜徉：莊子與屈原之『遊』的比較　朱小愛　長沙理工大學學報　2006 年1 期

人的生態存在本性與莊子的生態智慧　殷有敢　海南大學學報　2006 年1 期

論莊子的人文思想　張京華　湖南城市學院學報　2006 年1 期

莊子哲學中的本體論思想　張京華　商丘師範學院學報　2006 年1 期

莊子的『無用之用』與詩意人生　劉歆、魏玉梅　邢臺學院學報　2006 年1 期

夢覺皆幻：莊子內篇世界觀與印度古代幻現論之比較研究　郭智勇　湘潭大學學報　2006 年1 期

莊子美學研究指瑕　佀同壯　山西師大學報　2006 年1 期

論莊子『逍遙遊』的人生美學　王凱　武漢大學學報　2006 年1 期

莊子神話分類辨證　胡景敏、孫俊華　淮南師範學院學報　2006 年1 期

『自然無爲』與文學藝術的創造：莊子對文學藝術創造規律的理解　余慶安　嶺南文史　2006 年1 期

莊子和諧觀對現代人的啟示　劉俊英　煙臺大學學報　2006 年1 期

解構主義語境下的老莊『有無論』　李盛龍　成都理工大學學報　2006 年1 期

莊子死亡文化哲學新論　曾雅娟　昆明師範高等專科學校學報　2006 年1 期

莊子的人格與風格　王運生　昆明師範高等專科學校學報　2006 年1 期

莊學、稷下黄老學價值觀比較　鮑宇　江蘇工業學院學報　2006年1期
莊子的至道、至德、至治、至美之論：莊子刻意論述　李明珠　安徽教育學院學報　2006年1期
整體推進　縱深突破：劉生良莊子文學研究述評　潘嘯龍　安慶師範學院學報　2006年1期
從達生看莊子的美學思想　何國正　德宏師範高等專科學校學報　2006年1期
論莊子和亞里斯多德時空觀念的相通點　孔令玉　天府新論　2006年1期
莊子内篇句末語氣詞分析　李海雲　江西金融職工大學學報　2006年1期
風動，還是心動：從奥義書看齊物論的理路　郭智勇　船山學刊　2006年1期
莊子文論中的生態思想解析　靳瑞霞　河南理工大學學報　2006年2期
比較孟子與莊子寓言使用的不同　陳飛鯨　陝西教育　2006年2期
『畫空作絲，織爲羅縠』：由章太炎齊物論釋釋讀莊子之『道』　陳浩　江西社會科學　2006年2期
莊子『九徵』與人才的考察　張江山　領導之友　2006年2期
試論莊子對隱士思想的傳承和遞進　王國勝　江西社會科學　2006年2期
試論莊周故事劇的發展流變　李雙芹　湖北社會科學　2006年2期
道家自然美學的兩大文論形態　王焱　貴州師範大學學報　2006年2期
莊子思想的獨特性及其内在矛盾　嚴春友　河北學刊　2006年2期
小議莊子之樂　易卉　湖北成人教育學院學報　2006年2期
莊子自由本性的美學思考　李建華、侯力　湖南科技大學學報　2006年2期
從『庖丁解牛』看莊子的人生境界　王斐　社科縱横　2006年2期
『莊周夢蝶』的美學意義　伏愛華　安徽大學學報　2006年2期

毛澤東與莊子語源學之比較　浩明　毛澤東思想研究　2006年2期

貴生與貴神：老子與莊子人生哲學之分殊　肖雲忠　廣西社會科學　2006年2期

湯川秀樹對老莊思想的現代詮釋　王海軍　湖南科技學院學報　2006年2期

逍遥的三個層次：試論莊子内篇的結構　郭智勇　廣西社會科學　2006年2期

莊子的身心健康思想研究　宋旭　體育文化導刊　2006年2期

論莊子德充符中的殘者形象　李香珠　長春師範學院學報　2006年2期

老子、莊子生態倫理思想初探　潘蕾　池州師範高等專科學校學報　2006年2期

從康德、哈特曼到莊子的崇高美　（韓國）金柱完著、潘暢和譯　延邊大學學報　2006年2期

莊子『神人』觀念與魏晉精神狀態　席格　河南理工大學學報　2006年2期

跨越時空的心靈碰撞：讀反理性主義的意義：莊子和克爾凱郭爾的宗教思想　王齊　哲學動態　2006年3期

詩思融合：莊子文本的基本特徵　刁生虎　理論月刊　2006年3期

魚在莊子中的象徵意義：『北冥有魚』與莊子的動物情結　魏義霞　黑龍江社會科學　2006年3期

論『莊出於儒』　彭昊　湖南大學學報　2006年3期

老子、莊子與迷宫　王軍　商丘師範學院學報　2006年3期

魏晉『言意之辨』與佛教中國化問題探析　余衛國　社會科學研究　2006年3期

拉康欲望觀視野下莊子物我關係　王永豪　重慶社會科學　2006年3期

論莊子的『當即放下』思想　唐幗麗　船山學刊　2006年3期

莊子對個體生命的張揚　朱松美　濟南大學學報　2006年3期

逍遙人生：論莊子的遊世思想　馬如俊　晉陽學刊　2006年3期
莊子的解構特徵　伍永忠　求索　2006年3期
莊子與現代主義的共同思想探求　褚亞玲　社會科學論壇　2006年3期
莊子論技道關係　吳波　四川理工學院學報　2006年3期
從超越逍遙到足性逍遙之轉化：兼論郭象莊子注之詮釋方法　劉笑敢　中國哲學史　2006年3期
郭象對『性』的解釋及其在中國哲學史上的意義　崔珍皙　中國哲學史　2006年3期
郭象的個體主義本體論　王江松　中國哲學史　2006年3期
犬儒派與莊子學派處世觀辨析　楊巨平　南開學報　2006年3期
莊子形容詞緊縮句的結構特點和語義類別　甘斐哲、彭再新　南華大學學報　2006年3期
生存優先於救世：對莊子哲學的再解讀　田慧霞　許昌學院學報　2006年3期
簡析孔子與莊子旅遊觀之異同　余冬林　新餘高等專科學校學報　2006年3期
老莊死亡哲學與道教的理論基礎　席格　廣西大學學報　2006年3期
屈、莊創作心態及藝術方式比較　宗明華　煙臺大學學報　2006年3期
語言是生命對道的體驗：論莊子的語言觀　時曉麗　民族藝術研究　2006年3期
莊子故里考　刁生虎　天中學刊　2006年3期
生存優於救世：對莊子哲學的再解讀　田慧霞　鄭州大學學報　2006年3期
莊子成語語義演變例析　顧銀喬　語文知識　2006年3期
從莊子說劍論古代劍術　陳飛　武當　2006年3期
本乎天籟　出乎性情：莊子美學內涵再議　趙逵夫　文藝研究　2006年3期

莊子秋水『望洋』新詁　黃金貴　浙江大學學報　2006年3期

論莊子的自然觀與其『三言』表達方式的統一　景明　渤海大學學報　2006年3期

莊子的玄珠和海德格爾的寶石　那薇　江西社會科學　2006年3期

『懸解』與人生困境的解脫：以莊子注疏爲考察對象　李瑄　四川大學學報　2006年3期

莊子哲學的當代價值　賈學成　山西廣播電視大學學報　2006年3期

語言對存在的詩性建構：老子、莊子的『元文學』闡釋　張大爲　天津大學學報　2006年3期

莊子、海德格爾與『象思維』　王樹人　江蘇行政學院學報　2006年3期

試論莊子的美學思想　王先詳　紹興文理學院學報　2006年3期

『所』字結構的轉指對象與動詞配價：莊子『所』字結構的考察　殷國光　語言研究　2006年3期

李白詩對莊子文學接受論稿　竇可陽　吉林大學碩士學位論文　2006年3月

莊子逍遙遊的博喻分析　呂芳　蘇州大學碩士學位論文　2006年3月

莊子政治思想研究：從莊子內篇人物出發探析莊子政治思想　雷江梅　武漢理工大學碩士學位論文　2006年3月

人是審美的存在：重讀莊子　時曉麗　新疆大學學報　2006年4期

楚文化視野中的莊子藝術變形　曹海東　江漢論壇　2006年4期

從儒道博弈中看莊子的『逍遙遊』　高峰　武漢電力職業技術學院學報　2006年4期

論莊子對蘇軾謫居詩主體風格的促成　趙釋芬　雲南師範大學學報　2006年4期

莊子：做至真至聖之人　張京華　養生大世界　2006年4期

民權欲借『莊子』揚名　曹輝　決策探索　2006年4期

莊子藝術精神與中國傳統音樂文化　吳文瀚　湖南社會科學　2006年4期
莊子大宗師『簡』字義釋　李秀芹　西南交通大學學報　2006年4期
形美、德美、道美：淺談莊子美學思想　謝舒姝　海南師範學院學報　2006年4期
試論莊子理想人格的形成和建構　李莉　漯河職業技術學院學報　2006年4期
莊子散文藝術形象淺說　任秀蓮　青海民族學院學報　2006年4期
莊子形容詞作定語情況考察　甘斐哲　長沙鐵道學院學報　2006年4期
莊子疑難詞語考釋四則　馬啟俊　阜陽師範學院學報　2006年4期
莊子寓言中的特殊問答方式　張黎　甘肅政法成人教育學院學報　2006年4期
淺論莊子的生命意識　韋林　南京醫科大學學報　2006年4期
莊子逍遙遊的繪畫藝術精神　趙建中　藝術探索　2006年4期
淺談莊子天下篇的行文邏輯　黃雲俠　河北大學成人教育學院學報　2006年4期
論莊子之『遊』　卿柳英　北京化工大學學報　2006年4期
與道合：由莊子人生哲學看道家美學　周媛　吉林技術學院學報　2006年4期
儒、道、佛的自我超越哲學：孔子的『四毋』、莊子的『三無』和佛家的『破二執』之比較　張文勳　中國文化研究　2006年4期
從秋水篇看莊子的生存態度及其現代價值　張耀榮　桂林航天工業高等專科學校學報　2006年4期
審美效應的逆轉、審美範疇的拓展：莊子畸人形象談　汪磊　伊犁教育學院學報　2006年4期
莊子的音樂思想　陳四海　社會科學論壇　2006年4期
老莊民本思想發微　王保國　甘肅社會科學　2006年4期

袁枚的『天籟』說　蘇愛琴　晉中學院學報　2006 年 4 期

論老莊哲學視野中的和諧社會：對老莊之『道』的哲學思考　嚴福平、呂珍　齊齊哈爾大學學報　2006 年 4 期

自然觀：莊子與懷特海比較研究　陶清　安徽大學學報　2006 年 4 期

以藝進道：莊子的獨特個性　刁生虎　蘭州學刊　2006 年 4 期

莊子『逍遙遊』淺釋　張福旺、王桂霞　名作欣賞　2006 年 4 期

中國古代『無』的哲學美學智慧及啟示　毛宣國　求索　2006 年 4 期

莊子『達生』之道境　李明珠　江蘇行政學院學報　2006 年 4 期

論莊子逍遙遊的主旨　楊柳　中國道教　2006 年 4 期

莊子哲學中的名與言　楊國榮　中國社會科學　2006 年 4 期

性與生命：從性看莊子的生命意識　黃紅兵　沙洋師範高等專科學校學報　2006 年 4 期

莊子的批判精神和自由追求　楊榮　湖北大學學報　2006 年 4 期

論莊子的禮學思想　梅珍生　江漢大學學報　2006 年 4 期

莊子哲學及其內在主題　楊國榮　上海師範大學學報　2006 年 4 期

作爲哲學問題的生與死：莊子的視域　楊國榮　社會科學戰綫　2006 年 4 期

因自然而自由：莊子對老子『道法自然』思想的充實與演進　陳微　同濟大學學報　2006 年 4 期

莊子的道思及其詩意表達：通莊子玄奧之門　王樹人、李明珠　文史哲　2006 年 4 期

中西詩學的『生產性』對話：讀鍾華教授從逍遙遊到林中路：海德格爾與莊子詩學思想比較　張德明　四川師範大學學報　2006 年 4 期

莊子的救世嫉時與無可奈何：清人王先謙眼中的莊子　鄒旻　北京教育學院學報　2006年4期
論莊子審美理想實現的心理層次　舒克斌　湖南第一師範學報　2006年4期
莊子內、外、雜篇雙音詞研究：兼論內、外、雜三篇的時代　劉炎飛　湖南師範大學碩士學位論文　2006年4月
『道』在中國山水畫中的審美映現　朱劍　南京藝術學院碩士學位論文　2006年4月
莊子修辭研究　楊明明　福建師範大學碩士學位論文　2006年4月
莊子故事研究　侯曉麗　四川大學碩士學位論文　2006年4月
『道—美』之湧現與領會：以老、莊爲中心　郭孟偉　四川大學碩士學位論文　2006年4月
梁啟超的莊子學　謝國利　華東師範大學碩士學位論文　2006年4月
王叔岷莊子校釋訂補稿　吳小玲　華東師範大學碩士學位論文　2006年4月
章太炎的莊子學研究　盛敏慧　華東師範大學碩士學位論文　2006年4月
論莊子關於個體和群體關係的辯證思想　陳慶芳　上海社會科學院碩士學位論文　2006年4月
郭象哲學研究　優里　吉林大學碩士學位論文　2006年4月
論審美物化　欒芳　山東師範大學碩士學位論文　2006年4月
莊子書中的先秦諸子形象　段海寶　中央民族大學碩士學位論文　2006年4月
莊子與馬斯洛理想人格思想比較　李可欣　西北大學碩士學位論文　2006年4月
後現代視域下莊子與海德格爾人生哲學的對話　蘇菡麗　蘇州大學碩士學位論文　2006年4月
道家語言觀對中國古代詩學的影響　李婧　山東師範大學碩士學位論文　2006年4月
魏晉南北朝莊學研究　馬曉樂　山東大學博士學位論文　2006年4月

宋代福建莊學研究　楊文娟　華東師範大學博士學位論文　2006 年4 月

無言的逍遥：論莊子文化詩學思想對生存層面及語言層面的思考　王永豪　首都師範大學博士學位論文　2006 年4 月

莊子的理想人格芻議　陳麗英　理論界　2006 年5 期

縹緲莫測　形散神聚：逍遥遊文脈探析　周群華　名作欣賞　2006 年5 期

莊子的超世與順世　劉韻　社會科學論壇　2006 年5 期

海德格爾晚禱的鐘聲與莊子的罔兩待影：海德格爾與莊子關於詞語的詮釋　那薇　福建論壇　2006 年5 期

『虛籟』真是指無聲嗎：與張馨先生商榷　李祖勝　人民音樂評論　2006 年5 期

形骸之內的自由：試述莊子的自由及其價值　郭慧　南陽師範學院學報　2006 年5 期

大鵬：從哲學意象到文學自我：莊子、李白文化符號類型比較　何念龍　黃岡師範學院學報　2006 年5 期

莊子自由之境及情感　王思豪　安徽師範學院學報　2006 年5 期

善喻的莊子　程吉璞　中學語文園地　2006 年5 期

體道與成人：莊子視域中的真人與真知　楊國榮　文史哲　2006 年5 期

莊子的心靈自由境界論　梁恒　蘭州交通大學學報　2006 年5 期

莊子哲學在秦漢時期的發展　馬鵬翔　石河子大學學報　2006 年5 期

亂世中的超脫：淺析莊子的生存心態　馬會　赤峰學院學報　2006 年5 期

談莊子中詩的體現　戰琳　遼寧師專學報　2006 年5 期

莊子『遊世』思想研究　姚毅敏　中共浙江省黨校學報　2006年5期

莊子的『逍遥』人生：精神漫遊與精神自由　張福旺　語文教學通訊　2006年5期

莊子一價動詞及其相關句式的考察　殷國光　語言科學　2006年5期

論老莊生態美學思想　鄧叔平　貴州大學碩士學位論文　2006年5月

莊子天道觀思想研究　馬文明　安徽師範大學碩士學位論文　2006年5月

生死遊乎一氣：莊子的氣化生死觀　王怡　四川大學碩士學位論文　2006年5月

莊子美學的本體論意義　周健　華東師範大學碩士學位論文　2006年5月

對莊子言意之辯的理性闡釋　張銀芝　西北大學碩士學位論文　2006年5月

海德格爾與老莊思想的初步比較　夏紹熙　西北大學碩士學位論文　2006年5月

莊子生命哲學研究　廖靜梅　河南大學碩士學位論文　2006年5月

莊子内篇之『情』　方金奇　華東師範大學碩士學位論文　2006年5月

徐復觀莊子思想儒家化傾向研究　李薇　華東師範大學碩士學位論文　2006年5月

莊子寓言的形象與表義研究　吳海燕　華中師範大學碩士學位論文　2006年5月

論王安石學派的莊學思想　肖海燕　華中師範大學碩士學位論文　2006年5月

論莊子哲學中的自我認識：兼論其超越之路　王瑞　上海社會科學院碩士學位論文　2006年5月

商周文化與莊子思想　邢利敏　鄭州大學碩士學位論文　2006年5月

郭象對莊學的逆向性詮釋：郭象莊子注探微　劉磊　山東大學碩士學位論文　2006年5月

莊子名詞研究　閆濱　山東大學碩士學位論文　2006年5月

論莊子的生命美學思想　葛西強　安徽大學碩士學位論文　2006年5月

竹林七賢莊學思想研究　鮑青燕　安徽大學碩士學位論文　2006年5月

魯迅對莊子的接受史研究　宋徵　遼寧師範大學碩士學位論文　2006年5月

莊子音義異文初探　孫永建　安徽大學碩士學位論文　2006年5月

Zhuangzi in Translation　吳志萌　電子科技大學碩士學位論文　2006年5月

論莊子人生哲學思想：大宗師主題研究　張陽成　浙江師範大學碩士學位論文　2006年5月

從否定走向烏托邦：莊子與阿多諾美學思想比較研究　解玉斌　貴州大學碩士學位論文　2006年5月

道家思想對日本近世文化的影響　張谷　武漢大學博士學位論文　2006年5月

莊子散文評點研究　周群華　華東師範大學博士學位論文　2006年5月

莊子生命觀念解析　黃萍　語文教學與研究　2006年6期

論莊子散文的時代價值　謝仲偉　語文學刊　2006年6期

海涅與莊子　郭力　德語學習　2006年6期

莊子與道家美育觀之建構　祁海文　社會科學輯刊　2006年6期

道至之處任逍遙：莊子中體道者形象初探　王津　綏化師範學院學報　2006年6期

論莊子的自然主義政治哲學　宋慧昌　中共中央黨校學報　2006年6期

從文化返歸文學的研究示範：鵬翔無疆——莊子文學研究讀後　魏耕原　唐都學刊　2006年6期

莊子語詞文化略說　芮文浩　滄桑　2006年6期

飛翔的莊子　余志剛　觀察與思考　2006年6期

斯賓諾莎哲學與莊子哲學的比較研究　和建偉　河南科技大學學報　2006年6期

『莊子』拾零　王光武　教育文匯　2006年6期

逍遙與爭鬥：莊子和薩特自由觀之比較　劉文元　高等教育與學術研究　2006年6期
莊子准價動詞及其相關句式的考察　殷國光　中國語文　2006年6期
莊子教育學名詞解釋　畢世響　內蒙古師範大學學報　2006年6期
莊子自由觀與古代印度解脫思想比較研究　郭智勇　求索　2006年6期
莊子內篇同義詞重點辨析　李紹玉　廈門大學碩士學位論文　2006年6月
莊子『逍遙』思想釋論　劉芳　華中師範大學碩士學位論文　2006年6月
莊子程度副詞研究　覃興華　山西大學碩士學位論文　2006年6月
莊子中幾種句式的研究　邱洪瑞　新疆大學碩士學位論文　2006年6月
王羲之與莊子　馬鵬翔　湖北社會科學　2006年7期
莊子、屈原浪漫主義之比較　劉瑮　遼寧教育行政學院學報　2006年7期
從逍遙遊看莊子的理想人格　王媛　遼寧行政學院學報　2006年7期
莊子寓言思維及其『寓言』在古代文論研究中的缺失現象　潘雁飛　湖南科技學院學報　2006年7期
試析莊子疑問句的問域　張黎　湖南農林　2006年7期
莊子與屈原在文心雕龍中的地位探究　史庭宇、林鳳春　語文學刊　2006年7期
莊子道論及對儒學的影響略論　萬輝　蘭州學刊　2006年8期
莊子散文的藝術特點　趙雪蓮　語文教學與研究　2006年8期
莊子逍遙遊的藝術精神　趙建中　安徽文學　2006年8期
『弘揚莊子文化國際高層論壇』綜述　馮松濤　哲學動態　2006年8期
『循性』與『逍遙』：嵇康哲學的超越之途　蒲長春　重慶社會科學　2006年8期

澄清『小大之辨』 彰顯莊學四境：從郭象刪改莊子說起 張遠山 書屋 2006年8期

道與存在之序：莊子哲學中的一個視域 楊國榮 哲學研究 2006年9期

佛洛伊德與莊子心靈觀之比較 潘永輝 廣西社會科學 2006年9期

莊子與陶淵明自然觀之比較：兼論王國維對陶詩的誤讀 李春娟 學習與實踐 2006年9期

莊子生命美學觀分析 李木會 經濟與社會發展 2006年9期

莊子的『自然』批評論 農建南 哈爾濱學院學報 2006年9期

莊子與自然 尤振河 思維與智慧 2006年9期

莊子與聖經比較研究 高深 浙江大學博士學位論文 2006年9月

論語、孟子、老子、莊子的全稱和特稱量限表達 李海霞 重慶社會科學 2006年10期

從莊子到塞尚：與張遠山從先秦諸子談中西藝術之變遷 王天兵 社會科學論壇 2006年10期

生命與心靈深處的對話：試論莊子哲學 劉陽 世紀橋 2006年10期

孟莊心性論比較研究 李娟 山東大學博士學位論文 2006年10月

莊子和道德經無緣 姜登榜 咬文嚼字 2006年11期

評點視角下的林希逸莊子散文研究 李波 重慶社會科學 2006年11期

莊子的『物我同一』思想 任俊華 綠葉 2006年11期

淺析莊子的『無爲』思想 邱浙聞 甘肅農業 2006年11期

莊子的無爲思想 邱浙聞 經濟與社會發展 2006年11期

淺析莊子的『緣督以爲經』及其對現實的啟示 路明旺 安徽文學 2006年11期

莊子自由觀的現實意義 桂芳玲 消費導刊 2006年11期

莊子動物形象簡析　陳欣　湖北教育學院學報　2006年11期

論莊子的政治思想　徐治初　蘇州大學碩士學位論文　2006年11月

莊子散文的人文性及其在中學語文教學中的實踐　朱忠海　華中師範大學碩士學位論文　2006年11月

『得意忘言』說『逍遙』：莊子逍遙遊主旨探究　馬冰　華中師範大學碩士學位論文　2006年11月

超越與順世：夾縫人生的無奈抉擇：論莊子的處世觀　褚宛玉　華中師範大學碩士學位論文　2006年11月

從『心齋』、『坐忘』說看莊子的美學思想　皮小霞　成都教育學院學報　2006年12期

假如莊子教小學　顏崑陽　科學與文化　2006年12期

莊子內篇中『道』與『天』、『人』的關係　孫華　財經界　2006年12期

莊子旅遊思想解讀　張榮　新西部　2006年12期

齊物論自由思想研究　單紅　浙江師範大學碩士學位論文　2006年12月

天地有大美而不言：莊子的美學分析　孫憲會　科技信息　2006年19期

論莊子寓言中的職業技術原理及其對高等職教的啟示意義　張緒平　文教資料　2006年20期

學校教育應重視不言之教：莊子教育哲學之我見　譚維智　當代教育科學　2006年23期

論莊子人間世中的『醫門多疾』　張敏傑　殷都學刊　2007年1期

莊子注中的『獨化』說及其現代意義　李尚信　管子學刊　2007年1期

莊子逍遙遊的精神旨趣　強昱　中國哲學史　2007年1期

莊子論真人與真知的關係：大宗師篇『且有真人而後有真知』命題的現代詮釋　吳根友　中國哲學史　2007年1期

莊子內篇結構舉隅　喻守國　漯河職業技術學院學報　2007年1期

莊子三價非『轉讓』類動詞及其相關句式的考察　范曉　長江學術　2007年1期

從逍遙遊看莊子自由意識的審美超越　馮皓　聊城大學學報　2007年1期

莊子與夢蝶　方祝英　蕪湖職業技術學院學報　2007年1期

莊子詆訾聖賢辨：以詆訾堯、舜、禹、湯、文王、孔子等聖賢爲例　陳功文　皖西學院學報　2007年1期

莊子音樂美學思想探微　段橋生、米瑞玲　藝海　2007年1期

莊子『寓言』的語用策略　高深　現代語文　2007年1期

莊子、僧肇『境界論』思想芻議　田超　山東大學研究生學志　2007年1期

莊子審美化的技術思想及其現代意義　時曉麗　西北大學學報　2007年1期

超越相對價值：從莊子立場出發　徐春根　學海　2007年1期

蔡邕的莊子情懷探析　石靜　工會論壇　2007年1期

論顏之推對道家文化的吸收：從顏氏家訓引老子、莊子說起　續曉瓊　工會論壇　2007年1期

薩特與老莊的自由觀及其互闡的可能性：以新時期文學爲闡發對象　劉小平　青海社會科學　2007年1期

齊物論中『吾喪我』之新論　施仲貞　海南大學學報　2007年1期

莊子生命意識的審美蘊含　孫殿玲　遼寧大學學報　2007年1期

『天籟』、『天樂』：莊子論文藝鑒賞的最高標準　褚春元　天府新論　2007年1期

論宋代俳諧詞中的莊子內蘊　王毅　重慶社會科學　2007年1期

試以歷史的想象力還原歷史上真實的莊子　張洪興　渤海大學學報　2007年1期

精神超越之道：散論莊子的超越精神　王樹人　安徽教育學院學報　2007年1期

莊子寓言連類相次的結構藝術　賈學鴻　北方論叢　2007年1期

從自然審美觀看莊子文藝美學思想的人文精神　莫付歡　柳州師專學報　2007年1期

莊子大鵬形象及其哲學意義的演變　李波　上海大學學報　2007年1期

『無己』逍遥、『無功』逍遥和『無名』逍遥：論莊子『逍遥遊』思想的三個層面　王永豪　社會科學研究　2007年1期

莊子情欲本質及其調節的心理思想管窺　郭曉飛　心理科學　2007年1期

論『自由說』對莊子的誤讀　高深　浙江社會科學　2007年1期

論莊子晚年悔意　林崗　中山大學學報　2007年1期

莊子平等、自由觀發微　馬作武　中山大學學報　2007年1期

性靈之蝶：莊子　月光　中文自修　2007年1期

莊子藝術精神與西方遊戲說：兼談原始巖畫中朴素的『天人合一』觀　謝宏雯　長江論壇　2007年1期

莊子泛生態學術觀研究　蔣顯榮　船山學刊　2007年1期

論莊子審美理想的哲學基石及其特色　舒克斌　船山學刊　2007年1期

莊子『天地大美』思想的現代闡釋　殷波　管子學刊　2007年1期

論莊子的人生哲學　丁忠甫　哈爾濱學院學報　2007年1期

莊子、列子重出寓言故事辯議：以莊子、列子之先後爲核心進行考察　王利鎖　河南社會科學　2007年1期

先秦哲學經典的文本解讀與審美闡釋：鵬翔無疆——莊子文學研究平議　沈文凡、竇可陽　湖南科技學

院學報　2007 年1 期

莊子研究的新突破：論林希逸莊子口義　李見勇　內江師範學院學報　2007 年1 期

莊子『言不盡意』的痛苦與快樂　卿青芳　科教文匯　2007 年1 期

莊子寓言敘事模式研究　李豔華　南京曉莊學院學報　2007 年1 期

莊子的道德教育思想　趙莎、肖楓　滄桑　2007 年1 期

論莊子的美學思想　朱志榮　滁州學院學報　2007 年1 期

無理而妙：莊子『謬悠之說』的美學闡釋　鄭笠　滁州學院學報　2007 年1 期

敦煌本莊子殘卷敘錄　楊思范　敦煌研究　2007 年1 期

從莊子之『遊』到道教『遊仙』的審美意蘊　陽淼、田曉膺　海南大學學報　2007 年1 期

莊子對歷史道路的選擇　王家良　和田師範專科學校學報　2007 年1 期

從齊物論一文看莊子之『辯』　陳琳　蘭州學刊　2007 年1 期

『致福』有待於得『道』：莊子逍遥遊主旨新論　高深　中國礦業大學學報　2007 年1 期

論二十四詩品中的『幽人』與莊子中的『真人』　高嫻　湖北教育學院學報　2007 年1 期

『反諷』與『藥』：對莊子與柏拉圖語言觀中悖論的比較　尚景建、董珊珊　成都理工大學學報　2007 年1 期

道化自然止於——莊子內篇淺論　郭延紅　延邊教育學院學報　2007 年1 期

淺析莊子人間世　莊嬋　漳州職業技術學院學報　2007 年1 期

莊子自然無爲思想及其現代意義　姜碧純、婁正保　安陽師範學院學報　2007 年1 期

從莊子的人生態度看其美育思想　孫永　重慶廣播電視大學學報　2007 年1 期

心靈的殘疾才是真正的殘疾：莊子德充符中殘疾人形象的哲學意蘊　吳全蘭　桂林師範高等專科學校學報　2007年1期

論莊子視野中的理想人格　徐春根　嘉應學院學報　2007年1期

莊子與薩特自由思想之比較　郭樹傑　太原大學學報　2007年1期

論莊子之『大』與朗加納斯『崇高』的匯通　王永豪　寧波廣播電視大學學報　2007年1期

論拉康的『鏡像階段』與莊子的『至德之世』　王永豪　南寧師範高等專科學校學報　2007年1期

文化視域中的老莊義理及其宗教原蘊　唐輝　湖南民族職業學院學報　2007年1期

莊子非『處置』類二價雙向動作動詞及其相關句式的考察　殷國光　南開語言學刊　2007年2期

亦怪亦奇　亦朴亦真：淺談莊子的自然審美觀　李存興　巴音職教　2007年2期

無情世界的心境：淺議莊子哲學產生的社會根源　鍾文龍　德宏師範高等專科學校學報　2007年2期

從逍遥遊看莊子對現當代人的影響　周詠梅　世紀橋　2007年2期

莊子對儒家天命觀的融通　彭昊　衡陽師範學院學報　2007年2期

論莊子的人生哲學及其現實意義　鄭少群　內蒙古農業大學學報　2007年2期

道論之下：莊子的技術觀與知識觀　靳瑞霞　商丘師範學院學報　2007年2期

論莊子言意之辯　楊睿、李志慧　西安石油大學學報　2007年2期

莊子『物化』觀及其在金聖歎文論中的表徵　周漢芬　科教文匯　2007年2期

從莊子的兩行說到王夫之詩學中的雙行說　崔海峰　遼寧大學學報　2007年2期

莊子逍遥遊的當代價值審視　單南平　齊齊哈爾大學學報　2007年2期

莊子的『自由觀』與大學生心理健康教育　蔣維躍　齊齊哈爾大學學報　2007年2期

莊子的環境倫理思想與構建社會主義和諧社會　梁衡　社科縱橫　2007年2期

從儒道博弈看莊子逍遙遊的當代價值　高峰、楊彥斌、胡茂新　哈爾濱市委黨校學報　2007年2期

莊子之『遊藝』　吳重慶　江蘇行政學院學報　2007年2期

說莊子的『舞』中之『無』　趙鳳遠　臨沂師範學院學報　2007年2期

『之』字在莊子一書中的特殊用法　沈鴻　古籍整理研究學刊　2007年2期

論莊子的自然主義文藝觀　馬會　赤峰學院學報　2007年2期

自然思維與莊子物性理想的詩性鏡像　方英敏　安康學院學報　2007年2期

論莊子對王國維『境界』說的影響　程麗娟、喻守國　四川職業技術學院學報　2007年2期

從方以智、王夫之莊子內七篇詮釋的異同看儒道會通問題　何濤　江西教育學院學報　2007年2期

金庸小說與莊子精神　張紅霞　河南理工大學學報　2007年2期

絕望中誕生希望：莊子的悲劇意識和自然逍遙　呂客　宿州教育學院學報　2007年2期

淺析莊子的『物化』思想　高省　中共鄭州市委黨校學報　2007年2期

從『大美』到『全美』：莊子自然美的極致意蘊　張桂花　中共鄭州市委黨校學報　2007年2期

關於莊子『真』的哲學思考　喬木　開封教育學院學報　2007年2期

論當代文學悲劇意識的美學之源：莊子的悲憫意識　程俊傑、孫殿玲　遼寧廣播電視大學學報　2007年2期

從弗洛姆的『社會無意識』理論看莊子對儒家之『禮』的解構　王永豪　寧波廣播電視大學學報　2007年2期

簡析莊子的『彼此是非』論及生死觀　黃忠晶　青島科技大學學報　2007年2期

從委蛇其形到逍遥其心：對莊子人生哲學的幾點思考　孟琦　中國道教　2007年2期
存在與逍遥：海德格爾與莊子逍遥遊　張春梅　連雲港師範高等專科學校學報　2007年2期
莊子秋水的審美特質　萬秋娣　文學教育　2007年2期
逍遥遊郭注成疏比較研究　儲曉軍　西安電子科技大學學報　2007年2期
略論郭慶藩莊子集釋的學術成就　田漢雲　揚州大學學報　2007年2期
試論莊子思想對語文教育的啟示　楊志恒　蘭州大學學報　2007年2期
先秦老莊『棄智』思想述略　胡啟勇　船山學刊　2007年2期
論莊子出入世的精神：兼評陳鼓應與劉笑敢先生之詮釋　張瑋儀　北京理工大學學報　2007年2期
通天人之大宗：王夫之莊子解意旨探析　雷靜　船山學刊　2007年2期
莊子與莊子哲學(上)　黄瑞雲　湖北師範學院學報　2007年2期
論莊子懷疑論美學的方法與姿態　顏翔林　中國文學研究　2007年2期
試論莊子對桐城派文學主張形成的影響　姚曼波　江蘇教育學院學報　2007年2期
論莊子之『道』的二重性及理論效應　于桂鳳　理論界　2007年2期
莊子的道德觀　李永華　蘭州學刊　2007年2期
憨山德清注莊子動機和年代考　王紅蕾　北方論叢　2007年2期
莊子解脱論新探：以莊子中『心』的義涵爲視角　張勇　河北學刊　2007年2期
莊子思想研究的新境界：評時曉麗莊子審美生存思想研究　趙琴　西北大學學報　2007年2期
莊子逍遥遊『三餐』考辨　劉文元、李芬芬　蘭臺世界　2007年2期
莊子·屈原·李賀：淺析毛澤東詩詞的浪漫主義　馮錫剛　黨史文匯　2007年2期

諸子簡介莊子篇　黃濟　中國教師　2007 年 2 期

莊子自然審美論　薛富興　貴州社會科學　2007 年 2 期

莊子的自然主義意蘊（之一）　趙錦榮　新疆師範大學學報　2007 年 2 期

阿多諾的『反藝術』與莊子的『法天貴真』　靳義增　廣西師範大學學報　2007 年 2 期

莊子：一個獨行者——莊子散文中莊子形象的分析　廖偉　太原城市職業技術學院學報　2007 年 3 期

向秀莊子注哲意發微：兼論莊子向、郭二注的異同　韓國良　貴州教育學院學報　2007 年 3 期

小議莊子的生死觀　吳祖剛　滄桑　2007 年 3 期

由『言不盡意』與『得意忘言』談莊子的語言美學思想　苗順利　和田師範專科學校學報　2007 年 3 期

從比較中看莊子的音樂思想　宿信立　劇作家　2007 年 3 期

從莊子寓言看莊子自我形象：睿智冷眼熱心腸　肖捷飛　內江師範學院學報　2007 年 3 期

莊子與藝術審美本質　韓貽傑　時代文學　2007 年 3 期

莊子說劍篇透露出的武術文化信息　申國卿、丁建嶺　山東體育學院學報　2007 年 3 期

莊子『三言』研究綜述　張洪興　天中學刊　2007 年 3 期

困苦與解脫：莊子語言的言說方式　柏俊才　山西農業大學學報　2007 年 3 期

莊子『甚雨』釋義辨析　馬啟俊　宿州學院學報　2007 年 3 期

也談莊子序的真偽問題：兼論郭象『獨化論』在當時缺乏回應的原因　韓國良　咸陽師範學院學報　2007 年 3 期

莊子哲學的文學特質及其生成機制　刁生虎　南都學壇　2007 年 3 期

莊子哲學中的直覺觀念　周廣文　首都師範大學學報　2007 年 3 期

『道不可言』與『境生象外』：莊子語言哲學及其對意境論的影響　趙奎英　山東師範大學學報　2007年3期

晚周諸子之作莫能先也：莊子藝術粗論　劉岸挺　揚州大學學報　2007年3期

莊子『殘全』悖論的當下審視　劉金波　長江學術　2007年3期

『三言』與莊子的文體自覺　吳作奎　長江學術　2007年3期

莊子『愚帝』觀　湯克勤　長江學術　2007年3期

莊子的『物我同一』觀與當代生態環境問題　方達　社會科學論壇　2007年3期

論莊子心物觀中的自由精神　周麗梅　青海民族學院學報　2007年3期

藐姑射之山　無何有之鄉：逍遙遊奥義　張遠山　社會科學論壇　2007年3期

莊子思想與文人化養身論　劉亞璋　美術觀察　2007年3期

莊子美學精神與古代山水畫　林可濟　福建師範大學學報　2007年3期

海德格爾與莊子的淵源：詩意道說與無心吟詠　那薇　人文雜誌　2007年3期

論莊子的時地文化背景　莊大鈞　內蒙古社會科學　2007年3期

寓言化的孔子形象與莊子哲學主題　尚建飛　西北大學學報　2007年3期

莊子對儒家理念的解構方式及其文學表現　楊波　北方論叢　2007年3期

論莊子語言的審美效應　康錦屏　北京教育學院學報　2007年3期

莊子之『忘』　趙娜　華夏文化　2007年3期

郭象莊子注與莊學實踐性問題　蔡彥峰　古代文明　2007年3期

莊子『齊物』思想探析：從『吾喪我』談起　徐曉宇　河海大學學報　2007年3期

莊子『逍遙』義之旨趣初探　賈宗普　河北經貿大學學報　2007 年 3 期

文學評點與宋代的莊子文學解讀　張梅　北京科技大學學報　2007 年 3 期

敦煌本莊子寫卷篇章考　楊思範　文獻　2007 年 3 期

論莊子道學中的文藝思想　莊大鈞　管子學刊　2007 年 3 期

解讀莊子『重言』的詩質語言特色　徐秀　山東電大學報　2007 年 3 期

莊子的自然主義意蘊（之二）　趙錦榮　新疆師範大學學報　2007 年 3 期

遊世的莊子：兼論莊子爲何反對避世與入世　王焱　中國哲學史　2007 年 3 期

鵬之淚：莊子自由觀的悲劇意蘊及其根源　劉文星、孟慶紅　時代文學　2007 年 3 期

淺析從莊子天下到漢書藝文志思維理路：從『百家』到『一統』的學術分合反思　欒冬靜　科技信息　2007 年 3 期

慈悲剛智　逍遙天地：論老莊文中體道者『大』的心靈境界　王津　牡丹江師範學院學報　2007 年 3 期

莊子關於『惑』及處下思想在當代的意義　高長峰　遼寧稅務高等專科學校學報　2007 年 3 期

論、孟、老、莊的程度副詞及其與明清的比較　李海霞　西華大學學報　2007 年 3 期

老莊本義　萬籟聲　鄂州大學學報　2007 年 3 期

從莊老通辨看錢穆先生之考據方法　郭銳　滄桑　2007 年 3 期

詩意的融通：老莊與海德格爾哲學語言之比較　郭德君　時代文學　2007 年 3 期

論莊子『三言』的直覺思維特徵　張洪興　浙江師範大學學報　2007 年 3 期

論莊子與海德格爾的『自在自由境域』：從馬克思主義理論思考『自由境域』　秦紅平　貴州師範大學碩士學位論文　2007 年 3 月

莊子翻譯中文化信息的轉換　高萍　山東大學碩士學位論文　2007年3月
論老莊的審美思想與設計美學的融合　張紅輝　美與時代　2007年4期
與天地精神往還：楊彥尋夢莊子四十年　一水　藝術市場　2007年4期
莊子哲學的文學特質及其生成機制　刁生虎　遼寧經濟　2007年4期
華胥文化芻議：道家思想文化淵源新探　王美鳳　中華文化論壇　2007年4期
中西方自然主義體育思想代表人物比較研究　王彥收　山東體育科技　2007年4期
致虛極　守靜篤：莊子的健康心理學思想研究　李兆健、陸新茹、王慶其　上海中醫藥大學學報　2007年4期
藉外論之：論莊子寓言的對話形式　嚴平　湖北社會科學　2007年4期
莊子『真』的生存意藴　方明　遼寧行政學院學報　2007年4期
論莊子爲政觀的成因　鄭利鋒　唐都學刊　2007年4期
精神自由與心靈自由：莊子與薩特自由精神之比較　陳道德　倫理學研究　2007年4期
莊子情感哲學與文人顛倒思維　張松輝、周曉露　文學評論　2007年4期
淺談莊子思想對中醫基本理論的影響　武敬一　國醫論壇　2007年4期
完美至和　飄忽精微：略論莊子散文中的音樂描寫　梁克隆　中華女子學院學報　2007年4期
莊子詞語劄記　馬啟俊　滁州學院學報　2007年4期
莊子心游境界　陳水德　阜陽師範學院學報　2007年4期
處世達觀而得長壽的莊子　周貽謀　家庭醫藥　2007年4期
試論莊子的傳播觀念　王琛　深圳大學學報　2007年4期

論莊子『卮言』即『優語』 過常寶、侯文華 北京師範大學學報 2007年4期

藏刀與藏天下：莊子『大宗師』與『養生主』之政治現象學關聯 柯小剛 江海學刊 2007年4期

天籟與獨化：莊子的『相對主義』考辨 劉志勇 復旦學報 2007年4期

試論莊子中的審『醜』美學 歐陽丹丹、辜慶志 滁州學院學報 2007年4期

莊子的道家學說與當前的生存狀態 馬立榮 華北電力大學學報 2007年4期

論莊子不是楚文化的代表：兼論莊子和淮夷文化 韓翠麗 學術論壇 2007年4期

『死灰』面對『大塊』：莊子對現實的正確意會及採取的行動 文青雲 南京師範大學文學院學報 2007年4期

緣起與本根：佛教與道教宇宙觀的衝突與調和：憨山德清莊子內篇注齊物論研究 王紅蕾 哲學研究 2007年4期

論鯤鵬、蝴蝶和渾沌的象徵意義 潘靜 文學鑒賞 2007年4期

從莊子哲學思想看旅遊的美學意義 吳曄 科教文匯 2007年4期

試論莊子的批判精神 李進莊 企業家天地 2007年4期

莊子中的『氣』與虛靜美學觀 張振華 美與時代 2007年4期

齊物論奧義：萬物齊一的莊學平等論 張遠山 社會科學論壇 2007年4期

莊子天下篇的成文年代、立場及主旨新探 趙濤 理論月刊 2007年4期

莊子與韓非子人性論思想之比較 徐瑩 內蒙古農業大學學報 2007年4期

讀莊子一得 秦瀟、周曉琳 內蒙古農業大學學報 2007年4期

莊子早期流傳情況一辨：從淮南子修務訓注文談起 黃威 船山學刊 2007年4期

莊子對世俗價值觀的消解及其影響　張志君　中共鄭州市委黨校學報　2007年4期

論莊子的不可分析性　黃晚　文學教育　2007年4期

莊子『重言』與『賦比興』的關係論　徐秀　棗莊學院學報　2007年4期

從莊子、郭注、成疏看莊學『自然』義的歧異指向　李延倉　文史哲　2007年4期

莊子生死哲學探析　萬勇華　石河子大學學報　2007年4期

逍遙與莊子哲學　楊國榮　雲南大學學報　2007年4期

莊子與雨果審醜之比較　袁昌麗　昭通師範高等專科學校學報　2007年4期

莊子『三言』探析　楊簡　嘉應學院學報　2007年4期

莊子生命哲學的人生意蘊　劉國貞　濟南職業學院學報　2007年4期

與環境和諧：論莊子的人性觀及其現代意義　王永豪　中國石油大學學報　2007年4期

莊子『重言』與『賦比興』的淵源關係論　徐秀　現代語文　2007年4期

從莊子逍遙遊中體會企業管理的新境界　孫華　遼寧經濟　2007年4期

莊子內二篇文法抉微　屠志芬　古籍整理研究學刊　2007年4期

解讀莊子與惠子遊於濠梁之上的哲學內涵　段秀子　北京行政學院學報　2007年4期

從受『役』到『心齋』之『忘』：莊子論人如何存在　胡雪萍　黑龍江社會科學　2007年4期

莊子的成語研究　邊馨　河北師範大學碩士學位論文　2007年4月

莊子心學研究　劉濤　安徽大學碩士學位論文　2007年4月

莊子生死觀與莊子散文創作　邱婷婷　福建師範大學碩士學位論文　2007年4月

莊子創作心理探微　謝苗苗　福建師範大學碩士學位論文　2007年4月

試論莊子對異化的批判與超越　劉曉燕　陝西師範大學碩士學位論文　2007年4月

莊子寓言探微　肖捷飛　四川師範大學碩士學位論文　2007年4月

論莊子崇尚自然的審美理想　許曉華　蘇州大學碩士學位論文　2007年4月

『境生於象外』說源起及其哲學内藴：以『三玄』爲考察中心　楊松輝　上海師範大學碩士學位論文　2007年4月

莊子哲學的現代生態倫理學意藴　鄭旭文　杭州師範大學碩士學位論文　2007年4月

論虛靜：體道與藝術審美之維　韓聃　吉林大學碩士學位論文　2007年4月

先秦儒、道養生思想的異同比較及其對現代健身觀的啟示　蘇克強　廣西師範大學碩士學位論文　2007年4月

莊子齊物論思想研究　徐平　吉林大學碩士學位論文　2007年4月

莊子形神關係論　姜薇　吉林大學碩士學位論文　2007年4月

莊子哲學的生命關懷：心與形的分裂與合一　馮瑩瑩　吉林大學碩士學位論文　2007年4月

莊子哲學的神話溯源　田志亮　中央民族大學碩士學位論文　2007年4月

淺析老子、莊子『信』的思想：從法哲學角度思考　車才洪　西南政法大學碩士學位論文　2007年4月

莊子與盧梭文明批判思想的比較研究　何飛雁　廣西師範大學碩士學位論文　2007年4月

莊子生命悲劇意識探究　林秀麗　廣西師範大學碩士學位論文　2007年4月

三玄與詮釋：魏晉詮釋思想研究　臧要科　華東師範大學博士學位論文　2007年4月

莊子結構藝術研究　賈學鴻　華東師範大學博士學位論文　2007年4月

清代莊子散文評點研究　李波　華東師範大學博士學位論文　2007年4月

自然與自由：老莊生命哲學研究　付粉鴿　西北大學博士學位論文　2007年4月

道家『大一』思想及其運算式研究　顧瑞榮　上海師範大學博士學位論文　2007年4月

老莊著作和巴厘語佛經若干詞的比較研究　（斯里蘭卡）達默迪納　華東師範大學博士學位論文　2007年4月

莊子人生哲學對大學生理想人格塑造的積極作用　蔣維躍　重慶工學院學報　2007年5期

淺析莊子寓言的特質　丁桂英、吴壽松　重慶工學院學報　2007年5期

莊子的『官念』　李秋生　黨政幹部學刊　2007年5期

長鳴之警鐘　非常之理想：莊子盜跖對水滸傳的影響　李軍煒　懷化學院學報　2007年5期

關於古代學術規則的思考：擬莊子寓言　張一南　社會科學論壇　2007年5期

詩化哲學的審美風範：論莊子散文的『趣』　何珞　現代語文　2007年5期

思辨的哲理具象化：莊子的形象系列　陳德璋　現代語文　2007年5期

莊子哲學思想探析　馮田福　內蒙古電大學刊　2007年5期

讀莊子悟產品增值策略　杜光華　企業活力　2007年5期

超人之逍遙與聖人之憂患：莊子、孟子比喻之比較　劉玉芳　語文學刊　2007年5期

莊子哲學的社會批判及其現實意義　崔勝軍、陳琛　文教資料　2007年5期

莊子斷想二題　吴芝雲　教育科學研究　2007年5期

意出塵外　怪生筆端：中學課本莊子選文筆法淺說　王傑　現代語文　2007年5期

論莊子三重語境及其特點　張洪興　學術論壇　2007年5期

莊子與尼采知識觀之比較　蔣九愚、文慶　江西社會科學　2007年5期

養生主奧義：身心兼養的莊學「人生」論　張遠山　社會科學論壇　2007年5期

論「袪魅」與「復魅」的莊子生態審美觀　趙鳳遠　山東社會科學　2007年5期

略論莊子的消費思想　尹世傑　湖南商學院學報　2007年5期

技術活動與精神超越：莊子的智慧　鄧聯合　美術觀察　2007年5期

莊子「言不盡意」中的生命價值意識　李豔萍　南華大學學報　2007年5期

淮南子對老莊融合的貢獻　徐飛　紹興文理學院學報　2007年5期

莊子懷疑主義認識論述評　張麗娟　十堰職業技術學院學報　2007年5期

論莊子「三言」的直覺思維特徵　張洪興　浙江師範大學學報　2007年5期

試論莊子的養生之道　劉紅雲　齊齊哈爾師範高等專科學校學報　2007年5期

從應帝王看莊子的政治哲學　王光松　華南理工大學學報　2007年5期

莊子散文的諷刺藝術特點　馬志富　濟南職業學院學報　2007年5期

莊子哲學中的道與德　岳國文　天水行政學院學報　2007年5期

刻雕眾形而不爲巧：解讀黃賓虹山水畫中的莊子哲學思想　丁紹俊　理論與創作　2007年5期

莊子「三言」寫奇六法　張洪興　南都學壇　2007年5期

論莊子的和諧社會觀　周軍玲　信陽師範學院學報　2007年5期

莊子的藝術境界論　王彥永　鄭州大學學報　2007年5期

齊物論的價值哲學解讀：莊子的評價論探微　李明　河北學刊　2007年5期

莊子的心靈和諧思想論略　肖中雲　湖南社會科學　2007年5期

莊子的「隱世」思想與蘇州園林文化　田芳園　重慶科技學院學報　2007年5期

南華妙道何處修：山東東明縣關於莊子故里問題討論會綜述　劉守安　齊魯學刊　2007年5期

莊子故里辨　王鈞林　齊魯學刊　2007年5期

莊子漫說三題　董治安　齊魯學刊　2007年5期

莊子與東晉文學　馬曉樂　齊魯學刊　2007年5期

淺析莊子疊字中『AA式』名詞　梁燕　學語文　2007年5期

莊子和屈原對神話的認識和運用　蔡覺敏　湖湘論壇　2007年5期

濟慈的『消極能力』與莊子的『物化』論　李正栓、李會芳　河北師範大學學報　2007年5期

莊子內篇齊物之思想　王忠志　考試周刊　2007年5期

從委蛇其形到逍遙其心：對莊子人生哲學的幾點思考　孟琦　重慶工學院學報　2007年5期

試論老莊哲學在阮籍思想中的交鋒　李莉　消費導刊　2007年5期

老莊思想對現代人心理調適的方式　奚亞麗　吉林師範大學學報　2007年5期

老莊的『熔爐理論』與霍金的『黑洞理論』　張松輝　齊魯學刊　2007年5期

生命的超越：莊子哲學視野中的女性生命意識初探　馬倩如　雲南師範大學碩士學位論文　2007年5月

循道而趨　同乎大順：莊子『順』思想研究　經綸　雲南師範大學碩士學位論文　2007年5月

莊子散文尚美精神探微　陳暉　延邊大學碩士學位論文　2007年5月

莊子和畢達哥拉斯美學思想比較　戚霞　延邊大學碩士學位論文　2007年5月

莊子的人生哲學　黃燁　遼寧師範大學碩士學位論文　2007年5月

生命困頓中的逍遙：莊子異化思想初探　劉朝輝　華南師範大學碩士學位論文　2007年5月

莊子『道』、『技』觀對繪畫創作和繪畫教育的啟示　孫琳　遼寧師範大學碩士學位論文　2007年5月

研究莊子中名物詞『翣』所得：探源過程中一種新方法的嘗試　黃瓊　湘潭大學碩士學位論文　2007年5月

莊子的相對主義研究：兼與休謨懷疑論之比較　臘永紅　西北師範大學碩士學位論文　2007年5月

莊子傳播觀念初探　賴惠民　廈門大學碩士學位論文　2007年5月

死生一條：莊子生命關切思想研究　王榮花　北京師範大學碩士學位論文　2007年5月

莊子在先秦時期的傳播與接受　張偉　山東大學碩士學位論文　2007年5月

向天的回歸：論莊子的生命意識　黃紅兵　華中師範大學碩士學位論文　2007年5月

莊子內篇的心理分析研究：一種中國式自性化道路的探索　任增輝　華南師範大學碩士學位論文　2007年5月

紅樓夢和莊子　張建華　蘭州大學碩士學位論文　2007年5月

道家虛靜觀與二十四詩品　張華寶　揚州大學碩士學位論文　2007年5月

人的困境與『審美生存』：莊子『審美生存』思想探微　張榮　貴州大學碩士學位論文　2007年5月

莊子名、動、形同義復詞研究　蘇穎　東北師範大學碩士學位論文　2007年5月

體有因革　山水方滋：莊子生態美學思想對生態旅遊的啟示　宋濤　貴州大學碩士學位論文　2007年5月

老莊生態美學觀的當代闡釋　李季　遼寧師範大學碩士學位論文　2007年5月

隱逸與超越：論逸品意識與莊子美學　杜覺民　中央美術學院博士學位論文　2007年5月

莊子的理想世界　萬勇華　華東師範大學博士學位論文　2007年5月

莊子與中國現代美學　侶同壯　暨南大學博士學位論文　2007 年5 月
莊子外物『兩陷』解讀　張連偉　安徽大學學報　2007 年6 期
兩種逍遙與兩種自由　劉笑敢　華中師範大學學報　2007 年6 期
老莊道家生死觀研究　李霞　安徽大學學報　2007 年6 期
論莊子的生死觀　司振龍　安徽大學學報　2007 年6 期
魚相造於水　人相造於道：莊子人際關係思想試析　蕭仕平　安徽大學學報　2007 年6 期
先秦之『理』的演變與儒道法的轉換與合流　劉貴祥　甘肅聯合大學學報　2007 年6 期
論儒道墨三維和諧的管理觀　王思義　瀋陽師範大學學報　2007 年6 期
老莊學說的和諧思想及其現實意義　趙跟喜　甘肅社會科學　2007 年6 期
莊子生態『和合』觀的審美內涵　趙鳳遠　求是學刊　2007 年6 期
莊子思想的當代性　嚴春友　人文雜誌　2007 年6 期
莊子思想的未來價值　洪勝杓　人文雜誌　2007 年6 期
傅山對郭象莊子逍遙遊詮解的評論　曾春海　文物世界　2007 年6 期
論莊子『內七』篇哲學思想的哲學基礎　羅仲祥　學海　2007 年6 期
先秦儒道義利觀探究　陝鵬　工會論壇　2007 年6 期
老莊之『道』與文藝之『道』簡論　劉順　雲南大學學報　2007 年6 期
試論莊子『齊物』境界及其對古代人文精神的影響　郁玉英　中國道教　2007 年6 期
莊子『三言』考辨　史紅偉　齊齊哈爾大學學報　2007 年6 期
海德格爾與莊子的藝術觀比較　蔣文興　文藝理論與批評　2007 年6 期

二十世紀關於莊子作者的考論　康慶　遼寧行政學院學報　2007年6期

略論莊子的逍遙遊　譚曉明　天府新論　2007年6期

善喻的莊子　程吉璞　語文天地　2007年6期

王羲之思想探微：兼說王羲之蘭亭集序對莊子的批評　曹洋、殷志林　青少年書法　2007年6期

莊子『吾喪我』內在意蘊尋思　成守勇　求索　2007年6期

莊子哲學：逍遥宏宇任自由　曳尾塗中灑清光　黃智平　新作文　2007年6期

浪漫主義之『真善美』：解讀莊子　周碧雯　學習月刊　2007年6期

孟莊理想人格比較研究　汪玉峰　西北師範大學碩士學位論文　2007年6月

論莊子的生存美學　韋林　南京師範大學碩士學位論文　2007年6月

海德格爾與莊子技術思想比較　王明達　內蒙古大學碩士學位論文　2007年6月

莊子內篇反問句的語義、語用分析　張黎　現代語文　2007年7期

莊子寓言主體的多義性　曾鵬　文學教育　2007年7期

孔子與莊子治國思想比較研究　竇貴敏　新西部　2007年7期

莊子文體特徵與古代文論的批評文體　李小蘭　江漢論壇　2007年7期

莊子技術哲學初探　張緒平　南方論刊　2007年7期

論莊子中的物化概念　鄒瑞瓊　商丘師範學院學報　2007年7期

蘇軾、莊子散文立言藝術比較　何玉蘭　樂山師範學院學報　2007年7期

畸人與巫：試論莊子筆下的畸人形象　殷志芳　樂山師範學院學報　2007年7期

莊子與孔子境界論比較研究　竇貴敏　西南民族大學學報　2007年7期

莊子人生哲學辨正　王新婷　哲學動態　2007年7期

先秦三典對話結構分析及其審美意義闡析：以公羊傳、莊子、天問爲例　馮黎敏　科教文匯　2007年7期

假如莊子遭遇于丹：二論于丹　留白　社會觀察　2007年8期

論蘇軾對莊子『物化』視角的繼承和發展　王怡波　樂山師範學院學報　2007年8期

莊子對孔子『仁』的批判　徐良　吉林省教育學院學報　2007年8期

解構：莊子與後現代精神指向　楊增和　社科縱横　2007年8期

當代文學技巧之源：莊子藝術技巧探析　劉麗紅、孫殿玲　遼寧行政學院學報　2007年8期

淺析莊子逍遥遊的主旨及藝術特色　孔維藤　現代語文　2007年8期

莊子眼中的社會和人性　岳國文　社會科學論壇　2007年8期

逍遥飄逸：莊子的人生哲學　耿華　安徽文學　2007年8期

莊子的『無中生有』：莊子文化中的虛無觀　莫雯、蘇新連　現代企業教育　2007年8期

淺談莊子樂論與得道境界　謝苗苗　語文學刊　2007年8期

莊子的養生觀　徐焱　蘭臺世界　2007年8期

莊子哲學中所蘊藏的教育智慧　高好　湖北教育學院學報　2007年9期

從『神人』和『野馬』看莊子內篇的成書年代　郭智勇　貴州社會科學　2007年9期

醉者神全：酒神精神的創始人莊子　胡普信　中國酒　2007年9期

莊子『逍遥遊』人生哲學發微　王新枝　中共石家莊市委黨校學報　2007年9期

莊子是個故事大王：寓言故事作文教學實錄　馬士鈞　遼寧教育　2007年9期

莊子送葬　郭俊臣　閱讀與鑒賞　2007年9期
莊子蘊含的教育技術思想探秘　馬周周　電化教育研究　2007年9期
莊子人生哲學研究的意義和思路　岳國文　社會科學論壇　2007年9期
莊子的平等觀及其現代意義　張谷　理論導刊　2007年9期
應帝王奧義：天人合一的莊學『至人』論　張遠山　社會科學論壇　2007年9期
莊子生態美學思想研究　趙鳳遠　山東大學博士學位論文　2007年9月
論莊子心靈境界　張洪興　蘭州學刊　2007年10期
解讀莊子的人生哲學　伍旭坤　文學教育　2007年10期
莊子的逍遥與黑格爾的理想美　蔡淑敏　文學教育　2007年10期
莊子的智慧　課外閱讀　鄭傑　2007年10期
莊子天地裏的經營哲學　盧濤　東方企業文化　2007年10期
莊子的養生思想：順應自然　趙桂馨　現代養生　2007年10期
從莊子道技思想解讀外語教師專業發展　章肖　中國科教創新導刊　2007年10期
先秦道家心理保健思想及其現代價值　楊洋　社會科學論壇　2007年10期
論莊子心性思想及其意義　肖中雲　湘潭大學碩士學位論文　2007年10月
莊子的人生哲學與現代人的心性修養　孔令華　理論導刊　2007年11期
莊子奧義序跋　張遠山　書屋　2007年11期
從莊子中看心靈的淨化　陳佳　安徽文學　2007年11期
『反其真』與『回歸自然』：莊子與盧梭的浪漫主義自然觀　王建　中國科教創新導刊　2007年11期

莊子的人生哲學及其對現代人生存心態的啟示　程家強、于永明　安徽農學通報　2007年11期
莊子的審美觀　邢黎峰　語文教學與研究　2007年11期
老莊道家政治倫理思想的現實意義　毛豔明　唯實　2007年11期
海德格爾與莊子的藝術觀之比較　王傑泓　蘭州學刊　2007年11期
知其不可奈何而安之若命：讀莊子內篇　梅豔玲　牡丹江大學學報　2007年11期
從莊子的審『醜』看醜中之美　繆雅琴　美與時代　2007年11期
淺析莊子逍遙遊　張旻　新高考　2007年11期
乘物以游心：淺析莊子美學對古代文人畫創作的影響　耿慶雷　美術觀察　2007年11期
淺談莊子齊物論中的美學思想　羅鳳華　文史博覽　2007年11期
淺談莊子內篇篇名翻譯　洪琪　湖北教育學院學報　2007年11期
莊子養生八字訣　趙廣蘭　家庭醫學　2007年11期
莊子的『境界』與我們悵望的『逍遥遊』　麥堅　新作文　2007年11期
莊子：只在社會無藥可救時　我們才選擇你　趙威蝶　新作文　2007年11期
當莊子冷漠時　孫澤羽　新作文　2007年11期
莊子也絕情　陳玲霞　新作文　2007年11期
溫柔的莊子　俞苗苗　新作文　2007年11期
郭象『獨化』範疇釋義　康中乾　哲學研究　2007年11期
道家『無用之用』的思想及其生態倫理價值　許建良　哲學研究　2007年11期
河圖洛書的道教文化內涵　章偉文　中國宗教　2007年11期

莊子的人生哲學與現代人的心性修養　孔令華　理論導刊　2007年11期

遊走於縫隙中的自我：『庖丁解牛』與『遊刃有餘』的一種解讀　王沁　社會科學論壇　2007年11期

論莊子人生哲學的成因　岳國文　西北師範大學碩士學位論文　2007年11月

莊子的技術觀對現代技術發展的啟示　顧德志　昆明理工大學碩士學位論文　2007年11月

莊子自然至上審美觀在歷代名畫記中的呈現　胡友慧　文藝研究　2007年12期

論莊子工夫論的現象學意蘊　林合華　重慶社會科學　2007年12期

道的澄明：莊子教育之道的體與用　倪永強　科教文匯　2007年12期

試析莊子一書對孔子形象的改塑　姚海燕　湘潮　2007年12期

太和鼓鬯　心手自知：老莊『貴和』思想對谿山琴況的影響　蔡釗　西南民族大學學報　2007年12期

金岳霖對老莊哲學的承繼與新開拓　劉俊哲　西南民族大學學報　2007年12期

老莊思想對中醫醫德形成的影響　李豔　吉林中醫藥　2007年12期

莊子聯綿詞研究　王贇　現代語文　2007年12期

比較莊子、韓非子寓言　陳龍　玉溪師範學院學報　2007年12期

莊子單音節動詞同義詞辨析舉要　鄭源　楚雄師範學院學報　2007年12期

莊子審美體驗研究　王焱　浙江大學博士學位論文　2007年12月

領悟與曲解：從接受美學理論看郭象對莊子寓言的理解　妥佳寧　語文學刊　2007年13期

莊子哲學中的天與命　岳國文　語文學刊　2007年14期

以莊子看學子：莊子思想對我國教育的啟示　李麗敏　作家　2007年14期

『活著，還是死去，這的確是一個問題』：從莊子的語言中窺視莊子的生死觀　趙暉　電影評介　2007年

15期

尋求生命的高貴與尊嚴：從莊子不願入仕說開去　胡治平　語文教學通訊　2007年15期

論莊子的『大美』思想及其意義　曹嘉偉　蘭臺世界　2007年16期

淺析莊子的死亡觀　趙巍、張曉光　大眾科學　2007年16期

情欲寡淺　與世無爭：莊子天下篇的寡欲思想初探　趙建輝　語文學刊　2007年17期

莊子寓言文本特點與人物形象管窺　錢興地、王蓓蓓　文教資料　2007年17期

徐復觀的莊子學研究　鄭東珍　名作欣賞　2007年20期

蘇軾的老莊情結：道家思想對蘇軾的影響　劉勤英　職業時空　2007年20期

老莊語言觀的特徵、影響及現代價值重建　莊園　文教資料　2007年21期

莊子與柏格森的生命本真之思：『道』與『綿延』　陳麗英　語文學刊　2007年21期

莊子與柏拉圖文藝觀之比較　王建榮　語文學刊　2007年21期

金庸小說與老莊思想　仲浩群　名作欣賞　2007年22期

莊子之『道』超越性藝術精神淺析　趙羽　文教資料　2007年23期

氣壞老莊　呂術龍　東北之窗　2007年24期

莊子的憤怒和超脫　徐鑫贇　重慶工商大學學報　2007年24期（增）

在新課程中成長　在教學實踐中磨礪：再教莊子秋水有感　左香　文教資料　2007年28期

諸子的故事之莊子：看我逍遙遊　雪帆　中學生百科　2007年28期

談談莊子逍遙遊解讀的三個步驟　龍文玲　廣西教育　2007年29期

形之委蛇與心之逍遙：對莊子人生哲學的幾點沉思　葛夢薇　考試周刊　2007年33期

探索莊子的奧妙：逍遥遊、秋水之解讀　馬志英　語文教學通訊　2007年34期

莊子的人生哲學　施明豔　宜春學院學報　2007年（增刊）

超曠空靈與纏綿悱惻：莊子美學與屈原美學之比較　曾雪梅　東南大學學報　2007年（增刊）

論莊子哲學思想中的唯物主義因素　唐菊　天府新論　2007年（增刊）

再談道家思想與現代文明：關於當代新道家的一些思考　許抗生　道家文化研究（第二十二輯）（北京）生活·讀書·新知三聯書店　2007年版

論全球化與道家的慷慨精神　沈清松　道家文化研究（第二十二輯）（北京）生活·讀書·新知三聯書店　2007年版

試論道家式責任感　劉笑敢　道家文化研究（第二十二輯）（北京）生活·讀書·新知三聯書店　2007年版

道家人文精神的特質　王博　道家文化研究（第二十二輯）（北京）生活·讀書·新知三聯書店　2007年版

道家的人文精神：從諸子人文思潮及其淵源說起　（臺灣）陳鼓應　道家文化研究（第二十二輯）（北京）生活·讀書·新知三聯書店　2007年版

意義的重建：道家對現代精神危機的回應　馬良文　道家文化研究（第二十二輯）（北京）生活·讀書·新知三聯書店　2007年版

道家心性論及其現代意義　鄭開　道家文化研究（第二十二輯）（北京）生活·讀書·新知三聯書店　2007年版

試論道家修道思想中『無爲』的現代意義　戈國龍　道家文化研究（第二十二輯）（北京）生活·讀書·

新知三聯書店　2007 年版

時代精神的玩偶：對西方認受道家思想之批評總結　（德國）卜松山　道家文化研究（第二十二輯）（北京）生活·讀書·新知三聯書店　2007 年版

道家精神的時代意義：從普遍道德回歸道家的『上德不德』　（德國）G 沃爾法特　道家文化研究（第二十二輯）（北京）生活·讀書·新知三聯書店　2007 年版

東方的『相關性思維模式』和對有機體生命的理解：以莊子和中醫的有機體生命原理爲中心　（韓國）宋榮培　道家文化研究（第二十二輯）（北京）生活·讀書·新知三聯書店　2007 年版

批判和功能互補：莊子的言說方式及其現代意義　安繼民　道家文化研究（第二十二輯）（北京）生活·讀書·新知三聯書店　2007 年版

『欲』：老子和莊子之間的差異　（韓國）崔珍皙　道家文化研究（第二十二輯）（北京）生活·讀書·新知三聯書店　2007 年版

遊無定點的逍遙：莊子遊觀思想芻議　田義勇　道家文化研究（第二十二輯）（北京）生活·讀書·新知三聯書店　2007 年版

庖丁解牛作爲一種隱喻　伍至學　道家文化研究（第二十二輯）（北京）生活·讀書·新知三聯書店　2007 年版

論莊子之『用』　（臺灣）王志楣　道家文化研究（第二十二輯）（北京）生活·讀書·新知三聯書店　2007 年版

以海德格爾的在世界中存在論詮釋莊子的相對主義　那薇　道家文化研究（第二十二輯）（北京）生活·讀書·新知三聯書店　2007 年版

老莊哲學與上博竹書恒先　強昱　道家文化研究（第二十二輯）（北京）生活·讀書·新知三聯書店　2007 年版

簡帛『道家』文獻述略　駢宇騫　道家文化研究（第二十二輯）（北京）生活·讀書·新知三聯書店　2007 年版

莊子籍里考辨　方勇　諸子學刊（第一輯）　上海古籍出版社　2007 年版

莊子視域中的生與死　楊國榮　諸子學刊（第一輯）　上海古籍出版社　2007 年版

從莊子『緣督以爲經』說起：探討莊子的人生觀　陳奇猷　諸子學刊（第一輯）　上海古籍出版社　2007 年版

莊子天下篇所述宋鈃思想研究：兼論『宋尹學派』不能成立　白奚　諸子學刊（第一輯）　上海古籍出版社　2007 年版

論莊子『三言』之特徵　張洪興　諸子學刊（第一輯）　上海古籍出版社　2007 年版

莊子十論著者考　方達　諸子學刊（第一輯）上海古籍出版社　2007 年版

說說『莊子何其人』　章和生、李大新　咬文嚼字　2008 年1 期

從莊子之『道』看哲學本體觀念的二重性　于桂鳳　理論探索　2008 年1 期

析莊子秋水注釋三誤　謝序華　中學語文　2008 年1 期

老莊與CIO 最佳狀態　張金革　信息系統工程　2008 年1 期

莊學奧義的全息結構　張遠山　社會科學論壇　2008 年1 期

談逍遙遊中的『小大之辨』　吳小洪　青海師專學報　2008 年1 期

技術活動中的超越向度：莊子技術寓言解讀　鄧聯合　江海學刊　2008 年1 期

呂氏春秋援引莊子研究　徐飛　四川文理學院學報　2008 年 1 期

關於莊子司馬彪注一條材料的辯證　晶明　四川師範大學學報　2008 年 1 期

試論老莊美學思想的潛在體系　孫殿玲　瀋陽師範大學學報　2008 年 1 期

莊子美學與李白、蘇軾的文藝觀　胡清芳　湘潭師範學院學報　2008 年 1 期

莊子的葬禮　奧修　意林　2008 年 1 期

『莊老』與『老莊』考辨　馬鵬翔　中共石家莊市委黨校學報　2008 年 1 期

從大宗師看莊子的生死觀　丁藝　湖南醫科大學學報　2008 年 1 期

論『得意忘形』的中國畫的繪畫觀　李玉琨　時代文學　2008 年 1 期

老莊樂論的終極關懷精神　胡山林　中國音樂學　2008 年 1 期

莊子散文的詩性特質　王琴　重慶社會科學　2008 年 1 期

淺論莊子的悲態人格及其意義　李雄燕　蘭州學刊　2008 年 1 期

莊子與中國近代無政府主義思潮　李寶紅　廣東社會科學　2008 年 1 期

逍遥遊所昭示的自由　潘愛華　文學教育　2008 年 1 期

『咸池至樂』與『希臘神廟』的相互詮釋：試論莊子和海德格爾對藝術特性的認識　田兆耀　美與時代　2008 年 1 期

從老氏之遺訓　將回駕乎蓬廬：張衡歸田賦中的『逍遥』思想　蘇靜　長春理工大學學報　2008 年 1 期

莊子『三言』試析　王琴　樂山師範學院學報　2008 年 1 期

莊子内篇的哲學體系新探：以古代印度哲學爲參照　劉永　商丘師範學院學報　2008 年 1 期

逍遥遊與中國現代人格建構　張文、宋大偉、蔡雲　漯河職業技術學院學報　2008 年 1 期

求同存異的莊子：莊子相對主義思想新探　韓傳強　牡丹江教育學院學報　2008年1期

莊子：歌與哭的藝術情懷　馬敏　牡丹江教育學院學報　2008年1期

論莊子以戲爲文　谷利平　科教文匯　2008年1期

莊子的『逍遥』之『遊』　張文勳　楚雄師範學院學報　2008年1期

狂歡化詩學與逍遥遊思想再比較　任真、何志鈞　溫州大學學報　2008年1期

莊子教育思想對語感培養的啟示　董曉麗　現代語文　2008年1期

傅山與船山子學思想之比較　王興國　船山學刊　2008年1期

論莊子的自然主義文藝觀　馬會　赤峰學院學報　2008年1期

小時空　大宇宙：淺析莊子與尼采的『故事』景觀　孫雪霞　廣東外語外貿大學學報　2008年1期

論康德與莊子的自然美論　岑星　貴陽市委黨校學報　2008年1期

『逍遥三辨』與『逍遥之旨』　郭德茂　佛山科學技術學院學報　2008年1期

荀子生命觀探析：兼論對孔子、老莊的批判融通　陳光連　道德與文明　2008年1期

哲學語境下莊子人物形象的表現藝術　李翠葉　五邑大學學報　2008年1期

關於先秦『寓言小説』的反思：以莊子寓言爲中心　王穎　黃岡師範學院學報　2008年1期

『狂歡』與『逍遥』：巴赫金狂歡化詩學與莊子逍遥遊思想異同比較　何志鈞、范美霞、張傑玉　山東科技大學學報　2008年1期

獨上高樓　望盡天涯路：簡析莊子逍遥遊的理論結構和思想內涵　左曉琴　湖南工業職業技術學院學報　2008年1期

精神的高峰　永恒的和諧：神峰中的莊子『天人合一』生態哲學　周婕　西安外事學院學報　2008年

1期

周易取象思維方式對莊子寓言的影響　于春海、曹春茹　延邊大學學報（社會科學版）2008年1期

淺析莊子中的聯綿詞　葉正渤　鹽城師範學院學報　2008年1期

莊子幽默的性格因素　崔妍　柴達木開發研究　2008年1期

淺談莊子中的生態美　李彥豔　滄桑　2008年1期

莊子讓王篇與中國士大夫的生命美學原理　劉士林　廣播電視大學學報　2008年1期

略析莊子寓言對保存檔案文獻的作用　徐飛　檔案學研究　2008年1期

試論莊子思想的現代價值　汪智齊　湖北省社會主義學院學報　2008年1期

川端康成與莊子之美：雪國的魅力解析　普正芳、馬峰　紅河學院學報　2008年1期

解析老莊思想與後現代主義　何楠　十堰職業技術學院學報　2008年1期

離亂與哲思語境下的南華真經義海纂微　李雄燕　宗教學研究　2008年1期

徐復觀與莊子精神　劉建平、鄒元江　臺灣研究集刊　2008年1期

簡論莊子的人生觀　杜宗才　殷都學刊　2008年1期

三教合一　歸終理學：論林希逸莊子口義的思想傾向　李見勇、王勇　內江師範學院學報　2008年1期

辛棄疾與莊子　張瑞君　詞學　2008年1期

體道與言情：莊子與劉勰語言觀之比較　王慧玉　文學前沿　2008年1期

文心雕龍諸子篇『莊周述道以翱翔』釋義　張敏傑　文學前沿　2008年1期

論道家倫理思想的特點　李煉　湖北大學學報　2008年1期

『我者』與『他者』：儒道文化與當代社會　郭德茂　廣東外語外貿大學學報　2008年1期

先秦儒道對理想人格的不同追求　張穎慧　湖南工業職業技術學院學報　2008年1期
遊：道家美學與時俱化的審美方式　傅松雪　臨沂師範學院學報　2008年1期
論道家文化的和諧體系　陳水德　江南大學學報　2008年1期
新道家思想與當代和諧社會的構建　趙衛東　三門峽職業技術學院學報　2008年2期
莊子美學思想在西方畫家身上的體現：『外化與內化』的處世態度　何淑芳　文教資料　2008年2期
莊子論音樂審美的心理感悟　蔡德予　文化藝術研究　2008年2期
莊子：會飛翔的人　朱以撒　中學語文　2008年2期
莊子文道自然觀及其表現研究　周雲富　作家　2008年2期
關於文學作品中『物化』現象的溯源探討：由『莊周夢蝶』想到的　金銀　作家　2008年2期
論莊子中的神仙思想及對後世的影響　彭亞萍、吳文傑　作家　2008年2期
清勁秀雅　溫純精絕：由莊子南華經冊看文徵明小楷書法　劉剛　收藏家　2008年2期
一隻螳臂當車的螳螂　何新　安徽文學　2008年2期
論『遊』的審美意蘊的流變及意義　文彥波　綏化學院學報　2008年2期
不戰而屈人之兵：秋水(節選)運用故事進行說理的手法　李文捷　現代語文　2008年2期
審美敘事和科學敘事的完美結合：讀張遠山莊子奧義　余世存　社會科學論壇　2008年2期
窮溯其遠　仰止其山：在莊子奧義研討會上的發言　韓少功　社會科學論壇　2008年2期
莊子奧義貢獻之大，非我所能衡估：讀張遠山莊子奧義　單正平　社會科學論壇　2008年2期
不奈巵言夜湧泉：張遠山莊子奧義讀後　徐晉如　社會科學論壇　2008年2期
打兩千年中國學術最大的假：張遠山莊子奧義編輯感言　黃孝陽　社會科學論壇　2008年2期

如果劉文典遇到了張遠山：讀張遠山莊子奧義　葉兆言　社會科學論壇　2008年2期
張遠山的『逍遥遊』　周實　社會科學論壇　2008年2期
做成有邏輯的莊子　陳村　社會科學論壇　2008年2期
我對一本書的最好評價就是這本書像作者：在莊子奧義研討會上的發言　畢飛宇　社會科學論壇　2008年2期
超越時空的蝴蝶夢：莊子與我的虛擬對話　張遠山　社會科學論壇　2008年2期
莊子家庭和諧思想試析　蕭仕平　中共福建省委黨校學報　2008年2期
淺析莊子虛靜藝術精神在中國詩學中的傳承　寇海利　安徽文學　2008年2期
淺論莊子『巵言』與『得意忘言』之關係　任水連　安徽文學　2008年2期
宋瓷審美取向與莊子美學思想　周永民　中國陶瓷　2008年2期
莊子生命美學的展現與啟示　李群娟　美與時代　2008年2期
空隙中的生長：莊子與芒德勃羅的互讀　孫雪霞　韶關學院學報　2008年2期
讓生命清新澄澈：品莊子的境界觀　王寧春　商情　2008年2期
以心齊物　用心若鏡：略談莊子的齊物論　溫彦軍　山西高等學校社會科學學報　2008年2期
淺論莊子中的言道意的關係　張紅見　宜賓學院學報　2008年2期
淺論老莊思想對阮籍作品的影響　劉沖　商業文化　2008年2期
論莊子思想的心靈撫慰作用　張洪興　中州學刊　2008年2期
莊子與中國古代哲學的誕生　沈順福　安徽大學學報　2008年2期
『生的桎梏』與『死的超越』：論莊子生命哲學的內在性困境　高旭　長春工業大學學報　2008年2期

淺論莊子中特殊的動詞謂語句　王丹榮、孔俊　孝感學院學報　2008年2期

我讀莊子與論語　止庵　編輯之友　2008年2期

宋代文人畫與老莊精神　趙復泉　重慶教育學院學報　2008年2期

論莊子『言—意—道』三級錯位關係中『意』範疇的審美張力　鄭笠　東嶽論叢　2008年2期

殘缺的形式　完美的藝術：從向秀思舊賦看莊子畸人篇中的文藝觀　李寅生、李傑玲　唐都學刊　2008年2期

『庖丁解牛』新解　田小中、覃君　重慶文理學院學報　2008年2期

莊子『無爲不治』思想簡析　黃忠晶　重慶文理學院學報　2008年2期

由『忘』而致的豐盈：談莊子美學中的心性錘煉與中國古典詩詞的審美張力　王慧玉　國際關係學院學報　2008年2期

老莊思想對於大學生心理調適的意義　高曦　阜陽師範學院學報　2008年2期

運動員的競賽心理及理想個性的培養：運動員的心理訓練與老莊思想之探討　陳翔　甘肅高師學報　2008年2期

郭象的無爲政治觀述論　暴慶剛　人文雜誌　2008年2期

莊子思想之三個階段　金德三　河北師範大學學報　2008年2期

莊子與莊子哲學（中）　黃瑞雲　湖北師範學院學報　2008年2期

莊子與馬斯洛理想人格的審美化特徵　李可欣　西安文理學院學報　2008年2期

淺析莊子的生命意識　吳美卿　牡丹江大學學報　2008年2期

論莊子對龔自珍美學思想的影響　孟洋　牡丹江大學學報　2008年2期

莊子物化考辨　賈學鴻　揚州大學學報　2008年2期

莊子文本的語言闡釋及中西文化在語言層面上的解讀　王景丹　青海社會科學　2008年2期

心理學視角的莊子自我觀探究　奚彥輝、高中春　心理研究　2008年2期

向郭之爭「述而廣」義再檢討　韓國良　廊坊師範學院學報　2008年2期

淺議莊子的「坐忘」思想：兼及司馬承禎的坐忘論　馬潔身、趙曦　中國道教　2008年2期

試論莊子的「飄逸」之風　王剛、劉素民　四川理工學院學報　2008年2期

莊子「淡然無極」思想的美學意蘊　鄭笠　江淮論壇　2008年2期

論拉康主體理論視野下莊子的生死齊一觀　王永豪　中國石油大學學報　2008年2期

「含哺而熙，鼓腹而遊」：論莊子中「遊」之精神指向　劉洪祥、蘇琴琴　內蒙古農業大學學報　2008年2期

莊子齊物論對可持續發展的啟示　藏明　聊城大學學報　2008年2期

論莊子的「幸福」思想　鞏萬成、李亞青　保定學院學報　2008年2期

論莊子達「道」者形象塑造的人生審美意蘊　邱蔚華　龍巖學院學報　2008年2期

論莊子的顛覆藝術　于良傑　宿州教育學院學報　2008年2期

莊子對人類知性及邏輯思維的責難：齊物論解讀　李振綱、邢靖懿　河北大學學報　2008年2期

救世：莊子「無爲」思想的終極目標　羅彥民　船山學刊　2008年2期

親鸞的自然法爾及其與老莊思想　杜武媛　日語學習與研究　2008年2期

莊子的環境保護思想及其啟示　黃震　梧州學院學報　2008年2期

試論老莊道德教育的「減法」原理　譚維智　教育學報　2008年2期

莊子生命之『順』經綸　滄桑　2008年2期
『全真道與老莊學』國際學術研討會在武漢召開　于光　世界宗教研究　2008年2期
莊子二價雙向『處置』類動詞及其相關句式的考察　殷國光、華建光　古漢語研究　2008年2期
熊鐵基先生與老莊學研究　劉固盛　邯鄲學院學報　2008年2期
論莊子哲學中『仙』與『道』的結合　姚聖良　2008年2期
大美歸於絢爛：逍遙遊的美學分析　錢立靜　晉城職業技術學院學報　2008年2期
世說新語所反映的莊學進程　安媛、史國良　中國古代小説戲劇研究叢刊　2008年2期
孟子和莊子海洋觀研究　張慧敏、張祝平　南通職業大學學報　2008年2期
淺析莊子的死亡觀　謝翾　內蒙古農業大學學報　2008年3期
全真道與老莊學國際學術研討會在武漢召開　張興發　中國道教　2008年3期
莊子的和諧思想述要　孫波　中國道教　2008年3期
論袁宏道廣莊與莊子的不同　胡海琴　中共銅仁地委黨校學報　2008年3期
海德格爾與莊子生態思想比較　鄧紹秋　湖南工業大學學報　2008年3期
理解經典與莊子研究　方超群　德州學院學報　2008年3期
道：可言與不可言之間——老莊道言關係初探　楊潁川、王甜　中國石油大學學報　2008年3期
叢林論莊與明代學風　劉海濤　海南大學學報　2008年3期
許由：中國隱士的鼻祖　史幼波　西部廣播電視　2008年3期
京派小說的『異秉』人生與道家理想人物　劉紹瑾、馮暉　暨南學報　2008年3期
技、道之思：兼論美的本質問題　韋拴喜　北京化工大學學報　2008年3期

自由的困惑：莊子和柏拉圖自由觀比較　吳美卿　遼寧行政學院學報　2008年3期
讀近年莊學著作劄記　譚家健　聊城大學學報　2008年3期
莊子畸人形象的人學意藴　鄧心強　重慶工商大學學報　2008年3期
論莊子的自由思想　王青松　武漢學刊　2008年3期
成玄英莊子疏的易學思想管窺　李延倉　周易研究　2008年3期
莊子的生命哲學　許建良　中國醫學倫理學　2008年3期
談意境理論的審美内涵與莊子『游心』思想的關係　王小紅、馬瑞秀　河北北方學院學報　2008年3期
莊子人生觀的教育意義　付選剛　教育評論　2008年3期
論莊子的女性倫理美思想　劉瑋瑋、王友良　湖南人文科技學院學報　2008年3期
司馬遷莊子傳的文藝思想及其批評史價值　鄧濤、劉傑　湖北民族學院學報　2008年3期
淺論莊子中殘疾人形象的寓意　袁永飛　忻州師範學院學報　2008年3期
由支離其形談到支離其德　鄭治國　文教資料　2008年3期
玻璃動物園中的莊子思想　張念梅、范程芳　語文學刊　2008年3期
莊子的技術美學意藴：兼與『包豪斯』學派技術美學思想比較　鄧大軍　中國科技信息　2008年3期
伯樂害馬：莊子的深刻發現　劉隆有　知識就是力量　2008年3期
秋水一文對比手法之我見　黨興花　青海教育　2008年3期
讀莊子傳有感　司豔平　教育文匯　2008年3期
從莊子逍遥遊看『逍遥』與『曼衍』之關係　梁娟　學術論壇　2008年3期
從逍遥遊中的『小大之辯』看莊子的『自由』哲學思想　王金偉　科教文匯　2008年3期

莊子之生死觀　明婧　安徽文學　2008年3期

從老莊思想淺談異化現象　覃利智　文學教育　2008年3期

游心物外　逍遥人生：論莊子人生哲學的『自由』觀及其意義　徐勤海　美與時代　2008年3期

逍遥人格的求索：逍遥遊中人物形象分析　王懷忠　和田師範專科學校學報　2008年3期

莊子『虛靜』論在文藝創作中的作用　段振良　襄樊學院學報　2008年3期

莊子休鼓盆成大道　馮夢龍　章回小說　2008年3期

『詩佛』王維詩歌中的老莊思想探微　張華　湖北第二師範學院學報　2008年3期

莊子人間世的空間體驗　劉科軍　湖北第二師範學院學報　2008年3期

自然之道與存在之思：生態視野中的道家自然觀——以老莊自然哲學爲例　譚俐莎　求索　2008年3期

論莊子的生命價值觀　閻麗傑　瀋陽師範大學學報　2008年3期

互文策略與文化用心管窺：兼評莊子的兩個英譯本　馬向輝、宮玉萍　齊齊哈爾大學學報　2008年3期

莊子和韓非子寓言的不同特色　孫豔秋　河南社會科學　2008年3期

莊子思想的現代解讀　張文勳　思想戰綫　2008年3期

海德格爾思想與老莊思想的會通　吳丹　南通大學學報　2008年3期

莊子生命美育思想初論　陳兆金　齊魯學刊　2008年3期

異夢：莊子與列子哲學比較　魏義霞　求是學刊　2008年3期

綿延之流與生死超脱：郭象哲學中的時間意識　詹冬華、許蔚　人文雜誌　2008年3期

論莊子使用物象的優點、不足及存在的問題　包兆會　人文雜誌　2008年3期

孔子與莊子聖人境界比較研究　竇貴敏　內蒙古民族大學學報　2008年3期

莊子同心圓寓言初探　劉玉麗、楊啟魯　重慶文理學院學報　2008年3期

莊子『天籟』說的主客合一之境　郭志麗　重慶文理學院學報　2008年3期

從恐懼到超越：莊子的死亡意識新探　林木陽　唐山學院學報　2008年3期

莊子理想人格中的科學精神　鄧小峰　船山學刊　2008年3期

『爲我』與『無我』：論孔子與莊子思想的歧異與貫通　高慶榮　船山學刊　2008年3期

莊子的『天籟』說及其美學意義　周維　集美大學學報　2008年3期

莊子『天籟』說二段論　程潔　青海社會科學　2008年3期

現今國內關於莊子中理想人格的背景研究概要　李昕　岳陽職業技術學院學報　2008年3期

百川匯海　貫通融會：試述莊禪思想對於中國藝術思維的影響　劉傳寶　藝術研究　2008年3期

黑水城呂觀文進莊子義錯誤舉例　陳靜　中國哲學史　2008年3期

『道法自然』：論莊子審美的最高原則　賈玉春、劉用良　滄州師範專科學校學報　2008年3期

莊子的『彼此是非』不是在認識論意義上說的　黃忠晶　中國礦業大學學報　2008年3期

莊子應帝王與當前我國家庭教育之思考　李煒　新疆教育學院學報　2008年3期

談史論人，鞭辟入裏；視人如畫，已亦爲景：莊子的歷史觀及後學對莊子的評價　喬木　開封教育學院學報　2008年3期

從逍遙遊看莊子散文的藝術特點　趙學勉　開封教育學院學報　2008年3期

試探莊子天下之『內聖外王』思想　應愛萍　鹽城工學院學報　2008年3期

從生命意志到死亡意識：莊子與叔本華死亡智慧相互詮釋　吳陽林　廣東工業大學學報　2008年3期

莊子人生哲學與現代奧林匹克運動的互蘊　方奇、趙少聰、張偉民　廈門理工學院學報　2008 年3 期
莊子盜跖的敘事時間和功能型特點分析　朱建華　長沙民政職業技術學院學報　2008 年3 期
認識批判：　莊子美學的邏輯構成　顔翔林　西北師大學報　2008 年3 期
橋引：　由莊子映證出的惠施　張永軍　新語文學習　2008 年3 期
沉魚落雁不是誇漂亮　文史博覽　2008 年3 期
周易斷占辭思維方式的原創性：　兼談早期儒、道思想的一個重要來源　韓高年　甘肅理論學刊　2008 年3 期
東西方文化語境下的美、真、善：　濟慈審美觀與道家審美觀的比較研究　周桂君　東北師大學報　2008 年3 期
斯多葛學派與道家學派之比較　張鋒　恩施職業技術學院學報　2008 年3 期
漫談道家思想對教學的啟發意義　趙福君　社科縱橫　2008 年3 期
道家語言傳播主體的求真意向　謝清果　民辦高等教育研究　2008 年3 期
布萊希特與莊子　張黎　中華讀書報　2008 年3 月19 日
莊子的社會批判思想重釋：　從『自然人性論』談起　崔勝軍　贛南師範學院碩士學位論文　2008 年3 月
莊子哲學的後現代解讀：　從中西哲學會通的角度　郭繼民　山東大學博士學位論文　2008 年3 月
試論莊子視野中的理想心態　徐春根　河南社會科學　2008 年4 期
絕聖棄智：　莊子對人類智慧的批判　嚴春友　河南社會科學　2008 年4 期
關於新道家建構的問題　陸建華　安徽大學學報　2008 年4 期
立足小傳統　建構『現代新道家』　商原李剛　安徽大學學報　2008 年4 期

建構當代新道家的三種可能理路　謝陽舉　安徽大學學報　2008年4期
論周作人的道家立場　哈迎飛　貴州社會科學　2008年4期
道家文化的和諧思想　李明珠　合肥師範學院學報　2008年4期
道家文化與和諧文化構建　劉雅文　東北師大學報　2008年4期
道家思想對中國山水畫論的影響　陳池瑜　中華藝術論叢　2008年4期
悖理圖形與道家哲學思想　張會鋒　鄭州輕工業學院學報　2008年4期
莊子對詩經的反思　孫雪霞　陰山學刊　2008年4期
先秦道家生態倫理思想研究　安巧珍　河北經貿大學學報　2008年4期
徐復觀道家觀探析　鄧文金　漳州師範學院學報　2008年4期
先秦哲學中的『無爲』思想　高世江　陝西職業技術學院學報　2008年4期
儒道文化對死亡的超越　王富紅　德宏師範高等專科學校學報　2008年4期
不可說,不說：對莊子『道不可言』的一次後現代解讀　郭繼民　河南社會科學　2008年4期
莊子與海德格爾在哪裏交匯：評鍾華從逍遥遊到林中路：海德格爾與莊子詩學思想比較　吳興明、王俊棋　當代文壇　2008年4期
齊物·齊論·齊語言：論莊子『齊物論』的三層内涵　王永豪　山東大學學報　2008年4期
由老莊『道』之别論其生命境界　付粉鴿　西北大學學報　2008年4期
剥離與消解系統中成就的審美境界：從莊子『美學』到『莊子』美學　鄭笠　安徽大學學報　2008年4期
『逍遥』與『成仙』：莊子、抱朴子内篇生死觀比較　李松榮　安徽大學學報　2008年4期
論莊子語言哲學觀的現代性　侯洪瀾　甘肅聯合大學學報　2008年4期

莊子的露水（外五首） 橫行胭脂 文學港 2008年4期

本體·認知·人生：老子與莊子哲學比較 田成義 北方論叢 2008年4期

論莊子道學思想與財務管理 徐漢峰 遼寧農業職業技術學院學報 2008年4期

忘情·忘形：論莊子『齋以靜心』的思想對宋代詞人的影響 張翠愛 唐都學刊 2008年4期

起死：荒誕的遊戲及所諷喻 鄧國偉 中山大學學報 2008年4期

莊子意象創構的審美個性：莊子與周易、山海經構象方式差異研究 鄭笠 藝術百家 2008年4期

全球化背景下的中西比較美學：讀鍾華從逍遥遊到林中路有感 代迅 文藝評論 2008年4期

有無『之間』：莊子道論的一種解讀 高利民 內蒙古師範大學學報 2008年4期

簡論莊子治木 郭廉夫 東南大學學報 2008年4期

『三個世界』理論與莊子逍遥遊透視 李華羅 甘肅理論學刊 2008年4期

莊子『真人』人格及其對高校學者的啟示 禹旭才 湖南科技大學學報 2008年4期

莊騷兩靈鬼 盤踞肝腸深：論莊子、屈原人生境界的同異及對後代士人之影響 蔡覺敏 重慶三峽學院學報 2008年4期

莊子人生哲學給當代國人的啟示 郭超 巢湖學院學報 2008年4期

莊子逍遥遊篇大鵬形象新論 史國良 甘肅社會科學 2008年4期

全真道與老莊學國際學術研討會綜述 肖海燕 華中師範大學學報 2008年4期

從原型批評的視點體莊子之『道』 潘靜 南昌大學學報 2008年4期

莊子的養生思想：順應自然 趙桂馨 現代養生 2008年4期

論漢初對莊子思想的接受 王宏力、張愛輝 邊疆經濟與文化 2008年4期

莊學理性精神探微　馬曉樂　山東社會科學　2008年4期
莊子美學的審美類型初探　張曉敏　現代語文　2008年4期
莊子何時始稱『南華』　方達　文史知識　2008年4期
涸轍之鮒　少年文藝　2008年4期
螳臂當車　謝雲　雜文選刊　2008年4期
管窺老子、莊子音樂美學思想的異同　段橋生　科學時代　2008年4期
聖人之境：莊子理想人格理論淺析　韓麗娟　消費導刊　2008年4期
答非所問乃妙答　張玉庭　視野　2008年4期
莊子故事兩則（惠子相梁、莊子與惠子遊於濠梁）教學設計　劉璃　黑龍江教育　2008年4期
是『莊子奧義』還是『莊子主義』　劉緒義　中國圖書評論　2008年4期
論莊子寓言的獨立與自覺　侯育謙　時代文學　2008年4期
莊子自由意識的審美維度　孫殿玲　時代文學　2008年4期
華麗的頽廢：論莊子的道家精神　胡方譯　安徽文學　2008年4期
莊子寓言三種與中國古代小説　廖群　理論學刊　2008年4期
莊子心理之『順』　經綸　黑龍江教育學院學報　2008年4期
簡論中國傳統道德觀　黄富峰、黄秀珍　中國德育　2008年4期
莊子，會飛翔的人閲讀練習　唐惠忠　閲讀與作文　2008年4期
淺談莊子寓言産生的社會基礎及影響　朱海兵、李春柳　林區教學　2008年4期
『魚之樂』的邏輯解讀　劉曉麗　科教文匯　2008年4期

莊子內篇關於『夢』的哲學邏輯　周海春　哲學研究　2008年4期

神秘主義：老莊道家把握世界存在的本真方式：兼論史華慈的老子觀　吳陽林　懷化學院學報　2008年4期

論莊子的從『自然無爲』到『離形去知』的養生之道　王勝乾　懷化學院學報　2008年4期

莊子外雜篇對內篇形上學的發展　孫振華　新鄉學院學報　2008年4期

莊子在國外的版本注本及譯本　張愛民　棗莊學院學報　2008年4期

莊子『遊』指歸　苑淑婭　尋根　2008年4期

『辯名析理』：馮友蘭對郭象莊子注的解讀方法　程海霞　信陽師範學院學報　2008年4期

美難而不難對於美：莊子的『天籟』說及其美學意義　周維　貴州師範大學學報　2008年4期

瀟灑飄逸的襟懷風致：莊子與法國象徵主義詩人管窺　梁克隆　中華女子學院學報　2008年4期

柳宗元對莊子寓言的繼承與發展　汪萍　六盤水師範高等專科學校學報　2008年4期

莊子及其教育思想　孔穎　民辦教育研究　2008年4期

老莊哲學對中國山水審美的影響　程霞　華北水利水電學院學報　2008年4期

石壇論道　高鳴　中國寶玉石　2008年4期

因循自然　以物爲真：論莊子散文的自然之美　萬莉　牡丹江師範學院學報　2008年4期

憨山德清注莊時間相關問題再論：兼與王紅蕾博士學位論文商榷　劉海濤　重慶師範大學學報　2008年4期

淮南子融合老莊的思想及其後世影響　徐飛　石河子大學學報　2008年4期

魯迅、聞一多的莊子散文藝術研究　聶永華　運城學院學報　2008年4期

陳景元莊子注中的道論　肖海燕　宗教學研究　2008年4期

從莊子逍遥遊大小之辨探究人生境界之大小　潘平安　金陵科技學院學報　2008年4期

以真爲美：莊子美論新探　王焱　太原大學學報　2008年4期

那先比丘經中的希臘和中國因素　張思齊　煙臺大學學報　2008年4期

張衡髑髏賦解析：莊子對漢魏抒情賦的影響　宗明華　煙臺大學學報　2008年4期

莊子文化背景楚宋辨　徐鑫贇、欒佳　西南農業大學學報　2008年4期

莊子的翻譯與流傳　鄭海凌　俄羅斯文藝　2008年4期

莊子審美心境探微　羅傑　文山師範高等專科學校學報　2008年4期

析宣穎的解莊進路：以南華經解内篇爲例　黄有東　船山學刊　2008年4期

論莊子『解衣般礴』的美學意藴　胡吉星、白晶玉　船山學刊　2008年4期

論莊子『萬物一齊』的生態審美觀　趙鳳遠　管子學刊　2008年4期

老莊的時間概念對中國詩學的影響　范明慧　德宏師範高等專科學校學報　2008年4期

獨具隻眼　透悟莊子　寓真　中華讀書報　2008年4月2日

論莊子思想對中國文化的叛離與建構　劉朋朋　山西師大學報　2008年4月　研究生專刊

從莊子的『唯道集虚』到荀子的『虚壹而靜』：論先秦哲學中『虚』概念的辯證發展　田芳園　上海師範大學碩士學位論文　2008年4月

先秦道家『因』範疇初探　張兮　首都師範大學碩士學位論文　2008年4月

莊子認識論思想的現代解讀　張林　首都師範大學碩士學位論文　2008年4月

費爾巴哈與老莊思想的比較研究　肖群　西北民族大學碩士學位論文　2008年4月

千古奇談『莊子戲』　宋敏　上海戲劇學院碩士學位論文　2008 年4 月

莊子養生思想及其對文學的影響　譚曜岐　陝西師範大學碩士學位論文　2008 年4 月

莊子自由思想研究　吳祖剛　西南大學碩士學位論文　2008 年4 月

以莊子爲語料的概念隱喻認知研究　王玉紅　武漢理工大學碩士學位論文　2008 年4 月

莊子中的自由思想與梭羅瓦爾登湖中的自由觀的比較研究　徐明　浙江大學碩士學位論文　2008 年4 月

維特根斯坦『不可說』與莊子『言意之辯』比較　龔雅琴　湖南師範大學碩士學位論文　2008 年4 月

莊子哲學的生命意識　張月華　山東大學碩士學位論文　2008 年4 月

闡釋學視野下的郭象注莊　趙琰　四川師範大學碩士學位論文　2008 年4 月

郭象哲學對山水自然的導出及意義　李希　吉林大學碩士學位論文　2008 年4 月

語義·交際·修辭：莊子英譯本對比研究　周風雲　福建師範大學碩士學位論文　2008 年4 月

莊子的言意觀與現代語文教學　劉慧　山東師範大學碩士學位論文　2008 年4 月

莊子與尼采人性思想比較研究　方成躍　貴州師範大學碩士學位論文　2008 年4 月

解析老莊哲學對荊楚紋樣流變的影響　周愛民　武漢理工大學碩士學位論文　2008 年4 月

莊子集釋研究　梁瑞霞　山東大學碩士學位論文　2008 年4 月

白居易生存哲學綜論　肖偉韜　陝西師範大學博士學位論文　2008 年4 月

道德減法：　莊子道德教育思想研究　譚維智　華東師範大學博士學位論文　2008 年4 月

莊子散文『三言』研究　陳德福　福建師範大學博士學位論文　2008 年4 月

何爲『逍遙』　誰在『逍遙』：　逍遙遊導讀　張福旺、王桂霞　語文天地　2008 年5 期

沉魚落雁可不是誇你漂亮　劉仰　愛情婚姻家庭　2008 年5 期

道家象徵詩論考辨　呂斌　湘潭大學學報　2008年5期
方東美對道家哲學的現代詮釋　李安澤　中國社會科學院研究生院學報　2008年5期
論『無用之用』的現代美學意義　張曉敏　安徽農業大學學報　2008年5期
先秦道家和諧思想辨析　孫波　長白學刊　2008年5期
道家思想展開中的關鍵環節：管子『心—氣』哲學探究　郭梨華　文史哲　2008年5期
對道家生態智慧的解讀　劉本鋒　江西教育學院學報　2008年5期
『無爲』於今可用乎：莊子學說初探　曲豔玲、張玉芹　電影評介　2008年5期
郭象玄學與東晉士人的詩意化人生　程麗芳　學術交流　2008年5期
莊子的聲音　潘楚　中學生時代　2008年5期
關於莊子奧義引起的巨大爭議　張遠山　書屋　2008年5期
『通』的體知：莊子思想的身體之維　周瑾　文藝研究　2008年5期
知北遊精義　張遠山　社會科學論壇　2008年5期
論莊子『虛靜』說的審美心理意義　姚丹　科教文匯　2008年5期
由『夢』看遊離於現實邊緣的莊子　徐鑫贇　科教文匯　2008年5期
略論莊子散文浪漫主義的表現及思想成因　雷曉琴　安徽文學　2008年5期
莊子的美學精神與現象學　丘新巧　安徽文學　2008年5期
淺論莊子渾沌秩序下的語言觀　李萍　安徽文學　2008年5期
論莊子的語言哲學觀　侯洪瀾　社科縱橫　2008年5期
莊子的比喻特色研究　吳媚　讀與寫　2008年5期

試論莊子中的『道』與人　李昕　讀與寫　2008年5期

莊子的道德：在悖論中尋求解脫　金銀潤　遼寧教育行政學院學報　2008年5期

邯鄲學步　Reading and Composition　2008年5期

毛澤東詩詞中的『鯤鵬』意象初探　陶箏、熊飛宇　時代人物　2008年5期

莊子對生命的理解(一)　傅佩榮　養生大世界　2008年5期

『硬傷』之最：莊子『何其人』　風鈴草　語文新圃　2008年5期

由莊子美學思想影射當代旅遊開發　安微娜　商情　2008年5期

稼軒詞的莊子情結　黎文君　湖南科技學院學報　2008年5期

莊子送葬閱讀訓練　郭俊臣　讀與寫　2008年5期

逍遙遊與現代休閒：從莊子的逍遙遊看現代社會的休閒觀　王敏、周世祥　資源與人居環境　2008年5期

論莊子形象塑造轉化變形手法　張洪興　廣西社會科學　2008年5期

試論莊子的小宇宙理論　姚曼波　江蘇教育學院學報　2008年5期

莊子『道術無乎不在』解　張衛靜　魯東大學學報　2008年5期

莊子之生命觀　鄭治國　齊齊哈爾大學學報　2008年5期

莊子的寓言之象與原創之思：以『象罔』、『夢蝶』、『游魚』之象思爲例　李明珠　杭州師範大學學報　2008年5期

生存與超越：莊周化蝶的深層心理探究　張少美　石家莊學院學報　2008年5期

莊子的言意觀　王薇　東北師大學報　2008年5期

梁啟超晚年莊子研究的思想特色　李昱　北京師範大學學報　2008年5期

徐復觀對莊子美學思想的再發現　伏愛華　安徽大學學報　2008年5期

莊子與現實型文學　劉生良　陝西師範大學學報　2008年5期

莊子動詞配價研究　殷國光、華建光　中國語文　2008年5期

莊子哲學的現代價值　徐平　長春市委黨校學報　2008年5期

莊子與康德審美觀比較　孫武軍　柳州師專學報　2008年5期

逍遙的意趣：從心形關係看逍遙的可能性　蔡祥元　江淮論壇　2008年5期

淺說梁楷禪畫中莊子『遊』的精神體現　黃澄華、胡軍　廣西教育學院學報　2008年5期

莊子的恥觀及其對培養當代大學生正確榮辱觀的啟示　吳全蘭　廣西師範大學學報　2008年5期

莊子『道』、『氣』關係新探　王菲　濰坊學院學報　2008年5期

論池田大作的和平觀與莊子的和諧立場相契合　徐春根　嘉應學院學報　2008年5期

從對逍遙義的闡釋看支道林對向郭獨化論的超越　解婷婷　東方論壇　2008年5期

從莊子內篇看莊周心中的孔子　唐桃　曲靖師範學院學報　2008年5期

論莊子『與物爲春』的審美體驗　王焱　海南師範大學學報　2008年5期

『鼓盆而歌』與莊子的音樂思想　羅浩波、孫敏強　喀什師範學院學報　2008年5期

道的復調：老子與莊子的比較分析　丁懷軫　淮北煤炭師範學院學報　2008年5期

跨文化視野下的宗教哲學元典比較：天道與聖言：莊子與聖經比較研究讀後　周生傑　淮北煤炭師範學院學報　2008年5期

『逍遙無待』與『酒神狂歡』：莊子與尼采生命自由思想探析　李重明、馬怡　南華大學學報　2008年

5期
莊子形容詞配價研究的理論基礎及方法　甘斐哲、彭再新　南華大學學報　2008年5期
莊子哲學對老學發展的貢獻　羅仲祥　遵義師範學院學報　2008年5期
宋人院體花鳥畫與莊子藝術精神的契合　趙健　大連大學學報　2008年5期
『以道觀死』與『向死而在』：莊子與海德格爾的死亡觀比較分析　廖永林　中州大學學報　2008年5期
體情·思理·悟境：『莊周夢蝶』的三種解釋路向　方超群　南京理工大學學報　2008年5期
莊子與現代企業管理　武雷、楊陽　廣西大學學報　2008年5期（增刊）
莊子『遊』的美學分析　丁藝　中南大學碩士學位論文　2008年5月
莊子畸人之美的本體研究　趙楊　中南大學碩士學位論文　2008年5月
莊子審醜美學觀探微　汪靜　貴州大學碩士學位論文　2008年5月
莊子生命美學思想理論體系結構探微　謝盛華　貴州大學碩士學位論文　2008年5月
莊子靈性關懷研究　張丹鳳　福建師範大學碩士學位論文　2008年5月
莊子象徵文學藝術特色研究　馮明燕　青島大學碩士學位論文　2008年5月
莊子天下篇研究　張衛靜　煙臺大學碩士學位論文　2008年5月
莊子與尼采的人生觀之比較　文慶　江西師範大學碩士學位論文　2008年5月
大化視域中之莊子哲學　李智福　華中科技大學碩士學位論文　2008年5月
莊子的自然主義管理哲學思想初探　王江兵　華中科技大學碩士學位論文　2008年5月
莊子內篇『辯證超越』主題辨析　侯婧　北京語言大學碩士學位論文　2008年5月
莊子與維特根斯坦言說方式及比較　胡豔　河南大學碩士學位論文　2008年5月

莊子學說之獨立性研究　徐瑩　河南大學碩士學位論文　2008年5月

獨與天地精神往來而不敖倪於萬物：莊子哲學精神初探　張毅攀　上海社會科學院碩士學位論文　2008年5月

安德列·勒菲弗爾理論視角之莊子三英譯本研究　黃麗娟　華中師範大學碩士學位論文　2008年5月

宣穎南華經解之研究　楊芳芳　華東師範大學碩士學位論文　2008年5月

莊子天下篇研究　汪培　華東師範大學碩士學位論文　2008年5月

莊子死觀初探　劉項梅　華東師範大學碩士學位論文　2008年5月

論莊子對語言局限性的揭示與解決方式：從莊子思想中關於道和語言的關係觀之　陳蘭飛　華東師範大學碩士學位論文　2008年5月

莊子與盧梭詩學比較　唐淩雲　四川師範大學碩士學位論文　2008年5月

論蘇軾『人格』與『文格』的莊學淵源　王怡波　中國人民大學碩士學位論文　2008年5月

老莊生命觀研究　黃敏　湖南大學碩士學位論文　2008年5月

蘇詞在文學創作手法上對莊子的繼承　陳豔　浙江工業大學碩士學位論文　2008年5月

自由之境與審美氣象：對莊子美學自由之義的探索　高巍　遼寧師範大學碩士學位論文　2008年5月

分析尤金·奧尼爾的劇作奇異的插曲和榆樹下的欲望中所體現的莊子的『無欲』思想　王華　內蒙古大學碩士學位論文　2008年5月

莊子集釋商榷　王卉　湘潭大學碩士學位論文　2008年5月

莊子生死觀研究　馮登立　湘潭大學碩士學位論文　2008年5月

莊子散文中的典型意象分析　姜紅　延邊大學碩士學位論文　2008年5月

莊子專有名詞研究　耿莉　山東大學碩士學位論文　2008年5月

略論先秦儒道生死觀與文學　朱衛雲　江西師範大學碩士學位論文　2008年5月

先秦道家『醜』觀念及其影響　逯紅梅　黑龍江大學碩士學位論文　2008年5月

京派小說與道家因緣　馮暉　暨南大學博士學位論文　2008年5月

莊子內篇研究　史國良　西北師範大學博士學位論文　2008年5月

莊子論人的生命認知　賈潔　文教資料　2008年6期

汲取莊子思想精髓　超曠對待苦澀人生：解讀蘇軾的文化品格　王亞紅　作家　2008年6期

有關『莊周』命名及其他　黃岳輝　語文教學通訊　2008年6期

莊子的『相對性』和『無所待』　羅福明　新高考　2008年6期

秋水精義　張遠山　社會科學論壇　2008年6期

先秦道家思想中的理想人格　國風　蘭州學刊　2008年6期

道家思想對中國古代詩學解釋學的影響論略　鄧新華　三峽大學學報　2008年6期

略說時代背景與孔孟老莊思想的關聯　龍軼波　內蒙古電大學刊　2008年6期

莊子悲劇意識研究述評　王振民　安徽文學　2008年6期

正言若反：論莊子寓言式言說藝術與其思維方式的關係　張根雲　湖北社會科學　2008年6期

京派小說家的『回憶』和『夢』文學觀與老莊的『虛靜』論　馮暉　江漢論壇　2008年6期

莊子與惠子遊於濠梁的邏輯教學　李彬　文學教育　2008年6期

技進乎藝　藝進乎道　陳粒　創造　2008年6期

獨具慧眼　透悟莊子　寓真　養生大世界　2008年6期

老莊『人的自然化』美學精神的現代啟動　張傑　延邊大學學報　2008 年6 期

試論莊子的人生哲學及其對現代人生存心態的啟示　李鵬舉　湖北廣播電視大學學報　2008 年6 期

意出塵外　怪生筆端：莊子寓言的解讀　紀楠、宣英　民營科技　2008 年6 期

莊子曰　靳鶴奇　江蘇政協　2008 年6 期

哲思與鬱結：莊、韓寓言內涵比較　蒙金含　成都大學學報　2008 年6 期

試論莊韓寓言的創作手法和藝術風格　蒙金含　大眾文藝　2008 年6 期

從莊子的葫蘆論評析我國武術的發展　莊長寬、黃光志　搏擊·武術科學　2008 年6 期

偽立客主　假相酬答：莊子對話文體論析　寧登國　貴州師範大學學報　2008 年6 期

莊子的『彼此是非』是在認識論意義上說的嗎　黃忠晶　武漢科技大學學報　2008 年6 期

試論老莊美學中的『非美』傾向　彭大慶　湖南工業大學學報　2008 年6 期

華東師大舉辦莊子國際學術研討會　中國道教　2008 年6 期

褚伯秀的莊學思想簡論　肖海燕　中國道教2008 年6 期

真人與無待：莊子的救世之路　吳濤　華北水利水電學院學報　2008 年6 期

楊朱與莊子對個體生命的關懷　奚亞麗　聊城大學學報　2008 年6 期

莊子疑難詞語考辨四則　馬啟俊　滁州學院學報　2008 年6 期

從莊子『寓言十九』說起：思想政治理論課教育教學理念蒙太奇　王新建、關海波、周維公、縱瑞龍　淮北職業技術學院學報　2008 年6 期

先秦儒道『內聖外王』說會議　陳祖懷　史林　2008 年6 期

對『卮』的歧解與對『卮言』的誤讀　魏崇周　河南社會科學　2008 年6 期

莊子『辯無勝』思想的真理觀解讀　李瑞青　北京工業大學學報　2008 年6 期

莊子人生哲學的現代意味　張玉安　遼寧大學學報　2008 年6 期

中國藝術精神之本源：徐復觀與『莊子的再發現』　張仁香　遼寧大學學報　2008 年6 期

『聽其不齊而自齊』：莊子『齊物論』思想的主旨　徐平　阜陽師範學院學報　2008 年6 期

莊子的心身關係的演進　任俊聖　甘肅理論學刊　2008 年6 期

『厲與西施，道通爲一』：莊子審醜觀述評　秦忠翼　湖南城市學院學報　2008 年6 期

莊子生命情懷探微　賴永兵　重慶三峽學院學報　2008 年6 期

浮生若夢　淡然物化：論莊子生死觀對宋代休閒詞的思想影響　張翠愛　蘇州大學學報　2008 年6 期

莊子探奧　蘇哲　江蘇警官學院學報　2008 年6 期

『黃帝問道廣成子』對道家和道教的影響：兼議隴東與道家道教文化　劉永明、趙玉山　天水師範學院學報　2008 年6 期

老莊之道論及其異同　郭齊勇　華中師範大學學報　2008 年6 期

試論莊子中的『以形相禪』意象　宋小克　中州學刊　2008 年6 期

從『內聖外王』看天下篇是否爲莊子所作　王琴　四川師範大學學報　2008 年6 期

論莊子的『不得已』及哲學思想　陳海紅　青海師專學報　2008 年6 期

宗教之天與老莊之天　侯豔芳　西北農林科技大學學報　2008 年6 期

道家和諧觀及其現代意義：以老莊爲中心　潘建順　遼寧工程技術大學學報　2008 年6 期

從魚的故事讀莊子　周慧　中山大學學報　2008 年6 期

莊子中的『氣』及『氣化詞』的文化本源　李生信　寧夏社會科學　2008 年6 期

言與意的二元辯證：淺談莊子的得意忘言論　魯峽　河南商業高等專科學校學報　2008年6期

莊子悲劇意識與辛詞莊風　靳武穩　河南商業高等專科學校學報　2008年6期

盧梭與老莊自由哲學之比較　高路　三峽大學學報　2008年6期(增刊)

莊子個體生命倫理思想　趙攀　河北師範大學碩士學位論文　2008年6月

莊子哲學思想在產品設計領域中應用研究　周興軍　江南大學碩士學位論文　2008年6月

莊子天人關係論　韓麗娟　河北大學碩士學位論文　2008年6月

中國審美研究：淺論孔子和莊子的審美思想　張濤　中央美術學院碩士學位論文　2008年6月

道家思想方法對當代德育的啟示　王春燕　南京師範大學碩士學位論文　2008年6月

莊子自我學說淺探　韓國慶　西北大學碩士學位論文　2008年6月

理性的繼承與智性的超越：論莊子對上古神話之傳承與創新　楊睿　西北大學碩士學位論文　2008年6月

莊子『逍遥遊』釋論　鄧聯合　北京大學博士學位論文　2008年6月

王夫之對老莊思想的研究：從『無』到『有』的境界論　肖建原　西北大學博士學位論文　2008年6月

莊子的生死觀　李秋生　老年人　2008年7期

一首非常奇特的詞：辛詞讀莊子，聞朱晦庵即世賞析　李弗不　閱讀與寫作　2008年7期

橋引：從莊子到惠施　張永軍　國學　2008年7期

質疑與激趣：秋水公開課教後思　羅伏華　語文教學之友　2008年7期

呆若木雞高境界　文史博覽　2008年7期

人類超越痛苦之爭(續)：儒家、道家解脫苦惱思想的殊與同　馮遠征　教育藝術　2008年7期

達生精義　張遠山　社會科學論壇　2008年7期

莊子之苦樂觀及其現代啟示　劉笑敢　社會科學　2008年7期

近三十年中西比較視野的莊子研究及其引申　孫雪霞　重慶社會科學　2008年7期

從『解衣般礴』看藝術創作主體的精神狀態　廖江波　藝術與設計　2008年7期

中國古典美學與生態美學：莊子的『無用之用』說及其生態美學意義　吳軼民、朱月雲　美與時代　2008年7期

淺探『君子』與『真人』的人格境界：從孔子、莊子的理想人格看儒道兩家的人生哲學　曹佳麗　安徽文學　2008年7期

大學語文中秋水（節選）的主旨闡釋　錢葉春　現代語文　2008年7期

論文心雕龍神思對老莊哲學的『虛靜』觀的繼承　胡漫　安徽文學　2008年7期

老莊哲學與『虛靜觀』　梁文娟　湖北第二師範學院學報　2008年7期

『濠梁之辯』是否要繼續下去　王建敏　社會科學論壇　2008年7期

從莊子寓言探析莊子思想　張斌　遼寧教育行政學院學報　2008年7期

墨莊認知模式的異同　林修德　重慶工學院學報　2008年7期

莊子中的比喻類型　吳娟　現代語文　2008年7期

莊子『外物不可必』的思想之研究　鄢聖華　太平洋學報　2008年7期

『敢問天籟』：兼評程水金『天籟』解　蔡慶　科教文匯　2008年7期

在哲思中走向逍遙與拯救：莊子與謝林美學觀比較　倪正芳、曾思藝　求索　2008年7期

莊子生存智慧學：讓心靈與自然相愛　闞紅波、李欣欣　消費導刊　2008年7期

莊子人世實踐認知研究：從公共管理之問題形成認知論證　薛明生　玉溪師範學院學報　2008年7期
莊子故里話豐收　馬彦、李瀟瀟　農民日報　2008年7月10日
莊子美學思想『三論』　王海軍　考試周刊　2008年8期
淺析莊子之『言意觀』及其在文學領域中的滲透　邱雯慧　現代語文　2008年8期
山木精義　張遠山　社會科學論壇　2008年8期
莊子之命論：個體生命的安頓　惠紅麗　重慶科技學院學報　2008年8期
淺談道家『大音希聲』音樂美學思想的歷史發展　于雅琳、任超平　作家　2008年8期
關於道家理念中美學思想的文化思索　徐俊東　職業技術　2008年8期
自然天道·自然天性·自然天序：道家思想的特質與功能透析　平飛　社會科學論壇　2008年8期
中國畫的美學思想與道家哲學　黎小強　美術界　2008年8期
逍遥遊與秋水中『海』的內涵探析　王義梅　重慶科技學院學報　2008年8期
莊子：終生致力於生態文明的偉大哲人　劉隆有　文史春秋　2008年8期
莊子散文『重言』論略　陳德福　福建論壇　2008年8期
淺談莊子中的接輿形象　王文娟　安徽文學　2008年8期
試論莊子中的『醜』　林曉軍　安徽文學　2008年8期
兩代宗師的奇思奇想奇言奇論：初探莊子對魯迅的影響　于蓁　企業家天地下半月刊　2008年8期
論莊子的『無』　胡楠、張景臣、王琦　成功　2008年8期
老莊詩學觀念的差異探微　劉莎　讀與寫　2008年8期
莊子曠達處世得長壽　徐鋭　養生大世界　2008年8期

試析莊子對蘇軾散文的影響　周洋　黑龍江教育學院學報　2008年8期
試析莊子比喻詞的類型與特徵　許芃　社會科學家　2008年8期
是『聖王』還是『內外』：從莊子天下看『內聖外王』的原始意蘊　王東江　江西社會科學　2008年8期
淺析莊子的存身之道　劉書田　今日南國　2008年8期
從『無待』解讀莊子　李海龍　新西部　2008年8期
莊子之『道』釋義　鄧小明　求索　2008年8期
莊子哲學對山水畫的影響　鄭良超　中國文化報　2008年8月21日
莊子如花又春天：在閱讀經典莊子中培養高中生的批判精神　羅興海　福建師範大學碩士學位論文　2008年8月
莊子的神話思維和語言特色　劉偉　法制與社會　2008年9期
談道家思想對古代山水畫的影響　姜玉春　藝術教育　2008年9期
道家的永恒價值　傅佩榮　文史知識　2008年9期
沉魚落雁　劉仰　文苑　2008年9期
審美之『境』：對莊子中空間系統的美學闡釋　劉洪祥、蘇琴琴　語文學刊　2008年9期
莊子與國王的對話　學歷只是一件衣服　夫正　人才資源開發　2008年9期
外物精義　張遠山　社會科學論壇　2008年9期
論莊子超越人生困境的理想人格　劉社鋒　重慶科技學院學報　2008年9期
逍遙遊裏悟人生：感悟莊子逍遙遊　江來軍　中學語文教學參考　2008年9期
儒耶，道耶：秋水三說　林忠港　中學語文教學參考　2008年9期

宣穎南華經解對莊子的文學接受　白憲娟　蘭州學刊　2008年9期

從分裂到融合：諸子百家由先秦至漢代的嬗變：對莊子天下、論六家要指、漢志的文本解讀　孫偉偉　安徽文學　2008年9期

淺析莊子中的解構主義精神　張明花　遼寧教育行政學院學報　2008年9期

論『得意拜孔，失意讀莊』說　陳先達　高校理論戰綫　2008年9期

莊子養生主中『嚮然』的辨釋　陽萍　現代語文　2008年9期

莊子與音樂美學　王玫、王炎琪　求索　2008年9期

試論西田之『純粹經驗』與莊子之『坐忘』　孫文禮　新西部　2008年9期

莊子『心齋』、『坐忘』對中國山水畫的影響　鄭良超　藝術教育　2008年10期

20世紀關於莊子文化淵源的考論　康慶、李寶紅　前沿　2008年10期

莊子曠達處世獲高壽　徐鋭　祝您健康　2008年10期

詩經與莊子中馬的世界藝術構思之異同　郭偉　現代語文　2008年10期

莊子『解衣般礴』對中國繪畫的影響　董翔　美術大觀　2008年10期

寓言精義　張遠山　社會科學論壇　2008年10期

論莊子精神自由的美學內涵　陳敏榮　理論月刊　2008年10期

品讀莊子　黃湧　新高考　2008年10期

莊子形容詞反義詞淺析　趙建國　吉林省教育學院學報　2008年10期

現象之美與齊物之樂：對莊子有關章節的現象學解讀　周貴華　襄樊學院學報　2008年10期

莊子逍遥遊淺析　劉博宇　現代經濟信息　2008年10期

狙　陳文剛　國防　2008年10期

詩化的哲理：讀莊子齊物論　陳春紅　安徽文學　2008年10期

『無待自由』及其對當代科學的意義　馬佰蓮、歐陽志遠　理論學刊　2008年10期

莊子幸福哲學芻議　王欣瑜　成功　2008年10期

乘物以游心　鄒俊　神州　2008年10期

溫柔的莊子　俞苗苗　優秀作文選評　2008年10期

袁宏道廣莊之哲學理念略探　張徙　大衆文藝　2008年10期

莊子的政治觀念理想式的表現　陳曉梅　大衆文藝　2008年10期

莊子魅力：神話鍛造爲寓言的逍遥遊　鹿博　重慶工學院學報　2008年10期

從世說新語看魏晉名士對莊子精神的實踐與改造　周蕊　懷化學院學報　2008年10期

莊子『真人』人格與學者的治學追求　禹旭才、李霞　求索　2008年10期

相對主義認識論下的兩種語言文化觀：談智者學派和莊子的『辯』　李志強　求索　2008年10期

莊子『醜』學芻議：莊子醜學與西方現代派醜學之異同　歐陽丹丹　作家　2008年10期

儒道釋生命哲學探析　翟雲飛　遼寧行政學院學報　2008年10期

齊文化與道家源流　王克奇　史學月刊　2008年10期

張載對道家和道教的批判與汲取　武寶寧　作家　2008年10期

論梭羅瓦爾登湖中的儒家與道家思想　杜新宇　吉林大學碩士學位論文　2008年10月

莊子基於懷疑論的反智主義　宋智　蘇州大學碩士學位論文　2008年10月

老子與莊子的比較研究　焦中卉　山東大學碩士學位論文　2008年10月

大知和大年的完美融合　武曉鵬　裝備製造　2008 年11 期

先秦道家思想發展的內在邏輯　任芳平　遼寧教育行政學院學報　2008 年11 期

泰德·休斯自然詩中的道家思想　李豔　中南大學碩士學位論文　2008 年11 月

莊子『三劍』與企業之道　張語　華人時刊　2008 年11 期

莊子中的老鼠　馬啟俊　教育文匯　2008 年11 期

讀莊子　說教育　瞿建東　山西教育　2008 年11 期

從寓言不龜手之藥看莊子思想中的矛盾　王曉敏　現代語文　2008 年11 期

莊子審美觀與中學語文審美教育　田芸　中學語文教學　2008 年11 期

鵷(芻鳥)與蟾蜍：從莊子到郁離子　徐柏容　書屋　2008 年11 期

莊子筆下的孔子　陳林群　社會科學論壇　2008 年11 期

天下精義　張遠山　社會科學論壇　2008 年11 期

莊子寓言思維及其後現代性精神影響　潘雁飛　湖北社會科學　2008 年11 期

莊子論辯藝術探析　徐芳　重慶科技學院學報　2008 年11 期

從庖丁解牛看『順乎天性』　沈善增　滬港經濟　2008 年11 期

莊子中的苦難人生與審美超越　李茂山　文學教育　2008 年11 期

莊子『無爲』之我見　路愛軍　安徽文學　2008 年11 期

莊子自由觀的特點及其對當代人的啟示　張立　社科縱橫　2008 年11 期

走向理想的存在：莊子與海德格爾生態美學思想比較　丁永祥　商丘師範學院學報　2008 年11 期

論莊子『行不言之教』的教育思想　顧明　現代教育論叢　2008 年11 期

莊子『見獨』的視野及其價值再思考：兼談感悟莊子創作　李明珠　學術研究　2008 年 11 期

莊子中孔子形象變異原因新探　張宜斌　湖北廣播電視大學學報　2008 年 11 期

屈原的『神遊』與莊子的『逍遙遊』　王崇任　哈爾濱學院學報　2008 年 11 期

原型批評視閾中的莊子之『蝶』　潘靜　江西社會科學　2008 年 11 期

北冥有魚　其名爲鯤　（臺灣）陳鼓應　光明日報　2008 年 11 月 24 日

展現莊子研究的新成果　張微　中國社會科學院報　2008 年 11 月 25 日

莊子與藝術精神　陳志剛　蘭州學刊　2008 年 11 期（增刊）

寂寞莊子　李新剛　文史月刊　2008 年 12 期

庚桑楚管理思想探賾：對莊子庚桑楚的管理學解讀　閆秀敏　前沿　2008 年 12 期

莊子美學思想對『意境』理論的影響　張秋影　邊疆經濟與文化　2008 年 12 期

從莊子的生死哲學看沈從文作品中的生死觀　曾葵芬　現代語文　2008 年 12 期

論『外雜篇』無一莊撰　張遠山　社會科學論壇　2008 年 12 期

先秦道家養生之道新探　陳豪珣　武當　2008 年 12 期

莊子的寓言藝術探源　吳勇　科教文匯　2008 年 12 期

莊子中的悲劇意識內涵　楊妮　科教文匯　2008 年 12 期

言意之辯的邏輯生成與『辯難』審視　羅祖文　文學教育　2008 年 12 期

莊子裏的寓言故事趣讀　馬啟俊　文學教育　2008 年 12 期

略論莊子關於『道』的思想　靳瑞霞　美與時代　2008 年 12 期

莊子的生命悲情及其超越之境　廖開顔　安徽文學　2008 年 12 期

阮籍、嵇康與魏晉莊學　馬曉樂　理論學刊　2008年12期

亂世之中的生命哲學：莊子人間世第一講　馮學成　西部廣播電視　2008年12期

自然的天空：莊子給教育的啟示　王蓉蓉　中學課程資源　2008年12期

諸子學說與莊子哲學　岳國文　社會科學論壇　2008年12期

莊子『內七篇』思維的整體邏輯性　張文彥　哈爾濱學院學報　2008年12期

論莊子的『行不言之教』的教育思想　顧明　現代教育科學　2008年12期

淺析莊子審美生存的當代價值　邊春麗　科教文匯　2008年12期

試論莊子的『原始共產主義』情結：馬克思異化理論視野下的莊子思想解讀　楊雪　科教文匯　2008年12期

圖表解讀逍遙遊　張利梅　閱讀與鑒賞　2008年12期

莊子喻牛辭相　李飛　大眾文藝　2008年12期

莊子之『道』與現代生態反思　李振綱　哲學研究　2008年12期

從『自願貧窮』到精神的獨立與自由：試探莊子與梭羅人生觀的內在一致性　崔曦　懷化學院學報　2008年12期

莊子筆下的得自由者　朱麗君　黑龍江史志　2008年12期

莊子散文比喻探微　馬海敏　作家　2008年12期

莊子的世界與世界的莊子　光明日報　2008年12月8日

生也天行，死也物化：試論莊子的生命觀　蘇曉旭　三峽大學學報　2008年S2期

由莊子哲學看莊子的人生追求　李亞曉、鄭航月　文教資料　2008年14期

老子、莊子言道觀比較　徐豔　作家　2008年14期

莊子庖丁解牛篇所寓含的『道』　張連法　作家　2008年14期

淺析莊子的自由思想　王青松　傳承　2008年14期

試論袁宏道廣莊逍遙遊之旨　劉馨遙　華商　2008年15期

『呆若木雞』原典正名商榷　殷學明　語文學刊　2008年16期

淺析道家審美思想對文人畫的滲透　瀋陽　作家　2008年16期

論莊子道本體論的思想進路　黃斌　世紀橋　2008年16期

莊子人生觀的積極思想與當代大學生人文精神的建構　江毅　文教資料　2008年17期

莊子的翅膀　葉春雷、李仁甫　中學語文　2008年17期

略論莊子美學思想的現代價值　趙冰冰　作家　2008年18期

也釋『無何有之鄉』　樊毓霖　語文學刊　2008年18期

莊子，一隻真正的蝴蝶　韓明禮　中學語文　2008年18期

莊子中『遊』及其對當代人的啟示　雷小明　科技信息　2008年19期

由齊物論談莊子　許淼　消費導刊　2008年19期

莊子語體探析　唐明生　作家　2008年20期

試析莊子反異化思想產生的原因　劉曉燕　黑龍江史志　2008年20期

莊子逍遙遊思想的現代意義　呂秋薇　世紀橋　2008年20期

美麗的大鵬　美麗的莊子：逍遙遊教學設計思路　向遠平　中學語文　2008年21期

尋找豐盈心靈的文字：教莊子：在我們無路可走的時候有感　湯榮梅　中學語文　2008年21期

論莊子内篇中的孔子　秦瑞　語文學刊　2008 年21 期

莊子『天樂』觀論談　雷燕　作家　2008 年22 期

論莊子視域中的女性異化：女性由小鳥到大鵬的嬗變和解放歷程　楊雪　作家　2008 年22 期

差異的面紗：王爾德對莊子的接受　何幸君　作家　2008 年22 期

莊子與柏拉圖美學思想之比較　高娟　語文學刊　2008 年22 期

莊子逍遥遊中的和諧思想　安淩中　消費導刊　2008 年22 期

讀書困惑問莊子　傅佩榮　全國新書目　2008 年23 期

道是無情卻有情：莊子與死亡的四次親密接觸　葉蓓卿　中學生　2008 年25 期

春秋尚德精神與莊子的處世之道　王凡　科技信息　2008 年26 期

逍遥遊結構論　李見勇　文教資料　2008 年27 期

逍遥遊注釋商榷　謝政偉　中學語文　2008 年28 期

通俗易懂　曉暢明白：論莊子口義的語言特色　李見勇　文教資料　2008 年31 期

莊子思想的遞層性思考　戚貴政　考試周刊　2008 年36 期

沉魚落雁不一定美　劉仰　中學生百科　2008 年36 期

從莊子技術有害論到現代西方技術哲學　謝魁　山西大學2008 年全國博士生學術論壇　2008 年

對『技』的另一種認識：從莊子與西方後現代哲學貫通的角度　郭繼民　山西大學2008 年全國博士生學術論壇　2008 年

莊子『無爲』思想的寓言展現　劉維才　福建論壇　2008 年專輯

莊子『夢』的解析　劉學軍　新國學　2008 年年刊

道言悖反與審美超越：道家語言哲學及其美學意義新探　趙奎英　中國中外文藝理論學會年刊　2008年年刊

莊子哲學中的天人關係論　李玉坤　思想戰綫　2008年增刊

論老莊的自然生命價值觀　付粉鴿　改革開放三十年與價值哲學發展學術研討會論文集　2008年

道教對道家天人思想的傳承與演繹　李爲香　和文化論——首屆和文化高端論壇論文集　2008年

簡談道家與道教　王向峰　華夏文化論壇（第三輯）　吉林大學出版社　2008年版

儒道二家思想與價值多元論　嚴壽澂　傳統中國研究集刊（第五輯）　上海人民出版社　2008年版

莊子試妻：香港第一部電影學術之爭　鳳群　當代電影　2009年1期

道家『個體生命之我』的發現　宋發群　銅仁學院學報　2009年1期

道家學派與現代物理學家直覺方法論的區別　程民治　南通大學學報　2009年1期

儒家與道家對中國古代科學的制約：兼答『李約瑟難題』　陳炎　清華大學學報　2009年1期

儒家、墨家和道家的和平社會理想　劉志光　齊魯學刊　2009年1期

略論先秦道家的萬物生成理論　周曉露　湖南大學學報　2009年1期

先秦儒家與道家的和諧理念　董曉紅　淮北煤炭師範學院學報　2009年1期

莊子『言意之辯』的本體論視閾和詮釋學維度及其意義　余衛國　社會科學研究　2009年1期

莊子　魯灣、鍾丕瑜　科學養生　2009年1期

燕子：距離的隱秘空間——讀格致莊周的燕子　黃智平　語文月刊　2009年1期

論莊子哲學的內在張力　韓先虎　湖北廣播電視大學學報　2009年1期

通往莊子哲學之路　王富仁　山東社會科學　2009年1期

莊子，用刀的第一高手　周重林　中國西部　2009年1期

莊子自由觀淺析　殷鳴放　理論界　2009年1期

『齊』生死與『化』生死：從生死問題看莊子與葛洪的審美立場與意蘊　陽森、田曉膺　西南大學學報　2009年1期

從相對概念出發談莊子的齊物思想　徐平　大慶師範學院學報　2009年1期

逍遥遊中的幾個注釋辨正　莫如彪　語文學習　2009年1期

試述郭象的多元有機論　劉思禾　古籍整理研究學刊　2009年1期

莊子的死亡與逍遥　白宇　安徽文學　2009年1期

莊子嗜好創作『畸人』形象再探秘　鄧心強　蘭州學刊　2009年1期

莊子哲學軟實力思想探微　傅秀蘭　雲夢學刊　2009年1期

莊子逍遥遊中的鯤鵬寓言　陳贇　中山大學學報　2009年1期

『相忘』與『蝶化』：莊子論審美欣賞的心態及其最高境界　杜學霞　褚春元　遼寧師範大學學報　2009年1期

莊子書中山名的考索　賈學鴻　山西大學學報　2009年1期

任性無爲與守職而動：論郭象對莊子無爲義的創造性詮釋　黃聖平　樂山師範學院學報　2009年1期

論莊子的世界觀　徐春根　江漢論壇　2009年1期

亂世之中的生命哲學：莊子人間世第二講　馮學成　西部廣播電視　2009年1期

超越相對：試析莊子的三個悖論　孫功進　人文雜誌　2009年1期

審美生存：莊子思想的核心　時曉麗　齊魯學刊　2009年1期

莊子之出世哲學　盧盈華、盧天華　漯河職業技術學院學報　2009年1期

莊子視界中的黃老學　楊守戎　瀋陽農業大學學報　2009年1期

『自然地生活』：犬儒學派與莊子學派倫理思想的一個共同點研究　葉方興　淮南師範學院學報　2009年1期

莊子內篇中修辭問句的元話語特徵及功能　郝翠屏　修辭學習　2009年1期

筆法精謹　格調高雅：讀文徵明小楷莊子南華經冊　劉剛　文藝生活　2009年1期

莊子『三言』說新解　楊鵬飛、于銘　時代文學　2009年1期

憂患的閒適：莊子學說對中國文人審美情感的影響　郭超　巢湖學院學報　2009年1期

從『庖丁解牛』談音樂技術與音樂表達的關係　趙鵬　中國音樂　2009年1期

『以神遇而不以目視』：讀視覺文化與中國文學的現代性失聰　畢芙蓉　中文自學指導　2009年1期

莊惠之辯與惠施『歷物十事』關係論　徐飛　社會科學論壇　2009年1期

吾之非吾：莊子齊物論辨析　尚傑　學海　2009年1期

讀莊子齊物論的疑惑及其解析　陳怡　北京大學學報　2009年1期

從赤壁賦看莊子美學對蘇軾的影響　何正力　湖北第二師範學院學報　2009年1期

比較視域中的莊子與尼采生命自由思想　李重明、馬怡　長春工業大學學報　2009年1期

試析莊子大宗師篇的『真知』　崔海亮　長春工業大學學報　2009年1期

試論『之二蟲又何知』中的『二蟲』　易粲稀　阜陽師範學院學報　2009年1期

逍遙遊是否適合編入新教材？　彭躍爲　學語文　2009年1期

莊子比較研究三十年之思考　孫雪霞　西華師範大學學報　2009年1期

凝神：莊子修煉功夫的探討　黄紅兵　咸陽師範學院學報　2009年1期

説『建之以常無有』　裘錫圭　復旦學報　2009年1期

新視角　多層次　全方位：首屆莊子國際學術研討會綜述　鄒驩、葉蓓卿　文藝理論研究　2009年1期

論林疑獨莊子解的儒學化傾向　肖海燕　華中師範大學學報　2009年1期

論莊子以知識換道德的社會政治觀　張松輝、羅鳳華　湖南大學學報　2009年1期

莊子駢拇篇並提『仁義』、『五藏』辨　徐君輝　貴州教育學院學報　2009年1期

莊子醜學與西方現代派醜學之異同　歐陽丹丹　安徽師範大學學報　2009年1期

時間本根與邏輯本根：莊子道論新探　王焱　青海社會科學　2009年1期

論華茲華斯的自然觀：兼與莊子自然觀之比較　朱芳　廣東外語外貿大學學報2009年1期

論莊子的自由主體：兼論天人關係　張一旦　科教文匯　2009年1期

論莊子『虚』的功夫　王焱　武漢科技大學學報　2009年1期

一夢兩千年：讀莊偶拾之一　熊偉　科學文化評論　2009年1期

莊子生態倫理思想研究　單輝　長沙通信職業技術學院學報　2009年1期

從『吊當卓詭』之言到『沉痛悲涼』之心：莊子『吊詭』的雙重意藴　方超群　華僑大學學報　2009年1期

由莊子思想反觀當代美學發展中的問題　苗慧　西安社會科學　2009年1期

淺析象罔是意象而非意境　鄭歲黎、胡曉紅　阿壩師範高等專科學校學報　2009年1期

莊子和韓非子寓言藝術的比較　熊華敏　太原大學教育學院學報　2009年1期

莊子人生哲學：個體通往『自由境界』的便捷之途　高世江　太原大學教育學院學報　2009年1期

由莊子思想反觀當代美學發展中的問題　苗慧　西安社會科學　2009年1期

戰國策與莊子文章風格趨同性淺探　王敬坡　新鄉教育學院學報　2009年1期

『以天合天』：莊子的設計思想評析　李硯祖　南京藝術學院學報　2009年1期

從『庖丁解牛』、『物莫之傷』到『以其無死地』：渾然一體的老莊『攝生』之道　孟至嶺　中國道教　2009年1期

解讀莊子哲學中的『身體』　王瑞　江淮論壇　2009年1期

『小説』、『巵言』　王光福、姜維楓　山東省農業管理幹部學院學報　2009年1期

重讀逍遥遊　徐申　内蒙古農業大學學報　2009年1期

于丹莊子心得指瑕　馬啟俊　皖西學院學報　2009年1期

莊子文藝思想中的『真』與『美』　張穎　湖南第一師範學報　2009年1期

莊子之『道』　米咪　研究生法學　2009年1期

莊子養生思想對道教的影響　孫功進　中共濟南市委黨校學報　2009年1期

論王安石的莊學思想　肖海燕　廣東教育學院學報　2009年1期

論『養心』：郭象養生論的一種解讀　白愛霞　淮北煤炭師範學院學報　2009年1期

論中國古代多元思想整合的現實風貌：以古代士人對莊子養生論的詮釋爲例　劉建明　海南大學學報　2009年1期

論莊子逍遥遊的精神實質　樊鶴平、李建磊　天水行政學院學報　2009年1期

蘇軾『藝道兩進』論與中國藝術哲學的綱領　程相占　中國文化研究　2009年1期

莊子與史鐵生的自由精神之比較　張建波　管子學刊　2009年1期

從莊子看詩哲同源：以内篇爲依據　蓋鈞超　上海交通大學碩士學位論文　2009年1月

心靈像風兒一樣自由：讀于丹莊子心得　陳慧菁　當代學生　2009年1、2期合刊

從逍遙遊中挖掘積極的人生意義　鄧平波　語文教學與研究　2009年2期

道家與西方心理治療學的互動及其意義　呂錫琛　哲學研究　2009年2期

儒釋道：天人和諧觀　魏博輝　學習論壇　2009年2期

淺析道家思想對中國山水畫的影響　張毅、龔小凡　藝術與設計　2009年2期

儒道反闡釋觀之異同探析：兼與西方反闡釋觀比較　韓模永　孔子研究　2009年2期

莊子審美生存的當代價值　邊春麗　文教資料　2009年2期

夏蟲語冰　楊熠　讀者　2009年2期

莊子音樂思想之論說　朱雯　作家　2009年2期

淺談莊子對世界的熱情與對生命的認真　楊宇　作家　2009年2期

莊子垂釣　劉隆有　意林　2009年2期

張京華教授的莊子研究　湖南科技學院學報　2009年2期

莊子論心態　于丹　中華活頁文選　2009年2期

曠達處世、瀟灑出塵的莊子　徐銳、松子　健康　2009年2期

莊子二題　王蒙　書屋　2009年2期

莊子散文研究綜述　唐一丹　安徽文學　2009年2期

從秋水到井底之蛙　譚志鴻、覃佐月　文學教育　2009年2期

亂世之中的生命哲學：莊子人間世第三講　馮學成　西部廣播電視　2009年2期

談莊子的魅力　馬寧　長春理工大學學報　2009年2期

探析莊子心道契合下的自由　賴永兵　時代文學　2009年2期
漫談教育工作者的『庖丁解牛』　郭清明　湖北教育　2009年2期
庖丁解牛　莊周、張大文　美文　2009年2期
殷商文化與莊子哲學　岳國文　社會科學論壇　2009年2期
莊子內篇的心學（上）：開放的心靈與審美的心境　（臺灣）陳鼓應　哲學研究　2009年2期
莊子中的木意象　王鑫　新西部　2009年2期
莊子批判『堯治天下』的文化內涵論析　張明晶　太原城市職業技術學院學報　2009年2期
談莊子與屈原的人生觀、審美觀比較　褚曉峰　華章　2009年2期
釋莊子『股腳』　連登崗　青海師專學報　2009年2期
老莊『道』性之論的幾個關鍵字　侯洪瀾、齊明　甘肅聯合大學學報　2009年2期
論莊子安命說的意義與局限　王焱　內蒙古社會科學　2009年2期
莊子還原　楊義　文學評論　2009年2期
『物化於情』與『物化於道』：試論紅樓夢與莊子的『情』觀　胡曉薇　紅樓夢學刊　2009年2期
莊周屈原浪漫文學之再比較　劉生良　唐都學刊　2009年2期
化解『成心』對生命的遮蔽：解讀齊物論的主題　李振剛、王素芬　河北師範大學學報　2009年2期
論郭象的自然名教觀　王江松　中國社會科學院研究生院學報　2009年2期
本性而非自然界：澄清對『莊子尚自然』的一種誤解　王焱　浙江學刊　2009年2期
莊子處世之道芻議　陶芬、陶武　合肥學院學報　2009年2期
莊子生死觀及其啟示　馬寧　湖南醫科大學學報　2009年2期

論屈原與莊子的進退　劉天棟　和田師範專科學校學報　2009年2期
由玄幻到奇幻：莊子、法華經幻想思維比較研究　李琳、韓雲波　重慶三峽學院學報　2009年2期
逍遥境界的政治向度：莊子逍遥遊『知效一官』章的文本學釋讀　陳贇　學海　2009年2期
于丹莊子心得自序指瑕　馬啟俊　阜陽師範學院學報　2009年2期
論莊子的『三言』筆法　劉固盛　湖北大學學報　2009年2期
論嚴復莊子評語的學術背景和闡釋特點　劉韶軍　湖北大學學報　2009年2期
論馬其昶的以儒解莊　熊雋　湖北大學學報　2009年2期
鯤鵬展翅般的學術遨遊：評方勇莊子學史　康寧、亦民　文藝理論研究　2009年2期
論、孟、老、莊倫理道德詞語研究　李海霞　重慶教育學院學報　2009年2期
從逍遥遊談莊子的自由思想　解紅勳、聶民玉　保定學院學報　2009年2期
莊子與莊子哲學（下）　黄瑞雲　湖北師範學院學報　2009年2期
隱喻：詩性哲學的魅力：從莊子與西方後現代哲學的會通看　郭繼民　雲南大學學報　2009年2期
略論莊子表述的三種方法：寓言、比喻、類比　王鍾陵　文學遺產　2009年2期
以人文主義之柔克技術異化之剛：論莊子『道』、『技』合一技術論與海德格爾存在主義技術觀　童恒萍　自然辯證法通訊　2009年2期
莊子『誠信』觀探微　馬曉樂　煙臺大學學報　2009年2期
莊子視界中的儒家之『修身』思想研究　吴冬梅　淮北職業技術學院學報　2009年2期
水對老莊生態思想的啟示　劉晗　華北水利水電學院學報　2009年2期
郭象逍遥新意與東晉朝隱之風　程麗芳　西北民族大學學報　2009年2期

莊子生態美學智慧　張欣　陰山學刊　2009 年 2 期

莊子 AA 然、AB 然構詞研究　杜鳳坤、王任趙　衡水學院學報　2009 年 2 期

淺論莊子自由觀的悲劇意蘊　黄丹丹　湖南第一師範學報　2009 年 2 期

莊子與康德的自由觀比較　胡元志　十堰職業技術學院學報　2009 年 2 期

淺論莊子寓言中的水意象　蔣振華、馮美霞　中國文學研究　2009 年 2 期

莊子與薩特自由觀之異同　周穎　河南理工大學學報　2009 年 2 期

論池田大作和平觀與莊子相對價值論的相契合　徐春根　嘉應學院學報　2009 年 2 期

析莊子養生主中的生死觀　黄賢　山西大同大學學報　2009 年 2 期

辨『投』釋『控』　黄哲　湖北民族學院學報　2009 年 2 期

試析莊子的社會思想　李慶華　船山學刊　2009 年 2 期

莊子『大美』思想及其影響探微　賀付開　船山學刊　2009 年 2 期

在『人』與『世』之間：解讀莊子人間世　李振綱　河北大學學報　2009 年 2 期

藝與道：詩意的生存：莊子『技』之態度的後現代解讀　郭繼民　海南大學學報　2009 年 2 期

莊子之『道』之我見　付選剛　管子學刊　2009 年 2 期

『合喙鳴，喙鳴合』：莊子中的順性修養論　李煌明　中國哲學史　2009 年 2 期

『逍遥遊』與自由　鄧聯合　中國哲學史　2009 年 2 期

反者道之動：荀子『化性起僞』對莊子『性』與『僞』的因革　強中華　中國哲學史　2009 年 2 期

莊子『畸人』形象的當代借鑒　鄧心強　雲南電大學報　2009 年 2 期

中印文化哲學：泰戈爾與道家　侯傳文　東方叢刊　2009 年 2 期

老莊的存在關係理論：兼談老莊的和諧思想　姜波　西安社會科學　2009年2期

莊子美學生態式發展的『對話』特徵　翁星霞　教育探究　2009年2期

莊子齊物論辨疑　趙建明　社科縱横　2009年2期

文學的哲思：以莊子寓言爲視點　孫雪霞　殷都學刊　2009年2期

莊子生命美學思想摭言　劉偉　集寧師專學報　2009年2期

淺論莊子美學與楚藝術的關係　王爽　湖北美術學院學報　2009年2期

莊子與西漢前期士人的自由心態　陳斯懷　燕趙學術　2009年2期

莊子還原　楊義　中華讀書報　2009年2月18日

再讀天下篇　熊鐵基　光明日報　2009年2月23日

論莊子對人生困境的超越　蔣學飛　南京林業大學碩士學位論文　2009年2月

笨鳥先飛：讀莊偶拾之二　熊偉　科學文化評論　2009年3期

從人物形象塑造論莊子體『道』者之人生審美意藴　邱蔚華　龍巖學院學報　2009年3期

莊子内篇中寓言的美學思考　趙文慧　綏化學院學報　2009年3期

生態批評視野下的哈代與莊子比較　方芳　江淮論壇　2009年3期

論郭象對莊子『逍遥觀』的發展　張豔豔　河南科技大學學報　2009年3期

乘物以游心，托不得已以養中：淺論莊子人間世的處世智慧　林貴潑　中國道教　2009年3期

千年孤獨看月人(外二篇)：莊子墓前的沉思　楊濟舟　山東文學　2009年S3期

老莊思想異同辨　郭繼民　安陽師範學院學報　2009年3期

道家思想對中國山水畫的影響　陳建新　廣西教育學院學報　2009年3期

從乙丁制到昭穆制：儒道互補的歷史淵源　安繼民　中州學刊　2009年3期

從儒道墨法的對比中看儒道互補格局的形成　唐明燕　重慶郵電大學學報　2009年3期

先秦儒道思想對『物』的詮釋　李曉英　鄭州大學學報　2009年3期

試論莊子對道教的影響　羅英俠　安陽師範學院學報　2009年3期

莊子的關尹老聃觀　路愛軍　安陽師範學院學報　2009年3期

老莊思想在社會政治觀上的差異初探　耿仁傑、王馨偉　鞍山師範學院學報　2009年3期

我教秋水（節選）　秦曉華　新語文學習　2009年3期

尼采與莊子的人生哲學　張正萍　淮北煤炭師範學院學報　2009年3期

孟、莊理想人格學說之比較　丁兆罡、萬勇華　合肥工業大學學報　2009年3期

依循自然的精神自由：莊子『逍遙遊』解讀　王焱　石河子大學學報　2009年3期

禪宗語錄與莊子文體文風相似性研究　劉曉珍　浙江傳媒學院學報　2009年3期

試論齊物論中的人性解放　王家亮　山西廣播電視大學學報　2009年3期

淺析莊子之『道』　陳彩霞　山西廣播電視大學學報　2009年3期

任自然而忘是非：郭象政治哲學再思　陳冀　北京大學研究生學志　2009年3期

莊子經傳結構的文學效應：由齊物論和秋水的經傳關係說起　賈學鴻　江海學刊　2009年3期

古琴演奏中的『技』與『道』：從莊子庖丁解牛中的兩種『道』論起　劉承華　藝術百家　2009年3期

試析奥尼爾長日入夜行中的莊子思想　秦丹丹　溫州大學學報　2009年3期

心靈苦旅中的生命放歌：解讀莊子逍遙遊　李振綱、胥士元　現代哲學　2009年3期

郭象的自然觀論述　暴慶剛　人文雜誌　2009年3期

視域轉移與竹林式痛苦：對莊子式竹林玄學的詮釋學考察　臧要科　周口師範學院學報　2009年3期

論劉勰對莊子虛靜觀的繼承與超越　程麗芳　思想戰綫　2009年3期

莊子對日本古代文學的影響　張愛民　齊魯學刊　2009年3期

儒、道、禪閒適思想探微　張永紅　河北學刊　2009年3期

莊子之『遊』的方式與境界　魏航　現代哲學　2009年3期

莊子技術論及其指向　曹智頻　現代哲學　2009年3期

孟莊理想人格的差異及其影響　汪玉峰　天水師範學院學報　2009年3期

齊物論英譯之『名』與『實』：兼談典籍英譯中譯者的任務　姜莉　南昌大學學報　2009年3期

試論莊子思想對賈寶玉『命』的觀念的影響　路凝山、趙建忠　河南教育學院學報　2009年3期

莊子散文中醜意象的審美價值　賀常穎　湖南社會科學　2009年3期

4分33秒中折射出的莊子哲學　毛曉靜　黃河之聲　2009年3期

莊子逍遥自在的人生　傅佩榮　發現　2009年3期

莊子與『鵬程萬里』　戚建莊　時代青年　2009年3期

庖丁解牛的美學闡釋　韓一楓、杭起義　現代語文　2009年3期

生命的異化與回歸：莊子養生思想的文化解讀　白豔秋、李方昊　理論界　2009年3期

閹割與純化：莊子研究兩大誤區　王焱　學術論壇　2009年3期

細讀人世間　淺悟莊子思想　孫月明　廣東教育　2009年3期

品味老莊『無爲、逍遥』之智慧：老莊思想的自我解讀　王瑩　安徽文學　2009年3期

逍遥遊：得失知多少　章桂周　文學教育　2009年3期

郭象莊子注中順性論思想　陳慧麒　蘭州學刊　2009年3期
亂世中的生命哲學：莊子人間世第四講　馮學成　西部廣播電視　2009年3期
遙寄莊子　范東寧　課堂内外創新作文　2009年3期
莊子是一隻斷了翅的大鵬　魯衛征　課堂内外創新作文　2009年3期
臨淵羨魚　退而剪網　李方曉　課堂内外創新作文　2009年3期
焦慮與逍遙：對莊子齊物論中兩則寓言的解讀　劉美紅　廣西社會科學　2009年3期
莊子内篇的心學(下)：開放的心靈與審美的心境　（臺灣）陳鼓應　哲學研究　2009年3期
反『私人語言』的論證：以莊子『濠上觀魚』爲例　高煒、張永路　牡丹江大學學報　2009年3期
莊子散文的美學精神探微　楊衛　南方論刊　2009年3期
論莊子處理人際關係的出發點及和諧追求　徐春根　理論探索　2009年3期
孰爲刑餘者：莊子批孔新解　高慶榮　船山學刊　2009年3期
賈寶玉與莊子關係論析　李秀華　五邑大學學報　2009年3期
莊子『濠梁之辯』的是非辨析　張曉芒　山西青年管理幹部學院學報　2009年3期
從『莊周夢蝶』淺析莊子的悲態心理　楊鎧瑞　呂梁高等專科學校學報　2009年3期
丘處機和諧觀與老莊思想論略　吳成國　宗教學研究　2009年3期
論莊子風度及其社會根源　李秀華　殷都學刊　2009年3期
莊子思想對道教的影響　孫功進、肖龍航　長安大學學報　2009年3期
模仿與超越論語：莊子重言的敘事特徵　陳永輝　長安大學學報　2009年3期
海德格爾與老莊思維方式的比較與溝通　夏紹熙　中國石油大學勝利學院學報　2009年3期

從『三籟』和『夢蝶』看莊子美學思想的特點　鄭軍　南京工業職業技術學院學報　2009年3期
略論莊子的審美意識　金五德　湖南涉外經濟學院學報　2009年3期
莊子『逍遙』人格與社會和諧　尹金欣　開封教育學院學報　2009年3期
莊子與20世紀中國文學中的畸人形象　黄桂香、周虹　西昌學院學報　2009年3期
論莊子逍遙遊之『遊』　任芳、許元政　鹽城工學院學報　2009年3期
試析莊子對道德問題的歸因分析　譚維智　華東師範大學學報　2009年3期
莊子『逍遙遊』之『小大之辯』思想探微　柯萌　南昌教育學院學報　2009年3期
論莊子『自然』與『逍遙』審美理想及其現實意義　施江斌　教育教學論壇　2009年3期
莊子與惠施之爭　張瑜　青海師範大學碩士學位論文　2009年3月
莊周與莊子關係新探　李元朋　山東大學碩士學位論文　2009年3月
宋代莊學思想研究　肖海燕　華中師範大學博士學位論文　2009年3月
莊子美學與中國古代畫論　鄭笠　蘇州大學博士學位論文　2009年3月
方以智儒、佛、道三教會通思想研究　彭戰果　山東大學博士學位論文　2009年3月
明代莊子接受研究　白憲娟　山東大學博士學位論文　2009年3月
亂世中的生命哲學：莊子人間世第五講　馮學成　西部廣播電視　2009年4期
豈容于丹再汙莊子：爲韓美林批于丹一辯　肖鷹　當代文壇　2009年4期
莊子相對主義認識論及其超越思想研究綜述　楊雪　消費導刊　2009年4期
試論莊子中的生死觀　俞少駕　消費導刊　2009年4期
談逍遙遊的文學表現手法　張慧婷、董建文　語文學刊　2009年4期

王國維畫論與莊子藝術精神　侶同壯　名作欣賞　2009年4期

逍遥遊：莊子『無待』思想的現代價值　趙松林　河南農業　2009年4期

莊子技道觀對教育技術的啟迪與反思　陳列尊、張登玉　現代教育技術　2009年4期

莊子的普遍性美學價值　薛富興　社會科學戰綫　2009年4期

心之『陸沉』：走近莊子　劉冬穎　文史知識　2009年4期

天地一指　萬物一馬　語文世界　2009年4期

對應敘述與經典重釋：論莊子休鼓盆成大道的主題建構　黎必信　現代語文　2009年4期

海德格爾與老莊論物之意義　夏紹熙　理論導刊　2009年4期

『堯讓天下於許由』：政治根本原理的寓言表述——莊子逍遥遊的內在主題　陳贇　社會科學　2009年4期

精神氧吧裏的自由呼吸：讀張遠山莊子奥義　丁國強　社會科學論壇　2009年4期

莊子自由思想之原因再探討　李炯　重慶科技學院學報　2009年4期

莊子思想與中國畫的寫實觀　張寬武　河南教育　2009年4期

莊子哲學的美學意蘊　侯洪瀾　社科縱橫　2009年4期

孔子與莊子音樂美學思想比較研究　王在暢　商丘師範學院學報　2009年4期

老莊散文的生態美學　薛松實　前沿　2009年4期

從莊子的『與物爲春』說起　唐勇　環境保護與循環經濟　2009年4期

莊子的『天樂』觀：解析莊子天運中『咸池之樂』　容輝、原紅蕊　長城　2009年4期

隱逸文化與莊子哲學　岳國文　社會科學論壇　2009年4期

莊子方外之友的歷史原型和藝術生成　賈學鴻　學術研究　2009年4期

淺論莊子『道』的特點　楊雪　資治文摘　2009年4期

莊子對蘇軾詩歌文學影響芻論　劉倩、崔妍　安徽文學　2009年4期

超越·超脫：莊子與愛默生的人生追求　王清寧　安徽文學　2009年4期

莊子教育思想對我國現代教育的啟示　許立莉、張叢林　科技和產業　2009年4期

莊子『成心』詰疑　吳曉華　廣西社會科學　2009年4期

論莊子語言的三種境界　徐陶、何溪　重慶工學院學報　2009年4期

莊子人生哲學及其現代意義　王海豔、談永珍　天水行政學院學報　2009年4期

得『道』即逍遙：莊子超越之法初探　劉曉燕　滄桑　2009年4期

莊子寓言與夢意象的表現性　侯夏娜　紅河學院學報　2009年4期

淺析莊子的美學思想　金燕　貴州民族學院學報　2009年4期

莊子與譚嗣同的平等思想：論譚嗣同及近代哲學中的莊學淵源　魏義霞　華南師範大學學報　2009年4期

互文見義：莊子『重言』新釋　陳啟慶　莆田學院學報　2009年4期

後現代哲學的『詩意』風格：增補、異域、遊牧——從莊子與後現代的會通角度看　郭繼民　華北電力大學學報　2009年4期

莊子『天籟』本義考　張學君　北京教育學院學報　2009年4期

莊子的生命觀：莊子養生主的哲學闡釋（上）　王富仁　社會科學研究　2009年4期

對莊子文本中『畸人』母題的還原分析　劉泰然　中州學刊　2009年4期

論老莊道家的語言哲學思想　吳福友、吳根友　安徽大學學報　2009 年 4 期

莊子詮釋方法探析　李凱、顔炳罡　安徽大學學報　2009 年 4 期

『虛實』範疇的轉換及對當代文化的救弊功效　鄧心強　渭南師範學院學報　2009 年 4 期

莊子漁父與楚辭漁父　徐志嘯　文學遺產　2009 年 4 期

茅盾與莊子　李明　文學評論　2009 年 4 期

莊子逍遙遊『摶扶搖羊角』新解　李振東　齊魯學刊　2009 年 4 期

莊子之『道』與海德格爾的『本體』之思：從詞源學的角度　郭繼民　南通大學學報　2009 年 4 期

實現逍遙：由有待到無待：莊子逍遙遊的自由與超脱　樊恬靜　湖南醫科大學學報　2009 年 4 期

莊子『逍遙』的存在論分析　陳海衛、肖會舜　周口師範學院學報　2009 年 4 期

從『小大之辯』看莊子『逍遙遊』境界的二分性　張永祥、張秀芬　周口師範學院學報　2009 年 4 期

略論莊子『三言』表達方式的本質特徵　韓海泉　青海師範大學學報　2009 年 4 期

嵇康對莊子精神的傳承　劉園紅　工會論壇　2009 年 4 期

莊子的蝴蝶　杜玢翰　讀與寫　2009 年 4 期

論覺浪道盛的『莊子托孤』説　宋健　湖北大學學報　2009 年 4 期

呂惠卿道德真經傳的老學思想　徐華　湖北大學學報　2009 年 4 期

爲『天道』之光所照亮的一隅：莊子的意義論與 20 世紀西方文學意義論的視角相關性　吳興明、盧迎伏　文藝理論研究　2009 年 4 期

以自然爲宗：莊子的自然主義藝術觀　李豔　哈爾濱市委黨校學報　2009 年 4 期

以儒解莊：王安石學派的莊子學闡釋　李波　晉陽學刊　2009 年 4 期

莊子經權思想探微：兼與儒家經權觀比較　萬勇華　泰山學院學報　2009年4期

莊子的生死觀　龍江　湘潭師範學院學報　2009年4期

莊子與傳道書的人生哲學比較　梁工　鄭州大學學報　2009年4期

從人權視角解讀莊子思想　田慧霞　鄭州大學學報　2009年4期

論莊子的『樂』觀　徐春根　甘肅社會科學　2009年4期

聞一多對莊子及道家認識的轉變和原因　李樂平、李海燕　武漢大學學報　2009年4期

莊子散文『卮言』論析　陳德福　福建師範大學學報　2009年4期

順逆之間的文化接力：關於『魯迅與莊子』關係的研究　佀同壯　海南師範大學學報　2009年4期

從人間世看莊子的政治觀　王芳、翁學輝　海南師範大學學報　2009年4期

庖丁解牛的啟示　李元卿　石油政工研究　2009年4期

莊子齊物論對建設生態文明的啟示　張錦智　山西農業大學學報　2009年4期

論莊子文本的縱向結構層次　劉生良　貴州師範大學學報　2009年4期

老莊是否具有仁道觀　呂錫琛、陳明　道德與文明　2009年4期

養生主的養生之道　周海春　中國道教　2009年4期

論莊子思想對構建和諧社會的意義　王焱　長江論壇　2009年4期

莊子『道』之行初探　王英娜　瀋陽大學學報　2009年4期

莊子生命意識初探　李成玉　安康學院學報　2009年4期

語境差與莊子的修辭認知　陳啟慶　長江大學學報　2009年4期

談莊子逍遙遊中的遊　任芳、許元政　內蒙古農業大學學報　2009年4期

論莊子與梭羅反異化思想的共性：莊子與瓦爾登湖之比較　安鮮紅、劉開田　黃岡師範學院學報　2009年4期

簡論莊子『外化而内不化』的處事原則　胡安良　青海民族學院學報　2009年4期

論莊子的哀怨　李秀華　船山學刊　2009年4期

道家哲學和海德格爾哲學思想中的『有』、『無』之辨　郭德君　船山學刊　2009年4期

莊子性惡思想探討　顏世安　中國哲學史　2009年4期

出離與返回：作爲過程的逍遥：莊子逍遥遊疏解　郭美華　中國哲學史　2009年4期

論莊子中的孔子　邵漢明　中國哲學史　2009年4期

『或使』與『莫爲』　李鋭　中國哲學史　2009年4期

王弼玄學中的莊學精神　蔣麗梅　中國哲學史　2009年4期

莊子『佞人』解　姚小鷗、李川豫　中國文化研究　2009年4期

生存與超越：對孔子和莊子待命之探究　劉麗、韓傳強　廣播電視大學學報　2009年4期

由『鼓盆而歌』論莊子的生死觀　王洪臣　重慶工貿職業技術學院學報　2009年4期

大學英語課堂教學中的『大言』與『小言』：莊子語言哲學視角下的課堂話語分析　鄭雯嫣　浙江海洋學院學報　2009年4期

莊子哲學思想之宗教精神解讀　吉獻忠　廈門廣播電視大學學報　2009年4期

論莊子美學的自然精神　曾永衛、楊妍　湖南工程學院學報　2009年4期

響徹千古的悲絕之音：淺談莊子的生存觀　馬薈苓　河海大學學報　2009年4期

『吾喪我』：齊物論理路之再解讀　張睿　湖州職業技術學院學報　2009年4期

論先秦時期道家思想的美學追求　任芳瑩　時代教育　2009年4期

先秦儒道天道觀異同探微　王兆響、褚冠軍　濟寧學院學報　2009年4期

先秦儒家和道家在『禮』與『情』關係問題上的分歧及其啟示　周兵　孔子研究　2009年4期

『靜』的同與異：儒釋道思想對晚明小品的影響分析　王曉光　湖南大學學報　2009年4期

試論道家思想對山谷題跋『韻』的影響　杜玉印　九江學院學報　2009年4期

論中國山水畫的『虛靜』說：道家『虛靜』理論在中國山水畫中的滲透　羊草　美術嚮導　2009年4期

道家美學的『道』論與意境之超然心態　李天道　青海民族學院學報　2009年4期

傅佩榮：認爲莊子消極厭世是一種誤解　王洪波　中華讀書報　2009年4月29日

莊子人生哲學矛盾解讀　劉玉璿　蘇州大學碩士學位論文　2009年4月

孔子、莊子旅遊思想比較研究　樊友猛　曲阜師範大學碩士學位論文　2009年4月

杜光庭道德真經廣聖義的莊子觀研究　陳文佳　華東師範大學碩士學位論文　2009年4月

道家教育思想對當今美術教學目標的資鑒　劉一瀟　河北師範大學碩士學位論文　2009年4月

論莊子之『獨』　彭曉坤　華東師範大學碩士學位論文　2009年4月

馮友蘭的莊子學研究　金琳　華東師範大學碩士學位論文　2009年4月

軸心時代中國『遊』的思想：以孔子、莊子、屈原爲例　俞瓊穎　華東師範大學碩士學位論文　2009年4月

林仲懿南華本義之研究　王雲　華東師範大學碩士學位論文　2009年4月

莊子思想的終極關懷精神　曹梅芝　河南大學碩士學位論文　2009年4月

莊子時空觀探析　余年順　福建師範大學碩士學位論文　2009年4月

莊子人生哲學的特質解析　陳付娟　西南大學碩士學位論文　2009年4月

莊子與叔本華『生命悲劇意識』比較研究　覃莉　中南民族大學碩士學位論文　2009年4月

莊子與楚文化背景下的士人悲劇精神研究：以戰國中後期至西漢前期爲中心　王志陽　福建師範大學碩士學位論文　2009年4月

乘物以游心：『物』視角下的莊子哲學　王玉彬　山東大學碩士學位論文　2009年4月

返朴・歸真：莊子與克爾凱郭爾生存論比較　劉昆　貴州師範大學碩士學位論文　2009年4月

論莊子的悲情意識　王振民　山東師範大學碩士學位論文　2009年4月

論成玄英莊子內篇疏中的心性哲學　陳懷松　西南大學碩士學位論文　2009年4月

逍遥與拯救：莊子與尼采自由思想之比較　羅娟容　首都師範大學碩士學位論文　2009年4月

道進乎技：莊子技藝活動寓言的哲學、美學闡釋　朱金國　山東大學碩士學位論文　2009年4月

老莊『自然』觀念的產生和變化　夏紹熙　西北大學博士學位論文　2009年4月

莊子逍遥義演變研究　葉蓓卿　華東師範大學博士學位論文　2009年4月

『望洋興歎』正解　崔嶸　老同志之友　2009年5期

淺論莊子中異化的孔子形象　王真　華章　2009年5期

後青春的莊子　劉陽　南風窗　2009年5期

人莫鑒於流水，而鑒於止水　語文世界　2009年5期

生命的自然與自然的生命：關於莊子自然審美的一種解析　尹秋雯、聶慶璞　社會科學論壇　2009年5期

聽莊子講生態文明　劉隆有　學習與實踐　2009年5期

論莊子教育思想的現實意義　魏萍、徐照波　教育與教學研究　2009年5期

論莊子重言對論語的敘事模仿　陳永輝　湖北第二師範學院學報　2009年5期

淺談莊子、屈原面對人生困境的態度及選擇　楊曉琴　安徽文學　2009年5期

莊子逍遙遊篇鯤、鵬、蜩、蟬形象再考察　王遜　安徽文學　2009年5期

論莊子之真人　冷金蘭　安徽文學　2009年5期

道家和平思想　好家長　2009年5期

先秦道家消費思想探析　劉芳　雲南大學學報　2009年5期

道家哲學時間觀初探：科學和哲學兩種時間觀對道學的啟發　沈文華　學海　2009年5期

先秦儒、道養生思想的比較及其現代價值　胡素梅　天中學刊　2009年5期

山水畫與道家精神　李英梅　藝術界　2009年5期

體道之境：莊子『心齋說』淺析　何小五　安徽文學　2009年5期

莊子美學中『遊』之審美視域　劉潯、黄穎　牡丹江大學學報　2009年5期

試論莊子的鄉土想像(上)　張利玲　牡丹江大學學報　2009年5期

西方解構主義與莊子哲學之比照　羅彦民　社會科學家　2009年5期

陸西星莊學思想特色　黄紅兵、宋元武　宜賓學院學報　2009年5期

宣穎解莊方法研究：以南華經解爲中心　曾名沁　南方論刊　2009年5期

淺論莊子寓言的浪漫主義文學色彩　劉瑩瑩　科教文匯　2009年5期

『和光同塵』與『心齋』：老莊身心和諧思想及其當代價值　錢同舟　學術交流　2009年5期

從莊子的後現代意義說起　彭國華　人民日報　2009年5月5日

老莊自然觀在中國風景油畫中的審美體現　柳玉　文藝研究　2009年5期

莊、玄、禪自然觀的內在轉化及其美學效應　劉廣鋒　理論月刊　2009年5期

莊子的生死智慧　范克龍　理論月刊　2009年5期

簡析秋水的教學重點和難點　田錦花　科教文匯　2009年5期

鯤鵬意象的道性之解　侯洪瀾　文學教育　2009年5期

南宋莊子散文藝術研究及其影響　李波　前沿　2009年5期

魏晉『名士』與『士風』　孫祖眉　社科縱橫　2009年5期

是與在的自由：淺論柏拉圖與莊子的哲學形態　姜琳　企業家天地（下半月刊）　2009年5期

『扶搖』仍是風名　李建芬、顏春峰　語文新圃　2009年5期

試論莊子養生主的生命哲學思想及其現代價值　楊晨霞　中共樂山市委黨校學報　2009年5期

論語和莊子中的顏回與子貢　張二平　海南大學學報　2009年5期

莊子理想人格漫談　楊豔秋　牡丹江師範學院學報　2009年5期

莊子寓言文學的特質　趙佳麗　惠州學院學報　2009年5期

莊子與柏格森的語言觀之比較　陳麗英　山西大同大學學報　2009年5期

徒然草中的『物之哀』與莊子思想　陳秉珊　浙江教育學院學報　2009年5期

莊子的生命觀：莊子養生主的哲學闡釋（下）　王富仁　社會科學研究　2009年5期

莊子的平等觀（下）：莊子齊物論的哲學闡釋　王富仁　社會科學戰綫　2009年5期

郭沫若對莊子態度的變遷　劉劍梅　渤海大學學報　2009年5期

虛室生白評點　王蒙　中國人民大學學報　2009年5期

論老莊自然審美的生命美學意藴　趙國乾　南京曉莊學院學報　2009年5期

『道』之純藝術精神：徐復觀對莊子藝術精神的解讀　熊呂茂、肖輝　湖南行政學院學報　2009年5期

莊子命之本質論　余建軍　阜陽師範學院學報　2009年5期

再論郭象之足性逍遥　朱書廣　湘潭師範學院學報　2009年5期

釋『以明』　張和平　北京師範大學學報　2009年5期

論莊子對上帝鬼神的超越　張松輝、張海英　華中科技大學學報　2009年5期

『緣督以爲經』與『處乎材與不材之間』：論莊子人生哲學與其審美情感的生成　郭超　巢湖學院學報　2009年5期

論莊子『逍遥遊』生命佳境的審美情韻　張鵬飛　南寧職業技術學院學報　2009年5期

莊子與中國藝術精神之生成　王焱　安徽師範大學學報　2009年5期

對中國傳統美育思想『慣性』的質疑：兼論莊子美育的當代價值　張愛紅　安徽師範大學學報　2009年5期

大陸近三十年來莊子美學研究綜述　郭超　安徽師範大學學報　2009年5期

超越五色的玄素世界：論老莊哲學中的色彩符號　許哲娜　南昌大學學報　2009年5期

莊子言意觀探析　張銀芝　吉林廣播電視大學學報　2009年5期

莊子技道觀與武道修煉的境界　林北生、周慶傑、盧兆民　西安體育學院學報　2009年5期

以老莊爲代表的道家死亡觀研究　崔華華、劉霞　西北大學學報　2009年5期

莊子『無以故滅命』之『故』釋義考辨　經綸　中州學刊　2009年5期

『獨往』和『虛舟』：盛唐山水詩的玄趣和道境　葛曉音　文學遺產　2009年5期

老莊善惡觀試探　鄭全　道德與文明　2009年5期

莊子技術思想釐清　吳智、陳凡　自然辯證法通訊　2009年5期

桃李出杏壇：讀莊偶拾之三　熊偉　科學文化評論　2009年5期

莊子陰陽學說的道德教育意義　譚維智　山東師範大學學報　2009年5期

『一』以貫之：齊物論的內在邏輯新論　吳冬梅　江淮論壇　2009年5期

孤雲出岫　去留無意：論莊子對自由心靈的實現　刁麗　安康學院學報　2009年5期

論莊子的『心』思　徐春根　廣西師範大學學報　2009年5期

變形的觀念與萬物一體的境界：通過莊子把握一個中國式的主題　劉泰然　湖州師範學院學報　2009年5期

王國維與莊子的文化淵源　侶同壯　滁州學院學報　2009年5期

大學語文教學中的拓展閱讀與閱讀拓展：以莊子秋水（節選）爲例　封樹芬　宿州教育學院學報　2009年5期

斯坦納闡釋學翻譯模式關照下的三個莊子譯本的比較研究　吳志萌　西南民族大學學報　2009年5月（增刊）

莊子寓言的美學闡釋　張萌　河北大學碩士學位論文　2009年5月

試論莊子的審醜之維：以莊子筆下的醜怪形象爲例　姚高峰　蘇州大學碩士學位論文　2009年5月

晚清湖湘老莊學研究　陳湘君　湖南師範大學碩士學位論文　2009年5月

孟莊心性論辨微　范國華　湖南師範大學碩士學位論文　2009年5月

從詠懷詩看老莊騷雅對阮籍的影響　劉曼　湖南師範大學碩士學位論文　2009年5月

天地有大美而不言：莊子對美的闡釋　李長虹　東北師範大學碩士學位論文　2009年5月
老莊自然狀態研究　王悦　東北師範大學碩士學位論文　2009年5月
和諧的智慧：國外老莊思想的當代價值研究　李萍　華東師範大學碩士學位論文　2009年5月
試論莊子之物　謝靜靜　華東師範大學碩士學位論文　2009年5月
錢穆的莊子學研究　高秀燕　華東師範大學碩士學位論文　2009年5月
『萬物一齊』思想背景下的平等觀念：莊子齊物論倫理思想研究　聶煒琪　華東師範大學碩士學位論文　2009年5月
呼喚與超越：莊子生命哲學研究　何少甫　西北師範大學碩士學位論文　2009年5月
試論莊子寓言故事對聲樂教學之啟迪　張曼雲　江西師範大學碩士學位論文　2009年5月
莊子寓言研究　李淑霞　西北師範大學碩士學位論文　2009年5月
象思維視域下的莊子美學　張翅飛　貴州大學碩士學位論文　2009年5月
艾克哈特與莊子的自由觀比較　付倩　貴州大學碩士學位論文　2009年5月
試論莊子之『真』　羅浩文　華中科技大學碩士學位論文　2009年5月
志賀直哉的創作理念與莊子的人生哲學　楊冬偉　黑龍江大學碩士學位論文　2009年5月
論道家對科技異化的思考及其啟示　田峰　武漢科技大學碩士學位論文　2009年5月
安時處順　適性逍遥：莊子幸福觀初探　王強　首都師範大學碩士學位論文　2009年5月
莊子無爲思想研究　雷吉振　湖南大學碩士學位論文　2009年5月
莊子內篇的美學思想　季雲霞　延邊大學碩士學位論文　2009年5月
莊子審美體驗思想闡釋　楊鵬飛　遼寧大學博士學位論文　2009年5月

詮釋與重建：成玄英莊子疏的哲學意蘊　魏冬　陝西師範大學博士學位論文　2009年5月

典籍英譯標準的整體論研究：以莊子英譯爲例　黃中習　蘇州大學博士學位論文　2009年5月

論莊子的是非觀　姚高峰　學語文　2009年6期

論莊子對老子音樂美學思想的改造　李秀巖　大衆文藝　2009年6期

從文學角度看道家審美文化的生態價值：兼論其與基督教生態神學的對話空間　宋旭紅　湖北民族學院學報　2009年6期

論莊子文章的結尾藝術　李見勇　作家　2009年6期

從容調侃話死生：起死解讀　裴合作　作家　2009年6期

莊周夢蝶的真實、虛幻與物化和在中國文化中的應用　童韻　中學語文　2009年6期

莊子的平等觀（上）：莊子齊物論的哲學闡釋　王富仁　社會科學戰綫　2009年6期

『遊刃有餘』用錯了　語文世界　2009年6期

中國古代散文之莊子　散文選刊　2009年6期

理念VS威權：顏回去衛之一　王蒙　書屋　2009年6期

蔽於天而不知人：解讀莊子對藝術的影響　梁佳　安徽文學　2009年6期

莊子與盧梭自然教育思想之比較　邱琳　教育探索　2009年6期

莊子的野馬與海子的以夢爲馬　朱贇斌　文學教育（上）　2009年6期

莊子人與自然平等觀及其當代價值探析　楊雪、黃聖平　社科縱橫　2009年6期

亂世之中的生命哲學：莊子人間世第六講　馮學成　西部廣播電視　2009年6期

『道』進乎『技』　何中華　中國研究生　2009年6期

庖丁解牛中的角色分析　李雪峰　長城　2009 年6 期
汪洋闢闔　儀態萬方：逍遥遊賞析　周先民　中華活頁文選　2009 年6 期
顔回形象比較研究：以論語、莊子爲中心　姜波　學習與實踐　2009 年6 期
真樂無我：淺析莊子的自然人生　吴小東　閱讀與鑒賞　2009 年6 期
試論莊子的鄉土想像(下)　張利玲　牡丹江大學學報　2009 年6 期
在道境中的超越：略論莊子的心靈深度　賴永兵　南方論刊　2009 年6 期
『無己』與『逍遥』：析宣穎南華經解對莊子主旨的理解　曾名沁　南方論刊　2009 年6 期
淺談莊子的『虚無主義』價值觀　李漢興　新西部　2009 年6 期
拉開走向心靈藝術的帷幕：看祁劇夢蝶　胡安娜　理論與創作　2009 年6 期
莊子學説之獨立性研究：以莊子内七篇爲中心　徐瑩　文史哲　2009 年6 期
嚴復莊子評點與莊學的近代轉換　康慶、李寶紅　安徽史學　2009 年6 期
論莊子形象塑造以『道』爲美的藝術魅力　邱蔚華　湖南醫科大學學報　2009 年6 期
性分·生死·窮達：論陶淵明與郭象的思想差異　江雲岷、韓國良　雲南社會科學　2009 年6 期
論莊子的自由觀：莊子逍遥遊的哲學闡釋　王富仁　河北學刊　2009 年6 期
試論莊子的技術價值思想　巨乃岐　哈爾濱工業大學學報　2009 年6 期
莊子的藝術化人生觀及其生成　倪武業　溫州大學學報　2009 年6 期
斷裂的世界：莊子政治思想研究　劉思禾　古籍整理研究學刊　2009 年6 期
莊子自然哲學的生態意蘊及其當代價值　王素芬、丁全忠　保定學院學報　2009 年6 期
莊子與普羅泰戈拉『相對論』的重新審視　周黄琴　肇慶學院學報　2009 年6 期

論老莊的『自然』：兼論中國哲學『自然』思想的發生與展開　池田知久　湖南大學學報　2009年6期

莊子故里研究芻語　蕭若然　山東教育學院學報　2009年6期

莊子反義詞顯示格式探析　李占平　陝西師範大學學報　2009年6期

莊子散文章法論略　梁克隆　中華女子學院學報　2009年6期

郭象莊子注的美學思想及其對後世的影響　翟麗娟　綏化學院學報　2009年6期

從『吾喪我』和『道』看莊子『齊物』　趙廟祥　江淮論壇　2009年6期

霍妮人格理論視野下莊子心理探微　謝苗苗　西南農業大學學報　2009年6期

試論老莊的生態智慧　鞏琳、劉寧　皖西學院學報　2009年6期

試析莊子中的畸形人形象　金野　瀋陽大學學報　2009年6期

淺談孔、莊二家的個體關係　高世江　瀋陽大學學報　2009年6期

道、藝術精神與異化勞動：論莊子的反異化思想　楊有慶　華北電力大學學報　2009年6期

孟莊寓言比較　許麗麗　安徽電子信息職業技術學院學報　2009年6期

莊子逍遥之路新探　王榮花　洛陽師範學院學報　2009年6期

莊子文化：可以在國際上推廣的文化品牌　趙雲峰　商丘日報　2009年6月24日

道家、道教對基督教的啟發　包兆會　對話：中國傳統文化與和諧社會（會議論文集）　2009年6月

論二十四詩品的道家美學思想　葛衍　哈爾濱師範大學碩士學位論文　2009年6月

逍遥的誕生：莊子思想基本性質的一種解讀　王慶餘　河北大學碩士學位論文　2009年6月

當代生態美學視域下的莊子哲學研究　賈婧一　河北大學碩士學位論文　2009年6月

自然與自由：莊子與康德的兩種思路　路傳頌　西北大學碩士學位論文　2009年6月

莊子：神話鍛造寓言研究　鹿博　江南大學碩士學位論文　2009年6月

『外內相冥』的生命感悟與超越：從『玄冥』視角解讀郭象莊子注　商春麗　雲南師範大學碩士學位論文　2009年6月

無待的理性之『遊』：莊子之『逍遙遊』試分析　馬亞南　才智　2009年7期

儒道禪與審美觀照的三重境界　范文彬　社會科學戰綫　2009年7期

呆若木雞高境界　佚名　國學　2009年7期

從秋水篇看莊子的認識論思想　何新蓮　重慶科技學院學報　2009年7期

莊子、克爾凱郭爾：異樣生命拯救、通達之途　楊曉麗　安徽文學　2009年7期

亂世之中的生命哲學：莊子人間世第七講　馮學成　西部廣播電視　2009年7期

莊子道論對道教的影響　孫功進　東嶽論叢　2009年7期

儒道合一：王安石學派的莊子學及其影響　李波　安慶師範學院學報　2009年7期

論方以智對莊子學說的整合與改造　李波、方勇　求索　2009年7期

莊子論美的真偽命題　楊光熙　求索　2009年7期

論莊子的悲憫意識　楊妮　江南大學碩士學位論文　2009年7月

道家生態倫理觀及其當代啟示　陳夢然　浙江大學碩士學位論文　2009年7月

『運斤成風』不指力氣大　語文世界　2009年7、8期合刊

人皆知有用之用　莫知無用之用　語文世界　2009年7、8期合刊

『死生亦大矣』之淺見　呂衛芳、童燕　學語文　2009年7、8期合刊

從賣油翁到庖丁　王淦生　當代教育科學　2009年8期

清人劉鳳苞莊子散文藝術研究論略　李波　名作欣賞　2009年8期

盜亦有道　退思　國學　2009年8期

莊子生命哲學的自然意蘊及當代價值　劉月霞、王素芬　理論月刊　2009年8期

莊子『無用之用』對産品設計的啟示研究　周興軍　科學之友　2009年8期

莊子逍遥遊節選譯文比較　劉恬恬、邵菲　科教文匯　2009年8期

莊子與阿Q　王蒙　讀書　2009年8期

莊子繕性注校釋　李倩、宋魁　安徽文學　2009年8期

生死齊一：淺析莊子生命觀　李成玉　安徽文學　2009年8期

老莊朴美思想及現代意義　趙旭傑　安徽文學　2009年8期

亂世之中的生命哲學：莊子人間世第九講　馮學成　西部廣播電視　2009年8期

道論之下：莊子的自然觀與語言觀　靳瑞霞　商丘師範學院學報　2009年8期

莊子美學思想在現代藝術設計中的意義　魏蓉　時代文學　2009年8期

孔子與莊子『遊』的思想比較　李平　時代文學　2009年8期

莊子遊世思想對現代人的啟迪　趙興華　山東文學　2009年8期

無差别的世界：讀莊子齊物論有感　吳宜儐　中國校外教育　2009年8期

思莊子論夢：以佛參道　王光照、仇園園　福建論壇　2009年8期

老莊人生觀的視域　張英良、姚丹　牡丹江大學學報　2009年8期

康有爲對莊子的定位與近代哲學視界中的莊子　魏義霞　中國哲學史　2009年8期

莊子的『無用』與『逍遥』　李耀南　哲學研究　2009年8期

魯迅對莊子的拒絕　劉劍梅　魯迅研究月刊　2009年8期
『鵬』爲『鳳』説補義：基於古文獻視角的考察　蘇芃　漢字文化　2009年8期
莊子逍遥人生觀的現代啟示　陳元桂　今日南國　2009年8期
論莊子的天人觀及其當代意義　趙鳳遠　蘭州學刊　2009年8期
莊子静養觀與文學養生　董雪静　求索　2009年8期
莊子的人生觀　孫旭鵬　黑河學刊　2009年8期
老莊思想對中國畫寫意性形態特徵指向的影響　李濟民　藝術教育　2009年9期
齊諧之言知多少　方勇　文史知識　2009年9期
莊子：皎皎空中孤月輪　鮑鵬山　國學　2009年9期
莊子的管理哲學三論　于述勝　高校教育管理　2009年9期
儒道心性修養境界探析　張麗芳、李娟　東嶽論叢　2009年9期
論作爲精神救贖的道家自然觀　田奇　當代小説　2009年9期
談談道家美學中的『妙』　曹彦　大衆文藝　2009年9期
論郭象的『適性』而爲　牛海芳　理論界　2009年9期
論莊子的道　彭富春　湖北社會科學　2009年9期
莊子外雜篇孔子形象疏證　陳林群　社會科學論壇　2009年9期
論莊子以『渾沌』爲主題意象的生態審美觀　趙鳳遠　理論學刊　2009年9期
從音樂性看莊子天運的審美情感　袁琤琤　文學教育　2009年9期
亂世之中的生命哲學：莊子人間世第十講　馮學成　西部廣播電視　2009年9期

試析莊子中的『道』　楊雪　中國商界　2009年9期

莊子內篇『天』論思想探析　張敏　江西社會科學　2009年9期

郭象論『逍遙』之道　孫紅連　語文學刊　2009年9期

莊子『時女』解　陳偉　學理論　2009年9期

莊子修辭策略探析　陳啟慶　福建師範大學碩士學位論文　2009年9月

守望精神家園：試論莊子對現代人心靈的啟示　柯桂英　青年文學家　2009年10期

左手孔子　右手莊子：于丹『國學經典心得』系列還能挺多久——基於出版視角的于丹『國學經典解讀』現象解析　江淩　黑龍江史志　2009年10期

逍遙遊至人、神人、聖人解　李見勇　山花　2009年10期

莊子故事運用十七則(一)　魯金會　新作文　2009年10期

徐克：道家隱逸思想的影像書寫　崔騰　長城　2009年10期

『怵然爲戒』中『爲』的讀音　陳立　語文教學之友　2009年10期

莊子的技術思想與中國現代設計藝術　賈麗敏　藝術與設計　2009年10期

對藝術特徵的一種審美性詮釋：試談對莊子『言』、『意』觀的認識及其對後世文學批評影響　殷晶波　安徽文學　2009年10期

拉開走向心靈藝術的帷幕：我看祁劇夢蝶　胡安娜　藝海　2009年10期

試析宋國地域文化特徵及其對莊子的影響　彭學寶　商丘師範學院學報　2009年10期

論莊子文風與東晉玄談的修辭化傾向　葉剛　商丘師範學院學報　2009年10期

莊子對中江兆民哲學思想的影響：以一年有半、續一年有半爲視角　吳曉華　蘭州學刊　2009年10期

莊子的有用、無用之辨　王海成　蘭州學刊　2009年10期
亂世之中的生命哲學：莊子人間世第十一講　馮學成　西部廣播電視　2009年10期
東施效顰　疏聞　民間文學　2009年10期
傅佩榮：外化而內不化的人生更快樂　源煜　甲殼蟲　2009年10期
透過逍遥遊解讀莊子　溫莉豔　現代語文　2009年10期
點燃激情　放飛思想：我教秋水　劉冰霞　現代語文　2009年10期
莊子與惠子遊於濠梁之上　楊小楠　閱讀與作文　2009年10期
莊子寓言藝術之魂：簡省精粹　李明珠　語文新圃　2009年10期
論齊物論的內在思想綫索　胡金旺　社會科學論壇　2009年10期
莊子與張載氣論之比較　張波　江西社會科學　2009年10期
朱得之的莊學思想研究　黃紅兵　宜賓學院學報　2009年10期
莊子故事運用十七則（二）　魯金會　新作文　2009年10期
莊子注譯與我的體會　（臺灣）陳鼓應　光明日報　2009年10月10日
莊子思想與現代教育　王海東　華東師範大學碩士學位論文　2009年10月
論莊子處世思想對蘇軾的影響　邢爽　湖南大學碩士學位論文　2009年10月
莊子見鬼：『鬼話連篇』之十一　程章燦　文史知識　2009年11期
異曲同工：犬儒學派與莊子的自然主義思想　楊和英　才智　2009年11期
心齋、坐忘、逍遥與精神排毒　陳林群　名作欣賞　2009年11期
道家思想與古代文論關係的再認識　朱炳宇　甘肅教育　2009年11期

儒家與道家　傅佩榮　全國新書目　2009年11期

我非魚，也知魚之痛　路愛道　大科技　2009年11期

道家自由精神及其對現代教育的啟示　宋蘭影　當代教育論壇　2009年11期

『儒、釋、道』及其他　柳士同　書屋　2009年11期

『郢人除堊』的感悟　黄軍昌　黨員幹部之友　2009年11期

羅丹作品中的老莊美學　張端　現代語文　2009年11期

我教秋水　劉冰霞　教育文匯　2009年11期

明代莊子接受論　劉海濤、謝謙　西南民族大學學報　2009年11期

托物以寄寓　言此而意彼：逍遥遊中的寓言解讀　田宗昌　新高考　2009年11期

莊子道境中的物：以莊書中的兩段對話爲切入點　王焱　浙江社會科學　2009年11期

淺議莊子自然純朴的審美觀及其啟示　唐坤　江漢論壇　2009年11期

亂世中的生命哲學：莊子人間世第十二講　馮學成　西部廣播電視　2009年11期

莊子寓言的敘事結構分析：以涸轍之鮒爲例　郭勇、杜新穎　時代文學　2009年11期

從秋水意趣看『逍遥』之境　張立新　中華活頁文選　2009年11期

秋水教學設計　祝宇、李朝霞　現代語文　2009年11期

境界形而上學的理性厚積和非理性薄發：以老莊哲學爲範例　王秀豔　社科縱橫　2009年11期

莊子寓言藝術之魂：『荒誕』　李明珠　語文新圃　2009年11期

論『心齋』的『虛』　楊鵬飛　楚雄師範學院學報　2009年11期

意之所隨者，不可以言傳也：淺談在教學中發揮『示範』作用　王立勇　體育世界　2009年11期

直覺與詩意表達：品味柏格森與莊子之哲學語言　陳麗英　南陽師範學院學報　2009年11期

科學創造視角下的意會認知論：以波蘭尼與莊子比較爲基礎　石仿　中國科學技術大學博士學位論文　2009年11月

自喻適志不知周：從『蝴蝶夢』看莊子人性思想内涵　王永豪　社會科學戰綫　2009年12期

試論『卮言』在莊子中的運用　宣英　學術交流　2009年12期

老莊的人性觀　李靈玢　湖北社會科學　2009年12期

以『治國』爲核心的先秦音樂美學思想：以儒、道、墨家學派爲例　顏鐵軍　社會科學戰綫　2009年12期

維摩詰經『不二法門』思想與道家思想的融通　郄運濤　青年文學家　2009年12期

取經而不要『東施效顰』　許洪昌　中國民兵　2009年12期

與莊子相遇（外一章）　馬東旭　詩潮　2009年12期

莊子教育思想對語文新課改的啟示　金張泉　考試　2009年12期

從莊周夢蝶到夢的解析　趙薇　生命世界　2009年12期

莊子所體現出的批判精神　周婷婷　文學教育　2009年12期

以今人視野回眸先哲莊子　嚴正　福建論壇　2009年12期

淺析康德與莊子審美思想的異同性　王玉琪　安徽文學　2009年12期

無用之木的妙處：莊子人間世第十三講　馮學成　西部廣播電視　2009年12期

淺析莊子逍遥遊的自由本真及其影響　蔣麗紅、劉美玲　企業家天地（下半月刊）　2009年12期

莊子的壞笑　西喬木　閱讀與作文　2009年12期

圍繞寓意　用好資源：東施效顰備課之思　梁好　湖北教育　2009年12期

莊子寓言藝術之魂：對話　李明珠　語文新圃　2009年12期

老酒坊：老莊的廟堂　劉曉峰　中華文化畫報　2009年12期

莊子與魏晉形神藝術論的確立　劉紅紅　學術研究　2009年12期

『磅礴萬物以爲一』：感悟莊子的天地情懷　劉隆有　環境教育　2009年12期

莊子哲學思想之宗教精神解讀　倪新兵　高等函授學報　2009年12期

竊國者侯　竊鉤者誅　王仁湘　中國文物報　2009年12月25日

莊子的藝術精神在中國畫中的體現　孫福林　美與時代　2009年12期

莊子詞彙的總體特徵和歷史意義　蔣書紅　求索　2009年12期

莊子自由思想評析　張國蓉　前沿　2009年13期

千古一夢思悠悠：『莊周夢蝶』的哲理與詩意　李明珠　名作欣賞　2009年13期

無限趨近而永遠不可能達到：對逍遥遊中『逍遥』境界的解讀　趙勇　語文教學通訊　2009年13期

從『有待』和『無待』看莊子的逍遥　湯曉麗　青年文學家　2009年13期

先秦道家生死觀的主要特點　鄭國玉　絲綢之路　2009年14期

起死：有意誤讀與無法契合的尷尬　馬海霞、李曉霖　名作欣賞　2009年15期

淺論莊子對蘇文之影響　李曉瑋　科技創新導報　2009年15期

道術將裂　天下何爲：淺析莊子天下之天下視域中的道術與方術　梁波　文教資料　2009年15期

『逍遥遊』是一種特效藥　醫藥保健雜誌　2009年15期

『無爲』與『有爲』：淺議道家法律思想與自然主義自然法　王盈、練成圳子　法制與社會　2009年15期

論姜夔其人其詞的道家傾向　張旭暉　大衆文藝　2009年15期

莊子的『三言』言說與其現代寫作啟示　陳永輝　寫作　2009年15期

莊子活得很累　邊人　意林　2009年15期

莊子哲學中的生死問題　姚忠秋　華章　2009年15期

略論莊子貴族式的精神尊嚴　譚德紅　中國科技信息　2009年16期

論莊子文章的開篇　李見勇　山花　2009年16期

莊子本意中的『逍遥遊』　健康大視野　2009年16期

無待，只爲逍遥　健康大視野　2009年16期

逍遥遊疑義三則　李見勇　文教資料　2009年16期

庖丁解牛的啟示　劉奇君　中學生數學　2009年16期

自然·平和：莊子中的音樂美學思想　高萍萍　電影評介　2009年16期

不朽與虚無：讀論語、莊子隨想　張俊、孫超　文教資料　2009年17期

論凱西爾的『淨化』觀與莊子美學的匯通　張文彩　大衆文藝　2009年17期

莊子之『真』淺析：莊子大宗師的人生境界論　衛娟娟、羅小龍　大衆商務　2009年18期

莊子内篇寓言人物小考　劉子希　中外企業家　2009年18期

秋水教學設計　白萍　中學教學參考　2009年19期

天籟爲何物　駱玉明　晚報文萃　2009年19期

論莊子的處世態度　周楚楚　考試周刊　2009年19期

莊子逍遥遊一解　沈亞春、楊建華　語文教學與研究　2009年20期

論莊子寓言的狂歡色彩　車文麗　名作欣賞　2009年20期
論莊子中的自由倫理思想　喬海東　傳承　2009年20期
試析莊子中的孔子形象　燕鋒　作家　2009年20期
淺論莊子逍遥學説的哲學美學意義　何媛君　文教資料　2009年21期
淺論莊子逍遥遊中理性精神的闡發　鄭羽　青年文學家　2009年21期
試論道家思想對日本近世文學的影響：以松尾芭蕉的作品爲例　劉清揚　青年文學家　2009年21期
莊子『重言』考論　葉曉慶　華章　2009年21期
從莊子寓言中鳥類形象觀神話傳説中鳳鳥『涅槃』　肖捷飛　才智　2009年22期
莊子人生哲學探微：尋求和諧建構的至高理念　蓋曉偉　法制與社會　2009年22期
莊子的人生　劉德增　走向世界　2009年22期
逍遥遊片段英譯本比較評析　樊初芳　中國科技信息　2009年22期
莊子的生態智慧　李書安、王紅麗　作家　2009年22期
莊子與其自由精神　楊曉麗　華章　2009年22期
逍遥遊與齊物論之生態哲學淺析　張倫建　大衆文藝　2009年22期
莊子名動兼類詞語義關係小析　何秦　大衆文藝　2009年23期
以『逍遥』之心，成『無爲』之爲：從莊子逍遥遊看語文教學的最高境界　劉洋　科技風　2009年23期
莊子之『魚』探趣　王建東、胡建華　中學語文　2009年24期
淺談莊子中的孔子形象　曾陽　語文學刊　2009年24期
逍遥遊：放飛心靈的自由（上）——逍遥遊主題索解　何永生　中學語文　2009年25期

莊子人生哲學的再理解　夏明超　文教資料　2009年25期

惠子相梁細讀筆記　張振芳、張春梅　語文教學與研究　2009年26期

『逍遥』『遊』辯：逍遥遊讀後記　黃保安　名作欣賞　2009年26期

逍遥遊：放飛心靈的自由（下）——逍遥遊主題索解　何永生　中學語文　2009年28期

老莊的美學思想　劉晉　魅力中國　2009年28期

南華發覆與莊子內篇注釋義比較及成書年代考：以逍遥遊篇爲例　蘇曉旭　法制與社會　2009年29期

莊子『逍遥遊』的審美人生　江瓊　學理論　2009年31期

淺論中學語文教材中逍遥遊與秋水的思想價值　錢浩　文教資料　2009年31期

從『隱身』到『隱心』的轉變：淺談莊子虛己以遊世的人生哲學　李文娟　才智　2009年32期

宋榮子『猶有未樹』解：兼談『無己』、『無功』、『無名』　李玉山　中學語文　2009年34期

莊子哲學思想中理想人格的價值特徵　楊普春、謝麗萍　魅力中國　2009年34期

試析莊子個體絕對自由的人格理想　楊富榮　文教資料　2009年35期

淺議莊子內篇中的孔子形象　劉予希　魅力中國　2009年35期

超越善惡：淺談莊子的道德觀念　華金香　考試周刊　2009年51期

簡述道家的修身教育觀　戴勝利　紀念教育史研究創刊二十周年論文集（2）——中國教育思想史與人物研究　2009年

道家教育培養目標探原　王卓民　紀念教育史研究創刊二十周年論文集（2）——中國教育思想史與人物研究　2009年

莊子美育思想探微　張天曦　紀念教育史研究創刊二十周年論文集（2）——中國教育思想史與人物研究　2009年

究　2009 年

絕棄『仁義』之後：老、莊的道德教育在哪裏　徐衛紅　紀念教育史研究創刊二十周年論文集（2）——中國教育思想史與人物研究　2009 年

莊子與道家教育思想的發展　譚佛佑　紀念教育史研究創刊二十周年論文集（2）——中國教育思想史與人物研究　2009 年

論老莊積極的道德觀在中小學德育中的滲透　伍德勤　紀念教育史研究創刊二十周年論文集（9）——中華人民共和國教育史研究　2009 年

論先秦道家對儒家的影響　方爾加　儒學的當代使命——紀念孔子誕辰2560 周年國際學術研討會論文集（第三冊）　2009 年

朱熹理學與莊學　（臺灣）王志楣　儒學的當代使命——紀念孔子誕辰2560 周年國際學術研討會論文集（第三冊）　2009 年

莊子漁父與楚辭漁父　徐志嘯　中國楚辭學（第十六輯）——2009 年深圳屈原與楚辭學國際學術研討會論文集　2009 年

莊子與楚辭的逍遙境界比較　賈學鴻　中國楚辭學（第十六輯）——2009 年深圳屈原與楚辭學國際學術研討會論文集　2009 年

論明清學者的莊屈觀　宋健　中國楚辭學（第十七輯）——2009 年深圳屈原與楚辭學國際學術研討會論文集　2009 年

莊子內篇的心理分析研究　任增輝　第十二屆全國心理學學術大會論文摘要集　2009 年

莊子的心理和諧之道　李海龍　第十二屆全國心理學學術大會論文摘要集　2009 年

超個人心理學視野下的莊子心性學　李娟　第十二屆全國心理學學術大會論文摘要集　2009 年

我的耶魯學生的轉變：作爲當今經濟危機解決之道的孫子、老子與莊子（英文）　Kang－i Sun Chang

北京論壇（2009）文明的和諧與共同繁榮——危機的挑戰、反思與和諧發展：『化解危機的文化之道——東方智慧』中文分論壇論文或摘要集　2009 年

李白對莊子的期待視野　竇可陽　華夏文化論壇（第四輯）　2009 年

論語與莊子中的孔子：『爲學』與『爲道』的兩種思想　李乾耀　傳統中國研究集刊（第六輯）　2009 年

試論莊子的『化』　鄭開　哲學門（第十八輯）　2009 年

關於莊子的對話　章啟群、韓林合　哲學門（第十九輯）　2009 年

『天籟』與『真君』　陳清春　哲學門（第十九輯）　2009 年

內丹家眼中的莊子：復圭子程以寧莊子注疏簡論　劉仲宇　全真道與老莊學國際學術研討會論文集　華中師範大學出版社　2009 年版

論全真道對老莊思想的詮釋向度：以丹陽真人語錄爲例　孫亦平　全真道與老莊學國際學術研討會論文集　華中師範大學出版社　2009 年版

丘處機道教思想中的老莊情結　丁原明　全真道與老莊學國際學術研討會論文集　華中師範大學出版社　2009 年版

道家的超越哲學與當代世界　謝陽舉　全真道與老莊學國際學術研討會論文集　華中師範大學出版社　2009 年版

黑水城呂觀文進莊子義的初步研究　陳靜　全真道與老莊學國際學術研討會論文集　華中師範大學出版社　2009 年版

簡論隋唐老莊學與全真道的思想淵源　董恩林　全真道與老莊學國際學術研討會論文集　華中師範大學出版社　2009年版

莊學詮釋方式與詮釋體系建構（臺灣）錢奕華　全真道與老莊學國際學術研討會論文集　華中師範大學出版社　2009年版

詮釋中的意義轉移：莊子、郭注、成疏『齊物』義比較研究　李延倉　全真道與老莊學國際學術研討會論文集　華中師範大學出版社　2009年版

論丘處機和諧觀的老莊思想淵源　吳成國　全真道與老莊學國際學術研討會論文集　華中師範大學出版社　2009年版

復歸與超越：王重陽修道論與老莊思想的關係　鍾海連　全真道與老莊學國際學術研討會論文集　華中師範大學出版社　2009年版

太谷學派詮釋老莊的生命本位特色　江峰　全真道與老莊學國際學術研討會論文集　華中師範大學出版社　2009年版

論陳景元對莊子思想的詮釋　肖海燕　全真道與老莊學國際學術研討會論文集　華中師範大學出版社　2009年版

胡適論老莊與道家　謝從高　全真道與老莊學國際學術研討會論文集　華中師範大學出版社　2009年版

莊子的價值視域：從逍遙遊說起　周立升　全真道與老莊學國際學術研討會論文集　華中師範大學出版社　2009年版

莊子返朴歸真的道德追求及其修身方法探析　黃釗　全真道與老莊學國際學術研討會論文集　華中師範

大學出版社　2009 年版

莊子中幾個詮釋問題　（韓國）金白鉉　全真道與老莊學國際學術研討會論文集　華中師範大學出版社　2009 年版

簡論齊物論多元主義的真理觀與包容主義的價值觀　吳根友　全真道與老莊學國際學術研討會論文集　華中師範大學出版社　2009 年版

論老莊的心理保健智慧及其現代啟示　呂錫琛　全真道與老莊學國際學術研討會論文集　華中師範大學出版社　2009 年版

從矛盾的角度來理解莊子思想　張松輝　全真道與老莊學國際學術研討會論文集　華中師範大學出版社　2009 年版

逍遥遊的超解構哲學　歐崇敬　全真道與老莊學國際學術研討會論文集　華中師範大學出版社　2009 年版

老莊『隱逸』思想辨證　李明珠　全真道與老莊學國際學術研討會論文集　華中師範大學出版社　2009 年版

試論莊子的無用與逍遥　李耀南　全真道與老莊學國際學術研討會論文集　華中師範大學出版社　2009 年版

從養生主看莊子的生命政治學：養生主關鍵字新解　邢益海　全真道與老莊學國際學術研討會論文集　華中師範大學出版社　2009 年版

中國古典藝術理論的淵源：莊子思想及其與當代音樂美學之理路　汪森　全真道與老莊學國際學術研討會論文集　華中師範大學出版社　2009 年版

『道』與自我：莊子思想的一個側面　路傳頌　全真道與老莊學國際學術研討會論文集　華中師範大學出版社　2009 年版

論老莊哲學對主體性問題的探索　于占傑　全真道與老莊學國際學術研討會論文集　華中師範大學出版社　2009 年版

道家對韓詩外傳的影響　周曉露　道家文化研究（第二十四輯）（北京）生活・讀書・新知三聯書店　2009 年版

道家『復』、『反』哲學思想與道教文學關係芻議　申喜萍　道家文化研究（第二十四輯）（北京）生活・讀書・新知三聯書店　2009 年版

宋玉爲道家文人考：兼談關於宋玉骨氣問題的爭論　張松耀、周曉露　道家文化研究（第二十四輯）（北京）生活・讀書・新知三聯書店　2009 年版

道家生死觀的思想特點及其現代意義　朱曉鵬　諸子學刊（第二輯）　上海古籍出版社　2009 年版

從黃老到老莊：漢代『老子』學論略　汪春泓　諸子學刊（第二輯）　上海古籍出版社　2009 年版

道是無情卻有情：論莊子之情　（臺灣）王志楣　諸子學刊（第二輯）　上海古籍出版社　2009 年版

『莊子蔽於天而不知人』析論　（香港）鄭麗娟　諸子學刊（第二輯）　上海古籍出版社　2009 年版

莊子詞語零劄（之一）　曾良　諸子學刊（第二輯）　上海古籍出版社　2009 年版

莊子修養的路徑及在漢初的演變　包兆會　諸子學刊（第二輯）　上海古籍出版社　2009 年版

呂惠卿莊子義版本源流考　湯君　諸子學刊（第二輯）　上海古籍出版社　2009 年版

黑水城呂觀文進莊子義研究　陳靜　諸子學刊（第二輯）　上海古籍出版社　2009 年版

蘇軾莊子祠堂記『楚公子微服出亡』寓言試解　（臺灣）簡光明　諸子學刊（第二輯）　上海古籍出版社

2009 年版

論明清學者的莊屈觀　宋健　諸子學刊（第二輯）　上海古籍出版社　2009 年版

我讀莊子的心路歷程：在華東師範大學先秦諸子研究中心的講演　（臺灣）陳鼓應　諸子學刊（第二輯）　上海古籍出版社　2009 年版

老、莊及易傳的重要哲學議題：論三玄思想的內在聯繫之二　（臺灣）陳鼓應　諸子學刊（第三輯）　上海古籍出版社　2009 年版

試論莊子的宇宙觀　趙沛霖　諸子學刊（第三輯）　上海古籍出版社　2009 年版

試論莊子的超前意識　孫以昭　諸子學刊（第三輯）　上海古籍出版社　2009 年版

莊子歸根意識淺說　曹礎基　諸子學刊（第三輯）　上海古籍出版社　2009 年版

莊子道家『無用之用』的價值制高點　許建良　諸子學刊（第三輯）　上海古籍出版社　2009 年版

『天弢』與『天刑』：生命的社會屬性與莊子的生存焦慮　程水金　諸子學刊（第三輯）　上海古籍出版社　2009 年版

莊子自由精神與獨立人格的再認識：與平等意識偕行的精神追求　涂光社　諸子學刊（第三輯）　上海古籍出版社　2009 年版

夢迷與覺悟：莊子的夢　陳靜　諸子學刊（第三輯）　上海古籍出版社　2009 年版

天下有至樂：論莊子之『樂』（臺灣）王志楣　諸子學刊（第三輯）　上海古籍出版社　2009 年版

莊子思想中『游心於和』的美學意涵　（臺灣）李美燕　諸子學刊（第三輯）　上海古籍出版社　2009 年版

莊子生態美學思想資源探析　劉生良、康莊　諸子學刊（第三輯）　上海古籍出版社　2009 年版

以明乎，已明乎：釋莊子的『明』義　（新加坡）勞悅強　諸子學刊（第三輯）　上海古籍出版社　2009

年版

知北遊：文本的意義分析　強昱　諸子學刊（第三輯）　上海古籍出版社　2009年版

宇宙意識與文學特色：莊子哲學觀念的文學轉化　刁生虎　諸子學刊（第三輯）　上海古籍出版社　2009年版

莊子文學的厚重與輕妙：向内沉潛與向外飛翔之交錯　（日本）池田知久　曹峰譯　諸子學刊（第三輯）　上海古籍出版社　2009年版

莊子思想的歷史定位　崔大華　諸子學刊（第三輯）　上海古籍出版社　2009年版

莊子山人考論　賈學鴻　諸子學刊（第三輯）　上海古籍出版社　2009年版

莊子詞語零劄（之二）　曾良　諸子學刊（第三輯）　上海古籍出版社　2009年版

荀卿論説源出莊周證　（香港）何志華　諸子學刊（第三輯）　上海古籍出版社　2009年版

試析莊學之『火不熱論』及其與玄學本體論之關聯　王葆玹　諸子學刊（第三輯）　上海古籍出版社　2009年版

論郭象的『適性逍遥』説　葉蓓卿　諸子學刊（第三輯）　上海古籍出版社　2009年版

張載天道觀中的莊子影響　李似珍　諸子學刊（第三輯）　上海古籍出版社　2009年版

林希逸莊子口義的散文評點特色　楊文娟　諸子學刊（第三輯）　上海古籍出版社　2009年版

宋代莊學的文獻學研究　耿紀平　諸子學刊（第三輯）　上海古籍出版社　2009年版

船山莊學中的以莊釋儒　（臺灣）林明照　諸子學刊（第三輯）　上海古籍出版社　2009年版

以『大』爲逍遥：論清人闡釋莊子逍遥義的基本指向　方勇　諸子學刊（第三輯）　上海古籍出版社　2009年版

清人劉鳳苞莊子散文研究述論　李波　諸子學刊（第三輯）　上海古籍出版社　2009 年版

中西貫通　揭示新義：論嚴復用西學對莊子的闡釋　劉韶軍　諸子學刊（第三輯）　上海古籍出版社　2009 年版

莊子的世界與世界的莊子　梁樞（組稿）　諸子學刊（第三輯）　上海古籍出版社　2009 年版

近二十年來臺灣的莊學研究　（臺灣）簡光明　諸子學刊（第三輯）　上海古籍出版社　2009 年版

韓國莊子研究：回顧與反思　（韓國）朴素晶　諸子學刊（第三輯）　上海古籍出版社　2009 年版

現代韓國的莊子研究動向　（韓國）金炫秀　諸子學刊（第三輯）　上海古籍出版社　2009 年版

近三十年來日本的莊子研究　曹峰　諸子學刊（第三輯）　上海古籍出版社　2009 年版

關於西方莊學的幾點反思　（瑞士）畢來德　諸子學刊（第三輯）　上海古籍出版社　2009 年版

首屆莊子國際學術研討會綜述　李秀華　諸子學刊（第三輯）　上海古籍出版社　2009 年版

莊子學史序　（臺灣）陳鼓應　諸子學刊（第三輯）　上海古籍出版社　2009 年版

一部具有路標性的巨著：評方勇的莊子學史　包兆會　諸子學刊（第三輯）　上海古籍出版社　2009 年版

莊子『心齋』、『坐忘』的解構思想探析　李明釗　天府新論　2009 年增刊

莊子思想的人學意蘊　葛長龍　理論探索　2010 年1 期

論莊子『真人』人格的建構及其現代意義　李鍾麟　湖南科技學院學報　2010 年1 期

『大人先生』形象淺談　黃焱　現代語文　2010 年1 期

儒道佛人生境界比較研究　萬志全　內蒙古社會科學　2010 年1 期

『去蔽存真』的天道觀　吳勵生　中國圖書評論　2010 年1 期

道家思想與池田大作的生命自然觀　李曙豪　韶關學院學報　2010年1期
神龜之喻：言說的『陷阱』　葉黛瑩　長江學術　2010年1期
援道入儒：王夫之境界的思想來源與特徵　肖建原　思想戰綫　2010年1期
古典文藝理論中『虛靜』範疇的哲學探賾　韓聃　學習與探索　2010年1期
道家生態倫理思想及其現代意義　樂愛國　鄱陽湖學刊　2010年1期
『拙於用大』辨　趙麗娜、黃增壽　新鄉學院學報　2010年1期
簡論道家思想的生態倫理學意義　胡化凱　自然辯證法通訊　2010年1期
道家生態美學觀略論　靳瑞宏　延安大學學報　2010年1期
技術批判視域下的道家哲學與中國藝術精神　張澤鴻　藝術學界　2010年1期
儒道釋美學與現代人的詩意棲居　沙莎　西安電子科技大學碩士學位論文　2010年1月
莊子論境界有大小　于丹　中華活頁文選　2010年1期
莊子　王自忠　回族文學　2010年1期
風激萬竅　俯瞰百家：淺論莊子對諸子百家的態度　韓濤　現代語文　2010年1期
莊子三大版本及其異同　張遠山　社會科學論壇　2010年1期
論莊子的人生哲學　程光泉　中國海洋大學學報　2010年1期
莊子對倫理規範有限性的反思　譚維智　教育理論與實踐　2010年1期
『新莊學』的結構性理解與超越　葉勤、林驍　中國圖書評論　2010年1期
莊子重言的後現代意味　黎曉蓮　長江學術　2010年1期
莊子寓言的互文性闡釋　向柏松　長江學術　2010年1期

莊子寓言意象的無涯性　王遠東　長江學術　2010年1期

借重孔子：莊子重言的傳播策略　陳永輝　長江學術　2010年1期

莊子微敘事芻議　蔡青　長江學術　2010年1期

莊子悟道論的哲理思維　張尚仁　思想戰綫　2010年1期

莊子天論：破解天人關係與天道關係的難題　王焱　思想戰綫　2010年1期

莊子中的得道之人：釋逍遥遊　陳志偉　西藏民族學院學報　2010年1期

莊子技術觀『二律背反』實質研究　張榮　黑龍江教育學院學報　2010年1期

郭象道德哲學思想引論　尚建飛　内蒙古大學學報　2010年1期

淮南子對莊子『逍遥遊』思想的改鑄　鄧聯合　人文雜誌　2010年1期

徐復觀的『老莊藝術精神』闡釋　石了英　北方論叢　2010年1期

莊子生命哲學：自由的生命　馬志美　安徽文學　2010年1期

論莊子美學的啟蒙精神　倪武業　徐州師範大學學報　2010年1期

無條件精神自由的追求：無待逍遥遊：莊子逍遥遊研究　孫敏明　浙江萬里學院學報　2010年1期

莊子齊物論對『分』的拒斥　王園園　太原師範學院學報　2010年1期

論莊子『逍遥遊』生命理念對大學生人格魅力養成的審美觀照　張鵬飛　瀋陽工程學院學報　2010年1期

論晁迥的莊學思想　肖海燕　周口師範學院學報　2010年1期

馮友蘭英譯莊子之義理源流：以逍遥遊爲例　姜莉　内蒙古民族大學學報　2010年1期

他者：老莊對『自』的解釋　李曉英　商丘師範學院學報　2010年1期

試論莊子中魚的意義　李燕　山東文學　2010 年1 期

感天籟　悟潛通　遊無窮：讀蔣志鑫的『天籟系列』　翟墨、蔣志鑫　赤子　2010 年1 期

蝴蝶會夢見莊子嗎　吴岳偉　大科技　2010 年1 期

莊子寓言藝術之魂：想像與誇張　李明珠　語文新圃　2010 年1 期

老莊的不言之教　石久　語文新圃　2010 年1 期

莊子形容詞兼語句的句型及結構模式　甘斐哲、彭再新　唐山師範學院學報　2010 年1 期

分與物化：莊周夢蝶的主旨　劉濤　阜陽師範學院學報　2010 年1 期

莊子美學基本精神新探　何林軍　湖南師範大學社會科學學報　2010 年1 期

論道盛弟子對三子會宗論的再闡釋：以方以智、錢澄之、屈大均爲中心　宋健　南京師大學報　2010 年1 期

列子與莊子敘述特徵的差異及兩書的先後關係：從兩書近同文字的比較説起　管宗昌　古籍整理研究學刊　2010 年1 期

莊子超結構主義認知觀　白瑞芬　牡丹江大學學報　2010 年1 期

莊子形象體系論　張洪興　船山學刊　2010 年1 期

莊子的愛民思想　左營營　齊齊哈爾師範高等專科學校學報　2010 年1 期

論莊子靈魂不死思想　張松輝、張海英　湖南大學學報　2010 年1 期

論莊子的人生哲學及其當代啟示　張登巧、周開擴　湖南社會科學　2010 年1 期

莊子教育觀管窺　徐春根　嘉應學院學報　2010 年1 期

莊子、列子夢寓言對古代夢小説創作的影響　李鑫　求索　2010 年1 期

沈一貫的莊學思想研究　黄紅兵　江漢大學學報　2010年1期

莊子齊物論新釋：兼談名道之辨　吕廟軍　江漢大學學報　2010年1期

莊子的生命和諧思想　安彩英　新鄉學院學報　2010年1期

莊子内篇陰陽觀念探賾　邵穎濤、岳立松　中南大學學報　2010年1期

莊子一價形容詞簡單謂語句的句型及其結構模式　甘斐哲、謝曉鳴　南華大學學報　2010年1期

新時期的『郭沫若與莊子』文藝關係研究　侶同壯　西華大學　2010年1期

莊子、楚辭疑問代詞比較　劉春萍　平頂山學院學報　2010年1期

莊子道性思維的生態詮釋　王素芬　河北大學學報　2010年1期

『莊子故里之爭』研究現狀綜述　張偉偉、王翔宇　洛陽師範學院學報　2010年1期

關於『朝菌』一詞的評注　肖九根　漢字文化　2010年1期

由『濠梁之辯』看莊子的世界觀　趙一衡　福建省社會主義學院學報　2010年1期

論蔣錫昌的莊子研究　熊雋　中國哲學史　2010年1期

論錢基博的莊學成就　肖海燕　中國哲學史　2010年1期

『本無』與『釋無』：郭象本體論中的有無之辨　楊立華　中國哲學史　2010年1期

莊子一書中名家人物的代表：惠施　徐小利　濮陽職業技術學院學報　2010年1期

郭沫若對莊子美學的新開拓　侶同壯　廣西大學學報　2010年1期

魏晉南北朝時期莊子思想對民間世俗的影響　趙陽　鞍山師範學院學報　2010年1期

莊子反異化思想探究　許諾　理論觀察　2010年1期

反其性情而復其初：論莊子審美體驗的終極依據　王焱　東方論壇　2010年1期

论莊子自由思想的合理性及其矛盾性　唐玲　昭通師範高等專科學校學報　2010年1期
莊子與海德格爾的生死觀的對比研究　王永江　遼寧醫學院學報　2010年1期
莊子内篇寓言中的特殊對話形式　王瑩、雲運　大連大學學報　2010年1期
法天貴真：　莊子技術觀的生命哲學解讀　付粉鴿、馬得林　自然辯證法通訊　2010年1期
莊子秋水『旋其面目』考辨　郭劍英　湖南工業大學學報　2010年1期
莊子寓言劄記三則　馬軍英　鄭州航空工業管理學院學報　2010年1期
莊子外篇疏解　黄瑞雲　黄石理工學院學報　2010年1期
『忘』生『夢』死：從『莊周夢蝶』看莊子的生死觀　李建中、李立　武漢科技大學學報　2010年1期
從莊子的大道之道看音樂藝術與音樂技巧　孫曉璐　藝術研究　2010年1期
反其性情而復其初：　論莊子審美體驗的終極依據　王焱　東方論壇　2010年1期
莊子之『道』與約翰福音之『道』　薛豔麗　安順學院學報　2010年1期
關於『朝菌』一詞的評注　肖九根、敖思芬　時代文學　2010年1期
再探莊子逍遥之論　龔維政　焦作大學學報　2010年1期
北冥有魚　化而爲鳥：　莊子逍遥遊鯤鵬形象賞析　彭新有　德宏師範高等專科學校學報　2010年1期
彰顯生命的本真：　對莊子『吾喪我』生命哲學的解讀　張淼　中國礦業大學學報　2010年1期
莊子『神明説』的現代闡釋　姚曼波　南京師範大學文學院學報　2010年1期
莊子與列子生死觀之異同　罡拉卓瑪　青海師範大學民族師範學院學報　2010年1期
莊子故里釋疑　蕭若然　菏澤日報　2010年1月31日
以無用而得大用：　莊子人世間第十四講　馮學成　西部廣播電視　2010年1、2期合刊

亂世之遊者：阮籍與莊子比較研究 張蘇羅 名作欣賞 2010年2期
莊子初始本編纂者魏牟論 張遠山 社會科學論壇 2010年2期
爲莊子翻案 常生禾 中外企業家 2010年2期
以死爲返：淺論莊子的死亡觀 李希、陳智莉 電影評介 2010年2期
論莊子的生存哲學及其現實意義 張榮 前沿 2010年2期
莊子言意論的美學意義 唐東霞 青年文學家 2010年2期
化『天地之心』而爲文：從逍遥遊的『化』意談文心雕龍原道的立言之意 李昂 作家 2010年2期
大生命視域下的莊子解讀 宋薇 中國圖書評論 2010年2期
『朝三暮四』的和諧内涵 秦繼玉 企業管理 2010年2期
莊子内七篇之篇名由來問題的再檢討 鄧聯合 南京社會科學 2010年2期
郭象的問題意識與化解之道 宋志明 商丘師範學院學報 2010年2期
莊子美學的兩個組成部分和兩種傾向 李艇 時代文學 2010年2期
莊子哲學思想孕生述義 張榮 長城 2010年2期
老莊與康德關於審美主體心理的比較 魏萌萌、趙姣奕 青年作家 2010年2期
從孟、莊之差異看儒道分歧之根本 鄭全 哲學研究 2010年2期
莊子：從『道』到『無』的過渡 林光華 哲學研究 2010年2期
論莊子的『朴素』美學觀的思想内涵 張金星 四川教育學院學報 2010年2期
破中之立：莊子『五色亂目』美學思想辨析 鄭笠 東嶽論叢 2010年2期
徐復觀『中國山水畫論史』視野中的『老莊藝術精神』 石了英 江西社會科學 2010年2期

老莊哲學懷疑主義解析 陳玲、詹石窗 哲學動態 2010年2期

水和人：莊周與安徽 趙焰 江淮文史 2010年2期

莊子『人與天一』的生態解讀 王素芬 河北學刊 2010年2期

辯『子非魚，安知魚之樂』：用進化生物經濟學反擊不可知論 黃有光 西安交通大學學報 2010年2期

逍遙天地 遊刃吊詭：莊子哲學思想探究 吳光明 西安交通大學學報 2010年2期

論郭象的是非觀 暴慶剛 安徽大學學報 2010年2期

從莊子寓言成語看中國傳統文化 王洋 青海民族大學學報 2010年2期

跨越時空的心靈對話：曹雪芹與莊子的精神連結 劉銘、樊慶彥 紅樓夢學刊 2010年2期

評葉舒憲莊子的文化解析 段從學 文學評論 2010年2期

『庖丁解牛』美學新論 陸曉光 藝術百家 2010年2期

莊子的風俗論及其美學影響 楊輝 浙江工商大學學報 2010年2期

外內不相及與內外相冥 汪韶軍 雲夢學刊 2010年2期

莊子的言說與中國話語的構建 胡韻 浙江師範大學學報 2010年2期

莊子無爲真性的養神之道 張尚仁 嶺南學刊 2010年2期

莊子符號圖景中的空間概念 林亞莉 銅仁學院學報 2010年2期

論莊子逍遙之境 龔維政 巢湖學院學報 2010年2期

荀子、韓非子、莊子性惡意識初議 顏世安 南京大學學報 2010年2期

莊子虛幻思維研究 何建朝 重慶三峽學院學報 2010年2期

人生的藝術化：『魚相與忘於江湖』——朱光潛與莊子美學精神　侶同壯　阜陽師範學院學報　2010年2期

莊子內篇與外雜篇『陰陽』觀念比較　邵穎濤　山西師大學報　2010年2期

莊子美學對山水文學的影響　馮志剛　天津職業院校聯合學報　2010年2期

天籟與齊物：對莊子齊物論中『三籟』部分幾點考義　周智虛　中國道教　2010年2期

知與德：漸『化』而入『逍遥遊』：莊子逍遥遊意蘊淺析　王鮮平　鄭州航空工業管理學院學報　2010年2期

莊子重言對論語敘事的模仿和超越　陳永輝　中國石油大學學報　2010年2期

論『死』：莊子與儒家死亡觀之比較　張若菲、何尊沛　內蒙古農業大學學報　2010年2期

從生存哲學視域探究莊子的技術觀　段靜　內蒙古農業大學學報　2010年2期

陶淵明詩文與莊子的關係思辨　陶德宗　重慶交通大學學報　2010年2期

試論老莊的逆反思維　陳軍　安康學院學報　2010年2期

莊子的死亡哲學　張尚仁　學術探索　2010年2期

莊子齊物論思想研究　李婧　柳州師專學報　2010年2期

論莊子的『心』觀　吳全蘭　廣西師範大學學報　2010年2期

莊子雜篇疏解　黃瑞雲　黃石理工學院學報　2010年2期

莊子思想的儒學淵源　崔衛真　河南商業高等專科學校學報　2010年2期

淺談莊子的生死觀　牛香蘭　雞西大學學報　2010年2期

莊子『遊』的審美生存思想芻議　張榮　船山學刊　2010年2期

淺談莊子寓言與韓非子寓言作爲說理工具的作用差異　謝東華　北方文學　2010年2期

莊子中否定句探究　王洋河　北方文學　2010年2期

莊子『至德之世』的生態藍圖　單輝、單益強　十堰職業技術學院學報　2010年2期

『莊騷傳統，孔顏樂處』與中國古人的審美理想　周樹青　湖北省社會主義學院學報　2010年2期

淺析莊子的處世之道　白賽玲　西安社會科學　2010年2期

高僧能解南華意：憨山德清的莊子内篇注　韓煥忠　五台山研究　2010年2期

莊子與柏拉圖的真實觀比較：莊子詩性真實的現代意義　肖雲恩　太原理工大學學報　2010年2期

尋找樹王之根：談莊子對樹王的影響　劉洪強、范正群　淄博師專學報　2010年2期

莊子安頓生命的策略　王焱　管子學刊　2010年2期

莊子外、雜篇歸屬新探　張偉偉、吳玉嬌　焦作大學學報　2010年2期

小議莊子自由觀對魏晉士人的影響　吳豔　遼寧廣播電視大學學報　2010年2期

莊子的『彼此是非』論是詭辯論和懷疑論嗎　黃忠晶　陝西理工學院學報　2010年2期

老莊的『反』道　何光順　中國文化研究　2010年2期

『坐忘』論考：莊子『坐忘』說與司馬承禎『坐忘』論之異同　張彩攏　中華文化論壇　2010年2期

莊子思想的認識論審美化特徵　朱興勇　清江論壇　2010年2期

化育萬物謂之德：談莊子的『德』　梁輝成　安徽電氣工程職業技術學院學報　2010年2期

莊子的『真』對中國畫的意義指向　吳夷　西北美術　2010年2期

莊子自然主義視角下嘉莉妹妹的評析　潘勤奮、王薇　浙江工業大學學報　2010年2期

特殊時代下的學術：關鋒莊學研究的價值與反思　劉洪生　殷都學刊　2010年2期

試論『莊子歎骷髏』故事之嬗變　姜克濱　北京化工大學學報　2010年2期

故事新編的人物生存困境　宋會賢　華中人文論叢　2010年2期

道家『自然』對現代設計藝術教育的啟示：試論全球化背景下的中國設計藝術教育　彭輝　大衆文藝　2010年2期

道家法治理念之精義　楊二奎　中州學刊　2010年2期

論道家二派的異同　王海成　河南大學學報　2010年2期

周邦彥與道家道教　張振謙　西華師範大學學報　2010年2期

道家生態倫理視域下的城市低碳經濟建設探析　崔景明　勝利油田黨校學報　2010年2期

略論先秦道家的死亡本質觀　劉明　河南科技大學學報　2010年2期

試論先秦道家思想　李若暉　欽州學院學報　2010年2期

先秦道家治國思想的歷史透視　魏佐國　中共南昌市委黨校學報　2010年2期

從黃庭堅看儒釋道對宋代士大夫人格建構的影響　孫海燕　中國文化研究　2010年2期

道家學派對忠君觀念的審視　曾廣開　中國文化研究　2010年2期

莊子重言詞意義關係研究　馬春玉　黄海學術論壇　2010年2期

多恩與道家美學比較：以多恩詩歌與莊子中意象爲例　黄大鵬　上海師範大學碩士學位論文　2010年2月

劉安版莊子大全本篇目考　張遠山　社會科學論壇　2010年3期

用另一隻眼看莊子：試論莊子自由世界裏不自由的靈魂　謝丹　文教資料　2010年3期

淺析莊子之『忘』　鄭婉婉　消費導刊　2010年3期

糾結與超脱：莊子的人生哲學　宋豔　世紀橋　2010年3期
從莊子的言意觀看中國古典詩歌的含蓄美　陸豔清　現代語文　2010年3期
莊子寓言的社會批判精神　岳利梅　現代語文　2010年3期
關於考據方法的問題：莊子哲學及其演變再版引論　劉笑敢　湖北社會科學　2010年3期
莊子寓言之神話系統探微　鹿博　安徽文學　2010年3期
淺論莊子的寓言特點　汪貴　安徽文學　2010年3期
莊子中創造的『畸形人』形象的理論意義　朱亭曲　安徽文學　2010年3期
釋德清和釋性涵二人的莊學思想及其比較　黄紅兵　樂山師範學院學報　2010年3期
試論莊子中的平等思想　孫潔　文學教育　2010年3期
宗白華美學散步中的『老莊藝術精神』　劉紹瑾、石了英　江漢論壇　2010年3期
『心如死灰』淺析　雷海霞　文學教育　2010年3期
論莊子對郭沫若女神的影響　周衛紅、張牛　時代文學　2010年3期
理解莊子大有講究：從翻譯『死已三千歲矣』談起　李明珠、張勁秋　語文新圃　2010年3期
論莊子中畸人之醜的魅力　袁琤琤　青年作家　2010年3期
辨析莊子養生主的養生觀　張鄭波　青年作家　2010年3期
莊子夢蝶悟大道　劉隆有　環境教育　2010年3期
莊子的視角轉換及紅樓夢的視域整合　張建華　牡丹江大學學報　2010年3期
淺談莊子的幸福觀　趙桂萍、陳引弟　商業文化　2010年3期
有道有藝：『庖丁解牛』的美學寓意與古代畫論道技觀　鄭笠　長春大學學報　2010年3期

人生困惑問莊子：淺談莊子中的處世智慧　熊玉碧　新西部　2010年3期

對莊子的深層生態學解讀　何穎　當代文壇　2010年3期

齊物方可達道　無言最是逍遙：論莊子『齊物論』思想中『齊物』、『齊論』和『齊語言』的先後之辨　王永豪　社會科學研究　2010年3期

諸子散文英譯中互文性的微觀操作：以孟子和莊子爲例　王靜、婁紅立　新鄉學院學報　2010年3期

論莊子物化之象的審美旨趣：兼論物化之象塑造之詩學、美學價值　邱蔚華　龍巖學院學報　2010年3期

莊子『吾喪我』考析　袁茂雄　河西學院學報　2010年3期

莊子思想的內在超越性　王斯斯　福建省社會主義學院學報　2010年3期

生的尊嚴：莊子生命價值觀再探　王榮花　瀋陽大學學報　2010年3期

從逍遙遊的莊子自由看背後的道德意義：透視自由理想和道德價值的交互關係　孫磊　瀋陽大學學報　2010年3期

論莊子對老子音樂美學思想的發展與創新　莊怡紅　神州民俗　2010年3期

說不可說：莊子的話語言說策略　陳啟慶　莆田學院學報　2010年3期

由逍遙遊英譯淺析典籍漢英翻譯方法　楊焱　常州工學院學報　2010年3期

對莊子『氣』功、瑜伽、催眠術和五禽戲的探討　王虹　安徽體育科技　2010年3期

漢晉莊學之復興及其原因　楊柳　貴州大學學報　2010年3期

呂惠卿的莊學思想及其注莊特色　黃紅兵　咸陽師範學院學報　2010年3期

人情物理寄苦生：論周作人對老莊思想的吸收　雷文學　三峽大學學報　2010年3期

莊子蒙人考析　李福祿　菏澤學院學報　2010年3期

莊子寓言中的孔子形象探析　吳小洪　菏澤學院學報　2010年3期

『非人』在莊子中的不同層面及解構後的理想狀態　周海濤　首都師範大學學報　2010年3期

梭羅對莊子的吸收與融通　何穎　甘肅社會科學　2010年3期

天人分野中莊子『自然』與『自由』邏輯的多重悖論　鄭笠　閩江學院學報　2010年3期

莊子的三重理想人生境界　楊柳　南昌大學學報　2010年3期

莊子的自由觀新探　李凱、顔炳罡　南昌大學學報　2010年3期

道家管理哲學的理論結構　張博棟　湖南科技學院學報　2010年3期

先秦道家自然人生觀及現代啟示　楊銳　哈爾濱學院學報　2010年3期

中國古代道家責任心理思想及其現代意義　葉浩生　南京師大學報　2010年3期

試論儒道學說的文化淵源　代雲　黄河科技大學學報　2010年3期

試論儒道兩家音樂思想對中國現代音樂教育的影響　饒榮　音樂創作　2010年3期

從道家藝術人生觀解讀詩歌死神，你莫驕傲　李雪梅　甘肅聯合大學學報　2010年3期

道家美學對語文教育的啟示　楊道麟　開封大學學報　2010年3期

淺談道家思想對聊齋志異的影響　趙懷珍　蒲松齡研究　2010年3期

莊子作者歸屬考辨　王虹　阜陽師範學院學報　2010年3期

莊周化蝶夢紅樓：莊子思想與賈寶玉的精神世界　趙苗　紅樓夢學刊　2010年3期

論老莊的生命價值觀　馬得林　西北大學學報　2010年3期

論莊子『大物』之象的詩性意蘊　邱蔚華　周口師範學院學報　2010年3期

南華發覆與莊子內篇注釋義比較及成書年代考　蘇曉旭　周口師範學院學報　2010年3期

莊子影響下的中國古代生態識度　汪韶軍　嶺南學刊　2010年3期

莊子道通生死論　王榮花　青海師範大學學報　2010年3期

莊子思想對禪宗的影響及相互比較　史國良　青海師範大學學報　2010年3期

生命之『動』：宗白華與莊子美學的現代進程　侶同壯　湘潭大學學報　2010年3期

逍遥遊向郭義與支遁義勘會　劉梁劍　華東師範大學學報　2010年3期

舊瓶新酒：淺談『三言』與戲曲之敘事關係：以莊子休鼓盆成大道故事流變爲例　李良子　渭南師範學院學報　2010年3期

莊子與浪漫型文學新論　劉生良　唐都學刊　2010年3期

今本（郭象本）莊子齊物論文本問題的討論　張浩　文史哲　2010年3期

郭象『順中以爲常』的中道倫理觀　溫海明　文史哲　2010年3期

莊子寓言關於戰國工商文化的話語闡釋與現代解讀　蔣振華、吳洲釔　中國文學研究　2010年3期

論莊子中的介詞『以』　顧秀群、吳松　語文知識　2010年3期

徒然草與老莊思想的影響：以名利否定論爲中心　陸晚霞　外國文學評論　2010年3期

莊子的生命焦慮　楊柳　五邑大學學報　2010年3期

兩行皆可　心無與焉：王夫之莊學思想研究　黃紅兵　陝西理工學院學報　2010年3期

近20年莊子哲學研究主要論題述略　孫功進　中共濟南市委黨校學報　2010年3期

郭象莊子注研究　中國哲學史　2010年3期

莊子哲學中的他人　吳先伍　南京農業大學學報　2010年3期

試論莊子人文空間思想　陳丹、殷曉燕　成都電子機械高等專科學校學報　2010年3期

論莊子『唯道集虛』如何可能　王焱　中國礦業大學學報　2010年3期

莊子人生哲學思辨範式的生命旨趣　張鵬飛　連雲港師範高等專科學校學報　2010年3期

『忘知之知』：試析莊子的『真知』　肖雲恩　常州大學學報　2010年3期

莊子生命思想形成原因再探討　鄭珊珊　常州大學學報　2010年3期

杜詩與莊子逍遥遊思想　張慧玲　九江學院學報　2010年3期

郭象『適性』而爲思想中的萬物一體境界　牛海芳　河北工程大學學報　2010年3期

從莊子齊物論看『可持續發展觀』　藏明　科學經濟社會　2010年3期

生命焦慮：莊子超越哲學的心理起點　楊柳　長安大學學報　2010年3期

莊子的生死觀　金五德　湖南涉外經濟學院學報　2010年3期

莊子『神人』解　孫雪霞　華中師範大學學報　2010年3期

讀莊子有感　徐蒙珍　中學語文　2010年3期

中國哲學與道家文化研究領域的拓展與更新　梅莉　中華讀書報　2010年3月17日

莊子的語言觀　劉永強　傅沖　中華讀書報　2010年3月31日

爝火不熄：先秦老莊道家理性探尋　林冬子　中央民族大學碩士學位論文　2010年3月

莊子寓言的文化解析　劉維才　福建師範大學碩士學位論文　2010年3月

遊於邊際：以孔老、郭象爲參照的莊子詮說　劉兵　東北師範大學博士學位論文　2010年3月

楚狂接輿的鳳兮之歎：莊子人間世第十四講　馮學成　西部廣播電視　2010年3、4期合刊

郭象所刪莊子佚文概覽　張遠山　社會科學論壇　2010年4期

反觀源頭看儒道合一　劉慧、侯得桃　科技信息　2010年4期
淺論『道』與山水畫的審美思想　李春　大眾文藝　2010年4期
道家生態智慧與深層生態學之契合　楊萍　學術交流　2010年4期
略論道家美學本體論：『道』論的審美生成　易小斌　中州學刊　2010年4期
道家生態倫理思想對科學發展的啟示　黎衛金　閩江學院學報　2010年4期
道家教育哲學思想對現代教育的啟示　尹芳　寧夏大學學報　2010年4期
道家『無爲而治』法律思想之探析　劉清　黄岡師範學院學報　2010年4期
從秋水篇看莊子的人才觀及其現代價值　閆寒英　中國集體經濟　2010年4期
論莊子哲學的人文關懷　張榮　大家　2010年4期
王蒙：與老子莊子三重唱　蘇楓　小康　2010年4期
莊子中的殘疾人　張佳　椰城　2010年4期
論莊子的活動區域及莊子哲學的文化背景　鄧虹　吉林省教育學院學報　2010年4期
蜩笑：鵬之徙於南冥境界誤讀校正　沈永生　新作文　2010年4期
逍遥遊的逍遥之境　安健　新課程　2010年4期
郭象注莊子與莊子注郭象：詮釋學視域中莊子注的哲學義蘊　臧要科　湖北社會科學　2010年4期
莊子與水：善游者數能，忘水也　靳懷堾　中國三峽　2010年4期
人文之道：莊子哲思的價值探尋　何光輝　蘭州學刊　2010年4期
終極的人文關懷：莊子逍遥遊解讀　孫文革　成功　2010年4期
寓言的哲學：讀嚮往心靈轉化的莊子：內篇分析　羅璿　湖北經濟學院學報　2010年4期

莊子社會批判思想及其當代意義　周灝　商丘師範學院學報　2010年4期

自由超脱的人生　美好和諧的世界：淺析莊子哲學的特點及其影響　梁秀清　科教導刊　2010年4期

莊子美學思想之管窺　曲敏　時代文學　2010年4期

夫子猶有蓬之心也夫　莊周、張大文　美文　2010年4期

化解蓬心是大有作爲的首要之舉　張大文　美文　2010年4期

莊子爲『自己』的健康乾杯　散髮人、馬也　東方養生　2010年4期

莊子叫我們想開點　王敏、宋明昌、馬也　東方養生　2010年4期

從顯性到隱性：林語堂英譯莊子之分析　高巍、張松、武曉娜　牡丹江大學學報　2010年4期

生命之美的内在性：莊子德充符解讀　李振綱　哲學研究　2010年4期

從莊子『道』學意義淺談異化現象　田芳　文學界　2010年4期

莊子逍遥遊的思想史觀淺析　顧玉斌　滄桑　2010年4期

類或個體：濠梁之辯中惠施的思維誤區　王向清、朱小略　求索　2010年4期

莊子的另類人生及其超越情懷　高振崗　船山學刊　2010年4期

莊子散文中楚國文化的審美印跡　文廣會　陝西青年職業學院學報　2010年4期

莊子美學審『醜』中個體自由生命之超越　汪靜　安順學院學報　2010年4期

金聖歎評第一才子書探原　湯君　社會科學研究　2010年4期

莊子尚『自然』的生態發展觀　單益強、單輝　長江師範學院學報　2010年4期

莊子『致和』思想及其現代意義　王瑜卿　新視野　2010年4期

論郭象對生死的知性闡釋：兼與莊子的生死觀作比較　暴慶剛　人文雜誌　2010年4期

莊子接受修辭策略探究　陳啟慶　山東理工大學學報　2010年4期

關於莊子『寓言』、『重言』的思考　王瑩、雲運　遼寧師範大學學報　2010年4期

由技入道：論中國武術之體道思維　曾小月　上海體育學院學報　2010年4期

莊子生態美學思想資源再探　劉生良、康莊　思想戰綫　2010年4期

『真』之哲學追問與莊學思想的流脈　方明　社會科學　2010年4期

莊子簡省的創作態度、美韻及啟示　李明珠　中國社會科學院研究生院學報　2010年4期

惟無乃能大　惟大乃能逍遥：孫嘉淦釋莊子逍遥義　葉蓓卿　蘇州科技學院學報　2010年4期

論莊子中的三個寓意象徵　王延　漯河職業技術學院學報　2010年4期

透析郭象莊子注中的矛盾論述：『有我』與『無我』的自相抵牾　李凱　遼寧大學學報　2010年4期

對莊子的文體論解讀　石龍巖　隴東學院學報　2010年4期

論莊子散文的結構藝術　劉生良　西北大學學報　2010年4期

論成玄英的逍遥觀　梁輝成　銅仁學院學報　2010年4期

莊子人生論探析　崔含　牡丹江教育學院學報　2010年4期

也說『蝴蝶夢』的詮釋：從愛蓮心嚮往心靈轉化的莊子——內篇分析說起　溫慶新　阜陽師範學院學報　2010年4期

融於大道　同於天樂：莊子『樂』論　莀乾坤　阜陽師範學院學報　2010年4期

莊子『心齋』、『坐忘』的美學價值　秦忠翼、秦科　湖南城市學院學報　2010年4期

莊子選讀教學方法的思考　李強　學語文　2010年4期

白璧之微瑕：莊子英譯本正誤辨　周風雲　湖北成人教育學院學報　2010年4期

莊子的『逍遙』與『道』之同異　趙廟祥　泰山學院學報　2010年4期

莊子學研究綜述　張晞　瀋陽師範大學學報　2010年4期

『宇宙』觀中的生命底蘊：淺論『宇宙』觀對莊子生命哲學的影響　鄭珊珊　佛山科學技術學院學報　2010年4期

從『逍遙遊』到『人境廬』：論莊子思想與傳統士人出世隱逸人格在魏晉時代的確立　劉紅紅、張玉春　孔子研究　2010年4期

莊子視界中的儒家　陸建華　孔子研究　2010年4期

論張佩綸的『莊子吊屈原』說　宋健　山西師大學報　2010年4期

論老莊、孔孟之人性思想　程豔、楊洋　玉林師範學院學報　2010年4期

莊子對當代民俗健康發展的啟示　馬啟俊　新鄉學院學報　2010年4期

簡談莊子的『理想世界』與『理想人物』　梁克隆　中華女子學院學報　2010年4期

解析莊子構建的幻想世界　陳墨姝　西南農業大學學報　2010年4期

論莊子美學中『遊』的內心現世性　趙佳麗　廣西師範大學學報　2010年4期

莊子居里蒙城說綜述及試探　王虹　淮北職業技術學院學報　2010年4期

莊子的現實空間敘事與觀念空間敘事　楊闊　西南農業大學學報　2010年4期

莊子虛幻時空的敘述邏輯　何建朝　西南農業大學學報　2010年4期

章太炎齊物論釋學術背景　郭志麗　長江論壇　2010年4期

東方哲人的寂寞狂歡：論莊子哲學中的狂歡化思想及其表述　趙萬彬　湛江師範學院學報　2010年4期

論莊子中的隱士形象　張佳　柳州師專學報　2010年4期
村上春樹的小説創作與莊子思想　周嬈　長江大學學報　2010年4期
莊子齊物論疑問句修辭分析　鄧城鋒　滁州學院學報　2010年4期
孔顔樂處和逍遥之境：儒道兩種人生境界　孫改明　長春市委黨校學報　2010年4期
莊子的心靈和諧境界探析　曹卓、吴春梅　理論觀察　2010年4期
論莊子對知識在道德教育中的價值的認識　譚維智　教育學報　2010年4期
莊子救世思想探析：以莊子内篇爲例　吴小洪　河西學院學報　2010年4期
莊子語言觀對當代教學改革的啟發　楊萬里　淮北煤炭師範學院學報　2010年4期
論莊子的快樂觀　王焱　武漢理工大學學報　2010年4期
論莊子與司空圖的自然觀　常先甫　成都航空職業技術學院學報　2010年4期
莊子審美理念的詩意表述　孫強　滁州職業技術學院學報　2010年4期
至樂自然：論莊子的音樂美學思想　莊怡紅　華僑大學學報　2010年4期
從復歸『大道』的生死觀看莊子的人格理想　張圓　瀘州職業技術學院學報　2010年4期
莊子時間觀淺析　王丁龍　臨滄師範高等專科學校學報　2010年4期
莊子尚『自然』的生態發展觀　單益強、單輝　湖北生態工程職業技術學院學報　2010年4期
莊子的『萬物齊一』觀及其心理保健意義　王大妹　南京中醫藥大學學報　2010年4期
略論莊子思想的尋根意識　閆靈芝　開封大學學報　2010年4期
福建博物院館藏嚴復評點莊子考　林飛帆　福建文博　2010年4期
『道不可言』與『境生象外』：莊子語言哲學及其對意境論的影響　趙奎英　中國中外文藝理論學會年刊

（2010年卷）——文學理論前沿問題研究　2010年4月23日

莊子三個英譯本的譯者主體性研究　徐魯亞　上海師範大學　2010年4月　碩士學位論文

莊子單音節同義動詞辨析　鄭源　西南交通大學碩士學位論文　2010年4月

孟莊心論研究　左營營　曲阜師範大學碩士學位論文　2010年4月

莊子身心思想之研究　張合宜　河南大學碩士學位論文　2010年4月

莊子哲學主要範疇研究　張燕豔　蘇州大學碩士學位論文　2010年4月

陸西星南華真經副墨研究　游佳敏　華東師範大學碩士學位論文　2010年4月

陳治安南華真經本義研究　袁朗　華東師範大學碩士學位論文　2010年4月

論蘇軾及其門人的莊子學思想　余中樑　華東師範大學碩士學位論文　2010年4月

莊子中的最終依據研究　洪兆旭　山東大學碩士學位論文　2010年4月

論辛棄疾對莊子的接受　李勝男　浙江師範大學碩士學位論文　2010年4月

錢鍾書『化境』論與莊子美學的淵源　趙佼　中北大學碩士學位論文　2010年4月

莊子與克爾凱郭爾痛感比較研究　楊曉麗　四川師範大學碩士學位論文　2010年4月

黃帝四經的道家思想研究　李晶旭　西南大學碩士學位論文　2010年4月

先秦道家自然法思想　朱晶晶　安徽大學碩士學位論文　2010年4月

先秦儒家道家論克服死亡焦慮對死亡超越的意義　李曉瑋　蘇州大學碩士學位論文　2010年4月

先秦儒道遊觀比較　楊銘　遼寧師範大學碩士學位論文　2010年4月

論先秦道家科技倫理思想　劉志軍　長沙理工大學碩士學位論文　2010年4月

儒、釋、道三家思想對蘇軾創作的影響　翟晴　山東大學碩士學位論文　2010年4月

章太炎道家觀研究　吳曉華　武漢大學博士學位論文　2010年4月
方東美論道家思想　施保國　安徽大學博士學位論文　2010年4月
莊子與流浪舞集　Yoshiko Takeshige　華東師範大學博士學位論文　2010年4月
『順物自然』：莊子哲學研究　馬顥　復旦大學博士學位論文　2010年4月
自然之道與美學：論莊子哲學的美學轉化　趙東　西南大學博士學位論文　2010年4月
莊周（戰國）：莊子天地（節選）賞析　張厚餘　農業技術與裝備　2010年5期
從『大而無用』之『樗』看比喻的作用　梁訊　名作欣賞　2010年5期
淺談莊子與列子生死觀比較　格桑卓瑪、楊菲　魅力中國　2010年5期
莊子的壞笑　西喬木　意林　2010年5期
莊子與楚辭的逍遙境界比較　賈學鴻　職大學報　2010年5期
淺論莊子之道　趙中華、尤元梅　黑龍江史志　2010年5期
莊子與阿凡達　王蒙　中國作家　2010年5期
道家哲學人生智慧的現代價值　張淑春　前沿　2010年5期
道家經典的神化寓言及其哲學境界　陽清　湖北社會科學　2010年5期
論先秦時期儒道美育思想的特質及其當代意義　彭修銀、張宏亮　陝西師範大學學報　2010年5期
道家復歸意識美學蘊涵的現代闡釋　劉紹瑾　學習與探索　2010年5期
先秦道家元典的人文精神初探　謝建羅、高寧　湖南行政學院學報　2010年5期
道家美學的現代價值與世界意義　劉紹瑾、石了英　深圳大學學報　2010年5期
道家環境倫理思想及其當代價值　徐平　鄭州大學學報　2010年5期

對症下藥，方能妙手回春：以秋水爲例談文言文教學　鄭紅敏　中國校外教育　2010年5期

莊子中的『和』及其體現的人生哲學　劉師健、陳健強　湖南科技學院學報　2010年5期

莊子三則講讀　傅佩榮　中華活頁文選　2010年5期

試論心靈和諧與大學生的全面發展：兼論莊子心靈和諧思想的德育價值　孫月冬　黑龍江高教研究　2010年5期

莊子的猴子　王溢嘉　國學　2010年5期

自然生真理後序　張宗奇　黃河文學　2010年5期

『物化』與莊子的『義利觀』小議　曾昭進、宗興波　現代語文　2010年5期

大美爲天地之言　夢亦非　中文自修　2010年5期

莊子眼中的『大美』　朱來扣　中文自修　2010年5期

莊子生死觀研究　張敏　湖北社會科學　2010年5期

試析莊子中的老子形象　孫潔　安徽文學　2010年5期

老莊生態思想對當代生態倫理培養的價值　袁梅　內江師範學院學報　2010年5期

支遁對郭象『逍遙義』的批評與承繼　鄧聯合　福建論壇　2010年5期

從學術史到思想史：以老莊學研究爲視角的考察　劉固盛　浙江社會科學　2010年5期

作爲莊子思想歷程起點的逍遙遊：理蘊及意義　梁一群　浙江社會科學　2010年5期

莊學史上的里程碑：論王叔岷莊子校詮的學術價值　羅彥民　內江師範學院學報　2010年5期

『庖丁解牛』與『快樂老伍』　李亞鳴　中國物業管理　2010年5期

『坐忘』『居處泰』靜坐冥想　益冰　養生大世界　2010年5期

意出塵外　雄奇壯美：莊子逍遙遊（節選）欣賞　曹淑媛　現代語文　2010年5期
小大之辯　李明珠　語文新圃　2010年5期
莊子的描寫筆法　鄒秋芳　青年作家　2010年5期
逍遥齊物追莊周：試論蘇詞對道家思想的繼承與超越　王一涵　遼寧教育行政學院學報　2010年5期
莊子陰陽對立之道下的人物命名觀照　田勝利　宜春學院學報　2010年5期
明代桐城莊子研究　李波　安慶師範學院學報　2010年5期
簡評莊子的反異化思想　劉曉燕　文史博覽　2010年5期
原生態藝術的莊學闡釋：以莊子『天籟』觀爲分析工具　程榮、蔡釗　求索　2010年5期
現代生態美學意義下的文本觀照：以莊子文本爲例　康莊　求索　2010年5期
莊子遊的過程與審美境界　高恒忠　求索　2010年5期
原生態藝術的莊學闡釋：以莊子『天籟』觀爲分析工具　程榮、蔡釗　求索　2010年5期
『卮言』：莊子的篇章結構與文本佈局策略　陳啟慶　大慶師範學院學報　2010年5期
廖與天一：莊子思想境界探微　馬寄　信陽師範學院學報　2010年5期
莊子『三言』與巴赫金『超語言學』之比較　馬軍英　上海大學學報　2010年5期
生態倫理的本體論承諾：莊子與西方後現代生態哲學的會通　郭繼民　南通大學學報　2010年5期
莊子『道』的詩意象徵　趙德鴻　北方論叢　2010年5期
緣督以爲經：對貴婦人畫像的莊子式闡釋　張慧榮、汪愫葦、曹淑婭　安徽科技學院學報　2010年5期
莊子逍遥之境及在現代語境下的價值闡釋　張進科　唐山學院學報　2010年5期
生成語言學對莊子語言哲學的現代闡釋　代天善　湖南城市學院學報　2010年5期

齊物論的謀篇之法　鄒秋芳　湖北成人教育學院學報　2010年5期
蹈水穿流：查拉斯圖特拉與莊子洋溢的靈魂　卓達維、何金俐　現代哲學　2010年5期
『隱遁』與『坐忘』：埃克哈特與莊子實現人生至高境界之途徑比較　毛國民　現代哲學　2010年5期
莊子形容詞連謂句的句型及其結構模式　甘斐哲、謝曉鳴　湖南人文科技學院學報　2010年5期
試析莊子『齊物』旨趣　趙廟祥　江淮論壇　2010年5期
彼是莫得其偶·言論無疑鷇音：莊子『齊物論』內涵辨析　王永豪　山東教育學院學報　2010年5期
從莊子內篇看處世態度和理想追求　鄒偉　綏化學院學報　2010年5期
大魚化大鳥：讀莊偶拾之四　熊偉　科學文化評論　2010年5期
莊子中的孔子形象及其意義　李琴、朱倩　安康學院學報　2010年5期
莊子與中國小說的起源　張應斌　湛江師範學院學報　2010年5期
淺析莊子與海德格爾的思想　甘麗　鄭州航空工業管理學院學報　2010年5期
王念孫『「脩」、「循」形近而誤』說獻疑　李朝虹　西南交通大學學報　2010年5期
易傳、禮記的『天』與莊子的『天』之異同　孫興徹　河南科技大學學報　2010年5期
從佛洛德的精神分析解讀莊周夢蝶　馬薈苓、王愛敏　湖南第一師範學院學報　2010年5期
莊子哲學在雲岡石窟文化中的體現　徐建國　山西農業大學學報　2010年5期
莊子英譯的歷史特點及當代發展　黃中習　內蒙古農業大學學報　2010年5期
莊子逍遙思想的現代啟示　雷豔妮　內蒙古農業大學學報　2010年5期
庖丁解牛與法律英語閱讀　王炳海　濰坊學院學報　2010年5期
從風賦看宋玉賦對莊子的接受：文選研究之二　鍾其鵬　黃岡師範學院學報　2010年5期

化刀爲刃：破有涯無涯之限而任逍遙　石雙華　衡水學院學報　2010年5期

感性物態的形上皈依：莊子形神觀美學解讀　鄭笠　江南大學學報　2010年5期

莊子『無情』説芻議　張根雲　廣東廣播電視大學學報　2010年5期

試論莊子詩化風格的語言表達　楊豔秋　牡丹江師範學院學報　2010年5期

莊子生命本體美淺論　熊祥軍、任菊　湖南工業職業技術學院學報　2010年5期

南冥擊水三千里　張薦強　中國地名　2010年5、6期合刊

『不祥之人』之『不祥』：中國新文學『自我形象』之辨識　王平　百年中國文學與『中國形象』國際學術研討會論文集　2010年5月15日

論辛棄疾對莊子的接受：以辛詞爲中心　賀豔敏　安徽師範大學碩士學位論文　2010年5月

阮籍『大人先生』形象溯源及其文學意義　靳婷婷　西北師範大學碩士學位論文　2010年5月

老莊思想中的生態美學資源探微　李雪　山東大學碩士學位論文　2010年5月

莊子仁義觀研究：兼與儒家做比較　羅佳佳　安徽大學碩士學位論文　2010年5月

莊子寓言的審美研究　范玲娟　華中師範大學碩士學位論文　2010年5月

從齊物到無物：淺論莊子的自由觀　王磊　東北師範大學碩士學位論文　2010年5月

莊子處世之道探微　李凱　海南大學碩士學位論文　2010年5月

郭象莊子注中『命』的思想　李豔秋　華東師範大學碩士學位論文　2010年5月

胡文英莊子獨見研究　劉晶　陝西師範大學碩士學位論文　2010年5月

詩經、莊子與陶淵明的幽默論　苗慧　陝西師範大學碩士學位論文　2010年5月

莊子憂患意識研究　任濤　陝西師範大學碩士學位論文　2010年5月

從蘇珊・巴斯奈特的文化翻譯觀看莊子兩英譯本中文化負載詞翻譯　鄢莉　鄭州大學碩士學位論文　2010年5月

林雲銘莊子評點研究　王婧　中央民族大學碩士學位論文　2010年5月

莊子生存美學思想研究　關學鋭　哈爾濱師範大學碩士學位論文　2010年5月

莊子『小大之辨』及其歷史解讀　朱小略　湘潭大學碩士學位論文　2010年5月

海德格爾與莊子美學思想比較研究　郭豔鳳　江西師範大學碩士學位論文　2010年5月

莊子生死觀研究：以三重生命形態爲視野　楊愛瓊　中南民族大學碩士學位論文　2010年5月

莊子中的理想人格探究　劉秀麗　青島大學碩士學位論文　2010年5月

莊子的自由之道　粟亮　湘潭大學碩士學位論文　2010年5月

莊子的境界論　袁曉陽　湘潭大學碩士學位論文　2010年5月

莊學百年：二十世紀莊學研究述評　林琳　山東大學碩士學位論文　2010年5月

莊子文本語言想像特徵的研究　李烺星　復旦大學碩士學位論文　2010年5月

郭象莊子注『理』範疇研究　劉石磊　湘潭大學碩士學位論文　2010年5月

莊子『小大之辯』研究　張鋒賓　復旦大學碩士學位論文　2010年5月

莊子寓言人物形象研究　劉琳　濟南大學碩士學位論文　2010年5月

莊子『道術』思想研究　周鈞　青島大學碩士學位論文　2010年5月

莊子『自由』觀及其思想價值研究　仇園園　中國科學技術大學碩士學位論文　2010年5月

莊子思想中的孔子圖像　韓瑩瑩　復旦大學碩士學位論文　2010年5月

逍遙於生死之間：莊子的死亡倫理及現代價值研究　秦偉　黑龍江大學碩士學位論文　2010年5月

先秦道家情論研究　劉慧　安徽大學碩士學位論文　2010年5月
道家思想對19世紀前日本古代文學的影響　陳孝娥　陝西師範大學碩士學位論文　2010年5月
先秦道家法律思想　溫曉　青島大學碩士學位論文　2010年5月
道家自然美學的現代價值：對道家哲學的美學新思考　呂俊峰　新疆大學碩士學位論文　2010年5月
讓·雅克盧梭遐思錄中的水與山及其道家思想　中英倫葩　武漢大學博士學位論文　2010年5月
郭象莊子注美學思想研究　陳琰　武漢大學博士學位論文　2010年5月
臺港及海外華人學者美學視野下的莊子闡釋　石了英　暨南大學博士學位論文　2010年5月
莊子藝術思維探源　苗運才　飛天　2010年6期
莊子一二說　林雪珊　網路財富　2010年6期
魚的快樂：相濡以沫　不如相忘於江湖　傅佩榮　國學　2010年6期
莊子爲何而辯　葉蓓卿　中文自修　2010年6期
先秦儒道諸子散文的詩性特徵　張群　荊楚理工學院學報　2010年6期
道家美學中『和』範疇的審美生成　易小斌、孫麗娟　社會科學家　2010年6期
道家『分』論及其影響　唐少蓮、唐豔枚　廣西師範大學學報　2010年6期
伽達默爾與中國道家美學觀念的異同　孫強　遼寧科技大學學報　2010年6期
論先秦道家『和諧』生態美學思想及其現代價值　趙國乾　信陽師範學院學報　2010年6期
論道家的生命價值之維　郭剛　中州學刊　2010年6期
美國學界先秦道家美學思想研究　任增強　閱江學刊　2010年6期
道家學說及其對中國審美精神的塑造　曹洪霞、曾勇　時代文學　2010年6期

莊子教我們學會死　鮑鵬山　中文自修　2010年6期
莊子的自然主義社會觀　黨的建設　2010年6期
『渾沌之死』與中國中心主義天下觀之解構　陳贇　社會科學　2010年6期
我們如何直面莊子　史月梅　中國圖書評論　2010年6期
『莊周夢蝶』文本意義的詮釋路向　王川　文學教育　2010年6期
淺析莊子美學思想的內涵及對中國山水畫的影響　趙巍　宿州學院學報　2010年6期
論莊子的是非觀　徐春根　江漢論壇　2010年6期
莊子『道藝論』之考索　張黎紅　長城　2010年6期
天籟：莊子生存美學的系統化展示　闞學鋭、韓偉　山東文學　2010年6期
莊子體育思想的認識和應用　王仕君、殷瑞、李曉　體育科技文獻通報　2010年6期
莊子『無内無外』的精神養生論　張尚仁　學術研究　2010年6期
莊子形神論與古代文論　王利　文學界　2010年6期
莊子與曹雪芹　蘇湘芸　文學界　2010年6期
『聖人』形象與莊子哲學基礎：莊子内篇『聖人』形象新解　唐彬傑、黃毅　宜春學院學報　2010年6期
心齋之心與現象學的純粹意識：試論徐復觀對莊子的現象學詮釋　林合華　廣西社會科學　2010年6期
莊子寓言體對漢樂府詩的影響　白慧平　滄桑　2010年6期
莊子人文精神内質一瞥　徐春根　嘉應學院學報　2010年6期
論逍遙遊中的詩意　陳翠穎　宿州教育學院學報　2010年6期

向莊子問道：天人合一　宋健平　宿州教育學院學報　2010年6期
比喻：莊子幽默的重要載體　胡中艾　柴達木開發研究　2010年6期
莊子的語言觀及其藝術人生觀　屈志勤　南華大學學報　2010年6期
郭象『盡其性』的成人之道　朱春紅　忻州師範學院學報　2010年6期
莊子文化背景新論　劉生良　陝西師範大學學報　2010年6期
莊子、『天人合一』與和諧社會　王虹　長江師範學院學報　2010年6期
論莊子思想對蘇軾人生境界的影響　張瑞君　山西大學學報　2010年6期
『渾沌之死』與『軸心時代』中國思想的基本問題　陳贇　中山大學學報　2010年6期
莊子『逍遥遊』理想人格及其現實意義　石芳　隴東學院學報　2010年6期
莊生夢蝶與威廉·布萊克的蒼蠅之喻　蘇芳　和田師範專科學校學報　2010年6期
在『有待』與『無待』之間：荀子、莊子『道』範疇的比較研究　楊艾璐　遼寧大學學報　2010年6期
從伽達默爾看莊子的『遊戲』態度　薛晉錫　太原師範學院學報　2010年6期
詩與思的對話：莊子文學新探的學術範式意義　羅明月　語文知識　2010年6期
逍遥遊世　自在無爲：莊子人生哲學思辨範式的生命旨趣　張鵬飛　黄河科技大學學報　2010年6期
『不合於衆的逍遥』：莊子逍遥義再探　王向清、朱小略　湖南師範大學社會科學學報　2010年6期
『遊刃』與『鑿』辨析　劉康德　復旦學報　2010年6期
莊子神話的生命哲學解讀　馬得林　西安電子科技大學學報　2010年6期
『小大之辯』與『有無之辯』：莊子逍遥遊新析　林榕傑　廈門大學學報　2010年6期
天人感應的審美具象化：論莊子的『真人』思想　肖雲恩　江漢大學學報　2010年6期

論莊子系統哲學的失傳　亓琳琳　棗莊學院學報　2010年6期

析莊子中人與技術的關係　安道玉　新鄉學院學報　2010年6期

老莊的和諧之道及其現實意義　黃造煌　綏化學院學報　2010年6期

『心齋』與『坐忘』　吴鐵柱、丁媛　文藝評論　2010年6期

試論莊子『安之若命』的獨特死亡意識　王海廷　中國石油大學學報　2010年6期

紅樓夢的莊子觀及其『情情』視閾下的齊物境界　高源　瀋陽大學學報　2010年6期

莊子思想對無能子的影響　孫功進　河南科技大學學報　2010年6期

漫談莊子哲學思想　宋輝、宋曉璐　江西教育學院學報　2010年6期

坐忘式虛擬實境藝術及其在應對人口老齡化中的應用研究　唐瑤　哈爾濱工業大學碩士學位論文　2010年6月

莊子生命哲學的美學分析　王莉莉　河北大學碩士學位論文　2010年6月

莊子『無爲』思想的教育意蘊　龔平安　湖南師範大學碩士學位論文　2010年6月

『召喚結構』視閾中的莊子闡釋差距研究　郭辛茹　江西師範大學碩士學位論文　2010年6月

莊子的生命觀：從形到心的超越　孫旭鵬　江西師範大學碩士學位論文　2010年6月

莊子生態智慧與現代生態文明　湯燕芬　杭州師範大學碩士學位論文　2010年6月

莊子悖論中的美學思想　楊金燕　西北師範大學碩士學位論文　2010年6月

生命詩境的美學：莊子審美人生境界思想研究　張秋影　牡丹江師範學院碩士學位論文　2010年6月

論道家的生態政治哲學意蘊　馮國利　杭州師範大學碩士學位論文　2010年6月

唐君毅先秦儒道道論研究　丁雅瓊　河北大學碩士學位論文　2010年6月

先秦道家美學思想與文學意境理論　成春菊　雲南大學碩士學位論文　2010年6月

道家式責任感：實踐科學發展觀的價值資源　李文雲　湖南科技大學碩士學位論文　2010年6月

超越與回歸：論莊子的語言觀　孫喜豔　新聞愛好者　2010年7期

論莊子自由觀　王思齊　語文學刊　2010年7期

莊子解讀與意義的追尋：讀生命的哲學——莊子文本的另一種解讀有感　馬力　出版廣角　2010年7期

道家語言觀探析　李婧　山東社會科學　2010年7期

從莊子之『野』看儒道互補　李延倉　山東社會科學　2010年7期

莊子之標準如是說　夏耘廂黃　標準生活　2010年7期

論李白對莊子的承繼與發展　王虹　宿州學院學報　2010年7期

李白『逍遥遊』的成因分析　毛曉紅、毛若　綿陽師範學院學報　2010年7期

逍遥而遊世：論莊子的逍遥遊思想　師麗娜　科教導刊　2010年7期

從『庖丁解牛』、『物莫之傷』到『以其無死地』：渾然一體的老莊『攝生』之道　孟至嶺　養生大世界　2010年7期

莊子養生思想辨析　藺志華　搏擊　2010年7期

李白與莊子　王虹　湖北第二師範學院學報　2010年7期

由『三籟』探莊子美學　李佳篷　遼寧教育行政學院學報　2010年7期

試論莊子精神本體論與孔子道德本體論的內在聯繫　姚曼波　哲學研究　2010年7期

馬其昶莊子故的學術成就及影響　陶家韻　安慶師範學院學報　2010年7期

淺析莊子的求『真』思想及社會理想　劉曉燕　牡丹江大學學報　2010年7期

莊子語言懷疑觀的人文內涵　葛愛玲　宜賓學院學報　2010年7期

通向自由之境：莊子和海德格爾的自由觀比較　王謹業、張小琴　江蘇教育學院學報　2010年7期

對話與獨白：論莊子的對話言說方式　王少軍　美與時代　2010年7期

逍遥一遊絕塵世：逍遥遊教學簡案及思路解說　孫禮亮　語文教學通訊　2010年7、8期合刊

眼冷心熱的莊子：莊子內篇大宗師『丘，天之戮民也』章賞析　高中生之友　2010年7、8期合刊

亂世之人的幸福比羽毛還輕：莊子內篇人間世『孔子適楚』章賞析　魏建寬、羅勤　高中生之友　2010年7、8期合刊

莊子故事兩則惠子相梁教學實錄　段遠東　語文教學通訊　2010年7、8期合刊

無爲與責任：略談郭象聖王無爲思想的管理學啟示　黃聖平　領導科學　2010年8期

莊子逍遥遊中大鵬之神話溯源　張存釗　重慶科技學院學報　2010年8期

統一性與個體性的雙重確認：莊子逍遥之境再探索　龔維政　重慶科技學院學報　2010年8期

淺析莊子的文藝思想　馬喜瑞　大眾文藝　2010年8期

與道合一：由莊子人生哲學看道家美學　張婉姝　大眾文藝　2010年8期

狂放不羈的人格　隨意賦形的結構：略論莊子的文體特徵　陳敏、羅四初　現代語文　2010年8期

『子非我，安知我不知魚之樂』：淺談主觀情感對審美主體的影響　高冠峰、錢穎穎　理論界　2010年8期

莊子相對認識論中的辯證觀　劉淼煒　廣東技術師範學院學報　2010年8期

道家和諧思想的現代心理學意義　劉國清　新聞愛好者　2010年8期

論道家之『人性本善』思想　裴攀、鄧晶　科教導刊　2010年8期

神人『無功』　李明珠　語文新圃　2010年8期

道家思想對現代科技發展的啟示　肖玉峰　自然辯證法研究　2010年8期

儒道傳統生命觀與現代生命教育理論構建　楊士連、于澤元　福建論壇　2010年8期

莊子『三言』運用緣由探析　鄧景年　現代交際　2010年8期

無毒無門　虛室生白：論莊子人間世之顏淵適衛　張曉慶　時代文學　2010年8期

莊再強：抒寫莊子文化　徐薔、黃天罡　時尚北京　2010年8期

從『庖丁解牛』、『物莫之傷』到『以其無死地』(二)：渾然一體的老莊『攝生』之道　孟至嶺　養生大世界　2010年8期

易中天眼中的『老莊』　易中天　晚晴　2010年8期

莊子的職場經　沈青黎　意林　2010年8期

逍遙遊中的生命意識：讀逍遙遊　席志武、賴旭華　閱讀與鑒賞　2010年8期

遁世與逃亡：莊周的逃亡文本細讀　馬英　安徽文學　2010年8期

淺析莊子：審醜與審智的交響　宮臻良　文學界　2010年8期

思想的深度源自生命的痛苦：從個體生命體驗談莊子生命思想的形成　鄭珊珊　安慶師範學院學報　2010年8期

才全德不形：莊子哲學之最高境界——對德充符人物特徵的把度　周中興　求索　2010年8期

論漢代莊學接受的類型與特點　高樹海　2010年中國文學傳播與接受國際學術討論會論文彙編　2010年8月21日

莊子教育技術哲學詮釋　馬周周　電化教育研究　2010年9期
開放的心靈與審美的心境：庖丁解牛與化學之道　李有成　中國科教創新導刊　2010年9期
析春夜宴桃李園序中的『浮生』與『大塊』　左鵬　青年文學家　2010年9期
論莊子、盧梭『回歸自然』的異同　張娟　青年文學家　2010年9期
中國古代『意境說』溯源　衛佳　安徽文學　2010年9期
對道家『身爲物累』的歷史性詮釋　朱松美　東嶽論叢　2010年9期
莊子『巵言』釋義研究綜述　雲運　世紀橋　2010年9期
精神自治：莊子——拒絕異化，追求自由　趙德志　語文學刊　2010年9期
論莊子『三言』說理對大學語文教學改革的啟示　侯愛華　語文學刊　2010年9期
張遠山莊子復原本注譯簡介　張遠山　書屋　2010年9期
老莊道論的三重視域及其與現象學直觀的可能對話　李義民　湖北社會科學　2010年9期
莊子的快活　枕戈　審計月刊　2010年9期
詩性的文章　哲思的詮釋：莊子散文藝術研究　答浩　科教文匯　2010年9期
莊子思想與佛教學說的比較研究　顏曉星　懷化學院學報　2010年9期
逍遙與自然　李妮娜　中國社會科學報　2010年9月2日
王蒙，與莊子共舞：讀莊子，給現代生活『去火』　張弘　南方日報　2010年9月5日
與莊共舞　其樂何如　王大慶　光明日報　2010年9月25日
莊子對魏晉南北朝山水詩的影響　班秀萍　河北師範大學碩士學位論文　2010年9月
徐渭畫風中儒釋道思想的表現　陳卓　河北師範大學碩士學位論文　2010年9月

生死逍遥　貴己樂生：論莊子與列子生死智慧之比較　楊潤娣　經營管理者　2010年10期
莊子中的殘疾人　張佳　西江月　2010年10期
老莊精神對中國油畫的影響　李雪松　學理論　2010年10期
莊子復原本與中國之謎　張遠山　博覽群書　2010年10期
風與逍遥、困頓：莊子對風的研究及其對風之意象的運用　吴冬梅　社會科學戰綫　2010年10期
莊子的壞笑　西喬木　文苑　2010年10期
管窺松尾芭蕉俳文之中國道家『休閒與審美』的文化因素　楊越　黑龍江教育學院學報　2010年10期
莊子物化思想與太極拳天人合一　劉韶光　搏擊　2010年10期
莊子説　謝伶俐　廣西文學　2010年10期
庖丁解牛中比喻的隱含性　張麗珍、楊曉安　現代語文　2010年10期
論莊子『物無貴賤』説之雙重意藴　高瑞泉　社會科學　2010年10期
京派小説的『桃花源』與老莊的『理想國』　馮暉　江漢論壇　2010年10期
莊子散文的現象學分析　董穎　長城　2010年10期
論莊子『遊』的審美生存方式　張榮　哈爾濱學院學報　2010年10期
論莊子的自然人性觀及其當代價值　葉琛　湖北第二師範學院學報　2010年10期
莊子重言芻議　郭紅　安徽文學　2010年10期
莊子眼中的『山林之樂』　程澤明　文學界　2010年10期
莊子的社會政治批判思想　鄒偉　文學界　2010年10期
莊子寓言的隱喻認知研究　武仲波　赤峰學院學報　2010年10期

玄學語境中的詩性人格建構：論郭象的玄學思想與東晉士人的詩性人格　程麗芳　社會科學家　2010年10期

讀莊子尋求快樂　唐小惠　金融時報　2010年10月1日

莊子與波茲曼：古典時代與二十世紀的對話　田原　光明日報　2010年10月19日

曾國藩與道家思想　彭昊　湖南大學博士學位論文　2010年10月

莊子的教化觀　申麗麗　中國科教創新導刊　2010年11期

莊子的『齊物論』思想在工業設計中的運用　馮玘　重慶科技學院學報　2010年11期

庖丁解牛『遊』畫隨感　童雁汝南　藝術與投資　2010年11期

生與死的糾結：評莊子的生死觀　張偉偉　湖南科技學院學報　2010年11期

莊周抑或蝴蝶　星河　知識就是力量　2010年11期

中國『記言』傳統的承傳與創新：淺析『重言』在莊子中的運用　宣英　學術交流　2010年11期

莊子中的神巫角色考說　賈學鴻　學術論壇　2010年11期

蘇軾賦的莊子印痕及其人生境界　阮忠　江漢論壇　2010年11期

淺析莊子哲學思想對中國人物畫的影響　顏志康　科教導刊　2010年11期

莊子內篇中的『則』　賴明輝　文學教育　2010年11期

古籍英譯中文化特指項的處理：以莊子爲例　黃麗娟　海外英語　2010年11期

與天地精神往來：論莊子美學時空觀及其視域中的逍遥遊　席格　商丘師範學院學報　2010年11期

道家美學思想對教學的啟示　付娜、劉茜　重慶科技學院學報　2010年11期

詩性的生存智慧與道家美學　殷晶波　電影評介　2010年11期

超越命運之苦與求真適性：許地山創作與老莊思想淺論　雷文學　咸寧學院學報　2010年11期
善游者數能，忘水也：莊子與水　靳懷堾　河南水利與南水北調　2010年11期
莊子『寓言』淺析　吴小洪　文學界　2010年11期
莊子『遊』之藝術精神在中國傳統山水畫中的體現　韋秀玉、歐陽紅　美與時代　2010年11期
莊子拾詁　蕭旭　中國訓詁學研究會2010年學術年會論文摘要集　2010年11月1日
莊子思想與魏晉時期中國文藝的自覺　劉紅紅　暨南大學博士學位論文　2010年11月
莊子思想的人學意藴　葛長龍　西江月　2010年12期
劉辰翁評點莊子的幾個概念　潘貞清　大眾文藝　2010年12期
莊子中虛静之心觀照下的審美活動　丁媛、吴鐵柱　學術交流　2010年12期
無所逃於天地之間：魯迅的生命悲劇與莊子思想的聯繫　王學謙　學術交流　2010年12期
『天人合一』理念下的『物化』　遲巖　美術大觀　2010年12期
莊子『真人觀』初探：以莊子大宗師爲中心　孫丹　科教導刊　2010年12期
莊子自然觀的當代啟示　譚宗耀、何謙謙　科教導刊　2010年12期
儒道『隱逸』思想之比較研究　張志宏　理論界　2010年12期
兩漢抒情賦中的老莊思想　常先甫　綿陽師範學院學報　2010年12期
淺談莊子散文教學與學生人格的培養　張真　快樂閱讀　2010年12期
莊子寓言朦朧美的雙重模糊性負荷：從文本意義的動態生成談起　鄒學莉　湖北第二師範學院學報　2010年12期
鈍感與逍遥：渡邊淳一鈍感力理論與莊子逍遥遊思想異同比較　熊豔　安徽文學　2010年12期

莊子論人性的真與美　（臺灣）陳鼓應　哲學研究　2010年12期

逍遥遊乎人生路：逍遥遊中莊子的成才觀　蔡鑫、蔣亞齡　文學界　2010年12期

逍遥遊中『野馬』、『塵埃』考辨　魯立智　四川教育學院學報　2010年12期

論莊子的人生哲學　袁繼偉　滄桑　2010年12期

莊子『隱逸』觀於中國文化之影響　張志宏　求索　2010年12期

淺探莊子逍遥遊　韓振邦　東南大學學報　2010年12期（增刊）

莊子海洋意象中超越意蘊之探微　李強華　首屆海洋文化與城市發展國際研討會論文集　2010年12月17日

淺析郭象『自然』觀哲學思想　賴偉鈞　南昌大學碩士學位論文　2010年12月

莊子技術哲學思想研究　李寶峰　南昌大學碩士學位論文　2010年12月

莊子的言意觀及對語文教學的啟示　張榮　吉林教育　2010年13期

道家美學思想對中國山水審美的影響　王彦梅　大眾文藝　2010年13期

試探道家『天人合一』思想影響下的郭熙　胡媛　大眾文藝　2010年13期

淺析莊子逍遥遊的修辭藝術　于新鑫　魅力中國　2010年13期

忘情之情：莊子『真情』思想研究　肖雲恩　重慶科技學院學報　2010年13期

莊子的死亡哲學　張尚仁　西江月　2010年13期

莊周所撰莊子內七篇題解及辨析　張遠山　社會科學論壇　2010年13期

莊子與克里希那穆提的人格美學思想的可比性初探　王飛　大眾文藝　2010年13期

莊子天下篇作者淺論　丁中山、朱重昌　絲綢之路　2010年14期

莊子之『道』與盧梭之『自然』：比較莊子與盧梭自然觀　于璐　經營管理者　2010年14期
藺且所撰莊子外篇五題解及辨析　張遠山　社會科學論壇　2010年14期
析格式塔心理學與莊子生態智慧　韓玉潔　作家　2010年14期
徐志摩愛情詩中莊子的『真』與騎士精神　毛國寧　語文學刊　2010年14期
淺析莊子天下中『内聖外王』的理想人格　匡媛　東方企業文化　2010年14期
巴爾蒂斯與莊子比較談　吳瑞睿　大眾文藝　2010年15期
從藝術目的角度論莊子和尼采美學思想的共同點　李晨陽　電影評介　2010年15期
莊子與列子生死觀之比較研究　李明釗　青年文學家　2010年15期
知魚之樂　趙熊　青少年書法　2010年16期
莊子寓言芻議　郭紅　大眾文藝　2010年17期
莊門弟子所撰莊子外篇四題解及辨析　張遠山　社會科學論壇　2010年17期
郭象有意誤讀莊子之探析：以逍遥遊中『逍遥觀』爲例　黄瑤　青年文學家　2010年17期
論莊子生存美學中的身體　譚慶柱　文教資料　2010年18期
試析莊子之『忘』　張雯　文教資料　2010年18期
莊子的文藝否定論及其意義　梁亞林　中學教學參考　2010年18期
劉安新增莊子外篇六題解及辨析　張遠山　社會科學論壇　2010年18期
論辛棄疾詞中大鵬形象的意藴　方達　社會科學論壇　2010年18期
淺談以自然主義爲顯著特徵的莊子藝術思想　吕堂生　知識經濟　2010年18期
如何理解『不辯牛馬』中的『牛馬』　姚慶全、何永書　新作文　2010年18期

設喻巧妙　機趣橫生：秋水賞析　馬華　中學教學參考　2010年19期

『美』源於『道』：莊子美學與『道』的關係　喬蘭　青年文學家　2010年19期

搏扶搖上九萬里：通過逍遥遊讀莊子　李雪　青年文學家　2010年19期

劉安新增莊子雜篇十四、解說三題解及辨析　張遠山　社會科學論壇　2010年19期

莊子的享受的享受　房福賢　文藝爭鳴　2010年19期

老莊『大美』思想新論　吳正榮　人民論壇　2010年20期

論莊子中的介詞『於』　顧秀群、吳松　文教資料　2010年20期

道家學說與現代藝術設計　周濛濛　網路財富　2010年20期

淺析莊子故對莊子的結構簡析　陶家韻　傳承　2010年21期

論莊子中的『無言』說及其對古代文學的影響　都昕蕾　現代商貿工業　2010年21期

20年來莊子散文藝術研究綜述　魏園園　語文學刊　2010年21期

論浪漫主義特色在莊子散文中的表現　張羽　語文學刊　2010年21期

老莊學說與勞倫斯作品中的和諧思想　李洪青　電影評介　2010年21期

論莊子的『天人合一』思想與中國書法　周嬌　青年文學家　2010年21期

老莊在俄蘇　張愛民　前沿　2010年22期

莊子的猴子　王溢嘉　思維與智慧　2010年24期

莊子說　孫一鳴　詩刊　2010年24期

由莊子哲學談高職院校輔導員的『無用致用』　范穎一　大眾文藝　2010年24期

韓國掀起莊子熱系列圖書重新詮釋莊子　語文教學與研究　2010年26期

莊子物論與低碳社會的哲學理念　鄧永芳、劉國和、池升明　學習月刊　2010年28期
莊子人間世中的『盡年』主題：兼談莊子的自然觀與生命觀　李小華　名作欣賞　2010年29期
道家『自然之道』及其現代美學價值　梁偉華、何明智　人民論壇　2010年29期
此間真意，盡在言外：關於莊子『言意觀』的雜感　許曉航　考試周刊　2010年30期
中國山水畫中的道家學説　王晨旭、劉佳佳　黑龍江科技信息　2010年30期
庖丁解牛：『道不遠人』　周明璃　成才之路　2010年30期
送冰人來了的道家思想解析　張瑞　考試周刊　2010年31期
論道家的音樂美學思想　衛志強　名作欣賞　2010年32期
亂世中心靈的救贖：讀莊子人間世　卜茹雯　中國科教創新導刊　2010年35期
是鵬鳥賦還是鵩鳥賦　張志凱　課程教材教學研究　2010年51、52期合刊
莊子這個人　李大華　宗教學研究　2010年（增刊）
莊子『法天貴真』的人生哲學淺析　唐明邦　宗教學研究　2010年（增刊）
紅樓夢中的道家哲學初探　田芳　三峽大學學報　2010年（增刊）
顔淵之學及莊子中的顔淵　高華平　諸子學刊（第四輯）　上海古籍出版社　2010年版
照曠混冥自逍遥：莊子的道論與修道思想　（臺灣）劉見成　諸子學刊（第四輯）　上海古籍出版社　2010年版
『自然界』對莊子修養的意義　包兆會　諸子學刊（第四輯）　上海古籍出版社　2010年版
莊子的美學含藴：對精神現象和美的規律的揭示及其回歸自然和藝術人生的指向　涂光社　諸子學刊（第四輯）　上海古籍出版社　2010年版

上博七吳命簡五釋字一則：兼校正莊子『一雀適羿，羿必得之，威也』句誤字　黃人二　諸子學刊（第四輯）　上海古籍出版社　2010年版

論黃帝書的兩大主題：技術發明和政治思想——兼論其在道家文獻中的地位　蘇曉威　諸子學刊（第四輯）　上海古籍出版社　2010年版

司馬遷對莊子的研究和接受：兼論司馬遷在莊學研究史上的地位　劉洪生　諸子學刊（第四輯）　上海古籍出版社　2010年版

紅樓夢與莊子中的超越性人生觀　王冉冉　諸子學刊（第四輯）　上海古籍出版社　2010年版

簡析道家認識論的方法、特點及意義　陳霞、汪伊舉　老子學刊（第一輯）　巴蜀書社2010年版

莊子之夢的超越意識和自由情懷　魏義霞　老子學刊（第一輯）　巴蜀書社2010年版

莊子復原本之莊學四境：莊子復原本注譯選（一）　張遠山　名作欣賞　2011年1期

道、形、器的術語及邏輯：以莊子知北遊爲例　韓秋紅　河南社會科學　2011年1期

莊子『心齋』、『坐忘』思想與超個人心理學比較研究　李樹軍、張魯寧　河南社會科學　2011年1期

涸轍之魚　志成　老同志之友　2011年1期

切勿『越俎代庖』　許志宇　集郵博覽　2011年1期

優美的篇章　至純的境界：逍遥遊與前赤壁賦之比較　許旭輝　現代語文　2011年1期

淺析莊子寓言裏的藝術設計思想　李繼紅　科教文匯　2011年1期

對莊子人生哲學思想的解讀　陳曉晨　學理論　2011年1期

莊子『虛室生白』的美學意義　張靜　中州學刊　2011年1期

道家美學的生態審美及主體間性　齊光遠　樂山師範學院學報　2011年1期

馬一浮與道家哲學研究　張宏敏　中共寧波市委黨校學報　2011年1期
論東周時期道家學派的精怪觀念　翟勝利　周口師範學院學報　2011年1期
道家萬物的視野及世紀意義　許建良　雲南大學學報　2011年1期
畫山水序中的道家思想　呂玉嬌、肖丹　美術教育研究　2011年1期
『沉魚落雁』原始形象的誤傳　司徒婉儒　語文月刊　2011年1期
談道家的審美教育思想　王洋　教育探索　2011年1期
論儒道對世俗功利的超越精神　朱貽庭　道德與文明　2011年1期
從儒家和道家的生死觀看安樂死合法化的思想基礎　鄭國玉　佳木斯大學社會科學學報　2011年1期
道家哲學對中國藝術理論貢獻略談　鄭英玲　牡丹江師範學院學報　2011年1期
自由與超越：論道家美學思想及其現代意義　李瀟雲、婁鵬宇　江河學院學報　2011年1期
『氣韻本乎游心』：道家『氣』思想的心學意義　蔡釗　宗教學研究　2011年1期
道家、道教對基督教的啟發　包兆會　基督教文化學刊　2011年1期
莊子逍遙的時空維度　高嫻　武陵學刊　2011年1期
莊子喜用寓言新探　陳功文　山東青年政治學院學報　2011年1期
淺談莊子藝術精神與石濤『一畫論』的淵源關係　楊平　解放軍藝術學院學報　2011年1期
莊禪思想映現下的王維的生存智慧　張伯娟　青海民族大學學報　2011年1期
莊子德充符最後兩段文字歸屬問題探討　陳怡　讀書　2011年1期
『無情』與『心鏡』：莊子的審美心胸思想　孫焘　浙江學刊　2011年1期
先秦海洋文化中的超越意識：以莊子爲中心的考察　李強華　前沿　2011年1期

海德格爾的『濠梁之辯』 羅久 人文雜誌 2011年1期

郭象的性分論及其理論吊詭 暴慶剛 人文雜誌 2011年1期

高唐賦中高唐山的現實原型及山名由來：兼論莊子中『唐』字的楚語特徵 賈學鴻 江漢論壇 2011年1期

論老莊的權變思想：兼論魏晉玄佛學者對它的發揮 韓國良 河北師範大學學報 2011年1期

論韓愈莊騷並舉之意義 李生龍 周口師範學院學報 2011年1期

莊子逍遥思想的現代意義 雷園園 山東省農業管理幹部學院學報 2011年1期

莊子思想與當代文學 李雪 理論與創作 2011年1期

『逍遥遊』與道商的人生境界 葛榮晉 學術界 2011年1期

休謨和莊子不可知論比較 師瑞、李趙興 榆林學院學報 2011年1期

莊禪美學的藝術實踐啟示 王向峰 瀋陽工程學院學報 2011年1期

莊子『游心於道』的審美實踐方式：作爲『否定』和『化解』的心靈境界 張靜 周口師範學院學報 2011年1期

莊子中『忘』的內涵 賀瓊 濰坊教育學院學報 2011年1期

『太虚』與『涅槃』：列子注融莊佛之人生境界 卞魯曉 淮南師範學院學報 2011年1期

論莊子的逍遥遊與人生修養 寇玉蓮 語文學刊 2011年1期

莊子是道、氣和合生物的二元論者 張松輝 湖湘論壇 2011年1期

淺談當今平面廣告設計中的『逍遥遊』 張彦 美術教育研究 2011年1期

論莊子之『道』與『大美』的美學觀 秦忠翼、秦科 湖南城市學院學報 2011年1期

郭象『聖人』思想中的萬物一體境界　牛海芳　安陽工學院學報　2011 年1 期

逍遥遊疑義二種　路勤鳳　安徽文學　2011 年1 期

中國古代審美觀照的拓展與深化：論郭象『獨化』哲學中的『俯仰』與『虛靜』的整合　張錫坤、李希　吉林大學社會科學學報　2011 年1 期

向死而生：從中國悲劇意識的誕生淺論莊子　石萍　美與時代　2011 年1 期

淺論莊子的散文風格　杜永仁　西北成人教育學報　2011 年1 期

穿越話語迷霧的身體性：莊子哲學的身體之維　劉海　船山學刊　2011 年1 期

莊周故里考證：從相關縣志收錄詠莊詩歌的多寡說開去　王運思、蕭若然　菏澤學院學報　2011 年1 期

莊子家世考論　李福祿　菏澤學院學報　2011 年1 期

莊子與柏拉圖繪畫觀之比較　張豐鏡　赤峰學院學報　2011 年1 期

淺談莊子『遊』的審美意義　王海燕　北方文學　2011 年1 期

莊子天下篇『內聖外王』思想的提出及其認識論意義　陳仁仁　湖南大學學報　2011 年1 期

道家『因』論　唐少蓮　管子學刊　2011 年1 期

莊子寓言中的畸人形象探析　吳小洪　許昌學院學報　2011 年1 期

莊子原始同一性意念及其夢說　吳康　中國文學研究　2011 年1 期

再論莊子卮言　張洪興　中國文學研究　2011 年1 期

『齊物逍遥』與『積極行動』：莊子與薩特自由思想比較探析　計豔賀、滕海濱　江蘇廣播電視大學學報　2011 年1 期

大美不言：讀莊偶拾之五　熊偉　科學文化評論　2011 年1 期

『畸人乘真，手把芙蓉』：論莊子畸人之醜的魅力　丁媛、吳鐵柱　綏化學院學報　2011年1期

紅樓夢的莊子觀及其『情情』視閾下的齊物境界　高源　貴州師範大學學報　2011年1期

從莊子的神話思維看莊子的循環變化思想　吳亞娜　德州學院學報　2011年1期

『萬物』觀與莊子的自然美學　劉廣鋒　武漢紡織大學學報　2011年1期

尼采與莊子美學思想中的宇宙本體論和人性本體論之異同　李滿　江西教育學院學報　2011年1期

明清莊學中解構、建構與詮釋：以林雲銘莊子因爲例　（臺灣）錢奕華　寧夏師範學院學報　2011年1期

劉文典莊子補正內篇辨析　高深、王德龍　淮北職業技術學院學報　2011年1期

莊子關於人生境界的美學意義　張新豔　新疆職業大學學報　2011年1期

解析莊子秋水中的『人道合一』思想　劉偉　呂梁學院學報　2011年1期

司馬彪莊子注考論　羅彥民　五邑大學學報　2011年1期

李商隱詩中的莊子典故與詩人心態　王豔　濮陽職業技術學院學報　2011年1期

視角主義立場下的莊子之『道』：莊子之道的後現代解讀　郭繼民　華北電力大學學報　2011年1期

莊子『重神輕形』美學思想及其對中國藝術的影響　楊鵬飛　重慶廣播電視大學學報　2011年1期

從莊子狐白的作僞看晚明科舉用書刻印的流弊　劉海濤　晉中學院學報　2011年1期

『飾小說以干縣令』之『縣令』釋義考　王林飛　沙洋師範高等專科學校學報　2011年1期

試論孔、莊之『道』　吳樺　沙洋師範高等專科學校學報　2011年1期

劉文典莊子養生主補正疑義辨析　高深、王德龍　淮北師範大學學報　2011年1期

莊子『法天貴真』的美學解讀　黃丹納、任姿楠　中國文化研究　2011年1期

道通爲一　逍遥以遊：莊子要義申論　王攸欣　中國文化研究　2011年1期

莊子思想對個人陶藝創作的啟迪：『魚躍龍門』的創作　應龍琴、魯新華　江蘇陶瓷　2011年1期

莊子生命觀解讀　宋雪玲　殷都學刊　2011年1期

『大鵬』是否『逍遥』辨析　徐保超、張鵬飛　江西廣播電視大學學報　2011年1期

論莊子哲學之意蘊：莊子哲學本體認知與人生思想探析　馮軍偉　信陽農業高等專科學校學報　2011年1期

生命的自覺與心靈的關切：讀生命的哲學——莊子文本的另一種解讀　敦鵬　燕山大學學報　2011年1期

以直覺體悟生命：老莊道家與西方生命哲學的交融　付粉鴿　長安大學學報　2011年1期

道德教育中的身體處置問題：道家莊子的觀點　譚維智　華東師範大學學報　2011年1期

文心雕龍的老、莊批評　高林廣　廣播電視大學學報　2011年1期

莊子寓言新探　陳功文　揚州工業職業技術學院論叢　2011年1期

略論老莊的鬼神思想　王輝剛、梅莉　華中人文論叢　2011年1期

試論莊子的生死觀　柳亮　華中科技大學碩士學位論文　2011年1月

莊子與上古神話研究　邊鳳　大眾文藝　2011年2期

道家『愚』的學理　張尚仁　思想戰綫　2011年2期

論儒道哲學中『道』之差異性　陳明海　合肥學院學報　2011年2期

魏晉名士道家人格思想淵源管窺　張軍強　濮陽職業技術學院學報　2011年2期

淺議先秦道家『爲我』所蘊涵的和諧智慧　景雲　漳州師範學院學報　2011年2期

逍遥與哀愁：莊子逍遥遊的哲學詮釋　王國鳳　改革與開放　2011年2期
淺析嚴復在莊子評語中的自由觀　易俊　青年文學家　2011年2期
王蒙牽綫解讀老莊　王家年　刊授黨校　2011年2期
莊子的視野與心境　（臺灣）陳鼓應　國學　2011年2期
淺析莊子寓言中的人物形象　李訓予　時代文學　2011年2期
莊子『物道觀』探微　張志宏　社會科學　2011年2期
莊子與高爾吉亞的『辯』及比較　臘永紅　樂山師範學院學報　2011年2期
兩種意會觀的歡會神契：野中郁次郎與莊子的意會思想比較研究　漆捷、劉仲林　學術界　2011年2期
『真化』和諧對『禮化』和諧的超越及其意義：和諧視域下傳統道家『真人意識』的反觀與激揚　魏濤　蘭州學刊　2011年2期
郭慶藩莊子集釋辨證　羅彦民　文藝評論　2011年2期
略談陸樹芝莊子雪的三個特色　張京華　廣東技術師範學院學報　2011年2期
從『莊子個性』切入『道家思想』教學　徐芳玉　教師博覽　2011年2期
莊子形神理論及其對古代文論的影響　邵斯琦　文學界　2011年2期
『三言』與莊子象思維　唐少蓮　廣西社會科學　2011年2期
莊子的自發性思想及其在美學生成中的作用　包兆會　江西社會科學　2011年2期
略論『內聖外王』的歷史演變與現代境遇　魏蘇、王琦　江西社會科學　2011年2期
莊子人生哲學之救世精神　黃振新　安慶師範學院學報　2011年2期
莊子『遊』義考論　孫敏明　求索　2011年2期

論莊子『三言』與莊子闡釋指向的多樣性　張洪興　文學評論叢刊　2011年2期
莊子生態美學思想探微　李曉倩　蕪湖職業技術學院學報　2011年2期
莊子逍遥遊及其倫理意義　宋開之　江蘇科技大學學報　2011年2期
品莊子，探活著的人生　王璿　中山大學研究生學刊　2011年2期
老莊的聖人觀對現代精英管理的啟示　王子申　社科縱横　2011年2期
莊子忠孝觀的學理解析　王勇、吳鋒　孝感學院學報　2011年2期
莊子養生主釋義分歧　魏紅翎　成都大學學報　2011年2期
郭象之學的内部批判：以多元有機論的辨析爲中心　劉思禾　古籍整理研究學刊　2011年2期
『化』：莊子選詞修辭分析　陳啟慶　福建師範大學學報　2011年2期
濠梁之辯、摩爾悖論與唯我論　文學鋒、何楊　現代哲學　2011年2期
逍遥遊的玄機：大者之遊與大者之用的雙重意藴　李德民、蘇燕　西安電子科技大學學報　2011年2期
老莊民生觀特點淺析　余日昌　江蘇大學學報　2011年2期
從莊子『三言』看莊子的語用　周毅　瀋陽師範大學學報　2011年2期
莊子『内聖外王』思想的三種形態　陳仁仁　湖南師範大學社會科學學報　2011年2期
老莊學派養生思想對現代休閒體育的指導價值　俞金英　福建師大福清分校學報　2011年2期
從『智』看兼好對莊子的理解：以徒然草第三十八段爲中心　陳秉珊　浙江外國語學院學報　2011年2期
李贄『童心説』對莊子『法天貴真』思想的借鑒　賈文勝　學習與探索　2011年2期
王夫之與莊子『齊物』思想研究　肖建原　思想戰綫　2011年2期

莊子文學批評思想的理論價值　張恩普　東北師大學報　2011年2期

老莊藝術技巧論　孫殿玲　東北師大學報　2011年2期

狂人莊子對庸俗莊子的顛覆：魯迅起死對莊子精神的批判與繼承　王學謙　吉林師範大學學報　2011年2期

雅俗相隔：南華真經注疏群體音樂美學思想探析　李雄燕、李西建　雲南社會科學　2011年2期

從盲瞽之分管窺莊子的認識論　肖妹　合肥師範學院學報　2011年2期

莊子形神論對古代文論的影響　元文廣　甘肅聯合大學學報　2011年2期

莊子的反異化思想及其『人道』觀　夏艾青　船山學刊　2011年2期

從對話角度看莊子文藝批評之價值　袁濟喜、王猛　中國文學研究　2011年2期

越三籟陷阱　悟齊一天道：齊物論的話語策略分析　潘桂林　中國文學研究　2011年2期

翩翩蝴蝶飛翔在湛藍的瓦爾登湖畔：從莊子與瓦爾登湖看莊子和梭羅的精神連結　汪愫葦、張慧榮　海南大學學報　2011年2期

『江湖散人』之道：論陸龜蒙對莊子的接受　郭蓮花　江西師範大學學報　2011年2期

略論閱微草堂筆記話語方式的莊子遺風　韓希明　南京審計學院學報　2011年2期

從莊子逍遙遊談和諧　秦克祥　宿州教育學院學報　2011年2期

孔子之厄與莊子之意　李乃龍　廣西師範大學學報　2011年2期

莊子天下篇研究述略　周忠強　寧夏師範學院學報　2011年2期

莊子的生命觀　耿春燕　聊城大學學報　2011年2期

『莊子是誰』四說獻疑　王焱　貴州文史叢刊　2011年2期

人生何處得逍遥：從莊子的享受看王蒙的『自由人格』 李雪 東吴學術 2011年2期

魏晉士風與莊子 齊韻涵 青島農業大學學報 2011年2期

淺析孔子、莊子音樂思想之異同 倉淼 管子學刊 2011年2期

巫與莊子中的畸人、巧匠及特異功能者 鄧聯合 中國哲學史 2011年2期

莊子論『待』及其意義 黄聖平 社科縱横 2011年2期

莊子『無用之用』與經濟學『效用』概念辨析及其對城鄉統籌問題的反思 曾武佳 宗教學研究 2011年2期

莊子的殘疾人思想及其現代啟示 程潮 殘疾人研究 2011年2期

釋莊子外物『曾不如早索我於枯魚之肆』：兼談魚鼎匕之性質 黄人二 中國文字研究 2011年2期

顛覆天下篇：熊十力與莊子天下篇 劉小楓 中國文化 2011年2期

人、物之間：理解莊子哲學的一個關鍵 陳少明 中國文化 2011年2期

讀漫述莊禪致李澤厚 劉夢溪 中國文化 2011年2期

淺析莊子的名利觀 譚福金 中國紀檢監察報 2011年2月15日

詩意莊子（四首） 邵俊強 大理文化 2011年3期

自然的簫聲與人性的悲鳴：莊子與勞倫斯的自然觀 劉劍鋒、鄒楠 大眾文藝 2011年3期

道不同 相爲辯友：解讀莊子故事兩則 宗曉燕 科技信息 2011年3期

莊子：在我們無路可走的時候教學設計 田紅衛 成才之路 2011年3期

莊子的『知人』與『有爲』 羅小娟 新聞愛好者 2011年3期

讚歎生命，讚歎美：論莊子的美學思想 戴繼松 科教文匯 2011年3期

獨與天地精神往來：魯迅生命意志與道家文化的關聯　王學謙　中國現代文學研究叢刊　2011年3期
先秦道家崇『水』思想及其影響　孟凱　學術論壇　2011年3期
道家思想的心理調適作用探析　曾國俊、周敏　九江學院學報　2011年3期
道家虛静之道的生命哲學解析　吕有雲　現代哲學　2011年3期
道家思想對現代競技體育運動的啟迪和借鑒　劉勇、陳東九　西安文理學院學報　2011年3期
論道家文化與楚文化的親緣關係　黄釗　學習與實踐　2011年3期
論蘇軾詞中的莊禪思想：以定風波爲例　張袁月　樂山師範學院學報　2011年3期
共産主義下的『人』與莊子的『真人』比較研究　支鈺如　企業家天地　2011年3期
淺析老莊哲學的入世思想　賀晴　經濟視角　2011年3期
莊子的『四無』與企業家心靈法則　段俊平　中小企業管理與科技　2011年3期
逍遥遊教學策略及課堂拾零　高飛鵬　現代語文　2011年3期
斷章取義又何妨：秋水賞析　袁順兵　青少年日記　2011年3期
莊子中的『爲』字研究　李春燕　新課程　2011年3期
莊子論醜新詮　余開亮　貴州社會科學　2011年3期
莊子『與天和』、『與人和』思想對人心理和諧的啟示　羅豔妮、賀爭平、唐天勇　法制與經濟　2011年3期
從語言觀看莊子的哲學思想　單文、單強　傳奇·傳記文學選刊　2011年3期
莊子内、外、雜篇分期新探　劉静　安徽文學　2011年3期
莊子的詩性語言　周文傑、馬娟　安徽文學　2011年3期
莊子『知』論析義　李耀南　哲學研究　2011年3期

論莊子齊物論前後照應的結構體系　戴偉煌　中小企業管理與科技　2011年3期
莊子逍遥遊篇新探　宋蒙　文學界　2011年3期
試論莊子思想的現代意義　李潔　湘潮　2011年3期
淺談莊子的生命美學　林靜　新西部　2011年3期
逍遥遊：藝術家的精神生活方式　周文傑、周紅路　大連理工大學學報　2011年3期
技術的詩意之維：論莊子寓言中的技術意識　梁海、王前　大連理工大學學報　2011年3期
楚地宗教與莊子中的神異之境　鄧聯合　宗教學研究　2011年3期
莊子中自然生態的詩性美　梁曉燕　河北科技師範學院學報　2011年3期
從『至樂無樂』到『至情無情』：莊子至樂與紅樓夢　劉佼　社科縱横　2011年3期
逍遥遊與師心使氣：論阮籍、嵇康對莊子思想的繼承與實踐　趙薇　衡水學院學報　2011年3期
莊義要刪相關問題考論　劉海濤　運城學院學報　2011年3期
論莊子之情　朱松苗　運城學院學報　2011年3期
『遊』的審美理想與人生境界：結合儒、道生命觀進行探討　李梅　牡丹江師範學院學報　2011年3期
『巧偽』補釋　朱成華　漢字文化　2011年3期
試比較孔子和莊子的藝術觀　劉爽　四川民族學院學報　2011年3期
整體平衡觀：道家的『尊道貴德』生命生態旨要與當代省思　郭剛　科學技術哲學研究　2011年3期
蜀山劍俠傳蘊含的老莊生態美學思想　劉衛英、金亞東　遼東學院學報　2011年3期
亦爲南華鳴不平：李屏山居士的護莊論　韓煥忠　中國道教　2011年3期
楚狂接輿論考　萇乾坤、王春煒　濰坊教育學院學報　2011年3期

莊子的普遍關聯性思想及其當代價值：從懷特海有機哲學的視角出發　付洪泉　哈爾濱師範大學社會科學學報　2011 年3 期

莊子哲學中『知』的問題研究　常超　安陽工學院學報　2011 年3 期

『舍韓入揚』和『尊莊抑老』：北宋王安石建構『內在』的兩個維度　楊天保　孔子研究　2011 年3 期

淺析莊子『無待無累』精神境界的成因　林柔香　美與時代　2011 年3 期

犬儒派與莊子學派相似性以及發展相異性分析　江穎穎　中共杭州市委黨校學報　2011 年3 期

論莊子的貴生：兼與『好死不如賴活』辨異　王焱　海南師範大學學報　2011 年3 期

折中·齊物·至逍遙：莊子隱士思想探析　張瑞　南陽理工學院學報　2011 年3 期

論莊子生命哲學的『忘世』思想　高旭　安徽農業大學學報　2011 年3 期

韓愈與莊、騷並稱及其審美範式化之實現　吳戩　文藝理論研究　2011 年3 期

莊子審美思維的寓言形象　賀興安　中華文化論壇　2011 年3 期

論作爲陶淵明重要思想資源的『齊物觀』　喬健　甘肅高師學報　2011 年3 期

『時女』釋義與例證芻議：兼說由『文意訓釋』義演變而來的新詞的意義　張青松　辭書研究　2011 年3 期

莊子內、外、雜篇雙音詞比較研究　劉炎飛　湖南大眾傳媒職業技術學院學報　2011 年3 期

『自適其適』、『至樂無樂』：莊子美學新探　祁志祥　廣東社會科學　2011 年3 期

老莊道家的批判精神　馮達文　華東師範大學學報　2011 年3 期

莊子之自由觀：我讀逍遙遊　張楠、柳桂秀、劉莉源　內蒙古民族大學學報　2011 年3 期

莊子樂論的美學啟示　軒小楊　渤海大學學報　2011 年3 期

老莊哲學對中國山水畫審美文化的影響　王曉儒、王立峰　河北成人教育學院學報　2011年3期

李白大鵬賦的道家淵源初論　徐小潔　河北學刊　2011年3期

論莊子與惠施哲學思想的差異　趙炎峰　中州學刊　2011年3期

莊子思想與白居易人生境界　張瑞君　文學評論　2011年3期

莊子與尼采文藝觀比較　蔡熙　中國文學研究　2011年3期

王夫之與莊子『逍遙』思想研究　肖建原　船山學刊　2011年3期

教學何以轉知成智：對『莊子難題』的教學論探討　潘洪建　天津師範大學學報　2011年3期

生命之『道』與『自然』和諧之美：莊子生命哲學的美學精神再現及其現實價值探求　計豔賀、金曉鳳　承德民族師專學報　2011年3期

莊子意象系統探析　雷江紅　山西煤炭管理幹部學院學報　2011年3期

現代文人『莊子夢』的破滅　劉劍梅　東吳學術　2011年3期

哲學闡釋學視角下的莊子英譯研究　袁贊　河南大學碩士學位論文　2011年3月

幻滅、沉思與超越：莊子的生命意識及其政治價值探討　王志鵬　中國政法大學碩士學位論文　2011年3月

莊子的諸子觀研究：以莊子著述内容爲例　王延　中央民族大學碩士學位論文　2011年3月

莊子思想對美術新課程教學理念的鏡鑒　吳名琳　四川師範大學碩士學位論文　2011年3月

劉基道家思想研究　文豪　西南政法大學碩士學位論文　2011年3月

莊子『遊』的人生哲學研究　孫敏明　浙江大學博士學位論文　2011年3月

從莊子的『無爲』看康得的『有爲』　陳麗萍　文藝爭鳴　2011年4期

道家倫理智慧價值及在思想政治教育中的運用　崔景明　思想教育研究　2011年4期

試論『道』的原始二重性：『無』和『有』　陳霞　哲學研究　2011年4期

論詩經中道家思想的萌芽　孔德淩　臨沂大學學報　2011年4期

道家治世『三步曲』　徐良根　湖南財政經濟學院學報　2011年4期

試論道家思想對司馬相如辭賦創作的影響　談藝超　廣西民族師範學院學報　2011年4期

先秦儒道心理和諧思想之比較　賀爭平、唐天勇　吉林師範大學學報　2011年4期

王船山詩文所昭顯的道家、道教心跡　李生龍　北京大學學報　2011年4期

道家哲學對現代人的意義　王永智　西北大學學報　2011年4期

先秦道家的理想人格探析　劉益梅　新疆大學學報　2011年4期

先秦儒道有限性思想研究　彭戰果　甘肅社會科學　2011年4期

解牛之技、養生之道、創造之美：庖丁解牛中的三重境界　華松波　中學語文　2011年4期

惠子相梁教學思路　李鑫　語文教學與研究　2011年4期

莊子的享受：在中國古典智慧中『遠遊』　鄭秋明　寧波通訊　2011年4期

淺議郭象『獨化論』思想　姚利、劉繼外　青春歲月　2011年4期

說『踵息』　林書立　武當　2011年4期

東施效顰　王聿恩　語數外學習　2011年4期

一千多年前的學術抄襲　蔣波　文史天地　2011年4期

莊生，你太有才了　莊老周我　課堂內外　2011年4期

教師的『道』與『技』　任玲　今日教育　2011年4期

能否得『意』而忘『言』：談語文教學中的語言教學　劉全成　語文教學之友　2011 年4 期

無罪一詩中的『罪』與『刀』：一種基督教與莊子式的回應　楊雪梅　理論界　2011 年4 期

從赤子到神人：老莊的生命觀念及其文學顯現　宋小克　學術論壇　2011 年4 期

莊子內七篇與海德格爾的『生死觀』之比較　吳福友、吳根友　江漢論壇　2011 年4 期

純藝術的人生何以確立：徐復觀之莊子藝術人生範型確立的另一種解讀　吳玉紅　學術界　2011 年4 期

試論秋水與逍遥遊、齊物論思想之關聯　竇捷　文學教育　2011 年4 期

幻像與生命的交響：中西方軸心時代裏『遊』思想之初探　向蓉　青年作家　2011 年4 期

淺談莊子對社會衆生相的批判　安奇賢　哈爾濱學院學報　2011 年4 期

論莊子病態人格的異化與超越　黄振華、龔奎林　時代文學　2011 年4 期

論唐代對『莊周夢蝶』寓言故事的詩意解讀　郝梅　牡丹江大學學報　2011 年4 期

西方莊學逍遥遊解讀　安藴貞　社會科學家　2011 年4 期

老莊消費審美思想探析　程宇昌、溫樂平　江西社會科學　2011 年4 期

莊子理想人格教育的現代啟示　劉曉燕　陝西教育　2011 年4 期

莊子的理想世界：渾沌　汪冬梅　新西部　2011 年4 期

置喙肯尼斯·雷克思羅斯詩歌中的老莊思想　遲欣　北京第二外國語學院學報　2011 年4 期

莊子與薩特的美學比較　孫強　遼寧科技大學學報　2011 年4 期

同與不同的悖論及其它：莊子齊物論『辯』説芻論　劉順、安家琪　陰山學刊　2011 年4 期

莊子成語在少數民族漢語教學中的運用及其意義　焦玉琴　民族教育研究　2011 年4 期

試析莊子的修養方法　董向紅　滄桑　2011年4期

莊子理想人格的延展與比較　張冬　牡丹江師範學院學報　2011年4期

莊子生命本位技術哲學的基本面向與內在理路探賾　趙玉強　雲南社會科學　2011年4期

莊子寓言體行文之由探微　袁名澤　湖南城市學院學報　2011年4期

論莊子『相忘於江湖』及其啟示　李際衛　南方職業教育學刊　2011年4期

論莊子寓言中的技匠形象　吳小洪　山東青年政治學院學報　2011年4期

論莊子對蘇軾散文創作的影響　崔花豔　合肥學院學報　2011年4期

西方莊學研究述評　安蘊貞　河北學刊　2011年4期

論莊子的身體思維　李劍虹　合肥學院學報　2011年4期

齊物論與自然中心主義的內涵及其關係論析　舒玲　江漢大學學報　2011年4期

郭店簡唐虞之道中出現的『性命』與莊子內篇早出的問題　李銳　人文雜誌　2011年4期

『魚樂之辯』的心靈哲學解讀　楊恒梅　重慶郵電大學學報　2011年4期

老莊思想對朝鮮半島文化與文學的影響　張愛民　齊魯學刊　2011年4期

瞥見莊生真面目：徐復觀中國藝術精神中的莊子觀評析　汪頻高　江漢大學學報　2011年4期

京派的時間意識與老莊的退化史觀　馮暉　寧夏大學學報　2011年4期

詩意的政治學：莊子的文學筆法及其意義　許秀靜　瀋陽師範大學學報2011年4期

老莊『道』論的哲學價值預設及其生態學意蘊　楊小華　青海社會科學　2011年4期

『謬悠之說』與金庸小說的精神特質　莫林虎　解放軍藝術學院學報　2011年4期

莊子自然審美觀探析　高國雄　新疆教育學院學報　2011年4期

王夫之『逍遥義』探析　王玉彬　船山學刊　2011年4期
論莊子的生命觀：以莊子的内七篇爲例　馬寒　船山學刊　2011年4期
現代文人『莊子夢』的破滅(續)　劉劍梅　東吴學術　2011年4期
莊子、墨子、韓非子『如』字比較句初探　高華娟　語文知識　2011年4期
由藥地炮莊看方以智的惠施論　張永義　中國哲學史　2011年4期
自然與自由的統一：莊子與康德的比較研究　路傳頌　管子學刊　2011年4期
當哲人遇到凡人：讀起死篇斷想　唐應光　上海魯迅研究　2011年4期
『以鏡照鏡』與『夢中説夢』　張旭東　中華文史論叢　2011年4期
鯤鵬形象與逍遥遊題旨　尹榮方　上海海關學院學報　2011年4期
莊子齊物論中的生態智慧　閆曉妮　湖北職業技術學院學報　2011年4期
淺議知北遊中『道』的思想　張麗萍　華夏文化　2011年4期
回歸教育感性：論老莊思想與創感教育理念的共鳴啟示　饒銀華、胡藝文　江西電力職業技術學院學報　2011年4期
樸散爲器與老莊倫理　劉康德　光明日報　2011年4月11日
天地有大美而不言　郭嵐　解放軍報　2011年4月17日
儒道兩家和諧觀的差異與融合　孟慶雷　中國紀檢監察報　2011年4月19日
郭象玄學觀對魏晉文論及審美文化的影響　任莎莎　遼寧大學碩士學位論文　2011年4月
莊子成疏的文學性闡釋　史慧　遼寧大學碩士學位論文　2011年4月
莊子『三言』概念考論及其層次研究　張亮　遼寧師範大學碩士學位論文　2011年4月

淺論莊子之夢　莊鵬　雲南大學碩士學位論文　2011年4月

莊子社會關係思想研究　馬敏　安徽大學碩士學位論文　2011年4月

莊子的心理哲學研究　朱童萍　安徽大學碩士學位論文　2011年4月

莊子對蘇軾的影響探析　王榮林　遼寧師範大學碩士學位論文　2011年4月

憨山德清莊子內篇注之研究　郭建雲　蘇州大學碩士學位論文　2011年4月

莊子內篇研究　馮盤根　曲阜師範大學碩士學位論文　2011年4月

錢穆莊子學研究　李宋燕　華東師範大學碩士學位論文　2011年4月

以藝進道：從龔賢山水畫中體悟道家思想　馬付玲　曲阜師範大學碩士學位論文　2011年4月

『我思故我在』與『吾喪我』——笛卡爾與莊子的自我觀比較　傅停停　蘭州大學碩士學位論文　2011年4月

莊子『間』的哲學釋義：以人間世爲中心的研究　金麗文　上海師範大學碩士學位論文　2011年4月

莊子英譯歷程中的權力政治　馮舸　華東師範大學碩士學位論文　2011年4月

莊子齊物論『因是』解　岳賢雷　華東師範大學碩士學位論文　2011年4月

莊子形殘德全觀及其影響　衛佳　四川師範大學碩士學位論文　2011年4月

莊子的『反知』與『真知』　劉苗　西南大學碩士學位論文　2011年4月

呂惠卿哲學思想初探：以莊子內篇義爲例　趙慶梅　四川師範大學碩士學位論文　2011年4月

論莊子內篇中『大』的美學思想　袁琤琤　西南大學碩士學位論文　2011年4月

莊子謂詞轉指研究　張美霞　西南大學碩士學位論文　2011年4月

先秦靜範疇的修養論意蘊及邏輯演化：從老、莊、管、荀的認識論談起　周妍　黑龍江大學碩士學位論

文　2011年4月

試論莊子之『忘』　周曉玲　山東大學碩士學位論文　2011年4月

莊子幸福觀研究　向群　山東大學碩士學位論文　2011年4月

莊子的死亡智慧研究　代婷婷　青島大學碩士學位論文　2011年4月

莊子生命本真及其障礙論：莊子生命哲學研究　丁梅　山東大學碩士學位論文　2011年4月

先秦儒、道和古希伯來之生死觀比較　Aaron Kalman（龍愛仁）　浙江大學碩士學位論文　2011年4月

先秦道家人性論研究　周耿　湖南大學博士學位論文　2011年4月

魏晉時期儒佛道思想互動研究　呂玉霞　山東大學博士學位論文　2011年4月

莊子對儒家的回應　左國毅　復旦大學博士學位論文　2011年4月

莊子反異化思想探析　夏艾青　新聞愛好者　2011年5期

莊子成語隱喻的理解　馬娟　青年文學家　2011年5期

西方現象學與道家美學　葛靜靜　青年文學家　2011年5期

黃帝内經與道家思想略　臘永紅、魯西龍、王振華　福建省社會主義學院學報　2011年5期

道家的視野、境界與情懷　王樹人　江蘇行政學院學報　2011年5期

道家經濟觀及其對我國經濟發展的影響　金會慶　江淮論壇　2011年5期

道家『適性爲美』思想的生態美學意義　祁志祥　安徽師範大學學報　2011年5期

莊子的人生理論及精神的歷史影響與現代價值　烏雙　語文學刊　2011年5期

惠子相梁　顧之川　中學生閱讀　2011年5期

史記『重言』現象解析　田蔚　文藝研究　2011年5期

莊子人生哲學的理想人格論　姜智　理論界　2011年5期
論莊子文本的結構體系　劉生良　江漢論壇　2011年5期
從莊子到黑格爾：中西文化的差異　鍾英戰　長江大學學報　2011年5期
道與道德：莊子和康德的審美超越論之比較　陳雪梅　長江大學學報　2011年5期
王蒙與莊子　樊星　廣州大學學報　2011年5期
先秦散文的一朵奇葩：逍遥遊、莊子見魯侯對比閱讀　龐振軍　閱讀與作文　2011年5期
聽莊子談快樂　呂青雲　中國研究生　2011年5期
論莊子寓言對孔子形象的改造及依據　吳小洪　哈爾濱學院學報　2011年5期
論莊子哲理與詩情的共生與統一　張瑜　文學界　2011年5期
莊子形神論及其影響　馬靈君　文學界　2011年5期
從莊子人間世的兩種『大戒』說起　余露、趙純亞　北方文學　2011年5期
道在術中：莊子天下道術分離之困境及其化解　龔傳星　求索　2011年5期
莊子思想中的無神與守神　衛朝暉　山西大同大學學報　2011年5期
論莊子的生命自由觀及其啟示　周益鋒　北京工業大學學報　2011年5期
論莊子的『天人觀』　譚紹江　武漢科技大學學報　2011年5期
莊學研究的新向度：莊子的生存哲學評介　陳志霞　高校社科動態　2011年5期
齊一與和順：道家的和諧如何可能　吳先伍　道德與文明　2011年5期
淺談莊子的虛無主義　芮秀珍　内蒙古農業大學學報　2011年5期
有無之際：莊子心靈境界論發微　劉濤　東方論壇　2011年5期

莊子『真人』考辨　張清河　東方論壇　2011年5期

談『外師造化，中得心源』說　張海　遼寧師專學報　2011年5期

皖北道家文化旅遊資源英譯試探：以蒙城『莊子祠』景點爲例　王虹　淮北師範大學學報　2011年5期

郭象的自生說及其理論吊詭：基於郭象哲學知性品格的分析　暴慶剛　河南大學學報　2011年5期

簡論莊子哲學話題　宋志明　中州學刊　2011年5期

莊子論『名』的三重維度　刁生虎、王曉褘　中州學刊　2011年5期

莊子文學思想簡論　劉生良　思想戰綫　2011年5期

知其白守其黑：老莊道家思想的本真性　韓麗華　山東理工大學學報　2011年5期

虛靜求道　自事其心：讀付粉鴿博士學位論文自然與自由：老莊生命哲學研究　張瑞泉、王本瑜　唐都學刊　2011年5期

道德理性與藝術精神：唐君毅莊子美學闡釋　石了英　北方論叢　2011年5期

胡文英與莊子獨見　李花蕾、張京華　吉首大學學報　2011年5期

尊重不同的生活方式：莊子中的道家美德倫理　黃勇、李妮娜、相鳳、崔雅琴　華東師範大學學報　2011年5期

淺談老莊消極思想中的積極因素　高婷婷　遼寧教育行政學院學報　2011年5期

莊子逍遥遊的現代意義初探　袁英　遼寧教育行政學院學報　2011年5期

濠梁之辯的真意：兼論莊子見道與言道的問題　范文彬　吉林師範大學學報　2011年5期

郭象對莊子有條件自由的否定之否定　孫敏明　浙江萬里學院學報　2011年5期

『庖丁解牛』美學探微　劉秋朵　太原師範學院學報　2011年5期

試論莊子心靈和諧思想及對現代人的啟發　劉瑞娟　太原師範學院學報　2011 年5 期

劉基的莊子接受研究　白憲娟　哈爾濱師範大學社會科學學報　2011 年5 期

『志怪』語義源流考論　李軍均　文藝理論研究　2011 年5 期

國外生態語境下的莊學研究綜述　王素芬　保定學院學報　2011 年5 期

『天籟』新解：兼論『天籟』與莊子哲學　張和平　廈門大學學報　2011 年5 期

讀張松輝先生的老子研究　曹豔　湖南大學學報　2011 年5 期

『天籟』一詞的哲學本意考證　趙德鴻　光明日報　2011 年5 月22 日

選堂書畫與齊物思想　王素　中國社會科學報　2011 年5 月26 日

從翻譯美學角度看莊子的意境傳遞　李瑾　重慶大學碩士學位論文　2011 年5 月

『時空』視角下的莊子美學研究　于晏如　哈爾濱師範大學碩士學位論文　2011 年5 月

郭象獨化論　徐漢相　華東師範大學碩士學位論文　2011 年5 月

莊子『逍遙』思想研究　賀豔軍　西北師範大學碩士學位論文　2011 年5 月

論儒道互補視閾下的杜甫與莊學　張慧玲　江西師範大學碩士學位論文　2011 年5 月

莊子與戰國策寓言比較研究　李琴　江西師範大學碩士學位論文　2011 年5 月

先秦儒道修養論比較研究　馬志美　安徽大學碩士學位論文　2011 年5 月

先秦儒道兩家生死觀研究　蘇陽　陝西師範大學碩士學位論文　2011 年5 月

先秦道家教育思想對當代學校音樂教育的啟示　黃明銳　湖南師範大學碩士學位論文　2011 年5 月

莊子文體研究　石龍巖　西北師範大學碩士學位論文　2011 年5 月

相忘乎江湖　築室兮水中：試論莊、屈作品中水之物象與意象　田勝利　福建師範大學碩士學位論文

2011 年5月

莊子哲學的心理調節功能　王薇　天津大學碩士學位論文　2011 年5月

高中語文校本課程品讀莊子開發的思考和設計　張慧　河南師範大學碩士學位論文　2011 年5月

成玄英道教倫理思想研究　郭璞　河南大學碩士學位論文　2011 年5月

莊子和海德格爾詩化語言觀的同一性研究　武恒　大連理工大學碩士學位論文　2011 年5月

呂惠卿莊子義研究　范海波　華東師範大學碩士學位論文　2011 年5月

先秦到西漢典籍中的孔子形象　陳瑩　北京大學碩士學位論文　2011 年5月

楚文化視野下的莊子變形藝術研究　李文娟　內蒙古大學碩士學位論文　2011 年5月

試析莊子生命本位主義的哲學特質：以養生主、人間世爲中心　李彥榮　陝西師範大學碩士學位論文　2011 年5月

莊子的道和言　霍光　陝西師範大學碩士學位論文　2011 年5月

莊子成語探析　朝木日樂格　內蒙古大學碩士學位論文　2011 年5月

莊子養生思想對現代群衆養生健身價值的研究　楊立強　陝西師範大學碩士學位論文　2011 年5月

儒道相互影響下的莊子學：莊子逍遥遊篇注疏研究　王征　海南大學碩士學位論文　2011 年5月

莊子與克里希那穆提的人格美學思想比較研究　王飛　青海民族大學碩士學位論文　2011 年5月

莊子與先秦諸子引文研究　劉靜　山東大學碩士學位論文　2011 年5月

莊子與神巫文化研究　張賽　山東大學碩士學位論文　2011 年5月

以莊子思想來觀照現代社會教育　李珍景　山東大學碩士學位論文　2011 年5月

莊子『法天貴真』思想及其美學意蘊研究　陳健　南京大學碩士學位論文　2011 年5月

老莊道家生命觀對當代生命教育的價值研究　馬桂萍　浙江師範大學碩士學位論文　2011年5月
莊子『三言』研究　郭紅　山東大學碩士學位論文　2011年5月
人生困境及其解決：以莊子人間世爲中心　薛冬梅　中國人民大學碩士學位論文　2011年5月
論庖丁解牛與決定性瞬間藝術的關係　姜楠　山東工藝美術學院碩士學位論文　2011年5月
論莊子對人生困境的審美超越　譚廣業　湖北大學碩士學位論文　2011年5月
莊子與尼采生命美學比較研究　劉思佳　浙江師範大學碩士學位論文　2011年5月
自然與自由：莊子身體觀研究：以内七篇爲中心　李劍虹　安徽大學博士學位論文　2011年5月
莊子醜意象研究　丁媛　哈爾濱師範大學博士學位論文　2011年5月
老莊正義思想研究　劉白明　湖南師範大學博士學位論文　2011年5月
莊子對道德教育目的性的認識：論一種無目的性的道德教育思想　譚維智　當代教育科學　2011年6期
後現代視閾下莊子語言哲學思想解讀　張慶剛　重慶科技學院學報　2011年6期
略論莊子的反叛的情感投入　張瑞鑫　青年文學家　2011年6期
淺談莊子思想及對中國藝術的影響　宿峰　作家　2011年6期
老莊『虛靜』之比較觀　徐明輝　語文學刊　2011年6期
可得而不可見　可傳而不可受：論莊子道的體認與言傳　范文彬　社會科學戰綫　2011年6期
人往低處走：老子、莊子和禪宗——廈門大學EMBA經典課程之易中天解讀中國智慧　熊永濤　廈門航空　2011年6期
今道友信談莊子　鄭龍雲　文史知識　2011年6期

邯鄲學步　楓葉　下一代　2011年6期

道德教育的非知識化路徑：道家的知識觀及其道德教育方法研究　譚維智　教育研究　2011年6期

淺析語文教學中的誠信教育：由『尾生抱柱』想到的　侯學言　新課程2011年6期

方以智『三教合一』的超越性道統觀　潘志鋒　河北學刊　2011年6期

由天道到人間：從淮南子看道家思想演進　周葉君　合肥學院學報　2011年6期

道家『自然』概念的意義及對當代生態文明的啓示　張曉光　長白學刊　2011年6期

道家思想及其特徵和意義　鄭開　尋根　2011年6期

道家幸福觀的內容、特點及其當代意義　楊玉輝　中國道教　2011年6期

斷章取義：鵬之徙於南冥教材指瑕　陳琳　語文學習　2011年6期

惠子相梁　顧之川　中學生閱讀　2011年6期

大魚在莊子的逍遥遊裏化而爲鳥(外二首)　廖豔　廣西文學　2011年6期

逍遥遊中『鯤』意象的象徵和反諷意義　李鋒　理論月刊　2011年6期

敢問『天籟』：關於章太炎和劉師培哲學的比較研究　石井剛　開放時代　2011年6期

淺論莊子內篇的精神義　劉琪莉　商業文化　2011年6期

莊子中的『畸人』之美　申冰冰　中國研究生　2011年6期

莊子釣於濮水說課稿　陳思明　新課程　2011年6期

關於莊子齊物論一處釋讀的探討　水汶　安徽文學　2011年6期

試論宗白華美學散步中的莊子闡釋　林柔香　安徽文學　2011年6期

莊子內篇孔子形象解讀　姚念　劍南文學　2011年6期

莊子知北遊中的諸子因素　龔思　劍南文學　2011年6期

莊子形神論研究　周磊　文學界　2011年6期

莊子與維特根斯坦言說方式的分析　胡豔　企業家天地　2011年6期

老莊『道言』觀及其對中國古代文論的影響　王媛媛　安慶師範學院學報　2011年6期

李白對莊騷的繼承和發展　馬蘭　北方文學　2011年6期

從『虛靜』通向審美自由：莊子哲學的美學意義　趙飛飛　北方文學　2011年6期

關於莊子的『無爲思想』　陳訶丁　南昌教育學院學報　2011年6期

『可說』與『不可說』：莊子與維特根斯坦語言哲學觀比較研究　李暉　求索　2011年6期

莊子音樂思想簡論　王本謙　音樂創作　2011年6期

解脫而非解救：論莊子解決人生苦難的局限性　王焱　內蒙古社會科學　2011年6期

尼采與莊子的審美境界論之異同　李滿　內蒙古社會科學　2011年6期

『隨說隨掃』與莊子的『重言』　武雲清　西北師大學報　2011年6期

詭辭爲用：牟宗三對向秀、郭象莊子注的詮釋路徑　程郁　湖北經濟學院學報　2011年6期

莊子人生哲學的大道精神　王雪軍　理論探討　2011年6期

中國亳州老莊與老莊思想學術研討會綜述　王玉潔、汪菁華　安徽史學　2011年6期

莊子『本真』的生存境域及其言說方式　方明　遼寧大學學報　2011年6期

郭象哲學中的個體性與主體性之辨　徐桂娣　遼寧大學學報　2011年6期

中西浪漫主義內在化的兩種選擇：以莊子和弗蘭肯斯坦爲例　金鋮　齊魯學刊　2011年6期

波蘭尼意會哲學的莊子思想意蘊　石仿　周口師範學院學報　2011年6期

無有之遊：對藝術狀態的莊子式解讀　鄭亞萌、蘭超　美術嚮導　2011年6期
試論莊子『三言』的政治性　柳春蕊　南開學報　2011年6期
莊子審美情感悖論成因探究　郭超　阜陽師範學院學報　2011年6期
精神的救贖：從逍遙遊看莊子的救世情懷　徐寧　阜陽師範學院學報　2011年6期
論莊子的文學觀念　王齊洲　湖北大學學報　2011年6期
第四種人：兼論莊子逍遙遊的人格理想　黎曉蓮　湖北成人教育學院學報　2011年6期
百年莊子神話研究述論及反思　孫雪霞　西華師範大學學報　2011年6期
李白與逍遙遊　鮑鵬山　安徽師範大學學報　2011年6期
李白與齊物論　鮑鵬山　青海社會科學　2011年6期
莊子與柏拉圖美學觀之比較　孫強　遼寧科技大學學報　2011年6期
論莊子在絕對對立中進行極端化單一性選擇的思維取向　潘澈　洛陽理工學院學報　2011年6期
漢魏髑髏賦所反映的士人心態　宋園園　內蒙古農業大學學報　2011年6期
道家自然觀背景下的莊子之遊與芭蕉之遊價值鑒賞　楊越　內蒙古農業大學學報　2011年6期
『庖』透露的文化　吳小江　新語文學習　2011年6期
論魯米的超越哲學及其與莊子之比較　宋可玉　新東方　2011年6期
萊茵河、莊子和員警　羅令源　華文文學　2011年6期
精神危機中人類如何超越：老莊哲學的精神生態啟示　馮芳　蘭州教育學院學報　2011年6期
從莊子對孔子學說的批判看儒與道的理想　呂偉華　牡丹江師範學院學報　2011年6期
莊子處世觀中的人生智慧　萬勇華　海南大學學報　2011年6期

莊子擺脫命運之困的方法論探討及其生態解讀　王素芬、丁全忠　河北大學學報　2011年6期

近三十年莊子屈原比較研究綜述　黃巧紅　中國楚辭學（第十九輯）——2011年楚辭學國際學術討論會暨中國屈原學會第十四屆年會論文集　2011年6月4日

論張佩綸的『莊子吊屈原』說　宋健　中國楚辭學（第十九輯）——2011年楚辭學國際學術討論會暨中國屈原學會第十四屆年會論文集　2011年6月4日

劇烈的衝突　自然的呈現：讀莊子之人與思想　蔣祥瑞　西藏民族學院　碩士學位論文　2011年6月

老莊生命教育思想研究　林嬌　東北師範大學碩士學位論文　2011年6月

莊子『三言』探賾與其對後世文學影響　趙陽　東北師範大學碩士學位論文　2011年6月

論二十四詩品對莊子審美風格的繼承　方婷　福建師範大學碩士學位論文　2011年6月

先秦道家自然主義經濟正義思想研究　蔡煜燕　江西師範大學碩士學位論文　2011年6月

人格形成：道家文化與基督文化對比　孫建麗　西北大學碩士學位論文　2011年6月

雜色蝴蝶自在舞：論王蒙文學批評的道家思想　陳雲林　牡丹江師範學院碩士學位論文　2011年6月

莊子同源詞研究　齊秀秀　新疆師範大學碩士學位論文　2011年6月

郭象哲學與中古的自然審美　李希　吉林大學博士學位論文　2011年6月

莊子復原本之莊學三義：莊子復原本注譯選（二）　張遠山　名作欣賞　2011年7期

莊子，借靈魂一對逍遙從容的翅膀　隋淑紅　中國校外教育　2011年7期

比較席勒與莊子的遊戲思想的不同　康亮　青年文學家　2011年7期

徐復觀中國藝術精神中的儒道關係解析　汪頻高　咸寧學院學報　2011年7期

儒家是我們的土地　道家是我們的天空　楊玲鳳　現代交際　2011年7期

論先秦儒家和道家的公平觀念　李大華　哲學研究　2011年7期

儒、道、佛家思想對武術文化的影響　李巧玲　搏擊·武術科學　2011年7期

莊子休閒哲學略論　陸慶祥　貴州社會科學　2011年7期

以莊解王　以王解莊　王蒙　全國新書目　2011年7期

莊子與屈原的思想情感比較　鄧成林　綿陽師範學院學報　2011年7期

莊子天運『蘇者』稱謂考説：兼論莊子文章的朦朧特色　賈學鴻　學術交流　2011年7期

莊子與阿Q　朱婧、羅煦　金田　2011年7期

從浪漫主義的淵源來看李白的浪漫主義　張喜偉、王秋月　新課程學習　2011年7期

從游心於淡看莊子的幸福觀　朱童萍　遼寧行政學院學報　2011年7期

文言文教學芻議：由逍遥遊的學習想到的　陳永娥　吉林省教育學院學報　2011年7期

莊子的藝術特色　張鶴懿　安徽文學　2011年7期

莊子中『忘形存德』的醜的魅力　郭紅娟　商業文化　2011年7期

論莊子思想之美　李振綱　哲學研究　2011年7期

淺析莊子的愛情哲學　謝錦文　劍南文學　2011年7期

論歷史流變中的多維莊子　周黄琴　廣西社會科學　2011年7期

論莊子言説方式的道德性問題　譚維智　社會科學家　2011年7期

清代莊子散文研究家劉鳳苞行年考　李波　安慶師範學院學報　2011年7期

言説不可言説之説：言無言　黎曉蓮　湖北函授大學學報　2011年7期

魏晉人士品評標準中的莊學精神　劉文正、王達　求索　2011年7期

莊子『魚樂』的啟發　傅佩榮　法制信息　2011年7期
『心如湧泉、意如飄風』的莊子　譚華　光明日報　2011年7月10日
與韓國讀者共用莊子　王蒙　中華讀書報　2011年7月27日
逍遥遊課例賞鑒　張茗、訾惠　語文教學通訊　2011年7、8期合刊
大鵬一日同風起　李安全　中學生閱讀　2011年7、8期合刊
做真人　得大道：莊子大宗師（節選）賞析　劉昭菊　高中生之友　2011年7、8期合刊
設計素描教學中『技』與『道』的思考　王珠珠　陝西教育　2011年7、8期合刊
莊子之『情』淺析　王春曉　名作欣賞　2011年8期
道家境界與修養的當代應用價值　李新萍　求索　2011年8期
人生悲劇的遊戲化：莊子人間世的寓言故事賞析　孫敏明　名作欣賞　2011年8期
對職業技能培養的哲學思考：兼談莊子庖丁解牛對職業技能培養的啟示　譚榮　職業　2011年8期
論康德和莊子審美觀的異同點　潘夢秋　文教資料　2011年8期
莊子的境界　胡昊　人民公安　2011年8期
名而死『漠』而生：淺析屈原與莊子不同的浪漫　王婭玲　群文天地　2011年8期
現實性與超越性的統一：淺析莊子人生哲學中的自我實現　李燕　群文天地　2011年8期
莊子的生命觀及其對和諧社會的貢獻　姜萬生　作家　2011年8期
以莊解王　以王解莊：莊子的奔騰後記　王蒙　出版廣角　2011年8期
莊子爲什麼這麼窮：想法多脾氣大與現實格格不入　鄧聯合　八小時以外　2011年8期
莊子『心齋』法探析　林書立　武當　2011年8期

天真的莊子　徐麗　青少年日記　2011年8期

莊子在英語世界的傳播　何穎　吉林省教育學院學報　2011年8期

阮籍與莊子人間世　龍永紅　時代文學　2011年8期

從莊子內篇看莊子眼中的孔子形象　胡穎佳　西南農業大學學報　2011年8期

『莊周夢蝶』主旨新解　郭彧　文藝評論　2011年8期

自然無爲的藝術境界：道家美學觀在藝術中的體現　徐飛　江西社會科學　2011年8期

『形而上學』觀照下的莊子和維特根斯坦『遊戲』觀互動研究　朱武漢　蘭州學刊　2011年8期

老莊之道對中國畫的影響　況喻　美術界　2011年8期

莊子秋水中的幾點存疑　張廣銀　中華活頁文選　2011年8期

向莊子借智慧讀後感　劉天義　中華活頁文選　2011年8期

莊子中的海意象　王鑫　時代文學　2011年8期

從審美活動的本質看孔子莊子之『遊』　趙洋　安徽文學　2011年8期

從莊子中孔子寓言形象看問題　宮茂　安徽文學　2011年8期

郭象玄學的生態意蘊　劉國貞　廣西社會科學　2011年8期

逍遙遊的注文研究　葉權征　文學界　2011年8期

王船山真理觀探析：以莊子解齊物論爲中心　李妲、胡勇　求索　2011年8期

莊子：中國文學自覺的先驅　刁生虎　中國社會科學報　2011年8月9日

莊子識人之『九徵』法　靳瑞霞　中國紀檢監察報　2011年8月16日

老莊心理和諧之道分析　賀爭平、唐天勇、唐瑞　湖南科技學院學報　2011年9期

先秦道家和諧思想及現實意義　呂慧燕　社會科學戰綫　2011 年9 期

『沉魚落雁』與『閉月羞花』　李家玉　少兒科技　2011 年9 期

論莊子的美學思想　張慧　語文學刊　2011 年9 期

由『魯侯養鳥』引發的用人思考　陳昕　人才開發　2011 年9 期

莊子：與時間對坐　語傘　草原　2011 年9 期

也說『盜亦有道』　子夜聽風　河南教育　2011 年9 期

三『笑』解『逍遥』　陳真　新作文　2011 年9 期

莊子爲何不當官：小官太累不屑作　大官危險害怕作　黄樸民　決策探索　2011 年9 期

梅維恒及其英譯莊子研究　劉妍　當代外語研究　2011 年9 期

淺談莊子中蘊含的生命美學　黄政霖　傳奇·傳記文學選刊　2011 年9 期

談莊子死亡觀念的形成與遮蔽　孫東啟、馮力　時代文學　2011 年9 期

『瓠落』釋義之我見　袁偉　文學界　2011 年9 期

論莊子的生態智慧　姜美　北方文學　2011 年9 期

論王爾德對莊子哲學的吸收與拓展　吳晶　求索　2011 年9 期

論莊子中的審醜意識　丁媛　黑龍江省文學學會2011 年學術年會論文集　2011 年9 月17 日

本真自我的迷失與回歸：從莊子美學看呼嘯山莊中凱薩琳的生命歷程　鄧曉菲　湖南大學碩士學位論文　2011 年9 月

從與席勒美育思想的比較看莊子美育的當下價值　夏芳、黄昏　東方企業文化　2011 年10 期

淺論莊子的審美精神對藝術人生的影響　陳鈺汀　青年文學家　2011 年10 期

莊子生命哲學的『自然』和文學創作的『虛靜』　李穎凱　青年文學家　2011 年10 期

光而不耀的道家政治智慧　胡孚琛　江漢論壇　2011 年10 期

莊子幸福觀的現代啟示　楊倩　改革與開放　2011 年10 期

莊子美學觀念淺析：兼論其對中國古典詩歌的影響　涂芊　群文天地　2011 年10 期

風鵬一舉九萬里　王曉輝　新聞天地　2011 年10 期

也談莊子和韓非子寓言的不同特色　谷宇　時代文學　2011 年10 期

自由心靈的避難所：在儒道互補中解讀莊子的自由哲學　郭戎戈　時代文學　2011 年10 期

從孟子、莊子中的寓言故事看先秦儒道兩家的思維方式：以孟子、莊子思維方式爲代表　朱莎　西南農業大學學報　2011 年10 期

子貢形象比較研究：以論語和莊子爲考察中心　張燕　西南農業大學學報　2011 年10 期

莊子的閒適思想及其歷史價位　俞香雲　襄樊學院學報　2011 年10 期

『解衣盤礴』與『默識審美』：繪畫藝術身體維度的啟示　朱敏　美術界　2011 年10 期

超越生死　回歸真我：從莊子的生死觀來解讀佛吉尼亞·伍爾夫筆下的達洛衛夫人　王瀛鴻、馮溢　遼寧行政學院學報　2011 年10 期

莊子自由觀中蘊含的不自由　洪銀香　科教文匯　2011 年10 期

『庖丁解牛』新解：論現代陶藝的創作　石瑞齋、郝曉芳　安徽文學　2011 年10 期

莊子心性修養思想初探　蔡孫依　現代交際　2011 年10 期

論莊子逍遙遊的自由審美境界　張原野　安徽文學　2011 年10 期

淺談莊子的美學思想及其影響　李紅　安徽文學　2011 年10 期

典籍英譯中的語篇連貫：以莊子爲例　黄麗娟　文學界　2011 年10 期

淺析莊子的藝術創作論　賈騰　北方文學　2011 年10 期

莊子中的『和』體現的人生哲學淺探　華曉露　北方文學　2011 年10 期

莊子：人類精神的守護者　封金河　延安日報　2011 年10 月25 日

道家經濟觀研究　金會慶　安徽大學博士學位論文　2011 年10 月

庖丁解牛中『踦』的異議　劉紅梅　語文教學與研究　2011 年11 期

『道法自然』的政治哲學意蘊　梅珍生、熊豔　江漢論壇　2011 年11 期

人與自然：論道家的深層生態思想　甘正芳　江蘇技術師範學院學報　2011 年11 期

解讀莊子德充符體現的殘與全思想　朱婧、奉柳　青年文學家　2011 年11 期

淺論王蒙與中國傳統文化之關係：以莊子的享受爲中心　徐仲佳　文藝爭鳴　2011 年11 期

『目無全牛』不是目無全域　趙丕傑　語文建設　2011 年11 期

『而徵一國者』中『而』義辨析　楊帆　語文建設　2011 年11 期

傳承老莊思想　弘揚道家文化：中國亳州老莊與老莊思想學術研討會綜述　張利明　社會科學戰綫　2011 年11 期

談逍遥遊中的三重境界　李秀芬　現代語文　2011 年11 期

莊子的道與逍遥遊　陸玉勝　理論界　2011 年11 期

先秦道家『德』之內涵探析：以老子和莊子爲基礎　盧敏　學術論壇　2011 年11 期

論逍遥遊中的意象隱喻　張英偉　文學教育　2011 年11 期

不譴是非，以與世俗處：淺議齊物論　唐誕　安徽文學　2011 年11 期

莊子的『真』論美學　丁修俠、劉康凱　安徽文學　2011年11期
論莊子中的積極心理教育思想　周東濱　赤峰學院學報　2011年11期
劉辰翁莊子散文評點略論　李波　內江師範學院學報　2011年11期
淺析莊子對後世小說的影響　張穩、畢華靜　文學界　2011年11期
看兩晉賦對莊子思想的闡發　李智會　代俊川　文學教育　2011年11期
『邯鄲學步』使邯鄲地名融入濃重的歷史文化傳奇色彩　中國地名　2011年11期
莊子生態自然觀與認知隱喻建構　吳垚　西南交通大學碩士學位論文　2011年11月
莊子美學思想對中國藝術精神的影響　路開源　飛天　2011年12期
莊子的自然養生思想芻議　何彥東　學理論　2011年12期
談莊子處世哲學：『外化而內不化』　孟德泉　學理論　2011年12期
論莊子的處世人格　鍾祥　新聞愛好者　2011年12期
莊子天下篇的作者及對一些文句的探討　羊本加　經營管理者　2011年12期
淺談莊子關於藝術創作的總原則：『以天合天』　陳青　青春歲月　2011年12期
莊子的審美精神對當代藝術人生的影響　李豔濤、戴端　青春歲月　2011年12期
惜春精神世界裏的莊子思想　劉雲雲　大眾文藝　2011年12期
逍遙遊的處世之道　孫銀霞　中國校外教育　2011年12期
瀟灑地後退　快樂地前進：淺品莊子　楊芳　黑龍江教育　2011年12期
論莊子中動物意象的價值蘊涵　劉麗華　學術交流　2011年12期
莊子德充符之『德』辨析　龐雯予　理論月刊　2011年12期

從詩作看白居易對齊物論的接受　鮑鵬山　浙江社會科學　2011年12期

行如流水，萬物歸：論祁劇夢蝶舞美之特徵　曾昭茂　藝海　2011年12期

通向自然山水的老莊之『道』　孫宗美　文藝評論　2011年12期

從逍遥到齊物到人間世：論莊子哲學的取向　申鵬宇　社科縱横　2011年12期

一才多用　重點突破：談『莊子』人物素材的運用方向　張冬梅　優秀作文選評　2011年12期

語傘散文詩集假如莊子重返人間出版　散文詩世界　2011年12期

『齊物』世界中的學術、道德、風俗與政治：章太炎的『學術』觀念及其對中國學術思想史的重釋　江湄　史學月刊　2011年12期

以佛莊證孔：章太炎道佛視閾下的儒學解讀　吴曉華　廣西社會科學　2011年12期

源自莊子的成語誤用辨正三則　馬啟俊　安慶師範學院學報　2011年12期

淺談莊子中的技藝方法在語文教學上的應用　張斌　吉林省第二屆中小學教師優秀科研成果評選獲獎論文彙編（特等獎）　2011年12月1日

諸子學的新浪潮　（臺灣）陳鼓應　光明日報　2011年12月5日

子藏莊子卷：　莊學文獻集大成者　方勇　文匯報　2011年12月26日

莊子與中國哲學　張雲寬　湖北日報　2011年12月26日

淵：　莊子言道之喻象　李羽茜　華中科技大學碩士學位論文　2011年12月

莊子之『諧』的三重解讀　甘愛燕　華中科技大學碩士學位論文　2011年12月

莊子寓言的倫理意藴　史秋燕　大連理工大學碩士學位論文　2011年12月

淺析莊子的『無爲』和『坐忘』　聶萬厲、李春凱　蘭臺世界　2011年13期

沉魚落雁與閉月羞花　劉志慶　名作欣賞　2011年13期

内七篇的『息黥補劓』宗旨：莊子復原本注譯選（三）　張遠山　名作欣賞　2011年13期

莊子成語淺析　毛向櫻　重慶科技學院學報　2011年13期

對庖丁解牛一處注釋的思考　鄂冠中　語文天地　2011年13期

莊子審美觀微探　尹婧文、丁坤　飛天　2011年14期

老莊倫理觀論綱　孫穎　商業經濟　2011年14期

莊子的蝴蝶夢　林漢達　中國校園文學　2011年14期

論莊子書中的帝王形象　李見勇　名作欣賞　2011年14期

莊子死亡觀的德育價值　李忠華　東方企業文化　2011年14期

莊子的審美精神對當代社會和藝術人生的影響　周密　青春歲月　2011年14期

莊子巧諫之道在歷代進諫中的體現　陳安琪　現代企業教育　2011年14期

逍遥遊的教學　閆書蘭　中學語文　2011年15期

細讀文本　别樣『逍遥』　謝家宏　教師　2011年15期

莊子理想中的音樂最高境界：『天樂』　朱蕾　重慶科技學院學報　2011年15期

莊子成語寓言性淺析　拉毛　群文天地　2011年15期

莊子之『遊』與席勒遊戲説的對話　何曉雲　群文天地　2011年16期

淺析莊子言『道』方式　胡豔　改革與開放　2011年16期

試論莊子寓言的文學及思想價值　劉淩雲　作家　2011年16期

簡論莊子語言哲學的審美構成　楊豔秋　作家　2011年16期

道家道教思想對日本近世知識分子的影響：以三浦梅園爲例　張谷　前沿　2011年16期

道家管理思想與現代企業管理的契合　郭洪剛、王成香　重慶科技學院學報　2011年16期

潛藏的傳道者：試論莊子中孔子形象的兩面性及其轉變　沈繡卿　大眾文藝　2011年17期

莊子的身體觀解讀　陳麗莉　大眾文藝　2011年17期

挖掘内涵　拓展延伸：莊子秋水教學反思　劉永禕　中學語文　2011年18期

試論莊子創造『大鵬』等形象的用意：從一道誤導學生的課後習題談起　劉永兵　中學語文　2011年18期

試論莊子中畸人形象的美學意義　李思華　大家　2011年18期

復調與對話：莊子語言的巴赫金式解讀　朱春發　作家　2011年18期

試探莊子文論的審美思想　邱燕　大眾文藝　2011年19期

淺析老莊哲學對中國山水畫的影響　湯春　大眾文藝　2011年19期

淺議莊子的快樂觀：『至樂無樂』　劉旭陽、謝麗芳　語文學刊　2011年19期

莊子散文的現象學分析　李芳萍　山花　2011年20期

莊子的養生思想及其啟示　吳朋政　群文天地　2011年20期

蝴蝶一夢：論莊子之道　劉米雷蕾　群文天地　2011年20期

老莊生態美學思想淺探　雷鳴　新聞愛好者　2011年21期

莊子與伊壁鳩魯生死觀之比較　時洪豔　群文天地　2011年21期

莊子的人生哲學探微　劉文朝　群文天地　2011年21期

莊子的境界(3則)　左春和　民族論壇　2011年21期

由『吾喪我』引出的莊子齊物論之結構與主旨　劉波　語文學刊　2011年21期

莊子思想不消極：從庖丁解牛談養生之道　倪金　快樂閱讀　2011年22期

淺談莊子的入世與出世　董西彩　傳承　2011年22期

從『以理化情』探尋莊子人生美學　楊菲　山花　2011年22期

莊子對巫教的繼承與批判　程雪　學理論　2011年23期

自然：自由之境的審美氣象：論先秦道家美學思想　徐玉玉　文教資料　2011年23期

論心齋的『明』　楊鵬飛　名作欣賞　2011年23期

莊子的叛逆和相對主義淺析　張兆翔、苗毅　經濟研究導刊　2011年24期

王蒙新作莊子的奔騰再引爭議　語文教學與研究　2011年24期

道、道家與道教　陳敏　教育教學論壇　2011年24期

莊子『逍遙遊』與阿Q『精神勝利法』之比較　宋麗萍　重慶科技學院學報　2011年24期

莊子動物倫理思想探微　鄧永芳、劉國和　學習月刊　2011年24期

莊子：一棵孤獨的樹　諶幫　散文詩　2011年24期

不識廬山真面目，更緣身在彼山中：逍遙遊中鵬的意象誤讀及其原因探析　于兆軍　名作欣賞　2011年26期

莊子教育思想對高職教育的啟示　王鑫　價值工程　2011年27期

從閱讀裏聚形象　在質疑中見精神：莊子解讀初探　張武慧　文教資料　2011年28期

如何運用莊子秋水思想指導現代人類生活　王鑫　價值工程　2011年28期

紅樓夢與莊子：儒、佛的表像與莊學的淵源　鹿博　文教資料　2011年29期

莊子應帝王篇中的治理之道對當今社會管理的啟示　郭隨磊　才智　2011 年30 期

莊子的人生快樂及當代啟示　李薇薇　傳承　2011 年31 期

解析莊子的『無爲』思想　李燕悌　蘭臺世界　2011 年31 期

大鵬是否逍遥：再論逍遥遊的篇章結構與論證方式　陳贇　文教資料　2011 年33 期

論莊子思想中沉澱之『森林意藴』　潘静　名作欣賞　2011 年34 期

用整體法和意象法教學逍遥遊　雲肖　語文教學與研究　2011 年34 期

淺析庖丁解牛的主旨　倪金　語文教學與研究　2011 年35 期

試析莊子中的顔回形象　余冬林　名作欣賞　2011 年35 期

齊物以至樂：莊子生態美學思想簡論　李秀卿　名作欣賞　2011 年35 期

試論老莊美學的超功利性及其現實意義　時鵬征　考試周刊　2011 年35 期

論孔子家語中的顔回形象：兼與論語、莊子中顔回形象比較　梁春紅　文教資料　2011 年36 期

簡析莊子畸人形象的塑造手法　郭秀鋒、徐美雲　考試周刊　2011 年73 期

千年蝴蝶夢　蘇穎　人文世界（總第四輯）　2011 年

哀傷與曠達：蘇軾前赤壁賦與莊子哲學　王小平　蜀學（總第六輯）　2011 年

當下切近與無限深淵：畢來德莊子四講的身體思維之貢獻與限制　賴錫三　思想與文化（總第十四輯）　2011 年

莊子的生命觀與當代大學生的生命教育　鄭乃嘉　華北電力大學學報　2011 年（增刊）

象思維視域下的莊子美學　張翅飛　陽明學刊　2011 年（年刊）

淺議莊子思想的邏輯軌跡　李小貝　中國中外文藝理論研究　2011 年（年刊）

王安石與蘇軾的莊子觀　韓煥忠　佛學研究　2011 年(年刊)

莊子內篇的心學：開放的心靈與審美的心境　(臺灣)陳鼓應　道家文化研究(第二十五輯)　(北京)生活·讀書·新知三聯書店　2011 年版

論齊物論中的兩個夢：從愛蓮心的研究說起　周熾成　道家文化研究(第二十五輯)　(北京)生活·讀書·新知三聯書店　2011 年版

莊子內篇人性觀：從生命的本源論說人性的異化與回歸　(臺灣)蔡妙坤　道家文化研究(第二十五輯)　(北京)生活·讀書·新知三聯書店　2011 年版

道是無情卻有情：論莊子之情　(臺灣)王志楣　道家文化研究(第二十五輯)　(北京)生活·讀書·新知三聯書店　2011 年版

孟子和莊子中的神秘主義　任密林　道家文化研究(第二十五輯)　(北京)生活·讀書·新知三聯書店　2011 年版

『虛一而靜』以致『道』：荀子與莊子認識論之比較　孫偉　道家文化研究(第二十五輯)　(北京)生活·讀書·新知三聯書店　2011 年版

竹林七賢的生命情調：莊學的人生理想與實踐　(臺灣)曾春海　道家文化研究(第二十五輯)　(北京生活·讀書·新知三聯書店　2011 年版

寂心冥神　與物推移：玄佛交融中的支遁『逍遙義』　鄧聯合　道家文化研究(第二十五輯)　(北京)生活·讀書·新知三聯書店　2011 年版

陳白沙與莊子　(臺灣)姜允明　道家文化研究(第二十五輯)　(北京)生活·讀書·新知三聯書店　2011 年版

方以智藥地炮莊的三教會通思想　周利鋒　道家文化研究（第二十五輯）（北京）生活·讀書·新知三聯書店　2011 年版

現代中國哲學家的情懷與莊子：透過金岳霖、馮友蘭和方東美的回應來看　王中江　道家文化研究（第二十五輯）（北京）生活·讀書·新知三聯書店　2011 年版

漢唐莊學著作提要　熊鐵基　道家文化研究（第二十五輯）（北京）生活·讀書·新知三聯書店　2011 年版

宋元莊學文獻提要及其詮釋特點　劉固盛、肖海燕　道家文化研究（第二十五輯）（北京）生活·讀書·新知三聯書店　2011 年版

明代莊學述要　（臺灣）錢奕華　道家文化研究（第二十五輯）（北京）生活·讀書·新知三聯書店　2011 年版

清代莊學述要　（臺灣）錢奕華　道家文化研究（第二十五輯）（北京）生活·讀書·新知三聯書店　2011 年版

老莊的心理狀態與心路歷程　孫以昭　諸子學刊（第五輯）　上海古籍出版社　2011 年版

莊子道家因的哲學論綱　許建良　諸子學刊（第五輯）　上海古籍出版社　2011 年版

莊子辨偽始於韓愈說之檢討　（臺灣）簡光明　諸子學刊（第五輯）　上海古籍出版社　2011 年版

論宋代莊子逍遙義　葉蓓卿　諸子學刊（第五輯）　上海古籍出版社　2011 年版

四庫全書總目子部莊學著述析論　劉海濤　諸子學刊（第五輯）　上海古籍出版社　2011 年版

先秦道家的『生命道學』管窺　張麗娟　老子學刊（第二輯）　巴蜀書社　2011 年版

老莊的兒童觀　陳冬蘭　湖南科技學院學報　2012 年1 期

莊子心性學與超個體心理學的心性修養思想比較　李娟　山東社會科學　2012 年1 期

同曲異工　同材異趣：談逍遥遊運用材料的藝術　周國鳳　現代語文　2012 年1 期

庖丁解牛給語文課堂教學的啟示　劉潤軍　新作文　2012 年1 期

莊子『三言』新解說　劉生良　中州學刊　2012 年1 期

從西方哲學的視角看孔孟與老莊認識論的差異　陳錦宣　四川文理學院學報　2012 年1 期

莊子對魏晉南北朝山水詩影響研究文獻綜述　班秀萍、馬藝峰　河北北方學院學報　2012 年1 期

莊子的幸福觀及現代意義　楊國平　河南科技學院學報　2012 年1 期

莊子哲學的快樂論　張尚仁　江漢論壇　2012 年1 期

莊子以『真』爲本的生存論美學　方明　社會科學　2012 年1 期

莊子水文化對當代旅遊業發展的啟示　何社林　長春理工大學學報　2012 年1 期

理性與非理性的共存：以『無情』爲綫索對莊子人生哲學的分析　酈平　商丘師範學院學報　2012 年1 期

郭象儒道會通的生存論闡釋　敦鵬　煙臺大學學報　2012 年1 期

莊子寓言的詩意　邊春麗　哈爾濱職業技術學院學報　2012 年1 期

心與形的糾纏：莊子心形論發微　劉濤　黑龍江教育學院學報　2012 年1 期

論明代中後期莊子學的勃興及其表現特徵　張洪興　蘭州學刊　2012 年1 期

莊子美學思想新探　胡健　暨南學報　2012 年1 期

淺議莊子寓言的藝術特點　王宇珍　文學教育　2012 年1 期

『順萬物之性，遊變化之途』：從郭注、成疏逍遥遊看莊子的思想　馬榮　綿陽師範學院學報　2012 年

1期

宋明時期詮解莊子水月境空之美的歷程　（臺灣）錢奕華　天水師範學院學報　2012年1期

論丁旭輝的臺灣現代詩中的老莊身影與道家美學實踐　林明理　商丘師範學院學報　2012年1期

莊子故里：商丘市民權縣　俊傑、正義　商丘師範學院學報　2012年1期

莊子其人其書考略　劉生良　商丘師範學院學報　2012年1期

莊子故里考辨　李可亭　商丘師範學院學報　2012年1期

理性與非理性的共存：以『無情』爲綫索對莊子人生哲學的分析　酈平　商丘師範學院學報　2012年1期

論莊子『無爲』思想對人爲政治的超越　徐雯　宿州學院學報　2012年1期

論詮釋者的解經視域：以林希逸莊子口義爲例　邢華平　讀者欣賞　2012年1期

略論四庫全書總目對林希逸莊子口義的評價　林溪　黃河科技大學學報　2012年1期

莊子散文中『魚』意象的文化內涵　張俊梅、熊坤新　孝感學院學報　2012年1期

莊子『逍遥』的美學詮釋　顏翔林　湖南城市學院學報　2012年1期

源自莊子的成語詞義演變例析　馬啟俊　阜陽師範學院學報　2012年1期

莊子博大的生命情懷（上）　劉隆有　環境教育　2012年1期

莊子評論孔子的基本立足點　賀興安　中華文化論壇　2012年1期

莊子寓言生存思想的當代價值　邊春麗　赤峰學院學報　2012年1期

莊子、馬克思主義與科學發展觀：兩種超越的哲學和一種現實的社會實踐理論　羅甜田、鄧淑華　毛澤東思想研究　2012年1期

論莊子自然哲學觀中的生態美學　齊冬蓮　湖南師範大學社會科學學報　2012年1期

淺談老莊文藝思想中的『現世』與『超世』　張倩　北方文學　2012年1期

莊子中的形而上學思想　馮治庫　甘肅社會科學　2012年1期

中國傳統哲學典籍中的自然美思想：以莊子注爲例　胡潔　社會科學家　2012年1期

曹植詩歌道家文化取向論略　庾偉　當代教育理論與實踐　2012年1期

道家法思想的『大和』本質　馬騰、馬作武　社會科學家　2012年1期

中巖圓月的道家思想　吴春燕　解放軍外國語學院學報　2012年1期

道家自然觀與松尾芭蕉美學特徵　楊越、陳夢然　瀋陽師範大學學報　2012年1期

先秦道家人生觀的當代啟示　宋緒富　山東行政學院學報　2012年1期

古典『遊』範疇的審美意蘊　薛顯超　寶雞文理學院學報　2012年1期

道家與黄老辯義　李鋭　中國哲學史　2012年1期

情牽萬物　心繫蒼生：淺析莊子的悲美心結　范奕奕　安徽文學　2012年1期

『以大觀小』與『以道觀之』：論沈括式中國特色透視觀與莊子觀物態度之關聯　鄭笠　閩江學院學報　2012年1期

『反其真』：莊子秋水篇主旨新論　經綸　船山學刊　2012年1期

黄瑞雲莊子本原序　儲庭煥　湖北師範學院學報　2012年1期

獨尋真知啟後人：讀張松輝先生的莊子研究　曹豔、王藝雯　湖南大學學報　2012年1期

莊子理想環境論　孔令梅　江淮論壇　2012年1期

天籟抑或人籟：對藝術本體的存在之思　王月穎　求索　2012年1期

莊子對中國『象喻』文學的貢獻　刁生虎　青海社會科學　2012年1期

莊子的動物情結與天人合一思想　魏義霞　鄱陽湖學刊　2012年1期

莊子的符號學解析　文玲　符號與傳媒　2012年1期

近三十年莊屈比較研究綜述　黄巧紅　漳州師範學院學報　2012年1期

莊子故里地望考　鄭清森　尋根　2012年1期

玄珠喻與太陽喻：象思維和相思維之源　鮑俊曉　貴州師範大學學報　2012年1期

莊子詩意的生存哲學：莊子生命哲學探微　宋堅　江漢大學學報　2012年1期

莊子與松尾芭蕉　楊越　內蒙古農業大學學報　2012年1期

物化：從莊子哲學看幸福的條件　李國峰　中國道教　2012年1期

『道』與『審美』：莊子『物化觀』新論　朱國芳　中國道教　2012年1期

莊子內篇修真法要　周海春　中國道教　2012年1期

南華真經直音音切淺探　袁媛　鄖陽師範高等專科學校學報　2012年1期

老莊『虚靜』説與現代人的精神安頓　王慧慧　淮北職業技術學院學報　2012年1期

于丹書面文本的冗餘特徵：以于丹莊子心得爲例　張金發　濱州學院學報　2012年1期

淮河流域的道家思想淺析　于世勳　蚌埠學院學報　2012年1期

『美』、『樂』與『真』：莊子秋水篇的一個視域　經綸　中國哲學史　2012年1期

物化：從莊子哲學看幸福的條件（韓國）李國峰　中國道教　2012年1期

子藏道家部莊子卷簡介　中國哲學史　2012年1期

探究幽默元素在莊子文學思想傳播中的運用　吉峰　凱里學院學報　2012年1期

論老莊『天人和諧』的生態倫理思想　王雷松　鄭州輕工業學院學報　2012年1期

莊子『真人』源流考　張清河　淮北師範大學學報　2012年1期

莊子詞義考辨三則　唐元發　安慶師範學院學報　2012年1期

成玄英『樂音和性』美學觀探析　李雄燕、潘顯一　宗教學研究　2012年1期

正岡子規漢詩中莊子的引用及解讀　史豔玲、何美娜　日本問題研究　2012年1期

莊子『指窮於爲薪』辨析　羅琴、王洋河　淄博師專學報　2012年1期

老莊美學與中國當代舞蹈的『舞動形態』　陶琳　北京舞蹈學院學報　2012年1期

『生態自我』與莊子的物我觀　馬鵬翔　哈爾濱工業大學學報　2012年1期

中國傳統藝術中的老莊精神　張文　藝術與設計　2012年1、2期合刊

莊子：順乎自然養天年　王主　新湘評論　2012年2期

閑吹莊子養浮生　沈青黎　晚霞　2012年2期

比較莊子中道觀與孔子中庸觀　張瑞玲　改革與開放　2012年2期

莊子·寓言　文學少年　2012年2期

『尚質輕文』：『他者』視域下的南華真經注疏群體文質觀探析　李雄燕、李西建　貴州社會科學　2012年2期

莊子『環中』論對後世文論及哲學的影響　魏崇周　河南社會科學　2012年2期

淺議莊子靜修三法　林書立　武當　2012年2期

和諧社會群己論構建的傳統文化底蘊：先秦道家群己論及其現代性評析　趙金科　東嶽論叢　2012年2期

『向死而生』：先秦儒道哲學立論方式辨正——兼與海德格爾的『爲死而在』比較　冷成金　中國人民大學學報　2012年2期

道家文化芻議　朱海波　瀋陽幹部學刊　2012年2期

早期道家『性情的形而上學』探析　陳志軍　首都師範大學學報　2012年2期

莊子的草帽　陳所巨　視野　2012年2期

享受人生的華彩：讀王蒙的新作莊子的享受　錢國宏　中國職工教育　2012年2期

心與認知的哲學難題：莊子與惠子遊於濠梁解讀　朱於國　中學語文教學　2012年2期

莊子『朝徹』說釋義　楊濤　現代語文　2012年2期

假如莊子活到今天　石鵬飛　群言　2012年2期

教讀逍遥遊後的思考　劉梅林　新課程　2012年2期

莊子哲學的孤獨意涵　洪燕妮　理論月刊　2012年2期

在『有待』中實現『無待』的追求：莊子逍遥遊解析　王英娜　理論界　2012年2期

時光流連：關於莊子的『花間集』系列油畫　陳劍瀾　美術觀察　2012年2期

莊子隱喻類型的現代修辭學解讀　刁生虎　蘭州學刊　2012年2期

從莊子自然哲學看『李約瑟難題』　安繼民　商丘師範學院學報　2012年2期

莊子的佛性思想略辨　萬志全　商丘師範學院學報　2012年2期

莊子之純情特質及其影響　黃振新　商丘師範學院學報　2012年2期

蝴蝶翩翩飛：讀語傘的『莊蝶』系列散文詩　青槐　散文詩世界　2012年2期

莊子和屈原，會飛翔的人　朱以撒　新一代　2012年2期

莊子與魏晉文學的發展演進　郝米娜　蘭臺世界　2012年2期

藥地炮莊成書考　張永義　學術研究　2012年2期

莊子、張衡與曹植的『骷髏』系列作品　孟光全　新聞愛好者　2012年2期

論周敦頤太極圖說的道家學脈關係：兼論濂溪的道家生活情趣　（臺灣）陳鼓應　哲學研究　2012年2期

莊子博大的生命情懷（下）　劉隆有　環境教育　2012年2期

西晉前期政治思想的玄學化：以司馬彪爲中心　李毅婷　東嶽論叢　2012年2期

老子、莊子時間副詞研究　姜雪　現代語文　2012年2期

莊子哲學的分析以及感悟　趙亮　南昌教育學院學報　2012年2期

莊子天下與中國古代學術史　葛志毅、高東利　河北學刊　2012年2期

老莊科學技術思想的現代審視　智廣元　桂海論叢　2012年2期

論莊子對善德文化的闡釋　梁頌成　武陵學刊　2012年2期

鄧聯合著『逍遥遊』釋論：莊子的哲學精神及其多元流變出版　商原李剛　徐州師範大學學報　2012年2期

論莊子的自由觀及其現實意義　陳在東　山東理工大學學報　2012年2期

不齊之齊與無物之物：論莊子齊物思想的三個層次　羅鳳華　齊魯學刊　2012年2期

馬克思主義視野下的『逍遥遊』：以馮契之莊子研究爲中心　蔡志棟　人文雜誌　2012年2期

莊子哲學的『是非之境』　王玉彬　人文雜誌　2012年2期

比較文學中的一朵奇葩：談莊子與瓦爾登湖中的寓言　汪愫葦　淮南師範學院學報　2012年2期

郭象與魏晉玄學的生存轉向　敦鵬　河北大學學報　2012年2期

逍遥遊的反差式藝術形象　胡宏昇　學語文　2012年2期

道德教育中教育者的角色定位問題：基於道家莊子的分析　譚維智　東北師大學報　2012年2期

莊子之『忘』的審美救贖思想闡釋　周冰　美育學刊　2012年2期

論莊子的小說觀念　王齊洲　三峽大學學報　2012年2期

『莫若以明』：讀莊子齊物論感北島詩藝　亞思明　當代作家評論　2012年2期

源自莊子的成語考察　馬啟俊　巢湖學院學報　2012年2期

林希逸解莊論：以自然天理說的辨析爲中心　劉思禾　古籍整理研究學刊　2012年2期

莊子自由觀念的具體樣式　萬勇華　泰山學院學報　2012年2期

人間世『顏回適衛』新論　陳曦　湖南大學學報　2012年2期

莊子夢之解析　陸建華　河南教育學院學報　2012年2期

從鯤鵬之化看莊子之道：兼論小大之辯　齊昀　青海社會科學　2012年2期

接力在人與自然和諧共存的探尋之路：莊子、梭羅人生哲學淺探　汪愫葦、張慧榮　池州學院學報　2012年2期

莊子『齊一』概念的美學詮釋　顏翔林　中國文學研究　2012年2期

睿智的哲人　忠厚的長者：簡論莊子散文中的孔子形象　梁克隆　中華女子學院學報　2012年2期

從莊子『咸池之樂』看兩種意義上的『崇高』　周玲玲　藝術探索　2012年2期

老莊思想對嵇康詩歌創作藝術風格的影響　溫優華、江海　韓山師範學院學報　2012年2期

論莊子的『大』、『小』觀　鄭亞輝、方淩瑾　安順學院學報　2012年2期

子藏道家部莊子卷出版　陳志平　世界宗教研究　2012年2期
莊子與搖椅：淺解逍遙遊　劉妍雪　西安社會科學　2012年2期
從『大鵬』形象試析莊子與李白的生命意識　韓梅　蘭州教育學院學報　2012年2期
莊子理想人格中的自由存在思想淺析　劉冉、張海燕　濟寧學院學報　2012年2期
淺析李賀詩歌對莊子的接受　張慶　宿州教育學院學報　2012年2期
莊子『真人』思想考論　張清河　貴州文史叢刊　2012年2期
論莊子生死觀的四種境界　周兵　中國哲學史　2012年2期
莊子對『理』的揭示及其所反映的哲學思維嬗變　孔濤　管子學刊　2012年2期
『尺棰命題』的悖論何在　郭龍先、劉秀　廣西民族大學學報　2012年2期
周易與莊子之『生』哲學探析　張紅梅　邢臺學院學報　2012年2期
莊子『謹守而勿失』究竟『守』什麼　經綸、魏紅霞　河南工程學院學報　2012年2期
生存哲學的兩種不同詮釋：莊子與葛洪處世思想比較研究　謝霄男　社科縱橫　2012年2期
『達生』爲『美』：道教美學思想的民族文化特徵　蔡釗　宗教學研究　2012年2期
莊子的人生境界論及其當代價值　劉月霞、王素芬　江蘇科技大學學報　2012年2期
莊子生死觀及其對當代大學生的啟示　周怡、張婷婷　焦作大學學報　2012年2期
王孝魚整理本莊子集釋缺陷舉隅　蔣門馬　寧波廣播電視大學學報　2012年2期
論老莊的自然道德　譚維智　華東師範大學學報　2012年2期
莊子與文人繪畫的創作心態　張梅　北京科技大學學報　2012年2期
巴爾福莊子英譯本中的人名翻譯探析　羅煉　華西語文學刊　2012年2期

莊子的『非常』思維與奇幻意趣　陳斯懷　燕趙學術　2012年2期

莊子的俄語譯本小議　柳若梅　國際漢學　2012年2期

莊子寓言與夢意象的表現性　劉淩雲　Proceedings of 2012 2nd International Conference on Applied Social Science (ICASS 2012) Volume 3（會議論文）　2012年2月1日

修辭論視野中的莊子幽默　高勝林　畢節學院學報　2012年3期

讀葉秀山先生漫談莊子的『自由』觀的體會　姚晶晶　金田　2012年3期

由莊子的樹與鵝的故事談比較閱讀的誤區　康敏　語文學刊　2012年3期

千古偉象在，誰解其中情：走出莊子『大鵬』形象解讀的誤區　阮祥毅　語文月刊　2012年3期

孤獨的清醒者：以莊子和沉淪主人公爲例　劉婧芳　現代語文　2012年3期

莊子大宗師道論思想探析　許晨、齊文傑　理論界　2012年3期

莊子天人觀的三重意蘊　萬勇華　湖北社會科學　2012年3期

國內莊子英譯研究：回顧與前瞻　文軍、甘霞　廣東外語外貿大學學報　2012年3期

講逍遥遊自己並不逍遥　董楊　新課程　2012年3期

略論莊子的『安命守分』思想　吴德良　科教文匯　2012年3期

老莊新論　程慧東　黑河學刊　2012年3期

田園漫步：莊子之後　凱文·布萊恩、邵明　宜賓學院學報　2012年3期

淺析莊子之『遊』對中國傳統文學的影響　任雯筠　文學界　2012年3期

分析中國現代文學中的『傻子』形象　馬卓昊　安徽文學　2012年3期

生死之思：莊子和列子關於生死之思的比較　蘇振　北方文學　2012年3期

莊子中的方位詞研究　薛芹　北方文學　2012年3期

語大理與受拘束：秋水一文中莊子認識論之芻議　連小華　劍南文學　2012年3期

從齊物論看莊子的美學思想　米峄　太原城市職業技術學院學報　2012年3期

假如莊子重返人間　語傘　中國詩歌　2012年3期

論莊子的審美精神　顔翔林　湖南師範大學社會科學學報　2012年3期

道家思想的當代啟示　陳靜　世紀橋　2012年3期

先秦道家的天人感應思想　張海英、張松輝　華中科技大學學報　2012年3期

詮釋學視域中的郭象聖人人格論　暴慶剛　孔子研究　2012年3期

莊子秋水『美』、『醜』別解　姜典來　湖北師範學院學報　2012年3期

劉命清對莊屈關係的特殊闡釋：以『不得志而怨』爲視角　宋健　長沙理工大學學報　2012年3期

『弦歌』、『反琴』辨證：駁孔子『弦歌』別解　王虹霞　徐州師範大學學報　2012年3期

選擇性親和力：王爾德讀莊子　張隆溪、向玲玲　浙江大學學報　2012年3期

八十年代初期現代莊子的轉運　劉劍梅　東吳學術　2012年3期

莊子逍遥遊的自然、灑脱之美　張杏麗　漯河職業技術學院學報　2012年3期

黄帝崆峒地望考辨　連雯　南通大學學報　2012年3期

徒然草第二百十七段中的莊子思想：以『大欲與無欲相似』爲視點　陳秉珊　浙江外國語學院學報　2012年3期

老莊道家價值觀論綱　孫偉平　中國人民大學學報　2012年3期

老子『道』論對莊子美學思想的影響探析　畢東　雲南農業大學學報　2012年3期

『白狗黑』是詭辯還是真知：先秦名家學派對物體顔色本性的追問　傅莫基　西南大學學報　2012年3期

從『是非之知』到『莫若以明』：認識過程由『知』到『德』的升進——以莊子齊物論爲中心　陳贇　天津社會科學　2012年3期

陳子昂感遇詩與莊子的哲學關聯　鮑鵬山　上海師範大學學報　2012年3期

兩種『言不盡意』論背後的思想分野：莊子與易傳的語言觀之比較　曾平　中華文化論壇　2012年3期

陳鼓應莊子今注今譯譯文考辨十則　吴鑫宇　許昌學院學報　2012年3期

逍遥的莊子：齊物我：以齊物論爲綫索詮釋莊子的道家思想　朱欣　河南教育學院學報　2012年3期

國内莊子英譯研究：回顧與前瞻　文軍、甘霞　廣東外語外貿大學學報　2012年3期

道家與儒家：生態整體觀的兩種不同構築路徑　趙玉　潘陽湖學刊　2012年3期

中國古典美學中的『物化』研究　王丹　牡丹江師範學院學報　2012年3期

莊子之『遊』探析　任雯筠　黑河學院學報　2012年3期

論傳統道家的寬容思想及其現代性轉型　張夢飛、李紹榮　南華大學學報　2012年3期

『道』之意象與非對象化：與成中英先生商榷　鄒元江　新東方　2012年3期

莊子産生之地理機緣　孫雪霞　陰山學刊　2012年3期

現代莊子的凱旋：論高行健的大逍遥精神　劉劍梅　華文文學　2012年3期

易、莊哲學中『通』的觀念及其當代啟示　吴根友　周易研究　2012年3期

李贄童心説及其『真』與『假』　周哲良　四川職業技術學院學報　2012年3期

『莊周夢蝶』英譯文中讀者期待視野的體現　吴瑜、卓振英　湖南第一師範學院學報　2012年3期

孔子和莊子『遊』的體育理念對現代健身觀的啟示　李治業　瀋陽體育學院學報　2012 年3 期
道家文化對大學生心理健康教育的輔助作用：以莊子『和』爲中心　經綸　心理學探新　2012 年3 期
試論老莊生命倫理思想　歐陽建平　道德與文明　2012 年3 期
生態批評視野中的莊子寓言修辭　臧慧敏　淮北職業技術學院學報　2012 年3 期
生態女性主義視野下的道家生態思想探微　黄瑤　佳木斯大學社會科學學報　2012 年3 期
1980 年以來中國大陸郭象莊子注研究述評　仲寅　高校社科動態　2012 年3 期
論莊子與康德審美心胸觀的會通性　宋雄華　東方論壇　2012 年3 期
老莊思想與魏晉時期山水畫的發展　楊戈斌　安陽師範學院學報　2012 年3 期
逍遙於思　逍遥於藝：淺析莊子哲學思想與藝術精神　魏娜　解放軍藝術學院學報　2012 年3 期
王船山莊子解中的莊學理路略論　王格　船山學刊　2012 年3 期
莊子内篇超越式個體人生哲學解析　文厚泓　船山學刊　2012 年3 期
王夫之莊子解中的『神』　王玉彬　船山學刊　2012 年3 期
説莊子的『尚大不惑』　涂光社　文學與文化　2012 年3 期
人生如夢：論莊子以夢釋理的哲學思想　靳浩輝　山西煤炭管理幹部學院學報　2012 年3 期
談莊享受　舞莊快活　思莊奔騰：王蒙與莊子之間跨越千年的交響曲　楊金芳、宋秀麗　管子學刊　2012 年3 期
老子的『無爲』政治與先秦其他無爲思想的區别　周雲芳　管子學刊　2012 年3 期
漢學界在中國經典解讀中的『見』與『未見』：以愛蓮心的莊子研究爲例　徐強　大連理工大學學報　2012 年3 期

居士善會莊子心：楊文會的南華經發隱　韓煥忠　宗教學研究　2012 年 3 期

『行爲』還是『情感』：論『逍遙』的含義　路傳頌　科學經濟社會　2012 年 3 期

論莊子人生境界思想對當代音樂審美教育的啟示　劉昱　太原大學教育學院學報　2012 年 3 期

論莊子之『虛』　劉文元　社科縱橫　2012 年 3 期

莊子應帝王新論　梁樞　長安大學學報　2012 年 3 期

莊子生死觀淺析　邱婷婷　教育探究　2012 年 3 期

形神理論源自道家考　馬漢欽　湖南工程學院學報　2012 年 3 期

中國大陸學界郭象莊子注研究述評　仲寅　中國礦業大學學報　2012 年 3 期

道家思想對爲人爲官者的影響　郭靜芳　山西財經大學學報　2012 年 3 期

聖人不死　大盜不止　于若　各界導報　2012 年 3 月 14 日

莊子的生命觀與大學生的生命教育　鄭乃嘉　華北電力大學碩士學位論文　2012 年 3 月

莊子教育故事中的典型意象研究　郭宗勝　華東師範大學碩士學位論文　2012 年 3 月

『道象互爲』與莊子英譯　孔曄珺　江南大學碩士學位論文　2012 年 3 月

自然的簫聲：跨越時空的共鳴：生態批評視野下勞倫斯與莊子的自然觀　鄒楠　江南大學碩士學位論文　2012 年 3 月

莊子語文教育觀及其作爲語文課程資源的歷史貢獻　虞則宴　天津師範大學碩士學位論文　2012 年 3 月

莊子美學的生態精神　孟廣慧　鄭州大學碩士學位論文　2012 年 3 月

莊子思想對高校德育的借鑒價值　楊君　南京師範大學碩士學位論文　2012 年 3 月

老、莊復歸思想研究　王瑞　華東師範大學博士學位論文　2012 年 3 月

文化與語言的跨界之旅：莊子英譯研究　劉妍　上海交通大學博士學位論文　2012年3月

淺談莊子人生觀的當代啟示　李陽　學理論　2012年4期

淺析莊子處世哲學在養生主中的體現　汪榮、榮霞　語文建設　2012年4期

莊子寓言與韓非子寓言創作思維比較　謝東華、劉漪瀾　芒種　2012年4期

玄風清朗：儒道的對話與交融　竇道陽、李玉用　商丘師範學院學報　2012年4期

析道、儒精神對京華煙雲女性形象塑造的影響　馬雅君　漳州職業技術學院學報　2012年4期

孟浩然隱逸思想的形成與發展　吳彥昭　學園　2012年4期

莊子養生主『庖丁解牛』的啟示：緣督以爲經，遊世以存身　李旭沖　青春歲月　2012年4期

從『夢蝶』到『蝶庵』：淺論張岱對莊子虛靜說的接受　張誇　大眾文藝　2012年4期

郭象的一些『歷史』問題　賴偉鈞　產業與科技論壇　2012年4期

不同的世界與不同的愛：從『濠梁之辯』看莊、惠殊途　劉濤　社會科學戰綫　2012年4期

『莊生曉夢迷蝴蝶』：莊周和他的故事　桑實　考試　2012年4期

道家思想與性別哲學的理想　寇征　學術交流　2012年4期

莊子的生死智慧及其現代價值　郭榮君　學術交流　2012年4期

莊子談美女　劉豔　文學教育　2012年4期

從價值系統看道家自然主義的現代意義：兼論儒道互補的普遍和諧觀　趙建永　學術交流　2012年4期

讀莊子可以移情　馬啟俊　教育文匯　2012年4期

『無待』還是『無爲』：讀逍遙遊　程翔　中學語文教學　2012年4期

其實你不懂我的心：莊子『我知之濠上』真的是詭辯嗎　程東文　中學語文教學　2012年4期

『骷髏』意象中的政治寓言：『莊子歎骷髏』與張衡骷髏賦、曹植骷髏説的比較　張莎莎　樂山師範學院學報　2012年4期

莊子之情物關係與生命境界　余開亮　商丘師範學院學報　2012年4期

司馬遷的莊學研究及其意義　劉洪生　商丘師範學院學報　2012年4期

莊子『和』的思想析論　郝健　商丘師範學院學報　2012年4期

生命哲學與藝術精神：方東美莊子美學現代闡釋　石了英　文藝評論　2012年4期

逍遥遊應是宣傳『道家』思想的作品：逍遥遊教學反思　趙海亭　語文教學通訊　2012年4期

莊子寓言中人物形象解讀　李長茂　劍南文學　2012年4期

淺析莊學中的『虚静』精神及其美學影響——以魏晉、宋代爲例　劉瑩　北方文學　2012年4期

莊、惠之『辯』管窺　李振綱　哲學研究　2012年4期

超然絕俗與返本歸真：魏晉美學生成的莊學基礎　鄭秋月　哲學動態　2012年4期

孟子和莊子論辯藝術之語言藝術比較　尹旖　太原城市職業技術學院學報　2012年4期

道家思想與現代旅遊觀探析　傅生生　莆田學院學報　2012年4期

乾嘉考據學與清代莊子考證　羅彦民　重慶師範大學學報　2012年4期

自由還是沉淪：以柏拉圖爲參照系反思莊子的逍遥人生　李琍　同濟大學學報　2012年4期

中國生態家園的詩意建構：從『大同社會』、『至德之世』到『世外桃源』的藍圖設計　宋堅　梧州學院學報　2012年4期

陽明心學與道家美學　劉繼平　貴陽學院學報　2012年4期

先秦生涯發展思想論綱：以孔子、莊子爲例　付文科　齊齊哈爾大學學報　2012年4期
先秦道儒散文的幽默風格比較　姚佳妮　韓山師範學院學報　2012年4期
老莊『無爲』思想之比較及其現實意義　杜梅　呂梁學院學報　2012年4期
明代内丹大家陸西星生平及思想略述　李瑞振　中國道教　2012年4期
論莊子的肢體符號　任治葉　皖西學院學報　2012年4期
莊子現代命運概説　劉劍梅　華文文學　2012年4期
從地方志收錄詠莊詩歌多寡看莊周故里之所在　肖若然　中共濟南市委黨校學報　2012年4期
生態批評視域下的『莊周夢蝶』　杜麗麗　廣西大學學報　2012年4期
對莊子『技』之態度的反思　郭繼民、盧政　東北大學學報　2012年4期
莊子生命哲學及其對大學生生命教育的啟示　劉月霞、王惠玲　保定學院學報　2012年4期
莊子對夢迷信的理性認識　張海英、張松輝　湖南大學學報　2012年4期
緣合的碰撞：論莊子與佛教的關係演變　周黄琴　肇慶學院學報　2012年4期
三子賦道：論逍遥遊兼議陳鼓應之道家的人文精神　陳燕、葉木桂　百色學院學報　2012年4期
道的生成屬性及其本體化發展：先秦道論初探　蔣重躍　南京大學學報　2012年4期
莊子的哲學思想淺析　張翠莉　中共太原市委黨校學報　2012年4期
從語言和體系兩個層面理解莊子的『吾喪我』　王亞波　江蘇廣播電視大學學報　2012年4期
莊子藝術之後現代性研究　孫強、孫尚玲　巢湖學院學報　2012年4期
『良心』與『虚心』：孟子、莊子心論之比較　王玉彬　中州學刊　2012年4期
莊周軼事　王連生、陳銀生　春秋　2012年4期

莊惠之辯內容淺析　高天平　內蒙古民族大學學報　2012年4期

道家思想中的權能經驗及思想：以『道』和『德』爲參考初步觀察　（美國）唐力權　深圳大學學報　2012年4期

論『庖丁解牛』　陳贇　中山大學學報　2012年4期

日本近世通俗文學中的莊子解說：以田舍莊子爲例　張谷　湖南科技大學學報　2012年4期

早期道家的『德性論』和『人情論』：從老子到莊子和黃老　王中江　江南大學學報　2012年4期

工具之技和通道之技：莊子技術觀及其生態解讀　李振綱、王素芬　吉林師範大學學報　2012年4期

莊子逍遙遊思想探究　畢麗麗　遼寧教育行政學院學報　2012年4期

道家『心』觀念的初期形態：老子中的『心』發微　匡釗、王中江　天津社會科學　2012年4期

明代『復古派』與『性靈派』的莊子接受研究　白憲娟　溫州大學學報　2012年4期

『文明』的反思：莊子的歷史與文化批判　李振綱、張偉　現代哲學　2012年4期

試論逍遙遊主題的政治性　柳春蕊　文學與文化　2012年4期

老莊的『損』道　何光順　中國文化研究　2012年4期

莊子養生思想之我見　王亞鴿　中國文化研究　2012年4期

論美國學界老莊美學研究的一個路向　任增強　湖北民族學院學報　2012年4期

論莊子之『遊』之審美指向　張傑、趙偉東　長江學術　2012年4期

生命的憂思與本真的追求：論莊子的人生哲學　周黃琴　船山學刊　2012年4期

隱士思想主旨與道家精神　許春華　燕山大學學報　2012年4期

從『濠梁之辯』看『三』在莊子生命美學中的重要意義　何亦邨　安徽電氣工程職業技術學院學報　2012

年4期

張衡：從由儒入騷到莊騷結合　柳音、宋園園　漳州師範學院學報　2012年4期

『無己』、『喪我』之境與『不二法門』　李克非　蕪湖職業技術學院學報　2012年4期

孟子動物倫理思想探微：兼論莊子、孟子動物倫理思想的異同　鄧永芳、胡文娟　南京林業大學學報　2012年4期

從莊子思想悟當代管理之道　肖盈盈　貴州商業高等專科學校學報　2012年4期

孔子與老莊的藝術意識　劉道廣　貴州大學學報　2012年4期

道家、道教思想與早期山水畫論關係研究　邱路琰　四川省社會科學院碩士學位論文　2012年4月

莊子之『靜』及與儒釋之『靜』的關聯　王春莉　遼寧大學碩士學位論文　2012年4月

老莊善惡思想研究　吳玉成　蘇州大學碩士學位論文　2012年4月

莊子自由觀研究　羅菲　武漢紡織大學碩士學位論文　2012年4月

孔孟儒家自由思想發微：兼與老莊自由思想比較　劉剛　蘭州大學碩士學位論文　2012年4月

老莊人文思想探析　梁文宏　廣西民族大學碩士學位論文　2012年4月

孟子和莊子論辯藝術比較　尹旖　長沙理工大學碩士學位論文　2012年4月

論魏晉僧人對莊子的接受　仲寅　曲阜師範大學碩士學位論文　2012年4月

從闡釋學翻譯觀看兩譯者英譯莊子內篇　裴漢雲　華中師範大學碩士學位論文　2012年4月

二十世紀莊子白話譯注初論　吳鑫宇　河南大學碩士學位論文　2012年4月

莊子無爲思想研究　喬攀　安徽大學碩士學位論文　2012年4月

莊子定中短語研究　王洋河　重慶師範大學碩士學位論文　2012年4月

道是無情卻有情：論莊子學說『情、道互動』的邏輯結構　張瑞鑫　重慶師範大學碩士學位論文　2012年4月

莊子隱逸思想研究　張偉　重慶師範大學碩士學位論文　2012年4月

南華真經直音音注研究　李果　復旦大學碩士學位論文　2012年4月

莊子與加繆文學作品中的自然觀之比較　劉媛媛　山東大學碩士學位論文　2012年4月

郭象莊子注中建構起的理想生存狀態與審美活動的同質性研究　滿靜　山東大學碩士學位論文　2012年4月

莊子『心齋』研究：論『心』在莊子工夫論中的地位與作用　張榕坤　復旦大學碩士學位論文　2012年4月

莊子方術研究　李林　山東大學碩士學位論文　2012年4月

跨文化視角下莊子『道』的英譯研究　劉乾陽　山東大學碩士學位論文　2012年4月

先秦道家貴己重生思想研究　龔瑤　湘潭大學碩士學位論文　2012年4月

詩性的智慧：神話——原型視閾下莊子英譯研究　田姣　湖南大學碩士學位論文　2012年4月

淮南子對老莊思想的繼承與發展　周葉君　安徽大學博士學位論文　2012年4月

大美無美：莊子美學的反思與還原　陳火青　西南大學博士學位論文　2012年4月

先秦儒道生死觀研究　郭榮君　黑龍江大學博士學位論文　2012年4月

莊子問：多元化真的能爲企業謀福祉麼　吳湧、樂永海、王海軍　商場現代化　2012年5期

『無用之用』思想的設計倫理價值　張亞先　大家　2012年5期

從莊子生死觀中體悟生命的本質力量　覃小妮　文教資料　2012年5期

莊子與壇經相對觀之比較　李惠質　重慶科技學院學報　2012年5期

論孔子與莊子的藝術精神啟發　尹世鳳　青年文學家　2012年5期

李佩甫小說創作與道家文化　李中華　名作欣賞　2012年5期

有用和無用　趙元波　決策探索　2012年5期

勞四狂的道家苦樂觀　張谷　浙江外國語學院學報　2012年5期

儒、道比較視野中的周易隱逸思想及其影響　王慰、商原李剛　人文雜誌　2012年5期

莊子逍遙遊美學思想探析　張雯　美術教育研究　2012年5期

『吾喪我』莊子心靈自由的絕對境界　白瑞芬　湖北社會科學　2012年5期

淺論莊子知北遊中的『道』　康亮　文學教育　2012年5期

悟莊子　王楠　課堂內外　2012年5期

如何看待玄學之後道家哲學的發展　何光輝　商丘師範學院學報　2012年5期

逍遙遊與莊子的人生觀　陳來　商丘師範學院學報　2012年5期

『人見其人，物見其物』：試析莊子『見』的思想　汪韶軍　商丘師範學院學報　2012年5期

從莊子中的比喻體會莊子修辭思想　韓健悅　文學教育　2012年5期

莊子內篇文學形象之心理矛盾　謝苗苗　長江大學學報　2012年5期

莊子的逍遙、遊與康得的自由、遊戲比較　宋雄華　長江大學學報　2012年5期

莊子思想對審計人員的啟示　李奇志、楊衛權　審計月刊　2012年5期

論莊子齊物論所體現的美學思想　朱光傑　佳木斯教育學院學報　2012年5期

莊子鼓盆　洋洋兔　金色少年　2012年5期

莊子兩則寓言故事對高校聲樂教學的啟示和借鑒　周家武　音樂大觀　2012年5期
莊子與康德理想人格之比較　劉珊　哈爾濱學院學報　2012年5期
莊子哲學中的辯學思想探討　姜姝　哈爾濱學院學報　2012年5期
莊子逍遥遊與樂曲寒鴉戲水的意境互通　王錦　大舞臺　2012年5期
莊子的天人關係學說對我國生態文明建設的啟示　王暉　湘潮　2012年5期
莊子的痛苦：論莊子是否能在美學意義上實現『逍遥遊』　費婷婷　劍南文學　2012年5期
一個書生的狂人之言：莊子思想的矛盾之思　金路傑　長江師範學院學報　2012年5期
莊子精神的現實意義　劉李立　小說評論　2012年5期
墨子兼愛和莊子齊物論組合問的語用比較　張春泉　當代修辭學　2012年5期
莊子對人性弱點的剖析及其現實意義　宋輝、宋曉璐、方雷　蚌埠學院學報　2012年5期
近五年莊子文學研究述評　趙冬　蚌埠學院學報　2012年5期
莊子與西方後現代哲學會通芻議　郭繼民、徐初波　華北電力大學學報　2012年5期
道家人生價值的基本特徵芻議　高文金　遼寧師專學報　2012年5期
逍遥遊的『逍遥』境界解讀　趙德鴻　古籍整理研究學刊　2012年5期
反思：孔子的『仁』政思想，莊子的『人』性探索　賀興安　中華文化論壇　2012年5期
『遊無窮』：有限人生的無限自由——莊子的逍遥觀　李耀南　華中科技大學學報　2012年5期
論莊子對藝術成規的批判　黃楊、封孝倫　甘肅社會科學　2012年5期
莊子論知識的積極意義　姜穎　北方論叢　2012年5期
莊子教育思想研究綜述　董娟娟　哈爾濱職業技術學院學報　2012年5期

莊子真的反對儒家仁義嗎：兼駁李磎廣廢莊論　林光華　人文雜誌　2012年5期

莊子之無爲另讀　經綸　石河子大學學報　2012年5期

自然天成：莊子藝術創造的美學觀　顔翔林　西北師大學報　2012年5期

道家境界論探微　蔡釗　四川大學學報　2012年5期

道家自然思想的現代人文價值　沈偉華　閱江學刊　2012年5期

人樂·和樂·天樂：莊子天運音樂美學思想解讀　胡紅梅、郭文新　臨沂大學學報　2012年5期

莊子逍遥遊『三餐』辨析　范瑞麗　臨沂大學學報　2012年5期

莊子『言意道』觀淺論　劉鳳泉　汕頭大學學報　2012年5期

析『逍遥』的三種境界　李凱　清遠職業技術學院學報　2012年5期

關於莊子繕性篇的三個注釋　李潔、黄馨慧　遼東學院學報　2012年5期

莊子得道學説的邏輯結構及現代闡釋　王焱　中國道教　2012年5期

莊子中的心理和諧思想　郭世魁　中國道教　2012年5期

應該有更多人敬仰莊子　涂啟智　中華工商時報　2012年5月14日

莊子是咱的救命稻草嗎　涂啟智　深圳商報　2012年5月8日

闡釋莊子：生命倫理思想及其當代價值　劉雲章　醫療衛生職業精神專題研討會論文集　2012年5月27日

論老莊思想對王蒙的影響　張海傑　中國海洋大學碩士學位論文　2012年5月

林雲銘莊子因評點特色研究　李晨子　陝西師範大學碩士學位論文　2012年5月

莊子典故流變研究　連越　中南大學碩士學位論文　2012年5月

莊子中的語言學思想管窺　王鳳婷　陝西師範大學碩士學位論文　2012年5月

莊子在德國：德語文學中的莊子元素　和俊　陝西師範大學碩士學位論文　2012年5月

莊子之『真』的哲學意蘊　王央央　華東師範大學碩士學位論文　2012年5月

他者問題：莊子與馬丁・布伯的對話　李妮娜　華東師範大學碩士學位論文　2012年5月

先秦儒道女性觀研究　陳佳　鄭州大學碩士學位論文　2012年5月

莊子與德里達：解構思想比較研究　屈海燕　哈爾濱師範大學碩士學位論文　2012年5月

論莊子理想人格　史志棟　西北師範大學碩士學位論文　2012年5月

莊子人文思想與中學生人格培育　段平平　東北師範大學碩士學位論文　2012年5月

傅山道家思想研究　梁琳玲　華中師範大學碩士學位論文　2012年5月

莊子寓言戲劇性研究　楊煜　河南大學碩士學位論文　2012年5月

莊子生態倫理思想與當代價值研究　徐磊　重慶師範大學碩士學位論文　2012年5月

忠於理想、面對現實：試論莊子人生困惑的化解之路　鄒偉　陝西師範大學碩士學位論文　2012年5月

『超人』與『至人』：尼采與莊子理想人格境界的文學新探　康綠野　浙江大學碩士學位論文　2012年5月

莊子『醜』論研究　高琳琳　西北師範大學碩士學位論文　2012年5月

莊子『吾喪我』思想追問　劉崧　復旦大學碩士學位論文　2012年5月

莊子語言觀的產生及其對語言的態度、批評與使用　左愷　安慶師範學院碩士學位論文　2012年5月

莊子天下篇研究　賀光耀　山東大學碩士學位論文　2012年5月

莊子源流考　宮茂　山東大學碩士學位論文　2012年5月

莊子社會觀研究　羅媛　湖南大學碩士學位論文　2012年5月

莊子修養論研究　鄧夢軍　湖南大學碩士學位論文　2012年5月

莊子和諧思想及其對當代大學生思想政治教育的啟示　李中華　湖南科技大學碩士學位論文　2012年5月

通向大眾審美的通俗莊子現象論析　蔡勵敏　暨南大學碩士學位論文　2012年5月

嵇康引老、莊考論　李廷濤　河北師範大學碩士學位論文　2012年5月

原始信仰觀照下的莊子思維方式研究　宋蒙　河北師範大學碩士學位論文　2012年5月

解析莊子的『無用之用』　賴怡靜　中外企業家　2012年6期

莊子『寓言』新解　趙同林　短篇小說　2012年6期

老莊美學的生態自然觀對生態旅遊的啟迪　趙潔、趙芸　大家　2012年6期

先秦道家生命哲學教育理念的現代意義研究　馬小紅　語文建設　2012年6期

讀『庖丁解牛』淺談莊子之道　尹曉龍　大眾文藝　2012年6期

孔子、莊子藝術觀之比較　張文　作家　2012年6期

現代莊子的坎坷與凱旋：莊子的現代命運中文版序　劉再復　書城　2012年6期

『詩與真』的中西文化蘊含：梁宗岱與歌德、莊子藝術美學精神之關係　張仁香　學術交流　2012年6期

莊子有關人性異化的批判　米曉娟　文學教育　2012年6期

王力主編古代漢語逍遙遊注釋補正　鄂海鵬　語文學刊　2012年6期

自由之談：析莊子的『自由』說　李金平　語文學刊　2012年6期

船山易學認知與儒道實踐智慧　鍾錦　西北大學學報　2012 年6 期

試論先秦道家的生態倫理思想　吳博　理論界　2012 年6 期

從幸福觀的角度解讀莊子的生命哲學　孫亦平　南京社會科學　2012 年6 期

先秦道家社會理想及其實現　施青希　文學教育　2012 年6 期

論道家哲學的『無』：從老子到王弼的哲學史考察　周春蘭　學術界　2012 年6 期

順道而行的領導力：莊子對現代管理的啟示　熊禮匯　現代國企研究　2012 年6 期

初探以老莊爲代表的道家思想中的國家安全觀　徐騰　湖北第二師範學院學報　2012 年6 期

孔子、莊子幸福觀比較研究　江小莉　綿陽師範學院學報　2012 年6 期

淺談莊子的理想人格　高鳳姣　文學界　2012 年6 期

試論莊子筆下的孔子　羅靜　劍南文學　2012 年6 期

古詩文中鯤鵬形象的演變　肖良　文學教育　2012 年6 期

淺析莊子的『逍遙』與禪宗的『自在』　雎曉陽　北方文學　2012 年6 期

海德格爾與老莊哲學思想的相似性分析　劉夏　北方文學　2012 年6 期

衝突與融合：儒、道哲學思想在聲無哀樂論中的彰顯　王亞兵　藝術百家　2012 年6 期

試論莊子的人民性　宋輝、宋曉璐　西安石油大學學報　2012 年6 期

莊子的審美精神對當代設計和藝術創作的影響　岳金蓮、蔣尚文　中國美術　2012 年6 期

莊子逍遙遊的境界　苗磊　重慶交通大學學報　2012 年6 期

消殉搖機　反天歸真：論莊子逍遙之徑　劉文元　內蒙古農業大學學報　2012 年6 期

粗探佛道二家世界觀之異同：老莊之道與佛學四諦的比較研究　葛睿　內蒙古農業大學學報　2012 年

6期

林雲銘與莊子因　張京華　湖南第一師範學院學報　2012年6期

『天籟』與『心聲』　穆雯茜　安陽師範學院學報　2012年6期

渾沌·感通·通感：莊子身體理論視域下的通感審美體驗論　張豔豔　汕頭大學學報　2012年6期

莊子思想在武當道教武術中的運用探析　王明榮、甘毅臻　鄖陽師範高等專科學校學報　2012年6期

剝離桎梏　放飛生命：談莊子的生命哲學　劉月霞、王惠玲　衡水學院學報　2012年6期

試解莊周髑髏夢　徐春根　廣西大學學報　2012年6期

郭象『理』字探源　田豐　哲學分析　2012年6期

莊子『物化』思想探析　王英娜　牡丹江師範學院學報　2012年6期

清代莊子散文評點的學術特徵及方法論意義　李波、王業明　安慶師範學院學報　2012年6期

莊子藐姑射神人的意境論意義　柳春蕊　河北廣播電視大學學報　2012年6期

有意味的形式與形式的意味：莊子語篇修辭研究　陳啟慶　莆田學院學報　2012年6期

莊子逍遥遊的『至人』、『神人』、『聖人』辨析　呂俊峰　遵義師範學院學報　2012年6期

莊子、郭象與東晉名士的生死觀　李林芳　湘南學院學報　2012年6期

莊周故里證偽　肖若然　菏澤學院學報　2012年6期

莊姓源流與莊子宗支淺說　李福祿　菏澤學院學報　2012年6期

由鯤鵬神話論及魚鳥互化運動圖式　劉勤　海南大學學報　2012年6期

莊子荒誕情結讀析　楊軍　銅仁職業技術學院學報　2012年6期

莊子鼓盆故事在國外的流變　張愛民　棗莊學院學報　2012年6期

孔子、莊子『命』不同：命從『畏天命』到『安之若命』的演變　李昳聰　南方論叢　2012年6期

莊子和諧發展價值觀的當下闡釋　潘信林、李義貝　重慶工商大學學報　2012年6期

從身心關係看現代人權主體的本質特徵：關於洛克與莊子自由觀的一種對比分析　儲昭華、趙志堅　武漢大學學報　2012年6期

淺論老莊的精神修養方法　鄭淑媛　中州學刊　2012年6期

詮釋莊子思想的一個新視角　于民雄　貴陽文史　2012年6期

『技』、『情』與道：釋莊子『爲善無近名，爲惡無近刑』　經綸　深圳大學學報　2012年6期

莊子養生思想探析　姚春鵬　齊魯學刊　2012年6期

『逍遥』和『齊物』的價值悖論　關萬維　廣東社會科學　2012年6期

莊子在東明小考　張超英、喬廷超　春秋　2012年6期

安命·逍遥·遊戲：社會困境中的莊子處世模式　夏當英、盧玥　合肥學院學報　2012年6期

虛無主義與理想主義：莊子與盧梭的『自然』觀念異同及價值批判　董曄　中國社會科學院研究生院學報　2012年6期

對莊子批判意識與獨立自由精神的體認與接受　張寧寧　瀋陽農業大學學報　2012年6期

『幸福的藝術』：莊子與禪佛教　胡偉希　雲南大學學報　2012年6期

莊子內篇中文化因素翻譯探析　顧毅、楊春香　天津外國語大學學報　2012年6期

論孔子和莊子生死觀的融通　張文淵　江淮論壇　2012年6期

莊子崇尚自然的文藝觀　張翔、胡宏昇　學語文　2012年6期

形體殘缺　德性全備：試議莊子殘醜人物形象的成因　丁彥　學語文　2012年6期

高啟的莊子接受研究　白憲娟　南京師大學報　2012年6期
莊子對論語的化用和改造　杜玉儉　孔子研究　2012年6期
莊子的生死觀探究　安彩英　天水師範學院學報　2012年6期
近代中國老莊學與進化論思潮　劉固盛　華中師範大學學報　2012年6期
『逍遥遊』：讓—雅克·盧梭作品中的道家幸福　中英倫葩　湖南社會科學　2012年6期
道家之『德』的生命論意蘊　李霞　江蘇大學學報　2012年6期
莊子技術觀的倫理精神及其現代價值　藺輝耀　『第二屆中國倫理學青年論壇』暨『首屆中國倫理學十大傑出青年學者頒獎大會』論文集　2012年6月16日
莊子研究如何創新　王鍾陵　光明日報　2012年6月25日
一元錢免稅與莊子之鯽　韓哲　北京商報　2012年6月27日
莊子和柏拉圖自由學說的比較研究：以『坎井之蛙』和『洞穴囚徒』爲例　張婷　西北大學碩士學位論文　2012年6月
莊子結構論　劉翠翠　哈爾濱師範大學碩士學位論文　2012年6月
莊子人物形象研究　梁曉燕　西北師範大學碩士學位論文　2012年6月
李贄『童心說』理論淵源的多維探析　陶蕾　延安大學碩士學位論文　2012年6月
試論莊子讚美技術及其現代啟示　田一涵　北京化工大學碩士學位論文　2012年6月
王船山德論研究：以莊子解爲中心　陳昊　華僑大學碩士學位論文　2012年6月
老莊以『淡』爲美思想研究　王聖材　山東師範大學碩士學位論文　2012年6月
先秦諸子視野中的齊魯文化：以莊子、列子、韓非子及呂氏春秋爲核心　劉若楊　山東藝術學院碩士學

位論文　2012年6月

莊子『心』論　張麗萍　西北大學碩士學位論文　2012年6月

莊子人生哲學及其現代價值研究　王樂　西北大學碩士學位論文　2012年6月

先秦道家天命鬼神思想研究　張海英　湖南大學博士學位論文　2012年6月

淺析莊子逍遥的境界　馬信任　現代養生　2012年7期

論莊子齊物論中的『莫若以明』　李培　青年文學家　2012年7期

老子與莊子的生命哲學、養生思想及其現代啟示意義　吴根友　貴州社會科學　2012年7期

道盛與方以智師徒的『托孤』説　邢益海　貴州社會科學　2012年7期

孰是孰非：是孔子像還是莊子像　李烈初　收藏界　2012年7期

莊子生態美學思想探微　洪豔　大學教育　2012年7期

方東美論道家對中國佛教的影響　施保國　學術交流　2012年7期

蝴蝶新夢：超越時空的蝴蝶夢續　張遠山　書屋　2012年7期

簡析蔡禮禮莊子節録（第十屆國展優秀作品）　孟會祥　書法　2012年7期

淺析莊子巴爾福英譯本中『自然』的翻譯　羅煉　校園英語　2012年7期

清代莊子詮釋文獻概説　張蔚虹　商丘師範學院學報　2012年7期

論莊子的人生理想　王美美　湖北經濟學院學報　2012年7期

形神雙修：先秦道家身體觀及其當代意藴　趙方杜　蘭州學刊　2012年7期

與莊子神交的現代陶藝　栗翠　藝海　2012年7期

莊子自由論思想淺析　李昕欣　金田　2012年7期

探析莊子之『遊』與屈原之『遊』的異同　邵秦嶺　金田　2012年7期

初論莊子齊物論中『環中』的美學意蘊　鄧希雯　金田　2012年7期

莊子養生思想的生命哲學指向　曹智頻、陳輝焱　學術研究　2012年7期

舊瓶新酒：再析莊子思想映射下的京華煙雲　張正　牡丹江大學學報　2012年7期

想象力天馬行空之王：莊子　李欣復　美與時代　2012年7期

論張華鷦鷯賦中的莊子思想　南秀淵　北方文學　2012年7期

哲學闡釋學視角下莊子英譯本性質研究　李潭、袁贊　安徽文學　2012年7期

論京華煙雲中的道家思想　楊夢吟　長江師範學院學報　2012年7期

願復反吾屠羊之肆：莊子人格一瞥　徐春根　嘉應學院學報　2012年7期

關於老莊思想生命價值觀和相對論思想的探討　郭瑜　新課程　2012年7期

芻議莊子海洋意象及其當代教育價值　季岸先　2012年中國社會學年會暨第三屆中國海洋社會學論壇：海洋社會學與海洋管理論文集　2012年7月1日

莊子纂要：莊學研究的創新之作　吳平　文匯報　2012年7月30日

道家生態哲學思想要論　陳紅兵　商丘師範學院學報　2012年8期

莊子飛鳥意象研究　季曉菁　商丘師範學院學報　2012年8期

試論『心游』與莊子美學自由精神　彭婷婷　藝海　2012年8期

以德論自由：德充符之自由解析　張瑞玲　法制博覽　2012年8期

淺論莊子寓言的顛覆性　喬君然　長城　2012年8期

『相忘』與『自適』：論莊子之『忘』　陳霞　哲學研究　2012年8期

淺析袁宏道廣莊人間世對莊子『無用之用』思想的繼承與發展　王亞靜　北方文學　2012年8期

莊子『以』字用法分析　孫冰潔　現代語文　2012年8期

莊子寓言思想的兩個指向　侯愛華　求索　2012年8期

『讀書』如『解牛』　徐健　江蘇教育研究　2012年8期

莊子式自由與薩特自由之比較　馬榮　學理論　2012年8期

莊子與惠子在濠梁之上到底談了些什麼　徐天雲　語文學刊　2012年8期

自由缺失體驗與莊子想象力的產生　金軍華　芒種　2012年8期

莊子的『道』、『技』觀對古代文論的影響　于蘭琪　青年文學家　2012年8期

美在人間：析莊子美學的主觀性　徐桁　青年文學家　2012年8期

莊子垂釣：生命意趣與隱逸符號　秦德君　學習時報　2012年8月20日

莊『樂』三境界　余治平　中國社會科學報　2012年8月6日

三『笑』解『逍遙』　劉胤龍　中學語文　2012年9期

南華真經注疏群體的『雅』、『俗』音樂美學觀淺探　李雄燕　大家　2012年9期

老莊思想的教學意義　彭和平　中學政治教學參考　2012年9期

試論先秦道家本體論思想的發展脈絡　王美美　重慶科技學院學報　2012年9期

兩漢士人對道家哲學的汲取把握及其發展流變：兼論漢末莊學勃興在中國思想發展史上的意義　佘紅雲　學園　2012年9期

莊子的瘋狂　朱喆　科學諮詢　2012年9期

『呆若木雞』不是真呆　周安　新長征　2012年9期

從莊子音義所見異文小論莊子今注今譯之失　唐豔、趙靜　樂山師範學院學報　2012年9期
莊子物化論淺析　劉文元　常熟理工學院學報　2012年9期
至人無己　與物爲一：莊子教我們升華生命情懷　劉隆有　環境教育　2012年9期
老莊象論　方珊　美與時代　2012年9期
傅山莊學思想探略　邢華平　社會科學家　2012年9期
淺談莊子哲學及其美學思想　韓京文　文學界　2012年9期
『邯鄲學步』是管理者的大忌　劉英團　創新科技　2012年9期
沉魚落雁　關寒文　民間文學　2012年9期
淺論『莊周夢蝶』中的虛無與真實　王梁宇　文學界　2012年9期
莊子論美醜的相對性　王瓊　求索　2012年9期
尋本溯源　撮要擷精：評方勇教授莊子纂要　傅璇琮　光明日報　2012年9月3日
閑讀莊子　細品逍遙　張振飛　學習時報　2012年9月17日
道家就像『太空人』　郭繼民　光明日報　2012年9月23日
蘋果樹下，牛頓問莊子　王溢嘉　幸福　2012年10期
中國『小說』一詞的流變芻議　李欣航　高等函授學報　2012年10期
莊子『技道之論』的美學意味　包國光、朱賢文　理論界　2012年10期
莊子哲學精神的淵源與釀生序一　李中華　商丘師範學院學報　2012年10期
莊子哲學精神的淵源與釀生序二　王玉彬　商丘師範學院學報　2012年10期
追根溯源　撥雲見月：讀鄧聯合莊子哲學精神的淵源與釀生　王威威　商丘師範學院學報　2012年

10期

莊子對老子『自然』哲學之轉進　李進　商丘師範學院學報　2012年10期

『楚狂接輿歌』與莊子的處世哲學　王馨鑫　文藝評論　2012年10期

乾嘉考據學與清代莊子考證　羅彥民　文藝評論　2012年10期

關尹思想在莊子中的印跡　鄧聯合　福建論壇　2012年10期

道家對文化和自然相互異化問題的診治　謝陽舉　暨南學報　2012年10期

莊子與蝴蝶　蔣勳　現代青年　2012年10期

莊子逍遥遊『去以六月息者也』補辨　曹志堅　現代語文　2012年10期

論莊子的社會理想及其對當代社會管理的價值　徐春根　嘉應學院學報　2012年10期

論六朝藝術形神論與氣韻論之文藝觀：兼評莊子思想與中國古代藝術之革新　宋義霞　求索　2012年10期

莊子的政治思想及其現代價值　黎龍　學理論　2012年10期

先秦道家名思想研究　周曉東　山東大學博士學位論文　2012年10月

無物不然　無物不可：讀莊子的齊物論　陳綺　中文自修　2012年11期

哲學話題的文學敘述：略談莊子的齊物論　孫琴安　中文自修　2012年11期

齊物論，從起點望向終點　蔣波恩　中文自修　2012年11期

蝶夢之辨　朱欽運　中文自修　2012年11期

試談莊子的寓言個性　王世祥　文學教育　2012年11期

逍遥遊與等待戈多荒誕之比較　雲肖　現代語文　2012年11期

莊子傳後記　張遠山　書屋　2012年11期

莊子「逍遙義」與魏晉士人眼中的自由　趙瓊宇　理論界　2012年11期

我讀莊子　婁吉　第二課堂　2012年11期

論道家的政治和諧思想　梅珍生　江漢論壇　2012年11期

評王運生先生莊子明辨　李美芳　大理學院學報　2012年11期

遺民心境與「隱而不隱」：傅山莊子美學背後的生命底色　張興成　榮寶齋　2012年11期

從「不畏死」到「齊生死」：談談莊子的生死觀　張文淵　社科縱横　2012年11期

以「喪成心」解釋「吾喪我」和「莫若以明」　潘文全　金田　2012年11期

郭象「獨化」論對老、莊「自然」哲學之轉進　李進　黑河學刊　2012年11期

梧桐意象：莊子思想體系中的悖論之一——兼論文選中司馬紹通的贈山濤詩　樊星、樊榮　長春師範學院學報　2012年11期

論莊子的人生哲學　郭立偉　中國證券期貨　2012年11期

解讀莊子美學中的「美感」　張修哲　牡丹江大學學報　2012年11期

從莊子逍遙遊「小大之辯」談其自由思想　佟鑫　湘潮　2012年11期

莊子哲學與後現代思想　余乃忠　哲學研究　2012年11期

無爲：莊子的人際心理和諧思想　郭世魁　中國宗教　2012年11期

三省三地爭奪莊子故里激烈博弈難有定論　王翔宇　中國地名　2012年11期

孔子的「方內之遊」與莊子的「方外之遊」　于師號　求索　2012年11期

君子善假於物：從于丹莊子心得反思語文教學信息技術的合理使用　葉地鳳　課程教育研究　2012年

11期

孟子和莊子中比喻的異同　寧麗莉　教育教學論壇　2012年11期

從莊子批看傅山的治學思想　張華春、朱慧　名作欣賞　2012年11期

淺析老莊哲學對中國山水畫審美意境的影響　趙楊　才智　2012年11期

『邯鄲學步』不等於『亦步亦趨』『生搬硬套』　趙丕傑　語文建設　2012年11期

假如莊子重返人間（節選）　語傘　西部　2012年11期

從『游魚之樂』悟管理　何世嶽　人力資源　2012年12期

一死生爲虛誕　齊彭殤爲妄作　鄭順哲　作文新天地　2012年12期

庖丁如何解牛　楊海文　社會科學論壇　2012年12期

涉莊成語對莊子本義的改造　陳林群　社會科學論壇　2012年12期

『言在彼而意在此』的寓言教學　高林生　七彩語文　2012年12期

論典籍英譯中的厚翻譯：以莊子爲例　黄麗娟　英語廣場　2012年12期

莊子生命本原論　楊守戎　湖北經濟學院學報　2012年12期

外化而内不化　周悦　當代江西　2012年12期

莊子從『文本』到『作品』的闡釋　趙德鴻　文藝評論　2012年12期

奇哉大鵬　智哉莊周：莊子逍遥遊的思路及主旨新解　李寧　新課程　2012年12期

淺析莊子之道　袁偉爭　旅遊縱覽　2012年12期

『以莊解莊』原論　羅彥民　廣西社會科學　2012年12期

莊子『以道觀之』探賾　盧美華、時光　東嶽論叢　2012年12期

游心於物之初：『游心』與道家的審美　楊黎　美與時代　2012 年12 期

淺析老子和莊子思想的異同　周曉紅　劍南文學　2012 年12 期

簡論莊子哲學對意境審美生成的啟發　陳閩璐　劍南文學　2012 年12 期

論老莊的藝術哲學　寧大光　求索　2012 年12 期

論莊子的文藝美學觀　郭保紅　芒種　2012 年12 期

『尋根』與『植根』：元代隱逸詩家對莊學自然精神的理性認同　劉瑩　青春歲月　2012 年12 期

論莊子哲學之自由思想　胡乾敏　青春歲月　2012 年12 期

何以逍遙：對莊子逍遙遊的一些感想　王藝菲　學理論　2012 年12 期

莊子的生死觀淺析　童中平、粟紅英　中外企業家　2012 年12 期

老子、莊子古代文化典籍漢譯和翻譯學科建設的幾個相關問題　楚立峰　第5屆教育教學改革與管理工程學術年會論文集　2012 年12 月29 日

莊子中篇章隱喻的認知研究　邢玉堂　上海外國語大學碩士學位論文　2012 年12 月

莊子的生死觀與尼采的悲劇思想比較　孫琳琳　青年文學家　2012 年13 期

老、莊之別：兼論莊子與郭象、道教　梁俊傑　青年文學家　2012 年13 期

夢付莊周窻外蝶　疑醒樂廣酒中蛇　司桂松　電影文學　2012 年13 期

郭象莊子注的聖王理想及其政治關懷　李進　老區建設　2012 年14 期

莊子哲學的人生價值啟示　盧曉明　網友世界　2012 年14 期

百川看人物之逍遙遊：莊子　陳百川　東西南北　2012 年14 期

從大宗師看莊子美學思想對人生觀形成的作用　樊瑞晶　學園　2012 年14 期

『呆若木雞』不是真呆　劉亮　意林　2012 年 14 期
提升人生：莊子的現代意義　米曉娟　衛生職業教育　2012 年 15 期
淺論莊子尊生中的二元矛盾説理方式　華祿　學周刊　2012 年 16 期
從有待到無待：逍遥遊中的自由與超脱　嚴春友　中華兒女　2012 年 16 期
淺論莊子之『達』　楊悦　青年文學家　2012 年 16 期
讀莊子有感　成傑芳、楊娜　青年文學家　2012 年 16 期
陽明心學美學與莊子美學的關係　劉繼平　群文天地　2012 年 16 期
理性的闡辯：莊子秋水的解讀與探究　朱吴彥　課程教育研究　2012 年 17 期
莊子逍遥遊文意梳理　曾毅　名作欣賞　2012 年 17 期
從有用、無用到無何有之鄉　嚴春友　中華兒女　2012 年 17 期
論莊子式生活態度　辜霞、甄山川　青年文學家　2012 年 17 期
善吾生者，乃所以善吾死也　嚴春友　中華兒女　2012 年 18 期
領導者要有些許道家情懷　劉立祥　領導科學　2012 年 18 期
老子的『道』與莊子的『道』　李虹　學習月刊　2012 年 18 期
莊子反義形容詞的語義場類型及對應關係考察　趙建國　淮海工學院學報　2012 年 18 期
淺論莊子和佛教生死觀的差異　敬曉愚、李丹　青年文學家　2012 年 18 期
『呆若木雞』不是真呆　于丹　青年博覽　2012 年 19 期
坐忘　葉春雷　思維與智慧　2012 年 19 期
論莊子中的殘全思想　陳慶豔　文教資料　2012 年 20 期

詩性審美，照亮生命：生態詩學視角下的莊子詩學解讀　宋堅　名作欣賞　2012年20期
心齋·吾喪我·無己·坐忘·虛己：莊子相關範疇考辨　劉文元　重慶科技學院學報　2012年20期
養生主中『生』的三個含義　張鵬程　青春歲月　2012年21期
莊周主要思想及莊子藝術特色研究　王怡雯　群文天地　2012年21期
逍遥遊之生活還原　梁保遠、宫紀仁　中學語文　2012年21期
透過逍遥遊解讀莊子之自由思想　王乾　芒種　2012年22期
莊子與柏格森的直覺觀之比較　陳麗英　芒種　2012年22期
從松尾芭蕉的俳句詩中解讀道家休閒觀　李福貴　芒種　2012年22期
『呆若木雞』的前世今生　許斌　思維與智慧　2012年22期
齊物論篇名臆劄　郝志麗　重慶科技學院學報　2012年22期
欲達真善美　莫忘逍遥遊　譚建東　群文天地　2012年22期
莊子『輪扁斲輪』對現代職業教育的啟示　孫志斌、公昆　中國成人教育　2012年22期
自由的追尋：莊子齊物論賞析　白延輝　名作欣賞　2012年23期
出潛離隱的真性空間：試析莊子『見』的思想　李惠然　芒種　2012年23期
莊子逍遥遊『三餐』考辨　方小林　語文學刊　2012年23期
關於莊子教育心理思想的研究　侯豔麗　青年文學家　2012年24期
淺談莊子的自然之思　彭瑾　飛天　2012年24期
試論莊子的生死哲學　堯必文　青春歲月　2012年24期
結構、方位二元概念隱喻認知模式詮釋莊子隱喻範例　竇雅斌　作家　2012年24期

淺談孟子的『集義』與莊子的『坐忘』 孫子荀 神州 2012年24期

莊子養生之道探微 侯娜 蘭臺世界 2012年24期

莊子的人生哲學概論 董震 蘭臺世界 2012年24期

莊子政治思想對構建中國公民社會的啟示（之二——公民素質） 蔣瑜 神州 2012年26期

莊子養生主研究現象的結構性反思 陳寶琳 語文教學與研究 2012年26期

對莊子文本的生存論分析 洪兆旭 神州 2012年26期

莊子是否真逍遥 陳富錕 語文教學與研究 2012年26期

莊子心解 解晶 學理論 2012年26期

創造是一種自由：莊子思想對創新人才培養的啟示 趙興燕、王學寧 教育教學論壇 2012年26期

莊子哲學思想對詩歌空靈境界影響探析 勾娟 新西部 2012年26、27期合刊

夢裏栩然蝴蝶，一身輕：試析蘇軾詞中的莊子典故及意象 陶慧 文教資料 2012年27期

淺析莊子人間世 張穎 商場現代化 2012年27期

試析莊子的生態倫理觀 朱秋穎 蘭臺世界 2012年27期

列子『御風而行』新解 單輝 名作欣賞 2012年29期

抓住『三笑』切入點 解讀莊子逍遥遊：逍遥遊教學案例 陳英全、周明佳 中學語文 2012年30期

淺談莊子的哲學思想對當代青年的啟迪意義 榮敏 中國校外教育 2012年30期

從一則科學事件到莊子散文世界的『真實』 朱月娟 神州 2012年31期

試析莊子和諧觀及對人格培養的價值 郎旭 蘭臺世界 2012年31期

莊子積極思想與當代大學生人文素質的培養 趙介永、練玉俠 教育教學論壇 2012年32期

庖丁解牛之我見 成家坤 中學語文 2012 年33 期

生與死 人與物 人與天：高中語文教科書中的莊子思想初探 馮明 中國科教創新導刊 2012 年33 期

哲學與人生：淺論孟子的『集義』與莊子的『坐忘』 張可 才智 2012 年35 期

莊學之我見 蘇六兵 考試周刊 2012 年37 期

莊子『懸解』諸家注平議 李瑄 新國學（總第九卷） 2012 年

諸子文獻中的顏回形象 劉冬穎、徐麗華 歷史文獻研究 2012 年年刊

從詩經文王談莊子繕性的轆轤旋轉章法 （臺灣）錢奕華 詩經研究叢刊 2012 年年刊

道家、道教哲學與北宋儒學的復興 張廣保 道家文化研究（第二十六輯）（北京）生活·讀書·新知三聯書店 2012 年版

道家思想在北宋傳統哲學轉型期的意義 蕭漢明 道家文化研究（第二十六輯） （北京）生活·讀書·新知三聯書店 2012 年版

道家功夫 仙人氣象：讀邵雍擊壤集 蕭漢明 道家文化研究（第二十六輯） （北京）生活·讀書·新知三聯書店 2012 年版

陳景元老莊學思想對二程理學的影響 劉固盛 道家文化研究（第二十六輯） （北京）生活·讀書·新知三聯書店 2012 年版

王安石晚年詩之道家觀照 （臺灣）張瑋儀 道家文化研究（第二十六輯） （北京）生活·讀書·新知三聯書店 2012 年版

張載天道論對道家思想資源的吸收與融貫 林樂昌 道家文化研究（第二十六輯） （北京）生活·讀

書・新知三聯書店　2012 年版

張載對道家思想的吸收、消化及其影響：兼論宋明理學中的儒道因緣　丁爲祥　道家文化研究（第二十六輯）（北京）生活・讀書・新知三聯書店　2012 年版

論周敦頤太極圖説的道家學脈關係：兼論濂溪的道家生活情趣　（臺灣）陳鼓應　道家文化研究（第二十六輯）（北京）生活・讀書・新知三聯書店　2012 年版

塵籠、泉石與蒼生：從程顥詩中的三個關鍵字看其儒道之情結　郭曉東　道家文化研究（第二十六輯）（北京）生活・讀書・新知三聯書店　2012 年版

蘇軾遷謫詩與道家安頓精神　張瑋儀　道家文化研究（第二十六輯）（北京）生活・讀書・新知三聯書店　2012 年版

『和而不同』與『因是』、『不得已』：儒道二家多元觀詮説　（新加坡）嚴壽澂　諸子學刊（第六輯）　上海古籍出版社　2012 年版

中西自然觀之對比分析：以老莊『自然』詮釋爲例證　（臺灣）錢奕華　諸子學刊（第六輯）　上海古籍出版社　2012 年版

莊子自然觀的歷史進步性及其現代啟示　趙沛霖　諸子學刊（第六輯）　上海古籍出版社　2012 年版

論莊子心學　張洪興　諸子學刊（第六輯）　上海古籍出版社　2012 年版

莊子與『數』　劉康德　諸子學刊（第六輯）　上海古籍出版社　2012 年版

莊子文本楚語考釋舉要　賈學鴻　諸子學刊（第六輯）　上海古籍出版社　2012 年版

釋莊子外物『曾不如早索我於枯魚之肆』：兼談魚鼎匕之性質　黄人二　諸子學刊（第六輯）　上海古籍出版社　2012 年版

當代學者以『寄言出意』爲郭象注莊方法的檢討　（臺灣）簡光明　諸子學刊（第六輯）　上海古籍出版社　2012年版

莊學研究的重要收穫：讀鄧聯合『逍遥遊』釋論　李剛　諸子學刊（第六輯）　上海古籍出版社　2012年版

諸子學的新浪潮：欣聞子藏道家部莊子卷出版　（臺灣）陳鼓應　諸子學刊（第六輯）　上海古籍出版社　2012年版

子藏：一座宏大的子學經典庫：有感於子藏道家部莊子卷的出版　傅璇琮　諸子學刊（第六輯）　上海古籍出版社　2012年版

盛世修藏　利在千秋：北京人民大會堂『子藏首批成果發佈會』發言（選登）　徐文超等整理　諸子學刊（第六輯）　上海古籍出版社　2012年版

從『輔萬物之自然』到『無以人滅天』：道家對人類中心觀念的反思　白奚　諸子學刊（第七輯）　上海古籍出版社　2012年版

莊子的養生之道　陸永品　諸子學刊（第七輯）　上海古籍出版社　2012年版

莊子的山水觀　孫以昭　諸子學刊（第七輯）　上海古籍出版社　2012年版

論莊子應世思想中的『我』與『他人』　（臺灣）江美華　諸子學刊（第七輯）　上海古籍出版社　2012年版

莊子中的宋人形象考説　賈學鴻　諸子學刊（第七輯）　上海古籍出版社　2012年版

莊子中的豫東方言與民俗　劉洪生　諸子學刊（第七輯）　上海古籍出版社　2012年版

宋人對莊子養生主首段的探究　（韓國）姜聲調　諸子學刊（第七輯）　上海古籍出版社　2012年版

莊子政治批判的現代意義　涂光社　諸子學刊（第七輯）　上海古籍出版社　2012年版

莊子研究創新芻議　王鍾陵　諸子學刊（第七輯）　上海古籍出版社　2012 年版
嵇康莊學析論　（臺灣）蔡忠道　諸子學刊（第七輯）　上海古籍出版社　2012 年版
從『物物者非物』看莊子與老子哲學的異同　魏義霞　老子學刊（第三輯）　巴蜀書社　2012 年版
先秦道家重數傳統論略　楊子路　老子學刊（第三輯）　巴蜀書社　2012 年版
從莊子『不射之射』看當前我國教育技術之淺陋　馬周周　電化教育研究　2013 年1 期
莊子之『鏡喻』及其哲學意蘊　田以樵　湖南科技學院學報　2013 年1 期
莊子的逍遥效應　葉建華　現代企業文化　2013 年1 期
逍遥遊教材注釋質疑　牛志平　語文天地　2013 年1 期
論莊子對先秦禮樂文明的突破：以『心齋』爲中心的討論　任慧峰　武漢大學學報　2013 年1 期
孟、莊養心工夫的對比與融合　劉樂恒　武漢大學學報　2013 年1 期
論莊子逍遥遊的境界與達成　蘇燕、李德民　西北農林科技大學學報　2013 年1 期
淺議老莊語言觀對當代新聞傳播學的啟示　王長風　浙江大學學報　2013 年1 期
莊子德論發微　王楷　道德與文明　2013 年1 期
莊子擬人修辭景觀探微　陳啟慶　大慶師範學院學報　2013 年1 期
用莊子去修渡現代人的精神迷失　劉豔　青年文學家　2013 年1 期
逍遥之遊：從莊子中的寓言故事看莊子的審美傾向　張永傑　青年文學家　2013 年1 期
試析莊子的『原天地之美』　姚瑤、何錦燕　雲南農業大學學報　2013 年1 期
存在還是存在者：莊子『天籟』新解　賈繼讓　武漢科技大學學報　2013 年1 期
莊子的生命關懷思想　朱娜娜　現代閱讀　2013 年1 期

先秦時期小説觀念芻論 張鄉里 重慶郵電大學學報 2013 年1 期
論周夢蝶詩中的道家美學：以逍遥遊、六月爲例 林明理 商丘師範學院學報 2013 年1 期
莊子幽默風格成因論（上） 胡安良 青海民族大學學報 2013 年1 期
莊子、淮南子論美思想的變與通 李惠芬、趙強 齊齊哈爾大學學報 2013 年1 期
莊子與郭象：從逍遥遊、齊物論及郭注談起 馮達文 中山大學學報 2013 年1 期
試論莊子自由觀念的類型與樣式 萬勇華 中央民族大學學報 2013 年1 期
莊子交往理論探究 魏義霞 江漢論壇 2013 年1 期
『中朝名士』思想對話的歷史考析：裴頠崇有論與郭象莊子注 祝捷 江漢論壇 2013 年1 期
遊戲與創造：莊子的美學精神 顔翔林 湘潭大學學報 2013 年1 期
渾沌之死的生態倫理意藴 吴先伍 倫理學研究 2013 年1 期
當前道家研究中的幾個問題 羅安憲 福建論壇 2013 年1 期
濠梁之辯的邏輯解讀 丁永強 畢節學院學報 2013 年1 期
追求自然生命過程的正常進行：老莊生命哲學論要 周可真 學術界 2013 年1 期
淺析莊子的文學首創性 陳中文 淮海工學院學報 2013 年1 期
莊子齊物論與盜夢空間的互文性解讀 劉雲 合肥學院學報 2013 年1 期
『技進乎道』與世情 胡安良 青海師範大學學報 2013 年1 期
人間世中的艱難與應對 王英娜 太原師範學院學報 2013 年1 期
生態人類學視野下莊子『理想國』的建構 單輝 廣西民族大學學報 2013 年1 期
莊子天下篇講記 張文江 上海文化 2013 年1 期

莊子的生死觀對當代大學生生命觀的有益影響　李芳芳　理論觀察　2013年1期
老子與莊子心理和諧思想的現代價值　林加全、唐天勇　吉林師範大學學報　2013年1期
莊子的動物情結與仿生哲學　魏義霞　學海　2013年1期
走向休閒：莊子哲學的一個闡釋向度　趙玉強　湖北理工學院學報　2013年1期
與道爲一：莊子的音樂美學思想新探　莊怡紅　長春工業大學學報　2013年1期
事實與事件：從濠梁之辯看哲學之本　彭鋒　天津社會科學　2013年1期
兩晉時期士人『仕而不事』心態剖析：以莊子注爲中心　張榮明　天津社會科學　2013年1期
淺談莊子的富貴觀　黎雲東　牡丹江大學學報　2013年1期
莊子的『辯』、『無辯』與『不辯』　馮治庫　甘肅社會科學　2013年1期
莊子中的孔子形象探析　陳中文　劍南文學　2013年1期
論莊子哲學中的積極心理學思想　譚娟暉、張敏生　湖南社會科學　2013年1期
莊子『志怪』『小説』用意探微　袁文春　寧夏大學學報　2013年1期
道、術離合與先秦兩漢學術思想　向晉衛　求索　2013年1期
天道不孤：百年孤獨中的道家思想觀照　袁長青　廣東外語外貿大學學報　2013年1期
莊子中的『兀者』與後世的『神仙』描寫研究　鄧小東　新餘學院學報　2013年1期
試析莊子自然觀的特徵與達成方式　李蒙　延安大學學報　2013年1期
道·身·逍遥：莊子身體哲學管見　劉文元　重慶交通大學學報　2013年1期
莊子天下篇的哲學解讀　王海、胡林蔓　湖南工業職業技術學院學報　2013年1期
芻議郭象的『寄言出意』及其獨化論的建立　沈偉華　鄭州輕工業學院學報　2013年1期

白居易處世哲學的莊子情結　肖偉韜　安陽師範學院學報　2013 年1 期

莊子的生死觀研究：莊子對生死的執著與超脱問題的三重解答　代利剛、韓雪麗　安陽師範學院學報　2013 年1 期

莊子、孔子『同命』乎：『安之若命』與『畏天命』的内在聯繫　李昳聰　白城師範學院學報　2013 年1 期

莊子的時間觀念　李永強　濮陽職業技術學院學報　2013 年1 期

莊子思辯之學術文化淵源考論　吳憲貞　濟寧學院學報　2013 年1 期

學案導學教學模式在文言文教學中的運用：以莊子選讀尊生爲例　呂小平　延邊教育學院學報　2013 年1 期

莊子對洪大容華夷觀的影響：以醫山問答爲中心　黄永鋒、王超　中國哲學史　2013 年1 期

莊子中關於身體的諸概念　司馬黛蘭、蔣政、沈瑞　中國哲學史　2013 年1 期

莊子天下篇綜會　暢筠　運城學院學報　2013 年1 期

澹然無爲　道術兼在：莊子對老子形象的塑造及其反思　孫雪霞　華南師範大學學報　2013 年1 期

從嬰寧看蒲松齡對莊子哲學的接受：嬰寧哲理之道家詮釋　高深　淮北師範大學學報　2013 年1 期

莊子校補　李其霞、王偉　淮北師範大學學報　2013 年1 期

天有歷數　地有人據：對莊子寓言的一段解釋　張文江　同濟大學學報　2013 年1 期

自由的空間：莊子之物的内涵　高利民　内蒙古財經大學學報　2013 年1 期

淺論莊子的三種生活境界　武國強　銅仁職業技術學院學報　2013 年1 期

傳統是什麽，如何接近：論奥克肖特政治哲學的『保守』傾向及其筆下的莊子　郭小雨　政治思想史　2013 年1 期

維特根斯坦與莊子語言言說之比較　劉芳　邢臺學院學報　2013 年1 期

論王國維的西學立腳地與傳統的源流　涂蘭娟　伊犁師範學院學報　2013 年1 期

莊子的語言世界：寓言、重言、卮言　郭吉軍　科學經濟社會　2013 年1 期

莊子疑義考辨芻議：與張松輝先生商榷　劉洪生　殷都學刊　2013 年1 期

莊子散文文學性研究　劉芸　長沙鐵道學院學報　2013 年1 期

莊子教育思想研讀　喬木　開封教育學院學報　2013 年1 期

孟子與莊子藝術美學思想比較　馮秀英　雲南藝術學院學報　2013 年1 期

也論莊子中的『無用之用』　華雲剛　淄博師專學報　2013 年1 期

莊子之『遊』性體驗的身心共融　孫姣姣　管子學刊　2013 年1 期

查特萊夫人的情人中的莊子生態哲學思想　李璐　世界文學評論　2013 年1 期

元雜劇莊周夢蝴蝶中的『合生』表演　徐愛梅　中華戲曲　2013 年1 期

海德格爾與道家的自由觀分疏　張國傑　華夏文化論壇　2013 年1 期

師至愛在於『慎行』，在於『得心法』：感莊子人間世『顏闔將傅衛靈公大子』　劉志偉　中國教師發展基金會『全國教師隊伍建設研究』科研成果集（山西卷）　2013 年1 月15 日

試論郭象之『無爲』　李楊　華中科技大學碩士學位論文　2013 年1 月

論道家思想的人本主義維度　王國勝　河南社會科學　2013 年2 期

能指與所指視野下莊子的言意關係　王永豪　東嶽論叢　2013 年2 期

莊子：時光流連——關於『花間集』系列油畫　陳劍瀾　青年作家　2013 年2 期

莊子和韓非子寓言對後世文學的影響　高晶　文學教育　2013 年2 期

時代與民族精神對莊、屈風格的影響　田益琳　芒種　2013年2期

蝸在莊子中的平淡角色　郭苑鈴　語文學刊　2013年2期

論莊子處世智慧的現代啟示　張靜、張明倩　青年文學家　2013年2期

淺談莊子音樂美學　肖瑤　大眾文藝　2013年2期

莊子：內聖外王之道——從老子政治哲學到莊子生命哲學　張遠山　社會科學論壇　2013年2期

莊子思想中的道德基準　張洪興　江西社會科學　2013年2期

先秦道家生命觀主要內容探析　劉家琳　大理學院學報　2013年2期

莊子與屈原作品中的『逍遙』內涵比較　張豔存、張豔龍　長城　2013年2期

從莊周夢蝶到紅樓一夢：賈寶玉個體形象所體現的莊子生命哲學淵源　付一冰　參花　2013年2期

淺述莊子齊物論中齊物即萬物齊一的思想　石雄　金田　2013年2期

莊子思想對人生建構的影響　陳小娴　金田　2013年2期

『三言』，讓莊子更『逍遥』：淺談逍遥遊『寓言、重言、卮言』的三言筆法　黃楨　高中生學習　2013年2期

逍遥遊語詞雜考三則　趙付美、劉婷婷　蘭州教育學院學報　2013年2期

莊子說劍篇之武術文化芻論　郝大偉　搏擊　2013年2期

乘大鵬之翅　尋化蝶之夢：讀莊子　美玉　黃埔　2013年2期

道家的真人及當代啟示　許建良　桂海論叢　2013年2期

郭象莊子注『心』之範疇釋義　常超　湖南行政學院學報　2013年2期

心靈超越及其歷程：莊子哲學之本體論解讀　張鵬偉　河北學刊　2013年2期

從孔子到『孔子』：論莊子中孔子形象的變形集中及原始素材在傳播中的改造特徵　倪博洋　哈爾濱工業大學學報　2013 年2 期

莊子之『用』探析　程公　中共寧波市委黨校學報　2013 年2 期

論莊子『至樂無樂』的幸福境界及其現代啟示　張方玉　道德與文明　2013 年2 期

『游心乎德之和』：莊子哲學『德』義發微　王玉彬　道德與文明　2013 年2 期

老子、莊子人生哲學的新啟示　王志捷　新視野　2013 年2 期

莊子言道方式的隱喻特性　王志梅　內蒙古社會科學　2013 年2 期

劉勰『虛靜』說理論來源再辨　余開亮　文藝研究　2013 年2 期

淺析趙執信詩文中的道家思想　陳汝潔　連雲港師範高等專科學校學報　2013 年2 期

生存哲學：論林語堂對道家哲學的現代轉化　雷文學　河海大學學報　2013 年2 期

在孔子與莊子之間：歷史和倫理的辯證張力　李立　武陵學刊　2013 年2 期

相濡以沫與相忘江湖：莊子大宗師道論中的空間美學　裴萱　石河子大學學報　2013 年2 期

莊子寓言的政治批判：警示人類的異化與引導精英的人生去就　涂光社　浙江工商大學學報　2013 年2 期

論莊子人間世中的喻辭　張敏傑　浙江工商大學學報　2013 年2 期

『莊子論政』研究專題　涂光社　浙江工商大學學報　2013 年2 期

論莊子人間世寓言主體的政治身份　柳春蕊　浙江工商大學學報　2013 年2 期

養生主『懸解』的三層內涵　王英娜　齊齊哈爾大學學報　2013 年2 期

莊子詩化語言：『寓言、重言、卮言』辨析　趙德鴻　北方論叢　2013 年2 期

老、莊修德思想論説　鄭淑媛　北方論叢　2013年2期

變形·鏡鑒·啟明：作爲鏡與燈的莊子兼評莊子的現代命運　宋偉傑　東吴學術　2013年2期

『莊之妙，得於詩』：明清莊子散文評點的詩性審美　李波　聊城大學學報　2013年2期

中西傳統哲學論個體性的不同路徑：從萊布尼茲單子論和郭象獨化論的比較視野看　劉立東　社會科學　2013年2期

莊子生態哲學思想研究　孫敏明　浙江萬里學院學報　2013年2期

道家虛静美學的生死辯證法　孟隋　美育學刊　2013年2期

莊子音樂美學思想在『道』上的發展創新　莊怡紅　重慶電子工程職業學院學報　2013年2期

逍遥遊『致福者』疏證　宋小克　鄭州大學學報　2013年2期

『留動』還是『流動』：對莊子哲學終極依托的一種解釋　郭智勇　三峽大學學報　2013年2期

與物化一而『遊』於『逍遥』：從物我關係視角對莊子逍遥遊之解讀　秦碧霞　喀什師範學院學報　2013年2期

王弼與郭象的自然與名教觀比較　鄭濟洲　哈爾濱師範大學社會科學學報　2013年2期

莊子逍遥遊中『冥』、『溟』釋論　吴國康　内蒙古電大學刊　2013年2期

論方東美對莊子自由精神的現代闡發：基於中國哲學之精神及其發展的解讀　劉偉俠　浙江海洋學院學報　2013年2期

海德格爾哲學與莊子哲學比較　任付新　四川民族學院學報　2013年2期

齊物論思想的生態之維　鄧志文　廊坊師範學院學報　2013年2期

由『踵息』看船山的精神趣味及思想深度　張昭煒　衡陽師範學院學報　2013年2期

莊子養生觀的内涵及其對現代體育保健的價值分析　柳迪、李樹玖　福建體育科技　2013年2期

形神心交融的意趣：論中國繪畫之『真』　黃淩子　藝術探索　2013年2期

從『化』看莊子生命中的『逍遥』　田雪明　廣西社會主義學院學報　2013年2期

生態倫理視角下的莊子節儉消費思想探析　趙麥茹　消費經濟　2013年2期

莊子人間世處事哲學的現代意義　楊毅　貴州師範大學學報　2013年2期

莊子與柏拉圖音樂美學觀之比較　鄧志偉、陳俐　中南林業科技大學學報　2013年2期

莊子與盧梭的自然觀比較及其文化意義　董曄　東疆學刊　2013年2期

莊子幽默風格成因論(下)　胡安良　青海民族大學學報　2013年2期

從『德性』到『天性』：老莊人性論及其超越意藴　唐少蓮　廣東石油化工學院學報　2013年2期

苦味的逍遥遊：解讀莊子的另一面　代訓鋒、曹彦　牡丹江師範學院學報　2013年2期

莊子養生思想探究　王文藝、宋輝、白華、宋曉璐　淮北師範大學學報　2013年2期

郭象『因循』思想與莊子　王雲飛　哲學分析　2013年2期

神秘主義抑或懷疑論：老子、莊子中『道』與『名言』關係探析　崔治忠　船山學刊　2013年2期

莊子與印度的寓言譬喻相似性研究　李秩匯　船山學刊　2013年2期

作爲體裁的『孔子對話』　李立　十堰職業技術學院學報　2013年2期

先秦時期體育養生思想與養生術考略　孟雲鵬　黑河學院學報　2013年2期

莊子會話語用修辭方式探微　姚微微、陳海慶　呼倫貝爾學院學報　2013年2期

論莊子眼中的孔子形象　張俊梅　山西煤炭管理幹部學院學報　2013年2期

歷史的寓言化：對莊子歷史論述的一種解讀　陳少明　中國哲學史　2013年2期

關於逍遥遊的幾個疑難問題　張景、張松輝　中國哲學史　2013年2期

莊子『方生方死』的語言與哲理解讀　王繼紅、陳前瑞　中國文化研究　2013年2期

試談莊子思想中的『無己』：以逍遥遊爲例　單潔　華夏文化　2013年2期

且將佛語證南華：傅山對莊子的佛學解讀　韓焕忠　五台山研究　2013年2期

前身莊生只君是　信手拈來俱天成：試論蘇過詩歌中的莊哲意藴　丁沂璐　新疆廣播電視大學學報　2013年2期

莊子内篇中『遊』思想的心理學價值　傅緒榮、孫慶民　九江學院學報　2013年2期

從老子的『史官理性』到莊子的『生存智慧』　鄧聯合、王琴　安徽理工大學學報　2013年2期

肇論與莊佛互釋研究三題　姜姝　燕趙學術　2013年2期

『以己養養鳥』與『以鳥養養鳥』　秦德君　決策　2013年2、3期合刊

莊子的理想人格　謹空　中國鋼筆書法　2013年3期

莊子的猴子　王溢嘉　幸福　2013年3期

詩性思維與二元對立之思：莊子遊的觀念與席勒遊戲説的區别　杜甚彦　金田　2013年3期

論『逍遥遊』的當代價值審視：品莊子哲學　王倩文　金田　2013年3期

從丹納『三元素』説的角度淺析逍遥遊　方帥　金田　2013年3期

先秦儒道思想解釋的進化論向度：胡適的開掘、思考及評論　李承貴　暨南學報　2013年3期

莊子漁父相關問題考辨　趙紀彬　學術界　2013年3期

莊子對墨家的批駁及其原因論析　高深　齊魯學刊　2013年3期

莊子『畸人』之美論　王文静　大衆文藝　2013年3期

淺析莊子自由之境　張靜　傳承　2013年3期

齊物論、中論之比較　呂琦　黑龍江史志　2013年3期

融通儒道　重鑄『中和』：論魏晉玄學對先秦諸子『中和』觀念的改造　蘇保華　山西師大學報　2013年3期

莊子的交友觀　宋德剛　學理論　2013年3期

由莊子秋水篇引發的古代跳水游泳思考　張謹　蘭臺世界　2013年3期

試論莊子的入世思想　陳寶雲　蘭臺世界　2013年3期

莊子的旅遊思想述考　郭良　蘭臺世界　2013年3期

和諧莊子：欲創名牌產品必先『製造』名牌員工　楊國宇　西部皮革　2013年3期

老莊的水體思維及其對古代文學的影響　王玲　長春教育學院學報　2013年3期

從哲學方法論觀莊子中的『三言』　陳晨　湖南科技學院學報　2013年3期

濠濮間想：學一個成語，做一個模型　王放　模型世界　2013年3期

王國維詩詞中的莊子意象及其精神　彭玉平　文史知識　2013年3期

莊子：文采斐然的哲學著作　中華活頁文選　2013年3期

『斧正』探源　陳千里　語文月刊　2013年3期

論道家的審美理念與現代和諧設計　馮玉雪　藝術評論　2013年3期

莊子的生態思想及現代價值　楊瑩　文學教育　2013年3期

『我思故我在』與『莊周夢蝶』　吳瓊、彭定川　發展　2013年3期

莊子的『真人』與尼采的『超人』內涵和價值之比較　梁景時　通化師範學院學報　2013年3期

莊子『遊』化人生境界的三種審美維度　王益　中華文化論壇　2013 年3 期

莊子天人合一思想的來源　曹曉斌、董巍　文學教育　2013 年3 期

老莊的美好理想與人類情懷：老莊道家學説新講　王世德　中華文化論壇　2013 年3 期

淺談老莊的行爲方式理論　胡静　劍南文學　2013 年3 期

論莊子有用與無用之辯及其超越　徐春根　嘉應學院學報　2013 年3 期

論莊子夢文化中生涯渾沌思想　付文科　求索　2013 年3 期

淺析莊子與薩特自由觀的異同　申麗莉　新鄉學院學報　2013 年3 期

齊物論篇名解題探微　王英娜　北華大學學報　2013 年3 期

莊子審美技術思想對高職教育的啟示　喬守春　湖南工業職業技術學院學報　2013 年3 期

通道之技的美學思考：莊子中的工藝美學思想　王朝俠　藝術探索　2013 年3 期

陳宋文化與老莊道家　馬鵬翔　中原文化研究　2013 年3 期

論人間世『入世』之『道』　王英娜　西南科技大學學報　2013 年3 期

從『庖丁解牛』看莊子的語言及生存哲學　熊思塵　景德鎮高專學報　2013 年3 期

莊子德充符畸人形象考論　衛佳、楊和爲　六盤水師範學院學報　2013 年3 期

從老莊反『技巧』的生産觀解析道家生態倫理思想　趙麥茹　南京理工大學學報　2013 年3 期

命運與自主：孟子與莊子比較　袁艾　福建江夏學院學報　2013 年3 期

楚漆器與老莊哲學、楚辭審美相關性淺析　張敏　湖北民族學院學報　2013 年3 期

『寓言十九，藉外論之』：莊子寓言論『道』芻議　劉松來、顏思齊　江西師範大學學報　2013 年3 期

諧趣：莊子修辭風格論析　陳啟慶　中北大學學報　2013 年3 期

戴望舒詩歌意象的莊禪文化闡釋　王珍　呼倫貝爾學院學報　2013年3期

樗下的彷徨：莊子『逍遥義』散論　朱赢　海南大學學報　2013年3期

莊子識人的九徵之法在當代社會的借鑒意義　高長峰　大連大學學報　2013年3期

論『三玄』與玄學本體論的深層結構　蘇保華　揚州大學學報　2013年3期

心靈的超越：全生主題下的莊子之道　齊昀　青海社會科學　2013年3期

莊子心學的人文意蘊與時代價值：以閔一得心性論爲例　張晟　江西財經大學學報　2013年3期

莊子視界中的墨家　夏當英　現代哲學　2013年3期

論齊物論『真我』思想的生態學意義：兼駁『經濟人假設』的『假我』思想　曾武佳　四川大學學報　2013年3期

數之始而物之極：論莊子哲學體系中的『一』　李曉宇　唐山師範學院學報　2013年3期

從自然生命到精神生命：莊子生死觀初探　陳道德、楊愛瓊　中南民族大學學報　2013年3期

得道的幸福：莊子審美體驗研究評介　徐承　美育學刊　2013年3期

夢與思：『莊周夢蝶』與『我思故我在』的哲學會通　令小雄　河北北方學院學報　2013年3期

莊子：人類心靈家園的守望者　宋春青　勝利油田黨校學報　2013年3期

芻議論語中的孝道思想及其道德教育意義　于學強　濟南大學學報　2013年3期

以『名』出『言』，以『言』『行』事：孔子與莊子意義觀之比較　溫海明　廣東社會科學　2013年3期

代言抑或反譏：論孔子在莊子內篇中的人物角色　張城、陳德明　江淮論壇　2013年3期

莊子在西方　王充閭　文化學刊　2013年3期

論『道家自由主義』三相　蔡志棟　華東師範大學學報　2013年3期

論老莊道學美學的全息觀　周全田　周口師範學院學報　2013年3期
章太炎齊物論釋研究述評　王誠　船山學刊　2013年3期
論莊子哲學中的『知』　楊鋒剛　中國哲學史　2013年3期
時與命：論人間世中人與世間的關係　胡棟材　華中師範大學研究生學報　2013年3期
莊子『法天貴真』與其人性論　代玉民　南京工程學院學報　2013年3期
由莊子的認識論思想淺析中國哲學認識論特點　石敏傑　重慶城市管理職業學院學報　2013年3期
郭沫若評惠施論析　楊勝寬　郭沫若學刊　2013年3期
莊子齊物論中『三籟』問題的再探討　祁濤　華夏文化　2013年3期
莊子安全思想研究　邵明眾　華夏文化　2013年3期
『枯槁之士宿名』辯　楊明　河北工程大學學報　2013年3期
先秦道家思想的教育學價值　林文錡　海峽教育研究　2013年3期
莊子『隱機』真趣　翟奎鳳　中國社會科學報　2013年3月11日
對莊子天下篇中『古之道術』的解讀　司博浩　蘭州大學碩士學位論文　2013年3月
魏晉前道家無爲思想的政治價值研究　李師勝　山東大學碩士學位論文　2013年3月
莊子逍遥遊『冥』、『溟』之境論　吳國康　華僑大學碩士學位論文　2013年3月
論莊子之『逍遥遊世』社會心理思想　楊柳樺櫻　芒種　2013年4期
道家『無境論』探析　蔡釗　宗教學研究　2013年4期
是三種人還是一種人：『至人』、『神人』、『聖人』辨　祝杏清　語文教學通訊　2013年4期
莊子的悲劇意識及其超脱之境　劉亞欣　青年文學家　2013年4期

莊子『吾喪我』釋義　易樸　青春歲月　2013 年4 期

莊子的『萬物齊一』思想及其現代生態價值　林良盛　現代閱讀　2013 年4 期

後現代視角下的莊子齊物論　劉錦泉、肖雄　企業導報　2013 年4 期

庖丁解牛術：科研人員必備技能　張偉偉　發明與創新　2013 年4 期

『相濡以沫』該怎麽用　劉恒友　語文月刊　2013 年4 期

莊子的音樂理念與藝術追求　吳璿　學術交流　2013 年4 期

通感與莊子　張記忠　現代語文　2013 年4 期

淺析莊子與魏晉名士逍遥精神之異同　劉苑　青年與社會　2013 年4 期

天道學的展開：先秦道家哲學綜論　宋志明　學習與探索　2013 年4 期

從逍遥遊的關鍵字看其邏輯與主旨　魏東　語文教學之友　2013 年4 期

儒道尊嚴思想簡論　喬清舉　社會科學　2013 年4 期

早期道家著作中的『禮』與『理』　龐慧　南京大學學報　2013 年4 期

道家丹道養生圖像語法對現代生態旅遊規劃設計的啟示　李俊濤　文藝研究　2013 年4 期

庖丁解牛與資本論美學：關於腦力工作的『藝術性質』　陸曉光　社會科學　2013 年4 期

雜家、新道家、黄老道家之辨：兼論先秦道家的發展脈絡　王海成　商丘師範學院學報　2013 年4 期

近代中國老莊學與經世致用思潮　劉固盛、劉黎明　中州學刊　2013 年4 期

『援莊入儒』與韓愈崇尚怪奇的理據　陳玉強　文藝評論　2013 年4 期

莊子的『道』與『言』　趙德鴻　文藝評論　2013 年4 期

論莊子『身體』的走失與尋回　葉雯雯　文學教育　2013 年4 期

逍遥遊的另一種解讀　張偉　讀與寫　2013年4期
南華雪心編對莊子文風的透視　陶張印　蘭州教育學院學報　2013年4期
論莊子的生存思想　劉昆　遼寧行政學院學報　2013年4期
莊子人間世『無用之用』的文學創作心態　李慧　語文教學通訊　2013年4期
郭象論語體略研究　王雲飛　廣西社會科學　2013年4期
儒家本位視角下的天下篇　姚穎、陳新華　哲學分析　2013年4期
先秦道家思想中『規律之道』探賾　王美美　平頂山學院學報　2013年4期
論『古史辨』派的莊子研究　李淑清、楊發寧　遵義師範學院學報　2013年4期
古希臘智者派『懷疑論』與莊子懷疑論比較分析　方熹、張能　中南大學學報　2013年4期
以『法』解莊：林雲銘莊子散文評點的本質特徵　李波　重慶工商大學學報　2013年4期
莊子天人觀探究　滿志宏　淮北職業技術學院學報　2013年4期
文人道家思想與中國繪畫　李嘉　藝術科技　2013年4期
『輪扁斲輪』寓言與中國古代言意關係　朱佩佩　黄山學院學報　2013年4期
莊子内篇復音詞中新詞新義探析　劉國軍　安康學院學報　2013年4期
莊子擺脱生態之困的方法論探討及其生態解讀　王素芬、丁全忠　保定學院學報　2013年4期
論莊子與惠施哲學思想之差異：以『濠梁之辯』爲中心之考察　聶民玉、門瑩　保定學院學報　2013年4期
淺析莊子的繪畫美學思想　單晨　湖北成人教育學院學報　2013年4期
莊子辯對藝術之特色及孟莊辯對藝術之比較　劉生良　蘭州大學學報　2013年4期

慧能禪與莊子關於『自由』思想之比較研究　潘鏈鈺　常州大學學報　2013 年4 期

從『有真人而後有真知』看莊子對能知的考察　王亞波　江蘇廣播電視大學學報　2013 年4 期

道家哲學是一種世界觀嗎　沈順福　安徽大學學報　2013 年4 期

莊子：『沒有美學的美學』——莊學別識　毛崇傑　武陵學刊　2013 年4 期

論莊子的衛生觀　徐春根　廣西大學學報　2013 年4 期

南華真經直音考　楊蔭沖　武漢大學學報　2013 年4 期

從古典『技術』的本質看現代技術的無根性：以莊子的『技術』思想爲例　陳徽　江淮論壇　2013 年4 期

莊子哲學的生命情調　李勇　寧夏社會科學　2013 年4 期

論莊子清廉思想的三重境界　孔令梅　周口師範學院學報　2013 年4 期

二十四詩品與莊子哲學　閆月珍、李鑫　陝西師範大學學報　2013 年4 期

面向思的存在：莊子哲學與海德格爾哲學之比較　任付新　太原師範學院學報　2013 年4 期

莊子解讀的另一種可能：史華慈對莊子思想的闡釋　徐強　長沙理工大學學報　2013 年4 期

上古漢語中用作第三人稱代詞的『其』：以莊子中『其』的用法爲例　段興臻　哈爾濱師範大學社會科學學報　2013 年4 期

自我修養與勞動：論莊子的反異化思想　路傳頌　西北大學學報　2013 年4 期

比較哲學視域中的莊子哲學：以郝大維、安樂哲爲對象的考察　徐強　大連理工大學學報　2013 年4 期

神聖帷幕的回落：論莊子與禪宗的世間解脫　周黃琴　船山學刊　2013 年4 期

莊子寓言文學的哲學範疇及其哲理內涵　何新華、蔣振華　中國文學研究　2013 年4 期

道學中的『坐忘』思想及其意義：以司馬承禎的坐忘論爲主體之展開　蔣朝君、田湖　華僑大學學報　2013 年4 期

2013 年4 期

莊子的『道與逍遙』探析　韓永志　科學經濟社會　2013 年4 期

許建良的莊子道德哲學研究綜述　蘭輝耀　長安大學學報　2013 年4 期

道冠重玄　獨超方外：論成玄英對莊子內篇的闡釋　梁輝成　陝西學前師範學院學報　2013 年4 期

試論『誤解誤用』對莊子成語語義演變的影響　任堅　甘肅廣播電視大學學報　2013 年4 期

論李贄思想的道家內藏　陳水德　黎明職業大學學報　2013 年4 期

莊子寓言研究　桂桂　上海大學碩士學位論文　2013 年4 月

對莊子自由思想的倫理解讀　吳青貴　長沙理工大學碩士學位論文　2013 年4 月

論莊子中的『醜』　謝羽　遼寧大學碩士學位論文　2013 年4 月

莊子的大地和天空：莊子『虛靜說』的存在論美學意義闡釋　張永傑　遼寧大學碩士學位論文　2013 年4 月

論莊子對『道』的『興象』化表現　張記忠　河南大學碩士學位論文　2013 年4 月

吳世尚莊子解評點研究　邢青會　河南大學碩士學位論文　2013 年4 月

鍾泰莊子發微研究　楊恒宇　河南大學碩士學位論文　2013 年4 月

陸樹芝莊子雪研究　虞娜雪　華東師範大學碩士學位論文　2013 年4 月

王安石莊學思想研究　秦羽　華東師範大學碩士學位論文　2013 年4 月

莊子陰柔美研究　馬思齊　魯東大學碩士學位論文　2013 年4 月

李騰芳的說莊研究　曹丹　華東師範大學碩士學位論文　2013 年4 月

王叔岷莊學思想研究　顧雯　華東師範大學碩士學位論文　2013 年4 月

清人解莊的儒道佛傾向　周鵬　華東師範大學碩士學位論文　2013 年4 月

論莊子思想對文人畫的影響：莊子之『遊』對文人畫創作思維與審美形式的影響　毛曉倩　江西科技師範大學碩士學位論文　2013 年4 月

論老莊思想對中國花鳥畫的影響　李蕊麗　天津師範大學碩士學位論文　2013 年4 月

莊子『忘我』思想與懷素草書研究　李亮　山西師範大學碩士學位論文　2013 年4 月

林希逸莊子鬳齋口義研究　王倩倩　山東大學碩士學位論文　2013 年4 月

莊子的理想人格　龍武　湖北大學碩士學位論文　2013 年4 月

郭嵩燾史記劄記研究　肖靜　湖北大學碩士學位論文　2013 年4 月

莊子與嵇康人生哲學比較研究　曹昊晨　南京大學碩士學位論文　2013 年4 月

莊子會話語篇語用修辭方式探微　姚微微　大連理工大學碩士學位論文　2013 年4 月

牟宗三的道家思想解讀及其意義研究　劉昆　安徽大學博士學位論文　2013 年4 月

李贄儒道佛三教思想研究　陳明海　安徽大學博士學位論文　2013 年4 月

莊子之道的詩化言說方式　魏園　華東師範大學博士學位論文　2013 年4 月

從老莊哲學意境看水墨山水之美　王璐瑨　大眾文藝　2013 年5 期

試論莊子對後世文學的影響　黄建聰　語文建設　2013 年5 期

莊子的生命智慧初探　辛玉玲　青年文學家　2013 年5 期

『點』化人生：逍遙遊節選課例　陳烈燕　語文教學通訊　2013 年5 期

教育之殤：由『渾沌開竅』引發的思考　劉長輝　內蒙古教育　2013 年5 期

讀『莊子觀魚』有感：談情感因素對油畫創作的影響　羅淑健　青春歲月　2013 年5 期

道不遠魚：淺析莊子中的『魚』　王昭然　青春歲月　2013 年5 期
先秦『無爲而治』思想及其現代價值　徐龍　傳承　2013 年5 期
日本藏稀見明刊道情莊子歎骷髏考述　仝婉澄　曲藝　2013 年5 期
運斤成風　白化文　文史知識　2013 年5 期
『呆若木雞』境界高　同學少年　2013 年5 期
莊子的靈魂觀念　宋芸　文學教育　2013 年5 期
莊子的生命體驗：從說夢到頓悟生死　范曾　記者觀察　2013 年5 期
大年生存史觀中的個人：讀張遠山莊子傳　余世存　書屋　2013 年5 期
『渾沌』死後　陳四益、黄永厚　讀書　2013 年5 期
『爲善無近名，爲惡無近刑』的新解讀　陳怡　讀書　2013 年5 期
韓非子寓言研究綜述　冉雪　西南農業大學學報　2013 年5 期
莊子內篇中州三地稱謂考析　賈學鴻　中州學刊　2013 年5 期
莊子美學精神淺析　李成民　新美術　2013 年5 期
個體性至上：先秦道家文化觀的一種釋讀　王敏光　江西社會科學　2013 年5 期
近30 年來大陸關於莊子變形藝術研究綜述　何睿暉　韶關學院學報　2013 年5 期
淺析莊子之『遊』與席勒遊戲說的異同　劉晨　美術大觀　2013 年5 期
『技進乎道』與中國傳統繪畫　鄧林　美術大觀　2013 年5 期
反常性的哲學：莊子中的夢、醜怪與『巵言』　匡釗　商丘師範學院學報　2013 年5 期
莊子中的豫東方言與民俗　劉洪生　商丘師範學院學報　2013 年5 期

莊子身體審美觀與魏晉時期的身體美　席格　商丘師範學院學報　2013 年5 期
『湯之問棘也是已』句讀辨　王富雲　現代語文　2013 年5 期
解讀莊子寓言中的『畸人』形象　李訓予　時代文學　2013 年5 期
論老莊生命美學與魏晉山水畫發生的關係　趙以保　中華文化論壇　2013 年5 期
莊子對古代寓言體文的貢獻　王建梅　劍南文學　2013 年5 期
從知性詮釋學看郭象莊子注　暴慶剛　中國社會科學報　2013 年5 月27 日
莊子哲學的現代困境：啟蒙話語與創生範型　韓沫、王鐵軍　求索　2013 年5 期
論魏晉南北朝困厄文人『虛己以遊』的創作特徵　李紅巖　西北大學學報　2013 年5 期
從人與自然的關係構建看康德與莊子的美學思想　石紅、孫玉茜　唐都學刊　2013 年5 期
莊子與詩哲陳獻章　白憲娟　齊齊哈爾大學學報　2013 年5 期
莊子『真性情』價值觀的現代普世意義　孫冀　文化學刊　2013 年5 期
逍遙的聖人與狂歡的大眾：莊子與費斯克自由觀之比較　石開斌　北方論叢　2013 年5 期
近思錄道體之道論淺析：兼與莊子思想比較　王娟　榆林學院學報　2013 年5 期
『天籟』般的原生態自然之美：由莊子齊物論觀原生態自然之美　譚真諦　重慶郵電大學學報　2013 年5 期
莊子呰宋之淵源考　田明珍　阜陽師範學院學報　2013 年5 期
先秦道家『隱』的本質和文化意義　李明珠　合肥師範學院學報　2013 年5 期
莊子的化性思維、超越視界與精神生態的構建　張宏亮　合肥師範學院學報　2013 年5 期
莊子校注劄記　郭文超　開封教育學院學報　2013 年5 期

莊子寓言『卮』及『卮言』考　何越鴻　湖北理工學院學報　2013年5期

蓬萊、丹藥與大鵬：杜詩中的道家因素（英文）　劉皓明　文藝理論研究　2013年5期

工具和本體：莊子美學的語言觀　顏翔林　文藝理論研究　2013年5期

莊子論『樂』的倫理學內涵　陳晨、王立新　湖南師範大學社會科學學報　2013年5期

莊子求真思想中的人性意蘊新探　劉曉燕、商國君　湖南社會科學　2013年5期

六朝莊學的世俗化與嵇康接受中的譏評　東莉、吴懷東　廈門大學學報　2013年5期

郭店簡語叢四『竊鉤誅，竊邦侯』與墨子之淵源關係　吴勁雄　湖南大學學報　2013年5期

説『天倪』　胡海寶　寧夏大學學報　2013年5期

莊子應帝王與儒家帝王政治之批判　陳贇　安徽師範大學學報　2013年5期

汪洋闢闔　儀態萬方：淺析莊子逍遥遊　姚瑶　濰坊學院學報　2013年5期

敬畏生命：莊子美學思想的邏輯構成　顏翔林　湖南工業大學學報　2013年5期

莊子與杜甫的自由觀比較　諸婧　攀枝花學院學報　2013年5期

莊子中人生苦難的表現及解救之道　陳中文　黄岡師範學院學報　2013年5期

莊子思想與禪修智慧　徐春根　廣西師範大學學報　2013年5期

兼愛與齊物：論『兼愛』之説的思想史意義　劉書剛　中原文化研究　2013年5期

外在的無奈與内心的自在：試評莊子的自由思想　劉亞明　武漢科技大學學報　2013年5期

試論莊子後學對老子思想的改造：以胠篋爲例　袁青　華北電力大學學報　2013年5期

莊子的聖人人格論　宋輝、宋曉璐、王林　蚌埠學院學報　2013年5期

卡夫卡對莊子文章怪誕風格的接受和變異　李玢　遵義師範學院學報　2013年5期

自然：莊子思想的核心　張瑞君　重慶師範大學學報　2013年5期

離騷與逍遥遊人生哲學之比較　楊寧　黑河學院學報　2013年5期

比較話語的不對稱：尼采與道家　朱彦明、湯偉明　山西大同大學學報　2013年5期

中原文化的典型代表：以管子、莊子、孟子爲例　錢高麗　2013　第八屆全國管子學術研討會交流論文集　2013年5月18日

道家教育觀發微　李金鳳　遼寧師範大學碩士學位論文　2013年5月

先秦儒道『方圓文化』與理想人格之塑造　楊麗娟　浙江師範大學碩士學位論文　2013年5月

文化翻譯觀下理雅各莊子内篇英譯本研究　孫敬敬　上海師範大學碩士學位論文　2013年5月

林希逸三教融合思想研究　王偉倩　河北大學碩士學位論文　2013年5月

莊子中的莊子形象研究　李由　東北師範大學碩士學位論文　2013年5月

逍遥遊中哲學意象的英譯研究　吳瑜　浙江師範大學碩士學位論文　2013年5月

莊子哲學對朝鮮後期天機論的影響　邱峰　大連外國語大學碩士學位論文　2013年5月

郭象性論研究　潘雯雯　浙江大學碩士學位論文　2013年5月

郭象『獨化』思想研究　楊喜濤　西北師範大學碩士學位論文　2013年5月

莊子思想中的生態學意蘊探究　朱賢文　東北大學碩士學位論文　2013年5月

莊子中夢象觀及夢象故事研究　郝健　西北師範大學碩士學位論文　2013年5月

莊子詩化哲學　李永強　西北師範大學碩士學位論文　2013年5月

陳鼓應莊子今注今譯訓詁平議　胡俊佳　杭州師範大學碩士學位論文　2013年5月

先秦道家技術思想及其現代啟示　趙遜　太原科技大學碩士學位論文　2013年5月

闡釋學視角下莊子英譯研究　曹兆銀　蘇州大學碩士學位論文　2013 年5 月

功能翻譯理論視域下巴爾福莊子英譯本研究　羅煉　西南交通大學碩士學位論文　2013 年5 月

莊子認識論研究　徐龍　中南民族大學碩士學位論文　2013 年5 月

南華雪心編研究　陶張印　安慶師範學院碩士學位論文　2013 年5 月

莊子審美教育思想的現代闡析　張倫敦　西安音樂學院碩士學位論文　2013 年5 月

莊子酒仙精神及其文學投影　舒宇　湖南大學碩士學位論文　2013 年5 月

互文性視角下的譯者主體性：莊子德語譯本的翻譯批評研究　顔莉莉　南京大學碩士學位論文　2013 年5 月

影響・契合・創新：簡論王蒙與莊子　周紅燕　中國海洋大學碩士學位論文　2013 年5 月

莊子『逍遥之境』：面對現代休閒困境的東方啟示　來曉維　杭州師範大學碩士學位論文　2013 年5 月

莊子人物形象研究　袁連磊　山東大學碩士學位論文　2013 年5 月

莊子生死觀融入高校生命教育研究　張麗萍　南昌大學碩士學位論文　2013 年5 月

道家自然審美意識研究　張田源　新疆大學碩士學位論文　2013 年5 月

神以守形　順其自然：莊子養生之道芻議　胡夢琳、羅浩波　湖南科技學院學報　2013 年6 期

王弼對道家哲學向美學轉化的貢獻　陳火青　蘭州學刊　2013 年6 期

『沉魚落雁』原爲何義　同學少年　2013 年6 期

莊子『聖人』也被盜版　佚名　國學　2013 年6 期

自我與他者：對話維度中的『莊周夢蝶』　郭晨　現代語文　2013 年6 期

通過『名』、『實』關係看莊子的『名』學思想　孫征　青年與社會　2013 年6 期

道家的社會關懷『以百姓心爲心』 張博嵐 人物 2013年6期

『斷章取義』解莊子：秋水的寓意賞析 后愛萍 新課程學習 2013年6期

莊子生死觀價值論維度探析 張磊 學術論壇 2013年6期

盧梭與莊子：兼論盧梭思想的內在張力 楊亦雨 江漢論壇 2013年6期

簡議莊子的認識論 王文藝、宋輝、宋曉璐 黑龍江教育學院學報 2013年6期

現代主體困境的文化救贖：論巫春玉假如莊子重返人間中的古典審美經驗 周毅、譚五昌 文藝爭鳴 2013年6期

不言之言：莊子語言哲學的詩意呈現 楊豔秋 文藝評論 2013年6期

淺析京華煙雲中的道家思想 馬慧萍、馬真虎 吉林省教育學院學報 2013年6期

逍遥遊教學設計 趙楓 現代語文 2013年6期

魏晉莊子詮釋探析 王國勝 黑河學刊 2013年6期

基於自然的育化：道家無爲而聖與逍遥以遊 樊建武 學術月刊 2013年6期

論『道術』與『方術』 陳巖芳 劍南文學 2013年6期

仁義難題及莊子的解決方案 周耿 湖南行政學院學報 2013年6期

莊子翼及其思想特色 黃熹 華中科技大學學報 2013年6期

莊子技術寓言的藝術人類學意蘊及影響 楊季 西北大學學報 2013年6期

道家哲學與社會病態心理的消解 郭慶科、張舒 齊魯學刊 2013年6期

老、莊、易中『象』的哲學體系及文化影響 方明、郭曉鋒 遼寧大學學報 2013年6期

卡爾松與莊子：『恰當自然審美』的兩種路徑 趙玉 廣西民族大學學報 2013年6期

論方東美的原始道家美學研究　王海濤　美育學刊　2013年6期

莊子齊物論論『彼』與『是』　張榮明　南開學報　2013年6期

莊子『遊』之美研究　邱曄　雲南社會科學　2013年6期

莊子『逍遙』新解　郭勇健　南開學報　2013年6期

大宗師篇『真人説』要論　朱哲、邢曉雪　中南民族大學學報　2013年6期

後世對莊子形象之解讀與重構　李生龍　湖南師範大學社會科學學報　2013年6期

論莊子『三言』文體創作對道家無玄思想的釋義　盧玉　南京師大學報　2013年6期

清代莊子散文評點的理論特質及其藝術價值　李波　文藝理論研究　2013年6期

『技中見道』抑或『遺技合道』：莊子技藝美學思想辨識之一　陳火青　文藝理論研究　2013年6期

莊子漁父篇之『漁父』身份再論　趙紀彬　晉陽學刊　2013年6期

莊子與當代西方道德原則的重新確立：葛瑞漢道家的自然與『是』、『應該』二分法簡説　劉思禾　古籍整理研究學刊　2013年6期

『敬畏自然』究竟何所指謂：基於道家哲學的一種解讀　張應杭　自然辯證法通訊　2013年6期

從『道者，物之所由』到『物各其性』：論老莊生態智慧的形而上品性　馬得林、付粉鴿　自然辯證法通訊　2013年6期

論明代戲曲、小説中的莊子接受　白憲娟　瀋陽大學學報　2013年6期

論莊子的偉大人格　宋輝、宋曉璐、王林　西安石油大學學報　2013年6期

維特根斯坦和莊子的語言哲學觀比較　李乃剛　皖西學院學報　2013年6期

莊子應世之情的演化狀態　胡祥雲　安慶師範學院學報　2013年6期

天籟：莊子思想的系統化展示　韓偉、關學鋭　華南師範大學學報　2013 年6 期

莊子『懸解』考釋　潘鏈鈺　長江師範學院學報　2013 年6 期

莊子『無言之言』的言説策略與審美意藴　侯李遊美　湖南農業大學學報　2013 年6 期

莊子詩意的生命哲學探微　孫瑋志　廣東醫學院學報　2013 年6 期

莊子外物篇中的人生哲學　姚素華　忻州師範學院學報　2013 年6 期

莊子體育思想之研討　潘慶慶、孫繼龍、趙芳　安徽體育科技　2013 年6 期

莊子養生思想研究　陳輝焱　華南理工大學碩士學位論文　2013 年6 月

從闡釋學角度研究莊子英譯：關於『逍遥』、『心齋』、『坐忘』的翻譯　陳潔　江南大學碩士學位論文　2013 年6 月

莊子散文中的文學意象分析　應加亮　哈爾濱師範大學碩士學位論文　2013 年6 月

羅勉道南華真經循本研究　李蓉　廣西大學碩士學位論文　2013 年6 月

莊子空間敘事研究　許迅　江西師範大學碩士學位論文　2013 年6 月

錢澄之莊屈合詁研究　黄巧紅　閩南師範大學碩士學位論文　2013 年6 月

生態翻譯學視角下莊子英譯本中生態美學思想的再現　鄧娜　西北師範大學碩士學位論文　2013 年6 月

先秦儒道哲學中的水象　杜春麗　北京大學碩士學位論文　2013 年6 月

文化語言學視野下的莊子成語研究　王曉東　渤海大學碩士學位論文　2013 年6 月

莊子内篇哲學思想研究　田士輕　湘潭大學碩士學位論文　2013 年6 月

秩序與自然：儒、道和諧觀比較研究　玄洪彤　山東師範大學碩士學位論文　2013 年6 月

自然與自由的統一：對莊子與康德的比較研究　路傳頌　西北大學博士學位論文　2013 年6 月

心理分析平臺上的莊子情感觀探究　謝苗苗　湖南科技學院學報　2013 年7 期
從莊子看王國維『境界』說的思想淵源　喻守國　湖北廣播電視大學學報　2013 年7 期
夢蝶　王暉　雜文月刊　2013 年7 期
由人而天的『機制轉換』與新主體觀：論畢來德的莊子四講　陳贇　社會科學　2013 年7 期
一舉兩得　楊春峰、胡志明　連環畫報　2013 年7 期
世說劉注引莊子考　張明　蘭州學刊　2013 年7 期
評點視閾下的清代莊子文體研究　李波　廣西社會科學　2013 年7 期
二十四詩品中的莊學神韻　劉世明、王素美　商丘師範學院學報　2013 年7 期
莊子國屬問題述評　宋健　商丘師範學院學報　2013 年7 期
道教唱道情所見的老莊思想：以莊子歎骷髏道情爲中心　張澤洪　商丘師範學院學報　2013 年7 期
莊子的隱逸思想與當代人的舒壓　范夢　湖北經濟學院學報　2013 年7 期
『通道之技』：莊子審美化的技術論　邱實　美與時代　2013 年7 期
論莊子的小說化傾向：以盜跖爲例　霍虎成　參花　2013 年7 期
『渾沌』死後　陳四益　雜文月刊　2013 年7 期
幸好還有莊子　流沙河　雜文月刊　2013 年7 期
進城不學莊子　何誠斌　雜文月刊　2013 年7 期
歌德席勒的遺骨與莊子至樂中死亡觀比較　遠思　哈爾濱學院學報　2013 年7 期
淺析莊子不可知論與皮浪懷疑論的異同　羅靜　科教文匯　2013 年7 期
淺論莊子逍遙遊的主旨及產生緣由　樂芳　傳奇・傳記文學選刊　2013 年7 期

詩意地棲居：淺析尼采與莊子理想生存境界及實現途徑的共通之處　趙雲玲　赤峰學院學報　2013 年7 期

論莊子的生死觀及其悲劇心態　郭麗娟　懷化學院學報　2013 年7 期

論莊子視野中理想『幹部』形象及其當代啟示　徐春根　嘉應學院學報　2013 年7 期

儒道文化對前山水畫藝術風格形成的影響　郭興旺　藝術百家　2013 年7 期

讀莊子田子方劄記一則　徐君輝　貴州師範學院學報　2013 年7 期

蝴蝶·夢：淺析語傘散文詩集假如莊子重返人間中的『蝴蝶』意象　王曉燕　新世紀以來散文詩的創作與發展學術研討會論文集　2013 年7 月1 日

傳承老莊文化精髓　豐富美麗中國內涵　光明日報　2013 年7 月17 日

借問莊子您是誰　楊義　光明日報　2013 年7 月22 日

二儒發冢　汪嘯波　作文新天地　2013 年7、8 期合刊

莊子：與眾不同的養生觀(二)　林中鵬　中華養生保健　2013 年8 期

尋訪莊子故里　劉樹林　散文百家　2013 年8 期

與莊子游心　姜建強　書城　2013 年8 期

論莊子至樂所見佛教文化因子：兼談佛教傳入中國的時間　李其霞　學術交流　2013 年8 期

從是非之爭和魚樂之辯淺談莊子的認識論　何睿暉　現代語文　2013 年8 期

逍遙遊經典注解述評：以前輩時賢對於鵬鴳形象與逍遙境界關係的詮釋爲中心　萬勇華　湖北社會科學　2013 年8 期

道家智慧對現代物理學的啟示：諾貝爾獎獲得者湯川秀樹與老莊思想　徐水生　商丘師範學院學報

2013 年8 期

悟性形而上學與莊子體『道』之思　唐少蓮　商丘師範學院學報　2013 年8 期

沉痛的逍遥：論莊子的精神世界　李進　商丘師範學院學報　2013 年8 期

『逍遥遊』映射出的自由意義　彭郁、黄鵬　文藝評論　2013 年8 期

從『季咸相面』的多重意蘊管窺莊子應帝王的多元主題　秦軍榮　長春理工大學學報　2013 年8 期

莊子對古代文論建構及其表達方式的影響　涂光社　中國古代文學理論學會第十八屆年會暨國際學術研討會論文集　2013 年8 月4 日

莊子『言意道』觀淺論　劉鳳泉　中國古代文學理論學會第十八屆年會暨國際學術研討會論文集　2013 年8 月4 日

感悟『道』之真諦　吉祥　新長征　2013 年9 期

論陶淵明與莊子之『真』的本質區别　范文彬　社會科學戰綫　2013 年9 期

儒道元典中的思想主體意態　韓經太　社會科學戰綫　2013 年9 期

莊子：與衆不同的養生觀(三)　林中鵬　中華養生保健　2013 年9 期

莊子的顔色　吴姝雅　中華活頁文選　2013 年9 期

莊子秋水的哲思探析　孫嚴　語文教學之友　2013 年9 期

莊子中的修辭美　程實　佳木斯教育學院學報　2013 年9 期

白居易與逍遥遊　鮑鵬山　浙江社會科學　2013 年9 期

『萬物與我爲一』思想與當代生態危機　謝存旭　重慶科技學院學報　2013 年9 期

莊子之道的詩化言說方式　魏園　蘭州學刊　2013 年9 期

解讀莊子之名詞『道』 唐藝嘉 文學教育 2013 年9 期

『非人之人』與莊子的政治批判：以應帝王首章爲中心 陳贇 江西社會科學 2013 年9 期

莊子·園林·文學：王世貞轉變研究 白憲娟 湖北第二師範學院學報 2013 年9 期

2013：莊子的春天 紀洪平 散文詩世界 2013 年9 期

自由之心 渾融之境：莊子的人生追求和生命境界 顏早霞、顏迎霞 現代婦女 2013 年9 期

法道自然：莊子的平凡與偉大 李歡 安徽文學 2013 年9 期

道家學派對古文學的影響例評 趙鵬 求索 2013 年9 期

老莊哲學中的生態倫理思想 趙小剛 青春歲月 2013 年9 期

淺論湯顯祖對莊子的接受 施彩雲 青春歲月 2013 年9 期

梭羅和莊子自然觀的比較研究 陳冰如 蘭州大學碩士學位論文 2013 年9 月

在莊子與叔本華之間 彭玉平 中國社會科學報 2013 年9 月13 日

蜩與學鳩笑大鵬探因：庚桑楚對逍遥遊的一個補注 楊亞民 語文教學之友 2013 年10 期

道不遠人：莊子內篇中的哲學思想探析 李蜀人 西南民族大學學報 2013 年10 期

心懷天下 一脈相承：讀袁仁琮莊周今讀 龍菲 理論與當代 2013 年10 期

從柏拉圖和莊子的愛情觀透析中西哲學的差異 范娜、蔣九愚 重慶科技學院學報 2013 年10 期

莊子天下首章釋義 李加武、陳新建 商丘師範學院學報 2013 年10 期

論證還是嚴密點爲好：略評莊子漁父相關問題考辨一文 袁青 學術界 2013 年10 期

『莊周夢蝶』的思維模式對中國文學的影響 胡榮蘭 畢節學院學報 2013 年10 期

『吾生也有涯，而知也無涯』是勸人抓緊時間學習嗎 徐軍 中華活頁文選 2013 年10 期

老莊『道』論中蘊含的生態倫理思想　岳曉波　赤峰學院學報　2013 年10 期
莊子的『懸解』之『德』　葉樹勳　史學月刊　2013 年10 期
論莊子的超越精神　史婷　現代婦女　2013 年10 期
用實體隱喻理論詮釋莊子秋水範例　竇雅斌　芒種　2013 年10 期
莊子無意爲『小説』而似爲小説　明文東　青春歲月　2013 年10 期
莊周夢蝶　吴春暉　中國經濟信息　2013 年10 期
由『庖丁解牛』論藝術創作的審美境界　劉雪、任留柱　中國包裝工業　2013 年10 期
論莊子『遊』的藝術精神對中國當代藝術的啟示　郭道榮　作家　2013 年10 期
莊子的『至德之世』及通達之路　慶躍先　中國社會科學報　2013 年10 月14 日
論道家的生命倫理思想及其現代價值　張軍、劉少航　河南社會科學　2013 年11 期
莊子的人生哲學及其對現代人的啟示　包變　綏化學院學報　2013 年11 期
莊子的理想人格及其魅力　麥青　月讀　2013 年11 期
賞析庖丁解牛的六『解』藝術　陳永輝　青少年日記　2013 年11 期
有關逍遥遊三句話的探討　張章生　湖南教育　2013 年11 期
中國傳統文化中儒道互補的樂觀心理思想探微　霍湧泉、陳永湧、郭祖儀　心理學報　2013 年11 期
莊子的生活美學思想略論　萬志全、萬麗婷　商丘師範學院學報　2013 年11 期
從莊子精神看二十四詩品的美學風格　杜涵　商丘師範學院學報　2013 年11 期
論莊子的言意觀及其言説方式　楊晨雨　鄂州大學學報　2013 年11 期
方東美與徐復觀對莊子美學之見與不見　梁願　暨南學報　2013 年11 期

莊子故里考(一)　莊振祥　上海經濟　2013 年11 期

淺品莊子逍遥遊　周婷　新課程　2013 年11 期

莊子當代審美文化的多維形構　佀同壯　理論觀察　2013 年11 期

中西寓言語類結構的評價對比研究：以伊索寓言和莊子寓言爲例　黄東花　求索　2013 年11 期

現實與網路·莊子與蝴蝶　大水　山西青年　2013 年11 期

文化創新與理解健康人格：新道家、新儒家對建構健康人格理論的現代啟示　廖敏　心理學與創新能力提升——第十六屆全國心理學學術會議論文集　2013 年11 月

莊子郭慶藩集釋與王先謙集解比較研究　張蔚虹　暨南大學博士學位論文　2013 年11 月

論莊子的象、言與『大美』　王唯茵　湖北社會科學　2013 年12 期

莊子故里考(二)　莊振祥　上海經濟　2013 年12 期

論儒道互補的秩序自由最簡關係　安繼民　中州學刊　2013 年12 期

無奈的逍遥：論郭象對莊子逍遥觀的詮釋　梁輝成　文藝評論　2013 年12 期

道與技：解讀莊子的『無爲』境界　趙錦榮　理論視野　2013 年12 期

莊子德充符中畸人意象探析　雷江紅　湖北科技學院學報　2013 年12 期

吾非不知，羞而不爲也：以莊子天地篇答李約瑟難題　趙寰宇、林海燕　參花(下)　2013 年12 期

逍遥遊(節選)教材注釋商榷　唐麗珍　科教文匯　2013 年12 期

莊周夢蝶的哲學意藴　蔡靜　重慶理工大學學報　2013 年12 期

莊子並不逍遥：品讀逍遥遊的一個視角　柳振華　教育研究與評論　2013 年12 期

道家道教思想對於生態文明建設的啟示　史冰川　中華文化論壇　2013 年12 期

莊子美學思想的影響及其現代意義　林英　芒種　2013 年12 期

道是無情卻有情：莊子情感探秘　余朝暉　Proceedings of 2013 2nd International Conference on Social Science and Education（ICSSE 2013）Volume 48（會議論文）2013 年12 月24 日

莊子逍遥遊的啟示　潘頌德　中文自修　2013 年13 期

於『無』深處說『逍遥』：讀莊子的逍遥遊　葉康　中文自修　2013 年13 期

通過艱難的過程達到的逍遥：莊子逍遥遊鯤鵬之寓　張凝玨　中文自修　2013 年13 期

逍遥遊、遠遊及仙真人詩遊仙精神比較研究　莊新霞　文教資料　2013 年13 期

對兩種『無限』的解讀：沙之書與秋水比較閱讀　霍佳冰　語文天地　2013 年13 期

惡乎往而不可教學設計　譚菊香　語文天地　2013 年13 期

解析莊子之『道』　李文潔　青春歲月　2013 年13 期

莊子亦魂斷藍橋　黄仁達　山西青年　2013 年13 期

淺析莊子美學的基本特點和現代意義　姜雲龍　芒種　2013 年14 期

爲何說宋榮子『猶未有樹』　侯新會、樊延青　語文教學與研究　2013 年14 期

論莊子的言意觀　謝豔芳　青春歲月　2013 年14 期

戰國時期道家代表人物：莊子　陳星　基礎教育論壇　2013 年15 期

試論老莊的科技倫理思想及現實意義　任民　中學政治教學參考　2013 年15 期

典籍英譯方法淺析：以莊子英譯爲例　夏春鴿、武娜　海外英語　2013 年15 期

從倫敦的課堂到莊子的自然法則：學習語文新課標隨想　夏忠連　小學時代　2013 年15 期

蒙古長調與莊子　宋菲菲　青春歲月　2013 年15 期

莊子文學的多重文化基因復合　田鴻雁、宋學文　山花　2013年16期
試論莊子的浪漫主義情懷　鄭淑婷　名作欣賞　2013年17期
淺談莊子的認識論　曾小語　才智　2013年17期
夢：問號與驚歎號：比較莊子之夢與湯顯祖之夢　劉博　青年文學家　2013年17期
論莊子人生哲學的當代啟示　趙建波　神州　2013年18期
生態美學視野下的莊子寓言新探　李月媛　芒種　2013年18期
莊子中的對話分析　張國毅、劉葉　青春歲月　2013年18期
我讀養生主，我悟養生道　殷熊啟翡　山西青年　2013年18期
試論莊子逍遥遊的思想　石蓉　青春歲月　2013年19期
道家文化與中國傳統設計之美：文化精神對設計之美的影響　賈曉毓　大眾文藝　2013年19期
論莊子散文語言的詩意化　黃斯文　青年文學家　2013年19期
從『三玄』的內涵次第審視莊子在玄學中的價值　潘昱州　人民論壇　2013年20期
莊子寓言故事中的反叛思維　龔金彥、馬玉琴　短篇小説　2013年21期
試論王蒙對莊子的認知與踐行：以莊子的享受爲中心　鄭小瓊　青年文學家　2013年21期
莊子中的職場能量　沈青黎　中國大學生就業　2013年21期
陳鼓應：徘徊在莊子和尼采之間　劉敬文　山西青年　2013年21期
莊子文學特色中的翻譯思想探微　楊晨雨　長春教育學院學報　2013年22期
『聖人無名』與廢名之名　石明園　芒種　2013年22期
『魚之樂』之辯到底誰贏了　曹楷　課外語文　2013年22期

再析道家的人生哲學與人生美學　李瑩波　才智　2013年22期

論婚姻關係中女性主體地位的變化：以莊子試妻戲劇故事內容的嬗變爲例　朱佩瑩　名作欣賞　2013年23期

莊生曉夢迷蝴蝶　望帝春心托杜鵑：從莊子內七篇看人與物的轉化之『道』　郭淼　名作欣賞　2013年23期

庖丁解牛妙世故　監市履狶知民心：從莊子內七篇看人與人的共存之『道』　郭淼　名作欣賞　2013年23期

欣欣然乘物游心　悠悠哉樂天歸真：從莊子內七篇看人自身的自由之『道』　郭淼　名作欣賞　2013年23期

試論阮籍對莊子理想的接受　師亞聰　神州　2013年23期

從齊物論看莊子的生死觀　楊世軍　青春歲月　2013年24期

逍遥人生：淺談莊子的哲學思想　吴璿、吴東澤　山西青年　2013年24期

從寓言形象看莊子與梭羅的『得』與『失』思想　薛海燕、徐莉華　作家　2013年24期

莊子那邊開滿了花　鄭捷　短篇小説　2013年25期

從莊子全性保真思想到後現代自然生態主義：爲崇尚自然叫好　成斌　神州　2013年26期

試論雙關語義結構在文本中的應用：以莊子爲例　鄧世軍　語文建設　2013年26期

夢的藝術家：談莊子齊物論的日神精神和酒神精神　李曉乒　青年文學家　2013年26期

從庚桑楚看蜩與學鳩發笑的原因：逍遥遊的一個補注　楊亞民　中學語文　2013年27期

荊楚文化對莊子文學的影響　呂佳　名作欣賞　2013年29期

關於莊子和他的逍遥遊　羅文斌　語文教學與研究　2013 年29 期

莊子政治思想對構建和諧社會的啟示　李毅、王曉瑾　學理論　2013 年29 期

試論莊子作品中的美學思想　郭瑜　科技致富嚮導　2013 年29 期

論莊子漁父對元代文人心態及創作的影響　孫敏　文教資料　2013 年29 期

陸可教、李廷機莊子玄言評苑考論　劉海濤　蘭臺世界　2013 年30 期

莊子、韓非子寓言的幽默情趣　高晶　教育教學論壇　2013 年30 期

莊子集解逍遥遊詞語校釋商榷　唐麗珍　名作欣賞　2013 年32 期

絕對逍遥遊與相對逍遥遊　吴剛　學理論　2013 年32 期

莊子惠子『濠梁之辯』主流看法辨正　曹楷　青年文學家　2013 年32 期

儒道文化與小學德育教育　劉宇　文教資料　2013 年33 期

莊子『精神』說發微　孫海軍　蘭臺世界　2013 年33 期

由老子到莊子：從天下到個人的回歸　郭玥　文教資料　2013 年35 期

莊子、離騷之比較　錢慕逸　文教資料　2013 年35 期

莊子『氣』辨及英譯　李敏傑、朱薇　青年文學家　2013 年35 期

賦格與道家觀物方式的契合　曾慶玲　名作欣賞　2013 年36 期

莊子哲學的窮歡樂思想及其意義與局限　陳晨　考試周刊　2013 年39 期

先秦道家心理和諧思想及其現代價值研究　張海燕　教育教學論壇　2013 年49 期

『醉舟』與『夢蝶』：談談蘭波與莊子作品中人的『異化』問題　胡博喬　外國語文　2013 年增刊

莊子天下篇的哲學解讀　余志琴　三峽大學學報　2013 年增刊

論宋代莊學對儒家思想的融攝：以仁義禮樂思想爲例　肖海燕、劉固盛　暨南史學　2013 年年刊

莊子、安薩里和商羯羅論人生之爲夢　周偉馳　宗教與哲學　2013 年年刊

青照堂叢書所收南華通非屈復撰考　李波　歷史文獻研究　2013 年年刊

芻議莊子海洋意象及其當代教育價值　季岸先　中國海洋社會學研究　2013 年年刊

全真道教文化底蘊再探索：全真道教中的佛、儒、老莊與夢　王樹人　第二屆全真道與老莊學國際學術研討會論文集　華中師範大學出版社　2013 年版

從道家的觀點看『仁者愛人』　謝陽舉　第二屆全真道與老莊學國際學術研討會論文集　華中師範大學出版社　2013 年版

論莊子對道教神仙說的理論影響　黄釗　第二屆全真道與老莊學國際學術研討會論文集　華中師範大學出版社　2013 年版

清沈彤精抄、精批本莊子經眼錄　吴受琚　第二屆全真道與老莊學國際學術研討會論文集　華中師範大學出版社　2013 年版

讀呂惠卿莊子義筆記　陳靜　第二屆全真道與老莊學國際學術研討會論文集　華中師範大學出版社　2013 年版

從幸福觀的角度解讀莊子的生命哲學　孫亦平　第二屆全真道與老莊學國際學術研討會論文集　華中師範大學出版社　2013 年版

追尋人生的『廣莫之野』：論莊子『隱』的精神文化氣質　李明珠　第二屆全真道與老莊學國際學術研討會論文集　華中師範大學出版社　2013 年版

莊子道、氣含義新論　張松輝、張景　第二屆全真道與老莊學國際學術研討會論文集　華中師範大學出版

社　2013 年版

關於逍遥遊的文字錯簡　張景、張松輝　第二屆全真道與老莊學國際學術研討會論文集　華中師範大學出版社　2013 年版

章太炎從唯識論對齊物論的闡釋　劉韶軍　第二屆全真道與老莊學國際學術研討會論文集　華中師範大學出版社　2013 年版

齊物論的義理脈絡　張永義　第二屆全真道與老莊學國際學術研討會論文集　華中師範大學出版社　2013 年版

莊子則陽『或使説』的歷代注解及其檢討　蔡林波　第二屆全真道與老莊學國際學術研討會論文集　華中師範大學出版社　2013 年版

莊子繕性中轆轤旋轉式的義理詮釋　（臺灣）錢奕華　第二屆全真道與老莊學國際學術研討會論文集　華中師範大學出版社　2013 年版

莊子哲學中『生』的境界　裘梧　第二屆全真道與老莊學國際學術研討會論文集　華中師範大學出版社　2013 年版

從藥地炮莊看司馬遷的莊學　邢益海　第二屆全真道與老莊學國際學術研討會論文集　華中師範大學出版社　2013 年版

劉文典的莊子研究　肖海燕　第二屆全真道與老莊學國際學術研討會論文集　華中師範大學出版社　2013 年版

論道家哲學中『遊』的概念　（德國）漢斯—格奧爾格·梅勒　道家文化研究（第二十七輯）　（北京）生活·讀書·新知三聯書店　2013 年版

莊子與郭象：從逍遥遊、齊物論及郭注談起　馮達文　道家文化研究（第二十七輯）（北京）生活·讀書·新知三聯書店　2013 年版

小大之辯：從逍遥遊、齊物論、秋水到郭象莊子注　王威威　道家文化研究（第二十七輯）（北京）生活·讀書·新知三聯書店　2013 年版

莊周齊物論：生命對邏輯的超越　劉黛　道家文化研究（第二十七輯）（北京）生活·讀書·新知三聯書店　2013 年版

歷史的寓言化：對莊子歷史論述的一種解讀　陳少明　道家文化研究（第二十七輯）（北京）生活·讀書·新知三聯書店　2013 年版

夢的隱喻：解讀莊子之夢　陳靜　道家文化研究（第二十七輯）（北京）生活·讀書·新知三聯書店　2013 年版

釋莊子文本中的五個夢境　李振綱　道家文化研究（第二十七輯）（北京）生活·讀書·新知三聯書店　2013 年版

莊子相對主義的意識發生根源　陳清春　道家文化研究（第二十七輯）（北京）生活·讀書·新知三聯書店　2013 年版

郭象對莊子命論的詮釋　王威威　道家文化研究（第二十七輯）（北京）生活·讀書·新知三聯書店　2013 年版

以『無』爲首與以『物』爲首：論莊子與慎到之『齊物説』的區別　劉黛　道家文化研究（第二十七輯）（北京）生活·讀書·新知三聯書店　2013 年版

論陽明心學本體論對道家形上智慧的融攝　朱曉鵬　道家文化研究（第二十七輯）（北京）生活·讀

書・新知三聯書店　2013 年版

素屏：文人、物與莊子思想　李溪　道家文化研究（第二十七輯）（北京）生活・讀書・新知三聯書店　2013 年版

評李延倉道體的失落與重建：從莊子、郭注到成疏　蘇軼璿　道家文化研究（第二十七輯）（北京）生活・讀書・新知三聯書店　2013 年版

先秦儒道生死學三題　刁生虎　諸子學刊（第八輯）　上海古籍出版社　2013 年版

道家的自然與『是』、『應該』二分法　（英）葛瑞漢　劉思禾譯　諸子學刊（第八輯）　上海古籍出版社　2013 年版

略論老莊思想體系的基本差異：圍繞『人』主體性的確立與消解展開　玄華　諸子學刊（第八輯）　上海古籍出版社　2013 年版

莊子斠議　蔣門馬　諸子學刊（第八輯）　上海古籍出版社　2013 年版

莊子中的飛鳥及其哲學理念的呈現　賈學鴻　諸子學刊（第八輯）　上海古籍出版社　2013 年版

莊、荀禮說淵源考辨　何志華　諸子學刊（第八輯）　上海古籍出版社　2013 年版

莊、屈漁父中的儒、道生命情調詮釋與比較　（臺灣）王志楣　諸子學刊（第八輯）　上海古籍出版社　2013 年版

嚴遵、向秀、郭象『獨化』思想之演進　袁朗　諸子學刊（第八輯）　上海古籍出版社　2013 年版

宋人對郭象莊子注的接受與評論　（臺灣）簡光明　諸子學刊（第八輯）　上海古籍出版社　2013 年版

南華通爲孫嘉淦所著考　李波　諸子學刊（第八輯）　上海古籍出版社　2013 年版

莊子學躍進『新子學』的變與不變：符號解構、文本對話、隱喻創發之歷程　（臺灣）錢奕華　諸子學刊

（第九輯） 上海古籍出版社 2013年版

『無用之用』方爲大用 毛世英 人力資源 2014年1期

論『三玄』的文本價值 張立文 河北學刊 2014年1期

我寫莊子 王充閭 鴨綠江 2014年1期

逍遥遊——莊子傳節選 王充閭 鴨綠江 2014年1期

莊子的淡泊之心 朱孟軍 少年心世界 2014年1期

呂本中詩歌與儒釋道思想 李玲 語文學刊 2014年1期

向莊子學習職場智慧 張琦 勞動保障世界 2014年1期

比較老子與莊子的思想異同 蘇珂 青年與社會 2014年1期

從品牌本體論到莊子濠梁觀魚 衛軍英 金融博覽 2014年1期

莊子中外譯本的比較研究 劉曲 電影評介 2014年1期

莊子逍遥遊思想的啟示 錢曉玉 青春歲月 2014年1期

『緣督以爲經』與『我命在我不在天』的思想：讀陶弘景養性延命錄 韓高潔 青春歲月 2014年1期

處無爲之事 行不教之言：讀應帝王兼論莊子之政治觀 黄圓 貴陽文史 2014年1期

道家哲學思想對中國古典園林的影響 徐俊 湖北社會科學 2014年1期

論先秦道家的鬼神思想 張海英 安徽大學學報 2014年1期

老莊國際生態倫理思想及其現代啟示 唐天勇 學術論壇 2014年1期

莊子的境界 左春和 鄉音 2014年1期

道家哲學的人性論 張尚仁 深圳大學學報 2014年1期

論嵇康對莊子思想的繼承與偏離　高深　商丘師範學院學報　2014年1期

莊子哲學英譯研究新發展與翻譯標準多元互補論：序姜莉博士學位論文莊子英譯：審美意象的譯者接受研究　辜正坤　中國翻譯　2014年1期

一闋清淡高雅的古曲：試評祁劇夢蝶的編創和演出　尹伯康　藝海　2014年1期

『心齋』何爲：人間世的政治哲學意蘊　儲昭華、趙志堅　浙江學刊　2014年1期

讀莊子劄記　郝洪濤　社科縱横　2014年1期

『莊子蔽於天而不知人』新議：基於當代動物權利論爭的背景　方旭東　深圳大學學報　2014年1期

論莊子中畸人形象的地域文化内涵　郭樹偉　中州學刊　2014年1期

文徵明小楷莊子南華經冊考辨　王文濤　藝術品　2014年1期

莊子『安時處順』思想對宋代詞人的影響　張翠愛　北方論叢　2014年1期

莊子的文學内涵研究　汪蕾　芒種　2014年1期

從莊子哲學審視學生管理中的問題　丁繼成　新教育　2014年1期

莊子『道』論探析　段吉福、李蜀人　四川大學學報　2014年1期

科技和道：布伯、海德格爾和道家　Eric S. Nelson、曲紅梅　長白學刊　2014年1期

波蘭尼『意會知識』的認識論體系建構：兼論與莊子『不知之知』意會思想的異同　石仿　長白學刊　2014年1期

環境美學視角下的莊子自然審美觀　黄楊、李睿　南京曉莊學院學報　2014年1期

莊子『逍遥遊』思想的三個層次　孫優　學語文　2014年1期

淺析孔子與莊子對待文學審美的態度　何曉雲　齊齊哈爾師範高等專科學校學報　2014年1期

林語堂筆下的莊子形象　孫良好、洪暉妃　溫州大學學報　2014年1期
『文』以載道：讀莊子天下篇　張留陽　現代婦女　2014年1期
『虚』與『隱』：道家思想中的審美共通感　王小寧　天水師範學院學報　2014年1期
論尼采與莊子思想的自由境界　何超　内江師範學院學報　2014年1期
自覺與自由：比較視域中的孟莊心學　魏飛　現代哲學　2014年1期
莊子思想的近現代化詮釋模式變遷　羅賢龍　赤峰學院學報　2014年1期
莊子的『是非』觀　馮治庫　甘肅社會科學　2014年1期
方以智以易釋逍遙析論　葉蓓卿　江淮論壇　2014年1期
逍遥惡乎待　隱機萬物齊：論黄瑞雲解莊策略　胡光波　湖北師範學院學報　2014年1期
儒、釋、道的體育精神　陳炎　華中師範大學學報　2014年1期
二程理學對道家思想之出入　曾春海　湖南大學學報　2014年1期
莊子懷疑論美學及其當下意義　顔翔林　求索　2014年1期
莊子名『南華』考論　熊湘　浙江樹人大學學報　2014年1期
試論莊佛生態智慧　徐春根　嘉應學院學報　2014年1期
道家文化對大學生心理健康教育的啟示　陳曉耀　懷化學院學報　2014年1期
莊子與海德格爾死亡觀之比較　朱金秀　許昌學院學報　2014年1期
莊子面對人生兩難的思考及歷代回應　包兆會　南京大學學報　2014年1期
莊子知與道的矛盾及融合　王祥　淮海工學院學報　2014年1期
儒、釋、道文化對幽默的態度　岳曉東　心理學探新　2014年1期

莊子政治思想初探　張歡歡　新餘學院學報　2014年1期

莊子『天籟』說再探　徐瑞陽　連雲港師範高等專科學校學報　2014年1期

莊子與惠子　石心橋　華夏文化　2014年1期

莊子的藝術學思想　荊琦、淩繼堯　雲南藝術學院學報　2014年1期

試論魯迅對莊子的繼承與批判　王運濤　山西廣播電視大學學報　2014年1期

論『三言』中的『集體共用型』敘事模式：以莊子休鼓盆成大道爲例　張怡微　漢語言文學研究　2014年1期

虛靜・無爲・逍遥遊：莊子對審美主體的觀照　胡興豔　九江學院學報　2014年1期

論莊子的道術　萬明明　景德鎮高專學報　2014年1期

論莊子的入俗與反俗　李生龍　商丘師範學院學報　2014年1期

莊子生命哲學的世界觀基礎及價值取向　董曉紅　皖西學院學報　2014年1期

文化生態學視野下的莊子醜意象書寫　丁媛　佳木斯大學社會科學學報　2014年1期

道家養生思想及對現代健康觀的啟示　王金龍　大連海事大學學報　2014年1期

20世紀90年代以來莊子神話研究綜述　唐弘樹　貴州文史叢刊　2014年1期

莊子與易經精神比較　董蘊菡　東方論壇　2014年1期

袁宏道與莊子關係研究　白憲娟　天中學刊　2014年1期

莊子人格理想審美意義新論　王川　廈門廣播電視大學學報　2014年1期

淺談海德格爾的語言觀和先秦道家語言觀的相似與不同　劉溪　貴陽學院學報　2014年1期

論先秦道家的境界與修養　任明豔、李凱　四川職業技術學院學報　2014年1期

淺談莊子逍遥遊中的幾個哲學問題　申國軍　松州學刊　2014年1期

莊子的魚和老子的牙：比較文學古今、中西參照的方法論　楊義　華南師範大學學報　2014年1期

道家哲學思想的偏離與回歸：從魏晉玄學到初唐重玄學　梁輝成　重慶廣播電視大學學報　2014年1期

老莊玄學與鄧以蟄的藝術至高境界　王建英　貴州大學學報　2014年1期

莊子生命觀的解脱之路　董曉紅　淮北師範大學學報　2014年1期

莊子所載黄帝史跡述論　桂珍明、曹亞楠　滄桑　2014年1期

論莊子遞進、循環思想的正確性　張景、張松輝　中國文化研究　2014年1期

莊子的生命精神與王世貞的人生及文學理念　白憲娟　貴州民族大學學報　2014年1期

論楊文會對老莊思想的佛學解讀　孔令梅　池州學院學報　2014年1期

從「生成」到「齊通」：莊子對老子之道物關係的理論轉換及其哲學關切　王玉彬　中國哲學史　2014年1期

莊子言「真」的兩個維度　劉黛、王小超　中國哲學史　2014年1期

「哲學名理」與「教下名理」：對牟宗三道家義理定位的論衡　白欲曉　中國哲學史　2014年1期

道冠重玄　獨超方外：論成玄英對莊子內篇的闡釋　梁輝成　蘇州科技學院學報　2014年1期

莊子「道」、「技」合一技術論及現實意義　邵豔梅　管子學刊　2014年1期

從「吾喪我」解讀莊子齊物論　張一　湖北函授大學學報　2014年1期

「莊周夢蝶」文化淵源探考　吳一文、唐藝嘉　貴州社會科學　2014年2期

小議莊子對人存在的現實困境論及其超越　黄伯紅、王磊　前沿　2014年2期

試論莊子的表現性特徵　韓恭福　短篇小說　2014年2期

從應帝王觀莊子『無爲』治道　王英娜　名作欣賞　2014年2期

正本清源　天道絕對：張遠山『新莊學工程』三書述評　吳勵生　社會科學論壇　2014年2期

明末三教融合思潮之原因再剖析：以憨山德清注解三教經典爲例　王雙林　理論界　2014年2期

莊子的境界(二)　左春和　鄉音　2014年2期

莊子思想的教育啟示：關於語文教育核心價值的思考　顏家明　七彩語文　2014年2期

語文教學中學生應對生活問題能力的培養：由庖丁解牛教學想到的　宋蘭今　中學教學參考　2014年2期

呈現之美：無爲而治——先秦道家的政治美學與理想的人類生活　李旭陽　社會科學論壇　2014年2期

道家『至樂』觀的形成與建構　袁琳　長治學院學報　2014年2期

對話理論視域中的齊物論：莊子對話思想闡釋　黃世權　商丘師範學院學報　2014年2期

再論莊子的『天籟』　錢浩　商丘師範學院學報　2014年2期

莊子逍遙遊諸形象試析　康繩法　樂山師範學院學報　2014年2期

莊子卮言說　孫雪嬌　佳木斯教育學院學報　2014年2期

莊子視域下的『我』之社會困境與解脫　朱小略　探索與爭鳴　2014年2期

梭羅與莊子的『物用』寓言比較研究　薛海燕　長城　2014年2期

莊子之說有沒有道理　陳克利　農村青少年科學探究　2014年2期

莊子哲學與語文教學的境界　張學濤　現代語文　2014年2期

知恥辨『醜』、『惡』：莊子中『醜』與『惡』的辨析　丁媛　哈爾濱學院學報　2014年2期
淺談郭象『至正』論對西晉士風的影響　趙濟凱　語文教學通訊　2014年2期
鯤鵬・自由　荊明　時代文學　2014年2期
從逍遥遊看莊子人生觀的特點　王志生　文學教育　2014年2期
論莊子『不仁害人，爲仁害己』矛盾觀的現實性　王鳳珍　吉林省教育學院學報　2014年2期
從莊子寓言解析其『虛静』論　李訓予　安徽文學　2014年2期
審美與時間——先秦道家典籍研究序　王振復　美與時代　2014年2期
道家審美觀與時間問題研究方法論　謝金良　美與時代　2014年2期
南華真經評注僞書相關問題考論　劉海濤　圖書館理論與實踐　2014年2期
徐復觀心性美學對莊子哲學的超越　馬林剛　求索　2014年2期
莊子外雜篇之『德』論　藺輝耀　河南大學學報　2014年2期
從莊子的生命世界中走來：評大生命視域下的莊子哲學　劉燕飛　河北學刊　2014年2期
論『善』在莊子知識論中的地位　石開斌　山西師大學報　2014年2期
論天道言說之正當方式：以王夫之莊子學爲視域　陳贇　武漢大學學報　2014年2期
朝鮮朝後期詩論『天機論』與莊子哲學　任曉麗、邱峰　外語教學　2014年2期
解構主義與莊子『言意之辨』　彭沈莉　四川師範大學學報　2014年2期
遠古帝王栗陸氏　李玉潔　尋根　2014年2期
李贄『童心說』的道學淵源探微　陶蕾　太原師範學院學報　2014年2期
莊子對死亡的解讀與超越　黃發友　合肥學院學報　2014年2期

『渾沌』三性：莊子『渾沌』說　劉康德　清華大學學報　2014年2期

抑揚諸子而宗本老莊：莊子天下的學術價值觀　李振綱、陳媛媛　河北大學學報　2014年2期

楚辭類作品與莊子　劉生良　中南民族大學學報　2014年2期

『人道』何以可能：以老莊哲學爲視角　何光輝　合肥師範學院學報　2014年2期

道家生命意識的關切：大生命視域下的莊子哲學釋讀　李承貴　江南大學學報　2014年2期

功成與身退的艱難選擇：李白『并莊屈以爲心』再解讀　康懷遠　重慶第二師範學院學報　2014年2期

美國作家舍伍德·安德森作品中的老莊思想　徐穎果　廣東社會科學　2014年2期

一部極具個性特點的上乘之作：關於王充閭的逍遥遊——莊子傳　黃留珠　當代作家評論　2014年2期

千秋神會　異代知音：王充閭逍遥遊——莊子傳讀記　古耜　當代作家評論　2014年2期

致意最在逍遥遊：讀王充閭逍遥遊——莊子傳　李炳銀　當代作家評論　2014年2期

逍遥遊擬學蒙莊：讀王充閭逍遥遊——莊子傳　賀紹俊　當代作家評論　2014年2期

乘文字以自得的逍遥遊：評王充閭新著逍遥遊——莊子傳　王向峰　當代作家評論　2014年2期

莊子文本的『意思類型』　趙德鴻　古籍整理研究學刊　2014年2期

抑揚諸子而宗本老莊：莊子對人類中心主義的解構　鄧聯合、王琴　貴州大學學報　2014年2期

道其不可道者：老莊的『道』和龍樹的『空』　卜松山、包向飛、李雪　武漢理工大學學報　2014年2期

『無爲』：先秦諸子共同的精神理想——漢學家森舸瀾的先秦思想研究述評　李會玲　武漢理工大學學報　2014年2期

莊子『巵言』芻議　趙旭、蘇曉穎　瀋陽大學學報　2014年2期

淺論莊子中的理想人物形象　王延　瀋陽工程學院學報　2014年2期

莊子寓言中的概念隱喻研究　張珍、夏日光　黄岡師範學院學報　2014年2期

莊子説夢　胡可濤　中國道教　2014年2期

『道通爲一』與莊學的『新意』：王雱與荊公新學的莊學思想特色芻議　尚杜元　中國道教　2014年2期

音樂教育意義下的天籟、地籟、人籟：三位一體的我國音樂教育改革模式探索　陳思　中國音樂　2014年2期

瞿小松歌劇試妻的戲曲思維與創作特徵研究　李向京　中國音樂　2014年2期

莊子生命哲學産生的文化淵源　董曉紅　蚌埠學院學報　2014年2期

莊子内篇中的儒者形象　楊笑菡　濮陽職業技術學院學報　2014年2期

莊子逍遥遊『野馬』、『塵埃』是一物還是兩物：以王叔岷莊子校釋爲例，兼談古籍注解之方法問題　李瑞　黔南民族師範學院學報　2014年2期

莊子術語英譯問題淺析　楊晨雨、楊春紅　牡丹江師範學院學報　2014年2期

論莊子『天籟』之樂的音樂審美本質　杜洪泉　惠州學院學報　2014年2期

莊子生態美學在宮崎駿動畫電影中的體現　潘明歌　華中師範大學學報　2014年2期

從『無體之體』到『與化爲體』：船山莊子學中的本體與主體　陳贇　船山學刊　2014年2期

莊子『知和』的生態解讀　李偉　船山學刊　2014年2期

評價理論視閾中莊子寓言與伊索寓言角色形象對比研究　管淑紅、黄東花　南昌航空大學學報　2014年2期

從形式走進内容　由精深達於宏富：評賈學鴻的莊子結構藝術研究　徐正英、田勝利　殷都學刊　2014

年2期

閔一得『煉神還虛』論發微　張晟　宗教學研究　2014年2期

莊子哲學的逍遙之境　盧影　長江大學學報　2014年2期

莊子之『明』　程旺　華夏文化　2014年2期

走進莊子的人生世界：讀王充閭逍遙遊——莊子傳　石傑　廣東培正學院學報　2014年2期

論莊子的真心：『心』與『道』一　張麗萍　管子學刊　2014年2期

蠡測『寫一部好書』：讀大生命視域下的莊子哲學　方國根　燕山大學學報　2014年2期

莊子基本思想平議　謝揚舉　長安大學學報　2014年2期

莊子與尼采的生命美學比照　劉小兵　江淮論壇　2014年2期

莊子道生、自生說析評　（臺灣）詹康　國學學刊　2014年2期

莊子·道家·道教研究　商丘師範學院學報　2014年2期

莊子思想在語文教學中的應用　吳學敏、張永文　文學教育（上）　2014年2期

莊子『之』證明莊子非楚人　張松輝、張景　光明日報　2014年2月11日

莊子美學的基本特點及其現代意義　唐君紅　山西青年報　2014年2月16日

簡析道家的人民群眾觀　杜鴻林　理論與現代化　2014年3期

默頓的莊子　（美國）米樂山著　劉鶴亭譯　世界宗教文化　2014年3期

借助佛智翼南華：焦竑對莊子的佛學解讀　韓煥忠　宗教學研究　2014年3期

莊子其人　王充閭　黨建　2014年3期

讀庖丁解牛，品現實真味　孫麗娟　語數外學習　2014年3期

夢的解析：試論莊子中夢的哲學内涵與人生指向 江梅玲 現代語文 2014年3期
論『濠梁之辯』的智慧 耿琳琳 南方論刊 2014年3期
莊子内篇安『命』哲學研究 蘭輝耀 湖北社會科學 2014年3期
莊子的境界(三) 左春和 鄉音 2014年3期
儒家和道家對於『道』的詮釋 張凱 鄂州大學學報 2014年3期
莊子生存思想的文學表現 邊春麗 社科縱横 2014年3期
莊子思想探微：由逍遥遊看莊子 黄立婷 教育藝術 2014年3期
淺析『怒』的舊詞新用 陳路遥 語文知識 2014年3期
道家語用學思想簡析 楊晨雨、熊曉夢 赤峰學院學報 2014年3期
初盛唐政治家與莊子 鮑鵬山 江蘇第二師範學院學報 2014年3期
黄老之學與道法家論略 張富祥 史學月刊 2014年3期
論無用之用與莊子的人生境界 吕雪梅 鴨緑江 2014年3期
淺析道家的人文精神 李巖 鴨緑江 2014年3期
回歸與劃界：談莊子美學的詮釋方法 陳火青 海南師範大學學報 2014年3期
『物』、『我』如何『通』：莊子『與物無際』與『不以物易己』的哲學分析 趙麗端 北京工業大學學報 2014年3期
論海德格爾的澄明之境與莊子的性命之情 王凱 東方論壇 2014年3期
論元好問對莊子的接受 張瑞傑、陳東海 忻州師範學院學報 2014年3期
從『物』之獨到『人』之獨：莊子『獨』的哲學詮釋 趙麗端 哲學分析 2014年3期

非『真人』而爲『真』人：論孫楚對莊子之『真』的實踐　李夢圓　運城學院學報　2014年3期
丁寺鐘意象水彩與老莊美學思想　甘興義　淮北師範大學學報　2014年3期
宗白華美學散步中對老莊藝術之道的闡釋　薛婧賢　藝術科技　2014年3期
莊子『鼓盆而歌』與楚文化無涉　張松輝、張景　中原文化研究　2014年3期
莊子記時詞語考察　馬啟俊　合肥工業大學學報　2014年3期
論賈誼鵩鳥賦對道家思想的接受　趙海榮　西藏民族學院學報　2014年3期
關於莊子美學思想中的『忘』字的理解　吴寧　西藏民族學院學報　2014年3期
存在之通：莊子『道通爲一』的哲學闡明　趙麗端　江淮論壇　2014年3期
莊子文本對孔子的雙重借用　李振綱　中共寧波市委黨校學報　2014年3期
人間世與莊子的亂世生存哲學　梁保建　南都學壇　2014年3期
莊子仁義觀的多維闡釋　黄聖平　武陵學刊　2014年3期
庖丁解牛之教學新解　鄧彦英　語文學刊　2014年3期
解析莊子善於『用大』的思想　高長峰　辦公室業務　2014年3期
莊子散文逍遥遊雙綫結構的魅力賞析　王獻鋒、吴萍　名作欣賞　2014年3期
論莊子寓言創作與老子『無玄』思想的對接　盧玉　短篇小説　2014年3期
道家物德論在莊子中的展開　葉樹勳　陝西師範大學學報　2014年3期
論德充符之『内外玄合』　王英娜　周口師範學院學報　2014年3期
評價理論視角下莊子寓言生死態度研究　管淑紅、陳小兆　井岡山大學學報　2014年3期
明『化』而見『獨』：莊子『獨—化』論解析　朱小略　黑龍江社會科學　2014年3期

莊子『三言』內涵及其對解讀莊子文本的意義　尹鳳芝、張亮　內蒙古大學學報　2014 年3 期

老莊自由思想探析　李超峰、李曉虹　長春工業大學學報　2014 年3 期

莊子審美技術思想論析　喬守春　阜陽師範學院學報　2014 年3 期

從生態意象看莊子的生態智慧與人生哲學　于年湖　咸陽師範學院學報　2014 年3 期

論郭象的和善思想及其現實意義　張懷承、陳永豪　湖南師範大學社會科學學報　2014 年3 期

方以智與道家經典莊子　周勤勤　孔子研究　2014 年3 期

惠子相梁教學實錄　譚荃心　文學教育　2014 年3 期

從『一』與『裂』之爭看『內聖外王』：莊子天下篇主旨探析　洪佳景、李詠吟　廈門大學學報　2014 年3 期

論南華真經禮學思想　張松輝、張景、張海英　湖南大學學報　2014 年3 期

大學與逍遙：莊子逍遙遊引義　姜國鈞　大學教育科學　2014 年3 期

論道家視野中的樂觀心理學思想　陳永湧、霍湧泉　青海社會科學　2014 年3 期

逍遙與逍遙散　曲進　山西中醫學院學報　2014 年3 期

莊子養生四法　李崇　養豬　2014 年3 期

名家養生之二：莊子　中國中醫藥現代遠端教育　2014 年3 期

以庖丁解牛之法試行醫學教學回歸唯物與辯證　馮躍、李巍、呂富靖、王擁軍、李鵬、冀明、吳詠冬、張澍田　臨牀和實驗醫學雜誌　2014 年3 期

『以天合天』：本體與功夫視閾下的天人合一范式　周唯　重慶交通大學學報　2014 年3 期

現象學視野下的具象表現繪畫與逍遙遊　周鑽　鹽城工學院學報（社會科學版）　2014 年3 期

論莊子的美學思想對家具設計的啟示　徐丹　美苑　2014年3期
論莊子的言語策略　安育苗　青海師範大學學報　2014年3期
莊子『遊』世思想的三重意蘊　經理　唐山師範學院學報　2014年3期
莊子研究名家王充閭先生爲遼海講壇講授吾與莊子　遼寧省社會主義學院學報　2014年3期
從真實的虛幻到虛幻的真實：從藐姑射之山和桃花源論陶淵明對莊子的繼承與升華　李利　天津市經理學院學報　2014年3期
論濠梁『魚樂』之辯　徐春根　廣西大學學報　2014年3期
莊子說劍篇在武術技擊與理論上的啟發　孫彬　三門峽職業技術學院學報　2014年3期
論莊子筆下『形殘神全』人物　黄月儀　西昌學院學報　2014年3期
從『養生』到『逍遙』的莊子之美　張振飛、張勝南　河北經貿大學學報　2014年3期
莊子中的人物、人名資源及其對人名研究的價值　馮坤　中國典籍與文化　2014年3期
以有節律的文字抒寫讀莊之悟　王向峰　遼寧日報　2014年3月4日
道家天人合一思想與可持續發展關係初探　孫夢南　長春理工大學碩士學位論文　2014年3月
高中語文教材中的道家思想與學生審美人格的構建：以逍遥遊爲例　馬宏志　天津師範大學碩士學位論文　2014年3月
莊子内七篇的『逍遥』思想研究　張鷗瀚　雲南財經大學碩士學位論文　2014年3月
莊子四英譯本中的視域融合現象　王雲瀟　上海外國語大學碩士學位論文　2014年3月
莊子英譯本中的隱喻構建研究　張曉晶　浙江大學碩士學位論文　2014年3月
莊子之『物』的哲學釋義　朱茂程　西南政法大學碩士學位論文　2014年3月

人與萬物共逍遥：莊子生態自由思想研究　陳端　南京師範大學碩士學位論文　2014年3月

莊子『審醜』思想研究　王文静　温州大學碩士學位論文　2014年3月

章太炎的莊子研究探微　許慧　蘇州大學碩士學位論文　2014年3月

莊子中的『子曰』思想研究　徐志瑾　湖北大學碩士學位論文　2014年3月

馬敘倫莊子義證内篇所輯通假異文研究　李雲霞　福建師範大學碩士學位論文　2014年3月

道家聖人觀：從老子到莊子　龍澤黯　湘潭大學碩士學位論文　2014年3月

莊子的生態觀及其當代價值　張希　陝西科技大學碩士學位論文　2014年3月

試論莊子在中學語文教學中的應用價值　劉静怡　海南師範大學碩士學位論文　2014年3月

莊子與樂記音樂美學思想的比較研究　譚真諦　四川師範大學碩士學位論文　2014年3月

莊子異文研究：漢魏至兩宋　劉濤　華東師範大學碩士學位論文　2014年3月

莊子入世思想探析　王林飛　華北電力大學學報　2014年4期

從莊子生命哲學看自由的意義　齊昀　青海師範大學學報　2014年4期

老莊的『庸道』：兼及西方思想與老莊思想的互訓　何光順　哲學研究　2014年4期

莊子論情：無情、任情與安情　（臺灣）陳鼓應　哲學研究　2014年4期

莊子『不言之辯』考繹　黄克劍　哲學研究　2014年4期

『無用』與『遊世』：莊子哲學中的生存方式之論析　王玉彬　哲學研究　2014年4期

依道而『看』與人的能在：道家的人生哲學及其現代啟示意義　吴根友　社會科學研究　2014年4期

淺析莊子自由逍遥的人生哲學　王鑫　山西社會主義學院學報　2014年4期

逍遥遊『逍遥』之境解讀　馬雯雯　祖國　2014年4期

中國山水畫藝術風格中道家思想的影響　呂穎梅　大眾文藝　2014年4期

一曲綿綿不絕的『天籟』之音：莊子生態思想初探　宋輝、宋曉璐、王林　宿州學院學報　2014年4期

莊子的世界莊子逍遙遊中的『鵬』　王景琳、徐匋　文史知識　2014年4期

莊子外雜篇『命』之本質論　蘭輝耀、許建良　山東社會科學　2014年4期

安頓與超越：道家生命價值的探索　張文霞　理論月刊　2014年4期

莊子變形藝術初探　張根雲　佳木斯教育學院學報　2014年4期

莊子時空觀的矛盾性與超越　王妍　鄂州大學學報　2014年4期

齊物論『道通爲一』的境界解析　路高學　商丘師範學院學報　2014年4期

莊子幸福觀的現代性反思　王琦　哈爾濱學院學報　2014年4期

論憨山德清的莊子學　李大華　學術研究　2014年4期

莊子眼中愛的三個境界　賀蘭仁　文學教育　2014年4期

莊子論『氣』　王洪泉、王贈怡　中華文化論壇　2014年4期

胥餘其人考論　唐迪　懷化學院學報　2014年4期

論莊子的道德批判　徐春根　嘉應學院學報　2014年4期

尤金·奧尼爾晚期劇作對中國道家思想的認同　馬志民　河北學刊　2014年4期

道家智慧：歷史深處的心靈呵護　孫恪廉　尋根　2014年4期

梭羅與莊子的『垂釣』寓言比較研究　薛海燕　江蘇師範大學學報　2014年4期

老莊之『道』在文人生活方式中的作用：以李白的生活方式爲例　陳詠紅　周口師範學院學報　2014年4期

論莊子飛鳥意象的内在意藴　李亞歡　周口師範學院學報　2014年4期

論先秦道家天命觀的特點　張海英　湖南師範大學社會科學學報　2014年4期

莊子境界之境見　彭志敏　桂林師範高等專科學校學報　2014年4期

天地與我並生　萬物與我爲一：黄瑞雲莊子本原述評　石雲　湖北師範學院學報　2014年4期

論莊子之『奇』對司馬遷『愛奇』的沾溉　王曉鵑、王長順　蘭州大學學報　2014年4期

行莊子句　姚奠中　歷史教學問題　2014年4期

莊生非知道者：王船山莊學思想的另一面相　鄧聯合　文史哲　2014年4期

天籟：少數民族音樂的生態美學意藴　張平　藝術百家　2014年4期

郭象莊子注的哲學方法探析　羅彩　現代哲學　2014年4期

莊子『物化』論與里普斯『移情』説之比較　余雪　品牌　2014年4期

論莊子的士人形象及其成因　孫利華　白城師範學院學報　2014年4期

莊子與唐代意境理論的渾全之美追求　白憲娟　大連理工大學學報（社會科學版）　2014年4期

莊子哲學之『言、意、道』關係釋論　劉曉玉　長江論壇　2014年4期

郭象對莊子齊物論的自然詮釋　路高學　安慶師範學院學報　2014年4期

淺析解釋學視閾下的莊子思想　張良　南昌教育學院學報　2014年4期

莊子傳記的新嘗試：讀王充閭逍遥遊——莊子傳　楊光祖　中州大學學報　2014年4期

莊子體育思想研究的回顧與反思　王京龍　管子學刊　2014年4期

逍遥遊主旨論析　王朝華　南昌大學學報　2014年4期

蘇軾『莊實助孔』觀點探因　田甘　孔子研究　2014年4期

道家自然觀的跨文化闡釋　馬海婷　廊坊師範學院學報（社會科學版）　2014年4期

游心能如老莊之虛靜：曾國藩老莊之學文獻的閱讀　郭平興　湖南人文科技學院學報　2014年4期

先秦哲學中『道』的本體論屬性　邱文山　管子學刊　2014年4期

天人合一　至樂無樂：論莊子審美的生態智慧　余澤娜　南京林業大學學報　2014年4期

如赤子般本真的生活：老莊嬰兒論　黄凱　黄岡師範學院學報　2014年4期

莊子化境探微　張睿鴻　哈爾濱師範大學社會科學學報　2014年4期

郭象美學：中國美學從『無』到『空』的關捩　李小茜　瀋陽師範大學學報　2014年4期

宋至清對莊子之文學評論舉要　李生龍　北方論叢　2014年4期

學莊而背莊　慕道而失德：論劉伶對莊子思想的繼承與偏離　高深　淮北師範大學學報（哲學社會科學版）　2014年4期

淺談莊子『齊物論』中的差異思想　劉國新　柴達木開發研究　2014年4期

莊子雜篇辨證　聶中慶、聶麟梟　古籍整理研究學刊　2014年4期

論莊子的幸福哲學　李豔婷　許昌學院學報　2014年4期

章太炎齊物論釋定本論要　王攸欣　浙江學刊　2014年4期

當加繆遇見莊子：西西弗神話和莊子讀後　楊姬塔娜　華夏文化　2014年4期

憨山莊子内篇注成書時間辯疑　師瑞　五台山研究　2014年4期

『體感』視閾下的莊子知識論解讀：歷史意蘊與教育啟示　王家雲、燕燕、李福華　華東師範大學學報　2014年4期

莊子審美教育思想的現代闡析　楊晶　雲南社會主義學院學報　2014年4期

芻議莊子生死觀之四境界：玄妙之必經門，得道之蛻變路　程曉玉　雲南社會主義學院學報　2014年4期
郭象莊子注易學思想蠡測　李延倉　周易研究　2014年4期
中華元典精神：評子藏第一批成果發佈　卿希泰　光明日報　2014年4月22日
莊子生命哲學研究　經綸　安徽大學博士學位論文　2014年4月
順應理論視角下莊子『三言』的語境分析　楊晨雨　西華大學碩士學位論文　2014年4月
老莊『道與技』思想及其當代文化意義　常穎　遼寧大學碩士學位論文　2014年4月
莊子絕技寓言研究　吳昀珊　重慶師範大學碩士學位論文　2014年4月
論莊子的人生哲學及其現代價值　向拯翔　湖北大學碩士學位論文　2014年4月
道家文化視域下的茶葉包裝設計研究　姜添文　齊齊哈爾大學碩士學位論文　2014年4月
莊子文章之奇成因及影響研究　王璐　青海師範大學碩士學位論文　2014年4月
莊子社會思想研究：以應帝王爲中心　王柳　廣西師範大學碩士學位論文　2014年4月
莊子的生死哲學　朱廣珍　華東師範大學碩士學位論文　2014年4月
老莊的自由精神　周丹　湖北大學碩士學位論文　2014年4月
試論莊子『自然哲學』的價值意蘊　劉瓙　湖北大學碩士學位論文　2014年4月
嚴遵老子指歸自然觀研究　馮靜　西藏民族學院碩士學位論文　2014年4月
莊子的『至言』與尼采的『謊言』比較研究　謝豔芳　聊城大學碩士學位論文　2014年4月
郭象莊子注、成玄英莊子疏對莊子闡釋上的差異及其根源　蒲慶娜　四川師範大學碩士學位論文　2014年4月

藥地炮莊哲學思想研究　崔恩帥　山東大學碩士學位論文　2014年4月

孟莊『樂』觀比較　毛遠強　曲阜師範大學碩士學位論文　2014年4月

莊子技術觀研究　潘冬曉　廣西民族大學碩士學位論文　2014年4月

西夏流傳道家道教六種文獻考辨　項璿　四川師範大學碩士學位論文　2014年4月

軸心時期中西言意觀比較探究：以老莊和柏拉圖、亞里斯多德爲例　許佳星　青海師範大學碩士學位論文　2014年4月

老莊美學思想對粉彩花鳥瓷繪畫風格的影響　唐玲　景德鎮陶瓷學院碩士學位論文　2014年4月

以道家思想視角論倪瓚繪畫藝術　謝瓊芳　雲南師範大學碩士學位論文　2014年4月

在通與獨之間：莊子哲學的闡明　趙麗端　華東師範大學博士學位論文　2014年4月

『遊』：魏晉山水審美內涵研究　楊昱　西南大學博士學位論文　2014年4月

莊子的『寓意於言』：隱喻的中國化敘述方式　王曉俊　新鄉學院學報　2014年5期

論莊子的生命結構觀與生命境界觀　董曉紅　宿州學院學報　2014年5期

莊子逍遙遊中的蜩、學鳩與斥鴳　王景琳、徐匋　文史知識　2014年5期

孔子心　莊子氣　雲廣　老年教育　2014年5期

略論莊子的文學藝術成就　胡桂紅、馬軼男　現代語文　2014年5期

『道在屎溺』與練功生活化　高繼壽　少林與太極　2014年5期

秋水教學設計點評　梁國祥　中學語文教學　2014年5期

儒學語境下士人對莊子的回護及其意義　李生龍　中州學刊　2014年5期

莊子內篇的『齊物』、『逍遙』和『養生』　李開　商丘師範學院學報　2014年5期

何善周莊學研究探微　趙成傑　商丘師範學院學報　2014年5期
夢與醒之間的超越：蘭波與莊子、李白作品之比較　龐程　文學教育　2014年5期
『人間世』與莊子之『遊』　楊家海　長江大學學報　2014年5期
『朝四暮三』價值高　朱帆遠　大科技　2014年5期
高校貧困大學生心理和諧品質的培育機制及塑造路徑論略：兼談莊子心理和諧思想及其價值　唐天勇、裴以明、張智　高教論壇　2014年5期
『不龜手之藥』的啟示　楊新根　教師博覽　2014年5期
莊子中的殘缺意象：殘疾之人與不材之木　馮坤　安徽文學　2014年5期
淺談老子道德經中的天人觀　司薛情　鴨綠江　2014年5期
清代莊學背景發生論　羅彥民　海南師範大學學報　2014年5期
論朱得之的莊子通義　劉海濤　海南師範大學學報　2014年5期
論莊周故事在戲曲劇本中的衍變　蔡萍　四川戲劇　2014年5期
莊子『無己無功無名』思想的當代之鑒　高長峰　中國科教創新導刊　2014年5期
體情・思理・悟境：『莊周夢蝶』式的詩意人生　陶麗　名作欣賞　2014年5期
莊子『三言』之言說方式新解　吳瓊　名作欣賞　2014年5期
『文滅質，博溺心』論略　周會娟　名作欣賞　2014年5期
淺談莊子之『道』及其法律思想　郗閩　經營管理者　2014年5期
老莊水意象比較　于澤　神州　2014年5期
對儒、釋、道三家生死觀的探析　胡玲芳　青春歲月　2014年5期

『德—道』與『自然—自由』：莊子心性秩序理論的形上建構　張廷幹　南京師大學報　2014 年5 期

再論莊子天下的學術立場　李飛　甘肅社會科學　2014 年5 期

文本·語境·心態：王船山的老莊異同論　鄧聯合、徐強　周易研究　2014 年5 期

向左走，向右走：孔、莊思想觀照下的個人命運　田婷婷　淮北職業技術學院學報　2014 年5 期

論莊子的逍遙思想　張檢　廣西職業技術學院學報　2014 年5 期

『返回自然』與『返乎原始』：盧梭與老莊關於自然與文明的哲思　李敬巍　文化學刊　2014 年5 期

王弼的本體論與莊子齊物論的關係　程強　唐山學院學報　2014 年5 期

英美漢學界對莊子『自我』觀念的研究管窺　徐強　文化學刊　2014 年5 期

楊朱學派：百家爭鳴的啟動者：兼論莊子若干篇目的年代問題　張浩　文史哲　2014 年5 期

莊子和蘇格拉底對死亡態度的哲學反思　左少傑　陝西學前師範學院學報　2014 年5 期

莊子理想生態模式的實現路徑及反思　吳冬梅　江淮論壇　2014 年5 期

莊子筆下人物形象的殘缺美及其成因　杜曉平　南都學壇　2014 年5 期

莊子與卡夫卡之夢意象比較　馬海婷　時代文學（下半月）　2014 年5 期

老莊養生視域下亳州市譙城區居民長壽原因分析　劉海蓮、代志星　宿州學院學報　2014 年5 期

道家的萬物平等觀及其生態學意義　白奚　首都師範大學學報　2014 年5 期

人性『朴真』：道家人性論新釋　何光輝　學術界　2014 年5 期

錢澄之對莊子的佛學解讀　韓焕忠　徐州工程學院學報　2014 年5 期

『人間世』中的『養生主』：『爲善無近名，爲惡無近刑』新釋　李加武　重慶第二師範學院學報　2014 年5 期

莊子逍遥哲學探微　顧田忠　信陽師範學院學報　2014 年5 期

莊子齊物論中的『道虧愛成』　王景琳、徐匋　文史知識　2014 年5 期

莊子美學辨正　陳本益、饒建華　陝西師範大學學報　2014 年5 期

論莊子的遊世與無用之用　孫永康　阜陽師範學院學報　2014 年5 期

莊子之『真』論　宋寧　新餘學院學報　2014 年5 期

莊子結構藝術研究　賈學鴻　揚州大學學報　2014 年5 期

『道』的發現：論道家哲學對人的生存境域的開拓　林國敬　延安大學學報　2014 年5 期

論莊子的休閒觀　孫敏明　湖北理工學院學報　2014 年5 期

中國老莊思想對布萊希特創作的影響　邵志華　淮陰師範學院學報　2014 年5 期

黑水城南華真經寫本淵源考　項璿　寧夏大學學報　2014 年5 期

莊子靜修的心理學闡釋　谷光曙、韓志來　武漢紡織大學學報　2014 年5 期

諸子思辨視野下的孔子形象：莊子及其後學對孔子的論述　楊兆貴、梁健聰　南都學壇　2014 年5 期

從莊子『逍遥遊』解讀現代社會自由的缺失與實現　滕星妤　滄桑　2014 年5 期

中國傳統文化中的國家治理思想初探：以儒家、道家和墨家爲例　楊圓　福建行政學院學報　2014 年5 期

論莊子原創美學及其美育期待　王淩皓、姜殿坤　東北師大學報　2014 年5 期

探究屈原的生死觀和儒家、道家的異同　江濤　長春工業大學學報　2014 年5 期

惠施『歷物十事』解讀　朱光磊　中國社會科學報　2014 年5 月5 日

走出農業農村發展新路子　榮潔、劉建志、龐樹輝　張家口日報　2014 年5 月22 日

劉文典與莊子補正研究　寇蔻　華中師範大學碩士學位論文　2014年5月

譯者主體性下莊子核心詞「道」的英譯研究　謝佳　湖南師範大學碩士學位論文　2014年5月

莊子與僧肇理想人格說比較研究　周歡　安徽大學碩士學位論文　2014年5月

莊子「援儒入莊」考論　郭珺　湖南師範大學碩士學位論文　2014年5月

莊子中的孔子及其弟子形象研究　郭金豔　安徽大學碩士學位論文　2014年5月

莊子內篇「遊」之觀念的跨文化闡釋：以傳統注疏與英語譯介的經典個案分析比照爲基礎　苗雨　北京外國語大學碩士學位論文　2014年5月

民國時期的莊子天下篇研究　楊明　河北師範大學碩士學位論文　2014年5月

就莊荀韓學術史著窺探諸子學源流　李智偉　河北師範大學碩士學位論文　2014年5月

語境順應視角下Burton Watson莊子英譯本意象翻譯研究　龔苗　西南交通大學碩士學位論文　2014年5月

論姚鼐的老莊研究　左秀慧　陝西師範大學碩士學位論文　2014年5月

莊子思想與阿Q精神勝利法比較研究　徐新宇　東北師範大學碩士學位論文　2014年5月

莊子寓言「以文爲戲」寫作手法研究　常策　東北師範大學碩士學位論文　2014年5月

道家哲學思想與室內設計的理論研究　王雲平　西南交通大學碩士學位論文　2014年5月

莊子與伊索寓言中的篇章隱喻比較研究　辛羽　揚州大學碩士學位論文　2014年5月

道家思想對現代室內設計影響的研究與分析　張迪　東北師範大學碩士學位論文　2014年5月

莊子寓言研究　張玉　山東大學碩士學位論文　2014年5月

生態美學視域下莊子養生思想研究　鄭東紅　陝西師範大學碩士學位論文　2014年5月

論莊子之『忘』　周蓉　湘潭大學碩士學位論文　2014 年5 月
淺析老莊的憂患意識　史春華　首都師範大學碩士學位論文　2014 年5 月
莊子寓言中的對辯研究　張國毅　青島大學碩士學位論文　2014 年5 月
從世説新語看魏晉時期老莊的傳播與接受　周恬　四川師範大學碩士學位論文　2014 年5 月
莊列寓言比較研究　王立影　東北師範大學碩士學位論文　2014 年5 月
鍾泰莊子發微研究　牟曉麗　東北師範大學碩士學位論文　2014 年5 月
莊子三個英譯本的生態翻譯研究　夏春鴿　河南工業大學碩士學位論文　2014 年5 月
莊子逍遙義研究　吴剛　西北師範大學碩士學位論文　2014 年5 月
莊子『渾沌』意象研究　王秀達　東北師範大學碩士學位論文　2014 年5 月
臺灣前行代詩歌的莊禪時空研究　林美强　暨南大學碩士學位論文　2014 年5 月
莊子音樂美學研究　林妮　華東師範大學碩士學位論文　2014 年5 月
論莊子之『名』　丁男　蘭州大學碩士學位論文　2014 年5 月
道家思想與建築環境營造研究　周雅　天津大學博士學位論文　2014 年5 月
道家哲學與山水藝術　蔣偉　湖南師範大學博士學位論文　2014 年5 月
亦道亦儒亦佛之許由形象探究：以明末清初莊子内篇通釋爲例　毛國民　湖北社會科學　2014 年6 期
『技進乎道』與『道通爲一』：關於中國傳統技術思想的形而上考察　馬得林　人文雜誌　2014 年6 期
莊子内篇中的本體辯證哲學　成中英　華中師範大學學報　2014 年6 期
從體用之辯看老、莊政治思想的差異性　陳徽　安徽大學學報　2014 年6 期
『不知之知』與天地人三才之道的貫通：對莊子應帝王開端的理解　陳贇　齊魯學刊　2014 年6 期

莊子哲學與自由的三種面相　崔宜明　上海師範大學學報　2014年6期

逍遥遊——莊子傳的得與失　楊光祖　文學自由談　2014年6期

文史彬彬　傳記奇葩：關於逍遥遊——莊子傳的讀與思　高海濤　鴨緑江　2014年6期

紅塵深處自在行：逍遥遊——莊子傳中的輕與重　韓春燕　鴨緑江　2014年6期

散文格調　傳記肌理　學者風範：讀王充閭逍遥遊——莊子傳　初國卿　鴨緑江　2014年6期

莊子逍遥遊中的『聖人無名』　王景琳、徐匋　文史知識　2014年6期

爲莊子尋找故園：感於王充閭先生的治莊精神　王秀傑　鴨緑江　2014年6期

莊子論手搏之道　馬國興　少林與太極　2014年6期

對課文逍遥遊一處注釋的質疑　李世川　語文教學之友　2014年6期

重讀莊子『三言』郭象、成玄英注疏　張緒平　湖北經濟學院學報　2014年6期

海神若流變考釋　楊秀禮　文藝評論　2014年6期

論宋儒楊慈湖與道家思想之關係　趙燦鵬　暨南學報　2014年6期

莊子，課堂上的特聘人文講師：論莊子作品在語文教學中的大作用　陳奕婷　現代語文　2014年6期

莊子『九徵』與秘書職業素養　李麗　秘書　2014年6期

養心以養生，爲道是關鍵：由莊子養生主所想　丁亞萍　科教文匯　2014年6期

莊子爲何這麼窮　鄧聯合　文學教育　2014年6期

莊子『齊是非』中的悖論分析　冀志強　廣西社會科學　2014年6期

莊子美學初探：以範疇『大』爲中心　郝二濤　美與時代　2014年6期

莊子哲學思想觀下的管理藝術思考　劉穎、孫明哲、李群、王瑩　蘭臺世界　2014年6期

視覺思維與哲學：太極元素中視覺思維與莊子哲學思想的關係 陳芳、趙倩 中國包裝工業 2014年6期

淺析先秦道家和諧思想的當代價值 丁蘭 商 2014年6期

莊子的養生思想述略 侯冬梅 名作欣賞 2014年6期

『意境』與道家思想：中國現代美學研究範例論析 孫宗美 武漢大學學報 2014年6期

『無體之體』與天道的本性：以王船山莊子學爲中心 陳贇 中山大學學報 2014年6期

論徐禎卿的莊子淵源 李夢圓 理論界 2014年6期

莊子審美意蘊探析 馮英華 佳木斯大學社會科學學報 2014年6期

試論儒家與道家音樂美學思想異同 鍾世豔 現代婦女(下旬) 2014年6期

簡析齊物論中莊子對『有封』的批判 李加武 湖北第二師範學院學報 2014年6期

朴趾源對莊子思想的接受 陳冰冰 北京第二外國語學院學報 2014年6期

德與德不形：略論莊子道德哲學語境下的『德』之內蘊 王傳林 武陵學刊 2014年6期

儒道互補視閾下孔莊之生涯發展模型比較研究 付文科 南昌大學學報 2014年6期

論『內通』非『通感』：錢鍾書道家通感論接讀 金惠敏 首都師範大學學報 2014年6期

淺析現代家居服中的道家哲學思想 王芙蓉 湖北理工學院學報 2014年6期

現代小品散文與老莊意脈 雷文學 西北民族大學學報 2014年6期

莊子的政治哲學思想及其影響 孫旭鵬、楊浩亮 棗莊學院學報 2014年6期

論莊子與早期禪宗在演變理路上的契合性 周黃琴 雲南社會科學 2014年6期

善觀與善游：孟子與莊子視界中的『水』 吳勇 江淮論壇 2014年6期

莊子『天籟』思想研究　鄧夢軍　黑龍江社會科學　2014年6期

元好問詩對莊子社會人生思想的接受　段少華　鹽城師範學院學報　2014年6期

道家心學思想的形成和發展　李霞　中央社會主義學院學報　2014年6期

莊子盜跖中異化的孔子形象　杜雪婷　南昌教育學院學報　2014年6期

試論莊子與尼采的藝術化生存思想之異同　郭文成　浙江傳媒學院學報　2014年6期

陸西星南華真經副墨對莊子文學的評點　劉蘊嬌　寶雞文理學院學報　2014年6期

莊子文藝思想及其影響探微　田韶峻　貴陽學院學報　2014年6期

莊子今注今譯疑辨八則　張憲榮　安慶師範學院學報　2014年6期

莊子的『方外之遊』與『方內之遊』　胡祥雲　安慶師範學院學報　2014年6期

論莊子『逍遙遊』的自然美學觀　王凱　東方論壇　2014年6期

儒道何以互補　戚良德　社會科學報　2014年6月5日

莊子主張遠離『內刑』　陳林　中國社會科學報　2014年6月9日

從關聯理論角度評析齊物論英俄兩譯本　張欣倫　北京外國語大學碩士學位論文　2014年6月

老莊道論探究　楊波波　西北大學碩士學位論文　2014年6月

唐代道教『坐忘』思想研究　朱韜　西北大學碩士學位論文　2014年6月

莊子人性思想研究　王祥　西北大學碩士學位論文　2014年6月

莊子畸人之『德』研究　袁雲霄　河北大學碩士學位論文　2014年6月

論先秦道家教育思想對我國高校教學的啟示　董輝　哈爾濱師範大學碩士學位論文　2014年6月

先秦道家生命思想及其教育價值　劉家琳　中國海洋大學碩士學位論文　2014年6月

王夫之莊子解研究　周雅傑　廣西大學碩士學位論文　2014年6月

對道家認知療法的評述及相關實證研究　張江春　黑龍江中醫藥大學碩士學位論文　2014年6月

莊子『三言』論『道』研究　顔思齊　江西師範大學碩士學位論文　2014年6月

莊子與戰國策比較研究　王燕　江西師範大學碩士學位論文　2014年6月

象罔可得玄珠之美兼談寫生與創作　劉紅　南京藝術學院碩士學位論文　2014年6月

漢代道家『道』範疇探析　鍾小康　華僑大學碩士學位論文　2014年6月

蘇格拉底與莊子生死觀之比較　范娜　江西師範大學碩士學位論文　2014年6月

論先秦道家生態智慧對社會主義生態文明建設的啟示　王維維　南京信息工程大學碩士學位論文　2014年6月

莊子生態美學研究　趙亮　河北大學碩士學位論文　2014年6月

熊十力對老莊思想的詮釋　李子軒　河北大學碩士學位論文　2014年6月

共通經驗中的新主體性如何可能：評畢來德莊子四講　劉毅青　文藝研究　2014年7期

生生之美：論老莊美學與海德格爾現象學之會通　肖朗　社會科學論壇　2014年7期

莊子逍遥遊中的『神人無功』　王景琳、徐匋　文史知識　2014年7期

漁父：古代文人的理想化身　王淼　文史博覽　2014年7期

先秦以道統儒的思想傾向：莊子天下篇的思想考據　洪勤　德州學院學報　2014年7期

莊子的藝術特色　孫利華　邊疆經濟與文化　2014年7期

『境界形態形上學』的開展：試論牟宗三對道家哲學重要概念的梳理　陸暢　商丘師範學院學報　2014年7期

逍遙遊『鯤鵬』象徵意象解讀　趙德鴻　語文教學通訊　2014年7期

逍遙遊與創作自由　王瑞強　南陽師範學院學報　2014年7期

徐復觀談中國山水畫的老莊意識　史愛兵、田野　芒種　2014年7期

用聯想法分析解讀逍遙遊　劉興國　語文天地　2014年7期

李白詩歌中逍遙遊思想的印跡　李玲玲　語文天地　2014年7期

南華真經直音的體例、校勘：兼論其文獻價值　楊蔭沖　中華文化論壇　2014年7期

莊子美學之『化』與審美生成　侯李遊美　蘭臺世界　2014年7期

淺析莊子的生死觀　焦傑　戲劇之家　2014年7期

李贄莊子解的解莊特點　邢猛　哈爾濱學院學報　2014年7期

莊子的『以道觀之』及其美學意義　范明華　學習與實踐　2014年7期

世俗與超俗：基於莊子和新教倫理和資本主義精神　劉亞明　宜賓學院學報　2014年7期

全面認識古代文化巨人莊子　袁仁琮　理論與當代　2014年7期

論露伴散文中的莊周之風　黄丹　文學教育(中)　2014年7期

孔子、莊子的旅遊活動探討　朴松愛、樊友猛　中國地名　2014年7期

莊子故里的最美院長：記安徽省蒙城縣第一人民醫院院長徐如堂　胡亞、魏祥利　新聞世界　2014年7期

『齊物等觀——2014國際新媒體藝術三年展』亮相　豐書　中華讀書報　2014年7月23日

論莊子之『神』的功用與修養　鄭亞輝、周純義　西南民族大學學報　2014年8期

論莊子的社會治理思想　呂錫琛　商丘師範學院學報　2014年8期

淺論莊子對中國古代自由精神傳播的影響：莊子對自由之境的追尋路徑　李睿　東南傳播　2014年8期

淺論『心齋』之『虛』　李一鳴　商丘師範學院學報　2014年8期

淺析莊子的自由觀　張亭、軒溯悅　青年文學家　2014年8期

惠子相梁思想意義的現實性分析　包翠萍　語文教學與研究　2014年8期

徐復觀的莊子藝術精神闡釋　歐陽秋敏、景海峰　人民論壇　2014年8期

莊子的世界　孫少輝　環球人文地理　2014年8期

略論老莊『處下』思想的當代之鑒　高長峰　現代企業教育　2014年8期

莊子美學的時間意識及其審美自由性　侯李遊美　作家　2014年8期

審美視野下的畸人形象：對莊子內篇中畸人形象的解讀　馬曉慧、楊晨　雞西大學學報　2014年8期

淺談莊子『自然無爲』思想中的美學意義　時紅霞　中小企業管理與科技(下旬刊)　2014年8期

齊物論中『吾喪我』的概念理路與存在論意蘊　包大爲　浙江社會科學　2014年8期

論晉唐佛教界對莊子的複雜心態　李延倉　西部學刊　2014年8期

莊子逍遥遊中的『至人無己』　王景琳、徐匋　文史知識　2014年8期

莊子『安命』思想淺析　向麗　成都師範學院學報　2014年8期

審美思維與認知目的：孟子、莊子音樂美學思想的對比與認識　魏豔斐　湖北社會科學　2014年8期

英美漢學界中莊子之『渾沌』涵義四解　鄧聯合、徐強　福建論壇　2014年8期

匠石·郢人及其他　黄軍昌　領導之友　2014年8期

『吾喪我』：一種古典的自我觀念　陳少明　哲學研究　2014年8期

『忘足，履之適也』的美學内涵解讀　張鈺瑩　美與時代（下）　2014年8期

莊周的魅力　胡愛萍　中學時代　2014年9期

莊子對儒家價值觀的接受　于真　渭南師範學院學報　2014年9期

老子、莊子文化對中國藝術創作的啟示　溫靜、李鋭　産業與科技論壇　2014年9期

論莊子『立德明道』思想對當代藝術的啟示　劉芳　大衆文藝　2014年9期

『天籟』與『卮言』新論　吳根友、王永燦　哲學動態　2014年9期

錢澄之莊學研究中的遺民意識初探　林歡純　韶關學院學報　2014年9期

莊子的民俗詞語考察　馬啟俊　韶關學院學報　2014年9期

簡論『大方』作爲重慶人文精神譜系的核心詞　聶樹平　赤子　2014年9期

我看『少仲尼之聞，而輕伯夷之義者』　徐玉婷　佳木斯職業學院學報　2014年9期

試論莊子的養生之道　池瑞花、馬鳳　現代語文（學術綜合版）　2014年9期

莊子齊物論中的『吾喪我』　王景琳、徐匋　文史知識　2014年9期

莊子、呂氏春秋重文研究　聶中慶　西部學刊　2014年9期

莊子及其注釋中的許由形象探究　毛國民　山東社會科學　2014年9期

莊子的邏輯之美：從齊物論篇談起　常瑞　戲劇之家　2014年9期

恣意縱横　瑰麗奇幻：淺談莊子寓言的浪漫主義特色　馬雲龍　理論界　2014年9期

『天道』與『聖心』：莊子心靈哲學的現代價值探討　王維江　教育觀察（上旬刊）　2014年9期

論莊子『吾喪我』智慧　徐春根　嘉應學院學報　2014年9期

莊子『物化』論的美學意藴　余雪　品牌（下半月）　2014年9期

試論莊子語言哲學的美學理想　朱豔君　理論前沿　2014年9期

莊子學派多有關乎鬼神之論　王威威　中國社會科學報　2014年9月1日

明代莊子學著述僞書相關問題考論　劉海濤　中華文化論壇　2014年10期

試論莊子超然處世態度　鄭淑婷　名作欣賞　2014年10期

論莊子之言説與隱喻的關係　王曉俊　海南師範大學學報　2014年10期

莊子『命』觀重探　井禹潮　文藝評論　2014年10期

莊子『天籟』哲學本意的再考證　趙德鴻　文藝評論　2014年10期

莊子寓言的人文精神探究　羅常華　芒種　2014年10期

隱秀的東方神韻：莊子神話　王雲鵬　作家　2014年10期

莊子之城：論莊子與商丘城市文化精神的塑造　李又芳　湖北函授大學學報　2014年10期

莊子中『畸形人』的文化承載　于澤　語文教學通訊・D刊（學術刊）　2014年10期

莊子逍遥遊『朝菌』解　夏德靠　貴州師範學院學報　2014年10期

莊子政治倫理思想及其當代價值　劉文傑　求索　2014年10期

莊子文本中莊子形象分析　于澤　吉林廣播電視大學學報　2014年10期

莊子的和諧觀對高校圖書館服務的啟示　黄洪基　情報探索　2014年10期

從『天人合一』看生態文明　翟路　環境教育　2014年10期

論莊子的『物化』思想及其美學邊界　張紅軍　洛陽師範學院學報　2014年10期

莊子畸人意象的思想内藴　郭曉寧　文學教育（上）　2014年10期

『詩言志』與『詩緣情』　劉安然、楊雋　文藝評論　2014年10期

韓愈、柳宗元在文學上對莊子的接受　姚艾、劉生良　文藝評論　2014年10期

莊子的教學對話：『人類學』視域的解讀　戴卡琳、葉樹勳　商丘師範學院學報　2014年10期

日本名家福永光司的莊學研究管窺：以莊子——中國古代的實存主義爲重點　徐倩　商丘師範學院學報　2014年10期

莊子齊物論中的『人籟』與『地籟』　王景琳、徐匋　文史知識　2014年10期

傳播受體論：莊子、慧能與王陽明的『接受主體性』　邵培仁、姚錦雲　新聞與傳播研究　2014年10期

基於視域差的莊子英譯本解釋度分析　袁贊　安徽文學　2014年10期

莊子與室内綠色設計　牛堃、徐雷、潘玥　現代裝飾（理論）　2014年10期

魯迅、施蟄存論爭的態度與是非：兼與王福湘先生商榷　趙延彤　魯迅研究月刊　2014年10期

莊子答東郭子　鮑鵬山　光明日報　2014年10月11日

略論莊子的養生方法　王瀚　中華中醫藥學會養生康復分會第十二次學術年會暨服務老年產業研討會　2014年10月24日

從庖丁解牛看莊子的人生智慧　朱一心　學習月刊　2014年11期

莊子的逍遙　田祚鵬　中國農資　2014年11期

莊子故里國屬考辨　張玉　青年文學家　2014年11期

莊子『彼是』說疏解　姜李勤、王芹　中州學刊　2014年11期

淺析莊子的『虛靜』美學觀　徐敏　現代交際　2014年11期

試論傳統文化對生態文明建設的作用：以莊子生態哲學爲例　解光宇、丁曉慧　赤峰學院學報　2014年11期

何以逍遥：淺析莊子逍遥遊之『逍遥』 蔣悦 赤峰學院學報 2014年11期

讀莊子無端崖之辭 林麗琴 文學教育(下) 2014年11期

概念合成理論視角下莊子寓言的意義建構研究 張懂 商丘師範學院學報 2014年11期

莊子哲學之『言、意、道』關係釋論 劉曉玉 商丘師範學院學報 2014年11期

莊子齊物論中的『天籟』 王景琳、徐匋 文史知識 2014年11期

逍遥遊的啟迪 劉誼人、趙靜雲 建築工人 2014年11期

道家的生態美學智慧 陳璐 科技經濟市場 2014年11期

鯤鵬擊浪和展翅：毛澤東與莊子 曹應旺 黨史博覽 2014年11期

淺評莊子的逍遥觀及其現代啟示 趙波、陳德峰 文學教育(上) 2014年11期

莊子德充符散論 杜雁冰 長江大學學報(社科版) 2014年11期

淺析老莊思想中的『道』與藝術精神的潛在聯繫 張萌 美術教育研究 2014年11期

論『天地有大美而不言』的美學意藴 馬婷 美術教育研究 2014年11期

老子和莊子思想對中醫養生學的影響 丁樹棟、管恩蘭 2014年中華中醫藥學會第七届李時珍醫藥論壇暨濁毒理論論壇 2014年11月8日

『相濡以沫』，還有另一種解釋 2014年民俗非遺研討會 2014年11月15日

生態倫理學視域下莊子内篇和愛默生論自然的對比研究 李麗 河北師範大學 碩士學位論文 2014年11月

誤讀的是與非：以莊子和海德格爾爲例 任昕 中國圖書評論 2014年12期

論先秦道家節儉思想 曹衛國、孟晨、唐琦 學術交流 2014年12期

莊子天下篇『內聖外王』本意發微　梁濤　哲學研究　2013年12期

莊子語料誤解誤用之評析　馬啟俊　學術界　2014年12期

淺析莊子逍遙遊中的人生觀及其現代啟示　楊坤　青年文學家　2014年12期

淺析莊子齊物論中的是非觀　楊雪　青年文學家　2014年12期

領悟生命之道：評道與道術——莊子的生命美學　任惠霞　青年文學家　2014年12期

讓莊子在紙上站立起來：逍遙遊莊子傳藝術成就初探　劉文豔　2014年12期

儒道文化對前山水畫藝術風格形成的影響　李明璐　民營科技　2014年12期

老莊哲學對古典園林語境下亭子的影響　劉家寶　藝海　2014年12期

托古以興寄　交融而改造：莊子中古帝王形象形成原因探析　雷雅靜　牡丹江教育學院學報　2014年12期

章太炎的齊物論釋與華嚴哲學　姚彬彬　社會科學論壇　2014年12期

莊子齊物論中的『大知小知』　王景琳、徐匋　文史知識　2014年12期

莊子胠篋的『聖人之過』解讀　趙德鴻　文藝評論　2014年12期

莊子的自由思想管窺　劉超　宿州學院學報　2014年12期

論莊子自由與美　周傑　藝海　2014年12期

莊子庖丁解牛賞析　鄒小千　語文知識　2014年12期

儒家、道家和墨家的國家治理思想　楊圓　上海黨史與黨建　2014年12期

莊子體育養生的現代價值　趙海燕　網友世界　2014年12月1日

莊子哲學中的生命與自我衝突　丁星亮　安徽省哲學學會第九次會員代表大會暨理論研討會　2014年

12月1日

莊子體育思想之研討　潘慶慶、孫繼龍、徐瑩瑩　體育文化遺産論文集　2014年12月1日

『引詩入莊』：莊子評點的文學范式　李波　中國社會科學報　2014年12月5日

布萊希特的『好人困局』與莊子的智慧　任明　21世紀經濟報導　2014年12月22日

兩千三百年後莊子的再現：在逍遥遊——莊子傳研討會上的發言　王充閭　芒種　2014年13期

厚重若磐石　輕盈如彩虹：評論王充閭逍遥遊——莊子傳　王明剛　芒種　2014年13期

王充閭逍遥遊——莊子傳的現實意義　王香寧　芒種　2014年13期

論道家科技觀及其對生態文明的啟示　斯洪橋　科技管理研究　2014年13期

文化語言學視野下的莊子成語研究　趙鑫　青年文學家　2014年14期

莊子中的處世哲學思想解讀　鄧海英　芒種　2014年14期

莊子對『無』的認識與把握　馮治庫　絲綢之路　2014年14期

以散文之體潤史傳之筆　以闡釋之文傳智者之思：評王充閭逍遥遊——莊子傳　徐迎新　芒種　2014年15期

逍遥無己　俗世真人：讀王充閭逍遥遊——莊子傳　石傑　芒種　2014年15期

『胼手胝足』不等於『抵足而眠』　趙丕傑　青年記者　2014年15期

濠梁觀魚教學簡案及反思　陳鐵軍　小學語文教學　2014年15期

生活在精神世界裏的自由人生：莊子美學劄記　鮑艾莉　課程教育研究　2014年15期

論華兹華斯的自然觀：與莊子自然觀相比較　龔詩源　新西部（理論版）　2014年15期

淺析道家美學思想對現代設計的影響　李依桐　大衆文藝　2014年16期

莊子的影響　黃菲　教育教學論壇　2014年17期

從畸人形象看莊子的生命美學意識　余雪　商業文化　2014年17期

虛室生白　葉春雷　思維與智慧　2014年17期

徐復觀思想中的莊子之道　林豪　學理論　2014年17期

莊子齊物論的哲學修辭研究　周福　商　2014年17期

使用『貽笑大方』不要叠牀架屋　趙丕傑　青年記者　2014年18期

試論逍遥遊中的人生價值審美鑒賞　楊子遒　企業導報　2014年18期

齊物論中『吾喪我』之心理學闡釋　許立權　學周刊　2014年19期

淺析莊子大宗師『真人』形象　姜佳玢、王平　黑龍江史志　2014年19期

莊子美學思想視域中王家衛電影的主體性探究（一）：莊子美學思想審美主體性的現代影像實踐　柳廣文、邵麗媛　電影評介　2014年19期

正言若反　互見互補：管窺莊子哲理的雙鑰　高深　名作欣賞　2014年20期

莊子美學思想視域中王家衛電影的主體性探究（二）：影像：莊子美學思想審美主體性的視覺化呈現　柳廣文、邵麗媛　電影評介　2014年20期

莊子生死理念對大學生生命觀的啟示意義　張瑜　才智　2014年20期

莊子英譯中的視域融合　袁贊　湖北函授大學學報　2014年21期

莊子美學思想視域中王家衛電影的主體性探究（三）：人生困境：莊子美學思想和王家衛電影主體性的本質顯現　柳廣文、邵麗媛　電影評介　2014年21期

論莊子與郭象思想差異背後的邏輯統一性　雷吉振　湖北函授大學學報　2014年21期

物化：論莊子天人合一的方式　黃紅兵　學理論　2014年21期

淺談老莊無爲政治思想的現代意義　褚夢茜、耿靜　赤子（上中旬）　2014年22期

逍遥遊中的儒家詮釋　周巍巍　學理論　2014年23期

從莊子的『自然美』思想看產品的仿生設計　劉澂澂　大衆文藝　2014年23期

『莊子』可醫『現代病』　阮直　學習月刊　2014年23期

小論莊子的生存方式　黃紅兵　學理論　2014年24期

莊子的逍遥之道　馬鑫博　學理論　2014年25期

『以遊悟道』的莊子旅遊思想與經歷　何譽傑、方燕　蘭臺世界　2014年27期

莊子的生命哲學　馬鑫博　學理論　2014年28期

淺論孔子、莊子的隱逸思想　馮卿　學理論　2014年33期

莊子的死亡存有論：與海德格死亡哲學的對話　鍾振宇　道家文化研究（第二十八輯）　（北京）生活·讀書·新知三聯書店　2014年版

論莊子內七篇中的『小大之辯』　董慧　道家文化研究（第二十八輯）　（北京）生活·讀書·新知三聯書店　2014年版

從莊子的潛語境解讀『知禮意』的進程：以大宗師子桑戶的故事爲中心　葉樹勳　道家文化研究（第二十八輯）　（北京）生活·讀書·新知三聯書店　2014年版

莊學範疇與寓言概念的『心』嘗試：涂光社先生莊子心解述評　刁生虎　道家文化研究（第二十八輯）　（北京）生活·讀書·新知三聯書店　2014年版

從文木到神人：莊子的無何有之鄉　鍾波　諸子學刊（第十輯）　上海古籍出版社　2014年版

内向傳播視域下的莊子『吾喪我』思想新探　謝清果　諸子學刊（第十輯）　上海古籍出版社　2014 年版

人間世如森林：莊子内篇中的政治辯説　（新加坡）勞悦強　諸子學刊（第十輯）　上海古籍出版社　2014 年版

莊子内篇之間的結構關聯　劉洪生　諸子學刊（第十輯）　上海古籍出版社　2014 年版

齊物論篇羼雜辨　王鍾陵　諸子學刊（第十輯）　上海古籍出版社　2014 年版

莊子環形否定結構的文本特徵及思想價值表　賈學鴻　諸子學刊（第十輯）　上海古籍出版社　2014 年版

妙演莊義　重振玄風：論向秀莊子注　金鑫　諸子學刊（第十輯）　上海古籍出版社　2014 年版

蘇軾『莊子助孔子』説及其影響　（臺灣）簡光明　諸子學刊（第十輯）　上海古籍出版社　2014 年版

試論莊子與中國古代道德底綫的生成　張洪興　諸子學刊（第十輯）　上海古籍出版社　2014 年版

莊子倫理思想在現代的流向及其命運　包兆會　諸子學刊（第十輯）　上海古籍出版社　2014 年版

反思、他者與氣應：莊子與列維納斯的倫理學對話　（臺灣）林明照　諸子學刊（第十輯）　上海古籍出版社　2014 年版

荀卿論説源出莊周補證　（香港）伍亭因　諸子學刊（第十輯）　上海古籍出版社　2014 年版

論莊子的法治思想　黄震雲　諸子學刊（第十一輯）　上海古籍出版社　2014 年版

莊子養生功法試論　陳廣忠　諸子學刊（第十一輯）　上海古籍出版社　2014 年版

莊子外篇莊老學派時空詩學研究：無爲、采真之遊與神仙　（臺灣）許端容　諸子學刊（第十一輯）　上海古籍出版社　2014 年版

莊子若干處淺釋　劉洪生　諸子學刊（第十一輯）　上海古籍出版社　2014 年版

大宗師『真人三解』以下三節文字爲它篇羼入辨　王鍾陵　諸子學刊（第十一輯）　上海古籍出版社　2014年版

現存宋金元版莊子系統考　劉濤　諸子學刊（第十一輯）　上海古籍出版社　2014年版

陳景元南華真經闕誤疑謬辯正　蔣門馬　諸子學刊（第十一輯）　上海古籍出版社　2014年版

陳治安南華真經本義對養生主的開展及其現代意義　（臺灣）蘇韋菱　諸子學刊（第十一輯）　上海古籍出版社　2014年版

呂氏春秋引用莊子新論：以讓王等四篇爲例　李偉　諸子學刊（第十一輯）　上海古籍出版社　2014年版

試論世說新語中的莊子及其影響　周鵬　諸子學刊（第十一輯）　上海古籍出版社　2014年版

明代制義風格與莊子考　劉海濤　諸子學刊（第十一輯）　上海古籍出版社　2014年版

論道家親自然傳統的環境哲學價值　謝陽舉　晉陽學刊　2015年1期

論莊子的無情理論與多情性格　張松輝、張景　湖南大學學報　2015年1期

莊子生死觀的政治哲學解讀　儲昭華　華中師範大學學報　2015年1期

論莊子的篇章結構方式　劉生良　江漢論壇　2015年1期

一揮扇見莊周：評王充閭的逍遙遊——莊子傳　軒小楊　遼寧師範大學學報　2015年1期

文心與哲思的完美交融：王充閭對莊子『遊世』思想的解析　孟慶麗　渤海大學學報　2015年1期

逍遙遊裏話莊子：與王充閭先生再次對話　林嵒、王充閭　渤海大學學報　2015年1期

文質彬彬，然後逍遙：讀王充閭逍遙遊——莊子傳　張翠、周景雷　渤海大學學報　2015年1期

論莊禪的自然本心　陳玲玲　文化學刊　2015年1期

從莊子審視當下「學人」形象的建構路向　吳格　名作欣賞　2015年1期

莊子「坐忘」辨義及其審美指向　劉菘　南昌大學學報　2015年1期

道家思想與中國園林藝術的相通之處　易博文　中外建築　2015年1期

莊子生死觀的政治哲學解讀　儲昭華　華中師範大學學報　2015年1期

試論莊子對文學想像論的貢獻　孫敏強、黄敏雪　浙江社會科學　2015年1期

晚清「莊學」新變與王國維文藝觀之關係　彭玉平　文學遺產　2015年1期

論逍遥遊中的自由之美　白麗　現代語文　2015年1期

莊子齊物論中的「真宰」與「真君」　王景琳、徐匋　文史知識　2015年1期

從莊子思想看中國現代海報設計的「價值取向」　王士立　現代裝飾　2015年1期

傳記寫作的四度空間：評王充閭逍遥遊——莊子傳　徐迎新　渤海大學學報　2015年1期

何來「相沐與共」　厲國軒　咬文嚼字　2015年1期

庖丁解牛用什麽刀　陳運舟　咬文嚼字　2015年1期

莊、孟「闢楊墨」新探：兼論儒道身體觀之差異　石超　煙臺大學學報　2015年1期

孔子和莊子美學思想影響之比較：以中國現實主義和浪漫主義風格爲例　姚佳妮　惠州學院學報　2015年1期

傳記文學創作的審美突破：淺析逍遥遊——莊子傳的召喚性結構　張學亞　瀋陽工程學院學報　2015年1期

從莊子看中國古代文學中的地方特色　饒豔　蘭州教育學院學報　2015年1期

淺談莊子面對人生困境的態度和選擇　劉健　科技經濟市場　2015年1期

對逍遥遊——莊子傳的哲學品讀　白長鴻　瀋陽工程學院學報　2015年1期

逍遥遊在一傳中：逍遥遊——莊子傳的運思方式　李耀中　瀋陽工程學院學報　2015年1期

對莊子的審美欣賞：流沙河的莊子現代版（增訂本）讀後　王世德　美與時代（下）　2015年1期

莊子内篇之間的結構關聯　劉洪生　商丘師範學院學報　2015年1期

養生之道：莊子中的哲學治療　羅漢·西克里、王玉彬　商丘師範學院學報　2015年1期

基提翁的芝諾和莊子的德性與幸福　帕諾斯·艾烈珀洛斯、彭榮　商丘師範學院學報　2015年1期

莊子外篇的寓言故事和相關名理分析　李開　商丘師範學院學報　2015年1期

莊周故里在商丘東北考　方勇　商丘師範學院學報　2015年1期

齊物論中『三籟』層次淺析　盧瑋　蚌埠學院學報　2015年1期

『屌絲』文化和莊子思想之比較　高思莉、池夢潔　咸陽師範學院學報　2015年1期

莊子孝道研究　張傑　山東理工大學學報　2015年1期

方人傑的莊學論研究　姚艾、逯宏　周口師範學院學報　2015年1期

論覺浪道盛的『以儒解莊』思想　周黄琴　海南師範大學學報　2015年1期

論莊子寓言的戲劇性　吴翔明、張睫　井岡山大學學報　2015年1期

論紅樓夢對莊子的文學闡釋與接受　史繼東　陝西理工學院學報　2015年1期

郭象思想研究三十年及前瞻　羅彩　深圳大學學報　2015年1期

莊子『坐忘』説與司馬承禎的『坐忘』之關係探析　張倩　唐山師範學院學報　2015年1期

莊子以『道』觀『禮』論　王亞曼　濮陽職業技術學院學報　2015年1期

技術與感性：在麥克盧漢、海森伯和莊子之間的互文性闡釋　金惠敏　文藝理論研究　2015年1期

莊子的『無用』未必真無用　劉英　贛南師範學院學報　2015 年 1 期

老莊學研究的新進展：評近代中國老莊學　涂立賢　宗教學研究　2015 年 1 期

『齊物——論』抑或『齊——物論』：齊物論主旨辨析　劉崧　阜陽師範學院學報　2015 年 1 期

莊子自由思想及其對當代大學生價值觀的啟示　鄭嫻　重慶與世界　2015 年 1 期

老莊道家與環境哲學的會通研究後記　謝揚舉　長安大學學報　2015 年 1 期

形象學視域下莊子英譯中的中國形象　都媛、陳吉榮　河北北方學院學報　2015 年 1 期

莊子的哲學觀對現代思想政治教育的借鑒　楊璽　亞太教育　2015 年 1 期

淺談莊子中盜跖的真善美　高曬楠　焦作大學學報　2015 年 1 期

淺談中國山水畫與莊學的淵源　李炎　美術教育研究　2015 年 1 期

評陳怡素質教育新作莊子內篇精讀　田兆耀　中國大學教學　2015 年 1 期

莊子是一口井　葉春雷　思維與智慧　2015 年 1 期

莊子『隳肢體』新解兼及『莊』、『孟』之思想交鋒　王志　文學與文化　2015 年 1 期

由瓦爾登湖與莊子看梭羅與莊子人生觀的契合　徐宜修　台州學院學報　2015 年 1 期

試論南華雪心編對莊子文境意境的評點　毛蕊　長春教育學院學報　2015 年 1 期

章太炎齊物論釋的政治旨趣　余豔紅　政治思想史　2015 年 1 期

慎到『齊物』思想管窺　李凱　中國哲學史　2015 年 1 期

方以智容寂穎頴引論　張昭煒　中國哲學史　2015 年 1 期

『存神過化』與儒道『存神』工夫考論　翟奎鳳　中國哲學史　2015 年 1 期

傳統山水畫中的『老莊』思想　奚林元　長沙民政職業技術學院學報　2015 年 1 期

論從知識到智慧的轉向：兼析莊子『齊物論』篇的內在意藴　代訓鋒　湖湘論壇　2015年2期

莊子的逍遥自適文化旅遊追求的人生境界　張瀾　建築與文化　2015年2期

從成心到心齋：生命的反思與升華　葛躍　蚌埠學院學報　2015年2期

試論莊子之夢與紅樓夢之夢　王麗敏　中北大學學報　2015年2期

遊物：莊子的自然審美方式　左劍鋒　貴州大學學報　2015年2期

日本中世禪僧的『莊子』接受：以中岩圓月爲例　吴春燕　殷都學刊　2015年2期

莊子若干處淺釋　劉洪生　殷都學刊　2015年2期

元雜劇莊子形象研究　汪毓梓　寧夏師範學院學報　2015年2期

對莊子中音樂審美本質的思考　王小龍　樂府新聲　2015年2期

莊子『心齋』、『坐忘』的藝術精神對箏樂的啟示　黄若然　西安石油大學學報　2015年2期

莊子的『寓言』、『重言』、『卮言』論式研究　曾昭式　哲學動態　2015年2期

宋以後對莊子秋水篇之推崇與思想藝術探驪　李生龍　中國文學研究　2015年2期

論老莊的弱勢群體關懷思想　孟凡平　阜陽師範學院學報　2015年2期

莊、易宇宙大化論同異發凡　李智福　周易研究　2015年2期

試論老莊之『道』的本體意藴及其意義　李淩雲　瀋陽師範大學學報　2015年2期

逍遥遊——莊子傳四人談　軒小楊、徐迎新、孟慶麗、吴玉傑　當代作家評論　2015年2期

論莊子美學的吊詭性　陳火青　武陵學刊　2015年2期

中國古典自由思想探源：以郭象政治思考爲中心　劉思禾　古籍整理研究學刊　2015年2期

莊子思想的哲學諮商資源　王賢　淮北師範大學學報　2015年2期

莊子齊物論中的『成心』　王景琳、徐匋　文史知識　2015年2期

莊子語境中的『德』、『形』之辨　王傳林　陰山學刊　2015年2期

莊子天下觀初探　李曉英　鄭州大學學報　2015年2期

莊子、德里達語言哲學觀的比較研究：兼對陶詩飲酒（其五）末句作出詮釋　文輝　西安外國語大學學報　2015年2期

從『以天下爲沈濁，不可與莊語』看莊子的語言風格　王雲鵬　哈爾濱學院學報　2015年2期

莊子知北遊　林陽　中國編輯　2015年2期

莊子思想對現代家庭教育的啟示　孔霞　科教導刊（下旬）　2015年2期

陶淵明詩歌創作與莊子美學思想之關係　吳晟、張瑩潔　南昌大學學報　2015年2期

讀莊子劄記　彭運生　美與時代（下）　2015年2期

劉辰翁南華真經點校開莊子評點之先　萬欣　陝西學前師範學院學報　2015年2期

莊子神話意象及其文學自覺意義　刁生虎、胡乃文　湖北工程學院學報　2015年2期

莊子的『身體』内涵探究　段偉靜　赤峰學院學報　2015年2期

論莊子生命倫理與現代臨終關懷　何昕　雲南社會科學　2015年2期

養生並非養神：　莊子『養生』本義復原　郭勇健　南開學報　2015年2期

蘇軾的莊子祠堂記與莊子故里　李飛　大眾文藝　2015年2期

乘物游心　無爲大用：　曹宗璠南華泚筆研究　周鵬　商丘師範學院學報　2015年2期

莊子寓言的敘事學解讀　鄔紅梅　商丘師範學院學報　2015年2期

論王先謙莊子集解的學術成就　張蔚虹　商丘師範學院學報　2015年2期

論語詞與劍：在行動中治療的想象力：莊子之說劍篇研究　葛浩南、陳之彬　商丘師範學院學報　2015年2期

試論劉鳳苞對莊子内七篇文風的評點　毛蕊　吉林廣播電視大學學報　2015年2期

天下理念下先秦諸子的包容思想　陳榮慶　長安大學學報　2015年2期

郭象玄學化的『内聖外王』觀　梁濤　中國哲學史　2015年2期

先秦儒道的『天人之辯』及其當代價值　朱榮英　河南教育學院學報　2015年2期

道家修身思想及其現代價值　包佳道　河南社會科學　2015年2期

莊子『真人』觀　周丹丹　西昌學院學報　2015年2期

論道家政治生活中執行者的責任擔當　梅珍生　廣西大學學報　2015年2期

知天以知人：道家哲學的生態智慧啟示錄　朱松美　哈爾濱工業大學學報　2015年2期

莊子與聖經比較研究（英文）　高深　Social Sciences in China　2015年2期

莊子中的『則』　黎敏儀　湖北職業技術學院學報　2015年2期

莊子技術思想探析：從技到藝的理性回歸　孫守領　南京林業大學學報　2015年2期

貴州民族大學圖書館藏莊子南華經解考述　譚寶剛　貴州民族大學學報　2015年2期

近50年莊子心學研究　張麗萍　科學經濟社會　2015年2期

王充閭的逍遥遊——莊子傳　劉文豔　中國社會科學報　2015年2月9日

論莊子的『美』與『樂』　李大華　黑龍江社會科學　2015年3期

莊子文學研究60年（1949－2009）　刁生虎　廣東社會科學　2015年3期

論莊子的養生智慧　徐春根　嘉應學院學報　2015年3期

莊子求『真』意識的興起及其『道』思想之濫觴：齊物論『真』義釋敘之一　梁一群　中共寧波市委黨校學報　2015 年3 期
語言技術的否定辯證法：試論莊子『道言』的可能性　金惠敏　甘肅社會科學　2015 年3 期
莊子哲學的生態意蘊　高寧寧、謝鴻昆　山東農業工程學院學報　2015 年3 期
論莊子散文的憤世傾向及諷刺特色　邊家珍　文學評論　2015 年3 期
莊子美學建構的樣式及反思　陳火青　聊城大學學報　2015 年3 期
傾聽譯者的心聲：莊子英譯本序跋研究　劉妍　外語學刊　2015 年3 期
論莊子與屈原的浪漫主義創作風格之差異　徐聰文　新餘學院學報　2015 年3 期
莊子、荀子『虚静』範疇比論　余開亮　河南師範大學學報　2015 年3 期
莊子詞句層面的比喻研究　首都師範大學學報　2015 年3 期
論莊子中的『技』及其消解　裴瑞欣　湖北社會科學　2015 年3 期
論莊子對『道』的解構　石渝　集寧師範學院學報　2015 年3 期
物我感通　無爲任化：莊子『物化』思想研究　蔣麗梅　中國哲學史　2015 年3 期
中華美學精神與傳統美學的創造性轉化　彭立勳　藝術百家　2015 年3 期
郭象對道家哲學向美學轉化的貢獻　陳火青　青海師範大學學報　2015 年3 期
以理想人格爲視角看先秦儒道生死超越之路徑　楊愛瓊　湖北大學學報　2015 年3 期
中國古代時空觀與道觀念的演變　李曉春　蘭州大學學報　2015 年3 期
莊子中『而』字用法研究　譚本龍、梁嬌程　貴州大學學報　2015 年3 期
莊子齊物論中的『物無非彼，物無非是』　王景琳、徐匋　文史知識　2015 年3 期

南華真經義海纂微之版本及解莊特色：以三教會通爲外，道跡辨析爲内　張京華　燕山大學學報　2015年3期

從『大命』、『小命』之分看莊子『去智任性』的思想　羅祥相　中國哲學史　2015年3期

概念隱喻視角下莊子隱喻翻譯分析　呂新兵　柳州職業技術學院學報　2015年3期

莊子審醜美學體系的合理與癥結剖析　汪靜　宿州教育學院學報　2015年3期

金代詩人對莊子的接受　段少華　忻州師範學院學報　2015年3期

莊子寓言故事話題引入研究：與現代漢語敘述故事話題引入比較　黃錦群　齊魯師範學院學報　2015年3期

郭象思想中的心性問題　王沁淩　平頂山學院學報　2015年3期

從『吾喪我』到『齊物論』：論齊物論中物我對待問題的脈絡　賽子豪　商丘職業技術學院學報　2015年3期

先秦儒道兩家論『人之爲人』與『做人起點』的不同進路　吳根友　哲學研究　2015年3期

儒道之『信』探微　周可真　杭州師範大學學報　2015年3期

齊物論釋義　楊國榮　華東師範大學學報　2015年3期

莊子人性善惡芻議　宋玉鵬、閻豐　求知導刊　2015年3期

莊子的自然美學觀給聲樂演唱者的啟示　李藝　大舞臺　2015年3期

用心若鏡：論莊子體道的鏡子思想　王永豪　東嶽論叢　2015年3期

莊子審美視野下醜向美轉化的邏輯分析　汪靜　赤峰學院學報　2015年3期

葛洪抱朴子内篇對莊子的接受淺析　袁朗　現代語文　2015年3期

莊子生命之美的現實意義　李劍萍、趙曉明　赤子（上中旬）　2015年3期
概念隱喻理論視角下莊子齊物論英譯　雷靜　海外英語　2015年3期
柏拉圖與莊子語言哲學觀比較　王彥華、杜蘅　文學教育（下）　2015年3期
藥地炮莊：意不在莊：以内篇逍遥遊爲例　林曉希　海南師範大學學報　2015年3期
莊子逍遥遊注譯問題的辨析　王中昌　昭通學院學報　2015年3期
蜩、學鳩與斥鴳之笑非重言：兼論逍遥遊『小大之辯』的論證思路　陸平　語文學刊　2015年3期
從『化』到『化境』：通向現代的中國古典美學範疇　孫琪　深圳大學學報　2015年3期
文心雕龍中的道家思辨法舉隅：以神思篇爲例　于真　湖北民族學院學報　2015年3期
莊子心、性思想研究　張松輝、張景　船山學刊　2015年3期
『渾沌』視域中的『是非』與『秩序』　張新　阜陽師範學院學報　2015年3期
從『合於桑林之舞』中的空間構成看『庖丁解牛』何以可能　李志春　河南社會科學　2015年3期
略談莊子神人與道教神仙的差異　劉怡　華夏文化　2015年3期
老莊論生死　李籽菡　華夏文化　2015年3期
道家思辨法對文心雕龍創作論的建構：以神思篇爲例　于真　石家莊鐵道大學學報　2015年3期
從『庖丁解牛』看莊子的遊世思想　蘇菲　三門峽職業技術學院學報　2015年3期
論莊子對聊齋志異的沾溉　王燕　蒲松齡研究　2015年3期
論道家、道教中和均平的社會發展觀　孔令宏　船山學刊　2015年3期
莊子『逍遥遊』　止庵　貴州文史叢刊　2015年3期
莊子中的孔子形象與道儒之爭　黄浩然　中國文學研究　2015年3期

弱者的自我救贖：莊子幸福學說及其現代闡釋　王焱　廣東外語外貿大學學報　2015年3期

從莊子析伯夷形象　葛煒　河北科技師範學院學報　2015年3期

莊子在日本中世禪林的流傳與接受　吳春燕　外國問題研究　2015年3期

論老莊哲學的生命智慧　秦曉慧　鹽城工學院學報　2015年3期

至人之用心若鏡，故能勝物而不傷：莊子齊物論美學思想探微　肖朗　中國社會科學報　2015年3月27日

老莊生態思想對我國生態文明建設的啟示　王麗華　天津師範大學碩士學位論文　2015年3月

莊子與荀子『天人觀』比較　孫旭鵬、許莉莉　大慶師範學院學報　2015年4期

釋然與超然：村上春樹與莊子的生死哲學之比較　徐銘利　文化學刊　2015年4期

齊物與物哀：中日物性思維比較研究　雷曉敏　人文雜誌　2015年4期

『和』與齊物論的思想主旨　許春華　哲學研究　2015年4期

莊子與麥克道爾語言觀比較研究　陳霞　哲學動態　2015年4期

林語堂『悠閒』與莊子『悠閒』之比較　柯曉穎　傳播與版權　2015年4期

莊子逍遥遊思想旨趣辨正　楊鋒剛　大連理工大學學報　2015年4期

跨越時空的思想交匯：盧梭與老莊的自由哲學之思　李敬巍、張旭泉　大連理工大學學報　2015年4期

『有物之域』、『自得之場』與『玄冥之境』：論郭象『獨化』的三個方面　羅彩　甘肅理論學刊　2015年4期

從『無名之朴』到『返朴歸真』：道家『朴』思想的形上考察　馬得林　社會科學輯刊　2015年4期

時間如何流逝：當代分析時間哲學與先秦儒道時間哲學的比較　劉紀璐　孔學堂　2015年4期

莊子與時俱化的生存智慧：因其固然養生主篇及相關思想疏論　王攸欣　中國文化研究　2015年4期

莊子與海德格爾生存觀比較研究　趙鷹　美與時代（下）　2015年4期

論孔子、莊子藝術人生的審美境界　李曉峰　美與時代（下）　2015年4期

莊子齊物論『十日並出』章辨正　王玉彬　中國哲學史　2015年4期

齊物論中聖人使用語言的層次　劉黛　中國哲學史　2015年4期

莊子中的『X然』類形容詞探析　尹思　商丘職業技術學院學報　2015年4期

此『嬰寧』非彼『攖寧』：嬰寧形象分析　王秋朋　重慶三峽學院學報　2015年4期

立場問題與齊物主旨：被忽視的莊子『因是』說　李巍　湖北大學學報　2015年4期

莊子生命哲學的高校教育價值　董曉紅　滁州學院學報　2015年4期

莊子理想國芻議　李慶賓　淮北職業技術學院學報　2015年4期

莊子天下篇與內聖外王之道　陳贇　安徽師範大學學報　2015年4期

論莊子哲學中藝術精神的幾個問題　李大華　中共寧波市委黨校學報　2015年4期

文人畫的『逸品』意識：中國古代畫的莊禪意蘊　孫延利　學術界　2015年4期

『法天貴真』：白褲瑤題材繪畫創作解析　吳秀麗、周國泉　美術觀察　2015年4期

王樹枏以『大同』解莊芻議　李偉　理論月刊　2015年4期

試論莊子中的孔子形象　徐雪琪　科教導刊（上旬刊）　2015年4期

莊子和陶淵明自由觀比較　艾晶晶　雞西大學學報　2015年4期

莊子齊物論中的『道通爲一』　王景琳、徐匋　文史知識　2015年4期

論老莊的『聖人』思想　柴文華、李迪　商丘師範學院學報　2015年4期

淺述莊子的『是非』觀　姜李勤、李萍　商丘師範學院學報　2015 年4 期

莊子文本否定結構單元的構建與功能　賈學鴻　商丘師範學院學報　2015 年4 期

理性·自由·詩意：讀崔大華的莊學研究　代雲　商丘師範學院學報　2015 年4 期

莊子哲學中生命的問題：真實的假裝　德安博、周量航　商丘師範學院學報　2015 年4 期

作爲哲學家的莊子　任博克、郭晨　商丘師範學院學報　2015 年4 期

讀莊子有感　趙晨陽　文學教育(上)　2015 年4 期

論莊子哲學是可知論：莊子認識論初探　周文華　淮陰師範學院學報　2015 年4 期

淺議夏目漱石與莊子　童蕾　吉林省經濟管理幹部學院學報　2015 年4 期

莊子的政治思想探析　劉勰嬌　太原師範學院學報　2015 年4 期

莊子『技』、『道』關係之辨正　劉曉燕　河北學刊　2015 年4 期

莊子『三言』對中醫學傳承的方法論意義　趙榮波　山東中醫藥大學學報·2015 年4 期

正統道家傳承脈絡梳理　陳博　唐都學刊　2015 年4 期

史記老莊同傳發覆　徐瑩　史學集刊　2015 年4 期

從莊子和謝林的藝術哲學異同看哲學與美學的關係　宛小平　廣東社會科學　2015 年4 期

生態秩序與生命價值的合一：郭象『獨化』哲學的生態觀及其現實意義　李小茜　瀋陽師範大學學報　2015 年4 期

試論先秦『遊』『觀』概念的哲學意蘊　孫玉茜　河北師範大學學報　2015 年4 期

論莊子隱士文獻的經典化　霍建波　蘇州大學學報　2015 年4 期

莊子的『世德』觀念及其政治意蘊　葉樹勳　現代哲學　2015 年4 期

性修反德：莊子的德性理論　尚建飛　現代哲學　2015年4期

源自莊子成語的形成方式　馬啟俊　阜陽師範學院學報　2015年4期

莊子人生態度淺析　汪叠　湖南大眾傳媒職業技術學院學報　2015年4期

莊子自由觀與佛教自由觀的比較研究　李金萍　阜陽師範學院學報　2015年4期

亞里士多德與莊子人生『至境』之比較　黃傳根　南華大學學報　2015年4期

淺探王船山晚年工夫論思想：以莊子解的『凝神』與張子正蒙注的『存神』爲例　王宇豐　常州大學學報　2015年4期

莊子的相對主義懷疑論簡析：兼與黑格爾辯證法之比較　劉亞明　太原理工大學學報　2015年4期

論憨山德清的『以佛解莊』思想：以莊子內篇注爲例　周黄琴　肇慶學院學報　2015年4期

莊子和列子的夢覺觀比較　王嘉賓　平頂山學院學報　2015年4期

莊子與世說新語人物形象的映射關係　孫文歌　淮北師範大學學報　2015年4期

古今對話與戲劇衝突：從話劇莊先生說起　孟繁華　北京日報　2015年4月23日

訴說夢境與現實的荒誕：評話劇莊先生　周思明　中國藝術報　2015年4月29日

林紓莊子研究　孫海豔　安慶師範學院碩士學位論文　2015年4月

與化爲體：郭象變化觀探討　毛衍沁　華東師範大學碩士學位論文　2015年4月

莊子句末語氣詞研究　符勁　廣西民族大學碩士學位論文　2015年4月

莊子逍遥遊想像觀研究　吳聞儀　華東師範大學碩士學位論文　2015年4月

朱得之莊子通義研究　趙素菡　華東師範大學碩士學位論文　2015年4月

莊子論『孝』及其啟示　黃聖平　湖北工程學院學報　2014年5期

淺談曹丕散文中的死亡意識與莊子的道家哲學：以『傷秋』、『悲風』爲意象進行分析　朱麗卉　商丘師範學院學報　2015 年5 期

破除情計見實相：馬一浮對莊子的禪學解讀　韓煥忠　商丘師範學院學報　2015 年5 期

論文選李善注所引司馬彪莊子注的價值　劉濤　商丘師範學院學報　2015 年5 期

論南華通對莊子的評點　馬志林、劉生良　商丘師範學院學報　2015 年5 期

杜威與莊子美學思想比較　（韓國）朴素晶　商丘師範學院學報　2015 年5 期

莊子『逍遙遊』的實現方式及其現實意義　朱翠　牡丹江大學學報　2015 年5 期

莊子讓王篇形成年代考略　聶麟梟、聶中慶　西部學刊　2015 年5 期

莊子逍遙遊『野馬』注釋商兑　馬啟俊　學術界　2015 年5 期

莊子思想對大學生思想道德教育方法的啟示　張嵐　思想教育研究　2015 年5 期

莊子思想的生態哲學解讀　李振綱　吉林師範大學學報　2015 年5 期

論莊子天下篇與漢書藝文志之學術分野　黃海德　湖南大學學報　2015 年5 期

關於莊子養生主的幾個疑難問題　張景　湖南大學學報　2015 年5 期

『新子學』與學術『新傳統』建設　孫少華　河北學刊　2015 年5 期

在平衡允執中化解著書難題：評王充閭逍遙遊——莊子傳　許寧　社會科學戰綫　2015 年5 期

別拿『相濡以沫』祝福人　甘正氣　文史博覽　2015 年5 期

管、莊生態觀比較研究及當代價值　張睿鴻　安徽文學（下半月）　2015 年5 期

一紙山水滲透老莊哲學　于海亭　美與時代（中）　2015 年5 期

南華真經死亡觀及生命關懷思想探討　何則陰　中華文化論壇　2015 年5 期

儒道文化對前山水畫藝術風格形成的影響　張馨予　赤子（上中旬）　2015年5期
宋以後回歸文本之莊子逍遥遊探勝　李生龍　甘肅社會科學　2015年5期
論莊子的文本形態與話語資源　劉全志　北京師範大學學報　2015年5期
形神問題在老莊哲學中的發展與演變　林嘯　創新　2015年5期
容攝與攀援：逍遥遊與齊物論關係再檢討　王征　西華師範大學學報　2015年5期
『詩鬼』李賀對莊子的文學接受　姚艾、劉生良　咸陽師範學院學報　2015年5期
莊子：對自由與和諧的追求　鄭開　文史知識　2015年5期
理解何以可能：由濠梁之辯引發的思考　王亞波　青海社會科學　2015年5期
莊子：靈魂的巢　葉春雷　思維與智慧　2015年5期
屹立人間的猛士和隱者：論魯迅思想中的儒與道　喻齊　濮陽職業技術學院學報　2015年5期
中國古代儒道思想中的具身認知觀　黎曉丹　葉浩生　心理學報　2015年5期
『德性生命』與『道性生命』：以先秦儒道『貴生』思想爲中心的考察　石麗娟　學術界　2015年5期
莊子人間世新詁（三則）　姚爛、楊婷婷　貴陽學院學報　2015年5期
莊子『彼是方生之說』正義　劉崧　南昌大學學報　2015年5期
君子不器與莊周難題的辯證教育觀淺析　潘業旺、孫萬代　甘肅理論學刊　2015年5期
『神技無技』：莊子技藝美學思想的吊詭　陳火青　吉首大學學報　2015年5期
李贄童心說的文化闡釋　梁願　惠州學院學報　2015年5期
新世紀以來中國大陸中國藝術精神研究述評　熊均　貴州大學學報　2015年5期
三子會宗論中的遺民思想論析　宋健　中南大學學報　2015年5期

莊學大師王叔岷　李映發　西華大學學報　2015 年5 期

莊子的修辭語境觀及其實踐　陳啟慶、林秀明　福建工程學院學報　2015 年5 期

世俗政治的解構與理想國的建構：莊子『外王』觀的致思路徑探析　唐少蓮　廣東石油化工學院學報　2015 年5 期

老莊哲學逐步演變爲早期道教理論基礎的邏輯進程　陳雄　西藏民族學院碩士學位論文　2015 年5 月

莊子心靈哲學研究　陳婷　河北師範大學碩士學位論文　2015 年5 月

李白蘇軾詩歌化用莊子人物述論　伍昆　華東師範大學碩士學位論文　2015 年5 月

『庖丁解牛』故事英語譯釋個案的文本細讀與比照分析　安豐森　北京外國語大學碩士學位論文　2015 年5 月

馮友蘭莊子英譯本中重要觀念的意義源流辨析：以『逍遙』、『去知』、『道』的翻譯與闡釋爲例　陳紹熙　北京外國語大學碩士學位論文　2015 年5 月

惲南田以莊論畫的美學意藴　田帥　北京第二外國語學院碩士學位論文　2015 年5 月

楚地哀歌：王夫之詩歌及其莊子解　焦炯炯　吉林大學碩士學位論文　2015 年5 月

虛靜之心：莊子『心齋』、『坐忘』審美經驗比較研究　鄧馨　雲南大學碩士學位論文　2015 年5 月

莊子之『樂』思想研究　王豔　河北大學碩士學位論文　2015 年5 月

莊子美醜觀研究　郭兆旺　河北大學碩士學位論文　2015 年5 月

繼承與超越：論聊齋志異與莊子　邊昭靜　山東師範大學碩士學位論文　2015 年5 月

莊子内篇寓言故事在英語世界的翻譯與闡釋：以『莊周夢蝶』、『庖丁解牛』爲中心　郭晨　北京外國語大學博士學位論文　2015 年5 月

心居何所：從莊子試說審美意識的覺醒　麻延章　文藝生活　2015 年6 期

生存美學：莊子與福柯的相遇　管小其　學術交流　2015 年6 期

莊子無竟：意境說的直接源頭與穩定思想内核　朱棟、支運波　西南民族大學學報　2015 年6 期

莊子中的連綿詞研究　周星宇　文學教育　2015 年6 期

『道通爲一』解　張榮明　中原文化研究　2015 年6 期

老莊哲學批判精神及其官僚腐敗治療價值探析　江峰　河北學刊　2015 年6 期

道家善書的品德治療觀與實踐技術　于國慶　河北學刊　2015 年6 期

道家人文醫療及其現實意義　詹石窗、李冀　河北學刊　2015 年6 期

論阮籍之死：以莊子與世說新語爲例　劉世明、馬軼男　和田師範專科學校學報　2015 年6 期

『吾喪我』與『主體之消失』的同歸與殊途：試比較莊子與鮑德里亞的反主體主義思想　劉翔　晉陽學刊　2015 年6 期

莊子之『知』：『知——樂』於濠上　安樂哲、崔雅琴　杭州師範大學學報　2015 年6 期

莊子『天鈞』、『兩行』觀念的文學呈現：以白居易詩歌爲觀照對象　寧稼雨、汪澤　天津師範大學學報　2015 年6 期

從『任萬物之自爲』到『上下皆無爲』：郭象對『無爲』概念的創造性詮釋　王威威、許抗生　北京師範大學學報　2015 年6 期

鯤鵬寓言的文本解讀：以莊子逍遥遊爲中心　萬勇華　成都理工大學學報　2015 年6 期

論莊子哲學的政治意蘊：以應帝王爲中心　張華勇　武漢大學學報　2015 年6 期

論莊子之『安之若命』　袁艾　武漢大學學報　2015 年6 期

莊子與禪宗的『瞬間永恒』意識　侯李遊美　文史雜誌　2015年6期

莊子技術寓言的自由境界及其美學意藴解析　萬勇華　江漢論壇　2015年6期

莊子道家思想與現代生態環境反思　郭兆旺　赤子（上中旬）　2015年6期

比較莊周夢蝶和夜鶯頌的美學思想（英文）　柯亞　海外英語　2015年6期

由『術』而『道』：老莊整體性技術觀研究　金惠敏　哲學研究　2015年6期

莊子『物化』思想論析　王向清、周蓉　哲學研究　2015年6期

『莊先生』的雙飛翼：觀話劇莊先生　臧保雲　上海戲劇　2015年6期

逍遥遊與當代理想人生觀建構　劉洋、劉倩　品牌（下半月）　2015年6期

莊子的『師道』哲學　岳濤、李杏　教師教育論壇　2015年6期

道家身體觀及其體育思想的内在超越　李有強　體育科學　2015年6期

援『道』入『相』：莊子相術思想的獨特性　昝風華　江西社會科學　2015年6期

莊子美育『理想人格』論及其對當前高校藝術教育的啟示　程軍、許心宏　宿州學院學報　2015年6期

民主、法治價值觀的道家思想溯源　劉占祥　成都師範學院學報　2015年6期

論莊子的教育思想和海德格爾哲學中的現象　許中麗　洛陽師範學院學報　2015年6期

試論元稹詩中的莊子典故與詩人心態　胡遂、尹芳麗　求索　2015年6期

試論莊子的『形殘德全』觀念及其影響　衛佳、楊和爲　美與時代（下）　2015年6期

莊子齊物論中的『萬物與我爲一』　王景琳、徐匋　文史知識　2015年6期

桐城派與莊子考據學　李波　文藝評論　2015年6期

莊子休鼓盆成大道人物關係解讀　李麗霞　傳播與版權　2015年6期

莊子『逍遙遊』與魏晉『澄懷味像』山水審美方式的形成　楊昰　成都師範學院學報　2015年6期

莊子、文子、淮南子重文研究　聶麟梟、聶中慶　遼東學院學報　2015年6期

試論郭象『名教』的內在結構　羅彩　海南師範大學學報　2015年6期

逍遙與齊物的辯證　崔發展、彭雪華　西南民族大學學報　2015年6期

道言之真與詩性家園的建構：論莊子的重言言說方式　嚴平　湖北師範學院學報　2015年6期

逍遙遊中鯤鵬寓言再解讀　沈立群　湖北師範學院學報　2015年6期

論桓譚新論對莊子的繼承　高深　甘肅社會科學　2015年6期

莊子：勿被名勢情物所累　王充閭　遼寧日報　2015年6月22日

簡說企鵝書屋莊子英譯本的插圖　于雪棠　中國社會科學報　2015年6月24日

莊子：具有世界意義的文化元典　王充閭　遼寧日報　2015年6月29日

莊子的身體觀研究　段偉靜　西北大學　碩士學位論文　2015年6月

楚文化語境中的道學研究　曹星　華南理工大學　碩士學位論文　2015年6月

莊子與犬儒的處世觀比較研究　蔣悅　西北大學　碩士學位論文　2015年6月

魏晉逍遙義探析　宿金鳳　山東師範大學碩士學位論文　2015年6月

淺論莊子的『至樂』思想　張瑞　海南大學碩士學位論文　2015年6月

程以寧南華真經注疏研究　陳文靜　華東師範大學碩士學位論文　2015年6月

從認知視域論莊子隱喻英譯　雷靜　西南石油大學碩士學位論文　2015年6月

先秦道家和諧思想對當下構建和諧社會的啟示　丁蘭　哈爾濱商業大學碩士學位論文　2015年6月

莊子美學思想對王羲之書法藝術的審美關照　何薇　藝海　2015年7期

陳子龍『莊屈善怨』說述評　宋健　海南師範大學學報　2015年7期
莊子複合詞的構詞及其形概消亡的認知研究　周啟強　求索　2015年7期
以莊子中『機心說』看現代中國矛盾中的道德滑坡　張春超　時代文學（下半月）　2015年7期
莊子內篇訓釋辨證（上）　聶麟梟、聶中慶　通化師範學院學報　2015年7期
探索以孟子、莊子爲代表的中國哲學體系與一度小乘佛教哲學體系的不同　韓雪琳、高純斌　吉林廣播電視大學學報　2015年7期
莊子的形神哲學思想在中國藝術中的具體表現研究　劉琳　赤峰學院學報　2015年7期
道家視域：政治生活中的『民』　梅珍生　哲學研究　2015年7期
早期道家精神超越的現代教育意義　李曉英　商丘師範學院學報　2015年7期
莊子齊物論中的『八德』　王景琳、徐匋　文史知識　2015年7期
莊子的臺階　葉春雷　思維與智慧　2015年7期
莊子哲學與精神生命教育　吳秋連　教育教學論壇　2015年7期
淺析儒道『內聖外王』思想關係　王東　黑龍江史志　2015年7期
試論莊子對韓愈散文的影響及其原因　黃學義　商丘師範學院學報　2015年7期
『有用之用』、『無用之用』以及『無用』：莊子對外物態度的分析　羅安憲　哲學研究　2015年7期
莊子亦有入世精神　陳徽　中國社會科學報　2015年7月7日
德貌背離：莊子重要的寫人模式　梁奇　中國社會科學報　2015年7月13日
莊子形神論及其藝術轉化：兼論其對中國寫人傳統的影響　刁生虎　2015年中國語言文學研究暨漢語教學國際學術研討會　2015年7月19日

桐城派莊子的經典化建構　李波　中國社會科學報　2015年7月20日
怎樣讀莊子　章啟群　中華讀書報　2015年7月22日
略談道家四書　顧農　中華讀書報　2015年7月22日
『萬物一齊』與『物之不齊』　李智福　光明日報　2015年7月27日
莊子道德敘事的當代價值　李昳聰　黑龍江史志　2015年8期
試論莊子『心齋』、『坐忘』對當代中國油畫創作的啟示　湯勝華　美術教育研究　2015年8期
無心而順性與習以成性：郭象玄學意義的功夫論芻議　劉晨　學術探索　2015年8期
美國阿米什的『避世歸隱』與莊子的『逍遥遊』　張婧文　文化學刊　2015年8期
超然：莊子至人觀之研究　李曉英　史學月刊　2015年第8期
道家思想對內經養生理論的影響　邊莉、田思勝　山東中醫雜誌　2015年8期
莊子貴真思想淺論　劉秋月　文學教育(上)　2015年8期
論『氣』在莊子生命美學思想中的仲介作用　謝盛華　名作欣賞　2015年8期
神秘虛境下的真性情：論莊子獨特的個性美　謝盛華　名作欣賞　2015年8期
性朴論：荀子與莊子之比較　周熾成　商丘師範學院學報　2015年8期
莊子『吾喪我』的向度與境界　王傳林　商丘師範學院學報　2015年8期
正言若反·捐跡返本·章句歧解：郭象解莊方法補苴　李智福　商丘師範學院學報　2015年8期
莊子逍遥遊中『猶有所待』之『待』、『依賴』義商榷　高深　商丘師範學院學報　2015年8期
試論莊子『以道觀之，物無貴賤』的自然全美思想　謝盛華　名作欣賞　2015年8期
莊子齊物論中的『物之所同是』　王景琳、徐匋　文史知識　2015年8期

莊子美學中的道德觀　劉曉男　齊齊哈爾大學學報　2015年8期

與其不足而相愛，豈若有餘而相忘：對莊子『不如相忘於江湖』的思考　周姍姍　藝術科技　2015年8期

莊子至樂髑髏寓言抉微　黄克劍　哲學動態　2015年8期

妙道與心靈：莊子之『神』述論　翟奎鳳　哲學動態　2015年8期

莊子的動物隱喻及其與深生態倫理的關聯　王俊傑　中州學刊　2015年8期

莊子中的職場力　沈青黎　思維與智慧　2015年8期

馬致遠神仙道化劇中的莊子思想　郭曉芳　雞西大學學報　2015年8期

淺析莊子中的木意象　張小璐　鄂州大學學報　2015年8期

詮釋理論視閾下的中國古籍英譯論析：以英譯莊子爲例　劉澤林、丁延海　宿州學院學報　2015年8期

莊子大宗師生命觀的建構及其解構　李倩倩　文藝評論　2015年8期

莊子與韓非子寓言藝術特色比較　于亞飛　貴州師範學院學報　2015年8期

王興國：讀莊子讓生命翻開新的一頁　魏沛娜　深圳商報　2015年8月30日

淺談語文教學中的文學滲透：以莊子散文的文學特質研究爲例　裴應勝　亞太教育　2015年9期

從『莊子』看讀書與道德關係　劉亞琴　新西部　2015年9期

20世紀以來郭象研究之述評　李小茜　社科縱橫　2015年9期

莊子内篇訓釋辨證（下）　聶麟梟、聶中慶　通化師範學院學報　2015年9期

伏羲六十四卦和伏羲太極圖的象數解密：新著老莊之道、伏羲之道要義簡釋　張遠山　書屋　2015年9期

說莊子中的『也』字　孫靜　安徽文學（下半月）　2015年9期
『得意忘言』的兩種誤用　趙丕傑　新聞與寫作　2015年9期
東晉高僧愛南華：淺談道安等人對莊子的理解和運用　韓焕忠　湖北文理學院學報　2015年9期
屈原和莊子的人生選擇：以離騷和逍遥遊人物形象的選取爲例　王晴　理論觀察　2015年9期
形象學視角下莊子翻譯中的女性形象　金曉宏　語文建設　2015年9期
重讀莊子　溫勇智　思維與智慧　2015年9期
論『莊子歎骷髏』的文學與圖像表達　左丹丹　齊齊哈爾大學學報　2015年9期
論『解衣般礴』　郭瑩洲　藝術科技　2015年9期
莊子齊物論中的『不從事於務』的聖人　王景琳、徐匋　文史知識　2015年9期
論李白詩歌與道家美學思想　宋珊　綿陽師範學院學報　2015年9期
『真』與『寫真』的演變　朋星　民主　2015年9期
莊子天人觀的多維闡釋　黄聖平　樂山師範學院學報　2015年9期
語言路上的相遇：海德格爾和莊子齊物論研究　連悦　湖北函授大學學報　2015年10期
試論楊慈湖對道家的批判：以本體論、工夫論和境界論爲中心　陳碧強　理論界　2015年10期
互文性視野下莊子裹的孔子形象初探：莊子與論語的互讀　胡繼成　理論界　2015年10期
淺談莊子思想與白居易人生境界　李玥　現代交際　2015年10期
阮籍的莊學詮釋與生命實踐　暴慶剛　蘭州學刊　2015年10期
道家的多維人文思想及當代價值　雷輝　中華文化論壇　2015年10期
儒、道二家生死觀之比較與互滲　費豔穎、曹廣宇　貴州社會科學　2015年10期

莊子齊物論中的生死和夢覺　王景琳、徐匋　文史知識　2015年10期

莊子『A於B，C。』是否是『B之於A，C。』之倒裝：以『父母於子，東西南北，唯命之從』中『父母於子』爲例　李瑞　藝術科技　2015年10期

嵇康的詩歌與莊子　陳曉、李小舒　赤峰學院學報　2015年10期

在『無用之物』的哲思中提升審美價值的構建　楊旭霞　科教文匯（中旬刊）　2015年10期

春風大雅能容物　秋水文章不染塵　李恩花、劉海強　學周刊　2015年10期

道家思想在學生人格教育中的應用　黃豔霞　內蒙古師範大學學報　2015年10期

淺析莊子逍遙遊篇意　張豔玲　名作欣賞　2015年10期

溫而不熱地打量這個世界：讀關於莊子的五十四種解讀和書寫　吳玫　文匯報　2015年10月12日

『天籟』與『天樂』：莊子對音樂之美的理解　莊怡紅　中國社會科學報　2015年10月13日

夷齊盜跖俱亡羊：論盜跖與莊派思想的一致性　張景　光明日報　2015年10月19日

『遊』文化及其審美精神：結合孔子、莊子的生命觀進行探討　謝鑫　中國社會科學報　2015年10月29日

從莊子微敘事看戲劇小品的創作思想及其審美　蔡青　語文建設　2015年11期

雪花般的莊子飄落大地　葉春雷　思維與智慧　2015年11期

從精神分析看『周公夢』和『蝴蝶夢』及其影響　馮濤　理論界　2015年11期

論莊子中的儒生形象　田小林　戲劇之家　2015年11期

成玄英道德經義疏中的莊學精神　劉鶴亭　商丘師範學院學報　2015年11期

莊子之『遊』探微　王傳林　商丘師範學院學報　2015年11期

莊子論心、氣、命　萬志全　商丘師範學院學報　2015年11期

莊子中的死亡與自我　埃里克・施維茨格貝爾、王玉彬　商丘師範學院學報　2015年11期

企業家要學會『庖丁解牛』　段俊平　現代企業文化（上旬）　2015年11期

道家的處世智慧：如何瀟灑過一生　葛榮晉　國學　2015年11期

莊子的意境審美生成論　梁聯強　文學教育（上）　2015年11期

莊子齊物論中的『和之以天倪』　王景琳、徐匋　文史知識　2015年11期

發展玄學思想的郭象　張齊明　文史知識　2015年11期

默會知識視角下的莊子哲學解析：兼論專家型教師的成長　陳昱鼂、江淑玲　教育學術月刊　2015年11期

道家德性論的基本特徵　尚建飛　哲學研究　2015年11期

論王維寄情山水所體現的莊子思想　呂曉蒙、舒大清　現代語文　2015年11期

略論莊子的『以快吾志』　王紹培　深圳特區報　2015年11月11日

莊子逍遙對待研究：以首篇逍遙遊爲視角　馬慶、王帥鋒　決策論壇——系統科學在工程決策中的應用學術研討會　2015年11月21日

『現代莊子』也是文化戰士　林文俏　南方日報　2015年11月26日

莊子思想精髓淺析　劉倩　劇之家　2015年12期

呆若木雞　寧波通訊　2015年12期

學莊子『做減法』　王充閭　中國紀檢監察　2015年12期

莊子如何看待生死　于丹　思維與智慧　2015年12期

理性社會的回歸：莊子『氣化論』與尼采『權力意志』說的反思　王小寧　名作欣賞　2015年13期

莊子生平考　錢政　大眾文藝　2015年13期

論莊子的自由思想　王國華　才智　2015年14期

論莊子生命觀　慈秀秀　湖北函授大學學報　2015年14期

淺析莊子逍遥遊思想的現代意義　慈秀秀　學理論　2015年15期

手邊的莊子　淵默　思維與智慧　2015年15期

莊子生死觀初探　李富強　人文天下　2015年15期

淺談莊子之『遊』與文人『墨戲』　王飛飛　美術教育研究　2015年15期

淺談盧梭與莊子的自然觀　楊沫南　湖北函授大學學報　2015年15期

突破困境，探尋生命之美：『莫若以明』　果海富　現代經濟信息　2015年16期

談庖丁解牛教學設計　吳迪　才智　2015年16期

道家美學思想與藝術的內在聯繫　陳平　大眾文藝　2015年17期

荀子、莊子聖人觀的差異性分析　吳兆飛　改革與開放　2015年18期

小談莊子音樂思想：莊子的認識　魏丫童、馮曉婧　赤子（上中旬）　2015年18期

『言不盡意』論與『精神助產術』　夏雯潔　赤子（上中旬）　2015年18期

帕斯卡思想録與莊子哲思之比較　程諾　長春教育學院學報　2015年18期

論大宗師之『一』　徐敏　大眾文藝　2015年19期

針對莊子『無爲』思想的解讀　多吉平措　才智　2015年20期

淺談莊子的生死觀和養生法　劉陽河　語文學刊　2015年20期

『文中之支離疏』：論莊子中的審醜意識　鄭柳娜　名作欣賞　2015年24期

莊子文學形象對紅樓夢的影響　席紅霞　名作欣賞　2015年24期

試論老莊的生存權利理念　鄒秀季、傅小凡　蘭臺世界　2015年24期

莊子幸福觀與伊壁鳩魯幸福觀比較研究　夏玉漢　學理論　2015年25期

佛禪老莊思想與郭祥正詩歌創作　楊宏、季軍　蘭臺世界　2015年28期

莊子在大學生精神成人教育中的時代價值研究　馬學春　學理論　2015年29期

『天籟』及其悖論：兼論南郭子綦並未真正聽到天籟　馮劍輝　名作欣賞　2015年29期

『井底之蛙』與『坐井觀天』　趙丕傑　青年記者　2015年30期

莊子『支離其形』人物形象系列簡論　張虹　中外企業家　2015年32期

試析李約瑟關於道家言論的前後不一　王穗實　學理論　2015年33期

淺談莊子的人生修養論　李紅敏、楊方、焦偉婷　教育教學論壇　2015年35期

唐成玄英對莊子文學的闡釋　呂洋、劉生良　唐史論叢第二十輯　2015年

莊子雜篇述莊學派時空詩學研究：內篇逍遙時空的承續　（臺灣）許端容　諸子學刊（第十二輯）　上海古籍出版社　2015年版

莊子論孔子與儒家思想　黃震雲　諸子學刊（第十二輯）　上海古籍出版社　2015年版

由道而大：莊子對老子之道的創造性回應　林光華　諸子學刊（第十二輯）　上海古籍出版社　2015年版

莊子文本鏈狀否定結構綜論　賈學鴻　諸子學刊（第十二輯）　上海古籍出版社　2015年版

涉獵子學引發的思考：從研讀莊子、劉子的體會說起　涂光社　諸子學刊（第十二輯）　上海古籍出版

社　2015年版

莊子的魚與耶穌的魚：基於跨文化視角的比較　包兆會　諸子學刊（第十二輯）　上海古籍出版社　2015年版

郭象的『自生』、『獨化』觀念：從哲學史角度出發的考察　李翠琴　諸子學刊（第十二輯）　上海古籍出版社　2015年版

文選李注所引莊子及莊子注研究　劉濤　諸子學刊（第十二輯）　上海古籍出版社　2015年版

論宋人對莊子『庖丁解牛』工夫層次的詮釋（臺灣）簡光明　諸子學刊（第十二輯）　上海古籍出版社　2015年版

論宋濂對莊子思想及文風的體認　劉海濤　諸子學刊（第十二輯）　上海古籍出版社　2015年版

老莊研究的開拓之作：評陸永品先生老莊新論　李波、方勇　諸子學刊（第十二輯）　上海古籍出版社　2015年版

二、臺灣地區莊子研究論文輯目

錢穆先生的莊子纂箋　王叔岷　自由中國　7卷1期　1952年7月

試論孟子、荀子與莊子　林煦籌　中興評論　3卷6期　1956年6月

淮南子與莊子之關係　周駿富　大陸雜誌　14卷2期　1957年1月

莊子秋水篇『人卒九州』注疏商榷　劉光義　大陸雜誌　14卷8期　1957年4月

辯老子書不後於莊子書　嚴靈峰　大陸雜誌　15卷9期　1957年11月

辯老子書不後於莊子書　嚴靈峰　大陸雜誌　15卷11期　1957年12月
莊子之生死觀　周紹賢　建設　8卷4期　1959年9月
陸德明莊子音義引書考略　嚴靈峰　大陸雜誌　20卷5期　1960年3月
莊子之道德境界　周紹賢　建設　8卷10期　1960年3月
淮南子與莊子　王叔岷　清華學報　2卷1期　1960年5月
莊子的自然主義　曹國霖　建設　9卷2期　1960年7月
莊子之政治思想　周紹賢　建設　9卷2期　1960年7月
莊子天下篇作者及其評莊老優劣　王昌祉　大陸雜誌　21卷12期　1960年12月
莊子的思想體系　王昌祉　大陸雜誌　22卷6期　1961年3月
莊子的人生觀　張振東（Chen - Tung Chang）　現代學人　3期　1961年11月
莊子其人　陳百希　現代學人　4期　1962年2月
莊子齊物論篇之改訂與校釋　嚴靈峰　大陸雜誌　24卷3期　1962年2月
莊子齊物論篇之改訂與校釋　嚴靈峰　大陸雜誌　24卷5期　1962年3月
莊子齊物論篇之改定與校釋　嚴靈峰　大陸雜誌　24卷7期　1962年4月
論莊子天下篇非莊周自作　嚴靈峰　大陸雜誌　26卷1期　1963年1月
論莊子天下篇非莊周自作　嚴靈峰　大陸雜誌　26卷3期　1963年2月
莊子筆下的孔子　黃錦鋐　孔孟月刊　1卷11期　1963年7月
莊子之養生論　周紹賢　建設　12卷8期　1964年1月
佛學義理與莊子思想　廖吉郎　慧炬　25期　1964年5月

莊子內七篇劄記　陳宗敏　大陸雜誌　31卷11期　1965年12月
莊子——古中國的實存主義　福永光司　思想與時代　124/125　1964年12月
莊子思想要略　楊慶儀　大陸雜誌　29卷12期　1964年12月
章氏莊子解故訂　向夏　南大中文學報　3期　1965年2月
莊子年里考　蘇新鋈　南大中文學報　3期　1965年2月
莊子思想的探討　吳怡　思與言　2卷6期　1965年3月
莊子卅三篇本成立之時代　夏靳　大陸雜誌　30卷11期　1965年6月
莊子駢拇、馬蹄、胠篋、在宥四篇錯簡異文之校訂　嚴靈峰　中華雜誌　3卷8期　1965年8月
莊子駢拇、馬蹄、胠篋、在宥四篇錯簡異文之校訂　嚴靈峰　中華雜誌　3卷9期　1965年9月
從秋水篇淺釋莊子哲學思想　張寧壽　文海　1卷8期　1966年2月
莊子在宥篇旨趣淺述　陳宗敏　國魂　246期　1966年3月
莊子秋水篇讀後　辛意雲　思想與時代　141期　1966年4月
評介陳鼓應著的莊子哲學　謝愛之　幼獅月刊　24卷1期（總號163）　1966年7月
莊子生死觀念的剖析　劉光義　大陸雜誌　33卷2期　1966年7月
莊子平話　諸橋轍次　新覺生　4卷11期　1966年11月
莊子平話　諸橋轍次　新覺生　4卷12期　1966年12月
史記莊子列傳疏證　劉本棟　幼獅學志　5卷2期　1966年12月
太極拳松弛之義淵源於莊子　盧崇善　太極拳研究專集　4期　1966年12月
莊子逍遙遊在人生實踐上的意義　梁尚忠　國魂　253期　1966年12月

莊子平話　諸橋轍次　新覺生　5卷1期　1967年1月

莊子平話　諸橋轍次　新覺生　5卷2期　1967年2月

莊子駢拇篇劄記　陳宗敏　大陸雜誌　34卷4期　1967年2月

莊子的智慧：一個新估價　吳經熊、項退結　現代學苑　4卷3期　1967年3月

莊子平話　諸橋轍次　新覺生　5卷4期　1967年4月

莊子『於』字用法探究　王仁鈞　大陸雜誌　34卷8期　1967年4月

莊子『於』字用法探究　王仁鈞　大陸雜誌　34卷9期　1967年5月

莊子平話　諸橋轍次　新覺生　5卷5期　1967年5月

莊子『於』字用法探究　王仁鈞　大陸雜誌　34卷11期　1967年6月

莊子平話　諸橋轍次　新覺生　5卷6期　1967年6月

莊子平話　諸橋轍次　新覺生　5卷7期　1967年7月

莊子平話　諸橋轍次　新覺生　5卷8期　1967年8月

莊子平話　諸橋轍次　新覺生　5卷9/10　1967年10月

讀程著莊子講義後　羅聯絡　建設　16卷6期　1967年11月

莊子『齊物論』平等思想　梁尚忠　國魂　265期　1967年12月

王船山的莊子通研究　陳重文　國魂　267期　1968年2月

王船山的莊子通研究　陳重文　國魂　268期　1968年3月

莊子平話　諸橋轍次　新覺生　6卷4/5　1968年5月

莊子平話　諸橋轍次　新覺生　6卷7期　1968年7月

莊子平話　諸橋轍次　新覺生　6卷8期　1968年8月

莊子之逃避政治思想　汪大華　東方雜誌　2卷3期　1968年9月

莊子解點校序言　陳重文　國魂　276期　1968年11月

莊子平話　諸橋轍次　新覺生　6卷11期　1968年11月

莊子解點校逍遙遊　陳重文　國魂　277期　1968年12月

超塵不羈的才士——莊子　張起鈞、吳怡　中國文選　21期　1969年1月

福永光司撰、陳冠學譯：莊子　劉佩仙　國立臺灣大學社會學刊　5期　1969年4月

莊子解點校齊物論　陳重文　國魂　281期　1969年4月

莊子平話　諸橋轍次　新覺生　7卷5期　1969年5月

莊子解點校養生主　陳重文　國魂　283期　1969年6月

莊子平話　諸橋轍次　新覺生　7卷6期　1969年6月

莊子平話　諸橋轍次　新覺生　7卷8/9　1969年9月

莊子平語　諸橋轍次　新覺生　7卷2/3　1969年3月

王輯莊子逸文『於』字用法探究　王仁鈞　廣文月刊　1卷8/9　1969年7月

莊子秋水篇研究　寒竹　中國佛教　13卷11期　1969年7月

莊子思想發微　簡博賢　學粹　11卷6期　1969年10月

莊子平話　諸橋轍次　新覺生　7卷10期　1969年10月

莊子『相』字用法探究　王仁鈞　淡江學報　8期　1969年11月

莊子明道過程之剖視　婁良樂　中山學術文化集刊　4期　1969年11月

莊子思想的重心：道　蔡明田　中山學術文化集刊　4期　1969年11月

莊子的智慧　吳經熊　國魂　289期　1969年12月

莊子對言之表現方式的思想基礎　黃柱華　現代文學　39期　1969年12月

莊子平話　諸橋轍次　新覺生　8卷1/2　1970年2月

莊子平話　諸橋轍次　新覺生　8卷3期　1970年3月

莊子與佛教　曾普信　臺灣佛教　24卷1期　1970年4月

宋地蒙人『莊子』傳略考　王保德　中原文獻　2卷5期　1970年5月

莊子及其哲學　韋政通(Chen－Túng Wei)　現代學苑　7卷5期　1970年5月

莊子疑義辨證　李勉　成功大學學報　5期　1970年5月

莊子識疑　陳啟天　東方雜誌　3卷12期　1970年6月

莊子學述　莊萬壽　國立臺灣師範大學國文研究所集刊　14期　1970年6月

釋莊子詭辭『大仁不仁』與『至親無仁』　王煜　中國學人　2期　1970年9月

莊子的宇宙觀　龔樂群　恒毅　20卷6期　1971年1月

莊子與佛學的關聯性　黃錦鋐　慧炬　87/88期　1971年2月

莊子的人生觀　龔樂群　恒毅　20卷9期　1971年4月

莊子天下篇之分析　張成秋　中華文化復興月刊　4卷4期　1971年4月

讀莊子天下篇　戴君仁　大陸雜誌　42卷10期　1971年5月

莊子『心』觀念淺釋　安樂哲　大陸雜誌　42卷10期　1971年5月

莊子天下篇的作者問題　嚴靈峰　中華文化復興月刊　4卷6期　1971年6月

莊子的知識論　龔樂群　恒毅　21 卷1 期　1971 年8 月
莊子『道』的意義之解析　陳鼓應　大陸雜誌　43 卷3 期　1971 年9 月
莊子對中國文藝的影響　崔垂言　新文藝　186 期　1971 年9 月
莊子哲學的四大本義　鍾泰　國魂　313 期　1971 年12 月
試析莊子思想中的實體與現象　安樂哲　大陸雜誌　44 卷1 期　1972 年1 月
莊子人間世所含蘊的處世哲學　顏崑陽　今日中國　9 期　1972 年1 月
莊子的南華經　松雲　人民團體　108 期　1972 年1 月
莊子齊物論之管窺　馬融　恒毅　21 卷6 期　1972 年1 月
莊子認識系統的特色　陳鼓應　大陸雜誌　44 卷1 期　1972 年1 月
莊子山木篇『生長』釋文疏義兼駁俞樾　張以仁　中華文化復興月刊　5 卷1 期　1972 年1 月
無求備齋莊子集成自序　嚴靈峰　中華文化復興月刊　5 卷4 期　1972 年4 月
莊子南華經的社會思想及其影響　廖永銘　社會導進　2 卷4 期　1972 年6 月
莊子的人生論　李康洙　研究生　1 期　1972 年6 月
莊子書中的『夫子曰』　戴君仁　圖書季刊　3 卷1 期　1972 年7 月
試論莊子的動靜觀　菊韻　今日中國　16 期　1972 年8 月
關於莊子及莊子書　黃錦鋐　文史季刊　3 卷1 期　1972 年10 月
莊子的道德論　龔樂群　恒毅　22 卷3 期　1972 年10 月
莊子的道德論　龔樂群　恒毅　22 卷4 期　1972 年11 月
莊子的道德論　龔樂群　恒毅　22 卷5 期　1972 年12 月

莊子學說詮證　李勉　中國國學　1期　1972年12月

莊子逍遙境界的誤解　吳怡　文藝復興　37期　1973年1月

莊子逍遙遊的工夫　吳怡　國魂　327期　1973年2月

莊子逍遙遊的工夫　吳怡　國魂　328期　1973年3月

從逍遙遊一文看莊子消遙的境界與工夫　吳怡　文藝復興　39期　1973年3月

釋莊子中的『不』與『弗』　黃錦鋐　淡江學報（文學部）　11期　1973年3月

莊子『自』字用法探究　王仁鈞　淡江學報（文學部）　11期　1973年3月

莊子思想的精神：體現真我　吳怡　中華文化復興月刊　6卷4期　1973年4月

莊子學術之體系　陸鐵乘　國文學報　2期　1973年4月

莊子的政治思想（蔡明田著）　邢義田　書評書目　5期　1973年5月

談莊子對生死的看法　姜鎮邦　臺肥月刊　14卷5期　1973年5月

莊子的思想體系　昌祉　國魂　330期　1973年5月

莊子的思想學說及其處世態度　雨林　藝文志　93期　1973年6月

莊子天下篇之疏解　唐亦男　成功大學學報（人文篇）卷8期　1973年6月

莊子天下篇之疏解　唐亦男　成功大學學報（人文篇）卷10期　1975年5月

莊子哲學中詩藝化境的現代意義　馮滬祥　文藝月刊　51期　1973年9月

莊子內篇逍遙篇第一詮釋　史次耘　人文學報（輔大）　3期　1973年12月

莊子『庖丁解牛』與近代科學管理　奚根林　局務簡訊　7卷12期　1973年12月

莊子天下篇淺說　陳啟天　東方雜誌　7卷6期　1973年12月

無求備齋莊子集成續編自序　嚴靈峰　中華文化復興月刊　7卷1期　1974年1月

莊子『何』字用法探究　王仁鈞　淡江學報（文學與商學部門）　12期　1974年3月

莊子學述　胡自逢　中華學苑　13期　1974年3月

論莊子政治思想與近世民主思潮之關係　袁宙宗　黃埔月刊　264期　1974年4月

莊子的天道思想和人生哲學　楊超然　慧炬　123期　1974年5月

莊子思想之研究　吳豐年　國立臺灣師範大學國文研究所集刊　18期　1974年6月

劉子引用莊子考　林長眉　書目季刊　8卷1期　1974年6月

從文學批評觀點讀莊子　施友忠　中外文學　3卷7期　1974年12月

老子、莊子、道家之辨　黃慶松　大學雜誌　80期　1974年12月

莊子內篇之系統探討　簡翠貞　新竹師專學報　1期　1974年12月

莊子寓言研究　成源發　臺北師專學報　3期　1974年12月

莊子『謂』字用法探究　王仁鈞　淡江學報（文學部）　13期　1975年1月

莊子之文學　黃錦鋐　淡江學報（文學部）　13期　1975年1月

莊子秋水篇闡釋　陳鼓應　大陸雜誌　50卷2期　1975年2月

莊子內篇齊物論第二詮釋　史次耘　人文學報（輔大）　4期　1975年5月

從感情、理智、科學的角度看莊子的文學　黃錦鋐　幼獅月刊　41卷6期　1975年6月

論老莊思想的異同及莊子的藝術觀　賴聲羽　新潮（臺大）　30期　1975年6月

莊子自然主義之純全性　顏崑陽　學粹　17卷2期　1975年6月

莊子述解　潘柏世　鵝湖月刊　1期　1975年7月

莊子的詞章與雄偉風格　陳慧樺　中外文學　4卷9期　1976年2月
莊子齊物論述解(上)　潘柏世　鵝湖月刊　8期　1976年2月
莊子齊物論述解(中)　潘柏世　鵝湖月刊　9期　1976年3月
莊子齊物論述解(下)　潘柏世　鵝湖月刊　10期　1976年4月
莊子內七篇貫解　陳宗賢　高雄工專學報　5期　1976年4月
莊子假借文字考　中三A　東吳大學中國文學系系刊　2期　1976年6月
莊子思想的精神和理想　吳怡　東海學報　17期　1976年6月
莊子一書中幾個值得商榷的問題　萬育才　弘光護專學報　4期　1976年6月
莊子自然主義之研究　顏崑陽　國立臺灣師範大學國文研究所集刊　20期　1976年6月
淺釋莊子思想　徐公超　文壇　194期　1976年8月
從逍遙遊與齊物論看莊子生命哲學系統　張尚德　鵝湖月刊　2卷3期　1976年9月
老子與莊子的辯證詭辭　蔣年豐　新潮(臺大)　32期　1976年9月
莊子立言本旨近於佛學　胡景彬　慧炬　148/149期　1976年9月
從逍遙遊探討莊子哲學的主題　林鎮國　鵝湖月刊　2卷5期　1976年11月
老莊政治思想體系的再發現：蔡著老子的政治思想、莊子的政治思想讀後　黃俊傑　書評書目　45期　1977年1月
王先謙莊子集解義例　賴仁宇　國立臺灣師範大學國文研究所集刊　21期　1977年6月
莊子法律思想淺論　廖正豪　華岡法粹　9期　1977年6月
莊子內篇人間世第四詮釋　史次耘　人文學報(輔大)　6期　1977年6月

莊子內外篇寓名釐解　金嘉錫　國立編譯館館刊　6卷1期　1977年6月

專題書目：莊子　出版與研究　3期　1977年8月

莊子的文學世界　邱燮友　幼獅月刊　46卷2期　1977年8月

莊子與惠子『魚樂』之辯　潘柏世　鵝湖月刊　27期　1977年9月

評兩本日儒所撰莊子思想之中譯本莊子：古代中國的存在主義、莊子平話　王煜　哲學與文化　4卷12期　1977年12月

莊子哲學的生命精神　王邦雄　鵝湖月刊　3卷6期　1977年12月

莊子哲學的生命精神　王邦雄　鵝湖月刊　3卷7期　1978年1月

剖析莊子養生主首段的幾個問題　曾昭旭　鵝湖月刊　3卷7期　1978年1月

齊物論研究：莊子形上思維的進路與形態　袁保新　鵝湖月刊　3卷7期　1978年1月

莊子形上世界的描述與圓教系統的完成　林鎮國　鵝湖月刊　3卷7期　1978年1月

莊子養生主理論過程之探討　陳文章　鵝湖月刊　3卷7期　1978年1月

莊子思想與般若學比較研究　顔崑陽　中山學術文化集刊　21期　1978年3月

莊子論人生的妙旨探微　許崇禹　道教文化　1卷8期　1978年4月

莊子的語言哲學及其表意方式　林鎮國　幼獅月刊　47卷5期　1978年5月

莊子雜篇寓名釐解　金嘉錫　國立編譯館館刊　7卷1期　1978年6月

莊子轉俗成真之理論結構　林鎮國　國立臺灣師範大學國文研究所集刊　22期　1978年6月

莊子概説　王則璐　夏聲月刊　164期　1978年7月

大小之辯與生命的境界層次：莊子逍遙遊試探　陳文章　鵝湖月刊　38期　1978年8月

莊子逍遙遊譯注　潘柏世　鵝湖月刊　38期　1978年8月

莊子的生死觀：善其生者善其死，死生無變於己　孫寶琛　哲學與文化　5卷8期　1978年8月

莊子哲學中的『我』　黃維潤　哲學與文化　5卷9期　1978年9月

莊子自然主義的文學理論　徐麗霞　哲學與文化　5卷9期　1978年9月

莊子及其文學（黃錦鋐著）一書評析　徐公超　書評書目　67期　1978年11月

莊子對文學藝術之影響　杜祖亮　中華文化復興月刊　11卷11期　1978年11月

從齊字看莊子　金嘉錫　國立編譯館館刊　7卷2期　1978年12月

三部最影響稼軒詞的作品（莊子、陶靖節集、蘇東坡全集）　陳宗敏　花蓮師專學報　10期　1978年12月

莊子哲學的修養論　黃公偉　道教文化　2卷4期　1979年5月

莊子的修養論　嚴靈峰　中華文化復興月刊　12卷6期　1979年6月

莊子內篇德充符第五詮釋　史次耘　輔仁學志　8期　1979年6月

莊子哲學系統探微　黃公偉　道教文化　2卷5期　1979年7月

莊子言道言氣對宋明儒理氣說的影響　陳忠成　孔孟月刊　18卷3期　1979年11月

柏拉圖與莊子的心靈超升說之異同　王煜　鵝湖月刊　5卷6期　1979年12月

莊子的知識論　嚴靈峰　華學月刊　96期　1979年12月

莊子政治思想的探賾　陳伯鏗　復興崗學報　22期　1979年12月

莊子中的『小說』　宣建人　自由談　31卷1期　1980年1月

莊子哲學的修養論　黃公偉　哲學與文化　7卷2期　1980年2月

莊子的自由之路　林鎮國　鵝湖月刊　5卷11期　1980年5月

莊子逍遥遊篇的聖王思想　蔡明田　東方雜誌　13卷11期　1980年5月
莊子的自由之路　林鎮國　鵝湖月刊　59期　1980年5月
莊子養生主的探討　柴扉　中國語文　46卷6期（總號276）　1980年6月
莊子内篇大宗師第六詮釋　史次耘　輔仁學志　9期　1980年6月
莊子的知識論　嚴靈峰　鵝湖月刊　61期　1980年7月
莊子的演化哲學　張之傑　科學月刊　11卷7期　1980年7月
莊子的知識論　嚴靈峰　鵝湖月刊　6卷1期　1980年7月
莊子處世的内外觀（劉光義著）讀後記　張嘉言　現代國家　190期　1980年11月
論莊子對禪讓説的態度　蔡明田　大陸雜誌　61卷5期　1980年11月
莊子的人生觀　盧志美　中央月刊　13卷2期　1980年12月
莊子應帝王篇的應治思想　蔡明田　國立政治大學學報　42期　1980年12月
莊子哲學思想簡述　沈驥　恒毅　30卷8期　1981年3月
莊子内篇應帝王第七詮釋　史次耘　輔仁學志　10期　1981年6月
申莊子『不用而寓諸庸』之義　劉光義　書目季刊　15卷1期　1981年6月
論莊子人間世篇的憂患意識　蔡明田　大陸雜誌　63卷1期　1981年7月
逍遥無待的莊子　馮炳奎　華文世界　24期　1981年7月
莊子之遊及其所以遊　劉光義　中國國學　9期　1981年8月
莊子的共通律及其對文學理論之影響　黄錦鋐　中華文化復興月刊　14卷10期　1981年10月
莊子逍遥遊别解　程兆熊　道教文化　3卷2期　1981年10月

莊子哲學的生命精神　王邦雄　中國文化月刊　25期　1981年11月

莊子的政治思想　張金鑒　中原文獻　13卷12期　1981年12月

莊子書中的孔子　連清吉　中國文化月刊　26期　1981年12月

莊子與文學　左松超　古典文學　3期　1981年12月

從莊子德充符談起　羅世玲　鵝湖月刊　79期　1982年1月

試論莊子內篇之有中心思想　謝啟武　國立臺灣大學哲學論評　5期　1982年1月

梭羅與老莊道家思想　陳長房　思與言　19卷5期　1982年1月

莊子哲學的生命精神　王邦雄　鵝湖月刊　79期　1982年1月

莊子哲學的生命精神　王邦雄　鵝湖月刊　7卷7期　1982年1月

近三十年來之莊子學（專著部分）　黃錦鋐　漢學研究通訊　1卷1期　1982年1月

千古奇人說莊子　胡信田　自由青年　67卷2期　1982年2月

莊子的知識論　嚴靈峰　哲學論集　14期　1982年2月

孟子與莊子思想『鑿』比　蔡明田　東方雜誌　15卷8期　1982年2月

莊子逍遙遊別解　程兆熊　道教文化　3卷4期　1982年3月

莊子齊物思想之探討　魏元珪　中國文化月刊　30期　1982年4月

禪的自然觀與莊子的自化　余陽輝　慧炬　215期　1982年5月

莊子『且』字用法探究　王仁鈞　淡江學報　19期　1982年5月

莊子的『群』學　韋蒹堂　輔仁學志　11期　1982年6月

從『口之於味有同者也』論孟子、莊子對人性的看法　董季棠　孔孟月刊　20卷11期　1982年7月

莊子自然思想之歸趨　楊汝舟　中華易學　3卷5－10　1982年7月

論莊子自由思想與近世無政府主義　袁宙宗　中國國學　10期　1982年9月

申莊子『才全德不形』之意蘊　劉光義　中國國學　10期　1982年9月

近三十年來之莊子學（論文部分）　黃錦鋐　漢學研究通訊　1卷4期　1982年10月

解結構之道：德希達與莊子比較研究　奚密　中外文學　11卷6期　1982年11月

莊子與惠施的論學相知　王邦雄　鵝湖月刊　90期　1982年12月

莊子的言命　劉光義　道教文化　3卷6期　1982年12月

列子非僞書，更非張湛所僞造：從列、莊兩書中文字的比較加以論證　嚴靈峰　人與社會　1卷5期（總號51）　1983年3月

列子書大歸同於老莊　嚴靈峰　東方雜誌　16卷9期　1983年3月

列子書大歸同於老莊　嚴靈峰　東方雜誌　16卷10期　1983年4月

晚近文評對莊子的新讀法：洞見與不見　廖炳惠　中外文學　11卷11期　1983年4月

才氣縱横高妙的莊子　王邦雄　幼獅月刊　57卷5期（總號365）　1983年5月

老莊反智論之比較　劉雅芬　東吳大學中國文學系系刊　9期　1983年5月

淺析莊子論生死　劉敬華　中正嶺學術研究集刊　2期　1983年6月

莊子的無爲論　孫振青　國立編譯館館刊　12卷1期　1983年6月

老莊的認識論　嚴靈峰　哲學論集　17期　1983年7月

莊子研究　彌爾敦、李紹昆　鵝湖月刊　98期　1983年8月

格瑞漢教授莊子評介（Chuang Tzu：The Seven Inner Chapters and Other Writings）　王煜　世界華學季刊

4卷3期　1983年9月

欲解環結：評晚近文評對莊子的新讀法：洞見與不見　廖朝陽　中外文學　12卷4期　1983年9月

莊子的內聖外王思想　張明貴　東方雜誌　17卷5期　1983年11月

莊子、郭象與支遁之逍遙觀試析　廖明活　鵝湖月刊　101期　1983年11月

從莊子寓言說人生哲理　王邦雄　自由青年　70卷6期（總號652）　1983年12月

莊子神話解釋　杜而未　國立臺灣大學文史哲學報　32期　1983年12月

無用之用：從莊子寓言說人生哲理　王邦雄　自由青年　71卷2期（總號654）　1984年2月

從莊子寓言說人生哲理　王邦雄　文藝復興　150期　1984年3月

從莊子重要篇章看莊子對孔子的態度　劉光義　道教文化　3卷10期（總號34）　1984年3月

蝴蝶之夢：莊子寓言與人生哲學　王邦雄　自由青年　71卷3期（總號655）　1984年3月

從莊子寓言說人生哲理　王邦雄　鵝湖月刊　107期　1984年5月

無所爲而藝術：論莊子藝術精神之無目的性　顏崑陽　鵝湖月刊　108期　1984年6月

莊子的『道通爲一』及其批判　趙雅博　國立編譯館館刊　13卷1期　1984年6月

莊子齊物論篇名及其作者研議　劉敬華　中正嶺學術研究集刊　3期　1984年6月

莊子三十三篇真僞考辨　陳品卿　師大學報　29期　1984年6月

莊子思想探源　陳品卿　國文學報　13期　1984年6月

莊子與莊子書　鄭峰明　臺中師專學報　13期　1984年6月

蝴蝶之夢：莊子寓言與人生哲學　王邦雄　藝壇　196期　1984年7月

吳（光前）著莊子：遊戲中的世界哲人（Chuarg Tzu：World Philosopher at Play）評介　王煜　華學季刊

5卷3期　1984年9月

莊子逍遙義與般若學即色派的關聯性　黃錦鋐　人乘佛刊雜誌　6卷6期　1985年3月

論莊子天下篇評析各家思想的理論根據　王邦雄　鵝湖月刊　112期　1984年10月

莊子的是非觀　陳耀森　東方雜誌　18卷5期　1984年11月

梅爾（Victor H. Mair）編莊子試論（Experimental Essays on Chuangtzu）評介　王煜　華學季刊　5卷4

期　1984年12月

無求備齋新收老列莊三子書目　嚴靈峰　中國書目季刊　18卷3期　1984年12月

莊子佚文　王叔岷　國立臺灣大學文史哲學報　33期　1984年12月

論莊子天下篇評析各家思想的理論根據　王邦雄　文藝復興　159期　1985年1月

向郭莊子注的適性說與向郭支道林對於消遙義的爭辯　楊儒賓　史學評論　9期　1985年1月

莊子『逍遙遊』與唐詩關係之試探　張春榮　中華文化復興月刊　18卷2期（總號203）　1985年2月

論莊子的『渾沌』寓言　蔡明田　東方雜誌　18卷11期　1985年5月

處亂世之至人：莊子　劉敬華　中正嶺學術研究集刊　4期　1985年6月

老莊與神仙思想之關係研究　江寶釵　中華文化復興月刊　18卷6期（總號207）　1985年6月

論莊子天下篇評析各家思想的理論根據　王邦雄　哲學年刊　3期　1985年6月

墨孟老莊的天人思想　黃湘陽　輔仁國文學報　1期　1985年6月

爲莊子畫像：從逍遙遊說起　蔡明田　慧炬　252期　1985年6月

莊子的人生觀　陳耀森　東方雜誌　18卷12期　1985年6月

莊子郭象注參用儒義之分析　戴景賢　國立中山大學學報　2期　1985年6月

莊子天論研究　傅佩榮　哲學與文化　12卷6期（總號133）1985年6月

莊子否定的藝術論　黃錦鋐　古典文學（上）卷7期　1985年8月

莊子思想蠡探　鄭峰明　臺中師專學報　14期　1985年8月

試論莊子兩種『知』之觀念　吳淳邦　幼獅學志　18卷4期　1985年10月

易經與莊子中之人性　楊汝舟　中華易學　6卷9期（總號69）1985年11月

莊子的命觀　陳耀森　東方雜誌　19卷5期　1985年11月

莊子的養生觀念　蔡明田　大陸雜誌　71卷5期　1985年11月

莊子校詮內篇消遙遊第一　王叔岷　臺大中文學報　1期　1985年11月

老莊郭象與禪宗：禪道哲理聯貫性的詮釋學試探　傅偉勳　哲學與文化　12卷12期（總號139）1985年12月

由老莊哲學內涵論認知概念及模式　唐明月　交大管理學報　5卷1期　1985年12月

莊子人間世所含蘊的處世哲學　張月琴　中華文化復興月刊　18卷12期（總號213）1985年12月

莊子校詮序論　王叔岷　國立臺灣大學文史哲學報　34期　1985年12月

莊子的生命哲學　孫寶琛　中華文化復興月刊　19卷4期（總號217）1986年4月

莊子內篇『人』的概念探述　鄭志明　鵝湖月刊　11卷12期（總號132）1986年6月

論道家神仙思想之形成：從老莊哲學流變談起　林繼平　東方雜誌　20卷1期　1986年7月

論道家神仙思想之形成：從老莊哲學流變談起　林繼平　東方雜誌　20卷2期　1986年8月

從孔孟老莊到荀韓：談中國人文精神的落實問題　王邦雄　中國文化月刊　83期　1986年9月

莊子『庖丁解牛』的道家易智慧　高柏園　中華文化復興月刊　19卷9期（總號222）1986年9月

莊子逍遙遊篇的生命境界觀　魏元珪　中國文化月刊　83 期　1986 年9月

莊子『薪盡火傳』釋義　錢穆　中原文獻　18 卷9 期　1986 年9月

走進莊子之學的門徑：　鵝湖文化講座莊子導論　王邦雄　鵝湖月刊　136 期　1986 年10 月

莊子逍遙遊的境界　鍾吉雄　中國語文　59 卷5 期（總號353）　1986 年11 月

王船山『老莊申韓論』發微　胡楚生　文史學報　17 期　1987 年3 月

莊子道觀念的基本剖析　陳耀森　東方雜誌　20 卷10 期　1987 年4 月

從社會學三大傳統淺析莊子思想　黃有志　實踐學報　18 期　1987 年6 月

莊子的人觀　沈清松　哲學與文化　14 卷6 期　1987 年6 月

王船山莊子解研究　林文彬　國立臺灣師範大學國文研究所集刊　31 期　1987 年6 月

莊子齊物之境的闡述　鄭琳　國立中央大學人文學報　5 期　1987 年6 月

從莊子『魚樂』論道家『物我合一』的藝術境界及其所關涉諸問題（上）　顏崑陽　鵝湖月刊　144 期　1987 年6 月

從莊子『魚樂』論道家『物我合一』的藝術境界及其所關涉的諸問題（下）　顏崑陽　鵝湖月刊　145 期　1987 年7 月

莊子的藝術精神　鄭峰明　中華文化復興月刊　20 卷9 期（總號234）　1987 年9 月

孔子與莊子倫理思想之比較　陳品卿　孔孟月刊　26 卷2 期（總號302）　1987 年10 月

析論老莊思想之核心：　老莊之道　林繼平　哲學年刊　5 期　1987 年10 月

莊子的人生修養論及其處世態度　林桂香　德育學報　3 期　1987 年10 月

論莊子的『小大之辯』與『齊物』及其關係　林聰舜　漢學研究　5 卷2 期（總號10）　1987 年12 月

從莊子『魚樂』論道家『物我合一』的藝術境界及其所關涉諸問題　顏崑陽　中外文學　16卷7期　1987年12月

齊物論在莊子思想體系中之地位　李彩櫻　育達學報　1期　1987年12月

莊子齊物論的美學新詮　鄭金川　孔孟月刊　26卷4期（總號304）　1987年12月

莊子思想之時代背景及其淵源之探索　鄭峰明　臺中師院學報　1期　1987年12月

聖人、先知、詩人：試探莊子的人生藝術　王保雲　文藝月刊　223期　1988年1月

逍遙的渡世方舟：莊子思想　陳愛珍、林佩英、范幸枝　孔孟月刊　26卷5期（總號305）　1988年1月

莊子人觀的基本結構　傅佩榮　哲學與文化　15卷1期　1988年1月

莊子寓言之旨與逍遙義　蔡宗志　中國文化月刊　100期　1988年2月

莊子否定的藝術論　黃錦鋐　藝壇　240期　1988年3月

莊子的人觀　沈清松　宗教世界　9卷3期（總號35）　1988年4月

論老莊哲學之大智與大用　林繼平　東方雜誌　21卷10期　1988年4月

論老莊哲學之大智與大用　林繼平　東方雜誌　21卷11期　1988年5月

莊子逍遙遊一篇之詮釋與其發展　高柏園　華岡文科學報　16期　1988年5月

莊子的生死觀　李煥明　中華易學　9卷3期（總號99）　1988年5月

從莊子藝術精神談美育教學　陳淑嬌　教育研究（高師）　2期　1988年6月

由僧肇『物不遷論』申論中、西哲學傳統對動、靜觀念的見解　尤煌傑　國立臺北護專學報　5期　1988年6月

莊子的宗教思想　張奉箴　教育研究（高師）　2期　1988年6月

莊子齊物論思想研究　徐建婷　傳習　6期　1988年6月

莊子之兩大審美範疇管窺　鄭世根　中國文化月刊　104期　1988年6月

體現與物化：從梅勞·龐帝的形體哲學看羅近溪與莊子的存有論　蔣年豐　中國文化月刊　105期　1988年7月

莊子哲學的環境論　潘朝陽　宗教世界　9卷4期(總號36)　1988年7月

再論莊子與梅勞·龐帝　蔣年豐　中國文化月刊　106期　1988年8月

莊子哲學　楊淑晨　孔孟月刊　26卷12期(總號312)　1988年8月

莊子的人間世　洪龍秋　中華文化復興月刊　21卷9期(總號246)　1988年9月

老子和孔子、莊子的幾點比較　張奉箴　中國國學　16期　1988年10月

莊子思想體系的功能　遊信利　中華學苑　37期　1988年10月

莊子逍遙義理之結構及其主要境界　李相勳　中國文化月刊　108期　1988年10月

道不可說或是不可知：以老莊爲主　鄭世根　哲學年刊(臺大)　5期　1988年11月

論『今本莊子乃魏晉間人觀念所定』　王叔岷　臺大中文學報　2期　1988年11月

莊子美學在詮釋上的問題淺議　鄭世根　哲學與文化　15卷11期(總號174)　1988年11月

老莊哲學與天人合一　葉有仁　國立編譯館館刊　17卷2期　1988年12月

莊子『道』之本體論意義　千炳敦　中國文化月刊　110期　1988年12月

莊子的語言哲學與文學的思考　陳昌明　古典文學　10期　1988年12月

莊子養生之真義　黃甲淵　中國文化月刊　110期　1988年12月

莊子哲學思想之所以爲藝術性　劉光義　東方雜誌　22卷6期　1988年12月

試以科學常識揭開道與莊子的『神秘主義』　賀少陽　文藝月刊　235期　1989年1月

莊子的道德觀與人性觀：　聚焦於攘棄仁義這一點　謝啟武　國立臺灣大學哲學論評　12期　1989年1月

莊子的自相矛盾　吳光明　國立臺灣大學哲學論評　12期　1989年1月

從莊子的人生哲學釋其教育思想　陳玉蘭　中華文化復興月刊　22卷2期（總號251）　1989年2月

莊子內篇的轉換義　連清吉　大陸雜誌　78卷3期　1989年3月

莊子內篇的實存義　連清吉　鵝湖月刊　166期　1989年4月

莊子魚樂之辯探義　高柏園　中華文化復興月刊　22卷4期（總號253）　1989年4月

莊子對中國繪畫美學的影響　鄭金川　故宮文物月刊　7卷2期（總號74）　1989年5月

升天變形與不懼水火：　論莊子思想與原始宗教相關的三個主題　楊儒賓　漢學研究　7卷1期（總號13）　1989年6月

莊子成心轉化之超越論　趙藹祥　中國文化月刊　116期　1989年6月

莊子的人生理想　朱榮智　國立編譯館館刊　18卷1期　1989年6月

重劈『大劈棺』：　寫在『冥城—莊子試妻新釋』演出之前　江青　女性人　2期　1989年7月

莊子生命的特質　葉海煙　哲學論集　23期　1989年7月

古老的智慧　生命的活水：　道家思想與現代人生　余培林、徐漢昌、王仁鈞　國文天地　5卷3期（總號51）　1989年8月

從莊子、惠施的論辯看『真人』的四重修養　黃漢耀　鵝湖月刊　15卷3期（總號171）　1989年9月

莊子『濠梁之辯』與『辯無勝』　羊滌生　中國文化月刊　119期　1989年9月

論莊子與嵇康的養生論　高柏園　鵝湖月刊　172期　1989年10月

就道義、默辯與生死義試析莊子內篇和外、雜篇思想之不同　戴玉珍　聯合學報　6期　1989年11月

莊子與郭象逍遙思想之比較　鍾竹連　中國國學　17期　1989年11月

莊子應帝王中壺子四示的象徵意義　胡楚生　中華文化復興月刊　22卷12期（總號261）　1989年12月

莊子文章喻譬鮮扁舉尢　劉光義　東方雜誌　23卷7期　1990年1月

莊子內篇思想新探　張家焌（Augustine C. C. Chang）　哲學與文化　17卷2期　1990年2月

莊子論美　沈清松　東方雜誌　23卷8期　1990年2月

莊子內篇思想新探　張家焌　哲學與文化　17卷2期　1990年2月

岡松甕谷莊子考內七篇注之研究　連清吉　中國書目季刊　23卷4期　1990年3月

莊子的人生理想　朱榮智　中國學術年刊　11期　1990年3月

莊子後學中的述莊派　劉笑敢　國文天地　5卷10期（總號58）　1990年3月

莊子內篇思想新探　張家焌　哲學與文化　17卷3期（總號190）　1990年3月

莊子秋水篇的旨趣　鍾吉雄　中國語文　66卷3期（總號393）　1990年3月

莊子：自我轉化的早期文學形式　羅伯特·E·埃利森　中國文化月刊　126期　1990年4月

莊子養生主篇析論　高柏園　鵝湖月刊　178期　1990年4月

莊子的生命理境　李宣侚　鵝湖月刊　178期　1990年4月

莊子考　武內義雄、連清吉　鵝湖月刊　179期　1990年5月

莊子的『一』、『齊』、『全』學說　蔡麟筆　東方雜誌　23卷11期　1990年5月

莊子論真知：入無窮之門，以遊無窮之野　魏元珪　中國文化月刊　127期　1990年5月

莊子在仙學中展露的形象與思想：陳壽昌南華真經正義評介　林繼平　東方雜誌　23 卷11 期　1990 年5 月

由『齊物論』探究莊子的『知』　李玫芳　警專學報　1 卷3 期　1990 年6 月

由心理衛生觀點論以老莊思想化解極權主義之可能　劉久清　鵝湖月刊　15 卷12 期（總號180）　1990 年6 月

莊子書中的孔子　莊萬壽　國文學報　19 期　1990 年6 月

莊子在仙學中展露的形象與思想：陳壽昌南華真經正義評介　林繼平　東方雜誌　23 卷12 期　1990 年6 月

莊子的生活與心路歷程　周景勳　哲學論集　24 期　1990 年7 月

由心理衛生觀點論以老莊思想化解極權主義之可能　劉久清　鵝湖月刊　16 卷1 期（總號181）　1990 年7 月

莊子齊物觀初探（一）　蔡耀明　鵝湖月刊　181 期　1990 年7 月

莊子齊物觀初探（二）　蔡耀明　鵝湖月刊　182 期　1990 年8 月

莊子後學三派的演變：莊子後學中的無君派　劉笑敢　國文天地　6 卷3 期（總號63）　1990 年8 月

莊子齊物觀初探（三）　蔡耀明　鵝湖月刊　183 期　1990 年9 月

莊子寓言中的生命哲學　周景勳（King - Fun Chau）　哲學與文化　17 卷9 期　1990 年9 月

莊子『泛道化說』釋義　丁子江　中道　29 - 33 期　1990 年9 月

莊子的浪漫主義及其對後世文學的影響　何一峰、楊丕光　中道　29 - 33 期　1990 年9 月

莊子的藝術精神　李宣侚　中道　29 - 33 期　1990 年9 月

廿一世紀中國音樂思想的走向：與大陸學人論莊子哲學溶入音樂理論書　林繼平　哲學年刊　8期　1990年11月
莊子與郭象逍遙思想之比較　鍾竹連　中國國學　18期　1990年11月
尸子廣澤、莊子天下、荀子非十二子與呂氏春秋不二中的真理史觀之異同　郭齊勇　中國文化月刊　134期　1990年12月
嚴幾道對於莊子思想的批評　胡楚生　書目季刊　24卷3期　1990年12月
老莊『處世哲學』　李桂蓮　明新學報　9期　1990年11月
莊子思想要略　沈成添　新竹師院學報　4期　1990年12月
帆足萬里及其所著莊子解　連清吉　書目季刊　24卷3期　1990年12月
如何應用莊子自然思想於今日教育　謝明傑　傳習　8期　1991年1月
莊子人學二題　邵漢明(Han-Ming Shao)　哲學與文化　18卷1期　1991年1月
莊子知識論蠡測　徐照華　興大中文學報　4期　1991年1月
嚴幾道莊子評點要義闡釋　胡楚生　文史學報　21期　1991年3月
莊子『道』的藝術宇宙觀之呈現　邱瓊慧　中華文化復興月刊　24卷3期(總號276)　1991年3月
莊子對孔子的評價　謝大寧　中國學術年刊　12期　1991年4月
莊子與自然生態　莊萬壽　中國學術年刊　12期　1991年4月
從逍遙遊談莊子的人生觀　顏清梅　中國文化月刊　139期　1991年5月
道家對周文化的背反：莊子的全性保真　馬森　國魂　546期　1991年5月
真人不夢與莊周夢蝶：莊子『夢』的義蘊初探　徐聖心　中國文學研究　5期　1991年5月

從莊子『神凝』到劉勰『神思』 游信利 中華學苑 41 期 1991年6月
龜井昭陽及其莊子瑣說 連清吉 書目季刊 25 卷1 期 1991年6月
虞人與莊子 莊萬壽 國文學報 20 期 1991 年6 月
莊子的悲劇意識自由精神 陳鼓應 國文天地 7 卷1 期(總號73) 1991 年6 月
莊子的浪漫情懷 朱榮智 國文學報 20 期 1991 年6 月
莊子的美學思想 朱榮智 教學與研究 13 期 1991 年6 月
莊子價值思想研究 林麗星 國立臺灣師範大學國文研究所集刊 35期 1991年6月
成玄英莊子疏探論 龔鵬程 鵝湖月刊 193 期 1991 年7月
論莊子的整體存在感與人我相通感 曾昭旭 鵝湖月刊 193 期 1991年7月
莊子『超禮遊道』型的禮樂思索 李正治 鵝湖月刊 193 期 1991年7月
莊子的自由精神 朱榮智 鵝湖月刊 193 期 1991年7月
日本的老莊學 武內義理、連清吉 鵝湖月刊 17 卷1 期(總號193) 1991年7月
莊子思想及其修養工夫 王邦雄 鵝湖月刊 193 期 1991年7月
莊子外雜篇之人性論 高瑋謙 鵝湖月刊 193 期 1991 年7月
莊子知識學研究 陳秀玲 哲學論集 25 期 1991年7月
莊子駢拇、馬蹄、胠篋、在宥四篇的時代背景與義理性格 陳德和 鵝湖月刊 193 期 1991 年7月
莊子與神仙思想關係初探 劉慧珠 孔孟月刊 29 卷12 期(總號348) 1991 年8月
莊子全德思想管窺 劉明宗 海軍軍官 10 卷9 期 1991 年9 月
論老莊哲學中的超越性與內在性問題 湯一介 中國文化月刊 144 期 1991 年10 月

莊子的語言思想　陳榮波　東海哲學研究集刊　1期　1991年10月

莊子養生主研究　唐文德　逢甲中文學報　1991年11月

試釋莊子應帝王篇『未始出吾宗』之意義　胡楚生　逢甲中文學報　1991年11月

莊子評注初探：以莊子口義、莊子因爲主之考察　簡光明　逢甲中文學報　1991年11月

莊子『離形』說研析　黃漢青　鵝湖月刊　198期　1991年12月

莊子外雜篇之老子義理之詮釋　高齡芬　鵝湖學志　7期　1991年12月

莊子齊物論析論　高柏園　漢學研究　9卷2期（總號18）　1991年12月

莊子的人的哲學　葉海煙（Hai－Yen Yeh）　哲學與文化　19卷1期　1992年1月

莊子齊物論儒墨兩行之道　王邦雄　鵝湖月刊　200期　1992年2月

莊子人間世的應世態度　高柏園　鵝湖月刊　200期　1992年2月

莊子的體育思想：自然養生論　李世昌　臺灣體育　59期　1992年2月

莊子養生主篇本義復原　周策縱　中國文哲研究集刊　2期　1992年3月

論莊子之齊物觀　王叔岷（Shu－Min Wang）　中國文哲研究集刊　2期　1992年3月

莊子中的詮釋觀　王建元　當代　71期　1992年3月

莊子『德充符』的自處之道及其相關問題　高柏園　淡江大學中文學報　1期　1992年3月

莊子的空間論：秋水的詮釋　潘朝陽　國立臺灣師範大學地理研究報告　18期　1992年3月

從莊子『神凝』到劉勰『神思』　游信利　中華學苑　42期　1992年3月

莊子逍遙遊篇結構之再探討　王仁鈞　淡江大學中文學報　1期　1992年3月

莊子後學三派的演變：莊子後學中的黃老派　劉笑敢　國文天地　7卷11期（總號83）　1992年4月

莊子內七篇思想研究自序　高柏園　鵝湖月刊　203 期　1992 年5 月
老子與莊子的天人關係思想　李靜妤　屏中學報　2 期　1992 年6 月
莊子的方伎及其與史記關係之新探　莊萬壽　國文學報　21 期　1992 年6 月
莊子的性命論　鄭峰明　臺中師院學報　6 期　1992 年6 月
莊子內篇與外雜篇處世論與政治觀之比較　黃漢青　臺中商專學報　24 期　1992 年6 月
莊子散文的藝術性　梁恒芬　屏中學報　2 期　1992 年6 月
莊子生命哲學的境界　鄭琳　國立中央大學人文學報　10 期　1992 年6 月
莊子：真人，聖人，神人，至人　孟濟永　哲學論集　26 期　1992 年7 月
莊子其人與其書　李玫芳　哲學論集　26 期　1992 年7 月
理解莊子　宋商　九州學刊　5 卷1 期（總號17）　1992 年7 月
尋覓『道』的蹤跡：論莊子美學的終極理想　田兆元　中國文化月刊　153 期　1992 年7 月
莊子論悟道的境界與體道的工夫　胡楚生　東海中文學報　10 期　1992 年8 月
彌爾敦師法莊子　李紹昆　鵝湖月刊　208 期　1992 年10 月
試析莊子之處世哲學　黃忠天　故宮學術季刊　10 卷2 期　1992 年11 月
卮言論：莊子論如何使用語言表達思想　楊儒賓　漢學研究　10 卷2 期（總號20）　1992 年12 月
釋莊子逍遙遊『塵垢秕糠將猶陶鑄堯舜者』之義　劉光義（Kuang－Yi Liu）　哲學與文化　19 卷12 期　1992 年12 月
莊子系列（一）：逍遙遊　王邦雄　鵝湖月刊　210 期　1992 年12 月
莊子論道　魏元珪　中國文化月刊　158 期　1992 年12 月

論莊子內篇之『言』　林美清　哲學雜誌　3期　1993年1月

莊子系列(二):齊物論　王邦雄　鵝湖月刊　211期　1993年1月

莊子系列(三):養生主　王邦雄　鵝湖月刊　212期　1993年2月

莊子系列(四):人間世　王邦雄　鵝湖月刊　213期　1993年3月

莊子與禪　羅錦堂　中國文哲研究集刊　3期　1993年3月

莊子系列(五):德充符　王邦雄　鵝湖月刊　214期　1993年4月

莊子齊物論的理論結構　林耀潾　孔孟月刊　31卷8期(總號368)　1993年4月

莊子系列(六):大宗師　王邦雄　鵝湖月刊　215期　1993年5月

莊子思想中的教育理念　黃昌誠　教育資料文摘　31卷5期(總號184)　1993年5月

莊子逍遙遊文義析論　林妙璘　中師語文　3期　1993年5月

莊子之審一氣以觀化　林文樹　國立臺灣師範大學國文研究所集刊　37期　1993年5月

『天的墮落』與『道的開顯』:論莊子內篇的『天』與『道』　林美清(Michelle Lin)　哲學與文化　20卷6期　1993年6月

莊子無爲政治思想的幾層意義　林聰舜　漢學研究　11卷1期(總號21)　1993年6月

鯤鵬蜩鳩逍遙遊　黃湘陽　輔仁國文學報　9期　1993年6月

論死談生:話祁克果與莊子的生死觀(上)　陳俊輝(Jiunn－Huei Chern)　哲學與文化　20卷6期　1993年6月

莊子盜論:統治結構中的權力、知識、道德之批判　莊萬壽　國文學報　22期　1993年6月

莊子逍遙義　張惠貞　臺南師院學報　26期　1993年6月

莊子系列（七）：應帝王　王邦雄　鵝湖月刊　18卷12期（總號216）　1993年6月

莊子與李商隱詩神話素材之比較　郭宗烈　傳習　11期　1993年6月

莊子消遙遊研究　袁長瑞　鵝湖月刊　19卷1期（總號217）　1993年7月

論死談生：話祁克果與莊子的生死觀（下）　陳俊輝（Jiunn - Huei Chern）　哲學與文化　20卷7期　1993年7月

論莊子的生命哲學　董平　中國文化月刊　166期　1993年8月

由莊子的『心齋』、『坐忘』論藝術創作時的精神狀態　鄭峰明　國教輔導　32卷6期（總號296）　1993年8月

畸人與真人：莊子大宗師的超越性與圓融性　陳德和　鵝湖月刊　219期　1993年9月

從人的價值觀看莊子的學說　朱義祿　中國文化月刊　168期　1993年10月

詞詮誤引誤注莊子文句勘正　張在雲　古今藝文　20卷1期　1993年11月

梭羅[Henry David Thoreau]與莊子的比較　徐克謙　中國文化月刊　169期　1993年11月

莊子技藝說與陸機文賦之比較　張森富　中國國學　21期　1993年11月

道與樂的糾結及澄清：析解莊子天運篇黃帝論樂章　王仁鈞　淡江大學中文學報　2期　1993年12月

老子莊子對於『生』的看法　蔡鈴琴　屏中學報　3期　1993年12月

試論莊子寓言的審美特徵　方續華　中國工商學報　15期　1993年12月

思惟的自由、平等與解放：莊子齊物哲學新探　葉海煙　哲學雜誌　7期　1994年1月

莊子修養工夫及其理想境界　沈翠蓮　孔孟月刊　32卷5期（總號377）　1994年1月

虛·靜·明：略論莊子的藝術觀與中國山水畫　文一　中國美術　43期　1994年2月

永恒的回思：莊子其人其書　鮑鵬山　中國文化月刊　172期　1994年2月

莊子生態哲學初探　莊慶信　東吳文史學報　12期　1994年3月

宋人『佛學思想源於莊子說』析論　簡光明　中國學術年刊　15期　1994年3月

莊子養生主『澤雉』義辨　黃湘陽　輔仁國文學報　10期　1994年4月

支離其形，以養天年：論莊子內篇在生死兩端打通的妙道　李霖生　哲學雜誌　8期　1994年4月

莊子思想源於田子方說辨析　簡光明　鵝湖月刊　226期　1994年4月

莊子的道論：對當代形上困惑的一個解答　沈清松　國立政治大學哲學學報　1期　1994年5月

論莊子的終極關懷　葉海煙　哲學年刊　10期　1994年6月

試論莊子之養生哲學　陳貞吟　孔孟月刊　32卷10期（總號382）　1994年6月

莊子的生死觀　鄔昆如　哲學年刊　10期　1994年6月

莊子的藝術精神與董其昌『禪筆』之比較　馬銘浩　中華文化學報　1期　1994年6月

莊子思想的存在意義初探　黃漢青　臺中商專學報（文史・社會篇）卷26期　1994年6月

莊子思想詮釋的分際　李春蕙　國立臺灣師範大學國文研究所集刊　38期　1994年6月

莊子逍遙遊『北冥有魚』一節臆解　陳錫勇　中國文化大學中文學報　2期　1994年6月

莊子寓言人物再論：孔門弟子　丁千惠　臺中商專學報（文史・社會篇）卷26期　1994年6月

評劉笑敢著莊子哲學及其演變　杜保瑞　哲學雜誌　9期　1994年7月

從莊子到郭象莊子注　余敦康（Duen－Kang Yu）　哲學與文化　21卷8期　1994年8月

莊子的靈臺心與自然諧和論　吳汝鈞（Yu－Kwan Ng）　哲學與文化　21卷8期　1994年8月

『逍遙』與『Schole』：莊子與Aristotle之休閒觀　葉智魁（Chih－Kuei Yeh）　戶外遊憩研究　7卷3期

1994 年9 月

生命中該不該有執著：剖析莊子齊物論之『真我』觀　呂祝義　國教之友　46 卷2 期（總號534）　1994 年9 月

莊子郭象注纂要　封思毅　中國國學　22 期　1994 年10 月

莊子道論中的個體性原則　李景林　鵝湖月刊　233 期　1994 年11 月

莊子的鬼神觀　鄭志明　鵝湖月刊　233 期　1994 年11 月

莊子的修養工夫：忘　謝朝清　國民教育　35 卷3/4　1994 年12 月

『永恒的鄉愁』：由莊子的逍遙遊試解李商隱錦瑟的惘然追憶　林美清　哲學雜誌　11 期　1995 年1 月

莊子的自由精神　李侶萩　高市文教　53 期　1995 年1 月

莊子故里考略　王蒨　中國文化月刊　183 期　1995 年1 月

莊子秋水篇倫理思想探究　陳美利　新竹師院學報　8 期　1995 年1 月

莊子在小說中的形象：淺談王應遴逍遙遊　簡光明　國文天地　10 卷8 期（總號116）　1995 年1 月

莊子所言之『心』之闡釋　朱維煥　文史學報　25 期　1995 年3 月

莊子的觀物思惟及其對中國繪畫鑒賞的影響　毛文芳　中國學術年刊　16 期　1995 年3 月

莊子與現代人　徐公超　豐商學報　1 期　1995 年4 月

莊子人論研究：兼述先秦儒道人論之歧異與互補　王志躍　宗教哲學　1 卷2 期　1995 年4 月

莊子論『情』及其主張　簡光明　逢甲中文學報　3 期　1995 年5 月

莊子生死學淺論　劉裕元　壢商學報　3 期　1995 年5 月

Chuang－tzu's［莊子］De－Rectification of the Way　White，Harry　Asian Culture Quarterly　23 卷2 期

1995年6月

郭象注莊子逍遙遊的詭辭辯證　李美燕　屏東師院學報　8期　1995年6月

莊子修道型寓言人物的角色功能論　丁千惠　臺中商專學報　27期　1995年6月

莊子齊物論中的『一』　劉振維　中國文化月刊　189期　1995年7月

評劉笑敢著兩種自由的追求：莊子與沙特　傅佩榮　哲學雜誌　13期　1995年7月

從莊子『齊物論』談平常心　徐俊民　哲學與文化　22卷7期　1995年7月

莊子思想中的唯美性格：以勞思光、徐復觀爲中心之討論　高柏園(Po－Yuan Kao)　鵝湖月刊　241期　1995年7月

道與禪：莊子與慧能思想之比較　朱鋒　古今藝文　21卷4期　1995年8月

郭象的自生說與玄冥論　戴璉璋(Lian－Chang Tai)　中國文哲研究集刊　7期　1995年9月

由莊子的『凝神』談文學創作的美感心靈　陳琪瑛　人文及社會學科教學通訊　6卷3期(總號33)　1995年10月

從修養工夫論莊子『道』的性格　王邦雄　鵝湖月刊　246期　1995年12月

細說王叔岷教授的郭象莊子注校記：兼述他的列子補正　李振興　孔孟月刊　34卷4期(總號400)　1995年12月

莊子的無用之用　江煜坤　建中學報　1期　1995年12月

莊子靈性哲學之結構　林佳蓉　華夏學報　29期　1995年12月

試論莊、荀二子天人觀念之異同　許麗芳　孔孟月刊　34卷5期(總號401)　1996年1月

莊子德充符析論　趙明媛　勤益學報　13期　1996年2月

莊子思想的文化淵源　于迎春　中國文化月刊　196 期　1996 年2 月

『人自然化』與『自然人化』的循環互動（上）：莊子藝術精神在山水畫中的體現　謝宗榮（Tsung - Rong Hsieh）　鵝湖月刊　249 期　1996 年3 月

莊子『遊』的哲學　傅武光　中國學術年刊　17 期　1996 年3 月

藝術活動的認識基礎：以莊子『庖丁解牛』爲例的辨析　林文琪　華岡研究學報　1 期　1996 年3 月

莊子與神話　葉舒憲　中國神話與傳說學術研討會論文集　1996 年3 月

莊子天下篇評慎到學說的觀點　黃紹梅（Shao - Mei Huang）　鵝湖月刊　249 期　1996 年3 月

莊子『逍遙遊』的超個人心理學分析　林秀珍（Hsiu - Chen Lin）　鵝湖月刊　249 期　1996 年3 月

『離形』與『去知』：『聽之以耳，聽之以心，聽之以氣』的詮解　蔡振豐　臺大中文學報　8 期　1996 年4 月

『人自然化』與『自然人化』的循環互動（下）：莊子藝術精神在山水畫中的體現　謝宗榮（Tsung - Rang Hsieh）　鵝湖月刊　250 期　1996 年4 月

莊子對仁義德性的看法　吳汝鈞　中國文化月刊　199 期　1996 年5 月

莊子政治型寓言人物的角色功能論　丁千惠　臺中商專學報　28 期　1996 年6 月

析論莊子齊物論：由『相對』通達『絕對』的辯證思維與詭辭語言：兼與秋水篇作一比較　李美燕　屏東師院學報　9 期　1996 年6 月

由莊子逍遙遊看毛姆人性枷鎖　黃麗秋　文華學報　5 期　1996 年6 月

莊子馬蹄淺析　陳全得　中華學苑　48 期　1996 年7 月

論藝術對人的本源性存在的拯救：莊子與海德格爾美學思想比較（上）　韓鴻鷹　文明探索叢刊　6

期　1996年7月

屈原、莊子並稱說：中國古代楚辭學史論　廖棟粱　輔仁學志　25期　1996年7月

逍遙自得的莊子　宋裕　明道文藝　244期　1996年7月

虛實相生：莊子寓言人物的衍創舉隅　丁千惠　鵝湖月刊　254期　1996年8月

莊子的物化主張　黃湘陽　輔仁國文學報　12期　1996年8月

莊子的終極關懷　吳汝鈞　哲學雜誌　17期　1996年8月

莊子寓言兩則分析論　楊鴻銘　孔孟月刊　34卷12期（總號408）　1996年8月

因名見義：論莊子的寓名人物　丁千惠　鵝湖月刊　255期　1996年9月

道家思想的倫理空間：論莊子『命』、『義』的觀念　王邦雄　哲學與文化　23卷9期　1996年9月

莊子處世觀探討　譚澎蘭　筧橋學報　3期　1996年9月

論藝術對人的本源性存在的拯救：莊子與海德格爾美學思想比較（下）　韓鴻鷹　文明探索叢刊　7期　1996年10月

齊物論與人間世：一場知識與權力的對話　葉海煙　哲學與文化　23卷11期（總號270）　1996年11月

試論莊子生死哲學的本體意義　朱人求　古今藝文　23卷1期　1996年11月

寓言與賦之關係研究　歐天發　嘉南學報　22期　1996年11月

莊子貌詞探究　吳宏仁　問學集　6期　1996年12月

莊子『逍遙』義闡論　陳建梁　中國文化月刊　201期　1996年12月

沈周夜坐圖與莊子齊物論思想研究　劉梅琴、王祥齡　故宮學術季刊　14卷2期　1996年12月

莊子哲學的『陰陽』概念　葉海煙　國立臺灣大學文史哲學報　45期　1996年12月

莊子中之孔子及其言論　廖麗鳳　華夏學報　31 期　1997 年2 月

莊子之聖人、真人、至人、神人及天人的層次新論　李治華　人文及社會學科教學通訊　7 卷5 期（總號41）　1997 年2 月

莊子一書『言』、『辯』意涵探究　邱秀春　孔孟學報　73 期　1997 年3 月

羅勉道南華真經循本綜論　簡光明　中國學術年刊　18 期　1997 年3 月

向秀莊子注新探　王曉毅　孔孟學報　73 期　1997 年3 月

先秦諸子學說淵源析論　徐漢昌　孔孟學報　73 期　1997 年3 月

道家思想的倫理空間：論莊子『命』與『義』理念　王邦雄　現代化研究　10 期　1997 年4 月

『寓言』也能說服人：莊子秋水篇的結構設計析論　張雙英　古典文學　14 期　1997 年5 月

關於莊子的社會危機意識和自由意識的問題　宋榮培　哲學雜誌　20 期　1997 年5 月

蘇軾與莊子　簡光明　古典文學　14 期　1997 年5 月

無端崖之辭：莊子中『寓言』形式概念淺析　吳明益　國立中央大學中國文學研究所論文集刊　4 期　1997 年5 月

莊子生死學研究　鄭基良　空大人文學報　6 期　1997 年5 月

莊子寓言精神之工夫型態與境界型態（上）：兼比較憨山、郭象、宣穎、陳壽昌之注解　陳文章　鵝湖月刊　263 期　1997 年5 月

算命算死了，看命看活了：莊子應帝王『用心若鏡』的現代詮釋　王邦雄　國文天地　12 卷12 期（總號144）　1997 年5 月

莊子寓言精神之工夫型態與境界型態（下）：兼比較憨山、郭象、宣穎、陳壽昌之注解　陳文章　鵝湖月

刊　264 期　1997 年6月

『物我一體』的觀照與肯定：莊子齊物論內涵及其啟示　石曉楓　國文學報　26 期　1997 年6月

莊子養生主之『爲善無近名，爲惡無近刑』詮釋　張炳陽　臺北師院語文集刊　2 期　1997 年6月

莊子摹狀詞音義及其與語言風格之關係　李正芬　International Journal of the Humanities　6 期　1997 年6月

從『莊周夢蝶』論莊子的『物化』觀　李美燕　屏東師院學報　10 期　1997 年6月

從觀景到景觀：以莊子的田園心天地情看景觀建築　伍維烈　造園學報　4 卷1 期　1997 年6月

老、莊『無用之用』思想析論　朱喆　中國文化月刊　207 期　1997 年6月

論莊子哲學中『天』的修養論意義　高齡芬　輔大中研所學刊　7 期　1997 年6月

算命算死了，看命看活了：莊子應帝王『用心若鏡』的現代詮釋　王邦雄　國文天地　13 卷1 期（總號145）1997 年6月

由莊子休鼓盆成大道看晚明自由精神之呈現　張紫君　輔大中研所學刊　7 期　1997 年6月

莊子的真理觀與語言觀　賴錫三　揭諦　1 期　1997 年6月

莊子思想中的個體社會關係　許功餘　藝術學報　60 期　1997 年6月

莊子哲學的『陰陽』概念　葉海煙　宗教哲學　11 期　1997 年7月

算命算死了，看命看活了：莊子應帝王『用心若鏡』的現代詮釋　王邦雄　國文天地　13 卷2 期（總號146）1997 年7月

莊子對形上學思考的批判與超形上學進路的指點　賴錫三　文明探索叢刊　10 期　1997 年7月

莊子自然美學之意義　羅思美　孔孟月刊　35 卷11 期（總號419）1997 年7月

齊物論釋的文化內涵　王玉華　孔孟月刊　36卷3期（總號423）　1997年11月

莊子之『夢』探析　鍾雲鶯（Yuen－Ying Chung）　鵝湖月刊　269期　1997年11月

逍遙遊新析　廖煥超　語文教育通訊　15期　1997年12月

劉笑敢兩種自由的追求：莊子與沙特簡評　洪如玉　書評　32期　1998年2月

莊子內外雜篇之形成及其先後問題　劉榮賢　中山人文學報　6期　1998年2月

美學中的『虛靜』觀之省察：以老、莊、孔爲例　廖淑慧　文藻學報　12期　1998年3月

遊牧主體：莊子的用言方式與道——用一種女性主義閱讀（錢新祖的）莊子　劉人鵬（Jen－Peng Liu）　臺灣社會研究　29期　1998年3月

莊子、向郭與支遁之逍遙觀試析　沈維華　中國學術年刊　19期　1998年3月

莊子思想新探　孔維勤　文明探索叢刊　13期　1998年4月

論莊子內篇中的『道』　張善穎　國立臺北護理學院學報　6期　1998年5月

試論莊子藉『夢』表述之生命理境　吳明益　國立中央大學中國文學研究所論文集刊　5期　1998年5月

莊子的神話思維及其自我超越的文化心理與民俗信仰　劉秋固（Chiou－Guh Liou）　哲學與文化　25卷5期　1998年5月

由老莊的生死觀論其養生哲學　李美燕　屏東師院學報　11期　1998年6月

莊子工夫實踐的歷程與超形上學的證悟：以齊物論爲核心而展開　賴錫三　國立編譯館館刊　27卷1期　1998年6月

莊子與呂氏春秋寓言題材之比較研究　吳福相　國立中央大學人文學報　17期　1998年6月

道家美學思想基型：莊子的美學觀　蕭振邦（Jenn－Bang Shiau）　鵝湖學志　20期　1998年6月

莊子知北遊篇論『知』與『道』的辯證　魏元珪　東海哲學研究集刊　5期　1998年7月

莊子思想新探（下）　孔維勤　文明探索叢刊　14期　1998年7月

論莊子認識論思想的理論貢獻　毛榮生　資料與研究　34期　1998年7月

莊子漁父篇之解析　鄒湘齡　哲學與文化　25卷8期　1998年8月

論莊子的醉者境界　陳堅　孔孟月刊　36卷12期（總號432）　1998年8月

莊子中的大木形象與意象思維　王鍾陵　中國文哲研究集刊　13期　1998年9月

老莊思想新論　孔維勤　新埔學報　16期　1998年9月

衛理賢德譯莊子中的環保思想　鄔昆如　哲學與文化　25卷9期　1998年9月

嚴靈峰所錄宋代莊子知見書目的幾個問題　簡光明（Kawn－Ming Jan）　書目季刊　32卷2期　1998年9月

莊子氣論的思想體系　謝明陽　鵝湖月刊　279期　1998年9月

莊子天人境界之進路　劉錦賢　臺北科技大學學報　31卷2期　1998年9月

大陸近五十年來的莊子研究　曹智頻　鵝湖月刊　280期　1998年10月

莊子在虛靜中逍遙於天樂　鄭卜五　海軍軍官學校學報　8期　1998年10月

莊子思想『以醜爲美』的審美特徵　宋邦珍　中國國學　26期　1998年11月

莊子達生幾則寓言故事所提示的教育訊息　張銀樹　人文及社會學科教學通訊　9卷4期（總號52）　1998年12月

莊子及其養生之道　柯森蔆　淡水牛津臺灣文學研究集刊　1期　1998年12月

從老莊之異論二者於先秦爲不同的學術源流　劉榮賢　東海中文學報　12期　1998年12月

莊子齊物論研究　袁長瑞　哲學與文化　26卷1期　1999年1月

上與造物者遊：與莊子對談神秘主義　關永中　國立臺灣大學哲學論評　22期　1999年1月

死亡問題在莊子思想中的意義與地位　何保中　國立臺灣大學哲學論評　22期　1999年1月

莊子的思想特色：從『至人』到『至人之治』　楊自平　哲學雜誌　27期　1999年1月

莊子『道德』一詞試論　黄菊芳　孔孟月刊　37卷7期（總號439）　1999年3月

莊子『建之以常無有，主之以太一』釋義　姜聲調　中國學術年刊　20期　1999年3月

莊子與呂氏春秋寓言結構之比較研究　吳福相　中國學術年刊　20期　1999年3月

郭象莊子注的方法論　莊耀郎　中國學術年刊　20期　1999年3月

墨、孟、莊三子社會思想與當代社會工作　周月清、陳純適　東吳社會工作學報　5期　1999年3月

王雱南華真經新傳析論　簡光明　中國文化月刊　228期　1999年3月

遊的哲學：莊子　傅武光　國文天地　14卷10期（總號166）　1999年3月

從莊子『物化』觀念論李商隱詩中的審美意識　王祥齡　中正大學中文學術年刊　2期　1999年3月

莊子論惡與痛苦　葉海煙　鵝湖月刊　285期　1999年3月

太一生水與莊子的宇宙觀　葉海煙　哲學與文化　26卷4期　1999年4月

莊子的政治觀及其對學校行政主管的啟示　王柏壽　教師之友　40卷2期　1999年4月

莊子的神話思維與自我超越的文化心理及其民俗信仰　劉秋固　中央研究院民族學研究所集刊　85期　1999年4月

太一與水之思想探究：太一生水楚簡之初探　莊萬壽　哲學與文化　26卷5期（總號300）　1999年5月

逍遙遊『小大之辨』試析：兼論『鯤』字義蘊　婁世麗　國立臺灣體育學院學報　（上）卷5期　1999年

6月

莊子內篇的人生哲學及其對學校行政主管的啟示　王柏壽　國民教育研究學報　5期　1999年6月

由莊子的形神觀論其養生哲學　李美燕　屏東師院學報　12期　1999年6月

莊子所見的本真自我　李日章　靜宜人文學報　11期　1999年7月

莊子外雜篇中老莊思想之融合　劉榮賢　靜宜人文學報　11期　1999年7月

『人籟、地籟、天籟』與『吾喪我』之內在相似性的另類詮釋　陳政揚　鵝湖月刊　25卷2期（總號290）
1999年8月

莊子外雜篇中的黃老思想　劉榮賢　中山人文學報　9期　1999年8月

論莊子生死智慧的現代含意　林慧婉　黃埔學報　37期　1999年8月

先秦諸子的主題與莊子的批判精神　朱鋒　古今藝文　25卷4期　1999年8月

莊、孟的生死智慧及其對中國知識分子的影響　曾春海　歷史月刊　139期　1999年8月

莊子『逍遙』概念義涵的探討　楊自平　哲學與文化　26卷9期　1999年9月

莊子『化』思想研探　鍾雲鶯　孔孟學報　77期　1999年9月

蘇東坡論莊子及其書　姜聲調　書目季刊　33卷2期　1999年9月

莊子、重玄與相天：王船山宗教信仰述論　嚴壽澂　中國文哲研究集刊　15期　1999年9月

莊子齊物論中的語言問題　劉德明　中臺學報　11期　1999年10月

莊子逍遙遊中的生命轉化觀　曾瓊瑤　中國文化月刊　235期　1999年10月

莊子與經學之關係　林香伶　弘光學報　34期　1999年10月

莊子『庖丁解牛』對現代人心理困境的解決之道　馮曉馨　華醫學報　11期　1999年11月

莊子『化』境之生命哲學初探　李瑋如　錢穆先生紀念館館刊　7 期　1999 年12 月

厲與西施，恢恑憰怪，道通爲一：莊子中的諧怪表現——以支離疏、王駘、子輿、渾沌爲例　林美秀　高雄科學技術學院學報　29 期　1999 年12 月

劉辰翁南華真經點校綜論　簡光明　國立編譯館館刊　28 卷2 期　1999 年12 月

蘇軾的書法創作思想與莊子　陳秉貞　思辨集　3 期　1999 年12 月

向秀莊子注輯校　王書輝　國家圖書館館刊　88 卷2 期　1999 年12 月

莊子的批判性思考對生命之啟發　徐榮冠　育達學報　13 期　1999 年12 月

莊子內七篇所述殘疾者象徵意義初探　呂欣怡　孔孟月刊　38 卷4 期（總號448）　1999 年12 月

莊子養生主的若干問題　林葉連　文理通識學術論壇　3 期　2000 年1 月

莊子與呂氏春秋寓言情節組構之比較研究　吳福相　警專學報　2 卷7 期　2000 年1 月

淺析莊子與惠子的『魚樂之辯』　林金木　玄奘學報　1 期　2000 年1 月

認同與寬容：論莊子的寬容思想　袁信愛（Hsin－Ai Yuan）　哲學與文化　27 卷1 期　2000 年1 月

莊子是詭辯家還是數學邏輯家　黃玉臺　研究與動態　2 期　2000 年1 月

莊子人間世研究　袁長瑞（Chang－Ruey Yuan）　哲學與文化　27 卷2 期　2000 年2 月

天人之間：回應周啟成莊子學派天人觀辨析　葉海煙　哲學與文化　27 卷2 期　2000 年2 月

莊子的寓言　望雲　文采　8 期　2000 年2 月

莊子外雜篇中『氣』與『陰陽』觀念之發展　劉榮賢　暨大學報　4 卷1 期　2000 年3 月

莊子與呂氏春秋寓言單則結構之比較研究　吳福相　中國學術年刊　21 期　2000 年3 月

莊子哲學的重要開發：讀莊子齊物論義理演析　陳德和（Te－Ho Chen）　鵝湖月刊　297 期　2000 年3

月

從『道無終始，物有死生』談宗教信仰的世紀跳躍　周景勳　宗教哲學　6卷1期（總號21）　2000年3月

莊子哲學的重要開發：讀陶國璋著莊子齊物論義理演析　陳德和　南華哲學通信　3期　2000年3月

淮南子：黃老道學的集大成　陳廣忠　鵝湖月刊　25卷10期（總號298）　2000年4月

魏晉莊子學史簡論　宗明華　中國文化月刊　241期　2000年4月

張華鷦鷯賦及其衍生賦作之思想探析　吳儀鳳　中山人文學報　10期　2000年4月

從神話素材的再創造論莊子的文學表現　林志鵬　中國文學研究　14期　2000年5月

莊子心學釋義　朱敬武　大漢學報　14期　2000年5月

齊物論新解　劉坤生　中國文化月刊　243期　2000年6月

莊子養生主釋義　鄭夙姿　語文教育通訊　20期　2000年6月

從書志考察日本的老莊研究狀況：以鎌倉、室町時代爲主　王迪　漢學研究　18卷1期（總號35）　2000年6月

老、莊養生哲學的流變與影響：以嵇康與葛洪的『養生論』爲主　李美燕　屏東師院學報　13期　2000年6月

論莊子哲學的道心理境　陳德和（Te-Ho Chen）　鵝湖學志　24期　2000年6月

先秦道家之禮觀　陳鼓應　漢學研究　18卷1期（總號35）　2000年6月

莊子人生哲學與政治思想的研究　張仙娟　豐商學報　5期　2000年6月

莊子外雜篇中的養生思想　劉榮賢　東海大學文學院學報　41期　2000年7月

莊子齊物論釋義　王金淩　輔仁國文學報　16期　2000年7月

論莊子天道篇中的『道』　李翠瑛　元智人文社會學報　3期　2000年7月

陶淵明的莊學精神　蔡玲婉　問學　3期　2000年7月

莊子外雜篇中的養生思想　劉榮賢　東海大學文學院學報　41期　2000年7月

莊子與郭象『無情說』之比較：以莊子『莊惠有情無情之辯』及其郭注爲討論核心　吳冠宏　東華人文學報　2期　2000年7月

莊子藝術精神與蘇軾的書法創作思想　陳秉貞　人文及社會學科教學通訊　11卷2期（總號62）　2000年8月

莊子外雜篇中的無君思想　劉榮賢　靜宜人文學報　13期　2000年9月

莊子與呂氏春秋寓言體類之比較研究　吳福相　警專學報　2卷8期　2000年9月

與君讀莊而共樂之：黃明堅莊子校讀序　陳德和（Te－Ho Chen）　鵝湖月刊　303期　2000年9月

論莊子的自由與超越之特質　張炳陽　臺北師院語文集刊　5期　2000年9月

再探『小大之辯』：郭象注莊子逍遙遊之檢討　蔡僑宗　中正大學中國文學研究所研究生論文集刊　2期　2000年9月

莊子與陰陽家　莊萬壽（Wan－Shou Chuang）　師大學報　45卷1/2期　2000年10月

莊子的特質與發展及其研究的新方向　莊萬壽　國文天地　16卷5期（總號185）　2000年10月

由逍遙遊看莊子的逍遙境界　黃憶佳、胡正之　輔大中研所學刊　10期　2000年10月

莊子思想中的心靈治療體系　高柏園（Po－Yuan Ko）　鵝湖月刊　304期　2000年10月

論勞思光先生對莊子思想之詮釋　高柏園　淡江人文社會學刊　6期　2000年11月

評介葉舒憲莊子的文化解析　王煜　能仁學報　7期　2000年11月

齊物論別釋　釋永定　能仁學報　7期　2000年11月

從『渾沌』寓言探討莊子思想中的主體性　江美華　花蓮師院學報　11期　2000年12月

德有所長　形有所忘　周博裕　鵝湖月刊　26卷6期（總號306）　2000年12月

氣化與輪回：莊子的心身觀　曾錦坤　國立編譯館館刊　29卷2期　2000年12月

死生無變於己：莊子生死觀析論　江淑君　中文學報　6期　2000年12月

『庖丁解牛』：論莊子的養生觀　莊耀郎　國文天地　16卷8期（總號188）　2001年1月

點成心爲道心：從主體修證論齊物論的美學精神　彭馨慧　鵝湖月刊　26卷7期（總號307）　2001年1月

改變歷史的逍遙遊全新解讀　歐崇敬　世界中國哲學學報　2期　2001年1月

論莊子逍遙遊的意義及境界　吳粦輝　景女學報　1期　2001年1月

莊子齊物論與當代交談倫理　葉海煙（Hai－Yen Yen）　哲學與文化　28卷1期　2001年1月

莊子作者是莊子：讀史記莊子傳有感　陸建華　中國文化月刊　251期　2001年2月

論釋、道二家對分別意識的批判　曾子璘　海潮音　82卷2期　2001年2月

天下篇評論諸家之架構與標準探究　施忠賢　文藻學報　15期　2001年3月

莊子內七篇的人格類型觀研究　王季香　文藻學報　15期　2001年3月

王坦之廢莊論的反莊思想：從玄學與反玄學、莊學與反莊學的互動談起　周大興（Ta－Hsing Chow）　中國文哲研究集刊　18期　2001年3月

創造轉化的當代莊子哲學：主體與心性篇　歐崇敬　世界中國哲學學報　3期　2001年4月

略析莊子內篇中『命』的概念　呂玉華　中國語文　88卷4期（總號526）　2001年4月

論莊子哲學的宗教性　葉海煙　東吳哲學學報　6期　2001年4月

莊子『乘天地之正而御六氣之辯』新詮（上）　蔡璧名　大陸雜誌　102卷4期　2001年4月

莊子生命美學思想初探　柳秀英　美和技術學院學報　19期　2001年4月

論莊子對『命』的思考及其『安命』之可能　吳建明（Jen - Ming Wu）　鵝湖月刊　311期　2001年5月

莊子『真人』的身體觀：身體的『社會性』與『宇宙性』之辯證　賴錫三　臺大中文學報　14期　2001年5月

飛鳥與游魚：從莊子觀點淺談生命教育中的多元智慧　陳立言、郭正宜　哲學雜誌　35期　2001年5月

莊子『乘天地之正而御六氣之辯』新詮（下）　蔡璧名　大陸雜誌　102卷5期　2001年5月

莊子寓言角色中的人物群像　黃金玉　板中學報　4期　2001年5月

莊子內篇養生主前言箋釋　林瑞旭　致理學報　14期　2001年6月

莊子的修辭觀：美在自然朴素　駱小所　中國語文　88卷6期（總號528）　2001年6月

莊子散文的藝術：莊子的風神　趙衛民　中文學報　7期　2001年6月

戰國楚簡文字研究的幾個問題：讀戰國楚簡語業四所錄莊子語暨漢墓出土莊子殘簡瑣記　許學仁　東華人文學報　3期　2001年7月

莊子學派天人觀辨析　周啟成（Chun - Chow Chee）　哲學與文化　27卷2期　2001年7月

莊子外雜篇對戰國諸家子學的批判　劉榮賢　東海中文學報　13期　2001年7月

莊子外雜篇中由『心』向『物』的思維發展　劉榮賢　東海大學文學院學報　42期　2001年7月

中國莊子的理想生活　張昭佩　世界中國哲學學報　4期　2001年7月

成玄英莊子注疏的中道觀　黃國清（Kuo - Ching Huang）　鵝湖月刊　314 期　2001 年8月

老莊的教育思想及其實踐　陳德和　鵝湖月刊　27 卷2 期（總號314）　2001 年8月

死生齊一　鼓盆而歌：　莊子的死亡觀　沈毅　歷史月刊　163 期　2001 年8月

莊子齊物論：　解消言語論辯與物我對立的平等觀　林妙真（Mieu - Jen Lin）　鵝湖月刊　314 期　2001 年8月

憨山莊子內篇注之特色　邱敏捷　中國文化月刊　258 期　2001 年9月

莊子的風神：　逍遙遊新探　趙衛民（Wei - Meing Jauh）　鵝湖月刊　315 期　2001 年9月

莊子寓言中的逍遙思想　陳德和　國立歷史博物館館刊　11 卷9 期（總號98）　2001 年9月

『道』的旅遊指南：　莊子秋水『河伯與海若的對話』之解析　邱黃海　玄奘學報　4 期　2001 年10月

從莊子人間世談問題學生的管教方式　謝春聘　國文天地　17 卷5 期（總號197）　2001 年10月

論莊子天下篇所述之老子思想　李哲賢　文理通識學術論壇　5 期　2001 年10月

語言的邊際：　論莊子的『吊詭』　蔡偉鼎（Wei - Ding Tsai）　哲學與文化　28 卷10 期　2001 年10月

知的重建：　莊子齊物論探析　邱文才　輔大中研所學刊　11 期　2001 年10月

莊子寓言中的逍遙思想　陳德和（Te - Ho Chen）　鵝湖月刊　316 期　2001 年10月

老子、莊子以水喻說處世態度研究　張靜環、丘慧瑩　嘉南學報　27 期　2001 年11月

莊子德充符『才全德不形』觀念探析　張輝誠　中山女高學報　1 期　2001 年12月

莊子的語言、知識與政治　林俊宏　政治科學論叢　15 期　2001 年12月

莊子庖丁解牛寓言的切割方法與微積分觀念的比較研究　孫雄　永達學報　2 卷2 期　2001 年12月

飛鳥與游魚：　從莊子觀點淺談生命教育中的多元智慧　郭正宜、陳立言　孔孟月刊　40 卷4 期（總號

472） 2001年12月

老莊的道論　李桂蓮　明新學報　27期　2001年12月

由老莊道家析論荀子的思想性格　王邦雄（Pang－Hsiung Wang）　鵝湖學志　27期　2001年12月

支道林『莊子逍遙義』新詮及其般若學　蔡振豐　國立中央大學人文學報　24期　2001年12月

人體運動中『柔氣致和』的超越經驗：以莊子氣論思想爲主　王秋燕、黃恒祥　德育學報　17期　2002年1月

莊子齊物論講演錄（一）　牟宗三　鵝湖月刊　319期　2002年1月

莊子『因』字義理試詮　婁世麗　國立臺灣體育學院學報　10期　2002年1月

莊子『知』論評釋　朱敬武　世界中國哲學學報　6期　2002年1月

郭象莊子注之『自生』義試析　陳啟文　哲學與文化　29卷2期　2002年2月

人人是天才　物物是寶器：莊子逍遙遊中的有用無用之辯　謝春聘　國文天地　17卷9期（總號201）2002年2月

莊子齊物論講演錄（二）　牟宗三　鵝湖月刊　320期　2002年2月

莊子『無用之用』之美學意涵　藍麗春　中國文化月刊　263期　2002年2月

略談莊子無爲說與慧能禪宗三無論：以修養工夫、境界論爲主　元鍾實　中華佛學研究　6期　2002年3月

論莊子的雄偉風格　陳智慧　華岡外語學報　9期　2002年3月

莊子齊物論講演錄（三）　牟宗三　鵝湖月刊　321期　2002年3月

莊子心性論　羅堯　中國文化月刊　264期　2002年3月

天鈞是謂兩行，『類與不類，相與爲類』，此之謂『齊物論』　劉君燦　中華科技史同好會會刊　2卷2期　2002年4月

莊子齊物論講演錄（四）　牟宗三　鵝湖月刊　322期　2002年4月

莊子齊物論講演錄（五）　牟宗三　鵝湖月刊　323期　2002年5月

莊子中『用』思想之新解　沈雅惠　孔孟月刊　40卷10期（總號478）　2002年6月

從莊子內篇的概念與字詞使用脈胳論其哲學架構中的兩重特質　歐崇敬　佛光人文社會學刊　2期　2002年6月

孔顏之對：莊子對仁義相的剝除　許明珠　東方人文學志　1卷2期　2002年6月

試探莊子『莊周夢蝶』的幾種詮釋取向與效用　林漢彬　東華中國文學研究　1期　2002年6月

試論莊子渾沌神話　陳忠信　中國文化月刊　267期　2002年6月

玄學與政治的對話：郭象莊子注的三個關懷　林俊宏　政治科學論叢　16期　2002年6月

莊子之『道』與『藝術精神』的關係：對徐復觀、顏崑陽先生論點的評述與商討　孫中峰　東華中國文學研究　1期　2002年6月

莊子齊物論講演錄（六）、（七）　牟宗三　鵝湖月刊　324期　2002年6月

文心雕龍神思所展現的莊子美學思維　陳慶元　東海大學文學院學報　43期　2002年7月

秦失褒老聃？貶老聃？試以文學角度處理莊子養生主『秦失吊老聃』中人物之生死觀　郭寶元　高苑學報　8期　2002年7月

莊子齊物論講演錄（八）　牟宗三　鵝湖月刊　325期　2002年7月

莊子語言的特色及其境界　謝易真　慈濟技術學院學報　4期　2002年8月

莊子的三種生死觀的矛盾及其解決　蕭仕平(Shi - Ping Xiao)　哲學與文化　29卷8期　2002年8月

齊物論本旨論稿　劉坤生(Kan - Sheng Liu)　哲學與文化　29卷8期　2002年8月

莊子齊物論的對話倫理　葉海煙(Hai - Yen Yeh)　哲學與文化　29卷8期　2002年8月

莊子齊物論講演錄(九)　牟宗三　鵝湖月刊　326期　2002年8月

莊子與呂氏春秋寓言構成研究之比較　吳福相　國立僑生大學先修班學報　10期　2002年9月

從渾沌之死談子女的教育方式　謝春聘　國文天地　18卷4期(總號208)　2002年9月

莊子齊物論講演錄(十)　牟宗三、盧雪昆　鵝湖月刊　327期　2002年9月

莊子養生主『生也有涯，知也無涯』義探　蔡秀采　景文技術學院學報　(上)卷13期　2002年9月

莊子齊物論講演錄(十一)　牟宗三、盧雪昆　鵝湖月刊　328期　2002年10月

莊子『見獨』說　高瑞惠　輔大中研所學刊　12期　2002年10月

佛教『般若』與莊子齊物論異同論　蔡宏(Hong Cai)　哲學與文化　29卷11期　2002年11月

格林童話與莊子書中故事翻譯編寫比較　張秀珍　兒童文學學刊　8期　2002年11月

淺探莊子齊物論的對話倫理　賴文君　百齡高中學報　2期　2002年11月

莊子齊物論講演錄(十二)　牟宗三、盧雪昆　鵝湖月刊　329期　2002年11月

莊子虛靜心及其在藝文創作之意義初探　黃金榔　嘉南學報　28期　2002年11月

綜論莊子的快樂觀　陳秋虹(Chiu - Hung Chen)　正修學報　15期　2002年11月

道家哲學八論　王煜(Yuk Wang)　哲學與文化　30卷10期　2002年11月

莊子齊物論『莫若以明』探究　鄭倩琳　語文學報　9期　2002年12月

莊子外雜篇中『理』觀念的發展　劉榮賢　靜宜人文學報　17期　2002年12月

『莊子尊孔論』系譜綜述：莊學史上的另類理解與閱讀　徐聖心　臺大中文學報　17期　2002年12月

略論『濠梁之辯』　陶文本　中山女高學報　2期　2002年12月

齊萬物以不齊之齊的莊子齊物論　楊國蘭　育達學報　16期　2002年12月

朱熹對莊子之評論　江右瑜　中極學刊　2期　2002年12月

莊子逍遙遊論義：有待與無待　李幸玲　清雲學報　22卷2期　2002年12月

莊子齊物論演講錄（十三）　牟宗三　鵝湖月刊　330期　2002年12月

莊子惠施之對談：教具製作與使用成果　蔡淑慧　東南學報　25期　2003年1月

莊子齊物論講演錄（十四）　牟宗三　鵝湖月刊　331期　2003年1月

中國形上學的三個向度　鄔昆如　哲學與文化　30卷2期（總號345）　2003年2月

莊子齊物論演講錄（十五）　牟宗三　鵝湖月刊　332期　2003年2月

淮南子的形神觀與養生論　李美燕（Mei－Yen Lee）　中華學苑　56期　2003年2月

Paradox in Chuang Tzu　陳智慧　華岡外語學報　10期　2003年3月

探究道教和老莊思想的養生哲學　王瑞瑾、王仁堂　光武學報　26期　2003年3月

莊子、郭象、支遁三家『逍遙義』之區別新探　杜瑞傑　東方人文學志　2卷1期　2003年3月

莊子『無用哲學』的指涉義涵與影響　黃忠天　中華南臺道教學院學報　1期　2003年3月

論莊子處世哲學的本質　李若鶯　高雄師大學報　14期　2003年4月

言意之辨與玄學　莊耀郎（Yaw－Lang Juang）　哲學與文化　30卷4期　2003年4月

從莊子美學論梁楷作品的『潑』與『白』　黃崇鐵　國立歷史博物館學報　24期　2003年4月

無邊的罅隙：莊子的默　李玉珍（Wu－Zern Lee）　中華技術學院學報　27期　2003年5月

莊子逍遙遊的逍遙哲學　何修仁　聯合學報　22期　2003年5月
莊子中的孔子形象探析　莊文福　馬偕護理專科學校學報　3期　2003年5月
從人間世看莊子的處世哲學　曾紫萍　興大中文研究生論文集　8期　2003年5月
莊子應帝王『壺子示相』寓言之試詮　王小滕　中國文學研究　17期　2003年6月
莊子中的『老聃、老子』與老子的存有論呈現脈絡探析　歐崇敬　佛光人文社會學刊　4期　2003年6月
老莊道家論齊物兩行之道　王邦雄（Pang－Hsiung Wang）　鵝湖學志　30期　2003年6月
儒道講座（第五講）：用心若鏡的實現原理（上）　王邦雄　孔孟月刊　41卷10期（總號490）　2003年6月
試析莊子的情意觀　孫吉志　文與哲　2期　2003年6月
莊子的養生思想　曾錦坤　中國學術年刊　24期　2003年6月
莊子思想中的存在治療意義初探　黃漢青　國立臺中技術學院學報　4期　2003年6月
莊子與海德格爾『生死觀』的比較　朱莉美　德霖學報　17期　2003年6月
莊子逍遙遊的思想結構　曾家麒　國文天地　19卷2期（總號218）　2003年7月
莊子における気化思想　篇名譯名：莊子中的氣化思想　林巾力（Chin－Li Lin）　興國學報　2期　2003年7月
儒道講座（第五講）：用心若鏡的實現原理（下）　王邦雄　孔孟月刊　41卷11期（總號491）　2003年7月
科技與人：從『齊、物論』到『齊物、論』　施盈廷　信息社會研究　5期　2003年7月
莊子的風神：齊物論新探　趙衛民　中文學報　8期　2003年7月

莊子的至德之世：以破滅之因及其歸復之道爲中心　劉文星　中國文化月刊　272期　2003年8月

儒道講座（第六講）：大鵬怒飛的主體境界（上）　王邦雄　孔孟月刊　41卷12期（總號492）　2003年8月

莊子『庖丁解牛』之養生意涵　李俐瑩　重中論集　3期　2003年8月

莊子齊物論『知』的哲學　倪麗菁　輔大中研所學刊　13期　2003年9月

莊子『心齋』、『坐忘』、『朝徹』、『見獨』與大乘起信論『止觀』門之研究與對觀　謝易真　慈濟技術學院學報　5期　2003年9月

杜夫海納的審美知覺現象學與莊子『聽之以氣』的比較研究　林文琪（Wen－Chi Lin）　華岡文科學報　26期　2003年9月

儒道講座（第六講）：大鵬怒飛的主體境界（下）　王邦雄　孔孟月刊　42卷1期（總號493）　2003年9月

論莊子的主體自由　柳秀英　美和技術學院學報　22卷2期　2003年9月

莊子的逍遙之道：道家的休閒智慧　葉智魁（Chih－Kuei Yeh）　戶外遊憩研究　16卷3期　2003年9月

莊子的『觀照』思想研究　聶雅婷（Rita Nei）　哲學與文化　30卷10期　2003年10月

莊子專題探討：論經典翻譯　張秀珍　翻譯學研究集刊　8期　2003年12月

莊子與呂氏春秋寓言之評論比較研究　吳福相　國立僑生大學先修班學報　11期　2003年12月

從美的世界圖像論莊子道　黃漢青　國立臺中技術學院人文社會學報　2期　2003年12月

兩種『通明意識』：莊子、荀子的比較　伍振勳　漢學研究　21卷2期（總號43）　2003年12月

論莊子『有』的脈絡探析　歐崇敬（Chung－Ching Ou）　通識研究集刊　4期　2003年12月

論蘇軾謫儋詩與莊子思想　楊景琦　東方人文學志　2卷4期　2003年12月

論莊子處世哲學的基本功：『忘』　李若鶯　高雄師大學報　15卷2期　2003年12月

清人『以儒解莊』的莊周風貌　陳琪薇　中極學刊　3期　2003年12月

阮籍達莊論中的莊學思想　劉原池　新竹師院學報　17期　2003年12月

眺望烏托邦：談莊子書中的理想國度　陳惠齡　文與哲　3期　2003年12月

中國戲曲小說中的莊子形象　簡光明　高雄餐旅學報　6期　2003年12月

莊子『自化』與荀子『制天』的內在意涵　劉桂芳　國文天地　19卷7期（總號223）　2003年12月

廿一世紀逍遙遊：莊子之哲學諮商方法　許鶴齡（Hsu Ho－Ling）　哲學與文化　31卷1期　2004年1月

論莊子中『化』之意涵　劉昌佳　鵝湖月刊　343期　2004年1月

莊子天下論墨考辨：兼論戰國時變與墨家後學　秦彥士　東吳哲學學報　9期　2004年3月

試析莊子中儒門出現的因緣及孔子之生命思想：以內、外篇爲中心　施依吾　國立中央大學中國文學研究所論文集刊　9期　2004年3月

探析莊子內篇『所』字片語　張晏彰　國立中央大學中國文學研究所論文集刊　9期　2004年3月

莊子的語言哲學　劉毅鳴　思辨集　7期　2004年3月

莊子對語言之意見的現代考察　張耀謙（Yao－Chien Chang）　哲學與文化　31卷4期　2004年4月

莊子書中交友與存有學之論辯脈絡探析　歐崇敬　鵝湖月刊　346期　2004年4月

莊子中的物理知識及其歷史價值　胡化凱　中國文化月刊　280期　2004年4月

從逍遙遊看莊子哲學與文學的融合　陳良真　中國語文　94卷4期（總號562）　2004年4月

東方意象式的詮釋哲學：以莊子『莫若以明』爲詮釋的對象　許雅芳　文明探索叢刊　37期　2004年4月

論『白馬非馬』在先秦哲學中的發展：以儒、道、名、墨四家思想爲例　陳政揚　揭諦　6期　2004年4月

論譚嗣同仁學中的莊子思想　謝貴文　問學　6期　2004年4月

阮籍大人先生傳中理想人格的修養方法　劉原池（Yuam－Chih Liu）　哲學與文化　31卷7期　2004年4月

言非吹也：論莊子之非分解的進路　李瑞全　鵝湖月刊　354期　2004年4月

以浪漫主義管窺莊子　林琦妙　問學　6期　2004年4月

莊子的齊物思想　郭美玲　景文技術學院學報　（下）卷14期　2004年4月

『吾喪我』與『寧作我』：試論莊子與莊子注中的『我』　周翊雯　雲漢學刊　11期　2004年5月

『理』範疇理論模式的道家詮釋　陳鼓應（Gu－Ying Chen）　臺大文史哲學報　60期　2004年5月

談莊子之生死觀　劉慧如　三重商工學報　2004年5月

莊子的科技發展觀　孫吉志　文與哲　4期　2004年6月

莊子逍遙遊生命境界觀析論　洪家榆　教育研究（高師）　12期　2004年6月

從美的世界圖像說比較莊子與海德格論大道之顯現　黃漢青　國立臺中技術學院學報　5期　2004年6月

呂惠卿的莊子學　簡光明　人文與社會學報　4期　2004年6月

王船山援莊入儒論　林文彬　興大人文學報　（上）卷34期　2004年6月

由『無』論莊子的哲學脈絡及其存有學架構　歐崇敬　通識研究集刊　5 期　2004 年6 月

莊子的治道觀　陳政揚（Cheng－Yang Chen）　高雄師大學報　16 期　2004 年6 月

莊子中的知覺現象及其在修證上的意義　蔡振豐　法鼓人文學報　1 期　2004 年7 月

阮籍大人先生傳中理想人格的修養方法　劉原池　哲學與文化　31 卷7 期（總號362）　2004 年7 月

論莊子『女偊聞道』及『悟道』歷程　高瑞惠　親民學報　10 期　2004 年8 月

錢穆『老出莊後』主張之理論的考察　賈忠婷　鵝湖月刊　30 卷2 期（總號350）　2004 年8 月

以『德充』與『德符』再論德充符　張瑋儀　國文天地　20 卷3 期（總號231）　2004 年8 月

閱讀莊子寓言的方法　簡光明　中國語文　95 卷2 期（總號566）　2004 年8 月

從莊子內觀睿知探索逍遙遊之真意　吳福相　國立僑生大學先修班學報　12 期　2004 年10 月

莊子『無竟』與慧能禪『無相』境界　元鍾實　孔孟學報　82 期　2004 年9 月

神話、老子、莊子之『同』、『異』研究：朝向『當代新道家』的可能性　賴錫三（His－San Lai）　臺大文史哲學報　61 期　2004 年11 月

陸德明莊子音義中的天道觀　李正芬（Jenq－Fen Li）　花蓮師院學報　19 期　2004 年11 月

莊子逍遙遊篇大鵬鳥之研究　吳豐年　嶺東學報　16 期　2004 年12 月

莊子精、氣、神的功夫和境界：身體的精神化與形上化之實現　賴錫三　漢學研究　22 卷2 期（總號45）　2004 年12 月

從逍遙遊的『小大之辯』衍論莊子的悖論　劉原池　國文學報（高師大）　1 期　2004 年12 月

從周易古經到莊子逍遙遊與內篇三文本的內在理路關聯分析：中國哲學的起源與第一個創造轉化的時代——中國哲學的『第一個二百年』　歐崇敬　通識研究集刊　6 期　2004 年12 月

莊子是否爲文學否定論者：對黃保真等著中國文學理論史理解莊子思想型態的一個反省　黃偉倫　鵝湖月刊　354 期　2004 年 12 月

憨山大師注莊的孔子形象　王玲月　東方人文學志　3 卷 4 期　2004 年 12 月

論莊子的生死觀及其對現代人的啟示　梁淑芳(Shu－Fang Liang)　研究與動態　11 期　2004 年 12 月

齊物論的言説方式　楊祖漢　鵝湖月刊　30 卷 6 期(總號 354)　2004 年 12 月

試論莊子審美歷程與精神美　林秀香　國文學報(高師大)　1 期　2004 年 12 月

推門落臼：試論憨山大師的莊子内篇注　林順夫　清華學報　34 卷 2 期　2004 年 12 月

以『氣』入道：論莊子養生思想與修道化境　李翠瑛　成大宗教與文化學報　4 期　2004 年 12 月

從二元對立的消解比較莊子的道與德希達的延異　黃漢青　人文社會學報　3 期　2004 年 12 月

郭象心性論之研究　張哲挺　臺灣大學哲學研究所碩士學位論文　2004 年

莊惠四大論辯的人生詮釋：以貝蒂和伽達默爾之論爭爲對照　黃源典　鵝湖月刊　30 卷 7 期(總號 355)　2005 年 1 月

論莊子安時處順之生命的自由體現　詹皓宇　古今藝文　31 卷 2 期　2005 年 2 月

經典詮釋中的兩種内在定向及其外化：以王弼老子注與郭象莊子注爲例　劉笑敢(Xiao－Gan Liu)　中國文哲研究集刊　26 期　2005 年 3 月

骷髏幻戲：中國文學與圖像中的生命意識　衣若芬(Lo－Fen I)　中國文哲研究集刊　26 期　2005 年 3 月

千年後的知音：魯迅故事新編起死對莊子生死觀的反諷與隱喻　吳薇儀　思辨集　8 期　2005 年 3 月

如風中之草　如水上之波：解讀『壺子示相』故事　王櫻芬　中國語文　96 卷 3 期(總號 573)　2005 年

3月

王夫之通解莊子『兩行』說及其現代意義　唐亦男　鵝湖月刊　357期　2005年3月

以無翼飛者：莊子內篇對於最高理想人物的描述　林順夫（Shuen－Fu Lin）　中國文哲研究集刊　26期　2005年3月

孟子與莊子『命』論研究　陳政揚　揭諦　8期　2005年4月

莊子的死亡觀　王妙純　中國語文　96卷4期（總號574）　2005年4月

論莊子物化的藝術境界　詹皓宇　中國語文　96卷5期（總號575）　2005年5月

論道與物關係問題：中國哲學史上的一條主綫　陳鼓應　臺大文史哲學報　62期　2005年5月

以莊子齊物論解析Kuhn的『典範理論』　謝青龍　南華通識教育研究　2卷1期　2005年5月

齊物論『成心』舊注詮評　謝明陽（Ming－Yang Xie）　東華漢學　3期　2005年5月

莊子『安時而處順』的新詮釋　羅翌倫　鵝湖月刊　360期　2005年6月

莊子齊物論與向郭注的義理殊異辨析　周雅清（Ya－Ching Chou）　鵝湖學志　34期　2005年6月

莊子的生死觀　劉秀蘭　問學　8期　2005年6月

莊子的語言層次論與道　劉昌佳　興大人文學報　（上）卷35期　2005年6月

從『莊周夢蝶』論『死亡』的超越　許雅芳　宗教哲學　33期　2005年6月

論莊子的『德』字意涵：個別殊異性　蕭裕民（Yu－Min Shiau）　高雄師大學報　18期　2005年6月

論『人籟』、『地籟』、『天籟』喻在莊子齊物論篇中的結構性意義　金貞姬（Chung－Hee Kim）　鵝湖學志　34期　2005年6月

論莊子『觀物爲文』的創作方式　陳忠和　逢甲人文社會學報　10期　2005年6月

試論莊子中體道的境界　林秀香　問學　8期　2005年6月

荀子和莊子對『時空』與『存在』的反思：中國古代哲學思想的形上學層面　野正美　清華學報　35卷1期　2005年6月

中國古代『變化』觀念之演變暨其思想意義　佐藤將之（Masayuki Sato）　政大中文學報　3期　2005年6月

莊子的文化沒落論之探討　張森富　北臺國文學報　2期　2005年6月

莊子生死觀在臨終關懷上之現代意義　黃雅淳　興大中文學報　17期　2005年6月

莊子之苦樂觀及其啟示　劉笑敢　漢學研究　23卷1期（總號46）　2005年6月

莊子齊物論的終極義諦及其奇詭書寫　陳德和　文學新鑰　3期　2005年7月

禪道生死之鏡：從哲學諮商方法淺談惠能與莊子之生死觀　許鶴齡　哲學論集　38期　2005年7月

從莊子的神話素材詮證神話原型與哲學理論之聯繫　陳忠和　輔仁學志　32期　2005年7月

郭象莊子注對『逍遙』的轉化：以『無心』觀爲考察中心　周翊雯　雲漢學刊　12期　2005年7月

論莊子『禮意』及『異化』觀　高瑞惠、林舜英　親民學報　11期　2005年7月

莊子『氣』論思想釐析　黃潔莉　東海大學文學院學報　46期　2005年7月

莊子人間世的『有用之用』初探　曾家麒　國文天地　21卷3期（總號243）　2005年8月

論莊子物化的藝術境界　詹皓宇　孔孟月刊　43卷11/12（總號515/516）　2005年8月

言無言：莊子寓言的契道化境　吳賢俊　僑光技術學院通觀洞識學報　4期　2005年8月

莊子的語言哲學及表意方式　刁生虎（Sheng－Hu Diao）　東吳哲學學報　12期　2005年8月

論莊子與張載的『氣』概念　陳政揚（Cheng－Yang Chen）　東吳哲學學報　12期　2005年8月

『忘』如何作爲指向於境界的通路：莊子書中『忘』概念的探討　王櫻芬（Ying－Fen Wang）　中華人文社會學報　3期　2005年9月

莊子『樞始得其環中』與龍樹的『中道思想』之比較研究　謝易真　慈濟技術學院學報　7期　2005年9月

莊子中的神人與上古神話的超越思維　謝易真　慈濟技術學院學報　7期　2005年9月

莊子的語言哲學　劉毅鳴　鵝湖月刊　363期　2005年9月

莊子美學　湯璧如　藝術欣賞　1卷9期　2005年9月

關於莊子心性論　李漢相　鵝湖月刊　363期　2005年9月

莊子美學　湯璧如　藝術欣賞　1卷10期　2005年10月

從藝術觀到倫理學：淺談莊子審美形上學　張鴻愷　孔孟月刊　44卷1/2（總號517/518）　2005年10月

莊子、王夫之逍遥觀之異同　譚明冉（Ming－Ran Tan）　哲學與文化　32卷10期　2005年10月

莊子『內聖之道』的義涵：齊物論詮解　曾家麒　國文天地　21卷5期（總號245）　2005年10月

王船山莊學之研究：論『神』的核心意義　施盈佑（Ying－Yo Shih）　白沙人文社會學報　4期　2005年10月

郭象注莊中身體思維探究：由適性逍遥論其身體的對象化　周翊雯　鵝湖月刊　31卷5期（總號365）　2005年11月

莊子書中的儒者形象及其存有學脈絡表現　歐崇敬（Chung－Ching Ou）　通識研究集刊　8期　2005年12月

莊子論『樂』：兼論與『逍遥』之關係　蕭裕民　漢學研究　23卷2期（總號47）　2005年12月

莊子談藝寓言的特殊意義　林君儀　東方人文學志　4卷4期　2005年12月

老莊之自然現象學　伍至學　現象學與人文科學　2期　2005年12月

論莊子以『氣』爲核心的美學思想　丁孝明(Hsiao－Ming Ting)　正修學報　18期　2005年12月

從笛卡兒之『夢幻論證』探究『莊周夢蝶』的哲學意涵　許雅芳　鵝湖月刊　366期　2005年12月

由莊子『技與道』的思想探討太極拳的內涵　張嚴仁　大專體育　81期　2005年12月

戰國時代『誠』概念的形成與意義：以孟子、莊子、呂氏春秋爲中心　佐藤將之(Masayuki Sato)　清華學報　35卷2期　2005年12月

戰國老學的兩大主流：政治化老學與境界化老學　陳德和(De－He Chen)　鵝湖學志　35期　2005年12月

莊子天人關係思想析論　林錦鸞　黎明學報　18卷1期　2005年12月

莊子生死觀研究　鄭鈞瑋　臺灣大學哲學研究所碩士學位論文　2005年

論莊子的人物系譜　高君和　臺灣大學哲學研究所碩士學位論文　2005年

論老莊哲學中『道』之無限性與人之自主問題　馬耘　臺灣大學哲學研究所博士學位論文　2005年

先秦道家禮樂思想研究　林明照　臺灣大學哲學研究所博士學位論文　2005年

林希逸莊子口義『以禪解莊』析論　邱敏捷(Min－Chie Chiu)　玄奘佛學研究　4期　2006年1月

楚辭與莊子中的『漁父』管窺　顧正萍　輔仁國文學報(增刊)　2006年1月

莊子齊物論『絕待』哲理之詮釋：以『天倪、天均、兩行、天府、葆光』的考察爲主　王小滕(Hsiao－Teng Wang)　東華人文學報　8期　2006年1月

莊子的主體精神　劉秋固(Chiu－Ku Liou)　研究與動態　13期　2006年1月

莊子『物化』三論及其相互關係　刁生虎　中國文化月刊　302 期　2006 年2 月

莊子內外雜篇新論：　從思想的一致性來觀察　蕭裕民（Yu－Min Shiau）　興大人文學報　36 期　2006 年3 月

莊子養生主的文理結構與隱寓意象　張忠智、莊桂英　遠東學報　23 卷1 期　2006 年3 月

道家哲學思想之開展：　試探莊子對老子思想之繼承與發揚　張鴻愷　中國文化月刊　303 期　2006 年3 月

范應元及其莊子學　簡光明　屏東教育大學學報　（下）卷24 期　2006 年3 月

古琴以『澹』爲美之意涵析論　李美燕　藝術學報（革新版）　78 期　2006 年4 月

駁吳虞的反孔議論　王煜　哲學與文化　33 卷4 期（總號383）　2006 年4 月

由養生主探莊子生命哲學　陳美妃　木柵高工學報　10 期　2006 年4 月

莊子逍遥遊之生命哲學：　試論兩種詮釋系統之價值義涵及其啟發　唐經欽　中國文化月刊　304 期　2006 年4 月

莊子德充符釋義　沈維華　中國語文　98 卷5 期（總號587）　2006 年5 月

莊子逍遥遊之藝術精神　黃潔莉　哲學與文化　33 卷5 期　2006 年5 月

紅樓夢的精神世界與莊子思想　簡鈴　豐商學報　11 期　2006 年6 月

莊子心齋『氣』觀念的詮釋問題　王邦雄（Pang－Hsiung Wang）　淡江中文學報　14 期　2006 年6 月

莊子書中概念字詞所呈現的哲學屬性分析　歐崇敬　通識研究集刊　9 期　2006 年6 月

勝物而不傷：　莊子的處世哲學　楊良玉　醒吾學報　31 期　2006 年6 月

莊子的在世倫理：　孝、忠　許明珠　國文學報（高師大）　4 期　2006 年6 月

莊子有關技術現象的人文主義關懷：通過技術操作的自我教養　林文琪（Wen－Chi Lin）　哲學與文化　33卷7期　2006年7月

莊子中的管子心術系統學說　赤塚忠（Kiyoshi Akatsuka）、佐藤將之、洪嘉琳　哲學與文化　33卷7期　2006年7月

超越與入世：莊子生命歷程觀　高瑞惠　親民學報　12期　2006年7月

成玄英莊子疏護生思想初探　郭正宜　高苑學報　12期　2006年7月

導言：莊子哲學專題　葉海煙（Hai－Yen Yeh）　哲學與文化　33卷7期　2006年7月

道家的環境素養論與休閒美學觀：以莊子的觀點爲例　葉海煙（Hai－Yen Yeh）　哲學與文化　33卷7期　2006年7月

論莊子的知與無知　楊祖漢　鵝湖月刊　373期　2006年7月

書評：杜保瑞莊周夢蝶　林淑文　哲學與文化　33卷7期（總號386）　2006年7月

楊仁山、章太炎以『唯識』解莊析論：以真心派的唯識之詮釋　邱敏捷　佛學研究中心學報　11期　2006年7月

以莊子『知止其所不知』爲基礎：論道家面對聖人經典的態度與定位　施依吾　有鳳初鳴年刊　2期　2006年7月

由章法結構中看莊子天下對墨家的評論　曾家麒　國文天地　22卷2期（總號254）　2006年7月

莊子齊物論的命題解析與理論架構　杜保瑞　哲學與文化　33卷7期　2006年7月

兩種逍遙與兩種自由　劉笑敢　哲學與文化　33卷7期　2006年7月

書評：劉笑敢莊子哲學及其演變　馬耘（Yun Ma）　哲學與文化　33卷7期　2006年7月

莊子與『醜』　林靜茉　孔孟月刊　44 卷11/12（總號527/528）　2006 年8 月

先秦儒道的氣論與黃老之學　陳麗桂　哲學與文化　33 卷8 期　2006 年8 月

以成語故事介紹莊子思想　謝明輝　中國語文　99 卷2 期（總號590）　2006 年8 月

莊子泛神論的自然觀對張橫渠氣論哲學的影響　張永儁（Youn - Chun Chang）　哲學與文化　33 卷8 期　2006 年8 月

成玄英莊子疏之特性初探　黃淑基　當代中國哲學學報　5 期　2006 年9 月

袁中道導莊的逍遙義　龔玫瑾　屏東教育大學學報　25 期　2006 年9 月

逍遙遊的主體美感　蕭安佐　中國語文　99 卷4 期（總號592）　2006 年10 月

不敖倪於萬物，不譴是非：與莊子懇談見道及其所引致的平齊物議　關永中（Wing - Chung Kwan）　臺灣大學哲學論評　32 期　2006 年10 月

莊子自化論　孫宏仁　道統之美　4 期　2006 年11 月

從養生主、人間世看莊子哲學的生命本質　倪麗菁（Ni - Li Ching）　哲學與文化　33 卷11 期　2006 年11 月

從莊子之思想分析柔道運動之內涵　紀俊吉、蘇慧慈、林俊甫　雲科大體育　9 期　2006 年11 月

莊子論愛探析　王志楣　國文學志　13 期　2006 年12 月

莊子齊物論之內在結構與身體的關係　方素真　成大宗教與文化學報　7 期　2006 年12 月

莊子『天地一指也，萬物一馬也』析釋　蕭裕民　文與哲　9 期　2006 年12 月

船山莊學之研究：探析『凝神』之飽滿義涵　施盈佑　國立中央大學人文學報　30 期　2006 年12 月

從澄清誤解的角度談莊子思想　蕭裕民　國立中央大學人文學報　30 期　2006 年12 月

憨山德清的禪悟經驗與他對老莊思想的理解　蔡振豐　法鼓人文學報　3期　2006年12月

論莊子之『用』　王志楣　花大中文學報　1期　2006年12月

孟子何以未曾批判莊子　簡光明　孔孟月刊　45卷3/4（總號531/532）　2006年12月

由心往道而應世間：論莊子思想之基本架構　蕭裕民　中山人文學報　23期　2006年12月

莊學的樂論：莊子中的生命本真之樂、道樂及音樂批判　林明照　淡江中文學報　15期　2006年12月

莊子說『忘』　傅武光　國文天地　22卷7期（總號1259）　2006年12月

莊子內篇畸人之研究　許嫚佳　中興大學中國文學系所學位論文　2006年

先秦形神思想研究：以道家爲主　黃美樺　中興大學中國文學系所碩士學位論文　2006年

莊子理想人格之呈現：以大宗師爲主之探究　宋愛華　中興大學中國文學系所碩士學位論文　2006年

莊子處世思想析探　蔡忠道　人文研究期刊　2期　2007年1月

王安石論莊子　簡光明　人文研究期刊　2期　2007年1月

宋代注疏莊子初探　蕭安佐　國文天地　22卷9期（總號261）　2007年2月

從莊子到王國維：談『物我雙會』的藝術觀照　張鴻愷（Hong－Kai Jhang）　中華人文社會學報　6期　2007年3月

從莊子天下篇首解析先秦思想中的基本關懷　何炳棣（Ping－Ti Ho）　中央研究院歷史語言研究所集刊　78卷1期　2007年3月

赫拉克利特Logos學說與老莊道論之比較　鍾振宇　揭諦　12期　2007年3月

莊子『命』論之生死觀解析　吳建明　揭諦　12期　2007年3月

論淮南子之『聖人』觀：兼及其對老莊的承繼與新詮　王奕然　思辨集　10期　2007年4月

輪扁之譏：技術與體驗之外的琴學文本閲讀　米敬萱　『古琴、音樂美學與人文精神』跨領域、跨文化會議論文集　2007 年4 月

王船山莊子解研究：試詮『神—明—知』的觀照型態　施盈佑　輔大中研所學刊　17 期　2007 年4 月

魯迅、聞一多的莊子散文藝術研究　聶永華　國文天地　22 卷12 期（總號264）　2007 年5 月

遊刃與藏刀：論庖丁的解牛刀　張瑋儀　鵝湖月刊　383 期　2007 年5 月

論莊子之自我觀：以『吾喪我』爲探討中心　洪嘉琳（Chia – Lynne Hong ）　哲學與文化　34 卷5 期　2007 年5 月

論莊子圓融得道之生命的理想境界　詹皓宇　古今藝文　33 卷3 期　2007 年5 月

嵇康與莊學超越境界在抒情傳統中之開啟　蕭馳　漢學研究　25 卷1 期　2007 年6 月

論老、莊的陰陽觀：兼述『道』與『太極』的關係　李鴻儒　東吴中文研究集刊　14 期　2007 年6 月

論莊子所論之『物』包含『人』：兼論『形而上』的兩個層次　蕭裕民（Yu – Min Shiau ）　國文學志　14 期　2007 年6 月

孟子與莊子聖人觀比較　陳政揚　當代中國哲學學報　8 期　2007 年6 月

怎樣讀莊子　王邦雄、傅武光、謝大寧、林安梧、林明照、余姒倩、莊耀郎、吳肇嘉　國文天地　23 卷1 期（總號265）　2007 年6 月

莊子之『遊』：閒逸安適的存在經驗　葉智魁（Chih – Kuei Yeh ）　戶外遊憩研究　20 卷2 期　2007 年6 月

莊子處世哲學探賾：以『無用之用』爲起點　劉正遠　世新中文研究集刊　3 期　2007 年6 月

胡適以知識論詮釋莊學所形成的研究路徑　陸冠州（Guan – Zhou Lu ）　應華學報　2 期　2007 年6 月

莊子哲學「無窮」概念辨析　馬耘　當代中國哲學學報　8期　2007年6月

王安石學派「引莊解老」探析　江淑君（Shu－Jun Jiang）　政大中文學報　7期　2007年6月

從物理學到形上學：導引術與莊子思想　王志楣　人文集刊　5期　2007年7月

李白詩中的「萬種風情」初探　陳敬介　育達人文社會學報　4期　2007年7月

日本老莊學之研究　王迪　龍陽學術研究集刊　1期　2007年7月

道家思想的境界型態旨趣　高齡芬（Ling－Fen Kao）　當代儒學研究　2期　2007年7月

談莊子的養生觀　朱冠華　志蓮文化集刊　3期　2007年7月

書評：王博莊子哲學　施玫芳（Mei－Fang Shih）　哲學與文化　34卷8期　2007年8月

由齊物論與大宗師闡釋莊子的體道之境　吳宗德　文學前瞻　7期　2007年8月

莊子齊物哲學的道物合一論　葉海煙（Hai－Yen Yeh）　哲學與文化　34卷8期　2007年8月

莊子爲何夢爲「蝴蝶」　黃素嬌　國文天地　23卷3期（總號267）　2007年8月

莊子的形神觀及其依道制器之藝術實踐觀　曾春海（Chun－Hai Tseng）　哲學與文化　34卷8期　2007年8月

莊子道「形於內」的思維研究　周秀齡　修平人文社會學報　9期　2007年9月

試論莊子的言意困境與審美超越　沈維華　中國學術年刊　29期　2007年9月

莊子養生觀初探　呂文智（W. J. Lu）　中醫藥研究論叢　10卷2期　2007年9月

止於至善：人文精神與莊子的精神超越　劉見成　宗教哲學　41期　2007年9月

莊子「以明」與慧能禪「明心見性」　元鍾實　孔孟學報　85期　2007年9月

蘇軾詞化用莊子文典淺探　宋德樵　有鳳初鳴年刊　3期　2007年10月

爲善無近名　爲惡無近刑：兩點倫理學義涵的補充——善惡雙遣的自由意志與利己利他的和合　許明珠　有鳳初鳴年刊　3期　2007年10月

莊子形上學的思維向度與理論型態：以莊子天論爲核心的展開　葉海煙（Hai－Yen Yeh）　哲學與文化　34卷10期　2007年10月

從神話原型批評的角度談『莊周夢蝶』故事　黄素嬌　國文天地　23卷6期（總號270）　2007年11月

中國哲學文本與意象的運動：以莊子齊物論爲例　沈清松（Vincent Shen）　哲學與文化　34卷11期　2007年11月

從楚文化的特色試論老莊的自然哲學　梅廣（Kuang Meu）　臺大文史哲學報　67期　2007年11月

『絕跡易，無行地難』：莊子内篇之『兀者』析論　游淑惠　東方人文學志　6卷4期　2007年12月

莊子論處世的兩難困境與因應之道　林明照　東華漢學　6期　2007年12月

莊子逍遥義辨析　王志楣　政大中文學報　8期　2007年12月

論莊子『氣論』思想　陳靜美　當代中國哲學學報　10期　2007年12月

海德格與莊子之生死觀比較研究　吳建明　人文研究期刊　3期　2007年12月

玄思與詭辭：魏晉玄學契會先秦道家的關鍵　戴璉璋（Lian－Chang Tai）　國文學報　42期　2007年12月

莊子『安命』思想探析　王小滕（Hsiao－Teng Wang）　東華漢學　6期　2007年12月

莊子的虚静説與文學創作　王志陽　東方人文學志　6卷4期　2007年12月

莊子論『情』　蔡妙坤　臺灣大學哲學研究所碩士學位論文　2007年

莊子論超越生命困境　郭芳如　臺灣大學哲學研究所碩士學位論文　2007年

略談莊子與基督徒的生死觀　徐汶菁　神學論集　154期　2008年1月

試析莊子論『忘』的多重義蘊　曾瓊瑤　鵝湖月刊　33卷7期（總號391）　2008年1月

莊子之『至人』與尼采[Nietzsche]之『超人』的比較　蘇星宇　文明探索叢刊　52期　2008年1月

自由的行腳：莊子中馬的意象　李玉珍　鵝湖月刊　33卷7期（總號391）　2008年1月

從莊子胠篋篇看政治與人生　陳韻帆　國文天地　23卷10期（總號274）　2008年3月

傅山對郭象莊子逍遙遊詮解的評論　曾春海（Chun-Hai Tseng）　哲學與文化　35卷3期　2008年3月

試論王夫之對莊子『逍遥義』之詮解：以『神凝』概念爲體而發『兩行』之用爲命題展衍　鄭柏彰（Bo-Zhang Zheng）　虎尾科技大學學報　27卷1期　2008年3月

莊子天人思想與黃帝内經養生觀之比較研究　戴玉珍（Yu-Jane Tai）　興大人文學報　40期　2008年3月

莊子德充符淺釋　翁瑞鴻　中國語文　102卷4期（總號610）　2008年4月

莊子秋水濠梁之辯的語理分析　林世奇　輔仁國文學報　26期　2008年4月

莊子養生主『秦失弔唁』一段析義　陳小源　樹仁學報　4期　2008年4月

論荀子『虛壹而靜』與老莊學說之思想關聯　曾佩琦　問學集　14期　2008年4月

林雲銘莊子因初探：以『歸莊入儒』及『文理相通』爲論述中心　陳煒舜（Nicholas L. Chan）　東吳中文學報　15期　2008年5月

莊子秋水之時空美學　陳慧娟　問學　12期　2008年6月

莊子虛己之處世智慧探究　吳建明　人文研究期刊　4期　2008年6月

『心』概念於莊子修養論中之意義與地位　馬耘　止善　4期　2008年6月

從『得意而忘言』析論莊子的語言思維模式　劉原池（Yuan－Chih Liu）　高雄師大學報　24期　2008年6月

傅山批注莊子的特點及其是非觀念　趙繼明　淡江人文社會學刊　34期　2008年6月

傅山注莊子與郭象思想之依違　許志信（Zhi－Xin Xu）　朝陽人文社會學刊　6卷1期　2008年6月

郭象莊子注之工夫論探究　沈素因　宗教哲學　44期　2008年6月

林希逸莊子義理研究　許志信　通識教育與跨域研究　2卷2期　2008年6月

試論孔孟、老莊之『聖人』面向　王奕然　孔孟月刊　46卷9/10（總號549/550）　2008年6月

王叔岷莊子校詮勝義舉隅　謝明陽（Ming－Yang Hsieh）　臺大中文學報　28期　2008年6月

莊子『由巫入道』的開展　楊儒賓（Rur－Bin Yang）　中正大學中文學術年刊　11期　2008年6月

莊子說『通』　傅武光　國文天地　24卷1期（總號277）　2008年6月

論老莊思想中的數字『一』　徐國峰（Kuo－Feng Hsu）　東方人文學志　7卷2期　2008年6月

傅山以佛教、墨家爲核心對『理』及其衍生弊端之批判與修正　許志信　高應科大人文社會科學學報　5期　2008年7月

郭象莊子注之適性說與工夫論探析　沈素因（Su－Yin Shen）　高應科大人文社會科學學報　5卷　2008年7月

中國山水畫的空間表現與海德格此有空間性之對照　何佳瑞（Katia Lenehan）　哲學與文化　35卷7期　2008年7月

莊子本性論探微　許宗興（Chung－Hsing Hsu）　華梵人文學報　10期　2008年7月

『爲我』與『假我』：論道家與佛教之現實人生的應世觀　白崢勇（Jeng－Yung Bai）　明新學報　34卷2

期 2008年8月

倏然而往 倏然而來：莊子哲學生死觀之探究 林莉莉 航空技術學院學報 7卷1期 2008年8月

孔子觀周考辨 張樹國 孔孟學報 86期 2008年9月

論莊子對社會化身體的解構及重生 王仁鴻(Jen－Hung Wang) 東方人文學志 7卷3期 2008年9月

論莊子『物化』的哲學蘊義 劉振維 朝陽學報 13期 2008年9月

析論郭象莊子注的創造性詮釋：以『堯讓天下於許由』爲觀察中心 王奕然(Yi－Jan Wang) 中國學術年刊 30期 2008年9月

莊子對生活世界的現象學描述 曾錦坤(Jin－Kuen Tseng) 中華人文社會學報 9期 2008年9月

莊子死亡觀評論 李凱恩 新竹教育大學人文社會學報 1卷2期 2008年9月

論莊子書中有關『身體障礙者』之論述 高君和(Jun－He Gao) 哲學與文化 35卷9期 2008年9月

王船山莊學生死觀 鄭富春 宗教哲學 45期 2008年9月

莊子齊物論中籟音的義理蘊涵 侯潔之(Chieh－Chih Hou) 中央大學人文學報 36期 2008年10月

論莊子之真 沈維華 中國語文 103卷4期(總號616) 2008年10月

莊子本性論研究法芻議 許宗興(Chung－Hsing Hsu) 中央大學人文學報 36期 2008年10月

莊子『安時處順』的生命啟示 林於盛 國文天地 24卷6期(總號282) 2008年11月

論道家的逍遙美學：與羅蘭・巴特的『懶惰哲學』之對話 賴錫三(Hsi－San Lai) 臺大文史哲學報 69期 2008年11月

莊子『量無窮，時無止，分無常，終始無故』衍義 謝雲飛 鵝湖月刊 34卷5期(總號401) 2008年11月

莊子論『惡』與『痛苦』 覃明德(Ming－Te Chin) 東方人文學志 7卷4期 2008年12月

從莊子外雜篇中『孔子困厄』之論述探析儒道之衝突與會通：兼論孔子形象之詮釋　鄭倩琳（Qian－Lin Zheng）　國文學報　44 期　2008 年12 月

動物性、文化批判、苦惱的意識：樂唯的莊子詮釋　馬愷之　中國文哲研究通訊　18 卷4 期（總號72）2008 年12 月

反權威的權威主義：畢來德的莊子研究　宋灝　中國文哲研究通訊　18 卷4 期（總號72）　2008 年12 月

關於西方莊學的幾點反思　畢來德　中國文哲研究通訊　18 卷4 期（總號72）　2008 年12 月

精神斡旋與象徵交換：試論莊子內篇藝境　蔡岳璋（Yueh－Chang Tsai）　中外文學　37 卷4 期　2008 年12 月

目的與工具之辨：楊朱思想的論證基礎與根本關懷　謝如柏　臺大中文學報　29 期　2008 年12 月

庖丁手藝與生命政治：評介葛浩南莊子的哲學虛構　龔卓軍　中國文哲研究通訊　18 卷4 期（總號72）2008 年12 月

淺析莊子思想中『人心』的角色與修養問題　韓京悳（Kyung－Duk Han）　止善　5 期　2008 年12 月

生命教育中的身體辯證：以梅洛龐蒂與莊子的觀點爲例　林武佐　國際通識學刊　1 期　2008 年12 月

試驗畢來德的莊子詮釋：一個現象學的批判反省　黃冠閔　中國文哲研究通訊　18 卷4 期（總號72）2008 年12 月

養生的生命政治：由于連莊子研究談起　何乏筆　中國文哲研究通訊　18 卷4 期（總號72）　2008 年12 月

莊子『自然』思想對中國藝術創作精神的啟發　孫中峰　中山學報　29 期　2008 年12 月

莊子的哲學虛構　葛浩南　中國文哲研究通訊　18 卷4 期（總號72）　2008 年12 月

莊子的哲學虛構，或哲學虛構莊子：評葛浩南莊子的哲學虛構　楊凱麟　中國文哲研究通訊　18卷4期（總號72）　2008年12月

自我技術與生命機制：法語莊子研究專輯參考書目　中國文哲研究通訊　18卷4期（總號72）　2008年12月

莊子內篇：體道理境之開顯　袁崇晏　淡江大學中國文學系碩士學位論文　2008年

德性論觀點下的莊子內篇研究　謝章義　臺灣大學哲學研究所碩士學位論文　2008年

由工夫入道：論莊子之逍遙　馮鳳儀　臺灣大學哲學研究所碩士學位論文　2008年

先秦道家的心術與主術：以老子、莊子、管子四篇爲核心　陳佩君　臺灣大學哲學研究所博士學位論文　2008年

莊子養生主疑義商榷　林賢得　黎明學報　20卷2期　2009年1月

莊子『一』之哲理析論　王小滕　東華人文學報　14期　2009年1月

莊子『德充符』形體殘缺精神完善表現特徵的倫理意義　高秀燕　孔孟月刊　47卷5/6（總號557/558）　2009年2月

論生命的有待與超拔：以莊子『形』概念爲中心　陳政揚　揭諦　16期　2009年2月

試論莊子學說中的『無無』思想　李蕙如（Hui - Ru Li 0］）　明新學報　35卷1期　2009年2月

探討莊子齊物論中『物化』觀念之形成　廖怡嘉　問學集　16期　2009年2月

莊子的閒暇思想與現代意義的關聯　黃昭雅　問學集　16期　2009年2月

從莊子書中的莊、惠論辯看莊、惠之異　郭宗彥　思辨集　12期　2009年3月

莊學注疏『回歸原典』的方法及其檢討　簡光明　屏東教育大學學報（人文社會類）卷32期　2009年

3月
論道教度孤曲目歎骷髏的宗教意涵：由道情莊子歎骷髏展開　謝易真　慈濟技術學院學報　13期　2009年4月
淺析莊子應帝王的明王之治　趙敏芝　萬竅　9期　2009年5月
『形上根源之美』：莊子『天地大美』義涵新論　孫中峰（Chung－Feng Sun）　興大中文學報　25期　2009年6月
莊子山木論析　連玲莉（Ling－Li Lien）　虎尾科技大學學報　28卷2期　2009年6月
莊子生命美學的思想　蘇慧萍　國文學報（高師大）　10期　2009年6月
從因地工夫與果地境界看郭象與莊子思想的異同　劉榮賢（Jung－Hsien Liu）　國文學志　18期　2009年6月
韓國『莊學研究』之簡介　姜聲調（Seong－Jo Kang）　書目季刊　43卷1期　2009年6月
支離與吊詭：論『老莊』藝術思想的兩種複雜性格　王大智　史學彙刊　23期　2009年6月
莊子『天地一體』觀　林文彬（Wen－Ping Lin）　興大中文學報　25期　2009年6月
莊子思想於休閒運動中之啟示　謝秀芳、紀俊吉、蘇慧慈　臺中教育大學體育學系系刊　4期　2009年6月
莊子道論之義理性格探究　吳建明　宗教哲學　48期　2009年6月
莊子的齊物論與陽明的一體之仁　曾春海　華岡哲學學報　1期　2009年6月
莊子寓言運用在生命教育之探討：以人我關係爲例　陳淑君　教師之友　50卷3期　2009年6月
王充『自生』概念對裴頠與郭象『自生』概念影響之探究　葉淑茵（Shu－Yin Yeh）　哲學與文化　36卷6

期　2009年6月

辛棄疾稼軒長短句借鑒莊子之探析　林宏達　雲漢學刊　19期　2009年7月

莊子齊物論的辯證語言　孔令宜　鵝湖月刊　409期　2009年7月

論向郭莊子注『逍遙義』之轉變　廖文毅　鵝湖月刊　409期　2009年7月

嚴靈峰莊子知見書目補正　李波　鵝湖月刊　409期　2009年7月

吾喪我與天籟　伍至學　鵝湖月刊　409期　2009年7月

向、郭注齊物論的共生精神　蔡家和　東海哲學研究集刊　14期　2009年7月

向秀本體思想商榷　姜龍翔（Long－Xiang Jiang）　東華人文學報　15期　2009年7月

莊子筆下的畫師風格　傅佩榮　明道文藝　401期　2009年8月

支道林玄學思想析論：以世說新語爲中心　簡秀娥（Hsiu－O Chien）　嶺東通識教育研究學刊　3卷2期　2009年8月

從『庖丁解牛』看莊子藝術精神的特徵　宋邦珍　國文天地　25卷4期（總號292）　2009年9月

陳治安探求莊子本義的方法　簡光明（Kuang－Ming Chien）　中國學術年刊　31期　2009年9月

郭象莊子注中『性分』論的重估　黃守正　有鳳初鳴年刊　4期　2009年9月

論莊子思想中含蘊的道德教育觀　陳富容　屏東教育大學學報　（人文社會類）卷33期　2009年9月

宋代『援莊入儒』綜論　簡光明（Kuang－Ming Chien）　嘉大中文學報　2期　2009年9月

王船山莊子解的詮解語言問題：以巴赫金『雜語』作爲詮解的思考面向　施盈佑（Ying－Yo Shih）　嘉大中文學報　2期　2009年9月

莊子哲學『天』、『造物者』觀念辨析　馬耘（Yun Ma）　哲學與文化　36卷9期　2009年9月

莊子『庖丁解牛』寓言析論：兼談其在大學國文教學中的運用　簡光明　屏東教育大學學報（人文社會類）卷33期　2009年9月

莊子理想人格的超個人心理學分析　王季香（Chi－Hsiang Wang）　人文研究學報　43卷2期　2009年10月

天道自然，見性識心：莊子與壇經之異同　張慧珺　歷史月刊　262期　2009年11月

論莊子哲學中『政治』之意義與地位　馬耘（Yun Ma）　止善　7期　2009年12月

臺灣現代詩涉莊詩作對莊子批判精神的隔世發揚　丁旭輝（Hsu－Hui Ting）　臺灣詩學學刊　14期　2009年12月

王船山莊學之『德凝』觀：評騭莊學爲何通君子之道而又未立人道之極　施盈佑（Ying－Yo Shih）　國文學志　19期　2009年12月

莊子『內聖外王』說疑義商榷　李雅嵐　淡江大學中國文學系碩士學位論文　2009年

莊子齊物論、人間世、德充符有關心的譬喻　黃弘翔　臺灣大學哲學研究所碩士學位論文　2009年

莊子寓言在讀者劇場中的應用　林桂楨　臺東大學進修部語文教育碩學位在職專（暑）碩士學位論文　2009年

論老莊對『禮』的認知與評價　劉振維（Zhen－Wei Liu）　華梵人文學報　13期　2010年1月

身體的凝視：從莊子到傅柯　林美清（Mei－Qing Lin）　華梵人文學報　13期　2010年1月

析論莊子絕待『道』境之呈現　王小滕（Hsiao－Teng Wang）　東華人文學報　16期　2010年1月

莊子調和派的道德挑戰與實踐哲學　詹康（Kang Chan）　政治科學論叢　43期　2010年3月

Zhuangzi and Hui Shi on Qing 情　篇名譯名：莊子與惠施論『情』　莊錦章（Kim－Chong Chong）　清華

學報　40卷1期　2010年3月

從老子的道體隱喻到莊子的體道敘事：由本雅明的說書人詮釋莊周的寓言哲學　賴錫三(Hsi－San Lai)　清華學報　40卷1期　2010年3月

郭象聖人論　許佩玟(Pei－Wen Shiu)　東方人文學志　9卷1期　2010年3月

從『自生獨化』到『名教即自然』　張博勳(Po－Hsun Chang)　人文研究學報　44卷1期　2010年4月

莊子大宗師釋義　王金淩　輔仁國文學報　30期　2010年4月

莊子養生主『爲善無近名，爲惡無近刑』之『吊詭』言與『齊』、『安』義　李春(Chun Lee)　臺南科技大學通識教育學刊　9期　2010年4月

『爲善無近名，爲惡無近刑』試解　汪韶軍　鵝湖月刊　419期　2010年5月

從莊子養生主論心靈的突破與生命的安頓　陳德和(De－He Chen)　鵝湖學志　44期　2010年6月

從莊子哲學論其無政治主張　劉振維(Cheng－Wei Liu)　朝陽人文社會學刊　8卷1期　2010年6月

論唐君毅先生釋莊子大宗師　鍾林秀　鵝湖月刊　420期　2010年6月

The Taoist－like Vision in Thoreau's Walden　篇名譯名：梭羅湖濱散記之道家意涵　陳智慧(Sophia Jyh－Huey Chen)、薛紹楣(Connie Shiue)　Hwa Kang English Journal　16期　2010年7月

向、郭注逍遥遊之特色：從『天』的概念談起　蔡家和　東海哲學研究集刊　15期　2010年7月

後現代視境下的『蝶道』與『詩路』：以周夢蝶『蝶詩』的空間轉換作爲探索客體　蕭蕭(Hsiao Hsiao)　臺灣詩學學刊　15期　2010年7月

論道與藝：以莊子心齋『氣』觀念與『氣韻生動』之關聯性爲考察核心　李百容　鵝湖月刊　422期　2010年8月

莊子養生主『養親』一詞釋義　許明珠(Ming－Chu Hsu)　東吳中文在綫學術論文　11期　2010年9月

莊子秋水何以見外　王邦雄　宗教哲學　53期　2010年9月

莊子的天鈞與黑格爾的動相　劉愛民(Ai－Min Liu)　淡江人文社會學刊　43期　2010年9月

書評：王威威莊子學派的思想演變與百家爭鳴　范家榮(Jia－Rong Fan)　哲學與文化　37卷10期　2010年10月

老莊福德觀析論　施依吾(Yi－Wu Shih)　有鳳初鳴年刊　6期　2010年10月

莊子之生死觀　吳承翰(Cheng－Han Wu)　有鳳初鳴年刊　6期　2010年10月

老莊哲學的自然觀對生命教育研究的意義　謝君直(Chun－Chih Hsieh)　人文研究學報　44卷2期　2010年10月

朱熹理學與莊學　王志楣　輔仁國文學報　31期　2010年10月

莊子的道論與反身性　林明照(Ming－Chao Lin)　哲學與文化　37卷10期　2010年10月

莊子『言無言』的思想與工夫義：由人間世三種言行態度論説　黃佳駿(Chia－Chun Huang)　人文暨社會科學期刊　6卷2期　2010年12月

Die Bezeichnung Nü Yu 女偊 im Zhuangzi 莊子 und ihre deutsche übersetzung in Richard Wilhelms Dschuang Ds？－Das wahre Buch vom südlichen Blütenland　篇名譯名：莊子南華真經中的『女偊』本議與Richard Wilhelm德文翻譯　郭偉諾(Thomas Gwinner)　臺德學刊　19期　2010年12月

郭象莊子序真偽問題續探　姜龍翔(Long－Xiang Jiang)　國文學報　48期　2010年12月

品德是可以教的嗎：從莊子的觀點看當今品德教育的走向和出路　蕭美齡(Mei－Ling Hsiao)　明道通識論叢　10期　2010年12月

神話·變形·冥契·隱喻：老莊的肉身之道與隱喻之道　賴錫三（His－San Lai）　臺大中文學報　33期　2010年12月

孰能逍遙：由向郭注『逍遙』義進一步思考莊子之『逍遙』　袁光儀（Guang－Yi Yuan）　鵝湖學志　45期　2010年12月

莊子論行動：兼論所謂觀點主義　蕭振聲（Chun－Sing Siu）　清華中文學報　4期　2010年12月

莊子養生哲學之修道工夫內涵探究　吳建明（Jiann－Ming Wu）　人文研究期刊　8期　2010年12月

苦痛之意義及其反思：以阿含經與莊子爲依據之哲學研究　洪嘉琳　臺灣大學哲學研究所博士學位論文　2010年

莊子生死觀之現代詮釋　廖怡嘉　淡江大學中國文學系碩士學位論文　2010年

莊子『變』的哲思探析　王小滕（Hsiao－Teng Wang）　東華人文學報　18期　2011年1月

論莊子書中『情』字蘊義與情感議題　劉振維（Cheng－Wei Liu）　朝陽人文社會學刊　9卷2期　2011年2月

存有者之美與萬物之美：多瑪斯哲學與莊子哲學之比較與會通　何佳瑞（Katia Lenehan）　哲學與文化　38卷4期　2011年4月

道家的自然體驗與冥契主義：神秘·悖論·自然·倫理　賴錫三（His－San Lai）　臺大文史哲學報　74期　2011年5月

莊子工夫論之研究方法省思　林修德　東華中國文學研究　9期　2011年6月

牟宗三先生對齊物論的理解：以莊子齊物論演講錄爲範圍　余姒倩（Schien Yu）　鵝湖學志　46期　2011年6月

莊子應帝王中『即内聖即外王』的應世思想　吳肇嘉（Chao－Chia Wu）　清華中文學報　5期　2011年6月

『守靜督』與『緣督以爲經』：一條體現老、莊之學的身體技術　蔡璧名（Bi－Ming Tsai）　臺大中文學報　34期　2011年6月

從莊子之『遊』看黄老天德觀念的形成與發展　劉榮賢（Jung－Hsien Liu）　興大中文學報　29期　2011年6月

論莊子美學的實踐基礎：以『真人』概念爲核心所展開的省察　陳其誠　問學集　18期　2011年6月

論莊子養生觀　高柏園　淡江人文社會學刊　46期　2011年6月

朱熹與莊學　曾春海（Chun－Hai Tseng）　哲學與文化　38卷6期　2011年6月

莊子、陶潛『三層自我觀』之比較　林顯庭（Hsien－Ting Lin）　東海哲學研究集刊　16期　2011年7月

子藏道家部莊子卷凡例　方勇　臺北大學中文學報　10期　2011年9月

子藏道家部莊子卷前言　方勇　臺北大學中文學報　10期　2011年9月

論戰國時期『情』概念的發展：以孟子、莊子、性自命出、荀子爲範圍的考察　王志楣（Chih－Mei Wang）　先秦兩漢學術　16期　2011年9月

詮莊與反莊：李磎廣廢莊論中的莊學詮釋與批判　林明照（Ming－Chao Lin）　中國學術年刊　33期　2011年9月

莊子的死生隱喻與自然變化　賴錫三（Hsi－San Lai）　漢學研究　29卷4期　2011年12月

莊子有美學嗎：重構莊子美學　蕭振邦（Jenn－Bang Shiau）　鵝湖學志　47期　2011年12月

『窮』、『通』之道：莊子與先秦儒學『命』論的比較分析　廖曉煒、朱燕玲　淡江人文社會學刊　48期

2011年12月

孤獨的莊子初探　沈維華　語文學報　17期　2011年12月

郭象莊子注『玄冥之境』一詞探義　陳燕梅（Yen－Mei Chen）　語文學報　17期　2011年12月

論惠施與莊子兩種思維差異的自然觀　賴錫三（Hsi－San Lai）　臺灣東亞文明研究學刊　8卷2期　2011年12月

莊子與人文之源　楊儒賓（Rur－Bin Yang）　清華學報　41卷4期　2011年12月

『內聖外王』考略　梅廣（Kuang Mei）　清華學報　41卷4期　2011年12月

莊子的『理想人物問答體』　張恪華　臺灣清華大學中國文學系碩士學位論文　2011年

莊子中的『知』與『治』　李宜航　臺灣大學政治學研究所碩士學位論文　2011年

莊子齊物論結構研究：論其問句形式、隱喻及寓言　周詠盛　臺灣大學哲學研究所碩士學位論文　2011年

老子思想『欲』之研究　林振耀　中興大學中國文學系所碩士學位論文　2011年

老莊福德觀研究　施依吾　淡江大學中國文學系博士學位論文　2011年

莊子大宗師的生命境界　何尹玲　問學集　19期　2012年1月

莊子身體觀的三維辯證：符號解構、技藝融入、氣化交換　賴錫三（Hsi－San Lai）　清華學報　42卷1期　2012年3月

莊子與郭象三籟說辨析　楊穎詩　鵝湖月刊　441期　2012年3月

『周化』與『蝶化』：論陳治安對莊子的『物化』詮釋　蘇韋菱（Wei－Ling Su）　新竹教育大學人文社會學報　5卷1期　2012年3月

竟陵派詩學視野中的莊子詮釋：譚元春遇莊論析　謝明陽（Ming - Yang Hsieh）　臺大中文學報　36期　2012年3月

覺浪道盛莊子提正寫作背景考辨　謝明陽（Ming - Yang Hsieh）　清華學報　42卷1期　2012年3月

莊子『即物而道』的身體現象學解讀　賴錫三（Hsi - San Lai）　中正漢學研究　22期　2012年3月

試探莊周喪妻鼓盆寓言故事的變異與發展：由『妻死』到『試妻』展開　謝易真（I - Chen Hsieh）　慈濟技術學院學報　18期　2012年3月

由困頓走向自由：論莊子『相對主義』的內在意蘊　周黃琴　鵝湖月刊　441期　2012年3月

莊子『魚之樂』析論　沈維華（Wei - Hwa Shen）　國文學志　27期　2013年12月

心理空間理論與莊子『用』的隱喻　張榮興（Jung - Hsing Chang）　語言暨語言學　13卷5期　2012年5月

莊子揭示於『德』的人文規劃　吳玓瑾（Ti - Chin Wu）　華岡哲學學報　4期　2012年6月

郭象莊子注儒道思想之會通　管力吾　問學　16期　2012年6月

呂惠卿道德真經傳與莊子義中的思想三論　林俊宏（Chun - Hung Lin）　政治學報　53期　2012年6月

論莊生『坐忘』之『仁義』、『禮樂』次第　覃友群（Yu - Chun Chin）　東吴中文在綫學術論文　18期　2012年6月

莊子對死亡的解惑及其對生死教育目標之意義探究　許雅喬（Ya - Chyau Hsu）　通識論叢　13期　2012年6月

莊子的『得道』觀　謝金泛　鵝湖月刊　445期　2012年7月

『以天合天』：莊子中的『技術思維』與深層生態學　林久絡（Chiu - Lo Lin）　哲學與文化　39卷7期

2012年7月

從莊學中『物』與『道』的層次區分論莊子『逍遙』的實現之道　王采淇（Tsai－Chi Wang）　中央大學人文學報　51期　2012年7月

回首傳統思維與當代『應時』效用：以賴錫三先生之『當代新道家』爲例　方冠中（Guan－Zhong Fang）　有鳳初鳴年刊　8期　2012年7月

論莊子齊物論中『可行己信』所帶出的生命真宰　羅惠齡　衍學集　5期　2012年7月

發現從未寫出之物：誰之莊子　夏可君　中國文哲研究通訊　22卷3期　2012年9月

逆轉與收回：莊子作爲一種運動試驗場域　宋灝　中國文哲研究通訊　22卷3期　2012年9月

畢來德先生莊子四講研討會引言稿：現今學界研究道家思想值得注意的幾個問題　劉榮賢　中國文哲研究通訊　22卷3期　2012年9月

觀看、反思與專凝：莊子哲學中的觀視性　林明照（Ming－Chao Lin）　漢學研究　30卷3期　2012年9月

論牟宗三先生對齊物論之詮釋　馬耘（Yun Ma）　臺北海洋技術學院學報　5卷2期　2012年9月

身體、氣化、政治批判：畢來德莊子四講與莊子九劄的身體觀與主體論　賴錫三　中國文哲研究通訊　22卷3期　2012年9月

嚴復莊子評點緣中西會通所析釋之『道』論　黃佳駿（Chia－Chun Huang）　興大人文學報　49期　2012年9月

由詮釋的角度看莊子四講：回應畢來德莊子研究　蕭振邦　中國文哲研究通訊　22卷3期　2012年9月

前言：跨文化動態中的莊子研究　何乏筆　中國文哲研究通訊　22卷3期　2012年9月

莊子、畢來德與章太炎的『無』：去政治化的退隱或是政治性的解放　劉紀蕙　中國文哲研究通訊　22卷3期　2012年9月

莊子九劄　畢來德　中國文哲研究通訊　22卷3期　2012年9月

莊子與儒家：回應莊子四講　楊儒賓　中國文哲研究通訊　22卷3期　2012年9月

莊子逍遥遊釋義　王金淩(Chin－Ling Wang)　輔仁國文學報　35期　2012年10月

從莊子評『禪讓』見其對政治生活的思考：兼論孟、荀的儒家觀點　姚彦淇(Yen－Chi Yau)　中國文化大學中文學報　25期　2012年10月

論書道理想之追求：兼以道家莊子哲理爲思考　蕭麗娟(Li－Chuan Hsiao)　人文與社會研究學報　46卷2期　2012年10月

莊子的雅俗顛覆與文化更新：以流動身體和流動話語爲中心　賴錫三(Hsi－San Lai)　臺大文史哲學報　77期　2012年11月

莊子論墨述評　白崢勇(Jeng－Yung Bai)　國文學志　25期　2012年12月

『虛』之技藝：莊子『季咸見壺丘』的隱喻書寫　林久絡(Chiu－Lo Lin)　止善　13期　2012年12月

從陳子龍的莊子詮釋論其詩觀與生命抉擇　謝明陽(Ming－Yang Hsieh)　清華中文學報　8期　2012年12月

郭象的無心與忘境之説　謝如柏(Ru－Bo Shie)　漢學研究　30卷4期　2012年12月

論莊子齊物論的核心觀念與義旨　王玉玫(Yu－Mei Wang)　臺中科技大學通識教育學報　1期　2012年12月

論莊子外王思想中的『道』、『命』關係　吳肇嘉(Zhao－Jia Wu)　政大中文學報　18期　2012年12月

氣化主體與民主政治：關於莊子跨文化潛力的思想實驗　何乏筆　中國文哲研究通訊　22卷4期　2012年12月

身體、想像與催眠：畢來德與莊子的思想對話　姜丹丹　中國文哲研究通訊　22卷4期　2012年12月

說道家：作爲一種文化體系的宗教　張亨(Heng Chang)　清華學報　42卷4期　2012年12月

以莊子生死觀評析鄉鎮再生的規劃理念　莊翰華、曾宇良、李建平　農業推廣文匯　57輯　2012年12月

莊子喪葬思想對臨終關懷教育的啟示　許雅喬(Ya－Chiao Hsu)　止善　13期　2012年12月

莊子之怒：試論古代中國一種權力批判　宋剛　中國文哲研究通訊　22卷4期　2012年12月

莊子靈性教育的義蘊及其目的　陳德和(De－He Chen)、王淑姿(Shu－Zi Wang)　宗教哲學　62期　2012年12月

莊子思想的現代詮釋：以『創意』爲討論核心　林宜蓉　臺北大學中國語文學系碩士學位論文　2012年

莊子知識論研究　鄭鈞瑋　臺灣大學哲學研究所博士學位論文　2012年

莊子的物化差異、身體隱喻與政治批判　賴錫三(Hsi－San Lai)　臺大中文學報　40期　2013年3月

從層遞看莊子內篇的思想　陳玟諭(Wen－Yu Chen)　東吳中文在綫學術論文　21期　2013年3月

莊子的氣化現象學　鍾振宇(Chen－Yu Chung)　中國文哲研究集刊　42期　2013年3月

經驗性團體中的話語　蔣欣欣(Hsien－Hsien Chiang)　中華團體心理治療　19卷1期　2013年3月

天人之間的帝王：莊子和荀子的『道德』觀念探析　佐藤將之(Masayuki Sato)　漢學研究　31卷1期　2013年3月

以『知』與『真知』的分析爲核心：論莊子由『忘』達『道』的境界工夫　陳政揚(Zheng－Yang Chen)　人

文與社會研究學報　47卷1期　2013年4月

從聲無哀樂論引用莊子『三籟』典故探其『聲情關係』中所蘊含的工夫向度　林修德(Siou－De Lin)　中央大學人文學報　54期　2013年4月

莊子內七篇寓言互文書寫的超延異策略　許端容(Tuan－Jung Hsu)　中國文化大學中文學報　26期　2013年4月

郭象注解莊子的方法及其影響　簡光明(Kuang－Ming Chien)　國文學報(高師大)　18期　2013年6月

莊子之『忘』探析　沈維華(Wei－Hwa Shen)　國文學志　26期　2013年6月

憨山德清論莊子的道、真宰與成心　鄧克銘(Keh－Ming Deng)　鵝湖學志　50期　2013年6月

未始出吾宗：論莊子之冥契主義的類型問題　謝君贊(Chun－Chan Hsien)　中正漢學研究　21期　2013年6月

莊子與當代批判：工作、技術、壓力、遊戲　鍾振宇(Chen－Yu Chung)　臺灣東亞文明研究學刊　10卷1期　2013年6月

『格格不入』的鵷鶵與『入遊其樊』的庖丁：莊子兩種回應『政治權力』的知識分子姿態　賴錫三(Hsi－San Lai)　19期　2013年6月

方東美之老莊觀淺析　安載皓(Jae－Ho Ahn)　哲學與文化　40卷6期　2013年6月

晚明佛門解莊的發展脈絡：以釋德清到釋性涵之師承考辨爲例　李懿純(Yi－Chun Lee)　書目季刊　47卷1期　2013年6月

論莊子寓言中的復歸思想　楊清善　有鳳初鳴年刊　9期　2013年7月

方以智論莊子：以道與物爲中心　鄧克銘(Keh－Ming Deng)　漢學研究　31卷3期　2013年9月

由『小大之辯』論莊子逍遥思想　高茂鈞（Mao－Chun Kao）　東吴中文在綫學術論文　23期　2013年9月

無我而無物非我：呂惠卿莊子義中的無我論　林明照（Ming－Chao Lin）　中國學術年刊　35期　2013年9月

試論莊子文學空間：來自『嘗試言之』的考慮　蔡岳璋（Yueh－Chang Tsai）　清華學報　43卷3期　2013年9月

批判的氣論：莊子氣論之當代開展　鍾振宇　中國文哲研究通訊　23卷4期　2013年12月

嵇康兼綜易、莊的處世智慧　曾春海（Chun－Hai Tseng）　哲學與文化　40卷12期　2013年12月

莊子的處世之道及其疑義辨析：以内七篇爲討論的核心　周雅清（Ya－Qing Zhou）　興大中文學報　34期　2013年12月

魏晉時代阮籍與郭象對莊學的視域反差　劉榮賢（Jung－Hsien Liu 0）　靜宜中文學報　4期　2013年12月

莊子内篇語言詮釋：以齊物論爲中心　沈婉霖　臺灣清華大學中國文學系博士學位論文　2013年

莊子的人性論：批判、分析與解釋　蕭振聲（Chun－Sing Siu）　政治大學哲學學報　31期　2014年1月

從莊子到嵇康：『聲』與『氣』之視域的開啟　吴冠宏（Kuan－Hung Wu）　清華學報　44卷1期　2014年3月

莊子『以天合天』的美學意涵　丁孝明　正修通識教育學報　11期　2014年6月

身體、隱喻與轉化的力量：論莊子的兩種身體、兩種思維　劉滄龍（Tsang－Long Liu）　清華學報　44卷2期　2014年6月

莊子『天籟』之義理研究：通識課程『莊子導讀』的抉發　王小滕（Hsiao－Teng Wang）　通識教育學刊　13期　2014年6月

莊子自然觀的批判考察與當代反思　賴錫三（Hsi－San Lai）　東華漢學　19期　2014年6月

試論方以智的知與無知　鄧克銘（Keh－Ming Deng）　鵝湖學志　52期　2014年6月

三言小說中承衍敘事研究：以莊子休鼓盆成大道等爲例　張怡微（Yi－Wei Zhang）　靜宜中文學報　5期　2014年6月

試析成玄英莊子疏中『重玄』、『至論』與『體用』的關係　姚彥淇（Yen－Chi Yao）　國文學報（高師大）　20期　2014年7月

荀子天道觀及心性說與老莊關係淺探　簡淑慧　萬能學報　36期　2014年7月

莊子音樂論之後世影響：以宋代陳陽樂書及朝鮮雅樂討論爲例　朴素晶（So－Jeong Park）　哲學與文化　41卷8期　2014年8月

對郭象哲學所受質疑提出辯解　陳志強（Chi－Keung Chan）　清華學報　44卷3期　2014年9月

生命自足解困之可能解題：從莊子應帝王有關『非人』之解探究其創生價值　吳鈺崧（Yu－Sung Wu）　興大人文學報　53期　2014年9月

遊之主體　楊儒賓（Rur－Bin Yang）　中國文哲研究集刊　45期　2014年9月

論『無無』思想在莊子處世寓言之運用　張晏菁（Yan－Jing Chang）　新竹教育大學人文社會學報　7卷2期　2014年9月

儒宗別傳：方以智的莊禪一致論　邢益海（Yi－Hai Xing）　鵝湖月刊　472期

莊子論『道』、『技』與『養生』：以『庖丁解牛』爲綫索　張忠宏（Chung－Hung Chang）　臺灣大學哲學論

評　48期　2014年10月

方以智論莊子的消遥遊　鄧克銘(Keh－Ming Deng)　臺灣大學哲學論評　48期　2014年10月

舒國治的遊觀美學：莊子逍遥美學的一種當代實踐　王雪卿(Hsueh－Ching Wang)　大葉大學通識教育學報　14期　2014年11月

從『保形存神』詮釋莊子的人生哲學　黎惟東(Wei－Tong Li)　鵝湖學志　53期　2014年12月

論莊子養生主所蘊含的意義治療　王玉玫(Yu－Mei Wang)　臺中科技大學通識教育學報　3期　2014年12月

論莊子思想的『矛盾性』：『渾圓』原型提供的綫索　劉冠伶(Kuan－Ling Liu)　漢學研究　32卷4期　2014年12月

簡評畢來德兩部莊子研究　樂唯(Jean Levi)、宋剛　中正漢學研究　24期　2014年12月

朱利安與莊子相遇於『渾沌』之地：中、西『跨文化』交流的方法反思　賴錫三　中國文哲研究通訊　24卷4期　2014年12月

莊子『無用之用』思想探究　沈維華(Wei－Hwa Shen)　國文學志　29期　2014年12月

道家之前的莊子　楊儒賓(Rur－Bin Yang)　東華漢學　20期　2014年12月

林希逸莊子口義『以儒解莊』之闡釋　蔡錦寬(Chin－Kuan Tsai)　人文社會科學研究　8卷4期　2014年12月

莊子的身體存有論：兼論其與歐洲身體現象學的對話　鍾振宇(Chen－Yu Chung)　漢學研究　32卷4期　2014年12月

莊子中的『保己』與『無己』的張力『無我的自我修養』悖論　鄺雋文　臺灣大學哲學研究所碩士學位論

文　2014年

莊子聖王形象研究：以黃帝爲中心探索『中』與『圓』的融合意象　張胤賢（Yin－Hsien Chang）　鵝湖月刊　476期　2015年2月

故事裏的故事：莊子寓言的解讀策略及其在電影的運用　簡光明（Kuang－Ming Chien）　輔英通識教育學刊　2期　2015年2月

解讀晚明莊學興盛之因　周黃琴　鵝湖月刊　477期　2015年3月

林希逸莊子口義以文學解莊子之探析　蔡錦寬（Chin－Kuan Tsai）　新竹教育大學人文社會學報　8卷1期　2015年3月

另一種主體性、『間』的哲學與轉化的效能：從朱利安論莊子到文化交通　姜丹丹（Dan－Dan Jiang）　中國文哲研究通訊　25卷1期　2015年3月

王船山莊學中『相天』說的倫理意義　林明照（Ming－Chao Lin）　臺灣大學哲學論評　49期　2015年3月

淮南子對莊子養生思想的詮釋與其在政治上運用之研究　黎惟東（Wei－Tung Li）　哲學與文化　42卷4期　2015年4月

二程理學對道家的批判：以宋代思想政治轉型爲視角　張娜（Na Zhang）　鵝湖月刊　478期　2015年4月

莊子旅遊哲學新探　許雅喬（Ya－Chyao Hsu）　哲學與文化　42卷4期　2015年4月

莊子的感情：以親情論述爲例　蔡璧名（Bi－Ming Tsai）　臺大中文學報　49期　2015年6月

莊子的生死觀及其殯葬應用　唐士祥（Tang－Shih Hsiang）、陳雲卿（Chen－Yun Qin）、劉雅瑩（Liu－Ya

Yin)、尉遲淦（Yu－Chi Gan）　輔英通識教育學刊　2 期　2015 年6 月

從神話色彩到名士風采：試論嵇康與郭象對莊子『至人』形象的詮釋　李建興　蘭陽學報　14 期　2015 年6 月

釋德清老子道德經解與莊子内篇注互文詮釋方法析論　沈明謙（Ming－Quian Shen）　中國學術年刊　37 期　2015 年9 月

莊子的挑戰：論郭象如何詮釋莊子　申晏羽　臺灣大學中國文學研究所碩士學位論文　2015 年

三、香港、澳門地區莊子研究論文輯目

莊學偶談　徐祖燊　新亞校刊　創刊號第1 期　1952 年6 月1 日

王弼郭象注易老莊用理字條錄　錢穆　新亞學報　第1 卷第1 期　1955 年8 月1 日

試論『恢詭譎怪道通爲一』　李杜　新亞校刊　第7 期　1955 年10 月15 日

孟墨莊荀之言心申義（上）：附論大學、中庸之心學　唐君毅　新亞學報　第1 卷第2 期　1956 年2 月1 日

孟墨莊荀之言心申義（下）：兼論大學、中庸之心學　唐君毅　新亞學報　第1 卷第2 期　1956 年2 月1 日

莊子主張無以人滅天，謂人不足以勝天，故宜任其自然，不必有所作爲。以此爲人，以此處世，其得失若何論。　司徒天正　新亞生活　第1 卷第21 期　1959 年5 月4 日

論孟莊老荀四家思想之無爲與有爲　唐端正　新亞書院學術年刊　第1 期　1959 年10 月

莊子的生活啟示了甚麼　林章新　大學生活　第7卷第2期　1961年6月1日

讀莊子養生主篇後　伍華才　大專月刊　第13期　1962年12月

莊子的秋水篇　林詩　文藝世紀　第72期　1963年5月1日

略談老子與莊子之異同　何覺　中文通訊　第23期　1963年12月

從文學角度看論語、孟子和莊子　蕭石　大專月刊　第27期　1964年5月

莊子論文禮記　鄭麟膺　學風　第5期　1964年5月

莊子哲學初論　梁瑞明　文史學報　第1期　1964年7月

讀莊子筆記　梁平居　文史學報　第3期　1966年7月

論先秦諸子天人關係思想之發展　唐端正　新亞書院學術年刊　第10期　1968年9月

釋莊子詭辭『大仁不仁』與『至仁無親』　王煜　中國學人　第2期　1970年9月

論道家思想之起原與其原始諸型態　唐君毅　中國學人　第2期　1970年9月

齊物論之『明』：天地一指與萬物一馬　王煜　中國學人　第4期　1972年7月

莊子論天鈞與兩行　王煜　新亞生活　第15卷第13期　1973年3月16日

莊子理想中的純粹藝術化人物的實現與大美至巧至適至樂的藝術效果　鄭捷順　內明　15期　1973年6月

盧文弨經典釋文莊子音義考證訂補　黃六平　Journal of Oriental Studies　第11卷第2期　1973年7月

齊物論的天府與葆光　王煜　中國學人　第5期　1973年7月

莊子論道之超越性與現實性　王煜　中國文化研究所學報　第6卷第1期　1973年12月

我讀莊子心得　顏佩蘭　內明　27期　1974年6月

老莊論道之析裂論降　王煜　中國文化研究所學報　第7卷第1期　1974年12月

莊子論天刑難解與才全德不形及形易忘德難忘(上)　王煜　新亞生活　第2卷第5期　1975年1月15日

莊子論天刑難解與才全德不形及形易忘德難忘(下)　王煜　新亞生活　第2卷第6期　1975年2月15日

福永光司著古代中國的存在主義(陳冠學譯)；諸橋轍次著莊子平話(李君奭譯)　王煜　Journal of the Chinese University of Hong Kong　第3卷第1期　1975年12月

養生之『主』還是養『生之主』　余向秀　教與學　第4期　1976年3月

莊子哲學的剖析　喬冠華、馬遜譯　明報月刊　第11卷第7期(總第127期)　1976年7月

莊子哲學的剖析(中)　喬冠華、馬遜譯　明報月刊　第11卷第8期(總第128期)　1976年8月

莊子哲學的剖析(下)　喬冠華、馬遜譯　明報月刊　第11卷第9期(總第129期)　1976年9月

莊子論名稱與名譽　王煜　中國文化研究所學報　第8卷第1期　1976年12月

紅樓夢的莊子精神　歐陽瑩之　南北極　第80期　1977年1月16日

莊子學說素描　董潔文　文史學報　第14期　1979年5月

朗齋隨筆：莊子之生地及年代　朗齋　春秋　第619期　1983年4月16日

莊子哲學與神話思想：道家思想溯源　張亨　Journal of Oriental Studies　第21卷第2期　1983年

莊子逍遙義與般若學即色派的關聯性　黃錦鋐　內明　150期　1984年9月

藝圃：莊子與香港生活　余橫山　Securities Bulletin　第18期　1987年10月

起死回生之術　錢碧湘　九州學刊　第3卷第2期(總第10期)　1989年6月

佛教『無我』與莊子『無己』之比較分析　靜華　內明　208期　1989年7月

廿一世紀中國音樂思想的走向：與大陸學人論莊子哲學溶入音樂理論書　林繼平　新聞天地　第46年

第48號（總號第2233期） 1990年12月1日

五四・莊子・尼采・魯迅 陳順研、林松譯 明報月刊 第26卷第5期（總第305期） 1991年5月

理解莊子 宋商 九州學刊 第5卷第1期（總第17期） 1992年7月

夏蟲語冰 劉紹銘 明報月刊 第29卷第3期（總339期） 1994年3月

老莊對鬼谷子的沾益 王煜 中國文化研究所學報 新第4期 1995年

論老莊哲學的逆向思維與道教內丹逆煉學說的關係 李平、楊柏嶺 Journal of Oriental Studies 第33卷第2期 1995年

名制、知識、審美：先秦文化語境中的莊子思想 李建盛 中國社會科學季刊（香港） 1997年春夏季卷（總第18/19） 1997年2/5月

『天和』、『人和』與『心和』：談道家的和諧觀 陳鼓應 明報月刊 第32卷第8期（總380期） 1997年8月

任繼愈：現代夢蝶的莊子 唐師曾 華人月刊 第1期（總第198期） 1998年1月

莊子休鼓盆成大道讀後感 中喜萍 弘道 第5期 1998年（春季）

莊子齊物論講（第一講） 牟宗三、賴卓彬整理 新亞研究所通訊 第3期 1998年9月

莊子的寓言 望雲 文采 2000年第2期（總第8期） 2000年2月

評介葉舒憲莊子的文化解析 王煜 能仁學報 第7期 2000年11月

生活的莊子 盧鋼鍇 公教報 第2963號 2000年12月3日

簡說莊子內篇之『逍遙』義 溫信傳 新亞研究所通訊 第11期 2001年1月

莊子與現代和後現代 劉夢溪 明報月刊 第36卷第2期（總422期） 2001年2月

從莊子到孫猴子　尹俊、王弘治　二十一世紀　第68期　2001年12月

莊子的『庖丁解牛』與護理理論的反思　江黃潔芳　香港護理雜誌　第37卷第3期　2001年

談莊子的『無用之用』哲學：『不龜手之藥』寓言的真諦　程西平　春秋　第922/923期　2002年11/12月

『哲學突破』與莊子的生態認知模式　白才儒　弘道　第15期　2003年（夏季）

新道家的奠基之作：簡評沈善增還吾莊子的卓特成就　周錫山　弘道　第15期　2003年（夏季）

莊子一書對戰爭的看法　樊智偉　弘道　第16期　2003年（秋季）

莊子桔槔的故事別解　吳清　弘道　第16期　2003年（秋季）

莊子的語言藝術　何淑貞　澳門語言學刊　第25期　2003年12月

道與性：莊子生態宇宙觀的本體根據　白才儒　弘道　第18期　2004年（春季）

老莊無爲思想的管理學意義　嚴春友　弘道　第20期　2004年（秋季）

中國文化史上對宇宙本體最早的探索：論莊子的宇宙觀和社會觀　宋柏年、牛國玲　澳門理工學報　第7卷第4期（總第16期）　2004年11月

試論老莊道家古典生態存在論審美觀　曾繁仁　中西文化研究　第2期（總第6期）　2004年12月

逍遥遊：莊子之真人生哲學　李小光　弘道　第24期　2005年（秋季）

道家文化的可持續發展：莊子篇　管仲連　信報財經月刊　第29卷8期（總第344期）　2005年11月

道言之辨：略論莊子的語言觀　龔曉康　弘道　第25期　2005年（冬季）

淺議莊子的渾沌學說　萬法勇　弘道　第25期　2005年（冬季）

從物欲橫流談到莊子物質觀　朱沙河　地平綫月刊　第98期　2006年1月

莊子：凸現個體張揚自我的先驅　陳思迪　地平綫月刊　第99期　2006年2月

香港第一部故事短片莊子試妻的製作年份　黎錫　電影雙周刊　第711期　2006年7月13日

關於逍遙遊與齊物論的分析　徐山　弘道　第28期　2006年（秋季）

影片莊子試妻考　周承人、李以莊　電影雙周刊　第719期　2006年11月2日

與莊子對話：逍遙遊　陳思迪　地平綫月刊　總第109期　2006年12月

與莊子對話：齊物論——天人合一觀　陳思迪　地平綫月刊　第113期　2007年4月

莊子思想發達之故　陶成章　公教報　2007年5月13日

與莊子對話：齊物論——『相對論』大師　陳思迪　地平綫月刊　第115期　2007年6月

與莊子對話：齊物論——人生最高境界　陳思迪　地平綫月刊　第116期　2007年7月

與莊子對話：齊物論——最瀟灑生死觀　陳思迪　地平綫月刊　第117期　2007年8月

與莊子對話：養生主——最高境界薪火相傳　陳思迪　地平綫月刊　第118期　2007年10月

平等，事實抑或謊言：莊子、曹操、法律平等與其它　李莉娜　九鼎　第2期　2007年11月

與莊子對話：人間世——道德論·政治觀　陳思迪　地平綫月刊　第119期　2007年12月

與莊子對話：人間世——人權論·無爲說　陳思迪　地平綫月刊　第120期　2008年2月

與莊子對話：德充符——形、才、德　陳思迪　地平綫月刊　第121期　2008年3/4月

莊子的仁義觀　龔曉康　弘道　第34期　2008年（春季）

與莊子對話：大宗師——形、生、老、死皆吾也　陳思迪　地平綫月刊　第122期　2008年6月

徐復觀的莊子研究　李波　弘道　第36期　2008年（秋季）

與莊子對話：應帝王——政治文化觀　陳思迪　地平綫月刊　第124期　2008年10月

與莊子對話：駢拇——物各自得，各適其適　陳思迪　地平綫月刊　第125期　2008年12月
高行健創作裏莊子的迴響　陳順妍、余日達譯　香港戲劇學刊　第8期　2009年1月
虛己以遊世：高行健與莊子　張寅德　香港戲劇學刊　第8期　2009年1月
與莊子對話：馬蹄——『至德之世』政治觀　陳思迪　地平綫月刊　第126期　2009年2月
與莊子對話：胠篋——『盜亦有道』價值觀　陳思迪　地平綫月刊　第127期　2009年4月
莊子道學中的人學觀念與藝術精神　唐輝　弘道　第38期　2009年（春季）
與莊子對話：在宥——寬宥自在，無爲而治　陳思迪　地平綫月刊　第128期　2009年6月
李白與莊子　王虹　弘道　第39期　2009年（夏季）
老莊兩千多年後的身世　許世旭　明報月刊　第44卷第7期（總第523期）　2009年7月
莊子的逍遥遊境界　吳正中　春秋　第1003期　2009年8月
與莊子對話：在宥——天道、人道、大同觀　陳思迪　地平綫月刊　第129期　2009年8月
與莊子對話：天地——無欲，無爲　陳思迪　地平綫月刊　第130期　2009年10月
把握千年傳播的精魂與大勢（評方勇莊子學史）　郝一民　二十一世紀　115期　2009年10月
用莊子修正資本主義　林沛理　亞洲周刊　第23卷39期　2009年10月4日
與莊子對話：天地——忘物，忘天，忘己　陳思迪　地平綫月刊　第131期　2009年12月
你的鄰居莊子　盧鋼鍇　公教報　第3433號　2009年12月6日
與莊子對話：天道——無爲而尊　陳思迪　地平綫月刊　第132期　2010年2月
雪夜，坐讀莊子　夢陽　中西詩歌　第32期　2010年3月
與莊子對話：天運——順之以天理　陳思迪　地平綫月刊　第133期　2010年4月

與莊子對話：天運——時不可止，道不可壅　陳思迪　地平綫月刊　第134期　2010年6月

與莊子對話：刻意——澹然無極，衆美從之　陳思迪　地平綫月刊　第135期　2010年8月

與莊子對話：繕性——人性稟於自然　陳思迪　地平綫月刊　第136期　2010年10月

與莊子對話：秋水——道人不聞，至德不得，大人無己　陳思迪　地平綫月刊　第137期　2010年12月

讀莊子養生主篇：怎樣消泯『殆已』的歎息　農圃舊侶　新亞生活　第38卷第5期　2011年1月

與莊子對話：秋水——任變化之自然　陳思迪　地平綫月刊　第138期　2011年2月

老莊『渾沌說』與德彪西印象主義音樂的比較審美　胡企平　澳門理工學報　第14卷第1期（總第41期）
2011年3月

與莊子對話：秋水——魚之樂　陳思迪　地平綫月刊　第139期　2011年4月

與莊子對話：至樂——至樂無樂，至譽無譽　陳思迪　地平綫月刊　第140期　2011年6月

與莊子對話：達生——壹其性，養其氣，合其德　陳思迪　地平綫月刊　第141期　2011年8月

與莊子對話：達生——知忘是非，心之適也　陳思如　地平綫月刊　第142期　2011年10月

與莊子對話：山木——既雕既琢，復歸於朴　陳思迪　地平綫月刊　第143期　2011年12月

與莊子對話：山木——螳螂捕蟬，黄雀在後　陳思迪　地平綫月刊　第144期　2012年2月

與莊子對話：田子方——貴在於我而不失於變　陳思迪　地平綫月刊　第145期　2012年4月

與莊子對話：田子方——『無變乎己』的個體精神　陳思迪　地平綫月刊　第146期　2012年6月

莊子對話：知北遊『無從無道始得道』　陳思迪　地平綫月刊　第147期　2012年8月

現代莊子的坎坷與凱旋：劉劍梅莊子的現命運序　劉再復　明報月刊　第47卷第8期（總第560期）
2012年8月

與莊子對話：知北遊——道無所不在　陳思迪　地平綫月刊　第148期　2012年10月

與莊子對話：逍遥遊——至人無己，神人無功，聖人無名　陳思迪　地平綫月刊　第149期　2012年12月

鐘鑒·啟明：作爲鏡與燈的莊子兼評莊子的現代命運　宋偉傑　明報月刊　第48卷第1期（總第565期）　2013年1月

莊子與孫悟空：高行健莫言風格比較論　劉再復、劉劍梅　明報月刊　第48卷第2期（總第566期）　2013年2月

莊子的『生死觀』對護理人員的啟示　李美秀　澳門護理雜誌　第13卷第1期　2014年6月

黎民偉開創的電影道路：紀念香港首部短故事片莊子試妻公映百周年　黎錫　明報月刊　第49卷第7期（總583期）　2014年7月

荀子與老子、莊子關係重探：從詞彙用例考察　林麗玲　人文中國學報　20期　2014年9月

錢賓四莊子纂箋學術精神探微　黃彥偉　人文中國學報　21期　2015年11月

策劃編輯:孫興民
責任編輯:孫興民　葉蓓卿　段海寶　李琳娜
裝幀設計:徐　暉
責任校對:王　雲　伍　瓊　張　彦

圖書在版編目(CIP)數據

莊子學史:增補繁體版/方勇 著. —北京:人民出版社,2017.3
ISBN 978－7－01－017340－5

Ⅰ.①莊…　Ⅱ.①方…　Ⅲ.①道家②《莊子》-研究
Ⅳ.①B223.55

中國版本圖書館 CIP 數據核字(2017)第 026273 號

莊子學史
ZHUANGZI XUESHI
(增補繁體版)

方　勇　著

人民出版社 出版發行
(100706　北京市東城區隆福寺街 99 號)

保定市北方膠印有限公司印刷　新華書店經銷

2017 年 3 月第 1 版　2017 年 3 月北京第 1 次印刷
開本:710 毫米×1000 毫米 1/16　印張:225.5　插頁:4
字數:3211 千字

ISBN 978－7－01－017340－5　定價:528.00 元(全六册)

郵購地址 100706　北京市東城區隆福寺街 99 號
人民東方圖書銷售中心　電話 (010)65250042　65289539

莊子學史

第五冊

（增補繁體版）

方勇◎著

人民出版社

目錄

第八編　民國莊子學

第一章　民國莊子學概説……三
第一節　民國莊子學發展的歷史背景……三
第二節　民國莊子學的發展過程……五
第二章　民國莊子考據學……九
第一節　民國莊子考據學概説……九
第二節　劉師培的莊子斠補……一一
第三節　奚侗的莊子補注……一四

第四節 陶鴻慶的讀莊子劄記……一七
第五節 胡懷琛的莊子集解補正……二〇
第六節 楊樹達的莊子拾遺……二三
第七節 朱桂曜的莊子內篇證補……二五
第八節 高亨的莊子今箋……二九
第九節 于省吾的莊子新證……三二
第十節 劉文典的莊子補正……三六
第十一節 楊明照的莊子校證……四〇
第三章 胡適論莊子……四四
第一節 對莊子人生哲學的論述……四六
第二節 對莊子『生物進化論』的論述……五六
第三節 對莊子名學的論述……六九
第四章 魯迅論莊子……八〇
第一節 『何嘗不中些莊周的毒』……八〇
第二節 對莊子思想的討論……八五
第三節 對莊子文辭的兩種態度……九四

第五章　郭沫若論莊子……一〇一
第一節　對莊子人生哲學的論述……一〇二
第二節　對莊子『泛神論』和文藝觀的論述……一一三
第三節　對莊子與惠施的比照論述……一二二
第四節　對莊子學術淵源的梳理……一二六
第六章　聞一多的莊子研究……一三三
第一節　聞一多莊子研究概說……一三四
第二節　對莊子的初次研究……一三七
第三節　對莊子的再研究……一四八
第七章　馬敘倫的莊子研究……一六九
第一節　莊子劄記……一六九
第二節　莊子義證……一七四
第三節　莊子天下篇述義……一七七
第八章　羅根澤的莊子學……一八三
第一節　羅根澤的莊子學方法論……一八三
第二節　對莊子外雜篇作者的探源……一八六

第九章　郎擎霄的莊子學案……一九五
第一節　援西學以釋莊子之旨……一九六
第二節　引諸子以資比較發明……二〇〇
第三節　撰述評以明莊學遞演之跡……二〇三
第十章　葉國慶的莊子研究……二一〇
第一節　對莊子其人其書的考證……二一一
第二節　對莊子學説的闡釋……二一四
第三節　對莊子中古史的探討……二一八
第十一章　蔣錫昌的莊子哲學……二二二
第一節　對莊子哲學的研究……二二三
第二節　對逍遥遊、齊物論、天下的校釋……二二三
第十二章　錢穆的莊子學……二四〇
第一節　先秦諸子繫年中三篇治莊之作……二四〇
第二節　莊子纂箋……二四三
第三節　莊老通辨……二四六

第十三章　民國時期的天下篇研究……二五六
第一節　民國時期天下篇研究概説……二五六
第二節　錢基博的讀莊子天下篇疏記……二五八
第三節　顧實的莊子天下篇講疏……二六一
第四節　方光的莊子天下篇釋……二六五
第五節　譚戒甫的莊子天下篇校釋……二六八
第六節　單晏一的莊子天下篇薈釋……二七二
第十四章　民國其他學者的莊子研究……二七六
第一節　陳柱莊子學著作三種……二七六
第二節　阮毓崧的莊子集注……二八二
第三節　胡遠濬的莊子詮詁……二八六
第四節　黄元炳的莊子新疏……二八九
第五節　范耕研的莊子詁義……二九四
第六節　朱文熊的莊子新義……二九八
第七節　施章的莊子新探……三〇二
第八節　張默生的莊子新釋……三〇六
第九節　劉武的莊子集解内篇補正……三一一

第十五章　王叔岷的莊子研究……三一七
第一節　王叔岷莊子研究概述……三一七
第二節　對郭象莊子注的研究……三一九
第三節　莊子校釋……三三四
第四節　莊子校詮……三三七
第十六章　鍾泰的莊子學……三四四
第一節　莊學主旨的暗移
——從大宗師到養生主……三四四
第二節　闡釋指向的轉移
——從『孔老兼宗』到『孔顏嫡傳』……三五〇
第三節　對莊子文本的精微闡發
——訓詁與義理的交互……三五六
第十七章　馮友蘭的莊子學……三六六
第一節　馮友蘭莊子學概說……三六七
第二節　體現在馮氏學術史研究中的莊子學……三六九
第三節　對莊子思想的現代闡釋……三八三

第十八章　侯外廬的莊子學……三九五
第一節　對莊子思想『主觀唯心主義』的定位及批判……三九八
第二節　對莊子『自然史寓言』的論述……四〇四
第十九章　任繼愈的莊子學……四〇八
第一節　對莊子自然觀作『唯物主義』的定位……四〇九
第二節　對莊子篇目的考證和探究……四一五
主要徵引書(篇)目……四二五
子藏莊子卷總目……四三六
編外莊子書目提要……四五三

第八編

民國莊子學

第一章　民國莊子學概說

第一節　民國莊子學發展的歷史背景

清末民初的中國，正處在危急之秋，內部的各種矛盾相互交織，西方殖民主義勢力又大舉入侵，於是學者們不得不放棄只治經典、不問世事的姿態，因而乾嘉學派便逐漸退出了歷史舞臺。但由於得俞樾、孫詒讓諸人堅守壁壘，而章炳麟又重倡顧炎武『博學於文，行己有恥』之學，以伸張其政治主張，清代的乾嘉之學就有了一個光輝的結束，民國的考據之學也有了一個良好的開端。此後，經過劉師培、奚侗、陶鴻慶、胡懷琛、聞一多、楊樹達、朱桂曜、馬敘倫、高亨、于省吾、劉文典、楊明照、王叔岷等學者的努力，更是在莊子考據方面取得了許多新的成果。

隨著封閉的國門爲西方列強所叩開，以及辛亥革命、『五四』運動的先後爆發，西方先進的科學技術便紛紛傳入，西方的學術思想也奔湧而至。於是在繼『師夷之長』、『盡變西法』、『中體西用』之後，民國時期政見迭出，學說繁多，主張『全盤西化者』有之，主張『中西互補』者有之，主張『融化新知』者有之，主張『全盤承受，根本改過』者有之，等等，真可謂是一片中西匯流、百家齊鳴、異彩紛呈的文化局面。如梁啟超極力鼓吹『經學革命』、『史學革命』、『文界革命』、『詩界革命』、『曲界革命』、『小說界革命』、『音樂界革命』、『文字革命』，陳獨秀極力吶喊『道德革命』、『文學革命』和哲學變革、教育改革，胡適則將實用主義運用於哲學、文學、歷史、教育、語言等方面的研究，自謂『實驗主義成了我的生活和思想的一個嚮導，成了我自己的哲學基礎』（胡適留學日記）。由是，諸如儒家、道家、法家、名家、墨家、雜家、農家、小說家，二程、朱熹、陸九淵、王守仁，顧炎武、黄宗羲、王夫之，以及釋迦牟尼、耶穌基督、柏拉圖、亞里斯多德、康德、黑格爾、馬赫、達爾文、杜威、馬克思等等的思想，都可以在民國學術領域各領風騷； 唯物主義、唯心主義、進化論、實證哲學、人文精神、無政府思潮、馬克思主義，以及新實在論、新唯物論、新唯心論、唯生主義、新法相宗、新陸王派、新程朱派等等，也都可以在這一領域得到發展。這反映在莊子闡釋上，最突出的就是西方各種新思想的大量介入。如嚴復將莊子思想與西方進化論思想進行參照比較，胡適更是大膽地運用生物進化論來解釋莊子，把莊子的思想與達爾文物種起源等量齊觀。郭沫若也以西方的泛神論來解釋莊子否認人格神、崇尚自然的思想，並宣稱『我愛我國的莊子，因爲我愛他的Pantheism（即泛神論）』（三個泛神論者）。而一些研究天下篇的學者，則引西方的科技思想解釋了此篇中名家的某些命題。

學術思想的變化引起了學術方法論的更新。在這一時期，許多學人已不再恪守傳統的注疏形式，而是更注重於古今學術、中西學術、各門學術之間的多層次的滲透、整合與創新。如魯迅的起死是據莊子至樂『莊子見空髑髏』寓言創作出來的，其用意在於『借古事的軀殼來激發現代人之所應憎與應愛，乃至將古代和現代錯綜交融』（茅盾玄武門之變序）。聞一多、羅根澤、錢穆對莊子思想及莊子文本的研究，一方面繼承了乾嘉學派的學術傳統，另一方面又引進了西方人的學術理念和研究方法。曹受坤莊子哲學、蘇甲榮莊子哲學、葉國慶莊子研究、蔣錫昌莊子哲學、施章莊子新探、張默生莊子新釋等，則是運用西方的新思想新學理對莊子作立體、綜合研究的專著，已完全打破了傳統的注疏體例，成了一種適合於現代讀者思維的新範式。

在民國思維模式和學術方法的演進中，有不少學者相當注重歷史哲學的建構以及歷史公例的探求。梁啟超的研究工作可謂在這方面首先爲人們樹立起了良好的典範。他並提出了作學術史研究的四條規範：『第一，敘一個時代的學術，須把那時代重要各學派全數網羅，不可以愛憎爲去取；第二，敘某家學説，須將其特點提挈出來，令讀者有很明晰的觀念；第三，要忠實傳寫各家真相，勿以主觀上下其手；第四，要把各人的時代和他一生經歷大概敘述，看出那人的全人格。』（中國近三百年學術史）他爲莊子天下作研究，即因其認爲『批評先秦諸家學派之書，以此篇爲最古』，而且『批評最精到』、『最公平』。他所著的莊子天下篇釋義，對民國學人研究莊子具有示範意義。正是在這種重視學術史研究的思潮中，錢基博、顧實、方光、譚戒甫、王蘧常、高亨、張壽鏞、單晏一、馬敘倫等一大批學者皆撰寫了有關天下篇的專著，而郎擎霄甚至還著成莊子學案一書，從而爲莊子研究開闢了一條新的途徑。

隨著西方各種新思想的大量湧入，二十世紀二十至三十年代就逐漸有學者開始以馬克思主義解釋和評判莊子，如侯外廬在1944年出版的中國古代思想學説史、呂振羽在1947年出版的中國政治思想史等已經初步顯示了這一學術思想傾向，而在1949年新中國成立後，他們的這種學術思想便伴隨著國家政治的全面馬克思主義化而迅速成爲主流，使整個莊子研究的方向和方法都發生了根本性的變化。即使是原本並不熟諳此道的馮友蘭，這時也主動學習馬克思主義，並要求以之重新闡釋莊子思想。任繼愈也大致如此，他在解放後研究莊子的過程中，同樣努力運用了馬克思主義的基本原理。

第二節　民國莊子學的發展過程

隨著清末民初學術風氣的轉變，乾嘉考據之學也由極盛轉向了衰頽。但由於有俞樾、孫詒讓、章炳麟和此後一大批學者的努力，莊子考據之學仍取得了豐碩成果。如劉師培著莊子斠補、孫毓修著莊子劄記、奚侗著莊子補注、陶鴻慶著讀莊子劄記、胡懷琛著莊子集解補正、楊樹達著莊子拾遺、吳承仕著莊子音義辨證、劉咸炘著莊子釋滯、朱桂曜著莊子內篇證補、丁展成著莊子音義繹、高亨著莊子今箋、于省吾著莊子新證、楊明照著莊子校證、劉武著章太炎莊子解詁駁義等等，多有創獲，而尤以聞一多著莊子內篇校釋、馬敘倫著莊子義證、劉文典著莊子補正、王叔岷著莊子校釋等最下苦功，故最爲世人所重。此外，隨著清末敦煌殘卷的發現，民國莊子考據學復又開出了以敦煌莊子殘卷校勘莊子文本及郭象莊子注、陸德明莊子音義一途，如羅振玉、劉師培、馬敘倫、王重民等人都在這方面取得了較大成就。

在固有的學術思維和模式發生轉變的過程中，傳統的莊子注疏之學亦隨之走向衰落，但有一部分莊子注疏著作所取得的學術成就仍是不可忽視的。如阮毓崧著莊子集注，『集各家所識字，所論文與所言理，擷英采華，匯成一編，裨益於讀莊子者，當不淺』（太虛莊子集注序），是繼郭慶藩莊子集釋、王先謙莊子集解之後的又一部較理想的莊子集注著作。胡遠濬著莊子詮詁，順文作解，眉欄錄各家評語，各段末附以己意，往往有自己的獨特見解，亦不失爲民國時期較好的莊子學著作之一。黃元炳著莊子新疏，首倡『莊子之學宗孔祧老，實爲易教之別傳』之說，並以之來疏解莊子內七篇，是歷史上易學化傾向最爲嚴重的莊子學著作之一，牽強附會之處不少，但大部分闡釋還是比較接近莊子本意的。范耕研著莊子詁義，錄莊子三十三篇，每篇分爲若干章，順文雙行夾注，不僅旁徵博引，而且善於辨識，多有發明，尤其對天下篇惠施歷物命題的解說，往往不乏新意。劉武著莊子集解內篇補正，主要是對王先謙莊子集解內七篇之補正，雜證博引，考據詳盡，頗有新見。錢穆著莊子纂箋，除斟采古今治莊大家之注逾一百五十家外，還每加按語，斷以己意，爲讀者所重。秦毓鎏著讀莊窮年錄，共錄莊子原文三百六十五條，條目後另起行予以解釋，每每有新的見解，並且還間引西方哲學中某些論點來解釋莊子思想，如在齊物論篇『有無也者』條目後解釋說：『謂一切虛幻者。案西國哲學，有惟物、惟心二派。有有，即惟物之說也；有無，即惟心之說也。』這樣的解釋，頗可新人耳目。蔣復璁著莊子諸篇考辨，正文分八個部分，就莊子内、外、雜篇真僞等問題進行考辨，見解比較獨特。其他如李大防的莊子王本集注、蔣兆燮的莊子淺訓、胡樸安的莊子章義、朱文熊的莊子新義、陶西木的莊子洛誦、陳登澥的莊子大傳、支偉成的莊子校釋、香夢詞人的莊子奇文演義等等，亦皆有一定的學術價值。

當然，最值得我們關注的還是那些完全擺脱傳統注疏形式的莊子學。胡適帶著『研究問題，輸入學理，整理國故』的目的，以近代西方先進的思想爲參照，對莊子進行了一番大膽的重新審視，甚至提出了所謂莊子『生物進化論』思想的説法。魯迅在對莊子思想進行批判的同時，也吸收了莊子『我寧遊戲汙瀆之中自快』（史記老子韓非列傳）、『獨與天地精神往來而不傲倪於萬物』（莊子天下）的思想，這是在特殊時期對莊子思想所作出的一種特殊闡釋。郭沫若借重莊子中崇尚自然無爲的思想而提出了自己反功利主義目的、求自然流露的文藝新見解，對從事文藝創作者不無啟發作用。同時，他又提出了莊子出於『顔氏之儒』的説法，曾一度成爲莊子研究的新論題。聞一多既繼承了清代樸學嚴謹的態度，又將文化人類學等新方法引進到莊子研究中來，這在今天看來也有其前瞻性。其他如貝琪莊子哲學研究、朱長青莊子解、陳柱闡莊、楊文煊南華直旨、張貽惠莊子講解、劉武莊子集解内篇補正，及沈德鴻莊子（選注）、高嶽岱新式標點莊子集解、王治心莊子新式考證注解、葉玉麟白話莊子讀本等等，亦皆在研究思維和研究方法上有程度不同的突破，爲民國時期的莊子學添彩殊多。

伴隨著新的學術思想和方法的出現，一種重視學術史研究的觀念也產生了。如郎擎霄著莊子學案，其中特闢歷代莊學述評一章，共分八節，一曰漢代之莊學述評，二曰魏晉南北朝之莊學述評，三曰隋唐之莊學述評，四曰宋代之莊學述評，五曰金元之莊學述評，六曰明代之莊學述評，七曰清代之莊學述評，八曰最近之莊學述評，全面地總結、論述了從漢代到近代莊子學的研究成果，較明晰地梳理出了莊子學研究歷史演進的軌跡，這實在是前無古人的，具有不可低估的開創性意義。此外，這一觀念還反映在重視天下篇研究上。如梁啟超著莊子天下篇釋義、錢基博著讀莊子天下篇疏記、顧實著莊子天下篇講疏、方光著莊子天下篇釋、胡子霖著莊子天下篇自述其學說九句之解釋、譚戒甫著莊子天下篇校釋、高亨著莊子天下篇箋證、蔣錫昌著天下篇釋、張壽鏞著莊子天下篇之分析、單晏一著莊子天下篇薈解、馬敘倫著莊子天下篇述義等等,皆與著者有見於天下篇在中國學術研究史上佔有重要地位有關。而由於這批具有較新思想和較新思維的學者先後參與天下篇的闡釋,篇中諸如『道術』與『方術』問題、各學派的起源問題、各學派的評價問題、莊子與老聃的關係問題、莊周的定位問題等等,便往往得到了新的解釋。尤其是對於名家,著者更能從傳統觀念中解脫出來,而每持西方的科學觀去解釋名家各派所提出的諸多命題,從而爲研究先秦名家開創了新風氣。

二十世紀二十至三十年代,要求以馬克思主義解釋莊子的學術思潮已開始滋長。如侯外廬在1944年出版的中國古代思想學說史中,就已結合社會實踐運用馬克思主義的思想和方法來分析研究莊子,並一以貫之地運用到解放後所編著的中國思想通史中,認爲莊子是一個驚怖於殘酷的現實鬥爭的小貴族,在哲學上屬於主觀唯心主義者。呂振羽在1947年出版的中國政治思想史中,即運用馬克思主義的基本觀點分析了莊子的哲學思想,認爲他將老子的唯心主義辯證法轉化成了相對主義,並判定他代表了封建領主殘餘勢力的悲觀失望思想。即使呂氏的這些說法,解放後也成了莊學界的主流思想之一。隨著解放後將馬克思主義定爲國策的指導思想,即使像曾師從實用主義大師杜威(Dewey)和新實在論大師孟太格(Mantague)而致力於中西哲學比較研究的馮友蘭,也主動接受馬克思主義的洗禮,並以之重新解釋莊子的整個思想體系,他在二十世紀六十年代發表的論莊子、再論莊子、三論莊子等論文和晚年出版的中國哲學史新編中所持的莊子觀,便是其接受馬克思主義洗禮後的產物。任繼愈早年在中國傳統哲學、宗教思想研究方面深受湯用彤學術思想的影響,解放後則自覺地以馬克思主義唯物史觀指導自己的莊子研究,他在二十世紀六十年代陸續發表的莊子探源系列論文及主編的中國哲學發展史中對莊子的論述研究,所得出的具體見解雖每與呂振羽、侯外廬等有所不同,但同樣是自覺接受馬克思主義思想和方法後的產物。

第二章　民國莊子考據學

第一節　民國莊子考據學概説

民國時期的莊子考據學，乃是繼承乾嘉學派莊子學遺緒而來，仍呈現出了比較繁榮的景象。章炳麟於清朝滅亡前夕，在吸收王念孫莊子雜志、俞樾莊子平議等乾嘉學派莊子學成果的基礎上，復附以己意，著成莊子解故，對民國莊子考據學有著最直接的影響。劉師培演高郵王氏之成法，又受到章炳麟的一定影響，從聲音、詞例等入手，並廣徵群籍，遍發類書，著成莊子斠補，在莊子考據方面創獲頗多。奚侗著有莊子補注，共收校訂補注文字四百十四條，於今本莊子挩誤及注者踳駁之處，每有諟正，是民國時期一部較好的莊子考據著作。陶鴻慶著有讀莊子劄記，在校訂莊子文字之衍奪、錯訛，以及糾正莊子舊注之謬誤等方面，可謂勝義紛出，所獲甚多。胡懷琛著有莊子集解補正，乃是爲王先謙莊子集解所作的補正，對王氏的訓解頗有補正之功。楊樹達著有莊子拾遺，博采衆家注解，並校以多種古代典籍以及莊子文本，然後斷以己意，每有獨到見解。朱桂曜著有莊子内篇證補，摘録内七篇有關文句，加以詮訂、補正，使内篇及後人解説得以訂正者頗多。高亨著有莊子新箋，摘録莊子中重要文句，加以校勘箋注，每有新見。于省吾著有莊子新證，節録莊子文句，綜合運用旁證、本證、實證、通假等多種考據方法，予以精心考證，每每有所收穫。楊明照著有莊子校證，分條節録莊子文句，參校衆本異同，而爲之疏證，創獲亦多。總之，民國時期莊子考據著作接連問世，其數量甚至超過了清代乾嘉學派莊子學著作，可謂蔚爲大觀。

與清乾嘉學派莊子考據學有所不同，民國時期的莊子考據學還引進了一些新的内容和方法。如聞一多著莊子内篇校釋，從音、形、義三個方面對莊子文字進行校勘，對部分詞意進行詮釋，對誤文、倒文、脱文、衍文進行勘誤，並補足了一些佚文。同時，他還運用新興的民俗學和語言學學科知識對莊子文本進行校正與詮釋，這些都是前人没有嘗試過的。馬敘倫費時十載，不但以涵芬樓影宋本、世德堂本及明刊崇德書院本，及陳景元莊子闕誤所記各本異文，兼取北堂書鈔、藝文類聚、初學記、白孔六帖、太平御覽、文選注、後漢書注核對之，以辨正莊子文字，而且還從『音類比方假借』方面來辨正莊子文字，從而著成莊子義證三十三卷，既突破了清乾嘉學派莊子考據著作的小格局，又倡導了辨正莊子文字重在『音類比方假借』的風氣。劉文典一改清乾嘉學派以來莊子考據著作的劄記體體例，而是收録了莊子全部原文及郭象注、成玄英疏、陸德明音義，而校以歷代重要莊子版本及太平御覽等類書，並廣采盧文弨、王念孫、王引之、俞樾、孫詒讓、郭慶藩、章炳麟、奚侗、劉師培、馬敘倫等家之説，以作『補正』，因而其所著莊子補正十卷成了民國時期一部重要的莊子考證著作。王叔岷著莊子校釋五卷，則博綜群籍，補苴罅漏，采摭魏晉以來各類著作數十百種，以續古逸叢書所收影印宋刊本莊子爲底本，以條舉方式對莊子三十三篇進行校勘、補遺和考訂，凡一千五百六十九條，是民國時期同類著作中最有分量的一部專著，至今盛譽不衰。

此外，隨著清末敦煌殘卷的發現，復又開出了以敦煌莊子殘卷校勘莊子文本及郭象莊子注、陸德明莊子音義一途。如羅振玉民國初年以英國倫敦博物院所藏敦煌殘卷胠篋篇、法國巴黎國立圖書館所藏敦煌殘卷刻意、山木、徐無鬼篇及羅氏自藏敦煌殘卷田子方篇校明世德堂刊本莊子，遂成南華真經殘卷校記一卷，不僅指出了敦煌殘卷與世德堂本之間一些文字差異，而且還往往據此對莊子文本提出了一些獨特的看法。其後，王重民又撰有南華真經、莊子釋文兩篇文章，皆爲關於敦煌莊子殘卷的校記。其中南華真經一文，既輯録了羅振玉、馬敘倫、劉師培三人對敦煌莊子殘卷的校記文字，又有王重民自己所作的校記文字，涉及了刻意、山木、徐無鬼、田子方、胠篋、天道、達生、外物諸篇殘卷，爲後人集中展示了作爲敦煌學草創時期諸學術大家對莊子殘卷的校勘意見。莊子釋文一文，則是王重民獨自校勘陸德明莊子音義殘卷的心得，如一曰『據所出本文，知今本釋文多經後人改竄也』，二曰『古注主名，卷子本頗詳，今本多遺略也』，三曰『今本釋文屢引廣雅，卷子本則未嘗一及也。蓋卷子本釋文實較略於今本，然亦有較今本爲繁者，故不能謂爲節本。』這些獨特見解，對人們研究莊子和經典釋文皆甚有幫助。

第二節　劉師培的莊子斠補

劉師培（1884—1919），字申叔，號左盦，江蘇儀徵人。光緒二十九年，在上海晤見章炳麟，贊成『光復』，改名光漢，撰攘書，以表示其『攘除清廷，光復漢族』的決心。此後，任警鐘日報、國粹學報撰述。光緒三十三年，攜妻挈母東渡日本，謁見孫中山，加入同盟會，並成爲章炳麟主編民報的主要撰稿人。宣統元年，爲清兩江總督端方所收買，入其幕府。辛亥革命後，加入籌安會，幫助袁世凱推行帝制。後受蔡元培之聘請，任北京大學中國文學門教授。師培出身於晚清有名的經學世家，曾祖文淇，祖毓崧，伯父壽曾，以三世相續共注一部春秋左氏傳而飲譽學林，父親貴曾也以經術有聲於時，因而家學淵源有自，再加上師培本人智力超常和刻苦自勵，便以短暫的一生爲我國學術事業作出了很大的貢獻。近人輯有劉申叔先生遺書，收入其遺著凡七十四種。

莊子斠補爲劉申叔先生遺書之一種，前有劉師培於民國元年三月十六日所作自序，末有其所識跋語，正文部分共收其斠補文字四十六條。今案劉氏自序云：『昔治莊子，歷檢群籍，兼逮道藏各本，以讎異同，故解舛訛，亦附正焉。計所發正，約數百事，均王、俞、郭、孫所未詮也。稿均手錄，行篋未攜，蜀都同好以莊書疑誼相質，因默憶舊說，什獲弍弎。按次編錄，輯爲一卷，名曰莊子校補云爾。』又其後跋云：『莊子異文，群籍引援滋眾，往昔所勘，約近千則。』則今所傳其莊子斠補一卷，僅爲原稿條目之一小部分而已。

劉師培少承家業，服膺漢學，遠承漢代經師之傳統，近演高郵王氏之成法，從聲音、詞例等入手，又廣徵群籍，遍發類書，對莊子文本作了精心考釋，故其莊子斠補雖所收條目較少，而創獲良多。如逍遥遊篇寫到『宋榮子』，劉師培云：『榮子，即鈃。……蓋熒、幵二聲，古均通轉，作「榮」作「鈃」，音寔靡別。』劉氏此說甚是，可以信從。天道篇有『知雖落天地，不自慮也』之語，劉師培云：『落，與「絡」同，蓋以包該爲誼。本書「洛」、「落」二字，並與「絡」同。秋水篇「落馬首」猶云「絡馬頭」也，成疏本作「絡」；胠篋篇「羅落」並文，厥誼尤顯；又大宗師篇「洛誦之孫」，釋文引李注云「苞洛無所不通」；馬蹄篇「刻之雒之」，釋文引司馬注云「謂羈雒其頭也」。統觀眾文，知「洛」、「雒」、「落」、「絡」義無溝別。淮南修務訓「達落天地」，亦此恉也。』劉氏此說可從，太平御覽卷四六四引此文正作『絡』。天地篇有『跖與曾史』之語，劉師培云：『「跖」上挩「桀」字。成疏云「桀跖之縱兇殘」，是成疏故本作「桀跖」也。在宥篇云「上有桀跖，下有曾史」，又云「焉知曾史之不爲桀跖嚆矢也」，僉以「曾史」、「桀跖」並詞，本篇之文當亦然也。』劉氏此說言之鑿鑿，故王叔岷莊子校釋從之。應帝王篇有『虎豹之文來田，猨狙之便，執斄之狗來藉』之語，劉師培云：『今案天地篇云「執留之狗成思，猨狙之便自山林來」，與此文約同。又淮南説林訓云「虎豹之文來射，猨狖之捷來乍」，繆稱訓作「猨狖之捷來措」，高注云：「措，刺也。」執以互勘，疑當作「猨狙之便來藉，執斄之狗成思」。』劉氏此說頗有見地，故亦甚爲後人所重。

同時，劉師培還糾正舊訓之失甚多。如齊物論篇有『顔成子游』，陸德明經典釋文引李氏云：『姓顔，名偃，謚成，字子游。』成玄英疏亦云：『姓顔，名偃，字子游。』劉師培則說：『竊以謚字復舉，於詞近贅。廣韻十四清「成」字注文，以「顔成」爲複姓，與「伯成」、「務成」並詮。蓋亦莊書故誼。衡以李說，斯爲善矣。』又同篇有

『惠子之據梧』之語，釋文云：『司馬云：梧，琴也；崔云：琴瑟也。』劉師培則說：『今考德充符篇述莊語惠子云「今子外乎子之神，勞乎子之形，倚樹而吟，據槁梧而瞑」，與此文符。「槁梧」與「樹」並文，似非樂器。彼篇釋文引崔注，仍以「據琴」爲說，疑均失之。天運篇云「倚於槁梧而吟」，亦非琴及瑟也。』寓言篇有『搜搜也，奚稍問也』之語，劉師培說：『案「搜」，讀禮學記「謏聞」之「謏」，猶「區區」也。稍問，猶言「小問」，「稍」與「肖」同。方言、廣雅「肖」並訓「小」。「奚稍問」者，猶云「奚問之小」也。郭注云：「運動自爾，無所稍問。」成疏云：「何勞見問。」說均未達。』像劉師培的這些訓釋，均不乏真知灼見，因而多爲學者所認同。

劉師培還在後跋中說：『莊子異文，群籍引援滋眾，往昔所勘，約近千則，舍顧氏玉篇諸書外，如謝靈運山居賦自注引在宥「空同」作「峝」，引庚桑楚「畏壘」作「嵔」，均屬本書古字。廣韻引秋水「尾閭」作「泥澗」，宋玉篇引庚桑楚「贏糧」作「攍」，慧琳大藏經音義引齊物論「耆鼠」作「嗜」，引人間世「以筐盛矢」作「菌」，引駢拇「附贅懸疣」作「肬」，引胠篋「蚊虻噆膚」作「蝨」，引漁父「道言」作「諂言」，或爲本字，或出假文。文選注引逍遙遊「南冥」作「溟」，引外物「大鉤」作「釣」，引徐無鬼「運斤成風」作「成風聲」，或宗別本，或與疏義默符。是均考文者所當捃摭也。又說文繫傳徵引特夥，如逍遙遊「學鳩」作「鷽」，徐無鬼「芧栗」作「橡」，佚湮之誼，憑是章昭，特文或損增，匪均故本。杜氏玉燭寶典成自唐前，所引秋水「夔憐蚿」節，達生「桓公田澤」節，間殊今本，如「憐」均作「怜」之屬是也。且庚桑楚「臘者有膍胑」，司馬舊注，杜引特完；其他佚文數條，或出浚儀輯本外，尤足珍矣。』這段文字，既給我們提供了不少可資校釋的珍貴資料，又使我們於莊子斠補所收四十六個完整條目之外，尚可窺見劉氏其他考釋文字之一二，真可謂是『吉光片羽，彌足珍貴』①。

要之，劉師培的莊子斠補雖然所收條目不多，但以著者國學功底深厚，學術眼光過人，所以創獲甚多，從而

① 臺灣葉程義劉申叔莊子斠補考述，國立政治大學學報第四十六期。

使民國莊子考據學有了一個良好的開端。

第三節 奚侗的莊子補注

奚侗（1878—1939），字度青，號無識，安徽當塗人。清末附生，後於日本明治大學畢業，授法學士。清亡，先後任鎮江審判廳推事，清河、吳縣地方審判廳廳長。民國三年後，歷任海門縣、江浦縣、崇明縣知縣。任職期間，曾創設貧兒教養院、平民工廠，修治水利，革除錢糧積弊。一生以買書、讀書、寫書爲最大嗜好，對中國古典哲學、文字學頗有研究，著有説文采正、老子集解、莊子補注等書。

莊子補注四卷，爲劄記體，共收校訂補注文字四百十四條，前有靜海高潛敘、奚侗民國五年自敘，末有紹興戚揚民國六年跋語。奚侗在自敘中説：『郭本割列原書，已失莊子之舊。今本讎校未精，傳寫訛捝，則又失郭本之舊。證以陳景元莊子闕誤，是郭注本在宋時已無善者矣。晚近治莊子者，如王念孫、郭嵩燾、李楨、俞樾、郭慶藩、孫詒讓、章絳諸家，理解疑滯，多所發明。余鄉好此書，於今本捝誤及注者踳駁之處，亦頗有所弋獲，又往往偁引諸家之説，證以啚見，求其塙當而已。』確實，繼王念孫、郭嵩燾、李楨、俞樾、郭慶藩、孫詒讓、章炳麟等人之後，奚侗又在莊子校釋方面取得了不少成績。

一、校補脱漏。奚侗認爲，今所傳莊子三十三篇文字，在長期的流傳過程中已出現了不少脱漏現象，因而他每每根據有關文獻資料加以訂補。如齊物論篇有『疾雷破山、風振海而不能驚』之語，奚侗云：『「風」上捝「飄」字，當據闕誤所引江南李氏本補之。「疾雷破山」、「飄風振海」，耦語也。成疏「雷霆奮發而破山，飄風濤蕩而振海」，是成本亦作「飄風」。』今案太平御覽卷五〇六引此文『風』上有『暴』字，可證確如奚氏所説此處有脱漏。天運篇有『予口張而不能嗋，予又何規老聃哉』之語，奚侗云：『闕誤江南古藏本「予口張而不能嗋」下有「舌舉而不能訒」一句，今本捝去，當據以補之。秋水篇「公孫龍口呿而不合，舌舉而不下」，田子方篇「形解而不欲動，口鉗而不欲言」，又云「心困焉而不能知，口辟焉而不能言」，此類文例作耦語，可爲本文有捝簡之證。』今案藝文類聚卷九六引有『舌出而不能言』句，太平御覽卷六一七引有『舌出而不能縮』句，說明確如奚氏所說此處有脱句。寓言篇有『勸公以其死也有自也』之語，奚侗云：『闕誤張君房本「死」上有「私」字，郭注「今所以勸公者，以其死之由私耳」，可證郭本亦作「勸公以其私死也」。今本捝「私」字，應據補。』今細審文義，奚説可從。讓王篇有『匡坐而弦』之語，奚侗云：『韓詩外傳、新序節士篇載此事並作「匡坐而弦歌」，御覽四八五引闕誤張君房本「弦」下並有「歌」字，當據補。』今案史記遊俠列傳正義、藝文類聚卷三五、合璧事類別集卷一四所引『弦』下並有『歌』字。成玄英莊子注疏『逢雨濕而弦歌自娱』，說明成本也有『歌』字。此亦說明，奚侗之説確實值得信從。

二、校訂錯訛。鑒於今所傳莊子文本每有錯訛之處，奚侗每予精心校訂，多所是正。如大宗師篇有『天之小人，人之君子；人之君子，天之小人也』之語，奚侗云：『此文四句義複，下二句「人」字、「天」字互誤。』今審文義，奚説可從，王叔岷莊子校釋謂舊鈔本文選江文通雜體詩注引此文下二句正作『天之君子，民（人）之小人』。天運篇有『孰居無事推而行是』之語，奚侗云：『「推」字當在「而」下。「推行」連語，與「主張」、「綱維」相耦。』今案郭注云：『無則無所能推，有則各自有事，然則無事而推行是者誰乎哉？』說明郭象所據本正作『孰居無事而推行是』，當依奚説訂正今本莊子之誤。則陽篇有『夫凍者假衣於春，暍者反冬乎冷風』之語，奚侗云：『「反冬乎冷風」，於義不順，當作「反冷風於冬」，鈔者誤到之也。「假衣於春」、「反冷風於冬」，兩句相耦。淮南俶真訓作「凍者假兼衣於春，暍者望冷風於秋」。』今以文義推之，奚説甚是。知北遊篇有『今彼神明至精，與彼百化』等語，奚侗云：『闕誤劉得一本「今」作「合」，是也。「今」、「合」形近而誤。「合彼神明至精，與彼百化」，此聖人所以無爲，大聖所以不作也。今本「合」誤作「今」，遂與上下文不相應。』今細審上下文義，奚説當可從。此外，如他謂養生主篇『經首』疑爲『狸首』之誤，至樂篇『從然』當作『泛然』，知北遊篇『暗醷』當作『暗噫』等等，亦皆可備作一説。

三、辨明通假。戚揚在莊子補注後跋中説：『竊惟周秦以前，文字未備，依聲托事，每資通假。……學者苟能先明乎六書之通假以治莊子，推之即可以無難讀之古書矣。』奚侗深明此理，故其著述此書，十分重視揭示莊子文字的通假現象。如逍遥遊篇有『此小大之辯也』之語，奚侗云：『辯，通作「辨」。本書多假「辯」爲「辨」。』奚氏此説甚確，當從之。知北遊篇有『回敢問其遊』之語，奚侗云：『遊，借作「由」。』今案成玄英疏云『問其所由』，是成氏正讀『遊』作『由』。山木篇有『萃乎芒乎』之語，奚侗云：『萃，乃「芴」之借字。本書多以「芴」、「芒」並舉。至樂篇「芒乎芴乎，而無從出乎；芴乎芒乎，而無有象乎」，天下篇「芒乎何之，芴乎何適」，「芴芒」與「惚恍」相同。老子「是謂無狀之狀，無物之象，是謂惚恍」，即釋「恍惚」之義。説文：「勿，所以趣民，故遽偁勿勿。」漢(書)司馬遷傳「卒卒無須臾之閑」，師古注：「卒卒，促遽之意也。」「勿」、「卒」音義俱近，故「芴」借「萃」爲之。』前人訓『萃』爲『聚』，顯然不如奚氏讀『萃』爲『芴』，於文義爲順。

四、斠論疑誼。高潛在莊子補注敘中謂『釋誼者多耳目之蔽』、『割裂』、『穿鑿』者有之，而奚侗每能『斠論疑誼』、『多所諟正』。確實，奚氏對前人的解釋提出了不少質疑，往往具有真知灼見。如齊物論篇有『山林之畏佳』之語，奚侗云：『林，當爲「陵」。畏佳，猶言「崔嵬」，並與「陮隗」、「摧崣」相同，言山阜之高大也。以疊韻字體物本無定形，郭注「大風之所扇動」，蓋不知「林」當作「陵」，而誤以「畏佳」爲大風扇動之聲也。下文「大木百圍之竅穴」即承接此句，惟有畏佳之山陵而後有百圍大木耳。六韜絕糧第三十九「依山林險阻水泉林木而爲之固」，通典五十七引作「山陵」，是亦「陵」之誤爲「林」也。』奚氏此説甚確，足以糾正郭注之謬。逍遥遊篇有『將旁礴萬物以爲一，世蘄乎亂，孰弊弊焉以天下爲事』等語，奚侗云：『近人治莊子者，如李楨、王先謙均以「一世」連讀，而讀「爲」爲去聲，然上文既言神人將爲一世蘄乎亂(亂，治也)，下又言「孰弊弊焉以天下爲事」，則上下文自矛盾矣。郭注「世以亂故求我」，釋文出「世蘄」二字爲之音義，文選吴都賦劉淵林注引莊子曰「將磅礴萬物以爲一」，可見古無有以「一世」連讀者。司馬云：「旁礴，猶混同也。」混同萬物以爲一，言若日月之照臨、時雨之膏潤，無容心也。若必以治世相蘄，是以治天下爲事，神人豈肯弊弊焉爲之哉！』奚氏這裏的批駁，亦足以否定李楨、王先謙等人的讀法。

總之，正如高潛在敘中所說，奚侗此著能『綜說莊家言，斠論疑誼，拾遺訂誤，多所諟正』，具有較高的學術價值。但高氏接著稱『自郭（象）氏以下，殆無有善於此者』，則並不符合實際。如奚氏謂大宗師篇『同於大通』之『大』字爲『化』字之誤，應帝王篇『曾二蟲之無知』之『知』字當作『如』字解等等，皆不足爲學者所信從。

第四節　陶鴻慶的讀莊子劄記

陶鴻慶（1859—1918），字癯石，號艮齋，江蘇鹽城人。光緒五年舉人。後屢應進士試不第，便絶意仕途，曾在本縣擔任教育會、自治會會長職務。工書法，通經、史、子，著作有讀禮志疑、左傳別疏、讀通鑒劄記、讀諸子劄記等。

讀諸子劄記二十五卷，是陶鴻慶考釋老子、莊子、列子、淮南子、呂氏春秋、管子、晏子春秋、孫卿子、墨子、新書、春秋繁露、韓非子、商君書、法言、公孫龍子、尹文子、尸子等十七部子書的劄記總匯。其中卷二爲讀莊子劄記，乃是據浙江書局校刻明世德堂本莊子所作的考釋文字，凡八十條，對莊子文本及後人注解多有是正。主要可歸納爲以下幾個方面：

一、校莊子文字之衍奪。如知北遊篇有『夫知遇而不知所不遇，知能能而不能所不能』之語，陶鴻慶説：『「能能」上不當有「知」字，涉上句「知遇」而誤衍也。郭注云：「知與不知，能與不能，制不由我也，當付之自然耳。」可知正文之誤。』今案敦煌唐寫本正無此『知』字。刻意篇有『故曰：聖人休休焉，則平易矣』之語，陶鴻慶說：『今案「曰」字亦衍文。本作「故聖人休焉」，與上文語意緊接，「休」即「休乎」。上所云云，郭注云：「休乎恬淡寂漠，息乎虚無無爲。」是也。天道篇「故帝王聖人休焉」，亦無「曰」字，可證。此涉上文兩「故曰」而誤衍耳。』這裏陶氏提出『休休』二字衍一『休』字的看法是正確的，而所謂『「曰」字亦衍文』的說法則可備作參考。徐無鬼篇有『其爲人也，上忘而下畔』之語，陶鴻慶說：『釋文：「言在上不自高，於下無背者也。」是正文「下畔」本作「下不畔」。列子力命篇正作「上忘而下不叛」，是其證也。』陶氏此說極是，當從之。繕性篇有『生而無以知爲也，謂之以知養恬』之語，陶鴻慶說：『古逸叢書本「生」上有「知」字，是也。盗跖篇云「古者民不知衣服，夏多積薪，冬則煬之，故命之曰知生之民」，即此「知生」之義。郭注云：「夫無以知爲而任其自知，則雖知周萬物，而恬然自得也。」「任其自知」，正釋「知生」之義，蓋郭所見本未誤。』陶氏此說甚是，文選嵇康養生論注引此文亦有『知』字，莊子闕誤引張君房本、雲笈七籤九十四引並作『智』字，皆可作爲證明。

二、校莊子文字之錯訛。如徐無鬼篇有『自以廣宫大囿』之語，陶鴻慶說：『愚案：「自以」下當有「爲」字，古逸叢書本不誤。』今案宋元以來諸莊子刊本，不誤者猶多，說明陶氏之說可從。天運篇有『孰居無事推而行是』之語，陶鴻慶說：『郭注云：「無則無所能，推有則各自有事，然則無事而推行是者誰乎哉？各自行耳。」據此，是郭所見本作「而推行是」，與「主張」、「維綱」句法一律。』陶氏所言有理，當從之。讓王篇有『子綦爲我延之以三旌之位』之語，陶鴻慶說：『昭王與子綦言，不當稱「子綦」，「綦」當爲「其」，古逸叢書本不誤。』今案道藏陳景元南華真經章句音義、林希逸南華真經口義、羅勉道南華真經循本諸本並作『其』，說明陶氏此說甚有見地。

三、正莊子舊注之誤。如徐無鬼篇有『吾相馬，直者中繩，曲者中鉤，方者中矩，圓者中規』等語，陶鴻慶說：『愚案：釋文引司馬云：「直謂馬齒，曲謂背上，方謂頭，圓謂目。」然陸釋下文「成材」云：「字亦作

「才」，言自然已足，不須教習也。」然則曲直方圓，亦當以才性言之，謂其進退周旋之節，由教習而成，故但爲國馬，而未若天下馬也。達生篇云：「東野稷以御見莊公，進退中繩，左右旋中規，莊公以爲文弗過也，使之鉤百而反。」可與此文互證。』今細審莊子原文，陶氏此說遠勝司馬彪之解，當從之。達生篇有『五六月累丸二而不墜，則失者錙銖』之語，陶鴻慶說：『愚案：「五六月」，釋文引司馬曰：「粘蟬時也。」此說失之。「五六月」，謂數習所歷之時也。』陶氏此說甚是，亦足可正司馬彪之誤。但從讀莊子劄記來看，陶鴻慶更多的批駁還是針對郭象注的。如大宗師篇有『不謨士』之語，陶鴻慶說：『郭注云：「縱心直前，而群士自合，非謀謨以致之。」此曲說也。說文：「士，事也。」經傳多借「士」爲「事」。管子君臣篇：「官謨士謨」，「士謨」即謀事也。「不謨士」者，事至而應，不謀於事先也。』陶氏此處的批駁是正確的，應當予以肯定。胠篋篇有『雖重聖人而治天下，則是重利盜跖也』之語，陶鴻慶說：『郭注云：「所資者重，則所利不得輕也。」讀「重利」爲「輕重」之「重」，此說殊泥。重利，謂增益其利也。漢書文帝紀「是重吾不德也」，注云：「重，謂增益也。」是也。兩「重」字義各有當，注未晰。』陶氏此解於義爲長，可據以糾正郭象之誤。天運篇有『古者謂是采真之遊』之語，陶鴻慶說：『郭注云：「遊而任之，則真采也。采真，則色不僞矣。」以「采」爲采色，義無所取。上文云：「古之至人，假道於仁，托宿於義，以遊逍遥之虚，食於苟簡之田，立於不貸之圃。」則「采」字當依本義釋爲捋取，較勝。』今審文義，陶氏此解確較郭注爲勝。

總而言之，陶鴻慶所著讀莊子劄記，勝義紛出，創獲甚多。但由於著者久處鄉間，交往欠廣，所據資料不多，故而還不能做到旁徵博引，甚至對乾嘉大師的同類著作也缺乏應有的利用，以致影響了此書的學術水準。如陶鴻慶於所據明世德堂本莊子德充符『與人爲妻，寧爲夫子妾』下說：『愚案：「人爲」二字誤倒，當云「與爲人妻，寧爲夫子妾」。古逸叢書本不誤。』其實，如道藏所收成玄英南華真經注疏本、王雱南華真經新傳本、林希逸南華真經口義本、羅勉道南華真經循本本、吳澄莊子訂正本均不誤，但陶氏卻不知曉，可見其所據資料還不夠豐富。

第五節　胡懷琛的莊子集解補正

胡懷琛（1886—1938），字寄塵，別號秋山，胡樸安之弟，安徽涇縣人。近代詩人、學者。清末參加南社，辛亥革命後與柳亞子在上海主持警報、太平洋報筆政。後爲廣益、進步、商務等書局編輯，並先後在中國公學、滬江大學、國民大學、持志大學任教。其研究涉及哲學、詩學、文學史、地方誌、目錄學、考據學、佛學等領域，著作有胡懷琛詩歌叢稿、中國文學通評、中國民歌研究、中國寓言研究、中國小説研究、中國文學史概要等。

莊子集解補正爲劄記體，前有胡懷琛所作小引云：『古今注莊子者甚多，大抵偏於名理。其釋名物訓詁者，以近人郭慶藩莊子集釋、王先謙莊子集解爲最著，而集解尤簡，當亦尤有名。余以民國二十年至二十一年間，披讀集解，得管見六十七條，錄而存之，以備遺忘，並與喜讀莊子者相商兑也。』則此著乃是對王氏莊子集解之補正，而視其内容，大致可概括爲三個方面：

一、正王先謙訓解之誤。如在宥篇有『賢者伏處大山嵁巖之下』語，王先謙引俞樾云：『嵁，當爲「湛」。』胡懷琛則認爲『言水作「湛」，言巖作「嵁」』，並斷言：『以爲當作「湛」，非也。』此説甚有見地。達生篇有『以瓦注者巧，以鉤注者憚，以黄金注者殙』語，王先謙引李頤説：『注，擊也。……案黄帝篇「注」作「摳」，張注：「摳，探也。以手藏物，探而取之。」』胡懷琛則認爲李頤之説『非是』，不可從，而張湛之注『更非』。他説：『今日賭博者猶有「下注」、「孤注一擲」等語，即此「注」字也。』胡氏之説可從，唯此處已用作動詞，謂作爲賭注。刻意篇有『其寢不夢，其覺無憂，其神純粹，其魂不罷』四句，王先謙説：『此語亦見天道篇。』胡懷琛則指出：

『天道篇無此四句。大宗師篇有「其寢不夢，其覺無憂」二句。』今案莊子原文，果如胡氏所言①。

二、補王先謙訓解之不足。如刻意篇有『夫有干越之劍者』語，王先謙引司馬彪云：『干，吳也。』胡懷琛則補釋說：『余按干，古國名，後雖併入於吳，然不得云干即吳也。』比較而言，胡懷琛的說法更爲嚴密。大宗師篇有『而我猶爲人猗』語，王先謙引成玄英云：『猗，相和聲。』胡懷琛則補釋說：『猗，可聲，即今歎詞中之「啊」字。』此說當可從。胠篋篇有『羅落』一詞，王先謙引郭嵩燾云：『羅落，皆所以遮要禽獸。』胡懷琛則補釋說：『落，同「絡」。』此說可從，文選左思吳都賦注引『落』正作『絡』。人間世篇有『唯不飲酒，不茹葷者數月矣。如此則可以爲齋乎』語，王先謙引成玄英云：『葷，辛菜也。』胡懷琛則補釋說：『按：葷，本音薰，今讀如「昏」。謂蔬菜爲素，肉食爲葷，然「葷」字從艸軍聲，是謂蔬菜之氣味劇然者爲葷，非謂肉食也。故成玄英亦曰：「辛菜也。」葷雖爲蔬類，而釋氏亦戒食之，故以不食爲齋。惟以不食葷菜爲齋，在佛教入中國前似無此俗，故莊子此語極可疑。又成玄英謂：「葷，辛菜也。」亦有誤。佛書分葷、辛爲二，有葷而不辛者，阿魏是也；有辛而不葷者，薑芥是也；有葷而復辛者，五辛也。五辛者，一蔥，二薤，三韭，四蒜，五渠。』胡懷琛的補釋，至少可以拓廣讀者的思路，對理解人間世篇『心齋』的含義不無益處。

三、補王先謙訓解之所無。如對說劍篇『設戲請夫子』之『戲』字，王氏無解，胡懷琛補釋云：『戲，比賽武術之會也。』此說當可從。人間世篇有『實熟則剝』語，王先謙無解，胡懷琛補釋云：『剝，撲擊也。謂果熟則擊之，使落也。撲、剝音同，詩豳風八月「剝棗」是其證。』此說極是，太平御覽卷三九九引逸注即云：『剝，擊也。』

① 不過，胡懷琛也有把王先謙正確的地方說成是錯誤的。如逍遙遊篇有『乘雲氣，御飛龍，而遊乎四海之外』語，王先謙說：『「乘雲氣」三句，又見齊物論篇。「御飛龍」作「騎日月」。』今案齊物論篇，王氏的說法是對的，而胡懷琛卻謂『案齊物論篇無此三句』，反而是弄錯了。

胡懷琛之補正，還反映出其運用多種知識之特徵。如他在解釋齊物論篇『狙公賦芧』之『芧』字時說：

齊物論篇云『狙公賦芧』。按：『芧』字三見於莊子，齊物論篇作『芧』，山木篇作『杼栗』（『衣裘葛，食杼栗』），徐無鬼篇作『芧栗』（『先生居山林，食芧栗』）。集解於齊物論、山木兩篇皆無注，於徐無鬼引郭慶藩云：『芧，即櫟也，一名栩，一名栗，其實謂之皁，亦謂之樣。今書傳「樣」皆作「橡」。』按夢溪筆談、觚剩及後世注杜詩『園收芧栗未全貧』者，皆曾辨此字，均未知其詳。以余所見，橡與杼相似，而確爲二物，二者皆似栗，其與栗不同者四。栗有刺殼包其實之全體；橡與杼亦有刺殼，但只包其下半部，其上半部露出，一也。栗之刺殼，其刺細長尖鋭可傷人；橡及杼刺殼之刺，皆短而鈍，不能傷人，二也。栗之每一刺殼内，含有實一顆或二顆、三顆不等；而橡及杼每一刺殼内只有實一顆，三也。栗可生食，亦可熟食；橡及杼雖亦可生食，然味甚劣，吾鄉多不生食，四也。橡與杼亦有別，橡之實近於正圓而較大，杼之實爲橢圓而較小，此爲二物之不同處。吾鄉山谷間多野生此二物，其樹甚高，秋末實熟自落，鄉人拾取制腐食之，制法與用豆子制豆腐相同，未有生食者。鈕琇在南陵曾親食之，然觚剩亦未言橡與杼有別，蓋只食其腐而未見其實也。余以親見較詳，故悉言之，以正郭說杼即橡之誤。

胡懷琛此處不但援引大量文獻資料，還根據自己早年居於鄉間觀察所得，以辨明『芧』與『橡』並非一物，從而否定了前人各種說法。胡氏在解釋同篇『弔詭』一詞時說：『弔，取也。蓋上古人死不葬而棄諸野，爲禽獸所食。其子不忍，執弓矢以驅禽獸，鄰人助之，稱爲「弔」。其字從弓，是「弔」有射取之義。引申之，凡取物皆稱爲「弔」，如後世公文中所用「弔卷」二字是也。莊子「弔詭」，謂舍常取異也。』此處主要從風俗史角度予以詮釋，可備作一說。胡氏在解釋至樂篇『柳生其左肘』時，則主要援引一些佛教史資料，認爲『柳』字『正謂柳樹』，不必視爲『瘤』字之假借，此亦可備作一說。凡此，皆顯示出胡懷琛此著與其他衆多莊子考據著作之不同特徵。

第六節　楊樹達的莊子拾遺

楊樹達（1885—1956），字遇夫，號積微，湖南長沙市人。清光緒三十一年赴日留學，回國後曾先後任北京高等師範學校國文系教授、清華大學中文系教授、湖南大學中文系主任、中央研究院院士、湖南省文史研究館館長、中國科學院哲學社會科學學部委員等職。是著名的漢語語言文字學家，長於金石、甲骨和古文字訓詁、音韻及漢語語法、修辭等研究。著作有高等國文法、詞詮、中國修辭學、積微居甲文說、積微居金文說、積微居讀書記等。

莊子拾遺在積微居讀書記內，據郭慶藩莊子集釋，分條節錄莊子文句，予以考證，凡一百十二條。楊氏此著，博采眾家注解，並校以左傳、國語、淮南子、說文等典籍以及莊子本文，斷以己意，每有新見。總體而言，此著主要包括以下幾個方面內容：

一是訂正，即正莊子舊注之誤，這在該書中占很大比例。如逍遙遊篇有『子獨不見狸狌乎？卑身而伏，以候敖者』語，楊樹達說：『敖，釋文云：「徐、李五到反。支云：伺彼怠敖，謂承夫閑怠也。司馬音遨，謂伺翱翔之物而食之。」樹達按：諸說皆非也。說文六篇下出部云：「敖，出遊也。從出，從放。」此「敖」字正用本義。』今案列禦寇篇多次以『敖遊』二字連用，以彼例此，則逍遙遊篇『以候敖者』之『敖』，亦當通『遨』，『敖者』當指嬉遊的小動物，指雞、鼠之類。楊氏之說甚是，而支遁訓『候敖者』爲『伺彼閑怠』，成玄英莊子注疏訓爲『傲慢』，皆失之。達生篇有『至人潛行不窒，蹈火不熱，行乎萬物之上而不慄』語，成玄英疏：『夫至極聖人，和光匿耀，潛伏行世，混跡同塵，不爲物境障礙，故等虛室，空而無塞。』（莊子注疏）楊樹達指出：『方言十云：「潛，沉也。又游也。」郭注云：「潛行水中亦爲游也。」說文十一篇上水部云：「潛，涉水也。」「潛行不窒」謂潛行水中呼吸不窒，與下文「蹈火不熱」文正相對。疏云「潛伏行世」，非也。』此處訓『潛行不窒』爲『潛行水中呼吸不窒』，遠勝於成玄英『潛伏行世』之說，值得信從。大宗師篇有『特犯人之形，而猶喜之。若人之形者，萬化而未始有極也』語，楊樹達說：『犯，當讀爲「笵」。說文五篇上竹部云：「笵，法也。從竹，泛聲。」「犯」、「笵」聲類同，故通用耳。淮南子俶真篇用此文云「一範人之形而猶喜」，又假「範」爲「笵」，高注云：「範，猶遇也，遭也。一說：範，法也。言物一法效人形而猶喜也。」高訓「範」爲「遇遭」，是郭注所本，然其說非是。一說訓「範」爲「法」，是也，然云「法效人形」，亦非。蓋模法謂之法，爲名字；取物入模法中以鑄造器物，亦謂之法，爲動字。「犯人之形」，猶言鑄造人之形耳。下文云「今一犯人之形」，王先謙讀「犯」爲「範」，是也。』此處謂『犯』通『範』，謂鑄造，正是莊子本義，當從之。山木篇有『絕學捐書，弟子無挹於前，其愛益加進』語，楊樹達說：『說文十二篇上手部云：「挹，抒也。」此謂孔子絕學捐書，故弟子於孔子之前無所取得；文言「抒」者，以水爲喻耳。田子方篇云「夫子不言而信，不比而周，無器而民滔乎前」，與此文義相同，可以互證。郭云「去飾任素」，成云「無揖讓之禮」，李云「無所執持」，皆非也。』此說亦與前人不同，可備作參考。

二是正音，即校正讀音。如知北遊篇有『汝瞳焉如新生之犢而無求其故』語，楊樹達說：『瞳，當讀爲「惷」。說文十篇下心部云：「惷，愚也。從心，舂聲。」新生之犢惷愚無所知，故云「惷焉如新生之犢」也。淮南子道應篇云「惷乎若新生之犢而無求其故」，正用此文。』於徐無鬼篇有『君將黜耆欲，掔好惡，則耳目病矣』語，楊樹達說：『釋文云：「掔，苦田反，又口閑反。」爾雅云：「固也。」崔云：「引去也。」司馬云：「牽也。」樹達按：音口閑反，崔釋「引去」者是也。「掔」蓋假爲「遣」。』天下篇有『禹親自操橐耜而九雜天下之川』語，楊樹達說：『釋文：「九音鳩，本亦作鳩，聚也。」樹達按：「雜」當讀爲「集」。說文八篇上衣部，「雜」從「集」聲，故得通假。「九雜」即「鳩集」也。』諸如此類，皆據音求義，能自成一說，亦可備作參考。

三是通義，即考釋字義。如齊物論篇有『夫大塊噫氣，其名爲風』語，楊樹達說：『說文二篇上口部云：

「噫，飽食息也。」此謂大塊出息之聲。』徐無鬼篇有『顔成子入見曰夫子物之尤也』語，楊樹達説：『昭二十八年左傳云「夫有尤物足以移人」，杜注云：「尤，異也。」』大宗師篇有『嗟來桑戶乎，嗟來桑戶乎』語，楊樹達説：『莊子恒用「來」爲語已詞，人間世篇云「嘗以語我來」，又云「子其有以語我來」，與此「來」字皆是。』秋水篇有『蓋師是而無非』語，楊樹達説：『「蓋」與「盍」通，何不也。説文「蓋」從「盍」聲，故可通用。禮記檀弓上篇云：「子蓋言子之志於公乎？」又云：「子蓋行乎？」鄭注云：「蓋皆當爲盍，盍，何不也。」此二文通用之證。』此等訓釋，皆甚是，可信從。

四是糾訛，即糾正原文脱衍、錯訛等。如知北遊篇有『知形形之不形乎』語，楊樹達説：『文義不完，「知」上當有「孰」字。淮南子道應篇作「孰知」，是其證矣。』天地篇有『夫明白入素，無爲復朴』語，楊樹達説：『「入」字無義，字當爲「太」，形近誤也。淮南子精神篇云「處其一不知其二，治其内不識其外，明白太素，無爲復朴，體本抱神以遊於天地之樊」，襲用此文，字正作「太」。』天道篇有『審乎無假而不與利遷』語，楊樹達説：『「利」字義不可通，字當爲「物」，形近誤也。德充符篇云：「審乎無假而不與物遷」，字正作「物」；淮南子精神篇云「審乎無瑕而不與物糅」，字亦作「物」，並其證也。』外物篇有『夫靈公有妻三人，同濫而浴』語，楊樹達説：『釋文云：「濫，浴器也。」樹達按：「濫」蓋假爲「鑑」，説文十四篇上金部云：「鑑，大盆也。」』此等考釋，持之有故，可據以訂正或釋讀莊子本文。

第七節　朱桂曜的莊子内篇證補

朱桂曜（1898—1929），初字瑶圃，後更芸圃，浙江義烏人。畢業於北京師範大學，先在南開大學執教，後任廈門大學教授。1929 年應河南大學聘請，途中患傷寒病，卒於沛縣。著作有中國修辭學、修養録、莊子内篇證補。

莊子內篇證補一冊，爲劄記體，摘錄內七篇有關文句，加以詮訂、補正。書前有蔡元培民國二十三年所作序言、朱桂曜民國十七年所作自序。朱氏在自序中說：『注莊子者，向多馳騖玄談，而鮮綜實義。清儒崛起，頗加釐正，然亦裁十之一二耳，且間亦不能無所得失。茲編之作，凡篇中稍涉疑難而爲管見所能及者，輒加詮證；文字之有譌舛，六朝清儒諸家詁訓之有未當者，則勘正之；其義已爲前人闡發而例證或有未備者，則補充焉。』確實，莊子內篇及後人解說得朱桂曜詮訂、補正之處頗多。如逍遥遊篇有『齊諧者，志怪者也』語，陸德明云：『齊諧，司馬及崔並云：人姓名。簡文云：書。』（經典釋文）俞樾云：『按下文「諧之言曰」，則當作人名爲允。若是書名，不得但稱諧。』（莊子平議）朱桂曜則指出：『俞說非是。諧即讔也，亦作「隱」。文心雕龍有諧隱篇，以爲文辭之有諧讔，譬九流之有小說。漢書藝文志雜賦末列隱書十二篇，蓋以其辭誇誕，於賦爲近。齊諧者，蓋即齊國諧隱之書。』朱氏在司馬彪、崔譔說法基礎上作進一步申述，而對簡文帝、俞樾的說法提出否定的意見，應該是比較有說服力的。齊物論篇有『毛嬙、麗姬，人之所美也』語，朱桂曜說：

古書多言『毛嬙、西施』，鮮有言『毛嬙、麗姬』者。管子小稱第三十三：『毛嬙、西施，天下之美人也。』韓非子顯學篇：『故善毛嗇、西施之美。』淮南本經訓：『雖有毛嬙、西施之色，不知悅也。』又修務訓：『今夫毛嬙、西施，天下之美人。』齊俗訓：『待西施、毛嬙而爲配，則終身不家矣。』注：『西施、毛嬙，古好女也。』說苑尊賢篇：『古者有毛廧、西施，今無有。』文選神女賦注引慎子：『毛嬙、先施，天下之姣也。』注：『先施、西施，一也。嬙，音牆。』御覽七十七引尸子：『人之欲見毛嬙、西施，美其面也。』此言毛嬙、麗姬者，蓋因下文『麗之姬，艾封人之子』而誤改耳。

今案陸德明經典釋文引崔譔本『麗姬』正作『西施』。初學記一九、白氏六帖事類集七、太平御覽三八一引並同。說明當依朱說，改『麗姬』爲『西施』。養生主篇有『指窮於爲薪』語，俞樾云：『郭注曰：「爲薪，猶前薪也。

前薪以指，指盡前薪之理，故火傳而不滅。」此說殊未明了。且爲之訓前，亦未知何義。郭注非也。廣雅釋詁：「取，爲也。」然則「爲」亦猶「取」也。「指窮於爲薪」者，指窮於取薪也。以指取薪而然之，則有所不給矣。若聽火之自傳，則忽然而不知其薪之盡也。郭得其讀，未得其義。釋文引崔云：「薪火，爝火也。」則並失其讀矣。』（莊子平議）朱桂曜則指出：

俞說非是。『指』爲『脂』之誤，或假。國語越語『勾踐載稻與脂於舟以行』，注：『脂，膏也。』脂膏可以爲燃燒之薪，故人間世篇云：『膏火自煎也。』此言脂膏有窮而火之傳延無盡，以喻人之形體有死而精神不滅，正不必以死爲悲，此秦失之所以三號而出也。郭以『前薪』訓『爲薪』，崔以『薪火』連讀，皆失之。

今細審各家解釋，以朱氏之說於義爲長，故聞一多莊子內篇校釋從之。對於齊物論篇名的理解，歷來意見紛紜，但多讀爲『齊物』之『論』。如劉勰謂『莊周齊物，以論爲名』（文心雕龍論說），劉淵林謂『莊子有齊物之論』（文選左思魏都賦注），即說明六朝人已將『齊物』二字連讀，認爲莊子所撰寫的是齊同萬物之『論』。朱桂曜則指出：

舊以『齊物』連讀，非是。古無有以『論』名文體者，有之自呂氏春秋之六論始，即本書三十餘篇中，亦無他例可援。且內篇七篇篇名，皆以三字成義，何獨於此而外之乎？物論猶物議也。戰國之世，百家蜂作，儒、墨、惠施、公孫龍之徒，各執一說，是丹非素，爭辯不已，所謂『百家往而不反』，『判天地之美，析萬物之理』，莊子有慨乎『道術之將爲天下裂』，以爲天下一致而百慮，同歸而殊途，持論雖衆，未嘗不可以一齊同之也，故曰齊物論。寓言篇『齊與言不齊，言與齊不齊』，蘇輿云『不言而道存，物論齊矣』，深得其旨。

細讀齊物論全文，此題目大約應理解爲『齊同物論』，即莊子撰寫此文的目的，就是要消除各派對天下萬物所作的無休止的論辯。由此看來，朱桂曜的考釋雖然還沒有完全說到點子上，但他能斷言『舊以「齊物」連讀，非是』，確已具有一定的獨特眼光。……莊子謂絕大之魚爲鯤，此則齊物之寓言，所謂汪洋自恣以適己者也。釋文引李頤云：「鯤，大魚名也。」崔譔、簡文並云：「鯤，當爲鯨。」皆失之。』（莊子集釋）朱桂曜指出：逍遥遊篇有『其名爲鯤』語，郭慶藩云：『方以智曰：「鯤本小魚之名，莊子用爲大魚之名。」其說是也。

曜案：此說非始於方以智，宋羅勉道南華真經循本已引爾雅、魯語爲證，謂：『莊子乃以至小爲至大，此便是滑稽之開端。』說似新穎，實則非也。鯤以小爲大，則鵬亦以小爲大乎？鯤自有大魚之義，非莊子故爲滑稽而假借用之耳。關尹子一宇篇：『能運小蝦小魚，能運大鯤大鯨。』孔子家語：『鯤魚，其大盈車。』即以鯤爲大魚。張湛列子湯問篇注：『此人之形，當百餘萬里，鯤鵬方之，猶蚊蚋蚤虱耳。』鯤、鵬連舉，尤足取證。

對於逍遥遊篇『鯤』字，自宋末羅勉道以來，學者越來越傾向於解釋成小魚之名，而朱桂曜卻敢於力闢眾說，以大量文獻資料來證明其爲大魚之名。他的這一說法雖然未必正確，但他這種敢於大膽提出自己學術觀點的精神卻值得肯定。

朱桂曜莊子內篇證補對莊子內七篇所作詮訂、補正條目之多，爲前人所撰同類著作所不及，這也是體現此書學術價值的重要方面。但條目的眾多，也就更加難免會出現一些錯誤。如逍遥遊篇有『水擊三千里』語，朱桂曜謂『「擊」蓋通「激」』，並云：『水擊三千里，猶言水激起三千里也。』其實，此句乃在表示大鵬有所憑藉，謂其始飛之時，兩翼拍水而行，至三千里而後高升。若依朱氏之說，則頓失莊子所謂萬物皆『有所待』之旨，而與下句『摶扶搖而上者九萬里』，即憑藉飈風盤旋而上之意相抵牾。人間世篇有『故解之以牛之白顙者』語，朱桂曜謂『「解之以」猶呂氏春秋之言「解在乎」』，『亦猶墨子書中之言「說在」』，即謂『解』爲我們今天所說的『解說』之『解』。但今案漢書郊祀志『古天子常以春解祠』，師古注：『解祠者，謂祠祭以解罪求福。』淮南子修務訓『禹之爲水，以身解於陽盱之河』，高誘注：『爲治水解禱，以身爲質。』則『解』爲祭祀之名，絶不可依朱氏讀爲『解説』之『解』，也不可將『解之以』三字連爲一個詞來讀。當然，這些僅是小疵，而就整部莊子内篇證補來看，正有如蔡元培在序言中所説：『其糾繆補遺，謹嚴縝密，徵引博而抉擇精，不惟莊書之功臣，抑且注家之諍友也。』

第八節　高亨的莊子今箋

高亨（1900—1986），又名晉生，初名仙翹，吉林雙陽人。早年在清華國學研究院師從王國維、梁啟超，一生篤志於弘揚傳統學術。歷任河南大學、東北大學、武漢大學、齊魯大學、西北大學、山東大學教授，並曾受中國科學院哲學研究所之聘，兼研究員。所治涉及周易、詩經、楚辭、老子、莊子、墨子、商君書、文字學、上古神話等領域，著作有周易古經今注、周易古經通説、周易雜論、周易大傳今注、莊子天下篇箋證、諸子今箋等。

諸子今箋撰於民國二十一年，至民國二十四年由開封岐文齋刊印。莊子今箋即爲其中一部分，乃據明世德堂本莊子，每篇中摘録重要文句，加以校勘箋注而成。高亨於莊子今箋前自序云：『儒者多謂莊子内篇莊周自撰，外篇、雜篇皆其弟子所述，是也。請列六證以明之：莊周之道術畢具内七篇中，外篇、雜篇皆内篇之緒餘。其證一也。内篇文辭偉琦磅礴，外篇、雜篇氣𢡟質嫣，頗有瑂鏤之跡，顯非出於一人之手。其證二也。内篇篇名皆有意義，足攝篇中要旨，必爲莊周所自題；外篇、雜篇十九取其篇首句二字或三字以名篇，必爲編述者所追題。其證三也。外篇胠篋曰：「田成子十二世有齊國。」據史記齊世家，由田成子至王建僅十世，此篇云十二世，當爲傳聞之訛。俞樾欲改「十二世」爲「世世」，非也。知此篇作於齊亡之後。考史記六國表，齊亡於秦始皇二十七年，是時莊周死已久，此篇非莊周自撰甚明。其證四也。雜篇盜跖曰：「湯武立爲天子，而後世絶滅。」知此篇作於周亡之後。考史記六國表，周赧王五十九年秦滅周，是時莊子已死，此篇非莊周自撰亦甚明。其證五也。雜篇列禦寇曰：「莊子將死，弟子欲厚葬之。」詎有將死之人，尚秉簡作書者？此篇非莊周自撰，又甚明。其六證也。有此六證，外篇、雜篇非莊周自撰良可斷言，知爲莊周弟子所述者。』高亨此處從思想、文辭、篇名以及所涉史實等六個方面予以證明，分析細緻深入，具有一定說服力。

比較起來，高亨莊子今箋的成就主要還是體現在對莊子文字的校箋上。如逍遥遊篇有『覆杯水於坳堂之上』語，高亨說：『坳堂，疑原作「堂坳」，轉寫誤倒。坳，窊也，坎也，陷也，俗字作「凹」。堂坳，謂堂之凹陷，若作「坳堂」，其義難通。釋文：「崔云：堂道謂之坳。」此崔譔本原作「堂坳」之證。六朝諸家莊子以崔本爲最善，此又一事也。庾信小園賦「山爲簣覆，地有堂坳」，殆即本於莊子。』此說頗有見地，可供參考。田子方篇有『至陰肅肅，至陽赫赫。肅肅出乎天，赫赫發乎地，兩者交通成和而物生焉』語，高亨說：『「肅肅出乎天，赫赫發乎地」，疑原作「肅肅出乎地，赫赫發乎天」，「天」、「地」二字轉寫誤倒。陰出於地，陽發於天，理不可易。本書在宥篇：「我爲女遂於大明之上矣，至彼至陽之原也。爲女入於窈冥之門矣，至彼至陰之原也。天地有官，陰陽有藏。」至陽之原正謂天，至陰之原正謂地，亦足證此文「天」、「地」二字誤倒。』此說甚是，可以信從。寓言篇有『終生言，未嘗不言』語，高亨說：『文選遊天台山賦李注引道藏成玄英疏本、褚伯秀義海纂微本、林希逸口義本、羅勉道循本本，皆無「不」字，是也。』(莊子今箋述例)此說尤確，可據以刪去『不』字。

對於前人的考釋，高亨也時予辨正，所涉及者有羅勉道南華真經循本、林雲銘莊子因、宣穎南華經解、姚鼐莊子章義、奚侗莊子補注、王闓運莊子王氏注、武延緒莊子劄記、吳汝綸莊子點勘、馬其昶莊子故、馬敘倫莊子義證等。如天運篇有『巾以文繡』語，高亨說：『宣穎曰：「外包覆之。」亨按：宣說甚韙。巾，猶覆也。禮記曲禮：「爲天子削瓜者副之，巾以絺；爲國君者華之，巾以綌。」二「巾」字與此同。』這是對宣穎解說的進一步申說。至樂篇有『萬物皆出於機，皆入於機』語，高亨說：『馬敘倫曰：「機，當爲幾，即種有幾之幾也。」亨按：

馬說甚韙。「幾」借爲「蟣」，人死體腐仍化爲蟣，故曰人又反入於幾也。』這裏借肯定馬敘倫的說法發揮了自己的看法。在宥篇有『其居也淵而靜，其動也縣而天』語，高亨說：『奚侗曰：「淵而靜，當作靜而淵。」武延緒說同。武又曰：「而，讀如。」亨按：二說均韙。縣，讀爲「玄」。楚辭離騷篇「余夕至乎縣圃」，文選東京賦「右睨玄圃」，「玄圃」即「縣圃」。……其居也靜而淵，言人心止則靜如淵，其深不可測也；其動也縣而天，言人心動則玄如天，其變不可究也。』這裏在肯定奚侗、武延緒說法的同時，也大膽陳述了自己的看法。但其謂至樂篇『萬物皆出於機，皆入於機』之二『機』字爲屍體腐爛所化之『蟣』，實爲牽強附會，不能令人信服。

今通讀高亨莊子今箋，其率意發揮，甚或強爲穿鑿者，誠爲不少。如養生主篇有『技經肯綮之未嘗，而況大軱乎』語，俞樾云：『按郭注曰：「技之妙也，常遊刃於空，未嘗經概於微礙也。」是以「技經」爲技之所經，殊不成義。「技經肯綮」四字，必當平列。釋文曰：「肯，說文作肎，字林同，著骨肉也；一曰：骨無肉也。綮，司馬云：猶結處也。」是「肯」、「綮」並就牛身言，「技」、「經」亦當同之。技，疑「枝」字之誤。素問三部九候論「治其經絡」，王注引靈樞經曰：「經脈爲裏，支而橫者爲絡。」古字「枝」與「支」通。枝，謂枝脈；經，謂經脈。枝經，猶言「經絡」也。經絡相連之處，亦必有礙於遊刃。庖丁惟因其固然，故未嘗礙也。』（莊子平議）俞樾之說甚是。『技』通『枝』，謂枝脈。元龔士卨纂圖互注南華真經本此『技』字正作『枝』。又據郭象注及成玄英疏所謂『遊刃於空，微礙尚未曾經』，疑『未嘗』下當脫『微礙』二字。今案陸德明經典釋文所示正有『微礙』二字。養生主篇此二句意謂連枝脈、經脈、粘著骨頭之肉與筋骨相結處皆未嘗妨礙刀子之運行，何況是堅硬的大骨呢！如此訓解，意義明白，與上下文意也貫通無礙，但高亨卻說：

> 技經，逆觸也。『技』與『忮』通。本書天下篇『不忮於眾』，郭注：『忮，逆也。』『經』讀爲『嬰』。韓非子說難篇：『然其喉下有逆鱗徑尺，若人有嬰之者，則必殺人。』舊注『嬰觸』，字亦作『攖』。

應當承認，高亨訓解養生主篇此二句爲『言未嘗逆觸肯綮之微，而況逆觸大軱之巨乎』，並無不妥，然其訓『技』、

『經』爲『忮』、『嬰』，並牽引莊子天下、韓非子説難、呂氏春秋本生、左傳文公十八年、戰國策魏策等以佐證其説，實屬迂曲難通，不可盲目信從。列禦寇篇有『齊人之井飲者相捽也，故曰今之世皆緩也』語，陸德明解之曰：『言穿井之人，爲己有造泉之功而捽飲者，不知泉之天然也。喻緩不知翟天然之墨而忿之。』（經典釋文）此解甚爲簡潔明了，也符合莊子本意，但高亨卻説：『「齊」借爲「歔」。説文：「歔，歐也，從欠，此聲。歐，吐也。」「齊」、「歔」古音近，通用。』他還徵引詩經牆有茨、周禮考工記、漢書董仲舒傳等相關資料作爲佐證，謂列禦寇篇此數語意爲『言歐吐人之井中，則飲井水者持其頭髮而辱之也』，純爲穿鑿臆説，實不可信。又如其疑養生主篇『指窮於爲薪』之『指』借爲『秸』，謂駢拇篇『無所去憂』之『去』借爲『怯』，訓寓言篇『所以已言』之『已』爲『紀』，亦皆有牽强附會之嫌，並不能作爲依據。總之，高亨所著莊子今箋，其中臆説頗多，説明乾嘉大師既已遠逝，後繼者之功力、識力實已不可同日而語。

第九節　于省吾的莊子新證

于省吾（1896—1984），字思泊，號雙劍誃主人、澤螺居士、夙興叟，遼寧海城人。民國八年畢業於瀋陽國立高等師範，後歷任輔仁大學、北京大學、燕京大學、東北人民大學教授，及中國古文字研究會理事、中國考古學會名譽理事，中國語言學會顧問兼學術委員、中國訓詁學會顧問、國務院古籍整理出版規劃小組顧問等。著作有甲骨文字釋林、商周金文錄遺、雙劍誃詩經新證、雙劍誃易經新證、雙劍誃諸子新證等。

莊子新證二卷，在雙劍誃諸子新證内，爲劄記體，分條節錄莊子文句，予以考證，凡六十七條。于省吾諸子新證序云：『諸子流別，各有師傳，自師傳之道中絶，而其書之幸而存於今者，又益之以篆籀分隸之演變，竹帛棃棗之迻易，注解訓釋之紛歧，浸假，而篇不可尋繹，詞句不可屬讀，其高文奥義晦而不彰，由來尚矣。』則莊子新證亦當爲解『晦』而作，目的是要莊子文通字順，彰顯高文奧義。

與前人的莊子考證著作相比，于省吾莊子新證的最大特點就是大量運用了金文材料和敦煌莊子殘卷。其莊子新證前有自序云：『今世通行莊子刻本，訛誤甚多，唐鈔本最爲近古。羅氏南華真經殘卷校記所據敦煌鈔本，僅胠篋、刻意、山木、田子方、徐無鬼五篇，除刻意篇，餘均殘缺。日本影印敦煌鈔本，存天運、知北遊二篇。日本高山寺卷子本，存庚桑楚、外物、寓言、讓王、說劍、漁父、天下七篇。高山寺本已有狩野直喜校勘記行世。清季解莊子者，有王氏集解、郭氏集釋，然王書漏略殊甚，郭書採錄衆說頗失翦裁，不暇一一駁正。茲就籀誦所知，錄其私見，後之讀莊書者，亡其有取於斯乎？』今通讀莊子新證，其考駢拇篇『累瓦結繩竄句』之『瓦』、『句』即爲『丸』、『鉤』，馬蹄篇『而馬知介倪闉扼』之『介』、『扼』即爲『勺』、『軛』，天地篇『以缶鍾惑而所適不得矣』之『缶』即爲『寶』，天運篇『人有心而兵有順』之『順』即爲『巡』，徐無鬼篇『其求鈃鍾也以束縛』之『鈃』即爲『鉼』，同篇『其求唐子也而未始出域』之『唐』即爲『蕩』，則陽篇『同濫而浴』之『濫』即爲『監(鑑)』，同篇『四時殊氣，天不賜，故歲成』之『賜』即爲『易』，寓言篇『四年而物』之『物』即爲『易』，列禦寇篇『必且有感，搖而本才』之『才』即爲『哉』等，對金文材料皆有不同程度的運用，而每每有所收穫。如逍遙遊篇有『將旁礴萬物以爲一世蘄乎亂』語，歷代學者多以反訓法訓『亂』爲『治』，而于省吾則指出，金文的『亂』、『治』二字甚爲形似，極易相混，故凡經傳訓『亂』爲『治』者，皆爲『治』之訛，則逍遙遊篇『蘄乎亂』之『亂』亦必爲『治』字之訛。此說甚是新穎，當值得信從。齊物論篇有『恢恑憰怪』語，于省吾說：『釋文：「恢，簡文本作弔。」按：作「弔」於義亦通。下文「其名爲弔詭」，章炳麟謂「弔詭」即天下篇之「諔詭」，是也。經傳言「不叔」，金文通作「不弔」。「叔」、「弔」音近字通，後世假「叔」爲「弔」，遂不知「叔」之本作「弔」矣。』此說亦可備作參考。

于省吾運用敦煌殘卷，主要在辨正莊子異文、衍文、脫文等方面。如天運篇有『堯授舜，舜授禹』語，于省吾據敦煌莊子殘卷，認爲此二句之原文當爲『堯與而舜受』。山木篇有『其愛益加進』語，于省吾據敦煌莊子殘卷，認爲此句之『愛』字原當作『受』。知北遊篇有『臭腐復化爲神奇』語，于省吾據敦煌莊子殘卷，認爲此句『無「復」字於義爲長』，否則便與下句之『復』字重複。同篇有『唯無所傷者，爲能與人相將迎』，于省吾據敦煌莊子殘卷，認爲後句之『人』字原當作『之』，即指上文『不傷物者』之『物』而言。諸如此類，皆可備爲一説。又天運篇有『夫至樂者，先應之以人事，順之以天理，行之以五德，應之以自然，然後調理四時，太和萬物』等七句，于省吾説：

蘇轍云：『「夫至樂者」以下三十五字是注文。』按：蘇説是也。郭慶藩莊子集釋竟未采此説，疏矣。茲列五證以明之：敦煌古鈔本無此三十五字，其證一也；『先應之以人事，順之以天理』，與上『奏之以人，徵之以天』詞複，其證二也；『調理四時，太和萬物』，與下『四時疊起，萬物循生』，詞義俱複，其證三也；上言『行之以禮義，建之以太清』，『清』字與下文『生』、『經』爲韻，有此三十五字，則『清』字失韻，其證四也；郭於三十五字之下無注，其證五也。

除蘇轍而外，唐順之莊子南華真經批點、沈一貫莊子通、宣穎南華經解、徐廷槐南華簡鈔、姚鼐莊子章義、武延緒莊子劄記、馬敘倫莊子義證、劉文典莊子補正、王叔岷莊子校釋等，亦皆以此七句爲注疏文字混入正文者，而于省吾據敦煌莊子殘卷，並結合上下文來論證，條理最爲清晰，説服力也最強。今案道藏所收南華真經白文本，正無此三十五字。知北遊篇有『知能能而不能所不能』語，于省吾説：

敦煌古鈔本無『知』字。按：敦煌本是也。上云『夫知遇而不知所不遇』，『能能』與『知遇』對文，作『知能能』則不詞矣。此『知』字，即涉上『知』字而誤衍。成疏：『分之所能，能則能之。』是成所見本亦無『知』字。

吳汝綸莊子點勘、馬其昶莊子故皆疑『能能』上之『知』字爲衍文，而于省吾據敦煌莊子殘卷及成玄英疏，進一步論證此『知』字即『涉上「知」字而誤衍』，則更能令人信服。天運篇有『又奚傑然若負建鼓而求亡子者邪』語，于省吾說：

> 敦煌古鈔卷子本，『傑然』作『傑傑然』。按：闕誤引張本亦作『傑傑然』，作『傑傑然』者是也。下『傑』字，涉重文作『⺀』而奪。天道『又何偈偈乎揭仁義若擊鼓而求亡子焉』，『偈偈』即『傑傑』；庚桑楚『若規規然若喪父母揭竿而求諸海也』，與此文例並相彷。

于省吾此處據敦煌莊子殘卷、陳碧虛莊子闕誤所引張君房本，以及天道、庚桑楚篇相關文字，以證天運篇『傑然』當爲『傑傑然』，乃是因『涉重文作「⺀」而奪』，甚有見地。

對於前人注釋，于省吾也多有辨正。如天道篇有『審乎無假而不與利遷』語，郭象注：『任真而直往也。』成玄英疏：『志性安靜，委命任真，榮位既不關情，則利豈能遷動也。』于省吾則指出：『按：注以「假」爲「真假」之「假」，非是。「假」古文作「叚」，「叚」、「瑕」字通。曾伯陭壺「爲德無叚」，即「爲德無瑕」。淮南子精神作「審乎無瑕」。老子二十七章「善言無瑕讁」，釋文：「瑕，疵過也。」』此處對郭注的批駁甚爲有理，當從之。又齊物論篇有『以言其老洫也』語，于省吾說：

> 郭注：『老而愈洫。』章炳麟云：『「洫」借爲「侐」。說文：「侐，靜也。」』按：二說並非。釋文：『洫，本亦作「溢」。』按，作『溢』者是也。管子小稱『滿者洫之』，洪頤煊謂：『洫，當作「溢」。』亦其證也。『溢』、『泆』、『佚』、『逸』古字通。書禹貢『溢爲滎』，史記『溢』作『泆』；酒誥『淫泆於非彝』，釋文『泆，又作「逸」』；多士『大淫泆有辭』，宋玉九辯『顏淫溢而將罷兮』，楚語『不敢淫逸』；書『無逸』，論衡作『毋佚』；論語微子『夷逸』，漢石經『逸』作『佚』，並其證也。大宗師『佚我以老』，釋文『佚音逸』，郭注『老爲我佚』，成疏『老即無能，暫時閒逸』。然則『老溢』即『老佚』、『老逸』也。上言『其厭也如緘』，『老逸』與厭緘之意，正相因也。

這裏，于省吾綜合運用旁證、本證、實證、通假等多種考據方法，徵引繁富，言之鑿鑿，可資參考。

第十節　劉文典的莊子補正

劉文典(1889—1958),原名文聰,字叔雅,安徽合肥人,祖籍懷寧縣。1906年入蕪湖安徽公學,受到老師陳獨秀、劉師培的影響,積極參加反清活動,1907年加入同盟會。1909年東渡日本,就讀於早稻田大學,其間積極參加革命活動,隨章太炎學習說文。1912年回國,同于右任、邵力子等在上海辦民立報,任編輯和翻譯。1913年再度赴日,任孫中山秘書處秘書,並參加中華革命黨,從事反對袁世凱復辟活動。1916年回國後,由陳獨秀介紹到北京大學任教。1927年出任安徽大學校長。1928年重回北京大學任教。1929年任清華大學國文系教授兼主任,同時兼任北大教授。1938年輾轉至昆明,任教於西南聯大。1943年任雲南大學文史系教授,直至退休。著作主要有淮南鴻烈集解、莊子補正、三餘劄記、說苑斠補、群書斠補、杜甫年譜等。

1923年,劉文典在出版了第一部專著淮南鴻烈集解後,便開始從事莊子、說苑等書的校勘工作,著成三餘劄記,於1928年由上海商務印書館排印出版。此書卷二有莊子瑣記,乃是爲莊子所作的校勘劄記,凡三十餘條。大約也就在1923年之後,劉文典又開始了莊子補正一書的著述,時斷時續,至1938年殺青定稿,於1947年由上海商務印書館排印出版。其間,雲南大學曾予石印,作爲學生的教材。1958年,雲南人民出版社曾將莊子補正列入出版計畫,並於1962年發排,但因『文革』而告中斷,直至1980年始有斷句本出版,書末附有張德光於1962年所撰莊子補正跋。

雲南大學圖書館藏有鈔本莊子補正,約八萬字,僅於補正處出示莊子原文,當爲尚未寫定之稿本。商務印書館所排莊子補正十卷,則收錄了莊子全部原文及郭象注、成玄英疏、陸德明音義,而校以歷代重要莊子版本及太平御覽等類書,並廣采盧文弨、王念孫、王引之、俞樾、孫詒讓、郭慶藩、章太炎、奚侗、劉師培、馬敘倫等家之說，以作『補正』。莊子瑣記所收條目，經改動後，也基本匯入了此書『補正』之中。卷首有陳寅恪於1939年所作序，末附補遺一頁。歸納起來，劉文典的『補正』主要包括如下四個方面的內容：

一、探求莊子字義。莊子字義不明者所在多有，劉文典往往予以精心探究。如逍遥遊篇有『而後乃今培風』語，劉文典同意王念孫謂『培』通『馮（憑）』，並進一步探究說：『培、馮一聲之轉。訓「培」爲「乘」，亦正合大鵬御風而飛之狀。』在宥篇有『吐爾聰明』語，劉文典說：『「吐爾聰明」，文不成義，「吐」疑「絀」字之壞。淮南子覽冥篇「隳肢體，絀聰明」，即襲用此文，字正作「絀」，是其塙證。大宗師篇作「墮枝體，黜聰明」，「黜」、「絀」音義同。王氏引之謂「吐」當爲「咄」，失之迂曲；俞先生謂當爲「杜」，亦無據，皆失之矣。』齊物論篇有『和之以天倪』等語，劉文典說：『寓言篇「巵言日出，和以天倪，因以曼衍，所以窮年」，文義與此正同。又「巵言日出，和以天倪」，又「非巵言日出，和以天倪，孰得其久」，是「天倪」乃道家恒言。寓言篇又云：「萬物皆種也，以不同形相禪，始卒若環，莫得其倫，是謂天均。天均者，天倪也。」是「天倪」即「天均」，亦即「天鈞」。』德充符篇有『彼且擇日而登假』語，劉文典說：『「登假」，即「登遐」也。列子黄帝篇「又二十有八年而天下大治，幾若華胥氏之國，而帝登假」，張注：「假，當爲遐。」周穆王篇「世以爲登假焉」，注同。「假」、「遐」古字通用。郭注「故假借之人，由此而最之耳」，以「假」字屬下，既失其讀，又非其指矣。大宗師篇「是知之能登假於道者也若此」，淮南子精神篇「此精神之所以能登假於道也」，亦並以「登假」連文，與此文一例，尤其確證。』劉文典的這些說法，皆極有眼光，值得重視。

二、辨正莊子訛誤。劉文典博覽古籍，長於訓詁，且玩索莊子有年，故其辨正莊子訛誤，往往有獨到眼光。如他於知北遊篇『運量萬物而不匱』下說：『碧虛子校引文如海、劉得一本「匱」作「遺」。典案：文、劉本「匱」作「遺」較長。下文「萬物皆往資焉而不匱」，此若作「匱」，則與下文重複矣。運量言不遺，資焉言不匱，義各有當。此本作「匱」者，疑後人依下文改之也。』劉文典此說言之成理，後來王叔岷莊子校詮等所見與之暗合。

劉文典於天道篇『休則虛，虛則實，實者倫矣；虛則靜，靜則動，動則得矣』下說：『碧虛子校引江南古藏本「倫」作「備」。典案：江南古藏本是也。「備」古音鼻墨反，「實者備矣」與下「動則得矣」爲韻。荀子勸學篇「積善成德，而神明自得，聖心備焉」，淮南子原道篇「不在於人，而在於我身，自得則萬物備矣」，文子九守篇同，並以「得」、「備」爲韻，與此文一例。「備」以形近訛爲「倫」，既非其指，又失其韻。』王叔岷還進一步指出：『「備」與下文「得」、「責」爲韻，義亦較長。』（莊子校釋）今當據陳景元莊子闕誤所引江南古藏本，並依劉文典、王叔岷之說予以訂正。劉文典於徐無鬼篇『仲父之病病矣，可不謂云』下說：『「病病」連文，不詞，當作「疾病」。說文疒部：「病，疾加也。」論語子罕章「子疾病」，春秋桓五年傳正義引鄭注：「病，謂疾益困。」是其義也。呂氏春秋知接篇正作「仲父之疾病矣」，是其塙證。列子力命篇作「仲父之病疾矣」，蓋襲用此文而誤倒，然「病病」之誤愈明矣。又「諱」舊作「謂」，碧虛子校引江南李氏本作「諱」。奚侗曰：「管子戒篇「謂」作「諱」，宜據正。」典案：奚校是也。呂氏春秋貴公篇作「仲父之病矣，漬甚，國人弗諱」，高注：「國人弗諱，言死生不可諱也。」知接篇注：「死生大事，不可諱也。」列子力命篇襲用此文，字亦作「諱」。今依江南李氏本正。』此說在奚侗考釋基礎上進行申述，說服力較強，可備作參考。

三、校訂莊子衍文、脫文。在考訂衍文、脫文方面，劉文典也取得了很大成績。如他於庚桑楚篇『曰奔蜂不能化藿蠋』下說：『碧虛子校引江南李氏本、張君房本「曰」作「□」。張伯禧曰：「曰字疑衍文。」典案：庚桑子告南榮趎之辭猶未畢，下又云「今吾才小，不足以化子，子胡不南見老子」，而此處不當有「曰」字，明矣。疑寫者見上云「辭盡矣」，李、張本有「□」，遂以意改爲「曰」字耳。』張君房、李氏蓋以此『曰』字爲衍文，故以『□』表示之。今審上下文義，實以刪去『曰』字爲當。劉文典於外物篇『若是勞者之務也，非佚者之所未嘗過而問焉』下說：『此言勞者之務，逸者未嘗過問。有「非」字則非其指，且與下四句不一律矣。』今細審文義，確實當依劉說刪去『非』字。劉文典於繕性篇『繕性於俗俗學，以求復其初』下說：『典案：下「俗」字衍。「繕性於俗學」，與下「滑欲於俗思」句法正一律。碧虛子南華真經章句餘事云張本作「繕性於俗□學，以求復其初」，下「俗」字作「□」，可證此文不重「俗」字。或寫者於「俗」字下加點句讀，傳寫遂誤重耳。』此說甚是，當據正。劉文典於逍遥遊篇『槍榆枋』下說：『「而止」二字舊敚，今據碧虛子校引文如海本、江南古藏本補。文選江文通雜體詩注、御覽九百四十引亦並作「搶榆枋而止」，與文本、江南古藏本合。上文「去以六月息者也」，郭注「小鳥一飛半朝，搶榆枋而止」，是郭所見本亦有「而止」二字。』此說極是，當據前人所引莊子文補上『而止』二字。劉文典於齊物論篇『可乎可』至『無物不可』十二句下說：『此文本以然不然、可不可對言，故下文云：「物固有所然，物固有所可。無物不然，無物不可。」今本「不然於不然」句下，敚此四句，又誤移「可乎可，不可乎不可」二句於上文，句既錯亂，義遂不可通矣。』今案陸德明經典釋文於『無物不然，無物不可』二句下注云：『崔本此下更有「可於可，而不可於不可；不可於不可，而可於可」。』說明今所傳齊物論篇文有錯簡或脱漏，可據經典釋文所引，並依劉文典之說，對原文試作調整。劉文典於德充符篇『受命於地，唯松柏獨也，在冬夏青青；受命於天，唯舜獨也正』下說：『「松柏獨也」下「正」字、「堯」字、「在萬物之首」五字舊敚，文不成義。今依碧虛子校引張君房本補。郭注「下首則唯有松柏，上首則唯有聖人」，是其所見本當有「在萬物之首」句。』今案林雲銘莊子因，正作『受命於地，唯松柏獨也正，在冬夏青青；受命於天，唯堯舜獨也正，在萬物之首』，有『正』、『堯』、『在萬物之首』七字。又褚伯秀南華真經義海纂微引林自注云『松柏獨正』，說明林氏本『松柏獨也』下亦當有『正』字。

四、諟正舊注舊疏。劉文典曾云：『前人校釋是書，多憑空臆斷，好逞新奇，或有所得，亦茫昧無據。今爲補正，一字異同，必求碻詁。若古無是訓，則案而不斷，弗敢妄生議論，懼杜撰臆說，貽誤後學而災梨棗也。』（張德光莊子補正跋引）因此，劉文典對舊注舊疏的補苴諟正同樣十分用心。如天運篇有『殺盗非殺人，自爲種而天下耳』語，郭象注以『人』字屬下句讀，成玄英疏從之，劉文典則在孫詒讓莊子劄迻基礎上進一步指出：『墨子小取篇：「殺盜非殺人也」，亦以「殺盜非殺人」爲句。注、疏並以「人」字屬下爲句，失其讀矣。』劉氏此説有理，當從之。寓言篇有『彼視三釜三千鍾，如觀雀蚊虻相過乎前也』語，馬敘倫云：『當去「虻」字。』（莊子義證）劉文典則説：『碧虛子校引張君房本「雀」上有「鳥」字。注「視榮祿若蚊虻鳥雀之在前而過去耳」，疏「鳥雀大，以論千鍾；蚊虻小，以比三釜」，是郭、成所見本皆作「鳥雀蚊虻」，與張本正合。此疑「觀」訛爲「鸛」，後人遂删「鳥」字耳。本書每以「蚊虻」二字連文，不得去「虻」字。』對於是否去『虻』字，劉文典提出了與馬敘倫完全相反的意見，論證也相當充分，自可成爲一説。徐無鬼篇有『聽而斲之』語，陳景元莊子闕誤引江南李氏本此句下有『瞑目恣手』四字，但陳氏又説『舊四字是郭注』，後人或據後者，亦以此四字爲郭注。對此，劉文典説：『細繹文義，此四字不類郭注，「聽而斲之，瞑目恣手，盡堊而鼻不傷」，文正銜接，疑江南李氏本是也。』劉文典此説亦可備作參考。

總之，劉文典的莊子補正在探求莊子字義、辨正莊子訛誤、校訂莊子衍文脱文、糾正舊注舊疏之違失等方面取得了爲世人所瞻目的成就，是民國時期一部重要的莊子考證著作。且劉文典雖則爲人孤傲，而撰寫此書『可謂天下之至慎』，『其著書之例，雖能確證其有所脱，然無書本可依者，則不之補；雖能確證其有所誤，然不詳其所以致誤之由者，亦不之正』（見陳寅恪序），與那些『多憑空臆斷，好逞新奇』（劉文典自序），如于鬯莊子校書、馬敘倫莊子義證、高亨莊子今箋等大異其趣，則劉氏此著尤其值得珍視。

第十一節　楊明照的莊子校證

楊明照（1909—2003），字弢甫，四川大足人。著名學者，先後任教於燕京大學、中國大學、四川大學等高校，是解放後全國首批博士生導師，曾任中國古代文學理論學會會長、中國昭明文選學會會長、中國蘇軾研究學會會長、中國文心雕龍學會名譽會長。著作有文心雕龍校注、文心雕龍校注拾遺、文心雕龍校注拾遺補正、劉子校注、抱朴子外篇校箋、莊子校證、學不已齋雜著等。

莊子校證爲劄記體，前有楊明照所撰小序；正文分條節錄莊子文句，予以考釋，凡九十九條，完成於民國二十六年三月。楊氏小序云：『莊子一書，解人夥矣，其奇詞奧旨，固已多所抉發，然亦有未之盡者。余嘗參校衆本異同，而爲之疏證，一隙之照，尚望博雅君子，有以教之。』楊氏所謂『參校衆本』者，即據明世德堂本南華真經爲底本，而校以古逸叢書本、道藏本、四部叢刊本、涵芬樓影印本、明嘉靖六年天水胡氏刊本等莊子，以及敦煌唐寫本莊子殘卷、日本高山寺古鈔本莊子遺篇、太平御覽、經典釋文等。今綜觀楊明照莊子校證，主要包括以下幾個方面內容：

一是校讎異文。如應帝王篇『至人之用心若鏡，不將不迎，應而不藏，故能勝物而不傷』之『迎』字，元龔士卨纂圖互注南華真經本、明世德堂南華真經本皆作『逆』，楊明照說：『古逸叢書本「逆」作「迎」，續古逸叢書本、道藏本並同。按「逆」字非是。大宗師篇「其爲物無不將也，無不迎也」，知北遊篇「無有所將，無有所迎」，並以「將」、「迎」對舉。淮南覽冥篇「故聖人若鏡，不將不迎，應而不藏，故萬化而無傷」，文子精誠篇「是故聖人若鏡，不將不迎，應而不藏，萬物不傷」，尤爲明證。且此文以「鏡」、「迎（去聲）」爲韻，若作「逆」，於義雖通，於韻則失矣。』此說極是，可據以訂正。齊物論篇有『作則萬竅怒呺』語，楊明照說：『太平御覽九引「呺」作「號」。按林希逸南華真經口義、南華真經義海纂微並作「號」，文選謝希逸月賦李善注引，亦作「號」，是古本原作「號」而不作「呺」也。逍遙遊篇「非不呺然大也」，陸德明釋文引李云「呺然，虛大貌」，施之於此，義不可通。說文：「號，呼也。」斯其詁矣。』此說理由充分，可備作參考。山木篇有『莊周反入，三月不庭』語，褚伯秀云：『詳下文「頃間」之語，則「三日」爲是。傳寫小差耳。』王念孫云：『庭，當讀爲「逞」。不逞，不快也。……「三月不庭」，一本作「三日」是也。下文言「夫子頃間甚不庭」，若三月之久，不得言「頃間」矣。』（莊子雜志）楊明照則說：

『釋文云：「三月，一本作三日。」按唐寫本作「三月不迋」，是也。天運篇「孔子不出三月」，說劍篇「文王不出宮三月」，在宥篇「黃帝退，閒居三月」，列子黃帝篇「穆王自失者，三月而復」，並足爲此當作「三月」之證。說文：「迋，往也。」左襄二十八年傳「君使子展迋勞於東門之外」，杜預注云：「迋，往也。」然則「三月不迋」者，即三月不往也，與孔子之不出三月，文王之不出宮三月，意正相同。下兩「庭」字，亦當依唐本作「迋」。』此處在廣徵博引的基礎上，提出與前人相反的見解，亦可備作一說。

二是校訂衍文、脫文。如天運篇有『夫至樂者，先應之以人事，順之以天理，行之以五德，應之以自然，然後調理四時，太和萬物』等七句，楊明照說：『唐寫本無此三十五字。按唐本是也。上文「吾奏之以人，徵之以天，行之以禮義，建之以太清」，與下「四時迭起，萬物循生，一盛一衰，文武倫經」，並爲韻文，若廁此三十五字於其間，則不倫矣。道藏本南華真經口義、王元澤南華真經新傳，並不誤。此蓋郭注誤入正文者，當據刪。』楊氏之說甚有理，尤其指出『此蓋郭注誤入正文者』，更是值得重視。逍遙遊篇有『若夫乘天地之正，而御六氣之辯，以遊無窮者』語，楊明照說：『敦煌唐寫本「而」字無。按唐本是也。褚伯秀南華真經義海纂微即無之。楚詞九歌大司命洪興祖補注引，亦無「而」字。本篇下文「乘雲氣，御日月，而遊乎四海之外」，齊物論篇「若然者，乘雲氣，騎日月，而遊乎四海之外」，句法並與此同，亦可證。』此說亦可備作參考。

三是考釋文義。如德充符篇有『勇士一人，雄入於九軍』語，陸德明云：『崔、李云：「天子六軍，諸侯三軍，通爲九軍也。」簡文云：「兵書以攻九天，收九地，故謂之九軍。」』（經典釋文）楊明照則說：『按：九乃虛數，言其軍多耳，非果爲九軍也。淮南覽冥篇「勇武一人，爲三軍雄」，繆稱篇「勇士一呼，三軍皆辟」，皆言軍之多，而狀勇士之雄，崔、李、簡文諸說，並失之泥。』九軍謂千軍萬馬，不必拘於天子六軍、諸侯三軍等說。楊氏的訓解於義爲長，可以信從。胠篋篇有『天下每每大亂』語，楊明照說：『按左僖二十八年傳「晉侯聽輿人之誦曰：原田每每，舍其舊，而新是謀」，杜預注曰：「原喻晉軍美盛，若草之每每然。」彼以「每每」喻晉軍之盛，此則以「每每」狀天下之亂，皆用其本義。說文：「每，艸盛上出也。」』今人每將『每每』說成猶『往往』，恐非莊子本意，而陸德明引李頤訓爲『昏昏』，庶幾近之。楊明照謂『以「每每」狀天下之亂』，頗得莊子之意。庚桑楚篇有『兵莫憯於志，鏌鎁爲下；寇莫大於陰陽，無所逃於天地之間』語，成玄英疏：『寇，敵也。』（莊子注疏）楊明照則說：『按此文上下一意，「兵」與「寇」互文，成疏訓「寇」爲「敵」，則兩橛矣。淮南主術篇「兵莫憯於志，而莫邪爲下；寇莫大於陰陽，而枹鼓爲小」，高誘注云：「寇亦兵也。」斯爲得之。』比較而言，楊氏之說爲勝。

此外，楊明照還順便校勘了所見到的唐寫本莊子殘卷。如與明世德堂南華真經本天運篇『其聲能短能長』相比，唐寫本無『能長』二字，楊明照說：『按唐本非是。下文「能柔能剛，變化齊一，不主故常；在谷滿谷，在阬滿阬；塗郤守神，以物爲量；其聲揮綽，其名高明」，並爲韻文，若奪「能長」二字，匪特失韻，且義亦有不備矣。』世德堂本知北遊篇有『曰其數若何』語，楊明照說：『唐寫本無「曰」字。按此爲泰清問無爲之詞，「曰」字實不可少，唐本蓋偶奪耳。淮南道應篇「曰其數奈何」，即其明證。』由此皆可說明，唐寫本雖是今天所能見到的最早的莊子寫本殘卷，但楊明照並不迷信於此，而是本著實事求是的學術精神，只要認爲有錯訛之處，便一併予以指明。

第三章 胡適論莊子

胡適(1891—1962),字適之,安徽績溪人。1910年作爲『庚款留學生』赴美國留學,在康乃爾大學學習期間放棄農學轉讀文科,開始系統閲讀實用主義哲學家杜威的著作,並産生了濃厚興趣。1915年,胡適轉學哥倫比亞大學從杜威學習哲學,並服膺於其實用主義思想,這對胡適此後的文化生命『有決定性的影響』①。哥倫比亞在讀期間,胡適完成了中國古代哲學方法之進化史,即現在翻譯過來的先秦名學史。1917年胡適回到中國,受蔡元培先生邀請擔任了北京大學教授。同年,他撰寫了文學改良芻議,成爲文學革命和白話文運動的主將,在思想學術界『暴得大名』。1919年,胡適在先秦名學史的基礎上又寫了中國哲學史大綱(卷上),首次引入西方的研究方法來系統梳理中國古代哲學,起了開創性作用。同一年,胡適發表新思潮的意義,提出『研究問題,輸入學理,整理國故,再造文明』的主張。之後,他又先後發表了多研究些問題,少談些『主義』、國學季刊發刊宣言、整理國故與『打鬼』——給浩徐先生信等文章,在當時引起了對『問題和主義』、國學研究方法和對待國故的態度等一系列重大時代問題的討論,並在爭論中提出了自己的觀點。其中,『多研究些問題,少談些主義』的主張和『大膽假設,小心求證』的八字研究方法尤爲著名。三十年代,胡適放棄自由人身份,進入政界,曾提出『全盤西化』主張。1946年擔任北京大學校長。1949年離開大陸,前往美國,在普林斯頓大學、加州大學等處

① 唐德剛胡適口述自傳,華東師範大學出版社1997年版。

任職，致力於水經注研究。1958 年離開美國回到臺灣，擔任中央研究院院長一職，1962 年 2 月 24 日在臺灣中央研究院的迎新院士酒會上因心力衰竭而突然病逝。

胡適一生在哲學、文學、史學、教育、文化等各個學術思想領域都有建樹，他在我的歧路中說：『哲學是我的職業，文學是我的娛樂，政治只是我的一種忍不住的新努力。』（胡適文存二集）①胡適的多領域涉略，與他處於一個新舊交替、百廢待建的時代不無關係。同時，留學的經歷給予了他全面學習西方新思想和方法的機會，使得他不僅可以在傳統的學術領域中融入新的研究方法，更開闢出許多新學術領域，爲後世的學術研究提供了具有典範意義的著作，『從思想史的觀點看，胡適的貢獻在於建立了孔恩所說的新「典範」，而且這個「典範」約略具有孔恩所說廣狹兩義：廣義地說，它涉及了全套的信仰、價值和技術的改變；狹義方面，他的具體研究成果（如中國哲學史大綱）則起了「示範」的作用，即一方面開啓了新的治學門徑，而另一方面又留下了許多待解決的新問題。』②這兩點使胡適不折不扣地成爲了『二十世紀中國學術思想史上的一位中心人物』③。但是，作爲一位啟蒙時期開風氣之先的學者，胡適在引入新思想和新方法的同時，無可避免地具有弱點，在東方與西方、傳統與現代、國故與新知的結合上，在具體的借鑒與參考的比照研究上有失之偏頗之處，這使他的著作打上了深深的時代印記。在其對莊子人生哲學、『進化論』和名學的研究中，這一點也體現得尤爲明顯。

胡適的主要著作包括白話文學史、嘗試集、說儒、胡適文存（四集）等。其中先秦諸子進化論、先秦名學史、

---

① 本章所引胡適文章，除另加注明外，皆據胡適全集，安徽教育出版社 2003 年版。

② 余英時中國近代思想史上的胡適——胡適之先生年譜長編初稿序，胡頌平胡適之先生年譜長編初稿第一冊，臺灣聯經出版事業公司 1984 年版。

③ 同上。

胡適日記、莊子哲學淺釋、諸子不出於王官論、中國哲學史大綱(卷上)等書及論文,均涉及了莊子研究。

第一節 對莊子人生哲學的論述

莊子追求『遊乎塵垢之外』的超脱,欣賞『孰肯弊弊焉以天下爲事』的處世態度,通過齊萬物、泯死生、黜情欲的方式來達到個人心境的恬靜,從而獲得個人最大程度的自由和逍遥。這樣的人生哲學對於個體來説雖然可以減除許多世俗的苦惱,但這是一個超脱於社會之外的逃脱方法,對一個需要奮進和突破的時代來説,無疑會減弱人們的鬥志,産生負面影響。在新文化運動時期,一批尋求振興之路的知識分子正希望通過對這一傳統文化的清理,來改變國民的精神狀態,使落後的中國能夠在精神上擺脱千百年的沉重枷鎖,奮起走上自强之路。胡適在整理國故與『打鬼』——給浩徐先生信中説:『我披肝瀝膽地奉告人們:只爲了我十分相信「爛紙堆」裏有無數無數的老鬼,能吃人,能迷人,害人的厲害勝過柏斯德(Pasteur)發見的種種病菌。……用精密的方法,考出古文化的真相;用明白曉暢的文字報告出來,叫有眼的都可以看見,有腦筋的都可以明白。……這才是「重新估定一切價值」。他的功用可以解放人心,可以保護人們不受鬼怪迷惑。』(胡適文存三集)可見莊子作爲道家的代表人物,他的人生哲學自然也在清算和整理之列。如胡適在先秦諸子進化論中説:『世人都喜歡這等議論(指莊子人生哲學),並替他加上美名,叫做「達觀」,叫做「樂天安命」,其實裏面的流弊很多。第一便是命定主義(信命主義),……第二便是守舊主義。』胡適不但在哲學著作中對莊子的人生哲學進行了評述,在大量時文中也表達了對莊子命定和守舊的人生哲學的批評,給予了各種『定論』。

一、『樂天安命』的『命定』哲學

首先，胡適認爲『莊子的人生哲學，只是一個達觀主義』（中國哲學史大綱第九篇）①，而這種達觀主義的來源便是莊子的天道觀念。

胡適給人生觀的定義是：『人生觀是我們對於宇宙萬物和人類的態度。我們對於宇宙萬物有了正當的瞭解，自然對於人生的意義和價值也有了正當的瞭解。』②可見，在胡適眼裏，人生觀是與對萬事萬物的總哲學觀緊密相關的。所以，在分析莊子人生哲學時，胡適首先就指出莊子『這種達觀主義的根據，都在他的天道觀念』（中國哲學史大綱第九篇）。

胡適認爲莊子的天道觀『是傾向於宿命論和決定論的』，所以他的人生哲學不可避免地也帶上了同樣的色彩。在胡適的眼中，莊子的天道觀念和孔子、老子的不同，『老子和孔子所尋求的「道」不是別的，而只是謀求整頓世界秩序之「道」』，因而具有較高的積極意義。而莊子的『道』已經由『主要意指治理天下之道的「道」』變成了『「道家」所說的、成爲一切變化基礎的宇宙之理』，『道』在他那裏被絕對化了，『一切變化都被看作是宇宙之理自動發生的作用，所以「道」這個詞，後來就變成和「天命」同義了』。胡適認爲，莊子的這一天道觀深深地影響了他的人生哲學，使他否定人的一切有意識的行爲，給他的人生哲學抹上了消極的宿命色彩。胡適說，『莊

---

① 按照胡適1931年的提議，安徽教育出版社2003年版胡適全集把中國哲學史大綱更名爲中國古代哲學史。但因中國哲學史大綱名稱沿用已久，本章仍襲舊稱。

② 科學的人生觀，見未刊稿。引自耿雲志胡適語萃，華夏出版社1993年版。

子把自然的進化，人類的歷史都看作純粹的道或者宇宙之理的自動發展，……莊子是如此地崇拜自然歷程的無限和無所不足，以致把一切人爲的努力都看作徒勞，並且把人的認知都看作是必定不完全和不適當的』（見先秦名學史第四編）『因爲他把一切變化都看作天道的運行，又把天道看得太神妙不可思議了，所以他覺得這區區的我哪有作主的地位』（中國哲學史大綱第九篇）。在胡適看來，像這樣否定了能動性的人，所能持有的人生哲學也只能是宿命和消極的了。

胡適認爲從莊子的對立派處，也能看出莊子天道觀對其人生哲學的影響。如他指出，莊子把天看得蓋過人，稍晚於莊子的荀子卻針對莊子的『天論』生出一種『反動』，認爲『莊子蔽於天而不知人』（荀子解蔽）。因爲在荀子看來，人可以戡天、縮地，而莊子卻以爲人既然『不得遁逃，不如還是樂天安命』（中國哲學史大綱第九篇），人應該順應『天道』，聽乎『天命』，否則就會深受牽累。因而荀子說：『大天而思之，孰與物畜而制之？從天而頌之，孰與制天命而用之？望時而待之，孰與應時而使之？因物而多之，孰與騁能而化之？思物而物之，孰與理物而勿失之也？願於物之所以生，孰與有物之所以成？故錯人而思天，則失萬物之情。』（荀子天論）可莊子則說：『吾思夫使我至此極者，而弗得也。父母豈欲吾貧哉？天無私覆，地無私載，天地豈私貧我哉？求其爲之者而不得也。然而至此極者，命也夫！』（大宗師）胡適指出，正由於莊子、荀子二人天道觀的大相徑庭，因而導致了他們人生哲學的迥異。

其次，胡適認爲莊子的人生哲學是一種樂天安命的命定論，是消極無益的。

在莊子看來，既然人無法逃出『命』，那麽所有的命運遭際都是注定的，掙扎與不掙扎都是同樣的結果，與其痛苦地反抗不可改變的事實，不如安分地順從，隨『命』的安排在人世浮沉，保持無喜無憂的內心恬靜。莊子心目中的理想人物『真人』就是一個完全順遂『命定』的人，『古之真人，不知說生，不知惡死；其出不訢，其入不距；翛然而往，翛然而來而已矣。不忘其所始，不求其所終；受而喜之，忘而復之。是之謂不以心捐道，不以人助天。是之謂真人。』(大宗師)老子就是這樣一位典型的爲莊子所崇敬的『真人』,他『安時而處順,哀樂不能入也』(養生主)。胡適據此指出,『古代的「命定主義」,説得最痛切的,莫如莊子』(中國哲學史大綱第一篇),『莊子對於人生一切壽夭、生死、禍福,也一概達觀,也一概歸到命定』(中國哲學史大綱第九篇)。對於莊子所謂的『真人』,胡適在分析養生主中『老子』形象時説:

養生主篇説庖丁解牛的秘訣,只是『依乎天理,因其固然』八個字。莊子的人生哲學,也只是這八個字。所以養生主篇説老聃死時,秦失道:『適來,夫子時也;適去,夫子順也。安時而處順,哀樂不能入也。』『安時而處順』,即是『依乎天理,因其固然』,都是樂天安命的意思。人間世篇又説蘧伯玉教人處世之道,説:『彼且爲嬰兒,亦與之爲嬰兒;彼且爲無町畦,亦與之爲無町畦;彼且爲無崖,亦與之爲無崖。達之,入於無疵。』(中國哲學史大綱第九篇)

在胡適看來,遵循『安時而處順,哀樂不能入也』這種極端的命定論的人物雖然少了不少俗世的煩惱,但也變成了一個對外界熟視無覩、對人世毫不關心的人,這與當時的時代精神是不符的。所以他對上面所引的莊子種種論調大不以爲然,認爲『這種話初看去好像是高超得很,其實這種人生哲學的流弊,重的可以養成一種阿諛依違,苟且媚世的無恥小人,輕的也會造成一種不關社會痛癢,不問民生痛苦,樂天安命,聽其自然的廢物。』(同上)

胡適的時代,許多知識分子都積極運用思想武器尋求强國之路,而達爾文進化論的思想即是他們尋求的重要武器之一。我們知道,進化論認爲物種必須不斷地適應外部變化,才能在自然界生存下來,一個人、一個國家、一種文化也是如此。胡適帶著這樣的觀念,便很自然地把莊子哲學中的樂天安命思想與甘於現狀、知足安貧的國民習氣聯繫起來,與民族國家的落後聯繫起來。他在實驗主義一文中引用杜威的話説:『我們人手裏的大問題,是:怎樣對付外面的變遷才可使這些變遷朝著能於我們將來的活動有益的一個方向走。環境的勢力雖然也有幫助我們的地方，但是人的生活決不是籠著手太太平平的坐享環境的供養。人不能不奮鬥，不能不利用環境直接供給我們的助力，把間接造成別種變遷。』（胡適文存一集）與樂天安命相反，會駕馭環境和會奮鬥才是胡適心中健康的國民精神。他在我們對於西洋近代文明的態度一文中再次抨擊莊子的人生觀時說：

> 人世的更大悲劇是人類的先知先覺者眼看無數人們的凍餓，不能設法增進他們的幸福，卻把『樂天』、『安命』、『知足』、『安貧』種種催眠藥給他們吃，叫他們自己欺騙自己，安慰自己。……知足的東方人自安於簡陋的生活，故不求物質享受的提高；自安於愚昧，自安於『不識不知』，故不注意真理的發見與技藝機械的發明；自安於現成的環境與命運，故不想征服自然，只求樂天安命，不想改革制度，只圖安分守己，不想革命，只做順民。（胡適文存三集）

對於胡適的這些批評，周質平先生認爲『失之過苛』，『其實，若就「服從自然」這一觀點言之，中國人的這些德性也並非一無可取。在那樣的自然條件與社會制度、經濟制度之下，中國人的「樂天」、「安命」、「知足」與「安貧」正是高度的「服從自然」的科學態度與精神。』①我們以爲胡適如此評價有其時代的要求和迫切，而當時中國人的『樂天』、『安命』、『知足』與『安貧』實在只是一種沿襲已久的習氣，很難包含自覺的『「服從自然」的科學態度與精神』。即便在始作俑者莊子處，這也只是一種朴素的以自然爲本的思想元素，所謂超出時代的『科學態度與精神』的說法只是後人吃了與自然對立的虧後得出的，在當時是無從說起的。因此，胡適對莊子人生觀流弊的批評在當時是具有積極意義的，也是恰當的。他不滿足於對莊子思想僅作學術上的闡釋和評價，而是結合時代尖銳地指出其中落後於時代的部分，在當時是具有警世作用的。

爲了對抗莊子式的樂天安命的消極習氣，胡適提出每一個人當從自身做起，擺脫無動於衷、百事不關心的

① 評胡適的提倡科學與整理國故，見周質平論文集胡適與中國現代思潮，南京大學出版社2002年版。

舊習氣，懂得對現狀表示不滿，從而主動去奮起、去努力，『世界的拯拔不是不可能的，也不是我們籠著手，抬起頭就可以望得到的。世界的拯救是可以做得到的，但是須要我們各人盡力做去。』（實驗主義）胡適認爲每個人都是一個『小我』，無數個『小我』構成社會的『大我』，所以社會的將來在每一個人的肩上：

我這個現在的『小我』，對於那永遠不朽的『大我』的無窮過去，須負重大的責任；對於那永遠不朽的『大我』的無窮未來，也須負重大的責任。我須要時時想著我應該如何努力利用現在的『小我』，方才可以不辜負了那『大我』的無窮過去，方才可以不遺害那『大我』的無窮未來？①

胡適曾多次引用易卜生的話：『你要想有益於社會，最妙的法子莫如把你自己這塊材料鑄造成器。』②由此，胡適格外注意勉勵年輕人，希望他們過有意義的人生，要『活一日便有一日的意義，作一事便添一事的意義』③，不能『甘心放棄理想人生的追求，甘心做現成社會的順民』④。他還列舉了莊子哲學流毒的種種表現，並提出了解決方法：『老子、列子、莊子，都把「天行」一方面看得太重了，把「人力」一方面卻看得太輕了，所以有許多不好的結果。處世便靠天安命或悲觀厭世；遇事便不肯去做，隨波逐流，與世浮沉；政治上又主張極端的個人放任主義，要挽救這種種弊病，須注重「人擇」、「人事」、「人力」一方面。』（先秦諸子進化論）胡適的這一主張完全是針對莊子的『樂天安命』的命定思想而發的，他把強國希望寄托在國民的精神改造上，所以尤其注重幫助人們建立積極的人生哲學，以此來抵抗莊子思想的『毒害』。

① 不朽，胡適文存一集。
② 易卜生主義，胡適文存一集。
③ 人生有何意義，胡適文存三集。
④ 贈與今年的大學畢業生，胡適文存四集。

二、『守舊党的祖師』和『懶人』哲學

莊子哲學把一切分別差異都抹殺了，『彼出於是，是亦因彼』，他認爲人們認定的畛域之別都是人爲生出的。胡適曾用一個形象的例子來說明莊子的這一思想：

譬如我說我比你高半寸，你說你比我高半寸。你我爭論不休，莊子走過來排解道：『你們二位不用爭了罷，我剛才在那愛拂兒塔上（Eiffel Tower在巴黎，高九百八十四英尺有奇，爲世界第一高塔）看下來，覺得你們二位的高低實在沒有什麽區别，何必多爭，不如算作一樣高低罷。』（中國哲學史大綱第九篇）

胡適這裏實際講的是莊子對於差異的看法。愛拂兒塔相當於『道』，那個站在愛拂兒塔上的人好比莊子。胡適認爲以這樣的角度看世界，莊子自然覺得任何差别都是可以忽略的，世人爭來爭去都是枉然。因爲『無論什麽，都有存在的道理』，所以都没有改變的必要；而『把種種變化，都看作天道的運行』（同上），所以人本身只有順遂的命。胡適對這種消極的守舊思想批評道：

既然如此，世上種種的區别，縱横、善惡、美醜、分合、成毁，……都是無用的區别了。既然一切區别都歸無用，又何必要改良呢？又何必要維新革命呢？莊子因爲能『達觀』一切，所以不反對固有的社會，所以要『不譴是非，以與世俗處』。……這種極端『不譴是非』的達觀主義，即是極端的守舊主義。（同上）

對於莊子的這種守舊主義，胡適以爲有兩大害處。首先，它會使人怠於進步，喪失進取的動力，不願花精力去積極改變現實。他說：

莊子這種學說，初聽了似乎極有道理，卻不知世界上學識的進步只是爭這半寸的同異；世界上社會的維新、政治的革命，也只是爭這半寸的同異。若依莊子的話，把一切是非同異的區別都看破了，說太山不算大，秋毫之末不算小，堯未必是，桀未必非，這種思想、見地固是『高超』，其實可使社會國家世界的制度習慣思想永遠沒有進步，永遠沒有革新改良的希望。莊子是知道進化的道理，但他不幸把進化看作天道的自然，以爲人力全無助進的效能，因此他雖說天道進化，卻實在是守舊党的祖師。他的學說實在是社會進步和學術進步的大阻力。（同上）

胡適的這一看法在當時誠然起了很大的警世作用，但是梁啟超卻尖銳地指出了其中的弊端：『張作霖、曹錕也只是爭這半寸；兩兄弟因遺產拔刀相殺，也只是爭這半寸。一個好好的青年，或因落第，或因失戀，弄成發狂或自殺，也只是爭些無聊的半寸。我希望胡先生別把應用的學問和受用的學問混爲一談，那麼說話也少些流弊了。』①錙銖必較是一種進取而認真的精神，但一定的容人之量和達觀也是一種美德，這兩者是並重的。科學的發展需要斤斤計較，也需要接納別派的意見，發現他們的長處，剛愎自用只會進入另一種『守舊』。胡適誇大了莊子的『齊是非』，也誇大了『爭半寸同異』的主張，所以不免會留下偏頗的害處。

其次，胡適認爲莊子的守舊主義還會和他的樂天安命的習氣混合在一起，構成東方的『懶人』哲學。這種『懶人』哲學正是胡適最痛恨的，他認爲中國之所以不富強就是因爲這個頑固的『懶惰』，如果說莊子裏有什麼迷惑人的『老鬼』的話，這個從守舊中滋生出的『懶惰』就是最該打的『鬼』。胡適甚至認爲這是東、西方文明根本區別的根源所在，也是導致東、西方國力懸殊的根源所在。他在我們對於西洋近代文明的態度一文中說：

西洋近代文明的精神方面的第一特色是科學。科學的根本精神在於求真理……。求知是人類天

① 評胡適之中國哲學史大綱，飲冰室合集第五冊，中華書局1994年版。

生的一種精神上的最大要求。東方舊文明對於這個要求，不但不滿足，並且常想裁制他，斷絕他。所以東方古聖人勸人要『無知』，要『絕聖棄智』，要『斷思惟』，要『不識不知，順帝之則』。這是畏難，這是懶惰。……

東方的懶惰聖人說：『吾生也有涯，而知也無涯，以有涯逐無涯，殆已。』所以他們要人來靜坐澄心，不思不慮，而物來順應。這是自欺欺人的誑語，這是人類的誇大狂。真理是深藏在事物之中的，你不去尋求探討，他決不會露面。科學的文明教人訓練我們的官能智慧，一點一滴地去尋求真理，一絲一毫不放過，一銖一兩地積起來。這是求真理的唯一法門。自然(Nature)是一個最狡猾的妖魔，只有敲打逼拶可以逼她吐露真情。不思不慮地懶人只好永永作愚昧的人，永永走不進真理之門。……

東方的懶人又說：『真理是無窮盡的，人的求知的欲望如何能滿足呢？』誠然，真理是發現不完的，但科學決不因此而退縮。科學家明知真理無窮，知識無窮，但他們仍然有他們的滿足，進一寸有一寸的愉快，進一尺有一尺的滿足。……這種心靈上的快樂是東方的懶聖人所夢想不到的。

這裏正是東西文化的一個根本不同之點。一邊是自暴自棄的不思不慮，一邊是繼續不斷的尋求真理。

知足的東方人……自安於『不識不知』，故不注意真理的發見與技藝機械的發明。

莊子在養生主篇中說：『吾生也有涯，而知也無涯，以有涯隨無涯，殆已。』在天地篇中說：『有機械者，必有機事；有機事者，必有機心。機心存於胸中，則純白不備。』表達了對於機械之類的發明『吾非不知，羞而不爲也』的態度。對號入座，我們不難看出胡適此處激烈批判的『東方的懶惰聖人』正是莊子。傳統文化中潛伏的國民劣根性，在新文化運動時期是受到廣泛關注的話題，李大釗、梁漱溟都有類似的看法。但把懶惰與科學的欠發達聯繫起來，在今天看來是一種峻急的說法。科學的進步取決於開放合作的環境，取決於社會的整體提升等。中國近代的落後，關鍵在於始自於明末以來的長期封閉，懶惰哲學也只是封閉下未受到近代文明衝擊的殘存物罷了，它對於科學的不發達是負不了多少責任的。胡適在文化中尋找阻礙科學發展的原因，同樣也在文化中尋找根植科學精神的中國根，『就自己來說，我認爲非儒學派的恢復是絕對需要的，因爲在這些學派中可望找到移植西方哲學和科學的最佳成果的合適土壤。』（先秦名學史導論）可是他以科學精神身體力行所做的思想史研究、小説考證等工作和真正的科學仍然是不同性質的。試問，文化層面的因素會在多大程度上影響科學發展，提高文化中的科學精神又能解決多少實際的科學或實業的發展呢？馮友蘭説：『他們（指民國初年人）以爲我們如果要有「西學」之用，如實用科學、機器、工業等，先必須有「西學」之體，即西洋底純粹科學、哲學、文學、藝術等。他們以爲清末人只知所謂西洋的「物質文明」，而不知其「精神文明」。民初人於是大談其所謂西洋的「精神文明」，對於實用科學、機器、工業等，不知不覺地起了一種鄙視，至少可説是一種輕視。……清末人以爲我們只要有機器、實業等，其餘可以「依然故我」。這種見解固然是不對底。而民初人不知只要有了機器、實業等，其餘方面自然會跟著來，跟著變。這亦是他們底無知。』①胡適正因爲抱有民國初年人的這種救國方法，所以他過於依賴『精神文明』，離開時代反而越來越遠。他晚年把二十年時間都花在了一本水經注上，就是這種想法的極端表現。

在胡適看來，來源於莊子的懶惰哲學是當時社會彌漫著的一種惡劣習氣，比守舊更可怕。他在爲四角號碼檢字法作序時説，中國人接受新事物的『最大的阻力不過是兩個大魔鬼：一個是守舊，一個是懶惰。守舊鬼説：「仍舊貫，如之何？何必改作？」懶惰鬼説：「這個法子很好，可惜學起來有點麻煩，誰耐煩費幾分鐘去學他呢？」這個懶惰鬼最可怕，他是守舊鬼的爸爸媽媽，一切守舊鬼都是他的子孫！』（胡適文存三集）他在寫

① 辨城鄉，三松堂全集第四卷，河南人民出版社1986年版。

給青年朋友的贈與今年的大學畢業生、一個防身藥方的三味藥、智識的準備等多篇文章中，都極力告誡他們踏上社會後，要保持求知的狀態，發展興趣，維持信心來對抗社會的慣性，免疫『懶惰』。而他本人也時時反省自己，1926年他參加庚款會議，在莫斯科停留，看見那裏的人『發憤有爲』的氣象，便寫信給徐志摩，感歎道：『我們這幾年在北京實在太舒服了，太懶惰了，太不認真了……。我想我們應該發憤振作一番，鼓起一點精神來擔當大事，要嚴肅地做個人，認真地做點事，方才可以對得起我們現在的地位。』①胡適的一生可以說都是警醒著要『認真地做點事』，時時提醒自己和讀者與『懶惰鬼』、『守舊鬼』作鬥爭，同時又大力疾呼國人擺脫陳舊習氣，走上現代化的自強之路。

胡適把莊子的人生哲學視若洪水猛獸，是出於對國民性的正確認識。稍後的魯迅先生也曾尖銳地指出莊子思想的這一流弊，認爲它使得傳統中國人爲人圓滑、狡詐，敷衍過日。但是，胡適對於莊子人生哲學的研究僅僅偏於批判一隅，沒能發現其中符合時代精神的有益一面，比如莊子對於個人和精神自由的尊重，對於個性的張揚、解放，在當時都是可汲取的進步思想。

第二節　對莊子『生物進化論』的論述

胡適曾不止一次總結他研究國學的方法：『第一，用歷史的眼光來擴大國學研究的範圍；　第二，用系統的整理來勾勒國學研究的資料；　第三，用比較的研究來幫助國學的材料的整理與解釋。』②其中的『歷史的眼

① 歐遊道中寄書，胡適文存三集。
② 國學季刊發刊宣言，胡適文存二集。

光』就源自於進化論，認爲『這種進化的觀念，自從達爾文以來，各種學問都受了他的影響。……到了實驗主義一派的哲學家，方才把達爾文派的進化觀念拿到哲學上來應用，拿來批評哲學上的問題，拿來討論真理，拿來研究道德。進化觀念在哲學上應用的結果，便發生了一種「歷史的態度」(The Genetic Method)。』(實驗主義)這種方法也被胡適形象地稱作爲『祖孫的方法』。但是，進化論決不止是被作爲一種治學方法，它還是胡適研究古代哲學時的一種思想參照。胡適的莊子『生物進化論』研究就是在這樣的思想背景下進行的。

一、從接受達爾文、杜威思想到論述莊子『生物進化論』

達爾文進化論是研究生物歷史發展的學說，認爲現在的動植物有機界都是千百萬年長期進化的產物，人類就是從動物界進化來的。達爾文指出，在動植物界，沒有一成不變的東西，而這種變化本身又遵循著一定的規律。胡適在申報館『五十年』系列中向讀者介紹了達爾文進化論，這是他對進化論最全面的評述：『達爾文的主要觀念是：「物類起於自然的選擇，起於生存競爭裏最適宜的種族的保存。」……達爾文不但證明「類」是變的，而且指出「類」所以變的道理，這個思想上的大革命在哲學上有幾種重要的影響，最明顯的是打破了有意志的天帝觀念。如果一切生物全靠著時時變異和淘汰不適於生存競爭的變異，方才能適應環境，那就用不著一個有意志的主宰來計畫規定了。』①

胡適對進化論的思考可以追溯到留學初期，在1914年1月25日的日記中他就提出了用進化論來救國的想法：『今日吾國之急需，不在新奇之學說，高深之哲理，而在所以求學論事觀物經國之術。以吾所見言之，有

① 五十年之世界哲學，胡適文存一集。

三術焉，皆起死之神丹也：一曰歸納的理論，二曰歷史的眼光，三曰進化的觀念。』①然而，達爾文是在對動植物和地質等研究的基礎上形成生物進化概念的，這種理論移植到人類和人類社會中是否合適呢？當時正值第一次世界大戰爆發，胡適在1914年10月26日的日記裏寫下了他的困惑：『老子之言曰：「夫惟不爭，故天下莫能與之爭。」……此二聖（指老子與耶穌）之言也。今之人則不然。其言曰弱肉強食，曰強權即公理。曰競爭者，天演之公理也；曰世界者，強有力者之世界也。此亦一是非也，彼亦一是非也，古今人之間果孰是而孰非耶？』（胡適留學日記）在胡適看來，如在人類社會裏運用弱肉強食的原則未免太殘酷了。這種抵牾與胡適早年的教育有關，他曾說：『原來在我十幾歲時候，我就已經深受老子和墨子的影響。這兩位中國古代哲學家，對我的影響實在很大。墨子主「非攻」……，老子主張「不爭」（不抵抗）。』（唐德剛胡適口述自傳）所以一戰期間，他堅持主張不對日宣戰。接觸進化論後，胡適對自己原有的思想做了調整。雖然他在戰爭的態度上始終堅持『不爭』，但在人生態度上卻最終完全否定了道家的不爭無爲。他所以會這樣，在於他認爲個人是進化的關鍵，而進化又是中國和世界的存亡關鍵，輸入進化的學理，能讓國人看清國家所處的命運。同年11月3日，他在日記裏寫道：『蓋人類進化，全賴個人之自蓋，思想之進化。』（胡適留學日記）

胡適對進化論的思考並沒有就此結束，只是之後他不再孤立地談論進化，而是結合在對他來說更重要的杜威的『方法』中。

胡適和杜威的淵源始自於讀書期間。胡適『開始讀杜威的著作，對杜威在1916年所發表的兩篇論文，尤其感覺興趣』。轉入哥倫比亞大學後，胡適對於杜威的關注轉向了之後主宰他一生的『方法』論。『在哥大我選了他（杜威）兩門課：「論理學之宗派」和「社會政治哲學」。我非常喜歡「論理學之宗派」那一課。那門課啟發

① 胡適留學日記，安徽教育出版社1999年版。

我去決定我的博士論文的題目：中國古代哲學方法之進化史』(見唐德剛胡適口述自傳)。那麼，杜威的方法與達爾文進化論又有怎樣的關係呢？胡適在實驗主義一文中說：『杜威受了近世生物進化論的影響最大，所以他的哲學完全帶著生物進化學說的意義。』他又在介紹我自己的思想一文中說：『辯證法出於海格爾的哲學，是生物進化論成立以前的玄學方法。實驗主義是生物進化論出世以後的科學方法。這兩種方法所以根本不相容，只是因爲中間隔了一層達爾文主義。』由此可見胡適對於進化論的重視。從某種角度來說，胡適服膺於杜威的實驗主義，並且直到晚年都沒有『懷疑』過，也是出於一種進化的觀念，即認爲新的總勝於舊的，實驗主義因爲引入了進化論，所以也勝過辯證法。

撰寫先秦諸子進化論、中國古代哲學方法之進化史時，胡適發現莊子對於萬物變化的精妙學說中含有與『進化論』切近的思想。而此時的他仍然持有留學初年的主張，希望把進化論移植進中國，爲中國的奮起提供思想上的工具，於是莊子很自然地成了進化論最適合的移植地。回國後，胡適在中國哲學史大綱中更詳細地論述了他的莊子『生物進化論』，這一觀點隨著此書的廣泛傳播而在國內廣爲人知。

二、對莊子『生物進化論』作大膽、全面的闡釋和論述

在胡適之前，許多中國知識分子已對進化論進行了研究，他們的嘗試也影響了胡適，成爲胡適莊子『生物進化論』研究的重要思想背景。

最早介紹進化論到中國的是嚴復。梁啟超說：『壬寅、癸卯間，譯述之業特盛，定期出版之雜誌不下數十種……。然皆所謂「梁啟超式」的輸入，無組織，無選擇，本末不具，派別不明，惟以多爲貴，……時獨有侯官嚴復，先後譯赫胥黎天演論，斯密亞丹原富，穆勒約翰名學、群己權界論，孟德斯鳩法意，斯賓塞群學肄言等數種，

皆名著也。雖半屬舊籍，去時勢頗遠，然西洋留學生與本國思想界發生關係者，復其首也。』①嚴復不但翻譯了進化論著作，更將莊子思想與進化論思想進行了參照比較。他在批點莊子的過程中，這樣的想法時有流露。如在批點齊物論篇『夫吹萬不同，而使其自已也』時，他說：『一氣之轉，物自爲變，此近世學者所謂天演也。』在批點至樂篇『種有幾』一段文字時說：『此章所言，可以之與挽近歐西生物學家所發明者互證，特其名詞不易解釋，文所解析者，亦未必是。然有一言可以斷定者，莊子於生物功用變化，實已窺其大略，至其細瑣情形，雖不盡然，但生當二千餘歲之前，其腦力已臻此境，亦可謂至難能而可貴矣。』②可見，以莊子思想和進化論作比照解釋，胡適並非第一家。也正是在這樣的背景下，胡適大膽地運用生物進化論來解釋莊子，把莊子的思想與物種起源等量齊觀。這個在今天看來失於草率的論點，在當時卻是順理成章，頗有同道的。

如果說嚴復的批點只是一種點到爲止的解釋，而不是研究的話，那麼胡適則完全突破了嚴復，對莊子『生物進化論』的緣起、發展和對莊子哲學其他方面的影響作了系統的分析。胡適認爲莊子『生物進化論』的產生，有其傳承背景，並非突然產生的。這個背景就是古代哲學家們對『變化』問題始終如一的關注。在他看來，早在老子那裏，就已經注意到『變化』了，『老子認爲萬物都來自虛或無，而變化的進程總是表現爲從無到有，從一到多，從簡單到複雜，從易到難』，『孔子可能受到了老子自然和演化理論的影響，在易傳中他似乎也認爲變化是由簡單、容易或「幾」到繁複多樣的連續過程。』（先秦名學史第四編）但胡適又認爲，老子、孔子的這些說法畢

① 清代學術概論，東方出版社1996年版。

② 莊子評語，嚴復集第四冊，中華書局1985年版。

竟很不完備周密，莊子的『生物進化論』是無法從這樣的思想背景中産生的①，於是便找到了莊子天下所記的辯者『二十一事』中的『卵有毛』命題，以爲這很可以説明『當時很有人研究生物學』(中國哲學史大綱第八篇)。他在先秦名學史第三編中甚至更明確地指出：

正如我已反復指出的，這一時代是生物科學發展的時代。……在公元前三世紀的上半葉，生物進化論已經存在了。其大意認爲，所有生物産生於一切種類所共同的某些基本胚胎。按照這種學説，許多反論不再是不可思議的了。如果所有進化形式産生於某些有機的、簡單的而且『無形的』某物，那麼某物就必然以微型方式潛在地包含後繼的一切形式。因此，我們可以説『卵有毛』。因爲那時的思想家已認識到貫串於生物界演變階段的有機連續性。即從胚胎開端，以人告終，因此説『犬可以爲羊』、『蛙有尾』、『馬有卵』、『白狗黑』，或『龜長於蛇』，都是十分有理由的。

在另一章中，他又説：『可是在孔子死後(公元前479年)的兩個世紀中，思想家們的注意力似乎已逐漸轉向生物學的研究。譬如在墨經中我們看到「爲」的六種方式之一是「化」(經上第85條)。……另外，好幾條經文在解説「化」時都舉出蛙化爲鶉的例子(經上第45條和第86條)。遺憾的是關於這一時代對生物研究的發展，我們只能找到一些片斷的證據。但是甚至在列子、莊子和其他一些著作中找到的零碎段落，也還足以使我們看到

---

① 胡適在中國哲學史大綱第九篇中也有與上述相類似的説法：『萬物變遷……這個問題，從前的人也曾研究過。老子的「萬物生於有，有生於無」，便是老子對於這問題的解決。孔子的易便是孔子研究這問題的結果。孔子以爲萬物起於簡易而演爲天下之至賾，又説剛柔相推而生變化，這便是孔子的進化論。但是老子、孔子都不曾有什麼完備周密的進化論，又都不注意生物進化的一方面。到了墨子以後，便有許多人研究「生物進化」一個問題。……但是關於這問題的學説，最詳細最重要的卻在列子、莊子兩部書裏面。』

那個值得注意的時代的生物學探索的一些情況。』(先秦名學史第四編)胡適認爲正是在這樣的思想背景下，莊子的生物進化思想應運而生了，因而它不是孤立的，相反，卻是當時生物科學發展的真實反應。

首先，胡適認爲莊子的生物進化論是建立在萬事萬物變遷的認識上的。他指出，世界上的萬事萬物都存在著差異，『莊子的進化論也從「不同形」作起點，諸君試看莊子的第一篇逍遥遊，便知道他極力形容「小大之辯」』(先秦諸子進化論)。胡適提到的逍遥遊篇確實充滿了各種不同，從朝菌到椿樹，從蟪蛄到冥靈，從蜩與學鳩到鵬鳥，以至於人類，而人類中更有至人、神人、聖人之分。胡適認爲，正是由於目覩了這些差異，莊子便提出了『萬物皆種也，以不同形相禪，始卒若環，莫知其倫，是謂天均』(寓言)的觀點。胡適據此指出：『「萬物皆種也，以不同形相禪」，這十一字竟是一篇「物種由來」。』(中國哲學史大綱第九篇)他以莊子至樂中『種有幾』一段文字作爲依據，來進一步闡述所謂莊子生物進化論思想：

(一)『種有幾』的『幾』字，決不作『幾何』的『幾』字解，當作『幾微』的『幾』字解。易繫辭傳說：『幾者，動之微，吉[凶]之先見者也。』正是這個『幾』字。『幾』字從𢆶，『𢆶』字從幺，本像生物胞胎之形。我以爲此處的『幾』字是指物種最初時代的種子，也可叫做元子。(二)這些種子，得著水，便變成了一種微生物，細如斷絲，故名爲㡭。到了水土交界之際，便又成了一種下等生物，叫做蛙蠙之衣。到了陸地上，便變成了一種陸生的生物，叫做陵舄。自此以後，一層一層的進化，一直進到最高等的人類。這節文字所舉的植物動物的名字，如今雖不可細考了，但是這個中堅理論，是顯而易見，毫無可疑的。(三)這一節的末三句所用三個『機』字，皆當作『幾』，即上文『種有幾』的『幾』字。若這字不是承著上文來的，何必說『人又反入於機』呢？用『又』字和『反』字，可見這一句是回照『種有幾』一句的。易繫辭傳『極深而研幾』一句，據釋文，一本『幾』作『機』。可見，『幾』字誤作『機』是常有的事。從這個極微細的『幾』一步一步的『以不同形相禪』，直到人類；人死了，還腐化成微細的『幾』，所以說

『萬物皆出於幾，皆入於幾。』這就是寓言篇所說『始卒若環，莫得其倫』了。這都是天然的變化，所以叫做『天均』。（同上）

這裏胡適把莊子的『種有幾』解釋爲從元子進化到人，又復回到元子的過程，因爲在他看來末三句所用的『機』字與『種有幾』的『幾』字相同。但我們知道，萬物的生命產生於自然，死後又復歸於自然，這是莊子的重要思想之一。至樂篇中莊子的妻子死了，莊子鼓盆而歌，並說：『察其始而本無生，非徒無生也而本無形，非徒無形也而本無氣。雜乎芒芴之間，變而有氣，氣變而有形，形變而有生，今又變而之死，是相與爲春秋冬夏四時行也。』從這個思想出發，末句的『機』字，便並非元子之意，而指的是自然。而『人又反入於機』之所以用『又』、『反』，原因不是胡適所說的『機』、『幾』義相通，而是因爲在莊子眼中，生死像是四季一樣循環往復的。所以，這段話中『萬物皆出於機』是指獲得形體，有了生命；說『皆入於機』則是指喪失了生命，毀去了形體，重回於自然。胡適顯然過於關注莊子物物之間遞相變化的思想，而忽略了莊子生死循環的觀點。

其次，胡適認爲莊子的生物進化是一種『漸變』。他在中國哲學史大綱第九篇中說：

萬物本來同是一類，後來才漸漸的變成各種『不同形』的物類，卻又並不是一起首就同時變成了各種物類。這些物類都是一代一代的進化出來的，所以說『以不同形相禪』。

胡適之所以有這樣的論斷，與達爾文進化論思想的先入爲主不無關係。他在介紹我自己的思想一文中說：『達爾文的生物演化學說給了我們一個大教訓：就是教我們明了生物進化，無論是自然的演變，或是人爲的選擇，都由於一點一滴的變異，所以是一種很複雜的現象。』（胡適文存四集）由於對漸變的篤信，胡適在當時激烈地反對『革命』，認爲『一點一滴的不斷的改進是真實可靠的進化』，而『決沒有一個簡單的目的地可以一步跳到，更不會有一步跳到之後可以一成不變』（介紹我自己的思想）。在文學、國語甚至文明再造上，他都極力擁護一點一滴的進化，而反對急風驟雨般的革命。這些想法也很自然地帶進了對莊子的研究中。其實，莊子的

『化』並沒有嚴格區分『漸變』和『突變』，其中有『日與物化者』（則陽）這類緩慢的變化，也有『已化而生，又化而死』（知北遊）這樣的驟然變化，而胡適的解釋則更多地帶上了胡適本人的思想痕跡，很難説是莊子的。

最後，胡適認爲莊子的生物進化觀是一種被動的『適應』。他説莊子以爲『萬物雖不同形，不同才性，不同技能，卻各個適合於自己所處的境遇』（中國哲學史大綱第九篇），『「萬物皆有所可，有所不可」，象雖大，螞蟻雖小，各有適宜的境地，故説萬物平等。』（中國哲學史大綱第十二篇）爲了證明他的這些説法，他又引用了莊子在齊物論篇中所説的話：『民濕寢則腰疾偏死，鰍然乎哉？木處則惴慄恂懼，猨猴然乎哉？三者孰知正處？民食芻豢，麋鹿食薦，蝍蛆甘帶，鴟鴉耆鼠，四者孰知正味？猨猵狙以爲雌，麋與鹿交，鰍與魚游。毛嬙麗姬，人之所美也；魚見之深入，鳥見之高飛，麋鹿見之決驟。四者孰知天下之正色哉？』在胡適看來，莊子的這些思想與達爾文進化論『適者生存』的主旨是相通的：達爾文的進化論認爲只有適合於環境的個體才能存活下來，所以動植物一些性狀的形成是環境影響的結果；莊子則認爲各個物種都是適應於所在環境的。但是，胡適認爲這兩種『適應』説又不完全一樣，相較於達爾文的主動『適應』，莊子的『適應』是消極被動的。他就此分析説：

> 近世生物學者説生物所以變遷進化，都由於所處境遇（Environment）有種種需要，故不得不變化其形體機能，以求適合於境遇。……但是這個適合，有兩種的分別：一種是自動的，一種是被動的。被動的適合，如魚能游泳，鳥能飛，猿猴能升木，海狗能游泳，皆是。這種適合，大抵全靠天然的偶合，後來那些不能適合的種類都澌滅了，獨有這些偶合的種類能繁殖，這便是『天擇』了。自動的適合，是本來不適於所處的境遇，全由自己努力變化，戰勝天然的境遇。……莊子的進化論只認得被動的適合，卻不去理會那更重要的自動的適合……，這是完全被動的、天然的生物進化論。（中國哲學史大綱第九篇）

在胡適看來莊子的『適應』之所以是被動的，正因爲莊子堅持認爲進化是一種自化的無目的的行爲。胡適認爲莊子和老子不同，老子在『堅持「天地不仁」的同時，又深深地感到自然歷程的無所不足，以至又往往對自然採取一種接近目的論的觀點，譬如把她說成「偉大的司殺者」，或者換一種說法：「天網恢恢，疏而不失」』（先秦名學史第四編），而莊子所謂的進化不出於有意志的天，也不出於進化論的『適應』，所以他認爲莊子的適應是一種被動行爲。其次，胡適認爲莊子的進化是一種個體本身的『自化』行爲，『生物進化，都由自化，並無主宰。』（中國哲學史大綱第九篇）其實，這個觀點早在魏晉時便由郭象提出了，他說：『然則生生者誰哉？塊然而自生耳。自生耳，非我生也。我既不能生物，物亦不能生我，則我自然矣。……而或者謂天籟役物，使從己也。夫天且不能自有，況能有物哉！故天者，萬物之總名也，莫適爲天，誰主役物乎？故物各自生而無所出焉，此天道也。』（齊物論注）郭象排除了『我』和『天』這兩個原因，認爲莊子眼中的萬物是『自然』、『自生』的。胡適延續了這樣的看法，認爲莊子的『天道』是自然無爲的，它孕育了萬物後就不再作爲，於是萬物只有『何爲乎，何不爲乎？夫固將自化』（莊子秋水）。胡適認爲這是莊子生物進化論最大的毛病，莊子『並不曾明說這種「適合」（Adaptation to environment）果否就是萬物變遷進化的緣故，這一層便是莊子生物進化論的大缺點』（中國哲學史大綱第九篇）。胡適所說的這一點確實是莊子『進化論』的弱處。正是由於自化原因的不明，莊子的『進化論』才最終被他的宿命論和命定論所覆蓋，沒有顯示出應有的積極意義。

三、學術界的褒貶與胡適晚年對自己理論的修正

胡適的中國哲學史大綱出版後，褒貶不一。他的許多論斷和做法，如『截斷衆流』、『老先孔後』等都引起了極大的爭論，莊子一章也是如此。既有贊同擁護的，也有懷疑批駁的。

梁啟超在評胡適之中國哲學史中說：『胡先生講的莊子，……裏頭最重要的話，是說莊子發明生物進化論。內中講「種有幾」那一段，確是一種妙解。』①馬叙倫在莊子劄記中也採納了胡適的『種有幾』一段的解釋，這還引來傅斯年的不滿，認爲『先生（指馬叙倫）書中，有自居創獲之見，實則攘自他人，而不言所自來者。……「曰三機字皆當作幾，此言萬物之幾化生死復幾」，……皆胡先生說，特字句不同，又多抄録耳。考前人未有爲此説者，胡先生此講義印於去冬，馬先生莊子劄記刊於今夏；同教一堂，不得云未見，見而不言所自來，似爲賢者所不取也。』②可見，莊子進化論一説在當時是頗轟動的，也產生了不小的學術影響力。馬叙倫的採納和傅斯年的指摘，都説明了兩人對於此説的關注。馬叙倫把此觀點用作『種有幾』的解釋，更表明其是贊同並且欣賞此説的。日本渡邊秀方在所著的中國哲學史概論中説：『種有幾之説是生物適用其環境，生出種種種類，由下等動物至於次等、由次等至於高等的進化過程。』③蒯伯贊更是認爲『早在達爾文之前兩千多年的哲人莊子就發表了生物進化論。……莊子這一學説是偉大的，因爲他在原則上指出了生物進化的基本原理——由低級種屬向高級種屬發展的原理。』④

除了贊同的聲音，批駁者也不在少數。陳寅恪就明確表示『莊子之書必無西洋生物進化論』⑤，侯外廬也認

---

① 飲冰室合集第五册，中華書局1994年版。
② 讀莊子劄記，傅孟真先生集第一册，傅孟真先生遺著編輯委員會編輯、臺灣省政府印刷廠1952年印刷。
③ 引自譚彼岸批判胡適所謂『莊子書中的生物進化論』，生物學通報1956年8月號。
④ 從猿到人的研究序，引自譚彼岸批判胡適所謂『莊子書中的生物進化論』。
⑤ 引自譚彼岸批判胡適所謂『莊子書中的生物進化論』。

爲至樂篇是被人附會成進化論的①。章太炎曾應胡適的要求，爲中國哲學史大綱提建議，對於胡適對莊子的闡釋顯然是持不同看法的。他說：『莊子也曾說一元的話，只「萬物皆種也」一段，就説無盡緣起的話，仿佛佛家由阿賴耶緣起，如來藏緣起，轉入無盡緣起。萬物一元，其實尚差。他不說萬物同種，卻說萬物皆種，明是彼此更互爲種，所以下邊說「始卒若環，莫得其倫」。這就是華嚴「無盡緣起」的道理。若萬物一元的話，古今中外，大概不異，只是所指的元不同，卻不是莊子的意，你要細看。』②這就是說，莊子並非一元論，而更接近佛家的『無盡緣起』之說，所謂『萬物皆種』、『始卒若環，莫得其倫』云云，便足以證明這一點。

但是在當時，贊許的聲音蓋過了反對，這使得胡適沒有對其書進行深入的反思，而更多欣欣然於其『開風氣之先』的意義和在學術界引起的革命性影響。真正的反思在初版三十九年後才得以進行。中國哲學史大綱出版於1919年，至1930年共出了15版，到了1958年1月10日已步入晚年的胡適在紐約寓樓寫中國哲學史大綱臺北版自記時，才坦率地指出了自己著作的失誤：

我現在翻開我四十年前寫成的這本書，當然可以看出許多缺點……。此書第九篇第一章論莊子時代的生物進化論，是全書最脆弱的一章，……我在那一章裏述『莊子書中的生物進化論』，用的材料，下的結論，現在看來，都大有問題。例如莊子寓言篇說：『萬物皆種也，以不同形相禪，始卒若環，莫知其倫，是謂天均。』這一段本不好懂，但看『始卒若環，莫知其倫』八個字，這裏說的不過是一種循環的變化論罷了。我在當時竟說：『萬物皆種也，以不同形相禪』，此十一個字竟是一篇『物種由來』。這真是一個年輕人的謬妄議論，真是辱沒了物種由來那部不朽的大著作了！

① 見譚彼岸批判胡適所謂『莊子書中的生物進化論』。

② 胡適存件574號。引自白吉庵胡適傳，人民文學出版社1996年版。

確實如此，相較於中國哲學史大綱中的話，倒還是再早些的先秦名學史較爲中肯貼切些。胡適在先秦名學史中說：『莊子書中所載類似物種起源論這樣不平凡的理論，充其量也不過是一種非常大膽的假設而已，而並非建立在充分的科學證據上。』（先秦名學史第四編）

胡適的生物進化論雖然不免牽強的色彩，但應該說也抓住了莊子哲學的關鍵點——變化。變化一直是莊子哲學關注的中心，在莊子中『化』無所不在：不僅表現在物體上，如『是萬物之化也』（人間世），『化育萬物』（刻意），還表現爲狀態，如『知天樂者，其生也天行，其死也物化』（天道），『已化而生，又化而死』（知北遊），有時又指一種變化的過程，如『日與物化者』（則陽）。而從一物化生爲另一物的變化，莊子也有所論述，比如逍遥遊篇中鯤鵬的變化，大宗師篇中『浸假而化予之左臂以爲雞』、『浸假而化予之右臂以爲彈』、『浸假而化予之尻以爲輪』，以及寓言篇所謂『萬物皆種也，以不同形相禪』。莊子認爲變化是極爲普遍的，他説『天地雖大，其化均也。』（天地）正是莊子對萬事萬物變化的細緻觀察和思考，萌發了一些帶有進化因素的思想，這些思想在關注進化思想的胡適一輩知識分子眼中，才具有别樣珍貴的光芒。尤其是胡適，當他走進古代哲學時，所帶著的任務便是從中尋找移植西方科學和哲學的土壤。他專心於墨子研究，因爲『到了近幾十年之中，有些人懂得幾何算學了，方才知道那幾篇（指墨子的經上下、經説上下、大取、小取六篇）裏有幾何算學的道理。後來有些人懂得光學力學了，方才知道那幾篇裏又有光學力學的道理。』（中國哲學史大綱導言）同樣，胡適因爲懂得了進化論，才知道莊子裏有所謂進化論的道理。

但是，正如王元化先生在胡適的治學方法與國學研究中所説：『胡適的失誤是他沒有用批判精神對傳統文化進行較深入的理解，他以傳統文化去比附西方文化，阻礙了他對中國文化的更多理解。比如他在早期論文中，用進化論角度去闡述比黑格爾還要早一千多年的先秦諸子，以致他用這種眼光所見到的不是變了形的，就是局限很大的。』①張岱年先生在論胡適中也說，胡適『對於古代儒家、道家哲學中的精義邃旨不甚瞭解』②。實際上，早在中國哲學史大綱出版伊始，章太炎在信中就已經向胡適提出了這點：『接到中國哲學史大綱，盡有見解。但諸子學術，本不容易瞭解，總要看他宗旨所在，才得不錯。如但看一句兩句好處，這都是斷章取義的所爲，不盡關係他的本意。』③從今天的角度看去，雖然這部哲學史堪稱學術典範，具有方法上的開創性，但相對薄弱的功底卻減損了它的整體價值。正是這種『但看一句兩句好處』，『不甚瞭解』和簡單的『比附』，使胡適的莊子研究在熱鬧了若干年之後，終於冷落下來，沒能在莊子研究史上起到多大的推進作用。

第三節　對莊子名學的論述

胡適的中國哲學史大綱是在他的博士論文A study of The Development of Logical Method in Ancient China（胡適譯作中國古代哲學方法之進化史）的基礎上撰成的。其中Logical Method 就是『名學』即邏輯方法的意思，所以A study of The Development of Logical Method in Ancient China 這篇論文現在慣用的譯名是先秦名學史。胡適在先秦名學史的導論：邏輯與哲學中說：『哲學是受它的方法制約的，也就是說，哲學的發展是決定於邏輯方法的發展的。』胡適的這句話包含了兩點內容：第一，『哲學方法』就是『邏輯方法』；第二，由於這種方法的發展對於一種哲學的發展猶爲關鍵，所以胡適認爲名學的研究很重要，並感歎說：『我回顧九百年來

① 讀書1993年9月號。
② 胡適研究叢刊（第一輯），北京大學出版社1995年版。
③ 胡適存件574號。引自白吉庵胡適傳。

的中國哲學史，不能不深感哲學的發展受到邏輯方法的制約影響。』（先秦名學史導論）

四十年之後，胡適返觀當年的著作，在中國哲學史大綱臺北版自記中就『名學』又作了一番較爲深刻的思考：

> 我現在讓臺北商務印書館把我這本四十年前的舊書重印出來，這是因爲這本書雖然有不少缺點，究竟還有他自身的特別立場，特別方法，也許還可以補充這四十年中出來的幾部中國哲學史的看法。
>
> 我這本書的特別立場是要抓住每一位哲人或每一個學派的『名學方法』（邏輯方法，即是知識思考的方法），認爲這是哲學史的中心問題。我在第八篇裏曾說：『古代本沒有什麼「名家」。無論哪一家的哲學，都有一種爲學的方法，這個方法便是這一家的名學。所以老子要無名，孔子要正名，墨子說「言有三表」，……這都是各家的「名學」。因爲家家都有「名學」，所以沒有什麼「名家」。』這個看法，我認爲根本不錯……。
>
> 所以我這本哲學史在這個基本立場上，在當時頗有開山的作用。可惜後來寫中國哲學史的人，很少能夠充分瞭解這個看法。

這裏反復強調的『特別立場』、『特別方法』、『基本立場』所指的只是一件事情：研究哲學史要抓住『名學』，也即邏輯方法。胡適的這個主張也徹底地貫徹到了他對莊子哲學的研究中。

胡適對莊子的名學雖然與進化論分章而論，其實卻是很有聯繫的。所以，胡適在論述莊子名學的開場就指出：『莊周的名學和人生哲學都與這種完全天然的進化論很有關係。』（中國哲學史大綱第九篇）同時，作爲論述者，胡適也從這種名學中發現了近代進化論的一些影子。他對莊子名學的論述，主要包括了三個方面的內容。

一、對莊子『懷疑主義』的論述

胡適認爲莊子名學的第一步就是懷疑主義，這源自於莊子對辯論的看法。在胡適看來，莊子所處的時代，許多人都想用辯論的方式來弄清真相，比如惠施和墨家（胡適認爲惠施也是墨者），他們認爲通過辯論，定能分出是非，得勝者就代表了真相。但是，莊子説：『辯也者，有不見也。』（齊物論）又説：『既使我與若辯矣，若勝我，我不若勝，若果是也，我果非也邪？我勝若，若不吾勝，我果是也，而果非也邪？其或是也，其或非也邪？其俱是也，其俱非也邪？我與若不能相知也，則人固受其黮闇，吾誰使正之？使同乎若者正之，既與若同矣，惡能正之？使同乎我者正之，既同乎我矣，惡能正之？使異乎我與若者正之，既異乎我與若矣，惡能正之？使同乎我與若者正之，既同乎我與若矣，惡能正之？然則我與若與人俱不能相知也，而待彼也邪？』（齊物論）他認爲辯論本就起自於偏頗的看法，越辯偏見越頑固，根本分不清是非，也找不到合適的第三人來分清是非。對於雙方而言，真相不但没有揭開，反是被遮蔽得更深了。由此，胡適説：『墨家因爲深信辯論可以定是非，故造出許多論證的方法，遂爲中國古代名學史放一大光彩。莊子因爲不信辯論可以定是非，所以他的名學的第一步只是破壞的懷疑主義。』（中國哲學史大綱第九篇）

這種懷疑主義受到胡適的極力反對。因爲在他看來，這種思想貶低求知的價值，有礙科學的發展，正是導致古代哲學中絕的第一大原因：

中國古代的哲學莫勝於『別墨』時代。墨辯諸篇所載的界説，可想見當時科學方法和科學問題的範圍。無論當時所造詣的深淺如何，只看那些人所用的方法和所研究的範圍，便可推想這一支學派，若繼續研究下去，有人繼長增高，應該可以發生很高深的科學和一種『科學的哲學』。不料這支學派

> 發達得不多年，便受一次根本的打擊。這種根本上的打擊就是莊子一派的懷疑主義。因爲科學與哲學發達的第一個條件，就是一種信仰知識的精神：認爲真理是可知的，是非是可辯的，利害嫌疑治亂都是可以知識解決的。（中國哲學史大綱第十二篇）

在胡適看來，莊子認爲『一切關於是非真僞的辯論都是不必要的和無效的』（先秦名學史第四編），所以他不但否定了辯論的價值，否定了一切邏輯的區別，更動搖了知識的地位，這種思想在當時對別派的發展起了不良的影響。

但是，胡適認爲這種名學也有建設的一面。它可以引導人們放棄辯論，真正地去把事理瞭解透徹，那時就會發現原來的『是』不是真正的『是』，原來的『非』也不是真正的『非』，都是人爲偏見造成的。如莊子說：『物無非彼，物無非是。自彼則不見，自知則知之。故曰彼出於是，是亦因彼。……是亦彼也，彼亦是也。彼亦一是非，此亦一是非。果且有彼是乎哉，果且無彼是乎哉？彼是莫得其偶，謂之道樞。樞始得其環中，以應無窮。是亦一無窮，非亦一無窮也。故曰莫若以明。』（齊物論）對此，胡適曾在先秦名學史第四編中論述道：

> 僅僅是由於觀點不同，才使實際上是相互關聯的東西顯現爲真理和謬誤。要是把它們不看作對立而看作互相補充的相關，我們便將達到道樞，有關的一切差別和對立便都被協調起來。

在胡適看來，這種邏輯的基本原理是他的自然、道或宇宙之理的觀念：它就是自然進化歷程的一種無意識的概念，宇宙間的一切都有它存在的理由，都是『適合』於它的特殊地域和環境的。

胡適認爲，莊子不但在認識論上持有這個觀點，而且還把它推廣到了人類歷史上，在莊子眼中，天下的是非善惡也遵循此理，各有其適應的範圍。胡適還曾在先秦諸子進化論中引了秋水篇的話：『昔者堯、舜讓而帝，之、噲讓而絕；湯、武爭而王，白公爭而滅。由此觀之，爭讓之禮，堯、桀之行，貴賤有時，未可以爲常也。……故曰：「蓋師是而無非，師治而無亂乎？」是未明天地之理，萬物之情者也。』胡適指出，莊子顯然認爲『爭』和

『讓』的正確性頗爲有限，在特定的環境中是可行的，如拘泥不化則可能會產生完全相反的效果。

對於莊子的這個『適合』名學，胡適特別重視，他在中國哲學史大綱第九章中說『莊子名學的精義全在於此』，在先秦諸子進化論中又強調『懂得這個道理，才可明白莊子的名學』。應當認爲，胡適之所以強調這一點，正是因爲莊子的『適合』名學與近代的進化論很切近，與胡適本人的名學方法也很切近。如莊子在秋水篇中說：『帝王殊禪，三代殊繼。差其時，逆其俗者，謂之簒夫；當其時，順其俗者，謂之義徒。』認爲同樣的做法在適合的時代裏可以成爲『義徒』，在不適合的時代則會淪爲『簒夫』。胡適在易卜生主義中也表達了相近的思想，只是他所探討的是有關救國的問題，他說：『社會國家是時刻變遷的，所以不能指定那一種方法是救世的良藥：十年前用補藥，十年後或者須用泄藥了；十年前用涼藥，十年後或者須用熱藥了。況且各地的社會國家都不相同，適用於日本的藥，未必完全適用於中國；適用於德國的藥，未必適用於美國。只有康有爲那種「聖人」，還想用他們的「戊戌政策」來救戊午的中國；只有辜鴻銘那班怪物，還想用二千年前的「尊王主義」來施行於二十世紀的中國。』（胡適文存一集）他又在文學改良芻議中說：『一時代有一時代之文學：周秦有周秦之文學，漢魏有漢魏之文學，唐、宋、元、明有唐、宋、元、明之文學。……凡此諸時代，各因時勢風會而變，各有其特長，吾輩以歷史進化之眼光觀之，決不可謂古人之文學皆勝於今人也。』胡適認爲文學是應時代而生的產物，因而各代的文學雖然迥異，卻是各適合於當時的年代，是同等的。如果一定認爲古代文學必勝於今人文學，那就犯了厚古薄今的錯誤了。

胡適對莊子懷疑主義功與過的評述，顯然帶有較大的主觀性。如他在中國哲學史大綱中對此就有兩種不一致的說法：在墨子一章中論述其消亡原因時，他並不曾提及莊子，但到了『古代哲學之中絕』一章中卻又把其列爲第一等原因，說明胡適本人對此也存在著矛盾。這裏尤其需要指出的是，莊子對於辯論的懷疑雖代表了一種消極的認識觀，卻是對當時理性認識觀的一種有益補充。作爲對立的兩個學派，莊子和墨家始終是處於平等的地位，既互相反對，又互相依存。可是胡適卻指責莊子的『懷疑主義』使墨家學派遭受了滅頂之災，這顯然是不符合實際的。因爲墨學的驟然中絕，無疑有其不可忽視的内部原因，正如梁啟超所指出：『胡先生講墨學固然甚好。講墨學消滅的三種原因，還不甚對。依我説，第三種「詭辯太微秒」應改爲「詭辯太詭」。更有第四種原因，發於墨學自身，就是莊子天下篇説的「其道大觳，使人憂，使人悲，其行難爲也。……反天下之心，天下不堪。墨子雖獨能任，奈天下何！」我和胡先生都是極崇拜墨子的人。但這一點，是不必爲墨子諱的。』（評胡適之中國哲學史大綱）

二、對莊子『是亦一無窮，非亦一無窮』思想的論述

胡適認爲，莊子的是非不是一成不變的，而是『應時而起』，隨『時勢世變所産生』的，所以他説：『是亦一無窮，非亦一無窮。』（齊物論）其實在莊子看來，這個道理並不限於是非，善惡的變化也是如此。胡適在解釋這一點上，又聯繫到了文學與思想的變化。他在中國哲學史大綱第九篇中就此論述道：

天下的是非，本來不是永遠不變的。世上無不變之事物，也無不變之是非。古代用人爲犧牲，以祭神求福，今人便以爲野蠻了。古人用生人殉葬，今人也以爲野蠻了。古人以蓄奴婢爲常事，如今文明國都廢除了。百餘年前，中國士大夫喜歡男色，如袁枚的李郎曲，説來津津有味，毫不以爲怪事，如今也廢去了。西方古代也尚男色，哲學大家柏拉圖於所著一席話（Symposium）也暢談此事，不以爲怪，如今西洋久已公認此事爲野蠻陋俗了。這都是顯而易見之事。又如古人云『君臣之義無所逃於天地之間』，又説『不可一日無君』，如今便有大多數人不認這話了。又如古人有的説人性是善的，有的説是惡的，有的説是無善無惡可善可惡，究竟誰是誰非呢？……舉這幾條，以表天下的是非也隨時

勢變遷，也有進化退化。這便是『是亦一無窮，非亦一無窮』的真義……。如今的人，只是不明此理，所以生在二十世紀，卻要去摹仿那四千年前的堯舜；更有些人，教育二十世紀的兒童，卻要他們去學做二三千年前的聖賢！

莊子認爲，隨著時代的變遷，人類社會也存在著變化，所以社會制度、道德觀念不是一成不變的，並非古的一定好：『昔者堯、舜讓而帝，之、噲讓而絕；湯、武爭而王，白公爭而滅。由此觀之，爭讓之禮，堯、桀之行，貴賤有時，未可以爲常也。』（秋水）在胡適看來，『這個變化進化的道德觀念和是非觀念，有些和德國的海智爾相似。海智爾說人世的真僞是非，有一種一定的進化次序。』（中國哲學史大綱第九篇）他並大量運用中西方古今觀念、習俗變化的實例來論證『是亦一無窮，非亦一無窮』的真義，說明其在闡述莊子名學的過程中確實挖掘出了一些適用於時代要求的積極因素。

我們知道，善惡和是非的進化問題在胡適之前，一直存在著爭議。嚴復在評點莊子胠篋『善人不得聖人之道不立，跖不得聖人之道不行；天下之善人少而不善人多，則聖人之利天下也少而害天下也多』時，曾提出一個善惡俱進的說法：『即如今歐美，以數百年科學之所得，生民固多所利賴，而以之制兇器，日精一日，而殺人無窮。彼之發明科學者，亦聖人也。嗟乎！科學昌明，汽電大興，而濟惡之具亦進，固亦人事之無可如何者耳。』①之後的章太炎也提出了類似的疑問，而且更爲深入、清晰，這與他對於當時西方國家的制度和道德的瞭解不無關係。他說：『彼不悟進化之所以爲進化者，非由一方直進，而必由雙方並進，專舉一方，惟言智識進化可爾。若以道德言，則善亦進化，惡亦進化；若以生計言，則樂亦進化，苦亦進化。雙方並進，如影之隨形，

① 莊子評語，嚴復集第四冊，中華書局1986年版。

如罔兩之逐影，非有他也。……然則以求善、求樂爲目的者，果以進化爲最幸耶？其抑以進化爲最不幸耶？』①這表露出章太炎對進化論的反思和謹慎。實際上，這個疑問也是斯賓塞和赫胥黎所爭論的。斯賓塞認爲進化論也適用於社會倫理道德領域，隨著進化，社會自然會一步步向至善的境界發展。赫胥黎則不以爲然，認爲社會的發展是善惡俱演，人們必須介入其中，努力使其向好的一面發展。但是，面對前輩和西哲的疑問、分歧，胡適似乎放棄了其留學初年的困惑，不承認其爲問題。他認爲，社會範疇的是非善惡單純如物種一般進化，可以用科學方法預測。他在科學與人生觀序中說：『道德者，亦循天演公理而演進者也。』又說：『根據於生物學及社會學的知識，叫人知道道德禮教是變遷的，而變遷的原因都是可以用科學方法尋求出來的。』（胡適文存二集）這裏顯然把進化論看作一條放之四海而皆準的科學方法，而忽視了生物界和人類社會所存在的差異。同時，在對莊子名學的闡釋過程中，他也不知不覺地把自己的科學進化觀思想灌輸了進去。我們知道，莊子對於進化的意識是很薄弱的，他強調的多是是非、道德的『變化』，不同時代的差異，而較少真正意義上的進化意識。但是，胡適則認爲其說與海智爾相似，表明了『一定的進化次序』。說明他的這一『闡釋』又有偏離莊子思想本真的一面，亦不外是一種『六經注我』。

三、對莊子『彼出於是，是亦因彼』思想的論述

在胡適看來，莊子名學體現在齊物論篇中的又一重要思想內容就是所謂『彼出於是，是亦因彼』，而『莊子名學的精義全在於此』。他說：『「彼」即是「非是」。「是」與「非是」，表面上是極端相反對的，其實這兩項是

① 俱分進化論，章太炎全集，上海人民出版社1985年版。

相輔相成的。若沒有「是」，更何處有「非是」？因爲有「是」，才有「非是」。因爲有「非是」，所以才有「是」。故說：「彼出於是，是亦因彼。」……東西相反而不可相無，堯桀之自是而相非，即是「彼出於是，是亦因彼」的明例。「東」裏面便含有「西」，「是」裏面便含有「非是」。東西相反而不可相無，彼是相反而實相生相成。』（中國哲學史大綱第九篇）

由於胡適認爲莊子『彼出於是，是亦因彼』思想含有『精義』，所以他在參與教育、語言等爭論中，曾多次表示自己的觀點得益於對方。如他在首倡白話詩之時，許多同道曾竭力反對，認爲白話文可以提倡，但用白話寫詩則會喪失詩味，雙方就此打起了筆墨官司，他的嘗試集也就在這場風波中誕生了。後來，他在嘗試集自序中講起這一過程時說：『我若沒有這一班朋友和我打筆墨官司，我也決不會有這樣的嘗試決心。莊子說得好：「彼出於是，是亦因彼。」』（胡適文存一集）所以，與當時許多學人不同，胡適以嚴肅而積極的態度看待這些大大小小的筆墨官司，甚至沒有官司可打的時候還會覺得寂落①。他不但對許多論戰投入了極大的精力，即使對待無名之輩的商榷文章，他也以全副精神對待，或撰文回答，或復以書信。他深刻地體會到，對立的雙方正是『彼出於是，是亦因彼』，針鋒相對的過程就是推動和深化雙方對問題認識的過程，雖然雙方持有相對立的觀點，卻能從互爲『反動』的過程中，彼此吸取合理的因素，從而更爲接近真理。

胡適不但把莊子這種微妙的名學運用於教育、語言等問題的爭論中，也把其帶進了嚴肅的學術研究中。因爲在他看來，學派的演進也是『彼出於是，是亦因彼』，互相影響，交相發展。他在中國哲學史大綱第九篇中說：

① 胡適在答朱經農一文中說：『在美國的朋友久不和我打筆墨官司了。我疑心你們以爲適之已得了不可救藥的證候，盡可不用枉費醫藥了。不料今天居然接到你這封信……，我的親愛的經農，你真是「不我遐棄」的了！』（胡適文存一集）

先有人說『這是甲』，後有人說『這是非甲』，兩人於是爭論起來了。到了後來，有人說：『這個也不是甲，也不是非甲。這個是乙。』這乙便是甲與非甲的精華，便是集甲與非甲之大成。過了一個時代，又有人出來說：『這是非乙。』於是乙與非乙又爭論起來了。後來又有人採集乙與非乙的精華，說『這是丙』。海智爾以爲思想的進化，都是如此。今用圖表示如下：

（1）這是『甲』。

（2）這是『非甲』。

（3）這是『乙』。

（4）這是『非乙』。

（5）這是『丙』。

（6）這是『非丙』。

（7）這是『丁』。

這就是莊子說的『彼出於是，是亦因彼。……是亦彼也，彼亦是也。……彼亦一是非，此亦一是非。……是亦一無窮，非亦一無窮也。』

胡適在諸子不出於王官論中的說法形象地體現了這一說法：『諸家既群起，乃交相爲影響，雖明相攻擊，而冥冥之中已受到所攻擊者之熏化。』他舉了儒家、墨家的例子：『是故孔子攻「報怨以德」之言，而其言無爲之治則老聃之影響也。墨子非儒，而其言曰：「義者，正也。必從上之正下，無從下之正上。」則同於「政者，正也」之說矣。又言必稱堯舜古聖王，則亦儒家之流毒也。』胡適也提到了莊子，他說：『有時一家之言，蔽於一曲，坐使妙理晦塞，而其間接之影響乃更成新學之新基。如莊周之言天地萬物進化之理，本爲絕世妙論，惜其「蔽於天而不知人」（荀卿之語），遂淪爲任天安命達觀之說。然荀卿、韓非受其進化論，而救之以人治勝天之說，遂變出世主義爲救時主義，變乘化待盡之説而爲戡天之論，變「法先王」之儒家而爲「法後王」之儒家、法家。』對於學術上的這類『彼是方生』，胡適最後總結道：『其間交互影響之跡宛然可尋，……故諸子之學皆春秋戰國之時勢世變所産生，其一家之興，無非應時而起。及時變事異，則向之應世之學翻成無用之文。於是後起之哲人乃張新幟而起。新者已興而舊者未踣，其是非攻難之力往往亦能使舊者更新。』很顯然，胡適的這番話正是運用莊子『彼出於是，是亦因彼』這一理論來具體説明先秦諸子學的發生與興替現象的。我們應當承認，學派的興衰更替本有複雜的背景，胡適的分析從時代和學派影響兩點上入手，雖然較爲籠統，卻也點出了其中關鍵。

總之，在新文化運動的洪潮中，胡適帶著『研究問題，輸入學理，整理國故』的目的，以近代西方先進的思想爲參照，對相距兩千多年的莊子進行了一番大膽的重新審視。這一嘗試一改莊子研究的傳統思路，從研究方法和研究角度上爲莊子研究翻開了新的一頁。他在研究中引入西方進化論，以此爲參考提出了莊子的『生物進化論』；以邏輯方法爲綫索，對莊子哲學體系進行了新的梳理。對於莊子的人生哲學，胡適更是作了徹底的清理。凡此，都是之前歷代莊子研究者所無法完成的。雖然，這些新的嘗試中不無偏頗和草率之處，但是不可否認的是，胡適的莊子研究爲後來的研究者打開了一扇新的大門。今天，我們對其研究的再探討，不僅有利於瞭解民國時期的莊子研究，也有助於我們今後更全面地評價莊子哲學思想。

第四章　魯迅論莊子

魯迅(1881—1936),原名周樹人,字豫才,浙江紹興人,是中國現代偉大的文學家、思想家。近現代學者從各個角度出發,對莊子思想進行了新的闡釋,得出了不同的結論。其中,魯迅對莊子的研究論述可以説是較爲特別的,他將當下社會批判與傳統文明批判結合起來,追根溯源,把對莊子的文辭思想的評述與對老莊思想影響於傳統文化乃至近現代社會思想之情況的評述相結合,提出並闡發了許多重要問題,得出了一些與衆不同的結論,這爲我們更好地瞭解莊子思想、把握道家思想在中國傳統文化中的地位提供了一個獨特的視角。魯迅又自稱『何嘗不中些莊周韓非的毒』,這實際上表明了他對莊子的獨特態度,反映了他與莊子的『特殊』關係,我們也應當予以認真探討。

第一節　『何嘗不中些莊周的毒』

莊子思想在中國源遠流長,影響了一代又一代的中國人,到了二十世紀又影響到了魯迅。魯迅曾這樣説道:

別人我不論,若是自己,則曾經看過許多舊書,是的確的,爲了教書,至今也還在看。因此耳濡目染,影響到所做的白話上,常不免流露出它的字句,體格來。但自己卻正苦於背了這些古老的鬼魂,擺脫不開，時常感到一種使人氣悶的沉重。就是思想上，也何嘗不中些莊周、韓非的毒，時而很隨便，時而很峻急。孔孟的書我讀得最早，最熟，然而倒似乎和我不相干。（寫在墳後面）①

這段話作爲魯迅本人的自述，一直爲後世研究者所關注，爭論的焦點往往集中在『莊周韓非的毒』究竟指的是什麼？如何理解『峻急』、『隨便』二詞，是貶義或者是褒義？對於這一問題，只有把魯迅複雜的性格特徵與其在不同時期的不同表現結合起來考察，方能得出較爲可信的答案。

首先，魯迅與莊子一樣，熱愛自由，嚮往人格獨立。莊子整部書中所極力渲染的『乘天地之正，而御六氣之辯，以遊無窮』（逍遥遊）的逍遥遊境界，是那樣的自然隨性，超邁脫俗，人世間的是非紛爭富貴繁華都只是過眼雲煙，唯有與物同化的大道世界才是永恒的存在。魯迅儘管並不認爲這樣的世界是存在的、能爲凡夫俗子所把握的，但自由自在、不依不傍的人格精神卻爲其深深嚮往。他說：

國人之自覺至，個性張，沙聚之邦，由是轉爲人國。……是故將生存兩間，角逐列國是務，其首在立人，人立而後凡事舉；若其道術，乃必尊個性而張精神。（墳文化偏至論）

故今之所貴所望，在有不和衆囂，獨具我見之士，洞矚幽隱，評騭文明，弗與妄惑者同其是非，惟向所信是詣，舉世譽之而不加勸，舉世毁之而不加沮，有從者則任其來，假其投以笑駡，使之孤立於世，亦無慴也。（集外集拾遺補編破惡聲論）

魯迅認爲個性的解放、精神的自由是人之所以爲人的要素之一，是將人從奴隸狀態解放出來的重要途徑，這不僅僅有利於個人價值的彰顯，更能改變古老中國的疲塌狀態。『舉世譽之而不加勸，舉世毁之而不加沮』本是莊子用來形容超然於衆人之外的宋榮子的，魯迅則用此來描述那些個性張揚的人，這是否可以從一個側面說明

① 本章凡引魯迅文章，皆據魯迅全集，人民文學出版社1981年版。

精神的自由不一定非得是宋榮子這樣的人才能做到，普通人倘若能『尊個性而張精神』亦可以得到？從某種程度上說，魯迅賦予莊子所談論的『自由』以新的含義，更具有了現代性。縱觀魯迅一生，無論是他的爲人抑或是他的爲文，我們確實可以説他的精神是超拔自由，不泥於物的。

其次，魯迅在對莊子思想進行批判的同時，也吸收了莊子思想中的精華並内化爲自己的思想。莊子那『我寧遊戲汙瀆之中自快』（史記老子韓非列傳），即不與統治者合作的決絕立場，『獨與天地精神往來而不傲倪於萬物』（天下）的自在境界，堅決的毫不留情的批判精神，都無不深深地影響了魯迅。對於社會上各類人的各種言辭，莊子作齊物論、天下等篇章進行批評，故而魯迅才説：『就是莊生自己，不也在天下篇裏，歷舉了別人的缺失，以他的「無是非」輕了一切「有所是非」的言行嗎？要不然，一部莊子，只要「今天天氣哈哈哈……」七個字就寫完了。』（且介亭雜文二集『文人相輕』）他在指出莊子思想與行動自相矛盾的同時，也强調了莊子思想中所具有的批判意識。王瑤先生曾這樣説：『在反對儒家禮教上，在個人名位的思想上，在「以天下爲沉濁不可與莊語」的憤世精神上，魯迅是受到了影響的。』（魯迅與中國文學）但莊子的自由更多地呈現爲『出世獨立』的色彩，而魯迅的自由則始終未曾脱離對現實、人生的關照，可以説他的自由是一種『入世的自由』，在文明批判與社會批判中、在日常生活的待人接物中體現出的自由。同時，魯迅『以子之矛攻子之盾』，把從莊子那裏接受而來的批判精神作用於莊子的研究，使得這種批判精神得到了真正的發展。

我們不妨結合魯迅對魏晉風度的論述加以思考。漢魏六朝可以説是莊子思想的復蘇發展時期。魏晉人或著書立説發揮莊子思想的精義，如向秀、郭象等人；或攫取莊子的某些思想作爲清談的題目，如謝安、王導等人；或吸收莊子的批判精神作爲對抗現實的武器，如阮籍、嵇康等人。魯迅最讚賞的還是後者，他一生多次校勘嵇康集，與其説是學術研究的需要，不如説是魯迅借此與前人進行對話，這種跨越時空的心靈契合使得魯迅不斷將嵇康身上那份特異的精神氣質融入自身。而對於清談、飲酒、服藥等名士作風，儘管這些也部分體現了莊子思想，但魯迅相當不屑，原因在於其已剔除了莊子的批判思想，這些行爲只不過是東施效顰，形似而非神似。

再次，在出世與入世問題上，莊子對魯迅的影響情況則顯得相對複雜些。魯迅曾這樣對許廣平說：『我的意見原也一時不容易了然，因爲其中本含有許多矛盾，教我自己說，或者是人道主義與個人主義這兩種思想的消長起伏罷。所以我忽而愛人，忽而憎人；做事的時候，有時確爲別人，有時卻爲自己玩玩，有時則竟因爲希望生命從速消磨，所以故意拼命的做。』（兩地書二十四）如果說人道主義更多地體現個體對於他人的關懷並積極介入社會事務，那麼個人主義則強調個體的自由發展不受外部世界的控制，二者間在理論上是存在一定矛盾的。莊子對當時的民生疾苦雖然亦有所感發，但並沒有付諸行動，他更注重的還是個體精神的自由獨立。魯迅前期受尼采等西方哲人的影響甚深，贊同個人主義，欣賞超人精神；莊子亦對其有很深的影響。如他說：

你大概早知道我有兩種思想矛盾，一是要給社會做點事，一是要自己玩玩。所以議論即如此灰色。（書信集1926年11月18日給許廣平）

我常想在紛擾中尋出一點閒靜來，然而委實不容易。目前是這麼離奇，心裏是這麼蕪雜。（朝花夕拾小引）

二十年代中期，被迫南下的魯迅任教廈門大學，對廈大學者的不滿、對自己被青年學生利用的不滿、對現狀的不滿卻又無奈，使得當時的魯迅意志相當消沉，他不禁懷疑自己是應該繼續爲社會做犧牲還是專心研究自己喜歡的學問。對此，許廣平道：『你的苦痛，是在爲舊社會而犧牲了自己。舊社會留給你的苦痛的遺產，你一面反對這遺產，一面又不敢舍棄這遺產，恐怕一旦擺脫，在舊社會裏就難以存身，於是只好甘心做一世農奴，死守這遺產。』（兩地書八二）莊子思想應該也是這份『遺產』中的一部分吧。然而魯迅之所以爲魯迅不僅在於其嚴於剖析自己，更在於其勇於和自己的想法作鬥爭：『我近來的漸漸傾向個人主義，就是爲此；常常想到像我先前那樣以爲「自所甘願，即非犧牲」的人，也就是爲此；常常勸別人要一併顧及自己，也就是爲此。但這是我的意思，至於行爲，和這矛盾的還很多。』（兩地書九五）『我想，苦痛是總與人生相聯帶的，但也有離開的時候，就是當熟睡之際。醒的時候要免去若干苦痛，中國的老法子是「驕傲」與「玩世不恭」，我覺得自己就有這毛病，不大好。……總結起來，我自己對於苦悶的辦法，是專與襲來的苦痛搗亂，將無賴手段當作樂趣，硬唱凱歌，算是有趣。』（兩地書二）魯迅承認自己思想中也有悲觀的成分，但他始終以各種嘗試來抵抗自己心中的『苦痛』，『將無賴手段當作樂趣，硬唱凱歌，算是有趣』，這樣的舉動不也是很悲壯的嗎？

最後還應當指出，魯迅承繼了莊子順其自然的生死觀，但又有所不同。莊子的觀點是：『死生，命也。其有夜旦之常，天也。人之有所不得與，皆物之情也。……夫大塊載我以形，勞我以生，佚我以老，息我以死。故善吾生者，乃所以善吾死也。』（大宗師）在德充符篇中，莊子借孔子之口說：『死生、存亡、窮達、貧富、賢與不肖、毀譽、饑渴、寒暑，是事之變，命之行也，日夜相代乎前，而知不能規乎其始者也。故不足以滑和，不可入於靈府。』魯迅的觀點與之相類似：『有一批人是隨隨便便，就是臨終也恐怕不大想到的，我向來正是這隨便黨裏的一個。』（且介亭雜文附集死）但在這種隨便的背後，魯迅還強調生活應當有一定的意義：『過去的生命已經死亡。我對於這死亡有大歡喜，因爲我借此知道它曾經存活。死亡的生命已經朽腐。我對於這朽腐有大歡喜，因爲我借此知道它還非空虛。』（野草題辭）前頭縱然是『墳』，也得走下去，重要的是過程，是走的勇氣和毅力。在處理死後的屍體上，二人亦有區別：

> 莊生以爲『在上爲烏鳶食，在下爲螻蟻食』，死後的身體，大可隨便處置，因爲橫豎結果都一樣。我卻沒有這麼曠達。假使我的血肉該喂動物，我情願喂獅虎鷹隼，卻一點也不給癩皮狗們吃。養肥了獅虎鷹隼，它們在天空、巖角、大漠、叢莽裏是偉美的壯觀，捕來放在動物園裏，打死製成標本，也令人看了神旺，消去鄙吝的心。但養胖一群癩皮狗，只會亂鑽，亂叫，可多麼討厭！（且介亭雜文末編半

夏小集）與莊子的輕率隨便相比，魯迅對死後屍體的處理則顯得相對嚴肅。這倒不是魯迅對生死的固執，而是魯迅希望自己能成爲後人的一把梯子，哪怕是死後的屍體也能爲有志之士所用。

第二節 對莊子思想的討論

魯迅在1907年的摩羅詩力說中强調，中國一直以來缺乏『凡立意在反抗，指歸在動作』的詩人。他在該文中憤慨地指出：

老子書五千語，要在不攖人心；以不攖人心故，則必先自致槁木之心，立無爲之治；以無爲之爲化社會，而世即於太平。……中國之治，理想在不攖，而意異於前説。

我們知道，莊子在這個問題上的看法是承繼老子而來的，他在大宗師篇中説：『其爲物，無不將也，無不迎也，無不毀也，無不成也，其名爲攖寧。攖寧也者，攖而後成者也。』意謂外界的一切紛亂都不能擾亂得道者個體心境的安寧。魯迅對此無疑是相當不滿的，他以進化論爲指導思想，認定社會的發展勢不可擋，無論是老子提出的『雞犬之聲相聞，民至老死不相往來』（老子八十章）的小國寡民社會，還是莊子所神往的『其行填填，其視顛顛』、『同與禽獸居，族與萬物并』的『至德之世』（馬蹄）都不符合一般的發展規律，都只是一種空想。

對於莊子思想對老子思想的繼承關係，歷朝歷代的學者都有所論述。魯迅在漢文學史綱要中歸納道：

自史遷以來，均謂周之要本，歸於老子之言。然老子尚欲言有無，别修短，知白黑，而措意於天下；周則欲併有無修短白黑而一之，以大歸於『渾沌』，其『不譴是非』，『外死生』，『無終始』，胥此意也。中國出世之説，至此乃始圓備。

司馬遷曾這樣概括莊子學說：『其學無所不窺，然其要本歸於老子之言。……老子所貴道，虛無，因應變化於無爲，故著書辭稱微妙難識。莊子散道德，放論，要亦歸於自然，……而老子深遠矣。』（史記老子韓非列傳）魯迅在繼承司馬氏觀點的基礎上突出說明了兩點：老子注重區分事物的各種性質並能辯證地看待事物，莊子則試圖泯滅事物之間的差別以歸於同一；老子『無爲』的背後實際上是『無不爲』，莊子則力倡真正的『無爲』、徹底的『出世』。魯迅在梳理莊子思想與老子思想承因關係之餘，還明確地指出了道家『出世說』對後世所造成的不良影響。

首先，魯迅認爲這種『唯無是非觀』使得傳統中國人的爲人處世圓滑乃至狡詐，他們在互相敷衍中打發日子，對於是非曲直既沒有興趣也沒有勇氣去追究，整個民族也因此漸漸地消沉下去：

> 我們的古人將心力大抵用到玄虛漂渺平穩圓滑上去了。（華蓋集忽然想到（十））

> 求人尊敬的可憐蟲於是默默地坐著；但偶然也放開喉嚨道『有利必有弊呀！』『彼亦一是非，此亦一是非呀！』『猗歟休哉呀！』聽衆遂亦同聲讚歎道：『對呀對呀，可敬極了呀！』這樣的互相敷衍下去，自己以爲有趣。（華蓋集我的『籍』和『系』）

> 我雖不學無術，而於相傳『處於才與不才之間』的不死不活或入世妙法，也還不無所知，但我不願意照辦。（集外集拾遺報奇哉所謂……）

> 我以爲人類爲向上，即發展起見，應該活動，活動而有若干失錯，也不要緊。惟獨半死半生的苟活，是全盤失錯的。因爲他掛了生活的招牌，其實卻引人到死路上去！（華蓋集北京通信）

『處於才與不才之間』語出莊子山木：『周將處乎材與不材之間。材與不材之間，似之而非也，故未免乎累。』莊子又有『不譴是非，以與世俗處』（天下）、『若是若非，執而圓機』（盜跖）、『以無厚入有間』（養生主）等關於處世方法的論述，魯迅對此顯然是持批評態度的。到了三十年代，魯迅的這種態度則更加明朗化。他尖銳地指出，在民族危難的時刻，賣國求榮的政客、發國難財的奸商、混淆是非的文人以『此亦一是非，彼亦一是非』作爲道具，掩飾著各自不可見人的勾當：

一面交涉，一面抵抗：　從這一方面看過去是抵抗，從那一面看過來其實是交涉。……一面做實業家，銀行家，一面自稱『小貧而已』。……一面日貨銷路復旺，一面對人說是『國貨年』，……諸如此類，不勝枚舉，而大都是扮演得十分巧妙，兩面光滑的。（僞自由書最藝術的國家）

現在的壓軸戲是要似戰似和，又戰又和，不降不守，亦降亦守！　這是多麼難做的戲。　沒有半推半就假作嬌癡的手段是做不好的。（僞自由書大觀園的人才）

譬之文章，則須先講烈士的殉國，再敍美人的殉情；　一面贊希特勒的組閣，一面頌蘇聯的成功；　軍歌唱後，來了戀歌；　道德談完，就講妓院；　因國恥日而悲楊柳，逢五一節而憶薔薇；　攻擊主人的敵手，也似乎不滿於它自己的主人。……總而言之，先前所用的是單方，此後出賣的卻是復藥了。（僞自由書新藥）

魯迅一直認爲中國『最缺少的是文明批評和社會批評』（兩地書一七）。他身體力行，以雜文作爲投向社會和傳統的投槍和匕首，對國民的劣根性進行了長期不懈的揭示和批判。在其雜文寫作中，我們可以看到，他往往從某一社會現象出發，對相似的情況加以總結提升，概括出紛紜複雜的現象背後一致的癥結，並對此進行了縱深向的挖掘，對許多傳統的觀點進行了研究、批判，從而在實質上把握了當時的社會現象。

針對二十世紀三十年代中國文壇出現的文人相輕現象，憂心忡忡的魯迅寫了許多文章進行抨擊，並揭示了文壇的混亂現象。他從各個角度指出文人應該具備明確的是非觀和愛憎觀，認爲只有這樣才能明辨是非：

我們如果到莊子裏去找詞彙，大概又可以遇著兩句寶貝的教訓：『彼亦一是非，此亦一是非』，記住了來作危急之際的護身符，似乎也不失爲漂亮。然而這是只可暫時口說，難以永遠實行的。……

但我們現在所處的並非漢魏之際，也不必恰如那時的文人，一定要『各以所長，相輕所短』。凡批評家的對於文人，或文人們的互相評論，各各『指其所短，揚其所長』固可，即『掩其所短，稱其所長』亦無不可。然而那一面一定得有『所長』，這一面一定得有明確的是非，有熱烈的好惡。（且介亭雜文二集『文人相輕』）

增加混亂的倒是有些悲觀論者，不施考察，不加批判，但用『彼亦一是非，此亦一是非』的論調，將一切作者，詆爲『一丘之貉』。這樣子，擾亂是永遠不會收場的。然而世間卻並不都這樣，一定會有明白白的是非之别，……歷史決不倒退，文壇是無須悲觀的。悲觀的由來，是在置身事外不辨是非，而偏要關心於文壇，或者竟是自己坐在沒落的營盤裏。（准風月談『中國文壇的悲觀』）

這擁護『文人相輕』的情境，是悲壯的，但也正證明了現在一般之所謂『文人相輕』，至少，是魏先生所擁護的『文人相輕』，並不是因爲『文』，倒是爲了『交道』。（且介亭雜文二集四論『文人相輕』）

對於文人相輕的手段及其實質，魯迅毫不留情地給予了揭露和抨擊。他所特有的看待現實的角度又使他將批判的矛頭直指傳統文人的性格弱點，深入挖掘原因，在不斷的梳理概括中，使老莊思想的負面影響凸現了出來：

前人之勤，後人之樂，要做事的時候可以援引孔丘、墨翟，不做事的時候另外有老聃，要被殺的時候我是關龍逢，要殺人的時候他是少正卯。（華蓋集續編有趣的消息）

狗也有大小，有好壞的。但要明白，首先要辨别。『幽默處俏皮與正經之間』（語堂語）。不知俏皮與正經之辨，怎麼會知道這『之間』？我們雖掛孔子的門徒招牌，卻是莊生的『私淑弟子』。『彼亦一是非，此亦一是非』，是與非不想辨；『不知周之夢爲蝴蝶歟，蝴蝶之夢爲周歟』，夢與覺也分不清。生活要渾沌。如果鑿起七竅來呢？莊子曰：『七日而渾沌死。』（南腔北調集論語一年）

學者的見解，是超然於得失之外的。雖然超然於得失之外，利害大小之辨卻又似乎並非全沒有。大莫大於尊孔，要莫要於崇儒，所以只要尊孔而崇儒，便不妨向任何新朝俯首。（花邊文學算帳）

魯迅指出這些學者的處世方法是孔子入世觀與莊子出世觀的混合物，他們那看似恬淡自然的文字背後依然有所堅持：『糊塗主義，唯無是非觀等等——本來是中國的高尚道德。你說他是解脫、達觀罷，也未必。他其實在固執著，堅持著什麼，例如道德上的正統，文學上的正宗之類。』（准風月談難得糊塗）在魯迅看來，他們表面上要求衆人去是非，避利害，任逍遙，但實際上他們仍然堅持著社會等級制度，認爲這是支撑整個社會的基礎：『但我們自己是早已佈置妥貼了，有貴賤，有大小，有上下。自己被人凌虐，但也可以凌虐別人；自己被人吃，但也可以吃別人。一級一級的制馭著，不能動彈，也不想動彈了。』（墳燈下漫筆）可見這樣的無是非觀大概只能算是『僞無是非觀』，以這種思想爲指導的文人所作的文章，要麼就是『幫忙文學』，要麼就是『幫閑文學』：

幫閑，在忙的時候就是幫忙，倘若主子忙於行兇作惡，那自然也就是幫兇。但他的幫法，是在血案中而沒有血跡，也沒有血腥氣的。譬如吧，有一件事，是要緊的，大家原也覺得要緊，他就以丑角身份而出現了，將這件事變爲滑稽，或者特別張揚了不關緊要之點，將人們的注意拉開去，這就是所謂『打諢』。（准風月談幫閑者發隱）

這既是針對傳統文人的慣有做法而發出的議論，更是對二十世紀三十年代文壇恬淡平和幽默別致文風提出的尖鋭批評。爲此，魯迅曾與『論語派』展開論爭。林語堂在論幽默的開篇中說：『到第一等頭腦如莊生出現，遂有縱橫議論捭闔人世之幽默思想即幽默文章，所以莊生可稱爲中國幽默始祖。太史公稱莊生滑稽，便是此意，或索性追源於老子，也無不可。』（我的話）魯迅針鋒相對道：『中國之自以爲滑稽文章者，也還是油滑、輕薄、猥褻之談，和真的滑稽有別。』（准風月談『滑稽』例解）他一再申明自己並非反對幽默，而是中國歷史上實在是很少有真正的、有意義的幽默，多的是些插科打諢。他幾次強調小品文正處於『危機』中而衆人竟絲毫未曾察覺：

關於近日小品文的流行，我倒並不心痛，以革新或留學獲得名位，生計已漸充裕者，很容易流入這一路。蓋先前原著鬼迷，但因環境所迫，不得不新，一旦得志，即不免老病復發，漸玩古董，始見老莊，則驚其奧博，見文選，則驚其典贍，見佛經，則服其廣大，見宋人語錄，又服其平易超脱，驚服之下，率而宣揚，這其實還是當初沽名的老手段。（書信集1934年致楊霽雲）

這樣的文人寫就的文章『雍容閒適，縝密整齊』，但『從讀者看，雖然不痛不癢，卻往往滲有毒汁，散佈了妖言』（花邊文學論『花邊文學』）。魯迅深究小品文在中國的發展情況後，以明人小品爲例説：『這真是一種極好的消遣品。然而先要讀者的心裏空空洞洞，混混茫茫。假如曾經看過明季稗史、痛史，或者明遺民的著作，那結果可就不同了，這兩者一定要打起仗來，非打殺其一不止。』（花邊文學讀書忌）

在這個過程中，魯迅曾説：『近幾時我想看看古書，再來做點什麽書，把那些壞種的祖墳刨一下。』（書信集致蕭軍蕭紅）他『只取一點因由，隨意點染，鋪成一篇』（故事新編序言），並且『以其人之道還治其人之身』，以自己的『油滑』對抗老莊的油滑，因此在故事新編中便特意寫下了出關及起死這兩篇文章，對老莊思想的流毒作了一番清算。關於出關，魯迅自己曾説：

首先是請不要『墜入孤獨和悲哀去』，因爲『本意是不在這裏』。……至於孔老相爭，孔勝老敗，卻是我的意見：老，是尚柔的；『儒者，柔也』，孔也尚柔，但孔以柔進取，而老卻以柔退走。這關鍵，即在孔子爲『知其不可爲而爲之』的事無大小，均不放鬆的實行者，老則是『無爲而不爲』的一事不做，徒作大言的空談家。要無所不爲，就只好一無所爲，因爲一有所爲，就有了界限，不能算是『無不爲』了。（且介亭雜文末編出關的『關』）

那出關，其實是我對老子思想的批評。這種『大而無當』的思想家，是不中用的，我對他並無同

情，描寫上也加以漫畫化，將他送出去。（書信集一九三六年二月二十一日致徐懋庸信）

在對儒家、道家的映照比較中，魯迅指出：二者固然都是『尚柔』的，但他們作用於現實的力度不一。看來，儘管他對儒家的觀點並不完全贊同，但對其進取精神還是給予了充分的肯定。相比較之下，老子的『無爲而無不爲』（老子三十七章）因缺少實踐的可能性則遭到魯迅的鞭笞。

出關取材於史記老子韓非列傳所載孔子問禮於老子，老子騎牛過玄關，西走流沙的故事。魯迅用漫畫的筆觸，著意刻畫了道家虛無思想的創造者——空談家老子的形象，尖銳地嘲諷了他『無爲而無不爲』，『夫唯不爭，故天下莫能與之爭』（老子二十二章）的庸人哲學。出關中雖未直接提到莊子，但文章暴露的思想又何嘗沒有莊子的影子？再者，老莊本有淵源關係，魯迅對老子思想的批評實際上也是對莊子思想的批判。

起死則取材於莊子至樂中的一個寓言故事：『莊子之楚，見空髑髏，髐然有形，撽以馬捶，因而問之，曰：「夫子貪生失理而爲此乎？將子有亡國之事，斧鉞之誅而爲此乎？將子有不善之行，愧遺父母妻子之醜而爲此乎？將子有凍餒之患而爲此乎？將子之春秋故及此乎？」於是語卒，援髑髏，枕而臥。夜半，髑髏見夢曰：「子之談者似辯士。視子所言，皆生人之累也，死則無此矣。子欲聞死之說乎？」莊子曰：「然。」髑髏曰：「死，無君於上，無臣於下，亦無四時之事，從然以天地爲春秋，雖南面王樂，不能過也。」莊子不信，曰：「吾使司命復生子形，爲子骨肉肌膚，反子父母、妻子、閭里、知識，子欲之乎？」髑髏深矉蹙頞曰：「吾安能棄南面王樂而復爲人間之勞乎！」』在起死中，『莊子』說道，『要知道活就是死，死就是活呀，奴才也就是主人公』，『請大神隨隨便便，通融一點罷，做人要圓滑，做神也不必迂腐的』。在『莊子』的懇請下，髑髏復活了，但是『莊子』卻不能解決復活後的髑髏所真正關心的沒有衣服穿、錢不見了、回不到他生活的年代等諸多現實問題。『莊子』自始至終都不願將衣服脫下來給那人穿，他甚至沒有辦法擺脫那人的糾纏而只能求助於巡士，最後灰溜溜地逃掉。魯迅借這個故事對莊子加以毫不客氣的諷刺，認爲莊子的唯無是非觀在現實生活中只會導向圓滑隨意，根本解決不了任何現實問題——既不能給復活的髑髏幸福，也不能擺脱髑髏的糾纏。正如茅盾所説，魯迅的更深一層用心在於『借古事的軀殼來激發現代人之所應憎與應愛，乃將古代和現代錯綜交融。』（茅盾全集玄武門之變序）出關、起死中刻畫的雖然並非歷史上老莊的思想及性格的全部特徵，但其本質根由無論如何是屬於老莊而非別的一個什麽歷史人物。很明顯，魯迅之所以在文學創作中改變老子、莊子的歷史面貌，是由於現實生活中某些現象引起他的强烈反感所致。在歷史生活的真實的基礎上，結合著創作時的現實生活所提出的肅清老莊思想陰暗一面的流毒的戰鬥任務和要求，即用藝術的方法集中概括了他們思想性格中的消極陰暗面，包括空談、無爲、陰柔、圓滑、無是非、模棱兩可等。至於爲何没有著重描寫老莊思想性格中的唯物辯證和憤世嫉俗的積極因素，只要結合作文環境，魯迅的初衷便可以理解了。

那麽魯迅心目中理想的知識分子究竟是什麽模樣的？他們首先得敢於直視慘澹的人生。『現在已不是在書齋中，捧書本高談宗教、法律、文藝、美術……等等的時候了，即使要談論這些，也必須先知道習慣和風俗，而且有正視這些的黑暗面的勇猛和毅力。』（二心集習慣與改革）於是，無論是面對現實或是正視歷史，都不能不有一定的是非觀，强烈的愛憎感：

> 造化生人，已經非常巧妙，使一個人不會感到别人的肉體上的痛苦了，我們的聖人和聖人之徒卻又補了造化之缺，並且使人們不再會感到别人的精神上的痛苦。（集外集俄文譯本阿Q正傳序及著者自敘傳略）
>
> 文學的修養，決不能使人變成木石，所以文人還是人，既然還是人，他心裏就仍然有是非，有愛憎；但又因爲是文人，他的是非就愈分明，愛憎也愈熱烈。（且介亭雜文二集再論『文人相輕』）
>
> 至於文人，則不但要以熱烈的憎，向『異己』者進攻，還得以熱烈的憎，向『死的説教者』抗戰。在現在這『可憐』的時代，能殺才能生，能憎才能愛，能生與愛，才能文。（且介亭雜文二集七論『文人相

輕』——兩傷）

莊子是怎樣論述『情』的呢？德充符篇寫道：『惠子謂莊子曰：「人故無情乎？」莊子曰：「然。」惠子曰：「人而無情，何以謂之人？」莊子曰：「道與之貌，天與之形，惡得不謂之人？」惠子曰：「既謂之人，惡得無情？」莊子曰：「是非吾所謂情也。吾所謂無情者，言人之不以好惡內傷其身，常因自然而不益生也。」』莊子認爲『不以好惡內傷其身』即爲『無情』，這一點恰恰就是魯迅所批判的絕是非觀念。魯迅認爲只有那些是非分明、愛憎強烈的文人才是合格的文人，才能發揮自身的作用。

我們已清楚看到，魯迅對莊子思想批判的焦點集中於唯無是非觀。在莊子那裏，這一觀點主要出現於齊物論篇中，他提出物我兩忘與道同化的觀點，並以此作爲達到逍遙遊境界的最好方法。後世評論者對齊物論篇旨趣的闡釋亦往往出現分歧。但不管怎樣，齊物論篇對客觀事物的無窮性和多樣性、人類認知的有限性和主觀性、衡量事物標準的多元化等原因所可能導致的知識的不確定性與不全面性的分析還是有其相當道理的。此外，齊物論篇所體現出的『萬物平等』的思想亦是相當難能可貴的。章太炎曾用『一往平等』四個字來概括齊物論篇的主旨。曾在東京聽過章太炎講課的魯迅受章氏的影響不可謂不深，其出關的寫作亦得益於章氏的啟發。那麼魯迅在對齊物論篇主旨的認識上爲何與章太炎迥然相異呢？他之所以抓住『彼亦一是非，此亦一是非』這句話反復抨擊，我們以爲，關鍵在於這種觀點在中國幾千年的傳統文化中危害很大，演變成滑頭主義的處世哲學，爲各個階層所接受。魯迅認爲不清除這種影響，就不能真正改變中國人的國民性，於是他很自然地刨開這種思想的『祖墳』。是否可以說，這是在另一個角度對莊子思想的論述呢？它是對莊子思想的逆向式解讀，在對莊子思想的演變情況的把握中，揭示了莊子思想的另一面。這爲我們研究莊子提供了一個獨特的視角，而將這種評論與其他學者的有關評論結合起來，無疑更能把握莊子思想的全貌。

第三節　對莊子文辭的兩種態度

在漢文學史綱要老莊中，魯迅對儒家、墨家、道家思想文辭進行了概括，在比較中充分肯定了莊子文辭的成就：

然儒者崇實，墨家尚質，故論語、墨子，其文辭皆略無華飾，取足達意而已。……然文辭之美富者，實惟道家，列子、鶡冠子書晚出，皆後人僞作，今存者有莊子。莊子名周，宋之蒙人，蓋稍後於孟子，嘗爲蒙漆園吏。著書十餘萬言，大抵寓言，人物土地，皆空言無事實，而其文則汪洋闢闔，儀態萬方，晚周諸子之作，莫能先也。

司馬遷在史記老子韓非列傳中評論說：『其（指莊子）著書十餘萬言，大抵率寓言也。作漁父、盜跖、胠篋，以詆訿孔子之徒，以明老子之術。畏累虛、亢桑子之屬，皆空語無事實。然善屬書離辭，指事類情，用剽剝儒、墨，雖當世宿學不能自解免也。其言洸洋自恣以適己，故自王公大人不能器之。』魯迅繼承了司馬遷的觀點，但他這裏所採取的不是哲學史的角度，而是一種基於編撰文學史的審美視角和對文學本身的深切關照。他對莊子一書的體裁特徵作了判斷，認爲其『大抵寓言』，又以『人物土地，皆空言無事實』作爲對『寓言』特性的論證補充，從而突出地說明了莊子文學具有濃重的虛構色彩；　接著復以『汪洋闢闔，儀態萬方』來歸納莊子文章縱橫揮灑、大氣磅礴、汪洋恣肆等特點，並引述齊物論、大宗師、應帝王等篇的精彩文字作爲例證，這就更加使人深信他所作的『晚周諸子之作，莫能先也』這一結論的正確性了。需要補充說明的是，在對莊子文風的評述上，宋元時期的羅勉道就曾這樣說：『莊子爲書，雖恢恑譎怪，佚宕於六經外，譬猶天地日月，固有常經常運，而風雲開闔，神鬼變幻，要自不可闕，古今文士每每奇之。』（南華真經循本釋題）說明羅氏對司馬遷『其言洸洋自恣以適己』觀點的發揮，主要在於以天地、日月、風雲爲喻，強調了莊子文章開闔變化之美，而魯迅『汪洋闢闔，儀態萬方』的評價又應當是對羅氏說法的進一步發展。在上述論證的基礎上，魯迅又引天下篇中描述莊子散文風格的文字，以再次表示對莊子文章浪漫主義氣息的高度認可、稱讚和激賞，並在緊接著的屈原及宋玉一章的開頭復又強調說：

戰國之世，言道術既有莊周之蔑詩禮，貴虛無，尤以文辭，陵轢諸子。在韻言則有屈原起於楚，被讒放逐，乃作離騷，逸響偉辭，卓絕一世。

魯迅說莊子『蔑詩禮，貴虛無，尤以文辭，陵轢諸子』，也應當是承因並發展司馬遷、羅勉道等人的說法而來。但他將莊子與屈原對舉並提，在確認離騷爲先秦韻文之首的崇高地位的同時，也巧妙地點明先秦散文中能與之相媲美的唯有莊子，這卻更多地顯示了他對莊子在先秦文學史上所占崇高地位的獨特認識，流露出了他對莊子超邁不凡的想象力、鬼斧神工般的行文風格的讚賞與喜愛之情。所以郭沫若在莊子與魯迅一文中說：『魯迅愛用莊子所獨有的詞彙，愛引莊子的話，愛取莊子書中的故事爲題材而從事創作，在文辭上讚美過莊子，在思想上也不免有多少莊子的反映，無論是順是逆。』接著他從詞彙、語句及故事題材等方面逐一指出了魯迅與莊子的因緣干連。比如，在魯迅先生早期的文言文章中，可以從詞彙和語法上明顯地看到莊子的影響，其後來的小說創作也曾取材於莊子的寓言故事。可見，魯迅對於莊子文辭的態度，我們不僅可以從其學術著作中看到，更可從其創作實踐中對莊子文辭的改造發揮中感受到。『莊子嬉笑怒駡，皆成文章，借此以消遣歲月，真澆盡胸中塊壘矣』（劉鳳苞南華雪心編），而談到魯迅，我們亦常常用『嬉笑怒駡皆成文章』來評價他。對於曾經熟讀莊子的魯迅，我們有理由相信他汲取了瑰奇曲折的莊子散文中的積極因素，並在不斷的改造發揮中逐步形成自己的行文風格。如下面的幾段話，就是他在引用莊子詞句的基礎上生發出來的：

莊子曾經說過：『乾下去的（曾經積水的）車轍裏的鮒魚，彼此用唾沫相濕，用濕氣相噓。』——

然而他又説：『倒不如在江湖裏，大家互相忘卻的好。』可悲的是我們不能互相忘卻。而我，卻愈加恣意的騙起人來了。如果這騙人的學問不畢業，或者不中止，恐怕是寫不出圓滿的文章來的。（且介亭雜文末編我要騙人）

莊子曰：『哀莫大於心死，而身死次之。』次之者，兩害取其輕也。所以，外面的身體要它死，而內心要它活；或者正因爲那心活，所以把身體治死。此之謂治心。治心的道理很玄妙：心固然要活，但不可過於活。心死了，就明明白白地不抵抗，結果，反而弄得大家不鎮静。心過於活了，就胡思亂想，當真要鬧抵抗：這種人，『絕對不能言抗日』。爲要鎮静大家，心死的應該出洋，留學是到外國去治心的方法。而心過於活的，是有罪，應該嚴厲處置，這才是在國內治心的方法。（僞自由書內外）

而況『庖人雖不治庖，尸祝不越尊俎而代之』，也是古聖賢的明訓，國事有治國者在，小民是用不著吵鬧的。不過歷來的聖帝明王，可又並不卑視小民，倒給與了更高超的自由和權利，就是聽你專門去救宇宙和魂靈。這是太平的根基，從古至今，相沿不廢，將來想必也不至先便廢。（准風月談新秋雜識（二））

從這裏可以清楚地看到，魯迅引用莊子的話，只不過是斷章取義罷了，但他卻由此而生發出許多議論，或用來解剖自己，或用來諷刺當權者。

然而在此前的1925年2月10日，魯迅在對孫伏園主編的京報副刊刊出的啟事——徵求青年愛讀書和青年必讀書各十部（後一項）所作的答覆中説他『從來没有留心過，所以現在説不出』，並勸戒青年：『我以爲要少——或者竟不——看中國書，多看外國書。少看中國書，其結果不過不能作文而已。但現在的青年最要緊的是「行」，不是「言」。只要是活人，不能作文算什麼大不了的事。』（華蓋集青年必讀書）當時其他學者在報紙上向青年推薦的必讀書目大多爲古書，魯迅的言論即由此而發。魯迅反對將青年驅入研究室，埋入故紙堆中，喪失對時代感應的吶喊，他心裏實則是深埋著巨大的苦痛：『去年我主張青年少讀，或者簡直不讀中國書，乃是用許多苦痛換來的真話，決不是聊且快意，或什麽玩笑，憤激之辭。古人說，不讀書便成愚人，那自然也不錯的。然而世界卻正由愚人造成，聰明人絕不能支持世界，尤其是中國的聰明人。現在呢，思想上且不說，便是文辭，許多青年作者又在古文、詩詞中摘些好看而難懂的字面，作爲變戲法的手巾，來裝潢自己的作品了。我不知這和勸讀古文說可有相關，但正在復古，也就是新文藝的試行自殺，是顯而易見的。』（寫在墳後面）他後來又寫了聊答『……』、報奇哉所謂……等文進一步陳述了自己的這一意見。

到了1933年9月29日，上海的大晚報副刊火炬上發表了施蟄存先生的書目，在『欲推薦於青年之書』項下，寫著『莊子，文選（爲青年文學修養之根基）；論語，孟子，顔氏家訓（爲青年道德修養之根基）。』對此，魯迅深有感觸地寫道：

有些新青年，境遇正和『老新黨』相反，八股毒是絲毫沒有染過的，出身又是學校，也並非國學的專家，但是，學起篆字來了，填起詞來了，勸人看莊子、文選了，信封也有自刻的印版了，新詩也寫成方塊了，除掉做新詩的嗜好之外，簡直就如光緒初年的雅人一樣，所不同者，缺少辮子和有時穿穿洋服而已。（准風月談重三感舊）

看到這篇文章後，施蟄存先生以爲這是針對他而來的，立即寫了莊子與文選想爲自己做一個解釋。接下來事情不可預料地發生了，那就是『莊子與文選之爭』。魯迅曾明確表明自己的立場：

又不小心，感了一下子舊，就引出一篇施蟄存先生的莊子與文選來，以爲我那些話，是爲他而發的，但又希望並不是爲他而發的。……現在施先生自說了勸過青年去讀莊子與文選，『爲文學修養之助』，就自然和我所指摘的有點相關，但以爲這文爲他而作，卻誠然是『神經過敏』，我實在並沒有這意思。（准風月談『感舊』以後（上））

這是施先生忽略了時候和環境。他說一條的那幾句的時候，正是許多人大叫要作白話文，也非讀古書不可之際，所以那幾句是針對他們而發的，猶言即使恰如他們所說，也不過不能作文，而去讀古書，卻比不能作文之害還大。（准風月談答『兼示』）

所以，這場論爭與其說是魯迅與施蟄存先生之爭，不如說是魯迅與復古思潮之爭，其批判更多地指向了當時的各種復古行爲，其中較爲突出的就是許多青年只在古文中『討生活』：

以文字論，就不必更在舊書裏討生活，卻將活人的脣舌作爲源泉，使文章更加接近語言，更加有生氣。（寫在墳後面）

排滿久已成功，五四早經過去，於是篆字，詞，莊子，文選，古式信封，方塊新詩，現在是我們又有了新的企圖，要以『古雅』立足於天地之間了。假使真能立足，那倒是給『生存競爭』添一條新例的。（准風月談重三感舊）

從這樣的書（指莊子、文選）裏去找活字彙，簡直是糊塗蟲。（准風月談『感舊』以後（上））

但我總以爲現在的青年，大可以不必舍白話不寫，卻另去熟讀了莊子，學了它那樣的文法來寫文章。……我們試想一想，假如真有這樣的一個青年後學，奉命惟謹，下過一番苦功之後，用了莊子的文法，文選的語彙，來寫發揮論語、孟子和顏氏家訓的道德的文章，『這豈不是太滑稽嗎』？（准風月談答『兼示』）

因爲魯迅是聯繫社會思潮來看待這場論爭的，他便陸續寫了『感舊』以後（上）、『感舊』以後（下）、撲空、答『兼示』、中國人與中國文、反芻、難得糊塗、古書中尋活字彙等一系列雜文進行批評。二十世紀三十年代，國民黨在從事反革命的軍事圍剿的同時，加緊了文化上的圍剿，查封書刊，逮捕暗殺進步文人，並極力鼓吹尊孔復古，實行文化專制主義和愚民統治。在這種情況下，對於施蟄存先生以莊子和文選作爲必讀書目推薦給青年，魯迅不能不感到相當的憤慨。在他看來，這是一種社會的退步，辛亥革命、五四運動所取得的成果在慢慢流失，人們無論在思想上或是在行動上正漸漸回到革命前的狀態，而這種現象在青年中相當普遍。魯迅並不認爲新文學的發展要完全擺脱舊文學，他認爲二者之間『有蛻變，有比較的偏向』（准風月談『感舊』以後（上）），新文學之所以區別於舊文學不僅在於思想内容，在語言上也應有所革新創造，更何況是在白話文運動之後，青年没有必要因襲前人的語言詞彙呢！所以，那些所謂的『導師』和編輯就不應該以『古雅』作爲評判標準來衡量青年的文章。魯迅在許多文章中談到：

永遠反芻，自己卻不會嘔吐，大約真是讀透了莊子了。（准風月談反芻）

現在卻有人以爲『漢以後的詞，秦以前的字，西方文化所帶來的字和詞，可以拼成功我們的光芒的新文學』。這光芒要是只在字和詞，那大概像古墓裏的貴婦人似的，滿身都是珠光寶氣了。人生卻不在拼湊，而在創造，幾千百萬的活人在創造。（准風月談難得糊塗）

僅僅從古文中截取若干字詞作爲自己文章的點綴，而没有自己的發揮創造，是寫不出好文章的，更談不上文學的發展了。正是基於對青年的殷殷期望，魯迅才會如此憤激地反對復古主義。後來，魯迅又在批判復古主義思潮和談到暴發戶、破落戶文學時，多次提到施蟄存先生介紹的莊子和文選：

施蟄存先生在文藝風景創刊號裏，很爲『忠而獲咎』者不平，就因爲還不免有些『隔膜』的緣故。這是顏氏家訓或莊子、文選裏所没有的。（且介亭雜文隔膜）

今年秋天，在上海的日報上有一點可以算是關於文學的小小的辯論，就是爲了一般的青年，應否去看莊子與文選以作文學上的修養之助。不過這類的辯論，照例是不會有結果的，往復幾回之後，有一面一定拉出『動機論』來，不是説反對者『别有用心』，便是『嘩眾取寵』；客氣一點，也就『彼亦一是非，此亦一是非』，而問題於是嗚呼哀哉了。（集外集選本）

魯迅嚴正地提出了青年的發展方向問題，所以他把勸人讀莊子、文選作爲引導青年復古倒退的現象加以針砭，在反復強調中深化了自己的觀點。

假如説漢文學史綱要中魯迅對莊子文辭所持的態度是肯定的，那麼在『青年必讀書目』及其『莊子與文選之爭』中體現出來的態度則是否定的了。魯迅爲何會有這樣兩種截然相反的態度呢？究竟哪一種才是他的真實想法？筆者以爲，將二者割裂開來絕非考察魯迅態度的最佳辦法。相反，假如我們能細細體味魯迅或稱讚或反感的態度背後的潛臺詞，或許就能真正明白他的良苦用心。莊子的文辭的確相當雄偉美妙，但這是莊子本人所特有的創造，它可以成爲創作資源，爲後世人所用，但決不應該僅僅是簡單的模仿甚至抄襲賣弄，魯迅所批判的那些人更多的只是以拿莊子中的若干詞語來裝點門面，甚至試圖以此爲契機進而復古。魯迅在對莊子文辭的評論以及對當代文人文章的批評中，既客觀公正地肯定了莊子取得的成就，又批評了當時因循守舊的作文風氣，就同一個問題進行了雙向度討論，真可謂一箭雙雕。

綜上述可知，莊子與魯迅這兩位相隔兩千多年的中國文化史上的傑出人物，他們的思想在二十世紀發生了一場大交鋒。魯迅以其獨到的眼光、犀利的文字，對莊子的文辭思想進行了一番論述，或接受或批判，得出了與其他人不同的結論。探討其論述並深入挖掘這種論述的原因，不僅有利於我們瞭解莊子在現代中國的接受情況，同時也有助於今天我們重新評價莊子及其思想。

第五章　郭沫若論莊子

郭沫若（1892—1978），現當代作家、詩人、戲劇家，歷史學家、古文字學家、考古學家，出生於四川省樂山縣，原名開貞。郭沫若從小接受的是家塾教育，尤其喜歡古書，他在怎樣運用文學的語言中說：『我自己要坦白的承認，我在中國古書中就愛讀莊子、楚辭、史記。這些書對於我只有好處，沒有怎樣的毒。』①1914年，郭沫若留學日本，學習醫科。在此期間，他閱讀了泰戈爾、歌德、海涅、惠特曼、荷蘭哲學家斯賓諾莎等人的作品，並通過這些作品接觸到了泛神論思想。1923年，郭沫若創作歷史小說鵷鶵（後改名爲漆園吏遊梁）、函谷關（後改名爲柱下史入關），收入豕蹄中。1928年，攜妻再次赴日本，開始從事中國古代史和古文字學的研究工作，撰寫了多篇學術論文。1930年，中國古代社會研究出版。1943年開始，郭沫若陸續撰寫了多篇關於先秦諸子的論文。1945年青銅時代和十批判書兩書出版。1978年，郭沫若逝世。

郭沫若可以說是一個通才，他在許多方面都開風氣之先，獨樹一幟，成爲領軍人物。在關於莊子的研究上，他也突破了過去研究的框限，在同時代研究者中獨出新意，提出了不少莊子學史上未曾引起注意的問題。郭沫若論述莊子或涉及莊子的主要論文、著作包括：我國思想史上之澎湃城、中國文化之傳統精神、惠施的性格與

① 本章所引郭沫若文字，皆據郭沫若全集（歷史编，人民出版社1982年—1985年版；文學编，人民文學出版社1982年—1992年版）。

思想、生活的藝術化、王陽明禮贊、先秦天道觀之進展、莊子與魯迅、青銅時代、十批判書、蘭亭序與老莊思想。

第一節　對莊子人生哲學的論述

莊子人生哲學一向標榜脱離於塵世之外的自由和獨立，他通過對作爲宇宙本原的『道』的領悟，『萬物一齊』（秋水）、『道通爲一』（齊物論）的認識，而獲得了精神上『遊乎塵垢之外』（同上）、『惡能憒憒然爲世俗之禮』（大宗師）的超脱。這種基於萬物齊一的超然物外的境界爲早期的郭沫若所深深欣賞。他曾熱情洋溢地寫信給宗白華説：『我最近復把李太白詩集來讀，把他日出入行一首用新體款式寫了出來是：……吾將囊括大塊，浩然與溟涬同科！……我尤愛他最後一句，你看是不是「我與天地並生，與萬物爲一」、「Subs tan tia Sive deus deus sive natura」呢（本體即神，神即萬匯）？』（三葉集）在年輕的郭沫若看來，莊子的人生哲學可以幫助人擺脱世俗的煩惱，『人到無我的時候，與神合體，超絶時空，而等齊生死。人到一有我見的時候，只看見宇宙萬匯和自我之外相，變滅無常而生生死存亡的悲感。萬物必生必死，生不能自持，死亦不能自阻，所以只見得「天與地與在他們周圍生動著的力，除是一個永遠貪婪、永遠反芻的怪物而外，不見有别的。」此力即是創生萬匯的本源，即是宇宙意志，即是物自體（Ding an sich）。能與此力瞑合時，則只見其生而不見其死，只見其常而不見其變。體之周遭，隨處都是樂園，隨時都是天國，永恒之樂，溢滿靈臺。……人之究竟，唯求此永恒之樂耳。欲求此永恒之樂，則先在忘我。』（少年維特之煩惱序引）郭沫若認爲，莊子哲學正是一帖可以讓人學會『無我』的良方，所以在他精神最空虚無助的時候，選擇了以莊子爲伴：『民國五六年的時候正是我最彷徨不定而且最危險的時候。有時候想去自殺，有時候又想去當和尚。每天只把莊子和王陽明和新舊約全書當做日課誦讀，清早和晚上又要靜坐。』（太戈兒來華的我見）可以説，早期的郭沫若有著許多年輕人共同的困惑和迷茫，在這樣的階段,莊子哲學爲他提供了最適宜的精神空間。我們知道,莊子不滿於社會,不惜對它進行激烈批判,但對於無助的個人卻充滿了同情和尊重,鼓勵人們擺脱世俗的羈絆。莊子的這些主張,無疑引起了同樣不滿社會、希圖改造社會卻又不知方法的郭沫若的強烈共鳴。但是,早期的郭沫若很快消除了這種迷茫,度過了這段困惑期。隨著經歷和思想的成長,二十世紀四十年代的郭沫若拋棄了最初的觀點,對莊子人生哲學做了真正深入的探討。

一、以莊子爲厭世的思想家

郭沫若認爲莊周首先是一個『厭世的思想家』,『他把現實的人生看得毫無意味。他常常在慨歎,有時甚至於悲號。』(十批判書莊子的批判)誠然,在莊子眼中,人的一生真是充滿了痛苦,『一受其成形,不忘以待盡。與物相刃相靡,其行盡如馳,而莫之能止,不亦悲乎!終身役役而不見其成功,苶然疲役而不知其所歸,可不哀邪』(齊物論),『哀樂之來吾不能禦,其去弗能止。悲夫,世人直爲物逆旅耳』(知北遊),『人之生也,與憂俱生』(至樂)。郭沫若認爲莊子是厭世思想的始作俑者,他完全否定了人生:

> 大家都在『與接爲構,日與心鬥』,有的『行名失己』,有的『亡身不真』,都只是些『役人之役』——奴隸的奴隸。人生只是一場夢,這已經是說舊了的話,但在古時是從莊子開始的。不僅只是一場夢,而且是一場惡夢。更說具體一點,甚至比之爲贅疣,爲疔瘡,爲疽,爲癰。因而死也就是『大覺』,死也就是『決疣潰癰』了。真是把人生說得一錢不值。(十批判書莊子的批判)

人們把生命看成最寶貴的東西,莊子卻覺得活著是對人最大的折磨;人們想著辦法過上好日子,而莊子卻滿足於惡衣惡食。『先以他的生活來說,他是把生活的必要削減到了極低的程度』(同上)。根據莊子一書的描述,莊子住的是『窮閭阨巷』,瘦得『槁項黃馘』,貧窮的時候靠著『織屨』過日子,實在維持不了生計時寧肯向監河侯借米,他去拜見魏王,穿的是打著補丁的『大布之衣』。郭沫若認爲,莊子不是沒有能力改善自己的生活,而是不屑於如此。除了否定人生的價值,他更厭惡俗世的富貴利禄,『他對於現實的一切是採取著不合作的態度。……要說他沒有富貴的機會,是一位生活落伍者吧,那他倒有別的逸事可以免掉這種鄙薄。楚國的國王(史記以爲威王)曾經聘請過他,要他去做宰相,經他謝絕了。他的朋友惠施在做梁國的宰相的時候,他去訪他,有謠言說他是去代替惠施的相位,惠施曾經搜索過他三天三夜。據這些逸事看來,足見他是有很多的機會可以富貴的。……在當時各國都在競爭著養士的時候,……像莊子這樣的思想家而且文筆汪洋的人,他如肯去,一定也可以成爲「不治而議」的列大夫,食禄千鍾的,然而他始終不曾去過。他對於富貴的潔癖似乎潔到連看都看不慣了。』(同上)富貴利禄容易使人迷失本性,確實不值得過多留戀。但是在郭沫若看來,莊子的厭世情緒並沒有執著於此、就此打住,而是繼而連應世趨時的學問也拒之於外了:

> 那些都只是騙猴子的東西,所謂『朝三暮四,……朝四暮三』,湯頭改了,藥物沒有變。做奴隸的既然還是變相的奴隸,你會談仁義禮樂,或者加一點,或者減一點,或者偏這邊,或者偏那邊,於是乎便爭得鼓睛暴眼,鬥得頭破血流,然而你是幫了誰來? 你於人生問題有了什麽解決? 或者你已經安富尊榮了,你在溫暖的權勢卵翼之下要談些不切實際的問題,離堅白,縣同異,平山淵,比天地,狗非犬,馬非馬,丁子有尾,卵有毛,超脱似乎超脱,然而只是無聊。(同上)

郭沫若認爲,莊子的厭世是對現實的一切都抱著批判而不合作的態度,他把人世的種種一層一層地顛覆。他否定人生,否定對物質的追求,否定對名聲利禄的追求,否定文人學士的學問之道。這樣沉痛的憤恨,使莊子幾乎不成爲一個人了,『他(惠施)是一個「人」,而莊子則幾乎脱掉了人的性味。』(惠施的性格與思想)郭沫若在其創作的小説漆園吏遊梁中,對莊周脱離塵世的人生哲學進行了揶揄,寫了一個完全不同的、厭倦了出世生活的莊周：他在餓昏了的時候，渴望著口腹之福，『麻屑嚼多了，雖然可以勉強充饑，但是有時總想要點有血有肉的鮮味』；在久沒有人的時候，期盼有人與他交流，『他（莊周）想起了他夫人在生的時候，他待她真是太淡漠了，他總以爲是受了她的拖累。……但是，如今呢？他只對著孤影嚼麻屑了』，『我是饑渴著人的鮮味』；在沒有人辯論的時候，他開始想念惠施，急急地想趕去，『他（惠施）教訓我的話，句句都是腳踏實地，我現在也還記得清楚。他和我不同的地方，便是他事事都腳踏實地，而我只是在無何有鄉中盤旋』。但是，小說並非意在否定莊周的人生哲學，郭沫若最終以莊周入世的失敗煞尾，這樣的情節安排透露出郭沫若對那個時代中的莊子和其人生哲學的理解。這樣的人生哲學充滿了無奈，因爲莊周『有用』，所以不是被利用，便是被嫉恨，欲入世則根本不容於世。在郭沫若看來，那樣的時代裏，如果莊周回到塵世，放棄出世的生活，他的命運將更悲慘。可以說，莊子的人生哲學是那個時代所賜予的。漆園吏遊梁結尾處，莊周長歎道：『唉，人的滋味就是這麼樣！人的滋味就是這麼樣！』語言中充滿了對塵世的無奈。

郭沫若認爲莊子是第一個發出人生如夢喟歎的人，他在十批判書中對莊子人生哲學產生的原因做了詳盡的探討。他認爲有兩點原因，一是當時的社會背景，二是莊子的具有出世傾向的學派源頭。

首先，不同於以往的研究者，郭沫若把對於莊子的研究與當時的社會背景緊密地連接了起來，從中尋找莊子厭世思想產生的深層原因。郭沫若認爲『使他（莊子）成爲那樣厭世的自然有其社會的背境』。莊子所處的時代，在莊子一書中有所描繪。胠篋篇中講到『田成子一旦弑齊君而盜其國，所盜者豈獨其國耶？并與其聖知之法而盜之』的事情，以及當時『竊鉤者誅，竊國者爲諸侯，諸侯之門而仁義存焉』、『爲之斗斛以量之，則并與斗斛而竊之；爲之權衡以稱之，則并與權衡而竊之；爲之符璽以信之，則并與符璽而竊之；爲之仁義以矯之，則并與仁義而竊之』的現象，這些都是莊子生活年代的真實寫照。郭沫若在十批判書莊子的批判一文中指出了這些現象背後的本質，他說：

他（莊子）生的時代就是這樣的時代。前一時代人奔走呼號，要求奴隸的解放，要求私有權的承認，談仁說義，要人把人當成人，把事當成事，現在是實現了。韓、趙、魏、齊都是新興的國家，是由奴隸王國蛻化出來了的，然而畢竟怎樣呢？新的法令成立了，私有權確實是神化了，而受了保障的只是新的統治階級。

郭沫若在十批判書古代研究的自我批判中認爲，莊子那個時代正是代表舊勢力的奴隸主階級和代表新勢力的地主階層、工商階層互相爭奪政治、經濟掌控權的時代。『井田制下的儀式已經形式化而不被遵守了』，但舊勢力仍想『把渙散了的奴隸統治來從新編配，藉以維持其反動政權』，新興的地主們北伐南征，開疆拓土。舊的奴隸主階級終於漸漸走向末路，可是最低層的奴隸的命運卻没有得以改變，井田制雖然被判了死刑，但是繼起的是『莊園制的湯餅會』。郭沫若認爲『這便是使他（莊子）徹底絶望了的原因』，因爲這個時代找尋不到脱離痛苦的出路，對於下層百姓而言，出生就意味著被奴役一生。雖然時勢發生了巨大的變革，但也只是『城頭變換霸王旗』，换湯不换藥的把戲罷了。奴役者變了，被奴役的人們卻仍遭受著和過去同樣的命運。而這新的統治者，『他們更聰明，把你發明了的一切斗斛、權衡、符璽、仁義，通通盜竊了去，成爲了他們的護符。而下層的人民呢？在新的重重束縛裏面，依然還是奴隸，而且是奴隸的奴隸。』所以，在郭沫若看來，『這種經過動蕩之後的反省和失望，就是醖釀出莊子的厭世乃至憤世傾向的酵母』，而人間世篇所謂『天下有道，聖人成焉；天下無道，聖人生焉；方今之時，僅免刑焉』，正説明在莊子的眼中，由奴隸制蛻化而來的莊園制比奴隸制更險毒，能夠免受刑戮就不錯了（見十批判書莊子的批判）。

從這殘酷的時代角度來看，莊子的人生觀雖然很是無奈，卻飽含了對當時社會的沉痛批判，郭沫若認爲莊子的時代『已經是由奴隸制蛻化出來了，但滿地都是刑辟陷阱，只求免死而已』，所以莊子的思想『悲觀是很悲觀，但在當時卻不失爲是一種沉痛的批判』（同上）。確實如此，與當時的諸子不同，莊子看透了當權者的把戲，看出了被擺佈的百姓們永世不得自由的悲苦命運，所以他再不把希望寄托於統治階層上。

其次，郭沫若認爲莊子的出世思想與其出自『顔氏之儒』的學派淵源有關。在郭氏看來，『顔回和孔子都是有些出世傾向的人』（十批判書莊子的批判）。在十批判書儒家八派的批判中，他指出莊子的出世思想與孔子、顔回的思想很有關係，有一脈相通之處，所以莊子受其影響是可能的：

孔子本人原來就是有些超現實的傾向的人，他曾說：『飯疏食，飲水，屈肱而枕之，樂亦在其中矣。』他又贊成曾皙的『暮春者春服既成，冠者五六人，童子六七人，浴乎沂，風乎舞雩，詠而歸』的那種飄逸。這和顔回的『一簞食，一瓢飲，在陋巷，……不改其樂』的態度確有一脈相通的地方。有像這樣的師弟，又何故不能流衍出一批更超現實的後學呢？假如我們想到王陽明的弟子，不一二傳便流於狂禪，這段史影是更容易令人首肯了。

在大宗師篇中有一段關於孔子和顔回的問答，問答圍繞著『心齋』和『坐忘』展開，最終以顔回領悟『坐忘』妙義爲結束。郭沫若認爲這一段雖然不無誇張之嫌，卻也很可以證明孔子、顔回二人的出世傾向。他以爲，『要説是假托，莊子爲什麼要把這些比較精粹的見解托之於孔、顔而不托之道家系統的人，或率性假擬一些人名呢？因而我想，這些應該都是「顔氏之儒」的傳習録而在莊子是作爲「重言」把它們採用了的。』（十批判書儒家八派的批判）説明在郭氏看來，莊子把孔子、顔回裝扮成同道中人，並且在駁斥儒家之時把孔子放在儒家之外，對於這些現象，唯一的解釋就是莊子的出世思想本就與孔子、顔回有關。他甚至認爲，儒家裏這樣的人物還包括曾參、子思和孟子。由此可見，莊子之學出自儒門的説法雖然早在韓愈就已提出，但是把他的出世思想直接與顔氏之儒相勾連，郭沫若可以説是更有深意的。

只有如此才能獲得精神的自由，所以，他崇敬的不是像惠施一樣追求名利的人，而是隨順大道、與萬物一體的『真人』。

二、以莊子爲神仙和滑頭主義的源頭

莊子認爲，個人想要擺脱世俗的束縛就須和大道混爲一體，『苟得於道，無自而不可。』（天運）在莊子看來，

『真人』的人生哲學，首先與莊子的天道觀有關。郭沫若認爲莊子的『道』源自於黄老學派，『道』的觀念作爲『黄老學派的宇宙觀』的一部分被莊子『全部承受了』：『宇宙萬物認爲只是一些跡相，而演造這些跡相的有一個超越感官、不爲時間和空間所範圍的本體。這個本體名字叫「道」。道體是無限的東西，無時不在，無處不在。……要説有神吧，神是從它生出來的。要説有鬼吧，鬼是從它生出來的。它生出天地，生出帝王，生出一切的理則。它自己又是從什麽地方生出來的呢？它是自己把自己生出來的。』（十批判書莊子的批判）在郭氏看來，正因爲『道』無所不包，無所不爲，所以莊子便對著它叫道：『吾師乎，吾師乎！齏萬物而不爲戾，澤及萬世而不爲仁，長於上古而不爲壽，覆載天地、刻雕衆形而不爲巧，此之謂天樂。』（天道）他並分析了這種與天道觀極有關係的莊子的人生哲學，他説：

向這種『道』學習，和這渾沌的東西合而爲一體，在他（莊子）看來，人生就生出意義來了。人生的苦惱、煩雜、無聊，乃至生死的境地，都可得到解脱。把一切差别相都打破，和宇宙萬物成爲一通，説我是牛也就是牛，説我是馬也就是馬，説我是神明也就是神明，説我是屎尿也就是屎尿。道就是我，因而也就什麽都是我。道是無窮無際、不生不滅的，因而我也就是無窮無際、不生不滅的。未生之前已有我，既死之後也有我。你説我死了嗎？我並没有死。火也燒不死我，水也淹不死我。我化成灰，我還

是在。我化成爲飛蟲的腿，老鼠的肝臟，我還是在。這樣的我是多麼的自由呀，多麼的長壽呀，多麼的偉大呀。你說彭祖八百歲，那是太可憐了。……那種有數之數，何如我這無數之數？一切差別相都是我的相，一切差別相都撤棄，管你細梗也好，房柱也好，癩病患者也好，美貌的西子也好，什麼奇形怪相的東西，一切都混而爲一。一切都是『道』，一切都是我，這就叫作：『天地與我並生，而萬物與我爲一。』（十批判書莊子的批判）

正如郭沫若所說，『萬物與我爲一』之『我』的這些超脱的本領都是從『道』處學來的，如果能把這些『道』的妙義領悟了，就是領會了莊子人生哲學的精要了，而懂得這樣思想的人，具有著這樣超脱思想的人，也就是莊子所說的『真人』，即莊子眼中的有道之士。郭氏進而集中詮釋了大宗師篇中的『真人』形象，認爲他是近乎神仙的人：

『據說這種人，不欺負人少，不以成功自雄，不作謀慮，過了時機不失悔，得到時機不忘形，爬上高處他會不怕，掉進水去不會打濕，落下火坑不覺得熱。據說這種人睡了是不做夢的，醒來是不憂愁的，吃東西隨便，呼吸來得很深，他不像凡人一樣用咽喉呼吸，而是用腳後跟呼吸。據說這種人也不貪生，也不怕死，活也無所謂，死也無所謂……。據說這就是心沒有離開本體，凡事都聽其自然。……一句話歸總，這就是後來的陰陽家或更後的道教所誇講的神仙了。』（同上）郭氏並指出，莊子的『真人觀』夾雜著脱離現實的誇張和『文學式的幻想』，其幻想力『實在是太豐富了』，但不無悲哀的是，到了後世，這些都變成了陰陽家和道教手中蠱惑人心的工具，『以後的神仙中人，便差不多都是奇形怪相的寶貝』，『民間的傳說，繪畫上的形象，兩千多年來成爲了極陳腐的俗套，然而這發明權原來是屬於莊子的。』（見十批判書莊子的批判）意謂莊子的『真人觀』到了後來完全走了樣，就像斗斛、權衡、符璽、仁義一樣被人盜了，另作他用。對此，郭沫若不無諷刺地說：

他（莊子）也在防盜，他來一套大法寶『旁礴萬物以爲一』，這不僅是『藏天下於天下』，簡直是藏宇宙於宇宙了。這還盜得了，逃得了嗎？然而後人依然給他盜了，讓它逃了，這是聰明的莊子所不曾預料到的吧。他所理想的『真人』，不一二傳便成爲陰陽方士之流的神仙，連秦始皇帝都盜竊了他的『真人』徽號。（十批判書莊子的批判）

這兒的評論確實切中了要點。然而郭沫若又指出，以超脱爲特徵的莊子思想之所以最終爲卑俗的方士所竊，其中也有莊子思想本身的原因：

> 以那麽超然的莊子思想會有這樣卑污的發展，在莊門説來是不大光榮的事。崇拜老莊學派的超然者流或許會以這種看法爲有意歪曲，辱没了祖師，但也是没有辦法的。連莊子本人後來不是都被稱爲『南華真人』了嗎？大凡一種思想，一失掉了它的反抗性而轉形爲御用品的時候，都是要起這樣的質變的。在這樣的時候，原有的思想愈是超然，墮落的情形便顯得愈見悲慘。（同上）

在郭沫若看來，莊子人生哲學中缺少應有的積極因素，所以一旦爲人所掌握往往會被人改頭換面，失卻真實的内涵，而其中的超脱思想則完全成了麻痹人們精神的工具。莊子得意於自己『藏天下於天下』的觀點，卻没有想到他的超脱會被人盜取，用作奴役的工具，『他（莊子）理想的恬淡無爲，也被盜竊了成爲二千多年來的統治階層的武器。上級統治者用以御下，使天下人消滅了悲憤抗命的雄心；下級統治者用以自衛，使自己收到了持盈保泰的實惠』（同上），這些恐怕是莊子都始料未及的事，但是『從這兒我們便可以瞭解，像莊子那樣生活極端隱遁的人，爲什麽會有一些國家要聘他去做宰相了。……假使他的主張，無益於王長者的統治，那樣的情形是絶對不會有的。』（十批判書名辯思潮的批判）郭沫若這裏運用歷史唯物主義方法進行分析，直接點出了莊子人生哲學的薄弱處，從而大大超越了之前一些學者就莊子哲學論莊子哲學的窠臼。

在郭沫若看來，莊子的天道觀不僅孕育了莊子的『真人』思想，更是『滑頭主義』人生哲學的基礎。如莊子説：『道惡乎隱而有真僞？言惡乎隱而有是非？道惡乎往而不存？言惡乎存而不可？道隱於小成，言隱於榮華。故有儒墨之是非，以是其所非而非其所是，欲是其所非而非其所是，則莫若以明。』（齊物論）認爲『道』

是高於一切的，是非善惡只是片面之見。郭沫若對此分析說，莊子的『道』是『絕對者』，它『萬變無常』，而物不斷地『流離轉徙』，『是的忽然變而爲非，非的忽然變而爲是，剛始分潰已有新的合成，剛始合成已有新的分潰；固執著相對的是非以爲是非，那是非永沒有定準』，『因此倒不如以絕對的觀念或符號，去反對那相對的觀念或符號』（見十批判書莊子的批判），莊子認爲這樣就可以像自然一樣循環流轉到無窮了。對於社會中的人，道理也是一樣，莊子主張要『爲善無近名，爲惡無近刑①；緣督以爲經，可以保身，可以全生，可以養親，可以盡年』（養生主）。在郭沫若看來，這不能不說是對待那個僅免於刑的時代的無奈方法，『抗又無法去抗，順又昧不過良心，只好閉著眼睛一切不管，芒乎昧乎，恍兮惚兮，以苟全性命於亂世而遊戲人間。』（十批判書莊子的批判）然而郭氏指出，這樣的處世哲學帶有深深的時代烙印，並非一劑放之各代而皆準的良方，相反，它在後世的流弊卻是越來越嚴重。他說：

> 這本來是悲憤的極端，然而卻也成爲了油滑的開始。所謂『知其不可奈何而安之若命』，『乘物以游心，托不得已以養中』，莊子自己便已經道穿了。因此，他的處世哲學結果是一套滑頭主義，隨便到底——『彼且爲嬰兒，亦與之爲嬰兒；彼且爲無町畦，亦與之爲無町畦；彼且爲無崖，亦與之爲無崖。』『支離其形，支離其德』，而達到他的『無用之用』。『無用』者無用於世，『之用』者有用於己，全生、保身、養親、盡年就是大用了。（同上）

意謂莊子在亂世爲求無害的哲學，在後世卻起著相反的作用，使人灰心、懈怠、懶惰，不求上進，甚至成爲油滑、苟且的人，『兩千多年來的滑頭主義哲學，封建地主階級的無上法寶，事實上卻是莊老夫子這一派所培植出來

---

① 郭沫若認爲養生主篇『爲善無近名，爲惡無近刑』兩『爲』字當爲『象』字之訛：『「象善」、「象惡」兩個「象」字，書上都誤成「爲」字去了。古文「爲」從爪象，故容易訛變。』（十批判書莊子的批判）

的。』(同上)在題畫記一文中，郭沫若就曾指出『老、莊思想乃至外來的印度思想，那種恬淡慈悲的心懷，在個人修養上可以作爲儒家的補充和發明，但在救人濟世上實在是不夠』。

1946年，郭沫若創作了我更懂得莊子一文，以對話形式指出當時彌漫於人群中灰心、放棄思想的錯誤。當時也是一個進步力量與落後勢力交鋒的年代，與莊子所處的時代相似，人們爲國家憂愁，又看不見光明的出路，往往容易投誠莊子消極的人生觀。對話方之一的甲就是如此，面對著『爲之和平以召之，則并與和平而竊之。爲之自由以要之，則并與自由而竊之。爲之民主以號之，則并與民主而竊之。爲之整編以調之，則并與整編而竊之』的時局，甲認爲『一切都成了真假兩種的雙包案』，這樣的時代使人不得不聯想到莊子『不譴是非』、齊生死、同萬物的解脫之法，於是心境自然而然搖擺於積極與消極之中，『退攖吧，有點不甘心；不退攖吧，我實在也有點失望了。』這成爲當時知識分子最普遍的態度，既不願坐視不管，又覺得政治黑暗、希望渺茫。郭沫若借助對話方乙之口對這種態度作了分析，指出其中的弊端：『我早就明白你的心境了。那是最危險的，你已經在反動勢力的面前有點避易了。我們正應當樂觀的時候，你爲什麼要失望？你不用那麼著急吧，慢慢的來。你不要以爲舊的東西毫無改進，或者愈搞愈壞了。其實這一兩年來，中國的局面是大有進步的。』確實如此，作爲交鋒的雙方，勢力總是此消彼長，不是短時間內分得出勝負的。面對這樣的形勢，積極的人生哲學指引人們堅定對光明的嚮往，並鼓勵人們爲此去努力；消極的人生哲學則會使人灰心放棄，反而阻礙了進步。莊子『不譴是非』的保生思想自始至終看重的是個人的安穩，推卸個人對國家和社會所負有的責任以保全個人。在古代，這種思想是『是非美惡不分的看法，或許是有意蔑視權威，但無心之間也消極地使人民安貧樂賤，同樣足以泯卻下層的鬥志』(十批判書名辨思潮的批判)。到了近代，則成爲妨礙進步的因素。所以郭沫若在我更懂得莊子中說：『悲觀有何用處？你只要相信人民，你應該知道人民的力量可以超過任何橫強的霸道。把悲觀化成力量吧。』說明郭氏在上世紀四十年代中期寫這篇與莊子有關的文章，是有其深意的。他正是爲了要警示人們不要墮入這種消極的無立場的境地中，不自覺成了落後勢力的幫兇。

第二節　對莊子『泛神論』和文藝觀的論述

一、以莊子爲『泛神論』者

郭沫若的身份有多重，詩人、劇作家、史學家、國學研究者。青年時期的郭沫若因爲女神而一炮成名，其浪漫、反叛、張揚個性的精神迎合了時代的要求。這些詩歌創作不僅成了時代精神的象徵，更反映出郭沫若自身的文藝思想。身處二十世紀二十年代的郭沫若，有著較爲深厚的國學底子，對莊子更是喜愛，對於莊子的思想也不陌生。在後記——我怎樣寫青銅時代和十批判書中，郭沫若如是說：『我和周秦諸子接近是在十三四歲的時候，最先接近的是莊子，起初是喜歡他那汪洋恣肆的文章，後來也漸漸爲他那形而上的思想所陶醉。這嗜好支配了我一個相當長遠的時期，我在二十年前曾經謳歌過泛神論，事實上是從這兒濫觴出來的。』但是，對於莊子，郭沫若並非一下子了然的，對莊子的真正認識還得益於另一位中國思想家王陽明，『我素來喜歡讀莊子，但我只是玩賞他的文辭，我閑卻了他的意義，我也不能瞭解他的意義。到這時候（按，此時郭氏開始閱讀王文成公全集），我看透他了。我知道「道」是甚麼，「化」是甚麼了。我從此更被導引到老子，導引到孔門哲學，導引到印度哲學，導引到近世初期歐洲大陸唯心派諸哲學家，尤其是斯皮諾若（Spinoza）。』（王陽明禮贊）在日本期間，郭沫若接觸了大量新的思想和文學作品，其中以泰戈爾、歌德、斯賓諾莎等的泛神論哲學對他的影響最大。他帶著這些新的認識，重新審視了莊子，『和國外泛神論思想一接近，便又把少年時分所喜歡的莊子再發現了』

（創造十年）。我們可以說，王陽明的思想幫助郭沫若了悟了莊子，打開了接受外來的泛神論的大門，而外來的泛神論則又幫助他進一步理解了莊子的思想。

與同時代人大力抨擊傳統文化不同，郭沫若對於中國古代的傳統精神，尤其是周秦時代的精神情有獨鍾，他不贊同妄自菲薄，也不贊同厚此薄彼，多次指出恢復中國固有的精神也是改變中國命運和現狀的解決方法。在論中德文化書——致宗白華兄一文中，他説『我國的古代精神表現得最真切、最純粹的總當得在周秦之際，那時我國的文化如在曠野中獨自標出的一株大木』，『我國自佛教思想傳來以後，固有的文化久受蒙蔽，民族的精神已經沉潛了幾千年，要救我們幾千年來貪懶好閑的沉痼，以及目前利欲熏蒸的混沌，我們要喚醒我們固有的文化精神，而吸吮歐西的純粹科學的甘乳。』秉承著這樣的觀點，郭沫若在『泛神論』思想上並非簡單地引進西方思想，相反，在接受泛神論思想的整個過程中，他始終遊走在中西兩種文化之間。他希望從周秦時代的文化精神中找尋被失落和誤解的有益思想，恢復它們的原貌，從中汲取進步的元素，以與進步思想相溝通。莊子思想中否認人格神、崇尚自然的觀點都與泛神論有息息相通之處，正爲郭沫若提供了所需的橋梁，無怪乎他要興奮地向世人宣稱『我愛我國的莊子，因爲我愛他的Pantheism（即泛神論），因爲我愛他是靠打草鞋吃飯的人』（三個泛神論者）。

『泛神論』否認人格神，否認超自然的主宰，這與老莊的天道觀不謀而合。西方的泛神論思想流行於十六至十八世紀，代表人物是布魯諾和斯賓諾莎等。他們主張『神即自然』，神存在於一切事物之中，融化於萬事萬物之中。斯賓諾莎提出『上帝就是自然』的主張，雖然這一闡述仍然沿用了『神』這一名詞，但實際上卻間接否定了超自然的上帝的存在，即把自然提升到神的地位，除卻自然外並沒有神。雖然泛神論思想產生的年代較早，但是其所包含的否定神學的積極因素，對於二十世紀初期面臨反封建任務的中國仍然具有進步的意義。郭沫若作爲一個愛國的熱血青年也看出了這一思想所包含的革命性，他指出『泛神便是無神，一切的自然只是神的表現，自我也只是神的表現』（少年維特之煩惱序引），這就鮮明地指出了『泛神論』思想的革命性所在。參照泛神論的無神觀點，郭沫若認爲早在周秦時的老子、莊子甚至孔子已是泛神論者了。他說：『千有餘年的黑暗之後，到了周之中葉，便於政治上與思想上都起了劇烈的動搖。一時以真的民眾之力打倒王政，而熱烈的詩人更疑到神的存在起來了。雄渾的雞鳴之後，革命思想家老子便如太陽一般升出。他把三代的迷信思想全盤破壞，極端詛咒他律的倫理說，把人格神的觀念連根都拔出來，而代之以「道」之觀念。』（中國文化之傳統精神）這個『道』字，是老子的發明，『「道」字本來是道路的道，在老子以前的人又多用爲法則。……但到了老子才有了表示本體的「道」。老子發明了本體的觀念，是中國思想史上所從來沒有的觀念，他找不出既成的文字來命名它，只在方便上勉強名之曰「太一」，終嫌太籠統，不得已又勉強給它一個字，叫做「道」。』（先秦天道觀之進展）這個『道』字的意義不僅在於它表示了本體，更在於對殷周時代對天信仰的顛覆。郭沫若認爲：『老子的最大的發明便是取消了殷周以來的人格神的天之至上權威，而建立了一個超絶時空的形而上學的本體。』（同上）在郭沫若看來，老子眼中『連「上帝」都是由「道」所生出來的，……帝和鬼神沒有道的存在是不能存在的；有了道，在智者看來，鬼神也就失其威嚴』（同上）。

老子之後的莊子，郭沫若認爲『是承繼著老聃的道統的，他對於本體不另立名目，只是直稱之爲「道」。……這種道體觀和老子的完全一致。』（同上）確實，莊子的『道』觀同樣反對有意志的凌駕於萬物之上的神，他在大宗師篇中解釋『道』說：『夫道，有情有信，無爲無形；可傳而不可受，可得而不可見；自本自根，未有天地，自古以固存；神鬼神帝，生天生地。』莊子的『道』存在於萬事萬物之中，在知北遊篇中有一段關於『道』的寓言故事：『東郭子問於莊子曰：「所謂道，惡乎在？」莊子曰：「無所不在。」東郭子曰：「期而後可？」莊子曰：「在螻蟻。」曰：「何其下邪？」曰：「在稊稗。」曰：「何其愈下邪？」曰：「在瓦甓。」曰：「何其愈甚邪？」曰：「在屎溺。」東郭子不應。』可見，在莊子眼裏，『道』是神聖、永恒的，卻也是稀松平常，融合在自然之中的。在莊子與魯迅一文中，郭沫若闡述了對莊子的『道』的認識：

他（莊子）是認爲宇宙萬匯，一切芸芸種種的形象，都是出於一個超感官的真宰，即是『道』的演變。『道』是萬匯的本體，它固然不是能視、聽、食、息的所謂神，也不是純粹抽象的理念，而只是在萬象背後的看不見、聽不到、摩不著，卻可以直覺到的『實有』。因爲看不見、聽不到、摩不著，故在便宜上有時候稱之爲『無』，但並不是真無。時間也不能範圍它，空間也不能範圍它，它是無終無始，無窮無際，周流八極，變化不居。這是他本體論的梗概。

在郭氏看來，莊子的『道』大率繼承了老子，它同樣否定『能視、聽、食、息的所謂神』。所不同的是，他比老子又有了進步，他的『道』還具有了『無始無終，無窮無際，周流八極，變化不居』的特性。莊子的『道』觀所具有的這種『泛神』傾向，使郭沫若覺得猶爲親切，他在三個泛神論者一詩中寫道：

我愛我國的莊子，
因爲我愛他的Pantheism（即泛神論），
因爲我愛他是靠打草鞋吃飯的人。
我愛荷蘭的Spinoza（斯賓諾莎），
因爲我愛他的Pantheism，
因爲我愛他是靠磨鏡片吃飯的人。
我愛印度的Kabir（加皮爾），
因爲我愛他的Pantheism，
因爲我愛他是靠編漁網吃飯的人。

郭沫若把莊子看成與斯賓諾莎、伽比爾一樣的泛神論者，因爲『莊子的思想，一般地認爲虛無主義，但我覺得他是和斯賓諾莎最相近的。他把宇宙萬匯認爲是一個實在的本體之表現；人當體驗這種本體，視萬匯爲一體，摒除個體的私欲私念』（創造十年）『我感覺著莊子的思想和生活，跟斯賓諾莎和伽比爾實在相近。』（莊子與魯迅）

二、對莊子文藝觀的論述

莊子以自然、摒棄人爲爲美，郭沫若也主張尊崇自然，熱愛自然。二十世紀二十年代，他在少年維特之煩惱序引一文中，總結了與歌德具有共鳴的幾個方面。其一便是對於自然的讚美，認爲『他（歌德）的心情在他的身之周圍隨處可以創造出一個樂園，他在微蟲細草中，隨時可以看出「全能者的存在」，「兼愛無私者的彷徨」』，並指出：『他認爲自然是唯一神之所表現。自然便是神體之莊嚴相，所以他對於自然絕不否定。他肯定自然，他以自然爲慈母，以自然爲友朋，以自然爲愛人，以自然爲師傅。他說：「我今後只皈依自然。只有自然是無窮地豐富，只有自然能造就偉大的藝術家，……一切的規矩準繩，足以破壞自然的實感，和其真實的表現！」』雖然論述的是歌德，但是文中所表達的對自然的憧憬也是郭沫若所懷有的。在他看來，萬物即神，處處都是莊嚴之所在，並認爲大自然未經雕飾的樣子是最美的，藝術在其面前也顯得遜色，『我完全忘機於幽居的情趣之中，我的藝術已無所致其用了』，『「甚麼是詩？是畫？是牧歌？我們得享自然現象的時候，定要去矯揉造作嗎？」不錯，人到忘機於自然的時候，便有時候連詩歌、美術也覺其多事，更何有於學問、道德、宗教、名位呢！』郭沫若在少年維特之煩惱序引中所表達的這種純任自然而摒棄世俗之念的觀點，與莊子的觀點顯然是相通的。因爲莊子認爲，『天地有大美而不言，四時有明法而不議，萬物有成理而不說。聖人者，原天地之美而達萬物之理。是故至人無爲，大聖不作，觀於天地之謂也。』（知北遊）說明在莊子看來，自然最偉大之處就是『不言』、『不議』、『不說』，無所作爲，而其中自有『大美』顯現。在文藝上，郭沫若也謹守著這條原則，他始終認爲好的創作者都應該帶著『無我』的心態『自然流露』，不抱功利目的地去創作，這樣的作品才能有『大用存焉』。

首先，郭沫若認爲創作者應該抱著莊子所說的『無我』的心態去創作，才能創作出不朽的作品。我們知道，人們常常詫異於偉大作品的誕生，無法從中找出緣由，把作者或歸爲瘋子或歸爲天才。對此，郭沫若認爲：『其實天才並不是天生成的，也不是甚麼瘋子，仍舊和常人沒有兩樣，不過我們不曾探求得它的秘密罷了。』（生活的藝術化）他並引用莊子達生『梓慶削木爲鐻』寓言故事來予以闡明，指出這則寓言故事所講述的是梓慶如何排除雜念，摒棄一層層世俗之見削木爲鐻的過程，莊子的目的是在勸導人們學會守氣、靜心、全神，做到內忘有我，外忘有物，只留本然的心去感受萬物的自然本性，這真『可以道盡一切藝術的精神』：

這一段文字，我以爲可以道盡一切藝術的精神，而尤其重要的，便是其中的『不敢懷慶賞爵祿，不敢懷非譽巧拙，輒然忘吾四肢形體也』這幾句話。這便是天才的秘密，便是藝術的生命所在的地方。我們的藝術家，如果能夠做到這一步，就是能夠置功名、富貴、成敗、利害於不顧，以忘我的精神從事創作，他的作品自然會成爲偉大的藝術，他的自身自然會成爲一位天才。所以我說天才不是天生成的，也不是瘋子，他並沒有甚麼秘密。他的秘密就在前面說過的這幾句話裏面。德國哲學家蕭本華說，天才即純粹的客觀性（Reine Objektivitat），所謂純粹的客觀性，便是把小我忘掉，溶合於大宇宙之中，——即是無我。（同上）

在郭沫若眼裏，偉大的藝術產生的秘密就是以『無我』的狀態投入到創作中。可是這是爲什麼呢？爲什麼人需要拋棄『我』呢？他解釋說：

人到一有我見的時候，只看見宇宙萬匯和自我之外相，變滅無常而生生死存亡的悲感。萬物必生必死，生不能自持，死亦不能自阻，所以只見得『天與地與在他們周圍生動著的力，除是一個永遠貪

棽、永遠反芻的怪物而外，不見有別的。』（少年維特之煩惱序引）

原來在郭沫若看來，人的私念太重，顧慮也太多，總是懷抱著太多的想法，不能以沉靜而澄明的心去接觸自然，而自然本是清寧和平的。因此，以煩躁的心去接近，根本無法認識到其真正的美，也無從激起對這種美的讚美，並以創作的方式展現給世人，即便創作出來了也是失卻了真意了。這就好比那個梓慶，如果他沒有齋戒，破了一層層的俗念，就無法以滌蕩乾淨的心去面對樹木，鬼斧神功地削木成鐻。鑒於此，郭沫若號召人們都來體驗『無我』的境界，領會藝術的真意。他說：『藝術的精神就是這無我，我所說的「生活的藝術化」，就是說我們的生活要時常體驗著這種精神！……我們有了這種精神，發而爲畫，發而爲詩，自然會有成就；即是不畫畫，不做詩，他的爲人已經是藝術化了。』（生活的藝術化）

其次，郭沫若反對藝術創作的功利主義動機，而主張莊子『無爲而無不爲』的態度，認爲只有如此才能收穫『大用』。在論中德文化書——致宗白華兄一文中，郭沫若區別了人類精神的有爲、有欲與自然界恬淡無爲的差別：

人類的精神爲佔有欲望所擾，人類的一切煩亂爭奪盡都從此誕生。欲消除人類的苦厄則在效法自然，於自然的沉默之中聽出雷鳴般的說教。自然界中，天旋地轉，雲行雨施，漫無目的之可言，而活用永遠不絕。自然界中，草木榛榛，禽獸狉狉，亦漫無目的之可言，而生機永遠不息。然而自然界中之秩序永遠保持著數學的謹嚴，那又是何等清寧的狀態！人能泯卻一切的佔有欲望而純任自然，則人類精神自能澄然清明，而人類的創造本能便能自由發揮而含和光大。

郭沫若指出，人只有泯卻欲望，摹仿自然界的『漫無目的』才能發揮創造的本能。這裏他所說的『漫無目的之可言，而活用永遠不絕』、『生機永遠不息』、『永遠保持著數學的謹嚴，那又是何等清寧的狀態』等語，都與莊子的宇宙觀相仿。莊子在至樂篇中這樣描述天地：『天無爲以之清，地無爲以之寧，故兩無爲相合，萬物皆化。芒乎芴乎，而無從出乎！芴乎芒乎，而無有象乎！萬物職職，皆從無爲殖。故曰：「天地無爲也而無不爲也。」人也孰能得無爲哉！』從這裏看來，郭沫若給宗白華所描述的自然界與莊子的自然界實有異曲同工的妙趣。同時，他們兩人又都主張人應當摹仿天，『泯卻一切的佔有欲望而純任自然，則人類精神自能澄然清明』。郭沫若更是從創作者的角度出發，指出只有除卻了欲望等功利主義的動機，人的創作才能才會真正地展現在作品中。

有鑑於此，郭沫若尤其強調藝術創作應摒棄『功利的目的』。在兒童文學之管見一文中，他說：『文藝是人生的表現，它本身具有功利的性質，……創作家於其創作時，苟兢兢焉爲個人的名利之見所囿，其作品必淺薄膚陋而不能深刻動人。』在論國內的評壇及我對於創作上的態度一文中，他又指出：

至於藝術上的功利主義的問題，我也曾經思索過。藝術本身是具有功利性的，是真正的藝術必然發揮藝術的功能。但假使創作家純全以功利主義爲前提以從事創作，所發揮的功利性恐怕反而有限。作家慣會迎合時勢，他在社會上或者容易收穫一時的成功，但他的藝術的成就恐怕就很難保險。……有人說：『一切藝術是完全無用的。』這話我也不承認。我承認一切藝術，雖然貌似無用，然而有大用存焉。它是喚醒社會的警鐘，它是招返迷羊的聖籙，它是澄清河濁的阿膠，它是鼓舞革命的醍醐，它的大用，說不盡，說不盡。

這裏涉及動機和效果的問題，郭沫若顯然認爲過於功利的目的或者動機，會影響效果，雖然短時間內的效用會很明顯，但是『大用』實際上卻變成了應時而爲的『小用』。這種充滿辯證的關於『大用』與『小用』的看法，正源自於莊子的『無用之用』。逍遙遊篇末段那棵『樹之於無何有之鄉，廣莫之野』的樗樹，『大若垂天之雲』的犛牛，都是無用之用的最好例子，無用而保全自身，在亂世就是最大的用處。莊子在人間世篇中說：『山木自寇也，膏火自煎也。桂可食，故伐之；漆可用，故割之。人皆知有用之用，而莫知無用之用也。』一語道盡了其中奧妙。郭沫若正據此認爲，功利的目的就是禍及文藝創作的『有用』，創作者如能靜下心來誠心創作，避開了這些目的，作品反會產生更大更長遠的價值。

最後，郭沫若認爲作品應該以『自然流露』爲最佳，『法天貴真』，各種人爲的雕飾和技巧應儘量避免。在三葉集的致宗白華中，他說：『只是我自己對於詩的直感，總覺得以「自然流露」的爲上乘，若是出以「矯揉造作」，只不過是些園藝盆栽，只好供諸富貴人賞玩了。天然界的現象，大而如寥無人跡的森林，細而如路旁道畔的花草，動而如巨海宏濤，寂而如山泉清露，怒而如雷電交加，喜而如星月皎潔，莫一件不是自然流露出來的東西，莫一件不是公諸平民而聽其自取的。亞里斯多德說：「詩是模仿自然的東西。」我看他這句話，不僅是寫實家所謂忠於描寫的意思，他是說詩的創造貴在自然流露。詩的生成，如像自然物的生存一般，不當參以絲毫的矯揉造作。』顯然，郭沫若對於文藝創作十分講究『真』與『自然』。即便在運用技巧上，他也主張以『無我』的態度進行，他說：『至於藝術上的技巧，如詩之音韻、畫法之遠近、音樂聲調之高低，人人都可以學習得到，但也當以無我的態度進行學習。』（生活的藝術化）在這裏，郭沫若同樣是師法了莊子的思想。我們知道，莊子一向主張『法天貴真』，希望人們順應自然，完全讓事物按照它的本性去活動和表現自己，不要施加外力干預和改變。他痛恨技巧和機械，及一切有悖於自然本性的活動。雖然莊子的這一主張針對的是人與事，而非單純的文藝創作，但是崇尚自然卻是兩人的共識。莊子讚美『澤雉十步一啄，百步一飲』（養生主）的神態，『夫馬，陸居則食草飲水，喜則交頸相靡，怒則分背相踶』（馬蹄）的悠然，而歎息於『不蘄畜乎樊中，神雖王，不善也』（養生主）和『燒之，剔之，刻之，雒之』（馬蹄）的結果。在天地篇中，他表達了對技巧、機械的不滿，認爲『有機械者，必有機事；有機事者，必有機心。機心存於胸中，則純白不備。』莊子由衷地嚮往沒有機心和智巧的原始社會，他竭力讚美那種自然的景象：『民居不知所爲，行不知所之，含哺而熙，鼓腹而遊，民能以此矣。』（馬蹄）莊子的這些觀點成爲郭沫若文藝創作的理論源泉。對於熟讀莊子的郭沫若來說，莊子對於自然之美的追求，對於人爲做作的厭惡都變而爲詩人郭沫若的思想，正因此他才會如此熱情地讚美大自然，要求作者們直抒胸臆地創作，拋棄造作。

第三節　對莊子與惠施的比照論述

在郭沫若看來，老聃、楊朱作爲道家的師宗，對後世學派的勃興和發展起了非常巨大的影響，最直接的影響就是對稷下道家三派，此外便是莊子和惠施等。他在十批判書稷下黃老學派的批判中說：『道家……因脫離現實，陳義過高，在老聃、楊朱以至楊朱弟子的時代都還不曾蔚成爲一個學術界的潮流；但到稷下先生時代，道家三派略有先後地並駕齊驅，不僅使先秦思想更加多樣化，而且也更加深邃化了。……在稷下之外，由正面回應的有莊周和惠施，季真和魏牟，更發展而爲桓團、公孫龍的名家，韓非等後期法家。』關於莊周和惠施，郭沫若有不少比照研究，主要集中在惠施的性格與思想和十批判書名辯思潮的批判兩文中。

惠施在當時也是一位著名的士子，影響甚大，莊子在徐無鬼篇中就曾當面說惠施：『儒、墨、楊、秉四，與夫子爲五。』可見惠施在當時也是很有影響的一派。惠施和莊周是好友，惠施的著作大部流失了，他的主張和片言隻語都是通過其他書籍流傳下來的，莊子中就保存了不少，其中最主要的就是天下篇所記錄的其『歷物之意』，可歸納爲六大項。第一，『至大無外，謂之大一；至小無內，謂之小一。無厚，不可積也，其大千里。』第二，『天與地卑，山與澤平。』第三，『日方中方睨，物方生方死。』第四，『大同而與小同異，此之謂小同異；萬物畢同畢異，此之謂大同異。』第五，『南方無窮而有窮。今日適越而昔來。連環可解也。我知天下之中央，燕之北、越之南是也。』第六，『泛愛萬物，天地一體也。』此六項爲惠施存於天下篇中而保留下來的主要觀點，可惜的是惠施更多的著作言論都失傳了，使得我們今天很難還原這個『最有科學素質』的先秦學者的學術全貌。

雖然惠施、公孫龍以善辯著稱，歸於辯者之列，但是郭沫若認爲惠施『學說也不盡全是詭辯』（先秦天道觀之進展），其中摻雜了不少黃老思想。其一，天下篇中記載：『惠施多方，其書五車，其道舛駁，其言也不中。歷物之意曰：「至大無外，謂之大一；至小無內，謂之小一。」』郭沫若說：『以「大一」的觀念放在第一位，無疑他也是黃老學派的一人，以前有人認爲他是墨家，那是完全錯了。』（十批判書名辯思潮的批判）其二，根據呂氏春秋愛類中『匡章謂惠子曰：「公之學去尊，今又王齊王，何其到（倒）也？」』之語，郭沫若認爲惠施還擁護『去尊』，而『老聃、楊朱的學說充其極是應該到達這一步的，在這兒也明顯地可以看出惠施是楊朱之徒。』（先秦天道觀之進展）說明在郭沫若看來，雖然惠施是辯者一派的代表人，但是他和莊周的學說確實共同響應了老聃和楊朱的思想。不過，即便如此，惠施的學說仍然與莊子、道家有著很多不同之處，這些不同從何而來，因何產生，郭沫若對此又進行了詳盡的分析。

首先，郭沫若認爲惠施和莊子，兩人在研究學問的態度上截然不同，『莊周的思想和惠施有相近似的地方，但他們的思維動向斷然不同，惠施是向外窮索，莊周是向內冥搜。雖然同是觀念論者，而有側重主觀或客觀的不同。』（十批判書名辯思潮的批判）如寓言篇中惠子和莊子談論孔子，惠子評價孔子爲『勤志服知』，莊子卻說：『孔子謝之矣，而其未之嘗言。孔子云：「夫受才乎大本，復靈以生。鳴而當律，言而當法。」』郭沫若認爲這正體現了兩者的不同，『勤志服知』是惠子從對客觀世界的認知角度出發給予的讚美，而莊子欣賞的卻是『孔子的神化』，即個人行事上對大道的體認。一個是提倡認識大道，立足點在大道；一個卻是提倡人對道的摹仿，立足點是人本身。『濠梁觀魚』是莊子與惠施交往的典故，在這場辯論上，兩者的不同態度更爲明顯。郭沫若認爲主張推求真理的惠施始終以科學的態度『非在客觀上求出真憑實據來決不肯放手』，所以，他反駁莊子說：『子非魚，安知魚之樂？』而莊子『全憑主觀去推察物象』，才會有『儵魚出游從容，是魚之樂也』的感歎。他們兩人『一個是盡在主觀內抽繹玄思，一個定要在客觀上探討真理』（見惠施的性格與思想）。

其次，在天道觀上，莊子和惠施分屬兩途。郭沫若認爲『古今來的思想家對於宇宙的解釋大抵不外兩途，一種是從大處落墨，想在現實之外找出一個存在來包辦宇宙；一種是從小處著眼，只想在現實之中尋求世界的胚胎。形而上學家屬於前者，科學家大抵屬於後者。』（惠施的性格與思想）即認爲在先秦時代，道家、儒家、墨家的『天』無一例外的都是『包辦宇宙的大祖宗』，唯有惠施『明明背叛這個祖宗』，而『別立與原子、極微相類似的「小一」說』（見惠施的性格與思想）。莊子的『道』則涵蓋了自然秩序、社會法則兩個方面的內容，它既是宇宙萬物的根源，又是人精神的最高境界，所以他在天地篇中說『夫道，覆載萬物者也』，又在知北遊篇中說『精神生於道』，並在大宗師篇中認爲『道』是『神鬼神帝，生天生地，在太極之先而不爲高，在六極之下而不爲深，先天地生而不爲久，長於上古而不爲老』。可見這樣一個『道』無論在時間、空間還是內容上都包容了所有的宇宙，可以說是一種『大一』的觀念。郭沫若指出，惠施從黃老處承繼了『大一』的觀念，但又另立了『小一』說，這是爲了『便宜於宇宙萬物之生成的說明』，解釋『「大一」如何化而爲萬殊』（見十批判書名辯思潮的批判）。又惠施認爲『小一』和『大一』一樣也是『超越了空間和時間』的，所以他說『至大無外，謂之大一；至小無內，謂之小一。無厚，不可積也，其大千里』（天下）。郭沫若認爲惠施的『大一』指宇宙，『小一』則是聚積成宇宙的無數『質點』（見惠施的性格與思想），而『普通所謂「無厚」，即使小或薄到不能積量的程度，然而和「小一」之小比較起來，它依然是大，而且有厚至千里那麼大。這就是所謂「無厚，不可積也，其大千里」。』（十批判書名辯思潮的批判）惠施的這一觀點讓我們很自然地聯想到莊子『舉莛與楹，厲與西施，恢恑憰怪，道通爲一』（齊物論）的說法，郭沫若認爲兩者『是同樣的詭辯』。爲何會有如此接近的想法呢？郭沫若在十批判書名辯思潮的批判中分析了其中原因：

這樣的觀念遊戲之所以產生，很明顯地是由於新起的地主封建政權業已漸趨鞏固，學者們面對著這個現實，或有心或無心，或積極或消極，都不免在替這項政權的基礎增加它的鞏固性。惠子是梁惠王的宰相，他站在統治者的地位而倡導『山淵平，天地比』的思想，他所企圖的目的，與其說是『去尊』，要王長者與人民平等，倒反而是曉示人民無須乎與王長者爭衡，從某種觀點上說來，原是和王長者平等的。他這是積極地或許有意識地企圖泯卻下層的鬥志。莊子是過著隱者生活的人，他的是非美惡不分的看法，或許是有意蔑視權威，但無心之間也消極地使人民安貧樂賤，同樣足以泯卻下層的鬥志。

這裏的說法試圖準確地解釋不同社會階層上的莊子和惠施觀點產生的背景，相比二十年代郭沫若稱讚惠施『天與地卑，山與澤平』爲『正破舊有觀念天尊地卑之説，所寓革命的精神非小』(惠施的性格與思想)，似乎要客觀一些，確實在一定程度上揭示出了其學說背後所隱含的政治、經濟原因。

惠施把『大一』和『小一』結合起來，目的是爲了解釋世界萬物的同與異。郭沫若指出：『表面的大同與表面的小同之異，這是「小同異」。如從本質上說來，萬物都是「大一」的顯現，這是「萬物畢同」；萬物都是各以不同量的「小一」積成的，這是「萬物畢異」。要這樣的同異，就是「大同異」。』(十批判書名辯思潮的批判)認爲惠施以這樣極大極小的相對二元論構建了他的天道觀，突破了『大一』的觀念，於『小一』處探索宇宙構成的極微的細胞，他的這種最終達成的『天地一體』的觀念雖然與莊子並不相悖，但他們的出發點是完全相異的，在莊子處大與小都是被包裹在『道』之內的，而『道』是超絕一切的，『道是一切的本體，一切都是道的表相，表相雖有時空的限制，而本體則超絕一切。故自本體而言，毫末雖小而它的本體不小；然自表相而言，則泰山雖大終爲空間所限。』(惠施的性格與思想)而惠施在郭沫若看來，則是從『小一』、極微的宇宙細胞角度出發的，因此莊子與惠施的出發點分屬兩途，而結論卻殊途同歸，這就容易引起簡單的等同，而胡適在中國哲學史大綱中所謂『惠施……，「天地一體也。」天地一體即後來莊子所說「天下莫大於秋豪之末，而太山爲小；莫壽於殤子，而彭祖爲夭。天地與我並生，而萬物與我爲一」』云云，則顯然過於粗疏，完全沒有注意到兩者的本質差別，『不僅沒有懂得莊子，而且沒有懂得惠施。』(見惠施的性格與思想)

第四節 對莊子學術淵源的梳理

二十世紀三四十年代的郭沫若開始關注中國古代學術研究，他在後記——我怎樣寫青銅時代和十批判書中說起當時的情況時說：『我的從事古代學術的研究，事實上是娛情聊勝無的事。假如有更多的實際工作給我做，我倒也並不甘心做一個舊書本子裏面的蠹魚。』在此期間，他寫了學術論著青銅時代和十批判書。在方法上，他受了『同一風氣的影響』，贊同『新史學』的新立場；在材料上，他徹底『勦翻』了『考古學上的、文獻學上的、文字學、音韻學、因明學』等各領域，對中國古代學術研究提出了許多不同於前人和當代人的論點。他說：『我們的方法雖然彼此接近，而我們的見解或所得到的結論有時卻不一定相同。……我比較膽大，對於新史學陣營裏的多數朋友們每每提出了相反的意見。我堅持著殷、周是奴隸社會，……我對於儒家和墨家的看法，和大家的見解也差不多形成了對立。』（後記——我怎樣寫青銅時代和十批判書）

這一時期，郭沫若的莊子研究與之前有所不同，開始偏向純學術的探討。他在十批判書之儒家八派的批判、稷下黃老學派的批判、莊子的批判等文中，都以嚴謹的態度探討了莊子的學術淵源、學派發展等問題，並就此闡發了自己的見解。

對於每一位研究諸子的學者而言，弄清研究對象的學術傳承都是開展研究的第一步。然而，莊子作爲道家的中心人物，他的師承關係卻一直不清晰。郭沫若對這個問題採取先破後立的方法，首先，他否定了稷下道家和列子是莊子老師的說法，認爲稷下學宮興盛於齊威王、齊宣王時，在當時產生了巨大的影響力，孟子所謂『天下之言不歸楊則歸墨』（孟子滕文公下），其中的『楊』便是指『當時屬於楊氏的黃老學派，在齊國的稷下學宮裏面最佔勢力』（見十批判書名辯思潮的批判）。至於他們對莊子的影響，郭氏認爲：『他（指莊子）不曾到過齊國，沒有參加過稷下學宮，因而他和宋鈃、尹文、田駢、慎到、環淵、接予的關係似乎都只是間接的』（十批判書莊子的批判）。『這一學派（指稷下的道家三派）的興盛對於當時的學術界的影響非常宏大，在稷下之外，由正面回應的有莊周和惠施』（十批判書稷下黃老學派的批判）。可見，郭沫若始終認爲稷下道家對於莊子的影響只是限於學術影響，而非直接的師傳。其次，郭沫若認爲莊子與列子也無師承關係，理由有三：一是逍遥遊篇中對列子『猶有所待』的評語，包含著對列子之術的貶低，這不是學生對老師應有的態度；二是『天下篇中論及並世的學派，道家甚詳而不及列子』，其原因蓋在於列子之術屬於關尹一系且無特長，所以沒有被論及；三是據有關史料來推測，列子與關尹、田駢、慎到年代不相上下，且學術上『貴虛』（呂氏春秋不二）、『貴正』（戰國策韓策），因此決不可能是莊子的老師。那麼，莊子一派到底是從何發展而來呢？郭沫若大膽地提出了自己的觀點——莊子出自『顏氏之儒』（見十批判書莊子的批判）。

郭沫若的觀點雖然極爲大膽，但是早在唐代就有過類似的說法了。韓愈在送王秀才序中首次提出了莊周之學源於儒家的看法：『吾常以爲孔子之道大而能博，門弟子不能遍觀而盡識也，故學焉而皆得其性之所近。其後離散分處諸侯之國，又各以所能授弟子，原遠而末益分。蓋子夏之學，其後有田子方，子方之後流而爲莊周，故周之書喜稱子方之爲人。』韓愈如此明確地把莊子歸爲子夏後學，章炳麟認爲是急著想把莊周之學改造成儒術而作出的『率爾之辭』。王安石在莊周中說：『莊子病之，思其說以矯天下之弊而歸之於正也。其心過慮，以爲仁義禮樂皆不足以正之，故同是非，齊彼我，一利害，而以足乎心爲得，此其所以矯天下之弊者也。』認定莊子是認同儒家的聖人之道的。蘇軾在莊子祠堂記中也表示莊子之言對於儒家是『陽擠而陰助之』。顯然，唐宋三位大家都把莊子看作是儒家內部的人，認爲莊子的思想是和儒家站在一處的。然而，三家的觀點大都出於當時儒、道合一思想趨勢的需要，所以缺乏較爲理性而有力的論證，郭沫若就曾指責韓愈的說法爲『武斷』。而郭氏對於莊子師承淵源的研究更多出自於對於儒家、道家表現出的相似之處的警覺，他在儒家八派的批判和莊子的批判兩文中搜集了大量的材料來證明自己的推測，爲莊子出於儒家的觀點補上了材料和論證的漏洞，更明確地把儒家和莊子的學術連接點認定在『顏氏之儒』上。

郭沫若在十批判書儒家八派的批判中認爲先秦儒家並非像後人所見到的那麼統一，據韓非子顯學的說法，自孔子死後，儒家便分成了八派，有子張之儒、子思之儒、顏氏之儒、孟氏之儒、漆雕氏之儒、仲良氏之儒、孫氏之儒、樂正氏之儒，再加上韓非子省去的自己的宗師子夏氏之儒，一共有九派。並指出，其中的顏氏之儒，就是莊子的正宗師承。對此，郭氏做了多方面的論證。

首先，郭沫若認爲莊子中衆多關於顏回和孔子的寓言並非純屬虛構，莊子的徵引也並非毫無緣由。據郭氏統計，莊子書中關於顏回的資料特別多，共有十見，『人間世、天運、至樂、達生、田子方、知北遊諸篇各一，大宗師、讓王二篇各二』（十批判書儒家八派的批判）。這些資料過去總被人看作是莊子虛構的『寓言』，郭沫若則認爲不完全是，『莊子上有許多顏回的學說，可惜被後人一概視以爲寓言而忽視了。莊子我覺得是顏回的弟子，孔門的微言大義有一部分是從莊子傳下來的。』（王陽明禮贊）我們知道，莊子在寓言篇中曾自謂『寓言十九，重言十七』，郭沫若據此便在十批判書儒家八派的批判中指出，莊子書中這些關於顏回的資料雖然不見於正規的儒家書籍記載，然而其真實性未必全無，因爲我們既然不能認定它們全是寓言，自然也就不能認定它們全非重言。爲了説明這一點，郭氏進而列舉了人間世篇和大宗師篇中的兩則思想資料。這兩則思想資料講述了顏回和孔子研習『心齋』、『坐忘』的事情，謂顏回不僅學得了『心齋』，更達到了『墮肢體，黜聰明，離形去知，同於大通』的『坐忘』境界，而他的老師孔子也儼然是懂得『心齋』的高手，並十分嚮往習得『坐忘』之道：『同則無好也，化則無常也。而果其賢乎！丘也請從而後也。』（大宗師）郭沫若認爲『心齋』和『坐忘』都是莊學中的精要，如果僅僅屬於虛構的寓言，則完全可以『托之道家系統的人，或率性假擬一些人名』，而不應該讓給儒家。因此，這兩則思想資料是否屬於『寓言』就很可懷疑，相反，如果是『重言』則很好解釋了。於是郭氏推斷說：

『這些應該都是「顏氏之儒」的傳習錄而在莊子是作爲「重言」把它們採用了的。』

其次，郭沫若認爲莊子書中對於孔子和儒家的兩種態度很可玩味。他在十批判書莊子的批判中指出，『莊子書中雖然很多地方在菲薄儒家，如像雜篇中的盜跖、漁父兩篇更在痛罵孔子，但那些都是後學者的呵佛罵祖的遊戲文字，而認真稱讚儒或孔子的地方，則非常嚴肅。』尤其在齊物論篇中，莊子說『六合之外，聖人存而不論；六合之內，聖人論而不議；春秋經世先王之志，聖人議而不辯』，其中的『聖人』顯然指的是孔子。而寓言篇中莊子提及孔子時則更是說『已乎已乎！吾且不得及彼乎』，其間的『心悅誠服之態，真可說是溢於言表』。即便是非議儒家，莊子也『是以曾參爲代表，而不傷及孔丘』，『老聃被他們（指莊子後學）視爲了「古之博大真人」，而孔丘，他們是把他放在儒家之外的』，如知北遊篇中就一邊稱讚仲尼『聖人處物不傷物』，一邊又嘲笑儒家『君子之人，若儒墨者師，故以是非相鏊』，可見莊子一書對於孔子的態度並非是對立的，實際上莊子和他的後學們對孔子保留著一份若隱若現的敬重。而對於儒家，莊子似乎是一致地詆毀，不留情面地嘲諷，因爲『儒之中本來也有多少派別，在孔子當時已有「君子儒」與「小人儒」；在荀子口中則有所非難的「賤儒」或「俗儒」。莊門雖自命爲儒士而要毀儒，那是絲毫也不足怪的。』於是郭沫若推論說，莊子一派認同的只是聖人孔子而不是聖人所代表的複雜的儒家學派，但由於顏回最得孔子學說精髓，所以莊子自當『出自「顏氏之儒」』。

再次，郭沫若又在十批判書莊子的批判中指出，若返觀本身，莊子學派似乎也並未把自己放置在儒家之外，更未自許爲『道家』，因爲『「道家」本是漢人的命名』，『莊周並不曾自命爲「道家」』，相反，在說劍篇中莊周後學甚至稱莊周『儒服而見（趙）王』，可見『他們的一派依然是自命爲儒者』，即使到了莊子的後學仍有不少人自認爲是儒家。在郭沫若看來，這也正可用來佐證『莊子是從顏氏之儒出來的』。

最後，郭沫若認爲莊子及其後學並未完全忘情於世道，其思想言行依然透著儒家本色。因爲在郭氏看來，莊子雖然發展了宋鈃『情欲寡淺』的主張，但不反對戰爭，反而說『聖人之用兵也，亡國而不失人心』（大宗師），與儒家不反對正義之戰的觀點正好相通;他雖然發展了慎到『棄知去己而緣不得已』的主張,但又認爲應『以刑爲體,以禮爲翼,以知爲時,以德爲循』(同上),更是與不廢刑、不廢禮的儒家一致。至於莊子外篇,其中有儒家爲政傾向的言論更多,如天道說『上必無爲而用天下,下必有爲爲天下用』,這是在強調臣子『有爲』對於治國爲政的重要性。在宥篇說『何謂道?有天道,有人道。無爲而尊者,天道也;有爲而累者,人道也。主者,天道也;臣者,人道也。天道之與人道也,相去遠矣,不可不察也』,這是把道分成了截然相反的兩種,用以調和道家的『無爲而治』和儒家的『股無胈,脛無毛』的君人之道。郭沫若指出,這些同樣可以作爲莊子出於『顏氏之儒』的佐證。

所謂莊子與顏回有著淵源關係的說法,其實並非首創於郭沫若。如清代劉鴻典就在他所著的莊子約解中指出:『孔子之言性與天道,不可得聞,而心齋、坐忘,直揭孔顏相契之旨。』(莊子約解序)『心齋、坐忘之學,他書皆未之見,獨於莊子見之。後世記誦詞章,相沿成習,幾不知孔顏有心齋之學,得此篇以存儒門之衣缽,則莊子真孔子之功臣也。』(莊子約解凡例)認爲莊子對孔子心性與天道思想的傳承乃至發揚光大,主要還是集中表現在對顏回『心齋』、『坐忘』之旨的闡發上。郭沫若在前人說法的基礎上作了更爲全面深入的闡發,從而把所謂莊子出於『顏氏之儒』的說法推到了極致。但他在十批判書莊子的批判中又指出,真正使莊子在道家中自成一派的主要還不是儒家,而是足使他產生強烈共鳴的黃老思想:『莊子是從顏氏之儒出來的,但他就和墨子「學儒者之業,受孔子之術」而卒於「背周道而用夏政」一樣,自己也成立了一個宗派。他在黃老思想裏面找到了共鳴,於是與儒、墨鼎足而三,也成立了一個思想上的新的宗派。……然而從莊子的思想上來看,他只採取了關尹、老聃清靜無爲的一面,而把他們的關於權變的主張揚棄了。』認爲莊子雖與『顏氏之儒』有淵源關係,但主要還是得益於黃老思想,尤其是採取了關尹、老聃清靜無爲的一面,從而確立了自己的思想體系。郭沫若還在十批判書莊子的批判中進一步指出:

> 沒有莊子的出現，道家思想儘管在齊國的稷下學宮受著溫暖的保育，然而已經向別的方面分化了：宋鈃、尹文一派發展而爲名家，田駢、慎到一派發展而爲法家，關尹一派發展而爲術家。道家本身如沒有莊子的出現，可能是已經歸於消滅了。然而就因爲有他的出現，他從稷下三派吸收他們的精華，而維繫了老聃的正統，從此便與儒、墨兩家鼎足而三了。在莊周自己並沒有存心以『道家』自命，他只是想折衷各派的學說而成一家言，但結果他在事實上成爲了道家的馬鳴、龍樹。

這裏的意思是說，如果沒有莊子的闡揚，『道家』不會鼎立於世，而莊子對黄老思想有選擇的承繼則深刻地影響了道家之後的發展，爲道家思想定下了基調。他『維繫了老聃的正統』，也拋卻了其中的某些方面，比如老子的權謀詐術等全被淡化了，『莊周比關尹、老聃退了一步，是並不想知雄守雌，先予後取，運用權謀詐術以企圖損人利己而已。這是分歧的地方。莊周書，不論內篇、外篇，都把術數的那一套是揚棄了的』，以至於『後人反而覺得老聃、關尹也純然清靜恬淡』，其實這只是『大海的汪洋，渾化了江河的沉濁』罷了。

另一方面，郭沫若在十批判書莊子的批判中認爲，是莊子最終賦予了道家跟儒家、墨家兩大學派分庭抗禮的思想，道家的整個思想體系由此得以形成。在郭氏看來，莊子所代表的道家『特別尊重個性，強調個人的自由到了狂放的地步』，與抹殺個性的墨家形成極端的反差，而『和儒家個性發展的主張沒有什麼大了不起的衝突』，但莊子主張『天命』說，認爲『死生命也，其有夜旦之常，天也，人之有所不得與』（大宗師），『天下有大戒二，其一命也，其一義也』（人間世），這顯然又『比儒家的必然論更進了一步』，『到達了宿命論的境地了』。同時，莊子對於墨家一面叱責其在非樂、節用、節葬三點上『爲之大過，……反天下之心，天下不堪』（天下），一方面又提出了比墨家更甚更激烈的復古觀點，把墨家又超過了。如在非樂上，莊子認爲『一曰五色亂目，使目不明；二曰五聲亂耳，使耳不聰』（天地），又說『塞瞽曠之耳，而天下始人含其聰矣；滅文章，散五采，膠離朱之目，而天下始人含其明矣』（胠篋）。在節用、節葬上，莊子不止反對厚葬，也看不起墨家的節葬，他提出『吾以天地爲棺槨，以日月爲連璧，星辰爲珠璣，萬物爲齎送。……在上爲烏鳶食，在下爲螻蟻食』（列禦寇），主張舍棄棺槨，赤身埋在泥土中。可見莊子在反對與認同儒、墨的過程中，確立了『道家』完整的思想體系，其所成就的『道家』正脱胎於『顏氏之儒』，孕育於黄老思想，最終與儒家、墨家鼎足而立，成爲了影響中國數千年的一大學派。

總而言之，郭沫若作爲現當代一位在學術上極有建樹的學問家，他對莊子的研究雖然並不十分深入，卻爲莊子研究提供了一些新的視角和方法。他對莊子人生哲學産生原因的分析，結合了社會、政治、學派等各種因素，突破了舊學每以莊學論莊學的窠臼；談到莊子人生哲學的流弊時，他一針見血地指出了其思想内部本身隱含的缺陷。尤其值得一提的是，他關於莊子出於『顏氏之儒』的觀點，曾一度成爲了人們研究莊子的新論題。同時，出於作家的身份，郭沫若又具有與以往的研究者不同的研究角度——文藝，他借重莊子中崇尚自然、無爲的思想提出了自己反功利主義目的、求自然流露的文藝思想。今天，我們對郭沫若的莊學研究進行再研究，無疑可以從中受到不少有益的啓發。

第六章　聞一多的莊子研究[①]

聞一多（1899—1946），初名亦多，族名家驊，字益善，號友山、友三，湖北浠水人。1912年冬考入清華留美預備學校，參加過『五四』運動。1922年赴美留學，學習美術、文學。1925年回國，在北京藝專任教，參加新月社。1928年任武漢大學文學院院長，以後歷任青島大學、清華大學和西南聯大教授。抗戰勝利後因支持學生愛國民主運動，1946年7月15日在昆明被國民黨特務暗殺。早年聞一多以新詩著稱於世，是新月派的代表人物之一，二十年代末期他開始從事古典文學研究，取得了突出成就。由於聞一多自幼熟讀詩賦經史，國學基礎深厚，兼以他的古典文學研究不僅繼承了我國樸學注重訓詁考據的傳統，還秉承『五四』新風，吸收現代西方社會的新學説、新理論和新方法，這使得他的古典文學研究不僅考索賅博，扎實可信，而且大膽開拓，新見叠出。他在周易、詩經、楚辭、莊子、唐詩及上古神話等領域的研究中都取得了突破性的成果，産生了深遠的影響，爲後人所稱道與借鑒。

① 本章引聞一多文章，除另加注明外，皆據聞一多全集，湖北人民出版社1993年版。

第一節　聞一多莊子研究概説

聞一多在中國古典文學研究上所花的時間與精力頗多，所得到的成果也頗豐，郭沫若謂其遺稿中『關於文化遺産的部分要占四分之三，關於近代學識，特别是參加民主運動以來的著述，僅占極少數。』（郭氏開明版聞一多全集序）這裏所指的『文化遺産』，從開明版所收聞一多的作品來看，應當是指中國古典文學，因此郭沫若總結聞一多的『學問研究』時説：『一多對於文化遺産的整理工作，内容很廣泛，但他所致力的對象是秦以前和唐代的詩與詩人。關於秦以前的東西除掉一部分的神話傳説的再建之外，他對於周易、詩經、莊子、楚辭這四種古籍，實實在在下了驚人的很大的工夫。就他所已成就的而言，我自己是這樣感覺著，他那眼光的犀利，考索的賅博，立説的新穎而翔實，不僅是前無古人，恐怕還要後無來者的。』（同上）聞一多對於中國古典文學的系統研究始於二十世紀二十年代末，尤其是1928年任武漢大學文學院院長之後。從該年到其遇害的1946年，聞一多從事中國古典文學研究的時間僅有十八年，但卻取得了甚爲豐富的研究成果。遺憾的是，至今人們對聞一多的學術成就進行發掘時，往往將眼光集中於他的唐詩、詩經、楚辭研究，對其周易、上古神話研究也多有論及，但對他在莊子研究中取得的成果留意較少。這主要是可能由於聞一多的莊子研究中，有很大部分爲未刊稿及未完成稿，在開明版聞一多全集及之後三聯書店的重版中都未能收入，1993年湖北人民出版社的新版聞一多全集補入了其莊子訓詁考據學著作三種，但仍有許多莊子研究的手稿藏於中國國家圖書館，近年才被子藏所收録而公佈於世。

聞一多的莊子研究始於1929年發表的論文莊子，之後有十幾年的停頓。二十世紀四十年代，聞一多重新開始了他的莊子研究，這樣，他的古典文學研究『從詩經、楚辭跨到了周易和莊子』（朱自清開明版聞一多全集序）以及上古神話。1993 年湖北人民出版社聞一多全集將聞一多的莊子研究成果單獨成編，歸入第九卷莊子編，包括莊子、道教的精神二篇論文，和莊子內篇校釋、莊子章句、莊子校補、莊子義疏四種訓詁考據學著作。論文莊子發表於新月第2 卷第9 期（1929. 11. 10），道教的精神在中央日報『人文科學』副刊的第2、第3 期分兩期發表（1941. 1. 13，1941. 1. 20），莊子內篇校釋發表於學術季刊第3 期（1943. 9. 1），這三篇已刊著作後收入1948 年開明書店出版的聞一多全集。1993 年湖北人民出版社重新編輯出版聞一多全集，又補入其莊子章句、莊子校補、莊子義疏三種未刊手稿，這是聞一多未刊手稿中內容較豐富完整的三種。除上述之外，聞一多還有大量莊子研究的手稿如莊子校補、莊子校拾、莊子義疏等，以及一些未完提綱如道家的精神等①。聞一多對於莊子的研究雖然並不完整，許多成果尚在醞釀當中，由於他的過世而帶來了相當多的遺憾，但從整體上看，卻已有完整的輪廓，取得的成就也是不容抹煞的。

朱自清認爲聞一多『是一個鬥士，但是他又是一個詩人和學者，這三重人格集合在他身上，因時期的不同而或隱或現』（朱氏開明版聞一多全集序）。聞一多的莊子研究也反映出了這一特徵：如從他在1929 年發表的莊子中，我們便可以看到一個詩人與學者氣質相混雜但詩人氣質占了上風的聞一多，他在對莊子精神與文學的闡述中充滿了詩人般的傾倒、醉心、發狂，他以詩人的熱情與細膩去品味與體會莊子，對莊子的價值觀、人生態度與人格表現作了高度的讚揚，並更多地站在一個詩人的角度對莊子的文學價值和藝術美作出了準確的分析與評價。這時的聞一多又是個典型的『五四』文人，他將『五四』時期『人的覺醒』這一主題體現在其莊子研究中，站在一個更高、更真實的『人』的角度上去審視莊子，理解莊子，評價莊子，進而同情莊子。但聞一多的這一

① 參見聞黎明、侯菊坤編聞一多年譜長編四十三歲。

初次嘗試應該說並不十分成功，因爲他雖然能從時代風氣入手『知人論世』，理解莊子的精神，發掘莊子的內心情感，闡釋莊子的藝術魅力，也提出了許多有價值的觀點，可是對問題的把握還是較爲表面和較爲粗泛的，涉及的領域也比較狹窄，對一些具體而實質的問題顯然注意不夠。

聞一多對莊子的闡釋、研究在中斷了較長一段時間後，到二十世紀四十年代又重新開始了，並『打算用五年工夫在這部書上』（同上），這時的聞一多早已與詩人的身份隔膜多年，青年『瀟灑』、『放達』的激情讓位於中年『向內走』的沉靜，此時的聞一多已是一位真正的學者與思想家。作爲學者，聞一多在莊子的訓詁考據上花費精力頗多，1943 年莊子內篇校釋發表，1944 年他在西南聯大開始講授莊子，在莊子上所下功夫更多，留下了許多訓詁考據的寶貴資料，這時的聞一多在古典文學的研究上已經形成了自己成熟的學術風格。可以明顯看出，與青年時對莊子精神與藝術的熱情謳歌不同，中年的聞一多已將注意力更多地集中在莊子的思想上，並試圖從文化人類學的角度來追蹤道家學說的來源與流變，1941 年所發表的道教的精神即已完全屬於文化史範疇內對於道家學說與道教淵源流變的思想研究，未發表的道家的精神提綱對莊子思想的背景及內容也已作了完整的勾劃，這些都意味著聞一多的莊子研究已從『莊子』擴展到『道家』，從文學作品本身擴展到廣闊的文化史領域，漸開了莊子研究的新氣象。同時，聞一多在莊子研究上也表現出明顯的客觀和冷靜，與青年時的狂熱追崇相比，此時的聞一多顯然既保留了對莊子思想中精華部分的讚揚與肯定，也表現出對糟粕部分的清醒認識和強烈批判，用郭沫若的評價來說，便是『把莊子思想揚棄了』，『這表現在他日後一轉而痛罵道家了』（見郭氏開明版聞一多全集序）。

可以說，聞一多的莊子研究經歷了從文學欣賞到訓詁考據研究再到思想文化研究的複雜過程，由此構成了他在不同層面上對莊子的系統研究。從對莊子的研究擴大到對道家與道教的研究，從對文學的迷狂沉入對思想與文化的思考，從對莊子的禮贊轉變爲對莊子的客觀評價，聞一多用自己的實踐步步推進了對莊子的研究。

同時這些流變亦符合學術研究由表及裏，由淺入深，由點及面的規律，也與聞一多從詩人到學者既而到鬥士的人生軌跡與思想歷程是一致的。

第二節　對莊子的初次研究

1929年發表的論文莊子，是聞一多莊子研究的初次嘗試。此時的聞一多任教於武漢大學，剛剛將興趣由新詩創作轉向了古典文學研究。由詩人向學者過渡的聞一多，雖然在新詩創作上意興闌珊，但畢竟還留有詩人的影子。所以，在論文莊子中，我們更多地感受到一個詩人熱烈而浪漫的情緒，細膩與敏鋭的情感。莊子既是哲學家，也是文學家，可是詩人氣質濃厚的聞一多，則顯然更傾心於後者，莊子身上散發出來的文學家的魅力也更爲吸引青年時期的聞一多。這時的聞一多在古典文學研究的方向上，更傾向於『求美』，對於『求真、求善』則顯然熱情不大。另一方面，留洋歸來的聞一多在『向外發展』的道路上頗不如意，社會的黑暗現實使得他文藝救國的理想趨於破滅，輾轉各地謀求生計，也仕途不順，屢受排擠，與當年清華園中理想化的聞一多相比，此時的他可謂初嘗了人生的坎坷與顛踣。這些遭際與苦悶使他更深刻地理解了莊子的思想與情感，從而對莊子瀟灑放達的人生態度產生了熱切的嚮往，對莊子的情感產生了深切的同情。論文中處處可見對莊子的『傾倒、醉心、發狂』，這時的聞一多，可説是莊子的崇拜者與追隨者。在這一點上，同爲詩人的郭沫若顯然有更透徹的理解：『他另外有一篇題名就叫「莊子」的論文，直可以説是對於莊子的最高的禮贊。他實在是在那兒誠心誠意地讚美莊子，不僅陶醉於莊子的汪洋恣肆的文章，而且還同情於他的思想。』（郭氏開明版聞一多全集序）

一、精神上的禮贊

莊子所處的戰國中晚期，社會經歷著劇烈的動蕩，戰爭頻發，生靈塗炭，但另一方面又正值百家爭鳴的黄金時代，文化成爲一種強烈的需要，『士』這一階層大量出現。政治的動亂與文化的繁榮形成了強烈的反差，卻又彼此依存：統治階層廣招士人以爲己用；『士』這一階層也利用動蕩的政治形勢，四處遊說，宣傳自己的政治主張，抨擊他人的思想學說。但在這種情況下，莊子卻選擇了窮困與寂寞。聞一多看到了莊子的貧困寂寞與當時其他諸子的風光之間的強烈反差，他在莊子一文中說：

> 與他同時代的惠施只管被梁王稱爲『仲父』，齊國的稷下先生們只管『皆列第爲上大夫』，荀卿只管『三爲祭酒』，呂不韋的門下只管『珠履者三千人』，——莊周只管窮困了一生，寂寞了一生。……除了同國的惠子之外，莊子不見得還有多少朋友。他的門徒大概也有限。朱熹以爲『莊子當時亦無人宗之，他只在僻處自說』，像是對的。孟子是鄒人，離著蒙不甚遠，梁、宋又是他到過的地方，他闢楊墨，沒有闢到莊子。尸子曰：『墨子貴兼，孔子貴公，皇子貴衷，田子貴均，列子貴虛，料子貴別囿。』沒有提及莊子。呂氏春秋也有同類的論斷，從老聃數到兒良，偏漏掉了莊子。似乎當時只有荀卿談到莊子一次，此外絕沒有注意到他的。

對於莊子這種貧困寂寞，聞一多認爲完全是莊子的主動選擇，因爲『一個人稍有點才智，在當時，要交結王侯，賺些名聲利祿，是極平常的事』，而莊子絕非一個平庸之人，他的『博學和才辯並不弱似何人』，司馬遷稱莊子『其學無所不窺』，『善屬書離辭，指事類情，用剽剝儒墨，雖當世宿學不能自解免也』（史記老子韓非列傳），莊子一書也正證實了這一點，那麼，莊子的貧困寂寞只可能是來自於對名聲利祿的主動拒絕。事實也正如此，聞一多說：『據說楚威王遣過兩位大夫來聘他爲相，他發一大篇議論，吩咐他們走了。』這斷然拒聘的故事在秋水、列禦寇和史記老子韓非列傳中均有記載。莊子也曾經做過漆園吏這樣的小官，聞一多則認爲『多半是爲糊口計』，『談不上仕宦』，選擇這種既可以糊口又談不上仕宦的職業，在於它有『不致妨害人的身分，剝奪人的自由』的諸般好處，是讓步到最高限度了。

滿腹才學的莊子爲何終身選擇貧困寂寞呢？聞一多在莊子一文中理解爲『他脾氣太古怪，不會和他們混，不願和他們混』。聞氏這裏所謂的『脾氣太古怪』，實際上是指莊子潔身自好，不願與世人同流合污，『不會和他們混，不願和他們混』，歸根結底則出於對社會混亂與仕途黑暗的清醒認識。他並舉了列禦寇篇中曹商出使秦國的故事，認爲雖然莊子所說可能是譏諷之言，未必屬實，但可見在當時，仕途的現實是如此黑暗，愈是放棄精神尊嚴，愈是無恥卑下，得到的利益就愈多。所以他感慨：『當時宦途的風氣也就可想而知。在那種情況之下，即使莊子想要做事，叫他如何做去？』莊子逃避的還不僅僅是仕途，聞一多否定了莊子見魯哀公與趙文王之事，只承認他到過楚國與齊國，除此之外，更多的是待在家鄉，隱於山林，遁於世外，他的生活的大致便是如刻意篇所說的『就藪澤，處閑曠，釣魚閑處，無爲而已矣』。聞一多認爲這種『無用』的人生態度也是莊子的主動選擇，『無用』的目的在於『求自救』：

> 他『學無所不窺』，他『屬書離辭，指事類情』，正因犯著有用的嫌疑，所以更不能不掩藏、避諱，裝出那『其臥徐徐，其覺于于，一以己爲馬，一以己爲牛』的一副假癡假呆的樣子，以求自救。

這種理解是符合莊子『無用』之本意的。山木篇中說，魯侯因不能去欲虛己而不免於患，孔子因有矜伐之心而遭陳蔡之圍，逆旅美人因有矜美之意而不爲主人所重，倒是像意怠那樣隱於群鳥之間，無所作爲，反而得以避害全身，可見，莊子選擇無用的直接目的還是爲了自我保全。相比於儒家對現實的積極肯定、參與和改造，這種與現實保持距離的作法無疑是消極的，但它又是建立在對自身精神世界的自信與認真之上，這種精神上的潔癖，要求遠離世俗世界的污濁，從而保全精神世界的潔淨與高貴，這正是聞一多對莊子精神倍加讚歎的原因。

莊子選擇了不仕與無用，也同時選擇了貧困與寂寞，但貧困與寂寞並不是莊子的唯一面目，聞一多還另外看到了一個擺脱了世俗束縛，精神上極度自由的莊子，因此對莊子的瀟灑與放達充滿了嚮往。而同時，莊子睥睨時代風氣，拒絶世俗之『用』，追求自由的人生態度對聞一多的衝擊與影響也是十分大的。聞一多對莊子自由精神的讚歎，對莊子瀟灑放達的嚮往，並不是憑空而來的，這與當時的社會現實和聞一多的個人經歷息息相關。事實上，聞一多並非從一開始就對莊子推崇備至，1914 年，十六歲的聞一多發表了他的第一篇文章名譽談，其中對老莊的人生態度進行了猛烈抨擊：

> 聖人之重名也至矣。惟老氏始以名爲大戒，其言道也，曰無名天地之始；其訓世也，曰爲善無近名。今講聖賢行義達道之學，而傅之以老莊絶聖棄智之旨，吾不知其何説也。自秦漢以及唐，好名之念，猶未絶於士大夫之心，跅馳不羈之士，史不絶書，而國咸賴以不替。洎宋學家言，風靡一世，神州俗尚，爲之一變，尚知足而絶希望，重保身而戒冒險，主退讓而斥進取，謬種傳流，天下事乃盡壞於冥冥之中。千年以來，了無進步，而退化之徵，不一而足。

這時的聞一多，認爲老莊之學『尚知足而絶希望，重保身而戒冒險，主退讓而斥進取』，消極之至，實爲『謬種傳流』，應予堅決摒棄。在二月廬漫記（續七）中，聞一多所看到的也還是一個虛僞矯情的莊子：

> 莊周妻亡，鼓盆而歌，世以爲達。此殆不然。未能忘情，故以歌遣之耳，情若能忘，又何必歌？

這裏是説，莊子實際上未能忘情，世人不得以達觀許之。然而在十五年之後，聞一多卻對莊子無用自保的精神大加讚揚，同樣是妻亡鼓盆而歌的莊子，卻讓聞一多看出了放達的另一面。何以對同一個莊子，卻產生了如此分歧巨大的理解呢？ 這不得不追究聞一多的人生歷程。1914 年的聞一多初入清華，尚未遭遇生活的挫折與坎坷，對世事的理解流於理想化，難免血氣方剛，慷慨激昂，於是對莊子思想的消極一面批判頗多。而1929 年的聞一多，早已走出清華，經歷了數年留洋生活，也經歷了理想的破滅，職業的輾轉，飽嘗過人生艱辛，內心充滿了不安與矛盾，因而在這時，曾與他同樣身處亂世的莊子無疑成了他的精神慰藉，使他與莊子的無用避世思想產生了強烈的共鳴，對莊子敢於追求自由的瀟灑與放達充滿了嚮往之情。

二、情感上的共鳴

聞一多顯然更推崇作爲文學家的莊子，他身上的詩人氣質使他能在文學上與莊子產生更多的共鳴。他在莊子一文中說，『莊子是一位哲學家，然而侵入了文學的聖域』，因而他評論莊子也只是『單講文學家莊子』，如有涉及莊子思想的地方，那僅是『當作文學的核心看待的，對於思想本身，我們不加批評』。但聞一多並不因此否定了哲學家的莊子，相反，他認爲『講到文辭，本是莊子的餘事』，而莊子的文學之所以美而令人陶醉，正在於他哲學與文學的莫分彼此，因爲『向來一切偉大的文學和偉大的哲學是不分彼此的』，『文學是要和哲學不分彼此，才莊嚴，才偉大。哲學的起點便是文學的核心。只有淺薄的、庸瑣的、渺小的文學，才專門注意花葉的美茂，而忘掉了那最原始、最寶貴的類似哲學的仁子。』聞一多對哲學的莊子與文學的莊子之關係的理解是準確的，因爲一部莊子，歸根究底是莊子人生哲學與社會理想的表達，只是莊子認爲『天下爲沉濁，不可與莊語』（天下），於是用了委婉曲致的形式表達出來，加上莊子本人極高的才智，才無意中成就了如此高的文學成就。可以說，莊子是不折不扣的哲學家，莊子的核心是哲學，外殼是文學，正因爲有了濃厚而豐富的思想內涵，才使得它的文學之美散發出異常的光彩；反之，也正因爲有了美妙絕倫的文辭，才使得它的思想之美達到如此高度。聞一多正是看到了莊子身上文學家與哲學家兩種氣質的碰撞與交融，看到了他的思想與文學的渾然天成，所以才能理解莊子之美的真正來源：『讀莊子，本分不出那是思想的美，那是文字的美。那思想與文字，外型與本質的極端的調和，那種不可捉摸的渾圓的機體，便是文章家的極致。只那一點，便足注定莊子在文學中的地位。』

聞一多在莊子一文中進而指出，要做到這種思想與文字的渾然一體是十分困難的，而說理文要做到這點則幾乎不可能，但莊子卻能在這『幾乎不可能』中『單身匹馬給文學開拓了一塊新領土』，從而爲人們帶來了多重的閱讀體驗與審美感受：

讀莊子的人，定知道那是多層的愉快。你正在驚異那思想的奇警，在那躊躇的當兒，忽然又發覺一件事，你問那精微奧妙的思想何以竟有那樣湊巧的曲達圓妙的辭句來表現它，你更驚異；再定神一看，又不知道那是思想那是文字了，也許什麼也不是，而是經過化合作用的第三種東西，於是你尤其驚異。這應接不暇的驚異，便使你加倍的愉快，樂不可支。這境界，無論如何，在莊子以前，絕對找不到，以後，遇著的機會確實也不多。

聞一多在這裏將閱讀莊子一書的體驗分爲三個層次，即思想的體驗、文字的體驗與文思交融的體驗，認爲這三層體驗正反映了莊子一書內涵的豐富性，正是這種豐富而渾然的境界，使得莊子一書具有了這種前無古人、後無來者的地位。

在莊子一文中，聞一多還對莊子的文字與思想下了這樣的定論：『外形同本質都是詩。』所謂『外形』是詩，依他看來就是在莊子手裏，『辭令正式蛻化成文學了』，這種『文學』的獨特性使得莊子一書明顯區別於先秦時其他諸子：

講究辭令的風氣，我們知道，春秋時早已發育了，戰國時縱橫家及以孟軻、荀卿、韓非、李斯等人的文章也夠好了，但充其量只算是辭令的極致，一種純熟的工具，工具的本身難得有獨立的價值。莊子可不然，到他手裏，辭令正式蛻化成文學了。他的文字不僅是表現思想的工具，似乎也是一種目的。

關於『本質』是詩，聞一多在莊子一文中這樣解釋：『實在連他的哲學都不像尋常那一種矜嚴的，峻刻的，料峭的一味皺眉頭，絞腦子的東西，他的思想的本身便是一首絕妙的詩。』並認爲這種詩一般的哲思主要來自於莊子豐富的情緒的美，莊子的思想之所以有令人陶醉的力量，就在於『那裏邊充滿了和煦的、鬱蒸的、焚灼的各種溫度的情緒』。在聞一多看來，正是這種情緒的美使莊子的思想具有了詩一般的感染力，從而有別於其他枯燥而刻板的說理文。因此，此時的聞一多不同意人們往往將妻子死了也要鼓盆而歌的莊子理解爲無情之人，而偏以詩人的眼睛，從莊子一書中看到了一位多情的詩人，甚至是『開闢以來最古怪最偉大的一個情種』。

由於聞一多以詩人的眼光去審視莊子靈魂深處的『情』，於是在莊子一文中便將莊子對『道』的表述看成是『熱忱的愛慕』，理解爲像『那嬰兒哭著要捉月亮似的天真，那神秘的悵惘，聖睿的憧憬，無邊無際的企慕，無涯岸的豔羡』，並由此而更將莊子的全部哲學理解爲一種『客中思家的哀呼』，一種『神聖的客愁』：

『萬物生於有，有生於無』，莊子仿佛說：那『無』處便是我們真正的故鄉。他苦的是不能忘情於他的故鄉。『舊國舊都，望之悵然』，是人情之常。縱使故鄉是在時間以前，空間以外的一個縹緲極了的『無何有之鄉』，誰能不追憶、不悵望？何況羈旅中的生活又是那般齷齪、偪仄、孤淒、煩悶？『悲歌可以當泣，遠望可以當歸』，莊子的著述，與其說是哲學，毋寧說是客中思家的哀呼。他運用思想，與其說是尋求真理，毋寧說是眺望故鄉，咀嚼舊夢。

這就是聞一多眼中的莊子，托身於塵世，卻寄情於天道，在『齷齪、偪仄、孤淒、煩悶』的現實中百無聊賴，只能『卮言日出，和以天倪，因以曼衍，所以窮年』（莊子寓言）。可以看出，聞一多所謂的『鄉愁』，實際上是一種對精神家園的思慕，對回歸彼岸的衝動，對超然於世外、無往而不逍遙的絕對自由的嚮往。聞一多認爲莊子『這思念故鄉的病意，根本是一種浪漫的態度，詩的情趣』，既是『浪漫的態度』，又有『詩的情趣』，『便少不了那一個哀豔的「情」字』，只是他也看到了莊子之『情』與常人之『情』的不同之處：

並且因爲他鍾情之處，『大有逕庭，不近人情』，太超忽，太神秘，廣大無邊，幾乎令人捉摸不住，所以浪漫的態度中又充滿了不可逼視的莊嚴。……三百篇是勞人思婦的情，屈、宋是仁人志士的情，莊子的情可難説了，只超人才載得住他那種神聖的客愁。

聞一多清楚看到，莊子的『情』並不是某種具體而明確的『情』，而是一種超忽常情、廣大無邊的『情』，這種超忽常情、廣大無邊在於他既不同於著眼於個人的『勞人思婦的情』，也不同於著眼於國家民族的『仁人志士的情』，他的『情』從一開始就跳出了短暫而狹小的現實社會，立足於解決人的人生困境，爲人類尋找一個不僅擺脱現時社會困境，而且擺脱最終生命困境的『故鄉』。難怪聞一多要感歎，『只超人才載得住他那種神聖的客愁』。

三、文學上的傾倒

除了對莊子思想與精神的肯定與讚揚，聞一多在莊子一文中對莊子的文辭也發出了由衷的讚美，他認爲雖然『講到文辭，本是莊子的餘事，但也就夠人讚歎不盡的』，莊子不僅是一個哲學家，在哲學上具有極高的地位，而且在文學上的成就也是不容忽視的：『古來談哲學以老、莊並稱，談文學以莊、屈並稱。南華的文辭是千真萬真的文學，人人都承認。』聞一多在莊子一文中還注意到，『天下篇討論其他諸子，只講思想，談到莊周，大半是評論文辭的話』，高似孫、趙秉忠、淩約言等評論莊子即多從文辭著筆，因而莊子的文字無疑是一個博大而豐富的寶庫，幾乎包涵了中國古代文學的全部元素：

如果你要的是純粹的文學，在莊子那素淨的説理文的背景上，也有著你看不完的花團錦簇的點綴——斷素、零紈、珠光、劍氣、鳥語、花香——詩、賦、傳奇、小説，種種的原料，盡夠你欣賞的，採擷的。

具體來説，聞一多眼中作爲文學家的莊子是一個『抒情的天才』、『寫生的妙手』、高明的寓言家和以醜爲美的審美境界的開創者。

聞一多在莊子一文中還說，莊子一書中『那種最飄忽的、最高妙的抒情的趣味』，便是莊子文章的『神理』所在，並指出，既然莊子是『開闢以來最古怪最偉大的情種』，在抒情上也就必有過人之處。他舉了則陽篇以證莊子善抒『人情』，又舉天運篇以證莊子善抒『物情』，從他所舉的例子中可以看出，他認爲莊子擅於抒情主要是強調莊子細膩的情感體驗和『參差奇詭』的浪漫主義情緒。聞一多不但認爲莊子擅長抒情，而且認爲莊子的抒情風格具有多樣性，能帶給人不同的情感體驗。他舉了張端義貴耳集所載宋真宗軼事：『宴近臣，語及莊子，忽命秋水，至則翠鬟綠衣，一小女童，誦秋水一篇。』認爲『這真是一種奇妙批評莊子的方法』。他還描述唐子西在惠州給各種酒取名字，『溫和的叫做「養生主」，勁烈的叫做「齊物論」』，認爲這些例子都反映了莊子之所以令人陶醉，是由於裏面『充滿了和煦的、鬱蒸的、焚灼的各種溫度的情緒』。聞一多也肯定了莊子是一位『寫生的妙手』，並認爲莊子的這一功力，一方面乃是表現在對自然界具體事物的細微體察上，另一方面乃是表現在對抽象事物的細緻描摩上，『他的觀察力往往勝過旁人百倍』，實非後人所能追攀。

在聞一多看來，要寫盡莊子的文學是十分困難的，因爲莊子的文學包羅萬象，千頭萬緒，非三言兩語可以盡述。他在莊子一文中說：

> 討論莊子的文學，真不好從那裏講起，頭緒太多了，最緊要的例如他的諧趣，他的想像。而想像中，又有怪誕的、幽渺的、新奇的、穠麗的各種方向，有所謂『建設的想像』，有幻想。就諧趣講，也有幽默、詼諧、諷刺、謔弄等等類別。

可以看出，雖然聞一多認爲莊子的文學頭緒甚多，但最緊要、最具特色的是他的諧趣和想像，並且這諧趣和想像還有種種不同的表現方式與作用，所以當不得不談莊子的文學時，他便選擇了諧趣與想像色彩最濃厚的寓言。何爲寓言？郭象莊子注解釋說：『寄之他人，則十言而九見信。』可見，所謂寓言就是假借形象思維寓理於事，以表達己意。其實寓言並非莊子的首創，也非爲莊子所獨用，先秦其他諸子如孟子、韓非子等人亦可謂善用寓言，但聞一多看到了莊子寓言與其他諸子寓言的不同之處。首先，他認爲莊子寓言『用得最多，也最精』，『一部莊子幾乎全是寓言』。確實，『寓言』恐怕是莊子一書中最重要的表現手法，史記老子韓非列傳說：『其著書十餘萬言，大抵率寓言也。』莊子全書大小寓言共計二百多個，其短者或三言兩語，其長者或千餘字，有些篇目全部由寓言排比而成，有些篇目乾脆通篇就是一個寓言，整部莊子簡直全是由寓言構成的。其次，他認爲『寓言成爲一種文藝，是從莊子起的』。那麼，莊子的寓言何以便是文學呢？他在莊子一文中解釋說：

> 我只提到前面提出的諧趣與想像兩點，你便恍然了，因爲你知道那兩種質素在文藝作品中所佔的位置，尤其在中國文學中，更是那樣鳳毛麟角似的珍貴。若不是充滿了他那雋永的諧趣，奇肆的想像，莊子的寓言當然和晏子、孟子以及一般遊士說客的寓言沒有區別。諧趣和想像打成一片，設想愈奇幻，趣味愈滑稽，結果便愈能發人深省，這才是莊子的寓言。

聞一多可說是準確地抓住了莊子寓言的特點，因爲先秦諸子中如孟子多採用民間傳說故事來加強自己的論辯，韓非多利用歷史傳說與典故以佐證自己的說理，而莊子的寓言卻大多『皆空語無事實』（司馬遷語），充滿了看似虛妄而滑稽的想像與虛構。在聞一多看來，這正是莊子寓言的獨到與可貴之處。他在冬夜評論中就強調了想像的重要性，認爲『幻象在中國文學裏素來似乎很薄弱』，但是詩卻應當具備幻想力，這樣才能造作出濃麗繁密而且具體的意象。可以說，正是莊子一書中這些看似天馬行空、不著邊際的寓言，使得整部莊子充滿了奇幻斑斕的文學色彩，所以聞一多認爲寓言是通過莊子才成爲了一種文藝的。由於莊子寓言有別於先秦其他諸子寓言，帶有極濃重的文學色彩，所以對後世的文學產生了不小的影響，聞一多在莊子一文中將這種影響分爲『母題』與『故事的本身』兩個部分：『他的「母題」固在故事所象徵的意義，然而對於故事的本身——結構、描寫、人格的分析，「氛圍」的佈置，……他未嘗不感覺興味。』而且在他看來，莊子寓言的『母題』的影響主要就是表現爲『變成唐宋人的傳奇』，認爲『我們試想桃花源記、毛穎傳等作品對於中國文學的貢獻，便明了莊子的貢獻』。的確，莊子一書中許多寓言記述或者虛構了鬼怪異事，是魏晉以後志怪小説的鼻祖之一，如其中妻死鼓盆在馮夢龍警世通言中被發揮成莊子休鼓盆成大道，莊周夢蝶、髑髏見夢等也被後人演爲三勘蝴蝶夢、大劈棺等戲劇，魯迅故事新編中的起死也本於此，這些莊子寓言産生的影響可謂是直接的。而莊子寓言『故事的本身』産生的影響，聞一多認爲主要表現在『結構、描寫、人格的分析，「氛圍」的佈置』，他舉了『儒以詩禮發冢』、『庖丁解牛』爲例，認爲莊子寓言本身具有小説家的手腕，對後世的小説産生了深遠的影響：『往下再不必問了，你可以一直推到西遊記、儒林外史等等，都可以説是莊子的賜予。』

聞一多還特别注意到莊子寓言善於化醜爲美，創造了一種『以醜爲美』的獨特境界。他在莊子一文中説：

> 文中之支離疏，畫中的達摩，是中國藝術裏最特色的兩個産品，正如達摩是畫中有詩，文中也常有一種『清醜入圖畫，視之如古銅古玉』的人物，都代表中國藝術中極高古、極純粹的境界，而文學中這種境界的開創者，則推莊子。誠然，易經的『載鬼一車』、詩經的『牂羊墳首』早已開創了一種荒怪醜惡的趣味，但沒有莊子用得多而且精。這種以醜爲美的興趣，多到莊子那程度，或許近於病態，可是誰知道，文學不根本便犯著那嫌疑呢！

那麼，爲什麼莊子如此愛好病態的『醜』呢？聞一多認爲有三個原因。首先，『醜』雖近於病態，『卻不好算作墮落』，有時『醜』的形象反而能表現出一種如『古銅古玉』般『極高古、極純粹的境界』，這種境界來自於精神上的完美。聞一多認爲，莊子決不是專門製造一些醜陋的形象來嘩衆取寵，如逍遥遊篇中描寫的藐姑射山神人，『肌膚若冰雪，淖約若處子，不食五穀，吸風飲露，乘雲氣，御飛龍，而遊乎四海之外』，就完全是形德之美的極致。只是莊子用來衡量美醜的標準與世人不同，『其實我們所謂健全不是莊子的健全，我們講的是形骸，他注重的是精神。……莊子自有他所謂的健全，似乎比我們的眼光更高一等』，即在莊子看來，『德有所長而形有所忘」（德充符），所以他有意地創造了一大批形極殘德極全之人，以形體的不健全來極襯精神的健全，使人們明白，即使外形醜陋，只要具有精神之美，就能得到人們的欽慕。其次，聞一多認爲文學本就犯著「病態」的嫌疑，所謂物極則必反，病態的「醜」發展到極致也能産生某種獨特的審美效果，形體的醜陋與精神的完美之間反差越大，就越是能對人的審美定勢産生強烈的衝擊，因而文學家往往以「醜石」、「病梅」等等有缺憾的事物來表達自己的精神追求，畫家們則常常以形像怪異醜陋的人物來表達内心不屈不撓的精神力量。再次，聞一多認爲「世紀末」的景象是「荒怪醜惡的趣味」産生的時代誘因。他在賈島一文中曾經解釋過賈島那種「屬於人生背面的、消極的、與常情背道而馳的趣味」，認爲這種有悖常情的趣味「幾乎每個朝代的末葉」都是有過的，因而生活於戰亂頻繁的戰國中期，面臨著「一個走上了末路的、荒涼、寂寞、空虛，一切罩在一層鉛灰色調中」時代的莊子，其産生「荒怪醜惡的趣味」也就可以理解了。

第三節　對莊子的再研究

朱自清在開明版聞一多全集編後記中回憶道：「在文科研究所住著的第二年（1942），他重新開始研究莊子，説打算用五年工夫在這部書上。」但實際上，1940 年聞一多的莊子研究就已經初有成果，他在此年二月二日致清華大學校長梅貽琦的休假研究報告中列舉了他在上古文學史研究中的研究結果，其中莊子章句便已完成了内七篇①。如果説，二十世紀二十年代末聞一多的莊子研究在積極朝著「求美」的方向發展，將詩人式的、藝術家式的「求美」作爲研究莊子的主要目的的話，那麽四十年代聞一多的莊子研究則真正轉向了學者式的

① 參見聞黎明、侯菊坤編聞一多年譜長編四十二歲。

『求真』、『求善』的道路。

當時學術界的學術風氣都較重視訓詁考據的樸學研究，偏重傳統的清華學派尤其如此。但與當時的『信古』與『疑古』風氣相比，清華學派則開啟了另一種『釋古』的新思潮，他們在學術研究中不是採取全盤接受或大膽否定懷疑的方式，而是更多地持謹慎的實證態度，在不斷搜集、考證史料的基礎上，努力對古代文學與文化作出合理的解釋，並不斷形成新的研究範圍、研究對象、研究方式和研究格局。聞一多的學術研究很顯然地受到了清華學風的影響，一方面重視基礎的實證考據工作，另一方面在對待古史材料時，基本上是持『釋古』的態度，在前人的基礎上修正和擴大前人的學術研究，並參以個人的研究心得。這樣，他很自然地向『求真』、『求善』的學術氛圍靠攏，而漸漸消褪了當初『求美』的熱情，在莊子研究上進入了一個全新的階段。

一、莊子學著作五種概說

1．莊子內篇校釋

莊子內篇校釋1943年9月1日發表於重慶學術季刊第一卷第三期，後收入1948年開明書店出版的聞一多全集古典新義，是聞一多莊子考據學研究中最爲成熟與完整的著作。在此著中，聞一多以其樸學精神和現代科學方法對莊子內七篇進行了實事求是的準確校勘與詮釋，又能以創造性的思維和多方面的綜合考察提出新的見解。從1940年聞一多致清華大學校長梅貽琦的信中來看，聞一多在1940年就已完成了莊子章句的內七篇，而莊子章句中的許多校勘內容之後見於莊子內篇校釋中，可以推測，聞一多的莊子內篇校釋應當是在對莊子文字和章句做了大量研究工作的基礎上完成的，而在吸取這些研究結果時，聞一多顯然是十分謹慎的，莊子章句中的校勘內容，只有一部分爲莊子內篇校釋所用，另有一部分卻未加採用，這也可以看出聞一多對待學術工作的嚴謹態度，對於未能定稿的内容決不輕易發表。

莊子内篇校釋以郭慶藩莊子集釋爲底本，從音、形、義三個方面對文字進行校勘，對部分詞意進行詮釋，對誤文、倒文、脱文、衍文進行勘誤，並補足了一些佚文。聞一多的學生曾回憶他講授莊子時的情景：『聞先生講書，一字一句的考證剖析，都詳細謹嚴，他自己親手抄寫一本莊子，把别家的注釋和他自己的發現與見解都寫在上面。』①聞一多講授莊子的方法與他在莊子内篇校釋中表現出來的研究方法幾乎如出一轍，那就是在集史料及前人注疏的基礎上旁徵博引，通過對字句的考證剖析，給作品以新的詮釋。值得注意的是，除了對史料及古人注疏的徵引外，聞一多對近人馬敘倫的莊子研究成果吸收頗多，他在講授莊子時，便常常引用馬敘倫的注釋②，而在莊子内篇校釋中，也常常運用馬敘倫的注釋來校正字句。相比於前人的莊子研究，聞一多的莊子内篇校釋發表了許多新的見解，這些新見解雖然未必完全正確，但正如聞一多在反駁一些學者對郭沫若的批評時所説的：『如果他説了十句，只有三句説對了，那七句錯的可以刺激起大家的研究辯正，那説對了的三句，就爲同時代和以後的人省了很多冤枉路。』③聞一多之所以能夠在莊子研究中有所新見，在於他能夠運用多種學科的方法理論並聯繫歷史背景對作品進行理解與詮釋。

第一，聞一多在對莊子文本的校正詮釋中表現出了極強的邏輯性與嚴密性。如他爲了證明逍遥遊篇『大鵬』即『爰居』，先從國語魯語的記載中證明爰居曾因大風而止於魯郊，這與鵬因海運而南徙相似。又從至樂篇與爾雅釋鳥郭璞注中證明爰居爲大鳥，而鵬恰也爲大鳥。接著從爾雅釋鳥樊光注與文選中的材料證明爰居似

① 聞黎明、侯菊坤編聞一多年譜長編四十六歲引。
② 參見聞黎明、侯菊坤編聞一多年譜長編四十六歲。
③ 聞黎明、侯菊坤編聞一多年譜長編四十六歲引。

鳳，而『鵬』、『鳳』本爲一字。由以上三者，聞一多方才得出結論：『是鵬與爰居蓋一鳥，海運（渾）與海大風亦一事也。』又如大宗師篇中自『故聖人之用兵也』至『而不自適其適者也』一段，聞一多認爲是莊子後學之言，除了指出該段與上下詞旨不類之外，他還舉出了三個疑點：『且「聖人之用兵也，亡國而不失人心」，寧得爲莊子語？可疑者一也。務光事與許由同科，許由者逍遥遊篇即擬之於聖人矣，此於務光乃反譏之爲「役人之役，適人之適，而不自適其適者」，可疑者二也。朱亦芹以尸子、秦策證胥餘即接輿，其說殆不可易。本書内篇凡三引接輿之言，是莊子意中，其人亦古賢士之達於至道者，乃此亦目爲徇名失己之徒，可疑者三也。「利澤施於萬世」，又見天運，「適人之適而不自適其適者也」，又見駢拇，並在外篇中。以彼例此，則此一百一字蓋亦莊子後學之言，退之外篇可耳。』由此可見聞一多校正文本的嚴謹與嚴密。

第二，聞一多所引用的材料十分豐富，除了對前人研究成果的廣爲徵引之外，他還從神話、文化學、民俗學等許多方面尋找材料，提出了一些新的見解。如齊物論篇『與王同匡牀』中的『匡牀』，今本寫作『筐牀』，聞一多認爲有誤，他說『匡牀』之名來源於『牀三面有圍，其形如匚，匚亦古「匡」字，故謂之匡牀』，之後又從北方民俗中尋找依據，說『北人累磚爲寢牀，三面連壁，亦呼曰匟，即古匡牀之遺』。又如人間世篇『針挫治繲，足以糊口，數筴播糈，足以食十人』，前人多將『挫針治繲』釋爲縫衣洗衣，將『數筴播糈』釋爲揚糠簡米，但聞一多卻將此二者解釋爲用針石治療跌打損傷的醫術和卜卦占兆的巫術，並從上古巫醫文化中尋找解釋：『針挫治繲，醫術也。數筴播糈，巫術也。古巫亦即醫，故兼治二術。』並引用淮南子說山訓中以醫用針石與巫用糈藉並言來與莊子相發明。聞一多還將神話作爲詮釋的重要依據，如在解釋德充符篇『天選子之形』一句時，他便根據太平御覽卷七八中所引風俗通義『女媧摶黄土作人』的神話，認爲『「天選子之形」，即摶子之形，亦摶土作人之遺說也』。

第三，聞一多運用現代語言學對莊子文本進行校正與詮釋，這是前人所沒有嘗試過的。如他在解釋逍遥遊篇『摶扶搖而上者九萬里』時，認爲『摶』與『扶搖』義同，皆動詞作副詞用，二詞連用是古人自有的複語，這種複語在楚辭、漢賦中並不少見，是戰國以來接近口語之新文體，因此崔譔注將『摶』改爲『搏』，是因爲將『摶』當成動詞，而將『扶搖』當成名詞，作了『摶』的賓語的緣故，顯然是錯誤的。而在解釋後文『摶扶搖羊角而上者九萬里』時，聞一多也同樣認爲『扶搖』、『羊角』皆是副詞，若將二者當成大鵬所乘之風，則『誤副詞爲名詞，按之語法，爲不可通耳』。

第四，聞一多在莊子内篇校釋中還表示出他對莊子訓詁考據研究的目的在於『明莊子思想之背景』。如在解釋德充符篇『彼且擇日而登假，人則從是也』時，他認爲『登假』猶『登霞』，又作『登遐』、『升霞』等，其義有二：一指源出於西戎的火葬之俗，如墨子節葬中的『登遐』，張華博物志中的『登霞』，劉晝新論風俗中的『升霞』，都是指『靈魂乘火焰以上升』；二指世人所稱之『升仙』，但從列仙傳等記載，仙人多以火化之後魂氣上升而升仙，因此這一意義應當是源於火葬，由前義發展而來。聞一多之所以對『登假』一詞做如此詳細的解釋，據他自己説就是因爲『諸家雖知本篇之文當從徐讀，而不能質言「登假」之義，故具論之，以明莊子思想之背景焉爾』。即在他看來，只有在對文本作具體校正與詮釋之後，才能説明莊子思想的背景，才能真正理解莊子思想的來源與内涵，這才是其莊子研究的最終目的。

2.莊子章句

聞一多所著莊子章句與莊子校補、莊子校拾、莊子義疏，生前均未發表，1949 年開明版聞一多全集亦未收入。聞氏在1940 年致清華大學校長梅貽琦之休假研究報告中，附有其關於上古文學之研究結果，其中莊子章句之内七篇已完成，比其所著莊子内篇校釋之發表至少早三年。

中國國家圖書館所藏聞一多莊子章句手稿，該館將其標爲『莊子章句一』、『莊子章句二』、『莊子章句三』、『莊子章句四』、『莊子章句五』，實際上應歸爲三種。莊子章句一，録逍遥遊篇全文，分爲七個章節，順文雙行夾注，以解釋字義句意爲主，間有考證訂訛文字。篇末闢『校補』欄，對篇中缺文、衍文等進行校補訂訛，所據文獻豐富，用力亦勤，所得結論，多可信從。又闢『釋義』欄，對篇中難解字句作重點解釋，不僅引經據典，借鑒前人研究所得，還大膽推證、闡釋，敢言他人所未敢言，故每能新人耳目。莊子章句二，錄逍遥遊、齊物論、養生主、人間世、德充符、大宗師、應帝王七篇原文，順文雙行夾注，其中前六篇皆已分定章節，並以紅筆連續標號，至大宗師篇末章爲『五一』，而應帝王篇僅以鉛筆標碼，有『52』、『53』、『54』、『55』等標號，兼以七篇中塗抹修改處甚多，則今所見莊子章句二，當爲未徹底完成之稿。另外，莊子章句三，錄逍遥遊、齊物論、養生主、人間世、德充符、大宗師六篇，順文雙行夾注，並以紅筆連續標號，至大宗師篇末章爲『六三』；莊子章句四依次錄外篇十五篇原文，莊子章句五依次錄雜篇十一篇原文，皆順文雙行夾注，前者以紅筆連續標號始於『七〇』而終於『一七五』，後者始於『一七六』而終於庚桑楚篇末章，標號爲『一九八』。今視莊子章句三、四、五，實爲相對完整之稿，應當歸爲一種，且據其塗抹修改處多於莊子章句二等跡象，則此稿當完成於莊子章句一、二之前。但其中缺應帝王篇，不知何以如此。

今執聞一多手稿莊子章句之相關文字，與其發表於1943年之莊子內篇校釋作比較，則其考校文字顯然有所不及，又爲不及徹底完成之稿，但此著實爲聞氏唯一涉及莊子全書之研究著作，尤其值得珍貴。

3. 莊子校補

聞一多所著莊子校補，亦爲未曾發表之手稿，塗抹修改之處較多。

莊子校補扉頁題『坿錄一(校補)』。前列有王念孫、王懋竑、李楨、俞樾、孫詒讓、郭慶藩、王闓運、劉師培、劉秀生、奚侗、馬敘倫、劉文典、朱桂曜、章煜然等十四人名字，聞一多著述此書時當借鑒過其成果。此書爲劄記體，是對莊子內篇之校補，計有逍遥遊篇校語九條、齊物論篇二十六條、養生主篇五條、人間世篇三十五條、德充符篇十七條、大宗師篇四十八條、應帝王篇十六條，數量相當可觀。今以此書與聞氏莊子內篇校釋相比對，部分內容大致相同，而與莊子章句一之後『校補』欄所收條目相較，則兩者內容基本相同。如此稿逍遥遊篇有校語云：『本無「者」字。案：吹之者生物，被吹者野馬、塵埃，吹下若無「者」字，則吹之者與被吹者之關係不明。類聚六、一切經音義九引並有「者」字，是，今據補。』莊子章句一之『校補』云：『今本無「者」字。一切經音義九、類聚六引有。案：有「者」字，是。此謂野馬、塵埃，皆因生物之吹息而浮游，蓋吹之者生物，被吹者野馬、塵埃也。吹下若無「者」字，則吹者與被吹者之關係不明。今據補。餘詳集注。』兩者詞序雖不一致，但內容卻基本相同。今從塗抹修改情況來看，則莊子校補成稿於前，而莊子章句一之『校補』欄所收條目，顯然係整理此稿中有關條目而成。

在莊子校補中，聞一多旁徵博引，並斷以己意，每有所得。如謂逍遥遊篇『搶榆枋』下當補『而止』二字，齊物論篇『山林之崔佳』之『山林』當爲『山陵』之訛，人間世篇『吉祥止止』之『止止』當爲『止之』之誤，大宗師篇『子來』當爲『子永』之形誤，皆在前人校釋基礎上作進一步推斷，具有一定學術眼光。他還往往提出一些獨到見解，讓人耳目一新。如據列子湯問、唐神清北山錄等相關文字而謂逍遥遊篇『湯之問棘也是已』下有脫文，據人間世篇『與天爲徒』、『與古爲徒』等文字而推斷同篇『與人之爲徒』衍一『之』字，皆可備作一說。

4. 莊子校拾

聞一多所著莊子校拾，亦爲不曾發表之手稿，其中有一半條目以毛筆劃去，多爲他書所引莊子原文，當爲聞氏著述時已予利用之材料。

莊子校拾前有徵用書目，字跡工整、清晰，其中抹去者僅有四字。此書目列示如下：傅肱蟹譜、何承天論渾象體、孫虔禮過庭書譜、洪興祖楚辭補注、陶宗儀經子法語、任淵山谷内集注、羅苹路史注、贊寧荀譜、陳仁玉菌譜、王瓘廣黄帝本行記、葛洪神仙傳、徐子光蒙求集注、潘自牧記纂淵海、羅願爾雅翼、邵博邵氏聞見後錄、韓鄂歲華紀麗、洪邁容齋隨筆、彭乘續墨客揮犀、王應麟困學紀聞、史容山谷外集注、史溫山谷別集注、唐玄宗御制道德真經疏、杜光庭道德真經廣聖義、宋徽宗御解道德真經、寇才質道德真經四子古道集解、邵若愚道德真經直解、王守正道德真經衍義手鈔，以及文選注、藝文類聚、初學記、群書治要、太平御覽、玉篇、後漢書注、六帖、輔行記、原本玉篇、北堂書鈔、意林、山海經注、水經注、史記索隱正義、玉燭寶典、世說新語注、宏（弘）明集、列子釋文、荀子注、謝靈運山居賦自注、漢書注、懶真子、說文繫傳、廣韻、廣弘明集、事類賦注、錦繡萬花谷、一切經音義、列子注、抱朴子、江澄道德真經疏義、黃鶴杜工部詩史補遺注、蔡夢弼杜工部草堂詩箋。此書目雖係爲莊子校拾開列，卻亦真實反映出聞一多在長期校釋莊子過程中，所過目、梳理之文獻資料極其繁富，兼以其思維敏捷，研究方法新穎，故能獲得如此豐碩成果。

莊子校拾主體部分，是將所列書目中與莊子有關文字，按順序予以列示。如摘錄於一切經音義者依次有：『一八、注者激也。』『二〇、心術形焉。』『四五、龍伯國人鉤鼇。』『四六、虺二首。』『五七、疾瘦死喪憂患其中也；憒憒然爲世俗之禮也。』『五九、汙有激，司馬彪注：急流也。——車輪不輾地。』『六二、子胥抉眼。』『六七、蝯之於木，若蟻螻於蛇也。』『七二、終日視而目不瞬。』『七七、遞臥遞起。』『八九、以屐屩爲服。』『九三、誇父與日角走，渴死於北地。』各條前所標數字，表示各自在一切經音義中所屬卷數。以這些條目與莊子相比對，可見其或爲莊子之原文，或是對莊子有關文字之意引、發揮，而聞一多將其一一摘出，而且在摘錄其他書中文字時，大多還標明出自莊子何篇，說明其用力甚勤。

5．莊子義疏

聞一多所著莊子義疏，同樣爲不曾發表之手稿，其中有不少塗抹修改之處。

莊子義疏於逍遙遊篇前題『坿錄二（義疏）上』、人間世篇前題『坿錄二（義疏）下』，內容與莊子內篇校釋、莊子章句、莊子校補多有重複。前有名錄列示如下：　錢大昕、阮毓崧、錢坫、劉師培、宣穎、王引之、郭慶藩、劉秀生、馬敘倫、章炳麟、奚侗、俞樾、裴學海、洪頤煊、朱桂曜、吳汝綸、朱駿聲、王念孫、王敔、羅勉道、陳鱣、王先謙、胡遠濬、李楨、德清、王懋竑、劉文典、陶光、陳壽昌、馬其昶、孫詒讓、錢穆。說明聞一多著莊子義疏，對上述學者成果或有所借鑒，或有所批駁、疏正，用力不可謂不勤。

與傳統注疏體不同，聞一多莊子義疏僅是對莊子內篇部分字句之疏證。如在養生主篇中，僅摘取『緣督以爲經』、『合於桑林之舞，乃中經首之會』、『技經肯綮之未嘗』、『而況大軱乎』、『謋然已解』、『善刀而藏之』、『向者吾以爲其人也』、『指窮於爲薪，而火傳也，不知其盡也』等八條予以疏證，體例與其莊子內篇校釋相似，而且『合於桑林之舞』、『指窮於爲薪』二條與莊子內篇校釋相關條目比較，在內容方面也有些重複。從疏證字句方面看，莊子義疏仍帶有校釋時旁徵博引之特徵。如其於逍遙遊篇『北冥有魚』條下云：『釋文引嵇康曰：「溟，取其溟漠無涯也。」成疏曰：「溟，猶海也。」案：海從每聲，溟、海古雙聲字。海之言晦也。老子二〇章「澹兮其若海」，釋文引嚴遵作「晦」。呂氏春秋求人篇「夏海之窮」，淮南子時則篇作「夏晦」。博物志一引尚書考靈曜、釋名釋水篇、爾雅釋地舍人孫李等注並訓「海」爲「晦」。溟之言冥也，是海謂之溟，猶晦謂之冥。』可見此處疏證『冥』字，仍是採用校釋方法，與傳統注疏僅求疏通字義句意而止者有所不同。又於德充符篇『德爲接』條下云：『案：德之言得也。接、捷古通。說文：「捷，獵也，軍獲得也。」淮南子兵略篇「百族之子捷捽招抒船」，注：「捷，疾取也。」蔡邕月令章句：「獵者，捷取也。」「接」讀爲「捷」。此言德之所得，同乎軍戰之捷取也。』此處之疏證，雖目的還是在疏通字句，但仍有校釋時旁徵博引之特徵。

二、作爲文學史家的莊子研究

1．材料、方法與範圍

作爲文學史家的聞一多，試圖從莊子中所表現出的思想及思想所寄托的外殼——神話、傳說、成語、術語等，去探尋『莊子時代的心理觀念』，其目的顯然不僅僅在於莊子一部書，而是要以莊子爲出發點與依據，去探討整個時代的文化特徵與發展流變，同時又從時代的文化特徵與發展流變中對莊子作出更準確、更深入的闡釋。這種著眼於文化史的研究，可謂是做前人之所未做，只可惜未能最終完成，只在道教的精神及未刊的道家的精神寫作提綱①中留下了一個大概的輪廓，並且這輪廓也並不清晰，有些部分還十分模糊。從道家的精神寫作提綱來看，聞一多對於莊子思想的研究較之已發表的道教的精神來說，系統得多，也豐富得多，如若能夠完成，將是一部十分完整而系統的莊子研究著作。在提綱中，聞一多對他從文化史角度研究莊子的材料、方法與範圍作了說明：

一、材料根據——莊子內七篇在道家經典中時代最早，代表道家思想發明發軔的階段——其餘各書，其思想演化的次第如下：莊子外雜篇、管子（內業、心術、白心）、呂氏春秋一部分、老子、韓非子（喻老、解老）、淮南子。

二、研究方法——莊子時代的心理觀念等，可於七篇思想所寄托的外殼（神話、傳說、成語、術語等）求之——外殼直接記載時代，思想間接反映時代——語言學的方法philological approach。

三、討論範圍——只論七篇所表現的『前於莊子思想』的幾種思想成素（心理概念等），和莊子思想本身的幾個相關的要點——其餘莊子思想的全部，及莊子以外的、以後的各種發展，皆不論。

從材料根據上看，聞一多將莊子內七篇作爲道家思想的開端，但他研究的依據卻並不僅限於莊子內七篇，而是將莊子外雜篇、管子（內業、心術、白心）、呂氏春秋一部分、老子、韓非子（喻老、解老）、淮南子等都列爲他考察的對象，這種作法的目的顯然是爲了從道家思想發展演化的過程中求取它的淵源與流變，而一旦將許多原本相對獨立的道家思想放入了一個系統發展的過程中，便具有了文化史的意義，他的目的也就不僅僅在於對這些道

① 參見聞黎明、侯菊坤編聞一多年譜長編四十三歲。

家經典的解讀，而在於考察一種文化的發展與實質。所以在研究方法上，聞一多明確地表示不論是對莊子本身的思想，還是對這些思想所寄托的外殼的研究，其目的都是爲了更好地再現莊子時代的心理觀念，因爲外殼直接記載時代，思想間接反映時代，這樣，莊子本身的意義便從過去單純的文學作品，變成了一個記錄時代信息，反映時代特徵的載體。這個載體本身的思想與其所寄托的外殼固然有其價值，但在將其納入文化史的研究範圍時，便有了遠高於此的價值。所以聞一多在其研究的『討論範圍』中，將『莊子思想的全部，及莊子以外的、以後的各種發展』都一併排除在外，而僅留下內七篇所表現的『前於莊子思想』的幾種思想因素和莊子思想本身的幾個相關的要點，認爲考察這些內容是爲了弄清莊子思想的來源，及這些來源是如何影響莊子思想的。於是，聞一多的莊子研究便具有了廣闊的文化視野，既要探尋文化源頭，又要認識文化源流，這是二十世紀四十年代聞一多莊子研究的一個重要觀念，正如他自己所說：『我始終没有忘記，除了我們的今天外還有那二三千年的昨天，除了我們這角落外還有整個世界。我的歷史課題甚至伸到歷史以前，所以我研究了神話，我的文化課題超出了文化圈外，所以我又在研究以原始社會爲對象的文化人類學。』（致臧克家）

2. 莊子思想的原始背景

聞一多在道家的精神的提綱中著重討論了莊子內七篇思想的原始背景，他認爲原始思想對於莊子內七篇思想的形成起了重大作用，從內七篇中即不僅可以窺見原始社會生活的原貌，同時也可以看到原始思想留下的遺痕。對於原始社會的面貌在莊子內七篇中的反映，聞一多列舉爲三個方面：

（一）、初民社會。應帝王『泰氏其臥徐徐，有虞氏不及泰氏，其覺于于，一以己爲馬，一以己爲牛。』鑿渾沌。

（二）、神話。漢志『莊子五十二篇』，今只三十三篇，陸云『司馬彪、孟氏注本即五十二篇本，言詭誕或似山海經，或類占夢書，故注者以意去取』。

（三）、巫覡式的超人。在氏族社會中，巫師術士是一般人所需要的，這一切都是原始醫學家、催眠術家、氣象學家……，而不是簡單的騙子。

綜觀聞一多二十世紀四十年代的整個莊子研究，可以看出他確實非常重視對莊子思想原始背景的揭示。下面，就讓我們圍繞這裏所舉的（一）、（二）、（三）點來加以闡述説明。

聞一多所謂的『初民社會』，從其所舉的例子來看，主要是指反映在莊子中的早期氏族社會狀況。他曾在東皇太一考中分析『泰氏』一詞的含義説：『莊子應帝王篇：「有虞氏不及泰氏。」注家都不知道泰氏是誰？其實就字面講，氏是尚未形成國家組織的氏族社會（或部落社會），泰即太字，訓始訓初，泰氏即最初的氏族（部落）。按照上述的理由，泰氏應該就是伏羲氏。伏羲本是氏族名，同時又是人名。莊子又説：「泰氏其臥徐徐，其覺于于，一以己爲馬，一以己爲牛，不知情（誠）信。其德甚真，而未始入於非人。」這種生活，正合於一般原始氏族社會的景況。』聞一多認爲『泰氏』實際上是指最初的氏族部落，莊子應帝王中對泰氏的描述，正符合早期氏族社會的狀況，即人與獸類群居，與天地萬物爲一，民智混朦，渾然無別，而篇中『鑿渾沌』的寓言則間接反映了這種和諧自然的原始社會狀態逐漸崩潰瓦解的過程。

神話在莊子中所占的比例和所處的地位也很重要，這些神話傳説許多都帶有濃厚的虚幻和荒誕色彩，因此郭象在整理莊子時删去了大量『言多詭誕，或似山海經，或類占夢書』（陸德明經典釋文序錄）的内容，這其中應該就包括許多神話傳説。聞一多將『神話』列爲『一般的原始色彩』（道家的精神提綱）之一，顯然認爲『神話』中記錄和保留了許多原始社會的社會原貌。由於原始社會生産力低下，人們對於自然界與自身的認識都十分粗淺，於是借助想像與幻想把自然力擬人化，從而創造了神話。聞一多認爲莊子受到了上古神話的影響是確鑿無疑的，如德充符篇中講『天選子之形』，他認爲這是受到了女媧造人神話中『摶子之形』的影響，是『摶土作人之遺説也』（見莊子内篇校釋）。又如應帝王篇中『南海之帝爲儵，北海之帝爲忽，中央之帝爲渾沌』，他認爲也與上古神話相合，並將神話與史書相對照，對『儵』、『忽』、『渾沌』三者作了詳細解說：

> 案左傳昭二十九年曰：『少皡氏有四叔，曰重，曰該，曰修，曰熙，……修及熙爲玄冥。』儵即修也。昭元年曰：『昔金天氏有裔子曰昧，爲玄冥師。』忽即昧也。……修與昧皆爲玄冥，玄冥者水神也，故此以爲南北海之帝。……左傳文十八年曰『昔帝鴻氏有不才子，……天下之民謂之渾敦』，神異經作『渾沌』。西山經曰：『天山……有神焉，其狀如黃囊，赤如丹火，六足四翼，渾敦無面目，是識歌舞，實惟帝江也。』帝江即帝鴻。左傳之渾敦，自賈逵、鄭玄以下咸謂即驩兜，而驩兜郗漢勳又以爲即丹朱，是渾敦亦即丹朱，故西山經有『赤如丹火』之說。本書之渾沌即渾敦，亦即驩兜丹朱也。無七竅，與狀如黃囊而無面目合。稱帝，與海內北經言『帝丹朱臺』合。其云中央帝者，驩兜放於崇山，當即周語上『昔夏之興也，融降於崇山』之崇山。驩兜本屬夏民族，大荒南經曰：『鯀妻士敬，士敬子曰炎融，炎融生驩頭。』驩頭即驩兜，可證。崇山今曰嵩山，其中嶽之號，雖始於漢武，然論其地望，戰國時固爲區夏之中央。觀莊子已稱渾沌爲中央帝，則以崇山爲中央之山，或係先秦舊說，而漢武定嶽，特因舊說而立名耳。莊子寓言，大都脫胎於先古傳說，而非盡由虛構，此其明驗也。（莊子內篇校釋）

這裏，聞一多很明確地表明『先古傳說』並非盡是虛構，而是很大程度上反映了上古社會的原貌，這一點在史書中可以得到清楚的驗證。

另外，聞一多認爲原始氏族社會所存在的特殊的巫醫文化對莊子思想的形成也有重要影響。他認爲氏族社會中的巫師術士不能簡單地以騙子目之，而認爲他們在原始社會中擔任的角色十分重要，可稱之爲『巫覡式的超人』。由於原始社會醫療能力的低下，人們在生病時，便一方面尋求特殊的力量來保護自己，另一方面尋求減輕疾病的方法，於是經過長期實踐，前一種方式形成了巫術，後一種方式則形成了醫術。聞一多認爲這便是原始氏族社會巫醫文化的表現，而人間世篇中的『支離疏』，他以『挫針治繲』乃是以針灸治療跌打損傷，以

『數筴播糈』乃是卜卦占兆，這就是一種巫醫文化。聞一多在莊子內篇校釋中說：

> 針挫治繲，醫術也；數筴播糈，巫術也。古巫亦即醫，故兼治二術。淮南子說山篇曰『病者寢席，醫之用針石，巫之用糈藉，所救鈞也』，高注曰：『醫師在男曰覡，在女曰巫。石針所抵，彈人雍（癱）痤，出其惡血。糈米所以享神。藉，菅茅，皆所以療病求福祚，故曰救鈞。』淮南以醫用針石與巫用糈藉並言，可與莊義相發。

在聞一多看來，以『挫針治繲』、『鼓筴播糈』爲生的支離疏，應該便是個巫醫，只是原始社會的巫醫被視爲超人是由於其極具神秘性的能力，而莊子中將支離疏視爲『超人』，則不再是由於這個原因，而是由於其形殘德備，但是原始思維中對於『巫覡式的超人』的崇拜與推重在莊子思維中多少是起了作用的。

除了原始氏族社會狀況在莊子內七篇中有所表現之外，聞一多認爲原始思想在莊子中也留下了遺痕。他在道家的精神提綱中將其歸納爲四個方面：

（一）靈魂——夢、御風、胡蝶、『登霞』、『真宰』。

（二）靈氣遍在——『道』

（三）肉體的靈魂化——（全能式的真人）

（四）肉體與靈魂投射作用的結合——清潔（胎息）與虛靜（齋心）以招致靈氣。人間世『唯道集虛，虛者心齋也』、『虛室生白，吉祥止焉』。

對於原始靈魂觀念在莊子內七篇中留下的遺痕，聞一多將其歸納爲『夢、御風、胡蝶、「登霞」、「真宰」』等，而對於莊子內七篇中所描述的『道』，聞一多則將它與『靈氣遍在』聯繫在一起，實際上也就把『道』解釋成了原始思想中所普遍存在的一種泛神論。聞一多進而認爲，原始思想在氏族部落階段有了發展，這便是表現爲『靈魂觀念的行爲化』和『靈魂與靈魂投射作用的結合——產生宗教——祈求上帝救自己的靈魂』，而靈魂觀念的行爲化則是出於對『肉體不死的企圖』，因此需要採取種種手段來使肉體達到靈魂所具有的特徵，從而最終得以『超生死與無死生』（見道家的精神提綱），這在莊子内七篇中的反映就是創造了許多『全能式的真人』，和發明了一些『招致靈氣』的修煉之法，如清潔（胎息）與虚靜（齋心）。

3．莊子與道教

聞一多著有道教的精神一文，其中對莊子與道教關係等問題有較多的論述。他認爲道教是一種『實質是巫術的宗教』，從表象上來看，它奉老子爲其祖師，又以老莊一派的思想作理論根據，所以自稱爲道教。並指出，由於道家與道教表面上有這樣的關係，所以人們便有了兩種不同的看法：

後人愛護老莊的，便説道教與道家實質上全無關係，道教生生的拉著道家思想來做自己的護身符，那是道教的卑劣手段，不足以傷道家的清白。另一派守著儒家的立場而隱隱以道家爲異端的人，直認道教便是墮落了的道家。

對這兩種看法，聞一多認爲『前一派是有意袒護道家，但沒有完全把握著道家思想的真諦；後一派雖對道家多少懷有惡意，卻比較瞭解道家，但仍然不免於「皮相」』。他認爲道家與道教的關係遠不是這樣表面和簡單的，而是有著複雜的歷史流變。他將東漢之後流行的道教稱爲『新道教』，而將之前的道教稱爲『古道教』，認爲古道教是『某種富有神秘思想的原始宗教，或更具體點講，一種巫教』，這種富有神秘思想的原始巫教在之後沿著宗教和哲學的兩個方向發展，其中哲學的部分提煉出了以老莊思想爲主的道家思想，而宗教的部分則産生出東漢之後流行的新道教，因此道家思想與新道教雖然來自同一個根源——古道教，但性質截然不同。

在聞一多看來，古道教墮落爲新道教雖然與老莊思想並無直接關係，但也並不能否認老莊思想在日後的流變中對新道教起過影響。他認爲老莊思想代表了古道教中哲學的精華，但這個精華在長久的發展過程中也逐漸演變出各種不同的表現形式，而這些形式在日後對新道教是頗有影響的。他針對馮友蘭所謂『老子之學，蓋就楊朱之學更進一層，莊子之學，則更進一層也』之說而發表了自己的看法：

馮先生就哲學思想的立場，把楊、老、莊三家所陳之義，排列成如上的由粗而精的次第，是對的。我們現在也可就宗教思想的立場，說莊子的神秘色彩最重，與宗教最接近，老子次之，楊朱最切近現實，離宗教也最遠。由楊朱進一步，變爲神仙房中諸養形的方技，再進一步，連用『漸』的方式來『養』形都不肯幹，最好有種一服而『頓』即『變』形的方藥，那便到了秦皇、漢武輩派人求『不死藥』的勾當了。

從這段話可以看出，神秘色彩最重的莊子思想一旦發展到秦皇、漢武時求仙尋不死藥，便與日後的新道教有幾分相像了，可見新道教雖然在理論上以『極卓越的、精深的』老莊思想作爲理論根據，但在實際運用時卻更多地接受了由老莊思想演變而來的極糟粕的部分。所以聞一多說，新道教的『墮落』是千真萬確的事，只是這墮落卻不僅僅是來自於老莊思想一家，而是有其更多的根源罷了。

依照聞一多的看法，『後世的新道教雖奉老子爲祖師，但真正接近道教的宗教精神的還是莊子』，因爲『莊子書裏實在充滿了神秘思想，這種思想很明顯的是一種古宗教的反影』。他指出，莊子中的這種『神秘思想』，其實也就是靈魂不死信念的各種表現，它一方面表現在『靈魂』的抽象化，即創造出『道』、『天』等絕對而終極的哲學概念，另一方面表現在『靈魂』的人格化，即創造出許多接近『神仙』的『神人』、『真人』形象。所以他說：『他（指莊子）所謂「神人」或「真人」，實即人格化了的靈魂。所謂「道」或「天」，實即「靈魂」的代替字。靈魂是不生不滅的，是生命的本體，所以是真的，因之，反過來這肉體的存在便是假的。真的是「天」，假的是「人」。全套的莊子思想可說從這點出發。』

三、在批判中發展的莊子研究

郭沫若在開明版聞一多全集序中提到聞一多對莊子態度的轉變，認爲他『把莊子思想揚棄了』，『這表現在他日後一轉而痛駡道家了』。但郭沫若的這一説法並不完全正確，聞一多後期對莊子與道家的態度的確發生了很大的變化，對莊子與道家思想也進行了全新的認識，但這種全新認識並不意味著對莊子思想的全面否定與徹底揚棄。客觀地説，聞一多後期的批評多針對道家，矛頭極少直指莊子，郭沫若將聞一多對道家的態度與對莊子的態度等同起來，是失於考察的。實際上，與許多『五四』文人對莊子的狂熱批判不同，聞一多後期對莊子的研究充分表現出了他作爲一名優秀學者的冷静與客觀，這表現在他看到了莊子思想與精神中積極的、值得肯定的一面。早期聞一多寫作論文莊子時，就對莊子的精神發出了由衷的讚歎與嚮往，二十世紀四十年代他對莊子進行再研究時，這一觀點仍然基本保持不變，只是在闡述上較早期客觀與冷静。在他眼中，莊子仍然是追求獨立、自由，追求精神、個性解放的鬥士。聞一多現存手稿中，有一份未最後定稿的研究道家思想的提綱，其中便肯定了道家學派『比較富於獨立性』，其思想中的『無所爲』是追求自由、發展個性的表現，『無所有』是追求平等及人格尊嚴的表現①。在戰後文藝的道路中，他也肯定『儒家願作奴隸，道家不願作奴隸』，並列舉楚狂、楊朱、程明道、莊周、東方朔、司馬承禎等人，説『這些人象徵思想的解放』，認爲楚狂、楊朱、程明道、莊周這四種人較之後幾種人來説，『態度是誠懇的，是自己求解放』。他對莊子人格與思想的評價也是很高的，在西南聯大講授莊子時，他稱莊子一類的人是『有思想、有個性、有靈魂的士』：

① 參見聞黎明、侯菊坤編聞一多年譜長編四十四歲。

莊子所處的時代，士底出路是作官，作官實際上是作統治者的走狗……。有思想、有個性、有靈魂的士，只好裝傻，這就是所謂『佯狂』，用裝傻來排遣苦悶，用裝傻來躲開政治，並且在心理上以藐視政治的清高來自作調適：『孰弊弊焉以天下爲事？』①

這與早期聞一多對莊子精神的理解是一致的，認爲莊子採取逃避和無爲的態度是不得已而爲之，其實他不肯『弊弊焉以天下爲事』，正表明他是一個『有思想、有個性、有靈魂的士』。如果説早期聞一多對莊子精神的讚揚是出於個人内心的苦悶，那麽此時聞一多再次對莊子精神發出讚歎則是出於對當時中國現狀的深刻認識，因爲在他看來，在當時的中國社會，最需要的便是敢於反抗、敢於『徹底拆臺』的鬥士。

當然，雖然聞一多這一時期對莊子精神、思想的評價頗高，但他在莊子研究中仍然表現出了極强的批判性，這種批判性主要表現爲對莊子思想消極面的否定及對道家思想尤其是儒道合流之後的道家思想的批判。首先，聞一多認爲莊子雖然在精神上有反抗的意願，但其消極逃避也是一種自欺。在聞一多認爲的四種真正『不願作奴隸』的人當中，楚狂避世，楊朱爲我，程明道逃避觀念世界，都是『逃避他人』，而第四種人莊周則『逃避自己』。聞一多認爲這種逃避完全是一種自欺，他在西南聯大講授莊子時就曾評價莊子的思想『完全是自欺，是逃避』，並説：『陶醉在幻想中是很美的，但是也很慘，人總是能在生活上、意志上有具體的自由的好。』②在聞一多看來，莊子的這種逃避就是自欺，就是『此地無銀三百兩』的精神勝利法，並不能從根本上消解矛盾，所以莊周夢爲胡蝶，卻終究不是真正的胡蝶，不論逃人也好，逃己也好，『都是逃亡的奴隸，仍然是奴隸』，只要奴隸

① 聞黎明、侯菊坤編聞一多年譜長編四十六歲引。
② 同上。

的身份沒有改變，那麼不論以何種方式逃避，都只是自欺欺人①。其次，聞一多雖然肯定了莊子精神中追求獨立、自由的部分，但他認爲這也是一種『個人主義』，這種『個人主義』宣稱『爲自己』，在『資產階級向封建革命』的民主革命時期雖然具有積極意義，但在今天看來則是一種『過時』②，因爲追求『個人自由』的主題已經讓位於追求整個民族甚至整個人類的自由（見戰後文藝的道路）。

聞一多對道家最激烈的批判則是集中在儒道合流之後所表現出的欺騙性上。他在戰後文藝的道路中曾列舉了七種不願做奴隸的『自由人』，認爲其中除了接輿、楊朱、莊周、東方朔這四種真正追求個人解放的之外，還有三種人：一是像唐司馬承禎那樣走終南捷徑的，二是先作官再歸隱的，三是可憐主人而去幫忙的。在聞一多看來，這三種人都不是真正求解放的，不是先道後儒，就是先儒後道，都是把道家當成避難所，所以到第三種人之後，道家、儒家就已幾乎不能分了。他在關於儒道土匪中還說在大部分中國人的靈魂裏都存在著一個儒家、一個道家、一個墨家，並指出這三家實是『偷兒，騙子，土匪』，而道家之所以是騙子，乃是因爲其所謂的『無爲而無不爲』，實際上是等於說『無所不取，無所不奪』，而『看去又像是一無所取，一無所奪』，這不是騙子又是什麼呢？依照聞一多的看法，道家的欺騙性主要表現在與儒家的合作上，一方面道家消極逃跑本身就幫了儒家的忙，『所以儒家之反對道家，只是口頭的，表面的，不像他對於墨家那樣的真心的深惡痛絕。因爲儒家的得勢，和他對於墨、道兩家態度的不同，所以在上層階級的士大夫中，道家還能存在，而墨家卻絕對不能存在』。另一方面，墨家被打下去之後，儒、道一經合作，其消極作用就更深了：

> 搗亂分子墨家被打下去了，上面只剩了儒與道，他們本來不是絕對不相容的，現在更可以合作了。

---

① 參見戰後的文藝講演提綱，聞黎明、侯菊坤編聞一多年譜長編四十七歲引。

② 參見聞一多手稿，聞黎明、侯菊坤編聞一多年譜長編四十四歲引。

合作的方案很簡單。這裏恕我曲解一句古書，易經說『肥遁，無不利』，我們不妨讀『肥』爲本字，而把『肥遁』解爲肥了之後再遁，那便是說一個儒家做了幾任『官』，撈得肥肥的，然後撒開腿就跑，跑到一所別墅或山莊裏，變成一個什麼居士，便是道家了。——這當然是對己最有利的辦法了。甚至還用不著什麼實際的『遁』，只要心理上念頭一轉，就身在宦海中也還是遁，所謂『身在魏闕，心在江湖』和『大隱隱朝市』者，是儒、道合作中更高一層的境界。在這種合作中，權利來了，他以儒的名分來承受，義務來了，他又以道的資格說，本來我是什麼也不管的。儒、道交融的妙用，真不是筆墨所能形容的，在這種情形之下，稱他們爲偷兒和騙子，能算冤曲嗎？

從這裏可以看出，聞一多的批判主要還是集中於儒、道合流之後的欺騙性。他在1944年所作的關於新文藝與文學遺產①的講演中提到君主政治下的四種『管家』，其中第三種便是『外莊內儒的隱士、名士』，認爲這種人『先擺臭架子，奇貨可居，後作大官』，是最『居心叵測』的。我們如果將這種披著道家外衣的儒家也算成道家的話，那麼的確如聞一多在關於儒道土匪中所說：『講起窮凶極惡的程度來，土匪不如偷兒，偷兒不如騙子，那便是說墨不如儒，儒不如道。』但要清楚看到的是，聞一多在關於儒道土匪中對道家的批判主要還是集中於儒、道合作對社會政治的消極作用上，而且是有明顯的針對性的，影射的是當時社會上的三種人，或者說三種行爲與心態，所以他所說的『如今不但在國內，偷兒騙子在儒道的旗幟下，天天剿匪，連國外的人士也隨聲附和的口誅筆伐，這實在欠公允』，顯然是有所指的。

總之，聞一多的古典文學研究在二十世紀三四十年代獨樹一幟，所取得的成就也是多方面的。他的莊子研究雖然稱不上十分完整，許多工作尚處在醞釀之中，尤其一些極具價值的研究工作還僅以提綱的形式存在，但

① 聞黎明、侯菊坤編聞一多年譜長編四十六歲引。

從他生前已完成的工作與未完成的提綱、手稿來看，他關於莊子研究的思考已十分成熟。聞一多的莊子研究跨越了他學者生涯的兩極，其中所表現出的學術特徵也極典型地體現著他學術研究不斷成熟的過程。在這一過程中，聞一多形成了自己成熟而有特色的學術個性，他一方面繼承了清代樸學嚴謹的態度，另一方面將文化人類學等新方法引進到莊子研究中來，這種運用多種綜合性方法的研究不但在當時具有開創性意義，甚至在今天看來也有其前瞻性。

第七章　馬敘倫的莊子研究

馬敘倫（1884—1970），字彝初，又作夷初，號石翁、寒香，浙江杭縣（今餘杭）人。早年加入中國同盟會。曾任上海國粹學報編輯，上海勞動大學校長，清華大學、北京大學等校教授，北洋政府及國民黨政府教育部次長。抗日戰爭時期，從事抗日反蔣活動。1946年在上海發起組織中國民主促進會。1949年出席中國人民政治協商會議第一屆全體會議。建國後，歷任中央人民政府委員、政務院文化教育委員會副主任及教育部、高等教育部部長等職。著作有古書疑義舉例劄迻、說文解字六書疏證、石屋餘瀋、石屋續瀋、老子覈詁、莊子劄記、莊子義證、莊子天下篇述義等。

第一節　莊子劄記

1917年，馬敘倫應蔡元培之邀任北大哲學系教授，並與胡適等人發起成立哲學研究會。在任教期間，馬敘倫講授老莊哲學，而後將課堂口授整理成筆記，復又裝訂成冊，名爲莊子劄記，1918年夏由北京大學出版部刊行。

莊子劄記卷首題『杭縣馬敘倫』。書前有馬敘倫所撰莊子劄記目錄，今審此處所列目錄，與世所傳莊子之三十三篇全皆吻合，但馬氏此著實際排列次序爲：第一部分爲在宥第十一、天地第十二、天道第十三、天運第

十四、刻意第十五、繕性第十六、秋水第十七、至樂第十八，並有附言云：『本冊自卷十一訖卷十八，凡八卷。卷一訖卷十暨卷十九訖卷三十三續出。』第二部分爲駢拇第八、馬蹄第九、胠篋第十、達生第十九、山木第二十、田子方第二十一、知北遊第二十二。又書末有莊子劄記勘誤表，所涉及者依次爲卷第八、第九、第十、第十九、第二十、第二十一、第二十二、第十二、第十四、第十六、第十八，並云：『莊子劄記外篇劄記已完，內篇、雜篇劄記仍待嗣出。又擬先出天下篇劄記及莊子年表已付印。』說明馬敍倫所撰莊子劄記僅完成外篇部分，至於何以不依目錄所擬篇目順序撰寫，又爲何不按篇目次序排印等原因，皆不得而知。

馬敍倫莊子劄記目錄謂，莊子一書，閎辭眇義，而縱觀歷代注釋，亦且十家，莫不牽於常詁，雜以臆言，若郭象、成玄英、林希逸、釋德清等，『皆聞至理而潰圓音，亦以暗於小學，致令莫成全美』。如秋水篇『無拘而志，與道大蹇』，郭象注：『自拘執，則不夷於道。』陸德明云：『向紀輦反，徐紀偃反。本或作「與天道蹇」。崔本「蹇」作「浣」，云：猶「洽」也。』（經典釋文）馬敍倫指出：『郭解望文生訓。……崔本作「浣」者，同部通假。此本文當是「與道天蹇」，故本或作「與天道蹇」，移「天」在上者，後人不解「天蹇」之義，以爲天道乙誤，用轉乙於上也。「天蹇」亦是連字舉義。「天蹇」即在宥之「臠卷」，天下之「連犿」，亦即易蹇卦「往蹇來連」之「連」、「蹇」，皆是宛轉委曲之貌。此言去其執著之念，乃能與道相曲成也。』此處解『與道大蹇』爲『與道相曲成也』，比較符合莊子本義，似勝出郭注一籌，但其斷定莊子原文當爲『與道天蹇』，並廣爲徵引以證成其說，並不能令人信服。天地篇『夫子曰：夫道，覆載萬物者也，洋洋乎大哉！君子不可以不刳心焉』，郭象注：『有心則累其自然，故當刳而去之。』成玄英疏：『夫子者，老子也。莊子師老君，故曰夫子也。』馬敍倫指出：『案郭說，「刳」爲解剖義，非也。此夫子，莊子也。……「刳」者，「瓠」之借字。蓋「瓠」、「刳」二字，皆從「誇」聲，故通假也。「瓠」有虛大之義。不可以不瓠心，不可以不虛大其心也。』今視天地篇之內容，與內篇之政治論不盡一致，當出於莊子弟子或後學之手，故其中之『夫子』當指莊子而言。就此看來，馬敍倫不同意成玄英之說，謂

『此夫子，莊子也』，誠爲有見。然其又謂『㓷』爲『瓠』之借字，實爲牽強附會之說，不如依郭象按此字之本義解釋。

馬敍倫莊子劄記目錄又謂，諸如王念孫、洪頤煊、俞樾、郭慶藩、孫詒讓、章炳麟等，於此書文字『各有校諟之功』，故以『略涉六書』、『粗探內典』所得，『籀諷本書』，遂若『奥衍之辭，隨目而疏，隱約之義，躍然自會』。今細審馬氏此著，大抵亦以校釋莊子文字爲主，其考述大多甚爲詳盡。如繕性篇『繕性於俗俗學，以求復其初；滑欲於俗思，以求致其明』，蘇輿謂『當衍一「俗」字，「學」與「思」對文』（王先謙莊子集解引），俞樾訓『滑』爲『治』（見莊子平議）。馬敍倫指出：『案二說是也。張君房、林希逸本並不重「俗」字。郭以「思」、「學」屬上讀，林希逸、王夫之、林雲銘、宣穎、陸樹芝等並以「俗學」、「俗思」連讀，較郭爲長。言以俗學治性而求復其初，以俗思治欲而求致其明，不可得之數，故謂之蔽蒙之民，言益其蔽蒙而已。』此處引張君房、林希逸本以申蘇輿『當衍一「俗」字』之說，並認爲林希逸、王夫之、林雲銘、宣穎、陸樹芝等以『俗學』、『俗思』連讀較郭象爲長，皆極有見地。又秋水篇『人卒九州，穀食之所生，舟車之所通，人處一焉。此其比萬物也，不似毫末之在於馬體乎』，馬敍倫謂：

> 釋文云：『卒，尊忽反。司馬云：衆也。崔子恤反，云：盡也。』郭嵩燾云：『人卒九州，言極九州之人數。卒者，盡詞也。九州之大，人數之繁，其在天地之中，亦萬物之一而已。崔說是。』俞樾云：『「人卒」二字，疑「大率」之誤。人間世篇「率然拊之」，釋文曰：「率，或作卒。」是「率」、「卒」形似易誤之證。「大率」者，總計之辭。上云「計四海之在天地之間也」，又云「計中國之在海內」，「計」與「大率」，其義正同。』案俞說爲長，然疑『人卒九州，穀食之所生，舟車之所通』十四字，當在『不似毫末之在於馬體乎』下、『五帝之所連』上，傳寫倒誤，讀者不得其義，復增『人處一焉』一句，則於文法爲複，觀下文郭注『不出乎一域』，正指『九州』而言，知『人卒』十四字當移接『五帝』云云矣，『人處

一焉』當删一句。

對於秋水篇『人卒九州』之『卒』，各家的解釋多不同，于鬯莊子校書、丁展成莊子音義繹皆謂爲『萃』(謂聚集)，而馬敘倫引司馬彪、崔譔、郭嵩燾、俞樾則分别訓爲『衆』、『盡』、『大率』等，並斷言以俞氏『大率』之説爲長。説明馬敘倫在遍考衆説的基礎上擇善而從，確實用力甚勤。但其進而謂宜將『人卒九州，穀食之所生，舟車之所通』十四字移置於『不似豪末之在於馬體乎』下、『五帝之所連』上，未免失之武斷，故至今未有信從者。

在側重版本校勘、真僞考辨、錯簡訂正、字義辨析、音韻舉例、經典引申的同時，馬敘倫也不忘探求莊子義理，而每以佛教思想相發明。如達生篇有『桓公見鬼』寓言故事，馬敘倫即引龍樹釋摩訶衍論所説遮毗多提鬼、伊伽羅尸鬼、伊提伽帝鬼、婆那鍵多鬼、爾羅爾黎提鬼、班尼陀鬼、阿阿爾鬼、闍佉婆尸鬼、多阿多伊多鬼、埴惕鬼等十鬼予以詳盡解釋，雖能拓廣讀者之視聽，但未免牽强附會。在宥篇有『黄帝問道於廣成子』寓言故事，其中寫黄帝問到『治身奈何而可以長久』時，廣成子給予了指點。對於廣成子的這番話，馬敘倫用佛教思想進行了闡釋。他在『至道之精，窈窈冥冥；至道之極，昏昏默默』下説：『此明至道之精極，乃是窈冥昏默之相。此相云何？非有非無，非非有，非非無，非有無，俱如起信論所説真如自性相也。』於『無視無聽，抱神以静，形將自正』下説：『此初言修止者，先須息諸緣務，故云無視無聽。諸緣起滅，仍在於心神，是集起心，名持清淨，不使心起妄求，故云抱神以静。如是則現寂静威儀，故云形將自正。』在『必静必清，無勞女形，無搖女精，乃可以長生』下説：『此次言既形正，尤必使心既静且清。必静者，如起信論所説不依氣息，不依形色，不依於空，不依地水火風，乃至不依見問覺知，一切諸想隨念皆除，亦遣除想也。所遣能遣，泯然無存，方名静耳。必清者，如起信論所説，是正念者，當知唯心無外境界，即復此心亦無自相，念念不可得也。妄境既無，唯心亦寂，方名清耳。無勞女形、無搖女精者，言定中起現魔事來相惑亂，如起信論所説，或現天像、菩薩等等。能形不爲勞、不爲搖，則魔當自滅，魔不相干，即是遠離業障，而得自在，故云乃可以長生。』起信論即大乘起信論，相傳爲馬鳴所著。此論有『一心二門』說，謂一心有兩個方面：一是清淨，稱爲『心真如門』；一是污染，稱爲『心生滅門』。二門即爲一心演生萬法時的邏輯全過程和變化現象。心真如謂不染不淨，不生不滅，平等一味，性無差別。心生滅門是隨緣起滅之義，非染非淨的如來藏心，由於無明而動轉，因此現出染淨、因果、迷悟、佛凡的差別相。衆生以無明故，由淨而染；以覺悟故，又由染返淨。最後，論中總結說：『三界虛僞，唯心所作』，『心生則種種法生，心滅則種種法滅』。馬敘倫引起信論來闡釋在宥篇『黃帝問道於廣成子』寓言故事，認爲廣成子所說的悟道治身過程，就是佛教所謂的『心滅』即由染返淨的悟道成佛過程。應當承認，佛教思想與莊子學說本來就是有一些相通之處的，所以馬敘倫的這一解說並非沒有一點道理。但如結合在宥篇的上下文來考察，作者不外是在借廣成子的說法以發揮其無爲而治的政治思想，由此看來，馬敘倫的解釋無疑是存在一些問題的。

爲了增加義理闡釋的成分，馬敘倫還偶爾摻入一些西學觀念。如他在闡釋至樂篇『種有幾』一段文字時說：『幾，如佛書阿耨，大秦言原子矣。……案釋文云：「俗本多誤，故具錄之。」則知此章非復莊生本文。尚觀大義，乃是言生物由水先具，即於水中先生植物，次則水土之際，次則陵阜之間，又復由植物而動物，先蟲物而鳥物，乃至獸物而人物，最後成此，與大秦生物進化之論大氏符合矣。夐乎莊生之見，乃縣於百世之上，而下契夫晚代乎！馬生人，或據秦孝公時有此事，見史記六國年表，然無取此證耳。……案三「機」字，皆當作「幾」。此言萬物自幾化生，死復爲幾。故郭云：「一氣而萬形有變化，而無死生。」雖然，種有幾而幾非有幾也。幾，微也。一念之動動相極微而已，爲幾矣。』『阿耨』爲佛教語，意譯爲極微，今譯爲原子。『大秦』是古代中國對羅馬帝國及近東地區的稱呼，此處借指發現原子的西方科學家或提出生物進化論的英國生物學家達爾文。傅斯年見到馬敘倫以生物進化論闡釋至樂篇『種有幾』一段文字後，便於1919年1月在新潮創刊號上發表文章，指出馬氏此說皆『攘自』胡適的中國哲學史大綱。誠然，馬敘倫參考了胡適的說法而不予標明，自是不妥，但以達爾文進化論解釋莊子此段文字，其實已見於胡氏之前的嚴復①，而所謂『大秦言原子』云云，章炳麟在齊物論釋中也已有所言及②，則馬敘倫說法的淵源並非限於一端，不可謂其『攘自』胡適。

第二節　莊子義證

馬敘倫莊子義證三十三卷，前有莊子義證自序云：『余末學膚受，妄欲發憤，使此書離離如日星，遂爲義證，……作始於建國七年，至今年而畢。記曰：「學然後知不足。」余事此書，一字不得其當，欲廢寢饋，然十有二三，猶未致塙，吾生未涯，俟之來日。中華民國十七年六月。杭縣馬敘倫。』民國七年、民國十七年分別爲公元1918年、1928年。馬敘倫的莊子劄記1918年夏由北京大學出版部刊行，傅斯年1919年1月1日在新潮創刊號上發表書評馬敘倫著莊子劄記，文末附作於1918年12月3日的『附識』說：『此評作於一月以前，今日之北京大學日刊載有馬先生啟事云：「莊子劄記現改爲莊子義證。」』又1919年1月8日北京大學日刊載有馬夷初啟事：『莊子義證已經印成者，請於下星期一赴出版部收取，以後由出版部十日一發以免繁瑣。』同年12月1日，馬敘倫啟事道歉稱原擬本年完全印就的莊子義證由於印刷局不守約定，加上『五四』運動的影響而無暇理

---

① 如嚴復在批點莊子至樂『種有幾』一段文字時說：『此章所言，可以之與挽近歐西生物學家所發明者互證，特其名詞不易解釋，文所解析者，亦未必是。然有一言可以斷定者，莊子於生物功用變化，實已窺其大略，至其細瑣情形，雖不盡然，但生當二千餘歲之前，其腦力已臻此境，亦可謂至難能而可貴矣。』見莊子評點，嚴復集第四冊，中華書局1985年版。

② 章炳麟說：『諸尋實質，若立四大種子，阿耨（即極微義）、鉢羅摩怒（即量義，亦通言極微）、電子、原子是也。』（齊物論釋）

稿，故而延遲刊印①。直至1930年，此書才由上海商務印書館排版發行。說明莊子義證即是在莊子劄記基礎上經過十年的增損改寫而成，卷數、條目、款式等皆有很大不同，主要是在辨證莊子字形、字義、異文，尤以眾本校文字、以音訓校文字爲其主要特徵，而一般不作義理方面的探究，所以對莊子劄記中凡屬以佛解莊者，則盡予芟削。

馬敘倫莊子義證自序謂，陸德明所見司馬彪五十二篇本已『非莊生之舊文』，而今所傳郭象三十三篇本則更是錯訛百出，因『取黎本②爲主，以涵芬樓影宋本、世德堂本及明刊崇德書院本，及陳景元莊子闕誤所記各本異文，兼取北堂書鈔、藝文類聚、初學記、白孔六帖、太平御覽、文選注、後漢書注覈之』，以辨正莊子文字，取得了不少成果。如庚桑楚篇有『則蟻能苦之』語，馬敘倫指出：『御覽九三五、又九四七，及文選賈誼弔屈原文注引，「蟻」上有「螻」字。……本書列禦寇篇「在下爲螻蟻食」，亦「螻蟻」連文。疑當依六帖補「螻」字。』今依馬氏之說補『螻』字，方可與上文『罔罟』二字相耦。說劍篇有『晉魏爲脊』之語，馬敘倫指出：『書鈔一二二、類聚六〇、御覽三四四引「魏」作「衛」。倫案：下文曰「韓魏爲夾」，則此「魏」字，當依書鈔引作「衛」也。』馬氏此說可從，道藏陳景元南華真經章句音義本、日本高山寺古鈔本亦皆作『衛』。徐無鬼篇有『夫大備矣，莫若天地』之語，馬敘倫指出：『「備矣」二字涉下句而羨，當以「夫大莫若天地」連讀。』馬氏此說甚是，故福永光司、池田知久、陳鼓應等皆從之。盜跖篇有『子教子路菹此患，上無以爲身，下無以爲人』語，馬敘倫指出：『此三句當在「身菹於衛東門之上」下。』審上下文義，馬氏此說亦可從。但綜觀莊子義證全書，馬敘倫有不少說法並不值得信從，甚至還有一些明顯錯誤的地方。如則陽篇『漂疽疥癰』之『漂』，當依經典釋文所引本及道藏褚伯秀南華

---

① 參見盧禮陽馬敘倫，花山文藝出版社1999年版。

② 指清光緒中遵義黎庶昌輯古逸叢書所收覆宋本。

真經義海纂微本作『瘭』，而馬敘倫卻謂爲『剽』之借字，顯然不可從。逍遙遊篇於引述齊諧之後，再次引重言湯棘的對話以證之，充分顯示了莊子文章喻復生喻、層委叠屬的基本特徵，正如劉武所云：『此段辭意，與前文複。所以引之者，以前語近怪，且出齊諧，恐人疑其不典，故引湯、棘問答以實之。且前後詳略各異，足以互明。如前言北冥，謂爲北方窅冥之天或窅冥之地皆可，此則以「窮髮」、「天池」句明之。前言鯤之大，此則言其廣與修。前言鵬背幾千里，當指其修也，此則以泰山形其高與大。扶搖不知其狀也，此則以羊角形之。野馬等不知其實也，此則以「雲氣」二字釋之。騰躍而上，明槍之勢也；數仞而下，明槍之高也。「飛之至也」句，則所以笑之意較前益明矣。非此，則前語未了，前意未申，且不足徵，故複而非複也，夫豈漫爾引之乎！』（莊子集解內篇補正）但馬敘倫未能窺知此中奧妙，竟於『彼且奚適也』句下謂『按自「窮髮之北」至此，義爲重出，辭則小異，蓋一本異文，校者旁寫於下，誤入正文也』，此說甚是損害了逍遙遊篇的思想藝術價值。

在馬敘倫看來，『莊子書辭趣華深，度越晚周諸子，學者喜讀之，然其用字多以音類比方假借爲之，復有字之本義世久不用，而猶存於莊書，學者多不明文字本義，又昧古今音讀變遷之跡，是以注釋此書者，無慮百家，率皆望文生訓，奇談秒論，雖足解頤，顧使莊周復生，當復大笑』（莊子義證自序），因而他著莊子義證，主要還是從『音類比方假借』方面來辨正莊子文字。如他在逍遙遊篇『絕雲氣』下說：『絕，借爲「越」，聲同脂類。說文曰：「越，度也。」』又在駢拇篇『呴俞仁義』下說：『陸德明曰：「呴，本又作傴；俞，本又作呴。」王念孫曰：「說文曰：欨，笑意也。呴、欨，古通用。」倫案：句、俞、區，聲並侯類。逸周書官人解「欲色嫗然以愉」，即借「嫗」爲「欨」。呴、俞，叠韻連綿詞。』凡此說法，皆可備作參考。但馬敘倫視莊子『音類比方假借』現象過於嚴重，致使他的許多辨正無法被學人認可。如他在人間世篇『其作始也簡』下說：『簡，借爲「禪」，聲同元類。說文曰：「禪，衣不重也。」』在大宗師篇『敢問臨尸而歌』下說：『敢，借爲「可」，同淺喉音。』在在宥篇『躬身求之』下說：『躬，借爲「冬」，今通作「終」，聲同侵類。』在盜跖篇『秉人之知謀以爲明察』下說：『察，借爲「焯」，脂宵通轉也。說文曰：「焯，明也。」』諸如此類，可謂俯拾皆是，多屬牽強附會，故後人信從者稀。

莊子義證末有附錄多種。一爲莊子年表，主要依據莊子中對魏文侯、武侯皆稱諡號，而對惠王則初稱其名，又稱爲王，便推定莊周當生於魏文侯、武侯之世，最晚也在惠王初年，其理由似比衆家之說顯得充分一些，故爲不少學人所重視。莊子年表後附有莊子宋人考一文，先依據司馬遷史記、劉向別錄佚文等斷定莊周爲宋國蒙人，並進而論證說：『尋春秋莊十一年左傳「宋萬弒閔公於蒙澤」，賈逵注曰：「蒙澤，宋澤名也。」杜預注曰：「蒙澤，宋地。」……又史記宋世家索隱引本書（指古本莊子）曰：「桓侯行，未出城門，其前驅呼辟，蒙人止之，後爲狂也。」司馬彪注曰：「呼辟，使人避道。蒙人以桓侯名辟，而前驅呼辟，故爲狂也。」蒙爲宋地，此亦一證。……淮南齊俗訓曰：「惠子從車百乘，以過孟諸。莊子見之，棄其餘魚。」高誘注曰：「孟諸，宋澤。」……則孟諸即蒙澤。然則莊子又家於蒙澤者也。』此說言之鑿鑿，爲多數學者所認可。附錄二爲莊子佚文輯錄，繼王應麟、閻若璩、孫志祖、翁元圻、孫馮翼、茆泮林等之後，又從桓譚新論、仲長統昌言、張華博物志、張湛列子注、顧野王玉篇、劉孝標世說新語注、杜臺卿玉燭寶典、虞世南北堂書鈔、歐陽詢藝文類聚、李賢後漢書注、司馬貞史記索隱、李善文選注等，輯得莊子佚文『六七十事』，『合之舊輯，得一百餘事』，從而爲莊子輯佚工作作出了很大貢獻。

總之，莊子義證乃是辨正莊子字義、字形、異文的巨著，但因馬敘倫動輒以通假現象解說莊子文字，致使書中有不少強爲牽合之處。不過，書末所附莊子年表、莊子宋人考、莊子佚文輯錄，或以見解取勝，或以搜輯有功，皆爲學者所重，頗可提升全書的學術價值。

第三節　莊子天下篇述義

馬敘倫所著莊子天下篇述義，前有馬氏1956年12月所撰序言之一、1957年2月所撰序言之二，後有馬氏所撰莊子年表及後記。正文錄天下篇全文，分節予以闡述，是馬氏繼其莊子劄記、莊子義證之後，專爲闡釋天下篇而作。其序言之一云：『我寫這篇文章，是由研究莊子認識到莊子雖然有三十三篇，僅僅只有內七篇確實是莊子自己寫的，外篇就不敢隨便下斷語了。至於雜篇，除天下篇外，前人都說不是莊子自己的作品，我完全同意這個論斷。至於天下篇，我認爲是作一個時代的學術的結論，可能也是莊子寫的。我們如果說不是莊子寫的，很難找出另外一個人有這樣精通一個時代的學術，更有這樣的大手筆。如果作爲莊子寫的自序，那是天衣無縫了。』說明馬氏撰寫莊子天下篇述義的動機，是由於他看到了天下篇的重要價值。

與莊子劄記、莊子義證的體例、側重點雖不太一樣，但馬敘倫在莊子天下篇述義中也比較重視辨正異文、字義、句讀、訛誤等。如對於『公而不當』之『當』字，馬敘倫認爲當依崔譔本作『黨』；對於『不苟於人』之『苟』字，章炳麟說當爲『苛』字之誤，馬敘倫斷言『章說是也』；對於『皆以其有爲不可加矣』，馬敘倫認爲：『宣穎以「有」字句絕，「爲」字屬下讀，是也。諸家以「有爲」連讀者失之。』馬氏的這些看法都是對的，但他又往往過於強調通假現象的普遍性，以致出現了一些甚爲牽強的錯誤。如他在訓釋『鬱而不發』之『鬱』字時說：『「鬱」借爲「宛」。禮記內則「兔爲宛脾」，注「宛」或作「鬱」，是其例證。』『鬱』謂鬱積，意義甚明，而馬敘倫認爲是『宛』字之借，反使上下文義不可讀通了。在訓釋『不該不遍』之『該』字時說：『「該」借爲「詥」。說文：「一蓺也。」』『該』當通『賅』，訓兼備，而馬敘倫認爲是『詥』字之借，也實在太過牽強。對於『詩以道志，書以道事，禮以道行，樂以道和，易以道陰陽，春秋以道名分』數語，馬敘倫斷言『此是注文誤入』，但並無任何佐證材料，也未作任何論證，故同樣不能令人信服。

除運用上述考釋手段外，馬敘倫還重視從大處入手，梳理莊子與各學派之關係。如天下篇謂彭蒙、田駢、慎到能『知萬物皆有所可，有所不可』，馬氏認爲此『與莊生齊物論標義相符，故下文有「皆嘗有聞」之歎』。又謂關尹、老聃爲『古之博大真人』，馬氏闡釋說：『「真人」即上文「不離於真謂之至人」之「至人」也。然則莊生以

「至人」推老君，而自居「天人」，故下文別出。後世耳食之徒，并老、莊爲一道，或謂莊不及老，是猶未讀斯篇矣。』又有敘述惠施一節文字，馬氏闡述說：『夫歷說諸子而特終於此章，前儒謂施是方術，未嘗聞道，故曾不足比於墨、宋之流，倘亦然與？ 余謂郢匠既標夫契合，斯章復致其悲憐，則莊生之於惠子，宜若沆瀣之相投，針石之互引，乃觀「濠梁」之詰，迅霆不發聾聵之聞；「無用」之談，大覺難齊倒迷之夢。然則啟予者商，而「一貫」之告無與，亦斯類矣。』如此論說莊子與彭蒙、田駢、慎到，尤其與老聃、惠施之關係，多能言前人所未言，對治莊者不無啟發。

但通讀馬敘倫此著，其最大特點還表現在引佛解莊上。其序言之一先提出了這樣一個問題：『我很難解，在春秋末戰國初，除老子外又有這樣一種思想。這種思想，以我的研究，認爲完全和佛家相同。這是偶然的嗎？ 還是確有因緣？』其序言之二進一步說：『余因疑佛法已在周末入於中國，莊子天道篇記士成綺問道於老子一章，末有「邊境有人焉，其名爲竊」兩句，詞義似非完文，蓋有脫簡。然疑與荀子解蔽篇「空石之中有人焉，其名曰觙」者是一事。解蔽曰：「空石之中有人焉，其名曰觙，其爲人也善射以好思，耳目之欲接則敗其思，蚊虻之聲聞則挫其精，是以闢耳目之欲而遠蚊虻之聲，閒居靜思則通。思仁若是，可謂微乎？ 闢耳目之欲，遠蚊虻之聲，可謂危矣，未可謂微也。」余以孔伋字子思，燕伋字子思推之，則此人思仁而名觙，「觙」字自與好思有關。然疑此非人名，乃以此人好思而人名之。莊子作「竊」，聲相近也。此人習靜而好思，蓋修佛法禪那、般若兩度之行者。』接著，序言之二更將『邊境』、『空石』證成爲『窮石』即我國的張掖刪丹，認爲此地區在周末已有印度佛法的傳入：

莊子言『邊境』，而荀子言『空石』，空石即窮石，春秋左傳襄四年傳曰：『昔有夏之方衰也，后羿自鉏遷於窮石。』說文『窮』字下曰：『夏后氏諸侯夷羿之國。』山海經、離騷、淮南皆謂弱水出於窮石；說文謂溺水自張掖刪丹西至酒泉合黎，餘波入於流沙。漢之刪丹，今之甘肅山丹縣，說文次

『窮』於『鄯』字下，固謂邊地也。空石既是邊地，則般、竊是一非二明矣。蘇曼殊據印度婆羅多朝之紀事詩，證知支那之名，遠在西曆紀元千四百年前已有。蓋婆羅多王嘗親率大軍行至此境，見其文物特盛，民多智巧，以爲支那分族。是在我國商代，印度已與今新疆之于闐、莎車有交通，而新疆之東與甘肅接壤，則佛法在周末自有傳入刪丹張掖之可能。而般者蓋達摩之儔，其聲遠著，故莊、荀皆援而說之。莊書記及此事，而其書述義大氐與佛法相同，其爲受印度思想之影響可知。

在馬敘倫看來，並非只有天道篇涉及了印度佛教之事，其實整部莊子之述義，『大氐與佛法相同，其爲受印度思想之影響可知』。所以其序言之二就莊子全書與印度佛法之關係展開了論述：

莊子學說，似受印度哲學之影響頗深。……逍遙遊爲開宗明義之文，即以北海之鯤諭染汙心；南海之鵬諭清淨心。鯤化爲鵬，諭染汙心轉爲清淨心；其皆『大不知其幾千里也』，諭二心本一，而歸於無用之用，即轉妄爲真後之自然大用，亦即是逍遙也。逍遙者愉之緩言，愉即樂也。逍遙遊明是往生極樂之義，其他事相同者亦非一二，而最奇者即至樂篇莊子妻死一章，與佛說緣起聖道經義無不同。達生篇田開之一章，即修三觀之法；而桓公田於澤一章，竟符大乘起信論十鬼之說。天地篇『無爲爲之之謂天』一章，又大乘十度波羅密法門也。天地篇『凡有首有趾、無心無耳者衆，有形者與無形無狀而皆存者盡無』，乃破時空。秋水、在宥、天運、田子方、知北遊皆有勝義，而內七篇實揭其綱要。德充符云：『以其知得其心，以其心得其常心』，又明是由六識以得八識，由八識以得無垢識也。大宗師與天運兩言『吾師乎，吾師乎！齏萬物而不爲義，澤及萬世而不爲仁，長於上古而不爲老，覆載天地、刻雕象(衆)形而不爲巧』，乃說常樂我淨。此皆遠之戇山、近之楊仁山所未曾見到，而余自昔研鑽，偶爾會心，然非徒事飾附，實乃相義兩徵。

馬敘倫認爲既然『莊子學說，似受印度哲學之影響頗深』，而天下篇又當是莊子爲整部莊子所寫的自序，則此篇與佛法的關係必定更爲密切。

今觀馬敘倫所撰序言之二，其對天下篇中『天人』、『神人』、『至人』、『聖人』、『君子』及『民』與佛法的關係最爲關注。如此篇開頭云：『不離於宗，謂之天人；不離於精，謂之神人；不離於真，謂之至人。以天爲宗，以德爲本，以道爲門，兆於變化，謂之聖人；以仁爲恩，以義爲理，以禮爲行，以樂爲和，薰然慈仁，謂之君子；以法爲分，以名爲表，以參爲驗，以稽爲決，其數一二三四是也，百官以此相齒；以事爲常，以衣食爲主，蕃息畜藏，老弱孤寡爲意，皆有以養，民之理也。』對於這段文字，其序言之二解釋說：『余謂「不離於宗」至於「民之理也」通是一人。大區則三：「天人」一也，「神人」、「至人」二也，「聖人」、「君子」、「民」三也。社區則六，具如本文。』並據佛地經所謂『自性法受用，變化差別轉』，現證莊嚴論所謂『雖諸如來所依清淨法界體性無有差別，而有三身種種相異轉變不同，故名差別』，成唯識論所謂『如是法身有三相別』即『自性身』、『受用身』、『變化身』等，認爲：『此中「天人」，當彼經自性身，亦名法身。此中「神人」、「至人」，當彼經受用身。此中「聖人」、「君子」、「民」，當彼經變化身。如是大區爲三。次復社區爲六者，彼論法身止一，此中「天人」當之。受用身有二種：一、自受用。二、他受用。此中「至人」當彼自受用身，「神人」當彼他受用身。』又據觀佛三昧海經所謂『佛化身有三類：一、大化身。謂如來爲應十地已前諸菩薩眾演說妙法，令其修進向於佛果故，化現千丈大身也。二、小化身。謂如來爲應二乘凡夫說於四諦等法，令其舍妄歸真而得開悟故，化丈六小身也。三、隨類不定。謂如來誓願弘深，慈悲普覆，隨諸種類，有感即應，或現大身滿虛空中，或現小身丈六、八尺等』，認爲：『此言變化，亦開三類，此中「聖人」當彼經大身，此中「君子」當彼小身，此中「民」者當彼不定身。』

由此出發，馬敘倫頻頻徵引佛教理論來釋證天下篇全文。如他謂『無乎不在』，即『密嚴所云「如來非蘊，亦非異蘊。非依蘊，亦非不依蘊。非生，非滅。非知，非所知。非根，非境」』。又在『聖有所生，王有所成，皆原於一』下說：『「一者，又復即是「體大」」，謂一切法「真如平等」，不增不減故；謂「法性」從無始來，唯是一心，無一一法而非心故；謂諸法從本已來，平等一味，獨存真理。無二體故；爲「相」、「用」所依故。故云「聖有所生，王有所成，皆原於一」也。』在『才士也夫』下說：『竊謂墨子言「天志」、「上同」，此與楞伽經中外道小乘涅槃論所云摩醯首羅論師計自在天爲生滅因者同。又其「日夜不休，以自苦爲極」，則與行苦行論師計修苦行並受苦盡自然得樂者又同。』在『芒乎昧乎，未之盡者』下說：『約而論之：墨翟、宋鈃，分明「外道」；彭蒙之流，復墮「斷滅」。關、老深矣，尤有「用相」。莊生位極天人，體用圓融，三一「平等」，既關、老且遜其獨步，則申、韓惡窺其樊離哉！』諸如此類，比比皆是，彌漫著一派佛法氣息。

要而言之，歷代學者因有見於佛、道可以互通的一面，動輒引佛理以解莊子，而像馬敘倫這般引佛法以發明天下篇者則僅此一見，既可看成是對此篇闡釋方法和指向之更新，又應指出其比附牽合者所在多有。尤其值得商榷者，還在於馬敘倫謂殷商時印度已與中國西部有交通，周末時佛法已傳入中國，嗣後使莊子的思想深受其影響，而不知莊子思想與佛理僅有某些暗合，並非互有影響、吸收之所致。

第八章　羅根澤的莊子學

羅根澤（1900—1960），字雨亭，直隸深縣（今河北深州市）人。少年時師從吴汝綸弟子武錫珏，受其影響，很早便開始寫作一些關於先秦諸子的小文章。1925年入河北大學，1927年入清華大學國學門，師從梁啟超，主修先秦諸子學，攻讀中國哲學，後投考燕京大學國學研究所。畢業後，赴河南大學任教，後歷任天津女子師範學院、保定河北大學、中國大學、安徽大學、北京師範大學、西北聯合大學、中央大學教職。1932年至1937年間，應顧頡剛之約，主編了古史辨第四冊和第六冊，爲當時諸子學論文的總匯，是研究近現代諸子學史極具參考價值的資料。建國後在南京大學執教，同時任中國科學院文學研究所兼職研究員。1960年因腦溢血逝世。

羅根澤學植深厚，涉及面廣，而尤以諸子學、文學史、文學批評史見長。在諸子學方面，其代表作爲論文集諸子考索，此書是羅根澤發表於二十世紀二十年代末到三十年代初的諸子學方面的文章彙編，1958年由人民出版社出版。其中關於莊子的論文有莊子外雜篇探源和莊子天下篇的辯者學説兩篇。其中後者是挖掘天下篇中有關名家論題的部分，參考其他文獻加以考訂、解析，與莊子思想本身無涉，因此本文不加以討論；前者是羅根澤在莊子學方面的一篇力作，也是本章探討羅根澤的莊子學時主要的研究對象。

第一節　羅根澤的莊子學方法論

羅根澤的諸子學成就遍及諸子，單純莊子學方面的論著並不多。但在其極少的莊子學論述中，採用了多種子學研究的一個樣本。

研究方法相結合的方式。可以説，在馬克思主義研究方法興起之前，二十世紀二十到三十年代盛行的研究方法，在羅根澤的莊子學論文裏都有所體現。因此，羅氏的莊子學，從方法論的角度，堪稱民國年間莊子學乃至諸子學研究的一個樣本。

羅根澤的學養奠定於新、舊學交替的時代，更兼轉益多師，這一切造就了他傳統與現代方法兼備，融舊式國學與西方哲學新思維於一爐的研究能力。早年羅根澤是清代桐城派吴汝綸的再傳弟子，桐城派莊子學的一些研究方法及思路、觀點對他都產生了難以磨滅的影響，這一點，從其莊子學代表作，發表於1936年（燕京學報第39期）的莊子外雜篇探源一文即可看出。在試圖確定莊子外、雜篇某些篇目的思想性質及產生年代時，羅根澤多次引徵吴汝綸乃至姚鼐的觀點，並自覺仿效其論證方法。另一方面，在燕京大學攻讀哲學，師從馮友蘭等哲學大家的經歷，使得羅根澤一定程度上能以西方哲學爲參照，對莊子思想加以本體論方面的詮釋。例如，在莊子外雜篇探源中，需要區劃莊子思想與老子思想的相異處，凸顯莊子思想的本質特徵時，羅根澤寫道：

> 莊子的根本意思，只是『一』和『全』。『一』是本體，嫌其太抽象，嫌其混於一二三之一，由是又提出『全』字；『全』是形容『一』的，是說明我之所謂『一』，非一二三之一，乃是無所不包，無所不有的全之一。①

如果只從莊子思想的本體論意義上來看，這段論述似乎還有值得商榷之處，但這足以證明，羅根澤已能自覺應用西方哲學的方法來研究莊子。除此之外，在羅根澤的莊子學論述中，我們還能看到演繹、歸納等西方哲學的推理方法。雖然限於西學方面的基礎和功底，他在這方面的成績遠遠未能達到馮友蘭等人的高度。也許因意識到這一點，在將自己的諸子學方面論文彙集成諸子考索時，羅根澤並未收入自己早年的這類論文，而彙編了

①　本章凡引羅根澤諸子考索之文，皆據人民出版社1958年版。

以考證爲主的論著。

整個民國時期的莊子學，宏觀上來看呈新、舊學既各自爭豔，又互相交融的趨勢。傳統的考據學方面的著作，自章炳麟的莊子解故到楊樹達的莊子拾遺、于省吾的莊子新證等等，可謂力作頻出，而另一方面，隨著新思潮的湧入，對傳統的考據學在內容和方法兩個層面都有所革新。新文化運動破除對傳統思想的盲目崇拜，更引發了學術上的『疑古』思潮。『古史辨派』諸人的論著，雖然在形式上仍採用考證的形式，但實質上是源自『疑古』的總目的，爲一些預設的大膽判斷尋求依據。這就和傳統的講客觀、披沙揀金式的考證有所不同，其優點是敢於突破舊格局、舊思想限制下的狹隘思路，富有宏觀開拓的精神和氣魄，而缺點則是由於有先入爲主的假設，這一風格的考證往往對材料加以主觀的取舍，僅選取利於支撑自己論點的材料，其餘棄之不顧，或武斷地視之爲不足憑據。在這種風氣下，曾參與古史辨主編工作的羅根澤，其莊子學研究方法也帶著『古史辨派』的印記。通觀羅根澤莊子外雜篇探源一文，可以清晰地看到，他在針對莊子外、雜篇進行相關論述時，力求不作瑣屑餖飣的考據，而是儘量擴大格局，將眼光放在由先秦至西漢的大背景上，勾勒出一幅宏觀的道家發展源流圖。他能夠突破傳統注疏的束縛，在史料不足的情況下，勇於立論、持論，其見解新穎獨到，頗多閃光點。但同時，前述『古史辨派』考證所共有的一些弱點，在該文中也有所體現。例如，羅根澤有時會在客觀證據不足的情況下，僅根據一些推測的『可能性』，作出令傳統考據派無法信服的結論；有時爲了證明自己的觀點，在選取材料時，不是盡可能詳盡地加以對勘，而是帶有主觀去取的成分。關於這些，本文下節將加以討論。但畢竟瑕不掩瑜，羅根澤的莊子學，不但其真知灼見和開拓創新處光輝久存，即使其不足處，也將因其鮮明的時代特徵，成爲學術史上不可忽略的研究對象。

羅根澤在莊子學研究方法上的一大獨到之處，是他善於通過對研究對象某一『點』的突破，得出覆蓋整個『面』的結論。例如在對莊子外、雜篇所呈現的複雜思想成分進行梳理時，他把握住了『聖人觀』這個突破口，指出内篇裏作爲道家理想人格的『聖人』，不僅和外篇胠篋等篇所大加批判的儒家『聖人』有本質的不同，和雜篇中某些更近於老子思想的『聖人』也有微妙的差異。羅根澤以此爲突破口，不但將自古以來衆説紛紜、渾沌莫辯的莊子外、雜篇思想進行了清晰有條理的梳理，並進一步由此構建了自己觀念中的先秦至西漢的道家派系分流圖。雖然某些觀點難以被確證，但這一方法的價值不可磨滅。總之，羅根澤的莊子學研究方法，遠汲源泉於桐城派，近收營養於西方哲學，與當時疑古思潮相應，採取了敢於懷疑、敢於自創新説的新式考證方法。就民國時期的莊子學而言，羅根澤是一個既有自身鮮明特色，又有典型性的個案。

第二節　對莊子外雜篇作者的探源

羅根澤在莊子學上的最重要成果，是發表於1936年的莊子外雜篇探源（以下簡稱探源）一文，該文對莊子的外、雜篇作者進行了分組歸類的考索和探究，這一分類和探究是建立在對戰國後期乃至秦漢道家的宏觀派别劃分的基礎之上的。這一嘗試源自歷來莊子學中一個難解而又難以回避的問題，即在探究所謂『莊子思想』、『莊子哲學』時，如何給外、雜篇以一個恰當的定位，並以此爲出發點對外、雜篇中的材料作怎樣的運用。羅根澤總結了歷來莊子學界在這方面的三種態度和方法，即：一，認爲外、雜篇和内篇一樣，均出自莊子之手，應均等視之；二，認爲外、雜篇乃至内篇的某些部分並非莊子所作，但在研究莊子哲學思想時，又引外、雜篇爲依據；三，認爲外、雜篇非莊子所作，因此只據内篇以研究莊子思想。羅根澤指出，這三者均是有所欠缺的，即：第一種回避了外、雜篇的思想與内篇間明顯存在的諸多差異；第二種自相矛盾，缺少邏輯；第三種擯棄外、雜篇於學術研究的對象之外，未免有遺珠之憾。因此，他試圖糾三者之偏，建立一種對外、雜篇更恰當的歸屬定位。同時，羅根澤還在這一研究上寄予了一個更大的學術目標：以此爲出發點，明確莊子之後道家的學術分流，進一步探究莊子之後、劉安之前的道家之學發展軌跡，理出道家學派的發展系統。在探源一文的『研究旨趣』一節裏，他說道：

道家的系統，照一般人的敘述，則莊子之後即戛然而止，一直斷絕了二百年，至劉安才平地一聲雷，異軍突起，重整了道家旗鼓，真成了怪現象了！我敢說在莊子以後，劉安以前，道家必在蓬蓬勃勃的發展。我們生在數千年後，書闕有間，不能詳細稽考，寫成一個道家源流表，這真是一件可惜的事！但姑就傳下來的材料，也可以考知大概。

羅根澤在這裏作爲依據的『傳下來的材料』，可以歸納爲『旁證』和『本證』兩類，前者係其他先秦子書中的證據，如管子的心術上、下篇及白心等篇，韓非子的解老、喻老二篇，羅根澤認爲其中一些觀點或材料性的內容，可作爲研究戰國末期道家學派的參證；後者即指莊子外、雜篇共二十五篇（除天下）的本文，羅根澤認爲，可以通過對各篇體現的主要思想傾向，加以歸納分類。由此可知，羅根澤對莊子外、雜篇所進行的『探源』工作，由於文獻不足，放棄了將具體篇章和具體作者相掛鉤的嘗試，而是結合先秦學術的大背景，以開闊的宏觀眼光和大膽的假設，對戰國後期乃至西漢的道家學派分流做了派系劃分，勾勒出了後莊子時代道家派別與著作的整體輪廓。這種以宏觀的眼光，拋開繁瑣的傳統注疏，由尋繹古籍原文思想傾向入手，勇於假設和推測的研究方法，深深地體現了二十世紀二三十年代古史辨派的學術精神與風格。

一、對戰國末年至西漢道家流派的劃分

羅根澤套用政治思想領域中的術語，以歷來認爲莊子自撰的內篇七篇爲參照系，依據儒家思想態度的激烈或緩和的程度，以及思想傾向近於莊子或近於老子、其立身行事出世程度深淺，將戰國末年直至西漢的道家劃

爲莊子自作、個别篇目疑出自戰國末年縱横家、秦漢間神仙家外，即主要分别出自這五派。

分爲『莊子派』道家、『老子派』道家、『左派』道家、『右派』道家、『隱逸派』道家，認爲莊子外、雜篇中，除天下篇

1.『莊子派』道家

羅根澤認爲，體現在内篇七篇中的莊子本人的思想，是一種奠定了道家之基的『建設的學問』，因而雖對别家略有抨擊，但這是爲建設自家思想體系不得已而爲之的行爲，其建設性多於破壞性，所以對别家思想的抨擊態度較爲溫和，程度較爲輕微，是一種『建設的學問』。以對儒家的態度而論，内篇七篇對『聖人』的態度是『恭維的，擁護的』，視之爲『理想中的典型人物』；對於儒家崇尚的『仁義禮知觀』，内篇雖然不恭維，但也時有採納，如齊物論、大宗師篇雖對仁義禮知頗有微詞，但還是追求『無親之仁，不仁之大仁』，而大宗師篇中古之真人『以刑爲體，以禮爲翼，以知爲時』云云，可以理解爲『對於禮知尚有相當的採納』。羅根澤認爲，在戰國末年的道家後學或莊子後學中，凡思想傾向較爲接近内篇，對儒家態度與此近似的，即屬於此派。

2.『老子派』道家

羅根澤將老、莊思想做了一番對比研究，認爲應將二者間的差異講明，並加以區别研討。他説：『學者每混言老莊，以爲老子如此，莊子亦必如此。其實不盡然。』他眼中老、莊思想的區别主要有以下兩點：第一，在生死觀上，莊子重視生命，故常言『養生』，雖不惡死，但也並非願意死亡並讚美死境，因而凡讚美死亡境界的，均屬於老子一派思想；第二，老子主張『無爲而無不爲』，有目的性，而莊子則追尋一切無爲的逍遥之境，因此凡倡言『無爲而無不爲』觀點的，均爲老子一派主張，而戰國末年道家學派中持此主張者，均屬於『老子派』道家。

3.『左派』道家

羅根澤認爲，戰國末年的道家後學中，有一派一改莊子對於以儒家爲主的各家『稍施抨擊』、間有吸納的態度，以激進的口吻對各家尤其是儒家觀點施以不留情面的嚴厲批判，不再顧及思想理論建設，而專注於站在道

家立場罵倒別家，因此由莊子的『建設性學問』蛻變爲了一種『破壞性的學問』。對於莊子有所尊重並恭維擁護的『聖人』，這一派則是極力反對，大加斥責；對於莊子間有所採納的『仁義禮知』，這一派『則毫不顧惜，一味的詆諆唾罵。這一派，可因其激進性被命名爲『左派』道家。

4.『右派』道家

與『左派』道家相對，羅根澤將後期道家中對儒家等學派不是全力拒斥詆毀，而是有相當的妥協與吸納的分子，歸類爲此派。其特點有三：第一，不但沒有詆毀孔子，反而對他表示了相當的尊重；第二，在堅持道家原則的基礎上，間或吸納儒家學說；第三，因爲該派形成年代較晚，因而對於後起的法家學說，也有所吸納。包括羅根澤在内的整個『古史辨派』，認爲『右派』道家的活動時期主要在西漢①。

5.『隱逸派』道家

羅根澤並未對此派下確切的定義，只是根據外、雜篇中若干涉及隱士的篇章，認爲它們體現了『隱逸派』的思想。而對於此派的年代，他認爲應在西漢初年。

羅根澤對於戰國末年直至西漢的道家學派的上述劃分，從宏觀上爲我們構建了一幅道家傳承、分化與發展的學術脈絡圖。在某種程度上，這確實達到了他將莊子直至劉安之間原本毀滅不彰的道家發展流程加以還原、梳理的目的，對中國思想史、學術史的建構都富有啟發性。對於外、雜篇紛雜多端的思想，羅根澤所進行的梳理，也有很多富於積極的意義，例如他敏銳地注意到同是外、雜篇，對於儒家的態度，也有著拒斥、詆毀和吸收、採納的鮮明差異，並認爲應加以區別討論。這一點，歷代研究者往往站在儒家立場上，或抓住前一類，指斥莊子

① 羅根澤認爲『三皇』之説始見於呂氏春秋，以『三皇五帝』附會於政治則在西漢，而莊子天運有『三皇五帝之禮儀法度』的説法，故而此篇及其所代表的學派應出於西漢。

『非聖無法』，或抓住後一類，用『以儒解莊』的方法，認爲莊子思想可納入儒家體系，甚至認爲莊子之學純係儒家真傳。持這兩種論調的論者，都無法窺見莊子及其後學思想的全豹，而羅根澤的『左』、『右』兩分法，則爲既全面、又區別地研究莊子外、雜篇思想提供了明晰的新思路。同時，通過對比，釐清老、莊思想的同中之異，顯示了羅根澤敏銳的眼光，例如他提出『「無爲而無不爲」，是老子很重要的主張，而莊子對之卻甚漠然』這一觀點，便準確地把握了老、莊二家在目的性上的不同，這對於學術史上存在過的將老、莊混爲一談，甚至屈莊以附老，如司馬遷認爲莊子本老子之說而不及老子『深遠』、明代陸西星視莊子爲老子之『注疏』等觀點，也有著強勁的反撥作用，有利於彰顯老、莊各自獨特的思想價值。

當然，羅氏對派別的劃分，及其所依據的觀點，也有其不盡合理的地方。首先，莊子內篇中所崇尚的『聖人』，與儒家『聖人』名同而實異，與至人、神人、真人等稱號一樣，是道家理想人格境界的追求。而外、雜篇中所抨擊的『聖人』，則更接近於儒家所謂『聖人』，與內篇中『聖人無名』的『聖人』不可混同。羅根澤原本也指出了這一點，說道『內七篇所謂聖人，是莊子理想中的典型人格』。但他在論述內篇與外、雜篇對『聖人』的不同態度時，卻沒有將內篇中的『聖人』和外、雜篇以及儒家所謂『聖人』的內涵區分清楚，僅就字面理論，略顯概念混淆。第二，羅根澤對於老、莊相異之處的兩個例證之一，便是認爲凡讚美死亡境界的即爲重視『養生』的莊子所不應有的思想。事實上，莊子內篇齊物論中『予惡知說生之非惑邪？予惡知惡死之非弱喪而不知歸邪？……予惡知夫死者不悔其始之蘄生乎』，大宗師篇中『夫大塊載我以形，勞我以生，佚我以老，息我以死。故所以善吾生者，乃所以善吾死也』，前者認爲死之境界有可能比生更好，後者視死亡爲休息，與生之勞並言，透露出認爲死的境界也許比生更美的隱約傾向。如是種種，均可與外篇至樂中對於死之境界的歌頌相照應。退一步講，即使莊子內篇中並無像至樂篇裏那樣對死亡境界的直接讚美，也不足以證明讚美死亡即屬於老子一派的思想，因爲在整部老子中，並沒有讚頌死亡的言辭或思想傾向，甚至沒有前引齊物論與大宗師的段落中那樣可以與至樂篇觀點相參照的證據。第三，羅根澤依據篇中有隱士出現，或以隱士故事爲主體，即認爲道家後學中存在一個獨立的「隱逸派」，這一劃分似顯得過於瑣細而又缺乏依據。事實上，從更早的論語、老子以及其他先秦典籍來看，隱逸思想及「隱士」這一富有道家色彩的群體早在春秋末期或更早時期就已經存在。就莊子本書而言，其內篇及外、雜篇中未被羅氏列入「隱逸派」作品的篇章裏，隱士或「類隱士」的形象也是頻頻出現的。羅根澤僅根據外、雜篇中有幾篇的內容多以隱士的故事、言論爲主，難以明確納入之前所列各派，故又專門設立了一個「隱逸派」，似不免牽強附會。

二、對莊子外、雜篇作者的派系歸類及闡釋

在派別劃分的基礎上，羅根澤對莊子外、雜篇的篇目進行了細緻的歸類探源，總體上可概括爲兩大部：一，能夠判斷派別歸屬的作品，依據每篇所體現的思想傾向，對號入座，分別歸於他所劃分的各派別名下。二，對於那些思想與道家迥異，或難以歸類的作品，則另作處理，要麼從思想上判斷其應出於戰國至秦漢間的某一派，要麼從形式、內容上判斷其性質、作用及可能產生的時間。其結論如下：

1. 出自「莊子派」道家的作品

羅根澤認爲，秋水、達生、山木、田子方這幾篇的思想，有的與內篇相同或近似，有的是對內篇思想的進一步推衍和深化。在這一點上，羅根澤承繼前人如王夫之、蘇輿的觀點，但又進行了更謹慎細緻的處理。當他認定某篇確爲推衍內篇中某一篇的思想時，則確指「某篇推衍某篇」；如不能肯定，則直言「推衍莊子」。羅根澤認爲，秋水篇主要推衍了內篇齊物論的思想，對齊物論篇中抽象而又語焉不詳的概念如「道樞」等進行了明晰的解釋和推闡，是對莊子認識論的進一步闡釋和生發；達生篇係推闡莊子的養生術，其旨趣近於養生主、大宗師

篇；山木篇推衍人間世篇中的處世之方；田子方篇則是著重推衍莊子哲學中『一』觀念，體現了莊子的本體觀；寓言篇是對天下篇的進一步推闡，兩者都提及了『寓言』、『重言』、『卮言』的概念。羅氏假定天下篇爲莊子自撰，在此基礎上進一步認定寓言篇爲莊子後學對天下篇的推衍；同時，寓言篇中有齊物論篇曾出現過的『罔兩問景』寓言，而敘述更爲詳盡周備，故此一部分也可視作對齊物論篇思想的進一步闡明。

值得注意的是，羅根澤的這些論述雖然一定程度上受到王夫之等人的觀點的啟發，而在論證的精密程度上，則超越了前輩。尤其是在討論何以將這些與內篇相似的思想歸於莊子後學而非莊子本人的名下時，羅根澤還綜合運用了史實考證、邏輯演繹、對比分析等方法，因而得出了似可令人信服的結論。如在關於秋水篇的問題上，羅根澤依據篇中公孫龍與莊子辯難的寓言，以及說到燕國之、噲讓國的故事，而將這一莊子適逢其時的歷史事件稱爲『昔者』，便認爲此篇作者年代當後於莊子。再如對於達生篇，羅根澤寫道：『我們知道一種道理的創造者，每不能逐處說得邃密周詳，每要等待他的忠實而有才能的信徒（不一定是親炙弟子）。此篇之於內篇，正是如此，所以不是莊子作，而是莊子的弟子或後學所作。』這番分析，從思想史上普遍存在的情形出發，通過邏輯演繹，合理地解釋了莊子外、雜篇中存在的一個重要現象，即推衍內篇思想並加以深化。由此，羅根澤將內篇人間世與外篇山木中所言及的處世之道加以對比研究，認爲山木篇『處處推衍莊子之意，而較莊子益周密詳明，所以不是莊子所作，也不是與莊子無關者所作，而是莊子弟子或其後學所作』。這一結論無疑是經得起推敲和檢驗的。

2．出自『老子派』道家的作品

羅根澤認爲，至樂、知北遊、庚桑楚篇是出自『老子派』道家的作品。如至樂篇言死境之樂，與莊子思想不合，且有『天地無爲也，而無不爲也』之語，因而更合乎『無爲而無不爲』的老子思想；知北遊篇言道，與老子思想相符，可視作對老子若干章節思想的闡述和發揮，而且兩次以『故曰』二字引用了老子的句子，並以老子崇尚的『嬰兒』而非內篇中的至人、真人、聖人爲理想人，都足以證明該篇應是老子派的作品；庚桑楚篇以老子弟子庚桑楚發端，推崇老子，也是爲老子派作品之一證。

然而，通觀羅根澤對這一派的論述，有些結論不及論述『莊子派』時令人信服。如他寫道：『「有」、「無」問題，也是莊子及其他先秦各家所未多討論，而老子最好討論的問題。』這一說法，與內篇齊物論中關於『有』、『無』的深入思考相矛盾，因而是失之武斷的。當然，這些瑕疵並無損於羅氏將老、莊思想的同中之異加以辨明所作的努力及其價值。

3．出自『左派』道家的作品

羅根澤認爲，駢拇、馬蹄、胠篋、在宥這四篇完全可以合爲一組，都對儒家思想進行了最激烈的抨擊，其思想言論的鋒芒幾乎完全一致，是出自『左派』道家的作品。其特徵詳析起來有四點：一，對儒家聖人的最激烈攻擊；二，對儒家『仁義禮知』的集中抨擊；三，在所點名批評的對象上，驚人一致地集中在曾、史、楊、墨、盜跖五人身上。可以說，羅根澤的這一分析，相當準確地概括了這四篇所共有，而在整部莊子中又略顯有些特異的風貌，即強烈而直接的批判性。無論歷史上是否曾存在一個自覺的『左派道家』，羅根澤對這四篇的分組與把握，無疑是比較恰如其分的。

4．出自『右派』道家的作品

羅根澤以天地、天道、天運三篇爲『右派』道家的作品，其如此分組的依據是認爲這三篇與前述『左派』作品恰呈極端相反的情形：不但不見唾罵抨擊儒家的言論，反而在相當程度上吸納了儒家的思想。羅氏將此稱之爲『與儒家有相當的妥協』。這種『妥協』分深層次與淺層次兩種，就後者而言，則天運、天地篇對於孔子多次採用了儒家的尊稱『夫子』，天運篇甚至有『行之以禮義』這樣純粹儒家的口吻出現，受儒家影響可見一斑；就前者而言，則這三篇的思想中滲透著許多儒家的因數，如天道篇言『大道之序』完全是儒家政治倫理觀的總結，且三篇中的『聖人』更是糅合了道家之『主靜』和儒家之『聖知』。羅根澤此論，深刻地把握了天地、天道、天運三篇思想的本質特徵，對其中『儒家化』因素的分析，尤爲透徹。

然而，在這三篇所產生的時代問題上，羅根澤的結論似乎略顯大膽有餘，說服力不足。如他根據天道篇中兼有形名賞罰之說，就認爲其著作時代『不能超過嬴秦，大概是漢初的作品』；並根據姚鼐、吳汝綸等認爲先秦無『藏書』、『上仙』、『白雲』、『帝鄉』等字眼，加上『丘治詩、書、禮、樂、易、春秋』六經等句子，又認爲更像是漢人之語；同時還根據文中『三皇五帝』等語，更認定此三篇當作於西漢開國之後，司馬遷之前。這些有著濃郁的古史辨派特色的考證，只能看作是過於大膽的推測。

除以上四種最能體現探源一文成果的分類考訂以外，羅根澤還將刻意、繕性二篇疑爲秦漢間神仙家所作；將徐無鬼、列禦寇這兩篇故事性材料多而思想論述少的文字疑爲『道家雜俎』；將讓王、漁父兩篇定爲漢初隱逸派道家作品；將則陽定爲『老莊混合派』作品；說劍爲戰國末縱橫家作品；對於外物、盜跖二篇，則未加以分類，單純從年代上論定前者爲西漢道家所作，後者爲戰國末年道家作品；而在關於天下篇的問題上，則維護傳統見解，疑爲莊子本人所自撰。這中間，有價值的獨到創見不多，因此在這裏不復贅論。

總之，羅根澤對莊子外、雜篇的探究，不但較有效地理清了混雜在其中的各家各派思想，爲將『莊子思想』與『莊子後學』思想以及羼入莊子一書中的老子思想、縱橫家思想、神仙家思想加以區分對待和研究奠定了基礎，避免了傳統上對莊子籠統化研究所難以解決的一些矛盾，闡明了內篇和外、雜篇各有其哲學上和思想史上的研究價值，可視爲綜合運用新舊研究方法所取得的一份優秀成果，是二十世紀前半期風靡一時的『古史辯派』研究風格的一個典型樣本。新中國成立後，羅根澤沒有將自己的莊子學研究持續深入地進展下去，這當中有其自身健康狀況等原因，但學術風氣的轉型，馬克思主義研究方法漸漸成爲主流，而羅根澤自身對這一轉型後的新的諸子學研究思路難以駕馭，也應當是重要原因之一。因此，羅根澤沒能完成草擬計畫中莊子以後的道家哲學論文的撰寫工作，不能不說是一件遺憾的事。

第九章　郎擎霄的莊子學案

郎擎霄，安徽懷寧人①，二十世紀二十年代中期曾熱烈推崇托爾斯泰思想②，政治上傾向於國民黨③，曾在廣州政治分會④、國民黨南京立法院編譯處⑤任職。著作頗豐，有老子學案、孟子學案、莊子學案、中國民食史、世界大思想家托爾斯泰生平及其學說、讀子劄記、古代非戰思想研究、中國無政府主義思想史等，而以前四種較爲著名，其中孟子學案、莊子學案、中國民食史於二十世紀末還被收入上海書店出版發行的民國叢書中。

莊子學案，商務印書館1934年11月初版，1935年5月再版，分十三章系統介紹了莊子事跡、莊子篇目及真贋情況，論述了莊子的哲學思想、政治觀、經濟思想、心理學、辯證法、莊子之文學，並對莊子與諸子進行了比較，對歷代莊學作了述評。

① 見郎擎霄世界大思想家托爾斯泰生平及其學說自序二，大東書局1928年版。

② 見郎擎霄世界大思想家托爾斯泰生平及其學說自序一。

③ 見郎擎霄世界大思想家托爾斯泰生平及其學說自序二。

④ 見郎擎霄世界大思想家托爾斯泰生平及其學說自序一。

⑤ 見郎擎霄中國民食史序，民國叢書第五編第34冊，上海書店1996年版。

第一節 援西學以釋莊子之旨

梁啟超在清代學術概論中曾經指出,『以新知附益舊學』是晚清學者的共同特色,因爲『固有之舊思想既根深固蒂,而外來之新思想又來源淺觳,汲而易竭』,這就很好地説明了何以會出現大量以西學比附中國傳統學説的現象。當然我們還應該看到,『以新知附益舊學』在晚清以後仍是學術界的一大傾向。而在當時的莊子學研究中,這種傾向也表現得十分明顯。

郎擎霄在其莊子學案『凡例』中説道:『本書不過以科學方法,就莊子學説,爲有系統之研究。』在其老子學案自序中説道:『整理古書之方式多採取科學的方法,摘其精華,去其糟粕,多從客觀上評判,非就主觀法審定,還彼本來之面目之真價值耳。近人胡適之、梁任公諸輩以科學的方法治古書,甚爲學者所喜,今吾亦仿照此法。』由此可知,郎擎霄治老莊十分重視『科學方法』,也可以説,他的思路就是運用西方科學的方法和知識來重新闡釋老莊學説。從老子學案、莊子學案兩書的實際情況來看,我們認爲這裏所謂的『科學的方法』,主要應包括兩層含義:一是指按照西方的現代學科分類的辦法來對老莊學説進行系統的研究,一是指用一些具體的西方學説來闡釋老莊思想。

第一層其實是方法論的問題,它解決了從什麼角度來闡釋莊子學説的問題。就莊子學案一書來説,郎擎霄從宇宙觀、人生哲學、政治哲學、經濟思想、心理學及辯證法等幾個方面對莊子學説進行了較爲系統的闡釋,並分別對應哲學、經濟學、心理學及邏輯學這四門現代學科。

郎擎霄認爲,莊子的一切思想均建立於其宇宙觀之上,因此他首先對莊子的宇宙觀從『本體論』、『自然論』、『進化論』的角度加以解説。在此基礎上,分別從『本真』、『至人』、『養生』、『處世』、『宿命論』及『生死問題』等幾個方面來解說莊子的人生哲學，而將莊子的政治哲學概括爲『崇平等』、『重道德』、『尚愚』、『非賢』、『廢刑』、『去兵』、『無治』及『理想國』幾個要點，又從『生産論』、『分配論』、『消費論』四個方面發掘莊子的經濟思想，從莊子學說中還挖掘出了『普通心理學』、『社會心理學』、『變態心理』、『動物心理學』的有關言論，又將莊子的『止辨法』概括爲『以明』和『通一』兩種方法①。如果從總體上來看，郎擎霄對於莊子學說的闡釋確實能夠令人産生耳目一新的感覺。其原因就在於他有意識地按照西學的學科類別給莊子學說以新的闡釋，從而豐富了莊子學的具體研究成果，更爲重要的是，他還爲莊子學研究開闢了新的廣闊領域。可以說，正是郎擎霄的莊子學案直接啟發了後來的莊學研究者不僅從上述各學科類別，甚至從音樂、美學、體育等更多的方向對莊子一書進行更加系統、全面的闡釋。但如果從細處考察，也有不足的地方。比如從具體分類來看，郎擎霄也有不妥之處，如他將『進化論』放在莊子的宇宙觀中加以論述，而『進化論』應該是屬於生物學學科的内容。再者，郎擎霄在此前第二章莊子篇目真贋考中說『内篇……當是莊子原作，間或有後人羼入之語，然大致可信矣。外、雜篇，自昔賢已疑其多爲後人所僞托，即不然，亦爲弟子所紀錄，故不可靠』，但在闡述莊子學說的這幾章中卻有很大篇幅取材於外、雜篇，又没有作特別的說明，似乎有自相矛盾之嫌。

第二層則屬於認識論的範疇，它實踐著中西學說的比較，體現了當時諸子學研究的總體傾向。如前所述，當時西方『科學』、『民主』的思潮爲國人帶來了先進的學說，很多從封建時代走來的學者在接受這些新鮮事物時，難免用西學來比附傳統學術。郎擎霄在莊子學案一書中，用西學比附莊子學說，雖不是首創其例，但在莊子學研究領域，像他這樣援引西學全面、系統地闡釋莊子學說，倒應該是第一次。莊子學案之中所涉及的具體西方學說有進化論、無政府主義學說、經濟學、心理學、邏輯學、元素說、平等觀等等。其好處在於能開闊思路，便

① 據郎擎霄的解釋，『以明者，比類而觀以明其本相之謂也』，『通一者，反其本原，復通爲一，則絕名言之術也』。

於另立新説，而其不足之處則在於有時難免牽强附會，歪曲莊子本義。比如他認爲莊子爲無政府主義之祖，並説：『莊子作爲探索者，郎擎霄在具體的闡釋過程中失誤頗多。比如他認爲莊子爲無政府主義之祖，並説：『莊子……純任自然，而掊擊政府最力，以至智爲大盗積，至聖爲大盗守。大盗者何，則政府是已。』並引用胠篋篇之文作爲證明。胠篋篇中説：『聖人生而大盗起，掊擊聖人，縱舍盗賊，而天下始治矣。』其中『大盗』一詞，聯繫上下文來看，不過是指『巨盗』而已，並無『政府』之意。即便從内篇逍遥遊中『堯讓天下於許由』的故事來看，也看不出莊子有所謂的『無政府主義』思想。許由雖因不願背負聲名之累而不受天下，可也並無反對堯治理天下的意思，許由説：『子治天下，天下既已治矣，而我猶代子，吾將爲名乎？』只是申明自己不願爲天下所累，卻並不反對堯治理天下，由此可見莊子並没有提出廢除政府的主張。而胠篋篇中所極力掊擊的，乃是當時不公平的社會現象而已，並没有升級到無政府主義的思想。有趣的是，郎擎霄在後面又説莊子『此議論與近世社會主義學説誠不謀而合也』①，可見他其實對於西方的無政府主義思想和社會主義學説並没有真正理解，有混淆二者之嫌。這一類的失誤，其原因可歸於對西學的理解有誤。這是當時『以新學附益舊學』當中常出現的毛病，倒也無須苛責。

另一類失誤，則是由誤讀莊子造成的。比如，郎擎霄在發掘莊子的經濟思想時，認爲莊子談到了生産論中的分工問題。他所舉出的材料有二，一是胠篋篇中的文字：

> 天下皆求其所不知，而莫知求其所已知者；皆知非其所不善，而莫知非其所已善，是以大亂。故上悖日月之明，下爍山川之精，中墮四時之施。惴耎之蟲，肖翹之物，莫不失其性。甚矣，夫好知之亂

① 見莊子學案第八章第四節：『聚貨財，爲紛爭之源；貨財分散，則禍亂不起也。此議論與近世社會主義學説誠不謀而合也。』

> 天下也！

二是大宗師篇中的一句：

> 相與於無相與，相爲於無相爲。

郎擎霄據此斷言：『此莊子之分工論也。』細審他所引用的胠篋篇中的一段文字，分明是反對好知的意思，而所引大宗師篇中的句子則是『相交出於無心，相助出於無爲』的意思，兩處都和社會生產分工問題風馬牛不相及，怎麼成了莊子的『分工論』了呢？實在是牽強之極！郎擎霄還提出莊子有關於價值論的言論：『莊子經濟思想中之一特色，即先哲所忽視之價值論。彼之言物值也，重客觀的而輕主觀的，蓋欲使天下萬物，各返其本來面目焉。』這個觀點看上去頗有創見，可惜與他所舉出的材料並無關聯。他所舉的是齊物論篇中的一節：

> 物無非彼，物無非是。自彼則不見，自知則知之。故曰彼出於是，是亦因彼。彼是方生之說也。……物謂之而然。惡乎然？然於然。惡乎不然？不然於不然。物固有所然，物固有所可。無物不然，無物不可。

以上所引的這節文字，是要通過闡發相對主義的哲學思想，以達到齊同天下物論的目的，與郎擎霄所說的『重客觀的』經濟學價值論也是毫不相干。試問，主張『天地與我並生，而萬物與我爲一』（齊物論）的莊子，又怎麼會『數數然』（逍遙遊）地去討論經濟價值的問題呢？再如，在闡述莊子的動物心理學時，也有明顯的誤讀發生。郎擎霄認爲莊子『言蜩鳩亦有儲食之技』，接著舉出逍遙遊篇中的文字加以證明：『蜩與鸒鳩笑之曰：「我決起而飛，槍榆枋，時則不至，而控於地而已矣。奚以之九萬里而南爲？」適莽蒼者，三飡而反，腹猶果然；適百里者，宿舂糧；適千里者，三月聚糧。」』很可能他是將『適莽蒼者』以下也當作蜩鳩之言了。這一類的失誤，不免讓人深感遺憾。

當然，我們不能因爲郎擎霄在具體的闡釋中存在著這樣那樣的失誤，就完全抹殺他援引西學以釋莊子之旨的積極意義。應當說，他是在繼嚴復、胡適等之後，較早地將西學納入莊子研究的人，並作了較爲系統的闡釋，爲莊學研究注入了新鮮血液，符合當今世界文化互相影響乃至融合的潮流。

第二節　引諸子以資比較發明

由上節可知，莊子學案重在以科學方法對莊子學說作系統的研究，這可以看作是西學的影響所致。但是郎擎霄是抱著整理國故的目的來闡釋老莊學說的，這在老子學案自序中就已經表明。他說：『吾作此書之動機有二。其一，目今盛倡整理國故之時，因中國古書，零亂渙散，非經過一番整理功夫，殆弗能讀。』因而他對於中國本土的思想學說並未棄之不顧，而於諸子學說多加留意。他在莊子學案凡例（三）中說：『本書於諸家之說，凡足以爲參考之資者，均多采入，時或特加辯正。』意思是採用諸子之說作爲理解莊子學說的參考資料。

郎擎霄引諸子之說與莊子學說比較發明，從目次上看主要表現爲第十二章的莊子與諸子比較論，但從全書來看還不止於此。其凡例（二）說：『夫老之於莊，猶孔之於孟，一部南華，不啻爲老子注腳。故本書各章所述，先乎老而後及莊，以明學統，而資互發。』也就是說，郎擎霄在闡述莊子學說的各章中，都是先申明老子的學說，而後再進一步述及莊子學說的。據統計，他所引用的道德經中的有關文字共涉及四十七個章節，其內容主要集中在宇宙觀、人生哲學和政治哲學三個方面。比如在宇宙觀問題上，郎擎霄引用了道德經第一章、五章、二十五章、四十章、四十二章及六十七章中有關宇宙本體的言論，並表明莊子的宇宙觀和它們的關聯，認爲『莊子承老子之旨』，『亦以道爲宇宙之本體，萬物之本原』。他還引用道德經第二十五章、七十三章、七十七章中關於自然法的言論，認爲莊子亦『多申老子之旨』，皆『主張宇宙無意志之論』，但『對於宇宙之運行，則亦以爲有一定法則』。至於人生哲學與政治哲學方面，在上節中所列出的從『本真』至『理想國』等各個要點上，郎擎霄也都是先引用道德經中有關文字，再闡明莊子學說的。即使是在論述莊子與諸子的異同時，往往也是『先乎老而後及莊』，或是老莊並提。因此，同引用其他諸子學說的情況相比，引用老子之言來與莊子比較發明，顯然被擺在了更爲顯著的地位。

之所以如此，是因爲在郎擎霄看來，這其實是個『學統』問題，即莊子學說淵源的問題。早在老子學案一書中，郎擎霄就已經表現出注重『學統』的傾向。他在論老子『無政府主義』章中，專列一節文字以討論『莊子之無政府思想』，又在革命家之老子章中將老莊並稱，有『消極革命之老莊』的提法，更將『莊子及其哲學』單列成章，以突出道家諸子中莊子學說與老子學說之間的接承關係。在本書中，郎擎霄也曾於第一章第五節『莊子學說之淵源』中明確指出：『莊子學說，當出自老子，而自立爲一家。』又以莊子天下爲據，說：『其（指莊子）列己之學術，顯與老子離而爲二，則其不專述老子也可知。其敘述老子止言虚靜無爲等等而已，而自敘曰：「與天地精神往來，而不敖倪於萬物，不譴是非，以與世俗處。」又曰：「上與造物者遊，而下與外死生無終始者爲友。」則其學較老子爲博大，豈僅學老者而已哉？』綜合前引凡例（二）可知，郎擎霄認爲，莊子學說雖以老子學說爲淵源，但又有所發展，不僅於老子學說的範圍有所擴大，而且比老子學說的精神更爲廣博。如果撇開郎擎霄在莊子天下作者問題上自相矛盾的嫌疑不談，單就莊子學說淵源的問題來看，郎擎霄所作的結論是較爲恰當的，他既看到了莊子學說與老子學說的接承關係，又注意到了莊子學說並不囿於老子學說而又有所發展的情況。

其次是莊子與諸子的比較。從民國時期所出版的莊子學著作來看，郎擎霄特闢一章文字來探討莊子思想與諸子的異同，無疑是一創舉。在莊子與諸子比較論這章中，郎擎霄分別論述了墨翟、列禦寇、楊朱、慎到田駢、宋鈃尹文、惠施及公孫龍等家學說與莊子學說的異同。必須指出的是，郎擎霄所說的『比較論』，實際上包含了三種內容。

第一種是著眼於比較異同。試以『墨翟』一節爲例，郎擎霄所列出的墨子主張共有四項：『兼愛節用非攻』、『非命』、『法天』、『非樂』。『兼愛節用非攻』項中，他在引用道德經第六十七章『我有三寶，持而保之：一曰慈，二曰儉，三曰不敢爲天下先』以及莊子天地『相愛而不知以爲仁』、『無欲而天下足』、胠篋篇『掊斗折衡，而民不爭』之後說：『此老子之慈、莊子之相愛，即墨子之兼愛也。老子之儉、莊子之無欲，即墨子之節用也。老子之不敢爲天下先、莊子之不爭，即墨子之非攻也。』這是指出老莊與墨子的相同之處。在『非命』項中，郎擎霄說：『墨子非難宿命論，而倡非命論，與莊子適相反。』這是指出莊子學說與墨子學說的相異之處。在『法天』項中，郎擎霄指出：『老莊之言法天，而墨子亦未嘗不言法天。』並舉墨子法儀爲證，接著又進一步辨析墨子之『天』與老莊之『天』的不同含義：『然老莊卒與墨子大異者，蓋墨子之天，爲有意志之天，而老莊之天，爲不仁之天，無意志之天也。』這是指出老莊與墨子在『法天』觀念上同中有異，觀點頗爲辯證。在『非樂』項中，郎擎霄認爲墨子由其實利主義觀念出發不得不非樂，而莊子亦因其養生的需要不得不主張去樂，『墨、莊之非樂，其出發點同而其目的則迥異焉』。這也是指出其同中有異。由上述可知，郎擎霄在比較莊子與諸子時，能夠打破傳統的門戶之見，較大限度地融合各派的思想學說，辯證地看待其同異之處。美中不足的是，他在莊子是否非樂的問題上顯露出相互抵牾的一面。在此節末尾，郎擎霄述及『莊子對於墨子之批評』，其中就有『對於非樂說之反對』一項，這樣一來，等於說莊子並不具有非樂的思想，從而否定了前說。

第二種是著眼於相互發明。試以『惠施』一節爲例，郎擎霄引用莊子天下中所舉惠子『歷物之意』一節說：『惠子陳數十事，與莊書相發者甚多。』然後他將此節文字拆爲十項，分别列出與莊子相互發明之處。如『至大無外，謂之大一；至小無内，謂之小一』一項，郎擎霄指出：『莊子知北遊曰：「六合爲巨，未離其内；秋毫爲小，待之成體。」義與惠子相發。夫「六合爲巨，未離其内」，豈非所謂「至大無外」者乎？「秋毫爲小」，豈非所謂「至小無内」者乎？』再如『大同而與小同異，此之謂小同異；萬物畢同畢異，此之謂大同異』項，郎擎霄指出：『莊子知北遊曰：「物物者與物無際，而物有際者，所謂物際者也。不際之際，際之不際者也。」德充符曰：「自其異者視之，肝膽楚越也；自其同者視之，萬物皆一也。」此可與施說互證。』像這一類著眼於相互發明的地方，雖然郎擎霄的解說常常比較簡單，但對我們理解莊子學說卻具有很好的啟發作用。如果要在此基礎上作更深入的探討，那麼對於莊子學研究和其他諸子研究，都會大有裨益。

第三種可以看作是莊子一書的注釋資料。以『公孫龍』一節爲例，郎擎霄不僅對公孫龍的白馬論、堅白論、指物論進行了較爲詳細的解說，還逐一列出莊子天下中所載『卵有毛』、『雞三足』、『郢有天下』等『辯者二十一事』，並都作了簡略淺近的解釋。不論他的解釋正確與否，這種嘗試無疑對解讀莊子天下中這段難懂的文字是個很好的說明。再如此章的每一節，郎擎霄都首列『略傳』，對諸子的生平、事跡、學說、著作等情況加以考證說明，這對於理解諸子各自的學說，以及解讀莊子都必然是有所幫助的。

第三節　撰述評以明莊學遞演之跡

自從莊子一書問世後，就一直對人們產生著深刻的影響，歷來對它進行研究的人數不勝數。但在郎擎霄莊子學案成書之前，還沒有出現過任何一部從莊子學史的角度對這些莊子學研究成果進行總結及評述的作品，這對於莊子學研究無疑是一大缺憾。郎擎霄在『清代之莊學述評』中，推洪亮吉爲研究莊子學史的第一人，說他『嘗以歷史眼光衡論莊子』，『吾人觀稚存之曉讀書齋錄，始悉漢魏以來注老、莊者甚衆』；但洪氏之研究，未能形成體系，只是零星的、片斷的研究而已。正是在這種情況下，郎擎霄在本書中開闢出歷代莊學述評一章文字，總結論述從漢代到近代莊子學的研究成果，較明晰地反映出莊子學研究歷史演進的軌跡，就特別顯得珍貴。因而此章文字成爲本書最有特色、也是最具學術價值的部分，雖然還不能將它看成是完整的莊子學史，但郎擎霄系統研究莊子學史的嘗試，其開創意義十分重大。

歷代莊學述評一章的體例，首先是按照各個歷史時期進行評述，一般是先列舉某代各研究者的姓名，再舉出其中重要者的著作，撮其要論，然後或引歷史上對於該著作的評論，或間抒己見，對各朝代莊學發展的歷史背景及莊學的影響時有涉及，有時也會對一代的莊學特點予以概括。應該說，它基本上能反映莊子學研究的歷史狀況，使我們對莊學遞演之跡能有個大致瞭解，可以視爲莊子學史的粗略梗概。

其中有些地方值得商榷。一是關於歷史上闡釋莊子學說的活動究竟從何時開始的問題。郎擎霄在此章首列『漢代之莊學述評』，並說：『愚以爲自有莊子以來，善讀其書者，首推司馬氏父子。』很顯然，他是將司馬氏父子作爲評莊的最早者，把漢代作爲闡釋莊子學說活動的濫觴期。這個結論與他前文的觀點相左，他在莊子之文學中說：『至評論莊子之文最早者爲莊子之徒所撰天下篇（一說爲莊子之自敘），論莊子前後學術界之趨勢，兼斷定莊子之地位，大可參考也。』我們則認爲，『善讀其書者』，當首推莊子天下的作者，而對莊子作出最早評論的，從現有的文獻來看，應該是惠施。這可以直接從莊子一書中找到證據。惠施對莊子學說的評論，用他的話來說就是『大而無用』：

惠子謂莊子曰：『……子之言，大而無用，衆所同去也。』（逍遥遊）

惠子謂莊子曰：『子言無用。』（外物）

通過以上兩則引文顯而易見，惠施認爲莊子的學說沒有什麼實用價值。雖然惠施出於功利的目的對他好友的學說持貶抑的態度，沒有正確地評價莊子學說，卻無疑開了闡釋莊子學說的先河。而莊子天下作爲我國現存最早的學術史文章，它對莊子的評論更是不容忽視。其作者對莊子學說持有褒而無貶的態度，認爲莊周之道是全面反映宇宙真理的。他說：

芴漠無形，變化無常。死與生與？天地並與？神明往與？芒乎何之？忽乎何適？萬物畢羅，莫足以歸。古之道術有在於是者，莊周聞其風而悦之。以謬悠之説，荒唐之言，無端崖之辭，時恣縱而不儻，不以觭見之也。以天下爲沉濁，不可與莊語；以卮言爲曼衍，以重言爲真，以寓言爲廣。獨與天地精神往來，而不敖倪於萬物，不譴是非，以與世俗處。其書雖瓌瑋而連犿無傷也，其辭雖參差而諔詭可觀。彼其充實，不可以已，上與造物者遊，而下與外死生、無終始者爲友。其於本也，弘大而闢，深閎而肆；其於宗也，可謂稠適而上遂矣。雖然，其應於化而解於物也，其理不竭，其來不蜕，芒乎昧乎，未之盡者。

此段文字，對莊子一書的精神及文字特徵都進行了高度的概括，作出了較爲客觀公允的評價，並非如郎擎霄所説只是評論莊子之文而已。千百年來，人們對莊子一書的解説之所以能夠常解常新，其實就是因爲它具有『萬物畢羅』、『深閎而肆』、『其理不竭』的特徵。除惠施及天下篇的作者之外，荀況曾批評莊子『蔽於天而不知人』（解蔽），韓非也曾在解老、難三、五蠹等篇中對莊子學説進行過改造性的闡釋。凡此皆足以説明，闡釋莊子學説的活動應當始於戰國時期。即使從漢代來算，也應首先提到淮南王劉安和他主持編寫的淮南子。文選任昉齊竟陵文宣王行狀李善注引云：

淮南王莊子略要曰：『江海之士，山谷之人也，輕天下，細萬物，而獨往也。』①

又文選張協七命李善注引云：

莊子曰『庚市子肩之毁玉也』，淮南子莊子後解曰：『庚市子，聖人無欲者也。人有争財相鬥者，庚市子毁玉於其間，而鬥者止。』

由此可見，劉安曾著有莊子略要及莊子後解，從現存的文獻來看，他是我國最早撰寫莊子學專著的人，可惜皆已

① 文選謝靈運入華子崗、江淹雜體詩（擬許詢）、陶淵明歸去來辭李善注亦並引此文。

亡佚，不能知其全貌。而他所主持編寫的淮南子，大量援引莊子的思想資料，用多種方式對莊子的道論、無爲論和修養論作出闡釋。葉國慶的莊子研究在論述『莊子學説對於後代的影響』時曾談到淮南子引用莊子的問題，他説：『漢初還有一位受莊子很大影響的學者淮南王劉安。我們翻開淮南子一看，處處可找出他引用莊子的話。……這可以見他學説的淵源。』並舉出原道訓、俶真訓、精神訓、齊俗訓、覽冥訓中的很多例子加以證明。這樣看來，郎擎霄從司馬氏父子開始評述漢代莊學也是不夠恰當的。

二是老、莊並稱始於何時的問題。郎擎霄在『魏晉南北朝之莊學述評』一節中説：『漢代言道家者，常舉黄老，罕言老莊。老莊並稱，始於魏晉。』仔細分析他這話，本身就存在漏洞。既然説漢代『罕言老莊』，就是並不否認漢代有老、莊並稱的説法，後面又説『始於魏晉』，豈不矛盾？事實上，在淮南子要略中就已經有老、莊並稱的説法：

道應者，攬掇遂事之蹤，追觀往古之跡，察禍福利害之反，考驗乎老莊之術，而以合得失之勢者也。

毫無疑問，『老莊並稱，始於魏晉』的説法不能成立。按説淮南子是子部重要的著作，研究古代文學的人不大可能沒看到過這句話；可令人感到奇怪的是，並不止郎擎霄一人作出這種錯誤的判斷。後文中郎擎霄引用了洪亮吉曉讀書齋初錄卷下的一段話：

莊子一書，秦漢以來皆不甚稱引。自三國時何晏、阮籍、嵇康出，而書始盛行。陳壽魏志曹植傳末言晏好老莊之言，王粲傳末言籍以莊周爲模則，於康則云好老莊，老莊並稱，實始於此。於是崔譔、向秀、郭象、司馬彪等接踵爲之注，而風俗亦自此移矣。

看來，郎擎霄是受了洪亮吉的影響，因循其説，而造成失誤。另外，葉國慶的莊子研究第八十四頁上引用淮南子來説明劉安的學説淵源時，分明引用了要略中的這句話，可第八十九頁上卻以後漢書馬融傳爲據，説老、莊並稱始於後漢馬融，頗令人費解。

三是關於唐代莊學研究的評論。郎擎霄認爲，唐代『注者紛拏，而於莊義未盡』。他這樣說本來未嘗不可，莊子一書，哲理精深，想要盡述，確實不易；可他在『宋代之莊學述評』一節的開首處概括魏晉、唐、宋三個歷史時期莊學研究各自的特點時，又說『唐代之人，有取莊子之文章，而忽其哲理』，把這作爲唐代莊學的總體特點，卻不大妥當了。我們知道，成玄英的莊子注疏在郭象莊子注的基礎上引申發揮，發展了郭象的莊子學思想，文如海的莊子正義重視發揮『莊子經世之用』（吳澄莊子正義序）的思想，張九垓的莊子指要以『宏道以周物，闡幽以致用』（權德輿張隱居莊子指要序）爲目的，都很重視對莊子哲理的闡發。如果綜合前後文來看，郎擎霄這話可能是由韓愈、柳宗元爲文深受莊子影響而發，在莊子之文學一章裏，郎擎霄曾以很大的篇幅論述過韓、柳之文對於莊子之文的繼承關係；但這裏若因此而貶低有唐一代注莊之作的價值，卻讓人不敢苟同，至少成玄英的莊子注疏、陸德明的莊子音義所取得的巨大成就和影響應該給予充分肯定。

其實，歷代莊學述評中像這樣未能正確評價注莊之作價值的不僅是唐代的作品，我們舉出唐代只是因爲特別突出罷了。從總體來看，郎擎霄的述評都是過於簡單化了，甚至可以說在述評這方面做得很不足。比如阮籍的達莊論，郎擎霄只引原文，而未作分析評論；對王安石的莊周也是一樣，引原文而未置一詞。再如郭象的莊子注，郎擎霄在引用其序後，只說：『可謂深得莊子要指矣。』接著便糾纏於郭氏是否掠向秀之美的公案，而於其注的特色及貢獻僅借用世說新語文學對向注的評論『妙析奇致，大暢玄風』來作爲對郭注的評價。雖然我們不能按照莊子學史的標準要求這章歷代莊學述評面面俱到，但如此簡略實在難以稱爲『述評』，這是讓人深感遺憾的。

四是以佛釋莊的闡釋方法始於何時的問題。在『明代之莊學述評』一節裏，郎擎霄談到陸西星的南華真經副墨，說他『以佛釋莊，間有所獲』，並說：『自陸氏以佛釋莊後，已爲後世莊學別闢途徑。』顯然，郎擎霄將陸西星的南華真經副墨作爲以佛釋莊的肇始者。關於這個問題，在葉國慶的莊子研究中也曾涉及。葉國慶在論述

『莊注的派別』時，按照闡釋方法的不同，把爲莊子一書作注的各家分成數個派别：儒家派、道家派、釋家派、集解派及其他。他説：

東漢之季，帝王既崇老又崇佛。晉以後玄學與佛學乃並盛，而釋支遁、慧琳、慧遠等均善老莊，且用老莊之學闡説佛道。於是莊學佛學交相影響，開後代引佛解莊之路。

接著便引慧皎高僧傳之文予以證明。應該説，葉國慶的看法是正確的，它是建立在對歷史材料的分析之上的。不過，在『魏晉之莊學述評』中，郎擎霄也曾談到過支遁及其逍遥論，還引用了世説新語注中支遁逍遥論中的文字，可惜他承襲舊説，只説『此向郭之注所未盡』，卻没有作具體分析，後來在評述唐代時又語焉不詳，對成玄英莊子注疏的佛理化傾向也未加注意，因此就得出了這個錯誤的結論。

五是在廢莊論的研究上，郎擎霄只提到宋代葉適論莊周、高似孫子略、黄震黄氏日抄諸子，及明代宋濂諸子辨，於東晉王坦之廢莊論及唐代李磎廣廢莊論均未提及，顯然不夠全面。不過，郎擎霄能夠注意到廢莊論的研究，使莊學研究在體例上較爲完善，已經是難能可貴了。

相比之下，郎擎霄對於清代及近代的莊學述評顯得較爲充實，一方面表現在材料的搜集上比較豐富，另一方面表現在論述中有較多的評論，而且多涉及莊子學説的闡釋方式問題。如他説：

（吴）世尚撰莊子解，（孫）嘉淦撰南華通，各皆以時文之法，評騭莊子，或以儒理文其説，最奇者林仲懿以逍遥遊之物名，附會太極之説，皆强生意見，殊不足觀也。徐廷槐、張世犖……均以禪解莊，似未盡脱明人之風氣也。宣穎之南華經解、林仲（雲）銘之莊子因、胡文英之莊子獨見，多以論文爲主，意殊淺薄。惟宣著略有新解，可備覽焉。至於張坦以莊子爲風流才子，可知其所見矣。

這段話中，就提到了『以時文之法，評騭莊子』、『以逍遥遊之物名，附會太極之説』、『以禪解莊』、『以論文爲主』四種闡説方式，算是抓住了清代莊子學的基本特徵。

尤其值得稱道的是郎擎霄的『最近之莊學述評』，往往很能抓住各自的主要成就及特點。比如，郎擎霄對章炳麟齊物論釋的評論：

> 章氏精訓詁及佛乘，並運用唯識以釋莊子，故所言多獨到之處，洵可謂不落恒蹊者也。太炎之學，主觀色彩頗濃重，故其務使莊子哲學成爲唯識化，此則太炎之所以爲釋齊物論也已！以唯識比附莊旨，亦難免有牽合處。

兩處都抓住了章炳麟齊物論釋以佛教唯識論闡釋莊子學說的特點來加以評論，頗爲精準。而且，他對章炳麟莊學研究的述評並未止於對其總體特徵的概括，還注意到章氏『關於莊子之從師及南華篇目之真贋諸問題』上的有關言論，並指出章氏把東坡稱爲曲士『蓋有爲而發』，『以寄其孤憤焉爾』，可以說頗有見地，可備爲一說。再如，評梁啟超的莊子學則抓住其『提倡莊子政治哲學』的特點，論胡適的莊子學則選出其最具爭議性的『莊子之進化說』，述馬敘倫的莊子義證則推舉其莊子佚文及莊子年表爲『足資參考』者，敘胡遠濬的莊子學則溯其淵源，以爲『可供初學之觀覽』，這些述評足以見出各家的特點，也可見出郎擎霄於近代學說頗加留意，用力甚勤。

另外，本書附錄裏所列的莊子書目，可謂匠心獨運。郎擎霄分別列出三種莊子書目：錄八史經籍志、莊子翼采摭書目以及莊子版本及其他注莊書目。這部分雖不屬於歷代莊學述評的內容，卻也是做莊子學史研究必不可少的參考資料。

綜上所述，郎擎霄在莊子學案一書中，系統地運用西學的方法和學說，並雜采諸子學說以資互相發明，對莊子一書進行了較爲全面的研究。尤其是他首創歷代莊學述評一章，從研究莊子學史的角度出發，爲我們描繪了莊學演進的大致軌跡，具有較高的學術價值。

第十章　葉國慶的莊子研究

葉國慶（1901—2001），又名谷馨，福建漳州人。1921 年考入廈門大學教育系，爲廈大第一屆畢業生。1930 年考入燕京大學國學院歷史研究部，師從洪業、許地山等名教授攻讀中國古代史，1932 年獲碩士學位，受聘任廈大歷史系教職。在廈大執教60 年，先後任教授、歷史系代主任、人類博物館館長，百越民族史研究會理事等職務。在先秦史、史學史、民族史、福建地方史、民俗學諸領域多有建樹①。所著莊子研究在1936 年出版後，曾多次再版，具有較大影響。

作爲一名歷史學工作者，葉國慶的莊子研究自有其特點。據晉書司馬彪傳載，著有莊子注的司馬彪首先是一位歷史學家，所以他十分重視對莊子一書中字詞及名物的訓釋，對莊子中的許多歷史典故，甚至某些寓言中的人物、地名等，也每每予以認真考釋。同樣首先是歷史學家的葉國慶，他所著之莊子研究，走的卻是不同的道路。葉國慶的中學時代基本上是處在新文化運動時期，而他的大學時代更是在『五四』運動之後，可想而知其受新學的影響甚深，因而他的莊子研究完全擺脫了注疏、評點的傳統方式，能從史學角度對莊子其人其書其説進行系統研究。我們知道，史家記錄重大歷史事件時，往往要詳細記載其時間、地點、前因後果，乃至其在歷史上的意義和影響。葉國慶在對莊子一書進行研究時，基本就是按照這一思路展開的。莊子研究論述了莊子事

① 以上參考南強之光：廈門大學人物傳略第51 頁，朱崇實主編，廈門大學出版社2001 年版。

略，莊子版本、篇章、體裁及各篇著作的時代，莊子一書的淵源及其產生的時代背景，莊子一書的主要思想學說，莊子對後代的影響，莊子注的派別，莊子中的古史等問題，與以往的莊學著作有著根本不同的面貌，就是與同時期其他莊學專著相比，仍是特色顯著的。

第一節　對莊子其人其書的考證

一個歷史學家來對莊子做研究，必然會很關心莊周的生平事跡，這從史記對於莊周的記載可以略窺一斑。因此，葉國慶在莊子事略一節文字中，首先考證了莊周故里、所處時代及其事跡。

關於莊周故里，葉國慶參考馬敘倫莊子宋人考的研究成果，承襲了漢人關於莊周爲宋蒙人的說法。其依據爲史記老子韓非列傳、司馬貞索隱引劉向別錄、高誘淮南子修務訓注及張衡髑髏賦。他顯然不同意王安石蒙城清燕堂詩、蘇軾莊子祠堂記所暗示的所謂亳州蒙城縣爲莊周故里的說法。至於莊周所處時代，葉國慶一方面同意司馬遷關於『與梁惠王、齊宣王同時』（史記老子韓非列傳）的意見，另一方面又以莊子内篇爲據，運用熟練的歷史學知識，進一步考證莊周的生卒年代爲：『莊子約生於紀元前三六〇年左右，卒於二九〇年左右。』並取惠施、公孫龍事跡加以驗證。這個論斷雖然包含了很多的假設，其真實性無從得知，但比起馬敘倫『周之生，或在魏文侯、武侯之世，最晚當在惠王初年』（莊子年表）的結論更確切了，在莊子學史上是一種大膽的嘗試。對於莊周事跡的考證，主要是指莊周受聘一事。葉氏認爲史記老子韓非列傳中所載楚威王聘莊子屬可信的史實，而韓詩外傳所載楚頃襄王聘莊子事則『明是一事而分兩枝者』，乃『傳說之轉變』，實際不可信，並舉魯世家兩載周公代王禱疾藏策金縢例爲證，應該說是很有見地的。在考證過程中，時時可以見出葉國慶作爲一位歷史學工作者的審慎態度，如他直言：『他（指莊周）的生卒年代，很難考定。後人考究他的年代的，每取莊子書裏的事跡作爲根據。各人對於莊子書裏所記的見解不同，所得的結果也就不同了。』對他人的見解並不輕易否定。在莊子事略一節末又説：『莊子事跡可考者，大概如此，其他諸書及本書外雜篇所記，則洸洋難言。』因此也就採取存而不論的審慎態度。

在此後的二至六節裏，葉氏對於莊子一書的版本、篇章、體裁、各篇著作時代及莊子一書的讀法進行系統的論述，既對前人的説法做了總結，又提出了一些自己的獨特見解。其中有兩個問題值得關注：

一是關於莊子作者的問題。司馬遷稱莊周『著書十餘萬言』，可見在他以前，皆認爲莊子出於莊周一人之手筆。班固則將齊物論篇中『夫道未始有封』一章劃到了外篇之中①，這實際上已經涉及莊子篇章的排列問題。至蘇軾莊子祠堂記更指出莊子中有僞作，認爲雜篇中讓王、盜跖、説劍、漁父四篇爲『昧者勦之以入』的作品，從而開啟了後世爭論莊子作者問題的風氣。如羅勉道南華真經循本謂『刻意、繕性失之淺拙，讓王以下四篇失之粗厲，決非莊子本文』，吴世尚莊子解謂『外、雜篇不純乎莊子之筆，或門人附入，或後人僞托』，而陳深莊子品節、王夫之莊子解、宣穎南華經解、方潛南華經解、陳壽昌南華真經正義等等，或將讓王以下四篇删去，或將之附於卷末，皆爲蘇軾之説的影響所致。然而對於內七篇，向來少有人懷疑，葉國慶則不僅將外、雜篇一律定爲僞作，而且指出內篇人間世亦爲僞作。

葉氏論述外、雜篇的僞作，認爲『文勢不類者』有盜跖、漁父、説劍、讓王、駢拇、馬蹄、胠篋、刻意、繕性、天運等十篇，『神態不類者』有盜跖、漁父、説劍、讓王、駢拇、繕性、胠篋等七篇，『思想不類者』有天道、至樂、天地等三篇，『事實或時代不符者』有田子方、盜跖、徐無鬼、則陽、胠篋等五篇。又在考察各篇著作時代的表格中，將外、雜篇一律定爲僞作，認爲達生、山木、知北遊、秋水、則陽、田子方、庚桑楚等篇皆爲『學莊者所作』，至樂、徐

① 見陸德明經典釋文莊子音義載崔譔語。

無鬼、外物、列禦寇等篇爲『衍莊學者所作』，駢拇、馬蹄、胠篋、繕性、刻意等篇爲秦漢間作品，在宥、天地、天道、天運、盜跖、漁父、說劍、讓王等篇皆爲漢代作品；至於寓言篇，爲『後人述莊子體例之作』，天下篇爲『後人評論百家之學之作』。這個結論與現在一部分莊學研究者關於莊子外、雜篇多爲莊子後學所作的觀點是基本一致的，只是在葉國慶以前，還沒有誰明確地將外、雜篇全部定爲僞作的先例。他在學術上的這種懷疑精神和魄力，不能不令人佩服。當然，我們應該看到，他對於莊子一書中歷史材料的考證、辨析，是他敢於如此判斷的先決條件。

更加讓拘拘於書本者瞠目結舌的是，葉國慶還進一步言之鑿鑿地指出人間世篇爲僞作。他認爲既然內、外、雜篇的分別並非出自莊周本人，而是出於郭象，且『其間章段多有錯誤』，『那麼說內篇一定是真，外雜篇一定是假，未免近於武斷了』。接著列出人間世篇有四點可疑之處：一曰體裁不類，認爲『內篇諸篇中皆有議論，有譬喻』，『而人間世則否』，『全篇只是七段故事的組合』；二曰意義不連貫，『第四、第五、第六章皆喻不才之物得以自全，與上文之意不連串。第四、第五章一言社樹，一言大木又是重複』，且末段中孔子形象與第一、第二段中孔子形象不符；三曰思想不類，認爲『古之至人，先存諸己，而後存諸人』句與逍遙遊篇『至人無己』句不合，反似脫自大學『是故君子有諸己而後求諸人，無諸己而後非諸人』句，另有仲尼論『大戒』語『純爲儒家口吻』；四曰抄襲，認爲『孔子適楚』一段文字『乃衍論語微子篇而成者』。因此葉氏斷言『此文非真』，並且說：『在應帝王裏，已可看出莊子的人間世，不用再有這一篇。』這個結論無疑是驚人的，但細究起來，又未嘗沒有他的理由。歷史上，早在漢代，班固就對內、外篇的劃分有過自己的看法，近人唐蘭也曾懷疑大宗師篇『子桑戶一章』『不是莊子原文』（老聃的姓名和時代考），可見葉氏關於人間世篇爲僞作的觀點並非異想天開，是可備爲一說的。

二是讀莊子的方法和態度問題。雖然歷史上每一位治莊者都有各自的方法和態度，但像葉國慶這樣如此明確地提出並討論這一問題卻不曾有過。葉國慶說：『同是一部書（指莊子），有人以爲裏面有仙道，有人以爲裏面有佛學，又有人以爲裏面有理學。這好如一個百寶箱，各人都可以取得他所喜歡的。其實這只見吾人之善於附會罷了。』這一說法，與莊學史上以佛解莊、以儒解莊、以道解莊的實際情況正相符合。葉氏在列舉了一些誤讀莊子的實例之後，唯獨對宋湯漢南華真經義海纂微序中提倡的『以莊子解莊子』的方法大加讚賞，並說：『可是現在注莊子的學者，還不能達到宋人所謂以莊子解莊子，我們正不必笑前人了。』可惜葉氏非專業的莊子學研究者，並沒有注莊的著作，然而從他歷史學家的角度來看注莊的方法問題，也許正是『旁觀者清』。

總之，葉國慶運用歷史學知識，考證莊周生平以及莊子各篇著作時代，豐富了莊子學研究成果，也爲莊子篇目真僞的爭論增添了一些新的說法。而他提倡的以莊解莊的方法，對於從事注莊的學者來說，也不失爲一個合理化的建議。

第二節　對莊子學說的闡釋

聞一多曾給自己的楚辭研究定下三項課題：『（一）説明背景，（二）詮釋詞義，（三）校正文字。』他認爲『校正文字』是最下層、也是最基本的工作，研究較古的文學作品的最終目的應該是努力説明其背景（見楚辭校補引言）。葉國慶對於莊子學說的闡釋正是在『説明背景』的前提下進行的。

首先是對莊子學說的淵源進行考察。莊子天下的作者把莊子學說與關尹、老聃的學說看作同源共派，淮南子要略以老、莊並稱，史記論及莊學淵源時也說『其要本歸於老子之言』，唐張九垓的莊子指要更進一步指出『莊生……乃退廣柱下之說』，皆認爲莊子的學說是承老子學說而來。然而也有不同觀點，如南朝道士陶宏景在真誥敘錄中說『莊子師長桑公子』，至北宋陳景元謂莊子『又師楚人蜎淵』，皆把莊周當作神仙看待。另外還有以爲莊子是孔子門徒的，如韓愈送王秀才序中便提出了『蓋子夏之學，其後有田子方，子方之後流而爲莊周』

的說法。關於後兩種說法，葉氏認爲『向來不爲學者重視』，因而『不須討論』。他著重討論的是上述第一種說法，即『莊子的學說是否受老聃或道德經的影響』。

在道德經的著作時代問題上，葉國慶受到顧頡剛、馮友蘭、錢穆諸人的影響，認爲道德經不會出在莊子內七篇之前，因此『莊子沒有接承它的事』。而且，葉國慶提出，歷史上曾有兩個老子，禮記中所載的孔子問禮的那個老子與道德經無關，著道德經的老聃應該是太史儋，是司馬遷將兩人混淆作了一人。那麼，莊子的學說和老聃的學說是否就全無關係了呢？關於這個問題，葉氏從他史學家的眼光來看，認爲『一個人的思想決不會憑空生來，中間多少總與他的前一代或同代有關涉』，所以，『老聃的學說，也非與莊子全無交關』，而是『和楊朱、列禦寇、關尹等一樣，開啟莊子學說的一角吧了』。在分別闡述楊朱、列禦寇、關尹、宋牼、子華子、彭蒙與稷下學士、許行、陳仲以及老聃諸人學說與莊子學說的相似點之後，葉氏這樣做出結論：『總而論之，莊子的思想幾乎每一點都與他前時或同時的思想發生關係。由此可知他的學說是時代的產物，時代的結晶。既非接承老聃學說，亦非徒然憑空飛下。』這個結論是頗爲獨特的，應該一分爲二地看。一方面，他的關於莊子學說是『時代的產物，時代的結晶』的說法頗有見地，他對於莊子學說與楊朱諸人學說相似點的論述也加深了我們對莊子學說與時代關係的認識；但另一方面，他否認莊子學說與老聃學說之間的接承關係，而將老聃學說降低到與楊朱等人學說的同等地位，認爲它對莊子學說的影響只是『開啟莊子學說的一角』罷了，則似是不可取的說法，因爲這忽視了老聃學說與莊子學說都以道論爲核心這一根本的共性。

其次是對莊子學說的時代背景進行考察，其目的在於『更可明白他所持的說和所反對的事物的意義』。在簡略敘述公曆紀元前三六〇至前二九〇年間的歷史狀況之後，葉國慶道：『在這個戰雲彌漫，學說紛雜，汝爭我奪的擾擾世界，就難怪有一種超然的思想，把一切的紛拏的物事放開，用極恬淡的心眼來看待這社會了。這一點就是莊學的發動機。』對莊子學說何以產生做出了比較客觀實際的回答。接著葉國慶便舉出莊子所反對的事物和當時的情况作比較，即反對儒墨、反對惠施公孫龍、反對大言、反對强梁、反對重死生察利害、反對舍己適人、反對有爲、反對仁義、反對逐物反對求知等八項内容①，更加具體地表明了莊子學説與其時代背景的關係，即前所述莊子學説是『時代的産物』。這種『説明背景』的研究，顯然更有助於我們深刻理解莊子學説的意義。我們曾説過，王安石在莊周裹簡要分析過莊周所處的時代狀況，卻因其政治改革的需要得出一個調和儒、道的錯誤結論，誤解了莊子。相比之下，葉國慶對於這段歷史狀况的説明就要具體、客觀得多了。

再次是對莊子學説的闡釋。由於葉國慶只認内六篇（指除去人間世篇）爲莊周本人手筆，所以他在論述莊子學説時，先論内六篇的思想，後論外、雜篇等與内六篇的差異。

葉國慶認爲，内六篇中包含了莊子的宇宙論、物觀、知識觀、人生觀和政治觀。按照葉國慶的觀點，莊子的學説被闡釋爲：天地萬物是不可究竟的，世人所稱大小、是非、死生的差别都由道來統一，而道則是無本無根、自本自根的，並且能齊一萬物、生天生地；宇宙萬物既不可窮詰，於是物的彼此、是非之境界，亦泯然無存，因爲物性是自足的。而智的量亦無窮無盡，『知識』是不可靠的；待事物則不逐物、不强求，待人我則既不爲我亦不爲人，對於存亡富貴的事則要樂天安命；政治上提倡無爲，即應時順物而爲。在闡述中，葉國慶雖然説莊子有以『道』爲萬物本原的思想，但受到郭象的影響，以『物性自足』説修正了莊子的這一思想，從而自相矛盾起來。如他在引用齊物論篇『罔兩問景』的寓言後，即引郭象的一段注語説：

> 世或謂罔兩待景，景待形，形待造物者。請問：夫造物者有邪？無邪？無邪，則胡能造物哉？有邪，則不足以物衆形。故明乎衆形之自物，而後始可與言造物耳。……故造化者無主，而物各自造，物各自造而無所待焉，此天地之正也。……明斯理也，將使萬物各反所宗於體中，而不待乎外。外無

① 葉國慶在這部分中取自莊子的材料皆出於内篇，但不包括人間世。

所謝，而內無所矜，是以誘然皆生而不知所以生，同焉皆得而不知所以得也。

莊子在『罔兩問景』這則寓言中主要闡述萬物皆『有所待』的思想，郭象卻將它改造成『物各自造而無所待焉』的觀點，即萬物無需依賴於自己以外的任何事物。二者本有天壤之别，葉國慶卻接受了郭象的這種觀點。他在這段注語之後，接著道：『萬物不待乎外，同焉皆得，便是説「物性自足」。故夫尺鴳也，散樗也，各自有得。』完全贊同郭象『物性自足』的説法，卻没有注意到郭象所謂『物各自造』、『而不待乎外』的説法其實已經從根本上否定了莊子關於『道』爲萬物本原的思想。而他所謂的『各自有得』，顯然又是接受了郭象『足性逍遥』的説法，這與莊子在逍遥遊篇中所闡釋的『無所待』才能逍遥的思想是根本不同的。對莊子學説的理解失誤除上述之外，葉國慶又將莊子在政治上提倡的『無爲』説修正爲『應時順物而爲』，這也是有待於商榷的，因爲『應時順物而爲』畢竟還是有所作爲的，與莊子所倡導的『游心於淡，合氣於漠，順物自然』（應帝王）的『無爲』説還是有本質區别的。

儘管葉國慶對於莊子學説的闡釋存在著與莊子學説不符的現象，但是他將内篇與外、雜篇的思想分開研究的做法卻是值得我們借鑒的。他主要從『道與政』、『種種的無爲觀』、『神仙説』、『純素説』、『儒家的思想』五方面來闡述内篇與外、雜篇的差異。葉國慶認爲，内篇只有一個『道』，到了外篇便分爲天道與人道，所以政治觀上外篇便主張君臣、上下、尊卑説；内篇説無爲是從本體論出發，而外篇説無爲的動機都很淺薄，有的是憤世嫉俗，有的是悲觀，有的似失意政客的話，並非真的希望無爲；内篇寫至人的神化，雖然説他們『御風而行』、『吸風飲露』，但都是比喻罷了，而外篇則直截説出神仙來，欲求長生久視，與内篇大不相同；内篇説至人或真人，强調養神而已，外篇則加上守純守素説；外篇材料駁雜，所謂天尊地卑、君先臣從、尚賢尚齒、忠孝等説法都是儒家的思想被竄入莊子裹的，至列禦寇篇孔子九徵之説不但非莊子所有，亦非儒家之言。從莊子一書的實際情況來看，葉國慶所指出的内篇與外、雜篇的這些差異的確存在，畢竟莊子一書非一人一時之作，思想上存在不統一也是情理之中的事。我們既不能對古人求全責備，更不該無視這些差異而强加糅合，把它們通通作爲莊周一人的思想來看待。正是從這點上看，葉國慶強調内、外、雜篇的思想分别研究就特别值得我們珍視。不過，内、外、雜篇的差異還不止他所列出的這幾點。比如在生死觀問題上，内、外篇就很不相同，至樂篇『髑髏見夢』的寓言有悦死惡生的傾向，與内篇大宗師『古之真人』『不知説生，不知惡死』就很不同。

可能出於史學家的習慣，葉國慶對莊子學説的研究並没有到此結束，他還用了更大的篇幅來寫莊子學説對於後代的影響。他從西漢一直寫到宋代，涉及政治、學術、文學乃至生活等各個領域，其中還牽涉到莊學與儒學、佛學的接合，可謂内容豐富，史料翔實。此處不妨借葉國慶本人用作結論的一段話以概括之：

其養生解脱之旨，實爲神仙家長生不老説之羽翼，開道教之端倪。清虚無爲之論，乃佛教之先導，後世禪宗之設立，莊學與有關焉。至於委心任物之義，道體之發明，影響所及，儒家在經典上，遂拓出一新見地，且植宋儒理學之基。其在政教上，則産生漢初黄老之治。逮至晉代，玄風獨扇，民俗國情，莫不披靡，遂爲知識界開一思想自由之途。於文學，由無爲自然之哲理，乃生清虚恬淡一派之作風。

葉國慶的這部分研究成果恰好可以作爲莊子學史的一部分，因而他的這節文字極具學術價值，而他所提供的豐富史料，亦可以爲做莊子學史的學者所參考。

總之，葉國慶對莊子學説的研究是比較系統的，是在史學知識的基礎上『説明背景』式的研究，應該屬於文化史的範疇。他對莊子學説産生的特定歷史條件及其思想的各種來源的考察，對莊子學説於後代的廣泛影響的闡述，都有助於我們對莊子學説作深入、全面的理解。

第三節　對莊子中古史的探討

莊子寓言曰：『寓言十九，重言十七，卮言日出，和以天倪。』這是用來標舉莊子一書文體特徵的，因而此篇常被人們視爲全書的凡例。所謂『寓言十九』，是指寓言在全書中的比重甚大，所以司馬遷在史記老子韓非列傳中說莊周『著書十餘萬言，大抵率寓言』。既是寓言，那麼就是出於虛構，本不該信以爲真的，然而就是莊子中這些虛構出來的人物、事跡，竟然常被人們作爲信史來看待。爲此，葉國慶對莊子中的所謂古史進行了專門的探討。

葉國慶所列出的被誤作信史的內容，主要有兩種：一是古帝王的系統，一是孔子的事跡。

據葉國慶的研究，儒家所說的古帝王一般只推到堯舜，再也不能說上去了，而荀子雖提出『五帝』一名，但也說不清究竟五帝是誰。可是莊子中卻在堯舜上面列舉出了一大批古帝王，計十餘人之多，『例如大宗師篇有狶韋氏、伏戲氏、黃帝、顓頊；應帝王篇有泰氏，有儵、忽、渾沌；馬蹄篇有赫胥氏；天地篇有渾沌氏；天運、山木篇有有焱氏；人間世篇有伏羲、几蘧；則陽篇有冉相氏，有容成氏；至樂篇有燧人、神農；田子方篇有伏羲、黃帝；知北遊篇有黃帝，有神農；盜跖篇有有巢、神農、黃帝；外物篇有狶韋氏』。葉國慶又將其中排成系統的兩條列出：

> 燧人、伏羲、神農、黃帝、唐、虞。——繕性
>
> 容成氏、大庭氏、伯皇氏、中央氏、栗陸氏、驪畜氏、軒轅氏、赫胥氏、尊盧氏、祝融氏、伏羲氏、神農氏。——胠篋

並且指出：『這系統與儒家所說的大異。儒家簡直沒有說到這些。至所述古帝王的政治，也與儒家異。……這無爲而化的政治，當然是莊派造出來的理想世界呵！無爲而化的古帝王，前此是沒有的。』認爲莊子身處戰爭頻仍的戰國社會，他的理想社會很自然地就放到了古代的世界，所以就創造出了這許多古帝王來寄寓他的理想。葉氏據此而進一步指出，上述莊派編造出來的古帝王系統卻被寫入了五帝德，其中黃帝、顓頊、帝嚳的性格也大體是從莊子中搬來，後來又被司馬遷採用而寫入史記，五帝的地位從此便固定了。再後來，皇甫謐帝王世

紀、徐整三五曆、司馬貞三皇本紀、羅泌路史，也採用莊子胠篋篇中的古帝王系統，只是稍有改動罷了。尤其是路史的作者，除了採用莊子中古帝王的系統、性格以及事跡之外，『完全忘了莊子常用寓言，反據他的話以正史實』，這樣，『莊子又進一步在史上佔了一地位了』。莊子中所編造的古帝王系統成爲信史，無疑是件很讓人覺得奇怪的事情。葉國慶抓住始作俑者五帝德來分析其原因道：

> 據我的揣測，五帝德這篇是儒者調和儒、道二派的古史做出來的。儒家的帝王本來說到堯、舜爲止，現在看別人有了一大批新帝王，自家未免覺得有些寂寞，就來添上一兩位。但堯、舜以上的事跡是儒家所不談，就不得不向道家借用一些材料。而道家所造的帝王性格又個個相似，於是又覺得無話可說，就上下改變一些字眼，而其實骨子裏還是一樣的。……至堯、舜、禹三人，儒家已有相當材料了，說來也就比較著實。五帝德就是這樣寫出。

說明在葉氏看來，五帝德是儒者調和儒道二派的古史而成，其目的顯然是爲儒家學說的推廣服務的。他的這一看法，實際上已爲我們明確指出，在中國古代史學史上儒、道調和的傾向從一開始就存在著，而莊子一書則爲古代史學家們提供了這方面的許多資料。

再來看看孔子的事跡是如何從虛構而變爲『真實』的。依葉國慶看來，在莊子一書中，被儒家尊爲聖人的孔子，其面目是不一樣的，有的甚至形象猥瑣，這顯然是莊派爲了打擊儒家、宣揚自家學說而虛構的孔子形象；不僅如此，就是那些看似符合歷史上孔子形象的孔子的言行、事跡也多半是虛構的。可是，有些人根本不理會莊子塑造孔子形象的本意，反而接受了其中不少僞造的孔子事跡，不過做了些改變，將莊子化的孔子、傾心於莊學的孔子、道外儒內的孔子又重塑了一回儒家金身①。葉國慶舉說苑爲例，認爲其雜言所記宋人圍孔子一事取

① 葉國慶認爲，莊子中的孔子有三種性格：第一是莊子化的孔子；第二是學莊的孔子；第三是道外儒內的孔子。

自莊子秋水，觀於呂梁一節則從莊子達生中來。他指出，秋水篇寫宋人圍孔子，而孔子臨難不懼，弦歌不輟，本是莊子托辭以演其安命說，被說苑借用以後，卻變爲孔子以禮樂化干戈了；達生篇呂梁一節本是借呂梁丈夫蹈水的心得來說明莊子學派任性順物的思想，說苑將呂梁丈夫的答語改爲『吾始入先以忠信，吾之出也，又從以忠信』，從而將此事變爲宣揚儒家忠信之旨的事例了。這兩件經過改裝的事卻就此演變爲信史。其影響所致，王肅孔子家語、崔述洙泗考信錄、薛據孔子集語也都收入了這兩節，清人孫星衍孔子集語所收莊子中的材料就更多了，『勸學篇錄讓王孔子問顏回一節，孝本篇錄寓言曾子再仕一節，論人篇錄列禦寇孔子九徵一節，事譜篇錄天道孔子西藏書一節，秋水宋人圍孔子一節，寓言孔子行年六十一節，讓王孔子困於陳蔡一節，山木孔子窮於陳蔡一節，人間世葉公使齊一節。至於雜事、寓言等篇所錄，尤不可勝數』。結果，孔子的事跡就這樣憑空地增多了。何以會出現這種情況呢？葉國慶分析道：

尋常在社會上一個人地位既高，要借他來說話的人便夥。孔子的地位既一天一天地高升，借重他的也就多了。借重的辦法，或者是替他捏造事實，或竊取前人所記的重爲改妝一下，莊子中的孔子便是這樣變爲信史了。

說明在葉國慶看來，借用、改裝莊子中孔子的事跡，是出於自己說話方便的需要，這與借用莊子中的古帝王系統情況類似，都是爲了更好地宣揚儒家學說罷了。應當認爲，葉氏的這些看法是很有見地的。

葉國慶對於莊子中古史的探討，不僅在史學界有其重要意義，對從事莊子研究的人們也是有價值的，它一方面增加了我們對於莊子一書的影響的認識，另一方面也提醒我們要正確理解莊子中的寓言，絕不該穿鑿附會。

第十一章　蔣錫昌的莊子哲學

蔣錫昌（1897—？），江蘇無錫人，著名學者錢穆之友，二人曾在廈門集美學校共事①。『向好老莊之學』（莊子哲學自序），以著老子校詁、莊子哲學爲世人所知。

莊子哲學，原名莊子哲學及逍遥遊齊物論天下校釋，包括四篇文字：莊子哲學、逍遥遊校釋、齊物論校釋、天下校釋。在自序中，蔣錫昌曾説明了此四篇文字的内在聯繫：『哲學一篇，敘述莊子全部之思想，而其根據則爲訓詁；校釋三篇，理其訓詁，而其根據則爲哲學。』由此，我們可以很自然地把此書分爲兩個部分，即哲學和訓詁兩部分。前者主要體現著民國時期西方文化中國化與傳統文化現代化這一文化的主潮，後者則基本上承襲乾嘉樸學通經自小學始的傳統路數。正是由於傳統與現代的結合，才使得此書在當時能夠別開生面，獨成一家之言，也爲蔣錫昌其人在近代莊子學史上佔有了一席之地，錢穆先生即自言『曾采其説入余著莊子纂箋中』②。

可以説，蔣錫昌莊子哲學一書的最大特點就是『務使哲學與訓詁合而爲一』。蔣錫昌認爲，研究莊子，『不根其文字，則流於空』，『不本其哲學，則失諸碎』，而『世之治莊者，不偏於此，即偏於彼』，『偏於哲學者，多便辭巧説；偏於訓詁者，務碎義逃難』，結果必然是『皆不足以知莊意之真與全』。應該説，蔣氏對於治莊中『哲學

① 參看錢賓四先生全集第51册八十憶雙親師友雜憶合刊之廈門集美學校——附無錫縣立第一高等小學校。
② 同上。

與訓詁』二者關係的見解是頗爲精到的，道出了歷史上治莊子者的通病。爲避免偏頗，求得『莊意之真與全』，就必須力求會通，做到『務使哲學與訓詁合而爲一』。此外，蔣錫昌在這篇不長的自序中另有兩處也提到『莊意之真與全』，可見他治莊子是以『貫通其全部之思想』（以上皆見自序）、力求莊子本義爲基本原則的。從莊子學史上有些人常根據自己需要來闡釋莊子的情況來看，這種强調『莊意之真與全』的主張無疑是有其合理性及優越性的。若推此主張之理論根據，則似可從蔣氏對於老莊學説的整體認識上找到答案。蔣氏認爲只有老莊之説『能得古道之全』，而其他諸子之學，只是『均得「道術」之一端』（老子校詁自序（二））而已；那麽，要研究獨『得古道之全』的老莊，就自然要特别重視探求其『意之真與全』了。爲論述方便，以下不妨就從『哲學與訓詁』兩方面對本書予以評述。

第一節　對莊子哲學的研究①

關於莊子哲學，蔣錫昌在其老子校詁自序（一）中道：『欲明老子哲學，必先明莊子哲學。以莊子哲學較易瞭解，而其要歸又大體本諸老子故也。』又在其老子校詁自序（二）中道：『莊子之學，實出於老。二人面目，雖有小異，大體相近。』顯然，他對於莊子學説來源的看法是直接繼承司馬遷『其要本歸於老子之言』（史記老子韓非列傳）主張的。

蔣錫昌認爲，莊子之文『瓌瑋洸洋，弘闊深肆，自古以來，號稱難讀』，所以要讀懂莊子，『貫通其全部之思想』（見自序），必須先研究莊子哲學。而『莊子一書，言道之書也，故道實爲其書最要之名』（莊子哲學篇）。於

① 本節專論書中莊子哲學一篇，故凡引篇中文字，皆不標明出處。

是，蔣氏特從莊子一書中拈出一個『道』字，通過對道之意義、道之分類及莊子思想與其他之關係的論述，力圖概括性地闡釋莊子哲學的『全部之思想』。

一、對莊子中『道之意義』的粗略概括

在道家哲學中，『道』具有本體論意義，老子四十二章說：『道生一，一生二，二生三，三生萬物。』莊子與老子一樣，把『道』看作是宇宙的最後根源，萬物的本原和主宰者。他說：『夫道，有情有信，無爲無形；可傳而不可受，可得而不可見；自本自根，未有天地，自古以固存；神鬼神帝，生天生地；在太極之先而不爲高，在六極之下而不爲深，先天地而不爲久，長於上古而不爲老。』（大宗師）然而，老子又說『道可道，非常道』，『道』卻是不可言說的，是『玄之又玄』（老子一章），幽妙難測的。莊子在闡發『道』虛無縹緲的特徵時，基本上就是承繼這一說法而加以發揮。如他在知北遊篇中，謂『夫道，窅然難言哉』，『道不可言，言而非也』，所以只能『將爲汝言其崖略』。

蔣錫昌在論及上述情況時說：『關於道之意義，莊子並未予以一種確定之界說。唯於若干處，僅以只語片言稍稍形容及之耳。』接著就舉出如下『若干處』：

齊物論：『道行之而成，物謂之而然。……物固有所可。無物不然，無物不可。』又云：『已而不知其然，謂之道。』又云：『惡識所以然？惡識所以不然？』外物：『有自也而可，有自也而不可；有自也而然，有自也而不然。惡乎然？然於然。惡乎不然？不然於不然。惡乎可？可於可。惡乎不可？不可於不可。物固有所然，物固有所可。無物不然，無物不可。』達生：『不知吾所以然而然。』

由此五例蔣錫昌便將『道之意義』概括爲：『凡事之是或不是，物之然或不然，皆彼天然自成，而不知其理者，

即道也。』並進一步解說道：『换言之，事之是也，自有其是之故；其不是也，亦自有其不是之故。物之然也，自有其然之故；其不然也，亦自有其不然之故。凡此種種，吾人只知其當然，而不知其所以然者，即道也。』如果用更直接的說法來表述蔣錫昌所概括的『道之意義』，似乎可以這樣來說：道是事物中所固有的自然規律，而這種規律又是不能被人理解的。雖然這個概括並不能說違背了莊子本義，但是我們卻認爲它並不能全面地體現莊子之『道』的豐富内涵。這與他選取例文不夠典型、全面有關。蔣錫昌隨後也明確地說：『莊子所謂「道」，即天道所謂「天道運而無所積，故萬物成」之「天道」。故欲明「道」，須明「天道」，方能全解其義，此不過言其略也。』而把對『道之意義』的詳細解說放在了後面『道之分類』裏。由此亦可見莊子之『道』確實難以言說。但是，蔣氏於開首便試圖對莊子『道之意義』進行明確概括的用意卻是好的，這在莊學史上具有開風氣之先的重要意義，與以往對莊子道論的闡釋方式有著本質上的區别。這大概是由於蔣氏大學時代深受『五四』新思想影響，從西方哲學注重概念的界定中受到的啟發。

二、對莊子之『道』的分類闡述

蔣錫昌將莊子所言之道，分爲四種。他說：『一曰天道，如天道所謂「天道運而無所積，故萬物成」是也。二曰帝道，如天道所謂「帝道運而無所積，故天下歸」是也。三曰聖道，如天道所謂「聖道運而無所積，故海内服」是也。四曰人道或臣道，如在宥所謂「臣者，人道也」是也。』並認爲『天道爲帝道與聖道之基礎』，『不先明天道，而驟語帝道與聖道者，此爲不知其本』，故『莊子一書詳於天道而略帝聖之道』，『至若人道者，即人臣之道』，『爲道之最末，故莊子亦言之最少也』。他於是又分三節詳細闡述這四類『道』。

其一、對天道的闡述。

蔣錫昌將天道『分三部言之』，即從天道之本體、天道之作用及天道之特點三方面來闡釋。『本體』一詞是德國哲學家康得唯心主義哲學中的重要概念，指與現象對立的不可認識的『自在之物』。蔣錫昌在闡述天道時借用了這一概念，實際上是將西方哲學與莊子學說進行比較，從哲學角度對莊子的學說重新闡釋。他說：

天道者，即自然之道，亦即宇宙之道。宇宙之本體，可以『絕對』二字括之。所謂『絕對』者，無形色，無大小，無生死，無古今；只覺混然一體，超越一切，決非他物所可比擬之謂也。莊子名此『絕對』曰『無無』，曰『無名』，……又曰『無形』，……又曰『道』，……又曰『天門』，曰『無有』。……諸名雖異，其誼一也。

這裏，蔣錫昌指出天道作爲本體具有『無形色，無大小，無生死，無古今；只覺混然一體，超越一切，決非他物所可比擬』的特點，揭示出天道爲宇宙之本原的根本特性，與大宗師篇中『夫道，有情有信』一節文字的精神基本吻合。需要指出的是，蔣錫昌在此將莊子所言之『道』以及各種『道』的代名詞用『絕對』一詞來替換，而這個『絕對』則是從德國哲學家黑格爾那裏借用來的。『絕對觀念』是黑格爾客觀唯心主義哲學中的一個重要概念。黑格爾認爲在自然界和人類出現之前就已經存在著一個精神實體，叫做絕對觀念，也叫絕對精神，它是世界萬物的本原，客觀世界是由它派生或轉化而來的。蔣錫昌在此借用『絕對』一詞，認爲莊子所言之『道』與黑格爾所言之『絕對觀念』有相同之處。他說：

在西洋哲學中，亦有本體界（Noumental world）與現象界（Phenomenal world）之別。二者之關係，一方是真際，是本體；一方是感覺所見之表面，是現象。如柏拉圖、康德及斯賓塞爾等皆以平常所感覺到者只限於現象界，而以本體界爲不可知，此與莊子相同者也。下文『天道之作用』及『天道之特點』均屬現象界。

顯然，蔣錫昌從哲學角度、借用哲學術語來闡釋莊子學說正是明顯地受到西方哲學影響的結果，因而與以往研究莊學的專著相比體現出不同的面貌。但若從中國文化發展史的大背景來看，依然是延續了以調和多種思想體系爲特點的闡釋指向，只不過這一次是將西學納入莊子學罷了。

關於『天道之作用』，蔣錫昌認爲『即自其本體上所發生之一種功用，或一種原動力之謂也』，而『此種原動力』，『實爲天地萬物之創造者』，『唯有此種原動力，而後此世界，此萬物，以及此一切之森羅萬象得以產生，得以表現也』。可見，所謂『天道之作用』，概括言之便是創造、運行萬物。蔣錫昌又進一步對天道這種作用所具有的特性進行了探討，認爲此種原動力之流行，含有四個原則：

（一）力之發生，有絕對之權威。（二）可以分散爲各種之力，而不息滅。（三）力之分散爲偶然的，盲目的。（四）分散之方式：甲，有不變而動者；乙，有不變而靜者；丙，有常變而動者。

在蔣錫昌看來，天道在發生作用時，首先是具有絕對權威的，無論何人、何物，都不能違反天道的意志，不能拒絕天道的作用，即被作用者『不能絲毫有所主張，選擇，或加以反抗』；其次，天道在發生作用時，首先生發出一種極大的原動力，而後便分散地作用於萬物，『如可分散爲天之「運」力，維斗與地之「處」力，日月之「爭於所」力』，但卻能永不消滅；再次，天道在創造萬物時又具有偶然性和盲目性，『譬如生物之爲人爲馬，年之或壽或夭，皆係天道偶然所造成；正猶金之爲刀爲劍，形之或長或短，皆由大冶偶然所鑄定』；最後，原動力分散的方式又具有多樣性，『有不變而動者，如日月是也』，『有不變而靜者，如維斗與地是也』，『有常變而動者，如雲雨風是也』。總之，在天道的作用面前，萬物『皆屬被動而非主動，皆屬必然而非或然』。蔣錫昌又借用近代事物打了個比方，以進一步形容天道之作用：

天道之本體，猶一機器中之原動機，內含自然之熱力。天道之作用，猶此機器中之原動力。天道所生之天地日月萬物等等，猶機器中各部之輪軸。熱力出流而爲原動力，原動力一動，各部輪軸即被壓迫而不得不轉動。輪軸既轉動矣，其勢即不得不然，而不能自止。……天地日月萬物之被生及其既生以後之動作，正與機器輪軸之被裝及其轉動無異。其被生及既生以後動作之意義，被動而非主動，必然而非或然，固定而無伸縮，盲目而非選擇，偶然而非預計，實與機械之觀念完全相合。

從以上引文可知，蔣錫昌在理解莊子『天道』概念時，受到當時『機械之觀念』的影響，可以看成是『五四』以來提倡科學的時代風氣使然。從他對天道作用的其他論述中可知，蔣錫昌受到生物進化論的影響也頗深，但不是像胡適的做法那樣將進化論武斷地比附於莊子學說。具體地說，這種影響主要表現在他用『種』的概念來闡釋莊子的生死觀上。如他說：

莊子以爲有生之物，常在變動，常在遷移，但其生命之源，無論如何，皆出於一，一者即『種』也。蓋天道先創造一個『種』，以爲萬物生命之源，然後再由此『種』源散而爲萬物也。生物形體之變，出於『種』之互散；其生死之異，乃爲『種』之相繼。故在莊子觀之，生物並無生死，只有轉變。生者非突有之謂，乃自不知之甲物轉成另一甲物，或乙物，或丙物之謂；死者非絕滅之謂，乃自已知甲物將轉另一甲物，或乙物，或丙物之謂也。……各種異形之物皆由同一之『種』轉變而來，所謂生與死者不過爲轉變時之一種過渡而已。

認爲這個『種』的概念，用在生物上，不外就是『物種』之意。蔣錫昌的依據是寓言篇『萬物皆種也，以不同形相禪，始卒若環，莫得其倫，是謂天均』，以及至樂篇『種有幾』至『萬物皆出於機，皆入於機』一番話。在論述中，他明確反對胡適對至樂篇『幾』、『機』所作的解釋①，而是將『幾』解釋爲『種的多種變化』，將『機』解釋爲『天道或

① 胡適在中國哲學史大綱第九篇中將『幾』字解釋爲『物種最初時代的種子，也可叫做元子』，認爲『「機」字，皆當作「幾」，即上文「種有幾」的「幾」字』。

物種』，認爲至樂篇此段文字的含義是『言「種」之分散有無數之變化』，『萬物皆被化而出於「種」，皆被化而入於「種」』，表明的是『莊子對於萬物由來之觀念』，而並沒有從中做出『物種起源』或『生物進化』的文章來，倒是基本上可以揭示出此段話中藴含的循環的生死觀之義。並且，從上面的引文可以很明顯地看出，蔣錫昌正緊緊抓住了莊子哲學的關鍵點——變化，用他的話來説就是『轉變』，他還指出『此種生物之轉變，莊子常名之曰「化」』，『莊子名此人事之轉變曰「命」』。應當説，與胡適簡單比附進化論的做法相比較，蔣錫昌的這些闡釋更接近莊子原意一些。

蔣錫昌認爲天道的特點有七：『一曰普遍，二曰偉大，三曰必然，四曰萬異，五曰萬同，六曰均調，七曰神秘。』並引莊子原文一一證明之。如引知北遊篇『無所不在』、刻意篇『無所不極』、漁父篇『萬物之所由』等證天道之普遍，引大宗師篇『在太極之先』等句及『偉哉，造化』、天地篇『洋洋乎大哉』等證天道之偉大，引天地篇『天地雖大，其化均也』、天道篇『均調』、達生篇『平均』、寓言篇『天均』等證天道之均調。對於較難理解之處更作詳細闡述，時有引申。如證天道之必然，他將『必然』解説爲『古書所謂「自然」』，認爲『古書關於「自然」一詞』有『自成』與『自是』二義，在順帶批駁胡適對『自然』一詞的解説之後①，將莊子所謂『自然』解釋爲『乃謂萬物自被天道所成』，進而將天道之必然解説爲：『萬物之成也，其形體之如何，稟性之如何，命運之如何，早已爲天道偶然的盲目的配定，而決不能由自己增減分毫，改造若干也。故萬物既無主張，亦無目的。其所有行動、發展，均各有其不得不然之勢。换言之，均有其必然性也。』再進一步引申説：『吾人讀莊子，於其「自然」之名，或含有「自然」意義之語，皆應以此種「必然」見解釋之』，『此爲莊學一重要概念也。』今考察莊子一書，含『自然』或『自然』之義的語句比比皆是，『自然』確爲莊學之重要概念，蔣錫昌用『天道的必然性』解釋此『自

① 蔣錫昌引胡適中國哲學史大綱云：『「自然」只是自己如此。』

然』，突出了『道』具有『自然』性質這一基本特徵，正是抓住了莊子學説的關鍵。另外，在證天道之萬異、萬同時，蔣錫昌還運用比較的方法加以論述，他將莊子關於『同』、『異』的思想與墨者及惠施關於『同』、『異』的思想加以比較：『莊子之「萬同」、「萬異」，尤與惠施「畢同畢異」相近。可知莊子受惠施影響，或較墨者爲多。但無論如何，墨者與惠施之「同」、「異」，皆以名學之辨證爲中心；而莊子之「同」、「異」，則以自然之法則爲對象。此乃莊子與墨者惠施不同之處也。』此論頗爲精要，亦突出了莊學以道論爲核心的特徵。

其二，對帝道與臣道的論述。

由於帝道『與臣道互明』，所以蔣錫昌將二者合而論之。他認爲莊子的政治原則有三，即『君臣分工』、『順民常性』及『應時而變』：1.『帝王政治基礎，全以天道爲根據』，由於『天道含有一種極大之動力，其職專在指揮與支配』，萬物之職則『專在照其所指揮與支配者而行動』，所以莊子即產生了『君臣分工』的觀念：『以爲君者，無爲而居上，其職但司機要，於重臣實行其指揮與支配；臣者，有爲而居下，其職爲管理一切民事，而受君之指揮與支配』。但莊子所言『無爲』，『乃謂帝王辦事，以簡約執要爲主，非謂對於民事拱默不爲』。至於帝王所執之要，照蔣錫昌的説法主要有二：一是『明尊卑先後之道，而自居尊先之地位』；二是『明大道之序，而自守其最要之天道』。此外，蔣錫昌還從戰國時代經濟狀況的角度分析了老莊提倡『無爲』之治的原因。2.由於『天道含有必然性，萬物之行動，全是「天機之所動」，絲毫改變不得』，所以莊子即產生了『順民常性』的觀念：『人臣之於人民，只能順其性之所必然，而不能以私意改造之』。3.由於『天道含有變動性，一切萬物，全在「無動而不變，無時而不移」中演進著』，所以莊子即產生了『應時而變』的觀念：『以爲政治上一切制度設施當隨人民之變而與之俱變』。

蔣錫昌又據在宥、天道、天下諸篇有關文字列出『十事』：1.德（三軍五兵之運屬之）；2.教（賞罰利害五刑之辟屬之）；3.治（禮法度數形名比詳屬之）；4.樂（鐘鼓之音、羽旄之容屬之）；5.哀（哭泣衰絰隆殺之服屬之）；6．仁義；7．分守；8．因任；9．原省；10．是非。在蔣氏看來，這些『繁瑣之事』，『乃臣下所司』，『即莊子所謂臣道』，但『須君上精神上之領導統制，然後可辦得順手』。

在論述過程中，蔣錫昌有調和儒、道的思想傾向。如在辨析道家『無爲』的含義之後，他說：『「無爲」二字，並非道家之專名，孔子亦曾言過，且用以贊舜。論語衞靈公：「子曰：無爲而治者，其舜也與！夫何爲哉，恭己正南面而已矣。」』又如在論臣道時，他說荀子在解蔽篇中評莊子之學曰『蔽於天而不知人』，但其王霸篇『言人主治國之術，固與莊子相合』，則有自相矛盾的嫌疑。他並舉王霸篇與莊子天道篇加以對照，認爲荀子所謂『人主之職』在『使臣下百吏，莫不宿道鄉方而務』即莊子『用天下』之義，荀子所謂『守至約而詳，事至佚而功』即莊子『要在於主，詳在於臣』之義，荀子所謂『垂衣裳不下簟席之上』、『天子共己』即莊子『無爲』之義，因而他推測荀子謂莊子『不知人』，可能是因爲莊子所言人道過於簡略之故。

其三，對聖道的論述。

蔣錫昌在前面論述帝道時曾說：『帝道本與聖道相同，所不同者，一則在位，一則在野而已。』因此此處他將聖道解釋爲『聖人處下之道』，其根據則與帝道相同，仍爲天道。但他對天道特性的說法與前似有所不同，他說：『天道爲偶然的，盲目的，被動的，必然的……。』其中所謂『被動的』這點，前此只用於天道所作用的對象上，這裏說『天道爲……被動的』，就好像說天道也被什麼支配一樣，可見與前說顯然矛盾。而且，『偶然』與『必然』是一對相反的概念，這裏用在一起似乎也不妥。

但蔣錫昌認爲，莊子眼中的人類歷史具有『無動而不變，無時而不移』（秋水）的特點，個人在歷史中的地位則是微不足道的，莊子據此產生了五種主張，即隨世、隨化、安命、無情、內心最高之修養等五種主義，分別用以解決處世、生死、人事、事變以及聖人最後歸宿的問題。我們認爲，蔣錫昌這裏對聖道的闡述是相當精闢的，較爲全面地概括了莊子對於人生的一系列看法，在一定程度上超越了前人的研究成果。尤其是將莊子的處世哲學概括爲『隨世』的說法，形象生動而又恰如其分，比超世、遁世、出世等說更符合莊子本義。

三、對莊子與諸子之關係的論述

從民國時期所出版的莊子學著作來看，蔣錫昌特闢一節文字來探討莊子思想與諸子的關係，無疑是一創舉。在此節文字當中，蔣錫昌主要選取天下篇中所列舉的一些人物，對莊子與孔子、老子、宋鈃、彭蒙、田駢、慎到及辯派的關係加以探討，其中有對歷代研究成果的繼承發展，還有他自己提出的獨到見解。

首先，在莊子思想與老子的關係上，蔣錫昌繼承了司馬遷關於『其要本歸於老子之言』(史記老子韓非列傳)的看法，並大量引用老子、莊子原文，從三方面加以證明：一、莊子於老子推崇備至；二、莊文引用老子之文極多，且獨於老子如此，其他古書均不引用；三、莊子思想，幾全以老子爲根據，莊子分道爲天道、帝道、聖道與臣道四種，皆可於老子見之，唯老子文字最詳帝道，而莊子則最詳天道。應該說，蔣錫昌的這些論述，豐富了司馬氏說法的具體內容。

其次，在莊子思想與孔子的關係上，蔣錫昌受蘇軾『陽擠而陰助之』(莊子祠堂記)之說的影響，並有進一步發展，具有極明顯的調和儒道的傾向。如他說：

> 孔子之所治，如忠信、仁義、禮樂、人倫等，全爲臣道之事。……莊子於在宥，亦言『法』，言『義』，言『禮』，言『德』；於天道，又言『三軍五兵之運』，言『賞罰利害五刑之辟』，言『禮法度數形名比詳』，言『鐘鼓之音，羽旄之容』，言『哭泣衰絰隆殺之服』。此於孔子之道，並不相背。可證莊子所言臣道，總有一部本之孔子也。……莊子以儒家地位次於聖人與帝王之下，可證莊子對於儒家之重視，而認儒家所謂『仁義禮樂』於治國化民上亦有相當之效用。……(莊子)固未嘗絀儒學，且與以相當之地位。

蔣錫昌認爲，莊子所言臣道實來源於孔子。在他看來，既然老子關於臣道的理論『幾付闕如』，而莊子關於臣道的言論又與孔子暗合，那麼莊子這方面的理論來源就很可能是孔子學說。這樣一來，蔣錫昌就成功地反駁了南宋晁公武針對蘇軾『助孔』說所提出的『既曰宗老氏矣，庸詎有陰助孔氏之理也邪』（郡齋讀書志卷三）的詰問，從而爲蘇軾之說提供了強有力的支援。而且，蔣錫昌還修正了蘇軾『陽擠而陰助之』的說法，認爲莊子『固未嘗絀儒學，且與以相當之地位』，而對於莊子一書中出現的譏刺儒家和孔子的言論，他則認爲『是乃寓言，不足爲憑』，根本否定莊子有『陽擠』儒家的做法，這顯然比蘇軾之論更爲驚人。但我們不得不遺憾地指出，蔣錫昌這種說法是基本違背了他力求『其意之真與全』的本意的。

再次，蔣錫昌在探討莊子思想與其他各家各派的關係時，也提出了一些自己的看法。如他認爲：宋榮子、宋鈃、宋牼、宋子、宋榮均爲一人，並且推測莊子徐無鬼篇『囿於物』等言論得於宋子『別宥』之說；莊子齊物論篇是據田駢『貴齊』之說所作；莊子天運篇、知北遊篇中『不得已』等言辭，則是來自慎到『棄知去己，而緣不得已』之說；莊子天下篇中所謂『辯士』乃統指儒、墨、辯者、楊朱、秉等五派而言，等等。凡此種種，都有其某些合理性，可以備作參考。

第二節　對逍遥遊、齊物論、天下的校釋

蔣錫昌研治莊子，一方面重視對其思想的探求，另一方面又重視對其字句的訓釋。他從莊子三十三篇中選取『其要者』，詳加訓釋，時有發揮，成逍遥遊校釋、齊物論校釋、天下校釋三篇文字，目的在於使『每以不能卒讀全部古書爲苦』者『可得大概』（見自序）。今分三個方面來說明其特徵。

一、獨特的選篇視角

我們知道，司馬彪的莊子注對內、外、雜篇幾乎是同等用力的，崔譔的莊子注爲二十七篇，向秀的莊子注則是以崔譔本爲基礎①，而郭象莊子注所删定的三十三篇更成爲後世的定本，如陸德明莊子音義、成玄英莊子注疏皆依郭本而成。即使在選篇上大有不同者，也多是選內七篇作爲研治的對象，如釋德清莊子內篇注、聞一多莊子內篇校釋，但像蔣錫昌這樣僅選取內篇逍遥遊、齊物論及雜篇天下的，卻只此一家。那麽，蔣錫昌爲什麽單單選此三篇呢？他在自序中說：

> 莊子篇目：計內篇七，外篇十五，雜篇十一，凡三十三篇。然其要者，亦僅內篇之逍遥遊、齊物論與雜篇之天下而已。前之二篇，以天下爲沉濁，不可與莊語，乃莊子『寓言』；而後篇則莊子正襟危坐，道貌岸然之『莊語』也。……閱此三篇，可得大概。

顯然，他認爲不論從思想（『其要者』）還是從風格（有『寓言』和『莊語』之分）上看，此三篇均爲莊子一書的代表篇目，可以反映全書的概貌。

關於逍遥遊篇，前人早將它看作莊子全書的大意。釋德清莊子內篇注逍遥遊總論曰：『此爲書之首篇。莊子自云言有宗，事有君，即此便是立言之宗本也。……學者若識得立言本意，則一書之旨了然矣。』清方人傑莊子讀本逍遥遊篇末總評曰：『此一篇是一書大意，此一題是一篇大意，而莊子全身之綱領也。』近人胡樸安莊子章義逍遥遊總論亦曰：『此篇爲第一篇，統括全書之意，逍遥物外，任心而遊，而虛無、寂靜、自然、無爲之

---

① 陸德明經典釋文序錄載向秀莊子注二十六篇，並說：『一作二十七篇，一作二十八篇。』

旨，隨在可見。能瞭解此意，莊子全書即可瞭解。』而齊物論篇則是莊子相對主義哲學思想的集中表現，蔣錫昌作莊子哲學一書當然不能忽視此篇。自第三篇養生主以下則皆爲應用，蔣錫昌因而舍棄。至於天下篇，宋末林希逸南華真經口義謂『莊子於末篇序言古今之學問，亦猶孟子之篇末「聞知」、「見知」』，而自明朱得之莊子通義以來，復每以此篇爲莊子全書之後序，故蔣錫昌遂稱此篇爲『莊語』，並詳爲注釋。這樣看來，蔣錫昌選此三篇作爲研治的對象，確實是視角獨特且有其合理性的。

二、字句訓釋與義理探究相結合

爲力求莊子本義，蔣錫昌主張『合訓詁與哲學爲一』。這表現在其校釋中，便體現爲字句訓釋與義理探究相結合的特點。今不妨舉數例以明之：

錫昌按：郭注：『野馬者，遊氣也。』崔云：『天地間氣如野馬馳也。』『生物』者，活動之物，即『野馬』、『塵埃』之類。此言野馬塵埃皆生物之以風相吹也。夫物形雖有大小，待風而升則一，可知萬物異於彼者，則齊於此，其間並無一定不同之區別，此莊子以野馬、塵埃與大鵬對舉之本意也。（逍遥遊校釋）

錫昌按：『環』者乃門上下兩横檻之洞，圓空如環，所以承受樞之旋轉者也。樞一得環中，便可旋轉自如，而應無窮。此謂今如以無對待之道爲樞，使入天下之環，以對一切是非，則其應亦無窮也。（齊物論校釋）

錫昌按：說文：『怒，恚也；恚，恨也。』此言墨子之道，不恨於人，不恨於物，但求自刻，但求自勵，下文所謂『以自苦爲極』也。（天下校釋）

以上三例都是先訓釋重要的字詞，再探究文意。但並不是所有的注都是這樣兩者同時兼顧的，蔣錫昌是看具體情況來校釋的。如果沒有難解的字詞，那就不另作訓釋；有些句子孤立地看並沒有深意，就放在後面進行串講。這裏説的『相結合』，是指他並不因偏重一方而舍棄另一方。

因爲是『校釋』，除解釋字句外，就是對原文進行校勘，具體可以分成三種情況。第一種情況是指出異文現象，如齊物論篇『其厭也如緘，以言其老洫也』句，蔣錫昌指出『黎本無下「其」字』①。這種情況比較多見。第二種情況是指出脱文現象。如逍遙遊篇『此大年也』一句原缺，陳碧虛南華真經章句音義、莊子闕誤引成玄英本並有此四字，蔣錫昌云：

查成於上文疏云：『故謂之小年也。』於此文疏云：『故謂之大年也。』可證成本實有『此大年也』一句，今脱之耳。『此大年也』與『此小年也』句爲耦，驗義，有之爲是。

第三種情況就是校正所據本的錯誤，如齊物論篇『慮歎變慹』句，蔣錫昌認爲『世本「慹」作「熱」』是錯誤的，並引説文『慹，悑也』以證。再如天下篇『常反人，不見觀』句，蔣錫昌認爲『「觀」疑「歡」字之誤』。後兩種情況更能體現出蔣錫昌比較深厚的小學功底。但也偶有錯誤之處，如逍遙遊篇『摶扶搖而上』的『摶』字，蔣錫昌沿襲章炳麟莊子解故之説，亦以爲乃『搏』字之誤，這卻是令人遺憾的。

訓釋字義詞義時，不拘一格，或引字書，或引史書，或引各家注，或兼用之，亦顯示出其較好的小學功底。如齊物論篇『罔兩問景』寓言中『罔兩』一詞，蔣錫昌據淮南氾論、國語魯語、説文、文選、史記、周禮、釋文及達生、寓言、天地等，認爲應解作『山川之精物』，不同於郭注『景外之微陰』的説法。雖然他的這個解釋沒有被廣泛採

---

① 指遵義黎氏校刊覆宋莊子注疏本。蔣錫昌所據本子共五種：以民國九年浙江圖書館覆刻明世德堂本爲正本，校本爲趙刻南宋重開北宋本、遵義黎氏校刊覆宋莊子注疏本、涵芬樓續古逸叢書影宋本、四部叢刊影明世德堂本。

用，但其論證的過程還是很精采的，沒有比較深厚的文字功底，似乎難以做到這一點。

在義理探究方面，蔣錫昌重視對莊子作意的探析，常能發人之所未發，往往能將莊子本意一語道破。如他在逍遥遊篇『此小大之辯也』一句下說：

莊子寫異乎尋常之大鵬，寫年壽極長之冥靈與大椿；反之，又寫極小之鳩、蜩與斥鴳，寫生命極短之朝菌與惠蛄。其極小大之致，無非欲明世俗『小大之辯』，皆出人類之差觀。

這裏，蔣錫昌指明開篇至此不過是表現莊子相對主義的思想，對莊子行文的用意體會精準。再如，齊物論篇『有始也者』七句，蔣錫昌在依次解釋後概括云：

莊子所以欲推源天地萬物演進之時期者，不過欲使人明白後世是非之别，實起於有天地或萬物以後。在泰初未有天地或萬物之時，固無所謂是非也。

三言兩語就將莊子隱藏在玄奧文字中的原意揭示明白，認爲莊子不過欲齊是非而已。又如天下篇『天能覆之而不能載之』九句，歷來注家多略略帶過而已，蔣錫昌則總括之云：

此言天之功能，覆而不載；地之功能，載而不覆；大道之功能，包而不辯。可知萬物皆有所可，有所不可。換言之，適於此者，未必適於彼；宜於我者，未必宜於物。故如由我見以選某物，則必有所棄而致不遍焉；如由我見以教某物，則必有所遺而致不至焉。唯道任自然，方可包括一切而無遺。此段文字，乃申釋上文『齊萬物以爲首』之理也。

從天、地、道之功能的角度闡釋『齊萬物以爲首』的道理，就比歷代注家更爲具體了。

在校釋過程中，蔣錫昌還重視對莊子字法、句法及語氣的分析。如逍遥遊篇『余無所用天下爲』句，蔣錫昌云：『余無所用天下爲，乃「余用天下無所爲」之倒，所以表語氣之決絶也。』再現了莊文決絶的語氣，使人們能夠更感性地領會莊子無爲於天下、追求精神自由的主張。又如齊物論篇『已而不知其然，謂之道』句，蔣錫昌云：『「已」上承上文而省「因是」二字，猶言「因是已，而不知其然，謂之道。」此乃莊子省字法也。』齊物論篇『春秋經世先王之志』句，蔣錫昌云：『「春秋經世先王之志」，即「春秋先王經世之志」，與上文「大木百圍之竅穴」，即「百圍大木之竅穴」詞例相仿，皆莊子倒句法也。』這兩例對於莊子行文字法及句法的揭示，使原文更加明白曉暢，可以看作是與南宋末羅勉道『顧其句法字面』（南華真經循本釋題）來尋繹莊子本旨的做法一脈相承的。

三、以莊解莊手段的大量運用

隋唐以後，莊子學研究總的來說是以調和儒、釋、道三教爲目的的。蔣錫昌的莊子哲學除具有調和儒、道，將西學納入莊學的特徵外，在其三篇校釋中，則大量運用了以莊解莊的手段。這種以莊解莊的手段，雖然前人已有運用，但像蔣錫昌那樣大量運用的卻並不多見。在具體運用時，蔣錫昌注重運用莊子全書的資料，不大理會內、外、雜篇的劃分，或引單篇，或引多篇，來闡釋莊子中的詞語或文意。如引單篇來解釋詞語：

錫昌按：『明』亦『神』也。曰『神』，曰『明』，合言之，亦曰『神明』。『神明』者，即自然之稱。天道『莫神於天』，又云『天尊地卑，神明之位也』。下文『稱神明之容』，又云『配神明』，又云『澹然獨與神明居』，又云『神明往與』，皆可爲證。（天下校釋）

這是引莊子天道若干語句來解釋天下篇中『神明』一詞。有時引多篇來解釋某詞語：

錫昌按：『天地之正』與在宥『天地之精』，天道『天地之平』、『天地之德』，刻意『天地之道』，秋水『天地之理』，徐無鬼『天地之誠』，天下『天地之純』諸文，詞異誼同，皆指天地之道而言，駢拇所謂『道德之正』也。『乘天地之正』，與徐無鬼『乘天地之誠』，山木『乘道德』詞例一律。天道『夫虛靜恬

淡，寂漠無爲者，天地之平，而道德之至』，此乃『天地之正』最佳最詳之解釋。（逍遙遊校釋）

這是先後引用莊子中在宥、天道、刻意、秋水、徐無鬼、天下、駢拇、山木諸篇之詞句來解釋逍遙遊篇之『天地之正』一詞。總之，從逍遙遊校釋、齊物論校釋、天下校釋所徵引的篇目來看，除說劍、漁父兩篇外，其餘三十一篇均有涉及，說明蔣錫昌是把莊子一書作爲一個統一的整體來對待的。

綜上所述，蔣錫昌的莊子哲學，以『哲學與訓詁合而爲一』爲其總體特徵，以『貫通其全部之思想』爲其基本原則，以力求『莊意之真與全』爲其最終目標，在調和儒、道思想之外，將當時的西學納入莊子學研究中，體現了傳統與時代的結合。其中以莊解莊手段的大量運用，更是充分體現出蔣氏治莊重視文本、融會貫通的特徵，這與莊學史上一些隨意曲解莊子的做法相比，確有其可取之處。

第十二章　錢穆的莊子學

錢穆（1895—1990），字賓四，江蘇無錫人。歷任燕京大學、北京大學、清華大學、四川大學、齊魯大學、西南聯大等教授。1949年遷居香港，創辦新亞書院。1967年移居臺北，任中國文化書院歷史所教授、『中央研究院』院士、臺北故宮博物院特聘研究員。1990年卒於臺北。錢氏博通經史，兼治諸子，擅長考據，著述甚豐，主要有劉向歆父子年譜、國學概論、中國近三百年學術史、國史大綱、中國史學名著等，在學術史、兩漢經學、宋明理學等方面，造詣頗深。其中涉及莊子研究者，主要有先秦諸子繫年中的三篇治莊之作，以及莊子纂箋、莊老通辨兩本著作。

第一節　先秦諸子繫年中三篇治莊之作

晚清以來，伴隨著西學東漸，諸子研究蔚然成風。在這一背景之下，錢穆步入了學術之門，經過多年努力，著成了先秦諸子繫年。全書自孔子至呂不韋，將各家排比聯絡，一以貫之，對先秦諸子的生平事跡、學術淵源、思想流變等，皆一一予以梳理，持論有據，資料翔實，深得學者好評。其中涉及莊子者三篇，即莊子儒緩墨翟釋義、莊周生卒考、莊子見趙惠文王論劍乃莊辛非莊周辨。

一、莊子儒緩墨翟釋義

這篇文章由莊子列禦寇中的一則故事而起：『鄭人緩也，呻吟裘氏之地。只三年而緩爲儒，河潤九里，澤及三族，使其弟墨。儒、墨相與辯，其父助翟。十年而緩自殺。其父夢之，曰：「使而子爲墨者，予也。闔胡嘗視其良？既爲秋柏之實矣！」』錢穆認爲這一條屬於寓言，指的是墨子初學儒術，後棄而從墨，又大肆攻擊儒家之事。他明確指出：『緩者指凡儒言，翟者指凡墨言。』那麼，儒者爲什麼叫緩，墨者爲什麼叫翟？錢穆認爲，這是根據當時的服飾而名之。

錢穆先引用莊子田子方和孔叢子，指出當時儒者的服飾爲戴圓冠而履方屐，繼而引用莊子天地，指出儒者的冠飾是鷸。緩，錢穆認爲是指儒服大帶。他引經典釋文，證明寓言中緩所居住的裘氏之地的裘，正是指儒服，因而緩著儒服。至於翟，錢穆也引用說文，釋其爲山雉，翟羽則是一種冠飾。錢穆引史記仲尼弟子列傳指出，翟羽是鄙人的服飾，並非儒服。墨者戴翟羽冠的原因，錢穆解釋爲：『翟冠本野人之服，墨者自比刑徒，親操勞作，摩頂放踵，不尚禮文，故或冠雉羽，不脫鄙野也。』他並引用淮南子、漢書指出，以雉羽飾冠也是古人的服裝習慣之一，只不過這種習慣初始並不爲士大夫所接受，後來才漸漸普及。又如鷸冠，錢穆引左傳，考證這種服裝方式初始也爲人所指目，後來才成爲儒者的服飾之一。

錢穆引用多種古籍，詳細考證了緩、翟的本義，以及儒、墨兩家的服裝不同及其演變，材料翔實，論證有力，足資參考。

二、莊周生卒考

關於莊子生平，史書記載較少，其生平事跡、生卒年月模糊不明。錢穆從史記所載楚威王欲聘莊子爲相一條入手，再引莊子秋水、經典釋文、黄氏日鈔、韓詩外傳記載的相關内容，認爲此事雖然未必可信，但通過這些典籍記載，可證明莊子與楚威王同時。又根據莊子徐無鬼莊子送葬過惠施墓的記載，加之先前考證的惠施卒於魏襄王九年前的結論，指出：『若威王末年莊子年三十，則至是年四十九。若威王元年莊子年三十，則至是年六十。以此上推，莊子生年當在周顯王元年十年間。若以得壽八十計，則其卒在周赧王二十六年至三十六年間也。又考徐無鬼，莊子送葬，述及宋元君。宋元君乃偃王太子，其爲君當國，當在魏襄王二十年時。惠施已死十年外矣。莊子是時年在六十七十間。其卒年尚當在此後十年二十年間也。史記又云：「周與梁惠王、齊宣王同時。」以余推定，周蓋歷齊威、宣，梁惠、襄，晚年及齊湣、魏昭耳。陸德明釋文序引李頤云「莊子與湣王同時」，蓋指其晚年言。』

關於莊子生平事跡，史記、别録都稱莊子爲蒙人。别録稱蒙屬於宋國。蒙的歸屬問題，漢志與别録説法不一。漢志指蒙屬於梁國，在今商丘北部。錢穆引用逍遥遊及秋水篇，指出莊子和惠施的交往是在惠施相魏時，因而戰國時蒙未必就是宋地。錢穆又引用淮南子和莊子列禦寇指出：『言蓋莊子居邑，本在梁宋間，其遊蹤所及，應亦以兩國爲多耳。』錢穆並引用水經汳水注指出，莊子終老於蒙。

錢穆考證莊子生卒年，從與惠施的交往入手，考據認真細密，結論值得重視。關於莊子生前的居住地，錢穆引用多種古籍記載，不拘泥於一家之説，態度靈活，指出莊子當是來往於兩地之間。亦可備一説。

三、莊子見趙惠文王論劍乃莊辛非莊周辨

莊子說劍記載莊子曾晉見趙惠文王論劍，錢穆認爲這是錯誤的。他引用經典釋文和史記趙世家的相關記載指出：『且其時莊子年最少亦逾八十，而謂其遠道而來，爲太子治劍服三日，以見趙王論劍，而冒不測之險，必不然矣。昔人均斷說劍爲僞篇不足信，然未能詳考其年者，余故爲論定如此。』從而否定了莊子見趙惠文王的可能。

見趙惠文王說劍者到底是誰？錢穆提出一個可能：莊辛。他引用戰國策楚策記載，莊辛曾經呆在趙國，正是莊子說劍所敘述的時期。錢穆因此感慨：『豈傳說之初，本以爲莊辛而後乃誤以屬之莊周者耶？』

錢穆並引用金正煒國策補釋，說明莊辛在趙國呆了五年之久。而且他認爲：『又辛係文學之士，其說天子、諸侯、庶人三劍，層累敷陳，亦與蜻蛉、黃雀、黃鵠、蔡聖侯之喻，取徑相似。則其文亦疑本出莊辛也。』

總之，關於說劍的真僞問題，錢穆提出了新的解釋。他從考證趙惠文王與莊子的會面時間出發，引用的論據扎實可靠；對莊辛在趙國說劍的可能性的推理和考證，也有一定說服力。

第二節　莊子纂箋

莊子纂箋，據錢穆自序，其寫作起因是有感於衰世氣氛，且著者平生好讀莊子，又恰逢戰時，所以發心而著成此書。其時，錢穆尚在大陸，而莊子纂箋則於1951年在臺灣出版。1955年再版時，增刪改定四十七條；1957年三版時，增刪改定六十九條；1962年四版時，增刪改定四十三條。

錢穆所著莊子纂箋是一部集釋類的莊子學著作。著者除注重援引古代各種文獻資料外，還斟采古今治莊大家之注逾一百五十家，諸如老子、韓非子原文，尤其是郭象、陸德明、成玄英、王夫之、宣穎等名家注語，皆在引述之列。但他並非隨便引用，而是按照一定標準，有所取舍，靈活選擇。比如郭象注，錢穆只選擇其中足以發明莊子原文意義者。又如老子，錢穆只是詳列與莊子語句互見之處，以作比較闡釋。要之，是爲了更好地解釋莊子之文。而且，錢穆還往往加上自己的按語，這些按語正是錢穆治莊的學術見解和成果，值得格外重視。

錢穆在整理、搜集前人對莊子所作之注時所加的按語，都是經過他認真細緻的思考而作出的，體現了他深厚的學術涵養和獨到的學術見解。其中有的按語是對莊子句意加以補充說明。如逍遥遊篇『野馬也，塵埃也，生物之以息相吹也』一句，錢穆除引述郭象注、朱熹語之外，還加按語云：『此言野馬塵埃至微，亦有所馮而移動也。』有的按語是引用莊子原文對相關句意作補充。如大宗師篇『丘，天之戮民也』句，錢穆按語云：『德充符：「天刑之，安可解？」與此同義。』有的按語則引用其他古籍對莊子相關句意作補充說明。如大宗師篇『夫道，有情有信』語，錢穆按語云：『老子云：「恍兮惚兮，其中有物；窈兮冥兮，其中有精；其精甚真，其中有信。」本此。』有的按語是對莊子相關字詞作訓詁。如逍遥遊篇『水擊三千里，摶扶搖而上者九萬里』語，錢穆按語云：『水擊，平飛而前。摶扶搖，旋轉而上。』有的按語是對莊子本文作考證辨析。如大宗師篇『西王母得之……而比於列星』等語，錢穆按語云：『此章言伏羲、黄帝、顓頊云云，似頗晚出。崔本「列星」下，尚有「其生無父母，死登假，三年而形遯，此言神之無能名者也」，凡二十二字。蓋郭象疑而删之，而不知其全章皆可疑也。』有的按語是對前人之注作補充說明。如德充符篇『而況官天地，府萬物，直寓六骸，象耳目』語，錢穆先引章炳麟曰：『「官」、「府」同物，則「寓」、「象」亦同物。郊祀志：「木寓龍，木寓車。」即今「偶像」字。』復自加按語云：『六骸耳目，假於異物，皆非真我。守宗者，以偶像視之也。』錢穆的這些按語，雖然都比較簡短，但多爲真知灼見，具有較高的學術價值。

錢穆的見解，還更宏觀地表現在莊子纂箋序目中。如郭象注主要是對莊子作義理上的闡發，後世解莊可謂都是在其基礎上進行的。錢穆在莊子纂箋中較多地引用了郭象的注語，但他又指出郭注也有違背莊子本意處，所以説：『注莊最顯者推郭象，然其書實剽竊向秀。向、郭皆曲學阿世，有違莊生本意。……然向、郭要爲代表魏晉玄學清談之大宗，學者治莊書，亦當專治郭注，此亦中國道家思想流變一大節目也。本書錄郭注，僅取其足以發明莊書原文者而止。』陸德明選取郭象注本，廣采舊音、舊義，並加以審定，著成莊子音義三卷。錢穆較客觀地評價了陸氏的成就和缺陷，明確指出：『(此書)多存唐以前舊詁。辯音義，考訓釋，此書所當先治。然兼備衆説，不無冗碎。』焦竑莊子翼大量引用前人注文，並在其後附上自己的説法，對前人之作有所評析。焦竑解莊，主要是從會通儒、佛、道的角度去闡發莊子，時有一定獨到見解。錢穆評論説：『莊子翼薈萃宋明諸家舊誼。今諸家原著多半失傳，僅賴焦書見其梗概。宋明儒發揮莊子義趣，融匯釋氏，旁通先秦，有超越魏晉之上者。學莊者自陸德明音義之下，首當研讀此書。』王夫之莊子解，本心是要還莊子以本來面目，闡發莊子思想體系本身的獨特性和價值。錢穆評論王氏此著説：『船山論老、莊，時有創見，義趣宏深。……上膠阮、邵，足以長智慧、識流變。大抵嗣宗得莊之放曠，康節得莊之通達，船山則可謂得莊之深微。學者由阮而邵而王，循以登門，而窺堂奧；又復而由莊而顔，亦庶幾乎尼山之一面。若驟尋之於老聃、郭象，則希不失之矣。』林雲銘莊子因，重在莊子散文評析。錢穆評論説：『此書亦就文章家眼光解莊，不免俗冗，而頗能辨真僞，上承歐、歸，下開惜抱，亦治莊之一途也。』宣穎南華經解，重在梳理莊子文章脈絡。錢穆評論説：『此書猶未脱明人習氣，俗冗較遜於林雲銘，而活趣盎然。』王念孫莊子雜志和俞樾莊子平議，代表了乾嘉學派以樸學研治莊子的最高成就。錢穆評論説：『清儒治古書，所長在訓詁、校勘，所短在義理、文章。王、俞兩家，在清儒治先秦諸子書中，最具成績，其得失亦莫能自外。治莊書而不深探其義理之精微，不熟玩其文法之奇變，專從訓詁校勘求之，則所得皆其粗跡。故清儒於莊書殊少創獲，較之魏晉宋明，轉爲不逮，此亦治莊者所應知也。』郭慶藩莊子集釋，爲清末以來學者所重。錢穆評論說：『此書備引郭注、成疏及陸氏音義，而後下逮清代考據諸儒，便於翻閱。然論功力，則遠遜孫氏之於墨書矣。』王先謙莊子集解，其解釋要言不煩，甚爲初治莊子者所喜愛。錢穆評論說：『此書則主簡要，蓋王氏亦習桐城義法，已悟治莊之不能墨守乾嘉矩矱矣。此書仍乏深趣，然便初學，讀之易於入門。』馬其昶莊子故，多引前人之說，亦每斷以己意，但持論較爲審慎。錢穆評論說：『此書自郭注、陸音義、成疏、焦氏翼，下及清儒，採擷最廣，淘洗亦精。較之於郭氏集釋、王氏集解，又見超出。蓋馬氏得桐城家法，能通文章義趣，又兼顧宋儒義解，不嫥嫥於訓詁考覈。然於莊子哲理，則尚嫌涉測未深。』章炳麟引佛學以釋莊子。錢穆評論說：『章炳麟有齊物論釋、齊物論釋定本。以佛義解莊，未必能恰符雙方義旨，然可資學者之開悟；增發勝解，時得妙趣，不刻劃以求可也。』

總之，莊子纂箋引錄了許多前人治莊精華，採用了晚清民國時期許多學者的研究成果。在此基礎上，錢穆往往能斷以己見，使此書既能備采古今各家之注，又不乏著者灼見。錢穆在莊子纂箋序目中說：『古人注書，不失之繁委，即陷於枯燥。惟朱子四書集注，雖亦薈萃諸家，網羅群言，而體尚簡要，辭貴清通。尤能於訓詁考據、義理、文章三方兼顧，使讀者就注與本文一貫讀之，情味醰醰。本書竊慕其例，所謂「雖不能至，心嚮往之」者也。』今觀錢氏此著，薈選古今注釋一百五十餘家，並加斟酌決奪，使之上下接續，融會貫通，實爲注莊佳作，每使讀者愛不釋手。

第三節　莊老通辨

莊老通辨是錢穆有關莊子、老子的研究論文的合集。寫作時間爲1923年至1957年。此書初版於1957年，

1971年再版時補入三篇錢穆早年之作。全書共十八篇①，主要討論莊老兩家的思想。開篇爲莊周傳記，以莊子中的一系列故事串起敘述，語言簡單而活潑；中間則從政治思想、宇宙論、修養論、長生觀等方面分析莊子、老子思想內涵，並考察了老子的成書年代；最後論述了魏晉諸家玄學，尤其是郭象莊子注的思想內容。

一、莊子的政治思想、宇宙論、修養論、長生觀

1．政治思想

錢穆認爲，莊子是一個無政府主義者。他指出，在莊子眼中，人與萬物都是一體的，總而名之爲『天』，萬物又皆有『道』，無高下之分：『莊周書中之所謂天，其實乃通指此宇宙一切物而言。……此即謂在於此一切物之外，更無一個高高在上之天，以主宰統領此一切物。於是宇宙一切物，遂各得解放，各有自由，各自平等。故此宇宙一切物，乃各有其本身自有之標準，即各自有一道。……但此人生界之標準與道，亦僅是宇宙一切物之各自具有其標準與道之中之一種。』（道家政治思想）莊子既不承認有一個高高在上的天，當然也就沒有一個高高在上的統治者，所以錢穆說他是一個無政府主義者，認爲在其思想中，政治是多餘的。

---

① 莊老通辨收文章十八篇，分爲『上卷』、『中卷之上』、『中卷之下』、『下卷』四大部分。上卷，包括中國道家思想之開山大宗師莊周、中國古代傳說中之博大真人老聃、關於老子成書年代之一種考察、再論老子成書年代、三論老子成書年代；中卷之上，包括道家政治思想、莊老的宇宙論、釋道家精神義、莊子書言長生；中卷之下，包括比論孟莊兩家論人生修養、莊子外雜篇言性義、老子書晚出補證、莊老太極無極義、莊老與易庸；下卷，包括記魏晉玄學三宗、王弼郭象注易老莊用理字條錄、王弼論體用、郭象莊子注中之自然義。此節凡引老莊通辨文字，皆據北京三聯書店2005年版。

錢穆還引用應帝王篇肩吾見狂接輿時的對話來說明這點，指出雖然莊子沒有在書中明確表達無君的主張，但是他對君主的要求是『游心於淡，合氣於漠，順物自然而無容私焉』（應帝王），要求君主沒有私人的意見和主張，所以有君等於無君，有政府等於無政府。關於莊子中描述的理想政治環境，錢穆說：『即爲其能與天同道，與天合德。』（道家政治思想）正是要使人民順應自然，達到大自在與大自由。

在錢穆看來，莊子的這種政治構想也只能是一種空想而已，在現實世界中是根本不可能存在的。

2．宇宙論

錢穆指出，在宇宙論方面，莊子承襲了儒家的觀點，從人生界出發而推及宇宙界，認爲人生界可知而宇宙界不可知。人只能從可知的人生界出發，以求達到盡善，如大宗師篇云：『知天之所爲，知人之所爲者，至矣。知天之所爲者，天而生也。知人之所爲者，以其知之所知，以養其知之所不知，終其天年，而不中道夭者，是知之盛也。』錢穆認爲，這就是說，生屬於人生界，可知，可爲，而死則屬於宇宙界，不可知，不可爲。錢穆引用論語先進『未能事人，焉能事鬼』、『未知生，焉知死』等語以證明莊子與儒家的相似。他還指出，德充符篇也直接引用了孔子的話以表達死生有命、富貴在天之意，而這也是論語中表述過的。

當然，錢穆也分析了莊子思想的獨特性。比如萬物一體論，錢穆強調指出，這是儒家沒有的概念，儒家一向重人而輕物，由莊子開始才將人與物並重。錢穆說：『此爲莊周思想在先秦諸子中一大創闢，一大貢獻，在莊周以前，固無此意境也。』（莊老的宇宙論）

對於莊子中常常提到的『造物者』或『造化』，錢穆認爲，這兩個名詞的出現，也與莊子宇宙觀中取消了『神』的存在是相應的。既然沒有了創造宇宙的『神』，就必然要另闢蹊徑，因此莊子採用了『造物者』或『造化』這兩個新詞。但錢穆又指出，雖然創造了這兩個新詞，卻並不是說在莊子的宇宙觀中就有這樣一個超越性的實體的存在：『蓋即就於物之造與化而指稱之云耳。故莊子信中之此一造化者，乃僅如一大冶，一大爐，雖若萬物由此而出，然大冶大爐，本身亦即是一物，決非一近似於有人格性之天與帝，異於萬物外於萬物而存在，而其力又能創出此萬物。……大冶大爐，則實非能創生出萬物，乃萬物在此中創生也。』（同上）在錢穆看來，這其實還是莊子萬物一體論的延伸。

宇宙自何時誕生，是一永恒問題，而莊子中很少予以討論。錢穆指出，這是因爲在莊子的宇宙觀中，萬物一體，皆從氣所化而來：『因凡稱爲物者，皆是假於異物，托於同體，則此宇宙間，實非確有一物或萬物之存在。……若兼論萬物，則根本未始有一始。』（同上）因此，錢穆得出的結論是，萬物一體和未始有物，構成了莊子宇宙論的主要思想，兩者相輔相成。

莊子雖然否定了萬物的實際存在，但錢穆又指出，莊子不是把宇宙想像成一片空虛，而是認爲萬物皆由一氣所化，此氣即爲道。錢穆進而指出，莊子認爲道化爲萬物的規律是不可知的，這種不可知的規律就是命。人只能順化，順應命運，因爲『化是一種不可知之不得已，人生則只有托於此種不可知之不得已，而一乘之以遊。……人若能深識此理，則神不外馳而內凝，此即莊子之所謂養中葆真也。』（同上）

錢穆從莊子中總結出莊子的宇宙論，分析了莊子關於宇宙由誰創造、何時誕生、宇宙的本質等基本問題，認爲這些都反映了先秦時期一部分思想家對自然和宇宙較爲深刻的認識，並在一定程度上否認了具有人格意志之『神』的存在。

3．修養論

莊子中關於如何修身養心以達到逍遥自在的論述有很多，錢穆從內篇入手，延伸到外、雜篇，並詳細分析了莊子在養氣、養心等方面的觀點。

錢穆指出，逍遥遊篇強調『大』、『遊』兩字：『彼蓋刻意求大其心胸，以遨遊於塵俗之外。是亦有意於求其內心之無限自由伸舒，而不受任何之屈抑與移轉也。』（比論孟莊兩家論人生修養）認爲莊子追求的是心中無所掛礙，不以物爲事，所以才能自由自在。此即莊子之理想人生境界。

要達到這種理想境界，必先經過一定途徑，錢穆又分析了養生主、人間世兩篇。他認爲，關於養生處世，養生主篇提出要依乎天理，『以無厚入有間』；人間世篇提出要『求無所可用』，『形莫若就，心莫若和』。錢穆指出，『故必至於「目無全牛」，然後天地萬物，乃豁然開解。外無物際，斯內有心游，凡其所見，則莫非天地間一種自然之分理，依乎其理以游吾心，斯莊子內心修養所企之最高智慧，亦即其最終極之理想所寄也。』（同上）

在錢穆看來，達到理想境界最困難的是超脫生死、是非。他分析了齊物論、大宗師篇後指出，莊子對這兩個問題提出的解決辦法是借由養心，齊同萬物，打破一切界限。『蓋莊子之所謂未始有物者，非誠謂宇宙之無物，特謂物與物之無可分別，乃至我與物之無可分別，故以謂之未始有物也。故未始有物，亦即未始有我，於是而有喪我之教。內能喪我，斯吾心大。外能無物，斯能一一依乎天理。』（同上）他進而分析了大宗師篇女偊所談的入於不死不生的七個境界：『先曰外天下，次外物，次外生。又次乃朝徹，見獨，無古今，而入於不死不生。所謂外天下、外物、外生者，此皆所謂其知未始有物也。循此而入於不死不生，斯是非兩忘，死生一貫，故謂物莫之傷，而彼亦自不肯弊弊焉以物爲事矣。』（同上）認爲這是通過養心而得道的最高境界。

總之，錢穆通過對莊子有關人生修養方面的分析，認爲莊子理想的人生境界是逍遙自由，無所拘束，而這是可以通過養心而達到的。

4．長生觀

道教追求的是長生不老，最終現世成仙，但是莊子中對長生的論述則顯示出不同的看法。錢穆在分析了莊子內篇與外、雜篇的相關段落後指出，莊子內篇中的生死觀與外、雜篇不同，認爲莊子通過對真人、至人、神人、聖人的論述，表達了其超脫生死的觀念。

莊子中對真人、至人、神人、聖人的描述神奇而飄逸，近乎人類想像中的神仙。如逍遙遊篇云：『藐姑射之山，有神人居焉，肌膚若冰雪，淖約若處子；不食五穀，吸風飲露；乘雲氣，御飛龍，而遊乎四海之外。其神凝，使物不疵癘而年穀熟。』齊物論篇云：『至人神矣，大澤焚而不能熱，河漢沍而不能寒，疾雷破山、風振海而不能驚。若然者，乘雲氣，騎日月，而遊乎四海之外，死生無變於己，而況利害之端乎！』大宗師篇云：『古之真人，……登高不栗，入水不濡，入火不熱。……不知說生，不知惡死；其出不訢，其入不距；翛然而往，翛然而來而已矣。』據此，錢穆指出，莊子設想的真人、神人等理想境界，雖然具有各種神通，但並不是長生不老。他們也有生死，只是生死對他們而言，是『死生無變於己』。所以錢穆認爲，神人的本質『其實則仍不過依乎天理，因其固然，翛然而往，翛然而來而已矣。外無待乎物，內無動於心，此其所以爲神人也』（莊子書言長生），而非一般意義上的神仙。因爲莊子所追求的道，正是超脫了生死的大道。錢穆並結合大宗師篇女偊論道的例子，進而指出：『凡莊子之所謂至人、神人、真人、聖人者，率具備是矣。外生而入於不死不生，非固所謂長生也。』（同上）

錢穆又指出，莊子外、雜篇中卻出現了長生的觀念。如在宥篇黃帝問廣成子何以長生，廣成子答以一整套修身之道：『必靜必清，無勞女形，無搖女精，乃可以長生。目無所見，耳無所聞，心無所知，女神將守形，形乃長生。……慎守女身，物將自壯。我守其一，以處其和。故我修身千二百歲矣，吾形未常衰。』天道篇亦云：『無爲則俞俞。俞俞者憂患不能處，年壽長矣。』據此，錢穆指出：『要之，其言長年壽，與莊子一死生之旨，盡天年之教，固已乖矣。故知皆非莊子之言也。』錢氏的這些說法，確實甚有見地。

二、郭象莊子注中之『理』字與『自然義』

魏晉時期，玄學興盛，莊子的後繼者也非常多，錢穆選擇了有代表性的幾個人物進行分析，尤其重點闡述了郭象莊子注之『理』字和『自然義』。

1．郭象莊子注中之『理』字

錢穆認爲，理在中國古代哲學中是一種形而上的最高抽象概念，這個概念的提出始於道家，特別是莊子一書。『惟特別重視此「理」字，一再提出，以解說天地間一切自然之變化，而成爲思想上重要之一觀念，則其事當始於魏晉間之王弼與郭象。弼注周易與老子，象注莊子，乃始時時提出此「理」字，處處添入「理」字以解說此三書之義蘊。於是遂若缺此一字，天地間一切變化，皆將有無從解說之苦。此一理的觀念之鄭重提出，若謂於中國思想史上有大功績，則王郭兩家當爲其元勳。』（王弼郭象注易老莊用理字條錄）因此，錢穆詳細分析了郭象莊子注中提到的『理』字之意義。

錢穆指出，對於莊子內篇，郭象注所闡發之理，主要是自然之理，這也是郭象的獨創。錢穆說：『逍遥遊：「大物必自生於大處，大處亦必自生此大物，理固自然，不患其失，又何措心於其間哉！」此謂理屬自然，而又必然也。……象之注莊，乃益暢發自然之義，而始顯明提出自然之理一語，則弼注所未及也。』（同上）對於莊子外、雜篇中郭象所作之注，錢穆指出其所用『理』字則更多，如說：『駢拇：「令萬理皆當，非爲義也，而義功見。」「萬理」字，亦郭創。』（同上）又說：『天地：「一無爲而群理都舉。」按本文「通於一而萬事畢」，象注以「群理」易「萬事」。「群理」字，亦新創。群理，猶云萬理也。』（同上）

錢穆還進一步指出，郭象注莊子，喜用『理』字解莊，經常是莊子本文沒有『理』字，而郭象爲之增加，創造一個新詞，以解釋其義。如他說：『「神順物而動，天隨理而行。」按此處本文爲「神動而天隨」，象注横增「理」字，乃謂天隨理而行。』（同上）又說：『徐無鬼：「反守我理，我理自通。」按本文「反己而不窮」，注文以「理」釋「己」。「我理」字，特創。有天理，有人理，有我理，此皆理一分殊也。』（同上）又說：『「不知其所以然而然，謂之命，似若有意也。故又遣命之名以明其自爾，而後命理全也。」按本文「莫知其所始，若之何其有命也」，注謂命若有意，即非自然，故以理釋命，而謂是命之理。「命理」字，特創。此可與以理釋天各條同參。象既暢發自然之旨，故不好言天言命，而專提出「理」字。王弼注易，已曰：「天，形也。」王、郭兩家，所以必言自然言理者，其意居然可見。此爲魏晉宋明所以重言「理」字一大原因。』（同上）

總之，錢穆按照莊子內、外、雜篇之分，具體分析了郭象注用『理』字之義，並指出郭氏大量使用『理』字來解釋莊子，在思想史上具有重要意義：『顧後人獨知宋儒以理說孔、孟，卻不知王、郭以理說易、老、莊，何也？今若謂提出此「理」字之一概念，在中國思想史上有其不可磨滅之價值，則王、郭兩家，實先於宋儒，而又爲其前所未逮，此功實不可沒。』（同上）

2．郭象莊子注中之『自然義』

道家崇尚自然，莊子內篇中提到自然之處卻不多見。錢穆認爲，這是因爲在莊子心目中，自然還不是一個特定的概念。『莊子之所謂自然，不過曰順物之自爲變化，不復加以外力，不復施以作爲而已。』（郭象莊子注中之自然義，下引錢穆語皆出此文）而且莊子外、雜篇中，『自然』二字也只出現過兩次，錢穆認爲：『則「自然」二字，在先秦道家觀念中，尚未成熟確立，因亦不佔重要之地位可知。』

漢代以後，如在淮南子、論衡等書中，『自然』開始常常被提及。錢穆認爲，淮南子提出自然爲萬物之理，是對道家思想的發展：『凡此所說，謂萬物皆有自然之宜，不須復加以外力，不須更施以作爲，則仍老莊舊誼也。然其論涉及天地生物，盡屬自然，此縱可謂是莊老舊誼之所包，而確切提出此「自然」二字，以造化爲自然，則不得不謂是淮南之新功矣。』此後，王弼注老子，張湛注列子，都使用了『自然』這個概念來解釋其書。郭象注莊子，也大量使用『自然』，而與他們不同。

錢穆認爲，郭象注中的自然論的提出，遠勝前人。此前各注家對宇宙源起的解說都遵循老莊的道生萬物之說，『自然』只是『道』的一個別名而已，並無新意。郭象注中『自然』概念的提出，完善了道家的哲學系統，錢穆予以很高評價：『必至郭象注莊，乃始於此獨造新論，暢闡自然之義，轉用以解決宇宙創始，天地萬物一切所從來之最大問題，澈始澈終，高舉自然之一義，以建立一首尾完整之哲學系統。就此一端言，郭象之説自然，實有遠爲超越於莊老舊誼之外者。……故必俟有郭象之説，而後道家之言自然，乃始到達一深邃圓密之境界。後之人乃不復能駕出其上而別有所增勝。故雖謂中國道家思想中之自然主義，實成立於郭象之手，亦無不可也。雖謂道家之言自然，惟郭象所指，爲最精卓，最透闢，爲能登峰造極，而達於止境，亦無不可也。』

在錢穆看來，郭象所説的自然，是指萬物本身固有的運動規律：『郭象言自然，其最精義，厥謂萬物皆自生自化，更無有生萬物與化萬物者。其言曰：「無既無矣，則不能生有。有之未生，又不能爲生，然則生生者誰哉？塊然而自生耳。自生耳，非我生也。我既不能生物，物亦不能生我，則我自然矣。自己而然，則謂之天然。天然耳，非爲也。故以天言之，所以明其自然也。……故物各自生而無所出焉，此天道也。」此處郭象特提「自然」二字，謂物各自生而無所出，即謂物以自然生也。……故萬物皆以自然生，亦以自然化，此實郭象注莊一絕大之創論，而爲王弼、向秀諸人所未及也。』錢穆又指出，這種自然之化，郭象又稱之爲『獨化』：『其言曰：「死者，獨化而死耳。非夫生者生此死也。生者亦獨化而生耳，死與生各自成體獨化而足。」此處提出「獨化」二字以釋自然，自然即獨化也，獨化即自然也。莊子書言造化，萬物之外，似爲有一造化者。……郭象之所謂獨化，與此異其趣。蓋循獨化之言，則不僅無所謂造化者，亦不復有一物之化而爲他物。天地之間，一切皆獨爾自化。此純純常常之大化，乃可節節解斷，各足圓成，前不待後，後不待前，彼不因我，我不由彼。在此天地間，則可謂無獨不化，亦無化不獨。萬形萬有，莫不各爾獨化。』錢穆還分析了郭象注自然之義在道家思想上的發展：『其言曰：「獨生無所資借。」無所資借而獨生，即無所待而獨化也。惟其獨生獨化，乃始謂之自然。自者，超彼我而爲自；然者，兼生化而成然。讀者只就郭注與莊子原文兩兩比讀，即知郭象注義實非莊書原文之所能範圍。』

郭象以萬物爲自然而生，因而否定了莊子中的有生於無之說。錢穆認爲，這是郭象注最突出的成就，也是郭象自成一家的原因。但錢穆同時指出，郭象的這一說法本自裴頠的崇有論：『裴頠曰：「至無者無以能生，故始生者自生也，自生必體有。」此「自生」字，明爲郭象所襲。……裴頠之語，雖僅此數言，然郭象之注莊，則亦僅闡發此數言之大旨也。』

莊子稱萬物從無之中產生，郭象已經予以否定；更進一步，郭象還否定了莊子中道生萬物的說法。對此，錢穆指出，郭象徹底否定了道的崇高地位，認爲萬物都是自生自化，也就是自然而生。『今一依郭象之說，則不僅無不能生物，即道亦不能生物，皆由物之自生自化，則天地萬物，宇宙終始，徹上徹下，皆一自然也。』

綜上所述，錢穆分析了郭象自然之說的主要內容和特徵，勾勒了郭象以自然之說解莊的哲學體系，指出其對莊子哲學思想的重要發揮和拓展。對郭象的這一思想未能得到後世的應有重視，錢穆表示不無遺憾：『郭象之說，辨矣而未能謂之是。唐權載之文集送渾淪先生遊南嶽序，述渾淪言，郭氏注莊，失於吻合萬物，物無不適。然則桀驁饕戾，無非遂性。使後學者懵然不知所奉。此從其說之影響於人文界者言。又宗密原人論斥迷執，謂道法自然，萬物皆是自然生化，則石應生草，草或生人。且天地之氣，本無知也。人稟天地之氣，安得欻起而有知乎？草木亦皆稟氣，何無知乎？此從其說之無當於解釋自然界者言。故郭說雖辨，終不得後人信奉。而性理淵微之闡發，仍必有待於宋儒。惟郭注妙義絡繹，清辨斐亹，爲人愛誦。後起儒佛兩家，無形中沾染郭義者實多，爰特爲拈出而條理之，使治中國思想史者，亦知有郭象一家之言之如是云云也焉耳。』錢氏這番論述，視角新穎，剖析精微，且深中肯綮，值得重視。

第十三章　民國時期的天下篇研究

第一節　民國時期天下篇研究概説

清末以來，學術界研究莊子，出現了以逍遥遊、齊物論、天下等單篇爲獨立研究對象的風氣，而對天下篇的研究尤其成了當時整個莊子研究的重中之重。之所以會出現這種現象，主要是與當時的人們越來越認識到此篇在莊子中、特別在中國學術史上所具有的重要地位分不開的。

確實，天下篇是現存莊子三十三篇中具有特殊意義的一篇，更是中國最早的一篇學術史論文，無論把它置於莊子全書中來觀察，還是把它置於先秦學術思想流變的大背景下來考察，該篇都具有非同一般的意義和價值。首先，作者對各種『方術』（學術）的淵源和流變情況從整體上進行了追溯和回顧。接著，作者對『天下之治方術者』作了學派的分類，並對各派學説的歷史起源和自身價值進行了評論，既有大膽的肯定，又有尖鋭的批評，既有以批判爲主的態度，又有『惜乎』其才的同情。所有這些，都無不表明他是試圖用比較客觀公正的態度來評述各個學派，而並不像本書其他篇章那樣過分地否定他們，更不像孟軻『闢楊墨』那樣把他們破口駡倒。本篇作爲中國學術史論著的開山之作，對後世的影響是積極的。如司馬談論六家要指把諸子明確地分爲陰陽、儒、墨、名、法、道德等六家，劉歆七略在此基礎上又增添縱横、農、雜、小説四家而湊成十家，並且把十家的歷史起源都分別歸到一『官』之下，這無疑是對本篇試行學派分類，並追溯各派的歷史起源到古代的某一『道術』這一敘述方式的繼續與發展。而論六家要指、七略在評述各家時，都既談其優點，又談其缺點，這應當視爲是對本篇那種獨特批判精神的發揚光大。由此說明，認真研究天下篇，就能使人們更好地認清莊子一書的本來面目，對莊子學派與先秦各主要學派的關係會有更清楚的認識。且先秦諸學派之中，稷下學派尤其是名家學派保存資料極少，而天下篇中所保存的有關材料，正可在一定程度上彌補其資料之嚴重不足。此外，本篇的學術眼光之獨到，學術批評立場之公正，對此後學術史的發展確實具有示範意義，而且其影響可謂至深至遠。

正是有見於此，清末以來一批關注中國學術史的學者便都對天下篇進行精心研究，推出了大量的研究成果，如劉翰棻莊子天下篇劄記、廖平莊子天下篇新解、姚錫鈞讀莊子天下篇、梁啟超莊子天下篇釋義、錢基博讀莊子天下篇疏記、顧實莊子天下篇講疏、方光莊子天下篇釋、周聞章莊子天下篇之管見、陳柱莊子天下篇注、譚戒甫莊子天下篇校釋、王蘧常莊子天下篇要詮、高亨莊子天下篇箋證、蔣錫昌天下篇校釋、張壽鏞莊子天下篇之分析、胡子霖莊子天下篇自述其學說九句之解釋、單晏一莊子天下篇薈解等等，多有較高的學術水準，爲清末、民國時期整個中國學術史研究作出了較大貢獻。

綜觀這些天下篇研究著作，所論述的內容涉及了方方面面，諸如關於天下篇的作者問題、關於篇中首先提到的『道術』與『方術』問題、關於各學派的起源問題、關於各學派的評價問題、關於莊子與老聃的關係問題、關於莊周的定位問題等等，都作了深入的研究和具體的闡述，往往能提出一些超越前人的新見解。尤其是對於名家，研究者更能擺脫傳統觀念的束縛，而每能以當時西方輸入的科技知識去解釋名家各派所提出的諸多命題，從而爲先秦名家研究開了新風氣。

第二節　錢基博的讀莊子天下篇疏記

錢基博（1887—1957），字子泉，號潛廬，江蘇無錫人。自幼聰明好學，隨父兄讀書，備受教益。1913年後，歷任無錫縣立第一小學文史教員、江蘇省立第三師範學校國文經學教員、上海聖約翰大學教授、國立清華大學教授、上海光華大學文學院院長、國立浙江大學教授、湖南藍田師範學校國文系主任、華中大學教授。1952年全國院校調整後，轉入華中師範學院任中文系教授。主要著作有經學通志、古籍舉要、國學必讀、周易解題及其讀法、四書解題及其讀法、老子解題及其讀法、讀莊子天下篇疏記、駢文通義、韓愈志、韓愈文讀、明代文學、中國文學史、現代中國文學史等。

讀莊子天下篇疏記一册，分爲總論、墨翟禽滑釐宋鈃尹文、彭蒙田駢慎到關尹老聃、莊周惠施公孫龍四篇，前有敘目，末附太史公談論六家要指考論。錢基博在敘目中謹次其『所以嚴造疏之規者四』，一曰『以子解子』，二曰『稽流史漢』，三曰『古訓是式』，四曰『多聞闕疑』。今觀讀莊子天下篇疏記全書，旁徵博引，以爲疏證，甚見著者功力深厚，實爲前人所不及，而其最具特色者，則在於『以子解子』，即所謂：『凡微言大義之寄：墨之言解以墨子書，老之言解以老子書，莊之言解以莊子書，公孫龍之言解以公孫龍子。其書之後世無傳焉者，則解以所自出之宗：如宋鈃之明以墨，田駢、慎到之明以老、莊，惠施之明以老、莊；猶不足，則旁采諸子書之言有關者，如宋鈃之明以荀、孟。此之謂「以子解子」。』

錢基博以天下篇開頭至『道術將爲天下裂』爲總論篇。他通過徵引並分析老子、莊子等大量思想資料，認爲莊子此處是在『品次天下之治方術者』。他說：

『鄒魯之士搢紳先生』多能明『詩、書、禮、樂』者，特是明『禮法度數』之本，尚非真能遺外形跡，深明道本而知『所以』者。儻有『以本爲精』、『以物爲粗』、『澹然獨與神明居』，如所稱關尹、老聃者，則謚之曰博大真人，蓋與古之所謂『天人』、『神人』、『至人』、『聖人』同實而殊名者也。厥爲道家祖，『以有積爲不足』，『建之以常無有』。而遊文六藝、『明於本數』之鄒魯之士搢紳先生，蓋後世儒家之所從出焉。……惟百家之學，『係於末度』，而非莊子意之所先。

錢基博指出，天下篇總論部分是在『通論「天下之治方術者」，而折衷於老子』，把關尹、老子看成是古代『天人』、『神人』、『至人』、『聖人』的化身，而鄒魯之士搢紳先生次之，百家之學則更等而下之，即所謂『自莊生觀之，「天下之治方術者」，道者爲上，儒次之，百家之學又次之，而農家者流爲下』。錢氏的這些看法，第一次對王安石所倡導的所謂莊子在天下篇中極力稱道儒家而把自己與老聃皆列爲『不該不遍一曲之士』的說法作了積極反撥，從而比較接近了天下篇著者的本意。

在墨翟禽滑釐宋鈃尹文篇中，錢基博首先指出：『墨子之嫉文德與老子同而微有異者，蓋老子欲反周之文以躋之「古始」之「朴」，而墨子則矯周之文勝而用夏之質。』並通過比較、分析老子、莊子、墨子、荀子、韓非子、淮南子等書中大量思想資料而推論說：宋鈃、尹文爲『墨者之支與流裔』，而有所不同者，則在於『墨子救世而極以自苦，宋鈃、尹文養人而不忘足我』；至於『「其(宋鈃)言黃老意」者，豈以「見侮不辱」，同於道者之「卑弱以自持」，而「情欲寡淺」，亦類道者之「清虚以自守」耶？』應當承認，錢基博對墨子學說的論述比較符合實際，尤其對宋鈃、尹文的學說則更有獨到的見解，因爲宋鈃、尹文確實具有調和道家、墨家兩家思想的特徵。在彭蒙田駢慎到關尹老聃篇中，錢基博以同樣的方法推論說：彭蒙、田駢、慎到爲『道家之支與流裔』，他們『宗老子』、『宗莊子』，所以『莊子雖斥其「不知道」，而未嘗不許以「概乎皆嘗有聞」』。他進而說：

莊子此篇，論列諸家，獨許關尹、老聃爲『博大真人』者，特以關尹、老聃悅古道術之有在，而明發『內聖外王之道』，有不同於諸家者耳。『博大』乃『王』，惟『真人』斯『聖』。……然而『同焉者和，得焉者失，未嘗先人而常隨人』，則又關尹之所以『外而成王』也，然而未若老聃之『可謂至極』也。故於關尹尚略，而稱老聃獨詳。

天下篇著者認爲，彭蒙、田駢、慎到之道雖『不免於非』，但他們繼承古代『道術』精神，創爲『齊萬物以爲首』、『棄知去己』、『無用賢聖』、『塊不失道』之說，卻與道家頗有共通之處，因而仍不失其爲『概乎有聞』的人；而關尹、老聃的虛靜無爲之說，宏博深玄，足以參造化之奇，泄天人之奧，所以實可謂『至極』。由此看來，錢基博在彭蒙田駢慎到關尹老聃中所作的論述是基本正確的，而其指出天下篇著者又對關尹、老聃有所區別對待，則更具有獨到的見解。

當然，錢基博不同於前人的見解主要還是表現在莊周惠施公孫龍篇中。他首先指出，莊子自以老子之言爲宗，又深知『不明「正言若反」之旨者，不足以讀老子之書』，所以他『特詳造辭之法與著書之趣』，而『以謬悠之說，荒唐之言，無端崖之辭，時恣縱而不儻，不以觭見之也』。錢基博這樣來論述莊子與老子的關係，也自然頗有新意。而且，他還進一步說：

此篇以惠施次莊周之後，明惠施爲道者之旁門，猶次宋鈃於墨翟之後，明宋鈃爲墨學之支流，以故宋鈃之說教，獨可證之於墨子書，而惠施之多方，亦可說之以莊子書。何者？其道術出於同也。……推惠施『歷物之意』，其大指在明萬物之泛愛，本天地之一體，亦與莊生『抱一』之指無殊，要可索解於莊子書耳。

錢基博認爲，『惠施爲道者之旁門』，更『爲莊學之別出』，其『歷物之意』與莊子『抱一』之指無殊，所以當索解惠施命題於莊子書中。基於這一認識，錢氏幾乎完全用莊子思想疏證了惠施的『歷物十事』。如他說：惠施所謂『南方無窮而有窮』，即莊子所撰知北遊篇『不際之際，際之不際』之意；所謂『至大無外，謂之大一；至小無內，謂之小一』，即天下篇『聖有所生，王有所成，皆原於一』之意；所謂『大同而與小同異，此之謂小同異；

萬物畢同畢異，此之謂大同異』，即『莊周所以明「齊物」者』；所謂『連環可解』，此『亦可以明惠施爲莊學之別出』，因爲『莊周每好以連環喻道』。而且在錢基博看來，桓團、公孫龍辯者之徒，其言亦每『出入於道家』，『其意亦宗莊子』，所以同樣『可以莊子書明之』。但我們應當予以指出，天下篇著者在列舉了惠施的『歷物十事』和辯者的『二十一事』後，即指斥名家各派的學說都是『以反人爲實』爲特徵的最片面、最狹隘的奇談怪論。如果真像錢基博所說，『惠施爲莊學之別出』，桓團、公孫龍辯者之徒『亦宗莊子』，那麼天下篇著者又爲何會如此貶斥他們呢？由此可見，錢氏用『以子解子』的方法來解讀天下篇，儘管具有不可忽視的創新意義，取得了許多爲前人所不曾有過的學術成就，但同時也不免存在著一些問題，以致模糊了以惠施、公孫龍爲代表的名家各派學說與老莊道家學說的本質區別。

第三節　顧實的莊子天下篇講疏

顧實（1878—1956），字惕生，江蘇武進人。早年攻習法科，後喜研治古代典籍，亦頗究心於西方學術，曾執教於東南大學、無錫國專等學校。著作主要有論語講疏、大學鄭注講疏、中庸鄭注講疏、漢書藝文志講疏、穆天子傳西征講疏、墨子辯經講疏、莊子天下篇講疏、楊朱哲學、中國文字學、說文解字部首講疏、六書解詁及其釋例、重訂古今僞書考、中國文學史大綱等。

莊子天下篇講疏一冊，分爲原一、墨翟禽滑釐、宋鈃尹文、彭蒙田駢慎到、關尹老聃、莊周、惠施七大部分，前有顧實於民國十六年所作自序，末附六家諸子擬年表。顧實在自序開頭說：『莊子天下篇者，莊子書之敘篇，而周末人之學案也。舊曰學案，今曰學術史。不讀天下篇，無以明莊子著書之本旨，亦無以明周末人學術之概要也。故凡今之治中國學術者，無不知重視天下篇，而認爲當急先讀破也。』這在承因晚明以來關於天下篇爲莊子全書後序觀點的基礎上，進一步指出此篇實爲周末學術史，從而標誌著人們對此篇的學術價值又有了新的發現。顧實認爲，天下篇既然如此重要，學人就應當「急先讀破」，但要讀破此篇，必須掌握「四法」，即一要「熟玩莊子全書」，二要「遍讀群經百家之書」，三要「明乎文字之聲音假借而正其訓詁」，四要沉酣其文而「得其肌理氣息」。據顧氏自己説，他「惟用此『四法』」而著成此書，使久爲人們「誤讀誤解」、「幾於不可究詰」的天下篇，終於「如日中天」而其義自見了。

顧實上述説法，實際上正體現了他在疏解古代典籍時，要求以文字、音韻、訓詁與義理闡釋並重，寓宏觀於微觀之中的基本主張。今觀其著述莊子天下篇講疏，既注重從校勘、文字、音韻、訓詁入手進行疏證，又重視廣徵博引，條分縷析，並將先秦諸學派放在歷史的大背景下予以宏觀考察，因而使他的疏解取得了較大的成就。如他所寫的墨翟禽滑釐、宋鈃尹文、彭蒙田駢慎到、關尹老聃、莊周諸部分，皆可謂是精心結撰之作，既比較忠實於文本，又不乏自己的獨特見解。如他在關尹老聃中説：

「建之以常無有，主之以太一」兩語，今哲學家所謂世界觀也。章炳麟曰：「『建之以常無有』者，如實空也；『主之以太一』者，等同一味，唯一真如也。」章説非也。自宋司馬光、王安石輩讀老子首章，以「常無」句絶，「常有」句絶，明人如陶望齡等即以「常無有」三字，分爲三截讀之，以配佛説之「如實空」。此皆不觀會通而斷章取義之過也。胡適、梁啟超等猶尚承其誤，不知周秦人行文，決不如是之纖巧也。莊子此文，決非摘取老子首章之「常無」、「常有」四字而湊成此「常無有」三字也。老子書原讀「常無欲」句絶，「常有欲」句絶，當別論之。而莊子此文亦以「無有」二字連讀，決非以「常無有」三字分爲三截而讀之也。老、莊書中，凡「無有」二字相連，從無有不連讀者。

「建之以常無有，主之以太一」兩句，與其下「以濡弱謙下爲表，以空虚不毁萬物爲實」兩句，可説是老子道家學派的核心思想。顧實批駁了自宋代以來人們對前兩句的各種錯誤理解，而認爲此兩句即「今哲學家所謂世界觀』，下兩句即『今哲學家所謂人生觀』，表明關尹、老聃在世界觀上能認識到『有形』出於『無形』與『有形』可統攝爲一的道理，在人生觀上能達到以柔弱謙下爲外表形式、空虛不毀萬物爲內在實德的境界，所以『莊子論諸子，惟關尹、老聃爲真能造乎內聖外王之一境，故下文頌之曰：「古之博大真人哉！」』顧實這裏從正句讀、明文義入手，進而從宏觀上論定天下篇著者對關尹、老聃的根本態度，顯得有理有據，令人信服。

尤其值得重視的是，顧實在惠施部分中還較多地引進了西方的科學思想，使名家某些命題所包含著的思想智慧得到了初步發現。如他於惠施『無厚不可積也，其大千里』命題下云：『此由小而大之一體，成今幾何學上之所謂體也。』於『天與地卑，山與澤平』命題下云：『此由大而小之一體，成今幾何學上之所謂面也。』於『日方中方睨，物方生方死』命題下云：『此通合大小之一體，成今幾何學上之所謂綫也。』說明在顧實看來，惠施的這些命題已在一定程度上說出了某些幾何學原理。他還認爲，在『辯者』的『二十一事』中，『自「火不熱」至「一尺之捶」云云十五事，多屬於離堅白之類，則不爲詭辯而科學之精神寓焉』，如所謂『至不絕』，即『今人言「物質不滅」也』。總之，顧實認爲名家各派的學說絕不能一概斥之爲詭辯，並強調指出：『由今觀之，惠施之逐物，乃甚近唯物主義，而莊子之論，偏傾於唯心主義。古今學術之升降何窮，莊子一人一時之倡說，豈遽能爲千古之定論哉？』顧氏這裏不囿於天下篇著者和歷代詮釋者的思想局限，而以二十世紀初學人的科學眼光去審視先秦名家各派思想，使之從長期備受貶斥的陰影中解脫出來，可謂在天下篇名家研究方面開了新風氣。

但綜觀莊子天下篇講疏全書，顧實的疏證也有一些不可取的地方，主要表現在他對學術淵源的追溯上。如天下篇首先提出了『方術』和『道術』兩個重要概念，認爲天下各種『方術』的淵源都可以追溯到古代的『道術』，但『方術』與『道術』完全不同，因爲『道術』是古代天人、神人、至人、聖人對大道進行全面體認的學問，包含了宇宙間的一切真理，而『方術』則是後世百家曲士執一察之見以評判天地、究析萬物，僅對大道的某一方面有所『聞』的學問，只能反映出宇宙間全部真理的某一個小的方面。可是顧實卻疏證說：『方，版也。法著之方策，故「方」亦轉訓「法」也。韓非子難三篇曰：「人主之大物，非法則術也。法者，編著之圖籍，設之於官府，而布之於百姓者也；術者，藏於胸中，以偶衆端，而潛御群臣者也。」故「方術」即「法術」。』這裏把『方術』訓解爲法家所謂的『法術』顯然是錯誤的，而顧實接著訓『道』爲『行』，謂『大抵指可見諸行事者而言』，即認爲『道術』體現於『五帝三代之治化』中，亦同樣未爲不誤，因爲莊子對五帝三代的治化頗多非議，根本不曾以大道的體現者視之。因此，顧實據此而進一步對各派學術淵源所作的追溯，也就不免出現了一些問題。如他在莊周部分中說：

> 莊子妻死，方箕踞鼓盆而歌。由此觀之，可知所謂『古之道術』，即大宗師篇所記子祀、子輿、子犁、子來、子桑戶、孟子反、子琴張之徒也。子桑戶、孟子反皆爲孔門所稱，琴張則孔子弟子也，然則莊子固孔徒之流裔也。雖其詆訾孔子，比諸呵佛罵祖，然寓言篇莊子自言：『孔子行年六十而六十化，……吾且不得及彼乎！』則其心折孔子，固至深矣。

大宗師篇所寫的子祀、子輿、子犁、子來、子桑戶、孟子反、子琴張，與至樂篇所寫的『鼓盆而歌』的『莊子』一樣，皆爲道家所謂不以生死存亡累其心的理想人格，而寓言篇所寫的不敢執定是非的『孔子』，也已被賦予了道家的思想，並不能跟儒家創始人孔丘混爲一談。可見顧實從大宗師、寓言等篇中有關文字推導出所謂『莊周聞其風而悅之』的『古之道術』即爲大宗師篇所記子祀、子輿、子犁、子來、子桑戶、孟子反、子琴張之『道』，並進而斷言『莊子固孔徒之流裔』，『其心折孔子，固至深』，顯然已遠離了天下篇著者的本意。

第四節　方光的莊子天下篇釋

方光，字大玄，號方山，別署南華居士，生平事跡不詳。著作有國學別錄，包括莊子天下篇釋一卷、荀子非十二子篇釋一卷、淮南子要略篇釋一卷、史公論六家要指篇釋一卷。

莊子天下篇釋前有引言，謂『此爲莊子全書自序之文，匪唯自序道術已也，並儒、墨、名、法、道德諸家所治之道術而總序之』，故方光『揭其微辭奧義，冠諸國學別錄之首』，以『使學者開卷即知國學源流派別』。方氏將天下篇分爲若干段，引莊子諸篇文及各家說，順文作注，並斷以己意，時有創見，而各段後所撰論述文字，則更充滿了他的批判精神。

首先，方光極力否定了前人所謂天下篇首段有推尊儒家之意的說法。如他在此段『猶百家衆技也』下說：『百家，包舉儒家在內。』意謂在莊子看來，儒家亦屬於『不該不遍一曲之士』。在『春秋以道名分』下說：『夫春秋爲歷代記事之古史，當時各國之史亦名春秋。凡莊子書所舉之春秋，與孔丘所修之春秋無涉。……梁啟超指齊物論篇「春秋經世先王之志」爲稱述孔氏春秋，謬。』認爲也不能據篇中有『春秋以道名分』之語，而遽稱莊子有推尊孔子之意。在此基礎上，方光進而推論說：

> 右爲道術總序，敘述天人、神人、至人、聖人、君子，旁及六藝百家。天人，莊子自謂也；神人，謂列禦寇也；至人，謂老聃也；聖人，則合天人、神人、至人而統言之也；君子，則專指宋鈃、尹文、墨翟、禽滑釐也。雖儒者當統括於百家，此特標舉鄒魯縉紳云者，蓋以儒者陳陳相因，務爲勦說雷同之學，既無可紀述，而又不足與道、墨、名、法確然成一家言相提並論，然以儒家亦當時學術流派之一，故於總序中一涉及之也。後世陋儒不解道術總序涉及儒家之義，誤以歷世流傳之詩、書、禮、

樂、易與春秋，一經孔丘刪訂，遂妄認爲儒者一家之學，不知莊子之於六藝只曰『鄒魯縉紳多能明之』、『散於天下，設於中國，百家時亦稱而道之』，固已昭示六藝爲百家共道之學而非儒者一家專有之學明矣。

在方光看來，天人、神人、至人、聖人屬於莊子心目中的第一等人格，君子則次之，而『儒者陳陳相因，務爲勦說雷同之學，既無可紀述，而又不足與道、墨、名、法確然成一家言相提並論』，連君子的資格都夠不上。並指出，世所流傳的詩、書、禮、樂、易、春秋，實『爲百家共道之學而非儒者一家專有之學』，所以並不能據天下篇有鄒魯縉紳及六藝云云而認爲莊子有推崇孔子儒家之意。他甚至在篇末說：『儒者之徒，妄爲之說，竟強以敘列先後，爲有抑揚之意，當無聊之自解。如王安石云：「先六經而後各家，莊子豈鄙儒哉！」蘇洵云：「序古今學問，而序鄒魯於前，便見本來甚正。」王夫之云：「首引六經，則尤不昧本原。」安石之說，以先序六藝爲崇儒之證；蘇、王之說，直以莊子之學淵源儒氏，囈語厚顏，至可怪笑。韓愈亦有「子夏之學，其後有田子方，子方之後流而爲莊周」之說。康有爲竊韓說，以莊子爲孔丘三傳弟子，是韓愈既謬於前，康有爲踵謬於後也。』應當承認，方光的上述說法甚有見地，足可糾正前人在闡釋天下篇時所表現出的儒學化思想傾向。唯其將天人、神人、至人、聖人、君子與各派中的具體人物一一對應起來，似顯得有點牽強附會。

其次，方光將宋鈃、尹文歸入名家而反對與西方辯學相比附。他在篇中敘述宋鈃、尹文一段文字後論述說：『名家者流，其所大願，存活民命，安寧天下，與夫止於畢足人我之養也。而宋鈃、尹文爲其鉅子，……是周秦諸子莊、老而外，當以宋、尹爲首，出之賢仁矣。』認爲名家鉅子如此『賢仁』，怎可將其學說與歐人詭辯之論相混淆呢？因此方氏進而指出：

歐人詭辯之書，譯者擬以當吾名學，不知詭辯之論，徒供小識學門徑之資，亦惡足以當吾名學也哉？夫吾名學，內以治身，近以教人，遠以救世，所謂修身、齊家、治國、平天下，恢恢乎其於遊刃必有餘地矣。莊子之論宋、尹曰：『爲人太多，自爲太少。』是宋、尹二子之學行，固自難能而可貴者矣。

『名學』亦譯爲『辯學』、『邏輯學』，是研究概念、判斷和推理及其相互聯繫之規律、規則的一門學問，荀子和墨家、名家就曾研究過名實關係的邏輯問題，爲我國邏輯史的重要開創者。漢書藝文志名家著錄尹文子一篇，顏師古引劉向云：『與宋鈃俱遊稷下。』據此，方光便把宋鈃、尹文作爲名家來論述，並在下文指出，『宋鈃、尹文爲名家導師』，而與『道術呈駁雜支離之病而論辯多無當事理之言』的惠施，則『源同而支別』。所以，他堅決反對譯者以歐人詭辯之論來比擬名家鉅子宋鈃、尹文『內以治身，近以教人，遠以救世』的可貴學行。應當說，方光指出宋鈃、尹文的學行與西方辯學有著本質區別，無疑甚有見地，但他沿襲漢人舊說，仍以宋鈃、尹文屬之名家，卻很值得商榷，因爲他們當爲道家和墨家的折衷者。

再次，方光批評世人不知老莊而引佛氏爲說。他在篇中敘述關尹、老聃一段文字後論述說：『關之所謂己無居、形物著、動水靜鏡、應響、芴亡寂清、同和得失，與夫老聃所謂知雄守雌、知白守辱、取虛無爲而及根深紀約，皆爲觀妙之功；餘文云云，則爲觀徼之事耳。夫所謂妙也徼也，古今知者何人？天竺顯教東流以降，凡僧道居士於心宗及天台宗，曾事修習禪定止觀而粗具心得者，則固明如觀火矣。外此，吾知莊周以後，繼而興起，鮮有聞焉。觀於自河上公、王弼，至今之道德經注者，曾無一人知徼妙之爲何物，斯其證矣。』認爲老子學說的精髓主要體現在『徼妙』二字中，但自漢魏以來的學者卻無人識得，唯有曾事佛教禪宗、天台宗而能徹見心性者，乃可悟其精微玄妙之旨。方光所謂的『徼妙』，實際上是指一種自證自悟的身心性命之學。他在下文說：

身心性命之學，自關尹、老聃而開其端，迨莊周更特創別裁，戛戛獨造。……余嘗讀莊十年，亦與古今學者同焉無得，乃於台宗、心宗、密宗之止觀禪定入觀，諸法內研自證，而後知夫莊子：其用功之始也，必從事於心齋； 其繼也，復有事於不將不逆； 其終也，收效乎坐忘、物化，與夫吾喪我。交相參證，其內行之圓明，遂能如莊子自敍之所云云。……近人胡適謂：『這一篇評論莊子的哲學，最爲簡切精當。』以日人繙譯遠西小識學之名詞加之莊子，既屬荒謬，如何精當？

方光認爲，關尹、老聃所開創的身心性命之學，至莊周更特創別裁，始於心齋，繼以不將不迎，終乎坐忘、物化、喪我，可謂達到了戛戛獨造的境界。對此，人們只有像天台宗、禪宗、密宗那樣由止觀禪定入觀，自證自悟，方能有所體悟，而像胡適之流，竟以西方哲學（小識學）來譯解莊子思想，豈不荒唐！方光這裏指出莊子學說與老子學說有淵源關係，並謂莊子思想不能一味以西方哲學予以譯釋，應該說不無道理，但他接著以長篇大論徹底否定胡適的莊子學，復斥其爲『羼亂國學，欺世誤人』，卻顯然有點偏激了。

總之，方光的闡釋、較評既不乏真知灼見，又有一些不可取的地方，而論其最有學術價值者，則在於徹底批判了前人表現在此篇詮釋中的儒學化傾向。

第五節　譚戒甫的莊子天下篇校釋

譚戒甫（1887—1974），原名作民，字介夫，曾用名石奇，湖南湘鄉人。少時入私塾讀經史，1905 年考入湖南遊學預備科，1909 年考入上海高等實業學堂。1928 年聘爲武漢大學中文系講師，後歷任西北大學、西北師範學院、貴州大學、貴陽師範學院、武漢大學等校教授。一生主要研究先秦諸子，次爲楚辭、西周金文。著作有墨辯發微、公孫龍子形名發微、墨經分類譯注、莊子天下篇校釋、校呂遺誼等。

莊子天下篇校釋是譚戒甫在武漢大學任教時的教本，幾經修改，累年而後成。前有民國二十一年自序及劉永濟序，後有谷若虛跋。全書分爲六章，第一章爲總論道術所在及其分裂竟，第二章爲兼論墨翟禽滑釐竟，第三章爲兼論宋鈃尹文竟，第四章爲兼論彭蒙田駢慎到竟，第五章爲兼論關尹老聃竟，第六章爲專論莊周竟，而以『惠施多方』以下別爲惠施篇。其自序云：『余初治此，倦於舊說。沉思苦究，彌歷歲年，輕以管窺，旁求衆雜，舉凡子略之書，其今存者，罔不縋幽鉤隱，剔抉刮磨，窮其所本，極其所至，因得推其終始以匯其歸，由是門張戶列，徑達途通，方諸前修，微謂有異。』則其用功之勤，可以想見。

譚氏莊子天下篇校釋在校釋方面確實甚見功力。如其於『其數散於天下而設於中國者』句，以孟子滕文公、韓非子難勢、荀子儒效、左傳昭公十七年諸文爲釋，謂『至「天下」言「散」，「中國」言「設」，固自有別』，則『中國』當指諸夏而言，『天下』當『晐中國與外邦』而言；於『接萬物以別宥爲始』句，以尸子廣澤、呂覽去宥及莊子徐無鬼等文爲釋，謂『宥』與『囿』古字通，『別宥』謂不爲物所錮蔽。凡此，皆能自圓其說，可以備作參考。而求其『門張戶列』，與前人『有異』者，則有如下數端：

一、爲天人、神人、至人、聖人、君子、百官、民定等次與歸屬。譚戒甫在總論道術所在及其分裂竟一章中認爲，『內聖外王之道，即道術之全』，而『道術』則是『今人』所治『方術』的總和。他說：

> 聖人以上，有至人、神人、天人，共四層，爲神之屬，即內聖之事；聖人以下，有君子、百官與民，共四層，爲明之屬，即外王之事。總凡七層，其所以下降上出者，皆由聖人爲之中樞而生之成之也。蓋聖人實兼內聖外王而一之；其神聖之三與明王之三，皆由於聖人之一，故曰『有所生』、『有所成』也。

依據這一理解，譚戒甫認爲：天人屬於『神聖之第四層』，神人屬於『神聖之第三層』，至人屬於『神聖之第二層』，皆爲『內聖之上焉者』；君子屬於『明王之第二層』，百官屬於『明王之第三層』，民屬於『明王之第四層』，皆爲『外王之下焉者』；聖人則既爲『神聖之第一層』，又即『明王之第一層』，是『道術之總匯』。譚氏這樣來劃定等次與歸屬，確實甚有創意，但畢竟只是一種推測，不可作爲定論。

二、創圖以佐闡釋。譚戒甫在自序中說：『首章第一、二節，敷鬯猶難，往嘗注至一千言，稿凡十數易，無愜心者。迨後刪除蕪雜，明佐以圖，本指森羅，豁然開朗，乃知古人作述深邃，不易措手若此也。』譚氏在闡述天下篇首章第一、二節時，覺得僅用文字難以闡明經文的深義奧旨，所以便創『圖一』以揭示天人、神人、至人、聖人、君子、百官、民的等次與歸屬：

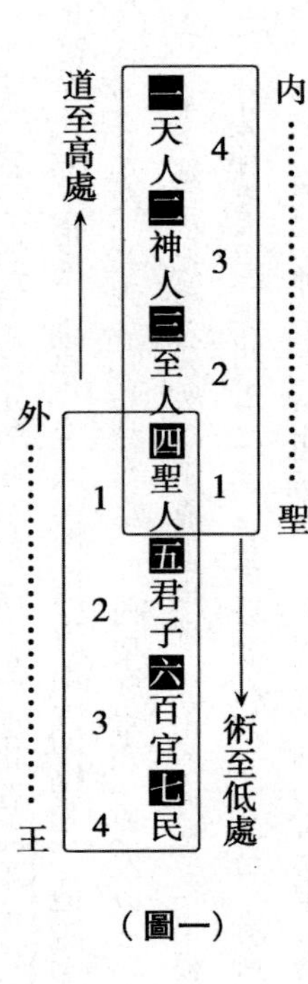

（圖一）

那麽，天下篇接著云『古之人其備乎！配神明，醇天地，育萬物，和天下，澤及百姓，明於本數，係於末度，六通四闢，小大精粗，其運無乎不在』，則我們該如何據此來進一步闡釋七個層次的人呢？於是譚戒甫創『圖二』以明之，認爲『古之人猶云古之聖人，此更著一「備」字，可以總括上列七層，無一遺漏。神明、天地二者連稱，下文數見。天道篇曰：「天尊地卑，神明之位也。」則此與上文神降明出之義相關矣。「育萬物」三句，皆聖人備於道術之極效。』說明此表顯示：天人、神人、至人可以配『天』，體現爲『道』、『神』、『聖』、『內』、『大』、『精』、『本數』、『無爲』；君子、百官、民僅可配『地』，體現爲『術』、『明』、『王』、『外』、『小』、『粗』、『末度』、『有爲』；而聖人則『備於道術之極效』，可以『六通』、『四闢』而達到無所不備的境界：

六通

3 天人 4
2 神人 3
1 至人 2
聖人 1
1 君子 2
2 百官 3
3 民 4

四闢（道）（神）（聖）（內）（大）（精）（本數）（無爲）

四闢（術）（明）（王）（外）（小）（粗）（末度）（有爲）

一（備）

（圖二）

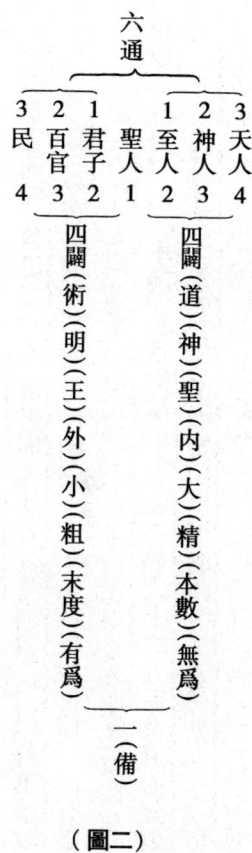

在上面二圖的基礎上，譚戒甫又在第六章末創制了一個總合圖（圖三），爲墨翟、禽滑釐、宋鈃、尹文、彭蒙、田駢、慎到、關尹、老聃、莊周定了層次與歸屬，認爲他們都是治『方術』者，但墨翟、禽滑釐、宋鈃、尹文、彭蒙、田駢、慎到、關尹、老聃『偏於外王』，莊周則『偏於內聖』，二者合而爲一，便是『古之道術』：

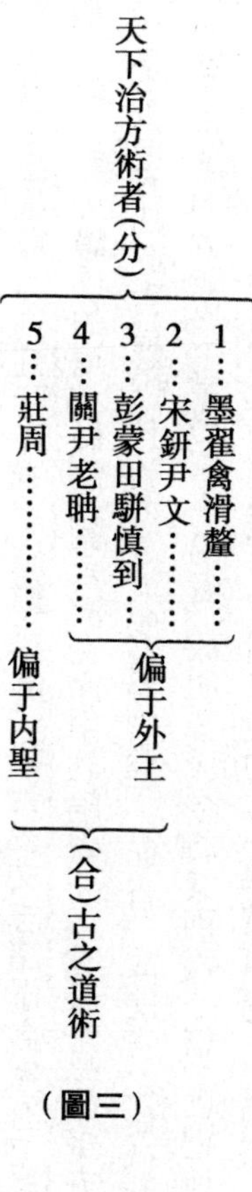

（圖三）

綜觀上述三圖，思路甚爲清晰，所定層次、歸屬犁然分明，譚氏所說『明佐以圖，本指森羅，豁然開朗』，可謂不誣。所以，儘管其所標示的具體內容可能會受到許多學人的質疑，但譚戒甫繼南宋龔士卨置周子太極圖於纂圖互注南華真經書前之後，連創三圖來作爲解釋天下篇的重要輔佐，卻具有開創性意義，值得重視。

三、別名家爲惠施篇。譚戒甫在第六章專論莊周竟後說：『以下別爲惠施篇，殆經後人糅合以成今形者也。北齊書杜弼傳「弼注莊子惠施篇」，則莊子原有惠施篇無疑。漢書藝文志諸子名家有「惠子一篇」，又未知即此篇否也？』故別爲一篇。對於譚氏的這一做法，劉永濟在序中評論說：『其論「惠施多方」以下，別爲惠施篇之文，尤爲特識所存，是不但有功此書篇第，且於古之人學術淵源深有所見，故能言之鑿然若此。』誠然，前人實有據北齊書杜弼傳而疑『惠施多方』以下當另屬一篇者，說明譚氏今將其別爲一篇，已把他人的懷疑變成了自己的大膽舉措，但這仍是一個需要繼續探討的問題，並不因爲他的這一舉措而有了定論。

第六節　單晏一的莊子天下篇薈釋

單晏一（1909—1989），亦名演義，字慧軒，江蘇蕭縣（今屬安徽省）人。曾就讀於山東大學文科研究所，師從高亨（晉生）等先生。後執教於西北大學，著有莊子通論、莊子薈釋兩部書稿。解放後，改治現代文學，尤致力於魯迅研究，著作有康有爲在西安、魯迅在西安、魯迅與郭沫若、魯迅與瞿秋白、魯迅小說史大略等。

莊子天下篇薈釋原爲莊子薈釋書稿的一部分，於民國三十七年先行校竣付梓。前有蕭一山題辭、孫道升單著莊子天下篇薈釋小序、單晏一自序，末附諸子家數比較表、參考書志舉要及張芝友跋語。正文分爲：一、前論，包括解題、考證、提要三部分；二、本論，包括總論道術、論鄒魯之士之方術及道術分裂之原由、論墨翟禽滑釐之方術、論宋鈃尹文之方術、論彭蒙田駢慎到之方術、論關尹老聃之方術、論莊周之方術、論惠施之方術八部分；三、後論，爲全書之結語。著者如此構思章節，甚有新意，故孫道昇序謂其『一變中國學者注疏之陋規，爲千數百年注莊者闢一新紀元，創一新體例，恢恢乎有遠略矣』。

莊子天下篇薈釋確實顯得氣局恢宏、體例新穎，而其『彌編群言，鉤玄提要』（蕭氏題辭），則尤見功夫。據其參考書志舉要，所引歷代注解及其他文字，就有郭象、成玄英、陳景元、李士表、羅勉道、焦竑、釋性通、王夫之、林雲銘、宣穎、胡文英、王念孫、陸樹芝、劉鴻典、俞樾、郭慶藩、王先謙、梁啟超、孫詒讓、劉師培、馬其昶、武延緒、秦毓鎏、章炳麟、奚侗、陶鴻慶、胡遠濬、顧實、錢基博、胡適、馮友蘭、高亨、馬敘倫、錢穆、譚戒甫、蔣錫昌、葉國慶、朗擎霄、羅根澤、于省吾、劉文典、陳柱、郭沫若、范耕研、王叔岷、武內義雄等七十餘家。如在前論中，既薈輯陸德明、釋性通、林雲銘、馬驌、宣穎、錢基博之說作爲天下篇題解，又對錢基博關於『以篇首「天下」二字爲題』的說法表示異議，認爲『以首二字名篇爲外、雜篇之通例，錢說似非』；既薈輯王夫之、林雲銘、胡文英、陸樹芝、蔡元培、胡適、梁啟超、錢玄同、顧頡剛、羅根澤、唐蘭、馬敘倫、葉國慶、郭沫若及日本津田左右吉、武內義雄之說作爲考證莊子版本等問題的重要參考資料，又詳列四證以否定武內義雄關於日本高山寺古鈔本天下篇末一段文字爲郭象所撰後序的說法，並詳列六證以首倡其關於此爲向秀所撰後序之說。在本論中，既薈輯陸德明、成玄英、武內義雄、顧實、劉文典、王叔岷之說以解『公而不當，易而無私』之義，又斷以己意曰：『秦策「盡公不還私」、管子問下「不阿以私」，即此二句之義。』既薈輯成玄英、奚侗、馬敘倫、高亨之說以解『接萬物以別宥爲始』之義，又據呂覽去宥、荀子解蔽等而斷以己意曰：『別宥，猶「解蔽」也。』總之，此書薈輯材料之富贍，實爲其他任何疏解天下篇之著作所不及，而單氏所下斷語，亦每有新見。

所謂『彌編群言，鉤玄提要』，還包括單晏一有時對『群言』的逐一否定，而據大量文獻資料，提出自己的新看法。如他在『爲之大過，已之大順』下薈輯了俞樾、郭慶藩、章炳麟、王叔岷等人的校勘訓釋文字，但對他們謂『順』、『循』相通，或訓『順』爲『馴』、『踳』、『退』，皆予以否定，而以詩經巷伯『亦已大甚』、雲漢『旱既大甚』爲證，認爲『大甚』與『大過』義同，此二句當謂『墨子摩頂放踵，力行兼愛，既已大過，而節用、節葬、非儒、非樂，亦已大甚也』。這一說法甚爲新穎，可以備作參考。他又在『關尹老聃聞其風而悅之』下說：『按老子姓氏問題，自史記老子傳稱其「姓李氏，名耳，字聃」以後，懷疑者少，惟至近世，精研諸子者衆，而老子之姓名，亦大成問題。』於是，對錢穆的『即老萊子，老萊子即荷蓧丈人』說、唐蘭的『與老子爲一人』說、羅根澤的『即太子儋』說、馬敘倫的『老彭即老聃』說、胡適的『老或是字，或是姓』說、馮友蘭的『老聃非李耳』說、陳柱的『李、老雙聲，老聃猶言李聃，老子猶言李子』說等，都表示否定。並推論云：

余則謂老聃姓聃，爲文王子聃季之後。本書天道稱老聃爲『周之徵藏史』，史記老子傳稱聃爲『守藏室之史』，張湯傳稱老子爲『柱下史』，或以同宗故歟？周語有云『聃由鄭姬』，韋注：『聃，姬姓，文王之子聃季之國，鄭女爲聃夫人。』古之姓聃者，且頗有人在。以春秋鄭國言，則有聃祝、聃伯。如以聃、冉一姓言，則其同族者更衆也。史記管蔡世家云：『武王同母兄弟十人，……冉季載最少。』是史記之『冉季載』即周語之『聃季』，而『聃』、『冉』二字相通矣。春秋魯多冉姓，如冉求、冉季、冉耕、冉雍、冉孺，皆孔子弟子也。老聃之姓聃，如墨翟之姓翟；老聃之稱老子，亦如墨翟之稱墨子也。

單晏一這裏謂老聃姓聃，雖然不能爲大多數人所接受，但他引經據典，大膽推論，並非無稽之談，故亦可備作一說。

更值得注意的是，單晏一還引進了現代人的學術理念，對天下治『方術』者從宏觀上作了新的評價。他在本論中說：

按春秋以前，王朝世襲，政教一統，異不相非，故道未裂。迨周室東遷，兼併日亟，於是新思想、新政治乘機而起，學術研究自由，諸子百家爭鳴，道術遂爲天下裂矣。實則分裂乃學術漸進之自然現象，不足憂也。試思中國學術之黃金時代，有過於春秋戰國者乎？

自來評釋天下篇所謂的『道術』與『方術』，皆認爲『道術』高於『方術』，而單晏一則一反傳統的觀念，大膽倡言『道術』分裂爲『方術』乃是社會政治發展的必然結果，也是學術發展的自然現象，並不值得擔憂。他甚至還讚揚『方術』並作的春秋戰國時代爲中國學術的黄金時代，爲其他任何時代所不及。單氏的這一評釋雖然違背了天下篇著者的本意，卻表現出了現代學者所具有的獨特眼光，從而改變了天下篇研究中的一個重要評價標準。

第十四章　民國其他學者的莊子研究

民國時期莊子學著作爲數衆多，其中關於莊子考據和天下篇研究著作，我們已分別設立專章予以論述，而對於其他方面的研究著作，雖曾以大量章節予以論列，但仍不能一一盡舉，故特開闢此章，於遺漏中擇其要者而簡論之。

第一節　陳柱莊子學著作三種

陳柱（1890—1944），字柱尊，號守玄，廣西北流人。出生於商宦之家，世代書香，二十歲時留學日本。回國後曾執教於上海交大、大夏大學、暨南大學、光華大學、南京中央大學等，先後任大夏大學、暨南大學、光華大學中文系主任，南京中央大學校長等職。著述範圍遍及經史子集四部，共有九十二部著作，主要代表作有周易論略、尚書論略、諸子概論、子二十六論、定本墨子間詁補正、墨學十論、公孫龍子集解、老子集訓、老子與莊子、莊子内篇學、闡莊、文心雕龍增注、中國散文史等，深受學術界推崇。

一、老子與莊子

老子與莊子分爲上、下兩篇，上篇爲老子平傳，下篇爲莊子平傳，本文只論下篇。莊子平傳爲論述體，包括莊子傳略、莊子書之内容、莊子之學說、莊子之文學四個部分，既重在以莊證莊，也多引馬其昶、劉咸炘、馬敘倫等人的論點，甚爲簡潔，可作爲學莊者入門時的參考書。

莊子傳略部分主要引司馬遷、馬敘倫觀點並莊子文中材料論述莊子的生平、學術淵源、交遊、生活、仕宦等方面的内容；莊子書之内容列莊子三十三篇目録，引馬其昶、劉咸炘等人的觀點，論述莊子的作品問題。上述兩部分陳氏新見不多，兹不論。

莊子之學說可以說是莊子平傳的核心内容，分爲緒言、絕對自由、一切平等、養生之道、處世之道、不言之教、不死之道、無爲之治、結論等九個部分。陳氏在緒言中說：『莊子書三十三篇，内篇七篇，實已統攝其大義。逍遥遊者，言絕對自由之旨；齊物論者，說一切平等之法；養生主者，言養生之道；人間世者，言處世之方；德充符者，闡不言之教；大宗師者，述不死之道；應帝王者，陳無爲之治。』故陳氏只就内七篇展開論述，如從是非平等、美惡平等、死生平等、物我平等等方面來闡釋齊物論篇之一切平等，從救時、出使、接物、遺世、玄同等方面來闡釋人間世篇之處世之方，簡明扼要。

在莊子之文學中，陳氏從討論文體入手，指出寓言、重言、巵言是莊子文章的文體。他說：『蓋所謂寓言者，寄之於他人之言；重言者，本諸長老之說；巵言者，隨時日新之論也。此言其文體也。』惜其論證不詳。並且，陳氏還從境幽、古趣、善譬、善辯、寫情、善說理等六個方面論證了莊子文學之優美。

二、莊子内篇學

莊子内篇學是陳柱在南洋大學（上海交大前身）授課時的講稿，也是他平生所著的第一部學術著作。該書前有陳柱重刊莊子内篇學自序①、莊子内篇學例言、莊子内篇學目録、莊子内篇學自敘及陶中莊子内篇學敘，後有陳氏所撰跋②。陳氏以天下篇爲莊子書敘文，移至内篇前，一併予以闡釋，故該書研究莊子書目實爲八篇。就該書體例而言，書中諸篇都包括通讀、通論和通釋三部分。通讀即録莊子原文，有句讀，並在眉欄加以評點，側重文評，『使讀者易通其理解』（例言）；通論即論莊子原文大旨，『使讀者易明其全篇大旨』，常以『守玄子曰』發論；通釋即將莊子原文詞條或短句列後，擇取古今諸家注解，並間或斷以己意，順文雙行小字作注解。需要説明的是，陳氏所録莊子原文中，有阿拉伯數字1、2、3……和中國數字一、二、三……兩種序號，前者爲通讀眉批中序號，後者爲通釋中序號。該書有多篇附録，天下篇後附司馬談論六家要指、公孫龍通變論，齊物論篇後附公孫龍白馬論、指物論，德充符篇後附公孫龍堅白論，可一併參看。

陶中在莊子内篇學敘中説：『故世之治莊子學者，鮮能通其條貫，明其玄指，而往往一二俗儒啚夫，又復偏於一曲之見，强爲穿鑿，支離附會，既失莊子之本意，復詒學者之慨於無窮，豈不憾哉！』這是從莊子學的角度對治莊者提出批評，從而説明陳柱著爲莊子内篇學一書之必要性。陳柱在莊子内篇學自敘中則認爲，在當今之世，想讓人們『絶聖棄知，滅禮殘義，以求消摇之真樂，行齊物之玄理』是不可能的，『然使世之學者，稍聞玄理，心知其意，小之則稍殺其身家之私，大之則稍殺其國界之私，則夫天地之厄運，萬物之殺機，或可稍息與？此則走今日所以述是書之意也。』這則是從世用的角度來説明著述莊子内篇學一書之重要性。

陳氏以内七篇爲一整體，認爲它們體現了天道人事之本末的各個方面，莊子内篇通論予以較詳細論述。概言之，逍遥遊篇是前提，只有『能心與天遊，而可以語於大理之方也，故首以消摇遊』；齊物論篇則『實莊子之

① 該序作於民國十八年二月。
② 陳氏自跋作於民國十六年六月。

要道，內篇之大本』，養生主、人間世、德充符、大宗師、應帝王五篇皆以齊物論篇作爲立論之基。陳氏在大宗師通論下中還認爲，大宗師篇兼有前五篇之旨，而應帝王篇爲大宗師篇之緒餘，因而大宗師篇爲內篇之終。何以齊物論篇爲內篇之本而不列於內篇之首？大宗師篇爲內篇之終而不列於內篇之末？陳氏解釋說：『蓋以消搖遊之道，爲齊物論之先導；應帝王之道，爲大宗師之餘事也。』陳氏在通論內七篇時，還間引西方心理學、化學、物理學知識來解莊，如齊物論通論下以化學元素來解釋齊物論篇之旨。中西方思維習慣不同，莊子思維本以整體直覺爲特徵，陳氏將其分解開，以化學元素來說明問題，有違莊子之旨趣。

陳柱在莊子內篇學中，還寄寓了一些自己對世事的看法。他在後跋中說：『此書之作，蓋當袁世凱經營帝制之時，文網密佈，作者既深疾之，故於講莊之中，時時有項莊舞劍之意。』他想以此『刺』世，表達自己的不滿，如他在應帝王通論中以『最大聲疾呼』：『夫大道不衰，則帝王靡繇立。帝王既立，而大道乃爲粃糠矣。帝王不立，則渾沌無自死；渾沌既死，而帝王乃爲盜賊矣。』對袁的復辟簡直是深惡痛絕。

在莊子內篇學中，陳氏還認爲莊子學說自成一家，有別於老子、孔子之學。他在天下篇通論中，首先批駁了莊子宗老、尊孔兩種觀點，指出：『世之論莊子者衆矣。爲老子之學者，則曰「莊子，吾師之弟子也」；爲孔子之學者，亦曰「莊子，吾師之弟子也」。於是各以其師之學以窺莊子，覩其有異於己者，則曰「此非莊子之文也，莊子之徒爲之也」；見其有稱其師之說者，則曰「莊子之尊我至矣，莊子何嘗非我哉」。此胥管窺之見，錐指之論也，惡足以知莊子？』並且，陳氏又指出了孔、莊之間的區別：『蓋莊子，處嘗有得於六經者，故常稱道孔子；然孔子勞形於人間，而莊子游心於消搖，故又與孔子異。蓋孔子遊於方內，天之戮民也；莊子遊於方外，天之君子也。故其於孔子未嘗不尊，亦未嘗不詆。』又指出了老、莊之間的區別：『若夫老子，以虛無無爲爲宗，其大指蓋與莊子同，故稱之曰「博大真人」，然而不自列於老子之術，則又顯與老子異矣。蓋老子以知雄守雌爲指，尚有福禍之見，而莊子則獨與天地精神往徠，已無死生之念者也。故其於老子，未嘗不稱，亦未嘗不別也。』

莊子內篇學體例完備，通讀、通論、通釋三部分相輔相成，雖有些論點還值得商榷，但不失爲一部較好的莊子內篇學著作。

三、闡莊

闡莊分上、中、下三卷，在子二十六論中，用文言寫成，分段，不句讀。陳氏認爲：『莊子之書，大恉盡在內篇，而內篇之中最要者，則在消搖遊、齊物論兩篇而已。消搖遊者，絕對自由之恉；齊物論者，一切平等之談也。』(闡莊上)故陳氏立足逍遙遊、齊物論兩篇，聯繫天下篇，對莊子之道、學術源流、孟莊學術異同等問題進行了論述，雖然篇幅不長，但甚見功底。

闡莊上重在論莊子之道。陳氏說：『以天地萬物爲一體，不大天地，不小豪末，不貴金玉，不賤糞溺，大小精粗，漠然莫不平等，莊子之道也。此齊物論所由作也。然其視天下必如此之平等者，其恉在乎消搖。是故消搖遊者，莊子之目的；而齊物論者，莊子之方法也。』並且，陳氏將莊子之道分爲三個層次：『莊子書所言道，有三等義諦：有內聖之道焉，有內聖與外王之道焉，有外王之道焉。』所謂內聖者，即天下篇所謂天人、神人、至人；所謂內聖與外王者，即天下篇所謂聖人；所謂外王之道者，即天下篇所謂君子。三等義諦雖有高下，但『法天無爲則未始不一貫焉』。明乎此，則是讀莊、治莊之基礎。

闡莊中主要論人與學術源流。陳氏論人，依天下篇，將人分爲七等，即天人、神人、至人、聖人、君子、百官、生民，並指出：『莊子之意，蓋以此七等，別天下人之品類，以謂道無乎不在。』陳氏論學術源流，首先指出古代學術存乎史官，由史官而傳於儒家，而諸子學術多出於儒家所傳六藝，由是他解釋了莊子書中爲何時而薄孔、時而尊孔的矛盾：『是故莊子論内聖之道，固不能不薄儒家；而論外王之道，而深有取焉。故人間世篇多引孔子、顔回之説以言治，而天下篇盛道儒家之學爲百家之淵原，且無詆訶儒家之論也。』接下來，陳氏以莊子逍遥齊物之自由平等爲準則，對天下篇所列各家各派進行了評論。如評論老子之學，陳氏認爲其『爲道家之正宗，且爲莊子之學所自出者，故稱之爲博大真人而絶無貶詞焉。然老子之學，雖法天而知雄守雌，知與爲取，尚不免有人事作用，此則兆於變化，内聖而外王之學，篇首所謂聖人者也。莊子則不然，其道更出乎老子之上，而直欲與天爲一……，豈非篇首所謂天人、神人、至人者乎？』即認爲莊子之學比老子之學更高一層。同時，陳氏還討論了莊子與老子、惠施學術的異同。他説：『老、莊之學，人皆知其同而不知其末同而本異；莊、惠之學，人皆知其異而不知末異而本同。何者？莊子之學出乎比較，老子之學出於對待，其本異也。老子對於對待，則由有對待而歸於無對待；莊子出於比較，則由有比較而歸於無比較，此則異而實同矣。故莊子於老子，雖不盡同而終無譏焉。惠施則不然，雖與莊子同出於比較，其本未嘗異也。然惠施則役於比較而歷物，莊子則因比較而齊物，歷物則所明不過物之分，而不能齊物則不能觀物之通，斯莊、惠之所大異也。』所論讓人耳目一新。

闡莊下重點闡釋了莊子與孟子學説的異同。陳氏在討論了莊孟在辯論、禮教、是非等方面的不同後，從解決莊、孟互不提及的問題入手，重點探討了莊、孟學術的相同點，即有共同之的鵠（人之天性方面）、有共同之淵泉、有共同之敵論（楊朱、墨子）①，認爲『莊子之説與孟子雖相反而實相成者也』。陳氏此論，雖有牽強之意，但亦可備作一家之言。

① 由此論點，陳柱還批駁了楊朱、莊周爲一人的説法。他説：『近世之以楊朱、莊周爲一人者，其説甚妄矣。』

第二節　阮毓崧的莊子集注

阮毓崧(1870—1951),字次扶,湖北黃安人。進士出身,而愛好佛學,爲武昌佛乘修學會組織者之一,推崇太虛大師的唯識思想。又喜老莊學說,故民國三年以後雖歷充各省司道政廳諸職,但皆不數月而辭去;繼充第一屆國會議員,亦能淡然處之。著作有莊子集注。

莊子集注稿本五卷,輯莊子古今注及有關文字,計有韓非、河上公、鍾會、司馬彪、崔譔、向秀、郭象、支遁、李頤、鳩摩羅什、簡文帝、王穆夜、張湛、陸德明、成玄英、司馬光、蘇轍、陳祥道、焦竑、憨山、王夫之、王敔、宣穎、盧文弨、王念孫、王引之、姚鼐、俞樾、李楨、郭嵩燾、郭慶藩、王先謙、蘇輿、陳壽昌、章炳麟等家,並間下己意,於眉欄標韻。書前有阮毓崧於民國十七年所作莊子集注序和太虛、張繼煦、劉佑騏各於民國十八年所作莊子集注序等,末附莊子釋詞、莊子釋詞補遺。此稿本於民國十九年由上海中華書局影印出版。重訂莊子集注五卷,刪去太虛、張繼煦、劉佑騏所作莊子集注序和莊子釋詞、莊子釋詞補遺,並改寫了阮毓崧所撰莊子集注序和例言,而在書前增添了民國二十二年黃侃所作莊子集注序和阮氏所作重訂莊子集注序。此重訂本於民國二十五年由上海中華書局排印出版。阮毓崧在重訂莊子集注序中說:『集注之作,初繕稿於己巳(民國十八年)秋。兒輩見手書者裒然成帙,疑爲定本,嗣以余行年六十,擬作紀念,遽寄滬局影印之,不知是草草者,未經討論,尚多待余訂正也。……歲在辛未(民國二十年),余適有鼓盆之歎,悲懷莫遣,因而檢閱集注,復考證崑山顧氏、婺源江氏、高郵王氏、德清俞氏暨近出餘杭章氏諸書,據前說而重訂之,並於原注之待正者更之,未及者補之,則衡以達莊高論,雖本編尚屬緒餘,但庶幾較勝於初,不至以非愚則誣者,長見笑於大方之家也。』今案阮氏於中華書局影印稿本例言中說:『此書正文及注近三十萬言,予以鉛印多訛,乃手自楷書校正,俾便付之影印,即爲予行年六十留一紀念。』劉佑騏在序中也說：『有郵卒叩門，授予巨帙，乃予同年阮公次扶以所輯莊子集注底本，由漢寄示，並請予爲審定者。……亟展閱底本大致，見數十萬精工小楷，皆次公因預備影印，親手所書。』則重訂版自序所謂兒輩爲之云云，乃爲不實之詞。但阮氏年逾花甲，猶於影印出版後修訂不輟，增損處在在皆是，則反映出其對待著述甚爲認真，確與當時『標新領異，恒有逞聰明傅會』（重訂莊子集注序）者不同。

阮毓崧在莊子集注序中說：『莊子一書，自魏晉迄於明季，注者多矣，惟十九隨時散佚，其幸而存者，大概競言玄理，不屑屑爲論文解字之談。清初注家，若四庫所收六種，仍不能有所闡發。逮宣氏南華經解，始能於莊子文章之妙反覆發明，而惜其不多識夫通假之字。其後王念孫父子，暨孫詒讓、俞樾諸氏，識其字矣，但皆非全注，不過各舉數十條。於此有人焉，綜覈舊注，精擇之而集其大成，俾卓然有裨於後學，當亦非大難事也。乃竟莫之能覯。湘陰郭慶藩莊子集釋，取材雖富，而瑕瑜並見，尚不足以當之。此固余撫卷諮嗟，未敢嫌執管之窺早欲爲閉門之造者也。』正因不滿於前人所撰寫的各種莊學著作，包括清末郭慶藩所著的莊子集釋在內，『於是本歷年之研究，正舊注之乖訛，依內、外、雜篇輯爲上、中、下卷，命之曰莊子集注，藉安余誦讀之心。』（莊子集注序）

今通讀莊子集注全書，阮毓崧確實用力甚勤，其『集各家所識字，所論文與所言理，擷英采華，匯成一編，裨益於讀莊子者，當不淺』（太虛莊子集注序）。如以逍遥遊篇爲例，阮氏於『其名爲鯤』下云：『爾雅釋魚：「鯤，魚子也。」國語魯語及文選西京賦「鯤鮞」注同。說文段玉裁注謂：「魚子未生者曰鯤。」郭慶藩謂：「鯤即魚卵，莊子故稱爲絕大之魚。此則齊物之寓言，所謂汪洋自恣以適己者也。」案：據此，則陸引舊注云「鯤，大魚名也。字當爲鯨」，失之。』①於『去以六月息者也』下云：『六月，即海運風起之時；息，即下文「以息相

① 本節凡引集注及阮氏本人注語，皆據重訂本莊子集注。

吹」之「息」。漢書揚雄傳注：「息，出入氣也。」戰國齊策注：「太息，長出氣也。」又「大塊噫氣，其名爲風」，見齊物論。是則此所謂息者，即氣也，風也。言大鵬之去，往南冥，常乘六月之風也。故下文云：「風積不厚，則其負大翼無力。」郭象注：「大鳥一去半歲，至天池而息。」恐誤。』又眉欄首條批語云：『鯤、鵬、雲、冥，遙韻。鵬，蒲登切，音朋，讀若今音彭。此韻中隔有他韻，據江永詩韻舉例，當稱隔韻。』這些例子說明，阮毓崧不但精心擷英采華，而且還每每斷以己意，『雖聲韻文句之微，亦致謹焉。』（黄侃莊子集注序）應當說，這就是阮氏莊子集注的基本特徵和主要價值所在。

從宏觀上看，阮毓崧也有一些較爲獨特的見解。如他在天運篇『孔子西遊於衛』至『惜乎而夫子其窮哉』一段話後說：『再惜夫子之窮，則於所謂時宜者有隱諷矣。此段一芻狗，二舟車，三桔槔，四柤梨，五猨狙，六美醜，喻中出喻，乃莊文絕妙之處，史公所以歎其洸洋也。』此處指出『於所謂時宜者有隱諷』及『喻中出喻』，無疑極有眼光。他在寓言篇題下說：『本篇開首四語，已隱將一部大書之作法標列於此，最後天下篇將寓言、重言、卮言諸說復申明之，學者應了然其全旨矣。乃注家猶多不悟，尚或迷離顛倒於其中，豈能免乎作者之揶揄耶？』此處強調當以『三言』爲解讀莊子全書的金鑰匙，確實甚有見地。他又在讓王篇題下說：『本篇及下三篇（指盜跖、說劍、漁父），自東坡以枝葉太雜，指爲僞作，說者從之。惟此四篇文體，雖與其餘文不甚相符，然其深微之語，固有與內篇相發者，抑又何必吹求也。』此處所說雖難定其正確與否，但能一反自蘇軾以來大多數人的說法，卻頗能新人耳目。

阮毓崧還特別重視標明莊子文章的用韻情況。他說：『莊文多韻語，有必以古音讀之而乃葉者。自陸氏釋文不列古音，後之人亦不復推求古韻，遂使相諧相協別有神趣之妙，讀者反不知之，此亦注家之過也。本編特爲注意，因證以吳才老之韻補、顧寧人之唐韻正、江慎修之古韻標準諸書審定之，以縷列上方，亦從來未有之例。』（修訂例言）今檢全書眉欄所有批語，確實都是用來標明相關文字用韻情況的。諸如逍遙遊篇眉欄『糧糧疊韻』、『視與此韻』、『待與待韻』、『名名賓賓君韻』，齊物論篇眉欄『籟字疊韻』、『私與治韻』、『是與彼韻』、『五馬字疊韻』，駢拇篇眉欄『仁與聲韻』、『性性性韻』、『四適字與僻韻』，則陽篇眉欄『然然間隔韻』、『化化何何遙韻』、『人天人韻』，天下篇眉欄『人精人真人韻』、『備地在上去遙韻』、『術是上入爲韻』等等，雖尚有待進一步深究，然如此大量列示，卻確爲『從來未有之例』，在莊子用韻研究方面作出了貢獻。

此外值得注意的是，阮毓崧雖『以用世之材，遭無妄之會，怵於國步之頻、民生之艱而息意於莊子』（黄侃莊子集注序），但他並不把自己的家國之恨、身世之感過多地攙入莊子集注中，而是選擇了比較忠實於文本的闡釋指向。如他在人間世篇題下說：『慨人類間之世界也。以世變無窮，惟人類間尤難處耳。』又在此篇之末說：『以上凡引四事，自處之道盡矣。自處無用，則我與人無爭，而人於我且不得所爭，隳聰黜明，逍遙無竟，處人又復何尤？此即篇首「虛」字澈底處也。』這些解釋文字，皆與阮氏在莊子集注序中所謂『當滄海橫流之會，獸蹄鳥跡之道交於中國，磨牙吮血，殺人如麻，知必有道焉，使足以韜光晦跡，善全其生，雖燕襲人間，亦得與海上冥鴻同其超脱，因而思老莊之風，人皆取先，己獨取後，人皆取實，己獨取虛』的説法有以相通，同樣也攙入了著者的思想感情，但基本上符合人間世篇宗旨，並沒有遊離於莊子處世思想之外。尤其難能可貴的是，阮毓崧儘管素來好佛，並認爲『莊子多出世之言，其淺者不出天乘，深者直達佛界』（修訂例言），但他在具體闡釋莊子文本時，卻並不曾以佛理來附會莊子，即使引述了楊文會南華經發隱中的一些話，也基本上已删去了其帶有明顯佛理化的成分，表現了著述者嚴肅認真的學術精神。

總之，阮毓崧『纂輯累載，成莊子集注五卷，亦有自下己意，仍以舊解爲多，觀其所撰，雖聲韻文句之微，亦致謹焉』（黄侃莊子集注序），是繼郭慶藩莊子集釋、王先謙莊子集解之後的又一部較理想的莊子集注著作，只可惜由於各種原因，至今未爲學術界足夠重視。

第三節　胡遠濬的莊子詮詁

胡遠濬（1869—1933），字淵如，别號天放散人，安徽懷寧人。清光緒十七年中舉，曾任懷寧縣教諭，掌文廟祭祀，並致力編纂懷寧縣志。光緒三十二年，始任教於安徽師範學堂（亦稱『龍門師範』），民國三年轉教於安徽第一師範，於哲學、儒學、書法、繪畫皆頗有造詣。晚年執教於中央大學哲學系，治老子、莊子甚勤，有老子述義、莊子詮詁行世。

莊子詮詁一册，三十三篇，皆順文作解，眉欄錄各家評語，各段末附以己意。書前有民國六年所撰序目及序例。書中引錄前人注解及評語，計有司馬彪、崔譔、向秀、郭象、李頤、支遁、陸德明、成玄英、黄庭堅、褚伯秀、王應麟、羅勉道、楊慎、歸有光、焦竑、釋德清、陸西星、陳治安、方以智、王夫之、錢澄之、盧文弨、王念孫、王引之、宣穎、姚鼐、俞樾、孫詒讓、方潛、吴汝綸、王闓運、郭嵩燾、陳壽昌、李楨、王先謙、馬其昶、楊文會、章炳麟、陳攖寧等數十家。胡遠濬在序例中説：『余曩讀鄉前輩馬通白先生莊子故，見其訓詁精詳，晝章明確，又時於古今通人述莊之微言大義，附注尤徵宏識。其博采各注自具爐捶意，非深於文者莫能也。心愛而好之，因間有於鄙見未愜者，一師其意，輒攙他説，附列簡中，取便己讀，久之心領神悟，得其綱要，於是增易漸多，分章語亦用更訂，其或兩説可通者並存之，此非必所得獨多也。憑藉有資，爲功較易耳。書成，大體依馬而略加變通，取其義，故並發題曰莊子詮詁。』胡遠濬爲桐城古文派大師吴汝綸的追隨者，所以對桐城派『殿軍』馬其昶的莊子故有特殊的喜好，把它作爲主要的借鑒取資對象。同時，他也較多地引錄其他桐城派學者評注莊子之語，尤其在保存劉大櫆、姚永樸、姚永概等人的評注文字方面有一定功勞。但莊子詮詁（尤其在眉欄）所轉引的所謂歐陽修、王安石、蘇軾、蘇轍、黄庭堅、秦觀等宋代名公的批語，經筆者考證，多數乃出於劉辰翁莊子南華真經點校，而胡氏失於考察，以訛傳訛，不免影響了此著的學術價值。

在學術觀點上，胡遠濬主要強調了三點：一、認爲外、雜篇多發内篇之旨。胡氏說：『今細玩外、雜諸篇中，固皆多發明内篇旨趣。如庚桑楚，逍遙遊也；秋水、則陽，齊物論也；達生、列禦寇，養生主也；山木、外物，人間世也；田子方，德充符也；至樂，大宗師也；在宥、天地、天道，應帝王也。……其餘駢拇、馬蹄、胠篋，皆痛言治人者不適之患；刻意、繕性，則歸重於存身養神，所謂「正己」是也，德充符類歟？蓋無一非内篇之意蘊也。惟既經後人羼雜附益，篇次殊不可尋，獨内七篇，顯有次第，詞無枝葉，爲莊子自訂。』（序目）這與明潘基慶南華經會解、清周金然南華經傳釋的說法一樣，對内篇與外、雜篇的『經傳』關係作了充分強調。二、認爲莊子多申老子之旨。如胡氏在序例中說：『莊子多申老子之旨，如老子曰：「道法自然。」然人於理求其說而不得者概歸之自然，此本無可致詰之詞。故莊子申之曰：「不知其然之謂道。」老子曰：「有物混成，先天地生。」此別理於氣，假定語耳，其實理氣一也，無後先之可言。故莊子申之曰：「有先天地生者，物耶？」蓋皆似相反而實相成者也。略舉兩例，餘可隅反。且既因自然引申曰：「不知其然。」復因不知其然引申曰：「知止其所不知。」莊子誠可謂明天人之故者。蓋天下之物，爲吾所及知者少，爲吾所不及知者多，必強知所不知，其道無由。雖然，此固不足患也。如挈領而衣無不振，提綱而網無不舉，吾誠得其混成者以爲之根，則安往而不可爲不知之知？老子曰：「其出彌遠，其知彌少。」正謂此也。』胡氏還把這一理念貫徹到具體的篇章。他於駢拇篇題下說：『此老子「絶仁棄義，民復孝慈」之旨。』於胠篋篇題下說：『此衍老子「聖人不死，大盜不止」之說。』於在宥篇題下說：『此衍老子「無爲而無不爲」之旨。』於田子方篇題下說：『此衍老子「常德不離」之旨。』凡此，都是對莊子學說與老子思想相同面的充分強調。三、認爲莊子學說與儒家思想實爲相通。胡氏說：『莊子破儒家之執，故立詞不得不異，而其旨實同。蓋易曰：「一陰一陽之謂道。」中庸曰：「道並行而不悖。」如中虛不著一物，然後誠實無妄，儒者就實理充周言，道家就中虛無著言，一有一無，二義固相需也。

……莊子救世之情，與孟子同。孟子痛斥言利，莊子深譏近名，名即利也，亦即刑也。』（序例）這是對唐宋以來有關莊學儒學化思想的進一步發揮，並在闡釋天下篇時說：『退之謂其學出於子夏，殆其然與？東坡謂莊子助孔子者，於此見之。』說明胡氏的莊子詮詁具有一定的儒學化傾向。

在莊子詮詁中，胡遠濬還有意攙雜了一些佛教思想，並徵引了不少佛學思想資料。他說：『近代楊文會、章炳麟，旁摭釋氏，印證易明，均能補諸家所未及。』（序例）因而他於逍遙遊篇『故曰聖人無己』三句下引楊氏說：『舊解謂三人無淺深，竊窺莊意，當以法、報、化三身配之。』於人間世篇『唯道集虛』二句下引楊氏說：『仲尼明示心齋之法，先以返流全一誡之，然後令其從耳門入，先破浮塵根，次破分別識，後顯遍界不藏之聞性，即七大中之根大。』於庚桑楚篇『萬物出乎無有』四句下引楊氏說：『語語超越常情，顯示空如來藏也。』又於齊物論篇『非彼無我』九句下引章氏說：『真宰，即佛法中如來藏藏識。所謂眹者，彼我分際，見此分際者，即佛法中意根，恒審思量，執藏識以爲我者也。』於德充符篇『象耳目』三句下引章氏說：『大乘發心，惟在斷所知障。此既斷已，何有生滅與非生滅之殊？』於大宗師篇『已外生矣』五句下引章氏說：『至於外生，則生空觀成矣。朝徹見獨，至於無古今，則前後際斷，法空觀成矣。』在胡遠濬看來，楊文會、章炳麟的這些解說比諸家說法更能發明莊子奧義，所以徵引較多。而且，胡氏還往往自下斷語，直接引佛理來解釋莊子中的某些文字。如他於德充符篇『以其知得其心』二句下說：『按：知，即釋氏所謂意識；心，即含藏識；常心，即真如。』於庚桑楚篇『發乎天光者』二句下說：『按：此即釋氏所云「幻滅滅故，非幻不滅」、「色身見法身」耳。』這裏以佛教所謂『意識（謂以意根爲所依、以法爲境的認識）』、『含藏識（謂自性能含萬法）』、『真如（謂永恒不變的真心）』來解釋德充符篇有關名詞，還算比較吻合，但其以佛教所謂『幻滅滅故，非幻不滅，譬如磨鏡，垢盡明現』和『色身（肉身）見法身（具一切佛法之身）』等說法來解釋庚桑楚篇『發乎天光者』二句，卻顯然有些不相契合，因爲莊子在此處所強調的是心境的自然安靜，而並不是由努力修行證得法性。

因胡遠濬爲桐城古文派的追隨者，在學術上主張打通莊子與老子、儒學、佛學的關係，而他又恰恰處於中國傳統文化與西方科學思想交匯與碰撞之世，故其研讀莊子，除了重視桐城派馬其昶、吴汝綸及劉大櫆、姚鼐、姚永樸、姚永概等人的治莊成果外，還相當注意道、儒、釋及西方科學思想的會通。他在序例中説，『莊子注紛紜充棟，今必聚世間所有足吾一人目力遍觀而盡識之，勢固不能』，故『大體依馬（其昶）而略加變通』而撰寫莊子詮詁；又『明陸長庚深通玄家之説，近代楊文會、章炳麟旁摭釋氏，印證易明，均能補諸家所未及，……故余於三家之説采列較多』，而『近世諸科學於讀莊實爲切要』，亦須予以關注，所以『凡諸家所借儒釋，旁通其義者，並入之，取曉暢本文而止』。

綜上可知，胡遠濬的莊子詮詁雖存在著一定的儒佛化思想傾向，所引前人評語亦不免有以訛傳訛之處，但以其能廣采各家注解之精華，並間下己意，顯得精粹而又不無新見，所以仍不失爲民國時期較好的莊子學著作之一。

第四節　黄元炳的莊子新疏

黄元炳，字星若，江蘇無錫人，生卒年不詳。善治易學，兼主漢宋，旁搜博徵，探究易學之本源，並融易、數、理於一爐，即體即用，多所闡發。著作有易學探原（包括易學入門、河圖象説、經傳解、卦氣集解四種），凡六十餘萬言，並附插圖百餘幅。

莊子新疏一册，僅解内七篇。本名莊子影，以『影』、『因』聲相近，恐與林雲銘莊子因相亂，故改今名。前有民國二十一年蔣維喬序、黄元炳自序，及内篇真寓人名表、莊子傳並注。黄元炳疏解莊子，大要謂『莊子之學宗孔祧老，實爲易教之别傳。』（蔣序引）他在自序中説，莊子爲宋人，『宋魯地相邇，遊釣棲息在焉。彼其得於故老，聞於先哲，雖曰學無常師，然而必有傳也』，即謂莊子對魯國先哲孔子所創立的儒學必有所傳、有所宗，故其因『深惡田齊』，便撰出胠篋篇，以『代孔子作討陳恒之檄文』。但黃元炳認爲，莊子所傳的主要還是曾子、子思的大學、中庸之學，尤其是顏回的『心齋』大法，『所以大孔子而特贊顏子也』，而『後世誣莊子爲子夏一系，真無據之武斷』。黃元炳的這些看法雖亦不免是一種偏見，但它畢竟對韓愈所倡導的關於莊子當爲子夏之後學的說法提出了大膽否定，從而使人們頗有耳目一新之感。

黃元炳還認爲，『莊子、孔、老不分門』，尤其是外篇，更可謂『兼師孔、老，而出入於(大)學、(中)庸、道德者也。』(見自序)他在莊子傳並注中進而指出：『夫儒，學者之通稱，而道德雖見老子書，亦見學、庸，道、儒一本，同源異流者也。故子莊子自拔於諸家之外，宗孔祧老，著書內、外，合五十有二篇。』意謂莊子雖與老子『同爲宋人』，『亦習聞老氏之緒』，但『其書老氏骨而孔氏髓』，『祧老』而『宗孔』，故能『自拔於諸家之外』，甚至『比老子稍勝也』。黃元炳的這些說法，大致就是對清代林雲銘莊子因、藏雲山房主人南華經大意解懸參注中有關說法的進一步推進，也具有明顯的儒學化思想傾向。

黃元炳復又指出，莊子『宗孔祧老』，而由於儒學的真髓十分深邃，所以他傳述大學、中庸之學和顏回『心齋』大法，便採取『法大易取象』(自序)的方法，因而使莊子一書成了『易教之別傳』。黃氏在卷首『內篇』二字下撰有一段總論文字說：

> 謂之內篇者，以其傳大易乾卦之六爻、大學之八條目，以續前古聖哲之精神命脈於一統，故謂之內也。乾卦六爻，今乃七篇者，以第一篇逍遙遊即完全一乾卦，與六爻同傳，故七篇也。大學八條目，今乃七篇者，以莊子不主張有國，又以天下平爲逍遙遊，故七篇也。……逍遙遊完全一乾卦；齊物論爲乾卦初爻之『初九： 潛龍，勿用』也； 養生主爲乾卦九二之『九二： 見龍在田，利見大人』也；人間世爲乾卦九三之『九三： 君子終日乾乾，夕惕若，厲無咎』也； 德充符爲乾卦九四之『九四： 或

躍在淵，無咎』也；大宗師爲乾卦九五之『九五：飛龍在天，利見大人』也；應帝王爲乾卦上九之『上九：亢龍，有悔』，改之爲應，自無『亢龍之悔』也；而逍遥遊渾然內七篇之全，即乾卦文王爻辭『用九：見群龍無首，吉』也。

方以智率先在藥地炮莊中提出了『莊是易之變』的說法，認爲『無內外而有內外，故先以內攝外』，而『內篇凡七，而統於遊』，『太極遊於六十四，乾遊於六龍，莊子之御六氣，正抄此耳。』即：『齊、主、世如內三爻，符、宗、應如外三爻，各具三諦，逍遥如見群無首之用。六龍首尾，蟠於潛、亢，而見飛於法界，惕躍爲幾乎！六皆法界，則六皆蟠皆幾也。』黃元炳明顯承因了方以智的說法，但方氏是要借此來闡明其歸儒、釋、道三教於易的主張，而黃元炳則是爲了闡述其所謂莊子『實爲易教之別傳』的看法，並把它與儒家的心性之學和大學所謂格物、致知、誠意、正心、修身、齊家、治國、平天下八條目相聯繫，而以天下平、『太極復歸於無極』爲逍遥遊之極致。他在疏解逍遥遊篇時說：

舉魚鳥者，大易中孚『遁魚』、小過『飛鳥』之義也。……化也者，即大易乾卦文言所云之乾道變化，既化而大學之知至、意誠、心正、身修、家齊、國治，能物格，於天下平，齊物論、養生主、人間世、德充符、大宗師、應帝王一貫於逍遥遊也。是言人之化，家之化，國之化，化於中庸所本之中，所道之和，用之天下而無不逍遥也。……御六氣之辨，以遊無窮，正謂我羲皇所畫八卦彼此相錯，因而重之之大象，一爻一太極，以至六合之巨，秋毫之微，事理交徹，重重相入，聖人於焉而宇宙在乎手，萬化生乎身者是也。處正應變，隨在逍遥，莊子不言易而寓易於中矣。……至人無己，神人無功，聖人無名，此即太極復歸於無極之義也。

黃元炳既承繼了宋代學者以易學象數派理論解釋逍遥遊篇的方法，又吸收了方以智關於『內篇凡七，而統於遊』、『莊子之御六氣』乃抄於易等學術觀點，並以之與儒家的心性之學和治平理想完全融化爲一體，從而對莊子逍遙義的闡釋又有了一定的新突破。但必須指出，黃元炳所闡釋出的這一逍遥遊思想，實際上與莊子所謂『無待』方能逍遥的本真思想是大相徑庭的。可是，黃元炳卻仍每以同樣的思想方法對所謂統屬於逍遥遊篇的其他六篇作疏解。如他在疏解齊物論篇時說：『六合內外聖人存而不議論者，如易之先後天發用序卦，其先天象發用象存於乾卦，後天象存於坤卦，序卦象即存於卦之次序之中。』這裏以易卦次序來予以比附，認爲聖人擱下人世以外的事而不加談論，對人世以內的事只是泛泛論說而不加細細評議，也是有先後次第的。在疏解養生主篇時說：『莊子自此處稱十九後，屢稱十九，乃河圖中有洛書之合象，而爲隱語者也。……參觀此十九年，可知莊子之學必本於易。』這裏把『庖丁解牛』寓言故事說成是對易象的闡釋，並由此武斷地判定莊子的學說必根源於易。在疏解德充符篇時說：『兀者，一足人也。刖足以喻修身，且以喻乾九四之或躍在淵也。』這裏以乾卦九四比附兀者王駘，認爲王駘的形象寄寓了君子『或躍在淵，無咎』（易乾）之意。在疏解大宗師篇時說：『子輿形爲圓相，子來以示純陽一氣，皆在乾九五之太（大）宗師篇，形氣有「元亨利貞」之義焉。』這裏以乾卦經傳作比附，認爲子輿、子來的形氣之化，皆有『元亨利貞』的大吉大善之義。在疏解應帝王篇時說：『以震、巽也，離、坎也，兑、艮也，一齊見而示之，而又不出乎乾坤，故曰「未始出吾宗」也。』這裏以震（雷）、巽（風）、離（火）、坎（水）、兑（澤）、艮（山）的一齊出現而不能超出乾（天）、坤（地）的範圍，來解釋壺子所謂的『未始出吾宗』，亦同樣顯得相當牽強。而且，黃元炳還以更爲詳盡的文字，運用艮卦經傳疏解了人間世篇『虛室生白，吉祥止止』等義。他說：

觀空入靜，則純白自生。道集於虛，便是吉祥；內外同止，便是止止。在易之艮，文王之卦辭曰：『艮其背，不獲其身，行其庭，不見其人，無咎。』孔子之彖辭曰：『艮，止也。時止則止，時行則行，動靜不失其時，其道光明。艮其止，止其所也。上下敵應，不相與也。是以不獲其身，行其庭，不見其人，無咎也。』夫艮其背，不獲其身，隨之不見其後，即吉祥止止也；行其庭，不見其人，迎之不見其首，即夫且不止也。時止則止，而在艮止，止亦止也；時行則行，而在艮止，行亦止也。動靜不失其時，其道光明；動靜皆止，則虛室生白也。上下敵應不相與，則以入爲出，故名之曰坐馳也。不止而止，行而無行地矣。然則虛室者，心齋之室也；坐馳者，心齋之光也；吉祥者，物化之道也；而道者，天命之行也。以艮卦釋止止，心齋之學可愈明也。

人間世篇所說的『吉祥止止』，謂吉祥集於虛明之心。上『止』字是動詞，下『止』字是名詞，即指空明虛靜的心境。黃元炳則認爲，內外同止，便是『止止』，並引艮卦經傳予以詳盡疏解。據傳統說法，艮爲山，以山爲靜止不動之物，故艮卦含有『止』義。而按照易學家的解釋，艮又有『顧』之義，即注視的意思，所以所謂文王之卦辭的大意是說：『人只顧其背而不護其身，只顧部分而不護整體，以致被迫離家，遠走它方，行其庭而不見其人，然終有歸來之日，仍無咎。』（高亨周易大傳今注）所謂孔子之彖辭的大意是說：『「艮其背」者，謂君子止息其背，不再負荷職務，即停止其職位，易言之，即罷官去職也。其所以罷官去職，因朝廷之上下人等皆相敵對而不相助也。……其人既去，便是明哲保身，是以卦辭又云「無咎」。』（同上）這說明，無論黃元炳如何引申發揮，人間世篇『顏回』通過主動的、非現實的、純精神性的『心齋』活動所達到的『吉祥止止』境界，仍是不可與艮卦經傳所顯示的各種象徵意義強爲牽合的。

總之，黃元炳首倡所謂『莊子之學宗孔祧老，實爲易教之別傳』之說，並以之來疏解莊子，便使他的莊子新疏成了歷史上易學化傾向最爲嚴重的一部莊子學著作，尤其是對逍遙遊篇的疏解，牽強附會之處更是觸目皆是。但他對其餘六篇的疏解，這種現象就不太明顯一些，因而在這幾篇中所作的大多數闡釋還是比較接近莊子本意的。

第五節　范耕研的莊子詁義

范耕研（1893—1960），名慰曾，字冠東，自號耕研退士，江蘇淮陰人。卒業於國立南京高等師範學校，曾先後執教於揚州省立第八中學、揚州中學、鹽城亭湖中學、興化中堡中學、上海暨南大學、南光中學、蕪湖師範學院。爲人沉靜淵雅，學養深厚，授課之餘，專治周秦諸子，偶爾涉獵經史。其爲學之道，既承繼乾嘉樸學家法，又不拘成見，旨在闡發幽微，別開新境。著作有章實齋年譜、管子集證、辯經疏證、莊子詁義、呂氏春秋疏證等。

莊子詁義十卷，卷首題『淮陰范耕研伯子』。全書無序跋、目錄，錄莊子三十三篇，每篇分爲若干章，順文雙行夾注。注釋除大量引用陸德明經典釋文有關文字外，還涉及郭象、成玄英、呂惠卿、羅勉道、陸西星、宣穎、姚鼐、王念孫、俞樾、王闓運、馬其昶、章炳麟、王先謙、蘇輿、奚侗、馬敘倫、胡遠濬等人著作。今通讀此書，其注釋每引前人之注爲之。如達生篇有『無入而藏，無出而陽』語，范耕研說：『郭（象）云：「藏既内矣，而又入之，此過於入也。」馬敘倫云：「陽借爲揚。說文：飛揚也。」宣（穎）云：「恐其過靜過動。」』外物篇有『自制河以東』語，范氏說：『釋文：「制河，依字應作浙。」王先謙云：「古折、制字通。」』養生主篇有『庖丁爲文惠君解牛，手之所觸，肩之所倚，足之所履，膝之所踦，砉然向然，奏刀騞然』語，范氏說：『庖丁，崔（譔）云：「庖人，丁其名也。」文惠君，崔（譔）、司馬（彪）云：「梁惠王也。」文選魏都賦、遊天台賦注引「解牛」作「屠牛」。踦，馬敘倫云：「借爲掎。說文：偏引也。」馬其昶云：「謂屈一膝以按之也。」砉，崔（譔）音畫，司馬（彪）云：「皮骨相離聲。」騞，崔（譔）云：「音近獲，聲大於砉也。」』廣徵博采，類皆如此。但范耕研之功夫，更體現在斷以己意上。如逍遥遊篇有『北冥有魚，其名爲鯤，鯤之大，不知其幾千里也』語，范氏說：

釋文：『冥，海也。梁簡文帝云：「窅冥無極，故謂之冥。」鯤，李頤云：「大魚名。」崔譔云：

「鯤，當爲鯨。」說文：「朋及鵬，皆古文鳳字也。」』按：鳳雛爲羽蟲之長，未聞其巨大，鯤鯨雖大，亦何嘗有幾千里之長？且魚鳥異類，焉能互化？前人觀物不審，創爲異說，雀蛤蜾蠃，見於經傳。又如本書至樂、天運，徵引尤繁，舉不足信。此鯤鵬變化，亦聊以爲喻。郭象謂：『達觀之士，宜要其會歸而遺其所寄，不足事事曲與生說。自不害其弘旨，皆可略之也。』莊生寓言至夥，皆當以此說解之。

這裏不僅旁徵博引，而且善於辨識，多有發明，對讀者不無啟發。逍遥遊篇有『是其言也，猶時女也』語，司馬彪云：『時女，猶處女也。』（陸德明經典釋文引）成玄英云：『時女，少年處室之女也。』（莊子注疏）范耕研說：『按：其言，即指上聾盲之喻；時，之也；女，即「汝」字，指肩吾言。司馬（彪）以爲「處女」，大誤。』范說極是，足可信從。人間世篇有『虚室生白，吉祥止止』語，俞樾云：『「止止」連文，於義無取。淮南子俶真篇作「虚室生白，吉祥止也」。疑此文下「止」字，亦「也」字之誤。』（莊子平議）奚侗云：『「止止」連文，義不可曉。淮南俶真訓載此文作「吉祥止也」，列子天瑞篇盧重元注引此文作「吉祥止耳」。本書下「止」字當作「之」，語詞也。「止之」與「止也」、「止耳」文例正同。「止」、「之」篆形相似，易誤。』（莊子補注）范氏說：『按「也」與「止」不近，奚說近是。』范說雖極簡略，卻有一定說服力。繕性篇有『繕性於俗俗學』語，范氏說：『按各本重「俗」字。闕誤引張君房本，又崇德書院本皆不重，是也。徑刪。』范氏據張君房本、崇德書院本徑刪一『俗』字，甚是。則陽篇有『禍福淳淳至，有所拂者而有所宜』語，前人每以『至』字屬下句讀，范氏說：『按「淳」字誤迭，應讀至「至」字爲句。釋文謂：「淳，流動貌。」言禍福流行，相乘而至也。拂謂禍，宜謂福。「而」疑「亦」字誤。「禍福」二句，與下「自殉」二句相偶儷。』范氏此說可從，唯謂『而』爲『亦』字之誤，似有待商榷。

范耕研還無所依傍，每多直發議論。如范氏在秋水篇『莊子與惠子遊於濠梁之上』寓言故事後說：『由濠上以推濠下，見推理之用，墨經謂之推，因明謂之比量，論理家謂之演繹，語雖雋妙，非爲精義，而某君謂其名學之理頗深，皮相之談也。』認爲莊子與惠子的濠梁之辯，雖運用了推理方法，不可謂不雋妙，而某君『謂其名學之理頗深』，卻有過度闡釋之嫌，不免爲『皮相之談』。范氏在至樂篇『種有幾』至『萬物皆出於機，皆入於機』一段文字後說：

近人或以進化論附合之，非也。……莊子列舉動植互化，莫知其極，是雖化而有不化者在，即所謂機也，以證生死一致之理。惟古人觀察不精，證以近世生物家言，無一合者。除所舉諸例之外，如雀入大水化爲鴽見於禮記，鼉化爲鶉見於墨、列、淮南，蜾蠃螟蛉見於詩及本書天運篇，知此類荒誕之詞，古代盛行，故莊子舉以爲例，不爲詫其精，亦不必笑不可以耳目所限而斷之，此則過信古人誣誕之詞，不敢衡之以理，讀書死於句下，此之謂也。

今案胡適中國哲學史大綱第九章專論『莊子』，第一節爲『莊子時代的生物進化論』，第二節爲『莊子的名學與人生哲學』，而第一節據莊子『種有幾』至『萬物皆出於機，皆入於機』等文字大談莊子生物進化思想，影響尤其廣泛。范耕研則不以爲然，認爲『古人觀察不精』，所言動物、植物之互化，『證以近世生物家言，無一合者』，故不可『過信古人誣誕之詞』，否則就是『讀書死於句下』。范氏這番論述，對於重新認識胡適所謂『莊子生物進化論』的説法不無益處。但比較而言，范耕研的獨特見解主要還是表現在論述惠子上。如范氏在天下篇『惠施多方』下說：

本篇歷評各家，至於莊周，並一己亦論之矣。其下不應再出惠施。且以上諸家，皆有『古之道術有在於是者，某某聞其風而說之』云云，此獨無有，詞氣亦不類，殆出後人附益邪？北齊書杜弼傳『嘗注莊子惠施篇』，是莊子本有惠施一篇，其文佚闕，郭象取其殘語附之卷末而爲之注，後人不察，連上文一貫讀之，遂不可通。近人或以施、龍辯者爲別墨，不知兩派雖同論堅白同異，而其趣迥別，牽合爲一，謬誤顯然。或又以惠施爲道家別派，故附諸莊周之後，不知惠施歷物，莊生明道，宗旨既異，豈可混之爲一哉！

范耕研這裏從探討『惠施多方』一段文字與天下篇的關係入手，進而批駁近人或以惠施、公孫龍等辯者爲『別墨』，或以惠施屬之道家等錯誤觀念，見解比較獨特，值得重視。接著，范氏在『泛愛萬物』命題下說：『惠施遍爲萬物說，因知萬物各有其可愛之處，因而泛然以愛之耳。如儒家之由親及疏、泛愛衆之愛，固別，與墨家兼愛之旨尤相徑庭。某君以此謂惠施出於墨子，何其不察也！至於道家忘己忘物，何有於愛？而或者乃謂此語爲道家言之，究竟義以證惠施出於莊子，何其誤邪！』此處指出惠施的『泛愛萬物』說與儒家的『泛愛衆之愛』、墨家的『兼愛之旨』有著本質的區別，與道家的『忘己忘物』更是不可同日而語，從而否定了學術界包括『某君』在內的一些不正確看法，具有一定的學術價值。范氏又在『無厚不可積也，其大千里』命題下說：『世人皆以爲積點成綫，積綫成面，積面成體，然面既無厚，積無厚終是無厚，何能成體？故曰：「無厚不可積也。」惟平展之，雖千里猶無限耳。此亦矯俗之詞。』范氏此處以現代科學知識分析了惠施的這一命題，承認其具有一定的科學性。他復用現代科學知識分析『日方中方睨』命題說：『地體繞日，地面之受日光東早西遲，故一方日中，一方已昃也。』這一解說雖不一定符合惠施的本意，但此命題呈現給今天的含義確是如此。所以范耕研在『然惠施之口談，自以爲最賢，曰：「天地其壯乎！」施存雄而無術』下說：『按惠施所談，近於今世科學家言，精研於宇宙萬象，而益歎自然之雄偉矣。故曰：「天地其壯乎！施存雄無術。」言已知力有限，欲探其雄偉而不能也。』此處與古人完全視惠施爲詭辯者大相徑庭，謂『惠施所談，近於今世科學家言，精研於宇宙萬象，而益歎自然之雄偉矣』，雖然這一贊許不免有些過分，卻頗能令人耳目一新。

此外需要指出的是，范耕研在闡釋莊子過程中，有時還援引了一些佛教觀念。如他在齊物論篇『罔兩問景』寓言後說：『莊子正謂萬法無因耳。故曰：「惡識所以然？惡識所以不然？」……故莊子之無因論與佛契合。』在天下篇『物方生方死』下說：『物之生死，不過四大合散，神識流轉耳。故死於此者，生於彼也。』在養生主篇『指窮於爲薪，火傳也，不知其盡也』下說：『莊子舉以爲喻，即佛家輪回義也。中土無輪回之名，故前篇喻以夢覺，此喻以薪火，意皆謂人死而有不死者在，神識流轉，精神之不死也。』但更多的則是從章炳麟齊物論釋、楊文會南華經發隱中援引以佛解莊的資料，直接用來解説莊子相關文字。凡此，對於闡釋莊子中某些深奥哲理不無幫助，但也不免存在一些牽强附會之處。如養生主篇薪盡火傳之喻，旨在説明保養精神的重要性，與佛教的輪回思想毫無關係，如何可謂『即佛家輪回義也』？

第六節　朱文熊的莊子新義

朱文熊（？—1943），字叔子，江蘇太倉人。清光緒間中鄉試舉人，爲副貢生。早年與唐文治同師里中大儒王祖佘。曾任太倉中學、上海南洋公學、無錫國學專修學校教師。其教授學生，古文主於古文辭類纂，詩主於唐宋詩醇，諸子主於莊子，理學主於張履祥、陸隴其。著作有莊子新義等。

莊子新義是無錫國學專修學校叢書第七種，爲朱文熊多年以儒治莊的成果。該書前有唐文治莊子新義序、朱文熊莊子新義自序①、朱氏讀莊餘論二十八則、凡例三則、莊子與孟子學術同源及著書之大概考、莊子新義目錄。依莊子内、外、雜篇，分爲三卷，正文有題解，録莊子全文，順文雙行夾注，每斷以己意，有句讀，篇末有評語。後有馮振莊子新義跋②。以讓王③、盜跖、説劍、漁父四篇非莊作，故四篇中只分段、句讀，無注、無評語。

通覽莊子新義，以儒解莊傾向甚爲明顯。唐文治在莊子新義序中説，莊子之學可有各種解釋，但『爲人心

① 唐氏序、朱氏自序均作於民國十六年七月。
② 馮氏跋敘朱文熊猝然離世之狀況。
③ 讓王篇題解説：『以下四篇，古今學者多以爲僞作。今但録本文，不復注解。』

世道計，則當以儒家爲要歸。君之此書，蓋能獨得其精微矣』，從世用的角度，對朱氏以儒解莊予以肯定。又朱文熊莊子新義自序謂：『文熊幼時，喜讀莊子，朝而習，夕而復，必得口誦心通而後已。然其所得乎莊子者，祇十之二三而已。惟竊自思念，莊子之學，必非僅「玄同」二字，彼其襲老之跡，映孔之真，有非郭子玄輩所能得其意理者歟？積之十餘年而未敢發也。及讀韓退之書，謂子夏之徒，流而爲莊周，而心爲之一喜。繼讀姚姬傳氏莊子章義序，謂莊子議論本之聖門游夏，以三代之治爲大道既隱之事，以君子爲必達於禮樂之原，而心又爲之一喜。最後讀陸見廷氏莊子雪，謂周蓮溪由太極順説到人，莊子則由人收歸到太極，而心更爲之大喜。曰：「古人蓋有先我而言之者矣！」於是重取莊子讀之，凡所口誦而心通者，蓋十之五六矣。……今春三月（指民國十六年三月），輟課多暇，於是思詳爲注解，加之評論，以與夫同好是書者研求焉。歷三月之久，始克畢事，乃作而歎曰：「莊子之學，其儒家之雄歟？」』由唐、朱二序可知，朱文熊對郭象以玄學解説莊子本就有所懷疑，而後來讀了韓愈送王秀才序、姚鼐莊子章義序、陸樹芝莊子雪等具有濃厚儒學化色彩的文章和著作，內心得到極大鼓舞，復鑒於『方今歐風東漸，新説朋興』（唐文治序），中國傳統文化受到前所未有的衝擊，故爲『人心世道計』，便『以儒家爲要歸』，著成莊子新義。

朱文熊在自序中指出：莊子之學，是襲老氏之跡，以映孔子之真；『老子之學，以之守神，以之長生，是真無爲也；孔子之學，以之參贊化育，與天地同壽，與日月並明，則亦有爲而無爲、無爲而有爲者也。非藉以相形，安見所謂「絶跡易，無行地難」之旨乎？且所謂斥孔子者何地哉？』朱氏以讓王等四篇爲僞作，並將莊子書中所謂詆譏孔子者列出予以駁斥，同時認爲『自太史公祇謂其善屬書離辭，洸洋自恣以適己，班氏又列之道家，而莊子之真意晦矣；其後經晉人之假托，而諸家注解，又多雜以修真之旨，目爲談玄之書，而莊子之真意益晦矣』，言下之意連班固漢書藝文志列莊子於道家似乎都成了大問題。朱文熊還在天下篇末評語中説：

讀莊子者，當知其言中之言，尤當知其言外之言。莊子尤恐人之不易知也，故往往於不言者而微

> 逗其言，於言而不言者又自證其言。何也？於全書中往往借老聃以形孔子，借老聃之高亢以形孔子之卑順，此皆言中之言，言外之言。然終恐人之不知也，故於寓言篇中極著其嚮往之誠，此大宗師篇之旨也。於列禦寇篇顔闔之言，又所謂言中之言，言外之言也；而即繼以孔子九徵説，此皆自證其所言處也。善讀者，當無不知其徵意所在矣。此篇歷引諸家方術，於老子外而不及孔子，且以己之學似高出乎老子，嗚呼，此又其不言之言，言而不言之旨矣。蓋莊子自謂『已乎，已乎，吾且不得及彼乎』，是自知不及孔子者。今反自高於老子，則全書孔、老相映之全取反影可知也。則此之不及孔子者，乃以爲在天人、神人、至人、聖人之列，則全書之所言皆以爲孔子所言可知也。

在朱文熊看來，寓言篇中所言『已乎，已乎，吾且不得及彼乎』，表達了對孔子的深深嚮往之誠；天下篇列諸子而不及孔子，是因爲將孔子列於天人、神人、至人、聖人之内。即使是大宗師篇秉承老子之旨，讓孔子承認『丘則陋矣』，『丘，天之戮民也』，而列禦寇篇批評孔子『方且飾羽而畫，從事華辭，以支爲旨，忍性以視民而不知不信』，亦『皆取反影』，『千古讀者皆爲莊子設謎所瞞過』，『豈知莊子言外之言，意外之意也哉！』（見大宗師篇末評語）可見朱文熊認爲，莊子襲老子是手段，映襯孔子則是目的，莊子是真知孔子者，『蓋莊子一書，全取反影。』（自序）顯然，朱氏此説乃是受蘇軾所謂『莊子之言，皆實予而文不予，陽擠而陰助之，其正言蓋無幾。至於詆訿孔子，未嘗不微見其意』（莊子祠堂記），以及陸樹芝『必識罵佛確是愛佛之理，則莊子正先聖之外臣猶子，心在君父者』（莊子雪讀莊子雜説）等説法的深刻影響，而在論述所謂莊子借『老子』以尊崇『孔子』等方面則有所創新。

莊子新義的另一個『創新』點是相當全面地論述了莊子與孟子及宋明理學的關係。在莊子與孟子學術同源及著書之大概考中，朱文熊頗『惜孟子書中未及莊子，莊子亦未一及孟子』，而認爲究其原因，乃是由於『其相知也必深必暫，惟深也故不欲相輕，惟暫也故亦不欲遽筆之書』。且謂孟子至梁，『惠子必嘗一見孟子，孟子亦必嘗一見惠子，稱莊稱孟，稱孟於莊，以惠子之好辯，及好析名實，必兩相爲之稱述也。』這些説法，雖然只能看成是一種推測，但實爲前人所未曾言。朱文熊還進而説：『惟惠子見莊子也屢，故莊子或知孟子之深；惟惠子見孟子也僅，故孟子或不知莊子之深。然於二家學問之同源，及著述之大旨，固有不言而心自相通者矣。宜乎莊子之言，有似孟子處，而終之以鄒魯並稱也。』認爲莊子之學問與孟子同源，二家著述之大旨『固有不言而心自相通者』，故莊子在天下篇中『以鄒魯並稱』。在朱文熊看來，正是莊子與孟子上承孔子心法，下啟宋明理學，才使聖門之學傳承至今的。他在自序中説：

竊謂莊子之學，是象山氏之先河也，是陽明氏之濫觴也。自宋五子之未興，知道之體者，莫如莊子；知道體之真而以高言厲俗者，又莫如莊子。何也？象山之學，孟子先立乎其大之旨也。莊子於開宗明義曰逍遥遊，一孟子『不動心』之旨。其言宅心之大，於象山之學何如？陽明之學，良知之學也。其言之最精者曰：『吾心自有天則。』莊子次之以齊物論，曰『因』、曰『止所不知』、曰『適得而幾』、曰『天籟』、曰『天鈞』、曰『天倪』，於陽明之學何如？又大宗師一篇，明明是孔孟傳授心法，其言天人之處，即中庸之『誠明』，而自『副墨之子』至『參寥聞之疑始』一段，不幾將中庸『博學』、『審問』、『慎思』、『明辨』至『聲色』爲化民之末務，一一開户牖以示人乎？此又象山、陽明之所略而不講者也。本此以讀諸篇，六通四闢，無非斯旨，豈非聖門最高之學説乎？

追溯源頭，北宋理學家已在暗中吸收莊子的道德性命之説，南宋林希逸在莊子口義中復進一步把莊子的道德性命之學與思孟學派的心性道德之説巧妙地整合到一起，而明代心學家更是大膽援引莊子道德性命之學來爲其創立『心學』思想體系服務。此後的學者凡對此有所涉及，則多將注意力集中在莊子中顔回的『心齋』、『坐忘』與孔孟心性之學的關係上。如清劉鴻典説：『孔子之言性與天道，不可得聞，而心齋、坐忘，直揭孔顔相契之旨。』（莊子約解序）郭沫若在十批判書中對此作了更爲全面的闡發，從而把所謂莊子出於『顔氏之儒』的説法推到了極致。朱文熊的立論並不限於莊子中顔回的『心齋』、『坐忘』，而是幾乎將整部莊子與孔子、子思、孟子的心性之學，周敦頤、程顥、程頤、邵雍、張載的理學，以及陸九淵、王守仁的心學聯繫起來，以證成其所謂『莊子之學』爲『聖門最高之學説』的説法。

朱文熊所撰的讀莊餘論二十八則，則涉及莊子學説的内容、莊子的寫作手法、讀莊子的方法等多個方面的内容，集中體現了其治莊思想，可以説是朱文熊又一莊學著作。朱氏以爲：莊子學問、文章，都成一圓形，不應泥跡求之；莊子以内七篇爲主，外、雜篇不離其宗；莊子有不言之言，寓言、重言多有言在此而意在於彼，托言於彼而著意於此者，即爲巵言；讀莊子者，應先知莊子於道、於文有半身描寫一眼觀破之法、運實於虛刊華存真之法、統宗會元接筍過脈之法、冰解凍釋波流漩伏之法、有法無法仍不廢法之法；莊子中有世界之觀、科學之識、民治主義、大同之學説；莊子當以觀劇法、讀畫法、臨池之法、作詩之法、宋玉之大言小言、聽琴之法、環遊之法、靜坐之法、參禪之法讀之。此即爲讀莊餘論之大概内容。

第七節　施章的莊子新探

施章（1901—？），字仲言，雲南昆明人。畢業於雲南高等師範學校，又入南京國立東南大學國學系，獲文學士學位。歷任江蘇東海、安徽宣城各中學教員，中央大學半月刊編輯，東陸大學師範學院教授。著作有詩經研究、莊子新探、史記新論、五言詩發達概論、六朝文學概論、唐詩研究、中國古代的田園文學、文學論叢、新興文學論叢、農民文學概論、唯物史觀的中國文學史綱要等。

莊子新探前有施章所作自序，及戴季陶、壽昌、胡遠濬所撰序言各一篇。壽昌在序言中説：『近年雖有應用科學方法來整理莊子的著作，但他們沒有將莊子全書加以分析，而輕下案語，所以也不能瞭解莊子的本來面目。施君費了幾年的心力，把莊子全部加以分析與綜合的研究，於是有這理論出衆的一冊莊子新探。這樣研究的成績，在國學上實是少見的。……施君脱出了傳統的觀念，對於莊子一書作整個的研究而清晰的指出他的文學上與哲學上之方向，這的確是歷來莊子研究上的奇跡；以西洋哲學的研究方法作一比較的研究，這更是開發了新的研究的途徑。』施章的莊子新探確實採用了一些較新的研究方法，取得了不少超越前人的研究成果。

在第一章莊子評傳中，施章通過綜合運用大量文獻資料，認定莊周的出生地爲今河南商丘縣，在春秋戰國時屬宋，戰國末楚滅宋後屬楚，西漢時屬梁。因而施氏說：說莊周是宋人，是指戰國時代說；說他是楚人，是指楚滅宋後說；說他是梁國人，是指西漢時說。施氏的這些看法，應當比較符合實際。而且，施章還對莊子一書提出了一些比較合理的說法。他說，『古代言爲公有，個人著作少有專書。先秦諸子的書，多由其徒黨所彙集，故其學說有時不免駁雜』，『莊子亦然，其書内篇爲莊子的自著，外篇、雜篇乃由莊子的思想演化出來的結晶』，所以『他（它）雖不完全是莊子的著作，但可以說他（它）仍是以莊子的思想爲基礎，爲莊子一派的學者的共有的總集』。此說比較穩妥，也同樣具有一定的學術價值。

施章在自序中說：『莊子一書，如其用哲學的眼光來讀，不如用文學的眼光來讀。因爲莊子看宇宙全是充滿了生命，一草一木，以至一架髑髏，莊子對之都能發生同情，而幻想出他們的生命來。這完全是藝術家的態度。至於莊子本人，也常常用文學的技術來表現那樣高超的意境。所以我認莊子在文學上的地位，比他在哲學上的地位更重要。但是一個偉大的文學家，他對於宇宙人生往往有一種新的創獲，所以一個偉大的文學家同時在哲學上仍有相當的地位，莊子即是其中之一。』有見於此，施章在莊子新探主體部分的第一章莊子評傳之外，又設計出第二章莊子人生之分析、第三章莊子文學、第四章莊子哲學，以深入揭示莊子作爲文學家、哲學家的獨特人生境界。

對於莊子的人生態度，施章在莊子人生之分析中作了集中的闡釋。他首先批評了魏晉人『只是截取莊子的片面生活，自詡是步莊子的曠達』，以及現今人以西方實用主義眼光來衡量莊子的人生態度。並指出，莊子的精神生活已能『超越經濟生活的範圍以外，而進於更高的生活中』，他的情『不是佔有的物欲的好惡之情，而是藝術的最高上最純潔的情』，這反映在他的政治生活上，就是表現爲對沒有人治的政治即『藝術社會』的追求。施章說：

> 莊子要企圖建設他的理想社會，藝術社會。所以不得不求人爲的政治上統治的讓步，以達到他的逍遙遊世界。……由表面上看，莊子的政治思想與老子同。但從裏面看，由他倆的理想方面推究，則莊子的目的與老子是截然不同。老子的政治主張是『無爲』，是純粹的由消極方面的制止人生的欲望，以建設無爲的政治。而莊子的主張則是『非人』政治，於消極方面以外，還含有積極的意味，即取消了政治的束縛，以完成他的逍遙遊的人生。換句話說，莊子是主張政治上要求人治消滅，而使人生得向自然方面圓滿的發展，而完成他的至樂的生活，是在消極的政治思想中，而含有建設積極的人生的意義。

這裏指出莊子的人生與老子截然不同，主要表現爲對逍遙無爲的純藝術人生境界的嚮往和追求，確實甚能揭示莊子人生理想的真諦。

在施章看來，莊子的人生既然表現爲天樂般的藝術境界，則其所創作的文學必具有喜劇的特徵。他在莊子文學中說：

> 莊子的人生觀是一種天樂——無爲的逍遙遊——的人生觀，因此可以看出他的人生是屬於喜劇Comedy 方面。……以我貧弱的眼光，莊子在文學上的特質，第一是莊子的文學屬於喜劇Comedy 的性質。……我國素來是尊重儒家的實踐思想，是不容易產生這輕空的滑稽的喜劇的文學家。因這種文學家，一方面要有真知，而同時要能超脫物質的實踐心理或佔有心理，而取靜觀的欣賞態度，方能知道

人間的是非善惡，而作超絕的解決。不問善和惡，是與非，都持包容的態度，而同時使之泯滅，這完全是喜劇文學中所具的特質。由這方面來看我國的喜劇的文學，莊子實在是最大的喜劇家。莊子全書中，這種滑稽現象的氣氛非常濃厚。

自南宋末黃震提出莊子爲『千百世詼諧小說之祖』（黃氏日抄）的說法以來，後世如胡應麟二酉綴遺中、林雲銘莊子因、胡文英莊子獨見、劉鳳苞南華雪心編等，皆認爲莊子中的某些篇章具有小說作品的特徵。施章更以獨特的眼光，指出莊子文學具有明顯的喜劇Comedy 性質，並認爲莊子是我國歷史上『最大的喜劇家』，從而爲莊子文學研究提供了一個新的視角。

同樣，施章對莊子的哲學思想也有自己的獨特見解。在莊子哲學中，他既反對胡適以實用主義的哲學眼光來批評莊子，又不同意朱謙之『以老子的「無知」爲莊子哲學的出發點，推論到莊子的宇宙觀、人生觀和政治哲學都是一種虛無思想』。施章說：

老、莊雖同爲道家，而莊子的哲學是與老子別立門戶，不完全同。老子的哲學是我與宇宙立於相對的地位，而主張不毀萬物爲實，取虛、曲全以自守。而莊子則看我和宇宙不是對待的，而是由『一』化出來，所以是萬物畢羅，莫足以歸，他看生死是一樣的。換言之：老子看宇宙是個無情的東西，所以注重現實，而由清心寡欲以達於清虛之境。而莊子看宇宙是一個有情的東西，他是看自我的生命充滿在宇宙之中，所以能獨與天地精神來往而不傲倪於萬物。……他以自我和宇宙本是一體，是無對待的，根本不是相對的兩物，所以能上與造物者遊，而下與外生死、無終始者爲友。

自司馬遷以來，學者多謂莊子意在發明老子之旨，而施章則持否定意見，認爲莊子哲學與老子別立門戶，即並不像老子那樣與宇宙『相對』，而是獨與天地精神往來，把自我的生命充溢於宇宙之中。並進而指出：『他（莊子）的哲學思想，是受四種關係孕育而成。就是：一方面受道家思想的啟示；一方面受楚、宋兩國地理環境的影響；另一方面則由時代的混亂和名家的爭辨所激成。因這四種縱橫交錯的關係，使他孕育成功爲我國思想史上博大精深、空前絕後的唯一人物。』應當承認，這一看法比前人的説法都顯得全面而客觀些，因而具有一定的學術價值。

施章在全書的最後作出結論説，『由莊子的宇宙哲學方面觀察，知道他是由總雜混淆的現象探求一的本體，所以他對宇宙的發現不是一種無稽的玄想。他對於現實的瞭解極深，所以能由自我的桎梏中解放出來，而與自然融合爲一，而過他的「上與造物者遊，而下與外死生、無終始者爲友」的生活』，因此『他主張人生應循著自然法則，自然法則是人生的「安頓」』，即『莊子的生時，他可以夢化爲胡蝶；他死時也不必用棺槨，而以在大化之中，循著方死方生的變化，無窮無盡的至樂生活。由此可見莊子的哲學，已達到理想與實際渾而爲一的超絕境界』。這些總結性的評述，應該説是比較中肯的。

第八節　張默生的莊子新釋

張默生（1895－－1979），山東臨淄人。北京高等師範學校國學系畢業，曾先後任復旦大學教授、四川北碚學院教授兼文史系主任、重慶大學中文系教授、四川大學中文系教授兼主任等職，以治中國古代文學爲業，尤精於諸子之學。

莊子新釋注解莊子內七篇，前有自序、凡例、莊子研究答問、莊子傳略及其學説概要，正文錄莊子原文，每篇有詳細題解，分段，加新式標點，每段後附集注、譯釋。集注兼采衆説，解釋疑難字、句，並常作按語申以己意；譯釋以白話文翻譯莊子原文，並扼要説明莊文大意。

莊子新釋是一部通俗易讀又頗見功力的莊子學著作，尤其是莊子研究答問、莊子傳略及其學説概要兩部分內容，涉及莊學研究之文體結構、解莊方法、莊子思想等諸多方面的問題，集中反映了張默生莊子研究之成果。

張默生將莊子全書的文體分爲四等，認爲：第一等作品，在形式上，又分爲甲、乙兩類，甲類是先總論、次分論、無結論，乙類是先分論、次結論、無總論，如逍遙遊、齊物論、養生主、人間世、德充符、秋水、至樂等篇。第二等作品，只有分論，沒有總論和結論，篇中每段各自成篇，意義不甚連屬，絕似雜記體裁，如在宥、天地、天道、山木、知北遊等篇。第三等作品，沒有總論和分論，全篇一氣呵成，有近於後世的文體，產生時間較晚，如駢拇、胠篋、馬蹄、繕性等篇。第四等作品，則是模仿前三類作品，文理頗膚淺，產生的時間更晚，如讓王、盜跖、說劍、漁父等篇。張氏還據此對莊子諸篇真僞的問題予以簡單辯證，使得該問題的研究得以拓展。

張默生在自序中說：『當我初讀莊子的時候，見到滿紙盡是荒唐之言，隨處都是無端崖之詞，真所謂恍兮惚兮，如入五里霧中，便不禁廢書而歎了。以後，找到幾家的注本來看，又多屬盲人摸象，「觸其牙者言象形如蘿菔根，觸其耳者言如箕，觸其腳者言如臼，觸其脊者言如牀，觸其腹者言如甕，觸其尾者言如繩」（語見涅槃經），所觸皆象，都非真象。滿天的疑雲，依然掃撥不開，何從一窺廬山的真面？再後，則盡力之所能，遍搜有關莊子的注本，大概有百餘家吧，也都是言人人殊，莫衷一是。』於是張默生想，『昔人學書者，見蛇鬥而悟草書，見公孫大娘舞劍而筆法大進』，還不如『盡棄各家注本，直讀莊子原文』，果然在『幾於讀之成誦，而又仰觀俯察，心領會神，入於「悟」的境界』之後，便『悟得莊子一書，原是論「道」之書』。在今人看來，此說似乎頗爲玄虛，但在追求言意之表的魏晉名士那裏，這卻不失爲一種體悟莊子的好方法。

基於上述理解，張默生認爲一部莊子的中心思想就可用『道』、『因』二字來概括。他在莊子研究答問中說：『莊子的中心思想，可說是一個「道」字和一個「因」字。「道」是他的本體論，「因」是他的人生論。』並且，他還指出了莊子論『道』的幾種方式：一、有明白說出『道』的。如『已而不知其然謂之道』（齊物論）、『道無終始』（秋水）、『夫道，有情有信，無爲無形；可傳而不可受，可得而不可見；自本自根，未有天地，自古以固存；神鬼神帝，生天生地；在太極之先而不爲高，在六極之下而不爲深，先天地生而不爲久，長於上古而不爲老』（大宗師）等，凡此都明白地講了『道』的性質狀態。二、有借寓言來喻『道』的。如應帝王篇的『渾沌』寓言，這是『編造一個殘鑿渾沌的故事來喻道』。齊物論篇的『罔兩問景』寓言，這是『借罔兩和影的問答來喻道』，而『這一種借喻法，書中更多』。三、有托理想人物使道成爲具體化的。如云：『若夫乘天地之正，而御六氣之辯，以遊無窮者，彼且惡乎待哉！』這是『把抽象的道變成具體的人』。又云：『藐姑射之山有神人居焉，肌膚若冰雪，綽約若處子，不食五穀，吸風飲露，乘雲氣，御飛龍，而遊乎四海之外。其神凝，使物不疵癘而年穀熟。』這是『造出一位具體化的神人使他代表道之體用』。在張默生看來，『明講道者，暗講道者，或抽象的曲說道之精微者，或具體的扮演道成人物者，或借寓言、重言說明道之體用者』，至少佔了莊子文字的一大半，反復地、層迭地爲莊子所要表達的中心思想起著注解作用，從而確定了莊子的本體論。而『此外剩下的文字，便是講人世間的一切動象和變化，或是談生死，或是談得失，或是談是非、善惡、長短、高下、美醜的等等區別相，這都屬於人事的範圍。莊子對於人事上的看法，一切都是因任自然，也就是契合於道。』應當說，張默生由『道』來談莊子的本體論，由『因』來談莊子的人事觀，並進而說明『道』與『因』、本體論與人事觀之間的關係，是抓住了莊子思想主要特徵的。同時，張默生還注意將莊子思想與諸子特別是老子思想作比較，明確指出他們之間的異同。在莊子傳略及其學說概要一節中，他則從莊子論道、莊子的名學、莊子的物化說、莊子的人生觀、莊子的養生論、莊子的處世態度、莊子的政治思想等方面，對莊子思想作了較全面的審視。

在張默生看來，既然莊子的中心思想是談論深奧的『道』與『因』的，而從來的注釋家或研究者，『或使莊子就老，或使莊子就儒，甚或使莊子就佛』，又『酷嗜考據訓詁的人，往往不顧莊子的義理，以致所釋的文字，不合於莊子立言的本意，好比登高的梯子不適於登高之用，而只顧義理的人，往往忽略莊子的文字，以致所闡的義理，又背於莊子使用的文字，好比指示的目標，原來是空中樓閣』（見自序）。即使『就是獨一無二的郭象注，也仍是有他的成見，所以前人曾說：「是郭象注莊子呢？還是莊子注郭象呢？」』（莊子研究答問）因此，張默生在前面就曾說，還不如摒棄前人的注釋或研究，親自到莊子中去尋找解答的方法，這就是他所說的『「以莊解莊」的辦法』，即善於運用『三言』這把鑰匙。他在莊子研究答問中說：『莊子的鑰匙，就藏在雜篇的寓言篇和天下篇裏，不過天下篇中沒有十分交代明白，鑰匙的構造和用法還得向寓言篇中去尋說明。前人因了「內」、「外」、「雜」分篇的問題，把內篇看得太重，把外、雜篇看得太輕，忽略了這一重要公案。因而莊子的鑰匙尋不到，於是莊子的鎖也就開不開了。』他並說，其中寓言是言在彼而意在此，重言是借重古先聖哲或當時名人的話以壓抑時論，巵言是漏斗式的話、無成見之言，它們三位一體，交互錯綜，類似詩經的賦、比、興，『你若明白了這「三種言」，你才知道莊子的每一句話，都是無成見的話；書中的各篇各節，或用寓言來說，或用重言來說，或寓言、重言交互來說，那末，莊子的荒唐之言，無端崖之詞，才不是瞎說亂道，野馬無歸。他是詼諧中寓有十分的嚴肅，恣肆處卻有極端的謹慎。』張默生不但是第一個較爲詳細論述『三言』且從『三言』角度解莊的現代學者，而且還指出，『列子書有些模仿他，但只是一些散漫的寓言和重言，而無所歸宗』，『淮南子書中也有不少的寓言和重言，其散漫更甚於列子』，它們皆『不像莊子的第一等作品，先有抽象的原則作總論，再有具體的寓言和重言來證成總論中的結論』。張氏的這些話，誠不失爲至理之言。

張默生對『三言』的重視，也就決定了他對提出『三言』理論的寓言篇和天下篇的重視。他在莊子研究答問中說，『寓言篇是莊子著書的凡例，天下篇是莊子書的後序』，正因如此，『所以我主張把寓言列爲莊子的第一篇，讀莊子時，必須先讀他，至少也得讀這一篇的第一段，必須要讀得懂』；而天下篇，除了其提出『三言』理論，並從不同的側重點界定『三言』，豐富了寓言篇『三言』理念而外，還在於此篇『是莊子書的一篇總序』，同時又『是古代論學術派別的一篇最重要的文字，就是脫離開莊子書，也可稱得起一篇獨立的偉著』。張默生此處提出天下篇是『古代論學術派別的一篇最重要的文字』的說法，確實甚有見地。

對於天下篇作者問題的看法，張默生實際上是有一個動態發展過程的。他在莊子研究答問中說，『在我初讀莊子的時候，我也是人云亦云，覺得天下篇不是莊子作的，是莊子的後學作的』，但後來的進一步研究，使自己的看法發生了變化，『我以爲天下篇不但不是莊子作的，也不是莊子的後學作的，我認爲是儒家的弟子而於道家學說富有研究的人作的。我的理由是：在這篇的總論中，說到道術爲天下分裂以後，才產生了各家的學說，可見各家的學說，無論如何，總是「道」的一偏，而不是全體。儒家所推崇的詩、書、禮、樂、易、春秋，偏偏在總論中敘述，而且批評各家的學派中，也沒有把孔子、孟子列爲一派，可見作者是極端推崇儒家的人，作者必是儒家的弟子無疑。』之後的更進一步研究，最終使張默生忽然發現，『莊子書第一等的文體，是先總論，次分論，而無結論，例如逍遥遊、齊物論、養生主、大宗師等篇都是這樣的組織法，而天下篇也是這樣的組織法，只按文體說，應該出於一個人的手筆，如承認逍遥遊、齊物論、養生主、大宗師等篇是莊子作的，天下篇也應該是莊子作的。』他還針對有人因看到天下篇中有稱道『莊周』的話，就認爲此篇不是莊子本人寫的說法，便說：『我以爲自己不能稱道自己，這話可以論他人，不能論猖狂恣肆的莊周。他在寓言中常托禽獸魚鱉來代表他，在重言中又常引古聖先哲來代表他，可見他之對己、對人、對物是沒有什麼分別的，他總是愛處在第三者的地位來大發議論。我們如果見到這一層，則莊子自己稱道自己，自己批評自己，也就不足怪異了。』我們知道，自清末以來，學者研究天下篇蔚成風氣，而對於此篇作者問題的研究則是研究的重點之一。張默生對天下篇作者問題看法的一系列變化，正説明他對這一問題的長期重視，以及他的認識是一個不斷深化的過程。雖然他最後提出的看法所賴以支持的依據不一定能讓多數人接受，但他的思維方法卻别開生面，爲前人所不曾有，而且他提出不能以『自己不能稱道自己』的常理來要求莊周的看法，更具有獨特的眼光，值得珍視。

第九節　劉武的莊子集解內篇補正

劉武（1883—1975），一名策成，湖南邵陽人。曾留學日本，加入同盟會，與孫中山、黃興交往甚密，與蔡鍔爲同鄉摯友。歸國後，歷任廣西優級師範、湖南第一師範、湖南工業學校教師。民國九年棄教從政，任瀏陽縣長、湖南省員警廳長及湖南郴縣、衡山、衡陽等縣縣長，爲官清正廉明，人稱『劉青天』。解放後到北京文史館工作。著作有章太炎莊子解詁駁義、莊子集解內篇補正等。

章太炎莊子解詁駁義二卷，今缺卷上，存卷下，朱格抄本。末有抄者識語云：『一九五三年十月，北京圖書館借劉武先生稿本鈔存。』則此本爲原北京圖書館借劉氏稿本抄寫而成，但究竟當時原稿本已缺卷上，抑或所抄卷上日後散佚，均已未可知。今存章太炎莊子解詁駁義卷下，起於天運篇『文武倫經』條，終於卷末所附『補錄』中天道篇『夫形色聲名，果不足以得彼之情』條，正文部分涉及天運、繕性、秋水、至樂、達生、山木、田子方、知北遊、庚桑楚、徐無鬼、則陽、外物、寓言、讓王、盜跖、漁父、列禦寇、天下等十八篇，所附『補錄』涉及駢拇、馬蹄、天道等三篇，所有條目皆是對章炳麟莊子解故相應條目之駁正，針對性甚強。如天運篇有『一死一生，一僨一起，所常無窮』語，章炳麟云：『常，從向聲，當借爲「向」。』劉武駁正說：『「常」借「向」，非。上文云「文武倫經」，注：「經，常也。」故此「常」字，承上「經」字說。蓋死生僨起，相續不斷，如循環之無端，故曰所常無窮也。又如日月之升降，振古如斯常也，何嘗有窮乎？』此說於義爲長，值得重視。又盜跖篇有『貪財而取慰』語，章炳麟云：『詩小雅傳：「慰，怨也。」貪財而取慰，猶言放於利而行，多怨。』劉武駁正說：『郭慶藩云：「淮南繆稱訓高注：慰，病也。與竭對文，皆疾也。」郭說是也。下文云「靜居則溺，體澤則馮，可謂疾矣」，即承「慰」字說。』此處在援引郭說基礎上，再申之以己意，斷言章氏之說不可從，亦可備作參考。總之，劉武敢於質疑權威，大膽陳述獨特見解，對推動莊子文本研究具有積極意義。

劉武敢於質疑權威的學術精神也同樣體現在其所撰莊子集解内篇補正一書中。據曾爲此書抄過稿子的柳青萍在劉策成莊子集解内篇補正的出版①中説，劉武從小發憤讀書，十多歲時已對老莊有所涉獵，尤其喜歡莊子文辭的綺麗超妙。1931 年，劉武就已萌發研究莊子的念頭，擬在五年内撰寫一部莊學研究著作，得到了好友徐特立的贊同。1937 年抗日戰爭暴發，劉武在南嶽湖南工業專科學校教授國文，因看到學生案頭多有王先謙莊子集解，遂寫了莊子集解内篇補正自敘，謂『雖王氏此書號簡明便讀，然其所集過於疏略，且多舛謬，無怪學生不大了了，由於注者亦不大了了也』。『爰就王集，加以葺理，期救斯弊，於其疏者補之，謬者正之，……使學子讀之，既明其文理，復曉其文法』。此後十年，劉武殫精竭慮，嘔心瀝血，博採衆長，便著成莊子集解内篇補正，交上海商務印書館排印，然『遷延三載，方來樣本，因字形過小，閱讀爲難，乃與廢約』，出版竟成泡影。因劉武與毛澤東是師生關係，兩人感情甚深，解放後此書在毛澤東的關心下，終於在1953 年由北京古籍出版社正式出版。

今案莊子集解内篇補正末識『一九四八年仲秋劉武時年六十六』，則此書爲劉武晚年時著作。全書主要是對王先謙莊子集解内七篇之補正，雜證博引，考據詳盡，頗有新見。如劉武在德充符篇『游心於德之和』句下指出：『道家所重在養生，而養生之要，則在養此生生之和。莊子之道，即在於此。故「游心於德之和」句，爲莊子之道要，不僅爲本篇之主旨，亦全書之主旨也。』並廣引儒、釋之説予以論證，立論頗爲獨到。在劉氏看來，儒、道、釋『三家之名雖別，其理則同，其保合太和之道，亦未嘗不同也』，『天無二道，理無二致，爲道與釋者，同秉此陰陽二氣而生，亦同修此陰陽二氣之和而已，烏在其能異哉』，但他卻不主張以釋解莊、以儒解莊，並指出

① 載新邵文史資料第六輯，湖南新邵縣委員會文史資料研究委員會編，1994 年。

『吾之此說，非援釋入道、援道入儒也，特旁證側引，以曲暢本文之義而已』。爲達到『曲暢』莊子文本之目的，劉氏以莊解莊，前後互證，頗能得『補正』之要。

劉武在解莊子時，對舊注多有駁正，常給人耳目一新之感。如逍遥遊篇有『是其言也，猶時女也』語，司馬彪訓『時女』爲『處女』（見陸德明經典釋文引），成玄英謂『時女』爲『少年處室之女』。劉武正曰：『女，同「汝」，指肩吾。承上「聾盲」來，言不惟形骸有聾盲，知亦有之，汝聞接輿之言，狂而不信，即是知之聾盲也。「是其言也」句，指「然，瞽者」至「知亦有之」一段之言也。如此解，文句方能承接一氣。若如司馬說，「瞽者」一段便成贅肬。且上以處子況神人，陸注「在室女」，郭注「不以外傷内」，若此處單稱女，出室女亦屬之，則外傷矣，何可以況神人乎？』此處謂『女，同「汝」，指肩吾』，極是，頗能使人耳目一新。同篇有『北冥有魚』語，王先謙云：『釋文：「本一作溟，北海也。」』（莊子集解）朱桂曜云：『王氏誤解釋文，以「冥」爲「北海」，大非。如其說，是北冥爲北北海矣。且下文「南冥」又何解乎？冥即海也。』（莊子内篇證補）劉武正曰：『王氏之誤，在刪去釋文爲首「北冥」二字，故「北海也」三字遂專訓「冥」矣。然朱氏謂冥即海，亦大非。下文「窮髮之北有冥海者」，如朱氏說，是冥海爲海海矣。考說文：「冥，幽也，從日、六，冖聲。日數十，十六日而月始虧。」冖亦夜也。簡文「窅冥」之訓得之。十洲記云：「水黑色，謂之冥海。」以水言海，以黑言冥，非謂冥即海也，冥僅表色而已。今就「北冥」二字言，北表方，冥表色，即北方幽黑。其義止此。釋文之釋爲北海者，以本文自釋爲天池也。故北冥、南冥，謂爲南北天池之名則是，謂實即海則非也。』劉武對王先謙、朱桂曜的說法都表示否定，而在簡文帝訓釋的基礎上，引述十洲記爲佐證，提出了自己的新見解。養生主篇有『指窮於爲薪，火傳也，不知其盡也』語，劉武正曰：『歷來修詞家，均以薪傳爲師弟傳受之喻，謬誤相承，由來已久。不知此段以薪喻生，以火喻知，以薪傳火喻以生隨知。蓋薪有盡，而火無窮，以薪濟火，不知其薪之盡也。以喻生有涯而知無涯，以生隨知，不知其生之盡也。蓋儆人不當以生隨知也，即證明首段「吾生也有涯」四句。』劉武以薪喻生，以火喻知，並與養生主篇開頭連結，首尾呼應，足可作爲一家之說。

對於乾嘉學人動輒以通假現象訓解莊子文字的做法，劉武尤其表示反對。如其於人間世篇『死者以國量乎澤若蕉』下曰：『注訓「蕉」爲焚焦，非是。章太炎云：「國不可量乎澤，當借爲鹹，以鹹則可量乎澤也。」說似是而非，且蹈擅改原文之失。此爲清代訓詁家之通蔽，非武所敢苟同也。須知此爲倒句法，如將「以國」二字置「死者」二字之上，則爲以國之死者量，非以國量也。足知改「鹹」之不必矣。』於同篇『小枝泄』下曰：『俞（樾）乃謂「泄字之義，於此無取」，改讀爲「抴」。武以爲於古人之書，照本字詁之，即或義未盡協，較之專輒改字改音者爲妥。清之訓詁家，類蹈擅改之病，非武所敢苟同也。』不管劉武對於具體字詞的解釋是否正確，但他對乾嘉學人動輒改字的訓釋方法持批評態度卻是可取的。依據『照本字詁之』的義例，劉武在訓釋時一般都不採用『改字改音』的方法。如德充符篇有『審乎無假，而不與物遷』語，王念孫史記雜志、郭慶藩莊子集釋等謂『假』通『瑕』，或爲『瑕』之誤。劉武正曰：

『無假』者，真之謂也。煙雲變滅，以其假而不真也。真則永存，不遷不變。佛書釋『真如』云：『不妄不變。』蓋變者假也，無假則不變，故曰『不得與之變』。不得與之遺，不與物遷，皆由能審乎無假也。郭氏（慶藩）乃謂『「假」爲「瑕」之誤』。考本書天道篇『審乎無假，而不與利遷，極物之真，能守其本』，亦作『假』，不作『瑕』，豈二處均誤耶？考『瑕』字之義，說文云：『瑕，玉小赤也。』謂色不純也。管子法法篇注：『相間曰瑕。』謂色雜也。考工記玉人曰：『天子用全，公用龍。』注：『全，純色也。龍，謂雜色。』以此知玉以純色爲貴。瑕爲玉之病，以其色雜也。而淮南『無瑕』句下，有『不與物糅，見事之亂』句，糅者雜也，故用『瑕』字，以與『糅』、『亂』二字相應。天道篇之『假』，則與下『真』字相對，義各有適，字各有當，可證天道篇之『假』不誤。本文『假』字，則與下『守其宗』之『宗』字對。天下篇云『以天爲宗』，則宗者天也。列子仲尼篇云『真者，所以受於天也』，則天亦真也。以此推之，則『假』

與『真』對，即與『真』對也，可證本文『假』字亦不誤。又在宥篇云『以觀無妄』，圓覺經云『認妄爲真，雖真亦妄』，是以妄爲真之反。假亦真之反也，故『假』、『妄』義通。以是知『以觀無妄』，義與『審乎無假』同，特觀爲諦視，審則觀後熟究也。然則『假』字何不可通，而必漫引淮南正之爲『瑕』乎？

前人大都認爲德充符篇『審乎無假』之『假』爲『瑕』之假借，劉武則依自己所定『照本字詁之』之義例，廣證博引以爲佐證，並謂：『且細玩本文與天道篇，益見「假」字之重要。所謂「極物之真」者，審極乎物之真也，即審乎無假也，本文已自明釋其義矣。如改爲「瑕」，不過自審無瑕，與物何涉乎？本書有所謂「真人」者，即能審於無假，極物之真者也。大宗師篇「有真人而後有真知」，審乎無假，即真知也。莊子之道，重在一「真」字。如達生篇「不厭其天，不忽於人，民幾乎以其真」，田子方篇「緣而葆真」，知北遊篇「真其實知」，漁父篇「慎守其真」、「真者，精誠之至也」。』像劉氏這般用心於德充符篇『審乎無假』之『假』字考釋者，實爲此前所無有，故其結論雖不一定完全正確，其精神卻值得敬佩。又人間世篇有『吉祥止止』語，俞樾云：『「止止」連文，於義無取。淮南子俶真篇作：「虛室生白，吉祥止也。」疑此文下「止」字，亦「也」字之誤。』（莊子平議）王先謙云：『按：下「止」字，或「之」之誤。』（莊子集解）劉武正曰：

惟道集虛，虛則吉祥自然來止，即下文『鬼神來舍』也。刻意篇云：『澹然無極，而衆美從之。』澹然無極，虛也；衆美從之，吉祥止也。刻意篇又云『故無天災，無物累，無人非，無鬼責』，乃釋衆美之義也，亦可移以釋吉祥之義。又知北遊篇云：『正汝形，一汝視，天和將至。』天和者，非吉祥乎？『止止』二字不誤，俞、王說均非。蓋止猶集也：上『止』字，吉祥來集也；下『止』字，心之所集也。心止於符，即心集於虛也，虛則吉祥來集。合而言之，即吉祥止於心之所止也。德充符篇『惟止能止衆止』，謂惟心之止，能止衆止也。若略變其句法，爲『衆止止止』，謂衆止止於心之所止，義亦可通。淮南之作『也』字，因語氣已畢，用『也』字以結之；此作『止』字者，爲下句『止』字伏根。文義各有所當，何可據以改此乎？

劉武這裏也是依據其『照本字詁之』義例，努力從原文本身出發予以印證解說，認爲人間世篇『吉祥止止』之下『止』字不誤，決不可從俞樾、王先謙之說而改爲『也』或『之』字。劉氏此說同樣可成一家之言。

對於莊子的篇章結構，劉武也有自己的獨特理解和心得。如他在逍遙遊篇題下謂『本篇之旨在凝神，而神之能凝，在心意之逍遥，欲心意之逍遥，則在無爲』，而『莊子恐人之不明也，特借遊之說以明之。遊有大小，特設鵬鷃之喻以明之』。並爲『湯之問棘』一段話作按語說：『此段辭意，與前文複。所以引之者，以前語近怪，且出齊諧，恐人疑其不典，故引湯棘問答以實之。且前後詳略各異，足以互明。如前言北冥，謂爲北方窅冥之天或窅冥之地皆可，此則以「窮髮」、「天池」句明之。前言鯤之大，此則言其廣與修。前言鵬背幾千里，當指其修也，此則以泰山形其高與大。扶搖不知其狀也，此則以羊角形之；野馬等不知其實也，此則以「雲氣」二字釋之。騰躍而上，明槍之勢也；數仞而下，明槍之高也。「飛之至也」句，則所以笑之意較前益明矣。非此，則前語未了，前意未申，且不足徵，故複而非複也，夫豈漫爾引之乎！』認爲『湯之問棘』段不但與前兩段相呼應，而且還有引申前文之意的作用，故不爲重複，而是結構上之匠心。說明劉氏對莊子文章結構上之把握也頗有識見。

第十五章　王叔岷的莊子研究

王叔岷（1914—2008），名邦濬，字叔岷，號慕廬，以字行，四川簡陽人。幼習詩書，及長，喜讀莊子、史記、陶淵明集，兼習古琴。1935年就讀於四川大學中文系，1941年考入北京大學文科研究所，師從傅斯年、湯用彤。後任職於中央研究院歷史語言研究所。1949年後，任臺灣大學中文系副教授、教授。1963年後，先後任教於新加坡大學、臺灣大學、馬來西亞大學、新加坡南洋大學。1984年，自中研院史語所及臺灣大學中文系退休，仍擔任史語所兼任研究員及中國文哲所籌備處諮詢委員。著作有莊子校釋、莊學管窺、莊子校詮、諸子斠證、先秦道法思想講稿、左傳考校、史記斠證、列仙傳校箋、陶淵明詩箋證稿、鍾嶸詩品箋證稿、劉子集證、世說新語補正、文心雕龍綴補、顏氏家訓斠注、斠讎學、古籍虛字廣義、慕廬演講稿、慕廬雜著、慕廬雜稿等。

第一節　王叔岷莊子研究概述

王叔岷自謂『於諸子中，最好莊子。生性魯鈍，久不開悟，一讀莊子，胸襟豁然，朗徹通明，喜不自勝！自是之後，博學泛覽，日求進益，皆以莊子之旨爲依歸』（莊學管窺）。王叔岷初讀莊子，便與之產生情感和精神上的共鳴，治學處世皆以『莊子之旨爲依歸』，自進入北大文科所選定莊子爲研究課題後，對莊子的研究終生不輟。

莊子在兩千多年的流傳過程中,手民誤植在所難免,校勘遂爲研究者首先需要解決的問題,更因其思想玄妙精深,可謂中國古代經典中最難讀懂的書之一,因此對莊子進行文字上的校勘與義理上的闡發實則同樣重要。此前學者或偏重校勘,或偏重義理,而王叔岷雖爲校勘學大家卻能做到兩者並舉,重校勘而不輕義理。其莊學研究由實入虛,注重以莊解莊,旁及諸子百家,並引證與莊子相通之六朝、隋唐、兩宋詩作,將字詞的校勘訓詁和義理的探究闡發結合起來,寓義理於考據,以校勘證義理,形成了獨具特色的由校勘訓詁而通義理,由篤實而抵空靈的莊學研究方法。王叔岷之莊學實踐,既有效地糾正了清代考據學末流瑣碎之弊,又避免了民國時期以西學解莊而過分偏離莊子原意之失,在校勘訓詁和思想研究兩方面都取得了較大的成就。不僅如此,王叔岷與莊子常常有著情感上的共鳴,他將自己的人生感悟融入莊子思想,並在詩歌中表達出來,可稱得上是莊子的隔代知音。

以下,試圍繞王叔岷莊子研究的主要成就進行概述:

一、對莊子其人其書的全面考證

在研究莊子思想之前,王叔岷全面考證了莊子生平交遊,並細探了莊子的內心情感。

最早對莊子生平交遊和學術思想進行研究的是司馬遷,王叔岷在其基礎上參考莊子原文及史記集解、史記索隱中的材料,對莊子生平及著作進行了詳細而全面的考證。在先秦道法思想講稿中,除了前人常論及的姓名、居邑、仕宦、生卒年、著作等問題之外,王叔岷更增加了對莊子家境、妻子、師友、弟子及佚文的考察,使得對莊子生平和思想的研究更爲系統和完整。王叔岷除了利用書中的思想資料,從歷史、地理等角度來考證莊子生平以外,還使用了校勘學方法來考證莊子生平。如在考證莊子居邑的時候,史記僅稱莊子是蒙人,但並未說明蒙屬何國。日本高山寺舊鈔卷子本莊子天下末郭象後語引司馬遷史記莊子本傳中『蒙人也』作『守蒙縣人也』，狩野直喜校勘記引武內義雄莊子考云：『守，當作「宋」。』據這兩條材料，王叔岷認爲郭象後語中引司馬遷史記莊子本傳「守」乃「宋」之誤』，郭象所見史記莊子本傳『蒙縣』前當有『宋』字，由此王叔岷得出太史公本以莊子爲宋之蒙人的結論。

在歷代對莊子的研究中，一般學者都注重對其生平事跡進行考證，很少有人注意到莊子的内心情感世界。清胡文英在莊子獨見中說：『莊子最是深情，人第知三閭之哀怨，而不知漆園之哀怨有甚於三閭也。蓋三閭之哀怨在一國，而漆園之哀怨在天下；三閭之哀怨在一時，而漆園之哀怨在萬世。』而王叔岷也在先秦道法思想講稿中，從情感和品德兩個方面對莊子的個性特點進行了全面分析。他指出，莊子具有深情、大情、超情三種情感特質，而不是慣常所認爲的不食人間煙火的忘情之人。對於友人惠子的離去，莊子感傷不已；妻子去世，莊子也曾感歎：『是其始死也，我獨何能無概然？』（至樂）所以王叔岷認爲『莊子固亦深於情者』，然莊子之情並未停留在對妻子和友人傷逝上，而是具有悲天憫人特質的『大情』，即胡文英所說的『漆園之哀怨在天下』、『漆園之哀怨在萬世』，一直以來，莊子深刻地揭示和反思著整個人類的荒誕而迷茫的現實困境和普遍命運：『一受其成形，不忘以待盡。與物相刃相靡，其行盡如馳，而莫之能止，不亦悲乎！終身役役而不見其成功，苶然疲役而不知其所歸，可不哀邪！』（齊物論）王叔岷聆聽到莊子在『大聲疾呼，欲將失落之人性呼喚回來』，但莊子並沒有深陷於痛苦和迷茫中不能自拔，而是借助著對自然之道的體悟，『由深情中跳出』，齊同生死，逍遥物外，達至『不知悅生，不知惡死』（大宗師）的境界，給處在痛苦和迷茫中的人們提供了一條超脱的道路。

同時，王叔岷又指出，莊子還具有貴真、守靜、自謙、辭榮的高貴品德。莊子既把『真』看成是人性自然而然的本真狀態，又將『真』作爲人的最高修養標準，一再強調『葆真』、『守真』、『反其真』，主張追求無所不包、同於大道的『真知』；他所強調的修養工夫『心齋』、『坐忘』，即是要達到『虛靜』的狀態，以此來體道悟道；至於秋水篇中所記載的莊子辭卻相位的寓言故事，則又說明莊子追求的是精神上的絕對自由，因而不願以俗世事務和名利羈絆自己，擾亂虛靜之心。

此外，自蘇軾在莊子祠堂記中提出讓王、說劍、漁父、盜跖四篇非莊子所作的觀點後，莊子的篇目真偽問題開始爲歷代學者所關注和研究。其實，早在郭象將司馬彪五十二篇莊子刪定爲三十三篇時，就已經包含對篇章的辨偽，郭象本莊子分爲內、外、雜篇，因此有學者認爲內篇的名稱統一，思想上自成完整嚴密的體系，而外、雜篇篇名僅是摘取文中首兩字或三字爲名，且思想駁雜，文風不一，由此斷定內篇爲莊子所作，而外、雜篇由莊子後學所作。王叔岷則認爲：

> 郭本莊子，乃郭象刪定之莊子，欲探求莊書舊觀，首當破除今本內、外、雜篇之觀念。大抵內篇較可信，而未必盡可信。外、雜篇較可疑，而未必盡可疑。即一篇之中，亦往往真偽雜糅。（莊學管窺）

在王叔岷看來，既然郭象對莊子內、外、雜篇的劃分『蓋由私意所定』，因此，恢復莊書舊貌，辨別篇章真偽，『首當破除今本內、外、雜篇之觀念』。他就此大膽提出了『內篇未必盡可信』的觀點。據陸德明莊子音義所載，各本莊子的篇章劃分本就不一，因此不能完全據篇章的劃分來辨別真偽，王叔岷這裏的說法打破了學者們一直以來慣於以內、外、雜篇的劃分來判定莊子篇章真偽的思維模式，頗能啟示我們應以審慎的態度去辨別古書的真偽。值得注意的是，王叔岷還使用了校勘學知識來辨別真偽。如他在莊子校詮中說，山木篇『大抵爲莊徒所述。然如「莊子行於山中」、「市南宜僚見魯侯」、「莊周遊於雕陵之樊」三章，似又出於莊子之手也』，並於『莊子曰：「此木以不材得終其天年。」夫子出於山，舍於故人之家』文字下，提出了其校勘學依據：

> 釋文本無『子』字，無『子』字者是也。惟『夫』乃『矣』之誤，當屬上絕句，上文『此木以不材得終其天年』下，御覽九五二所引，及呂氏春秋必己篇並有『矣』字，是其明證。因『矣』誤爲『夫』，後人遂於『夫』下妄加『子』字，以之屬下讀，既稱『夫子』，則此章易誤爲莊徒所述矣。（莊子校詮）

經典釋文本『夫』下無『子』，王叔岷據此推斷『夫』本爲『矣』，在誤爲『夫』後，後人又妄加『子』，於是就誤傳爲『夫子』，因『夫子』是先秦時對老師的尊稱，由此就有可能被後人誤爲莊子之徒所寫，雖是一字之差，卻可能造成誤解，做出錯誤的判斷。

莊子在長期的流傳過程中，或因編定者『以意去取』，或因錯簡和竄亂，導致篇目順序的混亂。本著『恢復古書本來面目』的目的，王叔岷仔細辨析了莊子部分篇目和章節順序上所存在的相互錯雜的問題，重新理定篇章次序，並釐定了一個全新的莊子思想系統。

首先王叔岷調整了他認爲是錯亂篇目的順序，如於大宗師篇『安時而處順，哀樂不能入也。此古之所謂縣解也』下注云：

向氏於養生主篇『縣解』無注，而於此文有注，或向氏所見莊子大宗師篇在養生主篇之前邪？

（同上）

對同一詞語的注解應在其出現位置靠前的篇章中，向秀於大宗師篇中的『縣解』一詞下有注，而養生主篇中的『縣解』一詞無注，據此王叔岷判斷向秀所見本大宗師篇應在養生主篇之前。

其次，王叔岷對章節順序亦有探究。如他在莊子校詮田子方『楚王與凡君坐』章後云：

釋文『俗本此後有「孔子窮於陳蔡」及「孔子謂顏回」二章』云云，審讓王篇文多雜湊，此二章實不合於讓王之旨，是否原在讓王篇，亦未敢確斷。而『孔子窮於陳蔡』章，論孔子窮通皆樂；『孔子謂顏回』章，論顏回貧而樂道，二者唯有德者能之，則俗本此後有此二章，似尚符田子方篇之旨，亦未可遽以爲非也。

王叔岷認爲田子方篇『論全德之君子，發揮德充符篇』，而原在讓王篇的『孔子窮於陳蔡』和『孔子謂顏回』二章塑造了孔子和顏回這兩位有道者，與田子方篇這一主旨相合，而與讓王篇『鄙榮華之位，高退讓之風』之主旨不合，因此俗本田子方篇後有此二章，從主旨的一致上來看是說得通的。

在重新釐定部分篇章的順序之後，王叔岷還將莊子全書分爲『養生、處世、齊物、全德、內聖、外王』六大系統，按照三十三篇所體現的主旨分别歸入這六大系統中①，形成了一個莊子分篇的新系統：

養生：養生主、達生、至樂、刻意、繕性、讓王、盜跖。

處世：人間世、山木、外物。

齊物：齊物論、秋水。

全德：德充符、田子方。

內聖：大宗師、知北遊、漁父。

外王：應帝王、駢拇、馬蹄、胠篋、在宥、天地、天道、天運。

寓言篇『首章述著書之內容及方法，其餘各章皆與他篇義旨有關』，因此王叔岷將寓言作爲全書之序。天下篇『總論道術淵源及諸子與莊子之流派異同』，因此置於全書最末。至此，王叔岷以六大主旨將部分篇章貫穿起來，以寓言篇爲序論，以天下篇爲總論，使莊子全書呈現出一個完整而又渾圓的結構。在王叔岷之前，也有學者嘗試重新編定莊子篇目，如陳景元有感於莊子『篇章之大體妙指，浸爲諸家裂』，『後之學者不幸不見漆園簡策之完』，於是在其著作南華真經章句音義、南華真經章句餘事中對莊子篇目進行了重新編排，但其重新編排的範圍只限於外、雜篇，而内篇一般被視爲一個完整的思想體系，沒有人將内篇分開。王叔岷卻不拘泥於內、外、

① 庚桑楚、徐無鬼、則陽因『雜陳養生、處世、齊物、內聖、外王之旨』，說劍因『頗類戰國策士之雄談』，列禦寇因『兼述處世、養生及齊物、內聖之義』而未歸入這六大系統中。逍遥遊『明無待之逍遥。惟無待乃能無往而不逍遥，無所往亦逍遥。莊子之學爲「忘我之學」，亦可謂「無待之學」』，歸入『無待』，但是『無待』是郭象提出的哲學觀點，因此王叔岷未將其列入其新系統中。

雜篇的劃分，按照自己對莊子思想的理解，將部分篇章分爲六大系統，旨在爲研讀莊子的人提供一個便於在整體上理解莊子全書的範式，從而『得其環中，以應無窮』，這一别出心裁的篇目劃分，爲我們從整體上來理解莊子提供了一個全新的角度。但是這一編排也有著值得商榷之處，因爲莊子思想較爲複雜，尤其是外、雜篇，並非『養生、處世、齊物、全德、内聖、外王』中的一個主旨所能概括。王叔岷顯然也意識到這個問題，因此在編排過程中，『每一系統所列各篇，義旨較淳者在前，不淳者在後』，同時在每一系統後另加説明。

漢書藝文志記載莊子爲五十二篇，後經郭象删定爲三十三篇，郭本莊子流傳至今，而五十二篇本莊子卻已失傳。散佚文字幸賴各類文獻引用，尚有部分保存下來。爲了儘量還原莊子原貌，學者們開始了莊子佚文的輯錄工作。王叔岷在前人基礎上搜集了大量文獻資料並加以仔細甄别，從而輯錄莊子佚文一百七十八條，其中包括一百七十六條佚文和兩條來自莊子的典故，集爲莊子佚文。王叔岷認爲其所輯佚文『誠多巧雜鄙背之辭，然亦不乏義旨弘深之文，足與郭本三十三篇並存者』，『皆大有助於探討莊子要義』。

校勘文字、考訂篇章、輯錄佚文只是解讀莊子的第一步，莊子思想深奥，意境深邃，有時即便讀通文字，也還是不能理解文中所要表達的深意。所以，王叔岷在對莊子文本進行校勘整理的同時也在探究著莊子思想。1951 年，王叔岷『首次開講莊子，以校勘、訓詁爲基礎，以義理爲終極』(莊學管窺)。無論是研究還是教學，王叔岷都秉承著這樣的原則：由校勘訓詁而通義理，由篤實而達空靈。其莊學思想研究系統而深入，比較貼近莊子原意。

二、對莊子哲學思想的獨特闡釋

王叔岷認爲：『莊子之學，空靈超脱，不可究極。與天地精神往來，又能包容萬物，亦即「應於化而解於物」。論人事而超人事，入俗而超俗。其所悅之道術，「萬物畢羅，莫足以歸。」其學之「理不竭，來不蛻，芒乎昧乎，未之盡者！」正無跡可尋，無可歸屬也。」（先秦道法思想講稿）莊子思想不僅和積極入世、偏重人事的儒、墨、法各家思想不同，即便與同樣空靈的老子思想相比，莊子的思想內涵和論説方式也表現出自己的個性特徵，如老子思想尚有跡象可尋，而莊子思想已超越跡象，其雖論及人事、世俗，最終卻能『論人事而超人事，入俗而超俗』，站在一個更高遠的層次俯瞰人世，超越一切有形、有限之事物，最終與道合一，因此王叔岷認爲不應將其『歸入任何一家，任何一學派』（同上）。

1．養生

『莊子養生問題，即莊子之生死觀。』王叔岷認爲，莊子雖重養生，但『非欲長生久視』，而是『順死生之自然』，王叔岷認爲其生死觀可以概括爲『當來，則應時而生；當去，則順時而死。死生無變於己，此是自然之解脱』，『應時而生』、『順時而死』（見先秦道法思想講稿），這是莊子對待生死的態度，這一觀點在莊子一書中習見：

適來，夫子時也；適去，夫子順也。安時而處順，哀樂不能入也。（養生主）

生也死之徒，死也生之徒，孰知其紀！人之生，氣之聚也，聚則爲生，散則爲死。若死生爲徒，吾又何患！故萬物一也。（知北遊）

死生，命也，其有夜旦之常，天也。（大宗師）

莊子認爲人之生死就如同晝夜交替和氣之聚散那樣自然，『善吾生者，乃所以善吾死也』（大宗師），生死都順其自然，視生死爲一物，對生死就不會有喜惡之情感，就可以做到『死生無變於己』（齊物論）。王叔岷將莊子『順死生之自然』之生死觀概括爲『明循環』、『遺悅惡』、『順大化』、『外生死』四個階段，由順生死而外生死，即可與道合一。王叔岷通過對莊子一書的梳理，爲我們理出莊子生死觀的發展過程，指明了莊子養生之本質即達到外生死的境界，其目的是超越生死，這和莊子力圖超越物我的齊物思想、超越俗世的處世思想實質上是相通的。

2．齊物

齊物是莊子思想中最爲重要的哲學觀點，影響後世思想至深。齊物論篇發揮了莊子的齊物思想，王叔岷從篇名和主旨兩方面對莊子齊物觀進行了闡發。一直以來，關於齊物論的篇名有兩種主要説法，一是以『齊物』連讀，釋爲齊物之論；一是以『物論』連讀，認爲莊子要齊天下之物論。不同的讀法關係到對齊物論篇主旨的不同理解，若要正確理解莊子的齊物思想，就必須對篇名作出正確的解讀。王叔岷認爲『兩讀皆通』，但是『齊物論篇之主旨，在篇中「天地與我並生，萬物與我爲一」二句』，『莊子本意，固非以「物論」連讀』，即應爲齊物之論。王叔岷指出莊子要齊之物，『包括情、事、理而言，非專指有形之物』（先秦道法思想講稿），如大小、多少、長短、生死、高卑、貴賤、美醜、成毁、壽夭、是非、對錯等種種有形和無形的對待之名都在其内，『齊物』就是『通物』，是從道的高度將萬物『通而爲一』，也就是消除萬物之間的差距，達到萬物一齊的境界。繼而王叔岷詳細論述了莊子的齊物思想：『破除時間觀念，則可忘生。忘生則無時而非生，故「天地與我並生」。破除空間觀念，則可忘我。忘我則無往而非我，故「萬物與我爲一」。』（同上）由此，他將莊子齊物觀大致概括爲『闡明忘我』、『破除對待』、『體驗物化』三個方面，這也是莊子齊物層層遞進的過程。

3．卮言

王叔岷曾經説過『不執著孔子之言行，乃最善讀孔子之書者』（先秦道法思想講稿），推之莊子亦然。王叔岷研治莊子，不執著於字詞，能從整體上把握其思想，因此創獲頗多，如對莊子中『卮言』和『爲善無近名，爲惡無近刑』（養生主）兩語的解釋，展示出他對莊子思想的獨特見解。

『卮言』出自寓言篇『寓言十九，重言十七，卮言日出，和以天倪』，『三言』是莊子獨特的表述方式，是研究莊子文章學的關鍵所在，尤其是莊子所獨創的『卮言』，更是解讀莊子文章特色的關鍵之關鍵，但研究者對『卮言』

的闡釋眾說紛紜，莫衷一是。如郭象認爲『卮言』『因物隨便』，是變化無定的日新之言；司馬彪將『卮言』釋爲『支離無首尾』之言，認爲『卮言』是類似隨感類的文字，沒有完整的結構，隨想隨寫；林希逸從『卮』字本意出發，認爲『卮言』如同卮中美酒一樣，『人皆可飲，飲之而有味』，也就是人人都可領悟的有味之言；褚伯秀則認爲『卮言』是載道之言，這是從卮作爲酒器的形象來解釋的。總之，前人大都將『卮言』釋爲支離之言、有味之言或載道之言，都是根據自己的理解所作的發揮，似乎未能很好地解釋卮言的涵義。在此基礎上，王叔岷從訓詁入手，整合說文和說文通訓定聲對『卮』、『圜』的解釋，將『卮言』解釋爲『渾圓之言，不可端倪之言』，認爲其特點是『不主故常，順其自然之分而已』（見莊子校詮），在莊子中，『卮言』就是『終身言，未嘗言；終身不言，未嘗不言』（寓言）和『無謂有謂，有謂無謂』（齊物論），即『卮言』不帶任何偏見，圓融無端，隨物變化，順其自然，隨說隨掃。也就是說，在莊子中，『卮言』就是表達不斷變化和自我否定之思想的言說方式，它圓融無端，不可端倪，在『三言』中最接近大道，因此『卮言』可以幫助人們體悟大道。

4.爲善無近名，爲惡無近刑

對養生主篇『爲善無近名，爲惡無近刑』之語的解釋，歷來歧義紛出，大都以『善』、『惡』、『刑』、『名』的常用意義來解釋這兩句話。如郭象認爲居於善惡之間則名聲和刑罰就會遠離自己；司馬彪認爲做善事不要以修名爲目的；洪邁試圖化解這句話中的消極意義，認爲莊子所謂的惡並非『小人之惡』，但也還是以善惡對言；褚伯秀認爲存在一種『當爲之善惡』，如懲罰犯錯之人本身是一種傷害，如湯武伐桀紂，夫子誅少正卯，但這是聖賢『順乎中道，合天理之自然』之行爲，與一般意義上的作惡不同，一般人理解膚淺，不得莊子之深意，這樣的解釋跳出前人藩籬，見解特出，卻背離了本篇主旨；朱熹認爲這是莊子取巧避禍的做法，是『依違苟且之兩間爲中之所在而循之』，並嚴厲地批判了這兩句話所帶來的消極意義，總之，前人基本都解釋爲做善事時不求留名，作壞事不觸犯刑法。王叔岷從莊子文本出發，博覽群書，搜集證據，大膽提出自己的新解：『篇名養生主，則『善』、『惡』二字自當就養生而言』，否則『曲說、歧見滋多矣』（見莊學管窺）。他說：

案列子楊朱篇：『故從心而動，不違自然所好，當身之娛，非所去也，故不爲名所勸；從性而遊，不逆萬物所好，死後之名，非所取也，故不爲刑所及。』可移釋此文。（莊子校釋）

所謂善、惡，乃就養生言之。『爲善』，謂『善養生』。『爲惡』，謂『不善養生』。『爲善無近名』，謂『善養生無近於浮虛』。益生、長壽之類，所謂浮虛也。『爲惡無近刑』，謂『不善養生無近於傷殘』。勞形、虧精之類，所謂傷殘也。（莊子校詮）

在莊子校釋中，王叔岷以列子所載楊朱之思想注釋養生主篇『爲善無近名，爲惡無近刑』之語，楊朱所表達的主旨也是重養生，可以看出，王叔岷早年撰寫莊子校釋時，就已經開始從養生的角度去解釋這兩句話了，但還只是引他書意思相近之語證之，未形成自己的結論。到了晚年，王叔岷撰莊子『爲善無近名爲惡無近刑』新解一文進行探究，文中將這兩句話還原語境，並聯繫養生主篇的主旨——養生進行解釋，從而得出了新解：『善』爲『善養生』，『惡』爲『不善養生』，『名』是以生命時間長短來衡量的外在『虛名』，『刑』是形體上的勞損，善養生者重在養護精神，不去追求長生久視這樣的虛名，不善養生者也不要『勞形虧精』，傷害自己的形體。這樣的解釋大致符合養生主篇主旨，較前說更貼近莊子原意，值得讀者重視。

三、莊子與諸子思想的比較研究

王叔岷對莊子的研究不僅僅停留在莊子思想上，而是力圖從整體上把握先秦思想的發展狀況，對莊子與孔子、老子、惠施、楊朱之關係作了比較研究，還揭示了莊子與淮南子、韓非子、呂氏春秋等書的關係及道家與法家之關係。司馬遷首先提出莊子思想『其要本歸於老子之言』（史記老子韓非列傳），後世一般承襲此說，認爲莊子繼承了老子思想，更有甚者如釋德清認爲『莊子一書，乃老子之注疏。予嘗謂老子之有莊，如孔之有孟』（莊子內篇注），但是也有人提出異議，如釋性通認爲『世謂老、莊一家，余獨確然判而爲二。……老子，爲憂患粘縛者也；莊子，爲老氏解粘縛者也』（南華發覆），林雲銘認爲『莊子另是一種學問，與老子同而異』（莊子因）。據天下篇對莊子和老子思想淵源的論述，王叔岷認爲莊子思想並非源於老子，而是同源關係，『莊子之學，淵源於古之道術，而此古之道術，較之關尹、老聃之道術，尤爲博大深遠，尤爲空靈超脫』（先秦道法思想講稿）。王叔岷在先秦道法思想講稿中指出：老子思想『皆秉要執本之術，屬於人事範圍，理雖圓融，比較落實』，而莊子思想則是『論人事而超人事，大不可極，深不可測，芒芒昧昧，未可窮極，非僅較老子深遠，亦較空靈超脫』，老、莊思想雖然相通之處甚多，但莊子也並非只是就老子思想進行闡發，更不是老子的注疏。他並以『道』爲例，認爲『莊子論道，受老子影響，不乏相合之意見』，但莊子思想『能超越老子，較老子更空靈超脫』，表現在老子論道『既言恍惚，則未全脫跡象』，而莊子之真宰『不得其朕，是超越跡象』；老子言物『各復歸其根』，莊子言物『而莫見其根』；老子以物喻道，而莊子則說『道無跡象，不當以物爲喻也』；老子認爲『大道泛兮，其可左右』，莊子則說道『無所不在』。從王叔岷的比較中，可以得出老、莊之『道』的不同：莊子之『道』『有情有信，無爲無形』，超越時空，無形無跡，不可聞不可見，卻無所不在，完全超出物的範疇，即有實而無形，並非空無，卻沒有任何跡象可以追蹤到；而老子之『道』『以本爲精，以物爲粗』，其中『有象』、『有物』、『有精』、『有信』，雖恍惚但仍能看出朕兆，仍未擺脫物的範疇，獨立運行，其與物之間尚有分隔，可見老子之道未全脫跡象，莊子之道則超絕跡象，因此莊子對道的理解較老子更高一層。

在莊子中，儒家的孔子常常出現，綜觀全書，其中出現的孔子形象大致有兩種，一是滿口仁義禮樂，勞形役智以求用世的孔子，這個孔子是站在被批評被指責的位置上，遭到學莊之徒的嚴厲批判、甚至是謾駡，如天地、天道、盜跖、漁父諸篇中的孔子；一是道家化的孔子，常常受教和臣服於道家的得道人物，甚至自己也專心體道悟道，頗有道家風範，儼然爲莊子的代言人，莊子對其讚揚有加，如人間世、大宗師、德充符、達生諸篇中的孔子。表面看來，莊子對孔子的態度非常矛盾。推崇孔子處有之，掊擊處亦有之，歷代學者對此衆說紛紜，莫衷一是，但無外乎兩種：詆孔抑或尊孔。而王叔岷在先秦道法思想講稿中認爲，這都是片面的看法，皆源於對莊子的不瞭解。在王叔岷看來，莊子之所以對孔子的態度『有揚有抑』，既有尊崇又有批評，正因爲莊子對孔子的瞭解遠超他人。王叔岷認爲莊子只是表面上批評孔子，並從『不執著』和『去聖跡』兩個方面來論述莊子抑孔的深層原因：首先莊子在書中貶抑孔子，是意在提醒世人不要一味執著於孔子之言行，執著於言行之跡就不能理解孔子之思想。莊子思想圓融超脫，能入能出，而儒家往往拘泥於世俗之禮，莊子摒棄仁義禮樂，抨擊儒家思想，就是因爲學儒者『囿於儒家之說，而不自知其弊也』，有見於此，故莊子以『坐忘』之修養工夫救其弊，希望儒家後學能以超脫的態度去理解孔子及其學說，不要陷入語言的藩籬中不能自拔，這也正是莊子較之一味尊崇孔子及其學說的俗儒更爲通達的表現；其次莊子主張得意忘言，聖人之言『乃聖人形於外之糟粕』，讀聖人之書『重在去聖之名，得聖之實』，去聖跡即去聖人之言行，而得聖人之真意。如外物篇『儒以詩禮發冢』寓言，王叔岷認爲這是莊子中唯一一篇詆訾儒家的寓言故事，但這裏蘊含著莊子矯正儒家末流之弊的深意，『不擇手段，爭名奪利，都是盜墓』。類此讀聖賢書之儒生可不少，此是學聖跡之弊』。在王叔岷看來，莊子『揚孔』也好，『抑孔』也罷，其本質都是爲了助孔子，可謂與蘇軾『助孔』說一脈相承。

第二節　對郭象莊子注的研究

郭象莊子注是魏晉衆多注莊著作中唯一完整流傳下來最重要也最有影響的莊子注釋之作。歷代學者對莊子的研究多依托郭象本，如陸德明莊子音義、成玄英南華真經注疏等，因此對郭象注的研究於莊子研究有著重要意義。

歷代對郭象注的研究不乏其人，成玄英依郭象注作疏，既對郭象注文進行注釋，又對注文乖離莊子本意處多有批駁。此後學者，對於郭象的『獨化論』、『適性逍遥説』、『遊外宏内説』，或有所批評，認爲其乖離莊子本意，如王雱、趙以夫；或有所接受，如陳景元就接受並贊同其『獨化論』思想；或明貶暗納，如沈一貫，曾指出郭注有偏離莊子本旨之處，但在闡釋莊子時又吸收並發揮了郭象的理論。清代以來，受考據學興起的影響，學者開始對郭注進行校勘、注釋、輯佚、辨僞工作，並以郭注校勘莊子。

王叔岷曾撰莊子向郭注異同考，對郭象注是否竊自向秀注的歷史遺留問題進行全面、深入的考證，提出了許多獨特的見解。又著郭象莊子注校記五卷，1950年由上海商務印書館據手稿影印出版，書前有王氏1948年秋所撰自序云：『岷昔年校莊子，兼校郭注，莊子校釋付印時，未將郭注録入。今春得暇，重加整理，經夏徂秋，繕寫方竣，偶有佚文，輯附篇末。夫治莊子者，固不必泥於郭注，郭注直是借莊子大旨，自成一書，則此校記未與所校正文合刊，亦無不可。惟校勘乃治學粗跡，所冀讀者，本此粗跡以探其義藴耳。』王氏此著，是歷史上第一部對郭象注進行全面校勘的專著，意味著郭注開始擺脱莊子，成爲一個獨立的研究對象。

郭象對莊子的解讀明顯有所背離，如逍遥遊篇，莊子本意是無所待才能逍遥，無論是大鵬還是學鳩，皆因有待於外物而不能謂之逍遥，而郭象卻提出『適性逍遥説』，認爲只要各安其分、各適其性，就可逍遥，這顯然是與莊子之意相違背的。

有學者批評郭象注離莊子之旨太遠，王叔岷認爲這是『不知郭注之失，正郭注之本色也』（自序），如『郭象釋「大塊」爲無物，乃郭注之本色，此當別論，不可輕以爲失也』（莊子校詮）。況且『大凡注解古書，雖欲會其本旨，難免雜糅己見，更難免受時代之影響』（自序），郭象注莊子亦是如此，譬如郭象所處時代玄學大盛，其注文中必定帶有玄學的影響，完全的『以莊解莊』是做不到的。

「郭象之注莊子，乃郭象之莊子，非莊子之莊子也」(同上)，對於郭象「以莊注我」，王叔岷既清楚地看到了「郭注直是借莊子大旨，自成一書」，郭象注並非是對莊子原文忠實的解讀，而是借莊子大旨構建起自己獨特的哲學思想概念和體系，融入了時代的思想潮流，自成一書，其對莊子本意的偏離是顯而易見的，並非如陸德明所說的那樣「特會莊生之旨」，同時王叔岷也認識到正是這背離形成了郭象注的獨特之處，是其思想價值所在，「足成一家言」，萬不可拘泥於「以莊解莊」的標準去衡量任何一部注莊著作。此外，王叔岷還準確地抓住了郭象哲學體系的主旨即「物之自生自化」，由此可見，其對郭象莊子注的見解可謂高出一般。既然郭象所注之莊子「非莊子之莊子」，那麼「治莊子者，固不必泥於郭注」，研究郭象本莊子應「破除內、外、雜篇觀念」，以一種整體的眼光和視野研究莊子。

此外王叔岷還對莊子注作者問題進行了考辯。莊子注的作者究竟是郭象還是向秀，這是莊子研究史上一樁難以定奪的公案。這起因於晉書中郭象傳和向秀傳記載的不同：依向秀傳，郭象注是對向秀注的「述而廣之」，而郭象傳因襲世說新語文學篇，認爲郭象注是將向秀注「竊以爲己注」。對於郭象是否竊取向秀注的看法，不外乎贊成和反對兩種，贊成竊取說的有王應麟困學紀聞、焦竑筆乘、顧炎武日知錄等，質疑的有王先謙莊子集解、方以智向子期與郭子玄書等。那麼郭象對向秀注到底是「竊爲己注」還是「述而廣之」？王叔岷爲郭象進行了辯解：

余意世說既稱「象有俊才」，晉書亦稱其「少有才理」，則當能自爲義解，何致出以剽襲。……向郭注之異者，已不能因同者而相掩，……且向郭所注莊子，其篇目多寡已不同，……其每篇之文，多寡亦有不同。……由二書正文之有出入，可知其注文之不能無異矣。莊子釋文，列子張注，嘗兼引向郭二注，或單引向注，或單引郭注。兼引者或二注並同，或二注迥異。單引向者，則郭多無注。兩相舉證，異同所在，昭然若揭。今據莊子釋文、列子注及他書所引，詳加纂輯，得向有注、郭無注者四十八條，向郭注全異者三十條，向郭注相近者三十二條，向郭注相同者二十八條，列此明證，然後知郭注之與向注，異者多而同者少，蓋郭雖有所采於向，實能推而廣之，以自成其說者也，豈僅自注秋水、至樂二篇，及易馬蹄一篇而已哉？……但就余所考得者，已足證世說文學篇、晉書郭象傳所言之不足據信也。（莊子向郭注異同考）

在這裏，王叔岷從三個方面論證了郭象注『推而廣之』說：

首先，『世說既稱「象有俊才」，晉書亦稱其「少有才理」，則當能自爲義解，何致出以剽襲』。王叔岷從史書記載來分析，認爲以郭象的才氣，完全可以憑自己的能力撰寫莊子注，又何須去抄襲他人？

其次，『且向郭所注莊子，其篇目多寡已不同，……其每篇之文，多寡亦有不同。……由二書正文之有出入，可知其注文之不能無異矣』。據陸德明經典釋文序錄記載，向秀注莊子二十卷，二十六篇（一作二十七篇，一作二十八篇），爲音三卷；而郭象注莊子三十三卷，三十三篇，郭本分內、外、雜篇，向本無雜篇，兩者不僅所注篇目的數量不同，分篇亦不同，且王叔岷在對比向秀本與郭象本正文後發現，兩者的正文內容不同，每篇所注之文不同，則注文內容肯定也不同，因此就不能說郭象竊向秀注爲己有。

最後，『向郭注之異者，已不能因同者而相掩』。向郭注固然有相同處，但不能因此忽視相異之處，且兩者相異之處較相同之處更多。王叔岷以陸德明莊子音義、列子張湛注及其他古籍所援引的向郭注爲依據，輯得『向郭注全異者』30條、『向有注、郭無注者』48條、『單引郭注者』3條、『向郭注相近者』32條、『向郭注相同者』28條，共141條。

『向郭注全異者』30條，占總數近四分之一，而王叔岷認爲實際上『當更不止此』。這部分內容是郭象自己的獨創。

『向有注、郭無注者』和『單引郭注者』共51條，『由莊子釋文及列子張注，單引向注，則郭氏多無注之例推之，則其單引郭注者，向氏亦必多無注』（莊子向郭注異同考），王叔岷據莊子注體例推斷這3 條郭注爲向注所無，爲郭象獨創。且『向氏有注，郭氏未襲片言，安見其竊向注以爲己有也』（同上），如果說郭象抄襲向秀，何以近三分之一的向注沒有被郭象襲用呢？ 這顯然是竊取說最大的漏洞。

『向郭注相近者』32 條，『郭注固本於向注，但復有所損益，以自成說，非僅「點定文句」而已』（同上）。王叔岷認爲，郭象對向秀的注文有所取舍，並根據自己的見解對向秀的注文進行了修改，即便是注文看似相同，但在本質上是不同的，王叔岷舉例予以證明：『達生篇郭注：「同是形色之物耳，未足以相先也。」向注多「以相先者，唯自然也」二句，而歸趣遂殊。蓋向氏立論，常持有不生不化之主宰，……郭氏則重在物之自生自化。』（同上）對於萬物之上是否有主宰，向秀認爲萬物『自生自化』，但又有一個『不生不化』的『生化之本』存在，而郭象認爲萬物『獨化』，無所憑藉，沒有什麼『生化之本』在操縱這一切，既然郭、向二人所持觀點不同，則所進行的注釋必定有著本質上的不同。

『向郭注相同者』28 條，兩注內容完全相同的還不到五分之一，『郭注抄襲向注，固不可諱言。……蓋注解中亦時有偶同之例，兼有不得不同之例也』（同上），做學問出現偶同現象很正常，王叔岷於此深有感觸：『校書所見，難免相同，每幾經辛苦，乃得一條，而前人已言。』（莊子校釋）校書如此，注解莊子又何嘗不是呢？『且向秀之注，亦多本於崔譔者』（同上），在莊子研究史上，後輩學者總是在吸取前人研究成果的基礎上來建立自己的理論體系，沒有誰能夠憑空進行研究，正如向秀注也多本於崔譔注一樣，但是並沒有人說向秀將崔譔注竊爲己有，只要有所發展和創獲，形成屬於自己的哲學思想體系，就能成一家之言，在莊子研究史上佔據一席之地。

綜上，王叔岷認爲郭象對向秀注並非是竊爲己有，而是在吸收向秀注的基礎上『自成其說』，構建了一個有別於向秀的莊子詮釋典範，同時建立了自己獨特的哲學思想系統，如『獨化論』、『遊外宏內之道』、『名教即自

然』等理論，則『妄加以剽竊之名，誠誣人也！』(同上)

第三節　莊子校釋

王叔岷治學，由𣫍讎入義理，兼好詞章，尤其精於先秦諸子研究。他所著的莊子校釋，正是從校勘版本、考訂字義的角度出發來研治莊子的，也是他校釋古書的一個初步嘗試。此書始撰於1941年8月，完稿於1944年8月，歷時凡三載。前有1944年所撰自序，末附莊子校釋補遺、莊子逸文、評劉文典莊子補正。全書共分五卷，以續古逸叢書所收影印宋刊本莊子爲底本，以條舉方式對莊子三十三篇進行校勘、補遺和考訂，凡一千五百六十九條。王叔岷博綜群籍，補苴罅漏，采摭魏晉以來各類著作數十百種，諸如郭象莊子注、陸德明莊子音義、成玄英莊子注疏、陳景元莊子闕誤和昭明文選、藝文類聚、一切經音義、群書治要、記纂淵海、白帖、太平御覽等皆在網羅之列，涉及歷代莊子學著作和訓詁、校勘、詩賦文學、佛學經典等多個領域，在文獻資料的收集方面有集大成之功。他還摒棄人云亦云之見，彙聚諸家之長，援古證今，匡校舊誤，辨僞存真，去訛補挩，能發人之所未發。如他於逍遙遊篇『北冥有魚』下云：

案釋文：『冥，本亦作「溟」。』卷子本玉篇水部、文選張平子東京賦注、左太沖吴都賦注、張茂先鷦鷯賦注、謝靈運遊赤石進帆海詩注、江文通雜體詩注、陸士衡演連珠注、舊抄本袁彦伯三國名臣序贊注、藝文類聚九二、一切經音義八〇、八七、八八、九九、初學記一、六、三〇、御覽九、六〇、八八七、九二七、九四〇、集韻平聲四、事類賦六地部一、古逸叢書杜工部草堂詩箋二六、三六、事文類聚前集一五、後集三四、四二、合璧事類前集八、别集六四、大正藏續論疏部三論玄義檢幽集二，引『冥』並作『溟』，『溟』與『冥』通。釋文引嵇康注『取其溟漠無涯也』。卷子本玉篇水部，一切經音義三一、六七，並引司馬注：『溟謂南北極也，去日月遠，故以「溟」爲名也。』成玄英疏：『溟，猶海也。』是所見本皆作『溟』。道藏吳澄內篇訂正本亦作『溟』。

王叔岷如此旁徵博引，以證逍遙遊篇『北冥有魚』之『冥』實與『溟』字相通，這在莊子研究史上是前無古人的，而且至今未有超出其右者。他於則陽篇『文武大人不賜，故德備』下云：

案此文義頗難通。審注：『文者自文，武者自武，非大人所賜也。若由賜而能，則有時而闕矣。』疏：『文相武將，量才授職，各任其能，非聖與也。』疑『文武』下原有『殊能』二字。『文武殊能』，與上文『四時殊氣』、『五官殊職』、下文『萬物殊理』句法一律。

今案宣穎南華經解於『文武』下補『殊材』二字，武延緒莊子劄記疑『文武』下脫『殊器』二字，皆可備作參考。但以郭注、成疏推之，則以王氏之說於義爲長，當從之。他於外物篇『儒以金椎控其頤』下云：

案藝文類聚八四引『儒』作『而』。王念孫從之，云：『而、儒聲相近，上文又多「儒」字，故「而」誤爲「儒」。』其說是也。惟謂『而，汝也』，則非。『而』乃承上之詞，意甚明白。以『而』爲『汝』，則『而』字當在上文『接其鬢』上，不當在此句矣。

細審文義，王叔岷之說極是，足可訂正王念孫之失誤。但綜觀莊子校釋一書，其末所附評劉文典莊子補正各條更顯措詞嚴厲，也更能顯示出著者的獨特眼光。如齊物論篇『莊周夢爲胡蝶』寓言故事有『自喻適志與』五字，劉文典據藝文類聚蟲豸部、太平御覽卷九百四十五所引無此五字，遂疑其爲『後人注羼入正文』。對此，王叔岷批駁云：

案記纂淵海百、事文類聚後集四十八、圓機詩學活法全書二十四引此文，皆無『自喻適志與』五字。如先生之說，是明代以前猶有無此五字之本矣，恐未必然也。類書引書多雷同鈔襲，自不可輕信。此蓋由藝文類聚所引略『自喻適志與』五字，御覽後出諸類書，遂本之而略此五字耳。至如大方廣佛華嚴經隨疏演義鈔七十五、初學記三十引此文，則並存此五字。釋文引李云：『喻，快也。』又引崔云：『與，哉。』李頤、崔譔及郭象皆爲此文作注，是所見本皆有此五字，安得據後出之類書，斷爲注人羼入正文邪？先生僅見郭氏有注，蓋忽略李、崔二氏並有注也。且審『自喻適志與』五字，即承蝴蝶之栩栩然而言，意甚明白，何從隔斷文義？先生之說，恐未安矣。

以莊子文義推之，並據郭注、經典釋文所引李頤、崔譔注等來看，劉文典所謂『後人注羼入正文』之說恐不能成立，而王叔岷之說則可以信從。

當然，莊子校釋作爲王叔岷年輕時校釋古書的初步嘗試之作，其中必有一些不夠成熟甚或錯誤的地方。所以自1947年出版以後，著者續有補充修訂，先後寫出了莊子校釋後記、蜀本南華真經校記、倫敦博物館敦煌莊子殘卷斠補、莊子校釋補錄等，或偶將其修補意見寫入其他論文中。如徐無鬼篇有『天地之養也一，登高不可以爲長，居下不可以爲短』之語，王叔岷莊子校釋卷四云：『案「一」字，疑淺人妄加。淮南原道篇「天地之永，登丘不可爲修，居卑不可爲短」，即襲用此文，正無「一」字。……注：「不以爲君，而恣之無極。」成疏本之，因以養爲資養，並未達其旨。』而王氏在晚年所著莊子校詮序論中則修訂爲：

案郭注、成疏固未達此『養』字之義，而『一』字決非淺人所加。一，猶齊也，此齊長短之說，與莊子齊物之義密合。淮南原道篇無『一』字，於義不備，當據此文補。……天地之養也一，猶言天地之長也齊，一猶齊也。淮南子原道篇『一度循軌』，高注：『一，齊也。』蓋天地之長無極，故以天地之長言之，則『登高不可以爲長，居下不可以爲短』，長、短俱齊矣。此齊長短之說，亦即齊物之理也。以齊長短之理推之，則大小、多少、貴賤、壽夭、生死之理亦一矣，亦齊矣。

這裏，王叔岷不僅糾正了他早年所撰條目的錯誤，而且還指出了其當年據以立說的郭注、成疏和淮南子的失誤，可謂學境愈精。

總之，作爲王叔岷平生第一部學術著作莊子校釋，因限於當時的功力，其所達到的學術境界雖不能跟他晚年所著的莊子校詮相比，但在博綜群籍、補苴罅漏方面卻已大大超過了以往任何一部同類著作，而且至今盛譽不衰，仍爲治莊者所推尊。

第四節　莊子校詮

莊子校詮完成於1986年，1988年由臺北中研院歷史語言研究所出版。此書在莊子校釋的基礎上，對莊子全書進行校勘和注釋，所據底本仍爲續古逸叢書影宋刊本，同時參校莊子其他版本，徵引諸家莊子研究成果，附以自己研究莊子之創獲，不僅在校勘訓詁上取得較高的成就，在義理闡發方面亦有不少精彩發揮。書前有王氏所撰莊子校詮序論，書末附莊子『爲善無近名，爲惡無近刑』新解、莊子佚文、莊子管窺、惠施與莊周、讀莊餘韻。

在莊子校詮中，王叔岷爲莊子各篇都作有簡明扼要的題解，或是點出全篇主旨之所在（如逍遥遊、齊物論等篇題解），或是直接解釋題意（如德充符篇題解），或是揭示篇中思想的駁雜（如大宗師、在宥篇題解），或是對作者進行考證（如駢拇、山木篇題解），或是考證寫作時間（如刻意篇題解），或是指出外、雜篇對內篇之旨的發揮（如秋水、達生篇題解），大都具有較高的參考價值。

下面，試從四個方面對莊子校詮的特點作簡要論述。

一、考據義理，弘纖並照

與莊子校釋專重校勘不同，莊子校詮將校勘訓詁與闡發義理結合起來。以本章第三節所引莊子校釋對逍逍遥篇『北冥有魚』條的注釋與莊子校詮相關注釋相比較，即可看出王叔岷由校勘而入義理的努力：

釋文：『北冥，本亦作「溟」，北海也。嵇康云：「取其溟漠無涯也。」梁簡文帝云：「窅冥無極，故謂之冥。」』郭慶藩云：『慧琳一切經音義三十一大乘入愣伽經卷二引司馬云：「溟，謂南北極也，去日月遠，故以溟爲名也。」釋文闕。』案卷子本玉篇水部、文選張平子東京賦注、左太沖吴都賦注、張茂先鷦鷯賦注、謝靈運遊赤石進帆海詩注、江文通雜體詩注、陸士衡演連珠注、舊鈔本袁彦伯三國名臣序贊注、藝文類聚九二、初學記一、六及三〇、事類賦六地部一注、集韻平聲四引此『冥』皆作『溟』，與嵇康及司馬注合。卷子本玉篇、一切經音義六七亦並引司馬注：『溟，謂南北極也，去日月遠，故以溟爲名也。』冥、溟，正、假字。嵇康所謂『溟漠無涯』，簡文所謂『窅冥無極』，可概括莊子全書之義。郭象之注莊，即常本此『冥』字以會其至旨。吕氏春秋不二篇稱『老聃貴柔』，於莊子未嘗不可謂『莊子貴冥』。惟莊子貴冥，而不囿於冥耳。（莊子校詮）

通過比較可以看出，莊子校釋偏重對『冥』字進行校勘，而莊子校詮則在校勘的基礎上，由一『冥』字進而探究莊子義理，指出郭象注莊以一『冥』字會通莊子之旨，嵇康『溟漠無涯』、簡文『窅冥無極』均以『冥』概括莊子全書之義，由此王叔岷得出『莊子貴冥』的結論。綜觀莊子校詮，這樣由字詞校勘而至義理發揮的例子還有很多。

王叔岷在各篇注釋中發揮義理，雖多爲片言隻語，卻頗得莊子之旨。但通觀莊子校詮全書，還是以文字的校勘和訓釋爲主，包括考訂字音、字義、作者等；同時還根據史記、漢書、後漢書等史書中的資料，對莊子原文及其注疏進行了歷史事實、名物制度的考辯。如於則陽篇『其鄰有夫妻臣妾登極者』下云：『臣妾，指相聚之男女而言，成疏是。戰國人男女多自稱臣妾。』在這裏，王叔岷對『臣妾』一詞進行了考辯，明確了在本文中是戰國時男女的自稱，如果按照後世對『臣妾』一詞理解闡釋該句，就會顯得牽强附會，文意難通。在校勘和注釋上，莊子校詮創見頗多，如於德充符篇『是非吾所謂情也』下云：

郭注：『以是非爲情，則無是無非、無好無惡者，雖有形貌，直是人耳。情將安寄！』案『是』猶『此』也，『情』上蓋脫『無』字。上文『惠子曰：既謂之人，惡得無情？』莊子因惠子所謂無情之義與己不同，故駁之曰：『此非吾所謂無情也。』下文：『吾所謂無情者，言人之不以好惡內傷其身，常因自然而不益生也。』緊審所謂無情之義，文理粲然明白。郭氏不知情上脫一『無』字，乃以『是』、『非』二字平列爲説，迂曲甚矣！駢拇篇：『是非以仁義易其性與？』秋水篇：『是非埳井之蛙與？』寓言篇：『是非先也。』所謂『是非』，皆猶『此非』，與此同例。

王叔岷認爲此處『是非』應作『此非』解，首先從上下文意上來看，莊惠所辯的是『人有情無情』而非『是非』，其次從莊子其他篇章中的文例來看，『是非』之『是』皆作『此』解，如此解釋，不僅『文理粲然明白』，且與上下文意相接，而郭象將『是非』釋爲『是』和『非』，不僅與上下文意不合，且『迂曲甚矣』。王叔岷的解釋甚有見地，值得重視。

二、兼采衆家，取長存異

莊子校詮所引古籍文獻種類與莊子校釋基本相同，包括各類莊子注疏、史書、類書、字書、韻書、詩文賦作品等，而所引資料較莊子校釋更爲廣泛和全面，大量採錄歷代注莊、解莊的研究成果，如郭象莊子注、司馬彪莊子注、成玄英南華真經注疏等。陸德明莊子音義由於保存了向秀莊子注、崔譔莊子注等部分古注，也爲王叔岷大量引用。此外，還包括陳碧虛南華真經闕誤、林希逸南華真經口義、褚伯秀南華真經義海纂微、焦竑莊子翼、王夫之莊子解、宣穎南華經解、郭慶藩莊子集釋、王先謙莊子集解、馬其昶莊子故、盧文弨莊子音義考證、王念孫莊子雜志、俞樾莊子平議、章太炎莊子解故、錢穆莊子纂箋，以及韓國漢學家車柱環的莊學著作讀莊偶拾。

對於諸家之說，王叔岷都在注釋中詳細羅列出來，或擇善而從，或考辨訂正，對較難理解或疑而未決的舊説，王叔岷進一步提出證據，進行論述；對於簡單淺近的舊說，王叔岷也每加解釋和推論；舊説可從但無證據者，王叔岷則尋找新的論據，通過論證以求義理之通暢。

王叔岷在引用衆說時秉承實事求是的學術原則，如對馬其昶莊子故、郭慶藩莊子集釋、王先謙莊子集解、錢穆莊子纂箋等書中已經引用的前人研究成果，他在徵引時必定注明最早引用之人和書名。如天運篇『九洛之事』，錢穆莊子纂箋引楊慎『九疇洛書之事』，王叔岷發現馬其昶莊子故已經引用楊慎之說，錢穆應本於莊子故，但馬其昶又本於宣穎南華經解，因此在莊子校詮中，王叔岷直接注明是宣穎引用楊慎之說。王叔岷在翻檢資料時，又發現郭慶藩莊子集釋頗多抄襲王念孫、王引之父子及茆泮林之說，卻沒有説明所本，便在莊子校詮中直接標明王、茆之名，以不没王、茆之功，同時『冀使讀郭書者，知其說之所本耳』（莊子校詮序論）。

王叔岷在引用前人成果時都要經過仔細審定，即便是前人已引資料也必定要經過自己的重新檢查，對衆説未安之處多有考辯和訂正，包括引文失檢、校勘錯誤、注釋不妥等。莊子校詮寫於王叔岷晚年，此時他已積累了豐富的材料和校勘古籍的經驗，對於前賢的校勘成果及失誤多有借鑒、闡發和糾正，當然也包括對自己早期研究中失誤的糾正。如在外物篇『任公子爲大鉤巨緇』注釋中，王叔岷便糾正了王念孫及莊子校釋中所引材料的失檢：『謝靈運七里瀨詩注引此作「鉤」，不作「釣」，王氏失檢，岷之校釋亦失檢。』不論是郭注、成疏這樣影響深遠的經典式著作，還是清代校勘大家的成果，只要發現問題，王叔岷都會一一糾正，體現了其對待學術的嚴謹態度和實事求是精神。

三、方法多種，探義精心

在莊子校詮中，王叔岷使用多種方法探究莊子義理，除了在莊子校釋中常用的以莊解莊，還使用了以他書注莊、以詩文賦解莊等方法，但無論採用何種方法，他都選取與莊子大義相通之文來闡釋，力求能夠契合莊子原意。

1．以莊解莊

林雲銘莊子因雜說云：『莊子爲解不一，或以老解，或以儒解，或以禪解。究竟牽強無當，不如還以莊子解之。』在莊子校詮中，王叔岷多以莊子前後文互解，以莊解莊可以更加貼近莊子原意，這一點也是從莊子校釋到莊子校詮一以貫之的原則。如王氏在田子方篇『人貌而天，虛緣而葆真』下云：

德充符篇『有人之形，無人之情』，秋水篇『天在內，人在外』，皆『人貌而天』之義也。山木篇『形莫若緣，情莫若率』，則陽篇『其於人也，樂物之通而保己焉』，外物篇『順人而不失己』，皆『虛緣而葆真』之義也。

此處引諸篇文字與田子方篇有關文字互爲發明，不失爲一種以莊解莊的好方法，可以作爲治莊者之借鑒。

2．以他書注莊

王叔岷熟諳莊子思想，且博覽群書，每每用他書中與莊子義理相通之文來注釋莊子，多能發明莊子思想。如諸子、佛教、道教甚至是儒家著作，王叔岷隨時引證，而引用得最多的還是諸子書，像管子、鶡冠子、亢倉子、孟子、荀子、淮南子等皆在徵引之列，不僅可以使莊子中難懂之處粲然明了，闡釋出新意，更能使讀者觸類旁通，進而瞭解諸子思想之間的關係。試看幾例：

馬蹄：『當是時也，山無蹊隧，澤無舟梁。』案鶡冠子備知篇：『德之盛，山無徑跡，澤無橋梁，不相往來，舟車不通。』可移注此文。

達生：『芒然彷徨乎塵垢之外，逍遙乎無爲之業。』淮南子俶真篇：『浮游無方之外，而不與物相弊摋。』與此二語文義相似。

山木：『非見有於人也。』案孟子盡心篇：『民日遷善而不知爲之者。』義亦近之。

山木：『來者勿禁，往者勿止。』荀子法行篇：『子貢曰：君子正身以俟，欲來者不距，欲去者不止。』文意相近。帛書十大經有云：『來自至，去自往。』孫臏兵法十陣篇：『往者弗送，來者弗止。』淮南子詮言篇：『來者弗迎，去者弗將。』句意亦皆相近。

此處所舉數例，王叔岷皆在末尾加上諸如『可移注此文』、『與此文義相似』、『義亦近之』、『句意亦皆相近』一類按語，以達到用他書解釋莊子的目的。但王氏也有僅直接引用他書原文，而不加任何說明，讓讀者自己在比較中體悟莊子的意思。

3．以詩文賦解莊

『莊騷兩靈鬼，盤踞肝腸深』（龔自珍語），莊子一書以其瑰麗奇偉的形象、大膽奇特的想像、浪漫主義的風格、獨立自由的人格精神影響著歷代文人，因而歷史上與莊子有關的詩文賦作品非常多，王叔岷每利用這些包蘊著莊子思想的詩文賦作品來闡釋莊子。如天地篇『大聲不入於里耳』，王氏注：『王安石寄題郢州白雪樓詩「俚耳至今徒擾擾」，並本此文。』秋水篇『因其所非而非之，則萬物莫不非。知堯桀之自然而相非，則趣操覩矣』，王氏注：『王安石杖藜絕句：「堯桀是非時入夢，固知餘習未全忘。」自歎未能忘是非耳。』齊物論篇『天下莫大於秋毫之末，而大山爲小；莫壽於殤子，而彭祖爲夭』，王氏注：『湛方生秋夜詩：「等太山於毫芒，豈復壽夭於彭殤。」白居易無可奈何歌：「俾吾爲秋毫之杪，吾亦自足，不見其小；俾吾爲泰山之阿，吾亦無餘，不見其多。」蘇軾次韻趙德麟見懷詩：「太山秋毫兩無窮，巨細本出相形中。」皆得莊子之旨者也。』因詩文語言通俗易懂，又形象生動，更容易爲讀者所理解，還可引發他們的自由聯想和想像，所以王叔岷引詩文來解釋莊子，也不失爲一種頗有創意的解莊方法。

總之，王叔岷所著莊子校詮，宏微並照，將校勘和義理相結合，可以看出他由校勘訓詁而通義理的研究方法和用心。其博考群書，廣引例證，所彙集的資料可謂精審詳實，超過了以往任何莊子校注著作。王叔岷還繼承了乾嘉學派多種校勘方法，以版本互校法爲基礎，輔以句法分析法、韻校法等進行校勘，論證過程嚴謹周密，反映了作者具有深厚的版本學、校勘學、文字學、音韻學、訓詁學等功底和綜合運用的能力，爲後來一般的治莊者難以企及。

第十六章　鍾泰的莊子學

鍾泰（1888—1979），字訒齋，號鍾山，江寧人。早年攻讀於江南格致書院，後東遊日本，畢業於日本東京大學。回國後，歷任杭州之江文理學院國文系教授兼系主任、湖南藍田國立師範學院國文系教授、貴陽大夏大學文學院院長兼中文系主任、上海光華大學教授、上海華東師範大學教授。鍾泰曾受業於『太谷學派』黄葆年先生，畢生研治周秦諸子，尤深於老莊哲學。著有中國哲學史、莊子發微、荀注訂補、校定管子侈靡篇、春秋正言斷詞三傳參等。其莊子學主要體現在中國哲學史『莊子』一章、莊子發微一書以及讀莊發例、談莊子研究、讀莊偶記等單篇論文裏。中國哲學史於1929年出版，而莊子發微於六十年代以石印本問世，鍾泰解放之後的莊學觀點與民國時有所差異，本章所論以其民國時所著中國哲學史『莊子』一章所呈現之觀點爲主，解放後其學術觀點與民國有所差異處，亦兼而論之。

第一節　莊學主旨的暗移
——從大宗師到養生主

王夫之莊子解大宗師題解云：『凡立言者，皆立宗以爲師；而所師者其成心，則一鄉一國之知而已，抑不然，而若鯤鵬之知大，蜩、鷽之知小而已。通死生爲一貫，而入於「寥天一」，則儵、忽之明昧，皆不出其宗，是通天人之大宗也。夫人之所知，形名象數，是非彼此，吉凶得失，至於死而極。悅生惡死之情忘，則無不可忘，無不可通，而其大莫圉。真人真知，一知其所知，休於天均，而且無全人。以闋虛生白者，所師者此也，故唯忘生死而無能出乎宗。此七篇之大指，歸於一宗者也。』認爲莊子內七篇的宗旨寄寓在大宗師篇裏，莊子立言之本意，在於以天人之大宗爲師，逐步實現『通死生爲一貫』。早期的鍾泰亦持此論，中國哲學史『莊子』章第一節『大宗師』開篇云：『莊子之真實學問，在大宗師一篇。所謂「大宗師」者何也？曰：道也。故於本篇明揭之曰：「夫道，有情有信，無爲無形，可傳而不可受，可得而不可見，自本自根，未有天地，自古以固存。」此與老子「有物混成，先天地生」，吾「無以名之，強名之曰道」，蓋同一意。』按中國哲學史『老子』章亦云：『老子以道爲天地萬物之本，故曰：「有物混成，先天地生。寂兮寥兮，獨立而不改，周行而不殆，可以爲天下母。吾不知其名，字之曰道。」……所謂道者何耶？道者，宇宙之本體也。何以知宇宙之本體？宇宙之本體，即吾心之本體，非有二也。故曰：「道者同於道，德者同於德，失者同於失。」欲知宇宙之本體，須先明吾心之本體。……老子之言道，非空談宇宙之本體也。必以吾心之本體，合宇宙之本體，以宇宙之本體，證吾心之本體。故曰：「修之於身，其德乃真。」此道德之所以可貴也。』在鍾泰看來，莊子的『大宗師』即老子『有物混成，先天地生』的『道』，『道』是宇宙之本體，本體與人心相通，人必以己心之本體，合宇宙之本體，故鍾氏又云：『明道也，真人也，大宗師也，名雖有三，而所指則一也。特以其本體言之，則謂之道；以其在人言之，則謂之真人，謂之大宗師耳。』這樣，『大宗師』即有兩層含義，一是『道』之本體，二是合於本體之生命。在鍾泰看來，莊子也是合於本體的『大宗師』，他說：『莊子惟得乎此，故能齊死生，一壽夭，而萬物無足以攖其心者。觀其所稱道，如子祀、子輿、子犂、子來、子桑戶、孟子反、子琴張之倫，類皆當生死之際，而安時處順，哀樂不入，此豈無所得而能致然耶！今人談莊子，不於此等處求之，而樂其洸洋之辯，散於萬物而不厭，抑所謂棄照乘之珠，而寶空櫝者，非歟？』在鍾泰看來，不但莊子，莊子所稱道的子祀、子輿、子犂、子來、子桑戶、孟子反、子琴張，也皆是勘破生死、去住自由的『大宗師』，鍾泰感歎時人讀莊，只在莊子『逍遥遊』的文風上著眼，而不進一步重視其『大宗師』之『真實學問』，頗有買櫝還珠之憾。

確定了莊子之真實學問在大宗師篇之後，鍾泰便對莊子與其好友惠子進行了比較。在鍾泰看來，天下篇所載惠子之言如『至大無外，謂之大一，至小無内，謂之小一』，『無厚，不可積也，其大千里』，『天與地卑，山與澤平』，『我知天下之中央，燕之北、越之南是也』，『南方無窮而有窮』，『連環可解也』，這些皆是惠子『破時空之見也』，他說：『蓋空無局量，則大小厚薄一也；空無方位，則高下中邊一也；空無分際，則遠近斷續一也。莊子曰：「天下莫大於秋毫之末，而泰山爲小。」非即是說乎？』（中國哲學史惠子）認爲莊子齊物論篇裏的『齊小大』正與惠子的『破時空』相同。而惠子的『日方中方睨，物方生方死』，『今日適越而昔來』，此『皆所以破時之見也，蓋時無來去，則旦暮一也；時無久暫，則今昔一也。莊子曰：「時無止，終始無故。」非即是說乎？』認爲惠子的『時無去來』又與莊子的『無終始』相同。惠子說『大同也，而與小同異，此之謂小同異，萬物畢同畢異，此之謂大同異』，又說『泛愛萬物，天地一體』，這些『皆所以齊異同之分也，蓋物無是非，則異同一也。物無彼是，則物我一也』，而莊子說『自其異者視之，肝膽楚越也，自其同者視之，萬物皆一也』（德充符），所以在『齊異同』方面，二人也是相同的。那麼，二人有什麼不同點呢？鍾泰認爲，莊、惠之差異，在於『莊子明宗以破相，惠子破相而不明宗』，亦即莊子是在所宗本的前提下看破世間相的，惠子卻沒有這個前提，而『由本以之末也順，而由末以尋本也逆』，所以天下篇說惠子『其道舛駁，其言也不中』，又曰『由天地之道，觀惠施之能，其猶一蚊一虻之勞者也，其於物也何庸』，表達了對惠子深深的惋惜之情。但鍾泰同時又認爲齊物論篇裏的『彼是方生之說也』，『未成乎心而有是非，是今日適越而昔至也』，皆是莊子『引施說以明己意』，兩個好友在學術上其實是相互分享的，所以惠子去世之時，莊子才會說『自夫子之死，吾無以爲質矣』，質者，質正之意，造詣相埒者方能當之，可見惠子與莊子之間只有極微小的差距，所謂『愈貴道，幾矣』，故鍾泰得出結論，『是故吾於惠子，終謂其與莊子近，而與墨子遠』，研究惠子實有助於理解莊學，用王陽明的話說，惠子之學『只是少頭腦』，沒有一個『大宗師』的明確意識罷了。

鍾泰後期的『大宗師』之論與早年略有不同。莊子發微大宗師解題云：『大宗師，明內聖也。內聖之功，在通於天道。未有不通於天道而能爲聖人者也，……以人言，則所宗所師者，聖也。以聖人言，則所宗所師者，天也。……宗天師天，則宗師云者，直天之代名耳。惟天爲大，故曰「大宗師」也。』天下篇云：『不離於宗，謂之天人；不離於精，謂之神人；不離於真，謂之至人；以天爲宗，以德爲本，以道爲門，兆於變化，謂之聖人。』鍾泰後期的莊子學由『宗道』變成『宗天』，由『以真人爲師』變成『以聖人爲師』，實際上反映了他後期莊學主旨的微妙變化。莊子發微養生主篇解題云：『養生主者，以養生爲主也。盜跖篇曰：「堯、舜爲帝而雍，非仁天下也，不以美害生也；善卷、許由得帝而不受，非虛辭讓也，不以事害己。」「仁天下」與「辭天下」，皆由養生而出，故養生爲主也。七篇蓋以爲綱領矣。』由此可見，晚年的鍾泰把內七篇的主旨由大宗師悄悄地移到了養生主。其實，這種主旨的轉移在民國時期已略見其端倪，中國哲學史『莊子』一章第二節云：

> 養生主者，主於養生也。養生奈何？欲知養生之說，當先知生之爲何物。生者，大宗師之謂也。何以知生之爲大宗師也？大宗師篇曰：『殺生者不死，生生者不生。』又曰：『善吾生者，乃所以善吾死也。』而養生主篇曰：『緣督以爲經，可以保身，可以全生，可以養親，可以盡年。』此其合者一也。大宗師篇曰：『知天之所爲者，天而生也。知人之所爲者，以其知之所知，以養其知之所不知。』而養生主篇亦曰：『天也，非人也。天之生是使獨也。人之貌，有與也。以是知其天也，非人也。』皆於天人分合之故，言之甚詳。此其合者二也。是故生者，以其本來言之；大宗師者，以其宗主言之。其實一也。

在早期的鍾泰看來，『養生主』之『生』即是『大宗師』，爲此，他從兩個方面來論證：一、大宗師與養生主裏皆提到了『生生』、『善生』、『全生』，此其合者一；二、大宗師與養生主裏皆談到了『天而生』、『天之生是』，此其合者二。『生』是從生命的本來言之，『大宗師』是從生命的趨向言之，生命的趨向即是復歸生命之本來，所以『生者，大宗師之謂也』。『生』既然就是『大宗師』，而『大宗師』即『道』，那麼與其空泛地談『道』、談『大宗師』，不如實實在在做一點『養生主』的功夫。鍾泰寫莊子發微時已近晚年，學者年齒日衰而見地日淳，這種莊學主旨上的暗移也就可以理解了。

那麼，『養生主』的功夫如何做呢？鍾泰說：『今觀其言曰：「始臣之解牛之時，所見無非牛者。」其心之專也爲何如？「三年之後，未嘗見全牛也。」其理之明也爲何如？「方今之時，臣以神遇而不以目視。官知止而神欲行，依乎天理。批大郤，導大窾，因其固然。」其工夫之熟也爲何如？「雖然，每至於族，吾見其難爲，怵然爲戒，視爲止，行爲遲。」其意之慎也爲何如？臨之以專心，持之以慎意，理明而工夫熟，豈必解牛哉，固無往而不善矣。』（中國哲學史莊子）在鍾泰看來，『養生主』必須做到像庖丁一樣的『心之專』、『理之明』、『工夫之熟』、『意之慎』，這樣才能『無往而不善』。鍾泰又說：『大宗師曰：「其爲物，無不將也，無不迎也，無不毀也，無不成也。其名爲攖寧。攖寧也者，攖而後成者也。」是之謂也。夫楊朱言養生，而莊周亦言養生。然楊子之言疏，而莊生之言實。若莊生者，可謂體明而用備者也。』這便將『養生主』的功夫又歸結到了『大宗師』的本體上，並認爲莊子的『養生』與楊朱的『養生』有所差別，因爲莊子將『養生』落到了『實』處，是『體明』而『用備』的。

如果說鍾泰前期莊學以大宗師篇爲宗旨，確定了莊學之『體明』的話，那麼後期他以養生主篇爲主意，就是在逐漸尋求莊學之『用備』了。他在釋養生主篇第一段時說：

> 此一篇大旨，亦一書大旨也。……爲善爲惡，隨俗所名。實則齊物之後，是非兩忘，行其所不得不行，止其所不得不止，即安知其爲善與惡邪！若猶有善惡之見存，又何能善不近名，惡不近刑也！世

儒或疑以爲言無近刑則可，言爲惡不亦過乎！　則闔不觀夫庚桑楚篇之言？　其言曰：『爲不善乎顯明之中者，人得而誅之。爲不善乎幽閒之中者，鬼得而誅之。明乎鬼，明乎人者，然後能獨行。』夫『獨行』者，天行也。不獨曰人誅，且曰鬼責，其所以警戒夫爲不善者亦已至矣。至夫二者，一不得以加之，是猶得以爲惡目之哉？　劉義慶世說新語載趙母嫁女，女臨去，敕之曰：『慎勿爲好。』女曰：『不爲好，可爲惡邪？』母曰：『好尚不可爲，而況惡乎！』此云『爲惡』，亦但『不爲好』之意耳，而尚何疑乎？

鍾泰曾說：『夫隨其成心而師之，誰獨且無師乎？　奚必知代而心自取者有之，愚者與有焉（用齊物論原文）。顧愚者有之，而終身役役，不知其所歸者，一則執於物我之分，一則亂於是非之論。故物我之見不祛，是非之論不泯，而以言夫大宗師，譬之埳井之蛙而論四海之大也。此莊子齊物論之所以作也。』（中國哲學史莊子齊物論）鍾泰認爲，『執於物我之分』，『亂於是非之論』，是不能見『大宗師』的根本原因，而『養生主』正是在『齊物論』之後是非兩忘境界中『無善無惡心之體』（王陽明語）的自然流露，他認爲，真正的『養生主』應該是讓心體『行其所不得不行，止其所不得不止』地『一宅而寓於不得已』（人間世）。他又怕世儒誤以爲這是在教人爲惡，便舉庚桑楚篇爲不善則人誅鬼責的教訓，又舉世說新語賢媛裏趙母嫁女教以好惡俱不可爲的事例，說明莊子並非是在教人爲惡，只是說『養生主』不能拘於善惡之名，須一意從『天行』而已。那麼，這裏就有一個矛盾，既然『爲善爲惡，隨俗所名』，『齊物之後，是非兩忘』，那如果順『天』而行，碰上了世俗認爲是『惡』的事，我們做還是不做呢？　顯然，鍾泰努力替莊子回避了這個道德上的困境，這可能與他晚年對莊子的闡釋指向漸漸偏向儒家有關。

第二節　闡釋指向的轉移

——從『孔老兼宗』到『孔顏嫡傳』

中國哲學史莊子評莊子云『其學貫孔、老二家，而又益之以恣肆。天下篇曰：「以天下爲沉濁，不可與莊語。以卮言爲曼衍，以重言爲真，以寓言爲廣。」故其意頗難知。史記謂周掊擊儒、墨，而如人間世、德充符諸篇，其所以推崇孔子者甚至，所爲掊擊者，豈其然乎？　魏晉以來，佛教入中國，於是援莊老而入佛，謂其有出世之思。然七篇終之以應帝王，而天下篇明明謂內聖外王之道，則與佛之出世固迥殊矣。』蓋早期的鍾泰認爲莊子之學是兼師老子與孔子的，他舉人間世、德充符諸篇『推崇』孔子的語言，認爲史記裏謂莊子『掊擊』儒者之論是錯誤的。魏晉以來佛教入中國，莊學多被看作出世之學，但『內七篇』終之以應帝王，天下篇裏明言『內聖外王之道』，在鍾泰看來，這都是莊學與佛教出世之學不同的地方。不過在此時，鍾泰還沒有把莊子完全歸入儒家，只是在行文中有這個傾向罷了。

但在莊子發微裏，鍾泰卻徹底改變了對莊子『其學貫孔、老二家』的闡釋指向，莊子發微序云：

> 自司馬遷作史記以莊子附老子傳中，班固漢書藝文志用劉歆七略入莊子於道家，後世遂以老、莊並稱，而莊子之學半晦；　自方技之神仙家與諸子之道家混，隋、唐之際被莊子以南華真經之名，其後疏注莊子者如成玄英、褚伯秀之倫，多爲黃冠羽士，視莊子爲修真煉氣之書，而莊子之學全晦。莊子之非神仙家，今之學者或能辨之；　若其非道家而不同於老子，則能辨之者鮮矣。……予向亦嘗以爲莊子殆兼孔、老兩家之傳，及今思之，是猶不免影響之見。莊子之學，蓋實淵源自孔子，而尤於莊子之門顏子之學爲獨契，故其書中顏子之言既屢見不一，而若『心齋』，若『坐忘』，若『亦步亦趨』，『奔軼絶

塵，瞠若乎後』云云，皆深微精粹不見於他書，非莊子嘗有所聞，即何從而識之？更何得言之親切如此？故竊謂莊子爲孔門顏子一派之傳，與孟子之傳自曾子一派者，雖同時不相聞，而學則足以並峙。

明清之際的著名禪師覺浪道盛曾指出：『莊周，戰國之隱者，能以古今之大道自任，又不甘於流俗，憫世道交喪之心獨切，不可以自禁，乃敢大言而無慚。之人也，予讀其所著南華，實儒者之宗門，猶教外之别傳也。』（莊子提正序）認爲莊子之學乃孔子的『教外别傳』與『托孤』之作。方以智在藥地炮莊中亦申發了這一觀點，認爲莊子傳承了孔子、顏回、孟軻等儒家學説，是爲儒學正宗。鍾泰則進一步具體指出，莊子之學乃孔門顏子一派的嫡傳，與傳自曾子一脈的孟子之學雖同處一個時代而互不相聞，其學足以在儒門開出另一個流派①。他舉出莊子一書中孔顏授受的諸多場景，認爲這些場景皆深微精粹，非親聞者不能道出，以此證明莊子之學與顏子之學獨相契合。基於這種認識，他徹底推翻了早年認爲莊子『其學貫孔、老二家』的『影響之論』，讓莊子與『道家』劃清了界綫。

但我們知道，顏子於孔門爲早夭，韓非子顯學裏論及『儒分八派』時雖有『顏氏之儒』的記載，但孔門弟子中顏姓者不只一人②，此顏氏是否即指顏回，尚難論定。即便真是如此，又何以知莊子即是『顏氏之儒』的嫡傳呢？莊子一書中的確有不少孔、顏之間的教學對話，但又安知這不是莊子慣用的『寓言十九』手法呢？對此，郭沫若曾説：『其實莊子著書的條例是：「寓言十九，重言十七。」「重言」是「耆艾之言」，要佔百分之七十。因之，不見於正統儒書的記載，我們是不好全部認爲假托的。特別值得重視的是論「心齋」和「坐忘」的兩節文章，……這些應該都是顏氏之儒的傳習錄而在莊子是作爲「重言」把它們採用了的。孔、顏當時不一定便真正

① 晚近學者章太炎、郭沫若、錢賓四、童書業、李澤厚等，亦持此論。

② 據史記仲尼弟子列傳，孔門弟子顏姓者除顏回外，尚有顏無繇、顏幸、顏高、顏祖、顏之僕、顏噲、顏何七人。

說過這樣的話，但有過這樣的傾向，而被顏氏之儒把它誇大了，這不是說不可能的。凡是形成了一個宗派的學說，對於本派的祖師總是要加以誇大化的，古今中外都是如此。』（十批判書儒分八派的批判）對於莊子在其書中屢屢毀儒的傾向，郭氏又云：『莊子是從顏氏之儒出來的，但他就和墨子「學儒者之業，受孔子之術」而卒於「背周道而用夏政」一樣，自己也成立了一個宗派。……莊周並不曾自命爲「道家」，……莊周也是儒士，然而方法不同。儒之中本來也有多少派別，在孔子當時已有「君子儒」與「小人儒」，在荀子口中則有所非難的「賤儒」與「俗儒」。莊門雖自命爲儒士而要毀儒，那是絲毫也不足爲怪的。』（十批判書莊子的批判）郭氏此論乃發表於二十世紀四十年代，建國後其個人影響力直升，鍾氏莊子發微付梓於1961年，其晚年之論的轉變是否受過郭氏影響不得而知，但考慮到鍾泰以宋學爲主的治學風格，其莊子之學出於顏子之論更多應來自於其早期師門『太谷學派』的學術傳承。

『太谷學派』始創於清嘉慶、道光年間，是儒家在民間的一個學術暗流，其活動時間至二十世紀抗日戰爭爆發時止。太谷學派治學兼采佛道，大旨歸於孔門。鍾泰出『太谷學派』晚期大師黃葆年先生之門，黃葆年黃氏遺書莊子論云：『孟子明大義而微言存，莊子放，微言存而大義未著。』①又云『後世闚莊者不得其真，學莊者不得入其門。……聖人作而後知莊子之心，聞聖人之言而後知莊子之道。』認爲莊子與孟子的區別只是在於，孟子既有『微言』存世，其學之『大義』也是明了的，莊子雖有『微言』存世，其學之『大義』卻未爲世人所知，只有『聖人』出世，才能夠理解莊子的苦心，也只有先聞得『聖人』之言然後才能明了莊子之道。此處之『聖人』當然是指孔子，『聖人之言』當然是指儒家經典。鍾泰承其師之論，亦云：

> 論語孔子歷敘春秋二百四十二年變遷之跡，而終曰：『天下有道則庶人不議。』庶人者，孔子以

---

① 黃葆年黃氏遺書，江蘇廣陵古籍刻印社2002年版。

自況。議即謂作春秋也。春秋雖魯史，而禮樂征伐實關天下之大，此天子之事也。以庶人而議天子之事，故曰：『知我者其惟春秋乎？罪我者其惟春秋乎？』『議而不辯』，莊子蓋嘗有所聞，不然不能發此微言也。易與春秋，孔子之兩大著作，而又義相表裏者也。莊子於消搖遊既闡易之緼，於齊物論又深明春秋之宏旨，著其本乎先王之志，而爲經世之書。故吾嘗謂莊子之學實出於孔門顔子一脈，而兼承老氏之緒，觀此固有其徵矣。（莊子發微齊物論）

按論語裏『天下有道則庶人不議』本指『上無失政，則下無私議』（四書章句集注），鍾泰在這裏卻認爲此處『庶人』乃孔子自況，『議』即是作春秋，而齊物論篇有『春秋經世，先王之志，聖人議而不辯』的說法，鍾泰據此認爲齊物論深明春秋之宏旨，是『本乎先王之志』的『經世之書』，這樣，莊子之學必然出自孔門了。鍾泰又云：『知命樂天，何怨之有！孟子曰：「莫之爲而爲者，天也。莫之致而至者，命也。」此亦曰：「求其爲之者而不得也。然而至此極者，命也夫！」莊子、孟子之言何其相合也！論語二十篇，終於「不知命無以爲君子」，此篇明内聖，亦以言命終。論語、莊子之書又何其相合也！吾故曰：莊子之學出於孔、顔之傳，豈爲無據哉！』鍾泰又引孟子萬章上『莫之致而至者，命也』和論語堯曰『不知命無以爲君子』來與莊子大宗師篇裏的『求其爲之者而不得也，然而至此極者，命也夫』相對，認爲三者皆言『命』，其意相合，這便更加證明莊子之學是出於孔、顔之傳了。

那麼，『孔、顔之傳』傳給莊子的是什麼學問呢？鍾泰早期即認爲，莊子之學即『内聖外王』之道。中國哲學史莊子云：『莊子天下篇言内聖外王之道，此莊子之真實語也。故其養生也，所以爲己也，即以爲天下也，以人間世入養生之樊，以應帝王既養生之實。』莊子發微天下解題亦云：『此一篇之提綱，莊子著書之意已略見於此。「内聖外王之道，闇而不明，鬱而不發」，三語最要。由此可知莊子之學，實爲「内聖外王」之學。其所以著書，即爲發明此「内聖外王」之道也。』認爲莊子之學即是『内聖外王』之學，其所以著書，即是爲了發明當時已經『闇而不明，鬱而不發』的『內聖外王』之道。鍾泰又認爲，莊子内七篇，亦即『反復發明內聖外王之學者也。是故消搖遊之辨小大，爲内聖外王之學標其趣也。齊物論之泯是非，爲內聖外王之學會其通也。養生主，內聖外王之學之基也。人間世，內聖外王之學之驗也。德充符，則其學之成，充實而形著於外也。若是，斯内可以聖，而外可以王矣，故以大宗師、應帝王二篇終之。「宗師」者，聖之異名。「帝」者，王之極致也。是故内七篇分之則七，合之則只是一篇。』（莊子發微內篇）認爲内七篇清楚表明了『內聖外王』之學的次第。在談莊子研究一文裏，他又具體談到：

莊子天下提出『内聖外王之道』六個字，這正是莊子學術要領所在。如以内七篇論，第一篇舉出鯤鵬的變化，而説『小大之辨』，就是要人莫拘於方術一偏之小，而認識斯道之大。『内聖外王之道』大在何處呢？莊子則又提出『至人無己，神人無功，聖人無名』三句話，故以此意爲七篇之首，亦即以此意直貫於七篇。第一篇消摇遊説『小大之辨』，説『小知不及大知』。第二篇齊物論卻又將小知大知一概抹倒，而説道『知止其所不知，至矣』，這又是如何説呢？當知小知固是小，大知則自以爲大，自以爲無所不知，這亦便是小了。無己之人，不見己之大、人之小，亦不見己之是、人之非，因而即能取衆人之小以成其大，取衆人之非以成其是。若只見己而不見人，只見其一而不見其二，於是便自小了。天下篇慨歎『道術將爲天下裂』，意正在此。然則物焉得可以不齊，論焉得可以不齊？此齊物論篇之本旨也，與消揺遊篇小大之辯之言，又何嘗矛盾乎？

逍遙遊篇指出了『小知不及大知』，是説欲『内聖外王』，必須首先儘量擴大認知範圍，又須知真正的『內聖外王』必是『聖人無名，神人無功，至人無己』。於是齊物論篇超越『小大之辯』，取衆人之小以成其大，取衆人之非以成其是，從而『知止其所不知，至矣』，形成一種無分别的認識。鍾泰認爲，『消摇遊』與『齊物論』，一個重大輕小，一個齊同小大，是没有矛盾的，只是人道術日進自然達到的效驗。爲此，他譏笑郭象解逍遥遊，『全是齊物論眼光』，正爲郭象在解釋逍遥遊篇的時候就迫不及待地引入了一種無分别的視角①，在鍾泰看来，這種視角只有到了『齊物論』階段才能充分展開，就是説，『逍遥』與『齊物』不可躐等，二者循序漸進，成爲『内聖外王』的重要鋪墊。

莊子第三篇是養生主，養生乃求内聖的功夫。要談外王，必先從内聖作起，也就是要『成物』必先從『成己』起。因此，對外王説，内聖是主，對成物説，成己是主。所以，『養生』之下，著個『主』字，此一字甚是緊要。外篇天地云：『泰初有無，無有無名，一之所起，有一而未形，物得以生謂之德。』此所謂『物得以生謂之德』，乃是『養生』之『生』的出處。故第三篇養生主與第五篇德充符正遥遥相對，『養生』是下手的工夫，『德充』乃是工夫作到的效果。養生主篇説養生，引用庖丁解牛來作比，分明養生是不離開事，是在事上磨煉。惟其養生不離乎事，即在作事上磨煉，作事上修養，所以内聖外王方能打成一片。七篇之文於養生主篇後，繼之以人間世篇爲第四篇，便可見不是避世之士，更不是厭世之士。人間世篇所舉顔回將之衛、葉公子高使於齊、顔闔傅衛靈公太子幾件事，皆是天下極難處的，文中乃比之於『養虎』。而所引孔子與蘧伯玉之言，剖析事理，正如庖丁解牛一般，都要處理得妥妥當當，内不失己，外不失人，此是何等心胸，何等學問！德充符之篇言何也？『符』是徵驗之義。德既充實於内，自然有所流露於外。故大學言『誠於中，形於外』，中庸言『誠則形，形則著』，此如符節一般，一勘便見，無其實者既假裝不來，有其實者欲避卻議者的耳目也不可得。此所以謂之『符』。

如果説逍遥遊篇與齊物論篇還是在『務外』的話，養生主篇則將心收回，正式進入『内聖』修養，『養生』是養『物得以生』之『德』，是對『逍遥』與『齊物』的賅攝，故下一個『主』字，這時便進入『内聖外王』的實操了，所以必有『庖丁解牛』的事上磨煉，漸漸將内外打成一片。到了人間世篇，便是全面入『世』之時，世事難處如『養

① 郭象於逍遥遊篇題下注云：『夫小大雖殊，而放於自得之場，則物任其性，事稱其能，各當其分，逍遥一也，豈容勝負於其間哉！』

虎』，仍要如庖丁解牛般處理得妥妥當當，内不失己，外不失人，『世』方可入。如此與世事周旋良久，内德日充，誠於中、形於外，便有德充符篇之徵驗。『養生』是入手功夫，『德充』是功夫成就之效果，『内聖外王』之功到此一結。

第六、第七兩篇即分屬内聖外王兩邊説，大宗師篇是説的内聖，也可以講是説道術之體；應帝王篇是説外王，也可以講是説道術之用。帝王是外王，而下個『應』字，『應』即是齊物論篇『樞始得其環中，以應無窮』之『應』，此則全仗内聖之功。觀内篇的文字，真如鉤鎖相連，又如常山率然，擊首則尾應，擊尾則首應，擊其中則首尾皆應，即此文字，亦足見莊子之六通四闢，變化無方，非深研熟玩，何從得其精藴？故鍾泰以爲研究莊子者當以『内聖外王』四字爲要領，從而勘定内七篇之大旨。

大宗師篇總括以上次第，顯示出道術之全體，此亦鍾泰早期所謂『莊子真實學問在大宗師』之意。應帝王篇則『得其環中，以應無窮』，顯出『内聖外王』之學的全體大用。内七篇文字是一個互相關聯的綿密整體，後篇的主旨在前篇裏伏脈，前篇的主旨又在後篇裏强調，前後勾連，又互有輕重，合起來看，便是完整的『内聖外王』之學的圖譜。執此以觀外雜篇，便能如鍾泰所説『勘定外篇之孰爲莊子自作，孰爲莊子後學之所爲。如是真能通徹乎莊子一書之旨趣，然後來表章莊子，庶幾得如其分際，不致擬於不倫。即欲貶剝莊子，亦可中其要害，不放亂箭。至若莊子本書，爲後世注家錯解者極多，研究莊子，當自具眼力，無爲向來注解所蒙，更是要著。』而鍾泰所著莊子發微一書，便是這樣一部勘正舊注謬誤，精細剖發原意的傑作。

第三節　對莊子文本的精微闡發

——訓詁與義理的交互

莊子發微，顧名思義，即是對莊子的精微闡發。這種發微大致又分爲兩類，一是通過旁徵博引對文句進行互釋，二是直接對文句進行入情入理的發揮，而兩者在書中往往又是混而不分的。義理中有考據，考據中含義理，是莊子發微一書最大的特點，也是鍾泰治學的自負之處。

首先是『以莊釋莊』。『以莊釋莊』，顧名思義是以莊子一書自己的文句來闡釋莊子，這在莊學史上也不乏其人，如王夫之的莊子解便成功採用了這種闡釋方法。莊子發微的特點在於，其『以莊釋莊』充分結合了訓詁。比如開篇消搖遊釋『消搖』云：『「消搖」，疊韻謰語也。外篇天運曰：「以遊消搖之虛……」。消搖，無爲也。」此謂無爲則得消搖，非以消搖即是無爲也。試析而言之。「消」者，消釋義。田子方篇云：「物無道，正容以悟之，使人之意也消。」雜篇則陽云：「非相助以德，相助消也。」是也。「搖」者，動蕩義。外篇天地云：「大聖之治天下也，搖蕩民心，使之成教易俗。」則陽篇云：「覆命搖作，而以天爲師。」是也。蓋消者，消其習心；搖者，動其真機。習心消而真機動，是之謂消搖。惟消搖而後能遊，故曰「消搖遊」也。訓詁家每謂謰語當求其義於聲，不得求其義於字。不知聲與字不相隔，離字而專求聲，則墮入於虛，未爲得也。讀莊子不可不通訓詁，而泥於訓詁，則不能以讀莊子。此亦其一例也。』蓋鍾泰將習見的『逍遙』定形爲『消搖』，爲充分闡釋『消搖』二字的意義，他引天運篇『以遊消搖之虛』、『消搖，無爲也』來說明只有『無爲』才能得『消搖』，但不能說『消搖』就是『無爲』。接著他又引田子方篇『使人之意也消』、則陽篇『相助消』來說明『消』即消釋之意，引天地篇『搖蕩民心』、則陽篇『覆命搖作』來說明『搖』即動蕩之義，最後他認爲『消搖遊』亦即通過消除習心而發動真機以遨遊，這便又將訓詁歸結到了佛道義理。

由此可見，鍾泰釋莊雖大量運用訓詁，卻決不迷於訓詁。他在駢拇篇釋『今世之仁人蒿目而憂世之患』時說：『「蒿目」，猶云蓬心，此莊書文字之巧，舊注云「亂也」，意尚近之。訓詁家不解此，乃專求之聲音通假，輒轉爲訓。如俞樾謂「蒿目」即是「矐目」，真成笑談矣。又如「意仁義其非人情乎」，「意」自是意度之辭，與下云「嘗試論之」用「嘗試」字一種筆法。而高郵王氏父子解「意」作「抑」，群襲用之不敢違。不知解上句作「抑」尚可，下文「故意仁義其非人情乎」，若直以爲故「抑」，成何辭句？ 予故常言：不通訓詁不能讀莊子，而泥於訓詁更不能讀莊子，蓋謂此等也。」認爲「蒿目」便是消搖遊裏的「蓬心」，成玄英疏云「蒿，目亂也」，這還是接近原意的。可是清代的訓詁家卻偏要通過聲訓通假輾轉爲訓，如俞樾莊子平議釋爲「矐目」，此乃濫用聲訓，在鍾泰看來，這是很可笑的。下文「意仁義其非人情乎」，「意」與「嘗試論之」一樣，都是臆度之辭，而王念孫莊子雜志卻把「意」聲訓爲「抑」，這簡直不成辭了。按清代乾嘉學派曾通過考據輯佚爲莊子學的發展作出了不同於前代的傑出貢獻，鍾泰卻進一步認爲，不通訓詁不能讀莊子，而泥於訓詁更不能讀莊子。細讀他的釋莊文字，他的考據功底其實不可小看，如他闡釋胠篋篇「削格、羅落、罝罘之知多，則獸亂於澤矣；知詐、漸毒、頡滑、堅白、解垢、同異之變多，則俗惑於辯矣」，云：

> 「削格」，即中庸「驅而納諸罟擭陷穽」之擭，以竹或木之堅者削而施之，獸蹈其機，則中其足而不得脫。其大者可以捕獐豕。「削」亦作峭，左思吴都賦云「峭格周施」是也。「羅落」即羅網，「落」與「絡」通，秋水篇「落馬首」即絡馬首也。「罝」，兔罔。「罘」同罦，罝之有機括可以翻弄者，俗亦謂之翻車。「澤」，山澤也。「知詐」之「知」讀智。「漸」，刻深也，讀平聲。「毒」，毒辣。「漸毒」又深於智詐。舊注以「漸毒」作一事釋之，謂爲漸漬之毒，或云深害，固未是。清之訓詁家謂「漸」亦詐也，引荀子正論「上兇險則下漸詐矣」以證，亦非也。夫漸之不同於詐，猶兇之不同於險，安得等而一之哉！「頡滑」猶滑稽，並雙聲謰語。滑稽倒之而爲頡滑，猶蕩佚倒之而爲跌蕩，彌渺倒之而爲渺沔也。頡滑滑稽者，言其出之無窮也。「解垢」猶邂逅，不期而遇合曰邂逅，引申之，無因而造說亦曰邂逅。「逅」一作遘。後漢書隗囂傳云「勿用傍人解搆之言」，竇融傳云「亂惑真心，轉相解構」，邂逅、解垢、解構、解搆，用字雖殊，取義則一也。

短短一段釋文中，他接連引用了中庸、吴都賦、莊子秋水、荀子正論、後漢書隗囂傳、後漢書竇融傳六處資料的佐證，由此可見其治學範圍之廣，讀書之博贍，這使得他有足夠的底氣來反駁同樣精於訓詁的乾嘉諸老。在他看來，治莊學，訓詁考據是必須的，但絕不能像乾嘉學者一樣泥於局部之章句，而失掉了莊學義理的大體。他在讀莊發例一文中感歎道：『夫自高郵王氏以次，其於訓詁章句，致力可謂勤矣。沾溉後學，抑亦多矣，而不能無失如此，無他，泥之故也。降及晚近，變本加厲，屈古書以就己意，先定案而後覓證，求之於訓詁而不可得，而索之於聲韻；溝之於本聲而不可通，則遁之於聲轉，委曲穿鑿，至大背原旨而不顧。有如莊子養證者，真所謂未得國能，而喪其故步者也，學者於此，不可不知擇焉！』近人治古學者，一聞高郵王氏、俞樾諸人之名，便驚其博贍，頓生淺陋之心，於其所定案，每不敢置喙而奉爲圭臬，觀鍾氏之言，亦可以有所反思矣。

正因爲鍾泰有了精深的訓詁學功底，所以他在義理闡發方面，便能將前人略嫌浮泛的釋文落到實處。比如山木篇『北宮奢爲衛靈公賦斂以爲鐘』、『子何術之設』，鍾泰曰：『「子何術之設」，問奢賦斂之方。「設」有驅迫義，蓋疑其有所強勉也，故答曰「無敢設」。後文云「送往迎來」、「因其自窮」，「自窮」者，自盡也。自盡正表其非強勉，針對「設」字而發。注家率於「設」字忽略過去，故特爲點明。』按歷來解此段者，無有人注意到『設』字的精確含義，遂使下一句『無敢設也』稍顯突兀。郭注：『泊然抱一耳，非敢假設以益事也』，則『設』字爲假設意，亦隨字面意義之湊泊。鍾泰根據設字在說文解字裏從言從殳，而殳有驅遣使人的意思，認爲『設』在此連帶著便有驅迫的意思，意即王子慶忌懷疑北宮奢強迫民衆交稅，這才接得上下文『無敢』二字。故鍾泰又釋下文云：『「強梁」，謂倔強不服從者。「曲傅」，謂委曲傅近己者。「從」、「隨」，皆謂聽任之。「毫毛不挫」，略無所損傷也。「大途」，承上「郭門之外」言。郭門當往來之沖，經行者衆，其賦斂也尤易，故下「而況」字。此仍就本事說，非別有指。注家率以「大途」爲大道釋之，則反支矣。』願意交稅的便讓他交，不願意交稅的則聽之任之，徵稅亦如姜太公釣魚，願者上鉤，而徵稅者本人則凝心於純一之境；在人來人往的城門口徵稅尚且如此容易，更何況在城裏的通衢大路上呢？大途就是大路，不必抽象化爲『大道』。鍾泰從考辨『設』的本義發端，進而發掘出了當事人的心理狀況，此亦『發微』之一例。

鍾泰還對一些前人的注解作出了更深入的發揮，這些發揮往往能比舊注更臻妙境。如闡釋達生篇『善養生者，若牧羊然，視其後者而鞭之』，鍾泰說：『善養生若牧羊然，取譬於牧羊者，羊之性柔而狠，柔則易退，狠則輕進，故於卦巽爲羊，又爲進退，意可知也。郭注云：「鞭其後者，去其不及也。」不知不及於此者，實由過於彼。如單豹不知防虎，其不及也，而根在離群而獨處，故「不與民共利」，則其過也。張毅不知慎疾，其不及也，而根在媚世而卑損，故「高門縣薄」，過無不趨，則其過也。是故「視其後者而鞭之」，去其不及者，正所以救其過也。當合二義觀之始全。』養生像牧羊，歷來注家均未解釋爲何單取羊來譬喻，鍾泰認爲，這是由於羊的性格溫柔而狠戾，溫柔則容易後退，狠戾則容易冒進，所以周易中巽卦象徵羊，同時又表示進退。鞭其後者，郭注認爲這是爲了去掉修養某些方面的『不及』，鍾泰進一步認爲內在修養上的『不及』正是由於外在行爲上的『過』引起的，如單豹不知防備老虎而被虎所食，這是他的『不及』，根源在於性格的孤獨傾向，而這種傾向正是由於他『不與民共利』的『過』處漸漸養成的，而張毅不知道防備疾病，這是其『不及』，根源在於人品的媚俗低劣，而他的人品低劣正是由於其無論貧富皆要迎合的『過』處逐漸釀成的，所謂『視其後者而鞭之』，即是去其不及，鍾泰進一步認爲，去其不及的同時也糾正了『過』的地方，可謂一舉而兩得。

至於前人所注偏離莊子本旨處，鍾泰便以其深厚學養徑直予以駁正。如養生主篇『公文軒見右師而驚』一段，鍾泰寫道：『田子方篇載：「孔子見老聃，老聃新沐，方將被髮而乾，慹然似非人。孔子便而待之。少焉見，曰：「丘也眩與？其信然與？向者先生形體掘若槁木，似遺物離人而立於獨也。」彼云「慹然似非人」，又云「離人而立於獨」，正與此云「是何人也？惡乎介也」，同一情景。「丘也眩與？其信然與」，亦驚訝之辭也。蓋此皆甚深理境，一書要旨所在。自郭象誤以「介」與德充符篇之「兀」同視，而釋「介」爲偏刖，於是「獨」字，「有與」字，皆離其本義，不知云何。後世唯呂惠卿莊子義言「右師蓋人貌而天者也」，能得其解。而其書罕見，注家因薄呂之爲人，又不欲讀其書。焦弱侯筆乘所説略與呂同，然不如呂之顯豁。茲因呂義，更逐句釋之。不獨見右師造道之深，即公文能見之而驚，而以天人發問，亦自眼力心孔，爲非淺學者所易及也。』按養生主篇『是何人也，惡乎介也』，郭注云：『介，偏刖之名。』亦即把『介』等同於『兀』。鍾泰認爲，這裏的『介』實是田子方篇老聃『遺物離人而立於獨』之意，彰顯的是右師的天人之德，而這種精神狀態正是莊子最推崇的，最關乎莊學本旨，後世唯有呂惠卿莊子義得其解，但由於呂惠卿的小人聲名，學者遂因人而廢言，焦竑莊子翼雖及此義，但不如呂義之顯豁。鍾泰又進一步『發微』，説公文軒一見右師便能看出右師造道之深，亦是公文軒自己的眼力獨到，道行高深，這是『目擊道存』的交流，不是淺學所能窺破的。

在旁徵博引的『發微』中，鍾泰尤其看重莊子與孟子之間的聯繫。早在寫中國哲學史孟子的時候，鍾泰就認爲：『孟子之真實學問，在知言養氣。而知言養氣，即擴充之功。……其與蒙莊之養生主、德充符，蓋有若合符節者。吾嘗言莊、孟同時，而所言多合，惜其不得一相印證。道術之裂，往而不反，豈非天哉！』而他在闡釋馬蹄篇時説：『告子曰：「以人性爲仁義，猶以杞柳爲桮棬。」蓋僅知有矯揉之功，而不見夫自然之妙。夫人類自蒙昧以至文明，皆自然之發展，非待矯揉以就之也。使矯揉之説勝，則必有屈千里之驥以服鹽車，斲萬章之材以作榱桷者。故莊生主因任，而孟子言擴充，皆所以救俗説之偏，而開淺見之陋。余解莊子，每喜引孟氏之説以通之，意固在是也。』在鍾泰看來，人類的歷史是人性的自然發展史，文明的修飾並不是主導因素，反而會起到破壞人性自然的副作用，而莊子與孟子著書，皆是爲了對世俗破壞人性自然的矯揉之風進行糾偏，只不過莊子主張因任人性之自然，孟子主張擴充人性之自然，二者是相通的，所以鍾氏論莊，每每以孟子之論通之。又如他在闡釋駢拇篇『意仁義其非人情乎』一段時所云：

> 此一段文字，即孟子『由仁義行，非行仁義』之意。由仁義行，此所謂常然也。『故天下誘然皆生，而不知其所以生；同焉皆得，而不知其所以得』，若夫『屈折禮樂，呴俞仁義，以慰天下之心』，則所謂

行仁義者，故曰『使天下惑』，又曰『以仁義易其性』也。然孟子言『由仁義行，非行仁義』，舉舜以爲典則，曰『舜明於庶物，察於人倫』。此言『多方乎仁義而用之』，則又歸其過於舜，謂之『招仁義以撓天下』，抑何其爲論之相違異歟？曰：孟子順俗之談，意主在立，齊物論之所謂因是也。莊書袪惑之作，意主在破，齊物論之所謂以明也。善讀者合而觀之，則於莊書之旨可以無疑，而孟子之言亦可以益徹矣。至於舜之爲舜，則初不以孟子之推稱，而莊書之貶斥，有所損益於其間也。

孟子離婁下云：『舜明於庶物，察於人倫，由仁義行，非行仁義也。』由仁義行，即是行常道，孟子以『舜明於庶物，察於人倫』爲例，給予『仁義』以正面的評價。而莊子此處卻說舜『多方乎仁義而用之』，謂之『招仁義以撓天下』，把『仁義』視爲負面的價值，這又是爲什麼呢？按，鍾氏中國哲學史莊子曾說：『夫囿於物我是非，則物我是非道之賊也。通於物我是非之應。其破也，謂之以明；其順也，謂之因是。知夫以明因是之說，而物論無不齊矣，而道無不明矣。』鍾泰在此認爲，孟子一書多是順從俗世之談，意在於『立』，此即齊物論篇所謂『因是』，故肯定『仁義』，而莊子一書卻是掃除迷惑之作，意在於『破』，此即齊物論篇所謂『以明』，從更深的層面對『仁義』進行否定，善讀者必須合而觀之，二書主旨即可透徹無疑。實際上，鍾泰在注莊子時確實是如他自己所言，將莊、孟看成一體的，這樣的例子還有很多，比如他說：

『材與不材之間』，孟子所謂『子莫執中』者也。夫執中無權，猶執一也。故曰『似之而非』也。未免乎累者，或以材累，或以不材累，其爲累一也。（山木發微）

『效物而動』，即齊物論『物化』之意，亦即應帝王『順物自然而無容私』之說，如孟子說舜『象憂亦憂，象喜亦喜』正如此。蓋惟無我之至，而後能與造化同流，有此境地，非泛語也。（田子方發微）

『徼食乎地』，『徼樂乎天』，實孟子『上下與天地同流』而莊子『獨與天地精神往來』之義，義不獨在食與樂也。（庚桑楚發微）

而在闡釋庚桑楚篇『學者，學其所不能學』一段時，鍾泰說：『「學者，學其所不能學」，何也？是所云恒者，乃命之於天，人所本有，不待學而後能，故孟子亦曰「人之所不學而能者，其良能也，所不慮而知者，其良知也」，夫曰不學而能，則是非所能學者矣。而學者即學夫此，故曰「學者，學其所不能學也」。推之於行、於辯，皆然。故曰「行者，行其所不能行；辯者，辯其所不能辯也」。又曰「知止乎其所不能知」，何也？曰學、曰行、曰辯，皆根於知，故總歸之於不能知。「不能知」者，不知之知，蓋孟子所言不慮而知良知者也。』孟子盡心上云：『人之所不學而能者，其良能也，所不慮而知者，其良知也。』王陽明曾據此建立他的『致良知』學說。在鍾泰看來，孟子所說的『良知』亦即莊子所說的『以無知知』，在闡釋人間世篇『聞以有知知者矣，未聞以無知知者也』時說：

『聞以有知知者矣，未聞以無知知者也』，有知知易，無知知難也。則陽篇云：『人皆尊其知之所知，而莫知恃其知之所不知而後知，可不謂大疑乎！』『恃其知之所不知而後知』，即此『以無知知』之謂也。齊物論云：『知止其所不知，至矣。』『知止其所不知』，攝用歸體也。『以無知知』，恃其所不知而後知，則由體起用也，其意一也。以知知者，隨其成心而師之，所謂師心者也。以無知知，恃其所不知而後知，則未成乎心而有是非，所謂虛而待物者也。通觀莊子全書，其欲人之以無知知也，明矣。

鍾泰認爲，人間世篇所謂『以無知知』正是莊子要傳達給世人的一個重要理念，以有知爲知容易，以無知爲知卻很困難，『不知』是體，『知』是用，齊物論篇『知止其所不知，至矣』是『攝用歸體』，而則陽篇『恃其知之所不知而後知』便是『由體起用』了。其實，我們通讀莊子全書便可以發現，『以無知知』這個理念在莊子一書裏經常以各種變體被反復強調，比如德充符篇『不知耳目之所宜而游心乎德之和』，大宗師篇『以其知之所知以養其知之所不知』，知北遊篇『彼其真是也，以其不知也』，『孰知不知之知、知之不知』，徐無鬼篇『恃其所不知，而後知天之所爲』，『不知而後知之』，外物篇『知無用而始可與言用』，都是在強調『不知』而非『知』才是認知的根基與憑藉，這與我們習慣的思維方式正好相反。莊學這一獨特的思維後來被精通老莊的僧肇用到了闡釋佛教的般若學上，其般若無知論云：『夫有所知，則有所不知。以聖心無知，故無所不知。不知之知，乃曰一切知。故經云：「聖心無所知，無所不知。」信矣！是以聖人虛其心而實其照，終日知而未嘗知也。故能默耀韜光虛心玄鑒，閉智塞聰而獨覺冥冥者矣。然則智有窮幽之鑒而無知焉，神有應會之用而無慮焉。神無慮，故能獨王於世表；智無知，故能玄照於事外。智雖事外，未始無事；神雖世表，終日域中。所以俯仰順化，應接無窮，無幽不察而無照功。斯則無知之所知，聖神之所會也。』僧肇的般若學雖說以維摩詰經爲依歸，但由此論可以看出，他終究沒有擺脫莊子的影響，依然『以莊老爲心要』（高僧傳僧肇傳），由此可見莊老的『心要』，正在鍾泰所指出的『以無知知』。

從以上論述可以看出，鍾泰晚年的學術境界已經到了一種『隨心所欲而不逾矩』的地步，他能夠在莊子內部以及莊子與其他文獻之間進行信手拈來的溝通互聯，但有時也會直接站出來，津津有味地談一談他對莊子文句的一些個人看法，這些看法亦多是發人之所未發。如他在闡釋達生篇『桓公田於澤』一段時說：『「見之者殆乎霸」，此語蓋深窺桓公之隱而中之，故公聞之而笑，正衣冠與坐，不終日而不覺病之去也。蓋急於求霸者公之心，以有是心遂生忿滀之氣，見鬼而疑其不成，懼其將死，氣爲壅滯，所以病也。皇子惟神於知人，故能方便權巧，以起桓公之病。若徒執於其辭，以爲是乃博物君子，善言鬼神之情狀，未爲真知皇子者也。』歷代闡釋這一段者，往往只道是齊桓公被突然見到的鬼驚嚇住了，這才病倒，而皇子告敖說出了齊桓公的心病，於是桓公便渙然病癒了，鍾泰則深入一層指出，桓公由於心裏橫著一個急成霸業的念頭，在打獵時見到了鬼，以爲見鬼不祥預示著霸業不成，氣一下子堵在胸中，這才大病了的，皇子告敖卻反過來，說見到這種沼澤裏的鬼恰恰意味著霸業必成，巧妙地化解了桓公的心結，顯然，與舊注相比，鍾氏的誅心之論確實算得上深中幽隱的『發微』。

總之，鍾泰的莊子學，歷經民國與解放後三十多年的跨度，見地更爲落實，學術境界日臻深微廣大，每爲後人難以企及。但是，他晚年將莊子判爲孔顏嫡傳，把莊學剝離出道家，顯然是一種偏頗，即便莊子與孔門確有某種不爲人知的淵源，其學術亦已自成一家，與歷史上的『儒學』大異其趣，而莊學對『天』、『道』等本體的強調，顯然來自老子一脈的傳承，與重視人力的孔子並不一致。我們不否認莊子與孔顏在深層心性上有某種互通，但這並不代表可以在二者之間劃等號。在莊學的『判教』上，鍾泰從早期的『出入孔老』到晚年的『孔顏嫡傳』，顯然縮小了莊學的含攝範圍。

第十七章 馮友蘭的莊子學

馮友蘭（1895—1990），字芝生，河南唐河縣人。1915年報考北大哲學門，學習中國哲學。1919年考取公費留學，在美國哥倫比亞大學研究院，師從實用主義大師杜威（Dewey）和新實在論大師孟太格（Mantague），致力於中西哲學的比較研究。1923年歸國，同年完成天人損益論（後由商務出版中文版，定名爲人生哲學），以損道、益道、中道論哲學。1924年獲哥倫比亞大學哲學博士學位。1927年，任燕京大學哲學系教授，講中國哲學史，並在唯物史觀的影響下，對中國哲學史多有創新。1937年抗日戰爭爆發後，隨學校南遷，並於1939年在衡山寫就新理學一書，開創了中國現代哲學史上『新理學』一派。自此年至1946年期間，又陸續寫下新事論、新世訓、新原人、新原道、新知言，與新理學合稱爲貞元六書，其主要內容是『對於中華民族的傳統精神生活的反思』。五十年代以後，關注於哲學遺產的繼承問題和理論與實踐的問題。1957年，於光明日報發表中國哲學遺產的繼承問題，提出區分哲學命題的具體意義與抽象意義（即所謂『抽象繼承法』），引起思想界熱烈的討論。『文革』後，七大冊的中國哲學史新編於八、九十年代陸續出版，這是馮友蘭晚年用功最多的一部著作，同時也是其一生對於中國哲學研究的總結。後彙集馮友蘭大部分著作成三松堂全集十五冊，陸續由河南人民出版社出版發行。

第一節　馮友蘭莊子學概說

馮友蘭對莊子思想的相關論述，一方面集中於人生哲學、中國哲學史、中國哲學史新編以及Chuang - tzu（莊子英譯本）等書中，另一方面也滲透於『新理學』思想的框架之内。此外，馮友蘭其他的一些文章，如1961年發表的論莊子、再論莊子、三論莊子，雖不免有認識上的許多偏頗，也構成了他的莊子學思想的組成部分。

馮友蘭的莊子觀與其人生觀、文化觀一樣，隨著時代的發展和個人經歷的變化而變化，大致可以分爲兩個階段。由1919年人生哲學發表到1949年建國，爲第一階段。在這一階段，馮友蘭對莊子的理解，由最初的『東西文化問題比較』、莊子哲學思想主題的抽象提煉，發展到融合儒道的『新理學』體系，是對莊子哲學思想的深入挖掘，也體現了其『對於中華民族的傳統精神的反思』（三松堂自序）。第二階段乃是自1949年建國至二十世紀八十年代，在這一階段，馮友蘭接受社會主義改造，主動學習馬克思主義，並運用馬克思主義思想對以往的學術成果進行自我批判，其對於莊子的理解，主要是將莊子思想作爲哲學遺產之一，關注於如何將這一『遺產』理論與『社會改造』的實踐相結合，即『抽象繼承』的問題，六十年代發表的論莊子、再論莊子、三論莊子三篇論文或可代表這一時期的馮友蘭的莊子觀。而『文革』後，晚年的馮友蘭整理並出版了他煌煌七冊的中國哲學史新編，其中對於莊子的評價和闡述，引用了三十年代中國哲學史的部分文字；對於莊子其人的歷史和莊子文本所關涉的歷史背景及文本的影響力皆有論述，雖然這些論述有一定的政治批判色彩，但也不乏精闢的剖析。

馮友蘭對莊子學的研究，從時間跨度來説將近七十年；從研究的角度而言則以哲學思想爲主，而於莊子的考據、文學、文化、社會意義等諸方面亦皆有涉獵。在二十世紀中國的莊子學研究領域，馮友蘭的研究獨樹一幟，其對於莊子的解讀、闡釋、評價都有著强烈的個人特色。

其一，是對莊子思想的西方化解讀。在馮友蘭看來，莊子思想是道家哲學的代表，因此對莊子這一古老文本進行現代化的闡發，揭示其真正的哲學内涵，是東方文明走向世界的必要前提，而馮氏本身接受了深厚的西方學院派哲學訓練，對莊子哲學的西方化解讀更是其駕輕就熟之事。在馮友蘭英譯莊子、撰寫中國哲學史、中國哲學簡史、中國哲學史新編的過程中，他對莊子的解讀多以西方的哲學概念進行比附，並將莊子哲學貼上新實在論、柏拉圖、斯賓諾莎、相對主義、形而上學、主觀唯心主義等標簽。這些評價和闡發，有一些並不切合莊子哲學的原意，但正是在這一過程中，莊子思想被作爲中國傳統文化的重要部分以及不可缺少的文化遺産而納入現代哲學學術體系之中。莊子中的重要概念與思想，被以現代學術的論述方式重新進行排列組合、抽象出具有概括性的哲學意義和整體框架，而所謂『相對主義』、『主觀唯心主義』等評價至今仍有一定的影響力。

其二，是對莊子哲學思想的援引，尤其是將莊子哲學援引入『新理學』體系之中。新理學是馮友蘭的代表思想，是在宋明理學的基礎上『接著講』的哲學體系，而在這一體系的建構過程中，援引了大量的莊子的哲學概念與思維方式，尤其是莊子齊物論篇中消除物我分界、從而到達萬物與我並生的方法，馮友蘭命之曰『負的方法』，作爲對西方分析哲學所無法言説領域的補充。這種新的儒道合一的過程，使得莊子作爲重要的思想源泉，參與到現代哲學的建構中來，也使得莊子哲學的影響力得到進一步發展。

在馮友蘭的莊子研究中，『逍遥』和『齊物』一直是他論述的重點，馮友蘭稱這二點是『莊之所以爲莊者』，也是莊學中影響最大的，所以馮友蘭在對莊子進行評價時，也多以這兩點爲主。在馮友蘭看來，莊子的『逍遥』指的是實現個人精神世界的自由，而『齊物』則是泯滅物與物、物與我之間的差别，最終進入『純粹經驗』的狀態，其中包括了言盡悖、辯無勝、知無别三個方面。逍遥是目的，而齊物是達到逍遥的方式，這兩者作爲莊子哲學的重要思想，代表了莊子一派超脱現實、以守爲攻的策略，也體現了道家哲學理論進一步的系統化和形而上學。

馮友蘭把『逍遥』與『齊物』作爲道家哲學的兩個重要主題，納入到人生哲學的範疇內進行闡發，認爲『浪漫派』的哲學正是以『齊物』爲思想方法，實現精神上無所待、行爲上順其自然本性的浪漫主義；而在1949年後，對『逍遥』與『齊物』兩點，則由推崇走向批判，進一步揭示出這種主觀精神上的浪漫只是一種理論化的自欺欺人的幻想，是奴隸主階級對於自身没落處境心理的平衡與保全。這一觀點，明顯帶有特殊政治文化背景下的政治批判色彩。

馮友蘭的一生始終在關注兩種文化、兩個天地的矛盾，努力探索東方哲學的內在生命力，即便到了耄耋之年，也曾題字『周雖舊邦，其命唯新』來勉勵自己，在學術道路上始終不停止腳步，這似乎也從另一個方面體現了其融合儒道『以理勝情』的執著與淡然，而他對於莊子思想孜孜不倦的思考，與發自內心的熱愛與尊崇，在其學術生涯的各個階段都有所體現，不容忽視。因此，以馮友蘭的莊子學研究爲視窗，瞭解他對莊子研究、闡發的種種努力，解讀他哲學思想的源頭、特色及作用，在一定程度上，也可以算是對中國現代哲學史的一種頗有意味的個案考察。

第二節　體現在馮氏學術史研究中的莊子學

在中國現代哲學史上，馮友蘭以哲學家和哲學史家的雙重身份爲人所熟知，正如他在中國哲學史自序中寫道：『吾非歷史家，此哲學史對於「哲學」方面，較爲注重。其在「史」之方面，則似有一點可值提及。』因而，馮友蘭的莊子觀，也包括了他對於莊子思想的哲學解讀和歷史解讀兩個層面。馮友蘭的莊子研究，時間漫長，內容豐富，最著名而集中者，乃在於四史：中國哲學史（1930年）、新原道（1944年）、中國哲學簡史（1948年）、中國哲學史新編（1980—1990年）；除此以外，還包括各時期的文章人生哲學、郭象的哲學、中國哲學中之神秘主義、泛論中國哲學、論莊子、再論莊子、三論莊子等。其對於莊子的研究，以西學爲方法之要，旁徵博引，在梳理莊子思想概念範疇、闡明莊子哲學思想對於中國文化之影響等方面皆有重要建樹。

一、以現代西學研究的思路闡釋莊子

1927年，馮友蘭正式任教於燕京大學，主講中國哲學史，受西方哲學研究訓練日久的馮友蘭，以這一套他非常自信的哲學史方法來對中國哲學的漫長歷史進行劃分和概括：不按照講歷史的一般順序來講，而以諸子百家競相爭鳴的春秋戰國爲子學時代，以漢代至近代爲經學時代；以孔子爲子學時代之第一家，而非遠古時代之易經種種；以論述哲學概念及哲學思想爲主，哲學家生平及背景爲略；首篇緒論講述哲學之內容、方法、取材標準種種，樹立了中國哲學史這一學科的研究框架。由此，中國哲學中的諸多思想流派被納入科學研究的道路上來，而莊子學就是其中之一家。

從時間上來看，英譯本的Chuang - tzu寫就於1928年，而馮友蘭之作中國哲學史也始於1928年，大致上在前書完稿之後，即是說，在馮友蘭的莊子觀中，中國哲學史中的論述應是順承著Chuang - tzu而闡發的『學術研究版』。事實上也的確如此，在對於莊子文本本身的一些釋意理解上，中國哲學史幾乎與Chuang - tzu一致，甚至在對於文本的解讀方面，有部分分析文字乃是直接由Chuang - tzu翻譯而來。只不過，Chuang - tzu作爲一本譯著，乃是從莊子的文本出發對其意義進行全面把握，把握的也僅限於內七篇；而中國哲學史則是從哲學史研究的角度對莊子一派的哲學思想進行鳥瞰式的論述和總結，兩本著作的著述目的各異，則對於莊子思想的闡述程度及內容自然各有側重。而於哲學史一領域內之莊子爲何種面貌，馮友蘭如何將參差其辭、諔詭可觀之莊子文本抽絲剝繭，分析其哲學內涵，即可由此書觀之。

1．概念之定義

莊子思想發端於先秦諸子之學盛行之時，這一時期同時也是『禮崩樂壞』的社會變革時期，在馮友蘭看來，恰恰與中國近代史有著相似的困惑與混亂。而在先秦諸子中，對於『道』、『德』、『天』這一類的人生終極問題的思考，主要集中於儒道兩家。儒家之思考，以社會倫理的角度論及天道爲多；而道家則把人作爲宇宙中的一份子來考慮，提出要完整地把握人生的意義，必須從宇宙的角度來理解人生。這便形成了『克己復禮』與『齊同萬物』兩種不同的人生態度。道家思想追求人與自然的融合，固然要將『道』、『天』進行準確定義。在諸多概念交織的莊子思想中，最頻繁出現的、也最突出的便是『道』的概念，這些『道』在不同的語境中有著不同的意義，這在翻譯莊子的時候，馮友蘭已經感覺到，所以在Chuang－tzu一書的緒言中，也將『道』和『德』專門挑出，爲其概念內容作釋意，可見其對於這一概念之重視。這一重視，在哲學史研究的層面上，便突出爲論述莊子思想，首從論述『天道』的範疇入手。

老子和莊子都是道家哲學的代表人物，在人生哲學中，馮友蘭即把二者歸爲『浪漫派』一類。而馮友蘭論及『道』、『德』這些概念時，亦明確提出『莊子之哲學，與老子不同，但其所謂「道」、「德」，則與老子同』（中國哲學史）。在中國哲學史中，『道』的定義爲『天地萬物所以生之總原理』，其性質在於使萬事萬物『自生自長、自毀自滅』。而『德』則是『各物個體所以生之原理』。對於『道』和『德』之關係，則云：

> 道者物（兼人言）之所共由，德者物之所自得耳。物之將生，由無形至於有形者，謂之命。及其成爲物，則必有一定之形體。其形體與其精神，皆有一定之構造與規律，所謂『各有儀則』；此則其性也。（同上）

從這些話來看，『道』與『德』乃一事物形而上與形而下之二面，譬如概念之『水』與具體的『江水』、『湖水』之區別。而『命』則是由『道』至『德』之過程，『性』則爲成『德』後的具體狀態。這一層關係，將四個概念分界得頗爲客觀。然而正因其客觀，方可對概念有較爲清晰的把握，因爲在受過嚴格的西方學術訓練的馮友蘭看來，是駕輕就熟的，哲學的產生與最終的運用雖然在現實之中，但哲學的最高目的，是要發現『超乎形象者』。哲學一定要講到『超乎形象』者，才能符合『玄之又玄』的標準，以此觀之，馮友蘭之喜好莊子，也許因爲老莊一派確是在東方哲學中最能談及『超乎形象』者的。其在新原道一書中多次引到司馬談『名家，專決於名，而失人情』（新原道），更像是對於自己做『哲學史』的一種自敘。

2．從哲學史角度闡述莊子

馮友蘭對於莊子思想之研究，由『哲學史』的角度來看，經歷了由二十世紀三十年代中國哲學史到八十年代中國哲學史新編的漫長轉變，在這一轉變中，有關莊子的思想材料之日益豐富、思考角度之不斷調整、論述深度之逐步加強，可作爲現代中國哲學史這一門學科逐步建立並走向成熟的一個例證。

中國哲學史中論及『莊子』者爲『第十章莊子及道家中之莊學』，共列出莊子的十個方面：一、莊子與楚人精神；二、道、德、天；三、變之哲學；四、何謂幸福；五、自由與平等；六、死與不死；七、純粹經驗之世界；八、絕對之逍遥；九、莊學與楊朱之比較。在第一篇，即子學時代的緒論中，馮友蘭曾提到『哲學包含三大部：宇宙論、人生論及知識論』。因此，『莊子與楚人精神』可視爲莊子思想的歷史背景；最後一節『莊學與楊朱之比較』，相當於論述莊學之思想影響；而『道、德、天』、『純粹經驗之世界』，則約略相當於宇宙論；『變之哲學』相當於『方法論』；『何謂幸福』、『自由與平等』、『死與不死』、『絕對之逍遥』相當於『人生論』。這幾個論題所説的，都是莊子思想於現實社會中之作用及價值。

在中國哲學史新編之『莊子』部分，則爲：一、莊周其人和莊子其書；二、莊周論『齊物』；三、莊周論『逍遥』；四、莊周論道、有、無；五、莊周論自然和人爲，必然和自由；六、倒退的歷史觀；莊周哲學是隱士思想的總結。其中『一』部分仍然是莊周生平及其思想產生的背景介紹；『四』部分爲核心世界觀；『五』

爲方法論；『二』、『三』、『六』爲人生觀。

在馮友蘭看來，莊子思想之精華集中於逍遥遊、齊物論兩篇之中，然而作爲一種哲學思想要將其納入到歷史敘述的範疇中去，還是需要全面而精當的概括和評價，在此，他作出了表率。

3．多個方面的莊子解讀

中國傳統的哲學史研究沿襲了『學案』一派的習俗，對於哲學思想的産生背景、哲學思想的内涵以及其作用等等，仍舊以『知人論世』的敘述方式爲主流。而馮友蘭留學美國，開始著書立説之時，便受西方自然科學、心理學、哲學深刻影響，評價尺度也與現實生活日趨接近，這都給他的莊子學研究帶來了新的思路。尤其是馮友蘭師從的杜威教授乃是當時美國著名的實用主義教育學家及心理學家，這對馮友蘭的思想方式之建立也起到了至關重要的作用。在莊子研究方面，即可見其受西學影響之種種痕跡。

馮友蘭涉及莊學的著作中，最早受到西學影響的，即是他在1926年出版的人生哲學。此書前半部分基本上是他的博士論文人生理想之比較研究的中譯本，後半部分一種人生觀是他根據1923年在山東演講人生哲學的講稿整理擴充而成。馮友蘭晚年曾回憶道：『在我的哲學思想中，先是實用主義佔優勢，後來是新實在論佔優勢。』(三松堂自序)他的這種由實用主義到新實在論的思想轉變，在人生哲學中就已明顯地體現出來。在此書中，他以對『天然』與『人爲』的不同看法，將世界上的哲學分爲損道、益道、中道三類，而那些有見於天然之美好，而力反人爲境界，則爲損道派，在中國即是主張『絶聖棄智』、『絶仁棄義』的老莊，而對於老莊出世之一面，則冠之以『浪漫派』一名，認爲其損道，乃是去掉『人爲』中不滿意的一面，是在生存達到基本滿足的基礎上，另要再找一個人生之目的，正如莊子所説的：『泉涸，魚相與處於陸，相呴以濕，相濡以沫，不若相忘於江湖。』(莊子大宗師)馮友蘭之釋莊，由普通人之心理本身出發，於此可見一斑。而在中國哲學史之論莊一節文字中，同樣有超越文化背景而論及人生哲理之處，此一節文字討論的是由『小大之辯』引發的對『幸福』的看法。在莊子逍遥遊中以蜩、學鳩與大鵬形成對比，從而引出『之二蟲，又何知』的不屑，並進而以大鵬同樣『有所待』而論及無論是大鵬還是蜩、學鳩，都無法達到真正逍遥的境界。然而，郭象在此的注釋是：『故極小大之致，以明性分之適。……苟足於其性，則雖大鵬無以自貴於小鳥，小鳥無羡於天池，而榮願有餘矣。故小大雖殊，逍遥一也。』在馮友蘭看來，這正是解答了現實生活中對於幸福的看法，只要每一事物各順其自然之性，就可達到幸福。他同時還援引了笛卡兒的話，來證明這種滿足心理之可能：

笛卡兒曰：『在人間一切物中，聰明之分配，最爲平均；因即對於各物最難滿足之人，皆自以其自己之聰明爲甚豐而不求再多。』蓋各人對於其自己所得於天者，皆極滿足也。（中國哲學史）

由此，馮友蘭得出的結論是：『一切政治上社會上之制度，皆定一好以爲行爲之標準，使人從之，此是強不齊以使其齊，愛之適所以害之也。』（同上）此處顯然是針對統治者而言，馮友蘭很明顯地表達了對這種以統治者個人意志爲標準的政治制度的反對。然而，是否與莊子的原意有所不同？莊子的『無所待』，更多地還是就事物本身而言；而馮友蘭的『無所待』，則訴諸於客觀世界的無所束縛，其對在現實世界中實現幸福仍然抱有希望。

建國後，馮友蘭以馬克思主義思想爲指導重新撰寫中國哲學史新編，因而，在這部新編中，評判的標準則深受馬克思主義思潮之影響。這在客觀上，既給哲學史研究帶來了明晰的研究思路，並且更切近於現實之運用，然而也在一定程度上有『貼標簽』的特徵。如在建國前，馮友蘭極度推崇的『齊物』思想，在中國哲學史新編中則評價云：『莊周的這些思想肯定人的認識是相對的，人的認識只是一定條件下的產物。就這一點説，也含有一些辯證法的因素。但是莊周由此就認爲，認識絶對真理是不可能的。這就成爲相對主義。』接著又以列寧的唯物主義和經驗批判主義中的論斷，來批判相對主義與辨證法的差别，並最終總結『莊周的齊物論的思想，在中國哲學史上，是典型的相對主義』。最後，馮友蘭將這種思想的根源推到階級的根源之上，認爲是在戰國時期,没落奴隸主在奪權鬥爭中失敗,而將自己沉湎於主觀幻想中,聊以自慰。在這點上,未免顯得有些武斷,畢竟從現有的文獻資料來看,曾爲漆園小吏的莊子,甚至拒絶過楚王賜予的相位,那麽又如何判定這一思想是因奪權失敗而生發的自我安慰?進一步言之,以馮友蘭自己的主張來看:『莊子是戰國以至漢初道家,尤其是莊子一派著作的總集。』(中國哲學史新編)既然如此,又如何判定一部集合衆人文字的『總集』之歷史階級性?竊以爲是有些言之過實了。然而,馮友蘭又謂『莊周的相對主義思想的目的和實質,是企圖取消對立面的對立和鬥爭』(同上),在這一點上,莊子思想的現實意義確實如其所言。

二、對莊子闡釋的三個發展階段

馮友蘭之莊子研究,乃是以西人研究之框架,裝載哲學史料而成,以馮氏自己的話來講,是融合了中西兩種著書之方法。馮友蘭對於莊子之研究,就其個人目的而言,是將莊子作爲東方文明的一個部分來進行闡發的,因此他對於莊子的認識也與對東方文明的認識一樣,隨著時代的變化而變化,經歷了由批判到景仰,再到接受,再到重新批判的過程。對於馮友蘭而言,莊子哲學的精華影響了他個人的世界觀,爲其自身的命運帶來過輝煌,也帶來過悲傷。馮友蘭對於莊子的瞭解具體從何時開始,我們不得而知。然而在1922年4月發表的中國爲何無科學——對於中國哲學之歷史及其結果之一解釋中,卻分明可以看到其對於老莊哲學的評價:『中國所以没有近代自然科學,是因爲中國的哲學向來認爲人應該求幸福於内心,不應該向外界求幸福。』,這裏指的『求幸福於内心』,應該是指郭象在逍遥遊注解中説到的『物任其性,事稱其能,各當其分,逍遥一也』的意思。在二十世紀二十年代、三十年代裏,馮友蘭對老莊之思維方式有著一定興趣,尤其是『齊物』之思想,在他看來是在知識的層面上取消一切分別,而達到『萬物與我爲一』的境界,『一』是一種混同自然和個人分界的境界,有神秘主義的色彩，但卻是傾向於唯物論的，而儒家的宇宙觀反而傾向於唯心論。但到1949年後，馮友蘭決心學習馬列主義，努力改造思想，因而對於莊子思想之認識，再一次以批判爲主，這一次批判之標準，則由西方文明轉變爲馬克思主義，而對於莊子哲學的認識之全面也是以往所未曾有的，如同樣是對於『一』的認識，照三論莊子中的觀點：『這個「一」就是沒有分別的渾沌，也就是「我」的幻想中的「無差別境界」。』而其從哲學史的角度對莊子進行研究，則主要集中於中國哲學史、新原道、中國哲學簡史和中國哲學史新編諸書。

1. 中國哲學史：對莊子闡釋之初始

中國哲學史的出版始於1930年，至1933年全部出齊，是馮友蘭的第一部哲學史著作，也是第一本用中文來寫的哲學著作。在此書中，莊子哲學被單列一章詳細講述。

首先是對於莊子生平事跡的考證。根據史記所言，莊子名周，是與梁惠王、齊宣王同時代的人，曾經在蒙地做過漆園吏。馮友蘭則根據當時的時代背景和莊子所處的環境判斷，蒙地屬於宋國，但是莊子的思想文體『極超曠』，又對於傳統的思想制度持否定態度，所以應該是受與宋相鄰的楚地歌謠之影響，同時其思想之超曠恍惚，乃是受戰國辯者之風的影響。

其次，在莊子中多次提到莊子與名家惠子之間的交遊事跡，而天下篇又收集了許多名家的理論論題，那麼莊子與諸子百家的關係到底如何？馮友蘭根據各家思想內在之聯繫，指出了莊子思想的兩個源頭：名家和道家。名家以惠子、公孫龍爲代表，然而名家思想之淵源，還要推到老子，因爲老子開始注意先後、雌雄、榮辱、虛實之分，而名家尤其重視名實之辯，繼而莊子則打通名實，認爲名實、是非、真假這些相對的概念本身是人之觀念所區分的，要完整地掌握事物的真相，則要『齊物』，要站在『道』的高度上消滅這些外在的評判標準，消除人與我、人與自然的界限，最終達到『天地與我並生，而萬物與我爲一』（齊物論）的境界，由此可得出『老子—名家—莊子』這條思想脈絡。而道家的思想脈絡則是『隱者—楊朱—老子—莊子』，馮友蘭認爲老子是戰國時人所作，故其思想產生之年代可推後。然而更重要的是，道家的這條綫索的主要思想是養生。這種思想最早由孔子之時的一些『隱者』獨善其身爲開始，至於楊朱則變爲『輕物重生』之說，老子又進一步將生死作爲事物發展之必然規律而平視之（『吾所以有大患者，爲吾有身，及吾無身，吾有何患』（老子十三章），而至莊子則完全『齊死生，同人我』矣，馮氏之言甚明：『老子之學，蓋就楊朱之學更進一層；莊子之學，則更進二層也』（中國哲學史），即由重生死到平視生死，再由平視生死到泯滅生死界限二次發展轉折。

其三，是對於莊子思想關鍵之把握。在『莊子』一節中，有『何爲幸福』與『自由與平等』兩部分，皆論及莊子思想之關鍵問題。在馮友蘭看來，最大的幸福在於任何事物都能夠順其自然性發展，以此即爲絕對之自由，而絕對之自由即等同於絕對之平等，因各任其性，所以都是好的；因都達到了最好的狀態，所以就是最大的『自由』，這也是莊子思想和佛教思想的不同之處。『絕對平等』和『絕對自由』，也就相當於莊子提出的『逍遥』與『齊物』，這也是馮友蘭對於社會政治之理想。

2．新原道與中國哲學簡史：新理學審視下的莊子闡釋

新原道大致寫於1944年，爲貞元六書之一；中國哲學簡史寫於1946—1947年，乃是向西方人講授中國傳統文化的講稿。兩部書都在新理學之後出版，亦都接續著新理學的思路，以『極高明而道中庸』爲指導思想，來說明中國哲學歷史發展的趨勢與主流，以馮友蘭自己所言即『中國哲學史之補編也』。而這兩部著作，也是最能體現馮氏以『新理學』之思想審視莊子哲學之面貌者，故在此一併論之。

從研究方法而言，新原道和中國哲學簡史與之前的中國哲學史相比，除了同樣運用邏輯分析法外，還運用了『負的方法』來進行補充，這一『負的方法』與莊子哲學密切相關。在中國哲學史中，馮友蘭認爲道家的『道』就是『萬物所以生之總原理』，這是由正的方法分析後得到的結論。而在中國哲學簡史中，馮友蘭又進一步地認爲，道家的『道』是不可言說的，所以『道』是一種『無名』的概念，我們希望它能夠被言說，所以勉強名之爲

『道』，這就是『負的方法』。

在中國哲學史中，馮友蘭以楊朱代表道家之初起，稱老子和莊子分别代表道家中的老學和莊學，並初步揭示了三者之間的演變綫索。在中國哲學簡史中，馮友蘭更明確地把先秦道家哲學的發展概括爲三個階段：『屬於楊朱的那些觀念，代表第一階段。老子的大部分思想代表第二階段。莊子的大部分思想代表第三階段即最後階段。』在這裏，馮友蘭對老子和莊子中的思想作了一定程度的區分，但這只就其中的『大部分思想』來説，因爲『在老子裏也有代表第一、第二階段的思想。這兩部書，像中國古代别的書一樣，都不是成於一人之手，而是不同時期不同的人寫的，它們實際上是道家著作、言論的彙編』，這一説法，較好地解釋了存在於老子和莊子書中的思想矛盾。

在中國哲學史中，馮友蘭已經對莊子的哲學思想予以肯定，而新原道即在此基礎上進一步深入闡釋莊子思想之内涵，一言以蔽之，即『道家是經過了名家對於形象世界底批評，而又超過了這些批評，以得一種「極高明」底生活』，首先他肯定了莊子中的哲學性，因爲莊子所討論的有『道』、『無』、『有』、『一』這些哲學名詞，而圍繞這些名詞的討論都是『超乎形象』的，所以必須以『負的方法』來直接感受、體悟。馮友蘭認爲，戰國時期，對於這一類抽象概念的討論，始於名家，而莊子則很明顯地受到了名家的影響，實際上莊子是接著惠子講，同時又超過惠子的，莊子中最具有哲學性的齊物論篇，就是這樣的一篇超越名家的論文。對於這一點，馮友蘭指出，齊物論的第一層意思『是指出，一般人對於形象世界所作底分别是相對的』，這其實『與惠施的意思是一類底』，『亦是教人從一較高底觀點，以看事物，以批評人對於事物底見解』，而莊子之批評尚在惠施這一模棱兩可的態度之上，又有一層新的『肯定』意：

人之互相是非，亦是一種自然底『化聲』。凡物無不各以其自己爲是，以異於己者爲非。這亦是物性的自然。從道的觀點看，這亦是應該是聽其自爾底。所以『得其環中』底人，並不是要廢除一般人的見解，亦不要廢除是非，他只是『不由而照之於天』。這就是不廢之而超過之。齊物論說：『是以聖人和之以是非，而休乎天鈞。此謂之兩行。』天鈞是自然的運行，是非是相對底。一般人對於事物底見解，其實真亦是相對底。一切事物所有底性質亦是相對底。但『萬物與我爲一』之『一』是絕對底。不廢相對而得絕對，此亦是『兩行』。（新原道）

由此，馮友蘭認爲，道家對於事物之不置可否與名家截然不同。名家是消除了是非之界限，而道家則是『照之於天』，任是與非同時存在，因爲既然存在，那麼就是天地萬物的一部分。這正如他在新知言中進一步明確指出的：

> 道家的哲學，是從一較高底觀點以破儒墨。莊子齊物論說：『故有儒墨之是非，以是其所非，而非其所是。欲是其所非，而非其所是，則莫若以明。』郭象以爲『以明』是『還以儒墨反復相明』，『反復相明』正是上文所說以乙破甲、以甲破乙的辦法，實則齊物論的方法，是『聖人不由而照之於天』。儒墨的是非，是起於他們各從其人的觀點說。聖人不從人的觀點說，而從天的觀點說。『不由』是不如一般人站在他自己的有限的觀點，以看事物。『照之於天』是站在天的觀點，以看事物，則『彼亦一是非，此亦一是非』。彼此互相對待，謂之有偶。站在一較高底觀點，以看事物，則既不與彼相對待，亦不與此相對待。此所謂『彼是莫得其偶，謂之道樞。樞始得其環中，以應無窮：是亦一無窮，非亦一無窮也』。

馮友蘭認爲，儒墨的互相辯論正像是站在環上的辯論，是不能有窮盡的。如果站在環中，以應無窮，既不隨儒墨以互相是非，亦不妨礙儒墨各是其所是，非其所非。站在這個較高的觀點看，儒墨所爭執的問題，都是不解決而自解決了。

最後，馮友蘭又進一步提到，只有以這樣一種消除一切事物界限的方式，方可以達到絕對的逍遙，這是在觀念上的『始真爲害所不能傷』，也就是説由楊朱到老子再到莊子的『養生』之路發展至此，也就是精神上的『養生』了，即莊子思想已達到先秦道家與名家思想之最高境界。值得注意的一點是，馮友蘭對於莊子思想的這些論斷，最終又轉入到『方内』、『方外』的『兩行』上，認爲在『極高明而道中庸』的標準下，高明與中庸，並不是『兩行』，而是『一行』，都是道的實現，這顯然是有著要將儒家思想和道家思想糅合的意圖，但我們要問，莊子思想本身，是否也確實有著容納儒家之有爲於現實的因素呢？ 而以馮友蘭自身的經歷，尤其是建國後的一些行爲來看，對他自己而言，是否也是可以『存而不論』的呢，或者至少在就其個人而言，是可以説得過去的呢？ 理論比之現實，畢竟簡單得多。

3．中國哲學史新編：馬克思主義下的莊子闡釋

1949年10月，時任清華大學哲學系教授的馮友蘭寫信向毛澤東主席表態：『決心改造思想，學習馬克思主義，準備於五年之内用馬克思主義的立場、觀點、方法重新寫一部中國哲學史。』(三松堂自序)而馮友蘭在1950年1月22日人民日報上發表的一年學習的總結一文，記載下了其從新理學體系向馬克思主義哲學轉變的心路歷程：

> 以前我以爲哲學是不與政治社會發生直接關係的。它離這種關係越遠，它就越『純粹』。它又必需有一個純理論的系統。它的理論越『細密』，它就越『專門』。因爲有這種看法，所以以前總覺得，馬列主義，從哲學的觀點看，理論不夠『專門』，而且與政治社會關係太密切，不夠『純粹』。現在我覺得這是牛角尖裏面的看法。社會的改變，使我鑽出牛角尖了。現在我覺得，哲學的主要任務，是改造人及改造世界。因此它必須應用到政治社會上去。(雜著集)

經過了十餘年的階級鬥爭，無論馮友蘭在這一思想改造的過程中，究竟有多少心甘情願的成分，但思想改造的『威力』是不容小視的。二十世紀八九十年代，七卷本的中國哲學史新編陸續出版，並且以馮友蘭理解下的馬

克思主義的思想，對中國哲學史進行了很大程度的修訂刪改，值得注意的是，在有關『莊子』的部分，加入了很多新的內容，同時對於『莊子』的評價態度與建國前所寫的中國哲學史、新原道截然不同。

首先是將莊子定義爲『先秦最大的唯心主義者』（中國哲學史新編試稿），認爲莊子的哲學是主觀唯心主義體系，是『道家哲學向唯心主義的進一步的發展』（中國哲學史新編），具體分析則爲：

> 莊子一派站在沒落階級的立場，發展了老子思想中的消極部分，明確地走上了唯心主義的道路。莊子把老子和惠施學說中關於對立面轉化的辯證思想引向了虛無主義、蒙昧主義和神秘主義，把老子學說中消極無爲和因循自然的思想引向了宿命論。在社會政治觀點上，莊子從老子對現實社會的詛咒和不滿，走向了對人類社會生活和政治生活的厭棄和否定。莊子幻想在自己的主觀意識中，消滅現實世界中的一切差別和對立，追求一種不爲現實社會的變革所苦惱和不受現實世界所約束的虛構的『自由』境界，以安慰自己的沒落遭遇。老子的學說反映了一部分沒落貴族並不甘心沒落，還企圖挽救自己前途的思想和要求。莊子的學說反映了沒落貴族，在奴隸制度徹底瓦解和新興封建勢力已取得絕對優勢的情況下，已無法挽救自己的命運，因而對自己的前途完全絕望的悲觀情緒。（中國哲學史新編試稿）

這種馬克思主義哲學關於唯物與唯心主義劃分的理論，在建國後成爲了馮友蘭進行哲學史研究所遵循的準則之一。而因爲判定莊子思想屬於主觀唯心主義，所以在中國哲學史新編中對於莊子的評價並不是很高，認爲莊子不承認是非善惡的客觀標準，所以對人類的社會、政治和文化生活都採取全盤否定的態度，而這正是沒落的奴隸主階級倒退的歷史觀。

關於道家哲學的發展階段，在此又有了新的變化。在中國哲學史和中國哲學簡史中，馮友蘭把先秦道家的發展分爲三個階段，即由楊朱到老子再到莊子。但在中國哲學史新編中，先秦道家的發展則被分爲前後兩個階段，前期的道家代表人物是楊朱，還包括春秋時期的『逸民』和『隱者』；而戰國時代道家，則被一分爲二，分別爲老莊與黃老兩派。

由新原道到中國哲學史新編，馮友蘭莊子觀最大的分歧，即在於對於『一』的看法。齊物論篇中之『齊』，以莊子之意看，則事物間的是非，最終都是道的一部分，以『道』或者『一』的高度來看，若都是任其自然之性發展，則都屬於『道』的一部分，或者說統之於『一』。關於『道』，在新原道中是『一切事物所由以生成者』，是一種抽象意義上的『共相』；在三論莊子中認爲莊子所說的『道』就是『全』，並在中國哲學史新編中進一步闡釋說，『道』和『一』是『一切什麼都沒有』，是一種渾沌，『這個渾沌，並不是像唯物主義者所說的尚未分化的「元氣」，而只是一種主觀的意境』。可見，『道』的屬性之主觀與客觀，是判斷莊子思想『主觀』或者『客觀』之關鍵，然而何以判斷其屬性究竟爲何，馮友蘭都沒有明確說明，而我們卻可以從兩部書的字裏行間中看到，新事論中的馮友蘭是以其自身的學術背景來講的，而中國哲學史新編則是以馬克思主義的角度來講的，其『思想改造』之樞紐大略即在此一節中。

此外，中國哲學史新編還對莊子文本的真僞進行了詳細辨別，這在之前的幾本哲學史中都是未曾有的。馮友蘭根據版本的比較和前人對於諸子著作的一些論斷，判定『莊子是戰國以至漢初道家，尤其是莊子一派著作的總集，現在的莊子是郭象編輯的』（中國哲學史新編）；並且以莊子思想之影響與後人對莊子的評價來判斷，『莊之所以爲莊者，突出地表現於逍遙遊和齊物論兩篇中』（同上），這樣的判斷還是比較精當的，也的確讓我們得知馮友蘭之解莊的材料基礎。

第三節　對莊子思想的現代闡釋

馮友蘭的一生，都致力於東西方文明之比較研究，而在他看來，莊子思想是東方哲學的精華所在，其個人經歷及思想的複雜與反復，卻顯現出道家哲學的影子。馮友蘭對於莊子思想的現代闡釋，主要集中於兩個方面：其一，是將莊子思想作爲東方文明的代表，來進行東西方文明比較，在比較中，有一定的批判，但對於莊子及其他東方哲學的未來抱持著充分的自信和希望。其二是將莊子思想援引入『新理學』的理論框架，這體現了馮友蘭對於莊子思想的吸收和新的理論闡釋。

一、莊子思想中的兩大要義

在馮友蘭對莊子思想的把握中，『逍遥』與『齊物』一直是馮友蘭眼中的兩大要義，『莊之所以爲莊者』的突出表現。之所以有這樣的結論，有兩個原因：其一是從莊子思想對後世的影響而言，在漫長的中國歷史發展過程中，莊子思想影響最大的就是『逍遥』和『齊物』，尤其是魏晉時代；其二是戰國時代所有對莊學的評論，也都以逍遥遊和齊物論兩篇爲根據，尤其是莊子天下篇對莊子這一派哲學思想內容的論述『獨與天地精神往來，而不傲倪於萬物，不譴是非，以與世俗處』，正點中了『逍遥』與『齊物』兩個要點。其中，『獨與天地精神往來』對應了逍遥遊中的『乘天地之正，御六氣之辯，以遊無窮』；而『不傲倪於萬物，不譴是非，以與世俗處』，對應的則是齊物論中的『兩行』。因此，馮友蘭對莊子思想的把握，主要是以『逍遥』與『齊物』兩個要義爲抓手的。

在馮友蘭看來，『逍遥』指的是實現個人精神世界的自由，從逍遥遊篇中來看，無論是大鵬還是學鳩都有待於風，而宋榮子、列禦寇的那些超脱世俗的行爲，也還是終究需要依賴外力的支援，因此都是有所待、有條件的。真正的『逍遥』則必定是無所待、無條件的，即『乘天地之正，而御六氣之辯，以遊無窮』的自由，唯有『無所待』，才能没有任何條件的限制，在任何維度上都『遊無窮』。而真正能做到無所待的，只有三類人——『至人無己，神人無功，聖人無名』，而『己』其實是與『物』相對的，『無己』則泯滅了物我之間的差别，正如大宗師篇中所説的『藏小大有宜，猶有所遁，若夫藏天下於天下，而不得所遁，是恒物之大情也。特犯人之形，而猶喜之，若人之形者，萬化而未始有極也，其爲樂可勝計邪？故聖人將遊於物之所不得遁而皆存。』然而，這種『無己』也只能是精神上的主觀意念，因此馮友蘭明確指出了『逍遥』在精神領域的安慰作用。由戰國諸子思想的發展脈絡來看，這種追求『無己』境界的意圖，恰恰是『爲我』精神在現實中走投無路後越發精細的理論反映，是以一種超然世俗的態度，在苦難的現實中尋求自我解脱，以便得到主觀上的自由和幸福。

馮友蘭將『逍遥』定義爲一種生命的理想狀態，而將『齊物』定義爲達到『逍遥』的方式，並認爲：從哲學思想的層面而言，『齊物』更能代表莊周哲學的特點，即相對主義和不可知論。與『齊物』相對的思想，所重視的是有所待與無所待、有用與無用、此物與彼物的區别，因此進一步産生是非、善惡、大小等看法。而『齊物』則是要超乎一切事物的觀點和立場來看世界，『以道觀之，物無貴賤；以物觀之，自貴而相賤』（莊子秋水），用莊子所言即『莫若以明』，又即『照之於天』。而且在馮友蘭看來，所謂的『明』和『天』都可以用『純粹經驗』來名之，而『純粹經驗』是一片無分物我的渾沌，自然也無法區分物與物之間的分别，故而齊之，這種『齊之』在現實中就是『不譴是非，以與世俗處』。馮友蘭還對『齊是非』劃出三個部分——言盡悖、辯無勝、知無别，因爲人的認識永遠是相對的，而且是相互轉變的，所以所有的知識和言論都是無意義的，所有的辯論也是無意義的，而莊子正是在如此的强調中，走向了完全的相對主義和不可知論。馮友蘭眼中的『齊物』是在對事物的知識達到一定程度的把握後，以理性的思想來達到『明』的境界，因此在他看來，能夠與莊子的『齊物』思想相比肩的，一是斯賓諾莎的哲學，一是宋明理學。此外，在中國哲學史新編一書中，馮友蘭還進一步以列寧的觀點對『辨證法』與『相對主義』進行區分，即兩者的差别在於是否存在『逐漸接近的、不依賴於人類而存在的、客觀的準繩或模特兒』（唯物主義與經驗批判主義），辨證法是『在我們的知識向客觀真理接近的界限受歷史條件制約的意義上，承認我們一切知識的相對性』（同上），而相對主義是只强調無差别、只講轉化的學説，因此也就否定了一切事物存在的客觀性，也取消了對所有問題的辯論。馮友蘭稱這種不承認有判斷社會政治制度的是非善惡標準的社會觀爲『倒退的社會觀』，雖然它從思想的發展角度來看，是高度發展了的。

二、文化比較中的莊子

1922 年發表的中國爲何無科學一文，是馮友蘭在美國哥倫比亞大學留學時的文章，這篇文章將文化與國力聯繫起來，認爲東、西方國力的差異既與文化息息相關，近代自然科學在很長一段時間内無法在中國的土地上生根發芽，是因爲『中國的哲學向來認爲人應該求幸福於内心，不應該向外界求幸福』，而這一觀念也恰恰來源於『中國道家老莊之流，以爲現在的世界之天然境界即好，所須去掉者只人爲的境界而已』。另一方面，東方哲學的内向趨勢包含著的人生論和人生方法，尚『是西洋哲學還未詳細討論之處』，東西方哲學的趨勢是『一個致力於實踐，以知識理解事物的性質，另一個致力於主觀方面，以知識理解「我」的性質』。從這一點來説，馮友蘭又指出中國哲學的貢獻並不是無用或者低人一等的，這種針對於現實人生而發出的哲學思想，最終的目的在於尋求人類的終極幸福。

在進行東西方文化比較之時，馮友蘭舉出的有關莊子思想的多個方面，即以論述『逍遥』精神和『自化』思想二者爲多，以下略論述之。

1．莊子中的幸福觀

馮友蘭在人生哲學中把道家歸爲『浪漫派』，即『不問人生之目的是什麽，而自然而然地去生』，由此達到真正的幸福境界。對於這種幸福，馮友蘭的評價是從個人與社會兩方面入手，從個人方面而言，則道家只看到了自然狀態好的方面，這或許具有一定的好處，能夠讓人在一時無法改變困窘的環境下自適；而另一方面，馮友蘭也指出，這種順世而生的觀念在一定程度上也阻礙了科學的發展，因爲『使歷史成爲實際的原因是求生的意志和求幸福的欲望』，欲望的氾濫固然不可取，然而不思進取地『完全滿足』，被動地等待更加無法取得進步。

在這種幸福觀的影響下，東方文明的自適則與西方文明的不斷進取、追求的精神截然相反，即便如此，在馮友蘭看來，這種主觀意念造成的差别，本身並無先進與落後之分。在三松堂全集自序之自序中，馮友蘭曾提到，在其完成天人損益論（1923年）這一篇博士論文時，導師杜威就曾提出：『這些派别是否有個發展的問題？』，當時馮友蘭的回答是：『人的思想不分國界，哲學不分東西。』因此，天人損益論中列舉的十個派别，乃是由於各種族、地域、歷史發展等諸多因素自然形成，亦如同人之性格有千差萬别，而無高下優劣，只是不同的品性一旦形成，在歷史發展的不同階段，必然會影響到這些文明主導下的國家力量有先進與落後的差别，在二十世紀初期，這一點的表現即爲：『東方的文明的最大特色是知足，西洋的近代文明的最大特色是不知足。知足的東方人自安於簡陋的生活，故不求物質享受的提高；自安於愚昧，自安於「不識不知」，故不主義真理的發見與技藝器械的發明；自安於現成的環境與命運，故不想征服自然，只求樂天安命，不想改革制度，只圖安分守己，不想革命，只做順民。』

2．莊子中的『自化』論

馮友蘭對於莊子人生觀的另一個焦點在於對莊子『自化』論的闡釋。這些闡釋，體現了馮友蘭對社會、人生的認識，也基本上貫穿了馮友蘭哲學研究的整個過程。

莊子逍遥遊以大鵬與學鳩的寓言爲始，層層蓄勢，言萬物皆由所待，所以得不到真正的自由，而要達到完全意義上的『逍遥』，就要像至人、神人、聖人一樣，『乘天地之正，而御六氣之辯』，順應天地自然的變化規律，即『道』的變化。因而，所謂的自足式的幸福觀，並不是無所作爲或者任意自爲，而是順『道』而行，與『道』同化。在馮友蘭對莊子哲學的認識中，這是非常關鍵的一個方面。對於這種『被動式的自然』，他曾評價道『人所應當做的，就是遵循他的自然，滿足於他的命運』，而這一理解，與馮友蘭的政治理想息息相關：關於政府與國家，『自然』一説，可以理解爲極端的放任，也可以理解爲按照社會運行的法則進行統治管理，在馮友蘭看來，後者似乎才是真正的『順應自然』，因爲『道使萬物各以自己的方式爲自己工作』，即『自化』；而論及時代發展，馮友蘭亦曾在郭象的哲學一文中提到『新時勢出來，人自然有新辦法、新制度以應之，這是勢之必然，這是人之自爲』。馮友蘭在該文中更多次提出，『開倒車』和『返朴歸醇』是郭象所反對的，所謂『無爲』，即『各任其所爲』。

莊子的『自化』論也是馮友蘭『新理學』的一個重要理論來源。新理學一書中，馮友蘭以哲學觀念上的理、道、氣來論世界的形成。理有其自身的尊嚴，乃不可改變，先天存在，又必須通過道的實現過程，來使得萬物得以自化。自然如此，人間社會亦如此。所以老莊所謂的『無爲』並非完全消極的等待，而是順著自然之理、順著社會所必然有之勢來行事。這樣，於自然來説是『無爲』，於萬物自身來説則是『自化』，所有的一切都是合乎天理，合乎自然之道的。馮友蘭在新理學中對這層意思有一段集中的論述：

看一個社會之如何變化，須將其社會作一整個看。此社會中有許多事，是此整個社會所應負責者。莊子天運『人自爲種而天下耳』，郭象注云：『不能大齊萬物而人人自别，斯人自爲種也。承百代之流，而會乎當今之變，其弊至於斯者，非禹也，故曰天下耳。言聖知之跡非亂天下，而天下必有斯亂。』『承百代之流』，是就一社會所有之歷史説；『會當今之變』，是就其所遇之時勢説。於其歷史與時勢交叉之處，此社會所經之變，非一二人所應負其責任，所以説『非禹也，天下耳』。言整個底社會應負此責任也。例如中國之在今日，正所謂『承百代之流，而會乎當今之變』者。有許多事，無論是好是壞，皆不能指定爲那幾個人或那幾種人之功罪，我們亦只可說：『其弊至於斯者，非禹也，天下耳。』

由此看來，馮友蘭接著郭象的闡釋，在對『自化』作闡釋的同時，也加入許多個人色彩，與其說是傳統意義上的『以儒解莊』，毋寧說是將『自化』融入於其自身對於現實的深切關懷中。因其關懷之深，也可看出，馮友蘭的哲學思想受莊子『自化』論的影響之深遠。對於自然與社會的種種差距，在馮友蘭看來，不過是萬物變化的一個過程。因此，當有關東西文化、新舊文化的論戰雙方打得不可開交時，馮友蘭的論調是『說到底，新文化運動也許不過是舊文化的自我覺悟和自我檢討』，並進一步充滿自信地認爲『中國哲學對人生方面特別給以注意，因此其中包含有人生論和人生方法，是西洋哲學還未詳細討論處』，世界哲學的發展方向，雖然在當時是西方哲學，但未來的方向，則是中國哲學與印度哲學。

三、『新理學』體系對莊子哲學的援引

馮友蘭的『新理學』思想是其代表思想，代表作是馮氏於抗日戰爭期間所著的貞元六書，分别爲新理學、新事論、新世訓、新原人、新原道、新知言。這六本書始著於1937年國家遭難南遷途中，馮氏在這一過程中曾言：『隨學校南來，居於南嶽，所見勝跡，多與哲學史有關者。懷昔賢之高風，對當世之巨變，心中感發，不能自已。』《新理學》新理學是貞元六書的第一部，也是馮友蘭『新理學』思想體系的理論奠基之作，他在緒論中就說，此書『是「接著」宋明以來底理學講底，而不是「照著」宋明以來底理學講底』。

馮友蘭將『新理學』自訂爲『所説之理之學』。從新理學體系中看來，哲學是形上學，所涉及的是整體世界

批評的科學；而日常生活中所言之『科學』，乃自然科學，只是部分之世界。對於哲學本身的考察驗證，是科學的一部分，而且相當重要。至於哲學之方法，『乃自純思之觀點，對於經驗作理智底分析、總括和解釋，而又以名言說出之者，哲學有靠人之思與辯』，『思之活動，爲對於經驗，作理智底分析、總括和解釋。何以謂爲理智底總括？因爲這種總括，亦惟於思中行之。』這種『理智底分析』的方法，在中國哲學中，即以老莊爲最，尤其是莊子的齊物論，其見解超乎名家之上，也最接近於馮友蘭心中『最哲學底哲學』。

1.『新理學』體系建構中援引的莊子哲學

理論體系的建立首在於基本理論概念之確立，新理學之所以成爲馮友蘭哲學的代表作，乃是其從基本的概念入手，爲理論體系的建構打下了扎實的基礎。中國傳統哲學中，論及天人之際的學問，很難不與道家哲學相關，新理學一書需講中國哲學，也不得不從老莊之中尋找理論資源。新理學共分十個章節，分別爲『理、太極』、『氣、兩儀、四象』、『道、天道』、『性、心』、『道德、人德』、『勢、歷史』、『義理』、『藝術』、『鬼神』、『聖人』，這些概念本身，無一不是道家哲學反復論述的題目。而『新理學』的形而上幾個重要概念：理、道、氣、無爲，也都是由莊子中借用出來的。

『理』與『道』是『新理學』首先論述的兩個理論概念。關於『理』的定義，馮友蘭名之爲『之所以』，如『所謂方之理，即方之所以爲方者，亦即一切方底，亦即一切方底物之所以然之理也』。而宋明儒家學者稱之爲『天理』的，在馮友蘭看來，這裏的『天』包含了本然與自然兩種含義，『理是本然而有，本來已有，故是本然，故可稱爲天理』。而另一方面，所謂道，則是『真元之氣，一切理，及由氣至理之一切過程』，與可名之以『大全』的宇宙並列，『宇宙是靜底道，道是動底宇宙』，『大用流行，即是道；宋儒所謂道體，即指此說』，在『新理學』的框架中，實際底世界就是由這種動靜相隨以至無窮的『流行』構成的，而對於這種『流行』，馮友蘭又援引了莊子齊物論中的語句來形容，即『一受其成形，不亡以待盡，與物相刃相靡，其行盡若馳，而莫之能止』，又附以郭象大宗師篇注云：『夫無力之力，莫大於變化者也。故乃揭天地以趨新，負山嶽以舍故。故不暫停。忽已涉新，則天地萬物，無時而不移也。』

由論『天』而及於論『人』，『性』與『心』是『新理學』的『人道』之基礎。關乎性善與性惡，先秦諸子各有所見，而馮友蘭在現代知識背景下反觀先秦哲學，擷取的零星思想，亦由莊子而來。雖然『性』這一概念爲宋明儒者常道，但在馮氏看來，宋明理學中的『性』、『命』與道家所指的『德』是相同的，『道家所說之道，亦是形下底，所以其說德或性、命，亦是就形下方面說』。由此而言，性、命則爲客觀存在，而無善惡之分。

莊子秋水中說的『以道觀之，物無貴賤，以物觀之，自貴而相賤』，在馮友蘭的理解下，則是『若從一件一件底實際底事物之觀點看，則每一事物，各以其自己之所好爲標準，以批評其他事物。合乎其自己之所好者是善底，否則是惡底』（新理學），因爲標準不同，所以善惡說法各有不同，換而言之，個人的小我與社會的大我，亦各有其性，各有各自的善惡標準，因而莊子的放德而行，循道而趨，即是順人性之自然。在馮友蘭看來，小我還必須符合『大我』，即客觀大環境的要求，他以胠篋篇中的例子，進一步討論說：『一種行爲，無論其爲個人底或團體底，若不站在其所屬於之社會之觀點看，則無所謂道德底或不道德底。若非爲一國家或民族之存在所必需，一國家或民族不能有對於制度之革命。』（同上）這一論斷，既包含了對莊子本義的闡發，然而更多地則是從新實在論的角度出發的評價。

此外，『新理學』體系還從莊子天下所謂『至大無外，謂之大一；至小無內，謂之小一』的説法中援引了『大一』概念，作爲特指天地萬物的總名稱；而『氣』則是莊子人間世所謂『氣也者，虛而待物者』之『氣』，在『新理學』中解釋爲『絕對底料』，『即等同於柏拉圖、亞理士多德哲學中的matter，是一個哲學的邏輯的觀念。』（同上）

在『新理學』體系的建構中，處處有莊子哲學的影子，一方面是對莊子文本本身中的概念有所援引借鑒，而另一方面，從思想方法上，也從莊子中獲得靈感，具體而言，即『負的方法』。被定義爲『形上學』的哲學，有兩種方法：『正的方法』是邏輯分析法；『負的方法』是講形上學不能講，也就是對形上學的言說對象，有所表顯。馮友蘭受西方分析哲學的影響，欲以邏輯分析的方法爲中國哲學的形而上的體系建構一個清楚而系統的整體，但是邏輯分析方法推演的形而上的道路，推到了其邏輯終點，就成了不可說，這與齊物論篇中的名家之推演是相似的。因而在理論上要得到進一步發展，就必須從這一層障礙中解脫出來。而齊物論篇中正有著這樣的解答：

既已爲一矣，且得有言乎？既已爲一矣，且得無言乎？一與言爲二，二與一爲三，自此以往，巧歷不能得，而況其凡乎？

作爲整體的『一』，正因爲是整體，所以不可說，且不可思，因爲一旦進入說，或者思的領域，那麼就是進入了語言的領域，而一旦進入語言的領域，則必然有所指，亦同時有所非指，有所分別，就不是『一』了。因此莊子主張消除物我的分界，從而與天地自然合而爲一。這樣的方法，被馮友蘭稱爲『負的方法』，即對分析哲學不可思議的極至以直覺、感悟來參透，好比中國畫中『烘雲托月』的表現手法，『畫家畫月的一種方法，是只在紙上烘雲，於所烘雲中留一圓的空白，其空白即是月』。『負的方法』是對邏輯分析方法的所不及之處的一種補充，對這種方法，馮友蘭曾經清楚地說明其主要源於道家：『誰若對道家有正確的理解，誰就會看出，到了最後就無可言說，只有靜默。在靜默中也就越過界限，達到彼岸。這就是我所謂的形上學的負的方法，道家使用的最多。禪宗也使用它。禪宗是在道家影響之下在中國發展起來的佛教的一個宗派』（新知言），而進一步具體來看，所謂的道家，更明確地說就是莊子。馮友蘭更將莊子中對『負的方法』的實踐界定爲『詩底方法』：『無論用正底方法，或用負底方法，講形上學，哲學家都可用長篇大論的方式，或用名言雋語的方式以表達其意思。這是兩種表達意思的方式。前者可稱爲散文底方式，後者可稱爲詩底方式。用詩底方式表達意思，意思不止於其所說者，讀者因其暗示，可以得到其所說者以外底意思，其中有些可能是說者所初未料及者。在中國哲學史中，莊子可以說是以詩底方式表達意思。郭象的莊子注，如與莊子比較言之，則可以說是以散文底方式表達意思。』（同上)因此,『新理學』繼承了這種方法構成的一整套的形而上學,從方法論的角度而言,是將西方哲學『主客二分』與莊子哲學的『主客合一』的哲學思考方式融會貫通,在哲學理論的建構上無疑是一種積極的探索。

馮友蘭建立的『新理學』體系,對莊子有如此多的援引和借鑒,並非出於個人喜好的偏向,事實上是由於莊子本身的形而上的理性思辯色彩,使得其在中國哲學思想各派中獨樹一幟、不可替代,這也使得歷代論及形而上問題的學者,無論是魏晉玄學、宋明理學抑或現代的『新理學』都可從中找到源頭,儘管莊子思想本身一直以來被歸於道家。

即如被『新理學』視爲『接』其『未明』之處來講的宋明理學,其在廢棄漢儒的傳注之學,確立以天理爲中心概念的儒學宇宙論、心性論和知識論的過程中,莊子的思想力量起到了至關重要的作用。從莊子本身的文本來看,如知北遊篇中云『天地有大美而不言,四時有明法而不議,萬物有成理而不説。聖人者,原天地之美而達萬物之理,是故至人無爲,大聖不作,觀於天地之謂也』,『理』在這裏本身就有了形而上的色彩,而非任何具體的事物,這一定義其實是宋明理學的先聲。宋明理學的這些特性,爲『新理學』能夠『接著』詮釋其意義提供了方便,換而言之,亦可算是莊子思想對『新理學』體系建構起到了間接的影響。

2.『新理學』的人生境界對莊子思想的援引

人生哲學是中國哲學的核心,從根本上來看,乃是一種生命的學問,一種安身立命之學,其核心問題在於個人精神生命的成長和完善。馮友蘭將這種從老莊思想脱胎而出的『極高明』的哲學,規定爲提高人的精神境界,也是他個人『安身立命』的人生哲理之所在。依據人的覺解程度高低,精神境界被分爲四種:第一爲自然境界,在這種境界的人,其行爲是『順才』的。也就是説,他對於自身行爲的性質並無清楚的瞭解,只是按照本能或者習慣來做事。第二爲功利境界,在這種境界中的人,其行爲是『爲利』的,這種人對於『自己』和『利』已有清楚的瞭解,也自覺他有這樣的行爲。只是沒有認識到人和社會的一體關係,所以處處爲自己考慮。第三爲道德境界，在這種境界中的人，其行爲是『行義』的，這種人已經認識到人是社會的成員，人必須在社會中才能獲得全面的發展，所以他的一切行爲都是求社會的利，爲社會作貢獻。第四爲天地境界，在這種境界中的人，其行爲是『事天』的，這種人不僅認識到了人是社會的一分子，而且還是宇宙中的一分子，因此人不但對社會有貢獻的必然性，而且對宇宙也應該有所貢獻，這種境界是人所能夠達到的最高境界。

自然境界和天地境界分別是最低和最高的兩種境界。對於這兩種境界的差異，馮友蘭大多援引、追溯、融合道家尤其是莊子中一些文本來進行區分和闡釋。如他說：『在自然境界中底人，其行爲是順才或順習底。莊子馬蹄篇說：「夫至德之世，其行填填，其視顛顛。同乎無知，其德不離，同乎無欲，是爲素朴。素朴而民性得矣」』(新原人)；『他們讚美素朴，讚美在原始社會中底人，嬰兒及愚人的生活。用我們的話說，他們讚美自然境界。』(同上)而道家理想中的聖人，卻是在天地境界的人。如莊子知北遊所說，『無思無慮始知道，無處無服始安道，無從無道始得道』『知者不言，言者不知』，這裏的無知，不是渾沌的無知，而是對道的真知，這是一種從宇宙看人生，從而使人生中的一切活動均獲得一種超越的意義的境界，其重點在宇宙天地，在大全，是『知天』、『事天』、『樂天』、『同天』的，換而言之，即接近於莊子所說的『天地與我並生，而萬物與我爲一』(齊物論)。對於這兩者之間的差異，馮友蘭指出，『道德境界與天地境界中間底分別，道家看得很清楚。但天地境界與自然境界中間底分別，他們往往看不清楚。自然境界與道德中間底差別，儒家看得比較清楚。但道德境界與天地境界中間底分別，他們往往看不清楚。』(新原人)而事實上，『天地境界』本身，無論從內涵抑或外延來說，都是馮友蘭結合儒道兩家思想的產物，它接近道家的説法，又非常認同儒家的傳統，這種感悟就如馮友蘭晚年所説的：『儒家也好，道家也好，這個界限對我來說，已經打通了。』①

① 陳來默然而觀——馮友蘭，讀書1990年第1期。

綜上所述，馮友蘭對莊子的研究是作爲他對中國文化研究的一部分來進行的，他對莊子的解讀和闡發，貫穿了其整個的哲學研究過程中，而『逍遥』和『齊物』則是他對莊子精神的集中概括。從早年的文化比較、英譯莊子，到編寫哲學史中分析莊子哲學，再到晚年對莊子思想的重新評價，馮友蘭從自己的學術背景出發，始終堅持以西方的學術研究方法來系統解讀莊子，並把莊子和西方哲學家相比附，以此引發對東西方哲學以及文化的廣泛比較和研究。另一方面，馮友蘭還將莊子哲學援引入『新理學』的哲學體系中，使之成爲對西方分析哲學無法言說領域的補充，同時也使得莊子哲學的影響力得到進一步加强。

第十八章　侯外廬的莊子學

侯外廬（1903—1987），生於山西平遥，早年就讀於北平大學和北平師範大學，主修史學、法學，後接受馬克思主義，於1927年赴法國勤工儉學。1930年歸國後，歷任哈爾濱法政大學、北京大學和北京師範大學教授。1949年後，任原中國科學院社會科學部委員、歷史研究所所長、一級研究員。長期以馬克思主義觀點治中國思想史，這方面的主要著作有中國古代社會與老子①、中國古典社會史論②、中國古代思想學説史③、中國近代思想學説史④、中國近代哲學史⑤、中國思想史綱⑥、宋明理學史⑦等，而以二十世紀五十年代到六十年代間與人合撰

① 該書於1934年6月由山西國際學社出版。
② 該書於1943年1月由重慶五十年代出版社出版。
③ 該書於1944年6月由重慶文風書店初版，1946年上海文風書局再版。
④ 該書於1947年5月由上海生活書店出版。
⑤ 該書於1978年2月由人民出版社出版。
⑥ 該書上、下册分别於1980年5月、1981年10月由中國青年出版社出版。
⑦ 該書由侯外廬與邱漢生、張豈之共同主編，分上、下兩册，分别於1984年4月、1987年9月由人民出版社出版。

的六卷本中國思想通史①影響最著。

侯外廬曾耗時十年，翻譯馬克思、恩格斯的資本論，雖因故中止，而馬克思主義理論，尤其是唯物史觀和方法論，深深影響了他的治學路徑、研究方法。以馬克思主義『階級鬥爭』理論指導下的社會史研究作爲思想史研究的基礎，是侯外廬始終不變的治學原則。對每個研究對象，他都先由考查身世做起，探尋其思想傾向所由來的社會根源，再進一步作『唯心主義』抑或『唯物主義』的定位。他曾說過，『我們應堅持馬克思主義的歷史主義』，『對古人的思想做出科學的總結』②，這不僅是侯氏對當時思想史、哲學史研究界的建議，更可視作其本人一生學術道路的總結。與1949年後許多順應潮流或迫於時勢而轉向馬克思主義研究方法的學者不同，侯外廬是自始至終，都自覺地以馬克思主義史學觀和方法論治中國思想史。尤其在莊子學方面，他更是最早結合社會實踐運用馬克思主義方法來分析莊子的人。

要探討侯外廬的莊子學，必須從建國前後哲學史、思想史研究領域所確立的『唯心』、『唯物』兩極劃分模式的確立說起。1949年新中國成立以後，整個學術界開始了向以馬克思主義方法爲主流的轉變，侯外廬作爲自二十世紀二十年代便堅持以馬克思主義觀點研究中國思想史的學者，適逢其會。當時的思想史界，習慣於以『唯物』、『唯心』兩條路綫鬥爭爲綫索，來構建中國思想史、評判不同時期的思想家。侯外廬既是這一新學術局面的創建者之一，也是其中一位最堅定的執行者。這一點在他發表於1963年的中國哲學史中的唯物主義傳

① 合著者爲趙紀彬、杜國庠、邱漢生、白壽彝、楊榮國、楊向奎、諸青。第一卷至第六卷分別於1957年、1959年、1960年、1963年由人民出版社出版。

② 侯外廬中國封建社會前期的不同哲學流派及其發展，中國歷史研究1964年第1期。

統①一文中，有鮮明的體現：

> 中國哲學遺產也和世界哲學遺產一樣，是有一般的發展規律的，即哲學史是唯物主義和唯心主義的鬥爭史、唯物主義發生和發展的歷史；　這方面的鬥爭又和辯證法與形而上學的鬥爭交錯著。誰要是否定這一基本原理，誰就不能正確地理解唯物主義和朴素辯證法思想的發展是中國哲學史的優良傳統，誰就要在精華與糟粕之間糾纏不清，……誰就不能正確地對待哲學遺產的批判繼承問題。

這一觀點，可以視爲侯外廬撰寫中國思想通史及其他哲學思想史方面的論著時的一貫指導思想。他把思想史觀念上的『唯心』、『唯物』兩極劃分，與社會史觀念上的『階級鬥爭』理論相結合，認爲『哲學思想總是一定階級或社會集團進行鬥爭的理論工具』(中國哲學史中的唯物主義傳統)，因此，便自然而然地將『唯心主義』與『反動階級』掛鉤，將『唯物主義』與『進步力量』等視。於是，在他的思想史體系下，前者必將成爲被批判的對象，而後者則是被讚美的對象。就這樣，侯外廬將社會史背景下的中國思想史流程，描述成了歷代進步力量以唯物主義爲武器，與統治階級進行鬥爭的過程。前者包括陰陽五行等『朴素唯物主義』、諸子百家中的荀子和後世的司馬遷、王充、仲長統、范縝、劉禹錫、柳宗元、陳亮、葉適、方以智、王夫之等，後者則包括董仲舒、韓愈和宋明理學等一切『官方哲學思想』。而在魏晉時期盛極一時的莊子思想，便和周易、老子、佛學一起，被視作了『魏晉時期的統治思想』。侯外廬在運用馬克思主義揭示它們『唯心主義』的本質後，便進一步加以批判。雖然他也說過，『對於唯心主義哲學，我們一向反對採取簡單的否定態度』(中國哲學史中的唯物主義傳統)，但事實上，從這一時期侯外廬對中國哲學史上每一個個案進行的分析評論來看，他對於任何被判定爲『唯心主義』的對象，都予以極力的抨擊，其中許多部分，難免給人以『簡單否定』之感。侯外廬無疑堅持了一個馬克思主義理論家

① 新建設1963年第4期

的立場，並始終認真踐行著『哲學的黨性原理』這一準則。

由此，我們再看侯外廬對莊子思想做出的獨特定位，即認爲莊子思想，從其對中國士大夫影響而言，不是『異端』，而是『正統』。可以發現，這一方面固然是侯外廬正確估價了莊子思想對歷代中國士大夫心靈的影響力，清晰地指明了莊子思想是歷代士大夫得意時的超越情懷之源、失意時的精神避難所；另一方面，這一界定也有著強烈的立場性和目的性，是爲將莊子思想歸類爲統治階級所持有的『唯心主義』思想之一加以批判而進行的預設。因此，侯外廬忽略了莊子思想對於統治者暴政和主流正統思想的批判性，也忽略了魏晉時期嵇康、阮籍等人高揚莊子批判精神，對當時統治者用以鉗制輿論、排除異己的僞禮教思想的反抗，這無疑是相當偏頗的。雖然如此，排除掉『批判』的目的性，侯外廬的這一觀點，某種程度上仍是對莊子思想在中國傳統士大夫精神世界中所占比重的正確評價，不失爲真知灼見。就像其莊子學雖整體上以批判莊子爲目的，但其中仍不乏有價值的觀點和論說。下面，主要據侯外廬的莊子的主觀唯心主義①，分兩節文字進行論述。

第一節　對莊子思想『主觀唯心主義』的定位及批判

濫觴於二十世紀二十年代，盛行於二十世紀五十年代至七十年代末的階級分析法和唯心、唯物『兩條路綫』的思想史研究模式，使得研究者對每個研究對象，即對每個作爲個體的古代思想家進行研究時，首道程式即是在確定其階級歸屬的前提下，進而定位其思想究竟屬於唯物主義還是唯心主義，是主觀唯心主義抑或客觀唯心主義。在學術向馬克思主義爲主流的轉變過程中，多數論者，如馮友蘭、呂振羽、關鋒、李泰棻等趨向於將

① 此爲中國思想通史第一卷中的第九章，人民出版社1957年3月版。

莊子思想定位爲『唯心主義』。而侯外廬的莊子的主觀唯心主義則旗幟鮮明地以馬克思主義史學觀，通過考查莊子身世、分析當時社會生產力等，作出了莊子思想爲『主觀唯心主義』的論斷，並從自然哲學、道德論、知識論、存在與思維關係論等方面，對莊子思想進行了嚴厲的批判。

一、對莊子身世及思想體系的探究

侯外廬對莊子身世的研究，在方法上與前人有一點不同之處，可以視作他的獨創，即超越史料的限制，努力捕捉莊子文本中種種『暗示』，結合歷史背景，加以大膽的揣測。

關於莊子身世可以據信的史料極少，只有史記老子韓非列傳裏簡短的記述，和莊子書中零星的片段。在侯外廬看來，這些還不足以實現用馬克思主義史學觀來探討莊子思想成因的目的。於是，他一方面和前人一樣根據上述兩種材料作了莊子生活貧窮潦倒、不願受國家羈累的判斷，另一方面，他努力摸索著莊子文本中的蛛絲馬跡，試圖由莊子之言，深入莊子之心境，再進一步推測可能造成這種心境的具體現實因素。如莊子至樂中有則寓言：

> 莊子之楚，見空髑髏，髐然有形，撽以馬捶，因而問之曰：『夫子貪生失理而爲此乎？將子有亡國之事、斧鉞之誅而爲此乎？將子有不善之行，愧遺父母妻子之醜而爲此乎？將子有凍餒之患而爲此乎？將子之春秋故及此乎？』

侯外廬認爲，寓言中莊子『將子有亡國之事』一問，可以視作莊子曾親歷亡國之事的『暗示』。公元前286年，宋國亡於齊。侯外廬說：『在他（莊子）的什麽年齡宋國亡國，不可確考。但他「有亡國之事」的暗示，見於至樂篇。』顯然，在侯氏看來，雖然莊子具體的生卒年無法確定，但當這一歷史事件發生時，他無疑依然在世，並曾親歷其痛。由這一點出發，侯外廬進一步對髑髏答莊子話裏『無君於上，無臣於下』之語，以及莊子『反子父母妻子閭里知識』的話，嘗試探究其中隱含的情緒，認爲後者是亡國士大夫的内心祈願，前者則是對現實無奈之下的一種心理調解：『這正是亡國大夫剖心的話。』(同上)如此一來，侯外廬便由『文字暗示—作者心境—可能對象—社會現實』的回溯模式，得出了莊子的身份『似乎是一個感受亡國命運的没落小貴族』的結論。

侯外廬的這一方法，雖然具有一定的新意，體現了唯物史學家以知人論世的方法還原莊子生平的努力和嘗試，但無疑也帶有很大的主觀猜想成分，缺少實證性和説服力。在某種意義上，他的這一考證過程和結論可以説是『古史辨』派勇於假設的考證方法的一種極端運用，其弊端是往往失之主觀牽强。春秋戰國時代，戰亂導致的破家滅國亡身之事比比皆是，像莊子這樣感受敏鋭、思想深邃的大思想家，『感受亡國命運』，並由此産生種種深刻的情緒、思想，也是再正常不過。若定要坐實莊子的感慨係因自身爲宋國小貴族，眼見宋國滅亡而發，難免有拘執穿鑿之嫌。

對莊子身世作出上述考察之後，侯外廬進一步指出：正是這樣的身世遭際，造成了莊子的思想墮入主觀唯心主義。他認爲：莊子對社會現實的悲劇雖有憤慨，雖有烏托邦思想，卻没有實現這一理想的堅定信念與勇氣。於是只好在内心建起空中樓閣，以虚無縹緲的『道』，進行對社會現實的否定。在侯外廬看來，莊子的『主觀唯心主義哲學體系可以概括爲以下幾個特點：一，在物質與意識的關係上，視精神爲絶對實在，視對象世界(或物質世界)爲虚假；二，在認識論上，否定主客觀的對立相容性，認爲主觀無法能動地反映客觀，而應採取『心齋』的方式，即放棄精神與物的接觸，放棄憑主觀去認識自然的嘗試，在明鏡虚照般的境界中實現與天地的絶對統一；三，在知識論上，堅持絶對的相對主義，否定人的情感和感覺。侯外廬否定了胡適等人認爲莊子具有辯證法思想的論點，認爲莊子僅僅是以詭辯的論述方式進行相對主義的遊戲，與同屬道家的老子思想相比，是由老子承認對立統一朴素辯證法思想，倒退爲『似之而非』的絶對的相對主義。侯外廬認爲，綜合以上各點，莊子思想完全符合客觀唯心主義的各項特徵。

必須肯定，侯外廬的以上論述，在若干分論點上，是道出了莊子思想的真相的，例如對『心齋』的認識論角度的解讀，以及對莊子『齊物』等觀念作出的『相對主義』定位，都是相當準確的結論。對莊子之『齊物』觀念與老子的事物矛盾對立統一思想的區別判斷，也是發前人之所未發的真知灼見。唯一的問題在於，在其總論點上，即以『主觀唯心主義』作爲框架，強行將豐富而複雜的莊子思想納入其中，是未必合理、並且沒有太多實際意義的。並且侯外廬是以反對唯心主義的立場來論說這一切，因而總是用批判的視角來審視莊子思想，所以雖然在對莊子思想的許多點上做出了正確且不失精當的評論，但這一預設立場導致了他沒能進一步由正確認識出發，挖掘莊子思想的積極意義和精髓所在。

二、對莊子思想中『兩種調和』的論述及批判

侯外廬在莊子的主觀唯心主義中進一步論斷：莊子的一切思想，其出發點都是在殘酷現實環境中，努力追求調和，以歸順自然的方式，使自我內心、自我與外部環境間都達到調和的境界。就這一觀點本身而言，無疑是符合莊子思想的實際情況的。然而，由於過分拘泥於以馬克思主義爲準繩，侯外廬在某種意義上得出正確結論的同時，對莊子的『調和』思想加以了偏頗、牽強的批判。

所謂『兩種調和』，第一是人之內心的調和。侯外廬認爲，『亡國大夫』的身份、殘酷現實的刺激，都必然造成當事者心理上的失衡，莊子也不例外。因此莊子才會努力以齊生死、齊存亡的方式，以自然爲依歸，來調和內心，使之復歸於平衡。侯外廬說：『他（莊子）是以死生與生存等一齊觀的。內心上的齊生死、齊存亡，調和了外界存亡生死的矛盾。所以，他的妻死了，他笑而歌，因爲他在心理上歸順了自然。同樣，他的國亡了，他也可

以笑而歌，因爲他在心理上歸順了自然。』他又摘出人間世篇『知其不可奈何而安之若命，德之至也』、德充符篇『死生、存亡、窮達、貧富、賢與不肖、毁譽、饑渴、寒暑，是事之變，命之行也』等句段，加以闡釋道：

莊子是一個在大悲局中的『無可奈何』的人，於是一切以自然的命來解脱，把『成也，毁也』，看作成毁皆相對，同時又是『無不成也，無不毁也』，故他在精神上，主張齊生死，齊存亡。

侯外廬的這些論述，無疑是吻合莊子精神境界的，也與歷代流傳的許多權威性莊子注解相符。如對侯氏所摘引的莊子句段，郭象注就曾説：『知不可奈何者，命也。而安之則無哀無樂，何易施之有哉！故冥然以所遇爲命，而不施心於其間，泯然與至當爲一，而無休戚於其中。』（人間世注）『苟知性命之固當，則雖死生窮達，千變萬化，淡然自若而和理在身矣。』（德充符注）成玄英疏也説：『夫爲道之士而自安其心智者，體違順之不疏，達得喪之爲一……，是以安心順命，不乖天理。』（人間世疏）『雖復事變命遷，而隨形任化，淡然自若，不亂於中和之道也。』（德充符疏）顯而易見，侯外廬所謂的『調和』，與郭象所謂『無哀無樂』、『和理在身』，成玄英所謂『安心順命』、『淡然自若』，所指的心靈狀態是一致的。無論就觀點本身，還是就論述深度而言，侯外廬並未真正超出郭、成等古代學者之上。不同之處在於，郭、成等人以參悟玄理的方式，視這種狀態爲徹悟之後的『得道』境界，是超越世俗，與造化同遊的得道妙境。侯外廬則由自己預設的『莊子身世』出發，將莊子的這一思想視作對現實無奈之下的消極應對手段。兩者相較，侯氏所走的道路無疑更顯得狹窄而迂曲。

並且，站在這一立場上，侯氏進而以批評的口吻，把莊子『吾將曳尾於塗中』的甘於淡泊的精神指爲『企圖設計喜劇』，將莊子『相忘於江湖』的至德之世的比喻斥作：『這是何等的内心空虚的解答！』甚至無端認定莊子之所以能獲得這種調和安順的心境，是因爲『遊於楚魏之間，固然潦倒得可憐，但他曾被王公大人尊禮』，因而比起别的亡國奴隸境遇還要好些。將厭棄腐鼠、寧願『曳尾塗中』的莊子，闡釋成狹隘卑瑣的小人，這一切，無疑都是將莊子思想視作唯心主義而加以批判的結果，不符合事實。

第二是自我與外界環境關係的調和。人作爲脆弱的個體生於世間，尤其在『僅免刑焉』的亂世，如何能夠『不夭斧斤』，不爲人傷，不受物害，得以終其天年？這是莊子中反復探討的一個主題，從人間世篇提出的『無用之用』，到山木篇的『有用無用之間』、『乘道德而浮游』，逐步深入，而最終歸結爲順應自然天道，由『心齋』、『坐忘』，達到『虛室生白，吉祥止止』的境界，然後能行『不言之辯』、『不道之道』，無爲而自化。而當侯外廬以强調人的主觀能動性的馬克思主義觀點審視莊子的這一思想時，則加以了嚴厲且不合理的批判：

他和世俗處，不問世俗的是非善惡，都主張『安時而處順』，就是説，凡存在的皆是合理的。合理的自然流行，讓它自己去流行，人類只可『入其俗，從其俗』。人的創造活動，他喻之爲『落（絡）馬首，穿牛鼻』，好像就不自然了，主張『無以人滅天，無以故滅命，無以得殉名』（秋水）。……人在大自然之中，生活方法要順自然的原來樣子，『任其性命之情』，不要做『有爲而累』的人道，『長於水，安於水』。所以你原來是奴隸主，你好好地做奴隸主；你如果是奴隸，也就好好地去做奴隸，不必改變二者間的關係，使白者變黑，黑者變白。例如徐無鬼篇就説農商庶人百工之職，要『順比於歲，不物於易』。（莊子的主觀唯心主義）

侯外廬站在强調人的主觀能動性、崇尚發揮主觀能動性以改造自然的馬克思主義立場上，加以視莊子思想爲從屬於統治階級用來麻醉、壓迫人民的唯心主義武器這一預設，故而對莊子的自然觀、處世觀做了偏離莊子本義的解讀。從上引段落可以看出，侯外廬將莊子描述的人所生長的客觀環境對人之能力潛移默化的塑造（『長於水，安於水』），及莊子推崇的順應自然，返朴歸真的生活方式，强行等同於對『階級鬥爭』觀念描述下的不平等社會狀態的認可；又將莊子在黑暗時世下懷著對個體生命的悲憫之情提出的『安時而處順』的處世全生之道，視作對『善』、『惡』的有意混淆，認爲莊子所主張的這一切，都是爲了消泯階級社會裏被壓迫者的反抗鬥志。這些都是歪曲了莊子原意的。莊子崇尚自然、純朴，即萬物自然本性未遭人爲破壞的狀態。侯外廬將莊子的這種價值觀，視作對人的主觀能動的創造作用的否定。侯氏的判斷無疑有其正確性，但是，他對莊子的這一觀念，並非客觀地作爲研究對象加以分析，而是即刻以馬克思主義所崇尚的『主觀能動性』、『人的創造活動』爲戒尺加以批判。這已不是在探究莊子思想，而是從既定立場出發，以簡單化了的馬克思主義爲尺度，不合則批判之，失去了學術研究應有的客觀公正的態度。

但無論如何，在對莊子思想所追求的個人與外界環境關係的調和、個人與其內在心靈的雙重調和的論述中，侯外廬還是作出了相當準確的分析和把握。其觀點對當今探討莊子思想對於人如何實現主客觀世界的和諧等命題，仍有著一定的啟發意義。

第二節　對莊子『自然史寓言』的論述

侯外廬莊子的主觀唯心主義所反映的莊子學，其另一富有價值和啟發性的成果，是通過將莊子的『先王觀』與儒、墨等學派的『先王觀』作對比，認爲莊子思想在這一方面，打破了春秋、戰國之際盛行的『先王崇拜』，具有進步的意義。

一、對莊子與各家『先王觀』的比較研究

侯外廬指出，被儒、墨等學派作爲準則楷模的『先王』觀念，是源自古代『貴賤有別』的思維定式。侯外廬採納了顧頡剛『層累地造成的中國古代史』的觀點，認爲：由西周到春秋末年，儒、墨學說完成了自堯、舜直至周文王的『先王系列』之塑造。這一批理想化了的先王，被儒、墨等派視作萬劫不移的真理象徵、行事準則加以宣

揚，雖然各家各派對所謂『先王』思想的解讀或附會各不相同，但他們欲以先王爲標準，將思想、行爲的標準定於一尊則是共通的，久之便成了阻礙社會和思想發展的桎梏。而莊子以『非先王』的思想，用戲謔、玩笑的方式，打破了這一僵化的以『先王』爲是非標準的觀念。

侯外廬將莊子『非先王』的方法概括爲以下幾點：一，用寓言小說等戲謔玩笑的方式，將堯、舜等被儒、墨各家視之爲立身治國平天下的極則的先王的神聖性完全取消，如逍遙遊篇說姑射山之神人『塵垢秕糠將猶陶鑄堯舜』等等；二，以神話的方式，抬出渾沌初開時的古帝王，以及神農、黄帝等等，加之於儒、墨所歌頌的堯、舜等先王之上，並以富於想象力的神話般的敘述方式，將這些古帝王描述爲乘道德而浮游的至人、神人、聖人，於是儒、墨所奉以爲極則的先王在無形中被『降格』；三，以相對主義的方式，否定了儒、墨等家一再強調的『堯桀之是非』，以『兩忘而化其道』的方式，實際上取消了堯作爲理想『先王』的存在；四，借助寓言，通過對舜『至於有而不知無』的思想局限的批判，降低了儒、墨各家理想『先王』的神聖性。侯外廬將莊子這一『非先王』的思想，稱之爲『思維史的一個反對發展』：

> 孔、墨稱堯、舜，在莊子看來是『以今之有，消古之無』，他便更托於古『帝』，否定了西周以來原始的宗教神，批判了孔、墨的理論的宗教神，進而理想出思辨形式的心理神來。（莊子的主觀唯心主義）

從侯外廬的這段論述中，我們可以明顯看出發端自康有爲，經『古史辨』派發揚光大並形成思潮的『托古改制』說的影響。雖然時至今日，這一理論已被證明並非確論，但侯外廬在這裏借來闡明莊子的『非先王』觀念對思想解放的意義，不失爲正確的看法。同時，就侯外廬的莊子學整體來看，這是他難得的對莊子思想作出的『進步』肯定。

二、將莊子思想定位爲『自然史寓言』

在得出上述結論的基礎上，侯外廬更近一層，將莊子思想的外在表述方式及内在的『烏托邦』理念，定義爲『自然史寓言』。就『烏托邦』即理想社會的狀態而言，他指出，先秦諸子各自以托古的方式勾畫出寄寓著自身政治理想的烏托邦，而莊子的烏托邦在其中是上溯最古的。侯外廬特别舉出應帝王篇那則『鑿破渾沌』的著名寓言，認爲這一『烏托邦』，不僅超出了人類史，甚至超出了生物史，達到了自然史的古老程度。而所謂『自然史寓言』，則體現於莊子齊同萬物，『拿木石魚鳥的語言對話，來比況人類的至高無上的境地』（莊子的主觀唯心主義）。

侯外廬的這一觀念，是有其正確性的：在先秦諸子各自推崇的『人類黄金時代』中，無論是儒家的西周、墨家的堯舜時代、農家的神農氏之時，甚至老子所推崇的『小國寡民』的上古時期，在人類歷史的久遠性上，無一比得了莊子筆下『同於禽獸居，族與萬物並』（馬蹄）所謂『至德之世』。而『寓言十九』的莊子一書，其用以闡明哲理的寓言，也常常選用自然事物作爲主要『角色』或意象，因而和同樣大量採用寓言的先秦子書如韓非子、呂氏春秋相比，有著鮮明的獨特性。其他子書中寓言的主要角色，一般均爲人物，而莊子則一切自然界所有的動物、植物乃至風、影、罔兩，均可被賦予人格而參加寓言演出。並且，莊子中對宇宙時空的回溯，如齊物論篇中的『有始也者，有未始有始也者，有未始有夫未始有始也者。有有也者，有無也者，有未始有無也者，有未始有夫未始有無也者』等等，以及對生命體序列演化的描述，更使得莊子的以自然物爲主體的那些寓言在古老漫長的時間維度上，具有了『史』的意味。侯外廬在這裏也犯了兩處小的錯誤，即一是莊子的『齊物』觀點中，人類與萬物齊同，無論是人還是其他物種，均没有像侯外廬所謂『至高無上的境地』；二是『鑿破渾沌』的寓言，就其完全超越現實層面的情節、人物設定而論，似乎更宜定性爲哲理寓言或開闢神話，而非『烏托邦』。

但拋開這兩點，侯外廬對莊子『自然史寓言』的論述，依然可算是一種新穎獨到且符合莊子的思想內容及表現形式的觀點。

總之，侯外廬的莊子學，由於其對馬克思主義方法的過度運用，整體面貌打上了鮮明的左傾時代烙印。對莊子思想以批判爲主的態度，時常流於簡單、武斷，相當程度上影響了其觀點的客觀、公允性。但同時，在這一總體情形之下，侯外廬對於莊子思想，有著不少值得加以分析、繼承的正確觀念和見解。

第十九章　任繼愈的莊子學

任繼愈（1916—2009），字又之，山東平原人。1934 年考入北京大學哲學系，1939 年考取西南聯大北京大學文科研究所第一批研究生，師從湯用彤和賀麟教授，攻讀中國哲學史和佛教史。1941 年畢業，獲碩士學位。1942—1964 年在北京大學哲學系任教，歷任講師、副教授、教授，先後在北京大學講授中國哲學史、宋明理學、中國哲學問題、朱子哲學、華嚴宗研究、佛教著作選讀、隋唐佛教和邏輯學等課程，並在北京師範大學擔任中國哲學史課程。1956 年起兼任中國科學院哲學研究所研究員。1964 年負責籌建國家第一個宗教研究機構——中國科學院世界宗教研究所，任所長。1987 年至2005 年間，任國家圖書館館長。他致力於用唯物史觀研究中國佛教史和中國哲學史，著有漢唐佛教思想論集、中國哲學史論、任繼愈學術論著自選集、任繼愈學術文化隨筆、老子全譯、老子繹讀等；主編有中國哲學史簡編、中國哲學史、中國佛教史、宗教詞典、中國哲學發展史等。

任繼愈長期致力於以馬克思主義唯物史觀研究中國哲學思想，於佛教和老子著力最勤。與當時一般持馬克思主義研究方法的學者不同的是，任繼愈沒有在『哲學的黨派性』和對古代思想家的批判上做太多文章，而是力求客觀、細緻地在馬克思主義哲學框架下，給研究對象以恰當的定位。究其原因，可能與其在二十世紀三十年代到四十年代的求學經歷有關，在中國傳統哲學、宗教思想上對任繼愈影響最深的湯用彤，其研究方法並非馬克思主義。到了建國後的學術轉型時期，任繼愈雖然順應潮流，自覺以馬克思主義唯物史觀進行研究，但與呂振羽、侯外廬等早年即以馬克思主義爲唯一信仰，在鬥爭年代磨礪出了批判鋒芒和黨派意識的學者依然有所不同。在莊子學方面，任繼愈的成果主要體現在二十世紀六十年代陸續發表的莊子探源系列論文及中國哲學發展史（先秦卷）。

統觀任繼愈的莊子學，可以概括出以下特點：第一，在研究方法上，以馬克思主義理論分析與『古史辨派』風格的考證相結合，以觀點統率考證的方向目的，以考證支撑觀點；第二，充分考慮到莊子一書内容的複雜性，採取將内篇和外、雜篇分開討論的方式，而不是籠統地對全書下定論；第三，敢於突破傳統及時人的普遍觀點，獨創新説，屹不動摇；第四，隨著時光推移和認識深化，敢於不斷發展、調整、豐富原有的觀點。

第一節　對莊子自然觀作『唯物主義』的定位

一、對莊子『階級歸屬』的新判定

任繼愈的莊子學，在當時的時代背景下，呈現出與衆不同的風貌。與當時多數論者將莊子思想定義爲『主觀唯心主義』並加以激烈批判的做法不同，任繼愈反對這種過於簡單、粗暴的論述傾向，在當時居壟斷地位的馬克思主義學術語境下，盡力發掘莊子思想的『精華』。

首先，在莊子『階級成分』的判定上，當時對莊子思想基本持否定和批判態度的論者雖觀點不一，有『没落貴族』、『没落封建主』、『没落奴隸主』、『小封建主』等各種説法，但總體上是將其視作與『人民』、『大衆』相對立的『剝削階級』、『上層統治者』中的沒落者，並以此爲批判莊子思想的出發點之一。任繼愈並未否定這一當時學界通行的觀點，認爲莊子的出身『可能是沒落貴族』①。但他旋即指出：即使這一假設成立，也不能據此認定莊子便是站在人民大衆對立面的剝削階層的代表。其理由概括起來大致有三：其一，莊子生前並非以沒落貴族的身份活動，而是以知識分子的身份活動的，知識分子並非一個獨立的階級，在本身不佔有生産資料的情況下，可以爲不同的階級代言。其二，如果過多地注意先秦哲學家的階級出身，則其中十分之九都可算作『沒落貴族』，這種簡單的『唯成分論』是無法解釋先秦各家哲學思想流派不同、趨向各異的複雜狀況的。其三，從歷史角度考察，春秋戰國時期，隨著社會分化，出現了一批『有知識的小自耕農』②，其中部分可能由貴族地位下降而來。其代表人物如史傳及諸子百家書中記載過的長沮、桀溺、楚狂接輿、荷蓧丈人、楊朱、陳仲子等等。任繼愈認爲，這一階層的思想特點是『對剝削制度提出了尖鋭的詛咒，對一切剝削者，以及爲剝削者出謀獻策的富貴者，也一併攻擊』。因而，這一階層恰好成爲了因缺少知識而無法産生自己代表的個體農民階級的代言者。雖然還帶著其他階級的殘餘烙印，但根本立場上是和被剝削的人民大衆一致的。而莊子，恰是其中的重要一分子。任繼愈通過如是論述，使當時衆多狹隘『階級論』者某種程度上失去了批判莊子思想的立腳點，並巧妙地將莊子代表的『階級利益』由一般論者口中的『貴族』、『封建主』轉向了農民、大衆，爲闡釋並吸收莊子思想的『精華』確立了第一個基礎。

---

① 莊子的唯物主義世界觀，新建設1957年第1期。

② 莊子探源——從唯物主義的莊周到唯心主義的『後期莊學』，哲學研究1961年第2期。

二、對莊子思想『唯物主義』闡釋的提出

然後，任繼愈一反侯外廬、呂振羽等學者提出的，在當時居於主流地位的視莊子思想爲『主觀唯心主義』的觀點，認爲『莊子不是一個唯心主義者而是一個唯物主義者』。在寫於1957年的莊子的唯物主義世界觀一文中，任繼愈從多方面論證了莊子思想的『唯物主義』性質。首先，他認爲：莊子的社會身份使得他有著『接受唯物主義哲學的可能』，因爲『沒落階級中的思想家，經常會產生完全相反的兩種思想類型：一種是向宗教中求安慰，向上帝投降；一種是對上帝懷疑，向宗教挑戰』（莊子的唯物主義世界觀）。在任繼愈看來，莊子無疑屬於後一種類型，因爲『他對當時的社會不存在任何幻想，因而能夠比較清醒地認識現實。他不信上帝，不信鬼神，有反宗教、反權威的思想』（同上）。接著，任繼愈指出：判定某一哲學思想體系屬於唯心還是唯物，一條根本的劃分原則是看該哲學思想體系在自然觀上，對於一切事物發生和發展的原因，是向世界之外尋覓，抑或是就世界本身尋求。前者是唯心，後者即是唯物。拿這一尺度衡量莊子的自然觀，會發現它完全符合『唯物』的精神。首先，就『發生論』而言，在莊子的思想體系中，世界萬物源生於『道』，這種『有情有信』的『道』並非是屬於精神方面的一個幻象，抑或是『上帝的代用品』，而是一個在時間和空間上都具有無限性的『物質性的實體』，雖然並非人之感官所能直接察覺的對象，卻最爲悠久，最爲根本，同時也是『一切事物存在的基礎』（同上）。其次，就『發展論』而言，莊子認爲，人的生死乃至萬物的生滅、發展，都是由大道冥冥掌控下的『氣』之聚散運行來完成的。而『氣』並不是什麼『奇怪的精神的東西』，而是無處不在，無所不有的構成世界萬物的基本元素，其物質性顯而易見。再次，莊子從根本上否定人格神的存在，認爲萬物的生長、發展、運行都是按照其本來情形，遵循著自然界的固有規律，因而不能向自然界以外尋找萬物運行的動因。任繼愈舉莊子天運中將天、

地、日、月的運行歸因於『意者其有機緘而不得已邪』爲例，認爲這『不得已』可與唯物主義自然觀的『必然』等同；又舉出齊物論篇對『天籟』『咸其自取也』的描述，認爲這是『説明自然界的一切現象都是自動進行或停止，不是誰主使的』；再舉出秋水篇中論述人類在宇宙中的渺小，認爲這意味著人類只能受自然界的支配，而不能支配自然界。最後總結道：

莊子不承認在現實世界之外、之上還有所謂超自然的神的力量。所以他只認爲自然界本身就是支配自然界的唯一力量，這種力量即莊子所謂『天』。莊子的著作中的『天』有兩種用法：一種意義是和『陸地』相對應的『天空』，還有一種是和『人爲』相對應的『自然』，或『天然』。後一種的『天』的意義是莊子哲學中極重要的概念。天（自然）的發展和變化是任何人也阻擋不住的。在莊子看來，人類在整個自然界中所佔的地位是極渺小不足道的。……作爲一個唯物主義哲學家的莊子，他首先肯定了自然界在獨立發展著，不是任何人的主觀意志所能改變的。莊子認識到客觀世界發展變化的規律性和普遍性，這是那些唯心主義的哲學家所不能認識的。這是莊子哲學思想中最有價値的部分。（莊子的唯物主義世界觀）

顯而易見，任繼愈在這裏將莊子筆下的『天』等同於馬克思主義唯物論的『客觀規律』，將莊子筆下的『人』、『人爲』等同於『人的主觀意識』，認爲莊子的自然觀完全符合馬克思主義唯物論對於自然界的必然性的界定，即客觀規律是第一性，人的意志和意識是第二性的原則，從而有力地認定了莊子『唯物主義哲學家』的身份。

三、對莊子思想『唯物主義』闡釋的發展

任繼愈的這一觀點提出後，受到當時學界的一些指摘和辯難。1961 年，任繼愈在哲學研究上發表了莊子

探源——從唯物主義的莊周到唯心主義的『後期莊學』一文，表示自己堅持莊子思想爲『唯物主義』的基本觀點不動搖。並站在唯物主義立場上，以辯證唯物論爲參照系，對莊子思想作了更細緻的梳理和論述：

第一，任繼愈認爲莊子對宇宙形成和起源問題所作的探尋具有唯物主義色彩。他指出：在這一問題上，凡是『有開始』的回答，或是拘泥於某一具體事物的產生，層層上推，其邏輯結果不是導向無物的虛空，便是歸結於造物者『上帝』，都陷入了唯心主義的泥潭。而莊子巧妙地不去糾纏這些細枝末節，而是從根本上提出『道』的範疇，作爲人和物的終極物質基礎。道『只有永存而無終始』，產生萬物，萬物再以各自的種源世代相傳。同時，道還是宇宙萬物運行的客觀秩序和規律，不受人的主觀意識的影響。雖然道不能直接被人們的耳目感官所接觸、認知，不像任何對象那樣具體可感，其運行過程也難以形容，但依然不妨礙它『是物質』，並從而在這個物質性的世界裏『無所不在』。因此，莊子視作宇宙形成之源頭的『道』是物質性的，莊子的宇宙起源觀應屬於唯物主義的範疇。

第二，任繼愈認爲莊子的認識論帶有唯物主義色彩。

首先，他將莊子中『知者接也』和『知者謨也』二句，分別釋爲『感官與外界對象的接觸』和『思維把接觸到的素材進行整理』，並等同於馬克思主義唯物論的認識論中所謂『感性作用』和『理性作用』。另外，莊子思想的一大特色是主張『虛靜』，要求擯棄主觀聰明，在空明的心境中由『心齋』而達到『坐忘』、『喪我』的境界。任繼愈從唯物主義認識論的角度詮釋這一點，認爲這一『虛靜』的主張，要求認識主體在認識過程中避免心浮氣粗，擯棄主觀成見，儘量客觀地集中注意力，發揮感官和心思的作用，從而達到正確的認識，某種程度上可視作古代唯物主義反映論的原理。最後，任繼愈拈出庚桑楚篇中『有實而無乎處者宇也』、『有長而無本剽者宙也』二句，詮釋爲『他（莊子）明確地指出時間（宙）是在物的連續性（有長）而不斷絕（剽）的存在的形式；空間（宇）是在物的客觀存在（有實）而不固定於一個地區（按：到處都有它）的存在的形式。他不是從主觀方面去理解時間和空間，而是結合了客觀物質世界的無限延續性、無限廣延性來理解時空範疇的。』（莊子探源——從唯物主義的莊周到唯心主義的『後期莊學』）綜上所述，在任繼愈看來，莊子的認識論，並非一些論者眼中的『主觀唯心主義』，而是恰恰相反，應屬於古代的朴素唯物主義。

第三，任繼愈認爲莊子在生命的起源和養生方面的觀點屬唯物主義。任繼愈從知北遊篇那則『莊子妻死』的寓言發論，認爲莊子在這裏『從哲學的高度唯物主義地提出形神的問題和生死的問題』——人之生死源自氣（物質）的聚散，生死是像四時代謝交替一樣的自然現象。莊子的觀點遠遠超越了當時的科學水準，擺脫了上帝、鬼神對人類生死命運的擺佈。另外，在養生方面，任繼愈認爲莊子中不少地方『透露了當時的醫學科學知識』、『透露了一些古代醫藥的知識』（莊子探源——從唯物主義的莊周到唯心主義的『後期莊學』），如刻意篇中提到『彭祖壽考者』爲養形而『吹呴呼吸，吐故納新』、『熊經鳥申』，任繼愈將前者解釋爲『氣功醫療的前身』，將後者解釋爲『體育鍛煉的前身』。在這一系列論述中，任繼愈將莊子的『自然』及其基本構成物『氣』，與馬克思主義的『物質世界』劃了等號，他認爲，既然莊子認爲生命體的存亡是一種由『氣』決定的自然現象，而不是以人或神的主觀意志爲轉移，那麼，這種生命觀無疑應屬於『唯物』而不是『唯心』。任氏的這一論斷，對於那些將莊子思想劃爲唯心主義的論者，無疑是一個有力的駁斥。不過，任繼愈這裏也有個小小的失誤：他所認爲的莊子中那些『當時的醫學科學知識』，其實是莊子學派對刻意護養形體的一流人的批判，與莊子思想無涉。

第四，任繼愈認爲莊子具有關於事物運動變化的辯證法思想。當時一般持『莊子爲主觀唯心主義者』思想的論者如呂振羽、侯外廬等認爲，莊子由老子的朴素辯證法思想倒退，成爲了相對主義者。而任繼愈則堅稱：作爲老子思想繼承者的莊子，在辯證法思想方面，不但對老子有所繼承，還有所發展。如『合則離，成則毁』、『安危相易，禍福相生』等等，都符合矛盾著的事物和矛盾的各方面都不可避免地向著其對立面轉化的辯證法思想。而較之老子談事物發展變化時多是直接談發展變化本身，莊子則較多地注意到了事物的存在和發展賴以實現的客觀條件，在任繼愈看來，這是莊子在唯物論和辯證法方面在老子的基礎上向前發展的一步。

綜上所述，任繼愈對莊子思想屬『唯物主義』的論說，是煞費苦心的。雖然時過境遷，在今天看來，這種糾結於『唯物』、『唯心』二元劃分的討論實無必要。而在當時，主流論者紛紛將莊子思想定位成『唯心』，並大加批判的情況下，任繼愈的觀點，更有利於對莊子一書做出公正的評價，也更有利於莊子思想精華的傳播，甚至莊子學的傳承。

第二節　對莊子篇目的考證和探究

一、對莊子內篇七篇作者問題的新見解

傳統上，一般認爲莊子內篇七篇爲莊子所自撰，是莊子思想最直接和真實的體現。而任繼愈對莊子篇目的考證，第一步便是大膽推翻這一共識。他先是追溯了莊子經郭象的整理，由漢書藝文志著錄的五十二篇變爲『內七、外十五、雜十一』的三十三篇的過程，進而指出：『郭象以後的學者都認爲內篇是莊周的思想或莊周自著，外篇（包括雜篇，下仿此）不見得是莊周的思想。千餘年來幾乎成爲「定論」。現在看來，問題恰恰出在這成爲「定論」的內篇七篇上。』他將自郭象以來認爲內篇七篇爲莊子自著、體現了莊子本人思想的理由概括爲三種，並分別予以了駁斥和推翻。

第一種理由是內篇七篇有著首尾一貫的思想體系，一致的行文風格，有典型的代表性，因而應出自莊子本人之手。歷來持這一觀點的人很多，任繼愈舉王夫之爲例，將王氏在莊子解中對內、外、雜篇的對比研究，總結爲三點：（1）內、外（雜）篇的思想體系不同，不可能全是莊周的思想。（2）內篇是真、外（雜）篇是僞。（3）外（雜）篇對儒墨的態度比較激烈，內篇的態度比較緩和。這三點中，任繼愈只贊成第一點，承認內、外、雜篇思想不同是『有目共覩的事實』，但他認爲，這和另外兩點一樣，並不足以斷定內篇爲莊子自著。他指出：雖然內篇的思想、行文自成系統，但並不意味著它就非莊周自作不可。第二種理由是內篇文筆佳妙，非莊子不能作。任繼愈舉焦竑作爲持這一觀點的代表，指出在有確實證據證明莊子作過內篇之前，但就文筆、文風發論，認爲某種文章非莊周本人寫不出，這在邏輯上是說不過去的。

第三種理由，也即絕大多數學者所持的理由是：過去沒有人懷疑過，所以今天也不必懷疑。任繼愈尤其著力批判了這一理由，認爲這種盲目信古的觀念是一種『迷信』，現代人對於古代的虛假觀點、虛假現象，可以大膽地懷疑並提出新證，一旦有了新的科學證據，即可以推翻自古以來的許多虛假和謬誤。

批駁完傳統觀點，認爲並無確鑿證據支撐內篇爲莊子自著、可以代表莊子思想之後，任繼愈進而舉出五條證據，藉以證明事實真相恰與傳統觀點相反，有充足的理由認定內篇七篇絕非莊子所自撰，更不能作爲莊子本人思想的代表作。

第一，任繼愈首先由史記老子韓非列傳來推測司馬遷所讀到的莊子情況。他指出，司馬遷在莊子諸篇中，特別舉出漁父、盜跖、胠篋等『詆訿孔子之徒』、『剽剝儒墨』而充滿了『離經叛道的過激的言論』的篇目，而這些都不屬於內篇，並且與內篇體現出的思想有極大的差異，這才是司馬遷所瞭解的莊子的本來面貌。任繼愈認爲，鑒於『司馬遷的爲人爲學，比郭象值得信賴』，因而史記中的說法，足以構成內篇非莊子的作品和思想，而應『另有所屬』的證據之一。

第二，任繼愈通過荀子解蔽篇中對莊子的評判，認爲這位『先秦從孔子以後最博學的學者，也是先秦最大的唯物主義思想家』所看到的莊子『不會是現在莊子書中的內篇，特別不會是齊物論、逍遙遊、養生主……這些篇。』任繼愈得出這一結論的依據是，荀子稱莊子『蔽於天而不知人』，他將這句話闡釋爲：『莊周看到天（自然）的客觀存在是對的，只是他看不到人的主動作用，所以才錯了。』在任繼愈看來，這一批判無疑應屬於唯物主義陣營內部的批判，是『先秦諸子中傑出的唯物主義哲學家』荀子對同持唯物主義自然觀的莊子在認識論、方法論層面上的局限性的批評。一言以蔽之，荀子認爲莊子的自然觀屬於唯物而非唯心。任繼愈認爲，假如荀子曾讀到那充滿『相對主義、唯心主義、神秘主義、滑頭主義的處世態度』的內篇七篇，那麽這位善於識別唯心主義，並善於和唯心主義思想鬥爭的唯物主義哲學家將勢必不能容忍，必將加以更強烈的批判，而不是去認可莊子的自然觀。

第三，任繼愈從莊子內篇篇名和題目的角度，結合先秦時代著作史的事實，認爲內篇的成書時間應晚於外篇。他指出，早期文章一般用開首二字或三字爲篇名，如論語之學而、孟子之梁惠王等等。後來才出現概括全篇用意的題目，如墨子之兼愛、非攻，荀子之性惡，韓非子之五蠹、六反等等。以此反觀莊子，則外、雜篇的篇名屬於前一種情況，而內篇則屬於後一種。任繼愈認爲，這可作爲莊子內篇成書時代晚於外、雜篇的證據之一。

第四，任繼愈從文章分類學的角度加以考察，認爲古書之分內、外篇，起於兩漢，如淮南子、韓詩等等，並推斷這可能與兩漢時期習慣上將圖讖之類書籍統稱爲『內』，稱相關學問爲『內學』有關。由此他斷定『莊子的內篇應當是漢代編輯的結果』。

第五，任繼愈認爲，莊子內篇七篇從篇名到內容，都帶有漢代宗教神學方術的特色。從篇名來看，逍遙遊、養生主、大宗師、德充符等篇名，與漢代緯書之名如乾鑿度、形德放、含神霧等『十分相似』。這種相似包含兩個層次，一是字面上的相似，如德充符之『符』，其含義接近於漢代緯書標題中常見的『驗』、『徵』等字；二是篇名和內容關聯層面上的相似，莊子內篇的篇名與緯書篇名的共同點是，和其文中內容似有某種微妙而不大緊密關聯，富於神秘主義意味。而在內容上，任繼愈認爲莊子內篇也帶有漢初的時代思想特徵。他將莊子內篇中提到的至人、神人等等，類比於秦漢方士們藉以蠱惑秦皇、漢武的神仙，認爲二者可以等量齊觀。同時認爲內篇中對黄帝、老子的推崇，可以視作對漢初崇尚黄老的政治思想背景的一種迎合。

綜合了以上五條理由，任繼愈認爲莊子內篇的成書年代，應後延至漢朝初年，是漢初帶有宗教神學色彩的黄老之學的體現，應視之爲研究漢初宗教神學的材料，而不是莊子思想的代表作。他說：『由於文獻的不足，我們無從詳知漢初當時系統的宗教神學（或稱神學哲學）的全貌。幸好有了莊子內篇可以透漏一點消息。』在這一認識的基礎上，他將莊子的內篇和外（雜）篇作了二分化的區别對待，稱後者爲『莊周思想』，而稱前者爲『後期莊學』。

綜觀任繼愈對於莊子內、外（雜）篇作者及成書時代的新見解，不能不説這是頗具創新精神的獨到觀點。從中我們不難看到胡適所倡導過的『大膽假設，小心求證』的治學方法，以及疑古學派敢於大膽質疑前人、推翻成説的學術勇氣。然而其證據的合理性、論證的嚴密性卻是有待商榷的。誠如任繼愈指出，『內篇七篇爲莊子自著』的傳統觀點，所依據的三種理由，確乎不足以證明七篇爲莊子本人手撰。但同時，任繼愈以五條理由提出的內篇七篇出自漢初，爲『後期莊學』的觀點，也僅僅是一種假設，在缺少決定性證據的情況下，並不足以將內篇七篇證僞。

首先，司馬遷在老子韓非列傳中特别點出漁父、盜跖、胠篋等篇目，是爲了申説其『詆訿孔子之徒』的觀點，而這一點，在這三篇中體現得格外突出罷了，不能據此認定『這才是司馬遷所瞭解的莊子的本來面貌』。司馬遷在同篇列傳裏還寫道：『其（莊子）學無所不窺，然其要本歸於老子之言，故其著書十餘萬言，大抵率寓言也。……其言汪洋自恣以適己。……莊子散道德放論，要亦歸之自然。』全面體察司馬遷的這番見解，可以得出三點結論：（1）司馬遷驚歎於莊子廣博的學識。（2）司馬遷認爲莊子之學以老子爲宗，以汪洋恣肆的筆法闡釋以自然爲本的哲學思想。（3）司馬遷讀到的莊子版本有十餘萬字，遠較當今傳世的郭象本爲豐富。由這三點，很容易推知以下結論：首先，司馬遷所讀到的十餘萬言的莊子版本，內容豐富且駁雜，絕非僅外、雜篇所能囊括；其次，司馬遷形容的『汪洋自恣以適己』的莊子文風，無疑恰以內篇七篇特別是逍遥遊、齊物論等篇堪爲代表；再次，司馬遷對莊子思想『散道德放論，要亦歸之自然』的論斷，非但與內篇思想不矛盾，且恰恰可以內篇作爲其典型代表。由此看來，任繼愈以漁父、盜跖、胠篋等篇概括『司馬遷所瞭解的莊子的本來面貌』，無疑有以偏概全之嫌。並且，任繼愈鄙視郭象人品，從而進一步懷疑起郭象編訂的莊子版本的論斷，也有『以人廢言』之嫌，似乎不大符合學術論述所要求的客觀、公正的原則。

第二，荀子對莊子『蔽於天而不知人』的批評，無論內篇、外篇、雜篇均可作爲這一批評的對象。任繼愈認爲荀子這一批評是站在唯物主義立場上對莊子自然觀的唯物主義性質的認可，認爲若荀子讀過內篇，則必將視之爲唯心主義、相對主義、神秘主義而加以更激烈的批判。無疑，任繼愈的這一觀點，是建立在『唯物』、『唯心』二元劃分基礎上的想當然假設，是以『唯物主義和唯心主義兩條路綫的鬥爭』對複雜的思想史狀況作出的簡單性描述。這種描述將古代思想家分別貼以『唯心』、『唯物』兩種標簽，認爲非此即彼，兩者水火不容。這種做法，將古代哲人豐富的思想現象强行納入馬列主義模式下，有削足適履之嫌。因而其主觀推斷性大於客觀實證性。退一步說，即使這種劃分符合荀子和莊子思想的事實，也無法證明任繼愈提出的外（雜）篇爲莊子自著，荀子唯讀過外（雜）篇而未讀過內篇的論點，因爲正如某些論者指出的：莊子一書中言人事、人道的篇章、段落，恰恰於外（雜）篇中爲多，如天道、天運、天地等篇，或闡明君上無爲、臣下有爲的治國之道，或言及三皇五帝的禮儀法度，或描述了某種程度上接近儒家說法的倫理長幼尊卑次序。由此聯繫到荀子『莊子蔽於天而不知人』的批評，我們甚至可以推斷出和任繼愈的觀點完全相反的結論，即若荀子所讀莊子爲外（雜）篇，反而不應當有這一批評了。而恰是內篇尤其是天馬行空的逍遥遊、齊物論等，才更符合『蔽於天而不知人』的標準。

至於任繼愈提出的另外三條證據及相關論述，在當時已有張德均等人以傳統考據的方式，以翔實的材料和切實的分析，論證了任說的不足爲憑①。

二、視天下篇爲儒家著作

任繼愈對莊子一書所進行的考證的另一項重要見解，是對天下篇作出的『儒家著作』的論斷。在莊子探源之五——莊周的唯物主義哲學思想②一文中，他說道：

> 天下篇雖然是莊子書中的最末一篇，但它既不是莊子或莊子學派的著作，也不是道家著作，它是在道家術語的掩蓋下，全面闡述了儒家的觀點。

支撑其這一論點的證據有二：其一，天下篇對於儒家經典『六經』有著極高的評價，如天下篇云：『其在於詩、書、禮、樂者，鄒魯之士、搢紳先生多能明之。詩以道志，書以道事，禮以道行，樂以道和，易以道陰陽，春秋以道名分。』任繼愈認爲這段話意味著在天下篇作者看來，『體現在儒家經典詩、書、禮、樂、易中的理論，是最高最完美的理論。』其二，天下篇對於儒家外的其他各家，均『極力貶低』，如天下篇云『天下大亂，賢聖不明，道德不一，天下多得一察焉以自好。……猶百家衆技也，皆有所長，時有所用。雖然，不該不遍，一曲之士也。……悲夫，百家往而不反，必不合矣！後之學者不幸不見天地之純，古人之大體，道術將爲天下裂。』任繼愈將這段話

---

① 參見饒東原論莊子內篇的歸屬——讀任繼愈同志的莊子探源，湖南師範學院學報1984年第1期。

② 載中國哲學史，上海人民出版社1981年版。

闡釋爲：

諸子百家是天下大亂以後出現的東西，儒家以外的各家各派，不講詩、書、禮、樂、易、春秋六經，他們只瞭解真理的一個方面，因此每一家的理論都是不全面，他們所講的道理不具有普遍性，各派學説破壞了天地之美，割裂了萬物之理，內聖外王之道竟被他們掩蓋了，堵塞了，給了天下人爲所欲爲的口實。百家離真理越來越遠，道術被弄得四分五裂，多麽可悲！（莊子探源之五——莊周的唯物主義哲學思想）

接著他下一斷語道：『這完全是一派儒家的言論。』

應當説，認爲天下篇乃至其他篇中有某種儒學化色彩，或者説在評論各家時對儒家褒獎有加，這並非任繼愈的創獲。如宋代王安石就曾因莊子『先六經而後各家』，贊其絕非『鄙儒』；明末清初王夫之説天下篇『若其首引先聖六經之教，以爲大備之統宗，則尤不昧本原』。均認爲天下篇作者有著尊崇儒家，以六經爲正的思想傾向。有許多『以儒解莊』者，更是斷莊子出於儒學，甚至有莊子爲『顏氏之儒』、『教外别傳』等説法。如清代主張『引莊子而附之儒家』的吳世尚在莊子解中詮釋上述天下篇段落時寫道：『書以載道，以有孔子爲之師，故鄒魯之縉紳先生能明乎道也。妙在不説出孔子來，蓋一説出便嫌與下五者相並也。百家時或稱道，便不如鄒魯之明之者矣。「天下大亂，賢聖不明，道德不一」，所謂孔子沒而微言絕，七十子散而大義乖也。可勝浩歎！』其説與任繼愈的主張尤其近似。唯一的不同在於，古代『以儒解莊』的學者用意在於引莊子思想入於儒家正統，而任繼愈則意在辨明天下篇作者絕非莊子、莊子後學乃至廣義上的道家人士，而純粹出於儒者。

然而，天下篇的作者，無論是莊子本人與否，其在學術上的『認祖歸宗』，根本趨向是以道家代表關尹、老聃爲本源，贊其爲『古之博大真人』，認爲其思想『可謂至極』。宋代林希逸云：『「可謂至極」者，言此天下至極之道也。』（莊子口義）民國學者阮毓崧云：『贊其於道術登峰造極也。』就這一點而言，無論如何，不能簡單地根據一段貌似對儒家經典有所讚頌的話語，即斷定莊子或天下篇作者的思想源自儒家。事實上，包括任繼愈在內的認爲天下篇作者崇儒的觀念，都出自對前述天下篇文字的誤讀。

首先，六經之學，流傳自上古，本非儒者一家之學，民國方光在莊子天下篇釋中說道：『後世陋儒不解道術總序涉及儒家之義，誤以歷世流傳之詩、書、禮、樂、易與春秋，一經孔子刪定，遂妄認爲儒者一家之學，不知莊子之於六藝只曰「鄒魯縉紳多能明之」，「散於天下，設於中國，百家時亦稱而道之」，固已昭示六藝爲百家共道之學而非儒者一家專有之學明矣。』其次，細繹文意，天下篇所謂『鄒魯之士，搢紳先生多能明之』云云，絕非對於儒家的頂禮讚頌。方光云：『此特標舉鄒魯縉紳云者，蓋以儒者陳陳相因，務爲勦說雷同之學，既無可記述，而又不足與道、墨、名、法確然成一家言相提並論，然以儒家亦當時學術流派之一，故於總序中一涉及之也。』（莊子天下篇釋）事實上，天下篇中這些文字合起來的原意是說，古代的天人、神人、至人、聖人都能全面地體認宇宙、人生的本原，而後世的君子、鄒魯之士、搢紳先生等，雖然『皆有所明』、『皆有所長』，卻是『不該不遍』，僅爲一曲之士而已。可見，任繼愈踵前代以儒解莊者的舊說，將兩段割裂開來，認爲前段是讚揚儒家，後段是貶斥百家，這種說法是難以成立的。

另外，前述天下篇作者對於關尹、老聃的至高推崇，以及對莊子之學的讚美之詞，都是持『天下篇作者身份爲儒家』觀點的論者所不能回避的一個障礙。任繼愈對此闡述了一番自已的看法，他指出：天下篇對於老、莊思想，隻字未提其中批判社會、攻擊儒家的言論，而僅就前者的知雄守雌、知白守辱、寬容於物、不削於人，後者的不譴是非、不敖倪於萬物等方面立論。這樣做一是因爲無法全盤否定老、莊，二是可以忽視掉儒家所受到的攻擊，三是可以彰顯儒家的公正，總之，一切爲了符合儒家的利益。任繼愈說道：

它（天下篇）站在儒家立場上，當然不願意突出老子反儒的那一方面。按儒家本意，最好把老子全部否定，無奈做不到，只好肯定它所能容忍的東西，以顯示它的公正無私。在莊子外篇中有不少攻擊儒墨的言論，天下篇隻字未提。能夠據此斷定這些內容不是莊子的思想嗎？當然不能。很明顯，它在這裏又一次運用了它對付老子的辦法。……這是符合儒家利益的。（莊子探源之五——莊周的唯物主義哲學思想）

不得不說，這段論述，帶著『天下篇爲儒家著作』的先入爲主的成見，以揣測替代了實證，以臆想替代了邏輯分析，因而是缺少說服力的。依任繼愈此說，天下篇作者包容並肯定老、莊思想只是爲了顯示儒家的『公正』，但爲此目的，何至於將被包容的對象讚頌爲『至極之道』？這於情於理，均說不過去。正如二十世紀八十年代已有論者指出的，任繼愈此說『尚待討論』，因爲『儒、道是兩家互相對立的學派，在細小的問題上，他們有可能相通或互相遮蔽，但是在「絕聖棄智」這樣重大問題上，儒家是絕不會躲閃的，更談不上「容忍」二字，至於那些讚揚老、莊悲觀厭世思想的寓言，與儒家積極用世的思想更不相符了。所以不能把它（天下篇）看成是純粹的儒家思想。』（饒東原論莊子內篇的歸屬——讀任繼愈同志的莊子探源）因此，我們可以說，任繼愈在論證其『天下篇爲儒家著作』的觀點時，也並沒有真正克服天下篇作者在學術根本上以道家爲歸依這一障礙。

三、對『莊周思想』與『後期莊學』的區別論述

在認定莊子外篇、雜篇體現『莊周思想』，而內篇則爲『後期莊學』思想之後，任繼愈主張，應在這一基礎上，以馬列主義觀念，對二者分別加以定性和研討。

任繼愈詳盡論述並高度評價了『莊周思想』，認爲『莊周思想』有著唯物主義本質；在社會現實方面對儒家『仁義禮智』及其代表的統治壓迫人民的制度富於批判精神；在發展觀上能以『運動的絕對性』的觀念，對儒家固守周禮的『形而上學』思想造成衝擊；在認識論方面，能夠意識到人類認識的局限性與相對性，批判

儒、墨的絶對真理觀，有著反對獨斷與教條的意義。雖然它還存在著『否定相對靜止』、『逃不脱循環論』等弱點，但積極的方面是主要的。而以内篇爲代表的『後期莊學』，在任繼愈看來，是一套『相對主義』的唯心主義哲學，是『一堆糟粕』，應加以批判和拋棄（見莊子探源——從唯物主義的莊周到唯心主義的『後期莊學』）。

綜上所述，任繼愈對於莊子屬『唯物主義』的定位，以及對莊子内篇與外、雜篇作者歸屬方面有許多顛覆傳統的獨創見解。由於所採用的考證方法並非絶對周密，論述上也有『概念先行』的問題，以至於長期以來並未獲得學界的廣泛接受。然而，我們必須注意到：像任繼愈這樣一位學養深厚，悟性極高的學者，何以在其這一獨創見解屢遭批駁之後，到晚年依舊堅定不移呢？换句話説，即使任繼愈的相關考證不成立，那麽，從歷史和學術思想的角度看，其觀點是否有其不可替代的寶貴價值呢？筆者認爲，答案是肯定的。

首先，從歷史的角度看。任繼愈對於莊子思想的『唯物主義』定位，以及借篇目考證，在當時官方和主流學術語境下，盡力挖掘出了莊子外、雜篇中一些以馬克思主義價值評判下能被接受的精髓。某種意義上，這是當時所能作出的對於莊子能做出的最大的肯定。在包括馮友蘭、郭沫若、侯外廬、吕振羽、關鋒等學者在内的主流學術界一致認定莊子屬於唯心主義哲學體系，甚至視之爲理應遭到批判的糟粕的情況下，任繼愈冒著被批判爲葉青、陶希聖等『反動』學者的同調的危險，敢於堅持莊子自然觀屬『唯物主義』的觀點，雖説法未必合理，但其歷史意義和功勞不可抹殺。

第二，任繼愈以外、雜篇爲主研究『莊周思想』的角度，一定程度上，是對歷史上長期存在的偏重内篇，而相對忽略外、雜篇的研究方法的矯正。任繼愈以這一新的側重視角，發掘出了外、雜篇中許多的思想精華，如時空的無限性、莊子和楚辭在楚文化背景下同具的浪漫情懷與批判精神、莊子思想從『避世』到『遊世』的發展脈絡』等等。由於這許多精彩的論述並非完全建構在『莊周』或『莊子後學』的考證上，當我們以整體的眼光探討莊子一書體現的思想精髓時，任繼愈的這些觀點自可以脱離篇目歸屬問題而自放光輝。

主要徵引書（篇）目

老子　李耳撰　中華書局1986年重印諸子集成王弼老子注本
莊子　莊周撰　中華書局1986年重印諸子集成郭慶藩莊子集釋本
荀子　荀況撰　中華書局1986年重印諸子集成本
韓非子　韓非撰　中華書局1986年重印諸子集成本
呂氏春秋　呂不韋等撰　中華書局1986年重印諸子集成本
黃帝内經　無名氏編　上海古籍出版社1986年版二十二子本
淮南子　劉安等撰　中華書局1986年重印諸子集成本
史記　司馬遷撰　中華書局1982年重印本
揚子法言　揚雄撰　中華書局1986年重印諸子集成本
王弼集　王弼撰　中華書局1980年樓宇烈校注本
阮籍集　阮籍撰　中華書局1987年陳伯君校注本
嵇康集　嵇康撰　人民文學出版社1962年戴明揚校注本
莊子注　司馬彪撰　中華書局1983年版經典釋文莊子音義引
莊子注　崔譔撰　中華書局1983年版經典釋文莊子音義引

莊子注　向秀撰　中華書局1983年版經典釋文莊子音義引
莊子注　郭象撰　中華書局1986年重印諸子集成郭慶藩莊子集釋本
逍遙論　支遁撰　上海古籍出版社1993年余嘉錫箋疏本世說新語文學劉孝標注引
抱朴子内篇　葛洪撰　中華書局1985年王明校釋本
抱朴子外篇　葛洪撰　中華書局1991年楊明照校箋本
世說新語　劉義慶撰　上海古籍出版社1993年余嘉錫箋疏本
出三藏記集　釋僧祐編　中華書局1995年版
弘明集　釋僧祐編　上海古籍出版社1991年版
廣弘明集　釋道宣編　上海古籍出版社1991年版
高僧傳　釋慧皎撰　中華書局1992年版
莊子音義　陸德明撰　中華書局1983年版經典釋文本
莊子注疏　成玄英撰　中華書局1986年重印諸子集成郭慶藩莊子集釋本
莊子治要　魏徵等編　四部叢刊初編本群書治要内
文選注　李善撰　中華書局1977年影印本
藝文類聚　歐陽詢等編　上海古籍出版社1982年影印本
坐忘論　司馬承禎撰　上海古籍出版社1990年版全唐文内
大鵬賦　李白撰　上海古籍出版社1990年版全唐文内
莊子鈔　馬總編　民國上海進步書局石印筆記小説大觀本意林内
廣廢莊論　李磎撰　上海古籍出版社1990年版全唐文内

宋高僧傳　釋贊寧撰　中華書局1987年版

五燈會元　釋普濟撰　中華書局1984年版

古尊宿語録　釋賾藏編　上海古籍出版社1994年版

太平御覽　李昉等編　中華書局1960年影印本

莊周　王安石撰　上海人民出版社1974年版王文公文集内

莊子祠堂記　蘇軾撰　中華書局1986年版蘇軾文集内

南華真經新傳　王雱撰　明正統道藏本

莊子注　陳景元撰　明正統道藏本褚伯秀南華真經義海纂微引

南華真經章句音義　陳景元撰　明正統道藏本

南華真經章句餘事　陳景元撰　明正統道藏本

莊子闕誤　陳景元撰　明正統道藏本

南華真經餘事雜録　陳景元撰　明正統道藏本

莊子全解　吕惠卿撰　金大定十二年刊本

莊子注　陳詳道撰　明正統道藏本褚伯秀南華真經義海纂微引

莊子注　林自撰　明正統道藏本褚伯秀南華真經義海纂微引

莊子九論　李士表撰　文淵閣四庫全書本焦竑莊子翼附録

莊子論　程俱撰　四部叢刊程俱北山小集本

莊子内篇注　趙以夫撰　明正統道藏本褚伯秀南華真經義海纂微引

南華真經直音　賈善翔撰　明正統道藏本

朱子語類　朱熹撰　中華書局1999年重印本

南華真經口義　林希逸撰　明正統道藏本

南華真經義海纂微　褚伯秀撰　明正統道藏本

南華真經循本　羅勉道撰　明正統道藏本

莊子南華真經點校　劉辰翁撰　明刊劉須溪評點三子本

讀莊子　黄震撰　文淵閣四庫全書本黄氏日抄内

莊子逸篇　王應麟輯　四部叢刊三編本王應麟困學紀聞内

莊子敘録　吴澄撰　文淵閣四庫全書本吴澄吴文正集内

莊子辨　宋濂撰　浙江古籍出版社1999年版宋濂全集内

莊子解　楊慎撰　清道光二十四年影明版重刊本升庵外集内

莊子闕誤　楊慎撰　清道光二十四年影明版重刊本升庵外集内

莊子難字　楊慎撰　華東師範大學圖書館藏明萬曆三十三年抄本楊升庵字學四種内

莊子通義　朱得之撰　明嘉靖四十四年浩然齋刊三子通義本

南華真經標解　邵弁撰　明刊本

讀莊子　王世貞撰　文淵閣四庫全書本王世貞讀書後内

南華經評點　王世貞撰　明刻五色套印本沈汝紳輯南華經集評内

南華真經副墨　陸西星撰　民國二十二年上海受古書店石印本

莊子通　沈一貫撰　明萬曆二十四年八閩書林鄭氏光裕堂刊本

觀老莊影響論　釋德清撰　清光緒五年江北刻經處刊憨山老人夢遊集内

莊子內篇注　釋德清撰　清光緒十四年金陵刻經處刊本
莊子翼　焦竑撰　文淵閣四庫全書本
莊子解　李贄撰　明刊老莊解本
南華發覆　釋性涵撰　清乾隆十四年雲林懷德堂刊本
導莊　袁中道撰　上海古籍出版社1989年版珂雪齋集本
廣莊　袁宏道撰　上海古籍出版社1981年版袁宏道集箋校本
莊子品節　陳深撰　明萬曆十九年刊諸子品節本
南華真經評注　歸有光、文震孟撰　明天啟四年竺塢刊道德南華二經評注本
南華經品節　楊起元撰　明刊本
南華膚解　李光縉撰　明萬曆二十一年自新齋余翼我刊陳懿典南華真經三注大全引
說莊　李騰芳撰　明天啟四年青蓮齋刊本
解莊　陶望齡撰　明天啟元年吳興茅兆河刊本
莊子南華真經（評點）　譚元春撰　明崇禎八年刊本
南華真經本義　陳治安撰　清道光十五年紅蘭山房重刊本
南華真經注疏　程以寧撰　清嘉慶間刊道藏輯要本
南華真經影史　周拱辰撰　清道光二十七年刊周孟侯先生全書本
莊子提正　覺浪道盛撰　臺北修定中華大藏經會1968年編中華大藏經本
漆園指通　佷亭淨挺撰　臺北修定中華大藏經會1968年編中華大藏經本
藥地炮莊　方以智撰　清康熙三年曾玉祥此藏軒刊本

《莊子詁》　錢澄之撰　清同治二年斟雉堂刊《飲光先生全書》本
《南華泚筆》　曹宗璠撰　清康熙間刊《金壇曹氏集四種》本
《莊子解》　王夫之撰　中華書局1981年重印本
《莊子印》　陶崇道撰　清順治間陶淶陶澴刊本
《莊子批點》　傅山撰　《晉陽學刊》1983年第3、4期據山西省文物局藏傅山《莊子批點》過錄本
《讀莊小言》　文德翼撰　清乾隆間刊本
《南華真經合注吹影》　胡文蔚撰　清刊本
《莊子因》　林雲銘撰　清乾隆間刊本
《讀莊一吷》　顧如華撰　清木活字排印本
《莊子釋意》　高秋月、曹同春撰　清康熙間刊本
《莊子解》　吳世尚撰　民國九年劉氏唐石簃刊《貴池先哲遺書》本
《中村說莊》　顧仲撰　日本靜嘉堂文庫藏清抄本
《南華經解》　宣穎撰　清康熙六十年寶旭齋刊本
《莊子存校》　王懋竑撰　清同治十一年福建撫署刊《讀書論疑》本
《莊子音義考證》　盧文弨撰　清乾隆五十六年盧氏刊《抱經堂叢書》本
《南華通》　孫嘉淦撰　清乾隆間刊本
《南華簡鈔》　徐廷槐撰　清乾隆六年刊本
《方齋補莊》　方正瑗撰　清光緒十四年刻《桐城方氏七代遺書》本
《莊子評點》　劉大櫆撰　清宣統二年衍星社排印吳汝綸《莊子點勘》引

南華本義　林仲懿撰　清乾隆十六年刊本
南華經大意解懸參注　藏雲山房主人撰　美國普林斯頓大學圖書館藏手稿本
莊子獨見　胡文英撰　清乾隆十六年三多齋刊本
莊子雜志　王念孫撰　清同治九年金陵書局重刊讀書雜志餘編本
莊子章義　姚鼐撰　清光緒五年桐城徐氏集刊惜抱軒遺書三種本
莊子雪　陸樹芝撰　清嘉慶四年文選樓刊本
莊子本義　梅沖撰　清道光元年承學堂刊本
讀莊子叢錄　洪頤煊撰　清光緒十三年醉六堂刊傳經堂叢書讀書叢錄本
莊子韻讀　江有誥撰　清嘉慶道光間刊江氏音學十書本
司馬彪莊子注　孫馮翼輯　清嘉慶七年刊問經堂叢書本
莊子南華經心印　朱敦毅撰　手稿本
司馬彪莊子注　茆泮林輯　清道光十四年梅瑞軒刊梅瑞軒十種古逸書本
南華經解　方潛撰　清光緒二十二年桐城方氏刊本
莊子約解　劉鴻典撰　清同治五年威邑呂仙巖玉成堂重刊本
南華真經正義　陳壽昌撰　清光緒十九年怡顏齋刊本
南華指月　張士保撰　手稿本
莊子王氏注　王闓運撰　清同治八年長沙王氏刊本
莊子扎記　郭嵩燾撰　中華書局1986年重印諸子集成郭慶藩莊子集釋引
莊子平議　俞樾撰　清光緒十一年刊春在堂全書本

莊子人名考　俞樾撰　清光緒十一年刊春在堂全書本
莊子劄迻　孫詒讓撰　清光緒二十年刊劄迻本
莊子校書　于鬯撰　中華書局1963年排印香草續校書本
南華經發隱　楊文會撰　清光緒三十年金陵刻經處刊楊仁山居士遺書本
南華雪心編　劉鳳苞撰　清光緒二十三年晚香堂刊本
莊子集釋　郭慶藩撰　中華書局1986年重印諸子集成本
莊子集解　王先謙撰　清宣統元年思賢書局刊本
莊子點勘　吳汝綸撰　清宣統二年衍星社排印桐城吳先生點勘七子本
南華經講義　陶浚宣撰　清末民初手抄本
莊子故　馬其昶撰　清光緒三十一年集虛草堂刊本
莊子大同說　王樹枏撰　陶廬精抄本
莊子評語　嚴復撰　中華書局1986年版嚴復集本
莊子劄記　武延緒撰　民國二十一年刊所好齋劄記本
莊子天下篇釋義　梁啟超撰　民國二十五年上海中華書局排印飲冰室合集本
莊子淺說　林紓撰　民國十二年上海商務印書館排印本
齊物論釋　章炳麟撰　民國六年浙江圖書館刊章氏叢書本
莊子解故　章炳麟撰　民國六年浙江圖書館刊章氏叢書本
莊子斠補　劉師培撰　民國二十五年刊劉申叔先生遺書本
莊子補注　奚侗撰　民國六年江蘇省立官紙印刷廠排印本

讀莊子劄記　陶鴻慶撰　民國八年待曉廬排印讀諸子劄記本
莊子義證　馬敘倫撰　民國十九年上海商務印書館排印本
莊子劄記　馬敘倫撰　民國間排印本
莊子天下篇述義　馬敘倫撰　上海龍門聯合書局1958年版
莊子學案　郎擎霄撰　民國二十三年上海商務印書館排印本
莊子研究　葉國慶撰　民國二十五年排印國學小叢書本
讀莊子天下篇疏記　錢基博撰　民國十九年排印萬有文庫本
莊子天下篇講疏　顧實撰　民國十七年上海商務印書館排印本
老子與莊子　陳柱撰　民國二十三年上海商務印書館排印百科小叢書本
莊子內篇學　陳柱撰　民國五年中國學術討論社排印本
闡莊　陳柱撰　民國二十四年刊子二十六論本
莊子集注　阮毓崧撰　民國二十五年上海中華書局排印本
莊子集解補正　胡懷琛撰　民國二十九年安吳胡氏排印樸學齋叢書第一集
莊子詮詁　胡遠濬撰　民國六年鉛印本
莊子新疏　黃元炳撰　民國二十二年上海醫學書局排印本
莊子詁義　范耕研撰　手抄本
莊子新義　朱文熊撰　民國二十三年無錫國學專修學校叢書排印本
莊子哲學　蔣錫昌撰　民國二十六年上海商務印書館初版排印本
莊子天下篇釋　方光撰　民國十六年惠陽方氏山山館排印國學別錄本

莊子天下篇校釋　譚戒甫撰　民國二十四年華中日報社排印本

莊子新探　施章撰　民國十九年國立中央大學出版部排印本

莊子新釋　張默生撰　民國三十七年東方書社鉛印本

莊子拾遺　楊樹達撰　中華書局1962 年排印積微居讀書記

莊子內篇證補　朱桂曜撰　民國二十四年上海商務印書館排印國學小叢書本

莊子新證　于省吾撰　民國二十九年北京大業印刷局排印雙劍誃諸子新證本

莊子補正　劉文典撰　民國三十六年上海商務印書館排印本

莊子今箋　高亨撰　民國二十四年開封歧文齋刊諸子今箋本

莊子內篇校釋　聞一多撰　開明書店1949 年第4 版聞一多全集本

莊子章句　聞一多撰　手稿本

莊子校補　聞一多撰　手稿本

莊子校拾　聞一多撰　手稿本

莊子義疏　聞一多撰　手稿本

莊子天下篇要詮　王蘧常撰　民國二十五年上海中華書局排印諸子學派要詮本

莊子校證　楊明照撰　民國二十六年排印燕京學報第二十一期

章太炎莊子解詁駁義　劉武撰　手抄本

莊子集解內篇補正　劉武撰　古籍出版社1958 年版

莊子天下篇薈釋　單晏一撰　民國三十七年西安中華書局排印本

莊子纂箋　錢穆撰　臺灣聯經出版事業公司1978 年版

莊老通辨　錢穆撰　（北京）生活·讀書·新知三聯書店2005年版

莊子校釋　王叔岷撰　民國三十六年上海商務印書館手稿影印本

莊子校詮　王叔岷撰　（北京）中華書局2007年版

子藏莊子卷總目

説明：子藏莊子卷共收録先秦至民國時期莊子白文本及其校勘、注釋、研究著作302部，今摘其總目附於此，以備讀者查閱。

南華真經五卷　（周）莊周撰　據明正統道藏本

莊子南華真經十卷　（周）莊周撰　（明）王懋明校　據明如禪室刊本

南華真經十卷　（周）莊周撰　（明）陳楠校　據明刊本

莊子南華真經三卷　（明）吴勉學校　據明萬曆中刊二十子本

南華經不分卷　（周）莊周撰　佚名圈校　據清抄本

南華真經十卷　（晉）郭象注　據宋刊本

莊子南華真經十卷　（晉）郭象注　（清）錢陸燦批點並跋　據明刊本

南華真經十卷　（晉）郭象注　（唐）陸德明音義　（清）沈巖校並跋　據明嘉靖十二年顧春世德堂刊六子書本

南華真經十卷　（晉）郭象注　（唐）陸德明音義　傅增湘校跋並録清羅振玉題識　據明嘉靖十二年顧春

世德堂刊六子書本

南華真經十卷　（晉）郭象注　（唐）陸德明音義　傅增湘校並跋　據明嘉靖十二年顧春世德堂刊六子書本

莊子郭注十卷　（晉）郭象注　（唐）陸德明音義　（明）鄒之嶧校刻　據明萬曆三十三年小築刊本

分章標題南華真經十卷　（晉）郭象注　（唐）陸德明音義　勞健題款　據宋刊本

莊子音義三卷　（唐）陸德明撰　據宋刊宋元遞修經典釋文本

莊子音義三卷　（唐）陸德明撰　據宋刊本

莊子治要　（唐）魏徵等節選　據民國八年上海涵芬樓四部叢刊影印日本天明七年刊群書治要本

南華真經注疏十卷　（唐）成玄英撰　據清光緒中黎庶昌輯古逸叢書覆宋本

南華邈一卷　（唐）文如海撰　據明正統道藏本

南華秋水篇　（宋）劉敞書　據民國間上海有正書局依宋嘉祐五年劉敞手書影印本

南華真經章句音義十四卷　（宋）陳景元撰　據明正統道藏本

南華真經章句餘事一卷　（宋）陳景元撰　據明正統道藏本

南華真經闕誤　（宋）陳景元撰　據明正統道藏本

南華真經餘事雜錄二卷　（宋）陳景元輯　據明正統道藏本

壬辰重改證呂太尉經進莊子全解十卷　（宋）呂惠卿撰　（明）文彭　吳元恭題款　據金大定十二年刊本

宋呂觀文進莊子義十卷　（宋）呂惠卿撰　陳任中校輯　據民國二十三年北京大北印書局排印本

廣成子解一卷　（宋）蘇軾撰　據清乾隆中綿州李氏萬卷樓刊、嘉慶十四年李鼎元重校函海本

南華真經新傳二十卷　（宋）王雱撰　據明正統道藏本

南華真經新傳二十卷　（宋）王雱撰　據明抄本

南華真經直音一卷　（宋）賈善翔撰　據明正統道藏本

莊列十論一卷　（宋）李士表撰　據明正統道藏本

莊子論　（宋）程俱撰　據民國二十三年上海涵芬樓依江安傅氏雙鑒樓藏景宋寫本北山小集景印

莊子法語四卷　（宋）洪邁撰　據民國十五年景刊景鈔宋本擇是居叢書初集經子法語

莊子鬳齋口義十卷　（宋）林希逸撰　據宋刊本

纂圖互注南華真經十卷　（宋）龔士卨撰　據元刊本

南華真經義海纂微一百六卷　（宋）褚伯秀撰　據明正統道藏本

莊子逸篇　（宋）王應麟輯　據清同治九年揚州書局依太原閻氏箋本重刊困學紀聞本

莊子南華真經三卷　（宋）劉辰翁點校　據明萬曆刊本

莊子南華真經三卷　（宋）林希逸口義　劉辰翁點校　（明）唐順之釋略　據明萬曆十年徐常吉刊本

南華真經循本三十卷　（宋）羅勉道撰　據明正統道藏本

莊周氣訣解一卷　（宋）宇文居鎡撰　據明正統道藏本

莊子内篇訂正二卷　（元）吳澄撰　據明正統道藏本

莊子養生主　佚名集注　據明鈔本永樂大典卷八千五百八十七

莊子天運　佚名集注　據明鈔本永樂大典卷一萬五千九百五十五

莊子纂要　（明）黎堯卿輯　據明刊諸子纂要本

莊子通義十卷　（明）朱得之撰　（明）傅山批點　據明嘉靖三十九年浩然齋刊本

莊子解一卷　（明）楊慎撰　據清乾隆六十年養拙山房刊升庵外集本

莊子闕誤一卷　（明）楊慎撰　據清光緒元年湖北崇文書局刊子書百家本

莊子難字　（明）楊慎撰　據明萬曆三十三年手抄楊升庵字學四種本
南華真經標解六卷　（明）邵弁撰　據明刊本（原書最後有缺葉）
翼莊一卷　（明）高𡷫撰　據清乾隆中綿州李氏萬卷樓刊、嘉慶十四年李鼎元重校函海本
廣成子疏略一卷　（明）王文祿撰　據民國二十七年上海涵芬樓景印明隆慶刊百陵學山本
南華真經副墨八卷　（明）陸西星撰　據明萬曆六年李齊芳刊本
少師張先生批評莊子義十卷　（明）張居正撰　據明萬曆八年劉維刊本
莊子鬳齋口義補注十卷　（明）張四維撰　據明萬曆二年敬義堂刊三子口義本
莊義要刪十卷　（明）孫應鼇撰　據明萬曆八年陶幼學刊本
南華經解二卷　（明）李贄撰　據明刊本
莊子類纂　（明）沈津撰　據朝鮮肅宗十八年閔昌道刊百家類纂本（逍遥遊、齊物論據明隆慶元年刊本配補）
莊子通十卷　（明）沈一貫撰　據明萬曆十五年至十六年蔡貴易刊、二十七年重修老莊通本
南華經標略六卷　（明）張位撰　據明萬曆十八年吳氏籍甚齋刊本
南華真經題評十卷　（明）張位撰　據明萬曆刊本
莊子南華真經四卷　（明）謝汝韶批校　據明萬曆六年吉藩崇德書院刊二十家子書本
莊子翼八卷　（明）焦竑撰　據明萬曆十六年王元貞校刊老莊翼本
新鍥翰林三狀元會選莊子品匯釋評四卷　（明）焦竑校正　翁正春參閲　朱之蕃圈點　據明萬曆四十四年刊本（原書缺卷四第六十六葉）
南華真經義纂十卷　（宋）褚伯秀　（明）朱得之撰　（明）李栻纂　據明刊本
南華真經十卷　（晉）郭象注　（唐）陸德明音義　（明）孫鑛評點　據明世德堂刊本

莊子南華真經十卷 （明）張登雲參補 據明萬曆七年朱東光刊中立四子集本
南華發覆八卷 （明）釋性通撰 據清乾隆十四年雲林懷德堂刊本
莊子品節 （明）陳深撰 據明萬曆間刊諸子品節本
觀老莊影響論一卷 （明）釋德清撰 據明萬曆間刊憨山老人夢遊集本
莊子内篇注四卷 （明）釋德清撰 據清光緒十四年金陵刻經處刊本
南華經品節 （明）楊起元撰 據明萬曆二十二年刊諸經品節本
南華真經旁注五卷 （明）方虛名撰 據明萬曆二十二年刊本
南華真經八卷 （明）馮夢禎校注 據明刊本
南華真經八卷 （明）黄正位批校 據清乾隆四十一年大成齋刊本
莊子弋説 （明）沈長卿撰 據明萬曆刻沈氏弋説本
南華經别編二卷 （明）王宗沐撰 據明萬曆三年施觀民刊本
玉堂校傳如崗陳先生南華經精解八卷 （明）陳懿典撰 據明萬曆二十二年熊雲濱刊本
南華真經三注大全二十一卷 （明）陳懿典撰 據明萬曆二十一年書林余氏自新齋刊本
莊子 （明）歸有光輯評 據明天啟五年刊諸子彙函本
南華真經評注十卷 （晉）郭象注 （明）歸有光批閲 文震孟訂正 據明天啟四年竺塢刊道德南華二經評注本
解莊十二卷 （明）陶望齡撰 （明）郭正域評 據明天啟元年吴興茅兆河刊朱墨套印本
莊子雋一卷 （明）陳繼儒撰 據明蕭鳴盛刊五子雋本
莊子膏肓四卷 （明）葉秉敬撰 據明萬曆四十二年刊本

遯居士批莊子内篇一卷　（明）顧起元撰　據明刊歸鴻館雜著八種本

新刻葵陽黄先生南華文髓八卷　（明）黄洪憲撰　據明萬曆間八閩上郡書林喬山堂龍田刊本

廣莊一卷　（明）袁宏道撰　據明崇禎二年佩蘭居刊袁中郎全集本

導莊　（明）袁中道撰　據明萬曆四十六年刊珂雪齋集選本

説莊三卷　（明）李騰芳撰　據明萬曆四十二年范鳳翼開萬閣刊本

莊子南華真經四卷　（明）閔齊伋輯校　據明閔齊伋刻朱墨套印本

新刻韓會狀注釋莊子南華真經狐白四卷　（明）韓敬撰　據明萬曆四十二年書林余氏自新齋刊本

莊子奇賞四卷　（明）陳仁錫評選　據明天啟六年刊諸子奇賞本

南華經十六卷　（晉）郭象注　（宋）林希逸口義　劉辰翁點校　（明）王世貞評點　陳仁錫批注　據明吴興淩君寔刊五色套印本

古蒙莊子四卷　（明）王繼賢訂正　吴宗儀校釋　據明萬曆三十九年蒙城縣學王繼賢刊本

南華經因然六卷　（明）吴伯與撰　據明刊本（卷五至卷六據另一明刊本配補，卷五庚桑楚有闕文）

南華經晉注十卷　（明）盧復輯　據明錢塘盧氏溪香館刊本

莊子翼評點八卷　（明）董懋策撰　據清光緒三十二年會稽董氏取斯家塾刊董氏叢書本

丈荷齋南華日抄四卷　（明）徐曉撰　據明崇禎十年刊本

測莊一卷　（明）石人隱士撰　據明天啟六年快堂刊快書本

莊子榷八卷　（明）金兆清撰　據明崇禎八年刊本

莊子南華真經三卷　（明）譚元春評閲　張溥參正　據明崇禎八年刊本

莊子提正一卷　（明）覺浪道盛撰　據明末清初刊嘉興藏本

南華詁六卷　(明)魏光緒撰　據明崇禎十年刊本
南華經集注七卷　(明)潘基慶撰　據明刊本
南華經句解四卷　(明)陳榮選撰　據清乾隆三年饒青軒刊本
南華經要删注釋評林十卷　(明)陳榮選校輯　據明萬曆十四年刊本(原書缺卷三第二葉)
南華經薈解三十三卷　(明)郭良翰撰　據明天啟六年刊本
南華真經本義十六卷附錄八卷　(明)陳治安撰　據明崇禎五年刊本
南華真經注疏四卷　(明)程以寧撰　據清嘉慶間刊道藏輯要本
南華春點　(明)劉士璉撰　據明刊本
南華經臺縣三卷　(明)吳伯敬撰　據明萬曆三十八年吳士京刊本
傅青主先生法書南華經　(明)傅山撰　據民國間依明傅山手跡影印本
莊子解　(明)傅山撰　據清宣統三年山陽丁寶銓刊霜紅龕集本
藥地炮莊九卷附錄三卷　(明)方以智撰　據清康熙三年廬陵曾玉祥此藏軒刊本
藥地炮莊九卷　(明)方以智撰　據民國二十一年成都美學林排印本
莊子詁不分卷　(明)錢澄之撰　據清同治二年斟雉堂刊飲光先生全書莊屈合詁本
漆園指通三卷　(明)佷亭淨挺撰　據明末清初刊嘉興藏本
讀莊小言一卷　(明)文德翼撰　據清乾隆間刊本
南華真經影史九卷　(明)周拱辰撰　據清嘉慶八年聖雨齋重刊本
莊子通一卷　(明)王夫之撰　據清同治四年金陵節署湘鄉曾氏刊船山遺書本
莊子解三十三卷　(明)王夫之撰　據清同治四年金陵節署湘鄉曾氏刊船山遺書本

南華雅言一卷　（明）莊元臣撰　據手抄莊忠甫雜著本
南華泚筆二卷　（明）曹宗璠撰　據清康熙年間刊金壇曹氏集四種本
拜環堂莊子印八卷　（明）陶崇道撰　據清順治間陶浗陶澴刊本（序言有缺葉）
莊子之學　（清）馬驌撰　據清康熙七年刊繹史本
南華真經合注吹影三十三卷　（清）胡文蔚撰　據清刊本
莊子因六卷　（清）林雲銘撰　據清光緒六年常州培本堂善書局刊本
讀莊子法一卷　（清）林雲銘撰　據清光緒二年世楷堂刊昭代叢書本
讀莊一吷不分卷　（清）顧如華撰　據清木活字排印本
詠莊集一卷　（清）程從大著　據清康熙十八年程氏培風堂刊本
聯莊　（清）張潮撰　據清康熙間新安張氏霞舉堂刊檀几叢書本
檀山南華經質　（清）王泰徵輯釋　據清康熙間刊本
莊子讀本一卷　（清）方人傑撰　據清乾隆三十七年刊莊騷讀本本
莊子旁注五卷　（清）吳承漸輯注　據清康熙三十八年瑠水春波漁舍刊本
莊子釋意三卷　（清）高秋月集說　（清）曹同春論正　據清康熙二十九年文粹堂刊本
莊子解十二卷　（清）吳世尚撰　據民國九年劉氏刊貴池先哲遺書本
南華經解三十三卷　（清）宣穎撰　據清同治五年皖城藩署刊本
南華經傳釋一卷　（清）周金然撰　據清嘉慶間南匯吳省蘭聽彝堂刊藝海珠塵本
莊子辯正六卷　（清）胡方撰　據清嘉慶十九年鴻桷堂刊本
唱莊一卷　（清）沈堡撰　據清乾隆十九年刊漁莊晚唱本

南華簡鈔四卷　(清)徐廷槐撰　據清乾隆六年刊本

莊子存校　(清)王懋竑撰　據清同治十一年福建撫署刊讀書論疑本

莊子未定稿四卷　(清)何如漋撰　據清嘉慶十七年何東閣刊本

南華通七卷　舊題(清)屈復撰　據清道光十五年陝西朝邑李元春刊青照堂叢書本

莊子彙考等四卷　(清)陳夢雷　蔣廷錫輯　據清雍正四年内府銅活字排印古今圖書集成理學彙編經籍典

莊子鈔　(清)浦起龍撰　據清乾隆九年三吳書院刊古文眉詮本

南華通七卷　(清)孫嘉淦撰　據清刊本

南華本義不分卷　(清)林仲懿撰　據清乾隆十六年刊本

擬摘入藏南華經一卷　(清)吳震生撰　據清嘉慶間刊笠閣叢書本

莊子解一卷　(清)吳峻撰　據清光緒二年世楷堂刊昭代叢書本

南華經大意解懸參注五卷　(清)藏雲山房主人撰　據手稿本(原稿卷五雜篇寓言第二十七後缺)

莊子述記一卷　(清)任兆麟撰　據清光緒十年蜀西廖氏閑雲精舍刊任氏述記本

莊子音義考證三卷　(清)盧文弨撰　據清乾隆五十六年盧氏刊抱經堂叢書本

莊子獨見不分卷　(清)胡文英撰　據清乾隆十七年同德堂刊本

南華真經義海纂微考證　(清)王太嶽等纂　據清乾隆間木活字排印武英殿聚珍版書欽定四庫全書考證本

莊子鈔　(清)高嵣撰　據清乾隆五十三年廣郡永邑培元堂楊氏刊高梅亭讀書叢鈔歸餘鈔本

南華瀝摘萃一卷　(清)馬魯摘評　據清同治九年敦倫堂刊本

莊子章義五卷　(清)姚鼐撰　據清光緒五年桐城徐宗亮刊惜抱軒遺書三種本

方齋補莊一卷　（清）方正瑗撰　據清光緒十四年刊桐城方氏七代遺書本
莊子雜志　（清）王念孫撰　據清同治九年金陵書局刊讀書雜志餘編本
莊子雪三卷　（清）陸樹芝撰　據清嘉慶四年文選樓刊本
莊子節選　（清）楊祖桂撰　據手稿本
莊子故　（清）何夢瑤撰　據清刊本
司馬彪莊子注附莊子注考逸　（清）孫馮翼輯　據清嘉慶二至七年承德孫氏刊問經堂叢書本
莊子選四卷　（清）張道緒撰　據清嘉慶十六年人境軒刊文選十三種本
莊子逸篇　（宋）王應麟輯　（清）萬希槐集證　據清嘉慶十二年山淵堂刊困學紀聞五箋集證本
莊子逸篇　（宋）王應麟輯　（清）翁元圻注　據清道光五年餘姚翁氏守福堂刊困學紀聞注本
莊子南華經心印不分卷　（清）朱敦毅撰　據手稿本
南華經三卷　（清）郎懋學參注　據清抄本
莊子本義二卷　（清）梅沖撰　據清道光元年承學堂刊本
逍遙遊釋　（清）徐潤第撰　據清光緒三年徐繼畬校刊敦艮齋遺書本
讀莊子叢錄　（清）洪頤煊撰　據清光緒十三年醉六堂刊傳經堂叢書讀書叢錄本
莊子韻讀　（清）江有誥撰　據清嘉慶道光間刊江氏音學十書先秦韻讀本
司馬彪莊子注附莊子司馬注補遺等　（清）茆泮林輯　據清道光十四年梅瑞軒刊梅瑞軒十種古逸書本
莊子内篇順文不分卷　（清）戴煦撰　據手稿本
莊子司馬彪注附逸莊子　（清）黄奭輯　據清光緒間刊漢學堂叢書本
莊子一卷　（清）曾國藩節選　據民國十三年上海有正書局排印古文四象本

詳注莊子雜鈔　（清）曾國藩鈔　據上海會文堂印詳注經史百家雜鈔本
莊子正讀内篇　（清）楊沂孫撰　據手稿本
莊子扎記一卷　（清）郭嵩燾撰　據清光緒元年湖北崇文書局刊百家子書本（附莊子南華經後）
讀莊劄記一卷　（清）朱景昭撰　據民國二十二年排印無夢軒遺書本
南華指月六卷　（清）張士保撰　據手稿本
南華外雜篇辨僞四卷　（清）張士保撰　據手稿本
南華經解不分卷　（清）方潛撰　據清光緒二十二年桐城方氏刊本
莊子平議三卷　（清）俞樾撰　據清光緒十一年刊春在堂全書諸子平議本
莊子人名考一卷　（清）俞樾撰　據清光緒十一年刊春在堂全書俞樓雜纂本
莊子審音不分卷　（清）席樹馨輯　據清刻本
南華贅解不分卷　（清）劉鳳苞撰　據清末劉起庚抄本
南華雪心編八卷　（清）劉鳳苞撰　據清光緒二十三年晚香堂刊本
莊子約解四卷　（清）劉鴻典撰　據清同治五年威邑呂仙巖玉成堂刊本
南華真經正義不分卷附錄三卷　（清）陳壽昌撰　據清光緒十九年怡顔齋刊本
莊子王氏注二卷　（清）王闓運撰　據清同治八年長沙王氏刊本
百大家評注莊子南華經十卷　（明）歸有光等批點　（清）王闓運輯評　據民國六年中華圖書館石印本
南華經發隱一卷　（清）楊文會撰　據清光緒三十年金陵刻經處刊楊仁山居士遺書本
莊子點勘十卷　（清）吳汝綸撰　據清宣統二年衍星社排印桐城吳先生點勘七子本
莊子集辨　（清）曾和瑞撰　據清光緒十年刊本

莊子識小一卷　(清)郭階撰　據清光緒十五年刊春暉雜稿本
莊子集解八卷　(清)王先謙撰　據清宣統元年湖南思賢書局刊本
莊子集釋十卷　(清)郭慶藩撰　據清光緒二十年湖南思賢講舍刊本
讀莊子劄記八卷　(清)郭慶藩撰　據手稿本
南華經講義二十八卷　(清)陶浚宣撰　據清末民初手抄本
莊子辯訛　(清)劉鍾英撰　據手稿本
莊子劄迻　(清)孫詒讓撰　據清光緒二十年瑞安孫氏刊劄迻本
莊子校書三卷　(清)于鬯撰　據一九六三年中華書局排印香草續校書本
莊子補釋一卷　(清)寧調元撰　據民國四年排印太一遺書本
莊子經說敘意　廖平撰　據民國十年四川存古書局刊新訂六譯館叢書本
莊子天下篇新解　廖平撰　據民國十年四川存古書局刊新訂六譯館叢書本
莊子淺說四卷　林紓撰　據民國十二年上海商務印書館排印本
莊子大同說十卷　王樹枏撰　據陶盧精抄本
莊子大同說　王樹枏撰　據古學院抄本
莊子大同學　佚名撰　據手抄本
莊子故八卷　馬其昶撰　嚴復評點　據清光緒三十一年刊集虛草堂叢書本
莊子評點　嚴復撰　曾克端校錄　據一九五三年香港岷雲堂叢刊本
莊子劄記三卷　武延緒撰　據民國二十一年永年武氏所好齋刊所好齋劄記本
莊子發微　王傳燮撰　據民國五年排印本

讀莊子劄記一卷　陶鴻慶撰　據民國八年待曉廬排印讀諸子劄記本

莊子文粹二卷　李寶洤撰　據民國六年商務印書館排印諸子文粹本

莊子南華經内篇　無名氏抄寫圈點　聶守仁附識　據手抄本

南華真經殘卷校記一卷　羅振玉撰　據民國十二年刊永豐鄉人雜著續編本

莊子劄記一卷　孫毓修撰　據民國八年上海涵芬樓影印四部叢刊本（附南華真經後）

莊子天下篇釋義　梁啟超撰　據民國二十五年上海中華書局排印飲冰室合集本

莊子奇文演義　香夢詞人撰　據民國八年上海大東書局排印本

莊子解　朱青長撰　據民國間石印本

莊子集注稿本五卷　阮毓崧撰　據民國十九年上海中華書局影印本

重訂莊子集注五卷　阮毓崧撰　據民國二十五年上海中華書局排印本

莊子匯通　鄭星駟撰　據民國二十年排印本

莊子解故一卷　章炳麟撰　據民國六年浙江圖書館刊章氏叢書本

齊物論釋一卷　章炳麟撰　據民國六年浙江圖書館刊章氏叢書本

齊物論釋定本一卷　章炳麟撰　據民國六年浙江圖書館刊章氏叢書本

莊子王本集注　李大防撰　據民國二十二年石印本

莊子斠補一卷　劉師培撰　據民國二十五年寧武南氏排印劉申叔先生遺書本

逍遥遊釋不分卷　孫至誠撰　據民國十三年排印本

莊子詮詁不分卷　胡遠濬撰　據民國六年排印本

莊子菁華錄八卷　張之純撰　據民國二十八年上海商務印書館排印評注諸子菁華錄本

莊子淺訓　蔣兆燮撰　據民國八年上海新民圖書館排印本
莊子補注四卷　奚侗撰　據民國六年江蘇省立官紙印刷廠排印本
莊子天下篇講疏　顧實撰　據民國十七年上海商務印書館排印本
莊子章義　胡樸安撰　據民國三十二年安吳胡氏樸學齋刊樸學齋叢書本
莊子內篇章義淺說　胡樸安撰　據民國十二年國學研究會排印國學彙編第三集
莊子管見　金其源撰　據民國三十七年商務印書館排印讀書管見本
莊子哲學附莊子內篇解說　曹受坤撰　據民國三十七年石印本
讀莊窮年錄二卷　秦毓鎏撰　據民國六年排印本
莊子研究及淺釋　王治心撰　據民國二十五年上海群學社排印本
莊子新義　朱文熊撰　據民國二十三年無錫民生排印本
莊子音義辨證　吳承仕撰　據民國十二年排印經籍舊音辨證本
莊子釋滯一卷　劉咸炘撰　據民國間成都雙流劉氏尚友書塾刊推十書本
莊子洛誦　陶西木撰　據民國二十二年中華印刷局排印本
莊子瞻明　陶西木撰　據民國間石印本
莊子大傳　陳登澥撰　據民國二十三年北平文嵐簃排印七閩叢書本
莊子音義繹一卷　丁展成撰　據民國二十年排印本（附老子校語後）
莊子學案　郎擎霄撰　據民國二十三年上海商務印書館排印本
莊子哲學一卷附莊子字義一卷　佚名撰　據手稿
莊子集解補正　胡懷琛撰　據民國二十九年安吳胡氏排印樸學齋叢書第一集

讀莊子天下篇疏記　錢基博撰　據民國二十二年上海商務印書館排印國學小叢書本
莊子天下篇類纂　錢基博撰　據民國二十年上海商務印書館排印國學文選類纂本
莊子天下篇釋一卷　方光撰　據民國十六年惠陽方山山館排印國學别録本
莊子校釋　支偉成撰　據民國十三年上海泰東圖書局排印本
莊子哲學　蘇甲榮撰　據民國十九年排印本
莊子正一卷　石永楙撰　據民國三十四年石印本
莊子新疏　黄元炳撰　據民國二十二年上海醫學書局排印本
白話譯解莊子　葉玉轔（麟）撰　據民國二十四年大達圖書供應社排印本
莊子内篇學　陳柱撰　據民國五年中國學術討論社排印本
闡莊　陳柱撰　據民國二十四年北流陳氏十萬卷樓刊子二十六論本
莊子内篇證補　朱桂曜撰　據民國二十四年上海商務印書館排印國學小叢書本
莊子引得　聶筱珊等編纂　據民國三十六年哈佛燕京學社排印本
莊子内篇校釋　聞一多撰　據一九四九年開明書店版聞一多全集本
莊子章句　聞一多撰　據手稿本
莊子校補　聞一多撰　據手稿本
莊子校拾　聞一多撰　據手稿本
莊子義疏　聞一多撰　據手稿本
莊子新探　施章撰　據民國十九年國立中央大學出版部排印本
南華直旨（第二、三、四册未曾出版）　楊文煊撰　據民國二十五年北平星星日報印刷部排印本

莊子天下篇自述其學說九句之解釋　胡子霖撰　據民國二十九年成都黄埔出版社排印黄埔季刊第二卷第四期

南華經解選讀　周學熙選　據民國二十一年周氏師古堂刊本

莊子拾遺一卷　楊樹達撰　據一九六二年北京中華書局排印積微居讀書記本

章太炎莊子解詁駁義二卷　劉武撰　據手抄本（缺卷上）

莊子集解內篇補正　劉武撰　據一九五八年古籍出版社排印本

莊子劄記（存卷八至卷二十二，裝訂次序亂）　馬敘倫撰　據民國間排印本

莊子義證三十三卷　馬敘倫撰　據民國十九年上海商務印書館排印本

莊子天下篇述義　馬敘倫撰　據一九五八年上海龍門聯合書局排印本

莊子天下篇校釋一卷　譚戒甫撰　據民國間湘潭譚氏油印本

莊子天下篇校釋一卷　譚戒甫撰　據民國二十四年漢口華中日報社排印本

莊子瑣記　劉文典撰　據民國十七年上海商務印書館排印三餘劄記本

莊子補正十卷　劉文典撰　據民國三十六年上海商務印書館排印本

莊子詁義十卷　范耕研撰　據手抄本

莊子新釋　張默生撰　據民國三十七年濟東印書社排印本

莊子文選　張默生撰　據民國三十七年濟東印書社排印先秦諸子文選本

莊子新證二卷　于省吾撰　據民國二十九年北京大業印刷局排印雙劍誃諸子新證本

莊子選注　沈德鴻撰　據民國十五年排印學生國學叢書本

莊子哲學　蔣錫昌撰　據民國二十六年上海商務印書館排印本

莊子釋義　張栩撰　據民國二十八至二十九年古學叢刊第一至九期（原著排印至養生主『道大窾』止）
莊子諸篇考辨　蔣復璁撰　據民國間油印本
莊子逍遥遊講録等　鄭奠輯録　據民國間排印本
莊子天下篇箋證　高亨撰　據民國間油印本
莊子今箋　高亨撰　據民國二十四年開封歧文齋刊諸子今箋本
莊子天下篇要詮　王蘧常撰　據民國二十五年上海中華書局排印諸子學派要詮本
莊子研究　葉國慶撰　據民國二十五年上海商務印書館排印國學小叢書本
莊子精華　上海中華書局編　據民國三十年上海中華書局排印本
莊子講解　張貽惠撰　據民國三十五年綜合學術社排印本
莊子天下篇薈釋　單晏一撰　據民國三十七年西安黎明日報社排印本
莊子校證　楊明照撰　據民國二十六年排印燕京學報第二十一期
莊子校釋五卷　王叔岷撰　據民國三十六年上海商務印書館手稿影印本
郭象莊子注校記五卷　王叔岷撰　據一九五〇年上海商務印書館石印本
敦煌莊子殘卷附黑水城莊子殘本　葉蓓卿輯　敦煌莊子殘卷據臺灣新文豐出版公司敦煌寶藏、四川人民出版社英藏敦煌文獻、上海古籍出版社法國國家圖書館藏敦煌西域文獻、上海古籍出版社俄羅斯科學院東方研究所聖彼德堡分所藏敦煌文獻
黑水城莊子殘本據上海古籍出版社俄羅斯科學院東方研究所聖彼德堡分所藏黑水城文獻、北平圖書館（今中國國家圖書館）據俄國亞細亞博物院贈黑水城呂觀文進莊子内外篇義殘本膠片（共五十二葉）影印本

編外莊子書目提要

說明：從整體架構與體例而言，莊子學史八編無法論及各朝每一部莊學著作。爲免讀者遺珠之憾，今特從本人所著子藏莊子書目提要（國家圖書館出版社2015年5月版）抽出部分條目作爲補充，名編外莊子書目提要。

南華邈一卷

（唐）文如海撰

文如海，新舊唐書無傳，唯宋晁公武郡齋讀書志後志、褚伯秀南華真經義海纂微卷首陳碧虛解義卷末載覽過莊子注及元吳澄莊子正義序謂其爲唐明皇時劍南道士，著有莊子正義（晁志作『莊子疏』）十卷，可惜早已失傳。但據吳澄序言和晁公武郡齋讀書志後志於『文如海莊子疏十卷』下所作注語可知，文氏撰寫莊子正義之目的，一是爲了矯正以郭象莊子注爲代表的魏晉莊子學『放乎自然而絶學習』之『失』，二是爲了發明莊子的『經世之用』思想，將莊子學進一步引向對現實政治之關懷。北宋陳景元在南華真經章句音義中引有文氏莊子正義諸多文字，我們可據以進一步窺見他具體發明『莊子經世之用』思想之大概。如莊子盜跖有『五紀』一詞，司馬彪注云：『歲、日、月、星辰、曆數。』（陸德明莊子音義引）成玄英疏云：『祖、父、身、子、孫也，亦言金、木、水、火、土五行也，仁、義、禮、智、信五德也。』（莊子注疏）文如海則詮釋云：『天爲地紀，日爲星紀，君爲臣紀，父爲子紀，夫爲妻紀。』（陳景元南華真經章句音義引）說明文氏之解釋比起前人之注疏，顯然更具有以儒弘道之思想傾向，從而爲統治階級實行以禮義治國、要求臣民以君爲紀提供了理論依據。

據元脫脫宋史藝文志道家載錄，文如海還著有南華邈一卷，今存於道藏中，全書由論述天地、天道、天運、刻意、說劍、漁父、列禦寇七篇題旨之文字組成（其中論述列禦寇題旨之文字已缺）。這些文字正可證明，文如海的莊子學確實具有明顯會通儒道之思想傾向。如他論天地篇云：『天尊地卑，乾坤所以列位；君上臣下，貴賤所以崇班。天地均化於無心，君臣股肱於一體，故得陶鈞萬類，康濟蒼生，九有宅心，萬方樂業，野老不知於帝利擊壤，豈識於堯年變澆俗之頹風、歸淳素於上古？此所以合天地之旨也。』又論說劍篇云：『一夫之勇，非君子之器，不得已而用之。今以賢相爲工，良牧爲冶，明宰爲炭，百姓爲銅，淬元氣之鋒，礪氛氳之鍔，用仁義爲匣，以禮樂爲鐔，自然巨盜亡魂，奸臣喪魄，萬方歸化，四夷來王，按之無敵於天下。此說劍之旨也。』由此可見，文如海所作論述的最明顯特徵便是從莊子中引申出儒家綱常倫理思想和經世安邦理論，對郭象莊子學『玄虛之失』起到了一定的矯正作用。

此次影印文如海南華邈，據中國國家圖書館藏原北京白雲觀藏梵夾本明正統道藏。

南華秋水篇

（宋）劉敞書

劉敞（1019—1068），字原父，世稱公是先生，江西新喻人。舉北宋仁宗慶曆六年進士，擢知制誥，拜翰林院學士，侍英宗講讀，改集賢院學士。學問淵博，天文、地理、卜醫、數術、浮圖、老莊之説，無所不通。又善楷書，曾書南華秋水篇，甚爲後人所重。

今檢南華秋水篇，始自莊子秋水『秋水時至』，迄於『是謂反其真』，末有劉敞跋語云：『每讀南華至秋水，輒三復不能已。因得聖從所遺蜀烏絲欄自書之，至「夔憐蚿」以下不錄，聊取所賞適云。嘉祐庚子秋七月廿九日，劉敞中遼（原）父題。』仁宗嘉祐五年庚子（1060年），劉敞四十一歲。據宋史仁宗紀及劉敞本傳，嘉祐四年六月，群臣請爲仁宗加尊號曰『大仁至治』，因劉敞上疏阻之乃罷，然『敞以識論與衆忤，求知永興軍』，則此時期，心情自是欠佳，故次年秋季，聊取秋水篇書之，以求一時之適。據明張丑清河書畫舫卷七、清卞永譽書畫彙考卷九載，宋、元、明三朝爲劉氏南華秋水篇題跋者甚衆，如王季海、潘奕惇、潘桂、徐木潤、鮮于樞、李桓晉、李衎、柳貫、趙暎、李東陽、徐霖、邵寶、董其昌、張丑等，或題曰『莊生秋水雄無敵，原父真書韻有餘』（李衎），或題曰『不識劉公字，今方覩一斑。筆兼歐蔡體，品在上中間』（徐木潤），或題曰『筆墨鮮潤，楷法豐美，出入蔡薛間而無窘束，信一時書苑之珍哉』（柳貫），既肯定其書法藝術之高超，亦讚美其人品氣度之不凡。又據今所知，南華真經存世版本，以南北宋合璧本爲最古，前六卷爲南宋刊，後四卷爲北宋槧本，秋水篇在卷六中，爲南宋時所刻，而劉敞南華秋水篇，則書於北宋中期，爲今存最古之秋水篇抄本，文獻價值極高。且劉氏獨書秋水篇，必能引發後人看重此篇。如金翰林學士馬定國云：『吾讀漆園書，秋水一篇足。安用十萬言，磊落載其腹。』（讀莊子）當亦受劉敞之啟發。

民國間上海有正書局所影印劉敞南華秋水篇一册，前有狄葆賢（平子）所作序，謂其於清光緒二十六年庚子（1900），在北京購得此册原件，售者云『本内府卷子，且有題跋，後改裝爲册，跋則另爲一册，不知去向矣。凡内府字畫，每年六月六日曬畫時，人多以僞跡易出之』，然疑售者所言不實，『此卷當是易出後，去其題跋，改裝爲册，蓋變換其形式，以泯其竊取之跡。此册第三行有乾隆御覽印章，字文刮去，此其明證也。』據此，則劉敞南華秋水篇卷子，至遲在乾隆時已爲清廷所收藏，清末流入民間，狄葆賢交上海有正書局影印出版者，已非完卷，而所割去之題跋，當即爲明張丑清河書畫舫、清卞永譽書畫匯考所載者。

茲影印南華秋水篇，據復旦大學圖書館藏民國間上海有正書局依宋嘉祐五年劉敞手書影印本。

莊子法語四卷

（宋）洪邁撰

洪邁（1123—1202），字景盧，號容齋，别號野處，饒州鄱陽（今江西波陽）人。南宋高宗紹興十五年中博學宏詞科，官至端明殿學士，謚文敏。學識博洽，自經史百家以至醫卜星算，皆有論述。著作有野處類稿、容齋五筆、夷堅志、萬首唐人絕句、經子法語、左傳法語、史記法語、西漢法語、後漢精語、三國精語、晉書精語、南史精語、唐書精語等。

宋陳振孫直齋書録解題卷十四云：『此法語諸書，皆所以備遺忘，而洪氏多取句法。』又清四庫館臣云：

『邁兄弟並以詞科起家，此書蓋即摘經子新穎字句以備程試之用者。』據此，則經子法語二十四卷僅爲洪邁爲『備程試之用』而鈔錄者，但洪氏容齋隨筆有『尺棰取半』、『文章小伎』等條，容齋續筆有『月不勝火』、『靈臺有持』、『蜘蛛結網』、『有扈氏』、『東坡論莊子』、『無用之用』、『淵有九名』、『物之小大』等條，皆爲精心考釋莊子之文，説明其對莊子有一定研究。由此看來，洪邁經子法語中有關莊子之文字，雖亦爲『備程試之用』而鈔錄者，但必能反映出其選錄水準和取舍原則。

選錄莊子字詞者，當以唐陸德明莊子音義三卷爲最早，而較早節選莊子語句和章節者，則爲梁庾仲容子鈔和唐馬總意林。但陸德明意在保存異文、訓釋音義，庾仲容、馬總則主要在尋找契合己意或有關經世濟民之思想資料，均與後來洪邁之取舍原則有很大不同。從文化背景來看，南宋最重詞科，士大夫多節錄古書以備遺用，洪邁莊子法語正爲此種產物。故通讀洪邁此書，多爲『新穎字句』，如『大有徑庭』（逍遥遊）、『遁天倍情』（養生主）、『虛室生白』（人間世）、『刻雕眾形』（大宗師）、『用心若鏡』（應帝王）、『魚不可脱於淵』（胠篋）、『尸居龍見』、（在宥）、『行不崖異』（天地）、『以恬養知』（繕性）、『以天合天』（達生）、『虛己以遊世』（山木）、『目擊而道存』（田子方）、『至言去言』（知北遊）、『運斤成風』（徐無鬼）、『搖唇鼓舌』（盜跖），以及『鳧脛雖短，續之則憂；鶴脛雖長，斷之則悲』（駢拇）、『井蛙不可以語於海，夏蟲不可以語於冰』（秋水）、『強哭者，雖悲不哀；強怒者，雖嚴不威；強親者，雖笑不和。真悲無聲而哀，真怒未發而威，真親未笑而和』（漁父）等，皆爲精詞雋句，能見出選家眼光甚爲獨特。換言之，洪邁莊子法語似可稱爲莊子精詞雋句字典，在莊子學史上具有一定創新意義，非但可備當時重詞科者之遺用而已。

洪邁莊子法語亦間摘陸德明莊子音義注文，以雙行齊下形式置於莊子相應詞語之下。如此書於在宥篇『嚆矢』下云：『許交反。矢之猛者。又曰矢之鳴者。』此處『許交反』爲陸德明莊子音義所標音注，『矢之猛者』爲陸氏所引郭象之注，『矢之鳴者』爲陸氏所引向秀之注。有時，洪邁還徑摘陸德明經典釋文之注文，與所摘莊子之詞語相並列。如此書於逍遥遊篇出示『其大如天一面雲』，於胠篋篇出示『以趙厚酒易魯薄酒』，前者爲陸德明莊子音義所引崔譔之注，後者爲陸氏所引許慎注淮南子之語，而洪邁皆以之與莊子之詞語相並列。不可否認，洪邁以所引注文與莊子原文相並列，顯然具有大膽創意，但亦確實亂了傳統體例，不可不予指出。

洪邁莊子法語有宋孝宗淳熙十三年婺州容齋原刊經子法語本、明刊説郛所收經子法語本等。兹據華東師範大學圖書館藏民國十五年景刊景鈔宋本擇是居叢書初集經子法語影印。

纂圖互注南華真經十卷

（宋）龔士卨撰

龔士卨，字子質，號石廬子，南宋理宗時人，生平爵里均無考。著作有五子纂圖互注四十二卷，四庫全書總目提要存目有提要，欽定續文獻通考卷一百七十八、欽定續通志卷一百六十等皆著録。

五子纂圖互注原有宋刊本，包括老子二卷、莊子十卷、荀子十卷、揚子法言十卷、文中子十卷，前有龔士卨所撰總序，題『景定（理宗年號）改元』，當爲閩地書坊請人編輯而成，以爲士子應對考試之書。今世所存又有元刻本五子纂圖互注及纂圖互注六子全書。六子全書於五子纂圖互注外增纂圖互注列子一書，其通體字劃與五子不類，故欽定天禄琳琅書目卷九疑爲『明人翻刻時始增』。纂圖互注南華真經書前依次有郭象南華真經序、莊子太極説、周子太極圖、南華真經篇目。經文下雙行小字，先列郭象注，次列陸德明音義，最後偶有龔氏增注，標以『互注』或『重意』字樣。

龔士卨總序云：『聖賢之學，大概從頭徹底做出。老莊只直截說，從向上處去，故葛玄謂其爲天地立根，蓋體道之自然。』認爲儒、道二家學說在本質上大有相通之處，只是其所表述之方式方法有所不同而已。故龔氏撰纂圖互注南華真經，其『互注』、『重意』除了大量引用老子之外，便是廣泛引用儒家經典（涉及周易、尚書、詩經、左傳、論語、孟子、禮記、揚子法言等）來發明莊子。尤其值得注意者，因莊子大宗師有『太極』二字，龔氏遂摘出其所在一段文字，置於書前，名爲莊子太極說，並附以宋周敦頤太極圖，表示儒學與莊子可互通，在窮究先天之道上更無二致。

其實，周敦頤太極圖雖亦吸收老莊本體論思想，但正如黄宗炎圖學辯惑所說，二者在本質上卻有很大區別。故清四庫館臣謂，龔氏『因大宗師篇有「太極」二字，遂附會以周子之圖，尤爲無理』。其『互注』、『重意』，每引儒說以解莊子，亦同樣顯得頗爲『無理』。如盜跖篇有『湯放桀，武王殺紂，貴賤有義乎』之語，認爲此二事說明，世間本無是非、貴賤可言，而龔氏『互注』，卻證以孟子之言，以湯放桀、武王殺紂爲仁義之舉，顯然與莊子本意大相徑庭。逍遥遊篇有『堯讓天下於許由』寓言，謂堯治天下，乃是效法庖人之割，故終爲聖人許由所不取，而龔氏『互注』，卻引揚子法言以釋之，讚揚堯爲聖明君主，亦與莊子本意相背離。當然，就龔氏多數『互注』、『重意』來看，其所引述文字，大致可與莊子本意相合，於人們解讀莊子有一定幫助。

纂圖互注南華真經有宋原刻五子纂圖互注本、元刻五子纂圖互注本、明刻纂圖互注六子全書本。此次影印，以上海圖書館藏元刻纂圖互注南華真經本爲底本，其中卷五至卷六據另一元刊本配補。

莊周氣訣解一卷

（宋）宇文居鎡撰

道藏收有莊周氣訣解一卷，不著撰者姓名。白雲霽道藏目錄詳注卷三、雍正江南通志卷一百九十二著錄，亦皆不著姓名。宋史藝文志四作『莊周氣訣一卷』，屬之『守（宇）文居鎡』名下，今姑從之。但宇文居鎡之生平事跡皆不可考，唯莊周氣訣解中曾引及陰符經疏之文，而據宋史藝文志四、鄭樵通志卷六十七、高似孫子略卷一、王應麟玉海卷五著録，陰符經疏三卷（或作一卷）爲北宋袁淑真所著，則莊周氣訣解當成書於宋代，今姑列於宋末。

莊周氣訣解開首即摘取莊子養生主篇末數語，並冠以『莊子曰』三字云：『莊子曰：「指窮於爲薪，火傳也。」』復引郭象之注闡釋説：『窮，盡也；爲薪，猶前薪也。將以指盡前薪之理，故火傳而不滅；心得納養之中，故命續而不絕。夫養生，乃生之所以生也，不知其盡也。夫時不再來，命不一停，故人之生也，乃一息一得耳。向息非今息，納養而命續；前火非後火，故薪傳而火續。由夫納養，得理其極，世豈知其生而盡哉！』莊周、郭象此處以薪喻形，以火喻神，所要發揮者乃道家重視精神護養思想，認爲人之形體有枯萎窮盡之時，但善養生者卻視生爲『時』，死爲『順』，故其自謂形死之時，其神猶存，正無異於薪盡之時，其火猶傳。但莊周氣訣解作者借莊周、郭象語開篇，則顯然是要從中引出道教所謂長生不老思想。他接著大量引述道教經典陰符經系列中有關『五賊』説法，便是用來進一步闡發此種長生不老思想。

陰符經系列有『五賊』理論，認爲天以陰陽五行化生萬物，若五行不能和合，便成『五賊』，必然會傷人性命。

莊周氣訣解作者借助於此種理論闡述説，衆庶貪溺五味，便成『五賊』，足以危害性命，而『不食五味者，仙真也』，『可以長生』。並進而指出：『夫欲神仙，當先營氣。能益能易，名上仙籍；不益不易，不離死厄。但能握固，閉氣吞液，氣化爲血，血化爲精，精化爲神，神化爲液，液化爲骨，胎結丹田，綿綿長存，行之不倦，神光體溢。』『營氣』本爲中醫術語，但此處卻爲道教所謂『行氣』、『食氣』、『服氣』同義詞，指呼吸吐納等内修功夫。應當指出，莊周氣訣解作者從莊子養生主中引申出『長生』思想，並進而把『行氣』、『食氣』、『服氣』之類内修功夫説成是『莊周氣訣』最重要内容，看作是『莊周』養生思想最高境界，顯然有背於莊子本真思想，因爲莊子所倡導之養生思想並非宗教實踐，何況他在刻意篇中就曾批評『吹响呼吸』、『吐故納新』是『養形之人』之行爲！

此次影印莊周氣訣解一卷，據中國國家圖書館藏原北京白雲觀藏梵夾本明正統道藏。

莊子養生主

佚名集注

永樂大典共二萬二千八百七十七卷，明成祖永樂間由解縉等受命輯撰而成。嘉靖、隆慶間，又依永樂時所繕正本另摹副本一份。正本約毁於明亡之際，副本自清代以來散佚殆盡，今所存者僅爲原書百分之幾，但其中一百三十多處引有莊子文字（部分還附有後人注疏），幾乎涉及了莊子全書所有篇目，爲人們研究元末、明初莊子學提供了不少依據。

類書大量摘録莊子文字，前此已有藝文類聚、太平御覽等書。但與之相比較，永樂大典之最大特點還在於敢於大膽打破傳統，整篇或大段收録莊子學資料，從而使人們窺見了元、明之際某些已佚莊子學著作之概貌，同時亦能看到大典編撰者之莊子觀。如永樂大典卷八千五百八十七『生』下錄有莊子養生主篇，並順文集錄郭象莊子注、陸德明莊子音義、成玄英莊子注疏、林希逸莊子口義、劉辰翁莊子南華真經（點校）相關文字作爲注解。從此處所收前人文字來看，以劉辰翁莊子南華真經（點校）爲最晚。劉氏卒於元成宗大德元年（1297），永樂大典之編撰始於明成祖永樂元年（1403），竣工於永樂六年，則養生主篇有關資料之輯集當爲元、明之際人所爲。

此處所集前人注解、校勘莊子之文字非常豐富。如其於養生主篇『吾聞庖丁之言，得養生焉』下云：『郭象注：「以刀可養，故如生亦可養。」成玄英疏：「魏侯聞庖丁之言，遂悟養生之道也。美其神妙，故歎以善哉！」陸德明音義：「爲戒，於僞反……。」劉辰翁點校：「……此結卻是記體，無要緊。一轉更妙。此其所以不闕折也，但語言款曲，亦不可及。若以養生言之，正是險處得自在力。至於收拾變化，寫得提刀四顧躊躇，亦覺此老神氣獨王。」林希逸口義：「此雖然一轉，甚有意味。蓋言人之處世，豈得皆爲順境，亦有逆境當前之時，又當委曲順以處之……。」』所輯相關資料如此豐富，自宋末褚伯秀南華真經義海纂微之後，直至晚明之前，僅此一見，甚是值得珍視。

今影印莊子養生主，據中國國家圖書館藏明鈔本永樂大典卷八千五百八十七。

莊子天運

佚名集注

永樂大典卷一萬五千九百五十五錄有莊子天運篇，並順文集錄郭象莊子注、陸德明莊子音義、成玄英莊子注疏、林希逸莊子口義、劉辰翁莊子南華真經（點校）相關文字作爲注解；接著又收錄莊子句解文字，皆未題著者姓名。莊子句解文字之後，復又收錄陸德明莊子音義天運中全部文字。今案莊子句解所引文字，有於闕文處空出六個字位置而書以『缺』字者，則此莊子句解等當成書於永樂之前。但各志書均未予以著錄，宋末褚伯秀南華真經義海纂微卷首所列各家莊子學書目亦無涉及，則此莊子句解等又當爲宋末後問世著作。

細檢大典所錄莊子句解文字，原係由著者提煉成玄英莊子注疏中有關文字而成。如其云：『莊子句解：「天其運乎」，天稟陽氣，無心運行而自動也。「地其處乎」，地稟陰氣，無心寧靜而自安處。「日月其爭於所乎」，晝夜往來，無心於代謝，何所爭處？』此段文字在成玄英莊子注疏中原來面貌爲：『「天其運乎」，言天稟陽氣，清浮在上，無心運行而自動。「地其處乎」，地稟陰氣，濁沉在下，亦無心寧靜而自止。「日月其爭於所乎」，晝夜照臨，出沒往來，自然如是。既無情於代謝，豈有心於爭處！』大典中句解文字雖採摘於成玄英疏語，但通過加工潤色後卻仍顯得天然渾成，使人毫無支離之感，說明莊子句解著者對莊子文本以及後人注疏都有一定研究，故其提煉能渾成如此。還需要指出，大典所收莊子句解，僅是有關天運篇中部分文字。從中可以看出，大典編撰者所删去之莊子句解天運中文字，基本上皆爲否定孔子、抨擊仁義之語，說明永樂大典中莊子學思想在一定程度上體現了當時官方思想意志。

此次影印莊子天運，據中國國家圖書館藏明鈔本永樂大典卷一萬五千九百五十五。

翼莊一卷

（明）高龔撰

高龔，字允叔，自號三一子，生平事跡不詳。

翼莊又名郭子翼莊，明嘉靖間天一閣刊本題『三一子高巽允叔纂，明兵部侍郎范欽訂』；函海本題『晉郭象撰，明高巽允叔纂，綿州李調元校』，前有清乾隆間李調元小序。全書錄郭象莊子注八十二條，不分篇，不分類，不引莊子原文，每條目次行後低一格書寫，無序號。

案明嘉靖天一閣刊翼莊，卷首有高巽所撰小序云：『晉郭象注莊子，人言莊子注郭象，妙處果然。傳稱本向秀所爲，秀本不行，象竊取之耳。秀耶？象耶？吾不知也。然其言真足羽翼莊氏，而獨行天地間。爲八十一（二）章，名之曰翼莊。』又函海本李調元所撰序：『世又謂向秀所爲，象竊取之，或未必然。然要足以羽翼莊子，故高允叔擇其元之又元者，爲八十一（二）章，名曰翼莊。』今檢翼莊，確實僅錄郭象之注，凡八十二條，計逍遙遊注十一條、齊物論注六條、養生主注二條、人間世注六條、德充符注一條、大宗師注十二條、應帝王注一條、駢拇注二條、胠篋注三條、在宥注二條、天道注二條、秋水注十一條、至樂注三條、達生注二條、山木注一條、田子方注四條、知北遊注二條、徐無鬼注一條、則陽注二條、外物注五條、讓王注一條、盜跖注一條、列禦寇注一條。

高巽因服膺郭注而輯是書，但輯錄時又每予改造刪節。如翼莊有條目曰：『悲生於累，累絕則悲去，悲去而性命安矣。』而郭象逍遙遊篇注則云：『悲生於累，累絕則悲去，悲去而性命不安者，未之有也。』此處對郭象注之字詞、句式曾予改造。又如翼莊曰：『哀樂生於失得，任其所受，則哀樂無所措於其間。』而郭象養生主篇注則云：『夫哀樂，生於失得者也。今玄通合變之士，無時而不安，無順而不處，冥然與造化爲一，則無往而非我矣。將何得何失，孰死孰生哉！故任其所受，而哀樂無所措其間矣。』此處刪節甚多，僅取郭注兩端主要語句。至於翼莊所錄『當其時則無賤，非其時則無貴』一條文字，或許本之徐無鬼篇郭象注：『凡此諸士，用各有時，時用則不能自已也。苟不遭時，則雖欲自用，其可得乎！故貴賤無常也。』可見，高氏如此改造刪節，雖措意於『元之又元者』，然終對郭注原意有所損傷，讀者不可不察。

高巽翼莊，有明嘉靖天一閣刊范氏奇書二十一種本、明萬曆間胡文煥刊格致叢書本、清順治四年陶珽重校宛委山堂刊說郛本等。此次影印，據華東師範大學圖書館藏清乾隆中綿州李氏萬卷樓刊、嘉慶十四年李鼎元重校函海本。

少師張先生批評莊子義十卷

（明）張居正撰

張居正（1525—1582），字叔大，號太岳，湖廣江陵人。嘉靖進士，由編修官至侍講學士領翰林院事。隆慶元年入閣，萬曆初爲首輔，前後當國十年，極力推行改革，頗有成效。萬曆十年卒，贈上柱國，謚『文忠』。不久被彈劾，盡奪官階，籍其家。著作有張太岳集、書經直解、少師張先生批評莊子義等。

少師張先生批評莊子義十卷，書前有饒仁侃萬曆八年少師張先生批評莊子義序，書尾有劉維萬曆八年後序，卷首題『巡按雲南監察御史劉維校正』、『布按二司左布政使陶幼學，按察使魏體明，參政李良臣、王續之、李文續，副使徐可久、劉伯燮、歐陽柏、馬顧澤、胡心得、熊子臣，參議駱問禮，僉事顧養謙、胡僖、羅良禎閱梓』。據饒仁侃序、劉維後序及卷首所題校刻人姓名可知，張居正往日校書宫廷時，曾隨筆評注莊子以示其子，後由門生屬史劉維、陶幼學等抄録、校梓而成此書。故視其評注，多屬隨筆性質，並無嚴密體系，字數亦多寡不一，大抵内篇評注較多，外雜篇則較少，甚或不著一語，如山木篇僅有評注四條，田子方、外物二篇各一條，達生、知北遊、庚桑楚、寓言、讓王、盜跖、説劍、漁父、列禦寇九篇則皆不施一語。然細審張氏評注文字，卻每有值得注意者，不可因隨筆體而貶低其價值。

張居正評注莊子，每能於篇首揭明全篇『眼目』或主旨。如謂逍遙遊篇，『大小二字是其眼目』；大宗師篇，『天人二字是一篇眼目』；駢拇篇，『性』乃『一篇主宰』；胠篋篇，『通篇皆言好知之過』；天道篇，『德則主靜，治則無爲，是一篇主意。』凡此説法，多有真知灼見，值得重視。且張氏評注，還能注意揭示文章脈絡，以便讀者探尋作者本意。如其於逍遥遊篇題下謂，『此篇乃直述體』，『鯤鵬大者，鷽鳩、斥鴳小者，文字一頭二證一結』，並進而於篇中指出，『北冥有魚』一節是一頭，『齊諧』一節是一證，『湯之問棘』一節是二證；於齊物論篇題下謂，『此篇長體，本以齊物論爲主，卻借風起，後始入題』，並在評注全篇過程中，一一予以揭明；復於應帝王篇末指出，『文字最看歸結處，内篇有七，篇篇結得別』，逍遥遊篇之『本樹』、齊物論篇之『夢蝶物化』、養生主篇之『火傳』、人間世篇之『有用無用』、德充符篇之『以堅白鳴』、大宗師篇之『命也夫』、應帝王篇『撰出一個儵忽渾沌，結之曰「七日而渾沌死」』，『看他如此機軸，詎不奇特！』至於評注外篇馬蹄、天道、刻意、繕性、秋水等，張氏亦多施以此類方法，對於讀者尋找莊子文章脈絡，深求作者寓意所在，同樣甚有幫助。然以張氏居内閣首輔之尊，其屬下饒仁侃撰序謂『少師翁超脱世俗之見，神會於百世之上，其所批評，藉莊子復起，有不能易者』，劉維撰後序謂『茲注出而群注之得失不能遁』，則未免有過譽之嫌。

張居正少師張先生批評莊子義十卷，有中國國家圖書館藏明萬曆八年劉維刊本，今據以影印。

莊子鬳齋口義補注十卷

（明）張四維撰

張四維（1526—1585），字子維，號鳳盤，蒲州（治所在今山西永濟縣境内）人。嘉靖三十二年進士，萬曆間因張居正舉薦，官至禮部尚書、東閣大學士，入贊機務，謹事居正。張居正卒後，四維當國，則力除張居正改革新政。卒年六十，謚文毅，明史有傳。著作有條麓堂集三十四卷。

莊子鬳齋口義補注爲張四維以宋林希逸莊子鬳齋口義爲底本而作之補注，卷首題『宋寶謨閣直學士主管玉局觀鬳齋林希逸注』、『明吏部左侍郎兼翰林院學士鳳盤張四維補』、『賜進士工部營繕司員外郎鳳隅陳以朝校』。正文中，莊子原文頂格書寫，林希逸『口義』低一格書寫，而張四維補注則多冠有『補注』字樣，小字雙行低一格作解或順文雙行夾注，較側重內七篇。每篇後大都引褚伯秀南華真經義海纂微爲該篇所作總論作結，亦偶引朱得之莊子通義中有關論述文字，並標明『義海總論』、『通義』字樣。後附莊子釋音、林經德莊子後序、汪偉莊子口義跋以及江汝璧重刊三子口義後序，而原莊子口義前林希逸所作莊子口義發題及林同、陳夢炎、徐霖等所作諸序悉被刪去。

張四維爲莊子鬳齋口義作補注，主要體現在以下幾個方面：一是引郭象莊子注、褚伯秀南華真經義海纂微、朱得之莊子通義中內容，補充、豐富林希逸之注釋。二是在篇末作補注，總論全篇（以內七篇爲主），如逍遥遊篇末補注云：『逍遥遊，乃莊子著書立言之本旨，全部中無非此意，故冠於篇首，而末段借惠子之難，明白說破。』齊物論篇末補注云：『莊子前篇爲逍遥遊，而結以惠子誚己之言，明己之能逍遥遊也；次篇爲齊物論，而結以夢蝶之自喻，明己之能齊物論也。物論之齊本於忘己，忘己則彼我不立，是非兩行，而物論自齊矣。南郭之喪耦，莊周之物化，皆忘己也，此其首尾相照處。』三是爲林希逸注解糾偏補正，如養生主首段『緣督以爲經』句，林氏引朱熹『以督訓中』，張氏補注則云：『督訓中，自郭、崔以來皆然，非獨晦庵。』德充符開篇林氏題解云：『符，應也，有諸己則可以應諸外。充，足也，德足於己，則隨所應而應也。』張氏補注則云：『德充符者，言德充於內自然徵驗於外，非形所能爲損益，非智所能爲隱顯，觀篇中所述，足可知矣，非隨應而應意。』四是對莊子文意不明處予以說明，間或指明最佳注解，如齊物論篇『故昔者堯問於舜曰』一段話後，補注云：『此一段引證，文義絕不相蒙，恐有脫誤，諸家解亦牽強難通。』德充符篇『常季曰彼爲己以其知』一段話後，補注云：

『此段義疑，諸説各異，唯通義似優。』

此外，張四維還對莊子諸篇章進行一些辨僞工作。一是認爲駢拇、馬蹄、胠篋、盜跖、説劍等篇皆非莊子所作。胠篋篇末補注云：『駢拇、馬蹄、胠篋乃辭家文字，秦漢間人語，呂覽、淮南者流擬莊之作也。』盜跖篇末云：『此篇的係擬莊者妄撰非聖之語，且文義粗漫，殊不類莊。即封侯、宰相，皆非秦以前語，而又避漢文帝諱，以田恒爲田常，則非南華手筆猶屬明甚。』二是認爲在宥、列禦寇等篇中某些段落爲外文竄入。在宥篇末補注云：『此篇文雜，中有數段似作關、老語，末數段又似作荀、揚語，非盡莊子筆也。中間文勢模擬處，不免有婢學夫人態，具眼者自得之。』列禦寇篇中『孔子曰凡人心險於山川』段後補注云：『此乃戰國譎詐之談也。聖人觀人固自有道，安用此瑣猥者哉？殆亦莊生所不取也。』從此處，我們亦可看到張四維較爲鮮明的儒家立場。

張四維莊子鬳齋口義補注十卷，有明萬曆二年敬義堂刊三子口義本、明萬曆五年何汝成校刊三子鬳齋口義本。此次影印，據華東師範大學圖書館藏明萬曆二年敬義堂刊三子口義本。

莊義要删十卷

（明）孫應鼇撰

孫應鼇（1527—1584或1586），字山甫，貴州青平籍，南直隸如皋人，號淮海山人。嘉靖三十二年進士。因禦流寇有功，累遷至鄖陽巡撫。萬曆初，首請恤録建文死事舊臣，入爲大理卿，遷禮部右侍郎。再起爲南工部尚書，卒謚文恭。著作有易談四卷、律呂分解發明四卷、學孔精言舍彙稿十六卷、莊義要删十卷等。

莊義要删前有萬曆八年孫應鼇莊義要删序、巡按雲南監察御史江陵劉維刻莊義要删序，繼録郭象南華真經序、成玄英南華真經疏序、碧虛子（陳景元）南華真經章句音義敘、羅勉道南華真經循本釋題、劉震孫南華真經義海纂微序、文及翁南華真經義海纂微序、湯漢南華真經義海纂微序以及太史公（莊子）列傳，編有莊義要删摭采書目、淮海孫先生校莊凡例，並附莊義要删校刊姓氏。卷首題『明禮部侍郎掌國子監祭酒事清平孫應鼇編校、吏部右侍郎夷陵王篆校録、巡按監察御史江陵劉維校正』。正文中，莊子原文頂格書寫，順文雙行小字作注，然後依次擇取郭注等諸家解釋。該書是孫應鼇主要依據褚伯秀南華真經義海纂微及莊子古今注解，删其繁，取其要，予以編纂，故謂之『要删』；經王篆録藏，後由周光鎬、方揚、方沆三人『釐音義，正句讀，剔諸家蕪謬』（莊義要删摭采書目後周光鎬按語），並增加蘇子瞻廣成解、張居正評莊、張四維莊子鬳齋口義補注、朱得之莊子通義中内容而最後刻録成書。

莊義要删摭采書目共分爲三類，一是陳碧虛解義卷末載覽過莊子注，二是『今』所纂諸家注義姓名，三是續增入諸家名氏。由此摭采書目亦可以看出，莊義要删即是在褚伯秀編纂十三家莊子注基礎上增益、删減而已。

孫應鼇删繁取要之儒家立場十分鮮明。他在莊義要删序中，認爲莊子並沒有悖離六經，而是『成濟』六經者，倡導以『融六經』之法讀莊。他說：『故泥六經以讀莊則莊無稽，執六經以讀莊則莊無用，外六經以讀莊則莊無據，融六經以讀莊則莊無忤。』認爲只有融匯六經，以儒解莊，才能真正領悟莊子之本意，才能『善讀莊與善讀莊義之要删』。由於莊義要删僅是雜録各家，缺乏如褚伯秀南華真經義海纂微『管見』之論，且在擇取諸家學說時常臆改文字，故該書雖集多人編纂之功，但其學術價值及其歷史影響遠不如褚氏之書。

孫應鼇莊義要删十卷，有明萬曆八年陶幼學等刊本、萬曆八年雲南官刻本等。此次影印，據中國國家圖書館藏明萬曆八年陶幼學刊本。

莊子類纂

（明）沈津撰

沈津，浙江慈溪人，生卒年不詳。嘉靖三十一年舉人，曾任含山縣教諭。著作有百家類纂四十卷，明史卷九十八、欽定續通志卷一百六十、欽定續文獻通考卷一百七十八、黄虞稷千頃堂書目卷十二等皆著録。莊子類纂在百家類纂十四卷、十五卷内，前有莊子題辭，篇首題『百家類纂，道家類』，分篇節録莊子原文，間有簡單音義注解，偶有評論。

沈津似對莊子『謬悠之説、荒唐之言』甚不以爲然。齊物論篇末有按語云：『齊物論者，言欲齊衆論而爲一也。戰國之世，學問不同，更相是非。故莊子以爲不若是非不爭，利害不計，與物相忘而歸之自然，此其立言之宗旨也。然老子只四句盡之，曰：「挫其鋭，解其紛，和其光，同其塵。」便覺含畜不露。而此篇漫衍謬悠，至於無極，雖文字絶奇，然視老子遠矣。』認爲『漫衍謬悠』之齊物論，不如老子四句十二個字『含畜不露』。由此可知沈津於莊子之基本態度。基於此，沈氏於節録莊子時對其中一些『荒唐之言』予以黜落，如德充符篇中對兀者王駘、申徒嘉、叔山無趾、哀駘它等寓言皆棄而不録，而僅保留兩三節内容。

清四庫館臣謂百家類纂云：『是書所録，自周、秦諸子下逮於明，殊爲冗濫。』對該書評價不高。莊子類纂節録莊子原文，殊少注釋、評論（有借鑒林希逸莊子鬳齋口義處），其學術價值也不大。

沈津百家類纂有明隆慶元年含山縣儒學刊本、朝鮮肅宗十八年閔昌道刊本等。此次影印莊子類纂，據上海圖書館藏朝鮮閔昌道刊百家類纂本，其中逍遥遊、齊物論則據明隆慶元年刊本配補。

南華經標略六卷

（明）張位撰

張位（1538—1605），字明成，號洪陽，江西新建人。隆慶二年進士，改庶起士，授翰林院編修。萬曆八年任司業，後因妖書案獲罪，回鄉隱居南昌南湖，曾與湯顯祖、劉應秋等於此飲酒縱詩。貫通經史，工詩善文，著有閑雲館集鈔、叢桂山房匯稿、詞林典故、南華經標略等。

南華經標略六卷，内篇、外篇、雜篇各分爲上、下卷。書前有吳中行於萬曆十八年所撰南華經標略引，卷首題「豫章洪陽張位標略」，卷尾題「門人惲應翼句讀、後學吳宗雍（奕、玄）校梓」。吳中行引云：「洪陽先生，稟淳葆真，探玄詣粹，偶觸微幾，時發緒論，借彼辭指，抒我性靈，蓋莊子一南華，而先生胸臆亦自一南華。誦茲編者，因先生而通莊子之義固可，因莊子而會先生之心亦可，萬仞長風，千載曠覽，神而明之，存乎人焉。門人惲貢士攜之歸，兒子輩受而卒業，僉謂宜公之人也，遂付諸梓，而余爲之引其端。」今觀南華經標略，全書正文不作注釋，唯於眉欄略有批語，篇題下多有簡解文字，固爲張位往日偶發緒論，藉以發抒胸臆，而由門人晚輩集而付梓者，故不可謂爲精心撰述、體系完密之著。

然張位仕宦既有作爲，且通經史、工詩文、善著述，則其標略莊子，亦多有獨特之處。要而論之，一是所作題解，往往言簡意賅，頗能揭示全篇宗旨，如云「逍遥遊，樂其大也」、「人間世，居人間處世之道」、「應帝王，應爲帝王自然之治」者皆是。二是所作眉批，簡明扼要，甚能概括各章大意，如養生主篇眉欄謂「神如刀刃必以虛養」、「介雖人與，其實天定」、「哭者不達」，天運篇謂「至樂無常聲」、「古跡不可襲」、「至道非虛器」、「有爲之治喪真』等，皆爲此類。三是有時能指出內、外篇之關係，甚有見地，如謂達生『與養生主篇相發』、山木『當與人間世並看』者即是。尤其值得指出者，自蘇軾以來，學者多謂讓王、盜跖、說劍、漁父四篇爲僞作，而張位非但不盲從他人之說，還爲每篇作了題解，謂『讓王，此篇歷引薄富貴而重生、安貧賤而樂志者』、『盜跖，此篇凡三段，皆言不矯行傷生以求聲名富貴，有激之談也』、『漁父，大意言不宜分外求世，惟守其真而道存矣』，凡此說法，多能揭示篇旨。後來題爲歸有光批閱、文震孟訂正南華真經評注，蓋每有勦襲此書之處。

茲影印張位南華經標略六卷，據上海圖書館藏明萬曆十八年晉陵吳氏籍甚齋刊本。

南華真經題評十卷

（明）張位撰

張位生平事跡，已見南華經標略提要。其所撰南華真經題評十卷，卷一爲逍遥遊、齊物論，卷二爲養生主、人間世、德充符，卷三爲大宗師、應帝王，卷四爲駢拇、馬蹄、胠篋、在宥，卷五爲天地、天道、天運，卷六爲刻意、繕性、秋水、至樂，卷七爲達生、山木、田子方、知北遊，卷八爲庚桑楚、徐無鬼、則陽，卷九爲外物、寓言、讓王、盜跖，卷十爲說劍、漁父、列禦寇、天下，分卷與南華經標略甚爲不一。卷首題『洪陽張位』，與南華經標略題『豫章洪陽張位標略』者，亦略有不同。

是書既題南華真經題評，則『題評』二字當予注意。今檢全書，原南華經標略各篇解題文字，悉已移至卷首張太史南華經題評篇目內，分列於三十三篇題目之下，以集中體現其『題評』之意。然於移錄過程中，除個別字詞有更改外，於文句亦偶有增損。如南華經標略大宗師題解云：『得大道而可宗可師之人，遺生死。』移錄至張太史南華經題評篇目，則僅取前句，而將後句仍留於大宗師篇題之下。南華經標略之駢拇、馬蹄、胠篋、繕性、說劍篇題解末皆有『通篇一意』四字，移錄諸篇題解時均未將此四字一同歸入張太史南華經題評篇目，而仍留於各篇題目之下。南華經標略則陽題解有句云：『八論靈公，末陳至言。』移錄至張太史南華經題評篇目，則予更改云：『八論性成自然，末陳至言極論。』南華經標略山木眉欄有批語云：『此篇當與人間世並看。』移錄至張太史南華經題評篇目，則僅取其中『當與人間世並看』七字，接於山木題解之末。

南華真經題評眉欄有較多批語，但與南華經標略出入較大。如南華經標略逍遙遊有批語云『以上明大小之分。以小形大，非小大各適其適也』、『數數，舊注：猶汲汲也』，移錄至南華真經題評，則删去其中『以小形大，非小大各適其適也』、『舊注』之内容。南華經標略繕性眉批中有『又明行中有藏』一語，南華真經題評則不見此語，但所錄『不離乎正』、『士人得失繫念，只是軒冕爲累』等三條批語，卻爲南華經標略所無，不知何故。

綜上所述，尤據明萬曆十八年晉陵吳氏籍甚齋所刻南華經標略六卷，前有吳中行所撰南華經標略引言成書原委始末甚詳，卷尾復題有『門人惲應翼句讀、後學吳宗雍(奕、玄)校梓』字樣，而於南華真經題評十卷中皆無，唯版心下鐫有萬曆間刻工名『毛有爲』、『李文』，則其當在南華經標略六卷基礎上，重新編排刊刻而成。

今據上海圖書館藏明萬曆刊南華真經題評本影印。

莊子南華真經四卷

(明)謝汝韶批校

謝汝韶，字其盛，福州長樂人，生卒年不詳。明嘉靖三十七年舉人，初授錢塘諭，弟子翕然稱得師。隆慶間知安仁縣，以廉明著稱。後忤權貴，四十餘即辭官閉門著書，著有天池存稿、碎金集等。

謝汝韶批校莊子南華真經四卷，分爲内篇、外篇上、外篇下、雜篇四個部分。前有莊子序，乃承襲司馬遷史記有關莊子文字而成，唯於文末增添『唐封南華真人，書爲南華真經』二語。正文僅錄莊子白文，頂格書寫。眉欄處注解以釋意爲主，如逍遥遊篇釋『北冥』爲『北海』，寓言篇釋『大本』爲『造物』，皆較爲簡略，新意亦不多。個別篇末有論及篇章結構者，如齊物論篇結尾謂『末蝴蝶一段，正所以結通篇齊物之意』，馬蹄篇結尾謂『末復以馬提起，此乃首尾相應文法』，尚有識見。

除秋水篇外，謝汝韶對其餘各篇皆作有題解，但受陸德明莊子音義影響較爲明顯。如謂天道、天運、刻意、繕性、至樂、山木、田子方、知北遊、外物、寓言、列禦寇諸篇皆『以首句名篇』，庚桑楚、徐無鬼、則陽諸篇皆『以首事名篇』，盜跖篇『以篇首名篇』，説劍篇『以事名篇』，漁父篇『以人名篇』，顯然與陸氏『舉事以名篇』、『以義名篇』、『以人名篇』等説法有一定承因關係。然視逍遥遊、齊物論、養生主、人間世、德充符、大宗師、應帝王、駢拇、馬蹄、胠篋、在宥、天地、達生、讓王、天下諸篇，多已不受陸氏説法所拘限，甚或自出新意，若於齊物論篇題下云『齊物論者，取其彼我兩忘之義』，於讓王篇題下云『此篇多言辭讓之事，故以「讓王」名篇』，皆有一定見地。

今影印謝汝韶批校莊子南華真經四卷，據上海圖書館藏明萬曆六年吉藩崇德書院刊二十家子書本。

新鍥翰林三狀元會選莊子品彙釋評四卷

（明）焦竑校正　翁正春參閲　朱之蕃圈點

新鍥翰林三狀元會選莊子品彙釋評四卷，卷首題『從吾焦竑校正、青陽翁正春參閲、蘭嵎朱之蕃圈點』。焦竑、翁正春、朱之蕃依次爲明神宗萬曆十七年、二十年、二十三年狀元，故是書以『三狀元』命名。各篇注釋文字，多取自陸西星南華真經副墨，而未曾標明出處。眉欄有徐邈、郭子玄、支遁、李軌、呂吉甫、王元澤、陳碧虛、陳詳道、李士表、林疑獨、趙以夫、劉概、吳儔、真德秀、林希逸、范無隱、褚伯秀、劉須溪、羅勉道、董份、唐荊川、孫大綬、陸西星、焦竑、王荊石等人批語，甚是豐富，可資參考。

是書爲新鍥翰林三狀元會選二十九子品彙釋評二十卷之卷一、卷二、卷三、卷四，次於『首卷』所收老子道德經之後。清四庫館臣所撰二十九子品彙釋評提要云：『其書雜錄諸子，毫無倫次，評語亦皆托名，謬陋不可言狀，蓋坊賈射利之本，不足以當指摘者也。』今細審各篇，此說雖言之過重，卻不乏事實依據。其中最爲明顯者，莫若眉欄批語，每每張冠李戴，意在提高此書身價。如在宥篇『此段正答所以長生之意』條冠以『林道支（支道林）曰』，逍遥遊篇『人必大其心而後可以入道』條冠以『孫大授（綬）曰』，胠篋篇『夫聖人以聖知仁義治天下』條冠以『焦漪園曰』，而盜跖篇『譏侮列聖』條、說劍篇『戰國策士之雄譚』條、漁父篇『論亦醇正』條並托之『翁青陽曰』，其實皆爲陸西星南華真經副墨之語。次則語欠倫次，謬誤頗多。如陸西星爲天地篇所作題解謂：『（此篇）頭緒別起，不可串爲一章。中間根極性命之語，百世以俟聖人，終莫有易。』而莊子品匯釋評爲此篇所作題解則云：『此章中間根極性命之語，百世以俟聖人，終莫能易。』二十九子品彙釋評書前目錄於莊子南華經下標『全帙』二字，凡例又謂：『諸家茲輯，有簡編、全錄。如老氏、莊氏，不去一字。』而目錄所列篇名，莊子品彙釋評所收篇章，則皆缺徐無鬼、寓言、列禦寇三篇。至於眉欄所冠名公名家，如誤『支道林』爲『林道支』、『陳碧虛』爲『陳碧』、『陳詳道』爲『陳說道』、『孫大綬』爲『子大授』者，更是所在多有。可見，包括莊子品匯釋評在內的新鍥翰林三狀元會選二十九子品彙釋評，當爲坊賈射利而刻者，學術價值不高，所謂『焦竑校正』、『翁正春參閱』、『朱之蕃圈點』，蓋依托耳。然舉子研讀莊子，多尚其文章之奇幻，無意於其注釋、批語之真僞，而坊賈投其所好，廣輯評釋，並施圈點，裨士子展卷，有所解悟，則此書之價值，又另當別論。

新鍥翰林三狀元會選二十九子品匯釋評二十卷，有中國國家圖書館藏明萬曆四十四年刊本。今據以影印新鍥翰林三狀元會選莊子品匯釋評（原書缺卷四第六十六葉）四卷。

南華真經義纂十卷

（宋）褚伯秀　（明）朱得之撰　（明）李栻纂

李栻，字孟敬，號石龍，江西豐城縣人，生卒年不詳。明嘉靖四十四年進士，初知魏縣，後擢河南御史，歷巡光禄大倉、漕河，補浙江副使。疏請致仕，結廬西山，究心性理學。著作有困學纂言、惜陰稿、論語外編等。萬曆間，嘗輯刻道宗六書。事跡見蘭臺法鑒録、同治豐城縣志等。

南華真經義纂十卷，卷首題『李栻纂、褚伯秀義海、朱得之通義』。書前以明朱得之莊子通義末之褚氏後序自撰爲南華真經義海纂微序，以刻莊子通義引、讀莊評、莊子通義目録爲莊子通義引、讀莊評、南華真經義纂目録。今細審全書，其南華真經義纂目録，三十三篇題目下皆分章標題，與朱氏莊子通義目録相一致，而各篇之實際内容，則與莊子通義多有不同，主要表現爲：一、朱氏莊子通義原有較多旁注、夾注，李氏基本予以删除；二、朱氏於正文各章後原有自撰之『通義』，李氏則酌情而偶予删除，凡未删去者，便冠以『朱氏曰』字樣；三、朱氏於『通義』後原引有褚伯秀之『管見』而謂之『義海』，李氏則予以大量删除，凡未删去者，便冠以『褚氏曰』字樣。準此，則南華真經義纂乃是删削莊子通義而成，内容已遠不如原著該備富美，然視其全帙，仍有纂者體例可循，且刻工精美，校對精細，亦可珍視。

今所存完整南華真經義海纂微一百六卷，僅有道藏本及四庫全書本兩種。如仔細對校朱得之、李栻所引與道藏本相應部分，則可發現朱、李二本每每相同而與道藏本相異。如道藏本第九卷人間世『理極而不失乎中道也』之『失』，朱本、李本並作『先』，訛；道藏本第十七卷大宗師『目擊道存』之『擊』，朱本、李本並作『繫』，訛；道藏本第二十一卷應帝王『至人非有心於出奇以屈人也』之『於出奇』三字，朱本、李本並無；道藏本第三十三卷在宥『故以存民宥衆爲懷』之『懷』，朱本、李本並作『德』；道藏本第三十九卷天地『泛觀以道通行以德』之『通』，朱本、李本並作『直』。無論訛文、脱文，抑或一般異文，朱、李二本大多一致。猶可注意者，朱、李二氏在至樂篇末皆云：『此篇褚氏不爲總論，其指無不明也。』但視道藏本南華真經義海纂微，至樂篇末同樣有總論，長達三百五十多字。由此皆可説明，李本出自朱本，而與道藏本差異較大。

今影印李栻纂南華真經義纂十卷，據中國國家圖書館藏明刊本。

南華真經旁注五卷

（明）方虛名撰

方虛名，字浮惰，歙浦（今屬安徽歙縣）人，生平事跡不詳。孫平仲，字公次，海陽人，生平事跡亦不詳。

南華真經旁注前有萬曆二十二年新都方伯雨南華真經旁注序和方虛名自序，後附南華真經旁注凡例八條和南華真經旁注目錄。卷首題『歙浦方虛名浮惰輯注，海陽孫平仲公次音校』。篇題下除盜跖、説劍、漁父、列禦寇等篇外，其他篇有題解。正文窄、寬行相間，寬行書莊子原文，並隨文小字表明『字法』、『句法』或『章法』，順文音注；窄行在寬行之右，用來釋義或評論。有眉評、圈點。方氏還自創『凡例』，如『一』、『╴』、『乚』、『○』等，皆有不同意義。

方伯雨在序中，借用主客問答形式，從儒家立場對南華真經旁注評價甚高。他説：『舉世皆貌孔子，亘千古而得莊生，其神已；舉世皆異莊生，綜百家而有莊翼，殆其契與物莫近乎此，如其弁髦，則惟旁注近之近者也。』以焦竑莊子翼比之南華真經旁注。其實，就此方面來説，旁注與莊子翼有些類似。莊子翼收郭象以下莊子學書目凡四十九種，而方虛名則號稱『進退百氏，證向今故』（自序），俱是輯錄各家注釋。但是，旁注與莊子翼又有很大不同，莊子翼在莊子原文後，依次羅列各家注釋，詳而繁，且以『筆乘』申明己意；旁注則是方虛名以己意取之，簡而略，且基本上不標注出自何家，使人無法分清是否有方氏本人見解。對此，方氏自序中還予以申明，他説：『得鴞炙於彈，出醍醐於乳。指醍醐而示人曰「乳」，指鴞炙而示人曰「彈」，必反以爲欺。虛名寧言之襲，無寧人之誣也，不敢以姓名點百氏。』稱自己寧願承擔抄襲之名，亦不願落誣陷之實，此論亦可謂一家之言。

其實，方虛名雜取『百氏』之言，還有些莊子『寓言』意味。他在自序中説：『如得其情與不得，無益損乎其真。且也百氏之言也，非余之私言也。故百氏貨也，余則市也；百氏寶也，余則盤也。萬貨聚而市成，貨贗而罪不及市；萬寶萃而盤成，寶僞而患不及盤。』此與寓言篇所言『非吾罪也，人之罪也』者，可謂異曲同工。但是，莊子在『寓言』之外，還有『重言』、『卮言』，旁注缺少如焦氏所謂『筆乘』，又基本上不標明引文出處，這就未免會影響到其學術價值。從旁注引文實際情況來看，對照各家注釋，方氏多引林希逸南華真經口義、羅勉道南華真經循本、陸西星南華真經副墨等，如内七篇題解即基本上引自南華真經口義題解。

與闡釋莊子義理相較，方虛名更側重莊子文評。這主要表現在以下幾個方面：一是隨莊子原文，時時標明『字法』、『句法』、『章法』，眉欄處亦然。二是每篇首行眉欄處第一條常常對全篇寫作特點予以説明，如逍遥遊篇眉欄處第一條云：『此篇直述體，「大小」二字乃其眼目，文字一頭二證一結，奇崛不倫。』齊物論篇眉欄處第一條云：『此篇本以齊物論爲主，卻借風起後始入題，四大柱入結，中多顛倒紆散之語。』三是常常論及莊子結構、筆法，梳理文章脈絡，如齊物論篇眉欄處云：『前曰不聞，此曰不見，此文字關鎖處。』（此條引自林希逸南華真經口義）南華真經旁注音注部分乃是孫平仲所爲，方虚名對此在『凡例』中有明確説明，並稱其『奏功』。

茲據華東師範大學圖書館藏明萬曆二十二年黄德新、黄德懋刻南華真經旁注五卷予以影印。

莊子弋説

（明）沈長卿撰

沈長卿，字幼宰，浙江杭州人，生卒年不詳。主要當活動於明萬曆、天啟間，與陳繼儒、湯顯祖、徐如珩等友善。徐氏沈氏弋説跋謂其『半生精力畢耗於舉子業而非其志』，『才品直上而任誕忽俗，有晉人風。』著作有沈氏左燈、沈氏日旦、沈氏弋説。

沈氏弋説卷四有逍遥遊説、齊物論説、養生主説、人間世説、德充符説、大宗師説、應帝王説七篇，皆爲論説體，分别論説莊子内篇各篇意旨，今姑名爲莊子弋説。其中逍遥遊説、齊物論説、應帝王説之末，有聞子將（啟祥）、黄聖孩（可師）、卓去病（爾康）所撰評語。沈長卿以『弋説』名其此著，取義於詩經桑柔『如彼飛蟲，時亦弋獲』，謂『弋取傳記以來國家存亡、聖賢豪傑所由顯隱之故』（湯顯祖沈氏弋説序）而論説之，然『猶逡巡遜謝，以飛蟲之弋獲自居』（陳繼儒沈氏弋説序），以示謙遜。

今讀沈氏爲莊子内篇所作弋説，可謂『正説，反説，直説，倒説，横説，豎説，煩説，簡説，俗説，雅説，取譬説，恢諧説，曲折縱横，靡不如意』（同上），而大要謂莊子爲用世之才，其書爲用世之書，讀者作遺世觀則誤甚。如沈氏在養生主説中指出，莊子設爲庖丁解牛寓言，『蓋教用世，君子於盤根錯節處，弗輕試其鋒；於肯綮處，才可下手也。』並舉例説，齊桓公、趙襄子、范蠡、田單、范睢、漢高祖、王允、張仲堅、狄仁傑、李愬、王曾等人，皆以『入有間』而成其功，而『無間可入』者，則『縱臥龍抱天民名世之略，掃吳魏之幺魔以定三分之鼎，而猶不足』，故此篇『即孟夫子乘勢待時之説，而取義於庖丁，即老氏治大邑若烹小鮮之旨也』。顯然，沈長卿此處作『正説』、『反説』、『取譬説』，可謂曲折縱横，實已暢其所欲言，但與莊子借庖丁以寓養生宗旨卻大相徑庭。當然，沈氏爲内篇其餘六篇所作弋説，基本上還是與莊子宗旨相一致。如其齊物論説云：『莊生以驪姬之泣嫁爲喻，其説甚快。而予謂戚夫人、蕭淑妃、楊太真，其初嫁時，又未必不歡笑也。未幾爲人彘，爲骨醉，爲縊於馬嵬，三姬悔嫁時之笑，不異驪姬之悔其泣也。明此可以悟是非之無憑矣。』此處所謂戚夫人、蕭淑妃、楊貴妃三人後悔『嫁時之笑』，雖皆從齊物論篇所述驪姬後悔泣嫁故事反面著筆，但同樣可用來發明莊子齊物之旨，並未遊離於文本之外。

今影印沈長卿莊子弋説，據華東師範大學圖書館藏明萬曆刊沈氏弋説本。

南華經別編二卷

（明）王宗沐撰

王宗沐（1524—1592），字新甫，號敬所，浙江臨海人。明嘉靖二十三年進士，授刑部主事，與同官李攀龍、王世貞輩以詩文相友善。其後，歷江西提學副使、山西右布政使、山東左布政使、右副都御史總督漕運兼撫鳳陽、刑部左侍郎。著作有宋元資治通鑒、江西省大志、海運詳考、海運志、敬所文集、南華經別編等。事跡見明史卷二百二十三。

南華經別編二卷，前有施觀民明萬曆三年（1575）重刻南華別編序及南華經別編目錄，卷首題『臨海王宗沐編』。施氏序謂，此書原爲王宗沐『督學江右時所刻，以惠門下士者』。據考，王宗沐於嘉靖三十五年（1556）始任江西提學副使，整修白鹿洞書院，親自講學，至嘉靖四十年離任，則其南華經別編之始刻，當在此期間。此書上卷分爲『北冥篇』、『庖丁篇』、『南郭篇』、『顏闔篇』、『顏回篇』、『夔鵲篇』、『葉公篇』、『南伯篇』、『知天篇』、『女偊篇』、『子祀篇』、『神巫篇』、『駢拇篇』、『馬蹄篇』、『胠篋篇』、『崔瞿篇』、『在宥篇』、『赤張篇』、『子貢篇』、『化均篇』、『黃帝篇』、『師金篇』、『成綺篇』、『輪扁篇』、『天運篇』、『雲將篇』，下卷分爲『河伯篇』、『孔子篇』、『刻意篇』、『繕性篇』、『夔蚿篇』、『列子篇』、『海鳥篇』、『天道篇』、『公孫龍篇』、『關尹篇』、『痀僂篇』、『操舟篇』、『梓慶篇』、『宜僚篇』、『至道篇』、『將迎篇』、『庚桑篇』、『射者篇』、『仲尼篇』、『嚙缺篇』、『則陽篇』、『田侯篇』、『長梧篇』、『少知篇』、『達命篇』、『莊子自敍篇』，除少數爲莊子原篇而外，其餘全是摘錄文字，但各『篇』排列次序，每與今本莊子不合，未知何以如此。

今案北宋陳景元南華真經章句音義、南華真經章句餘事，已採用分章標題形式，晚明朱得之莊子通義因之，而王宗沐則篇章並重，按内容或寓言之完整性，來截取篇章，標立『篇』目，並在此基礎上作『點注』，故施觀民序云：『締觀之，其分章析體，豎截點注，皆有深意，誠足發其奥窔，即起蒙莊氏叩之，當心醉神蘇矣。』此言雖有過譽之嫌，但其指出該書有創意則是事實。尤其值得指出，該書各『篇』題下多有批語，往往能引人入勝。如顏闔篇題下云：『此篇短體，然語事曲中人情，而文字轉換，奇妙特甚。』師金篇題下云：『此篇攻擊體，一篇中六譬而渾純無痕跡、無起伏，且譬中常事而文語精奇不倫，真造化手。妙妙！』此等批語，多著眼於藝術特徵，對讀者理清文章脈絡，探尋主旨所在，無疑甚有幫助。

兹據北京師範大學圖書館藏明萬曆三年施觀民刊南華真經別編二卷予以影印。

玉堂校傳如崗陳先生南華經精解八卷

（明）陳懿典撰

陳懿典（1554—1638），字孟常，號如崗，浙江秀水（在今嘉興）人。萬曆二十年進士，官至中允，乞假歸。崇禎初，起爲少詹事，不赴。著作有吏隱齋集、廣檇李往哲傳、玉堂校傳如崗陳先生二經精解全編、南華真經三注大全等。

玉堂校傳如崗陳先生二經精解全編九卷，前有焦竑序陳孟常二經精解、楊九經考如崗先生二經精解兩篇序文。玉堂校傳如崗陳先生南華經精解八卷，即爲玉堂校傳如崗陳先生二經精解全編之卷二至卷九，前三卷題『秀水陳懿典孟常父述著、北海焦竑弱侯父考定』，後五卷復題有『古閩楊九經一甫父參訂』。正文間雙行夾注，各段正文後低一格引他人之説作爲總注，計有郭象、吕吉甫（惠卿）、王雱、陳碧虛（景元）、劉概、林疑獨（自）、陳詳道、林希逸、褚伯秀、羅勉道、楊慎、朱得之、陸西星、焦竑、張四維、李光縉等家評注文字。眉欄則引衆大家之評注文字作爲批語，並標以『某某節』字樣將其分成若干單元。

焦竑序陳孟常二經精解謂『舊未有句解，解之自孟常始』。然今案隋書經籍志載『莊子文句義二十八卷』，永樂大典卷一萬五千九百五十五録有莊子句解殘文，釋性涵南華發覆、釋德清莊子内篇注等亦皆爲句解之作，則陳懿典玉堂校傳如崗陳先生南華經精解非爲句解之始甚明。但陳懿典莊子南華真經目録遠承北宋陳景元南華真經章句餘事之例，將莊子各篇重新編排命名章目，如逍遥遊篇依次標爲『鵬鳥圖南』、『喻所見者小』、『小大之辨』、『許由辭禪』、『真人陶鑄堯舜』、『物各有宜』、『物貴善用』七個章目，達生篇依次標爲『養形莫如棄世』、

『神全者不傷』、『用志不分之喻』、『定神無矜之喻』、『養生必周其防』、『以物害己之喻』、『皇子告敖論鬼』、『養氣之喻』、『蹈水之道無私』、『梓慶善削鐻』、『東野稷之御』、『工倕之巧』、『扁子論孫休』十三個章目，並與正文中章目一一對應，這無疑非常有利於讀者把握莊子各章大意，可看成是陳懿典匠心獨運之結果，具有一定學術價值。

陳懿典所作夾注，乃是在損益他人文字基礎上而成，而且亦曾有過『莊子非不知敬吾聖人者』（寓言夾注）之類儒學化言論，但就整體而論，其所作注解平實精煉，比較貼近莊子原意。尤其值得指出，他雖然最是肯定林希逸莊子鬳齋口義、陸西星南華真經副墨、李光縉南華膚解三家之注，但並沒有承因三家注儒學化、佛學化和道教化思想傾向，而基本上選擇以莊解莊。如林希逸爲天下篇所作題解謂，此篇爲莊子全書末序，並顯示出莊子非常懂得孔門學說本來醇正，而陳懿典在引述林氏此題解時，卻僅僅節取其中有關此爲全書末序之說法，完全揚棄林氏所述諸多儒學化文字，與自己所作夾注達到觀點上之一致。對於陸西星、李光縉所表現出的道教化或佛學化思想傾向，陳懿典亦大致作如是處理，從而使此著雖大量引述他人評注，卻不乏自己特色，比較接近莊子本意。

陳懿典玉堂校傳如崗陳先生二經精解全編九卷，有明萬曆間玉堂校傳刊本、萬曆四十五年王惺初校刊本、天啟間刊本。此次影印玉堂校傳如崗陳先生南華經精解八卷，據中國科學院國家科學圖書館藏明萬曆二十二年熊雲濱刊玉堂校傳如崗陳先生二經精解全編九卷本。

南華真經三注大全二十一卷

（明）陳懿典撰

陳懿典生平事跡，已見玉堂校傳如嵩陳先生南華經精解提要。其所撰南華真經三注大全二十一卷，前有翁正春敘南華三注大全、史繼階南華三注大全序，卷首題『潮秀水會魁陳懿典輯、閩書林自新余良木梓』。各段正文後輯林鬳齋（希逸）、陸方壺（西星）、李衷一（光縉）三家注，眉欄引郭象、支遁、呂惠卿、王雱、陳景元、陳詳道、劉概、趙以夫、范元應、褚伯秀、羅勉道、焦竑等名家評注。翁正春敘南華注大全謂，莊子一書正如司馬遷所言，雖當世宿學不能解，後世唯有郭象莊子注、呂惠卿莊子義、林希逸莊子鬳齋口義、陸西星南華真經副墨、李光縉南華膚解諸書頗得其旨，而其中林希逸莊子鬳齋口義尤爲南華鼓吹，陸西星南華真經副墨、李光縉南華膚解更是南華功臣，因而陳懿典（如嵩）遂會衆說而成南華真經三注大全一書。誠然，陳懿典雖然不曾親作注解，然其將宋明時三大莊學著作會入一書，並摘引歷代名家評注作爲眉批，卻甚能方便讀者，值得重視。

尤其需要指出，李光縉南華膚解久已不傳，賴陳懿典南華真經三注大全及其他諸書輯錄或摘引而得以部分保存至今，則更使陳氏此書具有較高文獻價值。但此書所引李光縉南華膚解文字，偶有張冠李戴者，必須予以注意。如其駢拇題解云：『李衷一云：駢拇篇以道德爲正宗，而以仁義爲駢附，正好與老子「失道而後德，失德而後仁，失仁而後義」參看。一部莊子宗旨，全在此篇。末用一句叫出：「予愧於道德，是以上不敢爲仁義之操，而下不敢爲淫僻之行。」上下俱不爲，則虛靜恬澹寂寞無爲，而道德之正，性命之情，於是乎得之矣。』此語實爲陸西星南華真經副墨駢拇之題解，郭良翰南華經薈解駢拇引述時亦冠以『陸西星總論曰』字樣。又大宗師篇『子桑戶』節後引『李衷一云』一段注解文字，當摘録於陸西星南華真經副墨大宗師『子桑戶』節之注釋，與郭良翰南華經薈解大宗師相應位置之注釋亦略同，而郭氏未冠以某某姓氏。凡此，皆不知爲李氏南華膚解原本如是，抑或實由陳氏南華真經三注大全致誤，尚待給出答案。

兹據華東師範大學圖書館藏明萬曆二十一年書林余氏自新齋刊南華真經三注大全二十一卷予以影印。

莊子雋一卷

（明）陳繼儒撰

陳繼儒（1558—1639），字仲醇，號眉公，又號麋公，松江華亭（今屬上海市）人。幼穎異，能文章，長爲諸生，與董其昌齊名。書法繪畫名重一時，爲『吳門畫派』代表人物之一。隱居崑山之陽，得隱士之名，但又與官紳周旋，時人頗有譏評。著作有妮古録、陳眉公全集等。

莊子雋在五子雋內，僅録莊子內七篇，前有內篇目録，卷首題『雲間眉公陳繼儒評選、句容賓王張榜參校、書林少渠蕭世熙繡梓』。每篇目下有簡單題解。正文頂格書寫，順文雙行夾注，有句點、眉批。篇末以袁石公（宏道）、陳繼儒（眉公）、李卓吾、方華村等人評論作結。

莊子雋義理闡釋與文評並重。在義理闡釋方面，陳繼儒側重句意、段意乃至通篇大意之梳理，亦有不少真知灼見。如其齊物論篇題解云：『欲齊一天下之物，必觀諸未始有物之先。物本自齊，非吾能齊，其有可齊，終非齊物，此是要論。』强調『未始有物之先』，在對莊子『齊物』要義解釋的諸家之中，可算一家之言。在文評方面，陳氏欣賞莊子之文，時時發出由衷之歎，如逍遥遊篇『惠子謂莊子曰』一段眉批中說『此段可誦』，養生主篇眉批又謂『庖丁解牛段千古名言』。陳氏對莊子之字法、句法、文法也作過一些分析，如大宗師篇『古之真人』一段眉批中說『氣魄雄健，字字欲飛』，逍遥遊篇中說『「而後」、「乃今」是句法』。

但需要指出，陳繼儒亦深受晚明不良學風之影響，莊子雋中時有借鑒甚至襲自他人之處。在内七篇題解中，逍遥遊、養生主、人間世三篇題解取自陸西星南華真經副墨，如陳氏在養生主篇題解中說『養生主，養其所以主吾生者也』，即完全取自南華真經副墨。該書注解，亦時時得見林希逸莊子口義之痕跡，如齊物論篇『莊周夢蝶』寓言後，陳氏評論說：『此一段又自前章説夢處生來。……此等處皆是畫筆。「周與蝴蝶必有分矣」，此一句似結不結，卻不説破，正欲人於此參究。』與莊子口義評論基本相同。

陳繼儒莊子雋一卷，有明蕭鳴盛刊五子雋本、明刊老莊合雋本。此次影印，以蕭鳴盛刊五子雋本爲底本。

莊子膏肓四卷

（明）葉秉敬撰

葉秉敬（1562—約1627），字敬君，號寅陽，西安（在今浙江衢州市）人。秉性好學，幼通經史，明萬曆二十九年進士，官至荊西道布政司參議。清廉公正，譽稱『明可照肝膽，精可析秋毫』。學頗淹通，著作宏富，有讀書錄鈔、韻表、書肆説鈴、明諡考、寅陽十二論、葉子詩言志等四十餘種，爲當世名儒。

莊子膏肓四卷，千頃堂書目卷十六、（乾隆）浙江通志卷二百四十五著錄，（崇禎）衢州府志題作南華指南。書前有葉秉敬自序，卷首題『三衢葉秉敬敬君父注』。正文大字書寫莊子原文，間有順文音注；有斷句、圈點、旁注、眉批。葉氏自序謂『（莊子）其言能脱死生，能忘是非，可以破世人之膏肓也。而世之學莊子者，乃不得其脫死生、忘是非之旨，而競相傳寫其一二脫空杜撰之語，以相誇詡』、『人心之膏肓甚矣』。故其著莊子膏肓，乃欲『全莊子之美』，以醫天下擬莊文之疾。『膏肓』原爲中醫學術語，膏指心臟下部，肓指心臟和隔膜之間，舊說膏與肓爲藥力所不能至，葉氏以此名其著作，表明其頗有自許之意。

爲達到『全莊子之美』、『醫天下擬文之病』之目的，莊子膏肓首先分析莊文結構，梳理文章脈絡，闡釋段中義理，此爲該書眉批主要內容，亦爲該書主要內容之一。葉氏以『段』爲單位對莊子諸篇予以分析，如以內七篇爲例，逍遥遊篇分爲五段，齊物論篇分爲五段，養生主篇分爲四段，人間世篇分爲七段，德充符篇分爲六段，大宗師篇分爲八段，應帝王篇分爲七段。對每段大意，葉氏大都予以解釋，但間亦略而不論。其次，葉氏還對莊文妙處予以評論。如齊物論篇有語云：『萬世之後而一遇大聖，知其解者，是旦暮遇之也。』葉氏旁注：『才二十餘句，輒有十餘轉，變化無端，神妙不測，只是嚙缺三不知意思，卻另寫出，這般奇姿逸態！此等處，乃是莊子真得意處，讀者不於此處著眼，卻尋其杜撰怪語險字，以潤筆端。此等妙處，卻當面錯過，逐臭之夫，豈在海上哉！』此處不僅對莊文之美予以高度讚揚，同時還指出了時人『擬文之病』。

對於蘇軾等以讓王、盜跖諸篇爲贋作，葉秉敬頗持異議。如其於讓王篇第三段所作眉批云：『蘇子瞻乃謂讓王、說劍皆淺陋，欲除去讓王以下四篇，竟歎寓言爭席接列子饋漿，其是非，愚不必辨。至以讓王爲淺陋，則愚以爲屠羊說數語，即左傳中不可多得，以此爲淺陋，不知文字當如何而後爲玄妙也。』於盜跖篇第一段所作眉批云：『舊皆謂此非莊生筆，予亦不敢決。謂出莊生筆，然觀其爲盜跖造語，拗而無理，或者故爲此語，以陰戮盜跖，未可知也。』由此可知，葉氏很重視莊子文章風格、特點，有時甚至將其置於義理闡釋之上，他對讓王、盜跖等篇所作評論，值得重視。

葉秉敬莊子膏肓四卷，有明萬曆四十二年刊本，今據中國科學院國家科學圖書館所藏予以影印。

遯居士批莊子内篇一卷

（明）顧起元撰

顧起元（1565—1628），字太初，一作璘初，號遯園居士，應天府江寧（今江蘇南京）人。明萬曆二十六年進士，授翰林編修，官至吏部左侍郎，兼翰林院侍讀學士。乞退後，築遯園，七徵不起，唯閉門著述。著作有懶真草堂集、寒松館遊覽詩、遯園漫稿、中庸外傳、說略、金陵古金石考、客座贅語、蟄庵日録、歸鴻館雜著八種等。

歸鴻館雜著八種内收遯居士批莊子内篇一卷，前有顧起元天啟二年莊子内篇題辭，卷首題『江寧遯居士顧起元太初閲』。正文録莊子内七篇，皆有圈點，偶有旁批，以文評爲主。如於逍遥遊篇『北冥有魚』節旁批曰『開口就是譬喻』，於『湯之問棘』節旁批曰『又引證覆説一遍』，於『故夫知效一官』節旁批曰『到此才説正意』；於養生主篇『庖丁爲文惠君解牛』節旁批曰『引證』，於『公文軒見右師』節旁批曰『二引證』，於『老聃死』節旁批曰『三引證』。凡此批語，對讀者理清莊子文章脈絡，皆甚有幫助，而諸如於德充符篇『故德有所長』數句旁批曰『一篇主意在此數語』，則更能指引讀者找到全篇宗旨所在。

就顧起元之莊學思想而言，其主要觀點已表現於莊子内篇題辭，而後之逍遥遊篇題解和齊物論、人間世、德充符、大宗師、應帝王諸篇末總批，則是其對各篇主旨及藝術特徵之簡要説明。顧氏題辭以爲，『内篇，莊子之本書也。外篇、雜篇，不盡出於莊子，或其徒與後人之學莊子者昉而爲之，亦或以他人之文有類莊子者，取而傅之』，故取七篇而撰成遯居士批莊子内篇，但對七篇皆以三字爲題，則未敢斷定是否果爲莊子本人所爲。又謂莊子自是莊子，其著書目的，『原欲别開天地，自立於洙泗之外』，故論者不可以孔子律莊子，亦不必以莊子律孔子。且在顧氏看來，『莊子內篇七篇，真神仙之言、性命之學，不獨理道精深，而文辭奇詭變化，猶神龍翔於霄漢，莫可端倪』（引殷宗伯語），而『人皆以己意發而爲言耳，名曰注莊子，豈真注莊子者哉？』故而不用傳統『箋注』形式，唯以簡明扼要之語揭明各篇主旨和行文特徵而已。如其逍遥遊篇題解云：『通篇以大字爲骨子，以無己、無功、無名、無用、無爲爲精神。』德充符篇末總批云：『只爲「德有所長，形有所忘」八字，撰出許多醜模惡樣之人發明其旨，是此老故意爲奇戲弄處，後世乃信其果有是人，幾於癡人說夢矣。』顧氏如此解讀莊子內篇，確已擺脫『箋注』窠臼，然未免失之簡略，故其影響欠廣。

茲據中國國家圖書館藏明刊歸鴻館雜著八種，影印其中遯居士批莊子內篇一卷。

新刻葵陽黄先生南華文髓八卷

（明）黄洪憲撰

黄洪憲（1541—1600），字懋忠，號碧山學士，浙江嘉興人。隆慶五年進士，選庶起士，授編修，累官至少詹事兼侍讀學士，掌翰林院事，曾出使朝鮮。著作有朝鮮國紀、玉堂日鈔、春秋左傳釋附、學易詳說、碧山學士集、新刻葵陽黄先生南華文髓等。

新刻葵陽黄先生南華文髓八卷，書前有王衡南華經文髓題辭，卷一爲莊子南華經目錄，卷二、卷七、卷八題『葵陽黄洪憲評輯』，卷三題『葵陽黄洪憲評校』，卷四、卷五、卷六題『葵陽黄洪憲輯、緱山王衡校』。正文部分，莊子原文頂格書寫，順文雙行夾注，有旁注、圈點、眉批。旁注以音注和注明字法、句法、章法爲主；眉批主要引郭象、王雱、呂惠卿、陳景元、褚伯秀、劉辰翁、羅勉道、焦竑等語，間或申以己意。每篇分原文爲若干段，每段前另設標題，如養生主篇標有『爲善無近名』、『目無全牛』、『死生如一則善養』等三目，至樂篇標有『得無爲而後樂』、『死生如四時行』、『生如塵垢』、『死有南面王樂』、『以海鳥喻齊侯』、『萬物之出機入機』等六目，與宋陳景元南華真經章句音義、明朱得之莊子通義、陳懿典玉堂校傳如崗陳先生南華經精解之標目皆不同，或爲評校者所自擬。段末附有大量注文，分别冠以『郭象云』、『陸西星云』、『李衷一（光縉）云』、『焦澹園（竑）云』等字樣，然冠以『郭象』、『李衷一』、『焦澹園』云者，每出自陸氏南華真經副墨，未知爲有意作僞，抑或輯刻粗心所致。

是書重在闡釋莊子義理。王衡題辭謂，莊子所藴義理，『深者入黄泉，高者出蒼天，大者含元氣，細者入無間，誠易所稱玄之又玄，衆妙之門也。顧妙有真髓，而章句爲糟粕』，故指責『章句之徒相與摘而用之，至棘喉滯吻，是胡寬之營新豐也，是優孟之學叔敖也』，希冀以『神』遇莊子。此當爲黄洪憲等撰輯新刻葵陽黄先生南華文髓用意之所在。然受晚明浮誇學風影響，該書注語批語，多係引用，缺乏新意，故所謂得莊子之『髓』者，僅爲良好願望而已。

南京圖書館藏有明萬曆間八閩上郡書林喬山堂龍田刊新刻葵陽黄先生南華文髓八卷，今據以影印。

新刻韓會狀注釋莊子南華真經狐白四卷

（明）韓敬撰

韓敬（1580—？），字簡與，一字求仲，號止修，歸安（治所在今浙江吴興）人。據明史卷二百三十六載，韓氏曾受業於宣城湯賓尹（字嘉賓，號睡庵，别號霍林）。萬曆三十八年（1610），賓尹分校會試，韓敬之卷爲考官所棄。賓尹搜得之，强總裁侍郎蕭雲舉、王圖録爲第一。後賓尹被罷官，敬亦稱病辭職。

新刻韓會狀注釋莊子南華真經狐白四卷，書前有刻南華句解序、司馬遷莊子列傳、總論（節選於阮籍達莊論），卷一題『太史霍林湯賓尹校閱、會狀求仲韓敬注釋、書林泰垣余文傑梓行』，卷二、三、四題『書林泰垣余文傑梓行』。篇題下除外物篇外，均有題解。正文中，莊子原文頂格書寫，順文雙行夾注。間有小字旁注，以音注爲主。有眉批，多爲湯賓尹、王鳳洲（世貞）語，亦有韓敬本人語。篇末有評語，亦多冠以『湯賓尹曰』、『王鳳洲曰』、『陸西星曰』字樣。書末記有『萬曆甲寅祀冬月自新齋余氏梓行』。刊版較模糊，小有瑕疵，書前序論有缺頁。

據刻南華句解序，此書原名當爲『南華句解』，而又因『得求仲匯成全書，備諸注釋』，匯集注莊之精髓，故書肆復以『狐白』名之。『狐白，謂狐掖下之皮，其色純白，集以爲裘，輕柔難得，故貴也。』（顏師古漢書注匡衡傳）誠然，視全書題解、注釋、眉批，以及篇末評語，可謂內容豐富而精粹，有似集眾狐白而成一裘。然因受晚明不良學風影響，書中有大量抄襲或張冠李戴現象，必須予以指出。如內七篇之題解皆襲自林希逸南華真經口義，外篇之題解皆襲自陸西星南華真經副墨（僅天地篇解題冠有『陸方壺』三字），而雜篇說劍、漁父之題解與陸氏南華真經副墨一字不易，卻竟冠以『湯賓尹曰』字樣。又篇末評語，亦多張冠李戴，不可信從。如養生主篇末評語冠以『湯賓尹曰』者，實引自焦竑焦氏筆乘；達生篇末評語冠以『湯賓尹曰』者，實引自王雱南華真經新傳；天道、刻意篇末評語均冠以『湯賓尹曰』者，實皆出自褚伯秀南華真經義海纂微所引呂惠卿語；在宥、天運、讓王、盜跖篇末評語均冠以『湯賓尹曰』者，實皆出自林希逸南華真經口義。若再細檢眉欄批語，情況亦大致如此。由是論之，此書又不足以稱貴，當爲書賈之所編，所謂『韓敬注釋』、『湯賓尹校閱』者，皆爲托名之辭。

韓敬新刻韓會狀注釋莊子南華真經狐白四卷，唯有明萬曆四十二年書林余氏自新齋刊本。今據北京師範大學圖書館藏此刊本予以影印。

莊子奇賞四卷

（明）陳仁錫評選

陳仁錫（1581—1636），字明卿，號芝臺，長洲（治所在今江蘇蘇州市）人。明天啟二年進士，以殿試第三授翰林編修。後爲直經筵，典誥敕，因不肯撰魏忠賢鐵券文，遭其嫉恨。鄉人孫文豸以誦步天歌見捕，詞連仁錫，得削籍歸。魏忠賢敗，復原官，累遷南京國子祭酒。卒，謚文莊。仁錫講求經濟，有志天下事，性好學，喜著書。尤精研經史之學，著作宏富，有周禮句解、孝經小學詳解、六經圖考、四書語錄、皇明世法錄、壬午書、潛確居類書、無夢園集、古文奇賞、諸子奇賞等。

莊子奇賞在諸子奇賞內，爲卷二十六至卷二十九。前有莊子序（與史記莊子傳基本相同）、諸子奇賞目次，卷首題『古吳陳仁錫明卿父評選』。正文以郭象莊子注本作底本，頂格書寫，順文雙行夾注。有斷句、圈點、眉批。

諸子奇賞目次內，首置陳氏所作莊子小傳云：『莊子，名周，蒙人，爲漆園吏。著書寓言，徜徉自恣，宏放馳逐，縱不可羈。其於天人性命，多所開發，大要本於老子。』此小傳所述文字，多可視爲陳氏對莊子一書之總評。莊子奇賞共選錄莊子二十八篇，具體情況爲：內七篇全錄，外篇錄駢拇、馬蹄、胠篋、在宥、天地、天道、天運、秋水、至樂、達生、山木、田子方、知北遊十三篇，雜篇錄庚桑楚、徐無鬼、則陽、外物、寓言、讓王、列禦寇、天下八篇。陳氏服膺郭象莊子注，逍遙遊篇首條眉批云：『注「逍遙」紛紛，不如郭象之簡渾，語大語小，總自得其得，非得人之得，何須分疏，何須形容？』此當爲陳氏注解莊文之準則，故以郭注本爲底本。眉批部分爲陳氏本人所爲，既有義理闡釋，亦有文評，但較爲簡略，多從『賞』字著眼。如於在宥篇『黄帝退』節眉欄，陳氏批云：『閑境冷境，澆洗富貴人濃腸熱腸。』於天地篇『汝方將忘汝神氣』節眉欄，陳氏批云：『是風波湍激處。』於天運篇開頭眉欄，陳氏批云：『文章之妙，如煙如雲。』於山木篇『送君者』節眉欄，陳氏批云：『此一幅送行圖也。仕路如送行可以不辱，學問如送行可以不止。』諸如此類，皆以『賞』爲重要手段，而每以比喻手法誘發讀者領悟莊子文章之奧義。

此次影印陳仁錫莊子奇賞，據華東師範大學圖書館藏明天啟六年刊諸子奇賞本。

古蒙莊子四卷

（明）王繼賢訂正　吴宗儀校釋

王繼賢，字弓若，號笠雲，浙江長興人，生卒年不詳。明萬曆二十九年進士，初任蒙城縣令，繼升南京刑部主事，崇禎末知揚州。工書，善畫人物，不讓陳洪綬。事跡見長興縣志、泉園隨筆、箬溪藝人徵略。吴宗儀，武進（今屬江蘇常州）人，生卒年不詳。曾任蒙城縣儒學署教諭事、山西『糧道』官，是明代書法家。

上海圖書館藏明萬曆三十九年刊古蒙莊子四卷，書前有王繼賢『萬曆辛亥仲春朔』所撰古蒙莊子序（臺灣中央圖書館藏萬曆三十九年刊本此後尚有吴宗儀『萬曆辛亥春三月既望』所撰敘古蒙莊子、莊子小像及張文旆所撰讚語）、司馬遷莊子列傳，卷首題『西吴王繼賢訂正、延陵吴宗儀校釋』，書末有『漆園後學徐行句讀、鄒貞卿訂錄』字樣。正文頂格書寫，白文無注解、無眉批，僅於每篇末附個別字詞之音注，直音與反切相間，偶有對某字詞之解釋。此藏本曾爲黄裳先生所得，書前有其『癸巳（1953）初夏四月初二日』朱筆跋語云：『此元和顧千里（廣圻）先生手校本，又有鈕樹玉批注，中吴名賢手跡，匯萃一書，至堪珍重，（郭）石麒得於越中，歸以售余。』今檢此藏本，『古蒙莊子卷之一』左側有朱筆『壬子夏日用南宋郭象注本校』字樣，説明書中用朱筆手校者，當爲顧廣圻於清乾隆五十七年壬子（1792）所爲。又據墨色手批偶有冠以『樹玉謂』、『樹玉按』者，則可説明書中大量墨色手批爲清鈕樹玉所爲，其中有些見解值得重視。如鈕氏於天運篇末批云：『文選注引淮南王莊子略要曰：「江海之士，山谷之人，輕天下，細萬物，而獨往者也。」注：「司馬彪曰：獨往，任自然，不復顧世也。」謝（靈運）入華子崗詩、江（淹）雜體詩、任（昉）齊竟陵文宣王行狀三引此。樹玉按：語意與刻意篇相近，疑所傳之本不同。』此處以文選注所引文字與今所傳刻意篇相比較，疑此篇曾因傳本不同而有文字差異，實屬大膽推斷，爲世人所未曾言。

王繼賢、吴宗儀俱在蒙縣爲官，故皆據王安石蒙城清燕堂詩、蘇軾莊子祠堂記而大加發揮，認爲蒙城即爲莊子故里，並以『荊公於當世號稱稽古，觀風問俗，豈其漫無所考而見之文字傳之後世哉，必不然矣』（王序）作爲重要論證，以駁斥其他觀點。其撰刻古蒙莊子，便是爲了在蒙城傳莊子之書。至於不作注解之緣由，王氏序云：『茲刻也，義取存蒙，故一切注疏不之及，非若蘇、王兩公能有所得於南華而更爲之傳其神也。』説明王、吴二人既欲存莊子之書、之神於蒙城，又希冀其能『昭然發蒙』（吴序）。然以今觀之，王、吴甚欲證成蒙城爲莊周故里，其意雖美，卻不免失之偏頗。

今據上海圖書館藏明萬曆三十九年蒙城縣學王繼賢刊古蒙莊子四卷予以影印。

南華經因然六卷

（明）吳伯與撰

吳伯與，字福生，宣城（今安徽宣城）人，生卒年不詳。明萬曆四十一年進士，除戶部主事，歷員外郎中，出爲浙江布政司參議，官至廣東按察司副使。肆力典籍，博極群書，工古文詞，多所輯著，有内閣名臣事略十六卷、素雯齋集十八卷等。其老莊因然八卷，黄虞稷千頃堂書目卷十六著録。

南華經因然又稱莊子因然，内、外、雜篇各分爲上、下兩卷，卷首題『延陵吳伯與福生隅解』，每篇題下有題解。正文中，將莊子原文分爲若干段，頂格書寫，分段予以簡要注釋，順文雙行注解；段末梳理全段結構、大意，間或引郭象、吕惠卿、王雱、陳景元、陳詳道、劉概、李士表、陸西星、張四維、焦竑、陶望齡等人注解，低一格書寫。

吳伯與傾向於儒家思想，其所撰南華經因然即時有表露。如讓王篇題下云：『以下四篇，蘇長公以爲非莊子所作，誠然。』盜跖篇題下云：『此篇譏侮列聖，戲劇夫子，蓋效顰莊老而失之者，文醜窮甚矣。』寓言篇『孔子行年六十而六十化』段後注釋云：『此莊之尊孔也。化而不化，道之妙也。』皆在一定程度上表現出以儒解莊傾向。同時，吳氏又每以佛解莊。如人間世篇有『心齋』概念，吳氏注解云：『蓋人心止於至足之分。至人本性無壞，觸物無著，不必絶塵逃形，自然常定常靜。倘一念橫執，清靜之中，頓起山河，縱離跡逃名，只成紛擾矣。』此處借用者，即佛教心性清淨思想。應帝王篇有『季咸相壺子』寓言，吳氏注解云：『地文、天壤、太沖，此三觀門也。故末説個「宗」字，禪家所謂本性也。』此處以佛教所稱『空假中三觀』對讀，認爲莊子『地文、天壤、太沖』之説，即佛教之真空絶相觀、事理無礙觀、周遍含融觀，亦即禪家所謂明心見性之境界，可見多有附會成分。但吳氏以佛解莊，亦不乏獨到見解。如其於逍遥遊篇題下云：『道無爲也，無爲故無累，我相且空，知見盡脱，遊於無小無大，冥乎不死不生，故大鵬爲至物，方知世界之寬，蜩鳩以近笑遠，局於知見，則莊子「不亦悲乎」者是已，此立言之旨也。』他以佛家空無思想來解釋『逍遥遊』，較有新意。吳氏在注解莊子過程中，還喜歡引徵老子之語，此與晚明以老解莊蔚成風氣不無關係。

對於莊子書之篇章佈局，吳伯與亦每予探究。如對莊子三十三篇之佈局，吳氏認爲逍遥遊篇是『立言之旨』，寓言篇是『莊子自序其作書之旨』，列禦寇篇是『莊子著述將畢之語』，天下篇爲『莊子後序也』。具體到某一篇，吳氏首先是分段闡述莊子義理，並注意文意之勾連，指明其在文章中之作用。

兹據中國科學院國家科學圖書館藏明刊南華經因然本（卷五至卷六據另一明刊本配補，卷五庚桑楚有闕文）予以影印。

南華經晉注十卷

（明）盧復輯

盧復，字不遠，號芷園，錢塘（今浙江杭州）人，生卒年不詳。早年習儒，後攻醫學，又崇信佛教大乘禪理，爲明代醫學名家。著作有芷園覆餘、芷園臆草題藥、芷園臆草勘方、芷園臆草存案等，幾乎包羅醫學的全部領域。

今存盧復所輯三經晉注，前有張師繹所撰三經晉注序、盧復所撰刻三經晉注義例。盧氏義例云：『余少習易，尤酷嗜老、莊。』並謂周易、老子、莊子三經，『玄理攸同』，『奇趣相埒』，且『談理莫若晉人，老、易之有弼，莊之有象，一曰理窟新義，一曰疏外别解』，故以王弼所注周易、老子、郭象所注莊子合刻，命曰三經晉注。其中南華經晉注十卷，前有郭象序及莊子三十三篇目録；正文中，莊子原文頂格書寫，郭注則順文雙行，皆低一格；眉欄輯林希逸、劉辰翁、唐順之、楊慎、王維楨、許孚遠、王宗沐、李贄、孫鑛、袁宏道、徐常吉等家論議，以爲批語，不但條目衆多，且經精心遴選，甚可開人心胸。唯盧氏本人，未施一語，則略嫌不足。

然細審盧復義例，其間不乏新見。如曰：『竊以義文觀象繫辭，如「眇視」、「跛履」、「載鬼」、「焚巢」等語，繪景摹神，真堪絶倒。彼寓言中，若夔憐蚿怒，皆得易而肆焉者也。』此處以易之觀象繫辭與莊子寓言相比較，認爲後者乃是對前者的大肆發揮，在創作精神上一脈相承，確實甚有見地。又曰：『時人咸以（郭象）爲王弼之亞，乃今相傳，謂竊之向秀，不知既經象定點文句，如李光弼入軍中，一新號令，是即郭本非向本矣。且向蕭屑卒歲，都無注述，即好莊子，亦聊應崔譔所注，以備遺忘，故初不傳於世，原爲未了公案。』此處對所謂郭象剽竊向注之公案，亦自有獨特看法，誠不可以著者爲醫家而忽視之。

此次影印盧復所輯南華經晉注十卷，據北京大學圖書館藏明錢塘盧氏溪香館刊三經晉注本。

莊子翼評點八卷

（明）董懋策撰

董懋策（1563—1613），字揆仲，人稱日鑄先生，浙江上虞人。得家學真傳，精於易學，曾在紹興蕺山開辦學館，四方從學者數百人。著作有大易牀頭私録、中庸大意、論語解、孟子解、老子翼評點、莊子翼評點等。

莊子翼評點八卷，爲董懋策依焦竑莊子翼本，加評語圈點而成。清光緒三十二年，族孫董金鑒據康熙間李師周所藏董氏手評莊子翼本，錄出焦氏莊子翼有關文字及董氏評語，由慈溪馮一梅酌定條例，刊爲莊子翼評點八卷。前有董金鑒莊子翼評點序，卷首題『會稽董懋策日鑄著』，一部分篇目下有題解。正文依焦竑莊子翼本，而不錄莊子原文，唯以『某某節』表示，頂格書寫；後空一格書寫董氏評語，詳略不等。亦不錄莊子翼中各家注解，唯低一格標明『郭注』、『呂注』、『口義』、『管見』、『通義』、『副墨』、『筆乘』等字樣。又據馮一梅老莊翼評點總序（在老子翼評點前）云：『凡各家注語，有朱筆全點句者，有朱筆摘點句者。蓋（董）先生之意與某注盡合者，則全點句；節取某注之長者，則摘點句；其無點者，皆先生所棄也。今於各家注語，曾經先生手點者，「某某節」下提行低一格寫；某家注全點句，則下注「全錄」二字；摘點句，則於某家注下，記其自某句起至某句止。』凡有董氏評點者，則其下雙行標以『朱筆評』或『藍筆評』字樣。書末附莊子闕誤評點、莊子翼附錄評點。

通覽董氏所著莊子翼評點，具有明顯儒學化傾向，故董金鑒序謂其『尤能援莊子以宣孔門不言之秘焉』，並舉例云：『如知北遊篇無爲謂不答、狂屈忘言眉評：只是「默而識之」一節書耳。然則不答與忘言，即孔子默識之旨也。』此外，如天運篇評點以顔回聞道證北門成之聞樂，外物篇評點以孟子水不勝火證莊子月不勝火之義，大宗師篇評點以中庸道之大原出於天證莊子大宗師之義，亦皆表明董氏以儒釋莊之良苦用心。

與當時其他莊子評點著作一樣，董氏莊子翼評點亦重視對莊子文章特徵之揭示。如於逍遥遊篇『湯之問棘也』節後評點云：『此是所托本，文詞簡而盡，莊叟便簸弄成前一段文字，奇幻變化，不可正視矣。』於秋水篇『夔憐蚿』節後評點云：『絕妙處在不解心目。』於田子方篇『溫伯雪子適齊』節後評點云：『說俗儒僞態如畫！』此等評點，雖多爲片言隻語，然既能點出莊子文章之妙處，又飽含評點者之強烈情懷。但對於焦竑莊子翼所引諸家注解之評點，則多從思想内容著眼，以表明其贊同或批評之態度。

此次影印董懋策莊子翼評點八卷，據華東師範大學圖書館藏清光緒三十二年會稽董氏取斯家塾刊董氏叢書本。

丈荷齋南華日抄四卷

（明）徐曉撰

徐曉，字明甫，一字曙庵，號江漢逸叟、吳楚散人，生平事跡不詳。

丈荷齋南華日抄四卷，前有陽城劉侗徐曙庵先生南華日抄序、林鬳齋莊子口義發題、徐鑛南華日抄凡例、丈荷齋南華日抄總目。卷首題『江漢逸叟徐曉明甫父手輯，男鑛正梓』。正文中，莊子原文頂格書寫，有句點，時用小字在行間注明字法、句法或章法； 頁眉處有詳細批語，頁腳處時有注音字義； 篇末有總論。卷末有南華附錄，包括司馬遷莊子列傳、阮籍論莊、蘇軾莊子祠堂記、李士表莊子九論以及徐曉南華日抄後跋。對於這種體例，南華日抄凡例云：『初學讀莊，每苦於考訂解釋之難，此書上標大意，兼采諸注，中列全文，旁標關目，下音字義，篇後結以總論批語，令讀者開卷了然。』可見目的是讓讀者更易閱讀理解。

丈荷齋南華日抄之總體特點是『或采諸家，或參己見，總取大義，不專訓詁』（南華日抄凡例）。具體說來，有以下兩個方面特點： 一是採錄郭象、林希逸、楊慎、陸西星、袁宏道等名家學說以及關尹子、淮南子、新語、化書等書中內容，其中對陸西星南華真經副墨中文字情有獨鍾，大量採用。需要說明的是，丈荷齋南華日抄中一般不標明出處，且有時予以簡單改造，給學術研究帶來困難。如應帝王篇末云：『內篇結束，篇篇不同。如逍遙遊之大瓠、大樹，齊物論之夢覺，養生主之火傳，人間世之有用、無用，德充符之堅白，大宗師之命也夫，末篇卻盡結以七日而渾沌死，看他如此機軸，豈不奇絕！ 中庸一篇，起以天命之性，結以上天之載，亦是文字機軸，但人不知看得破耳。』這段話即襲自林希逸莊子口義應帝王篇末評語，但亦『參己見』，對林氏文字稍有改動。二是丈荷齋南華日抄『總取大義』，以闡釋義理爲主，側重段意、句意以及通篇大意之把握。眉欄處一般以段爲單元進行論述，篇末總論更是立足於整篇的把握。在丈荷齋南華日抄總目部分即對每篇大意進行簡單梳理，並視內七篇爲一整體，強調內七篇作用：『內七篇，原有次第。逍遥遊言道之大，齊物論原道之本，養生主進道之功，人間世著道之用，德充符有道之驗，大宗師得道之人，應帝王體道之治。南華學術精要，在此七篇，體用功效，出世經世，備載矣。』這樣，內七篇就成爲一個有機的系統。

徐曉注莊，雖標稱莊子『會三教爲一，超三乘而上』，並希望能夠『會而通之』（南華日抄後跋），但徐氏思想立場基本傾向儒家。劉侗序云：『南華，尊儒之書也。仲尼弟子稱引者數尊六經，別百家見於終篇。自儒者以列道藏，而郭、呂諸家注之，其藴不出禪玄，唯先生注之以儒。』徐曉丈荷齋南華日抄總目讓王篇下總論亦云：『列此四篇於南華，古文中之時義也。語意筆力，自是霄壤，必依東坡除去之説，乃是千古一大快事。』儒家思想傾向甚爲明顯。

徐曉對莊子文章極度推崇。其南華日抄後跋云：『故出其主持世教、議論、敘事之緒餘，創爲字法、句法、章法之奇，獨行宇宙間。千古以來，吾不知其誰與爲兩？……嗟嗟！此書之作，迄今幾二千載，揭日月而中天。』稱莊子爲古今第一人，高度讚揚莊子文章之成就。因此，文評也就成爲丈荷齋南華日抄『總取大義』之外的重要內容。該書中，不論是正文行間夾注、眉批，還是總論，都時時關注莊子之字法、句法、章法，並對其風格特點予以評論。

此次影印徐曉丈荷齋莊子日抄四卷，據中國科學院國家科學圖書館藏明崇禎十年刊本。

測莊一卷

（明）石人隱士撰

鄭之惠，號石人隱士，浙江錢塘人，生平事跡不詳。或曰即鄭圭，字孔肩，仁和人，明天啟間曾知廣西平樂縣，有政聲。著作有易臆三卷、葬書演一卷、老子解一卷、莊砭一卷、測莊一卷。

測莊在明閔景賢編快書內，爲第三十四卷。前有閔景賢測莊題辭，測莊題下記有『石人隱士元本』，後錄鄭之惠本人序言。黃虞稷千頃堂書目卷十六、（乾隆）浙江通志卷二百四十五皆著錄。

測莊僅擇取內七篇予以簡要評論。鄭之惠序云：『莊生之言，若有冥契者。世且以其言虛無，而詆其無用，烏知其趣哉！因取其內七篇，各爲之測。測者，圭測影，蠡測海，皆不能遊於其樊而以己意爲之測度，余亦烏知莊生之趣，直測之而已。』說明鄭氏測莊的目的，是想得莊子之真『趣』。雖然，鄭氏亦稱自己『焉知莊生之趣』，但他還是對內七篇皆要予以簡單闡釋。

綜觀測莊一書，鄭之惠特別重視『遊』的概念，在闡釋內七篇時每每與『遊』相聯繫，如逍遙遊篇中說：『遊者，無用而無不用也。』齊物論篇中說：『寓者，遊也。遊者，無用而無不用也。』養生主篇中說：『安時而處順，不知悅生，不知惡死，且以之寓，且與之遊，此所謂帝之懸解也。』人間世篇中說：『彼且爲嬰兒，吾與之爲嬰兒；彼且爲無町畦，吾與之爲無町畦；彼且爲無崖，吾與之爲無崖；此之謂遊，此之謂寓，此之謂不得已也。』德充符中說：『遊與德之和而止矣。』大宗師篇中說：『真人直以爲寄寓而與之遊，不知欲生，不知惡死，焉知生之不爲死乎？死之不爲生乎？』應帝王篇中說：『故至人者，遊於無何有，遊於淡漠，遊於無朕，以身世爲寄寓而托於不得已以應之。』可以說，『遊』是測莊的核心觀念，即是鄭氏所謂『莊生之趣』。

閔景賢對測莊評價甚高。其測莊題辭云：『故知逍遥遊，石人自遊也；齊物論，石人自齊也；養生主，石人自養也；人間世，石人自成一世也；德充符，石人自符一德也；大宗師，石人自爲一宗也；應帝王，石人自爲一應也。』稱鄭氏莊學能成一家之言，但終因測莊内容簡單，這在很大程度上亦不免爲過譽之辭。

此次影印石人隱士測莊一卷，據上海圖書館藏明天啟六年快堂刊快書本。

莊子榷八卷

（明）金兆清撰

金兆清，字靈徹甫，浙江吴興人，生平事跡不詳。著作有麟指嚴、莊子榷、楚辭榷等。

莊子榷八卷，前七卷是對莊子内篇的注解，每篇各爲一卷；卷八爲附録，收有郭子玄序、阮嗣宗總論、管見總論、筆乘讀莊子（三則）。書前有金兆清崇禎八年所撰敘莊子榷、莊子榷條例及司馬遷莊子傳。其敘莊子榷云：『夫物以有而礙，道以虚而通，出陰入陽，其用莫測，要在外應世而内全真，道不離而物自化。洋洋七篇，内聖外王之理備矣。』又莊子榷條例云：『莊子之内七篇，經也，非子也。蓋其言救性命未散之初，而所以覺天下之世俗，雖恢譎佚宕於六經，豈非一本於道乎？』在金兆清看來，莊子所要闡述的内聖外王之道，以及想要復歸人類自然本性的良好用意，在内七篇中已經十分完備，故當以『經』視之，而『非子也』。此即其僅截取内七篇而爲之注解的理由。

在莊子榷各篇眉欄，皆有不少批語，以文評爲主。如逍遥遊篇『湯之問棘』段眉批：『起筆亦似結語，托之齊諧而不足，又托之湯。』人間世篇『匠石之齊』段眉批：『即首篇樗樹之說，但變化得奇耳。又撰出社夢一段，妙絕！』德充符篇末段眉批：『就在惠子身上說出個益生模樣，末二句結而不結，無限煙波。』這些都無疑有助於讀者感悟文章的藝術特徵，並加深對其中所藴奥義的理解。每篇皆有題解，其中或有引他人意見者，亦大致能揭示篇章宗旨。各篇分段錄莊子原文，皆頂格書寫，後低一格作解。金兆清認爲，『魏晉之注，俱掇膚遺髓，顧影迷宗，得利於齒牙，而不能冥契乎心行』（莊子榷條例），此後『諸解，或敷演清譚，或附會乘典，愈幻而愈迷，其宗卒未有以經還經，去邊見而遊乎三昧者』（敘莊子榷），唯『因之（吳默）之天解出，以逍遥閑曠之旨，吐人倫日用之常』（同上），李騰芳之說莊，『其說之明切而曉暢』（同上），故於親爲注解而外，每每大段引録吳氏莊子解、李氏說莊之文，以深發莊子之本意。

依金兆清看來，莊子所言『内聖外王』之道，『何嘗迂闊，何嘗不曲中事情』（敘莊子榷），要皆合於儒家聖人之說。他在敘莊子榷中舉例云：人間世篇所謂『子之愛親，命也，不可解於心；臣之事君，義也，無適而非君也，無所逃於天地之間』，此『豈非天地間至正至當之理，聖人教人以忠孝之格言，不過如是！』應帝王篇所謂『杜德機』、『杜權』，即中庸之『暗然』、周易之『退藏於密』，而所謂『明王之治，功蓋天下而似不自己，化貸萬物而民弗恃』，則『與「篤恭而天下平」、「無聲無臭」同一旨也』。凡此皆有以儒解莊的傾向。但細審各篇注解，此種傾向並不明顯。

兹據南京圖書館藏明崇禎八年刊莊子榷八卷予以影印。

南華詁六卷

（明）魏光緒撰

魏光緒（1594—1641），字孟韜，號元白，山西武鄉縣人。明萬曆四十一年進士，授行人平命使，升任雲南道監察御史。天啟三年，補福建道，撫按山東。崇禎初，晉秩少京兆，升太僕寺正卿，旋罷歸。魏氏立朝剛直，不避權貴，人稱鐵面御史；又好義樂施，鄉里咸德之。著作有撫楚奏議、西臺封事、家乘帶草樓詩稿、邑乘公志、潞水客談、南華詁等。

南華詁六卷，前有魏光緒南華詁自敘、唐暉（崇禎十年）莊子詁序、佚名（崇禎十年）南華詁序及司馬遷莊周列傳、魏光緒凡例。據唐暉序『魏公納楚節歸，亦著有南華詁』等語，則此書爲魏光緒於崇禎八年（1635）被罷官歸田後所著。是書卷首題『武鄉魏光緒元白甫注』；各篇原文皆分段，頂格書寫，段後注釋則低二格；內七篇皆有題解，篇末附總論。注釋後間有論述文字，或引他人之語爲之，如郭象、呂惠卿、黄庭堅、楊時、林希逸、褚伯秀、羅勉道、焦竑、陸西星、楊起元等，皆在徵引之列。

魏光緒曾於崇禎間受命往楚，先後蕩平多處農民起義，故其詁莊，於『亂臣賊子』，自有不同説法。其詮釋胠篋篇云：『田常盜齊，盜跖聚衆，此皆惡之大者，而當時周室衰微，無一人聲罪致討，莊生憤激於中，推言盜道，歸咎聖人。』魏氏此等説法，自是有感於明末『盜賊』蜂起而發，與胠篋篇抨擊聖智仁義、盜跖篇破除是非觀念之主旨，顯然不相吻合。然其於字詞之考釋，雖不可盡信其『覈正其十之八』（凡例）之言，卻不乏值得重視者。如庚桑楚篇『夫復謵不餽而忘人』，魏氏考釋云：『復，反復；謵，讋也；餽，疑當作「媿」。復謵不餽，言反復震讐而無所媿怍，忘乎人者然也。』天道篇『鼠壤有餘蔬而棄妹之者，不仁也』，魏氏考釋引字彙云：『妹，音末。夏有妹喜，與「妹」字而不同。莊子「棄妹不仁」，謂末學不誘納而棄之，是爲不仁。』此等解釋，皆與前人甚爲不同，故其復於凡例中云：『棄妹不仁，妹音末，而群訓爲妹；復謵不饋而忘人，謵音懾，不訓爲習，而強以習解，是安所從來哉？』總之，魏氏堅信：『字必有義，覈諸其字，而義斯顯，奚必耳食於舊解乎！』（凡例）這種敢於懷疑舊注的精神，自然值得肯定。

南華詁各段注釋後之論述文字，多以揭示章旨、梳理文脈爲主。如逍遙遊篇『湯問』一段，魏光緒論述云：『因論「小」、「大」二字而重言以結之，欲人開廣意慮，無局近小而自失其逍遙之本體也。』齊物論篇『大塊噫氣』一段，魏氏論述云：『將言人心觸物而變，故先以風之觸物者言之。』『知風，則知人心矣。』凡此，對讀者探求章旨、理解脈絡，皆甚有幫助。

茲影印魏光緒南華詁六卷，據湖北省圖書館藏明崇禎十年刊本。

南華經集注七卷

（明）潘基慶撰

潘基慶，據黄虞稷千頃堂書目卷十六及（乾隆）浙江通志卷二百五十二引（崇禎）烏程縣志，字良耜，浙江烏程人，萬曆四十六年貢士，生卒年不詳。清四庫館臣爲潘氏古逸書三十卷作提要，謂其爲松江人，疑誤。

黄虞稷千頃堂書目卷十六著録爲『潘基慶老莊解』，而今所見明刻本潘基慶所著卻名老莊會解，其中所刻南華經，卷首題『周蒙縣莊周子休著，明烏程潘基慶良耜集注』，書前有郭象南華真經序、陳江總莊周頌、司馬遷莊子列傳、總論（四則）、南華經目、南華經例（九則）。潘基慶在總論中説：『莊子内篇七，結語神奇逸恣，神龍見首不見尾，此見首於尾。……逍遥遊之有用無用，齊物論之周與蝴蝶之物化，養生主之火傳也，德充符之以堅白鳴，人間世之命也夫，到七篇都盡，卻撰寫「儵忽渾沌」一段，結之曰「七日而渾沌死」，言七篇每篇一竅，天機發盡，死矣，無言矣，雖此老復出，亦無言矣。』認爲内篇七篇是一個十分完整的邏輯結構體系，莊周學説的宗旨已盡於此。於是，全書以内七篇爲宗，『取外篇、雜篇分疏其間』（南華經例），而移天下篇於卷首，題曰『莊子自敘天下篇』。即：逍遥遊卷一，附以繕性、至樂、外物、讓王；齊物論卷二，附以秋水、寓言、盜跖；養生主卷三，附以刻意、達生；人間世卷四，附以天地、山木、庚桑楚、漁父；德充符卷五，附以田子方、知北遊、列禦寇；大宗師卷六，附以駢拇、徐無鬼、則陽；應帝王卷七，附以馬蹄、胠篋、在宥、天道、天運、説劍。應當指出，潘基慶如此分類多有不妥之處。如繕性篇爲修養論，若分類，則當附於養生主篇之後；天地篇爲政治論，當附於應帝王篇之後；知北遊篇爲道體論，當附於大宗師篇之後。但又必須看到，潘氏以外、雜篇分屬於内篇各篇之後，由此來以莊解莊，這在莊子解讀史上實爲一突破性創新。清周金然著南華經傳釋，便是對潘氏此種解讀方法的進一步運用。

潘基慶南華經集注，隨文注解，並有圈點。内七篇皆有題解，每卷首篇末附音注，並引諸子、釋典及各家解莊之説，諸如關尹子、管子、列子、鶡冠子、鬼谷子、吕氏春秋、淮南子、譚子化書，並圓覺經、楞嚴經、楞伽經、法華經、法寶經、金剛經，以及桓譚、郭象、戴安道、支遁、劉孝標、袁宏道、楊慎、吴默等人之説，皆在徵引之列。潘基慶如此廣徵雜引，尤其是大量徵引佛典文字來解釋莊子，顯然與他倡導的以莊解莊的方法相矛盾。但今通讀潘氏南華經集注全書，其中徵引最多者還是明代吴默莊子解之文字，爲我們保存了這部已佚莊子學著作的大部分内容。

兹據明刊潘基慶南華經集注七卷予以影印。

南華經句解四卷

（明）陳榮選撰

陳榮選，字克舉，號鼇海，福建同安人，生卒年不詳。萬曆四年鄉貢士，歷知劍、儋二州，升廣州府同知，以礦稅事起，棄官歸。著作有周易注、尚書注、禮記注、道德經句解、南華經句解等。

南華經句解，又稱南華全經分章句解，前有蔡復一所撰陳鼇海先生傳，卷首題『輪山鼇海陳榮選著，七世孫廷信藩伯、廷尹達伯重梓』。順文作解，並加圈點眉批，部分題目下有題解。今通讀南華經句解全書，可發現其中題解、注解、眉批，多節錄於林希逸莊子鬳齋口義、陸西星南華真經副墨等書，並無多大發明。

蔡復一陳鼇海先生傳云：『史遷談道術，謂孔、老互相詘，而吾邑鼇海陳公，獨深論其不然。』確實如此，陳榮選在南華經句解中時有將儒、道混爲一談之處。如他爲天下篇作眉批，便因襲林希逸云：『莊子於篇末敘古今之學術，亦猶孟子之敘聞知見知也。……蓋其亦以所著之書，皆矯激一偏之言，未嘗不知聖門爲正也。讀其總序，便見他學問有自來矣。』認爲莊子於天下篇中，特意將儒家學説放到最重要的總論中來鋪述，而又深知自己之放言皆不免爲『矯激一偏之言』，所以心甘情願地自列於百家之林，説明莊子本來就懂得孔門學説甚是醇正，則其學問分明來自孔門儒學。但通觀南華經句解一書，像這樣以儒解莊之現象並不多見，在大多數情況下，陳榮選還是能自覺擺脱林希逸等人以儒解莊思想之影響。如他在節錄林希逸爲逍遥遊篇所作題解時，便删去其中具有明顯儒學化傾向之言辭；在節錄林氏爲繕性篇『古之所謂得志者』一段文字所作注語時，便删去其中所引孟子之語；在節錄林氏爲庚桑楚篇『宇泰定者』一段文字所作注語時，便删去其中所引中庸之語，從而使南華經句解基本上顯示出以莊解莊之風格。同時,陳榮選此著亦能自覺擺脱陸西星等人以佛教、道教思想解莊之影響。如陸西星認爲齊物論篇之『真君』,即同篇所謂『真宰』,『禪家謂之真主人,道家(教)謂之元神』。而陳榮選在節録陸氏這一注解時,則僅僅選用其所謂『真君即真宰』一項内容,這更是南華經句解具有以莊解莊傾向之典型例子。此外,陳榮選南華經句解所鐫眉批,雖多節録於林希逸、陸西星等人著作,但大都選得較爲精煉,且偏重於藝術技巧分析,對讀者理解莊子藝術特徵有較多啟發。

陳榮選南華經句解四卷,有明末重刊本、清乾隆三年饒青軒重刊本。今據南京圖書館藏乾隆饒青軒重刊本予以影印。

南華經要删注釋評林十卷

(明)陳榮選校輯

陳榮選生平事跡,已見南華經句解提要。其所校輯南華經要删注釋評林十卷,卷首題『後學鼇海陳榮選校輯』。書前有司馬遷莊子列傳、郭傳芳萬曆十四年刻南華經評注敘和陳榮選萬曆十四年南華評注敘、跋語。正文有音注、圈點、旁批、眉批,少數篇目有題解。

據南華評注敘,陳榮選『中歲以積疢習靜,竊有意於坐忘緣督之説』,因『停閲經史』,用心力於莊子,深悟『其寓言或傲倪而爽實,要其存心定性,與吾儒原非徑庭也』。由是,陳氏評注莊子,不免有儒學化傾向。如其逍遥遊篇題解引林希逸語云:『論語之門人形容夫子只一「樂」字;三百篇之形容人物,如南有樛木、如南山有臺曰「樂只君子」,亦止一「樂」字。此之所謂逍遥遊,即詩、論語所謂「樂」也。』其實,莊子所追求的是出世逍遙，並不可如陳榮選這般，將其與儒家的安命守窮之『樂』混爲一談。但從總體上看，陳氏對莊、儒的區別仍有較清醒的認識，如所謂『六經，學者之正印也；南華，亦文章之指南也。孔氏，萬世共宗之師也；漆園之豪氣逸詞，亦養生者、操觚者一時藝業之師也』（南華評注敘），即不失爲有見地之言。

基於上述認識，陳榮選在對莊子義理的闡釋上，便著力揭示其有關『存心定性』者，諸如抱一守和之義，逍遙物外之意，樂天安命之旨等，皆爲其所措意。但在陳氏看來，『南華兼尚詞氣，故其言跌蕩戲劇，欲讀者心醉而不能釋』（南華評注敘），且『性不可聞，命不可知，乃茲葆真之學，尤超塵垢之外』（跋語），所以必須力避『郭子玄、林希逸諸家注釋，大率瀚漫難尋』（同上）之失。乃『詳閱互注諸書以證其謬誤，又妄節口義以明其意旨，間亦參以膚見爲之評釋』（南華評注敘），並『更爲纂輯，使讀者一覽而音義了然』（跋語）。今通覽全書，陳榮選所用評注方法確實豐富多樣，對讀者整體把握莊子本文，探究深隱其中的奥義，皆應較有幫助。但因此書是『纂輯』類著作，屬於陳氏本人的見解畢竟不多，而像書前南華經要删注釋評林目録，各篇目下皆列若干子標題，旨在分出章節，讓人一目了然，卻皆迻録於朱得之莊子通義，並無陳氏所添新意；而書中注釋、旁批、眉批，則多節録林希逸南華真經口義、陸西星南華真經副墨、朱得之莊子通義等書文字爲之，亦少有創意可見。

茲據上海圖書館藏明萬曆十四年刊南華經要删注釋評林十卷予以影印。

南華經薈解三十三卷

（明）郭良翰撰

郭良翰，兵部尚書郭應聘之子，字道憲，福建莆田人，生卒年不詳。萬曆中，以蔭官太僕寺寺丞。著述頗豐，有忠義類編、問奇類林、續問奇類林、象賢錄、歷代忠義彙編、齊治要規、明謚紀彙編、周禮古本訂注、老莊薈解等。

南華經薈解在老莊薈解中，明史卷九十八、千頃堂書目卷十六等皆著錄。前有林堯俞萬曆四十六年南華經薈解序、陸夢龍南華經薈解序、郭良翰萬曆四十四年南華經薈解說及南華經薈解凡例，卷首題『明莆中郭良翰道憲甫輯』。郭良翰自謂『非敢謂足解莊，亦非敢謂能加於前之述者，依經緝注，隨注析經，遊戲於子玄諸子之間，一任乎「然於然」、「不然於不然」、「知之知」、「不知之不知」之境』（南華經薈解說），故其著南華經薈解，以輯錄歷代名家注解爲主，諸如郭象、支遁、呂惠卿、王雱、陳景元、陳詳道、林自、趙以夫、李元卓、洪邁、范元應、褚伯秀、劉辰翁、羅勉道、朱得之、唐順之、陸西星、孫鑛、焦竑、陳懿典、李光縉、李騰芳、吳默、陶望齡等，皆在徵引之列。

郭良翰在南華經薈解凡例中說：『茲內注多主林希逸口義，而博摭之諸子百家，務求字義了了，一閱洞然而止。間有舊說未詳，新訓復舛者，以己意解譬，要於旁通曲鬯，幾於嘔心枯髯，所謂思而不通，鬼神其通之者也。』今觀全書，天頭鐫簡單評語，地腳列崔譔、司馬彪、徐邈、李軌諸家音釋，而大量的文字則爲版框內各篇題解和每篇各章後之注語，皆低一格小字書寫。其中題解、注語皆『博摭之諸子百家』，唯每章後首段注語未冠注者姓名，爲郭良翰損益林希逸注語而成，即所謂『注多主林希逸口義』者。今細審郭良翰之注，雖確有『字義了了』、『一閱洞然』之特徵，對林希逸以儒解莊之語亦有所删削，但發明創見之處終嫌過少。要之，此著確實不以自呈己見見長，然與陳懿典新鍥南華真經三注大全相類似，亦以收輯資料繁富取勝，尤以大量保存吳默莊子解佚文而顯示其價值。

郭良翰南華經薈解三十三卷，有明萬曆四十六年南郭萬卷堂刊本、天啟六年刊本。今據天啟六年刊本予以影印。

南華春點八卷

（明）劉士璉撰

劉士璉，字席白，江西螺川人，生卒年不詳。崇禎七年（1634）進士，官參政。

南華春點八卷，前有崇禎十一年劉士璉自序南華春點、劉理順劉席白先生南華春點序。劉士璉自序云：『謬覺南華一書，靈足以濟經，逸足以用史。再其真落於幻，幻歸於實，實變而化，虛圓之妙，誠如搖波之月，戛澗之松，若有若無之間，令人莫可方物。』此處論述莊子，既能著眼於其有用性，又能指出其虛幻性，具有一定的獨特眼光。

據劉士璉自序，其在備員禮部郎職期間，因有感於『大都制舉子業者，取古文爲骨力，取時文爲精采，而古文自六經、左、史而外，似難乎其爲言矣』，便於『署事之暇，思欲有以培植斯文』，『因取夙昔臆標南華經，再次點正，質諸同郎較之』，『因以春官點次，題端春點，付諸梓行，用以見舉業家亦各有一得之愚。』劉理順之序亦謂：『劉席白先生示余手標南華春點，條分析解，不第本書肯綮了然，其活翻靈撥處，放者斂，幻者真，理至經生，令莊子不作千古玄談士。』但通觀南華春點一書，全部襲自釋性通南華發覆，甚至一字不易，大致僅是刪去原書序跋，何可謂爲劉士璉所『點次』、『手標』？又案此書各卷首皆題『螺川劉士璉席白父注』，然各卷首及大多篇題下所題校對者，則多爲釋性通南華發覆所題之姓名字號，且大宗師、應帝王篇首仍留有『南華發覆』字樣。凡此皆足以説明，南華春點八卷乃是由劉士璉或書賈剽竊釋性通南華發覆而來。今同樣予以收錄者，以其對全面認識晚明莊學仍有一定作用。

茲據美國國會圖書館藏明刊南華春點八卷予以影印。

南華經臺懸三卷

（明）吳伯敬撰

吳伯敬，字長興。據江南通志選舉志載，伯敬爲宣城人，明萬曆三十一年（1603）舉人，然今所存南華經臺懸，卷首題『延陵吳伯敬』。著作有綠漪園集、道德經臺懸、南華經臺懸。

南華經臺懸三卷，以內、外、雜篇各爲一卷，而黃虞稷千頃堂書目卷十六著錄爲『吳伯敬莊子臺懸四卷』，顯然有誤。全書錄莊子三十三篇原文，順文雙行小字作注；偶標直音，皆圍以外圈；各篇均不分章，但每有論說分插其間，以分析歸納各節大意。注中引述，嘗涉及楊雄、司馬彪、支遁、邵雍、呂惠卿、黃幾復、楊時、李士表、朱熹、林希逸等人，以及左傳、韓非子、爾雅、呂氏春秋、淮南子、搜神記等書文字，而以徵引郭象注最多。

與當時一般治莊著作相較，吳伯敬此書更爲關注莊子異文現象。如讓王篇『廬水』，吳氏校云：『一作「盧水」。』『瞻子』之『瞻』，校云：『淮南作「詹」。』『真惡富貴也』，校云：『呂氏春秋作「非惡富貴也，由重生惡之也」。』又應帝王篇『既其文』之『既』，吳氏校云：『列子作「無」。』『萌乎不震』之『震』，校云：『列子作「罪」。』『全然有生』之『生』，校云：『列子作「灰」。』『鯢桓之審』之『審』，校云：『列子作「潘」。』『虛而委蛇』之『委蛇』，校云：『列子作「倚移」。』如此比勘莊子本文，甚有開創風氣意義。至晚清吳汝綸點勘莊子，猶多引呂氏春秋、淮南子、列子等書作比對，成績頗爲可觀。

南華經臺懸尤可稱道者，還在於著者所作注釋，少有抄襲他人者，且要言不煩，切實熨貼而不獵奇，復爲三十三篇撰寫題解，不以内、外、雜篇而分軒輊。其中有些見解，甚是值得重視。如云：『至其（指莊子）自術（述），則曰「獨與天地精神往來」，故人知莊子，不若莊子之自知。莊子知道，而知莊子者，莊子也。』（天下題解）吴氏此言，實足以矯正自王安石以來，每引天下篇莊子自述以附會儒家者。然引儒、釋解莊子，既已蔚成風氣，故吴氏著此書，亦不能免於此弊，不過偶有所見，誠未足爲病。

茲影印吴伯敬南華經臺懸三卷，據中國國家圖書館藏明萬曆三十八年吴士京刊本。

南華雅言一卷

（明）莊元臣撰

莊元臣（1560—1609），字忠甫（一作忠原），號方壺子、鵬池主人，吴江（在今蘇州）人，又自署松陵（在吴江）人，歸安（今浙江湖州）籍，萬曆三十二年（1604）進士，授中書舍人。著作有四書參覺符、三才考略、鳳閣草、時務策、曼衍齋草、曼衍齋文集、莊忠甫雜著（二十八種七十卷）等。生平略見松軒書錄。

莊忠甫雜著所收著作，與莊子相關者，有南華雅言一卷、南華重言一卷、莊子達言一卷、巵言日出一卷。今擇其較重要者，將南華雅言一卷錄入子藏莊子卷，並附南華重言一卷於後。南華雅言，乃是摘抄莊子書中要語而成，如『小知不及大知，小年不及大年』（逍遥遊）、『此亦一是非，彼亦一是非』（齊物論）、『官知止而神欲行』（養生主）、『知其不可奈何而安之若命』（人間世）、『德有所長而形有所忘』（德充符）、『相與於無相與，相爲於無相爲』（大宗師）、『至人之用心若鏡，無將無迎』（應帝王）、『天下盡殉也』（駢拇）、『君子不可不刳心焉』（天地）、『天機不張而五官皆備』（天運）、『小識傷德，小行傷道』（繕性）、『形全精復，與天爲一』（達生）、『雖有壽夭，相去幾何』（知北遊）、『夫神者，好和而惡奸』（徐無鬼）、『心無天遊，則六鑿相攘』（外物）、『知在毫毛，而不知泰寧』（列禦寇）、『以天下爲沉濁，不可與莊語』（天下）等等，皆是莊元臣精心挑選，確爲莊子全書要語所在。而南華重言，所選更爲莊子書中特定詞彙，如逍遥遊篇之『數數然』，齊物論篇之『閑閑』，大宗師篇之『邴邴乎』，應帝王篇之『于于』，胠篋篇之『役役』，在宥篇之『仙仙』，天地篇之『嗑然』，秋水篇之『適適然』，田子方篇之『瞠若』，知北遊篇之『淵淵乎』，讓王篇之『削然』，盜跖篇之『居居』，天下篇之『巋然』等，皆在摘抄之列，選録標準自是獨特。

莊元臣收藏圖書之富，有『藏書雲半封』之説。又其研治前人學問，提倡『學道貴化』，重視掌握精神實質，故於披覽群籍之際，亦每留意要言秀句，摘抄成書，以便學者。如其唐詩摘句、南華雅言、南華重言等，皆爲此類著作，甚具自家特色。若南華雅言，乃是從魏徵莊子治要（群書治要）、馬總莊子鈔（意林）、洪邁莊子法語（經子法語）、桂天祥莊子要語以來，最爲精粹的一部莊子要語集。而南華重言將莊子中某些特定詞彙稱爲『重言』，更是前無古人，亦未見來者，聊可備作一説。

此次影印莊元臣南華雅言一卷（附南華重言一卷），據北京大學圖書館藏手抄莊忠甫雜著本。

莊子之學

（清）馬驌撰

馬驌（1621—1673），字宛斯，一字驄御，山東鄒平人。清順治十六年進士，爲官有政績。篤於學術，『少習六藝之文，長誦百家之説』（繹史徵言），尤精上古史，有『馬三代』之譽。著有左傳事緯、繹史等，康熙南巡時曾命人以二百兩白金購其著作雕版，由內府收藏。

莊子之學在繹史卷一百十二之中，與列子之學合爲一卷，前有史記莊子本傳。正文以節錄莊子原文爲主，但打破莊子三十三篇次序，重新編排，依次爲逍遥遊、至樂、外物、繕性、齊物論、秋水、寓言、養生主、達生、刻意、人間世、山木、天地、庚桑楚、德充符、知北遊、列禦寇、大宗師、駢拇、徐無鬼、則陽、應帝王、天運、馬蹄、胠篋、天下、説劍，共二十七篇。對於如此編排之原因，該書並無説明。其中，繕性、刻意、駢拇、馬蹄、胠篋、天下、漁父等篇收錄全文，其他篇章只節錄大部分或很小一部分。另外，該書間或收錄有關莊學研究資料，如秋水篇於『惠子相梁』寓言後，分别引錄王應麟莊子逸篇、劉安淮南子一條關於莊子與惠子交往之記載；天下篇末引數條莊子逸篇資料。有時還對莊子個别篇章直接予以簡單評論，如天下篇末云：『此莊生自序也。』説劍篇末云：『語近國策，非莊生本書也。』於説劍篇後，馬驌還根據史記、莊子中資料，對莊子本人事跡予以簡單勾勒，並在注中引釋智匠古今樂錄、劉向説苑、桓譚新論中有關資料予以補充。

作爲一位正統史學家，馬驌在輯錄材料時，以嚴謹求是爲尺度。對於諸子言論，他在繹史中認爲：『諸子記堯、舜問答之言，未足據信。』基於此，在莊子之學中，馬驌對那些『未足據信』者，如黄帝、堯、舜以及孔子等儒家重要人物之言行，基本上予以刊落。如莊子之學人間世中，將『顔回見仲尼』、『葉公子高將使於齊問於仲尼』、『顔闔將傅衛靈公太子而問於蘧伯玉』、『孔子適楚楚狂接輿遊其門』等重要寓言皆予刪去，而僅保留『匠石之齊』、『南伯子綦遊乎商之丘』、『支離疏者』三則寓言，從中可見馬驌所持儒家立場。馬驌對莊子總體風格也有所論及，如天下篇末評論云：『諸篇多寓言，而此獨爲莊語，泛論諸家，推隆道德。然其極力模擬曲盡諸子形貌，末復綴以惠施，仍是其滑稽本色。』在他看來，莊子之基本特色是『滑稽』，這與他所持之史家立場自然不能相容，故莊子中衆多寓言被刪也就可想而知。然莊子之思想性、藝術性，往往集中體現於『荒唐之言』、『無端崖之辭』中，馬驌如此輯錄，莊子之學之價值未免損折。

繹史有清康熙七年刊本、同治七年姑蘇亦西齋刊本、光緒十五年刊本、清修四庫全書本，以及民國二十六年上海商務印書館萬有文庫本等。此次影印馬驌莊子之學，據華東師範大學圖書館藏康熙七年刊繹史本。

詠莊集一卷

（清）程從大著

程從大，安慶懷寧人，生卒年不詳。『畏齋』當爲其號，或書齋名。康熙十一年歲貢，十八年任潁州訓導。著作有詠莊集。事跡見（康熙）安慶府志卷八、（乾隆）阜陽縣志卷七。

詠莊集一卷，書前依次有徐乾學、劉若宜、宗章埈、任塾序各一篇，前兩篇撰於康熙十八年，後兩篇撰於康熙十七年；書末有化龍康熙十七年所撰跋語。卷首題『皖上程從大畏齋父著』、『男師恭、師肅、師懿，婿劉慶有仝校字』；正文爲詩作，凡三十三首，依莊子各篇次序，一詩分詠一篇，如詠人間世篇、詠駢拇篇；詩題下皆標明該詩押韻所屬韻部，如詠山木篇下標曰『一先』，詠則陽篇下標曰『八庚』，全書屬上平聲韻者有『一東』、『四支』、『七虞』、『十灰』、『十一真』，屬下平聲韻者有『一先』、『七陽』、『八庚』、『九青』、『十一尤』，屬上聲韻者有『四紙』、『二十二養』，屬去聲韻者有『四寘』、『十五翰』、『二十四敬』、『二十六宥』，屬入聲韻者有『一屋』、『十一陌』；各詩間有夾注，詩末皆有評語，乃同學諸子所作。任塾序云：『吾社程子，文壇尊宿，著作甚富，丁巳居廬次時，與漆園遊而發爲歌詠，以曉暢其大意。』『丁巳』爲康熙十六年（1677），則此詩組寫於是年程氏丁憂時。

化龍跋語謂程氏少業儒，後『困場屋十數次』，仕途不暢，即『頹然自放』，更兼丁憂，復居廬三載，『一切得喪而齊視焉，其胸次間，直欲糠粃萬物，蜉蝣（蝣）天地，渾乎南華老人之風矣。哀痛偶輟，好取莊文而朗吟之，吟罷括以韻語，不覺成帙。』因而徐乾學序謂其所詠，乃是『本於性，發於情，而後形於聲，葆光天府，默與造化者遊，故以莊詠莊，實以我詠我耳。』今讀程氏詠莊之詩，確實『本於性，發於情』，而又不失莊子本旨，較之陸西星副墨篇末『亂辭』，在以詩詠莊上已大有推進。如詠養生主篇有句云：『養生養其主，聞者發深醒。』同學諸子評曰：『詩中屢呼「主」字，醒出一章眼目。』詠德充符篇有句云：『才全德不形，事變惟善因。』同學諸子評曰：『此篇眼目，在「才全而德不形」句，後曰「德有所長，形有所忘」，正發明此旨。』可見程氏所詠，頗合莊子本意，而詩人情性，亦深寓其中，實爲詠莊之佳作。

此次影印程從大詠莊集一卷，據中國國家圖書館藏清康熙十八年程氏培風堂刊本。

聯莊

（清）張潮撰

張潮（1651—？），字山來，號心齋、仲子，新安歙縣人。自幼穎異，好讀書，弱冠補諸生，後累試不第。與冒襄、孔雲亭、陳維嵩等名士有詩文往來，言論詼諧，處世瀟灑，交友不拘，爲清代文學家、小説家、刻書家，官至翰林院孔目。著作有幽夢影、花影詞、心齋聊復集、奚囊寸錦、心齋詩集、飲中八仙令。曾刻印檀几叢書、昭代叢書等。

聯莊爲張潮詠莊之作，亦詩亦文，皆不擬標題，凡五十三首，收錄於檀几叢書卷二十四，題『天都張潮心齋著』。今視其内容，大率皆出莊子；其遺詞，亦多擬漆園口吻。如云：『九萬里而南，九萬里而上，笑學鳩斥鴳那識榆枋之外，别有天池；八千歲爲春，八千歲爲秋，歎朝菌蟪蛄不知晦朔之全，寧惟上古？』又云：『桂可食故伐，漆可用故割，用以無用爲善，人莫能知。雁以不鳴烹，木以不才終，才與不才之間，唯其所處。』諸如此類，皆屬古人聯句、集句之變體，其施之解莊，於古於今，似僅此一見，故頗可珍視。

通讀聯莊諸作，其各首之內容語句，有專出莊子之一篇者，有聯結其多篇之文句者，而前者主要見於內篇，後者則分散於外雜篇中，大多作品即屬此一類。如云：『詩以道志，書以道事，禮以道行，樂以道和，易以道陰陽，春秋以道名分。至若百家之學，譬猶耳目口鼻，不能相通。庖丁之解牛，痀瘻之承蜩，沒人之操舟，梓慶之削鐻，大馬之捶鉤，汜（紀）渻子之鬥雞，彼其純氣所存，任夫驚懼死生，自然無懾。』其中除出於天下篇外，『庖丁之解牛』出於養生主篇，『大馬之捶鉤』出於知北遊篇，『痀瘻之承蜩』、『沒人之操舟』、『梓慶之削鐻』、『汜（紀）渻子之鬥雞』及『彼其純氣所存，任夫驚懼死生，自然無懾』之議論，皆本於達生篇，可謂取材廣泛，已涉及內外雜篇三個部分。但總體而言，因限於體例，聯莊者尚缺乏個人情感，亦難於表現其學術見解。

此次影印張潮聯莊，據華東師範大學圖書館藏清康熙間新安張氏霞舉堂刊檀几叢書本。

檀山南華經質

（清）王泰徵輯釋

王泰徵，字嘉生，又字半士、王干人，號蘆人，新安歙縣人，生卒年不詳。明崇禎十年進士，歷吳川、新會、建陽令，所至著聲，擢禮部主事，未赴，會鼎革，遂歸隱邑西巖鎮檀山，杜門教授，日講習經史，旁引曲證，聚徒至數十百人，卒年七十有六。所著有樗庵集、友林漫言、春秋四傳輯言、周禮考工辨、五代史歎、檀山道德經頌、檀山南華經質等。事跡見（乾隆）歙縣縣志卷八、（民國）歙縣縣志卷十。

檀山南華經質不分卷，卷首題『新安王泰徵蘆人輯釋』、『長沙陶汝鼐燮友、江陵徐養心松濤參閲』、『同里程增蝶莊、程均又庠、黄爾類楞麓校訂』，書前依次有無名氏序、汪琬康熙二十四年前禮部主事王先生小傳、王泰徵康熙六年檀山莊質序、南華經諸家敍跋（包括司馬遷、郭象、蘇軾、李淦、楊慎、焦竑、張天如、譚元春等家）等。王泰徵序云：『讀莊而櫛比之，如紉荷然，蝶老人死章句矣。』故正文概不收莊子原文，亦不採取傳統注疏之體，而是運用論説方式，每篇以『王蘆人』述論爲主體，其次『附諸家注』，如逍遥遊第一依次附有楊慎、關尹子、黄幾復、郭象、譚元春語，養生主第三附有劉辰翁、鵠灣、石公語，但亦有不附任何文字，或徑摘莊子文句以入附録者。

綜觀王氏檀山南華經質，論述多平實妥貼，亦不乏獨見。如其外物篇云：『則陽篇近禪理，此篇則丹經也。』寓言篇云：『此著書將終，一生悲慟婆心，恐後世不知，或有强作解事人，掇拾其後，不得不自拈出，如老子卷終，自爲解説「信言不美，美言不信」是也。』讓王篇云：『語多呂氏貴生篇、審爲篇、慎人篇、離俗篇、誠廉篇，即呂書有襲莊、列者，不應獨多至是，應是後人攙入耶？』此處，無論其評判外物、則陽篇思想傾向，抑或探究寓言篇作意、辨别讓王篇真僞，都有自己獨特看法，值得重視。

此次影印，據中國科學院國家科學圖書館藏清康熙間刊檀山道德經頌所附檀山南華經質本。

莊子讀本一卷

（清）方人傑撰

方人傑，字星渡，新安人，生平事跡不詳。著作有莊騷讀本，莊子讀本即爲其前半部分。莊騷讀本前有莊騷發凡，並題『新安方人傑星渡輯評，金山錢樹本根堂參訂』。莊子讀本寓言云：『寓言、列禦寇之一篇分爲兩也。讓王、盜跖、說劍、漁父之屬，贋筆竄入也。先儒歷論之詳矣。』因此，方人傑棄讓王等四篇，合寓言、列禦寇爲一篇，又舍去刻意、庚桑楚兩篇，故莊子讀本共收二十六篇。其中，天道篇僅節録『成綺』、『貴道』兩段，山木篇僅節録『市南子』、『子桑虖』、『陳蔡』三段，他篇則抄録全文。莊子讀本中，有眉批、圈點、夾批、夾注，篇末大都先引述前代名家如歸有光、譚元春等人評論，再就篇中義理進行分析。

方人傑在闡釋莊子義理之際，亦十分重視揭示其篇章結構及筆法特徵。莊騷發凡云：『莊子以道德之精華，舒經傳之古質，隱顯緩急，各極其致，無踈碎塵腐之病，此法之至妙者矣。』對莊子思想、藝術予以高度評價。由於深受蘇軾所謂『莊子蓋助孔子者』說影響，他強調要透過表面離奇之莊文看到莊子『精嚴』之法度，『誠能體究其說，得其純而去其疵，以讀六經之法讀之』（莊騷發凡），這就使莊子讀本具有明顯儒學化傾向。在田子方篇末，方人傑甚至說：『莊子之尊孔子也至矣！　深微隱顯，或從其原，或從其委，莫不見其津津無已之神。』認爲莊子對孔子尊崇之至。

方人傑對莊子藝術之特點，其分析注重點面結合，既能從整體上把握，又常常對細節問題發表見解。如於逍遥遊篇末云：『此一篇是一書大意，此一題是一篇大意，而莊子全身之綱領也。』又於徐無鬼篇末云：『此篇大旨在中一段、結末一段。……前則冷然而起，後則雜然而陳，不倫不類、奇奇怪怪之中，而有一氣呵成之妙，所以爲至。』可見，方氏之分析亦常有真知灼見。但需要指出，由於莊子讀本所引唐宋名公評語，大都當是依據明天啟四年竺塢刊署爲歸有光、文震孟南華真經評注眉批而來，而南華真經評注中這些眉批卻多非唐宋名公所作，這就使得方人傑以訛傳訛，從而影響其莊子讀本之學術價值。

此次影印方人傑莊子讀本一卷，據上海圖書館藏清乾隆三十七年刊莊騷讀本本。

莊子旁注五卷

（清）吴承漸輯注

吴承漸，字公儀，徽州歙縣人，生平事跡不詳。有門人江詒孫、朱可進等。曾編著莊子旁注五卷、經史序録二卷。

莊子旁注五卷，前有康熙三十八年吴承漸自序、國子祭酒長洲孫岳頒序，扉頁題『瑞水春波漁舍藏板』，版心下鐫『思訓堂』，卷一、卷五題『天都吴承漸公儀輯注』、『門人江詒孫、男楷仝音校』，卷二、卷三、卷四音校者則爲『江詒孫、朱可進』。吴氏自序謂：『予少喜讀其内、外諸篇，而病其離合於道也，尤病注莊者之甚害於道而實以害於莊也。』又謂：『自向、郭索隱繪空，競清談而標玄旨，士習波蕩，海宇風頽，時謂非郭注莊，乃莊注郭耳。信斯言也，與桓溫、孫武子之所歎何以異！當時有識之士，追禍本而泝亂源，每不能爲向、郭諸人貸也。予用是集諸家之注，於其訓釋句字直解而旁注之，一仍其舊，使讀者開卷了然，而莊之所以爲莊者自在也。』吴氏旨在表明，自己自少時即喜讀莊子，此莊子旁注五卷，爲其簡選諸家之注而成，甚是便於讀者。

但今持吴氏莊子旁注五卷，以較晚明同鄉方虚名南華真經旁注五卷，則除逍遥遊篇外，其餘各篇正文中，行款字體、旁批内容、以及所施『丨』、『⸗』、『乚』、『○』等符號，均皆相同；全書唯改易扉頁設計，更换前言、卷首題識、版心内容，及删去所有眉批、題解而已。逍遥遊篇正文中，首葉旁批、圈點等多與方虚名南華真經旁注本不同，繼而多與之相同，最後數葉則幾乎完全相同。其所以特重首葉，當是爲了不讓讀者開卷即起疑心。

此次影印吴承漸莊子旁注五卷，據中國科學院國家科學圖書館藏清康熙三十八年瑞水春波漁舍刊本。

南華經傳釋一卷

（清）周金然撰

周金然，字礪巖，號廣庵，又號越雪，上海人，生卒年不詳。康熙二十一年進士，選庶起士，歷司經局洗馬。與施閏章、宋琬遊，其才思格力亦介於二人之間。著作有飲醇堂文集、抱膝庭詩草、娱暉堂集、和陶靖節集、和李昌谷集、西山紀遊詩、南浦詞、南華經傳釋等。

南華經傳釋一卷，皆爲短論體，前有周金然所撰小序云：『今諦閱南華，則自經自傳，不自秘也，而千載無人覷破。蓋其意盡於内七篇，至外篇、雜篇無非引伸内七篇，惟末篇自序耳。』遂以内篇七篇爲經，而以秋水、馬蹄、山木三篇爲逍遥遊篇之傳，徐無鬼、則陽、外物三篇爲齊物論篇之傳，刻意、繕性、至樂、達生、讓王五篇爲養生主篇之傳，庚桑楚、漁父二篇爲人間世篇之傳，駢拇、列禦寇二篇爲德充符篇之傳，田子方、天道、天運、知北遊、盜跖五篇爲大宗師篇之傳，胠篋、説劍、在宥、天地四篇爲應帝王篇之傳。在周金然看來，如此『錯而觀之』，則『其意較然，詎復須注哉！』（見小序）

周金然上述説法、做法，不僅是對潘基慶南華經集注以外、雜篇分疏内七篇基本思路之繼承，而且比潘氏推進一大步，徑稱内篇與外、雜篇爲經與傳之關係，復又摒棄潘氏引釋典等解莊方法，而主張『以中庸釋大學，以金剛釋心經，以南華釋道德』（小序），以莊子外、雜篇釋内篇七篇，即完全要求以儒解儒、以佛解佛、以道家解道家，以莊子解莊子，認爲此即爲正確解釋各家經典之大秘密。應當承認，周金然此等做法，對長期以來莊子學之儒佛化傾向無疑具有一定矯正作用。事實上，莊子外、雜篇不少篇章當爲莊子後學所撰，往往是對内篇某些思想觀點之闡發，所以正如周金然所說，可以看成是內篇之『傳』，則內篇即自然成了外、雜篇之『經』。但是，由於外、雜篇某些篇章即使爲莊子後學所撰，其所闡發之思想觀點也不可能與內篇某些篇章具有一一對應關係，而是有著複雜錯綜之繼承、發展關係，因而儘管周金然對潘基慶南華經集注所列內篇與外、雜篇關係作了很大調整，但仍存在著諸多問題。如秋水篇主要是繼承、發揮了齊物論篇相對主義思想，山木篇主要是繼承、發揮了人間世篇處世思想，而周金然卻視之爲逍遥遊篇之『傳』；天道、天運二篇主要是繼承、發展了應帝王篇政治論，而周氏卻視之爲大宗師篇之『傳』。凡此說明，周金然之所謂『經傳』說在付諸實踐時，不免會出現許多實際困難。

今影印周金然南華經傳釋一卷，據華東師範大學圖書館藏清嘉慶間南匯吴省蘭聽彝堂刊藝海珠塵本。

莊子辯正六卷

（清）胡方撰

胡方（1654—1727），字大靈，世稱金竹先生，廣東新會人。性情篤厚，安於清貧，有孝名，廣東學政惠士奇曾大力引薦，以年邁堅辭。尚儒學，務力行，於經書奧義多有創見，粵人比之江門陳獻章。清史稿儒林傳有傳。著有周易本義注、四子書注、鴻桷堂詩文集、莊子辯正等。

莊子辯正六卷，前有胡方同里後學戴鶴齡所作序，卷首題『新會胡方大靈著，曾孫仁量校字』。每篇皆有題解，說明全篇大旨；正文採取順文直解、雙行夾注樣式，不引他說。戴鶴齡序云：『莊子辯正一書，乃吾邑金竹先生所手著也。然則曷不名箋解而名辯正？曰：辯之使一歸於正也。……先生爲之訓釋，悉奉堯舜周孔之理爲指歸，於其言之合於正者，詳細辯析；戾於正者，指摘辯駁，使莊子之醇疵具見，讀莊子者亦得因以取其醇而去其疵焉。蓋自有先生之辯正，是書猶然莊子之書，其理非復莊子之理矣。』此處，戴氏對莊子辯正遵循之原則、特點、目的說得甚是明白。

胡方所持理學家立場，使他奉周孔之道爲圭臬。在莊子辯正中，他並非要闡發莊子玄理，而是對莊文不合於周孔之道處予以駁正，其用心可謂良苦。如胡方於德充符篇『魯有叔山無趾』寓言後云：『莊周之意，專欲廢孔子博文約禮也。』於大宗師篇題下云：『儒者由博文約禮以致虛靜，此言直求虛靜，或因其質之近，似乎可能，而不知實不可能也。』完全是從儒家立場對莊文進行評價。對於莊子書中諷刺儒家之言論，胡方也給予合『理』解釋。如於外物篇『儒以詩禮發冢』寓言後，胡方注曰：『此以俗儒，實飾小說以干縣令者。』而對於蘇軾所貶讓王、盜跖、說劍、漁父四篇，胡方則更斥之爲『粗淺鄙俚』，不爲詳解。

此次影印胡方莊子辯正六卷，據中國國家圖書館藏清嘉慶十九年鴻桷堂刊本。

唱莊一卷

（清）沈堡撰

沈堡，字可山，浙江蕭山人，生卒年不詳。康熙間廩生，喜吟詠，晚歲築耄悔堂，聚書玩古。著有嘉會堂集、漁莊晚唱等。

唱莊一卷，在漁莊晚唱內，卷首題『蕭山沈堡可山』，書前有小序云：『余初讀蒙莊書，苦其汗漫無涯涘，大約不離太史公所云，「其言恍洋自恣以適己」，一語盡之。所傳內篇、外篇、雜篇，論說分歧，要皆觸類引伸，以暢內七篇之説。暇日紬繹，檃栝爲詩，得五十二首，名曰唱莊，即未盡莊理，頗窺莊趣。冀符漆園恍洋自恣之旨，取適己云爾。』沈堡以爲，莊子一書，難求歸趣，而内、外、雜篇，論説復多分歧，然要旨皆在内篇。故截取内七篇以韻文形式，細加紬繹檃栝，得詩五十二首，集爲唱莊，包括逍遙遊詩五首、齊物論詩九首、養生主詩四首、人間世詩七首、德充符詩六首、大宗師詩十四首、應帝王詩七首，多以篇内寓言爲題材，亦有檃栝或闡發抽象義理者。

通讀唱莊各詩，多能忠實於文本内容。如逍遥遊詩之五云：『我有一大瓠，呺然無所庸。浮之大江内，蕩蕩隨長風。樗櫟不中矩，廣莫能相容。仿佯與晏息，可保天年終。無用以爲用，沛乎遊無窮。』此詩取象於大瓠、樗樹等物，以闡發莊子無用爲大用思想，借詩歌之形象思維以寓莊子之抽象哲理。但亦偶有不符莊子原意，甚或相與矛盾者。如齊物論詩之一云：『物論誰能齊，齊之物始亂。天籟騰山林，吹萬亦多變。詎云有使之，受者自爲判。』認爲正如吹萬多變、受者自判，物論之不齊，也就在所難免。此種説法，顯然與莊子思想有所出入。齊物論詩其餘各首，則與莊子齊同萬物之旨復相合。要之，唱莊以詩體闡發莊子思想，委實已屬不易，不可以小眚而貶損其價值。

茲據上海圖書館藏清乾隆十九年刊漁莊晚唱本影印唱莊一卷。

莊子未定稿四卷

（清）何如瀊撰

何如瀊，字建則，廣東南海人，世稱澮泉先生，生卒年不詳。清雍正十一年進士，曾在山東、河南爲官，有政績。著作有四書自得、續自得、讀易日鈔、莊子未定稿等。莊子未定稿書前有澮泉先生傳，記何如瀊事跡。

莊子未定稿四卷，前有何如漋乾隆四十七年所作自序、何氏弟子邱先德嘉慶十七年所作莊子未定稿序、澹泉先生傳。每卷卷首單設目録，正文首題『南海何如漋建則甫注，曾孫曰璧編，受業族孫松校』。某些篇章有簡單題解，篇末大都有評論，以講解全篇大意爲主，其中多次引用宣茂公（宣穎）南華經解内容（莊子原文注釋中亦時有之）；眉欄有批語或注釋，但這些批語、注釋或非何如漋所作，逍遥遊首葉眉欄有記云：『讀莊子因原板朦糊，閲既厭倦；讀此本，心目爽然，而知予眼根未徹也。……咸豐元年歲辛亥十有一月二十有九日庚辰。』視其内容及時間，當爲後學所記。

何如漋自序云：『夫言非吹也，言者有言，故必先定其意而後筆之於書。至其甚者，留若盟詛，發若機括，以爭鳴於天下，此南華老人所爲痛道術將爲天下裂者。故其著書也，巵言日出，和以天倪，……觀其振於無竟，而寓於無竟，十餘萬言固未嘗定以己意也。然世之説莊子者，累牘連篇……而經義益晦，遂使南華深心不獲見於後世。余生平酷嗜此書，玩索有年，晚而手録一篇，名其稿曰未定，蓋本南華意也。以經還經，而經義因以别白，其未嘗參以一定之見者，故無容守其一定之説也。其以爲異於𪄠音，亦有辨乎？其無辨乎？姑以俟之來者。』何氏鑒於説莊者之弊端，仿效莊子『振於無竟，而寓於無竟』，有辨無辨俟之來者，故名其書曰莊子未定稿。

何如漋雖仿效莊子筆法，欲擺脱一己之偏見，然其所持儒家立場使此種追求無以實現，最終還是自落窠臼。此書在注解莊子字詞、語句方面，更多地關注了莊子文字之妙。如於駢拇篇末云：『老莊尊道德而卑仁義，因渠原不識仁義，故言仁義爲駢枝，爲多方。……善乎昌黎之論曰：「彼所謂道德，離仁義而言之。彼以煦煦爲仁，孑孑爲義，其小之也則宜。」足以洞中其病根矣。世乃偏爲回護，過矣！吾取其文而已。』對莊子攻訐儒家仁義之言論深爲不滿，對莊子之文章則表示肯定。何如漋曾語弟子云：『子亦知文之至妙者乎？六經之文變爲南華，變而不失其正者也。』（邱先德序引）稱讚莊子爲『文之至妙者』，可見何氏對莊文之喜愛。基於這種認識，此書雖收録讓王、盜跖、説劍、漁父四篇，但讓王篇末云：『以讓王四篇爲僞作，有目者識之。吾不服東坡之高見，而歎太史公之無識。』對四篇文章完全予以否定，並借此以嘲笑蘇軾、司馬遷。相反，何如濬對莊子文章筆法、句法、文法等卻大加讚賞，這在何氏注解中每有所見。如於逍遙遊篇評『怒』字云：『猶奮也，與草木怒生同一字法。』評『南冥者，天池也』數語云：『注一句，作束筆，「天池」句固是收束。』評『齊諧者，志怪者也』數語云：『注一句，作起筆。二句一順一逆，靈妙無比！』總觀何氏文評，雖不乏新意，但總體水準不高，其影響也有限。

何如濬莊子未定稿四卷，有清嘉慶十七年何東閣刊本、清道光六年刊本。此次影印，據華東師範大學圖書館藏嘉慶十七年何東閣刊本。

莊子彙考等四卷

（清）陳夢雷　蔣廷錫輯

陳夢雷（1650—1741），字則震、省齋，福建閩縣人。康熙九年進士，官翰林院編修。蔣廷錫（1669—1732），字揚孫，常熟人。康熙四十二年進士，官至文華殿大學士。

古今圖書集成（原名古今圖書彙編）爲陳夢雷所輯，後經蔣廷錫重輯而成，是我國歷史上一部巨型類書。其中經籍典第四百三十五卷至四百三十八卷爲莊子資料彙編：第四百三十五卷包括莊子部彙考一、莊子部彙考二、莊子部彙考三、莊子部彙考四，第四百三十六卷包括莊子部總論一、莊子部總論二，第四百三十七卷包括莊子部總論三、莊子部總論四、莊子部總論五，第四百三十八卷包括莊子部藝文一、莊子部藝文二、莊子部紀事、莊子部雜錄、莊子部外編，凡歷史上志書所載莊子書目、各家著作中有關莊子詩賦、序跋、評論及雜錄等，幾乎靡不彙輯其中，實爲歷代有關莊子資料之一大彙編，今姑名爲莊子彙考等。

陳夢雷松鶴山房集進彙編啟云：『凡在六合之内，巨細畢舉；其在十三經、二十一史者，隻字不遺；其在稗史子集者，亦只刪一二。』今觀其所彙輯有關莊子資料，大致亦如此。如莊子部彙考所輯有漢書藝文志道家、隋書經籍志道家、唐書藝文志道家、宋史藝文志道家、陸德明經典釋文序錄、鄭樵通志道家、王應麟漢書藝文志考證道家、馬端臨文獻通考道家考、王圻續文獻通考道家考、焦竑經籍志道家及莊子翼莊子書目所錄全部莊子書目，莊子部藝文所輯有班嗣報桓譚借莊子書、阮籍達莊論、嵇含吊莊周文、夏侯湛莊周贊、孫楚莊周贊、王坦之廢莊論、庾翼貽殷浩書、王僧虔誡子書、權德輿道舉策問、薛逢鑿渾沌賦、白居易求元珠賦、賈餗莊周夢爲蝴蝶賦、蘇軾莊子祠堂記、潘佑贈別及陶潛擬古詩、白居易讀莊子、馬定國讀莊子等詩文，搜輯之功遠爲前人所不逮。而觀其所輯四卷文字，以類相從，不但整體面目清晰，且在具體條目之編次上亦往往顯示出其精心。如其於莊子部彙考一『簡文帝大寶年御制莊子義二十卷』條下云：『按梁書簡文帝本紀：「太宗幼而敏睿，識悟過人。既長，讀書十行俱下，九流百氏經目必記，博綜儒書，善言元理，著莊子義二十卷。」按隋書經籍志：「莊子講疏十卷，梁簡文帝撰。本二十卷，今闕。」按陳書徐陵傳：「陵十二，通莊、老義。簡文在東宮，令於少傅府述所制莊子義。」按唐書藝文志：「梁簡文莊子講疏三十卷。」』通過如此編次，使原來諸多零散資料變得井然有序，具有很高文獻價值。

古今圖書集成有清雍正四年内府銅活字排印本、清光緒二十年上海圖書集成鉛版印書局排印本、民國上海中華書局影印本。今據華東師範大學圖書館藏清雍正四年内府銅活字排印古今圖書集成理學彙編經籍典影印莊子彙考等。

莊子鈔

（清）浦起龍撰

浦起龍（1679—1761後），字二田，號孩禪，自署東山外史，無錫人。雍正八年進士，晚年任蘇州府學教授，主紫陽書院，著名學者錢大昕、王昶、王鳴盛爲諸生時均受業其門下。著作有讀杜心解、史通通釋、古文眉詮等。

莊子鈔爲古文眉詮第十六卷，卷首題『桂林陳榕門、歸安吳牧園兩先生鑒定，金匱後學浦起龍論次，三吳書院陸載錫、顧學潮匯參』。該書共輯錄莊子原文十二篇，其中逍遙遊、齊物論、養生主三篇全部錄入，人間世、大宗師、秋水、知北遊各節錄兩條，應帝王、天道、徐無鬼、寓言各節錄一條，天運節錄三條。每篇題下先注明屬於内篇還是外篇或雜篇，並大都配以簡短評論。正文有眉批、圈點，間附以簡注，以文評爲主。

浦起龍節錄莊子原文，首先遵循思想性原則。天運篇於節錄『商太宰問仁於莊子』寓言後云：『莊生此種議論最多，不敢多錄，錄其最超軼者。其意只是以忘爲主，原非排斥仁義也。曲士見之，咋舌矣。』由此可知，浦起龍對不合於儒家仁義之文字『不敢多錄』，大多予以刊落。同時，浦起龍在闡釋莊子義理時，還體現出以佛解莊傾向。如在評論應帝王篇『季咸相壺子』寓言時，曾兩次引用林希逸莊子口義内容，釋『地文』時說『口義注，猶佛家觀名』，釋『淵』時說『口義，佛家爲觀古人爲淵』，在眉欄處則說『如禪家露地白牛』、『如禪家善巧權閉』；再如評秋水篇『遊於濠梁』寓言時說：『子與我與魚，猶佛言人相我相衆生相也。』皆是借用佛家理論來解釋莊子義理。

浦起龍還按照文學性原則，節錄時對莊子中妙文、奇文多所側重，並在評論時大加讚賞，此即莊子鈔之主要內容。浦起龍對莊子文章所作評論，既包括字詞之運用，亦包括結構、寫作手法之特點，所涉較廣。如所錄大宗師篇首對『真人』一段之闡釋，浦起龍用『一提』、『再提』、『三提』、『收足』連結其四個層次之內容，使之渾然一體； 對知北遊篇『東郭子問於莊子』寓言，他評論説：『瓦礫説法，乾屎説禪，周遍咸一也。然惟不期乃不際也，節節獨造，奇文奇文！』浦起龍還常常指出莊子設象譬喻之特點，以逍遥遊篇爲例，他在篇首評點説：『假像而談，化機飛動，覺逍遥意境。』在『此小大之辯也』句眉欄處評點説：『此前取象，由大而及小； 此後實拈，從小而至大，恰好以篇尾應篇首。』在『宋人有善爲不龜手之藥者』寓言眉欄處評點説：『舉宋人鬻方，爲不知用設象。』如此點評，皆較爲新穎。

今影印浦起龍莊子鈔，據華東師範大學圖書館藏清乾隆九年三吳書院刊古文眉詮本。

擬摘入藏南華經一卷

（清）吳震生撰

吳震生（1695—1769），字長公、祚榮，號可堂，別號玉勾詞客、鰥叟、弱翁、南村等，安徽歙縣人。少有才名，然五試不第，遂棄科考，入貲爲刑部貴州司主事，未幾即乞歸。晚年移居杭州，與厲鶚、杭世駿等爲文章、性命之友。博學多聞，善山水，工篆書，博綜醫術，亦稍涉佛學。著述頗豐，有南村遺集、笠閣叢書、才子牡丹亭、太平樂府等。

擬摘入藏南華經一卷，在笠閣叢書中，杭州藝文志著錄爲摘莊。書前有吳震生小序云：『宗鏡錄則以莊爲漆園傲吏，恍惚狂生。以予平心而觀，日月所臨至廣，其言雖不可用於儒國，固可用於餘國之近梵而崇釋者。

斥以恍惚，未免小屈；摘以入藏，庶雪其冤。昔郭象注莊，自爲一書。兹摘解莊語，亦自爲一書而已。四十九家之外，獨可闕援莊入佛之一家乎！』此處所謂『藏』，即指『佛藏』而言。可見吴震生編撰此書，意在摘取莊子有關文字，以入佛教典藏，於歷代衆多治莊者之外，卓然自成一家之説。

通觀吴震生此書，唯於莊子三十三篇之中，各摘取其少量文字，並予删節重組而成。如養生主篇，乃是摘取『庖丁解牛』寓言，加以删減重組，最後添上『火傳不知其盡也』一語而成。應帝王篇，則僅摘取文中八個句子，意義各不連貫，總共不過七十餘字而已。吴氏於書前曾摘引郭象序，並特加按語云：『探遠返冥，則莫如使學者附麗佛藏，得所依歸矣。』認爲闡究莊子，莫如以佛理爲依歸。故視其全書，大多不外以佛説附麗莊子。如逍遥遊篇『此雖免乎行，猶有所待』，吴氏注：『若尸解成佛，則無待矣。』德充符篇『今子與我遊於形骸之内』，吴氏注：『謂言離相無實相、離身無法身者。』繕性篇『博溺心，文滅質』，吴氏注：『惟佛之博，始不溺心。』山木篇『木以不材免』，吴氏注：『似爲僧道。』率皆此類，雖與本文不無相合之處，但多爲簡單牽合，少有深意。

兹影印吴震生擬摘入藏南華經一卷，據上海圖書館藏清嘉慶間刊笠閣叢書本。

莊子解一卷

（清）吴峻撰

吴峻，金匱人，字黼仙，生平事跡不詳。但臧勵龢等編中國人名大辭典云：『吴俊，清吴縣人，字奕千，一字蠡濤，晚年自號曇繡居士。乾隆進士，官至山東布政使。所至有捕盜功。爲人博聞强記，通達世務，詩古文皆深入古人堂奧。有莊子解、榮性堂詩集。』未知孰是。

莊子解一卷，刊入昭代叢書壬集補編卷第四十三內，現僅存逍遥遊解、齊物論解兩篇。昭代叢書初由清張潮編輯，四庫館臣爲昭代叢書所作提要云：『或從文集中摘録一篇，或從全書中割取數頁，亦有偶書數紙並非著述而亦強以書名者。中亦時有竄改……，猶是明季書賈改頭換面之積習，不足采也。』該書後雖由清沈楙悳重輯，張潮之編輯原則相信對沈氏會産生較大影響，因此也就存在沈氏部分摘録吳峻莊子解之可能。筆者以爲，吳峻莊子解最初當不止逍遥遊解、齊物論解兩篇。莊子解卷首題『金匱吳峻鶒仙著』，每篇前有題解，卷末有沈楙悳跋語；解莊時不録莊子原文，僅注明某句至某句，然後闡釋其義理。

從現存兩篇來看，逍遥遊解以易解莊，齊物論解則是以詩經六義及樂律作解。吳峻對此也有明確説明，如逍遥遊解題解云：『莊子齊小大，而篇中獨貴大，是以知其釋易也。作易者有憂患，惟有憂患而後求占筮。故曰：「人之生也，與憂俱生。」然思有以矯之，以爲文章之變化，故作逍遥遊。』齊物論解題解云：『篇中細詳風感之聲，以是知其釋詩也。其曰「遞相爲君臣」，非樂律無以釋之矣。人聲爲言，曰論即言也。篇中先詳齊物，後説齊論，齊者和之以是非也。樂以導和，和以天倪，而賦比興之理盡於此矣。』吳峻釋逍遥遊、齊物論即遵循此原則，沈楙悳跋語對此極爲稱許，他概括説：『南華經逍遥遊從無一言及於易，而鶒仙先生以爲釋易者，以魚名爲坤、鳥名爲鵬而頓悟也。鯤與坤同音，則悟莊子之鯤即周易之坤矣；鵬與鯤對文，即悟鯤之爲坤，則又悟莊子之鵬即爲周易之乾矣。於是因鵬背而悟其爲艮，因羊角而悟其爲兑，因積水而悟其爲坎，……無一字一句非釋易也。……至於齊物論，固明言「樂出於虚」也，則以爲釋樂之文可也。乃先生又以爲釋詩，……既稱齊物論爲釋詩，則所謂「窪者」、「汙者」，當是釋邶風、墉風，其聲下也；「激者」、「謞者」，當是釋衛風、王風，其聲高也。……莊子所謂「大塊噫氣，其名爲風」，盍統十五國風言之也。』

由是可知，吳峻因承並發展宋代王雱、吕惠卿等以易釋莊思路，雖不乏穿鑿附會成分，卻也爲莊子逍遥遊提供另一種解讀方法。但他以詩釋齊物論，則顯得有些不倫不類，就連對莊子解頗爲稱許者沈棌悳，對此也認爲『不及解逍遥遊之精』（見沈氏跋語）。

昭代叢書有清康熙間揚州詒清堂刊本、道光二十四年吴江沈氏世楷堂重刻本、光緒二年世楷堂重印本等。此次影印吴峻莊子解一卷，據華東師範大學圖書館藏光緒二年世楷堂重印昭代叢書本。

莊子述記一卷

（清）任兆麟撰

任兆麟，原名廷麟，字文田，號心齋，江蘇震澤人，生卒年不詳。幼承家學，早年爲諸生，嘉慶元年舉孝廉方正。博聞敦行，工詩古文。著有竹居集、毛詩通說、春秋本義、任氏述記等。

莊子述記一卷，在任氏述記内，卷首題『任兆麟述』，乃是節録逍遥遊、齊物論、養生主、人間世、德充符、大宗師、應帝王、在宥、天地、天道、秋水、達生、田子方、則陽、讓王、天下等十六篇中文字而成。其中逍遥遊篇保留大部分文字，德充符、應帝王篇僅分别節録二十、二十五字，其餘各篇則節録一段至數段文字不等。卷尾附逸篇二條，乃迻録於王應麟莊子逸篇（困學紀聞卷十）。間有簡注，多以前人之説爲之，涉及司馬彪、崔譔、郭象、李頤、簡文帝、邵雍、林雲銘等人。亦間有任氏自注，其實多係引述前人之説。如養生主篇：『技經肯綮之未嘗，而況大軱乎！』吴氏注：『肯：著骨肉。綮：結處也。軱：音孤。軱戾大骨也。』其實，此處注解『肯』、『綮』，乃是分别引述陸德明、司馬彪之説；注解『軱』，注音用陸德明之説，釋義用向秀、郭象之説。大宗師篇：『畸人者，畸於人而侔於天。』任氏注：『畸，不耦也。侔，等也。』此處注解『畸』、『侔』，皆係引述司馬彪之説，亦非真爲任氏自注。總之，任氏莊子述記之學術價值不高。

任兆麟任氏述記，有清乾隆五十三年任氏映雪草堂刊本、嘉慶十五年遂古堂刊本等。此次影印莊子述記一卷，據中國國家圖書館藏清光緒十年蜀西廖氏閑雲精舍刊任氏述記本。

南華真經義海纂微考證

（清）王太嶽等纂

王太嶽（1722—1785），字基平，號芥子，直隸定興人。乾隆七年進士。由檢討累官雲南布政使，坐事落職。四十二年，任四庫全書總纂官，旋仍授檢討，擢國子監司業。著作有清虚山房集、芥子先生集、涇渠志等。曾與曹錫寶等據四庫館所抄黄簽彙輯、加工成四庫全書考證一百卷，對經史子集各書之訛、衍、闕、倒置及史實、觀點等問題，多有考證、校訂，經乾隆御覽裁訂，命爲欽定四庫全書考證。

南華真經義海纂微考證收於欽定四庫全書考證卷七十三，凡八十四條，其中有十四條各分爲兩個細目，兩條各分爲三個細目，涉及除南華真經義海纂微中逍遥遊、刻意以外全部篇目。其内容主要有如下數端：一爲糾訛。如齊物論篇原本褚伯秀案語『攝性歸性』，王太嶽等據别本校改爲『攝情歸性』；人間世篇陳景元注『口成而依違』之『成』，據别本校改爲『營』；大宗師篇林自注『我與物俱不可知』之『物』，據别本校改爲『汝』；天運篇郭象注『故至隨時而變』之『至』，據别本校改爲『當』。二爲補脱。如應帝王篇原本郭象注『不足以生』之『生』下脱二『生』字，王太嶽等據别本予以增補；盜跖篇『執轡三失』下脱『目芒然無見』五字，據别本予以增補；説劍篇『無不賓服』下脱『而聽從君命者矣』七字，據别本予以增補；漁父篇『孔子愀然而歎』下脱『再拜而起』四字，據別本予以增補。三爲刪衍。如馬蹄篇原本『塡山無蹊隧』，王太嶽等據別本刪去其衍文『塡』字；則陽篇陳景元注『是爲天下天王』，據老子刪去其衍文『天』字。凡此做法，皆値得肯定。

但細審南華眞經義海纂微考證，亦難免有錯誤存在。如其駢拇篇考證有云：『案語「惡夫假仁者執虛器，以愚天下之民」，原本「仁」訛「禽」，又「執虛器」訛「氣虛執」，並據別本改。』今案正統道藏本，褚伯秀案語作『惡夫假禽貪者器，以虐天下之民』，乃是化用徐無鬼篇『且假夫禽貪者器』而成，說明王太嶽等之說及所用『別本』皆不足據。又駢拇篇題目之『拇』字訛爲『母』，天道篇『繫馬而止』之『馬』字訛爲『焉』，亦皆爲瑕疵。

茲影印南華眞經義海纂微考證，據華東師範大學圖書館藏清乾隆間木活字排印武英殿聚珍版書欽定四庫全書考證本。

莊子鈔

（清）高塘撰

高塘，字梅亭，直隸順德府南和縣人，生卒年不詳。清乾隆二十五年舉人，三十二年委署沁源縣，三十七年題署沁邑。著作有高梅亭讀書叢鈔等。事跡見沁源縣志名宦傳。

莊子鈔在高塘歸餘鈔內，與屈原、宋玉作品合爲一卷。前有歸餘鈔卷一目錄，目錄後附按語，介紹編錄莊子與屈原、宋玉作品情況。正文中，莊子原文頂格書寫，順文雙行夾注，有圈點、句讀，行間間有注解或文評；有眉批；一篇之中，一般將莊子原文分爲數節，分節予以評論。

莊子鈔全錄或節錄莊子二十六篇。其中，內篇逍遙遊、養生主全錄，齊物論、人間世、德充符、大宗師、應帝王節錄；外篇駢拇、馬蹄全錄，在宥、天地、天道、天運、秋水、達生、山木、田子方、知北遊節錄；雜篇庚桑楚、徐無鬼、則陽、寓言、盜跖分別僅錄一條，外物節錄兩條，列禦寇、讓王各節錄四條；外篇胠篋、刻意、繕性、至樂四篇以及雜篇天下、説劍、漁父三篇不錄。高塘選錄莊文之原則，在歸餘鈔卷一目錄後按語中也有明確論述：『其大旨崇尚虛無寂滅，非聖賢中正之道。然儒者闢其説，仍讀其文，以文勢淩空幻渺，不可方物，且其中元理名言，疊見層出，文家多引用之，不可缺也。』因此，高塘以儒家立場，於莊子中不合『聖賢中正之道』者，每加刊落，而對其美文妙語則特予關注，在注解莊子字、詞之外，以文評爲主。今案其題解、評論、眉批等，多以引浦起龍莊子鈔、宣穎南華經解爲主，在版式、體例方面亦與二書相仿，但並不曾標明出處。

茲影印高塘莊子鈔，據華東師範大學圖書館藏清乾隆五十三年廣郡永邑培元堂楊氏刊高梅亭讀書叢鈔歸餘鈔本。

南華瀝摘萃一卷

（清）馬魯摘評

馬魯，字希曾，陝西大荔人，世稱南苑先生，生卒年不詳。清乾隆二十五年舉人，選知縣。著作有南苑一知集論詩二卷、南苑一知集叢談二卷、山對齋文詩存稿二卷、南華瀝摘萃一卷，皆收於馬先登輯馬氏叢刻内。

南華瀝摘萃簡稱南華瀝，共節錄莊子原文十八篇，即逍遙遊、齊物論、養生主、大宗師、應帝王、駢拇、馬蹄、天地、天道、秋水、至樂、達生、山木、徐無鬼、外物、讓王、説劍、列禦寇。其中有些條目僅從某寓言中摘錄一段對話，如山木篇，起首便是『王獨不見夫騰猿乎』，下面注曰『莊子對魏王』，説明係莊子回答魏王之語。該書前有馬魯裔孫馬先登同治九年所作南華瀝摘萃重刻序，敘莊子學源流，對南華瀝摘萃極盡褒揚之意。全書體例是：較節錄原文低一格作注解，比較簡單，有些條目後僅有一、二句話，如列禦寇篇節錄『莊子將死』寓言後云：『莊子之論，其墨者薄葬之由乎？』個别條目後甚至無解，如天道篇節錄『輪扁斲輪』寓言後即不作解。間或釋字音字意，則是順文、雙行夾注。

馬魯解莊子，常引歷史典故予以説明，有以史解莊特點，如逍遥遊篇在節錄莊子和惠子討論大瓠之用寓言後云：『王羲之早年書法，不過换鵝一群，而聖教序則字易金錢；吴道子早年畫驢，不過踏破僧具，而鍾馗像則名噪朝廷，皆舍小用而爲大用也。』以王羲之、吴道子書法典故來證明莊子之論點。對於莊文藝術特點，馬魯在某些篇章中也有論及。如秋水篇中，在『河伯與北海若』寓言後云：『此條筆情瀟灑，才氣高超，百讀不厭之文也。』在『莊子釣於濮水』寓言後云：『明顯近情，此條可取。』在『惠子相梁』寓言後云：『文情之妙，匪夷所思。』此等論述頗有見地，可惜在南華瀝摘萃中並不多見。

馬魯節錄莊子之目的，是要濾出（『瀝』之意）莊子之精華。馬先登序中亦云：『南苑先生南華瀝摘萃一書，就其所獨會心者，支分節解，不襲常綴鎖，不涉虚談元，得魚兔而不忘荃蹄，是爲善釋莊子。』但從整體情況看，此等論斷未免言過其實。馬魯所節選之内容，未必皆爲莊子之精華，而莊子中諸多精彩内容，也未曾輯入，有些條目甚至僅摘錄某寓言中一段對話，結構不完整，給人支離破碎之感。且就思想内容而言，虚無之境本爲莊子哲學根基，馬魯在注解時卻欲去虚而就實，未免有違莊子旨趣。

此次影印馬魯南華瀝摘萃一卷，據上海圖書館藏清同治九年敦倫堂刊馬氏叢刻本。

莊子節選

（清）楊祖桂撰

楊祖桂，字笠帆，石墟，浙江山陰人，生卒年不詳。著有石墟山房詩抄、莊子節選。事跡見越風詩人小傳。

莊子節選共録莊子原文二十二篇。其中，内篇逍遥遊全録，齊物論、養生主、人間世、德充符、大宗師、應帝王皆爲節録；外篇在宥、天地、天道、天運、秋水、達生、山木、田子方、知北遊皆節録；雜篇徐無鬼、則陽、外物、寓言、列禦寇皆節録，天下則全録。其重視逍遥遊，乃是治莊者傳統觀念之反映，而看重天下則是一種新眼光，預示此後該篇將愈來愈受到學者青睞。至於其不録駢拇、馬蹄、胠篋、刻意、繕性、至樂、庚桑楚、讓王、盜跖、説劍、漁父，蓋因受到韓愈、王安石、蘇軾等莊學觀之影響，或以爲其有詆訾孔子儒學者，或以爲文章風格不似莊周手筆，故概棄而去之。

楊祖桂莊子節選，無序跋目録，亦不加注釋，唯於所録原文，必皆予以圈點。其眉欄批語，爲數衆多，值得重視。如逍遥遊眉批：『海運，海氣動也。海氣動則颶風大作，故鵬行乘此風力而南徙。』則陽眉批：『聚井爲丘，聚丘爲里，丘里之言，猶所謂公論也。』外物眉批：『外物，外來之禍福，爲惡爲善皆不能免，所以爲未可必。』天下眉批：『「無乎不在」一句是提綱，下面五段俱有「古之道術有在於是」句，伏脈甚遠。』凡此批語，大都簡要精到，有一定學術價值，但多摘自林雲銘莊子因之注。

兹據上海圖書館藏手稿本莊子節選予以影印。

莊子故三卷

(清)何夢瑤撰

何夢瑤(約1693—1763),字報之,號西池,晚年自號研農,廣東南海人。清雍正八年進士,歷官廣西義寧、陽朔、岑溪、思恩知縣,遷奉天遼陽州牧,爲官清正。後辭歸故里,旋即出任廣州粵秀書院、越華書院、肇慶端溪書院院長。夢瑤博極群書,精通藝術,凡天文、術數、樂律、醫學,靡所不究。著作有芳園文鈔、皇極經世易知錄、醫碥、紺山醫案、傷寒論近言、三科輯要、莊子故等。

莊子故三卷,以內、外、雜篇各爲一卷,前有何夢瑤自序、凡例、參訂姓氏、校刻姓氏,卷首題『南海何夢瑤報之甫注』。正文中,莊子原文頂格書寫,順文雙行夾注;除讓王、盜跖、說劍、漁父而外,其餘皆有題解。自序謂,何氏年十七,疽發於尻,痛不可忍,乃讀莊子,頗能自慰。然文義難通,求之舊注,亦苦支離,習之既久,乃曰:『莊子,言性之書,以自然爲故,以私智爲蘖,實詔我矣。吾惟循其自然之故,去夫穿鑿之私,虛室之白忽生。』遂名此著爲莊子故。

所謂『循其自然之故』,即『以莊子之指義還之莊子』(自序)。故其撰寫題解,『但取明了,不敢以浮辭敷衍』(凡例),而『分注獨出己見者,實積數十年玩味之功,求得其意旨所存,非敢率臆武斷,但將經文熟讀千遍,其義自見,當不以僭妄罪也』(同上)。今通觀全書,確實如其所言,大致能做到以莊解莊,不敢妄生臆測。即使借鑒宣穎說法頗多,然以之與南華經解相較,已褪去其儒學化成分。如爲逍遙遊篇解題、作注,僅取宣穎有關切於本篇主旨,以及文章風格特徵者,尤取其『至人無己』爲全篇主旨之說,亦謂『「無己」句特重』,『逍遙遊全在無己』，『此本篇之歸宿語也，又一部南華經皆發此意』，不無見地。

對於莊子篇目之真僞，何氏依蘇軾莊子祠堂記之説，亦主張合寓言、列禦寇爲一篇，以讓王、盜跖、説劍、漁父四篇爲僞作，但對此並不發表具體意見，態度較爲謹慎。而其寓言篇題解謂『首節自發立言之例，當係天下篇末，其餘各節當與列禦寇篇合爲一篇』，天下篇題解謂『此篇歷敘各家學術，其末當接前篇「寓言十九」一段』，如『孟子之終於末章，史記之終於自序』，誠爲大膽之言，值得注意。此外，如謂天地篇『堯治天下』章『恐非莊筆』，天道篇『前數節皆屬贋筆』，天運篇末章『拾莊餘唾』，繕性篇雖『頗佳』，然『少精彩，且得志軒冕，人品大低，不足掛齒，莊子豈臨深爲高者，亦贋筆也』，亦多爲其心得，可備作一説。

茲據中國國家圖書館藏清刊莊子故本予以影印。

莊子選四卷

（清）張道緒撰

張道緒，字尋源，江蘇溧水人，生平事跡不詳。

莊子選收録在文選十三種内，前有史記莊子列傳，卷首題『溧水張道緒尋源評，侄熙燮曜卿、男翰藻仲卿校訂』。節録莊子原文，加以圈點、旁注，以文評爲主。以讓王、盜跖、説劍、漁父四篇『俱屬贋作，就中擇其稍雅馴者數節』（讓王篇末語），其中對説劍則棄而不録。諸篇末對該篇節録内容中某些字詞、語句予以解釋，順文雙行直解；駢拇、馬蹄、胠篋、天下等篇末還引司馬遷老子韓非列傳、韓愈原道或胡文英莊子獨見中語予以論述。

莊子選雖以文評爲主，但張道緒有時也對莊子思想予以評論。駢拇篇末引韓愈原道評論老莊之道：『其所謂道，道其所道，非吾所謂道也。其所謂德，德其所德，非吾所謂德也。凡吾所謂道德云者，合仁與義言之也，天下之公言也。老子所謂道德云者，去仁與義言之也，一人之私言也。』馬蹄篇末在引述韓愈原道內容後云：『嗚呼，兩漢之治不純，西晉之亂猝滅，職是故與？豈特老莊之禍，流爲申韓已哉？實驅人類爲禽獸矣！』繕性篇旁注云：『將心性分開，自然將仁義與道德分開，五千言之病根。』可見張道緒對莊子道家思想顯然持否定態度。

張道緒雖不滿莊子思想，但對莊子文章之態度則截然不同。他在馬蹄篇末評論云：『乃其文，則自有書契以來，未有若此其奇者也。』在養生主篇評點庖丁解牛過程時云：『摹寫處是子書最高之境，與太史公不同。』皆極盡讚美之辭。張氏評點涉及莊文之字法、句法、筆法、文法、音韻、脈絡、主腦等，無所不包。僅就筆法而言，就有起筆、卸筆、缺筆、回筆、擺筆等，還講究筆力、筆勢，其中不乏真知灼見。張氏某些評點還頗具詩意，如『起筆如龍，天外飛來』（逍遥遊評點）、『一路搖曳，如弱柳迎風』（齊物論評點）、『一連三疊，如銀河倒掛』（在宥評點），通過形象比喻，讓人領略莊文之美。對於莊文句法、筆法之影響，張氏亦每有指出，如駢拇篇『吾所謂臧者，非仁義之謂也，臧於其德而已矣』句旁注曰：『回筆如風，韓子原道句法襲之。』天運篇指出篇中六層比喻之後云：『六喻，淮南子修務訓師其篇法。』

張道緒評點莊子，深受胡文英莊子獨見影響，書中常常轉引胡文英之評語。如德充符篇『魯有兀者王駘』寓言中，張氏於『無形而心成者耶』句旁，注『胡云「通篇之主」』，接著又轉引胡氏評點：『又云「愈轉愈上，筆力之高，如健鶻摩天」』。於天下篇末，則大段引用胡文英對天下篇之評論；而於駢拇篇末，張氏甚至注云：『自此以下三篇旁批多參用胡繩崖先生莊子獨見本。』可見胡文英莊子獨見對張氏影響巨大。

此次影印張道緒莊子選四卷，據華東師範大學圖書館藏清嘉慶十六年人境軒刊文選十三種本。

南華經三卷

（清）郎懋學參注

郎懋學，字鹿砦，生平事跡不詳。

清抄本南華經三卷，以内、外、雜篇各爲一卷，卷首題『郎懋學參注』。書前有莊子小傳及雜説五則，書末有後記一篇。正文中，逍遥遊、齊物論、養生主、人間世、德充符、大宗師、應帝王、駢拇、馬蹄、胠篋、在宥十一篇皆有題解；録莊子原文，順文雙行夾注；天頭有少量批注，地腳亦偶有注語，而以音注爲主。

今觀書前莊子小傳，乃是摘抄史記莊子本傳，益以莊子中有關文句，予以梳理改寫而成。其謂莊周『著十餘萬言，寓言十九，重言十七，大抵率卮言也』，與太史公所謂『大抵率寓言也』之説不同，蓋以『卮言』爲構成莊子之基本要素。故特易天下篇『三言』之次序云：『故以卮言爲曼衍，以重言爲真，以寓言爲廣，以詆訾孔子之徒，明老子之術。』將『卮言』置於『三言』之首，認爲『重言』、『寓言』乃是在『卮言』基礎上『爲真』、『爲廣』。又篇末有按語云：『周當魏惠王時，是與孟子同時人也。而兩家無一言相及，豈周亦畏憚孟子，而孟子視之，亦如孔子之於子桑伯子輩，而特寬之耶？』認爲莊子畏憚孟子，而孟子視莊子，則有如孔子之視子桑伯子，嫌其立身行事過於隨意，故不願言及莊子，也許有寬恕之意。凡此説法，均可備作參考。

在雜説中，郎懋學謂『莊子立説，多托諸他人口中，而後人每以爲實事，如顔子坐忘、孔子見柳盜跖之類，其誣聖賢甚矣』，又謂『莊子所引人名，或寓意，或假托，或生不同時而爲問答之語，是其誕謾滑稽處也，而解者必欲詳其地、實其人，陋矣』，故其所作夾注，大多簡明扼要，不曾過分發揮。郎氏還説：『韓子曰：「彼所謂道，道其所道，非吾之所爲道也。』而解之者多回護穿鑿，反失莊子本色。』意謂莊子所謂道，並非儒家所謂之道，故學者每以莊子爲尊孔者，反而甚失莊子思想本真。對於莊子篇章真僞問題，郎氏認爲，内篇七篇『文詞恍忽變幻，而意旨已該』，外篇則『疑有秦末漢初人僞作攙入者，非純莊子文也』，而『雜篇自讓王以下四篇，子瞻以爲非莊作，蓋以其淺陋無味也。今觀寓言篇，首自述其作書之旨，明是書已竟而終之以此也。』指出寓言篇當爲全書後序，而讓王等四篇顯然是僞作。並在後記中說，『天下一篇，其辭甚馴，言道自太極既判而後，帝德王功，遞相接統，既不類莊子語』，則『是篇當是後儒於周書後總論之詞耳』。此等說法，於因襲中有創見，亦可備作參考。

郎懋學參注南華經三卷，唯重慶圖書館藏有清抄本，今據以影印。

逍遥遊釋

（清）徐潤第撰

徐潤第（1761—1827），字德夫，號廣軒，山西五臺縣人。自幼穎悟，對朱熹啟蒙讀物敬齋箴產生懷疑。曾師從五臺縣令王秉韜，研讀王陽明編大學古本。乾隆六十年中進士，與高鶚會試同年，又同官内閣中書，論文最相契。歷任儲濟倉監督、湖北施南府同知等職。專主良知，見諸躬行，宦遊二十年後，重操授徒舊業。有多種著作，其中敦艮齋遺書，熔心學、氣學、易學爲一爐，對朱子理學有所批判。

逍遥遊釋收於敦艮齋遺書卷之八，分爲三大部分：一爲『逍遥遊釋』，錄逍遥遊篇全文，雙行夾注；二爲『圖一』、『圖二』、『圖三』，以圖表將篇中有關内容與易學相比附；三爲『逍遥遊解』，以雜說形式論述莊子逍遥義，凡三十餘條文字，配以圓形小圖十幅，多與六十四卦卦形、卦名及内容有關，可謂别具一格。

通觀徐氏逍遥遊釋，大致不外以易解莊。如在『逍遥遊釋』中，謂『魚者，坎中之心也』，『鳥者，離中之心也』，而『鯤，魚子也，至小而至大，無外言坎心之無量大也』，『自正北子位歷丑寅卯辰至巳位，凡六月也，六月而乾之六爻成矣，故息也，謂取坎填離而成乾也』，將鯤鵬及其變化皆與易卦及其變化相比附，顯得甚爲牽强而不可據信。在『圖一』、『圖二』、『圖三』及十幅小圖中，以水擊三千爲雷震、扶摇而上爲風巽，以『陰主形質，故心之血肉具於南上』釋鵬之『南上』，『陽主神氣，故心之神氣宅於北下，而坎卦繫心於此』釋鯤之『下北』，諸如此類，亦皆牽連易學，多爲臆説而與莊子本意不符。在『逍遥遊解』中，謂『鯤鵬變化，確有所指』，如『先天八卦，乾南坤北，乾坤交而成後天卦位，坎北離南，乾坤之中所謂心也。心之質具於南，以離中之爲陰而屬質也；心之神具於北，以坎中之爲陽而屬神也。八純卦，惟坎繫心，是其徵也。由北而南，取坎中陷陰之陽以還離中，而爲純陽之乾。由後天以返先天，於道家爲神仙之學，其在儒家，則取其陷於陰中之理，上達天德也。此一篇之大旨也。』此説雖有條理而能自圓，但仍未爲逍遥遊篇之的解。總之，徐潤第以易學、尤其以周敦頤太極圖説解釋莊子，不可不謂別出心裁，然並不能得莊子逍遥之本義。

兹影印徐潤第逍遥遊釋，據中國科學院國家科學圖書館藏清光緒三年徐繼畬校刊敦艮齋遺書本。

莊子内篇順文不分卷

（清）戴煦撰

戴煦（1805—1860），初名邦棣，字仲乙，後更今名，改字諤士，號鶴野，一作鶴墅，錢塘（今杭州）人。諸生，官訓導。咸豐十年，太平軍陷錢塘，遂投水殉難。晚清數學家，亦工山水畫，著作有重差圖説、對數簡法、續對數簡法、外切密率、假數測圓、求表捷術、莊子內篇順文等。

莊子內篇順文不分卷，僅解莊子内七篇。書前有咸豐三年自序、例言。正文中，各篇有題解、眉批；分節錄莊子原文，雙行順文夾注，各節後皆有『衍說』及小結。戴氏自序謂，自幼喜讀難解之書，遇辭旨奥衍、義理精深者，往往研究探討，夜以繼日，頻年累歲，間有所得，輒沾沾自喜。尤喜莊子，以爲此誠難解之書，然自幼讀之，殆近三十年，則每有心得於舊注之外者，乃『依内篇原文，逐句詮釋，引長衍說，名爲順文，裨讀者不復覺其辭旨之奥衍，義理之精深，漆園所謂「因之以曼衍」者，殆如此歟？』經戴氏逐句詮釋，尤其通過『引長衍說』，確使内篇文義較爲通俗易懂，甚是方便讀者。

戴煦例言謂，各篇所列眉批，均係採擇諸家，間亦參以己説；所施夾注，係選擇諸家注釋而成，尤以採擇林雲銘之説爲多，然亦每參己意；對於前人牽連丹訣，或徵引禪語者，恐非莊子本旨，概從摒棄。在句讀方面，戴煦亦間有獨特看法。如齊物論篇有『如求得其情與不得，無益損乎其真』二句，戴氏讀爲『如求得其情與(句)不得無益(句)損乎其真(句)』；人間世篇有『且苟爲悦賢而惡不肖，惡用而求有以異』二句，戴氏讀爲『且苟爲悦賢而惡不肖(句)惡用而(句)求有以異(句)』。在他看來，『若此之類，均於上下文細加紬繹，以爲不如是，則義不貫而文不順，非創爲異説也。』(例言)如此句讀，爲前人所未有，可備作參考。尤可重視者，戴煦以爲，『自來注莊者，率皆逐句分詮，至文義之聯貫，須讀者自悟，初學或未盡喻』(同上)，故於各節之後，特加『衍説』，以引長衍説原文，有似今之譯文，於初學者不無幫助。

戴煦莊子內篇順文，唯上海圖書館藏有手稿本，今據以影印。

莊子司馬彪注附逸莊子

（清）黄奭輯

黄奭，原名黄錫麟，字右原，又字又園，江蘇甘泉人，生卒年不詳。曾爲監生，因其父捐資，援例授予刑部郎中。道光十一年，以順天府尹吴傑薦，欽賜舉人。少聰敏，家世貨殖，而奭獨嗜學，深受兩淮鹽運使曾燠賞識，薦爲宿儒江藩，自是專精漢學，與馬國翰齊名當世。著作有近思録集説、朧雲集、存悔齋集杜詩注等。並輯有爾雅音義、高密遺書、清頌堂叢書、漢學堂叢書、漢學堂知足齋叢書等。

莊子司馬彪注在漢學堂叢書内，卷首題『甘泉黄奭學』。全書廣收陸德明經典釋文及其他衆多典籍所引司馬彪注文，並依今傳莊子篇次次第之，治莊者甚是稱便。但今細加比較，則此書即是取茆泮林司馬彪莊子注作底本，並將茆氏莊子司馬注補遺、莊子司馬注又補遺、莊子司馬音（除『瓠落』、『觀雀』兩條音注外）、莊子司馬音補遺全部條目分插其中而成。逸莊子收入漢學堂叢書，卷首題『甘泉黄奭學』，亦是合併茆泮林莊子逸篇、莊子逸語、莊子逸篇司馬注補遺而成，唯删去莊子逸篇司馬注補遺所引司馬彪注後茆泮林自注『原輯闕，從江都陳逢衡補』十字而已。黄奭爲當時輯佚大家，阮元尚且稱其『勤博』，而其所輯莊子司馬彪注、逸莊子，如此掠人之美，委實令人詫異。

漢學堂叢書有清道光間甘泉黄氏原刊本、光緒間刊本、民國十四年王鑒修補印本（改名黄氏逸書考）、民國二十三年江都朱長圻據甘泉黄氏原版補刊印本（亦題黄氏逸書考）。此次影印黄奭輯莊子司馬彪注、逸莊子，皆據華東師範大學圖書館藏光緒間刊漢學堂叢書本。

莊子一卷

（清）曾國藩節選

曾國藩（1811—1872），原名子城，字伯涵，號滌生，湖南湘鄉人。道光十八年進士，授檢討，累官禮部侍郎，以武英殿大學士出任兩江總督，爲清末洋務派及湘軍首領，桐城古文派代表人物之一。著作有曾文正公全集、經史百家雜鈔、古文四象等。

曾國藩節選莊子一卷，收入古文四象『少陽趣味』之屬，共涉及莊子内十五個篇目，其中養生主、駢拇、馬蹄、胠篋、外物等四篇全録，齊物論、大宗師、天地、天道、天運、秋水、至樂、徐無鬼、則陽、列禦寇等十篇皆爲節選。每篇先録莊子原文，有句讀；次低二格書寫，摘取篇中有關詞語，依次予以注釋。考曾國藩古文四象，約成書於清同治五年（1866）前，曾氏去世後，由曾門弟子吴汝綸囑托林紓、昌鶴亭校勘，常堉璋督刻，於光緒二十九年（1903）雕刻完成，但考慮到校勘欠精，並未立即印行。直至民國十八年（1929），常堉璋才修版補缺，籌資印行，此書乃始與世人見面。今所見書中注釋，多爲後人採摘舊注舊疏而成。其中爲莊子諸篇所作注釋，即採摘於王先謙莊子集解。

今案曾國藩所謂『四象』，即氣勢、趣味、識度、情韻。氣勢即太陽之屬，又分爲噴薄之勢、跌蕩之勢；趣味即少陽之屬，又分爲詼詭之趣、閒適之趣；識度即太陰之屬，又分爲閎括之度、含蓄之度；情韻即少陰之屬，又分爲沉雄之韻、淒惻之韻。古文四象將莊子文章置於『少陽趣味』之屬，認爲兼有『詼詭之趣、閒適之趣』。其實，以陰陽論古文，當始於桐城姚鼐，謂有得於陽與剛之美者，有得於陰與柔之美者。曾氏私淑姚氏，爲桐城派成員之一，對姚氏『陰陽』説亦甚推崇，遂細加剖析，由二而四，演成『四象』之論，並爲莊子文章劃定歸屬，表明其較有見地。但曾氏論『詼詭』，於齊物論篇僅取『莊周夢蝶』而不及其餘，而論『閒適』，於秋水篇僅取『夔憐蚿』而不及河伯、北海若問答，尤不錄逍遥遊篇片言隻語，不免有失察之嫌。

古文四象有光緒三十年鉛字排印本、民國六年上海有正書局鉛字初排本及十三年再版本。兹影印曾國藩所選莊子一卷，據華東師範大學圖書館藏民國六年有正書局鉛印再版本。

詳注莊子雜鈔

（清）曾國藩鈔

曾國藩生平事跡，已見於前一則提要。其莊子雜鈔，在經史百家雜鈔之『論著』類中，全錄莊子之逍遥遊、養生主、駢拇、馬蹄、胠篋、達生、山木、外物、秋水九篇原文。

經史百家雜鈔共二十六卷，創意於咸豐元年（1851）初曾國藩供職京師六部期間，成書於咸豐十年（1860）閏三月安徽宿松軍營。全書分爲論著、詞賦、序跋、詔令、奏議、書牘、哀祭、傳志、敘記、典志、雜記十一類，選文章凡七百餘篇，實爲古文淵海，而其中所錄，尤以周秦漢魏之文爲多，辭義古奥，是繼姚鼐古文辭類纂之後又一古文選本。民國間，上海會文堂爲便於讀者，遂採摘古注，間用近人之説，略加考訂，逐篇箋注，附之文後，而書中圈點，悉遵原本，不敢妄有增損，致失抄者本意，取名詳注經史百家雜鈔。與古文四象迻錄王先謙注不同，詳注經史百家雜鈔爲莊子諸篇作注釋，正如其凡例所云，『所采雖多本自注疏，間亦參用近代諸儒之説，與舊注不無出入，然意存明確，非敢故求新異』，故在取舍之間，亦摻有注者見解，具有一定學術價值。

與姚鼐古文辭類纂相較，曾國藩經史百家雜鈔於姚氏義理、詞章、考據三條標準外，還重視所選文章之學術底蘊，力求選文與政事相結合，使讀者通過學習選文，瞭解歷代治亂興衰、學術思想及經國濟民之道。今視曾氏所抄莊子九篇文章，大致能貫徹其此一抄錄原則，頗有晚清多數士大夫經世濟民情懷，亦反映出其意欲逍遙、遁世及潔身自好之思想。但他顯然不想混淆是非，做好好先生，故不錄爲歷代所重之齊物論篇。至於其舍天下篇而不取，忽略此篇之學術史價值，則說明其學術發展眼光，尚不及稍後之梁啟超。

兹影印曾國藩詳注莊子雜鈔，據華東師範大學圖書館藏民國間上海會文堂印詳注經史百家雜鈔本。

莊子正讀内篇

（清）楊沂孫撰

楊沂孫（1813—1881），字泳春，號子輿，一作子與，江蘇常熟人。清道光二十三年舉人，官至安徽鳳陽知府。父憂歸，遂不出，自號濠叟。少從李兆洛學諸子，精於管子、莊子。擅書法，尤愛篆籀之學。著作有觀濠居士集、文字説解問僞、在昔篇、管子今編、莊子正讀内篇等。事跡見清史稿鄧石如傳後所附小傳。

莊子正讀内篇僅解内七篇，題『虞山下臣宅者濠叟手錄』。書前有楊沂孫光緒三年莊子正讀序、同治十三年讀宣茂公南華經解第五過自序，及河南郭象子元莊子序。正文中，各篇皆有題解，並加圈點，但無注釋。其齊物論、養生主、大宗師三篇，還附有論説或考據文字。此書雖僅解内篇，但前有莊子篇目，開列三十三篇詳目，並特加按語云：『共三十三篇，蘇子瞻以讓王、盜跖、説劍、漁父四篇爲僞托，別出之。』蓋以爲外、雜篇内摻有僞作，故概不予抄錄解讀。

楊沂孫莊子正讀序云：『孟子距楊墨而不距老子，莊生辨道術而不及孟子，且尊孔爲魯儒一人，稱顏爲坐忘得道，可以知莊於孔顏，其道本未嘗有異也。今以孔孟之道讀莊，未見其異；以莊子之語絜孔顏，其源正同。則後儒之賓莊以爲異學者，殆先存乎心者未正也。』故欲『以正之心讀之』，遂名此著爲正讀。基於此等認識，楊氏解讀內七篇，便有明顯儒學化傾向。如解讀逍遙遊篇，謂『莊子學於子夏，希顏希孔，又服老子道德爲依歸』，故欲『刪無謂之禮樂，祛欺世之仁義』，俾百官、工商、士庶、君主皆相安於無事，以爲唯有如此，方可『逍遙遊』。解讀大宗師篇，謂莊子『固服習孔氏之教』，『頗詆曾氏而最服顏子』，故借顏子『坐忘』，以傳承『聖人之道』，則『希顏希孔，固莊子之大宗師也』。凡此解讀，殆非莊子本意。

但楊沂孫又指出：『莊者，非人生必應讀之書，不讀亦無害爲通人也。』（自序）認爲莊子之於人生，並不及儒家經典顯得重要。此外，孫氏精通小學，於此亦有所反映。如解讀養生主篇，依説文『主，火炷也』，謂『束薪蒸灌油以然。傳當作傳，即附也，以形近而誤；盡即燼字』，『蓋火之附乎炷，猶知之隨乎生也。生以知爲用，炷得火而明，炷燼則火熄，生滅則知離，故欲明火者頻增炷，欲盛知者善養生』，並云：『陸放翁詩「小炷留燼悟養生」，深得此篇之旨。』此説甚爲新穎，可備作參考。

楊沂孫莊子正讀內篇，唯上海圖書館藏有手稿本，今據以影印。

莊子扎記一卷

（清）郭嵩燾撰

郭嵩燾（1818—1891），字伯琛，號筠仙，湖南湘陰人。十八歲入嶽麓書院學習，與魏源、劉蓉、曾國藩、左宗棠等相友善。道光進士，咸豐初隨曾國藩辦團練，同治初署廣東巡撫，光緒初任福建按察使，擢兵部侍郎，旋任首任出使英國大臣，又兼駐法國大臣，主張學習西方科學技術。著作有養知書屋遺集、史記扎記、禮記質疑等。

同治六年，郭嵩燾五十歲，此後八載家居，專心著述講學。其間曾與王闓運縱談莊子，亦嘗自注莊子。光緒元年湖北崇文書局刊百家子書，收有莊子南華經三卷，末附郭嵩燾所撰莊子扎記一卷，凡四條文字。第一條校釋天地篇「執留之狗成思，猨狙之便自山林來」之語，第二條校釋庚桑楚篇「劵內者，行乎無名；劵外者，志乎期費」之語，第四條校釋天下篇「以聏合驩」之語，此三條校釋亦皆見於郭慶藩莊子集釋相應位置所徵引，唯文字略有出入。而第三條用來校釋外物篇「自制河以東」之語者，卻爲郭慶藩莊子集釋相應位置所無有。但郭慶藩莊子集釋所引郭嵩燾所撰扎記，計有一百數十條之多，皆冠以「家世父曰」字樣，分佈於全書各篇之中，唯讓王、漁父二篇不見有所徵引。這說明郭嵩燾當有莊子扎記完整手稿，而百家子書刊刻其莊子扎記，所收條目僅爲部分原稿。今細審郭慶藩莊子集釋所引郭嵩燾扎記，大多爲精心校釋之作，往往能見出其獨特見解。可惜此處所收僅四條文字，不能全面反映出其學術見解。

茲影印郭嵩燾莊子扎記一卷，據華東師範大學圖書館藏清光緒元年湖北崇文書局刊百家子書本（附莊子南華經後）。

讀莊劄記一卷

（清）朱景昭撰

朱景昭（1823—約1878），字默存，安徽合肥人。道光秀才，與徐子苓、王尚辰被稱爲「合肥三怪」，曾爲淮軍將領劉銘傳幕僚。著作有無夢軒遺書九種、劫餘小記、論文芻說等。

讀莊劄記爲無夢軒遺書第四卷，題『合肥朱景昭撰、懷弟本昭編輯』。全書不錄莊子原文，唯隨莊子各篇順序分條釋莊，闡釋義理與解析文法並重，無句讀，偶引郭象、羅勉道等之說。外、雜篇間或辨僞。

朱景昭以正統儒者自居，讀莊劄記具有明顯儒學化傾向。其解釋駢拇篇云：『駢於明，多於聰，枝於仁，說得太離奇，此說行而魏晉無五倫矣。或曰莊子不害道，吾不信也。』認爲莊子有害於儒家之道，並指出：『夫慕仁而僞，即以罪曾史，則慕老莊之清靜放曠而至於無君臣父子，其爲老莊之罪可勝誅乎？郭象以曾史簧鼓天下爲甚於桀跖，其狂悖喪心極矣。擬以桀犬吠堯，恐莊子亦並無此犬。後生讀莊，吾不能禁，而此等大關係則必條辨之，無使其說浸淫於胸次，至以賊性而傷教，是儒者之責也夫！』以老莊之罪當誅，郭象之注狂悖，學莊者要明辨『此等大關係』，充分反映出其儒家立場。

但朱氏在闡釋義理時，既能從大處著想，闡釋莊文之大旨，也能從小處著眼，對一小節、一個寓言甚乃一個字予以解釋。如對內、外、雜篇整體而言，朱氏認爲：『內篇凡七，以愚觀之，直是一篇耳。反復看來，大旨殊近老子，而立言卻又洸洋恣肆，言不一方，玄微之極，時似禪宗平實之談，偶通儒理學，其文當合玩之，攬其義則宜節取。』而外篇大抵不出內篇宗旨，只是更加荒誕不經、汗漫縱宕而已；雜篇則更是內篇之餘意，且真贋尤混，讓人不易理解。對某篇文章而言，如認爲德充符篇『專說形體，末乃舉「無情」二字爲宗旨』，盜跖篇『尤悖謬無理，使人髮指』，對全篇作出評論，此是從大處著眼。在讀莊劄記中，還常以『某段』、『某節』形式對莊文進行闡釋，如謂『列子神巫一段，一派禪機，純是楞嚴、法華精髓，古人謂佛出於老，信哉』，『渾沌一節，應帝王篇以此終，是莊生談治宗旨，內篇即以此終，並是莊生著書本旨』，此是從小處著眼。

朱景昭雖對莊子學說頗有微詞，但對莊子文章則讚賞有加，讀莊劄記開篇即言：『莊子最難看，緣他借象太多，文字太奇恣，往往令人迷眩，卻於道理上甚有理會，尤能通徹人情，非一切子書所及。』既指出莊文『借象』

特點，又強調莊文『奇恣』風格，這在讀莊劄記中每有所見。首先，朱氏對莊子寓言功能有較爲清楚認識，論述時每予指出，如謂應帝王篇『尤多撰造，並人名皆寓也』，或標明『此是寓言』等。其次，朱氏關注莊文寫作特徵，如論逍遥遊篇『只形容一個「大」字，便搜出許多大底來，卻又把蜩、鳩、野馬、偃鼠等物一一形出，理趣足，文字分外奇絶』，指明其理趣與文趣相得益彰；在説理方面，則認爲『大抵莊子好出奇，凡極好話頭，定須駁去，别出一種道理，「日中始」一節與「意而」一節，文法正同』，指出莊文説理方式甚是獨特。三是朱氏還對莊文具體文法進行分析，如論『支離疏』一節：『繪支離之狀，使人失笑，「攘臂」字尤發噱，語語滑稽，談理如此，千古無第二人。摹畫處滿紙生態，亦不絶筆。』論『哀駘它』一節：『説哀駘它最詳，蓋並前後三條，皆於此穿貫之，文章疎密法也。』此等論述頗有些見地。

在外、雜篇中，朱景昭間或對某些篇章予以辨僞，如説天道篇『此篇筆意太緊，文意太實，與他篇不似，宜前人之疑之也』，從筆意、文意來辨僞，所論並非言之鑿鑿，此不細述。

今影印朱景昭讀莊劄記一卷，據華東師範大學圖書館藏民國二十二年排印無夢軒遺書本。

莊子審音不分卷

（清）席樹馨輯

席樹馨，字枝山，又字鶴如，懷來（今屬河北省）人，生卒年不詳。清道光十七年拔貢，咸豐三年進士，曾任四川長寧知縣。著作有古文文筆、金丹選注、莊子審音等。

據莊子審音胠篋末『鶴如庚午仲夏長寧署識』語，此書撰於清同治九年庚午（1870）席樹馨在長寧知縣任上。該書卷首題『上谷嬀川席樹馨鶴如審定』、『及門馮樹清參閲』，並加小注云：『本莊子獨見，參南華經解、莊子雪。』書前收有胡文英莊子獨見原敘、莊子論略(十條録六)、讀莊針度(凡八則)。正文録莊子原文三十三篇，順文雙行夾注，有圈點、旁批、眉批。在外雜篇中，有大量莊子原文，皆以雙行小字刻印，且不作任何注釋，如天地篇之首章、『夫子曰』章、『堯觀乎華』章、『堯治天下』章、『泰初有無』章、『夫子問於老聃』章、『蔣閭葂見季徹』章、『子貢南遊於楚』章、『諄芒將東之大壑』章，徐無鬼篇之『徐無鬼見武侯』章、『黄帝將見大隗』章、『管仲有病』章、『吴王浮於江』章、『齧缺遇許由』章等，皆作如此處理，而讓王、盜跖、説劍、漁父四篇，更是全文如此，對於此中緣由，席氏並無説明。今以意推之，或嫌其義平平、其文淺拙，抑或疑其爲僞作歟？

通讀莊子審音全書，其注釋、旁批、眉批等，多迻録於清胡文英莊子獨見，及宣穎南華經解、陸樹芝莊子雪，而以徵引文章學方面之見解爲主。胡文英、宣穎、陸樹芝三人所持莊子觀，儒學化色彩甚爲明顯。席樹馨在輯録三人文字時，對此有所警惕，但仍受到一些影響。如胡文英莊子獨見論略首條云：『莊子人品、德性、學問、見識，另有一種出人頭地處，另有一種折衷至當處。』此處所謂『折衷至當處』，乃指折衷於儒家聖人孔子。席樹馨在迻録胡氏論略時，則删去此條文字，説明他並不認爲莊子有折衷孔子之意。但他在注釋齊物論篇時説：『通篇大旨俱在「論而不議，議而不辯」兩句，此是莊叟折衷至聖之微意。』在寓言篇眉欄説：『推尊夫子而以「定天下之定」爲言，較史公「折衷」二字有加無已。當時亞聖之外，知夫子者，惟漆園一人。』今案此兩條文字，皆迻録於胡氏莊子獨見，可見席樹馨輯録莊子審音一書，仍未能盡脱前人以儒解莊傾向之影響。但席氏作爲清末士人，卻在書中流露出末世情緒，與莊子思想有以相通。如他在胠篋篇末説：『憤時疾俗之胸，擊髓誅心之論，掣電驅霆之筆，長沙痛哭，湘水問天，同此一種情思！腐末無知，或譏其荒謬，或視同滑稽，豈非癡人難與説夢？』此條文字後署『鶴如庚午仲夏長寧署識』，説明席氏在國運衰頽、傳統思想崩潰之際，對儒家所謂聖智之法持堅決批判態度。

此次影印席樹馨莊子審音，據北京大學圖書館藏清刻本。

南華贅解不分卷

（清）劉鳳苞撰

劉鳳苞（1821—1905），字毓秀，號采九，湖南武陵縣（今常德鼎城區）人。少師從常德名士楊彝珍學習詩文，素有文采。咸豐七年中舉，同治四年考中進士，選翰林院庶起士。先後任職於雲南祿豐縣及元江、大理、順寧府，復官雲南補用道，領二品銜，不久因事革職。致仕回鄉後，主講郎江、城南書院。晚年思想保守，曾與王先謙、葉德輝等鄉紳聯名向湖南巡撫陳寶箴遞呈湘紳公呈，攻擊梁啟超等人維新運動，反對戊戌變法。劉氏一生以文章自負，著述頗豐，有晚香堂詩鈔、晚香堂賦鈔、晚香堂文鈔、晚香堂駢文、南華贅解、南華雪心編等。

南華贅解爲抄本，分爲六册，卷首題『武陵劉鳳苞采九評釋、長沙王先謙益吾同訂、及門劉起庚編校、蕭湘同校』。書前有劉鳳苞光緒三年南華贅解自序，首頁及末頁各貼有一紅色長方紙條，皆題『六品軍功文童劉起庚謹書』。正文中，分段錄莊子原文，順文雙行夾注，段後低一格作解；有題解、圈點、眉批。其中讓王、盜跖、説劍、漁父四篇，依宣穎南華經解體例，並承蘇軾莊子祠堂記等説，視爲後人僞作，置於天下篇之後。全書除大量引述宣穎、林雲銘、胡文英三家評注外，還徵引郭象、呂惠卿、陳祥道、褚伯秀、劉辰翁、邱濬山、湛若水、楊慎、李夢陽、歸有光、唐順之、宗臣、王世貞、焦竑、孫鑛、徐常吉等家語，其中所謂歐陽修、王安石、蘇軾、蘇轍、黃庭堅之評點，則多爲張冠李戴，當是沿襲明代署爲歸有光、文震孟南華真經評注一書之錯誤，因而有損於其學術價值。

通觀南華贅解全書，義理與文評兼備，從字、詞、句、段、篇等方面對莊子從局部到整體皆予以解析，以揭示莊子文章藝術特色見長，在借鑒林雲銘莊子因、宣穎南華經解、胡文英莊子獨見等基礎上，又有實質性推進，但視其文評措辭，每有言過其實之處，讀者須自知之。此外，劉鳳苞受林雲銘、宣穎、胡文英等影響，其闡釋帶有明顯儒學化傾向，亦不免折損學術性。

劉鳳苞南華贅解六册，唯山西省圖書館藏有清末劉起庚抄本，今據以影印。

百大家評注莊子南華經十卷

（明）歸有光等批點　（清）王闓運輯評

王闓運（1833—1916），字壬秋、壬父，自號湘綺老人，學者稱湘綺先生，湖南湘潭人。清咸豐間舉人，屢試進士不中。太平軍起義時，曾入曾國藩幕。後講學四川、湖南、江西等地。清末，授翰林院檢討，加待講銜。辛亥革命後，曾任國史館館長，兼任參議院參政。好治經學，尤其擅長公羊學，並以致用爲目的。所著除經子箋注外，有湘軍志、湘綺樓日記、湘綺樓詩集、湘綺樓文集等。門人輯其著作爲湘綺樓全書。

民國六年中華圖書館石印百大家評注莊子南華經十卷，扉頁題『歸震川先生批點、湘綺老人輯評』，卷首題『晉郭象子玄輯注、明歸有光熙甫批閲、文震孟文起訂正』。書前有郭象南華真經評注序、馮夢禎南華真經評注序、司馬遷莊子列傳，以及南華經百大家評注姓氏錄、南華真經評注目錄。

百大家評注莊子南華經正文中，錄莊子各篇原文及郭象注，皆迻錄於署爲歸有光、文震孟南華真經評注；底欄有注釋，以音注爲主，亦皆取自南華真經評注。各篇後所輯諸家評語，乃是在南華真經評注基礎上增損而成。如齊物論篇末，在『歐陽修』、『王介甫』、『劉須溪』、『楊用修』四家基礎上，增加『李贄』、『王宗沐』、『許孚遠』、『唐順之』四家評語；天下篇末，在『蘇老泉』、『丘瓊山』、『歸震川』三家基礎上，增加『孫鑛』一家評語。每篇眉欄有批語，亦是增損南華真經評注之眉批而成，所增添者同樣多爲明代人之語。今審其所錄眉批，錯誤自是不少，甚至有莫名其妙者。如歸有光、文震孟南華真經評注，其逍遥遊篇眉欄有批語云：『劉須溪曰：「生物以息相吹」，語最精，雖植物之於枝葉，皆感也。不隨人觀物，故自有見。』而所謂『王闓運輯評』本，其眉欄相應處則謂：『劉須溪曰：「生物以息相吹」，語最精，雖植。』可見引錄者未明原意，遂遽節錄，故有此誤。

經對照，此書前所收郭象序、馮夢禎序、司馬遷莊子列傳，以及各卷首所題署，皆照搬於明刊南華真經評注，而南華經百大家評注姓氏錄，則爲此石印本所增添，包括『批閲者』、『訂正者』、『總評者』、『眉詮者』、『音釋者』五個部分。其中『批閲者』爲歸有光，『訂正者』爲文震孟，而『總評者』有韓愈、柳宗元、蘇洵、歐陽修、王安石、蘇軾、曾鞏、秦觀、黄庭堅等唐宋明學者三十七人，『眉詮者』有韓非、陸德明、陸贄、司馬光、林希逸、褚伯秀、楊用修、方子及等歷代學者七十三人，『音釋者』有東方朔、司馬遷、稽康、陸德明、劉辰翁、楊用修、林氏等七人，這些評注者姓氏，大多輯錄於明刊南華真經評注，而細審此明刊著作，當爲書賈假借『歸有光』、『文震孟』批閲、訂正而成，其中凡冠以唐宋名公及以前姓氏者，多爲張冠李戴，不可信以爲真，但此石印本居然輯爲『百大家評注姓氏錄』，堂而皇之地置於書前，疑其爲書賈冒名牟利爲之，非真出於湘綺老人之手。

茲影印百大家評注莊子南華經十卷，據華東師範大學圖書館藏民國六年中華圖書館石印本。

莊子集辨

（清）曾和瑞撰

曾和瑞，清末人，生平事跡不詳。著作有老子集辨、莊子集辨、禪學集辨等。

莊子集辨一書，前有曾氏莊子集辨序、莊子集辨、南華子篇目。內、外、雜篇之前，又各有相應目錄，並於外篇目錄後云：『外、雜二篇，不純乎莊子之筆，或門人附入，或後人僞托，學者當分別觀之。』又於雜篇目錄後云：『篇分內、外，而又曰雜者，猶今人之有正集、續集，更有別集也。』故依蘇軾莊子祠堂記之說，以雜篇中讓王、盜跖、說劍、漁父四篇爲僞作而予以删去，並合寓言、列禦寇爲一篇，統稱爲寓言，則全書僅有二十八篇。各篇分段錄莊子原文，無題解、注釋、圈點，唯於篇末輯錄諸家之說，而德充符、馬蹄、在宥、天道、繕性、秋水、知北遊，則陽諸篇之末爲曾和瑞長篇按語。

曾氏莊子集辨序云：『楊中立曰：「聖人以爲尋常事者，莊周則詫言。」此殆非切當之評也。莊生乃反乎常者耳。王坦之著廢莊論，而其論多用莊語。胡文定春秋綱領，有取於莊子之言，識者蓋嘗惜之。雖德行粹美如周茂叔，而有「天下拙，政刑撤（徹）」之一言，朱子猶摘其似莊老也。毫釐之辨，嚴矣哉！』故曾氏於書前及各篇之末，裒集韓退之（愈）、邵子（雍）、程子（顥、頤）、張子（載）、司馬君實（光）、朱子（熹）、黄東發（震）、王應麟（伯厚）、吳幼清（澄）、胡仁仲（宏）、許平仲（衡）、胡叔心（居仁）、王守仁（伯安）、何子元（孟春）、呂叔簡（坤）等人之語，或親撰按語，以辨莊子相關問題，遂命此著爲莊子集辨。

通觀莊子集辨全書，所裒集者多爲宋明理學家語，而其所辨之問題，主要有莊子形容道體之言亦有善者、莊子學説之害尤在放蕩於禮法之外、莊子齊物之説可見出其見道之淺、莊子養生説正是所謂『閃奸打訛』者、莊子亦本楊朱之學、老莊學説之異同、莊子與孟子未曾『道及』之原因、莊子内外雜篇之異同，以及歷代莊學之得失等。而曾氏於諸篇末所撰按語，則多是針對所在篇中具體問題而發，如他於德充符篇末所加按語云：『其（莊子）所謂情者，恐亦放浪無主之情，而其所謂性者，將亦空虚無著之性而已。』辨其所謂情、性，並非一般人之所謂情、性。又馬蹄篇末所加按語謂，莊子『竟將性命、仁義截然分判爲兩』，與儒家之説大異其趣。總之，曾氏撰寫此書，並不採用注疏形式，而是著意於辨析、釐清各樣問題。

此次影印曾和瑞莊子集辨，據中國國家圖書館藏清光緒十年刊辨學集本。

莊子識小一卷

（清）郭階撰

郭階（1842—？），湖北蘄水人，生平事跡不詳。著作有天均卮言、莊子識小等，均收録在春暉雜稿内。

莊子識小前有郭階光緒十五年自序，卷首題『蘄水郭階學』。僅注解莊子内七篇，篇名後有題解，不録原文，以某某句至某某句、某某句、某某節表示莊文，以『階案』予以注解，其特點是引儒入莊，以儒解莊。

郭階之所以名是書爲莊子識小，其自序謂：早年不喜莊子，後頓悟莊子之旨，『然後知莊子出於儒家，不得已而隱抑其辭，以求免於當世』，因此認爲自己以前只是識莊子之『小』。至於後仍以『識小』名是書，大概有自謙之意。關於唯擇取内篇作注解之原因，郭階認爲内篇『蓋以其誠、正、修、齊、治、平，盡於是矣』，而『外篇以下，反復申明内篇之意，與夫故爲妄誕之言，隱儒術流於過當，及群弟子之追述，後人之附會，雜揉其中，姑置之』，亦即『取其純而棄其駁』之意（見自序）。郭階雖重視内七篇，但注解也比較簡略，人間世、應帝王篇僅注解二、三條内容。

郭階認爲内七篇爲一完整體系，在每篇題解中皆首先予以説明。逍遥遊篇題下云：『此篇重其大。大者何道也？道者何氣也？逍遥遊養氣也，樂道也。如何養，如何樂，無己也，即論語「毋我」之意。』齊物論篇題下云：『承逍遥遊而來，是即吾儒推己及物。』養生主篇題下云：『齊物論後繼以養生主，由末入本也，且逍遥遊之引申也。』人間世篇題下云：『繼養生主而有人間世，由内而外也，齊物論之引申也。』德充符篇題下云：『合人己内外而言也。德者，得也，所得充於我而符於彼，故繼人間世而有德充符。』大宗師篇題下云：『曷爲大主大師？天命也，數也，性也，道也，教也，即天命之謂性，率性之謂道，修道之謂教也。曷爲後乎德充符？由德而入道也。』應帝王篇題下云：『繼大宗師而有是者，任天人之自化，有應帝王之道，言有平治之具耳，非專屬位帝王者。』經郭階如此闡釋，内七篇便成爲一個較爲完整之整體。

從上面題解可知，莊子識小以儒解莊傾向甚爲明顯。再如於齊物論篇『「是亦彼也」七節』後加案語云：『克己復禮，天下歸仁。』又於『「唯達者知通爲一」四節』後加案語云：『此中庸之説也。』但因其案語簡單，又有附會成分，故莊子識小學術價值不高。

此次影印郭階莊子識小一卷，據上海圖書館藏清光緒十五年刊春暉雜稿本。

莊子辯訛六卷

（清）劉鍾英撰

劉鍾英（1843—1918），字紫山，别號芷衫，大城（今屬河北省）人。光緒十一年拔貢，是清末詩人、學者。著作甚豐，主要有蜀遊草、津門遊草、京華遊草、芷衫詩話、試貼舉隅、愚公紀談、十三經刊誤、大戴禮補注、重訂瀛奎律髓、左傳辯訛、國策辯訛、莊子辯訛、杜詩辯訛等。

莊子辯訛六卷，卷首題『大城劉鍾英紫山甫撰』。書前有莊子辯訛凡例，末署『平舒劉芷衫識』，以西漢、北魏時設東平舒縣、平舒縣，五代後周時改大城縣，故劉氏題署籍貫不一。此書涉及莊子凡二十九篇，卷一爲逍遥遊、齊物論、養生主、人間世，卷二爲德充符、大宗師、應帝王，卷三爲駢拇、馬蹄、胠篋、在宥、天地、天道、天運，卷四爲刻意、繕性、秋水、至樂、達生、山木、田子方、知北遊，卷五爲庚桑楚、徐無鬼、則陽，卷六爲外物、寓言、列禦寇、天下，其中刻意篇僅有題目而無辯訛文字。又卷四卷首題『莊子辯訛四』，卷五卷首未題卷次，卷六卷首題『莊子辯訛六』，與前三卷分别標明『卷第一』、『卷二』、『卷三』者不同，而其删去莊子之讓王、盗跖、説劍、漁父四篇，復又不作任何解釋，説明此稿尚有不夠完善之處。

劉鍾英莊子辯訛凡例云：『莊子古注，謬誤極多，大抵皆望文生義，毫無憑據，如齊物論之南郭子綦，成玄英以爲楚司馬，紀渻子爲王養鬥雞，陸德明以爲齊王，凡之類，辯不勝辯。』故據陸德明經典釋文所引六朝諸本，及楊慎莊子闕誤所轉引宋景德四年國子監本、江南古藏本、天台山方瀛宫藏本、成玄英解疏中太乙宫本、文如海正義太乙宫本、郭象注中太乙宫本、江南李氏書庫本等異文，擷取其精華，復參合群書，校謬辯訛，著成是書，用心可謂良苦。如劉氏於人間世篇『有而爲之，其易邪』之『有』字下，據楊慎莊子闕誤所引張君房本增『心』字，以爲如此方可文通字順。今案郭象注云：『夫有其心而爲之者，誠未易也。』是郭本『有』下亦正有『心』字。又劉氏於齊物論篇『罔兩問景』下云：『罔兩，影外之微陰。司馬彪本作「罔浪」，文選注作「靑景」。顔氏家訓曰：尚書「惟影響」，莊子「罔兩問影」，皆當爲「光景」之「景」。陰景因光而生，故謂爲景。葛洪字苑始加彡，甚爲失矣。』劉氏此說亦頗有理。但通讀莊子辯詁，其多數辯詁文字尚嫌簡略，即使凡例中所舉成玄英以南郭子綦爲楚司馬、陸德明以『紀渻子爲王養鬥雞』之『王』爲『齊王』，其齊物論、達生篇相關處，所辯亦過於簡單，或根本未作辯釋，豈劉氏功力尚有不及所致耶？

此次影印劉鍾英莊子辯詁六卷，據河北大學圖書館藏手稿本。

莊子補釋一卷

（清）寧調元撰

寧調元（1883—1913），字仙霞，號太一，湖南醴陵人。清光緒三十一年，赴日本留學，參加同盟會。次年回國，參與創辦中國公學。後至長沙，與禹之漠等主持陳天華、姚宏業安葬儀式。因遭緝捕逃往上海，主編洞庭波雜誌，宣傳革命。因策應萍瀏醴起義被捕，因禁長沙獄中三年。出獄後，於宣統二年赴北京，主編帝國日報，抨擊時政。民國成立後，在上海創辦民聲日報。後至廣東，任三佛鐵路總辦。民國二年，宋教仁被刺事件發生後，與熊樾山到漢口策劃討袁，事泄被捕犧牲。著作有太一遺書。

莊子補釋一卷，在太一遺書中，爲劄記體，共有補釋文字六十條。前有寧調元所撰自序，謂『凡莊、騷諸書，皆年十二時昔先君所口授』，而自負笈外遊以來則『改業科學』，但於光緒三十二年回國策應萍瀏醴起義失敗後，『輒取平生習耆如莊、騷諸書，且莫尋玩，藉用通人情世變之原，證今古文字之異』，並於宣統元年五月，取近年所寫補釋莊子之文字，銓次成莊子補釋一卷，認爲此著雖然未必『盡娭善』，但『自信於前人解釋之訛、斷句之謬、傳寫之誤，所訂正處亦不無一得之愚，足以質諸古人者也。』的確，寧調元莊子補釋每有新見，具有一定學術價值。如他在補釋人間世篇『強以仁義繩墨之言術暴人之前』時說：『術，王闓運以爲「衒」訛，非是也。當作「述」假。漢書賈山傳「術追厥功」，顏注：術，亦作「述」。是爲「術」、「述」古通之證。』在補釋繕性篇『物之儻來』時說：『崔本作「黨」，云：「眾也。」調元案：儻，古祇作「黨」。荀子天論篇「怪星之黨見」，漢書董仲舒傳「黨可得見乎」、伍被傳「黨可以僥倖」，皆可爲此字之碻訓。崔本字是而義非也。』在補釋庚桑楚篇『有長而無乎本剽』時說：『陸云：剽，亦作「摽」，甫小反。崔云：末也。李怖遙反。調元案：剽，當爲「標」之假借。說文：「標，木杪末也。」與崔注合。』此等補釋，皆甚有理，值得重視。但通讀莊子補釋，亦有不少補釋不能令人信服，故至今鮮有學者提及此著。究其因，蓋以著者學術功力尚有不逮所致。

茲影印寧調元莊子補釋一卷，據華東師範大學圖書館藏民國四年排印太一遺書本。

莊子經說敘意

廖平撰

廖平（1852—1932），原名登廷，字旭陔，後改名平，字季平，先後自號四譯、五譯、六譯先生，四川井研人。清光緒元年進張之洞所創四川尊經書院，就學於國學大師王闓運，治今文經學，尤重春秋。光緒十五年中進士，得官龍安府學教授。民國建立後，歷任成都國學學校校長及華西大學、成都高等師範學校教授，爲我國近代史上著名經學家、思想家。著述宏富，計有一百一十八種，多收入新訂六譯館叢書。

廖平所撰著作，以研治經學者爲多，醫學次之。其中收入新訂六譯館叢書『尊孔類』之莊子經說敘意，是對莊子及有關問題之雜論，共由尊孔、宗經、砭儒、六經分天人、各經疆域時代不同、六經諸子用功次第、遊魂夢覺、辭章、楚詞、山經、神仙、陰陽五行運氣、道家無用之用、人天遠近、德行道藝、寓言、翻十二經、清談、丹汞等十九個部分組成，大抵採取以儒解莊手法。首先，廖平莊子經說敘意指出：『莊傳孔學，關令、老聃皆以爲出於古之道術，則實以古爲孔。古與詁通，謂古文經也。故推六經爲神化道術，指仲尼爲元聖素王。』（尊孔）意謂據莊子所作自序天下篇所載推論，老莊所聞而悅之者爲『古之道術』，即爲『孔氏古文』（宗經），因此莊子所傳承及發揮者即爲孔子學說，而所詆訕者僅僅是『借經術文奸』（砭儒）之儒學末流而已。廖平進而認爲，孔子製作六經，有天學、人學之分，詩、易爲天學，春秋、尚書爲人學，莊子所傳述者即爲儒家天學，所以『其心同於詩、易，而與山海、楚詞、靈素相出入』（六經分天人）。由此可見，廖平莊子學之儒學化傾向甚爲明顯，且其說自成一家，多爲前人所未曾言。

在廖平看來，『人地事跡皆可指數，天道則如詞賦，托物起興，言無方體』（六經分天人），因而莊子『每借夢境以立神遊之法』（遊魂夢覺），所謂『履虛若實，入石不礙，無待風雲而行』（同上）者所在多有，每爲後世道教妄求飛升者所附會，從而改變了莊子立說旨在『化世』之性質。廖平此說亦不免有以儒解莊傾向，但其能明確區分後世道教實踐與先秦莊學思想不同，尚具眼力。

此次影印廖平莊子經說敘意，據華東師範大學圖書館藏民國十年四川存古書局刊新訂六譯館叢書本。

莊子天下篇新解

廖平撰

廖平生平事跡，已見莊子經說敘意提要。其所撰莊子天下篇新解，在新訂六譯館叢書『尊孔類』中，詮解莊子天下，至『道術將爲天下裂』句而止，部分論點與莊子經說敘意相一致，崇儒傾向甚爲明顯。其於篇題下云：『班書藝文志先六經而後九流，以九流爲經之支裔。此篇先六經而後六家，六家聞古之道術而起，亦以爲經之支裔。』認爲天下篇首先論列儒家六經，然後才論述六經之支裔，故僅選取首段而爲之作解，以集中闡發其『以經統天下學術之全』之說。

廖平倡言『天人之學』，欲於神化孔子之前提下，會通三教九流，以應付時勢變化。他解說天下篇，即貫穿著這一基本思想。他於『天下之治方術者多矣』下解云：『中國字母書，當時通行。古文初出，惟行鄒魯，雖後來必絕，而當時尚通行。』又於『古之所謂道術者』等句下解云：『問古經在道術之古文，與方術之字母，方術中亦有經義。』並認爲『古之人』指『孔子』。說明在廖平看來，孔子從前代所傳古經及字母中汲取精華而集其大成，所謂『孔子翻經，乃作古文（謂孔經春秋）』，並以六藝教弟子，『以經統天下學術之全』，使『六藝無所不包』，然以『戰國處士橫議』，天下多得一察以自好，僅爲六經之支裔，而『漢宋以訓詁禪理說六經，且以王法蔽六經，至以村學解聖神，不惟不能學經，並不知經與聖神爲何說，各以儒自囿』。廖氏此說，多非天下篇本意。天下篇所謂『道術』，實指古代天人、神人、至人、聖人對大道進行全面體認之學問，而『方術』則指拘於一方，對大道某方面有所『聞』之學問，廖平之說顯然不可從；至於『古之人』，謂古之體悟大道者，廖氏豈可坐實爲孔子？

此外，廖平以『不離於宗，謂之天人』等三項爲『天學三等』，以『以天爲宗，以德爲本，以道爲門，兆於變化，謂之聖人』等四項爲『人學四等』，並謂易、詩爲天學，尚書、春秋爲人學，而『此篇所列六家，皆道家支派，墨家專名，惠施、公孫龍後爲名家，乃道之支派，法、農、申、韓、蘇、張皆所不及，謂專詳道家可也』，要之皆爲六經之支裔。凡此説法，亦不免有牽強之嫌。如易固可謂『天學』，而詩豈非多在抒發人情？又以墨翟、惠施、公孫龍等爲『道之支派』，亦大可商榷，不可遽從。

兹影印廖平莊子天下篇新解，據華東師範大學圖書館藏民國十年四川存古書局刊新訂六譯館叢書本。

莊子評點

嚴復撰　曾克端校錄

嚴復（1853—1921），初名傳初，後改名宗光，字又陵，福建侯官（今閩侯）人。自英國留學回國後，改名嚴復，字幾道。主要活動時期在甲午戰爭以後，是中國近代啟蒙思想家，向西方尋求真理之代表人物。他在留洋期間，廣泛接受科學、哲學、政治、經濟、文化、法制、民主等方面新知識，研讀西方思想著作。回國後，曾翻譯赫胥黎天演論，將社會進化論思想引入中國，激起了當時救亡自強熱潮。其後愈加認爲譯書乃救國之大業，便陸續翻譯原富、群學肄言、群己權界論、社會通詮、法意、穆勒名學、名學淺説等西方思想名著，影響甚巨。

嚴復深諳西學，亦具舊學功底，頗喜老莊哲學，每於譯注按語、報章雜文、友人書信之間，揭示其玄旨要義。據記載，嚴復曾手批莊子多種，圈點、評語各有出入。福建博物院所藏嚴氏手批馬其昶莊子故，即爲其重要批本之一，内容主要包括大量朱筆眉批及對莊子原文（偶涉馬其昶注語）所作圈點。邑後學曾克端從嚴復長子伯玉處借得此本，予以迻錄整理，成此莊子評點。此書卷首題『侯官嚴復遺著、邑後學曾克端校錄』；書前有曾氏癸巳(1953)九月所作序、例言、目錄、嚴復遺像、章士釗題詩，書末附清史嚴復本傳、嚴復著述目錄；正文錄嚴復爲莊子故本二十九篇所作批語，各篇皆按內容之不同，區分爲『總評』、『評證』、『注釋』、『圈點』四項，而讓王、盜跖、說劍、漁父四篇，以馬其昶莊子故本視爲僞作，附於書末，故嚴氏僅作少量圈點，不作任何批語，曾克端遂無從迻錄。

與以往闡釋莊子者相比較，嚴復評點莊子之最顯著處，在於大量引進西方學術思想及研究方法。如在養生主篇評語中，嚴復寫道『依乎天理，即科學家所謂we must live according nature』，『安時處順，是依乎天理注腳』，認爲『天理』就是西方所謂『Nature』，也就是自然、規律，而『依乎天理』就是按自然規律辦事，具體做法就是莊子所說『安時處順』，完全是一種唯物主義邏輯。嚴復還每將莊子哲學與西方自由民主思想融合起來，如他在評點天運篇『彼未知乎無方之傳』一段時說：『此段極精，惜今日欲以共和之政，行於中國者，不曾讀此。』對西方共和主義政治表現出嚮往之情。但嚴復對莊子思想也有所批判，如天運篇謂仁義只會戕害人性，三皇五帝之治與自然之道相悖，而嚴氏則評之曰：『此皆道家想當然語，其說已破久矣，讀者不可爲其荒唐所籠罩也。』顯然不同意莊子對儒家仁義及三皇五帝政治之激烈批判。

總之，嚴復自覺運用『格義』手法，將西方理論全面引入老莊思想之解釋，甚至將一些西學觀點看作與老莊觀念同出一轍，將自由、民主、個人主義的近代西方政治思想和『物競天擇』、『適者生存』等進化論思想融入老莊，爲傳統道家思想賦予了現代意義，成爲以西學解釋老莊之倡導者，爲後世老莊研究別開生面。但應當指出，西方自由民主思想與莊子思想究竟有怎樣不同關係，還需要作深入研究，絕不能簡單比附了事。

嚴復撰、曾克端校錄莊子評點有1953年香港岷雲堂叢刊本。今據民間所藏此刊莊子評點(卷首有朱鈐『廉貞之鉥』，末有鋼筆所書『陳廉貞初閱一過，擬對原板莊子再詳評價，五六年春』語)予以影印。

莊子發微

王傳燮撰

王傳燮，字蘧園，安徽懷遠縣人，生平事跡不詳。據成舍我跋語，傳燮曾於民國初『辨學皖垣』，激昂磊落，後因贛皖肇亂，學款停輟，遂鬱鬱歸里，專心哲學，著成此書，洋洋四萬言。

莊子發微卷首題『懷遠王傳燮蘧園著』，書前有澄海蔡卓勳莊子發微序、常熟錢育仁敬題蘧園先生遺著莊子發微後詩、六合張樹屏讀莊子發微題詞兼以志感詩、王傳燮自序及民國五年後序，書末有湖南成舍我民國五年跋。正文分爲上、下編，上編爲莊子教案，包括莊子小史、莊子教義、莊子行誼、莊子與諸子之關係、後世尊莊子者考略；下編爲書後與附錄，前者包括爲內、外篇各篇和雜篇之天下篇所寫書後（在內、外篇後還分别有內篇總書後、外篇總書後），後者包括莊子之説大、莊子之説命、莊子之説窮達、莊子之説獨行、莊子之説傳言、莊子之説觀人、莊子之説情、莊子之説宇宙。從構思及命意等方面看，此書已屬於西學東漸後之產物，與傳統莊子學著作卓然有别。

王傳燮之莊子學思想，確實頗具新思維特徵。如他在莊子教義中説：『夫馬雖一粗下之動物，欲善其群，須先去爲害者，群害既去，則其群自善，而群亦日以昌，乃天演之公例也。爲天下而欲善人群者，何以異是？莊子群説，可謂精矣。』認爲徐無鬼篇所謂『去其害馬者』云云，實合於英國著名博物學家赫胥黎進化論學説。他又在莊子行誼中説：『試觀南華經一書，有植物學焉，有動物學焉，有聲學與空氣學焉，散見各篇，美不勝列。』亦以當今學科理念去詮釋莊子思想，並謂其爲『玄理派而兼唯物派』。但王傳燮未能完全擺脱傳統莊子學影響，每將莊子思想與儒學、佛教、道教混爲一談。如他在後序中說：『莊子師於子夏之徒，而歸宗於老子，故其教義實爲道儒之合冶的，既不得强謂之爲儒教，更不得固謂之道教也。且其持論思理，多與佛耶二教暗合，而軼出道儒之外。』此處在合莊子於儒、佛、道三教外，還主張引入耶穌基督教，致使莊子思想甚失個性特徵。

茲影印王傳燮莊子發微，據南京大學圖書館藏民國五年排印本。

莊子文粹二卷

李寶淦撰

李寶淦（1864—1919），字經畦，號荊遺，江蘇武進人，以諸生官湖南候補道。著作有諸子文粹、漢堂類稿等。莊子文粹收錄在諸子文粹三十九、四十兩卷。

莊子文粹節錄莊子原文二十篇，即逍遥遊、養生主、人間世、大宗師、馬蹄、胠篋、天運、刻意、秋水、至樂、達生、山木、徐無鬼、則陽、外物、讓王、盜跖、說劍、列禦寇、天下，無題解，無注解，無評論。盜跖、說劍、天下篇末附簡單按語。

顧名思義，莊子文粹即擷取莊子文章精華，李寶淦擇取莊文大致以他認爲的奇文、妙文爲準則。天下篇末按語云：『此篇欲推明詩、書、禮、樂、易、春秋之道，故稱聖賢道德，「鄒魯先生」以下復評諸子，自道其著書之衡，知非堯舜而薄周孔者，皆寓言十九也。明乎此，始可與言莊子。』此處似表明李氏以儒家眼光看待莊子，但對蘇軾等儒家學者所摒棄之讓王、盜跖、說劍諸篇，他又皆予節錄甚至全錄，盜跖篇末按語甚至說：『此篇古稱僞托，其精言自不可没。』說劍篇末按語也說：『此亦戰國文士所僞。』李氏明知是僞書，還是欣賞其『精言』

而錄入，而對於莊子中重要篇目如齊物論、德充符等，反而棄置不錄，從而可窺知其選文之態度。

此次影印李寶淦莊子文粹二卷，據華東師範大學圖書館藏民國六年商務印書館排印諸子文粹本。

莊子南華經内篇

無名氏抄寫圈點　聶守仁附識

聶守仁（1865—1936），字景陽，甘肅鎮番（今民勤）縣人。清末廩生，民國初畢業於甘肅公立法政專門學校。同盟會會員，曾任大河日報主筆、甘肅民國日報主編。著作有甘肅邊防志稿、甘肅近三十年事略、西北壯遊遊記、知非所記、景陽詩文集、勁草武枝見聞錄、旅雁聲詩草、毋忘齋筆記、文字源流、書法問津、字母易記、書法訓子錄等。南京大學圖書館藏手抄本莊子南華經内篇，不知出自何手，但書末有『守仁附識』，並據前後字跡判斷，全書當皆爲聶氏抄寫圈點。

莊子南華經内篇不分卷，書前有序言兩篇，書末有附識、跋語各一篇，正文依次全錄内七篇原文，並有眉批、篇末評語及朱墨筆圈點，而將天下、寓言兩篇附於後，以前者爲莊子全書之後敘，後者爲『内外雜篇之敘例』。今細審全書，其序言、跋語、眉批、評語等，多摘錄於他人，而未冠以姓氏。如兩篇序言，既無題目，又未題作者，但經查對，前者爲晉郭象莊子序，後者係清董思凝爲王夫之莊子解所作序，收錄時文字多有删節或改動； 書末跋語，僅冠以『姚姬傳先生曰』，其實爲姚鼐莊子章義序目； 衆多眉批及篇末評語，亦多不標出處，唯引錄王夫之莊子解，則冠以『船山王子曰』、『船山王先生曰』或『解曰』，當有尊崇王氏之意。但不可否認，其抄錄之際，亦頗費斟酌。如宣穎南華經解逍遥遊題解云：『前半篇只是寄喻大鵬所到，蜩與鷽鳩不知而已。看他先説鯤化，次說鵬飛，次說南徙，次形容九萬里，次借水喻風，次敘蜩鳩，然後落出二蟲何知，文復生文，喻中夾喻，如春雲生起，層委叠屬，遂爲垂天大觀，真古今横絶之文也。』本書抄者則予以刪節，以之爲眉批云：『前半先從鯤化說到鵬飛，又說南徙，次形容九萬里，又借水喻風，又敘蜩鳩二蟲，均是寄喻大小之不同，文氣則垂天之大觀已。』可見雖經抄者刪節，卻未失原意與文氣。

聶守仁跋語云：『右内七篇，並天下、寓言，都九篇，爲莊學之菁華。』並謂：『寓言十九，超以象外，固未可以歷史方法爲古人尋年譜，爲古事序時代。善讀者，各求解脱，庶可與讀莊子。又書中稱「夫子」者甚多，未必專指孔子。』此等說法，對於讀者把握莊子精華並深刻認識其寓言性質，不無益處。

兹據南京大學圖書館藏民國手抄本莊子南華經内篇予以影印。

南華真經殘卷校記一卷

羅振玉撰

羅振玉（1866—1940），字叔藴、叔言，號雪堂，又稱永豐鄉人、仇亭老民，晚年自號貞松老人，祖籍浙江上虞，客籍江蘇淮安。清末曾任學部參事。辛亥革命後，以清朝遺民自居，長期僑居日本。1919 年返國後，積極參與清室復辟活動，曾擔任『僞滿州國』參議府參議及滿日文化協會會長等職。在搜集整理甲骨、銅器、簡牘、明器、佚書等方面，創有輝煌業績。

羅振玉也爲我國研究敦煌文書之先導者。南華真經殘卷校記一卷，即爲他整理研究敦煌殘卷成果之一。卷首有羅氏題記，謂『往歲，刻意、山木、徐無鬼三篇既付影印，别記其與今本異同之字於書眉；胠篋則日本狩野博士直喜在英倫時手校，予借錄入世德堂刊本上』，後於民國十二年取此舊校，並補入田子方篇校記，遂成南華真經殘卷校記一書，則此著乃是以英國倫敦博物院所藏敦煌殘卷胠篋篇、法國巴黎國立圖書館所藏敦煌殘卷刻意、山木、徐無鬼篇及羅氏自藏敦煌殘卷田子方篇校明世德堂刊本莊子之結果。大致說來，羅振玉作校記一般僅是指出敦煌殘卷與世德堂本之文字差異，但有些地方他還是作出自己論斷，且具一定學術眼光。如羅振玉在敦煌殘卷山木篇『孔子問子桑虖曰』下說：『今本作「雽」。案：古無從雨之「雽」，乃從虍之訛。』誠然，王叔岷莊子校詮亦以爲『「雽」乃「虖」之隸變』，『當以作「虖」爲正』，可見羅氏之說不誣。羅振玉在同篇『而歌猋氏之風』下說：『今本「猋」作「焱」。案：「焱」殆「猋」之訛。天運篇「故有猋氏爲之頌曰」，釋文：猋，本亦作「炎」。此之「猋氏」，殆與天運篇之「有猋氏」同。』今案舊注多謂天運篇『猋氏』爲神農氏（炎帝），則世德堂本山木篇之『焱氏』之『焱』，自當依羅氏說視爲『猋』字之訛。此外，羅振玉大約因有鑒於後世所傳莊子『凡分章名篇，皆出於世俗』（蘇軾莊子祠堂記），故而十分注意敦煌殘卷分章情況，凡重起一章時輒以『另章』二字標明之，試圖爲人們揭示莊子文本早期之分章情況，值得肯定。當然，羅振玉有些校記並不正確。如他在敦煌殘卷田子方篇『日夜無陳』下說：『今本「陳」誤作「隙」。注稱「化恒新」，則作「陳」者是，作「隙」乃形近致訛。』今案德充符篇有『使日夜無郤（隙）』語，知北遊篇有『若白駒之過郤（隙）』語，執以互勘，則作『陳』者誤，羅氏之說不可從。又羅振玉在敦煌殘卷山木篇『三月不迋』下說：『今本「迋」作「庭」，下同。案說文：「迋，往也。」即左傳襄二十八年「君使子展迋勞於東門之外」之「迋」。蓋由「迋」訛「廷」，由「廷」訛「庭」也。』此說亦不可從，正如王叔岷說：『「三月不迋」義固可通，下文「甚不迋」則不可通矣。羅振玉永豐鄉人雜著續編以作「迋」爲是，未審。』（莊子校詮）

此次影印羅振玉南華真經殘卷校記一卷，據華東師範大學圖書館藏民國十二年刊永豐鄉人雜著續編本。

莊子劄記一卷

孫毓修撰

孫毓修（1871—1922），字星如，一字恂如，號留庵，自署小淥天主人，江蘇無錫人。幼得庭訓，擅作駢體文，後就讀於江陰南菁書院。曾師從繆荃孫，精於版本學。光緒三十三年，進上海商務印書館編譯所，任高級編輯。宣統元年，在國文部主編童話叢書。民國四年起，在商務印書館涵芬樓從事善本古籍搜集及鑒定。民國八年主持影印四部叢刊。著作有江南閱書記、永樂大典考、莊子劄記等。

莊子劄記是孫毓修以安仁趙諫議宅南宋重開北宋本，校對明刊世德堂本之學術成果。宋代民間刻書，主要包括私宅刻書、書坊刻書以及寺院、道觀等刻書活動。安仁趙諫議宅刊南華真經，是屬於民間私宅刻書。孫毓修莊子劄記卷前有自序，認爲據趙諫議宅刻本『玄』、『弘』、『殷』、『敬』、『竟』、『鏡』、『匡』、『徵』、『讓』、『完』、『構』、『遘』等字皆缺筆情況來判斷，此本『是南宋重開北宋本，所見莊子要以此爲古矣』，因而版本價值甚高；明嘉靖十二年顧春世德堂刊南華真經十卷，則依據南宋龔士卨五子纂圖互注本纂圖互注南華真經刻成，版本價值亦甚高，爲後世校勘整理莊子者視爲不可多得之版本。可見，孫毓修以趙諫議宅本校世德堂本而著成莊子劄記，無疑具有較高學術價值。

孫毓修自序云：『（趙諫議宅本）引陸氏釋文頗略，大抵錄音不錄義，如「逍遥遊」祇云「逍音消、遥音摇」。北宋人刻古書，音義輒附卷後，不應莊子音義散入注下，疑南宋人所爲，趙氏原刻不爾也。』因此，他便選擇世德堂本爲底本，僅將兩個版本中莊子原文、郭象注作精心校勘，著成莊子劄記。從孫毓修校勘結果看，世德堂本確實要精於趙諫議宅本。如孫氏指出：世德堂本第一卷十葉十二行郭注『泛』，趙諫議宅本誤作『況』；第二卷四葉八行郭注『拭』，趙諫議宅本誤作『試』；第三卷七葉九行郭注『彼彼』，趙諫議宅本誤作『彼我』；第六卷三十二葉八行郭注『未』，趙諫議宅本誤作『夫』；第八卷四十八葉八行莊子『抶』，趙諫議宅本誤作『拔』；第九卷十四葉一行郭注『是不可常』，趙諫議宅本誤作『不可不常』，說明趙諫議宅本刊刻欠精。當然，孫毓修也指出世德堂本存在一些錯誤，如第一卷二葉十三行郭注『天地』爲『天池』之誤，第三卷八葉十五行郭注『然』字爲衍文，但此類錯誤較爲少見。由此說明，孫氏挑選世德堂本爲底本值得肯定。

孫毓修莊子劄記一卷，附於民國八年上海商務印書館四部叢刊所影印明嘉靖十二年顧春世德堂刊南華真經本之末，今據華東師範大學圖書館所藏予以影印。

莊子奇文演義四卷

香夢詞人撰

香夢詞人，清末民初通俗小說作家，真實姓名不詳。著作有新兒女英雄、新官場笑話、真杏花天、最近女界秘密史、莊子奇文演義等。

莊子奇文演義四卷，題『香夢詞人著』。書前有著者民國七年自序，謂『莊子一書，寓言十九，全體空空，意則誕幻離奇，詞尤精深古奥，歷來注解頗多，往往於字裏行間填寫殆滿，然粗識者讀之，似不能了然於心』，便『取而讀之，愛其中大有奇文，可一新世人之耳目，爰節取而以白話演說之，以期雅俗共賞云爾。』説明通俗小説作家讀莊子，自有其獨特感受，乃節選各篇之『奇文』，借小説筆調予以演繹，以期成爲雅俗共賞之作。

此書内篇前有開宗明義一文，頗似演義小説之開場白。其中有語云：『我的主義，不過取他文中希奇發笑的揀些出來，當做講山海經一般，替列位消閒遣悶，並非有心要替莊子做甚麼注解，故説到有些轉不過灣的地方，就拿我的意思替他穿插，只圖好看，並不拘定原文。』故著者於繕性、刻意、庚桑楚、天下諸篇，蓋以其少有希奇發笑者，便未加『演説』，而其餘二十九篇，亦僅揀取『奇文』予以演繹，以便『替列位消閒遣悶』而已。而在演繹之際，復每有穿插增益，如逍遥遊篇開頭謂：『那莊子説道，我曾看見一部閒書叫作齊諧，這齊諧所説都是些奇怪之事。他説道，北洋之中有一條大魚，其名叫作鯤。』如此『演説』，確可謂『好看』，但與原文多有不合，故雖富趣味性，而不爲治莊者所重。

茲據復旦大學圖書館藏民國八年上海大東書局排印莊子奇文演義四卷予以影印。

莊子解四卷

朱青長撰

朱青長（1861—1947），名策勳，字篤臣，號還齋、天完、天頑，四川江安縣人。幼學書經，旁及詩古文詞。十八歲後，研讀子、史及諸家學術思想。爲增長閲歷，完善著述，遂遍歷南北，達十年之久。清光緒二十九年中舉，遂留居成都，組創『東華學社』。民國初赴北京，曾任國史館顧問，並與諸名士結東華詩社，自爲會長。著述甚豐，有易經圖解、道德經兩注、莊子解、還齋詩集、還齋詞集、博演、天授錄、新世界救亡書、東華白話、厭兵符、同文大典等。

莊子解四卷，卷首題『蜀江安朱青長注』，書前有朱氏民國六年莊子解自序，書末有朱氏民國十一年莊子解後序、東華學社社員録。正文分段録莊子原文，頂格書寫；段後低一格作注，冠以『音義』二字；『音義』後有論述，冠以『解』字；内篇皆有題解，其中逍遥遊、德充符篇末，復有總論或附記，而外、雜諸篇，僅偶有題解或篇末總論，説明朱氏注解莊子，也以内篇爲重。

今視朱青長所作『音義』，仍堅持運用傳統注疏方式，對莊子作音義訓釋。但他所作之『解』，則並不受此拘限，每於文本之外有所發揮。如應帝王篇有『渾沌』寓言，朱氏解之曰：『武帝信衛霍，神宗用安石，皆鑿竅也。國家當貧絀之際，必休兵息事，弱而求强者亡，貧而求富者亂。又有二大要政曰：去才臣，用廉吏，國用以長，不足爲法。』又解馬蹄篇云：『朱泙漫學屠龍，無所試巧，泙漫之幸也。故爲之分曰：超世、化世兩派非政治家，政治家之鞭策不可用，不可少，責上責賢有餘，傳道有餘，用之爲治不足。此二派者，不敢以治世自命，亦不屑以治世自命，故立於立論家而爲萬世政治家作教育主也。』史謂朱青長研讀諸子，重在闡述人生哲理，探求國家治亂本源，今以此觀之，信然。

兹影印朱青長莊子解四卷，據清華大學圖書館藏民國間東華學社印刷廠石印本。

莊子匯通

鄭星駟撰

鄭星駟（1862—1932），原名原龍，晚號危人，福州閩侯縣人。清光緒十九年舉人，歷任福建詔安書院山長、天津譯學館經學教員等。辛亥革命後，於福州創立補編書室，專事講學、著述。師從林崧祁、吴曾祺，與林紓、陳衍相友善。平生研治經史百家言，著有春秋分國便覽、崇孔闢邪録、尚書心法一貫録、莊子匯通、學者魂文集、三還堂詩草、作文十八訣等。

莊子匯通題『閩侯鄭星駟述』，書前有鄭氏民國十五年莊子匯通序，書末有王世傑後序、鄭氏志感等。全書摘錄莊子有關章節或語句，參以鄭氏論述文字，撰成識見宜大、小者不可輕爲小、齊貧富、齊貴賤、齊生死、修士無爲、待人無爲、世界無爲、無爲之效、陰陽不能賊等六十三篇。如知人知言篇云：『無爲則知人知言。莊子曰：「大智閑閑，小智間間；大言炎炎，小言詹詹。」危人按：世衰道微，於是各出其智，各出其言，以相煽惑，非獨戰國爲然。惟靜者曰：此小智閑閑、小言詹詹也，若大智、大言者誰乎？』如此匯通莊子，其意蓋不在闡釋莊子，而在借莊子以自抒胸臆。故鄭氏特於書末云：『莊子鑄我，我鑄莊子，百世知交，一堂告語。』（總評）其欲借助莊子，可謂溢於言表。

鄭星駟莊子匯通序謂，莊子著書，其言汪洋自恣，自西晉郭象以來，注莊者不下數十家，或充溢仙氣，或溺於佛氏，或不免飣餖舛錯，大都不能得莊子真意，『惟茂公（宣穎）注「至人無己」句，謂猶「克己」之「己」。己，欲也。無己，即無欲也。惟無欲，故能齊物，故能無爲，深得莊子本旨。』並認爲，如此解釋，方能『合於十六字心傳「人心惟危」語，及合於孔子「無意、無必、無固、無我」意。』說明鄭星駟生當鼎革之世，目覩人欲横流，私心日益滋長，便欲借逍遥遊篇『至人無己』之語，及清宣穎所作注解，爲世人痛下針砭，使之『無意、無必、無固、無我』，也接受儒家孔子之諄諄告誡。則鄭氏匯通莊子，也有一定儒家思想傾向。

兹影印鄭星駟莊子匯通，據中國國家圖書館藏民國二十年排印本。

莊子王本集注

李大防撰

李大防，字範之，四川開縣人，生卒年不詳。民國初，歷任趙州知州、福建省長汀筱巖秘書、安徽政務廳廳長、安徽安慶道道尹、安徽大學講席等。著作有嘯樓集，詞龕詩存，寒翠詞，莊子王本集注等。

莊子王本集注卷首題『開縣李大防述』，書前有李氏民國十八年莊子王本集注自序、莊子内七篇總論、凡例、史記莊子列傳，書末附刊誤表。正文依王闓運莊子王氏注體例，僅録内七篇及雜篇之寓言、天下，順文雙行夾注，故取名爲莊子王本集注。但李大防以寓言篇爲莊子自敘，故特置於七篇之首。全書録莊子各篇原文，大率依從王氏本，但各本字句有不同者，則擇善而從，且必注明王本作某字。又王本每篇皆未分章，李氏則依姚鼐莊子章義，將各篇分爲若干章；對王氏之注亦未盡録，以便廣輯衆注，並斷以己意。故書中除王闓運注語、李大防案語外，諸如陸德明經典釋文所引六朝治莊學者，以及郭象、成玄英、吕惠卿、林希逸、劉辰翁、陸西星、焦竑、王夫之、錢澄之、王敔、林雲銘、陸樹芝、姚鼐、俞樾、郭嵩燾、吴汝綸、方潛、陳壽昌、郭慶藩、馬其昶、章炳麟、蘇輿等家，亦皆在徵引之列，不失爲『集注』。

李大防自序云：『「莊子之學，淵源於孔子，尤得力於顔子，其氣象與顔子酷相似。莊子一書，屢引顔子之言爲重，且有贊無議，蓋心悦誠服者也。且發明「心齋」、「坐忘」兩義，足補論語諸書所未及，莊誠爲顔學之嫡派，亦孔子之徒也。』又爲内篇作總論謂：『莊子直接老子之心傳，以一語揭櫫其心學之綱宗，曰「惟道集虚」。斯言也，蓋莊子七篇之要旨矣。』認爲逍遥遊篇以『至人無己』一句爲綱，齊物論篇以『喪我』發端、『物化』作結，養生主篇以『緣督以爲經』一句爲綱，人間世篇發明『心齋』之義，德充符篇以『才全德不形』爲主旨，大宗師篇強調『順自然而一生死』，應帝王篇倡言『虛以應物』，故『綜觀七篇，究其指歸，所在首重乎虛，蓋虛爲莊子心學之綱宗，所謂無心、無待、無爲、無用及不生不死者，皆虛之妙用也。』今縱觀歷代莊學，欲合莊子與老、孔爲一者甚衆，但特揭莊子與顏回關係者稀，而像李氏這般欲合莊子與老子、顏回爲一，並論述有如此條理者更是罕見，故值得重視。然莊子寓言十九，卮言日出，所謂『心齋』、『坐忘』者，要不可據爲典實，不足證明莊子有承繼顏氏之心，故所謂『莊誠爲顏學之嫡派』云云，亦未足成爲知言的論。

茲影印李大防莊子王本集注，據北京師範大學圖書館藏民國二十二年安慶三江印刷局石印本。

逍遥遊釋不分卷

孫至誠撰

孫至誠（1900—？），字思昉，章炳麟關門弟子之一，河南浚縣人。後投筆從戎，曾任教育部圖書審查委員會委員，河南淮陽縣、安徽桐城縣縣長，河南省公署秘書長等職，與民國諸首要私交甚密。著作有老子政治思想概論、逍遥遊釋、孔北海集評注等。

逍遥遊釋不分卷，題『浚縣孫至誠學、禹縣解福林校』，前有張純一民國十三年逍遥遊釋敘、張之鋭民國十二年逍遥遊釋敘、章士釗『來書』、王氏逍遥遊釋評、孫至誠民國九年逍遥遊釋自敘及民國十三年逍遥遊釋緒論，末附孫至誠民國十年訂莊篇、逍遥遊釋勘誤表。正文析爲八章，逍遥遊原文皆頂格書寫，順文雙行夾注，然後低一格作解。據逍遥遊釋自敘末署『庚申（民國九年）孟冬浚縣孫至誠年二十一』等語，則孫氏此著大致完成於弱冠後不久，故張之鋭敘『嘉其年少識高』，章士釗『來書』謂『足下英年卓厲』。

在孫至誠看來，第一章（『北冥有魚』至『天池也』）言『乘化』，第二章（『齊諧者』至『此小大之辯也』）言『齊物』，第三章（『故夫』至『聖人無名』）言『無待』，第四章（『堯讓天下』至『請致天下』）言『在宥』，第五章（『許由曰』至『代之矣』）言『胠名』，第六章（『肩吾問於連叔』至『喪其天下焉』）言『明知』，第七章（『惠子謂莊子』至『猶有蓬之心也夫』）言『善用』，第八章（『惠子謂莊子』至『安所困苦哉』）言『無用』，以爲如此『揚搉其義，録成一帙，庶幾塞蟻孔以障巨瀆，撥雲霧而見青天，要之不足爲外人道也。』（逍遥遊釋自敘）張之鋭亦云：『孫子思昉，以所著莊子逍遥遊釋見示，觸類旁達，以經解經，採擷漆園全書菁華，悉融會諸建首一篇，如納須彌於芥子，旨約義博，匯川流以趨海，披技（枝）葉而見根，庶幾其知道乎！』（逍遥遊釋敘）其實，此著雖爲『英年』力作，但視其文字，畢竟尚欠幹練老到，而其探究篇中主旨，亦未能一歸『有待』、『無待』之上，不免有所不足。

今影印孫至誠逍遥遊釋，據中國科學院國家科學圖書館藏民國十三年開封開明印刷局排印本。

莊子菁華録八卷

張之純撰

張之純，江蘇江陰人，著名學者，生卒年不詳。著作有中國文學史、評注諸子菁華録等。莊子菁華録八卷，爲評注諸子菁華録之卷八，節録莊子原文，前有目録。正文中，順文雙行夾注，有眉批、圈點。張氏秉承蘇軾等觀點，以讓王、盜跖、説劍、漁父爲僞作，棄而不録。該書本是張之純應上海商務印書館之請而撰，旨在爲學文者提供參考或自修之文本，故重在評、注兼顧，闡釋義理與解析文法相結合。

在注音釋義方面，張氏既能兼采崔譔、郭象、李頤、支遁、王念孫以及爾雅、說文等諸家學說，又能斷以己意，簡潔易懂。如齊物論篇釋『南郭子綦』曰：『南郭，非姓也。居南郭，因爲號。左氏哀六年傳，有「南郭且于」。』此處解釋，張氏輔以歷史材料；在『因是已，已而不知其然謂之道』上眉批說：『近人陸樹芝上「已」字斷句，謂既因人所是而是之已，但已因是而非以有心因之，則道之大成也。按此與上下「亦因是也」，及「因是因非」，數語方成一綫。』此處張氏則先聯繫陸樹芝所持論點，再申以己意。另外，張氏有時還直接對舊注舊解予以批駁，如在人間世篇『鬼神將來舍，而况人乎』上眉批說：『舊解不知鬼神來舍承上祭祀之齋，陪說心齋，模糊讀過，甚有謂鬼神冥附止者，不幾同巫覡之作用乎？亦可笑已。』

在解析文法方面，張氏注意從文章整體上把握莊文特點，如逍遥遊篇眉批說『「大」字係一篇綱要』、『「用」字一篇眼目』，駢拇篇眉批說『「道德」二字爲一篇大旨』，馬蹄篇眉批說『此篇大旨，推本無爲之治，層層都是寓言，一句到題，神妙無匹』。對於莊文結構，張氏也時加分析，如駢拇篇結尾處眉批說：『首段舉離朱、師曠，不及俞兒，故收束處亦復從略，正以參錯見奇，宣說未是。……結清本旨，將仁義淫僻兩兩分析，可見全篇皆有激之言。』對於莊文筆法，張氏有時細加探究，如逍遥遊篇『斥鴳笑之曰』眉批說：『上文之笑，在自安於拙，此則自以爲工矣。文法變換，「小大之辨」句束上起下，筆力千鈞。』有時則直接發出由衷讚歎，如僅以胠篋篇爲例，其眉批就有『淩空起步，筆如遊龍』、『風檣陣馬，銳不可當』、『文氣浩汗，如百川赴海』等語，可見張氏對莊子文章深爲歎服。

張之純在莊子菁華録中亦偶作考證，如齊物論篇『予嘗爲女妄言之，女亦妄聽之』眉批說：『原文「妄聽」之下有「奚」字，舊注屬上讀，作「何如」解。近人屬下讀，謂何道以致此。二說皆非，「奚」字當是衍文，以上文有「奚若」字，傳寫雜出也。』此處張氏在批駁前人論點基礎上，指出『奚』字爲衍文，可備一說。

張之純評注諸子菁華録八卷，有民國七年上海商務印書館排印本、民國二十八年上海商務印書館排印本。

此次影印莊子菁華録八卷，據華東師範大學圖書館藏民國二十八年上海商務印書館排印評注諸子菁華録本。

莊子淺訓

蔣兆燮撰

蔣兆燮（1871—1942），字梅笙，江蘇宜興人。清光緒十六年秀才，補博士弟子員。曾任復旦大學教授，著作有國學入門、莊子淺訓等。

莊子淺訓由天台山農題簽。該書分爲上、下兩册，上册自逍遥遊至至樂篇，下册從達生至天下篇。前有例言，介紹該書編纂緣由、體例、莊子學説基本特點，並强調讀莊者當『賞其文章之奇』、『諒其悲憤之衷』、『悟其寓言之意』。該書『從漢儒説經例，不録全文。於所訓之章句，標題上方，而綴訓辭於下；其舊注已得，或本文自明，無庸訓釋者，咸不之及』（例言），篇題下有題解；正文先録莊子原文（盜跖篇只有題解，無原文、無注解），順文雙行夾注，有句點；篇末將文中重要詞語、句子甚或短小段落單列出來，予以闡釋，並分析文章結構。

蔣兆燮遴選莊子作爲學生之讀本，但他對歷代注莊者卻極爲不滿，在例言中説：『郭注於章句字義，不屑訓釋，專以玄談雋語，羼雜其間，往往注愈精而本文愈晦。近代注家，稍稍思矯其弊，而於章節既鮮發明，又舊注失當處，亦沿襲而罔加訂正。學者循是以求莊，奚怪其扞格而不入耶？愚於兹書，誦習既久，寖覺無深非淺，無難非易，爰就舊注所未及，與雖及而未得其真者，别以簡淺之語釋之，曰淺訓者，志其實也。』故蔣氏編纂莊子淺訓，旨在矯正歷代注莊者之『弊』。

蔣氏認爲，莊子之學，祖述老子，可以『無爲自化，清静自正』八字概括。莊子淺訓以此爲基點，其題解、注解、訓釋即圍繞此展開。需要説明者，是莊子原文中夾注較爲簡單，且多引司馬彪、崔譔、李頤等人注解，篇末音注、訓釋則不引他注、他解，條目分明。間以近代科學知識解莊，如逍遥遊篇末解釋『北冥』、『南冥』時説：『今地理家言北有北冰洋，南有南冰洋，其地皆荒寒冥漠，亘古無人跡，莊子以冥狀之，其思想奇矣。戰國時哲人傑士，奮其自由之思，揣測物理，多有與近代學説相冥合者，莊子中類是者非一。』

蔣氏注意勾勒莊子上下文之關係，對其篇章結構每予關注，梳理甚爲細緻。如齊物論篇末，將該篇分爲五節，認爲第一節『欲齊物必先忘我，故以喪我發其端』，第二節『上言風動則地籟生，下言天籟不可見，驗諸人情之萬殊，皆所以明物性之自然也』，第三節『物之不齊，正以是非有無之判然耳，故反復辯難，務比而同之也』，第四節『必並知不知去之，而後物可齊，至於死生利害若一，則齊物之效全矣』，末節『復設兩喻，一以應自然，一以應死生若夢』。甚至在應帝王篇題解中，蔣氏在闡釋義理之後，對該篇結構也有具體分析：『篇首揭主旨，以下雜述故事以證明之，通例然也。本篇先述事，凡五節，至第六節乃揭主旨，第七節復以寓言反證之，篇法特創，奇甚。』可見蔣氏對莊文結構之重視。對於一些結構條理不甚分明之篇章，他則稱之爲『雜錄體』，如庚桑楚篇題解説：『蓋莊氏所雅言，載筆者雜錄成篇，無統系也。』列禦寇篇題解説：『此篇亦雜錄體也。』

今影印蔣兆燮莊子淺訓，據華東師範大學圖書館藏民國八年上海新民圖書館排印本。

莊子章義

胡樸安撰

胡樸安（1878—1947），原名韞玉，字仲明，號樸庵、樸安，後以樸安爲名，安徽涇縣人。辛亥革命前抵滬參加民立報等工作，並加入南社，與柳亞子等創辦『文美會』。曾先後任教於上海大學、國民大學、群治大學等。幼習經史，精研經子文字訓詁之學，學宗戴震、包世臣，尤長於易、詩、說文及訓詁學。著述有中國訓詁學史、中國文字學史、周易古史觀、易經之政治思想、易制器尚象說、儒道墨學說、周秦諸子學略、莊子內篇章義淺說、莊子章義等。

胡樸安在民國初開始研治莊子，隨後著成莊子內篇章義淺說，將內篇各篇分章分段，並說明其大意，於民國十二年收入國學彙編第三集內。接著，胡樸安又爲莊子內、外、雜篇各篇分章分段，並一一寫明章旨，著成莊子章義一書，於民國三十二年收入樸學齋叢書內。莊子章義題『涇縣胡樸安著』，前有胡氏所撰自序、題詞，正文則由總說（包括道家源流及其派別、莊子之自然思想、自然即道、自然的成功、人我是非一致、死生觀念、入世的方法、精神的修養、結論）和三十三篇章義兩大部分組成。胡樸安在自序中認爲，莊子行文雖汪洋恣肆，莫可端倪，但如細心閱讀，明其章義，便能得其思想之統序，而自郭象、成玄英以來，衆多注疏皆爲莊子語言所迷惑，莫能得其用意旨趣，所以他一反傳統注疏形式，而『分其章段，說其大意』，以章段爲單元，對莊子各篇內在思想進行會通。在胡樸安看來，莊子學說精華全在內七篇，其餘各篇即由此聯貫而下，而莊子全書宗旨就是『以空間之虛、時間之無的宇宙觀爲人生觀』，即反映出著者追求一種獨與天地精神往來之人生境界。據題詞所收十三首詠懷詩看，胡樸安如此歸納莊子全書宗旨，正與他對人生境界之獨特體悟密切相關。此外值得重視者，是胡樸安還據此而對老、莊思想加以區別，認爲莊子雖屬道家，但並非老子嫡傳，因爲老子是入世派，所持思想顯然包含政治權謀，而莊子則是出世派，唯是通過體悟無爲自然之天道而追求一種獨與天地精神往來之人生境界。應當承認，胡樸安對老莊作如此區別，顯然甚有見地。

此次影印胡樸安莊子章義，據華東師範大學圖書館藏民國三十二年安吳胡氏樸學齋刊樸學齋叢書本。

莊子内篇章義淺説

胡樸安撰

胡樸安生平事跡，已見莊子章義提要。其於此前所撰莊子内篇章義淺説，題『涇縣胡韞玉樸安著』，前有自序，正文爲每篇分章分段，並一一言明其大意。

胡樸安自序云：『讀古書之要有二，一詁訓，一章義，章義之淺者，明其段落，通其大意是也。』並謂莊子一書，其文汪洋恣肆，不可端倪，初學者第歎其用意之奇、行文之肆，而莫能得其旨趣之所在，及起落之所由，『凡此者，皆未明章義故也』。故於傳統注疏外另闢一途，『將内篇七篇，分其段落，説其大意，使七篇之大意，皆由段落而明，不僅文從字順，抑且理析義解』，遂成莊子内篇章義淺説。胡氏如此解莊，用意既美，方法亦新，值得重視。

今細審胡樸安所作章義淺説，正如其自序所言，凡内七篇之篇旨章義，與其用意之奇、行文之肆，以及起落之所由，皆努力揭明之，對讀者甚有益處。如有異議處，胡樸安還每予大膽辨證。其齊物論篇云：『自文心雕龍云：「莊周齊物，以論名篇。」彦和一言，貽誤千古，讀莊者皆以爲齊物，而不知爲齊論。於是遂多模糊影響之談，而不能確指其意旨之所在。竊嘗尋其段落，知物論平列之説，確不可易。』在歷史上，或讀齊物論爲『齊物』之論，或讀爲齊『物與論』，或讀爲齊一衆論，而胡樸安則讀爲『齊論』，見解甚爲獨特，可備作一説。又其養生主篇云：『莊子之學，與老子異者，即在於生死之際。老子求長生，莊子忘死生；老子以谷神不死爲養生，莊子則以任自然爲養生。養生主者，入於萬物而不滯，順乎天然而不攖，不傷身，亦不畏死，視死生爲一致，此養生之宗主也。』此處先辨清老、莊生死觀之異同，然後闡明莊子養生思想之特徵，確有真知灼見，值得信從。然其逍遥遊篇云：『逍遥遊者，無大無小，皆有悠然自得之樂，自然之極致也。』則深受郭象『適性逍遥』說之影響，顯然有違於莊子之本意。

此次影印胡樸安莊子内篇章義淺說，據華東師範大學圖書館藏民國十二年國學研究會排印國學彙編第三集本。

莊子管見

金其源撰

金其源（1789—1961），字巨山，江蘇寶山人。詩人，學者，與柳亞子、高吹萬等來往密切，同爲南社成員。少從其里人施琴南（贊唐）受經，施有所論撰，輒命爲檢校，故早歲了然於漢學之淵源。民國時曾任江蘇省議會議員。1956 年入上海文史館任館員。著作有諸子管見、讀書管見等。

莊子管見在讀書管見內，收録有關莊子之考釋文字凡三十五條，涉及逍遥遊、養生主、人間世、德充符、大宗師、應帝王、在宥、天地、天道、田子方、庚桑楚、徐無鬼、則陽、外物、寓言、讓王、盜跖、列禦寇等十八篇，其中養生主、大宗師、應帝王、田子方、外物、讓王、盜跖、列禦寇等八篇，僅各有一條考釋文字。今細審其考釋文字，往往有值得重視者。如在宥篇有『聞在宥天下』語，金其源考釋云：『在宥者，即書舜典「敬敷五教在寬」之「在」，寬也。在，謂存敷教之道於上；寬，謂寬率教之責於下。孔子曰：「無爲而治者，其舜也歟？夫無爲者，恭己正南面而已。」恭己，即存敷教之道；無爲，即寬率教之責。莊子之言「聞在宥天下，不聞治天下」，其即謂舜典之在寬乎？』對於『在』字，司馬彪云：『在，察也。』金氏不從司馬之說，而是同意蘇輿之訓釋，認爲如果訓『在』爲『察』，則『固治之矣』，豈能『使民相安於渾沌』？並進而引經據典，論定『在』亦有寬然自存之意。此處訓釋，理由充足，吻合文本，可以信從。又徐無鬼篇有『上忘而下畔』語，金氏考釋云：『竊謂經傳雖多假「畔」爲「叛」，然說文：「畔，田界也。」廣雅釋詁：「叛，亂也。」本義各別。「下畔」者，謂居下能守畔界，即左傳襄公二十五年「行無越思，如農夫之有畔」也。』此處訓釋，前人未嘗言之，亦可備作參考。

但金其源之訓釋，亦有可疑者。如逍遥遊篇有『而後乃今培風背負青天』語，學者皆從『風』下絕句，以『背』字屬下句讀，而金氏則謂『當從「背」屬上句』，並云：『風斯在下，則鳥在風之背上，故曰「培風背」；風雖在下，天則猶在鳥之背上，故曰「負青天」。』如此斷句、訓釋，可謂不詞之甚。又德充符篇有『彼兀者也，而王先生』語，李頤云：『王，勝也。』（經典釋文引）謂超過、勝過。金氏則謂：『方，比也。「而王先生」者，乃比先生也。』此處訓釋，亦顯然不可從。

此次影印金其源莊子管見，據華東師範大學圖書館藏民國三十七年商務印書館排印讀書管見本。

莊子哲學附莊子内篇解説

曹受坤撰

曹受坤（1879—1959），字伯陶，自號知止居士，廣東番禺人。曾留學日本，任廣東法政學堂教師。著作有莊子哲學、莊子内篇解説等。

莊子哲學爲論述體，前有民國三十七年葉恭綽並陳融序，和曹受坤民國三十年莊子哲學初印小引、民國三十七年第二次印莊子哲學並附印莊子内篇解説弁言，以及莊子哲學目録、莊子内篇解説凡例。該書分爲莊子之根本思想、從認識論檢討莊子之去知主義、莊子之宇宙論、莊子之生物説、莊子之人生觀、莊子之修養工夫、莊子之處世方法、莊子之政治理想、莊子之道德論、名學或辯學等九章，間有順文雙行夾注，並每附按語。後有曹氏民國三十年十月題跋。

莊子哲學首先從莊子思想根本談起。曹氏説：『余通觀莊子書，其立説之徑路，有與一般學説全然不同者，因而窺知莊子之根本思想焉。所謂與一般學説不同徑路者，一般學説在直綫上走，而莊子獨不然也。直綫必有兩端，以一端爲此，則必以他端爲彼。此爲是而彼爲非，古今學説之所同然也。然莊子獨異。莊子立説不取直綫而取圓形，其名曰環中。』曹氏以『環中』作爲研討莊子思想之路徑，並在批評王夫之『渾天』説基礎上，指出『環中』説得之於生物進化之跡，可謂標新立異。此爲曹氏立論之基。其他諸章，曹氏也常有新論，如莊子之處世方法中認爲：『莊子處世方法，息息與修德相關，而一以定命論爲其基本觀念。』在莊子之政治理想一章中，曹氏對比老莊與法家無爲思想之異同説：『法家之無爲，是君主一人不任事，而道家之無爲，是天下萬人不受攖；法家之無爲，是謀君主一人之暇逸，而道家之無爲，是謀天下萬人之安寧，不可不辯也。』

就解莊方法而言，曹受坤堅持以莊解莊。他在莊子内篇解説凡例中説：『莊子思想既與一般學説不同徑路，然則唯有以莊釋莊之一法，故宋明以來用儒、佛説莊者未敢引用，其欣賞文詞一派亦無取焉。』這在莊子哲學中同樣適用，他基本未曾襲取以儒、佛解莊之觀點，力踐莊子之學『當於莊子書中求之』（莊子之根本思想）原則。但是，由於曹氏曾經專注於西方哲學，故莊子哲學中常常採用西方哲學，如康德、柏格森、笛卡兒、羅素等人理論，對莊子思想予以闡釋。如從認識論檢討莊子之去知主義一章，即從認識論角度，來探討莊子去知主義，認爲莊子去知之理由是『對象非即實在，而實在非可以理智求得其真』；莊子之宇宙論一章，在討論『物與我』問題時，引用笛卡兒『我思故我在』、柏格森純粹持續之觀點；莊子之生物説一章則以生物進化理論爲基點，追求西方哲學理論與莊子思想之融合。

曹受坤莊子哲學有民國三十年自印本。民國三十七年石印莊子哲學時，曹氏以所著莊子内篇解説（此書乃是採集魏晉以來諸家注解及曹氏於每節末自附案語而成）附於後。此次影印莊子哲學（包括所附莊子内篇解説），據中國國家圖書館藏民國三十七年石印本。

讀莊窮年録二卷

秦毓鎏撰

秦毓鎏（1880—1937），字效魯，晚號天徒、坐忘，江蘇無錫人。早年曾留學日本早稻田大學，加入興中會，從事反清活動。與黄興等人組織華興會，任副會長。資産階級革命家，孫中山先生摯友。辛亥革命後，曾出任無錫縣長。『二次革命』時，與黄興等起兵討伐袁世凱，失敗後被捕。『癸秋入獄，已歷三年，斗室幽居，日如年永，藉治此書（莊子）以自遣。於昔人之注所未備或未愜者，輒以己意解之；其微言奥旨不能猝解者，窮日夜以思之。及其豁然有得，則軒眉而喜，放聲而誦，琅琅然與鋃鐺之聲相答，竟自忘其在圜土之中也。』（自序）讀莊窮年録即秦氏於獄中著成。

讀莊窮年録二卷，卷首題『無錫秦毓鎏效魯述』，書前有秦氏民國五年自序、例言。全書以闡釋莊子爲主，不録莊子全文。其例言云：『莊子舊注已甚詳備，此編只就愚意所得録之，每條列原文於前，列解於後。』該書共録莊子原文三百六十五條，條目後低一行作解；各條目皆甚簡單，如逍遥遊篇『歸休乎君』即爲一條，解釋爲『謝之使去也』。秦氏對莊子各篇之用力亦較懸殊，總體而言，以内篇爲重，其中逍遥遊十二條、齊物論四十六條、養生主九條、人間世二十四條、德充符七條、大宗師四十六條、應帝王六條，占去一百五十條，且篇目下還有題解；外、雜篇則無題解，除天下篇四十五條外，駢拇、馬蹄、胠篋、讓王、説劍、列禦寇六篇一條未録，繕性、外物、漁父三篇各僅録一條，其他篇目也甚爲簡略。

秦毓鎏對莊子甚爲推崇。他在自序中首先從批駁所謂莊子『宗老』、『尊孔』兩種學説入手，指出莊子是『負絶世之知而兼過人之情，處亂世而不自得，高言放論以自快其意者也』。可以説，所謂莊子『絶世之知』與『過人之情』是秦氏解莊之基本立足點。在具體闡釋過程中，秦氏特别注重齊物論。其例言云：『内篇解較多，而於齊物論一篇尤詳。以此篇爲其學説中樞，實爲全書綱要，尤不可忽。通乎此篇，則全書迎刃而解矣。』以齊物論爲全書之綱要，故秦氏對齊物論用力較多。而對於逍遥遊篇，秦氏則認爲：『此篇爲莊子自處之道而未免小大之見，此其窮愁無聊而聊以自解者也。郭子玄力爲彌縫，陳義雖高，奈失其本旨何？』以逍遥遊篇爲『窮愁無聊而聊以自解』之作，評價甚低，實與一般論者相左。

就闡釋方法而言，秦氏注重以莊解莊，注意莊文之間相互發明。如養生主篇題解云：『此篇論養生之道，始言生，終言死。生當養之，死亦安之。大宗師曰：「善吾生者，乃所以善吾死也。」』以大宗師篇闡釋養生主，頗有新意。另外，秦氏還間引西方哲學解釋莊子。如他在齊物論篇『有無也者』條目後解釋説：『謂一切虚幻者。案西國哲學，有惟物、惟心二派。有有，即惟物之説也；有無，即惟心之説也。』

秦毓鎏讀莊窮年録二卷，有民國六年石印本、民國六年排印本等。此次影印，據華東師範大學圖書館藏民國六年排印本。

莊子研究及淺釋

王治心撰

王治心（1881—1968），名樹聲，浙江吳興人。清末庠生。民國時，曾先後任基督教刊物光華報編輯、南京金陵神學院國文和中國哲學教授、中華基督教文社主任編輯、福建協和大學文學院院長、滬江大學國文系主任等。著作有孔子哲學、孟子研究、道家哲學、莊子研究及淺釋、墨子哲學、中國歷史上的帝觀、中國學術源流、中國學術概論、中國文化史類編、中國宗教思想史大綱、基督徒之佛學研究、孫文主義與耶穌主義、三民主義研究大綱等。

莊子研究及淺釋前有王治心民國十五年緒言、新式考證注解莊子目錄，末附王夫之莊子通、胡適莊子思想、梁啟超道家思想。正文解莊子內七篇及雜篇之天下，而冠以莊子研究。其緒言謂，此書是爲配合文科教學而撰寫，其特點爲『匯諸家注本，詳加考覆，以淺近易知之言，爲之寫定，間有取各家之長而參以己意者』。緒言後還附參考書目十六家，如郭象莊子注、成玄英莊子注疏、陸德明莊子音義、釋德清莊子內篇注、王夫之莊子解、林雲銘莊子因、陸樹芝莊子雪、王念孫莊子雜志、俞樾莊子平議、孫詒讓莊子劄迻、王先謙莊子集解、郭慶藩莊子集釋、章炳麟莊子解故等，皆在採擷之列，所據資料相當豐富。

七篇前所置莊子思想，所論問題凡八項：一曰：『莊子究爲宋人抑楚人？』二曰：『莊子書是否爲莊子自作，有無後人所勦入者？』三曰：『莊子之學，究宗老而宗孔？』四曰：『莊子是否即楊朱？』五曰：『莊子之本體觀念，是否與老子相類？』六曰：『莊子終身不仕，其人生觀是否爲出世主義？』七曰：『莊子之道德觀念與修養方法果何如？』八曰：『莊子何以剽剝儒墨，其論理觀念何如？』認爲『解決此八問題，即解決莊子之全部學説，而得莊子之真矣』，故予以詳述之。今審其所述，每有可采者，如謂『莊子自是宋人』而非朱熹所謂楚人，『内篇七篇實已括莊子全部學説，外篇、雜篇無非蔓衍内篇之旨而已』、『莊子者，傳老子之學者也』、『莊周與楊朱決不是一人無疑』等，皆言之成理，大致可信。又正文淺釋，或徵引成説，或申以己意，不乏獨特見解。如天下篇曾列舉惠施『歷物十事』及辯者『二十一事』，字裏行間充滿鄙夷之意，認爲名家各派學説皆『以反人爲實』，完全是奇談怪論，而王治心則説：『惠施名家也，其言同異之理，可與墨子、公孫龍子、荀子正名等互相發明，爲論理學上極有價值之討論。』又説：『惠施、公孫龍輩之名家學説，是否有其學術上之價值，自不能憑莊學者一面之言而抹殺之矣。』此等説法甚有道理，足可對以往學者之名家觀起到衝擊作用。

此次影印王治心莊子研究及淺釋，據華東師範大學圖書館藏民國二十五年上海群學社排印本。

莊子音義辨證

吴承仕撰

吴承仕（1884—1939），字檢齋，安徽歙縣人。清光緒舉人，點大理院主事。曾受業於章炳麟門下，研究文字、音韻、訓詁之學及經學，與黄侃、錢玄同並稱章門三大弟子。歷任北京大學教授、北京師範大學教授兼國文系主任、東北大學教授、中國大學國學系主任。著作有經籍舊音辨證、經典釋文序錄疏證、三禮名物、禮服釋例、釋車、六書條例、淮南舊注校理等。

經籍舊音辨證是吴承仕在文字、音韻、訓詁方面代表作。該書分别輯録整理出漢、唐間近百家音切，然後參較典籍原文進行辨證，最後成書二十五卷、序録一卷，後縮簡爲七卷出版，正式定名爲經籍舊音辨證。其卷三有莊子音義辨正，凡三十六條，是對陸德明莊子音義所收音義及後人相關研究成果之辨正。如陸氏莊子音義外物出示『鬐』字，並云：『徐來（或本作求）夷反，李音須。』吴承仕則辨正説：『來夷反，聲類不近，疑「來」爲「求」之形譌。篇、韻「鬐」字無他音，可證也。各本並失之。』吴承仕此處以『聲類不近』和（玉）篇、（廣）韻『鬐』字無他音爲佐證，否定衆家爲外物篇『鬐』字所作音注，而認爲當以『求夷反』爲正。莊子音義逍遥遊出示『窅然』一詞，並云：『徐烏了反，郭武駢反。李云：「窅然，猶悵然。」』吴承仕則辨正説：『按説文：「窅，深目貌。」凡與窅聲相近者，皆有深遠幼眇之意，故郭注云「窅然喪之，而嘗游心於絶冥之境」是也。徐讀「窅」如字，以郭反語推之，疑其讀從冥聲，蓋「窅」、「冥」義亦相近也。而類篇「窅」字，又彌延切，注云：「窅然，猶悵然。」以彌延切爲「窅」字本音，疑其非實。盧文弨曰：「郭必以爲寘字，故如此音。」按「寘」字，訓義絶殊，更不得有武駢之音，其説尤誤。』吴承仕此處對徐氏、李頤、盧文弨諸家説法皆表示否定，唯獨肯定郭象讀音，並由此推斷『窅』字當讀從冥聲，與『冥』字之義相近。莊子音義庚桑楚出示『灑然』一詞，並云：『素殄反，又悉禮反。崔、李云：「驚貌。」向蘇俱（或本作很）反。』吴承仕則辨正説：『按廣韻「俱」在虞部，韻類不近。尋類篇、集韻：「灑，又蘇很切。」云：「驚貌。莊子灑然異之。」「灑」在真部，「很」在諄部，韻近，故得相轉。今本作「蘇俱反」者，俱應作「很」，形近之訛也。』吴承仕此處以類篇、集韻爲依據，認爲今本凡標庚桑楚篇『灑』爲『蘇俱反』者皆誤。總之，莊子音義辨正總結並辨正前人一些研究成果，提出許多新見解，可以備作參考。

此次影印吴承仕莊子音義辨正，據華東師範大學圖書館藏民國十二年鉛印經籍舊音辨證本。

莊子釋滯一卷

劉咸炘撰

劉咸炘(1896—1932),字鑒泉,別號宥齋,成都雙流人。家世業儒,祖父劉沅(字止唐),父劉梖文(字子維),均爲蜀中名儒。咸炘承繼家學,兼以玄思獨運,在哲學、諸子學、史志學、文藝學、校讎目錄學等方面,所獲皆豐,著述甚富,計二百餘種,總名推十書。

莊子釋滯一卷,在推十書中。前有劉咸炘民國二十年自序云:『莊子似較老子易通,而實亦難通。蓋老子之難通,以其言簡渾,而說者易失之支泛也;莊子之難通,則以其言俶(諔)詭,而説者易失之詰鞫也。工訓詁者,不達名理,則空多其考證;有思理者,不顧訓詁,則自成其論說。是以注愈多,而正文之晦滯者如故也。』在劉氏看來,『魏晉人訓詁,既有所承,又長理學,如司馬紹統輩,殊不讓郭子玄,而其注今已遺佚,不克與郭注相參證以求完足;近人校勘之功多矣,而名理之學,則視宋世蘇子由、呂吉甫輩猶遜。』故其撰寫此書,以『名理懸度』、『疏通大旨』、『校勘訓詁』並重,希望對以往唯重義理,或偏於校勘者,皆有所矯正。今視全書所列文字,凡一百八十餘條,内容涉及甚廣,方法不一而足,既不屬於義理闡釋一派,又非乾嘉考據之流裔,而呈綜合會通之風貌。

劉咸炘認爲:『諸子之書,皆出門人纂錄,非自執筆而爲文,其編次止量簡冊而爲之,非首尾完整,而莊周之文尤以多端著。』(自序)因而他不願『強爲貫穿』,以免『多生枝節』。如其逍遥遊題解云:『内篇究爲莊周所著與否,雖未可定,而以義題篇,篇中固當爲一義,然亦不必盡純貫。如此篇「大瓠」、「大樹」二問,止言大之用，與前半大小各適之義微殊，凡若此者，不可強貫。』在劉氏看來，即使像逍遥遊篇，可視爲『以義題篇』，且篇中爲『一義』，但亦似有不能盡貫之處，決不可效法明清評點家，以『八比法』強爲評釋穿鑿。劉氏此處所説，自有其理，尤其值得莊子評點者重視。又天道篇有『莊子曰：吾師乎，吾師乎』語，劉咸炘認爲：『大宗師篇作許由語，而此直引作莊子，顯是莊子以後人語也。』天運篇有『孔子西遊於衛』一段，劉咸炘認爲：『此一節竟似商鞅、韓非之説，與道家之主上古者相矛盾。』劉氏所言，皆能切中要害，可供治莊者參考。但綜觀莊子釋滯，可采者畢竟不多，殆以此書旨在兼顧，而不能專精，又劉氏英年早逝，功力有所不及歟？故至今未爲學者所重視。

此次影印劉咸炘莊子釋滯一卷，據華東師範大學圖書館藏民國間成都雙流劉氏尚友書塾刊推十書本。

莊子洛誦

陶西木撰

陶西木（1893—1935），又名陶奎，字陶散生，安徽舒城人。爲清末安徽維新派代表人物陶鎔長子、著名經濟學者陶因之兄，曾任安徽大學中文系教授，是當時著名新學提倡者。著作有莊子洛誦、莊子瞻明、馬氏文通要例啟蒙等。

莊子洛誦前有陶西木自序兩篇（前者作於民國十八年，後者作於民國二十一年）、莊子洛誦例言、莊子洛誦目錄，書末附勘誤表。正文前有緒言，包括莊子的出處、莊子是純粹哲學家、七篇要義、内篇通義、老莊異同、總論等六個部分。正文錄莊子内七篇，各篇皆分若干節，順文雙行夾注；節後爲『釋句』，即白話翻譯文字；篇末有『解字』，節錄篇中『難明』字詞，以雙行小字注釋之。今案『洛誦』一詞，出於莊子大宗師，謂『連絡誦之，猶言反復讀之也。』（王先謙莊子集解）陶氏莊子洛誦例言云：『是編取便誦讀，故解釋只求明了，不尚繁博，學者且讀且玩之，必可得豁然貫通之樂。』此蓋其命名本書之微意。

對於莊子內、外、雜篇，陶西木認爲：『內篇文理俱勝，當是莊子親筆。外篇、雜篇，似是後人假托，雖亦多可喜，然去內篇遠矣。』（莊子洛誦目錄）故其在緒言中，對內七篇要義皆有具體揭示。如謂：『逍遥遊的第一要義，是要人自由自在，赤條條來去無掛無礙。』『第二要義，是要人明白無用之用。』『第三要義，是要人善用其長。』又謂：『人間世第一要義，是要人虚心。』『第二要義，就是要人行義安命。』『第三要義，就是要人有權衡。』『第四要義，就是要人努力修養自身，不可向外馳求。』並進而對內篇通義予以歸納，認爲有如下數端：無爲而無不爲，是莊老最大學說；不死不生，是莊子第二大學說；真宰，是莊子第三個大學說；性分上至大之平等，是莊子之重要學說；物物而不物於物，亦是莊子最重要之學說；復通爲一，亦是莊子一個重要學說。陶西木以上見解，大致符合莊子內篇實際，持以教授學生，自是合適講義。

今影印陶西木莊子洛誦，據復旦大學圖書館藏民國二十二年中華印刷局排印本。

莊子瞻明

陶西木撰

陶西木生平事跡，已見莊子洛誦提要。其所撰莊子瞻明，題『舒城陶西木述』，版心下方鐫『安徽大學』四字。今案陶氏莊子洛誦，其緒言前有蔡元培題簽『莊子講義』，頁背面有莊子講義總目錄，包括自序、後序、緒言、莊子洛誦、莊子瞻明、莊子新舊副墨，並加注云：『先出洛誦，餘二種除已印爲講義之外，一俟整理完竣，當再付印。』說明陶氏編寫莊子講義，自有整體構想，而今所見莊子瞻明，乃是未『整理完竣』之講義，其暫付石印者，以應學生急需耳。

所謂『瞻明』，典出莊子大宗師『副墨之子聞諸洛誦之孫，洛誦之孫聞之瞻明』，唐成玄英疏：『臨本謂之副墨，背文謂之洛誦。初既依文生解，所以執持披讀；次則漸悟其理，是故羅洛誦之。且教從理生，故稱爲子；而誦因教起，名之曰孫也。瞻，視也，亦至也。讀誦精熟，功勞積久，漸見至理，靈府分明。』說明在臨本、背文基礎上，便可上升到『漸見至理，靈府分明』階段，故陶氏著成莊子洛誦之後，更有莊子瞻明之撰述。

今存莊子瞻明，唯以莊子德充符爲詮釋對象，其『德充符第五』下云：『德行圓滿，至誠充足，所過斯化，所存斯神，如合符節，無不應驗也。』全書錄德充符原文，順文雙行夾注；偶有『解曰』，係白話譯文。與莊子洛誦相較，此書之注有所加詳，甚或有長段發揮者，但作爲一部著作，其完整性終有所不如。

今影印陶西木莊子瞻明，據復旦大學圖書館藏民國間石印本。

莊子大傳

陳登澥撰

陳登澥，福建福州人，生平事跡不詳。據恰克圖詩歷夾注，知其於民國初曾作爲北洋政府談判代表參加過中、俄、蒙三國恰克圖會議。著作有文鍵、獨臥樓筆談、六書轉注説、大學微、中庸大義、孟子七篇大傳、莊子大傳等。

所謂大傳，乃大義之意，非時人所謂傳記也。莊子大傳即闡釋莊子大義。該書節録莊子天下、大宗師、應帝王、逍遥遊、秋水、在宥、天道、齊物論、至樂、寓言等篇文字，引崔譔、郭象、支遁、宣穎以及淮南子、文心雕龍、經典釋文等家之解，順文雙行夾注，間有音義，每段後附案語。在七閩叢書內，林鼐士校。

莊子大傳篇幅簡短，雖分段並加案語，但其打亂莊子原文順序，不設標題，條理不甚明晰。大體説來，莊子大傳內容上可分爲四個層次：

一、節録天下篇，述學術源流。

二、節録大宗師「夫道有情有信」一節與應帝王「渾沌鑿竅」寓言，述莊子之道以自然爲本。

三、圍繞逍遥遊篇「至人無己，神人無功，聖人無名」三句話，節録莊文並予以證明，占全書大半篇幅。在陳氏看來，「『至人無己』三句，一部南華之指要，不但爲逍遥遊篇之第一義諦也」；並且，「『至人無己』又爲三句之主，蓋人能無我相，無我見，豈有『功名』二字而能不忘耶？第二篇齊物論即證明『至人無己』之意。」至於至樂篇「莊子妻死」等文字，陳氏則認爲「皆明外生死之意，可爲齊物論之餘談」。

四、節録寓言篇首內容，談莊子一書寫作特點。陳氏認爲，莊子寓言、重言、卮言是莊子書之機杼，莊文則「如列子御風而行，理勝而氣盛，斷而不斷，續而非續，似承非承，似提非提，微妙玄通，深而難識，此所以爲百家之冠也」，對莊子文章評價甚高。

陳登澥莊子大傳，有民國十八年排印七閩叢書本、民國二十三年北平文嵐簃排印七閩叢書本。今據吉林大學圖書館藏民國二十三年文嵐簃排印七閩叢書本予以影印。

莊子音義繹

丁展成撰

丁展成，江蘇宜興人，生平事跡不詳。

莊子音義繹爲劄記體，附於丁展成所著老子校語後。前有金鍾麟民國十七年書展成甥莊子音注繹、丁氏民國二十年自序。丁氏自序謂『前歲滬瀆友好有以此書付梓爲勸者，而上卷尚未疏剔竣事』，而『比來奔走衣食，學殖荒落，所增無幾，同學諸子屢以書來問近況，愧無所對，刻鵠畫虎，取寄遠人，聊當晤對，且乞箴規焉』。今案莊子音義繹，僅引莊子外、雜篇有關文句，加以演繹詮釋，則自序所謂『上卷尚未疏剔竣事』者，當指本書中暫付闕如之内篇條目而言。

金鍾麟書展成甥莊子音注繹謂：『吾甥弱冠劬學，鄉叩余以莊子之義，知其究心有日，未幾遂以此編請質。由是進之，讀古人書，望文生義，嚮壁（向壁）虚造之失，庶幾免乎！』説明丁展成研治莊子，不但『究心有日』，而且一絲不苟，故其所作演繹釋，創獲良多。如天地篇有『於于以蓋衆』語，丁展成認爲『於于』當爲『華誣』之音轉，並謂：『華誣者，廣設飾詞也。』説劍篇有『千里不留行』語，丁展成訓爲『劍行千里，無物阻之』。山木篇有『則呼張歙之』語，丁展成説：『案高注淮南詮言訓云：「持舟楫者，謂近岸爲歙，遠岸爲張。」蓋將近岸則歙帆，遠岸則張帆。』諸如此類説法，較前人多勝出一籌。

丁展成之創獲，多來自對前人解釋之辨正。如徐無鬼篇有『若蠅翼』語，成玄英謂『若蠅翼者，言其神妙也』（莊子注疏），而丁展成則訓爲『小薄並如蠅翼』。秋水篇有『人卒九州』語，司馬彪訓『卒』爲『衆』，崔譔訓爲

『盡』，俞樾又謂『人卒』當爲『大率』二字之誤，而丁展成則指出：『卒，當爲「萃」之借字。徐無鬼篇「禍之長也茲萃」，郭云：「萃，聚也。」張揖漢書注云：「萃，集也。」言人聚處乎九州也。』丁展成此等説法，亦皆勝過司馬彪、崔譔、成玄英、俞樾等人訓釋，顯示出其獨特眼光。當然，丁展成繹釋也有明顯錯誤處。如丁氏謂田子方篇『楚王左右曰凡亡者三』之『三』爲『再三』，不如俞樾謂爲『楚王左右言凡亡者，三人也』（莊子平議）。又丁氏謂天下篇『請欲置之以爲主』之『請欲』爲『情欲』之假借，亦誤。

今影印丁展成莊子音義繹（脱金、丁二序，附老子校語後），據北京師範大學圖書館藏民國二十年排印本。

莊子哲學一卷附莊子字義一卷

佚名撰

佚名撰莊子哲學一卷、莊子字義一卷，今藏北京師範大學圖書館。據其莊子字義之莊子詞誼研究下『廿年十一月八日』一語，可推知此二書當撰成於民國二十年（1931）前後。

莊子哲學一卷，分爲道之意義、道之分類、莊子思想與其他之關係四大部分，其中道之分類、莊子思想與其他之關係兩個部分之論述甚爲具體。如道之分類之下便分出天道、帝道與臣道、聖道三個部分，天道之下又分出天道之本體、天道之作用、天道之特點三個部分，而天道之特點之下復又分出『普遍』、『偉大』、『必然』、『萬異』、『萬同』、『均調』、『神秘』七項内容；莊子思想與其他之關係則分爲莊子與老子、莊子與孔子、莊子與『墨者』及『辯者』、莊子與彭蒙、田駢、慎到、莊子與政治、莊子與辯派六個部分，各個部分下還有更細之分類。如此構思全書框架，顯然已受到西學研究思維之影響。

此書作者認爲，『莊子一書，言道之書也，故道實爲其書最要之名』，但天道具有普遍、偉大、神秘等特點，所以『莊子並未予以一種確定之界說』（見道之意義）。作者又指出，『天道爲政治所根據』，『其職專在指揮與支配』，莊子因此『產生一種君臣分工之觀念，以爲：　君者，無爲而居上，其職但司機要，於重臣實行其指揮與支配；　臣者，有爲而居下，其職爲管理一切民事，而受君之指揮與支配。』（見帝道與臣道）作者予以如此推導，大致符合莊子哲學思想之表述。對於莊子思想與其他諸子之關係，作者認爲『莊子之學實出於老子，二人之關係自極密切』，但從在宥、天道等篇看，『莊子所言臣道，總有一部分本之孔子』（見莊子思想與其他之關係）。此等說法，亦皆有一定道理。同時，作者還廣徵博引，對莊子與墨者、辯者、宋榮子、彭蒙、田駢、慎到等關係也作了較詳論述，其中往往能涉及以往爲人所忽視的一些問題。

莊子字義一卷，爲莊子重要語句摘錄之彙編，按內容歸納爲『一道』、『二化』、『三變』、『四一』、『五遊』、『六知』、『七物』等七大類，當爲備作撰寫莊子哲學時之參考。

北京師範大學圖書館藏有手稿本莊子哲學一卷、莊子字義一卷，今據以影印。

莊子校釋

支偉成撰

支偉成，本名懋祺，江蘇江都人，生卒年不詳。曾受教於章炳麟、胡適等人，著作有清代樸學大師列傳、墨子綜釋、莊子校釋等。

莊子校釋分爲上篇、下篇兩部分。上篇爲『研究之部』，題爲莊子之研究，包括莊子略傳、莊子書略考（附參考書舉要）、莊子之宇宙觀、莊子之生物進化論、莊子之人生哲學、莊子之論理學、莊子之修養論、結論等部分。下篇爲『解釋之部』，題爲標點分段莊子校釋，分卷上（内篇）、卷中（外篇）、卷下（雜篇）三個單元，對莊子三十三篇予以分段，順文雙行夾注，間或梳理段落大意，並加新式標點。

支偉成莊子之研究較簡單，對有些問題之論述僅是寥寥數語，且有新意處亦不多見，較爲特别者是支氏對莊子生物進化論、論理學之闡述。他認爲，莊子以道之發展而爲萬物，萬物自然而生亦自然而化，『自化』者即爲莊子生物進化論之本旨，與現代生物進化理論相合。並謂莊子以旁觀態度，論各家之爭辯，以爲是非真僞，皆有所偏，故作齊物論以破之，純屬懷疑主義；是非善惡既無一定標準，則當逍遥肆志，宇宙内萬物雖殊，能各安其性分，則無不逍遥自得，故『逍遥遊篇以相對之差别相，而由「同一律」Law of Identity以示其絶對無差别』，由此則鳥獸、萬物、人俱各逍遥自得矣。在結論中，支氏又評論説：『縱觀莊子哲學，不外出世主義。……莊子視天道無所不在，無所不包。其學説之最大影響，在養成樂天安命之思想。充其弊也，使人流於阿諛取容，苟且媚世，不問人生之疾苦；而一切學説政治胥無振作進步之望矣。至於人欲横流之時，權利爭攘之會，則莊子去思寡欲之學，固救世匡時之庸藥也。』時代印跡甚爲明顯。

支氏莊子之訓釋，多取材於司馬彪、郭象、陸德明、成玄英、王夫之、周金然、王念孫、俞樾、孫詒讓、馬其昶、郭慶藩、王先謙、章炳麟等人著作，不注明出處，簡潔易曉。

支偉成莊子校釋有民國十三年上海泰東圖書局排印本、民國二十六年再版排印本、民國三十六年上海國華書局影印本等。此次影印，據華東師範大學圖書館藏民國十三年上海泰東圖書局排印本。

莊子哲學

蘇甲榮撰

蘇甲榮（1895—1946），字演存，廣西藤縣人。民國三年考入北京大學預科第一部英文乙班，後入文科哲學門，畢業後留校任秘書及助教。國民革命軍北伐時，任某軍部秘書長，後任國民黨中央執監委員會農民部秘書、內政部水陸地圖審查委員會委員、國立武漢大學地理系教授。因揭露日本侵略行徑，繪製各國在華交通侵略圖、日本侵略我東北地圖、暴日侵略熱河、河北圖、日本侵略灤河圖、東三省全圖、上海戰區地圖等抗日地圖，爲日寇所忌，遭日本憲兵拘捕、毒刑，因傷致病，不久去世。著述有三萬里海程見聞錄、最新世界現勢地圖、中華省市地方分圖、最新中華地圖掛圖、莊子哲學等。

莊子哲學由蔡元培題簽，卷首題『藤縣蘇甲榮編述』，書前有民國十九年蔡元培題辭、蘇甲榮民國十二年序、例目。正文僅一萬餘字，爲論述體，分爲自序、例目、導言、宇宙觀、生死觀、命定論、本真論、知識論、養生、處世、治道、結論等十二個部分，每部分平均不足一千字，故該書內容相對簡單，『意在敷陳大義，絜其綱領，自謂頗能窺其真旨，足以祛時人之誤解』（序）。在論證方法上，蘇甲榮強調以莊證莊，『本篇意欲多多容納莊子語，故力避説自己的話』（例目），用莊子中材料來展開論證；同時又以讓王、説劍、盜跖、漁父爲僞作，取材時不涉及上述四篇。

誠如蘇氏所謂『祛時人之誤解』，他在莊子哲學中頗重駁正，如其命定論云：『道家樂天安命之説，爲世詬病也久矣：社會之不進化，政治之衰亂，皆歸罪於此種學説。然吾讀莊子書，但見其言天道之自然，未聞其教人自暴自棄，諉過於天也。其所謂「命」，不過謂人力之無可奈何者，求其爲之者而不得，乃姑字之曰「命」以自慰耳。』其知識論云：『現在大家都説莊子對於知識論是持懷疑主義、破壞主義的，但我以爲未免有點誣妄了。他所要破的，是人的成見，而不是真理。……莊子所反對的，只是這種師乎成心的詭辯；莊子所懷疑的，只是這好惡之情所執的是非；他所要破壞的，只是個人的私見。』這些論點在當時甚至對於現在人們研究莊子來説，也不失爲有益之啟示。

蘇甲榮莊子哲學有民國十二年排印本、民國十九年再版本。此次影印，據華東師範大學圖書館藏民國十九年再版本。

莊子正一卷

石永楙撰

石永楙（1909—1975），又名永懋、永茂，字松亭，原籍山東茌平，久居天津，爲天津崇化學會首屆學員，受業於章鈺先生，與津門名士嚴修、華世奎、龔望等多有交遊。曾先後任教於天津法漢中學、木齋中學。其父名興周，以教書爲業，且耽岐黄之術。永楙幼承庭訓，讀經之餘，亦喜醫道，頗精岐黄之術。解放後主要以行醫爲生，在中醫治療腫瘤方面有所建樹。著作有考定老萊子黄帝經、孔子世家黜僞、孝經疑、古書考正學、論語正、大學正、中庸正、禮運正、莊子正等。

莊子正一卷，卷首題『茌平石永楙松亭』，書前依次有程平澐題詩、石永楙自題詩、盧弼民國三十二年序、石永楙民國三十四年莊子正敘例、盧弼論莊子書、莊子正目錄，書末有夏乃麟等民國三十四年跋語。正文錄莊子內七篇，每篇題下及各節後有案語，皆低一格書寫，冠以『永楙案』三字。今審石氏撰寫此書之目的，就是要正莊子文本之錯亂，故其莊子正敘例云：『莊子正者，永楙所以考信莊子，辨其正僞，去其增竄，以求復其本經之真而作者也。』並認爲，即使內七篇也有增竄錯亂現象，如『於達生、至樂、秋水、徐無鬼，得養生主之亡簡焉；於天運、天道、田子方，得大宗師之墜文焉；於達生，得德充符之散章焉；於天運、在宥，得應帝王之脫葉焉。』（莊子正敘例）可見石氏此書屬於考證著作。

石氏莊子正目錄云：『考定本經七篇，總萬四千九百四十九字，刪除舊衍凡七千三百四十九字，補正簡脫凡八千六百七十一字。』說明其對內篇之刪除、補正甚是大膽，實爲古今學人所不敢想像。如逍遥遊篇，『舊本千四百六十三字，衍文刪五百八十八，脫文補六百七十二』（莊子正目錄），篇中諸如『鯤之大不知其幾千里也』、『南冥者』至『六月息者也』、『風之積也不厚』至『斯風在下矣』、『窮髮之北』至『此小大之辯也』、『惠子謂莊子曰』至『安所困苦哉』等，悉被細書側寫，視爲衍文，而大宗師篇『意而子見許由』至『此所遊已』及知北遊篇『嗇缺問道乎被衣』至『彼何人哉』、『婀荷甘與神農』至『所以論道而非道也』、『於是泰清問於無窮』至『不遊乎太虛』等，皆被補入篇中，視爲脫文。其餘六篇，類皆如此，則讀者無所適從，故至今未有信之者。

今影印石永楙莊子正一卷，據上海圖書館藏民國三十四年石印本。

白話譯解莊子

葉玉麟（麟）撰

葉玉麟（麟），字浦蓀，安徽桐城人，生卒年不詳。師從古文名家馬其昶，與孫宣、李國松並稱『馬門三傑』，爲桐城派人物之一，精於古文，長期活動於上海。著作有白話譯解老子道德經、白話譯解莊子、白話譯解墨子等。

白話譯解莊子是葉玉麟（麟）應廣益書局之請而作。前有民國二十三年九月自序、目錄。全書以王先謙莊子集解爲底本，選錄其中逍遥遊、齊物論、養生主、人間世、德充符、大宗師、應帝王、駢拇、馬蹄、胠篋、刻意、繕性、秋水、至樂、山木、外物、寓言、説劍、漁父、天下等二十篇，予以新式標點、白話翻譯而成。葉氏劃分内、外、雜篇與衆家不同，其將駢拇篇劃爲内篇，使内篇成爲八篇；並將外物篇劃爲外篇。至於其中緣由，葉氏没有説明，而他對内、外、雜篇整體評論與衆家並無二致，如他對内篇評論説：『内篇七篇乃是莊子全書的綱領，其餘外篇、雜篇都是解説這七篇的。並且，莊子三十三篇，祇有内篇七篇最爲可信，其餘外篇、雜篇，大半是後人竄作的。黄庭堅説：「内篇七篇，法度極爲謹嚴；其餘二十六篇，都是細解這七篇的。」』葉氏此處一方面反復稱説『内篇七篇』，另一方面卻又將駢拇劃爲内篇，自相矛盾，豈其僅是因疏忽而將莊子篇目次序置亂乎？

白話譯解莊子又名白話譯解莊子集解，該書特點有二：一是以白話文翻譯莊子二十篇，以簡潔通俗爲原則，適合現代人閲讀；二是保留王先謙集解，使人尤可窺見司馬彪、郭象、成玄英、王夫之、王念孫、郭慶藩、王先謙等家注解之概要，故該書除通俗易讀而外，仍具有較強學術性。

葉玉麟（麟）白話譯解莊子有民國二十三年上海廣益書局排印本、民國二十四年大達圖書供應社排印本等。此次影印，據華東師範大學圖書館藏民國二十四年大達圖書供應社排印本。

南華直旨

楊文煊撰

楊文煊，字熙齋，河北文安人，生平事跡不詳。著作有南華直旨。

據版權頁，南華直旨全套爲四冊，但今可得者僅第一冊，而版權頁完整，疑其餘三冊尚不及付梓，唯於第一冊版權頁預標『全四冊』字樣而已。此冊僅解内七篇，前有民國二十五年魯欽承、吳海珊、李翼林、管亞強所撰序言各一篇，正文部分則先列内七篇原文，次爲弁言，然後對七篇依次作詳細解說。楊文煊在弁言中說，『莊子之書，矯儒家之弊者也』，而『謂莊子爲尊崇孔子者，固失之迂；謂莊子爲詆毀孔子者，更失之妄耳。』認爲蘇軾等人的『尊孔』說不免『失之迂』，司馬遷的『詆毀』說更『失之妄』，皆不如王安石的『矯弊』說顯得有道理。同時又指出，『莊子之認識宇宙，確與老子同其本源，而以道爲宇宙之本體』，但『莊子之思想方法，則與老子全不相同』，『莊子之政治主張，更與老子相遠』。楊文煊的這些說法，多有真知灼見，值得重視。但其中也有值得商榷的地方，如他說『老子主革命，主無爲，主愚民，主弭兵』，固然不無道理，但說『莊子則主團結，主機巧，主牖民，主鬥爭』，卻並非知言，因爲莊子是反對『機心』、『機巧』的，亦決不主張採取『鬥爭』的方式方法。

對於莊子其書，楊文煊在弁言中說：『莊子之書，雖有内、外、雜篇之分，但旨趣從同，初無判別之必要；隨機說理，更無真僞之可言。若覺古人可疑，則不妨全視爲僞，屏棄之可也；若知真理可貴，則不妨全視爲真，奉誦之可也。惟内篇命題，原屬有心，告人以求真作聖之法，則屬實事。其餘則就興之所之，發揮而暢釋之。』意謂對莊子全書要作整體來看，但内篇屬於『有心』之作，而外、雜篇則屬於『就興之所之，發揮而暢釋之』。基於這一認識，楊文煊進而對内七篇展開詳細論説。今審其論説逍遥遊篇，以爲此篇是在昭示『興趣』；論説齊物論篇，以爲此篇是在確定『認識』；論説養生主篇，以爲此篇是在闡明『養生全身』之理；論説人間世篇，以爲此篇是在指示『宅心處世』之方；論説德充符篇，以爲此篇是在揭示『立德掩形』之旨；論説大宗師篇，以爲此篇是在指示『求法積學』之要，而論説應帝王篇，則以爲此篇是在『創造新論，指示正理』。他説：『此篇（指應帝王）與前六篇，大旨全異。前六篇意在訓真，訓真示人以見道之方也。此篇則爲作聖，作聖告人以用世用時之法也。』應當承認，楊氏這些説法基本上符合實際，尤其是指出應帝王篇與前六篇之『訓真』不同，旨在『告人以用世用時之法』，則更具隻眼。當然，他在具體論説内七篇時，其中有不少説法卻值得商榷，本提要不作一一指明。

此次影印楊文煊南華直旨（第一册），據華東師範大學圖書館藏民國二十五年北平星星日報印刷部排印本。

莊子天下篇自述其學説九句之解釋

胡子霖撰

胡子霖，四川大學教師，生卒年不詳。著作有周易之新研究、莊子天下篇自述其學説九句之解釋。

在莊子天下篇自述其學説九句之解釋中，胡子霖首先指出：『莊子難讀。莊子天下篇自述其學説九句，尤爲難讀。不瞭解全部莊子，則此數句，意義模糊；不明了此九句，則全部莊子，亦等於世説雜撰。莊子學説，推演之，爲現存三十三篇洋洋大文；精約之，則僅此寥寥九句。』所謂莊子自述其學説之九句，即指天下篇如下文字：『芴漠無形，變化無常，死與生與，天地並與，神明往與！芒乎何之，忽乎何適，萬物畢羅，莫足以歸。』胡子霖認爲，此九句即足以濃縮莊子一書全部精神。

基於這一認識，胡子霖便匯輯郭象莊子注、陸德明莊子音義、郭慶藩莊子集釋、王先謙莊子集解、劉鳳苞南華雪心編、阮毓崧莊子集注稿本、顧實莊子天下篇講疏、錢基博讀莊子天下篇疏記、譚戒甫莊子天下篇校釋、馬敘倫莊子義證、蔣錫昌莊子哲學、胡遠濬莊子詮詁、李大防莊子王本集注中有關此九句之注疏及音義；並將此九句分爲五個意義單元，通過大量引述莊子中有關文字充分展開論述，最後說：『余意讀莊子，當先天下篇，天下篇學術概論也；次寓言篇，寓言篇莊子著書之體例，及著書之宗旨也；次外物篇，掃盡物累，靈臺通明，方能澈悟人生，瞭解莊子也。』總的看來，胡氏此著主要乃是搜集有關資料而成，即使他對天下篇中九句所作的直接論述，亦大致是排比有關資料而成。但他如此看重天下篇中此九句而爲之撰寫專著，這在歷史上實屬破天荒。而且，他還指出：『莊子精演人學中之死生、治亂兩大端。治亂之學，在責上責賢，指責三王，譏評五帝，排除聖知，貶斥孔子。其他不必責，不足責也。死生之學，曰完生待死。完生在養神，待死則宴然。全部莊子，即闡發此兩點，尤注重於後者。其不明死生之學者，不足以言治亂也。』認爲莊子之學，首重了悟生死之理，所以凡治莊子者，除應看重天下、寓言兩篇外，還必須認真對待外物篇，方能『掃盡物累，靈臺通明』、『澈悟人生，瞭解莊子』。胡氏此說甚有見地，值得重視。

兹影印胡子霖莊子天下篇自述其學說九句之解釋，據武漢大學圖書館藏民國二十九年成都黄埔出版社排印黄埔季刊第二卷第四期。

南華經解選讀

周學熙選

周學熙（1866—1947），字緝之，别號止庵，安徽至德人。清光緒十九年舉人，二十四年報捐候補道，派爲開平礦務局會辦，次年升總辦。二十七年任山東大學堂總辦，次年轉往直隸候補，並籌辦直隸銀元局。二十九年赴日本考察工商業，歸國後任直隸工藝總局督辦。辛亥革命後，任財政總長，還在天津、青島、唐山、衛輝開辦華新紗廠等企業，是民國初期北方實業界著名代表。民國十六年以年高引退後，以讀經、賦詩及念佛自遣，著有東遊日記等。

南華經解選讀乃是選録清宣穎南華經解中十四篇，予以重刊而成。此書篇目末附有周氏自識云：『右十四篇，皆義境高超，章法完整，循繹玩味，於養心作文之道，大有裨益。宣注顯豁，尤便初學，故選録之爲家塾讀本云。壬申孟冬周學熙識。』卷端題『至德周學熙選』。則此書乃周學熙於民國二十一年（壬申）爲家塾所選刊之讀本。今考周氏家族，世居安徽至德，有讀書著述之家風。如學熙之父周馥，於從政之餘，不忘庭訓，要求族中以顔氏家訓爲法，並著有易理彙參臆言、負喧閑語、玉山詩集、周慤慎公全集。周學熙亦曾親擬家乘數十萬言，分授各房子弟，意在樹立書香禮義之家庭風範，並且還手編周氏師古堂所編書。由此推之，則學熙選刊南華經解選讀，當主要是爲周氏各房子弟在家塾者提供一個讀本。

出於上述目的，周學熙選録了世所公認爲莊周本人手筆而宣穎最爲著意疏解評點之内七篇，和外篇中『章法完整』、大有裨益於『作文之道』的駢拇、馬蹄、胠篋三篇，以及外、雜篇中『義境高超』，或有裨於治世、處世、瞭解先秦學術史的秋水、天道、山木、天下四篇，而删去其餘篇章，及書前康熙六十年張芳所作序和宣穎所作南華經解序、莊解小言、南華經解内篇小引。應該説，由於宣穎之疏解評點本身甚能揭示莊子文章奇致，而周學熙之選録又顯得頗爲精純，所以南華經解選讀便比較適合初學者，尤其是私塾教學。

兹影印周學熙南華經解選讀，據華東師範大學圖書館藏民國二十一年周氏師古堂刊本。

莊子選注

沈德鴻撰

沈德鴻（1896—1981），字雁冰，筆名茅盾，浙江桐鄉縣烏鎮人。1914年考入北京大學預科，畢業後入商務印書館編譯所從事譯著及編輯工作。積極參加『五四』運動，與鄭振鐸、葉聖陶等發起成立中國新文學運動最早文學團體『文學研究會』。文學代表作有蝕（三部曲）、子夜、春蠶、林家鋪子等，學術著作有中國神話研究ABC等。1949年7月當選爲中華全國文學藝術界聯合會副主席及中國文學工作者協會（後改爲中國作家協會）主席，中華人民共和國成立後擔任中央人民政府文化部部長，嗣後任全國政協第四、五屆副主席等職。

莊子選注爲上海商務印書館民國十五年出版學生國學叢書之一種，旨在爲中學以上國文功課作課外閱讀用，是一種普及性讀物。根據該叢書『選輯各篇，以足以表見其書、其作家之思想精神、文學技術者爲準』編例原則，沈德鴻僅選録莊子之逍遥遊、齊物論、養生主、德充符、應帝王、馬蹄、胠篋、秋水、至樂、山木、知北遊、天下等十二篇，並以當時通行方式予以注解，每篇分爲數段，在段中注解處標以序號，段後予以統一注解；採用新式標點句讀，以反切注音並附舊式注音字母。書前緒言作於1925年。

根據學生國學叢書『諸書卷首，均有新序，述作者生平、本書概要，凡所以示學生研究門徑者，不厭其詳』編例原則，沈氏在緒言中頗爲用力，對莊子籍貫、生卒年、莊子與孟子互不提及原因、莊子諸篇真僞、莊學發展歷史、莊子思想等諸多問題都進行論述，但較爲簡要。沈氏認爲，莊子爲宋人，與梁惠王、齊宣王同時，『逝世至早亦在公曆前二八〇年頃』；孟子只是批評異端中近似『聖道』者，如楊、墨、許行等，莊子學説與孔門迥異，故不置評，且莊子主逍遥出世，而孟子主用世，二人思想上雖然相反，而在行動上卻不相妨礙，故莊、孟互不提及不足爲怪；莊子原五十二篇，現存三十三篇，其中内篇爲莊子自作，外、雜篇僞者過半；向、郭以前注莊子者已有數十家，向、郭以後至明代注者更多，惜大半逸亡，然都不及郭注精審，之後考據家校讀莊子，用力甚劬，發現甚多；莊子根本思想是懷疑到極端後否定一切之虚無主義；莊子人生觀是一切達觀，超越形骸之出世主義。這裏，特别需要注意沈氏以革命觀點對莊子思想之評論。他説：『他否定一切，固然像是高超，固然像是極革命的，但是他把一切都看作毫無價值，失了自己進取的地步，故只能逍遥物外，竟成了進步革命的障礙物。依莊子的處世哲學，所謂願爲「祥金」，願爲「不材之木」，最好不過造成一種不關社會痛癢，不問民生痛苦，樂天安命，聽其自然的廢物，下焉者且成爲阿諛依違，苟且媚世的無恥小人！』這是一個革命者對莊子之評論，但從學術上説則有失公允。

沈德鴻莊子選注有民國十五年上海商務印書館學生國學叢書初版排印本、民國十七年再版排印本、民國十九年萬有文庫第一集排印本、民國二十一年國難後第一版排印本、民國二十三年國難後第三版排印本、民國二十六年中學國文補充讀本第一集排印本等。此次影印，據華東師範大學圖書館藏民國十五年排印學生國學叢書本。

莊子釋義

張栩撰

張栩，號巢民居士，浙江姚江（即餘姚）人，生平事跡不詳。

莊子釋義在古學叢刊學篇內，卷首題『姚江張栩述』。前有凡例九則，正文有題解，每篇爲一卷，細分爲數段（條），詳加闡述，不另加注解。凡例作於民國丁卯年秋八月，末又附戊寅年冬月『又記』，可知該書撰寫於民國十六年，付印於民國二十七年。

在凡例中，張栩集中闡釋了莊學之大略。張氏認爲：莊子一書以觝排小德歸於大道爲宗，内篇每篇命題皆舉全篇之要旨，逍遥遊至應帝王環環相扣，章法嚴整；外雜篇既無章法又無體制，駢拇、馬蹄、胠篋三篇爲長篇鴻文，其他則忽似語録，忽似劄記，忽爲莊子所自述，忽爲弟子所結集，都無次序；寓言、重言、卮言爲莊子之『書例』，以著書人之意而寓諸他人之口，言者無罪，聞者足戒，故莊子言道，泯然無跡，讀者應以意逆志，方能略有所得；又性與天道不可形求，故於冥合玄微之處，應參合佛教定品、智品之語，相互證明，或可略有玄會；莊子一書最足以輔翼經典之處，在言道之名詞，其界説謹嚴而真確，使後儒儱侗含糊之弊一掃而空，如道德、生命、性情、心理之類，全書拈用無論數十百處；莊子有一特别筆法，凡爲文所不能隱晦而嫌其所指之太直，則用拆字法行之，如『柴』爲『此木』、『槐』爲『木鬼』等等，雖文法不可通，而於諧聲會意之外别出蹊徑，其寓意便一目了然，此莊子之絶異處；雜篇往往於最要意義語次，忽夾入一段無關宏旨之文，如外物篇之有『莊子貸金』一事、『任公子釣魚』一事，似别有寓意，然實毫無關會，特散金於沙中，使好學者知所慎擇而已。

從張氏上述論點中可以看出，莊子釋義既採用以佛解莊、以儒解莊等多種闡釋方法，又涉及莊子體例文法，內容較爲豐富。

莊子釋義刊於民國二十八年至二十九年古學叢刊第一至九期，僅排印至養生主『道大窾』止，爲未完之書。今據復旦大學圖書館藏古學叢刊第一至九期予以影印。

莊子諸篇考辨

蔣復璁撰

蔣復璁（1898—1990），號慰堂，浙江海寧人。1923 年北京大學哲學系畢業。曾任臺灣『中央圖書館』館長、『故宫博物院』院長，當選臺灣『中央研究院』院士，並兼任臺灣文化大學、輔仁大學等校教授。著作有易經集目、論語集目、孟子集目、四書集目、莊子諸篇考辨、圖書與圖書館、中國圖書分類論、圖書館管理法等。

莊子諸篇考辨前有導言，末附參考書目，包括陸德明經典釋文、郭象莊子注、成玄英莊子注疏、褚伯秀南華真經義海纂微、王雱南華真經新傳、林希逸莊子口義、焦竑莊子翼、王夫之莊子解、屈復南華通、周金然南華經傳釋、宣穎南華經解、林雲銘莊子因、陳壽昌莊子正義、姚鼐莊子章義、王先謙莊子集解、王闓運莊子解、馬其昶莊子故等。正文分八個部分，就莊子内、外、雜篇真僞等問題進行考辨，見解比較獨特。

蔣復璁在導言中說：『惟内篇七篇，文筆渾古，陳義精粹，最爲無疵，疑真出於莊子門弟子之手。餘篇於義，或得或失，或密或疏，或本訓釋之書，或乃羼入之文，要皆非莊子之舊，可斷言也。辨其體例，論其文詞，考史事之後先，綜義理之同異，三十三篇之真僞，昭然可識。』並在正文中展開詳細考辨，認爲：内篇七篇，標題皆有深意，且義理宏深，才思精闢，文亦汪洋諔詭，而氣勢銜接，各篇分之則篇明一義，合之則首尾相承，『有非莊生莫能發者』。外篇之駢拇、馬蹄、胠篋、刻意、繕性五篇，『文氣平衍，詞句凡近，通篇一意到底，有如後世之策論，於諸篇之中，自爲一體，其所陳者，不過老子緒餘之論，毫無發明。』外篇之達生、山木、田子方、知北遊四篇，『雖不能如内篇之連貫一義，然每篇亦各有主旨，且隱約與内篇相應，證佐其義，而不解釋其詞』，此『必後世學者，因莊子之内篇，復輯其逸言逸事』而成之者。外篇之在宥、天道、天運、秋水、至樂五篇，或爲『數段湊合而成』，或『意膚文雜』，或『爲儒者之言』，蓋『淺學者之所爲』，並非莊生本義。雜篇之庚桑楚、徐無鬼、則陽、外物、寓言、列禦寇六篇，多爲『殘編斷簡，無甚理致』，『與内、外篇非出一手，不待智者而可知也。』雜篇之讓王、盜跖、説劍、漁父四篇，或『絶無深意』，或『膚殘冗曼』，或爲戰國策士之言，皆爲贋品無疑。天下篇，『本是他人綜論百家流别之文，初與是書無與，不過於諸家道術之中，最尊莊子，世見其推尊莊子，遂取入莊子書中，以爲徵驗，又以其是總論道術，而諸篇皆是言行雜事，無可附麗，故舉而編之篇末，如是而已。』蔣復璁所論，多爲其本人心得，尤其對天下篇作者問題之論述，更爲前人所未曾言，但皆不可視作定論，只能備作參考。

今影印蔣復璁莊子諸篇考辨，據中國國家圖書館藏民國間油印本。

莊子逍遥遊講録等

鄭奠輯録

鄭奠（1896—1968），原名斐恭，字介石，號石君，浙江諸暨人。1915 年考入北京大學中文系，師從黄侃、錢玄同。曾任北京大學中文系教授、北京師範大學中文系主任、浙江大學中文系教授兼系主任等。解放後曾任浙江省文學藝術界聯合會副主席、浙江師範學院教授、中國科學院語言研究所研究員兼漢語史研究組副組長等。主要從事古漢語及現代漢語語法、修辭研究，著作有中國修辭學研究法、古漢語語法學資料彙編（與麥梅翹合編）、古漢語修辭學資料彙編（與譚全基合編）等。

莊子逍遥遊講錄題『鄭奠輯錄』。前有莊子逍遥遊，錄逍遥遊全文，版心題『文名著選』；正文輯錄史記莊子傳、各志書相關著錄及陸德明經典釋文等大量相關文字，並附有齊物論義證，版心皆題『文名著選附錄』。此書眉目頗欠清晰，體例亦嫌紊亂，但細審其輯錄，亦有可取之處。如所輯各志書著錄，内容相當豐富，大致能滿足讀者之需求；闢出『義證』一欄，如於逍遥遊篇『蜩與學鳩笑之』下引庚桑楚篇『是蜩與學鳩同於同也』，『辯乎榮辱之境』下引則陽篇『榮辱立然後覩所病』，『御六氣之辯』下引在宥篇『六氣不調』，『名者實之賓也』下引至樂篇『名止於實』等，而所附齊物論義證全用此種方法，將篇中大量語句與他篇有關語句相發明，更爲前人所未曾爲，具有一定學術價值。

尤其值得指出，鄭奠在輯錄逍遥遊篇過程中，還運用了語法學、修辭學知識，實可謂别開生面。如他於『釋文法』欄下列出『彼且奚適也』、『彼於致福者未數數然也』、『其言謂何哉』、『其大若垂天之雲』、『逍遥乎寢臥其下』、『憂其瓠落無所容』，並於其中『彼』、『其』右邊劃雙條分隔號，復標明此二字皆爲『他稱代詞』；列出『孰肯以物爲事』、『奚以知其然也』、『何不樹之於無何有之鄉』、『安所困苦哉』、『豈惟形骸有聾盲哉』、『彼且惡乎待哉』，並於其中『孰』、『奚』、『何』、『安』、『豈』、『惡乎』右邊劃雙條分隔號，復標明此六字（詞）爲『疑問詞』。又於『論本篇修詞』欄下列出『是其塵垢粃糠將猶陶鑄堯舜者也』、『夫子猶有蓬之心也夫』，並標明此二句爲『比喻』；列出『大浸稽天而不溺，大旱金石流、土山焦而不熱』、『舉世而譽之而不加勸』，並標明其中『稽天』、『金石流』、『土山焦』、『舉世』四詞皆爲『誇飾』。凡此現象皆爲以往莊學著作所不曾見，説明鄭氏將其所治語法、修辭之學運用於莊子研究，確實具有開創風氣之意義。

今據中國國家圖書館藏民國間排印莊子逍遥遊講錄本予以影印。

莊子天下篇箋證

高亨撰

高亨（1900—1986），又名晉生，初名仙翹，吉林雙陽人。早年在清華國學研究院師從王國維、梁啟超兩位大師，一生篤志於弘揚我國傳統學術。歷任河南大學、東北大學、武漢大學、齊魯大學、西北大學、山東大學教授，並曾受中國科學院哲學研究所之聘，兼研究員。所治涉及周易、詩經、楚辭、老子、莊子、墨子、商君書、文字學、上古神話等領域，著作有周易古經今注、周易古經通說、周易雜論、周易大傳今注、諸子今箋、莊子天下篇箋證等。

莊子天下篇箋證題『高亨撰』，録天下篇全文，分七章予以箋證。第一章爲論百家之術所由生，第二章爲論墨翟禽滑釐之術，第三章爲宋鈃尹文之術，第四章爲論彭蒙田騈慎到之術，第五章爲論關尹老聃之術，第六章爲論莊周之術，第七章爲論惠施之術，分章合理而清晰，甚是方便讀者。此著既直接訓釋天下篇正文，也給前人相關文字作箋證，於郭象莊子注、成玄英莊子注疏、陸德明經典釋文、王雱南華真經新傳、羅勉道南華真經循本、王念孫莊子雜志、俞樾莊子平議、劉鳳苞南華雪心編、郭慶藩莊子集釋、陳壽昌南華真經正義、馬其昶莊子故、王闓運莊子注、梁啟超莊子天下篇釋義、武延緒莊子劄記、章炳麟莊子解故、奚侗莊子補注、錢基博讀莊子天下篇疏記、譚戒甫莊子天下篇校釋等皆有所涉及，並每能見出其獨特見解。如天下篇有『皆以其有爲不可加矣』語，郭象注：『爲其所有爲，則真爲也；爲其真爲，則無爲矣，又何加焉！』此以『有爲』二字連讀。羅勉道云：『各挾其所有，以爲人莫加之。』（南華真經循本）此以『其有』二字連讀。高亨指出，羅説『甚韙』，並箋證説：『治方術者，皆以其所有爲盡美盡善，不可復益。呂氏春秋分職篇：「先王用非其有，如己有之。」此「其有」二字連用之例。』又天下篇有『不可與莊語』語，陸德明云：『郭云：「莊，莊周也。」一云：「莊，端正也。」』高亨箋證説：『按莊，訓正是也。若指莊周，則當作「周」，不當作「莊」。』高亨這些説法，皆甚正確，足可信從。

尤其值得指出，高亨對名家諸多命題所作闡釋，還往往能新人耳目。如天下篇載名家命題云：『輪不蹍地。』高亨解釋説：『車行而蹍地者，輞也。輞非輪，輞蹍地非輪蹍地，故曰輪不蹍地。』又載名家命題云：『一尺之捶，日取其半，萬世不竭。』高亨解釋説：『今日爲半捶，明日爲半捶之半，再明日爲半捶之半之半，以數理論之，一以二遞除之，終不等於零。故曰萬世不竭。』凡此解釋，多能超越舊説，讓人耳目一新。

今影印高亨莊子天下篇箋證，據武漢大學圖書館藏民國間油印本。

莊子天下篇要詮

王蘧常撰

王蘧常（1900—1989），字瑗仲，號滌如，又號明兩，浙江嘉興人。民國十三年畢業於無錫國學專門學院，遂留校任教。民國十六年起，先後執教於光華大學、大夏大學。解放後，任復旦大學中文系教授，後調任哲學系教授，直至去世。在史學、子學、詩文及書法等方面均有很深造詣，著作有諸子學派要詮、荀子新傳、國學講演稿、王蘧常章草藝術等。

莊子天下篇要詮爲諸子學派要詮之第一篇。據諸子學派要詮前王蘧常自序，王氏於民國十六年始治諸子時，曾『走書請業於梁任公年丈』，此篇即爲廣任公莊子天下篇釋義之指而著，次年爲大夏大學諸生授課時又有所增訂，至民國二十一年爲光華大學諸生論諸子時乃最後寫定。但今觀全篇，諸如郭象莊子注、成玄英莊子注疏、宣穎南華經解、馬其昶莊子故、郭慶藩莊子集釋、王先謙莊子集解、章炳麟莊子解故、顧實莊子天下篇講疏、錢基博莊子天下篇疏記、方光莊子天下篇釋及呂思勉對名家有關命題之闡釋，皆在援引之列，非獨欲廣梁氏之指而已。

莊子天下篇要詮之體例，與以往順文作注者不同，而是將原文分段分句後，標以注碼，於段末依次作句解，將老子、莊子等諸子之文及後世解釋天下篇之文字引入其中。諸子學派要詮前有孫德謙所撰序，謂此書蓋有『三善』。其所謂前二善云：『以子證子，以本子證本子，不涉己見，而源流短長畢具，一也。折衷諸家之說，而必於至慎，蕲於至當，二也。』持此以概括莊子天下篇要詮之特徵，也同樣合適。如於天下篇『以深爲根』句，引老子五十九章、韓非子解老之文爲釋；於『不以身假物』句，引郭象莊子注、成玄英莊子注疏爲釋；於『決然無主』句，引宣穎南華經解爲釋；於『以濡弱謙下爲表』句，引顧實莊子天下篇講疏爲釋；於『其於物也何庸』句，引錢基博莊子天下篇疏記爲釋；於『其小大精粗』等句，引方光莊子天下篇釋爲釋；於惠施諸多命題，則大量引呂思勉之說爲釋。凡此，皆可見出其以子證子、以本證本、折衷諸家之特徵，持論允當而不偏激，實可作爲授課之範本。但因王氏務以『至慎』求『至當』，故無『己見』可見，學術價值也就不高。

此次影印王蘧常莊子天下篇要詮，據華東師範大學圖書館藏民國二十五年上海中華書局排印諸子學派要詮本。

莊子講解

張貽惠撰

張貽惠（1907—？），筆名張劍聲，福建福州市人。1930年畢業於福州協和大學。曾任省立福州中學、廈門中學等校語文教員。1943年轉入福建師範學院中文系，歷任講師、副教授、教授，講授古代漢語語法修辭、現代漢語語法修辭、歷代文選、國學專書選讀等課程。著作有莊子講解、古漢語語法、漢語積極修辭等。

莊子講解題『張貽惠著』，爲著者在大學國文系擔任『國學專書選讀』課程時，講授莊子之講稿。書前有張貽惠民國三十五年序言、莊子講解目次，末有附錄一內篇旨要、附錄二莊子傳略。以張氏認爲『內篇爲莊子手筆，餘則爲其徒屬所推衍者（僅天下篇爲莊子自序），內容思想既不出內篇旨蘊，文字技巧復平淡易曉，略讀即可，固毋勞詳釋矣』（序言），故正文僅錄莊子內七篇，每篇前有『本篇大旨』（即題解），各篇分成若干段，每段後依次爲『詮釋』（即注釋）、『講解』（即譯文）、『要義』（即段落大意），不僅眉目頗爲清晰，思維亦富有現代意識。

張貽惠序言說：『著者常懷一理想，認爲吾人今日亟應謀中西文化綜合匯通之道，即以中國先哲政治倫理哲學思想以指導西洋科學，使科學所造成之成果能收服務人生之實效，此即「正德利用厚生」之意。誠能如是，庶可進而建立世界新文化之體系。』故張氏講解莊子，不無以中、西互爲發明之處。如他在齊物論篇『本篇大旨』中說：『德儒黑格爾正反合之辯證法，其後馬克斯更染以唯物之色彩，此法莊子早已知之，故曰：彼亦一是非，此亦一是非，是亦一無窮，非亦一無窮。所不同者，黑、馬二氏從對立矛盾不斷演變中以求獲得知識，莊子之意則以爲此所得之知識將爲支離破碎者，唯有以直覺方法使此心與大道相證，方能徹悟道之全體，故凡是非爭辯，衆說紛紜，實可齊一視之。』像這樣以中、西哲學互爲發明者，雖在當時各種學術著作中屢見不鮮，但在直接闡釋莊子文本之專著中卻甚是罕見，所以具有一定開風氣意義。但綜觀張氏此著，其詮釋主要還是以舊注爲依據，受郭象莊學思想影響尤爲明顯。如他在逍遥遊篇『本篇大旨』中說：『郭象云：「夫小大雖殊，放於自得之場，則物任其性，事稱其能，各當其分，逍遥一也，豈能勝負於其間哉！」』並進而據此來分別撰寫篇中各段後之『要義』，顯然是對郭象『適性逍遥』說之因襲，與莊子『無待』才能逍遥之思想有很大差別。

今影印張貽惠莊子講解一冊，據復旦大學圖書館藏民國三十五年綜合學術社排印本。

敦煌莊子殘卷附黑水城莊子殘本

葉蓓卿輯

葉蓓卿（1980—），女，上海人。華東師範大學文學博士、復旦大學文學博士後，現任職於華東師範大學先秦諸子研究中心，並擔任子藏編委、諸子學刊執行編輯。主要從事諸子學研究，著有莊子逍遥義演變研究、列子（譯注），輯敦煌莊子殘卷、附黑水城莊子殘本，主編『新子學』論集等。

清光緒二十六年，在敦煌莫高窟藏經洞發現四萬多件手寫本及少數木刻本文獻。不久，英、法、俄、日等國探險者接踵而至，各有所獲，數量可觀。除中國國家圖書館收藏一萬餘件外，其餘絶大部分已成爲英國國家圖書館、印度事務部圖書館、法國國家圖書館、俄羅斯科學院東方研究所聖彼得堡分所及日本文化機構之藏品。其在這些文獻中，有一部分是有關莊子之殘卷。大約在民國初年，羅振玉就已搜集整理過少量敦煌莊子殘卷。其後，王重民、王叔岷等學者又在羅氏基礎上有所推進，但因限於當時條件，他們所見敦煌莊子殘卷數量有限。今葉蓓卿廣爲搜集，所得超越前人，並裒爲一集，甚是方便治莊者。

敦煌莊子殘卷主要爲英國國家圖書館、法國國家圖書館、俄羅斯科學院東方研究所聖彼得堡分所所收藏。二十世紀八十年代臺灣新文豐出版公司出版過敦煌寶藏，不久後四川人民出版社推出英藏敦煌文獻，上海古籍出版社推出法國國家圖書館藏敦煌西域文獻及俄羅斯科學院東方研究所聖彼得堡分所藏敦煌文獻，存世敦煌莊子殘卷基本上皆可從此四部書中找到。葉蓓卿搜集敦煌莊子殘卷，以此四部書所收爲主，所輯莊子殘卷涉及逍遥遊、齊物論、養生主、人間世、大宗師、應帝王、駢拇、馬蹄、胠篋、在宥、天地、天道、天運、刻意、秋水、達生、山木、田子方、知北遊、庚桑楚、徐無鬼、外物、讓王、漁父、天下等篇。其中標有『S』或『斯』字者表示爲斯坦因所得而藏於英國國家圖書館之殘片，標有『法Pel. chin』或『伯』字者表示爲伯希和所得而藏於法國國家圖書館的殘片，標有『俄Дх』字者（『敦煌』俄譯縮寫）表示藏於俄羅斯科學院東方研究所聖彼得堡分所之殘片。而鑒於率先出版之敦煌寶藏一書係據縮微膠卷影印而成，往往模糊不清，因此葉蓓卿此次裒輯莊子殘卷，又以英藏敦煌文獻、法國國家圖書館藏敦煌西域文獻、俄羅斯科學院東方研究所聖彼得堡分所藏敦煌文獻三書所收爲主，而其同時見於敦煌寶藏一書者，則以『亦見敦煌寶藏』字樣説明之。

葉蓓卿所輯莊子殘卷，其内容包括三大部分，即一爲莊子原文殘卷，二爲郭象莊子注殘卷，三爲陸德明經典釋文莊子音義殘卷，其中片數最多者爲郭象莊子注殘卷。今細審這些殘卷，除英藏S. 796/1、2 莊子郭璞（象）注（胠篋）、S. 1603/1、2 莊子郭象注天道篇第十三、S. 615/1、2、3、4、5、6 南華真經達生品第十九、S. 77/1、2 莊子郭象注外物，以及法藏Pel. chin. 3204 莊子逍遥遊、Pel. chin. 2563 莊子大宗師篇郭象注（2－1）、（2－2）、Pel. chin. 2508A 南華真經刻意品第十五（3－1）、（3－2）、（3－3）、Pel. chin. 2531 莊子山木篇郭象注（8－1）、（8－2）、（8－3）、（8－4）、（8－5）、（8－6）、（8－7）、（8－8）、伯三七八九號莊子田子方郭注（1）、（2）、（3）、Pel. chin. 2508B 莊子徐無鬼篇郭象注（5－1）、（5－2）、（5－3）、（5－4）、（5－5）、Pel. chin. 2688 莊子外物篇（3

－1）、（3－2）、（3－3）、Pel. chin. 4988 莊子讓王（1）、（2）、俄Дх00178R 莊子等爲據各原本照抄而外，其餘多係摘抄而成，書寫也顯得較爲隨意。但無論是何種莊子殘卷，皆爲現在所見最早莊子學原物，文獻資料價值極高，對我們校勘或從其他方面研究莊子文本及郭象注、陸德明釋文皆有很大幫助。

同時，葉蓓卿還搜輯了俄探險家柯茲洛夫1908—1909年在中國内蒙古黑水城遺址發掘之莊子殘本。一是原整理者標之爲『俄TK97 南華真經』者，即金刻本郭象莊子注殘本，共二十八面，起自徐無鬼篇『曰勿已』，終於列禦寇篇『孰協唐許』，中間偶有殘缺，是現存最早郭象莊子注刻本之一，具有較高文獻價值。二是呂惠卿呂觀文進莊子義殘本，共一百零九面，起自齊物論篇『解者，是旦暮遇之也』，終於天運篇『今蕲周於魯，是猶推』，中間偶有殘損，多數學者斷其爲北宋刻本。由於很久以來人們一般只能從宋末褚伯秀南華真經義海纂微、明焦竑莊子翼中來讀呂惠卿莊子義之壓縮文字，民國時陳任中所輯宋呂觀文進莊子義也不過以此爲底本而校以俄國博物院所贈黑水城呂觀文進莊子義殘本膠片（共五十一面）而成，而中國國家圖書館所藏金大定十二年（1172）刻本壬辰重改證呂太尉經進莊子全解十卷，又爲海内外孤本，普通讀者難覩真顔，所以將黑水城呂觀文進莊子義殘本一百零九面摘出並進一步推向學術界，尤其顯得重要。

此次裒輯敦煌莊子殘卷，凡標有『斯』或『伯』字者皆據臺灣新文豐出版公司敦煌寶藏，標有『S』者皆據四川人民出版社英藏敦煌文獻[一]，標有『法Pel. chin』者皆據上海古籍出版社法國國家圖書館藏敦煌西域文獻[二]，標有『俄Дх』字者皆據上海古籍出版社俄羅斯科學院東方研究所聖彼得堡分所藏敦煌文獻。而影印黑水城莊子殘本則皆據上海古籍出版社俄羅斯科學院東方研究所聖彼得堡分所藏黑水城文獻[三]。

說明：

［一］英藏敦煌文獻所標『S. 796/1 莊子郭璞注（胠篋）』、『S796/2［莊子郭璞注胠篋］』之『郭璞』，皆爲『郭象』

之誤，當改正。又『S. 3395V/1 莊子郭象注摘抄（知北遊、田子方）』原件抄有庚桑楚、徐無鬼之文字，而出版者未予標出，當重新標示。

[二]法國國家圖書館藏敦煌西域文獻所標『法Pel. chin. 2495 2. 莊子郭象注（12－11）』，其中原件所書『莊子外篇第十三天地』之『天地』，爲『天道』之誤，當改正。

[三]俄羅斯科學院東方研究所聖彼得堡分所藏黑水城文獻所標呂觀文進莊子義之P26應置於P29之後。

莊子學史

第一冊（增補繁體版）

方勇◎著

人民出版社

本課題屬於：

中國博士後科學基金資助項目
國家『985』工程二期建設項目
教育部『十五』規劃項目
教育部『211』三期建設項目
上海市哲社辦規劃項目
上海市重點學科建設項目

選自明王圻、王思義撰《三才圖會》

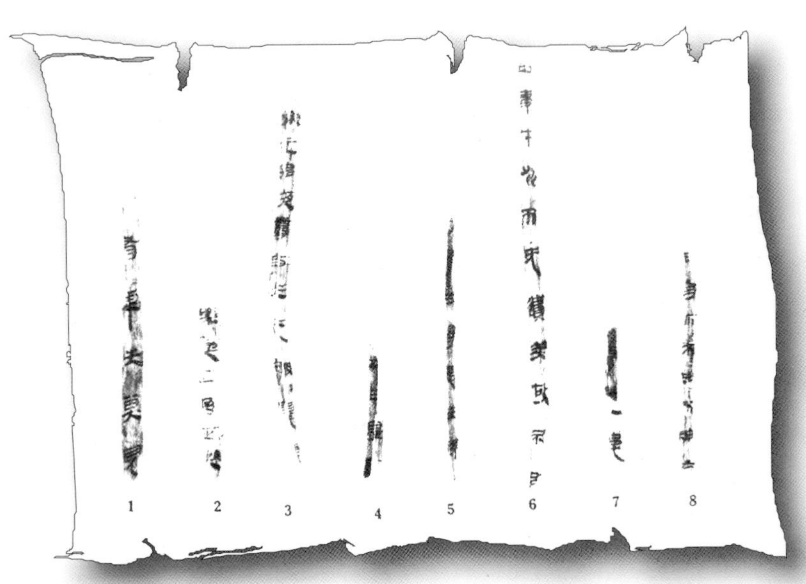

阜陽漢簡《莊子》殘片

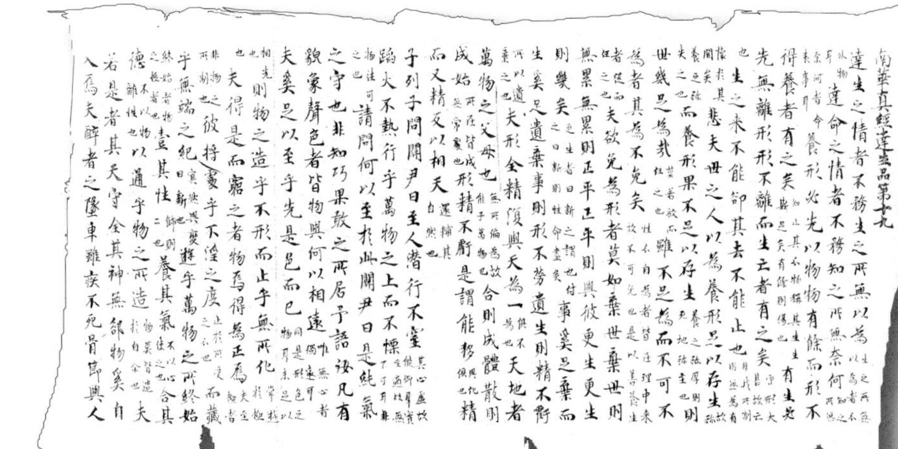

敦煌卷子《南華真經·達生品》殘片

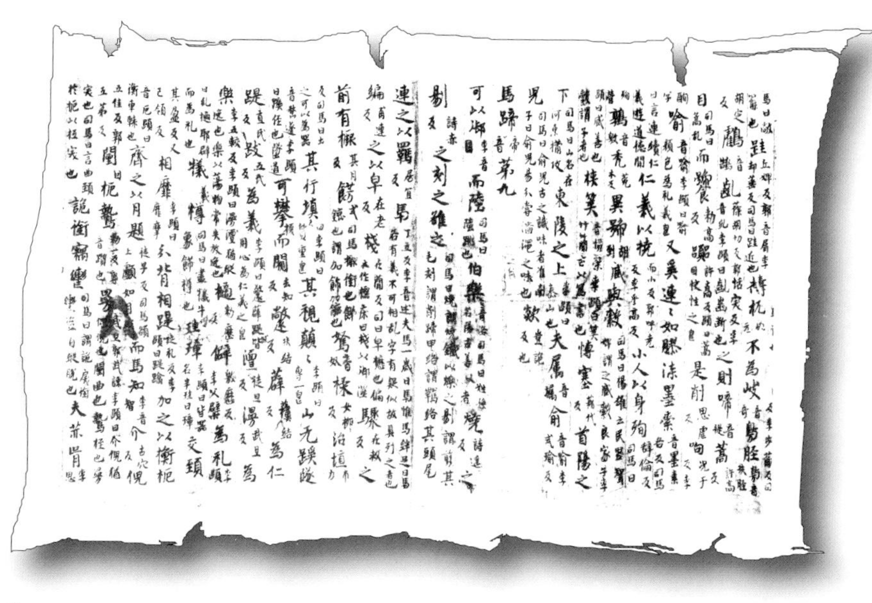

敦煌卷子陸德明《莊子音義》殘片

南華真經注疏卷第一

莊子內篇逍遙遊第一

郭象注 夫小大雖殊而放於自得之場則物任其性事稱其能各當其分逍遙一也豈容勝負於其間哉

唐西華法師成玄英疏

北冥有魚其名爲鯤鯤之大不知其幾千里也疏溟猶海也取其溟漠無涯故爲之溟東方朔十洲記云溟海無風而洪波百丈巨海之內有此大魚欲明物性自然故標爲章首玄中記云東方有大魚焉行者一日過魚頭七日過魚尾產三日碧海爲之變紅故知大物生於大處豈獨北溟而已化而爲鳥其名爲鵬疏鵬鯤之實吾所未詳也夫莊子之大意在乎逍遙遊放無爲而自得故極小大之致以明性分之適達觀之士宜要其會歸而遺其所寄不足事事曲與生說自不害其弘旨皆可略之耳疏夫四序風馳三光電卷是以負山岳而捨故揚舟壑以趨新故化魚爲鳥欲明變化之大理也鵬之背不知其幾千里也怒而飛其翼若垂天之雲疏魚論其大以表頭尾難知鳥言其背亦示脩短叵測故下文云未有知其脩者也鼓怒翅翼奮迅毛衣既欲摶風方將擊水遂乃斷絕雲氣背負青天寨翥翱翔淩摩霄漢垂陰布影若天涯之降行雲也是鳥也海運則將徙於南

逍遙遊一

覆宋本成玄英《南華真經注疏》

莊子鬳齋口義卷之二

鬳齋 林 希逸

莊子內篇養生主第三 主猶禪家所謂主人公也養其主此生者道家所謂丹基也先言逍遙之樂次言無是無非到此乃是做自己工夫也此三篇似有次第以下却不盡然

吾生也有涯而知也無涯以有涯隨無涯殆已已而爲知者殆而已矣 涯際也人之生也各有涯際言有盡處也知思也心思却無窮盡以有盡之身而隨無盡之思紛紛擾擾何時而止殆已者言其可畏也已語助也以下已字粘上已字與前齊物篇同於其危殆之中又且用心思算自以爲知爲能吾見

南宋刻本林希逸《莊子鬳齋口義》

纂圖互註南華真經卷第三

莊子內篇大宗師第六 雖天地之大万物之富其所宗而師者无心也○音義曰[illegible]忘生當大宗此法也

知天之所爲知人之所爲者至矣 知天人之所爲者皆自然也則內放其身而外冥於物與衆玄同任之而无不至也 知天之所爲者天而生也 天者自然之謂也夫爲爲者不能爲而爲自爲耳爲知者不能知而知自知耳自知耳不知也不知也則知出於不知矣自爲耳不爲也不爲也則爲出於不爲矣爲出於不爲故以不爲爲主知出於不知故以不知爲宗是故真人遺知而知不爲而爲自然而生坐忘而得故知稱絕而爲名去也○音義而生司馬本作生而生音義天盤反 知人之所爲者以其知之所知以養其知之所不知終其天年而不中道天者是知之盛也 人之生也形雖七尺而五常必具故雖區區之身乃舉天地以奉之故天地万物凡所有者不可一日而相无也一物不具則生者无由得生一理不至則天年无緣得終然身之所有者知或不知也理之所存者爲或不爲也故知之所知者寡而身之所有者衆

元刻本龔士卨《纂圖互注南華真經》

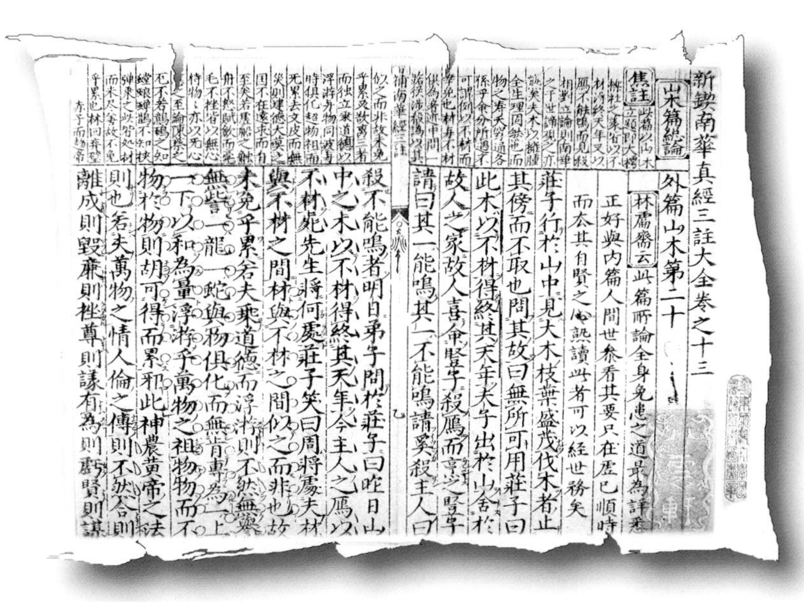

新鍥南華真經三註大全卷之十三

山木篇總論

外篇山木第二十

林鬳齋云此篇所論全身免患之道最為詳悉正好與内篇人間世參看其要只在虛己順時而忘其自賢之心熟讀此者可以經世務矣

莊子行於山中見大木枝葉盛茂伐木者止其傍而不取也問其故曰無所可用莊子曰此木以不材得終其天年夫子出於山舍於故人之家故人喜命豎子殺鴈而亨之豎子請曰其一能鳴其一不能鳴請奚殺主人曰殺不能鳴者明日弟子問於莊子曰昨日山中之木以不材得終其天年今主人之鴈以不材死先生將何處莊子笑曰周將處夫材與不材之間材與不材之間似之而非也故未免乎累若夫乘道德而浮遊則不然無譽無訾一龍一蛇與物俱化而無肯專為一上一下以和為量浮游乎萬物之祖物物而不物於物則胡可得而累邪此神農黃帝之法則也若夫萬物之情人倫之傳則不然合則離成則毀廉則挫尊則議有為則虧賢則謀

明刻本陳懿典《新鍥南華真經三注大全》

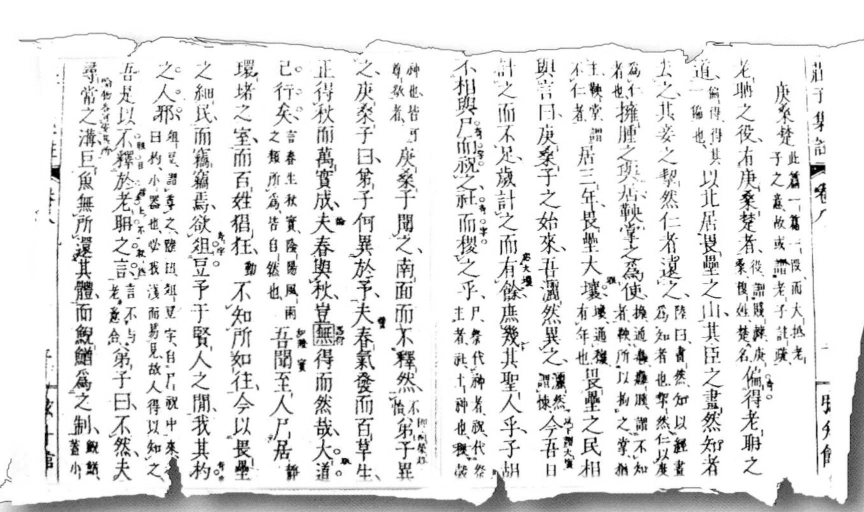

莊子集注 卷八

庚桑楚

老聃之役有庚桑楚者偏得老聃之道以北居畏壘之山其臣之畫然知者去之其妾之挈然仁者遠之擁腫之與居鞅掌之為使居三年畏壘大壤畏壘之民相與言曰庚桑子之始來吾灑然異之今吾日計之而不足歲計之而有餘庶幾其聖人乎子胡不相與尸而祝之社而稷之乎

庚桑子聞之南面而不釋然弟子異之庚桑子曰弟子何異於予夫春氣發而百草生正得秋而萬寶成夫春與秋豈無得而然哉大道已行矣吾聞至人尸居環堵之室而百姓猖狂不知所如往今以畏壘之細民而竊竊焉欲俎豆予于賢人之間我其杓之人邪吾是以不釋於老聃之言弟子曰不然夫尋常之溝巨魚無所還其體而鯢鰌為之制

日本文政七年弦升館刊岩井文《莊子集注》

前言

方勇

殷商禮法未備，其民富於幻想，多與天地精神相往來。莊子生長遊歷於殷商故地宋國，復受楚文化之熏染，其人不拘繩墨，其文空靈恣縱，足可陋群品而參造化。我傾慕莊子，濡首卮言，至今已逾三十年，仍心醉不能自已。

莊子之學玄通微妙，其流播亦深廣久遠，然歷代解者每不免有所偏執，而尤以附會儒學、挾帶禪語者居多，誠非漆園本旨。至於重義理者，多鑿空臆說；攻訓詁者，常失於瑣碎，亦難窺莊子之本真。故自莊子詮評完稿，我擬對千年莊學作一系統梳理，以揭明其源流及得失，並於一九九七年七月進入北京大學中文系博士後流動站時，正式選定莊子學史作為出站報告選題，而此課題自魏晉以後的章節，則為一九九九年七月至上海工作後所撰。二〇〇八年十月，莊子學史由人民出版社出版發行，精裝三冊，近二百萬字，並由陳鼓應先生為之作序。全書前後共傾我心力十年有餘，其間甘苦沉浮，唯余自知。

莊子學史作為出站報告選題，原先設計框架僅數十萬字，然一旦開筆，材料與觀點層見疊出，篇幅愈益擴張，致使首尾略有失衡，彼時我已萌生重擬增補之初念。繼而莊子學史初版發行五千套，流布海內外甚廣，又先後獲得上海市第十屆哲學社會科學優秀成果獎一等獎、第六屆高等學校科學研究優秀成果獎一等獎，兼以我在撰寫莊子纂要、主持編纂子藏項目過程中復又發現大量莊子學文獻資料，最終決定對此著進行一次全面增補。

本次增補，費時數載，對初版框架作了適當調整，增加了大量章節，尤其對戰國、兩漢部分幾乎作了重寫，意在使莊子學發生、演進之跡更為明晰，而其他各編，則相應增加或擴充了一些章節，進一步豐富了原來的思想內容。書末增補子藏道家部莊子卷總目、編外莊子書目提要，以及部分莊子研究論文目錄，為讀者更深入地把握莊子學史的整體發展格局提供了方便。

鑒於莊子學史初版以來在學術界產生的影響力，人民出版社決定以簡體與繁體兩種形式推出增補版，以滿足海內外不同文化層次和背景的讀者之需要，在此著者表示衷心感謝。人民出版社責任編輯孫興民先生等為增補版的出版付出了辛勤的勞動，門弟子葉蓓卿、孫遜、周鵬、劉濤、袁朗、陳文佳、余中樑、金琳、徐濤、陳文靜、曹丹、王雲、顧雯、秦羽、李宋燕、鄭瑾等，或參與增訂，或從事校對，在此一併深致謝忱。

二〇一六年七月四日識於上海

序（初版）

陳鼓應

我和方勇博士初次見面，是在1998年5月4日北京大學百年校慶大會上。那時，他正在北大中文系做博士後，除了專心撰寫出站論文莊子學史（第一、二編）而外，還爲中文系研究生開設了『莊子研究』專題課。彈指一揮間，我與方勇教授第二次見面已是在2007年12月中旬香港中文大學的一次國際會議上，此時他的莊子學史全書已基本完稿，即將交付人民出版社出版。我欣喜之餘，頗有些感慨。在當前崇尚物質利益的風氣下，方勇教授能潛心莊子學研究領域十餘年，知難而進，秉燭夜戰，完成這部近二百萬字的莊學巨著，實在是學術界一件非常了不起的大事，讓我十分感動。

一

莊周學派留下了一部莊子，由於它那芒忽恣縱的語言風格，以及高遠深邃的思想意境，常被正統派視爲異端邪說而遭扭曲，所謂消極、出世是常有的誤解。但是我想，中國文化中如果欠缺了莊子的生命情調和美感情懷，那麼中國的文學、藝術和美學會成爲什麼樣的光景？如果中國哲學只有孔孟之道，而欠缺老莊的哲學理論和境界，那麼它會單調到什麼樣的程度？

我是學哲學的，對莊子的研究大致可分爲三個階段。上世紀六十年代初，我由尼采進入莊子，即主要是從尼采的自由精神來闡發莊子，同時思想上也受到了存在主義的啟發。上世紀七十年代之後，我在美國期間的所見所聞，使我的注意力漸漸從自由、民主擴大到了社群、民族的理念，從而對莊子的理解也隨之轉移到『歸根』和『積厚之功』的層面上去。而進入新世紀後，2001 年的『9·11』襲擊事件導致了一場新的十字軍東征，在我的思想上也引起了很大的觸動，使我更加看清霸強的自我中心和單邊主義。由此推到莊子研究上，也使我更加注重多重視角、多重觀點地去看待問題。當然，上述三個階段不是割裂的，而是緊密聯繫的，只不過三者間有一個大概的分期罷了。

我求學的年代，正處於新、舊儒家重塑道統意識及其推波助浪於個人崇拜的空氣中。這種空氣令人窒息，我便從尼采的愉快的智慧、查拉圖斯特拉如是說等著作中汲取著營養。尼采曾經自稱爲『自由精神者』，他說『不管我們到哪裏，自由與陽光都繞著我們』，『生命就是要做一個人，不要跟隨我——只是建立你自己！只是成爲你自己。』①這種張揚的自由給了我很多的啟示。從1960 到1963 年之間，我研究的主題由尼采進入到莊子，尼采對西方文化進行價值『轉換』，引發了我關注莊子對文化與哲學的價值進行重估。譬如讀莊子逍遙遊第一段：『北冥有魚，其名爲鯤。鯤之大，不知其幾千里也。化而爲鳥，其名爲鵬。鵬之背，不知其幾千里也。怒而飛，其翼若垂天之雲。是鳥也，海運則將徙於南冥。南冥者，天池也。』最初我的理解側重在『遊』，在『放』，在『精神自由』，這可與尼采的觀點相互對應，莊子的『逍遙遊』正是高揚的自由自在的精神活動。尼采和莊子所散發的自由呼聲，使我能夠從中西傳統文化的觀念囚籠中擺脫出來，走向一個沒有偶像崇拜的人文世界。

隨著年齡與閱歷的增長，我的心思漸漸由當初的激憤沉澱下來，進而體會到『積厚』的重要性。鯤在海底深蓄厚養，須得有積厚之功；大鵬若沒有經過心靈的沉澱與累積，也不可能自在高舉。老子說：『九層之

---

① 見尼采愉快的智慧。

臺，起於累土。千里之行，始於足下。』①走千里路，就得有一步一步向前邁進的耐心。同時在客觀條件上，如果沒有北海之大，就不能蓄養巨鯤，也就是說如果沒有深厚的文化環境，就不能培養出遼闊的眼界、寬廣的心胸。而蓄養巨鯤，除了溟海之大，自身還得有深蓄厚養的修持工夫，要日積月累，由量變而質變。『化而爲鵬』，這意味著生命中氣質變化所需要具備的主客觀條件。

從哲學角度來講，鯤化鵬飛寓言中所蘊涵的哲理，其一，體現在從工夫到境界的進程中。鯤的潛伏海底，深蓄厚養經由量變到質變，乃能化而爲鳥；鵬之積厚展翅，奮翼高飛，這都是屬於工夫修爲的層次。而鵬之高舉，層層超越，游心於無窮，這正是馮友蘭先生所說的精神上達『天地境界』的層次。工夫論和境界說是中國古典哲學的一大特色，而鯤化鵬飛的寓言，正喻示著由修養工夫到精神境界層層提升的進程。其二，體現在『爲學』到『爲道』的進程中。老子四十八章說：『爲學日益，爲道日損。』『爲學』是經驗知識的累積，『爲道』是精神境界的提升。老子似乎並沒有把這兩者聯繫起來，而且老子還說過『絕學無憂』②，這樣『爲學』和『爲道』成爲不相掛搭的兩個領域。不過，老子提出『爲學』與『爲道』的不同，確實是很重要的議題，但兩者如何銜接，是否可以相通？這難題留給了莊子。在鯤化鵬飛的寓言中，莊子喻示了修養工夫到精神境界的一條進程，同時也隱含了『爲學』通向『爲道』的進程。莊子書中，寫出許多由技入道的寓言，如庖丁解牛（養生主）、痀僂承蜩（達生）、梓慶爲鐻（同上）、司馬之捶鉤者（知北遊）等等，這些由技藝專精而呈現道境的生動故事，都表達出『爲學日益』而通向『爲道』的神妙高超境界。

近年來，特別是『9·11』襲擊事件之後，我對莊子價值重估問題又有了一些新的思考，比如對『內聖外王之

① 老子六十四章。
② 老子二十章。

道』就有了一番新的理解。

中國哲學最高的理想『內聖外王』是由莊子提出。這主張影響各家各派，而後成爲歷代士人的言行指標。所謂『內聖』就是個人人格的修養，所謂『外王』就是對於社會的關懷與行動的投入。中國文化以儒道爲代表而言，儒家側重在倫理意識的啟發和道德規範的實踐，而道家的莊子，則著重在心靈開放和審美意境的闡揚，較偏於『內聖』方面的工夫。老子和孔子雖然各有一套外王之道，其理論建構是否完整也令人質疑。儘管如此，兩者在歷代知識階層仍經常被提出討論，而莊子的外王之道則較少被討論到。不過『9·11』事件之後，我不禁聯想到，莊子的齊物精神在地球村如今的發展趨勢中，其實頗具現代意義。審視西方文化，從政治哲學的角度看，西方中心主義者對弱勢國家及弱勢文化缺乏尊重，甚至加以欺壓；從宗教哲學的角度，西方文化在高度發展的文明中，以一神論的思想，將上帝視爲至上神，但同一個上帝的子民卻敵我矛盾，流於天無二日的緊張與矛盾之中。這使我想到莊子所創造的『十日並出』的寓言。這種從個體到國族的自我中心，使人類的生命形態面臨了重重的困境，正如尼采所說的：『人類是病得很深的動物。』

莊子哲學的精神不僅止於齊物論篇，但齊物論篇的齊物精神對於人類文明的苦難特別具有現代意義。其一，反省自我中心主義。自我中心的單邊主義思維，容易陷入獨斷的觀點。人類一旦陷入自我中心，則以單邊的思考，導致個體之間的衝突，到國族之間的衝突，到整體人類的衰敗，這將造成整個地球的嚴重毀損。而莊子的齊物精神，則是以多邊思考的開放性，主張多維視角、多重觀點。其二，追求和諧的同通精神。莊子說：『舉莛與楹，厲與西施，恢恑憰怪，道通爲一。』（齊物論）這段話蘊涵兩個層面的意思。首先，『恢恑憰怪』即是對於個體的張揚，從而到個別民族、文化的張揚。意思是尊重每個個體或群體之間的差別，而以齊物精神等同觀之；『道通爲一』則是說個體雖然千差萬別，但在『道』的世界裏卻可以相互會通。所以這段話一方面肯定了個體的殊異性，另一方面又從同一性與共通性的角度，將個體殊相引向整全，而在『道』的整全世界裏打通了萬有存在的隔閡。這種齊物精神，要有多邊的思考及開闊的心胸才能達到。

二

如果將哲學分成概念哲學與想像哲學的話，在西方哲學傳統中，亞里斯多德屬於前者，柏拉圖則應屬於後者。而在中國哲學傳統中，老子當屬於前者，而莊子則屬於後者。莊子以詩一般的語言，充滿隱喻性的敘述，在思想的詮釋上留下想像的空間。無論在文學、藝術及哲學各領域，莊子皆提供給後代豐富的思想資源。概略而言，莊子對於後代的影響應有三個方面。一是開創了中國的文人傳統，二是開啟了審美的人生觀，三是在後代哲學理論體系建構上起了積極的影響。

首先，在開創中國文人傳統方面。先秦時代，士人群起而出，然而大多是依違在仕與隱之間。莊子則超越了仕與隱之間的衝突與兩難，既『獨與天地精神往來』（天下），又『不譴是非以與世俗處』（同上），在板蕩的時代中，做一位清醒者、殊異者。然而又不同於屈原，莊子的清醒與殊異，並非基於憤世之孤傲與潔身之堅持，而是以廣袤無垠的宇宙意識與天地精神，對世間多懷一份醒覺的洞悉與深情的理解。這樣一種對世間的醒覺與深情，後代之嵇康未嘗不是，陶潛何曾不然，東坡恐亦如此。

其次，在開啟審美的人生觀方面。莊子那種『原天地之美，達萬物之理』（知北遊）的宇宙心靈，以及『德有所長而形有所忘』（德充符）的本真性情觀，皆透顯出一種藝術的、審美的精神。這種審美精神，在中國藝術美學的發展上起了關鍵性的影響。

再次，在哲學理論體系建構方面。我們應該看到，在哲學理論體系建構上，莊子思想對後代的影響實不容忽視。如以宋明理學或心學來說，在理、氣、心三體系中，除了孟子的心性論，莊子相關的哲學論題亦在其中起到了重要的影響。張載的『太虛即氣』，淵源自莊子的氣論，而程頤的『理一分殊』，更是以老子『道』—『德』、莊子『道』—『理』的關係架構爲其理論模式。可見宋明理學雖強調儒學道統，然而在理論體系的建構上，多依循老、莊的哲學論題與思維模式。

三

莊子素以難解著稱。由於莊子文本的開放性，在莊學闡釋史上存在著多種闡釋指向，以道解莊者有之，以儒解莊者有之，以易解莊者有之，以佛解莊者有之，可以說是衆說紛紜。如宋、明、清時期，以儒解莊就成爲一種潮流，林希逸莊子口義、朱得之莊子通義、林雲銘莊子因、宣穎南華經解、林仲懿南華本義、陸樹芝莊子雪等一批重要莊子學著作都具有這種特徵。因此，莊子與其他先秦典籍有著明顯的不同，論語、老子、墨子、韓非子等著作不管如何深奥，它們的闡釋指向基本上是單一的、明晰的，而莊子闡釋指向的不確定性增加了人們理解莊子的難度。

方勇教授傾十多年的心力，搜集自魏晉至民國莊子學著作二百餘種，並對這些著作詳加梳理、研究，著成了近二百萬字的莊子學史。這部巨著，正可以向人們展示莊子學各階段發展的概貌、特徵，對大家解讀莊子及相關文化事象甚有襄助之功。

具體說來，方勇教授所著的莊子學史具有以下幾個方面的特點：

其一，資料宏富。方勇教授二十多年來主要致力於莊子學術研究，並系統開展了規模宏大的莊子文獻搜輯、整理工作，其所編撰的莊子文獻集成、莊子纂要等大型書籍也正在出版之中，這在莊學研究史上可謂是空前的。其莊子學史正是這一系統工程的有機組成部分，最集中體現著其莊子研究的學術成果。正是基於系統的搜輯、整理，其所著莊子學史既能夠重點梳理莊子學術本身發展史，又涉及莊學與道教、佛教、文學、藝術、醫學之關係，資料之宏富可想而知，此不贅述。

其二，論述全面。莊子學史共分爲七編，時間跨度起始自戰國一直延續到民國時期，長達兩千多年的歷史。具體說，第一編，戰國秦漢莊子學，通過對戰國秦漢莊子學的概說，特別是戰國諸子如惠施、荀況、韓非及呂氏春秋對莊子的評論和闡釋，秦漢辭賦、儒學、醫學對莊子內容的吸納，淮南子對莊子的闡釋，以及漢代諸學者如劉安、司馬遷、班固等對莊子的研究，從而簡明地勾勒出秦漢時期作爲莊子學研究發軔期的基本輪廓；　第二編，魏晉南北朝莊子學，通過對『玄學』主要代表人物如王弼、阮籍、嵇康、司馬彪、向秀、郭象與佛道解莊及其代表人物如支遁、葛洪莊子研究的梳理和詮釋，凸顯了『玄學』思潮和早期佛教、道教思想的特色；　第三編，隋唐莊子學，主要是針對這一時期儒、釋、道並舉的特點，既對陸德明莊子音義進行了系統的考訂和闡發，又對佛、道二教學者的莊子學特別是成玄英莊子注疏以及隋唐文士的莊子學進行重點的爬梳；　第四編，宋元莊子學，主要圍繞宋元『理學』思潮援道入儒的思維特點，展開這一時期莊子學研究的梳理和釐定，不僅對這一時期各學派的代表人物如『新學』王安石、『蜀學』蘇軾、『濂學』周敦頤、『洛學』二程、『關學』張載、『閩學』朱熹等受莊學之影響，一一進行了歸納和剖析，而且著重對這一時期研治莊子的主要人物如陳景元、林希逸、褚伯秀、羅勉道、劉辰翁等進行梳理，並顧及到佛教、道教學者與宋元散文詩詞曲雜劇作家對莊子的援引和吸納；　第五編，明代莊子學，主要對楊慎莊子學、釋性涵南華發覆、陸西星南華真經副墨、沈一貫莊子通、釋德清莊子內篇注、焦竑莊子翼、方以智藥地炮莊、王夫之莊子解，以及包括諸如心學家、七子派、唐宋派、公安派、竟陵派在內的其他眾多學人的莊子學，逐一進行了揀剔和剖析；　第六、七編，清代民國時期的莊子學，主要指出由於時代的巨變，特別是清代考據學的興盛，和清末以來西學的湧入，莊子學研究顯得頗熱，諸如從乾嘉時期的盧文弨、王念孫、姚鼐、江有誥至清末民初的俞樾、孫詒讓、嚴復、郭慶藩、王先謙、章炳麟，從林雲銘莊子因、宣穎南華經解、劉鳳苞南華雪心編等以研究文章學爲主到胡適、郭沫若、聞一多等引新學解莊子，可謂名家匯集，人才輩出，此時的莊子闡釋呈現出了舊學、新學並駕齊驅、各有千秋的風貌特徵。總之，方勇教授將莊子學研究置於中國文化發展史、中國學術發展史的大視野和大背景之中，通過對兩千多年歷代莊子注釋、著述及其學術思潮代表人物研究莊學的爬梳、釐定和分析，不僅清晰地勾勒出了中國莊學發展史的漫長歷程和發展脈絡，而且旨在説明莊學發展過程中的闡釋指向和研究路徑，揭示莊學發展的基本規律和特徵。

其三，論點精當。莊子學史立論新穎，常常以概括性用語簡要説明莊子學著作的特徵，迭有新見。如在闡釋王夫之莊子解時，方勇教授從『「未始出吾宗」——對莊子思想脈絡的梳理』、『「探化理於玄微」——對莊子思想觀點的呈露』、『「循斯須之當」——對莊子思想的發揮』三個方面來分析王夫之莊學的特徵，其中在論述『探化理於玄微』内容時，又簡要概括了『引莊解莊』、『以形象解莊』、『以史解莊』、『以天文解莊』四個方面，簡潔明了。司馬遷史記老子韓非列傳莊周本傳、王安石莊周、蘇軾莊子祠堂記等雖不是莊學專著，卻在莊子學史上具有舉足輕重的地位，方勇教授對此十分重視，對它們分别予以詳細解析。如對蘇軾莊子祠堂記，方教授提煉出『對蒙城縣爲莊周故里之説的默許』、『倡導「莊子助孔子」之説』、『指出莊子中有僞作』三點，並指出『蘇軾關於「莊子助孔子」的説法卻順應了儒、道、釋三教日益走向融合的大趨勢，他關於莊子中有僞作的説法又真正開啓了歷代衆多學者重視探討、研究莊子作者問題的新風氣，其意義是相當重要的』，這些論點都是很準確的。

其四，重源清流。在莊子學史中，方勇教授注意梳理、考證莊學史上的一些理論問題，尋其源頭，查其影響，取得了可喜的成果。如經方教授考證，『老莊』並稱始於淮南子，黄震黄氏日抄第一次提出了莊子『固千萬世詼諧小説之祖』的説法，陸西星南華真經副墨第一次提出了莊子文脈具有『藕斷絲連』、『草蛇纊綫』之妙等全新見解，王應麟莊子逸篇是莊子學史上第一部輯佚專著等，這些觀點對人們瞭解莊子學史的發展大有裨益。對於一些重要莊子學著作的影響，方勇教授也能夠詳加論證，如在評論林希逸莊子口義的影響時説：『莊子學經過元代及明代前期的相對沉寂之後，到明代後期便迅速崛起，林希逸莊子口義的影響正是伴隨著這一崛起而得以進一步擴大的。如陸西星南華真經副墨這部作爲明代後期莊子學崛起的標誌性著作，雖然對林希逸的莊子口義持有一些異議，但仍顯示出了其對林氏此著的諸多承因痕跡。稍後，釋德清的莊子內篇注在以佛解莊的道路上又有所前進，而其評析莊子文章所謂有「文章變化鼓舞處」、「詼諧戲劇之意」、「筆端鼓舞」云云，則又是對林希逸評析莊子文字血脈時所用概念、術語的進一步運用。此外，焦竑莊子翼還收錄了林希逸的莊子口義，而孫應鼇莊義要删、李廷機莊子玄言評苑、陳深莊子品節、陳懿典南華經精解、沈汝紳南華經集評、孫大綬南華真經副墨校釋等等，則每引林氏莊子口義之説以解莊子。總之，林希逸莊子口義對明代後期莊子學的影響之大，幾乎可以跟郭象莊子注的影響相仿佛。』通過方勇教授的梳理，林希逸莊子口義的影響之大已給我們留下了深刻的印象。

總之，莊子學史中獨到的眼光和深刻的論述，不僅得益於方勇教授深厚而扎實的文獻功底，也離不開他兼容並蓄的研究方法。作爲研究古代學術史的專著，方教授所著的莊子學史在運用傳統的訓詁、知人論世、史論結合等方法的基礎上，還積極採用了西方闡釋學和文本細讀的研究手段，體現出著者很好的專業素養和正規訓練。此書文風樸實，以平實穩健見長，顯示了作者所具有的傳統學人的治學風範。方勇教授在莊子學史即將出版之際，囑我爲其寫序，今聊作數語，既是對自己多年來從事莊子學研究的一種總結，也是對方勇教授該著作的一種學習體會。後輩斯著，必將嘉惠學林，實在大有功德。

二〇〇八年九月於臺北

目錄

導言……一
一、莊子其人……一
二、莊子其書……四
三、莊子的思想……六
四、莊子的藝術特色……二〇
五、莊子的地位與影響……二九
六、歷代的莊子研究……三一
綜論……三四
一、莊子的籍里……三四
二、莊子本子的演變及篇目的真僞……六五
三、老莊尚『真』美學觀與後人之承因、發揮……七八
四、莊子的審美通感……八九

五、莊子與無意識心理現象……九七
六、莊子中的孔子形象……一〇八
七、莊子逍遙義的歷史演變……一一八
八、莊子在歷史上所遭到的批判……一四二
九、莊子學發展的歷史軌跡……一五二

第一編　戰國莊子學

第一章　戰國莊子學概說……一八七
第一節　戰國莊子學興起的歷史背景……一八七
第二節　戰國莊子學的漸進過程……一九一
第二章　『惠子』及外雜篇對莊子的評論與闡發……一九六
第一節　『惠子』批評『(莊)子之言大而無用』……一九六
第二節　外雜篇對内篇的繼承與闡發……一九八
第三節　天下篇對莊子的闡釋……二一〇

第三章　今本先秦諸子書與莊子之關係……二一八
第一節　管子與莊子之關係……二一八
第二節　愼子與莊子之關係……二二三
第三節　鶡冠子與莊子之關係……二三〇
第四章　荀況對莊子的援引與批評……二三八
第一節　對莊子的援引和闡發……二三九
第二節　批評『莊子蔽於天而不知人』……二四八
第五章　韓非對莊子的援引與改造……二五二
第一節　對莊子文字的援引與化用……二五三
第二節　對莊子思想的借鑒與改造……二五九
第六章　呂氏春秋對莊子的援引與闡釋……二六六
第一節　對莊子思想資料的援引……二六六
第二節　對莊子寓言故事的處理……二七七

第二編 秦漢莊子學

第一章 秦漢莊子學概說……二九三
第一節 秦漢莊子學演進的歷史背景……二九三
第二節 秦漢莊子學的演進過程……三〇〇
第二章 秦漢辭賦所反映的莊子學……三〇四
第一節 秦漢辭賦家莊子學概述……三〇四
第二節 賈誼的鵩鳥賦……三〇九
第三節 張衡的髑髏賦……三一四
第三章 秦漢儒學所反映的莊子學……三一九
第一節 秦漢儒學學者莊子學概述……三一九
第二節 賈誼的道術、道德說……三二五
第三節 韓嬰的韓詩外傳……三三〇
第四節 揚雄的太玄、法言……三三四

第四章　黄帝内經所反映的莊子學……三三九
第一節　以『道通爲一』的整體觀理解人體……三三九
第二節　以『氣』爲構成生命之本原……三四三
第三節　以恬淡虚静、貴精全神爲養生要訣……三四六
第五章　淮南子所反映的莊子學
——漢初黄老學積極吸納莊子思想的典型例子……三五〇
第一節　劉安與莊子、淮南子之關係……三五〇
第二節　對莊子道論的闡釋……三五三
第三節　對莊子無爲論的闡釋……三五九
第四節　對莊子修養論的闡釋……三六三
第五節　闡釋方式的多所更新……三六七
第六章　司馬遷的莊子學……三七三
第一節　對莊子多有接受……三七四
第二節　爲莊子作傳記……三七八
第七章　班固的莊子學……三八四
第一節　借助莊子以抒發個體的情感……三八四

第二節　以學術眼光看待莊子及其著作……三九〇

第三編　魏晉南北朝莊子學

第一章　魏晉南北朝莊子學概説……三九七
第一節　魏晉南北朝莊子學興盛的歷史背景……三九七
第二節　魏晉南北朝莊子學的發展過程……四〇〇
第二章　魏晉玄學與莊子的關係……四〇七
第一節　玄學的產生、發展及其與莊子學的聯結……四〇七
第二節　玄學理論對莊子思想的吸納與改造……四二五
第三章　王弼、阮籍、嵇康的莊子學……四五三
第一節　王弼『祖述老莊』及其對莊子的超越……四五三
第二節　阮籍『以莊周爲模則』及其對莊子的超越……四五八
第三節　嵇康以『莊周』爲『師』及其對莊子的超越……四六四

第四章　司馬彪的莊子注……四六八
第一節　司馬彪本莊子及其文獻價值……四六八
第二節　司馬彪注的特點……四七二
第三節　司馬彪遺注的搜輯……四七八
第五章　崔譔的莊子注……四八一
第一節　崔譔本的篇目和特徵……四八二
第二節　崔譔注的特徵……四八五
第六章　向秀的莊子注……四九三
第一節　向秀其人及莊子注之成書……四九三
第二節　向秀注莊所本……四九六
第三節　向秀莊子注的重要特徵……五〇〇
第七章　郭象的莊子注……五〇八
第一節　對司馬彪本的「以意去取」……五〇八
第二節　對向秀注的「述而廣之」……五一二
第三節　對向注以外舊注的借鑒與批評……五一五
第四節　對莊子的改造性詮釋……五二〇

第五節　莊子注的歷史地位和深遠影響……五二九
第八章　魏晉南北朝佛教學者的莊子學……五三三
第一節　從『格義』、『連類』到以佛解莊……五三三
第二節　支遁的逍遙論……五四四
第九章　魏晉南北朝道教學者的莊子學……五五〇
第一節　魏晉南北朝道教學者對莊子的認可與闡發……五五〇
第二節　葛洪的莊子學……五五五
第十章　魏晉南北朝文學、文論所反映的莊子學……五六〇
第一節　魏晉南北朝文學對莊子的多所化用……五六〇
第二節　魏晉南北朝文藝理論對莊子思想的吸收與發揮……五七二
第十一章　世説新語及劉注所反映的莊子學……五八四
第一節　世説新語莊子學的背景……五八四
第二節　名士清談中的莊子學……五八七
第三節　名士生活中的莊子風……五九四
第四節　世説新語裏莊子學的深層根源……五九八

第十二章　文選李注所反映的莊子學……六〇五
第一節　李注所引莊子原文之價值及問題……六〇六
第二節　李注所引莊子佚文之價值……六一一
第三節　李注所引司馬彪等注之價值及問題……六一七

導言

一、莊子其人

關於莊子的歷史記載頗少，其生前默默無聞，死後也長時間少人問津，家世淵源、師承關係、生卒年月均不甚明了。在戰國時期的人之中，除了惠施有『子之言大而無用』(莊子逍遙遊引)、荀子有『莊子蔽於天而不知人』(解蔽)等幾句批評的話之外，幾乎沒有其他的評論留傳下來，甚至同時期的孟子對他也隻字未提。後世瞭解莊子，主要是通過史記老子韓非列傳及莊子一書。老子韓非列傳對莊子僅有二百多字的記載，但目前看來，這是歷史書中對莊子所作的最早的較詳細記錄，可將其作爲瞭解莊子其人的基本綫索；而關於莊子的詳細情況，則大部分要來源於莊子一書。

莊子姓莊，名周，除去漢書爲避漢明帝之諱而有時稱其爲嚴周外，世人皆稱其莊子或莊周。但是莊子的字卻直至很晚才出現，隋唐陸德明經典釋文序錄在『姓莊，名周』下注曰：『太史公云：「字子休。」』但現在所見史記中，並無此說。此外，唐成玄英南華真經注疏序、司馬貞史記越王勾踐世家索隱也提到莊子字子休。可見，莊子字子休的說法大約到唐代才出現或流行開來，但就今天所能看到的材料，這種說法的依據還不得而知。至於莊子正式號『南華真人』是始於唐玄宗，但梁代梁曠著南華論，以及唐初成玄英南華真經注疏序中已經稱其爲『南華』。『南華』這一稱號的來歷説法不一，北宋陳景元在南華真經章句音義中認爲是取『離明英華』之義，清宣穎在南華經解中則認爲是由於莊周曾隱於曹州的南華山之故。

根據司馬遷的記載，莊子是『蒙人』，但他並未明指是何國之『蒙』。莊子列禦寇中説莊子居宋，漢人也一般認爲莊子爲宋人。如史記老子韓非列傳索隱引劉向別録：『宋之蒙人也。』淮南子修務訓高誘注：『莊子名周，宋蒙縣人。』漢書藝文志『莊子』班固自注：『名周，宋人。』張衡髑髏賦：『吾宋人也，姓莊名周。』由於戰國時的宋在漢代屬梁，因此有的隋唐學者根據漢書地理志的記載，便認爲莊子爲梁人，如隋書經籍志、陸德明經典釋文序録等即有這樣的説法。

莊子的生活時代可以確定爲戰國中期，但其確切的生卒年由於年代久遠，缺乏確鑿證據，已無法考證，只能根據與莊子大約同時的人物來進行推測。史記老子韓非列傳中説莊子『與梁惠王、齊宣王同時』，又説『楚威王聞莊周賢，使使厚幣迎之，許以爲相』，那麼莊子應當大約與梁惠王、齊宣王、楚威王同時。近人馬敘倫在莊子年表中，據莊子中對魏文侯、武侯都稱謚號，對惠王則是先稱其名，又稱其爲王，從而推斷莊子出生於魏文侯、武侯之世，最晚也在惠王初年，這是很有道理的。

莊子所處的年代，一方面社會經歷著劇烈的動蕩，戰爭頻發，生靈塗炭，另一方面正值百家爭鳴的黄金時代，文化成爲一種强烈的需要，於是『士』這一階層大量出現。這種社會與文化狀況對莊子思想的形成起著重大作用，彼時孟子正遊説各國，墨家門徒遍及天下，齊國『稷下之學』也正當鼎盛，而莊子卻主動地選擇了『無用』和貧困。莊子中描述他身住陋巷，以織草鞋爲生，餓得形容枯槁，面孔黄瘦，受人譏嘲，有時甚至連溫飽都無法解決，還得向人借米；見魏王時，他也只是穿著打補丁的粗布衣服，踏著用麻繩綁著的破布鞋。但秋水、列禦寇篇中都曾描述他斷然拒聘的故事，史記老子韓非列傳中也曾記載楚威王欲聘莊子爲相，莊子卻表示『寧遊戲汙瀆之中自快，無爲有國者所羈，終生不仕，以快吾志焉』。雖然這些故事有可能是莊子門徒爲抬高莊子地位而杜撰的，但也可以從中窺見莊子超然世外、『獨與天地精神往來』（天下）的風度，以及視富貴榮華如敝屣的生活態度。

莊子也曾經做過漆園吏這樣的小官，但絶非出於他的主動選擇，可能只是爲了謀生而不得不作出的退讓。史記老子韓非列傳說『周嘗爲蒙漆園吏』，關於『漆園吏』歷來說法不一，據推測可能是專管種植漆樹的小官。莊子書中也多次提到漆的生産和使用，如人間世篇『漆可用，故割之』，駢拇篇『待繩約膠漆而固者』。此外，莊子書中也常引述一些工匠的故事，值得注意，如養生主篇『庖丁解牛』，人間世篇『匠石之齊』，達生篇『梓慶削木爲鐻』等等，這說明莊子是比較熟悉當時下層工匠勞動情況的。

莊子向來認爲『天下爲沉濁，不可與莊語』（天下），因此與之來往的朋友極少，即使有門徒可能也數量不多，正如朱熹所說：『莊子當時也無人宗之，他只在僻處自說。』（朱子語類卷一百二十五）但也有例外，便是惠施，他可謂是莊子平生唯一的契友，徐無鬼篇中講『莊子送葬，過惠子之墓』，不禁感傷，以『匠石運斤』的故事表達自惠子死後，自己『無以爲質』、『無與言之』的寂寞心情。妻子去世也要鼓盆而歌的莊子，卻對惠子的死感到如此遺憾，足見二人情誼之深。但是莊子與惠施不僅在現實生活上存在距離，在學術觀點上也相互對立，他們的友誼也是建立在多次針鋒相對的辯論上，這些辯論主要集中於三個方面：『大而無用』（逍遥遊）的爭論、『人故無情』（德充符）的爭論、濠梁『魚之樂』（秋水）的爭論。這些辯論對於理解莊子的思想有著極其重要的意義，可以看到他們在認識的態度上有著顯著的不同：莊子偏於美學上的觀賞，因此更富有藝術家的風貌；而惠子則偏於知識論的判斷，因此帶有更多邏輯家的個性。

莊子大體上繼承了老子的學說，『其學無所不窺，然其要本歸於老子之言。故其著書十餘萬言，大抵率寓言也。作漁父、盜跖、胠篋，以詆訿孔子之徒，以明老子之術。』（史記老子韓非列傳）但他並非僅僅對老子思想進行發揮，而是有其獨自見解，形成了其個性鮮明的哲學、藝術特色。

二、莊子其書

1. 概貌

莊子應該於先秦時期就已成書，我們今天所看到的三十三篇本莊子，是經西晉郭象删訂並流傳下來的。漢代莊子有五十二篇十餘萬字，這種五十二篇本到魏晉時期仍然較爲常見。魏晉時玄風盛行，莊學漸起，爲莊子作注者多達數十家，但這些注莊者往往根據自身對莊子的理解和個人喜好，對莊子一書的篇目做了一定的删改，從而形成了多種多樣的莊子版本。郭象以前，主要的莊子版本有崔譔本、向秀本、司馬彪本。其中崔譔、向秀本爲二十七篇（向秀本一作二十六篇，一作二十八篇），司馬彪本五十二篇。現在人們所看到的郭象三十三篇本，是郭象在五十二篇本的基礎上吸收各家尤其是向秀莊子學成果之後删訂的，是郭象對司馬彪五十二篇本『以意去取』，並删去其中『十分有三』之後的結果。經過郭象删訂的莊子，無論從篇章還是字句方面，都更爲精純。由於他吸收和借鑒了向秀及當時各家之注，並在此基礎上進行了自己頗富改造性的獨特詮釋，故爲歷代所推崇，逐漸成爲定本，流傳至今。

今本莊子有内篇七、外篇十五、雜篇十一，這是由郭象所劃定的。但在郭象之前，就已有内、外篇或内、外、雜篇之分，且篇目構成上與郭象不盡相同。崔譔、向秀莊子本，僅有内、外篇，無雜篇。司馬彪注莊子，將莊子原文明確劃分爲内、外、雜篇三個部分，之後郭象在司馬彪本的基礎上删訂時，又將外、雜篇略去部分篇目，並將某些篇目的段落進行了重新裁取整合，從而形成了今天所見的莊子面目。各家對内篇的意見比較統一，無論注者如何『以意去取』，『其内篇衆家並同』（經典釋文序録），這應該不止表現在數量上，也表現在具體篇目上，而原因可能與内篇各篇在標題、風格、内容上都比較一致有關。而對於外、雜篇，各家則根據喜好，進行了或大或小的删改。至於劃分内、外、雜篇的依據和標準，則衆説紛紜，未有定論，主要有根據文意之深淺、風格功用之不同和標題有無寓意來劃分等觀點，但都缺乏確鑿無疑的證據。

2．篇目的真僞

莊子篇目的真僞問題在宋代蘇軾以後才爲人們所關注。郭象將五十二篇本删訂爲三十三篇本時，就已有去僞存真的目的，從而删去那些『一曲之才，妄竄奇説』（經典釋文序録），不足爲信的部分。陸德明也贊成此説，認爲莊子經『後人增足，漸失其真』（同上）。但是郭象與陸德明以是否爲莊子親作來分辨真僞，顯然是不合理的。先秦諸子著作如論語、孟子、墨子等，多爲弟子記録先生言行或由師徒共著，後學續筆發揮也是常有的事，因此莊子在莊子親作之外，還包括了其弟子或後學的部分著作，這也是正常的。並且由於莊子學派逍遥無拘、汪洋恣肆的思想與文學特點，莊子後學極可能對莊子内容不加拘束地自由發揮，由於時代及社會狀況的限制，其中有些或許比較貼近莊子原意，有些則可能偏離較多，也是很好理解的。因此，在辨别莊子篇目真僞之時，必須首先將其作爲整體的莊子學派思想彙集，而不應過分著眼於單個篇目的真僞校定。

郭象删訂莊子時，可能就已經考慮到了這一點，因此許多明顯並非莊子本人所作的篇目或段落，也收入了郭象三十三篇本中，從而引起了後世對於莊子真僞的繼續討論。宋蘇軾作莊子祠堂記，明確提出盗跖、漁父、讓王、説劍四篇爲僞作，一方面認爲莊子『蓋助孔子者』，故而以是否『真詆孔子者』爲真僞標準；另一方面以文風及思想深度爲標準。之後的許多學者繼續考察莊子的其他篇目，懷疑之説日多，主要集中於外、雜篇，外、雜篇多僞作幾乎成爲人們的共識。近代以後不少學者將懷疑的眼光擴大至内篇，提出了許多新的看法和證據。

三、莊子的思想

1.宇宙觀

莊子說:『有實而無乎處者,宇也;有長而無本剽者,宙也。』(庚桑楚)郭象解釋說:『宇者,有四方上下,而四方上下未有窮處;宙者,有古今之長,而古今之長無極。』可以看出,莊子認爲『宇宙』的概念是無始無終、無邊無垠的。那麼『宇宙』的根源又是什麼呢?莊子將其歸結爲『道』。在莊子看來,以人的感性和理性所能感知、推測的事物,都不可避免地帶有相對性與有限性,生死、貴賤、大小、是非、善惡、美醜、榮辱、得失等等,都是人們心中的成見,是人們被自己有限的認知能力所蔽而導致的:

> 自其異者視之,肝膽楚越也;自其同者視之,萬物皆一也。(德充符)
>
> 物故有所然,物故有所可。無物不然,無物不可。故爲是舉莛與楹,厲與西施,恢恑憰怪,道通爲一。其分也,成也;其成也,毀也。凡物無成與毀,復通爲一。……天下莫大於秋豪之末,而太山爲小;莫壽於殤子,而彭祖爲夭。天地與我並生,而萬物與我爲一。(齊物論)
>
> 彼亦一是非,此亦一是非。果且有彼是乎哉,果且無彼是乎哉?(同上)

莊子認識到了事物之間存在著普遍的差異,而且這種差異不是絕對的,而是相對的,因此不可能以某個特定存在的標準來衡量世間萬物。莊子認爲這種相對性來自於人類自身的種種局限,因爲世間萬物本沒有差別,所有的差別都是人們站在主觀立場上而得出的相對結論。但是,他同時又肯定雖然事物存在著相對性,但對立的雙方又互爲對方存在的條件,是不可以完全消除的:

> 彼出於是,是亦因彼,彼是方生之說也。方生方死,方死方生。方可方不可,方不可方可。(齊物論)

東西之相反而不可以相無。（秋水）

這種相對主義主宰了莊子對於自然、社會、人生等各個領域的認識與理解，但也必然將他帶入不確定的混亂之中，於是莊子虛構了一個空虛的絕對——『道』來消除這種相對性帶來的不確定性，認爲不論世間萬物有如何的差別，一旦站到更高的『道』的角度去審視，這種種差別都將消失不見。他在秋水篇中借北海若之口說：『以道觀之，物無貴賤；以物觀之，自貴而相賤；以俗觀之，貴賤不在己。以差觀之，因其所大而大之，則萬物莫不大；因其所小而小之，則萬物莫不小。知天地之爲稊米也，知毫末之爲丘山也，則差數覩矣。』就是說，雖然事物之間沒有特定的標準來彼此衡量，但只要將萬物都歸結到一個統一的本原，即『道』之中，就沒有了任何的差別，『道』在這裏成爲了一個絕對的尺規。

莊子是這樣給『道』下定義的：

夫道，有情有信，無爲無形；可傳而不可受，可得而不可見；自本自根，未有天地，自古以固存；神鬼神帝，生天生地；在太極之先而不爲高，在六極之下而不爲深，先天地生而不爲久，長於上古而不爲老。（大宗師）

從這個定義中可以看出，道『有情有信』、『自古以固存』，說明是客觀存在的；『無爲無形』，則是沒有意志、沒有形體的虛無存在；『可傳而不可受，可得而不可見』，是超乎感知，無法掌控的；『自本自根』，則是自己以自己爲根據，再無其他根源；『神鬼神帝，生天生地』，是萬物產生的本原；『在太極之先而不爲高，在六極之下而不爲深，先天地生而不爲久，長於上古而不爲老』，是超脫了時空限制，是絕對的、終極的。既然『道』具有這樣一些特徵，那麼當『道』創造了天地萬物之後，又以何種方式存在呢？莊子在知北遊篇中作了回答：

東郭子問於莊子曰：『所謂道，惡乎在？』莊子曰：『無所不在。』東郭子曰：『期而後可？』莊子曰：『在螻蟻。』曰：『何其下邪？』曰：『在稊稗。』曰：『何其愈下邪？』曰：『在瓦甓。』曰：

『何其愈甚邪？』曰：『在屎溺。』東郭子不應。莊子曰：『夫子之問也，固不及質。正獲之問於監市履狶也，每下愈況。汝唯莫必，無乎逃物。至道若是，大言亦然。周、徧、咸三者，異名同實，其指一也。』

莊子肯定道是先於天地而存在的，但也肯定當天地萬物生成之後，道便存在於天地萬物之中。因此，當東郭子向他詢問道存在於何處時，他便説在於『螻蟻』、『稊稗』、『瓦甓』、『屎溺』之中，並告訴東郭子道的本質並不是存在於某一個特定的事物之中，而是普遍存在於萬事萬物之中的，因此越是取喻於卑下的事物，就越是能説明大道無處不在的道理。

正由於『道』是生養天地萬物的根源，且無處不在，故人與天地萬物從根本上是同根同源且地位平等的，因此莊子説：『天地與我並生，而萬物與我爲一。』（齊物論）肯定天地萬物與人是統一體，密不可分的，這種『天人合一』的思想成爲了中國古代哲學的基本精神。這種精神從對自然的思索出發，更重視人與自然的和諧統一，與以社會倫理規範爲出發點、致力於道德修養實踐的儒家精神一起，構成了中國古代哲學完整而穩定的結構。

2．認識論

在認識論方面，莊子很清楚地意識到了人類認識領域内的一些矛盾，這些矛盾來源於人類認識的種種局限——感官經驗的局限，個人思維的局限，時間、空間的局限等等，這些局限使得人類在認識上很難達到完全的統一，而往往表現出某種相對性。這種相對性常常是令人困惑和不安的，因此人們一直在尋找超越這種相對性的絕對的『真知』。可是在莊子看來，由於認識的局限與被認識的對象的無限，人類獲得『真知』顯然是一件十分困難的事情：

吾生也有涯，而知也無涯，以有涯隨無涯，殆已！已而爲知者，殆而已矣。（養生主）

計人之所知，不若其所不知；其生之時，不若未生之時。以其至小，求窮其至大之域，是故迷亂而不能自得也。（秋水）

可見，莊子認爲人的認識能力是極其有限的，而人的認識對象卻是無窮無盡的，以有限的能力去探求無限的知識，顯然是十分困難的。那麼在這種普遍意義的知識之外，是否還有更高層次的『真知』呢？莊子的回答是肯定的，大宗師篇中說：

知天之所爲，知人之所爲者，至矣。知天之所爲者，天而生也；知人之所爲者，以其知之所知，以養其知之所不知，終其天年而不中道夭者，是知之盛也。雖然，有患。夫知有所待而後當，其所待者特未定也。庸詎知吾所謂天之非人乎？所謂人之非天乎？且有真人而後有真知。何謂真人？古之真人，不逆寡，不雄成，不謨士。若然者，過而弗悔，當而不自得也；若然者，登高不慄，入水不濡，入火不熱。是知之能登假於道者也若此。

看來『真知』是有的，但並非人人皆有，『知天』、『知人』還只是『知之盛』，仍有所待，只有爲『真人』所掌握的時候才能變爲一種『真知』而上達於『道』。很顯然，莊子認爲『真人』之所以能掌握『真知』，最主要的一個原因在於他突破了人的感官局限，具有了超乎常人的思維能力，因而能認識到『知之所不知』這種超越人們感官體驗的事物。

當然，並非人人都能成爲『真人』，掌握『真知』，但人們可以努力超越自身狹隘的認識，擴大自身的認識能力與範疇。秋水篇中莊子借北海若之口對河伯說：『井鼃不可以語於海者，拘於虛也；夏蟲不可以語於冰者，篤於時也；曲士不可以語於道者，束於教也。今爾出於崖涘，觀於大海，乃知爾醜，爾將可與語大理矣。』可見，『可與語大理』的前提是走出狹小的認識範圍，以獲得更豐富的感官經驗。當獲得足夠豐富的感官經驗時，則可能將這些感官經驗上升到新的層次，從而得到新的更高層次的知識，譬如養生主篇中庖丁說：『始臣之解牛之時，所見無非牛者；三年之後，未嘗見全牛也。方今之時，臣以神遇而不以目視，官知止而神欲行。依乎天理，批大郤，導大窾，因其固然，技經肯綮之未嘗，而況大軱乎！』庖丁之所以能將解牛之技運用得神乎其神，就在於他能將感官經驗上升到理性經驗，『目視』、『官知』都是感官活動，但庖丁卻能超越這些感官活動，將其上升到『神遇』、『神行』這樣的精神活動，從而使其解牛的技藝遠遠超越了其他人。但是，莊子有時並不贊同人們過分追求知識，胠篋篇中說：

上誠好知而無道，則天下大亂矣。何以知其然邪？夫弓弩、畢弋、機變之知多，則鳥亂於上矣；鉤餌、罔罟、罾笱之知多，則魚亂於水矣；削格、羅落、罝罘之知多，則獸亂於澤矣；知詐漸毒、頡滑堅白、解垢同異之變多，則俗惑於辯矣。故天下每每大亂，罪在於好知。

這更多地是從現實情況出發而發的議論，並非莊子完全不贊成追求『真知』，只是天下能有幾個『真人』？更多的人僅『知求其所不知，而莫知求其所已知』『知非其所不善，而莫知非其所已善者』（胠篋），天下人皆以這種方式『好知』，又如何能夠不『大亂』呢？

莊子不僅肯定了『真知』是存在的，而且肯定了『真知』是可以『聞』，可以『體』，可以『守』的，他經常提到的『聞道』、『體道』、『守道』，就是獲得『真知』的幾種形式。而如何『聞道』、『體道』、『守道』，莊子提出了『以明』、『見獨』、『坐忘』的方法。齊物論篇中說：『道惡乎隱而有真偽？言惡乎隱而有是非？道惡乎往而不存？言惡乎存而不可？道隱於小成，言隱於榮華。』認爲儒墨的是非之爭，實際上是被外物蒙蔽所致，而要去除蒙蔽，消除是非之爭，『則莫若以明』，來『是其所非，非其所是』，從而泯滅是非之間的界限。所謂『以明』實際上就是消除是非偏見，也就是莊子所說的『照之於天』，以空明若鏡的心靈來觀照萬物。『見獨』與『坐忘』的方式則比較接近，大宗師篇中南伯子葵向女偊請教『學道』之法，女偊說：『吾守而告之，參日而後能外天下；已外天下矣，吾又守之，七日而後能外物；已外物矣，吾又守之，九日而後能外生；已外生矣，而後能朝徹；朝徹，而後能見獨；見獨，而後能無古今；無古今，而後能入於不死不生。』可見，『見獨』就是經過一定的修養之後，能遺忘天下萬物，進而遺忘自身，從而大徹大悟，獲得絕對的『真知』，超脱時間與死生的束縛。大宗師篇中還提到顔回由『忘仁義』而『忘禮樂』，由『忘禮樂』而至於『坐忘』，所謂『坐忘』就是『墮肢體，黜聰明，離形去知，同於大通』。可以看出，『見獨』與『坐忘』類似，都是一種精神修養方式，由這種方式達到内心的虚静忘我，最終進入精神上一片渾沌的無待狀態。在這個過程中，人以一種神秘的直覺大徹大悟，並獲得感官經驗所不能提供的『真知』。

3．人生觀

莊子的人生觀首先立足於解決人的人生困境，與其他先秦諸子將眼光著落於短暫而有限的現實社會不同，莊子一開始就企圖爲人類尋找一個不僅擺脱現時社會困境、而且擺脱最終生命困境的途徑。因此，莊子一方面要求鄙棄人間的世俗道德、功名利禄，以達到遠禍全身、逍遥自適的境界；另一方面要求齊同死生，不悦生亦不惡死，從而超越死生，達到真正自由的目的。

莊子認爲要達到最大的精神自由，首先要認識到人同自然界其他事物一樣，都有著由生至死的過程，大宗師篇中説：『死生命也，其有夜旦之常，天也。』莊子意識到人之生死猶如晝夜交替，是人力無法改變的，因此悦生惡死都是不必要的。齊物論篇中説：『其形化，而心與之然，可不謂大哀乎！』人生最大的悲哀不在於形體的枯敗，而在於精神也隨著形體一同衰弱。既然『死生命也』，那麽面對生死最好的態度就是『安之若命』，因爲『大塊載我以形，勞我以生，佚我以老，息我以死』（大宗師），自然賦予人形體，就是要讓人生時勤勞，老時安逸，死時休息，這是一個自然而必然的過程，所以應當『善吾生』亦『善吾死』，將生死都看成一件美事。如果連生死都可『安之若命』，那麽世俗的情感則更可以一種平静的態度去面對。德充符篇中惠子與莊子爭辯『人故無情』的問題，惠子認爲人無情便不可稱爲人，而莊子則認爲『道與之貌，天與之形』，便可稱爲人，並解釋他所說的『無情』是指『不以好惡内傷其身』。可見，莊子認爲包括『好惡』在内的各種情感都會傷身，人一旦被生死、好惡等等束縛，便會累如倒懸，相反，如果能齊同生死，忘卻情感，便能不爲外物所傷，得以『縣解』：『且夫得者時也，失者順也，安時而處順，哀樂不能入也，此古之所謂縣解也。』（大宗師）或稱爲『攖寧』：『其爲物也，無不將也，無不迎也，無不毁也，無不成也，其名爲攖寧。攖寧也者，攖而後成者也。』（同上）

莊子人生觀的最高境界體現在那些具有理想人格的至人、真人、神人、聖人身上，這些理想形象的最大特點就是能超然於世外，無往而不逍遥。他們一方面能超脱死生，『不知悦生，不知惡死』（大宗師），『死生無變於己』（齊物論）；另一方面能超脱世俗道德與情感，『不從事於務，不就利，不違害，不喜求，不緣道』（同上）；同時還具有一套養生之法，『其寢不夢，其覺無憂，其食不甘，其息深深』（大宗師）。這些使他們能夠超乎常人，具有一些令人驚訝的能力，如『不食五穀，吸風飲露，乘雲氣，御飛龍，而游乎四海之外』（逍遥遊），或是『大澤焚而不能熱，河漢沍而不能寒，疾雷破山、飄風振海而不能驚』（齊物論）。這是莊子眼中處世的最高境界，但也只能是一種理想的追求與嚮往，人總是要生活在某個特定的歷史與社會之中的，因此更現實的問題還在於如何避免外物對於本性的摧殘，而達到『自救』的目的，莊子由此提出了『避世』和『遊世』的辦法。

無論『避世』還是『遊世』，首先都起因於當時的社會狀況。劉向在戰國策書録中描述説：

仲尼既没之後，田氏取齊，六卿分晉，道德大廢，上下失序。至秦孝公，捐禮讓而貴戰爭，棄仁義而用詐譎，苟以取強而已矣。夫篡盗之人，列爲侯王，詐譎之國，興立爲強。是以傳相放效，後生師之，遂相吞滅，并大兼小，暴師經歲，流血滿野，父子不相親，兄弟不相安，夫婦離散，莫保其命，湣然道德絶矣。晚世益甚，萬乘之國七，千乘之國五，敵侔爭權，蓋爲戰國。貪饕無恥，競進無厭；國異政教，各自制斷，上無天子，下無方伯；力功爭強，勝者爲右；兵革不休，詐僞並起。當此之時，雖有道德，不得施謀；有設之強，負阻而恃固；連與交質，重約結誓，以守其國。故孟子、孫卿儒術之士，棄捐於世，而遊說權謀之徒，見貴於俗。

在這種黑暗的亂世之中，尋求自我保全就不能不成爲首要的任務。莊子認爲『無用』是自我保全的途徑之一，櫟社樹、商丘之木因『不材』而得以長壽，牛之白顙者、豚之亢鼻者、人有痔病者因不可祭神而得以全身，支離疏以形殘痼疾而得以『終其天年』，因此莊子感歎『山木自寇，膏火自煎』（人間世），有用還不如無用的好。

『避世』是比較極端的作法，主張遁於山林，隱於世外，也就是則陽篇中所說的『自埋於民，自藏於畔，其聲銷，其志無窮，其口雖言，其心未嘗言，方且與世違而心不屑與之俱，是陸沉者也』。山木篇中說，魯侯因不能去欲虛己而不免於患，孔子因有矜伐之心而遭陳蔡之圍，逆旅美人因有矜美之意而不爲主人所重，處處昭顯自己的結果就是招引禍害，損毀自身，倒是像意怠那樣隱於群鳥之間，無所作爲，反而得以避害全身。可見，避世的直接目的還是爲了自我保全，相比於儒家對現實的積極肯定、參與和改造，這種與現實保持距離的作法無疑是消極的，但它又是建立在對自身精神世界的自信與認真之上的。這種精神上的潔癖，要求遠離世俗世界的污濁，從而保全精神世界的潔淨與高貴。莊子本人便是一個這樣的人：殉名者都以相位爲尊，他卻拒絕了楚王之聘，並以神龜爲例，表明自己寧願活著曳尾於爛泥之中，也不願爲示顯骨殼高貴而犧牲自然生命。惠子在梁國爲相，莊子去拜訪他，他深恐莊子會取代自己，因而『搜於國中三日三夜』，於是莊子對他說，有名叫鵷鶵的鳳鳥，從南海飛往北海，『非梧桐不止，非練實不食，非醴泉不飲』，又豈會同鴟鷹爭食腐鼠（見秋水）？實際上，世俗世界與精神世界從來就互相矛盾，而且越是黑暗混亂的社會，這種矛盾就越是表現得激烈與不可調和。列禦寇篇中寫宋人曹商出使秦國，得到秦王賞賜，回到宋國對莊子大加譏嘲，莊子反譏他的賞賜實際是替秦王舐痔而得，雖然莊子所說可能是譏諷之言，未必屬實，但可見在當時，愈是放棄精神尊嚴，愈是無恥卑下，得到的利益就愈多。

但是，也不是『不材』、『無用』就一定能得以全身，山木開篇有一則寓言，說莊子行於山中，見有一棵大樹枝葉茂盛，由於其『不材』，木匠沒有將其伐去，從而得以『終其天年』。但是等到莊子出了山，住在故人家中，故人殺鵝招待，把一隻不能鳴的鵝殺了，留下了能鳴的。不能鳴的鵝可謂『不材』，但最後還是招致災禍，因此莊子意識到，材、不材，或者材與不材之間，都無法真正免禍，但『乘道德而浮游』就不同了。『乘道德而浮游』是指順自然而游於至虛之境，這樣便能『無譽無訾』、『與時俱化』、『以和爲量，浮游乎萬物之祖，物物而不物於物』，這其中就包含了『遊世』的想法。莊子中對『遊世』還有許多表述：

夫明白入素，無爲復朴，體性抱神，以遊世俗之間者，汝將固驚耶？（天地）

人能虛己以遊世，其孰能害之？（山木）

唯至人乃能遊於世而不僻，順人而不失己。（外物）

彼節者有間，而刀刃者無厚，以無厚入有間，恢恢乎其於遊刃必有餘地矣。（養生主）

可以看出，虛已、無爲只是『遊世』的前提。除此之外，還必須學會順應現實和躲避矛盾，與外界達成形式上的妥協，以做到『不失已』，從而在夾縫中生存。這種『遊世』的態度與逍遙遊篇中所提出的『遊』並不相同，它更直接地指向了現實矛盾，並提出了更現實的解決辦法，與逍遙遊篇中指向內心的精神的『無所待』之遊有著層次上的差別。

4．政治觀

莊子的政治觀直接來源於對所處時代的體驗。他生活的戰國中晚期，是一個戰亂頻繁、勢力紛爭的年代，政治上表現出前所未有的動蕩與不安，正如劉向在戰國策書錄中所寫，『兵革不休，詐僞並起』。戰爭給人民的生活帶來了痛苦，權術也將人們的精神推向了險惡境地，莊子中多次寫到的戰爭、暴君、權臣等等，都是這種社會狀況的直接體現，而講到其根源，莊子則指向了整個等級制度、處於等級制度最上層的統治者，以及統治者用以統治百姓的仁義道德。由此，他認爲當時所存在的政治制度、道德法度是完全多餘的：

> 愚者自以爲覺，竊竊然知之。君乎，牧乎，固哉！（齊物論）

> 聖人已死，則大盜不起，天下平而無故矣！聖人不死，大盜不止。……彼竊鉤者誅，竊國者爲諸侯，諸侯之門而仁義存焉。（胠篋）

> 肩吾曰：「告我：君人者以己出經式義度，人孰敢不聽而化諸！」狂接輿曰：「是欺德也。其於治天下也，猶涉海鑿河，而使蚊負山也。夫聖人之治也，治外乎？正而後行，確乎能其事者而已矣。且鳥高飛以避矰弋之害，鼷鼠深穴乎神丘之下以避熏鑿之患，而曾二蟲之無知！」（應帝王）

可以看出，莊子認爲「君乎牧乎」這樣的統治制度不過是愚者的固陋之見，仁義不過是諸侯用來竊國的工具，「經式義度」也不過是統治者的「欺德」，既然連飛鳥、鼷鼠這樣的弱小動物都有保護自身不受災禍的本能，那麼比他們更聰明的百姓則根本不會接受法度的約束，想要欺騙、統治百姓就好比「涉海鑿河」、「使蚊負山」一樣不可能辦到。如果硬要以道德法度來約束、欺騙百姓，則必然造成嚴重的後果：

> 且夫二子（堯、舜）者，又何足以稱揚哉！……舉賢則民相軋，任知則民相盜。之數物者，不足以厚民。民之於利甚勤，子有殺父，臣有殺君，正晝爲盜，日中穴阫。吾語女：大亂之本，必生於堯、舜之間，其末存乎千世之後。千世之後，其必有人與人相食者也。（庚桑楚）

因爲天地萬物的發展都應循其自然之道，人與社會也應如此，所以莊子提出了廢棄君臣之分、復歸原始的無君返朴思想，並爲人們勾畫了一個無等級君臣的理想社會：

> 吾意善治天下者不然。彼民有常性，織而衣，耕而食，是謂同德；一而不黨，命曰天放。故至德之世，其行填填，其視顛顛。當是時也，山無蹊隧，澤無舟梁；萬物群生，連屬其鄉；禽獸成群，草木遂長。是故禽獸可係羈而遊，烏鵲之巢可攀援而窺。夫至德之世，同與禽獸居，族與萬物并，惡乎知君子小人哉？同乎無知，其德不離；同乎無欲，是謂素朴，素朴而民性得矣。（馬蹄）

> 至德之世，不尚賢，不使能，上如標枝，民如野鹿，端正而不知以爲義，相愛而不知以爲仁，實而不知以爲忠，當而不知以爲信，蠢動而相使，不以爲賜。是故行而無跡，事而無傳。（天地）
>
> 神農之世，臥則居居，起則于于，民知其母，不知其父，與麋鹿共處，耕而食，織而衣，無有相害之心，此至德之隆也。（盜跖）

莊子眼中的理想社會有其鮮明的特點，一方面要求返回原始的素朴狀態，使人與自然萬物和諧共處，另一方面要求去除等級制度，廢除仁義道德，消除欲望機心，使人與人之間和諧共處。莊子的理想社會有其進步之處，但他簡單地認爲返回與禽獸同居的原始社會就能解決一切社會矛盾，也是天真而不切實際的。

同時，在莊子外、雜篇中，出現了一些與上述不同的政治觀點，可能是莊子後學爲適應社會形勢的改變而對莊子思想所作出的調整。例如天地篇就明確承認了君臣等級之分：『玄古之君天下，無爲也，天德而已矣。以道觀言，而天下之君正；以道觀分，而君臣之義明；以道觀能，而天下之官治；以道泛觀，而萬物之應備。』並說：『德人者，居無思，行無慮，不藏是非美惡；四海之內共利之之謂悅，共給之之謂安；……財用有餘而不知其所自來，飲食取足而不知其所自從，此謂德人之容。』其中蘊含的意思非常明顯，只要能『無爲』而順應自然，就可以達到『有爲』而天下大治，這『有爲』的結果，表現在政治上就是『天下之君正』、『君臣之義明』、『天下之官治』，表現在經濟上就是『財用有餘』、『飲食取足』。他們並不反對『有爲』，也並不避諱『王天下』，只是強調如何『以無爲而無不爲』，如何『不以王天下爲己處顯』。但是，從現實的眼光來看，若事無大小，都以『無爲』處之，顯然是不可行的，因此莊子後學們在無爲的君主和有爲的臣僚之間進行了嚴格的角色劃分，提出了君道無爲而臣道有爲的理論。可以說，他們對於君臣萬物的關注程度絕不亞於儒家，不同之處僅在於儒家以『仁義』統率一切，而他們卻認爲應以無爲無欲的『道』來統率一切，其想要達到的結果與儒家是殊途同歸的。

5. 美學觀與文藝觀

莊子的美學觀直接來源於他的哲學觀，因此他眼中的美並不是純粹的自然美或藝術美，而是與『道』合一的境界美。人一旦做到『天地與我並生，而萬物與我爲一』、『獨與天地精神往來』，就能從天地萬物中體驗到一種人與自然合一的愉悦感，這在莊子看來才是美的極致。因此，莊子的美學觀從一開始就有兩個指向，一個指向外部形體的自然之美，另一個指向内部的無爲素朴之美。莊子對美這樣描述：

> 夫天地者，古之所大也，而黄帝、堯、舜之所共美也。（天道）
>
> 天地有大美而不言，四時有明法而不議，萬物有成理而不説。聖人者，原天地之美而達萬物之理。是故聖人無爲，大聖不作，觀於天地之謂也。（知北遊）

可以看出，莊子是肯定外部形體之美的，並且認爲這種美來自於『天地』之間，莊子中多處對大自然的美景進行過細緻描摹，諸如大海仙山、日月星辰、飛禽走獸、雷電風雨等等都出現其中，構成了一幅大自然的壯闊景象。但莊子認爲美來自於『天地』之間，並非僅僅由表像而作出的判斷，他認爲，『天地有大美』的原因在於它能順應大道，自然無爲。所以，在莊子看來，美的本質就在於自然無爲，能夠順應自然，保持自身天然本性的事物就是美的，莊子筆下的至人、真人、神人，往往具有極美的外形，其前提也是能順應大道，無爲虚静。反之，對天然本性的摧殘就是對美的破壞，所以『澤雉十步一啄，百步一飲』，自在閒適，然而一旦『畜乎樊中』，則『神雖王，不善也』，失去了原本天然的美（見養生主）；『百年之木』，枝葉繁茂，一旦被砍去，即使是做成尊貴的『犧尊』，塗上青黄的花紋，但失去了其天然本性，也是不美的（見天地）；海鳥『棲之深林，游之壇陸，浮之江湖，食之鰌鰷，隨行列而止，委虵而處』，怡然自得，一旦被『御而觴之於廟』，即使是『奏九韶以爲樂，具太牢以爲膳』，但失去了其自然生存的環境，也無美可言，最終『三日而死』（見至樂）。莊子也將這種最自然素朴、不加雕琢虚飾的美稱爲『真』：

> 真者，精誠之至也。不精不誠，不能動人。……真在內者，神動於外，是所以貴真也。……禮者，世俗之所爲也；真者，所以受於天也，自然不可易也。故聖人法天貴真，不拘於俗。（漁父）

這種『法天貴真』的美學觀點不僅表現在反對人工雕琢、追求事物天然本真，而且表現在推崇純真率性、自由不羈的人格上。

但是，莊子並不認爲對美的領略是一種主動的行爲，如果有目的地去『判天地之美，析萬物之理，察古人之全』（天下），是很少能得到美的感受的，審美的過程應該與『美』本身的特徵相同，是在自然無爲、與道合一的過程中體驗美的愉悦：

> 夫虛靜恬淡，寂寞無爲者，萬物之本也。……靜而聖，動而王，無爲也而尊，朴素而天下莫能與之爭美。（天道）

> 若夫不刻意而高，無仁義而修，無功名而治，無江海而閑，不道引而壽，無不忘也，無不有也，澹然無極而衆美從之。此天地之道，聖人之德也。（刻意）

莊子不但認爲只有這種虛靜恬淡、素朴無爲的精神狀態才能體驗到美，同時也認爲這種虛靜恬淡、素朴無爲的精神本身就具有一種美，這種美甚至還遠遠超越於形體的美之上。所以，『德有所長而形有所忘』，即使外形醜陋，只要具有精神之美，就能得到人們的欽慕。有時莊子甚至有意地以形體的醜來極襯人格的美，創造了一大批形極殘、德極全之人。

莊子的美學觀又極大地影響了他的文藝觀。由於認爲『美』在於『真』，在於自然無爲，因此文藝創作應當以還原本真爲目的，在自然無爲的態度下進行，這就要求摒棄一切功利目的，使得文藝創作成爲一種自然而然、合乎本性的行爲。達生篇中以賭博作比，認爲如果用便宜的瓦器做賭注，就會心無顧忌而賭得很好；若以較貴重的帶鉤做賭注，就會心懷忌憚而賭不好；要是拿黃金做賭注，就會心慌意亂，賭得更不好。同篇中寫梓慶鬼斧神工的技藝來自於動手前的齋戒，齋戒三日，『不敢懷慶賞爵祿』，齋戒五日，『不敢懷非譽巧拙』，齋戒七日，『輒然忘吾有四枝形體也』，這才能發揮出真正的技藝。莊子借這兩則故事說明只有忘掉利害得失，超越功利欲望，才能全神貫注、閒暇自得地運用技藝。

同時，由於莊子認爲最高層次的美是超越形體之外的精神的美，所以表現美的文藝創作也應該基於一種內在的精神體驗，只有忘卻外物，與天地精神往來，做到與『道』相通時才能創作出好的藝術作品。列禦寇射箭的技藝雖高，一旦『登高山，履危石，臨百仞之淵』，便發揮不出來了，就是由於還未達到物我兩忘的境界（見田子方）。這裏，莊子將藝術的產生歸結爲一種神秘的直覺領悟在起作用，也即是前面所講的『心齋』、『坐忘』，這是一種靠直覺和靈感獲得創作源泉的方式。但是莊子並非認爲藝術創作的源泉是憑空而來的，或是一種虛無的存在，相反，他認爲藝術創作只可能建立在大量現實經驗的基礎之上，如達生篇中的承蜩老人，其高超的承蜩技藝是經過『累丸二而不墜』、『累三而不墜』、『累五而不墜』這幾個艱苦的訓練過程才達到的；養生主篇中庖丁解牛，也經過了最初的『所見無非全牛』，『三年之後，未嘗見全牛也』，『方今之時，以神遇而不以目視，官知止而神欲行』這幾個過程才達到其高超技藝。但是，莊子雖然肯定高超的技巧不是一朝而得，要經過長時間的經驗積累，然而又主張在獲得技巧之後最終要將技巧忘卻，如工倕之所以能成爲巧匠是因爲他不但不依據規矩，也不受心思的指使，完全憑手指自然而然地進行創造（見達生）。

但是，莊子並不主張進行人爲的藝術創造，因爲在他看來，藝術創造是內在精神體驗的外在表現，而內在精神所依據的『道』本身卻是『不當名』的，因爲『道不可聞，聞而非也；道不可見，見而非也；道不可言，言而非也』（知北遊）。這種觀點是正確的，因爲『道』作爲一個抽象的概念，本來就無法具體描摹，一旦描摹出來，它也就不再是原本意義上的『道』了。由此，莊子認爲，語言、形式所能表達的只是事物粗糙的外表，用語言文字所寫的書籍，也不過是一堆糟粕。天道篇中輪扁能把握徐疾之間的微妙尺寸，從而『得之於手，而應於心』，但他所體會到的技巧卻無法傳授給别人，就是因爲這其中的奥妙是不能用語言來表達的。所以，聖人之道也不能通過語言文字來流傳，聖人死了，他們的道也就無法傳下來了，即使是聖人所寫的書，也只不過是古人的糟粕而已。這是一種現實生活中經常遇到的情形，也就是人們常説的『可意會而不可言傳』，事物最深奥的『妙理』是無法用語言來表達的，只有『求之於言意之表』、『入乎無言無意之域』才能掌握。秋水篇中説：『可以言論者，物之粗也；可以意致者，物之精也；言之所不能論，意之所不能察致者，不期精粗焉。』這很明確地指出文學作品只是内在精神的附庸，是比較粗糙的反映形式，並不能準確表達人的精神活動，更别説至虚至玄的『道』了。所以，莊子認爲一定要進行藝術創造的話也應該是『意在筆先』。田子方篇中講宋元君請畫工畫圖，畫工們都到了，恭恭敬敬地『受揖而立，舐筆和墨』，只有一個畫工遲遲而來，『儃儃然不趨，受揖不立，因之舍』，宋元君派人去察探，發現他『解衣般礴』，赤身露體，宋元君於是認爲他才是真正會畫圖的人。宋元君會作出這種判斷不是没有道理的，因爲此畫工不但能『解衣般礴』，去除形體上的負擔，而且心理上能神閒氣定，超然物外，作畫時也就必然能夠凝神於筆端，達到精神與外物合而爲一的狀態。

四、莊子的藝術特色

1. 寓言、重言、巵言

寓言、重言、巵言的運用是莊子一書最重要的藝術特色。莊子在寓言篇中曾自敍其著述特點爲：『寓言十九，重言十七，巵言日出，和以天倪。』在天下篇中又總結説：『以天下爲沉濁，不可與莊語，以巵言爲曼衍，以重言爲真，以寓言爲廣。獨與天地精神往來，而不敖倪於萬物，不譴是非，以與世俗處。其書雖瓌瑋而連犿無傷也，其辭雖參差而諔詭可觀。』

郭象莊子注對『寓言』、『重言』、『卮言』有很好的解釋：『寄之他人，則十言而九見信。世之所重，則十言而七見信。夫卮，滿則傾，空則仰，非持故也；況之於言，因物隨變，唯彼之從，故曰「日出」。日出，謂日新也，日新則盡其自然之分，自然之分盡則和也。』可見，所謂寓言就是假借形象思維寓理於事，表達己意；所謂重言，就是借重古人之言以申明作者自己的觀點；所謂卮言，就是依文隨勢而出現的一些零星之言。其實，不管寓言、重言、卮言，作用都無非如陸德明在經典釋文中所說：『以人不信己，故託之他人，十言而九見信也。』是一種不標示自己成見的敍述方式，而只將自己體驗所得的道理，或寄托在一個虛設的情境之中，或假借衆人所信服的先知先哲的嘴巴說出來，或依循物理之本然而立說，至於道理的究竟，便留待讀者去自由體悟。

『寓言』恐怕是莊子一書中最重要的表現手法了。史記老子韓非列傳說：『其著書十餘萬言，大抵率寓言也。』莊子全書大小寓言共計二百多個，其短者或一二十字，其長者或千餘字；有些篇目全部由寓言排比而成，有些篇目乾脆通篇就是一個寓言。但莊子書中，對於『寓言』這一體裁，並未在形式上給予嚴密的界說，而只說到寓言是『藉外論之』。什麼叫『藉外論之』呢？莊子舉例說，便如做父親的不給自己的兒子做媒，因爲做父親的稱讚兒子，總不如別人來稱讚顯得真實可信，因爲大部分人都易於猜疑。因此，自己的兒子縱然有好處，還得借外人的譽揚，才能見信於人。莊子的寓言，正是在這種『天下沉濁，不可與莊語』情況下誕生的。於是，北冥之魚可以千變萬化，摶扶搖而上九萬里；藐姑射山神人可以不食五穀、吸風飲露；任公子可以用五十頭牛爲餌來垂釣；空髑髏也可以與人娓娓交談。總之，一切有形的無形的，無一不可化爲故事，來表達莊子的哲學。在莊子書中，這種寓言的成分占得最多。但是，莊子中的寓言又非常與衆不同。先秦其他諸子如孟子、韓非子等人亦可謂善用寓言，但孟子多採用民間傳說故事來加強自己的論辯，韓非多利用歷史傳說與典故以佐證自己的說理，而莊子的寓言卻大多『皆空語無事實』（司馬遷語），而且莊子對於這些『無事實』之語，還往往輔以細緻生動的描寫，使之不僅有情節，還有語言、有形象、有情感。正是這些天馬行空、看似虛妄的想像、虛構與描寫，使莊子一書在哲學的成分以外，帶上了奇幻斑斕的文學色彩。

『重言』則是借重古代聖哲或是當時名人的話，來止塞天下爭辯之言的。但是莊子的實際用意，並不是爲了推崇聖哲與名人。雖然莊子有『齊物論』之心，卻也不得不站出來説話，因此只好退而求其次，借著偶像説自己的話，以避免糾纏於世俗的是非之爭。因此，在創作『重言』時，他時而借重黄帝，時而借重老聃，時而又求助孔子，當然，他們都得披上莊子的外衣，説莊子的話。所以，虚構聖哲與名人的言論在莊子筆下是司空見慣的事，甚至歷史上的人物不夠用了，他還會另造出許多『烏有先生』來，讓他們談道説法，互相辯論。例如孔子在莊子一書中，就是個形象不定、人格不一的人物：有時被抬得高高在上，滿口道家言論，儼然成了另一個莊子；有時又被還原本來面目，讓他屢受老聃的教訓；而有時又淪落到屢遭痛斥，被冷嘲熱諷的地步。『重言』的運用，使莊子一書帶有了一種亦莊亦諧的色彩，並將莊子的思想表達得倍加靈動新奇。

『卮言』在莊子中游衍不定，莊子以『卮言』命名，是想表明他自己所説的話便如酒器裏的酒，『卮滿則傾，卮空則仰，空滿任物，傾仰隨人』（成玄英語），都是無心之言，所以稱爲『卮言』。正因爲是無心之言，時傾時仰，因此『卮言』大多是些不著邊際的議論，想到哪便説到哪。在處於戰國亂世之中的莊子看來，百家爭鳴，各執一端，尤其儒、墨二家，他們妄分是非、善惡、貴賤、高下，完全是由於自私用智，爲成見所固蔽，所以莊子想以『卮言』的形式，跳出是非爭辯的圈子，避開自我成見的干擾，期合於天然的端倪，順應大道的運行，而代爲立論。

在莊子一書中，寓言、重言、卮言其實是『三位一體』，渾不可分的，它們互相輔助，互相映襯，構成了莊子『洸洋自恣』的藝術特色。莊子正是以其傑出的天才、超人的想像、浪漫的感情，借助這『三言』打破言與意的隔膜，創造出其極具浪漫主義感染力的優美文字，成爲了中國古代文學中不可逾越的高峰。

2．莊子散文的藝術特色

莊子是先秦諸子散文中最具特色的。魯迅曾高度讚揚莊子的文字『汪洋闢闔，儀態萬方』（漢文學史綱要），聞一多也稱讚『南華的文辭是千真萬真的文學』（古典新義莊子）。莊子散文的獨到之處，便是它跳出了先秦語錄體散文與論辯體散文的束縛，不僅以說理爲目的，還創造了一種優美飄逸、恢恑憰怪的文學風格，使其散文的文學性甚至超越了哲理性。

其文學性首先表現在他創造了一大批鮮明的形象，這些形象的創造並不限於人物，而且還借助寓言爲載體，超越了常人的認知與想像，延伸至自然界一切有形無形的事物，甚至只能存在於人們觀念中的精神事物。這些形象或美或醜，或真或假，或莊或諧，或逍遥或狹隘，令人目不暇接。在人物方面，莊子創造了一批極有特色的至醜之人，大宗師篇中描寫子輿得病，以至於背僂腰曲，五臟脈管突起於背脊，臉縮於肚臍，肩高於頭頂，身體完全扭曲變形，卻不但不以之爲醜，反而『心閑無事』，搖晃著走到井邊，欣賞自己變形的軀體，實在令人匪夷所思。德充符篇中，莊子更是集中塑造了一批身殘形醜之人：兀者王駘、申徒嘉、叔山無趾，惡人哀駘它，闉跂支離無脤，甕㼜大癭等，這些人不是缺胳膊少腿，便是形貌醜陋變形，甚至長著碗大的瘤，可謂醜之極至，但莊子卻對他們讚歎不已，不僅讓孔子在他們面前恭敬有加，還讓他們與老聃談道論法。但莊子也並非專門製造一些醜陋的形象來嘩衆取寵，逍遥遊篇中描寫的藐姑射山神人，『肌膚若冰雪，淖約若處子；不食五穀，吸風飲露；乘雲氣，御飛龍，而遊乎四海之外』，就完全是形德之美的極致。大宗師篇中也描寫了真人，『其心志，其容寂，其顙頯；淒然若秋，煖然似春，喜怒通四時，與物有宜而莫知其極』，其美簡直能令天地變色。除了這些或美或醜的虛構形象，莊子筆下還有著像孔子、顔回這樣的儒家人物，文惠君、衛靈公、惠施這樣的執政者，匠石、輪扁、庖丁、梓慶這樣的普通職業者。不僅人物，自然界的萬事萬物都可以爲莊子所用，成爲其寓言中的主人公。櫟樹可以托夢給匠石，講述無用以全身的道理（見人間世），髑髏可以與莊子同寢，討論死生之間的際遇（見至樂）。齊物論篇中記敘了『罔兩問景』的故事：

罔兩問景曰：『曩子行，今子止；曩子坐，今子起，何其無特操與？』景曰：『吾有待而然者邪？吾所待又有待而然者邪？吾待蛇蚹蜩翼邪？惡識所以然？惡識所以不然？』

影子要依附於物，而罔兩是『影外之陰』，也即是影子的影子，這樣兩個虛無縹緲的事物卻能夠將精神與形體之間的複雜關係闡述得頭頭是道，不能不讓人讚歎莊子的奇思妙想。應帝王篇中莊子還吸收山海經中的神話，創作了『渾沌之死』的寓言：中央之帝渾沌，人皆有七竅，而它卻沒有，南海、北海之帝儵、忽爲報渾沌善待之恩，便爲其開鑿七竅，誰知『日鑿一竅，七日而渾沌死』。儵、忽指一來一逝，飄忽無形之物，而渾沌更是萬物之初無法描摹的形相，莊子便是借這些無形無相的形象來說明帝王治世的深刻道理的。

可見，在莊子眼中，已無物我之分，人物之間，物物之間，天地萬物與精神世界的交流可以是毫無限制的，任何事物都有思想、有靈性，這可以將抽象的哲理表達得生動有趣。這種漫無涯際的想像與廣闊無垠的視野又使得莊子散文能夠超越時空的局限，呈現出宏大雄奇的氣魄與汪洋恣肆的浪漫主義色彩。在莊子筆下，北冥的巨鯤有幾千里之大，一朝化而爲鵬，其翼便如垂天之雲，能夠水擊三千里，摶扶搖而上九萬里（見逍遥遊）！任公子垂釣，要大鉤巨緇，以五十頭牛爲餌，蹲於會稽山上，投竿東海，一年過去，大魚吞餌，頓時白浪如山，海水震蕩，聲如鬼神，震驚千里，魚之大，可令浙江以東、蒼梧以北之人均得飽食（見外物）。齊物論篇中的至人更是能夠『大澤焚而不能熱，河漢沍而不能寒，疾雷破山、飄風振海而不能驚，……乘雲氣，騎日月，而遊於四海之外』。這些是多麼宏偉壯觀、變幻莫測的景象啊！秋水篇中莊子將大自然的壯美描摹得波瀾壯闊：

> 秋水時至，百川灌河。涇流之大，兩涘渚崖之間，不辯牛馬。於是焉河伯欣然自喜，以天下之美爲盡在己。順流而東行，至於北海，東面而視，不見水端。於是焉河伯始旋其面目，望洋向若而歎曰：『野語有之，曰「聞道百，以爲莫己若」者，我之謂也。……吾長見笑於大方之家。』

這些氣勢宏大的描寫可謂道盡了『大』的玄妙，不能不喚起人們對逍遥的無限遐想。難怪宋代高似孫在評價莊子散文時說：『極天之荒，窮人之僞，放肆迤演，如長江大河，滾滾灌注，氾濫於天下；又如萬籟怒號，澎湃洶湧，聲沉影滅，不可控摶。』（子略）然而，莊子又不時以大手筆來曲盡『小』之情狀，則陽篇中講『有國於蝸之左角者曰觸氏，有國於蝸之右角者曰蠻氏』，蝸角之國，已經小而又小，然而就在如此小的地盤上，觸、蠻二氏卻還能『時相與爭地而戰，伏屍數萬，逐北旬有五日而後反』，實在令人驚心動魄、難以置信。然而，這又正是戰國時期『爭地以戰，殺人盈野；爭城以戰，殺人盈城』（孟子離婁上）的社會現實的真實反映，莊子也正是以這種誇張之語，來嘲諷目光淺陋、廝殺無止的諸侯。而將這種雄奇的誇張發展到極致的是在莊子將死之時，『弟子欲厚葬之，莊子曰：「吾以天地爲棺槨，以日月爲連璧，星辰爲珠璣，萬物爲齎送。吾葬具豈不備邪！何以加此！」』（列禦寇）只有精神上沖出渺小的個體，將短暫生命融入宇宙萬物之間，方能有此不懼死生的氣魄。試看先秦諸子，除了莊子，又有誰能有這種精神上的無限張力，這種穿越時空、超越死生的曠達瀟灑呢？

但是僅有豐富奇特的形象和宏偉壯闊的氣勢，還不足以構成莊子散文的獨特魅力，莊子散文的形象和氣勢還要通過生動貼切的比喻和細緻傳神的描寫才能達到形神俱現的效果。例如養生主篇中說：『指窮於爲薪，火傳也，不知其盡也。』以薪喻形，以火喻神，薪有盡而火無窮，正如形體總有枯槁之時，但精神只要加以保養便能不窮不盡，強調了養生者當在於養神而非養形。又如在宥篇說：『女慎無攖人心，人心排下而進上，上下囚殺，淖約柔乎剛強，廉劌雕琢，其熱焦火，其寒凝冰，其疾俯仰之間而再撫四海之外，其居也淵而靜，其動也縣而天。』以『焦火』喻其躁，『凝冰』喻其堅，『俯仰四海』喻其速，『淵靜縣天』喻其動靜各殊，皆用來比喻人心之不可攖。莊子在運用比喻時，還往往善於使用連類比喻，造成如層峰起伏般的奇妙效果，如天運篇『孔子西遊於衛』一段，接連使用『古今非水陸』、『周魯非舟車』、『桔槔俯仰』、『柤梨橘柚可口』、『猨狙衣周公之服』、『西施病心而矉其里』六個比喻，作六層轉換，生動地說明『禮義法度』必須『應時而變』的道理。

細緻傳神的描寫也是莊子散文藝術魅力的來源之一，它使得莊子散文不僅有故事，而且故事生動有趣，不僅有人物，而且人物栩栩如生，不僅有情節，還有語言，有動作，有神態，有心理活動。盜跖篇是一個典型代表，其中『孔子見盜跖』幾乎就是一篇完整的小説，而且情節跌宕起伏，引人入勝：被人稱爲『聖之和也』的柳下惠與『殺人放火』的盜跖成了親兄弟，相隔百年的孔子與柳下惠居然也成了好友，孔子一意孤行，不聽勸阻，欲説服盜跖改邪歸正，不料卻遭盜跖痛斥，落荒而逃，路遇柳下惠，發出『無病而自灸』、『幾不免虎口哉』的感歎。整個故事大起大落，變幻莫測，生動地刻劃了英雄神勇的盜跖這一極富傳奇色彩的形象，也誇張地諷刺了所謂至聖的孔子實不過是一名巨盜。其中的多處描寫可謂聲情並茂，如孔子第一次拜見盜跖時：

盜跖聞之大怒，目如明星，髮上指冠，曰：『此夫魯國之巧僞人孔丘非邪？爲我告之：「爾作言造語，妄稱文武，冠枝木之冠，帶死牛之脅，多辭繆説，不耕而食，不織而衣，搖唇鼓舌，擅生是非，以迷天下之主，使天下學士不反其本，妄作孝弟，而僥倖於封侯富貴者也。子之罪大極重，疾走歸！不然，我將以子肝益晝餔之膳！」』

再次拜見盜跖時：

盜跖曰：『使來前！』孔子趨而進，避席反走，再拜盜跖。盜跖大怒，兩展其足，案劍瞋目，聲如乳虎，曰：『丘來前！若所言，順吾意則生，逆吾心則死。』

兩次拜見，將盜跖勃然大怒的神態與其叛逆豪放的言語描繪得有聲有色，也從側面描寫了孔子欺世盜名的面目。及至孔子失敗遭斥，狼狽而逃時，則是：

孔子再拜趨走，出門上車，執轡三失，目芒然無見，色若死灰，據軾低頭，不能出氣。

短短幾句神態與動作描寫，孔子失魂落魄、狼狽而逃的模樣便躍然紙上，與盜跖雄健粗獷、無畏無懼的形象形成鮮明的對比。再如達生篇中説齊桓公於澤中見鬼，以致失魂譫語而病，皇子告敖前往，莊子寫道：

桓公曰：『然則有鬼乎？』曰：『有。沈有履，灶有髻。户内之煩壤，雷霆處之；東北方之下者，倍阿鮭蠪躍之；西北方之下者，則泆陽處之。水有罔象，丘有峷，山有夔，野有彷徨，澤有委蛇。』

公曰：『請問，委蛇之狀如何？』皇子曰：『委蛇，其大如轂，其長如轅，紫衣而朱冠。其爲物也，惡聞雷車之聲，則捧其首而立，見之者殆乎霸。』桓公輾然而笑曰：『此寡人之所見者也。』於是正衣冠與之坐，不終日而不知病之去也。

這段文字看似波瀾不驚，其實卻大有文章：皇子告敖看似在爲桓公講述鬼之情狀，實則是深知桓公的稱霸野心，從而暗中奉迎，二人的微妙心理就在這段普普通通的對話中表露無遺了。

莊子散文的文學成就，還表現在其語言特色上。明人陸西星形容莊子的文章有『草蛇灰綫』(南華真經副墨)之妙，清人方東樹也說『大約太白詩與莊子文同妙，意接而詞不接，發想無端，如天上白雲，卷舒滅現，無有定形』(昭昧詹言卷十二)。莊子的語言往往如行雲流水，飄逸優美，宛轉跌宕，同時又節奏鮮明，音調和諧，具有散文詩般的藝術效果。如齊物論篇中對風的描寫：

夫大塊噫氣，其名爲風。是唯無作，作則萬竅怒號，而獨不聞之翏翏乎？山林之畏隹，大木百圍之竅穴，似鼻、似口、似耳、似枅、似圈、似臼、似洼者、似汙者。激者、謞者、叱者、吸者、叫者、譹者、宎者、咬者。前者唱于，而隨者唱喁。泠風則小和，飄風則大和，厲風濟則衆竅爲虛。而獨不見之調調、之刁刁乎？

極寫了風之情態，從各種各樣的孔穴，寫到各種各樣的風聲，從小風到大風，再到衆竅俱寂，樹影搖曳，正如宣穎所說：『初讀之，拉雜崩騰，如萬馬奔趨，洪濤洶湧；既讀之，希微杳冥，如秋空夜靜，四顧悄然。』既有賦的鋪陳，又有詩的節奏，讀來仿佛令人身臨其境，領略了一番自然的變幻莫測。在行文構思上，莊子的文字散而有結，開闔無端，首尾不落俗套，轉接無露痕跡，令讀者忽如置身群峰之間，忽如腳踏平原之上，忽如登臨萬仞之巔，一覽無遺，忽如誤入十里迷津，惝恍迷離。如逍遥遊一文，起手寫大鵬憑風南飛，以寓萬物皆『有所待』之旨。但唯恐他人不信，又引齊諧爲證，並借野馬、塵埃、大舟喻大鵬，借水與生物之息喻大風，並通過蜩、學鳩、朝菌、蟪蛄、冥靈、大椿、彭祖、眾人與湯之問棘來反復申述此意。接著以『此小大之辯也』一句稍作收束，暗示凡此種種，雖有大小之別，壽夭之殊，然其『有所待』，則皆無例外。但文復生文，喻復生喻，波興雲委，莫測涯涘，行文至此並未點明正意。接著，筆鋒由小智小才者轉向『舉世譽之而不加勸，舉世非之而不加沮』的宋榮子與『御風而行』的列子，表明前者不過是自適其志的學鳩、斥鴳之輩，而後者與『乘天地之正，而御六氣之辯，以遊無窮』，無所待而獲得真正逍遙的至人、神人、聖人相比，也至多不過是『猶有所待』的大鵬而已，實在不值得稱道。全篇宗旨，至此才軒豁呈露。筆勢蜿蜒，層層跌落，又層層推進，似斷而非斷，似續而非續，結束之處亦令人回味無窮。正如劉熙載所說：『文之神妙，莫過於能飛。莊子之言鵬曰「怒而飛」，今觀其文，無端而來，無端而去，殆得「飛」之機者。』（藝概文概）

以上這些特點使得莊子散文大大有別於先秦各家諸子散文，達到哲理性與文學性的完美結合。應該說，與先秦其他諸子散文一樣，莊子還是以說理爲目的的散文，只是莊子以其令人驚歎的天才，不自覺地在文學性上超越了哲理性。正如聞一多所說：『莊子是一位哲學家，然而侵入了文學的聖域。』（古典新義莊子）正由於此，莊子能把枯燥艱澀的理論表達得渾然流暢、含而不露，如齊物論篇末寫『莊周夢蝶』：

> 昔者莊周夢爲胡蝶，栩栩然胡蝶也。自喻適志與，不知周也。俄然覺，則蘧蘧然周也。不知周之夢爲胡蝶與，胡蝶之夢爲周與？周與胡蝶，則必有分矣。此之謂物化。

『物化』指泯滅事物差別，彼我渾然同化的和諧境界，本不好理解，但莊周卻借生活中常見的『做夢』這種『物化』的瞬間表達來加以說明，且將『栩栩然』的蝴蝶與『蘧蘧然』的莊周刻劃得如見其人，如夢其夢，從而使人明白了夢與覺、周與蝶本不必分，也不可分的道理，達到了物我兩忘的境界。此類例子在莊子中不勝枚舉，但是也必須看到，莊子汪洋恣肆的生花妙筆根本上還是來源於其深邃難測的哲理，讀莊子不僅要欣賞其藝術魅力，也應當領略其哲學風采，正如聞一多所說：『讀莊子，本分不出那是思想的美，那是文字的美。』（古典新義莊子）

五、莊子的地位與影響

莊子在文學上的影響很大，自賈誼、司馬遷以來，歷代大作家幾乎無一不受到它的熏陶。在思想上，或取其憤世嫉俗、曠達不羈，或隨其悲觀消極、頹廢厭世；在藝術上，或讚歎不已，或汲取仿效，並加以發揮，從而創造了中國古代文學中眾多絢麗多姿的藝術作品。郭沫若認爲，秦漢以來的中國文學史差不多大半是在莊子的影響下發展的（見魯迅與莊子）。聞一多也說：『中國人的文化上永遠留著莊子的烙印。』（古典新義莊子）這些話絕不誇張，從寓言到小說，從詩歌到散文，從形式到內容，從文學到哲學，無一不留有莊子的影子，甚至中國的藝術史也多少帶有莊子的印記。

第一，在先秦諸子中，莊子可謂是最善於將寓言作爲一種文學形式加以自覺運用的人。在他的筆下，寓言不僅僅是說理的輔助工具，也具有了幾近獨立的地位。在中國文學的發展過程中，它直接影響了文人的寓言創作，如唐代韓愈的馬說、龍說、送窮文，柳宗元的三戒、種樹郭橐駝傳，明代劉基的郁離子等，使寓言逐步脫離了論說文、史傳文而獨立成體。更爲重要的是，先秦寓言起著上繼神話、下啟小說的作用。莊子中關於渾沌、黃帝、廣成子等的刻畫，都採用了神話的題材，其變幻莫測的想像與誇張也與古代神話的風格相似。但它又發展了神話的簡單形式，其寓言有故事情節，有時甚至是複雜的故事情節，有人物形象，有對話，有細節，直接啟發了後代小說的產生。莊子中許多寓言記述或者虛構了鬼怪異事，是魏晉以後志怪小說的鼻祖之一。莊子中妻死鼓盆在馮夢龍警世通言中被發揮成莊子休鼓盆成大道，莊周夢蝶、髑髏見夢等也被後人演爲三蝴蝶夢、大劈棺等戲劇，魯迅故事新編中的起死也本於此。至於後代詩、詞、曲、賦中熔鑄其寓言爲題材的，更是俯拾皆是，數不勝數。

第二，莊子『獨與天地精神往來』的浪漫主義風格也給中國文學帶來了深刻的影響，其極端熱情的文字，漫無涯際的想像，繽紛瑰麗的辭藻，天馬行空的文思，使其成爲中國浪漫主義文學的源頭，影響到包括詠懷詩、玄言詩、游仙文學、山水文學、田園文學、志怪文學等在内的一大批文學形式。唐代李白深受莊子『開浩蕩之奇言』的浪漫主義風格影響，其詩歌、散文感情熾烈，想像豐富，氣勢磅礴，曠放不羈，成爲莊子之後中國浪漫主義文學的又一個高峰。宋代蘇軾也深得莊子浪漫主義的真諦，他説：『吾昔有見於中，口未能言。今見莊子，得吾心矣。』（蘇轍亡兄子瞻端明墓誌銘）看來，蘇軾自然曠達、卓爾不群的人格與莊子不無關係；其赤壁賦及清風閣、淩虛臺、墨寶堂、超然臺諸記，思想語言亦無不出於莊子，而其文章所謂『如行雲流水』、『如萬斛泉源，不擇地而出』的風格，亦與莊子相近，其詞更是得莊子之風，成爲『豪放』一派的代表之作。

第三，莊子散文中的美學思想對中國文學、藝術都産生了深遠的影響。莊子認爲『天地有大美而不言』（知北遊），『美』存在於『天地』之間，爲自然所有，只有自然無爲方才可以體會到天地之大美。這一思想可謂直接孕育了中國山水詩、田園詩、遊記等文學的萌芽，並促其發展。中國的繪畫、書法也無一不受其影響，山水畫以其得天地之美而成爲中國畫的最主要類型，書法則受其『大美』的美學情調和浪漫主義風格的影響，産生了行雲流水、揮斥八極的草書，典型的如張旭、懷素等人的書法。莊子還獨開『以醜爲美』的美學先河，他追求形體的完美，但更追求精神的完美，在他看來，醜陋的形體之下反而更能包含超越形體之外的精神之美，即他所稱的『全德』。這種以形體的醜陋來突出精神之美的美學取向，也成了文學家和藝術家們的又一處靈感源泉，文學家以『醜石』、『病梅』等等有缺憾的事物來表達自己的精神追求，畫家們則以形象怪異、醜陋的人物來表達内心不屈不撓的精神力量。此外，莊子主張得意忘言、言約旨遠、意在言外的創作準則，直接影響了劉勰『情在詞外』、鍾嶸『文有盡而意有餘』、司空圖『象外之象，景外之景』、王國維境界説等文藝理論，也極深地影響到中國的文學與藝術，使其形成了重神而不重形這種顯著區别於西方文藝的風格。

第四，莊子蔑視權勢利祿、追求獨立自由人格和逍遥自適生命境界的精神，使中國文人在儒家的『修身、齊家、治國、平天下』之外，有了另一種生命追求。阮籍、嵇康不拘禮教、任性不羈、憤世嫉俗的人格表現，陶淵明『不爲五斗米折腰』而寧願『采菊東籬下』的人生態度，甚至歐陽修流連山水時『醉翁之意不在酒，在乎山水之間也』的理想，無一不留有莊子的影子。李白、蘇軾面對人生的大起大落，能夠不驚不亂，依然曠達自適，都可看出受莊子濡染之深。總之，莊子對中國文人精神的影響難以一語道盡，要真正體會中國文人的精神，不讀懂莊子是不行的。

六、歷代的莊子研究

戰國時的荀子對莊子已有所批判，但往往對莊子學説加以改造、發揮，以爲己用。呂氏春秋對莊子思想和内容就多有引用，西漢前期的淮南王劉安、司馬遷都對莊子有所研究，秦漢辭賦、經學也都吸納、改造了部分莊子思想，以爲己用。

魏晉時期，玄學興起，以阮籍、嵇康爲代表的『竹林七賢』對莊子大加倡導，提出『越名教而任自然』，以莊子的思想行爲爲標榜。魏晉注莊者甚多，郭象之前便有幾十家，其中爲世所重者有崔譔、向秀、司馬彪、孟氏諸家的注和李頤的集解。郭象注則以其精純而爲世人所貴，流傳至今，其餘諸人的注解，或佚失，或僅殘存於陸德明經典釋文莊子音義和他書注文及類書之中。東晉南北朝佛教盛行，般若學與儒、道互相滲透，使此時的莊子學帶有濃重的佛化色彩，許多名僧研究莊子思想，如慧遠早年『博綜六經，尤善莊老』（高僧傳慧遠傳），支遁作逍遥論等。東晉道教亦迅速發展，其理論往往通過改造、發展老莊思想而成，許多道教理論家對莊子進行了積極闡釋，如葛洪曾著修訂莊子十七卷，當是一部以道教理論來修正莊子學説的專著。

隋唐兩代，道學地位陡然提高，尤其唐朝出於神化『李』姓的目的，對老子大加崇拜，這在唐玄宗時達到了高潮。他不僅大力提高老子的地位，也對其後繼者莊子、列子大加推崇，詔號莊子爲南華真經，加封莊子爲『南華真人』，並在科舉之中對道學加以重視，促成了唐代莊子學的盛行。隋唐兩代，關於莊子的著作可以考知的有二十多種，但流傳下來的只有陸德明的音義和成玄英的疏。陸德明莊子音義三卷，廣集並審訂了漢魏六朝衆多學者爲莊子所作之音義，並於這些舊音義之外自作音義，可謂爲漢魏以來所取得的治莊成果作了一次前所未有的總結，許多寶貴的莊子研究資料因此而得以保存。唐初道士成玄英作莊子注疏，在繼承郭象注的基礎上，既吸取了佛教的許多思想觀念和思維方式，又承因了道教的一些思想信仰，他從訓釋字詞入手，進一步對語辭章句進行梳理貫通，彌補了郭象只重義理不重訓釋的不足，因此可謂是一部吸納、融合魏晉六朝多種思想學術精華而又有所進益的著作。

宋明時期儒、道、佛三家並立而以儒爲尊，故宋明莊子學表現出明顯的儒學化，以儒評莊、引莊入儒是宋明兩代莊子學的最大特點。此外佛、道兩家的學者也對莊子學貢獻頗大。宋明時期重要的文人學者包括理學家，都對莊子進行過評論，如王安石、蘇軾、黄庭堅、周敦頤、程頤、程顥、朱熹、宋濂、楊慎、歸有光、李卓吾、袁宏道、袁中道、鍾惺、譚元春等，其中王安石、蘇軾對後世莊子學影響極大，而宋明理學雖試圖劃清與道家的界限，也還是不免吸納了道家的思想理論與思維方法。宋明佛教特別是禪宗，不但大膽吸收了莊子思想，還積極參與了闡釋莊子思想的活動。宋明道教以其與道家的獨特關係，對莊子學貢獻甚大，許多道教學者都撰有莊子學專著，如陳景元南華真經章句音義、褚伯秀南華真經義海纂微、陸西星南華真經副墨等。

清代莊子學結合了義理闡釋與文章學研究兩方面，如林雲銘莊子因、宣穎南華經解等，取得了很大成績。乾嘉之後的莊子學受乾嘉學風的影響，又大量引進了訓詁、考據等方法，如盧文弨莊子音義考證、王念孫莊子雜志、俞樾莊子平議、孫詒讓莊子劄迻等，也取得了很大成就。晚清還出現了一些集合衆家研究成果的著作，如郭慶藩莊子集釋、王先謙莊子集解等皆是。民國時期，中國政治、經濟、文化都發生了劇烈變化，西方文化的傳入，使中國傳統文化的研究在受到種種衝擊之後，表現出許多新的特點，並產生了一大批具有新興思想與研究方法的學者。因此，近代莊子學出現了兩種不同的趨勢，一種以傳統的訓詁校勘方法進行更深入的研究，如馬敘倫莊子義證、劉文典莊子補正、王叔岷莊子校釋、胡遠濬莊子詮詁、聞一多莊子内篇校釋、楊樹達莊子拾遺等；另一種則吸收了西方哲學與科學的成果進行新的闡釋，如蘇甲榮莊子哲學、郎擎霄莊子學案、葉國慶莊子研究等，爲莊子研究注入了新的活力。

綜論

一、莊子的籍里

關於莊子的籍里，在隋唐時便有了不同的説法，尤其是近數十年以來，更是衆説紛紜，莫衷一是。爲此，筆者曾於2004年春、2005年春，帶著數名博士生，先後到河南省商丘地區和山東省曹縣、東明縣、鄄城縣等地進行實地考察，得到了當地有關部門和民間長者的大力協助，除了看到據説與莊子有關的大量遺跡而外，還收集到了許多與莊子有關的地方文獻資料和民間口頭傳説故事。今擬結合這兩次考察所得，對歷代的有關文獻資料和今人的各種説法作一次認真的梳理、辨析，以期能夠對莊子的籍里問題有所考定。

在所有歷史文獻資料中，最早明確提到莊子故里的是司馬遷史記老子韓非列傳：『莊子者，蒙人也，名周。』那麼，『蒙』到底在哪個國家呢？韓非子難三云：『宋人語曰：「一雀過羿，羿必得之，則羿誣矣。以天下爲之羅，則雀不失矣。」』此語出於莊子庚桑楚：『一雀適羿，羿必得之，威也。以天下爲之籠，則雀無所逃。』則韓非所説的『宋人』，顯然就是指庚桑楚篇的作者莊子。衆所周知，韓非是荀子的學生，而史記孟子荀卿列傳謂『荀卿嫉……鄙儒小拘，如莊周等又猾稽亂俗』，荀子自己在解蔽篇中也確曾批評説『莊子蔽於天而不知人』，但他在構建唯物主義思想體系時又注意吸收了老莊的道論思想。韓非的學説並不僅僅源於前期法家商鞅、申不害、慎到關於『法』、『術』、『勢』的理論，而且還汲取了他的老師荀況和墨家、道家的一部分思想成果。他像荀子一樣，對老莊思想既有所批判，又有所吸收，其所撰解老、喻老、主道、揚權等篇，便明顯地反映了這一點，所以司馬遷就把他與老子、莊子列於同傳之中，並云：『韓非……喜刑名法術之學，而其歸本於黃老。』（史記老子韓非列傳）這說明荀子師徒二人對莊子及其學說甚爲關注，兼以他們離莊子的時代不太遠，因而韓非關於莊子爲宋人的說法無疑應該是真實可信的，則司馬遷所說的『蒙』也就必在宋國了。

史記宋微子世家『休公田二十三年卒，子辟公辟兵立』，唐司馬貞索隱云：『按：紀年作「桓侯璧兵」，則璧兵謚桓也。又莊子云：「桓侯行，未出城門，其前驅呼辟，蒙人止之，後爲狂也。」司馬彪云：「呼辟，使人避道。蒙人以桓侯名辟，而前驅呼辟，故爲狂也。」』此處所引的爲古本莊子之佚文，西晉司馬彪曾爲之作注釋。據莊子佚文、司馬彪注、竹書紀年、史記、司馬貞索隱所言，原來宋桓侯名辟，而開道人不知其名爲『辟』，將出城門時便直呼『辟（避道）』，於是蒙人就馬上制止他如此呼叫。既然宋君出行時有『蒙人』制止『前驅呼辟』的無禮行爲，對自己的國君表示了極其敬畏的心情，則此『蒙人』必爲宋人無疑，所以近人馬敘倫便在莊子宋人考中謂『蒙爲宋地，此亦一證』①。而且他還在此文中指出：『尋春秋莊十一年左傳「宋萬弒閔公於蒙澤」，賈逵注曰：「蒙澤，宋澤名也。」杜預注曰：「蒙澤，宋地。」……淮南齊俗訓曰：「惠子從車百乘，以過孟諸。莊子見之，棄其餘魚。」高誘注曰：「孟諸，宋澤。」……則孟諸即蒙澤。』凡此亦皆說明，司馬遷所說的莊子故里『蒙』，必在宋國無疑。

在莊子書中，人間世篇所提到的『商之丘』、『荊氏』等，都是宋國的地名；逍遙遊篇所寫到的宋榮子、養生主篇所寫到的公文軒、田子方篇所寫到的宋元君等，都是宋國人。而且，天運篇還寫了莊子與宋國太宰蕩的一

① 馬敘倫莊子義證附錄一，上海商務印書館1930年版。

大段對話，逍遙遊、德充符、至樂等篇更是寫了許多關於莊子與宋人惠施的辯難過從故事，徐無鬼篇甚至還寫了『莊子送葬，過惠子之墓』的故事。這些雖大都具有寓言性質，但也可佐證莊子爲宋國人。特別需要指出的是，列禦寇篇謂『宋人有曹商者，爲宋王使秦。其往也，得車數乘。王説之，益車百乘。反於宋，見莊子』，又謂『人有見宋王者，錫車十乘，以其十乘驕稚莊子』，這更可證明莊子即爲宋國人。

因有見於上述種種事實，漢人都斷言莊子爲宋國人，甚至更明確地指出是宋國之蒙人。如班固在漢書藝文志『莊子五十二篇』下自注：『名周，宋人。』張衡在髑髏賦中托爲莊周的口吻說：『吾宋人也，姓莊名周。』劉向在別錄中說：『（莊周），宋之蒙人也。』①高誘在注呂氏春秋必己時說：『莊子，名周，宋之蒙人也。』又在注淮南子修務訓時說：『莊子，名周，宋蒙縣人。』這些說法，結論是一致的，都認爲莊子是宋國人。因此，西晉皇甫謐在高士傳中就接著說：『莊周者，宋之蒙人也。』但由於行政區劃的不斷變更，大約自隋唐以來，人們對莊子的籍里便有了不同的說法。如隋書經籍志於『莊子二十卷』下作小注說：『梁漆園吏莊周撰。』陸德明在經典釋文序錄中說：『莊子者，姓莊名周，梁國蒙縣人也。』成玄英在莊子注疏序中則說：『其人姓莊名周，字子休，生宋國睢陽蒙縣。』實際上，這些說法與前人的說法仍是一致的，只不過是使用了變更後的政區名稱而已。

據宋代樂史在太平寰宇記河南道宋州中說，春秋時宋國的蒙縣乃是『以宋公及諸侯盟蒙門而爲縣名』。公元前286年，宋國被齊國所滅。嗣後，由於齊國逐步衰弱，原宋國之地遂被楚、魏等國所瓜分，蒙地歸於楚國。秦時，蒙縣隸屬於碭郡，漢高祖五年（前202）改隸梁國，故漢書地理志所載『梁國』八縣，『蒙』即爲其中之一。此後在行政區劃的調整過程中，梁國共領九城，在宋城睢水之陽設置了睢陽縣，而將蒙縣縣城稍作北移，故後漢書郡國志所載『梁國』九城，『睢陽』、『蒙』皆爲其中之一。由此說明，隋書經籍志所謂『梁漆園吏莊周』、陸德明

① 史記老子韓非列傳司馬貞索隱引。

所謂『莊子者，姓莊名周，梁國蒙縣人也』，只是以變更後的政區名稱來指稱莊子的籍里罷了，並沒有改變莊子原爲宋人的屬性。至於成玄英在『蒙縣』前增加『睢陽』二字，則僅是爲了表明『睢陽』的一部分地方原爲『蒙縣』之古地而已，也並沒有改變莊子原爲宋人的屬性。

對於莊子爲宋國之蒙人，既已深信無疑，那麼蒙的具體方位到底在哪兒呢？要探究這一問題，讓我們先來瞭解一下宋國的版圖情況。班固在漢書地理志『梁國·睢陽』下自注云：『故宋國，微子所封。』公元前十一世紀，周公在平定武庚的反叛後，把商舊都的周圍地區分封給了商王紂的庶兄微子啟，建都商丘（在今河南商丘南），稱爲宋國，其國土有今河南東部和山東、江蘇、安徽一帶地方。春秋時，宋襄公曾企圖稱霸未成，此後國勢衰弱，轄區有所縮小。班固在漢書地理志『梁國·蒙』下自注云：『獲水首受甾獲渠，東北至彭城入泗。』獲水，據許慎說文解字、酈道元水經注等記載，其故道上接甾獲渠（即汳水）於今商丘市東北，東流經虞城、安徽碭山、蕭縣北，到江蘇徐州市北注入泗水，而班固既於『梁國·蒙』下謂『獲水首受甾獲渠』，則獲水接甾獲渠處必在蒙縣，可見蒙縣也就必在今商丘市、漢代睢陽之東北。

史記殷本紀載：『成湯，自契至湯八遷。湯始居亳，從先王居。』劉宋裴駰集解引皇甫謐云：『梁國穀熟爲南亳，即湯都也。』唐張守節正義引括地志云：『宋州穀熟縣西南三十五里南亳故城，即南亳，湯都也。宋州北五十里大蒙城爲景亳，湯所盟地，因景山爲名。河南偃師爲西亳，帝嚳及湯所都，盤庚亦徙都之。』這裏所說的景亳（北亳），其遺址即在宋國境內，故南朝劉昭於後漢書郡國志『梁國·蒙』下注云：『帝王世紀曰：「有北亳，即景亳，湯所盟處。」』後魏酈道元水經注汳水亦云：『今梁園（國）自有二亳，南亳在穀熟，北亳在蒙。』據此，王國維在說亳中便認定北亳即蒙，在今山東曹縣之南、河南商丘市之東北。

我們在上文已經提到過，淮南子齊俗訓載『惠子從車百乘，以過孟諸。』高誘注曰：『孟諸，宋澤。』誠然，孟諸確實在宋國境內。左傳文公十六年載：『宋昭公將田孟諸，未至，夫人王姬使帥甸攻而殺之。』國語楚語上載：『宋有蕭、蒙……，宋蕭、蒙實殺昭公。』韋昭注：『蕭、蒙，宋公子鮑之邑。……昭公兄鮑殺昭公而立，在魯文十六年。』可證孟諸便是蒙澤，無疑在宋國境内。那麽，孟諸處於宋國的什麽位置呢？班固在漢書地理志『睢陽』下自注説：『故宋國，微子所封。禹貢盟諸澤在東北。』即謂孟（盟）諸在宋國國都商丘的東北方。案今本尚書禹貢作『孟豬』，唐孔穎達疏：『孟豬在睢陽之北。……左傳、爾雅作「孟諸」，周禮作「望諸」，聲轉字異，正是一地也。』史記夏本紀引禹貢作『明都』，司馬貞索隱曰：『明都，音孟豬。孟豬澤在梁國睢陽縣東北。爾雅、左傳謂之「孟諸」，今文亦爲然，唯周禮稱「望諸」，皆此地之一名。』可見，莊子釣魚的孟諸就在商丘市之東北。

酈道元水經注中的有關文字更是説明，莊子的故里及主要活動地點即在商丘東北：『汳水出陰溝於浚儀縣北。……汳水又東徑濟陽考城縣故城南，爲菑獲渠。考城縣周之采邑也，於春秋爲戴國矣。……汳水又東徑梁國睢陽縣故城北，而東歷襄鄉塢南。……汳水又東徑違（蒙）縣故城北，俗謂之小蒙城也。西征記：城在汳水南十五六里，即莊周之本邑也，爲蒙之漆園吏，郭景純所謂漆園有傲吏者也。悼惠施之沒，杜門於此邑矣。……獲水出汳水於梁郡蒙縣北。漢書地理志曰：獲水也。十三州志曰：首受甾獲渠，亦兼丹水之稱也。』①這裏明確告訴大家，汳水出陰溝（即蒗蕩渠）於浚儀縣（治所在今河南開封市）北之後，又東經考城縣（治所在今河南民權縣城東北十多公里的林七集南）城南，始名菑獲渠，又東經睢陽縣（治所在今商丘市睢陽區）城北，又東經蒙縣城北，於是與獲水相接。清熊會貞於『東歷襄鄉塢南』下疏曰：『塢在今商丘縣東北。』（水經注疏卷二十三）可見，汳水所經過的小蒙城——莊周本邑必在商丘東北。

西征記爲東晉戴祚所撰。祚，字延之，江東人，從劉裕西征姚秦，撰西征記，説明其曾親踐北土，書中所言當

① 水經注卷二十三，上海人民出版社1984年版。

爲親歷親見，不會有什麼錯誤。今案史記老子韓非列傳張守節正義引東晉郭緣生述征記云：『蒙縣，莊周之本邑也。』更可證戴祚所言不誤。如果把酈道元和戴祚等人的話結合起來看，那麼我們便可確定莊周故里即在商丘之東北。更具體地說，也就是在商丘東北的蒙縣城北、汳水南十五六里的地方。那麼，這地方離商丘故城到底有多遠？唐李吉甫元和郡縣圖志卷七云：『宋城縣，漢睢陽縣，屬宋國，後屬梁國，後魏屬梁郡。隋開皇三年罷梁郡，以縣屬亳州。十六年，於此置宋州，睢陽屬焉。十八年改爲宋城。……小蒙故城，縣北二十二里，即莊周之故里。』謂莊周故里在宋城縣治北二十二里。今考隋代宋城縣城遺址，大約在今商丘市睢陽區商丘故城遺址上。如果李吉甫元和郡縣圖志所載不誤，則莊子故里距離今商丘市不過幾十里，只是李氏所言『縣北』稍與戴祚、酈道元等人所說的方位有所不合，不知何故。

從上述的考察可知，莊子是宋國人，他的故里在商丘古城東北、今商丘市北稍偏東。2009年4月9日，在商丘師範學院文學院領導和有關教授的陪同下，我專程到商丘市北稍偏東約10公里處的蒙牆寺村進行了考察。此處緊靠黄河古道和萬畝林區，二十世紀七十年代以來，曾先後出土過不少文物，除散於民間和被毀者以外，現存的還有漢代古城牆角遺址一段、漢代古井一口、唐三彩龍紋琉璃大脊、唐三彩佛像、宋代磚雕、四個約一噸半重的原莊周祠大殿上的石明柱礅、明代成化四年石碑等文物，因而一些文化部門確認蒙牆寺村所在地爲戰國時期的宋國蒙縣故城和漢代梁國的蒙縣故城遺址，1982年10月被商丘縣人民政府列爲『重點文物保護單位』。結合各種文獻資料來看，莊周故里應該就在這一帶。

然而由於多方面的原因，大約自隋唐以來，對莊子的籍里便有了各種不同的說法。如隋書經籍志謂『梁漆園吏莊周』，陸德明經典釋文序錄謂『姓莊名周，梁國蒙縣人』，但這都不過是根據變更後的政區名稱而言罷了。可是北宋樂史卻在太平寰宇記卷十二『宋州·宋城縣』下說：『小蒙故城在縣南十五里。六國時楚有蒙縣，俗爲小蒙城，即莊周之本邑。』這裏的意思好像是說莊子爲楚國蒙縣人，但樂氏既然是在『宋州·宋城縣』下說這番話的，則其所謂『小蒙故城在縣南十五里』，又必是指商丘城南十五里爲莊子故里而言。對於他的這一說法，後人有表示懷疑的。如清熊會貞指出：『寰宇記：六國時，楚有蒙縣，俗以爲小蒙城，但謂在宋城縣南十五里。名勝志又謂在商丘縣南二十里，去故汳水甚遠，與西征記不合。』認爲太平寰宇記、名勝志的說法皆與戴祚西征記所載不合，是不可據信的。但不少人卻以訛傳訛，於是便助長了所謂莊子故里在商丘城南的說法。如天順明一統志卷二十七謂『小蒙城在府城南二十里，即莊周本邑』，嘉靖歸德志卷一謂『小蒙城，州南二十五里，即莊周爲漆園吏本邑』，雍正河南通志卷五十一謂『小蒙城在府城南二十五里，即莊周本邑』等等，實可謂人云亦云，並非認真考證所得，正如乾隆歸德府志纂修者在該志卷二十八中所說：『今府南二十里有小蒙城，舊志云即莊子本邑，我姑聽之。』

南宋羅泌提出了莊子爲考城人的說法。他在路史卷二十六『蒙』下說：『姓纂云：「高陽後封以爲蒙雙。」(杜)預云：「東莞蒙陰有蒙陰城。」蒙陰後齊入新泰，隸沂，有小蒙城。六國楚爲蒙縣，莊十五年蒙澤也。昔莊周爲漆園吏，今宋之考城，古蒙城。』對於羅泌的路史，清四庫館臣曾引劉勰文心雕龍正緯之語，譏其『事豐奇偉，詞富膏腴，無益於經典，而有助於文章』，而此處從今山東境內的古東莞蒙陰說起，轉而談到六國時的楚國蒙澤，復又以爲宋之考城乃是莊周爲漆園吏處，真使人搞不明白莊周到底是哪兒人。但天順明一統志的纂修者，卻於該志卷二十七中跟著說：『蒙澤，在考城縣東三十里，僖公十六年宋萬弒閔公於蒙澤即此。或謂即莊子故里。』一個『或謂』，即可見出纂修者只是附和前人的說法而已。民國考城縣志的纂修者，也於此志卷十中說：『按：路史以蒙即考城，爲莊周生處。方輿勝覽云莊子故里，必有所據。』這裏更把羅泌等人的說法當作了立論的依據，使莊子爲考城人的說法直接影響了近當代的不少人。

據載，考城縣古爲戴國。春秋時，戴歸於宋，楚滅宋後，改名曰穀，秦以爲甾縣，東漢改曰考城，後魏改置考陽縣，北齊改曰成安，隋復曰考城，五代梁改曰戴邑，後唐復曰考城，此後歷代因之，其位置在今河南省東部。民國十七年，由睢縣、杞縣析置民權縣，後幾經調整，至1956年才成爲現在所看到的版圖，其位置在商丘市西北，南與寧陵、睢縣接壤，西與杞縣相連，西北與蘭考相接，東北與山東曹縣毗鄰，包括傳説與莊子有關的幾處遺跡在內的原來考城縣的大部分地區，都歸入了民權縣所管轄的範圍，所以在今天又有關於莊子故里在民權的説法。2004年4月14日，筆者一行由商丘市文化局、文物管理局領導指引，專程到民權縣順河鄉青蓮寺村進行了考察。該村位於今民權縣治東北三十公里、商丘市西北四十五公里處，相傳因唐初在此興建佛寺，以優婆舌吐青蓮説法而改名。今村內有一宅區，稱爲莊子胡同，世傳爲莊子故里。胡同東南隅有古井一口，原深數丈，井壁堅如文石，光澤似墨玉，泉清而味甘，相傳爲莊子汲水處，故稱莊子井。離古井數十米處，相傳爲莊子故居，故居南端相傳爲莊子講學堂。經詢問得知，該村今已無一人姓莊者。此日傍晚，筆者一行又到青蓮寺村南五公里處的老顔集鄉唐莊村，下榻於該村原大隊部，向當地年長者詳詢莊子遺聞。該村南有一墓冢，冢前原有清乾隆五十四年重修此墓時所立石碑一通，今藏於文管部門。此碑之上陰刻『莊子之墓』四個大字，背面刻有上自州縣官員，下至平民百姓凡三百二十六名立碑人之姓名。但筆者認爲，凡此並不足以證明莊子故里真是在今民權縣順河鄉青蓮寺村、老顔集鄉唐莊村一帶。

應當指出，民權縣順河鄉青蓮寺村爲莊子故里的説法是缺乏較早較可靠的文獻依據的。正如我們在上文所指出，南宋羅泌在路史卷二十六中所謂『今宋之考城，古蒙城』的説法顯然是有問題的，而康熙考城縣志卷十四卻因此而謂『考城有蒙澤，莊周故里』，乾隆歸德府志卷九又據此而於『蒙澤』下謂『考城縣志：在縣東三十里。……乃莊周故里也』，民國考城縣志卷十則更是進一步説：『路史以蒙即考城，爲莊周生處。方輿勝覽云莊子故里，必有所據。陳志（即指康熙考城縣志）謂即宋之蒙澤。……莊子故里，在縣順流方。……莊周胡同，在順流方。……莊周胡同東南隅有井，相傳爲莊子井。』可見其相因相生，愈説愈是具體坐實，卻離歷史事實愈遠了。至於老顔集鄉唐莊村莊子墓，雖有乾隆時所立石碑保存至今，但卻不見有較早的文獻記載，而關於此墓石碑來歷的說法，則更使人頗感蹊蹺。據傳說，明洪武年間，山東曹州一帶有一位窮秀才，因造反失敗而遭通緝，於是便借『莊』與『唐』爲地方諧音，而把自己改姓爲唐，逃到今老顔集鄉唐莊村一帶安身。某年春天的一個中午，這位秀才外出郊遊，突然風吹沙起，只見一土丘前一塊方石微露地面，請村民刨出後，原來爲一通石碑，上刻『莊周之墓』四個大字。於是自認莊子爲祖先，並舉家搬來此地居住，世世代代自願爲莊子墓的管護之人。到了明成化年間，莊周墓碑已殘，唐家子孫便按原樣重立一通，而保存至今的石碑，則是清乾隆間再次重立的。筆者曾詢問當地老人，莊子墓何以不在現在的順河鄉青蓮寺村一帶？回答是：莊周臨死之前，命其兒子們將其往南抬，斷氣處即是下葬處，這就是今老顔集鄉唐莊村莊子墓的來歷。由此看來，這裏所謂關於莊子墓及其石碑來歷的說法，是很值得懷疑的。然而，正由於有著上述這些神話般的傳說，和經過修繕或大加擴建翻新的莊子胡同、莊子井、莊子墓這些所謂實物的存在，再加上國内外的一些新聞媒體的大力炒作，便使得海内外的學者、旅遊者和莊氏宗親，一批又一批地來到青蓮寺村、唐莊村朝聖。連上海古籍出版社1986年出版的中國名勝辭典、中國地圖出版社1991年出版的中國文物地圖集等，也都把青蓮寺村、唐莊村標爲莊子故里了。近來，河南省和一些群衆團體，還擬斥鉅資在青蓮寺村旁起造規模宏大的莊子廟宇，莊子很快就要被請進這座富麗堂皇的『廟堂』了。

需要進一步指出的是，民權一帶屬於故黄河灘區，據有關志書記載，其前身考城在明清以來就曾有過很多次大河患，甚至數次被迫遷移縣城。有關資料表明，自春秋戰國至1938年，黄河大改道已多達二十六次，考城上游一百公里的開封市，僅宋以來一千年間就增高黄河淤積層達八米以上，而其下游一百公里的先秦單父城也已湮埋於八米之下的淤泥之中，則民權縣境内戰國時的建築物早應該淤沒地下而無處可尋，今天哪裏還能指出莊子故居的具體位置，並見到其汲水之井以及墳墓呢？因此，現在民權縣境内所謂的幾處莊子遺跡，當爲後人所爲。關於這一點，我們更可以在酈道元水經注中找到鐵證：『汳水又東徑小齊城南，汳水又南徑利望亭南，……汳水又東，龍門故瀆出焉，……汳水又東逕濟陽考城縣故城南，爲菑獲渠，考城縣周之采邑也，於春秋爲戴國矣。……汳水又東逕寧陵縣之沙陽亭北，故沙隨國矣。……汳水又東逕黃蒿塢北，……汳水又東逕斜城下，……汳水東逕周塢側，……汳水又東逕葛城北，故葛伯之國也。……汳水又東逕神坈塢，又東逕夏侯長塢，……汳水又東逕梁國睢陽縣故城北，而東歷襄鄉塢南，……汳水又東逕貫城南，……汳水又東逕違（蒙）縣故城北，俗謂之小蒙城也。西征記：城在汳水南十五六里，即莊周之本邑也，爲蒙之漆園吏，郭景純所謂漆園有傲吏者也。悼惠施之沒，杜門於此邑矣。』①我們如細細閱讀這段文字，並認真參考清楊守敬、熊會貞水經注疏等資料，便可看到酈道元已爲後人清楚地揭示了如下歷史地理真相：汳水流經考城縣境內的小齊城南、利望亭南、龍門故瀆、考城縣故城南之後，又向東流經寧陵縣境內的沙陽亭北、黃蒿塢北，又向東流經考城縣東的斜城下、周塢側，又向東流經寧陵縣東北的故葛伯國，又向東流經商丘縣西北的神坈塢、夏侯長塢，又向東流經睢陽縣故城北而東歷商丘縣東北的襄鄉塢南，又向東流經蒙縣西北的故貫城南，又向東流經蒙縣故城北，即小蒙城——莊周之本邑。這也就是說，汳水自流出考城縣東的斜城下、周塢側之後，又向東歷經寧陵縣東北、商丘縣西北、睢陽縣故城北、商丘縣東北、蒙縣西北，而後才到莊子本邑的，則怎麼能像持『民權說』者所說，位於考城東北即今民權縣順河鄉青蓮寺村、老顏集鄉唐莊村一帶就是莊子的故里呢？

與民權縣毗連的山東菏澤市，其境內的曹縣、東明縣和菏澤市區本身，也都在盡力爭奪莊子之故里。2005年4月15日，筆者應菏澤市人大常委會之邀，又帶兩名博士生前往該市轄區內進行爲期三天的考察。在考察過程中，我們始終得到了該市領導的陪同和指引，所到之處，也同樣受到了各地幹部群眾的熱情接待和積極配合，但在學術觀點上，筆者並不敢苟同他們的看法。

① 水經注卷二十三，上海人民出版社1984年版。

從地理位置上來看，菏澤市曹縣西南與河南民權縣接壤，其所説的莊子故里實際上是與民權縣的順河鄉青蓮寺村、老顔集鄉唐莊村一帶連爲一體的。持『曹縣説』者認爲，今該縣邵莊鎮轄區内與河南民權縣老顔集鄉唐莊村緊緊相挨的大顔集村就是莊子出生地。其主要理由是，相傳該村本姓莊，爲莊子出生地，後因避東漢明帝劉莊之諱而改村名爲嚴，而至明代，村民又因惡嚴嵩，便復隱去『嚴』字，而改用『顔』字或『閻』字，一直沿用至今。而且該村舊有莊子祠，後圮於水患，然村民至今猶能辨其牆基所在，何況其西面緊挨著的就是河南民權縣老顔集鄉唐莊村的莊子墓呢！此外，大顔集村之北古爲大薺陂，酈道元謂『蒹葭萑葦生焉』，現在的曹縣縣城是其北境，而今該縣縣城内工商銀行後院原有一土丘，相傳爲『杏壇』，乃是莊子漁父所記孔子會隱士漁父之處，明顧炎武日知録謂『杏壇』實有而不在魯，應在水邊，則此處當爲真『杏壇』，世人『可釋其疑矣』①。顯然，這些説法都是經不起推敲的。首先，今曹縣邵莊鎮大顔集村所處的地理位置，與河南民權縣老顔集鄉唐莊村完全一樣，也在商丘市之西北，跟酈道元水經注所載莊子故里在商丘東北的方向根本不符。其次，傳説中的村名更改之事，無疑富於戲劇性，不足爲憑據，何況現在的大顔集村就根本没有嚴、顔、閻姓人家呢！該村舊有莊子祠，這也不能成爲莊子出生於此地的證據，因爲河南、山東、安徽的有些地方都曾建有莊子祠廟。至於引酈道元『蒹葭萑葦生焉』之語和顧炎武日知録的考證來證成其説，則更是屬於有意歪曲了。今案酈氏此語出於水經注卷二十五：『黄溝又東注大澤，蒹葭萑葦生焉，即世所謂大薺陂也。』那麽，蒹葭萑葦叢生的大薺陂在何處？李吉甫元和郡縣圖志卷十二云：『考城縣，古戴國也。……縣西南有戴水，今名戴陂。……大劑（薺）陂，即戴陂也，在縣西南四十五里，周回八十七里，與宋州襄邑縣中分爲界。』則大薺陂在考城縣之西南，而不是在考城縣東北的曹縣境内。又案顧炎武日知録卷三十一謂孔子舊居本無杏壇，其名乃出自莊子漁父，而『莊子書凡述

① 見徐壽亭、劉傑莊周故里考，中國方域1998年第3期。

孔子皆是寓言，漁父不必有其人，杏壇不必有其地，即有之，亦在水上葦間依陂旁渚之地，不在魯國之中也明矣。』但顧氏絕沒有說此杏壇即在今河南民權縣西南的大薺陂之側，也沒有說就在今山東曹縣境内。由此可見，所謂莊子故里在山東曹縣境内的説法是根本不能成立的。

由於北周時所置曹州治所在今山東曹縣西北，金代又移到今菏澤市區，直至民國初年才被廢除，而自唐宋以來所出現的一些志書，恰好載有一些關於所謂莊子與曹州有關係的文字，再加上這一時期在今菏澤市區附近修建了一些紀念莊子的寺廟等等，所以一部分人便極力主張莊子就是今菏澤市區一帶人。如筆者在考察菏澤市諸區域期間，始終陪同我的菏澤學院副教授杜長印，就以其所撰莊周故里新探①一文見賜，認爲大量的文獻資料和地方志書記載説明，距今山東菏澤市城北二十二公里的李莊集村一帶就是莊子爲漆園吏和著書立説的主要活動地區。他的主要依據是唐李泰括地志所載『故貫城即古貫國，今名蒙澤城，在曹州濟陰縣南五十六里』，以及雍正山東通志卷九所載的一些話，認爲由此可證『今曹縣西北、定陶縣西南部古代稱「蒙」是確信無疑的』，而據雍正山東通志卷九所載『漆園城在故冤句縣北七十里，莊周爲蒙漆園吏，城北有釣臺』等語，則更進一步斷定今菏澤市李莊集村爲莊子的主要活動之所。今案這裏所引的括地志之語，最早見於史記田敬仲完世家唐張守節正義所引，其後雍正山東通志卷九、嘉慶大清一統志卷一等皆因之，而據考證，漢景帝時所置的濟陰郡治所在今山東定陶縣西北，秦時所置的冤句縣治所在今山東曹縣西北，如果以位於商丘北面而偏西的濟陰南五十六里、冤句北七十里的地方爲莊子主要活動之所，豈非與酈道元水經注所載莊子本邑的方向、道里相去甚遠？因此，以山東菏澤市城北二十二公里的李莊集村一帶爲莊子的主要活動之所，顯然只是一種推測。持『菏澤説』者的又一理由是因爲菏澤有南華縣、南華山等遺址。李吉甫元和郡縣圖志卷十二載：『南華

① 此文爲未曾發表的打印稿，一萬多字。

縣，本漢離狐縣也，屬東郡。舊傳初置縣在濮水南，常爲神狐所穿穴，遂移城濮水北，故曰離狐。……晉屬濟陰郡，隋開皇三年罷郡，縣屬曹州，天寶元年改曰南華。』樂史太平寰宇記卷十三、歐陽忞輿地廣記卷七等所載大致相同，而王溥唐會要卷七十更是詳載其改爲南華縣的具體日子：『離狐縣，天寶元年八月二十四日改爲南華縣。』南華縣所管轄的範圍，相當於今菏澤市牡丹區西北部的李村鎮、高莊鎮，鄄城縣西南臨濮集鎮的古濮水流域，縣治遺址在今李莊集村。筆者在菏澤市人大常委會副主任潘建榮等的陪同下，對這些地方進行了實地考察。潘建榮先生是一位有學問修養並多次組織本區域内考古發掘工作的地方官員，以其所撰菏澤歷史文化與中華上古文明①一文見贈，爲筆者提供了一份相當有用的材料。而且，他還親自爲筆者一一指明南華縣治遺址的方位和一些重要部位的具體位置，並請當地幾位年長者爲我們作解說。由此往東驅車七八里，地勢漸漸增高，略呈椅子形彎曲狀，有積土七八堆，相傳即爲莊子隱居之南華山。據介紹，這些土堆本應顯得較高，但因千年來黄河屢屢決堤，淤泥填積已有十米以上，再加上解放後在這些土堆上不斷取土，致使南華山已幾爲平地。筆者一行復至李莊集村北約一里的唐代義玄禪師草寺遺址，一位當年曾爲此寺看守的老者爲我們挖出了長期埋藏於沙土中的臨濟法師義玄修寺紀念碑，第一次使世人有了瞭解此碑所刻内容的機會。此碑保存完好，實爲唐玄宗時遺物，上面所刻的碑文説到，由此往東南十餘里即爲南華山。據此，則唐玄宗之所以要詔改離狐縣爲南華縣，詔號莊子爲南華真人，就在於他可能相信莊子曾在這裏的南華山隱居過。但是，號莊子爲南華真人，這最早只是南朝道教徒所爲，隋書經籍志已載有梁代梁曠所著南華論，唐初著名道士成玄英在爲莊子注疏作序時甚至謂莊子『師長桑公子，受號南華仙人』，所以清四庫館臣説：『至序文云「莊子字子休，生宋國睢陽蒙縣，師

① 此文爲未曾發表的打印稿，二萬三千多字。

長桑公子，受號南華仙人」，殆出真誥之類，殊可以廣異聞。』①可見，唐玄宗只是依南朝以來道士所稱舊號來詔號莊子的，我們並不能依其所相信的所謂莊子隱於曹州的宗教故事來斷言歷史上的莊子真的就曾隱居於此，更不能以此來認定這裏就是莊子的故里。

在南華縣舊城東北不遠處，相傳有莊子釣臺遺址。輿地廣記卷七載：『南華縣……有濮水，莊子釣於濮水是也。』雍正山東通志卷九載：『釣臺在州（指濮州）②東南九十里，莊周釣於濮水即此。今名蒲汀，上有南華觀。』新修鄄城縣志載：『莊子釣魚臺位於臨濮鄉莊子廟村北一里許。』③筆者一行在當地年長者的帶領下，來到了今菏澤市鄄城縣西南臨濮集鎮小屯村與莊子廟村之間的一個地方。這裏位於該縣的最西南端，與今菏澤市牡丹區最西北端的南華縣治遺址非常接近，眼前出現的唯是一望無際的平坦的麥田，並無任何水道及釣臺遺跡可尋。但據年長者說，我們所站立的一塊麥田邊上原來就是流淌而過的濮水，而在這塊麥田的中央，數十年前尚有一方稍稍高出的泥土，相傳就是莊子釣魚臺。今案酈道元水經注、李吉甫元和郡縣圖志、樂史太平寰宇記、歐陽忞輿地廣記及雍正山東通志、乾隆東明縣志、嘉慶長垣縣志等所載，濮水一稱濮渠水，上下游各有兩支，即上游一支首受濟水於今河南封丘縣西而向東北方向流去，另一支則首受黄河於今原陽縣北而向東流經延津縣南，二支合流於長垣縣西；東流經縣北至滑縣東南，此下又分爲二，即一支經山東東明縣北，東北至鄄城縣南注入瓠子河，另一支則經東明縣南，又東經菏澤北注入巨野澤。據此，則『菏澤說』者所謂莊子釣於濮水故事發生的地點，也就必定是指今菏澤市鄄城縣西南臨濮集鎮小屯村與莊子廟村之間的這一地方而言了，因爲這兒

① 四庫全書總目提要四庫未收書目成玄英南華真經注疏。
② 濮州，隋開皇十六年改濮陽郡置，治所在今山東鄄城北。
③ 鄄城縣史志辦公室編，齊魯書社1996年版。

應當就是古濮水下游中的一支自鄄城縣南注入瓠子河的必經之地。誠然，莊子秋水中有莊子釣於濮水的寓言故事，司馬遷將其采入史記莊子傳中，作爲史實來看待。但是，酈道元在水經注中所記釣臺及古人垂釣故事甚多，卻隻字不曾提及莊子釣於濮水故事，尤其在此書卷八中，其記載濮水流向及所經之地甚詳，搜錄此流域所曾發生的事件、故事甚多，但也不曾提及莊子垂釣的故事，而在記其流經後來的南華縣一帶時，則更是僅有『濮水又東徑濟陰離狐縣故城南，王莽之所謂狐瑞也』之語。這說明，他或許認爲莊子釣於濮水的故事僅僅是虛構的寓言，或許認爲根本就無法確定此故事發生在濮水上的哪個地方，所以還是不去提它爲好，免得後人以訛傳訛。我們現在推測起來，所謂莊子曾釣於後來南華縣城附近之濮水的故事，當是在唐玄宗改離狐縣爲南華縣之後，世人所附會出來的一段佳話，因而今人是不可用來證成其『菏澤說』的。

位於鄄城縣臨濮集鎮南八里的莊子廟村有莊子廟。曾看守此廟院的老者郝廣義對筆者說，此廟院在他看守時規模較大，占地面積約有二十畝。宣統濮州志卷六所收明末濮州進士羅志儒重修莊子廟碑記也曾說『或曰漆園故城屬梁國，或曰屬蒙縣，在曹濮之間』，又雍正山東通志卷二十一『曹州府』下云：『莊子廟在府城西北四十里南華沙溝之陽，祀周莊周，相傳莊子嘗釣於此，唐貞觀二年建，宋蘇軾有記。』杜長印在莊周故里新探中，便據此而斷言『菏澤市北部的莊子廟村是莊周故里』。但應當指出的是，羅志儒所修重修莊子廟碑記接著又謂『濮有二臺，其東則陳思王讀書臺也，其南相傳莊子釣臺即其處也，澤畔淼茫，風物依稀……，去臺百武，有祠巍然，搜諸輿圖郡志未及悉，蓋歷千秋已。環祠居民蘇子光府、安子崇法、王子自安等共言，是祠也來不知所自，一修勝朝世宗十五年（1536），一修神宗四十七年（1619），祠之前舊有玉皇閣、三清觀，茲欲踵事增華，崇德報功，重修莊子殿五間、玉皇閣一間、三清觀三間，親修太山行宮三間、東西廊十間、三曹殿三間、門宇夾室數十間』，筆者也在老者郝廣義家親眼看到其於『文革』間冒著風險保存下來的木質權杖一塊，上刻『太上老君之神位』七字，則此廟來歷不明，道教色彩甚濃，又非專供莊周之神位可知，而雍正山東通志所謂此廟建於『唐貞觀二年』、『宋蘇軾有記』云云，則更存在著嚴重矛盾，因爲蘇軾在莊子祠堂記中明明白白地寫著，他是因『（蒙）縣令秘書丞王兢始作祠堂，求文以爲記』，而於『（神宗）元豐元年十一月十九日』作此記的，與所謂『唐貞觀二年建』者甚是不合。或許，此廟本是唐初統治者崇道的產物，乃是用來合祠道教諸神的，並非專爲莊子而建，更與蘇軾爲之作記的莊子祠堂風馬牛不相及。這樣看來，今之論者據此而遽謂菏澤市北部的莊子廟村就是莊周故里，實在是大有問題的，而嘉靖濮州志以『莊周』入寓人志，宣統濮州志以之入遊寓傳，不把包括今之菏澤市北部的莊子廟村在內的濮州看成是莊子故里，則皆爲比較慎重的態度。

在『曹縣說』、『菏澤說』、『東明說』諸說中，近年來以『東明說』最爲活躍。1995年11月上旬，由山東菏澤地區社科聯、中共東明縣委、縣政府聯合舉辦的全國莊子故里問題考察會在東明縣召開，與會者七十多人雖多爲持有不同學術見解的專家學者，但此次會議的組織者卻主要是爲了擴大『東明說』的影響。由於今東明縣東邊全與菏澤市區西邊相接，而濮水自中段分流後，一支經東明縣北，東北至鄄城縣南注入瓠子河，另一支則經東明縣南，東經菏澤北注入巨野澤，再加上歷史上的南華縣很大一部分區域是在今東明縣境內的，所以持『東明說』者的某些理由大致與持『菏澤說』者接近。如會議組織者以『南華生』的筆名報導說：『與會專家、學者一致認爲：唐玄宗李隆基在詔封莊子爲「南華真人」、莊子這部書爲南華真經的同時，詔改當時的離狐縣爲「南華縣」（即現在的東明縣），這一史實無可辯駁地說明，在一千多年前的唐代，就確認了「南華真人」莊子爲南華縣人。……唐玄宗對莊子其人、其書、其家鄉的詔封、詔改，是確認南華縣（東明縣）爲莊子故里的一個極有說服力的重要根據。』①劉守安、楊學鋒則撰文說：『水經注卷八「濟水」條中轉引杜預的話：「長垣而南，近濮水也。」山東通志、明代長垣縣志、清修東明縣志、濮陽縣志等地方志中，都有關於濮水方位走向的記載和地圖

① 專家考證：莊子故里在東明，齊魯學刊1995年6期。

標誌。這些材料清楚地顯示，莊子垂釣的濮水流經古東明是確定無疑的。』①其實正如我們在上文所說，唐玄宗的詔書並不能表明南華縣就是莊子的故里，方志中的這些文字也並不能說明莊子釣於濮水的具體位置在何處。事實上，當時出席東明莊子學術會議的專家學者根本沒有一致認爲莊子故里就在今東明境內。

依照持『東明說』者的說法，莊子爲吏之所甚至還可以具體確定爲今東明縣東十里陸圈鎮裕州屯村。如王守義等人以爲，酈道元水經注卷八載『濮渠之側，有漆城』，史記老子韓非列傳唐張守節正義引李泰括地志云『「漆園故城在曹州冤句縣北十七里。」此云莊周爲漆園吏，即此』，唐杜佑通典卷一百七十七載『冤句有漆園，莊周爲吏之所』，宋樂史太平寰宇記卷十三載『漆園城在縣（指冤句縣）北五十里，莊周爲吏之所，舊置監，今漆園城北有莊周釣臺』，清徐繼儒編曹南文獻錄疑括地志『十七里』當爲『七十里』之誤，凡此皆說明『莊子故里在山東東明縣』，而且『裕州屯即是古漆園』，因爲『這裏講的五十里、七十里，按中國歷史地圖集標注的方位均係今東明縣城東的裕州屯村』②。但今案酈道元水經注卷八云：『濮渠之側，有漆城。竹書紀年：「梁惠成王十六年，邯鄲伐衛，取漆富兵城之者也。」或亦謂之濮苑亭。春秋「甯武子與衛人盟於苑濮」，杜預曰：「長垣西（一作西）南，近濮水也。」』清熊會貞疏云：『漆城在長垣縣西二十里。漆城即宛濮亭。此注引杜預云「在長垣西南」，亦在今長垣縣西南。』（水經注疏卷八）則酈道元所謂『濮渠之側』的『漆城』，遠在今東明縣之西的故長垣縣之西南無疑，肯定不會是史記老子韓非列傳所說的『周嘗爲蒙漆園吏』的蒙地漆園，更與持『東明說』者所謂今東明縣東的裕州屯村毫不相干。其實，有一些歷史地理問題是被唐宋以來的志書開始搞糊塗的。如上文引樂史太平寰宇記卷十三載有『漆園城在縣（指冤句縣）北五十里，莊周爲吏之所』之語，而同書卷二『長垣縣』下

① 莊子故里有新說，文匯報1996年1月17日。
② 詳見關於莊子故里的考察與論證，齊魯學刊1996年5期。

卻云：『漆城在縣西二十里。左傳云「甯武子與衛人盟於宛濮」，杜預云：「陳留長垣縣西南有宛亭，近濮水。」竹書記云：「邯鄲伐衛，取漆者也。」』宛句縣治所在今山東曹縣西北，一說在今東明縣東南與曹縣毗鄰之處，則樂史既謂漆園城在宛句縣北五十里，又謂在長垣縣西二十里，二者顯然是互爲矛盾的。當然，他在太平寰宇記卷二『長垣縣』下所說的『漆城在縣西二十里』等話，分明就是承因酈道元之說而來，應當是可信的。由此看來，諸如唐李泰括地志所謂『漆園故城在曹州宛句縣北十七里』，杜佑通典所謂『宛句有漆園，莊周爲吏之所』云云，皆與唐前文獻資料所載不相一致，論者豈可據以斷言今東明縣城東裕州屯村就是莊子擔任漆園吏的地方？

大概是由於唐宋以來一些志書的誤導，尤其是唐代統治者一開始就推崇、利用道教，唐玄宗更是立了南華縣，把莊子與道教徒所謂的『南華』聯繫了起來，這就使得南華縣境內出現了一些紀念莊子的設施。如乾隆東明縣志、民國東明縣志並載：『漆園城址在縣東十里裕州屯前，即莊叟爲吏之故地也。原有逍遙園，明清間頹廢無存，知縣楊公日升擬葺之，未果也。乃查園之四至，立石記之，迄今猶存。』筆者一行曾到此地考察，據當地人說，儘管過去的這些具有紀念性的設施已不復存在，但這裏的人並沒有停止過對先賢莊子的祭祀活動，並且還重建莊子觀，稱南觀。在南觀北面二十里菜園集鄉莊寨村北還有一座南華觀，稱北觀，據說始建於唐貞觀二年。北觀後有莊子墓，位於今黃河南堤外側之下。筆者一行到達莊寨村時，該村姓莊男女老少都來迎接，並自稱爲子休公的後裔，而以莊氏族譜相展示。諸如此類，又皆爲論者所謂此地即爲莊子隱退、著述、終老、墓葬之處的理由。但是，這裏所謂南華觀建於唐貞觀二年云云，與所謂今鄄城縣臨濮集鎮莊子廟村莊子廟也始建於唐貞觀二年的說法何其相似，筆者於是懷疑二者因所處位置相去不遠，在傳說過程中本已有所混淆，甚至以訛傳訛，今人豈可視其爲真實歷史？而且，歷史上各地建有南華觀甚多，如御定駢字類編卷五十載『靈璧縣（在今安徽省）北七十里舊有南華觀，莊子嘗隱於此』，雍正河南通志卷五十載『南華觀在魯山縣（在今河南省）治南門內，元至正丙戌年創建，內有三清殿、玉皇殿』，雍正山西通志卷一百六十九載『南華觀在縣（指屯留縣，在今山西省）西三十里西村，元大德四年建』，我們豈可據此而認爲莊子即在靈璧縣、魯山縣、屯留縣隱退、著述、終老！同樣，歷史上其他地方也建有莊子墓，如唐成玄英莊子注疏秋水云『淮南鍾離郡（治所在今安徽鳳陽東北），今見有莊子之墓』，民國考城縣志卷十載『莊周墓在縣東（指今河南民權縣老顏集鄉唐莊村莊子墓）』，我們又豈可據此而斷言莊子死後真的墓葬於今鳳陽縣、民權縣！　還應予以指出的是，莊寨村的舊族譜已於清嘉慶十二年遺失，而今所出示的莊氏族譜是1950年新修的，其所收莊鴻恩於此年重陽節所撰序言云：『始祖諱周，字子休，生於古蒙名區，……北遊漆園，漆園任爲吏，而漆民至今頌其德。』這說明，自稱爲莊周後裔的莊寨村人，本來也認爲他們的祖宗莊周『生於古蒙』，後來才北遊至此的。

與上述所有的說法不同，『魯蒙說』、『齊蒙說』則把莊子的籍貫定在遙遠的東北方。『魯蒙說』是由近人王樹榮在莊周即子莫說①一文中提出的，認爲莊周『即孟子所稱之子莫』，理由是『周訓普遍，莫訓廣漠無垠』，而『莊子齊物論（筆者按：當作逍遙遊）「子有大樹，何不樹之於無何有之鄉，廣莫之野」，名周，字子莫，固意義相生也。……朱注云「子莫，魯之賢者也」②，詩云「奄有龜蒙」，論語云「夫顓臾，昔者先王以爲東蒙主」，莊子書中屢稱道仲尼、顏淵之說，然則莊子乃魯之蒙人也。』今案尚書禹貢『蒙羽其藝』、詩經閟宮『奄有龜蒙』、論語季氏『東蒙主』之『蒙』，皆指今山東省中部的蒙山，在春秋時屬魯國，而孟子盡心上所說的『子莫』也確爲魯國人，但此蒙非彼蒙，此『子莫』更非彼『莊周』，這對於稍有歷史文化知識和歷史地理概念的人來說都是不難作出明確判斷的，所以『魯蒙說』也就終因無人響應而自行消失了。　『齊蒙說』最早見於南朝陳釋智匠古今樂錄：『莊周

① 羅根澤編古史辨第六册，上海古籍出版社1982年版。

② 此語是朱熹孟子集注盡心上爲經文『子莫執中』一語所作的注釋。

者，齊人也。明篤學術，多所博達，進見方來，卻覿未發。是時齊湣王好爲兵事，慣用干戈。莊周儒士，不合於時，自以不用，行欲避亂，自隱於山嶽。後有達莊周於湣王，遣使齎金百鎰以聘相位，周不就。使者曰：「金至寶，相尊官，何辭之爲？」周曰：「君不見夫郊祀之牛，衣之以朱彩，食之以禾粟，非不樂也。及其用時，鼎鑊在前，刀俎列後，當此之時，雖欲還就孤犢，寧可得乎？周所以饑不求食，渴不求飲者，但欲全身遠害耳。」於是重謝，使者不得已而去。後引聲歌曰：「天地之道，近在胸臆，呼噏精神，以養九德。渴不求飲，饑不索食，避世修道，志潔如玉，卿相之位，難可宜當。巖巖之石，幽而清涼，枕塊寢處，樂在未央，寒涼回固，可以久長。」①衆所周知，莊子秋水謂『楚王』使大夫二人往聘莊子，史記老子韓非列傳謂『楚威王』使使厚幣迎莊子，而釋智匠卻張冠李戴，謂『齊湣王……遣使齎金百鎰以聘相位，周不就』②，並以小說家的手法憑空杜撰了所謂莊周『引聲歌曰』的一段唱詞，所以根本不足爲據。後世也從來沒有附和他的人，清初馬驌甚至還直接針對他的這一說法指出：『周，蒙人，屬宋不屬齊。』（繹史卷一百十二）但近來卻有人對釋智匠的無稽之談發出了應和之聲。如蔡德貴特撰莊子與齊文化③一文說：『釋智匠說莊子爲齊國人是非常有道理的。古今樂錄雖不是一部學術思想著作，而是一部樂書，但其記載有其科學性。……也就是從此出發，我認爲莊子是齊國人的說法是可以成立的。』

---

① 太平御覽卷五百七十一引。

② 唐歐陽詢藝文類聚卷三十六引嵇康高士傳云：『莊周少學老子。梁惠王時，爲蒙縣漆園吏。以卑賤不肯仕。楚威王以百金聘周，周方釣於濮水之上，曰：「楚有龜，死三千歲矣。今巾笥而藏之於廟堂之上，此龜寧生而掉尾塗中耳。子往矣，吾方掉尾於塗中！」後齊宣王又以千金之幣，迎周爲相。周曰：「子不見郊祭之犧牛乎？衣以文繡，食以芻菽，及其牽入太廟，欲爲孤豚，其可得乎？」遂終身不仕。』其中所謂『齊宣王又以千金之幣，迎周爲相』云云，純爲小說家之言。釋智匠所謂『齊湣王……遣使齎金百鎰以聘相位，周不就』云云，當是在嵇康說法基礎上進一步加以虛構發揮的結果。

③ 文史哲1996年5期。

而從莊子一書中豐富的齊文化内容更可以明白無誤地得出這一結論。』他隨後還撰寫了莊學溯源①、再論莊子與齊文化②等文，對這一觀點進行了反復强調，但實際上是根本不能成立的，只能看成是沉滓泛起。

『楚蒙説』又把莊子的籍里指向了遠離宋蒙的東南方。此説肇始於北宋樂史太平寰宇記卷十二：『小蒙故城在縣南十五里。六國時楚有蒙縣，俗爲小蒙城，即莊周之本邑。』這裏似謂莊子即爲楚國蒙縣人，但由於樂史的這些話是在『宋州・宋城縣』下説的，而且他還在同卷中説『莊周，宋蒙人，不以禍福累心』，則其所謂『小蒙故城在縣南十五里』，又必當指商丘城南十五里爲莊子故里而言。可見，樂史的説法本身就存在著嚴重的矛盾，他所謂『六國時楚有蒙縣，俗爲小蒙城，即莊周之本邑』云云，正對後人起了誤導作用，成了『楚蒙説』的先聲。南宋朱熹復又對莊子的籍貫作了大膽推論，並明確提出了『莊子自是楚人』的説法。他説：『孟子平生足跡只齊、魯、滕、宋、大梁之間，不曾過大梁之南。莊子自是楚人，想見聲聞不相接。大抵楚地便多有此樣差異底人物學問，所以孟子説陳良云云。……莊子去孟子不遠，其説不及孟子者，亦是不相聞。……莊子生於蒙，在淮西間。孟子只往來齊、宋、鄒、魯，以至於梁而止，不至於南。然當時南方多是異端，如孟子所謂「陳良，楚産也，悦周公仲尼之道，北學於中國」，又如説「南蠻鴂舌之人，非先王之道」，是當時南方多異端。』（朱子語類卷一百二十五）淮西，指皖北、豫東、淮河北岸一帶，春秋戰國時屬於楚地。朱熹以此爲莊子的出生地，其理由無非有二：一是認爲孟子平生足跡在齊、魯、滕、宋、大梁之間，而莊子既然與之『聲聞不相接』，則必生於齊、魯、滕、宋、大梁之外的淮西一帶；二是認爲楚地多有異端邪説，而莊子既然鼓吹如此『怪誕』、『没檢束』（朱子語類卷三十二）的學説，則其必生於楚地無疑。實際上，朱熹以所謂的地理間隔説來推斷莊子爲楚人，顯然只是一種

① 中國哲學史1998 年2 期。
② 東嶽論叢2003 年6 期。

武斷的猜測，而其持文化類型說來推斷莊子爲楚地人，則更顯得證據不可靠，而且又與他自己所謂莊子『止是楊朱之學』（朱子語類卷一百二十五）的說法相矛盾，因爲楊朱傳說是魏國人，或衛國人，或宋國人，可見像魏國、衛國、宋國這樣屬於中原文化圈的國家是能夠產生『此樣差異底人物學問』的。

大約由於欒史、朱熹等人的倡導，自宋代以來，便有不少人真以莊子爲楚人了。如張耒謂『楚人有莊周者，多言而善辯』（劉壯輿是是堂歌），羅願謂『宋玉、莊周，皆楚人』（爾雅翼卷十三），舒岳祥謂『莊周，楚人』（老椿），周琦謂『莊子，楚人也』（東溪日談錄卷十二），林堯俞謂『莊，楚人也』（南華經薈解序），王夫之謂『莊周、荀卿之流，皆楚人也，全身遠害退隱已耳』（楚辭通釋九昭），董思凝謂『莊子，楚人也，嘗爲蒙漆園吏』（王夫之莊子解序），但所有這些說法，同樣都是不可據信的。所以閻若璩在批評歸有光五嶽山人前集序所謂『荊楚自昔多文人，左氏之傳，荀卿之論，屈子之騷，莊周之篇，皆楚人也』的說法時說：『按：荀卿，趙人，但晚爲楚蘭陵令耳。莊周，劉向曰「宋之蒙人也」。蒙城在商丘城外，正宋地，於楚何涉？太僕尚如此，於他人何尤？朱子曰「莊子自是楚人」，亦誤。大抵考據，文人不甚講，理學尤不講。』（答萬公擇書）自宋以來所謂莊子爲『楚人』的說法，大都確是不甚講究考據，人云亦云所致，我們可不能再因襲此類說法了。

當然，人們也有通過所謂的考據來論證莊子爲楚人的。如晚清張佩綸曾撰讀莊子一文，通過引述大量的莊子之文來比附屈原之賦，從而論證了其所謂的『莊屈皆楚宗』的說法。並又撰莊子楚人考一文，以進而論證其所謂莊子爲楚人的說法。他在此文中說：『莊子心乎楚者也。其居濠濮，則楚地也；其稱老聃、老萊子，則楚之先賢也；其言仲尼之楚，楚王觴之，孫叔敖執觴而立，市南宜僚受酒而祭者，述莊王之盛明，所以得姓也；其言肩吾問孫叔敖三令尹不榮華，三去之無憂色者，稱先大夫之賢，以儆有位也；其言昭王失國，屠羊說從，反國說不受賞者，嗟懷王之世上不任賢、下多竊祿也；其言孔子之楚見痀僂丈人，孔子之楚舍於蟻丘之漿者，以聖人來遊，榮其鄉里，且紀楚之多隱君子也；其言子貢南遊楚，反至晉，見一丈人抱甕而灌者，喻己之由楚遊梁而慨世之多機心也；其言孔子之楚，接輿歌鳳者，悲聖人之道不行，且自喻也；其言葉公使齊，孔子告以無傳溢言者，惜懷王之輕絕齊，而勇士宋遺不善將使命也；其言凡未始亡而楚未始存者，以戎伐凡伯於楚丘，喻懷王之入秦見留也；其言楚王之爲人，形尊而嚴，其於罪也無赦如虎者，傷屈原之蔽障於讒也。』實際上，這些話大都爲無稽之談，根本違背了莊子的原意，但張佩綸卻以此作爲所謂『莊子心乎楚』的證據，並進而指出：『至樂篇「莊子之楚，枕空髑髏，問以將有亡國之事、斧戉之誅而爲此」，疑亦痛襄吊屈，寓之微言。而舜之世，北人無擇自投清泠之淵，湯之世，卞隨自投椆水，瞀光負石自沉廬水，則又明著汨羅之死，而善爲國諱也。庚桑楚篇「昭景也，著戴也，甲氏也，著封也，非一也」，陸（德明）出舊說云：「昭、景、甲，皆楚同宗。三姓雖異，論本則一。」……通志氏族略：「莊，楚莊之後，楚有大儒曰莊周。」語雖晚出，周唯同族，故引楚宗以爲喻歟？威王之季從解相庸，殆非能好賢者，故周知幾遠引；懷政不綱，辟而之宋，以楚人而隱宋地。』①我們應當予以指出，無論如何，屈原之投汨羅必在莊子去世之後，讓王篇寫無擇自投清泠之淵、卞隨自投椆水、瞀光自沉廬水，意在贊許其『寧死不屈』的『清風高節』，『實（爲）尊生之基本』（見陸樹芝莊子雪），可見張佩綸所謂『明著汨羅之死而善爲國諱』的說法實屬荒唐。而庚桑楚篇所說的『昭景也，著戴也，甲氏也，著封也，非一也』，意在比喻『古之人』雖持說不一，然皆以道爲大宗，張氏豈可對此強作發揮，並引晚出的宋鄭樵通志之說，而推導出所謂莊子『以楚人而隱宋地』的結論呢！總之，張佩綸關於莊子爲楚人的說法根本不能成立。

二十世紀初，王國維在國朝漢學派戴阮兩家之哲學說自注中說：『莊子楚子，雖生於宋而釣於濮水。陸德明經典釋文曰：「陳地水也。」此時陳已爲楚滅，則亦楚也。』陸德明經典釋文於莊子秋水『莊子釣於濮水』之『濮水』下云：『陳地水也。』這裏以在商丘南面甚遠的陳國境內的濮水訓之，本來就很值得商榷，而王國維卻

① 讀莊子、莊子楚人考，皆收入張佩綸澗于集文集卷上，民國十五年張氏澗于草堂刻本。

以此爲依據而認爲莊子爲楚人，則更顯得大有問題了。其實，王氏既然承認莊子『生於宋』，那也就應該承認其爲宋人了，因爲人們在習慣上一般都是以出生地（尤其是祖籍）來定籍貫的，而遠離祖籍的遊歷之地至多只能算是第二故鄉。然而，近二十多年來，一些學人卻把這一主次關係顛倒了。如蔡靖泉的楚人莊周說，張正明的莊周的鄉貫和道統①，皆在王國維說法的基礎上，並主要從文化的角度來論證莊子與楚國有種種關係，藉以證成其所謂的莊子爲楚國人的說法。但在事實上，他們至多只能說明莊子的思想和文章明顯受到了楚文化的影響，而並不能證明莊子就是楚國人。

目前氾濫的所謂莊子爲楚人的說法，主要還是集中表現爲『蒙城說』。如菲銘撰莊周故里辨②、再論莊周故里③，常征撰也談莊周故里④，錢耕森撰莊子故里蒙城說考辨⑤，孫以楷撰莊子楚人考⑥等等，皆極力論證莊子爲安徽蒙城縣人。蒙城縣黨政部門對他們的觀點予以大力支持，並先後在該縣舉辦了兩屆莊子學術研討會，甚至還以『莊子』命名了當地的旅館、酒廠等，似乎莊子的故里必在此地無疑了。那麼，持『蒙城說』者的理由是什麼呢？首先，他們認爲安徽蒙城在殷商時名北冢，也叫作蒙，戰國時爲楚北地，這就是莊子的故里。這一說法，直接來源於幾種地方志。如乾隆潁州府志卷一於『蒙城』下云：『禹貢豫州之域也。殷盤庚自奄遷於北冢。羅

① 二文皆收入國際莊子學術研討會論文集，安徽文藝出版社2000年版。
② 歷史研究1979年10期。
③ 莊子與中國文化，安徽人民出版社1990年版。
④ 江淮論壇1981年6期。
⑤ 莊子與中國文化，安徽人民出版社1990年版。
⑥ 安徽史學1996年1期。

泌路史曰：「北冢，蒙也。」春秋時爲楚東境。史記：「莊子，蒙人也。」』民國重修蒙城縣志書卷二云：『商爲北冢。周春秋爲楚地漆園。戰國楚考烈王東遷，都郢，爲楚北地。秦屬碭郡。漢置縣，分縣西北境爲梁國蒙縣，分縣東南境爲沛郡山桑縣。……唐天寶元年屬河南道亳州蒙城縣。』應當予以指出，這些地方志將蒙城與殷商時的北冢混爲一談，實爲荒唐。今案文淵閣四庫全書本史記殷本紀唐張守節正義引括地志云：『相州安陽本盤庚所都，即北冢，殷墟南去朝歌城百四十六里。竹書紀年云：「盤庚自奄遷於北冢，曰殷墟，南去鄴四十里。」是舊都（鄴）城西南三十里有洹水，南岸三里有安陽城，西有城名殷墟，所謂北冢者也。』太平御覽卷一百六十一、欽定四庫全書考證卷二、元梁益詩傳旁通卷二、明馮京六家詩名物疏卷四十六、清秦蕙田五禮通考卷二百七等皆因之。又羅泌路史卷二十七云：『紀年盤庚旬自奄遷於北冢，曰殷虛。北冢，蒙字爾，即景亳，湯都。……安陽，紂都也。在淇、洹之間，所謂北冢。』也認爲北冢就是今河南安陽。凡此皆足以說明，春秋戰國時屬於楚地的今之蒙城縣，與殷商時的北冢（今河南安陽）毫無關係。即使依據帝王世紀和酈道元水經注汳水、王國維說亳等之說，以景亳爲商湯之北亳（在商丘之東北），而遠在商丘東南約三百里之外的今安徽蒙城縣也與羅泌所說的『北冢，蒙字爾』之『蒙』毫無關係，因而以唐代所置蒙城縣爲莊子故里之蒙，實在屬於無稽之談。

持『蒙城說』者實際上是要證明，北冢即是莊子出生地蒙縣，而安徽蒙城縣就是由這個古蒙縣幾經改置而來的。但據晉書之孝懷帝紀、地理志和隋書地理志、元和郡縣圖志卷八、輿地廣記卷二十、資治通鑑卷一百五十五、嘉慶大清一統志卷一百九十三等載，石勒於西晉懷帝永嘉五年攻陷古蒙縣後，廢其縣。東晉時，蒙縣僑置於山桑，此爲今安徽省境內創設蒙縣之始。此後，蒙縣雖幾經廢置，但其地均不出漢山桑縣之境。唐玄宗天寶元年，改山桑縣爲蒙城縣，此爲蒙城縣創設之始。所以乾隆江南通志卷二百特撰蒙城非莊周故里辨云：『蒙邑，前漢地里（理）志屬梁國，今歸德府地。而江南之蒙城，在漢爲山桑縣，屬沛郡。至五代（當作唐天寶元年）時，始置蒙城。史記以莊周爲蒙人，應在梁國，而非五代所置之蒙城矣。商丘縣有小蒙城，云是莊周故里。』又撰亳州之湯陵桐宮桑林云：『今亳州乃漢譙縣，爲魏武故里。至尚書三亳，其西亳爲今偃師，去州絕遠。北亳爲蒙城，南亳爲穀熟，皆在今歸德府商丘縣境。商丘有大蒙城、小蒙城，非即今亳州所屬之蒙城縣也，相去亦百餘里。漢晉諸儒，從無以譙爲亳之說。至後周始改爲亳，亦遙取商丘之亳爲名耳。』民國重修蒙城縣志書卷十一也說：『按史記：「莊子，蒙人也。嘗爲蒙漆園吏。」注：「地理志：蒙縣屬梁國。」索隱曰：「劉向別錄：宋之蒙人也。」正義曰：「爲漆園吏，即長(此)。」江南通志以今潁州所屬之蒙當之，考唐書地理志，亳州蒙城縣本山桑，唐天寶元年更名，與梁國之蒙實無與也。』由此可見，以安徽蒙城縣爲莊子故里之蒙，無疑是大錯特錯的。

在持『蒙城說』者看來，莊子故里在蒙城縣的最有力證據還是王安石的蒙城清燕堂詩和蘇軾的莊子祠堂記。王詩有句云：『清燕新碑得自蒙，行吟如到此堂中。吏無田甲當時氣，民有莊周後世風。』蘇記說：『莊子蒙人也，嘗爲蒙漆園吏，沒千餘歲而蒙未有祀之者。縣令秘書丞王兢始作祠堂，求文以爲記。』按照持『蒙城說』者的理解，既然王安石、蘇軾爲蒙城縣寫了這樣的詩文，則此地爲莊子故里尚有何疑！如晚明李時芳在新修莊子祠記中說：『按「傳記」，莊子後數千年無祀之者，宋元豐間蒙令王兢始祀之，蘇軾爲記。王安石題蒙城清燕堂詩，有「民有莊周後世風」之句。若此蒙非古蒙，二公何爲異口同聲稱爲先生之故里哉？……以東坡之才、介甫之學，爲宋人一代宗工，寧有考證不確而輕托於詩文者乎！』①又王繼賢在古蒙莊子序中說：『東坡先生讀其書，想見其人，明其不背於道；王荊公入其鄉，慕其遺風，清燕之詠三致意焉。非莊之能有蒙，以蒙之不能去莊也。好事者以爲今之蒙非昔之蒙，夫郡邑稱謂，固有沿革，然今之去宋不遠，而荊公於當世，號稱稽古，觀風問俗，豈其漫無所考而見之文字傳之後世哉！必不然矣。』②今人菲銘更據此而認爲『莊周故里爲今之安徽

① 民國重修蒙城縣志書卷十一，民國四年刊本。
② 古蒙莊子校釋卷首，明萬曆三十九年刊本。

蒙城應當確信不疑了』（莊周故里辨）。但在事實上，王安石、蘇軾的說法是根本不能作爲依據的。其一，宋李壁爲王氏蒙城清燕堂詩所作注說：『蒙城，隸亳州，在州南百六十里。韓安國坐法，抵罪蒙。師古曰：「蒙，梁國之縣也。」獄吏田甲辱安國，安國曰：「死灰獨不復然乎？」曰：「然即溺之！」居無幾，漢使使者拜安國爲梁內史，起徒中二千石，田甲亡。安國曰：「甲不就國，我滅而宗！」甲肉袒謝，安國笑曰：「公等足與治乎？」莊子，蒙人，名周。周嘗爲蒙漆園吏，與梁惠王、齊宣王同時，其言洸洋自恣以適己。』①說明王安石把田甲侮辱韓安國這一故事的發生地即漢梁國蒙縣誤作了今安徽蒙城縣，因此便不可避免地把古蒙縣的莊周看成是蒙城縣的先賢，並說什麼在此地民眾身上仍可感受到莊子之遺風。其二，表面上看起來蘇軾既然願意爲蒙城縣的莊子祠堂撰寫碑記，則可認爲他對於王兢的建祠並無任何異議而默許這兒就是莊子故里，但細審其文，作者實際上並沒有就此地是否莊子故里的問題表明自己的任何看法，而主要是借此記闡發了自己關於儒道合一的思想，以及對莊子篇目問題的一些看法。而且我們在前文已經指出過，自唐宋以來，曾有不少地方都爲莊子建造了祠廟，豈可以王兢在蒙城縣建立莊子祠堂、蘇軾爲之作記便認定此地爲莊子故里？因此，持『蒙城說』者欲以王安石的蒙城清燕堂詩和蘇軾的莊子祠堂記來證明安徽蒙城縣就是莊子故里，實際上只能是徒勞的。

對於蘇軾爲之作記的莊子祠堂的所在地，各地方志的記載是不同的。如天順明一統志卷二十七於『歸德府』下云：『莊子廟在府城東南一十五里，祀莊周，宋蘇軾有記。』嘉慶大清一統志卷一百五十四云：『莊子祠在商丘縣東南，宋蘇軾有記。』雍正河南通志卷七十九載有莊子廟碑記，所引錄的爲蘇軾莊子祠堂記的全篇文字。康熙商丘縣志職官志甚至還載王兢爲宋城令。而雍正山東通志卷二十一則於『曹州府』下云：『莊子廟在府城西北四十里南華沙溝之陽，祀周莊周，……宋蘇軾有記。』但無論是把蘇軾爲之作記的莊子祠堂的所在

① 王荊公詩注卷三十九，文淵閣四庫全書本。

地說成是商丘縣城東南，還是曹州府城西北，毫無疑問都是錯誤的。如康熙商丘縣志職官志所載整個宋代『宋城令』僅有『王兢』一人而已，這分明是無所可載而據蘇軾之記附會上去的，因而由此而產生的所謂蘇氏爲此處莊子祠堂作記的說法就更加不可信了。而據雍正山東通志卷二十一說，曹州府城西北的『莊子廟』係『唐貞觀二年建』，這又顯然與蘇軾之記所謂宋神宗時『縣令秘書丞王兢始作祠堂』的說法不合，哪里有所謂『宋蘇軾有記』呢！而且，今案北宋呂南公灌園集卷五有過莊子祠堂詩，作者於題下自注：『堂以嵇康配坐。』並有句云：『客過蒙城日欲曛，更尋祠館拜遺真。』嵇康酷愛老莊，爲譙郡銍（今安徽淮北市臨涣集）人，離蒙城較近，而呂南公死於宋哲宗元祐（1086—1093）間，則其所說『以嵇康配坐』的『蒙城』之『莊子祠堂』，必指縣令秘書丞王兢所創、蘇軾於宋神宗元豐元年（1078）爲之作記的今安徽蒙城縣境內的原莊子祠堂無疑。然而，蘇軾筆下出現過的『莊子祠堂』並不止於此。如他有逍遥臺詩，自注云『莊子祠堂在開元寺即墓爲堂』。其弟蘇轍所作和詩逍遥堂，也有自注云『莊周墓上祠堂也』。今案天順明一統志卷七於『鳳陽府』下云：『莊周臺，在舊府城東門内開元寺後，亦名逍遥臺，唐刺史梁延嗣所築，仍置祠，刻像於其上。……莊子冢，在舊府城開元寺後，即逍遥臺。』又乾隆江南通志卷三十五云：『逍遥臺，在臨淮縣開元寺後，唐刺史梁延嗣累土爲臺，刻莊子像，覆以亭。』同書卷四十八云：『開元寺，在臨淮縣聞賢門内，一名莊臺寺，唐開元二十六年詔天下州郡，各建一大寺，以紀年爲額。』可見蘇軾所寫的開元寺莊子祠堂，由唐刺史梁延嗣所爲，在今安徽鳳陽縣東北，離蒙城縣甚遠。由此不難推知，蘇軾既然知道唐時在開元寺建莊子祠堂是出於崇奉道家（教）的原因，則必然會想到王兢在蒙城縣建莊子祠堂，也當僅僅屬於對莊子的追慕，並不能表明此地就是莊子的故里，因此他在莊子祠堂記中便對莊子故里問題不置一辭，表現出了相當審慎的態度。既然如此，後人又怎可因蘇氏曾爲蒙城縣莊子祠堂寫過碑記而認定此地就是莊子故里呢？

依照持『蒙城說』者的說法，安徽蒙城縣之所以爲莊子故里，還在於此地曾有『漆園』。如錢耕森在莊子故里蒙城說考辨中說：『嘉靖壽州志、乾隆潁州府志、民國重修蒙城縣志書都記載了蒙城古跡「漆園城」和「莊子臺」的有關情況。「漆園城」在蒙城縣河北三里，即歸蒙城，莊子曾在此爲漆園吏。』孫以楷在莊子楚人考中也說：『尚書禹貢：「荆、河惟豫州……貢漆……。」今安徽蒙城屬禹貢豫州，漆園在其地。商丘東北之小蒙城，史稱「蒙澤」，其地並無漆園。山東曹州有漆園，但顯係後人所爲，因爲那裏不是産漆之地。既稱蒙而又有漆園者，唯有蒙城。乾隆潁州府志：「漆園城，在縣河北三里，即舊蒙城，莊子爲漆園吏在此。」』但據各種地方志記載，歷史上所謂與莊子有關的漆園所在多有，即以今山東菏澤地區爲例，菏澤市城北及曹縣、東明縣、鄄城縣等據說皆曾有莊子爲吏的漆園，我們豈可信以爲真？而且，據說與蒙城縣同屬鳳陽府的定遠縣也曾有『漆園』。如太平寰宇記卷一百二十八云：『廢漆園在（定遠）縣東三十里，其地東西南北約方三百步，唐天寶年中尚有漆樹一二十株，野火燔燒其樹，在古縣村西一百步，即楚國莊周爲吏之處，今爲壟畝。……漆園觀在縣東北一百三十步，唐弘道二年敕置，取漆園爲名。』天順明一統志卷七、嘉慶大清一統志卷八十七、乾隆江南通志卷三十五所載略同。但因這實在不足以證明此說就是歷史事實，所以現在也就不再有人堅持認爲安徽定遠縣即是莊子爲吏之處了。其實，前人對於志書中所謂蒙城縣『漆園』乃莊子爲吏之所的說法就有表示懷疑的。如乾隆江南通志卷三十六於『漆園城在蒙城縣東北三里，相傳莊周爲吏於此』下云：『按：莊子漆園爲歸德之蒙。』同樣，民國重修蒙城縣志書卷十一也指出：莊子爲漆園吏處當在漢梁國蒙縣，後人或以『潁州所屬之蒙當之』，而『考唐書地理志，亳州蒙城縣本山桑，唐天寶元年更名，與梁國之蒙實無與也』。誠然，正如酈道元水經注卷二十三所載，『汳水又東徑違（蒙）縣故城北，俗謂之小蒙城也。西征記：城在汳水南十五六里，即莊周之本邑也，爲蒙之漆園吏，郭景純所謂漆園有傲吏者也』，即莊子爲吏的漆園就在漢梁國蒙縣故城中。所以嘉慶大清一統志卷一百九十三接著說『漆園在商丘縣東北蒙縣故城中』。然而今之持『蒙城說』者卻偏要拘泥於後出的志書，硬說蒙城縣漆園才是莊子爲吏之處，並欲引尚書禹貢以證其說。但『宋州，禹貢豫州之域』（元和郡縣圖志卷八)，商丘在豫州之中，其東北也正是出漆的地方，酈道元水經注更謂此地有『蒙之漆園』，怎麽能像孫以楷先生所説『商丘東北之小蒙城，史稱「蒙澤」，其地並無漆園』呢？我們知道，司馬遷史記老子韓非列傳謂『周嘗爲蒙漆園吏』，是把『漆園』與『蒙』聯繫在一起的，説明此『漆園』必在『蒙』地，而今安徽境内的舊蒙縣是東晉時才僑置的，蒙城縣更是到了唐天寶元年才由山桑縣改置的，因而此地戰國時即使有漆園，也絕非司馬遷所説的『蒙漆園』，又怎可目爲莊子故里呢？

所謂蒙城縣附近有『濮水』和『濠梁』，這同樣是持『蒙城説』者欲用來證成其説的所謂重要依據。如常征也談莊周故里依據酈道元水經注的有關記載，認爲『「莊子釣於濮水之上」，其隱居地自當就在荍河沿岸，亦即今渦陽、蒙城西側之某地，其地即戰國楚之「蒙」境。』錢耕森莊子故里蒙城説考辨也據以認爲古濮水在今渦陽、蒙城西城的某個地方，並斷言『通過濮水之辨也可推知莊周故里在蒙城』。但我們在上文已説到，濮水的水道甚長，而且上下游各有兩支，流經之地往往有關於莊子垂釣故事的流傳。如太平寰宇記卷十二於『宋州』下説：『南華縣「莊周，宋蒙人，不以禍福累心，爲漆園吏，楚威王以千金幣迎，周不應，釣於濮水。」輿地廣記卷七説：『……有濮水，莊子釣於濮水是也。』天順明一統志卷四説：『濮水在開州(治所在今河南濮陽)東南六十里，即莊子垂釣處。』雍正山東通志卷九説：『釣臺在州(指濮州)①東南九十里，莊周釣於濮水即此。』但這些都屬於唐宋以來所撰志書的記載，而唐以前的文獻資料並没有留下任何相關的文字，即使像酈道元水經注這樣的皇皇巨著，也對莊子釣於濮水的故事未置一辭，則或許乃是因爲此故事本來就是虚構的寓言，或許乃是因爲此故事的發生地點早就已經無法確定，而後來各種志書大約只是據傳聞而予以記載罷了，根本不能據爲典實，因此我們對於今之持『蒙城説』者所謂莊子垂釣的濮水『亦即今渦陽、蒙城西側之某地』的説法，也就更加不可相信了。

---

① 濮州，隋開皇十六年改濮陽郡置，治所在今山東鄄城北。

如果誠如司馬遷那樣以此故事爲歷史事實，而我們一定要推測其發生地的話，那也只能根據傳聞資料相對集中等情況而認爲莊子所垂釣的是距離商丘東北古蒙縣較近一些的濮水了，而絕不是遠在三百里之外的『今渦陽、蒙城西側之某地』。至於今鳳陽縣東北二十里的『濠梁』，傳說爲莊子秋水所寫莊子與惠子曾經觀魚的地方，即使此爲歷史事實，至多也只能說明莊子曾與惠子來到這兒遊玩過，哪裏可以用來佐證莊子的故里就在蒙城縣呢！

總而言之，莊子是宋國人，其故里在商丘東北數十里的古蒙縣，而凡『商丘南說』、『民權說』、『曹縣說』、『菏澤說』、『魯蒙說』、『齊蒙說』、『楚蒙說』、『蒙城說』等等，都是很難成立的。我們據上文的敍述辨析可知，這些說法顯然是在唐宋以後才陸續出現的，而究其原因，主要有如下數端： 一是由於年代久遠，尤其是黄河的屢屢氾濫，一些與莊子有關的遺跡早已深埋地下，而真正值得信賴的文獻資料又相當匱乏，致使後人便對莊子籍里等問題有了各種說法。二是由於漢以來行政區的不斷更改、僑置，尤其是東晉十六國和南北朝時期黄河中游一帶大批士族、文人紛紛向東南遷移，其中一些懷念莊子的人便在新的地方搞了不少莊子祠、莊子釣臺、漆園之類的建築，既給後人增加了辨别真假遺跡的難度，又爲喜歡標立新說者提供了論證的『依據』。 三是在隋唐時期，最高統治者大都推崇道家（教），如『（唐高宗）上元二年置漆園監』（新唐書卷四十八），『（玄宗開元）二十九年春正月丁丑，制兩京、諸州各置玄元皇帝廟，並崇玄學，置生徒，令習老子、莊子、列子、文子』（舊唐書玄宗本紀）。 據太平寰宇記卷一百二十八載，今安徽定遠縣東的舊漆園觀就是於『唐（中宗）弘道二年敕置』的。 又據乾隆江南通志卷四十八載，今安徽鳳陽縣東北的舊開元寺，也叫『莊臺寺』，是『唐（玄宗）開元二十六年詔天下州郡各建一大寺』時所建的。 這樣，一批叫作漆園觀、莊子臺之類的建築就先後出現了，便讓後來的志書編纂者頗有『無所適從』、『莫衷一是』之感，而一些懷有地域意識的人則樂於以此來爲本地爭光。 如晚明蒙城縣令李時芳就曾特撰新修莊子祠記一文，目的就是要『使世知歸德、曹濮之漆園皆非其真，而蒙（城）之漆園庶不至爲鼓篋者所竊』。他甚至還把『陸應陽著廣輿記，載漆園在歸德小蒙城』說成是『顛狂謬妄曲學』，必盡去之而後快。嗣後，另一任蒙城縣令王繼賢也曾撰寫古蒙莊子序一文，以蒙城『猶有漆園在焉』來論證莊子實爲蒙城人，而批評那些『以爲今之蒙（指蒙城縣）非昔之蒙（指先秦古蒙縣）』者則爲『好事者』。四是自改革開放以來，由於普遍盛行『文化搭臺，經濟唱戲』之風，一些地方領導便死死抓住莊子不放，企圖以此來爲經濟發展服務，而某些學人甘願接受他們的利用，則更爲荒唐。當然，上述各種說法雖然各持一端，但都是以司馬遷史記老子韓非列傳爲準的，無不承認莊子爲『蒙人』。那麼，司馬遷自己心目中的『蒙』到底指哪兒呢？今案史記絳侯周勃世家云：『攻豐。擊秦軍碭東。還軍留及蕭。復攻碭，破之。下下邑，先登，賜爵五大夫。攻蒙、虞，取之。擊章邯車騎，殿。定魏地。』這裏在敍述周勃的進軍路綫時，所提到的豐，在今江蘇豐縣；碭東，在今安徽碭山縣；留，在今江蘇沛縣；蕭，在今安徽蕭縣；下邑，在今安徽碭山縣；虞，在今河南虞城北；魏地，指今河南開封、鄭州一帶。顯然，司馬遷所提到的這些地方基本上可看成是在一條直綫上，那麼既處在這條直綫上而又離下邑、虞最近的『蒙』，也就自然非商丘東北的『蒙』莫屬了①。由此可見，司馬遷史記老子韓非列傳所說『莊子者，蒙人也』之『蒙』必指商丘東北的古蒙縣無疑。

二、莊子本子的演變及篇目的真僞

莊子一書，漢書藝文志著錄爲五十二篇。陸德明經典釋文序錄云：『漢書藝文志「莊子五十二篇」，即司馬彪、孟氏所注是也。』據此，司馬氏的本子即爲班固漢書藝文志所載的本子。但有不少資料表明，這兩個本子

---

① 請參看劉生良鵬翔無疆『莊子籍里爲宋之蒙邑即今河南商丘』說補證一節中的有關文字，人民出版社2004年版。

並不完全相同。如郭象莊子注三十三篇本主要是刪削司馬彪五十二篇本而成，而陸德明據郭象本作莊子音義時，卻於齊物論篇『夫道未始有封』下引崔譔云：『齊物七章，此（指篇內『夫道未始有封』一章）連上章，而班固說在外篇。』又於同篇『大塊』一詞下云：『司馬云：大樸之貌。衆家或作「大槐」，班固同。』這說明，後來司馬彪的本子與班固的本子，無論在篇章的劃分上還是在字句方面，都存在著一定的差異。

司馬彪所著莊子注，晉書司馬彪傳未詳其卷數。隋書經籍志錄爲十六卷，並注云：『本二十一卷，今闕。』而舊唐書經籍志、新唐書藝文志所錄皆作二十一卷，則當爲後來復得之足本。陸德明經典釋文序錄於『司馬彪注二十一卷、五十二篇』下注云：『内篇七、外篇二十八、雜篇十四、解說三，爲音三卷。』這裏所謂的『爲音三卷』，肯定不是莊子原文，而『解說三』，也不可能是莊子或莊子學派的文章，而應當是後人解說莊子或莊子學派文章的文字。今案文選任昉齊竟陵文宣王行狀李善注引云：『淮南王莊子略要曰：「江海之士，山谷之人也，輕天下，細萬物，而獨往者也。」司馬彪注曰：「獨往自然，不復顧世。」』這段文字，文選謝靈運入華子崗詩、江淹雜體詩（擬許詢）、陶淵明歸去來辭李善注也都曾加以引用，說明淮南王劉安確實著有莊子略要，西晉時的司馬彪還爲它作過注。又文選張協七命李善注引云：『莊子曰「庚市子肩之毀玉也」，淮南子莊子後解曰：「庚市子，聖人無欲者也。人有爭財相鬥者，庚市子毀玉於其間，而鬥者止。」』這裏說明，劉安除了著有莊子略要外，還曾撰寫過莊子後解。顧名思義，並從其佚文本身來分析，莊子後解當主要是對莊子文句或典故的訓解。因此，清俞正燮在癸巳存稿莊子司馬彪注輯本跋中指出，劉安莊子略要爲司馬彪五十二篇本莊子中之一篇。日本武内義雄在老子與莊子一書中除了接受俞氏的這一觀點外，還提出了莊子後解也是司馬彪本中之一篇的看法。這些分析都很有見地，值得重視。

司馬遷史記老子韓非列傳謂莊周『著書十餘萬言』，並列舉了莊子中的漁父、盜跖、胠篋、畏累虛、亢桑子等五個篇名，這說明他所見到的本子比後來郭象刪定的三十三篇本莊子的字數要多得多，篇目也有郭象本所無者。人們至今無法知道，班固本、司馬彪本與司馬遷所據本到底有何關係。不過，據宋陳景元南華真經章句音義敘說，郭象本莊子三十三篇共計六萬五千九百二十三字，平均每篇近二千字，以此推算，則司馬遷所見『十餘萬言』的莊子當是由五十來個單篇組成，與班固本、司馬彪本大致相當。

據陸德明經典釋文序錄著錄，六朝時除了司馬彪二十一卷本之外，還有如下幾種重要本子：『崔譔注十卷，二十七篇。清河人，晉議郎。內篇七，外篇二十。』『向秀注二十卷，二十六篇。一作二十七篇，一作二十八篇，亦無雜篇，爲音三卷。』『李頤集解三十卷，三十篇。字景真，潁川襄城人，晉丞相參軍，自號玄道子。一作三十五篇，爲音一卷。』『孟氏注十八卷，五十二篇。不詳何人。』『郭象注三十三卷，三十三篇。字子玄，河內人，晉太傅主簿。內篇七，外篇十五，雜篇十一，爲音三卷。』陸德明又在莊子音義中摘引了梁簡文帝莊子義、莊子講疏的文字多達六十條，在序錄『注解傳述人』中敘述到易的傳述人時說他的老師周弘正著有莊子義疏，但都未曾予以著錄。下面，將陸氏所著錄的幾種重要本子予以簡單的分析論述。

孟氏本。關於孟氏，陸德明已謂『不詳何人』。清姚振宗在隋書經籍志考證中疑即爲魏明帝時曾注漢書的孟康，但至今人們還拿不出確鑿的證據來證明他的這一觀點。更爲遺憾的是，陸氏在莊子音義中沒有引述孟氏本異文和孟氏的注文，所以我們也就無法更具體地瞭解孟氏的本子了。而且孟氏本與司馬彪本的卷數又不合，但陸德明既然謂班固本『即司馬彪、孟氏所注是也』，則孟氏本仍不失爲最接近古本莊子原貌的本子之一。

崔譔本。晉書無崔譔傳，唯陸德明經典釋文序錄稱其爲『清河人，晉議郎』，而隋書經籍志則云：『梁有莊子十卷，東晉議郎崔譔注，亡。』若證以世說新語文學劉孝標注所引向秀別傳謂秀『唯好莊子，聊應崔譔所注，以備遺忘』等語，則崔譔生世當不得晚於晉初的向秀。今案陸德明莊子音義所出示的內篇異文，往往有崔譔本、司馬彪本相同者，如陸氏於逍遙遊篇『聾者無以與乎鐘鼓之聲』下云『崔、向、司馬本此下更有「眇者無以與乎眉目之好，夫刖者不自爲假文屨」』，於同篇『汾水』下云『司馬、崔本作「盆水」』，似皆可證明崔譔本內篇即承襲司馬彪所據本而來。崔譔本『外篇二十』的情形又如何呢？莊子音義所出示的外篇、雜篇異文，崔譔本、司馬彪本相同者亦復不少，當亦可證明崔譔本的『外篇二十』即選自司馬彪所據本的外、雜篇。至於此『外篇二十』到底指哪些篇目，壽普暄分析說：『釋文內、外、雜各篇，陸氏以司馬、崔、向、郭諸家音義雜然並列，但可異者，外篇天道、刻意、田子方，雜篇讓王、說劍、漁父六篇，於崔、向二氏音義一無所引。……且以此六篇與二十七篇（指崔譔本內、外篇共二十七篇）相加，正爲三十三篇，與現存之郭本洽合。若然，則此六篇者，即崔、向本所不著，而爲郭象增添者乎？』①這一分析是可信的。據此，則崔譔本『外篇二十』的篇目依次爲：駢拇、馬蹄、胠篋、在宥、天地、天運、繕性、秋水、至樂、達生、山木、知北遊、庚桑楚、徐無鬼、則陽、外物、寓言、盜跖、列禦寇、天下。從現有的文獻資料來看，崔譔所編定的莊子二十七篇本是歷史上最早的一個選本，這個選本使莊子五十二篇傳統本受到了第一次嚴峻挑戰。

向秀本。世說新語文學劉孝標注引向秀別傳云：『或言秀遊托數賢，蕭屑卒歲，都無注述，唯好莊子，聊應崔譔所注，以備遺忘云。』則向秀本是以崔譔二十七篇本爲基礎的。陸德明經典釋文序錄載向秀莊子注二十六篇，並說：『一作二十七篇，一作二十八篇，亦無雜篇，爲音三卷。』所謂『二十八篇』，當是在崔譔本二十七篇數目的基礎上再加序目一篇而成；而據世說新語文學所載『唯秋水、至樂二篇未竟而秀卒』來推測，陸氏所謂向秀莊子注『二十六篇』者，則應是指在崔譔本篇目中減去向秀未注完的秋水、至樂二篇，再加上序目一篇而成的本子而言。今案陸德明莊子音義出示莊子異文，每以崔譔本、向秀本並引，正可證明向秀本基本上是對崔譔本的因襲。

李頤本。陸德明經典釋文序錄載『李頤集解三十卷，三十篇』、『爲音一卷』，又載『李軌音一卷』，但於莊子

---

① 由經典釋文試探莊子古本，載燕京學報第二十八期。

音義所徵引的有關音義之前，除有數處標明『李頤云』之外，其餘數百條卻均僅標有『李云』字樣，則所謂『李云』者，到底是指李頤還是指李軌？委實令人百思不得其解！不過，我們卻可據陸氏的記載而看到李頤莊子集解所選篇目數量與他本皆不同，而其彙集前人解莊之精華，則更標誌著一種新的解莊方法的起始。

郭象本。此本子看不出與李頤本有任何關係，但與司馬彪本、崔譔本、向秀本的關係則甚爲明顯，我們將於下文予以揭示。關於郭象莊子注的卷數，陸德明經典釋文序錄著錄爲『三十三卷』，與敦煌殘卷伯二四九五號『莊子內篇第一逍遥遊』之前小字所云『莊子三帙，合卅三卷，郭子玄注』、梁阮孝緒七錄所錄『三十三卷』相合，說明在六朝時，郭象注本皆作三十三卷，每卷一篇。但隋書經籍志著錄的郭象注本爲『三十卷，目一卷』，而自舊唐書經籍志以後則又合爲十卷，包括內篇三卷共七篇、外篇四卷共十五篇、雜篇三卷共十一篇，這就是獨傳千年而至今爲大多數治莊者所依賴的莊子本子。

今案陸德明經典釋文序錄云：『莊生宏才命世，辭趣華深，正言若反，故莫能暢其弘致。後人增足，漸失其真，故郭子玄云：「一曲之才，妄竄奇說，若閼弈、意修之首，危言、游鳧、子胥之篇，凡諸巧雜，十分有三。」漢書藝文志「莊子五十二篇」，即司馬彪、孟氏所注是也。言多詭誕，或似山海經，或類占夢書，故注者以意去取。其內篇衆家並同，自餘或有外而無雜，唯子玄所注特會莊子之旨，故爲世所貴。』又日本鎌倉時代高山寺所藏莊子殘鈔本天下篇後有跋語云：『夫學者，尚以成性易知爲德，不以能政（攻）異端爲貴也。然莊子閎才命世，誠多英文偉詞，正言若反，故一曲之士，不能暢其弘旨，而妄竄奇說，若閼亦（弈）、意循（修）之首，尾（危）言、游易（鳧）、子胥之篇，凡諸巧雜，若此之類，十分有三，或牽之令近，或迂之令誕，或似山海經，或似夢書，或出淮南，或辯形名，而參之高韻，龍蛇並御，且辭氣鄙背，竟無深澳，而徒難知，以因（困）後蒙，令沈滯失乎（平）流，豈所以求莊子之意哉？故略而不存。令（今）唯哉（裁）取其長，達致存乎大體者焉爲三十三篇者。』此跋語不詳其作者，但與陸德明所引郭象之語甚是相關，則其亦必爲郭氏所作無疑。由此可知，郭象三十三篇本就是對司馬彪五十二篇本進行『以意去取』的結果。

郭象一共刪去了司馬彪本的十九個篇目，而據郭象跋語和陸德明經典釋文序錄，其中可確知的有閼弈、意修、危言、游鳧、子胥等五個篇目。今案文選顏延之車駕幸京口侍遊蒜山作李善注引莊子云：『閼弈之隸與殷翼之孫、遏氏之子，三士相與謀致人於造物，共之元天之上。元天者，其高四見列星。』此當爲閼弈篇中的文字。又太平御覽卷五三〇引莊子云：『游島（鳧）問雄黃曰：「今逐疫出魅，擊鼓呼噪，何也？」雄黃曰：「黔首多疾，黄帝氏立巫咸，使黔首沐浴齋戒以通九竅，鳴鼓振鐸以動其心，勞形趨步以發陰陽之氣，飲酒茹葱以通五藏。夫擊鼓呼噪，逐疫出魅鬼，黔首不知，以爲魅祟也。」』此當爲游鳧篇中的文字。可以認爲，這一則佚文確似『妄竄奇説』之辭，看來閼弈、意修、危言、游鳧、子胥五篇的文字大概也多屬此類，故郭象皆予刊落。又司馬彪本還包括了『解説三』，是後人爲莊子文章所作的解説文字，故郭象亦予以刪除。此外，郭象還刪去了一些『或似山海經』、或明顯出於莊周後學手筆的文字。

陸德明據郭象三十三篇本撰成的莊子音義，出示向秀本的異字甚多，但在出示有司馬彪本異字的篇章中，卻幾乎完全看不到向秀本的異字。如天地篇出示司馬彪本的異字凡15次，天運篇出示8次，至樂篇出示9次，達生篇出示6次，徐無鬼篇出示16次，但各篇都不見有向秀本的異字，這足可證明郭象曾據向秀本來校改司馬彪本的這些篇章，或這些篇章就是直接以向秀本作爲底本的。而向秀本大致以崔譔本爲基礎，則郭象本又與崔譔本有著一定的承因關係。

從上述可以清楚看到，司馬彪五十二篇本莊子經過郭象的『以意去取』而成爲三十三篇本莊子後，無論從篇章還是從字句方面來看，無疑都顯得更爲精純了，因而後世便漸奉郭氏本爲定本，流傳千年而不滅。如在東晉時期，『徐仙民、李弘範作音，皆依郭本，以郭爲主。』（經典釋文序録）其後，陸德明依郭象注本而作莊子音義，成玄英亦『依子玄所注三十篇，輒爲疏解』（成玄英莊子注疏序），而孫應鼇莊義要刪、李廷機莊子玄言評苑、陳懿典新鍥南華真經三注大全、沈汝紳南華經集評、鄒之嶧莊子郭注、歸有光南華真經評注、孫鑛莊子南華經、馬其昶莊子故、郭慶藩莊子集釋等等，或以郭象本爲底本，或引郭象注以爲立論的依據，亦皆可說明郭象莊子注對後世有著巨大影響。但可惜的是，由於郭象的這一『以意去取』，卻使古本莊子失去了約『十分有三』的篇章，而且這還可能成爲永遠無可挽回的損失。

不過，郭象本儘管成了後世的定本，但其在流傳過程中還是發生了一些細微的變化。如北宋陳景元著有南華真經章句音義、莊子闕誤，其所校得各三十三篇本莊子原文異字凡三百四十九字。據陳氏南華真經章句餘事末所附覽過南華真經名氏、褚伯秀南華真經義海纂微卷首陳碧虛解義卷末載覽過莊子注可知，其著南華真經章句音義、莊子闕誤時據以考訂莊子文字異同的本子有：宋真宗景德四年（一作三年）國子監刊行本，徐鉉、葛湍所校江南古藏本，徐靈府所校天台山方瀛宮藏本，張君房所校郭象注中太一宮本，張君房所校成玄英解疏中太一宮本，張君房所校文如海正義中太一宮本，散人劉得一所注本，張潛夫所注江南李氏書庫本。這些來源各異，刊印時間不一的莊子本子，基本上反映出了唐宋時期流傳著的各種郭象本的文字異同情況。其後，各種郭象本在流傳過程中還進一步出現了文字差異。如明正統道藏所收南華真經白文本、成玄英本、王雱本、林希逸本、褚伯秀本、羅勉道本、吳澄訂正本的文字都比較接近，而與道藏外各種本子的文字則有較大不同，這說明郭象本至此已形成了不同的版本系統。

依版本學的觀點來看，各郭象本的這些文字差異主要當是由長期轉抄過程中的筆誤造成，但也不能完全排除有一部分乃是由人們的有意爲之所致。如陳景元在南華真經章句音義卷五中出示了胠篋篇『曷嘗不法聖智哉』一語，並云：『舊作「曷嘗不法聖人哉」。「善人不得聖人之道不立，跖不得聖人之道不行，則聖人之利天下也少」、「聖人生而大盜起」、「掊擊聖人」、「聖人已死」、「聖人不死」、「雖重聖人」、「是乃聖人之過也」、「彼聖人者，天下之利器也」。自此已上十一「聖人」，張君房本並作「聖智」。』據此，則各本胠篋篇本來多作『聖人』，而後來的人們在儒學獨尊的專制文化背景下，爲儘量避免直接抨擊儒家心目中的最高道德典範『聖人』，便有目的地將『聖人』改爲『聖智』，致使今本胠篋篇皆以抨擊『聖智』爲全文主旨了。

從北宋以來，人們又提出了關於郭象本中篇目真僞的問題。蘇軾在莊子祠堂記中說：

> 余嘗疑盜跖、漁父，則若真詆孔子者。至於讓王、說劍，皆淺陋不入於道。反復觀之，得其寓言之終曰：『陽子居西遊於秦，遇老子。老子曰：「而睢睢，而盱盱，而誰與居？太白若辱，盛德若不足。」陽子居蹴然變容。其往也，舍者將迎，其家公執席，妻執巾櫛，舍者避席，煬者避灶。其反也，舍者與之爭席矣。』去其讓王、說劍、漁父、盜跖四篇，以合於列禦寇之篇曰：『列禦寇之齊，中道而反，曰：「吾驚焉，吾食於十漿，而五漿先饋。」』然後悟而笑曰：『是固一章也。』莊子之言未終，而昧者勦之以入其言。余不可以不辨。

蘇軾從自已所謂『莊子助孔子』的見解出發，認爲『若真詆孔子者』的盜跖、漁父二篇不可能是莊周本人的手筆，而讓王、說劍二篇又皆『淺陋不入於道』，也根本不可能爲莊周本人所作。他並發現所謂寓言篇末尾與列禦寇篇開頭本屬一章，由於讓王、說劍、漁父、盜跖四篇的插入，便使之分割了開來。於是蘇軾斷定，這四篇是『昧者勦之以入』者。今案列子黃帝云：『子列子之齊，中道而反，遇伯昏瞀人。……楊朱南之沛，老聃西遊於秦，邀於郊，至梁而遇老子。老子中道仰天而歎曰：「始以汝爲可教，今不可教也。」楊朱不答。至舍，進涫漱巾櫛，脫履戶外，膝行而前，曰：「向者夫子仰天而歎曰：『始以汝爲可教，今不可教。』弟子欲請夫子辭，行不間，是以不敢。今夫子間矣，請問其過。」老子曰：「而睢睢，而盱盱，而誰與居？大白若辱，盛德若不足。」楊朱蹵然變容曰：「敬聞命矣。」其往也，舍者迎將，家公執席，妻執巾櫛；舍者避席，煬者避灶。其反也，舍者與之爭席矣。』可見，莊子中寓言篇末尾『陽子居南之沛』一節文字與列禦寇篇開頭『列禦寇之齊』一節文字，在列子黃帝中正是連貫爲一體的。蘇軾大約是有見於此而忽發奇想，遂欲合寓言、列禦寇爲一篇，以證成其讓王、說劍、漁父、盜跖四篇爲『昧者勦之以入』者之説①。但列子黄帝中這二則寓言故事的先後次序正好與寓言篇、列禦寇篇中的二則寓言故事的次序相反，而且今本列子是否爲先秦原書尚不能斷定，所以蘇氏的意見未必正確。即使從寓言篇、列禦寇篇中的二則寓言故事本身來看，也正如清代有的學者所説，『此（指寓言篇末章）與列禦寇作一段，細玩之不甚聯合』（見劉鳳苞南華雪心編引），又怎能斷定『是固一章』，並據以證明這四篇是『昧者勦之以入』的作品呢②？如果從思想内容和語言風格等方面來看，莊子外、雜篇中多有與内篇不相一致者，豈可因這四篇的思想内容不類他篇，或文章意境不太高妙，而遽定其爲僞作呢？當然，蘇軾的這些説法儘管不一定正確，卻真正開啟了後世爭論莊子篇目真僞問題的風氣，其意義是不可低估的。

---

① 如焦竑説：『子瞻辨莊子，……去其讓王、説劍、漁父、盜跖四篇，以合於列禦寇之篇曰：「列禦寇之齊，中道而反，曰：『吾驚焉，吾食於十漿，而五漿先饋。』」然後悟而笑曰：「是固一章也。」莊子之言未終，而昧者勦之，以入其言耳。故其祭徐君猷文云：「爭席滿前，無復十漿而五饋。」用爲一事。今以寓言、列禦寇二篇合而讀之，真可渙然冰釋也。今案列子第二篇，首載禦寇饋漿事，而即綴以楊朱爭席，正與子瞻之言合，豈子瞻作記亦因此而有寤耶？大抵莊書之奇，自非後世所能亂，其文詞格制之不同，故可望而知之也。「郭子玄云：『一曲之才，妄竄奇説，如閼奕、意修之首，危言、游鳧、子胥之篇，凡諸巧雜，十分有三。』漢書藝文志『莊子五十三（二）篇』，即司馬彪、孟氏所注是也。言多詭誕，或似山海經，或類占夢書，故注者以意去取。獨内篇衆家並同。」參以此説，子瞻所謂昧者，其然乎！』（澹園集讀莊子七則之五）

② 明陳治安甚至在南華真經本義中説：『子瞻任一時已見，謂讓王等四篇俱後人勦入。如謂是篇（指讓王）爲後人贋作，則已先載呂覽；如謂取諸呂覽，特加詮次，欲混莊文，則愚者不能，知者不作。』（讓王題解）又説：『夫漁父、盜跖、胠篋諸篇，稱於太史公，自秦漢來，相傳俱然。蘇子瞻但可果於自信，豈可果盡誣千古之人哉！近世孫月峰、焦弱侯、陸西星，無不以子瞻之言爲然。子瞻之言已足移人視聽，加諸名公又爲崇信其言，莊子諸篇胡得而不僞？夫既喜其書，不欲其人有詆訾聖人之名，欲爲之辯，亦何不深惟作書本意，而輕誣其僞，重後世惑也？』（盜跖題解）

繼蘇軾的說法之後，宋末羅勉道進一步提出了他的『二十六篇』說。他於逍遙遊篇題下云：『按漢（書）藝文志「莊子五十二篇」，郭象固已辨其巧雜，十分有三。今所存三十三篇，東坡蘇氏又黜讓王、盜跖、說劍、漁父，而以列禦寇接寓言之末，合爲一篇，其說精矣。然愚尚謂刻意、繕性亦復淺膚非真，宜定爲二十六篇。』於是羅氏合寓言、列禦寇爲一篇，並在外、雜篇中刪去刻意、繕性、讓王、盜跖、說劍、漁父六篇而附於篇末，組成了一個名爲『黜偽』的特殊部分。因此，他的南華真經循本便是一個由內篇、外篇、雜篇、黜偽四大部分組成的特殊本子。此後，陸西星南華真經副墨、陳深莊子品節、王夫之莊子解、宣穎南華經解、方潛南華經解、陳壽昌南華真經正義等等，或將讓王、說劍、漁父、盜跖四篇全部刪去，或將它們從雜篇中剔出而附於卷末。而民國時期的葉國慶在莊子研究中，甚至將外、雜篇一律定爲偽作，認爲『文勢不類者』有盜跖、漁父、說劍、讓王、駢拇、馬蹄、胠篋、刻意、繕性、天運等十篇，『思想不類者』有天道、至樂、天地等三篇，『事實或時代不符者』有田子方、盜跖、徐無鬼、則陽、胠篋等五篇等等。這些人的觀點都明顯地受到了蘇軾、羅勉道說法的影響，而且他們還提出了一些更爲新穎的說法。但與蘇軾、羅勉道等人欲合寓言、列禦寇爲一篇的觀點不同，有一些學者則主張將天下篇『惠施多方』以下一段文字別爲一篇。如宋末王應麟撰困學紀聞卷十『諸子』，據北齊書杜弼傳所謂杜氏曾『注莊子惠施篇』之語，而認爲莊子逸篇十九篇中有惠施篇。民國時譚戒甫更在莊子天下篇校釋專論莊周竟後說：『以下別爲惠施篇，殆經後人糅合以成今形者也。北齊書杜弼傳「弼注莊子惠施篇」，則莊子原有惠施篇無疑。』誠然，王應麟、譚戒甫等所提出的問題值得認真探討，但並不能因他們的說法而斷定古本莊子有惠施篇。其實，北齊書杜弼傳所謂杜氏『注莊子惠施篇』者，只不過是表明因爲他『耽好玄理』（杜弼傳）而特重『名家者』言，於是裁出惠施歷物十事和辯者二十一事，單獨爲之詳釋罷了。

元初吳澄在承因蘇軾說法的基礎上，提出了關於莊子『初無所謂雜篇也』的看法。他說：『莊氏書內篇，蓋所自著。外篇，或門人纂其言以成書，其初無所謂雜篇也。竊疑後人偽作讓王、漁父、盜跖、說劍勦入寓言篇中，離隔寓言之半爲列禦寇篇，於是分末後數篇，並其僞書，名爲雜篇，以相淆亂云爾。今既從蘇氏說，黜其僞，復以列禦寇合於寓言而爲一篇。庚桑楚以下與知北遊以上諸篇，不見精粗深淺之不侔，通謂之外篇可也。夫莊氏書，瑰瑋參差，不以觭見之。唯駢拇、胠篋、馬蹄、繕性、刻意五篇自爲一體，其果莊氏之書乎，抑亦周秦間文士所爲乎？是未可知也。故特別而異之，以俟夫知言之君子詳焉。蘇氏所黜四篇亦存之以附其後。』（吳文正集老莊二子敘錄）的確，最早的莊子本子是否有雜篇，這確是一個值得探究的問題，因爲陸德明在經典釋文序錄中就曾說過『其內篇眾家並同，自餘或有外而無雜』這樣的話。而且，吳澄還因有見於駢拇、胠篋、馬蹄、繕性、刻意五篇『自爲一體』與『莊氏書瓌瑋參差，不以觭見之』的特徵不相一致，故『特別而異之』。據此，則吳氏所校定的莊子本子，除了將讓王、漁父、盜跖、說劍四篇移至卷末作爲附錄，又將寓言、列禦寇二篇合爲一篇而外，還特意將駢拇、胠篋、馬蹄、繕性、刻意五篇『別而異之』，實際上可能只包括了內篇和外篇兩大部分，而他所認可的總篇數便只有二十三篇，比羅勉道的南華真經循本還少了三篇。

明沈一貫著莊子通，則引王孫子一書來支持蘇軾的觀點。他在讓王篇題下說：『蘇子瞻謂「讓王以下四篇非莊子作。『陽子居』章，連『列禦寇之齊，中道而反，食於十漿，而五漿先饋』，固一章也，昧者勦之以入其言耳。」……余嘗見唐人馬總輯諸子語爲意林，采莊子無四篇中語，有王孫子，皆此四篇中語，乃知此四篇是王孫子，非莊子，而信子瞻語有證。』今案王孫子，最早見於漢書藝文志著錄。隋書經籍志亦於『孫卿子十二卷』下注云：『梁有王孫子一卷，亡。』舊唐書經籍志、新唐書藝文志則不見著錄。但唐馬總增損梁庾仲容子鈔而成的意林，卻收有王孫子一卷。如據道藏本，其所錄要語凡四百字，皆在今本莊子雜篇讓王、盜跖二篇之中。相反，意林所收莊子十卷，竟無一語見於今本莊子之讓王、盜跖、說劍、漁父四篇。由此看來，沈一貫認爲『此四篇是王孫子，非莊子』，確是一種全新的見解。但需要指出，今所見意林王孫子已不可能是先秦典籍王孫子，其所收的莊子要語應屬於誤錄，因而沈氏的說法很值得商榷，似不足作爲支持蘇軾觀點的依據。

自晚明以來,有些學者比較偏重於從某些章節著眼來辨别莊子文字的真僞。如朱得之在爲田子方篇『宋元君將畫圖』寓言故事作通義時説:『即「舐筆和墨」四字,決非漆書壁經之時所作也。』在爲説劍篇作通義時也説:『此稱王居曰「殿」,非戰國時之名也。』清林雲銘著莊子因,認爲天地篇『堯觀乎華』一段,『義無著落,其詞頗近時趨,疑非莊叟真筆也』;秋水篇『公孫龍問於魏牟』一段,『無甚深旨,莊叟亦無貶人自譽至此,恐爲後人贋筆』;至樂篇首段,『針綫甚密,無一毫滲漏,恐非莊叟所作也』;田子方篇『莊子見魯哀公』一段,『洵屬無謂,細味文氣,洵非莊叟之筆』;外物篇『莊周家貧』一段,『非莊叟手筆』;列禦寇『宋人有曹商者』一段,『非莊叟手筆』。吴汝綸著莊子點勘,認爲天地篇『「獨弦歌」、「賣名聲」等字,非周秦人語』;刻意篇『「吹呴」、「呼吸」三語,割取淮南精神篇文』;讓王篇主要是割取吕氏春秋、淮南子等書中的有關文字而成。凡此説法,大致是憑著對有關章節的粗淺感受而作出,並没有找到多少足以作爲證明的真憑實據,但它卻超越了蘇軾的説法,真正引導人們把懷疑的目光投向了外、雜篇中的大多數篇章。

那麼,所謂莊子中這些非莊子所作的篇章,到底是何時人的手筆呢?對此,晚明以來的許多學者又提出了自己的看法。如朱得之在爲胠篋篇作通義時説:『鄙見以此乃擬襲莊文者。田恒弑君,孔子請討,在魯哀之世。後二十一篇中,周見魯哀謂魯少儒,此言恒享齊國十二世。又楚伐魯以其酒薄也,而梁乃伐趙,魯不得援,事在魯哀以後。今舉以並脣齒之論,是指以爲往昔故事也。篇末又謂好智之亂天下,乃三代以下,則西漢之言矣。故余直謂此非莊子之文,不然莊子年幾四百乎?』朱氏這裏以『十二世』一詞爲重要依據之一來推定胠篋篇爲『西漢之言』,似乎不一定符合實際。但他綜合各種材料,通過多方面的分析,然後推定『此非莊子之文』,並在爲田子方篇『莊子見魯哀公』寓言故事作通義時進一步指出:『余故謂外篇、雜篇多後人所擬而附會之者。』這無疑很有見地。清姚鼐在莊子章義中説:『上仙,是秦以後人語。』(天地章義)『素王、十二經,是漢人語。』(天道章義)『孔子西藏書於周室,此亦漢人語。藏書者,謂聖人知有秦火而預藏之,所謂藏之名山也。』(同上)『此篇乃司馬談論六家要指之類，漢人之文耳。』(刻意章義)姚鼐的這些話，大多不外是推測之辭，還缺乏『考據』所應有的確鑿證據，但仍值得學人去作進一步探究，所以具有一定的學術價值。葉國慶在莊子研究中的提法更爲大膽，認爲駢拇、馬蹄、胠篋、繕性、刻意等篇皆爲秦漢間作品，在宥、天地、天道、天運、盜跖、漁父、說劍、讓王等篇皆爲漢代作品，天下篇是『後人評論百家之學之作』。葉氏的這些說法儘管不值得信從，但他所表現出的大膽懷疑精神卻不能不令人佩服。

總之，莊子本子的演變情況相當複雜，而無論是古本莊子還是今本莊子，除了內七篇當皆出於莊周之手以外，外、雜篇中可能多有『偽作』攙雜。這些『偽作』，或許出於莊子弟子之手，或許爲莊子學派中的人所撰，或許爲愛好莊學者所擬作，但就時間而論，無論如何不會是秦漢間問世的作品。我們知道，秦始皇三十四年(前213)開始實行『挾書律』，嚴禁私藏或挾帶詩、書和百家語。此律至漢惠帝四年(前191)才得以廢除，在此前二十二年間是不可能有人敢寫『百家語』或編寫莊子的。而1977年安徽阜陽雙古堆1號墓出土了一批竹簡，下葬時間爲漢文帝十五年(前165)，上距廢除『挾書律』約二十六年，包括有詩經、周易、蒼頡篇等書，其中有莊子雜篇殘文數條，涉及了今本莊子之則陽、讓王、外物三篇中的文字；1988年湖北江陵張家山336號漢墓又出土了自題篇名爲盜跖的竹簡，約下葬於漢文帝七年(前173)，上距廢除『挾書律』僅十八年，內容爲孔子見盜跖，與今本莊子盜跖的文字內容基本一致。阜陽雙古堆1號墓出土的雖只有則陽、讓王、外物三篇中的殘文，但下葬時可能是一個完整的莊子本子，而這樣一個本子裏的許多文章不可能是在廢除『挾書律』後短短的二十六年中寫出的；張家山336號漢墓出土的盜跖篇也不可能是下葬前約十八年中寫成的，因爲正如李學勤先生所說，『迄今所見戰國到漢初簡帛古籍，都是傳抄本，還沒有能證明是原稿本的。』①由此可以說明，即使最遭人懷疑的

① 論新出簡帛與學術研究，傳統文化與現代化1993年1期。

讓王、盜跖二篇，都不可能問世於秦始皇三十四年（前213）實行『挾書律』後，更何況是莊子中的其他篇章呢？因此，像朱得之在莊子通義中把繕性篇說成是『聲氣體裁，皆類東漢』，就更不能成立了。

三、老莊尚『真』美學觀與後人之承因、發揮

道家的美學思想是建立在自然無爲、純真無僞的『道』的基礎上的，這就使他們從根本上肯定了美與真的一致性，認爲天地間凡是美的事物，都應該是自然純真、未經任何外在力量戕害的事物。

從這一美學觀出發，老子稱頌『古之善爲道者』說：『敦兮其若樸。』（老子十五章，以下引文只注明章數）在他看來，『善爲道者』能夠拒絶人間華僞的腐蝕，永遠保全自己的純真天性，這是最美的。按照老子自己的解釋，這種純真無僞的天性，也就是『赤子』的天真無邪的本性。他說：『常德不離，復歸於嬰兒。』（二十八章）『含德之厚者，比於赤子。』（五十五章）基於這一『貴真』思想，老子徹底否定了一切危害純真人性的聲色享受：『五色令人目盲，五音令人耳聾，五味令人口爽，馳騁田獵令人心發狂，難得之貨令人行妨。』（十二章）特别是對於儒家所極力維護的一整套宗法禮樂制度，他認爲都是『僞』的，不自然的，有害於人的純真本性的。所以，他處處同正面地、積極地主張和維護美與所謂禮樂制度、倫理道德的善相統一的孔子針鋒相對，而堅決地站在批判的立場上，大力宣傳他的疾僞貴真的美學觀。後人的所謂『老子疾僞』（文心雕龍情采），正指出了老子這一『貴真』美學觀的基本特點。

跟老子相比，莊子『法天貴真』的美學思想有了更全面的發展。他認爲，世間美的自然物之所以是美的，就是因爲它們保持了自己的純真無瑕的本性，而儒家提倡的所謂合於仁義禮樂的規矩法度，恰恰只能破壞自然物的這種天然純真之美。如在豪華的典禮中作爲祭器使用的『青黄而文之』的『犧尊』，在儒家看來，它已在人工

的雕琢紋飾和按禮義規則使用的過程中包含進了豐富的善的內容，因而它是很美的。但在莊子看來，人工製造『犧尊』的過程，就是對『百年之木』的摧殘過程，既琢之後『青黃而文之』的過程，就是對『百年之木』自然本性之美的污染過程，因而，『犧尊』在枝葉繁茂的大樹面前顯得很醜（見莊子天地，以下引文只注明篇名）。基於這樣的美學思想，莊子大聲疾呼：『待鉤繩規矩而正者，是削其性者也。待繩約膠漆而固者，是侵其德者也。』『天下有常然，常然者，曲者不以鉤，直者不以繩，圓者不以規，方者不以矩，附離不以膠漆，約束不以纆索。』（駢拇）

莊子的這種『法天貴真』的美學思想，還進一步地體現在對動物的看法上。他要求人們應該讓大自然中的一切動物各任其天性地俯仰於天地之間，逍遙乎自得之場，而不應該以任何人爲的力量去強行干預、約束和限制它們。他說：『牛馬四足，是謂天；落馬首，穿牛鼻，是謂人。故曰：無以人滅天，無以故滅命，無以得殉名。謹守而勿失，是謂反其真。』（秋水）這裏的『人』指人爲，『天』指動物的自然天性。『無以人滅天』，就是要求人們不要以羈勒馬首、貫穿牛鼻一類人爲的『僞』，去損害動物天性的『真』。所以，他在馬蹄篇中強烈地譴責了自稱『我善治馬』的伯樂以『燒之、剔之、刻之、雒之』的人爲方法去損害『馬之真性』，在至樂篇中憤怒地指責了魯侯『以己養養鳥』的方法去破壞鳥的『真性』。

對於人性，莊子也力主純真之美。他像老子讚美『嬰兒』、『赤子』那樣地讚美『兒子』（庚桑楚）、『童子』（人間世），就是因爲他們有著一顆未曾遭受污染的天真之心。他之所以反復強調『真』、『天真』、『純』、『朴』、『本』等等，就是要求人們的內心世界應該永遠像『兒子』、『童子』那樣天真無邪。一句話，莊子就是希望人們能夠『保真』（田子方）、『全真』（盜跖）、『守真』（漁父）、『反其真』（秋水），不要讓自己的天真本性遭受任何外在的人爲力量的戕害。在漁父篇中，他對於『真』之作爲人的自然本性，則有更加深刻的論述：

真者，精誠之至也。不精不誠，不能動人。故強哭者雖悲不哀，強怒者雖嚴不威，強親者雖笑不和。真悲無聲而哀，真怒未發而威，真親未笑而和。真在內者，神動於外，是所以貴真也。……禮者，世俗之所爲也；真者，所以受於天也，自然不可易也。故聖人法天貴真，不拘於俗。

成玄英疏：『夫真者不偽，精者不雜，誠者不矯也。故矯情僞性者，不能動於人也。』莊子認爲，只有自然無偽的真實情性，才能感人至深，給人以美的享受，而一切違背人的自然本性的矯情偽性，只能給人以虛假的感覺，當然不能動人。儒家那套拘拘於忠孝禮義的『強哭』、『強怒』、『強親』，就是『蚤湛於人偽』、『不知貴真』（漁父）的表現，只能給人們以虛偽的醜的感覺。他進一步在外物篇中舉例說：宋國某人死了父母，因傷心過度，哭壞了身子。宋君感動之餘，便賜以官爵。鄰里人見了，就『強哭詐毀，矯性偽情』（成玄英語），結果死者過半，也絲毫感動不了國君。郭象在這則故事下注云：『慕賞而孝，去真遠矣。』可見，『不知貴真』的『強哭』是醜的。

基於這一『貴真』的思想，莊子認爲無論什麼人，只要是不失朴素本性，呈現出真實面目的，就是『至美』之人，反之就是醜人。逍遥遊篇中『肌膚若冰雪，淖約若處子』，不肯『以天下爲事』的藐姑射山『神人』是『至美』之人，大宗師篇中『自適其適』、『不以人助天』（不以人爲的力量去改變自己的天然本性）的『真人』是『至美』之人，齊物論篇中『利害之端』『無變於己』（一切利害得失都不能使自己的天然本性有所損益）的『至人』是『至美』之人。同樣，展現在德充符篇畫廊中的一組形體殘缺不全而真性不失的畸人、怪人，也是『至美』之人。因爲在莊子看來，我們愛人首先不是愛他的形體之美，而是愛他的德性之美（『非愛其形也，愛使其形者也』），只要有超人的純真德性，那麼，一切形體上的缺陷、醜陋都會被忘掉。『以惡駭天下』（因面目醜惡使天下人都驚駭）的『哀駘它』，之所以能使『丈夫與之處者，思而不能去』，『婦人見之，請於父母曰「與爲人妻，寧爲夫子妾」』，魯哀公見之，輒欲『授之國』，就是因爲他不使『死生、存亡、窮達、貧富、賢與不肖、毀譽』『入於靈府』（干擾自然本性），從而保住了自己的『才全』（純真完整的自然本性）的緣故。腳拐、背傴、無脣的『闉跂支離無脤』，頸項上長著大瘤子的『甕盎大癭』等，之所以博得許多人的喜歡，也是因爲他們具備著『不以好惡內傷其身』、『是非不得干身』的『無人之情』美的緣故。

但是，在莊子的眼裏，世間絕大多數四體周全的人卻是不美的，因爲他們的自然本性早已被蒙上了是非、好惡、利害和仁義禮樂的污跡。如德充符篇中所描寫的儒家聖人孔子，雖然形體健全，但他的自然本性早已被仁義禮樂污染透了。所以，他在形體殘缺不全而卻懂得保全自然性分的『叔山無趾』面前，是顯得很醜的。因此之故，莊子就對大家提出了清洗內心世界的要求，説『汝齊戒，疏瀹而心，澡雪而精神』（知北遊）。在他看來，通過不斷地『齊戒』，人們就可以逐漸地返朴還真，重新體現出自己的自然本性。在莊子中，這種『齊戒』有時又叫『心齋』（人間世）或『坐忘』（大宗師），其實都歸結爲『損之又損之』（知北遊）的過程。大宗師篇中的顏回，通過『損之又損之』，最後達到了『墮肢體，黜聰明，離形去知』，『同於大通』，即與自然合爲一體的目的。應帝王篇中的列子，通過三年的『損之又損之』，然後恢復了他的『塊然獨以其形立』的無識無知的自然天性。山木篇中的北宫奢，通過『損之又損之』，然後使他重又成了『侗乎其無識，儻乎其怠疑』的幼稚無知的『嬰兒』。

莊子又認爲，要使人們返朴還真，還必須對人類賴以生存的整個社會進行大清洗。他追本溯源地指出，人類社會被污染始於燧人、伏羲，至神農、黄帝而加劇，『及唐、虞始爲天下，興治化之流』，則『民始惑亂，無以反其性情而復其初』（見繕性）矣。到了春秋、戰國，仁義禮樂則完全成了諸侯『竊國』（見胠篋）的工具，儒者『發冢』（見外物）的遮羞布。於是他大聲疾呼，要『棄聖絕知』、『擿玉毁珠』、『焚符破璽』、『掊斗折衡』、『殫殘天下之聖法』、『毁絕鉤繩而棄規矩』（胠篋），把人類社會的一切文化成果，和儒家所提倡的仁義道德、禮樂制度等統統清洗掉。他認爲，只有通過採取這些激烈的舉措，使人類社會回復到『同與禽獸居，族與萬物并』、『含哺而熙，鼓腹而遊』的『至德之世』，然後才能使『民性得矣』（見馬蹄）。

文學藝術作爲人類社會文化成果的一個組成部分，也自然是在道家擯棄消滅之列的。因爲在莊子看來，一切可以訴諸視聽之區的人爲的文學藝術，只能體現出偏殘之美，而偏殘之美的東西只會亂人耳目，使人喪失天真的本性。他在齊物論篇中説：『有成與虧，故昭氏之鼓琴也；無成與虧，故昭氏之不鼓琴也。』王先謙注云：『鼓商則喪角，揮宮則失徵，未若置而不鼓，五音自全，亦猶存情所以乖道，忘智所以全真者也。』(莊子集解)這就是説，昭文儘管是最出色的音樂家，但他一鼓琴，卻恰恰是對自然全真之聲的一種虧損；他乾脆置而不鼓，反而能使人體會到全真的音樂之美。由此看來，莊子所謂的至真至美的『文學藝術』，實際上就是不依賴於任何人爲的語言、文字、色彩、綫條、音響、節奏等手段的自然之文、自然之畫、自然之聲。如在音樂上，他繼承和發展了老子『大音希聲』(四十一章)的觀點，以不可得而聞的『天籟』、『天樂』爲至真至美。他在齊物論篇中説，有待於人力、風力的『人籟』和『地籟』都是不真不美的，只有那『吹萬不同，而使其自已』，『咸其自取，怒者其誰邪』的『天籟』，才無所遺漏地體現出了自然之聲的至真至美。在天運篇中，他無限地推崇『聽之不聞其聲，視之不見其形，充滿天地，苞裹六極』的『天樂』，認爲『此乃無樂之樂，樂之至也』(郭象注)。在繪畫上，他又繼承和發展了老子『大象無形』(四十一章)的觀點，以不在人爲的色彩、綫條間的自然『真畫』爲至美。如在田子方篇中，他盛稱『解衣般礴』，不『舐筆』、不『和墨』的畫史『是真畫者』。他認爲，只有像畫史這樣不塗不畫，才能完全地呈現出自然形態的真美來。

綜上述可知，道家美學是建立在自然無爲的『道』的基礎上的美學，它與『知其不可爲而爲之』的積極進取的儒家美學相比較，顯然帶有很濃厚的虛無與消極的成分。但是，由於這一美學理論是針對儒家的所謂美必須從屬和依附於仁義道德的善，即絕不允許任何個人在這種仁義道德之外去追求自身自由發展的有爲美學理論提出來的，這就使得它把保全包括人在内的一切自然生命的真性放到了最高的位置，把一切自然生命的自由發展看成了最高的美。正因爲這樣，道家才第一次真正地使美擺脱了對外在於它的社會政治倫理道德善的依附性，從而在對美的本質的把握上，常常作出了超越儒家美學的貢獻。也正因爲這樣，在貧乏的墨家、法家美學都不能與儒家美學相抗衡的先秦時期，道家美學才得以成爲唯一足以與儒家美學相對抗的美學。

在西漢初期，統治階級所推崇的是黄老之術，這就使得道家的美學思想獲得了充分流播的機緣。『其旨近老子』（高誘語）的淮南子，就是與老子、莊子一樣，把自己的整個美學思想建立在自然之道基礎上的。從這一美學觀出發，它高度地肯定了美與真的一致性，而對儒家以仁義禮樂爲美的觀點則給予了批評。在它的作者看來，世間萬物都以不失其自然真性爲美。以人而論，他認爲『渾渾蒼蒼，純朴未散』的『至德之世』的『童蒙之心』是最美的，而伏羲、神農、黄帝以來的所謂文明卻戕害了人們的『童蒙』真性（見俶真訓）。他特别譴責了『不知原心反本，直雕琢其性，矯拂其情』（精神訓）的儒家人物，認爲他們所提倡的仁義禮樂是『迫性命之情』（同上）的桎梏，是使『童蒙』『詐偽萌興』（齊俗訓）的根源。在對待自然美與人工美的問題上，他也明顯地繼承了先秦道家『貴真』的思想，認爲『天地所包，陰陽所嘔，雨露所濡』的大自然的全真之美，是『奚仲不能旅，魯班不能造』的（見泰族訓）。

在淮南子問世後不久，作爲國策的指導思想的黄老學説被統治階級宣佈爲過時了，而代之以起的卻是經過改造後充滿著讖緯神學氣味的儒家學説。之後，歷代統治者又根據統治的需要，對它進行了不斷的修改。這樣，儒家學説中保守、虚偽的一面就得以大大發展了，致使它所宣揚的仁和禮完全成了偽善的説教和強制人們思想的罪惡工具。因此，終整個封建社會之世，都始終有一大批具有不滿情緒的在野人士以道家思想爲武器，與官方的儒家思想相抗衡，從而打破了思想領域中儒家學説一統天下的局面。

其次，作爲國家官僚隊伍的重要補充者的封建士大夫的舉世獨特的『進退』觀，也有力地促成了思想文化領域中儒道兩家思想長期對立共處的局面。一般説來，士大夫們在得志的時候都是積極入世的儒家理想主義者。他們胸懷大志，沉緬於『兼濟天下』的理想之中。但是，官場的腐敗、封建宗法的傾軋、統治階級内部腐朽勢力的抑賢能，以及封建專制制度本身的扼殺人材等等黑暗現實，迫使他們退到道家哲學中去尋找自己的精神歸宿。於是，道家的種種積極與消極、進步與落後相夾纏的思想，都不同程度地體現在他們的身上：或以老莊儒內道，以圓滑而高超的處世哲學來保全自己的獨立人格；或儒道雜糅，以道家的學說去解釋儒家的經典。的自然之道爲武器，公開與官方的儒家思想相對抗；或遁跡山林、與物俱化，表示對皇權的消極反抗；或外

進步的文學藝術家和文論家總是從積極的方面去理解、吸收道家文藝思想的，特別是當儒家重功利目的的文藝觀過分強調文藝作品創作上的法度、規矩，和內容上的教化作用，致使它們成爲矯糅造作的僵死的東西時，他們更是以道家『法天貴真』的思想爲銳利武器，向著儒家的文藝思想衝鋒。這也是造成我國思想文化史上儒道對立共處局面的一個重要原因。

總之，儒道的對立與互補貫穿了我國整個封建社會的歷史階段，道家對包括美學史在內的整個中國思想文化史的影響絕不亞於儒家。陳寅恪先生說，二千年來華夏民族所受儒家學說之影響，最深最巨者，是在制度法律公私生活之方面，而關於學說思想方面，或轉有不如道家者。黑格爾在哲學史講演錄中甚至把道家的影響看得更重，認爲老子是古代東方思想精神的代表者，而對儒家卻給予了否定的評價，認爲孔子的哲學思想較爲貧乏。

在儒家思想定於一尊以後的中國美學史上，第一個積極倡導以道家的『真美』（論衡對作，以下僅注明篇名）去戰勝儒家虛妄之說的，是東漢時期自稱自己的學說『合黃老之義』（自然），自己著書的目的在於『疾虛妄』（佚文）、『立真僞之平』（對作）的思想家王充。他所說的『虛妄』，主要是指儒家神學理論所捏造的關於經典神授的迷信妄說，和在這種迷霧下出現的『虛妄之文』、『虛妄之傳』、『虛妄之書』（同上）。他所說的『真美』，是指主要是指如實地、正確地記述評介歷史上和現實中各種人物事件的美。在文學藝術上，他所說的『真美』，是指作品能真實地記述現實生活中『實事』的美，和作品所包含的道理能正確地反映客觀真理的美，以及作品能體現出作者真實感情的美。在王充看來，一切『虛妄』都是『僞』，而『僞』是與『真』相對立的。所以，他就極力地要求『喪黜其僞，而存定其真』（自紀），以道家的『真美』去斥退儒家的『虛妄』。

到了魏晉南北朝時期，儒學雖然在國家的政治和制度方面仍佔有優勢，但在思想意識形態領域裏，它卻被道家壓倒了。聞一多先生說：『到魏晉之間，……像魔術似的，莊子忽然佔據了那全時代的身心，他們的生活、思想、文藝，——整個文明的核心是莊子。他們說「三日不讀老、莊，則舌本間強」。尤其是莊子，竟是清談家的靈感的泉源。』（古典新義莊子）可見，倡導老、莊，是當時學術思想的主流，這時期美學的發展，可以說是老、莊美學的復興。

如果說，東漢末年隨著儒學的式微，人們要求重新探索人生真諦是這一復興運動前奏的話，那麼到竹林玄學激進派公開揭舉『越名教而任自然』（嵇康釋私論）的旗幟，就是這一運動走向高漲的標誌。所謂『越名教而任自然』，實際上就是要求衝破禮法的枷鎖，以道家的自然真美去統括宇宙，總攬人生。嵇康說：『六經以抑引爲主，人性以從欲爲歡。抑引則違其願，從欲則得自然。然則自然之得，不由抑引之六經；全性之本，不由犯情之禮律。故仁義務於理僞，非養真之要術；廉讓生於爭奪，非自然之所出也。』（難自然好學論）顯然，這是魏晉時期人們追求個性純真的思想在美學上的明確表達。

在這種美學思想的導引下，知識階層十分推崇那以瀟灑不群、飄逸自得的外在形態，來表現自己任性不羈、真率坦白的內在氣質的所謂『魏晉風度』、『名士風流』。如阮籍的縱情使性，以狂狷與世抗爭，陶淵明的禮贊自然『真意』，以蓄無弦琴來表示對純真、高潔和自由心靈的執著追求，都是這種『魏晉風度』、『名士風流』的本質表現。在文學藝術上，陶淵明的『晝見真淳』（元好問論詩三十首）的田園詩，謝靈運的『如芙蓉出水』（鍾嶸詩品）的山水詩，和以魏晉名士飄逸率真的言行爲描述肯定對象的志人小說世說新語，以『晝字之真態，不以私意參之』（姜夔佩文齋書畫譜）著稱的『二王』書法，都表明了文學藝術家們對求真愛美這一時代精神的深刻理解。在文藝理論方面，反對『造情』（文心雕龍情采）、力主『寫真』（同上）和『自然妙會』（文心雕龍隱秀）的劉勰，反對『造哀』（詩品），強調『真美』、『直尋』和『自然英旨』（見詩品）的鍾嶸，也都把握住了這個時代美學發展的重心。

在唐代，雖然佛學盛行，但儒道互補的精神仍不絶於美學史。如果説偉大的現實主義詩人杜甫的美學思想是代表著儒家影響結果的話，那麼，偉大的浪漫主義詩人李白的美學思想則更多地受到了道家思想的熏陶：諸如他那『人生在世不稱意，明朝散髮弄扁舟』的追求自由、保全真性的人生觀，以『天真』、『清真』（古風）爲核心的文藝觀，和『清水出芙蓉』般的詩歌作品，都無不表明了他從積極的方面對道家『貴真』美學思想的深刻領悟。事實上，兼以詩歌自身的發展，和許多作家雖在政治觀、生活態度上受儒、佛影響較多，而在文藝創作這一特殊的審美活動中卻能自覺地追蹤道家等原因，作爲中國詩歌發展最高峰的唐詩，總的説來是體現出了自然真美的。關於這一點，前人多有讚美之辭。胡應麟説：『唐人詩如初發芙蓉，自然可愛。』（詩藪外編卷六）盧世㴶説：『唐詩之妙不可及處，皆極妥極真，而清微變化，天趣溢出，所以獨擅千古。』（又與程正夫，尺牘新抄二集）唐代的文藝理論專著，大多能遠祖老、莊，近式魏、晉，以標自然、貴真美爲基本特徵。司空圖自稱『取訓於老氏』（自戒），他晚年所著的詩品，無處不透露著他對自然真美的孜孜追求。在詩品中，他提到『真』字凡十一處，如『返真』、『真宰』、『真力』、『真體』、『真跡』等等。所謂『返真』、『真宰』、『真力』，就是要求詩人必須排除一切既有觀念的干擾，使明淨純真的心境與生機流蕩的大自然融爲一體。所謂『真體』、『真跡』，就是説，詩歌雖然可以有豪放、雄渾、疏野、飄逸等各種不同的風格和意境，但出之自然真美卻是對所有作品的共同要求。總之，倡導自然真美是司空圖美學思想的核心。唐五代美學家荆浩在筆法記中，對繪畫的本質下了一個定義：『畫者畫也，度物象而取其真。』這個定義指出，繪畫是一種集中地表現事物内在本質，即『取其真』的創造性活動。在筆法記中，他又把這種『取其真』的活動叫作『創真』、『圖真』或『動真思』，並還以『真思卓然』、『不失真元氣象』來讚美『氣質俱盛』的繪畫佳作。

在宋代，雖然以言心性義理爲核心的新儒學——理學盛行，但它並不可能完全禁錮住人們的思想。如蘇軾在歷盡坎坷、屢遭打擊後，道家思想便作爲他人生觀中的一種必要補充而獲得了生存的權利。他那衆多的『清詩健筆』（送文與可出守陵州），正是他通過『追莊周』（同上）而創作出來的具有獨特美學意義的作品。鄭樵對表現義理的詩作進行了痛斥，而對出於真情的民歌、樂府等則推崇備至。元好問論詩以貴『天然』、『真淳』（論詩三十首）的作品爲上，而以表現義理、學問的作品爲末。方回認爲詩之貴在於『天真之自然』（趙賓暘詩集序），而不在於『以道德性命、仁義禮智之說排比而成』（同上）。基於這一『貴真』的美學觀，他認爲李白之詩『肺腑露情愫』、『自有朴處』（秋晚雜書三十首），等等，也都是儒道互補精神在宋元美學史上的深刻反映。

隨著資本主義萌芽的出現，道家的這一『貴真』思想與人性復歸的要求結合到了一起，成了一場『掀翻天地』（黃宗羲泰州學案）的人性解放運動，從根本上挫傷了倡狂的理學勢力。明朝傑出的思想家李贄，在老、莊『嬰兒』、『赤子』、『童子』的基礎上提出了『童心說』。他指出：『夫童心者，真心也。若以童心爲不可，是以真心爲不可也。夫童心者，絕假純真，最初一念之本心；失卻真心，便失卻真人。人而非真，全不復有初矣。』（童心說）從這一『貴真』的美學觀出發，他直斥『六經、語、孟』爲『假人之淵藪』（同上），是『懵懂子弟，記憶師說，有頭無尾』（同上）的記錄。相反，對於傳奇、話本、西廂曲等，他卻讚美備至，認爲它們是出乎『童心』的真情文章，如對反映農民起義的水滸傳處處冠以一個『真』字，便是很好的例子。他在容本水滸傳第十回末總評中云：『寫得真情出，所以便可與天地相始終。』二十回眉批云：『無一處不描畫得逼真。』二十五回末總評云：『這回文字，種種逼真。』二十八回末總評云：『這是形容武松逼真、英雄。』可見，李贄的這種以『童心說』爲核心的『貴真』美學觀，是對『存天理，滅人欲』的虛假理學的徹底反叛。徐渭從道家的反對『人僞』、主張『天放』的美學思想中汲取了積極的因素，對束縛、戕害自然人性的理學教條提出了強烈的譴責。在藝術上，真如水中映月，是他的美學理想。如對『情坦以真』的詩文與『從人心流出』的戲曲的追求，正是他這一審美理想的具體表現。臨川派的開拓者湯顯祖，遠追老、莊，近承李贄、徐渭，在美學上提出了以真與情爲核心的理論。他認爲，戲劇家應該以發自靈竇的真情、真意，去衝破那羈絡人性的儒學教條和既定的藝術格套，去爲自然人性的復歸奔走呼號。如在牡丹亭中，他通過塑造那被『姹紫嫣紅開遍』的大自然美打開真實情竅後，由衷地喊出『可知我常一生兒愛好是天然』的杜麗娘的形象，表達了自己反對封建禮教束縛、追求個性解放的審美理想。

公安派袁氏三兄弟的審美理想，也是遠襲老、莊，近師李贄的。特别是作爲公安派首領的袁宏道，自幼即嗜老、莊，中年時還寫過發揮莊子哲學思想的廣莊；後又『見龍湖（李贄）』，得其神髓之滋助，故思想大獲解放，猶『如鴻毛之遇順風，巨魚之縱大壑』（見袁中道妙高山法寺碑）。他的『性靈』說美學理論，就是在道家『法天貴真』和李贄『童心說』的基礎上提出來的。所謂『性靈』，是指真切的情感與欲望。他説，『率性而行，是謂真人』（識張幼于箴銘後），『率真則性靈現』（敘袁中郎先生小品）。一句話，他用來衡量文藝作品的重要尺規就是『真』。在他看來，『行世者（文藝作品）必真』（行素園存稿引），『物真則貴』（與丘長孺）。他讚美陶孝若之詩，以其『情真而語直』（見陶孝若枕中囈引）；推崇江進之作品，以其『無一字不真』，『謹嚴真實』，『發以真切不浮之意』（見江進之）；肯定『沈之畫，祝之字』，亦以其『貴其真也』（見與友人論時文）。他還自稱自己的創作是『直寫性情』，唯求其『真』而已（見敘曾太史集）。總之，他認爲『出自性靈者爲真詩』（引自江盈科敝篋集敘），而『真詩』必『可傳』（見敘小修詩），所以『古之爲文者』，『唯恐真之不極也』（見行素園存稿引）。

在理學被統治階級表彰優寵的清代，道家思想仍作爲一種巨大的『異端』力量而存在。金聖歎步李贄之後，在明亡前評點完水滸傳，入清後又繼續評點西廂記。袁枚繼『三袁』緒餘，仍標舉『性靈』之說。王夫之因看到『凡莊生之説皆可因以通君子之道』（莊子通序），於是著老子衍、莊子解、莊子通，與老、莊『貴真』的美學思想發生了千絲萬縷的聯繫。鄭板橋反對理學束縛，倡導『直攄血性爲文章』（偶然作），所以人們稱他的作品『有三真：曰真氣，曰真意，曰真趣』（馬宗霍書林藻鑒）。也正唯這個『真』，人們才稱他的詩、書、畫爲『三絶』。龔自珍自稱『六藝但許莊騷』，所以當他在仕途失意，並且看清了理學對人們個性的嚴重危害後，道家的『法天貴真』思想就成了他反抗現實、追求個性解放的有力武器。他在己亥雜詩中説：『少年哀樂過於人，歌泣無端字字真。既壯周旋雜癡黠，童心來復夢中身。』與李贄所提倡的『童心』一樣，這裏的『童心』也指赤子之心、真心，是與理學污染過的虛僞之心相對立的。他所提出的『宥情』（宥情）、『療梅』（病梅館記）的主張，是與老莊反對『人僞』、追求『天放』的主張有淵源關係的。

紅樓夢的誕生，又一次宣告了與以『善』爲核心的審美觀的徹底決裂，和以『真』爲核心的審美觀的輝煌勝利。作者在第一回中明確宣佈自己的創作原則説：『至若離合悲歡，興衰際遇，則又追蹤躡跡，不敢稍加穿鑿，徒爲供人之目而反失其真傳者。』確實，『其中所敘的人物，都是真的人物』（魯迅中國小説的歷史的變遷）。如林黛玉、晴雯、鴛鴦、尤三姐等，她們都是敢於追求真感情、真性靈、真人格的『真的人物』。特別是作爲全書靈魂的賈寶玉，他更是一個在那錮情滅性的封建禮法統治的世界裏敢於沖決馳騁的『混世魔王』。他天真、無私、無我，有著一顆無邪的赤子真心。毫無疑問，曹雪芹這種以『真』爲核心的審美觀，是受到道家思想深刻影響的。如他在紅樓夢行文中喜引莊子之文（直接或暗引人間世、大宗師、胠篋、秋水、山木、列禦寇等篇的段與句），在二十一回中有意安排『愚頑怕讀文章』的賈寶玉『意趣洋洋』地讀南華經的情節，在七十八回中借寶玉之口來表露自己『反其真而奚化耶？余猶桎梏而懸附兮』的心跡，等等，都可明顯地見到這一影響的痕跡。

四、莊子的審美通感

當進行比較理智的思維時，莊子也認爲人的各種感官是不能互相代替的，『譬如耳目鼻口，皆有所明，不能相通。』（天下）但在一般情況下，他並不認爲各感官之間有什麼不可拆除的高牆。因爲莊子具有熾熱的詩人氣質，常常不知不覺地處於情感的審美思維之中。當他展開審美聯想，進入『獨與天地精神往來』（同上）境界的時候，他覺得眼前一片混沌，天地相接，山海相連，沒有我與萬物的區別，沒有生死榮辱的界綫，莊周就是永恒的宇宙，永恒的宇宙就是莊周，那麽人的各官能之間還有什麽隔閡可言呢？

的確，在莊子那兒，『視覺、聽覺、觸覺、嗅覺、味覺往往可以彼此打通或交通，眼、耳、舌、鼻、身各個官能的領域可以不分界限。顔色似乎會有溫度，聲音似乎會有形象，冷暖似乎會有重量，氣味似乎會有鋒芒。』（錢鍾書通感）天道篇中有這樣的話：『斲輪，徐則甘而不固，疾則苦而不入。』徐天池詮釋説：『南華妙於用替字。「疾」字替「緊」字，「徐」字替「寬」字，「甘」字替寬者之爽快，病在不固，「苦」字替緊者之澀卻，病在不入。』（劉鴻典莊子約解引）徐氏雖已指出人們應該從理解替字的妙用上去把握作者所創造的藝術形象，但他還不懂得從心理學方面來深刻地揭示其中的審美意藴。其實，這裏面包含著一種審美聯覺現象，即審美感覺的轉移。如甘與苦本來只有用味覺才能感知得到，但在人們的感覺經驗中，甜的東西似乎能給感官以鬆滑的感覺，苦的東西似乎能給感官以澀滯的感覺，而鬆滑與澀滯又屬於觸覺感知的範圍，因此莊子就借用『甘』、『苦』二字來表達孔眼與榫頭之間鬆滑不固或澀滯難入的特殊内容，這正清楚地反映了他所經歷的審美感覺轉移的過程。而這種轉移不但沒有使原來的觸覺感受遭到掩蓋或歪曲，相反卻使它得到更積極的表現，因而就更有助於使所創造的藝術形象呈現出無窮的奇妙意境。但在莊子那兒，主要還是表現爲聽覺與視覺的互相溝通與轉化。齊物論篇有『是黄帝之所聽熒也』一語，『熒』字通『瞀』，謂目眩。人間世篇『目將熒之』，成玄英疏：『熒，眩也。』可證。由此説明，作者已將聽覺的迷惑幻化成了視覺的眩惑，似乎耳朵能『聽』到一片忽明忽暗、閃爍不定的迷亂景象。這從生理科學上説是荒誕的，但從審美聯覺上説卻是合情合理的。又天下篇『寂乎若清』，成玄英疏：『靜寂如清也。』這也是聽覺向視覺溝通的典型例子。至於山木篇：『木聲與人聲，犁然有當於人之心。』羅勉道注：『犁然，猶犁者，其土釋然也。』（南華真經循本）則把只能訴諸聽覺的聲音，化成了可以訴諸視覺的具體物象。

總之，莊子獲得了大自然的特別恩賜，可以使各種感覺器官的不同感受互相溝通和融合起來。錢鍾書先生把這種現象叫作通感。

我們知道，佛學有『六根互相爲用』的說法。錢鍾書先生指出，這與道家的『內通』說一樣，無非是指通感現象而言的。六根，就是人的六種感覺器官，即眼、耳、鼻、舌、身五根再加上意根。所謂意根，大約相當於道家所說的『心』的思維功能，它能夠把五根所獲得的各種感覺信息綜合處理成審美表像。

莊子對於五官與心智之間的通感現象的認識，是與佛氏同樣深刻的，而且有的地方還表現出了他自己的獨特見解。人間世篇說：

若一志，無聽之以耳而聽之以心，無聽之以心而聽之以氣。聽止於耳，心止於符。氣也者，虛而待物者也。唯道集虛，虛者，心齋也。……夫徇耳目內通而外於心知，鬼神將來舍，而況人乎！

顯然，在莊子看來，審美感受僅僅停留在五官之間互相溝通和轉化的階段是不夠的。因爲總的說來，五官之間的通感雖然也能產生奇特的美學意味，但畢竟屬於只能感知事物個別屬性的較低級的感覺通感，無法從整體上把握事物與事物之間的關係和規律。所謂『無聽之以耳而聽之以心』，就是要求人們不要僅僅用五官去感知事物，而要把五官的感知與心的感知互相溝通起來，並進而舍棄五官的感知形式，而變成一種純粹的精神審美活動。用現代審美心理學的觀點來看，莊子的這種說法是符合審美心理特徵的。因爲審美實踐表明，『心』是統率五官的，五官所獲得的個別信息，必須通過心理整合作用才能變成審美表像。也就是說，五官感知向心的溝通，正反映了人對美的認識已由偏重於生理功能階段上升到了偏重於心理功能的思維階段。而人們對於事物的完整認識，對於美的境界的整體把握，正是依賴於內心的這一系列思維活動才得以完成的。總之，比較高級的審美活動，就是『聽之以心』的過程。黑格爾說：『創造活動的首先是……通過常在注意的聽覺和視覺，把現實世界的豐富多彩的圖形印入心靈裏。』（朱光潛譯美學第一卷348頁）這正可以使我們加深對『聽之以心』

的理解。

如果換一種說法，所謂『無聽之以耳而聽之以心』，也就是『以神遇而不以目視，官知止而神欲行』（養生主）的意思，說明一切真正的審美感受都不是單純的感官直覺，而是滲透著理性的情感活動，即審美活動最後都應該做到『象（虛）耳目』（德充符）、『遺其耳目』（達生），以便讓情感想像活動進入無拘無束的飛躍狀態。晉代的列子黃帝篇說：『眼如耳，耳如鼻，鼻如口，無不同也。心凝形釋，骨肉都融。』張湛注：『令神凝形廢，無待於外，則視聽不資眼耳，臭味不賴鼻口。』可見，這正是對莊子『無聽之以耳而聽之以心』等說法的進一步發揮。

然而莊子又認爲，審美活動僅僅停留在『聽之以心』的階段仍然是不夠的。因爲在他看來，『聽之以心』雖然比『聽之以耳』進了一步，但心不免是有諸如生死、壽夭、禍福、窮通、貴賤、得失、成敗等考慮的，而最高的審美境界卻是『死生、存亡、窮達、貧富、賢與不肖、毀譽、饑渴、寒暑……不足以滑和，不可入於靈府』（德充符）。因此，審美主體必須做到『無聽之以心而聽之以氣』，即必須使心溝通於氣，並進而廢心而一憑其氣。所謂『聽之以氣』，實際上就是『盡其所受乎天而無見得，亦虛而已』（應帝王）。即主體對對象的關係只是虛靜觀照，而不是利害得失的盤算，更不是功利的絕對佔有。因爲『氣也者，虛而待物者也』，『唯道集虛』，只有做到虛，對象對主體所呈現的才會是最有意味的審美形式。如達生篇記述，梓慶在爲鐻過程中所採取的是『齊（齋）以靜心』、『不敢懷慶賞爵祿』、『不敢懷非譽巧拙』的超越各種功利欲求的虛靜的審美態度，因此才使他的作品達到了『驚猶鬼神』的美學效果。田子方篇記述一畫史解衣般礴，全然不以非譽巧拙、慶賞爵祿爲慮，所以在他身上才體現出了『真畫者』的最美境界。總之，『不以心稽』、『知忘是非』，才能使『其靈臺一而不桎』（見達生），才能使主體在純淨的審美精神境界中與天地萬物渾化爲一，這就體現了大道的最高最美的境界。

由上述可知，人們的整個審美通感過程是一個逐步推進和轉化的過程，即由『聽之以耳』到『無聽之以耳而聽之以心』，然後又由『無聽之以心』到『聽之以氣』。簡言之，也就是所謂『徇（使）耳目內通而外於心知』。羅勉道解釋說：『耳目本外而徇之於內，心知本內而黜之於外，惟虛而已。』（南華真經循本）可見，『外於心知』即舍棄心智、忘懷一切，才是一種最純粹的審美體驗。而列子仲尼所謂『心合於氣，……乃不知是我七孔四支之所覺，心腹六藏之所知』，錢鍾書先生認爲『「外於心知」即「不知是心腹六藏之所知」、「不以「心聽」」』（管錐篇第二冊列子黃帝），則正是對這種審美體驗的更明白而形象的說明。因此我們可以大膽地說，道家關於『聽之以氣』的說法，比佛教以『六根互相爲用』爲審美極致的思想更爲深刻。

我們還應該看到，在先秦時期，音樂在各藝術門類中始終佔主導地位，因此莊子對音樂藝術的體驗也顯得特別敏感。如在齊物論篇『地籟』一段文字中，他通過以風喻樂，把僅僅可以訴諸聽覺的管樂意象，巧妙地轉化成了可以訴諸其他感官的各種藝術形象。如他別出心裁地把各種音響比喻成激水聲、響箭聲、叱牛聲、吸氣聲、高叫聲、嚎哭聲、狗吠聲、悲哀聲，這就使人們感覺到，它不僅可以訴之於聽覺，也可以訴之於視覺，甚至還可以感化人的心靈。也就是說，它可以交互作用於人的各種感官，使主體享受到一種全身心的運動感。因此清人賀貽孫說它具有『洞於心而駴於耳』（康上若詩序）的美感效果。又如：『而（爾）獨不見之調調、之刁刁乎？』宣穎注：『聲則無可聞矣，惟樹尾調調然動而刁刁然微，尚餘披靡之勢有可見耳。』（南華經解）可見，聽覺的聲音與視覺的形象也處於互相溝通和轉化的過程中，似乎那擺動的枝條、飄動的葉子就是和諧的樂曲節奏和慢慢跳蕩的音符。

在養生主中，莊子通過庖丁解牛的故事，巧妙地把表示時間流動的音樂藝術和表示空間流動的舞蹈藝術互相聯結起來，從而又給我們創造出了一種奇特的審美意境：

> 庖丁爲文惠君解牛，手之所觸，肩之所倚，足之所履，膝之所踦，砉然響然，奏刀騞然，莫不中音，合於桑林之舞，乃中經首之會（節奏）。

在這個『解牛樂舞』中，音樂與舞蹈動作是那麼和諧一致，致使我們無法分清到底哪是訴諸聽覺的音樂旋律，哪是訴諸視覺的舞步節奏，只是感到其中的音樂旋律就是舞步節奏的靈魂，舞步節奏就是音樂旋律的回聲。

如果說『地籟』、『解牛樂舞』還不免停留在『聽之以心』的意境上，那麼天運『咸池之樂』則已完全進入『聽之以氣』的奇妙境界。『咸池之樂』是由黄帝與他的臣子北門成關於音樂的一番對話構成的，北門成所說的『始聞之懼』、『復聞之怠』、『卒聞之而惑』，實際上就是莊子自己聽樂時所經歷的美感體驗的三個階段，體現了人們音樂欣賞過程中心境變化的一般規律。

所謂『始聞之懼』，就是北門成一開始因感知到音樂所呈現出來的聲、色、形交錯流動的意象而引起了恐怖心理。因爲『咸池』第一奏時，樂聲的賡續表現爲四時迭起、萬物循生的意象，樂聲的洪細表現爲文治武功的意象，樂聲的清濁表現爲天地的意象，樂聲的流動表現爲光輝四溢的意象，等等。在這聲與形、清與濁、光與影的交互變化中，主體的各感官都隨著聽覺一起律動，並且相互爲用而不分彼此，所以北門成感到恐懼。

所謂『復聞之怠』，是說在『咸池』第二奏時，北門成能突破五官通感的界限，而以鬆弛的精神狀態去與樂聲中的各種意象一起宛轉徘徊，這已屬於『聽之以心』的階段。因爲此奏『其聲能短能長，能柔能剛，變化齊一，不主故常；在谷滿谷，在坑滿坑，塗郤守神，以物爲量，其聲揮綽，其名高明』，致使『鬼神守其幽，日月星辰行其紀』。在對各種意象『慮之而不能知』、『望之而不能見』、『逐之而不能及』的意境中，北門成只好舍棄五官的感知形式，而以懈怠的精神狀態去一任其自然。

所謂『卒聞之而惑』，就是在『咸池』第三奏時，北門成『無聽之以耳而聽之以氣』，因而進入了一種如癡如醉、忘懷一切的審美境界。因爲此奏『若混逐叢生，林樂而無形，布揮而不曳，幽昏而無聲，動於無方，居於窈冥』。隨著這無聲無形的『天樂』從洞庭之野波及天地萬物，北門成遂突破身心感知的局限而通感於宇宙精神，在『蕩蕩默默乃不自得』的迷惑狀態中獲得了最高的美感享受。

從審美通感與藝術欣賞方面來說，這種情識俱滅、同於愚癡的體驗確實是存在的。叔本華曾在作爲意志和表像的世界中說，人在審美中會不知不覺地自失於對象之中，進入一種純粹的、無意志的忘我之境。尼采也曾在悲劇的誕生中指出，陶然忘步，混然忘言，達到『太一』的狂歡的酣暢，這是人們審美體驗中一種最高的境界或最佳的狀態。而對主體來說，這時的對象已不再是可以訴諸任何感官的藝術，而是一種『無聲』、『無形』的超然音響、色彩、語言之外的深遠意境。所謂『視乎冥冥，聽乎無聲，冥冥之中，獨見曉焉，無聲之中，獨聞和焉』（天地），大概就是審美主體進入愚迷狀態後所體驗到的一種深遠意境吧。陶淵明正有感於此，所以才『蓄無弦琴一張，每適酒，輒撫弄以宗其意』（蕭統陶淵明傳）。由此可見，儒家以『歌者，上如抗，下如隊，曲如折，止如槁木，倨中矩，句中鉤，累累乎端如貫珠』（禮記樂記）爲藝術通感的極致，其實只是停留在『聽聲類形』（馬融長笛賦）即身心通感的階段，還不如道家『聽之以氣』的境界顯得更爲高妙。

正如本書開頭所說，莊子審美通感的時時發生，是有『他那蔥蘢的想像力』（郭沫若魯迅與莊子）即詩人氣質作爲生理和心理依據的。而導致這種想像力得以充分發揮的直接原因則主要是：

第一、特殊的體道方式。莊子把『道』作爲自己哲學的最高範疇，而『道』本身是恍惚渺茫，沒有形跡，變化無常，與生死、天地、神明並存的。這就決定了人們不可能以感官去察知它，而只能以『守宗』、『坐忘』、『心齋』等特殊方式去冥悟它。所謂『守宗』就是大宗師篇所說的『吾猶守……參日而後能外天下；已外天下矣，吾又守之，七日而後能外物；已外物矣，吾又守之，九日而後能外生；已外生矣，而後能朝徹；朝徹，而後能見獨；見獨，而後能無古今；無古今，而後能入於不死不生。』在莊子看來，人們只要做到『外天下』、『外物』、『外生』即徹底忘掉客觀世界，就有可能達到『朝徹』（豁然開朗）、『見獨』（見『道』），從而進入『不死不生』即絕對安寂寧靜的境界。所謂『坐忘』，就是同篇所說的『墮肢體，黜聰明，離形去知，同於大通（道）』。『墮肢體』就是『離形』，即完全忘卻自己的存在；『黜聰明』就是『去知』，即完全去掉對是非得失的思慮。莊子認爲，達到了這種『坐忘』的境界，也就與大道融通爲一了。至於『心齋』也不外是『虛而待物』，即通過虛心靜觀去體認大道的意思。可見，三種體『道』方式雖然稍有不同，但所採取的卻都是一種忘懷一切的虛静態度。而正是這虛静，才真正包含了豐富的審美意藴。因爲只有它，才能使『精神四達並流，無所不極，上際於天，下蟠於地』（刻意），即引發出主體的無窮審美通感。

第二，獨特的文藝主張。由於『道』的奥妙玄虚，這就要求有一種與之相適應的表現形式。又由於天下人皆『沈濁』，這就決定了不可以用『莊語』。因此，他就採取了由『寓言』、『重言』、『巵言』構成的特殊的文藝形式，而寄『謬悠之説，荒唐之言，無端崖之辭』（天下）於其中。前人早已指出，莊子的這種文藝形式，是以『指事類情』（司馬遷語）即『深於比興』、『深於取象』（章學誠文史通義）爲其基本特徵的。也就是説，它已突破理論文章以實證爲基礎的抽象的邏輯推理的常規，而成了作者馳騁想像、傾吐情思的絶妙『散文詩』（王國維語）。在我國古代詩歌中，藝術通感正是常常以比興的形式出現的。古代文論談及通感時，也往往借用比喻的形式。因此，當莊子操筆寫作這深於比興、取象的『散文詩』時，他能不馳騁『他那葱蘢的想像力』，在腦海裏升騰起一個聲、色、形等形象互相交織的完整的審美意象，並進而通感於宇宙精神嗎？

第三，特殊的生活實踐。據山木、外物、列禦寇、秋水等篇和史記老子韓非列傳的記載即可約略推知，莊子是一位『處窮閭阨巷』、『衣大布而補之』、以『織屨』爲生的寒士。他雖然經常餓著肚子，弄得『槁項黄馘』，以致不得不『往貸粟於監河侯』，卻毅然拒絶楚威王『許以爲相』的厚幣重聘而『寧遊戲汙瀆之中以自快』，這表明他又是一位窮得有志氣的清介之士。正因爲如此，所以他才會有可能去觀察、熟悉下層人民的生活，才會有可能以熱情洋溢的筆觸從正面塑造出一批直接從事生産勞動的肆工群象——操刀有神的『庖丁』（養生主）、斲輪『有數存乎其間』的『輪扁』（天道）、『承蜩猶掇』的『痀僂丈人』（達生）、『運斤成風』的『匠石』（徐無鬼）等等。從心理學的角度來説，這種對社會實際生活的『有意注意』，正是觸發人們審美通感的重要媒介之一。因爲人們在『有意注意』社會生活時，使感官獲得了大量的感覺經驗，並把它儲存於大腦皮層的相應部位，好像倉庫裏井井有條的貨物。等到人們特别是藝術工作者從事自己創造性的勞動時,這種『貨物』就會源源不斷地被調撥出來,成爲引發通感的媒介。莊子由於平時從觀察解牛活動的過程中獲得了大量的感覺經驗,因而當操筆時便引起了對音樂和舞蹈的無限通感,這正是絶妙的一例。

五、莊子與無意識心理現象

無意識(也叫潛意識)作爲一種心理現象,早在古希臘時期的柏拉圖就已經有所認識了。但是,只有到了佛洛伊德,才對這一現象進行了深入的研究,並在此基礎上提出了他的完整學説。按照他的説法,人的心理活動可分爲兩大過程,即一爲意識過程,二爲無意識過程。其中無意識活動是重要的,因爲它不是像意識那樣以言詞作爲思維工具,僅僅反映整個人格的表層方面,而是不需任何語言文字爲媒介,卻能準確無誤地『再現』隱藏在深處的真實思想的流動狀況。二十世紀初以來,『意識流』作爲一種有效的文學表現手法廣泛地被運用於西方現代派文藝創作中,而引導意識流作家去深入發掘精神世界的最强有力理論,則正是佛洛伊德的無意識學説。

近數十年來,我國一批學者對西方的無意識理論發生了濃厚興趣,文藝工作者也嘗試著將這一理論具體地應用到創作實踐中去。其實,關於潛意識的思想資料,我國古已有之,如莊周在齊物論篇中所説的『喜怒哀樂,慮歎變慹,姚佚啓態,樂出虚,蒸成菌,日夜相代乎前而莫知其所萌』,即是説人的各種思緒輕浮蕩逸,不斷變化,其意思已與意識流差不多了。盜跖篇寫孔子遭到盜跖訓斥後『執轡三失』,秋水篇寫公孫龍聞魏牟之言後『口呿而不合,舌舉而不下』,則都是在意識、知覺暫時障礙情況下所出現的失知覺潛意識行爲。當然,這裏所列舉的僅僅是發生在世俗之人和方外之士身上的一些例子,還不足以説明莊子中無意識活動的一般情況。

衆所周知,『道』是道家哲學的最高範疇。它『有情有信,無爲無形;可傳而不可受,可得而不可見;自本自根，未有天地，自古以固存；神鬼神帝，生天生地；在太極之先而不爲高，在六極之下而不爲深，先天地生而不爲久，長於上古而不爲老』（大宗師）。也就是說，它是感官不能察知的、無形的，又是無所不在的、永恒的絕對精神。它不但生出了天地萬物，而且還賦予了鬼和上帝以無比神奇的力量，但它的所作所爲卻不是有意識、有目的的，而完全是無意識、無目的的。因此，在『古之人』身上也就最能體現出大道了。因爲『古之人在混芒中』（繕性），『若愚若昏』（天地），『居不知所爲，行不知所之，含哺而熙，鼓腹而遊』（馬蹄），『莫之爲而常自然』（繕性）。他們當中的『真人』，則更像大道那樣無意識、無目的，『不知說生，不知惡死；其出不訢，其入不距；翛然而往，翛然而來』；『其心志（安於天道），其容寂，其顙頯；淒然似秋，煖然似春，喜怒通四時，與物有宜而莫知其極』（見大宗師）。從心理學方面來看，這些早期人類正如尚未形成清晰完整的言詞性意識的嬰兒一樣，能夠憑藉本能無意識對外界事物直接作出圖像式的第一信號系統的反映，所以就無怪乎莊子要發出『古之人其備（體現大道之全）乎』（天下）的驚歎了。

但是，隨著人類自覺意識的不斷增強和抽象思維能力的不斷提高，人們就習慣於憑藉語言文字對外界事物作出第二信號系統的反映，並在此基礎上對客觀事物作出符合理性的是非判斷。在莊子看來，這恰恰是使大道遭到破壞的根本原因所在，『是非之彰也，道之所以虧也』（齊物論）。因此，要恢復『古人之大體（全面領悟大道的精神）』（天下），關鍵就在於不斷消除自覺成分，由意識域回返到無意識域，即所謂『爲道者日損，損之又損之，以至於無爲，無爲而無不爲也』（知北遊）。基於這樣的認識，莊子就大膽地突破了以實證爲基礎的邏輯推理的常規，而以他的生花妙筆寫出一則又一則荒謬詭誕的故事，讓一大群體認大道者『損之又損之』於其中。於是，無意識活動就與他的寓言文學結下了不解之緣。

我們可以看到，莊子有不少言論已經涉及了對於夢的認識問題。如他說：『夢飲酒者，旦而哭泣；夢哭泣者，旦而田獵。方其夢也，不知其夢也。夢之中又占其夢焉，覺而後知其夢也。且有大覺而後知此（指人生）

其大夢也。而愚者自以爲覺，竊竊然知之。』（齊物論）這裏，對於他以人生爲大夢的虛無主義思想，我們必須加以批判，但從心理學方面來看，他以『夢之飲酒』、『夢之哭泣』『爲真』（劉鳳苞南華雪心編）的認識，卻具有一定的真理性。因爲人們在意識清醒時，大腦思維活動是按照一定的邏輯程式進行的，是非得失等常規觀念總會出來干涉任何非理性的越軌思維，以致隨時都可能出現各種扭曲人類本能思維的虛假行爲。夢境則是人們的自覺意識受到抑制，本能無意識得以充分活躍的結果。它不受人爲理性的干涉，較多地表達了原始人類和自己嬰兒階段所遺留下來的那種天真無邪的情感意識。叔本華所謂『真實而悠久者必源於無意識』（悲觀論集），龔自珍所謂『童心來復夢中身』（己亥雜詩），大概就是說的這種情況吧。

基於這樣的思想認識，莊子便描繪了許多夢幻境界，作爲領悟大道的重要途徑之一。他現身說法，在齊物論篇結尾處做了一場很有名的『蝴蝶夢』：『昔（夕）者莊周夢爲胡蝶，栩栩然胡蝶也，自喻適志與！不知周也。』在朦朧的狀態中，非理性的無意識活動得以逐漸活躍起來，清醒時那種『周與胡蝶則必有分』的自覺意識已不復存在。在莊子看來，這才是『天地與我並生而萬物與我爲一』的大道境界。至樂篇寫莊子『見空髑髏』，『所言皆生人之累』，幾近一介『辯士』。及至神遊夢境，髑髏把死比作『南面王樂』，他才不復有『辯士』之言。可見，由於潛意識參與了夢境活動，主體終於進入了生死不分的渾同境界。

除了自己做夢外，莊子還讓其他人在夢境中『損之又損之』。人間世篇載，『匠石（雖）非用世之人，而未能無用，則是幾死之散人。』（陸樹芝莊子雪）但他通過到『極輕圓破碎』（胡文英莊子獨見）的夢幻世界中自由聯想後，便豁然領悟到了道家『無用之用乃爲大用』這一處世哲學的奥義所在。知北遊篇寫『神農隱几闔戶晝瞑』，劉鳳苞謂其『意境超然，正其相與無相與（正在領悟無言之妙）也』（南華雪心編）。林雲銘以爲『便有「視於無形，聽於無聲」一段功候』（莊子因）。

與夢境描寫相一致，對病患無意識的描寫也是莊子寓言文學的重要內容之一。在大宗師篇中，就有三則寓言反映了這方面的內容。第一則寫『子輿有病』，潛意識借幻覺的形式乘機而出，『浸假（假使）而化予之左臂以爲雞，予因以求時夜；浸假而化予之右臂以爲彈，予因以求鴞炙；浸假而化予之尻以爲輪，以神爲馬，予因以乘之，豈更駕哉！』顯然，這時他已喚回了童心的天真。因爲只有兒童和原始人才没有主體與客體的區別，可以對萬物進行隨意的移位和重新的組合，把像左臂與雞、右臂與彈丸、尻與輪、精神與馬這些互不相關的事物拉扯到一起，所以他能夠『安時而處順』，任憑大道對他運化和改造。第二則寫『子來有病，喘喘然將死』，『其妻子環而泣之』，而他自己則無意於將變爲『鼠肝』還是『蟲臂』。說明處於病患無意識中的他，已用兒童和原始人的天真取代了生活在現實中的人生。第三則寫子桑患病，氣力衰竭，雖有『父邪！母邪！天乎！人乎』－的呼叫，已是『不任其聲』。但就在這種吐辭混亂的潛意識狀態中，我們才看到了他那顆赤條條袒露著的童蒙之心。正如劉鳳苞所說：『父、母、天、人在空中摩蕩，亦人窮呼天、疾痛則呼父母之意，無心流露，皆屬真情。』（南華雪心編）總之，在莊子看來，病患無意識能使人們從現實人生的困境中解脱出來而返回到兒童和原始人的純真世界中去，所以子輿、子來、子桑三人都在病患時的朦朧狀態中領悟到了大道。

莊子還曾用醉者不爲外物所傷的事例，來說明人們一旦知覺模糊，就能更加接近大道。他說：『夫醉者之墜車，雖疾不死。骨節與人同而犯害與人異，其神全也。乘亦不知也，墜亦不知也，死生驚懼不入乎其胸中，是故遻（逆）物而不慴。彼得全於酒而猶若是，而況得全於天乎？聖人藏於天，故莫之能傷也。』（達生）莊子的這番論述，其中很有值得我們珍視的地方。現代心理學表明，人一旦醉酒，便會因情緒過度亢奮而導致意識的昏蒙迷幻，這時潛意識就會迅速淹没理智而使他不再意識到外物正傷害著自己，因此傷害也就可以大大減輕了。莊子所說的『神全』，便是指這種不識不知的潛意識狀態。而醉者墜車『雖疾不死』，正說明了這種潛意識活動所起的積極作用。

但在莊子看來，與『酒者以沉湎迷其知』（江遹語）相比較，『冥於自然』（成玄英語）而『藏於天』者則更加符合大道『自然無心』(郭象語)的基本精神，因此莊子中涉及這方面的文字就更多了。

齊物論篇寫南郭子綦『隱机而坐，仰天而噓，荅焉似喪其耦』。他自己說，這就是所謂『吾喪我』。喪我，『便是把小我忘掉，溶合於大宇宙之中，即是無我。』(郭沫若生活的藝術化)也就是說，『我』指後天產生的是非得失等理智考慮，屬於自覺意識。『喪我』，就是要通過『隱机而坐，仰天而噓』等途徑來消除一切自我意識，從而達到一種與天(道)合一即『藏於天』的境界。田子方篇寫老聃『新沐，方將被髮而乾，慹然似非人』，顯示出一種『形體掘若槁木，似遺物離人而立於獨』的樣子。老聃清醒過來後解釋說，當他剛才『游心於物之初』的時候，他是『心困焉而不能知，口辟焉而不能言』的。何謂『似非人』？劉鳳苞說：『「似非人」三個字，與內篇「吾喪我」句同一語妙，均是神與天遊，超然物外之象』(南華雪心編)。何謂『物之初』？成玄英說：『夫道通生萬物，故名道爲物之初也。』(莊子注疏)可見，這時老聃的意識功能已失去作用，只是一憑潛意識活動『與碧虛寥廓同其流』(米友仁語)。所謂『心不能知』、『口不能言』，正說明了他在潛意識狀態中身不由己的現象。

這種忘懷一切的情景，也同樣表現在『心齋』、『坐忘』、『守宗』之中。人間世篇載『心齋』之法是：『無聽之以耳而聽之以心，無聽之以心而聽之以氣。聽止於耳，心止於符。氣也者，虛而待物者也。唯道集虛，虛者，心齋也。』可見，『心齋』不外是要人們完全廢棄感官的作用，停止一切自覺的意識活動，從而讓大道停留於空明的心境之上。顏回談他的體會時說，他在接受『心齋』之法前，始終覺得『實自回』，即時時意識到自己的存在；自從接受『心齋』之法後，卻是『未始有回』了，即已經進入了不知不覺的無意識狀態。而『瞻彼闋者，虛室生白，吉祥止止』，正是指在這種無意識支配下空明的心境所呈現出來的一派美好幻象。大宗師篇載『坐忘』之法，說顏回由『忘仁義』而『忘禮樂』，最後到『坐忘』即『墮肢體，黜聰明，離形去知，同於大通(道)』。從心理學的觀點來看，『仁義』、『禮樂』觀念出於理性思維，是由自覺意識控制的。『離形去知』則表現爲忘懷一切，是潛意識不斷湧現，並進而佔據整個身心的結果。因此，從忘『仁義』、忘『禮樂』到『坐忘』，也是一種意識與無意識彼消此長的過程。同篇又載『守宗』之法，說女偊『凝神靜慮，修而守之』（成玄英語），『參日而後能外天下』，『七日而後能外物』，『九日而後能外生』，『已外生矣而後能朝徹，朝徹而後能見獨（道）』。『朝徹』，謂『如初日之光，通明清爽』（王敔注語，見王夫之莊子解）。即指在自覺意識徹底消失後所出現的一種瑩朗明徹的幻象，正有如佛教徒大徹大悟時眼前突然出現的萬道金光。可見，『守宗』之法，也同樣表現爲自覺意識逐漸消失後潛意識活動得以高度活躍的過程。

總起來看，上述寓言所反映的體道過程，大致都可分爲『忘』和『不知』兩個階段。所謂『忘』，就是逐漸削弱自覺意識的監督、指導功能，是主體以意識目的形式參與『損之又損之』的活動。所謂『不知』，指主體已潛藏蟄伏在『侗乎其無識，儻乎其怠疑』（山木）的狀態之中。但它不是死的象徵，只不過是說，這時全面崩潰的僅僅是理性意識，而趁機湧出的潛意識卻達到了異常活躍的程度，此即在宥篇所謂『尸居而龍見，淵默而雷聲』的情形吧。因此，在莊子看來，雖然『忘』是『不知』的基礎，沒有『忘』的作用就不可能有不知不識狀態的出現，但它畢竟還有自覺意識的參與，還不能完全體現大道『無爲而無不爲』的精神。關於這一點，莊子在知北遊篇中表述得更爲明白：知三次問道於無爲謂而皆『不知答』，就只好去問狂屈，狂屈則『中欲告而忘之』。於是黃帝評論道：『彼其真是也，以其不知也，此其似之也，以其忘之也。』這就是說，『中欲告而忘之』是伴隨有理性指導的意識消失過程，還不能像『瞳焉如新生之犢』那樣具有『真其實知』，即完全憑藉本能無意識而了悟大道的真實，所以狂屈只能達到近似大道的地步。而『不知』卻是大知，『不知深矣，知之淺矣；弗知內矣，知之外矣』。『孰知不知之知？』所謂『惛然若亡而存，油然不形而神』，不就說明昏蒙無知中有勃然的生機湧出嗎？所以說，無爲謂才算真正領悟到了大道。從某種意義上來說，莊子的這些說法也確實體現了他對審美心理特徵的深刻理解。因爲人們往往會有這麼一種心理體驗過程，即當你的身心極度放鬆，內心的感知活動不再按照任何指令性程式而只是任憑它無意識、無目的地進行的時候，你可能會在忽然間體悟到天地萬物之理，但自己卻又說不出其所以然，這大概就是莊子所說的『不知之知』吧。

在莊子中，有一部分寓言還賦予了其中的人物以各種各樣的奇特功能。從心理學方面來看，這正好涉及了無意識問題。

秋水篇說：『至德者，火弗能熱，水弗能溺，寒暑弗能害，禽獸弗能賊。』達生篇說：『至人潛行不窒，蹈火不熱，行乎萬物之上而不栗。』大宗師篇也說：『真人』『登高不慄，入水不濡，入火不熱』。這些人爲什麼會有如此驚人之舉呢？達生篇曾解釋說：『是純氣之守也，非知巧果敢之列。』成玄英疏：『夫不爲外物侵傷者，乃是保守純和之氣，養於恬惔之心而致之也；非關運役心智，分別巧詐勇決果敢而得之。』這就是說，知巧果敢屬於『有心以勝物』（劉鳳苞語），是在意識指導下去努力戰勝外物的一系列自覺活動，其結果只能爲外物所侵傷。而純和之氣，乃『先天之精，塵滓不容者也』（宣穎南華經解），即指積澱在主體感覺器官和思維器官中的原始人類那種渾渾噩噩的精神狀態。可見，所謂『純氣之守』，無非就是要使這種精神狀態不受到自覺意識的污染。由於主體能做到『純氣之守』，絲毫不讓自覺意識侵入無意識域，因此他雖處水火之中而『莫知其爲水火』，『此所以無入而不自得也』（江遹語）。叔本華說：『在植物身上還沒有感性，因此也無痛感。最低等動物如滴蟲和輻射體動物就能有一種程度很微弱的痛感了。甚至昆蟲，感覺和感痛能力都還有限，直到脊椎動物有了完備的神經系統，這些能力才以較高的程度出現；而且是智力愈發達，痛苦的程度愈高。因此，隨著認識的愈益明確，意識愈益加強，痛苦也就增加了，這是一個正比例。』（作爲意志和表像的世界）由此說明，莊子把至德者、至人、真人的各種驚人之舉看作是無意識作用的結果，是不無道理的。

正因爲一切驚人之舉皆出自無意識，而無意識又只有在自覺意識徹底消失後才能充分發揮其作用，所以莊子就要求主體對盤踞在自己感官中的抽象思維、理性概念進行『損之又損之』，以便最終達到與萬物渾然同體的無我之境。天地篇載，黃帝遺失玄珠，先後使知、離朱、契詬索之，皆不可得。乃使象罔，象罔得之，於是黃帝遂有『異哉』之歎。這裏，所謂知、離朱、契詬，不過是智慧、聰明、巧辯的象徵，而象罔乃『無心之謂』（成玄英語）。這則寓言意在説明，主體的驚人之舉，只能在智慧、聰明、巧辯等理性意識消失殆盡後的無意識狀態中出現。又田子方篇載，列禦寇給伯昏無人表演射箭，他拉滿了弓弦，在臂肘上放一杯水，一箭剛發又緊跟著一箭，第二箭剛射出第三箭已扣上弦。伯昏無人卻説他『是射之射，非不射之射』，即『仍是有心之射，非忘懷無心不射之射』（成玄英語），而有心之射『於中（命中）也殆矣夫』！因此，伯昏無人就要求他以至人爲榜樣，忘懷一切。這樣，即使登高山，履危石，臨百仞之淵，也不至於『怵然有恂目（目眩）之志（心）』，從而就能在『泊然自得』（郭象語）的無意識狀態中創造出『不講於射而自神於射』（陸樹芝語）的驚人之舉。叔本華説：『思索反而會使人分心而迷亂，所以野蠻人和老粗正因爲他們沒有什麽思維的習慣，反而能夠既穩且快地完成一些體力活動，譬如同獸類搏鬥啦，射箭命中啦，凡此都是慣於思索的歐洲人望塵莫及的。譬如射箭，這個歐洲人，不論是在空間上或時間上，他就要度量上下、左右、先後等等，然後在這一些兩極之間找得等距的中點，這何能如一個自然人全不能在距離上思索，就能直接中的呢？』（作爲意志和表像的世界）這就説明，莊子把一切射箭神技都歸之於無意識效能的充分發揮，雖然不免有絶對化的傾向，但其中並不是一點沒有道理的。

不僅如此，莊子還認爲動物界也同樣存在著無意識的神奇效能。達生篇説，紀渻子曾爲周宣王養鬥雞，其唯一的途徑是讓鬥雞不斷損去好鬥意識而進入毫無心理反應的無意識狀態。一旦成了這樣的『木雞』，『異雞（其他的雞）無敢應，見者（皆）反走矣』。現代動物心理學研究表明，一切動物的低級心理活動雖然不可與人類的高級心理活動同日而語，但它們在長期的生存競爭中都發展了自己的感知功能。在這一點上，則往往使『萬物之靈』的人類感到『望塵莫及』。所謂鬥雞的好鬥意識，即指動物的這種感知覺意識。而所謂木雞，也就是指不再有這種感知覺意識的呆笨之雞，它已完全處於不知有生與死的無意識『戰鬥』狀態之中，那麽凡天下有生死驚懼意識的雞哪裏還敢來應戰呢？

同時，莊子中那些反映『技』與『道』二者關係的寓言故事，實際上也涉及了無意識問題。如達生篇寫『丈夫』『蹈水有道』，可以『與齊（漩洄）俱入，與汩（湧流）俱出』，但他自己卻說『不知吾所以然』。可見，他的游水活動已不再受到意識的控制，而是自動化地進行著的。同篇又寫『工倕旋（畫圈）而蓋（合）規矩，指與物化而不以心稽（量度）』，說明他的手指也已擺脫了意識的驅使而達到了高度自動化的程度。用心理學的觀點來說，這些自動化的行爲都屬於習慣無意識的範疇。

所謂習慣無意識，是指主體在自覺意識的監督和指導下，經過對某種心理或動作進行嚴格的規範和有目的的長期反復練習，最後所達到的高度熟練、高度自動化的無意識表現狀態。由此不難想見，『丈夫』和工倕在形成他們的自動化行爲之前，必然是要經歷一個『損之又損之』的過程的。也就是說，『丈夫』初學游泳時，他必須十分注意各部位動作之間如何協調、連貫等問題。但後來由於反復練習，這些動作就變成了一個渾然一體的自動化系統，於是意識的控制也就隨之消失了。工倕初學畫圈時，也許既呆拙又緊張，即使把全身的氣力都使上，仍不見得能畫出個好圓圈。後來之所以能達到自動化的程度，也仍不外是長期反復練習的結果。關於這一點，我們還可以從下面三則寓言中得到進一步印證。

知北遊篇載，大司馬家中有一個工匠，『年二十而好捶鉤，於物（別的東西）無視也，非鉤無察也』。說明在學習的初期，他總是全神貫注去做每個動作，一點也離不開意識的控制，其中視覺回饋對他的動作的控制則顯得尤爲重要。也就是說，如果他的視綫一旦偏離了帶鉤，捶擊的動作便一個也不可能得以完成。後來由於『長得其用』即長期用心於這樣的技能訓練，便使他的動作達到了『物孰不資』的高度自動化的程度。而『年八十矣而不失豪芒』，則又說明這種不自覺的習慣動作竟奇跡般地持續到了他的晚年。因爲他到了這般高齡，視力必已大爲衰退，視覺回饋不可能再爲他的每一捶擊提供十分準確的目標依據。在這樣的情況下，他只能一憑動覺的啟控作用來創造出那『不失豪芒』的奇跡，而這種自控作用正是他先前那種高度自動化動作的直接延伸。

養生主篇中，庖丁解牛實踐活動的過程分爲三個階段。即：開始，他搞不清牛體的結構，找不到可以進刀的空隙，因此所看到的不過是一頭全牛，這屬於學習宰牛技術的初級階段。三年之後，他積累了一定的經驗，對於牛的全身何處有空隙，何處有筋骨，都已完全瞭解，因此呈現在眼前的只是許多可以任意拆卸的牛的零件，這屬於技巧嫺熟的高級階段。方今之時，他遊刃恢恢而寬大有餘，但並沒有依賴於各感覺器官的任何幫助。在莊子看來，這已超出『技』的範疇而進入了『道』的境界。綜觀上述，我們至少可以從庖丁解牛實踐活動的過程中概括出如下幾個特徵：第一，行動的控制從有意識向無意識變化。在學習的初期，庖丁也不外是一個『族庖』，儘管他小心翼翼地以自覺意識去控制每一個動作，但他的運刀總不免是十分生硬的砍斲。後來由於長期反復練習，他進入了廢棄『官知』而『遊刃有餘』的境界，說明他的意識控制已經逐漸減弱，而動覺自動控制則得到了不斷加強。第二，由視覺控制轉向非意識性的習慣思維控制。無論是『所見無非全牛者』，還是『未嘗見全牛也』，所強調的都無非是一個『見』字，說明他的視覺一刻也沒有失去過對宰牛動作的控制作用。但在方今之時，他僅『以神遇而不以目視』，即可以廢棄視覺的控制作用，完全憑藉習慣思維來行事，而這種習慣思維，正是在長期的宰牛實踐活動中所形成的一種自動化的運動系列思維模式。第三，動作不斷趨向於協調化和自動化。庖丁初學解牛時的動作，表現爲一砍一斲的局部動作形式。方今之時，這種局部動作已結合爲完整的動作系統。也就是說，各動作之間的停頓時間已大爲縮短，多餘或不協調的動作已完全消失，所以刀子才得以輕快自如地『遊』起來，達到了一種高度自動化的美妙境界。第四，在習慣無意識的參與下，動作的準確性達到了驚人的程度。如所謂『技經肯綮之未嘗，而況大軱乎』，即說明他的刀子始終遊行於空隙之間，未曾誤碰經絡一下，何況是大骨呢！從某種意義上來說，這種高度的準確性，往往是意識指導下的動作所不能達到的，主體自己也是無法察知的。第五，緊張的勞動狀態已轉化爲輕鬆愉快的審美境界。開始學習解牛之時，庖丁『所見無非全牛者』，說明他必定因找不到下刀之處而感到十分緊張。方今之時，則已『進乎技矣』，只要他的習慣無意識思維信號一啟動，整個運動感覺系統就會按照嚴格的運動程式，以連鎖反應的方式實現其整個勞動過程。如『手之所觸，肩之所倚，足之所履，膝之所踦，砉然響然，奏刀騞然，莫不中音，合於桑林之舞，乃中經首之會』，這就是一種高度協調化、高度自動化的無意識動作系列模式，簡直像一場極其高妙的『解牛樂舞』。那麼，這時的庖丁哪裏還能意識到什麼緊張和勞累呢！

其實，古代許多側重於生活實用的技巧、技藝都往往具有類似於藝術創造的性質。所謂『能有所藝者，技也』（天地），正反映了這種『技』、『藝』不分的實際情況。因此，即使在今天看來屬於純技術的庖丁解牛活動，也是完全可以被古人當作一場音樂舞蹈來欣賞的，庖丁自己不是還由此得到了『爲之四顧，爲之躊躇滿志』的審美感受嗎？

與『庖丁解牛』相比較，『梓慶削木爲鐻』（達生）則更帶有藝術創作活動的性質。因爲『鐻』是一種『樂器，似夾鐘』（司馬彪語），或說是『鐘鼓之拊』，像『筍簴之形，爲鳥爲獸，刻木爲之』（林希逸語），總之在今天看來也不失爲一種具有較高藝術欣賞價值的東西，是不能跟偏重於實用的一般的物質生活必需品混爲一談的。所以，梓慶削木爲鐻的過程，實際上也就是他的藝術創作活動的過程。那麼，他的藝術創造活動到底有什麼特點呢？他自己是這樣向魯侯敍說的：『臣將爲鐻，未嘗敢以耗氣也，必齊以靜心。齊三日，而不敢懷慶賞爵祿；齊五日，不敢懷非譽巧拙；齊七日，輒然忘吾有四枝形體也。當是時也，無公朝，其巧專而外骨消；然後入山林，觀天性；形軀至矣，然後成見鐻，然後加手焉；不然則已。則以天合天，器之所以疑神者，其由是與！』可見，他的藝術創作活動就是『以天合天』的過程，即讓自己一步步從各種意識的控制下解脫出來，以忘懷一切的心理狀態去契合那客觀對象的自然質性，其具體步驟則表現爲：其一是『不敢懷慶賞爵祿』，即不考慮作品作成之後是否能得到慶賀賞賜；其二是『不敢懷非譽巧拙』，即不考慮作成之後觀賞者是誇獎還是非議，是說巧還是拙；其三是『忘吾有四枝形體』，即進入忘我狀態，一切聽任潛意識的支配。然後入山林，觀天性，則

『確然見鐻於胸中』(王敔語)矣,因而創造出了使『見者驚猶鬼神』的藝術作品。這些說法看來似乎是有點不可理解的,其實卻包含著對藝術創作心理特徵的深刻認識。因爲一位藝術家如果讓利害得失的意識佔了上風,那麼在創作時必然會使自己的身心緊張起來,從而嚴重地影響到作品的藝術性。據這一點來説,藝術創作活動正是一個以潛意識逐漸代替自覺意識,以便最後讓主體的自然之『天』與對象的自然之『天』完全契合起來的過程。

在田子方篇中,莊子則通過『宋元君將畫圖』的故事,高度地讚揚了主體在繪畫藝術創造活動中所表現出來的那種忘懷一切的精神狀態:『宋元君將畫圖,衆史皆至,受揖而立,舐筆和墨,在外者半。有一史後至者,儃儃然不趨,受揖不立,因之舍。公使人視之,則解衣般礴臝。君曰:「可矣,是真畫者也。」』爲什麼後至的畫師是『真畫者』呢?這是因爲他跟充滿著功名利祿考慮的衆畫師不同,已完全達到了忘欲(慶賞爵祿)、忘知(非譽巧拙)、忘形(解衣般礴)的忘我之境。在莊子看來,這種忘懷一切的精神狀態,正是進行藝術創作時的一種最佳心理狀態。可見,這則故事與『梓慶削鐻』的故事一樣,包含著對藝術創作心理特徵的深刻認識。

總之,在莊子看來,無論是藝術創作還是藝術欣賞,都不外是一個『爲道者日損,損之又損之,以至於無爲,無爲而無不爲也』的過程,也就是後來王陽明所說『吾輩用功,只求日減,不求日增,減得一分人欲,便是復得一分天理』(傳習錄)的過程。

六、莊子中的孔子形象

據尸子載,傳說中的黃帝有四張面孔,孔子謂爲『黃帝取合己者四人,使治四方,大有成功,此之謂四面』。這解說真是既巧妙,又牽強附會。無獨有偶,莊子中的孔子形象,至少也有三張面孔,後世不善於『正照之,斜照之，遠照之，反照之』（胡文英讀莊針度）者，往往執於一偏之見，以馳其說，以致大與作者當日著筆之意相背離，這又真可謂是『非徒無益而又害之』（同上）了。

下面，不妨讓我們對孔子那不斷變換著的臉譜作一番巡禮，對後人執於一偏的『照法』作一點評說吧。

1．以儒家面貌出現的孔子

當我們翻開莊子，巡禮書中的人物畫廊時，就會不時地看到一個以儒家面貌出現的孔子形象，幾乎可以跟儒家經典中所描繪的孔子模樣相仿佛。這主要表現在以下幾個方面：

（1）虛心好學，務求博贍

在莊子中，孔子向人家虛心求教的例子俯拾皆是。如他『行年五十有一而不聞道』時，『乃南之沛見老聃』（見天運）；『晏閑』時，又向老聃請問『至道』（見知北遊）。他見老萊子，就蹙然改容而問『業可得進乎？』（見外物）見痀僂者承蜩，就問『有道邪？』（見達生）見丈人游水，就問：『蹈水有道乎？』（同上）兀者王駘行『不言之教』，他就說『丘也直後而未往耳，丘將以爲師！』（見德充符）子桑雽向他解釋窮通之道，他就表示『敬聞命矣！』（見山木）即使自己的門生顏回悟道有方，他也願意『請從而後也』（見大宗師）。所有這些，雖無不出於虛構，卻都與歷史上真實孔子那種『三人行必有我師』（論語述而）、『學而不厭』（同上）、『每事問』（八佾）的好學精神相一致。

對於孔子的這副好學面孔，堅決主張『棄知』、『保真』的得道者是不能容忍的，因而痛斥說：『子非夫博學以擬聖，……以賣名聲於天下者乎？』（天地）德充符篇中的一則故事更說明了這一點：兀者叔山無趾本以孔子『爲天地』，一見之後覺得並不是。這時孔子馬上露出了好學的面孔，說什麼『請講以聽聞』，並要求『弟子勉之』。於是無趾與老聃就有這麼一番對話：

無趾曰：『彼（孔丘）何賓賓（猶頻頻）以學子（老聃）爲？彼且蘄以諔詭幻怪之名聞，不知至人之以是爲己桎梏邪？』

老聃曰：『胡不直使彼以死生爲一條，以可不可爲一貫者，解其桎梏，其可乎？』

無趾曰：『天刑之，安可解！』

林雲銘於『天刑之』下注云：『猶天加刑。』（莊子因）可見，在道家看來，孔丘一生『賓賓以學』，無疑是天道施加給他的一種特殊刑罰。

而且，在得道者看來，『博學』又必然流於煩瑣。所以顏闔批評說：『仲尼方且飾羽而畫，從事華辭，以支爲旨。』（列禦寇）這正是後人所謂『夫儒者』『博而寡要』（司馬談論六家要指）、『以嘩衆取寵』（班固漢書藝文志）的意思。

（2）死抱仁義、禮樂、度數，不知隨時變化

可以清楚看到，莊子中儒者孔子整個思想的核心是『仁義』。如天運篇說他『偈偈乎揭仁義若負建鼓而求亡子』，見老聃即『語仁義』，因此老聃就對他大加訓斥，使得他回去後三天不敢講話。天道篇也說，他『往見老聃』即『（演繹）十二經以說』。老聃打斷了他的說話，曰：『大謾（太漫無邊際），願聞其要。』孔子回答：『要在仁義。』於是老聃斥責說：『不亦迂乎！』因爲老聃一貫認爲，『仁義，先王之蘧廬也，止可以一宿而不可久處，覯而多責。古之至人，假道於仁，托宿於義，以遊逍遥之虛，食於苟簡之田，立於不貸之圃。』（天運）這正如劉鳳苞所詮釋：『鶩仁義……猶之取公器而貪多無厭，戀蘧廬而外假不歸也。至人未嘗不用仁義，究之假道托宿，無所繫累於其心。』（南華雪心編）可見，仁義爲先王之陳跡，不可久守而不去。

在儒者孔子的思想觀念中，恪守禮樂、度數的重要性僅次於仁義。如天運篇載，他曾在老聃面前自稱說，『丘治』『禮樂』，『自以爲久矣，孰（通熟）知其故矣。』又說曾『求之於度數五年』。老聃則從『變』的觀點出發，認爲古今情況不同，一切禮義、法度都應隨時推移，以變爲常，說：『仁義、法度者，應時而變者也。』『禮樂』，

『先王之陳跡也』。並批評道：『今子（孔子）之所言，猶跡也。』

（3）四處奔走，極意營謀天下

孔子熱衷於營謀天下的事例，在莊子中幾乎隨處可見。據天運篇載，他自己就曾告訴老聃：『丘……以奸（干求）者七十二君，論先王之道而明周召之跡，一君無所鉤（取）用。』外物篇通過借助於別人的目見口述來刻畫他，則更顯得生動而有趣：

老萊子之弟子出薪，遇仲尼，反以告，曰：『有人於彼，修上而趨下，末僂（背微曲）而後耳，視若營四海，不知其誰氏之子。』老萊子曰：『是丘也。』

顯然，只要一見其『勞形役智以應世務』（陸德明語）的模樣和蒿目憂世的神色，人們就馬上可以判斷出是孔丘。

對於這四處奔走若『逸狗』（同上）的人物，凡得道者都是不會表示歡迎的。如他一到楚國，接輿就有『鳳兮鳳兮』的嘲諷（聞一多莊子內篇校釋：『稱「鳳兮鳳兮」以嘲孔子，實以「鳳」字隱射「孔」字。』）和『殆乎殆乎』的警告（見人間世）。當宿於蟻丘賣漿之家時，鄰人市南宜僚（陸沉者）因『羞聞其言』、『心不屑與之俱』而遠之他鄉（見則陽）。這與論語中微生畝、晨門、荷蕢者、接輿、長沮、桀溺、荷蓧丈人等隱者對待『棲棲者』孔丘的態度，不是一樣的嗎？

2．由儒而道的孔子

由上文可知，以儒家面貌出現的孔子是不爲得道者所歡迎的。因此，作者決定從三個方面對他進行必要的改造，使之成爲服膺道家學派的人。

（1）內忘仁義，外去禮文

首先，讓孔子從內裏忘掉仁義之心。如天運篇載，孔子一見老聃就談仁義，老聃立即批駁說，仁義毒害人心，沒有比這禍害更大的，不如把它徹底忘掉，才可以回復人們的自然本性。孔子聽了後，真是欽佩得不得了，回去後對弟子大談其感想，說什麼『吾乃今於是乎見龍』！既然把老聃看成是變幻莫測的神龍，說明孔子已完全服膺於道家學派。

其次，讓孔子從外部去掉禮文的束縛。大宗師篇寫孟孫才不拘拘於世俗之禮，『其母死，哭泣無涕，中心不戚，居喪不哀』。孔子聞知後，不禁感慨萬分地說：『吾特與汝（顏回），其夢未始覺者邪！』同篇又寫子桑戶死，其友孟子反、子琴張懂得禮的真意所在，於是一人編曲，一人彈琴，臨屍而歌唱。孔子聽說後不覺大徹大悟，認識到自己完全是『憒憒然爲世俗之禮以觀（炫耀）衆人』的『天之戮民』，因而發誓將與弟子一同追求不受禮教束縛的方外之道。

（2）息奔競之心，入恬淡之境

在道家看來，儒者孔子身懷奔競之心，可謂是路人皆知的事實，因此有必要對他進行一番改造。讓王篇敍述孔子勸顏回（得道者形象）出任求祿，顏回卻談了一番『不願仕』的大道理，結果使他恍然大悟於道家『知足者不以利自累也，審自得者失之而不懼，行修於內者無位而不怍』之奧義，一下子從儒家所刻意追求的名位利祿的桎梏中解脫出來。於是，他大有感慨地說：『是丘之得也。』天運篇載他以六經干時君，老聃則以無爲自化之道教育他，結果也使他在閉門思過後大受益處，說：『丘得之矣。』以其成績顯著，老聃還特意表揚了他。特別是山木篇，說孔子因奔競而受困於陳蔡之間，大公任就以道家『純純常常，乃比於狂，削跡捐勢，不爲功名』的道理訓導他。孔子豁然醒悟後，果然『辭其交遊，去其弟子，逃於大澤，衣裘褐，食杼栗，入獸不亂群，入鳥不亂行』。說明他已進入與世無爭的恬淡之境。

（3）遺形去智，乃悟求道之方

儒者孔子雖然非常好學，但由於學習方法很不對頭，以致即使弄得身心疲憊，也沒有收到什麼好的效果。據天運篇記載，他第一次花費五年時間從度數中求道，第二次花費十二年時間從陰陽中求道，但度數是大道的粗跡，陰陽也不過是大道所派生出來的東西而遠非大道之本身，所以到了五十一歲仍然沒有聞道，只好親赴南方求教於老聃。老聃聽說他是『北方之賢者』，尚屬可教，乃誨之曰：道體虛無，無心而自悟，方能得到。這一基本精神也完全體現在知北遊篇老聃教誨孔子的一番話中：體悟『窅然難言』之『道』，其方法之一在於『疏瀹而心，非以求知，正以掊擊其知，使一切可知，乃可與語道矣』（陸樹芝莊子雪）。

爲了使孔子更有效地掌握正確的求道方法，老聃不僅注意言傳，還十分重視身教。田子方篇說孔子去拜訪老聃，老聃即示以『形體掘若槁木，似遺物離人而立於獨』之象，弄得孔子竟以爲自己花了眼。老聃向他解釋說，這也是一種體悟大道的十分重要的方法，叫作『游心於物之初』，但自已卻不知其所以然，即所謂『心困焉而不能知，口辟焉而不能言』。於是孔子如夢初醒，歎服道：『丘之於道也，其猶醯雞（酒缸裏的小飛蟲）與！微夫子之發吾覆也，吾不知天地之大全也。』

由此可見，由於老聃的諄諄教誨和不斷啟發，孔子終於悟出了求道的最有效的方法——遺形去智而立於獨。

3．以道家面貌出現的孔子

經過一翻精心的改造，孔子被賦予了道家的靈魂和臉譜，於是便操起了地地道道的道家腔調。他用這種腔調，表達了三個方面的內容：

（1）虛心以遊世

人間世篇開頭二則故事，最集中地體現了道家化孔子的這一思想傾向。第一則故事是這樣的：顏回請求去衛國，以冀拯救其民於水火之中。孔子卻認爲這不是虛己忘名之道，必然會招致殺身之禍。於是顏回提出了對付衛君的三種策略，即『端虛勉一』、『內直外曲』、『成而上比』，又都被孔子否定了。孔子教誨他說，處事的基本原則應該是『無已』，即『心齋』之法：『若一志，無聽之以耳而聽之以心，無聽之以心而聽之以氣。聽止於耳，心止於符。氣也者，虛而待物者也。唯道集虛，虛者，心齋也。』只有這樣一切無心，絕對沒有主見，才能使自己不爲衛國的暴君所傷。推而廣之，才能使自己在紛繁複雜的人間世中得以遠害全身。

第二則故事，寫葉公子高將出使齊國，心中感到疑懼不安，就請教於孔子。孔子向他提出的基本原則是『乘物以遊心，托不得已而養中』，即虛心安命，純任自然，認爲這樣就可以免於陰陽、人道之患，並進而苟全性命於亂世之間。

可見，這兒的孔子完全是道家的代言人，不折不扣地道出了莊周『虛己以遊世』（山木）的處世哲學。

（2）不以死生、窮達爲念

超然死生之外，把一切都付諸無時不在推移變化的自然之道，這是道家化孔子的又一思想特徵。如秋水篇載，『孔子遊於匡，宋人圍之數匝』。在這大難臨頭的危急時刻，他泰然自若，『弦歌不惙』，並告誡弟子說：『知窮之有命，知通之有時，臨大難而不懼者，聖人之勇也。』可見這正是莊周『死生無變於己』（齊物論）的人生哲學。

既然死生的大事都不能影響到他的心境，那麼窮達得失又算得什麼呢？山木篇載，孔子窮於陳蔡之間，七日不火食，但他悠然自得，一邊『歌焱氏之風』，一邊說什麼『饑渴寒暑，窮桎不行，天地之行也，運物之泄也，言與之偕逝之謂也。』（成玄英疏：『既體運動之無常，故與變化而俱往，而無欣惡於其間也。』）讓王篇亦載此事，他的弟子認爲：『如此者，可謂窮矣！』而他卻說：『陳蔡之隘，於丘其幸乎！』同樣表現出了莊周那種『窮亦樂，通亦樂，所樂非窮通也』的人生觀。

（3）德充之爲美

德充符篇載，王駘形體殘缺，而『從學者數滿三千』（成玄英莊子注疏）。孔子明確地告訴常季說，這是他『游心乎德之和』而『不見其所喪』（不以自己的形殘爲念）的美好效驗。同篇又載，哀駘它是一個十分醜陋的人，『以惡（醜）駭天下』，然而男人與他相處，思而不能去；婦人見他，競相請求做他的小妾；魯哀公和他相處不過數月，就想把國政委托給他。哀駘它『一無權勢，二無利祿，三無色貌，四無言說，五無知慮』（成玄英莊子注疏），那麽人們愛慕他什麽呢？孔子解釋說，『非愛其形也，愛使其形者也』，即愛他的德充（實德充滿於內而不外露）之美。

總之，孔子在這二則故事中所表現出來的基本思想傾向是：外形的醜陋絲毫也不妨礙內德的真美，即絕對的精神之美可以超越相對的形體之醜。這正是莊子審美思想的重要內容之一。

4．歷代解說者的偏執

從上面的敍述和分析中，我們已大致可以看出莊子之所以要塑造出幾種不同類型的孔子形象的用意。但是，歷代學者往往不能從整體上來理解莊子的用意，因而作出了各種片面甚至違背情理的解說。

（1）『詆訿』說

在歷史上，最早論述到莊子對待孔子之態度問題的是司馬遷。他說：『莊子……作漁父、盜跖、胠篋，以詆訿孔子之徒，以明老子之術。』（史記老子韓非列傳）

漁父篇所塑造的『孔氏』，是『性服忠信，身行仁義，飾禮樂，選人倫』的形象，因而得道者漁父斥他爲『蚤湛於人僞』的『難悟』、『愚甚』之人。盜跖篇中的孔子更是一副地地道道的儒者嘴臉，以致被道家化的盜跖罵得『執轡三失，目芒然無見，色若死灰，據軾低頭，不能出氣』。胠篋篇雖然沒有指名道姓地指責孔子，但也顯然是對儒家所提倡的『聖智仁義』的極力批判和攻擊。

不難看出，漁父、盜跖中的孔子，與上面第一大部分中所說的孔子形象是屬於同一種類型的，而『漁父』、『盜跖』對孔丘的批判和攻擊，也正代表著得道者們對待儒者孔子的一般態度。因此，我們不難作出判斷，司馬遷所謂的『詆訿孔子』，即是說莊子所詆訿的僅僅是以儒家面貌出現的孔子，而不包括以道家面貌出現的孔子在內的。要不然，他何以唯獨舉出這三篇性質相同的作品爲例呢？這不能看成是他行文的疏忽吧。

其實，莊子在感到儒家的強大勢力將可能構成對自己學派的嚴重威脅的情況下，把儒家的泰斗孔子改造成背叛儒家宗旨、宣揚道家學說的形象，以便使道家得以淩駕於儒家之上，這無疑是對儒家的最高程度上的『詆訿』。後世的道教徒爲了抵禦、戰勝外來的佛教的強大勢力而編造出老子化胡經，說老子曾西入天竺教化胡人，釋迦牟尼就是老子的化身，因而引起了佛教徒的公憤，這不就可以很好地說明問題了嗎？由此可見，司馬遷的『詆訿』說同時適用於上面三大部分所涉及的全部內容。遺憾的是，他卻把第二、三大部分所涉及的篇章排除在外了。

(2)『助孔』說

對司馬遷的說法率先提出非難的是蘇軾。他在莊子祠堂記一文中批評司馬遷是『知莊子之粗者』，認爲莊子本是『助孔子者』。他的理由是：『莊子之言，皆實予而文不予，陽擠而陰助之，其正言蓋無幾。至於詆訾孔子，未嘗不微見其意。』而『盜跖、漁父』雖『若真詆孔子者』，卻是『昧者勦之以入』的作品，當刪而去之。蘇氏提出這一看法後，歷代附和者甚衆。

這裏，莊子所助的到底是哪一種類型的孔子呢？關於這一問題，我們是不難找到正確答案的。因爲蘇軾既然認爲莊子是在『詆訾』(陽擠)中『微見其意』(陰助)的，而像上面第一大部分所涉及的那些篇章並沒有在『詆訾』中『微見其意』，像漁父、盜跖一類攻擊孔子的篇章又非出自莊子本人手筆，那麼莊子所助的自然只有由儒家向道家轉化的孔子了。也就是說，按照蘇氏的理解，讓儒者孔子遭到批評、訓斥，這就是『詆訾』，即『陽擠』；批評、訓斥後使他有所醒悟，最終成爲大家歡迎的道家化形象，這就是『微見其意』，即『陰助』。

顯然，蘇軾把盜跖、漁父(還有讓王、說劍二篇)說成是昧者勦入之作，本身就是片面武斷的。不過，透過這一現象，卻可以使我們發現這樣一種基本事實：一生徘徊於儒、道二家之間的蘇軾，在主觀上想極力融合二家學說，在客觀上卻不知不覺地陷入了困境。

（3）『尊孔』說

清代尊孔之風盛行。影響所及，遂使原來的『助孔』說發展成了普遍流行的『尊孔』說。如劉鴻典云：『世皆謂莊子詆訾孔子，獨蘇子瞻以爲尊孔子。吾始見其說而疑之，及讀莊子日久，然後歎莊子之尊孔子，其功不在孟子之下也。』（莊子約解）吴世尚亦云：『莊子之學，所見極高，其尊信孔子，亦在千古諸儒未開口之前。』（莊子解）但在具體的問題上，學者們的看法卻往往有與蘇軾不盡一致的地方。如：

第一種意見認爲，讓孔子以道家的面目出現，操起道家的腔調，這是莊子『尊孔』意識的具體表現。如吴世尚云：『莊子之尊孔，可謂至矣。蓋此老胸中，原以爲千古之德充符者，唯我孔子耳。而嫌於以己說孔子，第屬造道之言，不若以孔子說孔子，乃爲有德之言，故特地撰出個王駘、哀駘它來，從孔子口中寫出許多深微弘至之語，此豈說王駘、哀駘它哉！』（同上）我們已從上面第三大部分的敍述中看得一清二楚，孔子在德充符篇『魯有兀者王駘』、『衛有惡人焉曰哀駘它』二段文字中，是完全作爲道家的代言人出現的。可見，在吴世尚看來，莊子讓孔子背叛儒家，這也算是一種『尊孔』的表現。

第二種意見認爲，莊子雖斥孔子而其意卻不在孔子。由第一大部分的敍述可知，德充符篇『魯有兀者叔山無趾』的故事，以孔子爲『賓賓以學』、『蘄以諔詭幻怪之名聞』的儒者。劉鳳苞則評論說：『莊子要闢辯者之徒簧鼓天下，每竊先聖之糟粕以爲口實，因並將孔門講學，亦視爲桎梏，則若輩之爲天刑，更不問可知。讀者須得言外之意，乃知莊子不是詆訾孔子，正詘笑惠施輩耳。』（南華雪心編）列禦寇篇『魯哀公以仲尼爲貞幹』的故事，斥責仲尼爲『飾羽而畫，從事華辭，以支爲旨，忍性以視民』的巧僞人。劉鳳苞則又評論說：『此段借孔子立論以警世，……非有意貶駁吾夫子也。』（同上）在劉鳳苞看來，莊子在這二則故事中，大概也寄寓著一種變相的『尊孔』意識吧。顯然，他的理解是違背情理的。

第三種意見認爲，即使像盜跖、漁父等極度詆訾孔子的篇章，也可以看作是『尊孔』的證據。如陸樹芝是這樣說的：『東坡謂盜跖、漁父二篇似真謗抑孔子，然即謂其尊孔子之至亦可。蓋借孔子之不自是以明是非之無定，見惠子之徒以辯求勝者，真所謂大愚不靈，自取桎梏也。若不以孔子千古第一至聖，則不借孔子作話柄矣。』（莊子雪）這無疑是一種『打是疼，罵是愛』的錯誤理論。

綜上述可知，『助孔』、『尊孔』二説，或片面武斷，或違背情理，咸非莊子當時著筆本意。與不得已，司馬遷的『詆訾』説，還是大致可取的。

七、莊子逍遥義的歷史演變

莊子首篇逍遥遊，通過一系列的寓言故事爲我們描繪了一個奇幻的世界。如碩大無比的鯤化爲『翼若垂天之雲』的鵬，鵬起飛時水擊三千里，乘旋風直上九萬里，而小澤裹『搶榆枋』的蜩與小鳩卻不以爲然，對之嗤之以鼻，大加諷刺。那麼，作者爲何要將它們放在一起作如此誇張的對比呢？其實作者只是借用它們作一譬喻，説明大鵬與小鳩一樣，因其『有所待』都是不自由的，唯有『乘天地之正，而御六氣之辯』的至人、神人、聖人才能達到物我同一、逍遥世外的理想境界。然而後人卻根據自己的不同理解，對莊子這一逍遥遊思想作了不同的詮釋。其演變情況大致可以從以下幾個方面來説明。

魏晉時期，統治階級内部爭權奪勢加劇，政治鬥爭日趨激烈。爲了全身避害，士族階級大暢玄風，並通過闡述老莊，表達自己的人生態度，求得精神上的暫時慰藉，於是玄學興起，老莊哲學盛行。司馬氏建立西晉以後，政治上出現了短暫的相對穩定的局面，士大夫少怨言，玄學逐漸轉向了與儒學的合而爲一，一些不願做官的名士也開始出來爲西晉王朝服務，有的成爲其中的顯赫人物。如郭象，他通過注釋莊子，把向秀『以儒道爲壹』的觀點進一步發展爲『名教即自然』論，並通過闡釋自己的政治和哲學觀點，爲其階級統治找到理論根據。從他對逍遙義的發揮和改造上，可以明顯地看到這一點。

世說新語文學劉孝標注引向秀、郭象逍遙義云：『夫大鵬之上九萬，尺鷃之起榆枋，小大雖差，各任其性，苟當其分，逍遙一也。然物之芸芸，同資有待，得其所待，然後逍遙耳。唯聖人與物冥而循大變，爲能無待而常通，豈獨自通而已？又從有待者，不失其所待，不失則同於大通矣。』說明在向秀、郭象看來，鵬與尺鷃『各任其性』，『不失其所待』，都可說是逍遙的。郭象在莊子注中詳細闡述了這一觀點，他爲逍遙遊篇作了如下題解：『夫小大雖殊，而放於自得之場，則物任其性，事稱其能，各當其分，逍遙一也，豈容勝負於其間哉！』在郭象看來，世間一切事物，無論它們在各個方面有著如何不同，只要滿足自己性分的要求，都同樣無往而非逍遙。按照題解的這一思路，郭象進而對逍遙遊全文展開了詮釋。他說，『夫大鳥一去半歲，至天池而息；小鳥一飛半朝，搶榆枋而止。此比所能，則有間矣，其於適性一也。』『苟足於其性，則雖大鵬無以自貴於小鳥，小鳥無羨於天池，而榮願有餘矣。故小大雖殊，逍遙一也。』郭象指出，鵬與小鳥確有能力差異，但它們都是率性而動，都滿足了自己性分的要求，順其自然而行，便都是一樣逍遙的，因此大鵬無以自貴於小鳥，小鳥也無羨於大鵬，就其足性逍遙來說，它們並沒有什麼差別。

莊子認爲萬事萬物只有『無所待』才是逍遙的，而郭象在逍遙遊注中說：『苟有待焉，則雖列子之輕妙，猶不能以無風而行，故必得其所待，然後逍遙耳，而況大鵬乎！夫唯與物冥而循大變者，爲能無待而常通，豈自通而已哉！又順有待者，使不失其所待，所待不失，則同於大通矣。故有待無待，吾所不能齊也。』由此可以看出，郭象雖然也承認『有待』與『無待』之別，但他反對莊子的只有『無待』才是逍遙的觀點，認爲雖然『無待』是逍遙遊的至高境界，但『有待者』只要『所待不失』，各任其性，各稱其能，同樣可以達到逍遙遊。他並進而認爲：『庖人、尸祝，各安其所司；鳥獸、萬物，各足於所受；帝堯、許由，各靜其所遇，此乃天下之至實也。各得其實，又何所爲乎哉，自得而已矣！故堯、許之行雖異，其於逍遥一也。』這就是說，庖丁與尸祝，堯與許由，雖然職責不同，行爲各異，但他們各安所司，各靜所遇，各得其實，都是逍遥的。他在齊物論注中又進一步說：『苟足於天然而安其性命，故雖天地未足爲壽而與我並生，萬物未足爲異而與我同得，則天地之生又何不並，萬物之得又何不一哉！』這裏，郭象接受了莊子的相對主義思想，認爲大小、壽夭等都是相對的、沒有差別的，人們不用去追求高下、貧賤之分，由此引出了他的『安命』便是逍遥的思想，即所謂『凡得真性，用其自爲者，雖夫皂隸，猶不顧毁譽而自安其業』（齊物論注），『安於命者，無往而非逍遥矣。』（秋水注）

莊子在逍遥遊篇中通過堯讓天下而許由不受的故事說明唐堯『弊弊焉以天下爲事』，只不過是一介凡夫俗子，而許由無心於功名，逍遥自得，才是理想的聖人。郭象則認爲，許由『對物』，自以爲是，把自己與現實對立起來，而唐堯『順物』，『無心玄應，唯感是從』，連自己都覺察不到，所以唐堯是可以爲君的聖人，而許由只不過是『俗中一物』，所以郭象說『若謂拱默乎山林之中而後得稱無爲者，此莊老之談所以見棄於當塗者』。他並在詮釋逍遥遊篇『藐姑射之山有神人』一則寓言時進一步指出：『夫神人，即今所謂聖人也。夫聖人雖在廟堂之上，然其心無異於山林之中，世豈識之哉？徒見其戴黄屋，佩玉璽，便謂足以纓紱其心矣；見其歷山川，同民事，便謂足以憔悴其神矣，豈知至至者之不虧哉？』在郭象看來，聖人雖然身處廟堂之上，忙於政務，但他在精神上卻淡然自如，逍遥自得，猶如處於山林之中一樣，精神上絲毫沒有受到虧損，這就是他所謂的精神上游於塵垢之外與實際上積極參與世務相統一的『遊外宏内』（大宗師注）之道。

由此可見，莊子所追求的是對現實的一種精神性超越，是精神的絶對自由。而郭象則完全用玄學思想來闡釋莊子逍遥義，認爲不管有待無待，只要所待不失，物任其性，事稱其能，各當其分，便都不失爲逍遥遊，說明他的闡釋目的就是要將莊子非人間的逍遥遊之境拉回到現實，讓人們安身立命，自適其樂。

東晉時期佛教般若空學在中國得到了廣泛的傳播，但人們對它的教義還是感到比較生疏，於是佛學家們便以人們熟悉的老莊學說來疏解，即所謂的『格義』、『連類』之法。在這一過程中，老子、莊子也得到了闡釋，其中影響較大的當爲即色派代表人物支遁。據有關材料來看，支遁對逍遙遊篇的解說最爲名士折服。慧皎高僧傳支遁傳說，支遁曾在餘杭白馬寺與劉系之等談莊子逍遙遊，不同意郭象『適性以爲逍遙』的說法，認爲按照郭的觀點，一切壞人只要滿足他們的兇殘本性，也都得到逍遙了：『夫桀跖以殘害爲性，若適性爲得者，彼亦逍遙矣。』『於是退而注逍遙篇，群儒舊學，莫不歎服。』世說新語文學劉孝標注引支氏逍遙論云：

> 夫逍遙者，明至人之心也。莊生建言大道，而寄指鵬鴳。鵬以營生之路曠，故失適於體外；鴳以在近而笑遠，有矜伐於心內。至人乘天正而高興，遊無窮於放浪，物物而不物於物，則遙然不我得，玄感不爲，不疾而速，則逍遙靡不適。此所以爲逍遙也。若夫有欲，當其所足，足於所足，快然有似天真，猶饑者一飽，渴者一盈，豈忘烝嘗於糗糧，絶觴爵於醪醴哉？苟非至足，豈所以逍遙乎？

支遁認爲，『鵬以營生之路曠，故失適於體外』，鵬因軀體龐大，非海運不能舉其翼，非扶搖不能托其身，非到九萬里高不能往南飛，非到南冥不能休息，所以它很不舒適，哪裏有什麼逍遙可言呢？『鴳以在近而笑遠，有矜伐於心內。』意思是說，與鵬爲外物所累不同，鴳自己不能遠飛而嘲笑大鵬飛得那麼遠，這是有驕傲自滿的情緒，是爲內心所累，因此也同樣不能得到逍遙。支遁還指出：『若夫有欲，當其所足，足於所足，快然有似天真，猶饑者一飽，渴者一盈，豈忘烝嘗於糗糧，絶觴爵於醪醴哉？苟非至足，豈所以逍遙乎？』這就是說，所謂足性、適性逍遙，只不過是追求一種低級的形軀上的欲望滿足，而這種欲望實際上又是永遠得不到滿足的，因爲當其所足之時，似乎已經得到天真快樂，但哪裏知道這好比饑者一飽、渴者一盈之時，並不能忘掉糗糧和美酒呢！所以所謂的足性、適性逍遙，遠不是一種逍遙至足的境界。

那麼，何謂逍遙至足的境界？支遁說：『至人乘天正而高興，遊無窮於放浪。』這就是莊子在逍遙遊篇中所謂：『乘天地之正，而御六氣之辯，以遊無窮』的『無所待』的逍遙遊。在支遁看來，要達到這種『無所待』而

『遥然不我得』、『逍遥靡不適』的逍遥境界，首先必須使自己獲得精神上的徹底解脱，做到『物物而不物於物』，不爲一切外物所負累，從而呈現爲『至人』一般的沖虚明淨的心理狀態。所以他説：『夫逍遥者，明至人之心也。』所謂『至人之心』，就是至人在精神方面無有執滯，感通無方，既凝寂虚静，又應變無窮，所以它可以感通於萬物，隨萬物而變化，物物而不物於物，色色而不滯於色。『至人』能夠妙悟性空，不物於物，不滯於色，『此所以爲逍遥也』。由此可以清楚地看到，支遁是運用佛教即色空義的哲學來闡釋莊子逍遥遊思想的。他的這一逍遥論，是對向秀、郭象思想中『得其所待，然後逍遥』一層意思的堅決否定和批判，而把他們思想中關於『無待』而逍遥的一層意思加以肯定和提升，使之成爲呈現『至人』之心的超拔境界，從而接近了莊子的逍遥本義。

劉勰文心雕龍論説云：『逮江左群談，唯玄是務，雖有日新，而多抽前緒矣。』説明經過向秀、郭象等玄學家的努力，玄學幾乎已經達到了飽和的程度。尤其在發揮莊子逍遥遊思想方面，『諸名賢』皆『不能拔理於郭、向之外』。就在這時，支遁引佛教般若空學來闡釋莊子逍遥遊，『卓然標新理於二家之表，立異義於衆賢之外』，從而爲莊子學的進一步發展開闢了新的途徑。

唐代對莊子的逍遥義沒有新的發揮。宋代人在繼王弼以莊子研治儒家經典周易卦象之後，受理學影響，則開拓了以周易闡釋莊子，運用易學象數派理論來闡釋莊子逍遥義的道路。據道藏褚伯秀南華真經義海纂微所收録的宋代學者闡釋逍遥遊篇的文字資料可知，其中除林希逸一人外，其餘的都以易學象數派理論來闡釋莊子逍遥義。他們認爲，周易的本體論是『太極』和『陰陽』，陰陽交感産生萬物，六、九之數代表陰、陽二爻，陽數前進止於九，陰數後退止於六，整個自然界的運動變化就是由陽極到陰、陰極到陽這一進退變化引起的。

較早運用這一理論的是王安石之子王雱，他在南華真經新傳逍遥遊中説：『夫道，無方也，無物也。寂然冥運而無形氣之累，唯至人體之而無我，無我則無心，無心則不物於物，而放於自得之場，而遊乎混茫之庭，其所以爲逍遥也。至於鯤、鵬，潛則在於北，飛則徙於南，上以九萬，息以六月，蜩、鷽則飛不過榆枋，而不至則控於地，皆有方有物也。有方有物，則造化之所制，陰陽之所拘，不免形器之累，豈得謂之逍遙乎！郭象謂：「物任其性，事稱其能，各當其任，逍遙一也。」是知物之外守，而未爲知莊子之言逍遙之趣也。』王雱對郭象的『足性逍遙說』予以了堅決的否定，認爲這只是『知物之外守，而未爲知莊子之言逍遙之趣也』。在他看來，『道』是無方無物的絕對虛無，只有至人能夠與之冥合，所以他無我、無心而不物於物，從而達到了逍遙遊的境界。而鯤、鵬潛則必有賴於北冥，飛則必遷徙於南冥，高升必要到九萬里之上，休息必待六個月之後；蜩、鷽之飛，遠則不過榆枋，時或不至，落於地而已，此皆爲造化所制，陰陽所拘，非所以爲逍遙也。顯然，王雱基本上是運用易學象數派的理論來闡釋莊子逍遙遊思想，但他又沒有完全拘於易學象數派的理論，而是最終歸結到了逍遙遊篇關於萬物皆『有所待』的主旨之上，這不但有力地糾正了郭象對莊子逍遙遊思想的錯誤理解，而且還標誌著在繼東晉支遁以佛教即色空義哲學闡釋逍遙遊篇後，對莊子逍遙遊思想的闡釋又有了新的進展。

呂惠卿、陳景元、陳詳道、林自、趙以夫、褚伯秀等進一步拓展了以周易闡釋莊子的道路，並完全運用易學象數派理論來發揮莊子的逍遙義。如呂惠卿在闡釋逍遙遊篇鯤鵬變化的寓言時說：『通天下一氣也。陽極生陰，陰極生陽，如環之無端，萬物隨之以消息盈虛者，莫非是也。北冥之鯤化爲南冥之鵬，由陰而入陽也。陰陽之極，皆冥於天而已。「三千」、「九萬」皆數之奇，「六月」則子與巳、午與亥之相距也。言鵬之數奇而去以六月息，則鯤之數耦而去以六月消可知也。』林自也說：『北者水之方，冥者明之藏，北冥則陰陽之所出入也。莊子以鯤鵬明陰陽變化，故以北冥爲始。鯤陰物也，鵬陽物也，……鯤之初化爲鵬，雖曰陽類而未離幽眇，故不知幾千里。次言三千里，數之未遂也；終言九萬里，動必有極也。蓋有體之物，雖至遠至大，亦不逃乎陰陽之數，故動則九，止則六也。去以六月息，乃反歸於陰，陰陽迭運，相爲無窮，而不可致詰者也。』說明他們都認爲，鯤化爲鵬，飛到九萬里，而以六月息，正合於陽數前進止於九、陰數後退止於六的陰陽變化規律，所以它們是逍遙的。由此說明，呂惠卿、林自等人以易學象數派理論來闡釋莊子逍遙義，最終並沒有歸結到莊子關於萬物皆『有所待』的思想上，所以雖也解釋了逍遥遊篇中的一些問題，但他們畢竟因拘於陰陽之説，生搬硬套，而明顯偏離了莊子逍遥遊思想的本意。

正由於宋代學者以易學象數派理論闡釋莊子逍遥義往往顯得有些牽强附會，所以到宋末就有人提出了激烈的批評。如林希逸在莊子口義逍遥遊中説：『或以陰陽論之，皆是强生節目。鳥之飛也必以氣，下一「怒」字便自奇特。海運者，海動也。今海瀕之俚歌猶有「六月海動」之語。海動必有大風，其水湧沸自海底而起，聲聞數里。言必有此大風，而後可以南徙也。……摶，飛翔也；扶搖，風勢也。「三千」、「九萬」，即形容其高遠也；「去以六月息」者，此鳥之往來必歇住半年方可動也。……鵬在天上，去地下九萬里，風自溪谷而起，而後蓬蓬然周遍四海。鵬既在上，則此風在下。培，厚也。九萬里之風乃可謂之厚風，如此厚風，方能負載鵬翼。』九萬里是極言風之厚，去以六月息者是説大鵬往來必休息半年方可動，凡此都在説明鵬鳥有所待的道理，哪裏可以陰陽之説來解説呢？林希逸還由物及人，進一步闡釋説：『列子之行也御風，此雖免乎行矣，而非風則不可，故曰「猶有所待」。若夫乘天地之正理，御陰、陽、風、雨、晦、明之六氣，以遊於無物之始，而無所窮止，若此則無所待矣。』由此説明，林希逸總能圍繞著『有所待』、『無所待』這一對重要哲學概念來闡釋莊子逍遥遊思想，從而有力地糾正了宋代絕大多數治莊者在闡釋逍遥遊篇主題思想上存在著的偏頗。

但林希逸在糾正别人偏頗的同時，他自己的闡釋卻又不免表現出了儒釋化傾向。如他在逍遥遊篇題解中説：『遊者，心有天遊也；逍遥，言優遊自在也。論語之門人形容夫子只一「樂」字；三百篇之形容人物，如南有樛木，如南山有臺曰「樂只君子」，亦只一「樂」字。此之所謂「逍遥遊」，即詩與論語所謂樂也。』這説明在他看來，莊子所説的逍遥遊不外就是儒家所謂的一『樂』字。此外，林希逸在闡釋逍遥遊篇時還用了不少像『本心』、『有跡』、『無跡』之類的詞語，這就又使他的闡釋表現出了一定的佛學化傾向。

羅勉道是繼林希逸之後的又一位治莊者，他在闡釋逍遥遊篇方面的最大特點就是執一『化』字以尋繹莊子逍遥遊的本旨。如他在南華真經循本開篇釋『鯤化而爲鳥』之『化』字時指出：『篇首言鯤化而爲鵬，則能高飛遠徙。引喻下文，人化而爲聖，爲神、爲至，則能逍遥遊。初出一「化」字，乍讀未覺其有意，細看始知此字不閑。』對於莊子全書首次出現的『化』字，前人都未從中看出什麼特殊意義，而羅勉道卻知『此字不閑』，說明他一開始就與莊子『萬物皆化』的思想發生了共鳴，因而就緊緊抓住『化』字來具體闡釋莊子的逍遥遊思想。在羅勉道看來，『質之大者化益大』，其大不知幾千里的鯤化爲其背不知幾千里的鵬，這是化之大者，所以鵬能夠從海之極北過海之極南，經過半周天之里數而亦『合天度』，此即爲優等的逍遥遊；而蜩、鳩、斥鴳卻不能達到這種境界，因爲它們是『化之小者』，『二蟲能化而小，故以與鯤鵬相形』，只能是劣等的逍遥遊，與大鵬經過半周天而亦『合天度』的逍遥境界形成了鮮明的對比。所以羅勉道說：『鯤、鵬、蜩、鳩、斥鴳之化，大小不同，故其飛有高下。』以物喻人，他在論述『知效一官，行比一鄉，德合一君而徵一國者』時，說『此一等是小見之徒，與蜩、鳩、斥鴳何異！』而對於『宋榮子』、『列子』則說：『前一等人是以小笑大，宋榮子卻笑前一等人，是以大笑小。……此一等人，雖不汲汲於世，猶未能卓然自立也。……列子固勝宋榮子矣，然猶有所待。此一等人，猶未盡化。』這三種人，一種高過一種，但後者『猶未盡化』，好像只能達到一種略高於蜩、鳩、斥鴳而又不及大鵬的逍遥遊境界。那麼，什麼樣的人才能像大鵬那樣達到優等的逍遥遊境界呢？羅勉道在『故曰至人無己』等三句下說：

> 上既次兩等人，化之小者。此卻次三等人，化之大者。大而化之謂聖，聖而不可測之謂神，至者神之極，三等亦自有淺深。無功則事業且無，何有名聲？無己則並己身亦無，何有事業？下文逐一證之：許由，聖人也；藐姑射，神人也；四子，至人也。

羅勉道指出，聖人、神人、至人這三等人是『化之大者』，而至人所能達到的逍遥境界最爲高妙，神人次之，聖人又次之，他們與前面的三種人即『化之小者』形成了鮮明的對比，正所謂『人之化亦有大小不同，故其爲逍遥遊有優劣』。這裏，羅勉道破天荒地提出以『至人無己』爲逍遥遊最高境界的見解，爲後人詮釋莊子逍遥義提供了一種嶄新的思維方法。他並在逍遥遊篇末總結説：

> 此篇以逍遥遊名，而終篇貫串只一『化』字。第一段，言鯤、鵬、蜩、鳩、斥鴳之化，大小不同，故其飛有高下。第二段，言人之化亦有大小不同，故其爲逍遥遊有優劣。第三段，言人能因無用而化爲有用，則亦可以逍遥遊。夫天之所賦，各有定分，豈可强同蜩、鳩、斥鴳與鯤鵬哉！而人則無智、愚、賢、不肖，皆可以階大道，然亦有自視若蜩、鳩、斥鴳者焉。故於篇終曉之曰：人雖如呺然難舉之瓠、擁腫卷曲之樗，苟能因其資質用之，隨事而化，豈失其爲逍遥遊哉！

無可否認，羅勉道把『化之大者』、『化之小者』區分爲優等的逍遥遊與劣等的逍遥遊，並對劣等的逍遥遊表示出了極端鄙視的態度，但仍承認這種劣等的逍遥遊也不失爲逍遥遊之一種，這説明他的逍遥遊思想不免受到了向秀、郭象思想的影響。然而，羅勉道對劣等的逍遥遊畢竟是採取極端鄙視和基本否定態度的，而對於大鵬的優等逍遥遊，也比向秀、郭象更明確地指出了其『有所待』的性質。如他説：『鵬之所以必飛上九萬里者，要藉風力之大，方能遠徙。……鵬惟培得此風，方可圖南。』説明在羅勉道看來，大鵬的逍遥遊雖説大致可看成是與至人、神人、聖人的『無不化』的逍遥遊屬於同一層次上的逍遥遊，但在實際上仍存在著一定差距。由此可見，羅勉道的逍遥遊思想又已明顯地超越了向秀、郭象的思想觀點。而且，他依循『化』字來闡釋莊子逍遥義，這對於兩宋人闡釋逍遥義大多拘泥於易學象數派理論的學術思潮來説無疑是一次深刻的革命，其意義更不可低估。

當莊子逍遥義演進到明末時，吴默在莊子解中忽然以『大』字與之相聯結，率先提出了『此篇（指逍遥遊）以大爲綱』①的説法。林雲銘於清順治、康熙之際著莊子因，在解説逍遥遊篇時則更是完全以『大』字爲綱。如他

---

① 吴默莊子解早已亡佚，此注語見於郭良翰南華經薈解所引。

在開篇『北冥有魚，其名爲鯤，鯤之大不知其幾千里也』下說：『總點出「大」，「大」字是一篇之綱。』在『化而爲鳥，其名爲鵬，鵬之背不知其幾千里也』下說：『分點出背之大。』在『怒而飛，其翼若垂天之雲』下說：『所覆者廣，分點出翼之大。』很明顯，林雲銘認爲逍遥遊篇是圍繞『大』字來展開的，正如他在篇末總評中所說，『通篇以「大」字作眼』，而又『借鵬爲喻』。所以他極力稱讚大鵬說：『蓋其任意逍遥，一去一息，動經半年，則其爲大年可知。三千里言其遠，九萬里言其高，六月息言其久，見其一大則無不大之意。……故鵬之徒，水擊三千里，風摶九萬里，一去動經六月，自然無礙。』認爲鵬因其一大而無不大，故必擊水三千，風摶九萬，動經六月，自然無礙，便任意逍遥，真正是一個海闊天空，不爲心所拘，不爲世所累的逍遥遊形象。與此相反，林氏極力貶斥蜩、鳩，認爲：『蜩，小蟬；　鷽鳩，學飛之小鳩也。笑人倒是此輩，若鵬必不輕易笑人。』這裏連用兩個『小』字與鵬之『一大而無不大』作對比，說明蜩、鳩之輩心存固陋，氣量狹窄，哪能與大鵬相比呢？在論及『小知不及大知，小年不及大年』等語時，林氏又說：『以小年僅成其爲小知』，『世人之小知，亦因其居短景，與二蟲之見無異，所以可悲。』說明在林雲銘看來，與『小』連在一起的都是醜陋的、可悲的，所以他在篇末總評中指出：『知有大小，緣其年有大小，其不相及也固宜。……至如鵬之適而斥鴳之笑也，誠不異於二蟲所云。此無他，小大故也。彼世之一得自喜者，何以殊此？』由物及人，林雲銘認爲『知效一官，行比一鄉，德合一君者』是『莫不自以爲至』，此乃『人中之最小者』；　宋榮子『重内而輕外，自知有真榮真辱』，但『不能自樹立於世外，猶未大也』；列子御風而行，雖『超出於内外之分，榮辱之境，能自樹立於世外矣』，但『必待風而御之，非大之至也』。謂前者無異於蜩、鳩之輩，是人中之最小者；　宋榮子勝過前者，但以未樹且未大，故不逍遥；　列子又勝過宋榮子，但必待風而行，非大之至，未能達到大鵬逍遥遊之境。林雲銘在闡釋『若夫乘天地之正，而御六氣之辯，以遊無窮』等句時表達了自己理想的逍遥遊：『此是極大身份，極高境界，極遠程途，極久閱歷，用不得一毫幫襯，原無所待而成，此逍遥遊本旨也。』對『至人無己，神人無功，聖人無名』，他則分別解釋爲『無待於己之所有』、『無待於功之所及』、『無待於名之所歸』，認爲只有『無所待』的至人、神人、聖人方可爲大，才能達到大鵬逍遙遊之境，方爲逍遙遊全篇之本旨。所以他又在篇末總評中强調：『乃宋榮子進矣，以未樹而未大；列子又進矣，以有待而未大。惟夫乘陰陽二氣之正，御六時消息之變，以遊於不死之門，方可爲大，即所謂至人、神人、聖人是也。』

沿著上面基本思路，林雲銘又執『大』字闡釋了逍遙遊篇分論部分。如他在闡釋『堯讓天下於許由』寓言故事『日月出矣，而爝火不息，其於光也，不亦難乎』數語時說：『喻臨下之德有大小。』在闡釋此則寓言故事『時雨降矣，而猶浸灌，其於澤也，不亦勞乎』數語時說：『喻逮下之德有大小。』認爲『二喻謂大者當前，小者雖不退聽何益？』即謂讓『大者當前』、『小者退聽』，便是逍遙遊。在闡釋『肩吾問於連叔』寓言故事時，認爲藐姑射山神人，『豈肯以物爲事，將大本領小用卻也？』意謂神人不肯以『大本領』來治天下俗事，便是逍遙遊。在闡釋『惠子謂莊子』寓言故事時更是明確指出：『此段言小而有用，不若大而無用……，見無用正足以避害，得遂其逍遥之樂也。』總之，在林雲銘看來，逍遙遊篇分論部分也無不以『大』字爲綱，所以他復於篇末總評中重宣此意云：『許由之不爲名也，此「無名」之一證也；藐姑射之不爲事也，此「無功」之一證也；堯之窅然喪天下也，此「無己」之一證也。皆能用之，以成其大也。然非致疑於大而無用也，故不龜手之藥，得其用則大，不得其用則小。居心者視此矣！抑非必求其有用而始爲大也，故狸狌、斄牛，或以有用而致困，或以無用而免害。應世者視此矣！大瓠也，大樹也，又一鵬也，何不可遂其逍遙遊哉？人惟求其大而已。』

具體說來，林雲銘執『大』以爲逍遙遊，這種逍遙遊似乎又可分爲兩種，即列子『有所待』的低級的逍遙遊，和至人、神人、聖人的『無所待』的高級逍遙遊，後者與大鵬是同一層次的逍遙遊，是逍遙遊的至高境界。但實際上大鵬因『有所待』的性質，與至人的逍遙遊還是不同的。所以，林雲銘雖能把逍遙遊歸結到『有待』、『無待』上，但他這一建立在『大』的基礎上的逍遙遊思想，卻仍與莊子『無所待』的逍遙遊思想有所差距。

繼吳默、林雲銘之後，吳世尚於康熙間著莊子解一書，進一步提出了關於逍遥遊篇『以「大」字作綫索』的說法。他爲逍遥遊篇所作的題解說：『「逍遥遊」，即今方言「活潑潑」三字也。「活潑潑」者，內外、本末、巨細、精粗，全體大用，兼該畢貫之謂也。是故鳶飛魚躍，道之活潑潑也，必有事焉而勿正，心之活潑潑也。四時行，百物生，天地之間無一而不活潑潑也，「活潑潑」所以爲大也，故一篇以「大」字作綫索。』說明吳世尚對吳默、林雲銘以『大』字爲綱的觀點必有所承因，但他卻賦予了『大』字以『鳶飛魚躍』、『活潑潑』等新內容。

所謂『鳶飛魚躍』、『活潑潑』云云，實際上是先秦儒學，尤其是宋代新儒學的重要思想內容。朱熹說：『程子所謂「鳶飛魚躍，子思吃緊爲人處」與「必有事焉而勿正，心之意同活潑潑地」者，何也？曰：道之流行，發見於天地之間，無所不在，在上則鳶之飛而戾於天者此也，在下則魚之躍而出於淵者此也。』（四書或問卷四）又說：『程子所謂活潑潑地者，何也？曰：此所以形容天理流行自然之妙也。蓋無所事而忘，則人欲之私作，正焉而助之長，則其用心之過，亦不免於人欲之私也。故必絕是二者之累，而後天理自然之妙，得以流行發見於日用之間，若鳶之飛而戾於天也，魚之躍而出於淵也，若曾點之浴沂風雩而詠以歸也。活潑潑地者，蓋以俗語明之，取其易知而已。』（四書或問卷二十八）可見吳世尚分明是以儒學來闡釋逍遥遊篇，認爲莊子所謂的『逍遥遊』，就是儒學所說的『鳶飛魚躍』的『活潑潑』境界，於道則表現爲全體大用，兼該畢貫，無處不流行飛潛，於人則表現爲像『曾點之浴沂風雩而詠以歸』，灑落曠達，充滿人生樂趣，從而混淆了莊子這種非現實的純精神的逍遥遊與儒學從宇宙上下空間或日用人倫之道等角度來解說天理流行的不同性質。

正是依照題解所設定的基本思路，吳世尚對逍遥遊全篇作了逐章逐節的闡釋，並在篇末撰寫了總論，以充分發揮其『以「大」字作綫索』的思想。他於『北冥有魚，其名爲鯤』二句下說：『開口便妙，所謂靜中有物也。此二句便是太極在靜中，道之體也。』於『鯤之大，不知其幾千里也』二句下說：『「大」字妙，所謂道大、心大、世界大也。「不知」字尤妙，大而可知則猶非大也。看他見地何等分明！此二句便是其靜也專光景。以上四句，便是「天命之謂性」的影子。』於『化而爲鳥，其名爲鵬』二句下說：『此是太極在動中，道之用也。體用一源，在此一「化」字。』認爲鯤幽潛北溟就是太極在靜中，即『道』之『體』所具有的最根本、最内在的特徵，而鯤化爲鵬則是太極在動中，即『道』之『用』，也就是『道』之『體』的外在表現形式。在吴世尚看來，正像周敦頤所説的『静而生陰，靜極復動，一動一靜，互爲其根』（太極圖說）一樣，莊子所謂的鯤鵬寓言正反映了大道動靜變化、流行飛潛的特徵，而其中所說的『鯤之大，不知其幾千里也』，則更揭示了『道大、心大、世界大』的道理，可見逍遥遊篇即『以「大」字作綫索』。因此，吴世尚復於『其視下也，亦若是則已矣』二句下說：『收歸鵬上作一束，文法嶄然。以上是說魚鳥，是說心體，是說道妙，會者自知之。天地間無方無盡者道，至虛至靈者心，看他輕輕借魚鳥和盤托出，便令人瞥然可見，悠然可思。莊子有見於吾道，是何等直截疏爽透快，但不實寫而虛寫，不正說而影說，便使人無處捉摸耳。要其實處，此一大段文字，只是「鳶飛戾天」一節道理也。』『鳶飛戾天』原出詩經旱麓，子思在中庸中曾予以引用，宋儒則更對子思引用詩經詩句的用意作了種種揣摩，多認爲他是用來闡發其關於道之體用，上下昭著，而無所不在等思想的。吴世尚指出，莊子借鯤鵬來虛寫、影說『天地間無方無盡者道，至虛至靈者心』之理，其實與子思在中庸『鳶飛戾天』一節文字中所闡發的道理是相合的。關於這一點，吴氏還在篇末總論中進一步指出，莊子『以「大」字作綫索』，借『極天下之大不足以爲其大』的大知者鯤鵬來虛寫、影說大道，乃是由於大道流行飛潛，無所不在，難以言語形容的緣故，而篇中復以小知或小年者學鳩、斥鴳、朝菌、蟪蛄等與鯤鵬、冥靈、大椿相比照，則更是爲了反襯大道的這一特徵，暗示無方無盡的大道不可能爲小知聾盲之輩所體悟。

在吴世尚看來，文章接著由物及人，又把意思推進了一層。他於『故夫知效一官』等句下說：『此皆斥鴳類耳，宜其爲宋榮子之所笑也。宋榮子亦非大者，特以甚夫知效一官者之眇乎小耳。』於『夫列子御風而行』等句下說：『遊行空中，超脱物外，此則更進矣，亦止自率其真，未必有所爲而爲之也。有所待，則我之於世猶有跡存焉。』於『若夫乘天地之正，而御六氣之辯』三句下說：『此正我孔子之從容中道，無可無不可，而爲聖之時者也。』意謂知效一官者、行比一鄉者、德合一君而徵一國者，充其量皆不過是蜩、學鳩、斥鴳之輩而已。即使像宋榮子、列禦寇這樣的人，也還不能體悟到流行飛潛、無所不在的大道。而孔子則不同，他是一位『乘天地之正，而御六氣之辯，以遊無窮』的『聖之時者』。吴氏還在篇末總論中發揮說：『故夫一官、一鄉、一君、一國之才，小而未大也，不足道也。即舉世譽之而不加勸，舉世非之而不加沮，亦猶小而未大也，不足道也。即更進而至於御風而行，旬五日而反，亦尚有所待而非無所待者也。大乎大乎，其唯至人、神人、聖人已乎！至人、神人、聖人伊何人乎？古今來堯而已矣。德已極而不自知其極，治已至而不自以爲至，而欲推天下而讓之許由，此真無己、無功而無名者也，故雖許由亦自贊其實之不可掩，而自量其己之不能以有加也。』這裏先是重申一官、一鄉、一君、一國之才及宋榮子皆未爲『大』，而『未大』者皆不能悟大道，即使是御風而行的列子亦尚未臻於逍遥遊。接著指出，唯有至人、神人、聖人才是大乎其大者，才算體悟到了大道，才算達到了逍遥遊的境界。那麼，誰才是這樣的人呢？吴世尚說，從古至今，唯有『聖之時者』孔子所極力推崇的唐堯一人而已。因爲他『德已極而不自知其極，治已至而不自以爲至，而欲推天下而讓之許由，此真無己、無功而無名者也』，連許由都感到自己還遠遠未能達到這樣的境界。

但吴世尚又認爲，要說『古今之一最大者』，則還是藐姑射之神人。依照他的理解，藐姑射之神人既然旁礴萬物，功被天下，其糟粕猶可成就堯舜，則其『大』必又超過唐堯，而篇中寫鯤鵬動靜變化，皆合大道，也必爲其影子無疑。他指出，對於天地間這樣的『最大者』，凡『知之聾盲者』，哪裏能懂得呢？所以，吴氏進而對世之『聾盲』者提出了批評，即批評天下人不知大小各有所適，尤其不知大之爲用，而竟將五石之瓠剖之爲瓢，實在可謂『知之聾且盲焉』者！並指出，他們連這些世事都不知道，何況是對『大乎大乎』的無何有之鄉、廣莫之野呢！更何況是對『天下之最大，天下之最有用也；天下之最大，天下之最樂也』的道理呢！所以也就不可與他們談『道之大體，心之全量』了。在吳世尚看來，莊子在逍遙遊篇中以惠子與莊子辯難於大瓠、不龜手之藥、樗樹、狸狌諸物作結，以寄寓其關於大而無用之物，正以其無所可用，才得以顯示其大用，才得以遠害全身而逍遙於大道之境的深意，這就在最後再一次暗示此篇『以「大」字作綫索』是貫穿始終的。

綜上所述，吳世尚以『大』字作爲逍遙遊篇的綫索，實際上是『引莊子而附之儒家』（清四庫館臣語），以儒家聖人爲『大』，以儒家所謂的『鳶飛魚躍』、『活潑潑』爲逍遙遊，與莊子的逍遙遊思想相去甚遠。我們知道，逍遙遊篇所說的逍遙遊是指無所待而遊於無窮，即是說無視物我之別，忘己、忘功、忘名，與自然化而爲一，不受任何約束而自由自在地優遊。全文分總論和分論兩大部分。文章一開始就給我們塑造了大鵬的宏偉形象，它憑風怒飛，扶搖而上九萬里，看雖逍遙，實則『有所待』，沒有達到莊子理想的境界。緊接著又通過野馬、塵埃、蜩、學鳩、朝菌、蟪蛄、冥靈、大椿、彭祖等形象說明他們皆有所待。文章到此以『此小大之辯也』稍作收結，承上啟下，又引出一官、一鄉、一君、一國之才，和譽不加勸、非不加沮的宋榮子，以及『御風而行』的列子，他們也皆不逍遙。至此『乘天地之正，而御六氣之辯，以遊無窮』的至人、神人、聖人形象就呈現在我們面前，成爲莊子肯定的正面形象。文章在分論部分進行具體論述，用許多寓言故事逐層闡釋了聖人無名、神人無功、至人無己，繼續重申了順乎自然、無爲而適的逍遙遊思想。但是，吳世尚卻以大鵬爲大道的象徵，認爲它已達到了逍遙遊的境界，並又無端地說孔子正是『乘天地之正，而御六氣之辯，以遊無窮』者，這些觀點顯然是有違莊子本真思想的。而他謂唐堯更是『大乎大乎』的至人、神人、聖人，連許由都自感不如，這一說法也同樣是錯誤的，因爲在莊子看來，堯治天下不過是效法庖人宰割之勞，所以終爲『無名』聖人許由所不取。當然，吳世尚在闡釋『列子』形象時，能指出其『有所待，則我之於世猶有跡存焉』，這卻已觸及了逍遙遊篇關於無待才能逍遙的宗旨，值得我們重視。

宣穎於康熙末所著的南華經解是清代研究莊子文章方面最有影響的著作，其中的逍遙遊觀在林雲銘、吳世尚等人的基礎上又有所發展。他在逍遥遊篇中是這樣闡發鵬飛南冥一節文字的：『看此一節，大鵬之所以横絕南北，直具如此源委。夫脱髻鬣於海島，張羽毛於天門，乘長風而薄霄漢，擴雲霧而煽太清，斯其超忽，豈復恒境也哉！以上大鵬之逍遥遊。』宣穎這裏所闡發出的大鵬，不覺讓人想起李白在大鵬賦中所描繪的大鵬形象，真讓人歎爲觀止。那麽，大鵬的逍遥屬於哪一個層次上的逍遥呢？宣穎在分析下文時説：『中段入手，撇卻知效一官等人，不過如斥鴳而已。蜩、鳩同此。宋榮子、列子固在斥鴳之上，若乘天御氣之人，其大鵬乎！』説明在宣穎看來，大鵬的逍遥與『乘天地之正，而御六氣之辯，以遊無窮者』實屬同一層次，已達到了『無所待』的逍遥境界。而蜩、學鳩、斥鴳因其拘於『小』，不僅自己不能適遠，而且還要嘲笑『棲心寥闊』的大鵬，實在顯得卑陋不堪；即使『舉世譽之而不加勸，舉世非之而不加沮』的宋榮子和『御風而行』的列子，也絕不可與大鵬同日而語。

依照傳統的解讀，莊子所謂的『至人無己』、『神人無功』、『聖人無名』，三者實屬於平列關係，認爲『無己』的『至人』、『無功』的『神人』、『無名』的『聖人』都已達到『無所待』的逍遥境界，即所謂『乘天地之正，而御六氣之辯，以遊無窮者，彼且惡乎待哉！』但宣穎卻在宋末羅勉道南華真經循本提出所謂此三種人的境界自有高低之分的基礎上，進一步認爲『逍遥遊主意，只在「至人無己」，無己所以爲逍遥遊也。……順手點出三句，究竟又只爲「至人無己」一句耳。「神人無功」、「聖人無名」，都是陪客』，從而認定『至人無己』才真正達到了最爲超拔的逍遥至境，而大鵬亦足以當之，故曰『其大鵬乎』！因而，『何怪莊子發端，即有小不知大之歎！』

在宣穎看來，『「至人無己」三句，後面整用三大截發明之，其次第與前倒轉，自「無名」而「無功」而「無己」，歸於所重，以爲一篇之結尾也。』這就是説，逍遥遊篇最後所撰惠子與莊子辯難於大瓠等物的寓言故事是用來發明『至人無己』之意的，很值得解讀者的重視。宣穎於此則寓言故事後説：『大瓠一段劈口就點用「大」，大樹一段煞尾説到無苦，試想古今雖蓋世才能，冠古學問，撑天製作，都只算做用小，何也？……至人無己，一切才能、學問、製作，至此都冰融雪釋，人視其塊然無用，與大瓠、大樹相去幾何？卻不知其參乾坤，籥萬物，方寸之際，浩浩落落，莫可涯涘，如是而乃爲逍遥遊也。』認爲只要像大瓠、大樹一樣大而無用，像『至人』一樣雖『參乾坤，籥萬物，方寸之際，浩浩落落，莫可涯涘』而不知其有己，就能臻於逍遥之極境，而一切『巧便逐物』者，心存『小知』，必然『自納於陷罟之區』，所以莊子『開口』即言『小知不及大知』，並進而闡明了『「無己」二字之爲秘密法藏』的道理。

應當承認，宣穎以『至人無己』爲逍遥遊的極致，無疑甚有見地，但以憑風而飛的大鵬爲逍遥的象徵，卻與莊子的本意相背離。而且，他還由此而論證出了所謂莊子的逍遥遊説是孔顔之心學：『逍遥遊一篇文字，只是「至人無己」一句文字。「至人無己」一句，是有道人第一境界也。語惠子曰「何不樹之無何有之鄉、廣莫之野，彷徨乎無爲其側，逍遥乎寢卧其下」，是學道人第一工夫也。「克己」二字，孔子嘗言之，被先儒解吃力了，讀莊子「無己」，便以爲放蕩無稽，殊不思孔子對學者説個「克己」，莊子就至人説個「無己」，未爲少謬也。倘不欲「無己」，又何爲而「克己」也哉？莊子作文，爲千古學人解粘釋縛，豈宋儒能測其涯涘耶？故竊謂孔子之絶四也，顔子之樂也，孟子之浩然也，莊子之逍遥遊也，皆心學也。……簞瓢陋巷之子，不改其樂，以爲樂簞瓢陋巷，是樂貧也。樂貧，是見有我之處貧也，非樂也。以爲非樂簞瓢陋巷而樂道也，樂道，是見有我之處道也，亦非樂也。然則其樂不容言也，不容言而已始化矣。故曰顔氏之子坐忘也，此可以言逍遥遊也。……莊子點化惠子收尾處數句，純是説心學上事，卻特意點破「逍遥」二字，其教後來學人深矣。』這裏把逍遥遊篇的主旨概括爲『至人無己』，並特别指出此『無己』並不是宋儒所謂的放蕩無稽，而是孔子所倡導的『克己』、顔回所説的『坐忘』，因此莊子所追求的逍遥遊，就是孔子所提倡的『毋意、毋必、毋固、毋我』（論語子罕）、顔回所堅守的『一簞食，一瓢飲，在陋巷』而『不改其樂』（見論語雍也）的境界。在宣穎看來，尤其是讀大宗師篇『顔回坐忘』寓言故事，更『可見孔顔心學，可見莊子傾服聖門』（大宗師解），而逍遥遊篇末寫莊子點化惠子數句，也『純是説心學上事，卻特意點破「逍遥」二字，其教後來學人深矣』。顯然，宣穎以孔顔心學詮釋莊子的逍遥義無疑有些牽强附會，因爲孔顏的心學在本質上是爲了追求道德人格的自我完善，是一種具有入世精神的心性之學，而莊子的逍遙遊則要在想像虛構的精神境界中獲得絕對自由，帶有明顯的出世傾向。

劉鳳苞於光緒間『依桐城宣茂公(穎)義例』(南華雪心編凡例)，著成南華雪心編一書，實爲莊子散文研究的集大成之作。其中所持的逍遙觀，也明顯受到了宣穎的影響。如他在逍遙遊篇題解中說：『開手撰出「逍遙遊」三字，是南華集中第一篇寓意文章。全幅精神，只在乘正、御辨，以遊無窮，乃通篇結穴處，卻借鯤鵬變化，破空而來，爲「逍遙遊」三字立竿見影，擺脫一切理障語，煙波萬狀，幾莫測其端倪，所謂洸洋自恣以適己也。……起手特揭出一「大」字，乃是通篇眼目。大則能化，鯤化爲鵬，引起至人、神人、聖人，皆具大知本領，變化無窮，至大瓠、大樹，幾於大而無用，而能以無用爲有用，遊行自適，又安往而不見逍遙哉！』在此篇『鯤之大』句下也說：『「大」字，一篇主腦。』說明在劉鳳苞的觀念中，認爲唯有『大』才可以無往而不逍遙，而一切執著於『小』者，則正有如『下士』、『蒼蠅』一般，豈可與之談論逍遙之境！所以莊子『又引齊諧之言，借小鳥生起微波，決然直起，無待水擊三千，飛槍榆枋，不必背負青天。二蟲伎倆，本來有限，不說他不能到九萬里，轉笑大鵬何必定到九萬里，所謂下士笑如蒼蠅也』。意謂莊子爲了充分闡發其以『大』爲逍遙遊的觀點，又引齊諧之言，以微不足道的小鳥來加以襯托，真可謂是用心良苦！

不過，劉鳳苞雖推重宣穎的南華經解，但他在闡釋逍遙遊篇時並不像宣穎那樣表現出明顯的儒學化傾向，而且對『大』之所以爲逍遙的說法也保留著一定的餘地。如他於『野馬也』三句下說：『物之大小，皆造物之生氣所鼓蕩，大鵬與野馬、塵埃，作一例觀可也。直從「彼且惡乎待哉」句對面勘出，見此皆有所待者也。』此處指出，大鵬雖然碩大無比，但仍不能完全脫離『有所待』的性質，而『至人』、『神人』、『聖人』卻『乘正御氣以遊無窮，則可謂逍遙之至也』。這一說法基本上符合於莊子的本意，比起宣穎的見解要合理得多。

其實，莊子學史上以大鵬爲逍遙的思想源頭，可以追溯到魏晉以來的文學作品中。曹植在玄暢賦中就已化用大鵬的典故，『希鵬舉以摶天，蹶青雲而奮羽』，希慕能像大鵬一樣高舉摶天直上青雲，可惜他終究未能得到這份逍遙自在。嵇康也數次借用大鵬形象來表達自己『遠邁不群』（晉書嵇康傳）的志向，發出了『焦鵬振六翮，羅者安所羈』的呼喊，對於那些趨炎附勢者的『鄙議紛流離』，只當是『斥鴳擅蒿林，仰笑神鳳飛』（見述志詩）。賈彪寫下了歷史上第一篇以大鵬爲主題的鵬賦：『嘉有鵬之巨鳥，攝元氣之誇象；揭宇內之逼隘，遵四荒以泛蕩。』（藝文類聚卷九十二）賦中既表達了對於大鵬鳥『泛蕩』四荒的自由精神的追慕，同時又傳達出賈彪本人試圖安身避禍的思想。阮修更是撰寫了大鵬贊：『蒼蒼大鵬，誕自北溟；假精靈鱗，神化以生；如雲之翼，如山之形；海運水擊，扶搖上征。翕然層舉，背負太清；志存天地，不屑唐廷；鷽鳩仰笑，尺鴳所輕；超世高逝，莫知其情。』這裏既描繪出了大鵬的偉岸形象與超世高蹈的心志，也傳達了他不爲人理解也能安然自適的情懷。

隨著盛唐氣象的出現，士人們大都充滿著浪漫情調和濟世理想，因此大鵬就成了『乘天地之正，而御六氣之辯，以遊無窮』的英雄，令他們不勝神往。如高邁的鯤化爲鵬賦云：『淩雲詞賦，滿腹經史，婆娑獨得，骯髒自是。不大遇，不大起，謂斯言之無徵，試假借乎風水，看一動一息，凡歷天機千萬里。』這裏明顯表達了作者不欲與俗爲伍，想要如大鵬一般淩雲而起，『乘陰陽之運，遇造化之主，脫我鬐鬣，生我翅羽』（鯤化爲鵬賦）的理想。尤其是李白，似乎在讀到莊子逍遙遊的一刹那，他自己也變成了大鵬，於是將其豪放不羈的個性，『安能摧眉折腰事權貴』的精神和壯志難酬的抱負融爲一體，塑造了一個比莊子筆下的大鵬更生動、更具體、更完美的形象，這就是他在大鵬賦中所塑造的大鵬：『赫乎宇宙，憑陵乎崑崙。……足縈虹霓，目耀日月，連軒遝拖，揮霍翕忽，噴氣則六合生雲，灑毛則千里飛雪。』大鵬振翅，橫空出世，驚天動地。李白以多種多樣的藝術手法豐富和發展了莊子所塑造的大鵬形象，這在大鵬形象的發展史上可說是具有里程碑意義的。他又在上李邕詩中再次運用這一形象以自比，『大鵬一日同風起，摶搖直上九萬里。假令風歇時下來，猶能簸卻滄溟水。』即使到了臨終之際，猶作臨路歌云：『大鵬飛兮震八裔，中天摧兮力不濟！』可見，這裏又把莊子所描繪的大鵬闡釋成了一個氣勢磅礴而又蒼涼悲壯的形象。

正由於莊子筆下的大鵬本身就是驚奇雄偉的藝術形象，似乎充滿著其他任何形象所不能比擬的昂揚生機，甚能使讀者體驗到心靈的飛升和物我局限的突破，再加上魏晉以來的詩賦作家每每給大鵬抹上了濃厚的浪漫主義色彩，並藉以抒發自己的胸懷抱負，所以後世研治莊子者受其影響，也漸漸把莊子本意中『有所待』的大鵬闡釋成了一個氣勢磅礴、無往而非逍遥的形象。如宋末羅勉道在南華真經循本中倡言，其大不知幾千里的鯤化爲其背不知幾千里的鵬，這是化之大者，所以鵬能夠從海之極北過海之極南，經行半周天之里數而亦『合天度』，此即爲優等的逍遥遊。陸西星於明萬曆初著成南華真經副墨一書，其在闡釋逍遥遊篇時說：『此篇極意形容出致廣大道理，令人展拓胸次，空諸所有，不爲世故所累，然後可進於道。……海闊從魚躍，天空任鳥飛，大丈夫不可無此度量。』也認爲大鯤、大鵬足以令人展拓胸次，使之『心與天遊』，從而體悟到『致廣大』的道理。到了明末，吴默著莊子解一書，在總論逍遥遊篇時更是明確提出『此篇以「大」爲綱』的說法，從而真正成了清人普遍執『大』字以闡釋莊子逍遥義的先唱。可惜由於吴默莊子解的亡佚，我們已不能瞭解他這一說法的具體內容。

清代林雲銘莊子因、宣穎南華經解等著作的先後問世，使所謂以『大』爲逍遥的觀點得到了全面深入的闡發，而由於這幾部著作在清代具有非同一般的影響力，所以以『大』爲逍遥便成了清人闡釋莊子逍遥義的基本指向。如方人傑在莊子讀本逍遥遊①中說，『「大」字是一文之眼』，篇中『總以小形大，非小大各適其適也』，從而徹底否認了郭象所謂小大俱適的觀點，認爲唯有『見得大』、『能用大』，才能達到逍遥遊的境界，此即莊子引

---

① 按，方人傑字星渡，新安人，生卒年月皆不詳，但其所著莊子讀本山木篇末引有林雲銘莊子因中之評語，並於此引語後加有自注，謂出自『林西仲（銘）』。這說明，方人傑著莊子讀本必在林氏莊子因問世之後，且對林氏的莊子學思想必有所承因。

喻鯤鵬之意。高秋月在莊子釋意逍遥遊中指出，此篇重在闡明『聖人之心，超然物外，廣大自得』，故『首以鯤鵬、斥鴳爲喻，而曰「此小大之辨」，明小之不及知大也』，繼舉『忘己、忘功、忘名者，所以明其大也』，最後『又以大瓠、大樹喻之，言大則不當小，無所可用則無所困苦，而與道遊』，此即莊子『所爲逍遥者』也。浦起龍在莊子鈔逍遥遊中説，『大是逍遥本量，無用即大之用』，『大所以成其逍遥，無用正是逍遥實受用』，認爲離開『大』就無從談逍遥遊，不具備『大而無用』就得不到『逍遥實受用』的好處。方潛在南華經解中説，逍遥遊篇首段『以大魚大鳥狀大體』，末段『以大瓠大樹狀大用』，是因爲『體立而用行』，故『先寫大體而後寫大用』，而中間謂蜩、學鳩等無知者因『限於小』，宋榮子『猶未能忘功名也，未大也』，列子『未忘己也，大未化也』，皆不能達到逍遥遊。所以他認爲，『無己，故無體』，『無體之體』即爲『大體』，則『無己』、『無體』、『大體』者，何往而非逍遥？總之，自清初至清末，以『大』來闡釋莊子逍遥義確已成了基本指向。

在這樣的時代風氣中，有些清人不但認爲逍遥遊篇表現出了以『大』爲逍遥的思想，還指出其他某些篇章對這一思想也有所傳承或發揮。如孫嘉淦在南華通逍遥遊中説：『晉人好談老莊，而其實不解。如此文明説大者無所夭閼，小者不亦可悲，明説小知不及大知，明説小大之辨，而晉人紛紛，必謂小大原無異致，鵬、蜩總歸自然，向、郭、支、許，同聲附和，我不知其是何故也。』這裏，對以向秀、郭象爲代表的所謂大鵬、小鳥各有逍遥的説法予以了堅決否定。在孫嘉淦看來，其實『通篇反覆只以明大而後能逍遥之意』。他説：『欲逍遥，必須心大。試觀鯤鵬，以背翼既大之故，遂至九萬高翔，無所夭閼，何等曠蕩！蜩、鳩以形軀既小之故，遂至飛搶榆枋，猶時控地，何等跼蹐！……援古證今，因物察理，小者困苦，大者逍遥，小大之辨，昭昭然矣。』認爲唯有像大鵬一樣，横絶太空，無所夭閼，才能臻於逍遥之境，要求人們讀逍遥遊篇，『當自知「鯤之大」句即從「安所困苦」而來，「安所困苦」句實應「鯤之大」而去，前既行乎不得不行，今亦止乎不得不止，首尾融洽，只如一句。一句者何？只言大者不困苦爾。』意謂逍遥遊篇自始至終僅在發揮一『大』字，即全篇『合來只得一句，再合來只得一字。一句者，「鵬徙南溟」也；一字者，「大」也』。在孫嘉淦看來，篇中之所以例舉『至人』、『神人』、『聖人』，即是爲了『點正意』，『惟無乃能大也』。他於『若夫乘天地之正，而御六氣之辯，以遊無窮者，彼且惡乎待哉』下說：『此則無己而大之至矣。「乘天地之正，御六氣之辨」，應前「以六月之息」，掊九萬之風也；「以遊無窮」，應前「無所夭閼」也。』並指出：『故必無己，然後心大而能自得矣。齊物論之「喪我」，養生主之「緣督」，人間世之「無用」，德充符之「忘形」，大宗師之「入於天一」，應帝王之「遊於無有」，皆本諸此。』按照孫嘉淦的理解，『無己而大』是逍遥遊的最高境界，而莊子內篇中的後六篇，其立意皆與逍遥遊篇的這一主旨有一定的承因關係。周金然在南華經傳釋逍遥遊中則更是大膽指出：『豁開眼界，廣宗明大也。大則無可用，無可用則無困苦。大鵬、大雲、大椿、大瓠、大樹，大而御風，乘雲氣，御飛龍，無用之用，皆天遊也，何其逍遥也！秋水篇，正發揮大小之辨，故謂眾小不勝爲大勝也。濮水、濠梁，彷徨乎無爲，逍遥乎寢臥也。馬蹄篇，反言以見趣，謂飛天莫若鵬，行地莫若馬，馬受羈銜，鑿其混沌，便失逍遥之趣也。山木篇，就「無所用，安所困苦」下一轉語，謂雁何以不鳴殺乎，乘道德而浮游，一龍一蛇，與時俱化，匪可以材、不材論也。故云「直木先伐，甘井先竭」、「無受天損易，無受人益難」，此所以貴逍遥也。上三篇即逍遥遊傳注也。』與孫嘉淦的基本觀點相一致，周金然也認爲大而無用便可言逍遥，諸如大鵬、大雲、大椿、大瓠、大樹和『御風而行』的列子、『乘雲氣，御飛龍』的藐姑射山神人等等，皆以其大而無用而獲得了逍遥遊。他還進而說明，秋水、馬蹄、山木三篇所發揮的正是逍遥遊篇的這一主旨。不可否認，周金然的這一說法可謂前無古人，但不免存在著一些認識上的誤區。如大鵬憑風而飛，列子御風而行，皆『有所待』，豈可謂之逍遥？秋水篇乃是運用齊物論篇的觀點，極力論證萬物大小、是非的相對性和人生貴賤、榮辱的無常性，旨在要人息偽還真，順應自然，豈可謂爲『正發揮大小之辨』？由此看來，孫嘉淦、周金然等許多清代學者對莊子逍遥義的闡釋往往存在著一些問題，不能予以完全肯定，但其中把所謂大而無己、大而無用等思想與莊子逍遥義相聯結，卻是有一定道理的。

清代學者在以『大』闡釋莊子逍遥義的過程中，正如上文所指出，還存在著牽連儒學的弊病。其實，引儒學闡釋莊子逍遥義，可以追溯到南宋林希逸的莊子口義。他在詮釋逍遥遊篇時説：『遊者，心有天遊也；逍遥，言優遊自在也。論語之門人形容夫子只一「樂」字；三百篇之形容人物，如南有樛木、如南山有臺曰「樂只君子」，亦止一「樂」字。此之所謂逍遥遊，即詩與論語所謂「樂」也。一部之書，以一「樂」字爲首，看這老子胸中如何？』但他還没有把這一説法與『大』的觀念聯繫起來。到了清代，治莊者的認識卻發生了變化。如吴世尚在莊子解逍遥遊中，就賦予『大』字以『鳶飛魚躍』、『活潑潑』等新内容，表現出了受儒學深刻影響的痕跡。林仲懿在南華本義逍遥遊中説，『見其大則心泰，是此題之意』，『「大」字是立言主意』，而『發端藍本中庸魚躍鳶飛，只中間添個「化」字，輕輕寫出一幅太極圖陰陽動静互根之象』，這顯然援引了宋理學家的思想觀念。梅沖在莊子本義逍遥遊中也指出，『此篇專言得道者之樂，至德凝道，成聖之時，上下同流，性天之樂全焉，斯堯舜孔顔合一之詣也』，『其至大者，則無己、無功、無名之至人、神人、聖人也。「乘天地之正」數句，分明爲孔子寫照；堯與許由、藐姑射之神人，皆是也』，認爲此篇是在借『至大』者——至人、神人、聖人等以闡發儒家聖賢的性天之樂，這更是把莊子的『無待』逍遥與儒家所謂的『孔顔樂處』思想混爲一談，反映了清代莊子學嚴重儒學化的一個側面。

此外，清代治莊者所謂以『大』爲逍遥遊一篇之綱等説法，實際上也是與文章學的觀念攙雜在一起的。我們知道，王安石於宋神宗熙寧四年改革科舉法，以其所創『經義』取士，元明清三朝皆沿用此法而八股之制於是大備。在這種情况下，諸如評點八股文之類的書籍便充斥書肆，所以晚明時期的莊子評點之風亦隨之興起，入清後更是盛行不衰，如林雲銘『以八比法詁莊子』①，孫嘉淦亦以時文之法評莊子之文，而所謂『觀其段落』、『尋

① 見四庫全書總目提要林希逸莊子口義。

其眼目』、『玩上下文來路去路』(林雲銘莊子因)等手法,幾乎無所不用其極,必欲找出某字作爲全文的眼目,來貫穿各個段落,梳理各章節的脈絡。他們因有見於逍遥遊篇中有大鯤、大鵬、大椿、大瓠、大樹等意象,以及『小知不及大知,小年不及大年』等語句,便以爲『大』字乃是一篇之綱,爲全文的『眼目』和主旨所在,但不免忽視了大鵬、列子等皆『有所待』的性質,和莊子齊同萬物的哲學宗旨,所以他們所謂以『大』爲逍遥的説法終究與莊子的逍遥本義相去甚遠。

縱觀莊子逍遥義的歷史演變,不同時代有不同的解釋,不同時代的人有不同的理解。有的較接近莊子的本意,有的則相差較遠。西晉郭象的『適性逍遥説』完全是對莊子思想的改造,與莊子的逍遥遊思想相差甚遠。東晉支遁的『物物而不物於物,色色而不滯於色』的理論,雖是以佛解莊,但能歸結到『有待』、『無待』上,對莊子逍遥義理解得較準確。宋代王雱雖然運用了易學象數派理論,但不完全拘於陰陽之説,受到郭象影響卻又超越郭象,最終歸結到逍遥遊篇萬物皆『有所待』的主旨上,也是比較接近莊子本真思想的。吕惠卿、陳景元、陳詳道、林自、趙以夫、褚伯秀等人則完全拘於陰陽之説,明顯偏離了莊子的逍遥遊思想。宋末林希逸對宋代學者以易學象數派理論闡釋莊子逍遥遊思想的做法採取了堅決否定的態度,在很大程度上糾正了他們拘於陰陽之説的弊病,使莊子的逍遥義基本上得以復歸於正,但他自己的闡釋卻又不免表現出了儒、佛化傾向。其後,羅勉道執『化』字以循義,從另一角度對莊子逍遥義進行了闡釋,取得了一定的成績,但也受到了郭象思想觀點的一些影響。清代林雲銘等以『大』爲逍遥,他們的這一闡釋雖然自有獨到之處,但其以大鵬爲逍遥遊的觀點則是與莊子思想相背離的。現當代人則對大鵬本身的美學意義作了發揮,以大爲美,賦予了它以時代新義。如毛澤東同志在1965年創作了念奴嬌鳥兒問答詞,其中寫道:『鯤鵬展翅,九萬里,翻動扶摇羊角。背負青天朝下看,都是人間城廓。炮火連天,彈痕遍地,嚇倒蓬間雀。怎麼得了,哎呀我要飛躍。』毛澤東同志把偉大的祖國比作大鵬,把祖國的前程比作大鵬之展翅南飛,意境宏偉,氣象開闊,使大鵬的形象焕然一新,放射出時代的光芒。

他筆下的大鵬形象雖然與莊子的本旨不同，但他反其意而用之，執『大』字刻劃出的鯤鵬形象卻爲廣大人民群眾所深深喜愛。可是李澤厚、劉綱紀先生主編的中國美學史談到大鵬之美時說：『莊子全書中，充滿著對無限之美的讚頌。那被莊子極爲生動地描繪出來的其背「不知幾千里」，「怒而飛，其翼若垂天之雲」，「水擊三千里，摶扶搖而上者九萬里」的大鵬之美……是莊子所讚頌的「大美」。』即認爲莊子借『大鵬』的形象表達了他的『大美』思想。這裏應當指出，他們所編的中國美學史作爲一部學術著作，卻把莊子筆下的大鵬理解爲『大美』，似乎與莊子的本意並不一致，需要加以糾正。

八、莊子在歷史上所遭到的批判

人們對莊子的批判，當以惠施爲最早。他對莊子說：『子之言，大而無用，眾所同去也。』（莊子逍遥遊）惠施是莊子的諍友，曾『爲魏惠王爲法』（呂氏春秋淫辭），推行『利民』（呂氏春秋愛類）、『偃兵』（韓非子内儲説上）等一系列有爲政策，是一位十分注重實際功利的人。因此在他看來，莊子在認識論上以認知玄虛的『道』爲終極目的，在政治上主張無爲而治，在人生態度上表現爲對虛幻逍遥境界的嚮往，凡此皆流於玄虛而毫無實用價值，哪裏還有不被『眾所同去』的理由呢？誠然，莊子的整個學說屬於虛無之説，恍惚之言，對於社會實際生活很難起到十分有益的作用，說明惠施的批評無疑擊中了其致命的弱點。但從另一個方面看，莊子的學說又具有超功利的審美特徵，比先秦任何一家學說都更能讓人擺脱功利得失的束縛，從而達到一種審美的自由的人生境界。就這一點看來，莊子的學說正是以『無用』才顯示了其『大用』即重要的理論價值，而惠施的批判卻反而因囿於功利而有失偏頗。

繼惠施之後的荀況，雖然在建構其唯物主義思想體系時，首先把道家哲學的最高範疇『道』納入了自己的學說，但對老莊仍表示了極大的不滿，並提出批評說：『莊子蔽於天而不知人。……由天謂之道，盡因矣。』（解蔽）意謂莊子唯是『盡因』自然、聽天由命，卻不懂得發揮人的主觀能動作用。誠然，莊子在認識大自然運行規律方面確實存在著絕對化的傾向，以致把它看作是支配一切的不可抗拒的異己力量，因而從根本上否定了人類對大自然的能動改造作用。由此可見，荀況依據他『制天命而用之』（天論）的基本觀點來批判莊子『蔽於天而不知人』，這無疑是值得肯定的。但又無可否定，他的這一批判本身所存在的片面性和局限性也較爲明顯。因爲人類本屬於『耆欲深者』（大宗師），他們往往只是無休止地向大自然進行索取，以致遭到大自然的無情反撲，出現了『世與道交相喪』（繕性）的嚴重後果。就此看來，莊子主張『人與天一』（山木），要求人們與大自然保持高度的和諧關係，這種思想認識顯然有其合理因素，又怎可予以厚非呢？

到了漢武帝以後，儒學定於一尊，學者大都熟習儒家經典，以孔子的是非爲是非。揚雄即由此出發，認爲莊子學說的重要特徵就是『蕩而不法』（法言五百），根本違背了儒家所倡導的君臣大義，因此從總體上來說是不可取的。其法言修身云：『或問：「人有倚孔子之牆，弦鄭、衛之聲，誦韓、莊之書，則引諸門乎？」曰：「在夷貉則引之，倚門牆則麾之。」』這是說，如果有人靠在孔子住宅的牆上而奏鄭、衛之音，誦韓非、莊周之書，那麼，假使他是夷貉之人，就引他進孔門來學習；假使他是孔子的鄰居，明知有聖人之道，卻偏要鼓吹邪說，就應該把他趕走。可見，揚雄的這段話是可以用來作爲他所謂『至周罔君臣之義，衍無知於天地之間，雖鄰不覿也』（法言問道）之類語句注腳的，表明他對莊子學說抱有一種深惡痛絕的態度。班固批評莊子『蕩而貢憤』（幽通賦），認爲他是『欲絕去禮學，兼棄仁義，曰獨任清虛可以爲治』的『放者』（見漢書藝文志）。並著難莊論，用來進一步非難莊子學說，更標誌著批評莊子的專論已經問世。可惜這篇專論久已散佚，我們已無法詳知其非難莊子的具體情形。

要之，惠施、荀況對莊子的批評是屬於先秦諸子學派之間的爭鳴，而揚雄、班固對莊子的非難，則代表了漢代官方哲學——儒學對莊子學説的極力排斥，從而使學派之間的批評變成了正統思想對『異端』力量的排拒。

東漢末年，儒學逐漸走向崩潰，道家思想有所抬頭。到了魏齊王正始時期，何晏、王弼更扇起玄風，所發揮的主要是老子的哲學思想。嗣後，由於『竹林七賢』的倡導，玄學對儒學的批判和對個體人格自由的追求則大爲加強，此時的玄學實質上主要就是對莊子思想的大力發揮。

嵇康自稱『讀莊、老，重增其放』（與山巨源絶交書），並公然宣稱『每非湯武而薄周孔』（同上），對司馬氏集團所宣揚的虚僞『名教』進行了大膽、激烈的抨擊；阮籍『以莊周爲模則』（太平御覽卷六百十一引七賢傳），狂放不羈，不拘禮法，以此來表示其對虚僞名教的徹底否定。他們的此類言行，便自然引起了名教中人和部分清談名士的極大不滿。如晉書何曾傳云：『時步兵校尉負才放誕，居喪無禮，曾面質籍於文帝座曰：「卿縱情背禮敗俗之人，今忠賢執政，綜核名實，若卿之曹，不可長也。」因言於帝曰：「公方以孝治天下，而聽阮籍以重哀飲酒食肉於公座。宜擯四裔，無令污染華夏。」』很顯然，這裏對阮籍的當面質問，實際上也包含了對其據以爲『模則』的莊子思想的無情批判。

在阮籍等人思想行爲的影響下，後之效尤者便愈益走向放蕩的極端。世説新語德行劉孝標注引王隱晉書云：『魏末阮籍，嗜酒荒放，露頭散髮，裸袒箕踞。其後貴遊子弟阮瞻、王澄、謝鯤、胡毋輔之之徒，皆祖述於籍，謂得大道之本。故去巾幘，脱衣服，露醜惡，同禽獸。甚者名之爲通，次者名之爲達也。』晉書五行志亦謂：『惠帝元康中，貴遊子弟相與爲散髮裸身之飲，對弄婢妾，逆之者傷好，非之者負譏。』玄學末流的這些行徑，便招致了更多人的批評。如庾峻即『著論以非之』（晉書庾峻傳），樂廣也嘲笑説『名教内自有樂地，何必乃爾』（晉書樂廣傳）。對他們將莊子追求絶對精神自由的思想衍變爲無所不至的放蕩行徑採取了完全否定的態度。

西晉既亡，北方陷入五胡亂華的混亂局面，過江名士仍不以風俗頽壞爲懼，繼續放蕩他們的行爲。世説新語任誕劉孝標注引鄧粲晉紀云：『王導與周顗及朝士詣尚書紀瞻觀伎，瞻有愛妾，能爲新聲，顗於衆中欲通其妾，露其醜穢，顏無怍色。有司奏免顗官，詔特原之。』一些頭腦較清醒的人，則深以爲憂。如諸葛恢即指出：『今天下喪亂，風俗淩遲，宜尊五美，屏四惡，進忠實，退浮華。』（晉書諸葛恢傳）陶侃更是戒其士吏曰：『老莊浮華，非先王之法言而不敢行。君子當正其衣冠，攝以威儀，何有亂頭養望，自謂宏達耶？』（世說新語政事劉孝標注引晉陽秋）接著，王坦之還遠承荀況、揚雄等學者批判莊子的精神而寫出了著名的廢莊論，從而把魏晉時期對莊子的批判提升到了一個新的層次。

據晉書王坦之傳載：『初，謝安愛好聲律，期功之慘，不廢妓樂，頗以成俗，坦之非而苦諫之。』晉書謝安傳亦謂：『及登台輔，朞喪不廢樂。王坦之書喻之，不從，衣冠效之，遂以成俗。又於土山營墅，樓館林竹甚盛，每攜中外子姪往來遊集，肴饌亦屢費百金，世頗以此譏焉，而安殊不以屑意。』謝安作爲輔政大臣，卻如此追求莊子一般的生活方式，則其對僚屬乃至整個社會風俗的影響，也就非同一般了。於是，敦禮之士便起而非之。如據晉書韓伯傳載，『陳郡周勰爲謝安主簿，居喪廢禮，崇尚莊老，脫落名教』，韓伯即對他予以痛斥。王坦之著廢莊論，無疑也包括了對謝安及其僚屬莊子般生活方式的非難。他在這篇文章中說：『且即濠以尋魚，想彼之我同；推顯以求隱，理得而情昧。』據晉書王坦之傳載，當坦之進行『苦諫』時，謝安乃以書答曰：『常謂君粗得鄙趣者，猶未悟之濠上邪！』意謂王坦之只知道淺薄的趣味，還沒有體悟到莊子遊於濠梁之上的真意。由此說明，王坦之在廢莊論中所謂『即濠以尋魚』云云，當即是對謝安的反唇相譏，批評他只是一味地效法莊子，脫離現實世界而去尋求那實際上不存在的東西，以致違背了禮教和人情。他並直接抨擊莊子說：

荀卿稱『莊子蔽於天而不知人』，楊雄亦曰『莊周放蕩而不法』，何晏云『鬻莊軀，放玄虛，而不周乎時變』。三賢之言，遠有當乎！……孔父非不體遠，以體遠故用近；顏子豈不具德，以德備故膺教。……若夫莊生者，望大庭而撫契，仰彌高於不足，寄積想於三篇，恨我懷之未盡，其言詭譎，其義恢誕。君子內應，從我遊方之外，衆人因藉之，以爲弊薄之資。然則天下之善人少，不善人多，莊子之利天下也少，害天下也多。故曰魯酒薄而邯鄲圍，莊生作而風俗頽。禮與浮雲俱征，僞與利蕩並肆，人以克己爲恥，士以無措爲通，時無履德之譽，俗有蹈義之愆。驟語賞罰不可以造次，屢稱無爲不可與適變。雖可用於天下，不足以用天下人。昔漢陰丈人修渾沌之術，孔子以爲識其一不識其二，莊生之道，無乃類乎！與夫如愚之契，何殊間哉！

在王坦之看來，前代荀卿、揚雄等人對莊子的批判是正確的。他以莊子與儒家聖賢作對比説：孔子、顔回對於深遠的天道並不是没有體察，只是以其玄遠難言，才轉而關注人事，注重修德膺教罷了。可是莊子卻好高鶩遠，因著莊子内、外、雜三篇，其言恢誕不經，成了人們藉以爲弊薄的資本。由於天下善人少，不善人多，所以他的思想就給後世造成了極大的危害，『禮與浮雲俱征，僞與利蕩並肆，人以克己爲恥，士以無措爲通，時無履德之譽，俗有蹈義之愆。』這樣看來，莊子與莊子天地中『識其一不識其二』的漢陰丈人無異，只會引導人們『假修渾沌氏之術』而無視於禮法，則哪裏還有不該被廢黜的理由呢？説明正像晉書本傳所説，王坦之主要是因有見於『時俗放蕩，不敦儒教』而著廢莊論的。毫無疑問，他對莊子的批判，其激烈程度可謂前無古人，真正代表了當時一些崇儒敦禮之士對玄學末流的極端不滿態度，從而把魏晉時期廢莊派所掀起的批判莊子的浪潮推到了最高峰。

隋唐統治者所奉行的是儒、道、釋三教並用的政策。如隋文帝儘管在處理三教關係上或有畸重畸輕，但在主張以儒學爲立國之本的同時，卻積極吸收了佛、道思想。唐高祖曾親臨國學，下詔排定三教序位：『老教、孔教，此土元基；釋教後興，宜崇客禮。』（道宣集古今佛道論衡卷丙）太宗雖聲稱『朕今所好者，惟在堯、舜之道，周、孔之教』（貞觀政要慎所好），但在施政時卻每依道家『清靜』之旨。玄宗更是『崇玄學，置生徒，令習老子、莊子、列子、文子，每年准明經例考試』（舊唐書玄宗本紀），從而進一步促進了儒、道思想的互相融合。到了『安史之亂』以後，三教互相融合的態勢繼續發展著，但由崇道所帶來的社會政治問題也隨之日益突出了起來，於是感歎『儒風不振久矣』（呂溫與族兄臯請學春秋書）者有之，奏論『有國之君議教化者，莫不以興廉、舉孝、設學、崇儒爲意』（元稹論教本書）者有之。韓愈更清醒地認識到，『安史之亂』的發生，正表明國家實際上十分需要強化綱常名教，以便加強君臣上下之間的等級秩序，所以他就堅決要求排斥佛、道，企圖以此來提高儒學在國家政治和社會生活等方面的地位。爲了達到抑制莊周、弘揚儒學的目的，羅隱還別出心裁地撰寫了這樣一則故事：

莊周氏以其術大於楚、魯之間，聞者皆樂以從之，而未有以嘗之。一日，無將特舉其族以學焉。及其門，而周戒之曰：『視物如傷者謂之仁，極時而行者謂之義，尊上愛下者謂之禮，識機知變者謂之智，風雨不渝者謂之信。苟去是五者，則吾之堂可躋，室可窺矣。』無將跪而受其教，一年、二年而仁義喪，三年、四年而禮智薄，五年、六年而五常盡，七年其骨月雖土木之不如也。周曰：『吾術盡於是。』無將以化其族，其族聚而謀曰：『吾族，儒也。魯人以儒爲宗。今周之教，舍五常以成其名，棄骨月而崇其術，苟吾復從之，殆絶人倫之法矣。』於是，去無將而歸魯，魯人聞者亦得以寢其志。故周之著書，擯斥儒學，而儒者亦不願爲其弟子焉。（莊周氏弟子）

在莊子中，凡寫到儒、道兩股勢力的『較量』，總是以儒家的徹底失敗而告終。而羅隱在這裏卻反其意而用之，第一次以寓言故事的形式，把『儒者』寫成是最後的覺悟者，從而形象地表達了自己要求貶斥莊子、弘揚儒學的強烈願望。

在晚唐時期，批判莊子最爲激烈的是李磎。他曾撰廣廢莊論，以拓展東晉王坦之非難莊子之意。其小序云：『王坦之作廢莊論一篇，非莊周之書欲廢之。其旨意固佳矣，而文理未甚工也。且只言其壞名教、頹風俗，而未能屈其辭、折其辨，是直詬之而已。莊周復生，肯伏之乎？其終篇又同其均彼我之說，斯魯、衛也。然則莊生之書，古今皆知其說詭於聖人，而未有能破之者，何哉？則聖人果非，而莊周果是矣。既莊生云非，聖人云是，是何爲不能勝非哉？余甚憎之。或有曲爲之說，使兩合於六經者；或有稱名實學與元奧不同，欲兩存者，皆妄也。故荀卿曰「天下無二道，聖人無兩心」，則異術必宜廢矣。余既悟荀卿言，嘉王生之用心而憐其未盡，故爲廣之云。』於是李磎拓展王氏之意而論之，一曰莊子『體虛無而不知虛無之妙』，二曰莊子『研幾於天命乃未及天命之源』，三曰莊子『樂言因任而未知因任之本』，四曰莊子『窮極性情而未盡性情之變』。從這四個方面對莊子學說進行分析批判後，李磎總結說：『用是以觀彼於虛無焉、天命焉、因任焉、性情焉，譊譊然道之，而無一洞明者，不知元奧者固如是乎！故曰：粗見理而未盡也，雖根源老氏而詭聖敗法尤深。王生欲廢之，宜哉！』說明李磎廣廢莊論對莊子學說的非難，是建立在對莊子思想材料進行具體分析的基礎上的，而並沒有施以詬罵之辭，其分析問題的能力已比王坦之大有提高。

宋初統治者在實施政治時較多地引進了道家清靜無爲思想，這就養成了當時士大夫皆趨因循墨守而不喜更張的風尚，使整個國家社會漸漸陷入了積貧積弱的困境。因此到了仁宗時期，一股聲勢浩大的思想、文化、學術領域方面的變革思潮就不可遏止地出現了，士大夫們普遍要求回歸孔孟之道，到傳統儒家的政治思想中去尋找振衰救弊的思想方法。但是，舊來儒者大抵不越注疏，宋儒所看到的只是一種被漢唐章句訓詁之學肢解了的儒術而已。於是，他們便各立『學統』，以異前儒之說，而至歐陽修、劉敞、孫復諸人又始自出議論，從而開創了重在揭明儒典義理而以經世致用爲本的新風氣。這一風氣經由周敦頤、程顥、程頤等思想大家的大力推進，便愈趨興盛，終於成了有別於傳統儒學的新儒學（理學）。然而，由於先秦儒學本身就缺乏深刻的哲學意味，而宋代新儒學又以好議論、重思辯爲其重要特徵，因此理學家們在建構其哲學體系時，除了直接繼承孔孟儒學外，還需要吸納道家、佛教的許多思想理論和思維方法，而對於莊子，則主要是吸納了其道體論思想和悟道方法。但是，由於宋理學家所確定的是以『理』爲本體的形上學體系，所發揮的主要是儒家的倫理哲學和政治學說，這就決定了它在吸納佛、道思想理論和思維方法的同時，又必須努力劃清儒學與佛、道的理論界限，以保持正統儒學的純潔性。因此，理學家在吸納莊子思想理論和思維方法的同時，又不得不對莊子的一些思想理論予以排拒，於是也就出現了許多批判老莊思想的言論。

正由於宋元理學所發揮的主要是儒家的倫理哲學和政治學說，仁、義、禮、智、信五常與維護專制權力三綱即爲其學說之精髓所在，而老莊激烈批判的卻恰恰是儒家所大力提倡的仁、義、聖、智，所以理學家對老莊的批評也就主要集中定向爲指斥其背離儒家仁義道德而論『道』。如程顥、程頤在河南程氏遺書卷一裏引述揚雄批判道家搥提仁義、絕滅禮學的言論，實際上也表明了他們自己對道家搥提仁義、絕滅禮學的批判態度。朱熹進一步加大了對道家搥提仁義、絕滅禮學的批判力度，甚至指出『莊老絕滅義理』，『只是廢三綱五常，這一事已是極大罪名』（朱子語類卷一百二十六），從而把對道家毀棄仁、義、禮、學的批判推到了一個新的階段。

在理學家看來，既然不能像道家那樣毀棄仁、義、禮、學而言『道德』，那麼貴乎『動容周旋中禮』也就成了言『道』的先決條件。因此，他們雖倡導『主靜』、『靜虛』之類的思想及『靜坐』功夫，與莊子所謂的『心齋』、『守宗』、『坐忘』等悟道方法每有相通之處，但有時卻仍對莊子的此類悟道方法採取了批判的態度。如程顥、程頤在河南程氏遺書卷二中指出：爲了消除紛擾的思慮，做到動容周旋莫不中『禮』，並進而體悟到作爲產生宇宙萬物的本原即『天理』、『天道』，就非堅持『虛靜』不可。然而，如果唯求『虛靜』，甚至走向極端，那就會有如莊子所謂『墮肢體，黜聰明，離形去知』（莊子大宗師）、『形若槁骸，心若死灰』（莊子知北遊）一般，已根本不像一個『活物』，則何以做到道德的完善，並進而體悟到『天理』、『天道』呢？朱熹則主要批評了莊子那種『揮斥八極』、『不拘繩墨』的生活情態和思想作風。如他說：

若曰『旁月日，挾宇宙，揮斥八極，神氣不變』者，是乃莊生之荒唐。……老子收斂，齊腳斂手；莊子卻將許多道理掀翻說，不拘繩墨。（朱子語類卷一百二十五）

朱熹是一位講究動容周旋中禮、行爲舉止必有程式的理學大師，這就無怪乎他要把莊子所倡導的『旁日月，挾宇宙』（莊子齊物論）、『揮斥八極，神氣不變』（莊子田子方）的生活情態和思想作風目爲『荒唐』了。

理學家還從『理一分殊』的觀念出發，對莊子的天人對立、齊同萬物兩個重要理論觀點提出了批評。如程顥、程頤說：『蓋上下、本末、內外，都是一理也，方是道。莊子曰「遊方之內」、「遊方之外」者，方何嘗有內外？如此，則是道有隔斷，內面是一處，外面又別是一處，豈有此理？』（河南程氏遺書卷一）陸九淵也說：『莊子云：「眇乎小哉，以屬諸人；謷乎大哉，獨遊於天。」又曰：「天道之與人道也，相遠矣。」是分明裂天、人而爲二也。』（陸九淵集語錄上）認爲莊子要強分內、外，這分明是『裂天、人而爲二』，又怎能體悟到『道』和『理』呢！元代劉因進一步說：

周寓言夢爲蝴蝶，予不知何所謂也。說者以爲齊物意者，以蝶也，周也，皆幻也。幻則無適而不可也，無適而不可者，乃其所以爲齊也。謂之齊，謂之無適而不可，固也。然周烏足以知之？……吾之所謂齊也，吾之所謂無適而不可也，有道以爲之主焉。故大行而不加，窮居而不損，隨時變易，遇物賦形，安往而不齊，安往而不可也？此吾之所謂齊與可者，必循序窮理而後可以言之。周則不然，一舉而納事物於幻，而謂窈冥恍惚中，自有所謂道者存焉。噫！鹵莽厭煩者，孰不樂其易而爲之？得罪於名教，失志於當時者，孰不利其說而趨之？在正始、熙寧之徒，固不足道，而世之所謂大儒，一遇困折，而姑藉其說以自遣者，亦時有之，要之皆不知義命而已矣。（莊周夢蝶圖序）

劉因反對莊子在齊物論篇中通過『莊周夢爲蝴蝶』的寓言故事來說明萬物皆幻的思想，而主張『循序窮理』，向客觀事物探求實理。按照他的看法，所謂齊物，實際上應該是『隨時變易，遇物賦形』，承認事物的差異，使自己的思想認識符合於客觀事物的真實性。由此可見，在劉因的這些批評意見中，實際上已包含了一定的唯物主義思想因素。

與理學家有所不同，南宋時期一部分提倡功利、注重實學的學者則從另外的角度指摘莊子。如葉適說：

若莊周者，……其所詆訾笑侮，自黃帝以下，聖賢之所以更履世患而身親其憂，至於孔子老死而不遇，其憂爲最深者，而折旋俯仰，形容其窮困不自得之意；又設爲老聃、萊子所以教詔迷復之辭，其慢易譏謔，乃特甚於諸子。其知之最深，其玩之最甚，……然則莊周之罪大於諸子，孔子之徒所宜深疾而力排之矣。乃反以爲文而好之，甚者以爲能助孔子之道，而又言其能自托於道術。……嗟夫！莊周者，不得志於當世而放意於狂言，湛濁一世而思以寄之，是以至此。其怨憤之切，所以異於屈原者鮮矣。雖然，諸子之書害小而已息，莊周之書禍大而長存。自周之書出，世之悅而好之者有四焉：好文者資其辭，求道者意其妙，汩俗者遺其累，奸邪者濟其欲。此四者，君子、小人之雜也。雜而未定，而周以說乘之，是故人道之倫顛錯而不敍，事物之情遺落而不理。以養生、送死、饑食、渴飲之大節而付之於儻蕩不羈之人，則小足以亡其身，大足以亡天下矣，可不懼哉！蓋周之書大用於世者再，其極皆爲夷狄亂華、父子相夷之禍，然則楊、墨、申、韓之害，曾不若是之遠已！（水心先生別集莊子）

葉適是永嘉學派的代表人物，在政治上反對『和議』，在學術上提倡功利，反對空談性命，對理學家糅合儒、道、佛三教思想多有指摘。他基於這樣的思想認識，便對道家虛無主義思想提出了尖銳批評，認爲莊子學說的危害，要大大超過楊朱、墨翟、申不害、韓非學說的危害。黃震雖然對莊子的文辭十分讚賞，但對其中所包含的思想內容也基本上採取了否定的態度，並大聲疾呼要把此書付之一炬，比東晉王坦之、唐代李磎的言辭還要激烈，表明他很希望通過這些激烈的言行來遏制當時思想理論界說虛談空的風氣，使學問成爲對社會國家有實際效用的東西。凡此都說明，葉適、黃震的言辭雖然不免有些偏激，卻是建立在深深關切民族國家興亡的思想基礎上的。

總而言之，惠施、荀況對莊子的批評，主要是屬於學派之間的爭鳴，而漢代揚雄、班固等對莊子的批判，則主要代表了作爲官方哲學的儒家思想對莊子思想的極力排斥態度。晉、唐、宋、元時期王坦之、李磎、葉適、黃震等對莊子的非難，更是提升了等級層次，從而把前人掀起的莊子批判浪潮推到了最高峰。此後對莊子的批判，如明代宋濂在諸子辨中對莊子的批評，則已屬於尾聲。如果從思想內容上來看，歷史上對莊子的批判是多方面的，但主要還是集中定向爲對他那種『蕩而不法』思想行爲的非難，表達了批判者要求弘揚儒家禮義思想，以此來強化整個社會生活中的綱常名教，加強君臣上下之間的等級秩序的強烈願望。

九、莊子學發展的歷史軌跡

1.戰國莊子學發生與漸進之跡

傳統的觀念認爲，莊子在魏晉前基本上不爲人所知曉、所稱引。如清洪亮吉在曉讀書齋初錄中說：『莊子一書，秦漢以來皆不甚稱引。自三國時何晏、阮籍、嵇康出，而書始盛行。陳壽魏志曹植傳末言晏好老、莊之言，王粲傳末言籍以莊周爲模則，於康則云好老、莊。老、莊並稱，實始於此。』近人聞一多也在古典新義中說：『莊子果然畢生是寂寞，不但如此，死後還埋沒了很長的時期。西漢人講黃老而不講老莊。……兩漢竟沒有注莊子的。』今細加考察，這些説法並不符合歷史事實。

從現有的文獻資料來看，最早對莊子思想作出評論的是惠施。他説：『子之言，大而無用，衆所同去也。』（莊子逍遥遊）這裏所謂的『大而無用』，就是説莊子的整個學説顯得虚無空泛，根本沒有什麼實用價值。莊子的學説確實給人以虚無恍惚的感覺，對於社會實際生活一般很難起到十分有益的作用，故『自王公大人不能器之』（史記老子韓非列傳），而惠施作爲一位『逐萬物而不反』（莊子天下）的世俗功利論者，則更是表示了其反接受的基本態度，並認爲大家都應一起排拒莊子的『大而無用』之説。

繼惠施之後對莊子思想表示反接受的是荀子。史記孟子荀卿列傳云：『荀卿嫉……鄙儒小拘，如莊周等又猾稽亂俗，於是推儒、墨、道德之行事興壞，序列著數萬言而卒。』如莊子在天道觀方面突出地表現爲『天人合一』的思想，要求人們『不以人助天』（大宗師），『無以人滅天』（秋水），一切順應自然，以便達到『天地與我並生，而萬物與我爲一』（齊物論）的境界。對此，荀子提出批評說：『莊子蔽於天而不知人。……由天謂之道，盡因矣。』（解蔽）所謂『蔽於天而不知人』，是說莊子唯是『盡因』自然、聽天由命，卻不懂得發揮人的主觀能動作用。誠然，莊子在認識大自然運行規律方面確實存在著絕對化的傾向，以致把它看作是支配一切的不可抗拒的異己力量，因而從根本上否定了人類對大自然的能動改造作用，這正是『蔽於天而不知人』的必然結果。荀子對莊子的批評儘管擊中了要害，但這一批評本身所存在的片面性和局限性也較爲明顯，因爲人類本屬於『耆欲深者』（莊子大宗師），如果我們爲了滿足自己的欲望，只是一味地像荀子那樣強調『制天命而用之』（天論），無休止地向大自然進行索取，就必然會遭到大自然的無情反撲，以致出現『世與道交相喪』（莊子繕性）的嚴重後果。當然，荀子作爲一位『集了百家的大成』（郭沫若十批判書荀子的批判）的思想家，他在構建唯物主義思想體系時，首先把道家哲學的最高範疇『道』納入了自己的學說。如他說：『大道者，所以變化遂成萬物也。』（哀公）又說：『夫道者，體常而盡變，一隅不足以舉之。』（解蔽）顯然，這裏的『道』已完全不是儒家所謂有意志的『天道』，而是從道家那裏主動接受過來的具有本體意義的自然之『道』。此外他還在正論篇中說：『語曰：淺不足與測深，愚不足與謀知，坎井之鼃不可與語東海之樂。』楊倞注：『司馬彪曰：「坎井，壞井也；鼃，蝦蟆類也。」事出莊子。』這更是說明，荀子還主動地從莊子秋水中接受了『坎井之鼃』寓言，作爲自己的論證之資。

與老師荀子的態度有些相似，韓非既嚴厲地批評了莊子，認爲莊子所提倡的『恍惚之言』、『恬淡之學』，無疑就是『天下之惑術』（見忠孝），同時也十分重視改造並利用莊子的思想資料，以便爲自己的法治學說尋找到更多的理論根據。如他在解老篇中說：『道者，萬物之所然也，萬理之所稽也。理者，成物之文也；道者，萬物之所以成也。……天得之以高，地得之以藏，維斗得之以成其威，日月得之以恒其光，五常得之以常其位，列星得之以端其行，四時得之以御其變氣，軒轅得之以擅四方，赤松得之與天地統，聖人得之以成文章。』這段話顯然是通過引述、闡釋莊子大宗師『夫道有情有信』一段文字而成，其中特別强調了『道』在生成、制約萬物方面所顯示出的客觀功用，目的是要求統治者『動則順乎道』（喻老），即依據『道』制約萬物群生的客觀法則來建立法度，實行法治。他還在難三篇中説：『不任典成之吏，不察參伍之政，不明度量，恃盡聰明，勞智慮，而以知奸，不亦無術乎！且夫物衆而智寡，寡不勝衆，智不足以遍知物，故因物以治物。下衆而上寡，寡不勝衆者，言君不足以遍知臣也，故因人以知人。是以形體不勞而事治，智慮不用而奸得。故宋人語曰：「一雀過羿，羿必得之，則羿誣矣。以天下爲之羅，則雀不失矣。」』認爲君主應該修備法網，依恃法術，這樣才能做到無爲而無不爲，即『明君無爲於上，群臣悚懼乎下』（主道），否則就會像宋人莊周在庚桑楚篇中所説的羿射鳥雀那樣，役役於求得而所獲甚少。説明莊子庚桑楚中『一雀適羿，羿必得之，威也。以天下爲之籠，則雀無所逃』這則本用來比喻在位者應當實行無爲政治的寓言故事，通過韓非的闡釋卻變成了他要求君主以法治國、以術御臣的理論根據。

呂氏春秋的作者，也根據當時政治需要，大量地將莊子的有關文字從原來的語境中獨立出來而放入自己文章的特定語境中，這實際上是按照引述者的意圖對莊子的思想資料作了富有創造性的闡釋。而且其引述莊子思想資料之多，實爲先秦其他所有典籍所遠遠不及。據統計，書中僅屬於明引莊子的文字就多達五十餘條，分别見於本生、貴公、貴生、功名、精通、當務、誠廉、去尤、聽言、慎人、必己、下賢、觀世、慎勢、精諭、離謂、應言、離俗、適威、長利、知分、審爲、求人、博志、有度等篇。甚而至於，去尤篇在引述莊子達生中的一段話時，還明確標出了『莊子曰』字樣。我們通過比照分析莊子、呂氏春秋二書中的有關材料可以看出，後者主要從本體論、政治論、養生論三個方面引述並闡釋了莊子思想資料。而總的看來，其在養生論方面接受莊子思想最爲明顯，這在審爲、貴生等篇中表現得尤爲突出，可見其『貴生輕物』思想基本上是從莊子那裏承因來的。當然，莊子所追求的是徹底忘掉情欲的養生之道，而呂氏春秋則是承認人類的情欲有其一定合理性的，這在情欲篇中就有較明顯的反映。

在先秦所有典籍中，如果就其闡釋莊子的水準而言，無疑以莊子天下中的這段話爲最高：『芴漠無形，變化無常。死與生與？天地並與？神明往與？芒乎何之？忽乎何適？萬物畢羅，莫足以歸。古之道術有在於是者，莊周聞其風而悅之。以謬悠之說，荒唐之言，無端崖之辭，時恣縱而不儻，不以觭見之也。以天下爲沈濁，不可與莊語；以卮言爲曼衍，以重言爲真，以寓言爲廣。獨與天地精神往來，而不敖倪於萬物，不譴是非，以與世俗處。其書雖瓌瑋而連犿無傷也，其辭雖參差而諔詭可觀。彼其充實，不可以已，上與造物者遊，而下與外死生、無終始者爲友。其於本也，弘大而闢，深閎而肆；其於宗也，可謂稠（調）適而上遂矣。雖然，其應於化而解於物也，其理不竭，其來不蜕，芒乎昧乎，未之盡者。』按照明清以來多數學者的看法，天下篇當爲戰國末年的莊周後學所撰，則上面所引的這段話顯然對莊子構成了闡釋關係，即從莊學淵源、言說方式、藝術風格、精神境界、莊學特徵等方面對莊子展開了系統、全面、精審的闡釋。從中可以看出，其對於莊子學說的評價雖然有些過高，即闡釋者對莊子的認同、接受未免有些過分，但畢竟也是把莊子的學說作爲各派理論中的一派理論來看待的，這就表明天下篇作者是試圖用比較客觀公正的態度來展開他的闡釋的，爲後世的莊子闡釋活動起到了良好的示範作用。

2．秦漢莊子學演進之跡

自戰國末年以來，一些辭賦家每每化用了莊子思想資料。如楚辭遠遊，其主人公思想發展的整個歷程，不外就是一個對道家思想不斷認同，企圖像莊子那樣逍遥於大道，最終達到『與太初而爲鄰』境界的過程，因而學術界不少人認爲此篇並非屈原所寫，當是秦漢人的作品。據史記秦始皇本紀載：『盧生說始皇曰：「……真人者，入水不濡，入火不熱，陵雲氣，與天地久長。今上治天下，未能恬倓。願上所居宮毋令人知，然後不死之藥殆可得也。」於是始皇曰：「吾慕真人，自謂真人，不稱朕。」乃……使博士爲仙真人詩，及行所遊天下，傳令樂人歌弦之。』所謂『不死之藥殆可得也』云云，雖不外是戰國後期以來方士們的説法，但這裏對『真人』的具體描述，卻顯然是對莊子書中諸如『真人』『入水不濡，入火不熱』（大宗師）、『千歲厭世，去而上仙，乘彼白雲，至於帝鄉』（天地）一類文意的接受或化用。漢書藝文志載有『秦時雜賦九篇』，仙真人詩很可能就是屬於這裏面的作品。

西漢初的一些失意文人，他們往往通過在騷體賦中化用莊子的思想資料來表達自己複雜的思想感情。如賈誼作吊屈原賦，通過化用莊子思想資料以表達其意欲遠離濁世的思想感情。又作鵩鳥賦，更是通過大量化用莊子思想資料以自悼，使整篇作品幾乎完全成了莊子思想的義疏。到了西漢中期，歌頌王朝聲威的大賦雖盛極一時，但賦家們亦多有寫作抒情小賦，藉以抒發個體心志，表達對老莊的嚮往之情的。如孔臧的鴞賦、司馬遷的悲士不遇賦，都程度不同地表達了對老莊處世哲學的認同。這種思想精神通過西漢後期一些辭賦家的傳承，又體現到了他們的作品之中。如劉歆的遂初賦、揚雄的解嘲，也都接受了老莊的一些思想觀點。而東漢初年馮衍的顯志賦、班固的幽通賦，同樣顯示出了其接受莊子思想的明顯跡象。尤其是東漢中後期張衡所作的歸田賦，全篇幾乎都在表達其對莊子超邁脱俗思想境界的熱切嚮往之情，而他所作的髑髏賦，更可説是一篇發揮莊子厭世思想的至妙之文，成了我國歷史上第一篇嚴格意義上的莊子寓言賦。至於東漢末年趙壹所作的刺世疾邪賦，復又高揚了莊子的憤世嫉俗精神，對當時『情僞萬方』、『佞諂日熾』的社會現實進行了無情批判。

漢代儒學在發展過程中，也始終對老莊思想有所吸收。如陸賈從劉邦初定天下後，『時時前説稱詩、書』（史記酈生陸賈列傳），『漢儒自董仲舒外，未有如是之醇也。』①但他因劉邦要求而著成的新語一書，即較多地吸

① 四庫全書總目提要陸賈新語。

納了老莊思想，而以無爲、愼微、至德諸篇最爲明顯。稍後的賈誼，其所著新書，雖被漢書藝文志、隋書經籍志及四庫全書總目等列爲儒家，但裏面的道德說篇即體現出了其以儒爲主的儒道合一精神，而勸學篇則更大量地借用了莊子思想資料。特別是文帝時的詩博士韓嬰，他在韓詩外傳中所引莊子思想資料之多，實爲漢代其他所有儒學著作所不能比擬。與韓嬰同時的董仲舒，雖然倡言『獨尊儒術』，但在他的代表作春秋繁露中，也較多地吸收了老莊思想。如關於君主論，他說：『爲人君者，居無爲之位，行不言之教，寂而無聲，靜而無形。』（保位權）又說：『爲人君者，……志如死灰，形如委衣，安精養神，寂莫無爲。』（立元神）所有這些，簡直就是出於老莊口吻。尤其在同類相動中，其所論說的『同類相動』說法，更明顯地援引了莊子山木『物固相累，二類相召也』、漁父篇『同類相從，同聲相應，固天之理也』，以及徐無鬼篇『調瑟』寓言故事所包含的思想內容。董仲舒援引這些思想內容後，通過進一步引申發揮，從而導向了『天人感應』的神學目的論。此後的揚雄同樣是一位大儒，他所著的法言在總體上除『要諸仲尼』（吾子）而外，也酌情吸收了包括莊子在內的諸子思想。如他說：『或問：「鄒、莊有取乎？」曰：「德則取，愆則否。」「何謂德、愆？」曰：「言天地人，經，德也；否，愆也。愆語，君子不出諸口。」』（問神）又說：『或曰：「莊周有取乎？」曰：「少欲。」「鄒衍有取乎？」曰：「自持。至周罔君臣之義，衍無知於天地之間，雖鄰不覿也。」』（問道）認爲莊子學說的重要特徵就是『罔君臣之義』，『蕩而不法』（五百），根本違背了儒家的經義，因此從總體上來說是不可取的，但莊子不慕勢利，主張『少欲』，這顯然是可取的。所以揚雄進而說：

或問天。曰：『吾於天與？見無爲之爲矣。』或問：『彫刻衆形者，匪天與？』曰：『以其不彫刻也。如物刻而彫之，焉得力而給諸？』（問道）

莊子大宗師云：『吾師乎！吾師乎！整萬物而不爲義，澤及萬世而不爲仁，長於上古而不爲老，覆載天地、刻彫衆形而不爲巧。』意謂天道雖然有義、有仁、有壽、有巧，但又絲毫不是有意勞苦努力的結果，而完全是無爲而無所不爲的妙用。揚雄對此深有體悟，所以他才説『吾於天』『見無爲之爲矣』。並認爲，天正『以其不彫刻』，所以才做到了『無爲之爲』，人亦應當效法天道而做到『少欲』，這就是早已體現在莊子學説中的可取之處。由於東漢和、安後整個社會步步走向衰敗腐爛，許多經學家便毅然傾向於老莊，希冀從中尋找到一種特殊的處世方法或精神脱解的良方。如據後漢書馬融傳載，安帝永初初年，羌人以徭役繁重，起兵反叛，致使米穀騰貴，經學大師馬融也因此陷入饑困之中，『乃悔而歎息，謂其友人曰：「古人有言，左手據天下之圖，右手刎其喉，愚夫不爲。所以然者，生貴於天下也。今以曲俗咫尺之羞，滅無貲之軀，殆非老、莊所謂也。」』這裏所引的『古人』之『言』，也見於同書仲長統傳，李賢注云：『事見莊子。』由此説明，動亂的現實終於使馬融對莊子哲學思想有了全新的認識。與馬融相比較，其弟子鄭玄受當時黑暗政治的摧殘則更爲嚴重。後漢書鄭玄傳云：『玄自遊學，十餘年乃歸鄉里。家貧，客耕東萊，學徒相隨已數百千人。及黨事起，乃與同郡孫嵩等四十餘人俱被禁錮，遂隱修經業，杜門不出。』鄭玄既然是在『被禁錮』後『修經業』的，那麽道家的異端思想就必然會滲透到他的經學注述之中。如他在箋詩經大雅卷阿時説：『鳳皇之性，非梧桐不棲，非竹實不食。』唐孔穎達在毛詩正義中指出：毛亨以爲，鳳皇鳴彼高岡，梧桐生彼朝陽，此乃『太平之實驗』；而『「非梧桐不棲，非竹實不食」，莊子文也』，鄭玄引此，則在發明『賢者』『擇可歸就』之義。又在注禮記哀公問時説：『大王居豳，爲狄所伐，乃曰：「土地所以養人也，君子不以其所養害所養。」乃去之岐。』這裏，鄭玄特引莊子讓王中關於古公亶父『不以所用養害所養』的故事來闡釋禮記，藉以提醒自己在濁世中當『擇可歸就』。

即使在漢代帝王的意旨中，也不乏引述莊子思想資料的例子。如後漢書郭伋傳載，光武帝於建武九年慰勞郭伋説：『賢能太守，去帝城不遠，河潤九里，冀京師並蒙福也。』李賢注：『莊子曰：「河潤九里，澤及三族。」』見於今本莊子列禦寇。又祭祀志上載：『建武三十年二月，群臣上言，即位三十年，宜封禪泰山。詔書曰：「即位三十年，百姓怨氣滿腹，吾誰欺？欺天乎？曾謂泰山不如林放，何事汙七十二代之編録！」』李賢

注：『莊子曰：「易姓而王，封於泰山，禪於梁父者，七十有二代。其有形兆垠堮勒石，凡千八百餘處。」』此當爲古本莊子之逸文。章帝志也載，章帝在元和二年所下的一道詔書中說：『安靜之吏，悃愊無華，日計不足，月計有餘。』李賢注：『莊子曰：「有庚桑子者，偏得老聃之道，以居畏壘之山。畏壘之人相與云：庚桑子之始來，吾灑然異之。今吾日計之不足，歲計之有餘，庶幾其聖人乎？」』見於今本莊子庚桑楚。凡此皆說明，莊子中的一部分思想資料甚至已被漢代最高統治者所接受。

當時的許多醫學著作雖皆托之黄帝，但莊子學說卻也是它們的重要思想淵源之一。如從總匯秦漢時期大量零散醫學文獻而成的黄帝内經來看，其中關於氣爲生命本原的思想，恬淡虚靜與貴精、全神、愛氣的養生理論，重意念與行氣食氣的修治方法等等，都有吸納莊子思想資料的明顯痕跡。尤其是作爲全書開宗明義的上古天真論，更是較多地承因了莊子關於『至人』、『真人』、『聖人』養生的理論，同時也以醫學觀點對這些理論作了積極的闡釋。此外，漢代的一些哲學著作，也往往體現出了上述養生精神。如河上公老子注云：『以氣爲根，以精爲蔕，……深藏其氣，固守其精，使無漏泄。』（五十九章）又云：『修道於身，愛氣養神，益壽延年，其德如是，乃爲真人。』（五十四章）說明河上公闡發養生之道，其目的就是要求人們效法『真人』，除情去欲，愛氣全神，固守其精，從而達到益壽延年的目的，這顯然也是深受莊子養生思想影響的。

尤其需要指出的是，西漢初期所盛行的黄老思想，實際上是包含了較多的莊子思想成分的。如武帝初年的楊王孫的『裸葬』，顯然是對莊子復朴反真思想的最直接闡釋。而淮南王劉安主持編撰的淮南子一書，更是這一時期黄老學的集大成著作，其中涉及莊子達數百處之多，並在作爲全書後序的要略篇中還破天荒地提出了『考驗乎老、莊之術而以合得失之勢』的說法，從而開創了我國歷史上『老莊』並稱的先河。此後，漢人以『老莊』並稱者便屢見不鮮。如漢書嚴君平傳說：『嚴君平……依老子、嚴周（即莊周，因避漢明帝諱而改莊爲嚴）之指，著書十餘萬言。』漢書敘傳說：『（班）嗣雖修儒學，然貴老、嚴（即莊周）之術。』馬融長笛賦說：『彷徨縱肆，曠漾敞罔，老、莊之概也。』後漢書馬融傳說：『融既饑困，乃悔而歎息，謂其友人曰：「……今以曲俗咫尺之羞，滅無貲之軀，殆非老、莊所謂也。」』從而使莊子與老子的關係變得更爲緊密而不可分割。

據有關史料可知，淮南王劉安還對莊子做過學術研究。文選任昉齊竟陵文宣王行狀李善注引云：『淮南王莊子略要曰：「江海之士，山谷之人也，輕天下，細萬物，而獨往者也。」司馬彪注曰：「獨往自然，不復顧世。」』這段文字，文選謝靈運入華子崗詩、江淹雜體詩（擬許詢）、陶淵明歸去來辭李善注也都曾加以引用，說明劉安確實著有莊子略要，西晉時的司馬彪還爲它作過注。又文選張協七命李善注引云：『莊子曰「庚市子肩之毀玉也」，淮南子莊子後解曰：「庚市子，聖人無欲者也。人有爭財相鬥者，庚市子毀玉於其間，而鬥者止。」』這說明，劉安除了著有莊子略要外，還曾撰寫過莊子後解。從現存的文獻資料來看，劉安無疑是我國歷史上最早撰有莊學專著的人。

繼劉安之後，班固又寫出了莊子章句之類的專著。陸德明經典釋文莊子音義載：『崔（譔）云：「齊物七章，此連上章，而班固說在外篇。」』說明班固對內、外篇的劃分與衆家不同，把齊物論篇中的『夫道未始有封』一章劃到了外篇之中。另外，陸氏在莊子音義中還出示了有關班固考訂莊子字句的資料。如於齊物論篇『何謂和之以天倪』句的『天倪』一詞下云：『崔云：「或作霓，音同，際也。班固曰：天研。」』清錢大昕說：『史記貨殖傳：「乃用范蠡、計然。」徐廣曰：「計然名研。」索隱云：「吳越春秋謂之計倪。倪之與研是一人，聲相近而相亂耳。」按莊子「和之以天倪」，班固作「天研」，是倪與研通。』（聲類卷三）說明班固對莊子文字的考訂是有根有據的，故近人朱桂曜謂『當從班說作「研」』（莊子內篇證補）。莊子音義又於齊物論篇『木處則惴慄恂懼』句的『恂』字下云：『崔云：戰也，班固作「眴」也。』今案莊子德充符有語云：『少焉眴若，皆棄之而走。』司馬彪注：『眴，驚貌。』（莊子音義引）說明班固作『眴』，也是可從莊子本身找到訓詁依據的。正因爲班固對莊子的研究，從篇章的劃分到字句的考訂，都有著自己的獨特見解，故後人也就相當看重他所整理的莊子本子。

如莊子音義於齊物論篇『大塊噫氣』句的『大塊』一詞下云：『司馬云：大樸之貌。衆家或作「大槐」，班固同。』司馬彪是魏晉時研究莊子的大家，他注釋莊子時，於各家中特別強調班固，這就很能說明他對班固本子的重視程度了。

與劉安、班固不同，司馬遷是通過爲莊子立傳來研究、闡釋莊子及其著作的。他在史記老子韓非列傳中爲莊子立傳，其材料當主要採取於莊子，但我們不難發現，他對這些材料卻是經過認真研究，然後才加以合理申發利用的。如關於莊子的生卒年，先秦文獻無明確記載，但莊子一書卻屢屢寫到莊子與惠施的交往故事，而據戰國策等書記載可知，惠施爲梁惠王相，與齊宣王同時，故司馬遷推定莊子『與梁惠王、齊宣王同時』。關於莊子拒聘之事，他又依據秋水篇、列禦寇篇中的二則材料，並以歷史學家應有的態度，度之以理，揆之以情，作了一定的申發和補充，從而推定欲聘莊子的是楚威王，而楚威王所許的乃是卿相之位。尤其值得指出的是，司馬遷還提出了關於莊子學說之『要本歸於老子之言』、莊子著述的宗旨在於『詆訿孔子之徒』、莊子文章具有『指事類情』的藝術特徵等富有創見的看法，對後世的莊子研究產生了極其深遠的影響。

綜上述可知，莊子在先秦兩漢時期已被許多人關注，劉安和班固甚至還撰寫過莊子學專著，凡此都爲魏晉時期莊子學高潮的到來奠定了堅實的基礎。

3．魏晉南北朝莊子學演進之跡

東漢末年，在動蕩不安的社會現實衝擊下，士人們開始對傳統經學感到厭倦，轉而對老莊思想表現出了興趣。魏晉時期，隨著玄風振起，莊子學更是在『玄學』這個學術舞臺上獲得了絕佳的傳播和發展良機，展現了它的獨特魅力。

正始年間，玄談之風漸興，並以何晏爲中心形成了一個談玄群體。『晏能清言，而當時權勢，天下談士，多宗尚之』①，『於是聃、周當路，與尼父爭塗矣。』（文心雕龍論說）此時玄談家們主要發揮的還是老子思想，對莊子似乎關注不多。不過，從有關文獻記載來看，儘管莊子沒有進入正始名士玄談的中心，但一直在他們中間傳播著。之後，王弼天才卓出，其水準大大超過了當時的玄談領袖何晏，而且王弼比較重視發揮莊子的哲學思想，從而拉近了玄學與莊子的距離。

莊子真正大放異彩是在『竹林七賢』時期。此時，司馬氏排斥異己，大開殺戒，政治環境空前惡劣，名士們朝不保夕。竹林名士則傲然於世，以『自然』與司馬氏標榜的『名教』相抗衡，他們一致把讚賞的目光投向莊子，從思想到行爲自覺追慕莊子，用身心詮釋著莊子。如阮籍，『本有濟世之志』（晉書阮籍傳），但黑暗的現實卻使他『以莊周爲模則』②，希望像莊子那樣逍遙於大道之鄉，以獲得個體精神上的徹底解脫。其大人先生傳塑造了莊子式的道家理想人物，表達了自己邈世超邁的精神和不爲世俗所拘的恢宏氣度，可謂是對莊子的完美演繹。與阮籍一樣，嵇康雖然『家世儒學』③，亦有『濟世志』，但面對殘酷的現實，他也不得不到莊子那兒尋求精神解脫的良方，於是『長而好老、莊之業』④，甚至公然宣稱：『老子、莊周，吾之師也。』（與山巨源絕交書）與阮籍不同的是，他自覺秉承了莊子的批判精神，以無所畏懼的勇敢態度對司馬氏集團所宣揚的虛僞『名教』進行了大膽、激烈的抨擊。與山巨源絕交書堪稱一篇戰鬥檄文，其『每非湯武而薄周孔』的叛逆思想比起莊子有過之而無不及，可謂千古絕唱。其他名士如山濤、向秀、劉伶、阮咸、王戎，也都受老莊思想的熏陶和影響，常與阮籍、嵇康等

① 世說新語文學劉孝標注引文章敘錄。
② 太平御覽卷六百十一引七賢傳。
③ 三國志魏志王粲傳裴松之注引嵇喜所作嵇康傳。
④ 同上。

人共遊，暢談玄理，性情異於流俗。他們身上體現的正是莊子的流風餘韻。不僅如此，七賢對莊子亦很有研究。據有關文獻可知，七人曾給莊子作過音義，後人輯爲七賢音義。阮籍著有達莊論一文，大抵以自然解莊，既有對莊子思想的因襲，又帶有鮮明的個性化特點和時代特色；向秀著有莊子注二十卷，凡二十六篇（一作二十七篇，或二十八篇），『初注莊子者數十家，莫能究其旨要，向秀於舊注外爲解義，妙析奇致，大暢玄風』（世說新語文學），在當時產生了巨大的影響。他提出的『萬物自生自化說』（張湛列子天瑞注引）、『無心而任自然』（張湛列子黃帝注引）等觀點，滿足了士人的精神需求，因此『讀之者超然心悟，莫不自足一時也』（晉書向秀傳）。

魏晉時期的莊子學研究可謂成果卓著。在向秀之前，『初注莊子者數十家』，但可惜的是，這些著作大都沒有流傳下來。今據陸德明經典釋文序錄及莊子音義可知，崔譔有莊子注十卷，凡二十七篇，大抵是以訓釋字句音義爲其基本特徵；李頤有莊子集解三十卷，凡三十篇。二人的本子與向秀的本子一樣皆爲節選本。此外，司馬彪、孟氏有莊子注五十二篇，接近莊子古本原貌。司馬彪是一位歷史學家，故十分重視對莊子中字詞、名物的訓詁，不作玄談。而孟氏的注本後人卻無從可知了。

西晉元康時期，由於社會相對穩定，政治比較寬鬆，名士們也改變了以往與統治者不合作的態度，紛紛從『山林』中走出來，服務於司馬氏政權。他們自覺地調和了『自然』與『名教』的矛盾，將二者合一，爲自己的行爲找到了理論依據。其中一個典型的例子就是郭象，他從不願做官到後來終於參與西晉王朝的政事，成爲司馬氏政權中的一位顯赫人物。郭象是玄談高手，思辯能力極強，對莊子很有研究。他將司馬彪的五十二篇本莊子刪節爲三十三篇，並把向秀『以儒道爲壹』（謝靈運辨宗論）的觀點『述而廣之』（晉書向秀傳），告訴人們『聖人雖在廟堂之上，然其心無異於山林之中』（逍遙遊注）的『遊外宏內之道』（大宗師注）。郭象通過對莊子思想的多所修正，撫慰了名士們的心靈，滿足了他們的精神需求，適應了社會生活的需要，又加之其『清辭遒旨』（世說新語文學劉孝標注），能拔理於諸賢之外，因此受到了世人的追捧，千百年來亦爲治莊子者所推崇，可謂獨步千古，其地位無人能夠代替。

東晉時期，隨著佛學的深入人心，莊子學也表現出了較強的佛學化傾向。僧人每以佛理與莊子相互發明，其結果往往能標新立異，給人以耳目一新之感，因此影響很大。這其中以支道林對莊子逍遥義的解釋最具代表性。世說新語文學云：『莊子逍遥篇，舊是難處，諸名賢所可鑽味，而不能拔理於郭、向之外。支道林在白馬寺中，將馮太常共語，因及逍遥，支卓然標新理於二家之表，立異義於衆賢之外，皆是諸名賢尋味之所不得。後遂用支理。』支氏認爲『鵬以營生之路曠，故失適於體外；鴳以在近而笑遠，有矜伐於心內。』（世說新語文學劉孝標注引）二者都不逍遥，只有『至人乘天正而高興，遊無窮於放浪，物物而不物於物，則遥然不我得，玄感不爲，不疾而速，則逍遥靡不適。此所以爲逍遥也。』（同上）在他看來，至人物物而不物於物，色色而不滯於色，擺脫了一切外物的束縛，才是最逍遥的。顯然，支道林對逍遥義的闡釋遠遠超越了向、郭二人『足性逍遥』的說法，更接近了莊子的本真思想，但同時也明顯受到了佛教即色空義的影響。

從以上不難看出，魏晉時期人們對莊子讚賞有加，充滿了喜愛之情。但也有一些愛好儒學的崇儒之士看到了莊子帶給人們的頹廢和危害，於是有人開始起來批評和反對。據晉書王坦之傳載，東晉的王坦之因有見於『時俗放蕩不敦』，便遠承漢代揚雄批判『莊周放蕩而不法』的精神而寫出了廢莊論，認爲『莊生作而風俗頹；禮與浮雲俱征，僞與利蕩並肆，人以克己爲恥，士以無措爲通，時無履德之譽，俗有蹈義之愆』，所以『莊生之利天下也少，害天下也多』。正與范寧說『王弼、何晏二人之罪深於桀紂』（晉書范寧傳）一樣，王坦之對莊子的這種指責，實際上也代表了當時一些崇儒敦禮之士對玄學的極端不滿態度。

南朝時，莊子甚至受到了最高統治階級的喜愛。本來，自正始玄談以來，世人都以老莊爲尚，形成了『戶詠恬曠之辭，家畫老莊之像』（晉書嵇含傳），『爲學窮於柱下，博物止乎七篇』（宋書謝靈運傳論）的社會風氣。到了南朝，連皇帝、大臣們都十分喜愛莊子，有些人甚至達到了如癡似醉的程度。如據陳書張譏傳載，梁簡文帝在東宫時，每有講集必遣使召張譏講老、莊，『及侯景寇逆於圍城之中，（張譏）猶侍哀太子於武德後殿講老、莊。』陳後主在東宫時，也曾令張譏『於溫文殿講莊、老，高宗（陳宣帝）幸宫臨聽』。因爲有了統治者的提倡，南朝出現了大量莊子學著作，可謂形式多樣，豐富多彩。但也許是因爲學者們急功近利而缺乏思想深度和特色的原因，這一時期的注本皆已亡佚。

總之，由於政治、思想、文化等各方面的共同影響，魏晋南北朝時期出現了莊子學發展史上的第一次高潮，爲我國道家思想文化的發展作出了不可磨滅的貢獻。

4．隋唐莊子學演進之跡

隋朝建立以後，統治者爲了消除南北朝以來的思想混亂，適應大一統的政治局面，施行了以儒學爲本，兼取佛、道思想的文化策略。但由於帝王頗爲重視佛、道二教，儒學地位其實並不高，這就爲老、莊思想的發展創造了有利條件。總的看來，隋朝的學術研究在一定程度上仍延續了魏晋南北朝時期的特點。這表現在莊子學上，主要是不少人因承了南北朝時的義疏之學，對莊子的思想以自己的理解進行了會通、發揮。如隋書經籍志所載戴詵莊子義疏八卷和隋書何妥傳所載何妥莊子義疏四卷等，就具有這一特徵。此外還有些人仍以玄學來解莊，但成果不大。這時研究莊子最有成就的是陸德明，他的莊子音義三卷不但繼承了前人治莊頗重音義的傳統，而且還在舊音舊義之外自作音義，實爲對漢魏以來所取得的治莊成果的一次前所未有的大總結。而且陸氏敢於把莊子與儒家經典並列在一起，並在作音義時，於儒家經典『無煩觀縷』，於莊子則『微爲詳悉』（見經典釋文序錄），無疑是受到了隋時儒、道、釋三教並行這一思想文化思潮的影響。

唐朝代隋以後，統治者繼續推行儒、道、釋三教並重的治國政策。但李姓皇帝出於自身政治利益的考慮，將老子的地位抬得很高，又加之唐朝政權建立不久，老莊思想正適應了整個社會亟待休養生息的需要，故莊子研究在這種政治文化背景之下得到了很快的發展。如魏徵等修撰莊子治要，通過節選或者重新組合莊子的有關文字來發揮莊子『無爲而治』的思想。唐初著名道士成玄英對郭象莊子注『研精覃思三十[年]』，『依子玄(郭象)所注三十[三]篇輒爲疏解，總三十[三]卷』(見莊子注疏序)，成莊子注疏一書。他在全面繼承郭象學術思想的基礎上，又對之進行了大膽的揚棄和發揮。首先，他在訓釋字詞的基礎上，對莊子的語句章節進行了梳理，這就在很大程度上彌補了郭象『寄言出意』的闡釋方法所存在的不足。故清四庫館臣說：『(郭)象注掃除舊解，標新領異，大半空言，無所徵實，不免負王弼注易之累。元英此疏，則稱意而談，清言曲暢。至序文云「莊子字子休，生宋國睢陽蒙縣，師長桑公子，受號南華仙人」，殆出真誥之類，殊可以廣異聞。』①其次，揚棄了郭象玄學的思辯色彩，而每以佛教的思維方式和基本理論對之進行創造性發揮，打破了東晉支遁僅以佛理詮釋莊子逍遙遊思想的局限，真正爲以佛解莊開拓了廣闊的空間。總之，成玄英的莊子注疏産生於三教合一的背景下，既因承了郭象的一些思想觀點，又吸取了佛教和道教理論，可謂是一部吸納、融合魏晉六朝多種思想學術之精華而又有所進益的莊子學著作，標誌著隋唐莊子學的義疏之學已達到了很高的水準，爲中國古代的詮釋之學塑造了一個典範。

唐玄宗時，道教地位不斷上升，老子崇拜熱空前高漲，莊子亦受到了世人的高度重視。這一時期出現了一大批研究莊子的專著，但遺憾的是，由於此時莊子已經上升到經學的地位，這些注莊者多沒有那種真心想從莊子哲學中尋找到安身立命價值依托的內在欲求，所以整體水準不高而無一能流傳後世。倒是道士文如海有所不同。據宋晁公武郡齋讀書志後志於文如海莊子正義下所作注語和元吳澄爲文氏此著所作序言可知，他的莊子正義發明了莊子『經世之用』的思想，把莊子學引向了對現實政治的關懷，代表了新的歷史條件下莊子學的發展趨向。其另一部莊子學著作莊子邈，亦重在會通儒、道，努力從莊子中引申出儒家的綱常倫理思想和經世

① 四庫全書總目提要存目成玄英南華真經注疏。

安邦理論。

『安史之亂』給唐代社會生活帶來了極大的災難，人們痛定思痛，重新認識到了儒家在社會生活中的重要地位，因此這一時期的莊子學著作數量有所減少，並在内容上表現出了與以前不同的特點，即進一步加強了與現實生活的聯繫，有了更強的經世致用思想。如德宗時馬總編撰莊子鈔，從莊子資料片斷中闡釋出了救世濟民的思想。代宗、德宗時的隱者張九垓，曾作莊子指要三十三篇，大抵『宏道以周物，闡幽以致用，内外相濟，始終相發』，體現出了『爲家爲邦、爲仁爲智』的經世精神。隨著唐王朝的衰落，社會上排斥佛老的呼聲不斷高漲。到了唐末，李磎著廣廢莊論，要求徹底駁倒並廢棄莊子，從而有力地推動了歷史上評莊、廢莊理論的向前發展。

隋唐時的文人學士也在詩文中表達了他們對莊子的各種看法。如王維漆園詩云：『古人非傲吏，自闕經世務。』王通在文中子周公篇中説：『虚玄長而晉室亂，非老莊之罪也。』韓愈更在送王秀才序中提出了莊周之學源於儒家的説法：『蓋子夏之學，其後有田子方，子方之後流而爲莊周，故周之書喜稱子方之爲人。』相比之下，唐代文人更善於以賦的形式來闡釋莊子的寓言故事。李白的大鵬賦已爲人所熟悉，其他僅全唐文及文苑英華中就收有二十幾篇莊子寓言賦，如高邁的鯤化爲鵬賦，石鎮的罔兩賦，白居易的求元珠賦等等即是。這些賦產生的時代不同，創作目的不同，所體現出的思想感情也不同，對補充和豐富莊子寓言故事的思想内涵起到了很好的作用。

在唐代莊子學發展史上，佛教、道教學者爲了發展自己的理論，也加入到了闡釋莊子的活動中。佛教方面禪宗表現得較爲突出。特别是中晚唐時期，宗密更著成了原人論，倡導『儒、道、釋三教合一』，並從多個角度展開了對莊子思想的闡釋與評論。道教學者除了成玄英、文如海等撰有莊子學專著外，其他諸如王玄覽、吴筠、杜光庭等，亦皆對莊子思想多有援引與闡發。尤其值得注意的是司馬承禎的坐忘論，從信敬、斷緣、收心、簡事、真觀、泰定、得道等角度大力闡發了莊子的坐忘思想，使其與佛教學説很好地融合在了一起。

5.宋元莊子學演進之跡

趙宋王朝結束了晚唐五代那種紛亂的歷史局面，重新建立了大一統的帝國。在思想文化方面宋朝還是基本上沿襲了唐代儒、道、佛三教並行的政策，於崇儒的同時也並不排斥道教（家）和佛教學說，因而莊子學又獲得了一次發展的機會。

北宋初期的莊子學比較偏重於文字訓釋和文本校勘。據有關文獻記載，此時張潛夫曾補注莊子，徐鉉、葛湍曾校訂莊子，這些人都由南唐入宋，治莊風格顯得較爲質樸。在這種風氣影響下，一些後進之士非常注重對前人優秀成果的繼承。如孫奭有見於郭象的莊子注和陸德明的經典釋文都是很有影響的本子，於是在真宗景德二年上乞雕印莊子釋文及郭象注奏，要求對二書予以校定雕印，很快得到了真宗的詔可。大中祥符四年，真宗又詔李宗諤等校莊子序摹板。可見，當時人們對待莊子學所共有的態度就是普遍重視校勘整理。當然，此時也有一些著作注重對莊子義理的闡釋，可惜都已經亡佚了。如宋史王曙傳謂曙仕於真宗朝，著有莊子旨歸三篇，祕書省續編到四庫闕書目卷二又謂其著有南華真經提綱一卷，均已佚。但審其書目名稱，則皆爲探究莊子要義之作。

北宋中期，莊子學進一步走上了『儒學化』道路。這種情況的出現，與王安石、蘇軾二人不無關係。王安石著莊周一文，以孟子『知人論世』和『以意逆志』的方法，對莊子所處的『譎詐大作，質樸並散』的社會環境和莊子『思其說以矯天下之弊』的用心進行了闡釋，並以天下篇『詩以道志，書以道事，禮以道行，樂以道和，易以道陰陽，春秋以道名分』等說法爲依據，提出了所謂『莊子用其心亦二聖人（指儒家所極力推崇的伯夷、柳下惠）之徒』的大膽論斷，以此來調和儒道矛盾，服務於現實政治，在當時產生了很大的影響。蘇軾更是撰寫了莊子祠堂記一文，對司馬遷關於莊子『詆訿孔子之徒』的說法進行了翻案，指出『莊子之言，皆實予而文不予，陽擠而陰助之，其正言蓋無幾。至於詆訾孔子，未嘗不微見其意』。認爲莊子實際上是助孔子的。蘇軾的這種說法與王安石的說法可謂大同小異，不謀而合，二人對莊子的看法正迎合了當時儒、釋、道三教合一的社會文化思潮，又加上兩人在政治和文壇上的地位，因此他們這種帶有明顯『儒學化』傾向的莊子學觀點不僅得到了當時很多人的積極回應，而且對後世亦產生了深遠的影響。如當時王安石學派就大大發揚了王安石的莊子學思想，將這種『儒學化』充分運用到了莊子的具體闡釋之中。王安石學派主要有以下幾人：王雱，字元澤，王安石的兒子兼門人。王雱從小聰明過人，未冠已著書萬言。可惜英年早逝，三十二歲便去世。道藏中收藏了他的南華真經新傳，這是一部重要的莊子學著作，對後世影響較大。呂惠卿，字吉甫，與王安石、王雱同修三經新義，見解多相一致。王安石罷相後，遂叛王氏。其所著莊子義，也是一部重要的莊子學著作。林自，字疑獨，福建人。據宋史翼可知，他不但在政治上自覺追隨王安石，在學術上也自覺或不自覺地宗承了王安石的一些思想觀點。所著莊子注，其注文大多保存在褚伯秀南華真經義海纂微及焦竑的莊子翼中。陳詳（祥）道，字用之，福州人。據黃宗羲宋元學案卷九十八載，陳詳道是王安石的門人，則其學術自當深受王安石的影響。其所著莊子注，賴褚伯秀南華真經義海纂微和焦竑莊子翼的收錄而流傳至今。縱觀以上幾人的莊子學著作，他們的莊子學思想都受到了王安石的影響，帶有明顯的儒學化傾向，表現出了以下幾個特點：一是以善求莊子之意的方法，對莊子之寓意大肆闡發，認爲莊子是尊聖人的，從而拉近了莊子與儒家之間的距離，調和了儒、道之間的矛盾；二是自覺維護儒家聖人的形象，對莊子詆訾聖人的言論進行辯解，把王安石『善其爲書之心，非其爲書之說』的方法移用到對聖人的闡釋上，區分聖人之跡與聖人之心，否定其跡，肯定其心；三是把上述方法又移用到對儒家仁義禮樂的闡釋上，否定仁義之跡，肯定仁義之心，並在一定程度上肯定仁義的合理性；四是注重對莊子『變』的思想的闡發，對莊子的政治思想進行了改造，從而與現實政治密切聯繫了起來。當然，王安石對莊子作儒學化改造是有原則的，他自覺拋棄了莊子的『爲書之說』，只將莊子與聖人相通或有現實意義的部分內容進行儒學化闡釋，而其門人則將莊子幾乎改造成了一部儒家著作。在王安石及其學派的努力下，北宋時期的莊子學呈現出了一派興旺景象。黄庭堅說：『吾友幾復，諱介，南昌黄氏。……幾復年甚少，則有意於六經，析理入微，能坐困老師宿學。方士大夫未知讀莊、老，時幾復數爲余言。……其後十年，王氏父子以經術師表一世，士非莊老不言。』(黄幾復墓誌銘)同時，蘇門學士也都非常喜歡莊子，但因爲此派以文士居多，故多在作文賦詩時化用莊子中的思想資料，真正進行過專門研究的人不多，從現有資料來看，僅有黄庭堅的莊子内篇論、晁補之的齊物論等，對莊子中的一些重要問題或理論觀點分别作了專門論述，爲推動莊子學研究走向專題化作出了貢獻。

北宋中期的莊子學著作，除了上述已提及的而外，現在還能看到的有：陳景元的南華真經章句音義十四卷、南華真經章句餘事一卷、莊子闕誤一卷、南華真經餘事雜錄二卷和莊子注(不知卷數)，前四種皆存於道藏，後一種賴褚伯秀南華真經義海纂微之徵引而得以存其梗概；劉概的莊子注(不知卷數)，殘存於褚氏南華真經義海纂微；賈善翔的南華真經直音一卷，存於道藏等等。從以上著作我們可以看到，這一時期的莊子學與宋代前期偏重於文字訓釋和文本校勘已有了明顯的不同，大多不屑拘拘於傳統的章句傳注方法，而重在標舉大意，呈現出了重在闡發莊子義理的『宋學』特徵。

北宋中期的莊子學還表現出了『宋學』的大膽懷疑精神。特别是蘇軾在莊子祠堂記一文中，不僅公然挑戰了司馬遷的莊學觀，而且對莊子文本進行了大膽質疑，認爲寓言篇末尾與列禦寇篇開頭是完整的一篇，讓王、說劍、漁父、盜跖四篇爲『昧者勦之以入』者。他的這一說法未必可信，但開啟了後人探究莊子作者問題的新風氣。如宋末羅勉道南華真經循本謂『按漢(書)藝文志「莊子五十二篇」，郭象固已辨其巧雜，十分有三。今所存三十三篇，東坡蘇氏又黜讓王、盜跖、說劍、漁父，而以列禦寇接寓言之末，合爲一篇，其說精矣。然愚尚謂刻意、繕性亦復膚淺非真，宜定爲二十六篇』，無疑在蘇軾看法的基礎上又有了一些發展。

兩宋之際，莊子學相對沉寂，但到了南宋末年卻頗有復興的氣象，使宋代莊子學有了一個較爲完美的收結。林希逸的莊子口義在批判地繼承吸收前人以儒、佛解莊的基礎上，進一步將儒、佛、道融合爲一體，爲後世治莊者提供了一種新的闡釋方法。而且林希逸還開創了以文解莊的先河，他在莊子口義發題中提出了所謂『五難』的說法：『此書所言仁義性命之類，字義皆與吾書不同，一難也；其意欲與吾夫子爭衡，故其言多過當，二難也；鄙略中下之人，如佛書所謂爲最上乘者說，故其言每每過高，三難也；又其筆端鼓舞變化，皆不可以尋常文字蹊徑求之，四難也；況語脈機鋒，多如禪家頓宗所謂劍刃上事，吾儒書中未嘗有此，五難也。』在注文中他對莊子散文章法結構、藝術特色等多方面的分析，爲明清莊子散文研究打下了一個良好的基礎。褚伯秀撰南華真經義海纂微，此前的許多莊學著作賴此書得以保存其梗概。清四庫館臣說：『其書纂郭象、呂惠卿、林疑獨、陳祥道、陳景元、王雱、劉槪、吳儔、趙以夫、林希逸、李士表、王旦、范元應十三家之說，而斷以己意，謂之「管見」。中多引陸德明經典釋文而不列於十三家中，以是書主義理，不主音訓也。成元英疏、文如海正義、張潛夫補注皆間引之，亦不列於十三家，以從陳景元書採用也。范元應（或作范應元）乃蜀中道士，本未注莊子，以其爲伯秀之師，故多述其緒論焉。蓋宋以前解莊子者，梗概略具於是。其間如吳儔、趙以夫、王旦諸家，今皆罕見，實賴是書以傳，則伯秀編纂之功，亦不可沒矣。』羅勉道的南華真經循本也是一部很有特色的莊子學專著。他認爲『莊子爲書，雖恢恑憰怪，佚宕於六經外，譬猶天地日月，固有常經常運，而風雲開闔，神鬼變幻，要自不可闕，古今文士，每每奇之』（南華真經循本釋題）。因此自覺屏除了前人以玄談、佛理、儒學來附會莊子的做法，而通過梳理莊子字句和揭示行文特徵來尋繹莊子之本旨，對莊子的散文研究作出了一定的貢獻。羅勉道的另一個治莊特點是執『化』字來闡釋莊子的逍遙義，認爲莊子逍遙有『化之大者』和『化之小者』的不同，只有『無待』的逍遙遊才是『化之大者』，才是最高層次的逍遙遊。這種觀點不僅超越了向秀、郭象的思想觀點，而且一反兩宋人闡釋莊子逍遙義大多拘於易學象數派理論的做法，具有一定的革命意義。劉辰翁著莊子南華真經點校，則開創了莊子評點的先河。他以隨手點評的方法，運用生動活潑、富於情感的語言，把自己對莊子文本的獨特理解有效地傳達給讀者，使讀者體悟到了莊子所蘊藏著的真意，感悟到了莊子散文所具有的非同一般的藝術魅力，尤其是他成功地引入了詩歌評點的一些傳統審美範疇如『奇』、『晝』、『味』等和小説評點的理論對莊子進行了闡釋，對明清莊子散文評點産生了很大的影響。從文學角度來對莊子進行研究的還有黄震，他甚至提出了莊子爲『千萬世詼諧小説之祖』的看法：

莊子以不羈之材，肆跌宕之説，創爲不必有之人，設爲不必有之物，造爲天下所必無之事，用以眇末宇宙，戲薄聖賢，走弄百出，芒無定蹤，固千萬世詼諧小説之祖也。（黄氏日抄卷五十五）

黄震在歷史上首次把莊子中的一部分寓言故事看成了小説作品，對後世影響很大。

兩宋時期的理學家在推崇、欣賞和吸納莊子思想理論和思維方法的同時，又對莊子的某些思想理論予以批評。如周敦頤、邵雍、張載、程顥、程頤、朱熹、陸九淵大致都具有上述特徵。在這些理學家中，朱熹對莊子的評論最爲具體，諸如對莊子與孟子沒有互相『道及』之原因、莊子與老子學説之差異、莊子與曾點氣象之異同、莊子是否爲佛教之所自出、莊子之思想與藝術特徵、歷代莊子學之得失等問題都有所論列，提出了自己的許多獨特見解。而且，隨著朱子理學後來長期成爲官方哲學，他的這些見解也就得到了後世人的高度重視和進一步發揮。

在金元時代，上層人物對莊子也有所喜好，趙秉文、李純甫、郝經、贍思等還寫過莊子學專著，但由於成就不高，皆已亡佚。所幸的是，金代馬定國的讀莊子（在中州集内）、和元初吴澄的莊子内篇訂正（在道藏内）、莊子敘録（在吴文正集内）、劉因的莊周夢蝶圖序（在靜修文集内）等仍能流傳至今，這爲我們研究這一時期的莊子學提供了一些相當珍貴的具體資料。此外，如王若虚、元好問、戴表元、馬臻、鄧文原、耶律楚材、劉秉忠、胡祇遹、王惲、劉壎、袁桷等等，其詩文亦皆對莊子有所論及，值得重視。這時的佛、道二教學者和元曲作家，同樣參與了對莊子的闡釋活動，爲此一時期莊子學的發展作出了貢獻。

6．明代莊子學演進之跡

朱元璋推翻蒙古族的統治建立明朝以後，在思想文化上大力推行儒學治國，『一以孔子所定經書爲教』（明史卷一百三十七），並實行以『代古人語氣』和『體用排偶』爲特徵的八股取士，考試内容也嚴格地從四書、五經中出題。永樂時，胡廣等又奉成祖之命，多采宋儒之說，編成四書大全、五經大全、性理大全等書，由朝廷頒行天下，作爲科舉取士的標準樣本。由於明代前期統治者所推崇的實際上是新儒學——程朱理學，對意識形態的控制十分嚴格，因此在這樣的環境之下，莊子學幾乎處於窒息狀態。唯宋濂於元明之際所撰寫的諸子辨一書，其中莊子辨部分可視爲明代莊子學的開端。他在莊子辨中一方面高度讚美了莊子的文章，認爲『其文辭汪洋淩厲，若乘日月，騎風雲，下上星辰，而莫測其所之，誠有未易及者』。但另一方面又繼承了宋代理學家的莊學觀，對莊子的思想進行了批判、否定，反映了其作爲正統儒者的衛道精神。此後，永樂大典摘錄莊子中的文字或宋末以來人們爲莊子所作的注解，都是與理學家的莊學觀一脈相承的，反映了官方的價值觀念。倒是一些文人學士，如史謹、謝肅、鄭真、程本立、葉子奇、王偁、王直、楊士奇、徐有貞、倪謙等等，往往用詩文來表達他們對莊子的各種感受，顯得較有活力和生氣。

明代中葉以後，商品經濟逐漸發展起來，資本主義生產關係開始萌芽，市民階層由此崛起，兼以從正德以還，朝政日非，綱紀日壞，明王朝由治世走向衰落，統治者對意識形態的控制實際上已力不從心，整個社會出現了近代化的人文啟蒙思潮。在這種形勢之下，要求打破程朱理學的束縛，徹底解放人性的呼聲一浪高過一浪。因此莊子學也就隨之被啟動起來，終於在沉寂了約一個半世紀之後，於正德、嘉靖之際出現了第一批莊子學專著。楊慎於嘉靖初謫戍雲南永昌之後，益發肆力古學，凡宇宙名物之廣，經史百家之奧，靡所不究，因而對程朱理學末流尤其是陸王心學的空疏之弊深表不滿。他除了在理論上對這種空疏學風進行激烈批判而外，還在實踐上親爲表率，對『古學』進行扎扎實實的研究。兼以他當時很需要從老莊思想中尋求精神解脫的良方，所以對莊子的研究用心甚勤，取得了豐碩的學術成果，爲明代莊子學的興起作出了重要貢獻。他通過輯錄諸家評語和自己的大量學術劄記而編成莊子解，很多自創之新說持之有故，言之成理；又在北宋陳景元莊子闕誤基礎上著成自己的莊子闕誤，爲世人提供了一個更適合閱讀習慣的新版本，在後世得以廣泛流傳；利用、補充陸德明莊子音義中某些音義資料而著成莊子難字，是一部內容豐富、頗成體系的莊子學著作，所謂『雖多仍舊音，叢載故詁，而中有全篇奧隱，用析片詞，陳說牽纏，無嫌詳剖，或借喻於方言，或援引於別錄，罔弗朗然冰釋，皎若日臨，不特昭其切叶，且兼擷乃英華者矣』（王尚修經子難字序）。朱得之，於嘉靖三十九年（1560）著成莊子通義一書，是明代第一部完整、系統的莊子學論著。他繼承並發展了司馬遷在史記老子韓非列傳中所倡導的莊子『要本歸於老子之言』的基本觀點，認爲莊子『學繼老、列』，莊子中的許多章節就是對老子思想的直接發揮。又認爲莊子篤信孔子，表現出了一定的儒學化傾向。

明代後期，學風發生了很大的變化，科舉場屋中的儒家經義漸爲考官和舉子們所厭倦，老、莊之學受到了歡迎。顧炎武日知錄卷一八『破題用莊子』條說：

隆慶二年會試，爲主考者厭五經而喜老莊，黜舊聞而崇新學，首題論語『子曰由誨汝知之乎』一節，其程文破云：『聖人教賢者以真知，在不昧其心而已。』始明以莊子之言入之文字。自此五十年間，舉業所用，無非釋、老之書，彗星掃北斗、文昌，而御河之水變爲赤血矣。崇禎時，始申舊日之禁，而士大夫皆幼讀時文，習染已久，不經之字，搖筆輒來。正如康崑崙所受鄰舍女巫之邪聲，非十年不近樂器，未可得而絕也。

又『科場禁約』條說：『萬曆三十年三月，禮部尚書馮琦上言：……自人文向盛，士習浸漓，始而厭薄平常，稍趨纖靡；纖靡不已，漸騖新奇；新奇不已，漸趨詭僻。始猶附諸子以立幟，今且尊二氏以操戈。背棄孔孟，非毀朱程，惟南華、西竺之語是宗是競。以實爲空，以空爲實；以名教爲桎梏，以紀綱爲贅疣；以放言高論爲神奇，以蕩軼規矩、掃滅是非廉恥爲廣大。』科舉是學風的指向標，時文以追新獵奇爲時尚，學風亦爲之大變。思想的解放爲莊子學的復興繁榮創造了有利的條件，一大批莊子學著作如雨後春筍般產生了。陸西星於萬曆六年（1578）著成了南華真經副墨八卷。他從蘇軾之説，認爲讓王、盜跖、漁父、説劍四篇乃後人竄入，非莊子手筆，並謂『虛靜恬淡寂寞無爲』八字，乃莊子全書內容之核心，故舉以分其卷帙，將二十九篇分爲八卷。陸西星不但繼承和發展了司馬遷關於莊子『其要本歸於老子之言』（史記老子韓非列傳）的觀點，而且還別開生面地提出了莊子爲老子之注疏的看法，『南華者，道德經之注疏也。』（南華真經副墨自敍）並以這一基本觀點貫串於南華真經副墨全書的著述過程之中。陸氏對莊子散文也很有研究，特別是他總結出了莊子文章脈絡具有『藕斷絲連』、『草蛇纊綫』的特點，在莊子散文研究史上具有很重要的地位。焦竑的莊子翼完成於萬曆十六年（1588），采摭自郭象以下治莊著作四十餘種，堪稱是明代莊子學集大成之作，也是整個明清時期采摭書目最多的一部莊子學著作，爲治莊者提供了相當豐富的資料。焦氏在選輯諸家説法的基礎上，往往要斷以己意，發表自己的見解，一方面對所選著作加以品評，另一方面又每以儒家及佛理思想對莊子加以會通，謂之『筆乘』，表現了其『博極經史，旁通釋道典籍，巋然負通人之望』的一代學人的治莊風格。沈一貫的莊子通雖與焦竑的莊子翼同年問世，但風格迥異，是一部具有較高理論水準的莊學著作。沈氏主要對郭象、成玄英等人的莊子學進行了大膽的駁斥，對莊子與儒家、佛家思想的異同進行了辨析，表現出了一定的儒學化傾向。他對莊子內、外、雜篇關係的看法較爲獨特，認爲『內篇者，皆莊子微言也』（逍遥遊題解），『外篇者，內篇之輔也』（駢拇題解），『雜篇者，零金剩玉，龐雜而出，其語非一端也。故其文不貫串，要之宗旨不異。』（庚桑楚題解）在繼承前人看法的基礎上有很多新見。釋德清的莊子內篇注，是繼陸西星南華真經副墨之後的又一部莊學力著。此書大力倡導三教合一之説，一方面認爲莊子是老子之注疏，另一方面又每以佛理闡釋莊子，同時又間用儒家思想加以會通，對後世產生了較大影響。釋性通積三十年功力著成了南華發覆一書。他雖然是一個佛門的學者，並沒有以佛教思想來闡釋莊子，而是以莊解莊，以道家哲學中的重要概念『道』爲莊子內篇之指歸，以『德』爲莊子外篇之指歸，並以此爲原則指出了莊子雜篇之所以謂之『雜』的原因是因爲不符合『道德』之正，從而使他的南華發覆成了繼宋末褚伯秀南華真經義海纂微之後的又一部以莊解莊的重要莊子學著作。

晚明莊子學的一個特點是出現了一批文人型的治莊隊伍，這些人大部分是當時很有影響的詩文流派的領軍人物，對莊子又頗爲用心，其中有不少人甚至撰寫過莊學專著。如後七子中的王世貞，他不但羡慕莊子超然物外的思想，而且特别喜歡莊子的文辭。讀莊子三篇論文充分地表明了他的莊子學思想，表現出了一定的儒學化思想傾向。在南華經評點中，他又對莊子散文的『篇法』、『章法』、『句法』以及層次結構等作了充分的揭示，從文學欣賞的角度爲莊子研究注入了新的活力。唐宋派的茅坤則受到莊子某些思想啟發而提出了『凝神』説。他在文訣五條訓緍兒輩中説：『五曰凝神。神者，文章中淵然之光，窅然之思，一唱三歎，餘音嫋娜，即之不可得，而味之又無窮者也。入此一步，則莊子之秋水、馬蹄，……並吾神助也。吾嘗夜半披衣而坐，長嘯而歌。久之，露零沾衣，不覺銀河半落，明星在掌，已而下筆風神倍發也。此皆吾所得者。』唐順之則著有南華經釋略，要言不煩，表現出了一定的佛學化傾向。唐宋派的另一位著名代表人物歸有光著有南華真經評注，借批點莊子表達了自己對人生、社會的看法和自己的一些感想。公安派中更不乏研究莊子的高手，袁宏道著有廣莊七篇，是對莊子內篇思想的進一步發展，也有清洗積憒、譏刺豎儒、拓廣讀莊子者之狹劣心胸等意思，更有混合道、釋、儒三教之用意。袁中道有導莊七篇，是一部具有濃厚佛教理論色彩的莊子學著作。陶望齡也是公安派的重要一分子，著有解莊十二卷，他非常注意引用前人的成果，對莊子思想又多有所辨析，很多地方富有新見。竟陵派代表人物譚元春著有莊子南華真經（評點），多以佛理和儒學思想與莊子相會通，他對莊子文本亦很有研究，特别是對寓言的闡釋上，往往能發前人所未發。

明末莊子學的另一大特點是鼎革前後出現了一批遺民治莊群體。尤其是隨著明王朝的土崩瓦解，很多有志之士便以逃禪和治莊作爲他們無奈的選擇。覺浪道盛入清後曾著三子會宗論、莊子提正，倡議爲孟子、莊子、屈原立一座祠廟，並提出了莊子爲『堯孔真孤』、莊子爲『儒家別傳』的說法，以寄托其想要傳承華夏文明的思想感情，從而委婉地表達了他的愛國思想。方以智著成藥地炮莊九卷，進一步發揮了其師道盛的莊子學思想，大倡托孤之說，表達了他的愛國之情。禪師俍亭淨挺撰寫了漆園指通，將道盛的『儒家別傳』說改造成『釋家別傳』說，反映了他在無可奈何情況下意欲淡化遺民意識而忘世事於禪境之中的思想。錢澄之在莊子詁一書中著重討論了如何安身立命和『遊』世的問題，表達了遭受鼎革動亂之後的遺民所産生的那種百般無奈的心境。王夫之著有莊子通、莊子解二書，特別強調其所謂莊子『自立一宗』的觀點，希冀從莊子中闡釋出超邁不群的思想，以此來表達自己抱獨守貞的遺民情操。傅山的莊子批點則反映了作爲一位明遺民的獨立人格風貌和作爲明清之際一位啟蒙思想家的個性解放思想。明遺民的莊子學不但爲明代莊子學譜寫了光輝的最後一頁，而且也爲整個莊子學史增添了一項獨特的思想内容。

明代莊子學還有一特點，是評點之風的興盛以及書商乘機濫印莊子以牟利之現象的出現。由於受場屋時風的影響，時文評點受到了士子們的喜愛和追捧。坊間書商也敏鋭地察覺到了這一商機，不遺餘力地利用它來賺取商業利潤。『邇來坊間知時尚，子書家家混刻，惟知子書之名可以售利駕名』，甚或『坊刻諸子多創爲詭姓假名』（見百子金丹凡例）。如天啟四年竺塢刊署爲『明歸有光熙甫批閲、文震孟文起訂正』的南華真經評注十卷，收錄唐、宋、明名公名家眉批和篇末總批凡七十餘家，計六百五十餘條，其數量之驚人，實爲此前所未有。其對後世的影響，也遠爲明代其餘所有批點本所不逮。但今細加考查，發現其冠以唐宋八大家等名公名家的批點可能皆爲僞作，大都是對劉辰翁、林希逸等人所撰文字的改頭換面而已，其手法之低劣，實讓人驚訝，對後世也造成了很壞的影響。凡此，都反映了晚明學術浮躁、書商和學人每每作僞的風氣。但到了明遺民那裏，這種風氣已大爲減弱，從而使明代莊子學有了一個較好的收結，也爲清代莊子學的發展開了一個好頭。

7．清代莊子學演進之跡

滿洲貴族入主中原以後，對中原傳統文化產生了濃厚的興趣，清朝不少皇帝不僅自己努力學習漢族文化，還制定了很多有利於文化發展的政策，如下詔編纂古今圖書集成、四庫全書等等。應當說，這種形勢也是比較有利於莊子學發展的。

清代實行理學治國，利用科舉制度籠絡人才，因此其莊子學的一個重要特點是延續了宋明以來以文評莊的路子，使莊子散文研究達到了一個新的高潮，取得了前所未有的成就。林雲銘的莊子因開風氣之先。他借用時文之法來評點莊子，十分詳細地揭示了莊子文章的段落、眼目、照應、來路去路以及開合、承轉、抑揚、起伏等特徵，雖顯繁瑣，但很有借鑒意義。更爲可貴的是，他還對莊子文章的藝術特徵發表了一些獨到的看法，如在逍遙遊篇末總評中說：『篇中忽而敍事，忽而引證，忽而譬喻，忽而議論，以爲斷而非斷，以爲續而非續，以爲復而非復，只見雲氣空濛，往返紙上，頃刻之間，頓成異觀。陸方壺云：「纜中綫引，草裏蛇眠。」嘻！得之矣！』認爲莊子文章具有很強的藝術魅力，遠非其他諸子文章所可比擬。吳世尚著有莊子解，對林雲銘的莊子因有所繼承和發揚，特別是他對莊子內七篇藝術技巧的闡釋，富有新見。如在內篇大意中說：『其文有空寫，有實寫，有順寫，有反寫，有淡寫，有濃寫，有近寫，有遠寫，有半寫，有全寫，有加倍寫，有分幫寫，使筆如使利斧，當之者摧，遇之者碎，湧墨如湧海潮，直者山立，橫者岡連，尋行逐字，既無從測其言外之指，高視闊步，又未免失其句中之義耳。』他又配合以上文字對每篇特點進行了具體分析，切中肯綮，又多能發前人所未發，因而後人多有借鑒。宣穎的南華經解是莊子散文研究史上的又一座高峰，其成就之大是前人所無法比擬的。首先，他第一次對莊子的段落結構進行了完整的分析，並對段落中的層次關係進行了揭示，幾乎具有了近現代意義上的文章分析法的特點。其次，對莊子所使用的藝術手法特別是比喻的修辭手法進行了精心闡釋，『莊子之文，長於譬喻，其玄映空明，解脫變化，有水月鏡花之妙。且喻後出喻，喻中設喻，不啻峽雲層起，海市幻生，從來無人及得。』（莊解小言）再次，宣穎是第一個比較全面而自覺地闡釋莊子意境的人，他别出心裁地指出了莊子哲學的最高範疇『道』具有『如涼月空霄，清光滿映』的意境（天地評），並指出其文境與道境渾同爲一，達到了『意愈超脱，文愈縹緲』的藝術境界。孫嘉淦約於雍正前後著成南華通七卷，以時文之法評莊子，頗有心得，認爲『天下之文，其離奇變化而不可驟通，至南華而止矣。然熟讀而細玩之，則見其部如一篇，篇如一章，且如一句，如是其通也。又見其部如一章，且如一句，如是其通之甚也。』（南華通末評）給了讀者有益的啟示。林仲懿的南華本義完成於乾隆十四年，在義理的闡釋上多受程朱理學影響，但謂內七篇是一個『匠心結撰』、『一綫穿去』的整體，既不乏一以貫之的思想內容，又具有很高的藝術價值，這些見解卻是值得重視的。胡文英的莊子獨見是繼宣穎之後的又一個較好的本子。其突出成就是在對莊子文章的起落轉接、抑揚進退等特徵揭示的基礎上，對內七篇的文章脈絡進行了全面梳理，使每一篇都成了有機整體。其次，他提出了『莊子最是深情』說：『莊子眼極冷，心腸極熱。眼冷，故是非不管；心腸熱，故感慨無端。雖知無用，而未能忘情，到底是熱腸掛住；雖不能忘情，而終不下手，到底是冷眼看穿。』這種看法很有見地，被後人廣泛傳誦。自嘉慶以後，以文解莊的著作逐漸減少，但陸樹芝於嘉慶元年著成莊子雪三卷，尚能振起林雲銘、宣穎等大家之遺響，無論在義理或藝術闡釋方面都具有一定的深度，而且還往往能提出一些獨特的見解。至光緒時期，出現了一部在莊子散文闡釋方面足可稱爲集大成的巨著，即劉鳳苞所著的南華雪心編八卷。此著初稿約成於光緒三年，反復修改後刊刻於光緒二十三年，全書依宣穎南華經解之『義例』，兼采晉以來各家說以及明清學者所作評語，對莊子散文藝術作了極爲詳盡的剖析。尤其突出的是，此書從字、詞、句、段、篇等各個方面，對莊子一書的段落結構、人物塑造、筆法特徵、審美意境等方面作了詳細的闡釋，所取得的成就可謂前無古人，亦未見有來者。縱觀清代莊子散文研究的歷史，我們可以看到，由於這些治莊者大都是儒者，他們自覺接受了儒家正統思想，因此在解莊過程中出現了以儒解莊，同時亦每引理學入莊的現象，這不能不說是一大缺陷。

清統治者爲了消除漢族知識分子對其思想的抵制,每每採取高壓政策,通過屢興文字獄等手段來加以殘酷摧殘。在這樣的形勢下,清代莊子學便隨著乾嘉考據學的興起而開出了考據一途。其開創人物當爲王懋竑,其所著莊子存校主要是通過利用陸德明莊子音義的豐富資料,並以郭象注、林希逸莊子鬳齋口義本等爲參照,對莊子重要字句、音義及後人的解釋等作了精心校訂,真正開創了乾嘉學派莊子考據之學的先河。盧文弨的莊子音義考證對陸德明莊子音義作了許多補正,主要涉及了對莊子文本的校訂,以及對前人爲莊子所作之音義的考訂。其對莊子文本的校訂,甚至已注意到了諸如對通用字、異體字、正體字與俗字等問題的處理,而且處理得比較恰當,表現出了作爲一位乾嘉大師細緻、專一的治學精神和較高的解決校勘問題的實際能力。王念孫莊子雜志的問世則標誌著最能代表乾嘉學派莊子考據形式和風格的著作已經出現。作爲一位能集淹博、識斷、精審於一身的乾嘉學派大師,他撰寫莊子雜志既善於運用以音求義、參考成訓等方法來訓釋校勘莊子有關文字,又善於通過文獻互證、通假引申、隨文訓釋等方法來考定莊子某些字句的確切意義,所以創獲甚多。其所具有的獨創性對後世有著十分重要的典範意義,而其所達到的學術水準則更爲後人所難以企及。江有誥的莊子韻讀致力於古音韻研究,節錄莊子一書和王應麟所輯莊子逸篇中的用韻文句,於入韻之字圍以圓圈,並於其下注明韻部。到了道光以後,莊子考據之學於窮途末路之中,卻因得俞樾、孫詒讓、章炳麟諸大師堅守壁壘,仍得到了一定的發展。俞樾著莊子平議三卷,在王念孫莊子雜志基礎上又有較大拓展,成績甚爲可觀。其所撰莊子人名考一卷,更是歷史上唯一的莊子人名研究的專著,至今仍享有很高的學術地位。孫詒讓著莊子劄迻,以明世德堂刊莊子郭象注本校景宋成玄英疏本及王念孫莊子雜志、俞樾莊子平議,既能繼承前輩樸學大師的優良傳統,又能在考釋方法上有所創新,因而也取得了較大的學術成就。章炳麟著莊子解故一卷,對俞樾的莊子平議既有繼承又有發展,撥正莊子疑義凡二百四十八條,可謂爲有清一代莊子考據之學作了一個光輝結束,同時也成了民國時期莊子考據之學的很好起點。

桐城派的形成對清代莊子學的發展也起到了很大的推動作用。追溯淵源，桐城派與莊子結下不解之緣當始於晚明。方以智之外祖父吳應賓，號觀我，又號三一齋老人，桐城人，方以智藥地炮莊卷首署曰『三一齋老人正』，說明方氏此書正得到過吳氏的指正。書中亦每引吳應賓治莊之遺說，而分別冠以『觀我氏曰』、『三一曰』、『正曰』等字樣。方以智的父親孔炤，字潛夫，別署潛老夫，著作有潛艸等。藥地炮莊中凡冠『潛艸曰』、『潛老夫曰』者，亦皆爲其論莊之遺說。凡此皆可說明，明末的桐城學者已跟莊子結下了不解之緣。由於鼎革動亂，桐城學者方以智非常需要借助於莊子的洸洋恣肆之談以攄發其遺民胸臆，所以著有藥地炮莊一書。錢澄之進入新朝後所面臨的主要是如何出處進退即如何『遊世』的問題，這就使他非常敏感於宋遺民劉辰翁所謂『莊子宗旨，專在一「遊」字』的說法，因而便致力於莊子闡釋，而著莊子詁，希望從中找到如何『遊世』的答案。方以智的孫子方正瑗於乾隆初著成了方齋補莊一卷。但由於方正瑗成長於清代，已不復有方以智那樣的遺民意識，所以他實際上是要以正統的儒家思想來補救所謂的莊子思想之偏，可謂基本上背離了莊子思想的本意。『桐城三祖』中的劉大櫆、姚鼐，亦曾用力於莊子。劉大櫆評點過莊子，可惜其所評點的莊子本子今已不見，但有很多評語因被吳汝綸莊子點勘、馬其昶莊子故、胡遠濬莊子詮詁等書所徵引而得以保存。姚鼐著有莊子章義五卷，具有明顯的儒學化傾向。咸豐、同治間，桐城另一位儒者方潛則持儒道合一的觀點來評批莊子，後人輯其批語爲南華經解一書。在方潛看來，莊子放言詆訾孔子之徒，只是表面現象，實際上他很尊崇儒家聖人，這就從根本上否定了儒道對立的基本事實。桐城派發展到後期形成了幾個支派，以曾國藩爲首的湘鄉派影響最大。曾國藩自謂『於四書、五經外，最好史記、漢書、莊子、韓文四種』。今案曾氏經史百家雜鈔『論著之屬一』，鈔有莊子之逍遙遊、養生主、駢拇、秋水四篇全文，及馬蹄、胠篋、達生、山木、外物五篇部分章節，並皆加以圈點。在古文四象中，曾氏又鈔錄莊子部分文字歸於『少陽趣味』一類，並標明其有『詼詭之趣』、『閒適之趣』，對莊子文章特徵有著獨特見解。與曾氏相友善的郭嵩燾，也是湘鄉派的重要作家。他爲莊子所作的劄記，大量地保存於郭慶藩莊子集釋中，往往表現出了十分獨特的見解。郭慶藩是郭嵩燾的侄子，所著莊子集釋十卷，將西晉以來的治莊精華匯爲一集，又多有自己的治莊心得，成爲近百年來流行最廣的莊子學著作之一。王先謙曾受教於曾國藩、郭嵩燾，又與郭慶藩有學術來往，所著莊子集解八卷，以簡明扼要的文字來把握莊子的本意，深得人們喜愛。爲『曾（國藩）門四弟子』之一的吳汝綸，是繼桐城名公方濳之後的又一位桐城籍治莊學者。他在劉大櫆、姚鼐圈識基礎上著成了莊子點勘十卷，主要在莊子校釋方面取得了較大成就，頗爲後人所重視。桐城人馬其昶，又是吳汝綸、張裕釗等桐城派巨儒的弟子，所著莊子故八卷，采摭眾家之說，附以己意，持論謹慎。在桐城派末代作家中，有福建人嚴復和林紓。嚴復服膺桐城古文，既深諳西學之精要，又有深厚的舊學功底，尤其喜愛充滿自由思想的老莊哲學。他曾評點老子、莊子，將西方有關理論全面引入老莊思想的解釋，爲傳統的道家思想賦予了現代意義，成了用西學解釋老莊的倡導者。林紓與馬其昶、姚永概等相友善，論文以桐城爲依歸。他撰寫莊子淺說，很重視承因、申述郭象的莊子學思想，並較多地攙雜了自己的人生感想，兼以文筆較美，又能深入淺出，因而頗得讀者喜歡。

8．民國莊子學演進之跡

清末民初的中國，可謂處在一個政治上內外交困、思想上新舊更替的時期。西方列強用堅船利炮打開了中國封閉的大門，接著辛亥革命、『五四』運動的先後爆發，西方的各種思想和學術著作趁機蜂擁而至。在這種形勢下，中國的傳統文化受到了前所未有的衝擊。一部分學者不再恪守傳統的治學方式，而是自覺地以『中體西用』、『中西互補』爲理論武器，注重古今學術、中西學術以及各門學術之間的多層次的滲透、整合與創新。這一時期的莊子學亦刻上了鮮明的時代烙印。胡適帶著『研究問題，輸入學理，整理國故』的目的，引進了西方進步的學術思想，對莊子進行了重新審視。他在批判莊子樂天安命的命定哲學和懶人哲學的同時，吸收了達爾文和杜威的思想，提出了所謂莊子『生物進化論』的說法，並對莊子中的名學進行了新的闡釋。魯迅喜愛莊子的批判精神，嚮往莊子的獨立人格，更稱讚其文『汪洋闢闔，儀態萬方，晚周諸子之作，莫能先也』（漢文學史綱要）。但他也毫不留情地批判了莊子對中國傳統文化和對中國民族性格的危害。郭沫若對所謂厭世的思想家和滑頭主義的莊子進行否定的同時，對具有『泛神論』人格的莊子則作了大膽的肯定，並借助莊子自然無爲的思想提出了其關於無功利目的的文藝創作理論。聞一多對莊子文學極爲傾倒，認爲莊子一書『外形同本質都是詩』，莊子是『開闢以來最古怪最偉大的情種』，是一個『抒情的天才』、『寫生的妙手』、高明的寓言家和以醜爲美的審美境界的開創者。他還秉承乾嘉學派的考據傳統，並吸收現代西方社會的新學說、新理論和新方法，對莊子文本作了深入研究，提出了許多新穎的見解。

隨著西方新的學術思想和學術方法的傳入，不少學者開始注重歷史公例的探求。梁啟超在詮釋莊子天下時指出，『批評先秦諸家學派之書，以此篇爲最古』，而且『批評最精到』、『最公平』。因此他撰寫了莊子天下篇釋義，對民國學人研究莊子具有示範意義。接著錢基博著讀莊子天下篇疏記、顧實著莊子天下篇講疏、方光著莊子天下篇釋、譚戒甫著莊子天下篇校釋、高亨著莊子天下篇箋證、張壽鏞著莊子天下篇之分析、單晏一著莊子天下篇薈解等等，皆與他們有見於天下篇在中國學術研究史上佔有重要地位有關。郎擎霄著莊子學案，特闢歷代莊學述評一章文字，總結論述從漢代到近代莊子學的研究成果，較明晰地反映出了莊子學研究歷史演進的軌跡，則尤其值得我們重視。

雖然傳統的莊子注疏之學開始走向衰落，但民國時期仍有一部分學者在這方面取得了可喜的成就。如阮毓崧著莊子集注，擷英采華，集幾十家之說，並斷以己意，不乏獨特的見解，是繼郭慶藩莊子集釋、王先謙莊子集解之後的又一部較理想的莊子集注著作。胡遠濬著莊子詮詁，引錄前人注解及評語數十家，尤其可貴的是此書保存了桐城學者劉大櫆、姚永樸、姚永概等人的評注文字。注文順文作解，眉欄錄各家評語，各段末附以己意，往往有自己的獨特見解，亦不失爲民國時期較好的莊子學著作之一。黃元炳著莊子新疏，僅解內七篇，倡『莊子之學宗孔祧老，實爲易教之別傳』之說，是歷史上易學化傾向最爲嚴重的莊子學著作之一，牽強附會之處不少，但大多數闡釋還是比較接近莊子本意的。秦毓鎏著讀莊窮年錄，共錄莊子原文三百六十五條，條目後另起行予以解釋，每每有新的見解。並且還間引西方哲學中某些論點來解釋莊子思想，如在齊物論篇『有無也者』條目後解釋說：『謂一切虛幻者。案西國哲學，有惟物、惟心二派。有有，即惟物之説也；有無，即惟心之説也。』這樣的解釋，頗可新人耳目。馮友蘭、呂振羽、侯外廬、任繼愈等，則多由傳統學術轉向馬克思主義的立場，自覺運用馬克思主義思想觀點指導莊子研究，成了解放後莊學界的主流思想之一。

民國時期的考據之學雖遠不能與清乾嘉學派相比擬，但因有一大批學者的努力，莊子考據之學仍取得了豐碩成果。如劉師培著莊子斠補、孫毓修著莊子劄記、奚侗著莊子補注、陶鴻慶著讀莊子劄記、胡懷琛著莊子集解補正、丁展成著莊子音義繹、楊樹達著莊子拾遺、朱桂曜著莊子內篇證補、高亨著莊子新箋、于省吾著莊子新證、楊明照著莊子校證等等，多有創獲，而尤以馬敘倫著莊子義證、劉文典著莊子補正、王叔岷著莊子校釋等最下苦功，故至今爲治莊者所重視。

第一編

戰國莊子學

第一章　戰國莊子學概說

第一節　戰國莊子學興起的歷史背景

春秋戰國時期，諸子百家紛然並起。他們從各自的思想立場出發，互相爭鳴，互相非難，因而各個學派之間便構成了互相評論和闡釋的關係。正是在這樣的背景下，莊子每每剛把自己的某些思想觀點表達出來，就會很快遭到其他學派人物，尤其是他的諍友惠施的評論和闡釋。歸納起來，惠施對莊子的評論，主要是指出他的學說『大而無用』（莊子逍遥遊），並沒有什麽實際價值。顯然，這代表了名家中的一派以功利眼光對莊子學説的評論和闡釋。嗣後，荀況在歷數諸子之『蔽』的過程中，也批評了莊子，認爲『莊子蔽於天而不知人』（荀子解蔽）。荀況的這一批評，則代表了後期儒家對莊子學説的評論和闡釋。

到了戰國末年，由於經過前一時期的百家爭鳴和不同學術觀點的激烈交鋒，各學派都顯示出了自己的長處與弱點，因而他們就按照自身發展的邏輯，迫切要求廣泛吸收其他學派的思想成果來充實自己。這種吸收過程，實際上就是對其他學派思想成果進行積極闡釋後的吸納過程。如荀況雖然批評莊子『蔽於天而不知人』，但他卻往往通過改造並利用莊子的思想資料來充實自己的思想理論。韓非像他的老師荀況一樣，既嚴厲地批評過莊子，認爲莊子的『恍惚之言』、『恬淡之學』，無疑就是『天下之惑術』（見韓非子忠孝），同時也十分重視改造並利用莊子的思想資料，以便爲自己的法治學說尋找更多的理論根據。至於呂氏春秋，其中引用莊子思想資料的地方更可謂比比皆是。正是諸子們的這些具有改造性的引述活動，在一定程度上起到了對莊子的闡釋作用。另一方面，在這種歷史背景之下，莊子後學也深深地意識到需要對自己學派的思想理論作一番總結性的闡述，於是莊子天下中那段闡述莊子學說淵源、言說方式、文章風格特徵等的文字便應運而生了。

莊子學在發軔與漸進的過程中，與黃老學的互動關係比較明顯。黃老之學是除老莊學派之外道家的最大分支，因其尊崇傳說中的黃帝和老子爲創始人而得名。該流派形成的歷史，大約可以追溯到齊國的稷下學宮。據史書記載，齊國早在春秋齊桓公時就有養士的風氣，到了戰國齊宣王時規模更大，人數多達千有餘，見於史冊者主要有宋鈃、尹文、慎到、彭蒙、田駢、環淵、鄒衍、騶奭、淳于髡、兒說、田巴、魯仲連、接子等。孟子、荀子也先後到過這裏，皆不治而議論。稷下學宮先後匯聚了衆多學派的人物，但自可考者觀之，推行黃老學者應爲多數。故史記孟子荀卿列傳云：『自騶衍與齊之稷下先生，如淳于髡、慎到、環淵、接子、田駢、騶奭之徒，各著書言治亂之事，以干世主，豈可勝道哉！ ……慎到，趙人。田駢、接子，齊人。環淵，楚人。皆學黃老道德之術，因發明序其指意。故慎到著十二論，環淵著上下篇，而田駢、接子皆有所論焉。』黃老學以老子學說爲主體，並在採納陰陽、儒、法、墨等學派觀點的基礎上，大膽提出了法、術、勢、利、力，以及通過『無爲』而達到『有爲』等理念，使先秦道家學說擺脫了理想主義的窠臼，開始走上了現實主義的道路。司馬談論六家要指指出：『道家無爲，又曰無不爲，其實易行，其辭難知。其術以虛無爲本，以因循爲用。無成勢，無常形，故能究萬物之情。不爲物先，不爲物後，故能爲萬物主。有法無法，因時爲業；有度無度，因物與合。』班固漢書藝文志亦說：『道家者流，……秉要執本，清虛以自守，卑弱以自持，此君人南面之術也。』二人所總結的『道家』，實際上是黃老道家學說的特徵，已爲老莊道家增添了其他學派的思想成分。從另一方面看，莊子學在發展的過程中也自覺吸收了黃老學的思想，不再完全固守原來的思想形態。如公認爲莊周本人撰寫的內篇中的養生主、人間世、應帝王，第一篇主張養生重在護養精神，第二篇主張以『無用』爲處世之道，第三篇主張治世必須完全『無爲』；而發展到外篇，達生篇主張形神並養，山木篇主張處於『有用』、『無用』之間，天道篇主張君主『無爲』而臣下『有爲』，凡此皆當是莊子的後學之所爲，明顯摻入了黃老學的思想理念，體現了其較爲務實的精神。

今所傳管子一書，內容甚爲龐雜，法家、儒家、道家、名家等家思想兼而有之，顧頡剛認爲是齊國稷下學者的著作總集①，馮友蘭也認爲是稷下學術中心的一部論文總集②。其中心術上下、內業、白心四篇，祖述老子學說，以老莊道家哲理闡發法家思想，又兼采儒、墨等家某些理念，把道家『無爲而治』的思想提升爲『南面君人之術』，黃老思想特徵尤爲明顯，對齊地黃老術的發展具有一定推動作用，對莊子外雜篇思想的轉化也產生了不少影響。史記樂毅列傳說：『樂臣公學黃帝、老子，其本師號曰河上丈人，不知其所出。河上丈人教安期生，安期生教毛翕公，毛翕公教樂瑕公，樂瑕公教樂臣公，樂臣公教蓋公，蓋公教於齊高密、膠西，爲曹相國師。』又曹相國世家說：漢初曹參相齊國時，『聞膠西有蓋公，善治黃老言，使人厚幣請之。既見蓋公，蓋公爲言治道貴清靜而民自定，推此類具言之。參於是避正堂，舍蓋公焉。其治要用黃老術，故相齊九年，齊國安集，大稱賢相。』後曹參被提升爲漢王朝的相國，他又把齊國的黃老學帶進漢王朝，作爲治理天下的施政方略，因而也有力地推動了莊子學的發展。說明莊子學從戰國時興起直到漢初推進，都與齊地的黃老學有千絲萬縷的互動關係。

在管子中的心術上下、內業、白心四篇被學術界逐步重視，視爲先秦重要的黃老學著作後，1973年人們又在長沙馬王堆發現了老子帛書乙本之前的經法、十大經、稱、道原四篇古佚書，唐蘭先生認爲即是漢書藝文志所

---

① 見周公制禮的傳說和〈周官〉一書的出現，文史第六輯，中華書局1979年6月版。

② 見中國哲學史新編上冊第三章齊晉兩國的改革及齊桓、晉文的霸業，人民出版社1998年版。

著錄的黃帝四經，當寫成於戰國中期。黃帝四經在修改老莊道家的基礎上，倡導文武並用、刑德兼行的道法思想，爲先秦黃老學的主要經典之一，對莊子後學的思想應當有一定影響。慎到爲戰國中期稷下學派的重要人物之一，史記孟子荀卿列傳謂其『學黃老道德之術』，莊子天下對他有較詳論述，他的思想應當與莊子及其後學思想發生過互動關係。鶡冠子當爲戰國晚期楚國人，是當時南方的道家學者，具有一定的黃老學思想傾向。今所傳鶡冠子一書，化用莊子文句、借鑒莊子思想之處不少。韓非爲戰國末年法家學說的集大成者，史記老子韓非列傳卻謂其『喜刑名法術之學，而其歸本於黃老』，故以之與老子、莊子同傳。今所傳韓非子一書，其中即多有借鑒及闡述老莊思想之處。稍後，呂不韋組織門客編纂呂氏春秋，凡黃老道家與儒、墨、法、兵、農、縱橫、陰陽等家思想無所不采，援引、改造莊子思想資料亦多，實居先秦各書之首。凡此等等，皆爲漢代各家著作吸收、借鑒與發揮莊子思想起到了導夫先路的作用。

此外，老莊道家思想還有受南北文化雙重影響的特徵。『老子者，楚苦縣厲鄉曲仁里人也。』（史記老子韓非列傳）故其所著老子一書，既具有北方散文之體，又充滿南國詩歌之情。『莊子者，蒙人也。……其學無所不窺，然其要本歸於老子之言。故其著書十餘萬言，大抵率寓言也。』（同上）既然『要本歸於老子之言』，其章法筆意又何曾不似之？蒙爲宋地，與楚鄰接，而楚疆域廣大，強盛又非一日之淺，文化上對於宋國的影響豈可低估？兼以楚文化瑰麗多姿，則想像力飛馳八方、連翩無窮的莊子及其後學能不神而往之嗎？所以莊子中具有一些楚文化的特質也就不足爲奇了。王國維說：『南人想像力之偉大豐富，勝於北人遠甚。彼等巧於比類，而善於滑稽，故言大則有若北冥之魚，語小則有若蝸角之國，語久則大椿冥靈，語短則蟪蛄朝菌。至於襄城之野，七聖皆迷，汾水之陽，四子獨往，此種想像，決不能於北方文學中發見之。故莊、列書中之某分，即謂之散文詩無不可也。』（屈子文學之精神）其至樂篇謂『莊子之楚，見空髑髏』，秋水篇謂『莊子釣於濮水，楚王使大夫二人往先焉』等等，或許就是莊子後學依據『南人想像力』對自己的老師所作的浪漫『闡釋』。從另一方面看，後來他們從莊子思想中汲取精神力量的重要手段。

楚大夫屈原及其弟子所寫的辭賦，又接受了莊子的一些影響。如涉江、漁父、遠遊及對楚王問等篇，皆對莊子思想資料有所援引與發揮，此後經秦博士所作仙真人詩等作品的傳承，這一方法遂廣爲漢代辭賦家所接受，成爲他們從莊子思想中汲取精神力量的重要手段。

第二節　戰國莊子學的漸進過程

在今天看來，作爲起始期的戰國莊子學無疑比較幼稚，因爲它基本上還沒有從哲學、歷史、文學等著作中分離出來而成爲一門具有完整體系的獨立學問。然而又無可否認，這一時期的莊子學在總體上卻呈現出了緩慢漸進的趨勢，爲秦漢莊子學的演進打下了初步的基礎。

對莊子學説的評論與闡釋，最早是從莊子的諍友即名家代表人物之一惠施開始的。用他最有概括性的一句話來説，就是莊子的學説『無用』：『惠子謂莊子曰：「……子之言，大而無用，衆所同去也。」』（莊子逍遥遊）『惠子謂莊子曰：「子言無用。」』（莊子外物）這裏所謂的『無用』，是説莊子的學説虚無不切實際，沒有任何實用價值。又名家的另一位代表人物公孫龍曾問好友魏牟説：『龍少學先生之道，長而明仁義之行；合同異，離堅白；然不然，可不可；困百家之知，窮衆口之辯，吾自以爲至達已。今吾聞莊子之言，汒焉異之。不知論之不及與，知之弗若與？今吾無所開吾喙，敢問其方。』魏牟回答説：『彼方跐黄泉而登大皇，無南無北，奭然四解，淪於不測；無東無西，始於玄冥，反於大通。』（見莊子秋水）公孫龍與魏牟的問答則是説，莊子的思想博大精深、神妙莫測，實起源於未有宇宙之先，返歸於大道之上，與惠施執著於功利目的而作出的價值判斷有很大的不同。

從莊子外雜篇對内篇有所承因與發揮方面看，外雜篇當多爲莊子後學所撰，可看成是對内篇所作的闡釋。

如内篇所謂『彷徨乎無爲其側，逍遥乎寢卧其下』（逍遥遊）、『乘雲氣，騎日月，而遊乎四海之外』（齊物論）、『芒然彷徨乎塵垢之外，逍遥乎無爲之業』（大宗師）、『予方將與造物者爲人，厭，則又乘夫莽眇之鳥，以出六極之外，而遊無何有之鄉，以處壙埌之野』（應帝王）等，先後主旨基本是一以貫之的，都是要讓主體的心靈到現實以外去追求絶對自由。但外篇所謂『千歲厭世，去而上仙；乘彼白雲，至於帝鄉』（天地）等，顯然已由重視提升精神而轉向養形求長生，以神仙方術來闡釋莊子的本真思想。内篇的養生思想集中體現在養生主篇中，認爲養生的宗旨在於依乎自然，處於至虚，遊於無有，讓精神融於宇宙大化之中。但外雜篇甚或主張『備物以將形』（庚桑楚）、『養形必先之以物』（達生），以『物』爲養生的先決條件，雖説是對莊子養生思想的發揮，卻已有明顯的差别。内篇的處世哲學主要在人間世篇中得到闡述，認爲無所可用才可以遠害全身，而外篇中的山木篇卻以『處乎材與不材之間』爲遠禍全身之道，對莊子的處世思想作了大膽的轉化。内篇中的應帝王篇集中地反映了莊子的政治思想，主張治理天下應該採取完全無爲的態度，而外篇卻倡導『主者，天道也；臣者，人道也』（在宥）、『上必無爲而用天下，下必有爲爲天下用』（天道）的施政方針，在莊子政治論之外又添入了黄老學思想。總之，莊子外雜篇顯然與内篇有著繼承與發揮關係，在一定程度上推動了莊子學的發展。

尤其值得注意的是雜篇中的天下篇。此篇亦當爲莊子後學所撰，對莊子作了相當全面、系統的闡釋。第一是指出了莊子學説的淵源，認爲莊子之學與關尹、老聃同源共派，乃是繼承與發展『芴漠無形，變化無常』的『古之道術』而來。第二是指出了莊子的言説方式，認爲其特徵主要表現爲『以謬悠之説，荒唐之言，無端崖之辭，時恣縱而不儻，不以觭見之』，因而使其文章成了一座語境迷宫。第三是指出了莊子文章的藝術風格，認爲『其書雖瓌瑋，而連犿無傷也；其辭雖參差，而諔詭可觀。』即莊子的文章壯偉瑰奇、滑稽詼諧，每以虚構的故事來曲折表達其思想感情，以便婉轉合物而不使世俗之人的情感遭受傷害。第四是指出了莊子的精神境界，認爲其本質特徵主要表現爲『獨與天地精神往來，而不敖倪於萬物。不譴是非，以與世俗處』、『上與造物者遊，而下與外死生、無終始者爲友』，從而實現了主體心靈的無限超越。第五是指出了莊子學說的特徵，認爲『其於本也，弘大而闢，深閎而肆；其於宗也，可謂稠（調）適而上遂矣』，即他的學說是以反映包羅萬有的大道並直溯大道的本原爲特徵的。可見天下篇作者對莊子的闡釋確實頗爲全面、系統、精審，其中對莊子學說的評價雖然有些過高，但畢竟也將其作爲各派理論中的一派來看待，試圖以比較客觀公正的態度來開展闡釋活動，從而爲莊子學在初期的發展作出了很大的貢獻。

今所傳的戰國其他不少諸子書，也與莊子構成了互動關係。托名管仲所著的管子一書，內容相當龐雜，法、儒、道、名各家思想兼而有之，當爲齊國稷下學者文章的結集。其中心術上下、內業、白心四篇，與莊子的關係尤爲密切。如心術下所謂『能專乎？能一乎？能毋卜筮而知凶吉乎？能止乎？能已乎？能毋問於人而自得之於己乎』，當出於莊子庚桑楚：『能抱一乎？能勿失乎？能無卜筮而知吉凶乎？能止乎？能已乎？能舍諸人而求諸己乎？』又白心所謂『故曰：功成者隳，名成者虧。故曰：孰能棄名與功，而還與衆人同？』當出於莊子山木：『昔吾聞之大成之人曰：「自伐者無功，功成者墮，名成者虧。」孰能去功與名，而還與衆人？』今所傳慎子一書，亦非全出慎到之手，內容比較龐雜，如云：『民雜處而各有所能者不同，此民之情也。大君者，太上也，兼畜下者也。下之所能不同，而皆上之用也。是以大君因民之能爲資，盡包而畜之，無能取去焉。是故必執於方以求於人，故所求者無一足也。大君者不擇其下，故足；不擇其下，則爲下易矣。易爲下，則莫不容，容故多下，多下謂之太上。君臣之道，臣有事而君無事也。君逸樂而臣任勞，臣盡智力以善其事，而君無與焉，仰成而已，事無不治，治之正道然也。』這裏已顯示了作者由道家向法家的轉化，以道家的大道觀、尤其是莊子齊物思想和君主無爲、臣下有爲理念來表述其法理的特徵。戰國晚期鶡冠子一書，援引莊子思想資料更多。如備知篇云：『伯夷、叔齊能無盜，而不能使人不意己。申徒狄以爲世溷濁不可居，故負石自投於河，不知水中之亂有逾甚者。德之盛，山無徑跡，澤無橋梁，不相往來，舟車不通，何者？其民猶赤子也。有知者不以相欺役也，有力者不以相臣主也，是以鳥鵲之巢可俯而窺也，麋鹿群居可從而係也。』經比對，這段話至少涉及了莊子知北遊、列禦寇、外物、馬蹄等篇中的相關句式與語意，説明其對莊子思想資料的借鑒確實很多。

比較而言，戰國末年另幾部諸子著作對莊子學的推動要更大些。荀況所著荀子一書，除了援引、借鑒莊子思想資料外，還對莊子思想提出了大膽批評，認爲『莊子蔽於天而不知人』（解蔽），這在當時的歷史條件下，具有很大的理論意義，對後世也產生了比較深遠的影響。韓非繼老師荀況之後，在韓非子一書中也較多地借鑒了莊子思想資料，以服務於他的法治學説，但他卻認爲莊子的『恍惚之言』、『恬淡之學』無疑是『天下之惑術』（見韓非子忠孝），應當予以批判與摒棄，表現出與荀子一樣的批判精神。呂不韋所主持編寫的呂氏春秋一書，援引莊子思想資料之多，實爲先秦衆書之最，而大部分出於莊子外雜篇，其中來自讓王篇者尤夥，與莊子（特別是外雜篇）構成了頻繁的互動關係，成爲戰國末年莊子學之後勁。

戰國末年的莊子學，還體現在楚辭上。如楚辭涉江云：『登崑崙兮食玉英，與天地兮同壽，與日月兮齊光。』這與莊子『吾與日月參光，吾與天地爲常』（在宥）、『乘雲氣，騎日月，而遊乎四海之外』（齊物論）的説法頗爲相似。漁父設爲屈原與隱者漁父對話的形式，這無疑會使人們聯想起莊子漁父設爲孔子與隱者漁父對話的故事；尤其是結尾處寫『漁父莞爾而笑，鼓枻而去』，則更與莊子漁父以漁父『刺船而去，延緣葦間』終篇屬於同一機杼，賦予了『漁父』以道家超越塵俗的思想。但是，無論是涉江還是漁父，作爲詩中主人公的『屈原』畢竟最終都沒有選擇道家的人生道路，而是仍然執著地希冀在人間實現其美政理想。遠遊的主人公則不同，他除了企望像莊子那樣逍遥於大道而外，還表現出了一定的遊仙思想。因此，學術界大多認爲此篇並非屈原所寫。縱觀遠遊主人公思想發展的整個歷程，的確不外是一個對道家思想不斷認同，最終達到其『與太初而爲鄰』目的的過程。今案『太初』一詞出於莊子列禦寇，在知北遊、天地中稱作『大初』、『泰初』，指的是元氣萌動之前『道』的虛無狀態。其實，對於『道』的狀態特徵，遠遊主人公在標揭『與太初而爲鄰』這一終極目的前已經作過描述：『道可受兮，不可傳；其小無内兮，其大無垠。』『視儵忽而無見兮，聽惝恍而無聞。』所有這些描述，又顯然都本之於莊子所謂『道』『可傳而不可受』（大宗師）、『視之而不見，聽之而不聞』（知北遊）、『於大不終，於小不遺』（天道）一類説法。正因爲遠遊的主人公體認到大道虚無，所以他在『時俗之迫厄』面前能夠像莊子那樣以『虚靜』、『無爲』的態度來對待人生：『漠虚靜以恬愉兮，澹無爲而自得。』『虚以待之兮，無爲之先。』而且在這位主人公看來，像莊子大宗師中所描繪的得道者『傅説』、『真人』更是自己心目中的理想人格，於是他由衷地發出了『奇傅説之托辰星兮』、『貴真人之休德兮』這樣的極度讚美之辭。因此，他在『輕舉』、『逍遥』之後，終於沒有像離騷的主人公屈原那樣毅然掉頭，返回人間，而是一意追隨『傅説』、『真人』這樣的得道人物，『度世忘歸』，『留不死之舊鄉』。

總而言之，戰國時期的莊子學雖還屬於發軔階段，僅僅散見於莊子外雜篇和其他諸子著作或楚辭之中，但其緩慢漸進的態勢卻也清晰可見，秦漢莊子學正是在此基礎上得到了進一步演進。

第二章　『惠子』及外雜篇對莊子的評論與闡發

第一節　『惠子』批評『(莊)子之言大而無用』

惠施是莊子的諍友，他對莊子的批評，實際上開了歷史上闡釋莊子學說的先河。那麽，惠施率先提出的批評意見是什麽呢？用他一句最有概括性的話來説，就是莊子的學説『無用』：

惠子謂莊子曰：『……子之言，大而無用，衆所同去也。』(逍遥遊)

惠子謂莊子曰：『子言無用。』(外物)

所謂『無用』，不外是説莊子的整個學説没有實用價值。關於這一點，惠施首先是通過舉譬提出來的。他對莊子説：『吾有大樹，人謂之樗。其大本擁腫而不中繩墨，其小枝卷曲而不中規矩。立之塗，匠者不顧。今子之言，大而無用，衆所同去也。』(逍遥遊)在惠施看來，莊子的學説好像『其大本擁腫而不中繩墨，其小枝卷曲而不中規矩』的惡木樗樹，是没有什麽實用價值的。我們知道，在戰國諸子中，惠施是一位十分重視實用價值的人。韓非子外儲説左上載，墨子『爲木鳶，三年而成，蜚一日而敗』，弟子見之，盛稱其『巧』，墨子卻自以爲没有什麽實際用途，『不如爲車輗者巧也，用咫尺之木，不費一朝之事，而引三十石之任，致遠力多，久於歲數。』惠施聞之，極爲讚賞墨子的看法，云：『墨子大巧，巧爲輗，拙爲鳶。』正是基於這種實用的功利觀念，惠施才堅決反對一切沒有實際用途的『大而無用』之物。他曾説：『魏王貽我以大瓠之種，我樹之成，而實五石；以盛水漿，其堅不能自舉也，剖之以爲瓢，則瓠落無所容。非不呺然大也，吾爲其無用而掊之。』『大瓠』是由魏王恩賜種子而樹成的，惠施尚且以『其無用而掊之』，因而在他看來，『大而無用』的莊子之『言』，哪裏還有不被『衆所同去』的理由呢？如果按照惠施的這一思維定向作進一步的推究，那麽『大而無用』一語作爲他對莊子學説的總體評估，則我們至少應該從以下幾個方面來正確把握它的內容實質：

莊子學説表現在政治思想上，主要是主張無爲而治，一任天下自由發展：『聞在宥天下，不聞治天下也。』（在宥）他也反對有意識地去愛民，以及爲了行仁義去制止用兵：『愛民，害民之始也；爲義偃兵，造兵之本也。』（徐無鬼）而惠施所主張的則是有爲政治，他曾『爲魏惠王爲法』（呂氏春秋淫辭），推行了『利民』（呂氏春秋愛類）、『偃兵』（韓非子內儲説上）等一系列有爲政策，在理論上還提出了『泛愛萬物』（天下）等命題。可見，以後者觀看前者，則前者豈非毫無實用價值的『大而無用』之『言』？

在對待人生的態度上，莊子主要表現爲對逍遥境界的嚮往。如『楚威王聞莊周賢，使使厚幣迎之，許以爲相』，莊子卻笑而答曰：『我寧遊戲汙瀆之中自快，無爲有國者所羈，終身不仕，以快吾志焉。』（見史記老子韓非列傳）因爲在他看來，『道之真以治身，其緒餘以爲國家，其土苴以治天下』，『帝王之功，聖人之餘事也，非所以完身養生也。』（見讓王）正是基於這一認識，他進而要『外天下』、『外物』、『外生』（見大宗師），而遊於『無何有之鄉，廣莫之野』（逍遥遊）。其結果是弄得『槁項黄馘』（列禦寇），貸粟而食（見外物），卻仍在僻處高談闊論其『游心於淡，合氣於漠』（應帝王）的虚幻之説，和『不知周之夢爲胡蝶與，胡蝶之夢爲周與』（齊物論）的人生美夢。所有這些，在積極入世、曾長期佔據魏國相位的惠施看來，豈非皆爲不足取的『大而無用』之『言』？

在認識論上，莊子以認知『無爲無形，可傳而不可受，可得而不可見』（大宗師）的『道』爲終極目的，所以他堅決反對對萬物作任何體察和分析。惠施則把『萬物』作爲認知的對象，『散於萬物而不厭』、『逐萬物而不反』

（見天下），真可謂是『言物莫微於惠施』（章太炎國故論衡明見）了。因此在他看來，莊子所論豈非流於玄虛的『大而無用』之『言』？

總之，莊子與惠施是各以對方爲『質』即問難對象的。惠施作爲一個『逐物』的世俗功利論者，他評論、闡釋對方的學說必然會因其缺乏實用性而得出『大而無用』的結論。也正好在這一方面，莊子學說確實招致了許多人的非議。因爲莊子的整個學說建立在『道』的基礎之上，這就決定了它不免會給人以一種虛無恍惚的感覺，對於社會實際生活一般也很難起到十分有益的作用，『故自王公大人不能器之』（史記老子韓非列傳），而後來的韓非則更持激烈批判的態度：『恬淡，無用之教也；恍惚，無法之言也。……恍惚之言，恬淡之學，天下之惑術也。』（韓非子忠孝）由此説明，惠施以『大而無用』評估莊子學說，基本上是抓住了問題實質的。然而從另一方面看，莊子的學說又具有超功利的審美特徵，它比先秦任何一家學說都更能讓人擺脱功利得失的束縛，從而達到一種審美的自由的人生境界。就這一點來看，莊子的學説正是以『無用』才顯示出其『大用』即理論價值，而惠施對它的評論和闡釋，卻反而囿於功利的眼光而不免失之偏頗了。

第二節　外雜篇對内篇的繼承與闡發

魏晉玄學盛行之時，士人們『爲學窮於柱下，博物止乎七篇』（沈約宋書謝靈運傳論），可見當時人研讀莊子一書，多集中於内篇七篇。唐初成玄英在莊子注疏序中進一步指出：『内篇明於理本，外篇語其事跡，雜篇雜明於理事。』認爲内篇主要用來闡明抽象義理，外篇主要用來顯現具體事象，而雜篇兼明『理』、『事』，是抽象義理與具體事象的互相結合，三者雖共同構成一個整體，但它們的區别卻甚爲明顯。宋蘇軾甚至在莊子祠堂記中提出，莊子雜篇之讓王、盜跖、説劍、漁父四篇爲後人摻入的作品，根本不是莊子本人的手筆。

時至晚明，學者或以外雜篇爲內篇之『疏』，以此『分疏』內篇七篇。如潘基慶曾撰南華真經集注七卷，其總論云：『莊子內篇七，結語神奇逸恣，神龍見首不見尾，此見首於尾。』認爲內篇七篇是一個十分完整的邏輯結構體系，莊周學說的宗旨已盡於此，而外雜篇則可視爲內七篇之『疏』語，故『取外篇、雜篇分疏其間』（南華經例）。即：逍遙遊卷一，附以繕性、至樂、外物、讓王；齊物論卷二，附以秋水、寓言、盜跖；養生主卷三，附以刻意、達生；人間世卷四，附以天地、山木、庚桑楚、漁父；德充符卷五，附以田子方、知北遊、列禦寇；大宗師卷六，附以駢拇、徐無鬼、則陽；應帝王卷七，附以馬蹄、胠篋、在宥、天道、天運、說劍。應當指出，潘基慶如此分類，確實每有不妥。如繕性篇爲修養論，若分類，則當附於養生主篇之後；天地篇爲政治論，當附於應帝王篇之後；知北遊篇爲道體論，當附於大宗師篇之後。但又必須看到，潘氏以外雜篇分屬於內篇各篇之後，以此來『分疏』內篇七篇，無疑具有一定的啟發性。

清代人進一步提出了內篇與外雜篇爲經、傳關係的看法。如清初周金然曾撰南華經傳釋一卷，其小序云：『今諦閱南華，則自經自傳，不自秘也，而千載無人覷破。蓋其意盡於內七篇，至外篇、雜篇無非引伸內七篇，惟末篇自序耳。』遂以內篇七篇爲經，而以秋水、馬蹄、山木三篇爲逍遙遊篇之傳，徐無鬼、則陽、外物三篇爲齊物論篇之傳，刻意、繕性、至樂、達生、讓王五篇爲養生主篇之傳，庚桑楚、漁父二篇爲人間世篇之傳，駢拇、列禦寇二篇爲德充符篇之傳，田子方、天道、天運、知北遊、盜跖五篇爲大宗師篇之傳，胠篋、說劍、在宥、天地四篇爲應帝王篇之傳。在周金然看來，如此『錯而觀之』，則『其意較然，詎復須注哉！』周氏這些說法、做法，不僅是對潘基慶南華經集注以外雜篇『分疏』內七篇基本思路之繼承，而且比潘氏推進一大步，徑稱內篇與外雜篇爲經與傳之關係，認爲此即爲正確解釋各家經典之大秘密。應當承認，莊子外雜篇不少篇章確爲莊子後學所撰，往往是對內篇某些思想觀點之闡發，所以正如周氏所說，可以看成是內篇之『傳』，則內篇即自然成了外雜篇之『經』。當然，由於外雜篇某些篇章即使爲莊子後學所撰，其所闡發之思想觀點也不可能與內篇某些篇章具有一一對應關係，而是有著複雜錯綜之繼承、發展關係，因而周金然的提法也不免存在著諸多問題。如秋水篇主要是繼承、發揮了齊物論篇相對主義思想，山木篇主要是繼承、發揮了人間世篇處世思想，而周氏卻視之爲逍遥遊篇之『傳』；天道、天運二篇主要是繼承、發展了應帝王篇政治論，而周氏卻視之爲大宗師篇之『傳』。凡此説明，周金然之所謂『經傳』説在付諸實踐時，確實會出現許多實際困難。

晚清張士保曾撰南華指月六卷，也認爲内篇七篇爲『經』，而外雜篇皆爲内篇之『傳』，所謂『外篇十五，雜篇十一，蓋莊子門人羽翼真經之文，而後世學莊之士，又各以其言附焉者也』。因而『更訂其次序者，不下百餘處』，並復撰南華外雜篇辨僞四卷，逐篇逐條辨其真僞。如於天地篇，謂『堯之師曰許由』寓言，『恐是後人擬作別抒己見之文』；謂『堯治天下』寓言，『文淺率直遂，毫無意味，蓋後世村學，讀在宥篇「施及三王」等語，摭拾野聞書綴之』；謂『子貢南遊於楚』寓言，『多而雜，直而無味，勉强成章而無所發明，林雲銘謂是漁父篇一類文，信然』；謂『諄芒將東之大壑』寓言，『逐次敷衍，亦絶無所發明，「神人」節「與形滅亡」，大有斷滅語病，下接「照曠」，義亦不連，疑是後人擬作』；謂『有虞氏之藥瘍』一段，『此一類文，諸篇中重出乃爾，江瑶柱多嚼口臭，況常味乎！其爲後人竄入不待辨』。通觀南華外雜篇辨僞四卷，張士保之辨僞類皆如此，多屬在『經』、『傳』觀念支配下之所爲，雖然牽强附會者不少，但對我們認識内篇與外雜篇的關係不無啟發意義。

要之，自魏晉以來，人們對於内篇與外雜篇關係的認識總是不斷深化的，凡此都對我們今天繼續研究這些問題提供了有益的借鑒和啟示。下面擬依次對内七篇與外雜篇的關係作些闡述：

一、逍遥遊篇與外雜篇之關係

歷代學者多認爲莊子内七篇是一個完整的邏輯結構體系。如清孫嘉淦説：『此七篇者，所謂内篇者也，是莊子所手訂也。逍遥遊者，言其志也；齊物論者，知之明；養生主者，行之力；人間世則處世之方；德充符則自修之實；大宗師者，内聖之極功；應帝王者，外王之能事也。所謂部如一篇，增之損之而不能，顛之倒之而不可者也。』(南華通)今案内篇七篇，以逍遥遊篇『北冥』、『南冥』雙起，以應帝王篇『南海』、『北海』雙收，也應是作者有意之設置，能使内篇之結構顯得更爲完整。在這樣一個完整的邏輯結構體系中，莊子的逍遥遊思想自然是一貫的。

『逍遥』一詞，早在詩經鄭風清人中就已出現，與『翱翔』同義。而在楚辭中尤爲多見，如『聊逍遥以相羊』(離騷)、『聊逍遥兮容與』(湘君)、『聊仿佯而逍遥』(遠遊)，皆有閒適自得的意思。莊子受南方文化的影響，還特以『逍遥遊』三字作爲篇名，作爲其所著之書的開端。此篇通過層層設喻，步步取象，終於具體而明確地揭示了這一宗旨：凡天地之間，大至鯤鵬，小至學鳩、斥鴳，甚或野馬、塵埃，皆『有所待』而後行，不可謂怡然自得；唯有泯滅物、我之見，做到無己、無功、無名，與自然化而爲一，然後才可以乘天地之正，御六氣之辯，『無所待』而遊於無窮，在精神上獲得徹底解脱。篇中又云：『今子有大樹，患其無用，何不樹之於無何有之鄉，廣莫之野，彷徨乎無爲其側，逍遥乎寢臥其下。』既曰乘正御辯而遊於無窮，又曰『彷徨乎無爲其側』，逍遥乎『無何有之鄉』、『廣莫之野』，則遊的主體顯然不是現實生活中的形體，而是讓精神(『心』)『無所待』地超越於塵世之外，表現出其無爲自由的出世傾向。接著，齊物論篇所謂『乘雲氣，騎日月，而遊乎四海之外』，大宗師篇所謂『芒然彷徨乎塵垢之外，逍遥乎無爲之業』，應帝王篇所謂『予方將與造物者爲人，厭，則又乘夫莽眇之鳥，以出六極之外，而遊無何有之鄉，以處壙埌之野』等，正是秉承逍遥遊篇旨意，同樣要讓心靈到現實以外去追求絕對自由。

在莊子外雜篇中，也能看到逍遥遊篇主旨的影子。如列禦寇篇所謂『歸精神乎無始而甘眠乎無何有之鄉』，天下篇所謂『獨與天地精神往來而不敖倪於萬物』，或要求歸心於空無一物的靜寂境界，或希望以心靈與天地精神相交流，皆與逍遙遊篇主旨有以相通，而達生篇所謂『芒然彷徨乎塵垢之外，逍遙乎無事之業』，則更是因襲大宗師篇『芒然彷徨乎塵垢之外，逍遙乎無爲之業』兩句而來，說明外雜篇對內篇的承因關係甚爲明顯。但由於外雜篇各篇的內容比較駁雜，這種承因關係並不是一以貫之的。如大宗師篇云：『古之真人，不逆寡，不雄成，不謨士。若然者，過而弗悔，當而不自得也。若然者，登高不栗，入水不濡，入火不熱，是知之能登假於道也若此。』這裏仍像逍遙遊篇那樣，重在對描寫對象的無爲無心精神境界的極度提升。而秋水篇則云：『至德者，火弗能熱，水弗能溺，寒暑弗能害，禽獸弗能賊。非謂其薄之也，言察乎安危，寧於禍福，莫之能害也。』此處雖也極其誇張『至德者』具有非凡的生理功能，但重在表明其善於發現危險，及時避禍遠害。可見這樣來闡釋莊子的理想人格，已與內篇有較大偏差。

更有甚者，內篇描繪理想人格的超凡德性僅是限於精神層面的，而外雜篇卻沾染上了一些仙氣。如逍遙遊篇云：『藐姑射之山有神人居焉，肌膚若冰雪，綽約若處子；不食五穀，吸風飲露；乘雲氣，御飛龍，而遊乎四海之外；其神凝，使物不疵癘而年穀熟。』此『神人』雖然如此超塵脫俗，卻只是作者心中『無功』而逍遙的理想人格。但在外雜篇中，這種情況就有了一定變化。如天地篇云：『夫聖人，鶉居而鷇食，鳥行而無彰；天下有道，則與物皆昌；天下無道，則修德就閑；千歲厭世，去而上仙；乘彼白雲，至於帝鄉。』又在宥篇寫『廣成子』云：『我守其一，以處其和，故我修身千二百歲矣，吾形未常衰。』像這樣來寫道家的理想人格，顯然已由重視提升精神而轉向養形求長生，以神仙方術來闡釋莊子的本真思想。

二、齊物論篇與外雜篇之關係

莊子撰寫齊物論篇，旨在說明，從『道』的觀點來看，世間一切矛盾對立的雙方，諸如生與死、貴與賤、榮與辱、成與毁、小與大、壽與夭、然與不然、可與不可等等，都是沒有差別的。因此，各家各派出於『成心』的彼此是非之爭，只能是各自發揮偏見的爭辯，不如物我兩忘，不言不辯，超然是非之外。外雜篇對於這一觀點，既有明顯的繼承，又有較多的發揮，應當予以說明。

比較起來看，秋水篇與齊物論篇的承因關係最爲明顯。此篇設爲河伯與北海若的七番問答，極力論證了萬物大小、是非的無限相對性，和人生貴賤、榮辱的極端無常性。如北海若曰：『以道觀之，物無貴賤；以物觀之，自貴而相賤；以俗觀之，貴賤不在己。以差觀之，因其所大而大之，則萬物莫不大；因其所小而小之，則萬物莫不小。知天地之爲稊米也，知毫末之爲丘山也，則差數覩矣。以功觀之，因其所有而有之，則萬物莫不有；因其所無而無之，則萬物莫不無。知東西之相反而不可以相無，則功分定矣。以趣觀之，因其所然而然之，則萬物莫不然；因其所非而非之，則萬物莫不非。知堯、桀之自然而相非，則趣操覩矣。昔者堯、舜讓而帝，之、噲讓而絕；湯、武爭而王，白公爭而滅。由此觀之，爭讓之禮，堯、桀之行，貴賤有時，未可以爲常也。』這番說話簡直有如齊物論篇所出，對於人們突破認識上的局限性無疑也很有幫助。但本文作者最後則借北海若說：『牛馬四足，是謂天；落馬首，穿牛鼻，是謂人。故曰：無以人滅天，無以故滅命，無以得殉名。謹守而勿失，是謂反其真。』即旨在要人息僞還真，順應自然，不爲追求名位、富貴等而傷害天然本性，對齊物論篇觀點作了轉移和延伸。

從具體文字的援引和發揮方面看，寓言篇受齊物論篇的影響甚爲明顯。如此篇云：『惡乎然？然於然。惡乎不然？不然於不然。惡乎可？可於可。惡乎不可？不可於不可。物固有所然，物固有所可。無物不然，無物不可。』這段話即出於齊物論篇：『可乎可，不可乎不可。道行之而成，物謂之而然。惡乎然？然於然。惡乎不然？不然於不然。物固有所然，物固有所可。無物不然，無物不可。』但寓言篇則是用來說明爲何要『卮言日出，和以天倪，因以曼衍』之原因的，認爲天下的道理皆沒有定準，而『天下爲沉濁，不可與莊語』（天下)，所以向人們陳述時只要用『卮言』的形式，『和以天倪，因以曼衍』般地應付一下就可以了。寓言篇又有『衆罔兩問於景』寓言，也引自齊物論篇，但齊物論篇是要通過影子自述不知其行止何以這樣，又何以不這樣，隱隱與篇首『吾喪我』之意遥相呼應，以表達作者『天地與我並生，而萬物與我爲一』的齊物思想，而此篇引述罔兩問景寓言則要説明，唯有大道無所依賴，不受任何客觀條件的束縛，才可以真正達到無待而逍遥的絶妙境界。

三、養生主篇與外雜篇之關係

莊子的養生思想，集中地體現在養生主篇中。他所謂的『養生主』，就是要循乎天理，依乎自然，處於至虚，遊於無有，讓精神融於宇宙大化之中。也就是説，莊子生命意識中的重點是在强調護『神』，認爲『神』之存在的重要性不但超越了形體，同時也應置於『心』與『知』之上，因爲只有精神生命才最具有延續的意義和延展的價值。

然而，莊子所處的時代，由於物質文明得到很快發展，人們對物的欲望也空前膨脹起來，於是『禽貪者』(徐無鬼)有之，只是一味追求物質的享受，漸漸忘卻了對生命境界的提升。其風氣所趨，即使莊子的追隨者，也有主張『備物以將形』的。如庚桑楚篇云：『備物以將(訓『養』)形，藏不虞以生心，敬中以達彼，若是而萬惡至者，皆天也，而非人也。』認爲備物以奉養形體是人們必須做的事，如果這樣做而各種災害仍然降臨，那就是天然而非人事了。可見以『物』養形在這裏已提到一定高度來認識，與莊子本人關於養生重在養『神』的思想已大有不同。又達生篇云：『達生之情者，不務生之所無以爲；達命之情者，不務知之所無可奈何。養形必先之以物，物有餘而形不養者有之矣；有生必先無離形，形不離而生亡者有之矣。生之來不能卻，其去不能止。悲夫！世之人以爲養形足以存生，而養形果不足以存生，則世奚足爲哉！雖不足爲而不可不爲者，其爲不免矣。』這裏雖然承認『物有餘而形不養者有之』，『物』甚至有可能害『形』，但作者仍以『物』爲養生的先決條件，與莊子本真思想同樣有很大差別。

『精氣』是中國先秦哲學中的重要範疇，而以管子內業中的說法爲最詳，認爲『精』是最細微的『氣』，『精也者，氣之精者也』，而『精氣』則是生命的來源，也是聖人智慧的來源，所謂『凡物之精，此則爲生，下生五穀，上爲列星』，『藏於胸中，謂之聖人』。莊子的後學大概因受到這種觀念的影響，每以『精』、『氣』來闡釋內篇的養生思想。如刻意篇以『精』、『神』並用，認爲『聖人貴精』是最完美的『養神之道』；達生篇所強調的是『純氣之守』，認爲氣守則神全，神全則無隙可乘，無隙可乘則可以任意遊行於萬物之間而物莫能傷，所以養神、養生必以守住『純氣』爲先決條件。可見，這裏已在莊子重『神』的基礎上摻進了『精』、『氣』兩個要素，使內篇所表達的生命境界中『神』的重要性大大降低了。

四、人間世篇與外雜篇之關係

人間世，即人間社會。如何能做到『涉亂世以自全』（王夫之語），這就是本篇所論述的主要問題。莊子認爲，生活在這樣的人世間，若要遠害全身，就非得泯滅矜才用己、求功求名之心，做到虛己順物，以不材爲大材，以無用爲大用不可。因此，就撰出『顏回請行』等六則寓言故事，從不同的角度，具體而生動地闡明了這一處世哲學。最後並說：『山木自寇也，膏火自煎也。桂可食，故伐之；漆可用，故割之。人皆知有用之用，而莫知無用之用也。』莊子的這一處世哲學，也貫穿於內篇其他篇章中。如在逍遙遊篇中，所舉樗樹、斄牛諸物，正以其無所可用，才得以遠害全身，而狸狌卻以有用，而『中於機辟，死於罔罟』，與人間世篇的主旨完全一致。

但外雜篇的作者已與莊子的觀念有所不同，對人間世篇的處世哲學有明顯的改造和發揮。如山木篇云：

『莊子行於山中，見大木，枝葉盛茂，伐木者止其旁而不取也。問其故，曰：「無所可用。」莊子曰：「此木以不材得終其天年。」夫子出於山，舍於故人之家。故人喜，命豎子殺雁而烹之。豎子請曰：「其一能鳴，其一不能鳴，請奚殺？」主人曰：「殺不能鳴者。」明日，弟子問於莊子曰：「昨日山中之木，以不材得終其天年；今主人之雁，以不材死。先生將何處？」莊子笑曰：「周將處乎材與不材之間。」』此則寓言，顯然是模仿人間世篇『曲轅櫟社樹』一則寓言而來。今觀『曲轅櫟社樹』寓言，以不材、無用爲虚己免患之本，而山木篇這則寓言，卻在大木以不材終其天年之後，忽然轉出雁以無能見殺一喻，説明不材、無用同樣不足免患，反而處於材與不材之間，似乎才能遠禍全身。但這則寓言接著忽又一轉，明確指出，處乎中間，似是而非，仍非大道所在，所以只有超然三者之外，浮游於道德之鄉，與時俱化，物我兩忘，才能夠真正做到虚己免患。説明山木篇作者已對莊子處世哲學作了較大調整和發揮，讓莊子『不材之材』、『無用之用』觀念轉化爲『將處乎材與不材之間』的新思想，以便在『殊死者相枕』、『桁楊者相推』、『刑戮者相望』(在宥)的殘酷現實面前找到一種較爲實際的折衷處世方法。

五、德充符篇與外雜篇之關係

德充符篇説，道德充實於内，萬物應驗於外，内外玄合無間，有如符契一般，這就叫作德充符。春秋戰國之世，許多所謂修德之人，如發冢的儒者(見外物)等，僅僅在緣飾外表上下功夫，而在德行方面，則毫無可稱之處。所以，莊子矯枉過正，特意憑空撰出幾位體殘形畸而德行超衆之人，同形全德虧之士作一番對照。他指出，就人類的形體與德行來説，後者是占絶對重要位置的。因此，只要德行完美，一切形體上的殘缺不全並不足以爲累；如果德行敗壞，即使體周形全，容貌姣好，也絶不會給人以美的感受，而適足以爲德之累。莊子這裏所謂的『德』，主要是指人類淳朴的自然本性，即與天地同流的自然生命情態。此種德性能充溢於内而不外蕩，就足以感應萬物，讓萬物自來應驗，而不是像世人那樣汲汲追求外物，使自然德性受到極大損害。

莊子的上述思想在內篇與外雜篇中普遍有所反映。但在內篇中，莊子並沒有論及德與道的關係，而在外雜篇的作者看來，道、德有主與從、尊與卑的關係。如庚桑楚篇云：『道者，德之欽也。』林希逸說：『欽，持守而恭敬也。』（莊子口義）呂惠卿說：『道之尊，德之貴，貴固不若尊，故道者德之欽也。』（莊子義）又徐無鬼篇謂『德總乎道之所一』，而『道之所一者，德不能同也』，胡文英解釋說：『總，相容並包而不分析也。道之所一，有一而未形也。德皆從此而孕，故總乎此。』（莊子獨見）要之，道尊於德，道是宇宙萬物的本原，人的自然本性體現了道的性質。說明在外雜篇作者看來，道家所謂的理想人格，諸如真人、至人、神人、聖人等，不僅具備內在的充實之德，並將其落實於人倫之間，達到貫天人爲一的境界。所謂『內聖外王』，就是要求聖王應具備這種精神品質。

在德充符篇之末，作者設爲莊子與惠子對話寓言：『惠子謂莊子曰：「人故無情乎？」莊子曰：「然。」惠子曰：「人而無情，何以謂之人？」莊子曰：「道與之貌，天與之形，惡得不謂之人？」惠子曰：「既謂之人，惡得無情？」莊子曰：「是非吾所謂情也。吾所謂無情者，言人之不以好惡內傷其身，常因自然而不益生也。」』這裏所謂的『情』指是非、好惡之情，而『無情』謂『不以好惡內傷其身，常因自然而不益生』，即要求人們必須超越喜怒哀樂之外，不應以情感的波動去損害稟受於自然的純真德性。對於莊子的這一主張，外雜篇作者既有繼承又有發揮。如徐無鬼篇寫『莊子』過惠子之墓，謂從者曰：『自夫子之死也，吾無以爲質矣，吾無與言之矣。』這樣編撰寓言，顯然把此時的『莊子』說成是曾經有慨然的人，與德充符篇中莊子本人之表述有所不同。又至樂篇寫莊子妻死，『莊子』曰：『其始死也，我獨何能無概（慨）然！』說明『莊子』也不免有世俗之情，但作者又寫他能以宇宙氣化觀超越人間俗情，復與莊子的本真思想比較接近。

六、大宗師篇與外雜篇之關係

大宗師，即以道爲宗爲師。作者憑空撰出博大真人，然後輔之以女偊、子輿、孟子反等人物形象，以前者爲全面效法大道的理想化身，以後者爲小範圍内體認大道的榜樣。總的説來，莊子在大宗師篇中所竭力讚美的道是一種精神實體，它有情有信，無爲無形，是産生宇宙的絶對本原，是天地之間的最高主宰。也就是説，道既是宇宙萬物産生的總根源，又是宇宙萬物存在的總根據，但它本身無需任何條件而獨立存在，超越於時間、空間之外，也不可被人們所感知。外雜篇所謂『夫道，於大不終，於小不遺，故萬物備，廣廣乎其無不容也，淵乎其不可測也』（天道）、『苟得於道，無自而不可；失焉者，無自而可』（天運）、『道者，萬物之所由也，庶物失之者死，得之者生；爲事逆之則敗，順之則成』（漁父）等等，正是對道的這些特徵的闡發。

在外雜篇中，知北遊篇對莊子道論的闡釋最爲全面而深入。此篇論述説，大道雖然無所不在，凡昭昭可見的事物，大至天地，小如螻蟻、稊稗、瓦甓、屎溺等等，都在它的包舉之内，但它本身卻絶對虚無，至明者不能見其形，至聰者不能審其聲，至智者不可定其是非，至辯者不能論其貴賤，而只有如無爲謂那樣忘其知，然後可以悟其真，只有像狂屈那樣忘其言，然後可以與其相似，否則便落形跡，便非真道。應當説，此篇對莊子道論的闡述確實十分具體而深入，而在論述道體虚無特徵方面則更對大宗師篇有所超越，故清宣穎南華經解、劉鳳苞南華雪心編皆謂，此篇的最大特點就是把道的特徵歸結爲一個『無』字。

外雜篇在闡述大宗師篇時，還直接援引了此篇中的一些章節文字。如天運篇云：『泉涸，魚相與處於陸，相呴以濕，相濡以沫，不若相忘於江湖。』此數語引自大宗師篇，原意是説，涸魚以唾沫相救，則必有仁愛、惡死之心，所以倒不如大家在江湖裏彼此相忘，然後可以泯滅爲仁爲愛、悦生惡死之心，而逍遥於大道之鄉；而在天運篇中，則以濡沫喻仁義，以江湖喻自然之道，謂以仁義濟物，不如忘仁義於大道之中，然後可使萬物各得其性，表述指向已有所不同。又讓王篇『舜以天下讓其友北人無擇』至結尾三段，甚是贊許『隨、光、夷、齊之倫寧死不辱』的『清風高節』，『實（爲）尊生之基本』（陸樹芝莊子雪），但在大宗師篇中，務光、伯夷、叔齊等卻被視爲殘生傷性之徒，是莊子著力鞭撻的對象，可見讓王篇已基本違背了內篇的原來用意。

七、應帝王篇與外雜篇之關係

莊子的政治思想集中地體現在應帝王篇中，認爲帝王應當『游心於淡，合氣於漠，順物自然而無容私』，這樣天下方能大治。如果像儵與忽那樣，想有所作爲，去替渾沌開鑿孔竅，就會把渾沌鑿死，就會貽害天下。如其中『肩吾見狂接輿』寓言說明，治國在於純任百姓自爲自化，而不能憑藉法度規矩來統治天下。『無爲名尸』一段文字說明，帝王治世，若能虛己任物，遊於無有，百姓就能自治自化，自己也不會有所勞損。『渾沌死』寓言說明，帝王治世應當虛己無爲，一任自然，否則便會鑿死渾沌——人類的自然本性。總之，莊子的政治主張就是徹底無爲，任憑天下萬物自由發展。

在外篇中，在宥、天地、天道、天運四篇爲一個相對獨立的單元，所論述的內容主要爲政治思想，與內篇的政治論有明顯差別。如在宥篇云：『何謂道？有天道，有人道。無爲而尊者，天道也；有爲而累者，人道也。主者，天道也；臣者，人道也。天道之與人道也，相去遠矣，不可不察也。』又天道篇云：『夫帝王之德，以天地爲宗，以道德爲主，以無爲爲常。無爲也，則用天下而有餘；有爲也，則爲天下用而不足。故古之人貴夫無爲也。上無爲也，下亦無爲也，是下與上同德，下與上同德則不臣；下有爲也，上亦有爲也，是上與下同道，上與下同道則不主。上必無爲而用天下，下必有爲爲天下用，此不易之道也。』這裏所強調的是君主『無爲』而臣下『有爲』，與應帝王篇主張一切無爲的思想已大有區別，顯然是在適應現實政治發展需要的思維作用下，較多地吸收了黄老學的治世思想。

戰國中後期的黄老學本來就來自對各家學説的糅合，特别是對道、儒、法三家學説的糅合。所以，莊子後學的政治論也必然對儒、法思想有所吸收。如天道篇云：『君先而臣從，父先而子從，兄先而弟從，長先而少從，男先而女從，夫先而婦從。……宗廟尚親，朝廷尚尊，鄉党尚齒，行事尚賢，大道之序也。語道而非其序者，非其道也。語道而非其道者，安取道！是故古之明大道者，先明天而道德次之，道德已明而仁義次之，仁義已明而分守次之，分守已明而形名次之，形名已明而因任次之，因任已明而原省次之，原省已明而是非次之，是非已明而賞罰次之，賞罰已明而愚知處宜，貴賤履位；仁賢不肖襲情，必分其能，必由其名。以此事上，以此畜下，以此治物，以此修身，知謀不用，必歸其天，此之謂大平，治之至也。』這裏不僅吸收了儒家的倫理思想，還明顯援引了法家以法、術、勢爲核心的政治理論。而天運篇所謂『故夫三皇五帝之禮義法度，不矜於同，而矜於治』、『故禮義法度者，應時而變者也』云云，則更如法家口吻，因有見於古今時世不同，而要求禮義法度都應當隨時推移，一切以變爲常。

綜上述可知，莊子外雜篇確實與内篇有著較爲明顯的繼承與發展關係，對内篇構成一定的闡釋作用，其中最值得關注的是在政治論方面，其次是在養生思想和處世哲學方面。

第三節　天下篇對莊子的闡釋

不少學者早已指出，收於雜篇中的天下篇是一篇系統、全面地評論先秦各家學説的學術史論文，作者當爲戰國末年的莊周後學。

首先，天下篇對各種『方術』——先秦時期幾個主要學派的淵源和流變過程從整體上進行了追溯和回顧。它指出，各種『方術』的淵源都可以追溯到古代的『道術』，但『道術』與『方術』卻屬於兩種很不相同的理論形態。所謂『道術』，就是古代天人、神人、至人、聖人對大道進行全面體認的學問，它包涵了宇宙間的一切真理。而後世的百家曲士卻不能繼承古人的這種體道精神，僅僅執一察之見以評判天地，究析萬物，結果就使『道術』分裂成各種各樣的『方術』。可見，所謂『方術』，就是拘於一方，對大道的某一方面有所『聞』的學問，所以它只能反映出宇宙間全部真理中的某一個小的方面。接著，天下篇對墨翟、禽滑釐、宋鈃、尹文、彭蒙、田駢、慎到等『治方術者』都作了學派的分類，並對各派學說的歷史起源和自身價值進行了評估。其中對於關尹、老聃與莊周這一派，天下篇所採取的基本上是褒而無貶的態度，認爲他們都見到了宇宙間的全部真理，因而應當雄踞其他各家之上，與一般的『治方術者』是有所不同的。今移錄其闡述莊子的全段文字於下：

芴漠無形，變化無常；死與生與？天地並與？神明往與？芒乎何之？忽乎何適？萬物畢羅，莫足以歸。古之道術有在於是者，莊周聞其風而悅之。以謬悠之說，荒唐之言，無端崖之辭，時恣縱而不儻，不以觭見之也。以天下爲沈濁，不可與莊語；以卮言爲曼衍，以重言爲真，以寓言爲廣。獨與天地精神往來，而不敖倪於萬物，不譴是非，以與世俗處。其書雖瓌瑋而連犿無傷也，其辭雖參差而諔詭可觀。彼其充實，不可以已，上與造物者遊，而下與外死生、無終始者爲友。其於本也，弘大而闢，深閎而肆；其於宗也，可謂稠（調）適而上遂矣。雖然，其應於化而解於物也，其理不竭，其來不蛻，芒乎昧乎，未之盡者。

在現存的先秦文獻資料中，就闡述莊子的文字來看，以此段最爲全面而精審，所以尤其值得我們細作分析。

一、莊學淵源

像對待其他學派一樣，天下篇在審視莊子時，也首先考察了他的學說之所自出的問題。那麼，莊子到底『聞』到了何派之『風』，所『悅』的具體對象又是誰呢？在回答這一問題時，由於天下篇運用了較爲特殊的表述方式，我們是不容易把握其中的具體指向的。但是只要結合篇中評述關尹、老聃的一段文字來看，問題的答案也就不難找到了。這段文字開宗明義云：『以本爲精，以物爲粗，以有積爲不足，澹然獨與神明居。古之道術有在於是者，關尹、老聃聞其風而悅之。』由此可見，莊子所『聞』的『天地並與，神明往與』，與關尹、老聃所『聞』的『澹然獨與神明居』者，實爲一家之『風』。而莊子所屢稱的古之真人、至人等以大道爲精微、以萬物爲粗雜的精神，也就是關尹、老聃所『聞』到的『以本爲精，以物爲粗，以有積爲不足』的『古之道術』精神，這更可說明莊子之學是與關尹、老聃同源共派的。

但在天下篇作者看來，莊子實際效法的卻是老聃，因爲老聃就是『古之博大真人』（天下）。對於天下篇作者的這番用意，王夫之曾加詮釋云：『莊子之學，初亦沿於老子，而「朝徹」、「見獨」以後，寂寞變化，皆通於一。』（莊子解）至於篇中以關尹、老聃並舉，劉鳳苞指出這只不過是『以關尹陪說』（南華雪心編）罷了。

二、言說方式

在追溯了莊學淵源之後，天下篇接著闡述了莊子的言說特徵：『以謬悠之說，荒唐之言，無端崖之辭，時恣縱而不儻，不以觭見之也。』在天下篇的作者看來，莊子的言說已脫離了一般言說的常規，諸如話語的悠遠難稽，言論的空大無實，辭說的不著邊際，談論的恣縱任意，或剛說出即打住，或剛有所肯定即予以否定，或本可明說而故作隱晦，或意在陳述卻以詰問出之，這些都使他的文章簡直成了一座語境迷宮。

那麼，莊子爲什麼要運用這種特殊的言說方式呢？ 天下篇進一步指出，『以天下爲沈濁，不可與莊語』，即天下人皆沉迷不悟，不可用莊正的話去跟他們談論，這就是莊子何以要採用奇特言說方式的根本原因； 如果把他的這一言說方式概括爲一套表達程式，那就是『以卮言爲曼衍，以重言爲真，以寓言爲廣』。

在寓言篇中，也有一段以『卮言』、『重言』、『寓言』來闡述莊子言說方式的文字，但其闡釋指向卻與天下篇有所不同。 一、齊物論篇有語云：『化聲之相待，若其不相待，和之以天倪，因之以曼衍，所以窮年也。』郭象注：『是非之辯爲化聲。 夫化聲之相待，俱不足以相正，故若不相待也。 和之以自然之分，任其無極之化，尋斯以往，則是非之境自泯，而性命之致自窮也。』可見，莊子這段話旨在泯滅是非，最終導向『處順安時，盡天年之性命』（成玄英疏），即一任自然性命之情的本真境界。 寓言篇在概述『卮言』時借用了齊物論篇中的一些語句，並進一步發揮云：『卮言日出，和以天倪，因以曼衍，所以窮年。 ……非卮言日出，和以天倪，孰得其久！萬物皆種也，以不同形相禪，始卒若環，莫得其倫，是謂天均。 天均者，天倪也。』成玄英疏：『隨日新之變轉，合天然之倪分，故能因循萬有，接物無心，所以窮造化之天年，極生涯之遐壽也。』說明寓言篇的闡釋指向，就在於從更高的層面上揭示出『卮言』對於人們體悟生命本真、窮盡天然壽命所具有的重大作用和意義。 天下篇則僅摘取齊物論篇中『曼衍』二字與『卮言』相匹配，簡捷地構成了『以卮言爲曼衍』一語，意謂以『卮言』即支離無的當之言去推衍事物的情理，這是莊子對天下沉迷之人的一種言說方式。 由此可見，天下篇的闡釋指向，就是要揭示出莊子在『天下沈濁』、『不可莊語』的特殊社會環境中所使用的言說方式的獨特性。 二、寓言篇云：『重言十七，所以已言也。』意謂莊子書中，借重先哲時賢的話佔了十分之七，乃是用來止塞天下紛亂的言論的。天下篇所謂的『以重言爲真』則表現爲另一種闡釋指向，即旨在引導人們通向這樣的一種認識： 莊子好借用先哲時賢之口，以說出自己的『謬悠之說，荒唐之言，無端崖之辭』，使人信以爲真。寓言篇云：『寓言十九，藉外論之。親父不爲其子媒，親父譽之，不若非其父者也。』郭象注：『言出於己，俗多不受，故借外耳。肩吾、連叔之類，皆所借者也。』這是說，莊子善於借用寄寓之言，即大量差遣虛構人物出面論說，使世俗之人易於接受。而天下篇所說的『以寓言爲廣』，則在於闡明，莊子虛構『鴻蒙、雲將、海若之徒』，目的是爲了達到論說『深廣』（見成玄英疏）即『弘大而闢，深閎而肆』的境界，以便拓廣天下『沈濁』之人的心意。總之，對於『三言』中『卮言』、『重言』的概述，天下篇比寓言篇更傾向於揭示其作爲一種言說方式的性質特徵。但寓言篇以『藉外論之』來闡釋『寓言』，卻很能揭櫫出莊子這一言說程式的獨特性，故一直被人們視作一把不可或缺的解莊鑰匙。

三、藝術風格

莊子以體悟玄虛之『道』爲最高目的，以『三言』爲主要的言說方式，這些都必然會使他的文章具有一種獨特的藝術風格。對此，天下篇闡述云：『其書雖瓌瑋，而連犿無傷也；其辭雖參差，而諔詭可觀。』成玄英疏：『瓌瑋，宏壯也；連犿，和混也。莊子之書，其旨高遠，言猶涉俗，故合物而無傷。參差者，或虛或實，不一其言也；諔詭，猶滑稽也。雖寓言托事，時代參差，而諔詭滑稽，甚可觀閱也。』由成疏可知，天下篇這段話，顯然是要揭明莊子文章那壯偉瑰奇、滑稽詼諧，每以不受時空限制地虛構故事來曲折地表達思想感情，以便婉轉合物而不使世俗之人的情感遭受傷害的藝術風格特徵。

從源遠流長的中國莊學闡釋史來看，天下篇的這段話無疑具有導夫先路的開創意義。如從西漢司馬遷的『（莊子）善屬書離辭，指事類情』（史記老子韓非列傳），宋末羅勉道的『莊子爲書，雖恢恑憰怪，佚宕於「六經」外，譬猶天地日月，固有常經常道，而風雲開闔，神鬼變幻，要自不可闕』（南華真經循本釋題），直至近人魯迅的

『(莊子)著書十餘萬言,大抵寓言,人物土地,皆空言無事實,而其文則汪洋捭闔,儀態萬方,晚周諸子之作,莫能先之』(漢文學史綱要)等,所有這些對莊子文章藝術風格的評論,無不可以看出有天下篇闡釋指向的影子在裏面。

四、精神境界

關於莊子的精神境界,天下篇認爲其本質特徵主要表現爲:『獨與天地精神往來,而不敖倪於萬物。不譴是非,以與世俗處。……上與造物者遊,而下與外死生、無終始者爲友。』

天下篇作者深刻地意識到,莊子人生哲學的根本目的,就是要擺脱一切負累的束縛,『芒然彷徨乎塵垢之外』(大宗師),『逍遥乎』『無何有之鄉、廣莫之野』(逍遥遊),從而實現心靈的無限超越。一言以蔽之,就是要使主體超然塵世之外而『獨與天地精神往來』。另一方面,莊子又從『道通爲一』(齊物論)的根本原則出發,表現出了一種『虚而待物』(人間世)的精神。他説:『唯至人乃能遊於世而不僻,順人而不失己。』(外物)又説:『抱德煬和,以順天下,此謂真人。』(徐無鬼)這一順世精神,可概述爲『不敖倪於萬物,不譴是非,以與世俗處』。

在天下篇的作者看來,莊子精神境界的本質特徵還突出地表現於『與外死生、無終始者爲友』。的確,對於生死大限的突破,在莊子那裏是作爲對『道通爲一』基本原則的領悟來對待的。諸如所謂『以死生爲一條,以可不可爲一貫』(德充符),『孰知死生存亡之一體者,吾與之友矣』(大宗師)云云,正真實地表述出了他的這種思想觀念。而據莊子『死生無變於己,而況利害之端乎』(齊物論)的説法可知,他在實現心靈超越的過程中,把突破生死大限看得比擺脱利害束縛等等更爲重要。因此,天下篇從生死觀角度來加强對莊子精神境界的揭示,可謂是抓住了問題的一個重要方面。

五、莊學特徵

在揭明了莊子的精神境界後，天下篇又就他如何論『道』的情形作了闡述：『其於本也，弘大而闢，深閎而肆；其於宗也，可謂稠（調）適而上遂矣。』意思是說，莊子對於大道的根本的論述，弘大通達，精深廣闊；對於大道的宗旨的論述，『由形下推歸形上，能發揮盡致，大暢其説，可謂調適而上遂矣。』（陸樹芝莊子雪）這就説明，莊子的學説是以反映包羅萬有的大道並直溯大道的本原爲特徵的。因此，它能夠『應於化而解於物』，即『順天地自然之化，以解萬物之懸結』（陸西星南華真經副墨），從而表現爲一種『其理不竭，其來不蜕，芒乎昧乎，未之盡者』的理論形態，使人可以從神奇荒誕的語言形式中不斷地體會出深邃的含義，生發出廣泛而無窮的聯想。這裏，實際上已指出了莊子一書寄無窮之意於有盡之言中的形象思維特徵，不愧是一種很符合莊子文章真實情況的看法。

從上述五個方面的分析可以看出，天下篇對莊子的闡釋頗爲全面、系統、精審。其中對於莊子學説的評價雖然有些過高，但畢竟也是把它作爲各派理論中的一派理論來看待的。這可以説明，天下篇作者是試圖用比較客觀公正的態度來開展他的闡釋活動的。

天下篇在闡釋莊子時所使用的方法，有兩點值得注意。一是由於莊子以體悟大道爲最高目標，而大道卻恍惚渺茫，沒有形跡，變化無常，與生死、天地、神明並存，無法用語言文字加以表述，所以篇中較多地使用了意義模糊的語句，如『其來不蜕，芒乎昧乎，未之盡者』等，以便使人們突破語言形跡的拘限，以一種純粹的直覺體驗與莊子超越精神互爲感通。而像『死與生與？天地並與？神明往與？芒乎何之？忽乎何適』一類語句，則以疑問的形式巧妙地描述出了古人體道的獨特情形，獲得了上佳的闡釋效果。二是改變了莊子書中『以卮言爲曼衍，以重言爲真，以寓言爲廣』的言説方式，而採用一種邊敘述、邊引徵、邊分析、邊評論的闡釋方式和具有高度概括性的語言，對後世的闡釋活動起到了良好的示範作用。

第三章　今本先秦諸子書與莊子之關係

清章學誠云：『古人不著書，古人未嘗離事而言理，六經皆先王之政典也。』（文史通義易教上）但自從『道術將爲天下裂』（莊子天下）的春秋末年以來，卻出現了諸子紛紛著書言治的局面，一時蔚爲大觀。不過，今所見諸子著作，多非一人一時所著，而往往爲師徒文章之結集，亦不乏步武者之增損，且又經漢儒之整理刪削，或後人之輯佚校勘，故皆已非其舊貌。況且，諸子各派之間，互相影響吸收，彼此雜糅者有之，使情況顯得更爲複雜。今選擇世所傳管子、慎子、鶡冠子三書，從一定角度予以闡述，以見其與莊子之關係。

第一節　管子與莊子之關係

管仲（？—前645），名夷吾，字仲，潁上（潁水之濱）人。少時喪父，老母在堂，爲維持生計，與鮑叔牙合夥經商，未獲成功。後經鮑叔牙推薦，拜爲齊國之相，輔佐齊桓公改革政治，發展經濟，並以『尊王攘夷』相號召，使之成爲春秋時第一霸主。言論見於國語齊語。

管子一書，舊題管仲著。漢書藝文志著錄爲八十六篇，歸入道家。史記管晏列傳張守節正義引劉歆七略，謂『管子十八篇，在法家』。隋書經籍志著錄爲十九卷，列爲法家之首。清四庫全書著錄爲二十四卷，亦列入法家類。對於此書，前人多認爲非出自一時一人之手。如晉傅玄說：『管子書過半是後之好事者所加，輕重篇尤鄙俗。』（王應麟漢書藝文志考證卷六引）宋朱熹說：『管子之書雜。管子以功業著者，恐未必曾著書。如弟子職之篇，全似曲禮，它篇有似莊、老；又有說得也卑，直是小意智處，不應管仲如此之陋。其內政分鄉之制，國語載之卻詳。管子非仲所著。仲當時任齊國之政，事甚多，稍閒時，又有三歸之溺，決不是閑功夫著書底人；著書者，是不見用之人也。其書老、莊說話亦有之，想只是戰國時人收拾仲當時行事言語之類著之，並附以它書。』（朱子語類卷一百三十七）這些說法，確實很有道理，引起了後人的重視。

今本管子凡七十六篇，分爲八類，內容龐雜，包含有法家、儒家、道家、名家等家思想，以及天文、曆數、輿地、經濟、農業等知識。近百年以來，學者對於它與道家的特殊關係有了新的認識。如劉節說：『莊子天下篇言：「不累於俗，不飾於物，不苟於人，不忮於衆，願天下之安寧，以活民命，人我之養，畢足而止，以此白心。古之道術有在於是者，宋鈃、尹文聞其風而悅之。作爲華山之冠以自表，接萬物以別囿爲始。語心之容，命之曰心之行。」由此知心術上下及白心三篇出宋鈃或尹文之手。』（羅根澤管子探源引）郭沫若認爲『心術、內業是宋子書，白心屬於尹文子』，『兩人毫無疑問是屬於道家的』（見十批判書稷下黃老學派的批判）。羅根澤則認爲，內業一篇，『多道家言，詮發大道之藴』，疑爲『戰國中世以後混合儒道者作』，而心術上下及白心三篇，『以思想系統而論，必在老莊之後』，其中『心術下有與莊子庚桑楚篇相襲者』，則是『此襲庚桑楚，非庚桑楚襲此明矣』（見管子探源）。李存山也認爲，心術上下、白心、內業四篇有明顯因襲莊子的痕跡（見中國氣論探源與發微）。王叔岷曾列舉『管子所引莊子之文』凡數十條，基本上都出自此四篇①。崔大華除了認爲此四篇有因襲莊子跡象而外，還指出樞言篇同樣存在『援引莊子論點，闡釋莊子的觀點，變更莊子的意境』的現象（見莊學研究第八章）。總之，許多學者都認爲管子有不少因襲並發揮莊子的地方，並且集中地指向了心術上下、白心、內業四

① 讀莊論叢，載於陳鼓應主編道家文化研究第十輯，上海古籍出版社1996年版。

篇。如：

能抱一乎？能勿失乎？能無卜筮而知吉凶乎？能止乎？能已乎？能舍諸人而求諸己乎？（莊子庚桑楚）

能專乎？能一乎？能毋卜筮而知凶吉乎？能止乎？能已乎？能毋問於人而自得之於己乎？（管子心術下）①

對於這兩條文字，羅根澤分析說：『「能抱一乎？能勿失乎」與「能專乎？能一乎」，時代前後，一望可知。「能舍諸人而求諸己乎」與「能毋問於人而自得之於己乎」相較，則此文實有嫌於彼文未能顯明，遂易「舍諸人」爲「毋問於人」，「求諸己」爲「自得之於己」。則此襲庚桑楚，非庚桑楚襲此明矣。』（管子探源）內業篇也有類似的一條文字：『能摶（一作搏）乎？能一乎？能無卜筮而知吉凶乎？能止乎？能已乎？能勿求諸人而得之己乎？』羅根澤分析說：『莊子此文之先曰「老子曰衛生之經」。此文之後，續以「能翛然乎？能侗然乎？能兒子乎？兒子終日嘷而嗌不嗄，和之至也；終日握而手不掜，共其德也；終日視而目不瞚，偏不在外也。行不知所之，居不知所爲，與物委蛇而同其波，是衛生之經已。」詞意聯貫，絕無割裂他書之跡。此篇此文之前曰：「摶（一本作搏）氣如神，萬物備存。」此文之後，續以「思之，思之，又重思之，思之而不通，鬼神將通之，非鬼神之力也，精氣之極也」。語意不若莊子之銜接，故疑此鈔莊子，非莊子鈔此。』（同上）王叔岷讀莊論叢、崔大華莊學研究、李存山中國氣論探源與發微等，也都認爲管子心術下和內業篇的這兩條文字抄襲於莊子庚桑楚。又如：

昔吾聞之大成之人曰：『自伐者無功，功成者墮，名成者虧。』孰能去功與名，而還與衆人？（莊子山木）

---

① 此節凡引管子之文，皆據文淵閣四庫全書本。

> 故曰：功成者隳，名成者虧。故曰：孰能棄名與功，而還與衆人同？（管子白心）

在這裏，白心篇將莊子山木的相關文字分離爲兩截，並加上兩個『故曰』，因襲之跡甚爲明顯。白心有語云：『爲善乎，毋提提；爲不善乎，將陷於刑。』王叔岷在讀莊論叢中指出：『提，借爲「題」。說文：「題，顯也。」爲善而無顯，即「無近名」之意。』並由此推斷，認爲白心此兩句即是對莊子養生主『爲善無近名，爲惡無近刑』之因襲。王氏此處對『提』字的解釋雖然未必正確（尹知章注：『提提，謂有所揚舉也。』），但其指出白心此兩句襲自莊子，卻應當是可信的。

從思想內容方面看，管子中的心術上下、白心、內業及其他部分篇章對莊子『道』觀念的接受最爲明顯。如莊子說：『夫道，有情有信，無爲無形；可傳而不可受，可得而不可見；自本自根，未有天地，自古以固存；神鬼神帝，生天生地；在太極之先而不爲高，在六極之下而不爲深，先天地生而不爲久，長於上古而不爲老。』（大宗師）說明『道』作爲客觀的實在，是產生宇宙世界的總根源，並決定著天地萬物的存在和發展，正所謂『道者，萬物之所由也。庶物失之者死，得之者生；爲事逆之則敗，順之則成』（漁父），『惛然若亡而存，油然不形而神，萬物畜而不知，此之謂本根』（知北遊），道即是『萬物之所係而一化之所待』（大宗師）的大根大本。對於莊子的這一觀念，管子顯然有所承因。如云：

> 夫道者，所以充形也，而人不能固。其往不復，其來不舍，謀乎莫聞其音，卒乎乃在於心；冥冥乎不見其形，淫淫乎與我俱生。不見其形，不聞其聲，而序其成，謂之道。……所以修心而正形也，人之所失以死，所得以生也；事之所失以敗，所得以成也。凡道無根無莖，無葉無榮，萬物以生，萬物以成，命之曰道。（內業）

> 道在天地之間也，其大無外，其小無內。故曰：不遠而難極也。（心術上）

> 道之大如天，其廣如地，其重如石，其輕如羽，民之所以知者寡。故曰：何道之近而莫之與能服

也?(白心)

管子這裏所説的『道』,與莊子所謂的『道』一樣,不僅是天地萬物生成的根源和依據,『夫道者,所以充形也』,『萬物以生,萬物以成』,『人之所失以死,所得以生也;事之所失以敗,所得以成也』,而且還有無所不在的特徵,『道在天地之間也,其大無外,其小無内』,『道之大如天,其廣如地,其重如石,其輕如羽』,但它本身卻是虛無的,『道無根無莖,無葉無榮』,『其往不復,其來不舍,謀乎莫聞其音,卒乎乃在於心;冥冥乎不見其形,淫淫乎與我俱生』,不能用感官去感知,不能用語言來表達,而只能以虛靜的心靈去冥悟。關於『道』的虛無特徵,管子還有更多的表述:

> 道也者,通乎無上,詳乎無窮,運乎諸生。是故辯於一言,察於一治,攻於一事者,可以曲説而不可以廣舉。(宙合)
>
> 道不遠而難極也,與人並處而難得也。虛其欲,神將入舍;掃除不潔,神乃留處。……虛無無形謂之道,……道也者,動不見其形,施不見其德,萬物皆以得,然莫知其極。故曰可以安而不可説也。(心術上)
>
> 心靜氣理,道乃可止。……彼道之情,惡音與聲;修心靜音,道乃可得。道也者,口之所不能言也,目之所不能視也,耳之所不能聽也。(内業)

這些文字主要闡述了『道』具有無法感知的特性,它『虛無無形』,『動不見其形,施不見其德』,『口之所不能言也,目之所不能視也,耳之所不能聽也』,只可以『曲説』(謂間接譬喻),『不可以廣舉』,如能修心靜音,摒棄言説,則『道乃可得』。管子對於『道』的這種表述,與莊子所謂『夫道』『可傳而不可受,可得而不可見』(大宗師)、『道不可聞,聞而非也;道不可見,見而非也;道不可言,言而非也』(知北遊)等説法相當吻合,表明其與莊子『道論』有一定淵源關係。

但在對待『道』與『氣』的關係問題上，管子與莊子並不太一致。在一般情況下，莊子以『氣』爲『道』的派生之物，是一種構成宇宙萬物基始的半物質因素，如所謂『雜乎芒芴之間，變而有氣，氣變而有形，形變而有生』(至樂)之『氣』，即是指雜乎無形的『道』與有形的物之間的一種半物質因素。而在管子中，有時會使『道』與『氣』的概念變得模糊起來。如內業篇說：

凡人之生也，必以其歡。憂則失紀，怒則失端。憂悲喜怒，道乃無處。愛欲靜之，遇(愚)亂正之。勿引勿推，福將自歸。彼道自來，可藉與謀。靜則得之，躁則失之。靈氣在心，一來一逝。其細無內，其大無外。所以失之，以躁爲害。心能執靜，道將自定。得道之人，理丞(通『蒸』)而屯泄，匈(通『胸』)中無敗。節欲之道，萬物不害。

裘錫圭指出：『這一條「道」字五見，除「節欲之道」一例外，從上下文看也都應該理解爲精氣。』①崔大華則根據心術下、內業、樞言等篇中的其他一些材料，認爲管子中已『出現可以以「氣」釋「道」、以「道」釋「氣」的情況』②。應該看到，內業等篇作者以『氣』、『道』互釋，在一定程度上反映了其要求通過加強『道』的物質屬性來解釋世界的願望，這正是黃老學的自然哲學的思想特徵。

第二節　慎子與莊子之關係

慎子，名到。史記孟子荀卿列傳謂爲『趙人』。又同書田敬仲完世家載：『宣王喜文學遊說之士，自如鄒

① 稷下道家精氣說的研究，載於陳鼓應主編道家文化研究第二輯，上海古籍出版社1992 年版。
② 莊學研究第八章，人民出版社1992 年版。

衍、淳于髡、田駢、接予、慎到、環淵之徒七十六人，皆賜列第，爲上大夫，不治而議論。』孟子荀卿列傳載：『自鄒衍與齊之稷下先生，如淳于髡、慎到、環淵、接子、田駢、鄒奭之徒，各著書言治亂之事，以干世主，豈可勝道哉！』則慎到當活動於戰國中期，與莊周、孟軻同時而稍後。

慎子一書，各家著錄不一。史記孟子荀卿列傳稱『慎到著十二論』。漢書藝文志則著錄『慎子四十二篇』。史記集解引徐廣曰：『今慎子，劉向所定，有四十一篇。』隋書經籍志、舊唐書經籍志、新唐書藝文志均載『慎子十卷』，宋史藝文志載『慎子一卷』。宋王應麟漢書藝文志考證曰：『今三十七篇亡，惟有威德、因循、民雜、德立、君人五篇。』元陶宗儀説郛卷四十收慎子五篇，明周子義萬曆初刊子匯本亦爲五篇，兩者所錄篇名與王應麟所記同，則宋以後慎子僅餘五篇。清嘉慶二十年，嚴可均以明子彙本爲底本，成慎子輯本。清光緒十九年，錢熙祚重輯慎子，他參照子彙本與群書治要，進一步補充慎子內容，將其擴充爲威德、因循、民雜、知忠、德立、君人、君臣等七篇，並增輯佚文六十條。目前，錢氏輯本流傳較廣。

明慎懋賞曾輯慎子內外篇，內篇四十事，外篇五十六事，內、外篇末皆附直音。從內容上看，慎懋賞所輯本子的內容，超出其他殘本者甚多，但往往來源不明。民國時，上海涵芬樓借江陰繆氏藕香簃寫本慎子內外篇，影印收入四部叢刊內。此寫本乃是以慎懋賞本爲底本，重作整理增損而成，內篇凡三十六事，外篇凡五十六事，無慎本序跋及直音，有繆荃孫所補知忠、君臣二篇，及所輯慎子佚文若干事，而收入四部叢刊時，書末還附有孫毓修慎子內篇校文及跋語，內容較爲完備。本節凡引慎子文字，如無特別説明，皆據此影印本。

慎到學派的歸屬問題，歷來頗有爭議。莊子天下、荀子天論、韓非子等均稱慎到爲道家。荀子非十二子、解蔽，及呂氏春秋慎勢、漢書藝文志等皆將慎到歸入法家。史記孟子荀卿列傳謂其『學黃老道德之術』。要而言之，慎到思想明顯淵源於道家，但能確立慎到思想家地位的卻是由他從道家思想衍生創立出的法家理論。就現存的文獻資料來看，較早、較系統地論述慎到思想的是莊子天下：

公而不當，易而無私，決然無主，趣物而不兩，不顧於慮，不謀於知，於物無擇，與之俱往。古之道術有在於是者，彭蒙、田駢、慎到聞其風而悅之。齊萬物以爲首，曰：『天能覆之而不能載之，地能載之而不能覆之，大道能包之而不能辯之。』知萬物皆有所可，有所不可，故曰：『選則不遍，教則不至，道則無遺者矣。』是故慎到棄知去己，而緣不得已。泠汰於物，以爲道理，曰：『知不知，將薄知而後鄰傷之者也。』謑髁無任，而笑天下之尚賢也；縱脫無行，而非天下之大聖。椎拍輐斷，與物宛轉；舍是與非，苟可以免。不師知慮，不知前後，魏然而已矣。推而後行，曳而後往，若飄風之還，若羽之旋，若磨石之隧，全而無非，動靜無過，未嘗有罪。是何故？夫無知之物，無建己之患，無用知之累，動靜不離於理，是以終身無譽。故曰：『至於若無知之物而已，無用賢聖，夫塊不失道。』豪桀相與笑之曰：『慎到之道，非生人之行，而至死人之理，適得怪焉。』

自清末以來，多數學者根據天下篇的思想內容、語言風格與莊子中其他篇章有明顯差異等現象，便認爲天下篇爲莊周後學的作品，當作於戰國晚期。從此篇對慎到的評論來看，可以發現其學說與莊子思想有較爲密切的關係。天下篇作者指出，慎到等人『齊萬物以爲首』，即站在『道』的立場上，以齊同萬物爲第一要義，由此來發展其學說。應當說，慎到等人的這一哲學思想與莊子的『齊物論』有一定的關係。基於這種哲學觀念，慎到認爲，『大道能包之而不能辯之』，即大道能派生宇宙萬物，但不去區別萬物的差異，視萬物爲一律平等，因爲『萬物皆有所可，有所不可』，如對事物有所區別取舍，就僅能得其一偏，卻會遺其全體。所以，他『棄知去己』、『不師知慮』、『舍是與非』、『與物宛轉』，一切任其自然而已。但天下篇作者指出：慎到『笑天下之尚賢』、『非天下之大聖』，心中不免有是與非的觀念存在；他還對老莊的體『道』，片面地理解爲『塊不失道』，未免過於極端，不能爲活人所實行，所以被豪傑所嘲笑。正如後來郭象說：『夫去知任性，然後神明洞照，所以爲賢聖也。而云土塊乃不失道，人若土塊，非死而何？豪傑所以笑也。』（莊子注）

莊子天下所論述的，可能是慎到早期的哲學思想，與他由『道』入『法』後的情況有所不同。清四庫館臣云：『莊子天下篇曰：「慎到棄知去己，而緣不得已……」是慎子之學，近乎釋氏，然漢志列之於法家。今考其書，大旨欲因物理之當然，各定一法而守之。不求於法之外，亦不寬於法之中，則上下相安，可以清淨而治。然法所不行，勢必刑以齊之。道德之爲刑名，此其轉關，所以申韓多稱之也。』①這裏從天下篇對慎到的評論看出其學術思想『近乎釋氏』，不可謂之知言。但其認爲慎到的思想存在著一個由『道』向『法』的轉變，將道家的哲學思想發展爲面向現實社會的法治理論，即所謂『轉關』的過程，卻非常符合實際。如慎到說：

民雜處而各有所能者不同，此民之情也。大君者，太上也，兼畜下者也。下之所能不同，而皆上之用也。是以大君因民之能爲資，盡包而畜之，無能取去焉。是故必執於方以求於人，故所求者無一足也。大君者不擇其下，故足；不擇其下，則爲下易矣。易爲下，則莫不容，容故多下，多下謂之太上。君臣之道，臣有事而君無事也。君逸樂而臣任勞，臣盡智力以善其事，而君無與焉，仰成而已，事無不治，治之正道然也。（慎子內篇）

馮友蘭闡釋這段話說：『如果把這段話同天下篇「齊萬物以爲首」那一段比較研究，就可以看出來，這兩段話的思想基本上是一致的。不同的是，天下篇的那一段話講的是「大道」和自然界中的事物；這一段話講的是社會中的統治者和老百姓。合起來看，慎到的意思是說，統治者在社會中的地位，就好像在自然界中的地位。萬物都「有所可」，人們也都「有所能」。雖然「所能不同」，但都可爲「上」之用，都是「上」的憑藉。道盡包萬物，無所選擇；統治者也應該「兼畜」老百姓，無所選擇。這樣，爲他用的「下」就多了。「下」越多，「上」的地位就越穩固，力量也就越大。就是說，「大道」對於萬物「包而不辨」。統治者對於老百姓也應該包而不辨。越包得

① 四庫全書總目提要慎到慎子。

多，擁護的人就越多，擁護的人越多，統治者的憑藉就越大。所以稱爲「大君」，稱爲「太上」。慎子接著說：「君臣之道，臣事事而君無事……」這是說，人都有所能，統治者應該像「大道」那樣，自己無爲而讓在他下面的人各自努力做他們所能做的事。這樣，什麼事都可以辦了。這是治國的「正道」。這就是法家所主張的「君道無爲，臣道有爲」的道理。』①馮友蘭的這一闡釋，已把慎到由道家向法家轉化，以道家的大道觀、尤其是莊子齊物思想來表述其法理的特徵說得非常清楚。但應該加以指出，馮氏所謂『法家所主張的「君道無爲，臣道有爲」的道理』，其實並非法家所創始，追溯其理論淵源，也顯然是出自道家，特別是莊子外篇之天道篇等。

慎到所謂的『齊萬物』、『與物宛轉』一個重要內容還表現爲『因循』。他說：『天道因則大，化則細，因也者，因人之情也。』（慎子內篇）認爲立法治國，只有『因人之情』，遂自然之性，則其功至高至大；若違背自然法則，硬要百姓從我而化，則其功必細必小。慎到的這一法治觀念，既受到了老子『道法自然』（老子二十五章）思想的影響，也是對莊子『因是』（齊物論）、『因於物』（在宥）、『因其固然』（養生主）、『常因自然』（德充符）、『因其所大而大之』（秋水）、『因其所小而小之』（同上）等因循思想的延續與轉化。在部分吸收老莊思想的基礎上，慎到還提出了『任自然者久』的法治思想。他說：

> 鳥飛於空，魚游於淵，非術也。故爲鳥爲魚者，亦不自知其能飛能遊。苟知之，立心以爲之，則必墮必溺。猶人之足馳、手捉、耳聽、目視，當其馳、捉、聽、視之際，應機自至，又不待思而施之乎！苟須思之，而後可施之，則疲矣。是以任自然者久，得其常者濟。（慎子外篇）

在慎到看來，鳥在高空中飛翔，魚在深淵中暢游，並不是它們有特殊的技能，而是本能使然。如果它們要知道其中的所以然，並刻意要去這麼飛、這麼游，就一定會以失敗告終。這好比人的足馳、手捉、耳聽、目視，也是天機

① 中國哲學史新編第一册第十六章慎到和稷下黄老之學，人民出版社1999年版。

使然，如果刻意爲之，一定會疲憊不堪。因此他得出結論，『任自然者久，得其常者濟』，若立法治國能遵循自然規律，就一定會得到多方幫助，從而達到長治久安。可以清楚看出，慎到這裏作爲他的政治、法律思想的哲學基礎，當與莊子有一定關係。如齊物論篇謂影子不知其行止何以如此而天機自爾，秋水篇蚿謂『予動吾天機而不知其所以然』，等等，當給慎到等提供了『任自然者』之哲學啟示。

在慎到的理想世界裏，認爲如果真能『任自然』以治世，則一定會出現一個純朴、簡約、和睦、安定的『至安之世』。他說：『故至安之世，法如朝露，純朴不散，心無結怨，口無煩言。故車馬不疲弊於遠路，旌旗不亂於大澤，萬民不失命於寇戎。豪傑不著名於圖書，不錄功於盤盂，記年之牒空虛。故曰：利莫長於簡，福莫久於安。』（慎子外篇）這種說法固然與老子『小國寡民』（老子八十章）思想有淵源關係，但也當受到莊子馬蹄所描繪的『至德之世』社會圖景的啟示：『故至德之世，其行填填，其視顛顛。當是時也，山無蹊隧，澤無舟梁；萬物群生，連屬其鄉；禽獸成群，草木遂長。是故禽獸可係羈而遊，鳥鵲之巢可攀援而窺。夫至德之世，同與禽獸居，族與萬物並，惡乎知君子小人哉？同乎無知，其德不離；同乎無欲，是謂素朴，素朴而民性得矣。』而慎子外篇所謂『不著名於圖書，不錄功於盤盂，記年之牒空虛』，更像是對莊子天地『是故行而無跡，事而無傳』數語的演繹。慎到認爲，在這種純朴、簡約、和睦、安定的理想社會裏，人們皆以修身養性爲第一要務，而對富貴、虛名則避之唯恐不及。他說：

堯讓天下於許由，許由……不受而逃去。……人以讓子州子父，子州父曰：『以我爲天子，猶之可也。雖然，我適有幽憂之病，方且治之，未暇治天下也。』舜以天下讓善卷，卷曰：『……予立宇宙之中，冬衣皮毛，夏衣絺葛。春耕種，形足以勞動；秋收斂，身足以休食。日出而作，日入而息，逍遙於天地之間而心意自得。吾何以天下爲哉！悲夫！子之不知予也。』禹讓天下於奇子，奇子……於是負妻攜子，以入於海，終身不返也。夫天下重物也，而不以害其身，又況於他物乎？惟不以天下害其生者，可以托天下。世之人主，以貴富驕得道之人。其不相知，豈不悲哉！故曰：道之真以持身，其緒餘以爲國家，其土苴以治天下。由此觀之，帝王之功，聖人之餘事也，非所以完身養生之道也。今有人於此，以隋侯之珠，彈千仞之雀，世必笑之。是何也？所用重，所要輕也。夫生豈特隋侯珠之重也哉？（慎子外篇）

這段話若果真爲原本慎子佚文的話，則作者也不無莊子超塵脫俗之情懷。今案莊子讓王云：『堯以天下讓許由，許由不受。又讓於子州支父，子州支父曰：「以我爲天子，猶之可也。雖然，我適有幽憂之病，方且治之，未暇治天下也。」夫天下至重也，而不以害其生，又況他物乎！唯無以天下爲者，可以托天下也。……舜以天下讓善卷，善卷曰：「余立於宇宙之中，冬日衣皮毛，夏日衣葛絺；春耕種，形足以勞動；秋收斂，身足以休食；日出而作，日入而息，逍遙於天地之間而心意自得。吾何以天下爲哉！悲夫，子之不知余也。」遂不受。於是去而入深山，莫知其處。舜以天下讓其友石戶之農，石戶之農曰：「卷卷乎后之爲人，葆力之士也。」以舜之德爲未至也，於是夫負妻戴，攜子以入於海，終身不反也。……故曰：道之真以治身，其緒餘以爲國家，其土苴以治天下。由此觀之，帝王之功，聖人之餘事也，非所以完身養生也。……今且有人於此，以隨侯之珠彈千仞之雀，世必笑之。是何也？則其所用者重而所要者輕也。夫生者，豈特隨侯之重哉！』兩相對勘，可知慎子作者不僅是在借鑒莊子思想，而且還在摘錄改寫莊子大段文字。慎到又說：

盜跖曰：人上壽百歲，中壽八十，下壽六十，除病瘦死喪憂患，其中開口而笑者，一月之中不過四五日而已。天與地無窮，人死者有時，操有時之具，而托於無窮之間，忽然無異騏驥之馳過隙也。不能悅其志意，養其壽命者，非通道者也。（慎子外篇）

這段話基本照錄於莊子盜跖，僅有幾個字不同。慎子作者引用的目的是爲了說明，生活在『至安之世』中的人們，應該尊重自然生命，『悅其志意，養其壽命』，幸福地度過一生，這才是懂得大道法則的人。

當然，從總體上看，慎到畢竟屬於法家人物，而今本慎子雖不一定全出於慎到一人之手，可能有後人的文字摻雜其間，但也無疑屬於一部法家著作。所以其借鑒、改寫莊子，必定會著眼於與立法治國相關的資料。如慎到說：『賤而不可不因者，眾也；剛而不可不用者，兵也；慘而不可不行者，法也；小而不可不防者，盜也；勞而不可不勸者，農也；冗而不可（不）嗇者，財也。』（慎子內篇）這段話本於莊子在宥：『賤而不可不任者，物也；卑而不可不因者，民也；匿而不可不爲者，事也；粗而不可不陳者，法也；遠而不可不居者，義也；親而不可不廣者，仁也；節而不可不積者，禮也；中而不可不高者，德也；一而不可不易者，道也；神而不可不爲者，天也。』可見兩者文字雖有較大不同，但前者因襲後者基本思維的痕跡卻十分明顯。經慎到改造後的這段話的意思是說，『眾』雖低微卻不得不順從，『兵』雖剛武卻不得不使用，『法』雖慘酷卻不得不實行，『盜』雖爲小數卻不得不提防，『農』雖勞苦卻不得不勉勵，『財』雖繁冗卻不得不儉嗇，這正反映了其由『道』向『法』轉化後的思想特徵。而且，慎到還利用莊子思想資料來爲其具體的執法服務。他說：

仲尼曰：凡人心險於山川，難於知天。故君子遠使之而觀其忠，近使之而觀其敬，煩使之而觀其能，卒然問焉而觀其知，急與之期而觀其信，委之以財而觀其仁，告之以危而觀其節，醉之以酒而觀其則，雜之以處而觀其色。九徵至，賢不肖人得矣。（慎子外篇）

這段話出自莊子列禦寇，文字基本相同。慎到借用莊子『九徵』之法，作爲實行以法治國過程中所使用的觀人之法和防閑之術，可見其由『道』入『法』的思想軌跡甚爲明顯。

第三節 鶡冠子與莊子之關係

鶡冠子，姓名事跡均不詳。漢書藝文志著錄鶡冠子一篇，班固自注：『楚人，居深山，以鶡爲冠。』隋書經籍志著錄鶡冠子三卷，小注云：『楚之隱人。』說明自漢以來，鶡冠子其人及其事跡均已湮沒不聞，所知者唯其爲楚人，隱居深山，以鶡鳥羽爲冠，故號鶡冠子。據書中多次提及『龐子問鶡冠子』，晉袁淑真隱傳謂『馮煖常師事之』，今學者多認爲龐子即龐煖，馮煖即爲龐煖，『馮』、『龐』古音相近，則鶡冠子曾爲龐煖老師。史記趙世家謂龐煖曾爲趙悼襄王（公元前244 年至前236 年在位）之將，則鶡冠子自是戰國晚期人。

一、對莊子文意的援引

鶡冠子一書，漢書藝文志著錄爲一篇，隋書經籍志作三卷，未言篇數。唐韓愈有讀鶡冠子一文，稱『十有六篇』。宋王堯臣等崇文總目著錄爲『今書十五篇。』陳振孫直齋書錄解題著錄三卷十九篇，陸佃解，與今本鶡冠子合。

關於鶡冠子的真偽，歷來頗多爭議。梁劉勰文心雕龍事類稱：『唯賈誼鵩賦，始用鶡冠之說。』同書諸子又稱：『鶡冠綿綿，亟發深言。』劉氏尚以此書爲真，但已注意到賈誼鵩鳥賦和鶡冠子文句有相近的地方。唐柳宗元則曾撰辯鶡冠子一文，以爲此書『盡鄙淺言』，『唯誼所引用爲美，餘無可者』，乃斷其爲偽書。自此之後，鶡冠子漸遭冷落。1973 年，長沙馬王堆漢墓出土大量帛書，有學者研究發現，鶡冠子對馬王堆出土老子乙本卷前古佚書之引用有二十三處之多，認爲此書當爲戰國晚期著作，但可能經過後人屢次增損，已非原書舊貌。

漢書藝文志以鶡冠子入道家，同時，復於『兵權謀』下云：『省伊尹、太公、管子、孫卿子、鶡冠子、蘇子、蒯通、陸賈、淮南王二百五十九種，出司馬法入禮也。』認爲鶡冠子雜有兵家思想。韓愈讀鶡冠子謂『其詞雜黃老刑名』，清四庫館臣稱『其說雖雜刑名，而大旨本原於道德』。要之，此書與道家關係密切，故王叔岷著讀莊論叢①，特爲撰『莊子與鶡冠子』一節文字，以揭明鶡冠子『剽剝莊子之文』凡『二十八條』。如認爲：鶡冠子之天權篇『知物固無不然』，本於莊子齊物論『無物不然』；王鈇篇『不見異物而遷』，本於莊子德充符『而不與物遷』；王鈇篇『不爲衆父』，本於莊子天地『可以爲衆父，而不可以爲衆父父』；天則篇『故父不能得之於子，而君弗能得之於臣』，本於莊子天道『臣不能以喻臣之子，臣之子亦不能受之於臣』；天權篇『應物而不窮，……謂之無方之傳』，本於莊子天運『彼未知夫無方之傳，應物而不窮者也』；環流篇『酸鹽甘苦之味相反，然其爲善均也』，本於莊子天運『其猶柤梨橘柚邪？其味相反，而皆可於口』；天權篇『故一蚋噆膚，不寐至旦。半糠入目，四方弗治』，本於莊子天運『夫播穅眯目，則天地四方易位矣。蚊虻噆膚，則通昔不寐矣』；泰鴻篇『毋易天生，毋散天朴，自若則清，動之則濁』，本於莊子刻意『水之性，不雜則清，莫動則平。鬱閉而不流，亦不能清，天德之象也』；夜行篇『芴乎芒乎，中有象乎！芒乎芴乎，中有物乎』，本於莊子至樂『芒乎芴乎，而無從出乎！芴乎芒乎，而無有象乎』；王鈇篇『用心不分』，本於莊子達生『用志不分』；泰錄篇『神聖乘於道德』，本於莊子山木『若夫乘道德而浮游則不然』；世兵篇『終則有始，孰知其極』，本於莊子田子方『始終相反乎無端，而莫知乎其所窮』；天權篇『昔行不知所如往』，本於莊子知北遊『故行不知所往』；世兵篇『誇者死權』，本於莊子徐無鬼『權勢不尤，則誇者悲』；備知篇『申徒狄以爲世溷濁不可居，故負石投於河』，本於莊子盜跖『申徒狄諫而不聽，負石自投於河』；王鈇篇『而天下無敵矣』，本於莊子說劍『天下無敵矣』；世兵篇『泛泛乎若不係之舟』，本於莊子列禦寇『汎若不係之舟』，等等。總之，王叔岷認爲，就今本鶡冠子看來，『推其所言，雖多雜湊，而大旨亦歸於道德』，『其剽剝莊子之文，尚復不少』。

其實，除王叔岷所列二十八條而外，鶡冠子中還有一些文字亦當本於莊子。如：天則篇『上下有間，於是

① 載於陳鼓應主編道家文化研究第十輯，上海古籍出版社1996年版。

設防知蔽並起』，陸佃注：『爲之斗斛以量之，則並與斗斛而竊之；爲之權衡以稱之，則並與權衡而竊之。』①陸氏引莊子胠篋文字以爲注，説明其已看出天則篇此數語本於莊子之意。泰鴻篇『無鉤無繩，渾沌不分』，陸佃注：『曲者不以鉤，直者不以繩，而渾沌全矣。故曰：「擢六律、塞師曠之耳，散五采、膠離朱之目，毁絶鉤繩、儷工倕之指，而天下人始含其朴矣。」』陸注告訴我們，泰鴻篇此二語，至少暗引了莊子應帝王『渾沌』寓言，和胠篋篇中有關文字。世兵篇『至人遺物，獨與道俱』，吳世拱注：『莊子曰：「不離於真，謂之至人。」又：「孔子謂老聃曰：形體若槁木，似遺物而立於獨也。」』（鶡冠子吳注）依吳注，則世兵篇此二語本於莊子天下及田子方篇相關文字。諸如此類的例子，在鶡冠子書中還能找出不少，説明其與莊子確實有較密切的關係。

在鶡冠子中，更有一些較爲完整的句群亦本於莊子。如天則篇云：『同而後可以見天，異而後可以見人，變而後可以見時，化而後可以見道，臨利而後可以見信，臨財而後可以見仁，臨難而後可以見勇，臨事而後可以見術數之士。』陸佃於『同而後』二句後注：『天道一而不二，故自其同者視之，夷貉一家也；人道二而不一，故自其異者視之，肝膽楚越也。』今案莊子德充符云：『自其異者視之，肝膽楚越也；自其同者視之，萬物皆一也。』則天則篇此二句當本於莊子。又陸佃於『變而後』二句後注：『常運而不停。庚桑子曰：「越雞不能伏鵠卵，魯雞固能矣。」趎往南見老子，然則道之等級見矣。』説明天則篇此二句當從莊子庚桑楚化出，以變動不居的道爲化生萬物的本原。又王叔岷認爲，『臨利而後』三句本於莊子列禦寇：『故君子遠使之而觀其忠，近使之而觀其敬，煩使之而觀其能，卒然問焉而觀其知，急與之期而觀其信，委之以財而觀其仁，告之以危而觀其節，醉之以酒而觀其則，雜之以處而觀其色。』由此可見，天則篇的這一句群徵引了莊子諸篇中的多處文意。再迻錄備知篇一節文字於下：

① 本節引鶡冠子文（不包括王叔岷所引之文）及陸佃注，皆據文淵閣四庫全書本。

伯夷、叔齊能無盜，而不能使人不意己。申徒狄以爲世溷濁不可居，故負石自投於河，不知水中之亂有逾甚者。德之盛，山無徑跡，澤無橋樑，不相往來，舟車不通，何者？其民猶赤子也。有知者不以相欺役也，有力者不以相臣主也，是以鳥鵲之巢可俯而窺也，麋鹿群居可從而係也。

在莊子中，伯夷、叔齊是被否定的對象，又備知篇此處開頭二句也有模仿莊子句式諸如『知能能而不能所不能』（知北遊）、『非汝能使人保汝，而汝不能使人無保汝也』（列禦寇）等之跡象，説明此二句當與莊子有一定關係。又『申徒狄』三句，吳世拱鶡冠子吳注已指出其本於莊子外物有關章節。至於『德之盛』十一句，王叔岷謂其出於莊子馬蹄：『故至德之世，其行填填，其視顛顛。當是時也，山無蹊隧，澤無舟梁。萬物群生，連屬其鄉。禽獸成群，草木遂長。是故禽獸可係羈而遊，鳥鵲之巢可攀援而窺。』可見備知篇這節文字，乃是襲用莊子句式或文意，加以聯綴而成。

二、對莊子思想的借鑒

鶡冠子融會各家之長，思想内容相當龐雜，但他主要以『道』爲中心，以展開其對政治、軍事、人生等方面的論述，因此與老莊學説有著一定關係。

在鶡冠子的思想中，『道』作爲最高哲學範疇，它能夠派生一切，因而是萬物的根源和宇宙的本體。他説：『有一而有氣，有氣而有意，有意而有圖，有圖而有名，有名而有形，有形而有事，有事而有約，約決而時生，時立而物生。』（環流）又説：『故所謂道者，無己者也。所謂德者，能得人者也。道德之法，萬物取業。』（同上）這裏的『一』與『天之不違，以不離一；天若離一，反還爲物』（天則）之『一』一樣，也就是『道』的另一種稱呼。顯然，這種把『道』看成是規範天地萬物的最高原則和規律的基本觀念，主要是來自老莊的哲學思想。而所謂『道

者，開物者也』、『道者，通物者也』（能天）云云，則更像莊子的口吻：『行於萬物者，道也。』（天地）

在鶡冠子看來，『道』雖能派生天地萬物，可它本身卻『隨而不見其後，迎而不見其首，成功遂事，莫知其狀。圖弗能載，名弗能舉，強爲之說曰：芴乎芒乎，中有象乎！芒乎芴乎，中有物乎！窅乎冥乎，中有精乎！致信究情，復反無貌，鬼不能見，不能爲人業。』（夜行）即『道』的最基本特徵就是虛無，無首無尾，無體無名，超越時間和空間，甚至不能爲鬼神所感知。鶡冠子這樣來描述『道』的狀態，顯然也與老莊的表述甚爲相似。如老子說：『道之爲物，惟恍惟惚。惚兮恍兮，其中有象。恍兮惚兮，其中有物。窈兮冥兮，其中有精。其精甚真，其中有信。』（老子二十一章）莊子說：『夫道，窅然難言哉！』（知北遊）又說：『夫道，有情有信，無爲無形；可傳而不可受，可得而不可見。』（大宗師）又說：『芴漠無形，變化無常，死與生與，天地並與，神明往與！芒乎何之，忽乎何適，萬物畢羅，莫足以歸。』（天下）可見鶡冠子的說法確實主要來自老莊的『道論』，也認爲作爲天地萬物根源的『道』本身就是絕對虛無，是自然秩序和社會秩序的永恒依據。

與『道』異名而同實，鶡冠子還提出了『泰一』概念。他說：『泰一者，執大同之制，調泰鴻之氣，正神明之位者也。』（泰鴻）這裏認爲，『泰一』是天地元氣之始、宇宙之本原，也是聖王施政之依據，其與『道』具有相同的功能。究其學術淵源，這與莊子思想有以相通。如莊子說：『泰初有無，無有無名；一之所起，有一而未形。物得以生，謂之德；未形者有分，且然無間，謂之命；留動而生物，物成生理，謂之形；形體保神，各有儀，則謂之性。性修反德，德至同於初。同乃虛，虛乃大。』（天地）又說：『建之以常無有，主之以太一。』（天下）成玄英疏：『太者，廣大之名；一以不二爲稱。言大道曠蕩，無不制圍，括囊萬有，通而爲一，故謂之太一也。』泰、太古通用，鶡冠子所謂的『泰一』正與莊子所說的『泰初』、『太一』的理念相當，也是化生宇宙萬物和規範人類秩序的根本依據，可見其與莊子學說自有一定的淵源關係。

陸佃於泰鴻篇『調泰鴻之氣』之後注：『鴻蒙，元氣也。泰鴻，元氣之始也。』『鴻蒙』一詞見於莊子在宥，司馬彪注：『鴻蒙，自然元氣也。』（陸德明經典釋文引）鶡冠子這裏所謂的『泰鴻之氣』，應該就是莊子所說的『鴻蒙』元氣，只不過側重於指稱『鴻蒙』元氣初始時的渾然狀態罷了。而泰鴻篇所謂『泰一』『調泰鴻之氣』，即是說『道』（『泰一』）不僅爲元氣之本原，還能調節、駕馭、平衡『氣』的運行。鶡冠子的這一『氣論』，將『氣』作爲『道』生化宇宙萬物過程中的第一階段的產物，與莊子的『氣論』相當合拍。如莊子說：『察其始而本無生，非徒無生也而本無形，非徒無形也而本無氣。雜乎芒芴之間，變而有氣，氣變而有形，形變而有生，今又變而之死，是相與爲春秋冬夏四時行也。』在莊子看來，『道』是『自本自根，未有天地，自古以固存』（大宗師）的，而『氣』卻是『雜乎芒芴之間，變而有氣』，但『氣變而有形，形變而有生』，『氣』的變化又是影響著此後一切有形者的生死過程的。總之，鶡冠子將『氣』描繪成介於『道』與天地萬物之間的一個必要環節，認爲它既未盡脫『道』的芒芴性質，又已彰顯出『物』的朦朧狀態，這無疑在一定程度上受到了莊子『氣論』的影響。

在鶡冠子的哲學觀念中，有時把『天』看成是與『道』、『泰一』相近的概念，也具有本體的意義。如他說：『天者，氣之所總出也。』（泰錄）認爲『天』爲陰陽二氣的本原，與『道』、『泰一』具有相同的派生天地萬物的功能。但綜觀鶡冠子的『天論』，主要還是希望聖王以『天』爲參照，以便自然有序地施行其政治。如他說：

天者，誠其日德也。日誠出誠入，南北有極，故莫弗以爲法則。天者，信其月刑也。月信死信生，終則有始，故莫弗以爲政。天者，明星其稽也。列星不亂，各以序行，故小大莫弗以章。天者，因時其則也。四時當名，代而不干，故莫弗以爲必然。天者，一法其同也。前、後、左、右，古今自如，故莫弗以爲常。天誠、信、明、因、一。不爲衆父易一，故莫能與爭先。易一非一，故不可尊增。成鳩得一，故莫不仰制焉。（王鈇）

陸佃注：『成鳩，蓋天皇之別號也。』在鶡冠子看來，『天』的『德』就是『誠』、『信』、『明』、『因』、『一』，所以能夠『南北有極』、『終則有始』、『列星不亂，各以序行』、『四時當名，代而不干』、『前後左右，古今自如』，聖王就具有這種品德。統治者如能像『成鳩』那樣，效法天道而施行政治，則整個社會便會得到有序、長久的運行。應該看到，鶡冠子的這些説法與莊子外篇所表述的有關天、人思想頗爲類似。如天道篇云：『天道運而無所積，故萬物成；帝道運而無所積，故天下歸；聖道運而無所積，故海内服。明於天，通於聖，六通四闢於帝王之德者，其自爲也，昧然無不靜者矣。……故帝王、聖人休焉。』莊子諸如此類的説法，無非是要求人道效法天道，按照自然無爲的天道來治國立政，可見這就是鶡冠子論述天、人關係時的重要思想來源之一。

綜上述可知，鶡冠子一書雖然思想駁雜，但其接受道家的思想仍是主要的，故而不時化用莊子文句，或借鑒莊子某些思想，也就成了必然的事。

第四章　荀況對莊子的援引與批評

荀子，名況，字卿，又稱孫卿，戰國末期趙國人，生卒年不詳，約晚於孟子百年左右。荀子五十歲時，始遊學齊國稷下。齊襄王時，荀卿最爲老師，三爲祭酒，後遭齊人讒言，遂去齊適楚，在楚國任蘭陵令。春申君被害後，荀卿廢居蘭陵，晚年『著數萬言而卒，因葬蘭陵』（史記孟子荀卿列傳）。李斯和韓非都是荀子的學生。

荀子是繼孔、孟之後的又一位儒學大師，精通詩、禮、易、春秋。荀子的思想是時代發展的産物。戰國末期，封建生産關係已經基本確立，經過長時間的兼併戰爭，結束諸侯割據的局面，建立一個統一的中央集權制國家成爲了時代的要求。此時，學術思想也由百家爭鳴趨向於互相吸收與融合。荀子適應時代要求，批判吸收了各家之長，兼取儒、道、墨、法等諸家思想，成爲戰國後期一位集大成的思想家。綜觀荀子一書，其思想博大精深，内容極爲豐富，凡自然、社會、哲學、政治、經濟、軍事、文學等皆有涉獵，堪稱中國思想史上的一座豐碑。

荀子篇數，今無可考，西漢劉向校讎孫卿書時有三百二十二篇，去其重複，定爲三十二篇，取名孫卿新書。唐楊倞則把三十二篇分爲二十卷，次序略作調整，並爲之作注，取名荀卿子，從此楊倞的荀子注本便作爲通行本流傳於世，並成定本。

第一節　對莊子的援引和闡發

在荀子一書中，直接提及『莊子』者，僅有解蔽篇『莊子蔽於天而不知人』①一語。又正論篇云：『語曰：「淺不足與測深，愚不足與謀知，坎井之鼃不可與語東海之樂。」此之謂也。』楊倞注：『言小不知大也。司馬彪曰：「坎井，壞井也。鼃，蝦蟆類也。」事出莊子（見於今本莊子秋水）。』楊注明確指出來自莊子者，似亦僅此一例而已。

但遍檢楊倞之注，實際上已於多處關注到荀子與莊子之關係。如勸學篇『散儒也』，楊注：『散，謂不自檢束。莊子以不材木爲材木也。』非相篇『突禿長左』，楊注：『突，謂短髮可凌突人者。故莊子說趙劍士蓬頭突鬢。』非十二子篇『綦谿利跂』，楊注：『利，與「離」同。離跂，違俗自絜之貌。謂離於物而跂足也。莊子曰：「楊墨乃始離跂，自以爲得。」』儒效篇『是杅杅亦富人已』，楊注：『杅杅即「于于」也，自足之貌。莊子曰：「聽居居，視于于也。」』強國篇『大燕鰌吾後』，楊注：『莊子風謂蛇曰「鰌我」。』性惡篇『僞起於性而生禮義』，楊注：『莊子亦云：「仁相僞也，義相虧也。」』楊倞像這樣的注語甚多，說明他已經清楚地看到，荀子與莊子確有種種關係。

王叔岷早年因有見於上述情況，曾撰莊子與荀子一文，舉證荀子之文出於莊子者頗多，惜『未發表』②。今

---

① 本節凡引荀子文，皆據王先謙荀子集解本，中華書局1988年版。
② 見先秦道法思想講稿老莊思想之影響，王叔岷著作集，（北京）中華書局2007年版。

所見王氏所舉荀子引莊子之文者，主要在其所撰讀莊論叢①中。他在此文中例舉說：荀子之性惡篇『然而前必有銜轡之制，後有鞭策之威』，出於莊子馬蹄『前有橛飾之患，而後有鞭策之威』；哀公篇『鳥鵲之巢，可俯而窺也』，出於馬蹄篇『鳥鵲之巢，可攀援而窺』；榮辱篇『短綆不可以汲深井之泉』，出於莊子至樂『綆短者不可以汲深』。並指出還有一種情況是，『荀子不用莊子原文，而胎息其辭意者』。如大略篇有語云：『多積財而羞無有，重民任而誅不能』。此胎息於莊子則陽：『匿爲物而愚不識，大爲難而罪不敢，重爲任而罰不勝，遠其途而誅不至。』君道篇有語云：『故校之以禮，而觀其能安敬也；與之舉錯遷移，而觀其能應變也；與之安燕，而觀其能無流慆也；接之以聲色、權利、忿怒、患險，而觀其能無離守也。』此胎息於莊子列禦寇：『故君子遠使之，而觀其忠；近使之，而觀其敬；煩使之，而觀其能；卒然問焉，而觀其知；急與之期，而觀其信；委之以財，而觀其仁；告之以危，而觀其節；醉之以酒，而觀其則；雜之以處，而觀其色。』總之，在王叔岷看來，荀子胎息於莊子辭意者，亦有顯著之例。

崔大華在莊學研究中更指出，從荀子對莊子思想的準確的批評中可以推斷，荀子對莊子的著作是熟悉的。荀子是先秦一位以思路廣博爲特色的儒家學者，他的理論立場雖以儒家思想爲主導，但從解蔽中對諸子的準確評斷可以看出，對他家思想他也是努力去理解和吸收的。這樣，荀子在熟悉莊子著述的過程中接受莊子思想某些深刻的、爲儒家所沒有的觀點也是很自然的。從荀子中看，荀子受到莊子思想的影響可以歸納爲兩點②。

在崔大華看來，第一點就是荀子中出現了莊子思想所特有的概念，援引了莊子所塑造的人物、故事，是荀子接受莊子影響最爲明顯的表現。崔氏舉了三個方面的例子予以說明：其一，認爲荀子『至人』的概念來源於

① 載於陳鼓應主編道家文化研究第十輯，上海古籍出版社1996年版。
② 見莊學研究第八章莊子思想與先秦子學，人民出版社1992年版。

莊子。他説，儒家一般是以『聖人』來表示自己的理想人格，而『至人』則是莊子思想所特有的理想人格。荀子遵循儒家傳統，以『聖人』來表述他心目中的理想人格，如説『聖人者，道之極也』（禮論）、『積善而全盡，謂之聖人』（儒效）、『仁智之極也，夫是之謂聖人』（君道）等等，但從這些論述可以看出，荀子對『聖人』的理解比孟子要寬泛，要豐富，聖人不僅是道德的典範，也是智慧的典範。而荀子所謂『明於天人之分，則可謂至人矣』（天論），所謂『遠蚊虻之聲，閒居靜思則通。……蚊虻之聲聞則挫其精，可謂危矣，未可謂微也。夫微者，至人也。至人也，何强，何忍，何危』（解蔽）等等，認爲聖人的智慧產生自能擺脱外界干擾的『閒居靜思』，表現爲能『明天人之分』，於是援用莊子的『用心若鏡』、『無己』、能『定』於本末的『至人』來表述『聖人』的這一品質，故可斷定荀子『至人』的概念源自莊子。其二，認爲在莊子以前，論語中有『老彭』，其人『信而好古』（述而），而以長壽著稱的『彭祖』，卻是莊子之前所未聞。荀子修身中的『彭祖』與莊子完全相應，則其淵源所自甚爲明顯。其三，認爲荀子正論所云『坎井之鼃不可與語東海之樂』，作者顯然是作爲一個故事內容已衆所周知的典故來徵引的，而這個故事正是出自莊子，可見楊倞所謂『事出莊子』之説不誤。有鑒於此，崔氏斷定荀子相當熟悉莊子著作，曾受到莊子概念、名物的多所影響。

在崔氏的基礎上，何志華特撰荀卿論説源出莊周證①，文中首先肯定了崔氏關於荀子『至人』、『井蛙』出於莊子的説法，並進而廣搜例證，以説明荀子沿襲莊子辭彙確實甚夥。如何氏考證説：一、『偃然』一詞，先秦兩漢文獻僅有三見，除莊子至樂而外，兩見於荀子，一在王制篇，另一在儒效篇，可證荀子『偃然』一詞實源於莊子。二、考『逢衣淺帶』一語，先秦兩漢文獻僅有兩見，除莊子盜跖而外，又見荀子儒效，説明荀子以『逢衣淺帶』醜化俗儒，正是沿襲莊子之舊説。三、莊子胠篋以『延頸舉踵』一詞描繪人民願慕『賢者』之情態，荀子榮辱亦以

① 刊載於方勇主編諸子學刊第三輯，上海古籍出版社2009年版。

之狀人民慕賢之情，可見其同樣襲自莊子。四、考荀子正名云：『「聖人不愛己」，「殺盜非殺人也」，此惑於用名以亂名者也。』荀卿所指即爲墨子，然而其謂『殺盜非殺人』，而非『殺盜人非殺人』，可見荀卿此文雖指墨子，卻非直引墨子之言，而爲轉引自莊子者。楊倞注云：『「聖人不愛己」，未聞其説，似莊子之意。「殺盜非殺人」，亦見莊子。』則『聖人不愛己』典出莊子天下，而『殺盜非殺人』見於莊子天運。何氏此等考釋，發前人所未曾發，對讀者瞭解荀子沿襲莊子辭彙的情況很有幫助。

何志華還考證了荀子部分論説亦源出莊子。他在荀卿論説源出莊周證中説：一、古書論及五經之用者，最早見於荀子儒效，而考其以爲詩之言『志』，書之言『事』，禮之言『行』，樂之言『和』，春秋之言『微』，實源於莊子天下。二、荀子天論云：『耳目鼻口形能，各有接而不相能也，夫是之謂天官。心居中虚以治五官，夫是之謂天君。』此處提出耳、目、鼻、口乃爲『天官』，『各有接而不相能』，意謂『天官』之間無法相互協調。又君道篇云：『人習其事而固，人之百事如耳目鼻口之不可以相借官也。』所謂『不可以相借官』，意指耳、目、鼻、口之作用不可以互相借用，亦即天論所謂『各有接而不相能』。荀子因此提出『心』爲『天君』，以統攝耳、目、鼻、口等『天官』之欲，使之相互協調。考荀子以『心』爲『天君』，以統攝耳、目、鼻、口等『天官』之欲，實遠承孟子之學説，但其所謂耳、目、鼻、口『各有接而不相能』之説，則無疑源出莊子天下：『譬如耳、目、鼻、口，皆有所明，不能相通。猶百家衆技也，皆有所長，時有所用。』三、荀子解蔽謂『凡人之患，蔽於一曲而闇於大理』，天論篇謂『萬物爲道一偏，一物爲萬物一偏，愚者爲一物一偏，而自以爲知道，無知也』，等等，以『一曲』、『一偏』與『大理』、『周道』對舉，這些理念亦皆源於莊子。總之，何志華通過這些考證，認爲荀子所運用的部分辭彙和所持的某些理念，都顯然有襲用莊子的痕跡。

從更大的方面看，也就是崔大華在莊學研究中所説的第二點，即荀子受到莊子思想更深層影響的，是接受了莊子自然哲學的基本觀念，形成了自己迥異於其他先秦儒者的自然觀。『夫子之言性與天道，不可得而聞也』(論語公冶長)，說明對整個宇宙自然的哲學思索，本是儒家創始者思想中的薄弱環節，荀子對這種情況也沒有改變，所以他的基本論題都還是在『人道』的社會倫理的範圍之内。但在具有顯然的自然哲學理論優勢的莊子思想的有力挑戰下，荀子卻又有所改變，他接受了莊子的影響，開始對『人道』之外的更廣闊、更深邃的世界進行形而上性質的理論思索，形成了某些體現著儒家思想重要發展的新的理論觀念。

依照崔大華的看法，荀子接受莊子自然哲學觀念主要表現在兩個方面： 首先，荀子接受了總體性的『道』的觀念。如在荀子思想中，『道』雖然經常指具體的社會人倫之道，但在重要觀點上卻對儒家的這一固有觀念有所突破，所謂『萬物爲道一偏，一物爲萬物一偏』(天論)，『夫道者，體常而盡變，一隅不足以舉之』(解蔽)，『夫道者，所以變化遂成萬物也』(哀公)等等，此處所說的『道』，皆謂作爲世界總體、具有形而上的哲學性質的理性觀念，與莊子『道通爲一』、『道未始有封』(齊物論)、『道覆載萬物者也』(天地)等觀念是相通、相承的，說明荀子已經超出舊有的理論範圍，在基本上是倫理性質的『天命』、『性』之外，一個具有自然性質的最基本的、最高的哲學範疇已經産生，儒家思想新的自然觀從這裏開始形成。其次，荀子形成了『萬物』的觀念。荀子是一個深刻的儒家思想家，他沒有停留在對『禮』、『義』等倫理道德現象的描述上，而是在探討它的産生根源和形成過程的同時，進而追溯了萬物的形成過程，如所謂『天地合而萬物生，陰陽接而變化起，性偽合而天下治』(禮論)，『列星隨旋，日月遞炤，四時代御，陰陽大化，風雨博施，萬物各得其和以生，各得其養以成』(天論)等等，即都是對天地陰陽的交互作用、日月四時運動變化生成萬物之過程的追溯，雖然這些認識還比較模糊、抽象，卻可明顯看出其對莊子相關思想的接受和發揮。

何志華則撰莊、荀禮說淵源考辨①，其第三部分爲『荀況論禮與莊子用語片語、思想義理相合例證輯録』，認

① 刊載於方勇主編諸子學刊第八輯，上海古籍出版社2013 年版。

爲荀子雖偏重人事，不以天道獨尊，與莊子相異，然細考其禮論，每與莊子有淵源關係。如：一、關於三年之喪若駟之過隙。何氏考荀子禮論所謂『駟之過隙』者，楊倞注云：『隙，壁孔也。』推本溯源，荀子措辭用語當本莊子知北遊『人生天地之間，若白駒之過郤，忽然而已』，及盜跖篇『天與地無窮，人死者有時，操有時之具而托於無窮之間，忽然無異騏驥之馳過隙也』。荀子據此以明人死以後，三年之喪其實短促，而旨在以禮節哀而已。二、關於天子棺槨之制。荀子禮論：『天子棺槨十重，諸侯五重，大夫三重，士再重。』何氏考莊子天下云：『天子棺槨十重，諸侯五重，大夫三重，士再重。』可見荀子全本莊子，采信其說以爲一己禮論之依據。三、關於喪禮求簡。荀子禮論：『凡禮，始乎稅，成乎文，終乎悅校。』楊倞注：『史記作「始乎脱，成乎文，終乎稅。」言禮始於脱略，成於文飾，終於稅減。』可見荀子以爲禮始於簡略，終於稅減，是亦禮儀求簡之意。何氏考莊子大宗師記孟孫才之母死，居喪不哀，莊子托爲仲尼之言曰：『夫孟孫氏盡之矣，進於知矣。唯簡之而不得，夫已有所簡矣。』劉武莊子集解内篇補正引宣穎云：『簡者，略於事。世俗相因，不得獨簡，故未免哭泣居喪之事。』是其義，正與荀子禮論『凡禮，始乎稅』者義理相合，或即爲荀子此文所據。四、關於終始俱善。何氏認爲，荀子思想以禮義爲核心，縱然論及人之生死，亦以爲終始皆當由禮。荀子禮論云：『禮者，謹於治生死者也。生，人之始也；死，人之終也。終始俱善，人道畢矣。故君子敬始而慎終。終始如一，是君子之道、禮義之文也。』今案荀子所謂『終始俱善』，其實亦出莊子。考莊子大宗師云：『善吾生者，乃所以善吾死也。……善妖善老，善始善終。』另同篇又云：『善吾生者，乃所以善吾死也。』一篇之中，重複表述，其實亦爲『終始俱善』之意而已。要之，在何氏看來，荀子部分論説其實亦與莊子相涉，其中以禮論相關學說淵源尤深。

但何志華在莊、荀禮説淵源考辨中，其第四部分卻設爲『荀況禮論意在辯莊例證舉隅』，認爲推而論之，荀子既尊崇孔子之言，則於莊子道家學説實難以全然採納，其中矛盾，荀子時有詆之，文辭雖未有言明，其實意在辯莊。如：一、謂儒服未可非。莊子一書崇尚自然，以爲儒服標榜禮義，實質約束形軀，有違自然情性，多可非議。荀子則以爲不然，因於哀公篇特意借助魯哀公與孔子之對答，闡明身被儒服者雖未必皆賢，然亦鮮有爲非作歹者，其實意在辯正莊子反儒服之論。哀公篇云：

> 魯哀公問於孔子曰：『吾欲論吾國之士，與之治國，敢問何如取之邪？』孔子對曰：『生今之世，志古之道，居今之俗，服古之服，舍此而爲非者，不亦鮮乎！』哀公曰：『然則夫章甫、絇屨、紳而搢笏者，此賢乎？』孔子對曰：『不必然。夫端衣、玄裳、絻而乘路者，志不在於食葷；斬衰、菅屨、杖而啜粥者，志不在於酒肉。生今之世，志古之道，居今之俗，服古之服，舍此而爲非者，雖有，不亦鮮乎！』哀公曰：『善。』

何氏認爲，此處荀子所述殷時冠冕，『絇屨』、『紳』、『搢笏』，皆見於莊子天地及田子方篇，可見言論或有專指，其謂『居今之俗，服古之服，舍此而爲非者，雖有，不亦鮮乎』，乃專就田子方篇『君子有其道者，未必爲其服』之說加以辯難。二、謂學者當學爲聖人，切勿學爲『無方之民』。何氏考莊子大宗師，記子桑戶死，而友人孟子反、子琴張不爲悲哀，臨屍而歌。莊子記述『孔子』以爲二人『遊方之外』，而與孔門『遊方之內』者取徑不同，『外內不相及』，因以爲二人皆爲方外之民，未爲『世俗之禮』。大宗師篇謂孔子、子貢『遊方之內』者，蓋旨在貶抑儒生，以爲恪守世俗禮儀，以至桎梏形性，未及方外之民逍遙無爲，豁然自適。何氏指出，荀子於莊子詆譏儒生禮義之論，自當不以爲然，因於禮論篇云：

> 禮之理誠深矣。『堅白』、『同異』之察入焉而溺；其理誠大矣，擅作典制辟陋之說入焉而喪；其理誠高矣，暴慢、恣睢、輕俗以爲高之屬入焉而隊。故繩墨誠陳矣，則不可欺以曲直；衡誠縣矣，則不可欺以輕重；規矩誠設矣，則不可欺以方圓；君子審於禮，則不可欺以詐僞。故繩者，直之至；衡者，平之至；規矩者，方圓之至；禮者，人道之極也。然而不法禮、不足禮，謂之無方之民；法禮、足禮，謂之有方之士。禮之中焉能思索，謂之能慮；禮之中焉能勿易，謂之能固。能慮能固，加好

者焉，斯聖人矣。故天者，高之極也；地者，下之極也；無窮者，廣之極也；聖人者，道之極也。故學者固學爲聖人也，非特學爲無方之民也。

何氏認爲，學者皆知荀子此文段首所謂『堅白、同異之察入焉而溺』者，旨在評騭公孫龍子、惠施之説，卻未知其所謂『不法禮、不足禮，謂之無方之民；法禮、足禮，謂之有方之士』者，其實亦有針砭，其所欲申辯者即爲莊子大宗師之論。荀子意謂孟子反、子琴張臨屍而歌，是不法禮足禮者。又二者皆爲平民百姓，荀子因謂之『無方之民』；仲尼、子貢恪守禮義，是法禮足禮者；二人皆儒生士人，荀子因稱『有方之士』。禮者，本爲人道之極致，而聖人乃爲『道之極』，故勸勉學者當學爲聖人，而切勿學爲『無方之民』。三、謂臨喪痛哭非禮儀節文。莊子外物云：『演門有親死者，以善毁爵爲官師，其黨人毁而死者半。』何氏認爲，莊子蓋以演門孝子因喪親而形容外毁，鄉黨之人隨而矯情强哭，以求富貴，甚至『形容外毁而死』，以見儒家禮儀居喪而哭，其實有違情性。荀子則不以爲然，因於禮論篇云：

故情貌之變足以别吉凶、明貴賤親疏之節，期止矣；外是，奸也，雖難，君子賤之。故量食而食之，量要而帶之。相高以毁瘠，是奸人之道也，非禮義之文也，非孝子之情也，將以有爲者也。

楊倞注：『非禮義之節文，孝子之真情，將有作爲，以邀名求利，若演門也。』何氏指出，這説明荀子此文其實是針對莊子外物『演門有親死者』而言，而荀子謂『相高以毁瘠』者，其實專指演門孝子及其鄉黨，彼以『善毁』得名，終至『毁而死者半』，其實不合儒家禮義，故曰：『相高以毁瘠，是奸人之道也，非禮義之文也。』在何氏看來，荀子所謂『毁瘠』，猶莊周所謂『善毁』、『毁而死』；荀子謂演門鄉黨『將以有爲者也』，即指莊子所謂『因孝而貴』，兩文對應關係明顯。這説明荀子旨在言明古人居喪過哀，以致形容外毁，並競相以羸弱自誇，不過『奸人之道』而已，並非儒家宗尚，故莊子所言演門鄉黨舉措，實未足以詆訕儒家喪禮節文。故而何氏斷言，荀子尊儒，不能不就莊子所言深入辯難，可以明矣。四、謂『水行』表深，『禮義法度』百王不易。何氏説，莊子倡言無爲而治，以爲依循天道，自然而然，治世可期，並能應變無窮，因亦反對一切人爲政治干預。因而反對孔門遵從周魯遺風，堅持禮義治國，如天運篇藉孔子遵行禮義而遭逢困厄，以見先王之道未必皆可行於當世，譬猶水行用舟，陸行用車，周、魯相異，以喻三代社會狀況有別，未可堅執先王之道以求治世。何氏指出，荀子則深以爲不然，故於天論篇就莊子『水行』用舟、『陸行』用車之喻加以辯詰云：

百王之無變，足以爲道貫。一廢一起，應之以貫，理貫不亂。不知貫，不知應變，貫之大體未嘗亡也。亂生其差，治盡其詳。故道之所善，中則可從，畸則不可爲，匿則大惑。水行者表深，表不明則陷；治民者表道，表不明則亂。禮者，表也；非禮，昏世也；昏世，大亂也。

何氏說，荀子所謂『百王之無變』者，楊倞注：『無變，不易也。百王不易者，謂禮也。言禮可以爲道之條貫也。』蓋用以辯駁莊子所詆先王禮義之道不可用於今世之論，荀子以爲禮義之道歷久不變，實可用於今世。荀子此文尤可注意者，蓋所謂『水行者表深』，實與莊子天運『水行用舟』一語相關，相互對照。故而何氏斷言，荀子意在辯莊，因此同以『水行者』爲喻，說明『禮者，表也』，以見『水行』成敗，關鍵不在舟、車之別，而在以禮爲標準，此實百世不易之治國良方。倘如莊子所言詆訾禮義之道，則必陷於昏世而致大亂。五、謂人道表揚禮義，未可爲非。何氏認爲，莊子哲學之核心精神，意在推尊天道而貶抑人道，而荀子則於莊子獨尊天道之說不以爲然，其解蔽篇云：

若夫非分是非，非治曲直，非辨治亂，非治人道，雖能之無益於人，不能無損於人。案直將治怪說，玩奇辭，以相撓滑也；案強鉗而利口，厚顔而忍詬，無正而恣睢，妄辨而幾利；不好辭讓，不敬禮節，而好相推擠：此亂世奸人之說也，則天下之治說者方多然矣。傳曰：『析辭而爲察，言物而爲辨，君子賤之；博聞強志，不合王制，君子賤之。』此之謂也。

何氏指出，楊倞注以爲荀子所辯，乃爲『慎、墨、宋、惠之屬』，後世學者多從楊說，因以爲荀子此段論議實與莊子無涉。然解蔽篇既曾明言針砭莊子，則此文啟首一節或可從辯莊角度重新思考，其謂『非分是非』者，或指莊子齊物論有關論述，則荀子解蔽篇所譏諸子『非分是非』者，或即指莊子而言。至於下文謂『非治人道』，實亦有所針砭，蓋亦就莊子在宥所言『人道』有爲而累，因與天道相去甚遠而言。荀子以爲莊子此等論說，『雖能之無益於人，不能無損於人』。其意在強調人道有爲，可與天地相參，而未可貶抑。何氏進而說，此荀子天論篇所謂『天有其時，地有其財，人有其治，夫是之謂能參。舍其所以參而願其所參，則惑矣』，是其義矣。並謂，荀子以爲『人治』，可與『天時』、『地財』相參，是則『人道』可與『天道』並論，以見莊子貶抑『人道』之說，其實未足取信。

總而言之，荀子援引、轉化莊子之處較多，但此等關係大多深隱難識，前人誠罕有言及者，後經王叔岷、崔大華、何志華諸學者之努力，乃得表而出之。今特節錄之而成此節文字，以與讀者共享。

第二節　批評『莊子蔽於天而不知人』

郭沫若說：『荀子是先秦諸子中最後一位大師，他不僅集了儒家的大成，而且可以說是集了百家的大成的。』（十批判書荀子的批判）荀子在建構唯物主義思想體系時，首先把道家哲學的最高範疇『道』納入了自己的學說，但他對於道家又表示出了極大的不滿。史記孟子荀卿列傳云：『荀卿嫉濁世之政……鄙儒小拘，如莊周等又猾稽亂俗，於是推儒、墨、道德之行事興壞，序列著數萬言而卒。』如對於老子有屈無伸的思想以及把自然無爲誇大爲人類社會生活的普遍原則的做法，他提出批評說：『老子有見於詘，無見於信。』（天論）老子的自然天道觀在莊子那裏便是突出地表現爲『天人合一』的思想，要求人們『不以人助天』（大宗師），『無以人滅天』（秋水），一切順應自然，以便達到『天地與我並生，而萬物與我爲一』（齊物論）的境界。對此，荀子又提出批評說：『莊子

蔽於天而不知人。……由天謂之道，盡因矣。』（解蔽）

所謂『蔽於天而不知人』，是説莊子唯是『盡因』自然、聽天由命，卻不懂得發揮人的主觀能動作用。確實，莊子在認識大自然運行規律方面存在著一定的絶對化傾向，甚至把它看作是支配一切的不可抗拒的異己力量，因而從根本上否定了人類對大自然的能動改造作用。他説：『古之真人，……不以心捐道，不以人助天。……故其好之也一，其弗好之也一；其一也一，其不一也一。其一與天爲徒，其不一與人爲徒，天與人不相勝也。』（大宗師）所謂『一』，即『人與天一』（山木）。在莊子看來，『天與人不相勝』是絶對的，是不以人的『好』與『弗好』爲轉移的，因而『古之真人』『不以心捐道，不以人助天』，始終與『天』保持和諧統一的關係。於是他也像『古之真人』那樣，完全聽從自然的擺佈，從而不免陷入了『知其不可奈何而安之若命』（人間世）的宿命論泥淖。這正是『蔽於天而不知人』的必然結果。荀子在批判莊子這一思想的基礎上，便明確提出了『明於天人之分』和『制天命而用之』的嶄新命題。他説：『從天而頌之，孰與制天命而用之！』（天論）又説：『明於天人之分，則可謂至人矣。』（同上）可見，荀子把『人爲』的力量提到極高的地位，強調指出依靠人的力量是能夠征服自然的，這在人類認識史上無疑是一個重大的突破，也確實是可以用來『解』莊子之『蔽』的。

然而，荀子對莊子的批評儘管擊中了要害，但這一批評本身所存在的片面性和局限性也是較爲明顯的。

我們知道，人類本屬於『耆欲深者』，如果爲了滿足自己的欲望，只是一味地強調征服自然，無休止地向大自然進行索取，就必然會遭到大自然的無情反撲，以致出現『世與道交相喪』（繕性）的嚴重後果。就此看來，莊子主張『人與天一』，要求人們『乘天地之正』『御六氣之辯』（見逍遥遊）與自然保持高度的和諧關係，這種思想認識無疑是有其合理因素的。但是，荀子作爲一位大膽提出『戡天』、『制天命』口號，並且充滿戰鬥勇氣的思想家，他是不可能認識到道家『天人合一』思想中的這些合理因素的，因而只看到了莊子有所『蔽』而沒有看到莊子也有所『見』。

在莊子哲學中，所謂『天人合一』，除了表示人與大自然和諧統一的關係外，還包括了其他許多層面上的涵義。如要求人們的行爲與自己的自然本性的和諧統一，便是其中的一種涵義。莊子說：『何謂天？何謂人？……牛馬四足，是謂天；落馬首，穿牛鼻，是謂人。故曰：無以人滅天，無以故滅命，無以得殉名。謹守而勿失，是謂反其真。』（秋水）戰國時代，可謂是人欲横流、人的本質喪失殆盡的時代。莊子爲了追求人的自然本性的回歸，便以『落馬首』、『穿牛鼻』爲喻，大聲疾呼人們千萬不要因嗜欲而喪失純真本性。他認爲，人們只有『謹守而勿失』，讓自己的一切行爲與自己的純真本性始終保持高度的一致，這樣才能使人類從苦難的處境中解脱出來。由此説明，莊子確是一位心腸甚熱，也很懂得人的思想家。而荀子卻始終堅信，只有『制天命而用之』才是創造人類美好生活的唯一正確途徑，因而批評莊子『不知人』。這也説明，他的這一批評本身不免存在著較大的片面性和局限性。

而且，莊子的哲學是一種超越層面上的哲學。他强調『天人合一』，實際上就是要求人們超越自我的限制，以便逍遥於『無何有之鄉、廣莫之野』（逍遥遊），而『獨與天地精神往來』（天下）。把這種超越精神引入藝術創作實踐，那就表現爲『至人無爲，大聖不作，觀於天地之謂也』（知北遊）。如達生篇梓慶削木爲鐻的故事告訴人們，一切藝術品的成功過程，不外就是『以天合天』，即『無爲』、『不作』、『觀於天地』的自我超越過程。事實上，正是道家的這種超越精神才拯救了文藝的形而上的靈魂，使中國文藝走上了追求天然美的道路。但是，作爲處處强調『人定勝天』和『禮』、『法』作用的荀子，對於這些道理卻顯然是缺乏認識的，這也就使他對莊子的批評不能免於偏頗了。

此外，道家還表現出了『常寬容於物，不削於人』（天下）的恢弘氣度。老子云：『知常容，容乃公，公乃王，王乃天，天乃道，道乃久，沒身不殆。』（老子十六章）莊子進一步從宇宙本體的高度揭示了天地、萬物與人類的統一性和相互依存性。以這種超越的態度來對待現實世界中人與人、學派與學派之間的關係，就是表現爲泯滅自我意識，不再以主體的眼光看待對方。而荀子雖然是一位集百家大成的思想家，但他對各家的批評卻毫不留情，尤其是他那篇著名的非十二子，更像是一篇討伐各家學說的檄文，其中甚至還夾雜著不少詬詈毁辱的言辭。錢鍾書説：『荀(子)門户見深，伐異而不存同，舍仲尼、子弓外，無不斥爲「欺惑愚眾」，雖子思、孟軻亦勿免於「非」、「罪」之訶焉。莊(子)固推關尹、老聃者，而豁達大度，能見異量之美。』(管錐編史記會注考證太史公自序)可見，這又是使荀子對莊子的批評不能不陷入偏頗的一個重要原因。

綜上述可知，荀子對莊子的評論，從大的方面來看是正確的，但也確實存在著一定的片面性和局限性，可謂在有所『見』的同時也免不了有所『蔽』。

第五章　韓非對莊子的援引與改造

韓非（約前280—前233），尊稱韓非子或韓子，出身韓國貴族，與李斯同師事於荀子。曾建議韓王變法圖強，不見用。著孤憤、五蠹、説難等十餘萬言，引起秦王嬴政的重視，被邀出使秦國。不久因李斯、姚賈讒害，自殺於獄中。著有韓非子一書，共五十五篇。韓非以集法家之大成而成爲戰國末年一位著名的思想家，但他的學説並不僅僅源於前期法家商鞅、申不害、慎到關於『法』、『術』、『勢』的理論，同時還汲取了他的老師荀況和墨家、道家的一部分思想成果。韓非於莊子，也多有繼承借鑒，頗有淵源。

司馬遷史記老子韓非列傳以老、莊、申、韓並舉，揚雄亦云：『莊周、申、韓，不乖寡聖人而漸諸篇。』（法言問道）由此，莊、韓之關聯可見一斑。司馬氏稱莊子『其學無所不窺，然其要本歸於老子之言』，又稱韓非『喜刑名法術之學，而其歸本於黄老』（見史記老子韓非列傳），道出了莊、韓之學皆本於老子的觀點。范文瀾説：『莊周、韓非皆出於儒家，而皆與儒家異其面目。莊子之學根本大易，與老子同源，故兩家之説頗有相類。韓非之學根本荀子，然表章五千言自非始，取其意著書，與道家同流。舊以莊子爲道家，以韓非爲法家，皆非知本。』①從司馬氏與范氏之論可以看出，儘管對莊、韓之學術淵源有異議，但對二者之密切關聯均持認同態度。王叔岷評述説：『老子偏重外王，與韓非思想較密切；　莊子偏重内聖（心齋、坐忘），與韓非思想較疏遠。惟

① 正史考略諸子略義戰國兩大别儒及尸子。

韓非子中本於莊子之文亦不少，且多處於外、雜篇，此大可注意者也。』（先秦道法思想講稿）王叔岷之言，頗有見地，與范文瀾之說有所契合。就莊、韓淵源來看，兩者皆與老子有關，然莊子言道，韓子述法，韓非雖自成一家之言，卻與莊子淵源頗深。再加上韓非子中援引莊子之言屢見不鮮，評價莊子之處亦是多見，足以說明，韓非對莊子有所接受，且繼承借鑒頗多。

第一節　對莊子文字的援引與化用

先秦諸子典籍中，韓非子屬援引莊子較多者。王叔岷讀莊論叢①中曾談道：『司馬遷以老莊申韓合傳，以韓子之書，大氐皆原於道德之意也。其意多原於道德，其辭亦多本於老、莊。繼荀子而後，篇中散見莊子之文較多者，當推韓子。』今考韓非子援引莊子之文，大部分出自莊子外、雜篇，多見於韓非子之說林、難一、難三、外儲等篇中。綜觀韓子援引莊子之文，大致有以下三類：

第一類是引用莊子之文，這類引文與莊子原文大同小異，僅個別字句有所改動，立意或有不同，但故實基本沒有大的改變。如莊子山木載：

陽子之宋，宿於逆旅。逆旅人有妾二人，其一人美，其一人惡，惡者貴而美者賤。陽子問其故，逆旅小子對曰：『其美者自美，吾不知其美也；其惡者自惡，吾不知其惡也。』陽子曰：『弟子記之！行賢而去自賢之行，安往而不愛哉！』

韓非子說林上亦載此事：

---

① 載於陳鼓應主編道家文化研究第十輯，上海古籍出版社1996年版。

> 楊子過於宋，東之逆旅。有妾二人，其惡者貴，美者賤。楊子問其故，逆旅之父答曰：『美者自美，吾不知其美也；惡者自惡，吾不知其惡也。』楊子謂弟子曰：『行賢而去自賢之心，焉往而不美！』

對比以上兩段文字，韓非將『逆旅小子』變更爲『逆旅之父』，『自賢之行』改爲『自賢之心』，個別字句也略有變動，但大意基本一致，可見乃是引用莊子之文。又如莊子庚桑楚載：

> 一雀適羿，羿必得之，威也。以天下爲之籠，則雀無所逃。

韓非子難三載：

> 故宋人語曰：一雀過羿，羿必得之，則羿誣矣。以天下爲之羅，則雀不失矣。

難三中，韓非稱莊子爲『宋人』，部分詞句亦有改動，儘管對莊子有所批判，但故實未變。又如韓非子五蠹所載大禹治水『身執耒臿，以爲民先，股無胈，脛不生毛』，亦見於莊子天下等等。

第二類是增益莊子之文。這類援引，或是將莊子原文予以補綴增述，或引述莊子軼文。這類引文，較之莊子原文、佚文，材料更加翔實，對莊子有一定的補充增益作用。前者如韓非子說林下將莊子讓王所載堯讓位於許由之事予以了補述。莊子讓王云：『堯以天下讓許由，許由不受。』韓非子說林下云：『堯以天下讓許由，許由逃之，舍於家人，家人藏其皮冠。夫棄天下而家人藏其皮冠，是不知許由者也。』

除說林下外，韓非還在外儲說、忠孝、說林上等多篇文章中不同程度地談到許由之事，對莊子所言之故實予以了補充增益。韓非對莊子軼文的援引雖然不多，但其補益莊子的意義更爲可貴。漢書藝文志稱『莊子五十二篇』。史記老子韓非列傳稱『故其（莊子）著書十餘萬言』。然今本莊子三十三篇，僅五六萬字，可見莊子在流傳過程中，散佚較多。韓非子偶有莊子佚文，與其他典籍中的莊子佚文能夠相互印證，可補今本莊子之逸。如穀梁傳疏曾引莊子佚文云：

楚人有賣矛與楯者，見人來買矛，即謂之曰：『此矛無所不徹。』見人來買楯，則又謂之曰：『此楯無所能徹者。』買人曰：『還將爾矛刺爾楯，若何？』

韓非子難一云：

楚人有鬻楯與矛者，譽之曰：『吾楯之堅，物莫能陷也。』又譽其矛曰：『吾矛之利，於物無不陷也。』或曰：『以子之矛陷子之楯，何如？』其人弗能應也。夫不可陷之楯，與無不陷之矛，不可同世而立。

韓非子難勢亦有記載云：

客曰：『人有鬻矛與楯者，譽其楯之堅，物莫能陷也。俄而又譽其矛曰：「吾矛之利，物無不陷也。」人應之曰：「以子之矛陷子之楯，何如？」其人弗能應也。』

由韓非子中對『自相矛盾』之事的記載來看，一是能與穀梁傳疏中的描述相呼應，由此證明『自相矛盾』典故爲莊子佚文無疑；二是韓非子的記載更加詳盡，足以補莊子之逸。據王叔岷考證，『韓子中散見莊子之文尤可貴者，厥爲不見於今本莊子者數條』，其他如韓非子十過與御覽七六七所引莊子佚文『師曠奏樂』之事相合，韓非子說林下與御覽九二八、天中記五九所引莊子佚文『周周，銜羽以濟河』事相合等等。恰如王叔岷在對比『濟河』之事時所講，『由御覽、天中記中得莊子佚文一語，已爲難得，更於韓子中以窺其全，愈可貴矣』（見讀莊論叢），韓非子所引莊子佚文能夠補益莊說，具有較高的文獻價值。

第三類是化用莊子之文。這類引文也有兩種形式：一是將莊子中的寓言加工改造，轉化爲新故事，新故事與舊故事之間有細節上的差異，但主旨相似。如莊子則陽中有『觸蠻之爭』寓言一則，其文云：

有國於蝸之左角者曰觸氏，有國於蝸之右角者曰蠻氏，時相與爭地而戰，伏尸數萬，逐北旬有五日而後反。

韓非子說林下中有『虺有兩口』寓言一則，與『觸蠻之爭』大同小異，其文云：

蟲有虺者，一身兩口，爭食相齕也，遂相殺，因自殺。

『觸蠻之爭』與『虺有兩口』均爲描述因謀私利而自相殘殺，以致傷人傷己，不能共存。顯然，『虺有兩口』胎息於『觸蠻之爭』。又如莊子徐無鬼載『豕虱俱焦』之事，其文云：

濡需者，豕虱是也。擇疏鬣，自以爲廣宮大囿，奎蹄曲隈，乳間股脚，自以爲安室利處，不知屠者之一旦鼓臂布草操煙火，而己與豕俱焦也。

韓非子說林下有『三虱相訟』寓言一則，亦胎息於『豕虱俱焦』，其文云：

三虱相與訟。一虱過之，曰：『訟者奚說？』三虱曰：『爭肥饒之地。』一虱曰：『若亦不患臘之至而茅之燥耳，若又奚患？』於是乃相與聚嘬其母而食之。彘臞，人乃弗殺。

這兩則寓言，均是圍繞虱與豕的共存共亡來說理，『豕虱俱焦』中虱貪圖安逸與豕同亡，『三虱相訟』中虱放棄爭奪肥饒而與豕共存。韓非化用了莊子的寓言，用相反的角度來說明了相同的問題。從以上兩例可以看出，莊子寓言充滿了浪漫主義色彩，說理較爲含蓄，而韓非已將莊子寓言中含蓄言說的含義予以了充分的挖掘，揭露更有力，說理也更加犀利，這也說明了韓非對道家思想的接受與改造。韓非化用莊子之文的第二種類型是化用莊子思想。韓非往往以莊子思想爲切入點展開論述，但敘述主旨已是法家理論，與莊子原意相去甚遠。如莊子徐無鬼載『管仲有病』之事，其文云：

管仲有病，桓公問之，曰：『仲父之病病矣，可不諱云！至於大病，則寡人惡乎屬國而可？』管仲曰：『公誰欲與？』公曰：『鮑叔牙。』曰：『不可。其爲人潔廉，善士也。其於不己若者不比之，又一聞人之過，終身不忘。使之治國，上且鉤乎君，下且逆乎民。其得罪於君也，將弗久矣。』公曰：『然則孰可？』對曰：『勿已，則隰朋可。其爲人也，上忘而下畔，愧不若黃帝而哀不己若者。以德分人謂之聖，以財分人謂之賢。以賢臨人，未有得人者也；以賢下人，未有不得人者也。其於國有不聞也，其於家有不見也。勿已，則隰朋可。』

『管仲有病』之事，在韓非子中有兩處記載，一是在十過篇中，其文云：

奚謂過而不聽於忠臣？昔者齊桓公九合諸侯，一匡天下，爲五伯長，管仲佐之。管仲老，不能用事，休居於家，桓公從而問之曰：『仲父家居有病，即不幸而不起，政安遷之？』管仲曰：『臣老矣，不可問也。雖然，臣聞之：知臣莫若君，知子莫若父。君其試以心決之。』君曰：『鮑叔牙何如？』管仲曰：『不可。鮑叔牙爲人，剛愎而上悍。剛則犯民以暴，愎則不得民心，悍則下不爲用。其心不懼，非霸者之佐也。』公曰：『然則豎刁何如？』管仲曰：『不可。夫人之情莫不愛其身。公妒而好內，豎刁自獖以爲治內，其身不愛，又安能愛君？』公曰：『然則衛公子開方何如？』管仲曰：『不可。齊、衛之間不過十日之行，開方爲事君，欲適君之故，十五年不歸見其父母，此非人情也。其父母之不親也，又能親君乎？』公曰：『然則易牙何如？』管仲曰：『不可。夫易牙爲君主味，君之所未嘗食唯人肉耳，易牙蒸其子首而進之，君所知也。人之情莫不愛其子，今蒸其子以爲膳於君，其子弗愛，又安能愛君乎？』公曰：『然則孰可？』管仲曰：『隰朋可。其爲人也，堅中而廉外，少欲而多信。夫堅中，則足以爲表；廉外，則可以大任；少欲，則能臨其衆；多信，則能親鄰國。此霸者之佐也，君其用之。』君曰：『諾。』居一年餘，管仲死，君遂不用隰朋而與豎刁。刁涖事三年，桓公南遊堂阜，豎刁率易牙、衛公子開方及大臣爲亂，桓公渴餒而死南門之寢、公守之室，身死三月不收，蟲出於户。故桓公之兵橫行天下，爲五伯長，卒見弒於其臣而滅高名，爲天下笑者，何也？不用管仲之過也。故曰：過而不聽於忠臣，獨行其意，則滅其高名，爲人笑之始也。

韓非子難一載其事云：

管仲有病，桓公往問之，曰：『仲父病，不幸卒於大命，將奚以告寡人？』管仲曰：『微君言，臣故將謁之。願君去豎刁，除易牙，遠衛公子開方。易牙爲君主味，君惟人肉未嘗，易牙蒸其子首而進之。夫人情莫不愛其子，今弗愛其子，安能愛君？君妒而好內，豎刁自宮以治內。人情莫不愛其身，身且不愛，安能愛君？開方事君十五年，齊、衛之間不容數日行，棄其母，久宦不歸。其母不愛，安能愛君？臣聞之：矜僞不長，蓋虛不久。願君去此三子者也。』管仲卒死，而桓公弗行。及桓公死，蟲出屍不葬。

從以上三段材料可以看出，莊子、韓非對『管仲有病』故實的敍述大同小異，但每篇的立意卻大有差別。徐無鬼篇由十個故事組成，各個故事之間，關聯並不密切，但多數是闡述無爲而治的思想。在對『管仲有病』之事的敍述中，莊子僅列鮑叔牙與隰朋進行對比，對比的核心是兩者孰能貫徹無爲而治的道家思想。鮑叔牙雖廉潔卻約束君上，管束百姓，而隰朋對上不顯示位尊而對下不分別卑微，更符合道家無爲而治之精神，故管仲推薦隰朋爲輔。由此可見，莊子闡述其無爲而治思想之意已明。十過篇形式上亦由十個故事組成，但各個故事立意較爲統一，即闡述君王在統治中容易犯的十個錯誤。十過篇借『管仲有病』之事闡明了君主不用忠臣之言必致亡國亡身的法家治世思想。韓非在敍述中又引入了豎刁、衛公子開方、易牙三個『奸臣』，同時將莊子評價鮑叔牙『廉潔』之語變更爲『剛愎而上悍』。借此『忠』、『奸』之分愈加清明，韓非提醒君主遠離奸佞、聽信忠言之意已明。由此可見，十過篇『管仲有病』之事雖胎息於徐無鬼篇，但其文意已發生了巨大轉變，韓非化用莊子之文闡釋法家之道的意圖十分明顯。另難一篇對此事之敍述立意與徐無鬼、十過篇又有不同，韓非又借此事說明了君上如何控制、獎懲、防範臣子之事，同樣是法家理論，不再贅述。

綜觀韓非子對莊子的援引之文，就援引數量而言，據王叔岷等人考證，韓非子對莊子原文和佚文的引述有十餘條，由此可見，韓非直接承繼莊子道家言說之處較少，本於黃老權勢之術較多。就援引的內容來看，多爲寓言故實。『寓言』一詞雖然最早見於莊子，但韓非子一書中的寓言數量大大超過了前代和同期的其他典籍，多達三百餘則，可見在寓言運用方面，韓非對莊子有大力的繼承。韓非加工、化用莊子的寓言故實，變無爲爲法制，化浪漫爲現實，已將道家之文轉化爲法家之説。由此可見，韓非對莊子的援引、繼承、借鑒和别出心裁的闡釋，只不過是爲了達到其『因道全法』（韓非子大體）的目的而已。

第二節　對莊子思想的借鑒與改造

韓非與莊子的關係，多表現爲對莊子思想的批判性繼承與有意識改造，其目的是要借道言法，成一家之言。儘管韓非子與莊子在文本與思想上有相近之處，但内在精神卻存在較大差異。因此，莊子是以道家之心，抱清淨之旨；韓非則是以法家之言，行刑罰之制。這在韓非子之解老、喻老、主道、揚權等篇中，表現得尤爲明顯。

一、對莊子『道』論的借鑒與改造

道家哲學的最高範疇是所謂的玄虚之『道』。老子云：『道可道，非常道。』（老子一章）莊子云：『道者，……視之無形，聽之無聲，於人之論者，謂之冥冥，所以論道，而非道也。』（知北遊）在老莊那裏，『道』被認爲是宇宙萬物的本原，它超越於理解、思維、邏輯的範圍之外，在本質上是不能被語言所稱道、描述和談論的。對此，韓非闡釋云：『今道雖不可得聞見，聖人執其見功以處見其形，……聖人觀其玄虚，用其周行，强字之曰「道」，然而可論。』（解老）這是説，『道』雖然不可得而聞見，卻可以通過審察其在支配萬物時所顯示出的功能作用而去認知並論説它。韓非進一步申述云：

道者，萬物之所然也，萬理之所稽也。理者，成物之文也；道者，萬物之所以成也。……天得之以高，地得之以藏，維斗得之以成其威，日月得之以恒其光，五常得之以常其位，列星得之以端其形，四時得之以御其變氣，軒轅得之以擅四方，赤松得之與天地統，聖人得之以成文章。（解老）

這段話顯然胎息於莊子大宗師：『夫道……，生天生地，在太極之先而不爲高，在六極之下而不爲深，先天地生而不爲久，長於上古而不爲老。狶韋氏得之，以挈天地；伏戲氏得之，以襲氣母；維斗得之，終古不忒；日月得之，終古不息；堪壞得之，以襲崑崙；馮夷得之，以游大川；肩吾得之，以處大山；黄帝得之，以登雲天；顓頊得之，以處玄宫；禺強得之，立乎北極；西王母得之，坐乎少廣，莫知其始，莫知其終；彭祖得之，上及有虞，下及五伯；傅説得之，以相武丁，奄有天下，乘東維、騎箕尾而比於列星。』從韓非對大宗師篇這段文字的引述和闡釋中可以看出，他特别强調了『道』在生成、制約萬物方面所顯示出的客觀功用。而且在韓非看來，『道』的這些作用功能是無處不有並可以被人們察知的。因而他緊接著又説：『道……功成天地，和化雷霆，宇内之物，恃之以成，……愚人以行忿則禍生，聖人以誅暴則福成。故得之以死，得之以生，得之以敗，得之以成。』（解老）韓非之所以要反復説明『道』的作用功能，其目的就在於要求統治者『動則順乎道』（喻老），即依據『道』制約萬物群生的客觀法則來建立法度，實行法治。他説：『道者，萬物之始，是非之紀也。是以明君守始以知萬物之源，治紀以知善敗之端。』（主道）這裏的『守始』、『治紀』，就是順道以行法，因法以制世的意思。可見，通過韓非的巧妙闡釋，道家玄虚精妙的自然之道，終於變成了主張嚴刑峻法者據以建立法制學説的實用之道。故司馬遷指出，老莊與韓非的學説雖『皆原於道德之意』，但『老子所貴道，虚無，因應變化於無爲，故著書辭稱微妙難識；莊子散道德，放論，要亦歸之自然；……韓子引繩墨，切事情，明是非，其極慘礉少恩。』（見史記老子韓非列傳）

誠然，『虚無』、『無爲』、『歸之自然』，這才是道家學説的基本精神所在。這一精神表現在政治理想上，就是要求統治者實行無爲而治，從而達到無爲而無不爲。莊子庚桑楚云：『一雀適羿，羿必得之，威也。以天下爲之籠，則雀無所逃。』成玄英疏：『假有一雀，羿善射，射必得之。此以威猛，非由德慧，故所獲者少，所逃者多。以威御世，其義亦爾。大道曠蕩，無不制圍，故以天地爲籠，則雀無逃處。是知以威取物，深乖大造。』説明莊子設出此喻，其用意就是爲了讓在位者實行無爲政治。可是韓非引述的莊子這段話，卻變成了他要求君主以法治國，以術御臣的理論依據。韓非子難三云：

不任典成之吏，不察參伍之政，不明度量，恃盡聰明，勞智慮，而以知奸，不亦無術乎！且夫物衆而智寡，寡不勝衆，智不足以遍知臣也，故因人以知人。是以形體不勞而事治，智慮不用而奸得。故宋人語曰：『一雀過羿，羿必得之，則羿誣矣。以天下爲之羅，則雀不失矣。』

韓非認爲，君主應該修備法網，依恃法術，這樣才能無爲而無不爲，即『明君無爲於上，群臣竦懼乎下』（主道）；否則就會像宋人莊周所説的羿射鳥雀那樣，役役於求得而所獲甚少。因此，他堅決反對君主勞形苦心地躬親細事。如太平御覽卷六十三引莊子佚文云：『兩神女於白水之上，禹過之而趨，曰：「治天下奈何？」女曰：「股無胈，脛不生毛，手足胼胝，何足以至？」』司馬彪注：『言憂天下太甚。』王叔岷在讀莊論叢一文中指出，韓非子五蠹中論述禹的一番話當與莊子的這段佚文有淵源關係。韓非的話是這樣説的：『禹之王天下也，身執耒臿以爲民先，股無胈，脛不生毛，雖臣虜之勞，不苦於此矣。』由此説明，莊周、韓非雖同樣批評大禹不能做到無爲而治，但後者的批評卻是從『聖人不親細民，明主不躬小事』（韓非子外儲説右下）的基本觀點出發，這就是把莊子無爲而治的政治理想闡釋成了君主只需『謹執其柄』（主道），『潛御群臣』（難三），而不必躬親細事的統治詭術。

在莊子那裏，虛靜無爲是一切體道者的最根本的行爲準則，並不僅僅限於人君。他説：『夫虛靜恬淡寂寞無爲者，天地之平而道德之至也。』（天道）又説：『芒乎芴乎，而無從出乎！芴乎芒乎，而無有象乎！萬物職職，皆從無爲殖。故曰天地無爲也而無不爲也，人也孰能得無爲哉！』（至樂）因此，莊子在徐無鬼篇中借用齊桓公與管仲問答的故事，對『其於國有不聞也，其於家有不見也』的隰朋做了很高的評價，認爲像他這樣具有無爲品格的人才是輔佐國政的最佳人選。這則故事也見於韓非子十過，王叔岷認爲『實原於莊子雜篇徐無鬼』（讀莊論叢）。但稍加比較即可明顯看出，韓非是反對許諸臣民以無爲之道的，因此他按照自己的理想標準，把隰明闡釋成這樣的一個人：『其爲人也，堅中而廉外，少欲而多信。夫堅中則足以爲表，廉外則可以大任，少欲則能臨其眾，多信則能親鄰國，此霸者之佐也。』顯然，這已是一個廉潔堅强而能依法治眾的有爲之士的形象。而且，韓非還從理論上猛烈抨擊了莊子要求臣民恬淡無爲的做法。他說，『君臣不同道』（揚權），『世之所以爲烈士者，雖（當爲『離』字之誤）眾獨行，取異於人，爲恬淡之學，而理恍惚之言。臣以爲恬淡，無用之教也；恍惚，無法之言也。……人生必事君養親，事君養親不可以恬淡之人，必以言論忠信法術，言論忠信法術不可以恍惚之言，恬淡之學，天下之惑術也。』（忠孝）至此，韓非已從理論上完成了對他自己提出的臣民不可體悟虛靜無爲之道這一重要命題的論證過程，從而使『道』完全失去了原來那包容一切的周遍性，僅僅成了人間帝王的護身符。

二、對莊子『仁義』觀的借鑒與改造

莊子抨擊仁義不遺餘力，在内篇中，他尖鋭地指出，『大仁不仁』、『仁常而不成』、『自我觀之，仁義之端，是非之塗，樊然淆亂，吾惡能知其辯』（見齊物論）。『夫堯既已黥汝以仁義，而劓汝以是非矣，汝將何以遊夫遙蕩恣睢轉徙之途乎？』（大宗師）顯然，莊子認爲仁義乃是是非的根源，强制人心的規範，束縛人性的枷鎖。

此後，莊子後學發展了這種認識，認爲『彼其所殉仁義也，則所謂之君子』（駢拇）、『毁道德以爲仁義，聖人之過也』（馬蹄）、『聖人不死，大盜不止。雖重聖人而治天下，則是重利盜跖也。爲之斗斛以量之，則並與斗斛而竊之；爲之權衡以稱之，則並與權衡而竊之；爲之符璽而信之，則並與符璽而竊之；爲之仁義以矯之，則並與仁義而竊之。何以知其然邪？彼竊鉤者誅，竊國者爲諸侯，諸侯之門而仁義存焉。則是非竊仁義聖知邪？故逐於大盜，揭諸侯，竊仁義並斗斛、權衡、符璽之利者，雖有軒冕之賞弗能勸，斧鉞之威弗能禁。此重利盜跖而使不可禁者，是乃聖人之過也。』（胠篋）仁義成爲『聖人』、『君子』的面具和『大盜』、『諸侯』的護身符。這種現象其實也是當時社會的真實寫照，所謂聖人、君子、諸侯等其實都是大盜，而聖人、君子的聲譽，就是對名利追逐的結果。由此，莊子抨擊名利與知識就是自然的了：『德蕩乎名，知出乎爭。名也者，相札（軋）也；知也者，爭之器也。二者兇器，非所以盡行也。』（人間世）

韓非對莊子以上的認識是深有同感的。他認爲：『行惠施利，收下爲名，臣不謂仁。』（有度）直接批評爲私不能謂之仁義。這與韓非自己在解老中所詮釋的『仁』並不相悖：『仁者，謂其中心欣然愛人也，其喜人之有福，而惡人之有禍也。』也就是說，韓非對仁義的理解是從爲公的角度出發的。接下來，韓非跟莊子一樣，尖銳批評有名無實的『仁義』：

世之學術者說人主，不曰乘威嚴之勢以困奸邪之臣，而皆曰仁義惠愛而已矣。世主美仁義之名而不察其實，是以大者國亡身死，小者地削主卑。何以明之？夫施與貧困者，此世之所謂仁義；哀憐百姓，不忍誅罰者，此世之所謂惠愛也。夫有施與貧困，則無功者得賞；不忍誅罰，則暴亂者不止。國有無功得賞者，則民不外務當敵斬首，內不急力田疾作，皆欲行貨財、事富貴、爲私善、立名譽以取尊官厚俸。故奸私之臣愈衆，而暴亂之徒愈勝，不亡何待？夫嚴刑者，民之所畏也；重罰者，民之所惡也。故聖人陳其所畏以禁其邪，設其所惡以防其奸，是以國安而暴亂不起。吾以是明仁義愛惠之不足用，而嚴刑重罰之可以治國也。（奸劫弒臣）

在這裏，韓非是嚴刑重罰與仁義愛惠對舉，並不贊成一些公益事業。韓非對刑罰的重視自然要比莊子強得多。但值得指出的是，莊子並沒有否定刑罰的作用，而是把它作爲統治術中的一個層次與階段：

是故古之明大道者，先明天而道德次之，道德已明而仁義次之，仁義已明而分守次之，分守已明而形名次之，形名已明而因任次之，因任已明而原省次之，原省已明而是非次之，是非已明而賞罰次之，賞罰已明而愚知處宜，貴賤履位，仁賢不肖襲情，必分其能，必由其名。以此事上，以此畜下，以此治物，以此修身，知謀不用，必歸其天，此之謂太平，治之至也。（天道）

這種層次與階段抽繹出來，即是：天—道德—仁義—分守—形名—因任—原省—是非—賞罰。第一、二階段顯然是屬於道家的無爲狀態，仁義則帶有儒家的味道。從分守開始，則屬於法家專長的行政技巧，這對韓非有所啟示。故韓非稱：

見大利而不趨，聞禍端而不備，淺薄於爭守之事，而務以仁義自飾者，可亡也。（亡徵）

夫慕仁義而弱亂者，三晉也；不慕而治強者，秦也；然而未帝者，治未畢也。（外諸說左上）

宋襄公與楚人戰於涿谷上。宋人既成列矣，楚人未及濟，右司馬購強趨而諫曰：『楚人衆而宋人寡，請使楚人半涉，未成列而擊之，必敗。』襄公曰：『寡人聞君子曰：「不重傷，不擒二毛，不推人於險，不迫人於阸，不鼓不成列。」今楚未濟而擊之，害義。請使楚人畢涉成陣而後鼓士進之。』右司馬曰：『君不愛宋民，腹心不完，特爲義耳。』公曰：『不反列，且行法。』右司馬反列，楚人已成列撰陣矣，公乃鼓之。宋人大敗，公傷股，三日而死。此乃慕自親仁義之禍。夫必恃人主之自躬親而後民聽從，是則將令人主耕以爲上，服戰雁行也，民乃肯耕戰，則人主不泰危乎，而人臣不泰安乎！（同上）

韓非認爲那些不務實際，專以仁義『自飾』者，必亡無疑。三晉講仁義而弱亂，大秦行法而盛強，宋襄公臨陣大談仁義，最終兵敗身亡。由此韓非進一步闡明了講仁義致弱亡、行法制得強盛的觀點。從這裏可以看出，莊子避世，欲通過追求逍遥遊的境界來紓緩社會的痛楚；韓非掊擊仁義，歸結到爲公，落實在刑罰的使用上。兩者關聯密切，卻持論迥異，顯見韓非對莊子思想的借鑒與發展。

韓非與莊子思想之關係，王叔岷在其先秦道法思想講稿中有過大幅的論述。王氏認爲韓非與莊子思想同中有異，韓非乃是『假借道家之説以爲己用，不適合於己者則棄絶之』。王氏從三個方面對此予以了論證：一是韓非與莊子在思想上均通古今之變，『然莊子之旨在通變以明實理，韓非之旨在通變以便行法』；二是韓非與莊子反賢智巧故相似，『然莊子之旨在保持真淳，韓非之旨在控制士民』；三是韓非與莊子貴虚静，『然莊子之旨在由虚以明實，實則完備，由静以明動，動則得宜。韓非之旨在由虚静以處理法令，方瞭解人民之實情及動向』。王氏之言，考述精審，頗有見地。

由上述可知，韓非之所以要對莊子思想進行具有改造性、批判性的闡釋，其目的就是要爲自己的法治學説尋求理論根據。這作爲一種獨特的闡釋方式，在很大程度上是由他對前人思想資料的基本闡釋態度決定的。因爲在韓非看來，既然『聖人不期修古，不法常可，論世之事，因爲之備』（五蠹），那麼對前人思想資料的解釋自然也應該隨著時勢的不斷變化而有所變化。正是基於這樣的一種認識態度，所以他才敢於大膽地按照自己的需要來闡釋莊子。

第六章　呂氏春秋對莊子的援引與闡釋

第一節　對莊子思想資料的援引

呂氏春秋是戰國末年秦相呂不韋招致門客集體編撰而成的一部著作。全書分爲十二紀、八覽、六論，共二十餘萬言。作爲先秦時期最後一部綜合性諸子著作，它是對先秦文化的一次系統整理，內容可謂包括了『天地萬物古今之事』（史記呂不韋列傳）。漢書藝文志列之於『雜家』，高誘則謂『此書所尚，以道德爲標的，以無爲爲綱紀』（呂氏春秋序），後世學者也多認爲其主導思想近於道家。而今翻檢全書，實以稱引莊子者爲多。據王叔岷呂氏春秋引用莊子舉正①一文的統計，呂氏春秋與莊子互見文字多達五十餘處，認爲考證二書源流，知是呂氏春秋引用莊子一文而成己說；比照二書互見文字，則呂氏春秋不僅繼承莊子原意，而且對所引材料進行重新闡釋，成爲其立論依據。

呂氏春秋與莊子之互見文字多見於今本莊子外、雜篇。考莊子成書年代，應早於呂氏春秋。且從呂書的雜家性質、互見文字內容的差別及其引述體例分析，知是呂氏春秋引用了莊子。其中讓王篇大部分被呂氏春秋所

① 載於陳鼓應主編道家文化研究第十輯，上海古籍出版社1996年版。

引，原因可能是讓王篇作者受到子華子後學『貴生』思想的影響，而子華子後學有可能參與呂氏春秋的編纂。因此，呂氏春秋對讓王篇的大量引用當合情理。

呂氏春秋雜采諸書，尤多引包括莊子在內的先秦典籍，以爲論說的依據。宋蘇軾在莊子祠堂記一文中提出莊子外雜篇之讓王、說劍、漁父、盜跖四篇非莊子所作，自此，學者論及莊子外雜篇成書年代，多涉及呂氏春秋與莊子互見文字之考析。一般認爲，呂氏春秋引用莊子，不必懷疑。高亨莊子新箋謂：『又外篇雜篇知爲莊周弟子所述者，蓋呂氏春秋固嘗引用。……餘若貴公之陰襲雜篇徐無鬼，必己篇之陰襲雜篇外物，貴生、慎人、觀世各篇之陰襲雜篇讓王，遽數之尤不能終其物。』王叔岷呂氏春秋引用莊子舉正曰：『統觀呂氏引用莊子之文，多處於今本外雜篇。外雜篇頗爲後代所疑，考其辭義，爲莊子門人固有所附益者，推其著作時代，亦自在呂氏之前。』關鋒說：『讓王卻是前後一貫的一篇完整的文章（除最後四小段外），這篇文章蓋出於呂氏春秋之前。』①

但是，也有些學者通過比較呂氏春秋和莊子互見文字的細微差別，證明呂氏春秋的部分文字爲莊子所採納。羅根澤據莊子讓王與呂氏春秋互見文字的差別等因素，認爲『讓王篇采呂覽所載的故事，而藉以闡明自己的學說』（諸子考索）。張恒壽通過對莊子篇章成書年代的考證，認爲莊子部分章節成書於漢初，『知讓王爲秦漢人抄襲呂氏春秋而成的文字，絕無可疑。』（莊子新探）根據成書時間的先後，確定莊子部分章節抄輯呂氏春秋而成篇。然據筆者考察，這些說法顯然不能成立。下文將就此問題進行具體闡述。

① 關鋒莊子外雜篇初探，見莊子內篇譯解和批判，中華書局1961年版。除此之外，持此觀點者尚有很多。

一、呂氏春秋引用莊子一般例證

1. 從成書的年代看

呂氏春秋是先秦典籍中爲數不多可以確定成書年代的著作，其序意篇首云：『維秦八年，歲在涒灘，秋甲子朔，朔之日，良人請問十二紀。』一般認爲，序意篇所載『秦八年』（前239年）即是呂氏春秋的成書時間。而清孫星衍則認爲，序意篇之『秦八年』應從秦滅周之次年起算，始皇六年（前241年）即是『秦八年』①。雖然具體年份尚未能完全確定，但可以肯定的是呂氏春秋成書於戰國即將結束之前夕。

關於莊子的成書年代，一般認爲，其内七篇爲莊子自作，外雜篇部分章節爲莊子弟子或後學所作，内篇早於外雜篇。呂氏春秋和莊子互見文字多在其外雜篇，爭議部分也多存於此。因此，對莊子外雜篇年代的考察有助於判斷二書的相互引用問題，下文重點考察莊子中最晚作品的時間。

天下篇是關於先秦學術史的論文，置於今本莊子書末，具有序的功能。一般認爲，天下篇非莊子自著，而爲後人所撰。關於天下篇是否爲莊子最晚作品，崔大華在對諸家關於天下篇論述後得出結論：『可以推斷，天下篇是莊子後學中受到儒家思想影響較多的人所作；而且，其寫成可能在莊子諸篇之後。』②張恒壽認爲：『據此可以推定天下篇的創作，當在司馬談以前，荀子之後，最早可與呂氏春秋相接。』③劉笑敢從韓非子、賈誼

① 見孫星衍問字堂集太陰考。
② 崔大華莊學研究，人民出版社1992年版。
③ 張恒壽莊子新探，湖北人民出版社1983年版。

賦引用莊子的情況和外雜篇所反映的時代背景來分析,『肯定莊子外雜篇寫作的年代大體不晚於戰國末年。』①雖然目前學術界對天下篇的寫作年代多有爭議,但是至少存在天下篇爲莊子最晚作品的可能,創作時間有可能與呂氏春秋相接。此外,天下篇本身思想精湛,論述合乎史實,應是創作,而非引用。因此,如果呂氏春秋有和天下篇相同或相似的語句,則可成爲呂氏春秋引用莊子的旁證。莊子天下云:『以天爲宗,以德爲本,以道爲門,兆於變化,謂之聖人。』呂氏春秋下賢云:『以天爲法,以德爲行,以道爲宗,與物變化,而無所終窮。』下賢篇這幾句話應源自天下篇。因此,從廣義上來說,呂氏春秋引用莊子是合乎情理的。

2. 從呂氏春秋的雜家性質看

首先,從呂氏春秋的編纂群體來看,其書作爲先秦的一部重要典籍,乃秦相呂不韋召集門下賓客所編,史記呂不韋列傳載:『呂不韋乃使其客人人著所聞,集論以爲八覽、六論、十二紀,二十餘萬言。以爲備天地萬物古今之事,號曰呂氏春秋。』漢書藝文志謂呂氏春秋爲『秦相呂不韋輯智略士作』。據史記記載,呂不韋門下賓客三千人,但具體姓名已不可考。郭沫若認爲『呂氏門下,九流百家都是有的』②。從呂氏春秋的編纂方式來看,其書多注重形式的整齊而存在割裂文字的現象,『輯智略士作』有可能是由各學派的呂氏門客,抄錄或節選其所在學派之說,由主編刪選而成。楊樹達認爲『呂氏雜采古傳記成書,故諸篇皆各有所本』③,存在引述莊子的可能性。

其次,漢書藝文志將呂氏春秋列於『雜家』。『雜家』兼采百家思想而能自成體系,具有雜於己而不雜於衆

① 劉笑敢莊子哲學及其演變,中國社會科學出版社1987年版。
② 郭沫若十批判書,人民出版社2012年版。
③ 王利器呂氏春秋注疏引,巴蜀書社2002年版。

的特點。可以說，呂氏春秋雖被歸於『雜家』，但在其十二紀、八覽、六論這一系統化的形式下，還是有著主導思想的。根據全書的內容判斷，呂氏春秋應是一部政論著作，其書作者吸取先秦典籍的諸多寓言，並讓其思想和諧地統一在建國體系之中，以爲立論的根據。其書對莊子的引用亦是如此，『正看出呂氏抄莊子而改動字句使合於政論文的痕跡』①。此外，呂氏春秋用眾云：『天下無粹白之狐，而有粹白之裘，取之眾白也。』暗示呂書取於眾家的特點；不二篇云：『老聃貴柔，孔子貴仁，墨翟貴廉，……王廖貴先，兒良貴後。』用『貴』字容納多家思想，顯示其吸納他說的立場，表現出相容並蓄而融合百家的氣魄。

3．從互見內容看

呂氏春秋的編纂者來自不同學派，其書的材料來源途徑亦十分廣泛，但是對材料的運用和取舍仍具有一定的原則，即郭沫若所謂『有一定的權衡，有嚴正的去取』②。涉及莊子的引用情況，四庫提要作了概括：呂氏春秋『所引莊列之言皆不取其放誕恣肆者』，『較諸子之言獨爲醇正』。從呂書與莊子互見內容上看，呂書在引用莊子的寓言故事後，會加上『莊子曰』、『故曰』、『故』等字眼，明確其內容源自莊子。如呂氏春秋去尤云：『莊子曰：以瓦投者翔，以鉤投者戰。……外有所重者，泄蓋內掘。』這與莊子達生所云基本相同。莊子庚桑楚云：『徹志之勃，解心之謬，……虛則無爲而無不爲也。』這一段話也見於呂氏春秋有度，且呂書在這段話前加上『故曰』二字，顯示引自他書，這和它所引老子書而稱『故曰』的情況相同。老子四十七章曰：『不出戶，知天下；不窺牖，見天道。』呂氏春秋君守云：『故曰：不出於戶而知天下，不窺於牖而知天道。』呂書這句話顯然出自老子。莊子天地云：『冥冥之中，獨見曉焉；無聲之中，獨聞和焉。』呂氏春秋離謂云：『故惑惑之

① 張恒壽莊子新探。
② 郭沫若十批判書。

中，有曉焉；冥冥之中，有昭焉。』語句頗爲相似，且呂書在這幾句之前加一『故』字，顯然也是源自他書的標誌用語。這樣的引用在呂氏春秋書中十分多見，茲不贅述。

此外，即使沒有這樣明顯的引用標誌詞，有些頗爲相似的語句也是源於莊子。比如莊子齊物論云：『其以爲異於鷇音，亦有辯乎，其無辯乎？』而呂氏春秋聽言云：『其與人穀言也，其有辯乎？其無辯乎？』莊子庚桑楚云：『吞舟之魚，碭而失水，則蟻能苦之。』呂氏春秋慎勢則云：『吞舟之魚，陸處則不勝螻蟻。』齊物論篇是莊子本人的作品，庚桑楚篇亦當問世較早，可見必定是呂氏春秋引自莊子。

4．從引用形式上看

首先，呂氏春秋引用他書的一般方式是注重所敘故事的完整性，缺乏暗示的語句。比如呂氏春秋求人對莊子逍遙遊『堯讓天下於許由』故事的引用，引文簡略而概括，不重視故事本身的寓意，引用故事是爲了論述君主求賢的態度。其次，呂氏春秋的行文風格多用質直平實的詞句，格式較對稱。如呂氏春秋長利引用莊子天地關於『伯成子高辭爲諸侯而耕』的故事，引文結尾云：『協而耕，遂不顧』，與原文『俋俋乎，耕而不顧』相比，顯得更加質樸。此外，呂氏春秋引用莊子，一般符合引文簡略於原文的原則。比如莊子田子方云：『肩吾問於孫叔敖曰：「子三爲令尹而不榮華，三去之而無憂色。……子之用心獨奈何？」』呂氏春秋知分引用此段文字，概括爲：『孫叔敖三爲令尹而不喜，三去令尹而不憂。』引文極爲概括而凝練。呂氏春秋不僅引用莊子文字如此，引用他書亦是如此。孟子公孫丑：『孔子曰：「德之流行，速於置郵而傳命。」』呂氏春秋上德引用此文，簡單概括爲：『故曰：「德之速疾乎以郵傳命。」』由此可見，呂氏春秋引用他書多概括性的語句，且忽視所引語句本身的含義，賦予引文新的內涵，以爲論說的根據，具有綜合性的特點。

二、以莊子之外物、山木、盜跖、讓王爲例

關於呂氏春秋與莊子的互見内容，一般認爲是呂氏春秋引用莊子作爲論説的依據，前輩學人已作詳細考證，此不贅述。唯此四篇，多有爭議，需逐一展開論述。

1．呂氏春秋必己與莊子之外物、山木的關係

必己篇一共敍述了七則故事，其中第一則『龍逢誅、比干戮』同於莊子外物，第二則『莊子行於山中』同於莊子山木，第六則『張毅好恭、單豹好術』同於莊子達生。呂氏春秋適威所引『東野稷以御見莊公』的故事，也源於莊子達生。凡此，皆爲呂氏春秋作者在寫作有關篇章時參看並徵引莊子的旁證。

呂氏春秋必己第一節『龍逢誅、比干戮』一段話與莊子外物基本相同，其不同者僅在於必己篇去掉了『萇弘死於蜀』中的『於蜀』二字。史記呂不韋傳載：『秦王恐其爲變，乃賜文信侯書曰：「君何功於秦？……其與家屬徙處蜀！」呂不韋自度稍侵，恐誅，乃飲鴆而死。』秦始皇賜書文信侯令其與賓客徙處蜀，因此，呂不韋很可能死於蜀國。雖然此時呂氏春秋的寫作已經完成，正處在傳播過程中，如司馬遷所言『不韋遷蜀，世傳呂覽』，這裏的『傳』可能並非指成書時間，而是傳播之意。那麽其賓客在呂不韋死後，爲了避諱，在呂氏春秋的傳播過程中，將『萇弘死於蜀』的『於蜀』二字删去完全是有可能的。

必己篇第二節『莊子行於山中』的一段話也同於莊子山木。必己引用山木篇的理由有如下幾點：第一，山木篇云『夫子出於山中』，必己篇沒有『夫子』二字。陸德明經典釋文云：『夫出，如字。夫者，夫子，謂莊子也。本或即作「夫子」。』可見必己篇源於莊子山木而去此二字。山木篇云『若夫乘道德而浮游則不然』，必己改作『若夫道德則不然』，顯得更爲質實。此外，山木篇結尾『悲夫！弟子志之，其唯道德之鄉乎！』不見於必己，

這也符合其引文簡略於原文的原則。第二，必己篇引述『莊子行於山中』故事後並無總結性話語，似乎不合呂氏引用他書的慣例。但是結合上下文意考察，必己此段引文主要論述『材、不材之間』的觀點，下文從兩個方面反駁這一論點，引用『牛缺被殺』之例説明『此以知故也』，引用『孟賁過河』之例説明『此以不知故也』，進而論證『外物不可必』的結論。『胡可得而必』雖是引文，但也是必己篇作者之意，因而不必再加斷語。第三，『莊子行於山中』的故事所言『無所可用』，源於莊子人間世：『以爲舟則沉，以爲棺槨則速腐，以爲器則速毁，以爲門戶則液樠，以爲柱則蠹。』此段文字與莊子文意一脈相承。此外，山木篇是對人間世的推衍，『處處都是推衍莊子之意，而較莊子周密詳明，所以不是莊子所作，也不是與莊子無關者所作，而是莊子弟子或其後學所作。』①既是莊子弟子或後學所作，當然最熟悉莊子的言行，將其言行記録成文字也是理所當然的，而呂氏春秋的作者不可能杜撰有關莊子的故事，必定引自莊子。

2．呂氏春秋當務與莊子盜跖的關係

呂氏春秋對盜跖篇的思想多有吸收。比如長攻篇云：『故人主有大功，不聞不肖，亡國之主不聞賢』，『不備遵理，然而後世稱之，有功故也。』這與莊子盜跖『成者爲首，不成者爲尾』的思想非常接近，可見呂氏春秋的作者當讀過盜跖篇。

盜跖篇記述黄帝與蚩尤戰於涿鹿之野，後稱『此六子者』，馬叙倫説：『下文曰此六者，則是黄帝、堯、舜、禹、湯、武，不數文王也，疑後人增。』②成玄英疏云：『六子者，謂黄帝、堯、舜、禹、湯、文王也。』沒有提及武王。這兩者相同之處都包含了黄帝，不同之處在於前者沒有提及文王，後者沒有提及武王。筆者推測，周文王和周

① 羅根澤諸子考索，人民出版社1958年版。

② 馬叙倫莊子義證，上海書店1996年版。

武王都和周朝相關，兩位賢人代表了一個朝代，因此言其一即可。呂氏春秋當務總說『六王五伯』，分舉堯、舜、禹、湯、文、武，無黄帝之名，高誘的注亦是如此。盜跖篇的原意是非難此六子，呂氏春秋不言黄帝，而舉『堯、舜、禹、湯、文王、武王』。呂氏承莊子意，但不言黄帝，蓋因序意所載『嘗得學黄帝之所以誨顓頊矣』，呂氏春秋以黄帝之言『爰有大圜在上，大矩在下，汝能法之，爲民父母』爲編寫宗旨，自然不會非難黄帝，因此引述盜跖篇時，去掉黄帝之名也就順理成章了。

3. 呂氏春秋與莊子讓王的關係

莊子讓王大部分文字與呂氏春秋相同，主要見於貴生、審爲、離俗、觀世、慎人、誠廉諸篇。日人津田左右吉、武内義雄和羅根澤、張恒壽都認爲讓王抄襲呂覽。筆者以爲其所論證據不確，比照二書互見内容，知是呂氏春秋引用莊子讓王，理由如下：

首先，從内容上看，呂氏引用讓王作了部分改動，考察所改内容，多是服務主題的需要。貴生篇引用讓王篇『堯以天下讓於子州支父』的故事，將『惟無以天下爲者』改成『惟不以天下害其生者也』；引用『魯君聞顔闔得道之人』的故事，而將『故若顔闔者，真惡富貴也』改成『故若顔闔者，非惡富貴也，由重生惡之也』，這樣的改動，明顯是爲了遷就『莫貴於生』的主題。審爲篇引用『大王亶父居邠』的故事，將『今世之人，居高官尊爵者皆重失之』改成『今受其先人之爵禄，則必重失之』。『今世』一詞的使用在莊子文中較多，比如駢拇篇『今世之仁人，蒿目而憂世之患』，在宥篇『今世殊死者相枕也』等，説明莊子並非不使用『今世』一詞。審爲篇改作『今受其先人』，這主要是針對當世君主而發的，是爲了告誡當今君主不應以利傷身，才能繼承强國之業，符合呂氏春秋所言君主無爲的政治主張。慎人篇引用讓王篇『孔子窮於陳蔡之間』的故事，將『顔色甚憊』改爲『宰予憊矣』，考上下文意，下文未及宰予，而孔子困於陳、蔡，已經『七日不火食』，此處『顔色甚憊』指的應是孔子，才符合邏輯。從這些差别來看，呂氏春秋引用讓王篇而作改動，是爲了立論的需要。

其次，從引文體例上看，呂氏春秋在引文的結尾一般附有議論的話語。如審爲篇引用讓王篇『韓魏相與爭侵地』的故事後，附以議論云：『知輕重，故論不過。』離俗篇在引用讓王篇『舜讓其友石戶之農』、『湯將伐桀，因卞隨而謀』的故事後，附以議論云：『故如石戶之農、北人無擇、卞隨、務光者，其視天下若六合之外，人之所不能察。……譬之若釣者，魚有小大，餌有宜適，羽有動靜。』觀世篇在引用讓王篇『子列子窮，容貌有饑色』的故事後，加以議論云：『受人之養，而不死其難則不義，死其難則死無道也。死無道，逆也。』

關於『孔子窮於陳蔡之間』的故事，張恒壽認爲：讓王篇『窮、通』對舉，而慎人篇『窮、達』對舉，莊子涉及『通、達』二字的文句，多用『窮、達』。如德充符篇言『窮達』，達生篇『達生之情者，不務生之所無以爲』，讓王篇用『窮通』，所以讓王不是莊子作品，顯然是采自呂氏，並由秦漢人改爲『窮、達』。其實不然，莊子書中既有『窮、達』、『窮、通』，也有『窮』與『通達』對舉的情況，如列禦寇篇『窮有八極，達有三必，形有六府。美、髯、長、大、壯、麗、勇、敢，八者俱過人也，因以是窮。緣循、偃佒、困畏不若人，三者俱通達。』說明莊子並非都是『窮、達』對舉，張氏以此爲據說明讓王篇采自呂氏春秋，令人難以信服。

此外，劉笑敢通過對呂氏春秋引用讓王篇的順序進行了分析，認爲呂氏春秋各篇中所引的故事在讓王篇中都是順次排列的，所以『呂氏春秋確實有可能抄錄讓王篇』①。另有學者通過對呂氏春秋引用讓王篇的方式進行分析，認爲『這種或「三三」，或「三一」的安排，除了說明呂氏春秋是在有組織、有計劃地抄襲莊子之外，還有其他什麼呢？』②反過來而言，讓王篇除末四段外，確實是一篇前後一貫的文章，並且與莊子內篇有著聯繫。比如讓王篇言『子州支父曰：「……未暇治天下也。」』逍遥遊和應帝王篇都有與此相類似的語句，逍遥遊言『連

① 劉笑敢莊子哲學及其演變。

② 王發國從呂氏春秋、韓非子等書推測莊子之成書年代，西南民族學院學報1986年3期。

叔曰：「……孰弊弊焉以天下爲事！」』應帝王言『無名人曰：「……汝又何帠以治天下感予之心爲！」』都說明讓王篇的思想或來自莊子内篇，或是對莊子思想的推衍，而不可能是其引用呂氏春秋。誠如劉笑敢所言：『呂氏春秋確實有可能抄録讓王篇，斷言讓王篇「大部承襲呂氏春秋」，「全篇係雜輯舊説而成」，根據仍嫌不足。』①

總之，呂氏春秋襲自讓王篇，但讓王篇（除『楚昭王失國』、『原憲居魯』、『曾子居衛』、『孔子謂顔回曰』四章）被引用的情況確實蹊蹺。自蘇軾以來，一直懷疑其與盜跖、説劍、漁父等爲僞作，且認爲讓王篇結尾贊許『伯夷、叔齊、務光』的『高風亮節』形象與大宗師、駢拇、外物等篇中所言『殘生傷性』之徒的形象不符。關鋒認爲讓王篇『爲子華子或詹何所作，或他們的門徒所作。這一篇的思想和呂氏春秋所記述的子華子、詹何的思想無一不合』②。順著這一思路，筆者認爲讓王篇主要闡述『尊生』之道，這與子華子的思想非常接近，且『從學術體系看，子華子應是老莊之間的道家別派中人。子華子的後學和莊子後學的貴生派相融』③。讓王篇所言的子華子著作已經亡佚，其思想已不可考，今世所傳子華子一書，被認爲是後人僞作。子華子的思想散見於先秦典籍之中，呂氏春秋多有引用子華子的言論，據筆者檢索，全書至少有六處直接引用子華子的言論，核心部分爲：『子華子曰：「全生爲上，虧生次之，死次之，迫生爲下。」』（貴生）可見其『貴生』、『全生』的思想與讓王篇思想非常接近，當與讓王篇有淵源關係。

---

① 劉笑敢莊子哲學及其演變。
② 關鋒莊子外雜篇初探。
③ 晁福林子華子考析，史學月刊2002年1期。

第二節　對莊子寓言故事的處理

呂氏春秋引用莊子的寓言故事，一方面是爲了繼承其寓意，另一方面是通過重新闡釋而成爲立論的根據。通過比照二書中的相關材料，下文著重從四個方面分析二書的傳承關係，進而總結出呂氏春秋獨特的闡釋形式。

一、從本體論方面

關於世界的本原，老子概述爲『道』或『一』。老子說：『有物混成，先天地生。寂兮寥兮，獨立而不改，周行而不殆，可以爲天下母。吾不知其名，強字之曰「道」，強爲之名曰「大」。』（老子二十五章）『道生一，一生二，二生三，三生萬物。』（老子四十二章）莊子繼承老子的觀點，將老子之說概括爲『太一』：『建之以常無有，主之以太一。』（天下）並且對『道』的特點作了具體論述：『夫道有情有信，無爲無形，可傳而不可受，可得而不可見，自本自根，未有天地，自古以固存。』（大宗師）呂氏春秋則說：『道也者，至精也，不可爲形，不可爲名，強爲之謂之太一。』（大樂）呂氏春秋將老莊所論及的『道』、『一』、『太一』等概念等同起來，『此書所指的「太一」、「道」、「一」基本上是一而三，三而一的等義詞。』①呂氏春秋以『太一』作爲世界的本原，並對『道』的具體內涵作了進一步闡述。

① 李家驤呂氏春秋通論，嶽麓書社1995年版。

首先，呂氏春秋堅持唯物論的本體論。在老子思想中，『道』是『無』，是超乎『一』的虛構概念，他說：『天下萬物生於有，有生於無。』（老子四十章）在莊子思想中，『道』的特徵是『無爲無形，可傳而不可受，可得而不可見』，莊子之道是一種虛無性的存在，其性質決定了『道』在時空上的無限性。『先天地生而不爲久，長於上古而不爲老』（大宗師），指時間上的無限；『在太極之先而不爲高，在六極之下而不爲深』（同上），指空間上的無限。因此，從時空上看，道雖然有，其性質卻是無，但因沒有界限，所以能體現出最大的同一性。總之，老莊認爲『道』的特徵是『無』。呂氏春秋釋『無』爲『有』，在大樂篇論『道』時說：『道也者，視之不見，聽之不聞，不可爲狀。有知不見之見，不聞之聞，無狀之狀者，則幾於知之矣。』『至精之道』這個物質性的實體，它看不見、聽不到，也無法描繪其形狀，反映出『無』的狀態；但是在不可見中又包含著可見，在不可聞之中又包含著可聞，在無形中又包含著有形，顯示出『有』的狀態。這裏的『無』是概括而抽象的，是存在於具體事物之上的；『有』指的是遇見具體事物上又是可以被感覺到的，這裏的『無』蘊含著『有』，統一於『太一』。『萬物所出，造於太一，化於陰陽。』呂氏春秋的作者認爲宇宙萬物都是由『太一』派生出來的，作爲世界本原的『太一』，是抽象與形象的統一。

其次，呂氏春秋吸收稷下道家的思想，對世界的本原『太一』作了形象的解讀，明確『太一』不是『無』，而是一種物質的『精氣』，『精氣』的運動構成了形態各異的萬物，且『太一』或『精氣』無處不在，它『集於羽鳥，與爲飛揚；集於走獸，與爲流行；集於珠玉，與爲精朗；集於樹木，與爲茂長；集於聖人，與爲夐明。』（盡數）這顯然是對莊子關於大道無所不在思想的闡釋，二者區別在於：莊子認爲世界本原的『道』無所不在，萬事萬物都在道的包舉之內，但它本身卻絕對虛無而不可捉摸，充滿神秘主義色彩；呂氏春秋也認爲世界的本原『太一』或『精氣』無處不在，它『其大無外，其小無內』（下賢），但它不是虛無的，而是一種物質的『精氣』，這就具有了一種唯物論的思想。

第三，呂氏春秋將『道』看成具體的法則和一般規律，將神秘實體的『道』改造爲一種規律。其圜道篇云：『一也者至貴，莫知其原，莫知其端，莫知其始，莫知其終，而萬物以爲宗。聖王法之，以令其性，以定其正，以出號令。』這裏的『一』指的就是『太一』，也就是『道』。『道』無形無聲且無以聞見，但它作爲宇宙萬物中具體的法則和一般規律，卻是可以被人們認識和掌握的。『其規律是自然規律，而且也是看作社會規律。』①聖王認識了『太一』，掌握這一社會規律，就可以將其作爲觀察事物和治理國家的依據。這裏所言的『道』即是一般規律，和莊子關於道是神秘實體的思想有所區別。總之，呂氏春秋堅持朴素唯物的宇宙觀，認爲『道』既是宇宙原初狀態，也是宇宙間萬物運動的總規律，這與莊子視『道』爲神秘的實體是不同的。

二、從政治論方面

『無爲而治』是道家理想的社會形態。老子說：『是以聖人處無爲之事，行不言之教。』（老子二章）莊子說：『故君子不得已而臨莅天下，莫若無爲。無爲也，而後安其性命之情。』（在宥）呂氏春秋也主張『無爲而治』，它說：『君道無知無爲』（任數），『君也者，以無當爲當，以無得爲得者也。』（君守）呂氏春秋在汲取了道家的『無爲』理論後，作了補充和發展，它在明確提出君主『無知無爲』的思想後，進一步提出君無爲、臣有爲的思想，將道家的政治理想具體應用於治國之道。其圜道篇云：『主執圜，臣處方，方圜不易，其國乃昌。』它認爲人類應按照天地之間的關係來建立君臣之間的關係，君道與臣道不顛倒，國家才能昌盛。『圜道』具體表現爲：『令出於主口，官職受而行之，日夜不休，宣通下究，瀸於民心，遂於四方，還周復歸，至於主所，圜道也。』

---

① 李家驤呂氏春秋通論。

君主按照事物的本性爲國家制定政策，發出號令就可以，而不必干預百官的具體事務，這樣就能實現『百官各處其職，治其事以待主』的治國理想。這就是君無爲而臣有爲的理論，這一理論補充了莊子『無爲而治』的思想。

『無爲』指的是君主不干預臣下的具體事務，而國家的治理還需依靠臣下的有爲。長利篇云：『堯治天下，伯成子高立爲諸侯。堯授舜，舜授禹，伯成子高辭諸侯而耕。……伯成子高曰：「當堯之時，未賞而民勸，未罰而民畏，民不知怨，不知說，愉愉其如赤子。今賞罰甚數，而民爭利且不服，德自此衰，利自此作，後世之亂自此始。」』這一故事引自莊子天地，含義卻不盡相同。莊子意在闡發『無爲而治』的思想，肯定古代君王絕對無爲的治國法則，這樣百姓就能自治而化。長利篇引用這段話的前提是『天下之士也者，慮天下之長利，而固處之以身若也』。天下的傑出人士考慮長遠利益，而身體力行，這明顯是對賢士行爲的讚賞。在引用這段話之後接著說：『夫爲諸侯，名顯榮，實佚樂，繼嗣皆得其澤，伯成子高不待問而知之，然而辭爲諸侯者，以禁後世之亂也。』伯成子高辭爲諸侯，目的在於『以禁後世之亂』，這正是考慮到天下長遠的利益，應該是臣下一種積極有爲的表現，體現了呂氏春秋的君無爲而臣有爲的思想。

莊子對民衆的治理主張任天順性，『無爲』之道多通過『因』來得到體現。比如『因之以曼衍』（齊物論）、『因其固然』（養生主）、『常因自然』（德充符）、『因其所然而然之』（秋水）、『因以爲天人』（庚桑楚）等等，呂氏春秋將莊子的貴『因』思想引入政治，認爲『無爲而治』必有所因。任數篇云：『因者，君術也；爲者，臣道也。……故曰：君道無知無爲，而賢於有知有爲，則得之矣。』君主做到『無爲而治』必將有所依靠，不僅要依靠臣下的有爲，更重要的是加強自身道德修養，具體而言是指君主要反諸己而治其身。先己篇云：『昔者先聖王，成其身而天下成，治其身而天下治。……故反其道而身善矣；行義則人善矣；樂備君道，而百官已治矣，萬民已利矣。三者之成也，在於無爲。』爲君治理天下，根本在於加強自身修養。『治身』的方法在於『無爲』，君主只有順應自然，不求有所作爲才能養其身。所以說，『治身』與『無爲』是相輔相成的關係，『無爲』依靠君主『治身』，『治身』才能實現『無爲』，『無爲而治』才能實現『治其身而天下治』。

呂氏春秋接受莊子加強君主修養的思想，認爲君主修養身心的前提是虛靜清明，做到『有度』、『執一』，才能通曉生命之情。勿躬篇云：『凡君也者，處平靜，任德化以聽其要，若此則形性彌羸，而耳目愈精；百官慎職，而莫敢愉綖；人事其事，以充其名。』可見，君主的職分就是修養自身的道德精神，通曉性命之情，以此化育萬物，實現『無爲』之治。有度篇云：『故曰通意之悖，解心之繆，去德之累，通道之塞。貴、富、顯、嚴、名、利六者，悖意者也。容、動、色、理、氣、意六者，繆心者也。惡、欲、喜、怒、哀、樂六者，累德者也。智、能、去、就、取、舍六者，塞道者也。此四六者不蕩乎胸中則正。正則靜，靜則清明，清明則虛，虛則無爲而無不爲也。』這段文字與莊子庚桑楚有關章節基本相同，僅個別字有出入。莊子通過『徹志之悖』、『解心之謬』、『去德之累』、『達道之塞』等闡發養生之道，認爲聖人恬淡無爲，而能應物無窮，將一切有悖於身心修養的外物付之兩忘，實現真正的養生之道。呂氏春秋承接莊子之意而來，將莊子的無爲思想作爲君主修養身心的出發點和歸宿點。在呂氏春秋看來，由於『先王不能盡知』，故需『無爲而治』，才能實現『執一而萬物治』。因此它主張君主應『有度』、『執一』，只有『執一』才能通其悖、解其繆、去其累，通其道而達乎性命之情。而達乎性命之情的關鍵在於使『悖意』、『繆心』、『累德』、『塞道』四者『不蕩乎胸中』，才能由正而靜，由靜而清明，由清明而虛，實現『無爲而無不爲』。這裏的『虛』即『無智、無能、無爲』（分職），以其無智、無能、無爲，凡事無須君爲，故是無爲。因此，君主去除外物的干擾，執守根本之道，身心就能得到修養。

任天順性是莊子思想的重要方面，呂氏春秋在論述君主修養身心時汲取了這一思想，但做了積極的改造。其必己篇云：『莊子行於山中，見木甚美，長大，枝葉盛茂，伐木者止其旁而弗取。……周將處於材、不材之間。』這段話引自莊子山木，與原文幾乎沒有出入。莊子因對現實無可奈何，主張順物自化，超然物外，『物物而不物於物』(山木)。呂氏春秋的作者將這一思想引入現實政治,認爲提高君主修養還在於順應自然,虛己待物。『胡可得而必』强調外物千變萬化,同一行爲卻有可能產生不同的結果。因此,君主實現『無爲而治』,必然要加强自身修養,才能應付複雜的治國環境。具體而言,就是『與時俱化』、『以禾(和)爲量』,『物物而不物於物』。順應自然,才能提高自身修養。此外,必已篇的張毅好恭卻内熱而死、單豹好術而虎食之以及孟賁過河等故事都來源於莊子。呂氏春秋因襲莊子,闡述『遇合無常』等思想,强調君主治國應先加强自身修養。總之,呂氏春秋所論『貴因』思想,指的是君主無爲必將有所依靠,不僅依靠臣下的有爲,更在於加强自身的修養,這顯然是以一種積極的姿態闡釋莊子的貴『因』思想,是對莊子思想的吸納和發揮。

呂氏春秋的『無爲』理論還表現在如何用賢和『使民』上。莊子無爲而治的核心是『絶聖棄智』,反對君主對國家的治理。而呂氏春秋的作者提出一整套的治國方略,尤其看重賢人,認爲治國的關鍵就是求得賢人,『得賢人,國無不安,名無不榮』(求人)。可見,呂氏春秋的『無爲』理論比莊子的『無爲』更具有積極的精神。這一精神表現在用賢上,就是主張君主應選賢任能,而不是像莊子所説的絶對無爲。比如『堯讓天下於許由』的故事,逍遥遊篇言及此事,莊子要表達的是天下之治在於不治,是一種消極的無爲而治思想。故事中的許由安於自適,静於所遇,不因名損實而得天下。在堯『請致天下』的請求下,許由言:『歸休乎君,予無所用天下爲!庖人雖不治庖,尸祝不越樽俎而代之矣。』(逍遥遊)對堯帝求賢之舉和有爲而治似有譏諷之意。呂氏春秋對這一故事作了重新闡釋。求人篇認爲君主求得賢人的態度應是『極卑極賤,極遠極勞』,接著引用『堯讓天下於許由』的故事,實證得賢之難。君主若要求得賢人,應該精誠專一,孜孜而求。『故賢主之於賢者也,物莫之妨,戚愛習故,不以害之,故賢者聚焉。賢者所聚,天地不壞,鬼神不害,人事不謀,此五常之本事也。』(求人)呂氏春秋的作者尤其注重賢人對於國家治理的重要性,並將求賢與『賢主勞於求人而佚於治事』的政治主張聯繫起來,『無爲而治』在於求得賢人,實際上表達的仍是君主無爲、臣下有爲的『無爲』理論。

莊子生於亂世，戰爭頻繁，民衆生活在水深火熱之中。莊子『無爲而治』的政治思想希冀在位者放棄干涉民衆的行爲，以救民於水火之中。雖然這一理想很難實現，卻反應了莊子的愛民思想。莊子反對『輕用民死』（人間世），希冀返回原始的素朴社會，使人與人之間和諧共處。呂氏春秋則從現實需要出發，對莊子的愛民思想作了有益吸收。其聽言篇云：『輕用民死，以行其忿，……社稷之不危也，不亦難乎？』呂氏春秋的作者反對當世君主輕用國民而將其投諸死地的行爲，並以愛民利民作爲判斷言論善惡的標準，認爲愛民利民才能得民心，得民心進而得天下，故功名篇接著說：『故聖王不務歸之者，而務其所以歸。』認爲賢明的君主重視民心的向背，不勉強使人民歸依。

愛民才能『使民』，呂氏春秋的作者告誡君主，只有按照國家的實情來治理百姓，才能得到百姓的擁戴，才能無敵於天下。適威篇云：『東野稷以御見莊公，進退中繩，左右旋中規。……莊公召顏闔而問之曰：「子何以知其敗也？」顏闔對曰：「夫進退中繩，左右旋中規，造父之御，無以過焉。鄉臣遇之，猶求其馬，臣是以知其敗也。」』這段話引自莊子達生。原文之意爲養生不能過於耗神，太過必敗；引文承襲原文之意，認爲『先王之使其民，若御良馬』，以御馬喻『使民』，善用馬力而善用人力，『使民』應適度。君主如果一味苛求人民，人民『知其能力之不足也，則以爲（僞）繼矣。以（僞）繼知，則上又從而罪之，是以罪召罪，上下之相讎也，由是起矣』。顯然，呂氏春秋是從治國的需要來積極闡釋莊子的『無爲而治』思想的。

此外，呂氏春秋將道家的『無爲』與法家的人主之術相結合。它說：『古之善爲君者，勞於論人，而佚於官事。』（當染）『有術之主者，非一自行之也，知百官之要也。知百官之要，故事省而國治也。』（知度）『無智、無能、無爲，此君之所執也。』（分職）可見，君主的『無爲』是爲了『論人』和『知百官之要』。莊子的『無爲』是從天道自然思想引發出來的，莊子說：『玄古之君天下，無爲也，天德而已矣。』（天地）呂氏春秋汲取了這一思想的合理性，從現實的治國需要出發，將『無爲』闡釋爲『君術』理論，使它變成具備實踐性的治國理論。總之，呂氏春秋論『無爲』融合道家、法家等思想，以治國爲準則，所論『無爲』思想是一種無爲而有所作爲的積極進取的理論。

三、從養生論方面

呂氏春秋養生思想受莊子的影響最爲明顯，主要來自莊子讓王。作爲呂氏春秋養生論的代表作，貴生篇三次引述讓王篇中的故事。一是『堯以天下讓於子州支父』，子州支父以『適有幽憂之病』爲由而推辭，不因天下而危害其生命；二是『王子搜逃乎丹穴而不願爲君』，王子搜害怕傷害自己的生命而不肯爲君；三是『顏闔拒魯君之幣』，顏闔『重生惡富貴』。貴生篇進而對『養生之道』作了總結：『故曰：道之真，以持身；其緒餘，以爲國家；其土苴，以治天下。由此觀之，帝王之功，聖人之餘事也，非所以完身養生之道也。』這段話也是來自讓王篇，與莊子所論養生思想一脈相承。由此可見，呂氏春秋的養生思想因襲於莊子，『養生之道』就是不去做有害於生命的事。

呂氏春秋因襲並發展了莊子『養生之道』的思想。莊子的『養身之道』是建立在『無情』、『忘形』基礎上的，其德充符篇云：『吾所謂無情者，言人之不以好惡内傷其身，常因自然而不益生也。』莊子要求人們應忘掉情欲，仍天順性，不以好惡之情而危害自身。呂氏春秋從實際出發對莊子所論養生思想有所修正，既承認情欲的合理性，也不反對養形。其情欲篇云：『天生人而使有貪有欲。欲有情，情有節。……聖人之所以異者，得其情也。由貴生動則得其情矣，不由貴生動則失其情矣。此二者，死生存亡之本也。』人的欲望是天生的，『得其情』和『失其情』的關鍵在於是否『貴生』。當然，情欲也必須有所節制，『耳目鼻口，不得擅行，必有所制。』（本生）節制情欲才更加符合『貴生』的原則，此其一。

其二，莊子『養生之道』的宗旨是養神，強調對精神的護養。如他在達生篇中感歎道：『悲夫！世之人以爲養形足以存生；而養形果不足以存生，則世奚足爲哉！雖不足爲而不可不爲者，其爲不免矣。』這裏，『養形』雖不可避免，卻不是莊子所稱許的，『養形』目的在於養神，形體保全，精神就會凝聚，即同篇中所謂『夫形全精復，與天爲一』。精神凝聚就能與自然融爲一體，這才是養生者追求的境界。由此出發，莊子反對延年益壽的養生方法。他在刻意篇中說：『吹呴呼吸，吐故納新，熊經鳥申，爲壽而已矣。此道引之士，養形之人，彭祖壽考者之所好也。若夫……不道引而壽，無不忘也，無不有也，澹然無極而衆美從之。此天地之道，聖人之德也。』這裏，莊子並不稱許『道引之士』的養形之法，認爲若能做到『不道引而壽』，任其自然而進入天地的大道，這才是養生的原則。呂氏春秋則有所不同，其書重視養神的同時而不反對養形，其先己篇云：『用其新，棄其陳，腠理遂通。精氣日新，邪氣盡去，及其天年。此之謂真人。』所謂『用其新，棄其陳』，畢阮曰：『此即莊子所云「吐故納新」也。』可見，呂氏春秋認爲『吐故納新』的『道引』之術不僅能『及其天年』，更能成爲得道之人的養生之術。

其三，莊子談養生是重視個體精神的自由，而呂氏春秋將養生看成治國立業之本。呂氏春秋主張養生與治國並用，其貴生篇云：『由此觀之，耳目鼻口，不得擅行，必有所制。譬之若官職，不得擅爲，必有所制。此貴生之術也。』人類有情有欲，但只有節制情欲才是珍惜生命的方法。呂氏春秋的作者以『貴生』喻職官，認爲各種職官不能獨斷，而應有所節制，才能各司其職而不混亂。這裏將養生與治國聯繫在一起，體現了呂氏春秋治世的思想。離俗篇多次引用莊子讓王的故事，不僅繼承了莊子重生重節的思想，更將這種思想與治國愛民相結合。離俗篇列舉了『舜讓天下於其友石戶之農、北人無擇』、『湯讓天下於卞隨、務光』等事例，意在宣揚四士超世離俗的高潔厲行，『高節厲行，獨樂其意，而物莫之害；不漫於利，不牽於勢，而羞居濁世，惟此四士者之節。』呂氏春秋承接莊子之意而來，讚揚四士重生而輕天下的思想。但是，呂氏春秋在肯定此四士非難舜、湯而避世的思想後，並不否定舜、湯。離俗篇對舜、湯的行爲有著具體評述：『若夫舜、湯，則苞裹覆容，緣不得已而動，因時而爲，以愛利爲本，以萬民爲義。譬之若釣者，魚有小大，餌有宜適，羽有動靜。』這裏對隱士與聖王的品德都持肯定態度，看似矛盾，實則不然，因爲呂書的評價標準是『因時而爲，以愛利爲本，以萬民爲義』，體現了呂氏春秋養生與治國並用的原則，是對莊子養生思想的繼承和發展。

此外，呂氏春秋將莊子養生思想引入治國途徑。審爲篇引述莊子讓王的三則寓言故事，意在闡述貴生、重生之意，但側重點有所不同。比如讓王篇所寫中山公子牟與瞻子對話的寓言故事：『中山公子牟謂瞻子曰：「身在江海之上，心居乎魏闕之下，奈何？」瞻子曰：「重生。重生則利輕。」中山公子牟曰：「雖知之，未能自勝也。」瞻子曰：「不能自勝則從，神無惡乎？不能自勝而強不從者，此之謂重傷。重傷之人，無壽類矣。」』中山公子牟隱居江湖卻嚮往榮華富貴，瞻子認爲若不能克制自己的情欲，還不如放縱自己，以避免雙重損傷，成玄英疏曰：『若不勝於情欲，則宜從順心神，亦不勞妄生嫌惡也。』體現了莊子重生輕物、不以物傷生的思想。呂氏春秋在接受莊子重生的思想基礎上，實現養生的途徑有所不同。呂氏春秋的體例一般是先有說理文字，後引他文進行佐證。其審爲篇開篇論述：『身者，所爲也；天下者，所以爲也。審所以爲，而輕重得矣。』『所爲』是目的，而『所以爲』則是手段，下文引讓王篇中山公子牟與詹子對話的寓言故事，意在說明通過『治理天下』這一手段達到『養生』的目的。君主雖『心居魏闕之下』，若要做到『不以養傷身』、『不以利累形』，則需恪守『不能自勝則從之』的原則，避免『重傷』。簡言之，君主既要治理天下，又要養性葆真，就應做到治理天下就安心治理，不抑挫自己的情欲，避免雙重傷害，達到養生的目的。這裏將莊子所言養生思想與治國思想結合起來，體現了呂氏春秋治世的思想特徵。

四、從認識論方面

莊子認識論最突出的特點是相對主義，否定人能對宇宙全體有全面的認識。齊物論篇所言是非、生死、大小、壽夭的相對性，反對存在彼此間的絕對對立性，代表了其相對主義的原則。莊子對於時間無窮和人的生命短促的認識尤爲深刻，發出『吾生也有涯，而知也無涯。以有涯隨無涯，殆已』（養生主）的悲歎。齊物論篇『莊周夢蝶』之說，既有莊周自己夢爲蝴蝶而『栩栩然蝴蝶也』，也有蝴蝶夢莊周而不知自爲蝴蝶的情形，蝴蝶與莊周無法區分，反映了莊子主客與宇宙合一的幻想，認爲宇宙不應分爲主客觀兩個方面，主客觀合一才是宇宙的本體。呂氏春秋將莊子所言主客觀不分的相對主義區分開來，在認識論上趨向於重客觀實際，區分主客觀，並以客觀實際爲第一性，主觀反映客觀。

莊子反對存在彼此間的絕對對立性，認識上主張『任物』。呂氏春秋認爲事物有因果聯繫，事物的發展變化有規律可循，認識的任務在於求因知化，發揮預測能力，區分個別與一般，由已知推斷未知。這與莊子所言一切事物都是沒有定準的相對主義完全不同。莊子外物和呂氏春秋必己都是以『外物不可必』一語開頭，卻推斷出完全不同的結論。所謂『外物不可必』，指的是身外之物沒有定則，同一行爲在不同條件下也會產生不一樣的結果。外物篇據此認爲，得道者應虛己忘物，『處於材、不材之間』，才能悠遊自得，超然物外。莊子從不可知論出發，走向虛無，『人能虛己以遊世，其孰能害之！』（山木）必己篇討論『外物不可必』的問題，結合莊子山木『莊子行於山中』的故事，將個別現象視爲必然中的偶然性。呂氏春秋的作者認爲，『人主莫不欲其臣之忠』，『親莫不欲其子之孝』，這是一般情況，是必然性；『忠未必信』，『孝未必愛』是特殊情況，是偶然性，不能將偶然當作必然，從而影響我們的認識標準。所以必己得出結論：『君子之自行也，敬人而不必見敬，愛人而不必見愛。敬愛人者,己也;見敬愛者,人也。君子必在己者,不必在人者也。必在己,無不遇矣。』由『外物不可必』得出『必在己無不遇矣』的結論,即加强主觀修養,發揮其預測能力,區分主客觀的情況,根據已知事物,運用推理,獲得認識新事物的能力,進入『嘗一脟肉,而知一鑊之味、一鼎之調』(察今)的狀態。

從認識的途徑來看,呂氏春秋强調後天學習的重要性,這與莊子所説的相對主義相差甚遠。齊物論篇云:『其以爲異於鷇音,亦有辯乎,其無辯乎?』是非標準不定,就無法判斷是否異於『鷇音』,解決方法則是『莫若以明』,即用空明若鏡的心靈來觀照萬物,取得對萬物的認識,主客觀是融入一體的。呂氏春秋聽言將這幾句話引述爲:『其與人穀言也,其有辯乎,其無辯乎?』區分『有辯』與『無辯』的前提是:『功先名,事先功,言先事。不知事,惡能聽言? 不知情,惡能當言?』聽取言論首先要分辨事物的善與不善,分辨的方法是『知事』、『知情』,即瞭解事情的實質和内情,這就將客觀實際放在第一性,區分了主客觀。主客觀得到區分之後,需要提高主體的修養,提高的方法在於學習:『凡人亦必有所習其心,然後能聽説。不習其心,習之於學問。不學而能聽説者,古今無有也。』

概而言之,莊子生於亂世,認爲要想處世免患,即在於虚己順物。他從相對主義觀點出發,看到是非無窮,而莫能分辨,因而主張存是非,將主客觀融入一體,認爲人不能認識宇宙的全面。呂氏春秋展現了其務實功利的一面,不僅從莊子所言的相對主義中解脱出來,將主客體區分開,並且主張通過後天的學習提高認識的能力,將莊子消極的觀點改造爲積極的觀點。

五、主要的闡釋形式

呂氏春秋對莊子寓言故事的處理方面,有著創造性的闡釋。其闡釋形式主要在於以下三個方面:

首先，以『解喻結合』爲主要闡釋方式。『「解」主要側重於「詮釋」，而「喻」則側重於「闡發」。』『「解」稱爲解說式闡釋方式，「喻」稱爲譬喻式闡釋方式。』①呂氏春秋每篇的體例，一般是先有一段說理文字，後引用他說進行佐證，這也符合『解喻結合』的闡釋方式。莊子的寓言故事一般側重故事本身，呂氏春秋引用莊子寓言故事，多爲『譬喻式闡釋方式』，即側重於闡發寓言故事，使之成爲自己立論的根據。這樣，莊子的『謬悠之說，荒唐之言，無端涯之辭』（天下），便被納入呂氏春秋的思想體系之中。其必己篇引用莊子達生張毅、單豹的故事，莊文之意側重養生的方法，單豹養其內德而失其外形，張毅養其外形而失其內德，成玄英疏謂『二子各滯一邊，未爲折中』，故不能養其天年，而呂氏春秋運用『譬喻式闡釋方式』，則不重視寓言本身的含義，引用此則故事，是爲了說明『君子必在己者，不必在人者也。必在己，無不遇矣』。強調君子應加強自身修養以應付客觀的偶然性，順應自然，才能安之若素。這與莊子所闡發的養生思想完全不同，而僅使寓言故事成了其立論的根據。長利篇引用莊子天地伯成子高辭爲諸侯而耕的故事，莊文之意是崇尚絕聖棄智的無爲而治思想，而呂氏春秋則運用『解喻結合』的方式闡釋這一故事，首先將這一故事解說爲『夫爲諸侯，名顯榮，實佚樂，繼嗣皆得其澤，伯成子高不待問而知之，然而辭爲諸侯者，以禁後世之亂也』（即從這一故事本身出發，闡釋伯成子高辭爲諸侯的原因是『以禁後世之亂』），其次是以這一故事闡明『天下之士也者，慮天下之長利，而固處之以身』的主張，以佐證傑出賢人的目光長遠，體現了其『解喻結合』的闡釋方式。

其次，給莊子寓言規定特定的意義空間。呂氏春秋在引述莊子的寓言故事後，一般附以一段論說性的文字，使引用莊子寓言的過程變成闡發自己思想的過程。如求人篇引述莊子逍遙遊『堯讓天下與許由』的寓言故事後附以議論云：『故賢主之於賢者也，物莫之防，戚愛習故，不以害之，故賢者聚焉。』求人篇作者認爲君主

① 李清良中國闡釋學，湖南師範大學2001年版。

求賢的態度應是『極卑極賤，極遠極勞』，這是將道家不以物累生的思想闡述成儒家求賢思想。又如觀世篇引述莊子讓王『列子卻粟』的寓言故事後附以議論云：『受人之養，而不死其難，則不義；死其難，則死無道也。死無道，逆也。子列子除不義、去逆也，豈不遠哉！』這是在道家『重生』的思想中摻雜了儒家的仁義觀，進而讚揚有道之士的『先識』，遠離禍害。當務篇引述莊子盜跖『跖論盜道』的寓言故事後附以議論云：『辨若此，不如無辨！』在當務篇的作者看來，『辨而不當論』是大亂天下的四害之首。這是對道家絕聖棄智思想的改造，認爲仁義道德、禮樂教化也是社會所必需的，無意之辨不合於時務。更爲特殊的是，莊子田子方寫孔子見溫伯雪子『不言而出』，旨在述說儒家聖人在得道者面前相形見絀，而精喻篇在引述此段話後則附以議論云：『故未見其人而知其志，見其人而心與志皆見，天符同也。聖人之相知，豈待言哉！』認爲至精之喻意不以言，同時得出了儒道可以互通的結論。由此可見，呂氏春秋引述莊子寓言故事後所加的議論性話語，多是以儒家的思想調和、改造道家思想的偏激之處，體現了它超出門戶之見，吸收諸家所長的編纂特色。

再次，化莊子書中『瓌瑋』之『辭』爲平實之語。呂氏春秋對莊子寓言故事的處理表現在具體字句上，多是化莊子書中『瓌偉』之『辭』爲質實之語，體現出其實用主義傾向。如莊子養生主中『庖丁解牛』的寓言故事，比喻跌出，『煙波萬狀，幾莫測其端倪，所謂洸洋自恣以適己也。』（劉鳳苞南華雪心編）精通篇引述這一寓言故事時，將其概括爲數語：『宋之庖丁好解牛，所見無非死牛者；三年而不見生牛；用刃十九年，刃若新磨研。』平實的語句使故事意義更爲明顯。又莊子山木有這樣一段話：『莊子笑曰：「周將處乎材與不材之間。材與不材之間，似之而非也，故未免乎累。若夫乘道德而浮游則不然。」』最後一句顯然爲空泛之語，必己篇引述此文將最後一句刪削爲『若夫道德則不然』，使之成爲質實之語。顯然，呂氏春秋對平實之語的運用，使所引寓言故事的情節、人物關係等更爲明晰，成了其立論的依據。

第二编

秦汉庄子学

第一章　秦漢莊子學概説

第一節　秦漢莊子學演進的歷史背景

秦始皇統一天下前夕，由於韓非的到來，給秦國帶來了些許老莊之學。他一方面批評莊子的『恍惚之言』、『恬淡之學』是『天下之惑術』（見韓非子忠孝），另一方面卻十分重視吸收和改造莊子思想，將其作爲自己創建法治學説的理論根據之一。呂不韋主持編寫的呂氏春秋，援引莊子思想資料之處更是所在多有。凡此，都成爲秦代莊子學興起的前奏。

入秦代以後，神仙之説盛行。據史記秦始皇本紀、封禪書等載，燕、齊海上多方士，秦始皇巡狩海上時，慫恿其求仙者甚衆。始皇甚信之，即遣徐市等入海求仙人。由於方士所説的仙人與莊子中所描繪的『真人』具有很大程度上的相似性，所以盧生隨後又以『真人』説秦始皇曰：『真人者，入水不濡，入火不熱，陵雲氣，與天地久長。今上治天下，未能恬倓。願上所居宫毋令人知，然後不死之藥殆可得也。』於是秦始皇曰：『吾慕真人，自謂「真人」，不稱「朕」。』並『使博士爲仙真人詩，及行所遊天下，傳令樂人歌弦之』（見史記秦始皇本紀）。可見，在秦代君臣上下刻意求仙的風氣之下，莊子中的『真人』形象又獲得了一次新的闡釋。

漢朝建立之初，由於經歷了長期的戰亂，『大城名都民人散亡，戶口可得而數裁什二三，是以大侯不過萬家，小者五六百戶』(漢書高惠高后文功臣表)，『自天子不能具鈞駟，而將相或乘牛車，齊民無藏蓋』，『米至石萬錢，馬一疋則百金』(見史記平準書)，到處呈現出蕭條景象。因此，人們普遍渴望得到休養生息。一些有遠見的政治家也開始意識到，要鞏固漢朝的新政權，就絕不能像秦代統治者那樣苛擾百姓，而必須提倡與民休息政策。在他們看來，這在指導思想上就必須借助於黃老道家的思想，以便讓人民在『無爲』的政治下來實現其自化、自正、自朴、自富，從而開創出一個人人安居樂業的社會新局面。陸賈早年就追隨劉邦，是漢代第一位力倡儒學的思想家，他針對漢初特定的時代和政治需要，主張以儒家學說爲本而融匯黃老道家及法家思想。史記酈生陸賈列傳云：『高祖……拜賈爲太中大夫。陸生時時前說稱詩、書，高帝罵之曰：「乃公居馬上而得之，安事詩、書？」陸生曰：「居馬上得之，寧可以馬上治之乎？且湯武逆取而以順守之，文武並用，長久之術也。昔者吳王夫差、智伯極武而亡；秦任刑法不變，卒滅趙氏。鄉使秦已並天下，行仁義，法先聖，陛下安得而有之？」高帝不懌而有慚色，乃謂陸生曰：「試爲我著秦所以失天下，吾所以得之者何，及古成敗之國。」陸生乃粗述存亡之徵，凡著十二篇。每奏一篇，高帝未嘗不稱善，左右呼萬歲，號其書曰新語。』在新語中，陸賈固然甚是稱引儒家學說，尤其勸說執政者要推行『仁義』，以免重蹈秦朝滅亡的覆轍，但他又指出推行『仁義』必須以實行『無爲』爲前提，實行『無爲』才是推行『仁義』的重要手段和正確途徑。如他在無爲篇中說：

夫道莫大於無爲，行莫大於謹敬。何以言之？昔虞舜治天下，彈五弦之琴，歌南風之詩，寂若無治國之意，漠若無憂民之心，然天下治。周公制作禮樂，郊天地，望山川，師旅不設，刑格法懸，而四海之內，奉供來臻，越裳之君，重譯來朝。故無爲也，乃無爲也。秦始皇帝設爲車裂之誅，以斂奸邪；築長城於戎境，以備胡越；征大呑小，威震天下；將帥橫行，以服外國。蒙恬討亂於外，李斯治法於內，事逾煩，天下逾亂；法逾滋，而奸逾熾；兵馬逾設，而敵人逾多。秦非不欲爲治，然失之者，乃舉措暴眾而用刑太極故也。

陸賈奉命總結秦朝所以覆滅的深刻教訓，和漢朝所以能興起的主要原因，爲最高統治者提出了他的治國策略，其精髓就是推行黃老政治，以『無爲』爲手段和前提，以『仁義』爲目的和歸宿，促使太平盛世的到來。陸賈的這些理念，對劉邦確曾起到較大影響，使他不再像原先那樣鄙視儒生，而起用叔孫通制定朝儀，過魯地即以太牢祠孔子，臨終前還指定曹參、陳平等爲國相繼承人，對實行『無爲』政治起到了推動作用。

曹參也是西漢的開國功臣，但在漢五年論功行封時，劉邦並沒有採納許多大臣的建議，將其排在首位。同時又未能將其調任中央要職，而僅任命他爲齊國丞相。曹參在擔任齊相期間，完全實行了黃老政治。『參之相齊，齊七十城。天下初定，悼惠王富於春秋，參盡召長老諸生，問所以安集百姓，如齊故諸儒以百數，言人人殊，參未知所定。聞膠西有蓋公，善治黃老言，使人厚幣請之。既見蓋公，蓋公爲言治道貴清靜而民自定，推此類具言之。參於是避正堂，舍蓋公焉。其治要用黃老術，故相齊九年，齊國安集，大稱賢相。』（史記曹相國世家）劉邦此時已接受了部分黃老思想，又鑒於曹參在齊國的突出政績，所以在臨終前才把他定爲漢王朝國相的繼承人。曹參在朝廷任相國三年期間，同樣推行了『清靜無爲』的執政理念。史記曹相國世家云：

參代何爲漢相國，舉事無所變更，一遵蕭何約束。擇郡國吏木詘於文辭，重厚長者，即召除爲丞相史。吏之言文刻深，欲務聲名者，輒斥去之。日夜飲醇酒。卿大夫已下吏及賓客見參不事事，來者皆欲有言。至者，參輒飲以醇酒，閒之，欲有所言，復飲之，醉而後去，終莫得開說，以爲常。相舍後園近吏舍，吏舍日飲歌呼。從吏惡之，無如之何，乃請參遊園中，聞吏醉歌呼，從吏幸相國召按之。乃反取酒張坐飲，亦歌呼與相應和。參見人之有細過，專掩匿覆蓋之，府中無事。……參爲漢相國，清靜極言合道。然百姓離秦之酷後，參與休息無爲，故天下俱稱其美矣。

曹參把在齊國的執政理念帶進漢王朝中央政府，作爲治理天下的施政方略，從而使『清靜無爲』的黃老之學終於成爲國策的指導思想，進一步穩定了漢朝的政治，發展了全國的經濟，『天下俱稱其美』。惠帝死後，呂后乃以陳平爲右丞相，審食其爲左丞相，而陳平『少時本好黃帝老子之術』，『爲相非治事，日飲醇酒，戲婦女』（見史記陳丞相世家），審食其爲相，亦『不治事，令監宮中，如郎中令』（史記呂后本紀），所推行的同樣都是黃老政治。在曹參、陳平爲相期間，甚至出現了『君臣俱欲休息乎無爲』，黃老思想流行於朝野的政治局面。司馬遷贊曰：『孝惠皇帝、高后之時，黎民得離戰國之苦，君臣俱欲休息乎無爲，故惠帝垂拱，高后女主稱制，政不出房戶，天下晏然，刑罰罕用，罪人是希，民務稼穡，衣食滋殖。』（史記呂后本紀）

繼孝惠帝劉盈之後登位的是孝文帝劉恒，史稱『文帝本修黃老之言，不甚好儒術，其治尚清靜無爲』（應劭風俗通義卷二）。文帝的皇后竇氏，更是『好黃帝、老子言，帝（景帝）及太子（武帝）、諸竇，不得不讀黃帝、老子，尊其術』（史記外戚世家）。據史記儒林列傳載，景帝時，竇太后曾召儒者轅固生，問他對於老子的看法，轅氏說：『此是家人言耳。』太后非常憤怒地說：『安得司空城旦書乎？』意謂老子當然比不上你們儒家的經典律令呀！於是，太后就罰轅氏到豬圈裏去與豬搏鬥，以發洩她對崇儒者的憤恨。總之，竇氏位極皇后、皇太后、太皇太后共四十餘年，始終在努力推行黃老之術。本來，黃老政治已經彌漫於朝野①，而文帝、竇太后等又不遺餘力地加以提倡，所以更迎來了一個黃老學的全盛時代。即使在武帝劉徹推行『獨尊儒術』以後，一直到東漢末年，黃老學也並不曾絶跡。如據史記、冊府元龜等載，鄧章，以修黃老言顯於諸公間；汲黯學黃老之言，曾爲東海太守，其治務在無爲而已；鄭當時，曾爲大司農官，好黃老之言；任隗，少好黃老，清靜寡欲，位至光祿勳；鄭均，少好黃老書，嘗稱病家庭，不應州郡辟召，後爲議郎；蔡勳，好黃老，平嘗時爲郿令；樊融，有俊才，好黃

---

① 見於史記記載的漢前期好黃老者還有：『司馬季主者，楚賢大夫，遊學長安，通易經，術黃帝老子。』（日者列傳）『（田）叔喜劍，學黃老術於樂巨公所。』（田叔列傳）『王生者，善爲黃老言，處士也。』（張釋之馮唐列傳）

老，不肯爲吏；樊瑞，好黃老言，清靜少欲；楊厚，爲侍中，稱病歸家，修黃老，教授門生，上名錄者三千餘人；翟酺，好老子，尤善圖緯天文曆算，位至光祿大夫將作大匠；淳于恭，善說老子，清靜不慕榮名，位至侍中騎都；樊曄，有俊才，好黃老，不肯爲吏，位至天水太守；向長，隱居不仕，性尚中和，好老、易；矯慎，少好黃老，隱遁山谷，因穴爲室，仰慕松喬導引之術。凡此，皆爲漢代黃老學之緒餘，亦應予以重視。

關於黃老學的淵源，史記孟子荀卿列傳云：『慎到，趙人；田駢、接子，齊人；環淵，楚人，皆學黃老道德之術，因發明序其指意。故慎到著十二論，環淵著上下篇，而田駢、接子皆有所論焉。』同書樂毅列傳云：『樂臣公學黃帝、老子，其本師號曰河上丈人，不知其所出。河上丈人教安期生，安期生教毛翕公，毛翕公教樂瑕公，樂瑕公教樂臣公，樂臣公教蓋公，蓋公教於齊高密、膠西，爲曹相國師。』又隋書經籍志云：『自黃帝以下，聖哲之士所言道者，傳之其人，世無師說。漢時，曹參始薦蓋公能言黃老，文帝宗之。自是相傳，道學衆矣。』由此可知，漢初的黃老思想主要由戰國時期的稷下黃老道德之術發展而來。從1973 年長沙馬王堆三號漢墓出土的一批黃老學帛書來看，黃老思想的核心是道家思想，同時兼采儒、墨、名、法、陰陽諸家之長，非常適合於漢初統治者治國安民的實際需要。因此，漢初自帝王至臣下，大多崇尚黃老之言。而黃老學的興盛，又正好給莊子學的發展帶來了一個極爲有利的機會。

實際上，在當時人所謂的黃老思想之中，已經包含了較多的莊子思想成分。如上文所說的在劉邦面前時時稱詩、書的陸賈，也是一位深受黃老思想影響的思想家，他在新語中所提出的至德之世的理想，就顯然是對莊子『至德之世』思想的進一步發展。武帝初年的楊王孫，『學黃老之術』，但他實際上卻更多地接受了莊子的思想。如他『及病且終，先令其子曰：「吾欲裸葬，以反吾真，必亡易吾意。死則爲布囊盛尸，入地七尺，既下，從足引脫其囊，以身親土。」』又曾復函好友祁侯云：『夫死者，終生之化，而物之歸者也。歸者得至，化者得變，是物各反其真也。反真冥冥，亡形亡聲，乃合道情。夫飾外以華衆，厚葬以鬲真，使歸者不得至，化者不得變，是使物各失其所也。』(見漢書楊王孫傳)這分明是對莊子復朴反真思想的直接闡釋。淮南王劉安主持編撰的淮南子一書,是這一時期黄老學的集大成著作,然而它卻大量地援引莊子的思想資料,並以黄老學的觀點闡釋了這些思想資料。在作爲全書後序的要略篇中,還破天荒地提出了『考驗乎老、莊之術而以合得失之勢』的説法,從而開創了我國歷史上『老莊』並稱的先河①。

另一方面,當漢初君臣崇尚黄老之際,儒家思想也在緩慢發展著。如文、景二帝在提倡黄老的同時,也曾留意於儒學,爲儒經置博士,這就爲儒、道兩家思想的結合提供了極爲有利的條件。故詩博士韓嬰著韓詩外傳,就大量地援引了莊子的思想資料。到了武帝推行『獨尊儒術』的政策之後,數十年來所盛行的黄老思想雖然失去了官方的學術地位,但董仲舒所大力倡導的『天人感應』的神學目的論,卻非常需要援用莊子中有關物類相召的那部分思想資料,這又在新的歷史條件下爲儒學吸納莊子思想提供了一個有利的機會。後來的劉向、揚雄、桓譚、班固等大儒,他們對莊子思想資料的援引,其目的雖與董仲舒有所不同,但也同樣反映出了儒學在一定程度上對道家學説的需求。至於他們中的有些人,每於抒情小賦中與莊子有所共鳴,這也是於儒學之外還希冀以老莊思想作爲一種精神補充的要求所致。

儒學到了東漢和帝時期,隨著社會政治的日益衰敗,便開始走上了衰落的道路。此後,道家思想更有明顯抬頭之勢。後漢書祭祀志云:『桓帝即位十八年,好神仙事。延熹八年,初使中常侍之陳國苦縣祠老子。九

---

① 此後,漢人以『老莊』並稱者屢見不鮮。如漢書嚴君平傳:『嚴君平……依老子、嚴周(即莊周,因避漢明帝諱而改莊爲嚴)之指,著書十餘萬言。』漢書敘傳:『(班)嗣雖修儒學,然貴老、嚴(即莊周)之術。』馬融長笛賦:『彷徨縱肆,曠瀁敞罔,老、莊之概也。』後漢書馬融傳:『融既饑困,乃悔而歎息,謂其友人曰:「……今以曲俗咫尺之羞,滅無貲之軀,殆非老、莊所謂也。」』按,清洪亮吉曉讀書齋初録謂『老莊』並稱實始於魏晉之際玄學名士何晏、阮籍、嵇康等人,後人多從其説,並非。

年，親祠老子於濯龍。文罽爲壇，飾淳金扣器，設華蓋之坐，用郊天樂也。』最高統治階級對道家的推崇，再加上整個政治日益趨向黑暗，這就直接推動了老莊思想的漸次復興，使經學大師在注釋儒家經典時也不時地予以援引與發揮。即使像馬融、鄭玄這樣的經學大師，在這種社會背景之下也對老莊思想有所認同。而與這些經學家相比較，那些辭賦作家則更每借莊子思想以抒發其離俗之情與不平之氣，這在張衡、趙壹等人的賦作中表現得尤爲突出。還有漢末的荀悅，後漢書本傳謂其『性沉静，美姿容，尤好著述。靈帝時，閹官用權，士多退身窮處，悅乃托疾隱居，時人莫之識』，頗有道家之風範。他撰寫申鑒，就較多地吸收了老莊思想，如政體篇云：

> 行之以誠，守之以固，簡而不怠，疏而不失，無爲爲之，使自施之，無事事之，使自交之，不肅而治，垂拱揖遜而海内平矣，是謂爲政之方也。……自上御下，猶夫釣者焉，隱於手、應於鉤，則可以得魚。自近御遠，猶夫御馬焉，和於手而調於銜，則可以使馬。故至道之要，不於身非道也。覩孺子之驅雞也，而見御民之方。孺子驅雞者，急則驚，緩則滞。方其北也，遽要之則折而過南；方其南也，遽要之則折而過北。迫則飛，疏則放。志閑則比之，流緩而不安則食之。不驅之驅，驅之至者也。志安則循路而入門。

據後漢書本傳，荀悅志在匡扶獻帝，然因曹操專權，無謀可用，乃作申鑒，意謂重申歷史經驗，以供皇帝之借鑒。全書旨在抨擊讖緯符瑞，反對土地兼併，希望爲政者重農桑以養其性，審好惡以正其俗，宣文教以章其化，立武備以秉其威，明賞罰以統其法，而從這段引文中可以看出，作者對道家無爲而無不爲的『君人南面之術』尤有深刻的理解。總之，漢末張衡、趙壹、荀悅等重視對老莊思想資料的援引與闡發，無疑都成了魏晉莊子學大盛的先聲。

第二節　秦漢莊子學的演進過程

秦始皇所推行的文化政策，對包括儒學在内的諸子百家來説雖是毁滅性的，但仍不可能完全禁止學者們的私下研習，所以陸賈由秦入漢後，能不時在劉邦面前稱引詩、書，所著新語，也較多地吸納和運用了老莊無爲而治的思想。文帝時的賈誼曾著新書，其中道術、道德説等篇，借鑒老莊思想更多，比陸賈新語又有所推進。詩博士韓嬰所著韓詩外傳，對莊子思想的闡釋儘管也是體現於改造性的引述之中的，但其引用莊子的思想資料已大爲增加，所使用的改造方法也顯得更爲靈活多變。

稍後，淮南王劉安集衆客編撰淮南子一書，撰寫者在闡釋莊子思想資料時所使用的方法又比韓詩外傳有了較多的更新，不少地方甚至還對莊子的文字進行了直接的闡釋。但總的看來，淮南子的撰寫者卻是站在黄老思想的立場上來闡釋莊子的，因而也往往偏離了莊子的真正用意。而司馬遷雖然既尊儒術，又深受黄老思想的影響，但他在史記老子韓非列傳中卻試圖還莊子以本來面目，因而就能比較客觀地作出論斷，認爲莊子學説『要本歸於老子之言』，莊子著述的宗旨在於『詆訿孔子之徒』，莊子文章的藝術特徵主要是『指事類情』。東漢初的班嗣，正是本著司馬遷的這種精神來進一步闡釋莊子的。漢書敘傳云：

嗣雖修儒學，然貴老、嚴（因避漢明帝諱而改莊爲嚴，下同）之術。桓生（譚）欲借其書，嗣報曰：『若夫嚴子者，絶聖棄智，修生保真，清虚澹泊，歸之自然，獨師友造化，而不爲世俗所役者也。漁釣於一壑，則萬物不奸其志；棲遲於一丘，則天下不易其樂。不絓聖人之罔，不嗅驕君之餌，蕩然肆志，談者不得而名焉，故可貴也。今吾子已貫仁誼之羈絆，繫名聲之韁鎖，伏周、孔之軌躅，馳顔、閔之極摯，既繫攣於世教矣，何用大道爲自眩曜？昔有學步於邯鄲者，曾未得其彷彿，又復失其故步，遂匍匐而歸耳！恐似此類，故不進。』嗣之行己持論如此。

班嗣像司馬遷一樣，也明確指出了莊子思想是與儒家學說相對立的。因爲他深刻地認識到，儒學屬於『繫名聲之韁鎖』的『世教』，而莊子則絕聖棄智，修生保真，清虛澹泊，獨師造化，歸於自然，雖漁釣於一壑，棲遲於一丘，可萬物不能奸其志，天下不能易其樂，所以很值得推崇。可見，班嗣如此持論，無疑已領悟到了莊子學說的精義所在，從而有力地糾正了長期以來表現於莊子闡釋上的思想偏頗，爲使莊子學朝著正確的方向發展作出了重要的貢獻。

從戰國末年屈原、宋玉的辭賦中，人們便可以清楚地看到其受莊子思想影響的痕跡。到了秦代，秦始皇因慕『真人』『入水不濡，入火不熱，陵雲氣，與天地久長』，乃『使博士爲仙真人詩，及行所遊天下，傳令樂人歌弦之』（見史記秦始皇本紀），從而對莊子中的『真人』作出了一番新的闡釋。而漢初賈誼作鵩鳥賦，更是通過大量化用莊子文句以躬自傷悼，使整篇作品幾乎成了莊子思想之義疏。這種情形發展到東漢中葉以後，便進一步促成了一些以莊子中某則寓言爲具體闡釋對象的辭賦作品的出現。如張衡的髑髏賦、趙壹的刺世疾邪賦，前者通過演繹莊子至樂『莊子見空髑髏』寓言以大肆發揮其『死爲休息，生爲役勞』之妙論，後者則主要通過化用莊子列禦寇莊子痛罵曹商爲秦王舐痔的故事以極力發洩其憤世嫉俗的思想感情，凡此都可說明，莊子學發展到漢末又已上了一個新臺階。

漢代的許多醫學著作，雖多托之黄帝所著，但莊子的學說卻也是它們的重要思想淵源之一。如從西漢時總結先秦醫學理論而成的黄帝内經來看，其中就較多地吸納了莊子的思想資料。概括起來，此書主要從三個方面吸收並發展了莊子的理論，即一是以『道通爲一』的整體觀理解人體，二是以『氣』爲構成生命之本原，三是以恬淡虛靜，貴精全神爲養生要訣，尤其是作爲全書開宗明義的素問上古天真論，更是通過援引莊子關於『至人』、『真人』、『聖人』養生的理論，並結合其醫學觀點對這些理論作了積極的闡釋。

即使是漢代一些哲學著作，也往往從莊子中尋找其所需要的養生思想資料。如莊子刻意云：『吹呴呼吸，吐故納新，熊經鳥伸，爲壽而已矣。此道引之士，養形之人，彭祖壽考者之所好也。』道引，亦作『導引』，原爲一種強身除病的養生方法，後世多視其爲中醫治療手段之一。對於這種以『延年』、『駐形』（成玄英語）爲目的的導引之術，莊子卻採取了批評的態度。因爲在他看來，體道者所堅持的應是以養神爲主的形神觀。淮南子在闡述自己的養生思想時，明顯地接受了莊子的觀點。其精神訓云：『真人之所遊，若吹呴呼吸，吐故納新，熊經鳥伸，鳧浴蝯躩，鴟視虎顧，是養形之人也，不以滑心。』高誘注：『滑，亂也。言此養形者耳，不足以亂真人之心也。』說明淮南子同意莊子的養生觀，認爲『真人』不同於養形之人，不以『吹呴呼吸，吐故納新，熊經鳥伸』等人爲的方法滑其心。河上公老子注亦云：『以氣爲根，以精爲蒂，……深藏其氣，固守其精，使無漏泄。』（五十九章）又云：『修道於身，愛氣養神，益壽延年，其德如是，乃爲真人。』（五十四章）河上公這裏闡發養生之道，其目的就是要求人們效法『真人』，除情去欲，愛氣全神，固守其精，從而達到益壽延年的目的。可見，他的這些觀念，是深受莊子思想影響的。又如董仲舒春秋繁露天地之行云：『養生之大者，乃在愛氣。氣從神而成，神從意而出，心之所之謂意，意勞者神擾，神擾者氣少，氣少者難久矣。故君子閑欲止惡以平意，平意以靜神，靜神以養氣，氣多而治，則養身之大者得矣。』顯然，這裏所談的，也較多地吸收了莊子關於恬淡虛靜與全神守氣的養生思想。

對於莊子中所謂『心齋』（人間世）、『坐忘』（大宗師）等說法，自東漢以來的道教內丹派也予以高度重視。如莊子在在宥篇中借廣成子所談的一番『治身』道理，實質上也屬於『心齋』、『坐忘』一類修身方法，故林雲銘謂其『語語俱爲內丹之秘，讀此則諸道書無遺蘊矣』（莊子因）。東漢魏伯陽著周易參同契，第一次把時間、方位和人體內丹修煉有機結合起來，後人皆稱其爲道教內丹術之始祖。唐道士司馬承禎謂『觀夫修煉形氣，養和心靈，歸根契於伯陽，遺照齊於莊叟』（天隱子序），從而進一步揭明了整個內丹派修煉術與莊子養生思想的淵源關係。至於莊子與後來的一些養生家都十分強調以意志來傳導外氣，就更從一個側面反映出了這種淵源關係。

如莊子大宗師謂『真人之息以踵』，許多對氣功素有研究的學者指出，這就是通過意念的控制把外氣傳導到腳跟的行氣方法。董仲舒春秋繁露循天之道所謂『道者亦引氣於足』云云，即顯然是承因莊子的說法而來。而魏伯陽周易參同契強調『引內養性』，則更說明了內丹派的修治法與莊子行氣法的淵源關係。

在莊子中，還有所謂食氣法。如逍遥遊篇說神人『不食五穀，吸風飲露』，就是一種對漢代醫學家提倡食氣療法頗有影響的說法。長沙馬王堆三號漢墓出土的帛書醫書中，有一篇今定名爲卻穀食氣的文字，比較詳細地敘述了食氣辟穀的方法，也可以看出其對莊子逍遥遊篇中神人『不食五穀，吸風飲露』方法的一些承因痕跡。故王充說：『道家相誇曰：真人食氣。以氣而爲食，故傳曰：「食氣者壽而不死，雖不穀飽，亦以氣盈。」』（論衡道虛）而諸如此類的食氣，又大多是與行氣相輔相成的。如漢初張良『不食穀』（漢書張良傳），『靜居行氣』（孟康注語），王吉勸昌邑王『吸新吐故』（漢書王吉傳），『練其氣』（顏師古注語），等等，大概皆屬於莊子中神人、真人所採用的『吸風飲露』（逍遥遊）、『其息深深』（大宗師）一類食氣、行氣相結合的養生方法吧。

如果再從學術研究的角度來看，那麼，漢代莊子學的演進之跡就更爲明顯。劉安曾撰有莊子略要，若審其名目，並據文選李善注所引的佚文來推測，則其體例當與他所寫的淮南子要略、離騷傳敘一類文章相仿佛，是一篇直接研究莊子的專論。劉安還寫過莊子後解，從李善注所引的佚文來看，則是一篇直接訓解莊子文句和典故的文章。後來，班固進一步著成了莊子章句之類的專著。據陸德明經典釋文莊子音義所保存的有關資料可知，班氏在這部專著中，無論是對莊子篇章的劃分，還是對其中字句的考訂，都表現出了自己的獨特見解，從而又將莊子研究向前推進了一步。

綜觀秦漢時期的莊子學，其成果形式雖然不免顯得零散紛雜而不能自成系統，甚至還往往依附於其他學科的著作而存在，然而從總體上來看，這一時期的整個莊子學卻是一直向前緩慢發展著，從而爲魏晉莊子學的盛行打下了良好的基礎。

第二章 秦漢辭賦所反映的莊子學

第一節 秦漢辭賦家莊子學概述

秦國本是一個強悍尚武的民族，但在秦始皇統一天下的前夕，道家的莊子卻已在這裏悄然出現。如呂不韋組織門客編撰呂氏春秋，每每稱引莊子思想資料，其中的先已篇還推崇『真人』，使秦國的文化學術摻入了些許莊子精神。這種精神影響到秦代的詩賦，就是進一步表現爲對『真人』的刻意追慕。史記秦始皇本紀載：

盧生說始皇曰：『真人者，入水不濡，入火不熱，陵雲氣，與天地久長。今上治天下，未能恬倓。願上所居宮毋令人知，然後不死之藥殆可得也。』於是始皇曰：『吾慕真人，自謂「真人」，不稱「朕」。』乃使博士爲仙真人詩，及行所遊天下，傳令樂人歌弦之。

所謂『不死之藥殆可得也』云云，雖不外是戰國後期以來方士們的說法，但這裏對『真人』的具體描述，卻顯然是對莊子書中諸如『真人』、『入水不濡，入火不熱』（大宗師）、『千歲厭世，去而上仙，乘彼白雲，至於帝鄉』（天地）一類文意的承襲或化用。而所謂『恬倓』云云，更是莊子書中所反復強調的一項內容。由此不難推測，秦博士所作的仙真人詩，也必定充滿了莊子的那種哲學幻想成分。漢書藝文志載有『秦時雜賦九篇』，仙真人詩很可能就是屬於這裏面的作品。

漢初的一些失意文人，他們每每通過在騷體賦中化用莊子的思想資料來表達自己的複雜思想感情。賈誼青年得志，在朝多所建議，旋遭老臣忌恨，遂出爲長沙王太傅。途經湘水，乃作吊屈原賦，篇中即有明顯化用莊子文意之處：『鳳漂漂其高逝兮，夫固自縮而遠去。襲九淵之神龍兮，沕深潛以自珍。彌融爚以隱處兮，夫豈從蟻與蛭螾？所貴聖人之神德兮，遠濁世而自藏。使騏驥可得係羈兮，豈云異夫犬羊！般紛紛其離此尤兮，亦夫子之辜也！瞝九州而相君兮，何必懷此都也？鳳皇翔於千仞之上兮，覽德輝而下之；見細德之險微兮，搖增翮逝而去之。彼尋常之汙瀆兮，豈能容吞舟之魚！橫江湖之鱣鱏兮，固將制於螻蟻。』這裏既有對渾濁現實的控訴，也有對莊子那種不爲濁世所羈的自由精神的嚮往，而其中『襲九淵之神龍兮，沕深潛以自珍』、『所貴聖人之神德兮，遠濁世而自藏』、『彼尋常之汙瀆兮，豈能容夫吞舟之巨魚！橫江湖之鱣鯨兮，固將制於螻蟻』等，則分別化用了莊子中列禦寇、則陽、庚桑楚等篇中有關文句。晉代晉灼在詮釋最後數句的用意時說：『以況小朝主暗，不容受忠迕之言，亦謂讒賊小人所見害也。』（文選吊屈原文李善注引）賈誼謫居長沙之後，更是鬱鬱寡歡，乃作鵩鳥賦一篇，通過大量化用莊子的文意，道家齊生死、等禍福的思想終於使他暫時從苦悶的心境中解脱出來，成了一個『獨與道息』的順天委運之人。

略晚於賈誼的辭賦作家枚乘，所撰七發也提到了老莊。此賦最後說：『客曰：「將爲太子奏方術之士有資略者，若莊周、魏牟、楊朱、墨翟、便蜎、詹何之倫，使之論天下之精微，理萬物之是非；孔、老覽觀，孟子持籌而算之，萬不失一。此亦天下要言妙道也，太子豈欲聞之乎？」』此賦以莊子爲『方術之士有資略者』，並把他列爲第一名，饒宗頤對此指出：『枚乘列舉諸賢，而莊周排在第一名，可見莊子在文、景時候學人的心目中有極崇高的地位。』（戰國西漢的莊學）莊忌原有賦二十四篇，見於漢書藝文志之著録，今所存哀時命一篇，雖爲感歎屈原之作，卻也與莊子思想有一定關聯，如謂『務光自投於深淵兮』、『身不掛於網羅』、『寧幽隱以遠禍兮』、『除穢累而反真』等，即多受莊子思想的影響，認爲空懷壯志而不能伸，不如隱退潔身以全其真。

到了西漢中期，歌頌王朝聲威的大賦極盛一時，其中也偶有涉及莊子者。饒宗頤說：『司馬相如大人賦云：「載雲氣而上浮」、「與真人乎相求」、「呼吸沆瀣兮餐朝霞」等句，和逍遥遊的「吸風飲露，乘雲氣，御飛龍而遊乎四海之外」，正是一鼻孔出氣。大人賦的詞藻取之楚辭遠遊，而宗旨與後來阮籍的大人先生傳，全是出自莊子。』（同上）此時的賦家寫作抒情小賦，則更頻繁地借老莊以抒發個體心志。如孔臧仿賈誼鵩鳥賦而作鴞賦，著重抒發了其希冀達到老莊『通道秉真』、『聽天任命』精神境界的思想感情。司馬遷在悲士不遇賦中所謂的『無造福先，無觸禍始，委之自然』，也顯然是對老莊處世哲學的高度認同。這種精神通過西漢後期一些辭賦家的傳承，又體現到了他們的辭賦作品之中。如劉歆遂初賦云：『大人之度，品物齊兮。』又云：『長恬淡以歡娱兮，固賢聖之所喜。』這是對莊子『齊物』、『恬淡』思想的繼承和發揮。揚雄太玄賦云：『觀大易之損益兮，覽老氏之倚伏。省憂喜之共門兮，察吉凶之同域。皦皦著乎日月兮，何俗聖之暗燭？豈愒寵以冒災兮，將噬臍之不及？若飄風不終朝兮，驟雨不終日；雷隆隆而輒息兮，火猶熾而速滅。自夫物有盛衰兮，況人事之所極？』這裏借周易、老子的哲學思想來發揮其特殊的人生體驗，認爲倚伏、憂喜、吉凶、盛衰等都是無常的，物極就會走向反面，禍福總是相互轉化，世人切不可貪婪富貴而厭惡貧賤。同賦又云：『薰以芳而致燒兮，膏含肥而見焫。翠羽媺而殃身兮，蚌含珠而擘裂。聖作典以濟時兮，驅蒸民而入甲。張仁義以爲綱兮，懷忠貞以矯俗。指尊選以誘世兮，疾身殁而名滅。豈若師由聃兮，執玄靜於中谷。』其解嘲亦云：『炎炎者滅，隆隆者絶。……攫拏者亡，默默者存。位極者宗危，自守者身全。是故知玄知默，守道之極。』今案莊子有語云：『及至聖人，屈折禮樂以匡天下之形，縣跂仁義以慰天下之心，而民乃始踶跂好知，爭歸於利，不可止也。此亦聖人之過也。』（馬蹄）『彼其所殉仁義也，則俗謂之君子；其所殉貨財也，則俗謂之小人。其殉一也，則有君子焉，有小人焉，若其殘生損性，則盜跖亦伯夷已，又惡取君子小人於其間哉！』（駢拇）『桂可食，故伐之；漆可用，故割之。』（人間世）『明見無值，辯不若默。』（知北遊）『至道之極，昏昏默默。』（在宥）比較之下可以清楚看到，揚雄太玄賦、解嘲這裏所説的主要是對莊子相關思想資料的援引和化用，表明作者深覺世道險惡，仁義虛假，禍福無常，不如追隨許由、老聃，與玄虛的大道一同翱翔。

東漢初年，一批剛剛經歷過新莽亂政而驚魂未定的辭賦家，他們一旦遭受新的挫折，就很容易到老莊哲學中去尋找精神寄托。如馮衍的顯志賦云：『馮子以爲夫人之德，……一龍一蛇，與道翱翔，與時變化，夫豈守一節哉！』這裏化用了莊子山木的文意：『若夫乘道德而浮游則不然，無譽無訾，一龍一蛇，與時俱化，而無肯專爲。』又云：『夫莊周之釣魚兮，辭卿相之顯位。』這裏用的是莊子秋水莊子拒絕楚王延聘的故事。據後漢書馮衍傳等載，馮衍在王莽亂政時，曾從劉玄起兵，玄死，改從光武帝劉秀，爲曲陽令，遷司隸從事。後因與外戚有交通，遂免官，窮愁潦倒而至於死。賦中所寫，正是他失官後努力到莊子哲學中去尋求身心解脱的明證。班固雖然出生於東漢初年，但父輩在動亂年代裏的曲折經歷卻給了他很大的影響①。因此，他年輕時就產生了強烈的憂患意識。其幽通賦②云：『惟天地之無窮兮，鮮生民之晦在。』據文選李善注，這是化用莊子『天與地無窮，人死有時晦』③的文句以感歎人生之短促。又云：『單治裏而外凋兮，張修襮而內逼。』此二句典出莊子達生：『魯有單豹者，巖居而水飲，不與民共利，行年七十而猶有嬰兒之色，不幸遇餓虎，餓虎殺而食之。有張毅者，高門縣薄，無不走也，行年四十而有內熱之病以死。』班固援引這個典故，是爲了感歎吉凶無定。又云：『恐魍魎之責景兮，羌未得其云已。』此二句典出莊子齊物論：『罔兩問景（影）曰：「曩子行，今子止；曩子坐，今子

① 幽通賦云：『巨滔天而泯夏兮，考遘湣以行謠。』文選李善注：『應劭曰：「王莽，字巨君。」曹大家曰：「滔，漫也；泯，滅也；夏，諸夏也；考，父也。」言父遭亂，猶行歌謠，意欲救亂也。』説明父輩的不幸遭遇曾給班固的心靈以極大的震撼。

② 漢書敘傳：『固弱冠而孤，作幽通之賦，以致命遂志。』則幽通賦作於班固二十二歲喪父後不久。

③ 按，此語不見於今本莊子，但盜跖篇有云：『天與地無窮，人死者有時。』蓋即爲文選李善引文所本。

起，何其無特操與？」』班固借用這個典故，是爲了說明心中十分擔憂自己的進退出處都有可能招來非議和責備。由此可見，班固內心的種種感受，幾乎都可以通過借用莊子中的思想材料得到表述。但是，他畢竟是一位深受儒學熏陶而懷有積極奮進之心的人，因而幽通賦接著又表示對道家齊同生死、退身自保的思想不敢依從：『周賈蕩而貢憤兮，齊死生與禍福。抗爽言以矯情兮，信畏犧而忌鵩。』畏犧，典出莊子列禦寇：『或聘於莊子，莊子應其使曰：「子見夫犧牛乎？衣以文繡，食以芻叔。及其牽而入於大廟，雖欲爲孤犢，其可得乎！」』忌鵩，指賈誼因忌見鵩鳥而發爲道家齊同萬物之論。在班固看來，『莊周、賈誼，有好智之才，而不以聖人爲法，潰亂於善惡，遂爲放蕩之辭』（文選李善注），並矯情退身以自保，這是不可予以贊同的。由此說明，道家哲學在班固思想中只是作爲一種補充而存在著。

自東漢中葉以後，整個社會的政治極端黑暗，文化急遽衰落，文士作賦，即多用來抒發其隱逸避世的情懷。如馬融作長笛賦，自謂『徬徨縱肆，曠瀁敞罔』，而欲寄意於『老莊之概也』。張衡作歸田賦，幾乎儘是『超埃塵以遐逝，與世事乎長辭』、『苟縱心於物外，安知榮辱之所如』一類離俗高蹈的詞句，說明其對莊子超邁脫俗思想境界的熱切嚮往。尤其是他的髑髏賦，更是一篇發揮莊子哲學思想的至妙之文。此賦是在莊子至樂『莊子見空髑髏』寓言的基礎上重新創作而成，作者通過把髑髏說成是莊周而與之對話，從而演繹出一番『死爲休息，生爲役勞』的妙論，對莊子以死爲至樂的思想作了進一步申述。但是，據古文苑等書所載，此賦結尾處卻還有作者『爲之傷涕』等語，說明張衡在獲得一時的精神解脫之後，仍然要正視黑暗的現實而發抒其悲傷之情。

及至漢末『桓靈之間，主荒政繆，國命委於閹寺，士子羞與爲伍，故匹夫抗憤，處士橫議，遂乃激揚名聲，互相題拂，品核公卿，裁量執政，婞直之風，於斯行矣。』（後漢書黨錮列傳）在這種情勢下，莊子憤世嫉俗的思想便成了賦家用以抨擊社會醜惡現象的銳利武器。如趙壹作刺世疾邪賦，就是對『情偽萬方』、『佞諂日熾』社會現實的無情批判。他甚至在賦中說，當時那些『顯進』、『富貴』者，大都不過是『舐痔結駟』之徒，這就使人一下子想起了莊子列禦寇中莊子痛罵曹商爲秦王舐痔而得高車駟馬的故事，真可謂嫉惡如仇，無愧於其以『刺世疾邪』四字題篇。

由上述可知，莊子哲學作爲一種代表失意者思想意識的哲學，它不斷地被秦漢辭賦作家用來抒發他們在困頓中的離俗之情和不平之氣，從而使莊子哲學思想不絕如縷地貫穿於秦漢辭賦發展的全過程，與體現於秦漢辭賦中的儒家思想構成了紬補交互的關係。

第二節　賈誼的鵩鳥賦

賈誼（前200—前168），洛陽（今河南洛陽市東）人。時稱賈生。曾爲長沙王太傅，故又稱賈太傅、賈長沙。年十八，以能誦詩、屬書聞於郡中。郡守吳公聞其秀才，召置門下，甚幸愛之。文帝初，以吳公之薦，召爲博士，一年之中遷太中大夫。以好議國家大事，屢次上書批評朝政，爲大臣周勃、灌嬰等排擠，貶爲長沙王太傅。後改爲梁懷王太傅，不久以懷王墮馬而死，自傷爲傅無狀，哭泣歲餘，亦死。所著政論有過秦論、陳政事疏等，皆爲西漢鴻文。另傳有新書十卷。

繼楚辭之後，賈誼是漢初最有代表性的騷體賦作家，對漢賦的發展作出了重大貢獻。史記屈原賈生列傳載：『孝文帝初即位，謙讓未遑也。諸律令所更定，及列侯悉就國，其説皆自賈生發之。於是天子議以爲賈生任公卿之位。絳、灌、東陽侯、馮敬之屬盡害之，乃短賈生曰：「雒陽之人，年少初學，專欲擅權，紛亂諸事。」於是天子後亦疏之，不用其議，乃以賈生爲長沙王太傅。賈生既辭往行，聞長沙卑濕，自以壽不得長，又以適去，意不自得。及渡湘水，爲賦以吊屈原。』賈誼才華横溢，年少得志，意欲一展政治抱負，卻突然遭到朝廷重臣的排擠，被貶爲長沙王太傅，因而在渡湘水時，便寫了吊屈原賦，與屈原的遭遇産生了共鳴，『恭承嘉惠兮，俟罪長沙；

側聞屈原兮，自沉汨羅』，『嗚呼哀哉，逢時不祥！』但在憑弔屈原的同時，也每每通過化用莊子文意，來表達其對莊子遺世超脱思想境界的嚮往，以及對權臣蔽日的憤恨和對時世昏濁的不滿。如：『襲九淵之神龍兮，沕深潛以自珍。』此二句化用了莊子列禦寇之文：『夫千金之珠，必在九重之淵而驪龍頷下。』又：『所貴聖人之神德兮，遠濁世而自藏。』此二句化用了莊子則陽的文意：『是自埋於民，自藏於畔。』說明賈誼這裏化用莊子的文意，其目的就是爲了表達自己意欲遠離濁世的思想感情。他還說：『彼尋常之汙瀆兮，豈能容夫吞舟之巨魚！橫江湖之鱣鯨兮，固將制於螻蟻。』此四句語出莊子庚桑楚：『夫尋常之溝，巨魚無所還其體，而鯢鰍爲之制；……吞舟之魚，碭而失水，則蟻能苦之。』關於賈誼這裏化用莊子文句的用意，文選弔屈原文李善注引了晉灼的看法，認爲是『以況小朝主暗，不容受忠迕之言，亦謂讒賊小人所見害也』。

史記屈原賈生列傳謂『賈生爲長沙王太傅三年，有鵩飛入賈生舍，止於坐隅。楚人命鵩曰服。賈生既以適居長沙，長沙卑濕，自以爲壽不得長，傷悼之，乃爲賦以自廣。』並引其鵩鳥賦云：

萬物變化兮，固無休息。斡流而遷兮，或推而還。形氣轉續兮，化變而嬗。沕穆無窮兮，胡可勝言！禍兮福所倚，福兮禍所伏。憂喜聚門兮，吉凶同域。彼吴強大兮，夫差以敗；越棲會稽兮，句踐霸世。斯游遂成兮，卒被五刑；傅說胥靡兮，乃相武丁。夫禍之與福兮，何異糾纆。命不可說兮，孰知其極？水激則旱兮，矢激則遠。萬物回薄兮，振蕩相轉。雲蒸雨降兮，錯繆相紛。大專槃物兮，坱軋無垠。天不可與慮兮，道不可與謀。遲數有命兮，惡識其時？且夫天地爲爐兮，造化爲工；陰陽爲炭兮，萬物爲銅。合散消息兮，安有常則；千變萬化兮，未始有極。忽然爲人兮，何足控摶；化爲異物兮，又何足患！小知自私兮，賤彼貴我；通人大觀兮，物無不可。貪夫徇財兮，烈士徇名；誇者死權兮，品庶馮生。怵迫之徒兮，或趨西東；大人不曲兮，億變齊同。拘士係俗兮，攌如囚拘；至人遺物兮，獨與道俱。衆人或或兮，好惡積意；真人恬漠兮，獨與道息。釋知遺形兮，超然自喪；寥廓忽荒兮，與道翱翔。乘流則逝兮，得坻則止；縱軀委命兮，不私與己。其生若浮兮，其死若休；澹乎若深淵之靜，氾乎若不係之舟。不以生故自寶兮，養空而浮；德人無累兮，知命不憂。細故蔕薊兮，何足以疑！

與吊屈原賦相比，此賦更明顯地受到了道家思想的影響，大量化用了莊子思想資料，是作者借莊子思想以排遣內心鬱憤的代表作。關於其化用莊子思想資料的情況，史記裴駰集解、司馬貞索隱和文選李善注皆有所揭示。如：

1.『萬物變化兮，固無休息。』李善注：『莊子曰：「已化而生，又化而死。」』李氏所引出自今本莊子知北遊，但賈誼所謂『萬物變化』說法，在莊子中所在多有，並不限於此篇。

2.『傅說胥靡兮，乃相武丁。』李善注：『莊子曰：「夫道，傅說得之，以相武丁。」』李氏所引出自今本莊子大宗師。

3.『天地爲爐兮，造化爲工。』司馬貞史記索隱云：『此莊子文。』李善注：『莊子：「子黎曰：今一以天地爲大爐，以造化爲大冶，惡乎往而不可哉？」』李氏所引出自今本莊子大宗師。

4.『合散消息兮，安有常則！』司馬貞索隱云：『莊子云：「人之生也，氣之聚也。聚則爲生，散則爲死。」』李善注：『莊子曰：「人之生也，氣之聚也。聚爲生，散爲死。」』司馬氏、李氏所引皆出自今本莊子知北遊。

5.『千變萬化兮，未始有極。』司馬貞索隱云：『莊子云：「人之形千變萬化，未始有極。」』李善注：『莊子曰：「若人之形者，萬化而未始有極。」』司馬氏、李氏所引皆出自今本莊子大宗師。

6.『忽然爲人兮，何足控摶！』李善注：『控摶，愛生之意也。』賈誼『忽然』二句，典出今本莊子大宗師：『今一犯人之形，而曰：「人耳！人耳！」夫造化者必以爲不祥之人。』

7.『化爲異物兮，又何足患！』李善注：『莊子曰：「假於異物，托於同體。」』李氏所引出自今本莊子大宗師，但同篇所謂『浸假而化予之左臂以爲雞，予因以求時夜；浸假而化予之右臂以爲彈，予因以求鴞炙；

浸假而化予之尻以爲輪，以神爲馬，予因以乘之，吾又何惡焉』，也當爲賈誼『化爲』二句之所本。

8.『小知自私兮，賤彼貴我。』司馬貞索隱云：『莊子云「以物觀之，自貴而相賤」是也。』李善注：『莊子：「北海若曰：以道觀之，無貴無賤；以物觀之，自貴而相賤。」』司馬氏、李氏所引皆出自今本莊子秋水。

9.『通人大觀兮，物無不可。』司馬貞索隱云：『莊子云「物固有所然，物固有所可。無物不然，無物不可」也。』李善注：『莊子曰：「物故有所然，物故有所可，無物不然，無物不可。」』司馬氏、李氏所引皆出自今本莊子齊物論。

10.『貪夫徇財兮，烈士徇名。』司馬貞索隱云：『此語亦出莊子。』今本莊子盜跖有『小人殉財，君子殉名』語，當即爲賈誼『貪夫』二句所據思想資料之一。

11.『誇者死權兮』，裴駰集解云：『莊子曰「權勢不尤，則誇者不悲」也。』李善注：『莊子曰：「貪生失理。」』裴氏所引出自今本莊子徐無鬼，李氏所引出自至樂篇。

12.『拘士係俗兮，攌如囚拘。』李善注：『莊子曰：「不肖係俗。」』李氏所引爲今本莊子所無，但此類思想卻屢見於莊子，如漁父篇謂『故聖人法天貴真，不拘於俗。愚者反此，不能法天而恤於人，不知貴真，祿祿而受變於俗，故不足』，即當爲賈誼『拘士』二句的重要思想來源之一。

13.『至人遺物兮，獨與道俱。』司馬貞索隱云：『莊子云：「古之至人先存諸己，後存諸人。」』李善注：『莊子曰：「不離於真，謂之至人。」又：「孔子謂老聃曰：形體若槁木，似遺物而立於獨也。」』司馬氏所引見於今本莊子人間世，李氏所引見於田子方篇。

14.『真人恬漠兮，獨與道息。』司馬貞索隱云：『莊子云：「古之真人，不知悅生，不知惡死，不以心捐道，不以人助天。」』李善注：『莊子曰：「虛靜、恬淡、寂寞、無爲者，道德之至也。」』司馬氏所引出自今本莊子大宗師，李氏所引見於天道篇。

15.『釋智遺形兮，超然自喪。』司馬貞索隱云：『釋知，謂絕聖棄智也。遺形者，「形故可使如槁木」是也。自喪者，謂「心若死灰」也。莊周云：「今者吾喪我，汝知之乎？」』李善注：『莊子云：「仲尼問於顏回曰：何謂坐忘？ 回曰：墮支體，黜聰明，離形去智，同於大道，此謂坐忘。」』司馬氏所引出自今本莊子齊物論，李氏所引見於大宗師篇。

16.『其生兮若浮，其死若休。』司馬貞索隱云：『莊子云「勞我以生，休我以死」也。』李善注：『莊子曰：「其生浮，其死若休。」』司馬氏所引出自今本莊子大宗師，李氏所引見於刻意篇。

17.『澹乎若深泉之靜，氾乎若不係之舟。』司馬貞索隱云：『出莊子也。』李善注：『莊子：「老聃曰：其居也淵而靜，其唯人心乎！」』李氏所引出自今本莊子在宥，但列禦寇篇有『飽食而敖遊，氾若不係之舟』句，當更爲賈誼『氾乎』句之所本。

18.『德人無累兮，知命不憂。』李善注：『莊子：「苑風曰：願聞德人。淳芒曰：德人者，居無思，行無慮也。」又曰：「聖人循天之理，故無天災，故無物累。」』李氏所引出自今本莊子之天地、刻意。

裴駰集解、司馬貞索隱、李善注所引的各條莊子資料，未必完全與賈誼所本的莊子思想資料一一對應，我們或許更應該認爲，賈氏鵩鳥賦乃是綜合化用了莊子思想資料，同時也利用了老子、鶡冠子等書中的一些文句和思想，但其整篇賦所反映的莊子思想傾向無疑最爲明顯，劉歆西京雜記所謂『誼作鵩鳥賦，齊死生，等榮辱，以遣憂累焉』，正說明了鵩鳥賦所表達的思想與莊子思想相當接近。

在鵩鳥賦中，賈誼首先指出了萬物變化的絕對性。他說：『萬物變化兮，固無休息。斡流而遷兮，或推而還。形氣轉續兮，化變而嬗。沕穆無窮兮，胡可勝言！』因而在賈誼看來，世事皆禍福相倚、吉凶相承也就成了必然：『彼吳強大兮，夫差以敗；越棲會稽兮，句踐霸世。斯遊遂成兮，卒被五刑；傅說胥靡兮，乃相武丁。』並且認爲，既然任何事物都包含著對立面，如『水激則旱兮，矢激則遠。萬物回薄兮，振蕩相轉。雲蒸雨降兮，錯繆相紛。大專槃物兮，坱軋無垠』，萬物在遇到激迫時都會『振蕩』，向著它們的反面轉化，所以只有『與道翱翔』、『縱軀委命』，不以死生、得失爲念者，方能獲得精神上的自由快樂。的確，此賦大量援引了莊子齊生死、等榮辱等思想資料，尤其引徵莊子所塑造的『至人』、『真人』、『通人』、『大人』、『德人』等道家理想人格作爲榜樣來排遣心中的鬱鬱不得志之情，使之成了漢初與莊子思想最爲吻合的一篇騷體賦。

第三節　張衡的髑髏賦

張衡（78—139），字平子，南陽西鄂（今河南南陽市石橋鎮）人。少善屬文，游於三輔，因入京師，觀太學，遂通五經，貫六藝。雖才高於世，而無驕尚之情。常從容淡靜，不好交接俗人。漢和帝永元中，舉孝廉不行，連辟公府不就。安帝永初中，大將軍鄧騭奇其才，累召不應。公車特徵，拜郎中，遷尚書郎，轉太史令。順帝初，再轉復爲太史令。陽嘉中，遷侍中。永和初，出爲河間相，征拜尚書。天文著作有靈憲一卷、渾天儀一卷，文學作品有四愁詩、同聲歌、二京賦、髑髏賦、歸田賦等。原有集，已佚，明人輯有張河間集。

與當時其他多數學者一樣，張衡早年所接受的主要是儒家思想，但後漢書本傳謂其『善機巧，尤致思於天文、陰陽、歷算，常好玄經』，並善律歷、卦候、九宮、風角之術，爲『陰陽之宗』（後漢書方術列傳）。玄經即揚雄所著的太玄經，其思想觀念主要來源於易經及老子關於宇宙、自然、人生等學説。此書以奇奧深澀等原因，本來並沒有引起多少人的喜好，但張衡卻説：『吾觀太玄，方知子雲妙極道數，乃與五經相擬，非徒傳記之屬，使人難論陰陽之事，漢家得天下二百歲之書也。』（後漢書張衡傳）因而他讀之不厭，並寫出了太玄圖、太玄經注等著作。張衡在後來一系列的科學實驗活動中，正是揚雄這部具有明顯道家思維特徵的著作給了他以無限的玄思，成了他從事科學研究的哲學基礎。他曾在總結多年實踐經驗基礎上寫成了天文學著作靈憲，該書認爲宇宙最初是一派無形無色的陰的精氣，幽清玄靜，不可爲象，斯爲『溟涬』，乃是道之根。道根既建，自無生有，太素始萌，斯爲『龐鴻』，乃是道之幹。道幹既育，有物成體，由是元氣剖判，剛柔始分，清濁異位，天成於外，地定於內，天地交合，時育庶類，斯爲『太元』，乃是道之實。張衡以『道根』、『道幹』、『道實』來論述宇宙的起源和發展，正明顯地受到了老莊道家哲學的深刻影響。

後漢書本傳在記述順帝陽嘉元年(132)張衡復造候風地動儀後謂，『時政事漸損，權移於下』，『衡常思圖身之事，以爲吉凶倚伏，幽微難明，乃作思玄賦』，藉以表達其對人生的危機感，以及內心的憂患意識，與莊子人間世『方今之時，僅免刑焉。福輕於羽，莫之知載；禍重於地，莫之知避』同爲叔世之歎。據虞世南北堂書鈔卷一百九、董斯張廣博物記卷三十四等載，張衡還曾撰逍遙賦，首次將莊子的逍遙思想轉化爲賦的意象世界，用來表達其意欲擺脫現實困境的思想感情。他所撰的歸田賦，也深受莊子『就藪澤，處閑曠』(刻意)、『伯成子高辭爲諸侯而耕』(天地)、『莊子鼓盆而歌』(至樂)、『吾以天地爲棺槨』(列禦寇)等思想的影響，表現出對污濁政治的厭惡，以及對『合體自然』人生境界的追求和無拘無束田園生活的嚮往。

大約與逍遙賦、歸田賦同時，張衡在晚年還曾撰寫髑髏賦①，比較完整地保存於古文苑卷五中②。此賦乃是

---

① 據孫文青張衡年譜推測，張衡此賦大約作於漢順帝永和二年(137)秋末，與他的四愁詩寫於同一年，即作者去世前二年。孫氏還指出：『平子髑髏賦乃假莊周，「冬水之凝，何如春冰之消；榮位在身，不亦輕於塵毛」之念，以表現其消極思想。故宜次之四愁詩後，及歸田乞骸骨前。蓋亦因世亂生愁，因愁生厭，因厭思歸，因思歸而上書乞骸骨之意也。』據後漢書本傳，張衡此時正在河間相任上，孫文青的推測大致不誤。

② 也略見藝文類聚卷一七、初學記卷一四、太平御覽卷三七四、文選顏延之五君詠李善注。本節引張衡髑髏賦文，皆據古文苑卷五，文淵閣四庫全書本。

改鑄敷演莊子至樂『髑髏見夢』寓言『以伸其意』（古文苑髑髏賦題解）之作。其開篇云：『張平子將游目於九野，觀化乎八方。星回日運，鳳舉龍驤。南遊赤野，北陟幽鄉。西經昧谷，東極扶桑。於是季秋之辰，微風起涼。聊回軒駕，左翔右昂。步馬於疇阜，逍遙乎陵岡。顧見髑髏，委於路旁。下居淤壤，上有玄霜。張平子悵然而問之……』與莊子至樂『髑髏見夢』寓言開頭『莊子之楚，見空髑髏，髐然有形，撽以馬捶，因而問之』之語相比，雖然這裏的文字已大加鋪張，原來莊子至樂中『見空髑髏』的主體『莊子』已改換成了『張平子』，其中還應當吸收了莊子中逍遙遊篇『逍遙』思想、至樂篇『觀化』觀念，也在一定程度上反映出了漢末文學作品的遊仙色彩，但其落腳點仍同樣在『遊』的主體『見髑髏』事件之上。進而便是『遊』的主體『張平子』與『髑髏』的一番互動、對話：

> 曰：『子將並糧推命以夭逝乎？本喪此土，流遷來乎？爲是上智，爲是下愚？爲是女子，爲是丈夫？』於是肅然有靈，但聞神響，不見其形。答曰：『吾，宋人也。姓莊名周，游心方外，不能自修壽命終極，來而（此）幽玄。公子何以問之？』對曰：『我欲告之於五嶽，禱之於神祇。起子素骨，反子四肢。取耳北坎，求目南離，使東震獻足，西坤援腹，五內皆還，六神皆復。子欲之不乎？』髑髏曰：『公子之言殊難也。死爲休息，生爲役勞。冬冰（水）之凝，何如春冰之消？榮位在身，不亦輕於塵毛？巢許所恥，伯成所逃。況我已化，與道逍遙！離朱不能見，子野不能聽。堯舜不能賞，桀紂不能刑。虎豹不能害，劍戟不能傷。與陰陽同其流，與元氣合其朴。以造化爲父母，天地爲牀褥。雷電爲鼓扇，日月爲燈燭。雲漢爲川池，星宿爲珠玉。合體自然，無情無欲。澄之不清，渾之不濁。不行而至，不疾而速。』於是言卒響絕，神光除滅。顧時發軫，乃命僕夫，假之以縞巾，衾之以玄塵，爲之傷涕，酹於路濱。

這番對話套用了莊子至樂『髑髏見夢』寓言中『莊子』與『髑髏』對話的基礎框架，但除了將『莊子』替換成『張平子』外，又將『髑髏』替換成了『莊周』，以便作者與數百年前的莊周直接進行情感交流。作者還別出心裁地讓『莊周』自我介紹說『吾，宋人也，姓莊名周』，這不但增強了賦中『莊周』其人的真實性，還爲人們考定歷史上的莊子爲宋國人提供了有力的佐證。

對於張衡髑髏賦與莊子至樂『髑髏見夢』寓言主體部分之承繼、發展關係，宗明華在認真比較、分析後說：『從與髑髏的問對中看，莊子中的問話重點在於：貪生失理、亡國之事，斧鉞之誅、不善之行、凍餓之患，所反映的均爲戰國時期的主要社會問題。而髑髏賦中張平子問髑髏死因的話，所涉及的有三個方面：一是「並糧推命，以夭逝乎」兼併土地糧食的豪強行爲。二是「本喪此土，流遷來乎」死亡流遷的普遍。三是「爲是上智，爲是下愚」懸殊的等級觀念。這三點正是東漢社會的主要問題，也可印證張衡在順帝時上書直諫的內容，暗示了當時「政事漸損」的社會因素。張衡借與髑髏的問對，不僅點明了自己所關注的主要社會問題，還滲透著自己無法改變這些現象，無力回天的哀歎。』『髑髏的回答是賦的主體部分，張衡借已經化爲髑髏的莊子之口對「生之累」、「死之至樂」作了進一步的闡發，表明自己對生死的理性認識。但也與莊子原文有所不同，除了厭生樂死，以天地爲春秋，莊子重在強調「無君於上，無臣於下」，是對強權的批判，主張「無君論」；而張衡則借髑髏之口，感觸「死爲休息，生爲役勞」，是對官場御用性勞作的厭倦，「榮位在身，不亦輕於塵毛」充滿了對世俗功名利祿的鄙視。這不僅是對現實的一種批判，也是對自己一生曾經仕途的否定。「冬水之凝，何如春冰之消」是對生、死變化的一個比喻：生而存在，如冬水之凝而成冰，死而無有，如春冰之化而爲水，一切都是自然而然。但生的存在並不令人羨慕：高官榮位輕於鴻毛、飛鋒曜影的征戰、衣工的秉尺持刀，這一切爲功名的勞役是巢父、許由一類隱士所不齒，伯成子高辭諸侯而耕的原因。』『由對現實官場的厭倦轉而對現存一切的否定，是張衡思考人生的一種理性升華。生而化爲死是一種解脫，是人與自然的融合。張衡用較大的篇幅來闡述莊子的

「與道逍遥」,「合體自然」,流露出他對個體精神自由的渴望。』①這些分析相當精當,有助於人們清楚看到,張衡的髑髏賦套用了莊子至樂『髑髏見夢』寓言的基本情節,按著路見髑髏、主體問話、髑髏回答等來鋪演,除了仍富於原有的哲學意味外,更加強了其故事性和文學特徵。而在思想内容方面,此賦則主要反映了東漢後期的社會現實,以及作者在這種現實面前所產生的特殊心態。

張衡的髑髏賦以後,接踵問世的有曹魏時李康和吕安的髑髏賦②,曹植則撰有髑髏説,皆以莊子至樂『髑髏見夢』寓言爲原始素材進行拓展生發,同時也深受張衡髑髏賦基本情節框架和思想内容的影響,進一步將莊子所持的『樂死惡生』生命觀演變爲『歎死悲生』的文化主題,以抒發生活於那個荒唐混亂年代裏的文人士大夫所普遍持有的悲苦心情,從而使莊子所開創的『髑髏』文化内涵不斷得到翻新與升華。

① 張衡髑髏賦解析——莊子對漢魏抒情賦的影響,煙臺大學學報2008 年4 期。

② 李康髑髏賦僅存『幽魂彷彿,忽有人形』二句,見文選謝惠連祭古冢文李善注引。吕安髑髏賦見於藝文類聚卷十七、初學記卷十四,似也有殘缺。

第三章　秦漢儒學所反映的莊子學

第一節　秦漢儒學學者莊子學概述

儒學進入秦代遭遇到了空前的厄運，但朝廷所設博士七十人，卻還是可以『藏詩、書』（史記秦始皇本紀）的。如漢初的大儒伏勝，在秦時就是一位治尚書的博士①。因此，當時秦始皇因慕『入水不濡，入火不熱』的『真人』，而『使博士爲仙真人詩，及行所遊天下，傳令樂人歌弦之』（同上），這實際上也反映出了儒學與莊子真人思想的整合現象。

漢初儒學對道家思想的吸收與改造，出於新王朝政治的需要。陸賈從劉邦初定天下後，『時時前說稱詩、書』（史記酈生陸賈列傳），『漢儒自董仲舒外，未有如是之醇也。』②但他因劉邦要求而著成的新語一書，即較多地吸納了老、莊思想。如無爲篇云：『夫道莫大於無爲，行莫大於謹敬。』又慎微篇云：『綿綿漠漠，以道制之，察之無兆，遁之恢恢，不見其行，不覩其仁，湛然未悟，久之乃殊。』前者以『無爲』、『謹敬』並舉，顯然是試圖

---

① 史記劉敬叔孫通列傳：『叔孫通者，薛人也。秦時以文學徵，待詔博士。數歲，陳勝起山東，使者以聞，二世召博士諸儒生問……。叔孫通儒服，漢王憎之。……叔孫通之降漢，從儒生弟子百餘人。』這也可說明，秦博士及其弟子多爲儒者。

② 四庫全書總目提要陸賈新語。

整合儒、道二家思想。而從後者所使用的『無形』、『不見』、『不覩』、『湛然未悟』等詞語來看，也可說明作者十分重視援引老、莊思想資料。尤其值得指出的是，作者在至德篇中還描述了一幅至德之世的藍圖：『君子之爲治也，塊然若無事，寂然若無聲，官府若無吏，亭落若無民，閭里不訟於巷，老幼不愁於庭，近者無議，遠者無所聽，郵驛無夜行之吏，鄉閭無夜名之征，犬不夜吠，烏不夜鳴，老者息於堂，丁壯者耕耘於田，在朝者忠於君，在家者孝於親。』『至德之世』的理想最早是由莊子提出的，據他在馬蹄、胠篋、天地等篇中的說法，那就是所謂上古時期的一個既沒有政治和道德的任何約束，也沒有人與人、人與自然的任何對立的理想社會。陸賈接過莊子的這一思想，把它與儒家的理想加以整合，從而爲漢初最高統治者提供了一套旨在與民休息的治國方案。稍後的賈誼，史記屈原賈生列傳謂其既『能誦詩屬書』，又『頗通諸子百家之書』。而從他所寫的弔屈原賦、鵩鳥賦來看，其於諸子百家，則尤通曉莊子一書。他的政論著作，漢書藝文志、隋書經籍志及四庫全書總目皆列爲儒家，其實裏面也吸納了不少道家思想。如今存新書中的道德說篇，即體現出了其以儒爲主的儒道合一精神。又勸學篇云：『昔者南榮跦醜聖道之忘乎己，故步陟山川，坌冒楚棘，彌道千餘，百舍重繭，而不敢久息。既遇老聃，噩若慈父，雁行避景，夔立弛進，而後敢問，見教一高言，若饑十日而得大牢焉。』南榮跦，今本莊子庚桑楚中作『南榮趎』。莊子敘述南榮趎不遠千里拜見老聃的故事，旨在闡發道家的養生思想即所謂『衛生之經』，而賈誼援引這則故事①卻是用來勉勵『門人學者』努力向儒家『賢聖』學習的，這也是他借用莊子思想資料來表達其

① 按，文子精誠也載南榮趎南見老聃的故事，但自唐柳宗元作辯文子以來，文子一書一直被認爲是僞書。1973 年河北定縣漢墓出土了文子殘簡，內容與今本文子大致相同，由此雖可證現存文子當爲先秦舊籍，但全書受老子、莊子的影響很明顯，則其所載南榮趎見老聃的故事，當來源於莊子。且賈誼弔屈原賦有云：『彼尋常之汙瀆兮，豈能容吞舟之魚！橫江湖之鱣鱏兮，固將制於蟻螻。』司馬貞史記屈原賈生列傳索隱謂，此即本於莊子庚桑楚。由此可以佐證，賈誼所述南榮跦之事，確當出於莊子庚桑楚。

儒家思想的一個典型例子。

自文、景二帝爲儒經置博士之後，經學遂始終成了漢代儒學的主流。因此，儒學對莊子思想的吸納，主要也就表現爲經學對莊子思想資料的援用與改造。因爲在許多經學家看來，儒、道兩家雖在總的方面互相對立，但老莊的許多思想資料經過改造後卻可以用來闡釋儒家思想和經義。如文帝時的詩博士韓嬰在韓詩外傳卷五中謂『孔子抱聖人之心，彷徨乎道德之域，逍遥乎無形之鄉，倚天理，觀人情，明終始，知得失』，顯然已摻入了莊子思想，但著者將其與儒學整合後卻引出了『孔子自東自西，自南自北，匍匐救之』的儒家救世思想，同時也使詩經大雅文王有聲『自東自西，自南自北』、邶風谷風『匍匐救之』詩句得到了巧妙解釋。像這樣的例子，在韓詩外傳中所在多有，而且所引述的莊子寓言故事往往比較完整，讓人感到漢代的經學一開始就與莊子一書有較多關聯。

董仲舒是一位曾與韓嬰一同『論於上（武帝）前』（漢書韓嬰傳）而以治公羊學著名的經學大師，他的學說也較多地容納了老、莊思想。如關於君主論，他說：『爲人君者，居無爲之位，行不言之教，寂而無聲，靜而無形。』（春秋繁露保位權）又說：『爲人君者，……志如死灰，形如委衣，安精養神，寂莫無爲。』（春秋繁露立元神）所有這些，都簡直就像是出於老莊口吻。尤其在論説『同類相動』的問題時，更顯示出他對莊子思想資料的因襲痕跡。試比較：

以陽召陽，以陰召陰，……爲之調瑟，廢一於堂，廢一於室，鼓宮宮動，鼓角角動，音律同矣。夫或改調一弦，於五音無當也，鼓之，二十五弦皆動，未始異於聲而音之君已。（莊子徐無鬼）

試調琴瑟而錯之，鼓其宮則他宮應之，鼓其商而他商應之，五音比而自鳴，非有神，其數然也。美事召美類，惡事召惡類，類之相應而起也，如馬鳴則馬應之，牛鳴則牛應之。帝王之將興也，其美祥亦先見，其將亡也，妖孽亦先見，物故以類相召也。（春秋繁露同類相動）

物類感召的思想在莊子中較爲普遍。如山木篇云：『物固相累，二類相召也。』又漁父篇云：『同類相從，同聲相應，固天之理也。』徐無鬼篇更以『調瑟』爲例子，生動形象地闡發了這一思想①。董仲舒援引這個例子後，則進一步加以引申發揮，從而導向了『天人感應』的神學目的論。

繼董仲舒的公羊春秋學之後，京房易學和劉向洪範五行傳的災異思想相當盛行，經學主要成了宣揚災異祥瑞的工具，但它們一般都與莊子思想的關係不大。倒是一批頗受韓詩外傳影響，旨在通過雜采先秦至漢初史事和傳説來闡發儒家思想的經學旁支著作，卻較多地援用了莊子的思想資料。劉向的新序，就是屬於這樣的一部著作。如裏面的雜事篇有『東野畢御馬』的故事，其典源於莊子達生，但改鑄的方法卻借鑒於韓詩外傳，最後還引證了詩經的句子。又節士篇有『原憲居魯』的故事，其典源於莊子讓王，改造的方法與韓詩外傳大致相同，最後同樣引證了詩經的句子。從總的傾向來看，劉向在改造莊子的這些寓言故事時是遵循著向儒家學説轉變的基本原則的。如節士篇還有一個『伯成子高』的故事，典出莊子天地，原謂：堯治天下，伯成子高立爲諸侯，堯授舜，舜授禹，伯成子高辭爲諸侯而耕。當禹問伯成子高是什麽原因時，他回答説：『昔堯治天下，不賞而民勸，不罰而民畏。今子（指禹）賞罰而民且不仁，德自此衰，刑自此立，後世之亂自此始矣！』可見，這樣的回答自然符合道家『無爲而治』思想。劉向爲了使這個故事的寓意符合於儒家思想，就讓伯成子高回答説：『昔堯之治天下，舉天下而傳之他人，……擇賢而與之其位，至公也。……故不賞而民勸，不罰而民畏。舜亦猶然。今君（指禹）賞罰而民欲，且多私，是君之所懷者私也。……吾不忍見，以是處野也。』顯然，這裏的伯成子高已變

① 除了莊子外，先秦其他典籍中談到物類相召的地方還有不少。如周易乾文言：『同聲相應，同氣相求。』呂氏春秋應同：『類固相召，氣同則合，聲比則應。鼓宫而宫動，鼓角而角動。』但有『調瑟』、『五音』等詞語的則僅見於莊子徐無鬼。由此可見，董仲舒同類相動中所用的例子當出於莊子。

成了儒家『天下爲公』等思想的傳聲筒。最後，劉向又引用了儒家經典，以便與改造後的這則故事互爲發明：『書曰「旁施象形維明」，及禹不能。春秋曰「五帝不告誓」，信厚也。』劉向還有一部與新序性質相類的著作，名說苑，也援引並改造了莊子中的許多思想資料。如：

莊周貧者，往貸粟於魏文侯。曰：『待吾邑粟之來而獻之。』周曰：『乃今者周之來，見道傍牛蹄中有鮒魚焉，太息謂周曰：「我尚可活也。」周曰：「須我爲汝南見楚王，決江淮以溉汝。」鮒魚曰：「今吾命在盆甕之中耳，乃爲我見楚王，決江淮以溉我，汝則求我枯魚之肆矣。」今周以貧故來貸粟，而曰須我邑粟來也而賜臣，即來亦求臣傭肆矣。』文侯於是乃發粟百鍾，送之莊周之室。（善說）

這則寓言故事本之於莊子外物，但原來的『監河侯』被換成了『魏文侯』，其他文字也略有改動。尤其是通過在結尾處增添文侯『發粟百鍾，送之莊周之室』一個小小情節，更使整個故事的主題思想符合了儒家關於賢明君主善於糾正自身過失的基本思想。

揚雄是稍晚於劉向的又一位大儒，對儒家經典的研習十分深透。並『以爲經莫大於易，故作太玄；傳莫大於論語，作法言，……皆斟酌其本，相與放依而馳騁云。』（漢書揚雄傳）這裏所謂『相與放依而馳騁』的說法表明，揚雄的太玄、法言對於儒家經典易和論語來說，都具有忠實依仿和大膽發揮、創造性闡釋的雙重性質。正因爲如此，所以他的法言在總體上除『要諸仲尼』（吾子）而外，也酌情吸收了包括老莊在內的諸子思想。如據問道、問神諸篇來看，這主要表現爲取老莊之『道德』和『少欲』，而不取其『搥提仁義，絕滅禮學』（問道），以及『罔君臣之義』（同上）、『蕩而不法』（五百）等有違儒學基本精神的思想和做法。

桓譚嘗『數從劉歆、揚雄辯析疑異』（後漢書桓譚傳），是兩漢之際一位『遍習五經，皆詁訓大義』（同上）的經學家。但他像揚雄一樣，雖然長期拘係於儒教，卻也願意吸納一些老莊思想。據班固漢書敘傳載，桓譚曾向班嗣借閱老、莊之書，班嗣以其拘係儒教太久，不肯把書借給他閱讀。但從桓譚新論的兩則佚文來看，他後來當是從什麼地方借閲過莊子的：

> 莊周寓言，乃云堯問孔子，……皆爲妄作，故世人多云短書不可用。然論天間莫明於聖人，莊周等雖虛誕，故當采其善，何云盡棄耶？（太平御覽卷六〇二引桓譚新論）
>
> 莊周病劇，弟子對泣之，應曰：『我今死則誰先？更百年生則誰後？必不得免，何貪於須臾？』（意林卷三引桓譚新論）

『堯問孔子』、『莊周病劇』云云，其典當出於古本莊子。在桓譚看來，像莊子中的這些寓言故事，雖多屬『虛誕』，但不可『盡棄』，必須『采其善』而吸納之。後漢書桓譚傳謂其『簡易不修威儀，而喜非毁俗儒』，或許與他後來受到莊子的影響有關。

自東漢中期的和、安之世以後，一個個幼主先後即位，外戚、宦官交替擅權，整個社會一步步走向衰敗腐爛。正是在這個濁世所帶來的種種災難的禍害之下，許多經學家才毅然傾向於老莊，希冀能夠在他們的哲學思想中尋找到一種特殊的處世方法或精神脱解的良方。據後漢書本傳，馬融雖爲經學大師，卻曾注老子、淮南子，『善鼓琴，好吹笛，達生任性，不拘儒者之節』，受到了老莊思想的一定影響。安帝永初初年，羌人以徭役繁重，起兵反叛，致使米穀騰貴，馬融也陷入了饑困之中，『乃悔而歎息，謂其友人曰：「古人有言，左手據天下之圖，右手刎其喉，愚夫不爲。所以然者，生貴於天下也。今以曲俗咫尺之羞，滅無貲之軀，殆非老莊所謂也。」』這裏所引的『古人』之『言』，也見於同書仲長統傳，李賢注云：『事見莊子。』由此説明，動亂的現實使馬融對莊子哲學思想有了更新的認識。可惜，由於他的經學著作的散佚，我們已無法窺見其中援用莊子思想資料的具體情況。然而，馬融的高足鄭玄的衆多經學著作，卻至今仍給我們展示著其大量援引莊子思想資料的真實情形。

與馬融相比較，鄭玄受當時黑暗政治的摧殘更爲嚴重。後漢書鄭玄傳云：『玄自遊學，十餘年乃歸鄉里。家貧，客耕東萊，學徒相隨已數百千人。及黨事起，乃與同郡孫嵩等四十餘人俱被禁錮，遂隱修經業，杜門不出。』鄭玄既然是在『被禁錮』後『修經業』的，那麽道家的異端思想就必然會滲透到他的經學注述之中。如詩經大雅卷阿有句云：『鳳皇鳴矣，於彼高岡。梧桐生矣，於彼朝陽。』鄭玄箋曰：『鳳皇鳴於山脊之上者，居高視下，觀可集止。喻賢者待禮乃行，翔而後集。……鳳皇之性，非梧桐不棲，非竹實不食。』孔穎達在毛詩正義中指出：毛亨以爲，鳳皇鳴彼高岡，梧桐生彼朝陽，此乃『太平之實驗』；而『「非梧桐不棲，非竹實不食」，莊子文也』，鄭玄引此，則在發明『賢者』『擇可歸就』之義。據後漢書鄭玄傳載，當靈帝末黨禁解除後，大將軍何進聞鄭玄名而强征之，鄭以何進爲『權戚』，非賢者之可依賴，遂堅决『不受朝服，而以幅巾見，一宿逃去』。從這裏，我們就更可明白鄭玄爲何要援引莊子秋水中的寓言來闡釋詩經的真實用意了。又禮記哀公問：『身以及身，子以及子，妃以及妃，君行此三者，則愾乎天下矣。大王之道也如此，則國家順矣。』鄭玄注：『大王居豳，爲狄所伐，乃曰：「土地所以養人也，君子不以其所養害所養。」乃去之岐。』孔穎達在禮記正義中指出：『此注「君子不以其所養害所養」，取莊子……文也。』這裏，鄭玄特引莊子讓王中關於古公亶父『不以所用養害所養』的故事來闡釋禮記，大概也是有提醒自己在濁世中當『擇可歸就』之深意的。又周易乾鑿度『易者以言其德也，通情無門，藏神無内也』，鄭玄注：『效易無爲，故天下之性莫不自得也。』同書『根著浮流，氣更相實』，鄭玄注：『此皆言易道無爲，故天地萬物各得以自通也。』這裏以無爲而天下之物莫不自得來解釋易道，顯然借用了老莊的哲學思想。總之，鄭玄援引莊子思想資料來注釋儒家經典，這固然是一位經學大師在受到污濁政治逼迫後而對異端思想的大膽吸收，其實我們更應該把它看成是漢末整個儒學進一步走向衰退和老莊勢力不斷抬頭的必然反映。

第二節　賈誼的道術、道德説

賈誼屬於儒家學者，學術界一般都持這一看法。如劉歆移讓太常博士書謂：『至孝文皇帝，……在漢朝之儒，唯賈生而已。』班固漢書藝文志列『賈誼五十八篇』於儒家，後世著錄大都如此。但賈氏出生於漢高祖七年（200），當時的思想文化領域猶有戰國百家爭鳴之遺風，儒家的思想遠未定於一尊，所以他雖『年十八以能誦詩屬書聞於郡中』（史記屈原賈生列傳），卻也『頗通諸子百家之書，文帝召以爲博士』（同上）。而賈誼入朝爲官後，仍對儒家之外的各種學說有所愛好，對老莊道家學說也是如此。

據史記日者列傳載，賈誼入朝爲博士後，曾與中大夫宋忠同遊長安卜市，一起聆聽司馬季主的說講：『此夫老子所謂「上德不德，是以有德」。今夫卜筮者利大而謝少，老子之云豈異於是乎？』『莊子曰：「君子內無饑寒之患，外無劫奪之憂，居上而敬，居下不爲害，君子之道也。」今夫卜筮者之爲業也，積之無委聚，藏之不用府庫，徙之不用輜車，負裝之不重，止而用之無盡索之時，持不盡索之物，遊於無窮之世，雖莊氏之行未能增於是也，子何故而云不可卜哉？』賈誼和宋忠聽了司馬季主的話後，皆『忽而自失，芒乎無色，悵然噤口不能言。於是攝衣而起，再拜而辭。行洋洋也，出門僅能自上車，伏軾低頭，卒不能出氣』。三日後，『宋忠見賈誼於殿門外，乃相引屏語，相謂自歎曰：「道高益安，勢高益危。居赫赫之勢，失身且有日矣。……」』皆深爲司馬季主運用老莊處世哲學以表述其『遊世』態度者所折服，悟到了『道』高者方可『益安』的道理。故賈誼此後失志於長沙時所作的鵩鳥賦，其中就多有言及老莊之『道』者，如：『天不可與慮兮，道不可與謀。』『至人遺物兮，獨與道俱。』『真人恬漠兮，獨與道息。』『寥廓忽荒兮，與道翱翔。』在賈誼看來，萬物都是由不可預爲謀度的『道』運化出來的，而且總是處於千變萬化之中，所以『至人』、『真人』唯是與『道』一同推移，完全不去感覺自我形體和理智的存在，絕不會讓禍福得失芥蒂於胸中。這些思想，當主要來源於莊子的學說。

賈誼關於『道』的思想極爲豐富，主要還是體現於其論著新書，尤其是其中道術、道德說二篇。總的說來，『賈誼通過對老莊以來「道」這一哲學範疇的揚棄，立足社會現實，給「道」賦予了新的哲學內涵：首先，「道」是萬物的根本；其次，「道」是認識萬物的根本法則；再次，「道」是人生的境界；最後，「道」是天地萬物始基的真實存在。這界定有極其豐富的哲學意義和實踐意蘊，爲他的認識論、倫理觀、歷史觀和治世觀，乃至禮法結合的思想體系的建構奠定了形上基礎。』①當然，這裏所謂的『揚棄』，應該指在借鑒莊子『道論』基礎上而有所揚棄和發揮。

今案賈誼鵩鳥賦開篇云：『萬物變化兮，固無休息。斡流而遷兮，或推而還。形氣轉續兮，化變而嬗。沕穆無窮兮，胡可勝言！』這裏認爲，宇宙間的一切事物皆千變萬化，轉續無窮，即物質運動是絕對的。但是，這種運動變化的最後根源是什麽？賈誼在道德說篇中說：

> 道者，德之本也；仁者，德之出也；義者，德之理也；忠者，德之厚也；信者德之固也；密者，德之高也。……然則物得潤以生，故謂潤德。德者，變及物理之所出也。未變者，道之頌也。道冰疑而爲德，神載於德。德者，道之澤也。道雖神，必載於德，而頌乃有所因，以發動變化而爲變。變及諸生之理，皆道之化也。各有條理，以載於德，德受道之化而發之，各不同狀。……物所道始謂之道，所得以生謂之德。德之有也，以道爲本。……德生於道而有理，守理則合於道，與道理密而弗離也，故能畜物養物。②

關於『道』與『德』的關係，老子說：『道生之，德畜之，長之育之，亭之毒之，養之覆之。』（老子五十一章）莊子也說：『道者，德之欽也③。』（庚桑楚）又說：『德總乎道之所一……。道之所一者，德不能同也。』（徐無鬼）

---

① 楊希強賈誼之『道』的哲學意義探析，遼寧工程技術大學學報2008年3期。

② 本節凡引賈誼新書文字，皆據兩漢全書本，山東大學出版社2009年版。

③ 林希逸云：『欽，持守而恭敬也。』（莊子口義）羅勉道云：『欽者，敬也，有收斂之義。道而後德，故云：「道者，德之欽也。」』（南華真經循本）

依照老莊的哲學觀念，道爲宇宙萬物之本根，德爲一物之根據；道爲德之總，德爲道之分；道爲德之主，德爲道之從。賈誼這裏明顯承繼了老莊的本體論思想，也認爲道爲德之本，德依據於道才能成爲一物變化的依據，才能成就人類應具備的『仁』、『義』、『忠』、『信』等優良品質。總之，『道者，德之本也』，『德者，道之澤也』，『物所道始謂之道，所得以生謂之德』，『道』爲宇宙萬物及人類一切品性的總根源。

那麼，『道』本身有什麼特徵呢？賈誼在道德說篇中說：『道者無形，平和而神。……模貫物形，通達空竅……。鑒者，所以能見也；見者，目也。……在氣莫精於目，目清而潤澤若濡，無毳穢雜焉，故能見也。』馮友蘭認爲，『這是說，道的特點是「無形」；「模貫物形，通達空竅」就是用以說明「無形」。因爲無形，所以才能貫通於有形之中。下文說：「鑒者，所以能見也；見者，目也……」，這是說：道的「無形」就好像一面鏡子，又好像人的眼珠。鏡子和眼珠的內部，看起來是空洞的，可是正因爲如此，所以才能有「見」的作用。』又賈誼在道術篇中說：『曰：「數聞道之名矣，而未知其實也。請問道者何謂也？」對曰：「道者，所道接物也。其本者謂之虛，其末者謂之術。虛者言其精微也，平素而無設施也；術也者，所以從制物也，動靜之數也。凡此皆道也。」』這裏則是說，『道』不但是空虛無形的本體，能夠貫通於有形的事物之中，作爲宇宙萬物始基的永恒存在，同時還是『本』與『末』、『虛』與『術』等的統一，『凡此皆道也』。我們知道，莊子論『道』，也有精與粗、本與末等區別。如他在秋水篇中說，作爲萬物總根源的『道』，其本身是精微到『言之所不能論，意之所不能察致』，而『可以言論』的有形之『物』，則是『道』之粗跡的體現。在在宥篇中，他又把『道』分爲『天道』與『人道』，以前者爲『無爲而尊』者，後者爲『有爲而累』者，認爲二者『相去遠矣』。在天下篇中，他更是劃分出『道術』與『方術』兩個不同的概念，以『道術』爲全面體認大道的學問，以『方術』爲拘於一方，對大道的某一方面有所『聞』的學問，即一曲之士的末學。可以看出，莊子的這些觀念無疑給了賈誼一定啟發，使他從兩個層次上去理解『道』的屬性，並在道術篇中進而提出了『虛之接物』的說法：

曰：『請問虚之接物何如？』對曰：『鏡儀而居，無執不臧，美惡畢至，各得其當。衡虚無私，平静而處，輕重畢懸，各得其所。明主者，南面而正，清虚而静，令名自命、物自定，如鑒之應，如衡之稱。有舋和之，有端隨之，物鞠其極，而以當施之。此虚之接物也。』曰：『請問術之接物何如？』對曰：『人主仁而境内和矣，故其士民莫弗親也。人主義而境内理矣，故士民莫弗順也。人主有禮而境内肅矣，故其士民莫弗敬也。人主有信而境内貞矣，故其士民莫弗信也。人主公而境内服矣，故士民莫弗戴也。人主法而境内軌矣，故其士民莫弗輔也。舉賢則民化善，使能則官職治，英俊在位則主尊，羽翼勝任則民顯。操德而固則威立，教順而必則令行。周聽則不蔽，稽驗則不惶。明好惡則民心化，密事端則人主神。術者，接物之隊。凡權重者必謹於事，令行者必謹於言，則過敗鮮矣。此術之接物之道也。……』

莊子在應帝王篇中集中地闡述了其政治思想，認爲帝王應當效法大道，無爲而治，『游心於淡，合氣於漠，順物自然而無容私』，此之謂『用心若鏡，不將不迎，應而不藏』，物來則自照，物去則纖芥不藏，只是始終保持空明而已。而僅得『道』之粗跡的君主，卻『藏仁以要（要結）人』，『以己出經義度』，實行有爲的政治，並强令百姓説：『孰敢不聽而化諸！』賈誼受到了莊子政治論的一些影響，也認爲依照大道虚静的原則，明主無論治世或處事，都應當像鏡子一樣，『無執不臧，美惡畢至』，『衡虚無私，平静而處』，讓萬物『自命』、『自定』，各得其所，一任其自由發展，『此虚之接物也』，亦即『道者，所道接物也』。當然賈誼也並不否認君主以『仁』、『義』、『禮』、『信』、『公』、『法』、『賢』、『德』等來化民治民，以『周聽』、『稽驗』、『密事端』等來潛馭臣下，操控國家，認爲『此術之接物之道也』。這説明，賈誼在受到莊子政治論影響的同時，也吸收了黄老學和法家的一些治國理念。

第三節　韓嬰的韓詩外傳

韓嬰，涿郡鄚（今河北任丘市）人，生卒年不詳。文帝時爲博士，景帝時至常山王劉舜太傅。武帝時，與董仲舒辯論，不爲所屈。善治詩經，兼治易傳，是當時著名的儒學學者，更是『韓詩學』的創始人。著作有韓故、韓詩內傳、韓詩外傳、韓說等，世稱『韓詩』，與轅固生『齊詩』、申培『魯詩』並稱『三家詩』。其韓詩外傳推測詩意，每雜引春秋或古事，不與經義相比附，而與周秦諸子相出入。南宋以後，除韓詩外傳外，其餘多散佚，清陳喬樅輯有韓詩遺說考。

西漢前期，猶有周末百家爭鳴之遺風，而黃老之學最爲盛行。所以，韓嬰的韓詩外傳雖爲一部儒學著作，卻頗『采雜說』（班固語），與諸子百家相出入，而引老莊之說獨多，受老莊思想的影響相當明顯。韓詩外傳卷五云：

> 夫關雎之人，仰則天，俯則地，幽幽冥冥，德之所藏，紛紛沸沸，道之所行，雖神龍變化，斐斐文章。大哉關雎之道也，萬物之所係，群生之所懸命也，河洛出書圖，麟鳳翔乎郊。不由關雎之道，則關雎之事將奚由至矣哉？夫六經之策，皆歸論汲汲，蓋取之乎關雎。關雎之事大矣哉！馮馮翊翊，自東自西，自南自北，無思不服。子其勉強之，思服之。天地之間，生民之屬，王道之原，不外此矣。……德也者，包天地之大，配日月之明，立乎四時之周，臨乎陰陽之交。寒暑不能動也，四時不能化也。斂乎太陰而不濕，散乎太陽而不枯。鮮潔清明而備，嚴威毅疾而神。至精而妙乎天地之間者，德也。①

先秦儒家所謂的『道』和『德』主要屬於一種社會意識形態觀念，而忠、孝、仁、愛、信、義、和、平等爲其主要內容，

---

① 本節凡引韓詩外傳之文，皆據許維遹校釋韓詩外傳集釋本，中華書局1980年版。

要求人們將其體現於日常行爲規範之中，成爲全社會每個成員的個體自覺，並積極轉化爲一種社會自覺。而道家所謂的『道』與『德』，則具有宇宙本體論的意義，如老子五十一章說：『道生之，德畜之，物形之，勢成之。是以萬物莫不尊道而貴德。道之尊，德之貴，夫莫之命而常自然。』在莊子中，『道』也多作爲宇宙萬物的最後根源來理解，『德』則往往指人類及萬物的自然本性，不需要後天的修爲就已經存在。很顯然，韓嬰這裏所說的『道』與『德』，雖然還沒有完全脫離儒家倫理道德學說理論和實踐的體系，但所謂『道』爲『萬物之所係，群生之所懸命』，及『德也者，包天地之大，配日月之明，立乎四時之周，臨乎陰陽之交。寒暑不能動也，四時不能化也。斂乎太陰而不濕，散乎太陽而不枯。鮮潔清明而備，嚴威毅疾而神。至精而妙乎天地之間者，德也』等，都已較多地吸收了老莊的宇宙本體論思想，賦予了『道』與『德』以超越萬物的普遍存在的本根性質。

在韓詩外傳中，著者明引或暗引老子、莊子者甚多。如其卷三云：『故老子曰：「後其身而身先，外其身而身存。非以其無私乎，故能成其私。」』卷七云：『故老子曰：「魚不可脫於淵，國之利器不可以示人。」』卷九云：『老子曰：「名與身孰親？身與貨孰多？得與亡孰病？是故甚愛必大費，多藏必厚亡。知足不辱，知止不殆，可以長久。大成若缺，其用不敝；大盈若沖，其用不窮；大直若詘，大辯若訥；大巧若拙，其用不屈。罪莫大於多欲，禍莫大於不知足。故知足之足常足矣。」』這些都是明引老子之文以闡釋詩義的例子，而卷三所謂『昔者不出戶而知天下，不窺牖而見天道者』，則是暗引了老子四十七章『不出戶知天下，不窺牖見天道』之文以闡釋詩義的例子。又其卷五雜采莊子思想資料以闡發詩義云：

> 孔子抱聖人之心，彷徨乎道德之域，逍遙乎無形之鄉，倚天理，觀人情，明終始，知得失。故興仁義，厭勢利，以持養之。於時周室微，王道絕，諸侯力政，強劫弱，衆暴寡，百姓靡安，莫之紀綱，禮義廢壞，人倫不理。於是孔子自東自西，自南自北，匍匐救之。

這裏所謂的『彷徨乎道德之域』、『逍遙乎無形之鄉』、『倚天理』等都是莊子的思想，韓嬰把它與儒家學說加以整合後，卻引出了孔子積極救世的思想，而且還巧妙地闡發了詩經大雅文王有聲『自東自西，自南自北』和邶風谷風『匍匐救之』詩句所蘊涵著的深刻意義。

但由於韓詩外傳這部詩學專著的體例，大抵以故事推衍詩義，故其援引莊子，一般都要著眼於那些生動的寓言故事。如：

楚成王讀書於殿上，而倫扁在下，作而問曰：『不審主君所讀何書也？』成王曰：『先聖之書。』倫扁曰：『此直先聖王之糟粕耳，非美者也。』成王曰：『子何以言之？』倫扁曰：『以臣輪言之。夫以規爲圓，矩爲方，此其可付乎子孫者也。若夫合三木而爲一，應乎心，動乎體，其不可得而傳者也。則凡所傳直糟粕耳。』……詩曰：『上天之載，無聲無臭。』其孰能及之？（卷五）

這則寓言故事出於莊子天道，原意謂古代聖賢的思想精華不可能依靠語言文字傳達給後人。韓嬰把它加以改造後，用來闡釋詩經大雅文王『上天之載，無聲無臭』句的含義，從而表達了儒家關於『天之道難知』（鄭玄箋）的思想。韓嬰對莊子寓言故事的改造，還往往表現在對幾個故事情節的糅合上。如莊子讓王有一則『原憲居魯』的故事，說原憲居於魯國，十分貧困，卻以『弦歌』自樂。同學子貢乘著大馬、穿著華美的衣服去見他，他『華冠縱履，杖藜而應門』，並奚落子貢說：『夫希世而行，比周而友，學以爲人，教以爲己，仁義之慝，輿馬之飾，憲不忍爲也。』同篇又有一則『曾子居衛』的故事，說曾子居於衛國，飲食無著，衣服破爛，『正冠而纓絕，捉衿而肘見，納屨而踵決。曳縱而歌商頌，聲滿天地，若出金石。天子不得臣，諸侯不得友。故養志者忘形，養形者忘利，致道者忘心矣。』由於這二則故事的性質非常一致，韓詩外傳卷一就摘取『曾子居衛』故事中自『正冠而纓絕』以後的文字而拆爲二截，分別插入『原憲居魯』故事的相應之處，從而巧妙地組合出了一個更具有鮮明的人物性格和更完整的故事情節的新的『原憲居魯』故事，以此來闡釋詩經邶風柏舟中的句子：『我心匪石，不可轉也。我心匪席，不可卷也。』再看下面一則故事：

楚襄王遣使者持金千斤，白璧百雙，聘莊子欲以爲相。莊子曰：『獨不見未（夫）入廟之牲乎？衣以文繡，食以芻豢，出則清道而行，止則居帳之內，此豈不貴乎？及其不免於死，宰執旌居前，或持在後，當此之時，雖欲爲孤犢，從雞鼠遊，豈可得乎？僕聞之，左手據天下之國（圖），右手刎其吭，愚者不爲也。』①

這則故事來源於莊子中的三段文字。一、秋水：『莊子釣於濮水，楚王使大夫二人往先焉，曰：「願以境內累矣。」』二、列禦寇：『或聘於莊子，莊子應其使曰：「子見夫犧牛乎？衣以文繡，食以芻叔。及其牽而入於大廟，雖欲爲孤犢，其可得乎！」』三、莊子佚文：『左手據天下之圖，右手刎其喉，愚者猶知難之。』②很顯然，韓詩外傳『楚襄王聘莊子爲相』的故事，是以莊子列禦寇中的一則故事爲主體而益以他篇中的另兩段文字，經過重新創作而成的。與上述方法不同，韓嬰還善於將莊子中的一些十分短小的寓言敷演成一段較長的文字。如莊子養生主云：『澤雉十步一啄，百步一飲，不蘄畜乎樊中。神雖王（旺），不善也。』韓詩外傳卷九則據以推衍成下面一段文字：

君不見大澤中雉乎？五步一啄，終日乃飽，羽毛悅澤，光照於日月，奮翼爭鳴，聲響於陵澤者何？彼樂其志也。援置之囷倉中，常啄粱粟，不旦時而飽，然猶羽毛憔悴，志氣益下，低頭不鳴。夫食豈不善哉？彼不得其志故也。

莊子養生主中『澤雉』這則寓言，正像郭象注所說，是用來闡發道家養生之道的：『夫俯仰乎天地之間，逍遙乎

① 此爲韓詩外傳佚文，見太平御覽卷四七四引。藝文類聚卷八十三、卷八十四，文選鮑照擬古詩注、謝莊月賦注等，亦有節引，皆謂出自韓詩外傳。

② 此佚文見後漢書仲長統傳，李賢謂『見莊子』。

自得之場，固養生之妙處也，又何求於入籠而服養哉？』韓詩外傳把它大加敷演後，卻接以士子戴晉生回答梁王的話：『今臣不遠千里而從君遊者，豈食不足，竊慕君之道耳。』這就從『澤雉』的寓言中引出了儒家關於『君子食無求飽』、『就有道而正焉』（論語學而）之類的思想。有時，韓詩外傳通過對莊子中的寓言故事進行改造，甚至還引出了與原來完全相反的主題思想。如莊子讓王說，有一個以屠羊爲職業的楚國人，當楚昭王失國時，他跟著昭王一起逃亡。後來昭王返國，幾次想封賞他，他卻始終以自己無功於國爲理由而予以堅決拒絕。對此，莊子作了高度的讚美，說他『處卑賤而陳義甚高』。韓詩外傳卷八援引了這則寓言故事，但在故事中卻增添了『君子』與屠羊人的對話，藉以引出對他拒絕封賞行爲的尖銳批評：『見昭王德衰於吳而懷寶絕跡，以病其國，欲獨全已者也。是厚於己而薄於君，狷乎非救世者也。』於是，這個屠羊人的行爲就被徹底否定了。

第四節　揚雄的太玄、法言

揚雄（前53—18），字子雲，蜀郡成都人。少好學，博覽群書，長於辭賦。年四十餘，始遊京師長安，以文見召，奏甘泉、河東等賦。漢成帝時，任給事黄門郎。王莽時，任大夫，校書天祿閣。思想上主張復興正宗儒學，但也受到道家等學派的一些影響。著作有方言、太玄、法言等。

據漢書本傳載，揚雄爲人簡易佚蕩，口吃不能劇談，默而好深湛之思，且清静無爲，不汲汲於富貴，不戚戚於貧賤，唯好古而樂道，欲求文章以成名於後世。在他看來，經莫大於易，故作太玄；傳莫大於論語，故作法言。對於此二書，時人多未予重視，唯劉歆及范逡頗有敬意，而桓譚更以爲絕倫，以至稱揚氏爲『東道孔子』①。韓愈

① 見天中記卷二十四引桓譚新論。

讀荀子云：『晚得揚雄書，益尊信孟氏。因雄書而孟氏益尊，則雄者亦聖人之徒歟！』司馬光讀玄亦謂：『孔子既歿，學聖人之道者，非揚子而誰？孟與荀殆不足擬，況其餘乎？』甚至把揚雄置於孟、荀之上。其實，通觀揚氏太玄、法言，不難看出曾受到老莊思想的影響。

華陽國志卷十云：『嚴遵，字君平，成都人也。雅性澹泊，學業加妙，專精大易，耽於老、莊，常卜筮於市，……日閲得百錢，則閉肆下簾，授老、莊，著指歸，爲道書之宗。揚雄少師之，稱其德。』則揚氏仿周易而作太玄，其動機就很可能來自嚴氏的影響，也必然會援引一些老莊思想作爲其論述的依據。事實上，揚雄太玄的『玄』就來自老子。老子一章云：『無名，天地之始；有名，萬物之母。故常無，欲以觀其妙；常有，欲以觀其徼。此兩者，同出而異名，同謂之玄。玄之又玄，衆妙之門。』此外，還有『玄牝』（六章）、『玄覽』（十章）、『玄德』（同上）、『玄通』（十五章）、『玄同』（五十六章）之説。在表達哲學本體論思想時，老子中的『玄』與『道』基本屬於同一概念。揚雄選擇『玄』命名其著作，並作爲建構其哲學體系的中心概念，正是受到了老子的啓發。其太玄攡云：

> 玄者，幽攡萬類而不見形者也。資陶虛無而生乎規，攔神明而定摹，通同古今以開類，攡措陰陽而發氣。一判一合，天地備矣；天日回行，剛柔接矣；還復其所，終始定矣；一生一死，性命瑩矣。……夫玄晦其位而冥其畛，深其阜而眇其根，攘其功而幽其所以然也。故玄卓然示人遠矣，曠然廓人大矣，淵然引人深矣，渺然絶人眇矣，默而該之者玄也。……則玄之道幾矣。仰而視之在乎上，俯而窺之在乎下，企而望之在乎前，棄而忘之在乎後，欲違則不能，默而得其所者玄也。①

揚雄這裏認爲，『玄』本身幽深虛玄，不可訴諸視聽之區，只可予以默默體認，是一種絶對的精神存在，但它卻通

① 本節凡引太玄之文，皆據民國十一年上海掃葉山房石印百子全書本。

神明，開古今，生天地，成陰陽，於冥冥中規範日月之運行，掌控萬物之生死。可見，此處的『玄』與老莊所謂的『道』一樣，也是絕對永恒、抽象的宇宙萬物之本原。所以桓譚説：『揚雄作玄書，以爲玄者天也、道也，言聖賢制法作事，皆引天道以爲本統，而因附續萬類、王政、人事、法度，故宓犧氏謂之易，老子謂之道，孔子謂之元，而揚雄謂之玄。』（惠棟周易述卷二十三引桓譚新論）在法言中，揚雄也對老子之『玄』有所發揮：『或曰：「玄何爲？」曰：「爲仁義。」』（問神）司馬光注：『言爲何事而作？……爲仁義而作。』結合上下文來看，揚雄的言下之意是説，『玄』是用來傳述、宣揚仁義的，但它是宇宙萬物的最後根源，自然也是仁義的本原。這與法言中作爲本體論的『道』是一致的。如他説：

或問天。曰：『吾於天與？見無爲之爲矣。』或問：『彫刻衆形者，匪天與？』曰：『以其不彫刻也。如物刻而彫之，焉得力而給諸？』老子之言道德，吾有取焉耳。（問道）

莊子大宗師云：『吾師乎！吾師乎！整萬物而不爲義，澤及萬世而不爲仁，長於上古而不爲老，覆載天地、刻彫衆形而不爲巧。』意謂天道雖然有義、有仁、有壽、有巧，但又絲毫不是有意勞苦努力的結果，而完全是無爲而無所不爲的妙用。揚雄對此深有體悟，所以他才説『吾於天』『見無爲之爲矣』。並認爲，天正『以其不彫刻』，所以才做到了『無爲之爲』，人亦應當效法天道而做到『少欲』，這就是早已體現在莊子學説中的可取之處。我們從揚雄對老子之『道』的肯定，也可以看到其對老子之『玄』的肯定，而在哲學本體論意義上，其法言中的『玄』、『道』與『天』是一致的，皆指宇宙萬物的最後本原而言，顯然都來源於老莊思想。因此，他所説的『玄』之所『爲』，皆是『無爲』之『爲』，完全不是有意『彫刻衆形』。

在道家哲學中，『道』還有因循的顯著特徵。老子就曾説『道法自然』（老子二十五章），認爲『道』雖生天生地，卻『生而不有，爲而不恃，長而不宰』（老子十章），一任萬物自然而然的發展。莊子更是主張『因其固然』（養生主）、『因其自窮』（山木）、『因其所小而小之』（秋水）、『亦因是』（齊物論）、『常因自然』（德充符），一切因循自然的本身，不能有任何的人爲造作，而在天運篇中還強調，任何禮義法度，皆須『應時而變』，以變爲常。

揚雄對道家的因循思想有所繼承和發展。其太玄瑩云：

夫作者貴其有循，而體自然也。……天道有因有循，有革有化。因而循之，與道神之；革而化之，與時宜之。故因而能革，天道乃得；革而能因，天道乃馴。夫物不因不生，不革不成。故知因而不知革，物失其則；知革而不知因，物失其均。革之匪時，物失其基；因之匪理，物喪其紀。因革乎因革，國家之矩範也。矩範之動，成敗之效也。

對這段話，明葉子奇在其太玄本旨中曾注釋說：『本其所固有者爲因，從其所成法者爲循，改其所宿弊者爲革，變其所舊習者爲化。言其所因所革，莫不因其自然之勢而爲之，則得矣。』說明在揚雄看來，根據『天道有因有循，有革有化』的原則，一切禮義法度，凡是在今天看來仍是合情合理的就應該因循，已經過時而與實際情況相違背的就應該予以革新，這樣才能成就『國家之矩範』，獲得江山穩固之效果，否則就會『物失其則』、『物失其均』、『物失其基』、『物喪其紀』，致使國家走向衰敗。在法言問道中，揚雄也表達了相同的觀點。他說：『或問道。曰：「道也者，通也，無不通也。」』又說：『或問：「道有因無因乎？」曰：「可則因，否則革。」』揚雄這裏所說的，也較爲深刻地闡明了老莊的因革思想，不僅僅是對易傳『革之時義大矣哉』觀念的發揮。

揚雄雖然對老莊『道論』有所繼承和發展，又因對莊子『少欲』思想有共鳴而深覺其有可取之處，但對其違背儒家經義的地方卻表示了堅決否定的態度。他在法言中說：

或問：『鄒、莊有取乎？』曰：『德則取，愆則否。』『何謂德、愆？』曰：『言天地人，經，德也；否，愆也。愆語，君子不出諸口。』（問神）

或曰：『莊周有取乎？』曰：『少欲。』『鄒衍有取乎？』曰：『自持。至周罔君臣之義，衍無知於天地之間，雖鄰不覿也。』（問道）

所謂『經』，指儒家經典，裏面包含了極爲豐富的關於君臣大義的內容。而在揚雄看來，莊子學說的重要特徵就是『罔君臣之義』，『蕩而不法』(五百)，根本違背了儒家的經義，因此從總體上來説是不可取的。其修身篇云：『或問：「人有倚孔子之牆，弦鄭、衛之聲，誦韓、莊之書，則引諸門乎？」曰：「在夷貉則引之，倚門牆則麾之。」』這是説，如果有人靠在孔子住宅的牆上而奏鄭、衛之音，誦韓非、莊周之書，那麼，假使他是夷貉之人，就引他進孔門來學習；假使他是孔子的鄰居，明知有聖人之道，卻偏要鼓吹邪説，就應該把他趕走。可見，揚雄的這段話是可以用來作爲『至周……雖鄰不覿』，『惌語，君子不出諸口』之類語句的注腳的，表明他對莊子違背儒家綱常倫理的做法可謂深惡痛絕。

第四章　黄帝内經所反映的莊子學

黄帝内經包括素問、靈樞兩部分内容，托名黄帝著，其實當爲西漢時總結先秦醫學理論的重要典籍，還可能摻入了東漢學者的一些文字。全書多以黄帝、岐伯、雷公的對話、問答形式來闡述病機病理，主張不治已病，而治未病，並重視養生、攝生、益壽、延年，是我國醫學寶庫中現存成書最早的一部醫學典籍，是研究人的生理學、病理學、診斷學、治療原則和藥物學的醫學巨著。

在戰國至秦漢時期創立的中醫學基礎理論，明顯地受到了先秦時期各個學派哲學思想的影響。然而，由於道家是中國古代的自然主義，其認識自然和順應自然的哲學主張恰恰能够爲中醫學的創立解决許多理論難題，因此就更被大量地吸收利用，成了中醫學的最重要的思想淵源之一。下面，擬從三個方面來考察黄帝内經對莊子思想的吸收利用情况。

第一節　以『道通爲一』的整體觀理解人體

在先秦道家的哲學中，『道』是產生宇宙萬物的總根源。老子説：『道生一，一生二，二生三，三生萬物。萬物負陰而抱陽，沖氣以爲和。』（老子四十二章）莊子也説：『夫道，有情有信，無爲無形；可傳而不可受，可得而不可見；自本自根，未有天地，自古以固存；神鬼神帝，生天生地。』（大宗師）總之，『道』爲天地萬物之

『本根』：『惛然若亡而存，油然不形而神，萬物畜而不知，此之謂本根。』（知北遊）黃帝內經受到了老莊這一本體論思想的影響，因而『道』的概念被大量運用，如素問徵四失論云：『嗚呼！窈窈冥冥，孰知其道？道之大者，擬於天地，配於四海。』王冰注：『窈窈冥冥，言玄遠也。至道玄遠，誰得知之？……擬於天地，言高下之不可量也；配於四海，言深廣之不可測也。』又素問靈蘭秘典論云：『至道在微，變化無窮，孰知其原？』王冰注：『言至道之用也，小之則微妙而細無不入，大之則廣遠而變化無窮，然其淵原誰所知察？』說明在黃帝內經的作者看來，『道』作爲宇宙世界的總根源，雖然窈窈冥冥，變化無窮，不可察知，卻無所不在，大至天地四海，多至萬事萬物，包括人的形體及行爲在內，無不受到它的支配，這與老莊所說的『道』顯然有淵源關係。

對於道體的恍惚性質，黃帝內經還有更深刻形象的表述。如素問靈蘭秘典論云：『恍惚之數，生於毫氂，毫氂之數，起於度量，千之萬之，可以益大，推之大之，其形乃制。黃帝曰：「善哉！余聞精光之道，大聖之業，而宣明大道。」』這裏從恍惚之數推到毫氂，從毫氂推到度量，從度量推到千萬，乃至再推之大之，直到『其形乃制』，以此來說明恍惚之『道』體現於任何事物之中，無論其形體大小或數量多少，皆不可能有例外。此處以『恍惚』描述道體的狀態，當直接來自老子二十一章『道之爲物，惟恍惟惚。惚兮恍兮，其中有象；恍兮惚兮，其中有物』的說法，而此後的描述，則可在莊子之秋水篇『河伯問北海若』、則陽篇『少知問於太公調』等寓言中找到其影子。但與老莊的哲學思想有所不同，黃帝內經的作者認爲『道』還是有可能被掌握的。其靈樞病傳云：『道，昭乎其如日醒，窘乎其如夜瞑，能被而服之，神與俱成，畢將服之，神自得之。生神之理，可著於竹帛，不可傳於子孫。』這就是說，如果努力去掌握，就可讓你『如惑之解，如醉之醒』（靈樞病傳），好像大白天把『道』呈現在你眼前一樣；否則就會『瘖乎其無聲，漠乎其無形』，讓你好像在黑夜裏看不到任何東西一樣。假如你掌握了『道』就能達到『神』的境界，達到了『神』的境界就可以『著於竹帛』了。實際上，黃帝內經的作者在這裏是說，只要通過艱苦努力的過程，妙如天道的醫道是有可能被掌握的，從而在一定程度上突破了老莊所謂

『道』不可知的思想局限。但是，黃帝內經最後關於『不可傳於子孫』的說法，仍明顯地承襲於莊子天道輪扁『臣不能以喻臣之子，臣之子亦不能受之於臣』之感歎，認爲奧妙的大道（包含醫道）是無法用語言文字傳達的，即使親如父子也不能例外。

在黃帝內經的作者看來，『道』既然是宇宙萬物的總根源，又是事物的普遍規律，可以挈天地、握陰陽，可以『在稊稗』、『在屎溺』（莊子知北遊），所以素問氣交變大論說：『夫道者，上知天文，下知地理，中知人事，可以長久，此之謂也。』王冰注：『夫道者，大無不包，細無不入，故天文、地理、人事咸通。』即謂『道』是一個貫通天地萬物而不可分割的整體概念。正是在這種理念的指導下，此書作者也就以整體觀念貫穿了其人體醫學思想，把人體生命看成是與天地相參的整合體。其靈樞邪客云：

天圓地方，人頭圓足方以應之。天有日月，人有兩目。地有九州，人有九竅。天有風雨，人有喜怒。天有雷電，人有音聲。天有四時，人有四肢。天有五音，人有五藏。天有六律，人有六府。天有冬夏，人有寒熱。天有十日，人有手十指。辰有十二，人有足十指，莖垂以應之；女子不足二節，以抱人形。天有陰陽，人有夫妻。歲有三百六十五日，人有三百六十節。地有高山，人有肩膝。地有深谷，人有腋膕。地有十二經水，人有十二經脈。地有泉脈，人有衛氣。地有草蓂，人有毫毛。天有晝夜，人有臥起。天有列星，人有牙齒。地有小山，人有小節。地有山石，人有高骨。地有林木，人有募筋。地有聚邑，人有䐃肉。歲有十二月，人有十二節。地有四時不生草，人有無子。此人與天地相應者也。

依照這裏的說法，人與天地四時之間息息相關，是一個互爲對應的組合體，因而治病必以尋求『天人合一』之道爲根本。素問陰陽應象大論云：『陰陽者，天地之道也，萬物之綱紀，變化之父母，生殺之本始，神明之府也。治病必求於本。』王冰注：『「陰陽者，天地之道也」，謂變化生成之道也。老子曰：「萬物負陰而抱陽，沖氣以爲和。」……陰陽與萬類生殺變化猶然，在於人身同相參合，故治病之道必先求之。』認爲人體生命既然與天地陰陽相參，『夫自古通天者，生之本，本於陰陽』（素問生氣通天論），『陰陽四時者，萬物之終始也，死生之本也。逆之則災害生，從之則苛疾不起，是謂得道』（素問四氣調神大論），則理解醫藥範疇也應該持有整體觀，必須首先著眼與天地陰陽的協調統一，以推天道明醫事爲最高原則。這些醫藥理念，除了深受老子『道法自然』（老子二十五章）等思想影響外，還明顯吸收了莊子關於人類必須順因自然法則的基本觀念，但已揚棄了莊子要求徹底無爲的思想。

莊子在則陽篇中指出，『今計物之數，不止於萬，而期曰萬物者，以數之多者號而讀之也。是故天地者，形之大者也；陰陽者，氣之大者也。道者爲之公』，這是從『合併以爲公』的觀點來看『道』的；但『道』又有『散同以爲異』的特徵，如『四時殊氣』、『五官殊職』、『萬物殊理』，且『斯而析之，精至於無倫』。總之，『道』就是『合併以爲公』與『散同以爲異』的和諧統一。黃帝內經也說：『陰陽者，數之可十，推之可百，數之可千，推之可萬，萬之大不可勝數，然其要一也。』（素問陰陽離合論）這裏同樣指出，陰陽之道雖在表面上可『合』、可『散』，但『其要一也』，在本質上是一個不可分割的整體，即所謂『道通爲一』（莊子齊物論）。正是在這樣的整體觀念支配下，黃帝內經在強調人與天地陰陽相參的同時，還進一步建立了其關於人體本身也是一個整體的理論。其素問金匱真言論云：

> 夫言人之陰陽，則外爲陽，內爲陰；言人身之陰陽，則背爲陽，腹爲陰；言人身之藏府中陰陽，則藏者爲陰，府者爲陽。肝心脾肺腎五藏皆爲陰，膽胃大腸小腸膀胱三焦六府皆爲陽。所以欲知陰中之陰，陽中之陽者，何也？爲冬病在陰，夏病在陽，春病在陰，秋病在陽，皆視其所在，爲施針石也。故背爲陽，陽中之陽，心也；背爲陽，陽中之陰，肺也。腹爲陰，陰中之陰，腎也；腹爲陰，陰中之陽，肝也；腹爲陰，陰中之至陰，脾也。此皆陰陽表裏，內外雌雄相輸應也。故以應天之陰陽也。

在這裏，人體及其各個部位都可以區別爲陰與陽兩個方面，都是陰與陽相互對立而又和諧的統一體。而且在黃帝內經的作者看來，除了人是形體與精神互爲依存的協調者，又是心、肝、脾、肺、腎五大系統互爲協調的統一體外，人體內的每個臟腑又各爲一個有機的整體，而『心』爲之主導，使各個系統的運行變得有條而不紊。故素問靈蘭秘典論云：『心者，君主之官也，神明出焉；肺者，相傅之官，治節出焉；肝者，將軍之官，謀慮出焉；膽者，中正之官，決斷出焉；膻中者，臣使之官，喜樂出焉；脾胃者，倉廩之官，五味出焉；大腸者，傳道之官，變化出焉；小腸者，受盛之官，化物出焉；腎者，作強之官，伎巧出焉；三焦者，決瀆之官，水道出焉；膀胱者，州都之官，津液藏焉，氣化則能出矣。凡此十二官者，不得相失也。故主明則下安，以此養生則壽，歿世不殆，以爲天下則大昌。』對於人體各部位互爲協調配合的整體性作如此闡述，顯然是受到了莊子『道通爲一』思想的影響，同時也較多地吸收了陰陽家的五行學說。

第二節　以『氣』爲構成生命之本原

在中國哲學史上，『氣』是一個很重要的範疇。老子云：『萬物負陰而抱陽，沖氣以爲和。』（老子四十二章）這裏似乎已經意識到，萬物的生成就是陰陽二氣結合的產物。管子內業提出了精氣構成萬物的理論，但其開宗明義所謂精氣『流於天地之間謂之鬼神，藏於胸中謂之聖人』云云，卻不免帶有濃厚的神秘色彩。莊子在探討萬物的生成規律時，則比前人更爲明確地解釋了人的起源問題。他說：『中國有人焉，非陰非陽，處於天地之間，直且爲人，將反於宗。自本觀之，生者，喑醷物也。』（知北遊）李頤注：『喑醷，聚氣貌。』（經典釋文引）在莊子看來，人雖爲天地間萬物之靈，但從本原上來說，卻也不外是由氣聚成的東西。因此，他進一步解釋道：『人之生，氣之聚也。聚則爲生，散則爲死。……故曰通天下一氣耳。』（知北遊）莊子所謂的『氣』，指的是陰、陽二氣。則陽篇云：『陰陽者，氣之大者也。』又秋水篇中北海若云：『吾……自以比（通庇）形於天地，而受氣於陰陽。』皆可爲證。而所謂氣之聚的過程，則是陰陽『交通成和』的過程：『至陰肅肅，至陽赫赫，肅肅出乎天，赫赫發乎地，兩者交通成和而物生焉。』（田子方）換一種語言來表述，這就是：『雌雄片合，於是庸有。』（則陽）即謂：『夫婦既合，則子孫常有，如陰陽四時之合而生物也。』（劉鳳苞南華雪心編）總之，在莊子看來，人的生命是由氣構成的。更確切地說，就是氣之聚即天地陰陽二氣相交感的結果，而『道』始終體現於其中。

大量的資料可以說明，戰國秦漢醫學在創立自己學科的理論時，曾較多地吸收利用了莊子的這些思想，而以黃帝內經表現得最爲明顯。如：

天地合氣，命之曰人。（素問寶命全形論）

夫人生於地，懸命於天，天地合氣，命之曰人。（同上）

人以天地之氣生，四時之法成。（同上）

氣合而有形，因變以正名。（素問六節藏象論）

天地合氣，六節分而萬物化生矣。（素問至真要大論）

在天爲氣，在地成形，形氣相感而化萬物矣。（素問天元紀大論）

從這裏可以看出，黃帝內經把包括人在內的一切生物都看成是天地二氣相感的產物，這顯然是受到了莊子思想的影響。東漢時期的王充說：『天地合氣，物偶自生矣。』（論衡物勢）又說：『天地合氣，人偶自生也。』（同上）就其思想淵源來看，也同樣可以追溯到莊子。不過，黃帝內經還往往把『氣』、『精』兩個概念結合起來使用，如謂『味歸形，形歸氣，氣歸精，精歸化，精食氣，形食味，化生精，氣生形，味傷形，氣傷精，精化爲氣，氣傷於味』（素問陰陽應象大論），王冰注：『形食味，故味歸形；氣養形，故形歸氣；精食氣，故氣歸精；化生精，故精歸化。故下文曰：「精食氣，形食味。」氣化則精生，味和則形長，故云食之也。……精承化養則食氣，精若化生則不食氣，精血內結，鬱爲穢腐攻胃，則五味倨然不得入也。女人重身，精化百日，皆傷於味也。』認爲『氣』

和『精』與人的形體相結合，才有了人體生命活動現象。這又可以看出，黃帝內經受到老子『精之至』、『心使氣』（老子五十五章）和莊子『氣變而有形』（至樂）、『聖人貴精』（繕性）等說法，尤其是稷下黃老學派『精氣』思想的影響也是很明顯的。

莊子基於其『萬物皆化』（至樂）、『萬化而未始有極』（大宗師）的觀點，認爲氣不但是構成萬物的基礎，而且它的聚散又是一個永無窮盡的變化過程。他說：『察其始而本無生，非徒無生也，而本無形，非徒無形也，而本無氣。雜乎芒芴之間，變而有氣，氣變而有形，形變而有生，今又變而之死，是相與爲春秋冬夏四時行也。』（至樂）黃帝內經進一步強調了氣的運動屬性，其素問六微旨大論云：『氣之升降，天地之更用也。……天氣下降，氣流於地，地氣上升，氣騰於天，故高下相召，升降相因，而變作矣。』又素問五常政大論云：『氣始而生化，氣散而有形，氣布而蕃育，氣終而象變，其致一也。』王充也說：『人未生，在元氣之中，既死，復歸元氣。元氣荒忽，人氣在其中。……陰陽之氣，凝而爲人，年終壽盡，死還爲氣。』（論衡論死）這些論述，都無不貫穿著莊子的思想，表明氣不但是構成萬物的本原，而且還具有生化能力的運動屬性，因而才使得整個自然界呈現出了生生不已的活潑景象。

莊子還指出，既然萬物都是隨著陰陽二氣的運動交合而不斷生滅變化的，因而如果『陰陽不和』，就會『傷庶物』（見漁父）。如大宗師篇中所說的『子輿』，『曲僂發背，上有五管，頤隱於齊，肩高於頂，句贅指天』，就是『陰陽之氣有沴』即陰陽二氣不和所造成的禍害。但是，這是非人力所能改變的，只好『心閑而無事』，任其自然而已。黃帝內經也認爲，『人』以『天地』爲『父母』（見素問寶命全形論），如果天地陰陽二氣失去平衡，則『大變生而病作』（見素問六元正紀大論），即疾病就是氣的異常運動所致。如素問舉痛論云：『百病生於氣也，怒則氣上，喜則氣緩，悲則氣消，恐則氣下，寒則氣收，炅則氣泄，驚則氣亂，勞則氣耗，思則氣結。』又素問生氣通天論云：『蒼天之氣清淨，……失之，則內閉九竅，外壅肌肉，衛氣散解，此謂自傷，氣之削也。』這裏把『氣』的失調視爲百病叢生的根源。然而，黄帝内經在强調『與天地相應』(靈樞刺節真邪)即順乎自然的同時，還提出了『節陰陽而調剛柔』(靈樞本神)、『謹察陰陽所在而調之』(素問至真要大論)、『謹候氣宜，無失病機』(同上)的主張，認爲：『蒼天之氣清淨，則志意治，順之則陽氣固，雖有賊邪，弗能害也。此因時之序。故聖人傳(專)精神，服天氣，而通神明。』(素問生氣通天論)説明黄帝内經所要求的是『無爲』之中也有所作爲，要求人們充分發揮主觀能動作用，積極協調人體與『氣』的關係，這顯然是對道家思想的改造和發展。

第三節　以恬淡虚靜、貴精全神爲養生要訣

道家學派普遍重視探討養生問題。老子在闡發他的哲學思想時，實際上也提出了一些關於養生的原則，而莊子則把這些養生原則進一步發展成了一套完整的養生理論，其主旨就是要求人們棄絶世事，順乎自然，以恬淡虚無爲養生之本。他説：『夫至人者，相與交食乎地而交樂乎天，不以人物利害相攖，不相與爲怪，不相與爲謀，不相與爲事，翛然而往，侗然而來，是謂衛生之經已。』(庚桑楚)又説：『夫欲免爲形者，莫如棄世。棄世則無累，無累則正平，正平則與彼更生，更生則幾矣。事奚足棄而生奚足遺？棄事則形不勞，遺生則精不虧。夫形全精復，與天爲一。』(達生)黄帝内經明顯地承因了莊子的這一養生思想，其素問上古天真論云：

> 上古之人，其知道者，法於陰陽，和於術數，……不妄作勞，故能形與神俱，而盡終其天年，度百歲乃去。……恬惔虚無，真氣從之，精神内守，病安從來？……中古之時，有至人者，淳德全道，和於陰陽，調於四時，去世離俗，積精全神，遊行天地之間，視聽八達之外，此蓋益其壽命而强者也，亦歸於真人。其次有聖人者，處天地之和，從八風之理，……外不勞形於事，内無思想之患，以恬愉爲務，以自得爲功，形體不敝，精神不散，亦可以百數。

這裏所謂的『至人』、『真人』，顯然都來源於莊子，與莊子理想中作爲修身養性最高典範的『至人』、『真人』形象是基本一致的。而所謂次一等的『聖人』，也絕不是儒家聖人，而幾乎是對莊子中得道者『聖人』的複製。黄帝内經素問陰陽應象大論云：『聖人爲無爲之事，樂恬憺之能，從欲快志於虚無之守，故壽命無窮，與天地終，此聖人之治身也。』亦可佐證這裏的『聖人』確是與莊子中得道者『聖人』有淵源關係。因此，王冰在爲此處的『至人』、『真人』、『聖人』的『治身』方法作注釋時，多引述了莊子中的有關文字，以便揭示其淵源之所自。

在莊子中，『真人』是道家的理想人格。大宗師篇説：『古之真人，……登高不慄，入水不濡，入火不熱，是知之能登假於道也若此。古之真人，其寢不夢，其覺無憂，其食不甘，其息深深。……古之真人，不知悦生，不知惡死，其出不訢，其入不距，翛然而往，翛然而來而已矣。……古之真人，……其好之也一，其弗好之也一；其一也一，其不一也一。其一與天爲徒，其不一與人爲徒。天與人不相勝也，是之謂真人。』總之，『真人』既能超然生死之外，還能超脱世俗的道德與情感，並且具有一套獨特的養生方法，更有一種超乎常人的禦害能力。上文所引素問上古天真論對『真人』的描述，正可謂是莊子中『真人』形象的翻版，也是作者觀念中最理想的養生者。爲了昭示他的人格魅力，黄帝内經對此還有更多的描述與讚美。如素問上古天真論又云：『上古有真人者，提挈天地，把握陰陽，呼吸精氣，獨立守神，肌肉若一，故能壽敝天地，無有終時，此其道生。』王冰注：『真人，謂成道之人也。夫真人之身，隱現莫測，其爲小也，入於無間，其爲大也，遍於空境，其變化也，出入天地内外，莫見跡。順至真，以表道成之證。凡如此者，故能提挈天地，把握陰陽也。真人心合於氣，氣合於神，神合於無，故呼吸精氣，獨立守神，肌膚若冰雪，綽約如處子。』素問移精變氣論云：『治之要極，無失色脈，用之不惑，治之大則。逆從到行，標本不得，亡神失國。去故就新，乃得真人。』王冰注：『標本不得，攻病失宜，則當去故逆理之人，就新明悟之士，乃得至真精曉之人以全己也。』王冰的注釋，不但更清楚地揭示了『真人』具有極高妙的養生境界，無疑爲人們所追慕的最理想典範之一，並且還直接援引莊子逍遥遊中『肌膚若冰雪，綽約如處子』

的藐姑射之山神人作比，以說明『真人』已達到與大道合爲一體的妙境，正如素問六微旨大論所云：『與道合同，惟真人也。』至於『聖人』，其作爲道家理想人格時，在莊子中也與『真人』、『至人』、『神人』具有同樣的意義，所以成玄英在逍遥遊篇『至人無己，神人無功，聖人無名』下説：『至言其體，神言其用，聖言其名，故就體語至，就用語神，就名語聖，其實一也。』（莊子注疏）黄帝内經所反復出現的『聖人』形象，同樣與莊子中的『聖人』有明顯的承因與發展關係。如：

賊風數至，暴雨數起，天地四時不相保，與道相失，則未央絶滅。唯聖人從之，故身無奇病，萬物不失，生氣不竭。（素問上古天真論）

夫四時陰陽者，萬物之根本也。所以聖人春夏養陽，秋冬養陰，以從其根。故與萬物沈浮於生長之門。（同上）

上古聖人，論理人形，列別藏府，端絡經脈，會通六合，各從其經，氣穴所發各有處名，溪谷屬骨皆有所起，分部逆從，各有條理，四時陰陽，盡有經紀，外内之應，皆有表裏。（素問陰陽應象大論）

夫聖人之起度數，必應於天地。故天有宿度，地有經水，人有經脈。（素問離合真邪論）

至哉，聖人之道！天地大化運行之節，臨御之紀，陰陽之政，寒暑之令，非夫子孰能通之？（素問六元正紀大論）

夫聖人之治病，循法守度，援物比類，化之冥冥，循上及下，何必守經？（素問示從容論）

在儒家那裏，『聖人』是指知行完備，即『止於至善』的理想人格，與老莊所謂『絶聖棄智』、超然世外的理想人格『聖人』絶然不同。黄帝内經所描述的這些『聖人』，雖然可能也受到傳統儒學的一些影響，但精神氣質基本是屬於道家的，所謂『聖人從之，故身無奇病，萬物不失，生氣不竭』、『與萬物沈浮於生長之門』、『會通六合，各從其經』、『起度數，必應於天地』、『化之冥冥，循上及下』等等，多運用了道家的語言和思維，昭示著老莊所倡導的恬淡虛靜、順應自然的修身養性原則。所不同者，就是黃帝內經把這些修身養性原則進一步引入了其醫藥理論。

此外，莊子還反復強調了守氣、貴精、全神對養生所具有的重要意義。他說：『無視無聽，抱神以靜，形將自正；必靜必清，無勞女形，無搖女精，乃可以長生。』（在宥）又說：『純素之道，唯神是守。守而勿失，與神爲一。一之精通，合於天倫。……故素也者，謂其無所與雜也；純也者，謂其不虧其神也。能體純素，謂之真人。』（刻意）在莊子看來，『真人』、『聖人』之所以能夠『不道引而壽』，完全是因爲他們做到了『貴精』與『唯神是守』的緣故；而『至人』的養生能夠達到『潛行不窒，蹈火不熱，行乎萬物之上而不栗』的境界，則又完全是得益於『純氣之守』（見達生）。從前面所引的文字可知，黃帝內經所謂『至人』、『真人』、『聖人』重視保養精、神、氣的一套養生方法，分明是從莊子中傳承來的。即使在黃帝內經的其他一般性論述文字中，我們也不難看出其與莊子『貴精』、『全神』、『守氣』養生理論的承因關係。如：

道貴常存，補神固根，精氣不散，神守不分。然即神守，而雖不去，亦全真。人神不守，非達至真。至真之要，在乎天玄。神守天息，復入本元，命曰歸宗。（素問刺法論）

王冰注云：『神爲主養之宗，故作先也。內三寶，即神、氣、精。……神不守，即光明不足，故要守真而聚神光，而可以修真，真勿令泄，人爲知道。……人能忘嗜欲，定喜怒，……入寂滅，反太初，……歸命之真，全神之道，可久覬也。』由此可見，刺法論中的這段文字，至少有三點值得注意：一、其所謂養生必以保養精、神、氣爲先務，這正是從莊子那裏繼承來的一種養生觀念。二、文中的『全真』一詞，出於莊子盜跖，而所謂『神守』，即爲刻意篇『唯神是守』之意。至於『復入本元』及『歸宗』云云，也可能就是對莊子中『復朴』、『反真』一類詞意的化用。三、整段文字論述養生問題，其理論基點完全是建立在道貴『至真』的哲學思考之上，而這一思維模式恰恰也是始於莊子的。

第五章　淮南子所反映的莊子學

——漢初黄老學積極吸納莊子思想的典型例子

劉安(前179—前122),漢高祖劉邦之孫,淮南厲王劉長之子,是一位以侯王之尊專注於著述的學者。他招致衆賓客集體撰寫的淮南子(本名鴻烈),據漢書藝文志著録,原書分内、外篇,内篇二十一篇,外篇三十三篇。今所傳者即爲内篇,歷代志書多列入雜家,但實際上是一部以反映道家思想爲主的黄老學著作,其中援引莊子思想資料特多。而且,撰寫者還往往將這些資料與老子思想一起加以闡釋,所謂『考驗乎老、莊之術而以合得失之勢者也』(淮南子要略,下引此書只注篇名),從而開了我國文化史上老、莊並稱的先河。

第一節　劉安與莊子、淮南子之關係

劉安所主持撰寫的淮南子一書,以多種多樣的方式對莊子學説進行了較爲全面的闡釋。而且據有關史料可知,他還對莊子做過在今天看來也是屬於嚴格意義上的研究。文選任昉齊竟陵文宣王行狀李善注引云:

淮南王莊子略要曰:『江海之士,山谷之人也,輕天下,細萬物,而獨往者也。』司馬彪注曰:『獨往自然,不復顧世。』

這段文字,文選謝靈運入華子崗詩、江淹雜體詩(擬許詢)、陶淵明歸去來辭李善注也都曾加以引用,説明淮南

王劉安確實著有莊子略要，西晉時的司馬彪還爲它作過注。又文選張協七命李善注引云：

莊子曰『庚市子肩之毀玉也』，淮南子莊子後解曰：『庚市子，聖人無欲者也。人有爭財相鬥者，庚市子毀玉於其閒，而鬥者止。』

這裏說明，劉安除了著有莊子略要外，還曾撰寫過莊子後解。顧名思義，並從其佚文本身來分析，莊子後解當主要是對莊子文句或典故的訓解。總之，從現存的文獻資料來看，劉安無疑是我國歷史上最早撰有莊學專著的人。但近人由此而認定他爲五十二篇本莊子的編纂者或整理者①，這卻是很值得商榷的。因爲：一、從呂氏春秋和賈誼辭賦等大量引述莊子思想資料的情況來看，莊子一書無疑應當編定於劉安從事學術活動之前。又司馬遷史記老子韓非列傳謂莊周『著書十餘萬言』，並列舉了莊子中的漁父、盜跖、胠篋、畏累虛、亢桑子等五個篇名，這說明他所見到的本子比後來郭象刪定的三十三篇本莊子的字數要多得多，篇目也有郭象本所無者。據宋陳景元南華真經章句音義敘說，郭象本莊子三十三篇共計六萬五千九百二十三字，每篇近二千字。以此推算，則司馬遷所見『十餘萬言』的莊子當是由五十來個單篇組成的。如果這個本子是由劉安開始編定的話，作爲與他同時代的司馬遷怎麽會馬上加以確認而不置一詞呢？二、班固漢書劉安傳記述劉安從事著述情況甚詳，但並無言及其曾編定或整理過莊子。漢書藝文志及後世志書也均無隻字提及此事。三、據筆者統計，隋唐陸德明在經典釋文莊子音義中凡明引淮南子的文字達十五次之多，多是用來校勘或解釋莊子原文的，而這些被

① 如江世榮說：『從五十二篇本莊子的最後一篇是淮南王劉安的莊子要略，可以說五十二篇本莊子（即漢書藝文志中著錄的莊子）是劉安編定的。』（莊子佚文舉例，文史第十三輯）張恒壽說：『既然五十二篇的莊子中另有淮南王的後解和要略兩篇，而今存淮南王所著的淮南子內篇又多採用莊子書文，這樣莊子書一定經過劉安和他的門客們的編纂和整理，無可懷疑。』（莊子新探第24頁）

引述的文字都可以在今本淮南子中一一找到。陸氏既然如此重視劉安主持撰寫的淮南子，而他的莊子音義又是這樣一部十分重視對勘各本莊子文字異同的著作，那麼如果劉安真的編輯或整理過莊子，怎麽會不曾予以提及呢？總之，種種跡象都無不表明，劉安是不曾編輯或整理過莊子的，司馬遷所看到的五十來篇本莊子必在劉安之前早已編定。然而，研究者們指出劉安所著的莊子略要、莊子後解是司馬彪所注五十二篇本莊子的逸篇①，這種看法卻應當是可以信從的。

據漢書劉安傳載，劉安所著『外書甚衆』。顏師古於漢書藝文志雜家『淮南外三十三篇』下注云：『內篇論道，外篇雜說。』又日本高山寺所藏莊子殘抄本天下篇後附郭象跋語一則，謂五十二篇本莊子中的某些篇章『或出淮南』，則莊子略要、莊子後解原當爲淮南外中的二篇雜說文字。大約到了劉向校理諸子書時，因有見於這二篇雜說文字對人們理解莊子甚有幫助，遂從淮南外中拈出而編入莊子②，因而出現了五十二篇的莊子本子。稍後，班固在漢書藝文志中曾予以著錄，司馬彪又給每篇都作了注。據陸德明經典釋文序錄說，司馬彪所注莊子五十二篇包括『內篇七、外篇二十八、雜篇十四、解說三』，劉安的莊子略要和莊子後解當即爲這『解說三』中的二篇。李善文選注於引述莊子略要文句後又援引司馬彪之注，便證明了這一點。

---

① 如清俞正燮在癸巳存稿莊子司馬彪注輯本跋中指出，劉安莊子略要爲司馬彪五十二篇本莊子中之一篇。日本武內義雄在老子與莊子一書中除了接受俞氏的這一觀點外，還提出了莊子後解也是司馬彪本中之一篇的看法。

② 據漢書藝文志序文說，劉向曾領旨校理『諸子』，『每一書已，向輒條其篇目，撮其旨意，錄而奏之』，今尚存其所奏之管子書錄、孫卿書錄、韓非子書錄、列子書錄等。他還把諸書的書錄彙集起來，別爲一書，謂之別錄，可惜久已不存。莊子書錄雖已久佚，但史記莊子本傳索隱云：『劉向別錄云宋之蒙人也。』又云：『別錄云：「作人姓名，使相與語，是寄辭於其人，故莊子有寓言篇。」』此皆爲莊子書錄中語，可證劉向確曾整理過莊子。

劉安的莊子略要，若審其名目，並據其遺文來推測，其體例當與他所著的淮南子要略、離騷傳敘一類篇章相仿佛。他的莊子後解，則很可能與韓非解老、喻老之類的訓解文字相類似。大約是因爲劉安運用這些闡釋方式不需要引述較多的莊子原文，所以後來陸德明在莊子音義中也就沒有利用他的莊子略要、莊子後解中的資料來對勘莊子，但我們並不能因此而低估劉安這二篇文章在中國莊子學史上所具有的開風氣意義。

我們知道，無論是戰國諸子還是漢代的辭賦家、經學家、醫學家，他們對莊子所進行的闡釋活動，主要還是表現爲根據自己的需要而對莊子中的思想資料加以援引和改造。即使是淮南子內篇二十一篇，從總的傾向上來看，其大量引述莊子思想資料，也不過是爲了闡發作者所崇奉的黄老思想。然而，劉安的莊子略要、莊子後解卻從這種局限中解脱出來，把莊子完全當作一個直接的研究對象，從而揭開了我國歷史上獨立研究莊子的新篇章，其意義是相當重大的。從另一個方面看，自戰國末年韓非作解老、喻老以後，研治老子的著作接連問世，而研究莊子的專著一時仍未產生。劉安卻以他的莊子略要和莊子後解開始打破了這一局面，繼而東漢的班固著成莊子章句，魏晉時期的人更把莊學發展成顯學，寫出了一大批莊學專著，從而真正把莊子學提高到了與老子學同等重要的地位。由此看來，劉安這二篇文章在莊子研究史上的開風氣意義是不可被忽視的。

第二節　對莊子道論的闡釋

唐顏師古在漢書藝文志注中指出，淮南子內篇是『論道』的。誠然，綜觀今所傳淮南子一書，雖『經緯人事，上考之天，下揆之地，中通諸理』（要略），凡『燾天載地』之説，及『古今治亂存亡禍福、世間詭異瑰奇之事』，『無所不載』（見高誘淮南子敘），然其整個理論思維的框架卻是圍繞著『道』這個核心而展開的，因而作爲全書開篇的便是原道訓。那麼，這裏所推原的到底是什麼樣的『道』呢？楊樹達淮南子證聞原道訓云：『此篇全衍老子之旨，故以「原道」名篇。」但我們不難看出，篇中藉以原『道』的前人思想資料，卻多來源於莊子一書。如：

1.『與造化者爲人。』此本之應帝王篇：『予方將與造物者爲人。』

2.『外與物化而内不失其情，至無而供其求，時騁而要其宿，小大修短，各有其具。』此本之天地篇：『其與萬物接也，至無而供其求，時騁而要其宿，大小、長短、修遠。』

3.『夫喜怒者，道之邪也；憂悲者，德之失也；好憎者，心之過也。』此本之刻意篇：『悲樂者，德之邪也；喜怒者，道之過也；好惡者，德之失也。』

4.『夫井魚不可與語大，拘於隘也；夏蟲不可與語寒，篤於時也；曲士不可與語至道，拘於俗、束於教也。』此本之秋水篇：『井蛙不可以語於海者，拘於虚也；夏蟲不可以語於冰者，篤於時也；曲士不可以語於道者，束於教也。』

5.『牛岐蹄而戴角，馬被髦而全足者，天也；絡馬之口，穿牛之鼻者，人也。』此本之秋水篇：『牛馬四足，是謂天；落馬首，穿牛鼻，是謂人。』

6.『羿、逢蒙子之巧，以要飛鳥，猶不能與羅者競多。何則？以所持之小也。張天下以爲之籠，因江海以爲罟，又何亡魚失鳥之有乎！』此本之庚桑楚篇：『一雀適羿，羿必得之，威也。以天下爲之籠，則雀無所逃。』

7.『故從外入者，無主於中不止；從中出者，無應於外不行。』此本之則陽篇：『是以自外入者，有主而不執；由中出者，有正而不距。』

8.『越王翳逃山穴，越人熏而出之，遂不得已。』此本之讓王篇『王子搜逃乎丹穴』的故事。

9.『環堵之室，茨之以生茅，蓬户甕牖，揉桑爲樞，上漏下濕，……聖人處之，不爲愁悴怨懟，而不失其所以自樂也。』此本之讓王篇『原憲居魯』的故事。

通過列舉上述例子已經可以說明，既然原道訓大量援引莊子思想資料來闡釋『道』，則其所闡釋出的『道』

就必然會在某種程度上呈現爲莊子之道。關於這一點，我們還可以進一步審視作爲原道訓開宗明義的一段話：『夫道者，覆天載地，廓四方，柝八極，高不可際，深不可測，包裹天地，稟授無形，源流泉浡，沖而徐盈，混混滑滑，濁而徐清。故植之而塞於天地，橫之而彌於四海，施之無窮而無所朝夕。舒之幎於六合，卷之不盈於一握。約而能張，幽而能明，弱而能強，柔而能剛。橫四維而含陰陽，紘宇宙而章三光。甚淖而滒，甚纖而微。山以之高，淵以之深，獸以之走，鳥以之飛，日月以之明，星曆以之行，麟以之遊，鳳以之翔。』這段話可以看成是對莊子大宗師『夫道有情有信』一節文字的疏釋，主要說明了『道』既具有時間的無限性，又具有空間的無限性。正因爲『道』具有這種超越時空的性質，所以它才能成爲萬物的始基和根本，凡高山、深淵、走獸、飛鳥、日月、星曆、麟鳳等等，皆無不憑藉它而生成，或憑藉它而活躍於天地之間。在淮南子的作者看來，也正因爲『道』沒有具體的質的規定性，所以它雖是宇宙間一切有形之物發生和滅亡的依據，卻是不能直接爲人們的感覺器官所感知的。其道應訓云：

> 太清問於無窮曰：『子知道乎？』無窮曰：『吾弗知也。』又問於無爲曰：『子知道乎？』無爲曰：『吾知道。』『子之知道亦有數乎？』無爲曰：『吾知道有數。』曰：『其數奈何？』無爲曰：『吾知道之可以弱，可以強，可以柔，可以剛，可以陰，可以陽，可以窈，可以明，可以包裹天地，可以應待無方，此吾所以知道之數也。』太清又問於無始曰：『鄉者吾問道於無窮，曰：「吾弗知之。」又問於無爲，無爲曰：「吾知道。」曰：「子之知道亦有數乎？」無爲曰：「吾知道有數。」曰：「其數奈何？」無爲曰：「吾知道之可以弱……」若是，則無爲知與無窮之弗知，孰是孰非？』無始曰：『弗知之深，而知之淺；弗知內，而知之外；弗知精，而知之粗。』太清仰而歎曰：『然則不知乃知邪？知乃不知邪？孰知知之爲弗知，弗知之爲知邪？』無始曰：『道不可聞，聞而非也；道不可見，見而非也；道不可言，言而非也。孰知形之不形者乎？』

這則寓言援引自莊子知北遊，基本上按原意轉述了莊子關於『道』具有超越人類感知能力特性的看法。但我們也不難發現，道應訓在轉述莊子的看法時卻是有所修正的。如在知北遊篇中，無爲回答關於『道』的特性時僅說：『吾知道之可以貴，可以賤，可以約，可以散。』道應訓對此卻作了大膽的發揮，說：『吾知道之可以弱，可以強，可以柔，可以剛，可以陰，可以陽，可以窈，可以明，可以包裹天地，可以應待無方。』並借太清之口重述了一遍，從而以『弱』、『強』、『柔』、『剛』、『天地』這些較實在的概念，使所謂絶對虛無的『道』獲得了較爲實在的規定性。而且，道應訓還通過摘掉無始原來答語中諸如『有問道而應之者，不知道也』、『問道者，亦未聞道』、『道無問，問無應』之類的話，來使這種較爲實在的規定性得到進一步的顯現。其實，整部淮南子對於老、莊之道都是有所取舍的。如老子説『道生一，一生二，二生三，三生萬物』(老子四十二章)，淮南子卻說『道始於一①，一而不生，故分而爲陰陽，陰陽合和而萬物生』(天文訓)，從而表明『道』之上還可以有一個『一』，所以『道』是不具有所謂超自然的神秘性的。對於莊子所謂的虛無縹緲之『道』，淮南子則每以高山、深淵、走獸、飛鳥、日月、星曆、麟鳳等有形之物爲仲介，使人們從具體的事物間接推知到它的普遍存在。因此，莊子中那些能表明『道』存在於一切具體對象之中的思想資料，就往往爲淮南子所援引，並給予了積極的闡發。如道應訓分别援引天道篇『輪扁斵輪』和知北遊篇『大馬之捶鉤者』的故事，來闡明『道』存在於工匠的技藝之中。同篇又援引胠篋篇云：『跖之徒問跖曰：「盜亦有道乎？」跖曰：「奚適其無道也？夫意而中藏者，聖也；入先者，勇也；出後者，義也；分均者，仁也；知可否者，智也。五者不備而能成大盜者，天下無之。」由此觀之，盜賊之心必托聖人之道而後可行。』這裏說明，道既是超越是非的，又是遍存於一切人的思想行爲之中的。除了上述而外，淮南子還對『道』的演化過程作了論述。其俶真訓云：

① 『道』下原有『曰規』二字，王念孫讀書雜志謂爲衍文，今據删。

有始者，有未始有有始者，有未始有夫未始有有始者。有有者，有無者，有未始有有無者，有未始有夫未始有有無者。

這段話援引自莊子齊物論：『有始也者，有未始有始也者，有未始有夫未始有始也者。有有也者，有無也者，有未始有無也者，有未始有夫未始有無也者。』但是，俶真訓並沒有停留在對莊子思想資料的援用上，而是緊接著用層層向內探究的方法，把這段話分解成七個意義單元進行詳盡闡述：

1．『所謂有始者，繁憤未發，萌兆牙蘖，未有形埒垠堮，無無蝡蝡，將欲生興而未成物類。』這是指天地剛剛開闢的階段。

2．所謂『有未始有有始者，天氣始下，地氣始上，陰陽錯合，相與優遊，競暢於宇宙之間，被德含和，繽紛蘢蓯，欲與物接而未成兆朕。』這是指天地開闢以前的階段。

3．所謂『有未始有夫未始有有始者，天含和而未降，地懷氣而未揚，虛無寂寞，蕭條霄雿，無有仿佛，氣遂而大通冥冥者也』。這是指天地開闢以前之前的階段。

4．所謂『有有者，言萬物摻落，根莖枝葉，青蔥苓蘢，萑蔰炫煌，蠉飛蝡動，蚑行噲息，可切循把握而有數量』。這是指天地開闢以後的形態。

5．所謂『有無者，視之不見其形，聽之不聞其聲，捫之不可得也，望之不可極也，儲與扈冶，浩浩瀚瀚，不可隱儀揆度而通光耀者』。這是指天地剛剛開闢時的形態。

6．所謂『有未始有有無者，包裹天地，陶冶萬物，大通混冥，深閎廣大，不可爲外，析豪剖芒，不可爲內，無環堵之宇而生有無之根』。這是指天地開闢以前的形態。

7．所謂『有未始有夫未始有有無者，天地未剖，陰陽未判，四時未分，萬物未生，汪然平靜，寂然清澄，莫見其形，若光耀之間於無有，退而自失也』。這是指天地開闢以前之前的形態。

從總體上來看，淮南子通過探究『道』的三個發展階段、四種不同形態來揭示整個宇宙萬物從『無』到『有』的自然演化過程，這大致是符合整部莊子表現在對待『道』的演化問題上的邏輯思路的。但在莊子看來，作爲宇宙最後根源的『道』是一種沒有任何物質屬性和時空形成的超驗存在，而根據俶真訓所謂『氣遂而大通冥冥』等說法，則認爲道與氣似乎本來就是可以混到一起的，這就使『道』在一定程度上獲得了較爲實在的物質屬性。而且更需指出，莊子在齊物論篇中論述了『道』的演化過程及其形態特徵後，即以不可知論對自己的整個論述作了否定的回答：『俄而有無矣，而未知有無之果孰有孰無也。』俶真訓在作了詳盡的闡述後卻不置任何疑惑之辭，從而使自己避免了陷入虛無主義的泥坑，這無疑是對莊子道論的一種超越。

由於淮南子把宇宙萬物都看成是由『道』化生出來的形而下的實體，因而它又反過來得出了『萬物總而爲一』（精神訓）的結論。如俶真訓在推論了『道』的演化過程及其形態特徵後又歸納云：

夫天之所覆，地之所載，六合所包，陰陽所呴，雨露所濡，道德所扶，此皆生一父母而閲一和也。是故槐榆與橘柚合而爲兄弟，有苗與三危通爲一家。夫目視鴻鵠之飛，耳聽琴瑟之聲，而心在雁門之間，一身之中，神之分離剖判，六合之內，一舉而千萬里。是故自其異者視之，肝膽胡越；自其同者視之，萬物一圈也。

從思想淵源上來看，這段話的整個思維框架顯然是承接莊子『道通爲一』的命題而展開的。而『是故』以下這幾句作爲整個論述之結論的話，更幾乎是對莊子原文的襲用：『自其異者視之，肝膽楚越也；自其同者視之，萬物皆一也。』（德充符）然而從本質上來看，『萬物總而爲一』與『道通爲一』畢竟是有所區別的。莊子云：『莛與楹，厲與西施，恢恑憰怪，道通爲一。』（齊物論）這就是說，從相對的觀點來看，諸如小草與大木、醜女與美人以及種種稀奇古怪的事情等等，都是毫無區別的。以此類推，則『萬物皆一也』。而淮南子所謂『萬物總而爲一』的命題，卻在於強調事物之間的連貫性，認爲從『道』爲『物之大祖』（原道訓）的觀點來看，槐榆與橘柚無疑可以合爲兄弟，有苗與三危也就自然通爲一家了。以此類推，則天下所有的事物都被統一到了『道』的裏面，即所謂『萬物一圈也』。這樣來闡述萬物彼此之間的相連關係，也顯然是對莊子相對主義思想的一種超越。

第三節　對莊子無爲論的闡釋

淮南子要略陳述作書的要旨云：『夫作爲書論者，所以紀綱道德，經緯人事。……故言道而不言事，則無以與世浮沉；言事而不言道，則無以與化遊息。』說明在道論的基礎上『言事』，以『言事』發明道論，這正是淮南子一書的宗旨。當然，由於此書編撰的實際主持人是作爲一位侯王的劉安，所以書中所言之『事』，主要是指與治國有關的事。又由於派生天下萬物萬事的『道』是虛無無爲的，因而一部淮南子的主要目的，就是要從道論講到『人事』，從『道』的虛無講到無爲而治：『達於道者，反於清靜，究於物者，終於無爲。』（原道訓）

然而正像漢初其他一些黃老學者的文章一樣，淮南子在論述『無爲而治』的政治思想時，卻也是首先從猛烈抨擊秦代的『有爲』政治入手的。如泰族訓謂秦始皇推行嚴刑峻法的『有爲』政治，其實『非所以爲治也』。齊俗訓還借用莊子則陽中一段文字的大意來批判這種『有爲』政治，指出它的實質就在於『高爲量而罪不及，重爲任而罰不勝，危爲禁而誅不敢』，結果使『民困於三責，則飾智而詐上，犯邪而干免』，哪裏還會有安定的社會呢？淮南子進而指出，『人生而靜，天之性也』（原道訓），尤其是飽嘗過秦代暴政之苦的黎民百姓，他們更渴望著有一個休養生息的機會。因此，作爲代秦而起的漢王朝，就必須遵循道的基本原則，實行無爲而治。那麼，作爲一種無爲而治的理想政治，其具體情形又是怎樣的呢？淮南子描述云：

至人之治也，掩其聰明，滅其文章，依道廢智，與民同出於公。（原道訓）

當此之時，萬民倡狂，不知東西，含哺而遊，鼓腹而熙，交被天和，食於地德，不以曲故是非相尤，茫

茫沉沉，是謂大治。（俶真訓）

當此之時，臥倨倨，興眄眄，一自以爲馬，一自以爲牛，其行蹎蹎，其視瞑瞑，侗然皆得其和，莫知所由生。（覽冥訓）

顯然，這裏的思維模式基本上是與莊子相一致的，所用語句也大多來源於莊子。更確切地說，這就是對莊子所謂的『至德之世』的模擬。但是，淮南子模擬出的這種理想社會，又無疑與莊子的『至德之世』有所不同。如這裏所說的『公』、『是非』等概念，就不應是莊子所謂『至德之世』的人們所曾有的。關於這一點，我們還可再看俶真訓中的一段文字：

至德之世，賈便其肆，農樂其業，大夫安其職，而處士修其道。當此之時，風雨不毀折，草木不夭，九鼎重味，珠玉潤澤，洛出丹書，河出綠圖，故許由、方回、善卷、披衣得達其道。何則？世之主有欲利天下之心，是以人得自樂其間。

這裏的許由、方回、善卷、披衣皆出於莊子，原是莊子心目中的古之得道者。但整段文字所呈現的，卻是一幅描述後世社會的圖畫，與莊子所說的處於蒙昧時代的『至德之世』顯然已有很大的區別。尤其是最後把『至德之世』的出現和存在歸功於『世之主有欲利天下之心』，則更反映出了淮南子主張『無爲而治』的時代特徵。

淮南子對老莊的『無爲而治』思想確實是根據時代的需要而作了積極闡釋的。修務訓云：『或曰無爲者，寂然無聲，漠然不動，引之不來，推之不往，如此者乃得道之象。吾以爲不然。……若吾所謂無爲者，私志不得入公道，嗜欲不得枉正術，循理而舉事，因資而立權，自然之勢，而曲故不得容者，事成而身弗伐，功立而名弗有，非謂其感而不應、攻而不動者。』我們知道，在早期的道家著作中，莊子一書談到絕對無爲的地方最多。如天道篇『虛靜恬淡寂漠無爲者，天地之平而道德之至也』等等，都無不表達了這一絕對無爲的思想。由此看來，淮南子所謂『或曰』云云，所指的當爲莊子的言論。而所謂『吾以爲不然』，則明確表示其對莊子的絕對無爲思想不敢完全苟同，因此就從『人事』的實際出發，以積極的態度對『無爲』的內涵作了創造性的闡釋。

在淮南子看來，『無爲』的涵義主要應該包括以下幾個方面的內容：

1．所謂無爲，謂『私志不得入公道』，也就是上文提到的『世之主有欲利天下之心』、『與民同出於公』的意思。可是在莊子那裏，其雖稱美『道不私』、『道者爲之公』是最徹底的『無爲而無不爲』（見則陽），但對於像『服恭儉，拔出公忠之屬而無阿私』一類有意識的行爲卻給予了徹底的否定，認爲它與無爲政治的根本原則相違背，只會引發出人們的『賊心』（見天地）而使天下大亂。由此可見，淮南子對先秦道家無爲論的闡釋正是本著漢初新興地主階級積極進取精神的，因而在理論上獲得了較大的突破。

2．所謂無爲，謂『循理而舉事』。原道訓云：『所謂無爲者，不先物爲也；所謂無不爲者，因物之所爲；所謂無治者，不易自然也；所謂無不治者，因物之相然也。』可見，所謂無爲而無不爲，就是要按照萬物的自然本性去辦事。原道訓又云：『人生而靜，天之性也；感而後動，性之害也。……故達於道者，不以人易天。』這是說，人類的天性是好靜的，如果以外力去強行干預它，那就非常有害了。因此，明白道的人就絕不會以人爲的力量去改變事物的天然本性。無可否認，這番話實際上就是對莊子『無以人滅天』（秋水）命題的闡發，但它又揚棄了莊子命題中消極順應自然的思想因素。修務訓還以馬爲喻來發揮其『不以人易天』的思想：『夫魚者躍，鵲者駮也，猶人馬之爲人馬，筋骨形體，所受於天，不可變。以此論之，則不類矣。夫馬之爲草駒之時，跳躍揚蹄，翹尾而走，人不能制。……及至圉人擾之，良御教之，掩以衡扼，連以轡銜，則雖歷險超塹弗敢辭。故其形之爲馬，馬不可化；其可駕御，教之所爲也。』我們知道，莊子秋水通過以『牛馬』設喻而引出了『無以人滅天』的命題，而馬蹄篇又對這一命題展開了全面而深入的闡述，認爲凡『加之以衡扼，齊之以月題』等等，都是對『馬之真性』的戕害，都是『伯樂之罪』。淮南子接過莊子中的這一命題後，卻對它進行了一定的改造，從而提出了一個『不以人易天』的新命題。這個新命題認爲，馬與魚、人都不一樣，它的本性是『跳躍揚蹄，翹尾而走』。

人們順著它的這一本性而『掩以衡扼，連以轡銜』，使之能夠『歷險超塹』而『可駕御』，這就是『不以人易天』的『教之所爲』。由此可見，淮南子的闡釋目的就是要把因任自然與發揮人的能動作用統一起來，以便爲漢初最高統治者提供一套適應當時社會實際情況的治國理論。

3．所謂無爲，謂『曲故不得容』。高誘注：『曲故，巧詐也。』從這一意義上來說，無爲就是無僞，即以『其童蒙之心而覺視於天地之間』（俶真訓），與天下萬物保持和諧的關係，以至於『烏鵲之巢可俯而探也，禽獸可羈而從也，豈必褒衣博帶句襟委章甫哉！』（氾論訓）然而在淮南子看來，上古人類的這種無爲、無僞的本性卻隨著社會的衰敗和『俗世之學』的出現而喪失殆盡：『及周室之衰，澆淳散朴，雜道以僞，儉德以行，而巧故萌生。……儒墨乃始列道而議，分徒而訟。於是博學以疑聖，華誣以脅眾，弦歌鼓舞，緣飾詩、書，以買名譽於天下。繁登降之禮，飾紱冕之服，聚眾不足以極其變，積財不足以贍其費。於是萬民乃始懶觟離跂，各欲行其知僞，以求鑿枘於世而錯擇名利。是故百姓曼衍於淫荒之陂，而失其大宗之本。夫世之所以喪性命、有衰漸以然，所由來者久矣。』（俶真訓）這裏，淮南子批判的矛頭主要指向了儒家所大力提倡的仁義禮樂。它還以樹木設喻，進一步指出了仁義禮樂這些末世產物對人類自然無僞的本性所造成的危害：『仁義立而道德廢矣。百圍之木，斬而爲犧尊，鏤之以剞劂，雜之以青黃，華藻鏄鮮，龍蛇虎豹，曲成文章。然其斷在溝中，壹比犧尊、溝中之斷，則醜美有間矣，然而失木性鈞也。是故神越者其言華，德蕩者其行僞。』（同上）其實，從上述淮南子對仁義禮樂的批判來看，其理論基礎仍不外是莊子的自然主義無爲論，以及由此出發而徹底否定儒家所提倡的仁義禮樂的基本思想。即使是批判時所使用的語言和典故，也大多援引於莊子。如『烏鵲之巢』云云，引自馬蹄篇；『澆淳散朴』云云，出自繕性篇；『博學以疑聖』云云，及『斷木』、『犧尊』之喻，皆本之天地篇。然而，淮南子卻比莊子顯得現實一些，認爲既然處於衰世，則當『持以道德，輔以仁義』（覽冥訓），從而在一定程度上承認並肯定了仁義禮樂在現實政治中的輔助作用，這又是對莊子無爲思想的一種超越。

第四節　對莊子修養論的闡釋

在淮南子看來，無爲政治能否得到真正的實行，關鍵就在於君主的修養如何。因此，圍繞著君主的修養問題，淮南子便作了一系列的論述。而這一論述的展開，則又基本上表現爲對老莊有關思想資料的大量引述和創造性的闡釋。

衆所周知，老莊的君主修養論，其基本精神就是要求君主做到清靜寡欲，甚至把生死都置之度外。淮南子繼承了這一基本思想，並且作了一定的發揮。如精神訓的作者因有鑒於『人主』『窮耳目之欲而適躬體之便』的現象，便接過老莊的基本觀點說：『輕天下則神無累矣，細萬物則心不惑矣，齊死生則志不懾矣，同變化則明不眩矣。』並舉例論述云：『鄭之神巫相壺子林，見其徵，告列子。列子行泣報壺子。壺子持以天壤，名實不入，機發於踵。壺子之視死生亦齊矣。子求行年五十有四而病傴僂，脊管高於頂，𦚾下迫頤，兩髀在上，燭營指天，匍匐自窺於井曰：「偉哉造化者！其以我爲此拘拘邪？」此其視變化亦同矣。故……原壺子之論乃知死生之齊也，見子求之行乃知變化之同也。』壺子、子求的故事分別出自莊子中的應帝王、大宗師，前者原在說明帝王治世當虛己無爲、立乎不測的道理，後者則在指出悟道者不能以生死存亡累其心。淮南子引述這二則故事後，卻從齊同生死變化的角度加以新的闡釋，從而說明『人主』連生死變化都不應該放在心上，更何況是『耳目之欲』、『躬體之便』！淮南子認爲，君主如果能夠堅持這一修養原則，那就達到了清虛自守、卑弱自持、廉儉守節，即詮言訓所引莊子應帝王篇所謂『不爲名尸，不爲謀府，不爲事任，不爲智主，藏無形，行無跡，遊無朕』的境界，因而也就會出現『洞然無爲而天下自和，憺然無欲而民自朴』（本經訓）這一『無爲而無不爲』的政治局面。

其次，淮南子還要求君主忘掉虛假的仁義與並非本於人情的禮樂，以此作爲加強其道德修養的又一項重要措施。如道應訓引述莊子大宗師中顏回的故事說：顏回通過認真的自我修養，就由『忘禮樂』而『忘仁義』，由『忘仁義』而至於『坐忘』，最後達到了『隳支體，黜聰明，離形去知，洞於大通』的審美境界。淮南子認爲，『今世之爲禮者恭敬而忮（謂內懷忌恨），爲義者佈施而德（謂自以爲有德），君臣以相非，骨肉以生怨，則失禮義之本也』（齊俗訓），因此，君主如果能像顏回那樣進行自我修養，忘掉虛僞有害的仁義與禮樂，那就『能如嬰兒』（道應訓）一樣，以一顆完全純真的心靈去對待天下，哪裏還會有『恭敬而忮』、『君臣相非』等現象的出現呢？

從上面的論述中我們可以看出，淮南子的修養論主要是一種偏重於精神修養的理論。關於這一點，它曾明確表述云：『治身，太上養神，其次養形；治國，太上養化，其次正法。神清志平，百節皆寧，養性之本也；肥肌膚，充腸腹，供嗜欲，養之末也。』（泰族訓）從這一基本思想出發，它還批評了當時某些人只知保養形體的做法：

若吹呴呼吸，吐故內新，熊經鳥伸，鳧浴猿躩，鴟視虎顧，是養形之人也，不以滑心。（精神訓）

這段話本之莊子刻意：『吹呴呼吸，吐故內新，熊經鳥申，爲壽而已矣。此道引之士，養形之人，彭祖壽考者之所好也。』由此說明，淮南子不但接受了莊子修養論的基本觀點，而且還更強烈地要求人們不要被社會上養形之人的行爲滑亂自己那顆純真無瑕的心靈。當然，淮南子像莊子一樣，對於那種隱士式的內修精神的方法也是表示反對的。如人間訓根據莊子達生中的思想資料改編出了這樣一則故事：『單豹倍世離俗，巖居谷飲，不衣絲麻，不食五穀，行年七十，猶有童子之顏色，卒而遇饑虎，殺而食之。張毅好恭，過宮室廊廟必趨，見門閭聚衆必下，廝徒馬圉，皆與伉禮，然不終其壽，內熱而死。豹養其內而虎食其外，毅修其外而疾攻其內。』這說明，像張毅那種好禮飾形的養形方法固然爲得道者所鄙棄，但像單豹這種隱居內修的養神方法也顯然是不可取的，故前者『不終其壽，內熱而死』，後者雖『行年七十』，卻也『卒而遇饑虎，殺而食之』，都成了淮南子作者心目中不善修養的代表人物。

王德之人，此心恬素而往，以通曉事務爲恥，但立之本原，得其要道，而其知自與神明通，故其德廣大而足以王天下。此又從人心上說來，其心之出，有物采之，即所謂『人生而靜，天之性也；感於物而動，性之欲也。』吾儒說得平坦，莊子說得痛口耳。形非道不生，生非德不明，老莊之所謂道德，不可以吾儒之見解之。蕩蕩，廣大難名之狀。至於忽然出，勃然動，而萬物從之，方見其爲王德之人也。……道之妙處，其與萬物應接，亦變化無窮。至虛無一物，而能供人之所求時，復馳騁而終有歸宿之地，或大而忽然小，或長而忽然短，或短而又忽然修且遠，所謂王德之人，蓋如此。

在羅勉道看來，像莊子所說的王德之人『其心之出，有物采之』（謂王德之人的心有所活動，是因外物的交感而引起的）這樣的話，大約就是儒家經典禮記樂記所謂『人生而靜，天之性也；感於物而動，性之欲也』的意思，只不過是吾儒說得明白直率，而莊子卻以極口形容的方式來表述罷了。然而，對於莊子思想中像『道德』這樣的關鍵性概念，是絕對『不可以吾儒之見解之』的。因爲『道』之妙，變化無窮，不可名狀，而『王德之人』的德性大致也『如此』，又怎麼可引『平坦』的『儒家正理』來加以解說呢？羅勉道這裏確實揭示出了儒、道二家在學説本質方面的巨大差異，因而他在反對『強附儒家正理』的重要前提下爲莊子所作的闡釋，大致可謂是『循其本指』了。

總之，羅勉道在屏除清談、禪理、儒學之牽聯附會的大前提下來尋繹莊子本旨，確實比較有效地達到了他『庶幾循其本指』的預期目的，從而在一定程度上糾正了前人，尤其是宋人在闡釋莊子過程中所存在著的一些偏頗。當然，羅勉道在糾正前人的一些偏頗時，他自己的闡釋活動又不免出現了另一方面的偏頗，這主要表現爲以道教的一些思想觀念來闡釋莊子。如他在解釋德充符篇『登假』一詞時說：『登假，猶言升仙，升至於天也。』在解釋齊物論篇『瞿鵲子問乎長梧子』一段文字時說：『此是長梧子與瞿鵲子說妙道語。道家烹煉，以日月爲藥材，以宇宙爲鼎器，故丹經有手搦烏兔、宇宙在身之說。……聖人獨抱一守中，如愚蒙然，參合萬歲之運而一成其純全之功。丹經火候蹙三萬六千日之工程於一時，正此之謂。』正如簡光明先生在羅勉道南華真經循本綜論中所指出，莊子運用神話或寓言的方式來表達自己的思想，原來並無宗教意義，而羅勉道卻不認爲那是神話或寓言，便以道教的觀點指實之，可見這並不是一項『循其本指』的闡釋活動。

二、顧其字句、行文特徵以尋繹莊子本旨

羅勉道在南華真經循本釋題中說：『莊子爲書，雖恢恑譎怪，佚宕於六經外，譬猶天地日月，固有常經常運，而風雲開闔，神鬼變幻，要自不可闕，古今文士，每每奇之。』正因爲莊子是這樣的一部書，所以羅氏就要求顧其字句、行文等特徵，以便更好地尋繹出莊子本旨。

在羅勉道看來，莊子中的字義句意，或名物典故，往往不能以常法求之。如他在解釋齊物論篇『怒者其誰邪』時說：『許多變態皆其自取其怒而出者，果誰爲之邪？「怒」字不可專作「喜怒」解，言許多變態暴怒出來，如風之猛厲而衆竅暴怒也。』這裏把『怒』字訓釋爲『暴怒』，與馮友蘭先生在論莊子①一文中所說的『發動』之義大致相當，是比較接近莊子本旨的。在解釋逍遥遊篇『北冥有魚，其名爲鯤，鯤之大不知其幾千里也』時說：『爾雅云：「凡魚之子，總名鯤。」故内則「卵醬」讀作「鯤」。魯語亦曰：「魚禁鯤鮞。」皆以鯤爲魚子。莊子乃以至小爲至大，此便是滑稽之開端。』這裏旨在告訴人們，鯤本爲小魚，莊子卻用作大魚之名，此便是莊子全書滑稽之開端，怎麼可以尋常之法解之呢？然求之古代典籍，鯤確實爲魚名無疑，則這一作爲全書滑稽之開端的說法又並非無稽之談。無可否認，羅勉道的這些解說確實頗有見地，而且相當符合實際。關於莊子許多說法並

① 莊子哲學討論集，中華書局1962年版。

非無稽之談這一點，羅勉道在南華真經循本釋題中還曾有這樣一番論述：

顧其句法字面，自是周末時語，有非後世所能悉曉，然尚有可徵者。如正獲之問於監市履狶，乃大射有司正、司獲，見儀禮；解之以牛之白顙者，與豚之亢鼻者，與人有痔病者，不可以適河，乃古天子春有解祠，見漢（書）郊祀志；唐子乃掌堂途之子，猶周王族之適子稱門子；義臺乃儀臺，鄭司農云：『故書「儀」但爲「義」。』其脰肩肩，乃見考工記梓人爲磬虡數目顧脰，肩即『顧』字。如此類不一，而士無古學，不足以知之。

羅勉道在這裏指出，知北遊、人間世、徐無鬼、馬蹄、德充符五篇中所謂的『正獲之問於監市履狶』、『解之以牛之白顙者，與豚之亢鼻者，與人有痔病者，不可以適河』、『其求唐子也而未始出域』、『雖有義臺、路寢，無所用之』、『其脰肩肩』云云，雖然不無寓言性質或滑稽成分，然求之古代名物制度，卻又『尚有可徵者』，這一點『有非後世所能悉曉』，因而人們解讀莊子，還應該掌握『古學』，懂得古代名物制度，方可『循其本指』，尋找到莊子的真意所在。羅勉道的這些說法，無疑很值得重視。

所謂『顧其句法字面』，也包括了要求人們應注意莊子行文特徵的意思。因爲在羅勉道看來，莊子爲文，『恢恑譎怪，佚宕於六經外』，過去的解說者往往不能勘破其奧妙，以致嚴重影響了他們對莊子本旨的正確理解。如他在逍遥遊篇『故曰至人無己，神人無功，聖人無名』下說：

舊解以此三句爲上文結句，不知乃是下文起句。上既次兩等人，化之小者；此卻次三等人，化之大者。大而化之謂聖，聖而不可測之謂神，至者神之極。三等亦自有淺深，無功則事業且無，何有名聲？無己則並己身亦無，何有事業？下文逐一證之：許由，聖人也；藐姑射，神人也；四子，至人也。

據現存的有關資料來看，唐成玄英首先注意到了『故曰至人無己』等三句的用意及行文結構特徵，認爲『此三人者，則是前文乘天地之正、御六氣之辯人也。欲結此人無待之德，彰其體用，乃言「故曰」耳。』（莊子注疏）南宋林希逸接著説：『若夫乘天地之正理，御陰、陽、風、雨、晦、明之六氣，以遊於無物之始，而無所窮止，若此則無所待矣。此乃有跡、無跡之分也。至於無跡，則謂之至人矣，謂之神人矣，謂之聖人矣。無己、無功、無名，皆言無跡也。特下三句讚美之，又讚美之也。』總之，羅勉道之前的舊解僅以『故曰』三句爲上文結句，而還『不知乃是下文起句』。羅勉道卻勘破其奧妙，明確指出此三句的關鍵作用在於領起下文，遂使後人對於逍遥遊全文的思想内容和邏輯結構有了一個完整的認識。如清宣穎説：『「至人無己」三句，後面整用三大截發明之。……前極參差變化，後獨三截分應，澹宕住筆而餘音嫋然，真浸淫不制之文。』（南華經解）確實，只有沿著羅勉道的思路去思考，把『至人無己』三句看成是領起下文的『起句』，才能深刻認識到此後的文字是分别用來發明這三句話的，才能真正體會到逍遥遊一文『前極參差變化，後獨三截分應，澹宕住筆而餘音嫋然，真浸淫不制之文』的邏輯結構和藝術特徵，並進而尋找到莊子的命意所在。羅勉道指出，莊子行文的又一特徵是『綴上』、『起下』。如他在逍遥遊篇『小知不及大知，小年不及大年』下説：

二『知』字皆平聲，綴上『知』字起下，莊子文法多如此。二蟲之所以笑鵬者，只爲所知之小不及鵬所知之大耳，因借小年大年以喻小知大知。

羅勉道這裏的意思是説，『小知不及大知』一句既總結了上一段文字（『綴上』），又十分自然地引出了『小年不及大年』一語作爲陪襯（『起下』），而此一語又是總括下面一大段文字的，則自『奚以知其然也』至『不亦悲乎』這番話，全部只是上文所述『小知不及大知』一番意思的陪襯而已。清劉鳳苞沿著羅勉道的這一基本思路，進一步發揮説：『「小知不及大知」，此句是正文；「小年不及大年」，此句是陪襯上句。……適近者不能知遠，彼二蟲豈足以知大鵬，便是「小知不及大知」榜樣。二語點醒正文，卻添入「小年」一句，拖帶下文，便如赤城霞起，另闢奇觀，迥非尋常意境。』（南華雪心編）確實，正是羅勉道的獨特見解給後人以新的啟迪，使他們再一次領略到莊子散文洸洋恣肆的藝術意境，從而勘破這一行文特徵，並牢牢把握住了此處的正文正意。此外，羅勉道有時還把顧及全篇的行文特徵與顧及全篇的章節結構特徵結合起來，以便『庶幾循其本指』，真正找到全篇宗旨所在。如他在齊物論篇末說：

> 南華第二篇，世稱難讀，今析爲三大段。自『南郭子綦隱几而坐』至『旦暮得此，其所由以生乎』爲第一段，於中小分三節，初述子綦師弟子問答之辭，次地籟，次天籟。自『非彼無我』至『此之謂葆光』爲第二段，於中小分五節，初因子綦天籟之説言人有真宰而芒昧不知，第一節以後多摘公孫龍之辯，第二節摘是非，第三節摘彼是，第四節摘非指非馬，第五節推其弊不若無言爲尚。自『堯問於舜』至篇末爲第三段，不過引證以終前段之意，佈置亦如前篇，於中小分四節，第一節言德之進乎日，所以申前『以明』之意，第二節言至人超乎生死之外，何有是非？第三節言道亦不必修，何有是非？第四、第五說兩個譬喻，只就人身上有不能知，安能知是非？故惟有聽物之不齊而自齊耳。

齊物論一文，綫索隱密，義旨深奥，十分難讀。而據現存的有關資料來看，在羅勉道之前尚無人以一段完整的文字對它全篇的行文特徵和章節結構特徵作過這樣有條理的分析。我們應當承認，不管羅勉道的這些分析是否完全正確，但他以此來尋繹篇中各章節之間的思想聯繫，探究全篇的主旨所在，其方法無疑是可取的，對明清學者的莊子研究事實上也是起到了良好的示範作用。

總之，羅勉道因有見於莊子爲文『恢恑譎怪，佚宕於六經外』等特徵，而把對莊子本旨的尋繹結合到『顧其句法字面』、探究其行文特徵等一系列過程中來進行，這就收到了較好的闡釋效果，也爲後世的莊子研究提供了一定的成功經驗。

第二節　執『化』字以尋繹逍遥遊的義旨

胡適指出：『天下篇論莊子哲學的第一段便説：「寂漠無形，變化無常。死與生歟？天地並歟？神明往歟？芒乎何之？忽乎何適？萬物畢羅，莫足以歸。古之道術有在於是者，莊周聞其風而悦之。」可見莊子哲學的起點，只在一個萬物變遷的問題。』①變化觀念確實是莊子哲學中的一個十分重要的内容。如莊子書中所謂『萬物化作』（天道）、『萬物皆化』（至樂）、『天地雖大，其化均也』（天地）、『今彼神明至精，與彼百化』（知北遊）、『若人之形者，萬化而未始有極也』（大宗師）、『莊周夢爲蝴蝶，……此之謂物化』（齊物論）、『萬物皆種也，以不同形相禪』（寓言）等等，凡此都是莊子用來表達其對萬物變化的看法的。莊子進而認爲，既然變化是『道』賦予宇宙間一切事物的最基本特徵，那麽人們也就應該『日與物化』（則陽），以委運任化爲逍遥遊了。如他説：『浸假而化予之左臂以爲雞，予因以求時夜；浸假而化予之右臂以爲彈，予因以求鴞炙；浸假而化予之尻以爲輪，以神爲馬，予因以乘之，豈更駕哉！且夫得（謂生）者時也，失（謂死）者順也，安時而處順，哀樂不能入也，此古之所謂縣解也。』（大宗師）説明在莊子看來，假如真能一任大道的運化，爲雞、爲彈、爲輪、爲馬，都無不可，那也就在精神上達到逍遥遊境界了。

羅勉道在南華真經循本釋題中自謂其爲莊子尋繹本旨是在『蚤遂退閑』之後，這説明他是在經歷了仕途失意或宋末鼎革動亂的巨大變化後，乃退而著南華真經循本一書的。正由於諸如此類的原因，所以他在解説過程中自然會對莊子的變化觀予以特别關注。如他在解釋逍遥遊篇鯤『化而爲鳥』之『化』字時説：『篇首言鯤化

① 中國哲學史大綱第九篇莊子，商務印書館1919年版。

而爲鵬，則能高飛遠徙。引喻下文，人化而爲聖，爲神，爲至，則能逍遥遊。初出一「化」字，乍讀未覺其有意，細看始知此字不閑。』對於這一作爲莊子全書首次出現的『化』字，前人確實都未能從中看出有什麼特殊意義，而羅勉道卻『知此字不閑』，說明他一開始就與莊子關於『萬物皆化』的思想發生了共鳴。在此後的整個解說過程中，羅勉道對莊子的變化觀始終予以高度重視，有時甚至還以自己的所見所聞來論證莊子所說『物化』現象的可信性。如他在解釋至樂篇『萬物皆出於機，皆入於機』一段文字時說：『萬載有老人言，曾見一蟲可五寸長，其後尚有寸許是竹根未變，得非所謂青寧者乎？余寓安鄉，親見燈下一白蛾投燈，忽尾後一個復一個，非出孕育，乃是虛空幻化。又見洞庭湖中有明山，山頂有禹廟，山崦多人家，每歲季春，鵪鶉充斥廟宇及人家，以竹帚撲取，醃以爲酢，商人先期予直，及期徵收，有未變尚存一半鼠形者，即月令所謂田鼠化爲鴽也。以此觀天地間變化何限，未可以耳目所不及疑之。』在羅勉道看來，變化既然是宇宙間一切事物的普遍現象，那麼隨物變化也就是莊子所說的逍遥遊了。他之所以要以『化』字來貫穿逍遥遊全篇，『庶幾循其本指』，尋找到莊子的命意所在，其主要原因正在於此。他在逍遥遊篇末有這樣一段總結性的話：

此篇以逍遥遊名，而終篇貫串只一『化』字。第一段，言鯤、鵬、蜩、鳩、斥鴳之化，大小不同，故其飛有高下。第二段，言人之化亦有大小不同，故其爲逍遥遊有優劣。第三段，言人能因無用而化爲有用，則亦可以逍遥遊。夫天之所賦，各有定分，豈可強同蜩、鳩、斥鴳於鯤、鵬哉！而人則無智、愚、賢、不肖，皆可以階大道，然亦有自視若蜩、鳩、斥鴳者焉。故於篇終曉之曰：人雖如呺然難舉之瓠、擁腫卷曲之樗，苟能因其資質用之，隨事而化，豈失其爲逍遥遊哉！

在莊子學史上，像羅勉道這樣來尋繹莊子逍遥義確實是前無古人的。下面，我們再結合他在篇中所作的另一些注語來進一步展示他以『化』字闡釋逍遥遊篇義旨的具體情形。

羅勉道在闡釋『鯤化爲鵬』寓言時說：『鯤言大不知幾千里，鵬言背不知幾千里，質之大者化益大也。

……曰「南冥者天池」，又曰「窮髮之北有冥海者天池」，蓋爲「冥海」二字猶未盡極遠之義，又申之曰「天池」，則方見是海水際天處，以見鵬飛從海之極北過海之極南，如此其遠也。……鵬起北冥而徙南冥，經行半周天之里數，故止消半年而息，以見鵬飛亦合天度也。』這就是說，其大不知幾千里的鯤化爲其背不知幾千里的鵬，這是化之大者，所以鵬能夠從海之極北過海之極南，經行半周天之里數而亦『合天度』，此即爲優等的逍遥遊。但蜩、鳩、斥鴳卻不能達到這種境界，因爲它們實在是化之小者。羅勉道說：

月令『仲春鷹化爲鳩』，王制『仲秋鳩化爲鷹』。左傳『爽鳩氏』，杜注：『鷹也。』亦以二物相化，故鳩可名鷹。二蟲能化而小，故以與鯤、鵬相形。……鴳即鴽，鴽即鶉。月令『季春田鼠化爲鴽』，是鴳亦化之小者，故以比蜩、鳩。又就海濱討個小小變化之物，引證蜩、鳩笑鵬之說。夫鳩之化也，已失其鷙擊之習；蜩之化也，僅脱於污泥之中，低飛榆枋，無復遠見。

羅勉道在這裏指出，各種文獻記載無不表明，蜩、鳩、斥鴳都是『化之小者』。而且他在解説至樂篇時說，他還在洞庭湖明山上親眼見過，『季春，鶴鶉充斥廟宇及人家，以竹帚撲取，醃以爲酢，商人先期予直，及期徵收，有未變尚存一半鼠形者，即月令所謂田鼠化爲鴽也。』在羅氏看來，正因爲蜩、鳩、斥鴳無不屬於『化之小者』，這就決定了它們都只能屬於劣等的逍遥遊，與大鵬『經行半周天』而亦『合天度』的逍遥境界形成了鮮明的對比。所以他說：『鯤、鵬、蜩、鳩、斥鴳之化，大小不同，故其飛有高下。』

羅勉道進一步指出，莊子說鯤、鵬、蜩、鳩、斥鴳之化，目的只是爲議論『人』作個譬喻而已，因而他在『故夫知效一官』下解釋說：『前一段是先設一個譬喻，此一段卻從人身上議論。』那麼，莊子是如何把鯤、鵬、蜩、鳩、斥鴳之化與人聯繫起來的呢？羅氏說：

設爲蜩、鳩笑鵬之辭，凡人之以小見而笑大道者，何以異此！……其竊笑固亦無怪，殆猶窮鄉下士，烏識大人君子之前！斥鴳雖賦質微小，不出蓬蒿，然生於海濱，宇宙之大，風月之浩蕩，亦飫見而孰知之矣，乃亦妄訕大鵬。其於人也，遊聖人之門而下愚不移，自暴自棄者歟？……説蜩、鳩、斥鴳變化之小而反笑鵬之九萬里，凡言『九萬里』者四，大意只解説此句，要見天池距天實有九萬里，太虛寥廓，神遊無礙，以破世俗淺陋之見，而豁其逍遙之胸次。

依據羅勉道這裏的説法，蜩、鳩、斥鴳這些『化之小者』，是用來比喻『凡人之以小見而笑大道』、『窮鄉下士』、『遊聖人之門而下愚不移』等『世俗淺陋』之人的。具體説來，就是指『知效一官，行比一鄉，德合一君而徵一國者』，因爲在羅勉道看來，『此一等是小見之徒，與蜩、鳩、斥鴳何異！』而對於『宋榮子』、『列子』，羅勉道則説：

『前一等人是以小笑大，宋榮子卻笑前一等人，是以大笑小。且者，不特能笑前一等人，且能如下文所云也。未數數，不汲汲也；樹，立也。宋榮子不惑於人之毀譽，而內外之分、榮辱之境，了然胸中，以爲吾之自守，如此足矣。此一等人，雖不汲汲於世，猶未能卓然自立也。……致福者，待風而後能行，風起則是其福。未數數然者，不汲汲於得風以爲福也。……列子固勝宋榮子矣，然猶有所待。此一等人，猶未盡化。』説明在羅勉道看來，宋榮子雖然勝過『知效一官，行比一鄉，德合一君而徵一國者』，列子復又勝過宋榮子，但前者『猶未能卓然自立』，後者『猶未盡化』，都好像只能達到一種略高於蜩、鳩、斥鴳而又不及大鵬的逍遙遊境界。那麼，什麼樣的人才能像大鵬那樣達到優等的逍遙遊境界呢？羅勉道在『故曰至人無己』等三句下説：

上既次兩等人，化之小者。此卻次三等人，化之大者。大而化之謂聖，聖而不可測之謂神，至者神之極，三等亦自有淺深。無功則事業且無，何有名聲？無己則並己身亦無，何有事業？下文逐一證之：許由，聖人也；藐姑射，神人也；四子，至人也。

羅勉道指出，莊子在上面依次敍説了『知效一官、行比一鄉、德合一君而徵一國者』與宋榮子、列子兩等『化之小者』後，這裏便進一步排列出至人、神人、聖人三等『化之大者』。羅氏説，『大而化之謂聖，聖而不可測之謂神，至者神之極』，他們『乘天地之正，而御六氣之辯，以神遊無極者，無非取之吾身，又何待於外！』但在這『化之大者』的三等人之中，至人所達到的逍遥境界最爲高妙，神人則次之，聖人又次之。因爲，『無功』的神人連『事業且無』，則自然已高出『無名』的聖人。而至人『並己身亦無，何有事業』，則又不是神人所能比擬。那麽，這三等人具體指哪些人呢？羅勉道明確指出：『下文逐一證之：許由，聖人也；藐姑射，神人也；四子，至人也。』這三等人，與上文所提到的宋榮子、列子，尤其是與『知效一官、行比一鄉、德合一君而徵一國』的『化之小者』形成了鮮明的對比，正所謂『人之化亦有大小不同，故其爲逍遥遊有優劣』。這裏，羅氏破天荒地提出以『至人無己』爲逍遥遊最高境界的見解，正是對前人以『至人』、『神人』、『聖人』三者平列的傳統觀念的大膽否定①，從而爲後人詮釋莊子逍遥義提供了一種嶄新的思維方法。如清初宣穎説：『逍遥遊主意，只在「至人無己」，無己所以爲逍遥遊也。……順手點出三句，究竟又只爲「至人無己」一句耳。「神人無功」、「聖人無名」，都是陪客。』（南華經解）清末劉鳳苞説：『神、聖之稱以無功、無名爲極則，而使人共見爲神、聖，不若至人之相忘於無己也。故神、聖在至人之下，無己而功名不足言已。』（南華雪心編）所有這些説法，皆可看成是承因羅勉道的有關説法而來的。

在羅勉道看來，莊子最後撰寫出關於惠子與莊子辯難大瓠、不龜手之藥、樗樹、狸狌諸物的寓言故事，其實是要説明，只要人們『隨事而化』，都可以得到逍遥遊。如他在闡釋有關惠子與莊子辯難大瓠、樗樹二物的文字時説：

此言一器之用而未化，若以之浮游江湖，則化矣。……此言一木之用而未化，若樹之無何有之鄉、廣莫之野，則化矣。

十分明顯，這裏的意思是説，『人雖如呺然難舉之瓠、擁腫卷曲之樗，苟能因其資質用之，隨事而化，豈失其爲逍

---

① 如成玄英説：『至言其體，神言其用，聖言其名。故就體語至，就用語神，就名語聖，其實一也。』（莊子注疏）

遥遊哉！』正所謂『人能因無用而化爲有用，則亦可以逍遥遊』。

無可否認，羅勉道把『化之大者』、『化之小者』區分爲優等的逍遥遊與劣等的逍遥遊，並對劣等的逍遥遊表示出了極端鄙視的態度，但仍承認這種劣等的逍遥遊也不失爲逍遥遊之一種，認爲『夫天之所賦，各有定分，豈可強同蜩、鳩、斥鴳於鯤、鵬哉』，這説明他的逍遥遊思想不免受到了向秀、郭象所謂『大鵬之上九萬，尺鴳之起榆枋，小大雖差，各任其性，苟當其分，逍遥一也』①思想觀念的影響。然而，羅勉道對蜩、鳩、斥鴳的劣等逍遥遊畢竟採取了極端鄙視和基本否定的態度，而對於大鵬的優等逍遥遊，也比向秀、郭象更明確地指出了其『有所待』的性質。如他説：『鵬之所以必飛上九萬里者，要藉風力之大，方能遠徙。以水喻風，以舟喻鵬，水不厚則負大舟無力，風不厚則負大翼無力，故九萬里高則風在下，力厚盛得許大，背負青天則天路空闊，無有妨害。鵬惟培得此風，方可圖南。……「野馬」以下，所以申明可至九萬里之理。』説明在羅勉道看來，鵬之所以能高飛遠徙全在於『藉風力之大』，莊子以大舟、野馬、塵埃等物作比喻正是爲了證明這一點，因而它的優等逍遥遊雖説大致可看成是與至人、神人、聖人的『無不化』的逍遥遊屬於同一層次上的逍遥遊，但在實質上仍是存在著一定差距的。由此可見，羅勉道的逍遥遊思想又已明顯地超越了向秀、郭象的思想觀點。而且，羅氏依循『化』字來闡釋莊子逍遥義，這對於兩宋人闡釋莊子逍遥義大多拘拘於易學象數派理論的學術思潮來説無疑是一次深刻的革命，其意義更是不可低估。

① 世説新語文學劉孝標注引向秀、郭象逍遥義。

第三節　創『二十六篇』說以修正蘇軾的真僞觀

羅勉道曾在逍遥遊篇題下說：『内、外、雜篇猶前、後、續集爾，初無異義。……内篇皆先立篇名而篇中意不出此，外篇與雜篇惟摘篇首字以名之，蓋内篇命意已足，外篇、雜篇不過敷演其說爾。』說明在羅氏看來，莊子内、外、雜篇的義理大致相同，但内篇是命題作文，而外、雜篇則只是摘取篇首數字作爲題目，各篇的内容也大都不過是對内篇義理的進一步敷演而已①。羅勉道還在應帝王篇末指出，由於内篇七篇『皆是先命篇名而作』，所以其『文字最爲精密』。相反，外、雜篇作爲『惟摘篇首字以名之』、『不過敷演其說』的篇章，其文字一般都顯得比較粗淺，而且還混進了他人的一些淺陋文字。他在解釋天地篇兩『夫子曰』時說：『竊謂前一段是插入僞撰，是以有兩「夫子曰」，文意深淺自粲然可見，當删之。』在山木篇『南越有邑焉』一段文字下說：『此是後人參入，且文字淺陋，必非莊語。』在在宥篇最後一節文字下說：『此章意淺語囁，必狗尾之續貂。』從這裏可以清楚地看到，羅勉道據以判定莊子章節真僞的標準主要是看其文字是否『淺陋』，說明他的這一真僞觀已與蘇軾在莊子祠堂記中以是否『若真詆孔子者』、『淺陋不入於道』爲標準的真僞觀大爲不同。但更爲不同的，主要還是表現在羅氏以他的『二十六篇』說來修正蘇軾的真僞觀上。他在逍遥遊篇題下說：

按漢(書)藝文志『莊子五十二篇』，郭象固已辨其巧雜十分有三。今所存三十三篇，東坡蘇氏又黜讓王、盗跖、說劍、漁父，而以列禦寇接寓言之末，合爲一篇，其說精矣。然愚尚謂刻意、繕性亦復膚

---

① 羅勉道在外篇首篇駢拇題下也說：『前七篇皆特撰篇名，終篇此意。此後皆摘篇首之字以名之，初無特意，不過敷演前義耳。』

淺非真，宜定爲二十六篇。

羅勉道在寓言篇『陽子居南之沛』一段文字下也説：『今依東坡蘇氏説，删去讓王、盜跖、説劍、漁父四篇，而接「列禦寇之齊，中道而反，遇伯昏瞀人」，合爲寓言全篇。』誠然，羅勉道把寓言與列禦寇合爲一篇，完全是『依東坡蘇氏説』的。因爲蘇軾在莊子祠堂記中説：『余嘗疑盜跖、漁父，則真若詆孔子者。至於讓王、説劍，皆淺陋不入於道。』而羅勉道則在刻意篇題下説：『讓王以下四篇失之粗厲，決非莊子本文。』又在盜跖篇題下説：『此以下（指盜跖、説劍、漁父三篇）隊仗似日者（列傳）、龜策列傳，其褚少孫之流所爲乎？』從這裏可以清楚看到，蘇軾之所以要删去盜跖、漁父、讓王、説劍四篇，主要是因爲他看到了前兩篇的思想内容真有『若詆孔子』者，而後兩篇的文字則『淺陋不入於道』。可見，羅勉道之所以要删去莊子中的這四篇文章，則全在於他看到了它們的文字『失之粗厲』，正有如褚少孫爲史記所補撰的日者列傳、龜策列傳一樣，也實爲狗尾續貂之作。由此説明，羅勉道删去讓王、盜跖、説劍、漁父四篇，並不是對蘇軾之説的盲從，而是有自己的真僞標準的。而且，羅勉道還從這一辨别真僞的標準出發，進而大膽地提出了自己的『二十六篇』説，認爲『刻意、繕性亦復膚淺非真，宜定爲二十六篇』。他並在刻意篇題下申述説：

刻意、繕性失之淺拙，讓王以下四篇失之粗厲，決非莊子本文，黜之附於卷末。

總之，羅勉道認爲刻意、繕性與讓王、盜跖、説劍、漁父四篇一樣，也『失之淺拙』，決不是莊子的文章，應該從外篇中删去，與讓王等四篇一同附於卷末。這樣，羅氏南華真經循本内、外、雜篇的總數一共是二十六篇（其中合寓言、列禦寇爲一篇），而附於篇末的所謂六篇僞作則組成了一個名爲『黜僞』的特殊部分。因此，他的南華真經循本實際上就是一個由内篇、外篇、雜篇、黜僞四大部分組成的特殊本子。

不可否認，羅勉道的『二十六篇』説與蘇軾視讓王、盜跖、説劍、漁父四篇爲僞作一樣，也是不免帶有一定的主觀猜測因素的。然而，他的這一說法畢竟動搖了蘇軾真僞觀的地位，爲後來的莊子篇目真僞的研究帶來了新的氣象，使不少研究者認識到在讓王、盜跖、說劍、漁父四篇之外可能還雜有另一些非莊子本人所撰的文章。如明末清初王夫之著莊子解，在刻意篇題下說：『外篇非莊子之書，於此益驗矣。其言膚淺，合於俗目，凡沉沒於時文者，皆能解之，故不爲釋。』在繕性篇題下說：『此篇與刻意之旨略同，其言恬知交養，爲有合於莊子之指，而語多雜亂，前後不相侔，……蓋不得志於時者之所假托也。』清初林雲銘著莊子因，在刻意篇末說：『或以膚淺，疑其僞作，此明眼者之言也。』在繕性篇末說：『細加尋繹，覺未免有訓詁氣，殊非南華筆也。』顯然，這些說法都與羅勉道的說法一脈相承。

第十二章　劉辰翁的莊子南華真經點校

劉辰翁（1231—1297），字會孟，號須溪，廬陵人。宋理宗寶祐六年（1258）貢於鄉，對策激烈，『嚴君子、小人、朋黨之辨』。景定三年（1262），以廷試，極言『忠良戕害可傷，風節不競可憾』，忤賈似道之意，洎奏名，理宗親置之於丙第。以親老請濂溪書院山長。後以江萬里薦，除太學博士，固辭不就。宋亡，逃之方外，以示不臣於蒙元之意。有須溪集十卷、須溪四景詩集四卷。曾評點前人詩文極多，成爲我國詩文評點的真正開創者。明人匯刻其所評各書爲劉須溪批評九種，其中包括班馬異同評三十五卷，老子、莊子、列子上下卷，世說新語評三卷，王摩詰詩評四卷，杜工部詩集評二十卷，李長吉歌詩評四卷，蘇東坡詩評二十五卷。本章所用劉氏莊子南華真經點校三卷，據明刊劉須溪評點三子本。

第一節　對林希逸莊子口義的多所批駁

劉辰翁解讀莊子，不但不怎麼依傍前人，反而對前人的解說多有批駁。如郭象於寓言篇『寓言十九』下注云：『寄之他人，則十言而九見信。』劉辰翁則批駁說：『郭解「十有九見信」固好，然語無信意。』我們知道，莊子自己曾說過『寓言十九，藉外論之』（寓言），及『以寓言爲廣』（天下）之類的話。這說明，『寓言』的功用在於借用寄寓之言，即大量差遣虛構人物出面論說，從而使世俗之人易於接受作者所要闡述的道理。同時，『寓言』

又具有拓廣人們心意的作用，使他們能夠從世俗的拘限中解脱出來，從而領悟到作者所要闡説的妙理。由此可見，莊子所謂的『寓言十九』，誠如劉辰翁所説，是不能解釋成『十有九見信』的。又如關於逍遥遊篇的題意，前人曾作過各種不同的解釋，其中郭象、林希逸的解釋就是比較有代表性的兩種，而劉辰翁則説：

舊見郭解，以逍遥遊爲大小各適其分，意亦是之；今見林解，又以爲形容胸中廣大之樂，近之而非也。此篇文意，專主至大正，不以二蟲小知爲然。郭解乃篇外意；林則知逍遥之名篇矣，不知莊子一部書專説遊意，其所謂遊，非縱觀宇宙之大而已。則其所謂樂者，亦非勝於蜩、鳩、斥鴳與爲人所羡而已，其必有所得也。老子曰：『吾遊於物之初。』莊子著書之意，欲人知天遊之樂，然終非耳目間意。

郭象詮釋莊子逍遥義，以爲『苟足於其性，則雖大鵬無以自貴於小鳥，小鳥無羡於天池，……故小大雖殊，逍遥一也。』（莊子注）劉辰翁過去認爲郭象的這一『適性逍遥』説是對的，現在卻認爲『郭解乃篇外意』，即無疑偏離了逍遥遊篇的宗旨。而對於林希逸所謂逍遥遊篇『只是形容胸中廣大之樂』（莊子口義）的説法，劉辰翁則認爲『近之而非也』。因爲在他看來，林氏的這一説法只是一味膠著於篇名，以爲只要『縱觀宇宙之大』，『勝於蜩、鳩、斥鴳』，便算達到了『胸中廣大之樂』，即『詩與論語所謂「樂」也』（同上）的境界。劉辰翁進而指出，郭象、林希逸所説的實際上都只是拘限於『耳目間』的逍遥遊，而真正的逍遥遊，無疑應該是莊子在田子方篇中借『老聃』所説的『吾遊心於物之初』，即遊心於至真至虚的大道之境。毫無疑問，劉辰翁的批評具有一定的道理，他的闡釋比郭象、林希逸的説法更接近莊子逍遥遊思想的本意。尤其值得指出的是，自唐初魏徵等在莊子治要中把天道篇看成是莊子中最重要的一篇文章之後，宋代以王安石爲代表的一批學者則更喜歡運用以儒解莊的思想方法，千方百計地要從此篇中闡發出所謂莊周措意於『君臣父子之間』的思想。劉辰翁卻針鋒相對，明確指出此篇『無味』、『全傒拙』，是『學莊子語者』所爲，從而有力地回擊了自唐初以來逐漸盛行起來的以儒解莊的風氣。當然，由於劉辰翁著莊子南華真經點校是以林希逸的莊子口義爲藍本的，因而他對前人的批評，大多數即是針對林氏的各種説法而發。下面，我們將歸納爲三個方面來加以説明。

一、對林希逸所作訓釋的駁正

劉辰翁在以林希逸莊子口義爲藍本進行評點的過程中，對林氏所作的訓解時加批駁，往往表現出了他的真知灼見。如駢拇篇有『屬其性乎仁義』之語，林希逸把其中的『屬性』解釋爲『猶言留意』。劉辰翁批駁説：『屬，猶附托也。林解多不通。』顯然，劉氏的説法無疑是正確的。同篇又有語云：『駢於明者，亂五色，淫文章，青黄黼黻之煌煌非乎？而離朱是已。』林希逸解釋説：『離朱，明者也。若以爲非乎，而用明之人則以爲是矣，故曰「非乎，而離朱是已」。』對此，劉辰翁則予以堅決否定，明確指出『非乎』即『非邪』，而『與「不是」字不相涉』。確實，莊子這裏所説的『非乎』就是我們現在所説的『不是嗎』的意思，而決不能像林希逸那樣把其中的『非』字解釋爲『是非』之『非』。可見，劉辰翁這裏的説法也很正確。

在劉辰翁看來，林希逸有時甚至把莊子中的一些句群都理解錯了。如人間世篇有『口將營之，容將形之，心且成之』等語，林希逸解釋説：『口將營之者，言自將營救解説也；容將形者，言容貌之間，必見恐懼跽擎之形也；心且成之者，言用心以成順之也。』對此，劉辰翁則批駁説：『口將營之，復欲出口而不能，但經營吻間，正是苦處；容將形之，雖未言而依違俛仰，固已屈矣；心且成之，若且放過，爲後圖也。皆人情有所輾轉必至者。林解皆失之。』從人間世篇的文字來看，劉辰翁的解説當更能揭示出作爲遊説者『顔回』在『衛君』抓住他説話的漏洞時所表現出的尷尬相，説明他對林希逸的批駁是有道理的。同篇又謂：『夫愛馬者，以筐盛矢，以蜄盛溺。適有蚊虻僕緣，而拊之不時，則缺銜毁首碎胸。意有所至，而愛有所亡，可不慎邪！』林希逸解釋說：『以此盛其屎溺，可謂愛之。忽有蚊虻聚於其身，不能隨時搏拊而去之，則其馬必至決去銜勒，毁碎其身首上轡絡月題之類。此其中心之怒忽然而至，則前日之愛皆忘之矣。』對此，劉辰翁則批駁說：『本是愛之，然拊之不以漸，忽焉馬驚，出於不意，則跳躑無所不至。方見其爲蚊虻所苦，惟恐不亟，此意有所至也。林解作馬意，故失之，文勢亦不如此。』今案莊子文意，是說愛馬者愛馬之意有所至極，但他拍打蚊虻，因出於馬之不意，竟使其馬受驚而發怒，結果是出於愛卻反而招來了蹄踢之害。由此可見，劉辰翁的説法是正確的，而林希逸的解說則確實有失莊子本意。

那麽，林希逸的解說爲什麽會出現這些錯誤呢？在劉辰翁看來，這裏面的原因固然很多，但他『每欲求異』，則無疑是導致這些錯誤的主要原因。如齊物論篇有『昭文之鼓琴也，師曠之枝策也，惠子之據梧也』等語，林希逸訓釋說：『師曠，樂師也。策，擊樂器之物也。今馬鞭亦曰策，左傳「繞朝贈之以策」，羊曇以策擊西州門，皆馬策也。枝，猶持也，持而擊曰枝，此二字想古語有之。師曠枝策，即言師曠擊樂器也。』這一訓釋，在劉辰翁看來簡直是太繁瑣，太過於『求異』了。因此他說：

莊子文字，快活似其爲人，不在深思曲說，但通大意，自是開發無限。林解每欲求異，於其本領無見，而纖悉致意。只如師曠瞽者，自是扶杖聽樂，癡呆入神，豈不名狀分曉，何用詭怪，牽引枝策爲擊樂之策，須用使人聳耳？以此解莊子，尤不類。

關於『枝策』一詞，前人解說不一，而崔譔訓爲『舉杖以擊節』（經典釋文引）。林希逸的說法當是承因崔氏的解說而來，但又廣徵博引，刻意『求異』，故引起了劉辰翁的不滿。因爲在劉氏看來，莊子文章『快活似其爲人』，只要通其大意即可，而林希逸卻引經據典，『深思曲說』，竟將『枝策』訓釋爲『擊樂器』，豈不荒唐！其實，莊子之所謂『師曠之枝策』，自是瞽者師曠『扶杖聽樂，癡呆入神』的意思。對於劉辰翁的這些說法，我們現在還很難判斷其到底包含著多少合理性，但由此而體現出的他的這種批評、求真精神卻無疑是值得肯定的。

二、對林希逸以儒解莊思想方法的批評

由於受時代學術風氣的影響，劉辰翁在評點莊子時也偶爾援引儒家思想作爲其理論依據。然而，他對林希逸以儒解莊的思想方法仍表示出了極大的不滿。如林希逸在詮釋逍遥遊篇時説：『遊者，心有天遊也；逍遥，言優遊自在也。論語之門人形容夫子只一「樂」字；三百篇之形容人物，如南有樛木、南山有臺曰「樂只君子」，亦止一「樂」字。此之所謂逍遥遊，即詩與論語所謂「樂」也。一部之書，以一「樂」字爲首，看這老子胸中如何？若就此見得有些滋味，則可以讀芣苢矣。』對此，劉辰翁提出了尖鋭的批評，認爲『林解又以爲形容胸中廣大之樂，近之而非也。』並進而指出：『莊子一部書專説遊意，其所謂遊，非縱觀宇宙之大而已。則其所謂樂者，亦非勝於蜩、鳩、斥鴳與爲人所羡而已，其必有所得也。老子曰：「吾遊於物之初。」莊子著書之意，欲人知天遊之樂，然終非耳目間意。』劉辰翁這裏的意思就是説，莊子所謂的『逍遥遊』是要遊心於萬物的總根源——道，而儒家所謂的『樂』則屬於『耳目間意』，是在禮義規範下追求道德人格自我完善的樂，林氏又怎麼可把二者强扯到一起呢？毫無疑問，劉辰翁對林氏這裏所反映出的嚴重儒學化思想傾向的批評是很正確的。

林希逸作爲宋末的一位理學家，他在解説莊子過程中所反映出的儒學化思想傾向，實際上也往往表現爲理學化的思想傾向。如齊物論篇有語云：『人之生也，固若是芒乎？其我獨芒，而人亦有不芒者乎？』林希逸解釋説：『「芒芒然，無見識也。彼愚惑之人，亦當回首自思曰：凡人之生，其胸中本若是昧然無見乎？豈我獨昧而人亦有不昧者？此意蓋謂「天生蒸（烝）民，有物有則，民之秉彝，好是懿德。」天理未嘗不明，汝以人欲自昏，故至於此。知道之人，豈如此芒昧乎？』對此，劉辰翁批評説：

> 人爲大化所驅，芒芒然顛倒，求勝於其所謂不齊者，役役以至老死，自身事都理會不得。此樣語痛

至，讀自有省，本不須著一字。林解每欲求異，……云：『芒芒然，無見識也。天理未嘗不明，人以人欲自昏，故至於此。』莊子又不說仁義，何必天理？

確實，林希逸在詮釋齊物論篇時不但援引了儒家經典詩經烝民中的思想資料，而且還引進了理學思想中『天理』、『人欲』這對十分重要的概念，這正如劉辰翁所指出，『莊子又不說仁義，何必天理』，豈不是以理學思想強加給了莊子？

三、對林希逸以佛解莊思想方法的批評

劉辰翁在評點莊子過程中，對佛教思想也偶爾有所借鑒。但是，他對於林希逸大量運用佛理來闡釋莊子的思想方法同樣也是堅決反對的。如列禦寇篇有『中德也者，有以自好也而吡其所不爲者也』等語，林希逸解釋說：『吡，訾也，誚也。以我之能而誚人所不能，則此心不可學道矣。圓覺云：「不重久習，不輕初學。」大慧云：「切不得道我會他不會。」便是此意。』劉辰翁在轉述了林希逸的這一說法後，便明確指出：『大慧語又錯。』這說明，他對林氏引佛理來解釋莊子是持否定態度的。又大宗師篇有『假於異物，托於同體』等語，林希逸解釋說：『假於異物，便是圓覺地、水、火、風之論，四大合而爲身，故曰托於同體。』對此，劉辰翁則批駁說：

前兩段問疾，一言死生之變，一言死生之理。至此處吊死，獨言所以不死者，其本末終始深淺無不備，所謂『遊乎一氣，假於異物，托於同體』，粲然前陳，無所可隱，雖欲復下注腳不可。林云：『假於異物，便是圓覺地、水、火、風之論。』地、水、火、風，援引迂曲。

案大宗師篇，前面有兩段『問疾』的文字。一謂子輿有病，子祀往問之，子輿對子祀說：『浸假而化予之左臂以爲雞，予因以求時夜；浸假而化予之右臂以爲彈，予因以求鴞炙；浸假而化予之尻以爲輪，以神爲馬，予因以

乘之，豈更駕哉！』一謂子來有病，子犁往問之，並對子來說：『偉哉造化！又將奚以汝爲？將奚以汝適？以汝爲鼠肝乎？以汝爲蟲臂乎？』接著，作者又寫子桑戶死，其友孟子反、子琴張『相和而歌』，孔子得知後便稱讚他們倆說：『彼方且與造物者爲人，而遊乎天地之一氣。』在劉辰翁看來，子輿、子犁、孔子三人的話無疑就是『假於異物，托於同體』等語的最好最完備的注腳，哪裏還用得著『復下注腳』呢？可是林希逸卻援引佛典圓覺經關於地、水、火、風之說來附會莊子，以爲莊子所說的『托於同體』便是佛教所謂地、水、火、風四種構成色法的意思，這難道不是徹頭徹尾的『迂曲』之論嗎？毫無疑問，劉辰翁的這一批駁即使在今天看來仍很正確。

林希逸爲了融合道家與佛教的思想，又每每提出佛教思想盡出莊子的說法。對此，劉辰翁甚不以爲然。如德充符篇有『死生亦大矣』一語，林希逸闡釋說：『此五字，乃莊子中一大條貫。釋氏一大藏經，只從此五字中出，所謂「死生事大，如救頭然」是也。』在劉辰翁看來，林氏的這一說法無疑很片面。他說：

『死生亦大矣』，此在莊子中一語，亦與常言常辭無異。彼勤拳豎拂，大驚小怪，又非此中意旨。

關於中國的佛教思想與莊子思想的淵源關係，前人已屢有說明。林希逸接過前人的說法而加以大力推進，甚至在莊子口義發題中說『大藏經五百四十函皆自此（指莊子一書）中紬繹出』，在這裏則更認爲德充符篇『死生亦大矣』一語，『乃莊子中一大條貫，釋氏一大藏經，只從此五字中出』，從而把前人關於莊子爲佛學思想之所自出的說法發揮到了無以復加的地步。劉辰翁明確指出，林希逸的這些說法實在說得太過分了。因爲在他看來，諸如德充符篇所謂的『死生亦大矣』云云，這在莊子一書中只是『常言常辭』，根本不可能爲整部大藏經之所自出。而且，佛教徒談禪說理時每每喜歡豎起拂塵，用以難倒對方，顯得非常大驚小怪，則更非莊子之『意旨』，又怎麽可與莊子的基本思想同日而語呢？從這裏不難看出，劉辰翁的批駁是很有道理的。實際上，他的這一批駁既是對林氏有關說法的駁正，同時也是對宋代莊子學嚴重佛理化傾向的批評。

第二節　開創莊子評點之先河

魏晉以來對莊子文本的詮釋，大致都採用了注疏的形式。劉辰翁則與傳統的詮釋方法不同，他主要採用了評點的形式，從而開創了莊子評點的先河。

劉辰翁的這種評點形式，其最大的特點就在於無須借助傳統的訓詁、考據等手法，而僅以隨手點評的方法，運用生動活潑、富於情感的語言，即往往能把自己對文本的獨特理解有效地傳達給讀者，使讀者體悟到莊子所蘊藏著的真意，感悟到莊子散文所具有的非同一般的藝術魅力。如他評點駢拇篇，開筆就說：『觀書大略如莊子，尤不可以訓詁理。』因而其於此篇『長者不爲有餘』一段文字下僅評曰：『緩而激。』於『今世之仁人蒿目而憂世之患』一段文字下僅評曰：『痛快！愈緩愈激。』於『曲者不以鉤』一段文字下僅評曰：『辯而急。』於『天下誘然皆生而不知其所以生』一段文字下僅評曰：『至此則其說愈橫，未嘗不莊語也。』於『古今不二』一段文字下僅評曰：『語極綿至痛快。』於『小惑易方』一段文字下僅評曰：『起得又健。』於『三代以下者』一段文字下僅評曰：『峻。』於『小人則以身殉利』一段文字下僅評曰：『語無沾惹，翩翩直下，略不可禦詰。』於『天下盡殉也』一段文字下僅評曰：『文字如此方達，薑安得不在樹上生？』於『非吾所謂臧也』一段文字下僅評曰：『「臧」與「穀」皆善之謂，此處又出「臧」字，皆以人爲戲。』並於篇末評曰：『語至刻急，每結皆緩，若深厚不可知者。優柔有餘，得雄辯守勝之道，自經而子，未有成片文字，枝葉橫生，首尾救應，自爲一家若此！』這裏，劉辰翁明確指出莊子這個特殊客體對象具有『不可以訓詁理』的特徵，因此他便以即興隨筆式的評點來引導讀者去感悟審美客體。其結果，遂使傳統的嚴肅枯燥的訓詁讓位於隨意性很強的直覺感悟，從而引發了讀者尋求莊子義理的興趣，尤其是他們鑒賞莊子散文藝術的濃厚情趣。

不過，綜觀劉辰翁的評點活動，『奇』才是他用來評述莊子的最重要審美範疇。如德充符篇有語云：『物視其所一而不見其所喪，視喪其足猶遺土也。』他評之曰：『語奇。』這是讚美莊子的用語之奇。駢拇篇有語云：『駢拇枝指出乎性哉，而侈於德；附贅縣疣出乎形哉，而侈於性。』他評之曰：『其所謂性，即所謂德也。其言扶疏，其字錯落重出，初非有意，亦非無謂者，故其所以爲奇也。』這是讚美莊子的用字之奇。列禦寇篇有『鄭人緩也』之語，他評之曰：『個般起語，便是莊子撰得奇。』這裏，蓋因有見於『儒之爲名本有濡緩之義』（鍾泰莊子發微），所以便說莊子這般爲儒者起名甚可稱奇。達生篇有『祝宗人說彘』寓言故事，他評之曰：『玄冠說彘，皆奇事也。』這裏的意思是說，莊子讓祭祀官與豬對話，其事真可稱奇！齊物論篇有『罔兩問景』寓言故事，他評之曰：『影已無形之物，罔兩又非影之比也，寓又寓者也。意奇，文奇，事又奇。』這裏指出了『罔兩問景』寓言故事具有多重奇特的美學特徵。而且在劉辰翁看來，像齊物論篇『莊周夢爲蝴蝶』、徐無鬼篇『郢人運斤成風』之類的寓言故事，在各個方面更還有出人意料的『奇又奇也』的美學特徵。總之，『奇』是劉辰翁所追求的重要審美理想，更是他用來評論莊子的一個重要審美範疇。從中國古代文學批評史上來看，他標舉這一審美理想，正是對魏晉以來批評家偶以『奇』字評論詩文這一做法的積極推進，更是對林希逸在莊子口義中每以『奇特』爲審美範疇來評論莊子這一思維模式的進一步發展。應當承認，劉辰翁大力標舉『奇』字，並以此作爲一個重要審美範疇來評論具有『謬悠』、『荒唐』、『諔詭』特徵的莊子，無疑收到了比較好的效果。

劉辰翁所標舉的『奇』，又往往與『神』、『怪』、『詭』、『俊』等概念聯繫在一起。如德充符篇有語云：『刖者之屨，無爲愛之。……取妻者止於外，不得復使。』他評之曰：『娶妻不使，本非以形不全，故經他變化，無不神奇。』這裏的意思是說，莊子所謂娶妻者休止於外，其時官不役使，恐傷其形云云，本來與前面所謂愛鞋在於有足，今足已亡，鞋就不再值得愛了的意思似乎沒有什麼關係，但經莊子巧妙『變化』，後者所謂官府恐傷新婚者之形體與前者所暗示的人們無不珍愛其足的意思卻有了必然聯繫，所以真可稱爲『神奇』。至樂篇有語云：

『支離叔與滑介叔觀於冥伯之丘，崑崙之虛，黄帝之所休。俄而柳生其左肘，其意蹶蹶然惡之。』他評述説，此事實在可稱『怪奇』。天運篇有語云：『風起北方，一西一東？有上彷徨，孰嘘吸是？孰居無事而披拂是？』他評述説，這裏所表述的意思，實可謂『參差奇詭而近於物情』。馬蹄篇末謂馬因受到人爲的約束而學會了盗智，他就指出這番話真可謂『奇俊』。由此可見，劉辰翁通過引『神』、『怪』、『詭』、『俊』入『奇』，在『奇』中容納『神』、『怪』、『詭』、『俊』等因素，從而大大拓展了『奇』的審美範疇，極大地豐富了『奇』的思想内涵。他以此來評論莊子，也就更能揭示出莊子的諸多特徵了。

在評點莊子的過程中，劉辰翁還認爲莊子又能從無奇中轉出『奇』來。如至樂篇末有一段描述萬物互相轉化的文字，他評述説：『人參、馬齒，何足隱，亦何足奇？使隱而出，……豈不更奇！』這裏的意思是説，至樂篇中所講的『人參』、『馬齒』這兩種草本植物，本來是不值得隱諱，也是不足以讓人驚奇的，但莊子卻隱約其詞地説『馬（馬齒）生人（人參）』，人又反入於機』，這就不是變不奇爲『奇』了嗎？徐無鬼篇有『子綦有八子』寓言故事，他評述説：『前所言，未奇也。雖鶉、䍧語，亦未奇也。至盗刖之鬻之，則奇矣。』這裏的意思是説，徐無鬼篇先謂子綦的兒子梱沒有任何功勞而有『將與國君同食以終其身』的徵兆，這未足爲奇；繼謂子綦父子『未嘗爲牧而䍧（母羊）生於奥（室内西南隅），未嘗好田而鶉生於宎（室内東北隅）』，這也未足爲奇；及謂使梱去燕國，途中爲盗賊所擄獲，『刖而鬻之於齊，適當渠公之街，然身食肉而終』，則奇矣。這些例子説明，劉辰翁已清楚地看到莊子還善於從平淡無奇中創造出『奇』的境界來。實際上，這不僅僅表明劉氏已看到了一般意義上所謂的『奇』與不奇之間的區别，以及二者可以互相轉化的關係，而且更反映出了他對莊子『臭腐復化爲神奇，神奇復化爲臭腐』（知北遊）這一獨特審美思想也有著深刻的理解。

與上述審美理論相輔相成，劉辰翁又每以『畫意』之類的審美範疇來評論莊子。如在宥篇有『從容無爲而萬物炊累焉』之語，他認爲其中的『炊累』謂『炊氣之動處』，此意『直自描畫出來』，真是意味無窮！天運篇謂

『孔子見老聃歸，三日不談』，他認爲這簡直是又在『畫餘意』！大宗師篇謂駝背人子輿心中閒適得很，曾蹣跚地走到井邊照著自己的影子，他認爲這『極是畫意』！齊物論篇有『南郭子綦隱几而坐』寓言故事，他認爲『三句畫子綦已盡，並與形骸之外者著之矣！』總之，劉辰翁認爲莊子一書是極富詩情畫意的。他甚至還在山木篇『莊周遊乎雕陵之樊』寓言故事下評論説：『此與戰國策同。戰國策不及者，又彈黄雀故也。作文如畫畫者，當留不盡之意，如執彈而留是也。此間妙意，在捐彈而走。』劉辰翁在這裏指出，山木篇先寫『莊周』執彈而留守於栗樹之下，接著又寫他『捐彈而走』，終於没有將彈發出，這正是莊子像畫家那樣『留不盡之意』而超過戰國策之所在。在劉辰翁看來，像上述所説的這種種詩情畫意，也無疑是構成莊子『奇』的審美形態的重要因素。因而他便進一步在齊物論篇『大塊噫氣』一段文字下評論説：

『翏翏』一語，便有描摸。其下不過山、木二物，舉其概甚疏，雜以七八『者』字，而形與聲若不可勝數。妙在『于喁』一語，映帶前後，皆活，重出愈奇。『調調』、『刁刁』，又畫中之遠景，形容之所不盡也。

劉辰翁這裏的意思是説，莊子以『翏翏』形容長風之聲，實際上已描摹出了風的形象和情狀。接著以『山林』、『大木』來寫風，皆僅舉其概要而已，但通過雜以七八個像『似窪者』、『似污者』之類的詞語後，則風之形狀與聲音若『不可勝數』矣。而更妙者，卻還在於其以『前者唱于，而隨者唱喁』之語映帶前後，使風之形象、情狀再度活靈活現地出現在人們面前，真可稱爲愈寫愈奇。在這一基礎上，莊子又以『調調』、『刁刁』來描摹『樹尾調調然動而刁刁然微』(宣穎南華經解)這一披靡之餘勢，則『又畫中之遠景，形容之所不盡也』。顯然，劉辰翁這樣來分析評述莊子，是對林希逸把莊子説成『有聲畫』這一理論觀點的繼承和發展。

在劉辰翁看來，莊子之所以『奇』，還在於其更善於敘述故事、描繪人物形象。如他在評點養生主篇『庖丁解牛』寓言故事時説：

其言肩倚、膝踦，已揮霍活動，説音節合拍，愈奇。……何等粗事，寫入玄微。不以目視，已屬妙理，至言神，意更恍惚。此獨先說『知止』，物不兩用，尤極精切。……此豈屠牛口中語、意中事哉！何此老爲人，一至於此！　雖至人入水不濡，入火不熱，不過如此。不知文字之妙，何從得之？……『雖然』下一轉更妙，此其所以不缺折也。但語言欵曲，亦不可及。若以養生言之，正是險處，得自在力。至於收拾變化，寫得提刀四顧、躊躇，亦覺此老神氣獨王。

據現存的文獻資料可知，林希逸最早談到了『庖丁解牛』寓言故事的藝術特徵：『「庖丁」一段，乃其譬喻，到此末後，遂輕輕結以「得養生焉」四字，便是文勢操縱省力處，須子細看。』（莊子口義）褚伯秀接著說：『「庖丁」章，敘述養生要旨，最爲親切。故寫其動作進止之度，以應夫行住坐臥之間，未始須臾離也。而畫筆之工，曾不是過。』（南華真經義海纂微）在前人基礎上，劉辰翁進一步揭櫫了『庖丁解牛』寓言故事的情節特徵。尤其是對主人公庖丁在行爲舉止、言語風貌、精神活動等方面所具有的特徵，他更以極大熱情予以揭示，從而使這一人物形象的風神氣質更加顯示了出來。由此可見，劉辰翁這裏實際上是以評點小說的筆法來評點莊子。事實上，劉辰翁有時也確實是把莊子看成『小說』的。如他在評點胠篋篇的過程中，時而謂其『起語突兀，本是小說家』，時而謂其所使用的寫作手法，『小說家時時有之』，這就進一步發展了宋末黃震在黃氏日抄中所提出的關於莊子『固千萬世詼諧小說之祖』的理論。而清代林雲銘在莊子因中謂盜跖篇孔子遊說盜跖的寓言故事『徑似小說家閒話』，劉鳳苞在南華雪心編中謂其『只是小說家派頭』，胡文英在莊子獨見中謂其『便開唐人小說派矣』，則又在一定程度上顯示出了受劉辰翁這些說法影響的痕跡。

總之，在魏晉以來疏解莊子的著作中，已偶爾出現了一些帶有評點性質的話。在這一基礎上，劉辰翁更以其獨特的審美感悟，並運用富於情感的語言和隨手點評的方式，主要對莊子全書作了藝術方面的評點，從而真正開創了後世莊子評點的先河。

第十三章　南宋至元代其他人的莊子學

第一節　程俱的莊子論

程俱（1078—1144），字致道，號北山，衢州開化人。以外祖尚書左丞鄧閏甫恩補官，徽宗宣和二年進頌賜上舍出身。高宗時爲秘書少監，時有司文書，例從省記，俱摭三館舊聞，比次爲書，名曰麟臺故事，上之，擢中書舍人，兼侍講。後除徽猷閣待制，秦檜薦領史事，力辭不就。俱天性伉直，其在掖垣，凡命令下，有不安於心者，必反覆言之，不少畏避。其爲文典雅閎奥，爲世所稱。有北山小集四十卷。

宋人鄭作肅在爲程俱北山小集所作的序言中説：『作肅昔爲南徐學官時，偶先生卜居在焉。一日，裁書問文於先生，先生翌日答書，凡數百言。其要曰：「昔之作者，自六經、百氏之書、世傳之史、方外之書，無不讀。非惟讀之而已，取舍是非，了然於心。其粲然者，我之文也。而資焉者，六經、百氏、載籍之傳，而吾自得者也，然而莫見其跡也。」嗚呼！先生論文，淵源如此。』確實，程俱治學，除專心於儒家經典而外，對諸子百家、方外之書等等，也多有研究。如其北山小集中有老子論五篇、列子論三篇、莊子論五篇、維摩詰所説經通論八篇等等，足以説明他的治學是不局限於儒家經典的。

由於程俱治學，『自六經、百氏之書、世傳之史、方外之書，無不讀』，這就使他在闡釋老莊時也吸收、融合了其他各種思想。今觀其莊子論五篇，則主要表現爲大量地吸收了儒家思想，並認爲莊子著書與孔、孟之旨不相背馳。如他說：

内篇七，外篇十五，雜篇十一。内篇言夫内，外篇言夫外，雜篇者合外、内而言之也。雖然，内者外之源，外者内之出也，庸詎知吾所謂内之非外，外之非内耶？故内篇終之以應帝王，外篇終之以知北遊，雜篇終之以天下。内篇而終之以應帝王，則知湛然常寂者，是其所以通天下之志者也；外篇而終之以知北遊，則知芸芸之作，復歸於根，擾擾之緒，畢反於一也；雜篇而終之以天下，則知孔子之書終言堯、舜之事，……孟子之書終言禹、湯、文、武者，皆是莊子之微旨也。（莊子論二）

程俱指出，莊子作天下篇，其用意與論語堯曰篇、孟子盡心篇末章以讚美堯、舜、禹、湯、文、武爲全書之收結，大致可説是一致的。程俱之所以會產生這一看法，大概是因爲受到了王安石莊周的影響，也認爲莊子在天下篇中肯定了儒學而承認自己爲一曲之士的緣故。關於這一點，我們還可以從他的另一段論説文字中看得更清楚：『莊子……以謂，吾之所言，則近乎棄實有，著虛空，茫然無町畦，泊然絶物者，於此而無述焉，則天下後世幾何而不驚且惑也？故終之以天下之篇，……自列於一偏，而孔子之道獨不列於其間（謂百家之間）。嗚呼！此以見莊子之深知孔氏也。』（莊子論四）按照程俱的上述説法，既然莊子全書是一個有機的整體，『内篇言夫内，外篇言夫外，雜篇者合外、内而言之也』，而作爲莊子全書收結的天下篇又是尊崇儒學的，那麼莊子全書大致不會與孔孟學説相背馳。他説：

孟子之稱孔子曰集大成。其言曰：『集大成者，金聲而玉振之也。始條理者，聖之事也；終條理者，智之事也①。聖，譬則力也；智，譬則巧也。』然後知莊子所謂聖人之道與夫聖人之才者，判然

---

① 按此四句，孟子萬章下作『始條理者，智之事也；終條理者，聖之事也。』

白矣。莊子所謂聖人之道，非孟子所謂聖歟？莊子所謂聖人之才，非孟子所謂智歟？道可以學而至，才非學而至也。譬之鈞石之弓，可以歲月習也，進退弛張，可以度數得也，然不知所以然而然。此力也，猶之道也，由學而後至焉故也。至於發矢復還，方矢復寓，括相屬，猶銜弦然。此巧也，猶之才也，非學到而言傳者也。夫射一事也而有力巧之殊，聖人一道也而有才與道之間，非孟子之善譬與夫莊子之善說也，烏識其所以爲才與道哉！此南伯子葵所以有問於女偊(傌)也。(莊子論三)

莊子大宗師載女偊在回答南伯子葵所提『道可學邪』問題時說：『夫卜梁倚有聖人之才而無聖人之道，我有聖人之道而無聖人之才。吾欲以教之，庶幾其果爲聖人乎？不然，以聖人之道告聖人之才，亦易矣。』其意思不外就是說，學道者既需要有聖人的才質，又需要有聖人的根器，否則就不能領悟到大道。又田子方篇載列禦寇爲伯昏無人射，『發之，適矢復還，方矢復寓』，達到了射箭的極高境界，但伯昏無人猶以爲是『射之射，非不射之射也』。在程俱看來，莊子中這些資料所反映出的思想觀點，正與孟子萬章下以奏樂來比喻孔子爲『集大成者』的說法一致。所以他說：『莊子所謂聖人之道，非孟子所謂聖歟？莊子所謂聖人之才，非孟子所謂智歟？』又說：『夫射一事也而有力巧之殊，聖人一道也而有才與道之間，非孟子之善譬與夫莊子之善說也，烏識其所以爲才與道哉！』但我們應當指出，莊子大宗師中女偊所說的『聖人』屬於道家的理想人格，與孟子所謂集伯夷、伊尹、柳下惠之大成的聖人孔子有著本質的區別。而田子方篇撰出列禦寇射箭的寓言故事，旨在論說『純氣之守』的奧妙，與孟子所謂的『聖』、『智』也沒有什麼必然的聯繫。然而，程俱通過對莊子與孟子中的有關思想資料進行比附後，卻認爲莊子思想與孟子思想並不是相背馳的，而是相一致的。甚而至於，他還進一步指出，即使是莊子書中幾乎隨處可見的對儒家仁義、禮樂、聖智的激烈批判，其實也不是真的要對儒家仁義、禮樂、聖智進行批判。他說：

莊子毀仁義，毀諸己乎？曰㢊蹩躠踶跂，唯攘棄之而天下元同，是毀仁義已矣。然而曰至義不物，至仁無親，遠而不可不居者義，親而不可不廣者仁，則周蓋未嘗毀仁義也。莊子滅禮樂，滅諸己乎？曰澶漫摘僻，唯不用而性情不離，是滅禮樂已矣。然而曰禮以導行，樂以導和，禮之意子貢不能知，死不歌墨子之所短，則周蓋未嘗滅禮樂也。聖人不死，大盜不止，是周絕聖之言也。然而以謂：神全形全，聖人之道也；澹然無極，衆美從之，聖人之德也；通於天地，推於萬物，聖人之心也；手撓指顧，四方俱至，聖人之治也；天地之鑒，萬物之鏡，聖人之靜也；知窮知通，臨難不懼，聖人之勇也。其言如此，絕聖矣乎？任知則民相盜，去知以歸其天，是周棄知之言也。然而以謂：真人以之爲時，聖人以之爲孽；心徹爲知，知徹爲德；以恬養知，以知養恬。其言如此，棄知矣乎？（莊子論五）

司馬遷史記老子韓非列傳謂莊子『作漁父、盜跖、胠篋，以詆訿孔子之徒』。司馬氏之所以要列舉漁父、盜跖、胠篋這幾個篇目，主要是因爲他看到了這幾篇文章對儒家仁義、禮樂、聖智的激烈批判是最能集中體現出莊子著述宗旨的。王安石在莊周中雖然認爲莊子著書的用意是好的，但也不得不承認：『彼以爲仁義、禮樂者，道之末也，故薄之云耳。』蘇軾在莊子祠堂記中儘管有『莊子蓋助孔子者』、『陽擠而陰助之』等說法，但也不得不承認：『盜跖、漁父，則若真詆孔子者。』程俱通過巧妙的論證，則進一步指出莊子『蓋未嘗毀仁義也』、『蓋未嘗滅禮樂也』；並說出了『其言如此，絕聖矣乎』、『其言如此，棄知矣乎』一類話，意謂莊子可能也並未真的主張絕聖棄智，從而在繼承王安石、蘇軾等人說法的基礎上又有了新的發展和超越，使他的莊子學比王安石、蘇軾等人的莊子學具有了更爲明顯的儒學化傾向。

第二節　趙以夫的莊子内篇注

趙以夫（1189—1256），字用父，號虛齋，宋宗室，居福建長樂。宋寧宗嘉定十年進士，歷官至資政殿學士。

其事跡主要見於劉克莊所撰虛齋資政趙公神道碑（後村先生大全集卷二百四十二）。著作有易通、莊子內篇注、虛齋樂府等。

宋末褚伯秀南華真經義海纂微卷首今所纂諸家注義姓名載有『虛齋趙以夫注』，並注云：『內篇，福本。』對於趙以夫的這一莊子學著作，劉克莊曾作趙虛齋注莊子內篇序云：『太常博士鄭君彝叟道莆爲余言，虛齋趙公方爲諸經作傳。余固厚公，以書叩問，公答云云，大指多與南塘合，然靳固未肯輕出，曰：「出之將駭一世矣。」余既老病，無復四方之役，常恨不得挾册以從公遊。一日，於親友家得公所作逍遥遊解，盡黜舊注，自成一家，以數明理，以理斷疑。如巧歷然，起一算子而千歲之日可知；如國棋然，下一冷著而滿盤之子皆活。訥而辨，簡而盡。心竊歎伏，遂從公求得內篇本旨而傳錄焉。余少亦嗜此書，至是悟而笑曰：「許多年在郭象雲霧中，乃今仿佛見蒙叟戶庭矣。」又悟世儒箋傳之學，皆隨聲接響，按模出壑爾。如水心、南塘，如虛齋，乃可謂之善學，因漆園之書以推它書，其高妙精詣，切於世用，抑又可知也。』（後村先生大全集卷九十四）趙以夫的莊子內篇注沒有完本傳世，但其中的大量注文因褚伯秀南華真經義海纂微的收錄而得以流傳至今。下面，我們不妨結合劉克莊序文中的一些話來探討一下趙以夫的注文，以便窺見其莊子內篇注的主要思想特徵。

對於劉克莊所謂趙以夫爲諸經作傳，其『大指多與南塘合』的說法，由於趙汝談（號南塘）所撰寫的周易注、莊子注等著作皆不傳於世，我們已不可詳加論述。但宋史趙汝談傳云：『汝談天資絕人，沉思高識，自少至老，無一日去書册。其論易，以爲爲占者作。書，堯、舜二典宜合爲一；禹功只施於河、洛；洪範非箕子之作。詩，不以小序爲信。禮記，雜出諸生之手。周禮，疑傳會女主之書。要亦卓絕特立之見。』這說明，趙汝談治學的最大特點就在於不爲成說所拘囿，而多有自己的『卓絕特立之見』。趙以夫爲諸經作傳既然『大指多與南塘合』，則其莊子內篇注也就必多『駭世』之語了。今通讀收存於褚伯秀南華真經義海纂微中的趙以夫注語，確實多有『駭世』之語。如德充符篇有『衛有惡人焉曰哀駘它』寓言故事：先以魯哀公的發問，說出哀駘它的種種奇異事跡；接著借仲尼的答語，連設五喻，轉出『才』、『德』二字；然後再借仲尼，詮發『才全而德不形』之義，逐漸揭明正意，即上至君主，下及匹夫，無不思慕哀駘它者，是因爲他能以『才』輔『德』，有著充滿而不外露的實德。對此，趙以夫則注釋説：

哀駘它，即不言之仲尼。時仲尼自衛反魯，形容醜惡，故曰衛有惡人焉。丈夫與之處，思而不能去，喻諸侯敬之；婦人願爲妾，喻弟子從之；和而不唱，述而不作也；君位聚祿，喻道濟天下而爲素王也；知不出域，雌雄合前，言所知不過日用之常，所見不越夫婦之愚，而所以與人異者何也？哀公遺形取德，授之國政，未幾而去。仲尼喻以豚子食於死母，少焉覺非己類，棄之而走。燔肉不至，孔子不税冕而行，豈得已哉！……水停之盛，天下爲法也；德修而成和，和則同物；德離物則形，形則非德矣。此哀公所以稱孔子爲德友也。

對於德充符篇中的『哀駘它』，從來注家都是作爲莊子的理想人格來看待的，而趙以夫卻一反傳統説法，認爲『哀駘它即不言之仲尼』，並爲之作了相當認真的分析和論證，這真可謂是『駭世』之論了。在注釋逍遥遊篇『堯讓天下於許由』寓言故事時，他所謂『堯與許由非二人也，觀者當於言外求之』云云，也同樣是屬於這種『駭世』之論。此外，趙以夫對莊子中一些名物、詞義的解釋也往往不免是『駭世』之論。如養生主篇『庖丁解牛』寓言故事有『乃中經首之會』之語，向來注家都認爲『經首』乃古之樂章名。南宋羅泌在路史後記中甚至説，陶唐氏『制咸池之樂，而爲經首之詩，以享上帝，命之曰大咸』。然而，趙以夫卻注釋説：

庖丁解牛，進退周旋，合乎音節。牛之經絡皆會於首，屠者剸刃於首，正中其會，則百骸立解，所以發文惠君之歎。

在趙以夫看來，『經首』乃是『牛之經絡皆會於首』的意思。庖丁解牛之所以極其高妙，關鍵是在於他能夠『剸刃於首，正中其會』，而使『百骸立解』。由此可見，趙氏諸如此類的注解雖然不一定正確，但他這種敢於大膽創新的闡釋精神卻是值得肯定的，因爲它畢竟在一定程度上激活了當時莊子闡釋的空氣。

據劉克莊的説法，趙以夫的『駭世』之論主要還是表現爲對郭象注的大膽屏棄，從而使『許多年在郭象雲霧中』的治莊者，『乃今彷彿見蒙叟戶庭矣』。今以褚伯秀南華真經義海纂微所收的趙氏注文觀之，劉克莊的這一説法還是有些道理的。如齊物論篇有『罔兩問景』寓言，郭象據以發揮了他的『獨化』理論，認爲『罔兩非景之所制，而景非形之所使，形非無之所化』，『故造物者無主而物各自造，物各自造而無所待焉。』趙以夫卻堅決反對郭象的『獨化』論，認爲世間萬物都是『有待』的。他説：

景之行止坐起皆依於形，而所以行止坐起，必有形形者存乎其中。蛇藉蚹以行，蜩藉翼以飛，而所以行飛者，非蚹翼也。人物之一動一静，皆有待而然，景待形而形之所待者非形也。形且不知其所以然，何責於景哉！

趙以夫這裏的意思是説，影之行止起坐有待於形，蛇之行、蜩之飛則有待於蚹、翼，總之，天地間萬物的一動一静，皆是有所待而然的，但最後使天地間萬物一動一静之所以然的卻是『道』。毫無疑問，趙氏的這些説法確實撥開了郭注遮蓋在莊子上的『雲霧』，從而使人們『乃今彷彿見蒙叟戶庭矣』，即比較準確地領悟到了莊子關於萬物皆有所待的思想。趙以夫對郭象注的屏棄，還明顯地表現在對莊子逍遥義的詮釋上。如他在注釋逍遥遊篇『鯤鵬』寓言時説：

鯤鵬以明天地陰陽之氣，魚化而鳥，北徙而南，由陰而陽，由静而動也。經以南冥爲天池，天包地外，則北冥亦天池也。三爲陽之始，一函三也；九爲陽之極，三三九也。一陽生於子，六陽極於巳。故以『六月息』、『野馬』、『塵埃』、『生息相吹』，細大雖殊，其氣則一。人之視天，亦猶鵬之視下，高卑雖殊，其理一也。

顯而易見，趙以夫把鯤化爲鵬、鵬之南飛解釋成是『由陰而陽，由静而動』的運動變化過程，把鵬之『水擊三千里，搏扶搖而上者九萬里，去以六月息者也』等等都與周易中的象數對應起來，這並不能揭示出莊子的真實用意，但同樣可看成是對郭象莊子注逍遥遊思想的積極反撥。

此外，劉克莊序言所謂『如虚齋，乃可謂之善學，因漆園之書以推它書，其高妙精詣，切於世用，抑又可知也』云云，也是比較符合實際的。如趙以夫在注解齊物論篇時說：『自得之學難爲人言，言之則辯論鋒起，誰能正之？孔子曰：「莫我知也夫！」又曰：「知我者，其天乎？」亦此意。』又說：『居處味色，人與鳥獸各適所欲，不能皆同。孟子謂犬之性猶牛之性，牛之性猶人之性，正類此言。』凡此，即皆爲趙以夫因莊子之書以推儒家之書的典型例子。而且，趙氏的推論又確實往往『高妙精詣，切於世用』。如他在注解應帝王篇『鄭有神巫曰季咸』一段文字時說：

莊子論應帝王而言此者，蓋有深意。夫爲國在仁義禮樂，今乃泯然不見其跡，人以爲國將亡矣。及發政施令，犁然當於人心，又以爲國將興矣。至於寓威武於文德之中，行爵賞於刑罰之外，則覘國者不可得而測識矣。此聖人治天下之妙道而托之於神巫之相也。

應帝王篇撰寫神巫不能相壺子的寓言故事，目的是要說明，帝王治世必須虚己無爲，立乎不測，使天下百姓無法窺測己意，否則便會如季咸因憑藉智術，終歸失敗。趙以夫則因莊周此說，巧妙地闡發出他所謂『爲國在仁義禮樂』及『寓威武於文德之中，行爵賞於刑罰之外』的『治天下之妙道』，說明他的闡釋真可謂是『高妙精詣，切於世用』。當然，趙氏的這些闡釋也反映出了整個宋代莊子學嚴重儒學化的一個側面。

第三節　王應麟的莊子逸篇

王應麟（1223—1296），字伯厚，號深寧居士，慶元府（治所在今浙江鄞縣）人。宋理宗淳祐元年舉進士，寶祐四年復中博學宏詞科，累官至禮部尚書兼給事中。宋亡後，常與慶元遺老相酬唱，以抒其故君故國之懷。博洽多聞，對經史百家、天文地理等均有研究。且熟悉掌故制度，頗長於考證。著作甚富，主要有玉海二百卷、困學紀聞二十卷、漢藝文志考證十卷等。

清四庫館臣爲王應麟困學紀聞所作提要云：『是編乃其劄記考證之文，凡說經八卷，天道、地理、諸子二卷，考史六卷，評詩文三卷，雜識一卷。卷首有自敘云「幼承義方，晚遇艱屯，炳燭之明，用志不分」云云，蓋亦成於入元之後也。應麟博洽多聞，在宋代罕其倫比。雖淵源亦出朱子，然書中辨正朱子語誤數條，……皆考證是非，不相阿附。不肯如元胡炳文諸人堅持門戶，亦不至如明楊慎、陳耀文、國朝毛奇齡諸人肆相攻擊。蓋學問既深，意氣自平。……故能兼收並取，絕無黨同伐異之私，所考率切實可據，良有由也。』①今觀困學紀聞卷十『諸子』中有關論及莊子者，實亦體現出了四庫館臣所說的這些精神。如王應麟說：『五峰云：「莊子之書，世人狹隘執泥者，取其大略，不爲無益。若篤行君子，句句而求，字字而論，則其中無真實妙義，不可推而行也。」愚謂此讀莊子之法。』又說：『王坦之著廢莊論而其論多用莊語，胡文定春秋綱領有取於莊子之言，其可廢乎！』從這裏可以清楚看到，王氏對莊子一書既沒有加以完全肯定，也沒有加以全盤否定，而是援引胡宏(號五峰)的說法，認爲『狹隘執泥者，取其大略，不爲無益』，『若篤行君子，句句而求，字字而論，則其中無真實妙義，不可推而行也。』所以他進一步指出，儘管莊子之言往往『不可推而行也』，但像東晉王坦之那樣堅決要求廢除莊子一書卻肯定是不對的。毫無疑問，王應麟的這些說法，正反映出了他作爲一位博洽多聞者的那種『意氣自平』、『兼收並取』的氣度。

在困學紀聞卷十『諸子』中，王應麟也對莊子中某些篇章的主旨提出了自己的看法。如他說：『齊物論非

① 四庫全書總目提要王應麟困學紀聞。

欲齊物也，蓋謂物論之難齊也。是非毁譽，一付於物，而我無與焉，則物論齊矣。邵子詩謂「齊物到頭爭」，恐誤。張文潛曰：「莊周患夫彼是之無窮，而物論之不齊也，而托之於天籟。其言曰：『吹萬不同，而使其自已也。』此言自以爲至矣，而周固自未離夫萬之一也，曷足以爲是非之定哉！雖然，如周者，亦略税駕矣。」』對於王應麟的這一説法，清人錢大昕曾評論説：『王伯厚謂莊子齊物論非欲齊物也，蓋謂物論之難齊也。……按左思魏都賦「萬物可齊於一朝」，劉淵林注云：「莊子有齊物之論。」劉琨答盧諶書云：「遠慕老莊之齊物，近嘉阮生之放曠。」文心雕龍論説篇云：「莊周齊物，以論爲名。」是六朝人已誤以「齊物」兩字連讀。唐人多取「齊物」兩字爲名，其誤不始康節（邵雍）也。』（十駕齋養新録卷十九）這裏，錢大昕雖然批評王應麟竟不知六朝人已誤以『齊物』兩字連讀，唐人也多取『齊物』兩字爲名，但對他所謂的『齊物論非欲齊物也，蓋謂物論之難齊也』、『是非毁譽，一付於物，而我無與焉，則物論齊矣』等説法，則無疑是持肯定態度的。此外，王應麟還相當重視對莊子文本的校勘。如他説韓詩外傳所記『輪扁』的寓言故事與今本莊子天道『同而小異』，太平御覽所引天運篇的文字『與今本異』，等等，即可見出其相當重視引他書的文獻資料來校勘莊子文本。

與上述相比，王應麟在困學紀聞卷十『諸子』中所纂輯的莊子逸篇顯得更爲重要。莊子逸篇凡輯得莊子佚文三十九條，前後有王氏所作序、跋云：

陸德明序録曰：『莊生宏才命世，辭趣華深，正言若反，故莫能暢其弘致。後人增足，漸失其真，故郭子玄云：「一曲之才，妄竄奇説，若閼弈、意修之旨，危言、游鳧、子胥之篇，凡諸巧雜，十分有三。」漢書藝文志「莊子五十二篇」，即司馬彪、孟氏所注是也。言多詭誕，或似山海經，或類占夢書，故注者以意去取。其内篇衆家並同，自餘或有外而無雜，唯子玄所注特會莊生之旨。』北齊杜弼注莊子惠施篇，今無此篇，亦逸篇也。……莊子逸篇十有九，淮南鴻烈多襲其語，唐世司馬彪注猶存，後漢書、文選、世説注，藝文類聚、太平御覽間見之，斷圭碎璧，亦足爲篋櫝之珍，博識君子，或有取焉。

王應麟在這裏和漢藝文志考證卷六『莊子五十二篇』下都引述了陸德明經典釋文序錄中的這一段話，看來他是同意郭象和陸氏的有關説法的，也認爲古本莊子中有『後人增足，漸失其真』的成分，『若閼弈、意修之旨，危言、游鳧、子胥之篇，凡諸巧雜，十分有三』，所以『注者以意去取』。王氏進而指出，以今本莊子與古本莊子相比較，則『莊子逸篇十有九』，而這十九篇逸篇的片斷，有的還保存在淮南子、藝文類聚、太平御覽及世説新語、文選、後漢書的注解中，雖『斷圭碎璧』，亦『足爲篋櫝之珍』，可以供『博識君子』時加摭拾觀賞。因此，他便努力搜索，從上述諸書及注解中輯得莊子佚文共三十九條，題曰莊子逸篇，開了莊子學史上纂輯佚文的先河。

王應麟據北齊書杜弼傳所謂杜氏曾『注莊子惠施篇』之語而認爲莊子逸篇十九篇中有惠施篇，其説未必正確。因爲，陸德明經典釋文在莊子天下『惠施多方』以下一段文字中，先後插入晉司馬彪注文二十四條、李氏注文十四條，説明古本莊子並未將『惠施多方』以下文字作爲單篇，而北齊書杜弼傳所謂杜氏『注莊子惠施篇』者，只不過是表明因爲他『耽好玄理』（杜弼傳）而特重『名家者』言，於是裁出惠施歷物十事和辯者二十一事，單獨爲之詳釋罷了。但王應麟的這一説法，卻引起了後人探究莊子逸篇的興趣，其意義無疑相當重要。此外，我們還應該注意到，王應麟在莊子逸篇序言後首先輯有這樣二條佚文：

閼奕之隸與殷翼之孫、遏氏之子，三士相與謀致人於造物，共之元天之上。元天者，其高四見列星。

游鳧問雄黄曰：『今逐疫出魅，擊鼓呼噪，何也？』雄黄曰：『黔首多疾，黄帝氏立巫咸，使黔首沐浴齋戒以通九竅，鳴鼓振鐸以動其心，勞形趨步以發陰陽之氣，飲酒茹葱以通五藏。夫擊鼓呼噪，逐疫出魅鬼，黔首不知，以爲魅祟也。』

對於莊子逸篇中所輯録的三十九條佚文，王應麟没有一一説明其具體出處，但根據他在跋語中所提到的有關書名及注文，我們還是可以知道這些佚文來源的大致範圍。這樣，我們就可以比較容易地查找到，原來『閼奕之隸』一條佚文輯自文選顔延之車駕幸京口侍遊蒜山作詩李善注，『游凫問雄黄』一條佚文來自太平御覽卷五三〇。王應麟把這二條佚文放在其餘三十七條之前的顯著位置上，無疑就會使讀者馬上聯想到，它們當是他在序言中所提到的逸篇閼弈、游凫中的佚文。而這二條佚文的文字和內容又説明，陸德明經典釋文序録所謂閼弈、游凫二篇爲『巧雜』者的説法當是可信的。由此類推，則意修、危言、子胥等篇亦當屬於這樣的作品，故郭象皆删而去之。王應麟莊子逸篇中又有『盧敖見若士，深目鳶肩』這樣一條佚文，當輯自太平御覽卷三六九。據淮南子道應訓高誘注，盧敖爲秦始皇時人，則此條佚文復又説明，莊子十九篇逸篇中確有莊周後學所附益的篇章，即陸德明所謂『後人增足，漸失其真』者，所以郭象也皆予以刊落。但儘管如此，這些屬於後人『增足』、『妄竄』的『巧雜』之辭大多仍是很有價值的。如王應麟莊子逸篇輯有這樣二條佚文：

惠子始與莊子相見而問乎莊子，（莊子）曰：『今日自以爲見鳳凰，而徒遭燕雀耳。』坐者俱笑。

羊溝之雞，三歲爲株。相者視之，則非良雞也。然而數以勝人者，以狸膏塗其頭。（按，王應麟於此條佚文後引司馬彪注：『羊溝，鬥雞處；株，魁帥也。雞畏狸也。』）

今案此處的第一條佚文，當輯自太平御覽卷四六六。第二條佚文，當輯自同書卷九一八，整條文字前原冠有『莊子謂惠子曰』一語。江世榮先生在莊子佚文舉例（文史第十三輯）中説，這二條佚文是哲學史中的寶貴資料，它們記録了兩位著名哲學家會面時的情景與言語，雖然是莊周一人所説。尤其是第一條佚文，所記録的更爲惠施初見莊周時莊周所開的玩笑，説明他們的初次見面就是一個極爲幽默有趣的故事。王應麟莊子逸篇又輯有這樣一條佚文：

老子見孔子，從弟子五人，問曰：『前爲誰？』對曰：『子路勇且多力。其次，子貢爲智，曾子爲孝，顔回爲仁，子張爲武。』老子歎曰：『吾聞南方有鳥，名爲鳳。鳳之所居也，積石千里，河水出下。鳳鳥居止，天爲生食，其樹名瓊枝，高百仞，以璆琳琅玕爲實。天又爲生離珠，一人三頭，遞起，以伺琅玕。鳳鳥之文，戴聖，嬰仁，右智，左賢。

這一條佚文，當輯自太平御覽卷九一五。山海經南山經云：『丹穴之山，……有鳥焉，其狀如雞，五采而文，名曰鳳凰。首文曰德，翼文曰義，背文曰禮，膺文曰仁，腹文曰信。』郭璞注：『莊周說鳳，文字與此有異。』又山海經海内西經云：『服常樹，其上有三頭人，司琅玕。』郭璞注：『莊周曰「有人三頭，遞臥遞起，以伺琅玕與玗琪子」，謂此人也。』說明正如江世榮先生所言，莊子中的神話傳說並非完全憑空編造，而是有一定的來源與根據的。王應麟莊子逸篇復又輯有這樣一條佚文：

槐之生也，入季春五日而兔目，十日而鼠耳，更旬而始規，二旬而葉成。

這條佚文，當輯自藝文類聚卷八八。江世榮先生說，這段文字寫槐之初生至葉成的生成過程，用字不多，寫得很細緻，刻劃入微，比喻新穎，生動而有風趣，是一篇不可多得的小品文，所以聞一多在古典新義莊子一文中曾對之表示讚賞。

總之，王應麟的莊子逸篇作爲莊子學史上第一部輯佚專著，雖然其所搜索的範圍欠廣，所輯錄的條目不算太多，但其所具有的啟迪性和學術意義卻顯而易見。後世的莊子輯佚工作，即幾乎都是在王應麟的這一基礎上進行的。如清代的閻若璩、翁元圻爲王應麟的困學紀聞作箋注，又各輯得莊子佚文若干條，進一步豐富了王氏莊子逸篇的內容。民國時期的馬敘倫、王叔岷分別纂成莊子佚文（附莊子義證後）、莊子逸文（附莊子校釋後），則搜求更爲廣泛、細心，從而把莊子輯佚工作推到了相當完善的地步。

第四節　黃震的讀莊子

黃震（1213—1280），字東發，慈溪（今屬浙江）人，學者稱於越先生。年四十四，登宋理宗寶祐四年進士。

歷吳縣尉、浙東提舉常平主管文字，擢史館檢閲，與修寧宗、理宗兩朝國史、實錄。以直言弊政，出判廣德軍，知撫州，改提點刑獄，皆有惠政。宋亡後不仕，餓於寶幢山而卒，門人私謚文潔先生。所著黄氏日抄一百卷，其中卷五十五爲讀諸子一、卷五十六爲讀諸子二、卷五十七爲讀諸子三、卷五十八爲讀諸子四，而讀諸子一中有莊子一章文字，爲黄氏讀莊子一書之心得，今姑名讀莊子。

宋代學者論述莊子，往往以義理與文筆並重。如高似孫在子略卷二説：『道德三千言，辭絜旨謐，澹然六經之外，其用則易也。莊周則不然，浚滌沉潛，若老於元者，而泓崢蕭瑟，乃欲超遙於老氏之表。是以其説意空一塵，倜儻峻拔，無一毫蹈襲沿仍之陋：極天之荒，窮人之僞，放肆迤演，如長江大河，衮衮灌注，氾濫乎天下。又如萬籟怒號，澎湃洶湧，聲沉影滅，不可控搏。率以荒怪詭誕，狂肆虚眇，不近人情之説，瞽亂而自呼。至於法度森嚴，文辭儁健，自作瑰新，亦一代之奇才乎！』黄震在讀莊子一開頭則説：

莊子以不羈之材，肆跌宕之説，創爲不必有之人，設爲不必有之物，造爲天下所必無之事，用以眇末宇宙，戲薄聖賢，走弄百出，茫無定蹤，固千萬世詼諧小説之祖也。然時有出於正論者，所見反過老子，老子之説可録者不過卑退自全，莊生之説可録者，往往明白中節。

與高似孫相比較，黄震對莊子的更爲高明的見解，主要在於他破天荒地提出了關於『莊子……固千萬世詼諧小説之祖』的看法。我們知道，『小説』一詞最早見於莊子外物，指的是那些不成體系、不合大道的淺陋瑣屑之言，並不具有文體意義。與莊子所説的『小説』相比較，漢代人所謂的『小説』已涉及了文體特徵。其後，人們又在這一基礎上把『小説』進一步向文體概念推進。黄震正是借助於漢代以來人們所謂的『小説』概念，第一次把莊子説成是『千萬世詼諧小説之祖』，從而也就第一次把莊子中的許多寓言故事看成了小説作品。清代林雲銘在莊子因中謂盜跖篇孔子遊説盜跖的寓言故事『徑似小説家閒話』，劉鳳苞在南華雪心編中謂其『只是小説派頭』，胡文英在莊子獨見中謂其『便開唐人小説派矣』等等，都可看成是對黄震這一説法的繼承和發展。事實上，莊子中的不少寓言故事確已遠遠不能爲寓言概念所範圍，而應該把它們作爲早期的小說作品來看待。如盜跖篇在人物的設計上，出人意表地把一位被時人稱爲『聖之和也』的柳下季和統治階級最仇視的所謂『殺人放火』的盜跖這兩位時代不同、性格完全相反、階級地位十分懸殊的人物寫成親兄弟的關係，又『謬爲牽合』相去百年之外的孔丘與柳下季爲好友，並讓最大的學術權威、道德模範的聖人孔丘出場遊説，讓最『無道』的盜跖在理論上徹底戰勝他，這正是黃震所謂的『不必有之人』、『天下所必無之事』。整個故事在情節上大起大落，多設巧合，變幻莫測，使人產生强烈的驚奇感，則是服從於顯示盜跖這一英雄形象雄偉、剛健、粗獷、豪放之美需要的。對這一英雄人物的神勇、威力、智慧、心意、才辯等等的描繪，均被誇張、渲染到了常人難以達到的地步。對他的外貌描寫也具有很大的誇張性，如『目如明星』、『髮上指冠』、『唇如激丹』等等，皆不在於其外在的逼真，而務求於内在精神實質的把握和主觀精神情趣的寄托。總之，『莊子以不羈之材，肆跌宕之説，創爲不必有之人，設爲不必有之物，造爲天下所必無之事，用以眇末宇宙，戲薄聖賢，走弄百出，茫無定蹤，固千萬世詼諧小説之祖也。』他在盜跖篇中所寫的孔子遊説盜跖的寓言故事即爲一篇『詼諧小説』，主人公盜跖這一雄偉高大的英雄形象即具有濃郁、詼諧的傳奇色彩。由此説明，黃震倡導關於莊子爲『千萬世詼諧小説之祖』的説法，確實很有見地，也很符合實際，因而對後世產生了相當深遠的影響。其次，黃震又在高似孫所謂莊子『欲超遙於老氏之表』這一説法的基礎上，進一步提出了他自己所謂的莊子『所見反過老子』的説法，認爲『老子之説可録者不過卑退自全，莊生之説可録者，往往明白中節』。那麼，莊子中哪些話是『明白中節』的呢？王震隨即舉出了『内篇』中的這樣幾條文字：

1．爲善無近名，緣督以爲經。（按，此條引自養生主篇）

2．仲尼曰：『天下有大戒二：其一，命也；其一，義也。子之愛親，命也，不可解於心；臣之事君，義也，無適而非君也，無所逃於天地之閒。是之謂大戒。是以夫事其親者，不擇地而安之，孝之至也；夫事其君者，不擇事而安之，忠之盛也；知其不可奈何而安之若命，德之至也。』

3．兩喜必多溢美之言，兩怒必多溢惡之言。

4．尅核太至，則必有不肖之心應之。（按，以上三條皆引自人間世篇）

又舉出了『外篇』中的這樣幾條文字：

1．粗而不可不陳者，法也；親而不可不廣者，仁也；節而不可不損者，禮也；一而不可不易者，道也。（按，此條引自在宥篇）

2．愛人利物之謂仁。（按，此條引自天地篇）

3．上必無爲而用天下，下必有爲爲天下用，此不易之道也。

4．夫尊卑先後，天地之行也，故聖人取象焉。

5．宗廟尚親，朝廷尚尊，鄉党尚齒，行事尚賢。（按，以上三條皆引自天道篇）

又舉出了『雜篇』中的這樣幾條文字：

1．無財謂之貧，學而不能行謂之病。（按，此條引自讓王篇）

2．貴賤之分，在行事之美惡。平爲福，有餘爲害，物莫爲然，而財其尤甚者也。（按，此條引自盜跖篇）

在黄震看來，『老子之書必隱士嫉亂世而思無事者爲之』（讀諸子一老子），其『可録者不過卑退自全』而已；而莊子之説往往『明白中節』，如這裏所選録的十一條文字即爲其例。其實，黄震特意從莊子中將這十一條文字表而出之，這正是他的獨特思想的真實反映。黄宗羲説：『當宋季之時，吾東浙狂慧充斥，慈湖之流弊極矣，果齋、文潔不得不起而救之。然果齋之氣魄不能及於文潔，而日抄之作折衷諸儒，即於考亭亦不肯苟同，其所自得者深也。今但言文潔之上接考亭，豈知言哉！』（宋元學案卷八十六）誠然，黄震雖然學宗朱熹（考亭），但對朱熹的學説卻又有所改造和發展。因爲他深刻地認識到，在民族危機空前嚴重的時期，士大夫已經不能依舊坐在書齋裏空談朱熹的性命義理之學，而應該提倡經世致用之學，重視日用常行之道。在黄震看來，所謂日用常行之道，既應包括日常生活中的道德原則，又應包括切實可行的治國之道，即所謂：『夫聖人之治天下，君臣父子以相生，桑麻穀粟以相養。其義在六經，其用在民生日用之常，如此而已耳！』（讀諸子一淮南子）黄震從莊子中選取所謂『明白中節』的十一條文字，大概不外就是以這一思想認識作爲衡量標準的。然而，也正因爲基於這一思想認識，黄震又對莊子中的大部分思想資料採取了堅決否定的態度。他説：

莊子之可録者固過於老子，然其悖理者則又甚於老子。蓋老子隱士之書，而莊子亂世之書也。其所以變亂天下之常者，不過借天下之不常以亂其常。如麋鹿食薦，則因謂民食芻粟者爲非正味；如巨盗負篋，則因謂緘縢防盗者爲盗積；如瞽者不見文采，聾者不聞鐘鼓，則因謂文采鐘鼓爲無用。於是乎混而殽之，謂是即非，非即是，而是非之兩忘；於是乎復蕩而空之，謂人不必有材，心不必有知，而天下生生之理盡絶；於是乎又復引而伸之，謂入水不濡，入火不焦，爲天下之至人。嗚呼！此誠亂世之書，而後世禪學之所自出也。是非之理判然，安得而使之無？人生而有血氣心知，安得而使之無？果如其説，心定神全，入水入火不驚不悸猶可也，安得而不焦不濡？此固天下所必無之理，童子猶將笑之，奈何其文奇説誕，人情易惑，雖老師宿儒反或溺之耶？嗚呼，悲夫，盍火其書！

黄震在這裏明確指出，從總體方面來看，莊子是一部『文奇説誕』的『亂世之書』，而其最荒唐的邏輯思維就是以偏概全，『借天下之不常以亂其常』，如『麋鹿食薦，則因謂民食芻粟者爲非正味』，『巨盗負篋，則因謂緘縢防盗者爲盗積』，『瞽者不見文采，聾者不聞鐘鼓，則因謂文采鐘鼓爲無用』。毫無疑問，黄震的這些話正指出了莊子哲學思想中的相對主義傾向，説明我們是切不可像莊子那樣以個別現象來代替普遍規律的，何況麋鹿的口味還是根本不可與人類相提並論的呢！因此黄氏進一步指出，莊子這種通過以偏概全的思維方法推導出的所謂

『是即非，非即是』、『人不必有材，心不必有知』等說法，根本就是一派胡言，只會給整個社會帶來極大的危害。至於他所說的至人『入水不濡』、『入火不焦』等等，則更是『天下所必無之理』，連『童子猶將笑之』，而當今的『老師宿儒』卻仍往往溺於其說，這不是更值得悲哀的嗎？並且在黄震看來，莊子復又爲『後世禪學之所自出』，而禪學同樣構成了對經世致用之學、日用常行之道的極大危害，因此莊子一書就更要不得了。關於這一點，我們還可以再看他的如下言論：

（謝良佐）謂『知者未能無意』。竊疑此亦佛氏『絕意念』之説。若夫子本意，不過謂知者知仁之爲美，慕而行之耳。異端之説皆從莊子寓言『死灰其心』一語來，近世諸儒或慕其高而言之，然人決不能無心，心決不能無意。（黄氏日抄卷二讀論語）

至於齋心服形之老莊，一漲而爲坐脱立忘之禪學，始瞑目株坐，日夜仇視其心而禁治之。及治之愈急而心愈亂，則曰：『易伏猛獸，難降寸心。』嗚呼！人之有心猶家之有主也，家有主反禁切之，使一不得有爲。（黄氏日抄卷八十六省齋記）

近世喜言心學，舍全章本旨而獨論人心、道心。甚者，單摭『道心』二字而直謂即心是道，蓋陷於禪學而不自知。……禪學源於莊列滑稽戲劇、肆無忌憚之語，懼理之形彼醜謬，而凡聖賢經傳之言理者，皆害己之具也。故以理爲障而獨指其心曰：『不立文字，單傳心印。』此蓋不欲言理，爲此遁辭，付之不可究詰云耳。（黄氏日抄卷五讀尚書）

宋末林希逸所謂『大藏經五百四十函皆從此（指莊子一書）中紬繹出』（莊子口義發題）云云，其意在於引佛證莊，並最後把莊子思想與佛教思想融合起來。而黄震提出所謂『禪學源於莊列』等説法，則完全是爲了把談虚説空的禪學及其重要源頭——莊子學説一起批倒批臭，從而徹底否定宋代理學家每以莊、禪説儒的棄實尚虚之學。因爲在黄震看來，人不可能無心，心不可能無意，而莊子卻提倡『死灰其心』、『齋心服形』，佛教復又『一漲而爲坐脱立忘之禪學，始瞑目株坐，日夜仇視其心而禁治之』，其結果皆只能『適足以槁畆其無用之身，他尚何望』（黄氏日抄卷八十六省齋記），更何談爲國家效力呢！所以，他也就自然要在讀莊子的結尾處大聲疾呼『何不焚燒莊子』了。

總而言之，黄震對莊子的文辭是很讚賞的，並提出了關於莊子爲『千萬世詼諧小説之祖』的新見解，爲人們研究莊子的文辭、文體開闢了新思路。然而，他對莊子所包含的思想内容卻基本上採取了堅決否定的態度，並大聲疾呼要把此書付之一炬，這雖然可説是對東晉王坦之廢莊論、唐代李磎廣廢莊論批判精神的發揚光大，但畢竟是很偏激的言論。當然，他希望通過這一激烈的舉措來遏制當時思想理論界説虚談空的風氣，使學問成爲對社會國家有實際效用的東西，這也反映出了他對莊子的批判是建立在他深深關切民族國家興亡的思想基礎上的，因而也很有積極意義。

第五節　吴澄的莊子敘録

吴澄（1249—1333），字幼清，撫州崇仁（今屬江西）人。宋度宗咸淳六年領鄉薦，春省下第，還構草屋，講學著書其中。入元官至翰林學士，程鉅夫嘗題其所居草屋曰『草廬』，故學者稱草廬先生。爲學主張折衷朱熹、陸九淵兩派，而最終近於朱熹。著作有吴文正集一百卷、道德真經注四卷等。

據有關文獻資料來看，吴澄對老子、莊子的研究主要當在他六十歲前後的元成宗大德末年、武宗至大初年之際。如四庫全書本吴文正集卷末所附虞集（吴澄）行狀云：『（大德）十一年正月朔，以疾辭去，留清都觀，及門人論及老子、莊子、太玄等書之本旨，因證其訛僞而著其説。』危素（吴澄）年譜於『（大德）十一年丁未』下亦云：『校定老子、莊子、太玄章句。公以老、莊二子世之異書，讀者不人人知其本旨，注釋者又多荒唐自誑，公爲之參考訂定，將使智之過高者不至陷溺於其中，凡下者不至妄加擬度於高虚云爾。』大德十一年爲元成宗在位的最後一年，也是成宗即位之年。説明吴澄於此年正月以疾辭歸，自京南下，留清都觀，及門人論及老子、莊子等書之旨，因『證其訛僞而著其説』，時年五十有九歲。道藏收有吴澄道德真經注四卷，末附吴氏題記云：『老氏書字多誤，合數十家校其同異，考正如右。莊君平所傳章七十二，諸家所傳章八十一，然有不當分而分者，定爲六十八章云。上篇三十二章，二千三百六十六字，下篇三十六章，二千九百二十六字，總之五千二百九十二字云。臨川吴澄題。』今翻檢吴氏道德真經注，全書確重編爲六十八章，且對字句亦多有改動，往往不乏創見，當即爲其於大德十一年所撰述訂定者。那麽，吴澄在這一期間又是如何研究、考訂莊子的呢？關於這一情況，我們已不得詳知。但吴文正集收有吴澄老莊二子敍録一文，其中包括兩大部分内容，即第一部分爲老子敍録，第二部分爲莊子敍録，而老子敍録即完全爲道藏所收道德真經注末附吴澄之題記，則莊子敍録當是他爲自己所著有關莊子學著作所寫之題記。根據這一題記，我們大致可以窺見吴澄在大德、至大之際研究、考訂莊子的成果，尤其是他所提出的各種新見解。今移録其莊子敍録全文於下：

莊氏書内篇，蓋所自著。外篇，或門人纂其言以成書，其初無所謂雜篇也。竊疑後人僞作讓王、漁父、盗跖、説劍勦入寓言篇中，離隔寓言之半爲列禦寇篇，於是分末後數篇，並其僞書，名爲雜篇，以相淆亂云爾。今既從蘇氏説，黜其僞，復以列禦寇合於寓言而爲一篇。庚桑楚以下與知北遊以上諸篇，不見精粗深淺之不侔，通謂之外篇可也。夫莊氏書，瓌瑋參差，不以觭見之。唯駢拇、胠篋、馬蹄、繕性、刻意五篇自爲一體，其果莊氏之書乎，抑亦周秦間文士所爲乎？是未可知也。故特别而異之，以俟夫知言之君子詳焉。蘇氏所黜四篇亦存之以附其後。或曰：『史記稱：「莊子作漁父、盗跖、胠篋，以詆訿孔子之徒。」當時去戰國未遠也，而已莫辨其書之異同矣。且其書汪洋恣縱乎繩墨之外，而乃規規焉、局局焉議其篇章，得無陋哉！』曰：『得意固可以忘言，將欲既其實而謂不必既其文，欺也。楊倞注荀卿書，定其篇次，讀者咸以爲當。予於莊氏之書，亦然。』

在這裏，我們確實窺見吴澄在研究、考訂莊子方面的主要成果，尤其是他對莊子內、外、雜篇的獨特見解。

一、提出莊子書中『初無所謂雜篇』的看法

蘇軾曾在莊子祠堂記中指出讓王、説劍、漁父、盜跖四篇爲『昧者勦之以入』的僞作，認爲正由於這四篇僞作的插入，才把寓言篇的後半部分分割出來而成了列禦寇篇。吴澄承因了蘇氏的這一看法，亦『竊疑後人僞作讓王、漁父、盜跖、説劍勦入寓言篇中，離隔寓言之半爲列禦寇篇』。但吴氏並沒有停留在這一認識水準上，而是進一步指出雜篇當即是後人分出外篇中靠後的一些篇目，再加上讓王、説劍、漁父、盜跖四篇僞作而成，因而莊子書中『初無所謂雜篇也』。

誠然，莊子中本來是否有雜篇，這確是一個值得探究的問題，因爲陸德明在經典釋文序錄中就曾説過『其內篇衆家並同，自餘或有外而無雜』這樣的話。而且，司馬遷在史記老子韓非列傳中談到莊子及其部分篇目時，都沒有提到諸如內、外、雜篇之類的問題，這是否更意味著莊子本來就是不分內、外、雜篇的呢？陸氏在序錄中又曾謂『漢書藝文志「莊子五十二篇」，即司馬彪、孟氏所注是也』，並云：『司馬彪注二十一卷，五十二篇。……內篇七、外篇二十八、雜篇十四、解説三、爲音三卷。』我們在本書的前面已經多次説過，這裏面的『解説三』、『爲音三卷』當是漢以來的人編進去的。那麽，後世所看到的莊子中的『雜篇』，是否就是漢以來的人在重編莊子時，爲了把莊子分成多個部分，而特意從外篇中分離出來的篇目呢？由此可見，吴澄提出『初無所謂雜篇』的看法，雖然至今仍無法證明其正確與否，但畢竟不失爲一種獨特的見解，值得我們進一步去探討。

二、提出駢拇、胠篋等五篇『自爲一體』的看法

吴澄在爲重刻本唐文如海莊子正義所作的序言中説：『莊子内聖外王之學，洞徹天人，遭世沉濁而放言滑稽以玩世，其爲人固不易知，而其爲書亦未易知也。』（莊子正義序）説明在吴氏看來，莊周之學是一種不易爲常人所知的『洞徹天人』的學問，而其爲文則『放言滑稽』，即所謂『以謬悠之説，荒唐之言，無端崖之辭，時恣縱而不儻，不以觭見之也』（莊子天下），所以也是同樣爲常人所難以把握的。但駢拇、胠篋、馬蹄、繕性、刻意五篇『自爲一體』，與『莊氏書瓌瑋參差，不以觭見之』的特徵不相一致，則此五篇文章『果莊氏之書乎，抑亦周秦間文士所爲乎？是未可知也。』

誠然，駢拇、胠篋、馬蹄、繕性、刻意五篇作品確實缺乏莊周文章那種『參差諔詭』的風趣，而是屬於一種純粹論述的體裁，往往會使人們聯想起戰國末期和秦漢間一些論説文的體裁和風格。因此，大約與吴澄同時的學者羅勉道就曾在南華真經循本刻意中説，『刻意、繕性失之淺拙』，『決非莊子本文』。而清末王先謙則曾在莊子集解駢拇中引蘇輿説，駢拇、馬蹄等篇『文氣直衍』，『不類内篇汪洋諔詭』。由此可見，吴澄提出關於『駢拇、胠篋、馬蹄、繕性、刻意五篇自爲一體，其果莊氏之書乎，抑亦周秦間文士所爲乎』的看法，確實是頗有見地的。而且，他的這一看法也的確對後世産生了一定的積極影響，引發出了人們探討莊子中這五篇文章的新思路。但我們又可以看到，駢拇、胠篋、馬蹄三篇對儒家仁義禮樂的批判表現得慷慨激昂，而刻意、繕性二篇闡述養神、繕性之旨則顯得頗爲平和，這説明吴澄關於『駢拇、胠篋、馬蹄、繕性、刻意五篇自爲一體』的看法又不是完全符合實際的。

三、『議其篇章』、『定其篇次』

當吴澄在議論莊子篇章的時候，有人很不以爲然，認爲莊子文章『汪洋恣縱乎繩墨之外』，怎能『規規焉、局局焉議其篇章』呢？ 吴澄卻回答説：『得意固可以忘言，將欲既其實而謂不必既其文，欺也。』意謂領悟到『意』後固然可以忘掉作爲載體的『言』，但如果想要得到實質性的東西而説不必先得到其外在性的東西，這卻是欺人之談。説明在吴澄看來，要想得到莊子的思想精華，首先必須『議其篇章』，辨其真僞，否則便是一句空話。基於這一認識，吴澄便略師唐代楊倞注解校訂荀子之意而校定了莊子的篇章、篇次。據他在莊子敍録中的説法，則其所校定的莊子，除了依蘇軾之説而將所謂的讓王、漁父、盗跖、説劍四篇僞作移至卷末作爲附録，又將寓言、列禦寇二篇合爲一篇而外，還特意將駢拇、胠篋、馬蹄、繕性、刻意五篇『别而異之』，以期後人進一步探討『其果莊氏之書乎，抑亦周秦間文士所爲乎』的問題。兼以吴澄又認爲除了被删去的四篇作品和『别而異之』的五篇作品而外，外、雜篇中其餘的所有篇章則『不見精粗深淺之不侔，通謂之外篇可也』，所以他所校定的莊子實際上可能只包括了内篇和外篇兩大部分，而他所認可的總篇數又只有二十三篇而已，比羅勉道的南華真經循本還要少三篇。可惜這個别具一格的莊子本子早已不存於世，但道藏中收有吴澄莊子内篇訂正二卷，全書七篇，共分三十七章，包括逍遥遊篇五章、齊物論篇四章、養生主篇三章、人間世篇六章、德充符篇六章、大宗師篇七章、應帝王篇六章，雖皆不加注釋，卻對其中的文句有所訂正，當是他所校定的莊子之内篇部分。

我們知道，元代研治莊子者極少，而吴澄卻以當時大儒而如此關注莊子，『議其篇章』，『定其篇次』，從而校訂出一個很有特色的莊子本子，這就更值得人們珍視了。但如果像清四庫館臣在爲他的道德真經注作提要時所說，『蓋澄好竄改古經，故於是書（指道德真經注）亦多所更定，殆習慣成自然云』①，則其在議莊子篇章、定莊子篇次時，也許不免有『好竄改古經』的『習慣』在起作用，因而有可能影響到了他所校定的莊子本子的學術價值。

總之，從現存的文獻資料來看，吳澄很可能沒有像注釋老子那樣注釋過莊子，但他確實校訂過莊子的字句、篇章、篇次，應該是元代學者中在研究、考訂莊子方面用心最勤的一個人，因而其所取得的成果是不可忽視的。但或許他在校訂莊子時也不能免除『好竄改古經』的『習慣』，所以他的校訂也就不免會有偏頗，以致招來了後人的一些批評。

第六節　苗善時的南華經公案

苗善時，元代前期道士，字太素，號實庵。師從江南著名道教學者李道純修習全真道，有金襴紫衣玄一高士之稱。嘗自言受授太上洞神三元妙本福壽真經古本，因而校正分章，使人易曉，玄理精明。又采唐宋史傳，摭收實跡，削去浮華，編成純陽帝君神化妙通紀七卷，述唐呂洞賓家世、悟道、受道、隱化、神顯、警世、濟世、點化及戲弄之事。更著有玄教大公案二卷，見明正統道藏。據卷首王志道序作於『泰定甲子（1324）』來推測，則此書著成於元泰定帝泰定元年（甲子）之前。全書正文共分兩大部分。一爲『升堂明古』，『以列祖道統心法模範學人，采摭諸經樞妙，升堂入室，舉其綱要，於列祖言外著一轉語，復頌象之，以易數爲六十四則。』（柯道沖玄教大公案序）二爲『入室三極』，凡三則，直陳性命修煉之要。『升堂明古』編爲其主要部分，其中一至二十三則闡發老

① 四庫全書總目提要吳澄道德真經注。

子道德真經旨義，二十四至三十八則闡發關尹子文始真經旨義，三十九至四十二則闡發列子沖虛真經旨義，四十三至五十五則闡發莊子南華真經旨義，五十六至六十四則闡發周易義旨及唐呂洞賓、宋張伯端、元王重陽等人的說法。今姑將十三則闡釋南華真經的文字總名爲南華經公案。

王志道在玄教大公案序中說：『歷代聖仙未結絕案款，吾師一一決斷明白，目之曰玄教大公案。』確實，在『升堂明古』編中，苗善時凡引莊子原文後皆加以闡釋，旁引道書，間及儒書，並斷以己意，結以偈頌，明顯模仿了佛教禪宗的公案形式。如第四十四則云：

南華老仙齊物篇，首以二子答問三籟始，言人籟、地籟之不齊。便是孟子云：『物之不齊，物之情也。』末言天籟云：『吹萬不同，而使其自已。』謂衆竅怒息，萬籟澄虛時，是誰耶？前言情，後言理，理一分殊，賓主自別，不齊之齊明矣。就中廣喻，以明物之生化無窮，萬化一化皆神。末以己夢蝴蝶爲喻，結一篇之大義：『倏然夢，栩栩然蝴蝶也。俄然覺，蘧蘧然周也。不知周之夢爲蝴蝶與，蝴蝶之夢爲周與？周之與蝶，則必有個分限。』到此恰不說破。大衆：且道只今誰夢誰覺？誠能直下明悟分曉，則知生死夢覺，則齊歸於大化。其中有卓然巍獨者存，故曰：『有此大覺，則然後知此大夢也。』其或未然，聽吾後頌曰：物我同胞體一源，不齊齊處亦方圓。隨情各造輪回殼，反本同歸太極圈。萬籟寂然天籟息，一心清肅識心潛。化生生化由他變，夢覺雙忘樂象先。

這裏，苗善時先引孟子的話闡釋了莊子的齊物思想，認爲齊物論篇首言人籟、地籟之不齊，實際上就是孟子所謂不齊乃萬物之實情的意思。接著又引用了宋理學家的『理一分殊』說，認爲萬物雖殊，賓主自別，但『萬化一化皆神』，與理學家所說的『理一』即『萬物皆是一理』正是一個道理。所以他進而指出，齊物論篇末設出一個蝴蝶夢，不外就是要在收尾處暗示一個『萬化一化皆神』之類的結論，只是沒有說破而已。他只怕大衆還是不明白他的意思，因而又作偈頌一首，用來總括上述大意，並稍稍引進一些佛教觀念。又第四十八則云：

南華老仙嘗言：『有始也者，有未始有始也者，有未始有夫未始有始也者。有有也者，有無也者，有未始有無也者，有未始有夫未始有無也者。俄而有無矣，而未知有無之果有謂乎，果無謂乎？』此一節五言『未始』，前解者不一，然互有得失，皆未著實，使人愈見迂闊。有以列仙五太解證，稍通。殊不知，只以此身有無，乃至真無妙有，又融一未始，一節抵一節，果謂奇奇妙妙，真真純純。且如此身一有，自何而來？因一念而有也，即知念乃身之未始；念自心生，即知心乃念之未始；心自性生，即知性乃心之未始；有是氣即有是性，即知命乃性之未始。本然慧性，真無也；真空慧命，妙有也。真無妙有融一未始，乃太極未肇、父母未生一真實象，是謂玉虛妙體，清淨道身，無始之始也。……到這裏，則知天地與我並生，萬物與我爲一，種種是非、彼我、聲色、有無皆爲空，華陽焰真樂自然，豈不簡妙乎！聽聽頌曰：南華五未始，從頭追到底。此念自心生，一心從性起；性依命根生，性命同一軌。妙有融真無，玄玄玉虛體。志士明悟誠，真樂無生矣。

此處所引南華老仙之言出於莊子齊物論，原來莊子所以欲推原天地萬物演進之跡者，不過欲使人明白後世是非之別實起於有天地或萬物之後，而在泰初未有天地或萬物之時，固無所謂是非也①。對於莊子的這一思想，歷代學者有過種種不同的解說。苗善時指出，這些解說都不切合實際，只能使人愈見迂闊。因爲在他看來，莊子的這番話，實際上不外就是這樣的意思，即『念乃身之未始』，『心乃念之未始』，『性乃心之未始』，『命乃性之未始』，『真無妙有融一未始，乃太極未肇、父母未生一真實象，是謂玉虛妙體，清淨道身，無始之始也。』他並作偈頌一首來進一步強調這一觀點，說明他這裏主要是借用佛教禪宗、宋代理學的心性論來闡釋莊子思想的。總之，苗善時在玄教大公案中大致宗承其師李道純的三教合一說和宋金元道教内丹派的性命雙修宗旨。他對莊

① 請參看蔣錫昌莊子哲學，上海商務印書館1937年版。

子的闡釋，也正是在堅持這一基本思想原則下進行的。

當然，苗善時也指出了禪宗等與莊子思想的明顯差別。如他在闡釋莊子天下時說：『南華老仙特舉惠施之才爲一經之結意。其後世之人，氣輕福薄，不復天地之純、聖人之大體，專尚機鋒敏捷，問長答短，問東答西，問有答無，急無可答，……鼓誘鄙俗，誑惑愚夫，闊說大言，自爲普化，迤邐習成淫風，傷哉！』（第五十五則）這裏的意思主要是說，禪宗之『專尚機鋒敏捷』，實與惠施專尚口辯無異，哪裏可與莊子同日而語呢！關於這一點，第五十四則說得更爲明白：

南華仙宴息，東郭子敬問曰：『所謂道，惡乎在？』真人曰：『無所不在。』郭曰：『期而後可？』真人指前蟻曰：『在螻蟻。』曰：『何其下耶？』曰：『在稊稗。』曰：『何其愈下耶？』真人指空地曰：『在瓦礫。』曰：『何其愈甚耶？』曰：『在屎溺。』東郭子不會，拙哉！……南華老仙假目前物類，發明道之本元。惜乎！東郭子全無領悟。夫道，物物全彰，頭頭具足，此無所不在也。猶我之一點，舉目無際，何所往而非道乎？乃知老仙始一句以露心肝，後四答乃第二機不獲已也。大衆：誠能向真人始一句以前會得，則巍然獨存，綽然無礙矣。諸大德會否？噫！今禪家，庭前柏樹，堂內酒臺，麻三斤，脅三拳，乾屎橛，佛糞堆，種種公案，皆從此中來，所以長者馮尊師言『鳩摩羅什未生已有南華、列子』，朱文公云『禪自道家起』。今衲子翻頭換面發明，豈不然哉！諸公直下無疑，融會了徹，則萬法中通，三家一貫。

在苗善時看來，莊子一開始所回答的『道無所不在』這句話，真是直露心肝，最可稱爲至深妙理。而後面的四次回答，只是用來開悟世俗頑鈍之人而已。因此，大衆最需要的是要領悟莊子的第一句話。然而，佛教禪宗卻誤認爲後面四次回答是最重要的，所以他們便刻意模仿，翻頭換面，製造了諸如『庭前柏樹』、『堂內酒臺』、『麻三斤』、『脅三拳』、『乾屎橛』、『佛糞堆』等種種公案，以爲如此就可以悟到佛道了。這正如尊者、智者所言，中國的禪宗實際上是由道家派生出來的，哪裏可與派生它的道家同日而語呢！但大而言之，儒、道、釋三教還是可視爲『一貫』的。由此可見，苗善時雖然明確指出禪宗與莊子思想之間具有較大差别，但最後還是返回到了全真道『三教合一』的基本思想之上。

與上述稍有不同，苗善時也有以道家的基本觀點來闡釋莊子思想的。如莊子繕性有語云：『道固不小行，德固不小識。小識傷德，小行傷道。故曰：正己而已矣。樂全之謂得志。古之所謂得志者，非軒冕之謂也，謂其無以益其樂而已矣。今之所謂得志者，軒冕之謂也。軒冕在身，非性命也，物之儻來，寄者也。』苗善時解釋說：『聖人以實貴精神、安和性命爲樂全，故安貧樂道，不以軒冕爲榮而喪清高志節，况乎窮約趨俗、小識小行而爲道德之累哉！喪己於物，失性於俗，何足道哉！戒之慎之！』（第五十三則）不可否認，苗善時這裏的解釋是符合莊子基本思想的。又如第五十一則，苗善時在引述了天地篇『黄帝遺其玄珠』寓言故事後闡釋說：

此一玄珠，人人中具，耀古輝今，光天徹地，只爲物欲塵障，事情雲蔽，明見馳騁，智識縱橫，所以昧失此珠。幸有欲見此珠者，又即言辭而求者，或以聰明揣度而求者，又以智識思求者，明求愈遠，智索愈遥，故黄帝以此三人求尋而皆不得。後以罔象，罔象得之。何謂也？使人離其語言知識，忘乎聰明見解，誠意於丹丘之上，淵心於罔象之中，一點圓明，自然朗徹，豈不簡妙哉！再審後『頌』曰：一顆無價珠，沉埋被泥淤。聰明智揣摸，都屬者之乎。潛心歸罔象，不覺珠光浮。一躍出清淵，圓明耀太虚。

這裏，苗善時雖然賦予了『玄珠』以佛教所謂自性清淨心之類涵義，而且還要求人們嚮往道教所謂的神仙所遊居的不死之鄉（丹丘），表現出了一定的宗教意識，但這並沒有明顯影響到他對莊子求玄珠思想的正確理解。我們知道，莊子以『玄珠』喻『道』，認爲『道』不是感覺的對象，憑藉感官、言辯、心機、智巧都無從得到，而只能求之於静默無心之中。對於莊子寓在『黄帝遺其玄珠』寓言故事中的這一深層意義，苗善時無疑有著深刻的領悟，所以他說：『即言辭而求者，或以聰明揣度而求者，又以智識思求者，明求愈遠，智索愈遥，故黄帝以此三人求尋而皆不得。』他並進一步指出，如果能做到『離其語言知識』、『忘乎聰明見解』、『淵心於罔象之中』，那麼『道』也就自然『一躍出清淵，圓明耀太虛』了。可見，苗善時在闡釋莊子求玄珠思想時雖然多有發揮，但並沒有偏離莊子的本真思想。他在闡釋知北遊篇『齧缺問道乎被衣』寓言故事時説：『所謂正形一視，誠全而含光不二也；攝知一度，無思而凝神精一也。故若新生之犢，其純全而無心也。心神一混，物我兩忘，不知所以然而然，宜乎本師（指齧缺）真樂而歌「真其實知，不以故自持」，至哉！』（第五十二則），這大致也可作如是觀，是頗得莊子本意的。

此外，苗善時還對莊子文章藝術與内容之關係有所探究。如他在分析秋水篇總論時説：『南華老仙秋水一篇，河伯、海若凡六答問，如風濤激石，雪浪翻空，使人驚心喪膽，恍惚茫然。及乎至篇末，清澄碧海，光映蒼天，使人神清氣息，寧極反真。』（第四十六則）這是對宋末褚伯秀在南華真經義海纂微秋水總論後所作議論的繼承和發展。他在分析同篇『夔憐蚿』一則寓言時説：『南華老仙設一喻，使人即物理以明心，達天機而悟道。然其意密密深深，造其微，奇奇特特。言夔憐蚿、蚿憐蛇、蛇憐風、風憐目、目憐心六事，蚿即蜈蚣也。始以三物引起，至風、目、心，大體妙用，造化天機，朗朗明白。以夔、蚿足之多少，喻唾之噴大小珠霧；及蛇之無足而行又疾，喻聖人動止運化屈伸相感，遲疾亦應乎天機，皆自然而然。次以風之蓬蓬然起於北海，入於南海，反陰復陽，倏忽起滅，比夫有形相之物，又超一奇絶。』（第四十九則）從現存的文獻資料來看，對這一則寓言的分析如此重視其藝術特徵與思想内容之關係者，自魏晉直至元代，除了宋末林希逸而外，唯有苗善時一人而已。尤其需要指出的是，苗善時還在每一則文字後均以韻文『頌』的形式來概括性地揭示莊子文章藝術與思想内容特徵，這在歷史上更是破天荒的第一次。後世研究莊子者，如明代著名道教學者陸西星在南華真經副墨每篇後皆作韻文亂辭一篇，或於亂辭後復作韻文文評一首，用來概括性地揭示莊子各篇的思想内容與藝術特徵，都可看成是對苗善時這一做法的大力推進。

第十四章 宋元佛道二教學者的莊子學

第一節 宋元佛教學者對莊子的援引與闡釋

中國佛教到唐代已達到了極盛時期。宋元時期的佛教，從總體上來看，只不過是借著唐末五代之餘勢而維持著相對繁榮的局面而已。當然，從局部的範圍內來看，像天台宗，尤其是禪宗中的某些宗派，卻仍是有所發展的。而禪宗中的這些宗派，正是宋元時期佛教中與莊子關係最爲密切的宗派。

宋代禪宗主要有臨濟、雲門和曹洞三派。臨濟宗由唐末義玄禪師開創，因其建禪院於鎮州（今河北正定）城東滹沱河側，故號臨濟。義玄的弟子甚衆，代代相傳，但由於他們皆以臨濟直傳相標榜，始終默守著義玄的禪法思想而缺乏創新和發展，所以逐漸呈現出了衰頹之勢。到了北宋初，汾陽善昭禪師則大力倡導將禪化解爲文字玄談，注重在解釋古聖語言的過程中寓以禪趣，使禪宗由『不立文字』而公開走上了『文字禪』的道路。如他非常重視『三玄三要』，甚至把它看成是參禪悟道的最重要途徑。那麽，『三玄三要』的真意是什麽呢？善昭自己解釋說：『三玄三要事難分，得意忘言道易親。』（古尊宿語錄汾陽昭禪師語錄）這裹的意思是說，『三玄』、『三要』各指什麽具體內容，確實難於說清楚，但只要領悟其中所蘊含著的玄意，進而做到得其意而忘其言，也就可謂接近『道』了。因此，參禪主要也就是表現爲先從具體的語言入手，進而得意而忘言，在語言之外體悟到真正的禪理。由此可見，這實際上與莊子『得意而忘言』（外物）的悟道方法有著明顯的相因相承關係。由於善昭所倡導的這種方法極大地引發了官僚士大夫參禪學佛的興趣，使得臨濟宗獲得了由衰轉盛的機緣，並在一定程度上推動了整個禪宗的發展。

善昭的門徒以石霜楚圓最爲著名。楚圓晚年至潭州（今湖南長沙）傳教，此後的臨濟宗乃成了南方禪宗的主力。楚圓大致保持了善昭的禪法思想，對道家的思想觀點也有所援引和闡發。如據古尊宿語錄慈明禪師語錄載，他曾說：『有物先天地，無形本寂寥，能爲萬像主，不逐四時凋。』這一說法來源於老子二十五章：『有物混成，先天地生。寂兮寥兮，獨立不改，周行而不殆，可以爲天下母。』他又說：『天地與我同根，萬法與我一體。』這兩句話雖早已見於僧肇的涅槃無名論妙存，但其遠源則無疑是莊子齊物論：『天地與我並生，而萬物與我爲一。』他還拈起拄杖子補充說：『者個是道。』由此可以清楚看出，楚圓把老莊哲學的最高範疇——『道』視爲禪宗自身的本體思想，認爲佛道存在於一切事法之中，因此只要識得他的這條拄杖子，自然也就識得佛道了。

楚圓傳黃龍慧南、楊岐方會、道吾悟真等。其中慧南、方會最爲著名，他們各立門戶，分別形成黃龍派和楊岐派，後人遂將這兩派與唐末以來的禪宗五家合稱『五家七宗』。慧南先隨泐潭懷澄習雲門禪，後投楚圓門下。據現存的語錄來看，慧南主要遠承義玄的禪學精神，而對風行當時的文字禪則表示了極大不滿，認爲他們已從根本上偏離了古代禪學宗師的思想原則，只是『逞華麗言句而已』（黃龍慧南禪師語錄）①。他說：『古人看此月，今人看此月，如何古人心，難向今人說。古人求道內求心，求得心空道自親；今人求道外求聲，尋聲逐色轉勞神。勞神復勞神，顛倒何紛紛！』（黃龍慧南禪師語錄續補）說明在慧南看來，古人求道重在『內求』，即只是

---

① 按，此與黃龍慧南禪師語錄續補，皆見續藏經。

求得内心空寂而讓佛道自來親附； 而今人卻一味向外馳求，即只是執著『華麗言句』以求知解，豈非愈求而離佛道愈遠！ 所以他又説：『道遠乎哉，觸事而真。』（同上）『道不假修，但莫污染； 禪不假學，貴在息心。心息，故心心無慮； 不修，故步步道場。』（黄龍慧南禪師語録）這裏所謂的不修，主要是指内心不起修行的念頭，不執著於任何一種具體的對象。因爲『道無疑滯，法本隨緣』（同上），『擬心即差，動念即乖，不擬不動，土木無殊』（黄龍慧南禪師語録續補）。所以在慧南看來，只要不修不學、息心無念，並以這種無念之心看待萬物，那麽『土木無殊』，萬物一齊，大道也就自然呈現在你的心中了。由此可見，慧南在上述論説中不但援引了莊子中的許多詞語和概念，而且還在一定程度上借鑒並發展了莊子悟道的基本思想方法。甚而至於，他還善於通過改造、闡釋莊子中的有關寓言故事來進一步闡述他的上述思想觀點。如田子方篇謂有一位抱真全性的人叫溫伯雪子，他曾經到魯國去，於是發生了這樣一件事：『仲尼見之而不言。子路曰：「吾子欲見溫伯雪子久矣，見之而不言，何邪？」仲尼曰：「若夫人者，目擊而道存矣，亦不可以容聲矣。」』慧南對這則寓言故事進行了改寫，並以此來與佛教的思想相發明：

我佛如來云：『夫説法者，無説無示； 其聽法者，無聞無得。』又聞，仲尼與溫伯雪久欲相見。一日，稅駕相逢於途路間，彼此無言，各自回去。洎後，門人問曰：『夫子久欲見溫伯雪，及乎相見，不交一談，此乃何意？』仲尼曰：『君子相見，目擊道存。』（黄龍慧南禪師語録）

慧南改造這則寓言故事，意在引進並弘揚莊子『目擊道存』的悟道方法。因爲在他看來，這則寓言故事非常深刻地揭示了這樣一個道理，即『道』是不可憑藉一切言説來加以表述的，而只能通過超越語言邏輯的整體直觀來加以體悟，此即如來所謂的『無説』、『無聞』，莊子所謂的『目擊道存』； 而文字禪『但逞華麗言句』，只是一味地尋聲逐色，這豈不是離佛道越來越遠了嗎？ 在這一點上，楊岐方會也持有同樣的思想認識。因爲在他看來，悟道人只要『直指人心』（楊岐方會和尚後録）①，『立處即真』（楊岐方會和尚語録），就會觸目皆是道，哪裏可以執著於語言文字呢！所以他『二居法席，凡越一紀，振領提綱，應機接誘，富有言句，不許抄録』②，以爲人們如果靠記録言句來領悟他的思想觀點，那肯定不可能真正領悟到他的思想觀點。由此説明，慧南、方會對文字禪的批評或否定，也往往是通過借鑒並發揮莊子思想來進行的。

北宋時與臨濟宗並盛的是雲門宗。雲門宗的創立者是五代時的文偃，他認爲萬事萬物皆體現真如，皆有佛性。其説教方式雲門三句，是説佛性普現萬有，真理不可名説，應隨機教化學人。這些思想，都在一定程度上受到了老莊道體論的影響。北宋徽宗以前的許多著名的雲門禪師，都是文偃的第三代或第四代弟子。其中號『雲門中興』的是居明州（治所在今浙江寧波）雪竇山資聖寺的重顯禪師，現存有他的祖英集二卷、明覺禪師語録六卷等。從這些詩文和語録來看，重顯的禪學思想也與老莊思想有一定關係。如他説：『誰有古菱花，照此真宰心？』（祖英集和范監簿）此處的『真宰』援引於莊子齊物論，謂人的自然本性。説明作者非常希望像莊子中的得道者那樣，永遠保持自己那顆純潔天真的心。他又説：『公餘縱目望江山，萬化窮來罔象間。』（祖英集和江橋晚望）此處的『罔象』即莊子天地之『罔象』（覆宋本作『象罔』），寓有恍惚窈冥的意思。而句意則可能是化用了莊子至樂支離叔、滑介叔觀化於冥伯之丘的寓言故事，謂自己將要像道家那樣，以自然無爲的態度來看待人與自然的變化。他甚至還説：『因笑仲尼溫伯雪，傾蓋同途不同轍。麟兮鳳兮安可論，許兮巢兮復何説？秋光澄澄蟾印水，秋風蕭蕭葉初墜。送君高蹈誰不知，如曰不知則爲貴。』（祖英集送文政禪者）這裏，重顯從化用莊子田子方『仲尼欲見溫伯雪子』寓言故事入手，進而發揮了道家、禪宗關於大道不可言説、以不知爲

---

① 按，此與楊岐方會和尚語録，皆見禪宗語録輯要，上海古籍出版社1992年版。
② 文政潭州雲蓋山會和尚語録序，見古尊宿語録卷十九。

貴等思想。比重顯稍晚的契嵩，從瑞州（治所在今江西高安）雲門宗洞山曉聰禪師得法，後在杭州靈隱閉門著書，著作頗豐，宋仁宗賜號『明教大師』，故世稱明教契嵩。契嵩專心於儒、釋、道三教思想的調和，認爲三教的教人方式雖然不同，但他們的用心卻是一致的：『古之有聖人焉，曰佛，曰儒，曰百家，心則一，其跡則異。』（鐔津集輔教編中）他對老莊的評論，正是從這一基本思想出發的。如他說：

吾少聞於長者曰：『老子，蓋承於黄帝氏者也。』及見莊周廣成子曰：『得吾道者，上爲皇，下爲王。』益信老氏誠得於三皇五帝者也。此明老子之道德者，實儒三皇五帝道德仁義之根本者也章章然，豈出於老氏一人之私說耶？必以老子爲非，則易與禮運可燔矣，文王、孔子則爲槌提仁義者也。夫先儒之好辯者，孰與孟子？孟子之時，老子之書出百有餘年矣，而莊周復與孟氏並世，如其可排，則孟已排之矣，豈待後世之儒者辯之耶？（鐔津集非韓上）

這裏，契嵩根據『長者』所說的話和莊子在宥中的有關思想資料，明確指出老莊思想與儒學的基本精神是相一致的。並用反問的口氣說，如果老莊思想與儒家思想相對抗的話，那麼當日的孟子爲何不予排斥呢？接著，他又以大量的篇幅論證了儒、釋、道三教思想在本質上的一致性，從而嚴厲駁斥了自韓愈以來的排佛思想。正由於契嵩是一位致力於調和三教思想的禪師，所以他每每引儒、道入禪，有時甚至把三者調和得水乳交融。如他說：

夫心與道，豈異乎哉！以聖人、群生，姑區以別之曰道曰心也。心乎，大哉至也矣！幽過乎鬼神，明過乎日月，博大包乎天地，精微貫乎鄰虚。幽而不幽故至幽，明而不明故至明，大而不大故絶大，微而不微故至微，精日精月，靈鬼靈神，而妙乎天地三才。若有乎，若無乎？若不有不無？若不不有？若不不無？是可以言語狀及乎？不可以絶待玄解諭，得之在乎瞬息，差之在乎毫釐者。是可以與至者知，不可與學者語。（鐔津集輔教編中）

從這裏不難看出，契嵩在描述佛教所謂『心』的過程中，已大量融合了老莊、周易關於『道』的思想，認爲『心』具有哲學本體論的意義，它既不表現爲有，又不表現爲無，是絕對不可以言語來表述的，而只能爲『至者』所悟知，所以說『是可以與至者知，不可與學者語』。

曹洞宗是由唐代洞山良價和他的弟子曹山本寂開創的。幾經傳承，其法系到北宋前中期仍延續不斷，比較著名的禪師有大陽警玄、投子義青等。總的說來，曹洞宗自創始以來，一直都比較重視與傳統儒學的和合融通。但其某些思想觀點，與道家思想也不無關係。如他們所强調的坐禪工夫，即在一定程度上受到了莊子『坐忘』思想的影響。他們代代相傳的『無心合道』說，也與郭象莊學思想中的『無心』說有著相因相承關係。他們的這些思想，到了後來的宏智正覺那裏又得到了大大發展。

到了兩宋之際，雲門宗在經歷了它的鼎盛期後便開始走向衰落。臨濟宗的黃龍派，進入南宋後甚至法系難考，而楊岐派在兩宋之際卻仍有所發展，因而成了臨濟宗的正宗和禪宗中的最大派系。原來方會有嗣法弟子十二人，以白雲守端爲上首，晚年時還把臨濟正脈付給了守端。守端弟子衆多，以五祖法演最有成就，古尊宿語錄就收有法演的語錄三卷。從這些語錄來看，法演大致繼承了楊岐傳統，對道家思想也有所援引和闡釋。如他說：『永日瀟然坐，澄心萬慮忘。欲言言不及，林下好商量。』（古尊宿語錄黃梅東山演和尚語錄）這裏既可以說是在說禪，也可以說是在發揮老莊思想。他甚至還說：

> 槌破蟠桃核得見其仁，捋斷驪龍鬚得遇其寶。雖然如是，也未是好手。黃帝失玄珠於赤水，使智索之而不得，使離朱索之而不得，使契詬索之而不得。乃使罔象，直饒罔象得之，亦未是。（古尊宿語錄舒州白雲山海會演和尚初住四面山語錄）

這裏，法演以莊子天地『象罔得玄珠』的寓言故事與佛理互爲發明，旨在闡明悟禪在於無心的道理。但他又指出，黃帝『直饒罔象得之，亦未是』，因爲罔象在黃帝的指使下畢竟是有所行動了，還不能說完全是屬於無心而得之。這説明，法演此處又在一定程度上超越了莊子的思想。法演法嗣有二十二人，以佛眼清遠、佛鑒慧勤和圓悟克勤最爲著名，被稱爲法演門下『三佛』。在『三佛』之中，克勤著作甚豐，影響最大。他在他的名著碧巖録中，也每引莊子中的寓言故事來與禪理互爲發明。如他説：

來問若成風，應機非善巧，太傅問處似運斤成風，此出莊子。郢人泥壁，餘一少竅，遂圓泥擲補之。時有少泥落在鼻端，傍有匠者云：『公補竅甚巧，我運斤爲你取鼻端泥。』其鼻端泥若蠅子翼，使匠者斲之。匠者運斤成風而斲之，盡其泥而不傷鼻，郢人立不失容，所謂二俱巧妙。（碧巖録卷五）

這是克勤對雪竇重顯的頌文所作的評唱。在這段評唱中，克勤改寫、潤色了莊子徐無鬼中『運斤成風』的寓言故事，並以之與重顯的頌文互爲闡釋，旨在説明『方知道不在言句中』（同上），卻可從像斲泥、站立這樣的一切日常生活中體悟到。他又説：

全象全牛瞖不殊，衆盲摸象各説異。……明眼人見象得其全體，如佛見性亦然。全牛者，出莊子。庖丁解牛未嘗見其全牛，順理而解，遊刃自在，更不須下手，才舉目時，頭角蹄肉一時自解了。如是十九年，其刃利如新發於硎。（碧巖録卷十）

這也是克勤對雪竇重顯的頌文所作的評唱。克勤指出，莊子養生主中的『庖丁』之所以能夠遊刃有餘，就在於他聯手的動作都放棄了，而只要舉目一擊就悟到了全牛之理，這與見性成佛的禪理正是一致的。總之，克勤認爲『道貴無心，禪絕名理，唯忘懷泯絕，乃可趣向。』（圓悟佛果禪師語録卷十六）①所以他要求學人『坐卻意見，截卻語言』（圓悟佛果禪師語録卷一），『不於言下薦，不向意中求』（圓悟佛果禪師語録卷二），明顯地表現出了老莊化的思想傾向。但克勤著碧巖録十卷，以重顯的頌古百則爲骨架而建構起一個龐大的文字體系，以長篇評

① 見禪宗語録輯要，上海古籍出版社1992年版。

唱對重顯所選公案、所作頌文之旨皆進行細密考證和認真說解，這實際上使禪由直指人心、見性成佛轉而變成了文字的雕琢修飾，無疑是最典型的文字禪。據禪林寶訓卷四載，克勤的碧巖録一問世，『於是新進後生，珍重其語，朝誦暮習，謂之至學』，從而把楊岐派禪學推到了一個新的發展階段，儘管他的這種繞路說禪的文字禪已違背了楊岐禪學的原來意旨。

對於克勤的文字禪，其弟子大慧宗杲卻表示堅決反對，並採取極端行動，火燒了碧巖録。大約與此同時，曹洞宗的後繼者宏智正覺大力提倡默照禪，當也是針對以克勤爲代表的文字禪。所謂默照禪，就是以静坐守寂爲根本的禪，即要求參禪者通過静坐默究來觀照自心，並進而體悟到萬法之本原。從表面上來看，這一禪法可説是對其老師枯木法成所倡導的枯木禪的繼承與發展。但從精神實質上來看，卻更顯示出其與老莊思想的一致性。如宏智禪師廣録①收有他的話說：『恍恍惚惚，其中有物。杳杳冥冥，其中有精。其中之精則無像，其中之物則無名。』可以十分清楚地看出，這幾乎完全是對老子本體論思想的承因與發揮。宏智禪師廣録又收有他的這樣一些話：

坐忘是非，默見離微。……默默靈光，堆堆坐忘。……默坐而心空，妙傳而道貴。（卷九）

隱几虚心還自照，炷香孤坐絕它思。（卷七）

淵默湛存，道超見聞。……嗒然亡耦，轉處還幽。（卷九）

意清坐默，遊入環中之妙。（卷五）

齊物飄飄兮，流夢似隨蝴蝶去。……齊物而夢蝶，樂性而觀魚。……夢蝶境中閑有趣，露蟬胸次淨無塵。……蝴蝶夢遊兮莊生齊物，桃華眼冷兮靈雲不疑。（卷九）

① 見禪宗語録輯要，上海古籍出版社1992年版。

良馬影鞭，道出語默，理合方圓。運斤之妙，賓主可憐；斵輪之伎，父子不傳。（卷四）

赤水之求，故罔象而珠得；庖丁之伎，乃亡牛而刃奔。（卷九）

斵輪之工兮，擬誰授克家之學；抱甕之朴兮，將自灌丈人之園。（同上）

此處的『坐忘是非』、『隱几虛心』、『淵默湛存』、『嗒然亡耦』、『環中之妙』、『蝴蝶夢遊』、『莊生齊物』、『樂性觀魚』、『道出語默』、『運斤之妙』、『斵輪之伎』、『赤水之求』、『庖丁之伎』、『抱甕之朴』、『丈人之園』等等，全部都是莊子中的思想資料。正覺援引這些思想資料，目的就是爲了以莊子思想與他的默照禪互爲發明，從而説明默照禪的本質特徵就是表現爲靜坐默究，即無論塵世如何雜亂紛擾，我只是以靜坐淵默爲根本，忘是忘非，齊同萬物，像蝴蝶夢遊般地逍遥於諸相皆盡的空幻世界裏。據有關史料的記載可知，當時到明州天童寺追隨正覺修習默照禪的僧俗甚衆，並以此爲中心而影響到各地，使曹洞宗在南宋初年出現了頗爲興盛的景象。然而，正覺的默照禪卻遭到了楊岐派大慧宗杲的猛烈批評。大慧普覺禪師語録①卷十七載，宋高宗紹興初年，宗杲曾到福建弘揚禪法，他因看到正覺的默照禪正盛行於此，便『力排之』，稱之爲『邪禪』。他説：『今諸方有一般默照邪禪，見士大夫爲塵勞所障，方寸不寧怗，便教他寒灰枯木去，一條白練去，古廟香爐去，冷湫湫地去，將這個休歇人。爾道，還休歇得麼？』當時有一位傾心於默照禪的士大夫叫鄭昂，對宗杲的這種批評很不以爲然，便特意來找宗杲辯論，並指責説：『只如默然無言，是法門中第一等休歇處。和尚肆意詆訶，昂心疑和尚不到這田地，所以信不及。』宗杲乃問：『爾曾讀莊子麼？』在鄭昂作了『是何不讀』這一回答後，宗杲就依據莊子則陽中的思想觀點而批駁説：

莊子云：『言而足，終日言而盡道；言而不足，終日言而盡物。道物之極，言默不足以載；非

① 見禪宗語録輯要，上海古籍出版社1992年版。

言非默，義（議）有所極。』我也不曾看郭象解並諸家注解，只據我杜撰説，破爾這默然。……要之，道與物至極處，不在言語上，不在默然處。言也載不得，默也載不得。公之所説尚不契莊子意，何況要契釋迦老子、達磨大師意耶？

這裏，宗杲依據莊子中的思想觀點批駁了鄭昂的説法，表現出了與默照禪在思想上的尖鋭矛盾。但同時又説明，無論是宗杲還是默照禪的倡導者正覺，他們在重視以莊子與禪理互相發明方面卻是一致的。

從南宋中後期禪宗各派的情況來看，臨濟宗的勢力最大。其中有影響的禪師，大多出於克勤弟子虎丘紹隆和大慧宗杲兩支。紹隆一支，是傳到其弟子、再傳弟子輩時才越來越有影響的。而宗杲，其及門弟子就有八十多人，且多爲寺院住持。如佛照德光，曾住持過好幾處大寺院，並多次入宮與宋孝宗談論佛道。古尊宿語錄收有佛照禪師奏對録一卷，裏面多有『道不可説時有，不説時無』、『欲得徑捷，須離卻語言文字』之類的話，説明其與傳統的臨濟禪一樣，也在一定程度上受到了老莊思想的影響。在這一時期，曹洞宗宏智正覺一系曾一度衰落下去，但傳至天童如淨卻有了起色，使正覺的默照禪得到了進一步發展。從如淨和尚語録二卷、天童山景德寺如淨禪師續語録一卷來看，如淨在談禪論道時，同樣每每援引老莊思想。如他説：『天得一以清，元正啟祚；地得一以寧，萬物咸新。』（如淨和尚語録卷上）①這是從老子三十九章中化出的。他又説：『天地一指，萬物一馬。』（同上）這裏所援引的是莊子齊物論中的話。

在金代和元初，禪宗在北方得到了較大發展，先後出現過不少有名的禪師。如金初臨濟黃龍派道詢禪師，在濟南靈巖寺弘法，著有示衆廣語、頌古唱贊等，影響較大。金中期圓性禪師，在燕京潭柘寺弘法，有語録三編行世，影響也較大。尤其是金元之際的曹洞宗萬松行秀禪師，更曾住持過多處名刹，門徒衆多，著作甚富，『於

① 見禪宗語録輯要，上海古籍出版社1992年版。

孔、老、莊周、百家之學，無不會通』(五燈嚴統卷十四)。他大量援引莊子思想資料，大力會通莊周思想，這主要表現在他的評唱過程中。今移錄萬松老人評唱天童覺和尚頌從容庵錄中的數條文字於下：

廓然無聖，來機逕庭，此語本出莊子：『大有逕庭，不近人情。』……莊子送葬，過惠子之墓，顧謂從者曰：『郢人堊漫其鼻端，……吾無以爲質矣。』(卷一)

莊子：『泉涸，魚相與處於陸，相呴以濕，相濡以沫，不如相忘於江湖。』……魚不識水，人不識風，迷不識性，悟不識空，尋常本身盧舍那。(卷三)

莊子外篇駢拇第八云：『駢於足者，連無用之肉；枝於手者，樹無用之指。』注：『駢拇，足大指連第二指也；枝指，六指也。』功若不盡，如駢拇連無用之肉也。(卷四)

莊子天地篇：『黄帝遊乎赤水之北……』養生篇：『庖丁爲文惠公解牛……』此二事，頌『月落三更穿市過……』，如遊刃恢恢、得珠罔象也。今人見天童用莊子，便將老莊雷同至道。殊不知，古人借路經過，暫時光景耳。(卷五)

這些話，大致都是行秀對天童正覺頌古百則有關内容的評唱。從中可以清楚看到，他在評唱過程中每每以莊周思想會通禪理，並對老莊思想作了一些詮釋和評論。這在形式上雖是對臨濟宗楊岐派圓悟克勤碧巖錄的極力仿效，實質上卻是對北宋以來文字禪的高度認可和大力推進，從而使這一時期北方地區的莊子學以禪學的發展爲契機而得到了進一步發展。著名禪師林泉從倫，在老師行秀的基礎上繼續推動評唱風氣，這在客觀上也促進了莊子學的繼續發展。如他評唱說：

『北冥有魚，其名爲鯤。……南冥者，天池也。』諸有智者，以喻得解，……性海汪洋，飛鳴自在，不被三界火宅之所拘縛，不被六塵妄境之所係絆。(林泉老人評唱投子青和尚頌古空谷集卷一)

『昔趙文王喜劍，……太子悝患之，奉千金賜莊子上說，莊子陳三劍……』見莊子說劍篇。悝，苦

回切。然借事顯理，理固皆然。即俗明真，真不掩僞。（林泉老人評唱投子青和尚頌古空谷集卷六）

『黄帝遊於赤水之北，登乎崑崙之丘而南望。還歸，遺其玄珠。使智索之而不得，使離朱索之不得，使喫詬索之亦不得。乃使象罔，象罔得之。』見莊子。喫，口懈切；詬，口豆切。罔象，當作象罔。此謂無心合道，道合無心。（林泉老人評唱丹霞淳禪師頌古虛堂集卷六）

『道』之一字，固有多門。老子云：『道可道，非常道。』莊子卻云：『道在屎溺。』據二子恁麼道，是常邪，非常邪？……是知吾佛無上菩提之道，非同世之所說者也。（林泉老人評唱投子青和尚頌古空谷集卷六）

在這些評唱文字中，從倫以莊子思想與禪理互爲闡釋。但是，他對道家的本體論卻又提出了自己的獨特看法，認爲莊子所說的『道』與老子的『道』並不完全相同，而世俗所謂的『道』則更與『吾佛無上菩提之道』不可同日而語了。

金元之際的北方禪宗在經歷了一段時期的興盛之後，到了元代便逐漸衰落下來。而在南方，禪宗活動卻逐漸活躍了起來，其興盛的勢頭一直延續到了元末。大致說來，這一時期的南方禪宗都屬於臨濟宗圓悟克勤弟子大慧宗杲和虎丘紹隆兩系。如宗杲一系後裔有元叟行端禪師，聲名遠播，門徒衆多。他對莊子每每有很高的評價，如元叟行端禪師語錄（見續藏經）錄有其語云：

『井蛙不可語海，夏蟲不可語冰。』莊周之達言，古今之極論也。（卷七）

蒙莊謂：『東郭子云：「道在螻蟻，道在稊稗，道在瓦甓，道在屎溺。」』可以垃圾堆而眇視之耶？（同上）

由於行端對莊子思想每予認同，所以他的禪學思想也每有道家化傾向。如他說：『豁開正眼，千差路絕，淨倮倮包含萬有，赤灑灑融攝十虛。離相離名，非語言可造；透聲透色，非寂嘿可通。不是心，不是佛，不是物，天地以之覆載，日月以之照臨，諸佛以之出世，祖師以之西來，世主今上皇帝以之垂衣御極，合朝勳貴以之致君澤民，千歲寶掌以之悟明心地，成大道場。』（無叟行端禪師語錄卷二）十分明顯，這裏主要是融合了道家的本體論思想，尤其是發揮了莊子大宗師中有關這方面的思想觀點。紹隆數傳之後，出現了松源崇嶽和破庵祖先兩個重要支派。出自崇岳一支的著名禪師有古林清茂，流傳下來的著述頗多，從中可以看出他對莊子思想具有較濃厚的興趣。如古林清茂禪師語錄（見續藏經）錄有其語云：

古人道：『言而足，終日言而盡道；言而不足，終日言而盡物。道物之極，言默不足以載；非言非默，議有所極。』（卷二）

枯桑知天風，海水知天寒，衲僧家知甚麼茄子瓠子？豈不見，黃帝失玄珠於赤水，使智索之而不得，使離朱索之而不得，使契詬索之而不得，乃使罔象索之。五祖和尚云：『直饒象罔得之也。』（同上）

道本無言，言言見道；法無所著，處處皆真。（卷三）

從這些例子來看，清茂所重視的主要是莊子的道體論，認爲佛道也像莊子所說的那樣，是不可以智求，不可以言默載的，而只能體現於非言非默的狀態之中。與崇岳一支相比較，祖先一支則顯得更爲興盛，可看成是元代禪宗中最有影響的一個支派。其著名禪師如無見先覩，在當時影響甚大。他對莊子思想每予認同，所以不乏『莊生有意能齊物，我也無心與物齊』（無見先覩禪師語錄卷下）①之類的話。尤其對於莊子的悟道方法，他更表示贊同，所以就情不自禁地說出了『目擊道存真慶快』（同上）這樣的話，並對當時『士大夫沒溺文字語言』（無見先覩禪師語錄卷上）的風氣進行了嚴厲批評。中峰明本禪師比先覩更爲著名，有很多著述存世。他對莊子的

① 見續藏經。

思想，也可謂是情有所鍾。如天目中峰和尚廣錄①錄有其語云：

大鵬展翅取龍吞，一攪滄溟徹底渾。碎觸珊瑚枝上月，至今千古暗昏昏。（卷八）

昔儒之達者，以齊彭殤爲妄作，一死生爲虛誕，使其知有一念萬年之説猶增驚愕。無他，蓋真俗不同途也。古人亦云：『談真則逆俗，順俗則違真。』豈不然乎？（卷十二）

這裏，明本按照自己的理解大膽闡釋了莊子所塑造的大鵬形象，儘管這一闡釋不一定符合莊子的本意。而且，他還對歷史上儒者對莊子齊物思想的批評進行了駁斥，從而在很高程度上肯定了莊子的相對主義哲學思想。天如惟則禪師是明本的法嗣，他對莊子思想也有較多援引，而且比明本運用得更爲靈活。如天如惟則禪師語錄（見續藏經）錄有其語云：

道，是也不得道，非也不得道，亦是亦非也不得道，非是非非也不得，須是自悟始得。（卷一）

物有同類而不同其分者，本乎一定之天也。大鵬一舉九萬里，翺翔雲漢之表，視九州爲隘，而斥鴳之飛不過尋丈，翺翔乎蓬蒿之間而已，亦各極其力，各盡其分耳。……夫道也者，包天地，亘古今，聖凡愚智，靡不具有，反而求之，無所不達。彼達道者，盡其性以安其分，處卑污貧賤，恬如也，無能移其守；視富貴聲利，澹如也，無所動其心。既不爲物欲之所誘，故不爲業力之所牽，逍遥乎萬物之初，翺翔乎三界之外，氣類不足以拘之，勢分不足以齊之。翔雲漢而隘九州者，又焉足以知此哉！（卷三）

惟則這裏對『道』的解釋，非常接近莊子的本體論。而所闡述的逍遥遊思想，則較多地吸收了郭象的莊子學思想，認爲無論是大鵬還是斥鴳，只要各極其力，各盡其分，都可謂達到了逍遥遊的境界。但他又超越了郭象的這一莊子學思想，進一步認爲只有『不爲業力之所牽，逍遥乎萬物之初，翺翔乎三界之外』者，才算真正達到了逍

① 見大藏經。

遥遊的境界。說明在惟則看來，莊子、郭象所謂的逍遥遊，從本質上來看還是比不上佛教那不爲一切身心活動所拘牽、超然於欲界、色界、無色界之外的精神境界，所以他說：『翔雲漢而隘九州者，又焉足以知此哉！』明本的另一位法嗣千巖元長禪師，在元末時也很著名，即使像宋濂這樣的大學者也曾『與交垂三十年』。元長早年從曇芳遊時，即『益求良師友，摩切九流、百家之言』，雖然後來曾說『此非出世法也』（見喻謙新續高僧傳四集卷五十），卻也因此受到了『百家之言』中老莊思想的一定影響。如五燈全書卷五十八載：『婺州烏傷伏龍無明千巖元長禪師，越之蕭山董氏子。……學士宋景濂謁次，師問：「聞公讀盡一大藏教，有諸？」士曰：「然。」師曰：「公耳閲乎？目觀耶？」士曰：「亦目觀耳。」師曰：「使目之能觀者，公爲誰耶？」士揚眉向之，師於是相視一笑。』可見，這與莊子所謂『道』不可以言傳的思想是一致的。

第二節　宋元道教學者對莊子的闡釋與研究

宋元時期是道教發展的又一個重要階段，這主要表現爲北宋時原有的舊道教得以繼續發展，而在此後，各種新道派又在大江南北相繼崛起，出現了異彩紛呈的局面。這一時期道教學者的莊子學，就是在這樣的背景下發展起來的。

陳摶是由五代入宋的一位著名道士，他的内丹理論對於宋代及以後的道教内丹學來説是具有開創性意義的。據不少文獻資料記載，陳摶是麻衣道者的弟子，他『抱道山中，洗心物外，養太素浩然之氣，應上屆少微之星，節配巢由，道遵黄老』（太華希夷志卷上），自謂『南華、道德頻看』（同上），所以南宋張栻評論其師徒二人説：『二公高視塵外，皆有長往不來之願，抑列禦寇、莊周之徒歟？』（馬端臨文獻通考卷一百七十六引）陳摶最重要的著作有指玄篇、無極圖，皆已佚。但我們審其名目，並據後人所引述的部分思想資料來推測，則陳摶與老莊思想的淵源關係也是顯而易見的。如他所謂的『無極圖』之『無極』即來源於老子、莊子，而無極圖中所謂的『還虛』之説，當亦導源於莊子人間世：『若一志！無聽之以耳而聽之以心，無聽之以心而聽之以氣。聽止於耳，心止於符。氣也者，虛而待物者也。唯道集虛，虛者心齋也。』正因爲陳摶的思想導源於先秦道家，他的一些重要觀點往往是通過闡釋老莊思想而完善起來的，所以元代張輅就乾脆多用老莊語言來稱讚他：『先生之道，窈乎其深而不可窮，恍乎其變而不可測，固將乘雲氣，騎日月，以遊乎四海之外，豈與眩奇怪，尚詭譎，以欺世取譽者同年而語哉！』（太華希夷志卷六）

在陳摶的弟子中，劉海蟾、張無夢等較爲有名。劉海蟾的後繼者有張伯端，他在悟真篇自序中自謂神宗熙寧二年曾在成都遇劉海蟾，得其金丹火候之訣，遂悟真道，後世道教徒便奉他爲金丹派南宗或紫陽派的祖師，他的代表作悟真篇也因此成了道教煉養内丹的重要著作，與號稱『丹王經』的東漢魏伯陽周易參同契齊名。在理論上，張伯端以陰符經、道德經爲祖經，認爲『陰符寶字逾三百，道德靈文滿五千，今古上仙無限數，盡從此處達真詮。』（悟真篇卷中）①如老子四十二章云：『道生一，一生二，二生三，三生萬物。』張伯端據此而闡發説：『道自虛無生一氣，便從一氣產陰陽，陰陽再合成三體，三體重生萬物昌。』（同上）很明顯，這一從老子中闡發出的思想，實際上也是符合莊子所謂『察其始而本無生，非徒無生也而本無形，非徒無形也而本無氣』，『雜乎芒芴之間，變而有氣，氣變而有形，形變而有生』（見莊子至樂）之基本思想的，只不過張伯端是用來表達其所謂逆道生萬物之程式而返本歸元，即『以丹煉形，入於無形，與道冥一』（宋薛道光注語）的宗教思想罷了。事實表明，張伯端通過闡釋莊子思想來表達其宗教思想的地方也是比較多的。如他説：

德行修逾八百，陰功積滿三千。均齊物我與親冤，始合神仙本願。（悟真篇卷下）

① 本節凡引張伯端語，皆據王沐悟真篇淺解（外三種）本，中華書局1990年版。

莊子推窮物累逍遥之性，孟子善養浩然之氣，皆切幾之。……唐忠國師於語錄首敘老莊言，以顯至道之本末如此。豈非教雖分三，道乃歸一！（悟真篇自序）

明心體道之士，身不能累其性，境不能亂其真，則刀兵烏能傷，虎兕烏能害，巨焚大浸烏足爲虞？達人心若明鏡，鑒而不納，隨機應物，和而不唱，故能勝物而無傷也，此所謂無上至真之妙道也。（悟真篇後序）

在張伯端看來，道教的修煉成仙既然表現爲返本歸元、與道冥一的過程，那麼神仙的精神世界自然也就表現爲一種像莊子所說的均齊萬物的精神境界，所以他説：『德行修逾八百，陰功積滿三千。均齊物我與親冤，始合神仙本願。』他還在悟真篇外集中寫了齊物頌一詩，清劉一明注解説：『頌名齊物，人我親疏，水陸飛行，尊卑貴賤，一體等觀而已。此頌重在「我尚非我」一句。世人不能齊物者，皆由有我在。若能無我，何知有你。你我兩忘，萬物皆空，不齊而自齊矣。』説明張伯端在齊物頌中，也同樣是通過闡釋莊子齊同萬物的哲學觀點來闡發他的道教思想的。他還由此出發，進一步把老莊之言與儒家、佛教思想齊同起來，認爲『教雖分三，道乃歸一』，莊子所謂的逍遥之性、孟子所謂的浩然之氣、佛教所謂的佛性至道，其精神實質都是相通的。在他看來，能夠達到均齊萬物、混同三教、隨機應物、和而不唱的人就是明心體道之士，而明心體道之士則刀兵不能傷、虎兕不能害、巨焚大浸不足爲虞。這又説明，張伯端這裏所謂的明心體道之士，其實也基本上是從莊子所謂的『至人』、『真人』、『神人』等形象中闡發出來。

張無夢與劉海蟾、種放等結方外友，師事陳摶，而更措意於莊子。後經其弟子陳景元的繼續努力，便把北宋道教學者的莊子學推到了最高峰。薛致玄述道德真經藏室纂微開題科文疏（在道藏内）云：

陳氏，諱景元，字太初，玄號碧虚子。……慶曆二年，即高郵天慶觀，禮崇道大師韓知止爲師。三年試經，度爲道士。十八負笈遊名山，抵天台，閲三洞經，遇高士張無夢，得老、莊微旨。爾後隱逸於江

> 淮間，以琴書自娛。久之，欲觀光京輦，維楊使君禮部侍郎王琪以詩薦於王岐公。……時岐公爲翰林承旨，且喜其來，俾隸籍於瑞雲，由是上宮觀請講道德二篇及南華，亹亹不絕，於時公卿大夫無不欲爭識者。……在京道官一十二員，祖宗朝以京城內外宮觀主焚修勤績者充，公輒奏請：凡闕員，乞試道德、南華、靈寶度人三經十道義。上喜其請，降編修所，而後道家之學翕然一變，自茲始也。……所藏內外書數千卷，皆素所校正。又親劄三百卷，善小楷，深得歐褚法。所著書藏室纂微二卷、南華經章句七卷、總章三卷……。談老、莊，前世有所闕疑，皆別白其要妙。

從這裏可以清楚看到，陳景元因事張無夢而得老子、莊子微旨。爾後隱逸江淮間，以琴書自娛，又可能使他對老子、莊子的體悟有所精進，所以當有人請他在宮觀講解此二書時，便能夠做到亹亹不絕。他又爲莊子作章句，校文本，從而把北宋道教學者的莊子學推向了新的發展階段。而且，他還奏請朝廷，凡遴選道官，須試老子、莊子、靈寶度人三經十道義，神宗准其奏，這就更使整個道家之學爲之翕然一變，爲老莊學的發展作出了很大貢獻。今存陳景元莊子學著作凡五種，即莊子注、南華真經章句音義、南華真經章句餘事、莊子闕誤、南華真經餘事雜錄。從這五種著作來看，陳景元在莊子音義、考異等方面所取得的成就是相當大的。在理論闡釋方面，雖然不免反映出一定程度上的道教思想傾向，但他並不像東晉葛洪、唐代杜光庭及宋代的一些道教學者那樣，把莊子中的許多思想資料闡釋成宗教神仙理論，這也決定了他的這些莊子學著作皆不失爲較好的學術著作。

繼陳景元之後，在莊子學方面取得顯著成就的道流是南宋末年的范元應（一作應元）、褚伯秀師徒二人。范元應在杭州天慶觀講解莊子近二年，時『有出尋常見聞之表者』，其部分見解至今保存在褚伯秀南華真經義海纂微中。褚伯秀多述其緒論，並纂輯郭象、呂惠卿、陳詳道、陳景元、王雱、林自、劉概、吳儔、趙以夫、林希逸等十餘家之說，成南華真經義海纂微一百六卷。褚氏在此書後序中說：

淳祐丙午歲，幸遇西蜀無隱范先生遊京，獲侍講席幾二載。將徹章，竊謂同學曰：『是經疑難頗多，此爲最後一關，未審師意若爲發明，度有出尋常見聞之表者。』暨舉經文，衆皆凝神以聽，師乃見問『諸友以此論爲何如』，衆謝不敏，願開迷雲。師曰：『本經有云：「恢恑憰怪，道通爲一。」存而勿論可也。』衆皆愕然，再請明訓，師默然良久曰：『若猶未悟耶？此非南華語，是其所闢以爲「舛駁」、「不中」之言，焉用解爲？』……古語云：『務學不如務求師。』至哉師恩，昊天罔極！兹因纂集諸解，凡七載而畢業，恭炷瓣香，西望九禮，儼乎無隱講師之在前，洋洋乎南華老仙之鑒臨於上也。所恨當時同學南北流亡，舊聆師誨，或有缺遺，無從質正，徒深慨歎耳。師諱應元，字善甫，蜀之順慶人。學通內外，識究天人，靜重端方，動必中禮，經所謂『不言而飲人以和』、『與人並立而使人化』者是也。江湖宿德，稔知其人，不復贅述，聊志師徒慶會之因於卷末，俾後來學者知道源所自云。

從這裏可以清楚看到，范應元在天慶觀講解莊子近二年，見解獨特，聽衆頗多，因而在京都出現了一個研治莊子的群體。其徒褚伯秀，費時七載，撰成南華真經義海纂微巨著，在多所祖述老師緒論的基礎上又有重大進展，從而爲整個莊子學的持續發展作出了重要貢獻。尤其值得指出的是，褚氏身爲道士，卻能『以莊子解莊子』(宋末湯漢爲南華真經義海纂微所作序)，而不借此來宣揚道教神仙理論，這就顯得更爲難能可貴了。

在金朝所統治的北方出現了幾個新的道派，它們都與老莊有著種種關係。如王若虛滹南遺老集太一三代度師蕭公墓表說：『師諱志沖，……老莊之外，兼通諸史書。』則太一道與老莊關係較爲密切。全真道是當時北方所有道派中最有影響的一個道派，其創始人王重陽大力倡導儒、釋、道三教合一說，對老莊思想也每每有所援引。如他曾作爇心香詞，自謂：『諱號王風。實有仙風。性通禪、釋貫儒風。清談吐玉，落筆如風。解著長篇，揮短句，古詩風。斤運成風。鵬化摶風。恣雲遊、列禦乘風。冬寒閉戶，念見高風。更坐無爐，眠無被，任霜風。』(重陽分梨十化集卷上)這裏，王重陽所倡導的主要是三教合一說，而其中所運用的『斤運成風』、『風鵬化摶』、『列禦乘風』等典故，則顯然來源於莊子。王重陽死後，由他的弟子馬鈺、譚處端、劉處玄、王處一、郝大通、孫不二、丘處機繼承其教業，被稱爲『全真道北七真』。與王重陽相比較，『七真』與莊子思想的關係顯得更爲密切。如在師父辭世後第一個掌教的馬鈺，他所謂的『逍遥物外固精神，絕慮忘機合至真』（洞玄金玉集卷一）、『逍遥自在，雲水遨遊，身如不係孤舟』（丹陽神光燦）、『絕乎視聽，杳杳冥冥』（同上）云云，皆與莊子思想有以相通。而且據道藏所收丹陽真人語錄可知，他的弟子中甚至還有把莊子置於牀頭的，午睡醒來時便『拈而讀之』。第三位掌教者劉處玄，則自謂或『臨水依山，閑看莊、老』（仙樂集卷三），或『無事筠軒，閑看莊、老』（同上）。凡此都足以說明，全真派的道士們很鍾情於莊子，甚或把它排到了老子之前。下面請再看『七真』中最後一位掌教者丘處機在磻溪集中的吟詠之作：

顯宗好道富年壯，手筆南華古形狀。南華去世千載餘，狀貌風格知何如？只是今人重古道，仿佛氣象加襟裾。至人胸中本無待，萬竅吹噓任天籟。（題劉節使所藏顯宗御畫莊子）

入道根源唯自許，出塵消息有誰知？南華始遇逍遥樂，北海終沒汗漫期。（述懷）

漂泊形骸，顛狂縱跡，狀同不係之舟。逍遥終日，食飽恣遨遊。任使高官重祿，金魚袋、肥馬輕裘。爭知道，莊周夢蝶，蝴蝶夢莊周。（滿庭芳述懷）

從以上這些言志之作中可以清楚看到，丘處機對莊子是極爲嚮往的，似乎只有莊子的形象才使他真正感受到了至人氣象，懂得了什麽是逍遥快樂，體悟到了莊周夢蝶寓言所包含著的人生真諦。由於在『七真』中丘處機的影響最爲巨大，並且累代不衰，這也就使他的莊子觀產生了相當大的影響。

元太祖鐵木真曾遣使徵召丘處機，丘處機便於翌年應詔與弟子尹志平、宋德方、李志常等十八人同往西域雪山談玄論道，一代天驕成吉思汗深契其言，賜號『神仙』，爵『大宗師』，掌管天下道教。丘處機西行歸來後，應當時官僚之請，住在燕京大天長觀，嗣後改名長春宮，因而長春宮就成了整個全真道傳教的中心。丘處機逝世後，尹志平繼承大宗師之位，執掌教門，元太宗窩闊臺曾命中宫代祀於長春宫，貺賚優渥。尹志平雖説過像『管甚莊周夢』（葆光集卷下）這樣的話，似乎對莊子思想不甚關注。其實，他對莊子思想還是很感興趣的。如據道藏所收清和真人北遊語録載，他曾説：『至於禍福、壽夭、生死、去來交變乎前而不動其心，則是出陰陽之外，居天之上也。如此，則心得平常，物自齊矣；逍遥自在，遊物之中，而不爲物所轉也。先必心上逍遥，然後齊得物，故莊子首章説逍遥遊，有旨哉！』（卷一）又説：『莊子云：「至人之息以踵，衆人之息以喉。」學人無實功夫者，中丹田且不能到，豈能漸漸入深，得至於踵！』（卷二）説明尹志平這裏不但高度肯定了莊子的齊物、逍遥思想，而且還把莊子所倡導的『踵息』法看成是學人練習功夫的最高準則。當時各地全真道宫觀都有夜坐制度，晚上全體道衆聚集在一起，由宫觀中的耆宿或外來的大德作説教。尹志平在作説教時，相當重視把莊子與其他思想或經典聯繫起來闡釋。如清和真人北遊語録卷三云：

老、莊之書，言不盡意，非得道人難以知其微。禪語如謎，令人難解。……禪家專明宗性，其妙處不出老、莊之所云，故假其言以傳其妙，非其言則無以拈弄其語。

至『聖人處無爲之事』，云：『此非有爲對待之無爲，乃無爲無所不爲之無爲也。』故以堯讓許由之事證之，云：『以跡觀之，則堯有爲而許無爲；以道論之，則堯未嘗不無爲，許未嘗不有爲也。堯雖居天下之大，如寄如托而不有其天下，故雖天下之大而不能累其心，其讓非無爲何？許之辭曰：「子治天下，天下既已治也，吾不爲名，名者實之賓。」遂不受。且天下既已治，則故不受；或當天下之未治，則許將若之何，亦必有所爲也。堯、許同道，易地則皆然，故曰堯未嘗不無爲，許亦未嘗不有爲也。惟其應變隨時，處之合道，初無心於其間，是以並稱聖人。』

莊子曾反復强調『道』不可以言傳、言不能盡意的道理。尹志平這裏以莊子的説法評論了老子、莊子二書的語言特徵，並指出其與禪宗話語表現爲『令人難解』的謎語般的特徵顯然有所區别。他還進而指出，禪宗思想之所以也有奧妙處，主要是因其假借了老莊思想的緣故，這些説法則又是對朱熹、林希逸『佛説盡出於老莊』等説法的繼承和發展。對於老子、莊子這兩部道家經典著作，尹志平也往往採用了互相闡釋的方法。如他以莊子逍遥遊『堯讓天下於許由』寓言故事與老子二章『聖人處無爲之事』一語互相闡釋説，老子所謂的無爲，並不是與有爲相對立的無爲，而是無爲而無所不爲的無爲。譬如堯治天下，從表面上看，似乎完全屬於有爲。其實，他雖居天下而不以天下之大累其心，則豈非無爲？所以從實質上看，『堯未嘗不無爲』。許由因『天下既已治』而辭之，似乎屬於無爲。但『或當天下之未治，則許將若之何，亦必有所爲也』。所以從道的觀點來看，許由『未嘗不有爲也』。因此尹志平説，只要應變隨時，處之合道，都可稱爲聖人。顯然，他既不贊成莊子貶堯褒許的思想，也不肯定郭象劣許優堯的觀點，而對逍遥遊篇中的這兩個人物形象作出了新的闡釋，認爲他們可並稱爲聖人。

尹志平晚年，頗欲像莊子那樣『將與造物者遊於無何有之鄉』（李進清和真人北遊語録序），把大宗師之位傳給了李志常。李志常掌教後，全真道各大宫觀一般都設有正式的講筵，宣講者大都以老子、莊子、陰符經、易經、清静經等經典爲教材，這就進一步促使各大宫觀的道士們對莊子認真研習。如姬志真曾賦南華詩，自謂『熟讀南華旨，機關會不難。』（雲山集卷三）確實，僅從他的許多詩詞作品中就可以清楚看出，他對莊子是非常精熟的，因而運用其中的思想資料顯得非常得心應手。其青杏兒詠菊詞云：

沙暖狎輕鷗。從伊便唤馬呼牛。樗材擁腫元無用，臂雞時夜，尻輪命駕，江海虚舟。　無感亦無求，拈出處，茅靡波流。頭頭相與吾之耳，風清月白，疏梅瘦竹，都是天遊。（雲山集卷六）

莊子逍遥遊謂惠子曾對莊子説：『吾有大樹，人謂之樗，其大本擁腫而不中繩墨，其小枝卷曲而不中規矩，立之塗，匠者不顧。』莊子回答説：『今子有大樹，患其無用，何不樹之於無何有之鄉，廣莫之野，彷徨乎無爲其側，逍遥乎寢卧其下，不夭斤斧，物無害者，無所可用，安所困苦哉！』又大宗師篇述子輿之語云：『浸假而化予之左臂以爲雞，予因以求時夜；……浸假而化予之尻以爲輪，以神爲馬，予因以乘之，豈更駕哉！』山木篇述市南子之語云：『方舟而濟於河，有虚船來觸舟，雖有惼心之人不怒。有一人在其上，則呼張歙之。一呼而不聞，再呼而不聞，於是三呼邪，則必以惡聲隨之。向也不怒而今也怒，向也虚而今也實。人能虚己以遊世，其孰能害之！』應帝王篇述壺子之語云：『吾與之虚而委蛇，不知其誰何，因以爲弟靡，因以爲波流，故逃也。』①大宗師篇述仲尼之語云：『且也相與吾之耳矣，庸詎知吾所謂吾之乎？』外物篇述莊子之語云：『胞有重閬，心有天遊。……心無天遊，則六鑿相攘。』從這裏可以看到，莊子中的這些文字，其所包涵的思想内容是多麼豐富而複雜，而姬志真卻能將其十分巧妙地濃縮到一首短小的詞作之中，以此來自由自在地抒發他的道教思想，可見其對莊子何等精熟！據當時文人王鶚所撰雲山集序可知，姬志真曾著南華解義，『言簡而意足，義深而理明，其可謂黄冠中之錚錚鉸鉸者。』這就難怪他可在詩詞作品中能夠把莊子的思想資料運用得如此靈活自如了！

隨著蒙元時期南北文化不斷走向融合，由宋代張伯端所傳的道教南宗内丹學與金代王重陽所傳的道教北宗内丹學也不斷走向了融合。元代前期江南著名道士李道純，其學以南宗理論爲主，而兼得北宗全真之意。他的弟子苗善時大致承因了這一思想方法，而對先秦道家學説予以更大關注。如他有玄教大公案二卷，其中以公案形式來專門闡釋莊子的文字就有十三則之多，這是莊子學史上出現的新現象。與李道純師徒相比較，元代後期的陳致虚更是集南、北二宗内丹學之大成的道教學者。他在集南、北内丹學大成的過程中，也十分注重道教思想與莊子思想的結合。如他在上陽子金丹大要中説：『仕隱而得道者，若老、莊、關令焉。……道之在天地間成仙作佛者，歷歷不可以指數也。』（卷十一）『金丹之道，黄帝修之而登雲天，老君修之是爲道祖。……又如列子御風、莊周鵬運，雖皆寓言，卻有深義。』（卷一）『悟真篇云：「謾守藥爐看火候，但看神息任天然。」神息

① 道藏南華真經白文本、王雱南華真經新傳本、林希逸南華真經口義本『弟靡』並作『茅靡』。

者，即莊子云「真人之息以踵」。』（卷五）『南華云：「至陰肅肅，至陽赫赫，肅肅出乎天，赫赫發乎地，兩者交通成和而物生焉。」采先天煉後天謂之交通，通則和，成則物生，物生而爲嬰兒，長大而號真人也。』（卷十一）這些例子說明，陳致虛在著述時不但每每援引莊子思想資料，對莊子及其思想予以很高評價，而且還把他說成是道教理想中的仙人、真人，把他的思想闡釋成是道教內丹學的重要理論依據，從而進一步推動了道教內丹學與莊子思想的融合。關於這一點，陳致虛在上陽子金丹大要中還有更具體的論述：

先哲曰：『形以道全，命以術延。』子書曰：『魚相忘於江湖，人相忘於道術。』則知道與術二者，不可得而離也。術以道爲主，道以術爲用。要知此道非泛常所言之道，乃天仙之道也；要知此術非泛常所用之術，乃長生之術也。（卷十二）

長生之功由於丹，丹之成由於神。老君得此，勤修而成。後士成綺問道，老子曰：『夫道，於大不終，於小不遺，廣乎其無不容也，淵乎其不可測也。夫至人，極物之真，能守其本，故外天地，遺萬物，而神未嘗困也。』老子之謂南榮趎曰：『能總一乎？能勿失乎？能舍諸人而求諸己乎？能修然乎？能同然乎？能兒子乎？兒子動不知所爲，行不知所之，身若槁木之枝而心若死灰。若是，則福亦不至，禍亦不來，禍福無有，惡有人災！』老子之謂孔子曰：『至陰肅肅，至陽赫赫，肅肅出乎天，赫赫發乎地，兩者交通成和而物生焉。』夫真鉛者，至陽也；真汞者，至陰也。大修行人將彼先天地之真鉛歸於懸胎鼎內，以真汞合之，煉成金丹一粒，吞入黃金室內，養就嬰兒胎，……是爲仙也。（卷十三）

這裏所謂的『魚相忘於江湖，人相忘於道術』，即出於莊子大宗師，原來的意思是說：魚遊於江湖之中就會忘掉一切，比生活於池塘之內更爲舒適自在；人遊於大道之中就會忘掉一切，比逍遙乎無爲之業更爲自足自樂。陳致虛卻用道教觀念予以闡釋，認爲莊子所說的『道』乃是『天仙之道』，所說的『術』乃是『長生之術』，從而使莊子所說的哲學層面上的『道』、『術』，變成了道教徒所謂的宗教意義上的『道』、『術』。同樣，這裏所引的老子的三番話，依次出於天道、庚桑楚、田子方篇，原本都是莊子用來表述其悟道及養生等思想的，而陳致虛卻用道教修煉理論予以闡釋，把莊子的這些思想都說成是道教修煉成仙的重要理論依據，這就進一步地推動了道教修煉理論與莊子思想的互相融合。

第十五章　宋元理學家的莊子學

第一節　宋元理學家對莊子思想的吸納與批評

宋元理學家，自稱是直接繼承孔孟儒學的。其實他們的哲學體系，除了以儒家思想爲主體外，還吸納了佛教、道家（包括道教）的許多思想理論和一些思維方法。然而他們又認爲，佛教、道家所宣揚的某些思想觀點與儒家的倫理道德或思想方法相抵牾，所以便對它們提出了一些批評。下面，我們將就宋元理學家對莊子思想的吸納與批評情況作一述説。

一、對莊子思想的多所吸納

我們知道，孔孟學説主要致力於探究如何平治天下及推進倫理道德實踐等問題，而對於天地的起源問題及萬物的生化之理卻不太關心。因此，宋元理學家在建構自己的本體論思想體系時，只得在一定程度上接受了老莊關於『道』生天地萬物的思想。宋朱震在漢上易傳表中説：『陳摶以先天圖傳種放，放傳穆修，修傳李之才，之才傳邵雍。放以河圖、洛書傳李溉，溉傳許堅，堅傳范諤昌，諤昌傳劉牧。修以太極圖傳周敦頤。』①按照朱震的這個說法，宋元理學的開山之祖周敦頤簡直就是道教中人。周敦頤把陳摶等所傳下的有關圖式改造成了旨在說明萬物化生之序的太極圖，而且還特意寫出太極圖說，把老莊的本體論思想與周易繫辭『易有太極，是生兩儀』等思想結合起來，從而描繪出一幅以『太極』爲最後本原的宇宙生成圖式。與周敦頤同時的另一位理學家邵雍，其所發明的先天圖，亦傳自陳摶②。據邵雍自己在皇極經世觀物外篇中所表述，先天圖就是對先天之學即心法的解說，而先天之學又是對『太極』即天地之心的研究。所以他說，『先天學，心法也，故圖皆自中起，萬化萬事生乎心也』，而『先天圖中，環中也』。由此可以看出，邵雍以先天學來研究『萬化萬事』，而又援引莊子齊物論所謂『得其環中，以應無窮』之說來解說先天圖，說明他的宇宙生成說也與莊子思想有一定關係，所以朱熹謂『康節（邵雍）說形而上者不能出莊老』（朱子語類卷一百四十）。

稍晚於周敦頤、邵雍的張載，是一位對道家的氣本論有所繼承和發展的理學家。劉璣在評論他的代表著作正蒙一書時說：『是書也，出入乎語、孟、六經及莊、老諸書，凡造化人事，自始學以至成德，……無不備於此

---

① 黄宗炎在圖學辯惑中則說：『周子太極圖創自河上公，乃方士修煉之術也，實與老、莊之「長生久視」又屬旁門。老、莊以虛無爲宗，無事爲用，方士以逆成丹，多所造作，去「致虛靜篤」遠矣。周子更爲太極圖，窮其本而反於老、莊，可謂拾瓦礫而得精蘊，但綴說於圖而又冒爲易之太極，則不侔矣。蓋夫子之言太極，不過贊易有至極之理，專以明易也，非別有所謂太極而欲上乎羲、文也。周子之「無極而太極」，則空中之造化，而欲合老、莊於儒也，朱子得圖於葛長庚，曰「包犧未嘗言太極而孔子言之，孔子未嘗言無極而周子言之」，未免過於標榜矣。考河上公本圖名無極圖，魏伯陽得之以著參同契，鍾離權得之以授呂洞賓，洞賓後與陳圖南同隱華山，而以授陳，陳刻之華山石壁，陳又得先天圖於麻衣道者，皆以授種放，放以授穆修與僧壽涯，修以先天圖授李挺之，挺之以授邵天叟，天叟以授子堯夫，修以無極圖授周子。』（黄宗羲宋元學案卷十二引）

② 朱熹也說：『邵子發明先天圖，圖傳自希夷（陳摶）。』（周易參同契考異附錄）

矣。』（正蒙會稿卷一）誠然，張載在正蒙中凡論『造化人事』，對道家思想輒往往有所承因和發揮。如他說：『凡可狀，皆有也；凡有，皆象也；凡象，皆氣也。』（乾稱篇）又說：『氣之爲物，散入無形，適得吾體；聚爲有象，不失吾常。太虛不能無氣，氣不能不聚而爲萬物，萬物不能不散而爲太虛。循是出入，是皆不得已而然也。……氣坱然太虛，升降飛揚，未嘗止息，易所謂「絪緼」，莊生所謂「生物以息相吹」、「野馬」者與！此虛實、動靜之機，陰陽、剛柔之始。浮而上者陽之清，降而下者陰之濁，其感通聚結，爲風雨，爲雪霜，萬品之流形，山川之融結，糟粕煨燼，無非教也。』（太和篇）這裏所說的『太虛』一詞，『六經、孔、孟無是言也』（戴震孟子字義疏證卷上），最早見於莊子知北遊。在張載的哲學範疇體系中，『太虛即氣』，亦即『氣之本體』，認爲『太虛』與『氣』僅有存在形態的不同，『散殊而可象爲氣，清通而不可象爲神』，『神者，太虛妙應之目』（以上見太和篇），二者在本質上是毫無區別的。而根據張氏的說法，萬物之生成乃是『氣』之聚的結果，即所謂『凡可狀，皆有也；凡有，皆象也；凡象，皆氣也』。由此說明，他的這種氣一元論的宇宙觀，顯然與莊子『雜乎芒芴之間，變而有氣，氣變而有形，形變而有生』（至樂）、『通天下一氣耳』（知北遊）等思想有直接相因相承關係。當然，在莊子的哲學思想中，『氣』還是由『道』派生出來的，而張載所說的『氣』則是產生世界萬物的最後本原，這又說明他已對莊子的氣本論予以唯物主義的改造，將中國古代的氣學理論向前推進了一大步。

曾受業於周敦頤的程顥、程頤二兄弟，他們也都較多地吸收了道家的思想。如程顥說：『道，一本也。』（河南程氏遺書卷十二）又說：『一陰一陽之謂道，自然之道也。』（河南程氏遺書卷十二）程頤也說：『道則自然生萬物。今夫春生夏長了一番，皆是道之生，後來生長，不可道卻將既生之氣，後來卻要生長。道則自然生生不息。』（河南程氏遺書卷十五）從這裏可以清楚看到，二程把『道』作爲生化萬物的本體，認爲『道』生萬物，生生不息，自然而然，說明他們都已接受了老莊以『道』爲產生世界萬事萬物的根源，以及『道法自然』的思想。而在二程的本體論思想中，『道』與『理』又是等同的。如當有人問『天道如何』時，程頤回答說：『只是理，理便是天道也。』（見河南程氏遺書卷二十二）說明正有如明王廷相在雅述上篇中所說，『老莊謂「道生天地」，宋儒謂「天地之先只有此理」，此乃改易面目立論耳，與老莊之旨何殊』，程氏所說的『道』與『理』正可謂同爲宇宙本體。當然，在程氏的這一本體論思想中，實際上已引入儒家的倫理思想，從而既超越了老莊的純哲學意義上的本體論，又與張載以『太虚』與『氣』爲宇宙本體的唯物主義思想具有了明顯的本質區别。朱熹進一步發展了二程的這一本體論思想，明確指出『道即理之謂』（通書解），『理也者，形而上之道也，生物之本也』（朱熹集答黄道夫），並又認爲『太極只是一個「理」字』（朱子語類卷一），從而更把『道』、『理』、『太極』三者等同起來，實可謂集了周敦頤、程顥、程頤本體論思想之大成。

與程、朱學術思想相抗衡的陸九淵的哲學思想，在吸收道家本體論思想方面則反映出了另一些特徵。陸九淵説：『此道充塞宇宙，天地順此而動，故日月不過而四時不忒；聖人順此而動，故刑罰清而民服。』（陸九淵集與黄康年）又説：『天之所以爲天者，是道也。』（陸九淵集與馮傳之）説明這裏所説的『道』，不僅是産生世界的最後本原，而且也是一切社會活動的最高原則，大致與莊子所謂『天不得不高，地不得不廣，日月不得不行，萬物不得不昌，此其道與』（知北遊）者相一致。據陸九淵所謂『塞宇宙一理耳』（陸九淵集與趙永道之四）、『此理充塞宇宙，天地鬼神且不能違異，況於人乎』（陸九淵集與吴子嗣之八）等説法，則他所説的『道』也與『理』的含義等同。而在陸九淵看來，『理』與『心』又是完全同一的，即：『心，一心也；理，一理也。至當歸一，精義無二。此心此理，實不容有二。』（陸九淵集與曾宅之）由此可以清楚地看到，在陸九淵那裏，『道』、『理』、『心』三者實際上都是等同的，因而他的本體論思想既對莊子的本體論思想予以明顯改造，又與程朱的本體論思想有了很大的區别。

到了元代，研習儒學者大多都接受了程朱理學，有的還兼采了陸九淵的一些心學（從廣義上來説，心學是包括在理學之内的）思想。如作爲當時北方儒學大師的許衡，其研治、講授儒學，即基本上不出程朱範圍，但又吸收了陸九淵的一些哲學觀點，從而促進了程朱理學與陸氏心學合流這一新趨勢的出現。因此，他的本體論思想除了以程朱的理本論爲立論根據外，同時還吸收了陸九淵的心本論思想。如他說：『天即理也，……凡物之生，必得此理而後有是形，無理則無形。』（許文正公遺書語錄下）又說：『道是日用事物當行之理，皆性之德而具於心，無物不有，無時不然，如何須臾離得他？』（許文正公遺書中庸直解）說明在許衡看來，『道』、『理』、『心』三者皆可等同爲一，都具有本體的性質，天下萬物哪一個不是由它們産生出來的？吳澄是當時南方的儒學大師，吳文正集所附虞集撰（吳澄）行狀謂其『十歲始得朱子大學等書，而讀之恍然知爲學之要。』清伍崇曜爲吳氏道德真經注所作跋語又謂其晚年之學『本於陸象山』，『於二氏（朱熹、陸九淵）之旨，如膠投漆，如豆合黄，人與俱化。』這表現在吳澄的本體論思想上，就是把程朱的理本論與陸氏的心本論結合了起來。如他說：『道指形而上之理，不雜乎氣者而言，莊子所謂「無有」也。』（道德真經注卷一）説明在吳澄看來，老莊所謂的『道』、『無有』，就是後來理學家所謂的『理』。而『道』也好，『理』也好，又都是與理學家所謂的『太極』等同的，『道也，理也，……太極也，名雖不同，其實一也。』（吳文正集無極太極說）他由此出發，還進一步提出了『夫如是心，是爲太極』（吳文正集放心說）的說法，認爲『心』與『太極』一樣，也具有本體意義。總之，許衡、吳澄的本體論思想雖然直接承繼宋代理學而來，但其遠源則無疑主要是老莊的本體論思想。

在確定『道』、『太極』、『太虛』、『理』、『心』爲宇宙本原的基礎上，宋元理學家進一步提出並闡釋了『理一分殊』的重要命題。這一命題在周敦頤、張載那裏已初露端倪。如張氏說：『太虛者，氣之體，……散則萬殊，人莫知其一也；合則混然，人不見其殊也。形聚爲物，形潰反原。』（正蒙乾稱篇）顯然，這些說法與莊子所謂『合則成體，散則成始』（達生）、『通天下一氣耳』（知北遊）等說法頗爲一致。程頤在論究張載西銘之旨時，進一步從張氏理論中正式概括出了『理一分殊』的著名命題。同時，二程在其他言論或著述中也還較多地表示出了與這一命題密切相關的看法。如程顥說：『中庸始言一理，中散爲萬物，末復合爲一理。』（河南程氏遺書卷十四）程頤也説：『散之在理，則有萬殊；統之在道，則無二致。』（二程集易序）説明二程也與莊子思想頗有淵源關係，認爲雖然此物之理不同於彼物之理，每個事物皆自具一理，但『統之在道』，『復合爲一理』，此即所謂『理一分殊』。朱熹接著上述諸人的思想觀點進一步發揮説：

未有天地之先，畢竟也只是理。有此理，便有此天地。若無此理，便亦無天地，無人無物，都無該載了。有理，便有氣流行，發育萬物。（朱子語類卷一）

周子謂：『五殊二實，二本則一。一實萬分，萬一各正，大小有定。』自下推而上去，五行只是二氣，二氣又只是一理。自上推而下來，只是此一個理，萬物分之以爲體，萬物之中又各具一理。所謂『乾道變化，各正性命』，然總又只是一個理。（朱子語類卷九十四）

宇宙之間，一理而已。……其張之爲三綱，其紀之爲五常，蓋此理之流行，無所適而不在。（朱熹文集讀大紀）

由於程頤在評論佛教華嚴事理學説時曾説過諸如『一言以蔽之，不過曰萬理歸於一理也』（河南程氏遺書卷十八）之類的話，而朱熹則每引禪宗『月印萬川』等喻來闡述『理一分殊』的道理，所以人們便多謂理學家的『理一分殊』説即來源於佛教。其實，他們雖然在一定程度上受到了佛教思維方式的影響，但同時也還明顯地接受了老莊的道論、王弼的一多關係説等等。如莊子説：『萬物殊理，道不私。……天地者，形之大者也；陰陽者，氣之大者也，道者爲之公。』（則陽）又説：『一之所起，有一而未形。物得以生，謂之德；未形者有分，且然無間，謂之命；留動而生物，物成生理，謂之形；形體保神，各有儀則，謂之性。性修反德，德至同於初。』（天地）莊子在這裏不外就是説，現象界的『萬物』雖然『殊理』，各有各的特徵，但從『道者爲之公』的方面來看，則它們無不源於『道』，無不是『道』的顯現。朱熹在這裏也認爲，『未有天地之先，畢竟也只是理』，『萬物分之以爲體』，但『總又只是一個理』，説明他的這一思想同樣與莊子所謂『萬物殊理，道不私』、『道者爲之公』等思想有著明顯淵源關係。所以明末清初潘平格便直截了當地稱之曰『朱子道』（李塨恕谷後集萬季野小傳引），而戴震則說得更爲詳細明白：『程子、朱子之學，借階於老、莊、釋氏，故僅以「理」之一字易其所謂「真宰」、「真空」者，而餘無所易。』（孟子字義疏證卷上）①當然，程朱理學所謂的『理』還是與莊子所謂的『道』有明顯區別的，因爲諸如朱熹所說的『其張之爲三綱，其紀之爲五常』等等，已明顯地包含了儒家所提倡的三綱五常等倫理觀念。

理學家們之所以把抽象的『理』提升到永恒的、至高無上的地位，把它說成是先天地而存在的產生萬物的本原，其主要目的就是爲了『存天理』。在理學家那裏，『天理』是與『人欲』相對立的，所以他們認爲，要『存天理』，就必須『滅人欲』。如程頤說：『人心莫不有知，惟蔽於人欲，則亡天理也。』（河南程氏遺書卷十一）又說：『損人欲以復天理，聖人之教也。』（河南程氏粹言論道篇）朱熹也說：『人之一心，天理存則人欲亡；人欲勝，則天理滅，未有天理、人欲夾雜者。』（朱子語類卷十三）從表面上來看，程朱的這些思想可能來源於禮記樂記所謂『天理』、『人欲』的說法：『人生而靜，天之性也；感於物而動，性之欲也。物至知知，然後好惡形焉。好惡無節於內，知誘於外，不能反躬，天理滅矣。夫物之感人無窮，而人之好惡無節，則是物至而人化物也。人化物也者，滅天理而窮人欲者也。』其實，據二程所謂『人於天理昏者，是只爲嗜欲亂著佗。莊子言「其嗜欲深者，其天機淺」，此言卻最是』（河南程氏遺書卷二），及程門高足謝良佐所謂『天理與人欲相對，有一分人欲，即滅卻一分天理；有一分天理，即勝得一分人欲。人欲才肆，天理滅矣。任私用意，杜撰做事，所謂人欲肆矣。故莊子曰「去智與故，循天之理」』（黃宗羲宋元學案卷二十四）云云，則他們的這一『存天理』、『滅人欲』思想當

① 『真宰』一詞出於莊子齊物論，謂萬物的主宰者，即『道』。王雱說：『真宰者，至道之妙，宰制造化者也。以其自然，故曰真；以其造制，故曰宰。』（南華真經新傳）

主要還是導源於莊子的有關説法。關於這一點，我們還可以從心學派的批評言論中看得更爲明白。如陸九淵説：

天理、人欲之言，亦自不是至論。若天是理，人是欲，則是天、人不同矣。此其原蓋出於老氏。樂記曰：『人生而静，天之性也；感於物而動，性之欲也。物至知知，而後好惡形焉。不能反躬，天理滅矣。』天理、人欲之言蓋出於此。樂記之言亦根於老氏。且如專言静是天性，則動獨不是天性耶？書云：『人心惟危，道心惟微。』解者多指人心爲人欲，道心爲天理，此説非是。心一也，人安有二心？自人而言，則曰惟危；自道而言，則曰惟微。罔念作狂，克念作聖，非危乎？無聲無臭，無形無體，非微乎？因言莊子云：『眇乎小哉，以屬諸人；謷乎大哉，獨遊於天。』又曰：『天道之與人道也，相遠矣。』是分明裂天、人而爲二也。（語錄上）①

陸九淵站在與理本論者相對抗的立場上明確指出，程朱理學所謂的『天理』、『人欲』之説，看起來似乎當出於儒家經典禮記樂記，可樂記中這方面的思想觀點本身亦根於道家，則老莊『天道』、『人道』等説法無疑就是程朱這些説法的總根源。陸氏説這些話的目的雖然是爲了説明程朱理學並不是真正的儒學，以此來否定其學説的正統性，但在客觀上卻爲人們明確地揭示了這樣一個事實，即作爲程朱理學核心内容的『存天理』、『滅人欲』之説，原來就是根源於老莊的。然而，陸九淵卻不知，他在大力否定程朱理學正統性的時候，自己也不免自覺或不自覺地吸納了老莊的一些思想方法。如根據當時人的記錄，『先生之講學也，必欲復本心以爲主宰。』（陸九淵集年譜）那麽，作爲陸九淵學術宗旨的『復本心』到底是什麽意思呢？用後來王陽明的話來説，那就是『復此心之本體』（王文成公全書與黄勉之），而『心之本體，即天理也』（王文成公全書答舒國用）。由此可見，陸九淵也

① 陸九淵集卷三十四，中華書局1980年版。

是同樣提倡存天理的。而且在他看來，要存天理，就必須去人欲，『欲去則心自存矣』（陸九淵集養心莫善於寡欲）。爲了達到存天理的目的，陸九淵還體認出了一種獨特的去欲方法，即所謂『人心有病，須是剝落，剝落得一番即一番清明，後隨起來，又剝落又清明，須是剝落得淨盡方是』（陸九淵集語録下），這種『剝落』人欲的方法，與老莊所謂『損之又損之』的悟道方法何其相似！

在程朱理學那裏，『滅欲』又與『主静』密切相關。如作爲程朱理學先驅的周敦頤，他在太極圖說中就已把『無欲』與『主静』聯繫起來，認爲只有『主静』才能使本然之心不會墮入萬事紛擾的迷霧之中，從而達到人倫之極的境界。據河南程氏外書卷十二記載，二程十分看重『静坐』，認爲『清静中一物不可著，才著物便搖動』。而朱子語類卷十二的有關記載又表明，朱熹對二程所倡導的『静坐』功夫也是表示讚賞的，認爲『蓋精神不定，則道理無湊泊處』，『須是静坐，方能收斂』。並說：『静也者，物之終始也。萬物始乎静，終乎静，故聖人主静。』（朱熹集答石子重）對此，戴震曾予評論說：

自老氏貴於『抱一』，貴於『無欲』，莊周書則曰：『聖人之静也，非曰静也善，故静也；萬物無足以撓心者，故静也。水静猶明，而況精神？聖人之心静乎！夫虛静、恬淡、寂寞、無爲者，天地之平，而道德之至。』周子通書曰：『「聖可學乎？」曰：「可。」「有要乎？」曰：「有。」「請問焉。」曰：「一爲要。一者，無欲也；無欲則静虛動直。静虛則明，明則通；動直則公，公則溥。明通公溥，庶矣哉！」』此即老、莊、釋氏之說。朱子亦屢言『人欲所蔽』，皆以爲無欲則無蔽，非中庸『雖愚必明』之道也。……人知老、莊、釋氏異於聖人，聞其無欲之說，猶未之信也。於宋儒，則信以爲同於聖人。……嗚呼！雜乎老、釋之言以爲言，其禍甚於申、韓如是也。①

① 孟子字義疏證卷上，中華書局1961年版。

戴震在這裏明確指出，周敦頤、朱熹的『無欲』、『靜虛』等說法主要導源於老莊，而並非儒家經典中庸所謂的『雖愚必明』之道。在戴氏看來，老、莊、佛教異於儒家聖人之道，這是人所共知的事實，但理學家卻『以爲同於聖人』，便『雜乎老、釋之言以爲言』，則其對傳統儒學的危害實有『甚於申、韓』。十分明顯，戴震在這裏完全是站在維護傳統儒學的立場上來批評理學家的，但其能夠明確指出他們的『無欲』、『靜虛』等說法與老、莊、佛教思想的淵源關係，無疑很有見地。因爲正如我們在上文所說，程朱理學家確曾力圖借助於老、莊、佛教關於『無欲』、『虛靜』等說法，以求得他們在形上境界的極大圓足。

其實，理學家所倡導的『主靜』、『靜虛』之類的思想及『靜坐』等功夫，又是與莊子所謂的『心齋』、『坐忘』、『守宗』等悟道方法有以相通的。如邵雍非常強調人心當如止水，認爲水止則定，定則靜，靜則明。他說：

非大聖大神之人，豈有不負於天地者矣？夫所以謂之觀物者，非以目觀之也，非觀之以目而觀之以心也，非觀之以心而觀之以理也。天下之物，莫不有理焉，莫不有性焉，莫不有命焉。所以謂之理者，窮之而後可知也；所以謂之性者，盡之而後可知也；所以謂之命者，至之而後可知也。此三知者，天下之真知也，雖聖人無以過之也。而過之者，非所以謂之聖人也。夫鑑之所以能爲明者，謂其能不隱萬物之形也。雖然，鑑之能不隱萬物之形，未若水之能一萬物之形也；雖然，水之能一萬物之形，又未若聖人之能一萬物之情也。聖人之所以能一萬物之情者，謂其聖人之能反觀也。所以謂之反觀者，不以我觀物也；不以我觀物者，以物觀物之謂也。既能以物觀物，又安有我於其間哉！①

按照邵雍的說法，人心只要像止水、明鏡那樣靜定，澄明，那麼萬物的自然性、秩序性就會自然而然地映現其中。他的這些說法，顯然當導源於莊子所謂的『心齋』及止水、明鏡等說：『若一志！無聽之以耳而聽之以心，無

① 皇極經世觀物內篇，正統道藏本。

聽之以心而聽之以氣。聽止於耳，心止於符。氣也者，虛而待物者也。唯道集虛，虛者心齋也。』（人間世）『聖人之靜也，非曰靜也善，故靜也；萬物無足以鐃心者，故靜也。水靜則明燭鬚眉，平中準，大匠取法焉。水靜猶明，而況精神？聖人之心靜乎！天地之鑑也，萬物之鏡也。夫虛靜、恬淡、寂漠、無爲者，天地之平而道德之至，故帝王、聖人休焉。』（天道）同樣，周敦頤所倡導的『主靜』說，程朱所提倡的『靜坐』功夫，以及朱熹的再傳弟子真德秀所謂此心當『如明鏡止水』（真西山文集經筵講義進讀大學卷子）云云，也都無不與莊子的思想有著一定的淵源關係。尤其值得指出的是，陸九淵等心學家雖然與程朱理學相抗衡，但他們所謂『正坐拱手，收拾精神』（陸九淵集語錄下）之類的功夫，也何嘗不與莊子所謂的『坐忘』之法有以相通？如陸九淵集語錄下收有陸九淵門人詹阜民所編錄的這樣一則文字：

先生舉『公都子問鈞是人也』一章云：『人有五官，官有其職，某因思是便收此心，然惟有照物而已。』他日侍坐無所問，先生謂曰：『學者能常閉目亦佳。』某因此無事則安坐瞑目，用力操存，夜以繼日。如此者半月，一日下樓，忽覺此心已復澄瑩中立，竊異之，遂見先生。先生目逆而視之曰：『此理已顯也。』某問先生：『何以知之？』曰：『占之眸子而已。』

莊子大宗師篇有所謂『坐忘』之法，謂顔回通過此法而達到了『墮肢體，黜聰明，離形去知，同於大通（道）』的境界。同篇更有所謂『守宗』之法，謂女偊『凝神靜慮，修而守之』（成玄英莊子注疏），『參日而後能外天下』，『七日而後能外物』，『九日而後能外生』，『已外生矣而後能朝徹，朝徹而後能見獨（道）。』『朝徹』，謂『如初日之光，通明清爽』（王敔語，王夫之莊子解引），即指在長時間靜定後眼前所出現的一種瑩朗明徹的幻象。由此可以看出，心學家所謂通過長時間的『安坐瞑目』而『忽覺此心已復澄瑩中立』云云，實際上與莊子所謂的『坐忘』、『守宗』等悟道方法很相似，只不過莊子是爲了排除諸如形體、情智等一切外物的負累而達到精神上絕對自由境界，而陸九淵等心學家則是爲了『剝落得一番即一番清明』，即盡去『人欲』以『復本心』罷了。

二、對莊子思想的多所批評

宋元理學家對莊子思想不但每有吸納，而且有時還頗有推崇、欣賞之意。如周敦頤心胸灑落，雅意林壑，與道家的人生旨趣有以相通。他曾撰愛蓮説以表達自己對灑落的人生境界和超邁的人格理想的追求，即可看出其對老莊的生活情趣和人格理想頗有推崇、欣賞之意。他又每尋『孔顏樂處』，而據其所謂『處之一則能化而齊，故顏子亞聖』（易通）云云來看，則這種『樂處』當亦包含了莊子中所謂顏回『心齋』、『坐忘』的人生意趣。與周敦頤相比較，邵雍對莊子的推崇、欣賞之意更爲明顯。他不但賦有像『簡尺每稱林下士，過從或著道家衣』（伊川擊壤集首尾吟）、『因思濠上樂，曠達是莊周』（伊川擊壤集川上觀魚）這樣稱羨道家、思慕莊周的詩句，而且還更有像在觀物外篇①中這樣推崇、欣賞莊子思想的言論：

莊周雄辯，數千年一人而已。如庖丁解牛曰：『踟躕四顧。』孔子觀呂梁之水曰：『蹈水之道無私。』皆至理之言也。

莊子與惠子遊於濠梁之上，莊子曰：『儵魚出遊從容，是魚樂也。』此盡己之性，能盡物之性也。非魚則然，天下之物皆然。若莊子者，可謂善通物矣。

莊子氣豪。若呂梁之事，言之至者也。盜跖言事之無可奈何者，雖聖人亦莫如之何。漁父言事之不可強者，雖聖人亦不可強。此言有爲無爲之理，順理則無爲，強則有爲也。

莊子曰：『庖人雖不治庖，尸祝不越樽俎而代之。』此君子思不出其位，素位而行之意也。

① 在皇極經世內。

邵雍在伊川擊壤集序中說：『予自壯歲，業於儒術，謂人世之樂，何嘗有萬之一二，而謂名教之樂，固有萬萬焉。況觀物之樂，復有萬萬者焉。雖死生榮辱轉戰於前，曾未入於胸中，則何異四時風花雪月一過乎眼也。誠爲能以物觀物而兩不相傷者焉，蓋其間情累都忘去爾。』所謂『以物觀物』，就是以順物自然的態度來觀察天地萬物。在邵雍看來，『以物觀物』所達到的『情累都忘去』的快樂境界，顯然要比儒者的『名教之樂』高出一個層次。所以，他在觀物外篇中時而謂莊周『雄辯』、『氣豪』、『善通物』，時而謂莊子之言『能盡物之性』，『皆至理之言』，等等，對莊子及其思想表示出了由衷的推崇和欣賞之意。此後，程顥也說：『神也者，妙萬物而爲言，若上竿弄瓶，至於斵輪，誠至則不可得而知。上竿初習數尺，而後至於百尺，習化其高，矧聖人誠至之事，豈可得而知？』（河南程氏外書卷一）這裏，對莊子通過創設寓言來妙言萬物之理表示出了濃厚的興趣。即使是所謂『一生不曾看莊、列，非禮勿動勿視，出於天與，從幼小有如是才識』（河南程氏遺書卷六）的程頤，其實對莊子一書的內容同樣是相當熟悉的，而且也對莊子思想時有推崇、欣賞之意。如他說：

學者後來多耽莊子。若謹禮者不透，則是佗須看莊子，爲佗極有膠固纏縛，則須求一放曠之說以自適。譬之有人於此，久困纏縛，則須覓一個出身處。如東漢之末尚節行，尚節行太甚，須有東晉放曠，其勢必然。（河南程氏遺書卷十八）

佛、莊之書說，大抵略見道體，乍見不似聖人慣見，故其說走作。（河南程氏遺書卷十五）

莊生形容道體之語，盡有好處。老氏『谷神不死』一章最佳。（河南程氏遺書卷三）

按照程頤的說法，莊子學說固然以『放曠』爲其重要特徵，但這種放曠之說對於矯正世人膠固不化的思想行爲是很有積極作用的，因而它在後世得到許多學者的青睞也就屬於自然而然的事了。而莊子對於道體的形容，雖然『不似聖人慣見』，但卻說得『盡有好處』，這就更體現出了莊子思想所固有的價值。朱熹繼承並發展了程頤的這一說法，因而在回答門人時說：『莊子「神鬼神帝，生天生地」，釋氏所謂「能爲萬象主，不逐四時凋」，他也窺見這個道理。』(朱子語類卷十三)又說:『莊子,不知他何所傳授,卻自見得道體。蓋自孟子之後,荀卿諸公皆不能及。如說:「語道而非其序,非道也。」此等議論甚好。……後來佛氏之教有說得好處,皆出於莊子。』(朱子語類卷十六)這也就是說,莊子關於道體的高明見解,不但爲『後來佛氏之教有說得好處』者之所本,而且亦爲『荀卿諸公皆不能及』,可見朱熹對莊子關於道的學說甚爲推崇、欣賞。

從上面的論說中可以清楚看到,理學家主要對莊子的道論、生活情趣、觀物方法等表示出了推崇和欣賞之意。然而,由於理學所確定的是以『理』爲本體的形上學體系,所發揮的主要是儒家的倫理哲學和政治學說,這就決定了它一方面必須汲取佛教、道家的一些思想養料,尤其是它們關於宇宙本體的一些精緻理論,以彌補儒學在這方面的嚴重不足,另一方面又必須力圖劃清儒學與佛教、道家的理論界限,以保持傳統儒學的純潔性。因此,理學家在吸納佛、道二家思想,以及推崇、欣賞老莊思想的同時,又不得不對佛、道有所排拒,於是也就出現了許多批評老莊思想的言論。

正由於理學所發揮的主要是儒家的倫理哲學和政治學說,仁、義、禮、智、信五常與維護專制權力三綱即爲其學說之精髓所在,而老莊激烈批判的卻恰恰是儒家所大力提倡的仁、義、聖、智,所以理學家對老莊的批評也就主要集中定向爲指斥其背離儒家仁義道德而論『道』。如程顥、程頤說:

> 楊子看老子,則謂『言道德則有取,至如搥提仁義,絕滅禮學,則無取』。若以老子『剖斗折衡,聖人不死,大盜不止』,爲救時反本之言,爲可取,卻尚可恕。如老子言『失道而後德,失德而後仁,失仁而後義,失義而後禮』,則自不識道,已不成言語,卻言其『言道德則有取』,蓋自是楊子已不見道,豈得如愈也?(河南程氏遺書卷一)

案『失道而後德,失德而後仁,失仁而後義,失義而後禮』數語出自老子三十八章,而『剖斗折衡,聖人不死,大盜不止』數語則出自莊子胠篋。漢代揚(楊)雄曾明確表示,道家『言道、德,吾有取焉耳;及搥提仁、義,絕滅禮、學，吾無取焉耳。』（法言問道）程顥、程頤在這裏引述揚雄批判道家搥提仁義、絕滅禮學的言論，實際上也表明了他們自己對道家搥提仁義、絕滅禮學的批判態度。但他們又不同意揚雄關於道家『言道、德，吾有取焉耳』的說法，認爲道家丟棄仁、義、禮、學而言『道德』，實際上就等於『不識道』，因而揚雄的見識也就自然不及韓愈了。朱熹進一步加大了對道家搥提仁義、絕滅禮學的批判力度，甚至指出『莊老絕滅義理』，『只是廢三綱五常，這一事已是極大罪名』（朱子語類卷一百二十六），從而把對道家毀棄仁、義、禮、學的批判推到了一個新的階段。

在理學家看來，既然不能像道家那樣毀棄仁、義、禮、學而言『道德』，那麼『動容周旋中禮』也就成了言『道』的先決條件。因此，他們雖倡導『主靜』、『靜虛』之類的思想及『靜坐』功夫，與莊子所謂的『心齋』、『守宗』、『坐忘』等悟道方法每有相通之處，但有時卻仍對莊子的此類悟道方法採取了批判的態度。如程顥、程頤說：

蓋爲前日思慮紛擾，今要虛靜，故以爲有助。前日思慮紛擾，又非義理，又非事故，如是則只是狂妄人耳。懲此以爲病，故要得虛靜。其極，欲得如槁木死灰，又卻不是。蓋人活物也，又安得爲槁木死灰？既活，則須有動作，須有思慮。必欲爲槁木死灰，除是死也。……今語道，則須待要寂滅湛靜，形便如槁木，心便如死灰，豈有直做牆壁木石而謂之道？所貴乎『智周天地萬物而不遺』，又幾時要如死灰？所貴乎『動容周旋中禮』，又幾時要如槁木？……今既如槁木死灰，則卻於何處有事？①

二程在這裏明確指出，爲了消除紛擾的思慮，做到動容周旋莫不中『禮』，並進而體悟到作爲產生宇宙萬物的本原即『天理』、『天道』，就非堅持『虛靜』不可。然而，如果唯求『虛靜』，甚至走向極端，那就會有如莊子所謂『墮肢體，黜聰明，離形去知』（大宗師）、『形若槁骸，心若死灰』（知北遊）一般，已根本不像一個『活物』，則何以做

① 河南程氏遺書卷二，中華書局 1981 年版。

到道德的完善，並進而體悟到『天理』、『天道』呢？ 朱熹主要批評了莊子那種『揮斥八極』、『不拘繩墨』的生活情態和思想作風。如他説：

> 若曰『旁月日，扶（挾）宇宙，揮斥八極，神氣不變』者，是乃莊生之荒唐。……老子收斂，齊腳斂手；莊子卻將許多道理掀翻説，不拘繩墨。（朱子語類卷一百二十五）

朱熹門人黄幹在朝奉大夫文華閣待制贈寶謨閣直學士通議大夫謚文朱先生行狀中説：『其閒居也，未明而起，深衣幅巾方履，拜於家廟，以及先聖。退坐書室，几案必正，書籍器用必整。其飲食也，羹食行列有定位，匕箸舉措有定所。倦而休也，瞑目端坐。休而起也，整步徐行。中夜而寢，既寢而寤，則擁衾而坐，或至達旦。威儀容止之則，自少至老，祁寒盛暑，造次顛沛，未嘗有須臾之離也。』正由於朱熹是這樣一位講究『動容周旋中禮』，行爲舉止必有程式的理學大師，這就無怪乎他要把莊子所倡導的『旁日月，挾宇宙』（齊物論）、『揮斥八極，神氣不變』（田子方）的生活情態和思想作風目爲『荒唐』了。

理學家還從『理一分殊』的觀念出發，對莊子的天人對立、齊同萬物兩個重要理論觀點提出了批評。如程顥、程頤説：『蓋上下、本末、内外，都是一理也，方是道。莊子曰「遊方之内」、「遊方之外」者，方何嘗有内外？如此，則是道有隔斷，内面是一處，外面又别是一處，豈有此理？』（河南程氏遺書卷一）陸九淵也説：『莊子云：「眇乎小哉，以屬諸人；謷乎大哉，獨遊於天。」又曰：「天道之與人道也，相遠矣。」是分明裂天、人而爲二也。』（陸九淵集語錄上）誠然，莊子確曾强調天與人的區别，認爲『無爲而尊者，天道也；有爲而累者，人道也。主者，天道也；臣者，人道也。天道之與人道也，相去遠矣，不可不察也。』（在宥）並把拘於禮義的孔子説成是『遊方之内』的『小人』，而把『芒然彷徨乎塵垢之外，逍遥乎無爲之業，彼又惡能憒憒然爲世俗之禮』的孟子反、子琴張看成是『遊方之外』的侔天『畸人』（見大宗師）。對此，理學家便運用『合則混然，人不見其殊』（張載易説繫辭下）、『萬物皆是一理』（河南程氏遺書卷十五）即『理一』理論進行了批評，明確指出『蓋上下、本末、内外，都是一理也，方是道』，而莊子卻強分內、外，這分明是『裂天、人而爲二』，又怎能體悟到『道』和『理』呢！同時，理學家又從『分殊』的理論觀點出發批評了莊子的『齊物』思想。如河南程氏遺書錄有這樣幾段話：

莊子齊物。夫物本齊，安俟汝齊？凡物如此多般，若要齊時，別去甚處下腳手？不過得推一個理一也。物未嘗不齊，只是你自家不齊，不干物不齊也。（卷十九）

孟敦夫問：『莊子齊物論如何？』曰：『莊子之意欲齊物理耶？物理從來齊，何待莊子而後齊？若齊物形，物形從來不齊，如何齊得？此意是莊子見道淺，不奈胸中所得何，遂著此論也。』（卷二十二）

天地陰陽之變，便如二扇磨，升降盈虧剛柔，初未嘗停息，陽常盈，陰常虧，故便不齊。譬如磨既行，齒都不齊，既不齊，便生出萬變，故物之不齊，物之情也。而莊周強要齊物，然而物終不齊也。（卷二）

程顥、程頤這裏的意思是說，如果站在『萬物皆是一理』的立場上來看，則千差萬殊的事物無不是『理一』的體現，哪裏還等著你莊周去齊同呢？如果站在『分殊』的立場上來看，則天地陰陽所變化出的事物皆各自有一個理，『譬如磨既行，齒都不齊，既不齊，便生出萬變，故物之不齊，物之情也。』因此，你莊周寫出齊物論篇，『強要齊物，然而物終不齊也。』很顯然，二程這裏是通過論述『理一』與『分殊』即本原與萬物、本體與現象之關係來批評莊子的齊物思想，在一定程度上顯示出了其理論思維的獨特性。當然，莊子在齊物論篇中是從『道通爲一』的基本觀點出發來闡述其齊物思想的，認爲只要以『道』觀之，則『天地與我並生，而萬物與我爲一』，哪裏還有萬物不可齊同的道理呢！而理學家在這裏則主要是從『物形』著眼來認識、批評莊子的齊物思想，把莊子齊同萬物的哲學思想與人們對現實世界中各種『物形』的基本認識混爲一談，這就不免使他們的批評發生了一些偏差。然而，理學家卻偏要從『物形』著眼來深入批判莊子的齊物思想。如元代劉因進一步說：

周寓言夢爲蝴蝶，予不知何所謂也。說者以爲齊物意者，以蝶也，周也，皆幻也。幻則無適而不可也，無適而不可者，乃其所以爲齊也。謂之齊，謂之無適而不可，固也。然周烏足以知之？……吾之所謂齊也，吾之所謂無適而不可也，有道以爲之主焉。故大行而不加，窮居而不損，隨時變易，遇物賦形，安往而不齊，安往而不可也？此吾之所謂齊與可者，必循序窮理而後可以言之。周則不然，一舉而納事物於幻，而謂窈冥恍惚中，自有所謂道者存焉。噫！鹵莽厭煩者，孰不樂其易而爲之？得罪於名教，失志於當時者，孰不利其説而趨之？在正始、熙寧之徒，固不足道，而世之所謂大儒，一遇困折，而姑藉其説以自遣者，亦時有之，要之皆不知義命而已矣。（莊周夢蝶圖序）①

劉因對宋代諸儒，當最推崇朱熹。但他對朱熹哲學思想的繼承和發揮，已顯示出了向唯物主義方面轉化的跡象。因此，劉因反對莊子在齊物論篇中通過『莊周夢爲胡蝶』的寓言故事來説明萬物皆幻的思想，而主張『循序窮理』，向客觀事物探求實理。他明確指出，萬物『賦形』各異，不能隨意加損，更無法齊而同之，怎能像莊子那樣不承認客觀事物的差别，『一舉而納事物於幻，而謂窈冥恍惚中，自有所謂道者存焉』呢！劉因分析其原因説：『周之學，縱横之變也。蓋失志於當時，而欲求全於亂世。然其才高意廣，有不能自已者，是以見夫天地如是之大也，古今如是之遠也，聖賢之功業如是之廣且盛也，而已以眇焉之身，横於紛紛萬物間無幾時也，復以是非可否繩於外，得喪壽夭困於内，而不知義命以處之，思以詑夫家人時俗，而爲朝夕苟安之計而不可得，姑渾淪空洞，舉事物而納之幻，或庶幾焉得以猖狂恣肆於其間，以妄自表於天地萬物之外也。以是觀之，雖所謂幻者，亦未必真見其爲幻也。』（莊周夢蝶圖序）在劉因看來，莊子之所以要『渾淪空洞，舉事物而納之幻』，其目的只是爲了發洩因失志當時、功業不成而産生的情緒而已，其實他也未必真正認識到所謂萬物是可以齊同的。而後世諸如鹵莽厭煩者、得罪於名教者、遭遇困折者，每每借莊子齊物之説以自遣，這就更爲荒唐了。按照劉因的

---

① 静修文集卷二，叢書集成初編本。

看法，所謂齊物，實際上應該是『隨時變易，遇物賦形』，承認事物的差異，使自己的思想認識符合於客觀事物的真實性。由此可見，在劉因的這些批評意見中，實際上已包含了一定的唯物主義思想因素。

由上述可知，宋元理學家曾從多個方面批評了莊子思想。但從總體上來看，他們對老莊的批評是不像對佛教、王安石新學那樣嚴厲的。因爲在他們看來，老莊雖然也屬於『異教』，但其對儒學所構成的危害實際上並沒有像佛教、王安石新學那麽大。如程顥、程頤說：『道家之説，其害終小。惟佛學，今則人人談之，彌漫滔天，其害無涯。』（河南程氏遺書卷一）又說：『今異教之害，道家之説則更沒可闢，唯釋氏之説衍蔓迷溺至深。今日是釋氏盛而道家蕭索。方其盛時，天下之士往往自從其學，自難與之力爭。惟當自明吾理，吾理自立，則彼不必與爭。然在今日，釋氏卻未消理會，大患者卻是介甫之學。……如今日，卻要先整頓介甫之學，壞了後生學者。』（河南程氏遺書卷二）宋元理學家（尤其是程朱一派）對莊子的批評，大致就是基於這樣一種認識來掌握其分寸的。

第二節　朱熹對莊子及歷代莊子學的論說

朱熹（1130—1200），字元晦，又字仲晦，號晦庵，別稱紫陽，徽州婺源（今屬江西）人，僑寓建陽（今屬福建），是宋代理學的集大成者。著作有四書章句集注、周易本義、詩集傳、楚辭集注，及後人編纂的晦庵先生朱文公文集、朱子語類等。

長期以來，學術界主要從儒學方面對朱熹學說進行了研究。其實，他對佛教、道家思想也相當熟悉，並對莊子及歷代莊子學作過許多論說。下面，請看他到底是如何論說莊子及歷代莊子學的。

一、論莊子、孟子未曾互相『道及』之原因

莊子與孟子大致同時，二人又各爲道家、儒家學派的重要代表人物，那麼他們爲什麼都沒有提到對方呢？就現有的文獻資料來看，朱熹是我國歷史上第一個嘗試解答這一問題的學者。如：

李夢先問：『莊子、孟子同時，何不一相遇？又不聞相道及，如何？』曰：『莊子當時也無人宗之，他只在僻處自説，然亦止是楊朱之學。但楊氏説得大了，故孟子力排之。』（朱子語類卷一百二十五）①

按照朱熹這裏的説法，則孟子之所以未曾提及莊子，其重要原因就在於『他只在僻處自説』，不能使自己的學説發生廣泛的影響，所以孟子不屑予以排斥之。顯然，朱熹的這些論説是有一定道理的。因爲許多文獻資料都可説明，莊子確實是一位寂寞無聞的寒士。如在莊子一書中，或謂『莊周家貧』（外物），或謂其『處窮閭阨巷，困窘織屨，槁項黄馘』（列禦寇），或謂其『寧其生而曳尾於塗中』（秋水），而史記老子韓非列傳又謂『周嘗爲蒙漆園吏』，則其發表議論，真可謂『只在僻處自説』矣，像孟子這樣一位『後車數十乘，從者數百人，以傳食於諸侯』（孟子滕文公下）的干謁時君世主者，怎麼會留意於這種來自『僻處』的一介寒士的僻陋之説呢？然而在莊子書中，復謂『莊子將死，弟子欲厚葬之』（列禦寇），或謂『莊子與惠子遊於濠梁之上』（秋水），而史記老子韓非列傳更謂『楚威王聞莊周賢，使使厚幣迎之，許以爲相』。假若諸如此類的記載基本符合事實的話，則莊子不但有一群弟子，而且還與權勢顯赫者頗有交往，甚至聲名遠播，連楚威王也很想迎以爲相，而孟子又怎麼會孤陋寡聞如

---

① 按，本節凡引朱子語類中語，皆據中華書局1994年版。

此，竟不知當世有一位莊子呢？由此看來，孟子無一言『道及』莊子者，不一定完全像朱熹所言，是由於莊子『只在僻處自説』而寂寞無聞的緣故，而當是另有原因的。朱熹自己大約已覺察到了這一點，於是他又補充似地説：『然（莊子）亦止是楊朱之學。但楊氏説得大了，故孟子力排之。』按照朱氏的這一説法，則孟子對莊子似乎是有所耳聞的，只是因其不像『楊氏説得大』而不屑『排之』罷了。但朱熹又説：『孟子不闢老莊而闢楊墨，楊墨即老莊也。……楊朱即老子弟子，人言孟子不闢老氏，不知但闢楊墨，則老莊在其中矣。』（朱子語類卷一百二十五）按照這一説法，則孟子似已把老莊與楊墨一同闢了。這裏，我們且不去探究楊朱與老莊是否屬於一派，如果單就朱熹的上述言論本身來看，則其前後説法也顯然是不太一致的，這説明他實際上仍不能較圓滿地回答關於莊子、孟子爲什麼沒有互相『道及』的問題。於是，他又從地域間隔方面作了一些推論。如：

或云：『莊子都不説著孟子一句。』曰：『孟子平生足跡只齊、魯、滕、宋、大梁之間，不曾過大梁之南。莊子自是楚人，想見聲聞不相接。』（朱子語類卷一百二十五）

莊子去孟子不遠，其説不及孟子者，亦是不相聞。……莊子生於蒙，在淮西間。孟子只往來齊、宋、鄒、魯，以至於梁而止，不至於南。（同上）

誠然，孟子平生足跡確實只限於鄒、魯、齊、滕、宋、魏之間，不曾過魏都大梁（在今開封市西北）之南。但莊子是宋之蒙人，如果把他説成是生於淮西間之蒙地的『楚人』，則顯然是不符合事實的。因此，朱熹以所謂的地域間隔説作爲推論莊子、孟子『聲聞不相接』的重要理由，似乎也很值得商榷。而且，根據目前學術界的一般看法，莊子外、雜篇中的許多篇章當爲莊周後學的手筆，這些晚輩當也不會因所謂的地域間隔而竟孤陋寡聞到不知有孟軻其人的地步。如彭蒙、田駢、慎到等都是齊國稷下先生，與莊子學派的活動地域相去甚遠，而莊子天下的作者卻能一一指陳其學説之得失，可見莊子後學相當博學，並不孤陋寡聞。由此可見，莊子書中沒有『道及』孟子，孟子書中也没有『道及』莊子，並不一定是由於地域間隔的緣故，而應該還有其他原因。

二、論莊子與老子學説之差異

自漢初淮南子要略作者以老、莊並稱以來，人們每將莊子與老子相提並論，認爲莊子的學説就是對老子學説的直接傳承與拓展。然而朱熹卻認爲，雖老子倡『厭一世之紛拏，畏一身之禍害，耽空寂以求全身於亂世』學説之端，而『列禦寇、莊周、楊朱之徒和之』（見朱子語類卷一百二十五），但莊子與老子學説在本質上畢竟是有很大差異的。因此他明確指出，『莊、老二書解注者甚多，竟無一人説得他本義出，只據他臆説。某若拈出，便別，只是不欲得。』（朱子語類卷一百二十五）那麽，莊子與老子學説的差異到底表現在哪些地方呢？朱熹説：

老子之學，大抵以虚静無爲、沖退自守爲事。……若曰『旁月日，扶（挾）宇宙，揮斥八極，神氣不變』者，是乃莊生之荒唐，……非老子之意矣。（朱子語類卷一百二十五）

老子則猶自守個規模子去做，到得莊子出來，將他那窠窟盡底掀番了，故他自以爲一家。老子極勞攘，莊子較平易。（朱子語類卷六十三）

老子猶要做事在。莊子都不要做了，又卻説道他會做，只是不肯做。……老子極勞攘，莊子得些，只也乖。莊子跌蕩。老子收斂，齊脚斂手；莊子卻將許多道理掀翻説，不拘繩墨。（朱子語類卷一百二十五）

莊子説得較開闊，較高遠，然卻較虚，走了老子意思。若在老子當時看來，也不甚喜他如此説。（同上）

在朱熹看來，老子哲學是講求實用的哲學，而莊子哲學則是追求精神解脱的哲學，這就是老、莊二家學説差異的根本所在。具體說來，主要表現爲以下幾個方面：第一，老子講虛靜無爲、沖退自守，只是一種權術，完全是爲了達到『柔弱勝剛強』（老子三十六章）的目的。而莊子講無爲，則是爲了追求精神上的徹底解脫，『旁日月，挾宇宙』，『遊乎塵垢之外』（齊物論），『芒然彷徨乎塵垢之外，逍遙乎無爲之業』（大宗師），與『機心存於胸中』（天地）者是根本不同的。第二，老子講柔伏守靜、齊腳斂手，目的只是爲了『退步占奸』（朱子語類卷一百二十五），以成就其事，所以說老子『猶要做事』，『極勞攘』。而莊子『說道他會做，只是不肯做』，則真的是主張『不從事於務』（齊物論），因而他秕糠『弊弊焉以天下爲事』（逍遙遊）的堯舜，將儒家傳統思想的『窠窟』盡底掀翻了。第三，老子講人生追求較爲拘束，大凡僅以『長生久視』（老子五十九章）爲終極目的。而莊子則不拘繩墨，說得開闊高遠，他的人生哲學無疑是一種從精神上擺脫生死等觀念束縛的更『虛』的人生哲學境界。正由於這些差異，所以朱熹認爲莊子之學往往『走了老子意思』，並『非老子之意』，『若在老子當時看來，也不甚喜他如此說』。誠然，朱熹的這些說法頗有見地，對我們認識莊子與老子學說的差異無疑是有一定幫助的。但也不可否認，朱熹有時對莊子與老子學說的差異似乎強調得太過分了一點。如他說：

> 莊周是個大秀才，他都理會得，只是不把做事。觀其第四篇人間世及漁父篇以後，多是說孔子與諸人語，只是不肯學孔子，所謂『知者過之』者也。如說『易以道陰陽，春秋以道名分』等語，後來人如何下得！它直是似快刀利斧劈截將去，字字有著落。……老子之學只要退步柔伏，不與你爭。……常見畫本老子便是這般氣象，笑嘻嘻地，便是個退步佔便宜底人。雖未必肖他，然亦是它氣象也。只是他放出無狀來，便不可當。……莊子比老子便不同。莊子又轉調了精神，發出來粗。（朱子語類卷一百二十五）

在這裏，朱熹把莊周說成是甚至對儒家所謂的春秋名分都理會得，只是不肯做事的『大秀才』，而把老子說成是一個十分陰險自私的傢伙，這顯然是有點過分了。其實，朱氏所指的莊子中的一些篇章，未必就是莊周本人的表明他對事物往往能從柔弱轉化爲剛強這一規律的深刻理解，具有一定的辯證法思想因素，不應完全以柔奸視之。

而老子倡導退步柔伏，不與人爭，實際上也就是一位如此這般的『秀才』。

三、論莊子與曾點氣象之異同

理學家所謂的『氣象』，主要是指某種內在精神氣質的外在表現，而早期理學家們自己表現在容貌詞氣等方面的氣象又往往具有灑落宏大的特徵。如『春陵周茂叔，人品甚高，胸中灑落，如光風霽月。好讀書，雅意林壑。』①程顥十分欣賞周敦頤的灑落自得氣象，自謂『某自再見茂叔後，吟風弄月以歸，有「吾與點也」之意。』（河南程氏遺書卷三）朱熹則又進一步在理論上把曾點與莊子聯繫了起來。請看朱子語類卷四十所收錄的幾番話：

恭甫問：『曾點「詠而歸」，意思如何？』曰：『曾點見處極高，只是工夫疏略。他狂之病處易見，卻要看他狂之好處是如何。緣他日用之間，見得天理流行，故他意思常恁地好。只如「莫春浴沂」數句，也只是略略地說將過。』又曰：『曾點意思，與莊周相似，只不至如此跌蕩。莊子見處亦高，只不合將來玩弄了。』

恭父問曾點說『詠而歸』一段……。曰：『……人只見說曾點狂，看夫子特與之之意，須是大段高。緣他資質明敏，洞然自見得斯道之體，看天下甚麼事能動得他！他大綱如莊子。明道亦稱莊子云：「有大底意思。」又云：「莊生形容道體，盡有好處。」邵康節晚年意思正如此，把造物世事都做則劇看。曾點見得大意，然裏面工夫卻疏略。明道亦云：「莊子無禮，無本。」』

① 黄庭堅濂溪詞並序，見周子全書卷十九。

問：『程子謂「便是堯舜氣象」，如何？』曰：『曾點……，其見到處，直是有堯舜氣象。如莊子亦見得堯舜分曉。』或問『天王之用心何如』，便説到『「天德而出寧，日月照而四時行，若晝夜之有經，雲行而雨施」。以是知他見得堯舜氣象出。曾點見識盡高，見得此理洞然，只是未曾下得工夫。……』

論語先進有『子路、曾晳、冉有、公西華侍坐』章，謂當孔子問到『點，爾何如』時，曾晳的行爲動作是『鼓瑟希，鏗爾，舍瑟而作』，並對曰：『異乎三子者之撰。』而當孔子進一步鼓勵他『言其志』時，他復又對曰：『莫春者，春服既成，冠者五六人，童子六七人，浴乎沂，風乎舞雩，詠而歸。』於是孔子喟然歎曰：『吾與點也。』上面所引述的朱熹回答其弟子的幾番話，就是對曾點氣象的具體評論。在朱熹看來，曾晳與一般儒者的氣象自是不同，他資質明敏，見識極高，灑落自得，即使在日用之間，諸如『莫春浴沂』云云，都無不表明其已洞然自見道體之奥妙，天理之流行，頗『與莊周相似』。反過來也就是説，『莊子比邵子見較高，氣較豪，他是事事識得，又卻蹴踏了，以爲不足爲』（朱子語類卷一百二十五），即他那種不爲任何世事所累而獨與天地精神往來的思想情懷，正是與前賢曾晳的灑落自得氣象頗爲相似的。而且在朱熹看來，這一相似還表現在莊子也與曾晳一樣能洞見到堯舜氣象上。如莊子天道有一則『舜問於堯』的寓言故事，謂舜問於堯曰：『天王之用心何如？』並告訴堯説：『天德而出寧，日月照而四時行，若晝夜之有經，雲行而雨施矣。』意謂君人之道，只在效法『天德』，任物自然而已。朱熹認爲，這正是莊子之見到堯舜無爲而治的氣象實無異於曾晳之洞見『堯舜氣象』的有力證據①。

① 朱熹認爲，曾晳氣象即爲他洞見到『堯舜氣象』後的具體體現。如朱氏説：『明道云：「萬物各遂其性。」此一句正好看「堯舜氣象」。且看莫春時物態舒暢如此，曾點情思又如此，便是各遂其性處。堯舜之心，亦只是要萬物皆如此爾。』（朱子語類卷四十）又説：『緣曾點見得道理大，所以堯舜事業優爲之，視三子規規於事爲之末，固有間矣。是他見得聖人氣象如此，雖超乎事物之外，而實不離乎事物之中。』（同上）

然而朱熹又認爲，莊子與曾晳的氣象畢竟是有差異的。如朱子語類錄有他的話說：

曾晳被他見得高，下面許多事皆所不屑爲。到他說時，便都恁地脱灑。想見他只是天資高，便見得恁地，都不曾做甚工夫……。曾晳末流便會成莊、老。想見當時聖人亦須有言語敲點了，只是論語載不全。（卷二十八）

曾晳則須是更去行處做工夫始得，若不去做工夫，則便入於釋、老去也。觀季武子死，曾點倚其門而歌。他雖未是好人，然人死而歌，是甚道理！此便有些莊、老意思。（卷四十）

某以爲（曾晳）頗與莊、列之徒相似，但不恁地跌蕩耳。（同上）

在朱熹看來，曾晳天資極高，胸懷灑落，具有超邁的人格理想，這固然有些老子、莊子、列子的意思，但他畢竟得聖人言語敲點，受夫子不時『裁正』，因而也就不至於『今日也浴沂詠歸，明日也浴沂詠歸』（見朱子語類卷四十），像道家那樣『跌蕩』，以逍遥棄世爲尚。反過來也就是說，莊子的『跌蕩』主要表現爲對非現實的純精神自由境界的幻想和追求，完全是一種出世主義的思想傾向，而曾晳則『看見日用之間，莫非天理，在在處處，莫非可樂，他自見得那「春服既成，冠者五六人，童子六七人，浴乎沂，風乎舞雩，詠而歸」處，此是可樂天理』（同上），即他的『樂』主要表現爲對理想的道德人格的不懈追求，對天理流行的認真體悟，是一種爲『内聖外王』的政治目的服務的入世主義的『樂』，因而莊子氣象與曾子氣象也就有了一定的本質區別。朱熹的這些看法表明，他對人們所追求的理想道德人格的評判無疑採取了嚴肅主義的態度，高度警惕過分的灑落自得會對道德理性起到淡化作用，因而他『只怕其（曾晳）流入於莊、老』（同上），更擔心『曾晳末流便會成莊、老』。

四、論莊子爲佛教之所自出

在南宋以前，人們已每有言及佛教在傳入中國時大量借用莊子、老子思想者。如唐代傅奕說：『佛是胡中桀黠，欺誑夷狄，初止西域，漸流中國。遵尚其教，皆是邪僻小人，模寫莊、老，玄言文飾，妖幻之教耳。』（舊唐書傅奕傳）北宋宋祁也說：『若佛者，特西域一槁人耳。……其言荒茫漫靡，夷幻變現，善推不驗無實之事。……華人之譎誕者，又攘莊周、列禦寇之說佐其高，層累架騰，直出其表，以無上不可加爲勝，妄相誇脅而倡其風。』（新唐書李蔚等傳贊）這些話實際上是在告訴我們，佛教在『漸流中國』的過程中，正是借助於莊、老的一些觀念和詞語來闡說其教義的。然而，明確提出佛教之術主要源於莊子，並對這一說法進行反復强調的，則當以朱熹爲最早。所以，羅大經謂『唯朱文公早年洞究釋氏之旨，故其言曰「佛說盡出老、莊」』（鶴林玉露卷十），而有的人則問朱熹說：『子之言釋氏之術原於莊子承蜩、削鐻之論，其有稽乎？』（見朱熹集釋氏論下）今移錄朱子語類所錄朱熹部分語錄於下，即可見出他是如何回答釋氏之術『原於莊子』問題的：

後漢明帝時，佛始入中國。當時楚王英最好之，然都不曉其說。直至晉、宋間，其教漸盛。然當時文字亦只是將莊、老之說來鋪張，如遠師諸論，皆成片盡是老、莊意思。（卷一百二十六）

佛氏乘虛入中國。廣大自勝之説，幻妄寂滅之論，自齋戒變爲義學。如遠法師、支道林皆義學，然又只是盜襲莊子之說。……達磨未來中國時，如遠、肇法師之徒，只是談莊、老，後來人亦多以莊、老助禪。（同上）

釋氏有一種低底，如梁武帝是得其低底。彼初入中國，也未在。後來到中國，卻竊取老、莊之徒許多說話，見得盡高。（卷一百二十五）

達磨過來，初見梁武，武帝不曉其說，只從事於因果，遂去面壁九年。只說人心至善，即此便是，不用辛苦修行。又有人取莊、老之說從而附益之，所以其說愈精妙，然只是不是耳。（卷一百二十六）

道之在天下，一人說取一般。禪家最說得高妙去，蓋自莊、老來，說得道自是一般物事，闃闃在天地間。（同上）

如果撇開朱熹的『攘夷』思想不談，則他所謂佛教學者只是『盜襲莊子之說』、『竊取老莊之徒許多說話』、『將莊老之說來鋪張』、『取莊老之說從而附益之』云云，無疑在一定程度上揭示出了佛教在傳入中國過程中大量吸納莊、老思想的歷史事實，可謂是很有見地的說法。因爲實際情況正如他所說的那樣，佛教在漢代由西域傳入中國時，宮廷帝王、上層貴族並『不曉其說』，僅把它作爲一種黄老神仙之術來加以尊奉。直至魏晉南北朝時期，諸如竺法雅、慧遠等法師，乃運用所謂的『格義』、『連類』等方法，以人們所熟悉的莊、老學說來疏解佛教教義，從而使佛教在攀附莊、老等思想的基礎上獲得了長足發展的機會。而支遁、僧肇等法師著論疏，復以佛教教義與莊、老思想互相闡釋，這就更加增强了佛教與莊、老的親密關係。尤其是梁武帝時菩提達摩（磨）自南天竺來華後，經過他的後繼者的不懈努力，到唐代便真正開創出了幾乎完全莊、老化的禪宗之學，則莊、老思想可謂『盡爲釋氏竊而用之』（朱子語類卷一百二十五）矣。由此可見，朱熹上面的這些説法確實相當符合歷史事實，真可當作一部反映佛學吸收莊老思想即所謂『釋氏之術原於莊子』、『佛說盡出於老莊』歷史情況的小史來看。那麽，佛學到底有哪些思想『原於莊子』呢？可惜朱熹很少談到這方面的問題，但我們仍能從他所謂佛學如何『盜襲莊子之說』之類的言論中窺知一二。如其釋氏論下云：

或問：『子之言釋氏之術原於莊子承蜩、削鐻之論，其有稽乎？』朱子曰：『何獨此哉，凡彼言之精者，皆竊取莊、列之說以爲之。宋景文公於唐書李蔚等傳既言之矣。蓋佛之所生，去中國絕遠，其書來者，文字音讀皆累數譯而後通。而其所謂禪者，則又出於口耳之傳，而無文字之可據，以故人人得竄其說以附益之，而不復有所考驗。今其所以或可見者，獨賴其割裂裝綴之跡猶有隱然於文字之間而不可揜者耳。蓋凡佛之書，其始來者，如四十二章、遺教、法華、金剛、光明之類，其所言者不過清虚緣業之論，神通變見之術而已。及其中間，爲其學者如惠遠、僧肇之流，乃始稍竊莊、列之言以相之，然尚未敢正以爲出於佛之口也。及其久而恥於假借，則遂顯然篡取其意而文以浮屠之言。如楞嚴所謂自聞，即莊子之意。……其虚誇詭譎之情，險巧儇浮之態，輾轉相高，日以益甚，則又反不若其初清虚靜默之說，猶爲彼善於此也。以是觀之，則凡釋氏之本末、真僞可知，而其所竊，豈獨承蜩、削鐻之一言而已哉！』①

據朱子語類卷十六所錄，朱熹曾説過『佛氏之教有説得好處，皆出於莊子』這樣的話，與這裏所謂的『凡彼言之精者，皆竊取莊、列之説以爲之』云云，大致是同一意思，都認爲佛學中的精華部分『皆出於莊子』。朱熹指出，實際上宋祁在新唐書李蔚等傳中已對這一現象有所揭示。今案新唐書李蔚等傳贊云：『佛者，特西域一槁人耳。……其言荒茫漫靡，夷幻變現，善推不驗無實之事，以鬼神死生貫爲一條，據之不疑。掊嗜欲，棄親屬，大抵與黄老相出入。至漢十四葉，書入中國。跡夫生人之情，以耳目不際爲奇，以不可知爲神，以物理之外爲畏，以變化無方爲聖，以生而死、死復生、回復償報、歆豔其間爲或然，以賤近貴遠爲意。鞮譯差殊，不可研詰。華人之譎誕者，又攘莊周、列禦寇之説佐其高，層累架騰，直出其表，以無上不可加爲勝，妄相誇脅而倡其風。』説明在朱熹看來，正有如宋祁所指出的那樣，佛學所謂『以鬼神死生貫爲一條』、『以耳目不際爲奇，以不可知爲神，以物理之外爲畏，以變化無方爲聖，以生而死、死復生、回復償報、歆豔其間爲或然』、『以無上不可加爲勝』等等，

① 見朱熹集别集卷八，四川教育出版社1996年版。本節凡引朱熹集中語，皆據此版本。

大多皆出於莊、老。而唐般刺蜜帝所譯佛經楞嚴經所謂『自聞』云云，亦即爲莊子之意①。所以他說：『凡釋氏之本末、真僞可知，而其所竊，豈獨承蜩、削鐻之一言而已哉！』當然，朱熹也看到了老莊學者（包括道教徒）仿效佛教經典、吸收佛學理論的歷史事實。如他說：

> 道家有老、莊書，卻不知看，盡爲釋氏竊而用之，卻去仿效釋氏經教之屬。譬如巨室子弟，所有珍寶悉爲人所盜去，卻去收拾人家破甕破釜。（朱子語類卷一百二十五）

從這裏可以清楚看到，朱熹固然十分痛惡佛教竊用莊老思想，但對莊老學者（包括道教徒）援引佛教思想也甚爲鄙薄，這正說明他在對待莊老與佛教關係問題上同樣表現出了相當濃厚的嚴辨夷夏的正統思想。

五、論莊子之思想内容與藝術特徵

在朱熹看來，莊子一書思想内容相當複雜，既不能作一概肯定，也不能作一概否定，而要對具體内容作具體分析。如朱子語類卷九十七錄有他與弟子的這樣一番對話：

> 『程先生謂：「莊生形容道體之語，盡有好處。老氏『谷神不死』一章最佳。」「莊子云：『嗜欲深者，天機淺。』此言最善。」又曰：「謹禮不透者，深看莊子。」然則莊、老之學，未可以爲異端而不講之耶？』曰：『「君子不以人廢言」，言有可取，安得而不取之？如所謂「嗜欲深者，天機淺」，此語甚

---

① 如楞嚴經卷三：『又空自聞，何關汝入？』又卷四：『耳何不見？目何不聞？頭奚不履？足奚無語？……汝耳自聞，何關身口？』這裏的思維方法，當與莊子所謂『非謂其聞彼也，自聞而已矣』（駢拇）、『無聽之以耳而聽之以心，無聽之以心而聽之以氣』（人間世）云云所包含的思維方法有一定的淵源關係。

的當，不可盡以爲虛無之論而妄訾之也。』謨曰：『平時慮爲異教所汩，未嘗讀莊、老等書，今欲讀之，如何？』曰：『自有所主，則讀之何害？要在識其意所以異於聖人者如何爾。』

在這裏，朱熹的弟子鑒於二程曾多次稱引莊子，便懷著惶惑的心情當面請教先生是否也可以讀一讀莊子、老子這兩部具有異端性質的書。朱熹明確地告訴他，不應以人廢言，『不可盡以爲虛無之論而妄訾之也』，但『要在識其意所以異於聖人者如何爾』。那麼，莊子書中哪些思想内容是足以與聖人之道相發明而不可『妄訾之』的呢？朱子語類錄云：

莊子『神鬼神帝，生天生地』，……他也窺見這個道理，只是他說得驚天動地。（卷十三）

莊子，不知他何所傳授，卻自見得道體。蓋自孟子之後，荀卿諸公皆不能及。如說：『語道而非其序，非道也。』此等議論甚好。度亦須承接得孔門之徒，源流有自。（卷十六）

莊子言：『語道而非其序，則非道矣。』横渠云：『如中庸文字，直須句句理會過，使其言互相發。』今讀大學，亦然。（卷十六）

莊子云：『造化密移，疇覺之哉？』這語自說得好。……凡一氣不頓進，一形不頓虧，亦不覺其成，不覺其虧。蓋陰陽浸消浸盛，人之一身自少至老，亦莫不然。（卷七十一）

易是變易，陰陽無一日不變，無一時不變。莊子分明說『易以道陰陽』。要看易，須當恁地看，事物都是那陰陽做出來。（卷七十四）

易只是個陰陽。莊生曰『易以道陰陽』，亦不爲無見。如奇耦、剛柔，便只是陰陽做了易。等而下之，如醫技養生家之說，皆不離陰陽二者。（卷六十五）

朱熹承二程之後，進一步肯定了道家的道論，認爲莊子把『道』看成是產生宇宙萬物的總根源，也說明他已窺見了『道理』即『天理』，實爲自孟子之後的荀卿諸公所不及。在朱熹看來，莊子的道論之所以值得稱道，還在於其包含了諸如『語道而非其序，非道也』這樣的思想成分。今案莊子天道云：『天尊地卑，神明之位也；春夏先，秋冬後，四時之序也；萬物化作，萌區有狀，盛衰之殺，變化之流也。夫天地至神，而有尊卑先後之序，而況人道乎！宗廟尚親，朝廷尚尊，鄉党尚齒，行事尚賢，大道之序也。語道而非其序者，非其道也。語道而非其道者，安取道！』朱熹從這裏似乎清楚地看到，莊子所謂的『語道而非其序，非道也』，實際上是要告訴人們，大道的密移運化是有一定秩序的，如『春夏先，秋冬後，四時之序也』，『萬物化作，萌區有狀，盛衰之殺，變化之流也』，但大概只有懂得天意者才能覺察到『造化密移』的真正秩序吧？在朱熹看來，莊子之所以要説明這一點，其目的更在於想把自然原則引進人類社會，從而使諸如『宗廟尚親，朝廷尚尊，鄉党尚齒，行事尚賢』之類的『人道』也符合於天道變化之序。所以朱熹認爲，莊子『語道而非其序，非道也』的話説得甚好，正『承接得孔門之徒』的思想真源，真可與中庸、大學等儒家經典中的經義互爲發明。而且，朱熹還進一步指出，莊子的上述思想又是可由他所謂的『易以道陰陽』一語體現出來的。因爲在朱氏看來，『易只是個陰陽』，『易只消道「陰陽」二字括盡』（朱子語類卷六十五），儒家聖人在周易中正是通過『陰』、『陽』這一對概念來説明整個自然界和整個人類社會的運動變化規律的，那麽莊子所謂『易以道陰陽』的説法，不正體現出他自己所説的『語道而非其序，非道也』的精神，而又與儒家聖人的思想相當一致嗎？基於上述認識，朱熹進而肯定了莊子的變化觀。如朱子語類録云：

先生曰：『「天其運乎？地其處乎？日月其争於所乎？孰主張是？孰綱維是？孰居無事而推行是？意者其有機緘而不得已邪？意者其運轉不能自止邪？雲者爲雨乎？雨者爲雲乎？孰能施是？孰居無事淫樂而勸是？」莊子這數語甚好，是他見得，方説到此。』（卷一百二十五）

問：『莊子説：「蘧伯玉行年五十，而知四十九年之非。」此句固好。又云：「行年六十而六十化。」化是如何？』曰：『謂舊事都消忘了。』又曰：『此句亦説得不切實。伯玉卻是個向裏做工夫

人，莊子之説，自有過當處。』（卷四十四）

李公晦問『行年六十而六十化』。曰：『只是消融了，無固滯。』（同上）

莊子天運篇一開頭就提出『天其運乎』等問題，對天地、日月、雲雨等自然現象進行了一系列的追問與哲學思考。則陽篇又提到『蘧伯玉行年六十而六十化，未嘗不始於是之而卒詘之以非也，未知今之所謂是之非五十九非也』，則是要求人們應當在認識上與時俱化，切不可固定於一定的是非標準。在朱熹看來，莊子對自然現象進行一系列的追問與哲學思考，這正説明他對世界萬物的運動不居性有著相當深刻的認識，所以便肯定他『這數語甚好』①。至於莊子謂『蘧伯玉行年五十，而知四十九年之非』，『行年六十而六十化』，雖然其説『自有過當處』，但這畢竟説明他的思想像蘧伯玉一樣『無固滯』，因而也是應當予以肯定的。由此可見，朱熹對莊子的變化觀往往情有所鍾，而對傳統儒家哲學中這一方面的觀念卻已有所超越。

當然，對於莊子虛無思想中那種『不論義理之當否，而但欲依阿於其間，以爲全身避患之計』的觀念，朱熹卻是持否定態度的。如他説：

莊子曰：『爲善無近名，爲惡無近刑，緣督以爲經。』『督』舊以爲『中』，蓋人身有督脈，循脊之中，貫徹上下，故衣背當中之縫亦謂之督，皆『中』意也。老、莊之學，不論義理之當否，而但欲依阿於其間，以爲全身避患之計，正程子所謂閃奸打訛者。故其意以爲爲善而近名者，爲善之過也；爲惡而近刑者，亦爲惡之過也。唯能不大爲善、不大爲惡而但循中以爲常，則可以全身而盡年矣。然其爲善無近名者，語或似是而實不然。蓋聖賢之道但教人以力於爲善之實，初不教人以求名，亦不教人以逃名

---

① 按，朱熹對自然科學也較爲關注，如曾據高山上殘留的螺蚌殼來論證地質變遷説，對自然界的變化規律提出了自己的一些見解。他對莊子的變化觀多加肯定，當與此不無關係。

也。蓋爲學而求名者，自非爲己之學，蓋不足道。若畏名之累己而不敢盡其爲學之力，則其爲心亦已不公而稍入於惡矣。至謂爲惡無近刑，則尤悖理。夫君子之惡惡，如惡惡臭，非有所畏而不爲也。今乃擇其不至於犯刑者而竊爲之，至於刑禍之所在，巧其途以避之而不敢犯，此其計私而害理，又有甚焉。乃欲以其依違苟且之兩間爲中之所在而循之，其無忌憚亦益甚矣。（朱熹集養生主説）

案朱子語類卷一百二十五録云：「因論『庖丁解牛』一段，至『恢恢乎其有餘刃』，曰：『理之得名以此。目中所見無全牛，熟。』」又卷五十七録云：「『取之左右逢其原』，到得熟了，自然日用之間只見許多道理在眼前。東邊去也是道理，西邊去也是道理，都自湊合得著，故曰『逢其原』。如水之源，流出來，這邊也撞著水，那邊也撞著水。……莊子説『庖丁手之所觸，肩之所倚，足之所履，膝之所踦，砉然響然，奏刀騞然，莫不中音』，正是此意。」説明朱熹曾明確告訴弟子，莊子養生主寫『庖丁』在解牛時『依乎天理』，『因其固然』，從而達到了『恢恢乎其有餘刃』的高妙境界，這一寓言故事本身所呈現出的意義無疑是很好的。但朱熹又在養生主説這篇專論中尖鋭地指出，莊子借這一寓言故事來發揮他的『但欲依阿於其間，以爲全身避患之計』的思想，這卻是大錯特錯了。因爲在他看來，『蓋聖賢之道但教人以力於爲善之實』，『夫君子之惡惡，如惡惡臭，非有所畏而不爲也』，而莊子在這裏卻『不論義理之當否』，只是『欲以其依違苟且之兩間爲中之所在而循之』，豈非有違聖人爲善、君子惡惡之道！朱熹還進而指出，莊子的這種『不論義理之當否』的思想，實際上正與他所崇尚的『沒拘檢』、『不拘繩墨』（朱子語類卷一百二十五）等思想相一致。朱子語類録云：

問『孟之反不伐』。曰：「『孟之反資稟也高，未必是學。只世上自有這般人，不要爭功。胡先生説：『莊子所載三子云：孟子反、子桑戶、子琴張。子反便是孟之反。子桑戶便是子桑伯子，『可也簡』底。子琴張便是琴張，孔子所謂『狂者』也。但莊子説得怪誕。』但他是與這般人相投，都自恁地沒檢束。』」（卷三十二）

問：『「文猶質也，質猶文也，虎豹之鞟，猶犬羊之鞟。」如何以文觀人？』曰：『無世間許多禮法，如何辨得君子、小人？　如老、莊之徒，絶滅禮法，則都打個沒理會去。』（卷四十二）

據論語雍也、孟子盡心下等所說，孟之反不誇耀自己，子桑伯子『居敬而行簡』，琴張志大言大，有點狂放。而莊子大宗師則謂：子桑戶、孟子反、子琴張三人相與爲友，欲『登天遊霧，撓挑無極，相忘以生，無所終窮』。過了一會兒，子桑戶死去，孟子反、子琴張則『或編曲，或鼓琴，相和而歌』，並批評前來弔喪的子貢不知『禮意』。莊子撰寫這則寓言故事，旨在說明領悟大道者必不以生死累其心，而像儒者那樣哭死以哀，徒以禮文耀衆，卻是有悖大道的。對此，朱熹就借用胡先生的話批評莊子說得太『怪誕』，所塑造、崇尚的人物也太沒『檢束』了！並指出，『無世間許多禮法，如何辨得君子、小人？』而莊子如此『絶滅禮法』，豈不也是小人！所以朱熹有時甚至認爲，老、莊在這方面所具有的危害性僅次於佛教。如朱子語類錄云：

大率異端皆是遁世高尚底人，素隱行怪之人，其流爲佛、老。……子桑子死，琴張弔其喪而歌，是不以生死芥蔕，便如釋氏。（卷二十九）

或問佛與莊、老不同處。曰：『莊、老絶滅義理，未盡至。佛則人倫滅盡，至禪則義理滅盡。』（卷一百二十六）

有言莊老、禪佛之害者。曰：『禪學最害道。莊、老於義理絶滅猶未盡。佛則人倫已壞。至禪，則又從頭將許多義理掃滅無餘。以此言之，禪最爲害之深者。』頃之，復曰：『要其實則一耳。害未有不由淺而深者。』（同上）

程顥、程頤曾指出：『如道家之說，其害終小。惟佛學，今則人人談之，彌漫滔天，其害無涯。』（河南程氏遺書卷一）這裏，主要是從信從者的多寡來論定佛、道危害性之大小的。朱熹在繼承二程基本思想觀點的基礎上，則著重從危害『義理』的深淺方面論定了佛、道危害性之大小，認爲『莊老絶滅義理，未盡至，佛則人倫滅盡，至禪則義理滅盡』，因而佛禪危害『義理』最深，莊老次之。但朱熹又明確指出，如果任憑孟子反、子琴張『弔喪而歌』、『不以生死芥蔕』之類的思想行爲自由發展下去，則『害未有不由淺而深』，甚至會像佛禪那樣毁盡『人倫』，掃滅『義理』。何況在他看來，莊子中庚桑楚一篇已『都是禪』，『其它篇亦自有禪話』（見朱子語類卷一百二十五）呢！可見朱熹比二程更清楚地看到，道家對儒學的危害主要表現爲其像佛禪一樣對儒家所極力宣揚的『人倫』、『義理』造成了極大的破壞。所以他說：『佛、老之學，不待深辨而明，只是廢三綱五常，這一事已是極大罪名。』（朱子語類卷一百二十六）朱熹還由此出發，進而把莊子與佛教、楊朱、墨子等放在一起加以比較論述和分析批判。如朱子語類録云：

問：『詖、淫、邪、遁之辭，楊、墨似詖，莊、列似淫，儀、秦似邪，佛似遁。』曰：『不必如此分別，有則四者俱有，其序自如此。』（卷五十二）

詖是險詖不可行，故蔽塞。淫是說得虛大，故有陷溺。邪則離正道。遁則窮，惟窮故遁。如儀、秦、楊、墨、莊、列之説，皆具四者。（同上）

莊子云：『天下之大戒二：命也，義也。子之於父，無適而非命也；臣之於君，無適而非義也，無所逃於天地之間。』舊嘗題跋一文字，曾引此語，以爲莊子此説，乃楊氏無君之説。似他這意思，便是沒奈何了，方恁地有義，卻不知此是自然有底道理。（卷十三）

列、莊本楊朱之學，故其書多引其語。莊子說：『子之於親也，命也，不可解於心。』至臣之於君，則曰：『義也，無所逃於天地之間。』是他看得那君臣之義，卻似是逃不得，不奈何，須著臣服他。更無一個自然相胥爲一體處，可怪！故孟子以爲無君，此類是也。（卷一百二十五）

楊朱之學出於老子，蓋是楊朱曾就老子學來，故莊、列之書皆說楊朱。孟子闢楊朱，便是闢莊、老了。（同上）

排拒詖、淫、邪、遁之辭是孟子闢楊、墨的重要內容。在朱熹看來，莊子學説本於楊朱，也具有詖、淫、邪、遁的基本特徵。如他把兒子服從於父親、臣子服從於君主説成是一種無可奈何的事，而不是一種自然而然的心理欲求，以及對倫理道德原則的自覺履行，這顯然就是詖、淫、邪、遁之辭。因此，孟子闢楊、墨實際上也就意味著闢莊、老了。由此説明，朱熹最終還是把莊子學説作爲與楊、墨一樣的『異端』來看待的，表現出了許多理學家所共有的思想觀點。

此外，朱熹還對莊子文章的藝術特徵有所論述。如他説，莊子文章『有韻處多』（朱子語類卷八十七）。今讀莊子，像逍遥遊篇末段寫惠子、莊子論『大樹』，德充符篇末段寫惠子、莊子論『無情』，天運篇開頭寫作者對天地、日月、雲雨等自然現象的追問，其文即多爲韻語，可見朱熹的説法是很正確的。他又説，『莊周説顔子「坐忘」，是他亂説』（朱子語類卷四十五），『莊子載子桑戶、孟子反、子琴張事，……是寓言，未足憑』（朱子語類卷四十），這無疑明確區分了莊子中某些虚構的故事與真實歷史的不同性質，正是我們讀莊子時必須遵循的重要原則之一。但總的説來，朱熹對莊子文章的論述主要還是集中在對其高超藝術性的稱讚上。如他説：『孟軻氏没，聖學失傳。天下之士背本趨末，不求知道養德以充其内，而汲汲乎徒以文章爲事業。然在戰國之時，若……莊周、荀況之言，屈平之賦，……猶皆先有其實，而後托之於言。』（朱熹集讀唐志）這裏，朱熹雖然對孟子以後的文章進行了嚴厲批評，但對莊周等人的文章卻頗予肯定，稱其『先有其實，而後托之於言』，做到了『實』與『言』的較好結合。他甚至説，『孟子、莊子文章皆好』，『莊子文章只信口流出，煞高』，『莊子全寫列子，又變得峻奇。』（見朱子語類卷一百二十五）那麽，莊子文章的這些特徵又具體表現在哪些地方呢？關於這一點，我們也許可從朱子語類所録的下列話語中找到部分答案：

此是一個理，一個象，一個辭。然欲理會理與象，又須辭上理會。……如庖丁解牛，固是『奏刀騞然，莫不中節』。……莊子説話雖無頭當，然極精巧，説得到。（卷六十七）

問：『「野馬也，塵埃也，生物之以息相吹也」，是如何？』曰：『他是言九萬里底風，也是這個推去。息，是鼻息出入之氣。』（卷一百二十五）

在朱熹看來，莊子在養生主篇中把庖丁解牛的整個過程說得簡直像一場十分精采的音樂舞蹈，其『說話』確實有點『無頭當』，但又不得不承認其說得『極精巧』，這就是其文章高妙、峻奇之所在。在逍遥遊篇中，他以『野馬也，塵埃也，生物之以息相吹也』作比喻，來說明大鵬之南飛是完全靠『九萬里底風』『推去』的，這也同樣是其文章高妙、峻奇之所在。總之，『莊周是個大秀才』，他『將許多道理掀翻說，不拘繩墨』（見朱子語類卷一百二十五），所以才有如此高妙、峻奇的文章。當然，朱熹又承因蘇軾等人的觀點，也認爲莊子中讓王、說劍、漁父、盜跖四篇皆爲文字鄙俚的僞作。所以他說：『（蘇軾）論莊子三四篇譏議夫子處，以爲決非莊子之書，乃是後人截斷莊子本文攙入，此其考據甚精密。由今觀之，莊子此數篇亦甚鄙俚。』（朱子語類卷一百三十九）由此可見，朱熹跟以前一般的理學家有所不同，他比較關注莊子文章的藝術特徵，這對後來的理學家林希逸著莊子口義當有一定積極影響。

六、論歷代莊子學之得失

朱熹有不少言論涉及了莊子學史問題，可以據此而窺見其對莊子學史上一些重要問題的基本看法。他的這些看法，首先是針對魏晋玄學家提出來的。如朱子語類録其語云：

自晋以來，解經者卻改變得不同，如王弼、郭象輩是也。漢儒解經，依經演繹，晋人則不然，舍經而自作文。（卷六十七）

看郭象解莊子，有不可曉處。後得吕吉甫解看，卻有説得文義的當者。（卷七十八）

關於王弼『舍經而自作文』的情況，朱熹曾舉例說：『易本卜筮之書，後人以爲止於卜筮。至王弼用老、莊解，後人便只以爲理，而不以爲卜筮，亦非。想當初伏羲畫卦之時，只是陽爲吉，陰爲凶，無文字。』（朱子語類卷六十六）這裏所舉的雖然是王氏解易的例子，但同時也反映出了他闡釋莊子中一些思想資料的實際情況。如我們在本書第三編第三章中曾經說過，王弼在周易略例中所提出的『得意忘象』、『得象忘言』說即直接來源於莊子的『得意忘言』說，但又不是對莊子說法的簡單因襲。因爲莊子所講的僅僅限於言與意的關係，而王弼則在言、象、意之間架起了一座溝通的橋樑，從而大大超越了莊子的『得意忘言』思想。如果用朱熹的話來說，王弼這樣來承因並發揮莊子的思想，正可謂是『舍經而自作文』，不但錯誤地比附了伏羲所畫的卦象，而且也在很大程度上歪曲了莊子的本真思想。但在朱熹看來，問題更爲嚴重的則還是郭象的莊子注。確實，郭氏撰寫這一部莊子學專著，其目的在於借注莊子的形式來創立新說，發揮其獨特的玄學思想，以便爲西晉統治者提供一套具有實際應用價值的理論。如他在此著中以『獨化』說詮釋莊子關於『道』爲萬物本原的思想，以『足性逍遙』說詮釋莊子關於『無待』才能『逍遙』的思想，以『寄之人事、當乎天命』說詮釋莊子關於『無以人滅天』的思想，以『遊外宏內』說詮釋莊子關於『逍遙無爲』、『外內不相及』的思想等等，都在一定程度上修正了莊子的本真思想，甚至嚴重地違背了莊子的一些重要哲學觀點，真可謂是『舍經而自作文』了。而且，郭象注解莊子，所運用的是一種所謂『寄言出意』的哲學思維方法，『每寄言以出意』（山木注），『貴恒在言意之表』，『得彼之情，唯忘言遺書耳』（見天道注），對經文的注解只是一種概括性的闡釋，甚至往往比經文顯得更爲玄之又玄，因而又正有如朱熹所說：『看郭象解莊子，有不可曉處。』朱熹在提出上述批評意見的同時，還嚴厲指斥了晉宋名士一味把放蕩越禮行爲當作『莊老底意思』的錯誤思想。如他與弟子有這樣一番問答：

問：『晉宋時人多說莊、老，然恐其亦未足以盡莊、老之實說。』曰：『當時諸公只是借他言語來，蓋覆那滅棄禮法之行爾。據其心下污濁紛擾如此，如何理會得莊、老底意思！』（朱子語類卷一百

三十七）

晉書范宣傳說：『正始以來，世尚老、莊，逮晉之初，競以裸裎爲高。』又世說新語德行劉孝標注引王隱晉書說：『魏末阮籍，嗜酒荒放，露頭散髮，裸袒箕踞。其後貴遊子弟阮瞻、王澄、謝鯤、胡毋輔之之徒，皆祖述於籍，謂得大道之本。故去巾幘，脫衣服，露醜惡，同獸禽。甚者名之爲通，次者名之爲達也。』對於玄學末流的這種思想行爲，東晉王坦之就曾著廢莊論以抨擊之，並指出這正是魏晉時期莊周復活的必然結果。朱熹雖然比王坦之更加鄙視魏晉玄學末流的這種思想行爲，但並不認爲這種『滅棄禮法』、『污濁紛擾』的思想行爲是從莊子那裏繼承來的。也就是說，在朱熹看來，魏晉玄學末流把『滅棄禮法』、『污濁紛擾』的思想行爲當作莊、老的思想行爲而肆意效法之，而傳統的說法也往往認爲他們的這種思想行爲確是從莊、老那裏繼承發展來的，這無疑都是對『莊、老底意思』的極大歪曲。由此說明，朱熹對於魏晉玄學末流的莊子觀有著自己的獨特看法，從而使所謂魏晉玄學末流的放蕩越禮行爲主要源於莊子的傳統說法受到了挑戰。

對於隋唐學者的莊子觀，朱熹也每每予以評說。如王通曾在文中子周公篇中說：『虛玄長而晉室亂，非老、莊之罪也；齋戒修而梁國亡，非釋迦之罪也。易不云乎：「苟非其人，道不虛行。」』對此，朱熹批評說：

文中子中說（即文中子）……說治亂處與其他好處極多，但向上事只是老、釋。如言非老莊、釋迦之罪，並說若云云處，可見。（朱子語類卷一百三十七）

莊子之意，……乃賊德之尤者。所以清談盛而晉俗衰，蓋其勢有所必至。而王通猶以爲非老、莊之罪，則吾不能識其何說也。（朱熹集養生主說）

在朱熹看來，魏晉玄學末流的『滅棄禮法』、『污濁紛擾』等思想行爲固然不能跟『莊、老底意思』混爲一談，但魏晉名士崇尚虛無、空談名理的清談風氣卻無疑主要導源於『乃賊德之尤者』的『莊子之意』，所以王通說什麼『虛玄長而晉室亂，非老、莊之罪也』，認爲老、莊學說本身並沒有什麼大的不是，這顯然是很錯誤的，『我』怎麼知道其爲『何説』呢？然而，朱熹又認爲莊子對道體確有所見，其學説的源頭當是很正的。如他説：

莊子，不知他何所傳授，卻自見得道體。……度亦須承接得孔門之徒，源流有自。（朱子語類卷十六）

我們知道，韓愈在送王秀才序中曾破天荒地提出了所謂『蓋子夏之學，其後有田子方，子方之後流而爲莊周』的説法，認爲莊周之學當即出於儒家。朱熹這裏所謂的『莊子，……度亦須承接得孔門之徒，源流有自』云云，當即本於韓愈之説。誠如是，則朱熹對韓愈的莊子學思想是持肯定態度的，説明他也頗想調和道家與儒家之間的矛盾。

與上述相比較，朱熹對宋代的莊子學更爲關注。如他在批評郭象莊子注的同時，曾以讚賞的口氣説：『得呂吉甫解看，卻有説得文義的當者。』（朱子語類卷七十八）這應當可以説明，朱熹雖然曾説過諸如『莊、老二書解注者甚多，竟無一人説得他本義出，只據他臆説』（朱子語類卷一百二十五）之類的話，在總體上對整個莊子學史表示了極大不滿，但對呂惠卿這部每依儒家觀點作解的莊子義卻頗有讚賞之意，從而當也在一定程度上肯定了宋代莊子學儒學化的基本思想傾向。同時，朱熹又相當高地評價了以蘇軾爲代表的許多宋代學者在莊子篇章真僞考證方面所取得的成就，認爲其『論莊子三四篇譏議夫子處，以爲決非莊子之書，乃是後人截斷莊子本文攙入，此其考據甚精密』（朱子語類卷一百三十九）。此外，還可以從朱熹的一些言論中推知，他對於理學先輩們對莊子道論的評論意見頗爲贊同。如朱子語類録云：

『程先生謂：「莊生形容道體之語，盡有好處。老氏『谷神不死』一章最佳。」然則莊、老之學，未可以爲異端而不講之耶？』曰：『「君子不以人廢言」，言有可取，安得而不取之？……』（卷九十七）

人只見説曾點狂，看夫子特與之之意，須是大段高。緣他（曾點）資質明敏，洞然自見得斯道之體，看天下甚麼事能動得他！　他大綱如莊子。明道亦稱莊子云：『有大底意思。』又云：『莊生形容道體，盡有好處。』邵康節晚年意思正如此，把造物世事都做則劇看。曾點見得大意，然裏面工夫卻疏略。明道亦云：『莊子無禮，無本。』（卷四十）

第一條資料說明，朱熹既然認爲『君子不以人廢言』，對於莊子的道體論不可不取，則其對程顥、程頤關於『莊生形容道體之語，盡有好處』、『老氏「谷神不死」一章最佳』等說法自然也當頗爲欣賞。第二條資料說明，朱熹既然盛讚『大綱如莊子』的曾點『洞然自見得斯道之體』，則其對程顥（明道）關於『莊生形容道體，盡有好處』的說法也同樣當是頗爲贊同的。由此可以推知，朱熹當認爲二程對莊子道體論的論說確有所得，他們的學術觀點無疑是值得充分肯定的。然而從第二條資料又可以看出，朱熹對理學先輩邵雍的思想作風卻頗有批評之意。因爲在他看來，邵氏似比較崇尚莊子『無禮』、『無本』的思想，往往把『造物世事都做則劇看』，這未免有點過於灑落了。今再移錄朱子語類中的幾條文字於下：

問：『程子謂康節「空中樓閣」。』曰：『是四通八達。莊子比康節亦仿佛相似。……康節略有規矩，然其詩云：「賓朋莫怪無拘檢，真樂攻心不奈何。」不知是何物攻他心。』（卷一百）

今之道家，只是馳騖於外，安識所謂『載魄守一，能勿離乎』！　康節云『老子得易之體，孟子得易之用。』康節之學，意思微似莊、老。（卷八十七）

太玄之說，只是老、莊。康節深取之者，以其書亦挨旁陰陽消長來說道理。（卷六十七）

宋史本傳謂邵雍有玩世之意。在朱熹看來，邵雍的主要過失正在於以欣賞的態度來看待莊子的超然物外思想，而使自己也變得玩世不恭而沒有拘檢。其次，邵雍又像揚雄作太玄那樣，好以道教、道家，尤其是莊子思想來解釋周易，這不但錯誤地解釋了周易，而且也在很大程度上歪曲了莊子的本意。同樣，在朱熹的眼中，程門弟子的莊子觀（或說莊子學）在總體上也只能說是有所失吧。請看下面的幾段話：

『子在齊聞韶，學之三月，不知肉味』。上蔡只要說得泊然處，便有些莊、老。（朱子語類卷三十四）

問：『謝氏說「幾諫」章，曰「以敬孝易，以愛孝難」，恐未安。』曰：『聖人答人問孝，多就人資質言之。在子夏則少於愛，在子游則少於敬，不當遂斷難易也。如謝氏所引兩句，乃是莊子之說。此與阮籍居喪飲酒食肉，及至慟哭嘔血，意思一般。蔑棄禮法，專事情愛故也。』（朱子語類卷二十七）

竊惟此章（指論語『侍坐』章）之旨，惟明道先生發明的當。若上蔡之說，徒贊其無所係著之意，而不明其對時育物之心。至引列子御風之事爲比，則其雜於老、莊之見，而不近聖賢氣象尤顯然矣。（朱熹集與張敬夫論癸巳論語說）

黄宗羲曾說：『程門高弟，予竊以上蔡（謝良佐）爲第一。』（宋元學案卷二十四）其實，謝良佐與所謂『伊川（程頤）則莊、列亦不曾看』（朱子語類卷九十三）的情況大有不同，他並不隱瞞自己關注道家、佛教學說的真情，曾向老師當面請教關於『莊周與佛如何』（宋元學案卷二十四）等問題，因而他也就敢於把道家、佛教的許多理論觀點引入儒學。如他說：『天，理也，人亦理也。循理則與天爲一。與天爲一，我非我也，理也。理非理也，天也。』又說：『學者且須是窮理，物物皆有理。窮理則能知天之所爲，知天之所爲則與天爲一，與天爲一，無往而非理也。』（見宋元學案卷二十四）這裏，謝良佐顯然是以莊子關於『天』的理論來闡釋理學家之所謂『天理』的。他在闡釋儒家經典論語時，也往往運用了這一思想方法。對此，朱熹便提出了尖鋭的批評。因爲在他看來，這既誤解了儒家學說，同時也歪曲了莊子思想。如以解釋論語爲例，謝氏只要說到泊然處，便每每援引莊子思想來加以闡釋，這豈不使兩邊都走了樣！尤其像其中的『事父母幾諫』章，聖人的意思是說子女要以敬孝爲主，但仍應根據他們的不同資質而作不同的要求，可是莊子天運卻說『以敬孝易，以愛孝難』，認爲敬現於外、愛發於中，故前者容易而後者困難，這說明莊子的思想與後來阮籍之『蔑棄禮法，專事情愛』相當一致，而與論語所説的意思頗爲不同，謝良佐怎能把兩者强扯到一處呢？更有甚者，『侍坐』章不過是表明『曾點意思與莊周相似』，但『不至如此跌蕩』（見朱子語類卷四十），而謝良佐卻『徒贊其無所係著之意』，並引莊子逍遥遊列子御風而行之事以比附之，這不是更顯得荒唐了嗎？總之，朱熹認爲謝氏對儒學的闡釋具有嚴重的道家化傾向，同時也存在著誤解莊子思想的嚴重過失。朱熹又批評程門另一名高弟楊時（世稱龜山先生）説：

龜山少年未見伊川時，先去看莊、列等文字。後來雖見伊川，然而此念熟了，不覺時發出來。（朱子語類卷一百一）

仁義不足以盡道，游（酢）、楊之意大率多如此。蓋爲老、莊之説陷溺得深，故雖親聞二先生之言，而不能虚心反覆，著意稱停，以要其歸宿之當否。所以陽離陰合，到急衰處則便只是以此爲主也。此爲學者深切之戒。（朱熹集答萬正淳）

龜山之語，……細推其端，即『道不可以在』之一語，自莊子中來，所以尤覺不粹。……即龜山之意，卻似習於見聞，不以莊、老爲非者，深所未喻也。（朱熹集答汪尚書）

朱熹在這裏明確指出，楊時在投程門前就已念熟莊子、列子等道家著作①，深深地陷溺於道家學説，所以後來雖親聆程頤教誨，卻仍時時引莊入儒，而不以莊、老思想爲非，實在讓人不可理解。説明在朱熹看來，楊時的儒學是不純粹的，他的莊子觀（或説莊子學）是不可取的。

總之，在朱熹的眼中，『莊、老二書解注者甚多，竟無一人説得他本義出，只據他臆説』（朱子語類卷一百二十五），因而自魏晉以來的莊子學，也就自然失多於得了。很顯然，這正是朱熹以他的獨特理學思想來評價歷代莊子學的必然結果。

① 據道光福建通志經籍志著録，楊時還有莊子解一書，不知寫於何時。

第十六章　宋元詩文詞曲作家的莊子學

第一節　宋代散文詩詞作家對莊子的援引與論説

北宋初，楊億、劉筠、錢惟演等一大批身居秘閣的文學侍從之臣曾極力推崇晚唐李商隱的詩歌。他們互相唱和，並由楊億把大家的唱和之作編爲西崑酬唱集，號『西崑體』，對當時的詩壇、文壇均產生了極大的影響。今讀西崑酬唱集，可清楚看到他們都較多地援引了莊子思想資料。如楊億在受詔修書述懷感事三十韻中自謂『散質類莊樗』、『放懷齊指馬』，通過援引莊子思想資料，既説明了自己『特剛勁寡合』（歐陽修歸田録）的稟性，同時又表達了自己在世情真僞難知的情況下只好『放懷齊指馬』，即以齊同萬物的觀點來看待是非的思想。他又在直夜中説：『欹枕便成魚鳥夢，豈知名路有機心。』這裏詩人更借助於莊子思想資料而抒發了對自己夢幻般人生，尤其對朝臣們各懷傾軋之心這一醜惡現實的感歎之情。劉筠在唱和時更頻繁地援引了莊子思想資料，如他在受詔修書述懷感事三十韻中所謂『公平喜衆狙』、『疣贅盡消除』、『處末加駢拇』、『見彈曾求炙』、『鼠壤鄙餘蔬』等，即皆從莊子中化出。從他在寄靈仙觀舒職方學士中所謂『漆園終許自全真』云云來看，則其頗有追慕莊子以全真的意思，故史稱其『性不苟合，遇事明達』（宋史劉筠傳）。

歐陽修成長於西崑時文風行之際，卻有志於學習韓愈古文，並進而加以大力提倡，終於成爲公認的文壇領袖。歐陽修作爲一位堅持儒家傳統思想的文壇鉅子，他在作文賦詩時一般較少引述莊子思想資料，但卻像韓愈一樣，對莊子學説往往持有自己的獨特看法。如他説：『吾聞莊生善齊物，平日吐論奇牙聱。憂從中來不自遣，强叩瓦缶何譊譊。伊人達者尚乃爾，情之所鍾況吾曹。』（緑竹堂獨飲）①這裏明確指出，莊子平日好發高論，甚至自謂『喜怒哀樂不入於胸次』（田子方），其實也何嘗没有『憂從中來不自遣，强叩瓦缶何譊譊』的時候，哪裏能够真正達到超然物外、忘懷一切的精神境界呢？他又説：『若曰外名跡，自古聖賢所難。莊生於名，卓然見於後世。若使無跡，後世學者何從而師法之？蓋莊生之名以彼，周、孔之名以此，皆不能出名跡之外者，第不當汲汲以求之爾。』（與劉侍讀）這裏，實際上對莊子所謂『行而無跡，事而無傳』（天地）、『功成之美，無一其跡』（漁父）之類思想提出了異議，認爲正因爲莊子事實上『不能出名跡之外』，所以後世學者乃可因其跡而師法之。由此可見，歐陽修往往能發現莊子思想的内在矛盾而作出與前人頗爲不同的闡釋。

繼歐陽修之後，另一位古文大家王安石更花費不少精力來闡釋莊子。他曾撰寫莊周，在對前人的各種莊子觀予以否定的基礎上，率先提出了關於『讀莊子者，善其爲書之心，非其爲書之説』②的説法，要求人們應善於到莊周荒唐不經的言説中去尋找其欲『矯天下之弊』的良好心意。他又撰成九變而賞罰可言一文，以尚『變』的觀點積極闡釋莊子天道中的有關思想資料，爲實行他的政治改革找到了不少理論根據。他復又在答陳柅書中説：『莊生之書，其通性命之分，而不以死生禍福累其心，此其近聖人也。自非明智不能及此。明智矣，讀聖人之説，亦足以及此，而陷溺於周之説，則其爲亂大矣。墨翟非亢然詆聖人而立其説於世，蓋學聖人之道而失之耳。雖周亦然。韓氏作讀墨，而又謂子夏之後，流而爲莊周，則莊、墨皆學聖人而失其源者也。老、莊之書具在，

① 此節凡引歐陽修詩文，皆據歐陽修全集，中國書店1986年影印本。
② 此節凡引王安石詩文，皆據王文公文集，上海人民出版社1974年版。

其說未嘗及神仙。唯葛洪爲二人作傳以爲仙。而足下謂老、莊潛心於神仙，疑非老、莊之實，故嘗爲足下道此。老、莊雖不及神仙，而其說亦不皆合於經，蓋有志於道者。』由於王安石重視『闡性命之幽，合道德之散，訓釋奧義，開明士心』①，所以他對莊子的性命之學也就頗爲關注，並予以高度評價，認爲『自非明智不能及此』。還明確指出，老莊的性命之學『未嘗及神仙』，而自東晉葛洪以來，道教徒每目之爲神仙，這實在是對老莊的極大誤解。無可否認，王安石的這些說法很有見地。但他又承因韓愈在送王秀才序中的看法，認爲子夏之後流而爲莊周，並進而論定其爲『學聖人而失其源者』，這些說法就不值得肯定了。至於他說『陷溺於周之說，則其爲亂大矣』，則反映出了他作爲一位政治改革家只怕莊子自由主義思想會給社會帶來不良影響的心態。此外，王安石還以詩歌的形式來表達他對莊子的總體看法，同時亦以此來闡釋莊子中的一些思想資料。如：

無營固無尤，多與亦多悔。物隨擾擾集，道與翛然會。墨翟真自苦，莊周吾所愛。萬物莫足歸，此言猶有在。（無營）

萬物余一體，九州余一家。秋毫不爲小，徼外不爲遐。不識壽與夭，不知貧與奢。忘心乃得道，道不去紛華。近跡以觀之，堯舜亦泥沙。莊周謂如此，而世以爲誇。（雜詠八首之一）

萬事黄粱欲熟時，世間談笑謾追隨。雞蟲得失何須算，鵬鷃逍遥各自知。（絕句之五）

賜也能言未識真，誤將心許漢陰人。桔槔俯仰妨何事，抱甕區區老此身。（絕句之八）

王安石這裏從樂天知命的觀點出發，首先指出『墨翟真自苦，莊周吾所愛』，認爲生活在紛擾的社會中，應該像莊子那樣『道與翛然會』，無往而非逍遥。他進而還運用莊子齊同萬物的思想，明確指出知性命之情者『不識壽與夭，不知貧與奢』，即使大道把自己化爲雞、化爲蟲，也是不會介意的。這裏，王安石在運用莊子思想時也引

① 宋徽宗故荊國公王安石配享孔廟廷詔，宋大詔令集卷一百五十六。

進了郭象所謂適性逍遥的觀點，對莊子逍遥遊思想作了一些修正，所以他又説：『鵬鴳逍遥各自知。』然而，王安石畢竟是一位鋭意進取的政治改革家，因而他又堅決反對把社會拉向倒退，這就是他要批評莊子天地篇中的子貢『誤將心許漢陰人』的根本原因。因爲在他看來，漢陰丈人抱甕灌圃，用力甚多而見功寡，但又根本不願意採用先進的機械桔槔，這豈非『區區老此身』，甚是碌碌無爲嗎？而子貢卻『心許漢陰人』，也就可謂是『未識真』了。實際上，這就是王安石對莊子嚮往遠古至德之世這一思想的激烈批判。

蘇軾在闡釋莊子方面也取得了重大突破。他撰有莊子祠堂記一文，曾對司馬遷在史記老子韓非列傳中所提出的關於莊子著述的用意在於『詆訿孔子之徒』的説法進行了批駁，並大膽推導出所謂『莊子蓋助孔子者』的結論。他的這一觀點雖然基本上與莊子的本心相違背，卻産生了極其深遠的影響。他還在此文中提出了關於莊子中的讓王、説劍、漁父、盜跖四篇爲僞作的看法，這大致也只能説是屬於一種推測，但對於開啟後世爭論莊子作者問題的新風氣來説卻具有積極意義。在文藝思想方面，蘇軾受莊子思想影響甚爲明顯。如他在書晁補之所藏與可畫竹詩中説：『與可畫竹時，見竹不見人。豈獨不見人，嗒然遺其身。其身與竹化，無窮出清新。莊周世無有，誰知此凝神？』這説明，蘇軾從莊子的有關説法中才真正體悟到了怎樣才能創造出具有天然美的藝術品的道理。關於這一點，他在總結自己從事文藝創作實踐的經驗時也曾説：

吾文如萬斛泉源，不擇地皆可出，在平地滔滔汩汩，雖一日千里無難。及其與山石曲折，隨物賦形而不可知也。所可知者，常行於所當行，常止於不可不止，如是而已矣。其他，雖吾亦不能知也。（自評文）

的確，這正體現出了蘇軾對莊子文章那行雲流水般藝術境界的孜孜追求精神。如他曾作赤壁賦，宋謝枋得謂『此賦學莊、騷文法』，『蕭灑神奇，出塵絶俗，如乘雲御風而立乎九霄之上，俯視六合，何物茫茫，非惟不掛之齒牙，亦不足入其靈臺丹府也。』（文章軌範卷七）他的留侯論，清劉大櫆謂其寫得『忽出忽入，忽主忽賓，忽淺忽深，忽斷忽接』（清王文濡評校音注古文辭類纂卷四引），也表現出了其對莊子逍遥遊『忽而敘事，忽而引證，忽而譬喻，忽而議論，以爲斷而非斷，以爲續而非續，以爲復而非復』（林雲銘莊子因）藝術境界的刻意追求精神①。如果從另一個方面來説，這也可看成是他以文藝創作形式對莊子散文藝術特徵所作的一種特殊闡釋。

由於王安石、蘇軾的大力提倡，莊子學在北宋中期得到了較快發展。這不僅因爲在王氏的門下形成了研究莊子的濃厚氣氛，而且蘇門弟子也大多對莊子產生了濃厚興趣，由此便極大推動了整個宋代莊子學的發展。蘇門弟子作爲能文之士，他們的莊子學主要是從作文賦詩過程中體現出來的。如秦觀在官制下一文中説：『齊死生，同貧富，等貴賤，古之人有行之者，莊周是也。今朝廷之臣皆得莊周、蒙穀而爲之，則爵禄之器，雖不復設可矣。如其不然，則遷進太略、清濁不分之弊，安得而不革哉？』②在浩氣傳一文中説：『莊子曰：「善養生者，若牧羊然，視其後者而鞭之。」又曰：「爲天下者，亦奚以異於牧馬者哉？亦去害馬者而已。」然則君子之修身治天下，鞭其後、去其害可也。必欲弊精神而求益，勞智慮而速成，則命之分有所不安而害且至矣。』在議論下一文中説：『傳曰：「梁麗可以衝城，而不可以窒穴，言殊器也；騏驥驊騮，一日而馳千里，捕鼠則不如狸狌，言殊技也。……」今欲去經術而復詩賦，近乎棄本而趨末，并爲一科，則幾於取人而求備。』從這裏可以

① 宋李光説：『蘇子瞻幼年未讀莊子，因過外家程氏，架上有南華真經，問此何書，知莊周書也。公且飯且讀，因喟然歎曰：「吾昔年有見於此中，口不能言。今見是書，得吾心矣。」自是，凡意所欲道，筆端悉能達之。其爲文，雖不剽其語，而源流血脈，多自莊周書來。如（莊子）云：「白龜能見夢於元君，而不能脱豫且之網；能七十二鑽無遺策，而不能免刳腸之患。」及作顔樂亭記云：「人能碎千金之璧，而不能無失聲於破釜；能搏猛虎，而不能無變色於蜂蠆。」韓文公廟碑：「能開衡山之雲，而不能回憲宗之怒；能訓鱷魚之暴，而不能弭皇甫鎛之謗。」如此等語，未易概舉，此正詩人所謂奪胎換骨法也。』按，本節凡引李光詩文，皆據莊簡集，文淵閣四庫全書本。

② 本節凡引秦觀詩文，皆據淮海集箋注本，上海古籍出版社1994年版。

看到，秦觀凡發議論，幾乎皆可據莊子思想資料來生發。反過來説，這實際上也以他自己的思想觀點闡釋了莊子思想資料。此外，秦觀在詩作中也每每援引莊子思想資料。如他説：

一鉤五十犗，始具任公釣。揭竿趣灌瀆，與爾不同調。（寄陳季常）

鵷翔蓬蒿非所悲，鵬擊風雲非所喜。貴賤窮通盡偶然，回頭總是東流水。（送喬希聖）

搰搰抱甕人，汒乎治其內。仲尼爲所輕，子貢無以對。舍器欲還朴，爲量固已隘。苟得渾沌真，寧羞事機械。（抱甕）

這裏説明，秦觀在詩作中大量援引莊子思想資料，其主要目的則是爲了借此以獲得精神上的解脱。尤其是最後一首，據徐培均在淮海集箋注中所説，當是秦觀晚年貶於雷州時所作，詩人通過援引、闡釋莊子天地中漢陰丈人抱甕出灌的寓言故事，表達了其在連續遭受政敵沉重打擊之後希冀通過灌園生活來求得精神解脱的思想感情。

像秦觀一樣，黃庭堅在賦詩時也常常援引莊子思想資料。如所賦『莊周夢爲胡蝶，胡蝶不知莊周』（寂住閣）①、『看著莊周枯槁，化爲胡蝶翾輕』（次韻石七三七首之六）、『郢人懷妙質，聊欲運吾斤』（留王郎）、『小大窮鵬鷃，短長見椿槿』（次韻子實題少章寄寂齋）等句，皆無不本於莊子。在作文時，黃庭堅同樣頻頻援引莊子思想資料。如他在題李白詩草後中説：『李白詩如黃帝張樂於洞庭之野，無首無尾，不主故常，非墨工槧人所可擬議。』在題絳本法帖中説：『右軍筆法，如孟子言性，莊周談自然，從説横説，無不如意，非復可以常理待之。』在跋李康年篆中説：『二王以來，書藝超軼絶塵，惟顏魯公、楊少師相望數百年。若親見逸少，又知得於手而應於心，乃輪扁不傳之妙。』從這裏可以看出，黃庭堅如果不援引莊子思想資料，似乎便不能很好地闡述其關於文

---

① 本節凡引黃庭堅詩文，除書老子注解及莊子內篇論後、揚子建通神論序中的有關文字來自山谷外集（四庫全書本）而外，其餘皆據四部叢刊本豫章黃先生文集。

學藝術的精闢見解。當然，如果就黃庭堅的莊子學來說，則其對莊子及其思想的直接闡釋顯得尤爲重要。如他在趙安時字序中說：

莊周，昔之體醇白而家萬物者也。時命繆逆，故熙然與造物者遊。此其於禮義君臣之際，皂白甚明。顧俗學世師，窘束於名物以域進退，故築其垣而封之於聖智之外，彼曾何足與談大方之家！嘗試相與言其土梗：五石之瓠浮江湖以相適我，殖擁腫之樗，謝斧斤之不若，感栗林之戮而不庭者三月，寧貸粟於縣令而畏楚國相，可謂知己矣；知跡之不可以得履，知斲輪之妙於手，其學也觀古人之不可傳，可謂知言矣；觀本於濠上之魚，絶意於郢人之斤，知死生不入虞氏之心，魯國之儒者一人，可謂知人矣；知新生之犢之無求，凡亡之不喪其存，柙干越之劍而不試，遊發硎之刃而不見全牛，棄智於垂涎之蟻，得計於伏涔之魚，可謂知天矣。

黃庭堅作有書老子注解及莊子内篇論後一文，甚不滿於『老、莊書，前儒者未能渙然頓解』，而又『謂其術異，不求之耳』的狀況。所以，他這裏便借作序的機會向世人明確指出，莊周是『昔之體醇白而家萬物者』。並依據莊子中的大量思想資料，進而論定莊周是『知己』、『知言』、『知人』、『知天』者，給予他極高的評價。據蘇軾在答黃魯直書中所説，黃庭堅之爲人，『超逸絶塵，獨立萬物之表，馭風騎氣，以與造物者遊』，直欲追老莊於千載之上，這就不難解釋他爲何會對莊周作出這樣高的評價。當然，作爲出身於仕宦家庭的黃庭堅，畢竟自幼即受儒學熏陶，所以他這裏對莊周及其思想的闡釋，如所謂『此其於禮義君臣之際，皂白甚明』、『魯國之儒者一人（黃氏的意思是説，魯國的真儒只有孔子一人而已）』云云，也不免略有儒學化的思想傾向。關於莊子内篇，黃庭堅有莊子内篇論專論一篇。其文云：

莊周内書七篇，法度甚嚴。彼鯤鵬之大，鳩鴳之細，均爲有累於物而不能逍遥。唯體道者，乃能逍遥耳。故作逍遥遊。物之不齊，物之情也。大塊噫氣，萬竅殊聲，吾是以見萬物之情狀。俗學者，心窺券外之有，企尚而思齊，道之不著，論不明也。故作齊物論。生生之厚，動而之死地。立於羿之彀中，其中也，因論以爲命；其不中也，因論以爲智。養生者，謝養生而養其生之主，幾乎無死地矣。故作養生主。上下四方，古者謂之宇；往來不窮，古者謂之宙。以宇觀人間，以宙觀世，而我無所依。彼推也，故去；挽也，故來。以德業與彼有者，而我常以不材。故作人間世。有德者之驗，如印印泥。射至百步，力也；射中百步，巧也。箭鋒相直，豈巧力之謂哉！子得其母，不取於人而自信。故作德充符。族則有宗，物則有師，可以爲衆父者，不可以爲衆父父。故作大宗師。堯舜出而應帝，湯武出而應王。彼求我以是，與我此名。彼俗學者，因以塵埃秕糠，據見四子。故作應帝王。二十六篇者，解剝斯文爾。由莊周以來，未見賞音者。晚得向秀、郭象，陷莊周爲齊物之書，涽涽以至今，悲夫！

黄庭堅在揚子建通神論序中曾說：『文章之工難矣。而有左氏、莊周……之作，篇籍具在，法度燦然，可講而學也。』說明他嘗以作家的眼光審視過莊子一書，認爲其『法度燦然』，具有極高的文學價值。這裏，他又專就莊子内篇發表了自己的看法，明確指出内篇七篇『法度甚嚴』，無疑是一個完整的結構體系。並不爲歷史上的各種說法所拘牽，對七篇的旨意依次作了探究。不可否認，作爲一位文章家對莊子，尤其對内七篇的『法度』和旨意作如此認真的探究，並將其獨特心得形諸文字以公佈於世者，這在歷史上還是第一次。而且，正因爲他是詩文大家，能夠按照文章的『法度』去探究作者的真意，所以也就使自己的闡釋往往接近了作者的本意。如他在探究逍遥遊篇旨意時，明確指出『彼鯤鵬之大，鳩鷃之細，均爲有累於物而不能逍遥』，『唯體道者，乃能逍遥耳』，這無疑是很有見地的，實爲自郭象以來不少莊學家所不能道。在蘇門學士中，晁補之也是一位十分熱心於莊子闡釋的人。如他在南華真人畫贊中說：

乾頓坤頤，口海鬴嶽。其朕日月，大空之灼；其詞風雷，萬有之作。魚乎周乎，不在濠上；周乎蜨乎，何有夢想！惟周能蟲，惟蟲能天。匪我則云然，周則云然。謂之聖人者，非也。①這裏，晁補之通過對莊周外貌氣質、思想行爲等方面的闡釋，從而論定其不愧是一位『能蟲』、『能天』的得道者，儘管最後説他還比不上儒家的理想人格『聖人』。尤其值得指出的是，晁補之還撰有一篇長達一千多字的齊物論，以步步推進的方式對莊子齊物論全文主旨作了深入闡發。即使在今天看來，其論述水準仍是相當高的，所闡發出的思想也頗得莊子本意。在此文的結尾處，他還揭示了莊子齊物論全文結構方面的特徵：『此篇始之以南郭子綦之喪我而齊物之論開。非觀物同我不能知化而窮有，故終之以不知周之爲蝴蜨、蝴蜨之爲周而齊物之論閉。』總之，這是歷史上第一篇專門闡釋莊子齊物論的論文，很值得重視。

在北宋末和南宋前期，能文之士對莊子的興趣沒有減弱。如葉夢得自謂：『讀莊周達生一篇，使人意蕭然，直若能遺其形者。』（巖下放言卷下）②當然，從他在建康集卷二詩歌中較多地運用莊子典故如『風鵬』（用前韻送惇立）、『斲輪』（次韻馬參謀蔣山開堂飯素）等來看，他所感興趣的遠不止是莊子中的達生一篇。更值得指出的是，他還在避暑錄話、巖下放言兩部著作中以大量文字論述了莊子。如他説：

易自孔子大傳後，未有敢言者，雖孟子亦不言也。不知易之大趣，皆在老、莊、列禦寇三家，殆無一言不相合，但世見無所顯言，遂概以爲虛誕不可結之辭語矣。……莊周逍遙遊第一説鯤鵬處，一部易正在其中，然未嘗有易證者，乃所以爲深知易也。（巖下放言卷上）

我們知道，早在曹魏時期，王弼已引老子、莊子中的思想資料來解釋周易。到了北宋中期，王雱、呂惠卿、陳詳道、陳景元、林自等一大批學者，又以易學象數派理論來闡釋莊子逍遙遊中鯤鵬變化的寓言。這裏，葉夢得更是

① 本節凡引晁補之文，皆據四部叢刊本雞肋集。

② 本節凡引葉夢得各書中的文字，皆據文淵閣四庫全書本。

推而廣之，甚至明確指出整部周易殆與老子、莊子、列子『無一言不相合』，而莊周在逍遥遊篇中無須公開引周易文字爲證而卻能使其『説鯤鵬處』與周易旨趣深相契合，此其『所以爲深知易也』。這樣，葉夢得又使前人關於莊、易相通的觀點得到了進一步闡發。民國時期黄元炳著莊子新疏，全書幾乎全以易學理論來解釋莊子内篇，簡直可看成是對葉夢得上述有關説法的具體實踐。關於莊子與列子、佛教的關係，葉夢得也提出了自己的一些看法。如他説：

老子、莊、列之言，皆與釋氏暗合，第學者讀之不精，不能以意通爲一。古書名篇多出後人，……惟莊、列似出其自名。何以知之？莊子以内、外自别，内篇始於逍遥遊，次齊物，又其次養生主，然後曰人間世，繼之以德充符、應帝王，而篇盡矣。列子不别内、外，而名其篇曰天瑞。瑞與符比，言非相謀而相同。自養生主而上，釋氏言出世間法也；自人間世而下，人與天有辨矣。夫安知有昭然而一契者？莊子謂之符，列子謂之瑞，釋氏有言信心，而相與然許，謂之印可者，其道一也。（避暑録話卷上）

北宋中期陳景元在列子沖虚至德真經釋文序（見道藏）中，曾把列子之道看成是莊子學説的一個重要來源。這裏，葉夢得又從莊子、列子二書篇目的命名、安排等方面入手，進一步指出了二者『言非相謀而相同』的特徵。在巖下放言卷中之中，他還以莊子至樂、列子天瑞中都載有『萬物皆出於機，皆入於機』一番話爲事實依據，再一次論證了自己所提出的這一些看法。據葉夢得在避暑録話卷上中説，他在做舉子時已注意到莊子與列子的這些特徵，四十年後仍深以自己的看法爲然。這説明，葉夢得的上述看法雖然未必完全正確，但他長期把莊子、列子一同加以關注，希冀以比較的眼光來審視二書，這種精神和做法卻是值得肯定的。不僅如此，葉夢得還把老子、莊子、列子與佛教理論加以比較，認爲老子、莊子、列子所反映出的思想觀點皆與『釋氏暗合』，只是『學者讀之不精，不能以意通爲一』罷了。這樣，他又在前人有關説法的基礎上邁進了一大步。南宋末林希逸在莊子口義中把莊子思想與佛理完全統一起來，簡直又可看成是對葉夢得上述有關説法的具體實踐。此外，葉夢得還在他的著作中以大量文字論述了莊子中的其他問題。如：

夫莊周，安知有毁譽哉？彼蓋不勝天下之顛倒反覆於名實者，故激而爲是言耳。……孔子正言之，莊周激言之，其志則一爾。（避暑録話卷上）

執古之道以御今之有，則混沌之世亦何必然？惟漢陰不能察此事，故一拂其意，遂至於忿然作色，則是非之辯已役於外，而善惡之術已亂於中矣。是以區區以抱甕爲是，終身役而不自知其勞也。（巖下放言卷下）

余嘗讀莊子，見『南榮趎見老子』……。莊周寓言無實，然亦善爲戲笑之人也。（巖下放言卷中）

莊周雄辯閎衍，如決江河，如蒸雲霧，殆不可以文論。蓋自其爲道出之。（巖下放言卷上）

這裏，葉夢得認爲莊周根本是一個無心於毁譽的人，而他對古代聖賢以及儒家仁義禮樂的激烈批判，只不過是『激而爲是言耳』。這一説法，正是對王安石在莊周中所謂莊子『思其説以矯天下之弊而歸之於正』等説法的承因與發展。他又認爲，莊子天地中那位抱甕灌園的漢陰丈人不能『執古之道以御今之有』，而只是『以抱甕爲是，終身役而不自知其勞』，甚是碌碌無爲。這些説法，也可看成是對王安石在絶句詩中所謂『桔槔俯仰妨何事，抱甕區區老此身』等説法的進一步發揮。同時，葉夢得還借鑒並發揮了司馬遷等人的一些看法，進一步指出莊子文章具有『善爲戲笑』、『雄辯閎衍』等特徵。這些説法，對於推進後人的莊子散文研究無疑是有積極意義的。

繼葉夢得之後，樓鑰更公開表彰了王安石、蘇軾的莊子論。他在跋張正字莊子講義中説：

自莊子之書盛行於晉，而清談名理莫不以象爲稱首。其序首曰：『莊子者，可謂知本也矣。』莊子固爲知本，而象所謂本，恐非莊子之本也。『南郭子綦隱几而坐，仰天而噓，嗒焉似喪其耦。顔成子游曰：「今之隱几，非昔之隱几者。」』此莊生之妙旨，而象乃曰：『子游嘗見隱几者，而未有若子綦也。』嗚呼！謂之知莊子可乎？自茲以後，無能真知者。惟王荊公之論、蘇文忠之記，超乎先儒之表，得莊子之本心。……余雖服膺二公之言，竊以爲前此未有發此秘者，而又自知學力淺短，不敢輕議。嘉定改元，始識西蜀張君於朝，行聞其耽玩此書，且有所著。……其言浩博，未易究陳，大率探莊生之深旨，得二公之遺意，凡世人真以爲荒唐謬悠者，皆推引以通乎六經之意。雖未敢以爲盡得其說，而與世儒之說不侔矣。①

的確，莊周的意思是說，南郭子綦今日的隱几已臻於墮形去智、身心兩忘的境界，是其昔日的隱几所遠遠比不上的。而郭象卻解釋爲『子游嘗見隱几者，而未有若子綦也』。可見其所言並非莊周本意。而且，郭象著莊子注，意在借注莊以立新說，對莊子學說的修正十分明顯，這就更說明他所謂的『本』並不是莊子的『本』。因此，樓鑰便對一反傳統說法的王安石、蘇軾的新說予以極力表彰，認爲他們在莊周、莊子祠堂記中所發表的見解才真正『超乎先儒之表，得莊子之本心』。同時，對深得王、蘇之遺意的張興祖的莊子講義，也給予了極高評價。由此說明，樓鑰、張興祖等人的莊子學大致是沿著王安石、蘇軾的思路發展來的，也具有明顯的儒學化傾向。稍晚於樓鑰的黄裳，其在演山集（在四庫全書中）中更以大量篇幅論述了莊子。如其中的雜說編，對養生主、達生等篇的闡釋甚爲詳盡；講齊物論序一文，則依據齊物論的觀點闡述了自己對事物相對性的看法，並於最後探討了齊物論的作意。而從其順興講莊子序一文來看，他的莊子學思想也同樣與王安石有著淵源關係。如他在這篇序文中說：

豈有老、莊之高明不及時變，必立區區之說，投爲一曲之士哉！……王者之澤竭，學士大夫不得其傳。或爲形數所因，世習所遷，偏見小聞有如仲子之介、楊朱之鄙、墨翟之泛、子莫之執中、告子之外

① 攻媿集卷七十五，四部叢刊本。

義者，天下皆是也。士之學，去本逾遠，猶木之升，然華盛於末，烏有不失其根者邪？然則，莊子之高其言，與時盈虛，與數損益，以矯一時之不及耳，豈私意哉！……雖然，老、莊之矯，絕仁棄義爲太甚者。豈以矯其天下者，必以過高之言而後可救歟？孔子以質之過者，救文之極弊，固其意也。然而老、莊之言不可非也，亦不可以爲典要。……方此之時，老、莊之不可廢也明矣。然而樂老、莊者，切究其流而爲申、韓之慘毒，嵇、阮之放逸，得其高明而求六經焉，斯善學者也。

黄裳這裏的意思是説，由於先王之澤至莊子之時已竭，學士大夫各據所聞而皆執一偏之見，遂使各種奇談怪論得以紛然雜出，所以莊子深爲痛心，便高其言以矯時弊，可見其並非出於一己之私意甚明。但在黄氏看來，莊子在力矯時弊時，其對仁義的批判未免太過分了，所以説：『老、莊之言不可非也，亦不可以爲典要。』不難看出，黄裳的這些説法，無疑就是對王安石莊周中有關説法的進一步發揮。然而，黄裳對王安石的莊子學思想卻也有所批評。如他所謂『樂老、莊者，切究其流而爲申、韓之慘毒』云云，實際上就是對王安石在九變而賞罰可言中以極度法度化的政治思想觀點來闡釋莊子天道這一做法的極力否定。黄裳最後指出，人們如果能做到既不全盤否定莊子學説，又不尊其爲典要，並且『切究其流而爲申、韓之慘毒，嵇、阮之放逸』，進而把莊子中的高明見解與儒家六經思想統一起來，這就可謂是『善學』了。這又説明，他在對王安石的具有明顯儒學化傾向的莊子學思想有所承因和發展的同時，又大膽地揚棄了王安石莊子學思想中的法學化因素。

與葉夢得、樓鑰、黄裳等人有所不同，北宋末、南宋前期有一些文士則主要以詩詞闡釋了莊子中的思想資料。如李光曾賦玄珠吟詩説：

黄帝曾遊赤水北，遺了玄珠無處覓。我今偶到海南村，煩惱泥中親拾得。珠體圓明光滴瀝，流轉根塵人不識。只在尋常動用中，未見争知吾不失。吁嗟世人空費力，欲見此珠須目擊。要令心息每相依，密密護持防六賊。

其小序云：『予十年間，重履憂患，自藤而瓊，自瓊而儋。一日忽悟，笑曰：「此造物者知其頑礦難化，故以此苦之爾。」偶讀莊周書，言黄帝遺玄珠，而罔象得之。又讀維摩經云：「高原陸地，不生蓮華。」因成玄珠吟。』據宋史本傳，李光爲宋徽宗崇寧五年進士，宣和末遷至司封，首論士大夫諛佞成風，對官場中的不良風氣提出了尖鋭批評，因此而遭到打擊。高宗紹興八年，除參知政事。後因斥秦檜『懷奸誤國』，爲檜所惡，遂出知紹興府，改提舉臨安府洞霄宫。十一年，因萬俟卨論其陰懷怨望，責授建寧軍節度副使，藤州安置，後移瓊州。居瓊八年，因有人告其與胡銓詩賦倡和，譏訕朝政，又移昌化軍。由此可知，李光屢經打擊後，晚年時已與老莊思想發生了共鳴，他甚至還在七十八歲時寫信給胡銓説：『莊老，吾師也。』（與胡邦衡書）他的玄珠吟詩，正是在這樣一種心境中寫成的。我們知道，在莊子天地中，『黄帝遺其玄珠』寓言是用來説明求大道不可憑藉聰明而在於無心這一道理，而李光在這裏卻基本上把它闡釋成了養生理論，認爲只要做到心息相依，保持心境寧静，那就可以得到『玄珠』即養生法門了。正如他在養生堂記一文中所説：『古之善養生者，莫如廣成子。莊周之書載黄帝問答之語最詳。摘其要言曰：「無視無聽，抱神以静，形將自正。」又曰：「汝神將守形，形乃長生。」……此二者，皆胎息之門户也。』由此可以清楚看到，李光體現於玄珠吟詩中的特殊闡釋指向，正反映出他因仕途挫折、愛國正氣得不到伸張而趑入道家（教）養生之途的過程。略晚於李光的辛棄疾，一生以恢復中原爲己任，但在政治上卻屢遭擯斥，只得懷著一腔忠憤，長期閑退山林，每以寫詞來抒發其鬱懣之情。他在苦悶、消沉時，十分傾慕莊子：『案上數編書，非莊即老。』（感皇恩讀莊子，聞朱晦庵即世）①『怎得身似莊周，夢中蝴蝶，花底人間世。』（念奴嬌和趙國興知録韻）『誰與齊萬物，莊周吾夢見之』（哨遍秋水觀）『君看莊生達者，猶對山林皋壤，哀樂未忘懷。我老尚能賦，風月試追陪。』（水調歌頭題張晋英提舉玉峰樓）正由於辛棄疾在屢遭擯斥後如此傾慕

① 本節凡引辛棄疾詞，皆據鄧廣銘箋注稼軒詞編年箋注本，中華書局1962年版。

莊子，案上放的首先是莊子一書，夢裏見的是莊周其人，心裏想的乃是如何在『老能尚賦』之年乘風御月般地急追莊生，所以他比歷史上任何一位詞人都喜歡引用莊子思想資料，致使我們在讀他的詞作時，幾乎隨處都可看到其化用莊子詞彙和寓言故事處①。甚而至於，其中有幾首詞幾乎全是從莊子思想資料中化出。如其卜運算元用莊語云：

一以我爲牛，一以我爲馬。人與之名受不辭，善學莊周者。　江海任虛舟，風雨從飄瓦。醉者乘車墜不傷，全得於天也。

這裏的『一以』二句，意出莊子應帝王；『江海』句，意出山木篇；『風雨』三句，意出達生篇。辛棄疾正是通過這樣化用莊子思想資料，從而表達了其在政治上屢遭擯斥後故作曠達隨順以全身的思想。又其哨遍秋水觀云：

蝸角鬥爭，左觸右蠻，一戰連千里。君試思，方寸此心微。總虛空並包無際。喻此理，何言泰山毫末，從來天地一稊米。嗟小大相形，鳩鵬自樂，之二蟲又何知？記跖行仁義孔丘非；更殤樂長年老彭悲。火鼠論寒，冰蠶語熱，定誰同異。　噫。貴賤隨時，連城才換一羊皮。誰與齊萬物？莊周吾夢見之。正商略遺篇，翩然顧笑，空堂夢覺題秋水。有客問洪河，百川灌雨，涇流不辨涯涘。於是焉河伯欣然喜，以天下之美盡在己。渺滄溟、望洋東視，逡巡向若驚歎，謂我非逢子，大方達觀之家未免，長見悠然笑耳。此堂之水幾何其？但清溪、一曲而已。

這裏，辛棄疾至少援引了莊子之則陽、秋水、逍遥遊、盜跖、齊物論等篇中的思想資料。這些資料的思想內容本來是互不連貫的，但通過辛棄疾的用心接合，巧妙化用，卻集中地表達了這樣一個主題思想，即詞人在充滿英雄失路的喟歎之餘，反而故作曠達，要求以莊子齊物的觀點去看待天地萬物、世間是非和自己的宦海浮沉。我們

① 辛棄疾在詩文中也偶有援引莊子思想資料者。請參看鄧廣銘輯校辛稼軒詩文鈔存，中華書局香港分局1976年版。

通讀辛棄疾的詞作，確實可深深感受到這正是他要通過借用莊子思想資料來予以闡發的一個重要主題。如他說：『臭腐神奇俱盡，貴賤賢愚等耳，造物也兒童。』（水調歌頭元日投宿博山寺，見者驚歎其老）『盜跖倘名丘，孔子還名跖，跖聖丘愚直到今，美惡無真實。』（卜運算元飲酒敗德）『夔乃憐蚿，穀亦亡羊，算來何異。……但教河伯休慚海若，小大均爲水耳。』（哨遍）『看取鯤鵬斥鴳，小大若爲同？　君欲論齊物，須訪一枝翁。』（水調歌頭題永豐楊少游提點一枝堂）這些詞句，哪一個不反映出了詞人的這一闡釋指向？又哪一個不透露出了他內心的百般無奈和極度悲憤！　此外，辛棄疾所要著重闡釋的莊子中的意象就是大鵬形象。如他說：

都休問。看雲霄高處，鵬翼徘徊。（沁園春送趙景明知縣東歸）

鵬北海，鳳朝陽，又攜書劍路茫茫。明年此日青雲上，卻笑人間舉子忙。（鷓鴣天送廓之秋試）

看取垂天雲翼，九萬里風在下，與造物同遊。君欲計歲月，嘗試問莊周。（水調歌頭慶韓南澗尚書七十）

鵬翼垂空，笑人世、蒼然無物。（滿江紅建康史帥致道席上賦）

前面所引的哨遍秋水觀一詞有『嗟小大相形，鳩鵬自樂』之句，詞人把碩大無比的大鵬與小小的學鳩齊同起來，認爲它們的形體大小是相對的，只要自己覺得無所謂，則何往而無『自樂』之趣！這一說法，大致可看成是對晉代郭象『足性逍遙』說的承因。這裏，辛棄疾在沁園春送趙景明知縣東歸中，通過賦『看雲霄高處，鵬翼徘徊』等句，來祝福趙奇暐宰江陵縣任滿東歸後，能像雲霄高處的大鵬那樣，逍遙自在；在鷓鴣天送廓之秋試中，通過賦『鵬北海』等句，來給范廓之送行，期望他像鵬起北海，秋試成功，到明年就可以把那些忙於應試的舉子不放在眼裏了；在水調歌頭慶韓南澗尚書七十中，通過賦『看取垂天雲翼，九萬里風在下，與造物同遊』等句，來慶賀好友韓無吉尚書七十壽辰，祝福他晚年能像大鵬那樣與造物同遊，怡然自得。很顯然，這裏對莊子逍遙遊鯤鵬寓言的種種闡釋，也大致都與唐宋詩詞作家的闡釋指向相一致。但需要指出的是，辛棄疾並沒有停留在以往詩詞作家的闡釋水準上，而是進一步賦予了大鵬形象以愛國情懷。如在滿江紅建康史帥致道席上賦中，詞人一開頭就以『翼垂空，笑人世、蒼然無物』的大鵬形象來比喻愛國志士、建康留守史正志，並期望他『袖裏珍奇光五色，他年要補天西北』，擔負起收復中原的重任。這樣，便使唐宋詩詞作家賦予大鵬的積極健康精神得到了再度升華。

宋末士子在經歷了世事滄桑之後，普遍形成了躁動不安、悲觀痛苦的心境。於是，他們紛紛轉向老莊，希冀從道家（教）哲學思想中尋找到精神避難所。如鄧牧及壯之時，正好遇上國破家亡的慘禍，於是絕意仕進，遍遊方外，歷覽名山，於元成宗大德三年入餘杭洞霄宮。他每每『發而爲世外放曠之談，古初荒遠之論』，藉以紓解胸中的『繁華消歇』之感和『侘傺幽憂』之情①。其伯牙琴中有君道篇云：『堯讓許由而許由逃，舜讓石戶之農而石戶之農入海，終身不返，其位未尊也。』又有見堯賦篇云：『吾願君澡雪而精神，寧極而天機，而與四子者逍遙乎無何有，放蕩乎遙恣睢，御六氣之辯而道不窮，遊四海之外而物不疵，此君所耕之山即藐姑射之陽，所釣之澤即汾水之湄，堯固將往見君矣，君何以見堯爲哉！』很顯然，這些說法都是直接從莊子思想資料中發揮出來的，充分反映了一個失落士子在無可奈何的情況下要求返朴歸真、清閒自在的特有心情。方鳳出身於世代食宋之祿的仕宦之家，自幼就受到了儒家正統文化的嚴格熏陶，對政治有著濃厚的興趣和執著精神。然而，隨著國家的破滅，他的美好政治理想卻完全成了泡影，這就使他悲憤、痛恨到了極點，遂轉而對人生真諦重新進行了一番審視，覺得『人生本來浮』（遊寶掌山寺），『大觀物物齊』（寄柳道傳黃晉卿兩生之四），對現實世界的憎恨和對歷史陳跡的懷戀實在是太無謂了，而對『吾心太虛廓，儻然萬象俱』（同上）境界的追尋卻是必要的。因此，他『盆歌疏達慕莊生』（止所吳公挽歌辭），在對生命的寧靜和平的觀照中，每每不知不覺地進入了『手把南華讀

① 見四庫全書總目提要鄧牧伯牙琴。

一過，詩思陡湧如春波』（答柳道傳餉筍）的審美境界，對莊子哲學思想意藴有了獨特感受。鄭思肖自謂『予始於儒，中於道，終於釋』（太極祭煉跋），説明他面對著殘酷的社會現實，深深地感到别無選擇，於是只得由儒家而逃向道家（教）和佛教，希冀從這兒找到他那顆失落心靈的最佳歸宿。他賦有輪扁諫讀書圖詩，對莊子天道『輪扁斵輪』寓言故事作了闡釋，認爲『古人糟粕終枯淡，誰醉天然滋味來』，反映出一位遺民詩人希圖棄儒歸真的獨特心態。他更賦有莊子夢蝶圖詩云：

素來夢覺兩俱空，開眼還如闔眼同。蝶是莊周周是蝶，百花無口罵春風。

誠然，在經歷了鼎革動亂之後的鄭思肖看來，人生真有如一場蝴蝶夢，所謂開眼時的『覺』，闔眼時的『夢』，實際上全都是空的。當然，他在體悟『蝶是莊周周是蝶』的意境時，並没有忘記家國之恨，所以在寫最後一句時還是出現了一個『罵』字。不過從字面上來看，這裏説的是『百花無口罵春風』，似乎『百花』並没有嘴巴可用來罵『春風』，但在這一否定式的語氣之中，卻使我們深深感受到了其肯定性的意義，甚至仿佛聽到了詩人憤怒斥責異族統治者的聲音。可見，莊子齊物論『莊周夢爲胡蝶』的寓言故事，在這裏又被賦予了一定的愛國主義精神。

第二節　元代散曲雜劇作家對莊子的多所闡釋

元代是一個由强悍的漠北蒙古族統治的時代，是一個民族壓迫深重，倚重武力而輕視文化的時代，科舉長期廢棄，士子正常入仕的道路已完全被擋住，因而讀書人普遍形成了躁動不安、悲哀痛苦、孤獨寂寞的特有心情，甚至還陷入了絶望的境地。即使是那些已經邁進官場的人，他們的心中也不時産生仕與隱的矛盾。於是他們背離了傳統士人的理想追求和價值觀念，往往以散曲的形式嘲笑原本是心中崇拜偶像的周公、孔子、屈原等人物，而對歷代隱者和道家人物卻産生了特殊的親切感。如張可久［雙調·水仙子］次韻云：『蠅頭老子五千言，鶴背揚州十萬錢。白雲兩袖吟魂健，賦莊生秋水篇，布袍寬風月無邊。名不上瓊林殿，夢不到金谷園，海上神仙。』①據說，張可久『以儒家讀書萬卷，四十猶未遇。』②他在四十歲後，因生活所迫，始出爲小吏，但直至晚年，仍沉抑下僚，强顔事人。對於『讀書萬卷』的張可久來説，這樣的人生之路無疑是富於悲劇性的，於是他像當時大多數儒士一樣，也不免從心底發出了『人生底事辛苦，枉被儒冠誤』（［中呂・齊天樂］過紅衫兒）、『讀書人一聲長歎』（［中呂・賣花聲］懷古）的哀聲，而對『老子五千言』、『莊生秋水篇』産生了濃厚興趣，認爲應該像老莊那樣無所追求，逍遥自在，管它什麼瓊林殿、金谷園呢！不過，從現存的元代散曲來看，作家們提及莊子的地方要大大多於老子。如：

記春星初度今朝。甚卻在秋山，梅陣松巢。笑掩蒙莊，金沙霧散，玉友神交。（盧摯［雙調・蟾宫曲］正月十四日嵇秋山生日）

野鶴孤雲，倒大自由，去雁來鴻，催人皓首。位至八府中，誰説百年後，則落得莊周，歎打骷髏，愛煞當年。（馬致遠［雙調・行香子］）

拈蒼髯笑擎冬夜酒，人事遠老懷幽。志難酬知機的王粲，夢無憑見景的莊周。（王實甫［商調・集賢賓］退隱）

虚名休就，眉頭休皺，終身更不遭機彀。……爭如漆園蝶夢叟：常，緊閉口；閑，且袖手。（曾瑞［中呂・山坡羊］歎世）

這裏節録了四位元散曲家的作品。盧摯一生仕途坦順，但他性情淡泊，兼以深受當時士風的影響，所以也很嚮

① 本節凡引元代散曲，皆據隋樹森編全元散曲，中華書局1964年版。
② 天一閣藏影抄本小山樂府貫雲石序。

往閒適，喜歡標舉『樂隱』。他這裏所寫的［雙調·蟾宮曲］正月十四日嵇秋山生日，雖説是祝賀友人生日之辭，其實所抒發的卻是他自己的内心感受，表明他也嚮往隱居，樂於做一個比蒙莊子還要快活的人。馬致遠自謂『世事飽諳多，二十年漂泊生涯』（［大石調·青杏子］悟迷），深感經歷了『半世蹉跎』（［雙調·蟾宮曲］歎世）後，『人間寵辱都參破』（［南呂·四塊玉］歎世）了。因而他在這裏所作的［雙調·行香子］散曲中説，他已十分厭倦『去雁來鴻，催人皓首』的官場生活，而將樂意追隨莊周，敲打骷髏，野鶴孤雲，過著『大自由』的生活。關於王實甫的身世，現已不可詳知，但從他這裏所作的［商調·集賢賓］退隱散曲來看，其亦頗有追慕莊周之意，甘願『拈蒼髯笑擎冬夜酒』，愉快逍遥一生。至於『志不屈物』、『因號褐夫』（鍾嗣成録鬼簿卷下）的曾瑞，他在這裏所寫的［中呂·山坡羊］歎世散曲中，則更明顯地表達出了追隨莊周的心意。總之，由於莊周所奉行的是一套『死生、存亡、窮達、貧富、賢與、不肖毁譽、饑渴、寒暑，……不足以滑和，不可入於靈府』（德充符）的處世哲學，所追求的是一種『乘雲氣，騎日月，而遊乎四海之外』（齊物論）的人生境界，比老子更富有遊戲人生的意味，所以作爲内心躁動不安而頗欲放浪形骸的元代散曲作家們也就更加欣賞他了。他們在欣賞莊周其人的同時，也十分喜歡誦讀他的著作，希望能從裏面找到他們所需要的精神食糧。如他們説：

誦南華講道德，談周易見天心，察地利明人事。（范康［雙調·新水令］樂道套）

剩水殘山向那答。心無牽掛，樹林之下，椰瓢高掛。冷清清無是無非誦南華，就裏乾坤大。（貫石屏［仙呂·村裏迓鼓］隱逸套）

鶴飛來一縷青霞，笑富貴飛蚊，名利爭蝸。古硯玄香，名琴緑綺，土釜黄芽。雙井先春採茶，孤山帶月鋤花。童子誰家？貪看西湖，懶誦南華。（張可久［雙調·折桂令］湖上道院）

這裏節録了三位元散曲家的作品。范康，鍾嗣成録鬼簿卷下謂其『明性理，善講論，能辭章，通音律』。而從范氏這裏的［雙調·新水令］樂道套數中可看到，他所誦讀、講談的首先是莊子的南華真經，説明其對莊子一書是多麼欣賞！貫石屏的身世，現已不得詳知，但從他這裏的「仙呂・村裏迓鼓」隱逸套數中，我們卻仍可依稀看到他在剩水殘山背景下心無牽掛地誦讀南華真經的情形，似乎只有在此時此刻，他才真正進入了無是無非的境界，並由此覺得天地都寬廣了很多。張可久在這裏的「雙調・折桂令」湖上道院散曲中說『童子』因貪看西湖而『懶誦南華』，其實作者蓋用以自況，意謂自己平日是很喜歡誦讀南華真經的，只是因一時貪看西湖而懶得誦讀而已。否則，他自己怎麼會按莊子則陽篇觸氏蠻氏戰於蝸角這一則寓言所顯示出的道理來看待世人爭名奪利的行爲呢？更怎麼會有像『南華夢裏先驚覺』（「正宮・塞鴻秋」道情）這樣的大徹大悟呢？那麼，元散曲作家們作爲一個巨大的群體，他們誦讀莊子時的目光主要集中在哪兒呢？他們的作品有句云：

彈（一本作蟬）破莊周夢，兩翅架東風，三百座名園一采個空。（王和卿「仙呂・醉中天」詠大胡蝶）

晴藹藹，鬱蒼蒼，衆芳，雲景香。道人眠石牀，喚起南華夢蝶。（張可久「越調・霜角」花屏春曉）

花開花謝，燈明燈滅，百年夢覺莊周蝶。興時節，快活些，明朝綠鬢添霜雪，石氏鄧通今謾說。（陳草庵「中呂・山坡羊」）

盡秋霜鬢染，老去紅塵厭，名利爲心無半點。莊周蝶夢甜，疏散威嚴。（曾瑞「雙調・行香子」歎世）

俯仰糟丘。傲人間萬户侯，重酣後，夢景皆虛謬。莊周化蝶，蝶化莊周。（盧摯「雙調・殿前歡」）

啼杜宇枝頭淚血，驚莊周枕上殘蝶，追魂數聲簷外鐵。這淒涼幾時絶，堪嗟。（無名氏「越調・鬥鵪鶉」離恨）

莫説道喚不醒呆莊周胡蝶夢甜，爭知道醫不可癡倩女揶揄病染。休猜俺山海恩情似水底鹽，鴛幃間鳳枕，鸞鏡暗雕奩，流不盡腮邊淚點。（無名氏「正宮・端正好」相憶）

搖不醒鸞交鳳友，搬不回燕侶鶯儔。莫不是宰予妻，……百忙裏蝶夢莊周。衲被蒙頭萬事休，真乃是眠花臥柳。（馬謙齋［雙調·沉醉東風］嘲妓好睡）

在唐宋時，文人學士對莊子蝴蝶夢的闡釋活動便開始了。如晚唐賈餗的莊周夢爲胡蝶賦、張隨的莊周夢蝴蝶賦，以及宋代李士表的莊子九論夢蝶等，便都是用來闡釋莊子齊物論中『莊周夢爲胡蝶』寓言故事的。但據現有的文獻資料來看，此一時期出現這樣的文字還僅僅屬於個別現象。及至宋末和金元時期，人們對莊周蝴蝶夢的關注則具有了普遍意義。如鄭思肖賦莊子夢蝶圖詩，劉因作莊周夢蝶圖序，丘處機滿庭芳述懷詞有『爭知道，莊周夢蝶，蝴蝶夢莊周』之句，而元散曲作家們則更有如這裏所舉例子的情形，對莊子一書的關注主要集中定向爲對其中『莊周夢爲胡蝶』一則寓言故事的欣賞，由此組成了一場讚美、吟唱莊周蝴蝶夢的大合唱。當然，這場大合唱所包含的內容是相當複雜的。確切地說，像王和卿寫［仙呂·醉中天］詠大胡蝶，只是借莊周蝴蝶夢來破題而已，其詠自然界中的一隻大蝴蝶『兩翅架東風，三百座名園一采個空』，實際上是沒有其他特殊含意的①。張可久在［越調·霜角］花屛春曉中謂『喚起南華夢蝶』，也只表明其在春景面前引發出了莊周夢蝶般的情趣而已，並沒有因此而進一步發出對虛幻人生的大慨歎。凡此，都遠不是元散曲作家讚美、吟唱莊周蝴蝶夢的主旋律。而像陳草庵［中呂·山坡羊］、曾瑞［雙調·行香子］歎世、盧摯［雙調·殿前歡］所吟唱的，才算從根本上揭示出了其欣賞莊周蝴蝶夢的真正底蘊，代表了整個元散曲作家群體闡釋莊周蝴蝶夢的一般指向。是的，他們或高唱『名利爲心無半點』，或高唱『石氏鄧通今謾說』，或高唱『傲人間萬戶侯』，這正是他們在玩索人生後的大徹大悟，真正唱出了元代大多數士子在經歷了人生失敗後堅決要求鄙棄名利、富貴的共同心聲。可見，元

① 陶宗儀輟耕錄卷二十三：『王和卿滑稽挑達，傳播四方。中統初，燕市有一蝴蝶，其大異常。王賦醉中天小令云：「掙破莊周夢……」由是其名益著。』

散曲作家們把莊周蝴蝶夢放到這樣的語境中來加以闡釋，顯然能夠比較有效地闡發出寓言故事本身所藴藏著的内涵。但是，由於元散曲作家多混跡於市井之間，往往沾染上濃厚的市井習氣，有的還養成了浪子惡習，這就使他們的有些吟詠不免充溢著『玩世』情調甚至縱欲思想，出現了像無名氏的［越調・鬥鵪鶉］離恨、［正宮・端正好］相憶和馬謙齋的［雙調・沉醉東風］嘲妓好睡這樣一些色情作品。因此，他們把莊周蝴蝶夢放在這樣的思想情調中來加以闡釋，其所闡釋出的思想顯然已偏離了莊周在齊物論篇中欲以蝴蝶夢的寓言故事來闡明其齊同萬物哲學觀點的本意。

元雜劇作家也十分喜歡敷演莊周蝴蝶夢。元末陶宗儀輟耕録卷二十五『諸雜大小院本』名目中載有莊周夢、蝴蝶夢，前者必爲衍莊之作無疑，後者亦當屬於此類作品，可惜今已不知其具體指哪兩個作品。明末常熟脈望館所藏元人雜劇以莊周蝴蝶夢爲題材者有二本：一本名莊周半世蝴蝶夢，已佚；另一本名莊周夢蝴蝶，題目正名爲太白星三度燕鶯忙　老莊周一枕蝴蝶夢，脈望館主人趙琦美校訂著者姓名時，以此本爲史樟（史九敬先）所撰①，今存於世。此劇在塑造主人公『莊周』時，既認真地利用了有關史料，又大膽地作了藝術虚構。如其中有文字云：

今有太白金星，傳玉帝敕命，爲因大羅神仙升玉京上清南華至德真君，在玉帝前見金童玉女，執幢旛寶蓋，不覺失笑，玉帝怪怒，貶大羅神仙下方莊氏門中爲男，名爲莊周。……姓莊名周，字子休，祖貫山東曹州人氏。因天下大亂，跟先祖前來四川居住。……莊周是個白衣人，楚威王將重表裏取他爲官，他不肯出仕。他遊遍天下，不知認的多少士大夫。②

① 天一閣本録鬼簿卷上載録，簡名作莊周夢，題目正名爲去酒色財氣潒園春　破鶯燕蜂蝶莊周夢，稱史九散仙撰。

② 本節凡引史樟莊周夢蝴蝶文，皆據隋樹森編元曲選外編本，中華書局1956年版。

據莊子、史記老子韓非列傳所載來看，這裏所説的『姓莊名周』是完全符合事實的。又陸德明於經典釋文序録『莊子』下自注云：『太史公云：「字子休。」』案今本史記無此語，但史記越王句踐世家司馬貞索隱則稱『莊周』爲『子休』。成玄英莊子注疏序又謂莊周『字子休』，『師長桑公子，受號南華仙人』，唐玄宗復於天寶四年詔號莊子爲南華真人。至於莊周的故里，傳統的説法多謂乃宋之蒙（在今河南商丘附近）。但同時也還有其他一些説法，如史記老子韓非列傳張守節正義引括地志云：『漆園故城，在曹州冤句縣北十七里。』古冤句縣，治所在今山東曹縣西北。説明劇中所説的莊周『字子休，祖貫山東曹州人氏』，本爲『玉京上清南華至德真君』等等，也是有豐富的莊學史資料作依據的。此外，莊子秋水謂『楚王』曾派二大夫去請莊子做官，而莊子不許。司馬遷在史記老子韓非列傳中進一步説：『楚威王聞莊周賢，使使厚幣迎之，許以爲相。莊周笑謂楚使者曰：「……我寧遊戲污瀆之中自快，無爲有國者所羈，終身不仕，以快吾志焉。」』史樟據此又衍之曰『莊周是個白衣人，楚威王將重表裏取他爲官，他不肯出仕』，從而使劇中的『莊周』形象更有了文獻依據。在情節的安排方面，作者爲了關合題目中的『夢蝴蝶』三字，並與莊子齊物論中『莊周夢爲胡蝶』寓言故事聯繫起來，劇情一開始就讓太白金星上場唱［仙呂·點絳唇］曲：『飛下天宫，將帝宣欽奉，因他宿緣重。但得相逢，是一枕胡蝶夢。』正是通過這一唱，便點明了『胡蝶夢』是全劇的主導意象。接著，隨著劇情的展開，便出現了『莊周』在醉睡中夢見蝴蝶、蝴蝶仙子翩翩起舞等生動場面：

［生云］我又醉了。［睡科］［胡蝶仙子上］［舞一折下］［生醒科，云］適夢中見胡蝶變化，好一個大胡蝶也。［末云］十分胡蝶大，我有個大胡蝶詞。［生云］你唱。［末唱］（按，唱詞即爲王和卿所寫的［仙呂·醉中天］詠大蝴蝶）

通過這些念白、唱腔和動作，虚幻的夢境便逐漸轉化爲具體生動的場面，使人們感覺到自己仿佛已置身於蝴蝶飛舞的世界。在全劇收場時，作者又讓人唱［收江南］曲云：『豈知道洞中别有一重天，風如介犬。這的是莊周一夢六十年。』這一唱，使全劇以莊周之夢來收場，與開場太白金星所唱的『胡蝶夢』遥相呼應，真可謂韻味無窮！由上述可見，史樟莊周夢蝴蝶一劇無論在塑造主人公『莊周』形象方面，還是在編排全劇情節方面，都可說是對莊子本文以及有關莊學史資料的生發和拓展。然而，這在本質上畢竟是屬於一種文藝創作，因而創作者對莊子本文以及有關莊學史資料的生發和拓展也就屬於一項特殊的闡釋活動，即在這一闡釋過程中，創作者應該比一般治莊者更享有自由想像的空間。所以，史樟又在主人公『莊周』之外塑造出了諸如太白金星、蓬壺仙、東華仙等神仙，讓他們登場表演；並先後穿插風、花、雪、月、鶯、燕、蜂、蝶、春、夏、秋、冬這些仙女，讓她們或彈唱，或勸酒，或煉丹；最後復又讓太白金星幻化成李府尹，點悟莊周，使他知其爲玉京上清南華至德真君貶降下方，願『今日正果朝元』，永不『再有凡心』，從而創作出一個以莊周蝴蝶夢爲主導意象而以表達道教成仙思想爲主題的戲劇故事，真可謂構想巧妙，關目繁勝，頗能使人耳目一新，故元明之際劇作家賈仲明贊之曰：『散仙公……編蝴蝶莊周夢，上麒麟圖畫中，千古英雄。』(見天一閣本録鬼簿卷上)

在莊子至樂中，還有『髑髏見(現)夢』寓言故事，表達了作者『生不如死』的思想觀念。莊子的這一思想觀念，也頗引起元雜劇作家的共鳴。如無名氏崔府君斷冤家債主第二折商調集賢賓曲文云：『三十年一夢莊周，恰便似俞陽般服藥酒，恰便似莊子歎骷髏。』作者這裏以『莊子歎骷髏』相比擬，正表達了他自己對當時社會的極端厭惡之情，認爲生活在這樣一個沒有理性的社會中，實在還不如死去的好。李壽卿更寫了歎骷髏一劇，對至樂篇『髑髏見夢』寓言故事作了進一步敷衍。劇本今已不傳，唯有佚文見於盛世新聲、詞林摘豔、雍熙樂府、北詞廣正譜。趙天子，正名作鼓盆莊子歎骷髏。據天一閣本録鬼簿卷上著録，此劇題目作南仙華(華仙)不朝

但據其題目正名來推測，則全劇除了敷衍莊子至樂『髑髏見夢』寓言故事而外，當還拓展了秋水篇莊子拒絶楚王徵聘和至樂篇莊子鼓盆而歌兩則寓言故事的情節，從而表達了其希望遠離政治、嚮往隱居生活等思想感情。但從此劇的佚文來看，作者並沒有拘限於莊子中的三則寓言故事，而是在這三則寓言故事之外還生發出了許多

别的情節。而且從題目中可看到，他還把不受楚王徵聘改寫成了不受趙國徵召。凡此都説明，其所使用的闡釋方法也有别於歷史上的一般治莊者。此後的文藝作家對莊子寓言故事的敷衍，大致都承因了元雜劇作家的這些闡釋方法。如元明之際佚名作家的蝴蝶夢南戲，明末馮夢龍收在警世通言中的莊子休鼓盆成大道小説等等，都可説是沿承元代雜劇作家的這些闡釋方法創作出來的。

第三册

（增補繁體版）

方勇◎著

人民出版社

第三章　明代心學家的莊子學……三〇
第一節　明代心學與莊子思想之關係……三〇
第二節　王守仁對莊子思想的多所推闡……三五
第三節　楊起元的南華經品節……四二
第四章　前後七子派的莊子學……四八
第一節　前後七子派文藝觀與莊子思想之關係……四八
第二節　王世貞的讀莊子、南華經評點……五六
第三節　胡應麟對莊子的論說……六七
第五章　唐宋派的莊子學……七一
第一節　唐宋派文藝觀與莊子思想之關係……七一
第二節　唐順之的南華經釋略……七八
第三節　歸有光、文震孟的南華真經評注……八二
第六章　楊慎的莊子學……一一一
第一節　楊慎三種莊子學著作概說……一一一
第二節　楊慎在舊音義外每作新說……一一七

第七章　朱得之的莊子通義……一二四
第一節　以儒解莊的思想傾向……一二四
第二節　對莊子文學性的精心分析……一三三
第三節　對莊子篇章真僞的用心探究……一三七
第八章　陸西星的南華真經副墨……一四三
第一節　取名副墨的用意……一四三
第二節　以莊子爲老子之注疏……一四六
第三節　以丹書佛經印證莊子……一五二
第四節　對莊子文脈的潛心探究……一五九
第九章　沈一貫的莊子通……一六三
第一節　對舊注舊説的貶駁與稱引……一六三
第二節　對莊子與儒佛思想異同的多所辨説……一六八
第三節　對內、外、雜篇的獨特理解……一七六
第十章　釋德清的莊子學……一八三
第一節　觀老莊影響論倡『三教一致』説……一八三
第二節　莊子內篇注以佛理解釋莊子……一八七

第十一章　焦竑的莊子翼 …… 一九七
第一節　采摭前人治莊著作四十餘種 …… 一九七
第二節　每以儒學佛理會通莊子思想 …… 二〇〇
第三節　對歷代治莊者多有評說 …… 二〇五
第十二章　李贄的莊子學 …… 二一一
第一節　李贄『童心』說與莊子思想之關係 …… 二一一
第二節　李贄的莊子解 …… 二一九
第十三章　釋性通的南華發覆 …… 二二三
第一節　以『道德』二字爲內、外篇之指歸 …… 二二三
第二節　對雜篇的獨特理解 …… 二二八
第三節　以莊解莊與對節目文脈的潛心體悟 …… 二三二
第十四章　公安派的莊子學 …… 二三五
第一節　公安派『性靈』說與莊子思想之關係 …… 二三五
第二節　袁宏道的廣莊 …… 二四二
第三節　袁中道的導莊 …… 二五五
第四節　陶望齡的解莊 …… 二六〇

第十五章　竟陵派的莊子學……二六五
第一節　竟陵派『真詩』說與莊子思想之關係……二六五
第二節　譚元春的莊子南華真經(評點)……二七一
第十六章　李騰芳的說莊……二八一
第一節　對莊子思想的獨特解說……二八二
第二節　以儒佛解說莊子之傾向……二八八
第三節　明切曉暢的解說莊子之風格……二九六
第十七章　陳治安的南華真經本義……三〇〇
第一節　南華真經本義其書考……三〇一
第二節　對莊子『本義』的探究……三〇三
第三節　儒學化的解莊傾向……三一八
第四節　道教化的闡釋傾向……三二四
第十八章　程以寧的南華真經注疏……三三〇
第一節　每引道教丹術與『三教合一』的思想傾向……三三〇
第二節　以內丹修煉路數印證莊子的獨特視角……三三八

第十九章　方以智的藥地炮莊 …… 三四四
第一節　合古今之説以炮製莊子 …… 三四四
第二節　稱『莊子爲孔門別傳之孤』 …… 三五〇
第三節　謂『莊是易之變』 …… 三五六
第二十章　傅山的莊子學 …… 三六二
第一節　以解莊抒發遺民情懷 …… 三六二
第二節　對郭象注多有異議指摘 …… 三六八
第三節　對莊學範疇每有精妙評點 …… 三七二
第二十一章　王夫之的莊子解 …… 三七七
第一節　『未始出吾宗』
——對莊子思想脈絡的梳理 …… 三七九
第二節　『探化理於玄微』
——對莊子思想觀點的呈露 …… 三八七
第三節　『循斯須之當』
——對莊子思想的發揮 …… 四〇三

第二十二章　明代其他學者的莊子研究 …… 四一〇
第一節　邵弁的南華真經標解 …… 四一〇
第二節　陳深的莊子品節 …… 四一七
第三節　孫鑛的南華真經（評點） …… 四一八
第四節　李光縉的南華膚解 …… 四二三
第五節　陶崇道的莊子印 …… 四三〇
第六節　周拱辰的南華真經影史 …… 四三五
第二十三章　明代戲曲、小說領域的莊子學 …… 四四一
第一節　明代戲曲、小說領域莊子學概說 …… 四四一
第二節　王應遴的逍遙遊 …… 四四八
第三節　謝國的蝴蝶夢 …… 四五〇
第二十四章　明代佛道二教學者的莊子學 …… 四五九
第一節　明代佛道學者莊子學概述 …… 四五九
第二節　覺浪道盛的莊子提正 …… 四七二
第三節　佷亭淨挺的漆園指通 …… 四八〇
第四節　曹宗璠的南華泚筆 …… 四八五

第二十五章　明遺民的莊子學……四九五
第一節　明遺民對莊子多有新説……四九五
第二節　錢澄之的莊子詁……五〇四
第三節　文德翼的讀莊小言……五〇九

第六編

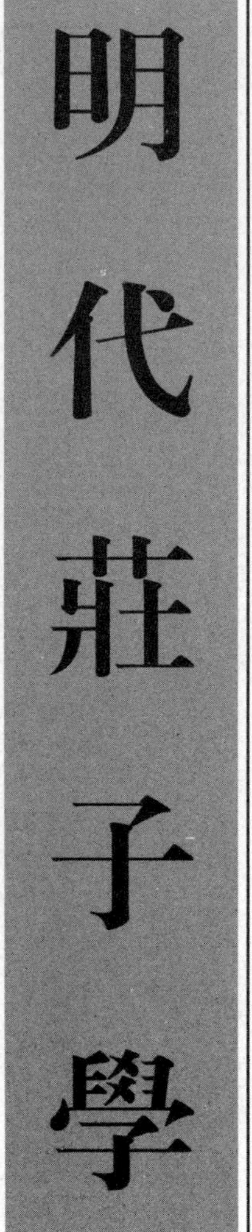

明代莊子學

第一章　明代莊子學概説

第一節　明代莊子學發展的歷史背景

朱元璋在奪取政權的過程中，曾得益於道教人士的多方支持，所以在立國之後，比較崇奉道教和道家，並親爲老子作注，是繼唐玄宗、宋徽宗之後御注道家著作的又一位帝王。按理説，依托這樣的政治背景，明初的莊子學應該出現較好的發展勢頭，但事實卻恰恰相反，原因到底何在呢？

對明代歷史稍有瞭解者都知道，有明諸帝雖然大都崇尚方術，信奉道教，但他們的主要目的則在於利用道教、道家爲其政治服務。朱元璋作爲一位勵精圖治的開國君主，其親爲老子作注解，並不是要闡揚玄虚之理，也不想侈談金丹之術，而是要以修齊治平爲法，直接從書中詮釋出治民安邦的大道理。在這樣的政治背景之下，明初便有不少學者曾對其中包含著『治道』的老子作了注解或集注，而對極力剽剝儒學、反對一切君主政治的莊子著作，卻鮮有問津了。

更應當指出的是，朱元璋爲了達到其所謂教化、善俗、致治的政治目的，便命令全國所有府、州、縣都必須設立儒學，『一以孔子所定經書爲教』（明史卷一百三十七）。並與劉基議定了一套比唐宋時更爲完備的科舉制度，規定以八股文取士，『其文略仿宋經義，然代古人語氣爲之，體用排偶』（明史卷七十），考試專以四書、五經命題，四書必須以朱熹的注爲依據。永樂時，胡廣等又奉成祖之命，多采宋儒之説，編成四書大全、五經大全、性理大全等書，由朝廷頒行天下，作爲科舉取士的標準樣本。這就把所有讀書人的思想限制在程朱理學之内，使他們都成了新儒學的信徒。而理學作爲明代的官方哲學，在本質上是排斥莊子學的，再加上當時用來試士的是講究『排偶』的八股文，與莊子那行雲流水般的文風甚不相類，人們怎能有興趣去研習莊子呢？我們曾在本書中説過，唐玄宗曾詔令士子習莊子，並作爲試士的重要内容之一，這就大大激發了士人們研讀莊子的熱情。宋代是否曾以莊子試士，目前雖還難以作出肯定或否定的回答，但宋真宗卻曾於景德間詔臣下校定摹刻莊子釋文，當時的國子監也刊印過莊子，徽宗甚至還於重和元年詔太學、辟雍爲莊子置博士，而王安石、蘇軾這兩位極具影響力的人物又皆好談莊子，這就使宋代出現了莊子學熱潮。可是明代的學校教育制度、科舉取士制度，雖説皆是沿襲唐宋而來，卻已完全排除了有關莊子的内容，而像宋濂這樣被推爲『開國文臣之首』的文化大臣，本來就對莊子思想採取完全否定的態度，則明代前期自然也就没有莊子學生存發展的空間了。

明代前期統治階級還曾施行過更爲嚴酷的文化統治政策。『洪武二十二年三月二十五日，奉聖旨：「在京但有軍官軍人學唱的，割了舌頭；下棋打雙陸的，斷手；蹴圓的，卸腳；作買賣的，發邊遠充軍。」府軍衛千戶虞讓男虞端，故違吹簫唱曲，將上唇連鼻尖割了。……永樂九年七月初一日，該刑科署都給事中曹潤等奏乞敕下法司：今後人民、倡優裝扮雜劇，除依律神仙道扮、義夫節婦、孝子順孫、勸人爲善及歡樂太平者不禁外，但有褻瀆帝王聖賢之詞曲、駕頭雜劇，非律所該載者，敢有收藏、傳誦、印賣，一時拿送法司究治。奉旨：「但這等詞曲，出榜後，限他五日，都要乾淨將赴官燒毁了，敢有收藏的，全家殺了。」』（顧起元客座贅語卷十『國初榜文』條）衆所周知，莊子著書，旨在『剽剝儒墨』（司馬遷語），滿是『褻瀆帝王聖賢』之語，而明代前期朝廷卻有如此嚴厲的文化禁令，則此時莊子學幾乎完全處於窒息狀態，也就可以想見了。

然而，到了明代中葉以後，莊子學卻漸漸有了起色，而且越來越顯示出強勁的發展勢頭。那麼，這一現象到底是在什麼特殊背景下出現的呢？

原來，自明代中葉以後，商品生産和貿易轉趨活躍，這就對士大夫的心靈和傳統價值觀念造成了衝擊。兼以從正德開始，朝綱日壞，朝政日非，統治階級對意識形態領域的控制實際上已經變得力不從心，於是在古老的中華大地上出現了近代化的人文啟蒙思潮。因此，程朱理學雖被明代最高統治者欽定爲官方哲學，但理學內部卻出現了新變思潮，強烈要求從程朱理學的禁錮中解脱出來，以獲得心性的自得和徹底解放，這就釀成了聲勢浩大的明代心學。其實，這種新變思潮早在明代前期就已隱約出現。如當時的理學家吳與弼，雖然崇奉朱熹之學，但也較多地接受了南宋陸九淵的心學思想。他安於清貧，每欲『寄身於從容無競之境，遊心於恬澹不撓之鄉』（康齋集卷十一），希望達到一種『物我兩忘』（同上）的精神境界，表現出了莊子般的精神風貌。他的弟子陳獻章，更是『雜釋老』（林俊邑城白沙祠碑記），『學宗自然，而要歸於自得』（黄宗羲明儒學案師説），自謂『放浪形骸之外，俯仰宇宙之間。當其境與心融，時與意會，悠然而適，泰然而安，物我於是乎兩忘，死生焉得而相干』（陳白沙集湖山雅趣賦），意欲追求一種符合生命本真的生活情趣。總的説來，明代心學一開始就比較注意吸收佛、道尤其是禪宗和莊子的任心適性思想，這就給莊子學在明代的興起提供了一個重要依托。

及至『姚江（王守仁）之學别立宗旨，顯與朱子背馳，門徒遍天下，流傳逾百年，其教大行，其弊滋甚。嘉、隆而後，篤信程朱不遷異説者，無復幾人矣。』（明史儒林傳序）確實，王守仁所倡導的心學，不但風靡天下，流傳超過百年，而且正如恪守正統儒學者所説，顯然是與程朱理學背道而馳的『異説』。因爲王氏治學，曾『出入於佛老者久之』（黄宗羲明儒學案卷五），而且還公然聲稱『儒、佛、老、莊皆吾之用，是之謂大道』（王文成全書年譜引）。實際上，王守仁援引禪宗、老莊的心性思想就是要反對以朱熹爲代表的理學家把『人心』與『天理』對立起來，以此來『復此心之本體』（王文成全書與黄勉之），『順其性以全其天』（王文成全書性天卷詩序），真正將長期匍匐於『天理』權威下的『人心』解救出來。他的弟子王艮又創立了泰州學派，強調『百姓日用是道』（王心齋先生遺集年譜引），甚與莊子『道無所不在』、禪宗『平常心是道』等思想有以相通。泰州之學經王襞、王棟、徐樾等人的推闡發揮，至羅汝芳便提出了『赤子良心』說，李贄復又提出了『童心』說，這就進一步掀起了個性解放的思想浪潮，真可謂『嘉、隆而後，篤信程朱不遷異説者，無復幾人矣』。正是這樣的思想文化背景，才給莊子學的迅速崛起提供了一個非常有利的外部環境。事實上，王守仁的門人和後學並不僅僅停留在援引莊子思想上，也不僅僅給莊子學的迅速崛起提供了一個非常有利的外部環境，而且他們當中的不少人還是積極參與莊子學術研究的人，如朱得之、唐順之、王宗沐、楊起元、焦竑、李贄、陶望齡等皆撰有莊子學專著，多爲歷史上著名的治莊學者。

從總體上來看，明朝佛教各教門已日益失去其教理所固有的顯著理論特徵，比唐宋時期更明顯地呈現出了與儒、道合流的趨勢。如紫柏真可主張『三家一道』，蕅益智旭倡言『三教一理』，雲棲袾宏認爲三教的根本目的並無不同，憨山德清則更著有觀老莊影響論，全面系統地闡述了他的『三教一致』說。正是在這樣的思想文化背景下，他們當中的一些人才敢走出佛教門限，長期致力於道家著作研究。如釋德清曾花費巨大精力撰寫了莊子内篇注一書，釋性通竟以三十年的心力著成了南華發覆一書，從而都成爲我國歷史上的莊子學名家。同樣，作爲道教内丹東派之祖的陸西星，其撰寫南華真經副墨則主要採取了引佛典證莊子的方法，這也何嘗不可視爲當時三教合流趨勢的産物！

明代三教合流，越到後來，越是表現爲心學、佛禪與老莊思想的合流，共同起著衝擊程朱理學禁錮的作用。其最突出的表現是，晚明時期一大批著名文人學士，既承祧王門心學宗旨，證悟佛禪教理，以獲得心性的解放，同時又十分崇尚老莊素朴貴真、一任自然的思想，試圖借此來表達其超然適性的人生態度和素朴求真的美學思想，這就對莊子學的復興起到了有力的推動作用。如唐宋派的重要代表唐順之，是南中王門心學的傳承者之一，晚年又自覺追蹤莊子，欲於『寂寥枯淡』之中求『不欲不爲之初心』（見荊川集寄黄士尚遼東書），故其爲文主後張『直據胸臆，信手寫出』（荊川集與茅鹿門主事書），並撰寫了莊子釋略一書，以表示他對莊子的獨特理解。後七子中成就最高的王世貞，曾爲文壇領袖二十年，『一時士大夫及山人、詞客、衲子、羽流，莫不奔走門下』（明史王世貞傳），晚年又以優遊求自得，爲文重在表現『真我』，所著莊子學著作有讀莊子、南華經評點等。李贄既是泰州學派的承祧者，又曾落髮皈依佛門，更對老莊有著濃厚興趣，實可謂爲『異端之尤』，故其遂敢倡言『童心』之說，並撰有老子解、莊子解等著作。公安派的代表人物袁宏道、袁中道、陶望齡，一方面服膺王門心學，證悟禪理，另一方面又嗜好老莊，故其爲文能『獨抒性靈』，並著成廣莊、導莊、解莊等專著。竟陵派代表人物鍾惺、譚元春，對佛禪、老莊也有濃厚興趣，故其論詩甚重具有『真氣』的『真詩』，同時還撰寫了莊子郷嬛、莊子文歸、莊子南華真經（評點）等莊子學著作。

當然，王守仁所倡導的心學雖然衝破了程朱理學的禁錮，但其理論本身卻顯得比程朱理學、陸九淵心學更爲虛浮不實，於是很快就引起了一些有識之士的強烈不滿。如楊慎於嘉靖初謫戍雲南永昌之後，益發肆力古學，凡宇宙名物之廣，經史百家之奧，靡所不究，因而對程朱理學末流尤其是陸王心學的空疏之弊深表不滿，首先進行了發難。他除了在理論上對這種空疏學風進行激烈批判而外，還在實踐上親爲表率，對『古學』進行扎扎實實的研究。兼以他當時很需要從老莊思想中尋求精神解脫的良方，所以對莊子的研究用心甚專，取得了豐碩的學術成果，爲明代莊子學的興起作出了重要貢獻。另外，自宋代以來，文章評點之風開始盛行，明代以歸有光、唐順之、茅坤爲代表的唐宋派又繼承了宋人的做法，每選取前代文章之可爲法者予以評點，而當時以八股取士復又讓人必須講究文章『法度』，於是評點八股文之書充斥書肆，其影響所及，遂使莊子評點之風迅速盛行起來，如從明後期的歸有光、王世貞、李廷機、陳深、方虛名、陳仁錫、沈汝紳、孫鑛、韓敬、徐曉、周拱辰，直至明末的文震孟、譚元春等等，皆對莊子作過評點，並多有專著傳世。

在鼎革之後，諸如覺浪道盛、方以智、錢澄之、歸莊、屈大均、王夫之、傅山等明遺民（包括遺民禪），都紛紛走近莊子，大多還把他與屈原相提並論，借此來抒發其念念不忘故君故國的思想感情，顯示其堅決不仕清朝的志節情操，從而使明代莊子學有了一個很好的結局。

第二節　明代莊子學的發展過程

明代莊子學承宋元莊子學之緒餘而肇其端。被朱元璋推爲有明『開國文臣之首』的宋濂，曾於元順帝至正十八年（1358）著成諸子辨，其中莊子辨部分當可視爲明代莊子學的開端。在莊子辨中，宋濂高度讚美了莊子的文章，認爲『其文辭汪洋淩厲，若乘日月，騎風雲，下上星辰，而莫測其所之，誠有未易及者』，而對莊子的思想則採取了批判、否定的態度，明顯地反映出其作爲一位正統儒者的衛道精神，與宋代理學家的莊子觀有著一定的傳承關係。胡廣等曾於永樂間奉詔編纂了性理大全書，其中卷五十七的諸子莊子大致乃是裒輯宋元理學家批評莊子的話而成，正反映了明初官方旨在借宋元理學家以批判、否定莊子思想的基本態度。解縉等於永樂間奉詔編纂了永樂大典，其中摘錄莊子文字及宋末以來人們爲莊子所作的注解甚多，在客觀上爲保存有關莊子學資料作出了一定貢獻。但摘錄者有意剔除莊子及有關注解中一些否定孔子、抨擊仁義之類的話，卻也真實地反映了當時官方所持的莊子觀。

比較起來，明初有少數學者在私人著述中所反映出的莊子觀則稍微顯得有點生氣。如史謹說：『非效宰予寢，自得莊周靈。適與幽獨會，栩栩夢友生。』（獨醉亭集夏日睡起）葉子奇說：『莊子曰：「哀莫大於心死，而形死次之。」誦之令人有生意。』（草木子鉤玄篇）王偁說：『莊周放達，禹稷躬耕。吾誠何暇以論此，前有尊酒君須傾。』（虛舟集前有尊酒行）說明在當時的私人著述尤其是一些抒發個人情性的詩作中，猶可見到作者們偶爾流露的對莊子的嚮往之情。而在楊士奇的詩作中，這種情況尤爲多見。今移錄其東里集中的部分詩句於下：

雲山深處草亭幽，磐石垂蘿古木稠。世外不知堯舜理，超然放意似莊周。（題淩士昌所藏張子厚山水）

盡戀長生養性靈，力求大藥扣玄扃。莊生自有逍遙論，不道千齡勝百齡。（胡學士在北京聞予病寄詩慰問次韻奉酬）

案有莊生論，門臨孺子坊。遊心邈千載，塵慮已都忘。（次韻答胡若思賓客）

家鄰清節先生里，案有蒙莊傲吏書。閑對青山成逸趣，遽傳丹旐引靈車。（挽曾翬主事父）

江邊園裏擅幽居，清酒香茶夜不虛。定是不聞風雨發，半酣高詠漆園書。（夜雨次韻寄蔡用嚴楊仲舉）

漆園傲世者，放言出糟粕。大觀天地間，玩化以嘲謔。晝夜自恒理，生死等酬酢。存順而殁寧，焉往非吾樂？（題髑髏圖）

楊士奇歷仕成祖、仁宗、宣宗、英宗四朝，官至禮部侍郎、兼華蓋殿大學士，曾與楊榮、楊溥以宰輔高位領袖文壇近四十年之久，是臺閣派文學的領袖人物，而在他的詩歌中竟有如此多的吟詠莊子、追求逍遥之句，表明莊子的形象仍不時出現在明代前期一些文士的心中，此時的莊子學仍潛滋暗長地發展著。

在經歷了明英宗正統十四年（1449）的『土木之禍』和代宗景泰八年（1457）的『奪門之役』之後，統治階級對意識形態的嚴厲控制已有所減弱，這對莊子學的復蘇是比較有利的。因此在這一時期，即使以承接程朱理學爲己任的大儒，也較多地談論起了莊子。如薛瑄在『奪門之役』後，遷禮部右侍郎，兼翰林學士並入內閣，不久即致仕居家，以講學著述爲事。他在所著重要哲學著作讀書錄、讀書續錄中，即有大量文字論述到了莊子。從這些論述文字中可以清楚看到，他對待莊子思想的態度顯然比以前的理學家已有好轉。據楊慎譚苑醍醐卷五載，稍晚於薛瑄的名儒黄潤玉曾『解莊子「遊方之外」云：「方，矩也。出於矩之外，所謂離方遁圓也。」』則明後期解莊子之風已肇端於此矣。

進入明代中葉之後，由於政治、經濟等方面的變化逐漸加劇，整個社會出現了近代化的人文啟蒙思潮，莊子學也就隨之啟動起來，終於在沉寂了約一個半世紀之後，於正德、嘉靖之際出現了第一批莊子學專著。如方鵬曾著有六子摘抄，其中包括了莊子摘抄，見千頃堂書目卷十五、傳是樓書目子部著錄；趙恒著有莊子涉筆，見閩中理學淵源考卷七十二、乾隆福建通志卷六十八載錄，可惜皆已佚。但許宗魯所著六子書中有莊子三十三卷，内附簡單音注，爲我們研究明代莊子學復興之初的情況提供了難得的資料。尤其是楊慎，更是一位研究莊子的大家。他通過利用、補充陸德明莊子音義中某些音義資料而著成莊子難字，在北宋陳景元莊子闕誤基礎上著成自己的莊子闕誤，並通過輯錄諸家評語和自己的大量學術劄記而編成莊子解，凡此都爲明代莊子學的復興作出了重要貢獻，其中有不少見解至今爲人們所重視。與楊慎同時的朱得之，曾於嘉靖三十九年（1560）著成莊子通義十卷，其體例是於每段下首列『通義』，次附宋末褚伯秀南華真經義海纂微中之『管見』，並加有一些旁注，對莊子文本亦用心探究，是明代第一部完整、系統的莊子學大著，對當時和後世都有一定影響。可見，楊慎、朱得之等人所取得的成果，已經爲明代莊子學的發展奠定了比較堅實的基礎。

到了嘉靖末，直至萬曆、天啟、崇禎時期，明代莊子學呈現出了全面持久的繁榮景象。其中特別值得指出的是，陸西星於萬曆六年（1578）著成南華真經副墨八卷，以爲『虛靜恬淡寂寞無爲』八字乃莊子全書内容之核心，故舉以分其卷帙。其在闡釋過程中，雖每引佛經以證莊子，但大致能與莊子思想相吻合，而在探究莊子文脈方面尤具慧眼，甚至率先提出了莊子文章脈絡具有『藕斷絲連』、『草蛇纘綫』之妙等全新見解，從而使南華真經副墨一書成爲明代最重要的一部莊子學專著，對後世產生了很大的影響。焦竑於萬曆十六年（1588）編纂成莊子翼八卷，所采莊子學資料，自郭象以下，凡四十九家，每爲後世治莊者所取資。並往往在選輯諸家説法後斷以己意，謂之『筆乘』，甚能見出焦氏自己的莊子學思想。沈一貫也於萬曆十六年著成莊子通十卷，對舊注舊説多有貶駁，對莊子與儒佛思想之異同等問題多有辨説，對内、外、雜篇三者的關係問題多有獨特看法，是一部有較高理論水準的莊子學著作。釋德清大約在萬曆末年著成莊子内篇注七卷，每以佛教思想解釋莊子，對莊子思想多有發明，是明代繼陸西星南華真經副墨之後最具功力的莊子學著作之一，在莊子學史上產生了深遠影響。嗣後，釋性涵著成南華發覆八卷，以『道』字爲内篇之指歸，以『德』字爲外篇之指歸，對雜篇也有獨特的理解，是一部以道家思想解釋莊子的好著作。

嘉靖末和萬曆、天啟、崇禎時期的莊子學著作，流傳到現在的還有：張位南華標略六卷、南華真經題評十卷，穆文熙等莊子儁語，沈津莊子類纂，桂天祥莊子要語，陳深莊子品節，張居正少師張先生批評莊子義十卷，孫應鼇莊義要刪十卷，裴應章莊子摘語，張四維莊子口義補注，謝汝韶莊子四卷，王世貞南華經評點，劉伯淵等莊子摘粹，邵弁莊子彙詮六卷、南華真經標解十卷，楊起元南華經品節六卷，葉向高莊子類函，高犖郭子翼莊一卷，張登雲莊子南華真經參補十卷，李廷機等莊子玄言評苑三卷，方虛名南華真經旁注五卷，陳繼儒莊子類語、莊子粹言、莊子雋一卷，黄鳳翔莊子選，陳懿典新鍥南華真經三注大全二十一卷、南華經精解八卷，馮夢禎南華真經校八卷，葉秉敬莊子膏肓四卷、南華指南四卷，王宗沐南華經別編二卷，吳勉學莊子南華經三卷、莊子難字音三卷，黄洪憲莊子南華經文髓八卷，李贄莊子解二卷，陳仁錫莊子奇賞四卷，沈汝紳南華經集評十六卷，鄒之嶧莊子郭注十卷，俞安期莊子南華經十卷，魏光緒南華詁六卷，祝世祿等莊子奇評三十三篇，王繼賢古蒙莊子校釋四卷，盧復諸名家評點莊子輯注，吳伯與南華經因然六卷，孫鑛莊子南華經評三十三卷、莊子南華經三卷，鍾惺莊子嫏嬛一卷、莊子文歸一卷，孫大綬南華真經副墨校釋，李栻南華真經義纂十卷，董懋策莊子翼評點八卷、莊子翼闕誤附録評點一卷，韓敬莊子狐白四卷，徐曉丈荷齋南華日抄四卷，陶望齡莊子解五卷，郭四維莊子，潘基慶南華經集解七卷，陳榮選南華經要刪注釋評林十卷，李元珍莊子類編，鄭之惠測莊一卷，郭良翰南華經薈解三十三卷，李騰芳說莊三卷，李雲翔莊子拔粹，周拱辰南華真經影史九卷，顧起元遁園居士批莊子内篇一卷，吴宗儀古蒙莊子四卷，陳治安南華真經本義十六卷，劉士璉南華春點八卷，金兆清南華經權八卷，譚元春莊子南華真經（評點）三卷，程以寧南華真經注疏四卷，吴伯敬南華經臺縣三卷，莊元臣莊子達言一卷、南華雅言一卷、卮言日出一卷，陶崇道莊子印八卷，黄正位重校莊子南華真經八卷，吕繼儒莊子刪注六卷，閔齊伋莊子南華真經音義四卷，薛宏繹莊子節閲，曹宗璠莊子泚筆二卷，等等。這一大批莊子學著作，也有不少具有一定的學術價值，可是直至現在，基本上未爲治莊者所利用。

據有關書籍記載，嘉靖末和萬曆、天啟、崇禎時期還曾有如下莊子學著作問世：唐順之南華經釋略，見莊子翼采摭書目、培林堂書目子部著録；　徐渭莊子内篇注，見乾隆浙江通志卷二百四十五著録；　王懋明校莊子南華真經十卷，見傳書堂藏善本書志著録；　方揚莊義要刪，見莊子翼采摭書目著録；　郭宗磐莊子解四卷，見同治福建通志卷七十二著録；　袁一蚪莊子輯注，見同治蘇州府志卷一百三十六著録；　蘇希栻莊子注，見閩中理學淵源考卷七十載録；　李光縉南華膚解二卷，見千頃堂書目卷十六、傳是樓書目子部著録；　黄洪憲蒙莊獨契，見千頃堂書目卷十六、乾隆浙江通志卷二百四十五著録；　徐常吉莊子解，見莊子翼采摭書目、古今圖書集成經籍典著録；　歸有光莊子釋意三卷，見楊州吴氏測海樓藏書目録卷六著録；　郭正域莊子評，見四庫全書總目提要（存目）卷一百四十七載録；　王階南華外篇釋，見光緒湖南通志卷二百五十二著録；　盧以祖蒙莊解，見光緒湖南通志卷二百五十二著録；　黄中色南華注解，見道光滕縣志卷十二著録；　諸萬里莊子止樸編二卷，見千頃堂書目卷十六、乾隆浙江通志卷二百四十五著録；　于玉立莊子一卷，見傳是樓書目子部著録；　魏光緒南華沾字通，見雍正山西通志卷一百七十五著録；　鄭之惠莊砭一卷，見乾隆浙江通志卷二百四十五著録；　鄭日強南華臆稿，見乾隆浙江通志卷二百四十五著録；　錢繼登南華拈笑，見乾隆浙江通志卷二百四十五著録；　黄文煥莊子句解四卷，見同治福建通志卷六十九著録；　許岳蒙莊卮言，見乾隆浙江通志卷二百四十五著録；

劉廷元莊子解，見乾隆浙江通志卷二百四十五著録； 顧大韶莊子箋，見明史卷二百四十四載録； 釋通潤漆園逸響，見千頃堂書目卷十六著録； 馬亦昌辨莊指南，見民國湖北通志卷八十四著録； 潘世標南華評注，見民國湖北通志卷八十四著録； 釋正誨莊子注釋，見民國湖北通志卷八十四著録； 錢士升莊子内篇注（詮）二卷，見千頃堂書目卷十六、乾隆浙江通志卷二百四十五著録； 陳訏謨莊子内篇解二卷，見同治福建通志卷六十九著録； 僧如愚莊子旦暮解一卷，見千頃堂書目卷十六著録； 樂氏談莊一卷，見千頃堂書目卷十六著録； 鄭郊南華十轉，見乾隆福建通志卷六十八著録； 吴默莊子解，見雍正江南通志卷一百九十二著録； 陳必謙南華經悟解，見雍正江南通志卷一百九十二著録； 李向陽莊子注，見雍正江南通志卷一百九十二著録； 汪益亭（一作亨）南華注，見光緒安徽通志卷三百四十二著録，等等。這一大批著作雖然僅存其書名和作者名字等，但仍是一份相當珍貴的文獻資料，可以幫助我們較全面地瞭解當時莊子學的繁榮景象，以及其他一些情況。

晚明的莊子學熱潮還波及鼎革之後。如遺民僧覺浪道盛入清後曾著三子會宗論、莊子提正，倡議爲孟子、莊子、屈原立一座祠廟，並提出了莊子爲『堯孔真孤』、莊子爲『儒家别傳』的説法，以寄托其想要傳承華夏文明的思想感情。方以智又著成藥地炮莊九卷，進一步發揮其師道盛的莊子學思想，同時也引進了一些易學觀念。禪師倡亭淨挺曾寫了漆園指通，將道盛的『儒家别傳』説改造成『釋家别傳』説，反映了他在無可奈何情況下意欲淡化遺民意識而忘世事於禪境之中的思想，因而引起了錢澄之的强烈不滿，便寫出與倡亭禪師論莊子書予以批駁。錢氏還撰寫了莊子詁一書，著重闡述他所謂『莊子宗旨，專在一「遊」字』的觀點，正反映了他在入新朝後始終思考著應如何『遊世』的重大問題。王夫之著有莊子通、莊子解二書，特别强調其所謂莊子『自立一宗』的觀點，希冀從莊子中闡釋出超邁不群的思想，以此來表達自己抱獨守貞的遺民情操。據記載，明朝覆亡前後的莊子學著作還有： 熊蘭徵莊子注，見嘉慶四川通志卷八十五著録； 歸起先莊子略，見千頃堂書目卷十六著録； 徐善莊子注，見乾隆浙江通志卷二百四十五著録； 陳騮莊老參同，見乾隆浙江通志卷二百四十五著録；

陳天策漆園通，見乾隆杭州府志卷八十九著録； 李鼎解莊八卷，見光緒江西通志卷一百六著録； 文德翼讀莊小言一卷，見四庫全書總目提要（存目）卷一百四十七著録； 沈幾原莊，見雍正江南通志卷一百九十二著録； 熊應隆南華經注解，見光緒霍山縣志卷十三著録； 汪沐日南華質、莊通，見雍正江南通志卷一百九十二著録。這些著作雖大都已不存於世，但也可藉以窺見明朝鼎革前後莊子學不衰之概況。

要而言之，莊子學自魏晉以來，雖迭起迭落，但未有像有明一代，前期如此荒涼，而一旦復興，所問世的著作卻又如此衆多。從這些著作的思想傾向來看，或重在以儒解莊，或重在以佛解莊，或重在以莊解莊，而以儒、釋、道三教合一爲其總特徵，大致上沿襲和發展了唐宋莊子學的基本思想格局，而所不同者，則其已融入了近代化的人文啟蒙思想，像方以智的莊子學甚至還引進了一些西方的科技思想。更爲獨特的是，明遺民復又普遍地借闡釋莊子來寄托他們的愛國思想，這不但爲明代莊子學譜寫了光輝的最後一頁，而且也爲整個莊子學史增添了一項獨特的思想内容。如果從這些著作所使用的研究方法來看，則比以往更趨於多樣化，其中以使用評點手法最爲普遍，乃是受當時詩文、小説評點風氣影響所致。今觀其評點本身，在形式上已遠比宋末劉辰翁的評點要完備得多，大都兼有眉批、圈點、夾批、夾注、旁注，甚或段後評批、篇末總評，雖不免顯得有點雜亂，各家所用符號及其所表示的意思復又不盡一致，但其作爲一種較新穎的批評方法被廣泛應用於莊子闡釋，卻體現了以文本爲中心的多側面批評的風格特徵，既可隨時揭出警句、文脈、章法，又可隨手點明題旨篇意，揭明精義所在，甚至還可將評點者的人生感悟融入其間，因而十分有助於讀者沿其指點去揣摩莊子命意遣詞的精微奥妙之所在。由此可見，明代莊子學確實取得了巨大成就，實爲北宋莊子學高峰遠離之後所出現的又一個高峰，在莊子學史上無疑具有很高的地位。

但是，明代莊子學也有一些不盡如人意的地方。如其著作數量雖然超過了以往任何一個朝代，但所達到的學術水準則似乎略低於唐宋。尤其需要指出的是，由於受當時整個學術界盛行的浮躁風氣的影響，明代莊子學也存在著較嚴重的空疏、淺陋、抄襲之弊。如即使是對程朱理學和陸王心學末流的虛僞、空疏之弊深惡痛絶的楊慎，其莊子學著作中也每有利用前人成果而不曾予以説明者。而署爲『太史霍林湯賓尹校閲、會狀求仲韓敬注釋、書林泰垣余文傑梓行』的新刻會狀注釋莊子南華真經狐白四卷，則更是剽竊、竄改宋林希逸南華真經口義及明陸西星南華真經副墨等書而成。署爲『明歸有光熙甫批閲、文震孟文起訂正』的南華真經評注十卷，收録唐、宋、明名公名家眉批和篇末總批凡七十餘家，計六百五十餘條，其數量之驚人，實爲此前所未有。其對後世的影響，也遠爲明代其餘所有批點本所不逮。但今細加考查，發現其中有許多條目實出劉辰翁等人之手，而竟公然冠以唐宋八大家等名公名家之姓名字號，且錯誤百出（包括姓名字號、字句等錯誤）。凡此，都反映了晚明學術浮躁、書商和學人每每作僞的風氣。不過，到了明遺民那裏，這種風氣已大爲減弱，從而使明代莊子學有了一個較好的收結，也爲清代莊子學的發展開了一個好頭。

第二章 明初的莊子學

莊子學到金元時期已失去先前的盛勢，而入明後則幾乎進入了空白狀態。這裏所搜集到的資料，雖在莊子學史上不佔有舉足輕重的位置，但在明代初期（或元明之際）卻是具有標誌性的莊子學成果，因而特加排比演繹而成此章。

第一節 宋濂的莊子辨①

宋濂（1310—1381），字景濂，號潛溪，浙江浦江人。元末明初，以一介布衣獲知明太祖朱元璋，並被推爲『開國文臣之首』，累官至學士承旨制知誥。後因長孫慎坐法，舉家謫茂州，道卒。明史本傳稱他『自少至老，未嘗一日去書卷，於學無所不通』。其平生治學，蓋以儒學爲旨歸，旁及諸子百家，而對佛、道二教的研究亦甚爲精深。有宋學士文集。

元順帝至正十八年，宋濂四十九歲。該年三月，明兵取睦州，以浦江與睦接壤，居民震驚，多扶老挈幼走旁縣，濂亦遣家人入句無山，而獨留未行，日坐環堵中，因舊所記憶者而作諸子辨，包括鬻子辨、管子辨、晏子辨、老

① 此節凡引宋濂文，皆據宋濂全集，浙江古籍出版社1999年版。

子辨、文子辨、關尹子辨、亢倉子辨、鄧析子辨、鶡冠子辨、子華子辨、列子辨、曾子辨、言子辨、子思子辨、慎子辨、莊子辨、墨子辨、鬼谷子辨、孫子辨、吳子辨、尉繚子辨、尹文子辨、商子辨、公孫龍子辨、荀子辨、韓子辨、燕丹子辨、孔叢子辨、淮南鴻烈解辨、揚子法言辨、抱朴子辨、劉子辨、文中子中說辨、天隱子辨、玄真子辨、金華子辨、齊丘子辨、聱隅子辨、周子通書辨、子程子辨等四十個部分。其中莊子辨云：

莊子十卷，戰國時蒙人漆園吏莊周撰。內篇七、外篇十五、雜篇十一，總三十三篇。其書本老子，其學無所不窺。其文辭汪洋淩厲，若乘日月，騎風雲，下上星辰，而莫測其所之，誠有未易及者。然所見過高，雖聖帝經天緯地之大業，曾不滿其一哂，蓋仿佛所謂古之狂者。惜其與孟軻氏同時不一見而聞孔子之大道。苟聞之，則其損過就中，豈在軻之下哉！嗚呼！周不足語此也。孔子百代之標準，周何人，敢掊擊之，又從而狎侮之，自古著書之士，雖甚無顧忌，亦不至是也。周縱曰見軻，其能憣然改轍乎？不幸其書盛傳，世之樂放肆而憚拘檢者，莫不指周以藉口，遂至禮義陵遲，彝倫斁敗，卒踣人之家國，不亦悲夫！金李純甫亦能言之士，著鳴道集，說以孔、孟、老、莊同稱爲聖人，則其沉溺之習至今猶未息也。異說之惑人也深矣夫！盜跖、漁父、讓王、說劍諸篇，不類前後文，疑後人所勦入。晁氏謂孔子沒，道術散，老子始著書，周起而羽翼之。老子著書在孔未沒之先。

據宋濂爲諸子辨所作跋，其諸子辨脫稿於至正十八年六月壬午，越三日而浦江遂爲明兵所陷。由於此著寫於『驚悸』之時，當時又『無片牘可以稽質』，所以宋濂自謂其中『不能必其無矛盾也』。但儘管如此，我們還是從中窺見了他的比較完整的莊子學思想。

宋濂指出，莊子治學雖無所不窺，但其著書宗旨則本於老子。那麼，莊子到底從哪些方面繼承和發展了老子的學說呢？他在老子辨中說：『「道沖而用之或不盈，淵兮似萬物之宗。挫其銳，解其紛，和其光，同其塵。湛兮似若存。吾不知誰之子，象帝之先」，莊、列祖之。』在宋濂看來，老子學說『所該者甚廣』，後世神仙家、兵家及申不害、韓非、張良、曹參等分別從不同的角度祖述了他的學説，而列子、莊子則主要繼承和發展了他的道體論和處世哲學。應當説，宋濂這樣來看待、分析莊子學説與老子學説的關係是基本上符合實際的。

對於莊子的文章，唐宋以來的學者多曾予以推崇。如柳宗元欲『參之莊、老以肆其端』（答韋中立論師道書）。朱熹認爲『莊子文章只信口流出，煞高』，『莊子全寫列子，又變得峻奇。』（見朱子語類卷一百二十五）羅勉道進一步説：『莊子爲書……，譬猶天地日月，固有常經常運，而風雲開闔，神鬼變幻，要自不可闕。』（南華真經循本釋題）宋濂作爲一名文章大家，嘗『取經史及諸子百家之書而晝夜研窮之』，『凡三代以來古今文章之洪纖高下，音節之緩促，氣焰之長短，脈絡之流通，首尾之開闔變化』，『莫不悉聞之』（見鄭濤宋潛溪先生小傳），所以對莊子的文章更有其獨特的體會，認爲『其文辭汪洋淩厲，若乘日月，騎風雲，下上星辰，而莫測其所之，誠有未易及者』。宋濂這裏所作的評語雖然不多，但與前人的説法相比較，卻更深刻地揭示出了莊子文章所具有的飛動氣勢。後世如劉熙載所謂莊子文章『無端而來，無端而去，殆得「飛」之機者』（藝概文概）云云，當即是受到了宋濂之説的影響。

由於宋濂是一位主張文、道合一的學者，而他所謂的道即是孔孟之道，這又決定了他對旨在『詆訿孔子』的莊子學説必然要採取批判的態度，認爲他『所見過高，雖聖帝經天緯地之大業，曾不滿其一哂，蓋仿佛所謂古之狂者』。宋濂的這些説法，與朱熹所謂『莊周是個大秀才，他都理會得，只是不把做事，……所謂「知者過之」者也』（朱子語類卷一百二十五）的説法雖有些相似，卻更爲明確地揭示出了莊子睥睨一切的性格特徵，從而在歷史上第一次把他説成是一個『狂者』。宋濂接著『惜其與孟軻氏同時不一見而聞孔子之大道』，認爲『苟聞之，則其損過就中，豈在軻之下哉！』這一惋惜似有點像莊子天下作者歎惜惠施的味道，但實質上卻是與宋儒歎惜莊子一脈相承的。在宋濂看來，正由於莊子無緣一見孟軻而聞孔子之大道，未能損過就中而成爲聖賢之徒，所以他根本算不上什麼人物。可是他竟敢毫無顧忌地掊擊、狎侮作爲『百代之標準』的孔子，而『世之樂放肆而憚拘檢者，莫不指周以藉口』，甚或『以孔、孟、老、莊同稱爲聖人』，『遂至禮義陵遲，彝倫斁敗，卒踣人之家國』，這真是可悲啊！宋濂的這些批評、指責，正真實地反映了他的衛道態度，也標誌著自漢代以來揚雄、班固、王坦之、李磎、葉適、黄震等一大批人所掀起的莊子批判浪潮已進入尾聲。

對於莊子雜篇中讓王、盜跖、說劍、漁父四篇，自蘇軾以來的學者多以爲是僞作。宋濂承因了這一看法，也認爲『盜跖、漁父、讓王、說劍諸篇，不類前後文，疑後人所勦入』。但宋濂與前人又有不同，他的這一看法是建立在他所謂『大抵古書之存於今者，多出於後人之手』（言子辨）基本認識之上的。如他在子華子辨中說：『予嘗考其書，……其爲僞書無疑。』在管子辨中說：『是書非仲自著也。其中有絶似曲禮者，有近似老莊者，有論伯術而極精微者，或小智自私而其言至卑污者，疑戰國時人采掇仲之言行，附以他書成之。』由此看來，宋濂疑讓王、盜跖、說劍、漁父四篇爲後人所勦入這一認識，正是他所謂『大抵古書之存於今者，多出於後人之手』思想的一個組成部分，與他人的見解自是不同，具有一定的學術價值。而且，宋濂還論及了莊子一書與其他諸書的種種關係，由此更顯示出了他的獨特見解。如他指出，今本列子『決非禦寇所自著，必後人會萃而成者』，其中天瑞、黄帝二篇即多存『道家之要言』，原來莊周著書時便『多取其說』（見列子辨），而子華子則頗勦老子、莊子等書而成（見子華子辨），亢倉子亦『勦老、莊、文、列及諸家言而成之也』（見亢倉子辨）。他的這些見解無疑值得我們重視。

宋濂對前人於老莊學說起源問題上的錯誤說法有所駁正。如晁公武在郡齋讀書志道家『郭象注莊子』下云：『自孔子沒，天下之道術日散，老聃始著書垂世而虛無自然之論起。周又從而羽翼之，掊擊百世之聖人，殫殘天下之聖法而不忌其言，可謂反道矣。』對於晁氏把老莊看成是儒家所謂聖人、聖智的激烈批判者，宋濂表示默認，但他又指出晁氏所謂『孔子沒，道術散，老子始著書，周起而羽翼之』的說法是不正確的，因爲『老子著書在孔未沒之先』，老莊學說的總源頭應該追溯到孔子未沒之前。在宋濂看來，『先王之世，道術咸出於一軌』，而後來的人則『各奮私知，而或盭大道』（見諸子辨序），於是就産生了包括老莊道家在内的諸子百家，怎麽可説是孔子没而老子始著書呢？又史稱老聃於『周平王四十二年（前749）以其書授關尹喜』，『今按平王四十九年（前722）入春秋，實魯隱公之元年』，『孔子則生於襄公二十二年（前551），自入春秋下距孔子之生，已一百七十二年』（見老子辨），則老子著書怎麽會在孔子既没之後呢？毫無疑問，宋濂對晁氏的駁正是持之有故、言之成理的，老莊道家學説的總源頭應該追溯到孔子未没之前，其産生的根本原因則是由於先王禮樂制度（『道』）的走向崩潰。

作爲明代『開國文臣之首』，宋濂的莊子學思想在當時具有較大的影響力。早年曾是宋濂的學生、建文時任侍講學士的方孝孺，他的莊子學思想就明顯地受到了宋濂的影響。如他説：『昔稱文章與政相通，舉其概而言耳。要而求之，實與其人類。戰國以下自其著者言之，莊周爲人有壺視天地、囊括萬物之態，故其文宏博而放肆，飄飄然若雲遊龍騫不可守。』（張彦輝文集序）①這裏也像宋濂一樣以讚揚的口吻描述了莊子文章的飛動氣勢。他還進一步説：

天下之事出於智巧之所及者，皆其淺者也。寂然無爲，沛然無窮，發於智之所不及知，成於巧之所不能爲，非幾乎神者，其孰能與於斯乎！故工可學而致也，神非學所能致也，惟心通乎神者能之。……莊周之著書，李白之歌詩，放蕩縱恣，惟其所欲，而無不如意，彼豈學而爲之哉！其心默會乎神，故無所用其智巧，而舉天下之智巧莫能加焉。使二子者有意而爲之，則不能皆如其意，而於智巧也狹矣。莊周、李白，神於文者也，非工於文者所及也。文非至工則不可以爲神，然神非工之所至也。當二子之爲文也，不自知其出於心而應於手，況自知其神乎！二子且不自知，況可得而效之乎！效古人

① 本節凡引方孝孺文，皆據遜志齋集，四部叢刊本。

之文者，非能文者也。惟心會於神者能之，然亦難矣。莊周歿殆二千年，得其意以爲文者，宋之蘇子而已。（蘇太史文集序）

這裏，方孝孺不僅借鑒了莊子的一些文藝觀點，而且還對他的文章藝術作了極高評價，認爲已達到神化的境地。其中所謂莊周著書『放蕩縱恣，惟其所欲，而無不如意』、『其心默會乎神，故無所用其智巧，而舉天下之智巧莫能加焉』等説法，正與宋濂所謂『其文辭汪洋凌厲，若乘日月，騎風雲，下上星辰，而莫測其所之，誠有未易及者』之説一脈相承，對後來楊慎莊子學思想中的某些觀點產生了直接影響。但是，方孝孺畢竟是一位『以講明道學爲己任，以振作綱常爲己責』的學者，具有較濃的道學氣，所以他也就像他的老師宋濂那樣，對莊子的整個思想體系採取了批判態度。如他説：『文所以明道也。文不足以明道，猶不文也。……莊周、荀卿之著書，其辭浩浩乎若無窮，於道邈乎未有聞，非工於言而拙於道也？求道而不得，從而以言窮之，雖欲簡而不可致耳。』（送牟元亮趙士賢歸省序）認爲莊子文辭雖『浩浩乎若無窮』，但『於道邈乎未有聞』，屬於『不足以明道』的文章，是不可跟『所以明道』的儒家經典同日而語的。

第二節　薛瑄對莊子的論説

薛瑄（1389—1464），字德溫，號敬軒，山西河津人。永樂十九年進士，官至禮部右侍郎，兼翰林學士。著作有讀書錄、讀書續錄、薛文清集等。

宋濂、方孝孺等明初學者，大多沿襲元代學術格局，既重道學，又重文章。及至曹端，則潛心理學，深造有得，而薛瑄復『聞先生（曹端）之風而起』（明儒學案師説），學宗程朱，躬行踐履，遂創河東之學。因此，薛瑄對莊子的論説，亦多是承因程朱而來。如他説：

莊子曰：『通於一而萬事畢。』形容道體之言也。（讀書錄卷六）①

莊子曰：『道者，萬物之所由也。庶物失之者死，得之者生；爲事逆之則敗，順之則成。故道之所在，聖人尊之。』此言近正。（讀書錄卷八）

道無所不在，故莊子有『道在稊稗、螻蟻、瓦礫』之類之言。程子言『莊子形容道體之言，亦有之。』此類是也。（讀書續錄卷一）

莊子曰：『至人之用心若鏡，不將不迎，應而不藏。』程子所謂形容道體之言，此類是也。（讀書錄卷八）

莊子之言，雖曰形容道體，然不能必信而行之，是亦知之實有未至也。使知之至，則必信之篤，則行之必至矣。程子所謂窺測天道未盡者，蓋謂此。（讀書錄卷一）

程頤說：『莊生形容道體之語，盡有好處。』（河南程氏遺書卷三）薛瑄繼承了程氏的觀點，對莊子的道體論思想也基本上採取了肯定的態度。因爲在他看來，『舉目而物存，物存而道在，所謂形而下、形而上者是也。道本無名，姑以萬物萬事必由是以行，故強名之曰「道」耳。』（讀書錄卷一）認爲『道』爲天地萬物的本原，『萬物萬事必由是以行』，正如莊子所說『通於一（道）而萬事畢』。即『道者，萬物之所由也。庶物失之者死，得之者生；爲事逆之則敗，順之則成。』說明在薛瑄眼中，莊子的道體論思想是『近正』即接近於真理的。但由於薛瑄是一位致力於躬行踐履的理學名家，認爲莊子既謂『道者爲之公』、『道不私』（則陽），悟道者應該像至人那樣『用心若鏡』，『兼懷萬物』，『無私德』，『無私福』（見秋水），那麼他自己就應該努力踐履，以『大公至正之心』對待天下，而決不可懷『自私之心』而爲『巧免之計』，所以薛瑄又批評說：

---

① 本節凡引薛瑄讀書錄、讀書續錄語，皆據文淵閣四庫全書本。

老莊雖翻騰道理，愚弄一世，奇詭萬變，不可摸擬，卒歸於自私，與釋氏同。聖人之所以爲聖人，以其公天地萬物爲一體，屈伸、消長、進退、存亡，一由乎理之自然而不自私也。老莊必欲外天地萬物，極其智術爲巧免之計，其自私也甚矣。老莊於道理非無所見，但不勝其避害自私之心，遂鄙薄而不爲，是豈聖人大公至正之心乎！（讀書錄卷一）

薛瑄曾說『爲學大抵就己分上去其本無之私欲，全其固有之天理耳。』（讀書錄卷五）由此出發，他認爲：『莊子曰：「嗜欲深者，天機淺。」蓋嗜欲昏亂此心，則理無自而見。故周子曰：「一者，無欲也。」無欲，其至矣。』（讀書錄卷一）對莊子『嗜欲深者，天機淺』的説法予以充分肯定。但當他看到所謂『老莊必欲外天地萬物，極其智術爲巧免之計，其自私也甚矣』時，卻對他們提出了激烈的批判。從莊子闡釋史上來看，像這樣來批判莊子則是前無古人的，反映了明初一些理學家對莊子的獨特看法。但需要指出的是，老子思想中固然包含了計謀，而莊子則是反對一切『機心』的，所以薛瑄對他們的批判應該有所區别。

自南北朝以來，道教學者每將莊子與神仙之術混爲一談。薛瑄則大以爲不然，認爲老莊並無神仙之説。他説：

萬物始終，乃陰陽造化自然之理。神仙者，必欲超出陰陽造化之理以常存，必無此理。老莊亦無神仙之説，自秦漢來乃有之。秦皇、漢武求之之效可見矣。（讀書續錄卷十一）

薛瑄因有見於道家以『道』爲天地萬物的本體，以陰陽爲運化萬物的根本，所以便斷言老莊完全不同於『必欲超出陰陽造化之理以常存』的神仙之術，並進而指出神仙之術是『自秦漢來乃有之』的。薛瑄的這一看法甚有見地，在莊子闡釋史上自有其一定的進步意義。薛瑄又説：

庖丁解牛而技經肯綮之未嘗者，只是處事順理，自無齟齬也。（讀書續錄卷一）

莊子人間世篇揣摩人情世態，曲盡而無遺言。當察受否？識微者知之。（讀書續錄卷二）

莊子斲輪之說，深中學者溺於語言而不得其意之弊。世有開卷則能說義理，真若有所得者，掩卷則茫然漫不知所說爲何事，誠所謂糟粕者也。其弊也久矣。（讀書錄卷四）

薛瑄這裏據莊子本義而加以引發，尤其是『莊子斲輪之說』一條，正是對自宋代以來浮泛學風的無情批判，從而在引莊子思想資料以針砭現實方面起到了較好的示範作用。當然，薛瑄這裏對『庖丁解牛』寓言故事的闡釋也不免有程朱理學的影響痕跡。請再看他的三段話：

七竅鑿而混沌死，七情熾而天理亡之譬也。（讀書錄卷七）

莊子曰：『詩以道志，書以道事，易以道陰陽，春秋以道名分。』先儒謂莊子是大秀才，觀此可見。（同上）

莊子曰：『夫事其親者，不擇地而安之，孝之至也；夫事其君，不擇事而安之，忠之盛也。』此言甚正。（讀書錄卷六）

這裏的『天理』是程朱理學所謂的『天理』，所說的『莊子是大秀才』原是由朱熹首先提出的，而莊子『事親』、『事君』之說則早已得到宋代理學家的稱許，可見薛瑄的莊子學是對宋代理學家有關思想的承因和發揮。宋代理學家一般並不否定莊子文辭的價值，朱熹甚至還稱讚『莊子文章皆好』，『只信口流出，煞高』（朱子語類卷一百二十五），與他對莊子思想的評價頗爲不同。薛瑄也認爲：

莊子好文法，學古文者多觀之。苟取其法，不取其詞，可也。若並取其詞爲己出而用之，所謂鈍賊也。韓文公作送高閑上人序，蓋學其法而不用其一詞，此學之善者也。（讀書錄卷一）

薛瑄指出，莊子的文法很好，得到了學古文者的青睞，但如果『並取其詞爲己出而用之』，那將是非常笨拙而有害的，因而人們應該像韓愈作送高閑上人序那樣，只學莊子的文法而不用莊子的詞語。其實，薛瑄的這些說法除了貶斥莊子思想而外，還包含了對莊子詞語乃至一般文化典籍詞語的不信任態度。他說：『五經、四書皆聖賢之言也，由其言以得其心，則在人焉耳。經書形而下之器也，其理形而上之道也。滯於言辭之間而不會於言辭之表者，章句之徒也。』（讀書錄卷一）又說：『莊子論斲輪之意，信知聖賢之書，神而明之，在乎人也。』（讀書續錄卷三）說明在薛瑄看來，即使聖賢所留下的言辭也不過是『形而下之器』，只有不滯於言辭之間才能得到聖人思想的真髓，莊子論斲輪正是爲了揭示這一道理。

總之，薛瑄認爲『聖賢之書統體純粹而不雜，諸子之言雜駁中亦有純粹者，節取焉可也』（讀書錄卷四），『諸子百家皆有可取之言，但欲句句求實用則有不通者矣，故曰致遠恐泥』（同上），而『老莊之書切不可深溺，若溺其說而誦習不已，猶居齊齊言，居楚楚語，發於心術、文辭，有不覺者矣』（讀書錄卷一）。可見在薛瑄看來，諸子之言不及聖賢之言純粹，『節取焉可也』，而『老子、莊子不述前聖之言，自爲新奇之說，所以爲異端也』（讀書續錄卷四），則尤其不可多誦。顯然，他的這些觀點大致是繼承和發展程朱的思想而來。他所謂的『莊生「各有儀則謂之性」，朱子有取焉』（讀書續錄卷一）、『論老莊之失，程朱之言曲盡矣』（讀書續錄卷二）云云，也正表明程朱對老莊的取舍也就是他衡量老莊的基本標準。

第三節　永樂大典所反映的莊子學

永樂大典共二萬二千八百七十七卷，明成祖永樂間由解縉等受命輯撰而成。嘉靖、隆慶間，又依永樂時所繕正本另摹副本一份。正本約毁於明亡之際，副本自清代以來散佚殆盡。中華書局根據歷年徵集到的卷册影印出版的永樂大典（精裝10册，1986年版），僅爲原書的百分之三左右，但其中一百三十多處引有莊子文字（有的還附有後人的注疏），幾乎涉及了莊子全書的所有篇目，爲我們研究明初的莊子學提供了不少依據。

類書大量摘錄莊子文字，前此已有藝文類聚、太平御覽等書。但所不同的是，永樂大典有的地方還把莊子全書中大量相關文字輯爲一個條目，這就爲人們研究莊子中某些主題提供了極大方便。如其於卷二千九百七十三『聖人』下云：『莊子：「聖人并包天地。」（應帝王）「聖人，天下之利器。」（胠篋）「聖人原天地之美，達萬物之理。」（知北遊）「聖人不從事於務，不就利，不違害。」（齊物論）「聖人觀於天而不助。」（在宥）「聖人善，故靜也。萬物不足以撓心。」（同上）「聖人法天貴真，不拘於俗。」（漁父）「以天爲宗，以德爲本，以道爲門，兆於變化，謂之聖人。」（天下）「聖人以仁義爲準繩。臨大難而不懼者，聖人之勇也。」（秋水）「及至聖人，屈折禮樂以正天下之形，垂政仁義以慰天下之心。」（馬蹄）「聖人則以身殉天下。」（駢拇）「聖人之心靜乎！天地之鑒也，萬物之鏡也。」（天道）「堯觀乎華，華封人曰：請祝聖人，使聖人壽，使聖人富，使聖人多男子。」（天地）「聖人休休焉則平易矣，平易則恬惔矣。平易恬惔，則憂患不能入，邪氣不能襲，故其德全而神不虧。故曰：聖人之生也天行，其死也物化；靜而與陰同德，動而與陽同波；不爲福先，不爲禍始；感而後應，迫而後動，不得已而後起；去知與故，循天之理。故無天災，無物累，無人非，無鬼責。其生若浮，其死若休；不思慮，不豫謀；光矣而不耀，信矣而不期；其寢不夢，其覺無憂，其魂不罷；虛無恬惔，乃合天德。」（外篇刻意）「聖人并包天地，澤及天下，而不知其誰氏。」疏：「聖人德合二儀，故并包天地；仁覃無外，故澤及天下；成而不處，故不知誰爲；推功於人，故莫識其氏族矣。」（雜篇徐無鬼）』這裏的輯錄雖存在著一些問題，如『聖人并包天地』出於徐無鬼篇而並非應帝王篇之語，『聖人善，故靜也。萬物不足以撓心』出於天道篇而並非在宥篇之語，但其從諸多篇章中摘出有關聖人的文字，卻爲人們研究莊子中『聖人』主題提供了很大方便。當然，摘錄者有意舍棄莊子中一些激烈批判聖人的言辭而不敢取，這又從一個側面反映了在理學盛行、儒學獨尊、文化政策極端專制背景下所產生出的明初莊子學不免是扭曲的。

與前代類書相比較，永樂大典的最大特點還在於敢於大膽打破傳統，整篇或大段地收錄莊子學資料，從而使我們窺見了元、明之際某些已佚莊子學著作的概貌，同時也看到了大典編撰者的莊子觀。下面將以其所收的莊子集解、莊子句解爲主要例子來作些論述。

一、莊子集解

永樂大典卷八千五百八十七『生』下錄有莊子養生主、卷一萬五千九百五十五『運』下錄有莊子天運，兩篇皆順文集錄郭象莊子注、陸德明莊子音義、成玄英莊子疏、林希逸莊子口義、劉辰翁南華真經點校之相關文字作爲注解。今視其體例，姑命之曰莊子集解。

從莊子集解所收前人文字來看，以劉辰翁所撰南華真經點校爲最晚。我們知道，劉氏卒於元成宗大德元年(1297)，而永樂大典的編撰始於明成祖永樂元年(1403)，竣工於永樂六年，則莊子集解當爲元、明之際所著。但各志書對此著均無載錄，大典編撰者於前後兩卷中亦皆未曾提及其著者姓名，則此所謂莊子集解者，當與永樂大典卷二千九百七十三『聖人』下輯錄莊子中有關『聖人』文字一樣，疑亦爲大典編撰者所輯集。未知孰是。

莊子集解所集前人注解、校勘莊子的文字非常豐富。如其於養生主篇『吾聞庖丁之言，得養生焉』下云：『郭象注：「以刀可養，故知生亦可養。」成玄英疏：「魏侯聞庖丁之言，遂悟養生之道也。美其神妙，故歎以善哉！」陸德明音義：「爲戒，於偽反……」劉辰翁點校：「……此結卻是記體，無要緊。一轉更妙。此其所以不闕折也，但語言款曲，亦不可及。若以養生言之，正是險處得自在力。至於收拾變化，寫得提刀四顧躊躇，亦覺此老神氣獨王。」林希逸口義：「此雖然一轉，甚有意味。蓋言人之處世，豈得皆爲順境，亦有逆境當前之時，又當委曲順以處之……」』綜觀永樂大典卷八千五百八十七、卷一萬五千九百五十五所收莊子學資料，屬於莊子集解的總共占了永樂大典原抄本的五十六頁，其體例皆有如此處所引。如果這些集解文字確係莊子集解書中的一部分，那麽原著則是繼宋末褚伯秀南華真經義海纂微之後部頭最大的一部莊子學著作，可說是收進了自魏晉至宋末的大部分重要莊子學著作。假如這些資料是由永樂大典的編撰者所選輯，原來並無一部所謂的莊子集解之類的著作，那麼大典編撰者對莊子學資料的收集、篩選也可謂是下了一番苦功，這無疑是有益於明初莊子學的。

二、莊子句解

永樂大典卷一萬五千九百五十五在收録了莊子天運全文以及有關注解、校勘等文字後，緊接著又收録了莊子句解的文字，在大典原抄本中共占六頁之弱，未題著者姓名。今案其所引文字，有於闕文處空出六個字之位置而書以『缺』字者，則此莊子句解當成書於永樂之前。但各志書均未予以著録，宋末褚伯秀南華真經義海纂微卷首所列各家莊子學書目亦無涉及，則此莊子句解又當爲宋末後問世的著作。

大典所録莊子句解文字，原是由著者提煉成玄英莊子注疏中有關文字而成。如其云：『莊子句解：「天其運乎」，天稟陽氣，無心運行而自動也。「地其處乎」，地稟陰氣，無心寧静而自安處。「日月其爭於所乎」，晝夜往來，無心於代謝，何所乎處？』這些文字在成玄英莊子注疏中原來是這樣的：『「天其運乎」，言天稟陽氣，清浮在上，無心運行而自動。「地其處乎」，地稟陰氣，濁沉在下，亦無心寧静而自止。「日月其爭於所乎」，晝夜照臨，出没往來，自然如是。既無情於代謝，豈有心於爭處！』這些句解文字雖採摘於成玄英疏，但通過加工潤色後卻仍顯得天然渾成，使人毫無支離之感，説明莊子句解著者對莊子文本以及後人注疏都是有一定研究的。還需要指出的是，大典所收的莊子句解，只是有關天運篇的部分文字。從中可以明顯看出，大典編撰者所删去的莊子句解天運中的文字，基本上都是一些否定孔子、抨擊仁義之類的話，這説明永樂大典中的莊子學思想在一定程度上體現了當時官方的思想意志。

此外，永樂大典於莊子句解後還收錄了陸德明莊子音義天運中的全部文字，於莊子集解養生主後又收錄了朱熹養生主說中的全部內容。大典編撰者之所以要這樣來收錄前者，當主要與其屬於異文、音義資料而不會觸及政治忌諱有關，而對後者予以全文收錄，則主要當是由於此文對莊子養生思想所作的某些批判正代表了當時統治階級思想觀點的緣故。由此，我們也再一次看到了大典編撰者的莊子學思想傾向。

第三章 明代心學家的莊子學

第一節 明代心學與莊子思想之關係

明代前期理學家，繼曹端、薛瑄之後有吳與弼。吳氏崇奉朱熹理學，但也較多地接受了陸九淵的心學思想，實爲明代心學之先軀。黃宗羲說：『椎輪爲大輅之始，增冰爲積水所成。微康齋（吳與弼），焉得有後時之盛哉！』（明儒學案卷一）即謂明代心學之盛，實由吳與弼開其先河。今觀吳氏治學，每每強調『靜思』，與程朱之『主靜』，陸九淵之『閉目』，禪宗之『禪定』，莊子之『心齋』、『坐忘』、『守宗』等，皆有淵源關係。而他安於清貧，每欲『寄身於從容無競之境，遊心於恬澹不撓之鄉』（康齋集卷十一），希望達到一種『物我兩忘』（同上）的精神境界，則更展現了莊子的精神風貌。

在吳與弼的群弟子中，胡居仁治學主敬，主要發揮了其師吳氏所崇奉的朱子之學，而陳獻章則貴自得之學，把吳氏所繼承的陸九淵心學推向新的發展階段，真正成爲程朱理學向心學過渡的轉捩點，故黃宗羲謂心學『至先生（陳獻章）而始明，至文成（王守仁）而始大』（明儒學案卷五）。據林俊邑城白沙祠碑記載，陳獻章治學曾『雜釋老』，對佛、道思想資料有較廣泛的涉獵，因而受到了佛、道思想的一定影響。如他說：『道至大，天地亦至大，天地與道若可相侔矣。然以天地而視道，則道爲天地之本；以道視天地，則天地者太倉之一粟，倉海之一勺耳，曾足與道侔哉！天地之大不得與道侔，故至大者道而已。』（論前輩言銖視軒冕塵視金玉）①這裏顯然吸收了老莊的本體論思想，也把『道』說成是產生天地萬物的本原，認爲其具有超越一切具體物象的特徵。陳獻章還由此出發，把『道』進一步解釋爲屬於主客精神的『道』，從而提出了『道』即『心』的觀點。如果從陳獻章的治學歸趣來看，則大致不外是『學宗自然，而要歸於自得』（黄宗羲明儒學案師說）。這就決定了陳氏必然要尋求一種符合生命本真的生活情趣，即所謂『曠哉漆園吏，自形還自影』（藤蓑）、『爭似一瓢秋菊伴，漆園風暖蝶疑人』（對菊）、『漆園蝴蝶故翩翩，一落人間今幾年。試向髑髏原上望，八荒明月正堪眠』（睡鄉）、『放浪形骸之外，俯仰宇宙之間。當其境與心融，時與意會，悠然而適，泰然而安，物我於是乎兩忘，死生焉得而相干？』（湖山雅趣賦）他這裏似已超越儒家所謂的曾點氣象，而簡直快要變爲莊周了！

明代心學，『至文成而始大』，而王守仁能成爲『心學』的集大成者，與他的氣質、志趣、遭遇有密切關係。王守仁少年時即已表現出比較獨特的氣質，其思想取向也往往與衆不同。王文成全書所附年譜載：『先生十一歲，……每對書輒靜坐凝思。嘗問塾師曰：「何爲第一等事？」塾師曰：「惟讀書登第耳。」先生疑曰：「登第恐未爲第一等事，或讀書學聖賢耳。」龍山公（即王守仁之父王華）聞之笑曰：「汝欲做聖賢耶？」』說明王守仁在少年時就已萌發『學聖賢』之志。他早年時曾努力『爲宋儒格物之學』，『遍求考亭遺書讀之』（見年譜），但後來卻發現程朱格物之說存在著嚴重的内在矛盾：『先儒解格物爲格天下之物，天下之物如何格得？且謂一草一木亦皆有理，今如何去格？縱格得草木來，如何反來誠得自家意？』（傳習録下）認爲程朱要求格盡天下之物以求『至理』，但『至理』卻在『人心』，『人心』自秉天地之秀氣，則『格天下之物』與『得自家意』即從内心尋找『至理』，豈不對立矛盾？故黄宗羲明儒學案卷五謂其『格物』既『無所得入』，『於是出入於佛老者久之』，

① 本節凡引陳獻章文字，皆據文淵閣四庫全書所收陳白沙集本。

試圖到佛教、道家思想中去尋找解決的方法，從而與老莊思想發生了千絲萬縷的聯繫。

據年譜載，王守仁三十七歲時被貶至貴陽龍場，『龍場在貴州西北萬山叢棘中，蛇虺魍魎，蠱毒瘴癘，與居夷人，鴃舌難語，可通語者，皆中土亡命』，經此居夷處困、動心忍性之後，乃『知聖人之道，吾性自足，向之求理於事物者，誤也』。王守仁四十八歲時，忽聞寧王朱宸濠之作亂，以王氏爲贛南之巡撫，在未得朝廷允許情況下，毅然舉兵平定之，不料遭到小人之陷害，甚至有人懷疑其此舉之目的，因而又經歷了一次生死、毁譽的大磨難，並使其道德境界與學術水準得到了進一步提升，於五十歲時遂『揭致良知之教』。今視其『良知』之説，直以『良知』與老莊的道體論相仿佛，亦認爲『良知』爲世界萬物之本原，而其以『氣』爲連接『良知』與世界萬物之仲介，又將『良知』解釋爲包容萬有之『太虛』，尤與莊子的本體論有著深刻的淵源關係。

王守仁行教，自近而遠，門徒遍佈天下。據黃宗羲明儒學案等載，最初跟從他學習的是家鄉浙中的一批士子，其中以錢德洪、王畿二人最稱高足。錢德洪大致沿襲師説，王畿則在接受師説之外還有較多發揮，但也同樣吸收了不少佛、道思想。如他説：

> 人心要虛，惟虛集道，常使胸中豁豁，無些子積滯，方是學。（明儒學案卷十二引）
>
> 良知不學不慮。終日學，只是復他不學之體；終日慮，只是復他不慮之體。無工夫中真工夫，非有所加也。工夫只求日減，不求日增，減得盡便是聖人。後世學術，正是添的勾當，所以終日勤勞，更益其病。（同上）

這些發揮王守仁『致良知』思想的話，顯然可以溯源於佛、道思想，尤其是老莊所謂『爲道日損』（老子四十八章）、『唯道集虛』（莊子人間世）等説法。實際上，王畿自己就曾作詩説：『誰謂道人便隱几，欲從天籟覓新吾。』（月下用韻示諸生）表明自己十分欣賞莊子所説的『天籟』，也希望以天地自然之音來證悟心中的靈明。此外，浙中王門弟子王宗沐的心學也較多地吸收了佛、道思想。他甚至還著有南華經別編二卷，則更説明其與莊子有不解之緣。

『蓋陽明一生精神，俱在江右』（黄宗羲明儒學案卷十六），其『致良知』之説即揭自江西，而門弟子鄒守益、歐陽德、羅洪先、聶豹、劉文敏、劉陽、王時槐、胡直、宋儀望等數十人，多能『得其傳』（同上），主張歸寂主靜，與禪宗、老莊也頗有相通之處。如羅洪先説：

所謂良知者，至無而至有，無容假借，無事幫補，無可等待，自足焉者也。……夫無可忘而忘，以其未嘗有存也；不待存而存，以其未嘗有忘也。無存無忘，此乃淵寂之極，正莊子横心所念無非利害之境。……無欲故静，是一切染不得，一切動不得，莊生所言混沌者近之，故能爲立極種子。……莊子所謂外者不入，内者不出，吾儒知止地位，正與相等。即此不入不出處，便是定，即定處，便是吾人心體本然，便是性命所在。守此一意不散，漸進於純熟，萬物無足以撓之，入聖賢域中矣。（黄宗羲明儒學案卷十八引）

這裏大量地吸收了禪宗尤其是莊子的思想，反復强調淵寂静定，無思無欲，忘懷一切，便能致良知，進入儒家所孜孜追求的聖賢境界。羅洪先還借用莊子中的另一些語言描繪説，人們一旦進入這種境界，便『有如處於寂寞之鄉，曠莽之野，不與物對，我乃卓然』（同上）。

南中王門弟子有周沖、朱得之、黄省曾、周怡、薛應旂、唐順之、唐鶴征、徐階、楊豫孫等，大都以儒、佛、道三教合一的觀點來闡述心學。如江蘇朱得之曾著莊子通義，即較多地徵引了孟子的思想資料，尤其是王守仁的『致良知』思想。黄省曾曾著老子玉略，唐順之曾著莊子釋略，所以他們的心學思想也都留有老莊思想影響的明顯痕跡。

在王守仁的弟子中，有泰州人王艮，因出身於灶丁，從小就參加煮鹽勞作，後又隨其父外出經商，與平民百姓接觸頻繁，因而其格物講學，甚是强調『百姓日用是道』。如王心齋先生遺集年譜載：

> 先生言百姓日用是道，初多不信。先生指童僕之往來、視聽、持行、泛應動作處，不假安排，俱是順帝之則，至無而有，至近而神。

按照王艮的看法，『聖人之道無異於百姓日用』（王心齋先生遺集語録），『良知』不外體現在百姓甚至童僕的往來、視聽、持行、泛應動作等日常生活中，可見其對莊子『道無所不在』、禪宗『平常心是道』等思想多有借鑒，使王守仁的心學在他那裏變成了平民哲學，故黄宗羲謂『陽明先生之學，有泰州（王艮）、龍溪（王畿）而風行天下，亦因泰州、龍溪而漸失其傳』（明儒學案卷三十二）。

王艮所開創的泰州之學，經其子王襞、族弟王棟、門人徐樾等一大批人的推闡發揮，至羅汝芳便提出了『赤子良心』説。如他説：

> 赤子孩提，欣欣長是歡笑，蓋其時身心猶相凝聚。及少少長成，心思雜亂，便愁苦難當。世人於此，隨俗習非，往往馳求外物，以圖安樂，不思外求愈多，中懷愈苦，老死不肯回頭。……赤子渾解知能，知能本非學慮，至是精神自是體貼，方寸頓覺虛明，天心道脈信爲潔淨精微也已。……是故聖賢之學，本之赤子之心以爲根源，又徵諸庶人之心以爲日用。（黄宗羲明儒學案卷三十四引）

羅汝芳提出這些説法的目的顯然是爲了闡明儒學（尤其是心學）之精微，而其在思維方法上則受到了禪宗的一些影響。但我們知道，老子曾要求學道者應該像『嬰兒』、『赤子』那樣保全自己的純真本性，莊子更是高度讚美『嬰兒』、『童子』、『兒子』，認爲大道就體現在他們身上。可見羅氏所倡導的『赤子良心』之説，把赤子孩提看成是『天心道脈』，要求人們『本之赤子之心以爲根源，又徵諸庶人之心以爲日用』，這主要是受到了老莊思想的影響。稍後的李贄又吸收了羅氏的理論精華，終於提出了著名的『童心』説。

此外值得指出的是，南中王門學派、泰州學派還重視對莊子作專門研究，如朱得之著有莊子通義、楊起元著有南華經品節、焦竑著有莊子翼、陶望齡著有解莊，皆爲明代比較重要的莊子學專著，我們將闢專章或專節分別予以論述。

第二節　王守仁對莊子思想的多所推闡

王守仁（1472—1529），字伯安，别號陽明，浙江餘姚人。嘗築室於會稽山陽明洞，自號陽明子，世稱陽明先生。早年因反對宦官劉瑾而被貶爲貴陽龍場驛丞，後以平定宸濠之亂而被封爲新建伯，官至南京兵部尚書。卒謚文成。初習程朱理學，後轉陸九淵心學，爲宋明心學之集大成者，在儒學、佛學、道家等研究方面均有很高造詣。其學術思想除在中國外，對日本、朝鮮半島以及東南亞等國家和地區，也都有重要而深遠的影響。著作有王文成公全書三十八卷。

明代心學，經曹端、薛瑄、吴與弼、陳獻章等的傳續發揮，『至文成而始大』，王守仁乃真正完成了程朱理學向心學的過渡。黄宗羲在評論其治學經歷時説：『先生之學，始泛濫於詞章，繼而遍讀考亭之書，循序格物，顧物理吾心終判爲二，無所得入，於是出入於佛老者久之。及至居夷處困，動心忍性，因念聖人處此更有何道，忽悟格物致知之旨，聖人之道，吾性自足，不假外求。其學凡三變而始得其門。自此以後，盡去枝葉，一意本原，以默坐澄心爲學的。……江右以後，專提「致良知」三字，默不假坐，心不待澄，不習不慮，出之自有天則。』（明儒學案卷五）此謂王守仁在經歷了泛濫於詞章、遍讀朱熹之書後，曾『出入於佛老者久之』，但隨後又『盡去枝葉』，拋棄佛、道而歸本於儒學，終於提出了『致良知』之説。不可否認，王氏晚年確實對佛、道有所批評。如他在四十九歲時曾説：

世儒之支離，外索於形名器數之末，以求明其所謂物理者，而不知吾心即物理，初無假於外也。佛老之空虚，遺棄其人倫事物之常，以求明其所謂吾心者，而不知物理即吾心，不可得而遺也。（象山文老莊之徒，外禮以言性，而謂禮爲道德之衰、仁義之失，既已墮於空虛漭蕩。而世儒之説，復外性以求禮，遂謂禮止於器數制度之間，而議擬仿像於影響形跡，以爲天下之禮盡在是矣。（禮記纂言序）

這裏既批評了世儒遺棄内在的心性而僅僅求禮於外在的器數制度之間的過失，又批評了佛道尤其是老莊之徒唯求内在的心性而遺棄其外在的人倫事物之常的過失，認爲老莊學説的最大弊病就在於其『已墮於空虛漭蕩』而使人不知有道德仁義。可見王守仁這裏對老莊的批評，大致是承因宋代理學家對老莊的看法而來，表明他在『出入於佛老者久之』之後，確曾表現出棄老莊而歸本於儒學的基本思想傾向。

但是，王守仁既然曾『出入於佛老者久之』，又怎能『盡去枝葉』，徹底除去佛、道思想的影響呢？事實表明，他的整個思想體系儘管是屬於儒家的，可是與佛教、老莊思想卻有著千絲萬縷的聯繫。如據王文成全書所附年譜三載，嘉靖二年王守仁五十二歲在越時，曾與弟子張元沖有如下對話：

張元沖在舟中問：『二氏與聖人之學所差毫釐，謂其皆有得於性命也。但二氏於性命中，著些私利，便謬千里矣。今觀二氏作用，亦有功於吾身者，不知亦須兼取否？』先生曰：『説兼取，便不是。聖人盡性至命，何物不具，何待兼取？二氏之用，皆我之用：即吾盡性至命中完養此身謂之仙，即吾盡性至命中不染世累謂之佛。但後世儒者不見聖學之全，故與二氏成二見耳。譬之廳堂三間共爲一廳，儒者不知皆吾所用，見佛氏則割左邊一間與之，見老氏則割右邊一間與之，而已則自處中間，皆舉一而廢百也。聖人與天地民物同體，儒、佛、老、莊皆吾之用，是之謂大道。二氏自私其身，是之謂小道。』

集序）①

① 本節凡引王守仁文，皆據文淵閣四庫全書所收王文成全書本。

王守仁的『廳堂三間』之喻，意在批評陋儒不知三家融通之道，認爲儒、釋、道三者皆出於同一本原，並承認三者互爲借用即是『大道』之用。他在晚年時，又曾以類似的比喻來闡明其『三教合一』的觀點。黄宗羲明儒學案南中王門學案云：

或問『三教同異』。陽明先生曰：『道大無名，若曰各道其道，是小其道矣。心學純明之時，天下同風，各求自盡。就如此廳事，元是統成一間，其後子孫分居，便有中有傍。又傳，漸設藩籬，猶能往來相助。再久來，漸有相較相爭，甚而至於相敵。其初只是一家，去其藩籬，仍舊是一家。三教之分，亦只似此，其初各以資質相近處學成片段，再傳至四五，則失其本之同，而從之者亦各以資質之近者而往，是以遂不相通。名利所在，至於相爭相敵，亦其勢然也。故曰：「仁者見之謂之仁，知者見之謂之知。」才有所見，便有所偏。』

王守仁此處意謂，『道』本爲一，儒、釋、道皆爲聖人之學，但後人『漸設藩籬』、『漸有相較相爭』，甚至『相爭相敵』，其實在『去其藩籬』後，仍只是『一家』，原來大道無所不包，聖人作爲大道的體悟者，自然深知『儒佛老莊皆吾之用』，而世儒『各道其道，是小其道矣』。由上述可以看出，王守仁顯然融攝了老莊的道本體論，以『道』爲天地萬物的本原，甚至認爲『古之人能以天地萬物爲一體』（綏柔流賊）、『聖人之心以天地萬物爲一體』（傳習錄中）、『仁人之心以天地萬物爲一體』（文錄）、『大人者以天地萬物爲一體』（親民堂記），更可見出其與莊子『天地與我並生，而萬物與我爲一』（齊物論）等說法一脈相承。

可以認爲，如果没有老莊和佛教思想的影響，就不可能有如此完整的王守仁心學思想體系。程朱理學的核心內容就是大力提倡『存天理』、『滅人欲』，把『天理』與『人欲』完全對立起來。據黄宗羲所謂王守仁『遍讀考亭之書，循序格物，顧物理吾心終判爲二』云云，可知王氏早年遍讀朱子之書，所見無非是『理』與『心』的對立。但格之既久，『無所得入』，並無多大心得，乃『出入於佛老者久之』，再加上隨後的人生磨難和道德實踐，終於覺察到了朱子『析心與理而爲二』所存在的嚴重弊病。他說：

朱子所謂格物云者，在即物而窮其理也。即物窮理，是就事事物物上求其所謂定理者也。是以吾心而求理於事事物物之中，析心與理而爲二矣。（傳習録中）

蓋王道息而伯術行，功利之徒，外假天理之近似以濟其私，而以欺於人曰：『天理固如是。』不知既無其心矣，而尚何有所謂天理者乎？自是而後，析心與理而爲二，而精一之學亡。（象山文集序）

在王守仁看來，『心也者，吾所得於天之理也』（答徐成之），人們應該『無間於天人，無分於古今』（同上），視『天理』、『人心』爲統一體，而以朱熹爲代表的理學家，則『析心與理而爲二』，並欺騙人説『天理固如是』，這豈不有違『夫子告之以「一貫」，而教以「能近取譬」，蓋使之求諸其心也』（象山文集序）了嗎？實際上，王守仁所謂的『求諸其心』，主要就是要求『順其性以全其天』（性天卷詩序），反對『喪其性而失其天』（同上），從而達到『復此心之本體』（與黄勉之），把長期匍匐於『天理』權威下的『人心』真正解救出來。可見，他的這些主張正透露出其旺盛的生命意識，與古老中國的追求個體生命自由存在的智慧相通，尤與莊子所大力倡導的『任其性命之情』（駢拇）思想有著更深的淵源關係。

爲了『復此心之本體』，王守仁還提出了『去蔽與害』的主張。他説：『其心本無昧也，而欲爲之蔽，習爲之害。故去蔽與害而明復，匪自外得也。心猶水也，污入之而流濁；猶鑒也，垢積之而光昧。……世儒既叛孔孟之説，昧於大學格致之訓，而徒務博乎其外，以求益於内，皆入污以求清、積垢以求明者也，弗可得已。』（别黄宗賢歸天台序）這裏所謂的『蔽』，即指私欲。那麼應如何來克治私欲呢？王守仁曾教給學生的重要方法之一就是『静坐』，『以默坐澄心爲學的』（黄宗羲明儒學案卷五），『静守如槁木死灰』，最後達到『無私可克』、『天理純全』（見傳習録上）的境界。他還從理論上闡述這一克治工夫説：『吾輩用功，只求日減，不求日增，減得一分人欲，便是復得一分天理，何等輕快脱灑，何等簡易！』（同上）可見，王守仁這裏所提倡的『静坐』方法、克治工夫，與莊子所謂的『心齋』、『坐忘』、『守宗』顯得頗爲相似。他所提出的『只求日減』之說，又何嘗不留有老莊『爲道日損』說影響的明顯痕跡？另外，王守仁所說的『害』，即是指『務博乎其外』而言。因爲在他看來，對人心的危害之大，實在莫過於『世儒』務從書冊、名物、形跡上下工夫：『後世不知作聖之本是純乎天理，卻專去知識才能上求聖人，……故不務去天理上著工夫，徒弊精竭力，從冊子上鑽研，名物上考索，形跡上比擬，知識愈廣而人欲愈滋，才力愈多而天理愈蔽。』（傳習錄上）顯然，王守仁的這些看法是建立在下列認識基礎上的：

道不可言也，強爲之言而益晦；道無可見也，妄爲之見而益遠。夫有而未嘗有，是真有也；無而未嘗無，是真無也；見而未嘗見，是真見也。子未觀於天乎？謂天爲無可見，則蒼蒼耳，昭昭耳，日月之代明，四時之錯行，未嘗無也；謂天爲可見，則即之而無所，指之而無定，執之而無得，未嘗有也。夫天，道也；道，天也。風可捉也，影可拾也，道可見也。（見齋說）

道無方體，不可執著，卻拘滯於文義上求道，遠矣。……若解向裏尋求，見得自己心體，即無時無處不是此道。亙古亙今，無終無始，更有甚同異？心即道，道即天，知心則知道知天。……要實見此道，須從自己心上體認，不假外求始得。（傳習錄上）

老子說：『道之爲物，惟恍惟惚。』（老子二十一章）莊子也說：『夫道，有情有信，無爲無形，可傳而不可受，可得而不可見。』（大宗師）總之，道體虛無，既超越時間，又超越空間，不能用任何語言文字加以表述，也不能訴之於人的視聽之區，只能以特殊的方法即讓絕對虛靜的心靈去冥悟。王守仁顯然較多地吸收了老莊道體論思想，同樣認爲『道』作爲萬物的本體，是不可見、不可言、不可執的，但它顯現爲世界萬象，則又是可見、可言、可執的。在王守仁看來，天理和心之本體正與『道』的這些特徵相同，所以他說『心即道，道即天』，『夫心之本體，即天理也』（答舒國用），終於把道、天理、人心都統一了起來。正是基於這樣的認識，王守仁又主要依據莊子關於『夫六經，先王之陳跡也，豈其所以跡哉』（天運）等思想，對『世儒』只知『於文義上求道』，務欲從書冊、名物、形跡上求天理心性，給予了堅決否定，認爲『心本無昧』，只要除去『世儒』強加給它的污垢，便自可靈明如初。應當承認，王守仁的這些説法雖然是『唯心』的，卻在一定程度上動搖了儒家經典的神聖地位，爲人心的解放作出了較大貢獻。

據王文成全書所附年譜載，王守仁五十歲在江西時『始揭致良知之教』，標誌著他的學説已進入最後一個發展階段。從王守仁大量的表述中可以清楚看到，他已將『良知』加以本體化，認爲它即是無形的天道、天理和虛靈之心體，具有包涵萬象的功用，因而也與老莊的『本體論』思想有著非常明顯的淵源關係。他説：

良知者，心之本體，即前所謂恒照者也。心之本體，無起無不起，雖妄念之發，而良知未嘗不在。（傳習錄中）

夫心之本體，即天理也。天理之昭明靈覺，所謂良知也。（答舒國用）

良知，即是天植靈根，自生生不息。（傳習錄下）

良知是造化的精靈，這些精靈生天生地，成鬼成帝，皆從此出，真是與物無對。人若復得他完完全全，無少虧欠，自不覺手舞足蹈，不知天地間更有何樂可代。（同上）

天地間活潑潑地，無非此理，便是吾良知的流行不息。致良知，便是必有事的工夫，此理非惟不可離，實亦不得而離也。無往而非道，無往而非工夫。（同上）

人者，天地萬物之心也。心者，天地萬物之主也。心即天，言心則天地萬物皆舉之矣。（答季明德）

王守仁以『良知』爲『心』之本體與『天理』，並將『良知』提升爲『生天生地，成鬼成帝』的『靈根』，認爲天地萬物皆由此『良知』派生出來，世間一切事物的生滅都由它主宰著，故『言心則天地萬物皆舉之矣』。這些説法，與老莊以『道』爲宇宙萬物之本原的思想是基本一致的，尤其與莊子所謂『道』能『神鬼神帝，生天生地』（大宗師）的說法如出一轍。王守仁又說：

人的良知就是草木瓦石的良知，若草木瓦石無人的良知，不可以爲草木瓦石矣。豈惟草木瓦石爲然，天地無人的良知亦不可爲天地矣。蓋天地萬物與人原是一體，其發竅之最精處，是人心一點靈明。風、雨、露、雷、日、月、星、辰、禽、獸、草、木、山、川、土、石，與人原只一體。故五穀禽獸之類，皆可以養人；藥石之類，皆可以療疾。只爲同此一氣，故能相通耳。（傳習錄下）

充天塞地中間，只有這個靈明。人只爲形體自間隔了。我的靈明，便是天地鬼神的主宰。天沒有我的靈明，誰去仰他高？地沒有我的靈明，誰去俯他深？鬼神沒有我的靈明，誰去辯他吉凶災祥？天地鬼神萬物，離卻我的靈明，便沒有天地鬼神萬物了。我的靈明，離卻天地鬼神萬物，亦沒有我的靈明。如此便是一氣流通的，如何與他間隔得？（同上）

莊子的宇宙發生論以『氣』爲連接『道』與萬物的仲介。他在至樂篇中說：『察其始而本無生，非徒無生也而本無形，非徒無形也而本無氣。雜乎芒芴之間，變而有氣，氣變而有形，形變而有生。』謂『雜乎芒芴之間』的『道』變而爲『氣』，『氣』變而爲宇宙萬物，而『道』絕對虛無，『氣』介於有形無形之間，人們所能感知的無非是『氣』及其所變化出的世間萬物，『故曰「通天下一氣耳」』（知北遊）。王守仁深受莊子思想影響，認爲『良知』（『道』）變而爲『氣』，『氣』變而爲天地萬物，『氣』便是連接『良知』與天地萬物的仲介，所以他說『天地萬物與人原是一體』，『只爲同此一氣，故能相通耳』，而如此『一氣流通』，又『如何與他間隔得』？王守仁還引『太虛』作比喻說：

良知本體原來無有，本體只是太虛。太虛之中，日月星辰，風雨露雷，陰霾饐氣，何物不有？而又何一物得爲太虛之障？人心本體亦復如是。（年譜引）

良知之虛便是天之太虛，良知之無便是太虛之無形。日月風雷山川民物，凡有貌象形色，皆在太虛無形中發用流行，未嘗作得天的障礙。聖人只是順其良知之發用，天地萬物，俱在我良知的發用流行中，何嘗又有一物超於良知之外，能作得障礙？（傳習錄下）

『太虛』一詞出自莊子知北遊，謂空寂玄奥的至道。張載進一步用它來表示宇宙萬物的本體，認爲『太虛無形，氣之本體，其聚其散，變化之客形爾』（正蒙太和）。王守仁更把它用來比擬『人心本體』、『良知本體』，認爲『良知』與『太虛』即『道』一樣，虛空而能包容萬有，凡天地間貌象形色皆在其發用流行之中，莫不成爲它的派生之物。

總之，王守仁在創建他的整個心學思想體系過程中，都自覺或不自覺地吸收了佛、道思想中的某些觀點。用他自己的話說，這就是『儒、佛、老、莊皆吾之用，是之謂大道』（年譜引）。

第三節 楊起元的南華經品節

楊起元（1547 — 1599），字貞復，號復所，廣東歸善人。萬曆五年進士，選庶起士，學於羅汝芳。時張居正方惡講學，汝芳被劾罷，而起元自如，累官吏部左侍郎。史稱王守仁傳王艮，艮傳徐樾，樾傳顏鈞，鈞傳羅汝芳，汝芳傳楊起元，故黃宗羲明儒學案將楊氏歸入泰州學案。

清四庫館臣爲楊起元諸經品節二十卷所撰提要云：『是編删纂道、釋二家之書，道家凡陰符經、道德經、南華經、大元經、文始經、洞古經、大通經、定觀經、玉樞經、心印經、五廚經、護命經、胎息經、龍虎經、洞靈經、黄庭經十六種，釋家凡楞嚴經、維摩經、心經、金剛經、六祖壇經、圓覺經、楞伽經、藥師經、法華經、無量經、彌陀經、盂蘭經十二種。……起元傳良知之學，遂浸淫入於二氏，已不可訓；至平生讀書爲儒，登會試第一，官躋九列，所謂國之大臣、民之表也，而是書卷首乃自題曰比丘，尤可駭怪矣。』誠然，楊起元治學，雖以闡發儒學爲宗旨，卻頗浸淫於佛、道二教，其諸經品節二十卷，即是闡釋道、釋二教經典的著作。當然，從嚴格意義上來說，其中的道德經、南華經屬於先秦道家哲學著作，並不可視爲宗教經典，但他在闡釋這兩部書時卻引入了一些道教和佛教的思想觀念，表現出了一定的宗教化思想傾向。如莊子天地有『形體保神』語，楊起元闡釋說：『保即保合太和之謂。既有形矣，必有形形者，而形形者神也。神即道家（教）所謂元神、佛氏之元性也。』這就把莊子所說的精神與道教、佛教所謂的靈魂等同了起來。

明史本傳謂『起元清修姱節，然其學不諱禪』。其所著南華經品節，主要也就表現出了以佛解莊的思想傾向。如人間世篇有顔回『心齋』寓言故事，楊起元眉批說：『此上議論，即禪家所謂照了。』從而把莊子所說的『心齋』解釋成了佛教所謂的徹見、洞曉。外物篇有語云：『人有能遊，且得不遊乎？人而不能遊，且得遊乎？』楊氏解釋說：『遊即逍遥也。能遊者，胸次灑然，一物不著，雖欲不遊，不可得也。不能遊者，塵根太重，世緣難斷，雖欲遊之，不可得也。』據莊子在逍遥遊篇中的意思，人們不能逍遥遊的根本原因即在於其『有所待』，未能像至人、神人、聖人那樣『乘天地之正，而御六氣之辯』，在精神上獲得徹底解脱，而楊氏則以佛教的理論觀點解釋之，認爲其根本原因就在於『塵根太重，世緣難斷』，不能使自己的胸次達到空寂明淨的境界。在宥篇有議論『世俗之人』、『有土者』與『大人之教』一番話，楊氏眉批說：『有衆生相，即衆法矣。有我相，有人相，便是有物。無人相，無我相，惡得有有？』認爲『世俗之人』的所作所爲，『有土者』的經營天下，皆屬執著於法相——『我相』、『人相』、『衆生相』，即事物的相狀、性質、名稱等外觀形態。在楊氏看來，只要像『大人之教』，做到『處乎無響』、『行乎無方』、『大同而無己』，就是達到了佛教所說的『無人相』、『無我相』的性空境界。

從學派的學術淵源上來看，楊起元『其學不諱禪』，正承因了王守仁心學尤其是泰州學派重要代表人物顔鈞、羅汝芳的學術風格。同時，楊氏的南華經品節作爲一部莊子學著作，又較多地吸收了林希逸南華真經口義和陸西星南華真經副墨這兩部具有明顯佛理化思想傾向的莊子學著作中的成果。如莊子大宗師有『古之真人，其狀義而不朋』一段文字，林希逸解釋說：『此一段形容之語，盡有溫粹處，但說得太澒洞，佛書中多有此類狀容也。』楊起元接過林氏的意思說：『如一片飛躍景象，佛書中多有此類狀容。』列禦寇篇有語云：『賊莫大乎德有心而心有睫，及其有睫也而內視，內視而敗矣。』林希逸解釋說：『禪家所謂滲漏心，又曰第二念，便是此意。』楊起元接過林氏的意思說：『即釋所謂滲漏心，第二念也。』也認爲佛教禪宗主張於參悟時須保持正念，心無所住，心空境空，而不得離此起滲漏心（即第二念），這與莊子所謂有心爲德則敗道的說法正是一回事，可見其承因林說之跡甚明。但比較起來，楊起元還是更多地承因了陸西星南華真經副墨中的說法。如楊氏說：

念無自性，不離本覺。本覺離念，即是真如。（此係爲在宥篇『崔瞿問於老聃』寓言故事所作眉批。按，陸西星於此處解釋說：『妄心滅則早見真心。圓覺經疏云：「念無自性，不離本覺。本覺離念，即是真如。」金剛科儀云：「妄心盡處即菩提。」宗旨同此。』）

人之一身，乃地、火、風、水四大假合而成，乃天地強陽氣所積聚耳，故曰委形。（此係爲知北遊篇『是天地之委形也』等語所作注釋。按，陸西星於此處解釋說：『夫人，地、火、風、水四大假合而有此身，故曰「身非汝有，天地之委形。」』）

六根門頭，頭頭是障。（此係爲外物篇『目徹爲明』等語所作批語。按，陸西星於此處解釋說：『六根門頭，頭頭是障，須下幾個「徹」字，實則一了百當，一處徹則處處皆徹矣。』）

物各歸根，體自空虛，毀壞萬物，則斷滅頑空矣。故不壞世相而成實相，實即真空不空，謂實相。（此係爲天下篇『以空虛不毀萬物爲實』一語所作注釋。按，陸西星於此處解釋說：『以空虛不毀萬物爲實者，實即佛氏所謂實相。蓋真空不空，故不壞世相而成實相。若毀壞萬物，則斷滅頑空，而非所謂道矣。』）

從這裏所列舉的文字可以清楚看到，楊起元較多地承因了陸西星的說法，以佛教『自性』、『真如』、『四大』、『六根』、『頑空』、『世相』、『實相』等觀念來闡釋莊子思想，說明他研治莊子亦真可謂『不諱禪』了。從另一方面看，他引述前人說法而不予注明，這又反映出包括莊子學在內的整個明代學術存在著較爲嚴重的浮躁乃至抄襲風氣。

當然，楊起元作爲宋明新儒學中的人，其著南華經品節自然也要引入一些儒家觀念。如莊子田子方有『莊子見魯哀公』寓言故事，批評儒者大多爲冒牌貨，『以魯國而儒者一人耳』，但此處所謂『一人』，並不一定指孔子而言，而楊起元卻說『魯有夫子，萬世一人也』，從而把『一人』完全坐實爲傳統儒學所謂萬世獨尊的孔子。又在宥篇有『無視無聽，抱神以靜』等語，楊氏眉批說：『儒家「上天之載，無聲無臭」，即是此道。』庚桑楚篇有『明乎人，明乎鬼者，然後能獨行』等語，楊氏眉批說：『「獨行」之語，當與聖經「慎獨」參看。』這裏，楊氏復徵引了儒家經典詩經、中庸中的思想觀念，認爲這些思想觀念實可與莊子的某些思想互爲發明。然而，楊起元卻拒絕將宋代理學家的一些思想引入他的莊子闡釋中。我們曾在本書第五編中說過，北宋周敦頤心胸灑落，雅意林壑，每尋『孔顔樂處』，而據其所謂『處之一則能化而齊，故顔子亞聖』（易通）云云來看，則這種『樂處』當亦包含了莊子中所謂顔回『心齋』、『坐忘』的人生意趣。邵雍對莊子的推崇、欣賞之意更爲明顯，他不但賦有像『簡尺每稱林下士，過從或著道家衣』（伊川擊壤集首尾吟）、『因思濠上樂，曠達是莊周』（伊川擊壤集川上觀魚）這樣稱羨道家、思慕莊周的詩句，而且在觀物篇中還有大量推崇、欣賞莊子思想的言論。程頤曾說：『學者後來多耽莊子。若謹禮者不透，則是佗須看莊子，爲佗極有膠固纏縛，則須求一放曠之說以自適。譬之有人於此，久困纏縛，則須覓一個出身處。如東漢之末尚節行，尚節行太甚，須有東晉放曠，其勢必然。』（河南程氏遺書卷十八）認爲莊子學說固然以『放曠』爲其重要特徵，但這種放曠之說對於矯正世人膠固不化的思想行爲是很有積極作用的，因而它在後世得到許多學者的青睞也就屬於自然而然的事了。這些說法經過南宋艾軒學派理學家林希逸的進一步發揮，便從莊子中闡釋出了所謂『孔顔樂處』的思想內容。如林氏在南華真經口義逍遙遊題解中說：『此之所謂逍遙遊，即詩與論語所謂「樂」也。一部之書，以一「樂」字爲首，看這老子胸中如何？』在闡釋讓王篇「顏回家貧居卑」寓言故事時說：「所學夫子之道足以自樂，樂者何物也？故二程每教人求顏子樂處，此不可草草看過也。」認爲莊子即是一位尋求「孔顏樂處」的人。對於這些說法，楊起元則予以堅決否定。如他在爲讓王篇「顏回家貧居卑」寓言故事作眉批時說：「程子教人，每令尋顏子樂處，不知所樂何事！」意謂林希逸以二程所謂的「顏子樂處」來闡釋讓王中「顏回」的思想行爲，真讓人不知是怎麼回事！這說明，明代心學家的莊子學與宋代理學家有著明顯的不同。

楊起元在南華經品節中曾使用了「天理」一詞。如他在闡釋盜跖篇時說：「知有人爲而不知有天理，雖至貴爲天子，猶有損身之患，況其下乎！」在闡釋寓言篇時說：「天倪，天理也。謂以天理而調和衆人之心也。」此處所說的「天理」，大致與莊子所謂「依乎天理」（養生主）、「順之以天理」（天運）之「天理」的含義相當，皆指固有的天然規律而言。有時，楊氏則以「天理」與「物欲」、「欲惡」等概念對舉。如他在闡釋外物篇時說：「屏去物欲而全其天理，則可以優遊養老。」在闡釋則陽篇時說：「欲惡熾，天理滅，真性日漓，漸漸拔而去之。」這些說法，顯然受到了程朱理學「存天理」、「滅人欲」思想的影響。但是，楊起元的這些說法與程朱理學在本質上是有一定區別的，因爲其中已包含了明代心學思想。如莊子則陽有語云：「夫靈公有妻三人，同濫而浴。史鰌奉御而進所，搏幣而扶翼。其慢若彼之甚也，見賢人若此其肅也，是其所以爲靈公也。」楊氏闡釋說：「執其贄見之幣而公使人扶翼之，言有禮也。當人欲橫流之中而良知之天猶有覺悟，是以謚也。」此處以「良知」替代「天理」，而與「人欲」對舉，認爲衛靈公雖然荒淫無道，人欲橫流，但見到賢者時，「良知之天猶有覺悟」，說明楊氏的這些說法顯然受到了王守仁「良知」說的深刻影響①。楊氏在闡釋庚桑楚篇「能兒子乎」等語時說：「此

① 按，從文字層面上看，楊起元這裏的說法有承因陸西星南華真經副墨的痕跡，但陸氏的說法亦當來自王守仁的「良知」說，所以楊氏此處的說法仍應看成是受王氏心學影響的結果。

皆返朴還淳之道，所謂不失其赤子之心也。』這一説法，顯然又受到了其師羅汝芳『赤子良心』説的直接影響。

總之，楊起元作爲泰州學派的心學家，他所著的南華經品節不免雜有一些心學思想，從中尤其可看出其『不諱禪』的思想傾向。但與林希逸南華真經口義、陸西星南華真經副墨、釋德清莊子内篇注、袁宏道廣莊、袁中道導莊等莊子學專著相比，則楊氏此著的佛理化思想傾向便算不上太明顯了。

第四章　前後七子派的莊子學

第一節　前後七子派文藝觀與莊子思想之關係①

成化、弘治間，李東陽鑒於臺閣體末流貧弱冗贅的詩風，大力倡導音聲格調之説，主張師法杜甫，擬寫古樂府詩，直接開啟了前後七子創作趨向之先河。李東陽作爲當時著名政治家和文壇領袖，在思想認識上必然以儒學爲正宗，但對道家也時有親近感。如他所謂『讀罷莊生齊物論，始知天地有鵬程』（焦林書巢……）、『養生已得蒙莊術，欲向南華比大椿』（樗老詩……），即表達了對莊子齊物、養生等思想的嚮往之情。尤其值得指出的是，他還以莊子『貴真』思想來評論唐宋詩歌，認爲『唐人不言詩法，詩法多出宋，而宋人於詩無所得。所謂法者，不過一字一句對偶雕琢之工，而天真興致則未可與道。』（懷麓堂詩話）他所創作的詩歌，往往不同於『真詩漸亡』的臺閣體詩歌，而稱得上是一些洋溢著真情實感的真詩。如收在他的南行稿、北上錄、詩前稿、詩後稿等詩集中的作品，即多是些真實反映當時江南江北自然風光和某些風土人情的真詩。

① 本節引李東陽、李夢陽、何景明、鄭善夫、李攀龍、謝榛、王世貞詩文，如沒有另加説明，則分别據文淵閣四庫全書本懷麓堂集、空同集、大復集、少谷集、滄溟集、四溟集、弇州四部稿、續稿。

繼李東陽之後，以李夢陽、何景明爲首的前七子的文學復古運動崛起於弘治、正德時期。他們大都强調『文必秦漢，詩必盛唐』，鄙棄自西漢以下的所有散文及自中唐以下的所有詩歌，形成了一個影響廣泛的文學流派。但必須指出，他們提倡擬古並非完全是食古不化，而往往是與創新、求真的意圖緊密聯繫在一起的。李夢陽曾説『莊周齊物之論最達天』（空洞子治道），認爲莊子齊物思想最能體現天道原則，自然無爲，純真無僞，物我兩忘，超然是非之外。因此他指出：『感於腸而起音，罔變是恤，固情之真也。』（結腸操譜序）意謂隨著内心的變化莫測而自然産生的聲音才是真情，而『有爲而爲者』，『皆非真也』，『故曰君子貴真，真者無所爲而爲者也。』（見遵道録序）這表現在文藝上，就是對『真詩』的自覺追求。如他在晚年曾作詩集自序①，認爲『夫詩者，天地自然之音也』，『今真詩乃在民間，而文人學子，顧往往爲韻言，謂之詩』，把『真詩』的源頭直接追溯到了産生於民間的詩經國風詩，並要求學詩者應當以渾樸自然的民間真詩爲楷模，而不應該把文人學士的韻言看成是真正的詩。於是他『懼且慚，曰余之詩非真也』，追悔自己以前所寫的詩也還不能契於『天地自然之音』。由此可見，李夢陽的這些文藝觀點上與莊子『貴真』思想有一定淵源關係，下與公安派、竟陵派的文藝思想也有一些相通的地方。黄省曾曾一度追隨李夢陽，後乃問學於王陽明，是七子派中比較接近老莊思想的成員。如他説：

或曰：人君無爲而理天下也，則何以貴生？曰：不貴生也，則耳目之騖廣而鬥攘之風煽，性情之瀾蕩而淫侈之竇闢，……是故非貴生則不能以佐無爲，非無爲則不能以營貴生，貴生無爲殆形影表内相須之道也。（老子道德經玉略序）②

黄省曾這裏對老莊思想作了闡述，認爲人們應該效仿天地之道，以無爲的態度來治理天下，按自然的法則來對

① 此序文見光緒己丑渭南嚴氏重刊本空同詩集卷首。
② 本節凡引黄省曾文，皆據五嶽山人集，明嘉靖黄氏刻、萬曆二十四年董漢儒修補印本。

待生命，這便是『形影表内相須之道』。他把這些觀點運用到文藝批評上，就是要求文藝作品必須合於天地自然之道，以直吐真情爲目的。他說：

良玉醜礈，雖姿彩相似而真僞迥殊，此當契辨耳。故讀之枯凋轃合者，皆僞也；使人意動情應者，皆真也。（答武林方九敘童漢臣書）

詩者，神解也，天動也，性玄也，本於情流，弗由人造。……古人構唱，直寫厥衷，如春蕙秋蓉，生色堪把，意態各暢，無事雕模。若末世風頹，横添私刻，矜蟲鬥鶴，遞相述師。如圖繒翦錦，飾畫雖妍，割強先露，故實雖富，根荄愈衰，千葩萬蕊，不如一榮之真也。……但世人莫省自然，咸遵剽竊。正德以來，古途雖踐，而此理未逮；藝英雖遍，而正軌未開；秀句雖多，而真機罕悟。（詩言龍鳳集序）

黄省曾這裏從貴『真』思想出發，要求詩歌應該符合天地自然之道，直寫詩人心中的真實感情，而堅決反對一切缺乏『真機』的模擬之作，説明他雖曾服膺李夢陽，但後來卻對詩壇模擬所帶來的『枯凋轃合』、『莫省自然』之弊已有足夠認識，這確實是一種有識之見，無疑應該予以肯定。

何景明在一些具體的文學見解上更與李夢陽存在著分歧。他在與李空同論詩書中說：『追昔爲詩，空同子刻意古範，鑄形宿鏌，而獨守尺寸。僕則欲富於材積，領會神情，臨景構結，不仿形跡。……今爲詩不推類極變，開其未發，泯其擬議之跡，以成神聖之功，徒敘其已陳，修飾成文，稍離舊本，便自杌隉，如小兒倚物能行，獨趨顛僕，雖由此即曹、劉，即阮、陸，即李、杜，且何以益於道化也？佛有筏喻，言舍筏則達岸矣，達岸則舍筏矣。』這裏，何氏認爲擬古不能『鑄形宿鏌』、『獨守尺寸』，而應該『富於材積』、『領會神情』、『不仿形跡』、『推類極變』，最終舍筏登岸，不露模擬之跡。關於『富於材積』，他曾在樊少南字說中闡述說：

鵬，莊生所稱南圖者也。……夫鵬，鯤爲之也。鵬之大數千里，鯤亦數千里，非鯤則不能鵬也。鵬之南圖也，扶摇而上者九萬里，風蓬蓬在下，足以任其力，鼓其後而南，非九萬里則無以南也。故所托者小，則弗能大；所積者弗能厚，則弗能遠。蠛蠓之子，翔於蚊睫，離婁視之，渺然無有也。何也？所托者小也。蜣決起而飛數尺，薨薨屬於牆以投於地；雉泄泄飛，不踰十畝，所積者弗能厚也。今夫學者，扁扁卑卑，狹於守規，空空懵懵，日無所益，而月有所亡者，皆所托不足以致大，所積不足以致遠者也。……飧糒粱（粱）而適莽蒼，返而腹猶果然飽也；粥脫粟者，未及郭枵然餒矣，自致其力也。是故鵬之能大者，所托者然也；鵬之能遠者，所積者然也。今爾亦審其托、厚其積焉已矣，其大且遠者弗難也。

何景明從莊子逍遥遊對鯤鵬與蜩、學鳩、斥鴳等形象的對比描寫中受到了啟發，深刻認識到所積者不厚則不能致遠。他由此出發，對當時的學者提出了嚴厲批評，指責他們『狹於守規，空空懵懵』，甚爲鄙陋，而迫切要求學子們厚其積，達到學養淵深，所致者遠。但在何景明看來，對於文人學士來説，僅僅做到這一點仍是不夠的，還必須在『富於材積』的基礎上進一步達到『領會神情』、『推類極變』的境界。關於這一點，他曾在心跡篇中闡述説：

天下之事在心知其意，毋以跡固之，則神明應而變化合，變化合則端委見矣。……夫端委者，變化之始終也。旁而通之以合變化，約而省之以見端委，聖哲之行也。夫拘學不假於繩尺之外，淺見不及於衣帶之下，習而不思，由而不察，猶弓人之不能矢，冶人之不能匠也。故拘學不可以論廣，淺見不可與指遠。何也？心不知其意而徒以跡固之也。……故效顰者益其醜，學步者失其故。……故莊生觀解牛知養生，張旭觀舞劍知草書。夫解牛於養生相懸也，舞劍於草書至遠也，然視之若一伎焉，意誠通則跡不足以蔽之也。

莊子在天運篇中批評孔子説：『夫六經，先王之陳跡也，豈其所以跡哉！今子之所言，猶跡也。夫跡，履之所出，而跡豈履哉！』意謂正像『夫跡，履之所出，而跡豈履哉』一樣，孔子所推崇的六經並非先王事跡本身。因爲先王的事跡屬於過去的陳跡，已不再是現在和將來事物真實的表象，我們怎能把它作爲體認『道』的依據呢？何景明遥承莊子關於『跡』與『所以跡』的思想，明確指出文人學士雖然必須『厚其積』、『富於材積』，廣泛借鑒前人的成果，但更重要的還是要做到『心知其意，毋以跡固之』，從而在充分領會前人『神情』的基礎上達到『推類極變』和『神明應而變化合』的境界。在他看來，當時那些『拘學不可以論廣，淺見不可與指遠』，只是一味模擬古人的文士，簡直就像是莊子在天運、秋水篇中所批評的效西施之矉者和邯鄲學步者，而我們則應該像『莊生觀解牛知養生，張旭觀舞劍知草書』那樣，從『相懸』、『至遠』的事件中悟出自己所要體悟的道理，在取法古人的基礎上自出機杼，從而創作出真正具有自己特色的好作品。

大抵說來，『自李（夢陽）、何（景明）二子一出，變而學杜，壯乎偉矣。』（楊慎升庵詩話）七子派的重要作家鄭善夫與何景明『相得懽甚』（鄧原岳鄭繼之先生傳），也以學習杜甫著稱。但是，他的個性與生活態度又決定了他不可能一味模仿、效法杜甫。他曾撰少谷子傳，自稱是『南鄙野人，性極拙且懶』，頗欲『守其玄而葆其真』。世人也說他『潛心大道，攬觀萬物之終始，譬猶鸞鳳乘風九閎之上，飄飄遊豫』（周廷用刻少谷文集），『能齊生死，一常變，仿佛於南華逍遥之風。』（丘齊雲少谷先生集序）說明鄭善夫並不完全像杜甫那樣恪遵儒學，而是一位對道家有所嚮往的作家。關於這一點，他自己在許多詩文中就有明確表述。如：

安得莊生達，相與析玄理。（大雪行三茆山中）

蒙莊達生死，緬邈煩惱津。（出自郭北門行）

鬱彼漆園篇，聊用得吾生。（黄山雜詩之十）

漆園傲吏稱上仙，商丘之樗人共憐。（一樗散人歌）

從這裏可以清楚看到，鄭善夫確實頗有道家風度。故『其放而爲詩也，龍翔虎變，波湧雲蒸』（周廷用刻少谷文集），『伸縮兩儀，顛倒萬化，輪古今而上下』，每每『出入莊騷』（見林俊題少谷文集），『將追先秦莊屈』（黄綰少谷子傳)。這反映到鄭善夫的文藝觀上,就是要求文藝作品做到意象豐富,虛靈多變。所以他在評論杜甫詩時說:『詩之妙處,正在不必說到盡,不必寫到真,而其欲說欲寫者自宛然可想,雖可想而又不可道,斯得風人之義。杜公往往要到真處盡處,所以失之。』(鄭方坤全閩詩話卷七引)批評杜甫詩歌太拘泥於求實,顯得刻板少變,因而不像『蒙莊巧愚奇而奇也』(南湖高士傳)。

到了嘉靖年間,後七子勃然興起。他們繼續提倡復古,聲勢更爲浩大。作爲對後七子派具有開創之功的重要領袖人物李攀龍,強調文自西漢、詩自唐天寶而下,俱無足觀,於本朝獨推李夢陽,所持觀點甚爲褊狹。他雖也曾說過『莊周非人,蓬累而行,逍遙弄世,乃稱達生』(善哉行之二)、『全身遺名,唯有莊周』(短歌)之類的話,但他的文藝思想幾乎沒有受到莊子的影響。倒是其中以布衣終身的謝榛,卻每以莊子爲追慕對象,不時與莊子思想發生共鳴。如他說:

力疾正披老莊圖,鄰翁扣門送藥裹。(守拙吟……)

別來茅屋常虛榻,卻憶南華枕上看。(暮雨山行感懷)

許由潁水心何逸,莊叟濠梁意自同。(湧金亭晚酌)

向來樗散意,一醉任乾坤。(春日過村漫興)

身出動名外,心歸恬澹中。(北園同孔老賦得風字)

謝榛性頗狂傲,而終身不免布衣,所以常常披閱道家著作,甚至在枕上閱讀莊子一書,不時地與莊子思想發生共鳴。所謂『許由潁水心何逸,莊叟濠梁意自同』、『向來樗散意,一醉任乾坤』、『身出動名外,心歸恬澹中』云云,正說明謝榛處世思想的遠源主要應追溯到莊子。在文藝觀方面,謝榛也受到了老莊思想的頗多啟迪。如他曾說:『一夕,讀道德經「大巧若拙」,「巧」、「拙」二字觸其心思,遂成自拙歎……。漫書野語云:「太古之氣渾而厚,中古之風純而朴。夫因朴生文,因拙生巧,相因相生,以至今日。其大也無垠,其深也叵測,孰能返朴復拙，以全其真，而老於一丘也邪？』①衆所周知，返朴歸真是老莊的基本思想。謝榛依據老莊的這一基本思想，認爲唯有返朴復拙才能創作出具有『真』的美學意味的文藝作品，所以他在自拙歎詩中説『千拙養氣根，一巧喪心萌』，把『情真』作爲他衡量詩歌作品的重要標準之一。正是根據這一衡量標準，謝榛才認爲『寓言誰超莊列上，古來多少大宗匠』（讀周諫議用馨詩集漫賦長歌行），把莊子、列子的寓言看成是不可逾越的範本，並宣稱『寓言聊爾從莊周』（秋夜雲峰書齋餞别賦得秋字），以莊子寓言爲自己學習的榜樣。

在後七子中，成就最高、影響最大的是王世貞。初與李攀龍同爲文壇盟主，李死後更爲文壇領袖二十年，『一時士大夫及山人、詞客、衲子、羽流，莫不奔走門下。片言褒賞，聲價驟起。』（明史王世貞傳）他學問淹博，興趣廣泛，對莊子也極爲愛好。如他説：

手擕南華一卷，不妨坐待黄昏。（郎中雜言八首之八）

失意則蓬累，且誦逍遥篇。（莫公遠移居武林）

還將吾樂同魚樂，三復莊生濠上篇。（玉泉寺觀魚）

相逢莫道延津事，且誦莊生第幾篇。（戚將軍贈寶劍歌）

余且從吾蒙莊子曳尾耳。（壽少保兼太子太保左都督南塘戚公六十序）

久將情字付莊周，有淚何曾汗漫流。（哭敬美弟二十四首之五）

王世貞如此追慕莊子，一方面是由於他很羡慕莊子能夠超然物外，遠禍全身。所謂『西園公子安足奇，漢陰丈人真我師。忘機頓覺天地闊，息意不受風雲疑』（灌息軒爲用晦賦）云云，則更爲明白地反映了他的這一思想。另一方面，王世貞愛慕莊子是由於深爲莊子的文辭所吸引。因爲在他看來，『漆園洸洋自恣』（莊子贊），『其達

① 四溟詩話卷二，叢書集成初編本。

見峽決而河潰也，窈冥變幻而莫知其端倪也』（藝苑卮言三），故而『自莊子之言出而後世之修辭者獵其奇』（周之冕書莊子要語後），莊子簡直成了歷代所有文士的靈感源泉！他在古四大家摘言序中說：『周衰天子之統散，……而爲士者日析於觚舌，然大要以顓析利害，競長短於蠻觸而已。獨莊周、列禦寇者，出而跳於一切之外。莊生之爲辭，洸洋猋忽，權譎萬變。列氏時出入，而稍加裁。至漢而淮南子出，其言不盡由一人，其所著載兼括道術事情，最號總雜，而文最雄。乃左氏則采緝魯史而自屬以己法，以爲春秋翼，蓋天下之稱事辭者宗焉。』意謂莊子、列子、淮南子、左傳實爲古時極好的文章範本，而莊子則更具有洸洋恣縱的藝術風格。此後浸淫爲六朝文學，氣益衰。即使『昌黎、河東氏之所謂振起六代之衰，欲以追四子，而猶未逮也』。至於歐陽修、王安石、曾鞏、蘇軾就更不如莊子、列子、淮南子、左傳了，何況是入明以來的文士呢！這樣，王世貞就極力論證了他『文必秦漢』的觀點。當然，王世貞在古四大家摘言序中也曾說『欲習宋者知宋所由來也』，『夫宋所由來者非它也，是四子之遺法也』，認爲當時以歸有光爲首的唐宋派雖然遠不如秦漢作家，但他們畢竟是知道歐陽修、王安石、曾鞏、蘇軾諸家文學淵源之所自，即源自於莊子、列子、淮南子、左傳四家。這說明他在主張『文必秦漢』理論的前提下，也多少承認一點唐宋派散文的價值，認爲他們的作品大抵不失爲『四子之遺法』，是莊子、列子、淮南子、左傳等文學衍變的結果。但更值得指出的是，王世貞還遠承莊子『貴真』、『守真』、『葆真』、『全真』、『反真』、『采真』和『真君』、『真宰』、『真知』思想而提出了『真我』、『真詩』說。如他說：

要須覓真我，勿迷未波馳。（辰玉應試留都……）

以坦承之，以慎守之，變有盡而真我見。（上林苑蕃牧署丞見巖王君墓表）

念其（指好名）與真我背而馳，……則凜然毛骨竦矣。（魏考功懋忠）

苟其力足以矩矱往昔，與近季北地、歷下之遺則，皆儼然若有當焉，其不爲捧心而爲抵掌者多矣。不佞故不之敢許，以爲此曹子方寸間先有它人，而後有我，是用於格者也，非能用格者也。……蓋有真

我而後有真詩。（鄒黄州鷦鷯集序）

王世貞也曾十分強調以格調爲中心，但因有見於復古派『以氣格聲響相高而不根於情實』（陳子吉詩選序）所帶來的弊端愈來愈明顯，加上他晚年又以優遊求自得，追求一種閒適曠達的生活，於是便與莊子『貴真』、『守真』、『葆真』、『全真』、『反真』等思想頗多共鳴，迫切要求尋回『真我』，『含鼓任天真』（封太常陳翁八十），按照自己的本性來過生活。這表現在文藝思想上，就是像莊子譏刺醜婦效顰一樣，批評一些文士只知『矩矱往昔』，一循『北地、歷下之遺則』，一遵古人之格調，認爲此乃『用於格者也，非能用格者也』。按照王世貞這裏的說法，高明的創作者應該是『用格者』，即心中應該先有自己，有『真我』，而驅遣古人的格調，只不過是爲自己所用而已。在此基礎上，他又進一步提出了『有真我而後有真詩』的主張，標誌著他已由重格調向重自然性靈的方向邁進。所以後來標舉『性靈』的公安派重要代表人物袁宗道讚揚他說：『自家本色，時時露出，畢竟不是歷下一流人。』（白蘇齋類集答陶石簣）

第二節　王世貞的讀莊子、南華經評點

王世貞（1526—1590），字元美，號鳳洲、弇州山人，太倉（今屬江蘇）人。嘉靖二十六年進士，官至南京刑部尚書。與李攀龍同爲『後七子』首領，主張文必秦漢，詩必盛唐，倡導復古摹擬。但後期已認識到復古摹擬的流弊，他的文藝觀因之發生了重大變化，甚至提出了『有真我而後有真詩』的主張。著作有弇州四部稿、續稿、弇山堂别集、讀書後等。王世貞把莊子目爲宇宙間一大奇書①，有大量詩文涉及了莊子和莊子，而且還對整部

① 清李漁云：『昔弇州先生有宇宙四大奇書之目，曰史記也，南華也，水滸與西廂也。』（古本三國志序）

莊子作過評點。下面擬擇要作些述論。

一、讀莊子

翻檢王世貞的著作，其中涉及莊子的主要有過定遠問漆園不得等詩，和莊子贊、邵弁莊子標解序、周之冕書莊子要語後、讀莊子讓王篇、讀列子等文，以及宛委餘編中的一些條目，但最重要的還是讀莊子一組論文，包括讀莊子一、讀莊子二、讀莊子三三篇文章①。今即以這一組論文爲主要觀照對象，對王世貞體現在這些詩文中的莊子學作一些論述。

其一，對莊子其人其書的考辨

王世貞對莊子的生平事跡曾有所考辨。其過定遠問漆園不得詩有句云：『兹地有漆園，是否莊生廬？遺跡杳莫存，遺言亦成誣。』王世貞讀莊子二在引述了史記老子韓非列傳『莊子蒙人也』之語後，並未提出異議，説明其對司馬遷的説法是表示認可的。按照傳統説法，司馬遷所説的『蒙』即在今河南商丘附近，而定遠則在今安徽中部偏東的池河上游，與商丘之『蒙』相去甚遠，因而王世貞對所謂此地漆園爲莊子所廬處的説法表示懷疑，認爲這種説法當即屬於誤傳（『遺言亦成誣』）而已。

對於莊子篇章，王世貞認爲『（蘇）軾所欲去讓王、説劍、漁父、盜跖四篇，而以「列禦寇之齊」續於「陽子西遊」而爲一章，則甚當』（讀莊子二）。但他又辨析説：

蘇氏之欲去讓王、説劍、盜跖、漁父四章，而以列子前後之續也無所據，特以盜跖、漁父之排孔子甚

① 讀莊子一、讀莊子二、讀莊子三、讀莊子讓王篇、讀列子，皆據文淵閣四庫全書本讀書後。

而欲去之。夫內、外、雜篇，何嘗不排孔子也？其排婉而深，不若盜跖、漁父之直而淺也，然而吾於蘇氏取焉。所以取者何？以莊子之文得之也。凡莊子之爲文，宏放馳逐，縱而不可羈，其辭高妙而有深味，然托名多怪詭，而轉句或晦棘而難解，其下字或奥僻而不可識。今是四章，獨讓王猶近之，而太疑於正，而是三章者，故甚顯暢而膚淺，其法類若禮經之所謂樂記、儒行者，意必莊子之徒托而爲之者也。（讀莊子三）

蘇軾莊子祠堂記從所謂「莊子助孔子」的基本觀點出發，認爲盜跖、漁父「若真詆孔子者」，所以決非莊子手筆；而讓王、說劍則在文字方面顯得甚爲「淺陋」，因此也肯定是後人摻入的作品。王世貞對於蘇氏以說劍、盜跖、漁父諸篇爲僞作的看法表示同意，但他堅決反對蘇氏以「若真詆孔子」爲理由來判定盜跖、漁父是僞作。因爲在他看來，莊子內、外、雜篇「何嘗不排孔子」？只是「其排婉而深，不若盜跖、漁父之直而淺也」。故而判定這幾篇必爲「莊子之徒托而爲之者」的依據只能是文章風格上所顯示出的差異，即這幾篇文章「甚顯暢而膚淺」，根本不具有莊子文章「宏放馳逐，縱而不可羈，其辭高妙而有深味」等特徵。依據王世貞的看法，在蘇軾所提到的四篇文章中，「獨讓王猶近之，而太疑於正」，但仍當是莊子本人的手筆。爲了具體闡述這一看法，他還特撰讀莊子讓王篇云：

讓王……稱堯讓天下於許由，許由不受。又讓於子州支父，而亦不受，支父疑即巢父也。舜讓天下於子州支伯，而亦不受，支伯疑支父子也。夫是三君子者，不以天下易吾生者也。舜又讓天下於善卷，而亦不受，此不以吾身殉天下者也。又讓天下於石户之農，而不受，此以舜之德爲未至者也。皆入深山，蹈滄海，而絕其跡者也。湯克桀，以讓卞隨，卞隨沉椆水而死。讓瞀光，瞀光沉廬水而死，則何言哉？夫所貴於不爲天下者，爲生也。所以能近道者，爲削名也。爲名而自殘其身則不智，居潔而顯揚其污則不仁。許由、巢父事多傳之者，或不妄。其他或莊先生之寓言，或他人璅言之，而莊先生爲記之，要之不足道，特惜夫莊先生之自持論而自相悖者也。彼卞隨、瞀光者，巢、許五君子之罪人也，而又何言也？

陸德明在莊子音義中就曾說：『或曰：讓王之篇，其章多重生，而務光二三子自投於水，何也？』王世貞進一步指出，此篇中許由、子州支父、子州支伯、善卷、石戶之農皆是重視自己自然性命的人，而卞隨、瞀光則是『自殘其身』之徒，莊子持論爲何如此『自相悖』呢？誠然，讓王篇旨在闡述『尊生』之道，如開頭至『子華子可謂知輕重矣』四段寫重生者能夠輕天下，『魯君聞顏闔得道之人也』至『可謂有其意矣』七段闡明安貧樂道者不以利祿傷其生，『孔子窮於陳蔡之間』一段表明隨遇而安者不以困厄愁苦其生，『舜以天下讓其友北人無擇』至結尾三段贊許卞隨、務光、伯夷、叔齊之倫寧死不辱的清風高節，以爲此乃尊生之基本。但我們知道，在大宗師、駢拇、外物等篇中的務光、伯夷、叔齊卻爲殘生傷性之徒，此篇中的卞隨、務光之輩實質上也皆如此，因此莊子持論確實存在著明顯的矛盾。在王世貞看來，此矛盾大概是由『他人璅言之，而莊先生爲記之』，在不經意間造成的。這也不失爲一種頗爲獨特的見解。總之，王世貞雖然從總體上承因了蘇軾的看法，但又不乏自己的獨特見解。尤其是他所提出的『內、外、雜篇何嘗不排孔子』的說法，更顯示出其真知灼見。

王世貞曾在宛委餘編十四中指出：『儒者讀……莊、列諸書，往往涉獵，不究訓詁，以故有日用而不知，亦有臆記而誤用者。聊爲摘其一二，筆之以俟續考。』其從莊子中摘出並略加考釋的詞語有『冥靈』、『姑射』、『洴澼絖』、『天籟』、『地籟』、『調調』、『刁刁』、『枝策』、『據梧』、『孟浪』、『蛇蚹』、『砉然』、『騞然』、『大窾』、『介刖』、『軸解』、『禪傍』、『繲浣』、『迷陽』、『哀駘』、『堪壞』、『攖寧』、『句贅』、『編曲』、『畸人』等，往往有王氏自己的一些見解。但最值得我們重視的，還是他在宛委餘編六中對達生篇『呂梁』一詞所作的考辨：

今徐州下百二十里爲呂梁洪，水勢險急，漕河之喉咽也。莊子所稱呂梁，在呂梁縣南泗水之上，有石梁焉，故曰呂梁也。懸水三十仞，流沫九十里，後漸平細。又水經注：『滷水出善無縣故城西南八十里，其水西流，歷於呂梁之山，而爲呂梁洪。其巖層岫迂，澗曲涯深，巨石崇竦，壁立千仞，河流激蕩，飆湧雲馳，雷渀電泄，震天動地。司馬彪曰：「呂梁在離石縣西。」』今人知徐之呂梁洪，而不知呂縣、離石之兩呂梁洪也。

司馬彪說：『呂梁，河水有石絕處也。今西河離石西有此縣絕，世謂之黄梁。』（陸德明莊子音義引）認爲達生篇『孔子觀於呂梁』之『呂梁』即今山西省離石縣之呂梁。酈道元水經注河水三在注釋了『呂梁』之後，便引徵了司馬彪的說法，似乎此『呂梁』即爲孔子之所觀處。但水經注泗水又說：『東南過呂縣南，……泗水之上，有石梁焉，故曰呂梁……，懸濤漰渀，實爲泗險，孔子所謂魚鱉不能游。』說明酈道元的前後說法是互相矛盾的。王世貞通過考辨後認爲，今徐州下百二十里泗水上之呂梁洪即爲莊子所稱之呂梁。兩說相較，王氏之說蓋近之。但他又指出，今人只知莊子所稱『呂梁』即爲徐州呂縣泗水上的呂梁洪，而不知山西離石還有一處石梁也叫呂梁洪，那就屬於孤陋寡聞了。

其二，對莊子與老子、孔子關係的論述

自淮南子要略開了老、莊並稱先河之後，司馬遷更在史記老子韓非列傳中提出了關於莊子『其要本歸於老子之言』的看法。但蘇軾在莊子祠堂記中卻認爲莊子是『助孔』者，並批評司馬遷爲『知莊子之粗』者。而王世貞在讀莊子二中則指出『太史公非識莊子之粗者，軾乃識莊子之粗而巧爲之蔽者也』。他在讀莊子一中具體闡述說：

余讀莊子而歎曰：嗟乎！世固未有尊老子如莊子者也。……莊子之所撰著，雖極而至於尊天，而無懷、葛天之治，其究必宿於老子之謂無名、無欲、無爲、無言，以至無始之旨。挫銳、守雌、和光、同塵、絕聖智，以應天下之法；致柔、守中，抱一、含腹、食母、有精、有信、虛極、靜篤，以保一身之要；與他所掊擊失道、失德、失仁、失義之弊，聖智之當絕棄，輾轉反覆，亡所不援引。或曲而暢之，或旁而通之，且詠言之，嗟歎之，必使老子之道高出於堯舜之上。其遺言，下視乎六經而後已。嗟乎！莊子之尊老子，不亦至乎！抑不特尊之而已也，而且老子之忠臣。夫忠臣者，揚主之善而諱其短，凡老子之所稱張、與、奪、枉、曲、直、騁堅、用奇、取大、取小、得志於天下之故，稍近術而爲人所窺者，則已逆料宋儒之見攻而闕之，彼且以爲真闕之也。而其辭之剽擽吊詭，身先陷於不韙矣。……是以誕而不可信，狂而使人怒。嗟乎！何莊子之忠於老子而不自忠也。

在王世貞看來，『夫尊孔子者莫若孟子，而孟子之尊孔子，不過曰孔子聖之時，又曰吾所願則學孔子而已。其談仁義，辨王伯，探性善，推不忍，往往發揮所自得之藴，以成其書，固未嘗舉孔子之文言而訓詁之也。』認爲孟子所發揮的往往是他自己的一些心得體會，並沒有對孔子的文字、言論作訓詁式的闡釋。而莊子之所究必歸於老子之旨，甚至對老子無所不援引，『或曲而暢之，或旁而通之，且詠言之，嗟歎之，必使老子之道高出於堯舜之上』，可見其尊老子已臻至極。王世貞進而指出，莊子不但尊奉老子，而且還忠於老子。如他對老子所體現出的張、與、奪、枉、曲、直、騁堅、用奇、取大、取小、得志於天下等權術思想，逆料將來必爲宋儒之流所窺見而遭受攻擊，所以特將這些思想予以掩閉而不使張揚，而把自己的著作卻故意弄成『剽擽吊詭』、『誕而不可信』、『狂而使人怒』等樣子，以此來先冒天下之大不韙，説明他意在『揚主之善而諱其短』，是多麼忠於老子而不自忠啊！不難看出，王世貞把歷史上關於莊子尊崇老子的觀點幾已發展到了無以復加的程度，似乎走向了一個極端。尤其是他所謂的『逆料宋儒』云云，在今天看來並不是一種科學的説法。然而，他特別明確地指出莊子一書已從根本上揚棄了老子的權術思想，這無疑比前人的有關見解更有見地，必須受到我們足夠的重視。

在王世貞推斷起來，莊子雖極端尊崇老子，但他卻有可能曾受業於孔子之門。他在讀莊子三中說：

韓愈作讀墨而謂子夏之後流而爲莊①，亦無所據，而王安石引之。吾以爲不必自子夏氏。若莊子

① 按，韓愈此説出於其所撰送王秀才序。

者，蓋嘗受業於孔子之門而有得者也。何以知其然也？凡莊子之所談，如君臣、父子之大戒，天機、嗜欲之深淺，六經之用，聖人之論議，皆精切而爾雅，即田子方、荀卿之所不能及，特不若其治老子之深，蓋遊於吾聖教而中畔之者也。

按照王世貞的分析，韓愈謂莊子出於子夏一派，似乎說得太絕對，但當是『嘗受業於孔子之門而有得者也』。其證據就是莊子所談的諸如君臣、父子之大戒等等，皆『精切而爾雅』，符合孔子的思想原則，爲孔氏後學田子方、荀卿之輩所不及，只是不像他治老子那樣有深度罷了。王世貞由此斷定，莊子當是遊於孔子聖門而中途叛離的人，故而在他的言論中往往留有儒學的印記。王氏的這些推論，實際上並沒有擺脱韓愈所倡之説的影響，但畢竟否定了關於莊子出於子夏氏一派的狹隘看法，而提出了『蓋嘗受業於孔子之門』這一較爲寬泛的説法。如果從廣義上來說，『孔子之門』是可以被理解爲整個儒家學派的。誠如是，則王世貞的説法是有一定學術價值的。因爲就整部莊子來看，其中受儒學影響的篇章確實不少，這豈非『莊子』曾經『受業於孔子之門』的明證！王世貞指出，正由於莊子是從孔門出來而倒向老子的，這就使後人對他的學説性質有了種種不同的看法。他在邵弁莊子標解序中說：

今天下求工文章者，無不闇習莊子。而誦説孔子之徒，見輒枇根之，以爲譸張吊詭，而皆不得其朕。其名能崇莊子者，謂其旨往往超宇宙外，土苴一世之倫物，非孔子之徒所能窺。而陰爲之者，謂莊子歷訾十二家之學，而不敢及孔子，所以尊孔子至矣。之二端者，皆又非也。莊子達生者也，而所以爲生之理甚精，蓋至於天機、嗜欲之深淺，與真人、衆人之異息，固淵淵如也。其所别於君臣、父子，與六經之教，則又皦如燦如矣。

王世貞在這裏指出，學儒者鄙視莊子，崇莊者褒揚莊子，而主張莊子爲陰助儒學者則更謂其『尊孔子至矣』，其實他們各自都只看到了莊子學説的某個部分，不免是片面錯誤的。按照王氏的看法，莊子實際上是一位通達性命實情的人，很懂得人類天機、嗜欲的深淺，以及真人與衆人氣息的不同，可見他不愧是老子學說的拓展者。同時，由於他出自孔子之門，便受到了儒家的一些影響，但他的思想又明顯地有別於孔子的君臣、父子思想，以及孔氏體現在六經教育中的原則。那麼，莊子爲何會逃離孔門而歸於老子呢？王世貞在讀莊子二中說：

當老子之時，見天下之俗日趣於薄，以至詐力相矯，思太古之朴一見焉而不可得，謂仁義之名實啓之，則不得不惡其名，而歸咎於文武。夫既歸咎於文武而追其自，則謂堯舜之不能造極於無爲而以有爲啓之，則不得不致歎於堯舜。……莊子又後百年而生者也，彼見夫仁義之日僞而詐力之日深，且其身儳焉而苦禮樂之拘累我，謂孔子實言之，而其門人實廣之。且天下皆以爲聖人，彼又懼夫老子之教日不勝，故於聖人之外立所謂至人，以尊老子。又往往寓之一卮語於孔子，而必持老子之説以駕其表。然又窺見孔子之真爲聖而不可奪，故間以一二格言寓之，意若曰：孔子之未見老子，一格也；其得見老子而受砭焉，又一格也。大意在尊老子而抑孔子，既抑之而又收之，使爲老子徒。彼夫語道術而不列孔子，所謂鄒魯之儒非耶？且何以見尊？至軾所欲去讓王、説劍、漁父、盜跖四篇，而以『列禦寇之齊』續於『陽子西遊』而爲一章，則甚當。雖然，無救於所謂詆訿孔子也。

這裏像王安石莊周一樣，也運用『知人論世』的方法來有效地揭示老莊所處的特殊時代環境，以及處在這一特殊時代環境中的老子『致歎於堯舜』、『歸咎於文武』，尤其是莊子『尊老子而抑孔子』的用意。王世貞指出，老子『致歎於堯舜』、『歸咎於文武』是爲了能再見到太古淳朴之風，莊子『尊老子而抑孔子』也是爲了返回到沒有『詐力』、沒有『禮樂之拘累』的上古至德之世。他的這些説法，大致可看成是對王安石所倡導的有關理論的進一步發揮。但必須指出的是，王世貞又説莊子因有見於孔子在當時天下人心目中的崇高地位不可輕易動摇，便以寓言故事的形式讓孔子做老子的徒弟，自覺接受老子的教訓，並在天下篇中講道術時故意『不列孔子』，以此來進一步『抑孔子』，這些説法確實甚有見地，無疑是對王安石莊周所謂莊周『於卒篇（指天下篇）以自解』、『莊子豈不知聖人者哉』等説法的重大突破，也是對蘇軾『助孔』説的有力否定。

歸有光、文震孟南華真經評注録有七子派李夢陽、宗臣等人評點莊子的文字，其中有些條目應當是可靠的，可據以看出該派對莊子思想内容和藝術特徵的一些見解，只可惜我們今天能見到的這類評點文字已不多。但值得慶倖的是，王世貞南華經評點的大部分内容被保存下來了，爲後人較爲全面深入地研究他和整個七子派的莊子學提供了一份寶貴資料。

二、南華經評點

王世貞所作評點見於沈汝紳所輯南華經集評（明刊五色套印本）中。沈氏有小序云：『余始有事於南華而彙集諸家評點，……唯得郭（象）解、劉（辰翁）評而莊之微既闡矣。自兩家而下，更有吴郡王元美，其評鷺南華猶未行世，故並著之。』而諸家評釋，標爲某曰某曰，附之首云。』據此，則王世貞曾著有南華經評點，後由沈汝紳録入南華經集評而得以流傳下來。今案沈氏南華經集評卷首題曰：『晉子玄郭象注、輯諸名家評釋、宋林鬳齋口義、劉須溪點校、明王鳳洲評點、附陳明卿批注。』依其説明，書中凡輯王世貞評點、陳仁錫批注，全用淺紅色，但陳氏批注前皆冠有『陳明卿曰』字樣。由此我們可以從沈氏南華經集評中清楚看到，王世貞對莊子全書的評點相當精心而全面，是繼劉辰翁之後的又一位莊子評點大家。

據沈汝紳南華經集評中顔色所示，可知王世貞評點莊子是以郭象注本爲底本的。我們從沈汝紳南華經集評中可以清楚看到，王氏在評點莊子全書的同時，也評點了郭注。具體説來，他的評點可分爲兩個層面，即一是屬於一般斷句意義上的圈點，另一是屬於文學欣賞等意義上的評點。就前者來看，他對莊子全書及郭象所有注解都作了句讀，所費精力必定甚多。就後者來看，他每在莊子原文及郭注旁畫圈、點點以示警拔，甚有學術及文學眼光。如逍遥遊篇有『水之積也不厚，則其負大舟也無力；覆杯水於坳堂之上，則芥爲之舟；置杯焉則膠，水淺而舟大也。風之積也不厚，則其負大翼也無力。故九萬里則風斯在下矣』之語，王世貞在每字旁皆圈有小圓圈，似表示這些字句甚能揭示全篇萬物皆有所待的主旨。養生主篇在描寫庖丁解牛動作時，有『手之所觸，肩之所倚，足之所履，膝之所踦，砉然響然，奏刀騞然，莫不中音，合於桑林之舞』之語，王氏於每字旁皆點了點，據旁批有淺紅色『形容』二字可知，其點點是要告訴讀者此處極富文學意藴。由此説明，王世貞所作的圈點是有一定價值的。

在圈點的同時，王世貞還作了大量旁批和一些眉批，所使用的批語主要有『篇法』、『章法』、『句法』、『字法』、『簡』、『省』、『繁高』、『雅事』、『字雅』、『詞彩』、『警策』、『精奇』、『奇甚』、『氾濫』、『波瀾』、『餘波』、『倒句』、『形容』、『妙語』、『工辭』、『善論』、『轉折』、『頓挫』、『直露』、『直示』、『平鋪』、『徒收』、『突起』、『佳事』、『起案』、『正意』、『峭語』、『奇語』、『俊語』、『一事兩敘』、『此入微處』、『忽插入妙』、『譚鋒相角』等。這些批語與劉辰翁在莊子南華真經點校中所使用的批語頗爲不同，而比較明顯地受到了當時八股風氣的熏染，喜歡辨識行文細微處的特徵，尤其重視對文章『法度』的歸納和揭示。從另一方面看，這也是受王世貞自己文藝理論自覺指導的結果。如他在藝苑卮言卷一專談詩文『法度』時説：『篇法有起有束，有放有斂，有喚有應。大抵一開則一闔，一揚則一抑，一象則一意，無偏用者。句法有直下者，有倒插者，倒插最難……。首尾開闔，繁簡奇正，各極其度，篇法也。抑揚頓挫，長短節奏，各極其致，句法也。點綴關鍵，金石綺彩，各極其造，字法也。篇有百尺之錦，句有千鈞之弩，字有百煉之金。文之與詩，固異象同則。』正是在這種思想指導下，王世貞在評點莊子時便特别重視歸納、揭示莊子行文所包含的『法度』特徵，因而他使用得最多的批語就是『篇法』、『章法』、『句法』、『字法』等詞語。

應當承認，王世貞的評點不免受到了八股文及其批點的一定影響，但其對莊子行文的結構層次、氣脈要緊處和遣詞造句的妙處等又確每有揭示，頗能啟發人意，受到了不少讀者尤其是晚明、清代莊子評點者的重視。但王世貞評點中最有價值的，當還是他比以往任何人都重視揭示莊子行文的聲調、節奏特徵。如他指出，馬蹄篇「山無蹊隧」、在宥篇「至道之精」、庚桑楚篇「不知乎人謂我朱愚」、列禦寇篇「與汝遊者」諸小節文字皆「用韻」，山木篇「南越有邑焉」、則陽篇「四方之內」諸小節文字皆「微用韻」，逍遥遊篇「吾有大樹」一小節文字「稍用韻」，天運篇「卒聞之而惑」一小節文字「大約用韻」。確實，我們讀莊子文章之所以有和諧的節奏感，往往是由於其中用了韻。如游國恩、王起等先生主編的中國文學史就曾指出過逍遥遊篇中下面一段文字的用韻情況：

惠子謂莊子曰：「吾有大樹，人謂之樗。其大本擁腫而不中繩墨，其小枝卷曲而不中規矩。立之塗，匠者不顧。今子之言，大而無用，衆所同去也。」莊子曰：「子獨不見狸狌乎？卑身而伏，以候敖者。東西跳梁，不辟高下。中於機辟，死於網罟。今夫斄牛，其大若垂天之雲，此能爲大矣，而不能執鼠。今子有大樹，患其無用，何不樹之於無何有之鄉，廣漠之野？彷徨乎無爲其側，逍遥乎寢臥其下。不夭斤斧，物無害者。無所可用，安所困苦哉！」

這裏加著重號的字表示押韻。說明這段文字正是「稍用韻」的，但前人對莊子中的此類現象卻未加重視，而王世貞則每每予以揭出，從而爲莊子文學欣賞提供了新的思路，爲莊子學術研究開闢了新的途徑。

此外，歸有光、文震孟南華真經評注眉欄有大量冠以「王鳳洲」字樣的批語，其中一部分今已被證明係後人抄襲於劉辰翁莊子南華真經點校等書，並非王氏所作。但有一部分條目卻與沈汝紳輯南華經集評所錄王世貞批語基本相同，只是稍稍加詳而已，大致仍代表了王氏的學術觀點。其餘許多冠有「王鳳洲」字樣的批語，可能有不少原來也確屬王世貞所作，或爲沈汝紳輯南華經集評時所未收，可作爲我們進一步探究王氏南華經評點思想内容的重要參考依據。

第三節　胡應麟對莊子的論説

胡應麟（1551—1602），字元瑞，更字明瑞，號少室山人，改號石羊生，浙江蘭溪人。萬曆四年舉於鄉，久不第，乃於蘭溪山中築二酉山房，聚書四萬餘卷，從事著述，徵引廣博。『嘗與李攀龍、王世貞輩遊，其所作詩藪類皆附合世貞藝苑卮言，後之詆七子者遂並應麟而斥之。』①著作主要有少室山房集一百二十卷、少室山房筆叢正集三十二卷。

少室山房筆叢正集中有九流緒論上、九流緒論中、九流緒論下三卷，是專用來論説子部諸家的。胡應麟對莊子的論説，主要集中在九流緒論上中。如他説：

余謂老聃、莊周、楊朱之學，三者同源而實異流。老聃濡弱，以退爲進，莊周誕謾，遊方之外，楊朱貴生，毫末不捐，故老流於深刻，莊蔽於狂蕩，楊局於卑陬。惟禦寇斟酌三氏，政得其中，視老聃，坦遂過之，視莊周，馴厚過之，視楊朱，高曠過之。且三子弗知尊仲尼，列雖輕蔑禮教，獨能推轂仲尼，以行其説，故後世崇清静，則列爲玄宗，罪虚無則列非戎首，孟闢楊、荀闢莊、韓闢老列，咸置焉。惟其善於立言，工於自爲也，南華所謂支離其德者，舍若人曷歸焉。②

① 四庫全書總目提要胡應麟少室山房集。

② 本節凡引胡應麟少室山房筆叢正集中文字，皆據文淵閣四庫全書本。

關於老聃、莊周、楊朱學說的源流等問題，歷來說法不一。南宋著名理學家朱熹認爲，『楊朱之學出於老子，蓋是楊朱曾就老子學來，故莊、列之書皆說楊朱』，『莊子當時也無人宗之，他只在僻處自說，然亦止是楊朱之學』，而『孟子不闢老莊而闢楊墨，楊墨即老莊也。……楊朱即老子弟子，人言孟子不闢老氏，不知但闢楊墨，則老莊在其中矣。』（見朱子語類卷一百二十五）按照這一說法，則楊朱、莊子之學皆出於老子，且與老子學說似乎沒有多大區別，所以莊子之學『止是楊朱之學』。胡應麟雖然承認『楊朱學於老氏，源流固自了然』，並也認爲老聃、莊周、楊朱之學屬於同源關係，卻指出三者有著本質上的區別，『老流於深刻，莊蔽於狂蕩，楊局於卑陬』，是不可混爲一談的。那麼，莊子爲何在天下篇中沒有道及同源的楊朱呢？胡應麟說：『莊周天下歷敘道術而不及朱，或謂以其淺陋不足比數，謬也。老聃、關尹，朱所自出，周既敘之，豈容復贅？如以鄙而弗稱，則南華平生尊事不敢毀斥者，何如列禦寇耶？禦寇不列道術，亦老聃、關尹故也。朱之弗列，故應爾爾，孰謂貶哉！』這裏否定了有人所謂莊子不屑論及楊朱的說法，而是認爲楊朱之學既然出自老聃、關尹，則莊子僅舉老聃、關尹即可，並沒有必要再例舉楊氏，這與列子之學出於老聃、關尹而天下篇無須再言及列子正是一個道理。至於列子，胡應麟認爲他頗能斟酌三氏，善於立言，工於自爲，故未曾遭受孟子、荀子、韓非的駁斥，正莊子所謂『文離其德』者。胡應麟還從批評前人的偏見入手，進而論述了莊子、列子文章的不同特徵。他說：

> 莊、列二家，譚者優劣，往往異同。柳子厚、洪景盧左袒鄭圃者也，高似孫、林希逸左袒漆園者也，然率舉一端，未極二家之造。大抵列之文法，莊之文奇，列猶丘明，莊猶司馬。列規矩，馴而易入；莊崖岸，峻而難攀。淩厲汪洋，杳冥超忽，乘風騎氣，出鬼入神者莊；簡勁宏妙，平淡疏曠，周鼎商彝，朱弦疏越者列。……列溫純典厚，尚有春秋前輩風；莊全是戰國縱橫之習，其文章則妙極矣。讀其書，二子氣象亦可見。

胡應麟不同意柳宗元、洪邁、高似孫、林希逸諸人對莊子、列子二家文章所作的評論，認爲他們或厚此而薄彼，或厚彼而薄此，皆執一偏之見，未能真正全面瞭解二家文章的特徵。在胡氏看來，列子文章以簡勁宏妙、平淡疏曠、温純典厚勝，有春秋前輩之遺風，可以左傳比擬之，而莊子文章則淩厲汪洋、杳冥超忽、乘風騎氣、出鬼入神，有戰國縱横家之餘習，可以史記比擬之，足見二家各具氣象，豈可妄予優劣！

但是，胡應麟在稱讚莊子文辭之美的同時，卻極力否定其優美文辭所包含的『掊擊聖神』、『淩侮賢哲』等思想內容，並對蘇軾等人的莊子觀作了尖鋭批評。他説：

莊周南華，其文辭瓌瑋横放，固獨行天地間。至掊擊聖神，淩侮賢哲，亦生民以來未有之變也。眉山氏癖其文辭，而謂盜跖、讓王四篇非周作。尋其旨趣，或近之。至以天下篇不敘仲尼爲陽擠陰助，則亡謂之大者。……周方槌仁提義，廢禮絶樂，欲以一人私臆掃百代名教而空之，爰自神農氏，下至堯、舜、禹、湯、文、武，亡弗詆訶，而仲尼當時特巍然爲仁義禮樂之宗，故尤極意訕譏，恣其唇吻，蓋文固弗予，夷考其實，則尤甚焉，真所謂小人之無忌憚者。求諸眉山氏所云，竟南華一編，邈未之覩也。知道君子讀是書，若孟旃抵掌，驪施騁姿，揮之一笑而已。藉以爲陽擠陰助，吾恐後世之人，將遂以其文，並既其實，其爲禍也必不鮮矣。

胡應麟指出，莊子詆毀仁義，淩侮賢哲，『爰自神農氏，下至堯、舜、禹、湯、文、武，亡弗詆訶』，尤其是訕譏孔子的用意最爲明顯，真可謂是小人之無忌憚者，而蘇軾卻因耽其文辭，竟在莊子祠堂記中倡言『陽擠陰助』之説，這簡直就像是未曾一覩莊子者的胡扯！胡氏還進而批評了楊慎在王安石説法基礎上所提出的『莊子憤世嫉邪』説，認爲他所謂的『莊子未嘗非堯舜也，非彼假堯舜之道而流爲之噲者也；未嘗罪湯武也，罪彼假湯武之道而流爲白公者也；未嘗毁孔子也，毁彼假孔子之道而流爲子夏氏之賤儒、子張氏之賤儒者也』等説法，真可謂是『以火濟火』，只會使莊子的荒謬之説更加氾濫起來，從而對社會造成更大的危害。顯然，胡應麟對莊子思想予以一概否定，自是正統儒者的一偏之見，但他對蘇軾『陽擠陰助』説、楊慎『憤世嫉邪』説的批判卻是擊中了要害的，值得我們重視。

在少室山房筆叢正集中，胡應麟又撰有二酉綴遺上、二酉綴遺中、二酉綴遺下三卷，用來專論歷代小說。在二酉綴遺中中，胡氏還談到了莊子小說問題。他説：

> 古今志怪小説，率以祖夷堅、齊諧，然齊諧即莊，夷堅即列耳。二書固極詼詭，第寓言爲近，紀事爲遠。汲冢瑣語十一篇，當在莊、列前，束皙傳云『諸國夢卜妖怪相書』，蓋古今小説之祖，惜今不傳。太平廣記有其目，而引用殊寡。余嘗欲雜摭左、國、紀年、周穆等書之語怪者，及南華、沖虚、離騷、山海之近實者，燕丹、墨翟、鄒衍、韓非之遠誣者，及太史、淮南、新序、説苑之載戰國者，凡瑰異之事，彙爲一編，以補汲冢之舊，雖非學者所急，其文與事之可喜，當百倍於後世小説家云。

『小説』一詞最早見於莊子外物，指的是那些不成體系、不合大道的淺陋瑣屑之言，並不具有文體意義。自漢代以後，所謂的『小説』則逐步向文體概念推進了。南宋黄震又借助於漢以來人們所謂的『小説』概念，把莊子説成是『千萬世詼諧小説之祖』。在此基礎上，胡應麟復又别開生面，提出了莊子爲『古今志怪小説』重要源頭的説法，認爲其中的一些詼詭瑰異故事，與列子、左傳、國語、竹書紀年、穆天子傳等書中有一些故事一樣，當比後世某些小説作品更爲有趣，所以正可彌補汲冢瑣語所亡佚的作品。可見胡氏的這一提法是很大膽而且頗有見地的，標誌著人們對莊子作品的小説性質有了新的認識，因而至今仍爲不少學人所稱引。

第五章　唐宋派的莊子學

第一節　唐宋派文藝觀與莊子思想之關係①

嘉靖初年，王愼中、唐順之以及與之同時的李開先、陳束、趙時春、任瀚、熊過、呂高號稱『八才子』。他們起初均受到了李夢陽、何景明的影響，但後來卻要求力矯前七子的摹擬之弊，主張以歐陽修、曾鞏的文章爲師法對象。稍後的歸有光、茅坤，其趣尚略與王愼中、唐順之相一致，以當時正值後七子擬古風氣復盛，故而毅然奮起而排詆之。由於王愼中、唐順之、歸有光、茅坤等人主張師法唐宋，以韓愈、柳宗元、歐陽修、三蘇、曾鞏、王安石八大家爲學習對象，故後人便稱之爲唐宋派。

所謂唐宋派，他們並不是要棄絕唐宋以前的文章，而是主張由唐宋追溯秦漢，以至推尊三代之文。該派的重要創始人王愼中認爲，唐宋韓愈、歐陽修、曾鞏、三蘇最得先秦兩漢經典文章的旨趣根源，因此他不但十分推崇儒家經典，同時還很喜歡先秦諸子。如他曾表示『方將齊外物，竊比我蒙周』（書懷答彭石屋），『取適有同蒙吏傲，兼攜惠子在濠梁』（月夜同姚在明濟上觀水），對莊子頗有追慕之意。他『閒時讀莊子，見其所記妻

① 本節凡引王愼中、唐順之、歸有光詩文，分別據遵巖集、荊川集、震川集，文淵閣四庫全書本。

死，據牀鼓盆而歌，雖病其放於禮，而亦以爲達。以今思之，彼乃甚不能遣者，而姑托於放以自解耳。其爲悲傷，無乃過於慟哭者乎？』（與萬鹿園）對莊子如此放達的行爲，也予以肯定。他甚至還在丁戊山人詩集序中說：

> 列、莊之書，往往稱巢、由、善卷、子州支父、石戶之農，逃堯避舜，視帝位若浼己。……之人者所爲，惡彼而樂此，豈誠較清濁潔穢於外物而爲棄取哉？亦愛其身之至，嗇精葆神，不欲以所養之重，勞於事機，役於名法，爲人而喪己也。彼知有天下而喪己之爲可惡，故與之以天下而不樂，……此巢、由之徒所以爲高，而不得與於堯舜之教也。

王慎中十八歲舉進士，曾任戶部主事、禮部祠祭司等職，後因遭讒謫官常州、江西、河南等地，三十多歲時復以觸忤大學士夏言而落職歸田，此後更是備嘗人間苦楚。他在與熊南沙中說：『一時同朝數子，僕所得與以文學意氣相周旋者，今皆以罪譴廢放，或爲吏議所格罷，甚或夭死不存也。天於此輩人豈都無意右之，抑其人皆以聰明才敏，盜竊天機，播弄造物，自當得罰耶？……不肖罷歸，遭罰尤慘。先君不幸捐館舍，使不得數月爲養，煢煢幾殞，僅襄大事。稍復修魂魄，苟求存活，而室人化去。今以臒然疢疾之軀，上事老母，下撫弱子，室中無相，甚苦勞乏。區區之心，方欲竭其天之所以與我之聰明，穿穴簡冊，篡取其所藏畜，以爲盜竊天機，播弄造物之魁傑，而無所畏。』落職歸田，已使王慎中頹然自放，而父親、妻子的突然亡故，更使他的精神幾乎趨於徹底崩潰。於是他『閒時讀莊子』，更欲『姑托於放以自解』，『方將齊外物，竊比我蒙周』，希冀從喪父失妻的極度悲痛中解脫出來。並不時覺得，自己落職歸田，遠離官場，似亦可視爲像巢父、許由、善卷、子州支父、石戶之農等『較清濁潔穢於外物而爲棄取』一般，是一種高尚的行爲。甚而至於，他還想竭力將此『區區之心』無所畏懼地表達出來。這反映在他的文藝觀上，就是高度肯定詩人的『奇節怪行』，強調詩歌應當肆意發抒慷慨之氣和忿懟之情。如他在五子詩集序中說：

蓋其道之深者，寓於天地之間，動於人心，觸於物變。雖其轉喉捭吻，衡口肆意，而欣戚促舒，中挑外引，每與深者值。……予性喜爲詩，幸其才不合於世，齟齬以窮，事功無所表見，又天誘其靈，畀於匹夫匹婦之愚，於其道之深偶有所明。……意必有奇節怪行，慷慨磊砢之士，不涉聲華，隱於酒奕，混於屠釣，忿懟傲睨，相與作爲語言，嘲侮風月，雕繢草木，以泄其氣而樂其心，則不泯之道將於斯人乎寄以存。

說明王慎中在被『廢放』之後，已不像先前那樣唯宗藻豔，或一意師仿，而是要求『歸於自爲其言』（與江午坡書一），以文藝作品來直攄心中的憤懣之情，寄托自己的身世之感。

在唐宋派中，唐順之的文學理論最爲豐富多采。他晚年在回顧自己一生思想變化和爲文經歷時說：『嘗從諸友人學爲古文詩歌，追琢刻鏤，亦且數年。然材既不近，又牽於多病，遂不成而罷去。及屏居山林，自幸尚有餘日，將以遊心六籍，究聖賢之述作，鑒古今之沿革，以進其識而淑諸身。及牽於多病，輒復罷去。既無一成，則惟欲逃虛息影，以從事於莊生所謂墮體黜聰，以爲世間一支離之人。』唐順之早年標榜秦漢，中年時轉而師法唐宋，並希望由此往上遊心於儒家六經及其他先賢之述作。四十歲以後，則『惟欲逃虛息影，以從事於莊生所謂墮體黜聰，以爲世間一支離之人』①。不可否認，唐順之後來在學術思想上發生重大轉變與其體弱多病有關，也與受王畿心學思想直接影響分不開，但其思想遠源則主要應追溯到莊子。如他在與陳兩湖主事書

① 唐順之答蔡可泉云：『僕不能爲文……，半生簸弄筆舌，只是幾句老婆舌頭語。……年近四十，覺身心之鹵莽而精力之日短，則慨然自悔，捐書燒筆，於靜坐中求之，稍稍見古人塗轍可循處，庶幾補過，桑榆不盡枉過。』（黃宗羲編明文海卷一百五十三）又答王遵巖書云：『近來痛苦心切，死中求活，將四十年前伎倆頭頭放舍，四十年前見解種種抹殺，於清明中稍見得些影子。』可參看。

中說：

吾不能爲拘儒迂儒，苦身縛體，如尸如齋，言貌如土木人，不得動搖云爾。……每一抽思，了了如見古人爲文之意。乃知千古作家，別自有正法眼藏在。蓋其首尾節奏，天然之度，自不可差，而得意於筆墨蹊徑之外，則惟神解者而後可以語此。近時文人，說班說馬，多是寢語耳。莊定山之論文曰：得乎心，應乎手，若輪扁之斲輪，不疾不徐；若伯樂之相馬，非牡非牝。庶足以形容其妙乎！

唐順之晚年甚是鄙視拘迂小儒。在他看來，真正的文人學士不能拘拘於任何僵死的外在形式，而應該像古人那樣「天機盡是圓活，性地盡是灑落」（與陳兩湖主事書），爲文必「得意於筆墨蹊徑之外」，這實在只有輪扁斲輪、伯樂相馬足以形容之。我們知道，輪扁斲輪的故事出自莊子天道，是莊子用來表達其道體論和文藝觀的，認爲正像輪扁斲輪的經驗根本無法用語言來表達一樣，凡符合道的文藝必然超越於一切固有形式之外。由此看來，唐順之所謂的「神解者」——真正懂得爲文之道的人，大概也就指莊子一類古人了。當然，最值得我們關注的還是唐順之晚年所提出的「本色」論與莊子思想的關係。如他說：

蓋寂寥枯淡之中，其所助於道心者爲多也。自儒者不知反身之義，其高者則激昂於文章氣節之域，而其下者則遂沉酣濡首於蟻膻鼠腐之間。……弟近來深覺往時意氣用事腳根不實之病，方欲洗滌心源，從獨知處著工夫，待其久而有得，則思與鄉里後進有志之士共講明焉。一洗其蟻膻鼠腐、爭勢競利之陋，而還其青天白日不欲不爲之初心，此鄙人之所不自量而竊有冀焉者也。（寄黃士尚遼東書）

鹿門所見於我者，殆故吾也，而未嘗見夫槁形灰心之吾乎？……蓋謂學者先務，有源委本末之別耳。文莫猶人，躬行未得，此一段公案，姑不敢論，只就文章家論之。雖其繩墨佈置，奇正轉折，自有專門師法，至於中間一段精神命脈骨髓，則非洗滌心源，獨立物表，具今古隻眼者，不足以與此。今有兩人，其一人心地超然，所謂具千古隻眼人也，即使未嘗操紙筆呻吟，學爲文章，但直據胸臆，信手寫出，

如寫家書，雖或疏鹵，然絶無煙火酸餡習氣，便是宇宙間一樣絶好文字……，此文章本色也。（與茅鹿門主事書）

『本色』論是唐順之文論的精華所在，也是唐宋派文藝思想的精彩之處。那麽，它到底與莊子思想有哪些關係呢？衆所周知，莊子所塑造的得道者大多爲槁形灰心的形象。如田子方篇寫老聃『形體掘若槁木，似遺物離人而立於獨』，並説他此時正在『遊心於物之初』。齊物論篇寫南郭子綦『隱几而坐』，『荅焉似喪其耦』，形如『槁木』，心如『死灰』，並對顔成子游説：『今者吾喪我，汝知之乎？』知北遊篇還寫老聃要求孔子『疏瀹而心，澡雪而精神，掊擊而知』，以便使他的思想『反於宗』，即返回到天地萬物産生之前的渾沌境界。唐順之在一定程度上承因了莊子的這些思想觀點，也認爲『寂寥枯淡之中，其所助於道心者爲多』，並宣稱現在的『我』已非『故吾』，而是『槁形灰心之吾』，自己正欲『洗滌心源』，『還其青天白日不欲不爲之初心』。他這裏所謂的『故吾』，是指往日斤斤於『繩墨佈置』、『奇正轉折』、『專門師法』即執著於語言文字的他；所謂『槁形灰心之吾』，是指現在唯於『寂寥枯淡』之中求『不欲不爲之初心』的他。在唐順之看來，只有這樣遺棄『故吾』，使自己的思想返回到無欲無爲之初心，即『忍嗜欲以培天根』（與應警庵郡侯書）、『使一些私見習氣不留下種子在心裏』（與蔡子木郎中書）的境界，那就可以『直據胸臆』，真正寫出中間具有『一段精神命脈骨髓』，可謂是『宇宙間一樣絶好』的『本色』文章了。由此可見，唐順之的這一『本色』論與莊子關於文藝必須符合『道』的自然無爲原則、必須是主體純真本性的自然流露的思想有著明顯承因發展關係。

歸有光是唐宋派中創作成就最高的作家，也是此派中研治莊子最精勤的學者，因而受到莊子的浸淫較爲明顯。如他在清夢軒記中説：『顧莊周、列禦寇之徒，厭世之混濁，恍洋自恣，以此爲蕉鹿、蝴蝶之喻，欲爲鳥而戾於天，爲魚而沒於淵，其意亦可悲矣。』他又在櫟全軒記中説，他在聽了一位因受官場排擠而窮居鄉間者關於『莊生所謂不才終其天年，信達生之至論，而吾之所托焉者也』一番話後，便深『以爲知道之言』，並通過利用莊子中有關思想材料而進一步發揮道：『雖然，才與不才，豈有常也！世所用楩梓豫章也，則楩梓豫章才而櫟不才矣；世所用櫟也，則櫟才而楩梓豫章不才矣。君固清廟明堂之所取而匠石之所睥睨也，而爲櫟社君，其有以自幸也夫！其亦可慨也夫！』這裏，歸有光不但對莊子、列子的厭世行爲甚表理解，而且還用莊子思想詮釋了現實社會中某些士大夫的失意人生，從而深深地寄托了他自己『少不自量，有用世之志，而垂老猶困於閭里』（沈次谷先生詩序）的身世之感。但他又很想從這種思想困擾中解脫出來，於是在碧巖戴翁七十壽序中復借莊子故作曠達說：『人之情皆有樂與不樂二者，因所遭而異。……而論吾人生世，誠無幾，獨戚戚不自聊，乃非所以順性命之情。……古有莊周之徒，常思自放於天壤之間以爲達，彼誠有見。……今以人之身涉於無涯之中，極一世之心力終不能有所覬，則亦何苦役役，舍吾之可樂以易彼哉！』認爲無論人生是順還是逆，都應該像莊子那樣自放於天地之間，一切順其自然，一切依自然本性而行，而不竭其心力，苦苦強求，此即謂之『順性命之情』。這一思想表現在歸有光的文藝觀上，就是要求作者『依本直說』（與吳三泉），而不能像世人那樣『好剪紙染采之花，遂不知復有樹上天生花』（與沈敬甫），即一味效仿形式，追求形似，而不知求其神理之所在。關於這一點，他還在五嶽山人前集序中進一步闡述說：

余與玉叔別三年矣，讀其文益奇。余固鄙野，不能得古人萬分之一，然不喜爲今世之文，性獨好史記，勉而爲文，不史記若也。玉叔好史記，其文即史記若也。信夫，人之才力有不可強者！夫西子病心而矉其里，其里之醜人亦捧心而矉其里。其里之富人見之，堅閉門而不出；貧人見之，挈妻子去之而走。余固里之醜人耳，若有如西子者而爲西子之矉，顧不益美也耶？故曰：『知美矉而不知矉之所以美。』夫知史記之所以爲史記，則能史記矣。故曰：『喙鳴合，與天地爲合，其合緡緡。』甚矣，文之難言也！

歸有光因有見於以王世貞爲首的後七子派『以琢句爲工，自謂欲追秦漢，然不過剽竊齊梁之餘』（與沈敬甫十八首）的擬古之弊，便以學習史記爲例，並以莊子在天運、天地篇中所講的故事、所作的論述爲鋭利武器，對他們的模擬行徑作了無情批判。他明確指出，正像學習史記一樣，如果只是一味襲其字句，那簡直無異於莊子所諷刺的東施效顰。因爲我們所追求的應是『知史記之所以爲史記，則能史記矣（即了悟史記之神理）』，這樣就可以與史記神髓渾然冥合，並與天地合爲一體，所以正如莊子所説：『喙鳴合，與天地爲合，其合緡緡。』

茅坤也是唐宋派重要代表作家之一。他在出仕期間屢遭貶謫，盛年時又因得罪權臣而落職歸鄉，鬱鬱不平之氣填滿胸中，於是與莊子結下了不解之緣。他自稱『左手持南華，右手持棋局』（復丹徒邑諭唐白野先生書）①，『解橐無他貯，南華一卷隨』（晚過省城邸舍之二），『還嘲形與影，疑是漆園身』（早起），並云：『被放以來，山中獨臥，既與世不相聞。牀笫間唯弈一局，古今墳典及百家、莊老之言數十卷。間對局，及劫地破圍、兩家勝敗處，則爽然自適也。讀傳記至莊生馬蹄諸篇，則陶然喜。』（答董潯陽中允書）由於茅坤去官後喜讀莊子，熟知莊子思想藝術特徵，故其晚年編纂唐宋八大家文鈔，評論諸家文字，每與莊子相聯繫。如他評韓愈送高閑上人序云：『其用意本莊子，而其行文造語敘實處亦大類莊子。』評柳宗元天説云：『類莊生之旨。』評歐陽修伐樹記云：『借莊周之言，而參之以客對，發其感慨。』評王安石答陳柅書云：『言老莊處亦已見其大端。』評蘇軾六一居士傳後云：『本莊生齊物我見解，而篇末類滑稽，可愛。』這些評論雖然頗爲簡略，但『亦足爲初學之門徑』（清四庫館臣語）。至於在文藝觀方面，茅坤則受到莊子某些思想啟發而提出了『凝神』説。如他在文訣五條訓縉兒輩中説：

五曰凝神。神者，文章中淵然之光，窅然之思，一唱三歎，餘音嫋娜，即之不可得，而味之又無窮者

① 本節凡引茅坤詩文，皆據茅坤集，浙江古籍出版社1993年版。

衣，不覺銀河半落，明星在掌，已而下筆風神倍發也。此皆吾所得者。

也。入此一步，則莊子之秋水、馬蹄，……並吾神助也。吾嘗夜半披衣而坐，長嘯而歌。久之，露零沾衣，不覺銀河半落，明星在掌，已而下筆風神倍發也。此皆吾所得者。

許孚遠所撰茅鹿門先生傳謂：『當其沉酣典籍，搦管精思，及臨事運籌，形如槁木，雖金鼓雷霆之聲，若弗聞。莊生所謂「用志不分，乃凝於神」者，近之矣。乃其精神善用而不善息，語以顏子「心齋」、「坐忘」之旨，則遜讓而不居。』茅坤自謂其『下筆風神倍發』與『凝神』有關，而莊子則爲其『凝神』說的主要思想來源。熟讀莊子、深知茅氏的許孚遠①亦謂，其凝神之際，『形如槁木，雖金鼓雷霆之聲，若弗聞』，乃是得之於莊子『用志不分，乃凝於神』及『心齋』、『坐忘』之旨。不可否認，茅坤把莊子中一些思想資料發展爲他的『凝神』說，無疑較好地揭示了關於創作者精神高度寧寂往往可誘發出其異常活躍的審美感知的特徵。而他以這一文藝觀來訓導後學，要求他們治學必須專心致志，『切不可如近日少年所爲軋劄荊棘，詼諧浮薄，與一切繁蕪掇拾之言，而自以爲文也』（文訣五條訓緡兒輩），則更具有矯正當時不良學風的積極意義。

第二節　唐順之的南華經釋略

唐順之（1507—1560），字應德，武進（今屬江蘇常州）人。舉嘉靖八年會試第一，改庶起士，調兵部主事。後因忤張璁，罷歸。晚年曾在崇明督兵抵禦倭寇，以功升右僉都御史、代鳳陽巡撫，至通州（今南通）去世。學識淵博，對天文、地理、樂律、數學、曆法、兵法等皆有研究，人稱荊川先生。著作有荊川集。並編有左編、右編、文編、武編、儒編、稗編等書。

① 方以智藥地炮莊及明末其他人的莊子學著作並引有許孚遠治莊之說。

今案焦竑莊子翼卷首采摭書目云：『荊川釋略，明唐中丞順之著，門人徐常起士彰刻之以傳，士彰解附。』①清陳夢雷主編古今圖書集成莊子部亦予著録，説法與焦氏莊子翼大致相同。徐秉義培林堂書目道家著録作『南華經釋略』，注云『唐順之釋略、林希逸口義、劉辰翁點校』，則唐氏作釋略當以劉辰翁點校本爲底本②。唐順之的釋略已佚，但其所輯文編内有秋水、徐無鬼、胠篋、刻意、繕性、人間世、天運、齊物論、天道、庚桑楚、大宗師、天下、庖丁篇，稗編内有漢陰丈人爲圃、輪扁斲輪、梓慶削鐻篇，其中徐無鬼、人間世、天運、天道、大宗師、庖丁四篇爲莊子有關篇目的節選，其餘皆爲莊子中的全篇。今檢明嘉靖三十五年知福州府胡帛刻本、天啟元年刻本文編並有唐順之批語云③：

通篇論本來無是非，是非皆人所作。（齊物論篇題下總批）

莫錯認主人翁。（齊物論篇『其有私焉』旁批）

此處便含是非淆亂意。（齊物論篇『似鼻似口似耳似枅』旁批）

記治道最有統紀。（天道篇題下總批）

此下以無爲、有爲、本末、上下對言。（天道篇『夫帝王之德，以天地爲宗』旁批）

如云以父爲天。（大宗師篇『彼特以天爲父』旁批）

生死只在一氣中。（大宗師篇『夫藏天下於天下』旁批）

敘方術處一步進一步。（天下篇題下總批）

① 本節凡引焦竑莊子翼文字，皆據文淵閣四庫全書本。

② 按，劉辰翁點校以林希逸南華真經口義爲底本。

③ 文淵閣四庫全書本文編内並無唐順之批語，不知何故。

總的看來，唐順之的這些批語未免過於簡略。但其中謂齊物論篇『通篇論本來無是非，是非皆人所作』，天道篇『記治道最有統紀』，皆深得莊子之本意，而謂齊物論篇以『似鼻似口似耳似枅』來暗示『是非淆亂』的百家爭辯，則更顯示出了他的獨特見解。臺灣嚴靈峰先生在周秦漢魏諸子知見書目中說，唐順之的這些批語『當即係此釋略之異本』。今案沈汝紳輯南華經集評齊物論眉欄引『唐荆川』云『通篇論本無是非，是非皆人所作』，與文編齊物論題下總批相一致。假如沈汝紳所引此條文字出自唐順之南華經釋略，則嚴靈峰先生的推測可備一說。

當然，焦竑莊子翼所引唐順之的注解文字，才是我們窺探南華經釋略真面目的最可信賴的依據。因爲焦氏引録各家注解的有關文字，一般不作任意改動。那麽，他所引録的唐氏注解又有什麽特色呢？如莊子齊物論有這樣一段話：『夫言非吹也。言者有言，其所言者特未定也。果有言邪，其未嘗有言邪？其以爲異於鷇音，亦有辯乎，其無辯乎？道惡乎隱而有真僞？言惡乎隱而有是非？道惡乎往而不存？言惡乎存而不可？道隱於小成，言隱於榮華。故有儒墨之是非，以是其所非而非其所是。欲是其所非而非其所是，則莫若以明。物無非彼，物無非是。自彼則不見，自知則知之。故曰彼出於是，是亦因彼。彼是方生之說也。雖然，方生方死，方死方生；方可方不可，方不可方可；因是因非，因非因是。是以聖人不由而照之於天。』焦氏引『荆川』云：

吹出於自然，言者則有意矣，故曰：『言非吹也。』明者大智能也，明照則通乎彼我，無是非矣；物則有彼有此。故曰：『物無非彼，物無非是。』『自』，因也。因有彼則蔽而無見，因智能則能知之。『彼是』，作『彼此』二字看自明。彼是涉於有矣，而未嘗有也。『照之以（於）天』，『照』即『明』與『知』字，天者無是無非之謂。明乎無是無非，而後是非可泯也。

與以往的一般詮釋者不同，唐順之主要是通過解釋關鍵字句來闡釋、疏通莊子，可謂要言不煩。其以『釋略』二字命名著作，當即是爲了體現這一特徵。而從思想內容方面來看，他這裏對莊子無言、無是非而一任自然天道的思想表現出濃厚興趣，在闡釋應帝王篇時又說『舜猶有意，禹是出於人道而非出於天道，未始入於非人；泰氏之於天道，不期而合也』，甚是幻想生活在『其臥徐徐，其覺于于』（莊子應帝王）的『泰氏』時代，則又說明莊子釋略當爲其晚年思想處於『寂寥枯淡』狀態時所著。而從他的下面三條注釋文字來看，則其莊子釋略復有明顯的佛理化思想傾向。其一曰：

莫爲，是佛家自然性也；或使，是佛家因緣性也；居，言著物也；或使、莫爲，則有言之所自起，故曰言之本。

其二曰：

名分莫嚴於君臣，易世則變，況其他道理，豈可拘耶？只是借此爲至人不留行引起耳。不留行，即無住著，浮屠不三宿桑下，蓋此意。

其三曰：

耳目內通，與首楞嚴『耳根圓通』同意。

焦竑莊子翼引錄唐順之注解文字凡五條，其中此三條皆明顯具有佛理化思想傾向。第一條是對則陽篇『季真之莫爲，接子之或使』、『或之使，莫之爲，未免於物而終以爲過』、『或使則實，莫爲則虛，有名有實，是物之居，無名無實，在物之虛』、『或使莫爲，言之本也，與物終始』等語意的詮釋。原來莊子的意思是說，季真謂大道無爲，接子謂大道有爲，二人的說法皆未免拘於形跡，所以終究不合於道。因爲『或使』的說法太過於實，『莫爲』的說法太流於虛，有名稱有實體便是事物名相的所在，無名稱無實體便落入事物之外的空虛，這樣看來，『或使』、『莫爲』皆爲言之所自出，也就只能與物象相終始了。唐順之在歷史上第一次以佛教之說詮釋了莊子的這些說法，認爲『莫爲』即佛家所謂的自然性（指宇宙自然的本體和人的本體存在的狀態），『或使』即佛家所謂的因緣性（指一切事物得以生起變化所相互依賴的現象），其説似與莊子原意不相一致。但他接著説『居』就是執著於物的意思，並指出『或使』、『莫爲』爲『有言之所自起』，故莊子謂爲『言之本』，這就非常切合莊子本意了。第二條是對外物篇『覆墜而不反，火馳而不顧，雖相與爲君臣，時也，易世而無以相賤，故曰至人不留行焉』等語意的詮釋。文本所謂的君、臣，無疑是用來比喻貴與賤的。莊子的原意是説，流遁者瀕臨覆滅而不知自返本性，決絕者火速離世而不知回頭，這兩者雖然貴賤不同，但只是各因一時，世代經過一番更易，便不能再用原來的貴賤標準來衡量了，所以説至人不留滯於流遁、決絕之跡。可見唐順之這裏引進儒家君臣名分觀念顯得有點不太合適，但他認爲前面這些句子只是爲了引出『至人不留行』一語，這卻是頗有見地的。他並指出『不留行』即佛教關於出家人不三宿桑下，以免妄生依戀的意思，這一解釋大致也是可取的。第三條是對人間世篇『徇耳目内通而外於心知』一語的解釋，認爲莊子此語即爲首楞嚴所謂耳根圓通，無所障礙的意思。確實，現在我們應當承認佛教所謂『六根互相爲用』，如楞嚴經卷六關於『圓通本根，發妙耳門，然後身心微妙含容，遍周法界』等説法，實與莊子『徇耳目内通而外於心知』等説法有著共通之處，都已涉及了通感問題，可見唐順之的這一見解同樣值得重視。

從數量方面來看，明竺塢刊歸有光、文震孟南華真經評注眉批及篇末總論所引唐順之評論文字較多，凡二十餘條，但一半左右的條目今已被證明係後人抄襲於劉辰翁莊子南華真經點校，並不是唐順之的評論文字。至於其餘條目，也只能暫且備作參考而已。

第三節　歸有光、文震孟的南華真經評注

歸有光（1506—1571），字熙甫，號震川，崑山（今屬江蘇）人。嘉靖十九年中舉人，其後八次會試不第。

移居嘉定安亭江上，讀書講學，生徒常達數十百人。嘉靖四十四年六十歲時始中進士，授長興知縣，後調順德府通判，南京太僕寺丞，以勞瘁卒於官。有震川集。文震孟（1574—1636），字文起，號湛持，長洲（今屬江蘇吳縣）人。天啟二年進士第一，授翰林院修撰，疏陳勸學勤政，忤魏忠賢意，調外，遂歸。崇禎召置講筵，連劾王永光，忠賢遺黨乘機報復。及寇盜犯皇陵，歷陳致亂之源，擢禮部左侍郎，兼東閣大學士，因與溫體仁不協，被劾落職，歸居故里。福王時追謚文肅。有姑蘇名賢小記。

現存明天啟四年竺塢刊道德南華二經評注內有南華真經評注十卷，題『晉郭象子玄輯注，明歸有光熙甫批閱，文震孟文起訂正。』全書以郭象注本爲底本，雙行夾注，並加圈點，底欄有簡注及音義，而眉欄及篇末所收七十多家（除去異號）批語則最受人們關注。這七十多家爲：韓非、陸德明、陸假明（陸德明）、陸鴻漸（陸羽）、陸宣公（陸贄）、韓昌黎（韓愈）、韓文公（韓愈）、柳宗元、柳柳州（柳宗元）、邵康節（邵雍）、陳碧虛（陳景元）、王元之（王禹偁）、歐陽公（歐陽修）、歐陽（歐陽修）、王介甫（王安石）、呂吉甫（呂惠卿）、司馬溫公（司馬光）、蘇老泉（蘇洵）、蘇東坡（蘇軾）、蘇潁濱（蘇轍）、蘇欒城（蘇轍）、曾南豐（曾鞏）、秦少游（秦觀）、黄山谷（黄庭堅）、陸龜山（楊時）、朱樂圃（朱長文）、孫莘老（孫覺）、劉貢父（劉攽）、李士表、陳詳道、林疑獨（林自）、陸放翁（陸游）、陸務觀（陸游）、陸象山（陸九淵）、真西山（真德秀）、魏鶴山（魏了翁）、林虞齋（林希逸）、陸秀夫、褚伯秀、劉須溪（劉辰翁）、羅勉道、解大紳（解縉）、商素庵（商輅）、丘瓊山（丘濬）、蔡虛齋（蔡清）、何孟春、湛甘泉（湛若水）、魏莊渠（魏校）、陸儼山（陸深）、陸子淵（陸深）、方靜夫（方崙）、唐伯虎（唐寅）、王陽明（王守仁）、楊用修（楊慎）、王龍谿（王畿）、李西涯（李東陽）、李空同（李夢陽）、歸震川（歸有光）、唐荊川（唐順之）、茅鹿門（茅坤）、耿楚侗（耿定向）、薛方山（薛應旂）、陸平泉（陸樹聲）、汪南溟（汪道昆）、宗子相（宗臣）、宗方城（宗臣）、王鳳洲（王世貞）、陸貞山（陸粲）、陸真山（陸粲）、胡似山（胡汝寧）、張洪陽（張位）、陳子淵（陳深）、許石城（許谷）、諸理齋（諸燮）、方子及（方沆）、王荊石（王錫爵）、易連峰、方浮惰（方虛名）、焦漪園（焦竑）、焦弱侯（焦竑）、徐儆弦（徐常吉）①。據筆者統計，書中冠有上述名公名家姓名字號的眉批共有五百七十多條，篇末總批共有八十七條，遠爲明代其餘所有莊子評點本所不及，因而得到了後人尤其是清代學者的普遍重視，直接或間接引述者甚衆。但筆者經過一番考查後發現，書中的這些姓名字號有很多是後人移接上去的，顯然是有人在借歷史上和當代的名公名家（尤其是唐宋八大家）以抬高此書的身價（請詳見附表）。

那麼，作僞者到底是誰呢？要回答這個問題，現在還無法找到直接的證據，所以我們只能根據有關資料作一些必要的分析。今案竺塢刊道德南華二經評注前有秦繼宗序二云：『吳郡太僕歸先生爲一代宗匠，其今古文詞皆成創獲，風格議論，識者比之昌黎復生。宗少讀其所輯先秦兩漢文鈔，洎評閱遷史，意見超忽，以需學者之領悟。心悅之，而南北浪遊，攜隨行篋。頃奉使虎林，客有傳其批點老、莊至者，握算之餘，受而卒業焉。因歎曰：自昔閱老、莊者夥矣，盡沿其膚澤耳。千年靈腕，得太僕之指鉤點畫，皆臻化境，雅曰老、莊之微妙。然非太僕，而二子之面目終爲百家之詞障隔一塵也。亟命侍史錄寫成帙，並識是語於首。時萬曆丙辰（1616）春分後一日，楚黃秦繼宗敬伯甫。』其序二云：『天啟甲子（1624），余退老黃泥之阪，中林無偶，對古人自娛，走童子購書吳市，知老莊評注業已授梓，文太史公特爲評正。夫太史公間世人豪也，即點綴字語，每有超世之識。茲所藏本，幾經披閱，是太僕公之苦心，若待太史公而後傳也。余喜不能禁，遂緘寄序言以問書賈，倘謂余爲知言，或並刻之，以竊附太史公之交（文）末。是歲清和月望，秦繼宗又識。』又秦序二後有道德南華二經評注合刻凡例云：『音字釋義，遍考各本，復從玉篇內印訂，而引證則群書兼采，不襲舊刻。其懸綴下格，不欲與注相雜，取

---

① 括弧內姓名爲筆者所加。按，署爲歸有光、文震孟南華真經評注眉欄及篇末所錄各家總批之前，或冠以姓名，或冠以字號，體例甚不統一。或有一人而前後姓名、字號雜用者，或姓名、字號有錯字者（如『陸假明』當爲『陸德明』，『陸龜山』當爲『楊龜山』，『林虞齋』當爲『林鬳齋』）；至於批語本身，錯誤更是比比皆是，讀者應予注意。

便披覽。』『名公評語最多，茲唯采精當，不務求多。稍涉浮游，並置弗錄。』『總批俱該括全篇意旨之語，取自名家秘笈，匪僅據坊本，拾人唾餘。』今細審秦序一，可推知秦氏在杭州所見的歸有光批本，當僅有歸氏本人對莊子的指鉤點畫和眉批、篇末總批。凡例所列三條説明文字，似可證實這一推斷。據筆者統計，竺塢刊南華真經評注共收錄冠有『歸震川曰』字樣的眉批二百三十四條，篇末總批二十一條，數量居各家之首，但今已發現其中有一些條目並非歸氏所寫。今查得清康熙間所刊莊子釋意一書，首題『歸震川先生原批，金壇高秋月素蟾集説、曹同春孟序論正，曹家擁開遠、鳳采亭山重訂』。書中各篇間引歸有光、釋德清、林雲銘等人評語，而歸氏評語多見於篇末總評欄中。經筆者考證，此書所引歸氏評語，僅爲署爲歸有光、文震孟南華真經評注本所錄歸有光評語的一部分，但這部分條目未發現有抄襲於他書者。據此則又可説明，歸有光當確曾評批過莊子，康熙間刊本莊子釋意所錄歸氏評語當確係『歸震川先生原批』。這樣看來，秦繼宗在杭州所見到的歸批本應當是真實可信的。由此推斷，問題可能出在天啟甲子竺塢刊刻之時。據秦序二説，秦氏作此序時並不真正瞭解所謂文震孟訂正歸批之事，也尚未親見竺塢所刊南華真經評注，只是聽派往姑蘇購書的『童子』返回後説此書『業已授梓』而已，則序中所謂文太史『特爲評正』、『點綴字語』云云，似不見得完全可靠。誠然，此書所收批語可謂錯誤百出，甚或不可卒讀，若經狀元文太史親爲訂正，則何至於此？又凡被亂冠作者的批語多出自宋末劉辰翁手筆，而公然署上唐、宋、明三代名公名家的姓名字號，狀元文太史又何以作此勾當？從另一方面看，凡例謂所錄評語、總批乃『取自名家秘笈』，則尤不可據信。因爲此前和當時的衆多學者，爲何都沒有見過，也未曾提到過這些『秘笈』呢？總之，竺塢刊南華真經評注無疑有作僞現象，作僞者當就是秦序二中所説的『書賈』。大概他們爲了抬高此書的身價，獲取較大的經濟利益，就借用文震孟的名義，並拉來唐、宋、明三代衆多名公名家作爲書中批語的作者，幹出了晚明許多書商都曾幹過的作僞勾當。但署爲歸有光、文震孟南華真經評注本又在每頁版心上均刻有『竺塢藏書』四字，而竺塢爲文震孟家居之所，明萬曆四十二年(1614)所刊文氏姑蘇名賢小記就刻有『文氏竺塢』字樣，假如南華真經評注也果真刻於竺塢，則文氏又爲何不曾寓目呢？這似是一個不可回答的問題。

然而正如上面所説，竺塢刊南華真經評注所收録的歸有光批語，其中有一部分(尤其是篇末所引的歸氏總評文字)應當是真實可信的。書中的夾注、圈點及底欄音義、簡注，也應當含有歸氏的手澤。因而，此書正是以原來歸有光的批點爲基礎，再大量增添所謂衆家批語而成，在客觀上確也保存了不少真實可信的批語(尤其是歸有光批語)，仍不失爲一個頗有價值的刊本。今通讀歸有光的眉批，可感到其比較注重於對莊子義理的歸納、揭示。如他爲徐無鬼篇所作眉批最多，共二十七條，依次曰：『勞生之極，反本之思。』『養身養民，俱勿攖之。』『若此者，如此也，即禪經如是之意。』『去累即適。』『狗知逐物而不返者。』『能中，爲射不在巧者。』『自是，爲上不必從人。』『同氣。』『同聲。』『蹢子逐之於宋，不欲其完；至求鉼鐘，外物反加束縛，唯恐損傷。……』『忘形。』『忘己愛人。』『斂而不露。』『猶尚，未能忘言。』『忘言，故大。』『世福難全。』『去賢能。』『何世失真！』『蟻、魚、羊，皆嚴辨而有增長者。』『無智。』『無常尊。』『見得一邊，迷得一邊。』『局形識。』『吹矖水乾。』『狗物損真。』『以後論大觀通識。』『以明悟暗，人復其明，舉世通明矣。』這些看似簡約、零碎的批語，當它們被放在特定位置上的時候，一般都能起到歸納、提示文本中相關内容的作用，同時也傳達出了批點者對人生的一些感悟，以及對世道的獨特看法等等，頗爲有效地引導讀者去揣摩、探究隱藏在莊子文本中的精義，及其對社會、人生所具有的啟迪意義。與此有所不同，歸有光有少量批語卻重在引申發揮，表達自己的獨特感想。如天道篇有『本在於上，末在於下』等一番關於人事的話，他批曰：『荀子譏莊子「蔽於天而不知人」，觀此，則莊子豈不知於人歟？』誠然，如果就整部莊子尤其是外篇中某些篇章來看，莊子是相當懂得人事的，荀況怎可籠統地説莊子『蔽於天而不知人』呢？歸有光能就此提出自己的看法，這在整個莊子闡釋史上是頗爲少見的。他又在大宗師篇末『子桑』所説的一番話上批曰：『安命然後能示貧賤，貧賤然後能任生死。今人耽受享而求道，真誤矣。』這顯然也是在借題發揮，批評當時一些讀書人不應該一味追求物質享受，從而把他的莊子評點引向了對現實生活的干預、批評。除眉批而外，歸有光還在駢拇、胠篋、在宥、天地、天道、秋水、至樂、達生、山木、田子方、知北遊、庚桑楚、徐無鬼、則陽、外物、寓言、讓王、盜跖、説劍、漁父、天下二十一篇末各寫了一條總批文字。總的看來，這些總批文字比較注重歸納篇中各段大意，揭示全文宗旨。如：

一論大通之理，二論大勝之力，三論達命之事，四論至言之妙，五論全身之高，六論心知之道。（秋水篇末總批）

首言至樂在無爲，只因生死關看不破，故多累。次三段皆引達生死之分者，人生自適分量而已。且一氣變化，終在陶冶之内，何常有生死邪？（至樂篇末總批）

首敘言有三項，次二段言拘繫者皆無取。又論功有驟進，莫執生死、有無之跡。末貴韜斂。（寓言篇末總批）

此篇凡三段，皆言不矯行傷生以求聲名富貴，有激之談也。（盜跖篇末總批）

從這裏可以清楚看出，歸有光寫作篇末總批的目的，是要在簡約、零碎的眉批基礎上歸納出各篇段落大意，梳理出貫穿在各段落之間的思想發展脈絡，揭示出隱藏在各篇整個結構體系中的意趣宗旨，從而讓讀者真正領悟到莊子的本真思想。當然，歸有光這裏沒有像歷代學者那樣以封建正統思想來詮釋、評論盜跖篇中『盜跖』的反叛言行，而反以爲是『有激之談』，這實際上已寄托了他的身世之感，抒發了他的憤激之情，表明他對莊子的評點是帶有一定思想傾向的。

附表：

篇名	南華真經評注所錄批語	被抄襲的原書文字	備注
逍遥遊	王鳳洲曰：鳥飛，下一怒字便是奇特。	鳥之飛也必以氣，下一怒字便自奇特。（褚伯秀南華真經義海纂微録林希逸語）	
	何孟春曰：齊諧之書未必有，此是其戲劇耳。	何孟春曰：齊諧，如今山海經之類，然此書未必有。莊子既撰此説，又引此書以自證，是其戲劇耳。（沈汝紳南華經集評眉欄引）	沈汝紳南華經集評眉欄所引何孟春語，實抄襲於林希逸南華真經口義。
	焦漪園曰：前兩笑字與後一笑字雖不同，並極傲睨萬物之態。		今案焦竑莊子翼無此語。
	楊用修曰：此篇雖名逍遥遊，而未及逍遥之趣，直發端耳。得其所以遊者，則此書無往非逍遥篇也。	此篇雖名逍遥遊，而未及逍遥之趣，直發端耳。得其所以遊者，則此書無往非逍遥篇也。（劉辰翁莊子南華真經點校）	
齊物論	歸震川曰：欲齊天下之物論，必觀諸未始有物之先。	欲齊一天下之物，必觀諸未始有物之先。（陳繼儒莊子雋）	陳繼儒五子雋刊刻時間待考。
	唐荊川曰：吹使字是閑處，小字面倒説了。妙！妙！	吹使字是閑處，小字面倒説了。（劉辰翁莊子南華真經點校）	
	焦弱侯曰：透下再作一重議論。		今案焦竑莊子翼無此語。
	歐陽公曰：莊子文字快活，似其爲人，不在深思曲説，但通大意，自是開發無限。	莊子文字快活，似其爲人，不在深思曲説，但通大意，自是開發無限。（劉辰翁莊子南華真經點校）	
	王介甫曰：齊物論，其微意正欲以不齊齊之，求其齊乃不可齊矣。諸君子所以失者，以其齊也。	謂其欲齊物者，乃未嘗深考也。若其微意，正欲以不齊齊之，求其齊乃不可齊也。諸君子之所以失者，以其齊也。（劉辰翁莊子南華真經點校）	

人間世	王介甫曰：已極言之，又從容往復，文字之厚處。	已極言之，又從容往復，文字之厚處。（劉辰翁莊子南華真經點校）	
	蘇東坡曰：此妙語，難可別喻。至於無行地，則絕跡不足言矣。	此妙語，難可別喻。至於無行地，則絕跡不足言矣。（劉辰翁莊子南華真經點校）	
	王介甫曰：前見之夢，已奇。又生診夢一段，從容不竭。	前見之夢，已奇。又生診夢一段，從容不竭。（劉辰翁莊子南華真經點校）	
	歐陽公曰：倒論語一句，更明。	倒論語一句，更明。（劉辰翁莊子南華真經點校）	
	林疑獨曰：前言養生，此言人間世，蓋謂既有此身而處此世，豈能盡絕人事，但要人處得好耳。看這般意思，莊子何嘗迂闊，何嘗不理會事？	前言養生，此言人間世，蓋謂既有此身而處此世，豈能盡絕人事，但要人處得好耳。看這般意思，莊子何嘗迂闊，何嘗不理會事？（林希逸南華真經口義）	今案褚伯秀南華真經義海纂微所錄林自（疑獨）文無此語。
德充符	王介甫曰：語奇。	語奇。（劉辰翁莊子南華真經點校）	
	耿楚侗曰：就意念間證得親切。	就意念間證得親切有理。（劉辰翁莊子南華真經點校）	
	王介甫曰：其爲子產諸，都等閒杜撰，亦自古意雅甚。	其爲子產語，雖等閒杜撰，亦自古意雅甚。（劉辰翁莊子南華真經點校）	
	王鳳洲曰：長語亦能使人動心。	此長語亦能使人動心。（劉辰翁莊子南華真經點校）	
	王鳳洲曰：形容反覆，可想。	形容反覆不厭，而猶有可想。（劉辰翁莊子南華真經點校）	

篇目			
德充符	蘇東坡曰：新娶者免役，禮記有之。	新娶者免役，禮記有之。（劉辰翁莊子南華真經點校）	劉辰翁莊子南華真經點校標明此條爲林希逸語。今案林氏南華真經口義，信然。
	蘇穎濱曰：兑如醫家脱證，所謂日夜無隙，正謂此也。韓愈説築可隄，障屋霤，如此得似？此語妙趣。	兑如醫家脱證，所謂日夜無隙，正謂此也。韓愈説築河隄，障屋霤，如何得似？此語妙趣。（劉辰翁莊子南華真經點校）	
大宗師	司馬溫公曰：此是語，非寓言。	此是有用實話，非著書寓言。（劉辰翁莊子南華真經點校）	劉辰翁莊子南華真經點校標明此條爲林希逸語。今案林氏南華真經口義，信然。
	歐陽公曰：兩藏字已怪。夜半又負走，何其奇！	兩藏字已怪。又夜半，又負走，何其奇也！（劉辰翁莊子南華真經點校）	
	王鳳洲曰：三四猶字，辯論雄偉。	反覆三四猶字，辨論雄偉。（劉辰翁莊子南華真經點校）	
	王鳳洲曰：卜者有聖人之才，卻是譏貶。	謂卜者有聖人之才，卻是譏貶。（劉辰翁莊子南華真經點校）	
	王介甫曰：攖者外禦，寂者內鎮，此名已屬杜撰。其不叠見得意，全無古人，然大概不出面目唇古，妙在子孫二字。	攖者外禦，寂者內鎮，此名已屬杜撰。其下叠見得意，前無古人，然大概不出面目唇舌，妙在子孫二字。（劉辰翁莊子南華真經點校）	
	黃山谷：跰鮮鑒井，極是畫意。	跰鮮鑒井，極是畫意。（劉辰翁莊子南華真經點校）	
	王鳳洲曰：假於異物，便是圓覺地水火風之論。	假於異物，便是圓覺地水火風之論。（劉辰翁莊子南華真經點校）	

大宗師	蘇老泉曰：迂曲。不如名山大川，還千古英靈之氣，快當。	地、水、火、風，援引迂曲。不如名山大川，還千古英靈之氣一句，快當。（劉辰翁莊子南華真經點校）	
	陸平泉曰：坐忘，即是禪家面壁。	坐忘二字，便是禪家面壁一段公案。（劉辰翁莊子南華真經點校）	劉辰翁莊子南華真經點校標明此條爲林希逸語。今案林氏南華真經口義，信然。
應帝王	王鳳洲曰：非也，應世則爲帝王也。	非也，應世則爲帝王也。（劉辰翁莊子南華真經點校）	
	湛甘泉曰：言帝王之道，合應如此。	言帝王之道，合應如此也。（劉辰翁莊子南華真經點校）	劉辰翁莊子南華真經點校標明此條爲林希逸語。今案林氏南華真經口義，信然。
	唐荊川曰：所謂見事如響，雄辨勝人。	所謂應對如響，雄辯勝人。（劉辰翁莊子南華真經點校）	
	蘇東坡曰：列子是。	列子是。（劉辰翁莊子南華真經點校）	
	蘇東坡曰：全然，列子作灰然，是。	全，列子作灰然，似是。（劉辰翁莊子南華真經點校）	
	歸震川曰：名實不入九字，精妙難盡。	九字精妙難盡。（劉辰翁莊子南華真經點校）	
	蘇東坡曰：勝，列子是。沖而莫勝，綿綿若存之謂也。	勝，列子作朕，是。沖而莫勝，綿綿若存之謂也。（劉辰翁莊子南華真經點校）	
	蘇東坡曰：此鄙俚語，亦創見。列子無親是。	此鄙俚語，亦創見。列子無親是。（劉辰翁莊子南華真經點校）	

駢拇		
楊用修曰：擢德，謂選取好題目也。	擢德，謂選取好題目也。（劉辰翁莊子南華真經點校）	
王介甫：句字疑非，或當作身。	句字疑非，當作身。（劉辰翁莊子南華真經點校）	
蘇東坡曰：緩而愈激。	緩而愈激。（劉辰翁莊子南華真經點校）	
蘇東坡曰：愈緩愈激。	痛快，愈緩愈激。（劉辰翁莊子南華真經點校）	
歐陽公曰：誘然，若有導之以生者。此等不切，皆錯令，可怪事。	誘然，若有導之以生者。此等不切，皆錯會，可怪事。（劉辰翁莊子南華真經點校）	
司馬溫公曰：孟子專言仁義，莊子專言道德，故其書專抑仁義而談自然。大抵莊子之所言仁義，其字義本與孟子不同。	孟子專言仁義，莊子專言道德，故其書專抑仁義而談自然。大抵莊子之所言仁義，其字義本與孟子不同。（劉辰翁莊子南華真經點校）	劉辰翁莊子南華真經點校標明此條爲林希逸語。今案林氏南華真經口義，信然。
歸震川曰：語無沾滯，翩翩直下。	語無沾惹，翩翩直下，略不可禦詰。（劉辰翁莊子南華真經點校）	
王介甫曰：臧與穀，皆善之謂。此處又出臧字，皆以人爲戲。	臧與穀，皆善之謂。此處又出臧字，皆以人爲戲。（劉辰翁莊子南華真經點校）	
歐陽公曰：語至刻急，每結皆緩，若深厚不可知者，優柔有餘，得雄辯守勝之道。自經而子，未有成片文字，枝葉橫生，首尾救應，自爲一家若此。以下數篇者，但論筆意，亦大宗師也。	語至刻急，每結皆緩，若深厚不可知者，優柔有餘，得雄辯守勝之道。自經而子，未有成片文字，枝葉橫生，首尾救應，自爲一家若此。以下數篇者，但論筆意，亦大宗師也。（劉辰翁莊子南華真經點校）	

馬蹄	歸震川曰：燒、剔，下得好。	燒、剔，皆下得好。（劉辰翁莊子南華真經點校）	
	唐荊川曰：齊物論天行、天鈞、天遊，與此天放，皆是莊子做此名字，以形容自然之樂。	齊物論天行、天鈞、天遊，與此天放，皆是莊子做此名字，以形容自然之樂。（劉辰翁莊子南華真經點校）	劉辰翁莊子南華真經點校標明此條爲林希逸語。今案林氏南華真經口義，信然。
	歸震川曰：不切處，常不休。	不切處，常不休。（劉辰翁莊子南華真經點校）	
	歸震川：皆極形容。	摘僻，摘如摘埴之摘，僻如鞭擗之僻，皆極形容。（劉辰翁莊子南華真經點校）	
胠篋	蘇東坡曰：其慢世立物，可以存變，可以諧俗。	其慢世傲物，可以存變，可以諧俗。（劉辰翁莊子南華真經點校）	
	唐荊川曰：起語突兀，本是小說家，充拓變態，至不可破。他人著書，證以數語，已不啻其妙。在三反四覆，馳驟之極，卒歸於道德之意，惟盡人間情僞，終以設喻，此其不可執著者，謂其憤疾，直淺淺者也。	起語突兀，本是小說家，充拓變態，至不可破。他人著書，證以數語，已不啻其妙。在三反四覆，馳驟之極，卒歸於道德之意，雖盡人間情僞，終以設喻，此其不可執著者，謂其憤疾，直淺淺者也。（劉辰翁莊子南華真經點校）	
	王荊公曰：看此，便見得憤悱之雄。	看此篇，便見得憤悱之雄處。（劉辰翁莊子南華真經點校）	劉辰翁莊子南華真經點校標明此條爲林希逸語。今案林氏南華真經口義，信然。
	蘇老泉曰：竊國者皆盜。此獨舉田成子，以其十二世無患，不敢誅，不敢非，爲怪也。	竊國者皆盜。此獨舉田成子，以其十二世無患，不敢誅，不敢非，爲怪也。（劉辰翁莊子南華真經點校）	

篇	評語	校本	
胠篋	歸震川曰：看他反覆縱橫說，必勝。	看他反覆横說，必勝。（劉辰翁莊子南華真經點校）	
	宋方城曰：只是竊聖知之法，一語起伏不厭。觀水觀瀾，謂此。	只是竊聖知之法，一語起伏不厭。觀水觀瀾，謂此。（劉辰翁莊子南華真經點校）	
	汪南溟曰：此其本趣，雖粗枝大葉，根本如一，終日言而皆物，終日言而皆道。	此其本趣，雖粗枝大葉，根本如一，終日言而皆物，終日言而皆道。（劉辰翁莊子南華真經點校）	
	王荊公曰：不欲爲促急者，本可一二世而止。杜撰春容，智者見之謂之知。	不欲爲促急者，本可一二世而止。杜撰春容，智者見之謂之知。（劉辰翁莊子南華真經點校）	
	唐荊川曰：文字茂密，在內、外、跡、軌字。	文字茂密，在內、外、跡、軌字。（劉辰翁莊子南華真經點校）	
	湛甘泉曰：孰非戲也，而切於事情，暢爲名語。	孰非戲也，而切於事情，暢爲名言，萬世如見。（劉辰翁莊子南華真經點校）	
	歸震川曰：扶疏辯證，皆不可無，卻非衍好知二字而已。	扶疏辯證，皆不可無，卻非衍好知二字而已。（劉辰翁莊子南華真經點校）	
	張洪陽曰：上句是齊物、養生以來所惓惓者，下句則胠篋意也。	上句是齊物、養生以來所卷卷者，下句則胠篋意也。（劉辰翁莊子南華真經點校）	
	魏莊渠曰：不過大亂收結，聽之如樂，二疊三歎。	不過大亂收結，聽之如樂，三疊三歎。（劉辰翁莊子南華真經點校）	
在宥	唐荊川曰：突起奇甚。	突起奇甚。（沈汝紳南華經集評眉欄錄王世貞語）	
	陸秀夫曰：說得散，解自不徹，亦不必解。	彼說得散，解自不徹，亦不必解。（劉辰翁莊子南華真經點校）	

在宥		
薛方山曰：起伏最好。	如此起伏，最好。（劉辰翁莊子南華真經點校）	
王荊公曰：以老子一語暢言之，文貴如此。	以老子一語暢言之，文貴如此。（劉辰翁莊子南華真經點校）	
蘇東坡曰：絕妙形容。	形容。（沈汝紳南華經集評眉欄錄王世貞語）	
陸務觀曰：原字最切要，指其處也。	原字最切要，指其處也。（劉辰翁莊子南華真經點校）	
劉貢父曰：一派禪機。	頗似禪機語。（沈汝紳南華經集評眉欄錄王世貞語）	
王荊公曰：頗氾濫，少警策，才說到要緊處，便曼衍打混去。蒙莊道機，大抵皆然。	頗氾濫，鮮警策，才說到要緊處，便曼衍打混去。南華先生道機，大抵然。（沈汝紳南華經集評眉欄錄王世貞語）	
薛方山曰：異端之論，詭譎百端，不如此數語明盡灑落。	異端之語，詭譎百端，不如此數語明盡灑落。（劉辰翁莊子南華真經點校）	
陸秀夫曰：解莊子之法，一句兩句未喻，皆無害。	解莊子之法，一句兩句未喻，皆無害。（劉辰翁莊子南華真經點校）	
王荊公曰：作文之法，必如莊子，而後氣力俱盡，毫髮無垠。	作文之法，必如莊子，而後氣力俱盡，毫髮無根。（劉辰翁莊子南華真經點校）	
秦少游曰：此篇自無爲說到有爲，復自有爲而返於無爲，抑揚開闔，變化無窮。『鴻蒙』以下，突起三峰，斷而不斷，文字之妙，非言說可盡。	在宥一篇，自無爲說到有爲，復自有爲而返於無爲，抑揚開闔，變化無窮。末自『鴻濛』、『雲將』以下，突起三峰，斷而不斷，文字之妙，非言說可盡，讀者宜詳味之。（陸西星南華真經副墨）	

天地		
林疑獨曰：說得精。	此篇亦說得精。（劉辰翁莊子南華真經點校）	今案褚伯秀南華真經義海纂微所錄林自（疑獨）文無此語。
劉貢父曰：此即孟子、西銘不與意合，然其語又精神，顯了輳足了，又羨八字，見地既明，氣魄亦大。	此即與孟子、西銘不與意合，然其語又精神，顯字又輳足了，又羨八字，見地既明，氣魄亦大。（劉辰翁莊子南華真經點校）	
劉貢父曰：至無而供其求，不外取也；時聘而要其宿，不忘家也。末羨六字，言其或大或長或短，無不得，無不可，猶引詩『自西自東』耳。	至無而供其求，不外取也；時騁而要其宿，不忘家也。末羨六字，言其或大或小，或長或短，無不得，無不可，猶引詩『自西自東』耳。（劉辰翁莊子南華真經點校）	
陸秀夫曰：故是子虛，亦能使人傾耳而聽，賢於以是傳之之甚。	故是子虛，亦能使人傾耳而聽，賢於以是傳之甚。（劉辰翁莊子南華真經點校）	
蘇老泉曰：尊知衍能，火馳欲速，最大病。	尊知衍能，火馳欲速，最大病。（劉辰翁莊子南華真經點校）	
唐荊川曰：率，言大凡如此也。	率，言大凡如此也。（劉辰翁莊子南華真經點校）	
宗子相曰：此段真方外語，莊以前未之聞。	真方外語，莊以前未聞也。（劉辰翁莊子南華真經點校）	

天地		
汪南溟曰：合歸者，不言也；鳴者，言也。下喙鳴合之，合又與上合字不同。言此喙之鳴，既以不言而言，則與自然者合矣。以此自然之合，則與天地合矣。故曰喙鳴合。緡緡猶泯泯然，若愚若昏，形容此合字也。此乃玄妙之德，與大順同。大順，即太初自然之理也。	合喙者，不言也；鳴者，言也。以不言之言如此下二字，便是他奇筆處。下面卻翻一轉，又曰喙鳴合，此合字又與上合字不同矣。言此喙之鳴，既以不言而言，則與自然者合矣。以此自然之合，則與天地爲合。緡緡，猶泯泯也。泯泯然若愚若昏，形容此合字也。此乃謂之玄妙之德，則與大順同矣。大順，即太初自然之理也。（林希逸南華真經口義）	
歸震川曰：筆勢沛然，有自得之趣。	筆勢沛然，有自得之趣。（劉辰翁莊子南華真經點校）	
王鳳洲曰：言凡人能如此，則豈肯兄堯舜之教，而自處其下也。	言凡人能如此，則豈肯兄堯舜之教，而自處其下也。（劉辰翁莊子南華真經點校）	劉辰翁莊子南華真經點校標明此條爲林希逸語。今案林氏南華真經口義，信然。
宗子相曰：眼前事物，意第雜說，亦不可及。抱甕之狀，與槔之爲物，曲折備具。於其往復俯仰緩急，如忿然作色而笑，皆是生意見於言外。至於獨弦哀歌，則逼人甚矣。	眼前事物外，意第雜說，亦不可及。抱甕之狀，與槔之爲物，曲折備具。於其往復俯仰緩急，如忿然作色而笑，皆是生意見於言外。至於獨弦哀歌，則逼人甚矣。（劉辰翁莊子南華真經點校）	
汪南溟曰：皆名言。	皆名言。（劉辰翁莊子南華真經點校）	
解大紳曰：偶然語，亦自可誦。秦漢文字，安得此？	偶然一語，亦自可誦。秦漢文字，安得此？（劉辰翁莊子南華真經點校）	

天地	歸震川曰：語意豁然。	語意豁然。（劉辰翁莊子南華真經點校）	
	湛甘泉曰：偶在上，野鹿憧憧，不知所適。	標枝偶在上耳，野鹿憧憧，不知所適。（劉辰翁莊子南華真經點校）	
	歸震川曰：反覆發明，理至情盡。	反覆發明，理至情盡。（劉辰翁莊子南華真經點校）	
	歸震川曰：兩節文甚峻達，但謂內之利欲與外之爵祿交惑，兢兢然榮辱得喪，無須臾寧，豈謂與人爭是非，與禮法自拘束哉！獨以爲詆楊墨字只當儒者。	兩節文甚峻達，但謂內之利欲與外之爵祿交惑，兢兢然榮辱得喪，無須臾寧，豈謂與人爭是非，與禮法自拘束哉！獨以爲詆楊墨，上楊墨字只當儒者。（劉辰翁莊子南華真經點校）	
天道	歐陽公曰：讀至服字，是學莊子語者。	是學莊子語者，讀至服字可笑。（劉辰翁莊子南華真經點校）	
	歐陽公曰：此處語無味。	語無味。（劉辰翁莊子南華真經點校）	
	歐陽公曰：至此敗筆。	至此敗也。（劉辰翁莊子南華真經點校）	
	歐陽公曰：此以下，俱不似莊子。	此以下，豈莊子哉！（劉辰翁莊子南華真經點校）	
	歐陽公曰：亦淺而拙。	俴拙。（劉辰翁莊子南華真經點校）	
	歐陽公曰：轉見衰颯，語不行。	轉見衰颯，說不行。（劉辰翁莊子南華真經點校）	
	歐陽公曰：尚未得爲似。	尚未得爲似。（劉辰翁莊子南華真經點校）	
	王陽明曰：老聃之教以道德爲宗，孔子之經以仁義爲本。	老聃之教以道德爲宗，孔子之經以仁義爲本。（褚伯秀南華真經義海纂微錄陳詳道語）	

天道	歐陽公曰：此以前篇一兩語申之，不知樹木。語如此，蛇足不稱，言者少知。	此以前篇一兩語申之，不知樹木。語如此，蛇足不稱，言者少知。（劉辰翁莊子南華真經點校）	劉辰翁莊子南華真經點校標明此條爲林希逸語。今案林氏南華真經口義，信然。
	陸秀夫曰：妹與昧同，暗也。	妹與昧同，暗也。（劉辰翁莊子南華真經點校）	
	蔡虛齋曰：妹字不必別解。	妹字不必別解。（劉辰翁莊子南華真經點校）	
	歐陽公曰：漸入佳境。	漸入佳境。（劉辰翁莊子南華真經點校）	
	歐陽公曰：「悲夫」一語，不盡有態，是莊子語。	「悲夫」一語，不盡有態，是莊子語。（劉辰翁莊子南華真經點校）	
	陸平泉曰：天道篇辭理俱到，有蔚然之文，蒼然之光，學者更當熟讀。	莊子天道篇，辭理俱到，有蔚然之文，浩然之氣，蒼然之光，學者更當熟讀。（陸西星南華真經副墨）	
天運	歐陽公曰：參差奇詭，而近於物情。興者比者，俱不能得其仿佛也。	參差奇詭，而近於物情。興者比者，俱不能得其仿佛也。（劉辰翁莊子南華真經點校）	
	楊用修曰：九洛，似謂九疇洛書也。	九洛，似謂九疇洛書也。（劉辰翁莊子南華真經點校）	
	王荊公曰：勉強以仁義、忠信、貞廉爲役於名譽，亦猶貴富者之兼併焉。辯哉！	勉強以仁義、忠信、貞廉爲役於名譽，亦猶貴富者之兼併焉。辯哉！（劉辰翁莊子南華真經點校）	

篇目	引文	校文	
天運	陸秀夫曰：其所言者，非樂之謂也。以樂言之，則有其樂矣。以聽者爲主，又高。	其所言者，非樂之謂也。以樂言之，則有其樂矣。以聽者爲主，又高。（劉辰翁莊子南華真經點校）	
	蘇欒城曰：『夫至樂者』至『太和萬物』，原係注疏中語，誤作正文。	『夫至樂者』至『太和萬物』，原係注疏中語，誤作正文。（沈汝紳南華經集評眉欄錄王世貞語）	
	王荊公曰：即和而不流。	即和而不流。（劉辰翁莊子南華真經點校）	
	李空同曰：文章之鼓吹，史傳之滑稽。	一節一節，使人忘饑失睡。文章之鼓吹，史傳之滑稽也。（劉辰翁莊子南華真經點校）	
	唐荊川曰：其說次第也有謂。	其設次第也有謂。（劉辰翁莊子南華真經點校）	
	歐陽公曰：譬龍固異，說龍尤異。	譬龍固異，說龍亦異。（劉辰翁莊子南華真經點校）	
	黄山谷曰：語不犯一字正意，雖與化爲人，已是注解，而亦不知其何語也。老子之意，謂行乎天下。遇猶合也，合有機，有不待。合而化者，有化而不自知其類之異者。其深意妙語，豈可索之形跡哉！故夫子之得之也亦然。推而至於有弟而兄啼，人情物理，達之世態人事，亦當然者。此二大士對談，吾竊聽之。	語不犯一字正位，雖與化爲人，已是注解，而亦不知其何語也。老子之意，謂行乎天下。遇猶合也，合有機，有不待。合而化者，有化而不自知其類之異者。其深意妙語，豈可索之形跡哉！故夫子之得之也亦然。推而至於有弟而兄啼，人情物理，達之世態人事，亦當然者。此二大士對談，吾竊聽之。（劉辰翁莊子南華真經點校）	
刻意	易連峰曰：清言可貴。	其言可貴。（劉辰翁莊子南華真經點校）	
	歸震川曰：本分語。	本分語。（劉辰翁莊子南華真經點校）	

刻意	王荊公曰：此兩段與天道出入，然在彼則爲僞言，在此則爲真言。	此兩段與天道出入，然在彼則爲僞言，在此則爲真言。我知言以此。（劉辰翁莊子南華真經點校）	
	蘇老泉曰：舉劍而精神之可寶，自喻其辭之有益於學者，至切近也。而人以爲荒唐無用之言，及其荒唐無用也，未必知也。	舉劍而精神之可寶，自喻其辭之有益於學者，至切近也。而人以爲荒唐無用之言，及其荒唐無用也，未必知也。（劉辰翁莊子南華真經點校）	
	丘瓊山曰：此篇言聖人之德，以養神守神作主，首尾卻是一篇文字，中間連用六個故曰，末引野語結之。看他文字波瀾，莊文中最近時好。	此篇言聖人之德，以養神守神作主，首尾卻是一篇文字，中間連用六個故曰，末引野語結之。看他文字波瀾，莊文中最近時好者。（陸西星南華真經副墨）	
繕性	胡似山曰：憒憒不知其何所指也。而使人有省，名曰繕性，將無言性者，皆若此其俗也。	憒憒不知其何所指也。而使人有省，名曰繕性，將無言性者，皆若此其俗邪？（劉辰翁莊子南華真經點校）	
	歸震川曰：信行容體，合說禮，有味。	信行容體，合說禮，有味。（劉辰翁莊子南華真經點校）	
	許石城曰：他說樂在禮，前亦有見。一生便有和氣，有和氣便有情事，皆是樂到行動處，方是禮。	他說樂在禮，前亦有見。一生便有和氣，有和氣便有情事，皆是樂到行動處，方是禮。（劉辰翁莊子南華真經點校）	
	方靜夫曰：『心與心識知』句連，謂彼此看破耳。	『心與心識知』句連，謂彼此看破耳。（劉辰翁莊子南華真經點校）	
	林虞齋曰：彼亦一得志，此亦一得志。但在此爲無憂，此軒冕者憂，寄去則不樂。看得透，故語妙。	彼亦一得志，此亦一得志。但在此爲無憂，此無憂則軒冕者憂，寄去則不樂。看得透，故語妙。（劉辰翁莊子南華真經點校）	林希逸南華真經口義無此語。據劉辰翁莊子南華真經點校，乃劉氏語。

篇名	評語	出處	按語
繕性	邵康節曰：前言蔽蒙，後言倒置，且謂且笑，更竭一語而終焉。	前言蔽蒙，後言倒置，且謂且笑，更竭一語而終焉。（劉辰翁莊子南華真經點校）	
	湛甘泉曰：此篇亦是一片文字，遞遞說去。以恬養知，是其主意。說到世道交喪，聖人之德隱，遂將隱字生下許多意思，與孟子『所性分定，大加不加，窮居不損』意同，議論醇極無疵。	此篇亦是一片文字，遞遞說下。以恬養知，是其主意。說到世道交喪，聖人之德隱，遂將隱字生下許多意思，與孟子『所性分定，大行不加，窮居不損』意同，議論極醇無疵。（陸西星南華真經副墨）	
秋水	唐荊川曰：據此起四字，便非數百語所能盡，非辯論之博不足以稱之。	據此起語四字，便非數百語所能盡，非辯論之博亦不足以稱之。（劉辰翁莊子南華真經點校）	
	蔡虛齋曰：意在夫子與伯夷，故借河海言之。	意在夫子與伯夷，故借河海以言之。（林希逸南華真經口義）	
	陸貞山曰：此如先得語，天下莫能載。其玩視宇宙，詆欺古人，豈惟辭之語之者！而所憐所爭者，亦可憫也。仁人任士，直隱映其間，而不可勝舉。	此如先得語，天下莫能載。其玩視宇宙，詆欺古人，豈惟辭之語之者！而所連所爭者，亦可憫也。仁人任士，直隱映其間，而不可勝舉。（劉辰翁莊子南華真經點校）	
	商素庵曰：遙者，世與我相遠也。維近而可掇，苟非甚近，亦不容跂而得之，謂則面前則不得已也。	遙者，世與我相遠也。雖近而可掇，苟非甚近，亦不欲跂而待之，謂到面前則不得已也。（劉辰翁莊子南華真經點校）	
	儆弦曰：這河伯問以下一轉，又好。前言其大，此又言無小無大。	這河伯問以下一轉，又好。前言其大，此又言無小無大。（劉辰翁莊子南華真經點校）	今案此語最早出自林希逸南華真經口義。

秋水		
徐儆弦曰：這一轉又好。自細視大者不盡，管中窺天之類是也。自大視細者不明，鵬鳥、塵埃之類是也。	這一轉又好。自細視大者不盡，管中窺天之類是也。自大視細者不明，鵬鳥、塵埃之類是也。（劉辰翁莊子南華真經點校）	劉辰翁莊子南華真經點校標明此條爲林希逸語。今案林氏南華真經口義，信然。
解大紳曰：堂堂而行，人皆信之。	堂堂而行，人皆信之。（劉辰翁莊子南華真經點校）	
王荆公曰：舉天地之全，無以異於一稊米，而豪末之爲數，未嘗不與丘山並積也。	舉天地之全，無以異於一稊米，而毫末之爲數，未嘗不與丘山並積也。（劉辰翁莊子南華真經點校）	
徐儆弦曰：這一問又好。言既無貴賤，既無是非，則我之辭受取舍，將何所耶？	這一問又好。言既無貴賤，既無是非，則我之辭受取舍，將何所從？（劉辰翁莊子南華真經點校）	劉辰翁莊子南華真經點校標明此條爲林希逸語。今案林氏南華真經口義，信然。
楊升庵曰：衍、施，皆牽於韻耳。其本意只在反字、謝字。謝即代謝，反即説餘剩，施即施行。大蹇，一步又退一步也。	衍、施，皆牽於韻耳。其本意只在反字、謝字。謝即代謝，衍即説餘剩，施即施行。大蹇，一步又退一步也。（劉辰翁莊子南華真經點校）	
徐儆弦曰：此一問又好。言既聽造化所爲，則人亦何必學道？	此一問又好。言既聽造化所爲，則人亦何必學道？（劉辰翁莊子南華真經點校）	劉辰翁莊子南華真經點校標明此條爲林希逸語。今案林氏南華真經口義，信然。

秋水	李空同曰：雖風之行不如目之疾，目又不如心之疾，故可憐也。至淺至近，拈來是道。	雖風之行不如目之疾，目又不如心之疾，故可憐也。至淺至近，拈來是道。（劉辰翁莊子南華真經點校）	
	楊升庵曰：鰌，謂過去。俗説翻筋斗，相似。	鰌，謂過去也。俗説翻筋斗，相似。（劉辰翁莊子南華真經點校）	
至樂	蘇潁濱曰：本是常情，但文字宛轉綿密，汪洋唱歎，自是人不能及。	本是常情，但文字宛轉綿密，汪洋唱歎，自是人不能及。（劉辰翁莊子南華真經點校）	
	王介甫曰：原壤，莊周欲藉以破人心之迷著，過當處亦見道心。	原壤，莊子欲指破人心之迷著者，故爲此過當之舉，此是道心。（劉辰翁莊子南華真經點校）	劉辰翁莊子南華真經點校標明此條爲林希逸語。今案林氏南華真經口義，信然。
	楊升庵曰：此幾種在百歲髑髏後，最是妙，意在用喻也。釋氏言煖地頂地，皆相似。必有得於形容者，豈可以耳目所不識疑之，以所識訓之哉！	幾種在百歲髑髏後，最是妙，意在用喻也。釋氏言煖地頂地，皆相似。必有得於形容者，豈可以耳目所不識疑之，以所識訓之哉！（劉辰翁莊子南華真經點校）	
達生	王荊公曰：可以處，可以存身。	可以處世，可以存身。（劉辰翁莊子南華真經點校）	
山木	徐儆弦曰：極浮惡薄之滋味。	極浮世薄惡之滋味。（劉辰翁莊子南華真經點校）	
	蘇東坡曰：此與戰國策同。不及者，又彈黃雀故也。作文如畫畫者，當留不盡之意，如執彈而留是也。此間妙意，在捐彈而走。	此與戰國策同。戰策不及者，又彈黃雀故也。作文如畫畫者，當留不盡之意，如執彈而留是也。此間妙意，在捐彈而走。（劉辰翁莊子南華真經點校）	

山木	柳宗元曰：此言處世之道，正與内篇人間世參看。	此言處世之道，正好與内篇人間世參看。（陸西星南華真經副墨）	
田子方	王荊公曰：目擊道存，一見決矣。相識已多。	目擊道存，一見決矣。相識已多。（劉辰翁莊子南華真經點校）	
	蘇潁濱曰：其言皆似偶然。	其言皆似偶然。（劉辰翁莊子南華真經點校）	
	王荊公曰：未嘗出片言爲令。	未嘗出片言爲令。（劉辰翁莊子南華真經點校）	
	蔡虛齋曰：令尹之貴若在令尹，則與我無預；若在我，則與令尹無預。	令尹之貴若在令尹，則與我無預；我之可貴若在於我，則與令尹無預。（劉辰翁莊子南華真經點校）	劉辰翁莊子南華真經點校標明此條爲林希逸語。今案林氏南華真經口義，信然。
知北遊	薛方山曰：辛苦爲人，必深切著明而後已。	諸子著書，未有如此老辛苦爲人，必深切著明而後已，而讀者猶未喻也。（劉辰翁莊子南華真經點校）	
	曾南豐曰：甚淺，猶恐來者之不晤也，故復出此。其用意亦勞。	甚淺，猶恐來者之不悟也，故復出此。其用意亦勞矣。（劉辰翁莊子南華真經點校）	
	韓文公曰：使其言必窮於問，使其議必愧於知，使其說必勞於辨。	使其言必窮於問，使其議必愧於知，使其說必勞於辯。（劉辰翁莊子南華真經點校）	
	陸放翁曰：語氣逼似老子。	此處甚偪老子。（劉辰翁莊子南華真經點校）	
	魏鶴山曰：但看天地之委形也，便自超然。	但看天地之委形也，便自超然。（劉辰翁莊子南華真經點校）	

篇名	引文	出處	案語
知北遊	陸德明曰：『將至』是兩字，故下獨言『至』。	『將至』是兩字，故下獨言『至』。（劉辰翁莊子南華真經點校）	今案陸德明莊子音義無此語。
	柳柳州曰：每下愈況，即愈況每下也。倒言之耳。	每下愈況，即愈況每下也。倒言之耳。（劉辰翁莊子南華真經點校）	
	陸德明曰：寥已者，贊其至寂之詞。		今案陸德明莊子音義無此語。
	真西山曰：謂老龍吉死則藏其狂言也，以其默爲知道，語自深厚。又尚以老龍爲未足，則愈不可知也，皆相形不言之妙。	謂老龍吉死則藏其狂言也，以其默爲知道，語自深厚。又尚以老龍爲未足，則愈不可知也，皆相形不言之妙。（劉辰翁莊子南華真經點校）	
	歸震川曰：閑處復寄奇義。	閑處復寄妙義。（劉辰翁莊子南華真經點校）	
	真西山曰：其文多如此，故『寥已』不足爲異。	其文多如此，故『寥已』不足爲異。（劉辰翁莊子南華真經點校）	
	唐荊川曰：兩樣下兩句。莫多，省事也。甚有味乎，其反覆之也。	兩樣下兩句。莫多，省事也。甚有味乎，其反復之也。（劉辰翁莊子南華真經點校）	
	歸震川曰：無故而言之，語自然好。	無故而言之，語自然好。（劉辰翁莊子南華真經點校）	
	王荊公曰：直可謂之逆旅主人耳。言其與憂樂居也。	直可謂之逆旅主人耳。言其與憂樂居也。（劉辰翁莊子南華真經點校）	
庚桑楚	王荊公曰：趎方獨見而謂偕來之眾，正釋氏所謂汝胸中正鬧也。	趎方獨見而老子以爲與眾人偕來，正釋氏所謂汝胸中正鬧也。（林希逸南華真經口義）	

徐無鬼	真西山曰：乍見有某者三，語已怪。至舜與豕虱也而並，愈怪已。『羶行』則語毒。	乍見有某者三，語已怪。至舜與豕虱也而並，愈怪已。『羶行』語毒。（劉辰翁莊子南華真經點校）	
	陸放翁曰：此篇多有隱晦難解之語，如層巒叠嶂，爭奇獻怪。遊涉此者，即可新耳目，長意見。讀莊子到此，不得草草，三復愈有深味。	此篇多有隱晦難解之語，如層巒叠嶂，爭奇獻怪。遊涉此者，甚可新人耳目，長人意見。讀莊子到此，不得草草，三復愈有深味。（陸西星南華真經副墨）	
	蘇潁濱曰：誠知所爭若此其細也，則天下無爭矣。	誠知所爭者若此之細也，則天下無爭矣。（郭象莊子注）	
則陽	唐荊川曰：微用韻。	微用韻。（沈汝紳南華經集評眉欄錄王世貞語）	
	曾南豐曰：此篇精到之語，卻與内篇無異。	此篇多有精到之語，卻與内篇何異？（陸西星南華真經副墨）	
外物	蘇東坡曰：明經世者，志於大成而不期近效。	明經世者，志於大成而不期近效。（褚伯秀南華真經義海纂微錄呂惠卿語）	
	王荊公曰：苦其心以爲荃爲蹄，又自疑荃蹄之誤來者也。自毀之，然猶證之於經，質之於理，玩之於文字，而自謂其得意者。	苦其心以爲荃爲蹄，又自疑荃蹄之誤來者也。自毀之，然猶證之於經，質之於理，玩之於文字，而自謂其得意者。（劉辰翁莊子南華真經點校）	
讓王	蘇潁濱曰：士甘陸沉無聞，豈肯詘志而受無名之祿，苟狥妻子之情而躑躅於禍網哉！	士甘陸沉無聞，豈肯屈志而受無名之祿，苟殉妻子之情而躑躅於禍網哉！（褚伯秀南華真經義海纂微錄陳景元語）	
	陸象山曰：誦詩、書而發冢，居屠肆而守義，何代無之？夫竊勢以爲己功，市權而邀重賞者，聞此亦當知愧矣。	誦詩、書而發冢，居屠沽而守義者，何代無之？夫竊勢以爲己功，市權而要重賞者，聞此亦當知愧矣。（褚伯秀南華真經義海纂微錄陳景元語）	

	王荊公曰：按展禽，魯僖公時人，至孔子生八十餘年，若至子路之死百五六十歲，不得爲友，是寓言也。	按，左傳云展禽是魯僖公時人，至孔子生八十餘年，若至子路之死百五六十歲，不得爲友，是寄言也。（陸德明莊子音義）	
盜跖	王荊公曰：又按莊子：『重言十七，以爲耆艾。人而無人道者，不以先人。』若盜跖，可謂無人道者乎！而以之爲重言，其不然明矣。故此篇之膺（贗），不攻自破。	又按莊子：『重言十七，以爲耆艾。人而無人道者，不以先人。』若盜跖，可謂有人道者乎！而以之重言，其不然明矣。故此篇之贗，不攻自破。（陸西星南華真經副墨）	
	王荊公曰：語鋒略與史記日者傳相似，其文肆而逸。	語鋒略與史記日者傳相似，其文肆而逸。（沈汝紳南華經集評眉欄錄王世貞語）	
	韓文公曰：譏侮列聖，戲劇夫子，蓋效顰莊老而失之者。	盜跖篇譏侮列聖，戲劇夫子，蓋效顰莊老而失之者。（陸西星南華真經副墨）	
說劍	楊升庵曰：自燕谿齊岱以至渤海衡山，喻天下之劍，天下爲之；自王行刑德以至下絕地紀，喻神之無時無方也，唯神人可以御神器，故匡諸侯而天下服。	自燕谿齊岱至渤海恒山，喻天子之劍，以天下爲之；自五行刑德至下絕地紀，喻神之無時無方也，唯神人可以御神器，故匡諸侯而天下服。（褚伯秀南華真經義海纂微錄呂惠卿語）	
	楊升庵曰：爲國者，觀其所以爲鋒鍔鐔鋏者合與否，則器之利不利，國之安危可知已。	爲國者，觀其所以爲鋒鍔鐔鋏者合與否，則器之利不利，國之安危可知也。（褚伯秀南華真經義海纂微錄呂惠卿語）	
	韓昌黎曰：此篇類戰國策士之雄譚，意趣薄而理道疏，識者謂非莊生所作。	說劍篇類戰國策士之雄談，意趣薄而理道疏，識者謂非莊叟所作。（陸西星南華真經副墨）	

篇名	評語	出處	
漁父	韓昌黎曰：論亦醇正，但筆力差弱於莊子。然非熟讀莊子者，不能辨。	漁父篇論亦醇正，但筆力差弱於莊子。然非讀莊子熟者，亦不能辨。（陸西星南華真經副墨）	
	孫莘老曰：此篇較盜跖、説劍諸篇頗勝，辭旨明白，無勞箋解。	此篇較盜跖、説劍諸篇頗勝，辭旨明白，無勞箋解。（陸西星南華真經副墨）	
列禦寇	王元之曰：『鄭人緩也』，起語撰得奇。	『鄭人緩也』個般起語，便是莊子撰得奇。（劉辰翁莊子南華真經點校）	
	王鳳洲曰：夢語隱約，無限淒斷。	夢語隱約，無限淒斷。（劉辰翁莊子南華真經點校）	
	王鳳洲曰：水生乎氣，發洩乎太清，語亦高。	水生乎氣，發洩乎太清，語亦高。（劉辰翁莊子南華真經點校）	
	楊升庵曰：動是心動，過是心過，此動此過，憯金木。宵人冥行者，内之過，如夜行也，陰陽食之而不知也。五行相克與内刑對，説得妙。	動是心動，過是心過，此動此過，憯金木。宵人冥行者，内之過，如夜行也，陰陽食之而不知也。五行相克與内刑對，説得妙。（劉辰翁莊子南華真經點校）	
	柳柳州曰：窮極心髓。	窮極心髓。（劉辰翁莊子南華真經點校）	
天下	解大紳曰：生不歌，死無服，不惟無罪，亦與莊子何別？其所以不可處者，其意也苦，固不若莊子。	生不歌，死無服，不惟無罪，亦與莊子何別？其所以不可處者，其意也苦，固不若莊子也。（劉辰翁莊子南華真經點校）	

本表引用文字所據版本：

歸有光、文震孟南華真經評注　明天啟四年竺塢刊本

劉辰翁莊子南華真經點校　明刊劉須溪點校三子本

沈汝紳南華經集評　明刊五色套印本

褚伯秀南華真經義海纂微　明正統道藏本

林希逸南華真經口義　明正統道藏本

焦竑莊子翼　清文淵閣四庫全書本

陸西星南華真經副墨　明萬曆六年李齊芳首刊本

陸德明莊子音義　清乾隆五十六年盧文弨刊經典釋文本

楊時龜山集　清文淵閣四庫全書本

第六章　楊慎的莊子學

楊慎（1488—1559），字用修，號升庵，四川新都人。年二十四，舉武宗正德六年殿試第一，授翰林修撰。世宗時，因上議大禮疏，謫戍雲南永昌。既投荒多暇，於書無所不覽，明世記誦之博、著作之富，當推慎爲第一。詩文之外，雜著多至二百餘種。後人輯其存世詩文、雜著爲升庵集八十一卷、升庵外集一百卷、升庵遺集二十六卷等。

第一節　楊慎三種莊子學著作概説

一、莊子解

焦竑所編升庵外集卷四十六子説部收有楊慎所著莊子解，劄記體，凡七十三條，依次爲：『羅勉道莊子循本序』、『莊子憤世』、『郭象注莊子』、『康節論莊子』、『莊子論經不言禮樂』、『穎濱評』、『陳碧虚景元語』、『逍遥遊』、『其名爲鯤』、『野馬』、『鷽鳩』、『肌膚若冰雪』、『窅然喪其天下』、『不龜手洴澼絖』、『林疑獨注天籟』、『謞者』、『真人八字義』、『賦芧』、『芧杼二字之分』、『猨猵狙以爲雌』、『倪研同音』、『儵忽渾沌』、『孟浪之言』、『林疑獨夢說』、『寱』、『澤雉』、『傴拊』、『夫子告顔子教子高』、『液樠』、『挫針治繲』、『藏舟於壑』、『諔詭幻怪之名』、『有旦宅而無情死』、『徬徨乎塵垢之外』、『鯢桓之審爲淵』、『離朱非吾所謂明也』、『喬詰卓鷙』、『臠卷愴囊』、『莊子語暗合中庸』、『冥冥』、『天德而出寧』、『膠膠擾擾』、『是謂昭曠』、『蠆蠆之尾』、『遙而不悶掇而不跂』、『嚆矢』、『陳詳道注君子不仁則不成不義則不生』、『恬智安慮誠明』、『至樂解』、『髑髏』、『不鞭其後者也』、『苟生有軒冕之榮死得於腞楯之上』、『與齊俱入與汩偕出』、『冷禹』、『壞植散群』、『監市履狶』、『知北遊』、『外韄内韄』、『天弢天袠』、『屏偃』、『介者拸畫』、『甘寢秉羽』、『鋤色銷聲』、『鹵莽滅裂』、『外物』、『蠒蜳不得成』、『阿門』、『月固不勝火』、『玄英解』、『子路危冠』、『馮字新解』、『飾羽而畫』、『丁子有尾』①。

今案楊慎譚苑醍醐卷一、丹鉛總錄卷十八、升庵集卷四十六亦皆有莊子解，各自所收條目依次爲二十五條、六條、十七條，排列次序不盡相同。那麼，三書所收莊子解到底有何關係？清四庫館臣云：『慎博覽群書，喜爲雜著，計其平生所敘錄，不下二百餘種。其考證諸書異同者，則皆以丹鉛爲名。……凡（丹鉛）餘錄十七卷、（丹鉛）續錄十二卷、（丹鉛）閏錄九卷。慎又自爲刪薙，名曰（丹鉛）摘錄，刻於嘉靖丁未。後其門人梁左，裒合諸錄爲一編，刪除重複，定爲二十八類，名曰（丹鉛）總錄，刻之上杭。……又萬曆中，四川巡撫張士佩重刊慎集，以諸錄及譚苑醍醐等書刪并爲四十一卷，附於集後。』②譚苑醍醐乃楊慎親自編定。由此可以推知，譚苑醍醐所收莊子解爲楊慎所自定，丹鉛總錄所收當爲梁左據楊氏手定而改編之，升庵集所收當又爲張士佩據楊、左等人所編而改定之。又案晚明顧起元爲焦竑編升庵外集所作序云：『（竑）閎覽博物，以視升庵先生，又所謂

---

① 本章凡引楊慎升庵外集文字，皆據清道光二十四年影明板重刊本。

② 四庫全書總目提要楊慎丹鉛餘錄、丹鉛續錄、丹鉛摘錄、丹鉛總錄。

後代之子雲也。生平讀其書而好之，凡所爲閟而弗傳者，廣爲搜輯，聚於帳中，以代飴枕已。乃虞部帙之浩繁，惜披覽之緯繣也，手自排纘，……異者疏之，同者合之，複者刪之，互者仍之，疑者闕之，誤者正之。就一部之中，別之以類，就一類之內，辨之以目，巨細畢收，綱維不紊。』（升庵外集序）焦竑平生服膺楊慎，曾購求他的著述長達數十年，又托曹能始觀察在蜀中訪求其書，搜羅甚富。萬曆四十五年，復取諸雜著，編成升庵外集百卷。這説明，升庵外集所收莊子解當是焦竑所編訂。今翻檢楊慎丹鉛餘錄、丹鉛續錄、丹鉛摘錄、丹鉛總錄、譚苑醍醐、異魚圖贊等雜著，皆有節選、考訂、評論莊子或治莊者成果之文字分散其中，此亦當爲焦竑所取資。又升庵集所收莊子解僅有六條文字有標目，譚苑醍醐、丹鉛總錄所收甚至皆無標目，而升庵外集所收莊子解七十三條文字則幾乎全部『辨之以目』，顯得眉目清晰，可使覽者一新耳目，這大概也應歸功於焦竑。由此看來，升庵外集所收莊子解，當是焦竑依楊慎在譚苑醍醐中所定『莊子解』之名稱及條目，復輯楊氏他書中有關文字，然後加以排比、刪削、訂正而成，並給各個條目標上了名稱。

楊慎莊子解所收七十三條文字，大致可分爲三方面内容。一、節錄諸家注解或評語。如『穎濱評』、『監市履狶』、『外物』等條目，即屬於此類文字。其中像『消搖遊』條云：『黄幾復解莊子消搖遊名義云：「消者如陽動而冰消，雖耗也不竭其本；搖者如舟行而水搖，雖動也而不傷其内。遊於世若是，唯體道者能之。」』據黄庭堅豫章黄先生文集黄幾復墓誌銘、焦竑焦氏筆乘卷二有關文字可推知，北宋黄介（字幾復）著有莊子解，似可列於宋明莊子學名著之林，但早已亡佚。今所存黄氏獨具見解的消搖遊解題文字，以楊慎的選錄爲最早，可見其保存之功不小。二、在舊注舊説後申述己意。這一類文字所占比重較大。其中像『馮字新解』條云：『舊注：「飲食至咽爲侅。馮，音憤。憤，滿也。」慎按：馮，當音如「馮河」之「馮」，言富人積資如負重然。既已難矣，又行而上，尤其難也，故曰「可謂苦矣」。下文「靜居則溺，體澤則馮」，又自解「侅溺於馮」一句。靜居則溺，宴安鴆毒，聲色所迷，無水而沉也，故曰溺；體澤則馮，經營外物，如馮河徒涉，身陷九淵，故曰馮。似不必改作

「憒」音也。』這裏，楊慎在引述陸德明莊子音義盜跖中有關説法後另作詮釋，自是持之有故，言之成理，表現出其有別於諸家的獨特眼光。三、不依不傍，自創全新之説。這一類文字所占比重也較大，最能表現出楊慎的獨特見解。如其『莊子語暗合中庸』條云：『「尸居而龍見，不見而章也；淵默而雷聲，不動而變也；神動而天隨，無爲而成也。」又曰：「尸居龍見，戒慎乎其所不覩也；淵默雷聲，恐懼乎其所不聞也。」』又『冷禹』條云：『舜之將崩，真冷禹曰云云，注不解其義。按淮南子云：「受教一言，精神冷然。」許叔重注云：「冷然，解悟之義也。」』楊慎的這些解釋是否完全正確，目前尚難作出定論，但它無疑可以給人們提供一種較新的詮釋思路，讓大家從多個角度去探究在宥、山木篇中這些語句或詞語所包含的意義。

要之，楊慎的莊子解雖然最後當是由焦竑編定，其體裁屬於劄記體，其内容一部分不過是節選各家注解、評語而已，但仍不失爲一部頗有學術價值的莊子學著作，代表了楊氏莊子研究的主要成果，包含了他在莊子學方面的主要見解。

二、莊子闕誤

在焦竑所編升庵外集卷四十六子説部中，收有楊慎所著莊子闕誤。明史藝文志、清黄虞稷千頃堂書目皆著録爲『楊慎莊子闕誤一卷』。李調元編函海，又據以全文收録，並作莊子闕誤序云：『莊子闕誤一卷，見於焦竑所刻升庵外集中……。按明代著書，自升庵後，博洽者無過於竑，而竑有莊子翼八卷，末亦載莊子闕誤一卷，則全録宋景元南華經解之文，雖足以資考證，比之升庵此書，則上下牀別矣。』今案楊氏莊子闕誤，雖不像李調元所言，其學術價值在陳氏所著之上，但確也有一些值得注意之處。第一，楊著所出示的莊子三十三篇目次爲逍遥遊、齊物論、養生主、人間世、德充符、大宗師、應帝王、駢拇、馬蹄、胠篋、在宥、天地、天道、天運、刻意、繕性、秋水、至樂、達生、山木、田子方、知北遊、庚桑楚、徐無鬼、則陽、外物、寓言、讓王、盜跖、説劍、漁父、列禦寇、天下，顯然已把陳景元在莊子闕誤中按自己意願排列的目次作了較大調整，從而與世上所傳本莊子三十三篇目次完全保持了一致。第二，陳景元著莊子闕誤，用來作底本的是國子監宋真宗景德四年印本，用來作校勘、考異的本子是中太一宫所藏寶文統録内的數種莊子及另外諸家手鈔本，包括江南古藏本、天台山方瀛宫藏本、成玄英疏本、文如海正義本、郭象注本、散人劉得一注本、江南李氏書庫本等多種本子，一般是先出示各本的異文，然後再作校勘語。而楊慎撰莊子闕誤，則一般都把各本的異文移到了校勘語中。如陳景元於逍遥遊篇出有『槍榆枋而止』五字，校語云：『見文本及江南本。舊闕。』楊慎則出示『搶榆枋時則不至』七字，校語云：『文本及江南舊本「枋」下有「而止」字。』又陳氏於人間世篇出有『其大蔽數千牛』六字，校語云：『文、成、李、張本同。舊闕。』楊氏則出示『其大蔽牛』四字，校語云：『文、成、李、張諸本「其大」下俱有「數千」字。』楊慎這樣做，比較符合後世樸學家的校勘思路，這大概就是李調元認爲楊氏莊子闕誤高於陳氏莊子闕誤的主要原因。第三，楊慎莊子闕誤的内容，還有超出陳景元莊子闕誤的地方。如陳氏於應帝王篇出有『紛然而封哉』五字，校語云：『見張本。舊闕。』楊氏則出示『紛而封哉』四字，校語云：『張本「封」下有「然」字。又一本作「紛而封戎」。』今案陸德明經典釋文莊子音義於『紛而封哉』下云：『崔本作「戎」，云：「封戎，散亂也。」』説明楊慎還據另一些文獻資料補充了陳氏莊子闕誤之不足。

楊慎在莊子闕誤末附有真經名氏，内容與陳景元莊子闕誤末所附覽過南華真經名氏相同。然而值得注意的是，楊慎已於標目中特意删去『覽過』二字，説明其撰寫莊子闕誤並非在親自『覽過』陳氏所覽過的諸種本子的基礎上進行，而只是依陳氏莊子闕誤加以改排、補充而已。但儘管如此，他卻提供了一個更適合世人閲讀習慣的莊子闕誤新版本。他的這一著作在後世得以廣泛流傳，其主要原因大概就在於此。

三、莊子難字

莊子難字，在經子難字①中，題『成都楊慎訂釋』、『孫宗吾編輯』、『後學王尚修校閱』。經子難字卷首有王尚修於萬曆三十二年所作序。清四庫館臣云：『經子難字二卷，明楊慎撰。……下卷乃讀諸子所記，凡老子、莊子、列子、荀子、法言、中説、管子、十洲記、戰國策、太元經、逸周書、楚詞、文選十三書。或摘其字音，或摘其文句，絶無異聞。蓋隨手雜録之文，本非著書。其孫宗吾，過珍手澤，編輯成帙，而王尚修序刻之，均失慎本意也。』因而僅入之四庫全書總目提要經部小學類存目而已。大概由於萬曆時刻印數量不多，兼以後人不予重視，所以經子難字流傳不廣，致使蜀人李調元在乾隆間編函海時已有『余遍采未獲』（莊子闕誤序）之歎，則其不爲當今的一般學人所瞭解也就可想而知了。即使是臺灣嚴靈峰先生所編周秦漢魏諸子知見書目於莊子難字條目下也僅云：『作者楊慎。存。四庫總目存目著録。附莊子闕誤每條之後，非單行本。』其實，這裏的説法既過於簡單，又不完全正確。

今案升庵外集、函海、百子全書等所收楊慎莊子闕誤，其中多數篇末皆附有難字，但總共不過七十餘字。而莊子難字卻是一部内容豐富、頗成體系的莊子學著作，所謂『雖多仍舊音，叢載故詁，而中有全篇奥隱，用析片詞，陳説牽纏，無嫌詳剖，或借喻於方言，或援引於别録，罔弗朗然冰釋，皎若日臨，不特昭其切葉，且兼擷乃英華者矣』（王尚修經子難字序）。誠然，楊氏莊子難字雖多沿襲陸德明莊子音義舊音義，但也傾注了他的大量心力。如陸德明莊子音義於人間世篇『傴拊』下云：『傴，紆甫反；拊，徐、向音撫。李云：「傴拊，謂憐愛之

① 經子難字爲楊升庵字學四種之一種，明萬曆三十三年抄本，華東師範大學圖書館藏。

也。」崔云：「猶嘔呴，謂養也。」』楊慎在『仍舊音』的基礎上又『補入餘義』云：『傴，紆甫反；拊、撫同。謂憐愛之也。崔云：「猶嘔呴。」左氏作「燠休」，於喻反；休，虛喻反。痛念之聲。呴，或作「欨」，亦作「咻」。周禮考工記「夫角之末，休與(於)氣」，通作「煦」。禮記「嫗煦覆育」，晉書「江東之政，煦嫗豪强，時有行法，施之寒劣」，王幼學曰：「氣曰煦，體曰嫗。煦物照物者，天之氣；嫗物育物者，地之體。猶子有疾，父母以體嫗之，以口呴之也。」補入餘義。』這裏，楊慎對前人音義作了大量補充，真可謂用心非同尋常！又陸德明於齊物論篇『天倪』下云：『李音崖，徐音詣，郭音五底反。李云：「分也。」崔云：「或作霓，音同際也。」班固曰：「天研。」』楊慎『補入餘義』云：『天倪，自然之分也。音霓。班固作「天研」。吳越春秋「計倪」，一作「計研」，又作「計然」，則「天倪」又云「天然」也。』清錢大昕接著説：『史記貨殖傳：「乃用范蠡、計然。」徐廣曰：「計然名研。」索隱云：「吳越春秋謂之計倪。倪之與研是一人，聲相近而相亂耳。」按莊子「和之以天倪」，班固作「天研」，是倪與研通。』（聲類卷三）由此可見，楊慎這裏補入『餘義』，實際上是一大創見，錢大昕的考釋當就是對他這一見解的直接發揮。

總之，楊慎莊子難字並不是他莊子闕誤各篇末所附難字的簡單組合，而是一部有一定創見和系統性的莊子學著作，只是它的學術價值至今還不能爲一般學人所瞭解罷了。

第二節　楊慎在舊音義外每作新説

漢儒治經側重名物訓詁，宋儒則多以闡釋義理、兼談性命爲主。如二程認爲『天下之物皆能窮，只是一理』（河南程氏遺書卷十五），此理『在天爲命，在人爲性，論其所主爲心，其實只是一個道』（河南程氏遺書卷十八），從而强調『格物之理，不若察之於身，其得尤切』（河南程氏遺書卷十七）。朱熹認爲『爲學之道，莫先於窮理』

（朱文公文集甲寅行宫便殿奏劄二），把抽象的『理』提到了至高無上的地位。與朱熹同時的陸九淵，則提出了『心即理』説，斷言天理、人理、物理只在吾心之中，認爲爲學的目的只是爲了『發明本心』，而發明本心不必多讀書，因爲『六經』不過皆爲『我注腳』而已。到了明朝中期，王守仁更發展了陸九淵的學説，認爲『心外無物』、『心外無學』，從而開了一代空疏學風，甚至使其末流走向了崇尚虛浮的極端。如泰州學派重要代表人物顔鈞，『讀經書不能句讀，亦不多識字，而好意見，穿鑿文義，爲奇邪之談。間得一二語合，亦自灑然。所至必先使其徒預往，張大衒耀其術。至則無識淺中之人亦有趨而附者。』（王世貞弇州史料後集卷三十五）真把學風壞到了無以復加的程度！

對於程朱理學末流，尤其是陸王心學的虛僞、空疏之弊，楊慎首先進行了發難，從而攪動了程朱理學和陸王心學在當時的太平領地。他説：『大抵宋人之學失於主張太過，而欲盡廢古人。説理則曰漢唐諸人如説夢，説字則曰自漢以下無人識，解經盡廢毛、鄭、服、杜之訓而自謂得聖人之心，爲詩文則弗踐韓、柳、李、杜之蹊徑而自謂性情之真，義理自然也。至於音韻之間，亦不屑蹈古人之成跡，而自出一喉吻焉。……近日宋學王相，古學休因，程文之士，一經之家，尊宋人比於聖人，習語錄謂之本領，一聞有言議及宋人，弱者掩耳，強者攘臂。以旁搜遠紹爲玩物喪志，束書不觀爲用心於內。』（答李仁夫論轉注書）①又説：『近日厭窮理之煩，貪居敬之約者，謂六經爲注腳，謂訓詁爲蛆蟲。』（升庵集卷六十五）對程朱理學末流、陸王心學之徒的批判顯得十分激烈，無情地斥責他們爲一群不肯讀書，只會空談性命道義的人。他甚至還引莊子外物『儒以詩禮發冢』的寓言故事來痛斥他們，認爲『詩禮發冢，談性理而釣名利者以之』（升庵外集卷四十六），這群只會空談性命道義之徒簡直就是莊子所説的盜儒。基於上述思想認識，楊慎便『益肆力古學』，於書無所不覽，並『嘗語人曰：「資性不足恃，日

① 黄宗羲編明文海卷一百七十五。

新德業，當自學問中來。」』（見明史楊慎傳）其爲丹鉛四錄所作序云：『慎執鞭古昔，頗合軌葛（洪）王（融），自束髮以來，手所抄集，帙成逾百，卷計越千，其有意見，偶所發明，聊擇其菁華百分以爲丹鉛四錄。』觀其四錄，真可謂凡宇宙名物之廣，經史百家之奥，下至稗官小説之微，醫卜技能、草木蟲魚之細，靡不究心多識，闡其理，博其趣，而訂正其論説之謬誤。他對莊子的研究也同樣反映出了這一學術精神，這從他的莊子解、莊子闕誤、莊子難字中尤其可以深刻地感受到。

以莊子解、莊子闕誤、莊子難字及分散於其他雜著中的有關條目爲主要成果的楊慎莊子學，確實顯示出其重視莊子版本校理，尤其是重視利用舊音舊義和天文、地理、名物、典制、史實資料來訓釋莊子音義、考證莊子寓言故事演變過程等特徵。關於這一點，我們在上文概述楊慎三種莊子學著作時已有較多説明。再如他在其他雜著中説：『鯤本魚子，細如蠶茸。莊周寓言鯤化爲鵬，譬彼詩頌雕育桃蟲，千古言詮，誰發其矇？莊子云：「北冥有魚，其名爲鯤，鯤之大不知其幾萬里。」此寓言也。按内則「卵醬」，卵音鯤；國語亦云「魚禁鯤鮞」，皆以鯤爲魚子，至小之物也。莊子乃以至小爲至大，便是滑稽之開端。後人不得其意。晉江逌詩曰：「巨鼇戴蓬萊，大鯤運天池。倏忽雲雨興，俯仰三洲移。」孫放詩：「巨細同一馬，物化無常歸。修鯤解長鱗，鵬起扇雲飛。撫翼摶積風，仰淩垂天翬。」皆不得其言詮也。雖郭象之玄奥沉思，亦誤。況司馬彪輩乎！』（升庵外集卷九十六）關於『鯤』，陳景元南華真經章句音義、羅勉道南華真經循本已引爾雅、禮記内則、國語魯語證其爲『魚子』。楊慎則進一步加以考釋，認爲莊子所謂的『鯤』，正如詩經周頌小毖以『肇允彼桃蟲，拚飛維鳥』來譬喻釀成武庚叛亂的大禍一樣，也以至小的魚子作爲大魚之名，這便是他的滑稽處。而後世連玄奥沉思的郭象也不能悟其言詮，何況是像司馬彪、江逌、孫放之輩呢！

從上面所舉的例子已經可以看到，楊慎在舊音義之外有較多發揮。而且，他的發揮還往往超越訓釋、考證而上升爲理論層面上的論説。如他説：『莊子説庖丁解牛處云：「奏刀騞然，莫不中音。」中音者，鼓刀之音節合拍也。刀聲亦合樂府之板眼，俗諺所謂打出個令兒來也。乃知天地間物無非樂也，賈人之鐸諧黄鐘之律，庖丁之刀中桑林之舞，至於牧童之吹葉、閨婦之鳴砧無不比於音者，樂何曾亡也哉！』（升庵集卷四十四）像這樣以樂府之板眼、賈人之振鐸、牧童之吹葉、閨婦之鳴砧來論説庖丁解牛動作所富有的音樂美，實爲前人所未曾道，無疑具有較高的理論價值。他甚至還對莊子的基本立場、觀點等重要問題作了這樣的論説：

莊子憤世嫉邪之論也，人皆謂其非堯舜、罪湯武、毁孔子，不知莊子矣。莊子未嘗非堯舜也，非彼假堯舜之道而流爲之噲者也；未嘗罪湯武也，罪彼假湯武之道而流爲白公者也；未嘗毁孔子也，毁彼假孔子之道而流爲子夏氏之賤儒、子張氏之賤儒者也，故有絶聖棄智之論。又曰：『百世之下，必有以詩禮發冢者矣。』詩禮發冢，談性理而釣名利者以之。其流莫盛於宋之晚世，今猶未殄，使一世之人吞聲而暗服之，然非心服也。使莊子而復生於今，其憤世嫉邪之論，將不止於此矣。（升庵集卷四十六）

王安石在莊周中已倡導説，莊子並非不知仁義禮樂真意的人，他只不過是要非難那些假借仁義禮樂來幹無恥勾當的人罷了。楊慎在承因王安石這一説法的基礎上，進一步指出莊子的『憤世嫉邪之論』所詆毁的只是假借堯舜、湯武之道者和儒學末流。我們知道，莊子曾説：『爲之仁義以矯之，則並與仁義而竊之。何以知其然耶？彼竊鉤者誅，竊國者爲諸侯，諸侯之門而仁義存焉，則是非竊仁義聖知邪？』（胠篋）這説明，仁義只能成爲『禽貪者器』（徐無鬼），即成爲那些無恥者謀取私利、禍國殃民的罪惡工具。由此看來，楊慎對王安石説法的大力發揮，雖然不免具有主張儒道合一的思想傾向，但又頗能從一個側面揭示出莊子學説的精神實質。然而更需要指出的是，楊氏還由此出發，進而指斥宋明理學、心學末流的所作所爲實在無異於莊子所批評的『以詩禮發冢』者，這就使他的論説更富於現實批判意義，對晚明思想界掀起反假道學巨潮起到了導夫先路的作用。

對於莊子的性格特徵，楊慎亦偶有論及。如他曾指出，『史記貨殖列傳載『南楚好辭，巧説少信』，莊周正是

『南楚巧說少信之明證』(見升庵集卷四十七)。並依據韓愈送王秀才序中的有關說法,認定『莊周之學出於子夏。』(升庵集卷六十五)在楊氏看來,莊周既然爲『好辭』、『巧說』的楚人,其學又出於擅長『文學』的子夏,那麽莊子語言文辭也就不同於一般了。他說:『工於難命之曰複奥,莊周、禦寇是也。』(升庵集卷五十二)這裏指出了莊子行文奥妙難言的特徵。又說:『秦漢以前書籍之文,言多譬況,當求於意外。如……子貢多學而識,故孔子曰「賜不受命而貨殖焉」,莊子便謂「子貢乘大馬,中紺表素之衣」。』(升庵集卷五十二)這裏指出了莊子文章好用比喻的特徵。又說:『莊子内篇之文,繁而美者齊物論,簡而美者養生主。』(丹鉛摘錄卷十一)①這裏指出了莊子文章具有繁美和簡美的不同特徵。又說:『莊子「厲之人夜半生其子」,又以「驪姬」作「驪之姬」,地名「南沛」作「南之沛」,……文法皆異。』(升庵集卷五十二)這裏指出了莊子文章用字的特徵。凡此都足以説明,楊慎對莊子文章的藝術特徵有著相當全面、深刻的認識,提出了不少具有真知灼見的看法。但特別需要指出的是,他還從方孝孺蘇太史文集序中摘出了下面一段話:

> 莊周、李白神於文者也,非工於文者所及也。文非至工則不可爲神,然神非工之所可至也。(丹鉛餘錄卷六)

楊慎摘出這段話的意義,主要在於能使人更加深刻地認識到,莊子文章、李白詩歌在藝術上達到出神入化地步並非人工雕琢所致,而是他們天賦個性的真實反映和真情實感的自然流露。清劉熙載說:『文之神妙,莫過於能飛。莊子之言鵬曰「怒而飛」,今觀其文,無端而來,無端而去,殆得「飛」之機者。』(藝概文概)方東樹也説:『大約太白詩與莊子文同妙,意接詞不接,發想無端,如天上白雲,卷舒滅現,無有定形。』(昭昧詹言卷十二)從本質上來看,劉熙載、方東樹的這些説法都可視爲對楊慎説法的承因和發揮,相當深刻地揭示了莊子文

① 本節凡引楊慎丹鉛摘錄、丹鉛餘錄文字,皆據文淵閣四庫全書本。

章、李白詩歌在藝術方面所具有的天真自然、神化莫測特徵。

楊慎曾遍讀歷代莊子學專著，即使對分散於其他著作中的有關文字也頗加留意。所以，他對於諸如司馬彪、崔譔、向秀、李頤、徐邈、梁簡文帝、成玄英、邵雍、陳景元、呂惠卿、蘇轍、黄介、林自、陳詳道、林希逸、褚伯秀、羅勉道、王曉等人的治莊成果皆能有所選録或評論。其中對於淮南子所述部分莊子語意、范無隱所作部分詮釋皆有所肯定，認爲前者述得『較明白』，又『不相襲』（見升庵集卷四十六），後者則『其論精當，足以盡祛前惑』（丹鉛摘録卷四）。但縱觀楊慎的評論，又可發現他最爲欣賞的還是郭象的莊子注。他說：

昔人謂郭象注莊子，乃莊子注郭象耳。蓋其襟懷筆力，略不相下。今觀其注，時出俊語，與鄭玄之注檀弓亦同而異也。洪容齋嘗録檀弓注之奇者於隨筆。予愛郭注之奇，亦復録於此。如逍遥篇注云：『大鵬之與斥鴳，宰官之與御風，同爲累物耳。』養生主注云：『向息非今息，故納養而命續；前火非後火，故爲薪而火傳。』又以生死爲寤寐，以形骸爲逆旅。又云：『多賢不可以多君，無賢不可以無君。』又云：『通彼而不喪我，即所謂惠而不費也。』又云：『天性在，天實乃開。』又云：『堯有亢龍之喻，舜有卷僂之談；周公類之走狼，仲尼比之逸狗。』又云：『律吕以聲兼形，玄黄以色兼質。』又云：『生之所無以爲者，分外物也；知之所無奈何者，命表事也。』此語尤精，可比於荀、孟。又云：『暖焉若春陽之自和，故澤榮者不謝；凄乎若秋霜之自降，故凋落者不怨。』李白用其語爲詩：『草不謝榮於春風，木不怨落於秋天。』又云：『舍之悲者，操之不能不慄。』又云：『寄去不樂者，寄來則荒矣。』蘇東坡用其意爲詩曰：『君看厭事人，無事乃更悲。』晉人語本自拔俗，況子玄之韻致乎！宜爲李、蘇兩公之欣賞也。（升庵外集卷四十六）

大約自盛唐開始，一部分人便對郭象的莊子注有所不滿。如唐玄宗時文如海就曾『以郭象注放乎自然而絶學習，失莊生之旨，因再爲之解，凡九萬餘言。』（晁公武郡齋讀書志後志）此後，更不斷有人指出郭象實際上是在借莊子以發揮自己的思想。楊慎雖曾批評郭象對莊子逍遥遊『鯤』字的注解『亦誤』，並把宋明時期談虚好高之習與『莊、列之虚無，晉人之清談』（升庵集卷四十五）聯繫在一起，然而由於他自謫成之後每欲借莊子以放浪，至有『胡粉傅面，作雙丫髻插花，門生舁之，諸伎捧觴，遊行城市，了不爲怍』（王世貞藝苑卮言卷五）之行爲，所以其形諸詩歌便會有像卜雲林篇『遐想惠施莊周，千載一朝同遊』（升庵集卷四十）之類的句子，評論歷代莊學成果也就自然要特别推崇魏晉玄學大家郭象的莊子注了。在這裏，楊慎所節選的盡是郭注中一些能引起自己共鳴的有關超然物外、齊同生死榮辱之類的話。他以此爲例子來論定郭象的襟懷筆力幾乎與莊子不相上下，從而把郭注推向極致，並指出即使是李白、蘇軾的有些詩句也皆由郭注中生發出來，而柳宗元把郭象『工人無爲於刻木而有爲於運矩，主上無爲於親事而有爲於用臣』之注『演之爲梓人傳一篇』，則更是『得奪胎換骨之三昧矣』（見升庵外集卷五十三）。可見楊慎對郭象莊子注的價值有著自己的獨特看法，這對較長時間來凡試圖否定郭注價值的人來説無疑是一次有力的回擊。

總之，楊慎在莊子學方面提出了不少新的見解，具有較高的理論價值。但也不可否認，他的考據和論説又不無疏誤、好奇之處，所以每爲後人所非議。如他在解釋天下篇『丁子有尾』時説：『世人謂曲波爲尾。「丁子」二字，左行曲波，亦是尾也。觀此，則莊子之時已有八分書，不始於秦王、次仲（東漢衛宏）矣。』（升庵外集卷四十六）『八分書』即漢隸之别名，是一種比較成熟的隸書，學術界至今還無人認爲其産生於秦始皇之前，而楊慎卻把『丁子』解釋爲八分書，認爲其在戰國中期莊子時就已出現，這顯然是不可信的。

第七章　朱得之的莊子通義

朱得之（1485—？），字本思，號近齋，又號參玄子，直隸靖江（今屬江蘇）人。以歲貢官桐廬縣丞，尋掛冠歸。爲王守仁晚年客居紹興時之入室弟子，其學頗近於老氏，是南中王門心學的主要代表。事跡見於明毛憲毘陵人品記卷九、黄宗羲明儒學案卷二十五、康熙靖江縣志卷九、光緒靖江縣志卷十一。所著有四書詩經忠告、蘇批孟子補、老子通義、列子通義、莊子通義、正蒙通義、印古詩説、杜律闡義、心經注、宵練匣參元三語等。

第一節　以儒解莊的思想傾向

莊子通義十卷，明史藝文志、續文獻通考經籍考、清黄虞稷千頃堂書目卷十六等皆著録。是書於每段下首列『通義』，次附褚伯秀南華真經義海纂微中之『管見』①，並加有一些旁注。目録則分章標題，與北宋陳景元南

① 朱得之莊子通義讀莊評云：『褚氏伯秀義海纂微作於勝國，時因避地，遺於滇南，其自敘可考也。余同門友錢塘王雲谷潼，遊覽四方，歷三十年，窮鄉絶島，莫不探陟。嘉靖初，至彼見之，手録以歸。乙卯疾將革，以授余，曰：「煩兄圖廣其傳，毋使褚氏之心終泯也。」今刻從其情，得失不易字，信褚氏，信雲谷也。』據此，則朱氏將褚伯秀南華真經義海纂微之『管見』刻入莊子通義，乃是因其友王潼之托，但王氏是否曾抄南華真經義海纂微中除『管見』以外之大量文字，朱氏又何以不予一併刻之，皆不得而知。

華真經章句音義的分章標題相一致。卷首有刻莊子通義引云：『莊子，樂天憫世之徒，學繼老、列，嘗與魯哀公論儒道，公謂國無其方。郭子玄稱其文爲百家之冠，厥有指矣。或乃以其命辭跌宕，設諭奇險，遂謂其荒唐謬悠，與詩、書平易中常者異，而擯黜於儒門。不知其異者辭也，不異者道也。即其發微唱幽尚真，恥跡之多方。蓋道德優裕之後，用易而藏其用，肆其才而遊於藝，於以寓其順世開迷之心者也。然則詩、書固經世之準，而三子則立命之方。立命達於人人，經世存乎一遇，安得守此而棄彼乎？是故求文辭於先秦之前，莊子而已；求道德於三代之季，莊子而已。易曰「復其見天地之心」，欲見天地之心者，必不忽莊子；好古畜德者，必不訝莊子。是用通其義而托諸梓，祈與若人者共答莊子之賜。』又卷末有通義稿成告漆園莊先生云：『二千年來，南華徒存，至意則湮。得之壯歲嘗咻其荒誕，五十而喜其曠達，六十而悅其意婉。今而七十矣，始覺其振淳朴於書契之前。』可見莊子通義爲朱得之晚年時所著，其學術觀點代表了他思想成熟期對莊子學說及相關問題的見解，而刻莊子通義引則主要概括介紹了他的這些見解，起到了開宗明義的作用。

首先，朱得之繼承並發展了司馬遷在史記老子韓非列傳中所倡導的莊子『要本歸於老子之言』的基本觀點，認爲莊子『學繼老、列』，莊子中的許多章節就是對老子思想的直接發揮。如他在爲知北遊篇首章作通義時說：『此章人名地名，皆擬爲之者。大旨形容直超頓悟之得，亦敷演老子「知者不言」等意。』在爲天道篇『夫子曰』一章作通義時說：『此亦後人托爲莊文以敷演道德經之語。』朱得之通過具體舉例論證，『證實』並發展了司馬遷的觀點，從而爲稍後的陸西星提出『南華者，道德經之注疏也』（南華真經副墨自敘）的說法打下了理論基礎①。在朱得之看來，不但莊子學繼老子，而且孔子也遵信老子，與老子有著『授受』關係。如他在爲達生篇

① 朱得之三子通義始由浩然齋刻印於嘉靖三十九年（1560），陸西星南華真經副墨則『起草於萬曆丙子（1576）六月六日，脫稿於戊寅（1578）八月八日』，說明在陸西星撰寫南華真經副墨時，朱氏的莊子通義早已流行於世。

『仲尼適楚』一章作通義時說：『此即事以演老子之言，以見孔之信老也。』在爲田子方篇『孔子見老聃』一章作通義時說：『李、孔之授受，莫此爲精。』這裏，朱得之從孔子適楚見痀僂者承蜩寓言故事中詮釋出孔子遵信老子的思想，似乎是不能成立的。又據司馬遷史記孔子世家、老子韓非列傳記載，孔子適周是爲了『問禮於老子』，而田子方篇寫孔子見老聃，所問的是如何悟道修身的問題，顯然屬於虛構的寓言故事，但朱得之卻據此認爲『李、孔之授受，莫此爲精』，說明他此處的闡釋與史實不相一致。不僅如此，朱得之還進一步認爲老子、孔子二聖實際上是相規、相正、相許，甚至是心有靈犀一點通的。如他在爲天道篇『孔子西藏書於周室』一章作通義時說：『此章大意，籍中屢見，無煩多訓，但記孔、李相見之因耳。其相聞必久，故有相規相正之言，後篇則漸相同相許也。』在爲天運篇『孔子謂老聃』一章作通義時說：『前章見孔之許老，此見老之許孔。二聖之心，二聖者自知之。』我們知道，凡莊子書中孔子見老聃的寓言故事，都把孔子寫成是受訓斥、教誨、改造的對象，而老子卻根本沒有接受過孔子的『相規』、『相正』、『相許』，更不要說什麽與孔子心有靈犀一點通了。通過這些寓言故事，人們正可以清楚看到莊子書中所包含著的儒、道嚴重對立的基本思想。這就說明，朱得之以看待老子、莊子關係的態度來看待老子、孔子的關係，顯然已偏離了莊子的宗旨。

由於在朱得之看來莊子之學來源於老子，而老子與孔子又『相同相許』，所以他便認爲莊子也必然是『篤信』孔子的。如大宗師篇寫『顏回』達到了『坐忘』的境界，『孔子』聽說後便讚歎道：『同則無好也，化則無常也。而果其賢乎！丘也請從而後也。』這裏讓『孔子』背叛儒家宗旨，操起地地道道的道家腔調，無疑是對儒家泰斗孔子的極大『詆詘』。可是朱得之卻爲之作通義說：『請從而後，正尼父忘己好學之實，於此可見孔、顏之所謂忘，亦可以見莊子篤信孔、顏處。』這就把莊子對孔子的『詆詘』闡釋成了對孔子的篤信。寓言篇通過虛構莊子與惠子的對話，也把『孔子』寫成是道家的忠實代言人。朱得之更爲之作通義說：

此承上章無言之指，以見其尊信孔子者。今是而昨非，日新之覺也。勤志好學而不息，服知周旋於覺性而不離，蓋仿論語『吾十有五』、『不知而作』等章而爲此品題也。謝之言脱化，其志與知而無事於勤服也。未嘗言、其謝孔子云者，猶曰孔子之所以爲孔子也。夫受才以下，雖若泛論，正指孔子之所謝者。才性之所具大本，萬物之所同出，猶曰根本。復靈以生，謂形生神發之後，不爲物欲牽引，復其天賦之靈覺而居於世。出聲爲鳴，成文爲言，聲協天地之和，言爲人物之表，應感不謬，此但可以服人之口，豈能使人心服，不敢對立，以定天下不易之理乎！言外見孔子無言而服人心，舉世莫敢，並天下不易之道於孔子而定也。已乎已乎者，不敢望也，猶顔子歎夫子超軼絶塵而回倘若乎後之意。

在朱得之看來，寓言篇撰寫這則寓言故事，旨在説明孔子不敢自以爲是，始終隨著大道而化，實在已達到道家所追求的『無言』境界，不但舉世爲之心悦誠服，而且連莊子也很『尊信』他，不禁發出『已乎已乎』的讚歎，簡直有如顔回讚歎夫子一般。他並據田子方篇『莊子見魯哀公』寓言故事而進一步論定『莊、孔爲真儒』，從而把韓愈送王秀才序所謂莊周之學出於子夏、蘇軾莊子祠堂記所謂『莊子蓋助孔子者』等説法發展到了一個新的階段。

從上述思想認識出發，朱得之便每每從正面來闡釋『孔子』形象，具有明顯的儒學化傾向。如德充符篇謂魯有兀者王駘，從他求學的人與『孔子』相等，『孔子』便表示『丘將以爲師』、『丘將引天下而與從之』。莊子這樣寫的目的，顯然是爲了讓孔子服膺道家，成爲儒學的背叛者。但朱得之卻爲之作通義説：『此借王駘以發孔子狀聖之旨。觀首句，則當時尊信孔子之風可見矣。』這樣的闡釋，無疑是有違德充符篇中『孔子』形象的。田子方篇寫抱真全性的溫伯雪子適齊，舍魯時，曾反復批評『中國之君子明乎禮義而陋於知人心』，對那些禮義之士的行爲動作十分反感。作者爲了進一步貶斥儒學，接著還設計出『仲尼』這一形象，讓他去拜訪溫伯雪子後馬上成爲道家的俘虜。可是朱得之在爲這則寓言故事作通義時卻説：

此見魯人久習於儀文，務於聞見，而孔子獨出乎流俗也。……魯國一儒，與此互發，語而條貫，默而道存，孔子也。

田子方篇還有一則寓言故事，寫莊子去見魯哀公，認爲魯國雖有很多穿儒服的人，其實並不是什麽真儒，所以便叫哀公號令於國中說：『無此道而爲此服者，其罪死！』於是哀公下號令五天，而魯國沒有人敢穿儒服的，『獨有一丈夫，儒服而立於公門，公即召而問以國事，千轉萬變而不窮』，莊子因此說『以魯國而儒者一人耳』。這裏實際上只是說真儒極少而已，所謂『一丈夫』並非指孔子而言。但朱得之卻以此與『溫伯雪子適齊』寓言故事互爲發明，認爲『魯國一儒，與此互發，語而條貫，默而道存，孔子也』。意即『問以國事，千轉萬變而不窮』（『語而條貫』）者，原來就是見溫伯雪子時不言語（『默而道存』）、『獨出乎流俗』的孔子。在朱得之看來，田子方篇這樣來寫孔子，表明莊子真正瞭解了孔子，所以說莊子、孔子皆爲『真儒』。基於這樣的思想認識，朱得之便進而認爲莊子中那些直詆孔子的話，實際上並不是莊子本人說的。如盜跖篇有盜跖怒斥孔丘的寓言故事，他爲之作通義說：『執轡三失，目芒然無見，色若死灰，據軾低頭，不能出氣，絕不類莊周口氣，亦不知孔子之爲孔子也。』列禦寇篇有『孔子曰凡人心險於山川』一段話，他爲之作通義說：『此非體道者之言也，而誣孔子，冤哉！……非莊子之言也。』由此可見，朱得之對『孔子』形象真可謂竭盡回護之能事，充分反映出其莊子闡釋的儒學化思想傾向。但在這種儒學化思想傾向中，也往往包含著他的真知灼見，具有一定的現實意義。如天地篇寫子貢過漢陰，見有一丈人以瓦罐灌溉菜畦，便告訴他不如改用桔槔來灌溉可以大大提高功效，卻想不到竟招來一頓訓斥，致使自己對以前所學的孔子之道一下子就發生了懷疑。他回到魯國後，把這一切都告訴了孔子，孔子便大有感慨地說：『彼假修渾沌氏之術者也，識其一，不知其二；治其內，而不治其外。夫明白入素，無爲復朴，體性抱神，以遊世俗之間者，汝將固驚邪？且渾沌氏之術，予與汝何足以識之哉！』朱得之爲這則寓言故事作通義說：

假，非真也；識其一不知其二，滯於一不通於萬也；治其內不治其外，守其心不屑於物也。即其見一二，分內外，偏蔽矣；不通於二，不屑於物，不明白矣。是以知其非真修也。渾沌之道，明白入素，無爲復朴，體性抱神，不離世俗而已。若此人者，離世絶俗，汝乃爲之實驚駭耶？且渾沌之世，用渾沌之道。今非其時矣，何用理會其術哉！

我們知道，莊子虛構『漢陰丈人』這則寓言故事，讓漢陰丈人譏刺孔子與子貢，目的就是要宣揚道家的『無爲復朴』思想，批判儒家的有爲政治，斥去天下的一切『機心』。但西晉郭象基於他所謂『若謂拱默乎山林之中而後得稱無爲者，此莊老之談所以見棄於當塗者』（逍遙遊注）的思想認識，便注釋說：『以其背今向古，羞爲世事，故知其非真渾沌也，徒識修古抱灌之朴而不知因時任物之易也。』認爲在『孔子』看來，漢陰丈人所修的是假渾沌之術，因爲他並不懂得因時任物、與世推移之道。據褚伯秀南華真經義海纂微所輯録的資料可知，宋代呂惠卿、林自、陳詳道等人對郭象的説法又有所推進。朱得之在前人這些説法的基礎上，更進一步指出了『孔子』所批評的『假修渾沌氏之術者』漢陰丈人，其偏蔽就在於只知内修本性而不知外與萬物推移，所以他便大聲疾呼：『今非其時矣，何用理會其術哉！』但我們應該明確指出，『孔子』所説的『假修』之『假』無疑是假借的意思，所謂『識其一，不知其二』、『治其内，而不治其外』，則是對漢陰丈人唯修渾沌之術以保全自然本性，而不爲任何外物所役這一思想行爲的高度讚揚，説明『孔子』已完全意識到儒家有爲政治和天下一切『機心』的不可取。由此可見，朱得之沿著郭象等人的説法，進一步從天地篇『漢陰丈人』寓言故事中闡釋出有利於先秦儒家的思想，這是有背於莊子本真思想的。然而，朱得之不爲文本所拘限而大聲疾呼『今非其時矣，何用理會其術哉』，堅決要求人們應該懂得世道變化的規律，做到與時俱進而不爲道家虛無之説所迷惑，這卻表現出了他的真知灼見，無疑具有較重要的現實指導意義。

朱得之莊子學的儒學化思想傾向，還表現在引儒家經典來印證莊子方面。如列禦寇篇云：『宵人離外刑者，金木訊之；離内刑者，陰陽食之。夫免乎内外之刑者，唯真人能之。』朱氏解釋説：『此比飾僞之内歉者，陰陽食之，胸中冰炭足以耗其血氣，非真人孰能免乎此！色厲内荏，猶穿窬之盜，正謂此也。』其後面數句，出自論語陽貨：『色厲而內荏，譬諸小人，其猶穿窬之盜也與？』大宗師篇『子桑』云：『吾思夫使我至此極者而弗得也。父母豈欲吾貧哉？天無私覆，地無私載，天地豈私貧我哉？求其爲之者而不得也。然而至此極者，命也夫？』朱氏解釋說：『知其貧非天地父母之所欲加而又曰命者，蓋以氣運流行，吾之所遇爲命耳。窮通休戚有一定之分，而吾生適然遇之，則安以處之，正所謂「不以其道得之不處」者。』其中『不以其道得之不處』者，語出論語里仁：『子曰：「富與貴是人之所欲也，不以其道得之不處也。」』知北遊篇有東郭子問『道』於莊子的寓言，朱氏解釋說：『惟無固、必，揀擇之心，何往而非至道！』認爲不該帶有『意、必、固、我』的執著心，『若無固、必而遊乎太虛，視萬爲一而論之，則無跡無爲，一惟澹漠清靜，調適於其間而已。』這是對孔子『毋意、毋必、毋固、毋我』（論語子罕）之言的大力敷演。山木篇引『孔子』云：『無受天損易，無受人益難。』朱氏解釋說：『與論語「貧而無怨難，富而無驕易」意似相反，彼示人以處貧富之功者，蓋曰富者不可誇作事之易，貧者不可苦日給之難，而此則以理勢論受於外者之物也。』以爲孔子說『貧而無怨難，富而無驕易』，莊子則反立說，作奇語而於理不悖，是對孔子說法的另一種表述。

相比較而言，朱得之更喜歡引孟子之文以印證莊子。如朱氏爲漁父篇作通義時說：『此曰世俗之所爲，則指後世習於儀文之弊，正孟子所謂「非禮之禮」也。』在爲德充符篇作通義時說：『舉動不失天，則乃其當然之位，或有不能盡善，至於犯難者，亦其所遇之命不能逃焉耳。此猶孟子「命也，有性焉」之意。』在爲天運篇作通義時說：『內重而外自輕，故爵財名譽忘之若棄，孟子曰「君子有三樂而王天下不與存焉」是也。』在爲列禦寇篇作通義時說：『「受乎心，宰乎神」，言其心安於僞而不信者，反爲神之主，猶「久假不歸，惡知非有」之意。』其『久假不歸，惡知非有』，語出孟子盡心上：『堯舜，性之也；湯武，身之也；五霸，假之也。久假而不歸，惡知其非有也。』說明在朱得之看來，莊子中有些思想觀念是與孟子中一些思想觀念相通的，因此他便每每引用孟子思想資料與莊子相關文字互爲發明。

從朱得之援引孟子思想資料來看，他尤其重視孟子的『心性』説。如他在爲達生篇『忘足，履之適也；忘要，帶之適也；忘是非，心之適也』等語作通義時説：『心與所學相融，如時習而悦，四體不言而喻之意。』此處部分語意來源於孟子盡心上：『君子所性，仁義禮智根於心。其生色也，睟然見於面，盎於背，施於四體，四體不言而喻。』在爲駢拇篇作通義時説：『篇首「性」字屬形不屬理，猶曰天生此形骸各有才能，今駢拇、枝指是天生此無用之形於有用之體，而使其誇多有才能者，徒足爲累耳。贅疣亦形之病也，以生於有形之後而言者。……告子杞柳、桮棬之喻，意正類此。』今案孟子告子上云：『告子曰：「性，猶杞柳也；義，猶桮棬也。以人性爲仁義，猶以杞柳爲桮棬。」孟子曰：「子能順杞柳之性而以爲桮棬乎？將戕賊杞柳而後以爲桮棬也？如將戕賊杞柳而以爲桮棬，則亦將戕賊人以爲仁義與？率天下之人而禍仁義者，必子之言夫！」』告子認爲，人性就像杞柳，而仁義則如同杯盂，以人之本性去行仁義，則如拿杞柳來做杯盂。孟子不同意這種觀點，認爲這是逆杞柳之性殘害杞柳、逆人之性殘害人性的行爲。朱得之認爲，駢拇篇駢拇贅疣之喻與孟子杞柳、桮棬之喻有異曲同工之妙，故『此篇只是順其情之自然，不容加損而已』，孟子的回答也正好表達了這一觀點。

在援引孟子『心性』説過程中，朱得之最關注的還是像『良心』、『良知』、『良能』一類觀念。如他説：

聖智者將欲何爲？因時之制，要在因其良心而順導之，庶幾反朴還淳之方歟？（天地通義）

莊子少仁義而恥禮樂，故原仁義禮樂之初起於良心而狥名失本之基亂也。（繕性通義）

知者，良知也。進於知，猶曰造於無知，下文曰不知所以生死是也。（大宗師通義）

聖人不期於正以爲治，決於人情之良能而已矣。（應帝王通義）

從這裏可以清楚看到，朱得之借用孟子中『良心』、『良知』、『良能』等詞語，實際上已賦予了莊子所謂自然本性的意義。但我們又必須明白，由於宋明理學家、心學家的許多重要理論是通過發揮孟子中這些詞語所包含著的思想觀念而得以創立的，而朱得之又曾從學於王守仁，是南中王門心學的主要代表①，所以他在援引孟子中這些詞語以闡釋莊子時，顯然也已賦予了心學家的思想觀念。如他説：

又如牛馬，天也。耕駕，天人合也。穿鼻絡首，人也。亦如此用，然後爲真知，然後是知之登假於道。其間曰『雖然，有患』一轉，蓋言以人知天，雖可爲盛，然又有非，一時可合，必要於久而後見者，人於此時當安而順之，而後可見天人之不二也，事物未成時有待而未定也。吾之良知，通貫乎始終，以待其當，雖天亦人，雖人亦天矣。（大宗師通義）

若其有一障者，雖以天性之良、自然之道振厲之而不能改，況望其順道無心而行乎！……天光明則日月不明，素問之言也。言陰崖覆盆，日月不能照幾微杳冥之地。良知所獨明，是吾之天光明，則日月不足爲明也。……聞見日多，良心日喪，至於無親，是其忍心甚於鏌鋣，盗氣甚於陰陽，以其分別多也。……衆人有有無生死之分，猶公族分姓，臘祭剖牲，與爲室有寢廟，理一而分殊者也。（庚桑楚通義）

朱得之這裏已賦予了『良知』以宇宙根本法則的性質，謂『吾之良知，通貫乎始終，以待其當，雖天亦人，雖人亦

---

① 萬曆常州府志卷十三：『朱得之，字本思，靖江人。幼學時能於傳注外時出意見，尤好説中庸，疑晦庵先生格致之學，而未知所從入。有傳陽明先生傳習録至者，得之披閲連晝夜，曰此濂洛之流也。走越執贄焉，益究良知之旨。及其歸也，陽明爲書修道説貽之。陽明歿於粤，得之走數千里至南安迎之，哭之盡哀。得之勇於爲義而孝友天至，群從諸弟多不相能，得之一一誨化，皆成善士。山陰趙公錦，深入陽明先生之閫者，其爲得之表有云：「明興絶學之後，陽明首唱良知之説於東南，蓋愕胎未定之日也。先生崛起於素無文獻之邦，非有師承目擊之素，一旦盡舍其故，惟良知之是宗，其識固遠矣。昔孔子歿，而西河之民疑子夏於孔子，使及門之士皆如先生，則陽明之歿，亦可以無疑於後世矣。」嗚呼，斯爲知德之言哉！』

天矣』，又謂『良知獨明』遠爲日月之明所不及，更何況是天地間其他事物呢！而在他看來，要使『良知』、『良心』不受損害，必須首先去掉自己的所見所聞。不難看出，這些思想觀念與王守仁所謂『心即道』、『道即天』、『心即天理』（傳習錄上），以及『天理之昭明靈覺，所謂良知也』（答舒國用）、『吾輩用功，只求日減，不求日增，減得一分人欲，便是復得一分天理』（傳習錄上）等説法正是一脈相承的。當然，朱得之這裏所謂『理一分殊』云云，則是援引了宋代周敦頤、張載、程頤等理學家的説法，認爲萬物統之在一理，散之則萬殊，實與『公族分姓，臘祭剖牲，與爲室有寢廟』的道理沒有什麼不一樣。所以他在爲齊物論篇作通義時又説：『天府者，萬物皆備於我也。山毫彭觴之同，性各足也。其異者，質也。理一分殊，可概此篇之旨矣。』認爲從形質方面來看，雖然泰山重於毫毛，彭祖壽於觴子，但從通天下只一性方面來看，則萬物並無不同，皆可備於我心，此即所謂『理一』，也就是莊子所説的『齊物』。

第二節　對莊子文學性的精心分析

朱得之在刻莊子通義引中對莊周的思想與文章稱讚不已，認爲『求文辭於先秦之前，莊子而已；求道德於三代之季，莊子而已。易曰「復其見天地之心」，欲見天地之心者，必不忽莊子；好古畜德者，必不訝莊子。』他還在讀莊評中指出，莊文『隨意出詞，絕無結構』，其命辭跌宕，其設喻奇險，其爲言『時有播弄處』，則是希望『人愛其文之馳騁而誦之』，以領會其『垂訓』之深意。朱得之認爲，『如曰「其生也有涯」、「知天之所爲」之類』，是莊子語言的獨特之處，『在他人則不如此開口』，充分肯定了莊文別具一格的用語特色。

朱得之也希望由莊子的優美文字進一步通其深意，他認爲『詩、書固經世之準，而三子則立命之方。立命達於人人，經世存乎一遇』（刻莊子通義引），老、列、莊三子的思想內涵甚至超過詩、書，故其著莊子通義一書，在思想和文辭的把握分析上皆用力頗勤。朱得之以隨手點評的方法，運用生動活潑、富於情感的語言，把自己對莊子文本的獨特理解有效地傳達給讀者，使讀者體悟到莊子所藴藏的真意，感悟到莊子散文所具有的非同一般的藝術魅力。他借用時文之法來評點莊子，十分詳細地揭示了莊子文章的段落、眼目、照應，以及來路去路、開合承轉、抑揚起伏等特徵，雖顯繁瑣，但很有借鑒意義。其對莊子内七篇藝術技巧所作的闡釋，頗有新見，每發前人所未發。且其中不乏對莊子文章結構與修辭手法的説明，如於逍遥遊篇『諧之言曰：「鵬之徙於南冥也，水擊三千里，摶扶摇而上者九萬里，去以六月息者也。」』旁注云『敘事起下議論』；於『堯讓天下於許由，曰：「日月出矣，而爝火不息，其於光也，不亦難乎！」』旁注云『一句敘事，下論其故』；於逍遥遊篇末評論道：『逍遥遊乃一書之大旨，褚氏於卷前標列以「順化逍遥」、「無爲逍遥」、「推變逍遥」、「無名逍遥」、「無功逍遥」、「無己逍遥」、「適物逍遥」等名，非指此一篇而已。蓋一書每篇之中，各有一意，只是闡明道體之大，能體此道者無入而不自得，不以世運污隆干於太虚之體耳。』這些旁注和篇末評論，對揭示莊子文章的藝術性和深玄之義皆起到了一定作用，比較有利於讀者。

通觀朱得之對具體文字的點評，多是稱讚其文法『隨意』、『無結構』，卻自成章法，屬於『無意之意』、『不法之法』。如天道篇：『夫明白於天地之德者，此之謂大本大宗，與天和者也。所以均調天下，與人和者也。與人和者，謂之人樂；與天和者，謂之天樂。』朱氏旁注：『此上本敘事卻含議論，此下方議論。』説劍篇寫『莊子』以天子之劍説趙文王去劍士，朱氏説：『此章始終敘事而議論在其中。……示虚開利，後發先至，人皆信其爲劍術之真訣，而不知爲匡救之良法。立言者，善藏用乎此。』盛讚此文以夾敘夾議手法，使讀之者體會其勸誡在敘事中而不著痕跡。養生主篇發『緣督以爲經』之義而證之以庖丁之事，朱氏説：『解牛事只承「緣督」一句明養生義，引證不用一字而意自通貫，文哉文哉！』極贊其『不用一字』而文義貫通，郁郁乎文哉！

朱得之認爲莊子『無結構』之文，看似無心之詞，實則是爲了引起下文。如應帝王篇『無爲名尸，無爲謀府，無爲事任，無爲知主』，朱氏說：『四句戒不虛之習，以起下文「體盡」至「無見得」。』人間世篇『凡事若小若大，寡不道以歡成事』，朱氏說：『凡事之成，莫不以歡忻浹洽，歡忻浹洽以不失道也。鮮有不得其道而事得以歡成者。此起下文二患（即『事若不成，則必有人道之患；事若成，則必有陰陽之患』）之故。』又於胠篋篇『嘗試論之，世俗之所謂至知者』旁注云：『再舉前語繳，以起下文。』於天地篇『始吾以夫子爲天下一人耳』旁注云：『意指孔子，起下文也。』

在朱得之看來，莊子之文似乎隨意，其實每在層層遞進。如大宗師篇四次出現『古之真人』，朱氏分別作了旁注，謂『第一過化』、『第二存神』、『第三忘情』、『第四又總論全體大用』。胠篋篇四次出現『何以知其然邪』，朱氏分別作了旁注，謂『一問』、『二問』、『三問』、『四問』，以顯其文之層層遞進、前後關聯。德充符篇寫惠子謂莊子曰：『道與之貌，天與之形，惡得不謂之人？』朱氏分析說：『前二句意重形貌，後二句重道與天啟，下文外神勞精之蔽。』天地篇寫許由謂齧缺『方且本身而異形，方且尊知而火馳，方且爲緒使，方且爲物絯，方且四顧而物應，方且應眾宜，方且與物化而未始有恒』，朱氏指出此處『迭下「方且」』，其『句法章法』，層層推進。至於天下篇，朱氏認爲乃是『本經之後序，序其祖老而不同於諸子之故』，並非出於莊子本人之手，但其行文之層層遞進關係甚爲明顯。他指出：此篇共分爲七節，自開頭至『道術將爲天下裂』爲第一節，『不侈於後世』至『才士也夫』爲第二節，『不累於俗』至『其行適至是而止』爲第三節，『公而不當』至『概乎皆嘗有聞者也』爲第四節，『以本爲精』至『古之博大真人哉』爲第五節，『芴漠無形』至『未之盡者』爲第六節，『惠施多方』至結尾爲第七節。而各節之中，又有層層遞進之關係。如第一節分爲五段，自開頭至『謂之君子』爲『首節之一』；『以法爲分』至『民之理也』爲『首節之二』，是『小講』；『古之人其備乎』至『其運無乎不在』爲『首節之三』，是『入講』；『其明而在數度者』至『時或稱而道之』爲『首節之四』，是『大講』；『天下大亂』至『道術將爲天下裂』爲『首節之五』。在朱得之看來，第一節五段爲『論理』文字，此後六節皆是『即事以實之』，可見全篇層次分明，並有步步遞進關係，且其中不乏『錯縱』、『倒用』之致，雖『出於學莊之學者』，亦不失爲戰國時之好文字。

朱得之對莊子好用譬喻說理的特點也多有揭示，故『引喻』、『設喻』、『譬喻』、『曲喻』、『博喻』、『層層設喻』、『設譬引喻』、『旁譬曲喻』一類注語時有出現，並每每以此與章句串講相結合，進行認真梳理。如天運篇『孔子西遊於衛』寓言故事，有『芻狗』、『桔槔』、『柤梨橘柚』、『猨狙而衣以周公之服』、『西施病心而矉』等比喻，朱氏分別作了旁注，依次謂『議論一喻其眩』、『再喻其失時』、『三喻不知物之用』、『四喻不知物之體』、『五喻不知人』、『六喻不自知』，並作『通義』云：『此篇六層設喻，大意只是因時制宜，自量材力而已。其文理次第，秩然可尋：眯重於夢，蔽漸深也。蘇爨芻狗，夢魅自息。下乃釋其故，以見芻狗之當毀，不可依棲也。舟車言隨時，桔槔言隨人，柤梨言當可，此泛論也。猨狙強以不欲，言不能知人。里矉效跡失意，言不能自知。此直指孔子，以實其取窮之故。』這一分析，由淺及深，頗能啟發讀者。此外，朱得之還重視對莊子句子次序結構的研究，每指出其爲『倒用句』、『錯縱句』等。如莊子中有『每下愈況』（知北遊）、『卒以善辯爲名，惜乎惠施之才』（天下）等語，朱氏於前者之旁標以『倒用句』三字，於後者之旁標以『二句倒用』四字；又有『技經肯綮之未嘗』（養生主）、『於是語卒』（至樂）、『汝唯莫必，無乎逃物』（知北遊）、『先生獨何以說吾君乎』（徐無鬼）、『公誰欲與』（同上）、『其以爲事也若之何』（則陽）、『奈何哉其載焉終矜爾』（外物）、『嗚呼遠哉，其分於道也』（漁父）等語，朱氏皆於旁側標以『錯縱句』三字。朱得之如此標示，皆有助於讀者對莊子特殊句子的理解。

朱得之爲何注重莊子詞章的解釋？其讀莊評云：『修詞立其誠，學問之全功也。褚氏以前諸解多主立誠，今通義略兼修詞者，蓋欲習辭章者，知反於性道；理心性者，知謹於詞氣。庶乎先哲啟後之心，而後世愛而傳之之物也。』雖然南宋時林希逸、劉辰翁等人也重視以文論莊，但將『修詞立其誠』推舉到『學問之全功』的地位上，這在之前的莊子接受史上是未曾出現過的，應當予以重視。

第三節　對莊子篇章真僞的用心探究

在莊子通義卷首，朱得之於刻莊子通義引後還撰有讀莊評一文，其中有語云：『莊子之學，由靜而入，極虚而安。蓋祖巢、由而宗老、列，嘉堯、舜，掖孔、顔，悲龍逢、比干、夷、齊而孩管、晏者。……隨意出詞，絶無結構，莊文也。如曰「其生也有涯」、「知天之所爲」之類，在他人則不如此開口。外篇、雜篇疑或有聞於莊子者之所記，猶二戴之禮非出一手，明目者自能識也。之、噲讓國，在孟子時，而莊文曰「昔者」；陳恒弑君，孔子請討，魯國之儒一人，莊子身當其時，而胠篋篇曰：「陳成子弑其君，子孫享國十二世。」即此推之，則秦末漢初之言也。豈其年逾四百歲乎？末篇稱「鄒魯之士」，當在長卿已後者所爲也。大抵此籍多敷演老子之言，以發揮其精神者。……曾、史、盜跖與孔子同時，楊、墨在孔後孟前，莊子内篇三卷，未嘗一及五人，則外篇、雜篇斷斷乎非莊子之言矣。』綜觀朱得之對整部莊子篇章真僞的探究，大致就是圍繞著這些話來展開的。

朱得之依據他所謂莊子『嘉堯、舜，掖孔、顔，悲龍逢、比干、夷、齊』的基本觀點，認爲那些詆訿孔子或與儒學相抵牾的章節不可能是莊子本人的手筆。如我們在本章第一節中已經説過，盜跖篇有盜跖怒斥孔丘的寓言故事，朱得之認爲其所敘述『絶不類莊周口氣』。列禦寇篇有『孔子曰凡人心險於山川』一段話，他也認爲此段話是在『誣孔子』，『非莊子之言也』。此外，朱得之還在爲山木篇『莊子衣大布而過魏王』寓言故事作通義時説：『此淺夫托爲南華之言。使南華而言此，何以爲南華？……況以比干剖心爲徵，尤見紕謬。』認爲此則寓言故事中『莊子』所説的那番話根本不可能是莊子所説的話，特别是其中所謂以比干剖心爲失敗明證的説法，更顯得錯誤不堪。意謂比干忠諫剖心一事，爲儒家所津津樂道，作爲遵信孔子的莊子又怎麽會持否定態度呢？朱得之由此斷定，此則寓言故事必爲『淺夫托爲南華之言』。他並進一步推論説，既然莊子遵信儒家，那麽他必然有儒家那種雍容大度的氣宇，所以莊子中凡寫『莊子』出言尖刻的寓言故事『亦非莊子語也』。如列禦寇篇有『莊子』諷刺曹商爲秦王舐痔的寓言故事，朱得之爲之作通義說：『曹商以偶然之得自驕，小人也。今鄙之過甚，殆非莊子之氣宇也。』同篇又有『莊子』諷刺見宋王者的寓言故事，朱得之也爲之作通義說：『此校舐痔之喻，大意頗同，亦非莊子語也。』

在朱得之看來，莊子表述思想內容的方式不同於一般，即所謂『隨意出詞，絕無結構，莊文也。如曰「其生也有涯」、「知天之所爲」之類，在他人則不如此開口。』而『外篇、雜篇疑或有聞於莊子者之所記，猶二戴之禮非出一手，明目者自能識也。』如他在庚桑楚篇題目下說：『此篇敷流曼衍，固非老子之言，亦非莊所述也。』認爲全篇文字敷流曼衍，根本不能體現出莊子文章『隨意出詞，絕無結構』而又渾然一體的特徵，所以當是『有聞於莊子者之所記』。對於馬蹄篇，他則說：『此篇意不多而詞費，其擬莊之作乎！』認爲之所以要懷疑此篇不是莊子本人的手筆，就是因爲其『意不多而詞費』，遠不能像莊子文章那樣做到言語簡約而意藴無窮。他甚至在爲繕性篇作通義時說：

此章（篇）聲氣體裁，皆類東漢。蓋因莊子少仁義而恥禮樂，故原仁義禮樂之初起於良心而狥名失本者之基亂也。君子思不出其位，無所待也。今曰深根寧極而待，即此一待，有爲而爲，非天德非王道矣，根不深寧不極矣。杳冥之幾，聖狂攸判，豈莊子之心聲哉！

羅勉道曾在南華真經循本中指出，『繕性失之淺拙』，『決非莊子本文』。吳澄在莊子敘錄中也認爲，繕性篇與『莊氏書瓌瑋參差，不以觭見之』的特徵不相一致，『抑亦周秦間文士所爲乎』？朱得之對此篇的思想内容和思維方式作了更爲具體的分析，認爲其已違背了莊子『無待』、『無爲』的基本精神，『聲氣體裁，皆類東漢』，哪裏像是莊子的『心聲』呢！朱得之這裏把羅勉道、吳澄的説法推向極端，未免過於偏激，但對後來卻有一定影響，至今爲少數學者所承因。如明末清初王夫之在繕性篇末說：『曰「根深寧極而待」，則林逋、魏野之所不屑言，而況莊子！』(莊子解)這與朱得之所謂『今曰深根寧極而待，即此一待，有爲而爲，非天德非王道矣，根不深寧不極矣』的説法顯然是一脈相承的。近人羅根澤在諸子考索莊子外、雜篇探源中謂繕性篇當成於『秦漢之間』，今人張恒壽在莊子新探上編第三章中謂『此篇當是秦漢時期之作』，他們的説法雖不像朱得之的『類東漢』説那樣偏激，但也無疑受到了它的一定影響。

朱得之還注重從名物入手來探究莊子篇章的真僞。如他在爲田子方篇『宋元君將畫圖』寓言故事作通義時説：『即「舐筆和墨」四字，決非漆書壁經之時所作也。』在爲説劍篇作通義時也説：『此稱王居曰「殿」，非戰國時之名也。』朱得之首倡這些説法，無疑很值得重視。但比較起來，更值得重視的還是他根據歷史事件發生的時間來考察莊子篇章真僞的做法。如他在爲胠篋篇作通義時説：

> 原夫智之所由倡，實自聖人始。而襲之者，違天背道，假仁襲義，以亂天下之真。故曰：絶聖棄知，然後可以反朴還淳，復於無知而人性不鑿也。鄙見以此乃擬襲莊文者。田恒弑君，孔子請討，在魯哀之世。後二十一篇中，周見魯哀謂魯少儒，此言恒享齊國十二世。又楚伐魯以其酒薄也，而梁乃伐趙，魯不得援，事在魯哀以後。今舉以並唇齒之論，是指以爲往昔故事也。篇末又謂好智之亂天下，乃三代以下，則西漢之言矣。故余直謂此非莊子之文，不然莊子年幾四百乎？

對於胠篋篇『十二世有齊國』之『十二世』，成玄英莊子注疏、姚鼐莊子章義、俞樾莊子平議、于鬯莊子校書等各有不同説法。朱得之以『十二世』一詞爲重要依據之一來推定胠篋篇爲『西漢之言』，似乎不一定符合實際。但他綜合各種材料，通過多方面的分析，然後推定『此非莊子之文』，並在爲田子方篇『莊子見魯哀公』寓言故事作通義時進一步指出：『余故謂外篇、雜篇多後人所擬而附會之者。』這無疑很有見地。

在朱得之的莊子通義中，最值得指出的還是他對秋水、天下二篇所作的通義。我們知道，秋水篇爲歷代文人學士所津津樂道，在朱得之之前並不曾有人提出過其著作權不應歸於莊子的問題。如宋末褚伯秀在論説此篇時說：『自篇首至此，凡六問答，如風驅遠浪，漸近漸激，至是而雪濤噴薄，使人應接不暇，須臾澄静，則波光萬頃，一碧涵天，人之息僞還真、中扃虚湛者有類於此。……河伯、海若問答既畢，南華又自立説，以衍前意云。』（南華真經義海纂微）金馬定國更是説：『吾讀漆園書，秋水一篇足。安用十萬言，磊落載其腹。』（讀莊子詩）説明在他們看來，秋水篇無疑是莊子的代表作，他人哪有這般神工鬼斧！但朱得之卻不爲前人看法所拘限，對秋水篇提出了自己的見解。他説：

此承上章小識小行之意而明其病於道德也。大率模仿首篇鯤鵬之論而枝葉加繁。中間『自細視大』一段，意亦精到；可語大理，即下文『大義之方』、『萬物之理』。觀此結構，豈能繼莊者哉！『遙而不悶』二句，外物不動於心也。之、噲讓在戰國時，稱曰『昔者』，則非孟子同時矣。……謹守而勿失，雖承上三句，何能反真？即此一言，斷非莊子胸襟。……此言天機之在萬物，各有自然之分，非歆羨畔援所能與。又解河海之校量也，與大瓠大樗之義相近。彼言素位，此言願外，故有勝負相形，亦與莊意相左。……魏牟、公孫龍事，列子籍中與此不同。蓋二子皆當時辯士，互有得失，故紀載若此。列在莊前，或者牟、龍二子，學有消長，故此優牟而劣龍歟？此章大意，只是形容莊子之書不易讀，非得莊子之心不能讀也。亦以申明小行、小識之傷道德者。以愚論之，莊子必不自衒若此。豈猶二戴之禮出於衆人之所記，故多攙入附會者乎？

依照朱得之的看法，秋水篇總論部分河伯、北海若七番問答大致是模仿内篇逍遥遊總論文字而來，肯定不是莊子本人的手筆。燕王噲與相國子之禪讓之事發生在孟子、莊子時期，而北海若則稱曰『昔者』，這正可證明秋水篇總論部分乃是後世模仿者之所爲。他還進而指出，總論之後的分論，所言同樣多與莊子本意不相協調，猶如大小戴禮記出於衆人之手一樣，也必定多爲後人所附會。朱得之的這些議論確實十分大膽，富有自己的獨特見解。後來王夫之在莊子解秋水題解中提出所謂『此篇因逍遥遊、齊物論而衍之』的説法，大概就是受到了朱説的影響。對於置於全書之末的天下篇，朱得之說：

此篇乃本經之後序，序其祖老而不同於諸子之故。此以天下名篇，雖取篇首二字，實則該括萬物之義。余直以爲南華經之後序出於學莊之學者，非莊子作也。……先關尹而次老聃，從前至此，歸宿於老聃，從偏而全也；次莊周，學有所承也。初言聖王，原於神明之一，不離於宗。及論老子，則曰主之以太一。論莊子，則曰其於宗也稠適而上達，明其爲內聖外王之道。他皆非一，離宗矣。信其爲序者，從前序來，見諸子皆非大道之全。惟此籍則繼老子，立言垂訓，與惠施之徒不同，亦非墨翟諸子所可並，欲學者知所辨也。郭子玄謂其書雖不經而爲百家之冠，蓋取諸此。……此卷擬莊者十八九，出於莊意十不及一三。

莊子一書，『大抵率寓言』，其意則在『剽剝儒墨』（見史記老子韓非列傳），徹底否認其他諸子學派的學術觀點。但作爲全書收尾的天下篇，無論是在『屬書離辭』，還是在表述思想觀點方面，都與前面三十二篇大異旨趣。面對這一問題，許多研究莊子的學者都曾感到困惑。自宋代以來，一些研究者才窺見了其中的奧秘。如林希逸說：『莊子於末篇序言古今之學問，亦猶孟子之篇末「聞知」、「見知」也。』（莊子口義）意謂這是在敘述古今學術發展史，所以作者採取了比較客觀公正的態度和特殊的表述方式，把自己的學說也列於諸子百家之林。朱得之則認爲，此篇是莊子後學爲莊子全書所作的後序，所以與莊子的思想、文風不相一致，即所謂『此卷擬莊者十八九，出於莊意十不及一三』。朱得之的這一說法確實也甚有見地，後來有不少學者即是沿著他的這一說法來發揮他們的觀點。

朱得之在莊子篇章真偽探究方面雖然不免帶有一定的片面性，但也確實提出了不少真知灼見，具有較高的學術價值。我們在本書第五編中曾經說過，蘇軾撰莊子祠堂記，首先提出了關於雜篇中讓王、盜跖、說劍、漁父四篇爲偽作的說法。羅勉道著南華真經循本，又謂外篇中刻意、繕性二篇同樣不是莊子本人的手筆，在宥、天地、山木等篇中也似有『後人參入』的文字。朱得之在前人説法的基礎上進一步提出了自己的獨特看法，認爲外、雜篇中諸如馬蹄、胠篋、天道、刻意、繕性、秋水、田子方、庚桑楚、讓王、盜跖、説劍、列禦寇、天下等篇，或全篇，或數章，或數語，往往不像是莊子本人的手筆。而且在他看來，即使内篇七篇，也不一定沒有後人混入的文字。如他在爲人間世篇『葉公子高將使於齊』寓言故事作通義時説：『孔子之時，衛未稱王，此而曰「王」，疑爲後世所擬之文也。』不可否認，朱得之這樣全面探究莊子篇章真僞問題，指出莊子一書，尤其是『外篇、雜篇多後人所擬而附會之者』，比之蘇軾、羅勉道拘限於數篇的看法無疑顯得更爲合理一些。而且他所使用的探究方法比蘇軾、羅勉道更爲多樣化，這又爲後人研究莊子篇章真僞問題提供了更多的方法，積累了更豐富的經驗。

當然，朱得之莊子通義的學術價值並非僅限於此。莊子學在經歷了兩宋時期的再度繁榮後，到了元代便跌入低谷，而明初至正德以前，也幾乎仍是一片空白，直至楊慎嘉靖初謫戍雲南永昌，放浪形骸之際，乃與莊子結下不解之緣，於是有莊子解、莊子闕誤、莊子難字等書問世，但多爲考證文字，且部頭偏小，僅可視爲晚明莊學之先聲。在此背景下，朱得之以數年之功著成莊子通義十卷，與其老子通義、列子通義合刻爲三子通義，流布甚爲廣泛，影響自是不小。而且，朱得之秉承王守仁『心學』宗旨，持『良知』之説以闡釋莊子，從而改變了宋末林希逸以程朱『天理』發明莊子思想的闡釋指向，成爲晚明第一部具有『心學』思想傾向的莊學專著。

第八章　陸西星的南華真經副墨

陸西星（1520—約1601），字長庚，號潛虛，又號方壺外史，揚州興化縣人。少爲諸生，有逸才，名重鄉郡。九試不中，遂棄儒爲道士。自稱於嘉靖二十六年（1547），偶以因緣遭際，得遇法祖呂洞賓於北海草堂，遂得內丹真傳。據此撰成賓翁自記、道緣彙錄，以述其道法淵源。又著黃帝陰符經測疏、老子道德經玄覽、周易參同契測疏等書十五種，彙集爲方壺外史叢編。其丹法主張陰陽雙修，性命兼行，後世道門尊其爲內丹東派之祖。晚年頗喜研習佛經，欲合道、釋爲一家，參悟玄通，竟究義理。此期所著主要有南華真經副墨，是明代最重要的一部莊子學著作。

第一節　取名副墨的用意

南華真經副墨八卷，陸西星在卷末自謂『起草於萬曆丙子（1576）六月六日，脱稿於戊寅（1578）八月八日』，三易歲乃完稿。著者因從蘇軾之説，認爲讓王、盜跖、漁父、説劍四篇乃後人竄入，斷非莊子手筆，故棄置未刻。並謂『虛靜恬淡寂寞無爲』八字，乃莊子全書內容之核心，故舉以分其卷帙，將二十九篇分爲八卷，依次曰虛集、靜集、恬集、淡集、寂集、寞集、無集、爲集，以爲這樣就可以『使人開戶見山，因標指月』（李茂年南華真經副墨後敘），從而窺見莊子奥旨微義之所在。那麽，他又爲何以『副墨』二字來命名自己的這部莊子學著作呢？

『副墨』一詞出於莊子大宗師。篇中寫女偊在回答南伯子葵問自己是從哪裏聞到『道』的問題時説：『聞諸副墨之子，副墨之子聞諸洛誦之孫，洛誦之孫聞之瞻明，瞻明聞之聶許，聶許聞之需役，需役聞之於謳，於謳聞之玄冥，玄冥聞之參寥，參寥聞之疑始。』陸西星解釋説：

是道也，烏乎聞之？『聞之副墨之子』以下，皆莊子巧立名字，大是戲劇，前此未聞。副墨，文字也；洛誦，誦讀也；瞻明，審視也；聶許，目聶而心許之也；需役，耳有聽，手有書，皆待役於主人者；於謳，歎美謳歌也；玄冥，有氣之始；參寥，無名之始；疑始，無始之始。蓋言道理得之言語文字間，而領之以心，會之以神，則己之朝徹而見獨者也。此段直泄道妙，學者苟能會而悟之，則所謂命宗性祖，一貫穿過，受用得力處，不獨以其文也。

大宗師篇所説的『副墨』，意謂文字憑藉翰墨而書之簡冊，僅爲『道』之副貳。莊子在篇中通過層遞而上的以意取名的方法，指明了修道必先取諸目見、耳聞、口誦，而後再動用玄思，參悟寥廓的次第。陸西星體會到了莊子的這一深意，認爲文字對尚未入門的悟道者來説還是有一定用處的，但它畢竟具有很大的局限性，僅爲大道之副貳，所以悟道者又必須超越於『副墨』之外，而『領之以心，會之以神』，這樣就可以達到『朝徹』、『見獨』的境界。説明他以『副墨』一詞來命名自己的這部莊子學著作，意謂人們通過閲讀他的詮釋文字，並『領之以心，會之以神』，是完全可以體悟到『道妙』的。這也就是説，他的詮釋文字在本質上雖不免是莊子思想的副貳，卻可以引導人們『一貫穿過』，最終領悟到莊子的真實思想，即所謂其『受用得力處，不獨以其文也』。

在陸西星看來，莊子是一部特殊的書，前人爲這部書所作的注釋大多『支離』，未能徹悟莊子的奧旨微義，因而自己要爲莊子作注，用來補救前人注釋中的種種偏頗和弊病。他在南華真經副墨自敘中説：

嗚呼！文字上起唐虞，以逮鄒魯，稱性之譚，精絶閎肆，孰逾南華矣！爾其矢口寓言，正而若反，從心曼衍，廢而中權，以通神明之德，以類萬物之情。……昔晉人郭象，首注此經，影響支離，多涉夢語；鬳齋口義，頗稱疏暢，而通方未徹，掛漏仍多。是知千慮一失，在賢知猶不能免，商賜啟予，回非助我，仲尼大聖，不無望於人人，而況其散焉者乎！星啟款寡聞，素無前識，而二氏之學，載之末年，頗窺堂奧，乃復添注是經，補偏救弊，以匡昔賢之不逮，名之副墨。……批導熟則庖丁之目無全牛，察認真則九皋之肆無留良，千載而下，知莊叟者誰歟？

那麼，郭象等人的『支離』又表現在哪些地方呢？陸西星在詮釋逍遥遊篇時舉例説：『「去以六月息」與下「以息相吹」之「息」同，謂氣息也。人以一呼一吸爲一息，造化則以四時爲一息。「去以六月息」者，即「海運將徙南冥」之意，……而諸家注皆謂「此鳥一去半年，至天池而息」，是以「六月」爲半年，以「息」爲止息。太白鵬賦亦謂「六月一息，至於海隅」。只爲不曾理會下文「以息相吹」，遂使文不相蒙而難於解説耳。』這裏所批評的正是從郭象以來相沿已久的説法，認爲他們解釋莊子顯然缺乏通盤考慮，沒有注意到上下文意思的連貫性，以致弄得『支離』不堪，嚴重歪曲了莊子的本意。不可否認，陸西星對『去以六月息』的理解是符合於逍遥遊篇所要揭示的大鵬『有所待』之主旨的，因而他這裏對郭象等人的批評也應當是正確的。但他由此而説郭象的整部莊子注『影響支離，多涉夢語』，那就顯得有點偏激了。對於林希逸的莊子口義，陸西星則主要批評其『通方未徹』。如他在詮釋在宥篇『廣成子在於空同之上』寓言故事時説：『林鬳齋自謂看莊子頗精到，到此漫爾説過，蓋緣此老不曾於丹書上究心，是以茫無印證，只將南華作爲言語文字等閒讀過，大是可惜。』説明陸西星謂林氏『通方未徹』，分明就是批評他沒有把莊子中的許多思想資料當作道教的丹法來闡發。實際上，陸氏的這一批評反而混淆了作爲哲學範疇的莊子思想與作爲宗教實踐的道教丹法的界限，顯然不可取。然而儘管陸西星的詮解以及對前人的批評也存在著一些明顯的，甚至是屬於基本思維方法方面的錯誤，但他卻堅信批導莊子文章、體悟莊子思想則非我陸某莫屬，自己是最知莊叟的，何況自己的詮釋還足可『補偏救弊，以匡昔賢之不逮』呢！

陸西星認爲，他的著作正因爲既可羽翼莊子，又可補救前賢注解之失，足爲二者之副貳，所以便應以『副墨』名之。

陸西星爲各種經典作注解，每以『測疏』二字入之書名，如方壺外史叢編中所收的周易參同契測疏、龍眉子金丹印證測疏、丘真人青天歌測疏，即皆屬於此類情況。即使其中所收的無上玉皇心印妙經、黄帝陰符經、崔公入藥鏡、純陽吕公百字碑等書沒有用上『測疏』二字，卻一律以『陸西星謹測』署之。陸氏在南華真經副墨自敘中自謂『外史既測道德經已，乃復測南華』，則其所著莊子學著作，原來亦當以『測疏』名之。但他又認爲，『南華經如山肴海錯，別是一種，卻不可與菽粟同味』（讀南華經雜說），對於這樣一部『皆自廣大胸中流出，矢口而言，粗而實精，矯俗而論正』（同上）的書，怎可用自己的私意予以蠡測而名以『測疏』呢？充其量，自己的這部著作也僅僅是莊子的副貳而已，因而便名之爲南華真經副墨。

總之，陸西星把自己的莊子學著作定名爲南華真經副墨，確實有其深意。通過這一書名，我們也就首先可以窺見他的莊子學思想路數了。

第二節　以莊子爲老子之注疏

早在西漢初年，淮南子要略即以老、莊並稱。司馬遷作史記老子韓非列傳，又以莊子附於老子之後，並明確指出：『其學無所不窺，然其要本歸於老子之言。』此後，凡學者言及老、莊關係，一般都承因了司馬遷的說法。如朱得之在莊子通義中，就曾提出關於莊子每每『敷演道德經』之類的說法。陸西星著南華真經副墨，則更舉出大量例子，以『證實』莊子的學說確係出於老子。如他在詮釋德充符篇時謂『「益生」二字本於老子』，在詮釋胠篋篇時謂『「玄同」二字出老子』，就是想要從詞彙方面來證明莊子的學說確係出於老子。陸西星還由此出發，每每指出莊子所使用的許多思想觀念也來源於老子。如齊物論篇有『大道不稱，大辯不言，大仁不仁，大廉不嗛，大勇不忮』等語，陸氏指出：『此皆自老子上理會得來。』應帝王篇設有肩吾、接輿問答的寓言故事，陸氏指出：『莊子之意，只在個無爲自然，以不治治天下，其旨大率本之老子。』至樂篇設有莊子見空髑髏的寓言故事，陸氏指出：『此自老子「天下大患，謂吾有身，自吾無身，復有何患」上撰出一段喻言，直是戲劇。』這樣，他便認爲進一步找到了莊子學說出於老子的證據。陸西星在上述『證據』的基礎上，還大膽提出了關於莊子中甚至有整篇的思想內容都出於老子的看法。如他在齊物論篇題下說：『此等議論見識，蓋自老子「玄同」上得來。』這就相當明確地告訴人們，莊子齊物論全篇所闡發的齊同萬物的理論，原來不外就是對老子『玄同』思想的大力發揮，從而把司馬遷關於莊子學說『其要本歸於老子之言』的觀點發展到了一個嶄新的階段。

陸西星不但繼承和發展了司馬遷的觀點，而且還別開生面地提出了莊子爲老子之注疏的看法。他在作爲全書總綱的南華真經副墨自敘中一開頭就說：『南華者，道德經之注疏也。』並以這一基本觀點貫穿於南華真經副墨全書的著述過程之中。如他於列禦寇篇『聖人以必不必，故無兵』一段文字下云：『莊子爲老子注疏，此解是也。』於知北遊篇『道不可致』一段文字下云：『此亦老子注疏。』而對於雜篇的整體理解，尤其是對作爲雜篇首篇庚桑楚的詮釋，則更是對他在自序中所提出的有關思想觀點的具體展開。他在庚桑楚篇題目下說：

雜篇，莊子雜作也。章句有長有短，總之推本道德，爲老子一經之注疏。篇中有苦心極力之語，大類張子正蒙，疑莊子平生緒言，綴拾於內、外二篇之後者。其不可解處，諸家率多影響，然已爲外史氏窺破八分矣。

說明在陸西星看來，莊子雜篇雖爲莊子之所雜作，章句有長有短，然皆推本老子道德之意，實爲老子一書之注疏。雜篇中的苦心經營之語，頗像北宋張載精心營構的正蒙，則更當是莊子平生緒言的彙集。而其中那些頗難解釋的章節或語句，歷來的注家都未予解說清楚（『率多影響』），但如今已被他陸氏窺破八分，意謂他已看出

『其不可解處』也大概不外就是對老子道德之意的推衍。由於這些説法附在庚桑楚篇題目之下，則我們似可認爲陸西星是把此篇看作典型的老子注疏的。誠然，陸氏確實幾乎把上述思想觀點貫穿到了庚桑楚篇詮解的全過程。如他説：『「能抱一乎，能勿失乎」二句，即道德經所謂「載營魄抱一，能無離乎」之意；「能無卜筮而知吉凶乎」，此個吉凶，即道德經所謂「福兮禍所倚，禍兮福所伏」、「正復爲奇，善復爲妖」者。』又説：『「券内外」，即老子所謂「左右契」也。』又説：『加之以人則僞，僞則失，失即老子所謂「失道、失德、失仁、失義」之「失」，莊子分明是老子注疏。』這樣，陸西星就把老子、莊子的關係説成是經與傳的關係，從而從根本上肯定了莊子學説與老子學説的一致性。但實際上，二者在精神實質上還是存在著較大差别的。魏晉時的嵇康就曾説：『寧如老聃之清淨微妙、守玄抱一乎？將如莊周之齊物變化、洞達而放逸乎？』（卜疑）嵇康這裏已意識到，老子所强調的主要是『清淨微妙、守玄抱一』，要求人們做到虚静無爲、柔弱謙下，而莊子則揚棄了老子學説所强調的處静、守玄等内容，堅決要求人們破除執著、凝滯，從而達到精神上的放逸、逍遥境界。由此看來，陸西星以莊子爲老子傳注的看法並不是没有問題的。陸氏自己大約也已覺察到了這一點，所以他有時也採取了一些補救措施。如他在天地篇『泰初有無』一段文字下説：『此段究極性命根宗，而示人以返還歸復之要。泰初，造化之始初也；無名，即老子所謂「無名，天地之始」。蓋老子只説到個「無名」而止，此老又自「無名」上推出個「無無」者。……看南華者，直須吐去舊日聞見，將此個造化根宗，虚心理會。』陸西星在這裏承認，莊子不但繼承了老子的本體論，而且還予以發展，把天地萬物的起源由『無名』一直推到了『無無』階段，從而顯示出其究極造化根宗與老子道論的不同特徵。毫無疑問，陸氏的諸如此類的説法，很能糾正他所倡導的『南華者，道德經之注疏也』説法的絶對化傾向。

在陸西星看來，莊子對老子作注疏，其契合處便在『道德』二字。他在老子道德經玄覽上篇中説：『莊子云：「性修返德，德至同於初。」初即無名之始，道之謂也。「道德」二字，世人罕知，漢興以來，箋疏老子代不乏人，略記百有餘家，得其旨者，莊子南華之外，指不可以屈。蓋自河上之説已屬可疑，其散焉者則狃於儒説之支離，而於所謂妙徼重玄之秘，則概乎其未有得也。』這不僅指出莊子一書重在闡發老子『道德』旨意，而且還認爲深契其旨意，是歷史上最好的一部箋疏老子的著作。陸西星在撰寫南華真經副墨的過程中，始終貫徹了他自己的這一提法。如在大宗師篇『夫道有情有信』一段話下詮釋説：

老子曰：『恍兮忽，其中有物。杳兮冥，其中有精。其情甚真，其中有信。』此數語者，千古論道之閟密藏也。莊子之學，得之老子，直下便説有情有信。……自本自根，未有天地以固存，分明推到未始有始也者。……帝不得不可以爲帝，日月星斗山川不得不可以爲日月星斗山川，……正如老子所謂：『天得一以清，地得一以寧，神得一以靈，谷得一以盈，王侯得一以爲天下貞。』……『氣母』二字，本老子『天下有始，以爲天下母』。襲，取而有之之義。襲氣母，即老子所謂『守母』、『食母』。

説明在陸西星看來，作爲莊子中最重要的一段闡發道論的文字，原來就是對老子中『千古論道之閟密藏』的揭示，但莊子又不囿於老子所謂『有始』的説法，而直接把天地萬物的本根推原到了『未始有始』的階段，認爲『道』並不具有『實體』性質，而是以無始無終即超越時間、空間爲其主要特徵。陸西星還指出，就莊子全書來看，其中闡發道論最妙的則是知北遊篇。他在該篇題目下説：『此篇所論道妙，斷言語，絶名相，混溟晦昧，迥出思議之表。讀南華者，知北遊最爲肯綮。』在陸西星看來，此篇論道之所以最中肯綮，主要在於其能從老子『道德』二字契入。如篇中有一則寓言故事説，知北遊時遇到無爲謂，三次問『道』於無爲謂皆不答，於是返回問狂屈，狂屈説：『予知之，將語若，中欲言而忘其所欲言。』最後只好去問黄帝，黄帝説：『彼無爲謂真是也，狂屈似之，我與汝終不近也。』對此，陸西星詮釋説：

老子之言曰：『知者不言，言者不知，故聖人行不言之教。』以上説話，分明是莊子撰出，以爲此三言之疏義。大抵此種不言的學問，要人直下領悟，擬議即差，商確即乖。

這裏是説，莊子撰出知問無爲謂、狂屈、黄帝的寓言故事，以三問而皆不答的無爲謂爲『真是』，認爲他無爲無謂，超然語言之外，已真正體悟到了大道，這實際上就是對老子『知者不言，言者不知，故聖人行不言之教』三句話所作的疏義。説明在陸西星看來，老子此三語意謂語言本身並不是『道』，莊子由此契入而撰出上述寓言故事，要求人們直下領悟大道，這對老子來説是多麽好的注疏啊！陸西星接著又在『道不可致，德不可至』一段文字下解釋説：『此亦老子注疏。儒者皆謂學以致道，不知道者，無爲而常自然，不可致也；儒者皆謂聖人至德，不知德本純純全全，人人具足，有何不至，而有至之名，故曰德不可至。』這裏在解説『道』的同時，也指出了莊子所説的『德』是指人人具足的純純全全的自然本性，而並不是善於修習的儒家聖人所達到的一種思想道德境界，認爲莊子這樣來闡釋『德』也深得老子之旨。應當承認，陸西星的這些説法基本上是正確的。但又必須指出，他對莊子德論的詮釋，有時卻與道教内丹性命之學混雜在一起。如他在詮釋天地篇『物得以生謂之德』、『性修反德』等語時，認爲這些話真可謂是『究極性命根宗而示人以返還歸復之要』了。因爲在他看來，莊子這些話的意思是説，『德之爲言得也』，『且然無間，是則天之所以爲命也』，『視聽言動莫不各有自然之儀則，是則所謂性也』，『修性者貴返於德，反於德則天者全矣』。我們知道，道教内丹學以天地爲大宇宙，人身爲小宇宙，認爲人從出生到死亡的過程就是步步遠離宇宙本體的過程，所以内丹徒就希望通過内煉逆修來使人返歸於宇宙本體，從而達到長生不死的目的。在陸西星看來，天地篇中的這些話正好窮究了『性命根宗』，揭示了道教内丹學『返還歸復』之要，是與内丹性命之學相一致的。由此可見，陸西星已賦予了莊子德論以一定的道教丹法思想。

陸西星還進一步指出，在老莊那裏，崇尚道德是與棄絶聖智緊密聯繫在一起的。他在讀南華經雜説中説：『看莊、老書，先要認「道德」二字。道者，先天道朴，無名無相，所謂無名天地之始，德則物得以生，本然之體，一而不分，大要在人，不起情識，墮支黜聰，絶聖棄知，則復歸於朴，而道其在是矣。……通於道而合於德，退仁義而賓禮樂，古之至人，其心有所定矣，則二書之宗旨也。』在陸西星看來，道家既然以崇尚道德和反對聖人標舉仁義禮樂爲自己的著述宗旨，那麼莊子爲老子作義疏，也就自然要大力闡揚老子的『絕聖棄知』思想了。他在南華真經副墨自敘中說：『南華者，道德經之注疏也。其說建之以常無有，而出爲於不爲，以破天下之貪執者。去聖遠，道德之風微，儒墨並起，各持其似以相是非，上仁義，崇聖智，而首亂之民，爰竊之以嚆矢天下，以故識者病焉。……通於道而合於德，退仁義而賓禮樂，明於本度，係於末數，理之所以窮也，性之所以盡也，命之所以至也。明此者謂之大道，迕此者謂之俗學。』說明在陸西星看來，闡揚老子絕聖棄智、賓退仁義禮樂的思想，這無疑是莊子注疏老子時所奉行的又一大宗旨。他並在駢拇篇題目下明確指出：『駢拇篇以道德爲正宗，而以仁義爲駢附，正好與老子「失道而後德，失德而後仁，失仁而後義」參看。一部莊子宗旨，全在此篇。』認爲莊子爲老子作義疏，正是以闡揚老子崇尚道德和賓斥仁義禮樂之思想爲宗旨。關於莊子以闡揚老子賓棄聖智仁義之思想爲一大宗旨的看法，陸西星在胠篋篇題目下還有更具體的說明：

夫聖人以聖知仁義治天下，而天下復竊聖人之聖知仁義以濟其私，則聖人之治法，適足以爲大盜媒，故絕聖棄知，絕仁棄義，而天下治矣。篇中屢用『故曰』，可見段段議論皆道德經之疏義。局儒讀之，未免駭汗，然意卻精到，不可不深思也。

何以見得『段段議論皆道德經之疏義』呢？如莊子在篇中有這樣一段議論文字：『故絕聖棄知，大盜乃止；擿玉毀珠，小盜不起；焚符破璽，而民朴鄙；掊斗折衡，而民不爭；殫殘天下之聖法，而民始可與論議。』陸西星解釋說：『此爲天下遏絕亂源。「絕聖棄知，絕仁棄義」，本老子。……此段分明是老子疏注。』誠然，胠篋篇全文確實都在著意發揮老子『絕聖棄知』之旨，豈止此處所引述的一段議論文字而已！同樣，駢拇篇亦在全力痛斥仁義，以歸重於老子道德之意。由此說明，陸西星認爲莊子發揮老子思想主要表現在崇尚道德與棄絕聖智仁義兩個方面，這一看法無疑抓住了莊子思想的本質特徵，正是對司馬遷在史記老子韓非列傳中有關說法的大力推進①。但也應當指出，他把莊子全書都看成是對老子的注疏，這未免是有點絕對化了。

第三節　以丹書佛經印證莊子

陸西星作爲道教内丹東派之祖，在詮釋老莊思想過程中也就自然會引進一些丹法理論，這在他的老子道德經玄覽中可以清楚看到。如他在此書中闡釋老子『萬物負陰而抱陽，沖氣以爲和』之語時，便明顯運用了内丹學關於陰陽和合而成丹的基本理論。同樣，在他的南華真經副墨中，也每每顯示出了這一闡釋指向。如他把齊物論篇中的『真君』、應帝王篇中的『未始出吾宗』之『宗』、天地篇中的『形體保神』之『神』等等，皆解釋成道教内丹學所謂的『元神』。他在玄膚論元精元氣元神論中説：『所謂元神，非思慮之神之謂也。神通於無極，父母未生以前之靈真也。』在陸西星看來，『元神』指陰陽未分之前的渾渾噩噩、無知無識的靈真之氣，它雖不直接作用於人的思慮等活動，卻是統領全身中精和氣的本原之氣，所以煉養主要在於保養元神，元神安則精、氣自住自生。我們知道，内丹家又普遍認爲宇宙的本原即是陰陽和合之氣，人就是陰陽之氣的構成，所以修煉不外就是要調和身中之氣，使之與宇宙本體相符合。陸西星顯然把這一丹法理論引入了他的南華真經副墨。如在宥篇寫廣成子在回答黄帝時有語云：『慎女内，閉女外，多知爲敗。我爲女遂於大明之上矣，至彼至陽之原也；爲女入於窈冥之門矣，至彼至陰之原也。天地有官，陰陽有藏，慎守女身，物將自壯。我守其一以處其和，故我修身千二百歲矣，吾形未常衰。』廣成子這裏向黄帝所講的是道家『保恬淡一心，處中和妙道』（成玄英疏）的修養方法，而陸西星卻解釋説：

① 請詳見本書第二編第六章中的有關論述文字。

道有陰陽，不可不知也。……陰主乎静，陽主乎動，而天地有官矣；陰中含陽，陽中含陰，而陰陽有藏矣。邵子云：『陰陽之精，互藏其宅。』即此互藏之陰陽，永爲吾人返還歸復之樞要。故慎守汝身，慎其内而閉其外，則吾身之物，將自壯矣。此『物』字下得不苟，即丹家所謂藥物也。由是而守其一，以處其和，使彼互藏之精，與吾身中之物，混合爲一，而後聖修之能事始畢。蓋『守一處和』四字，又肯綮中之肯綮。林膚齋自謂看莊子頗精到，到此漫爾説過，蓋緣此老不曾於丹書上究心，是以茫無印證，只將南華作言語文字等閒讀過，大是可惜。吾今爲人訣破，直泄天機，亦所不恤。……和即丹家所謂火候也，一即丹家所謂藥物也，以之修身，則形神妙而道合真矣。

陸西星上承鍾離權、呂洞賓的道旨，其丹法主張陰陽雙修，男女合煉，取彼（指女方）真氣，合我（指男方）真精，以達到雙補雙益，返於童初的效驗。他並運用這一基本思想觀點解釋了在宥篇中廣成子的一番話，認爲其中所説的『陰中含陽，陽中含陰，而陰陽有藏矣』，不外就是指男女合煉，氣、精互藏而言，故稱『永爲吾人返還歸復之樞要』。他還指出，廣成子所説的『守其一以處其和』，『一即丹家所謂藥物也』，『和即丹家所謂火候也』。那麽，『藥物』是什麽意思？他在金丹就正篇上篇裏説：『金丹之道，必資陰陽相合而成。陰陽者，一男一女也，一離一坎也，一鉛一汞也，此大丹藥物也。夫坎之真氣謂之鉛，離之真精謂之汞。先天之精積於我，先天之氣取於彼。……彼，坎也，……其於人也爲女；我，離也，……其於人也爲男。故夫男女陰陽之道，順之而生人，逆之而成丹，其理一焉者也。』顯然，陸西星所謂的『藥物』，指的是男之真精與女之真氣相合而成的東西，而『火候』所指的則是觀察藥材之老嫩即如何使真精與真氣適時『混合爲一』的問題。由此可見，陸西星完全以其陰陽雙修、男女合煉的丹法理論解釋了莊子關於『守其一以處其和』等修養方法，使莊子中的不少思想資料成了道教的返老還童之術。據陸西星自稱，他著南華真經副墨，其最得意處即在於此。所以他便對人們心目中的宋代莊學大家林希逸提出了嚴厲批評，認爲他在著莊子口義時只是『漫爾説過』，並不曾以『丹書』印證莊子思想，故而未能訣破南華天機，真是太可惜了！

陸西星晚年頗喜研習佛經，欲合道教、佛教爲一家，而據他在南華真經副墨卷末所署年月來推算，則此著當撰寫於五十五歲之後，正是晚年時的著作，所以書中還每可見其以丹書佛典一同印證莊子思想的闡釋指向。就此說來，像我們在上文雖已指出陸西星常以道教所謂的『元神』來闡釋莊子的一些哲學概念，其實這只是說明了其闡釋指向的一個方面，因爲他在闡釋這些哲學概念時也往往援引了佛教思想。如他在闡釋齊物論篇『真君』時說：『禪家謂之真主人，道家（教）謂之元神。』在闡釋應帝王篇『示之以未始出吾宗』之『宗』時說：『即禪家所謂本性，道家（教）所謂元神。』在闡釋天地篇『形體保神』之『神』時說：『道家（教）謂之元神，佛氏謂之元性，一也。』可見在陸西星看來，佛教所謂的『真主人』、『本性』、『元性』皆完全等同於道教内丹學所説的『元神』，都可一同用來印證甚或替代莊子的一些哲學概念。爲了進一步闡明莊子這些哲學概念的内涵，陸西星還每引佛教所謂的『識神』與道教的『元神』概念相對舉。如他在闡釋養生主篇時說：

人生百年爲期，會有涯盡，而心之思慮，千變萬化，則無涯盡。此個思慮，禪家謂之識神，播弄主人，無有休歇。永嘉禪師有云：『損財法，滅功德，莫不由他心意識癡。人喚作本來元神，認賊作子，害事多矣。』

在佛教的說法中，心、意、識皆被視爲起妄成迷的根源，往往統稱其爲『識神』，而『癡』則是法相宗所說的『三毒』之一，謂其愚昧無知，不明事理。陸西星指出，佛教所貶抑的『識神』正好與道教所說的『元神』相對立，而莊子所謂的得道者，實際上也就是屏棄了『識神』的人。他曾在闡釋大宗師篇時舉例說：『凡人之夢，皆識神所化。真人無識也，故其寢無夢。凡人與搆爲接，日以心門，故有煩惱妄想，憂苦身心。真人無妄也，故其覺無憂。』在陸西星看來，正因爲『元神』完全是與『識神』相對立的，所以他在闡釋養生主篇時強調指出，人們的養生悟道分明就是一個保全『元神』、斥除『識神』的過程，並引永嘉禪師之語告誡大家千萬不要『認賊作子』，把『心意識癡』誤認爲是『元神』。說明陸西星的闡釋除了具有明顯的道教化思想傾向外，還有著濃厚的佛理化思想傾向。

相比較而言，陸西星在南華真經副墨中所反映出的佛理化思想傾向似更爲明顯。如他在南華真經副墨自敘中開宗明義說：『予嘗謂震旦之有南華，竺西之貝典也。』在闡釋德充符篇時也說：『當時西竺之經未至，而佛法已在中國。』說明在他看來，莊子簡直就是佛經，佛典完全是可以用來印證莊子的。那麽，陸西星引佛理印證莊子思想主要表現在哪些方面呢？

我們知道，『道』是莊子哲學思想的最高範疇。在陸西星看來，即使像這樣的範疇概念，也完全可引佛理來加以印證，從而使之得到很好的闡釋。如他在闡釋天下篇時說：『道之用也，「以空虛不毁萬物爲實」者，實即佛氏所謂實相。蓋真空不空，故不壞世相而成實相。若毁壞萬物，則斷滅頑空，而非所謂道矣。』天下篇『以空虛不毁萬物爲實』，意謂『道』作爲世界的本原，它在生化過程中是以空虛不毁萬物爲實德的。陸西星則引佛理予以解釋，認爲『實』即是佛氏所謂顯示諸法常住不變之真實相狀的『實相』，而所謂『以空虛不毁萬物爲實』，也不外就是真空不空的佛道不主張毁壞起滅不常的世間相而成就其真實相的意思。並進而指出，假若毁壞萬物，便是佛教所謂的滅絶生機、頑然無知之空，則何以成其爲道呢？在陸西星看來，知北遊篇『所論道妙，斷言語，絶名相，混溟晦昧，迥出思議之表』，則更可與佛典互爲印證。他在闡釋篇中無爲謂不回答知的問話這一寓言故事時說：

道之爲物也，無名無相。……無爲謂不答，此機正與佛典世尊不答外道之問者同。……大抵此種不言的學問，要人直下領悟，擬議即差，商確即乖。又使說透天機，談盡玄妙，自耳根入者，終無受用。禪家往往以此勘入，一擊粉碎。有問如何是西來意者，德山臨濟之徒，非喝即棒，直是絶人之路，斷人之道，使人迷悶莫前，久之各各自有透悟。昔南泉斬貓，舉似趙州，趙州脱卻草履，頭頂而出，南泉卻說使趙州當機，恰救得此貓，在於此薦得。方知聖人行不言之教者，其旨深，其意遠，等閒不得拈示，直令自悟可也。

陸西星在這裏指出，莊子所説的道，正與佛教所謂的無名無相的佛道相一致，也是無法用任何名相概念加以指稱的。所以，佛典中所説的世尊不答外道之問，以及後來的禪宗大師許許多多吆喝棒打之類的公案，皆在示意人們應破除對一切語言、思維、概念、推理的執著，以便用整體直觀的方式去直接領悟那最真實的本體，凡此都正好用來闡發莊子撰寫『無爲謂不答』寓言故事的真正用意。他在闡釋同篇『道不可聞』、『明見無值』等語時又説：

形者，色身也，幻相也，假合者也；不形者，法身也，實相也，無假者也。圓覺經云：『幻身滅，故幻根亦滅。幻根滅，故幻塵亦滅。幻塵滅，故幻滅亦滅。幻滅滅，故非幻不滅。』……故道不可見。若使相遇而後見，猶有二也，故曰明見無值。道不可辯，辯不若默；道不可聞，聞不若塞。默焉塞焉，黜去見聞辯説之支離，則於道得矣。

陸西星這裏所持的理論也幾乎完全來自佛教，認爲只要像佛氏那樣滅幻身、滅幻根，使假合的有形的色身、幻相不復存在，而讓一切諸法之本性充分體現出來，使其成爲無假的真實的法身，則『道』自然會呈現在你的身上，哪裏可用見聞辯説去求取呢？可見陸氏這裏的論述又推進了一步，認爲求道者不僅要像無爲謂那樣不言不答，而且還要像佛氏那樣除滅假合的主體，直至成其爲法身。

顯而易見，陸西星上面所説的也已經涉及了應如何解釋莊子所謂悟道的問題。在他看來，莊子所説的悟道，實際上不外就是佛教所謂清除『六識』、『六賊』的過程。他在解釋應帝王篇『七日而渾沌死』寓言時説：『道與之貌，天與之形，本體之真渾然，如未形之樸。此個渾沌，人人有之，自夫形生神發之後，知誘物化，緣六根而染六塵，因六塵而起六識。於是愛憎是非，紛然互作，逐妄迷真，去道日遠。……聖賢吃緊爲人立教，往往以返還歸復爲本。』在解釋外物篇『六鑿相攘』等語時説：『六鑿攘奪，終無寧已。六鑿，即六賊之義，命字之奇也。既爲六賊所攘，則吾所謂元神者，不勝其擾，欲求幽靜之地以自安。……所以學道之人，常須靜養。』按照晉唐學者的解釋，六鑿謂六孔或六情，而陸西星卻說即是佛教所謂的六賊之義。依照佛教的説法，色、聲、香、味、觸、法分别是由眼識、耳識、鼻識、舌識、身識、意識這六識所感覺認識到的六種境界，故名六境。因其能像塵埃一樣污染人的情識，亦名六塵。以其復能劫持一切善法，又名六賊。説明在陸西星看來，莊子所説的悟道，其實就是要像佛氏那樣徹底清除色、聲、香、味、觸、法六賊，以便達到六根清靜的境界。所以他在解釋同篇『目徹爲明』一段文字時又説：

六根所起之六塵，必須撤而淨之，然後能復其本然之靈覺。然六根門頭，頭頭是障，須下幾個『徹』字。實則一了百當，一處徹則處處皆徹矣。所以道不欲壅，不徹則自爲外物所壅。……人之虚靈，既爲物所壅塞，則將陷於物欲之中，不能自拔而衆欲交攻，其有存焉者寡矣。

佛教所謂的六根，指人的眼、耳、鼻、舌、身、意這六種能生長相應之六識的器官、功能。陸西星以此來詮釋莊子所説的『目』、『耳』、『鼻』、『口』、『心』、『知』六種器官、功能，認爲莊子所謂的『目徹爲明』等等，目的就是要使人們清淨六根，撤除壅塞，恢復本然之靈覺，讓『道』自然而然地體現於其中。説明在陸西星看來，莊子所説的悟道，實際上就是佛氏所謂的清淨六根的過程。

陸西星由此出發，還認爲像大宗師篇所説的顔回之坐忘也大致與佛教的修道悟道之法相似：『心齋坐忘，别是莊子一段學問，如今所謂禪家者流，大率類是。』即使像達生篇所説的痀僂之承蜩、紀渻子之養鬥雞，又何嘗不是如此：

承蜩而至於累五，養雞而至於逾月，此等説話，真可印證學問。嘗觀佛乘所言，得阿耨多羅三藐三菩提者，動經百千萬億，那由他數。……九年面壁，乃證真空。聖神之能事，豈一朝一夕之所能至哉！禪林有云：『若還生摘下，到底不馨香。』

所謂阿耨多羅三藐三菩提，意譯『無上正等正覺』，認爲是能覺知佛教一切真理，並能如實了知一切事物，從而達到無所不知的一種智慧。在佛徒看來，這種智慧只有超人的佛才具有。又達摩之在嵩山，面壁而坐，終日默然，九年乃證成真空，被後世稱爲東土禪宗初祖。陸西星指出，莊子所說的痀僂承蜩、紀渻子養鬥雞，實無異於大乘佛徒之體悟『無上正等正覺』智慧、達摩之證成真空，正達到了一種非一朝一夕的修行之所能及的覺悟境界。陸西星又在闡釋齊物論篇時說：

古之達人，皆以還於造化爲大解脫，大了當。故佛氏以涅槃爲至樂，其言生滅滅已，寂滅爲樂。蓋必平日於性命根宗，力到功深，的知此身假合不常，四大分散之後，有不受變滅，超然獨存者在，然後可以言樂。古之至人，所以旁日月，挾宇宙，乘雲氣，御飛龍，而遊乎四海之外者，蓋是物也。

根據佛教的一般說法，涅槃即指對『生死』諸苦及其根源『煩惱』的最徹底的斷滅，是熄滅『生死』輪回後所達到的最高理想境界。大乘佛教還把涅槃看作是成佛的標誌，認爲一旦證得，就成了萬能的神。在陸西星看來，『旁日月，挾宇宙，乘雲氣，御飛龍，而遊乎四海之外』的至人，便是經長期修習後已達到超越世間即涅槃境界的萬能之神，也就是陸氏所謂『四大』分散之後仍有『超然獨存者在』者。關於後者，他在闡釋大宗師篇時還有更具體的說法：

是遊乎方之外者也。方外、方內，即釋氏所謂世法、出世法也。……彼直謂此身幻耳。假於異物，托於同體，即圓覺經所謂地、火、水、風，四大假合而成幻身；及其死也，骨髮齒爪歸之於地，精津血液歸之於水，煖氣歸火，動轉歸風。今者幻身復在何處，故忘其肝膽，遺其耳目，反復終始，不知端倪，芒然彷徨乎塵垢之外而不知身世之何有，逍遙乎無爲之業而一任來去之自然。

大宗師篇寫得道者孟子反、子琴張遊於沒有禮節虛文的塵世之外（『方之外』），甚至忘其肝膽，遺其耳目，不知有生與死的先後次序，只是任其往復循環，而不去追究它們的頭緒。陸西星明確指出，這實際上就是佛教所謂的超出三界、六道生死輪回的世界，在精神上已相當於進入了『四大』徹底分散之後的涅槃境界，他們哪裏還能意識到『幻身復在何處』呢！

由上述可見，陸西星的南華真經副墨一改前人或偏重於以儒解莊，或偏重於以佛解莊，或偏重於以道教思想解莊的各種做法，而採用以道教、佛教思想一同印證莊子的闡釋指向，從而爲後人開創了一條詮解莊子的新途徑。

第四節　對莊子文脈的潛心探究

陸西星不僅每引丹書佛經以闡釋莊子義理，而且還常用道士悟丹法、禪師參公案的方法來探究莊子文章，這首先表現在他對全書結構及各篇文脈的潛心體悟上。如他在內七篇之末解釋說：『莊子南華二十九篇，篇篇皆以自然爲宗，以復歸於朴爲主，蓋所以羽翼道德之經旨。其書有玄學，亦有禪學，有世法，亦有出世法，大抵一意貫串，所謂天德王道，皆從此出。』陸西星依蘇軾之說，以讓王、盜跖、漁父、說劍四篇爲贋品，而自認爲其餘二十九篇皆出於莊子手筆，是一個完整的思想結構體系。並進而指出：『內篇七篇，莊子有題目之文也，其言性命道德、內聖外王備矣。外篇則標取篇首兩字而次第編之，蓋所以羽翼內篇而盡其未盡之藴者。予嘗謂讀南華者，當熟內篇。內篇熟，則外篇、雜篇如破竹，數節之後可以迎刃而解矣。』這裏，陸西星既繼承了魏晉人所倡導的『博物止乎七篇』（沈約宋書謝靈運傳論）即解讀莊子重在內篇的精神，同時也承因了唐初成玄英關於莊子內、外、雜篇是一個完整的邏輯結構體系的看法。但陸氏又與成玄英所謂『內篇明於理本，外篇語其事跡，雜篇雜明於理事』（莊子注疏序）的說法很不一樣，別出心裁地把外、雜篇看成是對內篇一些思想觀點的具體發揮，從而爲人們理解外、雜篇與內篇的關係提供了一種新的思維方法。

在陸西星看來，莊子所謂的性命道德、内聖外王之旨，以及相當於道教内丹、佛教禪學之類的思想，正都『一意貫串』於這個完整的邏輯結構體系之中。他並且指出，即使在各篇章之間，這一跡象也頗爲明顯。如他在闡釋養生主篇時説：『養生主，養其所以主吾生者也。其意則自前齊物論中「真君」透下。蓋真君者，吾之真主人也。』在闡釋秋水篇時説：『文字闔闢變化，如生龍活虎。……「無以人滅天，無以故滅命，無以得殉名」，語甚醇正。下段畏匡、卻楚、譏惠，皆發此意。』在闡釋在宥篇時説：『在宥一篇，自無爲説到有爲，復自有爲而返於無爲，抑揚開闔，變化無窮。末自鴻濛、雲將以下，突起三峰，斷而不斷，文字之妙，非言説可盡。』説明在陸西星看來，莊子中篇與篇之間，段與段之間，文脈起伏勾連，義理前後貫串，由此組成了一個完整的思想結構體系。所以當我們閲讀其南華真經副墨時，即使面對那些意思深奥、結構複雜的篇章，也似乎能披荊得徑，尋找到莊子的真意所在。如齊物論篇古來號稱是莊子書中第一篇難讀文章，但由於陸西星在闡釋過程中始終注意疏理、揭示上下文的種種關係，因此讀者並没有墜入十里霧海，而是步步披荊得徑，沿著陸氏所指引的方向去尋找莊子的齊物旨意。尤其是陸氏在篇末所説的一段話，更使讀者對齊物論篇的文脈和主旨有了總體把握。這段話是這樣説的：

先以『喪我』二字，爲一篇之眼目。繼以『天籟』提上一步説，爲眼目中之正眼。如下照之以天、天均、天府、天倪，皆從此生。小知以下，皆言有我，又自我中提出個『真君』來，暗應『天』字。迷了真君，便有是非，提出『因是』二字，作爲齊物論之眼目。以下反覆議論，只説因是以和是非而休天均，作一結。是非之彰，道之虧也，滑疑之耀，聖人所圖，又將『滑疑』二字作『因是』之眼目。至止其所不知至矣，以天府作結。又將止其所不知，作『滑疑』之眼目。引堯、舜、孔子，歸重於大覺之神人，將和之以天倪作結。總結欲齊物論，必待此人。末卻道我亦從夢中覺來者，應上『覺』字。首尾照應，斷而復連，藏頭於回顧之中，轉意於立言之外，於平易中突出多少層巒疊嶂，令人應接不暇。奇哉妙哉！

在莊子闡釋史上，宋末林希逸曾謂『頗嘗涉獵佛書，而後悟其縱横變化之機』（莊子口義發題），對莊子一書，尤其是對齊物論一篇的文字血脈有了較深的體悟。陸西星在宗承林希逸的基礎上又往往有所進益，但他對林氏不按道教丹法悟解莊子的做法卻表示了極大不滿。事實表明，陸西星正是以佛教知解經典的思想路數和道教内丹東派每於枝條離披中見其性命根宗的思維方法來尋找莊子，尤其是齊物論一篇的文脈和宗旨的。在此篇之末，他還特意寫出這一段話，從開篇的南廓子綦『吾喪我』一直解説到結尾的莊周夢爲蝴蝶，對全文的脈絡和主旨進行了要言不煩的梳理和揭示，從而對讀者理解這篇古來號稱難讀的文章更起到了有效的引導作用，使之對其中的文字血脈和義理宗旨有了一個總體的印象。

大致説來，陸西星於每篇皆先作題解，然後分段疏義，探究文脈，最終復作『亂辭』，以四言或五言文字來隱括全文大義，揭示全篇的結構特徵。如他爲山木篇所作『亂辭』云：『將欲全生，木雁無憑。祈免乎累，道德是乘。無譽無訾，浮游上下。一龍一蛇，與時俱化。刳形去皮，灑心去欲。無人之野，建德之國。涉江浮海，乘彼虚舟。無車無糧，虚己以遊。侗乎無識，儻乎怠疑。毫毛不挫，朝夕賦而。辭其交遊，無責於人。捐勢削跡，鳥獸可群。天屬斯親，捐璧負子。無以利合，而甘如醴。形莫若緣，情莫若率。亶不求文，奚以待物。士有道德，時不與行。騰猿失便，莫逞其能。無受天損，無受人益。何人非天，無始非卒。聖人晏然，體逝而終。正以待之，與時偕行。栗林忘身，虞人戮焉。何美何惡，去其自賢。』如果把這一『亂辭』與題解及篇中的有關串講文字結合起來看，則我們似乎可以清楚地看到，正是隨著山木篇文脈的起伏勾連而逐漸揭示出了這樣一個主旨：『此篇所論全身免患之道，最爲詳悉。與内篇人間世參看，其要只在虚己順時，而去其自賢之心。』需要進一步指出的是，陸西星還在内篇前三篇『亂辭』後分别寫了『文評』。如他説：

意中生意，言外立言。纊中綫引，草裏蛇眠。雲破月映，藕斷絲連。作是觀者，許讀此篇。（逍遥遊文評）

鈞天之樂，鞺鞳鏗鏘。常山之蛇，首尾相望。驅車長阪，倏爾羊腸。過脈微眇，結局廣洋。尋其正眼，開卷數行。（齊物論文評）

陸西星爲莊子作『亂辭』，寫『文評』，這在莊子闡釋史上都是前無古人的，標誌著人們對莊子文章的研究已進入了一個更自覺的階段。尤其是他在『文評』中注重探究莊子文章的脈絡特徵，破天荒地提出莊子文脈具有『藕斷絲連』、『草蛇纉綫』之妙等全新見解，則愈益顯示出其創新意義，對後世產生了很大的影響。如劉熙載說：『莊子文法斷續之妙，如逍遥遊忽說鵬，忽說蜩與學鳩、斥鴳，是爲斷；下乃接之曰「此大小之辨也」，則上文之斷處皆續矣，而下文宋榮子、許由、接輿、惠子諸斷處，亦無不續矣。』（藝概文概）這裏說莊子文法具有斷續之妙，顯然與陸氏的說法一脈相承。金聖歎說水滸傳裏有一種『草蛇灰綫法』，『驟看之，有如無物，及至細尋，其中便有一條綫索，拽之通體俱動』（見讀第五才子書法），這或許就是對陸氏『草蛇纉綫』之說的借用。

第九章　沈一貫的莊子通

沈一貫（1531—1615），字肩吾，號龍江，鄞（今屬浙江省）人。明穆宗隆慶二年進士，神宗萬曆間累官戶部尚書、武英殿大學士。萬曆四十三年卒，贈太傅，謚文恭。事跡主要見於明史卷二百一十八、顧憲成顧端文公遺書奉壽沈相國龍江先生八十序。著作有易學、經史宏辭、吳越遊稿、莊子通等。

莊子通凡十卷，卷首有沈一貫自撰的莊子通序和讀莊概辨。其序有語云：『余讀莊三十年，頗有所會，未遑於赫蹏。丁亥（1587）春，偶疏大宗師、應帝王二卷。既得陸長庚副墨，爲之斂衽。戊子（1588）赴闕，引疾還。舟中寂無事，因日課數十行以自嬉於無何有之鄉，實四月廿三日托始於德州。憶舊年解老竣於是，而乃今復於是乎始莊，豈冥數耶？會水落，寄泊清源、聊城之間者一月，遂得專其精神。迨畢工於濟上，則六月朔矣。……萬曆十六年（1588）六月八日，四明沈一貫書於淮陰舟中。』說明沈一貫自二十六歲後，經過長達三十年的研讀，到五十多歲時對莊子已『頗有所會』，因此能在極短的時間內著成其莊子通一書。本章擬從三個方面對此書作些論述。

第一節　對舊注舊說的貶駁與稱引

沈一貫在莊子通序中說：『莊子盛於晉，故郭子玄爲之解，次則唐道士成玄英，二書具在，殊未暢於人心，自餘直可東高閣矣。』依他看來，即使在莊子成爲人們精神需求的魏晉時代，名士們對莊子的闡釋也是『殊未暢於人心』。如他指出：『嵇叔夜之賢也，猶曰好讀莊子而增其放曠。余謂叔夜非善莊子者也。我願世人以闇然自修、廓無所係之心讀莊子，而遺其言之所寄，不以莊子爲怪，然後可謂善莊子。孫登之規叔夜曰：「火生有光，而不用其光；人生有才，而不用其才。用光在於得薪，故可以續其明；用才在於識真，故可以全其年。」』（莊子通序）誠然，嵇康所表現出的勇猛無畏的批判精神，主要就是對莊子那種特有批判精神的發揚光大，但他卻忽視了莊子所強調的韜光晦跡，以『無用』來遠禍全身的思想，所以終不免爲司馬氏集團所誅殺。由此看來，嵇康確實沒有較爲全面地來理解莊子，因而沈一貫所謂『叔夜非善莊子者』云云，並不是沒有道理的。那麼，作爲最稱魏晉莊學大家的郭象，其闡釋莊子『殊未暢於人心』的情形復又如何呢？在沈一貫看來，這主要表現在郭氏對莊子一書的具體注釋上。如沈氏在養生主篇『澤雉十步一啄，百步一飲，不蘄畜乎樊中。神雖王，不善也』下說：

澤雉十步一啄，百步一飲，求飲食如此其艱也。樊中之養，水穀自足，無待於十步百步之求也。然雉處此不處彼，適其天也。藉令處樊而神可王，猶弗善也。況反性逆情，而神卒不可王，何願於樊中哉！郭子玄曰：『山澤之雉適而忘適，神雖王，而不覺其爲善也。』亦通，顧與上文不相蒙耳。

我們知道，莊子的意思是說：澤雉十步一啄，百步一飲，求食非常艱難，但它卻不希望被養在籠中。因爲如被養在籠中，即使供養豐厚，精神旺盛，也並不會感到自在。可是郭象的原注卻是這樣說的：『雉心神長王（旺盛），志氣盈豫，而自放於清曠之地，忽然不覺善爲之善也。』認爲澤雉對十步一啄，百步一飲，『自放於清曠之地』，卻『忽然不覺善爲之善』。郭象的這一解釋顯然與莊子的原意不相一致，所以沈一貫謂其『與上文不相蒙耳』。沈氏又在同篇『指窮於爲薪，火傳也，不知其盡也』下說：

窮，盡也；爲薪，猶前薪也。指盡前薪，而火未始其盡也。火火相傳，萬古不滅矣。大化日往，而亦未始其盡也。化化相續，不舍晝夜矣。彼以天地爲大爐冶，元氣爲薪，而生爲火，此所謂死而不亡者壽也。郭子玄曰：『向息非今息，故納養而命續；前火非後火，故爲薪而火傳。火傳而命續，由夫養得其極也。』此亦其道之一端也，非莊子本意也。

莊子的意思大致有如沈氏所說，認爲人的形體是有枯萎窮盡之時的，但善養生者卻與大化日往，貴於『保真』——保養精神，使其不滅，猶如於薪盡之時，其神猶存。所以郭象這裏強調以『納養』來延長壽命，誠『非莊子本意也』。

對於郭象、成玄英以後的莊子學，沈一貫更認爲『直可束高閣矣』。如人間世篇有顏回和孔子談『心齋』的寓言故事，沈氏在引述了李士表(元卓)莊子九論第四顏回坐忘論全章文字後即云：

余既錄李元卓論而題其後曰：忘仁義者，不壞仁義；存壞仁義之心者，非忘仁義者也。忘禮樂者，不壞禮樂；存壞禮樂之心者，非忘禮樂者也。忘支體聰明者，不壞支體聰明；壞支體聰明者，非忘支體聰明者也。掃形相之論，則貴忘；掃忘形相之論，則貴忘忘。掃貴忘忘之論，則貴不忘。人知無無之愈於無，而不知未始不無之爲至無無也。嗚呼！此大乘之秘藏矣，又孰知爲吾聖人之雅論哉！惟爲吾學者，不能無滯於形相，而彼得以忘勝之，不知徒忘之與不忘，一間爾。元卓亦了是否歟？雖然，吾之談亦補元卓之不足爾。

沈一貫引述李元卓顏回坐忘論，對其中所運用的以佛解莊的做法表示默認，但對李氏的闡釋結果卻予以堅決否定。因爲在他看來，『忘仁義者，不壞仁義；存壞仁義之心者，非忘仁義者也。忘禮樂者，不壞禮樂；存壞禮樂之心者，非忘禮樂者也。忘支體聰明者，不壞支體聰明；壞支體聰明者，非忘支體聰明者也。』意思就是說，人間世篇所謂『唯道集虛』的『顏回』，他在『心齋』過程中並沒有真想要墮肢體，黜聰明，徹底去掉自己思想中的仁義禮樂，而『仲尼』教他以『無聽之以耳而聽之以心，無聽之以心而聽之以氣』的『心齋』之法，則更是吾儒家聖人意在掃除『形相』的高雅之論，作爲『滯於形相』的『學者』李氏哪能了悟其中的真意呢！說明沈氏這裏的闡釋具有明顯的儒學化思想傾向。他又在闡釋庚桑楚篇時說：

常見膚齋（林希逸）注莊子，幾不了處，便云不可言，不可說，只好意會，讚歎一番便過了。此殆未徹莊子之故。道理必有著落，何嘗不可言？惟至人應機，有不言者。莊子中引老子語，此法最多。至於五千言中，無此法矣。即佛書常言不可說，而其宗旨的的有在，豈無說乎？

林希逸爲宋代治莊大家，在以儒、釋思想闡釋莊子義理的同時，還對書中各篇的文字、筆法、意境予以揭示，但至其奥妙處，則每歎『豈可及』、『信不可及』、『不可以尋常文字蹊徑求之』，認爲對莊子文筆簡直無法用語言來加以形容，表現出了一定的崇拜心理。沈一貫批評説，這是林氏未能徹底讀懂讀透莊子的緣故，天下的道理、文章哪裏有不可言說的呢？即便佛書中所包含的宗旨，也『的的有在』，哪裏是無法言說的呢？沈氏由於有著上述種種認識，所以便認定前人的莊子注解或『殊未暢於人心』，或『直可束高閣』，都不是好的注解。用他在闡釋外物篇時所說的一句話來概括，那就是『莊子無善注』。

然而，沈一貫並沒有一概否認前人的莊子學成果。他在莊子通序中說：『丁亥春，偶疏大宗師、應帝王二卷。既得陸長庚副墨，爲之斂衽。』說明其在研讀當代人陸西星所著的南華真經副墨後，不禁流露出了欽佩之情。因此他在後來的闡釋莊子過程中，便自覺地吸納了陸氏的一些學術觀點。我們曾在前面的章節中說過，以莊子爲老子之注疏，這是陸西星的重要學術觀點之一。如他在詮釋知北遊篇『道不可致』一段文字時說：『此亦老子注疏。』沈一貫在闡釋了這段文字後也得出結論說：『此段是老子義疏。』可見其承因之跡很明顯①。但從沈氏的整部莊子通來看，他稱引得最多的卻還是郭象的注語。尤其需要指出的是，他還自覺吸納了作爲郭象本體論哲學思想核心的『獨化』論。如齊物論篇有『罔兩問景』寓言，沈一貫闡釋說：

物之形質，咸稟自然，事似有因，理則無待，萬類參差，無非獨化。吾亦天機之自然，若此耳，豈有待而然邪？若謂我待形而然也，則形復何所待邪？謂影待於形，形待造物，請問造物復何所待？斯則待待無窮，卒於無待也。彼蛇蛻舊皮，蜩出新甲，盡獨化而生者也。

沈一貫指出，萬物形質，皆稟自然，看似參差，其實無不屬於獨化。所以罔兩不待於影，影不待於形，形不待於造化，而像蛇蛻舊皮，蜩出新甲，也皆屬於『獨化而生』。這裏沈氏雖然也希望能夠不偏離莊子關於萬物皆出於自然（『道』）的本真思想，實際上卻主要承因和發揮了郭象的『獨化』論。他在闡釋寓言篇『衆罔兩問景』寓言時也說：『今夫蜩之脱甲，蛇之蛻皮，非不出於其形，而終非其形。蓋一離其形，即與之不相蒙，而成二物矣，似之而非者也。予與形亦然。吾亦獨化者耳，豈待形哉！有火與日，則吾之影聚而成屯；陰而無火，夜而無日，則吾之影亡而稱代。然則火日者，非吾之所待而獨化者邪？夫吾以無待者也猶能獨化，況乎形以有待者也而

---

① 沈一貫在闡釋天下篇時說：『若二子（指關尹、老聃）者，其古之博大真人哉！曰博大，又曰真，蓋並包六合而不離於宗，與神明俱者也。若是乎莊子之尊之矣，胡不以己附於二子之統，而別稱一家，何哉？詳莊子之意，謂老子渾樸慈儉，有無雙存，乃應化之真人也。而已則高明儻蕩，獨與造化遊，直是本體真人，非其的派，故不肯稱衣缽弟子，然道則無二矣，故每每獨尊之云。……莊子之自任如此，蓋自謂泰皇以來一人，握元氣之權輿而遊垓埏之無窮也，視世事皆齷齪糞土不足爲，不得已而爲之，將使大地皆化爲黄金。其志如此，豈屑附於老聃之統，且自狀以爲謬悠荒唐恣縱之徒也。』説明在沈氏看來，莊子雖尊老聃，其著作中有不少文字可謂是對老子義旨的闡發，但因老氏講究『有無雙存』，不能完全遺落世事，與自己『獨與造化遊』、『視世事皆齷齪糞土不足爲』的思想境界很有差别，所以不屑成爲他的衣缽弟子，寧願别爲一家，做一個『謬悠荒唐恣縱之徒』。沈氏的這一看法，對於人們深刻認識老、莊思想的差異很有借鑒意義。

豈不獨化邪？』這裏的『予』和『吾』，皆是『景』（影）的自稱之詞。沈一貫闡述影子回答衆罔兩的話，本想説明正如蜩之脱甲、蛇之蜕皮雖出於蜩蛇而皆非蜩蛇本身一樣，影子、罔兩（影外微陰）雖出於形體，影子也決非形體和影子本身，何況形體没有火光、陽光就不能顯示影子，火光、陽光没有形體就無從産生微陰呢！更何況形體本身也是屬於『有待者』呢！所以影子就是『獨化』者，哪裏是有待於形體的呢？甚而至於，他在闡釋齊物論、人間世、田子方諸篇時還把『莊周夢蝶』、『顔回心齋』、『老聃遺物離人而立於獨』都説成是『獨化』現象，這更是連當日的郭象也不曾説過。

總之，沈一貫雖然認爲『莊子無善注』，但對郭象、成玄英、李士表、陸西星等人的莊子學成果仍每有所稱引或吸收，表現出了他對前人莊子學成果的比較獨特的看法。

第二節　對莊子與儒佛思想異同的多所辨説

沈一貫在莊子通序中説：『莊子本淵源孔氏之門，而洸洋自恣於方外者流，竺乾氏未東來，而語往往與之合，故當居三教間。』認爲莊子思想與孔子學説有淵源關係，同時復與佛教思想每相一致。但他又在讀莊概辨中説：『古稱「不朽之言立」，立難言哉！而莊子猶不朽以至於今也。然語立於聖人之門？未也。子謂可與共學，未可與適道；可與適道，未可與立。若莊子，可與適道乎？否哉！不知莊之得失者，鮮不蝕孔氏。余之解莊也，曰「極其説而後知吾之是也」。程子謂「佛之言近理而害甚，學者當比之於淫聲美色。」以余觀於莊，其近理而害甚也愈於佛。何也？佛之起教在出世，故其言非無與吾合者，而窮竟旨歸，則出世焉，止矣。故曰易辨也。莊則不然，亦以「内聖」自許，而放於逍遥之場；亦以「外王」自許，而終不可施之實用。引而置之門牆，謂其語天而遺人可也；麾而擯之夷裔，謂其罪浮於桀紂可也。毫芒之際，最難辨哉！』沈一貫在這裏指出，莊子雖也以『内聖外王』自許，但他實際上是『語天而遺人』，一味『放於逍遥之場』，所以終究不可施之實用，其罪甚至超過了桀紂； 而與被北宋理學家程氏斥爲『淫聲美色』的佛教相比，莊子的言論雖似近理，但其對世人所造成的危害卻是有過之而無不及。沈氏特撰讀莊概辨一文，置於卷首，其目的就是爲了辨明莊子與佛教，尤其與孔子的異同，從而使人們真正讀懂莊子一書。他在詮釋莊子全書的過程中，也時時反映出了這一思想認識。沈一貫的辨説主要集中在以下幾個方面：

一、辨説『道德』、『仁義』、『禮樂』方面的異同

沈一貫在讀莊概辨中説：『凡莊之所謂「道德」、「仁義」云者，與吾異。吾之所謂「仁義」，即「道德」也；彼以爲道降而爲德，德降而爲仁，仁降而爲義，則淵源於老氏之説。韓子曰「彼以煦煦爲仁，孑孑爲義」，是也。豈孔子没而小儒之談仁義者失其宗，彼乘而喙之與？ 有如學者知仁義之爲道德也，行仁義而不爲「煦煦」、「孑孑」，與天地合而四時同也，則無惡乎彼之擿毁矣。 通仁義之説，則禮樂之説亦猶是矣。』這裏所説的『吾』，便是指以孔子爲代表的儒家學説。在沈氏看來，原始儒家之『所謂「仁義」即「道德」也』，而莊子則承因並發展了老子的説法，認爲『道降而爲德，德降而爲仁，仁降而爲義』，把『仁義』看成是『煦煦爲仁，孑孑爲義』。沈氏指出，莊子所説的這種『仁義』實際上就是『孔子没而小儒之談仁義者』所談的仁義，已遠離了孔子仁義思想的本來意義，所以被莊子『乘而喙之』。假如孔子之後的學者能遵循孔子的思想原則，『知仁義之爲道德也，行仁義而不爲「煦煦」、「孑孑」，與天地合而四時同』，則哪裏會遭到莊子的猛烈抨擊呢？ 沈氏最後指出，如果明白了上述情況，那麽也就懂得了莊子與孔子禮樂思想的異同，以及莊子何以要激烈批判儒家禮樂思想的緣由了。

對於上面的説法，沈一貫在闡釋莊子全書過程中時有申發。如他在闡釋繕性篇時説：『和故謂之德，理

故謂之道，道德之名於是乎出。德則際天蟠地，化育萬物，故謂之仁；道則四達並流，接而生時於心，故謂之義。義則心見於外而物來附之，則有忠實之名；中心純實而反其自得之情，則有樂之名；信行於容體之間而順乎自然之節文，則有禮之名。夫此曰仁、曰義、曰忠、曰樂、曰禮云者，皆從道德中來，雖本降而爲末，而不澆於末，故足尚也。世俗之所謂禮樂者，則一體之所履，一志之所樂，華藻之具，荒淫之器，而與和理不相干，此則禮樂之芻狗爾，故天下從此亂矣。』沈氏在這裏指出，仁義、禮樂等雖皆從道德中來，由本而降爲末，但還不可予以厚非，而世俗學者卻執於一偏，徒以禮樂爲『華藻之具、荒淫之器』，這就必須予以猛烈抨擊了。他在闡釋大宗師篇時曾舉例說：『以死爲反真，當哭而更歌，可謂相與於無相與矣。不治喪事而編曲鼓琴，可謂相爲於無相爲矣。以跡而論，信非禮矣。子貢雖譏之，然豈知禮意者哉！禮生於道，道出於天。……蓋禮之有節，從天節也。禮有哀死，而禮意有不哀者存也。未聞性與天道者，未喻此矣。』這就是說，禮生於道，要像天道那樣自然而然，想哭就哭，想唱便唱，而孔子的學生子貢卻不以爲然，主張哭死必以哀，其實這只是拘於禮文形跡，哪裏懂得禮的真意呢！所以沈一貫復於闡釋列禦寇篇時說：

小夫之知，算頭算尾，言利析於秋毫，自謂人事鬼事無所不知矣，而不知大寧之爲何物，終日膠擾紛紜，而草草以死也，可惜來宇宙中也走一遍。禮教之衰流而爲苞苴竿牘，而猶自托於鄒魯之微言。莊周疾之，故有此論。

苞苴、竿牘，皆人事之瑣細者。沈一貫在這裏指出，儒家後學即屬『小夫之知』，爲『禮教之衰流而爲苞苴竿牘』者，但他們卻『猶自托於鄒魯之微言』，以孔子的承繼者自居，所以『莊周疾之』，予以猛烈抨擊。説明在沈氏看來，莊子對孔子是尊敬的，假如儒家後學不是『衰流而爲苞苴竿牘』，那麼他就不會猛烈抨擊儒家學說了。因而他在闡釋大宗師篇時說：『徹上下，合天人，非吾夫子其誰哉！自群弟子而下，源遠而流益分，子思、孟軻之言，即荀卿已不能喻，而況其他乎？蒙莊之論，乃聖門之秘藏而發六藝之未發者也。』又在闡釋田子方篇時說：『自有儒而假儒之似者紛紛，第以冠劍衣履爲儒，而探其中，索然無有，故儒爲世人所詬，禮記儒行篇正爲之解嘲也。自魯哀公至莊子，又百餘年，儒之可憎當益之，故托見哀公以立言。蓋莊子只於儒中敬得孔子一人，自餘皆不在眼，故曰魯儒只一人爾。』這裏更是要明白地告訴人們，莊子不但尊敬孔子，而且他的論說還合於孔子思想的基本原則，發儒家經典之所未發。因此在沈一貫看來，莊子與孔子的道德、仁義、禮樂思想雖有所不同，但應當說是不矛盾的。

二、辨說『性』、『心』方面的異同

莊子所謂的『性』，與儒、佛有何異同？沈一貫在讀莊概辨中說：『凡莊之所謂「性」者，與吾異。吾之所謂性者，善也。天繼之而爲善人，賦此善於心而爲性，故至平至直，萬世不可易之理出焉。若心，則統體百骸之名，雖精雖神，而落於形氣，故有人心、道心之稱。言心可以該性，言性不可以該心。言心易，言性難矣。如莊子之言性也，皆心爾。雖然，寧獨莊子？凡二氏之言性也，皆心爾。凡闖吾門而未入吾室者，其言性皆心爾。莊子之蔽，蓋源於此。』在沈一貫看來，以孔子爲代表的儒家所說的『性』，指的是一種抽象、永恒的人類善良本性，它必須借助於『心』才得以體現出來，而『心』雖包涵著這『性』，但它本身卻落於形氣，所以說『言心可以該性，言性不可以該心』，『言心易，言性難矣』。可是莊子、佛教卻不一樣，他們所謂的『性』，都不過是指『心』而已。沈氏最後指出，莊子學說之所以源自孔子而未能得到孔子學說的真髓，其原因大概就在於『蔽』於『性』、『心』不分。誠然，『心』、『性』是先秦時期哲人十分注意探討的重要哲學範疇，如孔子善『言性與天道』，孟子有『盡心知性』之說。後來的佛教各宗派更是盛談『心性』，如禪宗認爲『自心即是真性』，明心見性，便頓悟成佛。宋代理學家程頤、朱熹則批評佛教『認心爲性』，認爲『性』即『天理』，而『心者，人之神明，所以具衆理而應萬事者也』，因此『心』、『性』是有區別的。由此看來，沈一貫的説法當在一定程度上受到了宋代理學家程頤、朱熹等人的影響，他提出關於佛氏『言性』亦『與吾異』的看法是比較符合實際的，但他首先認爲『莊子之言性也，皆心爾』，這就不能説是真知灼見了。因爲在莊子那裏，『性』主要是指天生的、自然而然的本性，而『心』則是屬於落於形跡的、具有思想感情的思維器官，二者的區別相當明顯。

當然，沈一貫在具體闡釋莊子關於『性』思想時，還是有不少好見解的。如他在闡釋繕性篇時説：

性自完足，無待於學。善學者，學以率其性可矣。若如俗學，則矯揉之私智爾。以是求復其初，戕賊已甚，去之不愈遠乎！

這裏以保全本性完足爲善學，以俗學的矯揉私智爲戕害本性，無疑深得莊子『繕性』思想之旨。

三、辨説『道體』方面的異同

對於各家對『道體』的認識問題，沈一貫在讀莊概辨中也有所論説。他首先認爲，『凡莊子之語「道體」，必曰「無窮」。老子「無」，釋曰「空」，莊亦言「無」、言「空」，而實以「無窮」爲宗。「無窮」者，如環無端之義，不但曰「無」與「空」而已也。』這裏指出，莊子雖也談『無』與『空』，但實以『無窮』爲宗，『「無窮」者，如環無端之義』，與老子、佛教所説的『無』與『空』皆有所不同。那麽，莊子與以孔子爲代表的儒家在道體論上又有什麽異同呢？沈一貫接著説：

子思曰：『天地有所憾，聖人有所不知不能。』是亦『無窮』之義矣。顧其旨歸之鳶魚活潑與夫婦人倫之間，詩言『無聲』、『無臭』，易言『無方』、『無體』矣。然其旨，必歸之有物有則而後已。堯無名，舜無爲，禹無事，孔子無可無不可。然聖人，人倫之至，猶規矩，方圓之至，非曰昏昏默默、窈窈冥冥，不可知，不可聞，不可詰而已。莊則得其無而不得其有，故跡其浩然自放也。雖天地之廣大，何以過焉。若夫森然、秩然，如化工之於萬物，枝葉萼瓣，膚毛腠胍，周折曲備，則甚尠少。

這裏在承認了儒家重要代表人物子思『道體』思想中也包含著『無窮』之義後，即明確指出儒家『道體』思想的最終指歸卻是與莊子大不相同的。在沈一貫看來，這不同主要表現在儒家之旨『必歸之有物有則而後已』，即最終落實到『夫婦人倫之間』。如儒家聖人孔子雖然主張『無可無不可』，推崇『堯無名』、『舜無爲』、『禹無事』，但以他爲代表的儒家所關心的卻是『人倫之至』，一心要爲人倫關係建立起『方圓之至』的『規矩』。可是莊子卻主張『得其無而不得其有』，一味追求所謂『昏昏默默、窈窈冥冥』的境界，所以其終極旨歸只是崇尚個人的『浩然自放』，而根本沒有顧及本應是『森然』、『秩然』、『周折曲備』的天地之間的整個人倫關係。對此，沈一貫表示『吾不敢謂其盡非，而烏可謂之悉是也』。但仔細體味沈氏的意思，他對莊子全然不顧人倫關係的思想認識實際上是採取基本否定態度的。所以沈氏在讀莊概辨中進而追究了莊子這種思想認識的『病源』，並明確作出了他的是非判斷。他說：

揆病所源，則吾前所謂不識性爾！識性，則知廣大之中有精微，高明之外無中庸，何必厭遺事物，以求其所謂清虚曠達者，而後謂之得道也哉！……子曰：『君子之於天下也，無適也，無莫也，義之與比。』不曰『義之與比』，而空持『無適莫』之論，雖謂三教，無二可矣。故莊子外枵然大，而内疏理者也。

沈一貫在這裏明確指出，造成莊子這種思想認識的『病源』是由於他『不識性』。如果像儒家聖賢那樣識得『性』，『知廣大之中有精微，高明之外無中庸』，那麽他就不會空持虚無的『無適』、『無莫』之論了。因此，包括『道體』論在内的莊子思想實可謂『外枵然大而内疏理者也』，也是與佛教思想一樣以不被立爲『教』爲好。

但沈一貫也並非一概否認莊子的『道體』論思想。如他在闡釋齊物論篇時說：『莊子立論非漫無指謂。彼以「無窮」爲宗，而「無窮」者，終不可窮，故其語法當如此：老以「無」爲宗，佛以「空」爲宗，亦用此法。若孔、孟論道，實有著落指實處，借此滑稽不得，學者不可不知。』這裏對老莊、佛教與孔孟，並沒有輕此軒彼的意思，只是要求學者必須明白各家理論形態和表述方式的不同特徵而已。究其因，沈氏大概也深知莊子的『道體』論思想不無可取之處。他在闡釋則陽篇時説：

夫道，大矣遠矣，談何容易！……故人因其大而强爲之名曰道，似亦可矣，然特可道可名者耳，而不知其有不可道不可名者存。夫既以有名矣，則有也，非道也。道者，無窮無極之名也，强名之豈稱情之名哉！以斯而論，……吾儒論道，則衆好衆惡，未必皆當於理，不可謂之道。莊子之意，則以因是因非固是道，特未盡無窮無極之藴，不可謂之道。其大旨與吾儒不同也。

這裏的意思是説，道體『大矣遠矣』，實在無法言説，所以莊子主張『昏昏默默』、不言不説是對的，而孔、孟論道，『實有著落指實處』，總是與好惡觀念、是非判斷粘連在一起，卻反而有所拘牽，哪裏能體悟到『道體』本真呢？沈一貫指出，至於『拘儒曲學』，那就更是遠離大道了。他在闡釋逍遥遊篇時説：

拘儒曲學，所見不遠，守其不該不徧一曲之言，鮮能備天地之美，稱神明之容，自以爲足而不可與之語大道，豈知天地甚廣，造化甚妙，靈變甚不可測，固有出於常理常心之外，不可以目前近小，規規焉斷之者。惟至人之心，獨與之往來，故能經崑崙，涉太虚，遊恍惚之庭。此亦吾道之内典，向來不輕授受，乃莊子將托之縑素，以示後人，故先以大鵬之事開拓人之心胸，消濯人之鄙見。

在沈一貫看來，『拘儒曲學』太拘泥於現實，哪裏能體悟到道體靈變不測之妙呢？所以，具有『至人』一般虚明之心的莊子便以『出於常理常心之外』的大鵬寓言來開拓他們的心胸，試圖使他們消濯鄙見，從而領悟到『道體』的本真。由此可見，沈一貫對莊子『道體』論的批評主要是針對其遠離社會、尤其忽視人倫關係的一面，而對其作爲一種探討宇宙本體的理論，則顯然是持肯定態度的。他的這種見解和態度，對我們正確解讀莊子『道體』思想無疑具有一定的借鑒意義。

四、辨説『死』、『生』方面的異同

莊子的『死生』觀又有什麼特徵呢？沈一貫在讀莊概辨中説：『莊子之論「死生」，比佛較穩而與吾不異，猶當以意逆之，庶幾無失。』要較好地理解這幾句話，我們還應引述沈氏的其他文字。今移録其闡釋至樂篇的一段文字於下：

人胥知生之樂，未知生之苦；知老之憊，未知老之佚；知死之惡，未知死之息也。莊子此論，與佛氏輪回之説異，至理自當如是。若佛氏輪回，真是粘皮帶骨之論，未足信也。莊、佛不同處在此。……一氣之在天地，無所不之，化爲萬類，不可勝計，或以無情相生，或以有情相生，或以無情生有情，或以有情生無情，或一形而數變，或數形而一變，或死而更生，或生而反死，而形生之主，未嘗暫滅。是以聖人知生非我生，死非我死，是造物者握爐鞲之機，機出不得不生，機入不得不死也。……輪回從心性因緣上來，此從形體因緣上來。嘗觀三惡道中苦趣，學人急急要解脱。若莊子言，似皆出於自然，不必回避。

在沈一貫看來，莊子從他的『道』論出發，認爲人類的生老病死、起滅轉化，乃是一氣運化的結果，自然而然，不必介意，這應該説與儒家思想没有很大區别。而佛教卻從『心性因緣』上來解釋其『輪回』説，認爲衆生在三界六道的生死世界中循環不已，行善業者轉生趨向爲天、人、阿修羅，行惡業者即墮入地獄、畜生、餓鬼道，致使學佛者急急要求擺脱煩惱業障的繫縛而達到『涅槃』境界，説明其説『真是粘皮帶骨之論』，哪裏能像『似皆出於自然』的莊子之説顯得『自當如是』呢！不可否認，沈一貫這裏的看法是正確的。但由於沈氏每引佛教思想來闡釋莊子，所以他有時的説法又未免與這裏的看法發生了矛盾。如他在闡釋庚桑楚篇『出無本入無竅』、『天門者無有也』二節文字時説：

萬物之有生於無，無則無矣，故復無無。……佛家止爲此一大事因緣，謂自無始以來，本無此四大，認賊爲子，妄將四大六根爲實，作種種業，受種種苦，萬劫輪回不能解脱。細參此六根五藴，從塵劫以來，本無名相，皆不可得一概平等。盡底掀翻，萬緣頓息，内外無餘，一日功成行滿，咄地一聲，透出三界，與虚空混爲一體，究竟涅槃，涅槃非死也，生滅滅已，寂滅爲樂，無生無死之謂也。莊子此二節，字字符合。陸子静所謂：『四海有聖人出焉，此心同也，此理同也。』其是之謂歟？

沈一貫這裏在講述了佛教生死起滅思想後，便認爲庚桑楚篇中的二節文字正與佛氏這些思想『字字符合』，並引用陸九淵的話來論證莊子與佛教聖人真可謂『心同』、『理同』，這就使他先後所提出的理論觀點不免發生了矛盾。

總而言之，沈一貫雖然從多個角度論析了莊子與儒、佛思想的關係，以不同的態度評論了莊子表現在各方面的思想觀點，但他用來衡量莊子思想得失的主要尺規則無疑是以孔子爲代表的儒家思想。所以從總的方面來看，沈氏對莊子剽剝儒學，『蔑裂禮教，詬辱古今以來大聖賢』(莊子通序)的做法是不能容忍的。如他在闡釋馬蹄篇時説：『竭人情而至於敗，此後世之過，非聖人過也。』在闡釋胠篋篇時説：『莊子歸罪於仁義，迂矣！』皆以十分堅决的態度否定了莊子。

第三節　對内、外、雜篇的獨特理解

一、『内篇者，皆莊子微言也』

從來解讀莊子，皆重内篇七篇。沈一貫也認爲，内篇七篇『皆莊子微言』，處處都寄寓了莊子的特殊深意。

他在逍遥遊篇題下説：『逍遥者，放任自得之名也。至人獨往獨來而敖倪於萬物之上，舉世無以纓紼其心，安往而不自得哉！俯而視之，世味皆腥螻膻惡，世構皆累塊積蘇而已。内篇者，皆莊子微言也。』在沈氏看來，莊子撰寫逍遥遊篇的深意，就是要借『獨往獨來而敖倪於萬物之上』的『至人』形象來蔑視世俗之人的思想行爲，這就進一步發展了羅勉道在南華真經循本中的有關説法，使『至人無己』從與『神人無功』、『聖人無名』平列的傳統觀念中解脱出來而上升爲最超拔境界。那麽，這裏的世俗之人具體是指誰呢？沈一貫接著指出，這顯然是指『拘儒曲學』之輩。在他看來，這些人規規然守其一偏之見，『惟至人之心獨與之（大道）往來』，能『涉太虚，遊恍惚之庭』，所以莊子就先以大鵬之事來開拓其心胸，消濯其鄙見，然後示以『至人』超拔之境。因此，莊子撰寫逍遥遊篇的深意，正要爲儒學去除鄙陋，從而使儒家聖人孔子的思想得到真正闡揚。於是，沈一貫便在逍遥遊篇末總論全篇大意時説：

莊子敘事是傳影留神法，若其意指都在驪黄牝牡外。如易之假像一般，大鵬之事分明寫出性中活潑潑地。若求之聖賢書中，則『素位而行』一章，『君子所性』一章，『居天下之廣居』一章，『疏食飲水簞瓢陋巷』、『浴沂風雩』、『任重道遠』等章，已具此理。至奇而無奇，至妙而無妙，至易至簡而至不可及，放之則巍巍蕩蕩，卷之卻無尋處，顧莊子已自落於聖門之籍，政不必援而歸之。以吾讀莊者，當知其所以異，所以同，始得。

沈一貫根據自己解讀莊子的體會説，假如懂得莊子敘事所運用的是『傳影留神』法，能於莊子洸洋恣肆的文字之外探究其深意，那麽便可發現逍遥遊篇的寓意正與儒家經典多所相通，分明是在發明儒家聖人的思想，所以莊子也就已經『自落於聖門之籍』，哪裏還用得著儒者去援引他呢？從莊子學史上來看，沈氏這樣來詮釋逍遥遊篇，其儒學化傾向甚至比林希逸的莊子口義更爲明顯了。

在沈一貫看來，内篇其餘各篇也皆寄寓了莊子的深意。如齊物論篇旨在説明，物論之所以紛紜不齊，主要是由於人們『各爲其所欲』，『以自爲方』，而不知有一個『真宰』主使著。『真宰』即『怒者其誰邪』之『誰』①，所以『怒者其誰邪』一句是『莊子學問大宗旨』，『一部莊子只發揮此句』。沈氏指出，人們只要懂得有一個『真宰』主使著，就不會自以爲是而處處顯現自己了，因此『是篇立喪我之子綦以開齊物之端，寓夢蝶之莊周以卒齊物之意』。沈氏又指出，德充符篇『哀公曰何謂才全』一節文字旨在説明『才貴全，德貴不形』的道理，『是莊子學問之大宗，千言萬語總出於此』，因而全篇深意也當主要寄寓於這節文字之中。不難看出，沈氏的這些看法雖然不一定正確，但無疑多爲他自己的獨特見解，是前人所未曾提出過的。

二、『外篇者，内篇之輔也』

對於莊子外篇，沈一貫在駢拇篇題下説：『外篇者，内篇之輔也。大旨不出内篇，縱而言之，時則有矣。』認爲外篇主要就是對内篇思想内容的補充和發揮。如田子方篇有『孔子見老聃』等二章文字，沈氏説：『此二章，皆莊學之大宗旨，即逍遥遊所謂「無窮」二字，而此章尤爲明切。』意謂這裏老聃引導孔子『遊心於物之初』，實際上就是在發揮逍遥遊篇所謂『至人』、『神人』、『聖人』無所待『以遊無窮』的意旨。秋水篇主要由河伯與北海若的數番問答構成，沈氏説：『秋水一篇，總是一意反覆，有矩度可誦。……莊子此種議論，其詳見於齊物論中。』意謂河伯與北海若的問答不但在形式上遵循著齊物論篇反復鋪陳的『矩度』，而且在思想内容上更是發揮了齊物論篇的相對主義哲學觀點。不可否認，他的這些看法確實很有見地。

---

① 沈一貫於齊物論『若有真宰』一節文字後説：『此節從「誰」字换做「其」字，又换做「此」字，又换做「彼」字，又换做「真宰」字，都是「誰」字之意。』

所謂『大旨不出內篇，縱而言之，時則有矣』，已可從上述窺見一斑，但沈一貫所說的意思還不止於此。如在宥篇有『賤而不可不任者物也』一節文字，沈氏說：

此十條者，皆言無無爲、亦無爲之事。而獨言『物莫足爲而不可不爲』者，蓋莊子論無爲詳矣，又恐人遠萬物以求無爲，而失無爲之宗，故言物不可不爲，而爲物者在於無爲。無爲者，天也，德也，道也。不明於此，則物皆不足爲；明於此，則物皆不可不爲。不明於此，則人道也；明於此，則天道也。天道者，君道也；人道者，臣道也。天道與人道，相去遠；君道與臣道，相去亦遠，而不可混爲一也。君天下者，不務以天自居，而下爲有司之事，故天下之所以亂也。

我們知道，莊子內篇是主張絕對無爲的，而外篇則已有了明顯變化，如在宥篇這節文字便要求『無爲』、『有爲』並用，主張君道『無爲』，臣道『有爲』，因此後世就有人懷疑此類文字不可能出於莊周本人手筆。而沈一貫卻不以爲然，認爲莊子因自己所論『無爲』理論過於詳盡，唯恐人們一味蹈襲『無爲』而失去『無爲』宗旨，所以又闡述了這番關於君道『無爲』、臣道『有爲』的道理。沈氏認爲，這就說明外篇雖似有『越軌』之語卻並無遠離內篇之『大旨』，此即所謂『大旨不出內篇，縱而言之，時則有矣』。這裏應當指出，他的這些話雖然似乎說得頗爲『圓滿』，但以目前學術界已取得的莊子研究成果來看，則未免不太符合事實。因爲像在宥篇中的這類文字，當是莊子後學所寫，已具有比較濃厚的黃老學思想色彩。

三、『雜篇者，零金剩玉，龐雜而出，其語非一端也』

沈一貫在庚桑楚篇題下說：『雜篇者，零金剩玉，龐雜而出，其語非一端也。故其文不貫串，要之宗旨不異。』如寓言篇有『衆罔兩問於景』一段文字，沈氏說：『此段與內篇文同，而意更加異，蓋愈出愈奇矣。』則陽篇有『少知問於太公調』一章文字，沈氏説：『此一章書是齊物論及秋水義疏，而無一句相似，多發其所未發，當是莊子書成之後，更有妙悟，以成此簡爾。』又庚桑楚篇有『南榮趎南見老子』一段文字，沈氏説：『此一段尤難契悟，大是禪門作用，所謂不可以形色名聲得彼之情者。凡莊子中所記老子教機，多如此類。莊子必有所本，不是杜撰得來的，於此見世間大導師自有過化存神之妙。』説明在他看來，雜篇中像這樣一些章節，或『文同而意更加異』，或雖多『龐雜而出』，『其語非一端』，但也每每發內、外篇之所未發，並沒有遠離莊子思想的宗旨，正皆所謂『零金剩玉』者。

但沈一貫又認爲，雜篇中有些篇章確實顯得『文不貫串』，甚至『意見庸劣』，決非莊子本人手筆。他在讓王篇題下説：

蘇子瞻謂：『讓王以下四篇非莊子作。「陽子居」章，連「列禦寇之齊，中道而反，食於十漿，而五漿先饋」，固一章也，昧者勦之以入其言耳。』今觀此四篇者，文氣鄙弱，視他作固已天淵，而旨趣又淺陋不倫，與莊子學問全無交涉，稍有識者，皆以爲贋無疑矣。余嘗見唐人馬總輯諸子語爲意林，采莊子無四篇中語，有王孫子，皆此四篇中語，乃知此四篇是王孫子，非莊子，而信子瞻語有證。及憶史記莊子傳云：『莊子作漁父、盜跖、胠篋，以詆訾孔子之徒，畏累虛、亢桑子之屬，皆空語無事實。』又似真出於莊子也，不可曉矣。大抵莊子善詆譏於人，無所不狎侮，不必以四篇真贋爲莊子解嘲於仲尼之門，而仲尼亦不以此四篇傷其日月之高明。特其文字猥瑣，意見庸劣，本褚先生者流，非莊子伍，不可不辨。豈王孫子莊子門人邪，亦未闖其藩籬者矣。

自蘇軾在莊子祠堂記中提出關於讓王、盜跖、説劍、漁父四篇爲贋品的説法以來，後世從之者甚衆。沈一貫也贊同蘇氏的觀點，認爲此四篇『文氣鄙弱』，旨趣又『與莊子學問全無交涉』，實爲贋品無疑。他特別在盜跖篇『子張問於滿苟得』寓言故事後指出：『此等文字，此等議論，必非出於莊子，而其口氣卻從莊子來，所謂其父殺人報仇，其子必且行劫。爲法之敝一至於此，還不如迂儒仁義之談尚顧惜體面也。莊子九泉之下見之，亦必咋舌自痛。』認爲文中赤裸裸地大談特談爲名逐利，這絕對不是莊子的思想。他又指出：『說劍一篇，全無意況，人非莊子人，學非莊子學，文非莊子文。使莊子說劍，必有徐無鬼、戴晉人等一段精彩，正恐其不屑爲二人事耳。』這一看法也頗有見地，值得重視。但更值得我們重視的，則還是沈一貫破天荒地引王孫子一書來支持蘇軾的觀點。今案王孫子，最早見於漢書藝文志著錄：『王孫子一篇，一曰巧心。』隋書經籍志亦於『孫卿子十二卷』下注云：『梁有王孫子一卷，亡。』舊唐書經籍志、新唐書藝文志皆不著錄。但唐馬總增損梁庾仲容子鈔而成的意林，裏面卻收有王孫子一卷。如據明正統道藏本，其所錄要語凡四百字，皆在今本莊子雜篇讓王、盜跖二篇之中。恰恰相反，意林所收莊子文字，卻無一語見於今本莊子雜篇中的讓王、盜跖、說劍、漁父四篇。這就說明，沈一貫據此而認爲『此四篇是王孫子，非莊子』，確是一種爲前人所未曾提出過的全新見解。但需要指出的是，今所見意林王孫子是否就是先秦典籍王孫子，或其中的一部分，這是一個有待進一步探討的問題。因爲藝文類聚、初學記、北堂書鈔、太平御覽、文選李善注所引王孫子數條佚文，皆不見於今本莊子。有鑑於此，清四庫館臣便刪去意林王孫子的全部文字，僅僅保留了其書目，並於書目下云：『案，書闕。諸本誤以莊子雜篇係其下，今正之。』四庫館臣的做法和說法是否完全值得肯定，學術界至今還沒有一致的意見。但作爲此前的沈一貫，他大約就已覺察到當時所傳意林中的王孫子一卷可能有些問題，而且司馬遷在史記老子韓非列傳中已提到漁父、盜跖二篇，所以他又覺得莊子中的這幾篇作品似乎應該出於莊子手筆。這說明，沈氏的持論是大膽而又謹慎的。不過，他最後還是認爲讓王、盜跖、說劍、漁父四篇，『其文字猥瑣，意見庸劣，本褚先生者流，非莊子伍』，並進而推測『王孫子』當就是莊子之門人，這一推測倒是使人覺得太過於大膽了。

此外，沈一貫還把林希逸莊子口義所謂雜篇中寓言篇『乃莊子自言』的觀點發展爲『此莊子自敘其作書之意也』的說法，又沿著朱得之莊子通義、陸西星南華真經副墨等的基本思路而進一步認爲：『此篇（指天下）莊子自敘其著書之意，歷舉當時之方術而論列之，以見己之宗乃神明最上一乘，而世人之學皆淺淺從枝葉上起議論，失神明之本，與己大相懸者也。』凡此，既佐證了其所謂雜篇『龐雜而出』、『其語非一端』而『要之宗旨不異』的看法，又爲後人探究寓言、天下這二篇特殊文章的作者、作意等問題提供了可資借鑒的見解，所以也值得我們重視。

第十章　釋德清的莊子學

釋德清（1546—1623），本姓蔡，字澄印，號憨山，全椒（今屬安徽）人。十九歲到棲霞山從法會受禪法，從明信受具足戒，聽華嚴玄談。此後雲遊各地，住東海嶗山（今屬山東青島市）。萬曆二十三年（1595），坐私造寺院罪，充軍廣東雷州，十餘年始歸。在廣東期間，曾住曹溪寶林寺，大力宣揚禪宗。主張禪宗、華嚴二宗融合，釋、道、儒三教一致。與蓮池、紫柏、蕅益並稱爲明代『四大高僧』。所著有老子道德真經注、觀老莊影響論、莊子内篇注等。

第一節　觀老莊影響論倡『三教一致』説

釋德清所著觀老莊影響論，包括敘意、論教源、論心法、論去取、論學問、論教乘、論工夫、論行本、論宗趣九個部分。末有著者所作跋語云：『此論創意，蓋予居海上時，萬曆戊子（1588）冬，乞食王城，嘗與洞觀居士夜談所及，居士大爲撫掌。庚寅（1590）夏日，始命筆焉。藏之既久，向未拈出。甲午（1594）冬，隨緣王城，擬請益於弱侯焦太史，不果。明年乙未春，以弘法罹難，其草業已遺之海上矣。仍遣侍者往殘簡中搜得之。秋蒙恩遣雷陽，達觀禪師由匡廬杖策候予於江上。冬十一月，予方渡江，晤師於旅泊庵。夜坐出此，師一讀三歎曰：「是足以祛長迷也。」即命弟子如寄，刻之以廣法施。予固止之。戊戌（1598）夏，予寓五羊時，與諸弟子結制壘壁間，爲眾演楞嚴宗旨。門人寶貴，見而歡喜，願竭力成之，以卒業焉。噫！……創意於十年之前而克成於十年之後，作之於東海之東而行之於南海之南，豈機緣偶會而然耶？道與時也，庸可強乎！然此蓋因觀老、莊而作也，故以名論。』說明觀老莊影響論爲釋德清四十二歲後的經心之作。這時他的學術思想正趨於成熟，所以他的這一論著在異時異地都引起了佛學界不少人的重視。那麼，釋德清的觀老莊影響論到底闡述了什麼宗旨呢？顯然，其所闡述的主要是關於釋、道、儒三教一致的思想。

首先，釋德清在敘意中指出：『西域諸祖，造論以破外道之執，須善自他宗。此方從古經論諸師，未有不善自他宗者。吾宗末學，安於孤陋，昧於同體，視爲異物，不能融通教觀，難於利俗。其有初信之士，不能深窮教典，苦於名相支離，難於理會。至於酷嗜老莊爲文章淵藪，及其言論指歸，莫不望洋而歎也。迨觀諸家注釋，各狗所見，難以折衷。……故余以唯心識觀而印決之，如摩尼圓照，五色相鮮，空谷傳聲，衆響斯應。苟唯心識而觀諸法，則彼自不出影響間也。故以名論。』意謂西域佛祖皆能平和地吸收、融會各派宗旨，而其末學卻安於孤陋，昧於同體，視他宗爲異物。至於酷嗜老子、莊子者，也只能欣賞其文辭，而不能折衷其言論指歸，與佛理、儒學融通爲一。所以釋德清便以唯心識觀印決之，認爲如能像摩尼教那樣吸收諸教思想，則一切諸法皆非獨立的客觀存在，老莊與佛理、儒學亦猶影子之於回聲，可謂『五色相鮮，空谷傳聲，衆響斯應』，故命其論爲觀老莊影響論。

基於上面的認識，釋德清進而在論教乘中指出，『孔子欲人不爲虎狼禽獸之行也，故以仁義禮智援之，姑使舍惡以從善，由物而入人，修先王之教，明賞罰之權，作春秋以明治亂之跡，正人心，定上下，以立君臣父子之分，以定人倫之節，其法嚴，其教切，近人情而易行』，故其雖因處人欲橫流之際而最終不能實現自己的理想，但『觀其濟世之心，豈非據菩薩乘而說治世之法者耶』，因而佛經便稱他爲『儒童』。老子因有見於世人『肆貪欲而爲生累，至操仁義而爲盜賊之資』，於是倡導絕聖棄智之說。『其爲教也，離欲清淨，以靜定持心』，目的就是要懲惡勸善，拯救世人。顯然，這無疑合於天地法則，也與佛教的宗旨相一致。但由於老子之言深沉，學者難以明白，所以莊子便起而發揮之。釋德清說：

由其（指老子）言深沉，學者難明，故得莊子起而大發揚之。因人之固執也深，故其言之也切。至於誹堯舜，薄湯武，非大言也，絶聖棄智之謂也。治推上古，道越羲皇，非漫談也，甚言有爲之害也。詆訾孔子，非詆孔子，詆學孔子之跡者也。且非實言，乃破執之言也。故曰寓言十九，重言十七，訶教勸離，隳形泯智，意使離人入天，去貪欲之累故耳。至若精研世故，曲盡人情，破我執之牢關，去生人之大累，寓言曼衍，比事類辭，精切著明，微妙玄通，深不可識，此其説人天法，而具無礙之辯者也，非夫現婆羅門身而説法者耶？何其遊戲廣大之若此也！粃糠塵世，幻化死生，解脱物累，逍遙自在，其超世之量何如哉！嘗謂五伯僭竊之餘，處士横議，充塞仁義之塗，若非孟氏起而大闢之，吾意天下後世左衽矣。當群雄吞噬之劇，舉世顛瞑，亡生於物，欲火馳而不返者衆矣。若非此老崛起，攘臂其間，後世縱有高潔之士，將亦不知軒冕爲桎梏矣。均之濟世之功，又何如耶？

在釋德清看來，莊子雖似誹謗聖賢，詆毁孔子，其實只是詆訾『學孔子之跡者』而已，與孔孟濟世之心並無二致。而且他精研世故，曲盡人情，比事類辭，精切著明，具有無礙辯才，真可謂是現婆羅門身而説法者。假如當時沒有他的崛起，則後世縱有高潔之士，將亦不能契悟天地法則而知軒冕爲桎梏。但由於『其工夫由靜定而入，其文字從三昧而出』，後人僅『以一曲之見而窺其人，以濁亂之心而讀其書』，則當然只能是『茫然不知所歸趣』。釋德清指出，『苟不見其心而觀其言，宜乎驚怖而不入也。且彼亦曰：「萬世之後而一遇大聖，知其解者，是旦暮遇之也。」然彼所求之大聖，非佛而又其誰耶？若意彼爲吾佛破執之前矛，斯言信之矣。世人於彼尚不入，安能入於佛法乎？』意謂莊子所期望的『知其解者』的『大聖』，不外就是『佛』，可見莊子學説最與佛理相一致。

依據釋德清的看法，釋、道、儒三教一致還體現在他們的『進修工夫』上。他在論工夫中指出，『吾教五乘進修工夫，雖各事行不同，然其修心皆以止觀爲本』，而『止觀有大乘，有小乘，有人天乘，四禪八定，九通明禪』。如孔子說『知止而後有定』、『自誠明』等等，實際上就是佛教所謂的人乘止觀。至於老莊所說的，則更與佛教的進修工夫有以相通了。釋德清說：

老子曰：『常無欲，以觀其妙；常有欲，以觀其徼。』又曰：『萬物並作，吾以觀其復。』莊子亦曰：『莫若以明。』又曰：『聖人不由而照之於天。』又曰：『人莫鑒於流水而鑒於止水，惟止能止衆止也。』又曰：『大定持之。』至若：『百骸、九竅，賅而存焉，吾誰與爲親？』又曰：『咸其自取，怒者其誰耶？』至若黄帝之退居，顔子之心齋，丈人承蜩之喻，仲尼夢覺之論，此其静定工夫，舉皆釋形去智，離欲清淨，……此天乘止觀也。

先秦道家，尤其是莊子的進修特徵，主要表現爲追求一種安寧、恬静的精神境界。在釋德清看來，莊子進修的這種静定工夫正是與佛教進修高級階段的天乘止觀相一致的。

總之，釋德清認爲正如他在論行本中所說，『原夫即一心而現十界之像，是則四聖六凡皆一心之影響也』，因此『舍人道無以立佛法，非佛法無以盡一心，是則佛法以人道爲鎡基，人道以佛法爲究竟』，釋、道、儒三教是可以相通互補的。當然，釋德清在反復强調三教一致的同時，也指出了其間的一些差别。如他最後在論宗趣中說：『噫！老氏生人間世，出無佛世，而能窮造化之原。深觀至此，即其精進工夫，誠不易易，但未打破生死窠堀耳。古德嘗言「孔助於戒」，以其嚴於治身；「老助於定」，以其精於忘我。二聖之學，與佛相須而爲用，豈徒然哉！據實而論，執孔者涉因緣，執老者墮自然，要皆未離識性，不能究竟一心故也。佛則離心意識，……此其世出世法之分也。佛所破正不止此，即出世三乘，亦皆在其中。世人但見莊子誹堯舜，薄湯武，詆訾孔子之徒，以爲驚異。若聞世尊訶斥二乘，以爲焦芽敗種，悲重菩薩，以爲佛法闡提，又將何如耶？然而佛訶二乘，非訶二乘，訶執二乘之跡者，欲其舍小趣大也。所謂莊詆孔子，非詆孔子，詆學孔子之跡者，欲其絕聖棄智也，要皆遺情破執之謂也。若果情忘執謝，其將把臂而遊妙道之鄉矣。……故彼六師之執幟，非佛不足以拔之。吾意老莊之大言，非佛法不足以證向之。信乎遊戲之談，雖老師宿學，不能自解免耳。今以唯心識觀，皆不出乎影響矣。』這裏的大意是說，孔子的修習重在道德自律，老子的精進則在窮究造化之原，但皆未離識性，還遠不如佛教的離心意識，直指生死心源。唯有莊子的遊戲之談，雖老師宿學不能自解免，卻能大致接近佛教了卻生死、究明一心的境界。但釋德清這裏並不否定釋、道、儒三教在淺層次上的一致性，所以他說：『以唯心識觀，皆不出乎影響矣。』

第二節　莊子內篇注以佛理解釋莊子

釋德清十分推崇莊子，他曾說：『間嘗私謂中國去聖人，即上下千古，負超世之見者，去老唯莊一人而已。載道之言，廣大自在，除佛經即諸子百氏，究天人之學者，唯莊一書而已。藉令中國無此人，萬世之下不知有真人；中國無此書，萬世之下不知有妙論。』（觀老莊影響論論去取）①但他卻認爲：『迨觀諸家注釋，各狥所見，難以折衷。及見口義、副墨，深引佛經，每一言有當，且謂一大藏經皆從此出，而惑者以爲必當，深有慨焉。』（觀老莊影響論敘意）對前人，尤其對林希逸、陸西星等引佛經比附、印證莊子的做法表示了極大的遺憾。當然，這

① 釋德清有讀莊子詩云：『真宰本無形，超然塵垢外。忽爾一念迷，闖入者皮袋。如被裹猿猴，左右不自在。起坐要奉承，饑渴索管待。名利爲他忙，田園盡典賣。更有一種癡，將臉要人愛。脂粉搽臭皮，恰似精鬼怪。個個都爲他，惹不來生債。傷嗟今古人，誰肯自驚駭？惟有漆園生，此味少知解。』（憨山老人夢遊集卷三十九）這裏也對莊子作了很高的評價，認爲只有他才能超然塵垢之外。

一說法並不能代表釋德清莊子學思想的基本傾向，因爲他實際上也每每主張以佛理解釋莊子，認爲『看老、莊者，先要熟覽教乘，精透楞嚴，融會吾佛破執之論，則不被他文字所惑。』（道德經解發題發明趣向）他著莊子內篇注，正是每以佛教思想來解釋莊子。如：

一、以無礙解脫解釋逍遥遊

在釋德清看來，一部莊子三十三篇，只內篇七篇已盡其意，而內篇又以首篇逍遥遊最爲全書關鍵。那麼，逍遥遊篇到底表達了莊子的什麼重要思想呢？釋德清說：

逍遥者，廣大自在之意，即如佛經無礙解脫。佛以斷盡煩惱爲解脫，莊子以超脫形骸，泯絕知巧，不以生人一身功名爲累爲解脫，蓋指虛無自然爲大道之鄉，爲逍遥之境。……故此篇立意，以至人無己、聖人無功、神人無名爲骨子。立定主意，只說到後方才指出，此是他文章變化鼓舞處。

莊子所謂的逍遥遊是指『無所待而遊於無窮』，即是說無視物我之別，忘己、忘功、忘名，與自然化而爲一，不受任何約束而自由自在地優遊，表達了作者追求絕對自由的思想。依釋德清看來，這就是『以超脫形骸，泯絕知巧，不以生人一身功名爲累爲解脫』，正有如佛教所說的無礙解脫。他指出，莊子在逍遥遊篇開頭雖已立定這一『主意』，但並不馬上予以說明，而是到後來才逐步揭示出來，這又是他的文章善於變化、具有鼓舞性的地方。學者如能懂得這些，也就可對莊子全書宗旨了然於胸了。他說，『如下云「無何有之鄉」、「廣莫之野」等語』，即爲大道之鄉、逍遥之境，後面大宗師篇所謂『大宗師』者即爲遊於此鄉此境之人，而『世人不得如此逍遥者，只被一個「我」字拘礙，故凡有所作，只爲自己一身上求功求名。自古及今，舉世之人，無不被此三件事苦了一生，何曾有一息之快活哉！』釋德清這裏認爲莊子逍遥遊主意不僅到篇末才被真正揭示出來，甚至還延伸到了大宗師篇中，這正是『他文章變化鼓舞處』。而且，他還徵引佛教『苦』的觀念來解說逍遥遊，認爲『爲自己一身上求功求名』即爲世人一切苦的根源，所以只要做到無己、無功、無名，就能成爲道家理想人格，這樣的人格也就是佛教所謂的聖人。

當然，釋德清並沒有把莊子逍遥遊完全等同於佛教所謂的解脱。他實際上已經指出，佛教所謂的無礙解脱是指擺脱煩惱業障的繫縛而得自由自在，是在宗教精神上感到自由，甚或可以與『涅槃』、『圓寂』等含義相通，而莊子所謂的逍遥遊則要人們擺脱智巧、功名之累，超然於形骸之外，遨遊於虚無自然之鄉，是一種有别於宗教性質的人生境界。

二、以破我執解釋齊物論

齊物論篇主旨是説，從『道』的觀點來看，世間一切矛盾對立的雙方，諸如生與死、貴與賤、榮與辱、成與毁、小與大、壽與夭、然與不然、可與不可等等，都是没有差别的。因此，各家各派出於『成心』的彼此是非之爭，只能是各自發揮偏見的爭辯，不如物我兩忘，不言不辯，超然是非之外。在釋德清看來，這就是佛教要求破我執的意思。他説：

此論立意，若要齊物，必先破我執爲第一。故首以『吾喪我』發端，然『吾』指真宰，『我』即形骸。初且説忘我，未説工夫。次則忘我工夫，須要觀形骸是假，將百骸九竅六藏，一一看破散了，於中畢竟誰爲我者，方才披剝出一個真君面目。意謂若悟真君，則形骸可外，形骸外則我自忘，我忘則是非泯矣。此其中大主意也。重重立論，返覆發揚者，此耳。……蓋前百骸九竅，一一而觀，乃初心觀法，如内教小乘之析色明空觀。今即觀身如影之不實，如蛇蚹之假借，乃即色明空，更不假費工夫也。雖觀假我，而未能忘物，故如蝶夢之喻，則物我兩忘，物我忘則是非泯，此聖人大而化之成功也。故以物化結之。如此識其主意，攝歸觀心，則不被他文字眩惑，乃知究竟歸趣，此齊物之總持也。

佛教認爲，一切諸法，皆是因緣所生，刹那生滅，沒有質的規定性和獨立實體。而且，小乘還主張『人我空』，亦名『無我』、『人無我』，從分析方法說則稱『分析空』，即從物之生滅變化上說明物之不實在和不自在，據此認爲『人我』是『假和合』而成，是虚幻不實的假象。所以，佛教要求人們破除我執，甚至把自身也看成是虚妄不真的假有。在釋德清看來，齊物論篇以『必先破我執爲第一』，正與佛教的上述宗旨相一致。他指出，莊子爲了齊同物論，先以『吾喪我』發端，要求人們破除我執，甚至看破百骸九竅六藏，揚棄虚妄不真的假有之我，使真君面目逐漸顯示出來。並認爲莊子善設譬喻，如以蛇蚹之假借來闡明即色明空，以夢蝶之喻來闡明物我兩忘，『意謂世人學道，做忘我工夫，必先觀此身如影，如蛇蚹蜩翼，則我執自破矣』，『不知蝴蝶爲周，周爲蝴蝶，此處定有分曉，要人看破，則視死生如夢覺，萬物一觀，自無是非之辯矣。』從而再三昭示人們：『物論之不齊，皆執我見之過也。今要齊物，必先忘我，此主意也。』

釋德清在反復强調『以忘我爲本指』的同時，又倡言道：『齊物論之下手工夫，直捷示人處，只在「自取，怒者其誰」一語。此便是禪門參究之功夫，必如此看破，方得此老之真實學問處。』這就是說，篇中『咸其自取，怒者其誰邪』之語，最能體現出禪宗般的參究工夫，爲莊子真實學問之所在。那麽，莊子在這裏到底參悟到了什麽呢？釋德清指出，莊子『今方說天籟，即要人返觀言語音聲之所自發』，要求一切聲音皆發自本性，並不需要有一個主使者存在。所以莊子自謂無『與誰親』，對全身任何部位皆無所親近，『此即佛說小乘析色明空觀法，又即圓覺經云「四大各離，今者妄身當在何處」，此破我執之第一觀也。』在釋德清看來，破我執的前提是應對諸法體相等一同視之，把衆生及人體的各個構件視爲『了無長短美惡之相，一際平等』，不加愛憎、親怨的區别，這樣就『自然絶無是非之相，是非絶則道通爲一矣』。由於釋德清懷有濃厚的佛教衆生平等思想，他還把篇中『天鈞』一詞解釋爲『天然均等，絕無自非之地』，認爲『是非不必強一，但祇休乎天鈞，則不勞而自齊一』。但據陸德明莊子音義，魏晉學者認爲『天鈞』就是天然的陶鈞，意謂在莊子看來，聖人一任自然以成事，猶如泥坯純因陶鈞之運轉以成器。說明釋德清以平等思想來闡釋莊子齊物思想，是有明顯的佛理化傾向的，並不完全契合莊子的本真思想。但他仍堅持說，『意此老（指莊子）胸中早知有佛，後來必定印證其言』，認爲莊子當時似乎已預知唯有後來的佛才是他的真正知音，這就更是一派佛教徒言論了。

三、以養性解釋養生主

我們知道，循乎天理，依乎自然，處於至虛，遊於無有，完全取消主客對立，使精神不爲外物所傷，最後達到享盡天年的目的，這就是養生主一文的宗旨。簡言之，養生重在護養精神。釋德清則說：

此篇教人養性全生，以性乃生之主也。意謂世人爲一身口體之謀，逐逐於功名利祿，以爲養生之策，殘生傷性，終身役役而不知止，即所謂迷失真宰，與物相刃相靡，其形盡如馳而不知歸者，可不謂之大哀耶？故教人安時處順，不必貪求以養形，但以清淨離欲以養性，此示入道之功夫也。

莊子在其他篇章中常常要求人們切勿喪失自己的天然本性，這與養生主篇中所謂養生重在護養精神的思想基本一致。由此看來，釋德清以養性解釋養生主篇應該說是基本符合莊子思想精神的。但也不可否認，他這裏所說的性實際上已具有了一定的佛教色彩。如其中所謂以『清淨離欲』爲養生根本，顯然與佛教的思想非常接近，而與莊子的思想反而有些不一致了。

在釋德清看來，『此養生主一篇立義，只一庖丁解牛之事則盡養生主之妙』，如『刀喻本性，即生之主，率性而行，如以刀解牛也』，『意在至人率性順理而無過中之行，則性自全而形不傷耳。』這裏的闡釋大致與莊子的本意相吻合,但他接著説莊子『此等譬喻,唯佛經有之,世典絕無而僅有者,最宜詳玩,有深旨哉!』説明釋德清是把『庖丁解牛』寓言與佛經中『最宜詳玩』故事聯繫在一起的,這就不能不使他的闡釋具有明顯佛理化傾向了。

四、以破分別我障解釋德充符

德充符篇表達了莊子重視内德(自然本性)美的思想觀點。釋德清在闡釋過程中,也充分注意到了這一點。但作爲一名佛教徒,他仍不免表現出了明顯的佛理化思想傾向。如他説:

> 此篇以德充符爲名,……蓋忘形骸,一心知,即佛説破分别我障也。能破分别我障,則成阿羅漢果,即得神通變化。……此『寓六骸,象耳目,一知之所知』,即佛説假觀,乃即世間出生死之妙訣,正予所謂修離欲禪也。

釋德清首先指出,德充符篇倡導内德之美,要求學道者忘記形骸,寧靜心知,此即佛教所謂破除虚妄計度和我身業障的意思。如果能忘記形骸,寧静心知,破除虚妄計度和我身業障,那麽也就成了佛教小乘所謂能斷一切嗜欲和煩惱並出三界生死的阿羅漢果。而且,釋德清還把篇中『寓六骸,象耳目,一知之所知』解釋爲『假借六根』、『耳目如偶人,所謂如幻也』等佛學概念,認爲達到這種境界就是破除了分别我障,即『世間出生死之妙訣,正予所謂修離欲禪也』。可見這裏的佛理化傾向是非常明顯的。

在德充符篇中有『哀駘它』一章文字,釋德清闡釋説:『此章形容聖人之德,必須忘形全性,體用不二,内外一如,平等湛一,方爲全功。』我們知道,佛教主張平等是諸法體相,認爲一切現象在共性或空性、唯識性、心真如性等上是没有差别的。由此可見,釋德清這裏不僅以中國古代哲學中『體用』概念分析了人的内在德性與外在形骸的關係,同時還用佛教『平等』思想來説明内德與形骸本是『一如』、『平等』即統一的,而不可偏執於假有，僅僅把外在的形軀看成是重要的東西。

五、以止觀解釋應帝王

應帝王篇闡述了莊子無爲而治的思想。釋德清指出：『此應帝王以顯大道之用。若聖人時運將出，迫不得已而應命，則爲聖帝明王；推其緒餘，則無爲而化，絕無有意而作爲也。……故特撰出個壺子，乃其人也。即所示於神巫者，乃不測之境界也。如此等人，安心如此，乃可應世，可稱明王，方能無爲而化也。其他豈可仿佛哉！』那麼，壺子所顯示的『不測之境界』到底是什麼樣的境界呢？釋德清說：

壺子示之安心不測之境，此即佛門之止觀，乃安心之法也。地文，乃安心於至靜之地，此止也。……天壤，謂高明昭曠之地，此即觀也。……踵，最深深處也。言自從至深靜之地，而發起照用，如所云即止之觀也。……太沖莫勝，言動靜不二也。初偏於靜，次偏於動，今則安心於極虛動靜不二，猶言止觀雙運，不二之境也。衡氣機，言平等持心，動靜不二，故氣機亦和融而不測也。下壺子又講明前所示者，乃三種觀法，故彼莫測耳。鯢桓之審爲淵，乃止觀之名，然鯢桓之所處於深泥，以喻至靜，即初之止也。止水之審爲淵，此喻觀也。止水澄清，萬象斯鑒，即次之天壤之觀也。流水之審爲淵，流水雖動，而水性湛然不動，此喻即動而靜，即靜而動，動靜不二，平等安心，即末後太沖莫勝，止觀不二也。……未始出吾宗，宗者謂虛無大道之根宗，安心於無有，了無動靜之相，即佛氏之攝三觀於一心也。

『止觀』爲佛教修習的重要方法之一。『止』意爲掃除妄念，專心一境；『觀』意爲在『止』的基礎上發生智慧，辨清事理。佛教認爲，通過『止觀』即可悟到性空而成佛。天台宗把『止觀雙修』作爲一切修習方法的概括，禪宗則將『止』、『觀』二者看成是『體』與『用』的關係。在釋德清看來，壺子虛己無爲，立乎不測，使神巫無法窺測己意，這正合於佛教止觀修行法門。具體説來，壺子所顯示的『地文』即是『止』，『天壤』即是『觀』，『太沖莫勝』即是『止觀雙運』，『未始出吾宗』即是『攝三觀於一心』等等，凡此皆契合佛教禪定、智慧的要求。釋德清指出，莊子撰寫神巫不能相壺子的故事，目的完全是爲了讓帝王從中受到啟迪，以虚静無爲的態度來治理天下。説明釋德清在闡釋應帝王篇過程中雖然大量徵引了佛教思想，但仍能大致把握住全文的宗旨。

由上面的論述可以清楚看到，釋德清對逍遥遊、齊物論、養生主、德充符、應帝王五篇的闡釋具有明顯的佛理化思想傾向。但對大宗師篇的闡釋幾乎没有顯示出這種思想傾向，而對人間世篇的闡釋則大膽運用了以儒解莊的方法。如他説：『莊子全書，皆以忠孝爲要名譽，喪失天真之不可尚者。獨人間世一篇，則極盡其忠孝之實一字不可易者，誰言其人不達世故而恣肆其志耶？且借重孔子之言者，曷嘗侮聖人哉！』又説：『莊子詆仁義，獨於人之事君以義爲主，又以死忠爲不善。今言人臣之事君，無往而非君，乃忠之盛也。此老何曾越世故耶？』凡此，都與王安石莊周、蘇軾莊子祠堂記所倡導的以儒解莊的方法一脈相承。但從總體上來看，釋德清莊子内篇注卻是一部具有明顯佛理化傾向的莊子學著作。關於這一點，我們還可以從下面的論析中得到進一步印證。

我們知道，林希逸在莊子口義發題中曾自謂『頗嘗涉獵佛書，而後悟其（指莊子文章）縱横變化之機』。釋德清對此雖有過深深感歎，但他自己對莊子尤其對内七篇之文心和整體性的悟解，卻也頗得力於『佛法』的。如他在内篇最後一則寓言故事下説：

此儵忽一章，不獨結應帝王一篇，其實總結内七篇之大意。前言逍遥，則總歸大宗師。前頻言小知傷生，養形而忘生之主，以物傷生，種種不得逍遥，皆知巧之過，蓋都爲鑿破渾沌，喪失天真者。即古今宇宙兩間之人，自堯舜以來，未有一人而不是鑿破渾沌之人也。此特寓言，大地皆凡夫愚迷之人，概若此耳。以俗眼觀之，似乎不經，其實所言無一字不是救世溷迷之心也，豈可以文字視之哉！讀者當見其心可也。即予此解，亦非牽強附合，蓋就其所宗，以得其立言之旨。但以佛法中人天止觀而參證之，所謂天乘止觀。即宗鏡亦云：『老莊所宗自然清淨無爲之道，即初禪天通明禪也。』吾徒觀者，幸無以佛法妄擬爲過也。

按照釋德清這裏的說法，他對『儵忽』一章有這樣的理解，對内七篇的立言之旨和邏輯結構體系有這樣的體悟，顯然得益於以佛法作爲『參證』。他在大宗師篇題下說：『莊子著書，自謂言有宗，事有君，蓋言有所主，非漫談也。其篇分内外者，以其所學乃内聖外王之道，謂得此大道於心，則内爲聖人，迫不得已而應世，則外爲帝爲王，乃有體有用之學，非空言也。』意謂莊子著書所言内聖外王之道，並非空言，而是有『宗』、有『君』的。這裏所說的『宗』、『君』就是呈現於莊子心中的『道』，即佛典宗鏡錄所謂的『初禪天通明禪』。我們知道，宗鏡錄所宗奉的是楞伽經『佛語心爲宗』之說，認爲『舉一心爲宗，照萬法如鏡』。釋德清對此深有體悟，也說『一心而現十界之象，是則四聖六凡，皆一心之影響也。』（觀老莊影響論論行本）因此在他看來，莊子言逍遙，說養生，談古今宇宙兩間之人，無不以心中之道爲究竟，都表現出了他那救世滑迷的菩薩心腸，只是因其文字奇特而不能被俗眼看破而已。那麼，莊子内篇到底是一個什麼樣的邏輯結構體系呢？釋德清在大宗師篇題下接著指出，『内七篇乃相因之次第』，逍遥遊、齊物論、養生主、人間世、德充符五篇環環相扣，依次選取一個角度來闡明旨意，而『大宗師總上六（五）義，道全德備，渾然大化，忘己、忘功、忘名。其所以稱至人、神人、聖人者，必若此乃可爲萬世之所宗而師之者，故稱之曰大宗師。是爲全體之大聖，意謂内聖之學，必至此爲極則，所謂得其體也。若迫不得已而應世，則可爲聖帝明王矣。故次以應帝王，以終内篇之意。』不可否認，釋德清能把内篇七篇闡釋爲這樣一個完整的邏輯結構體系，在很大程度上有賴於他對佛法所具有的體悟功力。同樣，釋德清對内篇各篇的『血脈』也自有了悟。如他在闡釋齊物論篇時說：

莊子心胸廣大，故其爲文真似長風鼓竅，不知所自。立言之間，舉意構思，即包括始終，但言不頓彰，且又筆端鼓舞，故觀者茫然不知其脈絡耳。……其文與意，若草裏蛇，但見其動蕩遊衍，莫覩其形跡，非具正眼者，未易窺也。……文章波瀾浩瀚，難窺涯際。若能看破主意，則始終一貫，森然嚴整，無一字之剩語，此所謂文章變化之神鬼者也。

誠然，正如釋德清所説，莊子文章確實具有『似長風鼓竅，不知所自』的特徵。尤其是齊物論一篇，則更『若草裏蛇，但見其動蕩遊衍，莫覩其形跡』，使『非具正眼者，未易窺也』。在釋德清看來，對於這種神工鬼斧般的『舉意構思』，讀者必須像佛教徒那樣『攝歸觀心』，進入『忘我相』的境界，才能『不被他文字眩惑，乃知究竟歸趣，此齊物之總持也』。可見，釋德清對内篇各篇尤其對齊物論篇文脈的理解，實際上也在一定程度上運用了佛教學者的思維方式。

對於莊子與老子一書的關係，釋德清莊子内篇注開宗明義説：『莊子一書，乃老子之注疏。予嘗謂老子之有莊，如孔之有孟，若悟徹老子之道，後觀此書，全從彼中變化出來。』這一基本觀點，也散見於他的具體闡釋過程中。如他在闡釋齊物論篇時説：『此齊物分明是其（指老子中有關文字）注疏，以此觀之，則思過半矣。』在闡釋大宗師篇時説：『此下發揮大道之妙，以明萬物所係、一化所待之義，立意皆從老子「天得一以清」等來。』那麽，作爲莊子思想主要來源的老子學説到底有什麽特徵呢？釋德清曾明確指出：『老氏所宗，以虚無自然爲妙道，此即楞嚴所謂「分别都無，非色非空，拘舍離等，昧爲冥諦」者是已。』（道德經解發題）認爲老子學説的宗旨全在『虚無自然』四字，與佛教所謂『分别都無，非色非空』等教義相一致，所以他説『老即佛之化身』，而『發揮老氏之道者，唯莊一人而已』（同上）。由此，釋德清便把莊子一書看成是『老子之注疏』，並每每以佛教思想來闡釋它。

第十一章　焦竑的莊子翼

焦竑（1540—1620），字弱侯，號澹園，亦稱漪園，南京旗手衛人。神宗萬曆十七年（1589）進士第一，官至翰林院修撰。博極經史，旁通釋道典籍，𡾊然負通人之望。曾師事耿定向、羅汝芳，而與李贄交誼最篤，黃宗羲明儒學案將其列入泰州學案。著作有澹園集、澹園續集、焦氏筆乘、焦氏筆乘續集、老子翼、莊子翼等。

第一節　采摭前人治莊著作四十餘種

莊子翼八卷，黃虞稷千頃堂書目卷十六著錄。清四庫館臣說：『是編成於萬曆戊子，體例與老子翼同。前列所載書目，自郭象注以下凡二十二家；旁引他說互相發明者，自支遁以下凡十六家；又章句音義，自郭象以下凡十一家。今核其所引，惟郭象、呂惠卿、褚伯秀、羅勉學（道）、陸西星五家之說爲多，其餘特間出數條，略備家數而已。又稱：「褚氏義海引王雱注內篇，劉概注外篇。道藏更有雱新傳十四卷，豈其先後所注不同，故並列之歟？今采其合者著於編，仍以新傳别之。」云云。今考書中所引，自雱新傳以外，别無所謂雱注，而養生主注引劉概一條，則概注亦有內篇，其說殆不可解。蓋明人著書，好誇博奥，一核其實，多屬子虚，萬曆以後，風氣類然，固不足深詰也。至於支遁注莊，前史未載。其逍遥遊義，本載劉孝標世說新語注中，乃没其所出，竟標支道林注，亦明人改頭换面之伎倆，不足爲憑。然明代自楊慎以後，博洽者無過於竑，其所引據，究多古書，固較流俗注本爲有根柢矣。』①案『是編成於萬曆戊子（1588）』之說，出於莊子翼卷首焦竑所撰序言，說明其編成此書，當在四十九歲之時。據卷首采摭書目所列，其所采摭四十九種書目依次爲：郭子玄注、呂吉甫注、林疑獨注、陳詳道注、陳碧虛注、王元澤注、劉槩注、吳儔注、趙以夫注、林希逸口義、李士表論、王旦莊子發題、范無隱講語、褚氏管見、王雱南華新傳、羅勉道莊子循本、劉須溪點校莊子、荊川釋略、陸西星南華副墨、朱得之莊子通義、張四維補注、方揚莊義要刪、支道林注、肇論、向秀注、崔譔注、李頤注、張湛列子注、梁簡文帝講疏、張機講疏、司馬彪注、梁曠論、成玄英疏、蘇子瞻廣成解、洪邁容齋隨筆、江遹列子注、楊慎丹鉛錄、焦氏筆乘、郭象音、李軌音、徐邈音、賈善翊直音、司馬彪音、周弘正文句義、陸德明文句義、碧虛子章句、碧虛子莊子餘事、碧虛子莊子闕誤、吳幼清訂正。今細審莊子翼全書，大致有如四庫館臣所說，除採錄郭象、呂惠卿、褚伯秀、羅勉道、陸西星等家說法較多而外，其餘只是間出數條，略備家數而已。其中標明出處，也還有改頭換面的地方。但無論如何，它比宋末褚伯秀的莊子學集大成著作南華真經義海纂微所引用的十三家書目還要超過好幾倍，實不愧是整個明清時期采摭書目最多的一部莊子學著作，爲治莊者提供了相當豐富的資料，所以也就一直爲人們所重視。

焦竑編纂莊子翼，在選輯諸家說法後，往往要斷以己意，發表自己的見解，謂之『筆乘』。他在卷首采摭書目焦氏筆乘下注云：『竑舊所劄記，間及莊子者悉附入，以就正四方有道之士。』今案其焦氏筆乘六卷、焦氏筆乘續集八卷，有『惠淨衍莊子』、『消搖』、『堯夫詩似莊子』、『成心』、『佛典解莊子』、『向秀莊義』、『向秀注多勝語』、『外篇雜篇多假托』、『御六氣之辨』、『百骸九竅六藏』、『羊角』、『齊物論』、『九萬里』、『官天地府萬物』、『蒼蒼』等條目，當即所謂『竑舊所劄記，間及莊子者』。這些條目文字，後來有部分被收入莊子翼『筆乘』中。但

① 四庫全書總目提要焦竑莊子翼。

遍檢莊子翼『筆乘』所有文字，大多卻不見於焦氏筆乘、焦氏筆乘續集二書，多數可能是編纂莊子翼過程中隨時所撰，有的則可能采摭於其所寫的其他著作。據明刻本澹園集題記，焦氏又曾著有筆乘別集六卷，已佚，但其『筆乘』對此書中的文字也可能有所采摭。由此說明，如果沒有莊子翼一書，我們今天已無法較全面地瞭解明末著名學者焦竑的莊子學思想。

此外，莊子翼的資料價值還體現在書末的附錄上。清四庫館臣說：『末附莊子闕誤一卷，乃全錄宋陳景元南華經解之文，亦足以資考證。又附刻一卷，列史記莊子列傳，阮籍、王安石莊子論，蘇軾莊子祠堂記，潘佑贈別，王雱雜說，李士表莊子九論。考南唐潘佑以直諫見殺，而此列蘇軾、王雱之間，未審即其人否。』①最早見於此附刻中的贈別一文，無論其作者是否係南唐潘佑，卻是一篇很有學術價值的莊子學論文。至於李士表莊子九論，宋褚伯秀南華真經義海纂微卷首今所纂諸家注義姓名載錄作『李士表莊子十論』，書中也曾節錄數條，但至焦竑才予以全文收錄，唯缺一論而已。今考李士表，宋末陳振孫在直齋書錄解題中已謂『未詳何人』，則其爲宋末之前人無疑。但案其莊子九論有語云：『莊周是書卒於是篇（指天下篇），深包大道之本，力排百家之敝，而終以謬悠之說、無津涯之辭，自列於數子之末，深抵其著書之跡，以聖天下後世，孰謂周蔽於天而爲一曲之士？』（道術）這些說法，大致可看成是承因王安石莊周中的有關說法而來，則李士表又當是北宋中期以後的人。其莊子九論共分九個部分，即依次爲夢蝶、解牛、藏舟、坐忘、壺子、玄珠、濠梁、墜車、道術等九個篇目，實際上就是闡釋莊子的九篇專論。這九篇專論既打破了前人闡釋莊子所慣用的注疏形式，也揚棄了漢唐文士以辭賦來闡發莊子中某些寓言故事的做法，而對莊子中一些寓言故事或重要思想觀念採取了專題論述的嶄新形式。正是這種新的闡釋形式，才給解說莊子者提供了自由聯想、縱橫發揮的廣闊空間，從而推動了莊子闡釋向專題

① 四庫全書總目提要焦竑莊子翼。

化、理論化、縱深化的方向發展。由此可見，焦竑能把宋代這樣一部很有學術價值的莊子學著作保存下來，其功勞是不小的。

第二節　每以儒學佛理會通莊子思想

焦竑早年即『以道德經術標表海內』（徐光啟澹園續集序）。如果從學術師承方面來看，他是耿定向、羅汝芳的弟子，因此黄宗羲明儒學案遂列其於泰州學派。我們知道，泰州學派具有似儒、似道、似禪和亦儒、亦道、亦禪的特徵，是與正宗儒學大有不同的特殊學派，這就決定了作爲該派成員焦竑的『道德經術』也不可能是正宗的儒學。而且焦氏還視李贄爲知音，與公安三袁爲摯友，明顯受到了他們信禪崇道思想的影響，這就更使他的思想呈現出了以儒爲本，融會佛、道的特徵。他對莊子的闡釋，就是在這一基本思想指導下進行的。

在焦竑的觀念中，孔孟儒學與老莊道家學説，其理論的基本形式及推行教化的方式方法雖然很不相同，但兩家的理論宗旨卻可以會通。所以他在莊子翼卷首序言中開宗明義説：

夫老之有莊，猶孔之有孟也。老子與孔子同時，莊子又與孟子同時，孔、孟未嘗攻老、莊也。世之學者，顧諧諧然沸不少置，豈以孔、孟之言詳於有，而老、莊詳於無，疑其有不同者歟？嗟乎！孔、孟非不言無也。無即寓於有，而孔、孟也者，姑因世之所明者引之，所謂下學而上達者也。彼老、莊生其時，見夫爲孔、孟之學者，局於有而達焉者之寡也，以爲必通乎無而後可以用有，於焉取其所略者而詳之，以庶幾乎助孔、孟之所不及。若夫仁義禮樂云云者，孔、孟既丁寧之矣，吾復贅而言之，則何爲乎？此蓋老、莊之雅意，而非其創爲高也。不然，形而上者謂之道，形而下者謂之器，此孔、孟之言也。今第易道器爲有無，轉上下爲徼妙，其詞異耳。以其詞之異而害其意之同，是攻之者之自病也，曾足以病老、莊乎？孔孟、老莊，閔學者之離其性也，而爲之書以覺之，不知反其性而嘵嘵然異同之辨，非余之所知也。

在焦竑看來，老子與孔子同時，莊子又與孟子同時，而孔子、孟子未嘗攻擊老子、莊子，這說明儒、道兩家雖然路徑不同，但他們的學說精髓卻可以融通無礙。他指出，從路徑上看，『孔、孟之言詳於有，而老、莊詳於無』，即孔子、孟子所主張的是下學而上達，姑且就世情所能明瞭的『有』而首先加以引導，使之由『有』而趨於『無』，而老子、莊子因有見於世俗之儒局限於『有』，只知下學而不能上達，便以爲只有通於『無』才可以理解『有』，所以重在提掇『無』的一面，以冀有助於儒學的不足，可見儒、道兩家的終極目的完全一致，怎麼可說是互不相容的呢？焦竑撰寫其他文章時曾補充說：『老、莊盛言虛無之理，非其廢世教也。虛無者，世教所以立也。彼知有物者不可以物物，而覩無者斯足以經有，是故「建之以常無有」。不然，聖人之業將以成變化、行鬼神，而欲責之膠膠擾擾之衷，其將能乎？老子曰：「執古之道，以御今之有。」夫曰今之有，則古之爲無可知已。而御有者，必取諸無，然則謂虛無廢世教，可不可也？是故舜之無爲治，而非不治也，以無爲治也；禹之行其所無事，非不行也，以無事行也。』（澹園集讀莊子七則之二）①這裏，焦竑更明確地指出，老子、莊子並不是要廢除世教，他們所倡導的虛無理論，實際上是儒家聖人推行世教、治理天下時必須予以吸納的，上古舜、禹事業的成功正好說明了這一點。至於老、莊批判儒家所反復叮嚀的仁義禮樂，焦竑認爲也是有『雅意』的。他曾具體闡述說：『莊子一書，以明道也。儒之語道，不離仁義禮樂，莊子絕而棄之，疑於不類。夫瓦礫糠秕，無非道妙，獨仁義禮樂爲其所不載，明乎非蒙莊之意矣。何者？仁義禮樂，道也，而世儒之所謂仁義禮樂者，跡也。執其跡，不知其所以跡，道何由明？故不得已擯而棄焉。使人知道也者，立象先，超繫表，而吾所挾者之無以爲也，庶幾能進而

① 本節凡引焦竑澹園集中語，皆據金陵叢書本，民國蔣氏慎修書屋鉛印。

求之也乎！有如求之而契焉，然後知象無非真，繫無非理，而仁義禮樂亦可不必絶而棄之也已。莊子之自言有之：「遠而不可不居者，義也；節而不可不積者，禮也。」學者知其一説，不知其又有一説，幾何而不河漢其言也？』（澹園集讀莊子七則之一）在焦氏看來，莊子既然認爲道無所不在，連瓦礫糠秕都不例外，那麼仁義禮樂裏面也肯定是有道的，可見一概地擯棄儒家所倡導的仁義禮樂，這分明不是莊子的真意。他進而指出，莊子所要棄絶的，其實只是世俗之儒所理解的那種拘於形跡、極其淺膚的仁義禮樂，旨在促使孔、孟所提倡的仁義禮樂卓立象先，超然繫表，由『有』趨『無』，絶假任真，從而與大道契合爲一。因此，人們一旦看到莊子要棄絶仁義禮樂，便認爲莊子是在全面地否定儒家學説，這種看法是極其錯誤的。

在焦竑看來，人們因錯誤理解了老、莊與儒家的關係而嘵嘵然辨其異同，對道家進行了攻擊，其實這樣的辨别只不過是一種『不知反其性』的表現，這樣的攻擊也只能足以『自病』而已。我們在莊子翼中又可以看到，焦竑在批評人們『不知反其性』的時候還往往借用了佛教的思想觀念。如其爲繕性篇所作『筆乘』云：

性非學不復，而俗學不可以復性；明非思不致，而俗思不可以求明。謂之俗者，對真而言。蓋動念即乖，況於繕！擬心即差，況於思！非惟無以徹其覆，而只益之蔽耳。以恬養知，乃復性致明之要，知即人之覺性。是性也，可以恬養之，而不可以學繕之、思亂之者也。恬者，無爲自然之謂。夫謂之養知，若有心於知矣。不知知，體虛玄，泯絶無寄，蓋有知而實無以知爲者也。故又謂之以知養恬。恬即禪家所謂無知者也，知即禪家所謂知無者也。即恬之時，知在恬；即知之時，恬在知。故曰知與恬交相養也。如此，則道德、仁義、忠、禮樂無不一貫之，如木之有根，而華實益茂。所必至者，不得謂之偏行也。若不出於性，而第求之禮樂，則逐末忘本，支離於俗學，而天下亂矣。何也？知恬交相養，則仁義禮樂混而爲道德；知恬交相失，則道德枝而爲仁義禮樂。此學術真俗之辨也。

自唐代李翺提出復性説後，宋明理學家大多宗從之，而王安石、王雱、焦竑等人治莊子，則尤其重視闡發其中的性命之學。焦氏在這裏闡發說，『性非學不復，而俗學不可以復性；明非思不致，而俗思不可以求明。』此處所謂的『學』和『思』，實際上就是一種與『俗學』、『俗思』相對立的恬靜行爲，所以他又說：『以恬養知，乃復性致明之要，知即人之覺性。是性也，可以恬養之，而不可以學繕之、思亂之者也。』但他指出，這裏所說的『知』並不是『有心於知』的『知』，而是『有知而實無以知爲者』的『知』，即『禪家所謂知無者也』，所謂『恬』即『禪家所謂無知者也』。在他看來，如果能以這樣的『知』與『恬』互相涵養，那麼『道德、仁義、忠、禮樂無不一貫之』，儒家的學說就可以進入超拔境界了。可見，焦竑在這裏不但對儒學表示深切關注，而且還引進了禪宗思想。

焦竑在闡釋莊子過程中，也援引了佛教所謂『六根』之說。如徐無鬼篇有『以目視目，以耳聽耳，以心復心』等語，焦竑所作『筆乘』云：

> 以目視目，不以我視也；以耳聽耳，不以我聽也；以心復心，不以我復也。人惟有我，則不能循物，而失其平者多矣。耳、目、心皆任之，而一無所與，列子所謂『廢心而用形』者也。有不如繩之平，惟變之循者乎？變，言物之萬變也。心與耳、目並言，即釋典以意與眼、耳、鼻、舌、身爲六根同意。

徐無鬼篇『以目視目』三句，意謂真人的耳、目、心靈僅止於分內而足，而不求於外。在焦竑看來，莊子把心與耳、目並提，這跟佛教以意與眼、耳、鼻、舌、身並稱六根的用意是相同的。基於這樣的理解，他在爲列禦寇篇『賊莫大乎德有心而心有睫(眼)，及其有睫(眼)也而內視，內視而敗矣』等句作『筆乘』時又說：『文子曰：「道有知則亂，德有心則險，心有眼則眩。」何者？有眼必有見，學道者每患於無見，而不知見爲德之賊也。釋氏所說五種眼，唯天眼、肉眼在面，慧法、佛眼皆在心。彼心眼者，德之成；此心眼者，德之敗。知其所以敗，則知其所以成，無二理也。』我們知道，莊子此處意謂有心爲德是最有害的，因爲有心爲德就是以有眼之心去求德，而以有眼之心去求德就必然會產生虛僞，從而徹底敗壞其純真德性。對於莊子的這些說法，焦竑則主要援引佛教『五眼』說來加以比較和闡釋。所謂『五眼』，即指肉眼、天眼、慧眼、法眼、佛眼。按照佛教的說法，凡夫所見爲肉眼，天人禪定所見爲天眼，小乘照見真空之理爲慧眼，菩薩照見普度衆生的一切法門爲法眼，佛陀具種種眼而照見中道實相爲佛眼。在焦竑看來，佛教謂生於面上的凡夫肉眼爲六根之一，通過禪定修習而成的天眼也還遠遠沒有進入佛的境界，而慧眼、佛眼皆生於心，已根本不同於所謂『六根』之一的『眼』，説明在佛教那裏『心眼』意味著『德之成』，而在莊子那裏『心眼』卻意味著『德之敗』。他並指出，這裏面實際上還包含了『知其所以敗，則知其所以成』，即『敗』與『成』並『無二理』的道理。由此可見，焦竑這裏是利用具有相反意義的佛教思想資料來闡釋莊子思想的。又其爲知北遊篇所作『筆乘』云：

無爲謂之真是也，以其不言也；黄帝之不近也，以其言之也。此特相與激揚，此一大事耳。黄帝之於道，實非減於無爲謂也。淨名經：『諸菩薩共論不二法門，淨名獨默然無言，意以無言爲至矣。乃舍利弗默然，天女不之許也，曰：「解脱者不内不外，不在兩間；言語文字亦不内不外，不在兩間。是故無離言語文字，説解脱相也。」』知此則言默一如，知不知一體，有思有慮亦可以知道，有處有服亦可以安道，有從有道亦可以得道。

知北遊篇謂知三次問道於無爲謂而無爲謂皆『不知答』，後來問黄帝而得到了答覆，於是莊子認爲無爲謂已體現了大道，而黄帝卻尚未接近於大道。説明在莊子看來，『道』是超越於語言文字之外的。但焦竑卻説『黄帝之於道，實非減於無爲謂也。』並援引佛教淨名經（亦稱維摩詰經）中的故事證明了他的這一説法，認爲『言默一如，知不知一體，有思有慮亦可以知道，有處有服亦可以安道，有從有道亦可以得道』，『道』是可以寄寓於語言文字之中的。從這裏可以清楚看出，焦竑並不主張把老莊所謂的『道』解釋成絶對虛無之道，而他的這一思想正是通過援引佛經故事來得以闡明的。

第三節　對歷代治莊者多有評説

焦竑在莊子翼卷首序言中説：『老子在晚周著書上、下篇，明道德之意，而關尹子、楊朱、列禦寇、亢倉、楚莊周皆其徒也。諸子唯楊朱無書，列子在晉末書始行，疑後人取莊子之文足成之者，故太史公作列傳不及列子。』按照這一基本思路，焦氏在書中便每每以莊子思想去接合老子思想。如他在爲庚桑楚篇作『筆乘』時説：『能抱一，能勿失，即道德經所謂「載營魄抱一，能無離」也；無卜筮而知吉凶，即「不出户知天下，不窺牖見天道」也；能止，即「知止」也；能已，即「知足」也。舍諸人而求諸己，即「自知者明，自勝者强」也；翛然，即「汜兮其可左右」也；侗然，即「渾兮其若濁」也；兒子，即「專氣致柔，能嬰兒」也；和之至，共其德，偏不在外，蓋所謂「含德之厚，比於赤子」者如此。』莊子這裏的話與老子中的話確實有著一定的淵源關係，但焦竑把它與老子中的有關文字一一對應起來，卻有點過於刻意了。追溯焦氏這一基本思路的源頭，當就是司馬遷在史記老子韓非列傳中所倡導的關於莊子『其要本歸於老子之言』、『以明老子之術』的説法。而且，他還根據司馬氏在老莊本傳中所謂『老子所貴道，虚無，因應變化於無爲』之説，充分注意到了莊子學説所具有的『因』的特徵，所以他在爲齊物論篇作『筆乘』時説：『聖人於是非亦不廢者，乃生之所是因而是之，世之所非因而非之，不過如是而已。「因」之一字，老莊之要旨，故下文累言以應之。』説明其對司馬遷的老莊觀頗有認可之處。但從總體上來看，焦竑對司馬遷的整個莊子觀主要還是採取了否定的態度。如他説：

史遷言莊子詆訾孔子，世儒率隨聲和之，獨蘇子瞻謂其實予而文不予，尊孔子者無如莊子。噫！子瞻之論，蓋得其髓矣。然世儒往往牽於文而莫造其實，亦惡知子瞻之所謂乎！何者？世儒之所執者，孔子之跡也，其糟魄也，而莊子之所論者，其精也。譬之扁鵲見垣五藏而制爲方，有學之者二人焉：一不能見五藏病也而第執其方，一如扁鵲之見垣五藏也而以意爲方，不必盡出於師也，則爲扁鵲者，將善其守吾方者歟？抑善夫以意自爲方者歟？釋氏之論酬恩者，必訶佛詈祖之人。夫以訶佛詈祖爲酬恩，則皈依讚歎者爲倍德矣。又孰知夫訶與詈者爲皈依讚歎之至也！不然，秦佚之吊嘗非老聃矣，栗林之遊又嘗自非矣，而亦謂詆訾聃、周也，可乎？（澹園集讀莊子七則之三）

焦竑這裏堅決否定了司馬遷的『詆訾』說，而高度肯定了蘇軾的『尊孔』說，認爲世儒對莊子學說的瞭解，其實只是看到了一些表面現象而已。他進而舉例論證說，不拘泥於先生扁鵲的醫技而以意自爲方者才算真正發揚了扁鵲的醫學精神，以訶佛詈祖爲酬恩者才是真正皈依讚歎禪宗的人，所以莊子在養生主篇中設爲『秦佚』批評老聃的故事並非真要非難老聃，山木篇中設爲『莊周』遭受虞人責問的故事並非真要否定自己，而恰恰是爲了對老子和自己都有所助益而已。那麼，司馬遷怎能因看到莊子在表面上有一些批評儒家的話就斷定他是在『詆訾孔子』呢？接著，焦竑又對司馬遷的另一些說法提出了否定意見。他說：

史記言莊子與梁惠王、齊宣王同時。今其書所載，魏瑩即梁惠王也。又言莊子與魯哀公論儒，則莊子又與孔子同時矣。孫叔敖相楚莊王，孔子未生，而宜僚亦未嘗仕楚，乃言仲尼之楚，楚人觴之，孫叔敖執爵而立，市南宜僚受酒而祭，其前後舛錯，往往有之，學者嘗置疑於此。然周固自言之矣：『寓言十九，重言十七。』所謂寓言者，借彼之人，信此之意云耳。夫惟信己之意而已，則豈必其事之真哉！史遷謂畏累虛、亢桑子之屬，皆空語無事實，大抵子虛、烏有之流也，而規規以時月核之，不幾於癡人說夢者乎？雖然，周微獨信己之意而已。藉令學者因知名之非名，而是非之非是非，亦蒙莊之所以教也。（澹園集讀莊子七則之四）

焦竑指出，莊子中的故事大多具有寓言性質，司馬遷也知道其往往『空語無事實』，但他卻『規規以時月核之』，這不是近於『癡人說夢』嗎？誠然，司馬遷在史記老子韓非列傳中所謂莊周『與梁惠王、齊宣王同時』，以及『楚威王聞莊周賢，使使厚幣迎之，許以爲相』等説法，當不是來源於先秦文獻的可靠記載，而主要是根據莊子中的有關材料申發出來的，所以不一定完全與事實相符合。但這畢竟是司馬遷運用歷史學家應有的態度，在對莊子中的許多文字資料作充分分析研究的基礎上所構擬出的莊周生平輪廓，值得我們足夠的重視。由此看來，焦竑這裏對司馬遷的批評又顯得有些偏激了。

對於魏晉南朝時期老莊學的某些方面，焦竑也曾提出了一些否定性的意見。如他在爲田子方篇『列禦寇爲伯昏無人射』寓言故事作『筆乘』時，就曾以『郭論爲非』。並撰寫文章，對這一時期人們以廢事爲無爲的思想予以了堅決否定：『老莊盛言虚無之理，非其廢世教也。莊子曰：「水不雜則清，莫動則平，鬱閉而不流，亦不能清。」夫以廢事爲無爲，是如晉宋人之爲，斯失之遠矣。虚無者，世教所以立也。……而昧者遂至清談廢事，鬱而閉之，而幾水之清者也。』（澹園集讀莊子七則之二）認爲晉宋人務以清談廢事來闡揚老莊『無爲』思想，這真可謂是一種務使水滯積不通而又希望其清潔不腐似的思想行爲。然而，焦竑對向秀的莊子學卻有很高的評價。他説：

郭象注，世説謂爲向秀本，象竊之耳。其自注者，獨秋水、至樂兩篇。世説去晉未遠，當得其實。其中頗多勝語，略拈一二，如曰……，豈後世詞人所能辦哉？呂安歎莊生爲不死，有以也！（焦氏筆乘卷二『向秀注多勝語』條）①

竹林七賢論云：『向秀爲莊義，讀之者無不超然，若已出塵埃而窺絶冥，始了視聽之表，有神德玄哲，能遺天下、外萬物，雖復使動競之人顧觀所徇，皆悵然自有振拔之情矣。』今觀其書，旨味淵玄，華爛映發，自可與莊書並轡而馳，非獨注書之冠也。嗣後解者數十家，如林疑獨、陳祥道、黄幾復、呂惠

① 本節凡引焦竑焦氏筆乘文字，皆據金陵叢書本，民國蔣氏慎修書屋鉛印。

卿、王元澤、林希逸、褚秀海、朱得之諸本，互有得失。然視子玄，奚啻霄然！希逸乃曰：『欲爲南華洗去向、郭之陋。』不知陋之一言，竟誰任之？（焦氏筆乘卷二『向秀莊義』條）

在這兩條文字中，焦竑對郭象的評價前後不相一致，但對向秀的莊子注卻推崇備至，認爲其真可謂旨味淵玄，華爛映發，不但代表了歷代莊子學著作的最高水準，而且還可與莊子並轡而馳，哪裏是宋明時期諸如林疑獨、陳祥道、黄幾復、吕惠卿、王元澤、林希逸、褚伯秀、朱得之等人的注解所可比擬呢！但在焦竑看來，蘇軾的見解可算是例外，所以他便把它用來作爲批駁司馬遷説法的重要依據。他説：

子瞻辨莊子，能尊孔子，獨疑盜跖、漁父則若真詆孔子者。至於讓王、説劍，皆淺陋不入於道。反覆觀之，得其寓言之終曰：『陽子居西遊於秦，遇老子。其往也，舍者迎將，其家公執席，妻執巾櫛，舍者避席，煬者避灶。其反也，與之争席矣。』去其讓王、説劍、漁父、盜跖四篇，以合於列禦寇之篇曰：『列禦寇之齊，中道而反，曰：「吾驚焉，吾食於十漿，而五漿先饋。」』然後悟而笑曰：『是固一章也。』莊子之言未終，而昧者勦之，以入其言耳。故其祭徐君猷文云：『争席滿前，無復十漿而五饋。』用爲一事。今以寓言、列禦寇二篇合而讀之，真可渙然冰釋也。今案列子第二篇，首載禦寇饋漿事，而即綴以楊朱争席，正與子瞻之言合，豈子瞻作記亦因此而有寤耶？大抵莊書之奇，自非後世所能亂，其文詞格制之不同，故可望而知之也。『郭子玄云：「一曲之才，妄竄奇説，如閼奕、意修之首，危言、游鳧、子胥之篇，凡諸巧雜，十分有三。」漢書藝文志「莊子五十三（二）篇」，即司馬彪、孟氏所注是也。言多詭誕，或似山海經，或類占夢書，故注者以意去取。獨内篇衆家並同。』①參以此説，子瞻所謂昧者，其然乎？（澹園集讀莊子七則之五）

① 這段話引自陸德明經典釋文序録。

自蘇軾在莊子祠堂記中提出關於讓王、說劍、漁父、盜跖四篇爲贋品，寓言篇末與列禦寇篇首本爲一章等說法之後，歷代治莊子者多從之。焦竑在前人的基礎上，又以列子黄帝篇『首載禦寇饋漿事，而即綴以楊朱爭席』爲例，復引郭象、陸德明之說爲佐證，更有力地支持了蘇氏的觀點，從而爲莊子文本研究作出了新貢獻。他還由此出發，全面地考察了莊子外、雜篇所存在的問題：『內篇斷非莊生不能作，外篇、雜篇則後人竄入者多。之、噲讓國在孟子時，而莊文曰莊子身當其時。昔者陳恒弑其君，孔子請討，而胠篋曰：「陳成子弑其君，子孫享國十二世。」即此推之，則秦末漢初之言也，豈其年逾四百歲乎？ 曾、史、盜跖與孔子同時，楊、墨在孔後孟前，莊子內篇三卷，未嘗一及五人，則外篇、雜篇多出後人可知。又「封侯」、「宰相」等語，秦以前無之，且避漢文帝諱，改田恒爲田常，其爲假托尤明。』（焦氏筆乘卷二『外篇雜篇多假托』條）通過他的這一番考察分析，外、雜篇所存在的問題就被進一步揭示出來了。不過，儘管焦竑在這裏認爲『內篇斷非莊生不能作』，在莊子翼序言中也強調了其『內篇斷斷乎非蒙莊不能作』這一看法，但他在澹園集讀莊子七則之六中卻仍根據經典釋文所出崔譔本與今存內篇『語多不同』的事實，而認爲其也可能已經過『好事者妄爲點竄』，從而把蘇軾的懷疑精神引到了莊子內篇研究上。

對於佛教學者的莊子學，焦竑基本上是予以肯定的。如他在焦氏筆乘中作『惠淨衍莊子』條目，就全是對釋惠淨闡釋莊子之語的引述。在莊子翼中爲養生主篇『指窮於爲薪，火傳也，不知其盡也』作『筆乘』時，更是用了褒揚的口吻說：『案佛典有解此者曰：「火之傳於薪，猶神之傳於形；火之傳異薪，猶神之傳異形。前薪非後薪，則知指窮之術妙；前形非後形，則悟情數之感深。惑者見形朽於一生，便謂神情共喪，猶覩火窮於一木，便謂終期都盡，可乎？」此其說亦甚精矣。』說明焦竑是主張引佛理來闡釋莊子的。但與此相反，他對道教托於老莊的做法就持否定態度了。如他說：

九流唯道家爲多端。昔黄、老、列、莊之言清淨無爲而已，煉養服食所不道也。赤松子、魏伯陽則言煉養而不言清淨，盧生、李少君則言服食而不言煉養，張道陵、寇謙之則言符籙而不言煉養服食。迨杜光庭以來至近世，黄冠獨言經典科教，蓋不唯清淨之旨趣懵焉無聞，而煉養服食之書亦未嘗過而問焉矣。而悉宗老氏以托於道家者流，不亦謬乎！　夫道以深爲根，以約爲紀，以虚極静篤爲至，故曰虚者道之常，因者君之綱。此古聖人秉要執中而南面無爲之術也，豈有幾於長生哉！　然以彼倏然玄覽，獨立垢埒之外，則乘雲御風，揮斥八極，超無有而獨存，特餘事耳。昧者至棄本逐末，誕欺迂怪，因而乘之，假托之書彌以益衆。嗟乎！　世惟卓識殫洽者，能辨學之正僞，彼方士非研精教典，獨會於心，烏能知其純駁，擇善而從也？（澹園集道家）

在焦竑看來，道教雖然悉宗老子，卻無不遠離先秦道家清淨無爲的宗旨，所看重的只是煉養、服食、符籙、科教等東西而已。從表面上看，他們尤其喜歡追慕莊子所描繪的『乘雲御風』、『揮斥八極』一類得道者，其實也不過是棄本逐末、誕欺迂怪罷了，哪裏説得上是對莊子思想的忠實闡釋呢！　誠然，在莊子中確已有一些長生成仙的思想苗頭出現，但基本上還是限制在哲學思想層面上，而後世道教便由此出發，進一步把它發展成爲一種神仙方術，這卻違背了莊子哲學思想的根本宗旨。由此可見，焦竑謂道教唯是謬托老莊而並不能發揚其精神，這無疑是一種很有見地的説法。

第十二章　李贄的莊子學

李贄（1527—1602），本姓林，原名載贄，號卓吾，又號宏甫，别號溫陵居士，泉州晉江人。二十六歲鄉試及第，三十歲始爲河南共城教諭，後歷任國子監教官、禮部司務、南京刑部主事等職。五十一歲出任雲南姚安知府，三年後辭官，按照入滇前與好友耿定理之約，至湖北黄安寄住於耿家。耿定理病逝後，因與耿定理之兄耿定向的學術思想嚴重分歧，便移居麻城龍潭湖畔芝佛上院，在這裏讀書著述長達十餘年。後寺院被焚毁，遂避至河南商城黄蘗山中，不久又流落到北京附近的通州，依馬經綸居住。七十六歲時，被朝廷以『敢倡亂道，惑世誣民』的罪名逮捕入獄，迫害致死。曾評點過水滸傳、西厢記、琵琶記等小説、戲曲作品。著作主要有初潭集、藏書、續藏書、焚書、續焚書、李溫陵集、老子解、莊子解等。

第一節　李贄『童心』説與莊子思想之關係

李贄自謂『長七歲，隨父白齋公讀書歌詩，習禮文』（焚書卓吾論略）①，『學貴忍辱，故欲殺則走就刀，欲打則走就拳，欲罵則走而就嘴，只知進就，不知退去，孰待其遞解以去也！』（續焚書與周友山）説明他與絶大多數

① 本章凡引焚書、續焚書文字，皆據焚書、續焚書本，中華書局1975年版。

讀書人一樣，青少年時也受到了傳統儒學的嚴格熏陶。但李贄又謂『余自幼倔僵難化，不信學，……見道學先生則尤惡』（陽明先生年譜後語），『稍長，復憒憒，讀傳注不省，不能契朱夫子深心。因自怪，欲棄置不事，而閑甚，無以消歲日，乃歎曰：「此直戲耳。但剽竊得濫目足矣，主司豈一一能通孔聖精蘊者耶！」因取時文尖新可愛玩者，日誦數篇，臨場得五百。題旨下，但作繕寫謄錄生，即高中矣。』（焚書卓吾論略）這又說明，他在青少年時就對傳統的孔孟儒學有一定的抵觸情緒，尤其對盛行於當時的程朱道學更是深惡痛絶。因此到了四十歲，他便開始推許大力反對朱熹學說的王守仁，並每每折節向王氏的後學請教學問。他後來之所以能提出著名的『童心』說，即與受到王守仁『致良知』說，及王氏後學王畿『求真』說、王艮『良知現成自在』說、顏鈞『童心』說、羅汝芳『赤子良心』說等的深刻影響分不開。

在接受王守仁學派哲學思想之後，李贄到了五十歲開外又開始學習佛經，這就更使他的『異端』思想得到了發展。他曾說：『余自幼讀聖教不知聖教，尊孔子不知孔夫子何自可尊，所謂矮子觀場，隨人說研，和聲而已。是余五十以前真一犬也，因前犬吠形，亦隨而吠之，若問以吠聲之故，正好啞然自笑也已。五十以後，大衰欲死，因得友朋勸誨，翻閱貝經，幸於生死之原窺見斑點。』（續焚書聖教小引）說明李贄在受到佛教思想影響後，更把自己早年的『讀聖教』、『尊孔子』看成是俗犬的吠聲。因爲在此時的他看來，『真心既已包卻色身，洎一切山河虛空大地諸有爲相』，『吾之色身洎外而山河，遍而大地，並所見之太虛空等，皆是吾妙明真心中一點物相耳』（焚書解經文），即世界萬有虛幻不實，皆隨絶假純真之心而顯現，而假道學家們所謂的尊孔讀經，本來就如俗犬吠形，而自己又隨之吠聲，這不就使自己完全喪失本真之心了嗎？於是李贄便在童心說中大聲疾呼：『夫童心者，絶假純真，最初一念之本心也。若失卻童心，便失卻真心。失卻真心，便失卻真人。人而非真，全不復有初矣。』堅決要求人們拋棄道學家們所謂『多讀書識義理』的說教，以便去掉『童心』之『障』而返歸於本真自我。可見他的『童心』說也受到了佛教思想的一定影響。

李贄在吸納王守仁學派哲學思想和佛教思想前後，還頗傾心於老莊。他曾在續焚書道教鈔小引中自謂：『老子道德經，……日置於案頭，行則攜持入手夾，以便諷誦。』在焚書中，還收有他爲蘇轍遺著老子解所寫的子由解老序。焦竑老子翼卷七有『李宏甫刻子由解於金陵』之語，所引李贄子由解老序之末又有『萬曆二年冬十二月二十日宏甫題』字樣，並云：『李宏甫先生既刻子由老子解，逾年復自著解老二卷。』明神宗萬曆二年，李贄四十八歲，正在南京刑部員外郎任上，可知他此年已對蘇轍的老子學著作有所評論，次年又依蘇氏老子解本加以評注而著成了自己的老子解。據李贄所説『呵凍作解老一卷，七日而成帙，自謂莫逾』（續焚書與焦弱侯）、『我於南華已無稿矣，當時特爲要删太繁，故於隆寒病中不四五日塗抹之，老子解亦以九日成』（焚書答焦漪園）等話來看，則他的莊子解二卷當與老子解一卷著於同一時期，即他四十九歲時仍在南京刑部員外郎任上的那一個冬天。由於李贄頗好老莊，所以在他的著述中便留有老莊思想的明顯痕跡。如他在焚書念佛答問中説：『小大相形，是續鳧短鶴之論也。天地與我同根，誰是勝我者？萬物與我爲一體，又誰是不如我者？』這便是對老子『高下相傾』（老子二章），和莊子『鳧脛雖短，續之則憂，鶴脛雖長，斷之則悲』（駢拇）、『天地與我並生，而萬物與我爲一』（齊物論）等思想的進一步發揮。他在同書耿楚倥先生傳中説：『先生始終以學道爲事者也。雖學道，人亦不見其有學道之處，故終日口不論道，然目擊而道斯存也。』這裏基本上是移用莊子稱讚溫伯雪子『目擊而道存矣，亦不可以容聲矣』（田子方）的説法來稱美好友耿定理的，認爲他的學道顯然超越了一般道學家終日以口論道的局限，實已進入一種得意忘言的境界。收於焚書中的童心説，其所建構的整個理論體系，甚至都受到了老莊思想的明顯影響。反過來也可以説，李贄所提出的『童心』説理論，又正在一定程度上闡釋了老莊的有關思想。

我們知道，老子從他的獨特思想出發，曾稱頌『古之善爲道者』説：『敦兮其若樸。』（老子十五章）在他看來，『常德不離，復歸於嬰兒』（老子二十八章），『含德之厚者，比於赤子』（老子五十五章），『古之善爲道者』最善於保全自己的純真本性，永遠像『嬰兒』、『赤子』那樣天真無邪。莊子像老子讚美『嬰兒』、『赤子』那樣讚美『嬰兒』、『童子』、『兒子』，認爲『嬰兒生無石師而能言』（外物），『童子，是之謂與天爲徒』（人間世），所以他便借『黄帝』來讚揚『童子』之『異』（見徐無鬼），自己又將『與之爲嬰兒』（人間世），並感歎説：『能兒子乎！兒子終日嗥而嗌不嗄，和之至也；終日握而手不掜，共其德也；終日視而目不瞚，偏不在外也。行不知所之，居不知所爲，與物委蛇而同其波。是衛生之經已。』（庚桑楚）李贄的童心説，無疑與老莊的這些思想有千絲萬縷的淵源關係。此文一開頭説：

夫童心者，真心也。若以童心爲不可，是以真心爲不可也。夫童心者，絶假純真，最初一念之本心也。若失卻童心，便失卻真心。失卻真心，便失卻真人。人而非真，全不復有初矣。

在歷史上，老子最早提出了『真』的概念：『道之爲物，……其精甚真。』（老子二十一章）莊子發展了老子的這一思想，進一步要求人們必須像『嬰兒』、『童子』、『兒子』那樣，能夠『葆真』（田子方）、『全真』（盜跖）、『守其真』（漁父）、『反其真』（秋水），永遠保持本真自我。並對『真』之作爲人的自然本性還作了更加深刻的闡述：『真者，精誠之至也。不精不誠，不能動人。故强哭者，雖悲不哀；强怒者，雖嚴不威；强親者，雖笑不和。真悲無聲而哀，真怒未發而威，真親未笑而和。真在内者，神動於外，是所以貴真也。……禮者，世俗之所爲也；真者，所以受於天也，自然不可易也。故聖人法天貴真，不拘於俗。』（漁父）在莊子看來，只有自然無僞的真實情性，才能感人至深，而一切違背人的自然本性的矯情僞性，只能給人以虚假的感覺。李贄在莊子解中，對莊子的尚『真』思想予以了充分發揮。如他在闡釋大宗師篇時説：『知此者，是謂真知，是謂真人也矣。故下文四稱古之真人，而括之以「不知悦生，不知惡死，不以人助天，不以心捐道」等語，而再言「是之謂真人」以結之，反覆終始，務反於真而已。中間乃歷引古之真人相與問答之言以證之，如子偭聞道而能入於不生不死，子輿懸解而知物不勝天，子桑戶死，臨屍而歌，孟孫才母死，哭泣無涕，意而子乘成以隨先生而得遊於大宗師之樊，顔回請益而得坐忘於夫子；末復結以子桑餓病，鼓琴，若歌若哭，不任其聲，又以見真人之爲真人者亦然。……其知天之所爲，知人之所爲者，至矣。若狐不偕輩人役，孔某勤行，皆自謂人定勝天者也。忘身不真，非知道也，不可以遊於大宗師之門者也。……此又言古之真人，一任其生死，而不以人助天也。「樂通物」以下，皆助天之事，又以破笑務光等皆忘身失真，而不得謂之真人者以此。』從現存的文獻資料來看，此前還沒有任何一人曾像李贄這樣著重從尚『真』角度來闡釋大宗師篇的，說明莊子的『法天貴真』思想曾引起了他的強烈共鳴。他後來撰童心說，把『真』看成是『童心』的最本質屬性，認爲『童心』就是『絕假純真』的『真心』，即未受任何外來污染的『最初一念之本心』，這些說法無疑受到了莊子思想的明顯影響。或者說，他的這些說法也可看成是對莊子『法天貴真』思想的進一步闡發。

在李贄看來，『童心』既然是『絕假純真，最初一念之本心』，保持『童心』就是保持本真自我，那麼人們怎可喪失『童心』呢？接著，李贄便論述了『童心胡然而遽失』的問題。他說：

童子者，人之初也；童心者，心之初也。夫心之初，曷可失也！然童心胡然而遽失也？蓋方其始也，有聞見從耳目而入，而以爲主於其內而童心失。其長也，有道理從聞見而入，而以爲主於其內而童心失。其久也，道理聞見日以益多，則所知所覺日以益廣，於是焉又知美名之可好也，而務欲以揚之而童心失；知不美之名之可醜也，而務欲以掩之而童心失。夫道理聞見，皆自多讀書識義理而來也。古之聖人，曷嘗不讀書哉！然縱不讀書，童心固自在也，縱多讀書，亦以護此童心而使之勿失焉耳，非若學者反以多讀書識義理而反障之也。夫學者既以多讀書識義理障其童心矣，聖人又何用多著書立言以障學人爲耶？童心既障，於是發而爲言語，則言語不由衷；見而爲政事，則政事無根柢；著而爲文辭，則文辭不能達。非內含於章美也，非篤實生輝光也，欲求一句有德之言，卒不可得。所以者何？以童心既障，而以從外入者聞見道理爲之心也。

莊子在駢拇篇中曾要求人們『不失其性命之情』，即不要『削其性』、『侵其德』，『失其常然』。在他看來，要做到這一點，首先就必須堅持『自聞』、『自見』、『自得』、『自適』，如果『不自見而見彼，不自得而得彼者，是得人之得而不自得其得者也，適人之適而不自適其適者也。』意謂如果不從自己的自然本性出發，堅持聞己之聞、見己之見、得己之得、適己之適，而甘願去接受外在的彼之聞、彼之見、彼之得、彼之適，那就會失去本真自我，成爲『失其性命之情』的人。李贄在很大程度上承因了莊子的思想，也認爲『聞見從耳目而入』、『道理從聞見而入』，皆足以掩蔽童心，喪失本真自我。這裏所謂的『道理』、『聞見』，主要是指那種『自多讀書識義理而來』的儒家學說和道學教條。在李贄看來，這種『道理』、『聞見』愈多，則童心愈受到掩蔽，本真自我也就喪失得愈厲害。而童心既受嚴重掩蔽，本真自我既遭徹底喪失，則言語不由衷，政事無根柢，文辭不能達，就連求一句有德之言都不可得。要之，此皆是由於『從外入者聞見道理爲之心』的緣故。

李贄復又指出，童心既受掩蔽，本真自我既已喪失，則人就會變得虛假起來，哪裏還能寫出真正的好作品呢？與此相反，如果童心常存，本真自我保持完好，則人們就能寫出天下最好的文章來。他說：

夫既以聞見道理爲心矣，則所言者皆聞見道理之言，非童心自出之言也。言雖工，於我何與？豈非以假人言假言，而事假事文假文乎？蓋其人既假，則無所不假矣。由是而以假言與假人言，則假人喜；以假事與假人道，則假人喜；以假文與假人談，則假人喜。無所不假，則無所不喜。滿場是假，矮人何辯也？然則雖有天下之至文，其湮滅於假人而不盡見於後世者，又豈少哉！何也？天下之至文，未有不出於童心焉者也。苟童心常存，則道理不行，聞見不立，無時不文，無人不文，無一樣創制體格文字而非文者。詩何必古選，文何必先秦？降而爲六朝，變而爲近體；又變而爲傳奇，變而爲院本，爲雜劇，爲西廂曲，爲水滸傳，爲今之舉子業，皆古今至文，不可得而時勢先後論也。故吾因是而有感於童心者之自文也，更說甚麼六經，更說甚麼語、孟乎？

對於孔子的『性服忠信，身行仁義，飾禮樂，選人倫』等行爲，莊子直斥之爲『蚤湛於人偽』（見漁父）；並不惜以『儒以詩禮發冢』（外物）的寓言故事來揭露他的徒子徒孫們的虛偽矯情。在莊子看來，儒者既然如此喪失本性，那麼他們哪裏還會有什麼真言呢？唯有全真之人，而後才有純真之言，甚至能夠創造出符合天然美的藝術品，於是他又以『梓慶削木爲鐻』（達生）、『宋元君將畫圖』（田子方）等寓言故事來表達自己的這一藝術審美趣味。李贄發揚了莊子的批判精神，對孔孟儒學尤其是道學教條進行了無情的揭露和批判，明確指出他們『陽爲道學，陰爲富貴，被服儒雅，行若狗彘』（續焚書三教歸儒說），『口談道德而志在穿窬』（焚書又與焦弱侯），其流弊所趨，遂使人們的童心不復存在，以致出現了一個世風澆漓、虛偽公行的社會。在李贄看來，這反映在當時的文學觀念上，就是一味崇尚摹擬，亦步亦趨，嚴重地喪失了本真自我。其實，只要『童心常存』，一切從真情實感出發，便無往而非天下之至文，若西廂曲、水滸傳等皆屬此類。由此看來，『詩何必古選，文何必先秦』，更說甚麼一定要像道學家那樣到儒家經典中去尋找孔孟血脈呢？

李贄最後指出，實際上，像詩、書、禮、樂、易、春秋、論語、孟子等儒家經典，也根本不是什麼『萬世之至論』，而只是『道學之口實，假人之淵藪』罷了。他說：

夫六經、語、孟，非其史官過爲褒崇之詞，則其臣子極爲讚美之語。又不然，則其迂闊門徒，懵懂弟子，記憶師說，有頭無尾，得後遺前，隨其所見，筆之於書。後學不察，便謂出自聖人之口也，決定目之爲經矣，孰知其大半非聖人之言乎？縱出自聖人，要亦有爲而發，不過因病發藥，隨時處方，以救此一等懵懂弟子，迂闊門徒云耳。藥醫假病，方難定執，是豈可遽以爲萬世之至論乎？然則六經、語、孟，乃道學之口實，假人之淵藪也，斷斷乎其不可以語於童心之言明矣。嗚呼！吾又安得真正大聖人童心未曾失者而與之一言文哉！

莊子天運說：『孔子謂老聃曰：「丘治詩、書、禮、樂、易、春秋六經，自以爲久矣，孰知其故矣；以奸者七十二君，論先王之道而明周、召之跡，一君無所鉤用。甚矣，夫人之難說也！道之難明邪？」老子曰：「幸矣，子之不遇治世之君也！夫六經，先王之陳跡也，豈其所以跡哉！今子之所言，猶跡也。夫跡，履之所出，而跡豈履哉！……」』郭象注：『所以跡者，真性也。夫任物之真性者，其跡則六經也。況（今）之人事，則以自然爲履，六經爲跡。』說明莊子意在批評孔子不應喪失本性（『履』）而去追尋先王陳跡（『跡』），即天道篇所謂的『古人之糟魄』。所以他又進而說：『夫尊古而卑今，學者之流也。』（外物）『夫子（孔子）亦取先王已陳芻狗，聚弟子遊居寢臥其下，……是猶推舟於陸也，勞而無功，身必有殃。』李贄繼承並發展了莊子的這一思想，也明確指出：『孟氏知尊夫子而願學之也亦宜也，然以爲賢於堯舜，以爲生民未有，則亦不自知其言之過矣。……夫人之所以終不成者，謂其效顰學步，徒慕前人之跡爲也。不思前人往矣，所過之跡，亦與其人俱往矣，尚如何而踐之？……然則非但不必踐，不可踐，不當踐，雖欲踐之而不得焉者也。夫孔子非跡乎！然而孔子何跡也？今之所謂師弟子，皆相循而欲踐彼跡者也，可不大哀乎！』（藏書德業儒臣論）在李贄看來，孟子過分尊崇孔子，已屬尚『跡』而去『真』較遠，而後世學者效顰學步，不知前人及其所過之跡俱已往矣，仍只是一味地尊崇、希慕之，以致完全喪失自己的自然本性，這不是更值得悲哀嗎？他甚至進而否定了儒家經典的權威性，認爲像詩、書、禮、樂、易、春秋、論語、孟子這些所謂的儒家經典，並不一定真的出於聖人之口，或許就是孔孟的『迂闊門徒，懵懂弟子，記憶師說，有頭無尾』的記錄，根本不是什麼『萬世之至論』，怎可作爲行於萬世的信條呢？何況這些經典所記錄的只是早已消逝的古代聖人的陳跡，即莊子所說的『古人之糟魄』呢！充其量，這些『糟魄』只能成爲『道學之口實，假人之淵藪』而已，是斷斷不可持以語『童心』的。

總之，作爲李贄思想核心的『童心』說，既直接地受到了王守仁學派哲學思想和佛教思想的影響，又明顯地承因並發展了莊子的有關思想，最真實地反映了在封建道德和傳統觀念束縛下知識分子迫切希望返歸本真自我、獲得個性解放的心理欲求，對籠罩在當時思想領域中的道學教條和文壇上的復古主義都起到了有力的抨擊作用，無疑具有積極的進步意義。後來的袁宏道、龔自珍在此基礎上又提出了『性靈』說、『宥情』說等理論，則更把這場個性解放運動推向了新的發展階段。

第二節 李贄的莊子解

李贄莊子解二卷，在李氏叢書內。清黃虞稷千頃堂書目著錄，作『李贄莊子內篇解二卷』。全書僅注解內篇七篇，於每章之後，評釋其大旨。在逍遙遊、應帝王諸篇題目下，還皆撰有總論，以評論各篇之大意。對於爲何僅僅注解內篇七篇的問題，李贄在續焚書讀南華中說：『南華經若無內七篇，則外篇、雜篇固不妨奇特也。異哉，以有內七篇也。故余斷以外篇、雜篇爲秦、漢見道人口吻，而獨注內七篇，使與道德經注解並請正於後聖云。』在李氏看來，莊子外、雜篇固然也皆可稱爲『奇特』之文，但與內篇畢竟大有不同，大抵不外就是『秦漢見道人口吻』，所以他僅僅注解內篇七篇，以與他的老子解一同請正於後世聖賢。此處李贄把外、雜篇與內篇嚴格區分開來，而特別看重內篇七篇，這固然已不能說是他的獨創，但他斷外、雜篇爲秦、漢見道人口吻，卻無疑是一種頗爲新穎的看法，使羅勉道、朱得之的有關說法得到了進一步發展。

李贄注解莊子內篇，對宋代學者王雱、呂惠卿、陳景元、李士表、林希逸、褚伯秀等人的闡釋文字每有援引，但徵引得最多的還是西晉郭象的注解，這大概與他特別看重向秀、郭象的研究成果很有關係。他曾在焚書養生論中說：『若向秀注莊子，尤爲已見大意之人，真可謂莊周之惠施矣。』又在同書又與從吾孝廉中說：『如向、郭注莊子，不可便以莊子爲經，向、郭爲注；如左丘明傳春秋，不可便以春秋爲經，左氏爲傳。何者？使無春秋，左氏自然流行，以左氏又一經也；使無莊子，向、郭自然流行，以向、郭又一經也。然則執向、郭以解莊子，據左氏以論春秋者，其人爲不智矣。』衆所周知，郭象注本來就是對向秀注的『述而廣之』，則李贄所謂『向秀注莊子，尤爲已見大意』，實際上也承認了郭象注同樣是很能揭示出莊子大意的。而且李氏還進一步指出，郭象莊子注與解釋春秋的左傳一樣，也可以上升到『經』的地位，傳之久遠而不朽。因此，他在莊子解中便較多地引用了郭象的注語。然而，李贄畢竟是一位很有獨特見解的思想家，這又決定了他對莊子的評釋決不會一味地承因前人的說法，而是時時閃耀出了他自己的獨特思想光芒。所以在他看來，如果真的處處『執向、郭以解莊子』，這又肯定是不明智的。

李贄對莊子內篇各篇的評釋，確實都有著自己的獨特見解。如他在評釋逍遥遊篇時說：『夫目之所不見，耳之所不聞者，古今何多也，獨鯤鵬乎哉？聞之而不聞，見之而不見者，古今何多也，況藐姑射之山乎哉？故斥鴳見鵬飛而竊笑，肩吾聞接輿而大驚，亦以耳目之拘耳。是故言其所見則以爲尋常，言及其所不見則以爲語怪，聽其所知則以爲至極，聽其所不知則以爲無當。烏乎，是尚可以語逍遥也乎哉！』李贄這裏的意思是說，只要做到不爲耳目所拘，便可以談論逍遥遊了。他曾在焚書與焦弱侯中舉例說：『今夫海，……鯤鵬化焉，蛟龍藏焉，萬寶之都，而吞舟之魚所樂而遊遨也。……余家泉海，海邊人謂余言：「有大魚入港，潮去不得去。呼集數十百人，持刀斧，直上魚背，恣意砍割，連數十百石，是魚猶恬然如故也。俄而潮至，復乘之而去矣。」然此猶其小者也。乘潮入港，港可容身，則兹魚亦苦不大也。余有友莫姓者，住雷海之濱，同官滇中，親爲我言：「有大魚如山，初視，猶以爲雲若霧也。中午霧盡收，果見一山在海中，連亙若太行，自東徙西，直至半月日乃休。」則是魚也，其長又奚啻三千餘里者哉！』據此，李贄便認爲世間的事物並不能依據耳目的親見與否來臆斷其有無，否則便是有所拘，有所待，誠不可與語逍遥遊矣。所以他在闡釋逍遥遊篇時進一步說：『夫適莽蒼者不見千里，何可謂世遂無千里也？彼其以數仞之飛而視鵬搏於九萬里之外，其笑之也固宜。然則小知之不知大知也，猶小年之不知大年也。……故又自知效一官，等而上之，至於無所待而後爲至焉。蓋有所待，則不逍遥矣。』不可否認，李贄以拘於耳目爲有所待，爲不逍遥，確實是對莊子逍遥義的一次全新解釋。實際上，這正是他堅決主張打破當時的思想禁錮而要求獨立地思考世間一切問題這一思想的真實反映。

對於齊物論篇，李贄的解說也往往與前人不同。如他說：『天地間一大是非耳，未有能聽之者。聽之則是非蜂起，不聽則闃然無當。聽與不聽又自有是非矣，何時一歟？』在他看來，既然是非無定，不可分別，那麼又怎可『咸以孔子之是非爲是非』（藏書世紀列傳總目前論）呢？他借闡釋篇中『瞿鵲子問乎長梧子』一則寓言故事時進一步說，對於『聖人不從事於務，不就利，不違害，不喜求，不緣道，無謂有謂，有謂無謂，而遊乎塵垢之外』這樣的要言妙道，『若孔某則全不知此矣』。意謂孔子連這樣的道理都不懂，這就更不可把他作爲裁決天下是非的標準了。說明李贄這裏的闡釋，已充分表現出了他那堅決否定傳統儒學的大無畏精神。

尤其值得指出的是，莊子在大宗師篇中描寫『真人』時並沒有提及孔子，而李贄卻別出心裁地闡釋說：『此言古之真人而形容其似有如此者。「以刑爲體」以下，皆勤行之事，又以破笑孔某，而言其不得爲真人也。以德爲循者，言但與有足而能行者，皆可至於孔某也。學而不厭，誨人不倦，其勤如此！豈知真人之道，用之不勤，而是人真以爲勤行者，是萬物衆多，皆必待於雕琢之勞也，不亦愚歟？』李贄這裏破笑孔子的依據大約就是莊子的這幾句話：『以德爲循者，言其與有足者至於丘也，而人真以爲勤行者也。』其實，這裏的『丘』字顯然是指小山丘。句意謂若能以道德作爲行動的準則，則處世就好像與有足者一起登上小丘山那樣容易，人們也就真的會把他視爲勤於行走的人了。而李贄卻把其中的『丘』字解釋成了孔丘，認爲莊子意在『破笑孔某』，批評孔丘的學而不厭、誨人不倦真可謂是愚蠢的『雕琢之勞』，他所達到的境界是一般的勤行者都能達到的，哪裏可與真人之道同日而語呢！從文字訓詁方面來看，李贄這裏訓『丘』爲孔丘顯然是錯誤的，但他這一別出心裁的闡釋，卻意在嘲諷孔子，否定儒學，而並不想拘拘於字義的忠實訓釋。當時和後世恪守儒學的人多指責李贄爲『異端』，這大概與他的諸如此類的闡釋也有一定關係吧。

第十三章　釋性𣲖的南華發覆

釋性𣲖，字蘊輝，梁溪（今江蘇無錫）人。生卒年不詳。約於嘉靖、天啟間居金陵清涼山孔雀庵，自號『孔雀頭陀』。嘗與釋正勉共編古今禪藻集二十八卷，今存。關於他的生平和研治莊子的情況，陳繼儒南華發覆敘云：『南華發覆，清涼山孔雀庵蘊輝老人所著也。老人繩戒精緊，狀貌清孤，望之類須菩提，衣表瘦骨可捫而數也。長於詩，無浮屠語。與之談方内方外之書，旁及南華經，往往能結吾輩舌。蓋少而習之，長而遊於空山大澤間，所見無非莊者，積三十年而後發覆之注出焉。正如槁木蒸爲芝菌，精神肅爲舍利，非俄頃歲月可襲取得也。』據此，則南華發覆乃是釋性𣲖三十來年研治莊子的結晶。陳繼儒的這篇序文撰於天啟六年丙寅（1626），徐必達在南華發覆序中也有『丙寅春……𣲖公忽持其南華發覆者來禾，且囑序』之語，這又説明釋性𣲖的南華發覆八卷當著成於此年。

第一節　以『道德』二字爲内、外篇之指歸

釋性𣲖在南華發覆自敘中説：『古今詮釋子史者，尚矣。獨南華一書，解者無論數十百家，皆己之南華，非蒙莊之南華也。何則？其旨玄，其文奥，玄則非悟莫得，奥則幽隱難見，是以往往披文者出之淺，鉤玄者入之深，最難摸索也。至如「内」、「外」篇二字，逍遙遊之「遊」字，「乘天地之正」之「正」字，只此三字，卒未見有明白

指歸焉，況其篇章節目，隱伏影現，有難以語言形容描畫處耶！』那麼，怎樣來詮釋莊子才能得其指歸呢？釋性通指出，如以莊子主要部分的內、外篇來看，就是要運用『道』、『德』二字來進行闡釋。他在逍遥遊篇題下說：『內、外者，「道」、「德」二字也。內以道言，外以德言。內雖有七，只發揮「道」之一字，道之真以治身，是以言內；外篇有十五，只發揮「德」之一字，出其緒餘以爲天下國家，無爲爲之之爲德，是以言外也。』釋性通就是在這一思想指導下，運用『道』、『德』二字來闡釋莊子內、外篇的。

一、以『道』字爲內篇之指歸

在釋性通看來，莊子以內篇言『道』，而首篇逍遥遊實際上可視爲整個內篇的主腦。他在此篇題下說：

逍遥遊者，遊於道也。唯道集虛，人能虛己遊世，其孰能害之？人之所以不得逍遥者，只爲有己私己愛，是以觸處罣礙。惟至人乘天地之正，遊於無何有之地，是以好惡不驚，死生不變，解脫無礙，入出自由，此其所以爲逍遥遊也。

釋性通此處在徹底否定世人滯於『己私己愛』的思想行爲之後，更把『無己』的至人從與『神人無功』、『聖人無名』並列的傳統莊學觀中提升出來，使之成爲逍遥於大道超拔境界的理想人格，這無疑深得莊子本意。但他在闡釋逍遥遊全文過程中，唯獨認爲『堯讓天下是至人無己』，而『許由辭而不受是聖人無名，此下方說神人無功』，似乎他們皆在『無己』境界之下，這就未免錯誤理解了莊子原意。因爲在莊子的思想中，這裏的『堯』並不是大道的象徵，而基本上是屬於被否定的對象。

釋性通基於上述看法，便認爲內篇中其餘六篇就是對逍遥遊篇主旨的進一步發揮。於是他在齊物論題下說：『物本自齊，人以我故而有是非彼此分別。物之不齊，蓋緣於此。若悟此身空洞無物，元無有我，則知一生死，不虛誕，齊彭殤，不妄作也。入道之要，莫先於喪我，必須立論以明之，是爲齊物論。』所謂『悟此身空洞無物，元無有我，則知一生死』，即是『喪我』，也就是至人『無己』而『遊於道』的境界。說明在釋性涵看來，齊物論篇的大意顯然是發揮上篇『至人無己』的主旨而來，所以他說：『入道之要，莫先於喪我，必須立論以明之，是爲齊物論。』並在養生主篇題下更明白地說：

欲得逍遥，先須忘我，故言齊物。物既自齊，要當養其生之主。主者即真宰也，所謂主人公也。世人但知養形全生，而不知養其生之主，故養逾至而生逾喪矣。善養生者，處於虛無恬惔，勿以好惡經心，勿以勞慮累形，使之神不傷而道氣常存在者，此所謂善養者也。蓋人處世，心不能不應物，特不爲物所傷，便是養也。

釋性涵明確指出，忘我便能齊物，齊物便能逍遥。懂得了這一道理之後，還應當善於養護自己性命的真宰，而養護這真宰的關鍵就是要『處於虛無恬惔，勿以好惡經心，勿以勞慮累形，使之神不傷而道氣常存在』。但釋性涵只怕人們誤解莊子的話，把逍遥遊篇之『無己』、齊物論篇之『喪我』理解爲完全不與外物接解，根本不關心自己的自然性命，所以他又補充似地說：『蓋人處世，心不能不應物，特不爲物所傷，便是養也。』釋性涵最後指出，真宰實際上就是『道』的體現：『道者，天地萬物神人之主，今人稟此道而有生，處此形骸之中，爲生之主者，道也。所謂天然之性，以形假而性真，故稱之爲真宰。』說明在釋性涵看來，『道』爲性命之主，性命的本質便是『道』的體現，而形骸則從屬於自然性命，因此養生主篇所闡述的不外就是如何按『道』的原則來養生的問題，所發揮的仍可謂只是一個『道』字。應當説，釋性涵基本上本著以莊解莊、忠實於文本的精神來闡釋齊物論和養生主二篇宗旨，因而能較好地揭示出莊子的本意。

根據釋性涵的理解，養生主篇已經涉及了如何『處世』、『應物』的問題，緊接著的人間世篇就是對這一問題的進一步闡發，但兩篇闡述『處世』的指向卻有很大的不同。他在人間世篇題下說：

前養生主是出世之道，人間世乃人間處世之道，要見出世必於涉世，應事接物，觸情生變，而不荷其累者，斯可遊於世矣。

這裏的意思不外是説，養生主篇主要談如何養生逍遥的問題，其所謂『處世』、『應物』必以出世爲前提，只不過是作爲出世的一種補充罷了，而人間世篇所説的處世，則主要是論述人們應如何根據『道』的原則來處理與社會的關係，即個體處於紛亂的人間社會應如何『應事接物』、『不荷其累』的問題，最爲典型地代表了莊子的處世態度。不可否認，釋性通這裏所説的也深得莊子的本真思想。

那麼，而後重在强調内德之美的德充符篇，又怎麽可説它『只發揮「道」之一字』呢？看來，這確實是一個頗難回答的問題。但大概由於在釋性通的眼裏，作爲内篇主腦的逍遥遊既然以闡述無用爲有用思想來收結全篇，而德充符篇又恰好是闡發無用爲有用思想的，所以他便認爲後者乃是承因並發揮逍遥遊篇結尾處的意旨而來，而把篇中的得道者也看成是像逍遥遊篇中達到大道境界的『至人』。但正如我們在前面所説，德充符篇是闡述内德之美的，則釋性通的這些闡發顯然不符合莊子的原意。當然，他接著在大宗師篇題下説『大宗師者，道也』，認爲大宗師篇是闡述大道可宗可師思想的，這一説法又返回到了莊子本真思想之上。至於他認爲應帝王篇的宗旨是：『體是道者，既與天地合德，迫不得已而後動，道之真以治身，其緒餘土苴以爲天下國家，故曰我無爲而民自化，我無欲而天下足，此其所以應帝王也。』這一發揮也是與莊子思想相一致的。

二、以『德』字爲外篇之指歸

釋性通在應帝王篇末説：『内篇有七，只發揮「道」之一字，至此直結歸道之本體。所謂道者何，不識不知，渾然愚沌之真物也。南喻陽，儵然而有；北喻陰，忽然而無，道之用也。中央不有不無之地，體用混合而爲一,是以待之甚善,無奈儵忽謀報開鑿,以視聽食息,此其所以死也。此結全在「死」之一字。既死則弗活矣。活則虛無玄妙,應用無窮;死則分而爲知識,用聰用明也歟? 實爲駢拇張本之由。』説明在釋性通看來,内篇終止於應帝王篇而『直結歸道之本體』,所以説『内雖有七,只發揮「道」之一字』。正由於『本體』即『體』是最根本的、内在的,所以發揮『道』之『體』的七篇即以『内』言,而這七篇的主旨不外是要人們懂得『道』之『體』是用來治身的。但釋性通又指出,莊子於應帝王篇結尾處設出南海之帝儵、北海之帝忽鑿死中央之帝渾沌的寓言,則是在闡述其關於『道』的『體』、『用』思想。在釋性通看來,其中『南喻陽,儵然而有,北喻陰,忽然而無,道之用也』,而『儵忽謀報開鑿,以視聽食息,此其所以死也』,『死則分而爲知識,用聰用明也歟?』此處即是説,『用』是『體』的外在表現,『道』之『用』就是表現爲『渾然愚沌之真物』死後『分而爲知識』、『用聰用明』,這正是駢拇篇所要展開論述的内容。釋性通進而在駢拇篇題下説:

内、外者,下文云:『弗知内矣,知之外矣;弗知深矣,知之淺矣。』然混沌竅鑿,分而爲識爲知,而後有多方聰明之用,譬猶駢胝贅疣,俱非道德之正。必其殫殘知思,使天下之民反朴還淳,安於性命,方爲至治,是以言外也。外篇十五,皆從此篇抽繹而出。

釋性通這裏的意思也就是説,駢拇篇不但承接了應帝王篇結尾處關於『混沌竅鑿,分而爲識爲知,而後有多方聰明之用』的説法,而且還闡明了『道』的這種外在作用就是表現爲『必其殫殘知思,使天下之民反朴還淳,安於性命,方爲至治』。在釋性通看來,由於『道』的這種外在表現就稱作『德』,而莊子外篇所有篇章的主旨又都是由駢拇篇『抽繹』而出,因而外篇十五篇『只發揮「德」之一字』,所講的即是如何治理天下的問題。釋性通正是按照自己的這一基本觀點來闡釋外篇各篇的。如他在駢拇篇題下説:『駢枝贅疣各出於形性而非形性之正,以況仁義列於五藏,非道德之正,亦猶駢枝贅疣,均爲無用物矣。』認爲仁義對治理天下來説,是毫無用處的。他又在馬蹄篇題解中説,接著的馬蹄篇復從駢拇篇『仁義其非人情乎』和『自三代以下者,天下何其囂囂也』等語中翻出了意思：『通篇以馬喻，言治馬者不識馬之性而使馬竊轡、詭銜者，伯樂之過也；治天下者不順物之情而以仁義匡慰天下之民，民始好知爭歸於利不可止者，是聖人毁道德以爲仁義之過也。』這裏更是尖鋭地指出，『聖人』通過『毁道德以爲仁義』來治理天下，結果反而破壞了人們的自然本性，導致了天下大亂。釋性通認爲，莊子正因爲清楚地看到了『聖人』在治理天下方面所犯下的嚴重錯誤，所以接著便撰寫了胠篋篇，只是『翻覆詳明』關於聖智『爲盜竊資』（胠篋題解）的道理，從而徹底否定了儒家想用聖智來治理天下的思想。

按照釋性通的理解，駢拇、馬蹄、胠篋三篇爲一個相對獨立的意義單元，主要是站在批判的立場上，通過否定儒家所倡導的仁義、聖智等思想來闡述應如何治理天下之道理；而接下去的四篇文章，則是在上面三篇的基礎上，通過分析有爲與無爲所産生的不同結果來闡述應如何治理天下之道理。他在在宥篇題下説：

此篇以至道全身，以無爲治天下，則我得長生之祕，而天下各安其性命之情矣。末言因民性有遷，故法未嘗廢。君人者，宜明天道、人道，有爲、無爲相去之别……。在者，使之安於性命之情，不淫其性於視聽，則無喜好；宥者，順物之自爲而無容私，不遷其德於知識，則無憂痒，宜在之宥之而已，未聞以法制整齊之也。所貴聖王者，非貴其能治也，貴其無爲而任物之自爲也。

總之，治理天下者應該效法天道，採取『無爲』的態度，讓人們的個性都能得到自由發展，而一切人道皆屬『有爲』，只會使天下萬物失去其性命之情。釋性通指出，此下三篇就是『總明在宥篇末「天道之與人道相去遠矣，不可不察」』（刻意題解）之意。即：天地篇言『有天下者，不可以不刳心於天地之大，恐其不明於天者不純乎德，不明乎道者無自而可，所以要察也』（天地題解）。意謂治理天下者應該明乎天道，一任天下萬物的自由發展。天道篇言『天地之道，要以虚静、恬惔、寂寞、無爲，……以見無爲而尊者天道也，有爲而累者臣道也』（天道題解），而天道才是治理天下者應該效法的。天運篇言『天地日月運行之無爲，何嘗見有一毫作爲之跡……，是以長民者推天地氣化以行，此便是上皇也』（天運題解）。可見通過釋性通的這一番闡釋，在宥、天地、天道、天運四篇便作爲一個相對完整的意義單元呈現在讀者面前了。

在釋性涵看來，接著的刻意、繕性二篇是『總收』前面三篇的。由此，外篇前面的三個意義單元便呈現爲這樣一個整體：『自駢拇至繕性，總明應帝王之餘意。』（秋水題解）誠然，釋性涵這樣來理解外篇中前九篇的思想內容和邏輯結構，確實爲前人所未曾想到過，表現出了作爲一位佛教學者的超人悟性。尤其是把在宥、天地、天道、天運四篇理解爲『道』之『用』，認爲其中所講的都是應如何治理天下的道理，這無疑找到了莊子的命意所在。當然，他把刻意、繕性二篇也看成是爲抽繹『應帝王之餘意』而作，這就不能不說是牽強附會了。因爲刻意篇所言多本養生主、大宗師諸篇之說而總歸於養神之旨，繕性篇的中心問題則是論述如何涵養情性，哪裏能看出它們與『應帝王之餘意』有多大關係呢？而且，此後的秋水、至樂、達生、山木、田子方、知北遊六篇更不是講治理天下之理的，釋性涵又怎可用『道』的外在形式即『德』字來簡單概括呢？這就說明，他用『道』、『德』二字爲莊子內、外篇的指歸，也確實有著不盡符合實際的地方。

第二節　對雜篇的獨特理解

對於莊子雜篇的特徵，歷代學者曾有過各種不同的解釋，而釋性涵的理解又與前人所有的解釋都不同。他在雜篇首篇庚桑楚題下說：

內、外二篇道德之要，詳且盡矣。明斯道者，直須守一處和，敬修可願，或休止山樊，或陸沉於俗，藏垢匿瑕，混跡勞侶，人不得而知，能體純素，謂之真人也。若如畏壘之祝庚桑，無鬼之欲干酒肉，彭陽之妄求苟進，以其有以自見，故人得而鬻之也。此皆不急於自治而急治物者，俱非道德之正，此其所以謂之雜也。

這裏是說，莊子內篇言『道之真以治身』，外篇言『出其緒餘以爲天下國家』，而雜篇所寫的主要人物如庚桑楚、徐無鬼、彭陽等，則『皆不急於自治而急治物者，俱非道德之正，此其所以謂之雜也』。說明在釋性㴑看來，莊子雜篇之所以謂之雜，主要是由於其內容不夠純正，不符合『道』和『德』的原則，而不像自蘇軾以來的許多學者所認爲的那樣，在很大程度上是由於其文字較爲粗糙，甚至每有鄙陋不堪者的緣故。釋性㴑從這樣的認識出發，認爲：庚桑楚篇『以「庚桑楚」命篇者，言守真之士自宜退隱，無以世爲也』（庚桑楚題解）。意謂庚桑楚不能真正做到『藏身深眇』，渾然無跡，而使畏壘之民無以歸美於己。徐無鬼篇『以「徐無鬼」言』者，是在批評他『欲以己之不惑解武侯之惑』，而不能以『恬退自養』（見徐無鬼題解）。則陽篇『以「則陽」名』者，是在批評則陽（即彭陽）『利令智昏』，『邀求不已』，而不知『藏光斂耀，晦影逃名，在山澤則事畚築，在田野則務草萊，樂物之通而與之娛，陸沉於世，混俗和光，不可得而名，莫可得而狀，優哉遊哉，聊以卒歲』（見則陽題解）。外物篇則是在闡明『上之庚桑之欲用尸祝，無鬼之出見武侯，則陽之干求苟進，斯皆造道之未至，有以自見於外，而欲人之尊己，而不知外物之來，善惡俱不可必也』（外物題解）。釋性㴑的這些說法，自與他人不同，值得我們重視。

釋性㴑對莊子雜篇的獨特理解，最主要還是表現在他對讓王、盜跖、說劍、漁父四篇的看法上。他在讓王篇題下說：

此篇以東坡論之，以其文章枝葉粗大，疑似後人竄入。若以意義揆之，出於莊生之手無疑。何也？由前庚桑之於無鬼、則陽之流，不能撝謙向晦，以道自全，而欲以德臨人，以言教人，則其所失者重，所邀者輕也。至此而言王之可讓，則無物不可讓矣。有道之士至貴，國爵并焉，志在重生，而不重外物也。言讓王者，將以起高尚肥遁之風也歟？道無名，以其有退讓之名，亦謂之雜也。

按照釋性㴑的理解，讓王篇乃是針對前面數篇中庚桑楚、徐無鬼、則陽之流『不能撝謙向晦』的思想行爲而發，目的是要『起高尚肥遁之風』，所以此篇必爲莊子手筆無疑，而絕非像蘇軾及其追隨者所說，是後人竄入莊子中的贋品。釋性通由此出發而進一步説，盜跖篇旨在闡發『何適而無道』（盜跖題解）之理，漁父篇旨在闡發『無姓無名便是道』（漁父題解）之理，即都是莊子用來説明道無所不在之道理的。在釋性通看來，即使最爲人們所懷疑的説劍篇，其意旨也何嘗不與莊子全書相一致？他在此篇題下説：

> 説劍一篇，言有道之士，貴在養神，不嘗養身。執道者德全，德全者形全，形全者神全，神全者聖人之道也。若徒養其身，而不知養神，未免逐物喪真，以利累形，而反傷其身矣。以此而論長生安體樂意之道，不亦遠乎！養神之道，要在不以知慮搖精，不以視聽勞形，始得神將守形，形乃長生也，神則無所不利矣，奚獨千里不留行哉！精而又精，反以相天。

在釋性通看來，説劍篇重在闡述『貴在養神』的思想，這正與天地篇所謂『執道者德全，德全者形全，形全者神全，神全者聖人之道也』，在宥篇所謂『無搖女精，乃可以長生』、『女神將守形，形乃長生』的思想是一致的，則此篇亦必『出於莊生之手無疑』，怎麼可像蘇軾那樣認爲是後人竄入的僞作呢？釋性通在列禦寇篇題下説：

> 雜篇至此而引列禦寇之人，將保汝而汝不能使人無汝保者，此直總括前篇庚桑之欲有尸祝，以至孔子之尊漁父，斯皆不能使人無汝保者，故曰知道易，勿言難也。真修之士，設有一毫知識吐露不盡，俱爲障道根本。道者，養身之具，非所以養物也。……知道者，宜乎處陰休影，晦跡逃名，養形忘利，志道忘心，陸沉於俗，不識不知，順帝之則，此之謂大得也。

根據釋性通這裏的説法，列禦寇篇首章所寫列禦寇寓言故事乃是『總括』庚桑楚、漁父二篇中有關寓言故事的意旨而來，目的是要體悟大道者『宜乎處陰休影，晦跡逃名』，則此篇首章所寫列禦寇寓言故事根本不可能像蘇軾所説的那樣，原來與寓言篇末尾乃是一個連貫的整體，只是由於讓王、盜跖、説劍、漁父四篇的竄入才成了現在的樣子。釋性通的意思也就是説，這四篇文章本來就是由莊子親手安排在寓言篇與列禦寇篇之間的，哪裏會是後人竄入的贋品呢？不可否認，釋性通對莊子雜篇作這樣的整體理解，似乎有點無視於今本莊子三十三篇是由古本莊子五十二篇删削整合而來，尤其是雜篇部分可能留有更多删削整合之痕跡的事實，但他的理解確實表現出了爲前人所不曾有過的獨特性，具有一定的學術價值，所以無疑是值得我們珍視的。

此外，釋性通還發展了林希逸莊子口義所謂雜篇中寓言篇『乃莊子自言』的觀點，在歷史上應該説是最早提出了關於『此篇莊子以寓言名者，直自敘其作書之本旨』（寓言題解）之類的説法，對後來宣穎南華經解、劉鳳苞南華雪心編等都產生了直接或間接的影響。他進而在天下篇題下説：

雜篇至此而言方術者，以見道之雜也。夫道術者，大而無外，小而無遺。今天下之治道術者，恃一察之明，各自以爲至，而不知是卷道術而爲方術，不該不偏（遍），一曲之士也。是以莊子不得已，恐後世之學者不幸而不見天地之大全，故歷敘百家衆技之説，以曉明邪正路頭之有差别，使學者知有大道之鄉，而不迂於曲學阿世、自私自利之塗，以喪其真。此書之所以作，以見己之學，一皆本於道德，而非方術，將以救世也。若徒馳騁其才辯，而不安於身心性命之實德，是用其功於外，而不能處陰休影，處靜息跡，絕力而死也。悲夫！故此篇乃本經之末序，序其著書之本旨也。

早於釋性通的朱得之已在莊子通義中指出，天下篇『乃本經之後序，序其祖老而不同於諸子之故』，但其『出於學莊之學者，非莊子作也』。釋性通承因了朱氏的觀點，可是並不贊同他關於此篇『出於學莊之學者』的説法。在釋性通看來，此篇乃是由於莊子『恐後世之學者不幸而不見天地之大全』而寫的，目的就是要『使學者知有大道之鄉，而不迂於曲學阿世、自私自利之塗，以喪其真』，並表明自己的學問『一皆本於道德，而非方術，將以救世也』。關於朱得之和釋性通的説法到底誰是誰非，學術界至今尚無定論，但兩種説法都對後世產生了深遠的影響，引導著不少治莊者對天下篇的有關問題進行深入研究，這是不可否認的事實。

第三節　以莊解莊與對節目文脈的潛心體悟

一、以莊解莊的闡釋指向

自魏晉以來的莊子學，主要具有儒、佛化兩大特徵。但釋性通作爲一名先業儒而後托宿於佛門的學者，並沒有以儒、佛思想來闡釋莊子。方應祥在南華發覆序中說：『余交蘊師（釋性通）自神廟。庚子間，聚其徒治莊生言，栩栩如也。僧寮過從，微義往復，輒遂彌日。兹手一篇，視余曰：「此吾所著南華發覆也。」……蘊師吾儒其人而托宿於西氏之弟子，冠冕濂洛關閩之學，衿裾瞿曇之諦，……劃然自命南華發覆，舉世英敏老夙之士，危坐以進之，鼓歌以舞之，而無從異其喙。嗟乎！南華具在，誰爲覆？吾師者，而又焉所發之？莊生不云乎：「里人有病，里人問之。病者能言其病，其病病者不病也。」師自謂：「……吾所爲發南華之覆，乃莊子自爲注也。」然則，師固以不醉不夢不病之莊子注莊子也哉！』據方應祥所說，釋性通確實既信仰佛教，又依傍儒學，但他聚徒講授莊子、撰寫南華發覆，卻採取了以『莊子自爲注』的闡釋指向，與陳繼儒在南華發覆敘中所謂『它人以我解莊，而蘊公以莊解莊』的說法正復相同，從而使他的南華發覆成了繼宋末褚伯秀南華真經義海纂微之後的又一部在以莊解莊思想指導下撰成的重要莊子學著作。

如果粗略看起來，釋性通的南華發覆似乎頗有點以老子解莊子的意思。比如天下篇稱關尹、老聃爲『古之博大真人』，釋性通闡釋說：『上明關尹、老聃極於道術，下莊子遂而承之，以明己之道術本乎老聃、關尹，非他等之方術也。』以爲莊子的學說即來源於老子。因此，釋性通在闡釋養生主篇『老聃死』寓言故事時，完全否定了前人所謂莊子撰寫此則寓言故事意在貶斥老聃的看法。他説：『此段多以聃有情愛，入人之深，其弟子輩致生哀泣。冤哉！聃澹然獨與神明居者，豈於道爲未至而尚有係累耶！無奈不知其盡之人，以聃爲實有死生，觸情生變耳，與聃何預？聃，漆園所師也。前此既譏議之矣，下文何以稱其「博大真人」哉！若以此爲言，則自相矛盾矣。讀此者，當另具隻眼，勿得認奴作郎乃可。』就這樣，釋性通認爲老、莊之間根本不存在思想分歧，莊子的學説完全是對老子學説的承因和發展。於是，他便認爲莊子『著書之本旨，一皆本於老子』（天下篇末總論），而内、外篇也不外就是對老子道德經『道』、『德』二字的發揮，即所謂『内雖有七，只發揮「道」之一字』，『外篇有十五，只發揮「德」之一字』。但是，縱觀釋性通對莊子内篇、外篇以及雜篇所作的闡釋文字，我們並沒有發現其像陸西星南華真經副墨、沈一貫莊子通等那樣把莊子中的文字往往看成是老子之注疏，也極少看到其引用老子中的話和觀點來直接詮釋莊子文字，而是時時感覺到其確實表現爲一種以『莊子自爲注』的闡釋指向。這就是釋性通以莊解莊的重要特徵之一。

釋性通闡釋莊子，甚能鉤玄探賾，尋找過文血脈，從而把内、外、雜篇各篇聯貫成了一個有機整體，這無疑反映出了他作爲一名佛教學者極強的冥悟能力。但在理論上，釋性通卻幾乎完全不援引佛教思想資料來闡釋莊子，而是堅持了自己所定的『吾所爲發南華之覆，乃莊子自爲注也』的原則，這就成了他南華發覆的重要特徵之二。此外，釋性通也不受自北宋以來莊子學嚴重儒學化風氣的影響，而走著自己的以莊解莊的道路，這就成了他南華發覆的重要特徵之三。總之，以上三大特徵便使他的南華發覆具有了以莊子闡釋莊子的基本思想傾向。

二、對全書篇章節目、過文血脈的潛心探究

南華發覆卷末有跋語云：『莊子之書，一篇一意也，三十三篇一氣也。解者每於過文血脈處，或義絶而上

下不相蒙，或文斷而彼此不牽合，故不肖止於斷處、絕處，疏暢其氣義，使相聯貫，庶合道真而已，非敢苟存著作以要虚譽也。』此跋語未署撰者姓名，但審其語氣，則爲釋性通所撰無疑。

依據跋語所説，釋性通把莊子全書看成了一個有機的整體，即所謂『一篇一意也，三十三篇一氣也』。誠然，正像我們在前面已提及的，釋性通既把莊子内、外、雜篇分解爲三個自成體系的思想單元，又把它們看成是一個不可分割的有機整體，如認爲内篇最末一則寓言故事即爲外篇首篇駢拇『張本之由』，而自駢拇至繕性等九篇則『總明應帝王之餘意』。至於各篇之間的『過文血脈』，他認爲如天道篇『正發明前篇（指天地）「無欲而天下足，無爲而萬物化，淵靜而百姓定」三句』（天道題解），秋水篇是在直接發揮天道篇所謂『明白於天地之德者，此之謂大本大宗』等意義。不可否認，釋性通的這些見解雖不免有附會穿鑿之嫌，但對我們解讀莊子應當很有啟發意義。

釋性通疏暢『過文血脈』，也包括了對篇内文字脈絡的梳理。如對於逍遥遊篇，他在『此小大之辯也』下説：『已上總是借事，向下方是正意。』在『若夫乘天地之正，而御六氣之辯，以遊無窮者，彼且惡乎待哉』下説：『申明上文以何等人才得無待。』在『故曰至人無己，神人無功，聖人無名』下説：『無己、無功、無名，便是乘天地之正之人也。上乃寓言，此下指出忘己、忘功、忘名之人以證據。』從這裏可以看出，釋性通所作的評語雖然不多，但逍遥遊全篇的『過文血脈』卻被梳理了出來，對解讀者無疑能起到很好的引導作用。

第十四章　公安派的莊子學

第一節　公安派『性靈』説與莊子思想之關係

明代萬曆年間，以公安袁宗道、袁宏道、袁中道三兄弟爲首的公安派，曾極力反對前後七子的擬古風氣，主張文學應當抒寫性靈，企圖在一定程度上突破道學對文學的束縛。從社會大背景上來看，這固然是當時個性解放思潮在文學領域裏的必然反映。但如果尋找其思想淵源，則主要當來自佛教、道家思想，而李贄又實爲他們在精神方面的最直接的導師。

按照傳統的説法，袁宗道『其才或不逮二仲（宏道、中道），而公安一派實自伯修（宗道）發之』（錢謙益《列朝詩集小傳》）。我們可從許多文獻資料中清楚看到，袁宗道作爲公安派的開啟者，他與兩位弟弟一樣，也跟李贄交誼甚厚，受到了李氏那敢於批判傳統的大無畏精神和出儒術而入佛、道等一系列新穎議論的深刻影響。所以，他雖然曾認爲『蓋自古稱真正英雄者，放勳風動，則莫若堯、舜；　明光勤政，則莫若姬公；　而貫百王，拔類萃，則莫若孔子』，而『彼漆園者流，逍遥徜徉，見以爲適，而竹林諸子，箕踞嘯傲於醉鄉，見以爲能解粘去縛。語之以聖賢之戰兢，若狙之縶於樊中，不勝其苦，而求逸去。而叩其中，遂乃空疏如糠瓢石田之無當於用，安所稱真正英雄哉』（見真正英雄從戰戰兢兢來）①，並感歎說『今海内學士好治子家言，方海錯乎莊、列輩，濡首其中，而薄洙泗正論爲無當，此風不熄，將爲晉朝揮麈諸人之濫觴，其蠹世道而蕩人心，寧有底極』（刻文中子序），表明他心目中的英雄人物不是逍遥徜徉的莊周和嘯傲揮麈的魏晉名士，而是從戰戰兢兢中來的儒家所説的聖人，但他又『蒙莊不去手，卓有出塵志』（袁宏道瀟碧堂集塗中懷大兄詩）②，認爲汲汲塵世中，『何似山齋閉關坐，南華攤向火爐看』（高村店大風……），去追求那種『無心甘抱甕，有手但持杯』的『南華達士懷』（見壽舒翁……）呢！甚而至於，他還爲佛、道作了辯護。如他在送夾山母舅之任太原序中説：

吾邑自洪、成以來，科第不乏。士大夫之有行業者，亦復不少，獨風雅一門，蓁蓁未闢。士自蒙學，以至白首，篋書中惟蓄經書一部，煙薰指南、淺説數帙而已。其能誦十科策幾段，及程墨後場幾篇，則已高視闊步，自誇曰奥博，而鄉里小兒憚之，亦不翅揚子雲。……至於佛、老諸經，則共目爲妖書，而間有一二求通其説者，則詬之甚於盗賊。此等陋俗，蓋余廿年前所親見。而今里中三尺小子所哦者，非兩漢即六代。無論舉義，即尺蹄往來，具有古意。道德、南華，以及竺典，亦多涉獵。揮麈援毫，往往有致。衣冠文物，殆斌斌等於三吴矣。

這裏説明，袁宗道已對長期以來士大夫們皓首窮經、死守道學教條的風氣表示深惡痛絶，而對『一二求通其説者』和『里中三尺小子』之讀老子、莊子、佛經及漢魏六朝典籍則予以大力肯定，認爲這樣就能開拓他們的心胸，誘發他們的靈感，使他們的氣度和文辭都達到彬彬有致的境界。袁宗道的這一思想反映在他的文藝理論上，就

① 本章凡引袁宗道文，皆據其所著白蘇齋類集，上海古籍出版社1989年版。
② 本章凡引袁宏道文，皆據袁宏道集箋校，上海古籍出版社1981年版。

表現爲像李贄讚美『童心』般地稱讚那些抒寫真情性的詩文。因此，他在雜說中引錄了李贄童心說的大部分文字，並在論文中說：

口舌代心者也，文章又代口舌者也。輾轉隔礙，雖寫得暢顯，已恐不如口舌矣，況能如心之所存乎？……故大喜者必絶倒，大哀者必號痛，大怒者必叫吼動地，髮上指冠。惟戲場中人，心中本無可喜事而欲強笑，亦無可哀事而欲強哭，其勢不得不假借模擬耳。

袁宗道在這裏極力主張文章應當抒寫真情實感，如實地反映『心之所存』，『大喜者必絶倒，大哀者必號痛，大怒者必叫吼動地，髮上指冠』，而不能『強笑』、『強哭』，以『假借模擬』爲能事。他的這些主張，正與李贄童心說的基本精神相一致，更與莊子主張『法天貴真』，反對『強哭』、『強怒』、『強親』（見莊子漁父）的思想觀點有著明顯的承因關係，說明公安派『性靈』說的基本思想特徵至此已可見端倪。

袁宏道大約在二十二歲前後已開始研治佛典，試圖以禪理闡釋儒學。嗣後又聞李贄隱居龍湖，冥會教外之旨，因走訪之，留三月，殷殷不舍。『先生（宏道）既見龍湖，始知一向掇拾陳言，株守俗見，死於古人語下，一段精光，不得披露。至是浩浩焉如鴻毛之遇順風，巨魚之縱大壑。』（袁中道吏部驗封司郎中中郎先生行狀）故時人謂袁宏道乃『李卓吾之徒』，『其指實自卓吾發之』（見錢謙益陶仲璞遁園集序）。當然，除了潛心佛典、親炙於李贄而外，袁宏道還以相當高的熱情親近著莊子。如他在萬曆十四年時，所作詩歌就有『閉門讀莊子，秋水、馬蹄篇』（敝篋集病起獨坐）之句，說明他早在十九歲前後已對莊子有所研習。在袁宏道此後的詩作中，像『興來學作春山畫，病起重箋秋水篇』（解脱集閒居雜題之二）、『自笑蒙莊老弟子，南華又作一通書』（破硯齋集黄昭質……之四）、『彭澤去官非爲酒，漆園曳尾豈無才』（敝篋集偶成）、『十分漆園學得五，逍遥猶可物難齊』（解脱集閒居雜題之四）、『夢中亦有敲門客，報導莊周騎蝶來』（華嵩遊草希夷峽之一）一類句子更是頻頻出現，說明他在很長時間裏對莊子一直保持著濃厚興趣，即使在病後也還繼續研習著莊子，這就無怪乎他能寫出廣莊這部具

有較高理論水準的莊子學專著了。同時,袁宏道還每以書信形式來更爲具體地表述其對莊子及其思想的看法。如他在錦帆集中說:

玩世者,子桑、伯子、原壤、莊周、列禦寇、阮籍之徒是也。上下幾千載,數人而已。已矣,不可復得矣!(徐漢明)

唯有一種至人,觀苦於樂先,故曰不爲福始;耽樂於苦中,故曰行乎患難。若我輩則必待情景既至而後識之,其去莊周、列禦寇遠矣。(王孟夙)

唯有討便宜人,是第一種人,故漆園首以逍遥名篇。……五石之瓠,浮游於江海,參天之樹,逍遥乎廣莫之野,大人之用,亦若此而已矣。(湯義仍)

這裏説明,袁宏道甚是追慕莊周,認爲他玩世不恭,不爲福始,樂於苦中,逍遥自在,實在是一位不可復得的至人。所以他在爲吴縣縣令時,曾七次具牘要求解去官職,希望能做一個像莊子那樣的自在人,『曳尾山中,但得任意歌詠,鼓吹休明足矣。』(錦帆集朱司理)可見,袁宏道追慕莊子主要表現爲對率真任性這一人生境界的追求,因爲他認爲『牛馬若率真,形貌亦自好』(解脱集天目書所見),『率性而行,是謂真人』(錦帆集識張幼于箴銘後),而『真人』即是自己的理想人格。他的這一思想反映在文學觀念上,就是要求作家應當抒寫真情,而不可拘守前人格套。如他説:

昔老子欲死聖人,莊生譏毁孔子,然至今其書不廢。……何者?見從己出,不曾依傍半個古人,所以他頂天立地。今人雖譏訕得,卻是廢他不得。(解脱集張幼于)

文章新奇,無定格式,只要發人所不能發,句法字法調法,一一從自己胸中流出,此真新奇也。(瓶花齋集答李元善)

行世者必真,悦俗者必媚,真久必見,媚久必厭,自然之理也。故今之人所刻畫而求肖者,古人

皆厭離而思去之。古之爲文者，刊華而求質，敝精神而學之，唯恐真之不極也。（未編稿行素園存稿引）

大抵物真則貴，真則我面不能同君面，而況古人之面貌乎？唐自有詩也，不必選體也。（錦帆集丘長孺）

在袁宏道看來，今人之所以廢老、莊不得，乃是由於他們『見從己出』，所言皆爲本色獨造語。假如作家真能像老、莊那樣，凡句法字法調法皆『一一從自己胸中流出』，而不去依傍古人，不屑刻畫求肖，不肯悦俗媚衆，那麼他的作品也就達到了『真』的境界，真可謂之新奇之作了。所以他説：『物真則貴，真則我面不能同君面，而況古人之面貌乎？』並在錦帆集敘小修詩中把他的這些思想理論概括成『獨抒性靈，不拘格套』的説法，要求創作者『不效顰於漢、魏，不學步於盛唐，任性而發』，『非從自己胸臆流出，不肯下筆』，以便創作出像『真人所作』的發自心靈深處的真詩文。袁宏道所首創的『獨抒性靈，不拘格套』這一説法，實際上成了整個公安派文學理論的標誌性口號和該派大多數成員所共同遵循的創作原則。

袁中道天才早慧，其行誼恣肆雄邁，是其兄袁宏道『獨抒性靈』説的努力踐履者。袁宏道在錦帆集敘小修詩中説：

弟小修……獨喜讀老子、莊周、列禦寇諸家言，皆自作注疏，多言外趣，旁及西方之書，教外之語，備極研究。既長，膽量愈廓，識見愈朗，的然以豪傑自命，而欲與一世之豪傑爲友。其視妻子之相聚，如鹿豕之與群而不相屬也；其視鄉里小兒，如牛馬之尾行而不可與一日居也。泛舟西陵，走馬塞上，窮覽燕、趙、齊、魯、吴、越之地，足跡所至，幾半天下，而詩文亦因之以日進。大都獨抒性靈，不拘格套，非從自己胸臆流出，不肯下筆。有時情與境會，頃刻千言，如水東注，令人奪魄。其間有佳處，亦有疵處，佳處自不必言，即疵處亦多本色獨造語，……自能感人，是謂真詩，可傳也。

袁中道自謂『量來八笏已周遭，左置莊周右楚騷』（新亭成即事）、『未病先儲藥，生平解老、莊』（别中郎南歸……之三）、『近日頗精人間世，全生大抵要無才』（春日），並撰有莊子學著作導莊，説明其確實『獨喜讀老子、莊周、列禦寇諸家言』，對莊子極有研究。由於深受道家思想和外來佛教觀念的影響，袁中道便變得『膽量愈廓，識見愈朗，的然以豪傑自命，而欲與一世之豪傑爲友』。這反映在他的文學創作上，就是表現爲『獨抒性靈，不拘格套，非從自己胸臆流出，不肯下筆』，『有時情與境會，頃刻千言，如水東注，令人奪魄。』用他自己的話來説，這也就是『取裁肸臆，受法性靈，意動而鳴，意止而寂』（宋元詩序），要讓『一段真面目溢露於楮墨之間』（中郎先生全集序）。所以，他認爲李贄的文章『不阡不陌，抒其胸中之獨見，精光凜凜，不可迫視』（李溫陵傳），袁宏道的詩文『從靈源中溢出，别開手眼，了不與世匠相似』（吏部驗封司郎中中郎先生行狀），皆爲天下不可多得的真詩真文。

此外，作爲袁宏道的重要羽翼的陶望齡、江盈科、雷思霈等一批人，他們對公安派的發展也起到了很大的推動作用。陶望齡對袁宏道甚爲推崇，曾謂『袁中郎禮部，天才秀出，早年參究，深契宗旨，近復退就平實，行履精嚴，然不知者或目爲怪罔，而疑僕不宜於遊。夫僕何人，而敢與中郎遊乎！』（與友人）①事實上，他與袁宏道一樣，也喜歡談禪論道，『氾濫於方外』（黄宗羲明儒學案卷三十六）。如他説，『世事苦相役，隱几才嗒然』（山房雜興之六），『儵魚時出游，幽禽自來往。魚鳥還相親，便有濠上想。』（山房雜興之六）認爲處於『世事苦相役』的現實社會中，只要像『大隱楚蒙莊』（題尹中丞栩栩園二十二韻）那樣，善於體味隱几嗒然之趣和濠水游魚之樂，那麼也就可謂『栩栩亦暫適』（久麥）了。並指出，這體現在言語文辭上就是：『有道者之言，皆言其忘言者

① 本章凡引陶望齡詩文，皆據其所著歇庵集（明代論著叢刊第二輯），臺灣偉文圖書出版社有限公司1976版。

也。至言去言，如大毒之已毒，遇者且恍然喪其所有，而何言語之足患乎？』（鄧文潔佚稿序）這裏所謂的『忘言』、『去言』，用陶望齡的另一番話來說，就是不要去剽竊沿襲人家的言語文辭，而應該讓情感從自己的『胸臆』中不知不覺地自然流出：『凡是胸臆中陶寫出者，是奇是平爲好；從外剽賊沿襲者，非奇非平，是爲劣。』（登第後寄君奭弟五首）說明這裏主張『凡是胸臆中陶寫出者』皆是好作品，正反映出了公安派成員所共有的但求真性靈的文藝觀。江盈科認爲，『若係真詩，雖不盡佳，亦必有趣』，『若係真詩，則一讀其詩，而其人性情入眼便見』（雪濤詩評）。基於這一觀點，他在爲袁宏道解脱集作序時便說：『余觀李陵答蘇武一書，怨憤激烈，千載而下，讀之當爲扼腕。嵇中散絶交書，寫成懶慢箕倨之態，至今如親見其人。蓋其情真而境實，揭肺肝示人，人之見之，無不感動。中郎諸牘，多者數百言，少者數十言，總之自真情實境流出，與嵇、李下筆，異世同符。』又在閨秀詩評中説：『余生平喜讀閨秀詩，然苦易忘。近摘取佳者數首，各爲品題，以見女子自攄胸臆尚能爲不朽之論，况丈夫乎！』説明江盈科評論古今男女詩文，皆以『獨抒性靈』者爲高。雷思霈也同樣以『真』字來衡量一切文學作品，而他的這一文藝觀更清楚地顯示出了與莊子思想的淵源關係。如他在爲袁宏道瀟碧堂集所作的序中説：

六經之外，别有世界者，蒙莊似易……。古之人能於六經之外崛起而自爲文章，今乃求兩漢、盛唐於一字半句之間，何其陋也！……真者，精誠之至。不精不誠，不能動人。强笑者不歡，强合者不親。夫惟有真人，而後有真言。真者，識地絶高，才情既富，言人之所欲言，言人之所不能言，言人之所不敢言。言人所欲言，有心中了了而舉似不得者，其筆之妙與舌之妙，令人豁目解頤，鼓舞而不能已。……能作如是語，故能作如是詩與文。如山之有雲，水之有波，草木之有華，種種色色，千變萬態，未始有極，而莫知其所以然，但任吾真率而已。

莊子在漁父篇中説：『真者，精誠之至也。不精不誠，不能動人。故强哭者，雖悲不哀；强怒者，雖嚴不威；強親者，雖笑不和。真悲無聲而哀，真怒未發而威，真親未笑而和。真在內者，神動於外，是所以貴真也。……故聖人法天貴真，不拘於俗。愚者反此。不能法天而恤於人，不知貴真，祿祿而受變於俗，故不足。』在雷思霈看來，莊子能在六經之外發表這樣的精闢見解，真可謂是開拓了一個新的理論世界，所以他予以引申、發揮，以之來表述自己對文藝創作的看法，認爲創作者首先應該使自己成爲一個真誠的人，這樣就會有『真言』，才能創作出具有『真』美的文學作品，『令人豁目解頤，鼓舞而不能已』；反之，如果虛偽矯情，唯是『強笑』、『強合』，那就根本寫不出好作品，只會給人以『陋』的感覺。所以，凡主張『獨抒性靈』的作家只是『任吾真率而已』。由此可見，雷思霈的文藝觀與其他公安派成員的文學批評思想一樣，也明顯地受到了莊子思想的影響。

第二節　袁宏道的廣莊

袁宏道（1568—1610），字中郎，號石公，湖廣公安（今屬湖北）人。明神宗萬曆壬辰（1592）進士，授吳縣知縣，升禮部主事，改官吏部郎，與兄宗道、弟中道並有才名，時稱『三袁』，爲公安派的核心人物。所著敝篋集、錦帆集、解脫集、廣陵集、瓶花齋集、瓶史、瀟碧堂集、破硯齋集、華嵩遊草、廣莊等皆存，今人均將其收入袁宏道集箋校。並曾批點過韓愈、柳宗元、歐陽修、蘇軾四大家集，惜已佚。

廣莊一卷，凡七篇，依次爲逍遙遊、齊物論、養生主、人間世、德充符、大宗師、應帝王，是袁宏道三十一歲時所作①。關於廣莊的宗旨，袁宏道自謂：『廣者，推廣其意，自爲一莊，如左氏之春秋，易經之太玄也。』（瓶花齋集答李元善）稍後的陳于廷則說：『袁中郎之廣莊，非廣莊也，廣讀莊者之狹劣不能自濟於閃譎無涯之波辨者也。』（廣莊敘）②如果體會魯迅先生的意思，似又認爲袁氏著廣莊是爲了『洗清積憤』（讀書忌），而注釋魯迅著作者則說廣莊是『袁中郎模仿莊子文體談道家思想的著作』③。那麼，廣莊到底是一部什麼樣的著作，表現了著者怎樣的思想傾向呢？下面，先讓我們對廣莊七篇分別作些論析。

---

① 袁宏道在瓶花齋集答梅客生中說：『花朝之夕，月甚明，寒風割目，與舍弟閒步東直道上，興不可遏，遂由北安門至藥王廟，觀御河水。……數日後，又與舍弟一觀滿井，枯條數莖，略無新意。京師之春如此，窮官之興可知也。冬間閉門，著得廣莊七篇，謹呈教。』又在同書答陶石簣中說：『廣莊是弟去冬所作，瓶史乃今春著得者，俱附上請教。』說明廣莊七篇是袁宏道在北京任職時的一個冬天裏所作，第二年春天或稍後，曾分呈梅國楨、陶望齡請教。據袁宏道瓶花齋集告病疏、袁中道吏部驗封司郎中中郎先生行狀二文所載可知，袁宏道任職北京的時間是在神宗萬曆二十六年（1598）至二十八年（1600）之間。那麼，他的廣莊到底著於這三年中的哪一個冬天呢？他在瓶花齋集滿井遊記中說：『燕地寒，花朝節後，餘寒猶厲。……廿二日，天稍和，偕數友出東直，至滿井。……己亥（1599）之二月也。』這裏所說的花朝節後遊滿井，與他在答梅客生中所說的遊滿井顯然就是一回事。我們知道，舊俗以夏曆二月十五日（一說十二日）爲花朝節，正是仲春季節，則袁宏道在答梅客生中所說的花朝節後數日遊滿井，也就是他在滿井遊記中所說的『己亥（1599）之二月』中的一天。可見，在這個春天之前的一個冬天，無疑就是萬曆二十六年的冬天，袁宏道的廣莊即著於此時，他的年紀是三十一歲。任訪秋（袁宏道）年譜（在上海古籍出版社1983年出版的袁中郎研究中）係廣莊於萬曆二十七年己亥，謂爲袁宏道三十二歲時所作，誤。

② 見袁宏道集箋校附錄三。

③ 見讀書忌注五，魯迅全集第五卷，人民文學出版社1981年版。

一、逍遥游

袁宏道闡釋莊子逍遥義，首先是從批評『豎儒』入手的。他説：『豎儒所謂大小，皆就情量所及言之耳。大於我者，即謂之大。小於我者，即謂之小。是故言大山則信，大海則信；言鳥大於山，魚大於海，即不信也。何也？以非情量所及故也。是故言螻蟻則信，蟭螟則信；言蟻有國，國有君臣少長是非爭讓之事，蟭螟睫上，有無量蟲，蟲有無量郡邑都鄙，即不信也。何也？以非情量所及故也。』袁宏道指出，人們往往爲耳目所拘而不敢相信非情量所及的事物。顯然，這一説法大致是對李贄在莊子解逍遥遊中有關説法的承因，但袁宏道並非像李贄那樣只作泛泛的批評，而是把矛頭直接指向了『豎儒』，並運用佛教理論進一步説：

吾安知天地非一巨丈夫耶？娑婆世界，非其一骨節之虚空處邪？人物鳥獸，賢聖仙佛，非其三萬六千中之一種族耶？經曰：『髮毛爪齒，皮肉筋骨，皆歸於地。』吾是以知地特髮毛之大者。『唾涕濃血，津液涎沫，皆歸於水。』吾是以知水特唾涕之大者。『煖氣歸火，動轉歸風。』吾是以知風火特喘息之大者。天地得其大，不爲有餘；人得其小，不爲不足；蟲處其内，不爲逼狹；人據其外，不爲廣廓。天地以成住壞空爲劫，蟲以生老病死爲劫。肘間之蟲，笑指節爲夷狄，膚間之蟲，語以牙甲，叱爲怪誕，尚不信身外有人，又況人外之天地邪？由此推之，極情量之廣狹，不足以盡世間之大小明矣。拘儒小士，乃欲以所常見常聞，闢天地之未曾見未曾聞者，以定法縛己，又以定法縛天下後世之人。勒而爲書，文而成理，天下後世沉魅於五尺之中，炎炎寒寒，略無半罅可出頭處。一丘之貉，又惡足道！

我們知道，佛教以地、水、火、風爲構成一切色法的基本原素，認爲它們的作用分别爲持（保持）、攝（攝集）、熟

（成熟）、長（生長），它們的屬性分別爲堅、濕、煖、動，世界萬物和人的身體皆由它們四大和合而成。袁宏道據此而發揮說，既然一切色法是由地、水、火、風四大和合而成，那麼大千世界就會無奇不有，六根所認識到的色相也會各各不同，而拘儒小士卻以常見常聞來排除天地間所未曾見未曾聞，並以此著爲常法，勒而爲書，用來束縛自己，束縛天下後世之人，真是太可笑了！袁宏道最後從正面闡述說：

聖人知一己之情量，決不足以窮天地也，是故於一切物，無巨細見；於古今世，無延促見；於衆生相，無彼我見。殤可壽，巨可細，短可長，我可彼，智可蒙。蜉蝣以暮死爲長年，故殤未始不壽也。牛大於豕，小於象，故巨未始不細也。夢十年者，不出一覺，故短未始不長也。魘者以手壓胸，手即物，故我未始不彼也。聖不能見垣外，故智未始不蒙也。正倒由我，順逆自彼，遊戲根塵無罣礙，盡聖人者，豈有三頭九臂，迥然出於人與蟲之外哉？惟能安人蟲之分，而不以一己之情量與大小爭，斯無往而不逍遥矣。

這裏，袁宏道也徵引了佛教所謂應該摒絕『外道』各種見解的說法，但主要還是依據莊子齊同萬物思想及郭象『足性逍遥』說來展開自己的論述，認爲只要像道家聖人那樣安於性分，『不以一己之情量與大小爭』，徹底泯滅諸如古與今、殤與壽、巨與細、短與長、延與促、正與倒、順與逆、彼與我、夢與覺等差別，則何往而不逍遥！

應當承認，袁宏道在逍遥遊一篇中，先從批評豎儒『皆就情量所及言之』的拘限入手，繼而引佛教理論以進一步批評拘儒小士『以所常見常聞闢天地之未曾見未曾聞』之陋，最後從正面指出只要像道家聖人那樣『不以一己之情量與大小爭』就能『無往而不逍遥』，以這樣的思路方法來闡釋莊子逍遥義確是爲前人所不曾有過，標誌著晚明時期一些治莊者已試圖將莊子逍遥義的闡釋引向對宋明道學的批判，顯示出其莊子研究所具有的現實意義。但從另一個方面來看，袁宏道用這樣的思路方法所闡釋出的逍遥義，與莊子逍遥遊所包含著的『無待』才能逍遥的宗旨是不完全一致的，這又顯示出其莊子闡釋的不足之處。

二、齊物論

莊子在莊子齊物論中說，由於人們考慮問題皆出於『成心』，各執一偏之見，這就導致了是非叢生。袁宏道撰齊物論篇，一開始就發揮了莊子的這一思想觀點。他說：

天地之間，無一物無是非者。天地，是非之城也。身心，是非之舍也。智愚賢不肖，是非之果也。古往今來，是非之戰場墟壘也。天下之人，頭出頭沒，於是是非非之中，倚枯附朽，如大末蟲之見物則緣，而狂犬之聞聲則吠。是故寄心於習，寄口於群，人嗔則嗔，人譽則譽者，凡夫之是非也。援古證今，勘聖校愚，叱凡譽雅者，文士之是非也。投身幽谷，趨清避濁，潔士之是非也。課名實，黜浮譽，上督責，罪虛誕，法家之是非也。祖述仁義，分別堯、桀，規思矩孟，馨王醜霸，儒生之是非也。惡盈善退，絕智棄聖，道家之是非也。趨寂滅，樂悲舍，讚歎戒律，呵斥貪嗔，釋氏之是非也。異塗分門，爭道並出，海墨爲書，不可盡載。嗚呼，是非之衡，衡於六根，六根所常，執爲道理，諸儒墨賢聖，詰其立論，皆準諸此。

在莊子齊物論中，莊子主要批評了『以是其所非而非其所是』的儒、墨之是非。袁宏道在其所寫的齊物論篇中則把批判的矛頭指向了各種各樣的人或派別，認爲諸如凡夫、文士、潔士，或法家、儒家、墨家、道家、佛教等等，皆依眼、耳、鼻、舌、身、意六根取境生識而各執一偏之見，自以爲是，以別人爲非，致使天地之間充滿了是是非非。這裏，袁宏道在大力發揮莊子思想觀點的同時，也引進了佛教理論，但又對老莊道家『惡盈善退，絕智棄聖』和佛教『趨寂滅，樂悲舍，讚歎戒律，呵斥貪嗔』之是非提出了批評，這種闡釋指向顯然是很獨特的。那麼，袁宏道是怎樣來進而說明是非皆無從辨別這一道理的呢？他舉例說：

今夫不食煙火者，目見十里，短視隔尺；訓狐之鳥，夜察蚊蝖，晝不辨丘嶽，目果可常乎哉？跛雞陀龍，無耳而聞；蚪聽以掌，牛以角，耳果可常乎哉？口司言也，而海外有形語之國，馬相謂以鼻，口果可常乎哉？足附地則行，欹側則蹶，此其職也；而蟻能倒行，蠅能仰棲，足果可常乎哉？……夫不可常，即是未始有衡，未始有衡，即不可憑之爲是非明矣。槐葉之蟲，其身純青，見粉蠹之白者笑之，而不知青白之不由彼也。蜀犬見雪則吠，詫其所變；江魚入海則惑，失其所常。生首子者烹而食之，以爲宜子，彼見夫中國之慶喜鄭重，以爲不慈矣。祝夫尚僧以貴其女，彼見夫中國之問名納采，從一守貞，以爲不令矣。死者棄骸野外，以施烏鳶，七日不盡，聚族而哭，彼見夫中國之素車黃楊，珠襦玉匣，以爲不仁矣。天地之大，何所不有？我憐彼，彼亦憐我；我訕彼，彼亦訕我。是非之質，惡從而辨之？

袁宏道通過列舉大量例子來說明，人和其他物類的生活習性、行爲方式、認知能力都是千差萬別的，因而他(它)們對事物的感覺也就完全不同，於是產生了許許多多的是非，可見人們是根本不可能判定他(它)們之間的是與非的。與莊子在莊子齊物論中的論述相比，袁宏道這裏的論說則更多地援引了事實論據，從而把莊子相對主義哲學思想發揮到了淋漓盡致的地步。不可否認，袁宏道的這些說法與莊子的說法一樣，也確實包含了一些辯證法因素，使人們從中看到了人和其他物類在認知方面的局限性、相對性。但他又與莊子一樣，由此而完全否定人們認知、判別是非的可能性，這就不免成了相對主義者。更何況，是非觀念本來只是人類才有的意識產物，怎能把人類與其他物類同日而語呢？然而，袁宏道卻繼續推論說：

是故以長非短者，是以髮之若若，譏髭之蚪結也；以大議小者，是以瓶中之空，笑杯中之空也。以辨屈辨者，是以百舌之語，攻燕子之語也；以聖斥狂者，是以橫吹之聲，刺空谷之響也；以古折今者，是以北岡之舊壘，難南山之新壘也；以智證愚者，是以機關之木人，悲土偶之無識也；以中國非夷狄者，是以楚、蜀之土音，正閩、甌之鄉語也。……空中之花，可以道無，亦可以道有，故聖人不見天高地下，亦不言天卑地高； 波中之像，可以言我，亦可以言彼，故聖人不見萬物非我，亦不言萬物是我。 物本自齊，非吾能齊，若有可齊，終非齊物。 聖如可悟，不離是非； 愚如可迷，是非是實。 雖萬釋迦，何處著腳哉？

這是袁宏道在列舉了大量例子後所推出的結論。他指出，既然人和其他物類的生活習性、行爲方式、認知能力都是千差萬别的，那麽任何一方的見解、主張、非議、譏刺、辨證等等，都只能是一偏之見，哪裏可用來作爲裁定是非的標準呢？因此人們就應該像道家聖人那樣，『不見天高地下，亦不言天卑地高』，『不見萬物非我，亦不言萬物是我』，完全站在『道通爲一』（莊子齊物論）的立場上，超然乎是非之外，這樣萬物也就自齊了，天下哪裏還會有什麽是非存在呢？ 袁宏道的這番推論，正是對莊子齊同萬物思想的絶妙發揮，在某些方面進一步豐富了莊子的相對主義思想。

總之，袁宏道撰寫齊物論，雖然也引進了一些佛教觀念，但基本上還是對莊子齊物論宗旨的淋漓發揮。故明末陸雲龍謂其『舌有轆轤，氣如長虹，莊生亦輸其放佚』①。

三、養生主

莊子著莊子養生主，旨在闡明養生當重視護養精神的道理，認爲循乎天理，依乎自然，處於至虛，遊於無有，完全取消主客對立，使精神不爲外物所傷，最後達到享盡天年的目的，這才是真正的養生之道。 袁宏道撰養生

① 本節凡引陸雲龍評語，皆據其所評選翠娱閣評選袁中郎先生小品，崇禎五年錢塘崢雲館刊本。

主篇，在一定程度上承因了莊子的這一養生思想，所以對世上的各種養生方法基本上都採取了否定的態度。他說：

天下無一物不養生者，亦無一刻不養生者。貧賤之人，波波吒吒，槁形極慮，以養其生。富貴之人，營生路，曠奧室以養體，淫妖以養目，絲肉以養耳，極羞醞以養口，窮嗜欲以養性。養之未久，病痾立至，伐生斧命，莫厲於此。賢知之人，憫其淫溺，是故軌軌以範躬，收視卻聽以衛耳目，恬淡虛無以葆神氣。夫軌軌以範躬，躬之卷鞠者生，而躬之安逸者死矣。收視以衛目，目之幽隱者生，而目之奔色者死矣。卻聽以防耳，耳之壅蔽者生，而耳之納囂者死矣。恬淡以約口，口之淡薄者生，而口之愛濃厚者死矣。虛無以葆性，性之寂滅者生，而性之動蕩周流，朋從往來者死矣。皆吾生即皆吾養，不宜厚此薄彼。譬如半身不遂之人，雖復留形天地，半已枯朽，不得復名全人。故養生者，傷生者也。夫生非吾之所得養者也，天之生是人，既有此生，即有此養，草木無知，亦能養生，若必自養而後生，盡天地之夭喬枯死久矣。

袁宏道指出，貧賤人以奔走忙碌、槁形極慮來養生已屬不足取，那麼富貴人以窮嗜極欲來養性就更要不得了，因爲這只會招致『病痾立至，伐生斧命』，於是賢知之人就採取了一些防範措施，以收視卻聽來護養耳目，以恬淡虛無來保持神氣。在袁宏道看來，由賢知人的養生之道再往高深處修悟，那就進入道家聖人的養生境界了。他說：『聖人之於生也，無安排，無取必，無徼倖，任天而行，修身以俟，順生之自然，而不與造化者忤，是故其下無傷生損性之事，而其上不肯爲益生葆命之行。』這說明，袁宏道這裏所推崇的最高養生境界，也就是莊子在莊子養生主中所謂『緣督以爲經』、『依乎天理』、『因其固然』，即完全以自然無爲的態度來對待自然生命的養生觀。

要之，袁宏道的養生主作爲一篇推廣莊子養生思想的論文，主要是闡發了莊子養生主中的有關思想，但同時也吸收了莊子外篇諸如『恬惔寂寞虚無無爲』（刻意）、『守氣全神』（達生）等理論，而所謂『目之奔色者死』、『耳之納囂者死』、『性之動蕩周流，朋從往來者死』云云，則又可看成是對莊子雜篇諸如『目之於明也殆，耳之於聰也殆，心之於殉也殆』（徐無鬼）等説法的承因和發揮，認爲耳目納聲逐色、心性動蕩周流，對養生來説都是極其有害的。

四、人間世

在莊子人間世中，莊子集中闡述了他的處世哲學，認爲生活在混亂的人間社會，只有泯滅矜才用己、求功求名之心，做到虚己順物，以不材爲大材，以無用爲大用，才能遠害免禍，保全自然性命。袁宏道撰人間世篇，也從批評衆人『同穴則爭，遇弱即鬮』，和賢智之人『能大而不能小，能實而不能虚，能出纏而不能入纏』的思想行爲入手，而認爲『惟聖也如龍，屈伸不測』，才能處亂世而不爲世所傷。並繼而指出：『是故先聖之演易，首以龍德配大人，周易處人間世之第一書也；仲尼見老，贊以猶龍，老子處人間世之第一人也。』説明袁宏道在闡發莊子處世哲學時，也援引了儒家經典周易的有關思想，認爲其中所包含著的『善藏其用』思想應該是人們處世的最高準則，從而使莊子處世哲學與周易思想得到了巧妙結合。但袁宏道在進一步論述『古之聖人』的處世哲學時，卻又返回到了莊子的本真思想之上。他説：

古之聖人，能出世者，方能住世，我見不盡，而欲住世，辟如有人自縛其手，欲解彼縛，終不能得。堯無我，故能因四岳；禹無我，故能因江河；太伯無我，故能因夷狄；迦文無我，故能因人天三乘，菩薩諸根。是故龍逢見戮，比干剖心，伍胥乘潮，靈均自沉者，事君之我未盡也。務光投河，夷、齊叩馬，漆室自縊者，潔身之我未盡也。羑里被囚，居東見疑者，居聖之我未盡也。孔畏於匡，伐木於宋，絶糧於陳者，行道之我未盡也。孔子自言六十耳順，是六十而我見方盡明矣。我見不盡，戮身之患且不保，何况治世？

很顯然，袁宏道在此處所舉的例子，或爲莊子書中所無，而像屈原之自沉，更爲先秦典籍所不曾載，釋迦牟尼之因人天三乘，唯是印度佛教之傳說，但他所作的論列，卻處處落實到『無我』境界之上，認爲無論事君、潔身、居聖、行道，還是從事其他事務，如果『我見不盡』，就不能免患全身，這無疑是與莊子的處世哲學相吻合的。

我們知道，莊子一書所反映出的莊子處世哲學，包括了順世、遁世、超世等思想內容。而袁宏道在人間世一篇中所闡述的最高處世原則，主要是發揮了莊子內篇的順世思想，認爲只要做到虛己順物，拋棄矜伐自恃之心，就能免除禍患。同時，在袁氏的這一處世思想中，也包含了統治者應如何順物治世的內容。

五、德充符

莊子著莊子德充符，目的在於闡述其『德有所長而形有所忘』的德形觀。袁宏道撰德充符篇，從批判世人偏愛形體的思想入手，對莊子的這一德形觀作了進一步發揮。他說：

天下所寶者軀命也，所尊者面貌也，所倚者手足耳目也。軀命計其短長，面貌角其妍媸，手足料其強瘦，耳目較其聰塞。一支不治，百里尋方；一夫抱痾，舉族奔走。至於覺明真常，形神之蒂，聽其杌隉，恬不知怪。有言及者，互相嗔笑，指爲異端。噫，何其頑鈍昏劣，抑至此邪？夫天地之長且久者，非以形氣也；草木之生生長長，非以枝葉也；人之視聽操履，含知秉耀，非以手足耳目心也。……彭祖之神，與國殤相遇於道。殤曰：『兒來！』祖怒曰：『余壽過若倍蓰，何嬰我？』殤曰：『兒所謂八百，形骸也，非兒也。夫人僞而鬼真，今與若較，即真之日，予壽先若久矣。』

袁宏道在這裏指出，世人皆尊崇軀體形貌，看重手足耳目，只在軀命、面貌、手足、耳目的短長、妍媸、強瘦、聰塞等方面作計較，而對於內在的精神德性則根本不予重視，他們哪裏懂得『天地之長且久者，非以形氣也；草木之生生長長，非以枝葉也；人之視聽操履，含知秉耀，非以手足耳目心也』的道理呢！其實，即使像活了八百歲的彭祖，也只是他的形骸得以長久而已，而他形骸內所包含的『真』即自然德性，卻還不如一個殤子呢。不可否認，袁氏所說的這一番話，無疑與莊子德充符篇『非愛其形也，愛使其形者也』的宗旨相一致，也基本上符合於莊子在逍遥遊、齊物論、刻意諸篇中對彭祖所持的否定態度。

但從另一方面看，袁宏道在德充符篇中所闡發的思想也有與莊子的德形觀不相一致的地方，這主要表現爲他所看重的是形體內所包含著的精神，而莊子所強調的則是自然德性。而且，袁宏道爲了論證精神的重要性，還較多地徵引了佛教理論。如他說：『人之視聽操履，含知秉耀，非以手足耳目心也。……空俄而有氣，氣俄而有根，根俄而有識。根者諸濕之偶聚，如濕熱之蒸而成菌也；識者六緣之虛影，如巴蕉之卷而成心也。蕉落心空，緣去識亡；熱謝菌枯，濕盡形壞。向非覺明真常，客於其中，一具白骨，立見僵仆，辟則無柱之宇，無根之樹，其能一日立於天地間哉？』這裏，袁宏道通過運用佛教理論，指出人的形體只是一具白骨而已，而寄寓於其中的精神即『真常』才是隨緣顯現，永不枯竭的。同時，他又運用楚地盛行的鬼神觀念說：『神不以箕之成壞爲已之存亡，則人亦不當以殼之有無爲心之憂喜，明矣。楚俗尚鬼，其致鬼之物不一，推之皆有至理。……斛桶之鬼，厲聲疾呼，所附者闊口空腹也。覺之在人，如鬼附物，因形發識，虛實各異。是故附其卷而納者，則爲聽；附其漏而光者，則爲視；附其勁而節者，則爲動履；附其竅而出入者，則爲意識。一切衆生，不深惟身心之所以，百計愛惜，以愛惜故，牽纏糾縛，促局如繭中之蟲，……可不大哀！』這裏，袁宏道以神鬼不以所附軀殼的成壞爲已之憂喜的事例，批評了世人唯愛形體的錯誤觀念。由此可見，袁宏道在德充符中所表述的思想，已較多地遊離於莊子的德形觀之外。

六、大宗師

莊子著莊子大宗師，以道爲宗爲師，認爲大道有情有信，無爲無形，是產生宇宙的絕對本原，是天地之間的最高主宰，萬物萬衆都必須絕對地以它爲宗，以它爲師，但它自己卻是一種超越時空的精神實體，是不可用語言文字加以表述的。袁宏道撰大宗師篇，對於道之爲道，也有類似的說法。他說：

夫天命者，不生不死之本體也。何言天？非人是已。天與人對，非人者，非耳非目非口鼻，非心意識也。既已非耳非目非口鼻非心意識矣，我何在？我相盡即道。……夫道天也，趨舍人也，天地之間，無物非人，即無物可與道湊合者。道若可聽，是聲非道；道若不可聽，是塞非道。道若可見，是相非道；道若不可見，是暗非道。道若可言，是響非道；道若不可言，是瘖非道。道若可思，是憶非道；道若不可思，是忘非道。道若可得，是法非道；道若不可得，是空非道。可聽可見可言等即生，不可聽不可見不可言等即死；可聽可見可言等即死，不可聽不可見不可言等即生。種種趨避，皆屬生死，迫道愈急，去道愈遠。

在袁宏道看來，道就是天、天命，是世界萬物的本體，它本身是超越生死，不能爲人的五官所感知，不能通過人的思維活動意識到的，所以人們如果急切地去求道，就會離開道越來越遠。說明從本體論方面來看，袁宏道的闡述大致是符合莊子本意的。

然而綜觀袁宏道所撰大宗師全篇文字，我們卻又可看到其中具有較明顯的三教合一思想。如他說：『古今宗師，未有不言生死者。佛曰：「爲一大事出見於世。」孔曰：「朝聞夕死。」老曰：「死而不亡者壽。」……三教聖人，末世衆生，同一眼見，同一耳聞，同一氣出入。此非識心分別可知，智證乃見。讀儒書者，尚以此意參之，庶幾聖門之嫡傳哉！』可見在袁宏道看來，佛、儒、道三教在證悟大道方面有著一致性。他的這一思想，既可認爲是對莊子大宗師宗旨的歪曲，又可看作是對莊子道論的新發展。

七、應帝王

莊子著莊子應帝王，意在説明帝王應當『遊心於淡，合氣於漠，順物自然而無容私』，以無爲任化的態度來治理天下，這樣天下方能達到大治。袁宏道撰應帝王篇，大力發揮了莊子的這一思想。他説：

矢不密，鳥不高；羅不繁，獸不深；法不多，民不譎；道不棼，士不歧。吾欲爲綱罟，彼即爲深阱，綱罟者，深阱之始也。吾欲爲法律，彼即爲舞文，法律者，舞文之始也。吾欲爲仁義，彼即爲放弑，仁義者，放弑之始也。道而觸者，彼曰無禮，此亦曰無禮，分辯不已，遂爲格鬥。僞盟誓者，亦假約束，何也？非約束無以爲局騙資也。……聖王之治何法？曰法天。天何法？曰法嬰兒。嬰兒何法？曰法鷇卵。……聖王者，覆智愚賢不肖，而因其自生自育者也，故法天也。嬰兒激之不嗔，譽之不喜，太山摧於前而目不瞬，天之至也，故法嬰兒也。鷇卵無聞無見，冥冥漠漠，爍之不以爲熱，濡之不以爲寒，蒙之祖也，故法鷇卵。

袁宏道在這裏明確指出，弓箭、羅網的頻繁使用就使鳥獸高飛遠走，道理的紛繁出現就使士子無所適從，而聖智者制定法律，倡導仁義，本來是用來防患止亂的，卻反而被弑者、僞者所竊取，成了他們作惡的工具，老百姓也由此學得譎詭不正，所以聖王治世，應該效法天道，甚至像嬰兒、鵠蛋那樣，天真自然，渾渾噩噩，以無爲任化的態度來對待天下，這樣天地萬物也就皆能按其本性得到自由發展了。袁宏道的這些説法，顯然是對莊子政治思想的很好發揮，説明他的應帝王篇所闡發的思想大致符合於莊子應帝王宗旨。

從上面七個部分的論析可以看到，袁宏道所撰廣莊七篇，其思想内容正如他自己所說，是對莊子内七篇思想内容的進一步拓展。但其中也有清洗積憤、譏刺豎儒、拓廣讀莊子者之狹劣心胸等意思，更有混合道、釋、儒三教之用意。故陸雲龍爲各篇所作評語，或謂『可與郭象抗衡』，或謂『狂言四座驚』，或謂『宏才灝氣，利物靈心』，或謂『語有禪鋒，中郎直爲三教之冶』，而總評之語則曰：『不觀鴻苞，不知赤水之博；不讀廣莊，不盡中郎之奇。』

第三節　袁中道的導莊

袁中道（1570—1623），字小修。萬曆四十四年（1616）進士，授徽州府教授，後遷國子監博士，歷官南京吏部郎中。與兄宗道、宏道並稱『三袁』，同爲公安派的核心人物。有珂雪齋集。

據袁宏道說，中道『獨喜讀老子、莊周、列禦寇諸家言，皆自作注疏，多言外趣，旁及西方之書，教外之語，備極研究。』（錦帆集敍小修詩）珂雪齋集中即收有其所著導莊一卷，體例大致與宏道所著廣莊一卷相同，凡七篇，依次爲逍遙遊、齊物論、養生主、人間世、德充符、大宗師、應帝王。袁宏道曾對李子髯說：『寒天無事，小修著導莊，弟著廣莊，各七篇。導者導其流，似疏非疏也。』（瓶花齋集答李元善）據此，則導莊亦當作於萬曆二十六年（1598）冬天，當時中道二十九歲。關於導莊七篇的著述目的和思想傾向，除了可從袁宏道上面的話中窺見一些消息外，我們還能從袁中道自己所撰的導莊序言中看得更明白。其序言云：『莊生内篇，爲貝葉前茅，暇日取其與西方旨合者，以意箋之。覺此老牙頰自具禪髓，固知南華仙人的是大士分身入流者也。作導莊。』說明袁中道撰寫導莊，主要就是爲了揭示出莊子内篇的『禪髓』，即與佛旨相合的特徵。

我們曾在以前的章節中指出過，魏晉時期的有一些莊子學著作已出現了佛理化思想傾向，宋明時期的學者則更提出了諸如『大藏經五百四十函皆自此（指莊子一書）中紬繹出』（林希逸莊子口義發題）、『震旦之有南華，竺西之貝典也』（陸西星南華真經副墨自敍）等說法。袁中道著導莊，正是遵循著前人的這一解讀路數來系統地闡釋莊子內篇的。如他在逍遥遊篇中說：

人生三界之内，百苦交煎，號爲愁海。……古初以後，代有文字，皆詳於世相，略於玄理。仲尼隱而不發，老氏發而未暢，兼之西方之貝葉未來，大雄之消息尚隱。人滯有海，家弊塵封，而大仙崛起，縱譚出世，視古今爲一息，目死生如夢幻，模寫物外之神人，糠粃域内之事業。沉沉界有，始獲出頭之路，營營世法，都涉有爲之跡，積迷爲之呼回，長夜從此而旦。

袁中道在這裏指出，衆生皆處於欲界、色界、無色界之中，百苦交煎，永無寧日，而對於這一切，自古以來的中國文字都不能予以揭明，儒家泰斗孔子又保持沉默而不予以言明，道家創始人老子雖有所發明卻不能達到暢快淋漓的地步，兼以佛教經典尚未傳入中土，大雄釋迦牟尼也尚未爲吾國人所知，所以普度衆生的大任就降到了大仙莊子身上，他縱談出世，『視古今爲一息，目死生如夢幻』，『模寫物外之神人，糠粃域内之事業』，使『沉沉界有，始獲出頭之路』，『積迷爲之呼回，長夜從此而旦』，可見其『的是大士分身入流者』，所著莊子内篇實爲『貝葉前茅』。袁中道由此出發，還把莊子所說的『大鵬』解釋成『如釋典所云金翅鳥，兩翼相去三百三十六萬里，昆摩質多，其形四倍大於須彌者』，從而使莊子所著力塑造的大鵬形象染上了濃厚的佛教色彩。但儘管如此，袁中道的闡述卻仍能歸到莊子逍遥遊宗旨之上。如他說：『吾所云逍遥者，自在也。自在者，自由也。大鵬大也，飛必待風，而不自由。列子大也，行必待風，而不自由。不自由斯不逍遥也。惟乘天地而御六龍者，縱心所欲，脱然自在，豈待假羽毛於羊角，借銜勒於飄風乎？故知有待而大，與大而無待者，又不同矣。堯、舜之於凡民，亦有間矣，而不免弊弊焉以天下爲事。豈若乘雲馭氣之神人，不生不死，爲自由哉！』袁中道這裏以乘雲馭氣、脱然自在的神人爲逍遥，而以飛行必待風力的大鵬、列子，弊弊焉以天下爲事的唐堯爲不逍遥，這正揭示出了莊子逍遥遊宗旨之所在。

袁中道在齊物論篇中，也運用了以佛解莊的方法，認爲細味莊子齊物宗旨，可謂『妙合圓頓之教』。所以他反問道：『誰謂無礙至理，獨出於西方聖人乎哉！』並進而論述説：

何者？天地之間，無一非物。身之與心，皆物也。忻情而言，千差萬別，以智照之，自能冥會。……故在莊則曰『齊物』，在華嚴則曰『事事無礙』，其實無礙，即齊也。如此則天下之物皆齊矣。而以爲不齊者，情使之也。

這裏的意思是説，只要超越世俗虚幻的認識，以智慧觀照世界萬有，那麽萬物之間的差別也就自然泯滅而不復存在了。因爲在袁中道看來，『謂物有大小之不齊者，戲論也。如華嚴「毛孔藏刹海，芥子包須彌」，寧有小大？則小大齊矣。謂物有延促之不齊者，戲論也。如華嚴「以一念頃，三世畢現，過去未來諸佛悉詣道場」，以本無三世，前後密移，乃妄識所持故也。則延促齊矣。謂物有人我之不齊者，戲論也。如華嚴「佛轉法輪於一衆生身内，而衆生現有爲於諸佛身内」，則人我齊矣。謂物有有情無情之不齊者，戲論也。如華嚴「香水河微塵數衆，寶樹林出，妙音聲説，諸如來一切劫中所修大願，一一林中，皆名之曰慧」，以及「世間牆壁瓦礫，皆説法要成佛道」，則有情無情齊矣。謂物有淨穢之不齊者，戲論也。如華嚴「一一世界海中，諸佛出現，所有威力無差別，爲衆生劣見説有淨土，在於他方，乃權教故」，則淨穢齊矣。謂物有去來之不齊者，戲論也。如華嚴「隨緣赴感，常處菩提之坐，十方國土，悉在其中；説法佛身，無去無來，彼亦不來不去」，則去來齊矣。謂物有生死之不齊者，戲論也。如華嚴「莫耶夫人腹中，三世諸劫，悉於其中顯現，未出母胎，度人已畢，王宫示生，雙林示寂，乃衆生劣見，實無此事」，則生死齊矣。謂物有語默之不齊者，戲論也。如華嚴「語時默，默時説」，則語默齊矣。謂物有聖凡之不齊者，戲論也。如華嚴「善財童子，一念成佛，迷非無悟，非有畢竟無知之人，亦無所知之者」，則聖凡齊矣。謂物有一多之不齊者，戲論也。如華嚴「一成一切成，一壞一切壞，一多交徹」，則一多齊矣。』總之，在袁中道看來，凡世俗所謂的物有大小之不齊、延促之不齊、人我之不齊、有情無情之不齊、淨穢之不齊、去來之不齊、生死之不齊、語默之不齊、聖凡之不齊、一多之不齊等說法，都屬於佛教所謂非理、無義的言論。如果能依據佛教華嚴宗的重要經典，視世界一切現象爲毗盧遮那佛的顯現，一微塵映世界，一瞬間含永遠，『毛孔藏剎海，芥子包須彌』，『以一念頃，三世畢現』，等等，那麼這些所謂的『不齊』也就不復存在了。袁中道指出，莊子所謂的『齊物』正與華嚴宗以法界緣起說明一切現象間之關係的思想相一致，可見『是時宗旨未出而大仙固已發明之矣』，意謂當時佛教雖未傳入中土而莊子卻已首先發明其宗旨了。應當承認，袁氏在齊物論篇中反復説明莊子齊物思想與佛教尤其是華嚴宗宗旨具有一致性，這一說法是有一定道理的。

在袁中道所撰的德充符篇中，我們也同樣可看到其明顯的佛教思想傾向。如其所謂『認取極，故雜，而有眼耳鼻舌身意，眼露孤光，耳奔聲響，鼻司香臭，舌了甘苦，身能運動，意解巧思，妄情四出矣』云云，即是運用了佛教理論，認爲正由於眼、耳、鼻、舌、身、意六根的取境生識作用，才導致了『妄情四出』的結果。那麼，袁中道是怎樣切入『德充符』這一題意的呢？請看他如下一番論述：

三界之內，原爲溷宅，人生其中，如糞中蛆，有何可戀，堅自愛惜？生老病死，日夜相纏，稍獲如意，即增苦業。大豬見殺，得爲津伯，反觀豬身，穢惡可憎，感其殺身，銜珠相報。今之人身，何異於豬，而過爲愛惜，知不如豬也。故學道者，若不厭離色身，生非我想，認取相緣，流浪苦海，終無出頭之日。惟不認，則不於身上起嗜好，而貪絕；惟不認，則不於身上起惱觸，而嗔絕；惟不認，則不於身上起無明，而癡絕。貪絕，則戒德充矣；嗔絕，則定德充矣；癡絕，則慧德充矣。全其形者德虧，則虧其形者德全。德全不可見，而形虧可見。故大仙借形虧以驗德全，而相形虧者爲德全之符驗也。故通篇皆因形虧之人，如兀者、支離之流是也。

這裏，袁中道運用佛教理論闡述說，生活於世俗世界中的衆生，如蛆如豬，渾身穢惡，自己卻過爲愛惜，不肯厭離色身，哪裏會有超脫苦難之日呢？並指出，學道者如能不在色身上起嗜好、煩惱、無明之念，則貪、嗔、癡三毒自可斷絶，戒、定、慧三德自可充實，所以莊子便『借形虧以驗德全，而相形虧者爲德全之符驗』，可見其説實爲『貝葉前茅』。應當指出，袁中道的闡述最後雖然切入了『德充』這一題意，但他所要充實的卻是佛教的戒、定、慧三德，與莊子所説的自然德性顯然不盡相同。

對於作爲莊子哲學思想最高範疇的『道』，歷代治莊者幾乎都按自己的看法作過用心闡釋。那麼，袁中道在其所撰寫的大宗師篇中又是作如何解釋的呢？他説：

可以知知者，道之粗也；可以意得者，知之粗也。何則？知也者，列於根者也，而根有所不能通，則知窮；托於塵者也，而塵有所不及用，則知窮。且如梵天能知四天下雨點之數，而人於億萬之外心境，便不能攝。豈非根有所限，而知有所減乎？

在袁中道看來，『道』是根本不可能運用智力、心意來加以認知的，因爲智力、心意皆依六根而生，而六根雖能取境生識，卻並沒有更奥妙的功能。相反，梵天出自『金胎』，既創造了天，又創造了地，『能知四天下雨點之數』，『道』不就體現在他的身上嗎？十分明顯，袁中道這裏的闡述充滿了佛教色彩，但他把『道』説成是不可認知的精神實體，卻基本上符合莊子大宗師所體現出的道論思想。不過，袁中道在大宗師篇中所説的有一些話卻無疑偏離了莊子大宗師的本意。如他説：『生固不可逃，業亦不可遁。形有變易，業實常住。處處受生，則處處受業。衆人怖死，而不怖業。一世積愆，百生償負，大可畏懼。如懼之，莫若善吾生，以善吾死。故聖人不貪生也，惟善吾生而已；不惡死也，惟善吾生以善吾死而已。……世儒不達玄旨，遂以生死之説，歸之誕妄，且謂肇自調御丈夫之口。不知貝典未入，而莊已倒困而發之。善生以善死，固譚因果之鼻祖也。吾謂世間學者，亦不必論生死之有無也，但當爲善耳。善生善死，善夭善終，亦是透脱之津梁矣。』我們知道，莊子大宗師所謂『善吾生者，乃所以善吾死也』云云，是説把我的生看成美事的，也必須把我的死同樣看成美事；所謂『善妖（通夭，少）

善老，善始善終』云云，是說能一任生命長短之情的人，對於壽夭老少都是不介懷的，說明莊子的這些話都只是表明了他忘懷生死的思想。可是，袁中道卻從莊子的這些思想資料中闡釋出了佛教的業報思想，認爲莊子的意思是說善惡必有相應的報應，並從而斷定他爲談論業報的鼻祖，這顯然是對莊子本真思想的錯誤闡釋。

至於導莊中的其餘三篇，雖然沒有像上述所舉四篇那樣具有極明顯的佛理化傾向，但仍可從中發現袁中道欲以佛教理論闡釋莊子思想的用心。如他在養生主篇中說：『予觀古今利心熾然，名根深重之夫，未有不相率而趣斧鉞者。』在人間世篇中說：『名根不破，與世多事，自不擺脫。』這裏皆以佛教『根』的觀念闡釋了莊子思想，認爲名根不但能束縛人們的身心，而且還會使之招來斧鉞之誅。他又在應帝王篇中說：『有大乘菩薩在室，則天人送供不至。蓋修行之士，被鬼神覷破者淺，被鬼神覷不破者深。有意見，終有巧，故便非鬼神不測之機也。』意謂惟有大乘菩薩求無上覺悟，方能不爲一切衆生所覷破，而一般的修行之士，胸中尚有意見，尚有智巧，所以『便非鬼神不測之機也』。這顯然是用來闡釋莊子應帝王無爲而治思想的。但是，從袁中道所撰寫的養生主、人間世、應帝王三篇中，我們似不能明顯看出有所謂『莊生內篇，爲貝葉前茅』之類的說法，這說明他可能已認識到此三篇的宗旨與佛教思想每有不同，所以便不予強作比附了。

綜上述可知，袁中道的導莊從總體上來看確實是一部具有濃厚佛教理論色彩的莊子學著作，其對莊子思想的闡釋有得也有失。而其中所提出的『莊生內篇，爲貝葉前茅』的說法，如果把它理解爲莊子內篇所包含的內容每有與後來傳入的佛教理論相合者的話，則無疑是相當符合實際的。

第四節　陶望齡的解莊

陶望齡（1562—1609），字周望，號石簣，會稽人。萬曆十七年（1589）進士，授翰林院編修，官至國子監祭酒。與『三袁』(尤其是袁宏道)交誼篤厚,是公安派中的重要人物之一。在哲學思想方面則屬於泰州學派的直接承祧者,故黃宗羲在明儒學案中將其列於泰州學案。著有歇庵集、解莊等。

解莊凡十二卷,一本作三卷。黃虞稷千頃堂書目卷十六著錄爲『陶周望莊子解五卷』。由於陶望齡與袁宏道、袁中道等人一樣,每『氾濫於方外』(黃宗羲明儒學案卷三十六),以談禪論學爲樂趣,故其所著此書,也具有一定的佛理化傾向。如他在解釋莊子齊物論『大知閑閑』一段文字時說:『法塵之起滅,等聲塵之萬殊,究所從來,如樂出虛,蒸成菌耳。』這裏把各學派間的爭論說成是『聲塵』,認爲這些『聲塵』就像佛教所說的『法塵』能染污人的情識一樣,也只能使人迷失自我、喪失本真。他又在解釋達生篇『痀僂者承蜩』寓言故事時說:『累丸之與承蜩,不瞬之與習射,戒定之與學道,事不相蒙,而能寄徑焉,所謂方便法門也。』實際上,這裏除了解釋『痀僂者承蜩』寓言故事外,還闡釋了田子方篇『列禦寇爲伯昏無人射』這一則寓言故事,認爲像莊子所謂的學習承蜩、射箭的過程,正無異於學佛者修持戒律和禪定的過程,最終無非是要滅除情欲、忘懷一切,從而達到道的境界。他復又在解釋庚桑楚篇『聖人』、『全人』時說:『聖人工於天而拙於人,工乎天而又俍於人,聖人者知有者也。全人不知有者也,不知有乃能行乎異類,與蟲同天,而「天」之一字亦掃而去之。趙州所謂「『佛』之一字,吾不喜聞也。」』這裏更是通過徵引禪宗大師趙州從諗的話,來說明虛無的『道』根本不可能被執著於『有』的儒家『聖人』所得到,而只能體現在不知有『有』,也不崇尚一切見聞的道家『全人』身上。總的說來,陶望齡的以佛解莊,基本上能抓住二者的相似之點來進行,因而也是比較成功的。

在解釋莊子的過程中,陶望齡也較多地引述了西晉郭象莊子注的說法,同時又徵引過北宋王雱南華真經新傳、呂惠卿莊子義的有關文字,說明他相當注意吸收前人尤其是郭象的研究成果。如他在詮解逍遥遊篇時說:『郭注云:「大鵬之於斥鴳,宰官之於御風,同爲累耳。」正以斥鴳比宰官,大鵬比列子,乃莊文本旨。大鵬培風而徙,列子御風而行,搏扶搖者六月而息,泠然者旬有五日而反,句句影切成文。』郭象原來的話是說,『物各有性，性各有極』，只要各安性分，『冥此群異，異方同得』，那就都可以得到逍遥遊了。然而，『苟有乎大小，則雖大鵬之與斥鴳，宰官之與御風，同爲物累耳。』陶望齡則對郭象後一層帶有否定意義的話語作了改造、引申，指出郭注正揭示出了莊子以斥鴳比『知效一官，行比一鄉，德合一君而徵一國者』，以大鵬比列禦寇，而認爲『大鵬培風而徙，列子御風而行，摶扶摇者六月而息，泠然者旬有五日而反』等均非逍遥遊這一本旨。無可否認，陶望齡這裏通過改造、引申郭注所作出的闡釋是符合莊子逍遥遊本義的。不過，陶望齡儘管積極地利用了郭象的研究成果，但因有見於郭注每每偏離莊子本旨而仍表示出了一定的不滿。如他在詮解天運篇『天其運乎』一段文字時説：

天地運處，日月代明，雲行雨施，飄風噓吸，皆事也。有居無事者，誰耶？莊叟言下吐露盡矣，而惑者謂之自然，以是知此老爲郭子玄帶累不少。

莊子撰寫『天其運乎』一段文字，意在説明宇宙萬物的運行變化皆是大道運行的結果。郭象則依據他的『獨化』説而注解説：『不運而自行也，不處而自止也，不爭所而自代謝也，皆自爾。無則無所能推，有則各自有事，然則無事而推行是者誰乎哉？各自行耳。』認爲宇宙萬物各不相待，不受任何外在根據和條件的制約，而都是獨自地在那裏運行變化的。於是陶望齡批評説，莊子本已把大道運化天地萬物的奥妙『吐露盡矣』，而『惑者』郭象卻以『自然』即『獨化』説解釋之，可見他的這一注釋反而成了我們正確理解莊子本意的牽累。陶望齡根據郭象莊子注所存在的此類情況，便進而作出了這樣的結論：『郭注正如今日尖巧時文，非無理詣，而苦不切題。』（齊物論解）認爲郭象的注雖然富於思辯性，但不免像晚明學術那樣空疏、淺陋、尖巧，往往偏離了莊子的本意。不可否認，陶望齡這裏的批評是有一定道理的。

與此同時，陶望齡還指出了『莊子甚尊老而其學與老異派』（逍遥遊解）的現象。那麽，莊子與老子之間的差異主要表現在哪些方面呢？他在詮解天下篇時説：

爲谿爲谷，虛靜不積，近二乘聖人之學；無門無房，四達皇皇，近一乘聖人之學。芴寞無形，變化無常，則無有精粗，與以本爲精、以物爲粗者異矣；神明往與，何之何適，則無揀擇，與澹然獨與神明居者異矣。故兩言古之道術有在於是，明己與老子宗派各別也。夫老子之學有塗轍可守，有窠窟可尋，故上、中、下士明之者尚多，笑之者尚少，莊叟則幾無開口處矣。

陶望齡指出，老子主張謙卑處下，重虛尚靜，大致接近於佛教中以引導衆生達到自身解脫爲目的的聲聞、緣覺二乘之學，還不能說是上智大根，而莊子要求與天爲徒，逍遥乎無門無房、四達皇皇之境，則可謂接近了佛教中以引導衆生達到涅槃境界爲目的的一乘之學。因此，『芴寞無形』、『變化無常』、『無有精粗』的莊子之道顯然已超越了仍拘限於『以本爲精、以物爲粗』痕跡的老子之學，又怎麽可將『神明往與，何之何適』即芒然不知揀擇的莊子與尚有『獨與神明居』主張橫亙胸中的老子同日而語呢？總之，莊子與老子宗派各別，前者的學說已達到了讓人無處開口的奥妙境界，而後者之學卻尚有塗轍可守，窠窟可尋，所以仍能被大多數人所理解和接受。陶望齡的這些說法，一反司馬遷在史記老子韓非列傳中首倡的所謂『老子所貴道，虛無，因應變化於無爲，故著書辭稱微妙難識』，而『莊子散道德，放論，要亦歸之自然，……而老子深遠矣』的傳統看法，顯示出其在詮解莊子時的獨特眼光。

此外，陶望齡還察覺到了莊子言辭與『本懷』之間所存在著的差異。如他在詮解至樂篇時說：『漆園開手便托齊諧，凡言死勝生，……天勝人之類，皆諧言，非本懷也。』這裏指出，像至樂篇『莊子鼓盆而歌』、『莊子見空髑髏』之類寓言故事所包含著的諸如『死勝生』、『天勝人』等思想，其實並不是作者莊子的本真思想。關於這一點，他更在詮解在宥篇時作了具體論述：

莊子書言大小清濁、方內方外、養生害生，皆立破之微詞，開遮之權說，非其本懷也。初疑漆園齊生死，不應復立長生之說，意後人所傅會。讀至『物無窮而人皆以爲終，物無測而人皆以爲極』，已分明道破。乃知前段，蓋順情之談耳。如此類甚多，所謂『寓言十九』、『藉外論之』者也。

我們知道，齊同生死是莊子中十分重要的內容，可是在宥篇卻讓『廣成子』給『黃帝』大談治身長生之道，故陶望齡懷疑後者是『後世養生家所托』(在宥解)，或爲『後人所傅會』。但由於他敏感地察覺到莊子中像這樣的矛盾現象所在多有，所以又只得以莊子所謂『寓言十九』、『藉外論之』等說法來調解書中的這些矛盾，並認爲像書中所言大小清濁、方內方外、養生害生等等，亦『皆立破之微詞，開遮之權說，非其本懷也』。同樣，陶望齡在莊子文本方面也提出了自己的一些看法。如他在爲胠篋篇作眉批時說：『(此篇)未必爲蒙莊真筆。』在大宗師篇『子輿與子桑友』一段文字後說：『此段恐當在「顏回問孟孫才」之前，疑有錯簡。』並在詮解駢拇篇時提出了更爲新穎的見解：

莊文真僞，如讀今、古文尚書，最易識別。駢拇篇有一二段近莊耳。疏豁冗散處，索摸亦知爲僞物也。

自蘇軾在莊子祠堂記中提出關於讓王、說劍、漁父、盜跖四篇爲贋品的說法後，人們對莊子文本便有了各種各樣的看法。陶望齡這裏所說的無疑也受到了前人觀點的一些影響，但他懷疑大宗師篇中有錯簡，駢拇篇中只有一二段文字與莊子文章的風格和思想內容相接近，並進而主張以辨別僞古文尚書的方法來辨別莊子文章的真僞，這卻都是他自己的新穎見解。

第十五章　竟陵派的莊子學

第一節　竟陵派『真詩』説與莊子思想之關係

竟陵派是繼公安派之後出現的一個重要文學流派。鍾惺、譚元春是該文學流派的創始人，他們贊同公安派的『性靈』説，繼續向復古主義殘餘勢力發起進攻。然而他們又力矯公安末流流於輕淺俚俗的弊病，積極倡導所謂『幽深孤峭』的文章風格，於是使他們的創作嚴重脱離了現實生活，其作品往往顯得空虚無力，走上了另一條形式主義的道路。我們在本節中所要探討的，則主要是他們在汲取公安派『性靈』説精華的基礎上所發展起來的『真詩』説及其與莊子思想的關係。

『真詩』説是竟陵派詩學理論中的最精彩部分，其思想遠源當追溯到莊子的尚『真』觀念。爲了説明這一問題，我們有必要先從總體上來瞭解一下竟陵派創始人與莊子的關係。據瞭解，日本國立公文書館藏有鍾惺所著莊子嫏嬛、莊子文歸各一卷，前者節録莊子十五篇，加以眉批及圈點，後者節録莊子九篇，加以圈點，以詞章訓讀爲主，説明鍾氏對莊子甚有研究，尤其對莊子文辭更有興趣，所以他便有這樣的話：『是故老、莊者，出世之文之妙者也。』(東坡文選序)①譚元春自謂自『童年讀莊』，『十五年間凡六閲之』(遇莊序)，又謂『熟老、莊書曠有

① 本章凡引鍾惺文字，除標明出自詩歸者而外，其餘皆據隱秀軒集，上海古籍出版社1992年版。

因』（甲子除夕……）①，『莊子則我五六年苦心得趣之書』（與舍弟五人書），並對『南華日在園中熟』的鄉賢陳正甫懷有崇敬之情，稱頌他『澄懷物表，洗氣象先，人莫窺其際焉』（見松石園歌），真有莊子般的風度。譚氏還與當時精通老莊學的高僧憨山德清頗有交誼，德清嘗以所著觀老莊影響論一編相贈，他即賦答憨山師寄老莊影響論詩二首以報答。其一云：『憨公七十七，貽我一編餘。物外心相照，人間面不如。常存遊戲眼，洞視老、莊書。何夜石門月，高泉察太虛。』説明他願與德清一道，洞視老、莊，遊心物外，體察太虛之道。譚元春的這些思想反映在文藝觀上，就是表現爲對莊子獨特藝術趣味的極力推崇。如他説：

古人無不奇文字，然所謂奇者，漠漠皆有真氣。弟近日止得潛心莊子一書，如『解牛』何事也，而乃曰『依乎天理』；『淵』何物也，而乃曰『默』；『惑』有何可鍾也，而乃曰『以二缶鍾惑』。推此類具思之，真使人卓然自立於靈明洞達之中。莊子曰：『言隱於榮華。』又曰：『高言不止於衆人之心。』今日之務，惟使言不敢隱，又不得不止於吾心足矣。（又答袁述之）

在譚元春看來，莊子各篇文字也無一不可稱『奇』，因爲其中皆漠漠有『真氣』。他舉例説，養生主篇以庖丁解牛寓言故事來闡明『依乎天理』的重要性，這正是莊子尚『真』思想的體現；天運篇謂至人『雷聲而淵默』，在靜默時若玄淵之無聲，但這絕不意味著死寂，而恰恰是雷霆振響之前兆，真可謂漠漠有『真氣』；天地篇以『二缶鍾惑』來比喻至言不勝俗言，感歎『高言不止於衆人之心』，這就是要求人們應該卓然自立於靈明洞達之中，而切不可讓『榮華』即虛假的東西隱沒真言。譚元春認爲，凡此都正説明莊子中充滿著漠漠『真氣』，足可成爲後世創作『真詩』者的靈感源泉。

所謂『真詩』，在竟陵派看來就是『言其心之所不能不有者』（鍾惺陪郎草序），即詩中所表達的必然是創作

① 本章凡引譚元春詩文，除標明引自莊子南華真經（評點）的文字而外，其餘皆據譚元春集，上海古籍出版社1998年版。

者的真實感情。鍾惺説：『真詩者，精神所爲也。察其幽情單緒，孤行靜寄於喧雜之中，而乃以其虚懷定力，獨往冥遊於寥廓之外。』（詩歸序）這又説明，『真詩』實際上就是創作者内在精神的外化形式，表明他已將其深刻的自我世界獨立於紛繁喧鬧的塵世之中，復又超塵拔俗，像莊子那樣逍遥於寥廓之外。用譚元春的話來説，凡『真詩』的創作即表現爲這樣一個過程：『夫作詩者，一情獨往，萬象俱開，口忽然吟，手忽然書。即手口原聽我胸中之所流，手口不能測，即胸中原聽我手口之所止，胸中不可强，而因以候於造化之毫釐，而或相遇於風水之來去，詩安往哉？』（汪子戊己詩序）這簡直已進入莊子在養生主篇中所謂『依乎天理』、『因其固然』與『以神遇而不以目視，官知止而神欲行』的境界，則何往而非『真詩』！在竟陵派看來，只有像這樣創作出來的詩歌才會有永恒的價值，而一切虚僞的詩文只能令人生厭，必然要遭到豪傑之士的唾棄。鍾惺還結合對當時整個社會『相率爲僞』的不良風氣的批評，系統地闡述了自己的這一文藝思想。他説：

近日……於一人文字之工拙，而於其中體裁習尚、邪正真僞之故關係世運者，未之深思也。何以明之？三十年前，士之所挾以自售與上之所求於士者，淺深偏全不同，同乎一真。故上之所取，即士之所以爲法，而士亦有所據，以無疑無恐。近之取士者稍有出入。始而雜，中而邪，終而僞；始而偶然，中而以爲固然，終而莫不皆然。士雖有真才趣、真學術，相戒莫敢以其真者應。故昔日文之衰，責在主司。然至相戒莫敢以真者應，爲士者抑何量主司之淺，而自待之薄也？則文至今日，士亦與有責焉。何者？上取其僞，士固欲爲真而不敢；下相率爲僞，上雖欲取其真者而不能。今夫真者可久，僞者易厭。上厭之而士猶相習爲僞，至求一真者不可得，則豪傑之士未有不愧且憤者也。……今日之士子，即他日之主司，身當衡文之時，人人持此一念以往，何憂今日之文章邪者不正，而僞者不真？其於世道之習豈小補哉！（静明齋社業序）

鍾惺在這裏明確指出，不同時期、不同階層的人對於詩文的評價儘管可以有不同的標準，但黜『僞』存『真』卻是所有人都必須使用的評判尺度，而一切豪傑之士則首先應該毅然承擔起這一點『僞』存『真』的責任。這説明，鍾氏正有如『老子疾僞』（文心雕龍情采）、莊子『貴真』（莊子漁父）一樣的審美情趣，他不但大聲呼唤著一個真文真詩時代的盡快到來，而且還迫切希望把歷朝歷代那些出於真性靈的詩歌作品挑選出來，加以評點，使人們讀後可以陶冶情性，開拓心胸。正是出於這樣的考慮，他才與譚元春通力合作，『求古人真詩所在』（鍾惺詩歸序），選編了詩歸一書，其中包括『自古逸至隋，凡十五卷，曰古詩歸』，『初唐五卷，盛唐十九卷，中唐八卷，晚唐四卷，凡三十六卷，曰唐詩歸。』（同上）

誠然，鍾惺、譚元春編詩歸，其目的確實是爲了挑選前人抒寫性靈的『真詩』。爲此，他們甚至窮搜苦索、深挖細找符合於這一審美趣味的詩歌作品，儘管其中有些作品的著作權很可能是有問題的。如古詩歸卷二錄有『莊周』的引聲歌云：『天地之道，近在胸臆。呼噏精神，以養九德。渴不求飲，饑不索食。處世守道，志潔如玉。卿相之位，難可直當。巖巖之石，幽而清涼。枕塊寢處，樂在其央。寒涼回固，可以久長。』①對於這首詩，鍾惺雖感到其中『渴不求飲』八句『似漢以後詩人語』，卻堅信全詩確實反映出了老莊返朴守真的思想情趣，所以毅然予以選錄，並加評語説：『讀此，覺真誥諸詩，雖深妙，尚露神仙作家氣。』認爲引聲歌不同於『神仙作家』的作品，而是一首『意於林壑近，詩取性情真』（鍾惺寄吳康虞）的『真詩』。同卷又錄有『列子』的一首詩云：『人不婚宦，情欲失半。人不衣食，君臣道息。』鍾惺指出，此詩所抒發的情感『極真確』，『一部老、莊盡此四語』，因而也符合於『真詩』的美學趣味。由於有著這樣一種尚『真』的審美觀，所以鍾惺、譚元春在詩歸詩學理論中所强調的幾乎全在一個『真』字，即要求詩中之言應該是真言，事應該是真事，情應該是真情，境應該是真境。如鍾惺評蔡琰悲憤詩『念別無會期，存亡永乖隔，不忍與之辭』三句時説：『敘亂離聚散，詳至反覆，極

① 本章凡引詩歸所收詩歌及鍾惺、譚元春評語，皆據續修四庫全書本，上海古籍出版社2002年版。

真極苦。』(古詩歸卷四)評焦贛訟之歸妹『孤翁寡婦獨宿悲苦,目張耳鳴,無與笑語』三句時說:『用「耳鳴」二字說苦境最真。』(同上)評民歌古詩爲焦仲卿妻作『行人駐足聽,寡婦起彷徨』二句時說:『與寡婦何干?此語妙甚,極真極真。』(古詩歸卷六)又譚元春評蘇伯玉妻盤中詩一詩時說:『女人氣幽語快,逼真文士秀士者,當以此爲第一。』(古詩歸卷四)評鮑照代東門行『涕零心斷絶,將去復還訣,一息不相知』三句時說:『甚真甚真,有情人之言。』(古詩歸卷十二)評沈約別范安成一詩時說:『妙在一片真氣浮動。』(古詩歸卷十三)評任昉濟浙江一詩時說:『串讀始知爲濟江真境。』(古詩歸卷十四)總之,在古詩歸中像這樣的評語簡直是舉不勝舉,表明鍾惺、譚元春遠承莊子『貴真』美學思想,對具有言真、事真、情真、境真之美的『真詩』確實表現出了極大的熱情。尤其需要指出的是,他們的這一審美情趣還突出地反映在對曹操詩歌的評論上。如鍾惺在評其秋胡行一詩時說:

其發念起手,亦自以仁人忠臣自負,不肯便認作奸雄。如『瞻彼洛城郭,微子爲哀傷』、『生民百遺一,念之斷人腸』、『不戚年往,憂世不治』,亦是真心真話,不得概以『奸』之一字抹殺之。

一般人都目曹操爲奸雄,但鍾惺卻不爲傳統觀念所拘囿,認爲其詩中所言,往往不失爲『真心真話』,所以不能概以一個『奸』字抹殺之。並在評龜雖壽一詩時說:『「不但在天」,腐儒吐舌! 及讀下二句,始知真英雄無欺人語。』(同上)在評薤露行一詩時說:『漢末實錄,真詩史也。』譚元春在評短歌行一詩時也說:『人知曹公慘刻,不知大英雄以厚道爲意氣。』(以上皆見古詩歸卷七)要而言之,在鍾惺、譚元春看來,曹操的不少詩歌確實說出了其『真心真話』,反映出了其英雄本色,無疑是『志至而氣從之,氣至而筆與舌從之』(鍾惺評曹操語)的『真詩』。說明他們爲了尋覓、表彰『真詩』,竟然爲曹操翻了案!

在唐詩歸中,鍾惺、譚元春所表現出的審美情趣也幾乎全在一個『真』字上。如他們謂劉希夷江南曲『畫舫煙中淺』一句實爲『秦淮真形圖』(唐詩歸卷二),王維藍田山石門精舍一詩寫出了『山水真境』(唐詩歸卷八),

王績田家一詩『只是一真』,『可以開詩家氣運』(唐詩歸卷二),等等,所作評論即無不反映出了其尚『真』的美學趣味。其實,鍾惺、譚元春在談到選編唐詩歸的原則時已明白表達了他們的這一美學趣味。如鍾氏在杜甫小寒食舟中作詩後説:

予於選杜七言律,似獨與世異同。蓋此體爲諸家所難,而老杜一人選至三十餘首,不爲嚴且約矣。然於尋常口耳之前,人人傳誦,代代尸祝者,十或黜其六七。友夏云:『既欲選出真詩,安能顧人唾罵,留此爲避怨之資乎?』知我者老杜,罪我者從來看杜詩之人也。(唐詩歸卷二十二)

從這裏可以清楚看到,鍾、譚編唐詩歸,凡非『真詩』皆一律不選錄。即使對於『人人傳誦,代代尸祝』的杜甫七言律詩,只要在他們看來夠不上『真詩』標準的,也決不把它們收錄進去,哪裏還顧得上是否會遭人唾罵呢!而且從他們所説的『十或黜其六七』話語中,我們還更可看到其掌握『真詩』標準的嚴苛程度。關於這方面的更具體的例子,鍾惺在杜甫九日藍田崔氏莊詩題下説:『凡雄者貴沉。此詩及「昆明池水」(指秋興之七),勝於「玉露凋傷」(指秋興之一)、「風急天高」(指登高)。蓋以此,王元美謂七言律虛響易工,沉實難至,信亦篤論。而專取四詩爲唐七言律壓卷,無論老杜至處不在此,即就四詩中已有虛響、沉實之不同矣,不知彼以何者而分虛響、沉實也。特錄此黜彼,以存真詩。』(唐詩歸卷二十二)鍾惺在這裏雖也承認王氏所高度肯定的杜甫這四首七言律詩爲好詩,卻認爲只有九日藍田崔氏莊一首可以夠得上『真詩』的標準,因此『特錄此黜彼,以存真詩』。這就更給我們提供了説明其嚴格選錄『真詩』的具體例子。但在鍾惺、譚元春看來,儘管使用這樣的標準來衡量,可是在『詩聖』杜甫的作品中仍能找到很多『真詩』,這就是他們大量選錄杜甫詩歌的真正原因。因此,一部唐詩歸凡三十六卷,其中所選錄的杜甫詩歌就整整占了六卷,共三百多首,遠遠超過了其他任何詩人入選的數量。正由於在鍾惺、譚元春看來杜甫是最能創作『真詩』的,這使他們在評論他的詩歌時也就更喜歡運用『真』字了。如鍾惺評論説,其前出塞『生死向前去,不勞吏怒嗔』二句,寫出了『真志真勇』;贈衛八處士一詩,『只敘真境，如道家常，欲歌欲哭』；夢李白二首，『無一字不真，無一字不幻』（以上皆見唐詩歸卷十七）；四松一詩，寫得『口角逼真』（唐詩歸卷十九）；九日諸人集於林一詩，實在『真得到家』（唐詩歸卷二十）；客亭一詩，寫得『最真最妙』（唐詩歸卷二十一）；覃山人隱居一詩，寫得『深心高調，老氣幽情，此七言律真詩也，汩沒者誰能辨之？』（唐詩歸卷二十二）譚元春也評論說，其前出塞『隔河見胡騎，倏忽數百群；我始爲奴僕，幾時樹功勳』四句，寫得『真悲憤』（唐詩歸卷十七）；望嶽『車箱入谷無歸路，箭括通天有一門』二句所寫，『不必至其處，自知爲寫景真話』（唐詩歸卷二十二）；羌村三首之一，寫得『光景真』；飛仙閣『往來雜坐臥』五字，寫出了『真境真事』（以上皆見唐詩歸卷十八）；病馬一詩，寫得『真深情，真厚道』（唐詩歸卷二十一），等等。凡此無不説明，鍾惺、譚元春遠承莊子的『貴真』思想而大力追求一種具有真性情、真光景、真意境的藝術境界，從而進一步發展了公安派關於『獨抒性靈』的文藝思想，這就難怪『世之論者曰：「鍾、譚一出，海内始知『性靈』二字。」』（錢謙益列朝詩集小傳譚解元元春）

第二節　譚元春的莊子南華真經（評點）

譚元春（1586—1637），字友夏，號鵠灣，别署嶽歸堂，湖廣竟陵（今湖北天門）人。明熹宗天啟間鄉試第一，與鍾惺同爲竟陵派的創始人。論文强調性靈，反對摹擬古人，倡導幽深孤峭的風格，均與鍾惺相一致。著作除鵠灣集、譚友夏合集、嶽歸堂集選、譚友夏批點想當然傳奇等外，還有莊子南華真經（評點）三卷，每篇末皆有總論，並附眉批、圈點、旁注等。黄虞稷千頃堂書目卷十六著錄有『譚元春譚子遇莊三卷』，當即爲譚氏莊子南華真經（評點）一書之異名。湖北省圖書館所藏明刻本鵠灣集原收有遇莊一卷，今僅殘存譚元春所撰遇莊序一篇、遇莊總論第二十二至三十三篇，而後者與譚氏莊子南華真經（評點）中相關的總論文字基本相同。據有關資料來推測，遇莊總論一書爲譚氏五十歲時所著①。

正如公安派成員大多喜歡談禪論佛一樣，竟陵派創始人鍾惺、譚元春對佛學也有較濃厚的興趣。這反映在譚氏對莊子的評點上，便是有時會以佛理來闡釋莊子的某些思想觀點。如他說：『水停之盛，不形之德，始名全德，此與楞嚴月光童子入定化水何異？』（德充符評點）這裏把莊子所說的内德修養説成是佛經所謂月光童子入定化水的修習功夫。他又說：『莊子所謂俗學俗思，猶禪家大乘之於聲聞辟支也。二乘去佛不遠，苦修實煉，惟廣大不如佛，呵之與六群生無別，其嚴若此。「繕性於俗學，以求復其初，汩欲於俗思，以求致其明，謂之蒙蔽之民」，正此意也。』（繕性評點）這裏以聲聞佛、辟支佛比擬莊子所批評的繕性於俗學俗思者，認爲他們所謂的繕性以求復其初，正像聽聞佛陀言教或觀十二因緣而得覺悟者一樣，也只能遵照人們的説教來修繕情性，根本不可能臻於至道境界。但相比之下，譚元春在評點莊子時所表現出的儒學化思想傾向則更爲明顯。因爲在他看來，『莊子非不知聖人者，觀其「六合之外，聖人存而不論，六合之内，聖人論而不議，春秋經世先王之志，聖人議而不辯」，其蹤跡聖人至矣』（馬蹄評點），而『篇中絮談禮樂刑政德教，備極精祥，有序有倫，居然周、孔端坐詔世……，滿幅君臣父子兄弟男女，尚親尚尊，尚齒尚賢，刺刺不休』（天道評點），可見莊子並沒有詆訿由孔子所開創的儒家學說。他並在評點田子方篇『孔子見老聃』寓言故事時說：

孔子見老聃，千古受益一大事也，故作禮記，屢言『吾聞之老聃』。南華於孔、李相見語，縷縷不絕，可知其胸中有此兩人也。是篇畫老子新沐圖，形神最妙，而孔知其遺物離人，老自露其遊心於物之初，他日倨堂應徼，那得如此針鋒。孔、李相知，又惟此際入微。……世眼謂莊子詆孔背老，不知此書

① 譚元春於遇莊序末自署『崇禎乙亥（1635）夏五閉戶人譚元春序於嶽歸堂』。該年譚氏五十歲，與他在答潘昭度中丞書中所謂『春五十老矣，獨好思古人……。今夏著遇莊總論一書，匆匆不遑印』云云正相合。

半胎於五千言中，猶龍毛髓洗伐已盡，而仲尼與其弟子每啟口未嘗忘。或遊戲，或強項，此即莊子歸附不朽之路也。

我們知道，莊子一書每每設爲孔子請教於老聃的寓言故事來貶低儒家學說，而譚元春卻從田子方篇『孔子見老聃』寓言故事中闡發出了諸如孔、老『相知』，尤其是所謂莊子未嘗『詆孔』的思想觀點，說明他所著的莊子南華真經（評點）具有一定的儒學化思想傾向。

然而，儘管譚元春在評點、闡釋莊子過程中表現出了一定程度上的佛教思想和儒學化思想傾向，但他卻『自信爲不謬不僻』（與舍弟五人書），認爲莊子南華真經（評點）是自己晚年運用以莊解莊的思想方法精心著成的莊子學著作。他說：『童年讀莊，未有省也。十五年間凡六閱之，手眦出沒，微殊昔觀。……閱莊有法，藏去故我，化身莊子，坐而抱想，默而把筆，泛然而遊，昧昧然涉，我盡莊現。循視内外，其有不合者，聽於其際與其數，如咒咒物，物利咒止，又如物獲咒益，不晰咒故，因而遇之，芒昧何極。口弄物外之言，手弄世外之事，稽厥行藏，伊可恥也，龜櫝枯魚，心跡超然，因而遇之，情染一洗。』（遇莊序）說明譚氏十分自信自己已差不多成了莊子中得道者莊子的化身，千年一遇般地悟到了莊子真意之所在，找到了完全符合於莊子本意的解釋，所以他說：『「遇」之爲言甚活甚圓，莊子與讀莊子者，俱可不罪我妄也。』（與舍弟五人書）由於譚元春過於自信，這就使他對歷代人的莊子解讀多持有懷疑態度。他曾在遇莊序中說，他在童年之後的十五年間凡六次閱讀莊子，『其間四閱本文，一閱本文兼郭注，一閱郭、呂注，旁及近時焦、陸諸注，又迴旋本文，……益歎是書那復須注，不易之言也。注彌明，吾疑其明；注彌貫，吾疑其貫。』認爲即使像郭象、呂惠卿、焦竑、陸西星等大家的注解，也每與莊子本文相抵牾，所以他更加感歎嵇康所謂『此書（指莊子）詎復須注』的說法不可改易。其實，譚元春對戰國末年荀況的莊子觀已有所質疑，認爲他對莊子的解讀是不正確的。如他說：

古今大事，訖於生死，生死大事，訖於天人。前幅天人之說，窮玄極眇矣。偶復談及，不覺漏泄更盡。嘗伏思之，其曰『大目視之』，注視萬物也；『大陰解之』，弗斂胡發也；『大一通之』，真宰之謂也；『大均緣之』，緣於自然也；『大方體之』，元命苞也；『大信稽之』，雖謬勿謬也；『大定持之』，不爲人所勝也。舉七語以解荀子之嘲，荀子可尚曰『莊子蔽於天而不知人』乎？（徐無鬼評點）

莊子於世時有戒心，上法循牆，下懲驪犧，既不欲有身勞於國、知盡於事之苦，又不欲有河潤九里、澤及三族之榮，安其所安，以必不必。篇中二語，可以持贈，庶幾乎『虛而遨遊』、『泛若不係之舟』者哉！故於書將終，身將盡，一敘其志，終日談生死大事，臨命終時，神明落落穆穆，盛水不漏，可謂得力矣。予愛其論緩之死也曰：『造物者之報人也，不報其人而報其人之天。』荀子『蔽天不知人』之譏，確乎失言哉！（列禦寇評點）

荀子從其『制天命而用之』（天論）的思想立場出發，提出批評説：『莊子蔽於天而不知人。……由天謂之道，盡因矣。』（解蔽）認爲莊子唯是『盡因』自然、聽天由命，卻不懂得發揮人的主觀能動作用。不可否認，莊子在認識大自然運行規律方面確實存在著絕對化的思想傾向，以致把天道看作是支配一切的不可抗拒的異己力量，因而從根本上否定了人類對大自然的能動改造作用。由此説明，荀子的這些批評確在一定程度上解了莊子之『蔽』。但譚元春也看到了荀子這一批評本身所存在著的片面性和局限性，認爲莊子對諸如生死大事、天人關係等問題都有極其玄眇的論説，而且『於世時有戒心，上法循牆，下懲驪犧，既不欲有身勞於國、知盡於事之苦，又不欲有河潤九里、澤及三族之榮，安其所安，以必不必』，非常懂得如何處世才能不爲外物所傷，才能使自己不會喪失人所應有的一切歡樂，那麼，像莊子這樣一位能把人類『性命之情』看得如此重要的人，荀子又怎可説他『蔽於天而不知人』呢？應當承認，譚元春這裏所作的反批評雖然未能完全正確地把握荀子所作批評的真正內涵，但無疑已指出了荀子的批評本身所存在著的片面性和局限性，因而是很有理論價值的，更何況他的這一反批評在莊子學史上還具有首創意義呢！對於漢代司馬遷的莊子解讀，譚元春批評説：

子長史才絶今古而不通精理，故他篇微妙總不能舉，而言其漁父、盗跖、胠篋爲有所詆訿，子瞻以爲『知其粗』，是也。（説劍評點）

在史記老子韓非列傳中，司馬遷謂莊子『作漁父、盗跖、胠篋，以詆訿孔子之徒，以明老子之術。』蘇軾不同意司馬遷的説法，認爲他是『知莊子之粗者』（莊子祠堂記）。譚元春對蘇氏的觀點表示贊同，並指出司馬遷雖然『史才絶今古』，但並不懂得莊子中『精理』、『微妙』之所在。因爲在譚氏看來，莊子『文字之妙，不主一家』，而『自七篇外，不惟不主一家，或亦不出一時，平生所屬文，匯成部軸，意亦如後人仰首看屋梁事耳』，『此莊之所以奇也』（見駢拇評點）。他舉例説：『細讀無約之訟，知盗跖篇所由作，原非詆孔子之徒也。詆孔子之徒者爲盗跖，如律令然，不可犯云爾。』（盗跖評點）則豈可像司馬遷那樣，謂莊子作『漁父、盗跖、胠篋』諸篇，意在『詆訿孔子之徒』呢？顯然，譚元春的這些説法也只能看作是一種大膽的推測之辭，不一定完全符合實際，但可給人們解讀莊子提供一種新思路，具有一定的開創性意義。對於魏晉時期諸家的莊子學，譚元春批評説：

莊子治天下經綸，無所不談，而究竟止一養神，柙寶劍而不敢用。嵇叔夜怡情養生，亦好讀莊書，而火用其光，芝無復秀，竟不知莊爲何書，又安知養生爲何事也？（刻意評點）

論生死理，惟莊子甚圓。……因笑叔夜讀莊，轉增其放，吾讀莊，增其慎耳。吾嘗諷佩其言，語讀莊子者，深領此中痛切快論，資裨身心性命，用救世法，而無爲反真，達生觀化，所以著書之妙旨，曾不待篇篇覓義也。嵇公增放，頽榮進之心，亦其性之所近，昵就一偏，而至曰『任實之心轉篤』，則嵇公亦善讀莊子矣。（至樂評點）

莊子齊物，吾幾無以尋之，嘗瞪目直視，忽如有得。其得甚奇，不在中邊，則以逍遥遊有曰『乘雲氣，御飛龍，而遊乎四海之外』，是論亦曰『乘雲氣，騎日月，而遊乎四海之外』，故知齊物即逍遥遊。……如此妙論，被向秀、郭象陷莊子爲齊物之書，真古今一恨。（齊物論評點）

嵇康自謂：『讀莊、老，重增其放，故使榮進之心日頹，任實之情轉篤。』（與山巨源絕交書）在譚元春看來，嵇氏解讀莊子的弊病，正在於其未能領會莊子『柙寶劍而不敢用』的精神而只知一味地『轉增其放』，結果招來了殺身之禍，這簡直可說他『竟不知莊爲何書，又安知養生爲何事也？』但譚元春轉而說，如果就嵇康通過讀莊子來進一步發展自己那曠邁不群的個性，從而『使榮進之心日頹，任實之情轉篤』的方面來看，則其又可謂善讀莊子了。他接著又指出，向秀、郭象解讀莊子的不足之處，則主要表現爲『陷莊子爲齊物之書』，把莊子的哲學思想歸結爲旨在取消事物間一切差別的相對主義，這真可謂是古今一大遺恨。而在相比之下，支遁對莊子的解讀就要正確得多了。如：『支公拔新於二家（指向秀、郭象）之外，支理大興。今觀其論曰：「夫逍遙者，明至人之心也。」標此一言，名理盡矣。』（逍遙遊評點）又如：『支公與許、謝集王濛家，相與詠言寫懷。問主人取莊子，得漁父一篇。道林先通，作七百許語；安石最後，自敘其意，作萬餘語。嘗想晉人清談，如此豈可及，而後人動欲相戒乎！今其篇具在，使彥會一堂，通作數語，攬陳纈新，窘窘蠢蠢，不過百十言，氣息便不屬矣，何能敘致精麗，才藻奇拔，作七百許語？又何能於眾賢竭思脣乾之後，擬托蕭然，才峰秀逸，更作萬餘語也？』（漁父評點）總的說來，譚元春對嵇康的評論基本上是客觀公正的，而對郭象的批評就不太符合實際了，因爲郭注所存在的問題主要就是以其『獨化』說詮釋莊子關於『道』爲萬物本原的思想，以其『足性逍遙』說詮釋莊子關於『無待』才能『逍遙』的思想，以其『寄之人事、當乎天命』說詮釋莊子關於『無以人滅天』的思想，以其『遊外宏內』說詮釋莊子關於『逍遙無爲』、『外內不相及』的思想等等，而把莊子的哲學思想歸結爲旨在取消事物間一切差別的相對主義，這恰恰是他和向秀說得對的地方。至於譚元春因有見於支遁對莊子逍遙遊篇的解讀能拔新於向秀、郭象之外，對漁父篇的解說能達到了無滯義的地步而大加稱讚，這實際上反映了他對支遁運用佛學來闡釋莊子這一基本思想方法的高度認可。對於宋代諸學者的莊子學，譚元春也同樣有所批評。如他說：

人傳呂惠卿讀至『參萬歲而一成純』，遂悟性命之理。……吉甫奸人，效顰盜竊之事耳，未必真爾

也。（齊物論評點）

黄魯直謂：『有德之驗，如印印泥。射至百步，力也；射中百步，巧也。箭鋒相直，豈巧力之謂哉？子得其母，不取於人而自信，故作德充符。』予因取是篇而思之，何以箭鋒相直？何以子得其母？因知山谷之於南華，有一種參悟。夫莊子一書，雖不可把定，而死生不與之變，哀樂不得入，不以是非好惡傷其身，知其無可奈何而安之若命，則往往言之。往往言之，而所守之宗，與其中之子母，吾亦可以冥心有獲矣。獨其非巧非力，箭到鋒交，機候由天，跛瘻證聖，則自然之報，義解如脱，即莊子亦何能吐肝告人也。……内保而外不蕩，成和之修，物不能離，如養丹蓄火，養蘭禁風，令胸中平平焉，如水停之盛，不形之德，始名全德。此與楞嚴月光童子入定化水何異？而山谷猶以箭鋒相喻，恐猶是門外語也。（德充符評點）

世儒好作連貫章句，喜談血脈，推鑿輪，附天道，蒙被思之，得其綴屬，以爲雲霧披露，又謂與繙十二經相關映。如是，予閉口矣。（天道評點）

在譚元春看來，呂惠卿所謂悟莊子性命之理，其實只是奸人效顰盜竊之事，並不一定真的悟到了莊子的本真思想。黄庭堅撰莊子内篇論，以『箭鋒相直』、『子得其母』等説法來解讀德充符篇，大概屬於門外語，也是不可能闡釋出莊子真意的。接著，譚氏所謂『世儒好作連貫章句，喜談血脈』云云，則主要應該是對林希逸的批評，認爲他著莊子口義，好言『語脈機鋒』，並謂『必精於語、孟、中庸、大學等書，見理素定，識文字血脈，知禪宗解數，具此眼目，而後知其言意，一一有所歸著』（見莊子口義發題），這只不過是世儒的迂腐之談罷了。譚元春又指出，即使很著名的『近時焦（竑）、陸（西星）諸注』，也大致不外是『誣莊者自誣，注莊者自注』，並沒有真正揭示出莊子之精蘊，真可説是『注彌明，吾疑其明，注彌貫，吾疑其貫』（見遇莊序）。譚元春的這些批評無疑顯得有些偏激，但他確也指出了宋末以來治莊者往往好談莊子章法、文脈、字眼的弊病，從而提醒人們解讀莊子不能拘泥於文字技巧之末。當然，譚元春對宋、明時期的莊子學成果也不是一概否定。如他在評點馬蹄篇時說，『莊子非不知聖人者』，『王臨川謂其傷心於卒篇（指天下篇）以自解』，可見莊子『憫悴極矣』。這說明他對王安石在莊周中所提出的一些主要觀點是予以充分肯定的。他在評點天地篇時也説：『向閲前賢注疏俱失之，忽一日静坐，取白文細諷，胸懷洞然，後閲焦氏筆乘相印，始喜有一人同者。大段讀經子仙佛書，不須饒舌強解，只清心冥目，讀白文，消歸一二字，即自洞然無誤也。』這又説明，他非常贊同焦竑在焦氏筆乘中對莊子某些文字所作的解讀，認爲他在這裏大致能與自己一樣，也不曾作『饒舌強解』，卻能『洞然無誤』。

對於莊子内、外、雜篇問題，譚元春也有自己的獨特看法。他説：『俗筆作内篇文，必使外篇、雜篇無以勝之。且如並心作内篇時，努盡心力，注射盤旋於一篇之中，務爲深切著明，何暇閒談？嗟乎，此俗筆之陋也。』（應帝王評點）意謂俗筆著書，務重内篇，而莊子卻不是這樣。他接著舉例説：『大道要語，不外廣成空同之言。莊子寂寞恬憺根株，全胎此中，乃藏於在宥之篇，其篇爲莊子所停神結想無疑也。嘗疑在宥語意極似應帝王，而廣成秘密玄旨不入内篇，授毫俗手，定當以壺子相，與特室宗風較論銖兩，界爲内、外，而部署若此，吾不知何以「内」而何以「外」也。高疏之筆，漠漠人表矣。』（在宥評點）這裏的意思是説，莊子寂寞恬憺的思想完全胎息於廣成子所論的大道要語之中，而像這樣的文字竟藏在在宥篇之中，説明此篇必爲莊子所停神結想無疑，怎麽可以説外篇文章不如内篇重要呢？至於雜篇，『如徐無鬼之篇，其最雜者矣。及讀終篇曰：「古今不代，而不可以虧，可不謂大揚搉乎？」乃知莊子全書，揚搉古今大事，特見於此也。』（徐無鬼評點）這又説明，雜篇文章雖然使讀者頗有『雜』的感覺，但其中往往藏有精義玄旨，所以也並不一定真的不如内、外篇重要。基於上述認識，譚元春便進而批評了蘇軾、羅勉道關於莊子篇目的真僞觀。他説：

子瞻……以爲讓王、説劍皆淺陋，並四篇而贋之，縫爭席、饋漿爲一幅，亦文人高興之事耳。獨説劍真無義類，無精魄，祇似戰國陳軫、犀首輩之言，枚、馬、子雲輩之賦體，而掠取其粗者。吾平心察之，

真不似蒙公筆也。然則此篇贋乎？曰：『何贋也？古文人奇怪不可測正在此。』（說劍評點）

讓王、盜跖、漁父、說劍，吾定其爲莊作。使非莊作，則駢拇、馬蹄諸篇，亦不敢定爲莊作也。予昔評駢拇，筋駑肉緩，氣綿力薄，正與四篇文氣不殊。且其說盡於胠篋十數行中，何以復涉是筆？已而思之，曼衍縱深，峭栗華暢，文字之妙，不主一家。且以莊子之奇，而至使人有疑其筋駑肉緩、氣綿力薄之文。嗚乎！此莊之所以奇也。自七篇外，不惟不主一家，或亦不出一時。平生所屬文，匯成部軸，意亦如後人仰首看屋梁事耳。子瞻之論，既失言矣，後有謂刻意、繕性俱膚，而止定爲二十六篇者，此無目人語，何足記其姓名哉！（駢拇評點）

蘇軾在莊子祠堂記中提出讓王、盜跖、說劍、漁父爲『昧者勦之以入』者，主張删去此四篇，讓寓言篇末尾與列禦寇篇開頭聯貫爲一個整體。羅勉道在南華真經循本逍遥遊中肯定了蘇氏的説法，並認爲『刻意、繕性亦復淺膚非真，宜定爲二十六篇』。譚元春則一反蘇軾、羅勉道的説法，認爲這些篇目與内七篇相比較，其『義類』、『文氣』雖各有特徵，但皆當定爲莊子所作。他並指出，莊子在外、雜篇中安排這樣一些『不主一家』的作品，『此莊之所以奇也』，『古文人奇怪不可測正在此』，由此説明蘇軾、羅勉道的真僞觀皆不足爲據。不可否認，譚元春的這些説法也只是一種推測之辭，不一定符合實際，但他敢於一反傳統，與自蘇軾以來幾乎衆口一詞的説法相對抗，這對於活躍學術氣氛，開拓治莊者的思路，都是極其有益的。

在譚元春看來，莊子文字之奇還表現在寓言的運用上。他説：『予嘗謂莊子寓言，借古人口，或寫其照，或雪其冤，或敗其興，皆有深心妙理，對書發笑。』（人間世評點）認爲這就是莊子自己所謂的『藉外論之』，即作者雖不曾『豎一義，拈一語』，卻可以『信心遊行，隨手摹索，反在無字句處，有一漆園叟栩栩見夢也。』（見應帝王評點）譚元春並指出，莊子用這樣的手法來栩栩如生地展現自己作爲一個得道者的形象，從而使自己的深心妙理表露無遺，真可謂與詩人運用比興手法具有異曲同工之妙。他説：

作文者少寓言，如作詩者少比興，寧復有詩、古文乎？惟借重聖賢前型滿紙，此法甚盛，似不失莊子取信耆艾之意。然一概高年耳，欲擇其中有經緯本末以先人者，則少矣。且如莊子所引聃、丘、子綦之類，其言辯而竦聽，多不見於他書，故得獨奇。又字句皆得天巧營構，故遭人驚喜，獨靈千古。後人非載籍所有者不道，甚或字句移徙，笑其疏舛無根，執書求核，孰敢浪撰一字？蓋非但寓言亡，重言亦亡也。繁緒單辭，觸情觸物，謂之卮言。此則手口之間，無日不出，如人飲酒，日弄一卮，天倪融美，窮年不休，所謂閉門著書多歲月也。……莊子非如是立言，連犿無極，決難持久。（寓言評點）

莊子在寓言篇中，自謂其所著之書，「寓言十九，重言十七，卮言日出」，表明寓言、重言、卮言在莊子全書中所佔比重各有不同。但這只是莊子在理論上所作的大致區分，在全書的實際運用過程中，三者卻往往渾然一體，不可分割。因此，人們一般也就把三者統稱爲「寓言」。在譚元春看來，莊子寓言有兩個方面的特徵尤其值得注意。一是莊子大量地「借重聖賢」，與他的「取信耆艾之意」相一致，甚能起到「藉外論之」的作用。二是引老聃、孔丘、子綦一類人物出場，讓他們講一些多不見於他書的「言辯而竦聽」的話，兼以這些話皆得天巧營構，所以使人驚喜，更是收到了「藉外論之」的好功效。但後來的一些人卻執書求核，笑其疏舛無根，哪裏知道莊子在這裏也正巧妙運用著「寓言」呢！譚元春指出，莊子這樣來運用寓言，與作詩者運用比興手法具有同樣重要的意義。應當指出，譚氏如此肯定莊子的「三言」，並把它看成與詩人運用比興手法同樣重要，這在莊子學史上還是第一次，值得我們足夠的重視。

第十六章　李騰芳的說莊

李騰芳（1564—1632），字子實，號湘洲，湖南湘潭人。萬曆二十年進士，選庶起士，授檢討，升左諭德。論事切中時弊，多憂國危言。因上疏爲顧天峻辯冤，被貶，引疾歸。萬曆四十七年起爲行人司正，歷太常少卿，掌司業事。光宗立，擢少詹事，署南京翰林院，旋拜禮部右侍郎，條上戚繼光教練法，議經略倭寇，皆能中兵機。天啟初，轉吏部左侍郎兼講官，晉禮部尚書。魏党崔呈秀惡其與東林同黨，遂奪職。崇禎初，復以尚書起用。崇禎六年卒於官，贈太子太保。其學尊王守仁、李贄，也曾注佛經。著作有李湘洲文集、批選王陽明文集、增遼餉議、絕軍糧議、孫子說印、金剛經解、說莊等。事跡主要見於謝璠家傳（李保湘洲先生集卷首）、王闓運等修纂光緒湘潭縣志。

說莊一書，黄虞稷千頃堂書目卷十六著錄，方以智藥地炮莊多引其說。天啟四年青蓮齋刊本，前有秀水包鴻逵萬曆四十二年說莊序、長沙莊以臨天啟四年說莊跋，卷首題『湘潭李騰芳湘洲著』。莊以臨在跋語中說：『湘洲先生罷官歸，聲影銷寂，士之趨利者爭揶揄之。先生顧欣欣然也，日及門人子弟說經說史，滋及百家之冗博，二氏之幻渺，古今文字詩律之法度，隨其舌根，莫不電掣雲奔，波翻瀾豎。……太夫人懼其勞，使子弟戒以少默。先生曰：「我樂之，故不勞也。」以臨從門人子弟後，録得說莊、說楞嚴二種，歸而寶之，以爲異書。』說明說莊與說楞嚴等書一樣，乃是李騰芳於萬曆三十九年罷官後爲了達到精神的解脱而作，所以他一反前人的傳統做法，不屑爲莊子作注疏、集解、點評，而是自出機杼，選擇最能代表莊周本人思想的内篇七篇，唯於各篇之後作

『電掣雲奔』、『波翻瀾豎』般的論説，必欲發揮盡致而後已。

第一節　對莊子思想的獨特解説

莊子認爲『天下爲沉濁，不可與莊語』（天下），便在莊子一書中運用大量的寓言、重言和卮言進行論述，致使後世學者很難估摸他的真正意圖，甚至有人對他到底是人是仙都産生了疑慮。但在李騰芳看來，莊子卻是一位用世情深之人，他對人情世態都有著深刻的理解和感悟，只是迫於世道的黑暗和人情的淡漠，才不得不選擇無情應世的生存方式。而對於莊子的思想，李騰芳則稱讚其爲『失意妙藥』（德充符解説），能夠讓處於困苦中的人們得到一絲精神的慰藉。

一、莊子用世情深，不肯犯手

莊子不迷戀人世間，其理想是『獨與天地精神往來』（天下），他塑造的一批『真人』、『至人』等形象大多不食人間煙火。他對世人所頂禮膜拜的孔子、堯、舜、禹、文王、武王等『聖人』進行冷嘲熱諷，對人們汲汲以求的功名、富貴、長壽等事物更是漠然以對。莊子宣揚宿命論，認爲世間的生死、存亡、窮達、貧富、賢與不肖等等，一切都是由命運的運行所支配的，人在命運面前根本無能爲力。既然無力改變世事，只好『安時而處順』（養生主），從而求得性命的保全和精神的解脱。莊子的這一思想帶有明顯的消極色彩，爲後世許多學者所詬病。但李騰芳則認爲，『莊子是一個有心人，灼見當時無間，故卷而藏之』（人間世解説），而『莊子之學，斷非荷蕢、沮、溺之流也』（人間世解説）。在李氏看來，莊子並不是一個消極厭世之人，也不是荷蕢、沮、溺之類的隱逸之士，而是一個用世情深之人，只是迫於當時世道黑暗，莊子才不得不把自己卷藏起來。可以看出，李騰芳對莊子懷有一種同情和惋惜之情。在解說人間世篇時，李氏這樣寫道：

莊子此書，每每稱引孔子，可見心中甚敬孔子。但他卻是個極乖的人，不肯容易犯手，故其學以無爲自然爲宗。彼且視孔子，以爲犯手不肯爲也，豈獨莊子乎？漢唐以後，亦有此一種不肯容易下手的人。如嚴光與世祖同學，彼此本末，知之最真。及世祖有天下，嚴光但以足加帝腹，一片雄心，當下銷盡，即往富春山中去矣。陳摶嘗從少年數百，欲入汴州，中途聞藝祖登極，大笑墮驢曰：『天下於是定矣！』從此遂入華山爲道士。嗚乎！陳摶之笑，豈真笑哉？摶曾在武當山有詩云：『他時南面去，記得此山名。』此等處，可惜世人都不盡見，見亦不肯著眼，只說嚴陵是隱者，陳摶是神仙。昔人有爲詩詠子陵者曰：『當時只著蓑衣去，滄海茫茫何處尋。』如此見解，哀哉痛哉！大抵子陵與摶是不肯犯手的人也。

在這裏，李騰芳指出莊子是敬重孔子的，只是因爲看到了現實的不可爲才選擇不犯手，而不願像孔子那樣『知其不可爲而爲之』（論語憲問）。他將莊子與嚴光、陳摶等人相提並論，意在突顯莊子不肯犯手背後的良苦用心。東漢的嚴光和五代時期的陳摶都是歷史上有名的隱士，他們遠離世俗、淡泊名利的高風亮節一直爲後世所稱道。而李騰芳卻指出，嚴光最初也與光武帝劉秀一樣渴望建功立業，只是看到天下大定，自己已無用武之地，才『一片雄心，當下銷盡』，跑到富春山中隱居去了。而陳摶年少時也曾跟隨數百名少年進入汴州想要有一番政治作爲，不料中途聽到趙匡胤取代帝位的消息，意識到自己的政治抱負無望實現，才進入華山做道士。可知，李騰芳並不局限於『嚴陵是隱者，陳摶是神仙』這一表象，而是更深入地看到他們隱逸背後所蘊含的壯志難酬的無奈和悲哀，所感歎的『哀哉痛哉』一語更是透露出其對他們深切的惋惜之情。通過嚴光和陳摶這個事例，李騰芳意在說明莊子並非是個徹頭徹腦的無情之人，他也像嚴光、陳摶等人一樣有著對世事的熱情和民生的關懷，只是因爲世道過於黑暗，滿腔雄心無處施展，甚至連性命都朝不保夕，只好選擇以無情應世的生存之道，使自己從現實的苦難中超脱出來。

李騰芳對莊子的評價是比較合理的。莊子所處的戰國時期正值戰爭頻繁之際，百姓生活困苦，社會道德日益淪喪。當時的莊子也有著自己的政治理想，那就是創建一個『至德之世』和『建德之國』。可是殘酷的社會現實讓他看不到實現自己政治理想的可能，於是莊子便不肯犯手，轉而把自己的一腔憤懣之情傾瀉到對孔子、堯、舜、禹、文王、武王等『聖人』的嘻笑怒罵當中，並以此作爲對現實社會的另一種反抗。莊子主張漠視世間的生死、存亡、富貴和窮達，告訴人們要『喜怒哀樂不入於胸次』（田子方），似乎像個無情之人。可是莊子之所以能做到對世事如此無情，恰恰是因爲他對人情世故有著最深情的關懷和感悟。在當時那個時代，君主貪婪殘暴，百姓命如草芥，朝不保夕，『殊死者相枕也，桁楊者相推也，刑戮者相望也。』（在宥）社會中出現了爭奪、禍亂、欺詐等種種人類的異化現象，人們爲物欲所驅使，『喪己於物，失性於俗』（繕性），陷於追逐財富和權力的深淵中不可自拔。同時，對死的恐懼和對名利的追求也讓人們產生了極大的精神困苦，莊子試圖使人們從這種悲苦情感中解脱出來，於是便提出了『齊萬物』、『一生死』、『泯是非』的哲學論點，意在消解人們對於死亡的恐懼和對名利的熱衷。同時，莊子鼓勵人們放棄自我的『小情』，去體驗自然之『大情』，由此可見，還是『終不能忘情』。李騰芳對莊子的這一評價得到後世許多治莊者的回應，莊子的人情味被挖掘得越來越濃。

二、莊子爲失意者妙藥

莊子的最高理想是得『道』。他認爲，道既化生天地萬物，又内在於天地萬物之間，因而也内在於人之中，決定了人的本性。既然道以自然無爲爲本性，那麼人也應該以自然無爲爲本性。因此，人應該按照自己的自然本性來生活，而不需要作任何人爲的矯飾和努力。莊子評價一切事物都以是否合乎『道』的本性作爲依據，因此他的價值觀是有別於世俗功利性的價值觀的，所謂『天之小人，人之君子；人之君子，天之小人』（大宗師），即是一例。莊子的最低人生理想是全身，因此在『有用』與『無用』之間選擇了『無用之用』。莊子認爲人一旦接受世俗有用的功利觀點，就會在無形中將自己的價值物化、工具化，從而可能會遮蔽視野，妨礙洞悉事物本質的智慧，這樣非但沒有大用，還可能帶來性命之憂，如人間世篇中的山木、膏火、桂樹和漆樹等事物，它們都是因爲自己顯露於外的才能而被伐、被煎、被割，而櫟社樹和商丘大木則因其爲『不材之木』而得以頤養千年。因此，莊子希望人們看透生死、淡泊名利，以『無爲』的態度來處世，保持内心的寧靜，從而超越現實，回歸到自己的本質並最終到達自由逍遥之域。

歷史上有一些學者認爲莊子這種『無爲』的處世方式是明哲保身、消極厭世的表現，且對於現實生活是毫無裨益的。東晉的王坦之就以莊子思想『壞名教，頹風俗』之由寫下了廢莊論，而晚唐的李蹊也隨後撰寫了廣廢莊論，從『虛無』、『天命』、『因任』、『性情』四個方面對莊子思想進行了更深入的批判。當然，有更多的學者意識到莊子思想是具有一定社會功用的，這主要體現在修身養性和工匠技藝兩個方面。並認爲莊子非常注重對外在形體和内在精神的養護，如他在達生篇中説道：『有生必先無離形，……夫形全精復，與天爲一。』意思是説，形體和精神的保養都很重要，只有實現形體和精神的雙重養護才可以達到『與天爲一』的得道境界。因此，莊子提出了『心齋』、『坐忘』等一系列修養方法，同時告誡人們要『少欲』，這樣才能保持内心的寧靜，從而達到『養形』和『養心』的目的。莊子的修養之道得到了後人的認可和讚賞，宋代的晁迥就曾説道：『讀莊子，得身心虛閑，以自放曠，既優既遊，一如不係之舟』（昭德新編卷上），認爲讀莊子的書可以實現心靈的愉悦。此外，莊子書中描寫了許多匠人巧者的技術活動，塑造一批民間技藝大師的形象。在庖丁解牛、輪扁斲輪、圃者拒機、佝僂承蜩等寓言故事中，莊子將這些民間高手的技藝活動進行了高度審美化的藝術塑造，讓人們在讚歎這些工匠高超絕倫的技藝之餘，也看到了莊子對於民間技藝的關注和熟悉。因此，莊子也被許多學者視爲『技藝大師』，如明代的陳榮選說道：『漆園之豪氣逸詞，亦養生者、操觚者一時藝業之師也。』（南華經要刪注釋評林卷首序）

李騰芳也看到了莊子思想的社會功用，他認爲莊子思想是門精細的學問，超越塵世的喧囂，直達人心，給人一種精神上的慰藉。他反對人們將莊子思想看成是『輕世肆志』的表現，而認爲其是一種『精細之至』的學問。他在說莊中反復論及莊子的精細之處，如在解說養生主篇時說道：

> 觀其言大隙，言大窾，言肯綮，則物情之變，微細曲折，無不洞徹。觀其言天理，言固然，言官止神行，則此心之精，周流隨順，無不自在。至於怵然爲戒，視爲止，行爲遲，何等小心！動刀甚微，牛解土委，提刀四顧，躊躇滿志，何等暢意！目無全牛，何等放膽！小心也，暢意也，放膽也，三者必真正英雄，方見得有此境界。到暢意、放膽處，越是精神（細）。人知莊子之輕世肆志也，而豈知其精細之至乎？

李騰芳認爲，通過對『庖丁解牛』過程中三個步驟的詳細刻畫，足可看出莊子是一位精細之人。而對於莊子在人間世篇中所說的『德厚信矼，未達人氣；名聞不爭，未達人心』等句，李騰芳也評價道：『非精細者未易。』在他看來，莊子是一位對世事有著敏鋭洞察力的思想者，因此，他的思想對於現實生活是具有指導意義的。那麼，莊子思想的精細之處到底表現在哪些方面呢？李騰芳說道：『予每讀此，細思莊子學術，亦只在人情物理上透來。』（養生主解說）意思是說，莊子學術的精細之處主要表現在『人情』和『物理』兩個方面。『人情』指的是『生死之情』，『莊子學問全在生死上勘得破，故每每以生死立論』（大宗師解說）。李騰芳認爲，對生死問題的思考是莊子哲學的重要內容。在解說德充符篇時，李氏曾說『予觀莊子之書，說死生多矣』，而在論述大宗師篇時，他也明確指出『莊子此篇專爲生死立論』。既然莊子如此重視生死，那他爲什麼又要鼓勵人們看輕肉體、混同生死呢？在李氏看來，莊子提出『泯是非』、『一生死』並不是其輕世肆志、漠視生死的表現，而是因爲在當時的亂世之中，執著於生死只能給人們帶來更多的痛苦和不安，唯有看淡並超越生死，才能使個人求得心靈的平靜，而這恰恰體現出莊子對民生的關懷和生命的重視。李氏的這一見解切中肯綮。仔細閱讀莊子，不難發現，與儒家『未知生，焉知死』（論語先進）以致對生死有欠考慮的做法不一樣，莊子對生死是考慮得太多太透徹了。莊子體會到在亂世中求生存的艱難，也目覩了百姓『命如草芥』的悲慘生活，於是他極力渲染生命的苦難，『人之生也，與憂俱生』（至樂），『一受其成形，不亡以待盡』（齊物論）。同時又進一步宣揚以死爲樂的思想，在至樂篇中描寫了莊子與髑髏的一段對話，莊子的悲傷與髑髏的快樂形成強烈的對比，從這句『吾安能棄南面王樂而復爲人間之勞乎』（至樂）可以看出，髑髏非常享受死亡的快樂。而莊子這麽做的用意，正是希望以此來消解人們對生的執著和對死亡的恐懼，從而實現内心的安寧。『物理』就是天理，在李騰芳看來，也就是所謂的『道』。爲什麽生死不值得留戀，且功名富貴不值得追求呢？因爲莊子提出『以道觀之，物無貴賤』（秋水），也就是説站在大道的角度上看，世間萬物都沒有什麽差别，道存在於一切事物當中，連螻蟻、稊稗、瓦甓和屎溺等世人眼中渺小骯髒的東西都還存在著『道』。既然萬物的差别都是相對的，而本原又是一樣的，人們就應該用一種豁達的心態來看待世間萬物。且在李騰芳看來，『道之大者，莫如了生死』（大宗師解説），連生死都可以看透，那麽其他一切事物就更加可以釋懷了。

既然莊子的思想旨在教導人們看破生死，看淡世間的名利得失，進而超越現實達到逍遥無待的得『道』境界。那麽在李騰芳看來，評價莊子思想的現實意義就不應該從『養生』和『技藝』這兩個功利性的角度來衡量。莊子的思想雖然是立足於現實世界，但其最終的目標是『無意於人間世』（人間世解説）的，所以莊子這部書主要是爲了給那些處於困苦中的人們帶來一些心靈的慰藉，當他們在失意迷茫時，就可以選擇莊子這副『治病良藥』，正如李騰芳在解説德充符篇時寫的：『學道者讀一過，便如服一帖清涼妙藥。到極失意時，事體極難處時，玩之愈有滋味。治世者得是說而存之，其以反覆變幻、矯詐狠毒之徒，謂可以濟事而任之以爲才，亦猛可省矣。』也就是說，莊子的思想主要是供人們在失意時排解不良情緒，但同時也可從側面對治世者有所警策，李騰芳的這一見解值得重視。

第二節　以儒佛解說莊子之傾向

魏晉以來許多解莊著作，往往以儒、釋闡釋莊子思想。李騰芳的說莊則是站在三教融通的立場上去解說莊子，而不單純依附於某一儒、釋經典。李氏在說莊中明確提出『千聖學脈無不同源』這一觀點，他指出，古人做的都是精細學問，而各種絕妙的學說之間都還存在著融通之處，如『孟子之不動心，而大禹之行其所無事也，極而至於老子之無爲，佛之無生，千聖學脈無不同源』（養生主解說）。意思是說，雖然各派學說具體觀點有異，但總的來說還有存在融通之處。對於古今大家們的著作，李騰芳採取了一種比較客觀和寬容心態來看待，他認爲『做文字，平日有手生，有手熟，有難題，有易題，有得意之篇，有不得意之篇，遂以己方人而言，從來文人之文，皆有得意，有不得意。』（同上）他反對人們用『以己方人』和『以偏概全』的態度來評價學者們的學問，而主張把古人之文分爲『得意之篇』和『不得意之篇』兩類，告誡人們不應當因爲某些『得意之篇』而過分地抬高某人，也不能因爲某些『不得意之篇』而過分地貶低某人。在李騰芳看來，任何一門學問都有它的優點和缺點，人們要做的不是簡單地排斥或推崇某種學說，而是要學會鑒別和吸收每種學問的精華之處，因爲『聖賢之言譬如甘露，不善讀之亦是毒藥』（同上）。因此，在說莊一書中，李騰芳非常注重強調各類學說的融通之處，同時又通過反復比較進而尋求莊子與儒家學說、佛教學說的相異之處，以突顯莊子思想在儒、釋二教之外的獨特性。此外，文中對前人的治莊思想也多有引用，其中尤以郭象、李元卓的居多。

一、引用佛經，印證莊子

李騰芳生平喜好佛學，深諳佛理。在說莊一書中引用了較多的禪語和佛學故事，佛學思想比較濃郁，致使清代顧華如在讀莊一吷自敘中對這部作品作如是評價：『說莊、導莊，貝葉文也。』袁中道的導莊主要是以華嚴經來解莊子，他認爲『莊生內篇，爲貝葉前茅』，於是『取其與西方旨合者，以意箋之』，文中多佛教用語和生僻字句，晦澀難懂，將其歸於『貝葉文』合乎情理。但將說莊一書一同歸於『貝葉文』，實在有失公允。因爲李騰芳並不是簡單地將莊子比附於某些釋教經典，而是試圖通過一定的比照來尋求佛教與莊子思想的異同點。莊子與佛教思想都著力於探求人的解脫之道，都是立足於人生困境而發展起來的學問，兩者之間確有很多合旨之處，李騰芳只是根據自身的佛學造詣和生命感悟將這些合旨處一一點明並作了精到的解說，因此，不能簡單地將說莊理解爲一部『貝葉文』。

在說莊書中，李騰芳揭示了莊子與佛學思想的許多契合之處。這主要表現在兩個方面：

一是以大乘佛教的不二法門思想來解讀莊子。不二法門是大乘佛學的重要思想，不二法門亦稱『不二』、『離兩邊』，指對待一切現象應『無分別』，或超越各種區別。佛教通過不二法門告誡人們，世間的貧窮顯達、生死禍福等事物之間都沒有什麽區別，都是人們的幻像，所以都不值得迷戀。人們應當潛心修道，超越萬物，方可進入真理的境界。而莊子本身是個相對主義者，他非常注重矛盾雙方的轉換和統一，宣揚齊物我、泯是非、一生死，也主張消除事物之間的區別。在這一點上，莊子與佛學確有相通之處，李騰芳就意識到了這一點。在說莊書中，針對齊物論篇『化聲之相待，若其不相待』及『罔兩問景』一段，李騰芳選取了一個佛學公案來進行闡明：

嚴陽尊者問趙州：『一物不將來如何？』州曰：『放下著。』嚴云：『一物不將來，放下個甚麼？』州曰：『恁麼則擔取去。』尊者言下大悟。讀此則知是非夢覺，放下擔取，一齊都休，那裏又有待與不待？知道無待、無不待，則撲地斷，啐地碎，平生求所謂我者，了不可得。『喪』之一字，將何處著？莊子之『物化』，正其樣也。

李騰芳引用『嚴陽尊者參趙州古佛』這一公案，意在告訴人們莊子齊物論篇的主旨在『喪我』二字，人生不過是一場夢，『待』與『不待』根本沒什麼區別。因此，是非夢覺都不必執著，只要忘掉自我、隨順自化就可以了。在論及該篇『物無非彼』、『物無非是』等句時，李騰芳指出，『彼不看做「彼」，看他是個「是」』，『是』不看做『是』，看他是個『彼』，正『空華眼翳，隨順不二』之義』，將莊子與佛教『不二』思想聯繫起來。此外，李騰芳認爲，莊子的生死觀與佛學也有相通之處，因爲兩者都強調生死不二，都試圖消解人們對死的恐懼和對生的執著。在論及德充符篇『德有所長而形有所忘』等語時，李騰芳引用了圓覺經中『此身畢竟無體，和合爲相，實同幻化』和大般涅槃經中『是身不堅，猶如蘆葦伊蘭，水沫芭蕉，是身易壞，猶如河岸臨峻大樹』數語，以此來說明體形本爲虛妄，並不存在美醜、好壞和強弱之分，從而進一步指出莊子『重德輕形』思想的合理性。

二是以佛教『不壞世間相而證實相』思想來解讀莊子。釋教認爲『一切法皆爲佛法』，主張『離一切相，即一切法』，這個『離』不是指把外面的相都離掉，而是要在內心裏將一切相『離』掉，在平常的爲人處事、待人接物中不著相，這樣才能使自己得到真正的清淨。六祖大師在壇經『般若品』後面的偈頌中說道：『佛法在世間，不離世間覺。』意思是說，佛法與我們的日常生活密切相關，如果脫離日常生活而去追求佛法，則是不智之舉。只要心不執著，世間的事樣樣都做，而且做得圓圓滿滿，心裏清清淨淨就好，這也就是所謂的『不壞世間相而證實相』。在說莊中，李騰芳認爲大宗師篇『攖寧者，攖而後成者也』之語，即『經中「不壞世間相而證實相」之意，非二乘以灰身滅智爲定者也』。莊子中所說的『攖寧』，指的是『道』無不有所送，也無不有所迎；無不有所毀，也無不有所成，所以不要受外界事物的紛擾，而要保持心境的寧靜。這與佛教所追求的『心裏清清淨淨』旨意是相近的，因此李騰芳的這一解釋是有一定道理的。此外，莊子在逍遥遊篇中塑造了一些不食人間煙火、神通廣大的『真人』、『至人』形象，而李騰芳卻指出，『神人能居於姑射山而不能居於人間，能小堯舜而不能爲委吏乘田，豈若不壞世間相而證實相者乎？』在李氏看來，『真人』們的生活範圍存在很大的局限性，而與『真人』們只能『逍遥於方外』相比，佛教的『不壞世間相而證實相』才是一種更普適、更合理的處世方式。從有關資料記載可知，李騰芳儘管喜好佛、道之學，但他一直是比較熱心世事的，這就決定了他不可能完全贊同莊子『逍遥物外』的人生理想。相比較而言，他的一生與佛教『不壞世間相而證實相』這一處世方式更爲接近。

李騰芳不僅看到佛學與莊子思想的融通之處，同時也通過比較分析，揭示出兩者之間的相異之處，並作出一定的評價。我們知道，任何著作都是作者基於自己的生命體驗和知識結構而寫出來的，必然要受主觀因素的影響。因此，儘管歷來許多解莊學者都宣稱自己是『以莊解莊』，批判別人是『以己解莊』，但事實上，在這些注疏作品中都不可避免地存在著作者的主觀意向，李騰芳的説莊也是如此。在佛學與莊子思想的比較中，李騰芳似乎對佛學的一些義理更爲肯定。除了之前所述在逍遥遊篇中以佛教的『不壞世間相而證實相』來質疑莊子『逍遥物外』的這一處世方式外，在論及養生主篇中『爲善無近名，爲惡無近刑』二句時，李騰芳寫道：

此二句乃莊子養生之大旨。六祖謂惠明曰：『不思善，不思惡，正恁麼時，那個是明上坐本來面目。』有引此語以解此者，余竊謂不同。今須知祖意與莊子下落處，祖意直指性體，故喚以本來面目。莊子之意卻向在作用上。故云：『可以保身，可以全生，可以養親，可以盡年。』至下文批隙、導窾等語，則盡説向外邊，與祖意精粗迥別矣。

針對前人引六祖的『不思善，不思惡，正恁麼時，那個是明上坐本來面目』來解釋莊子這句話的行爲，李騰芳不以爲然。他指出，莊子所宣揚的『不爲善、不爲惡』是站在功利的角度來説的，是爲了保身、全生、養親和盡年，而六祖所說的『不思善，不思惡』是不摻雜任何功利目的、直抵人心的一種心靈關照。在這一點上，李騰芳認爲六祖的思想比莊子的思想更爲精細和純粹。事實上，莊子的思想的確還沒有完全脫離俗事的羈絆，帶有世俗的功利性，而佛教相對而言把世間俗事看得更爲輕淡透徹。但是，佛教所宣揚的看透生死和淡泊名利，也是旨在幫助人們達到超脫苦難、嚮往來生和通往西方極樂世界這一目的。因此說到底，六祖所說的『不思善，不思惡』其實也是爲了通過自己的修行達到一定的目的，並不是完全無功利性的。可見李騰芳在説莊這著作中對佛教思想存有一定程度的美化和偏袒之情。但縱觀李騰芳對養生主篇的解說可知，他並沒有將莊子視爲佛學的附庸，也沒有刻意『崇佛抑莊』，因此，這些主觀之情也是可以理解和接受的。

二、援儒解莊，主『尊孔説』

關於莊子思想與儒學的關係，學界有一種意見認爲莊子思想源於儒家，受儒學的影響比較大，但他的認識論和方法論又明顯不同於儒家而自成一派。在説莊一書中，李騰芳注重尋找莊子思想與儒學的融通之處，文中援用了大量的儒家學說來解讀莊子，其中尤以孟子的言論居多。如在齊物論篇中以『孟子所謂「山徑之蹊間，介然用之而成路」是矣』來解釋莊子的『道行之而成，物謂之而然』之句。此外，李騰芳在德充符篇開篇還寫道：

孟子曰：『今有無名之指，屈而不信，非疾痛害事也。如有能信之者，則不遠秦楚之路，爲指之不若人也。指不若人，則知惡之；心不若人，則不知惡，此之謂不知類也。』莊子此篇大意，差與孟子同。但撰出兀者、惡人、無脤、大癭等，説得奇怪耳。

在這裏，李騰芳認爲莊子德充符篇的主旨與孟子思想大致相合，都是旨在告訴人們外在的形貌不那麼重要，而是要注意保持德性的美好。但不同的是，孟子的表達簡單明了，而莊子卻通過塑造兀者、惡人、無脤、大癭等一批畸人形象把這個道理説得委婉而奇異。除孟子外，李騰芳還努力尋求詩經、論語、中庸等儒學經典與莊子思想的合旨之處。如在論及大宗師篇中『真知』一詞時，李騰芳引用了論語子罕『吾有知乎哉？無知也』之語，並認爲『孔子之無知，是謂真知』。在解説德充符篇『而況官天地，府萬物，直寓六骸』之語時，李騰芳指出『府萬物者，聚萬物而長養之也，即中庸「位育」之義』。此外，在解説齊物論篇『以指喻指之非指，不若以非指喻指之非指也』之語時，李騰芳這樣評析道：『辟如以指喻指，我見爲是指，然已不知能喻之指，不是所喻之指，不如便以非指來喻指，總是個非指也。詩云：「執柯伐柯，其則不遠。」孔子曰：「睨而視之，尤（猶）以爲遠。」至理原是如此。』李騰芳引用了詩經和論語中『砍伐木材來製作斧柄』這一典故來解説莊子的這幾句話，意思是説即使將樣本放在眼前，照著樣本的模式去製作斧柄，最後做出來的斧柄還是千差萬别，更何況是拿本來就各不相同的手指去比喻手指這個事物，那就更是大相徑庭了。這樣一來，還不如以『非指』來比喻手指，因爲它反正都跟手指不一樣。另外，在應帝王篇中，李騰芳認爲莊子的本意是在宣揚帝王的無爲而治思想，而這一點正與『黄帝所謂「我無欲而民自化，我好靜而民自正」，老子「生而不有，爲而不恃，長而不宰」，中庸「篤恭而天下平」、「無聲無臭」，同一旨也』。在這裏，李騰芳把道家的『無爲而治』思想與儒家中庸中所宣揚的『篤恭而天下平』思想進行了融合。

關於莊子與孔子的關係，李騰芳是主張『尊孔説』的。他在解説人間世篇時有這麼一段描述：

> 或問曰：『然則莊子比孔子如何？』曰：『莊子此書每每稱引孔子，可見心中甚敬孔子。但他卻是個極乖的人，不肯容易犯手，故其學以無爲自然爲宗。』

在這裏，李騰芳指出，莊子是敬重孔子的，只是他生性乖戾，不肯像孔子那樣勞心勞力，親力親爲，於是便效法老子以『自然無爲』爲人生宗旨。此外，李騰芳認爲，莊子不僅敬重孔子，而且還學習和吸收了孔子的思想。在解説德充符篇時，李騰芳寫道：『然則「死生不變」之語，得無真孔子之言，而莊子私淑之耶？若孔子曰「朝聞道，夕死可矣」、曰「未知生，焉知死」，何等簡要親切！』李騰芳認爲莊子的『死生不變』這一生死觀是向孔子學習的結果，因爲兩者都意在告訴人們不必執著生，也不必畏懼死，未來的一切都不可知，只要順其自然就好。

在説莊這部著作中，可以看出李騰芳本人對孔子是比較推崇和同情的。莊子人間世中有一段葉公子高與仲尼的對話，當即將出使他國的葉公子高向仲尼請教傳言之道時，仲尼告訴他説：

天下有大戒二：其一命也，其一義也。子之愛親，命也，不可解於心；臣之事君，義也，無適而非君也，無所逃於天地之間。

李騰芳對這段話作了如是評述：

夫子告以人臣事君之道，不得擇夷而避難，事有利害，只得安命，受命之日，便須忘卻此身，何暇悦生惡死，此天地間至正至當之理。聖人教人以忠孝之格言也。

李騰芳認爲孔子所宣揚的『人臣事君』之道是天地間至正至當之理，把孔子視爲『聖人』。李騰芳崇敬孔子，但他更同情孔子，這在説莊中很多地方都可以體現出來。如他在評析大宗師篇『丘，天之戮民也』時這樣寫道：

夫天之於民，使先知先覺者教之，負先知先覺之任者，一夫不被，若己推而納之溝中，其心甚苦，其力甚勞。在天下稱先覺之民，在其人真勞戮之民矣。雖明知其爲勞戮之民，而終不能諉之，以辜上天之托，豈惟不能諉，又不得不群弟子而共舉先知先覺之職，斯亦天命之莫逃者也。

在此，李騰芳認爲孔子是受命於天的先知先覺者，『其心甚苦，其力甚勞』。他的主要任務是帶領自己的弟子一起擔負起教育天下百姓的重任，責任雖大，實踐雖難，但孔子卻無法逃脱這種天意的安排，只能這樣一輩子受勞戮之苦。在解説人間世篇時，李騰芳描述了涅槃經中菩薩摩訶薩爲了使衆生獲得解脱之道，而以大願力現受諸惡身業的故事，並接著指出孔子也具有摩訶薩這樣的救世情懷和奉獻精神，『人識得菩薩的心，方許見得孔子周流行道之心』(人間世解說)。李騰芳認爲孔子具有菩薩之心,而他生平所遇到的陽虎、盜跖、南子之徒就相當於六道中的畜生餓鬼,孔子去見他們就是爲了去幫助和度化他們。由此可見,李騰芳對於孔子汲汲救世的精神是比較佩服的,而對其所遭受的勞戮之苦也是非常同情的。

李騰芳一貫主張文人著文有『得意之篇』和『不得意之篇』,而每種學說也都有『得意之說』和『不得意之說』。因此,儘管李騰芳敬重孔子並贊同他的一些學說,但對儒學中的『不得意之說』還是進行了批判,這也跟當時的學術風氣有關。隨著明代心學的發展,尤其是以李贄爲代表的『狂禪派』的興起,對傳統儒學産生了很強的衝擊,儒學的尊貴地位受到嚴峻的挑戰。文人學者們紛紛把孔子和儒學從神壇的地位上拉下來,對儒學進行了反思和重新定位。他們宣揚聖人只是普普通通的人,聖學也只是平平常常的學問,並主張蔑視權威,張揚自我。李騰芳學宗王守仁,他的思想也受到了當時心學的影響,他認同聖學是『布帛菽粟之言』(人間世解說),批判『儒墨之道爲小成而其言爲榮華』(齊物論解說),並且在說莊中不時有對『豎儒』、『世儒』和『章句之儒』的譏諷之語。李騰芳生平頗好佛、道之學,清代學者對李騰芳提倡佛、道之學的做法有些不滿,且認爲他的一些言行符合狂禪派的特質,但四庫館臣爲李湘洲文集作提要時又謂『騰芳留心經世,喜談兵事,其策倭安攘至計疏及進戚繼光兵略諸疏,猶非徒以狂禪縱論者矣』。正因爲李騰芳熱心世事,才使清代人將他與真正的『狂禪派』得以區分開來。首先,李騰芳否定儒學的權威地位,提出『千聖學脈同源』,反對獨尊孔子爲聖人、獨尊儒學爲聖學,並對儒學中的一些觀念進行了批判。如在解說德充符篇時,李騰芳明確反對『聖學止於治世』一說,認爲儒家一味強調修齊治平的做法是目光短淺、急功近利的表現,『世間章句之儒不淺陋則迂闊,只見得禮樂刑政、衣冠文物可以粉飾太平,而我亦可藉以取聲名富貴,便謂聖人之道止於此矣』(德充符解說)。其次,李騰芳在三教之中更青睞佛學,在說莊中經常將儒學與佛學的一些觀點進行對比,從而印證佛學的博大精深。如他對『世儒反指佛說爲異端』(大宗師解說)的做法甚爲不滿,竭力爲佛學正名。此外,李騰芳還將孔子比作菩薩，將儒學與佛學並舉，這也在無形當中表明了佛學在他心目中的地位。由此可見，李騰芳雖然極力尋找各派學說的融通之處，提倡用平等和寬容的態度來看待各種學說之間的異同，但相比較而言，他在各派學說中最推崇的還是佛學。

第三節　明切曉暢的解說莊子之風格

隨著八股文的盛行以及評點文學的興起，明代學者對於文章的篇章架構以及字詞文法的運用非常關注，在莊學研究領域也出現了許多以文評莊、以文解莊的著作。李騰芳的說莊也反映了時代的特色，一方面從『文章之法』的角度對莊子內篇進行深入細緻的剖析，從謀篇佈局、遣詞造句到文脈章法都每有論及，另一方面在闡釋義理的過程中，又採用了『以文脈解莊』的方法，即通過對文章脈絡梳理去探求詞句間隱含的微妙哲理，從而實現了文學和義理的良好互融。

李騰芳在說莊中認爲，莊子文章具有『撰字新奇』、『激切警策』、『筆端如畫』的特點，且在注解過程中不時點明『主客』、『虛實』、『翻轉』、『縱擒』等多種文章妙法。同時，還多處引用文史故事和各家學說來作論證闡釋，從而增加了其說服力和趣味性。故其好友包鴻逵在說莊序（明天啟四年青蓮齋刻本）中評論這部莊學著作說：『如入地菩薩說地前事，又如行者之譜故道，老人之數家實，何怪其說之明切而曉暢也。』

誠然，李騰芳的說莊體例簡明，並沒有繁瑣的訓詁論證，也沒有龐雜的批析注解，只是前列莊子原文，後爲自己的解說文字。在莊子原文間，所有字詞的簡單注音都只採用淺字法，即選擇一個常見字來爲那些生僻字作音解，而不像陸德明經典釋文、陳景元南華真經章句音義和賈善翔南華經直音等著作那樣採用以淺字法和反切法相結合的形式。而且，這些音注都直接標在被注字的下面，便於閱讀。如在齊物論篇中，『鷇』字下面標有

『音學』，『數』字下面標有『音朔』等。同時，在對一些晦澀的字詞作注釋時也儘量從簡，直揭大意，而沒有廣泛羅列之前各家的注解。如在養生主篇中，在『大郤』下面標有『骨肉交際處』，『大窾』下面標有『骨節空缺』等等，這樣就便於讀者順利地閱讀全文並瞭解全文大意。

在各篇之末，李騰芳採用了循文衍義、逐句評析的方法，對莊子文本的篇章結構作了一個細緻的梳理，並試圖通過對文章脈絡的剖析來探索隱含其中的微妙義理，從而達到解莊的目的。其解說脈絡清晰，觀點集中，方便人們從整體上去把握文章的脈絡主旨。其思路大致是，一開始就明確整篇文章主旨，然後在這一主旨的統領下，或分段落，或定節次，逐句剖析，隨手評論，將文本的眼目、承轉和照應處一一揭示出來。這樣，莊子的文本脈絡和李騰芳的莊學思想也就清晰可見了。無怪乎明范鳳翼說：『然內篇之旨，精奧神奇，首尾聯絡如貫珠，而解者支離穿鑿，鮮有定其指歸，通其條貫者。若夫逆流窮源，由根達枝，則無如李湘洲先生說莊之有倫有脊，獨得玄珠三昧也。』①

同時，李騰芳說莊還運用了多種論證方式。首先是比喻論證，李氏善於用打比方的形式來表達自己的觀點，這樣既可使文意簡潔明了，又增加了文章的趣味性。如齊物論篇有『物無非彼，物無非是，自彼則不見，自知則知之，故曰：「彼出於是，是亦因彼」』之語，李騰芳解說道：

今試就人身自家，更說個譬喻。一人之身，頭在上而足在下，耳居旁而鼻居中。若以彼言之，則頭必以足爲彼，足必以頭爲彼，耳必以鼻爲彼，鼻必以耳爲彼，盡彼也，彼彼而此亦彼也，則又何疑於『物無非彼』之說乎？若以是言之，則頭之在上固是，足之在下亦是，鼻之居中固是，耳之居旁亦是，盡是也。此是而彼亦是也，則又何疑於『物無非是』之說乎？既云『物無非彼』、『物無非是』，則彼以爲是，

---

① 說莊序，據明萬曆四十二年開萬閣刊說莊。

我當亦以爲是，因其彼而彼之，因其是而是之可矣，何必更生分別耶？故曰：『彼出於是，是亦因彼。』

在這裏，李騰芳以人身上的頭、耳、鼻、足四物爲喻。他指出，如就部分而言，頭、耳、鼻、足四物形態各異，位置有別，都可視對方爲彼，此即『物無非彼』之意；但如果就整體而言，頭、耳、鼻、足四物都在一人身上，且這四物各就其位，各行其職，那麼以此而言，這四種事物都是合理的，此即『物無非是』之意。既是如此，則『是』與『彼』之間便沒什麼區別。『彼』可以是『是』，『是』也可以是『彼』，兩者可以互相統一，『彼出於是，是亦因彼』之語的大意不過如此。

其次，李騰芳還較多地運用了舉例論證的方式，即先提出論題，然後圍繞論題逐層運用材料來論證自己的觀點。李騰芳勤於治學，見識廣博，出入經史，又旁及佛、道之學，因此在解說莊子過程中，大量引用佛家公案、文史典故來佐證自己的觀點。如在解說德充符篇時，李氏認爲此篇的主旨是『形體之不足重而人當外形骸以求形形之本』，即人應當拋開對外在形體的迷戀而重視內在德性的修養。爲了強調形體的虛妄和德性的重要，李騰芳便引用了『二鬼爭尸』這一佛家經典故事來說明：

昔有遠行者，寄宿空亭，夜中有鬼擔一死尸來著其前，復有一鬼從後爭之。前鬼語曰：『可問此人。』後鬼即問：『是誰？死人誰擔將來？』是人思惟：『此之二鬼，皆有大力，實語虛語，皆不免死，我今不應妄語答鬼。』便言：『此尸前鬼擔來。』後鬼大瞋，拔其手足，出著地上，前鬼愧之，取尸補之。補之使肩、臂、手、足等，舉身皆易。於是，二鬼共食所易活人之身，各各拭口，分首而去。其人思惟：『父母生身，眼見食盡，我今此身，盡是他肉，爲有身耶？爲無身耶？』心懷迷亂，不知所措，猶如狂人。

這個故事中，主人公因爲說實話而被後鬼將手足拔出，前鬼出於內疚便將主人公身體上缺失的部分用死尸的軀體補上。這樣，主人公的外在形貌雖被替換成了死尸的樣子，而他的思維卻還是自身原有的。由此説明，人的外貌可以千變萬化，不足爲重，但思維和内在的德性卻是人最本質的東西，需要好好養護。李騰芳選用這個想像奇特、駭人聽聞的故事將這一旨意表達得淋漓盡致、動人心弦。當然，李騰芳所著説莊一書，由於過多地馳騁個人想像，有些解説文字便不免遊離於文本之外了。

第十七章　陳治安的南華真經本義

陳治安，字爾道（邇道）、汝道，一字鏡清，浙江會稽人。明萬曆三十四年（1606）中舉，四十五年任武昌令，次年即丁母憂歸家，天啟二年（1622）補新化令①，五年移任江西德興②，隨即轉徙湖南安仁，崇禎元年（1628）自安仁歸。此後一直賦閑在家，以著書自娛，無疾而終。陳治安爲官清廉，頗有德政，康熙會稽縣志稱其『以古法治民，清若止水』，並贊其『詩甚清遠，越畦徑之外。所著古文詞近歐柳』。著作有梅山記事、正言、諭俗等書，惜多散佚。唯南華真經本義十六卷、附錄八卷存於世。

① 此說據譚元春爲陳治安祖父陳秀所作廣西古田縣桐木鎮巡簡陳公墓誌銘。然同治新化縣志載：『陳治安字爾道，會稽人。舉人。天啟四（1624）年甲子任。』譚元春受托爲陳治安祖父及父親作墓志，其說當較爲準確。

② 陳治安南華真經本義卷十三自稱：『丁卯夏日，偶爲分疏此篇，因欲解竟莊子，俄攝德興，又移攝安仁，遂棄去。戊辰冬自安仁歸，遂取三十三篇盡爲之詮解。』譚元春廣西古田縣桐木鎮巡簡陳公墓誌銘則稱：『（陳治安）又一年乙丑，改教豫章之德興。』譚元春以爲陳治安天啟乙丑（1625）年攝德興。此處暫采陳說。

第一節　南華真經本義其書考

一、南華真經本義的撰述背景

陳治安生活於明之末季，據他所作五篇敘來看，其撰述南華真經本義主要在明崇禎己巳（1629）年，正值國政劇變。此年，後金大軍在皇太極的帶領下，繞道長驅直入，直逼京城。這次事件史稱『己巳之變』，此後後金與明朝力量對比發生質的改變，崇禎帝遷怒大臣而罷黜東林，殺袁崇煥，崇禎新政結束，大明滅亡的命運已不可挽回。

陳治安的南華真經本義正是在這樣的背景下產生。在陳治安對莊子的闡述中亦可見其對時運的悲歎，比如在闡釋逍遥遊篇大鵬『海運則將徙於南冥』時說：『海運者，是桑田蒼海相變之運會，不得不徙之時也。』『海運』一詞，林希逸莊子口義解作『海運者，海動也。今海瀕之俚歌，猶有「六月海動」之語』，亦即海水運動變化的意思，陳治安從中看到的卻是『桑田蒼海』的巨變，和大鵬『不得不徙』的無可奈何，這是發前人之所未發，也是特殊時代背景下憂國憂民的士大夫對國運的悲歎。

作爲有著強烈濟世情懷的儒家知識分子，陳治安於此衰世仍然希望能有所作爲，他著南華真經本義正是出於這樣的願望。在南華真經本義中，他對自己作書的意圖進行了解釋。首先是有利於救治時人之病。陳治安認爲人因爲『內憂死生』、『外憂毁譽』、『功名得失』、『聲色旨味』而憂心如焚，百病叢生，『莊子爲詆其所摹擬，乃消除良藥。摹擬之病，苟非親曾爲折肱，詆毁之藥，亦孰知有大不得已乎哉？嗟乎！凡百有情，云誰無染，一開徑竇，便入膏肓。莊子立無心之法，爲諸症對治之方，如朱丹溪之倒倉，盡去其胸中夙積而精神頓復元初者也。』（敘二）在陳治安看來，研習莊子可助人去除心中種種欲望，正是濟時救世的一劑良藥。他接著說：『夫解莊欲以去病。在六經、語、孟，夫豈無方，爲二豎深藏，藥石不及，傳海上奇方者，用一味偏攻，取效更捷。莊子一味，凝神御氣，何止去病，竟是神仙不死之大藥。』（敘五）陳治安認爲時人積弊已深，用『六經、語、孟』這類儒家經典已難起效，而莊子看來荒誕不經，卻是治病救人的『奇方』，如『朱丹溪之倒倉』，雖然是非常之法，或可收到奇效，拯時人之弊。

在此基礎上，則可望挽救當時的危亡國勢。陳治安在敘五中贊道：『大哉，莊子道也！內能證聖，外則爲王。』這是對莊子的讚歎，也是其解莊目的的自白。他認爲『有道真治身者，自然及國家，及天下』（讓王本義），而『謂莊、老非濟世成俗之要，當繇未悉其蕆耳』（附錄卷四），這正是儒家修身齊家治國平天下的思路。在陳治安看來，莊子深蘊內聖外王之道，一般人的非難其實是不懂莊子，他認爲通過解莊可救時人之弊，由此自然而然地就可以改良社會風氣，最後『濟世成俗』，達到挽救國家危亡的目的。這也正是陳治安作南華真經本義的根本目的所在。

二、南華真經本義之版本源流

南華真經本義一書，有明崇禎五年（1632）刊本、清乾隆十六年（1751）敬義堂刊本和清道光十五年（1835）紅蘭山房刊本三個版本。三個版本前皆有陳治安自撰敘五篇，正文計十六卷，末有附錄八卷，行格相同，當是承同一底本而來。

其一、南華真經本義一書成於崇禎五年，其第五篇敘即作於『崇禎五年壬申二月二十二日』，則此年之刊本當爲其最早的版本，至今存於世。其二、清乾隆辛未年（1751）此書修版重印，並有鄉人徐廷槐爲之作序。徐廷槐所作重修南華本義序稱：『詢其原板，火燹墨污，半有墜落，猶幸藏於士薪伯祖家，欲整輯而未遑。惜全書之不得見。古人云宮成缺隅，衣成缺衽，此理之常，無足怪者。然明之晚季到今，爲時未久，倘更歷歲年，又當何如耶？中流失船，一壺千金，讀其詞而悲，正其脫謬。……同友張百斯校理付梓，頓還舊觀。自是愛其書者，必與友夏爲同嗜也矣。』其中於重修淵源敘述甚爲明白。此本現今未見傳本，唯近人孫殿起販書偶記續編有著錄一條：『南華經本義十六卷，附錄八卷。明會稽陳治安撰，乾隆辛未敬義堂刊。』今人施畸1959年4月所作序亦稱『清初版未見』①。其三、清道光乙未年（1835）此書再次由紅蘭山房重刊。其首頁題：『莊子南華本義箋注，晉郭景純（郭子玄）先生注，明陳爾道先生輯。道光乙未重鐫，紅蘭山房校刊。』內有徐廷槐所作重修南華本義序。此本當據乾隆辛未本重刊而來。

第二節 對莊子『本義』的探究

莊子一書，歷代注釋者多達數百家，都認爲自己的闡釋最會莊生之旨。在此導向下，更產生了羅勉道南華真經循本、釋性通南華發覆這樣極力以尋繹莊子本旨爲立意之本的著作。這些試圖把握莊子本義的努力值得珍視，但他們所依靠的多是注家個人的才學和體悟，並未能建立起一個較爲客觀的標準。

陳治安的南華真經本義在吸收這些成果的基礎上，力圖建立一套明確的闡釋規則，來盡力摒除解莊過程中注家個人因素的影響。他認爲莊子文本就是莊子本義最準確的表達，緊扣莊子文本作出的闡釋最合莊子本義。

① 施序爲手寫，附於清道光十五年紅蘭山房刊、華東師範大學圖書館藏南華真經本義陳治安第五敘後。

在南華真經本義卷首敘四中，陳治安明確表達了這一主張：『吾謂其爲悖謬者，非敢以己意解莊子，而謂人悖謬；即取莊子所自爲解者，以解莊子，而知人之以己意解者，多悖謬也。甚矣，莊子自欲其說之明也！既以其意一言之，又必於一書之內，舉是意而再三言之。』又云：『莊子大意，已盡在内篇。後之外篇、雜篇，雖各自爲說，有若爲内篇注解者。』（敘四）在陳治安看來，以前的注家批駁別人解莊不合莊子本義，所用的其實也不過是注家的『己意』；而莊子已經在莊子一書中把自己的觀點多處反復言說，内篇中的觀點，外、雜篇也會有所體現，篇篇相互勾連，所以解莊過程中，我們不必摻入己意，只要以其文本互證，尋找到其彼此呼應之處互爲參看，莊子之意自明。而莊子行文總有一主旨貫穿其中，分析各篇自身行文脈絡，也是闡明莊子本義的重要途徑。他在敘三中說：『徐思本旨，則隱顯參差，如堪輿龍脈，縱千里變換，而蛛絲馬跡，自有可見。』正是要在莊子的字裏行間尋繹莊子本義。

陳治安另一探尋莊子本義的方法是以『吾心』解莊。他在敘二中提出：『人共一心，理無二趣。試取莊書，句爲之解。解之而吾心謂當如此，則莊子立言本意，亦必如此解之。而吾於理見爲不然，則莊子當日本意，亦必不然。今解三十三篇，皆用所謂當如此者，不用其所不當然者，故稱曰莊子本義云爾。』他認爲『理』是普遍性的存在，得於天之理的『心』自然也具有了普遍性，在這個『人共一心，理無二趣』的理論基礎上，此心同彼心，莊子之心與我之心正同，則我憑『吾心』所解自契合莊子之趣。陳治安這種心即理的表達，體現出明代心學在他身上留下的烙印。在此基礎上，陳治安進一步強調解莊者的道德品行因素，認爲品行不佳的注莊者之心受私欲蒙蔽，與莊子心意難通，故而不能很好地理解莊子本義。他說：『解莊者如王雱、呂惠卿，本不具莊子心胸，而欲發其議論，如門外人，未嘗親歷徑庭，而遽談門內之曲折，能無差謬？』（附錄卷八）王雱、呂惠卿德行歷來受人詬病，在陳治安看來，他們無莊子心胸，對莊子的解讀如外路人霧裏看花，『未嘗親歷徑庭』，不可能把握其中曲折，自然難解莊子本義。

一、以莊子文本互證

1．辨莊子無僞作

陳治安試圖在莊子一書内建立起一個篇章相互闡釋的系統，通過以莊解莊來探尋莊子本意。而莊子篇章能互釋，一個根本前提就是莊子中無僞作。

莊子經郭象刪定爲三十三篇以後，後人對於此書，很長一段時期認爲都是莊子所作，並且總體上是成體系的。成玄英莊子注疏序就說：『内則談於理本，外則語其事跡。事雖彰著，非理不通；理既幽微，非事莫顯；……内篇明於理本，外篇語其事跡，雜篇雜明於理事。内篇雖明理本，不無事跡；外篇雖明事跡，甚有妙理；但立教分篇，據多論耳。』這是說内篇談理精到，外、雜篇是對内篇的發明闡釋，内、外、雜成一完整體系。此種說法影響深遠，基本確立了内、外、雜三篇的關係體系。但到北宋，蘇軾對此提出了不同的看法。他在莊子祠堂記一文中，站在以儒解莊的立場上，認爲『莊子蓋助孔子者，要不可以爲法耳。……故莊子之言皆實予而文不予，陽擠而陰助之』，進而懷疑『盗跖、漁父則真若詆孔子者，至於讓王、說劍，皆淺陋不入於道』（莊子祠堂記），應該予以刪去。然後蘇軾在此文中建立了新的結構，認爲應當合四篇前後的寓言與列禦寇爲一篇，並且認爲『凡分章名篇，皆出於世俗，非莊子本意』（同上）。這一提法開莊子辨僞之先河，受到世人極大關注。

對於蘇軾的責難，陳治安大不以爲然，並且對蘇軾的觀點逐一作了批駁。司馬遷在史記老子韓非列傳中說：『莊子者，蒙人也，名周。周嘗爲蒙漆園吏，與梁惠王、齊宣王同時。其學無所不窺，然其要本歸於老子之言。故其著書十餘萬言，大抵率寓言也。作漁父、盗跖、胠篋，以詆訿孔子之徒，以明老子之術。』對於司馬遷的記載，陳治安非常信服，並引以爲據。他在附録卷二中評論說：『後世論莊子者，或贊其高玄，或譏其放傲。

大約晉宋人讚歎，宋元人譏貶。言說雖多，盡無當於莊子，固不若太史公本傳，寥寥數語，字字皆實錄也。』對於讓王、盜跖、說劍、漁父四篇的真偽，他在盜跖篇題解中說：『蘇子明識，未能過太史公。太史公先蘇子千餘年，去莊子近，其於真偽，當自了然。於列傳曰：「作漁父、盜跖、胠篋，以詆訿孔子之徒。」數篇出於莊子，已有明證』，而後世之所以會有這種懷疑，主要是因爲『在莊子之自言，固曰以謬悠之說，荒唐之言，無端崖之辭，時恣縱而不儻。如其所言，固不易解。兼之解莊者如王雱、呂惠卿，本不具莊子心胸，而欲發其議論，如門外人，未嘗親歷徑庭，而遽談門內之曲折，能無差謬？後來者又不暇尋求，略見前人所指示，便謂途徑止此，雖迷謬而不知。至今世之讀莊，又止取辭華，以資舉業，不必深求旨趣。』（附錄卷八）陳治安認爲一方面莊子言辭高妙，一般人理解不了，另一方面由於王、呂之輩的誤導，再加上時人的浮躁，未認真研習，以訛傳訛，終至迷謬，所以他要撥去迷霧，發明莊子的本義。

蘇軾認爲盜跖、漁父兩篇是真的詆訿孔子，從他『莊子蓋助孔子者』的觀點上看來，這兩篇肯定不是莊子所作。對此，陳治安爲了說明蘇軾的謬誤，反復發明盜跖、漁父兩篇中的尊孔之意。在盜跖篇解題中，他說：『夫太史公不言詆訿孔子，而曰「詆訿孔子之徒」，明以莊子詆訿，不在孔子。而後世學孔子者，竊其跡而希心利祿，故詆訿及之。至詆訿孔子者，又不用他人，而獨借盜跖之口，則莊子深意，居然可知。』這個深意，即是他對盜跖篇題旨的理解：『莊子語道，貴在無爲。故曰：「爲善無近名，爲惡無近刑。」「與其譽堯而非桀也，不若兩忘而化於道。」乃世人不能忘情善惡是非之分，每每按事摘情，互相詆毁。使今有桀跖者出，亦按事摘情，以詆毁聖人，何損於聖人！聖人豈因桀跖之詆毁，而遂爲變其生平？聖人不因詆毁遂變生平，桀跖又豈因衆人之詆毁，而遂變其爲桀跖？此盜跖篇所由作。』（盜跖解題）陳治安認爲莊子所詆在於學孔子而不類的人，借盜跖之口破除人們執著善惡是非的觀念，完全無損於聖人，後人認爲此篇是偽作，正誤解了莊子的一片苦心。

漁父一篇，陳治安認爲更是體現了莊子對孔子的極度讚歎。他在漁父篇解說中稱漁父『自以爲與孔子一氣，而何詆訿之有！然則漁父之諄復於孔子者，何爲？曰規也。何規？彼其仿丈人荷蕢之意，以明潔身高蹈之爲是，滔滔變易之爲非。』認爲莊子借漁父之口所詆當是孔子後學，對於孔子本人，若有規誨，『必極摹夫子虛懷好善，舍己下人之誠。雖及門之士，形容親切，豈有加此？是則莊子所以深服吾夫子，而未嘗有詆訿之念存於中者也。』（漁父本義）在這種解釋下，陳治安借用蘇軾本人的標準論證了盜跖、漁父兩篇不僞。

蘇軾認定讓王、說劍兩篇是僞作，理由是這兩篇文字淺陋，完全不是莊子的手筆。陳治安特意對這兩篇的文字進行了賞析並對蘇軾的觀點進行了批駁。在讓王篇解題中，他說：『讓王篇，歷唐虞三代，訖春秋，似小說家紀錄高行，以風後世。自堯至石戶之農，凡四事，讓天下也。……篇中敘事，或簡或煩，造景必奇，有情必肖。時立論案，變化無端。此千古奇文！』這對讓王篇的敘事方式作了高度評價，以爲莊子借小說筆法以諷喻後世。對讓王篇首段的行文筆致，陳治安著力進行了分析：

四事皆讓天下，讀之不見爲重復可厭者，其用筆參差有變化也。堯讓許由，許由不受，一句推過一人。又卻述子州支父不受之語曰：『以我爲天子，猶之可也。』此句豐致異常。以『雖然』轉下『幽憂之病，方且治之，未暇治天下也』，見不但天下不關其心，並讓天下亦全不出於有意。子州支伯讓舜天下，仍用支父語，省去首一句，又更覺直截。然語同而各見致者，其論斷異也。凡人作文，必前簡後煩，前淺後深。今皆倒用。善卷、石戶之農，俱不立論斷。善卷縷縷發揮躬耕獨樂，無取於有天下。而之農以一句斷舜之爲人曰『葆力之士也』，更不著他語，千鈞大力。

讓王篇通過堯、舜讓天下於四子而四子不受，以喻『尊生』之道。陳治安則抓住四子不受之不同，從用語的特點、行文的變化、前後的照應及收束的有力等方面詳細地解讀了此段，對蘇軾的指責進行了直接的批駁。

在分析說劍篇的時候，陳治安說：

故莊子特用己爲海若，借趙文爲河伯，闡揚大道，銷化雄心，使千世之下，讀之而喜。……莊子故爲妝撰，欲傾吐雄奇，言其所不爲之事，若以之自雄者。人言太史公好奇，莊子爲文好奇特甚。……唯文奇，故歷千百世而常傳。至於奇奧處，亦千百世而人不得解。如此篇者，信蘇子之言，輒以爲他人贋作。信莊子之深，又以其事爲實然，均非也。莊子之寓言也。後世宋玉、枚乘、相如之作賦，多若此矣。

他認爲莊子之文從語言特點上説有『奇』這一特點，説劍篇就是一大奇文，莊子正是要借這些雄奇的文字來闡揚他的大道；從表現手法上來講，莊文又多寓言，借外物以立論，如後世之賦，都有一定的喻意，『特用己爲海若，借趙文爲河伯』以銷化雄心，『以其事爲實然』的理解是不對的。這些解讀中肯地分析了説劍篇的特點，較爲公允。在則陽篇題解中，他説：『莊子每篇多一意爲終始，獨此自則陽干進，至靈公得謚，天人性命，刑罰兵爭，小大精粗，無所不有，至龐雜無倫，如丘里之言。故篇終假少知問丘里之言。丘里之言，何足盡道，而道亦無不在。是篇龐雜無倫之言，何一非道？』陳治安認爲莊子中每一篇文章都有自己獨立存在的價值，則陽篇中這段粗鄙如『丘里之言』的話也藴含了至道。然則讓王、説劍兩篇在蘇軾看來『淺陋』的文字，在陳治安的闡釋下，亦可看作莊子道無處不在的觀點的具體表現。通過這種條分縷析，陳治安闡明了讓王、説劍兩篇文章在莊子一書中存在的必要性，也完成了對蘇軾觀點的批駁。

對於蘇軾把寓言與列禦寇合爲一篇，略早於陳治安的焦竑非常贊同，並且還提出了新的論據。他在莊子翼讀莊子中説：『今案列子第二篇，首載禦寇饋漿事，而即綴以楊朱爭席，正與子瞻之言合。豈子瞻作記，亦因此而有寤邪？大氐莊書之奇，自非後世所能亂。其文詞格制之不同，故可望而知之也。』對此，陳治安作了非常嚴密的反駁。他在解説盜跖篇時説『莊子作書，自有次第，安得以引用其言，而謂次第遂一一與原書合』，不可以列子之次第來窺測莊子。在盜跖篇解題中，他還從另一角度來辨析這個問題：『且莊子之書，篇自爲一意。寓言有寓言一篇之意，不得入於列禦寇。列禦寇有列禦寇一篇之意，不得合於寓言。列禦寇之意，在知道自晦，不出異以感人，使人得以富貴爵禄羈其身。……寓言之意，在不執己見，而以卮言取適，因物然否，與時變化。』陳治安認爲莊子每一篇都有自己的主旨，寓言、列禦寇兩篇作文目的各不相同，不可相淆。他爲絶大多數莊子篇目作題解，即皆爲『篇自爲一意』思想的反映。陳氏認爲，注家若妄以己意合併删改，則各人都有自己的理解，而『莊子之言，相類者亦多。即在列禦寇篇，伯昏瞀人語列子曰：「汝非能使人保汝，而不能使人無保汝。」前應帝王篇，壺子語列子曰：「爾以道與世抗，必信，夫故使人得而相汝。」意亦相類，又當是一章，而謂中間二十許篇，皆後人勦入者邪？』（盜跖題解）陳治安按照蘇軾的標準推而廣之，卻得出了一個大家不可能接受的結果，則蘇軾推論的準確性，自也有必要置疑。

2．以外、雜篇釋内篇，且篇章之間相互闡釋

莊子内篇與外、雜篇的關係，歷來受到注家的重視。陸德明經典釋文序録稱：『其内篇衆家並同，自餘或有外而無雜。』顯然内篇一直受到高度重視。許多解莊著作如元代吴澄莊子内篇訂正、明代釋德清莊子内篇注、近人朱桂曜莊子内篇證補等都只以内篇爲研究對象。但是外、雜篇也不可缺少。在成玄英所建立『内則談於理本，外則語其事跡』的基本框架下，後來的注家也多有論述。宋代的程俱在其莊子論中説：『内篇七，外篇十五，雜篇十一。内篇言夫内，外篇言夫外，雜篇者合外、内而言之也。雖然，内者外之源；外者，内之出也。』明代庸詎知吾所謂内之非外，外之非内耶？』他認爲外依内而生，但内外並沒有判若鴻溝的界限，融爲一體。明代孫應鼇南華真經新傳序中亦稱：『此論著之綸貫皆括於内篇七篇。其十五外篇，十一雜篇，或激而宣憤，或詭而樹矯，或放而遣滯，或深而造朴，不過蕆内篇之宏綽幽廣已爾。』其對三篇之關係的理解與程俱相若。總之，以外、雜篇爲闡發内篇之旨的觀點早已有之，但大多泛泛而論。

陳治安因承了這一觀點並加以發展。他認爲外、雜篇與内篇可以建立起一種對應關係，以秋水、達生釋逍遥遊，以寓言釋齊物論，以外物釋養生主，以山木釋人間世，以田子方釋德充符，以天道、至樂、天運釋大宗師，以在宥釋應帝王，其他的篇章之間也可以相互闡釋。這種闡釋並不是簡單的比附，陳治安在對其闡釋的過程中表

達了自己對莊子的獨特理解。

以齊物論和寓言篇爲例，陳治安認爲寓言篇是齊物論的『義疏』。陳治安在解析齊物論篇主旨的時候，首先在解題中批駁程頤的觀點，認爲：『此爲未悉莊意。莊子作齊物論者，謂物論不齊，吾因其不齊者，與之俱不齊，而後無不齊，欲已辯也。』可以看到，陳治安認爲齊物論篇目的在『齊同物論』，這被認爲是比較符合莊子本義的說法。但這只是第一層意思，在陳治安看來，『近似莊意，猶未悉其所以作是篇之本意。莊子作是篇，欲人忘辯論而凝神葆氣，爲養生地。……彼與我同在一氣中，如一風被而衆竅鳴，何分彼此？使人不立彼此之見，亦如衆竅之唱和，是爲天籟。何至耗精神，以爭無窮無益之是非？』（齊物論題解）在這裏，陳治安提出了一對相對的概念，即『物論』和『天籟』。所謂『物論』，『如楊墨諸家，未必真有見於真君，然學楊墨而成其爲楊墨之心，學諸辯說家而成其爲諸辯說家者之心。隨其成心而師之，則中心判斷以爲可行，以爲當己』（齊物論本義），正是當時諸子百家持之爭鳴不已的己論。

對於『天籟』，陳治安則提出了自己的理解。他從南郭子綦的『喪我』開始進行層層剖析，認爲『子綦冥心御氣，噓吸上通於天和。此時形骸心意、目前群品，皆爲元氣中剩物。嗒然似喪其偶者，人唯有我，則有物爲對，今我既不立，誰與物偶？稱三籟者，欲子游於我物所從受大源處會之，見物我同此一氣，不必立對偶，懷勝心，而爭是非也。』（同上）陳氏認爲元氣爲天地本原，萬物由之而生，三籟也是元氣所生，但是又各有不同。『天地人三籟，同是一氣所爲。地籟者，大塊之噫氣』（同上），而『比竹者，人以氣吹竹成聲，如彼笙簧聲出。笙簧而待人氣吹，故稱人籟。……至論天籟，則人之語言相是非者。是夫語言是非出於人者，亦正是人籟，何以云天？』（同上）天籟本是人之語言，但又不同於人籟：

（天籟）出於真君所使，我雖言而我實未嘗有言邪？如方出卵之鷇音，非有教之，而自然啾啾成響。彼未嘗有言之言，言而無心，與鷇音奚辯？不謂之天籟不可也。言爲天籟，則言出而道自顯，惡

乎隱而有眞僞？言出而眞自定，惡乎隱而有是非？（同上）

則三籟的關係，完整的講：地籟是大地竅穴之聲；人籟是人所發之聲，包括『比竹』之聲和人的言論；人的言論又包括物論和天籟。楊朱、墨子之類強立己見，強爲分別者，是物論；而如初生之鷇音自然而發、不帶成見的無心之論，則是天籟。

但是物論與天籟之間並不是判然爲二，不可逾越，兩者之間是可以轉化的。在對包含矛盾對立統一規律的『是不是』、『然不然』命題的分析中，陳治安對天籟作了進一步闡釋：

然在若而謂其果然邪？然與不然，其初分不遠，恐然中亦有不然，則然之異於不然也，亦當和以天倪而無辯。如此則彼我相謂之聲，不參彼我之見，乃元氣所爲，眞君所使，亦如吹萬之相和，此爲天籟，是化聲也。（同上）

天籟即是化聲，元氣造化而成之聲。在各家物論彼此是非的爭論中，『然』與『不然』，差別其實不大，且相互包涵。『和以天倪』，『然』與『不然』可以彼此無辯，不參彼我之見而上升至『天籟』、『化聲』之境。而這個『和以天倪』，具體說來就是『無心』。陳治安在闡釋『罔兩問景』這一寓言的時候說：

景無心，形則有心。使其有心而知景之待我爲然，吾又待化，而後得付景之所待，以爲然不然，則然不然之間，意念將不勝紛錯。今景所待之形，其行止全不自主。蛇蚹也，蜩翼也，蛇蚹、蜩翼無心而聽行止於蛇、蜩，形亦無心而聽行止於造化。惡識所以然？惡識所以不然？若其不相待者也。使夫辯論者能無心而和以天倪，則彼我之分，同於一氣，而彼我化。即相辯而有聲，亦若化聲之不相待者也，而待彼邪？（同上）

蛇蚹、蜩翼、景無心於蛇、蜩、形，蛇、蜩、形無心於造化，則彼我之分消泯而同於一化。同樣，辯論者能無心，而彼此是非之『物論』也將消泯於一化，同爲天籟。他在闡釋盜跖篇中罔兩問景的寓言時也說：『形景造化，彼此相待，而若其不相待。舉然與不然，盡出於無心，此爲齊物論罔兩問景之意。』『無心』，成爲消除『物論』的途徑。綜合來說，齊物論篇總的體系可以概括爲：物論無心天籟（齊同物論）→凝神葆氣，爲養生地。在闡釋作爲齊物論篇之『義疏』的寓言篇時，陳治安也給出了自己獨特的見解，並建立了一個與齊物論篇相呼應的體系。陳治安在寓言篇解題中說：

寓言一篇，乃齊物論之義疏，因是之宗旨也。言唯取適，而不與物爭。然不然，可不可，謂之卮言。卮者，觶也。禮記疏注：『觶者，適也。』與物爭然可，則不適。因物之然可爲然可，則無不適。所以然者，我與萬物同被天元之一氣，不宜以異形，而遂生異見。故曰：『萬物皆種也，以不同形相禪。』唯不爭異見，常自適而養神，年命自長。

這仍然大體保持了齊物論篇的闡釋體系，認爲氣爲萬物之本，從此本原上看萬物齊一，各種言論異見，都是沒有必要的。不生是非，自適養氣，可得養生之地。

明末不少治莊者認爲，寓言篇相當於莊子一書的凡例，是莊子爲闡釋自己的爲文之法而作。其中，莊子所說的寓言、重言、卮言是平行關係的三種論說方式。陳治安對於『三言』的理解則不同，他認爲『三言』中卮言的地位無可比擬：

至於取適之卮言，和於一氣初分之倪，而不失天籟之本然，則日日出口，雖寓言、重言，無非卮言也。即不爲寓言、重言，以己意而言，或平嘗應對，未嘗載於書者之言，無非卮言也。（寓言本義）

陳治安認爲卮言『不失天籟之本然』，顯然將其與『天籟』放在同一地位。在這裏，他認爲卮言高於寓言和重言。卮言自適，乃是無心而言，正合於齊物論篇中的『天籟』，是造化自然之聲；寓言和重言，雖然可能借用了不同的表述方式，若是無心而言，也無非是卮言的變體。人們借寓言、重言以取信於人，固執己見，呶呶不休。只有卮言，和以天倪，讓人們拋棄對彼我的區分，自我的執著，具有『已辯』的作用。

要達到並保持這卮言的狀態，方法就是『自適』。在對盜跖篇的闡釋中，陳治安說：

寓言之意，在不執己見，而以卮言取適。因物然否，與時變化。楊朱之始於避舍，終於爭席，正與時變化，而以自適者也。即一罔兩問景耳，其俯仰行止，坐起披括，一不自主，而形景造化，但相隨而自適者。

在陳治安看來，楊朱從避舍到爭席，罔兩問景之景於形、形於造化，能夠隨運消息，與時變化，皆在於『自適』。其意義正與齊物論篇不強執己見的『無心』相同。

概括起來，陳治安闡釋寓言篇時所建立的體系爲：寓言、重言→自適卮言→自適而養神，年命自長。相較於齊物論篇，陳治安從『三言』和『三籟』入手，以『寓言』、『重言』對應『物論』，以『卮言』對應『天籟』，以『自適』對應『無心』，並最終以養生爲目的，建立了兩個由庸常之言到達道之言，再到元氣本原世界的這樣兩個言說方式不同，但彼此呼應的體系，完美地體現了他以外、雜篇爲内篇義疏的構想，闡釋精到，體系嚴密。

除以外、雜篇釋内篇之外，陳治安也非常重視莊子各個篇目之間的相互闡釋。例如在馬蹄篇中，陳治安述其旨意爲：『莊子以聖人治天下爲過者，爲後世仿聖人治天下之跡，仁義禮樂不本於自然，而多方以爲之。人鶩矯飾，則仁義禮樂不足以治天下，而適足以亂天下，非真以仁義禮樂爲亂天下之具也。莊子後於繕性篇明言之矣。』在繕性篇的解說中，陳治安復明此意：『觀此可見莊子所貴，性中真仁義、真禮樂，乃其一生薄世之爲仁義禮樂者之主意。世謂其遺棄禮樂與仁義，豈然哉！』陳治安在不同篇目反復闡明莊子不棄仁義禮樂這同一個意思，正是以馬蹄與繕性相互發明之意。

在應帝王篇中，陳治安解釋『齧缺問於王倪，四問而四不知』爲『王倪四不知，即齊物中之三不知。其後齧缺又有「至人固不知利害」之一問，故云四不知。』在此，他把齊物論篇中『齧缺問乎王倪曰：「子知物之所同是乎？」曰：「吾惡乎知之！」「子知子之所不知邪？」曰：「吾惡乎知之！」「然則物無知邪？」曰：「吾惡乎知之！」』及『齧缺曰：「子不知厲害，則至人固不知厲害乎？」』兩個部分合爲一體，用以闡釋應帝王篇中的『四不知』，可見陳治安解莊，不但以不同篇目相互照應，於同一篇中之前後也作爲一整體互爲參看，析理細緻，常常發前人所未發。

綜上可知，陳治安在解莊時，認爲一部莊子即爲一個完足的整體，不論外、雜篇與内篇之間還是各篇之間，及一篇之中，都血脈相連，可以相互發明。應當説，其闡釋内容有些可以商榷，但這種儘量擯除己意，以各個篇目相互闡釋的解莊方法則是有借鑒意義的。

3．從尋繹文章脈絡入手解釋莊子

陳治安認爲『莊子之書，篇自爲一意』，這個意思既是説篇與篇各有主旨，有獨立存在的必要性，也是説一篇之中有一個貫穿始終的主旨，前後相互呼應，成一體系。他在敘三中明確地講了這個觀點：『至徐思本旨，則隱顯參差，如堪輿龍脈，縱千里變換，而蛛絲馬跡，自有可見。』而如何尋繹，則要瞻前顧後，上下參看。他非常讚賞莊子的文法，自言『初讀難曉，即欲棄去，喜其篇章結撰，復取朝夕覽觀』（敘五）。這説明陳治安對莊子的喜好，是從篇章文法開始的，他解莊子的時候，也特别重視對其篇章的賞析，多有精彩評點。

以駢拇爲例，陳治安在解題中評論説：『此篇文勢快利明爽，起伏變换，如飄風飛雨，忽然過去，忽然復來，絡繹連旋，略無斷截。每於上下轉换之間，必埋伏一字一句，相爲聯挽。或用之上句，以起下句；或用於後語，而挽前語。但見氣勢絡繹，其開合變换，無跡可尋。想下筆時淋漓飄灑，亦自喜於爲文之佳，而非偶然者也。』陳治安對此篇的文勢推崇備至，但他並非漫漫而談，而是在接著的解説過程中進行了細緻的分析。

除了對篇章結構的分析，陳治安也注重對莊子語言藝術的賞析。他在點評逍遥遊篇時説：『自篇首至此，皆寓言，全不露正意，正意已見於中。如詩人之比而興者也。』評馬蹄篇時，他又説：『此篇與前篇駢拇，俱用喻起，體各不同。前篇三項並起，如詩之比而興。此篇説治馬極詳，而陶冶綴入數句，即推於求治者之身上，曰：「此亦治天下者之過也。」伯樂、陶匠，不即加罪，而先罪治天下之人，如酷吏斷獄，不罪下手之人，而先推求主使者。起原是譬喻，傍息即轉作正意，此比而賦也。』陳治安以爲莊子在逍遥遊篇中多用寓言，以層層比喻來揭示文章主旨，在駢拇篇中以『駢拇枝指』、『附贅懸疣』、『多方乎仁義』三項並起，如詩人之比而興；而以治馬、治埴、治木引出『治天下者之過也』，進而極言其過，是比而賦。這些評點較早引入詩歌的賦比興概念來理解莊子的寓言和比喻，具有開創性的意義。

總的來說，陳治安在理解莊子的時候，注重分析其篇章脈絡和語言特點，試圖以文本來闡發莊子本義。宋以來之莊子學多注重對莊子義理的闡發，陳治安對莊子語言的重視，正是明代莊學開始重視批點這一新的研究方法的體現。

二、以『吾心』解莊子

陳治安在敘二中説：『人共一心，理無二趣。試取莊書句爲之解，解之而吾心謂當如此，則莊子立言本意，亦必如此解之。而吾於理見爲不然，則莊子當日本意，亦必不然。今解三十三篇，皆用所謂當如此者，不用其所不當然者，故稱曰莊子本義云爾。』這可以作爲陳治安關於以『吾心』解莊子觀點的總綱。爲什麽『吾心謂當如此』，莊子之本義『亦必如此解之』？這其間的邏輯轉化過程，要從『人共一心，理無二趣』二句尋來。

宋明儒家所論之理具有本體意義，是萬物存在的依據；理賦於人即轉化爲心，心即是理在人身上的體現，心與理同一。理是萬物之本體，具有普遍性，心自然也具有普遍性，故四海之人心同，古今之人心同。在陳治安這裏，『人共一心，理無二趣』，則我與莊子之心也正同，心無所不包，『淵乎若海，而非有意爲之深也；巍乎終則復始，而非有意爲之續也。倘勞其心以運量萬物，而亦見其應物之不匱，斯則君子之道。從物上求之，彼其用心於外者歟？道在心，心不役一念，萬物自往資焉，自然應之而不匱，斯其至道之崖略歟？』（知北遊本義）道在於心，道心合一，故而解莊者亦不必汲汲以求於外，向自己心上求，自然可得。這成爲陳治安以『吾心』解莊的理論基礎。

需要注意的是，陳治安此處雖然借用了明代心學的邏輯，其本體論仍然是偏向於氣本論的。他以『氣』爲萬物生成的本原，在解説天下篇時説：『一氣混淪，爲道之宗。聖與王雖降賦而爲人矣，皆原於一，不離於宗。』在解説秋水篇時又説：『必聖人而後能盡心之量。大塊噫氣，其名爲風。心雖神，亦以一氣而神。』在陳治安的體系裏，心亦是待氣而生。在氣的層面上來説，人人皆稟氣而生，故其心仍可通。

但這些仍然只是提供了理論上的可能性。陳治安認爲人心本體至善，但此心並非湛然常明，後天物欲往往會遮蔽本心，『心何以謬？爲容動色理氣意六者矜持，故謬用也。理不當謬而過求之，則爲理障。氣不當謬而恃虛憍，則爲客氣，故均爲謬心。』（庚桑楚本義）容動色理氣意等物欲擾動人心，使其不得寧靜，故而需要常『修』心。『陰陽爲寇，非陰陽賊之，心不即是有修，而不得其所以修，心則使之，故天鈞敗之也。』（同上）心不修，常會有陰陽之患。如何修心？陳治安認爲『夫人之心宇與天宇同，不以知識妄情爲之翳障，則心宇泰定，定能生慧，自然發天光。』（同上）只要拋棄對外知外識的追求，對妄情的爭逐，人心自然寧定而常保其本然狀態。

薄德之人爲私欲所蔽，其心未修，不能達到人心的本然狀態，故而陳治安認爲他們是不可能與莊子心意相通的。他在附錄卷六中評呂惠卿時説：『王雱、呂惠卿兩人慫恿王安石，貽害宋世，何乃俱解莊子。又李彦平先生遺書云，呂吉甫讀莊子，至「參萬歲而一成純」，遂大悟性命之理，故其老、莊二解，獨冠諸家。夫天上無不識字神仙，謂文人易於悟入則可，謂傾險作佞之人以一言有悟而遂證大道，恐未必然。』對於王、呂二人解莊，陳治安已甚爲不滿，對李衡（彦平）所言更是不能苟同，並特意抄録了呂惠卿的一段注語，然後批駁説：『夫悟筆法者，得於江聲；悟禪心者，由於擊竹。悟機所觸，固不問其言之何若，但悟後作解，當有超然神趣。今止於逐句訓釋，略無要領。即如曰「知日月之所以爲日月」，「宇宙之所以爲宇宙」，語似高玄，亦殊泛漫。用於此處可，用於他處亦可，再增數句可，即減數句亦可，安在其爲妙道也哉？』（附錄卷六）他認爲呂惠卿的這段注解故弄玄虛，絲毫沒有高妙之處，未見其有『大悟』的跡象。王雱、呂惠卿這樣『傾險作佞之人』本不具莊子心胸，他們所發的議論，如門外之人遽談庭内風光，都只是臆測。

相對來說，陳治安認爲道德高尚的人更有解莊資格，他在附錄卷六中引錄了北宋明相王旦的季咸論，並以爲『王文正此義亦未必正當，特存此二則者，見公爲太平醇謹宰相，亦未嘗不留意於莊子也。』陳治安對於王、呂二人解莊子，覺得是有污莊子，而王旦因爲是『太平醇謹宰相』，即使『義亦未必正當』，也以其曾留意莊子爲莊子之幸而存其見解。

陳治安與陶奭齡交好，而其兄陶望齡爲王陽明三傳弟子，黄宗羲明儒學案列入泰州學案，則我們説陳治安思想受到王陽明心學影響，亦有據可尋。他對於心的論述，以『吾心』解莊的理論根據，都可以看作其心學思想在解莊過程中的實踐。對注家人品的看重，也是這一實踐過程的一環。

正是基於對『吾心』的自信，陳治安在莊子的解讀中提出了自己的一些主張。他認爲，莊子全書自成體系，圍繞一個主題進行，這就是莊子的『心』。他説：『解莊子者多矣，何以見今解所用者爲理當如此，而其所不用者爲理不當然。吾往讀莊子書，意所未了，取觀諸解，覺解與書左，益增紛塞。至徐思本旨，則隱顯參差如堪輿龍脈，縱千里變換，而蛛絲馬跡，自有可見。人惟不能會通本旨，但從字句求之，則有自一字一句、數句一節、數節至於通章，俱爲謬誤不然也者。有因一字不得解，而知其通一書所解，俱爲謬誤不然也者。又執己意而強分強合，自一句數句、一節數節，甚至通一書之篇章分合，而俱爲謬誤不然也者。』（敘三）陳治安強調莊子之一節、一篇至一書，都是相互關聯，有一『本旨』貫穿其中的，解莊者要整體把握，在理解其『本旨』的前提下作解釋才會切合莊子本意。

在篇章的分合上，陳治安提出了自己的獨特見解。在敘三中陳治安以徐無鬼篇爲例，認爲『自許由逃堯至「外乎賢者知之矣」爲一段，「有暖姝者」至「於羊棄意」爲一段，「以目視目」至終篇，乃莊子欲有付托而勤勤望人致問，爲一段，「以目視目」，後自有照應。解者自逃堯並「以目視目」至「其變也循」而止，通作一段。後段莊子付托意，都茫茫作別解，所謂執己意而強分強合，自一句數句、一節數節，俱謬誤不然者，此等是也。』他在解說徐無鬼篇時重申此意：『許由逃堯，是老子「不尚賢」之意，終之曰「夫唯外乎賢者知之矣」，此是結語。次節「有暖姝者」三句，是起語，終之曰「於蟻棄知」三句，是結語。注家乃自許由逃堯起，至「其變也循」而止，通爲一段。自「以目視目」至終篇，俱爲生死大事，欲得傳授，乃截入於「暖姝者」之下，語意不貫，而於其下一段，殷勤接引之意，茫茫都作別解。』莊子篇内章句之分合，或沿郭象莊子注之舊例，或注家自作主張，如此將之作爲問題鄭重提出並上升到關乎大旨理解的高度，這對於莊子研究是有積極理論貢獻的。後來興起的莊子評點重視以篇章分合見己意，於此不無受益。

綜上所述，陳治安以『吾心』解莊的觀點深受明代心學影響。他過分強調注家人品對解莊的決定性作用，有待商榷；而其對莊子篇内分章的重視，則有積極理論意義。

第三節 儒學化的解莊傾向

作爲一名入仕的儒生，陳治安有著傳統士大夫所固有的強烈的濟世情懷。莊子天地云：『故莫若釋之而不推。不推，誰其比憂？』陳氏在解說時借此感歎：

> 雖然，不能不推也。吾寧強解人惑，而身爲惑，不忍使人之終於大惑。厲人夜半生子，遽取火以視，恐其似己。夫似己與否，不係夜半一視，而不能不視者，情之所關切也。今予爲天下情切，姑用人

所易曉者爲一言以解其惑。

他認同莊子『無爲』的思想，但是情係天下，寧願強作解人以釋天下人之惑，如同厲人，明知夜半一視無補於事，卻終究不忍不視，這正是儒家『知其不可而爲之』思想的體現。陳治安在解説繕性篇時説：

> 從古隱士，皆非其自爲隱也。我生不辰，時命大謬也。當時命而世道交興，則反淳一之性，而不見有爲之跡。時命大窮，則其息深深而固其根，淡然無欲，與神爲一而寧其極。若此者，欲長存吾身以待時也。愛人無已之心也。如廣成子，修身至千二百歲，有黄帝出而問道。

在陳治安看來，從來隱士都不是自己想歸隱的，而是迫於時命，不得已而爲之。修身養性也不是他們的終極目的，只是待時而動的手段。他們一心想的是治國，利天下，愛人無已，即如道教老祖廣成子，其修道目的也是爲了等待千年後的黄帝來問道、傳道，終而廣惠世人。如此，陳治安改變了繕性篇的養性主旨，不經意間表露了自己的濟世情懷。陳治安身當明末，正值社稷江山風雨飄搖之際，明政權岌岌可危，他無力改變，卻從沒有忘懷還『長存吾身以待時』，期待有朝一日可以爲國所用。

在陳治安的價值體系裏，儒家居於不可動搖的正統地位，孔子是治世的聖人，莊子之言是救弊的良藥；莊子非常尊重孔子，莊孔二者途徑不同，達到的社會功用是一樣的。

一、莊子與儒家『意不相遠』

1．以孔子爲正、莊子爲補的基本定位

陳治安在敘一説：『莊子三十三篇，道家也。其旨在凝神葆息，與天合體；清淨無爲，而使物自正。』這裏的『凝神葆息，與天合體』説的是個人修養，『清淨無爲，而使物自正』説的是社會功用。從社會功用的角度

講，陳治安認爲莊子『無爲物正，與聖人位育，佛家普度，意不相遠』（敘一），最後都能達到『物正』效果。但是三者地位是不一樣的：

聖人位育在心，又必身爲其事，如二家者，願起而事畢，不一一爲也。彼亦唯得聖人身爲其事，而始能退修清淨、還其寂空。是聖人者，乃百家群品所藉，爲經營幹理之人，雖欲辭其勞瘁而不可得。故莊子語吾夫子者有曰：『天刑之，安可解？』自堯舜三王以至夫子，凡其所爲之事，莊子亦知其不容已，其道不可以相非。（同上）

儒、釋、道三家雖然都有『物正』的社會功效，但釋、道兩家『願起而事畢』，只是理論上的論述，並沒有付諸實際行動。這個『物正』的具體實現過程，靠的是儒家經營幹理。在儒家爲天下不辭辛勞的基礎上，釋、道兩家才能修其清靜、空寂之道。陳治安認爲莊子非難聖人，不過是『欲明清淨無爲之爲是，姑借聖人之事所必不容已者，吾猶且以爲非，況聖人而外，爲其事之所得已者，又安足以入心也』（同上），要世人不汲汲於俗務，是一種矯枉過正的做法，並非真要否定儒家作用。相反，儒家聖人治理世務在陳治安看來是社會正常運轉的必要條件，而莊子是矯弊濟世的重要補充。從有利於社會的角度講，二者一致。用陳治安自己的話來說就是『譬聖道之於民生，其日用飲食，不可一缺；二家者，扶生治病之藥石也』（同上）。

陳治安認爲儒家思想的存在非常必要，他的闡釋正是從這個基本定位上展開。德充符篇有『天刑之，安可解』之語，是用來批判孔子的，陳治安解説道：

名教至常，無趾以爲諔詭幻怪。方外異端，以不異者爲異也。孔子曰『朝聞夕死』，以死生爲一條矣；『無可無不可』，以可不可爲一貫矣。自方外家視之，孔子固是個中人，但尚有一名教爲桎梏。在人存名教而受其束縛，與外名教而不受束縛，亦只是一條一貫事。今欲即孔子死生、可不可之已悟者，解其桎梏之未悟者，故曰：『使解之，其可乎？』非以孔子爲死生爲未作一條、可否爲未能一貫，而以一條一貫者解也。曰：『天刑之，安可解？』天方以名教責任孔子，若使孔子受此一端之桎梏刑罰然，是不可使解。使孔子而可解桎梏，則萬世名教將誰爲之主？夫叔山無趾充於德，不特形可無全，即名教亦可脫而無全矣。

叔山無趾，陳治安稱之爲方外異端，則他對自己的定位，顯然就是方内以名教爲至常的儒生了。陳治安認爲，孔子内心早已達到了聖人死生爲一、隨物應化的境界，他存身名教其實並不受其桎梏，而是爲了解救仍受死生可否桎梏的人，是一種舍生取義的自我犧牲，比『名教亦可脫而無全』的叔山無趾境界更高。陳氏以爲莊子所著力批評的，是後來學聖人之跡的人：

莊子以聖人治天下爲過者，爲後世仿聖人治天下之跡，仁義禮樂不本於自然，而多方以爲之。人鶩矯飾，則仁義禮樂不足以治天下，而適足以亂天下，非真以仁義禮樂爲亂天下之具也。（馬蹄本義）

在陳治安看來，莊子所批評的，只是一些『多方』而濫用仁義道德的人。儒家的仁義禮樂是有利於社會而必不可少的。

在陳治安看來，莊子思想則是救弊的良藥，也同樣不可少。他在敘一中說：『予生而多病，嘗欲治之。昨離去簿書，得取莊子爲之解。比三十三篇解竟，病亦良已。』爲什麼莊子可以去病？他在敘二專講此意，說世人所病，無非爲『時難留少，貌易侵衰，百齡途短，得到仍稀，吾之病爲内憂死生而起』，或者是『人抱一情，憎其異趣，貝錦偏成，夜光掩彩，吾之病因外憂毁譽而增』，又若『風雲生色，誓刻河山，阨在鹽車，長鳴寡效，因功名得失則病轉劇』，又或者『平原暢飲，至十日其何多；淳於留客，竟一石而忘醉。病因聲色旨味，遂頻經困殆』。人心所欲，無非這四者，而憂患所生至擾人心神，亦無非源於此四者。故而陳治安說：

蓋凡人妄有所摹擬，是自起病端。莊子爲詆其所摹擬，乃消除良藥。摹擬之病，苟非親曾爲折肱，詆毁之藥，亦孰知有大不得已乎哉？……莊子立無心之法，爲諸症對治之方，如朱丹溪之倒倉，盡去

其胸中夙積而精神頓復元初者也。（敘二）

陳治安認爲，莊子所立的『無心』之法，就是要消除人們對生死的憂懼，對毀譽的無奈，對功名的企求，對聲色的嚮往，做到內心清静，進而使社會安寧，正是救世良方。在陳治安看來，莊子並非泛泛而談，而是對此有切身體驗，『親曾爲折肱』，才成爲醫世的良醫，其法如朱丹溪之『倒倉』法一樣有奇效。並且他還以己爲例，『少時盛氣，動擬前修，依嚮發聲，印跡㕓趾，然外貌未似其分毫而內神已苦其矜跂』（同上），是在解莊之後才愈的。故而他説：『夫解莊欲以去病，在六經、語、孟，夫豈無方，爲二豎深藏，藥石不及。傳海上奇方者，用一味偏攻，取效更捷。莊子一味，凝神御氣，何止去病，竟是神仙不死之大藥。』（敘五）可見，陳治安認爲儒家是社會的正統，但是莊子也必不可少，具有儒家所不及的功用。

2. 莊子『尊孔』説

儒、莊兩家關係，歷來有濫觴於司馬遷的『詆訿』説與肇始於蘇軾的『助孔』説兩種説法，後來又有『尊孔』之説盛行於清代。如劉鴻典莊子約解云：『世皆謂莊子詆訿孔子，獨蘇子瞻以爲尊孔子。吾始見其説而疑之，及讀莊子日久，然後歎莊子之尊孔子，其功不在孟子之下也。』而『尊孔』説之端倪，在陳治安這裏也已經可以看到。在陳氏的闡釋體系裏，儒、莊兩家不是非此即彼、互相對立，而是相互補充，相爲調和的，其『物正』的目的相近。莊子對孔子之尊敬，也是無以復加的。

陳治安所描述的儒家聖人，在內德修養上往往具有道家聖人的特點。他在大宗師篇解釋孔子使子貢吊子桑戶的行爲時説：

自適於內，如此曠壞（懷），豈肯爲世俗之禮，以觀衆人之耳目！然人皆方外，則誰爲方內？此孔子不得不引子貢與共也。子貢既處其內，又不得不求其方。方者，常居內而常不失道於內之方也。魚失水而相造於水，穿池而養亦給。人遠道而相造於道，常無事而亦生定。蓋道以定静爲本，故方內雖多事，不忘無事以求定。使魚在江湖，可以相忘，何必穿池哉！人在道術，可以相忘，何必無事哉！在陳治安看來，孔子與子貢主動承擔了經理天下的社會責任，不得不處於世俗之内；但這是不得已而爲之，他們的内心則定靜而無爲，與道相合，其遵行的其實是莊子中道家聖人的處世之道。

陳治安以爲莊子未嘗『詆訿』孔子，而是極度尊敬孔子。他認爲『莊子作莊子，然則莊子果詆訿孔子者歟？曰不然也。莊子嘗詆訿孔子矣，藉口盜跖歷詆往聖，負天下之至非者，自應非天下之至是。漁父則曰「同類相從，同聲相應」，彼自以爲與孔子一氣，而何詆訿之有？』（漁父本義）陳治安心中已有一套儒家的是非標準，並認爲莊子當然也認同此標準，則站在『非』的立場上的盜跖詆訿『是』的立場上的孔子，是很正常的，但這不是莊子的觀點。以漁父而與孔子『同類相從』，正證明了莊子是將孔子放在與漁父一致的位置，尊孔子爲聖人一類。

陳治安進而説：

其（蘇軾）論天下道術，謂於墨翟諸家，不列孔子，而見其尊之至。不知莊子於孔子，已該在天人神聖之内，何但不列於諸家？且後復敘六經，而幸中國稱道之者尚有其人，以爲斯道幸。莊子之尊信，豈在後世諸儒下哉！（盜跖本義）

陳治安認爲，莊子極爲尊孔，將孔子的地位遠列在諸家之上，如同天人；聖道之傳，也幸賴孔子。這也成爲他駁斥蘇軾以盜跖、漁父兩篇爲僞作的論據。

陳治安的『尊孔』説，並不是片面地講莊子對儒家的依附，在儒、莊的關係上他更强調兩家的和諧共處。他在闡釋天道篇『積』的問題時説：

莊子以爲藏書，猶是以書爲『積』也，故寄言老子，以爲書之不必藏。……老子言天地間日月星辰、禽獸樹木，道理盡是現成，不必創爲仁義之名以駭天下，如擊鼓而求逃亡之子，徒足以速其亡。然此特爲上聖上仁言之，在中人不可無仁義之教，則十二經不可無藏也。但孔子所積之書，貴人之善讀；而莊子爲不必積之說，亦欲人之善體。故篇末復曰：『書不過語，語有所貴也。』『積』與不『積』，本來是一個非此即彼的問題，但在陳治安看來，莊子借老子之口所言者，針對的是『生而知之』的上聖上仁者，而對於『學而知之』的中人，孔子所積之十二經是必要的。這樣，就把儒、莊兩家在這個問題上的分歧化解掉了，有『四兩撥千斤』之效。

可見，陳治安認爲以孔子爲代表的儒家居於正統地位，莊子思想則是醫世之方，亦不可或缺；兩者互爲補充，相互調和。總的說來，陳治安强調莊子尊孔的目的是爲了批駁蘇軾莊子有僞作的觀點，進而建立起自己的闡釋體系。但是他在闡釋漁父篇時說：『莊子未嘗詆訿孔子，然實與孔子異趣。如莊子之道，亦可繇歟！夫莊子立言奇偏，理常圓會，獨虞望之而不能繇，豈虞繇之不濟於用！』這是說莊子思想與孔子思想有差別，有獨立存在的價值，需要擔心的是人們知道了莊子之道而不能實行，而不是人們按照他說的做了卻無補於世。他又在敘五中讚歎：『大哉，莊子道也！內能證聖，外則爲王。』這正是强調莊子之道不但可以提高人的內德修養，還可以作爲治理天下的依據。儘管陳治安不能擺脫儒家的立場，但他能看到莊子本身的價值而作出如此有見地的評論，難能可貴。

第四節　道教化的闡釋傾向

有明一代，道教思想與理學相互融合，被各個階層的文人所接受。在這樣的氛圍下，陳治安著南華真經本義，也不免表露出一定的道教化傾向。

陳治安在敘一裏開宗明義：『莊子三十三篇，道家也。』但是陳治安理解的道家，帶有明顯的道教色彩。他在闡釋知北遊篇時稱：『黄帝爲道家之宗，老龍吉又黄帝之師。』而其言及黄帝，多稱『鼎湖之事』，也即煉丹修仙之事。他在闡釋庚桑楚篇時又説：『抱汝生，即神將守形，形乃長生者也。無使汝思慮營營，即慎内閉外，多知爲敗，無摇汝精，乃可以長生者也。道家宗指，略盡於此。』可見陳治安所理解的道家，其實更傾向於以求長生爲宗旨的道教神仙之術。在此基礎上，他認爲莊子是修道有成的神仙，莊子就是一部主要講如何修道的天書，對莊子中的一些觀點、詞語，每以一些道教色彩濃厚的故事作爲解説。對於莊子的養生思想，他則主要引入了道教内丹派的理論加以闡釋。

一、對莊子其人其書的道教化理解

1. 以莊子爲道教神仙

陳治安對於莊子的神仙定位非常明確。他在敘三中分析莊子一書要旨時説：『莊子修仙術，超生死，而以芒乎未盡升舉爲歉。解者曰：「蜕，税也，止也。」唯不悟蜕爲尸解，而於莊子修仙證道之意，俱所未悟。』陳氏所説的『尸解』，是道教的專門術語。道教認爲，道士修行得道後，可以借假死遁去，數日後遺體不見，或假托一物遺世而成仙，謂之『尸解』，而此處陳治安認爲莊子『未盡升舉』，難以白日飛升，當即是以尸解之法成仙。在陳治安看來，修仙證道才是莊子的本義。大宗師篇有關於道的形象化描述，陳治安認爲是『歷觀自古得道者，爲仙爲神，爲日月星宿。出於生死，皆得道之效也。莊子修不死之術，上言忘情生死。忘情生死，而後可以不死。然太説向冷淡去，幾與溺没於生死者相似，故緊説神仙歷來得道公案。』莊子主張齊同生死，隨運物化，故而有以死爲『懸解』，爲『南面王樂』的説法。而陳治安認爲莊子是求長生的，説死，是爲了不死。此處言死『太説向冷淡去』，恐人真不以死爲意，故而要趕緊説一些神仙長生的事情，讓人們不要放棄長生的追求。在這一點上，陳治安是曲爲之解了。

在書後附錄中，陳治安爲莊子作的宗傳，更是對其神仙身份的認定。這份宗傳，其實是陳治安爲他心目中的道教神仙所編制的一個粗略的譜系，其中包括對莊子師承的不同説法。他説：『莊子之學，本於老子。自關尹子、莊子而外，以至於計然、申、韓，俱宗老子之學，各有著述，或別爲名法家，而關尹子、壺子、列子、莊子，號爲道家。』(附録卷一)顯然，這個譜系發端於老子。而老子，『居景室之山，與世人絶跡。唯老叟五人，共譚天地之數。所撰經書，垂十萬言，皆寫以玉牒，級以金繩，貯以玉函。此乃洛州景山，太室、少室也。所言九變、長生等經，有百萬篇，多藏名山石室，秘而未行。今所出者，約六千卷。』(同上)在這裏，老子是作爲一位道教神仙被描述的，居於名山，與世隔絶，他的道德經五千言，也演變成了與五叟合作而成的『垂十萬言』的衆多道教經典，寫玉牒級金繩藏石室，享有崇高的地位。作爲老子的後學，『莊周，字子休，號南華子。顯王三十三年，楚聘爲相，不就。隱濠上漆園，著書五十三篇，名莊子。今存三十三篇。』(同上)後又稱『陶都水言，莊子師長桑公子，隱抱犢山，白日沖舉。』(同上)後者以莊子之師爲長桑公子，與前者略有不同，卻也將之作爲道教人物無疑。陳治安還認定了莊子的職務，説『覽真誥諸書，顔回爲明晨侍郎，後爲三天司直。……莊周爲太玄博士。』(同上)總體來説，陳治安是將莊子作爲一位道教神仙來接受的。

2. 以莊子爲修道之書

陳治安在理解莊子許多篇目的主旨時，也帶有明顯的道教化色彩。比如在論述齊物論篇主旨時，他認爲『莊子作是篇，欲人忘辯論而凝神葆氣，爲養生地』。在闡釋徐無鬼篇時，他稱『不聞不見，豈直爲國，竟是修仙要旨』。

對於莊子中的一些概念，陳治安好用道教逸事來加以解釋。比如『虚室生白』，本來是對人心境空明的一種形象化表述，陳治安卻作了道教化的理解並舉例爲證：

昔有蜀人毛鳳苞，言遇道士，教養生法。封閉一室，不留綫光，中常漆黑，静坐内視。數月後，暗室

通明，秋毫洞見。意此是『瞻彼闋者，虛室生白』也。（人間世本義）

陳治安確信：『夫洞真法中有四規之道，依四時而行之，亦與此同體耳。古人所謂虛其室則白自生，定其心則道自生，信哉言乎！』（同上）他相信只要依此秘法靜修，最終必可於暗室中視物，如同白晝，所謂『虛室生白』，即修成此法後的結果。

可見，不論是對於莊子一書的主旨，還是對於此書的具體文字，陳治安在很多地方都採用了道教化的立場，將之視爲一本修仙求道之書。

二、以內丹理論闡釋莊子

陳治安在敘五中自言讀莊子：『初讀難曉，即欲棄去。喜其篇章結撰，復取朝夕覽觀。尋其歸趣，得有開悟，以開悟藉此，故覼縷及此。……莊子真神仙也哉！昔嘗兩遭靈應，特不可舉向人言。』他自言『兩遭靈應』而『得有開悟』，則其對道教不只是理論上的瞭解，還有親身的實踐。至於他修習何術，我們可以從他所引用的典籍和事例中窺其大略。

陳治安在南華真經本義中，於參同契、悟真篇、黃庭經、入藥鏡等道教典籍徵引繁多。而陳氏所列舉的許多修道有成之人，也都是內丹派的修煉者，如前所引蜀人毛鳳苞之類，皆是存思苦修頓然有悟，而非通過服食丹藥得道。可見，陳氏的南華真經本義所采道教理論其實爲內丹派的養生思想。

在養生主篇和爲之『疏注』的外物篇，陳治安集中闡釋了他的養生思想。他在養生主題解中說：『夫生於何主？精氣神也。精氣，吾所以生；神，所以調。吾精氣使往來任督而常生生。苟非澄心無事，忘情哀樂，亦何以調神氣而養其生哉？故作養生主。』養生主篇所謂的養生，在於強調精神不爲外物所傷，保全自然本性，對於彭祖一類導引之士强延性命的做法是不贊同的。陳治安則依托『緣督以爲經』一句話，將全文的思想置換爲『吾精氣使往來任督而常生生』的道教煉養方式。在外物篇題解中，陳氏又説：『篇外物也，而篇中言内養者甚悉，欲人取外與内衡，乃養生主之疏注。……水火得調，心有天遊，則緣督爲經之明效。火傳也，不知其盡也。彼隤然道盡者，失緣督爲經之用，而水火不調，故然。』這裏所强調的水火之調，正是道教内丹派煉養工夫的專門術語。

在養生主篇末，陳治安對如何進行修煉進行了詳細的闡述：

攝生在精氣神。而人之精神至於耗匱者，爲嗜欲汩心也。故節欲保精，所以立基；凝神調息，所以永命。氣之一呼一吸爲一息，人物恃息而生，息依心神爲生。氣有陰陽，子時至則陽生，午時至則陰生。平日無調攝之功，遇氣生而不覺也。調攝乖方，則氣生而多不應候也。子後午前，非有欲念而真陽起，以意攝之，歸於臍内一寸三分黄庭之中。神與氣兩相凝注至一百一十四息，而想此氣至閭尾、循脅膂、從鵲橋升於頂上泥丸宫，復下喉中絳宫。徧歷四肢，又從閭尾、脅膂透頂上、下絳宫，復歸於黄庭，又凝息至一百二十四息。如前升降，或九度，或七度而止。氣行之時，卷舌抵上腭，自然津液滿口。呼定而咽，咽畢而吸，如此則吸氣與津順下丹田也。行氣既畢，徧身以手摩擦而起。總之，真氣爲藥，以神馭氣，爲火練藥，察真陽生舉，是爲火候。真陽初生，攝歸黄庭，是練精還氣。攝氣由心，是煉氣還神。心無其心，是煉神還虚。此不在交感、呼吸、思慮之粗跡，故稱爲元精、元氣、元神。神氣凝聚不散，所謂聖胎。

這是説，每天的子時至午時陽氣生，這期間人（指男性）無性欲而勃起的時候，不能輕泄，要用意念配合呼吸，引導真精歸於黄庭，再緣經脈、四肢又復歸於黄庭，如此反復，内丹可成。所謂『聖胎』，即内丹的另一説法。這是一套相當完備的自身陰陽清淨丹法，其中反映出實精、食氣、行氣等多種道教煉養術。至此，陳治安的道教養生理論也完整地呈現了出來。他接著在闡釋外物篇時又補充説：

> 心在南方，爲火，爲日。腎在北方，爲水，爲月。令爲焚和，則火烈上騰，月不得火之固濟，而受火之銷鑠，水且立涸矣，惡能勝火哉！於是精神有僨然頹敗，而生生之道，且立盡者。……故修煉之士，必使魂常附魄，如日光之載月質；魄常檢魂，如月質之受日光，則神不馳而魄不死，遂能登仙去而上征也。

此處所説，也是內丹家所謂的水火調濟問題。水喻陰，喻腎，喻北，喻月，喻元精之藏所；火喻陽，喻心，喻南，喻日，喻神。水火不濟，則人體內神氣紊亂，是速死之道。水火相濟，可得長壽，甚至長生。顯然，陳治安是崇奉並且積極實踐這一理論的，他所説的要養生，求長生，用的也就是這一套功法。

第十八章 程以寧的南華真經注疏

程以寧，道號復圭子，程兩峰之子，新安（今屬安徽）人，生卒年不詳。著作除南華真經注疏外，還有太上道德寶章翼二卷，以白玉蟾道德寶章爲藍本，採擷呂知常、吴澄、李贄、焦竑、釋德清等十餘家説，並附以己見，稱『復圭子曰』。

第一節 每引道教丹術與『三教合一』的思想傾向

一、每引道教丹術闡釋莊子

南華真經注疏四卷，每篇首有解題，雙行夾注，間附注音，雜采郭象、陳詳道、李士表、陸西星等家之説，篇末附以己見，亦稱『復圭子曰』。書前依次有鄒忠允南華真經注疏序、程以寧南華真經注疏自序、汪伯修南華真經注疏題詞。書末有程以寧南華真經注疏傳神集後序，作於崇禎十年（1637）八月。

據程以寧自序『予先人程兩峰翁，酷好讀南華，每有超見，因予過庭而輒以垂訓，予曷敢忘焉』云云，則其研治莊子，自有家學淵源。鄒忠允序又謂：『數載以來，復圭時潛心南華。癸酉春，頓悟其爲丹經之祖，鯤魚即丹經之水虎，鵬鳥即丹經之火龍。』癸酉爲崇禎六年，則程以寧在此前數年已開始潛心研治莊子，而至此忽悟莊子爲丹經之祖，直到崇禎十年撰寫後序，中間又花去了四年時間，可見其著南華真經注疏，甚是花費時日和心力。又汪伯修題詞云：『復圭得以知命之年而遊方外，以性命之學而注疏道德、南華經，數年晝夜不倦，非仙翁累顯神通，復圭安能壯其精神，愈鼓而愈旺乎？』此復又說明，南華真經注疏爲程氏五十歲後『數年晝夜不倦』所取得的成果。

所謂『癸酉春，頓悟其爲丹經之祖』，是指程以寧遊於方外後乃以莊子爲談論丹術之書。汪伯修題詞謂程氏以科場失意而遊於方外，乃以道教性命之學注莊子，正可佐證這一點。程以寧自己在後序中也說：『南華即道德之英華也。又何以云真經？天地以南北爲經，東西爲緯。丹經云：「天上太陰一月一度而與太陽會，此常經也。人間少陰一月一經而癸水至，此真經也。」丹經又云：「度人須要真經度。」夫「南」者，火也；「華」，亦火之精神也。此南華在天爲太陰晦壬朔癸之火候，在人爲真經期前期後之火候。莊老題爲南華真經者，所以點破流戊，就己取坎填離之妙竅耳！非得天仙口訣者，安能知之！非真有道氣者，安肯信之！彼其出入造化，洞徹人物，達生死之變，明內聖外王之道，以有物之後而追窮無物之始，不過欲人知性命之淵源，始覺天地間凡有形質者皆爲幻，惟有一道真耳。胡爲含齒之倫與搢紳先生悉戀戀朝露之滋潤，不知人生寄蜉蝣於天地，既無長繩繫白日，當求大藥以引年。自古神仙留有接命法，第非大德大行之人，知法財兩用者，不可與口傳耳。』認爲莊子書中所闡發的性命之學，不但合於人類的生命規律，而且還與天地的運行合度，無疑是天仙所傳授的『達生死之變』、『明內聖外王之道』，乃至接命延年的密訣，因而需要用道教的丹術理論來加以解釋。那麼，所謂『其爲丹經之祖』，最集中地體現在何處呢？鄒忠允序言云：『復圭云：「齊諧者，志怪也，則鯤魚、鵬鳥，吾惡知其說？安可踵前人之妄注？」數載以來，復圭時潛心南華。癸酉春，頓悟其爲丹經之祖，鯤魚即丹經之水虎，鵬鳥即丹經之火龍。二語參破，一部南華莫不迎刃而解矣。』說明程以寧以道教丹術思想闡釋莊子，主要表現在對逍遥遊篇的詮釋上。程氏於逍遥遊篇末自抒己見云：

一部南華，其精神全在逍遥遊。而此一篇大旨，其主意總領在神凝，其教人用力處在北冥坎水、南冥離火，其著實得力處在鯤魚變化、鵬鳥圖南，河車運轉，周流而不息也。以日月計，則有日日月月之工，有一歲之工，所謂『三千里』、『九萬里』、『六月息』，皆以月歲計者也。坎爲鉛爲水，屬人身之腎。腎者水也，水不厚則不能負大舟，所以喻人當積腎水而變化，鯤魚也。離爲汞爲火，屬人身之心。火也，風不厚則不能負大翼，所以喻人當積離火而圖南，鵬鳥也。……兹曰北冥鯤魚，丹經代之以水虎；曰南冥鵬鳥，丹經代之以火龍也。未聞以丹經爲怪者，胡爲莊老先以志怪自鳴哉？蓋長生之道，開闢於道德而發洩於南華，恐泄天機，故以『志怪』二字籠落英雄，非宿有仙骨而得真人口訣者，必不解也。

這段話總論了逍遥遊篇的主旨，認爲此篇乃以鯤、鵬變化等一系列寓言故事來闡述丹術所謂修行之道。在注文中，程以寧更爲具體地展示了這一觀點。他說，北方屬水，北冥即北海，『於卦爲坎，於人爲腎，爲水爲鉛，大修行人晝夜不寐，魚則亦然，故曰有魚』，而『人之命根藏於腎，「鯤」之右有「日」、「比」字，暗含腎竅陰中藏陽，故魚名鯤。不知其幾千里者，喻腎至小能爲至大也。』又説『腎藏精，能變化，上升似飛，故曰化而爲鳥』，而『「鵬」之左有兩「月」字，暗含心竅陽中藏陰，故鳥名爲鵬。鵬之背不知其幾千里者，喻心變化更大於腎也。』但在程以寧看來，莊子以上所寫『第腎、心之光景，而未有工夫』，而寫至『怒而飛』等，『方爲修道者著實用力處』，因爲『怒而飛，狀其提起腎水，無翼而飛也』，『海運者，腎水運動也』，『「怒」字、「飛」字、「運」字、「徙」字甚有力，是意行，即神行也』，而『南冥者，南海也，於卦爲離，於人爲心，爲火爲汞，自腎而徙至心，水在火之上也，乃静工顛倒坎離之旨』。所以他在篇末説，此篇『教人用力處在北冥坎水、南冥離火，其著實得力處在鯤魚變化、鵬鳥圖南，河車①運轉，周流而不息也。』基於這些認識，程以寧認爲『覆杯水與置杯焉則膠、水淺而舟大，喻以卻病小術而冀延年，此必不得之數矣』，『蜩與鷽鳩，喻旁門卻病之小術而望長生，大難，大難』，『惟彭祖能以北冥之魚，化而爲鳥，圖南而飛上九萬里者也』，『其庶幾丹家以子午卯酉爲四正之時而用功，非乘天地之正乎！』從而否定了一切『不知金丹大道』的『旁門小術』，唯獨把莊子所批評的彭祖看成是達到逍遥遊最高境界的『大修行人』，可見程以寧的上述闡釋與莊子所持無待才能逍遥的本真思想大爲相左，他在篇末所謂的『坎爲鉛爲水，屬人身之腎。腎者水也，水不厚則不能負大舟，所以喻人當積腎水而變化，鯤魚也。離爲汞爲火，屬人身之心。風者火也，風不厚則不能負大翼，所以喻人當積離火而圖南，鵬鳥也』，以及『茲曰北冥鯤魚，丹經代之以水虎；曰南冥鵬鳥，丹經代之以火龍也』云云，也只不過是以道教的丹術思想比附莊子逍遥義罷了。程以寧的這一丹術化思想傾向也明顯地反映在對駢拇篇的闡釋上，如他在駢拇篇末自抒己見云：

> 正正即的端也，悟真篇云『學仙須要學天仙，惟有金丹最的端』，乃全性保命之術。舍金丹而求長生，皆旁門也，非正正也，安能不失其性命之情哉！……丹經云：『人至死日爲無常。』故常然者，長生也，即金丹也。……若大惑者，終身不解，與之語金丹之大道，必不見信，並其常然之性而易之矣，安能不失哉！……自聞自見者，返聽内視，金丹雖自外來，乃離宫真陽，走入坎宫，故真人借彼先天之母氣，以伏吾身之子氣，是得我之得而非得人之得。金丹一得，羽翰自生，可以朝遊北海，暮蒼梧，是自適其適也。

我們知道，駢拇篇先以駢拇、枝指等物爲喻，後以伯夷、盜跖等人爲例，反復痛駁仁義，全力引進道德（即率真任

---

① 指鉛，爲道士煉丹的原料之一。元危亦林世醫得效方卷九：『河車者，天地之先，陰陽之祖，乾坤之橐籥，鉛汞之匡廓，胚胎將兆，九九數足，我則戴（載）乘而成之，故謂之河車。』

性的自然之道），以便使人類的自然本性得到復歸。程以寧則以道教丹術思想解釋之，認爲篇中所說的『正正』即是『全性保命之術』，『常然』即『長生』、『金丹』，因而莊子强調『不失其性命之情』，也就是得金丹，求長生，長羽翰，朝遊北海，暮棲蒼梧，像天仙一般自適其適。顯然，這裏已把莊子關於保全人類純真本性的思想闡釋成了道教所追求的長生不老的神仙之術。

程以寧在以丹術思想解釋莊子的同時，還徵引了一些陰陽五行理論。如他在闡釋養生主篇時說，『丁』爲『火』，屬陽，而『牛』爲『坤』，屬陰，故庖丁解牛乃是『以吾身之陽神而與群陰神戰』，庖丁『三年之後未嘗見全牛』，乃是表明『群陰已剝盡矣』，從而把莊子所說的養生之道看成是戰勝『陰魔』的過程，可見程氏十分偏執於陰陽理論。程以寧又在闡釋應帝王篇時說：

南帝識主，火德也。火能明，亦能燥，故名儵。北帝情君，水德也。水能澤，亦能流，故名忽。中央黄帝，正位居體，土德也。旺於四季，火得之則熄，水得之則止，故其名爲渾沌。人身之水火會合於中宮之土，故曰甚善。

這裏運用了『五行』學説，以儵爲火德，忽爲水德，渾沌爲土德，認爲『儵與忽時相與遇於渾沌之地，渾沌待之甚善』，便是寓意『人身之水火會合於中宮之土』。應當指出，程以寧的這一解説與莊子寄寓在『渾沌』寓言中的無爲而治的政治思想並不一致。

二、兼有『三教合一』的思想傾向

由於受到莊子學史上三教合一闡釋指向的影響，加上程以寧早期由儒入道的經歷，他的老莊學著作也在一定程度上表現出了三教合流的思想傾向。鄒忠允在南華真經注疏序中說：『其曰「無爲也，用天下而有餘；

有爲也，爲天下用而不足」，即吾儒君逸臣勞之道也。其曰「無入而藏，無出而陽，柴立其中央」，即玄門食母之道也。其曰「以生死爲一條，可不可爲一貫」，即釋氏不生不滅之道也。』這是用儒、道、佛三家的觀點分別來印證莊子的本義。汪伯修在南華真經注疏題詞中也說：『然則二經信爲三教之全經，而人間有藏二經之注疏者，無論其知與不知，何異剖璞見玉、開蚌得珠乎？ 何異太空一旦雲開霧撤，而三教中人今日始得見太上與南華之真面目乎？』認爲程以寧的兩部著作詮釋了三教教義的綱領，無論哪一教派都應視其爲珍寶。而程以寧更是在南華真經注疏自序的開篇斷言：『道德經爲三教之祖。』說明在程以寧看來，三教各司其職，卻融匯一體，依『道』而生。那麼，程氏是怎樣在注文中將三教合一的觀點加以詮釋的呢？ 程以寧在南華真經注疏自序中說：

> 予今之注疏南華，敢云身在天地之先，特知九天九地、積氣積塊之所以然耳。或問：『何物爲生天地？』予曰：『混沌以前，不惟無天地，且無五行，獨有一乾金耳。此金有氣無質，乃造化之根也。故能生天地，因而生水，爲五行之始。……學者須知，金水爲凡鉛，水中金爲真鉛，但得有真鉛，以制木火之飛騰，何愁無真汞！ 以制金水之沉重，故鉛汞交而內丹結矣。然則搬運一身之鉛汞者，不知靜裏孤修，氣轉枯也。偏倚採取之術者，不知真空不空，真色不色也。既聞大道之人，當訪外護，覓雲朋，尋福地，三者缺一必爲群魔作障緣。若果三千八百功行與天齊，自然有鼎烹龍虎矣。』

所謂『積氣』指的是在天地形成之前聚積無形的陰陽之氣，『積塊』則是有形的沙石土塊的鬱積。一上一下，構成天地的形成和萬物的正常運轉。列子天瑞：『天，積氣耳。』顏氏家訓歸心：『今人所知，莫若天地。天爲積氣，地爲積塊。』程以寧認爲在天地形成之前，『獨有一乾金』，乾爲天，於五行屬金，乾中之真金即爲真鉛，是萬物混沌之時所產生的『祖炁』，乃爲萬物之始、陰陽之本原。與之對應的真汞是人身之元神，煉丹的過程就是鉛汞之交而成內丹。常見於內丹學說的『鉛』、『汞』二字在道教中又意味著什麼呢？ 鉛爲『命』，汞爲『性』，鉛、汞之結合，構成了最早的性命學說。張三豐祖師說：『有人識得真鉛汞，便是長生不老仙。』所謂『靜裏孤修氣轉枯』，指的是修性而不修命，修陰而不修陽，這樣都不能煉得真丹。『空』和『色』是佛教術語中兩個可以相互轉化的概念，能領悟到『空』和『色』的真諦就能見到如來，即事物的真知、真諦。這裏程以寧想表達的是與道教修煉真丹一樣，如果偏離了正道，就無法達到最高境界。他同樣表達了對於尋訪道友、結友修煉的嚮往。

程以寧在闡釋盜跖篇時說：『一部南華專爲性命而作。』認爲一部莊子是圍繞著『性命』這一母題展開的，而中國的儒、道、釋三教都密切地關注著生死、性命的問題，都可稱之爲『生命的學問』。所謂生命的學問，當然是對生命的調護和關懷，也是由此應運而生關乎生命問題的真理。如儒家認爲人生而爲宇宙仁愛之心，死爲順應自然之結果，如何實現個人價值就是立德、立功、立言，推崇一種社會責任感。孔子之『仁者愛人』，也是後來世世代代中國人立命的基本觀念，人之生命活動也是『仁』之具體體現。在道教看來，『生命』是其教義中最重要、最豐富多姿的議題，從道祖老子著道德經論及宇宙萬物之始和長生之道，而後歷代道教學者前赴後繼地闡發和豐富之，成就了道教『生命學』體系，簡而言之就是養生文化。在佛教，愛好和平、積極向善、關愛生命更是其根本宗旨，在一切有情衆生中只有人能夠做到修行解脱，所以佛陀慈悲開示，要求自己的弟子慈悲爲懷，護持淨戒，珍惜生命。於此，不論何種説法，儒、道、釋三教對生命問題給予了不同角度的關懷和關注，形成了豐富而深刻的關乎生命問題的探索。

知北遊篇有語云：『謂盈虚衰殺，彼爲盈虚，非盈虚；彼爲衰殺，非衰殺；彼爲本末，非本末；彼爲積散，非積散也。』莊子在此回答東郭子『道』是無處不在、無所不包的，造就萬物的道與萬物本身並無界域，也就是表面存在差異而實質並無區别。而人們眼中事物的盈虚消長，也並非它真實的樣子。程以寧解釋爲：『釋氏下一語便下一掃塵語，下一掃塵語便下一掃掃塵語，本此孰謂南華爲玄伯而非禪門之所取宗哉？』佛家講究超脱、心本無塵，程以寧在此『打禪語』加以點化，目的在於『參悟』，使人產生直覺觀照，達到禪定解脱、頓悟佛法之境。

徐無鬼篇所謂『盡有天，循有照，冥有樞，始有彼』之『循有照』，本來講的是萬物有其自然規律，順循自然就會明朗清晰，而程以寧則解釋爲：『誠則明矣，吾儒以誠爲照；釋氏戒定慧，以定爲照；莊老之照，照於盡有天之後，乃循其天神；天明自然不卜，而知吉凶禍福矣。』僅一『照』字，程氏就動用了儒、道、釋三教的思想來解釋。作爲同樣對現實生命的關照，儒、道、釋的表現方式和態度卻不盡相同。儒家强化道德的價值，以『正心誠意』的道德修養爲『照』；佛教致力於修三學，以『獲得内心的平静安定』爲『照』；而回到講究天人感應的道教之中，則認爲人通過感化自然而感化天神，天神也通過自然萬象向人傳遞天旨天意、旦夕禍福的消息。可以看出，三教的方式和側重雖然有很大不同，但作爲都是道德的宗教而非技術的學問，對人生的問題和與天地、自然的關係都給予極大的關注。在程以寧看來，探究人與自然、天地關係，都是一種修行，卻不是刻意的尋求，而是一種主旨在於心的超脱。從義理上對儒、佛的吸收到修持方法上的實踐，這樣就展現出程以寧以道爲主，而又融會儒、佛二教的解莊理念。

在達生篇中，莊子闡述了與養生主篇類似的觀點，即養生的關鍵在於養『神』，因爲形體轉瞬即逝，只有精神方能超然世外，與天地共存，因而養生的關鍵在於『守氣』，以氣來護持精神。在解釋此篇『工倕旋而蓋規矩，指與物化而不以心稽，故其靈臺一而不桎』數句時，程以寧説：『學問最怕分心，又怕有心，分心則雜而不精，有心則物而不化，故一而不桎者，乃能入妙。看莊子到純熟處，字字句句皆爲奥旨，況學通三教而且聞性命金丹之大道者乎？』程氏認爲在『學道』的路上既不能『分心』，也不能『有心』，否則無法擺脱外物的束縛，最終得道成仙。他認爲，對於保持這種心靈的安適自在的重要性，儒、道、釋三教的認識是基本一致的。可見程氏用三教來闡釋莊子思想，最終是爲摒除旁門小道、煉成金丹大道服務的。

第二節　以内丹修煉路數印證莊子的獨特視角

内丹學萌芽甚早，自宋代以來已成爲各道派最高級别的修煉法門，至明清之時已相當成熟和普及。在這樣的背景下，以内丹之理闡釋莊子學説的，程以寧並非第一家。早在萬曆年間，内丹東派創始人陸西星就在其南華真經副墨中表現出了明顯的以丹解莊的傾向。但程以寧的好友鄒忠允在南華真經注疏序中説『惟陸西星得其皮肉』，認爲陸氏只是稍涉内丹，未得其要旨，而程以寧則以一系列具體的修煉方法來印證莊子學説，將煉丹具體操作步驟巧妙地融會在了莊子各篇章的注疏之中。

程以寧在人間世篇末歎曰：『世儒惡知南華爲丹經之主乎？』可見在程氏眼中，一部莊子從頭到尾似乎就是一部丹書，而如上文所述，逍遥遊篇則最好地體現了内丹的修煉過程。他在逍遥遊篇末的附言中説：『自「北冥有魚」以至「圖南」，煉精還氣也；自「知效一官」至「陶鑄堯舜」，煉氣還神也；自「魏王遺我」至末，煉神還虚也。讀南華者須要會悟得此大旨，他日方可並與逍遥遊矣。』那麽他在注疏中是如何步步印證這一修煉過程的推進和達成的呢？

程以寧在闡釋逍遥遊篇時，先把魚化爲鳥、奮起而飛的過程比喻爲『修行』，説『北冥者，北海也。於卦爲坎，於人爲腎，爲水，爲鉛。大修行人晝夜不寐，魚則亦然』，卻『未有工夫』，直到『海運則將徙於南冥』，才是『修道者著實用力處』。接下來他將『怒而飛』比喻爲腎水上升、心火下降的過程，『鵬徙南冥』是修道者開始『進陽火』，『去以六月息』是『退陰符』。所謂『火候』是指把握修煉中運氣强弱的標準，通過『進陽火』和『退陰符』把煉丹之陰陽消息和天體之陰陽運轉相對應。程氏認爲『天地以冬至、夏至、春分、秋分爲火候，而丹家以子午卯酉之時月爲火候，乃一年之大火候也』，接著『生物之以息相吹也』被解釋爲大修行者的『閉氣工夫』，『南華自北冥至此爲靜工，以起手築基到神凝，則清淨功成矣。』『築基』是內丹修煉過程中的第一個關鍵步驟，可視爲『煉精化氣』的基礎前提，其關鍵在於清心養性，達到內心平靜祥和、甚至萬念皆空的境界。在程以寧看來，從『北冥有魚』到『生物之以息相吹也』隱喻的就是這樣一個過程，直至『清淨功成』。『築基』之後是『煉精化氣』的階段，意爲用先天之元氣重返先天之精氣，用通俗的語言説就是將精氣轉化爲某種人體的機能，從而達到改造肉身的目的。『水之積也不厚，則其負大舟也無力』是『腎水要積之滿，方能起真火而全真』，腎水上升、心火下降就是『煉精還氣』的重要過程。『風之積也不厚』二句意味著火候不到，而汞屬火，與鉛相交之後『可圖南』，這是火候已到『進陽火』的時刻，這也意味著『煉精還氣』的完成。『知效一官，行比一鄉，德合一君而徵一國者』未能達到逍遥的境界，程氏的理解有别於我們一般認爲的有所依待、未順應萬物之自然本性，而解之爲『水烹火煉之工夫未到』。對隨後的堯讓天下、藐姑射之山的故事，他更是洋洋灑灑寫道：

自堯讓天下至陶鑄堯舜止，重言、巵言叠出，無非細天下、忘名實，用其精以治身，視治天下爲緒餘也。……天下譬如一甕也，萬物譬如甕中之醋雞也。人必身在甕外，方能運甕發覆而出醋雞。藐姑射之神人身在天下之外、萬物之上，其工夫全在『神凝』二字得來。旁礴萬物，是萬物皆備於我也。神人不弊弊焉以天下爲事，故能治乎亂。堯舜亦巍巍焉，有天下而不與，故能治天下。然堯舜猶以物爲事，而物於物也。之人也，之德也，入水不溺，入火不焚，而不物於物也。彼其神奇精髓，方且宇宙在乎手。跳出陰陽之外，而陶鑄萬物者也，孰肯以物爲事！堯舜雖聖，亦陰陽內中人，唐虞之事業，不過塵垢秕糠爾，安能離其陶鑄乎？何所往而不逍遥也。此實事也，亦實理也。

程以寧指出從『堯讓天下』到『堯舜陶鑄』都是重言、巵言，實質上則爲以『精氣』治身的過程。他將天下喻爲一甕，置身甕中則受到『物』的桎梏，無法獲得『逍遥』即得道成仙的境界。而要實踐『煉氣化神』的過程，仍需要『凝神』，在排除雜念的基礎上凝神入氣穴，達到神氣相抱、出入自由、物我不分之境，這是所謂『入水不溺，入火不焚』、『方且宇宙在乎手』。程氏認爲如果像堯、肩吾那般無法脱開世網則受物所累，神人之所以能治天下、育萬物，是因爲已處於萬物之上、天下之外，達到『萬物皆備於我』的境界。當然這只是程氏的比附之説，不過是借用莊子的文字來隱晦地印證他的煉丹之過程步驟。對於下文『魏王貽我大瓠之種』的寓言故事，程以寧繼續自圓其説：

若將『虚中』、『深根』二意而明白言之，便無餘味。況南華爲丹書之祖，尤不敢顯露乎！實五石之大瓠，寓言人具五藏之軀殼也。其堅不能自舉，喻人爲血肉所累而不能沖舉也。不知造化之理具於指掌，心不通造化者往往縮手無策，大才而小用之。若有道氣之人，掌上起風雲，大敗越人者，即大小無傷。……莊子對惠子寫出一個方外有道之氣象，若著一簡介，則是狸狌之小而有用，不免於禍患，不如斄牛之大而無用，物莫之害也。苟能知無用之用，斯進乎道矣。人居天地之中，誰不於有處樹立，顧畢竟歸於無。所以南華仙翁教惠子，於無中尋出有來，窄處尋出寬來，故曰『樹之於無何有之鄉、廣莫之野』。爲其無何有，所以爲廣莫，乃先天清虚之體，不落後天形氣之方。

程氏認爲莊子、惠子之間的問答皆爲莊子虚擬出的寓言，是爲了掩蓋南華爲丹書之祖的本質而以故事的形式講出來，實質上處處隱喻著煉丹的過程。『實五石』之大瓢，其著力處不在於瓢的功用是盛水、置物還是泛舟於湖上，而在於『五』對應人五臟之軀殼，『堅不能舉』是人爲血肉所累不能沖舉，而『大材小用』的背後暗喻的是不通造化之術者在修煉過程中的茫然無措。『大本』、『小枝』之不中用暗含的是無法達到『深根固蒂之道』，掌上起風雲、大敗越人者，能見聖人之謂，這裏『風雲』就意味著運行於人體之中的道氣。而程氏説『南華仙翁教惠子於無中尋出有來，窄處尋出寬來』，意謂在修煉丹術的最後階段，尋找到行物我之間的『還虚』之功夫，進一步達到動與天俱、靜與天遊，與自然、天地同處共存的狀態。應當指出，這樣的解釋遠離了莊子『無待』逍遥、免於困苦的本義，而演變爲只有真正的『有道氣者』才能『脱世網而歸江湖』，也就是獲取金丹大道的逍遥境界。

程以寧的這套煉丹的具體操作方法，在其闡釋莊子其他篇章時也是顯而易見的。德充符篇本來是憑空撰述幾位形軀畸醜卻德才超衆之人，莊子通過將他們的形與德作比較，指出只要德行高尚，那麽形體上的殘缺都不足爲累。所謂『德充符』，就是道德充實於内，而萬物應驗於外，内外之合有如符契一般。而程以寧偏偏賦之以操練丹法之意，開篇題解他就點明主旨『道家以修德爲根本，養氣煉形爲築基』，説明『養氣煉形』爲『修德』之基本組成方式。接著他對『無形而心成者邪』解釋爲『支體不完爲無形，元神完固爲心成』，而主宰萬物的化育、守住大道的宗本不變，在他看來也是『守吾之元神』。在下面『哀駘它』的故事直至末尾，程以寧認爲『皆寓言采藥采丹』。如在解釋『無聚祿以望人之腹』時，他説：『未學道時，腹内空虚，既入室後，虚其心，實其腹也。』他將莊子筆下那些餓著肚子的人看成是未學道者，因而體内空虚；哀駘它沒有積蓄俸祿卻想盡辦法幫别人填飽肚子的做法，就是幫人得道。他又説：『取妻者，取鼎也；止於外者，不得與之見也；不得復使者，不得别役以勞其神也。采藥尚爲全形，而全德則全神事也，又有進於此者矣。築基、煉己、結胎、脱胎咸宜謂之「才全」，被褐懷玉謂之「德不形」。』在程氏看來，娶妻的含義是取『鼎』，鼎爲修道煉丹的身體之鼎，『不得復使』意味著在以身體爲爐鼎的修煉過程中，要排除一切干擾和心中雜念欲望，靜心養氣。『全德』也並非表面意義的德行高尚受人尊敬，而是以『神』去燒煉精、氣的過程，故謂之『全神事也』；德行的高尚與否直接決定於修煉之法術是否完整、到位；築基、煉己、結胎、脱胎是伴隨著修煉過程的一個個步驟，直至功法成才可稱之爲『才全』。『聖人有所遊』五句，本爲莊子讚揚聖人寄形貌於常人，卻沒有常人偏好的情感，在程以寧筆下竟也成爲描述『取坎填離』後心腎相交之局面的依據，知、膠、德、商這些人爲的情感也被賦之以丹術的内容，上升到『修煉聖人』的層面。

在大宗師篇中，莊子致力於表達道爲宇宙之本原，萬物以其爲宗、爲師的觀點，而程以寧繼續賦之以丹術的含義。此篇開頭説：『知天之所爲，知人之所爲者，至矣。知天之所爲者，天而生也；知人之所爲者，以其知之所知，以養其知之所不知，終其天年而不中道夭者，是知之盛也。』以贊『知』起筆，區分天、人，而程以寧卻提出『神』的概念：『煉精、煉氣、煉神，知之所知者，神也。至於不知之所以神而不神者，性也。煉神須煉不神，神養而俟之，不知之處難於著力矣。』繼而所謂『真人之息以踵，衆人之息以喉』一段，莊子本來是通過睡眠時的呼吸引申到真人和普通人在性情上的差別，程以寧則又用煉精還氣的過程加以解釋：『蘆芽穿膝後，過尾閭，通三關，至泥丸，下重機，至黄庭爲一息，故曰真人之息以踵，與口鼻之呼吸較，覺其息深深。吾自方上得於至人，不敢秘焉。』認爲以上描述的是修煉内丹築基煉氣功中的一個步驟，『蘆芽』喻大藥，『蘆芽穿膝』指的是運氣過膝的過程，『三關』是指督脈路綫有三處氣行不易通過的地方，人在煉氣過程中使之依次通過尾閭、泥丸，最終到達黄庭，也就是人們常説的下丹田所在部位。由於『煉精還氣』的修煉過程只經過任、督兩脈，所以這也説明以上煉丹的過程正是處於『煉氣化神』的初級階段。

人間世篇中『涉亂世以自全』的處世思想，也被程以寧打上了内丹之術的烙印。如此篇有『夫且不止，是之謂坐馳。夫徇耳目内通而外於心知，鬼神將來舍，而況人乎』等語，程氏又大談『三元』之説：『此「止」與儒「知止」之「止」不同，乃元精、元氣、元神打成一片，即丹家之神室也。而不能止其處者，即終日打坐，而元神不在腔子裏，謂之坐馳耳。惟至人有耳目之形，而無耳目之情。不通於外而通於内，化耳目爲精神，化心知爲虚明，方且幽可以役鬼神，胡明而不能攝群情哉！』『止』本爲空明虚静的心境狀態，程氏卻認爲這是元精、元氣、元神互相轉化的過程，他在篇末還補充説：『若而人也，耳目化而心思亦化，所謂煉精還氣也。故以氣聽，至心止於符，則煉氣還神，煉神還虚矣。』至此意思一目了然，莊子所謂從耳、至心、到用氣去感應空明虚静的心境，在程氏筆下依然幻化爲從煉精還氣、煉氣還神到煉神還虚這一個完整的修煉過程，整套功法結束才可感受到『心齋』之妙義。

其餘多篇儘管没有詳細佈施内丹的修煉教義，但也多次提到『神』或者『元神』、『煉神』的概念。如在應帝王篇中，程以寧將『宗』解釋爲『宗即禪家之本性，道家之元神』。在天地篇中，程氏對『神』的解釋是：『神即道家之元神，佛氏之元性也。』在達生篇中，對列子問關尹如何守住『氣』，程氏的解釋是：『以脱胎换骨爲了當，精而又精者，所謂再安爐，重立鼎，煉神還虚，天地亦包於虚空，豈非反以相天乎！若而人也，可以潛行，可以火走，可以遊乎萬物之上，而不窒、不熱、不慄者，何也？則軀殼脱盡，獨存元神，所謂純氣之守者也。』庚桑楚篇中有『以有形者象無形者而定矣』語，程氏解爲：『凡人只見有形之成毁，而不見所以成毁者，非有形也。故此心營營而不定，如能煉精還氣，煉氣還神，煉神還虚，是以有形象無形也，必定能逃乎陰陽之外矣。』總之在程以寧看來，一部莊子似乎有不少篇章觸目可及内丹修煉之法，並希冀以此達到得道成仙的逍遥境界。

當然，就程以寧南華真經注疏全書來看，其對多數篇章的闡釋還是比較忠實於莊子原意的，並沒有處處表現出明顯的道教丹術化和『三教合一』思想傾向，對此應當予以肯定。

第十九章　方以智的藥地炮莊

方以智（1611—1671），字密之，號曼公、宓山氏、浮山愚者，桐城（今屬安徽）人。幼承家學，『年十五，群經子史略能背誦』（清史稿遺逸傳）。曾與陳貞慧、吴應箕、侯方域等參加『復社』活動，有『明季四公子』之稱。年三十舉進士，任翰林院檢討。李自成入北京，被執，乘間逃出，投奔南明弘光朝。以不爲阮大鋮所容，乃南奔廣州，變姓名爲吴石公，别號愚道人，賣藥市中。後以擁戴永曆帝即位於廣東肇慶，擢左中允，東閣大學士。以與司禮太監王坤不合，即棄官隱居梧州。順治七年，爲清兵所獲，脅降不屈，終於聽之爲僧於梧州雲蓋寺。順治十年在桐城，爲當道所知，迫促奏用，遂堅拒而往金陵，以覺浪道盛爲師，閉關於高座寺之看竹軒。數年後復入江西青原山淨居寺，以『粤難』事被捕，在押解赴嶺南途中，因疽發於背而卒。方氏自寄身佛門後，改名大智，號無可，又稱弘智、竹關、行遠、五老、藥地、墨歷、木立、浮庭、浮廬、極丸學人、極丸老人、易貢、浮愚者、愚者大師、浮渡智、青原曼老人等。其一生儘管顛沛流離，後來甚至避身佛門，但始終不廢著述。著作有通雅、物理小識、東西均、一貫問答、禪樂府、易餘、藥地炮莊、浮山集等。

第一節　合古今之説以炮製莊子

藥地炮莊九卷，欽定續通志卷一百六十、續文獻通考卷一百七十五皆著録。黄虞稷千頃堂書目卷十六著録爲八卷，未知何據。卷首題『天界覺杖人評，極丸學人弘智集，三一齋老人正，涉江子陳丹衷訂』。眉欄題『閑翁曼衍，春浮行者蕭伯升較』。康熙原刻本書前有附錄三卷，包括陳丹衷、何三省、弘庸、文德翼、余颺、戒顯等人序言，張自烈閲炮莊與滕公剡語、屈蕃炮莊詠二十四韻、大成讀炮莊題辭、方以智炮莊小引、興月炮莊發凡（七則），及方以智所集總論上、總論中（其中收有覺浪道盛所撰莊子提正節選文字）、總論下（其中收有方以智所撰向子期與郭子玄書、惠子與莊子書）。書末有興翱炮莊末後語、慈炳炮莊後跋、彭舉炮莊後跋。據方以智『痛念丈人借莊托孤，乃與竹關約期炮集』（愚者智禪師語錄卷二）、陳丹衷『杖人癸巳（1653）又全標莊子以付竹關，奄忽十年，無可大師乃成藥地炮莊』（莊子提正跋）等語，則藥地炮莊當始撰於方以智掩關金陵高座寺期間，約完稿於康熙二年（1663）①。次年即由泰和蕭伯升捐資，廬陵曾玉祥刊刻。

所謂『藥地炮莊』，就是著者方以智（藥地）要薈集古今論説（藥材）來解釋（炮）莊子。故其徵引，極爲繁富，諸如嚴遵、王弼、向秀、郭象、支遁、簡文帝、王維、劉禹錫、柳宗元、潘佑、邵雍、張載、宋祁、王安石、王雱、蘇洵、蘇轍、劉概、雪竇重顯、沈括、李士表、謝良佐、朱熹、葉適、陳普、林希逸、褚伯秀、劉辰翁、羅勉道、劉因、陳繼儒、王守仁、王畿、楊慎、陸西星、徐渭、袁宏道、袁中道、陶望齡、孫鑛、王宗沐、李光縉、張四維、李贄、方揚、李夢陽、王世貞、歸有光、茅坤、陳仁錫、李騰芳、譚元春、紫柏真可、方沆等數百家論説，皆在摘錄之列。而下面諸人及其論説，則尤其值得我們重視。

許孚遠，字孟中，號敬庵，德清人。嘉靖四十一年進士，官至兵部左侍郎。爲學篤信良知，但反對援良知以入佛。藥地炮莊中凡冠『許孚遠曰』者，即爲其治莊之遺説。

---

① 方中通（方以智之子）陪詩『趨庭無別語，開示總南華。』注云：『時老父著藥地炮莊。』並謂省親時間在庚子（1660）。這說明，方以智此時正在撰寫藥地炮莊，似乎尚未完稿，可證此書確當成於康熙二年左右。

孫慎行，字聞斯，號淇澳，謚文介。萬曆二十三年舉進士，官至禮部尚書。藥地炮莊中凡冠『孫淇澳曰』者，即爲其治莊之遺説。

吴應賓，方以智之外祖父，字尚之，號觀我，又號三一齋老人，桐城人。登萬曆十四年進士，官編修，以目眚告歸。家居四十載，惟閉戶著書，闡發性命之旨。崇禎七年去世後，門人私謚宗一先生。吴應賓是莊子内篇注、觀老莊影響論的著者憨山德清的弟子，方以智一生的學術又受到了吴氏的深刻影響，故藥地炮莊卷首遂署『三一齋老人正』，似欲表示此書的完成也是長期請正於外祖父的結果。書中亦每引其治莊之遺説，而分別冠以『觀我氏曰』、『三一曰』、『正曰』等字樣。

方孔炤，方以智之父，字潛夫，號仁植，別署潛老夫，萬曆四十四年進士，官至右僉都御史。著作有潛艸等。藥地炮莊中凡冠『潛艸曰』、『潛老夫曰』者，即皆爲其論莊之遺説。

王宣，方以智之業師，字化卿，號虛舟子，金溪人。藥地炮莊中凡冠『虛舟子曰』、『虛舟曰』者，即皆爲其論莊之遺説。

道盛，明末金陵天覺寺僧，號覺浪，別號天界覺丈人、杖人。所撰莊子學著作有莊子提正、三子會宗論，皆完整地保存於天界覺浪盛禪師全錄中。據道盛弟子陳丹衷所説『杖人癸巳又全標莊子以付竹關，奄忽十年，無可大師乃成藥地炮莊』（莊子提正跋）、藥地學人興月所説『杖人……在天界時，又取莊子全評之，以付竹關，公宫之托，厥在斯歟』（炮莊發凡）等語，則道盛曾全評莊子一書，並把稿子交給了方以智。但此著似未曾付梓，而由方氏將其主要内容收進了藥地炮莊，今案書中大量冠有『杖人曰』、『杖者曰』、『杖曰』者，當即爲道盛此著中語。道盛的這些評語，多運用儒、佛思想來闡釋莊子，可與他的莊子提正、三子會宗論互爲發明。

淩世韶，字宫球（一説君球），號蒼舒，新安人。崇禎七年進士，知福清縣，不事催科，坐謫汀州經歷，署寧化縣，遷處州推官，擢戶部，尋去職。明亡，棄家爲僧，法名大時。劉士璉著南華春點，其外物篇署『新安淩世韶蒼舒甫、秣陵陳丹衷旻昭甫仝較』，可見淩氏曾用心於莊子。方以智藥地炮莊中凡冠『淩滄虚曰』者，即皆爲其治莊之遺説。

陳丹衷，字旻昭，號涉江，金陵人。崇禎十六年進士，授御史。國亡後得法於覺浪道盛，法名大中。曾與淩世韶同校南華春點外物篇，又參與校訂藥地炮莊，署『涉江子陳丹衷訂』。藥地炮莊中凡冠『陳丹衷曰』、『旻昭曰』、『涉江曰』、『大中曰』者，即皆爲陳氏治莊之遺説。

薛正平，字更生，晚年從道盛學參禪，江西通志謂其爲金陵人。藥地炮莊中凡冠『薛更生曰』、『薛曰』者，即爲其治莊之遺説。

金堡，字道隱，杭州人。崇禎十三年進士，明亡後落髮爲僧，法名澹歸，與方以智多有書信往還。藥地炮莊中凡冠『澹歸曰』者，即爲其治莊之遺説。

石谿，字介丘，號髡殘，武陵人。拜道盛爲師後，改僧名爲大杲。著有莊會一書，已佚。藥地炮莊中凡冠『石谿曰』者，當即爲其遺説。

蕭士瑋，字伯玉，别署春浮園，泰和人。天啟二年賜同進士出身，除行人，歷南京考功郎中。明亡後，自屏草野，著書樂道以終。藥地炮莊中凡冠『蕭伯玉曰』者，即爲其治莊之遺説。

張自烈，字爾公，號屺山，宜春人。崇禎末南京國子監生，入清後累徵不就，以著書終生。藥地炮莊中凡冠『屺山曰』者，即爲其治莊之遺説。

從上述可以看到，方以智正是運用了集古今數百家之論説以炮製莊子的方法。用他自己的話説，就是『且劈古今薪，冷灶自燒煮』（愚者智禪師語録卷一），在一定程度上體現了他早年所定下的『坐集千古之智，折中其間』（通雅卷首之一）的治學原則。應當説，他以這樣的方法來解釋莊子並不一定適合於大多數人的閲讀思路，往往會讓大家頗有無所適從的感覺，但在客觀上卻爲後人保存了許多莊子學資料，尤其是我們已特加一一指出的晚明時期的不少莊子學資料。正是通過這些資料，我們猶能窺見晚明時期一些已經亡佚的莊子學著作的概貌，特别是明末一大批遺民（包括逃禪者）的莊子學思想。

方以智不僅薈集了漢、魏、唐、宋、元、明衆家論説，而且還每以『藥地曰』、『藥地愚者曰』、『炮藥者曰』、『愚曰』、『愚者曰』、『極丸老人曰』、『藥案曰』、『智按』等來説出自己的看法，作出自己的論斷，故清四庫館臣謂其『以莊子之説爲藥，而已解爲藥之炮，故曰炮莊』①。誠然，方以智意欲『緗同漆園之柴，一總送在炮藥灶中』（胠篋炮語），通過把莊子送入炮藥灶中重新烹炮，藉以攄寫自己的特殊心意，故清四庫館臣又謂其『借洸洋恣肆之談以自攄其意，蓋有托而言，非莊子當如是解，亦非以智所見真謂莊子當如是解也』②。如他在炮逍遥遊篇時説：

或問藥地曰：大有人怕『無』字，何以炮之？曰：塞乎天地，謂之無天無地也可乎？惟天下至誠爲能化，謂惟天下至誠爲能空也可乎？以無而空其有，以有而空其無，以不落而雙空，以法位而空其不落，有知『一用二、二即一』之妙葉本『冥』者乎？笑破漆園老叟，不得走索捕風，化作金山烏王，只是一番怒笑。

研究方以智哲學思想的人都知道，他用來架構哲學體系的最基本概念是『太極』，即他的哲學範疇體系是以『太極』爲核心的。那麽，『太極』有何特徵呢？他説：『太極者，猶言「太無」也。太無者，言不落有無也。』（東西均三徵）③『太極亦自定不離爲不落之資格』（易餘資格）。認爲『太極』作爲宇宙萬物的本體，其最明顯的特徵

① 四庫全書總目提要存目方以智藥地炮莊。
② 同上。
③ 本章凡引東西均文，皆據中華書局1962年版。

就是既不離有無，又不落有無。用他的另一番話來說，本體與萬物的關係便是『一必用二』、『兩乃用一』（易餘性命質）的關係，即沒有『兩』則『一』之神便無從顯示，沒有『一』則『兩』之用便無法發生，本體與萬物不外就是這樣一種既對立又互相依存的關係。因此他在炮製逍遥遊篇時指出，莊子只知本體爲『無』，一味『以無而空其有』，而根本不懂得『一用二、二即一』的道理，真使人感到可笑！可見，方以智的説法既不是對莊子思想的申發，也不是對郭象『獨化』論的承因，而是他自己哲學思想的真實展示，裏面包含了朴素的辯證法思想。

方以智也以其『一』與『二』的理論烹炮了莊子的齊物論思想。如莊子撰寫齊物論一文，目的就是要取消天下事物間的一切差別，而方氏則炮之曰：

一切法皆偶也。喪偶者，執一奇耶！奇與偶對，亦偶也，喪之當立何處耶？莫是一往自迷頭耶！莫墮混沌無記空耶！喪二求一，頭上安頭，執二迷一，斬頭求活，汝知之乎？（齊物論炮語）

這裏的『偶』即『二』（矛盾著的兩方）之意。在方以智看來，世間任何事物都是對立面的矛盾統一，而莊子卻主張『喪其耦』，這不就是要執著於失去作爲對立面的『一奇』嗎？本來，『奇』與『偶』也屬於矛盾著的雙方，如果一旦失去了『偶』，那麼『奇』又『當立何處』呢？這樣，你莊子主張『喪其耦』，不就是自己昏了頭，墮入了虚妄不實的空洞之説嗎？總之，如果僅以取消事物的對立面來求齊一，便無異於『頭上安頭』；如果只執著於對立的雙方而不懂得矛盾的統一，便無異於『斬頭求活』。你莊子能明白這些道理嗎？十分明顯，方以智在這裏已認識到矛盾雙方的對立統一便是宇宙間的普遍法則。他對莊子齊物論思想的炮製，實際上已成了對莊子完全無視於矛盾雙方的對立統一性這一形而上學思想的無情批判。

方以智進一步指出，莊子由於拘牽於『以無嚇有』（秋水炮語）的本體論和喪偶虚妄的齊物論，在人生觀上便表現爲『以死嚇生』（同上）的消極悲觀思想和虚無主義。所以，當他害怕『物有結之』（大宗師）、爲外物所傷時，則應告之曰：『物即是天，吾又何惡焉！』（大宗師炮語）他想要躲進『特室』，『無視無聽，抱神以靜』（在宥)時,則應告之曰:『切忌面壁!』(在宥炮語)他希望逃向『禽獸可係羈而遊』的上古『至德之世』(馬蹄)時,則應告之曰:『上古弱肉強食,未必可係羈而遊!』(馬蹄炮語)他幻想『藏天下於天下』(大宗師)般地從萬物遁去時,則更應詳告之曰:

曾知吾身之遁於地水風火乎? 曾知蒼天之遁於瓦礫矢溺乎? 曾知太極之遁於馬毛龜甲乎? 此物之所不得遁而皆存也。(大宗師炮語)

在經歷了明清鼎革之後,方以智雖然因不得已而遁入佛門,從此也更明顯地受到了莊子思想的影響,但他『出世還傳救世方』,並不甘心老死於山林之中。因此他認爲莊子一味消極悲觀誠不可取,要想遁逃也顯然不可能,此即所謂『物之所不得遁而皆存也』。可見方以智這裏也是在借解莊以『自攄其意』。

此外,方以智由於接觸到了西方的一些自然科學知識,因而對天下篇所列惠施等人關於自然方面的一些辯題提出了有別於莊子的看法,認爲『惠施……正欲窮大理耳,觀黄繚問天地所以不墜不陷、風雨雷霆之故,此似商高之周髀與太西之質測,核物究理,毫不可鑿空者也』(天下炮語)。他這裏以中國古代天文曆算著作周髀算經和西方自然科學(質測)來比擬先秦名家的一些辯題,認爲惠施等人無疑表現出了勇於『核物究理』、探索自然的可貴精神,絕不能像莊子那樣把他們看成是只會鑿空詭辯的可悲之人。不可否認,方氏此處的見解確實比較高明,這正是他以質測之學的眼光來審視莊子的必然結果。

第二節　稱『莊子爲孔門別傳之孤』

清四庫館臣説:『藥地炮莊九卷,明方以智撰。……是編乃所作莊子解。藥地者,以智僧號也。以莊子之説爲藥,而已解爲藥之炮,故曰炮莊。大旨詮以佛理,借洸洋恣肆之談以自攄其意,蓋有托而言,非莊子當如是解，亦非以智所見真謂莊子當如是解也。』①這裏指出方氏特以其僧號標示書名，全書復『詮以佛理』，頗欲借此『以自攄其意』，即所謂『有托而言』也。今細讀藥地炮莊全書，方以智『有托而言』的最深層目的，當是爲了闡發『托孤』之說。

在莊子學史上，『托孤』說最早是由覺浪道盛在莊子提正中明確提出的，方以智在藥地炮莊中則進一步申發了道盛的這一觀點。如莊子人間世有一則關於『支離疏』的寓言故事，方以智引杖（道盛）云：『支離亦傲人間世乎？非傷盡偷心者，孰能知之？此處莊生自寓，亦爲孔子寫真，誰識孔子是能支離其德，不以神聖自居，甘心碌碌，與世浮沉，如挫針治繲，彌縫此天地人心，鼓其筴，播其精，删定爲群聖之大成哉！』人間世篇是論述如何能做到『涉亂世以自全』（王夫之語）主旨的，認爲生活在這樣的人世間，若要遠害全身，就非得泯滅矜才用己、求功求名之心，做到虚己順物，以不材爲大材，以無用爲大用不可。由於此篇用大量篇幅虚構出『仲尼』來發論，全文又以『孔子適楚』來作結，而中間則插入了『支離疏』等寓言故事，所以道盛就有此爲『莊生自寓，亦爲孔子寫真』之説，認爲裏面正説出了孔子『能支離其德』，『甘心碌碌』地來『彌縫此天地人心』的思想，同時也寄托了莊子一心想要闡揚孔子學説的用意。方以智承因了其師道盛的這一觀點，並進一步地説：『天地傷心久托孤，彌縫自肯下紅爐。支離藏卻人間世，破碎人間有世無？』指出莊子在這裏分明有『托孤』之心，想要傳承儒學宗旨，像孔子那樣支離其德，潛藏於破碎的人間社會，爲補救天地人心而孜孜矻矻。可見，正如當時人宋之鼎所説：『提莊托千古之孤，真奇書也，藥地大師因作炮莊。』（莊子提正跋語）方以智在藥地炮莊中所闡述的『托孤』説，不外就是對道盛有關説法的承因和申發。

在方以智看來，『子夏出田子方，子方出莊子，莊子乃爲孔顔滴髓。』（一貫問答）認爲莊子乃孔顔真髓所傳，

① 四庫全書總目提要存目方以智藥地炮莊。

爲孔門之真孤，所以他深深覺得自己理應竭盡全力來闡揚儒學，方不負儒門托付給自己的重任。但由於『莊子痛這世界人心如江流日下，不可挽回』（胠篋炮語引杖人），才不得不『爲此無端崖之詞，巵之寓之，大小重之，無謂有謂，有謂無謂，使見之者疑憤』（向子期與郭子玄書）。方以智說：

莊子實尊六經，而悲一曲、衆技，不見天地之純、古人之大體，故以無端崖之言言之。（東西均神跡）

道至於孔子而後集大成，蓋幾千百年而一出。孔子之上，聖人之因時者，有不得已也。孔子之下，諸子之立教者，各是其是也。道德仁義裂於楊墨，無爲清靜墜於田彭，莊子欲復仲尼之道而非其時，遂高言以矯卑，復朴以絕華，沉濁不可莊語，故荒唐而曼衍。（天下炮語引劉概）

讀莊子不比五經，當別具隻眼。彼痛世人溺於死法，不能逗出靈機，終不得自己受用，往往欲與正言，乃反其辭而出之，危其事而悚之，使其疑窮思極，忽然得之，則知其立言之深，入人之切也。（馬蹄炮語引杖人）

第一、二段話的意思是說，莊子本來就十分尊崇儒家經典，有志於闡揚孔子之道，只是由於處在特殊的時勢之下，看到了世人尤其是諸子百家對大道的破壞分裂，所以遂『以無端崖之言言之』，即以荒唐曼衍的言説方式來傳承儒學的微旨。第三段話的意思也是說，莊子『反其辭而出之』實在是出於不得已，讀者應該別具隻眼，體察到其『立言之深』、『入人之切』。方以智由此而進一步指出『莊子爲孔門别傳之孤』（東西均所附象環寤記），並認爲『莊子雖稱老子，而其學實不盡學老子』（天下炮語），只是在表面上托跡於老子罷了。但方以智這裏所説的『莊子爲孔門別傳之孤』，似與道盛關於莊子爲『儒宗之別傳』説法的含意有些不同。如他在烹炮大宗師篇子輿、子來外生死寓言故事時引錄了杖人的話：『儒者以修身爲本，至能易簀啟手足，爲全而歸之。若莊子則以外生爲宗，即天地覆墜，不與之變，攖而常寧，疑而無始，佛法未來，乃有創見，安得不謂儒宗之別傳乎？』『易簀』典出禮記檀弓上，謂曾參臨終時仍能遵循古代禮制，叫曾元爲他更換自己不該使用的寢席。『啟手足』語本論語泰伯：『曾子有疾，召門弟子曰：「啟予足！啟予手！」』意謂『曾子平日，以爲身體受於父母，不敢毀傷，故於此使弟子開其衾而視之。』（朱熹集注）道盛據此認爲儒者以修身爲本，能帶著完整的禮制觀念和身體髮膚回歸自然，而莊子在佛法傳入之前，卻已別有創見，能夠忘懷生死，不以天地覆墜而改變自己的心情，一切只是純任大自然的安排，則『安得不謂儒宗之別傳乎』？意謂莊子是儒門的教外別傳。但方以智卻不以爲然，頗有自己的看法。他說：

彼比干者，爲不全而歸之耶？言外生以養生，言無生以達生，不過生於憂患，雪上加霜，以奪爲予。

方以智反問說，比干因忠諫而剖心，這就不算『全而歸之』嗎？並進而指出，莊子通過談外生死來闡發其養生、達生的思想，這只不過是在『生於憂患』的情況下所採取的一種『以奪爲予』的獨特表達方式罷了。如果聯繫前面所作的一系列分析來看，方以智所說的『莊子爲孔門別傳之孤』，當即謂莊子在特殊時勢下以別一種言說方式傳承了儒學微旨，而並非指他的學說不是傳自正宗儒學。可見方氏的這些看法，顯然已對道盛的觀點有所發展，更與韓愈在送王秀才序中既認爲『子夏之學，其後有田子方，子方之後流而爲莊周』，又謂莊子『猶航斷港絕潢以望至於海』，並不能得孔子之道的觀點有著根本性的不同。

方以智所謂的『莊子爲孔門別傳之孤』，主要是說莊子傳承了孔子、顏回、子思、孟軻的學說，是爲儒學正宗。如他說：

此篇獨以孔顏之敲唱爲首，見非聖人不易處此人間，即有藐姑射之神人亦用不著，曾知藐姑射即在曲肱簞瓢裏麼？（人間世炮語引杖人）

環中寓庸，此老……恐人覷破三昧，從子思脫出，遂將中庸劈作兩片拈提。（齊物論炮語引譚氏）

三一曰：『中庸末章：「不見而章，不動而變，無爲而成。」』張南軒曰：『帝王者，聖賢之餘事。孟子「三樂而王天下不與存焉」，莊子只以一「應」字攝之。』（應帝王炮語）

孟子言擴充，言充實之美。莊子曰『充實不可以已』，此集虚充實一貫之符也。忘形乃充踐形之實，踐形乃充忘形之虚，莊且以破相宗剔醒皮相一輩耳。（德充符炮語引虚舟）

方以智徵引這些說法旨在闡明自己的觀點，認爲人間世篇開首即在借孔顔以闡明聖人的處世哲學，而逍遥遊篇撰寫藐姑射神人的寓言故事，實際上是在闡揚儒家『孔顔樂處』，尤其是顔回曲肱而枕、簞食瓢飲而不改其樂的安貧樂道精神；齊物論篇所謂『爲是不庸而寓諸庸，庸也者用也』等說法，即是從子思中庸脱化而出；應帝王篇之『應』字，就是對中庸、孟子兩書中有關思想的概括；德充符篇謂『充實不可以已』，强調『充實』、『忘形』，反對以皮相論人，這些皆與孟子所言『充實之美』完全相符。由此可以清楚看出，這裏把莊子所宗承的對象集中定向爲孔顔思孟之學，實爲韓愈送王秀才序、蘇軾莊子祠堂記、王安石莊周、林希逸莊子口義等引莊入儒著作所未曾言，標誌著方以智藥地炮莊的以儒解莊具有自己的明顯特徵。

在方以智看來，莊子尊崇孔子，『爲孔門别傳之孤』，還更爲集中地表現在作爲莊子全書之總結的天下篇裏。他在烹炮此篇時引杖人說：『首稱鄒魯之士，明謂孔子删訂作述，集群聖之大成，後學不見聖人之大全，自爲不該不遍、一曲之士，此大道所以終裂也。故後歷敘諸家，皆是聞風起者，誰能如鄒魯先生之據上風哉！孟子謂尹任而近篡，夷清而近隘，惠和而不恭，獨孔子爲聖之時，集大成而賢於堯舜，自生民以來未有也。此篇議論，正與相同，以天爲宗，以德爲本，以道爲門，兆於變化，謂之聖人。如不稱孔子，又誰能當此稱乎？』又引劉概說：『嗚呼，諸子何嘗不尊仲尼哉！知其所以尊者，莫如莊子。學者致知於言外可也。』認爲莊子在此篇中稱鄒魯先生的學說實據『上風』，意謂其爲包涵天下真理的『道術』無疑，可諸子百家爲不該不遍的『方術』之士，自以爲遠不能與孔子相媲美，因而莫不尊禮之，而莊子則是最尊崇他的人。方以智接著自下斷語說：

莊子雖稱老子，而其學實不盡學老子。……莊子若生今日，其必舉本數末度、六通四闢之畢羅，重新注解明矣。（天下炮語）

莊言：『明於本數，係於末度。』『節』卦曰：『制數度，議德行。』蓋數自有度，因而制之，秩序變化，盡於河圖、洛書矣。故曰數爲藏本末之端幾，而數中之度，乃統本末之適節也，道之籥也。（同上）

按照方氏這裏的說法，莊子雖在天下篇中稱老聃爲『古之博大真人』，但他並不怎麽向老子學習，而以傳承孔子學說爲己任。假如莊子活到現在的話，他還會對儒家學說精華之一『本數末度』等思想重作一番全面注解呢！因爲儒家的這些思想，正體現了天地運化所固有的客觀規律，以及聖人據此來制定禮樂制度、規範道德行爲的精神。所以方以智說：『莊子所謂本數末度，其備乎質測運處。』（天運炮語）由此可以看到，方氏的這些闡釋正是他所倡導的『通幾』、『質測』理論的真實反映，是整個莊子學史上所不曾有過的新現象。

不可否認，方以智的莊子學思想中不免存在著一些互相矛盾的地方，他所謂莊子爲孔子之真孤的說法也似有違儒、道對立的基本事實，但更值得指出的是，其中卻寄托了他對故國的忠貞不二之心①。他曾在藥地炮莊一書最末引大奇云：『和尚以莊子爲托孤，實是和尚托孤於莊子，而莊子又因得托孤於和尚也。』確實，史稱道盛和尚『以忠孝名天下』（闕名朝鮮人皇明遺民錄），他倡導『托孤』說的目的即是爲了昌大儒學，尤其是爲了踐履儒家的忠孝思想，寄托對故國明王朝的忠貞不渝之心。由此，方以智大力弘揚其師父『托孤』說的真正用意也就可想而知了。

---

① 按，明末皇帝朱由校（熹宗）、朱由檢（思宗）、朱由崧（福王）、朱由榔（桂王），四人名字中皆有『由』字，而方以智在藥地炮莊中凡寫到『由』字皆缺筆（最後一豎只寫一半），這正可證明其在亡國後雖不得已而遁入佛門，卻一刻也不曾忘懷故君故國。

第三節　謂『莊是易之變』

方以智出生於研究易經的世家，曾祖父方學漸著有易蠡，祖父方大鎮著有易意、野同錄，父親方孔炤著有周易時論①，以智從少時起就深受家庭易學的影響。方以智的老師王宣（虛舟）也是一位易學學者，著有風姬易溯、孔易衍，以智自謂『年十七八即聞先生諸論，曠觀千世，間引人聞道，深者徵於象數』（浮山文後集虛舟先生傳）。方氏掩關高座寺後，以覺浪道盛爲師父，而道盛倡『托孤』之說，復以莊子與易經相聯繫，認爲『夫論大易之精微，天人之妙密，性命之中和，位育之自然，孰更有過於莊生者乎？』（莊子提正正莊爲堯孔真孤）因此，他撰寫藥地炮莊，便表現出了明顯的易學化傾向，甚至提出了『莊是易之變』（大宗師炮語）說法，認爲莊子即是易經至理之衍變。

在方以智看來，作爲群經之首的易經，凡宇宙産生的至理，天地變化的規律，人類行爲的準則，幾乎無不藴藏於其中，所以古代聖賢每每用心體察而反復推衍之，莊子一書即爲易經風教之遺響。他說：

空廓隱頤，無非象數森羅；萬覯萬聞，原自無聲無臭。虛中本實，實中本虛矣。……易爲三才萬理，作大譬喻。反對、環中，方圓、費隱，莫破莫載，同時變化。（天下炮語）

莊子者，殆易之風而中庸之魂乎？方圓同時，於穆不已，森羅布濩，即無待之環中也。……文王翻轉伏羲之環而錯之，孔子顛決文王之環而雜之，老子塞無首之環而黑之，莊子恣六氣之環而芒之。

① 方以智晚年曾命兒侄輩對周易時論作了整理，並親爲各章節加上按語，冠以『智曰』、『智按』、『愚者曰』、『浮山曰』等字樣，成周易時論合編一書。

（向子期與郭子玄書）

方以智認爲天地間萬事萬理，一切可見不可見者，無非易經之象數，可見它是多麼深玄不已，遍佈森羅啊！因此，文王反復推疊伏羲八卦而演爲六十四卦，孔子又贊文王六十四卦而作成十翼，老子則『知白』、『守黑』，從反面來推演它，而莊子更是恣之芒之，『以謬悠之說，荒唐之言，無端崖之辭，時恣縱而不儻，不以觭見之』（莊子天下），甚合易經『反對』、『環中』、『方圓』、『費隱』之風教，也深得中庸不偏不倚之旨趣。這裏所說的『環中』，其實出於莊子齊物論：『彼是莫得其偶，謂之道樞。樞始得其環中，以應無窮。』意謂超出是非對立之上，便叫做掌握了道的樞要，而一旦掌握了道的樞要，就好像進入了環的中心，從而可以應付相尋無窮的是非。在方以智看來，易經、莊子所體現出的至理，正皆在於『以是非爲環而得其中者，本無是非也』（齊物論炮語引郭象）。即讓一切矛盾都化解於環中之道。所以他認爲『莊子者，殆易之風』，莊子與易經所體現出的至理有著本質上的一致性，即所謂『方圓同時，於穆不已，森羅布濩，即無待之環中也』，把易經中許多具有辯證法因素的思想都與莊子所謂『得其環中，以應無窮』這一相對主義理論等同了起來。

從周易時論合編所提供的資料來看，桐城方氏家族的易學傳統主要表現爲象數之學，方以智的易學也具有這一明顯特徵，與他體現在通雅、物理小識、東西均等著作中的易學思想是一致的。因此他論證所謂的『莊子者，殆易之風』，主要也就是採取了『象數取證』（東西均神跡）的方法。他在藥地炮莊內篇撰有一篇開宗明義的總論文字，首先說：

> 無內外而有內外，故先以內攝外。內篇凡七，而統於遊。愚者曰：遊即息也，息即無息也。太極遊於六十四，乾遊於六龍，莊子之御六氣，正抄此耳。

方以智曾說：『老父在鹿湖環中堂十年，周易時論凡三成矣。甲午之冬，寄示竹關，窮子展而讀之，公因反因，真發千古所未發。』（齊物論炮語）『公因反因』是方孔炤周易時論中的重要理論觀點，方以智認爲其父的這一理論觀點『真發千古所未發』，是易學理論的一大創新，因而他在爲此書加按語及撰寫其他著作時均大力予以闡揚。方氏父子所謂的『公因』，是指一切事物所遵循的永恒不變的秩序和法則，具有本體的意義。所謂『反因』，則是指既相反又相成，即矛盾的雙方既互相對立又互相依存的意思。在他們看來，『公因』即在『反因』中，『公因』既統御萬物，又依於萬物、寓於萬物，這正反映了易經八卦和六十四卦的基本秩序，而所講相反相成的『反因』則體現了陰陽卦象既互相對立又互相依存的基本原則。對於這種『公因』與『反因』的交互關係，方以智還曾以『圓∴』圖來表示。『∴』讀作『伊』，上一點代表『公因』，下面兩點代表『反因』，認爲上一點貫於下兩點中，使之相交而上下輪轉，而下面兩點的交互運動則又是上一點顯現永恒至理的必要憑藉，因此三點相互聯繫而不可分割，由是構成了『公因』與『反因』的圓融無礙關係。方以智把上述理論觀點貫穿到了整部藥地炮莊中，所以便認爲如果依據『公因』與『反因』圓融無礙的關係來看則莊子全書並無內篇、外篇之分，但據『公因』統御『反因』的關係來看則實『以內攝外』，外篇受到內篇的統御，而內篇七篇本身又是以一『遊』字來統御的。方以智指出，如果再依『反因』相反相成的觀點來看，則『遊』即是『息』，『息』即是『無息』，因而逍遥遊篇便寫大鵬既有憑風而南遊，又有『去以六月息者也』，遊、息反因交輪，『動靜不失其時』（逍遥遊炮語）。在方以智的易學思想中，『公因』也就是『太極』，他認爲太極衍化出兩儀（天地）、四象（四時）、八卦乃至六十四卦，同時又體現於兩儀、四象、八卦乃至六十四卦之中，而六十四卦則以乾卦爲首，乾卦的義理復體現於六龍（特指乾卦的六爻）之中，逍遥遊篇所謂至人、神人、聖人『乘天地之正，而御六氣之辯，以遊無窮』者，正是抄録於此。方以智接著説：

姑以表法言之，以一遊六者也。齊、主、世如内三爻，符、宗、應如外三爻，各具三諦，逍遥如見群無首之用。六龍首尾，蟠於潛、亢，而見飛於法界，惕躍爲幾乎！六皆法界，則六皆蟠皆幾也。

方以智這裏從『象』的角度來作論述，將莊子内篇中後六篇與易經『乾』卦内三爻、外三爻相對應，認爲齊物論篇如『潛龍勿用』的『初九』，養生主篇如『見龍在田』的『九二』，人間世篇如『君子終日乾乾』的『九三』，德充符篇如『或躍在淵』的『九四』，大宗師篇如『飛龍在天』的『九五』，應帝王篇如『亢龍有悔』的『上九』，而易經六十四卦三百八十四爻之外『見群無首』的『用九』本爲『乾』卦特有之爻，並不包括在『乾』卦六爻之中，但以其具有『總六爻純陽之義』（朱駿聲六十四卦經解乾）的作用，故引『以一遊六』的逍遥遊篇與之相對應。所謂『三諦』，即指『真諦』、『俗諦』、『中諦』，是佛教天台宗的基本教義之一，認爲如能以『空』、『假』、『中』來觀察分析世界，就可把握佛教的絕對真理，是爲『三諦圓融』。方以智據此而提出了『隨』、『泯』、『統』的說法，認爲『俗諦立一切法之二，即真諦泯一切法之一，即中諦統一切法之一即二，二即一也』（東西均全偏）。他的這一說法涉及了認識過程的『正、反、合』邏輯，在一定程度上揭示了事物相互依存的矛盾關係。可見他所謂的『各具三諦』，即指莊子内七篇中後六篇正如『乾』卦六爻一樣，也是一個相互對立、相互依存的整體。即此六篇以齊物論、應帝王二篇爲首尾，分别對應於『潛龍勿用』的『初九』、『亢龍有悔』的『上九』，而皆惕躍顯現於其他各爻，甚可見出其變化不測之幾微。方以智復又說：

姑以寓數約幾言之，自兩儀加倍至六層爲六十四，而舉太極，則七也；乾坤用爻，亦七也。七者，一也，正表六爻設用而轉爲體，太極至體而轉爲用也。本無體用者，急口明之耳。曰六月息，曰御六氣，豈無故乎？用九，藏於用六也，參兩之會也，再兩之爲三四之會，故舉半則示六，而言七則示周。曾有會來復周行之故者耶？寓數約幾，惟在奇偶方圓，即冒費隱。

方以智這裏轉從『數』的角度來作論述，認爲自天地兩儀加倍至六層爲六十四卦，再舉太極則爲七；『乾』卦在六爻之外特設『用九』之爻，『坤』卦在六爻之外特設『用六』之爻，亦皆爲七，故莊子撰内篇即以七篇爲數。其實七即爲一，表明作爲作用的六爻可轉而服務於作爲太極至體的特設之爻，作爲太極至體的特設之爻又必藏寓於作爲作用的六爻之中，故逍遥遊篇曰六月息，曰御六氣，肯定是有深意的。何況莊子還應該懂得作爲陽卦『乾』

卦的特設之爻『用九』也同樣需要藏寓於作爲陰卦『坤』卦的特設之爻『用六』之中，以及『參兩之會』爲六，『再兩之爲三四之會』爲十二，十二之半爲六，六加一爲七，七則正好周行一次等道理呢！所以就『寓數約幾』來看，莊子中整個內七篇正有著『乾』卦所藴涵的『奇偶方圓』邏輯聯繫。方以智最後作結說：

對待者，二也；絕待者，一也。可見不可見，待與無待，皆反對也，皆貫通也。一不可言，言則是二，一在二中，用二即一。南北也，鯤鵬也，有無也，猶之坎離也，體用也，生死也。善用貫有無，貫即冥矣。不墮不離，寓象寓數，絕非人力思慮之所及也。是誰信得及耶？善寓莫如易，而莊更寓言之以化執，至此更不可執。

這裏實際上是運用『公因反因』說來作歸納總結的。『絕待』爲『公因』的基本特徵，謂其超然萬物之上，卻永遠主宰著萬物的生滅運動。正以其爲天地萬物運動變化的普遍根據，故謂之『一』。『對待』爲『反因』的基本特徵，即指矛盾雙方既互相排斥又互相依存的關係。正以其反映了事物間所存在著的一定對立和差別，故謂之『二』。但『一在二中，用二即一』，『究竟絕待在對待中，即用是體，豈有離二之一乎！』(易餘目錄)即諸如『可見』與『不可見』、『待』與『無待』等等，皆無不可以互相貫通，而不可言的『一』本來就寄寓於可言的『二』之中。在方以智看來，逍遙遊篇所描寫的鯤與鵬，正有如易經中代表水的『坎』卦與代表火的『離』卦，以及體與用、生與死等等，皆爲對待的『二』，而絕待的『一』卻藏寓於其中。假如能貫通有無，即是冥合於至理了。那麼，這種絕非人力思慮所能達到的『不墮不離』、『寓象寓數』奥妙境界，到底誰能真正企及呢？毫無疑問，那就莫如善於寄寓的易經了，而莊子緊承其後，改用寓言來化世人之執，更顯得奥妙無比，真可謂『莊是易之變』、『莊子者，殆易之風』了！因此方以智說『至此更不可執』，認爲當今人們讀莊子就更不應該執守於其語言文字了。

從上述可以看到，方以智主要是以象數來會通易經與莊子內篇七篇，正所謂『易、莊原通，象數取證』(東西均神跡)。而縱觀藥地炮莊三十三篇，方以智實際上均運用了這一論證方式，因而使他的這部莊子學著作始終貫穿著易學象數學思想。我們曾在本書前面說過，魏晉時王弼就已開了以莊解易的先河，宋代人又普遍地以易學象數派理論來闡釋逍遥遊篇鯤鵬變化的寓言，而方以智則更是推而廣之，竟以易學象數理論貫穿於莊子全書，從而把以易解莊推向了前所未有的高度。毋庸諱言，他這樣來解釋莊子確實多有牽强附會之嫌，但我們又不得不承認，其中也有一些解釋實可謂是發前人之所未發。如他指出莊子善設寓言與易經的『寓象寓數』在藏寓方式上即有著高度的一致性，這無疑屬於真知灼見，而他以『公因』、『反因』說來解釋莊子則更閃耀著朴素辯證法思想的光輝，實爲以往一切解說者所不能及。

如果换一種說法，方以智所謂的『莊是易之變』、『莊子者，殆易之風』等，也就是以莊歸易的意思。而且，他還主張把儒、釋、道三教都統歸於易。正如施閏章在無可大師六十序中說：『（以智）以爲易理通乎佛氏，又通乎老莊。每語人曰：「教無所謂三也，一而三，三而一者也。譬之大宅然，雖有堂、奥、樓、閣之區分，其實一宅也。門徑相殊，而通相爲用者也。」故嘗有周易時論、炮莊等書，其說無所不備，學者以爲汪洋若河漢，而參伍錯綜，條理畢貫。』據此來讀藥地炮莊，則我們也就不難找到方以智爲何要把儒、釋、道三教思想『參伍錯綜』，而統歸於易的緣由了。

第二十章　傅山的莊子學

傅山（1607—1684），字青竹，後改青主，别字公它，山西曲剛人。明亡後，衣朱衣，居土穴中，號朱衣道人，又有真山、濁翁、石道人等别名。明崇禎時，曾發起諸生赴京請願，勇挫閹宦權奸。入清後，以抗清案牽連入獄，抗詞不屈，絶粒九日。康熙中徵舉博學鴻詞，被迫舁至京師，以死拒不應試，特授中書舍人，仍托老病辭歸，遺民意識甚爲强烈。學問該博，尤精通諸子、佛、道之學，兼工書畫、金石，復又妙解醫理。著作有霜紅龕集、莊子批點、荀子評注、淮南子評注等，對老子、管子、墨子、公孫龍子、鬼谷子、商君書等也皆有所研治，實開近代諸子學研究之先聲。

第一節　以解莊抒發遺民情懷

一、『老夫學老莊者也』

我們知道，宋明理學的建立，從老莊學説裏吸收了豐富的營養，但無論理學家還是心學家，囿於儒家的立場，往往對此不願承認，即便自稱異端如李贄，也要處處攀附孔子而立説。但傅山卻是一位自覺地、公開地以老莊爲其治學底藴的學者，他不止一次地表達過自己對老莊的欽慕，如『老夫學老莊者也』（霜紅龕集書張維遇志狀後）①、『吾師莊先生』（霜紅龕集雜著二）、『吾漆園家學』（霜紅龕集王二彌先生遺稿序），而老子、莊子二書更是伴隨他一生的常備之物。『三日不讀老子，不覺舌本軟。』（霜紅龕集雜記五）『癸巳之冬，自汾州移寓土堂，行李只有南華經，時時在目。』（霜紅龕墨寶）②他還積極提倡『經子不分』的觀念，説：『經子之爭亦末矣，只因儒者知六經之名，遂以爲子不如經之尊，習見之鄙可見。』（霜紅龕集雜記三）在他心裏，老子、莊子才是真正的『經書』。

正因爲傅山自覺地以老莊爲本構建自己的學術，所以他解釋莊子，便跳出了宋明以來以儒解莊的藩籬，講出許多大膽的話，比如他説：『讀過逍遥遊的人，自然是以大鵬自勉，斷斷不屑作蜩與鷽鳩爲榆枋間快活矣。一切世間榮華富貴，那能看到眼裏。所以説金屑雖貴，著之眼中，何異砂土？奴俗齷齪意見，不知不覺打掃乾淨，莫説看今人不上眼，即看古人，上得眼者有幾個？』（孫郅藏傳山手稿照片）③我們知道，依莊子的本義，大鵬乃『有待』之身，並不是得道者，而傅山在這裏卻用大鵬的意象表達了一種衝決羅網的決心與勇氣，把妨礙生命自由的一切思想看作奴俗的齷齪意見，其中也包括了神聖的儒學（理學）。他説：『吾以管子、莊子、列子、楞嚴、唯識、毗婆諸論，約略參同，益知所謂儒者之不濟事也。釋氏説斷滅處，敢説過不斷滅。若儒家似專專斷滅處做工夫，卻實實不能斷滅。「世路莫如人欲險，幾人到此誤平生！」如此指摘，何等嚴毅。學者概因一個「怕」

① 如不另加説明，本章所引傅山批語皆據其所著莊子批點（山西省文物局藏過録本），所引詩文皆據其所著霜紅龕集（清宣統三年山陽丁寶銓刊本）。

② 民國二十五年山西書局影印本。

③ 凡本節所引孫郅藏傅山手稿照片文字，皆轉引自魏宗禹傅山評傳一書，南京大學出版社1995年版。

字，要遠他，所以士大夫不無手松腳脫時。若但能平常淡淡看去，鬼不向人不怕處作祟也。』（霜紅龕集讀子三）明亡慘痛的教訓，讓傅山深深感到理學禁欲主義的弊端，他從佛學的角度指出，禁欲是『斷滅法』，『人欲』不可『斷滅』，只要以平常心待之，並不可怕。他又從學理的角度對儒學展開更猛烈的批判：『後世之奴儒，生而擁皐比以自尊，死而圖從祀以盜名，其所謂聞見，毫無聞見也，安有所覺也。不見而覺幾之微，固難語諸腐奴也。若見而覺，尚知痛癢者也，見而不覺，則風痺死尸也。』（霜紅龕集讀經史）理學強調通過擴充外在聞見而『明明德』。朱熹大學章句云：『至於用力之久，而一旦豁然貫通焉，則衆物之表裏精粗無不到，而吾心之全體大用無不明矣。』傅山認爲這是空談，在他看來，所謂儒者，只會希圖功名富貴而已，不會認真去做『明明德』的功夫；即便有些聞見，也只是不知痛癢的行尸走肉罷了。由此可見，傅山以老莊學說爲根柢，把儒家當成了對立面，坐實了司馬遷所謂莊子『詆訿孔子之徒』（史記老子韓非列傳）的論斷。

二、『隱故不自隱』

作爲一位有獨立人格的明遺民，傅山對莊子的闡釋更多地摻入了其遺民情懷。他有詩云：『高尚名歸義士羞，只緣人見彼王侯。鉤除巢許嚴陵老，隱逸真堪塞九州。』（霜紅龕集口號十一首之八）又云：『留侯自黄老，終始未忘韓。』（霜紅龕集龍門山徑中）表達了其自始至終對明朝廷的忠貞。傅山雖然被迫在明亡後選擇了隱居山林的生活，其實時刻沒有忘記興復明朝的大業，他『執古之道，御今之有』，全面研究子學，希圖從中找到復明救世的良方。他說：『失心之士，毫無餐采，致使如來本跡大明中天而不見，諸子著述云雷鼓震而不聞，蓋其迷也久矣。雖有欲抉昏蒙之目、拔滯溺之身者，亦將如之何哉！』（霜紅龕集重刻釋迦成道記敘）認爲諸子學有能開人眼目、拔滯沉溺的作用。然而清朝建立後，朝廷以程朱理學爲官方意識形態，康熙皇帝上諭云：

朕披閲載籍，研究義理，凡厥指歸，務期於正。諸子百家，氾濫奇詭，有乖經術。今搜方藏書善本，惟以經學史乘，實有關係修齊治平助成德化者，方爲有用。其他異稗説，根不准錄。①

其實，早在明末，朝廷即對諸子之書『數申詭異險僻之禁』，在清初則是『止許刊行理學政治有益文業諸書』，對包括子學著作在内的其他書籍『通令嚴禁，違者從重究治』。傅山在這樣的環境裏研究子學，深感壓力巨大。其詩云：『異端辭不得，真諦共誰詮？自把孤舟舵，相將寶筏牽。灶觚垂畏避，薪膽待因緣。吐鳳聊庭過，雕蟲愧祖先。』（霜紅龕集覽巖經詩即事）他寄希望於將來，在艱辛的生命旅程中，自居異端，自持船舵，默默地等待著下一個學術的芳春。他從來沒有成爲一個真正的『隱者』，於是在莊子繕性『隱故不自隱』一句後批道：『故不自隱有味。』又説：『今之解隱居以求其志，行義以達其道，都如作夢，須參其夢者何境，與一切夢者何境也。』（霜紅龕集雜記一）强調即使是隱居，也是一種有『境』的具體生活，並不離棄世事。

正因爲持這樣一種出處觀，傅山在闡釋莊子的時候，很大程度上賦予了莊子一種入世的色彩。比如荀子曾論莊子爲『蔽於天而不知人』（解蔽），意謂莊子只知天道而不曉人事，傅山卻説：

荀卿曰：『莊子蔽於天而不知人。』不謂荀子亦作晚近俗儒語。試且語人間世中先師告葉公一則，是知人不知人也？大宗師中『天與人不相勝也，是之謂真人』，是知人不知人？蘧伯玉告顔闔『就不欲入，和不欲出』，其揣摩人理至矣。是猶內篇專言天者已自爾，至於外篇，排沙見金，往往見寶，不一而足。『春秋經世先王之志，聖人議而不辨』，可謂知人之極矣。（孫郅藏傅山手稿照片）

『莊子蔽於天而不知人』注：『天，謂無爲自然之道，莊子但推治亂於天，而不知在人也。』老荀徑被漆園先生瞞過，亦可謂不讀書者矣。莊子真有世出世有之妙，糟老那得知？（荀子評注）

① 東華錄卷十三，中華書局1980年版。

史記荀卿傳：『荀卿嫉濁世之政，亡國亂君相屬，不遂大道，而營於巫祝、信機祥。鄙儒小拘如莊周等，又滑稽亂俗。』若『鄙儒』屬上文來，謂信機祥者多是鄙野之儒、狹小拘禁忌者。若連下文，則又似鄙薄儒術之小而拘者，如莊周等。是謂莊周等，鄙儒家者言也。（霜紅龕集雜記四）

在傅山看來，雖説荀子博大精深，但評論莊子卻像近世以來的俗儒一樣，徑被莊子『瞞過』了。人間世篇裏莊子借孔子之口表達對『人』的看法，『天下有大戒二：其一，命也；其一，義也。子之愛親，命也，不可解於心；臣之事君，義也，無適而非君也，無所逃於天地之間。是之謂大戒。』這樣的見地難道是『不知人』？大宗師篇『天與人不相勝也，是之謂真人』，數語即點破天人之間應該保持的平衡，這算不算『知人』？蘧伯玉告訴顔闔『就不欲入，和不欲出』，説盡人情物理的微妙關係，這難道還不算『知人』？這些還只是内篇的高妙文字，更不要説外篇淺顯處，言『人』的精義更是如排沙見金。而齊物論篇云『春秋經世先王之志，聖人議而不辨』，這簡直是對『人』的極致之論了。傅山又重新詮釋了史記孟子荀卿列傳裏『鄙儒小拘如莊周』一句的句讀，認爲『鄙儒小拘』無論屬上讀還是屬下讀，都不是針對莊周本人的批評，屬上讀，則迷信者多是鄙野之儒、狹小拘禁忌者；屬下讀，則莊周乃鄙薄儒者之人，其回護莊子可謂用心良苦。傅山認爲，莊子與自己一樣，其實是持一種『世出世有』的靈活的出處觀，他與人世間巧妙地周旋，那些腐儒哪裏能瞭解！

基於這種『世出世有』的出處觀，傅山對莊子的政治觀也做出了不同的詮釋。在在宥『倫與物忘』一句的眉批中，傅山寫道：『倫謂置身於物，與物一類而忘其爲聖人，若以治物爲事者自居，不與物同類，一切自仁自智無所不異矣。』認爲聖人不能以統治者自居，必須深入群衆，忘記自己是聖人，甚至把自己忘掉。同一篇『世俗之人，皆喜人之同乎己而惡人之異於己也。同於己而欲之，異於己而不欲者，以出乎衆爲心也。』傅山又批道：

病在『己』字，末無己，則此病去已。

『出乎衆』之『出』，猶『首出庶物』之『出』，自貴於居民之上而妄欲左右之也，不知易之所謂『首出』者，正妙於入，非獨出而上之出也。

傅山批判了執政者心中根深蒂固的自我優越感，以爲民衆都要跟著自己走，而自己可以左右民衆的命運。他舉周易象辭『首出庶物』一語，認爲真正的執政者，恰恰不會讓自己出於萬民之上，而是虚懷若谷地將百姓心納入自己的『心齋』。傅山的這種政治觀，準確傳達了老莊學説關於治國的本意。

傅山進一步在哲學層面上論證了『聖人入世』的必要性。在天地篇的『識其一，不知其二』二句下，傅山批道：『此二句非如今人所謂「但知其一，不知其二」相詆誚之語。謂彼識其一，是得一之一；不知其二，謂此一外，如世俗之説，皆是二了，彼烏用知之！此是先聖自任世道之語，彼治一身之人，予汝亦不必識之也。』老子裏有『昔之得一者』之論，傅山認爲，這裏孔子所稱讚的漢陰老人就是個『得一者』，他只是借修渾沌氏之術來『遊世俗之間』罷了，實際上與自己一樣，是一個『自任世道』的聖人，如果他只是『治一身之人』，那我們也沒有必要認識他了。而在應帝王篇根批裏面，傅山總論道：

應帝王一篇可以不著，……末收混沌死一條，夫亦知混沌無復生理矣。混沌不生，而帝王之不得復以混沌應之矣。故腐儒區區欲復三代之道，亦已陋矣。而又往往以其道與時亢。不信其志非不善也，而混沌必竟不能再活。然而未始不活也，參萬歲而一成芚之聖人知之。

依照傳統的理解，應帝王篇『渾沌死』一章是在哀歎本來一渾沌之天下被機巧之政蠶食殆盡，而傅山卻認爲，混沌不可能再活，三代的淳朴之政也不可能復興，可俗儒卻總叫嚷著要復行三代之道，頑固地以自己的主張與時代的進步相抗衡。在傅山看來，混沌雖説已死，未嘗不是大活，齊物論篇謂『旁日月，挾宇宙，爲其脗合，置其滑涽，以隸相尊，衆人役役，聖人愚芚，參萬歲而一成純，萬物盡然，而以是相蘊』，真正的聖人，不會拒絕千秋萬代的社會進步，他把這些進步都看作自己『心齋』的豐富内容，借此進入一種古今一體的生命至境。傅山這種令人耳目一新的混沌論，改變了傳統莊學的消極面貌，將莊學提升到了一個更飽滿、更壯闊的歷史境界。

第二節　對郭象注多有異議指摘

一、『老郭麻繁半日』

作爲莊子的推崇者，傅山經常在莊子批點裏與另一位莊學權威郭象有意無意地唱對臺戲。逍遥遊篇郭注：『夫小大雖殊，而放於自得之場，則物任其性，事稱其能，各當其分，逍遥一也，豈容勝負於其間哉！』傅山眉批道：『極易見底旨趣，而像胡説。』又如逍遥遊篇『之二蟲，又何知』，郭注：『二蟲，謂鵬蜩也。』傅山眉批：『明明白白二蟲是蜩與鷽鳩，而謂鵬蜩，奴人奴見乃至此！』秋水篇『子非我，安知我不知魚之樂』，郭注：『欲以起明相非而不可以相知之義耳。子非我，尚可以知我之非魚，則我非魚，亦可以知魚之樂也。』傅山旁批道：『本無難言，而老郭麻繁半日。』這樣對郭象的調侃，在莊子批點裏可謂所在多有。

傅山在莊子批點中批評郭象的，是貫穿其整部莊子注的『無心論』。在郭象看來，莊子一書的主旨便是使人的社會行爲變得可以像自然界一樣無意識地運轉，從而達到内聖外王、天人合一之境。郭象説：『夫聖人雖在廟堂之上，然其心無異於山林之中，世豈識之哉！徒見其戴黄屋，佩玉璽，便謂足以纓紱其心矣；見其歷山川，同民事，便謂足以憔悴其神矣。豈知至至者之不虧哉！』（逍遥遊注）又云：『夫理有至極，外内相冥，未有極遊外之致而不冥於内者也，未有能冥於内而不遊於外者也。故聖人常遊外以冥内，無心以順有，故雖終日見形而神氣無變，俯仰萬機而淡然自若。』這雖是魏晉時的玄談，卻與七百年後理學的論調相類，於是宋人讀郭注，便讀出了郭象『知莊子之深』（王雱南華真經拾遺）的惺惺相惜之感，而宋明理學所追求的生命境界，也正是郭象所說的這種『遊外以冥內』。問題是，這種『遊外以冥內』的境界如何達到，郭象只是在理論上提出了設想，自己從沒下過真功夫，而整個宋明理學從邵雍、周敦頤到王夫之，卻是在專門探究這門學問。傅山處在理學式微的明末，深知此學之艱辛，於是郭象那不痛不癢的空論，便撞上了他基於真實體驗的冷嘲：

『其神凝，使物不疵癘而年穀熟，吾以是狂而不信也』，郭注：『夫體神居靈而窮理極妙者，雖靜默閑堂之裏，而玄同四海之表，故乘兩儀而御六氣，同人群而驅萬物。』傅批：『說來中聽，只覺非後世可期矣。』（逍遥遊批注）

『世蘄乎亂，孰弊弊焉以天下爲事』，郭注：『世以亂故求我，我無心也。』傅批：『可笑語。』（同上）

『夫明白入素，無爲復朴，體性抱神，以遊世俗之間者，汝將固驚邪』，郭注：『此真渾沌也，故與世同波而不自失，則雖遊於世俗而泯然無跡。』傅批：『談何容易！郭象東海之遊，失耶？不耶？』（天地批注）

『鬱閉而不流，亦不能清，天德之象也』，郭注：『象天德者，無心而偕會也。』傅批：『水象天德，從「鬱閉不流亦不清」句來。天無時而息，水不得一時不流。郭注「無心偕會」，所謂囫圇推去之語，不足解此。』（刻意批注）

『說來中聽』、『非後世可期』、『可笑語』、『談何容易』、『囫圇推去』、『不足解此』，傅山對郭象『無心論』之不以爲然，可謂溢於言表。在傅山看來，郭象的『無心論』只是一種精緻的哲學思辯，沒有豐富的生命實踐作爲支撐，更重要的是，『聖人』在郭象那兒仿佛是無所不能的神靈，生來便能在世間大展宏圖而不著痕跡。說明這對於經歷了陽明心學洗禮的晚明學者傅山來說，是不可接受的論調，在傅山的時代，『聖人可學而致』、『人皆可爲堯舜』，早已成爲思想界的共識。

二、『未形者有一』

那麽，傅山自己對『無心』又是如何看的呢？莊子天地云：『泰初有無，無有無名。一之所起，有一而未形。物得以生謂之德；未形者有分，且然無間，謂之命；流動而生物，物成生理，謂之形；形體保神，各有儀則，謂之性。性修反德，德至同於初。同乃虚，虚乃大；合喙鳴，喙鳴合，與天地爲合；其合緡緡，若愚若昏，是謂玄德，同乎大順。』對此，傅山批道：『陰陽交泰之初，何所有乎，有無而已。别無所有，然無而有者，無可得而名。確乎其有一。一之所起，有一而未形，不可聞，不可見。然萬物之生者皆由得此一以生，是之謂德。』（霜紅龕集讀子一）在傅山看來，在天地形成之初，只有一個『無』，『無』時時轉變成『有』，這『無而有』的過程不可名，强名爲『一』，而『一』不可聞，不可見，正是這無形無相之『一』，促成了萬物的生成，這就叫做『德』。傅山進一步論『德』云：

溯此德者，我得之父母，父母又得之祖父母。進而求之，則不知何人之父母之父母得之天地之始。爲人之時，而延之於我之身，生生世世，業識識業，日遠於德，故循性而修之，以反於得以生之德。德之至者，一切有爲之法皆消融於烏有，幾幾乎並未形之一，亦不可得而名之，所謂德至。至則同於泰初之無有矣。損之又損，以求至乎其真之實功也。郭注無不能生物，昧於始矣。老子曰：『天地萬物生於有，有生於無。』此段是莊生實有下手處，昔人混混説去。（霜紅龕集讀子一）

傅山認爲，『德』最先來自於天地造生之始，由人通過血緣關係一代代傳承下來，但由於一代代的業識污染，人心離『德』越來越遠，必須『損之又損』地『循性而修之』，才能找回最初的本來面目，『德』修到了最高境界，一切有形的現象都會化爲烏有，這時便返回『泰初』之『無』了，此之謂『德至』。

由此可見，傅山不但沒有否定『無』，甚至把『無』作爲生命的最高境界，那他與郭象對於『無』看法的分歧究竟在哪呢？莊子天地『泰初有無』，郭注云：『初者，未生而得生，得生之難，而猶上不資於無，下不待於知，突然而自得此生矣，又何營生於已生以失其自生哉！』又『物得以生謂之德』，郭注云：『夫無不能生物，而云物得以生，乃所以明物生之自得，任其自得，斯可謂德也。』傅山認爲，這『無不能生物』，就是郭象一開始走錯了的地方。在郭象看來，泰初之時，一切具體事物皆是『突然而自得以生矣』，這就是郭象著名的『獨化』論。在『獨化』論看來，『有』『上不資於無，下不待於知』，是獨立自存的永恒實體，等於聖經裏所謂『自有永有』了。而在傅山看來，『天地萬物生於有，有生於無』(老子語)，『天地幻無而有有，人人幻無而有有。……氤氳變化，無古無今。』(霜紅龕集失笑辭)『有』、『無』之間沒有明確的界限，是可以互相轉換的，而轉換的關鍵，是把握那不可見，不可名的『一』。傅山說：『未形者有一，不熄未然而行且然者，謂之命根。此命原動而不停，若停其動者，即生物矣。』(霜紅龕集讀子一)又云：『「道流而不明居，得行而不明處」，謂道本不息，如川之流，本非居於明，令人得指而爲表的者。』(霜紅龕集讀子三)這『動而不停』、『如川之流』的『一』便是衆妙之門，便是誕生萬物之關鍵，便是莊學的實在下手處。郭象『無心』論之失，就在於忽視了這變動不居的『一』，使得學莊者不得其門而入。實際上，莊子一書有很多故事便講述了如何捕捉這不可名狀之『一』，像山木篇北宫奢『一之間，無敢設也』，達生篇『工倕旋而合規矩，指與物化而不以心稽，故其靈臺一而不桎』，知北遊篇『與物化者，一不化者也』，皆是要通過長期聚精會神的修養才能達到的至境，故傅山云『談何容易』。這種境界與其說是一種宗教境界，倒不如說是一種藝術境界，並非『聖人』之專利，人人皆可學而得之。由此可見，莊子學經歷了宋明理學尤其是陽明心學的洗禮，到了傅山那裏，已不再只是貴族的空談，而成爲人人皆可修學的生命提升的指南；而作爲隔代的兩位莊學大家，傅山與郭象在本體與功夫兩個層面都有分歧，這種分歧源於兩人時空觀的不同，郭象持一種絕對的時空觀，而傅山持一種流動的藝術時空觀，顯然，後者更接近莊子的本意。

第三節　對莊學範疇每有精妙評點

一、『通篇無性字理字』

也許正由於傅山對理學將宇宙生命絕對化的反感，遂使他連帶痛恨起理學的常用範疇『理』。在莊子批點中經常可以看到他對『理』字大加鞭撻。逍遥遊篇總批：『不見性字理字，好文章。』齊物論篇總批：『通篇無性字理字。』養生主篇總批：『無理字性字。』人間世篇總批：『通篇無性字理字。』而對秋水篇『知道者必達於理』句出現『理』字，傅山則深爲惋惜，道：『莊生只裹逕出此一句。』刻意篇有『循天之理』語，傅山道：『此四字也該博得儒一言之賞矣。』其對理學家的譏諷之意可謂溢於言表！那麼，在傅山看來，『理』的本意是什麼呢？他説：『義文之易無理。』（雜著録聖人爲惡篇）①『理之一字，在先聖贊易中初見之。』（孫郅都藏傅山手稿照片）『詩詠性情，而用『理』字者，但『乃疆乃理』之類，三四見皆不作道理之理用。』（同上）『看孟子『理義悦心』，用『理』字處傻生動，何嘗口齦牙齴也！』（同上）『禮記則理字多矣，亦不覺甚厭人。』（同上）他從儒家經典中舉出例子，指出早期的儒家並不怎麼講『理』，即使講了，也講得非常親切。他又引子書來對『理』字窮根溯源：

老子八十一章絶無『理』字。何也，妙哉！無一字所以爲道經。即道亦强名之矣，況理乎！（孫郅都藏傅山手稿照片）

① 本章凡引雜著録聖人爲惡篇，皆轉引自魏宗禹傅山評傳，南京大學出版社1995年版。

莊子之理，始於庖丁解牛。曰：『依乎天理，披（批）大郤，導大窾，技經肯綮之未嘗，而況大軱乎！』……善言理者，莫妙於莊子。（雜著錄聖人爲惡篇）

韓非子：『理者，成物之文也。』解『理』字最明切矣。（孫郅藏傅山手稿照片）

在傅山看來，『理』的真正含義，應該像韓非子解老裏所說的那樣，是『成物之文』，亦即事物的現象。他又從字源學的角度論證道：『理從里，里從田從土，皆屬地者。坤卦，地道也，故言理。物之文理縝密精微者，莫過於玉，故理從玉，玉幾於無理者也，言其細也。……有文而後見理。』（孫郅藏傅山手稿照片）傅山有意識地拒絕『理』的抽象化，試圖把『理』改造成一個具體的範疇。爲此，他吸收了張載、王夫之的『氣』論，認爲『氣在理先，氣蒸成者始有理。山川、人物、草木、鳥獸、蟲魚皆然。若云「理在氣先」，但好聽耳，實無著落。』（同上）其實，考慮到他自稱『老夫學老莊者也』，又有佛教背景，他的『理』論，我們完全可以認爲是受到了禪宗『全妄即真、全事即理』的影響。在禪宗看來，人的一切思維念頭，皆是『妄』，『妄』中又怎麽可能見到真『理』呢？只有大量接觸具體現象（文），從具體現象（文）中切實感覺到的，才是真正的『理』。而這樣具體呈現的『理』，如果换一個字來表述，那就是『情』。

二、『情爲天地生人之實』

說文云：『情，人之陰氣有欲者。』董仲舒云：『情者，人之欲也。……人欲之謂情，情非制度不節。』（漢書董仲舒傳）禮記云：『何謂人情？喜怒哀懼愛惡欲，七者不學而能。』孝經援神契曰：『性生於陽以理執，情生於陰以繫念。』可見在上古，『情』被歸於『陰』的語境而遭貶抑。魏晉人『情之所鍾，正在我輩』，正是『情』在思想史上的第一次覺醒。而到了晚明，思想界刮起一股重情重欲的風潮，湯顯祖的牡丹亭、蘭陵笑笑生的金瓶梅、馮夢龍的情史，都大張旗鼓地拈出一個『情』字，以此對抗理學對人性的束縛。傅山對莊子的批點，亦反映了這股風潮。他曾在批點中多處爲『情』字點贊，如：

『有情而無形』，眉批：『情。此「情」字是好「情」字。』（齊物論旁批）

『爲人臣子者，固有所不得已，行事之情而忘其身』，眉批：『情。醇儒之言，誰曰方外？』（人間世旁批）

『多方駢枝於五藏之情者』，眉批：『五藏之情。情。』（駢拇旁批）

不過，作爲一個深刻的思想家，傅山對『情』的理解並沒有停留在高揚人性解放的『情欲』層面，對德充符篇『有人之形，無人之情』，傅山眉批道：『情。此謂天人與凡人之情不同，無人人之情。』又如『吾所謂無情者，言人之不以好惡内傷其身，常因自然而不益生也』，傅山眉批道：『情者，禪學之所謂情不附物者也。』可見傅山之『情』與世人之『情』不但不同，反而有某種宗教意味。如天地篇有『致命盡情，天地樂而萬事銷亡，萬物復情，此之謂混冥』數語，傅山旁批道：

盡情，復情。上言德容是天地間之人之樂耳，未爲天地之樂也。至此純是天地，並人而無之，復何德之足云？情爲天地生人之實，如上文所謂一也。復乎一而塞天地皆人。不見人也，天地而已矣，是謂混冥。

此段呂惠卿注云：『致命則去故而復常，盡情則離僞而居實。萬事消亡，致虚之極；萬物復情，芸芸歸根。混則合而爲一，冥則照亦忘矣。』（褚伯秀南華真經義海纂微引）林希逸注云：『致極乎天命，盡其性中之情，以天地之道自樂，而萬事無累於我也。復情，復於實理，復於實理則萬物與我爲一。混冥，即渾沌之義。』（莊子口義）由此可見，傅山所謂『情爲天地生人之實』乃是沿襲宋人的看法，是從『情實』這個意義上説的。他在繕性篇『中純實而返乎情，樂也；信行容體而順乎文，禮也』數句後批道：『情。二句發樂禮之微，真妙語！』又於天地篇『聖治乎？官施而不失其宜，拔舉而不失其能，畢見其情事而行其所爲』數句後批道：『聖治，尚治者也。德人則無所謂治矣，純是德耳。故曰容神則並德而無之，況形故出一情字。情也者，萬事銷亡而後復也。』在傅山看來，『情』即是有無之間那個流動的『一』，所謂『萬事銷亡』，不是全然無事，而是『萬事』與主體高度合一之後感受到的生命律動，此時人不見人，物不見物，主客雙泯，只有『天地』不斷在眼前變現，『是謂混冥』。傅山這種『情』論顯然受到了佛家『真如』哲學的影響，大大開掘了『情』的深度，使之具有了『本體』的意義。

三、『以知養不知』

除了『情』，傅山予以高度評價的另一個莊學範疇是『知』字：

『豈唯形骸有聾盲哉？夫知亦有之。』眉批：『知。』（逍遥遊批注）

『大知閑閑，小知閒閒。』眉批：『知。』（齊物論批注）

『知止其所不知，至矣。』眉批：『知。』（同上）

『孰知不言之辯，不道之道？若有能知，此之謂天府。』眉批：『知。』（同上）

唐代圭峰宗密大師有『知之一字，衆妙之門』的説法，認爲『知』這個範疇可以最好地概括『道』的本性，『指其體也，此言最的，餘字不如。』（禪源諸詮集都序卷下之一）莊子裏也有很豐富的『知』論。逍遥遊篇云：『小知不及大知，小年不及大年。』人間世篇云：『聞以有知知者矣，未聞以無知知者也。』馬蹄篇云：『同乎無知，其德不離；同乎無欲，是謂素朴。』知北遊篇云：『弗知乃知乎？知乃不知乎？孰知不知之知、知之不知乎？』又云：『無知無能者，固人之所不免也。……齊知之所知，則淺矣！』天下篇云：『夫無知之物，無建己之患，無用知之累，動靜不離於理，是以終身無譽。』但講得最明確的還是大宗師篇：『知天之所爲，知人之所爲者，至矣！知天之所爲者，天而生也；知人之所爲者，以其知之所知，以養其知之所不知，終其天年而不中道夭者，是知之盛也。』在莊子看來，人在種種情境中太迷信『已知』，而不知任何『已知』皆以無量的『不知』爲後援；任何一次具體的『知』，皆是『已知』與『不知』的對立統一；只『知知』，而不『知不知』，不僅僅一葉障目、不見森林，更會堵塞『知』的源頭活水。既知此理，那就應該在任何一次『知』中，『以其知之所知以養其知之所不知』（大宗師），把『已知』當作無量『不知』的導引，生命力就自然而然地鮮活起來了。類似的話孔子也說過，孔子云：『知之爲知之，不知爲不知，是知也。』（論語爲政）亦即莊子『以知養不知』之意。

作爲莊子的『好學生』，傅山認爲，『以知養不知』即是莊學的正法眼藏，所以他與論敵郭象也有會心一笑的時候。如大宗師篇云：『知天之所爲者，天而生也；知人之所爲者，以其知之所知，以養其知之所不知，終其天年而不中道夭者，是知之盛也。』郭象注：『故所知不以無涯自困，則一體之中，知與不知，暗相與會而俱全矣。斯以其所知養其所不知也。』傅山眉批：『此說極有玄會，不知子玄有見而然也，亦誤中也？』傅山一向對郭象持批判態度，此處卻對郭象别有贊許，正因爲郭象無意中說出了這『以知養不知』的莊學妙諦。

不過傅山解莊有時也會有弄巧成拙的地方。德充符篇云：『常季曰：「彼爲己，以其知得其心，以其心得其常心，物何爲最之哉？」』傅山眉批道：『化，心，知。常季誤中大道。「以其知」三句涽涽是參禪到透悟了底工夫。』但此句禪門大德釋德清注曰：『謂彼不過以其所知，得其自己之心耳。……即彼所得之心，亦尋常人之心耳。』（莊子内篇注）不過是說找到生命的『常心』，有一個由淺入深、由表及裏的過程，並没有大徹大悟的意思，傅山這裏顯然是有意求深、過於『六經注我』了。

總之，傅山的莊子學具有三個層次：作爲明遺民，他用莊學行使批判社會的職能；作爲士人，他爲莊學注入了入世的擔當；而作爲藝術家，他發掘出了莊學最靈動的精魂。雖然没有完整的莊學大著，但其莊學思想，卻可爲後世莊學、子學之先導，他使後世的子學研究走上了一條廣闊而具有現代性的大道。

第二十一章　王夫之的莊子解

王夫之（1619—1692），字而農，號薑齋，衡陽（今屬湖南）人。因晚年隱居衡陽石船山，學者稱船山先生，是明遺民的重要代表之一。他少負俊才，崇禎十五年與兄介之同中湖廣鄉試舉人。生性孤高倔強，崇禎十六年，張獻忠攻陷衡州，他誓死不從賊。清師入湖南，積極投身抗清行動。永曆朝廷時，經大學士瞿文忠推薦，任行人司行人。因卷入朝黨鬥爭，險些被殺。後因其知事不可爲，遂不復出，抱道隱居於衡陽石船山專修學術。由挽救明王朝的抗清鬥爭到著書立説，是他作爲明遺民文人人生價值追求的具體體現。他博學多聞，志節皎然，死不剃髮，轉徙於苗瑤山洞，揀廢紙著述，艱苦備嘗。著述頗豐，現存著作七十七種，遍涉經、史、子、集，今人輯爲船山遺書。

清初學者治學，一改宋明空談性理的舊轍，多提倡經世致用的實學，既重視考據之學，也强調義理闡釋。王夫之研究莊子，以義理爲主，訓釋爲輔，一方面要對明朝滅亡進行反思，找出其社會病因；另一方面又試圖建構起中國傳統哲學的總體框架，因此，他的莊學研究，較多地融入了社會變遷的滄桑之感，具有鮮明的遺民思想特徵。他研究莊學的代表著作，主要有莊子通一卷、莊子解三十三卷。此外，一些片斷的論述，散見於他的其他著作。莊子通是他閱讀莊子的讀書劄記，篇幅短小，直抒己見，是他對莊子思想的理解和發揮。其成書時間較明確，他在莊子通自敘中寫道：『己未春，避兵楂林山中，麏麚之室也，衆籟不喧，枯坐得以自念：……念予以不能言之心，行乎不相涉之世，浮沉其側者五年，弗獲已，所以應之者，薄似莊生之術，得無大疚愧？……是歲伏日，南嶽賣薑翁自敘。』己未即康熙十八年（1679），是年王夫之六十一歲。莊子解的成書時間没有明確記載，王孝魚先生在該書的點校説明中説：『一六八一年秋，船山曾作南天窩授竹影題用徐天池香煙韻七律七首（現存他的詩集七十自定稿中），其中第六首下自注：「時爲先開訂相宗（即相宗絡索），並與諸子論莊。」莊子解大概就是這年寫的。』①這年王夫之六十三歲。其莊子解是依附原文而説解的注疏體，内容和觀點較莊子通更爲嚴謹。各篇之首冠以題解，綜括全篇大意；各段之後有解語和評語，試圖把莊子的思維過程描繪出來；篇中夾有注語，注語字體略小於原文。其中有少量注語是王夫之之子王敔的增注或其他人的注説。王夫之對莊子的研究，關注的首先不是莊學與其他學派的會通，而是著重闡發莊子思想的體系和獨特性。王孝魚先生是這樣評價的：『船山先生解説莊子，注意的是莊子的思想内容及其思想方法。……志在去除前人以儒、佛兩家之説對莊子的附會，清理出一副莊子的本來面目，同時在解文的字裏行間還往往隱爲指出其缺點所在。』②清人王天泰在莊子解序言中説：『今忽於讀先生之解莊，不啻莊之自爲之解，是又不知莊生之爲先生，先生之爲莊生矣。』王夫之門人羅瑄，在刊王船山莊子解跋中也曾發出『使知先生現漆園身而爲説法』③的感慨。

還莊子本來面目，是王夫之注釋莊子的宗旨。然而，作爲正統的儒家學者，他不可能完全背棄儒家的立場，他的論説實際上也往往願意吸收佛教和道家的思想。他在莊子通敘中説：『予固非莊生之徒也。有所不可，兩行，不容不出乎此，因而通之，可以與心理不背。……心苟爲求仁之心，又奚不可！』因此，王夫之在闡釋莊子思想時，不可避免地摻入了自己的主觀色彩，使他在自己的莊子學中寄寓著個人的理想和情感，從而對莊子

① 王孝魚點校莊子解卷首，中華書局1964年版。
② 同上。
③ 見楊堅編船山全書第十六册，長沙嶽麓書社1996年版。

的思想有所發揮。

下面，擬從『對莊子思維脈絡的梳理』、『對莊子思想觀念的呈露』和『對莊子思想的發揮』三個方面，來剖析王夫之解莊的個性特徵。

第一節 『未始出吾宗』

——對莊子思想脈絡的梳理

王夫之解莊，看重的是莊子思想的總體脈絡。他認爲，莊子的思想應該是一個前後貫通的體系，其體系之內不會自相矛盾，他在注解中常用的一句話就是『未始出吾宗』。『未始出吾宗』一語出自莊子應帝王，文中講列子請神巫季咸爲壺子相面，季咸不得相而逃，壺子對列子說道：『鄉吾示之以未始出吾宗。吾與之虛而委蛇，不知其誰何，因以爲弟靡，因以爲波流，故逃也。』『未始出吾宗』，郭象注曰：『雖變化無常，而常深根冥極也。』這與莊子『虛而委蛇』、心隨物化，而萬變不離其宗的本義是一致的。王夫之莊子解中對這句話未作詳細說明，但其注解中多處引用此語來闡釋莊子的思想，如在德充符篇中出現了『不出其宗』，大宗師篇中有『通天人之大宗』，應帝王篇中提出『歸於一宗』，庚桑楚篇中直接引用了『未始出吾宗』。他在庚桑楚篇題解中說：

朝徹之見，與天均而合體。則食乎地，樂乎天，與宇俱實，與宙俱長，宇泰以養天光，不待息而自息。此衛生之經，以忘生爲大用也。莊子之旨，於此篇而盡揭以示人，所謂『忘小大之辨』者此也，所謂『照之以天』者此也，所謂『參萬歲而一成純』者此也，所謂『自其同』者此也，所謂『目無全牛』者此也，所謂『知天之所爲』者此也，所謂『未始出吾宗』者此也。

在這裏，『未始出吾宗』有兩層含義：一層是應帝王篇中的本義，即壺子對道隨形轉、道形不離觀點的表述；

一層則是對本義的借用，即謂莊子各篇儘管對悟道的表述角度不同，但宗旨歸一，都沒有離開莊子的基本觀點，即泯滅生死意識，順道而遊，『休之以天均』。依據王夫之的説法，庚桑楚篇是『莊子之旨』的概括。因爲在他看來，莊子在朝徹之後，真正領悟到了大道的内涵，即『食乎地，樂乎天，與宇俱實，與宙俱長，宇泰以養天光，不待息而自息』。『食乎地』是生命的根本保證，而要避免生命不受内外環境的傷害，就要順應自然之道，以忘生爲經。這種忘生之經是以全生爲基礎的，重視的是生命存在的基本意義。王夫之認爲莊子思想的這一宗旨貫穿於内篇七篇，因此又提出莊子内篇爲一個有機整體的看法，認爲逍遥遊篇中的『忘小大之辨』，齊物論篇中的『照之於天』、『參萬歲而一成純』，德充符篇中的『自其同』，養生主篇中的『目無全牛』，大宗師篇中的『知天之所爲』等，都是『與天均而合體』，也就是都沒有離開大道之本宗。

在其他篇章中，王夫之也有類似於上述的表述。如他説：

小大一致，休於天均，則無不逍遥矣。……故物論可齊，生主可養，形可忘而德充，世可入而害遠，帝王可應而天下治，皆吻合於大宗以忘生死，無不可遊也，無非遊也。（逍遥遊解）

攖寧者，物自結而我自解，爲雞、爲彈、爲輪，無不可寓庸，而終無所遁。東西南北皆攖也，則皆寧也。故遊可逍遥，物論可齊，人間世可入，帝王可應，德無不充，而所養者一於其主。（大宗師解）

這裏是説，『逍遥』和『攖寧』都是『與天均合體』的理想境界，『逍遥』是不爲外界困擾的自由狀態，而『忘小大之辨』是達到逍遥的前提；『攖寧』是超越形體困擾而達到安寧的境界，追求的都是生命的自由、安寧。因此王夫之認爲逍遥遊篇是全書的思想基礎。他在解説秋水篇時説：『此篇因逍遥遊、齊物論而衍之，推言天地萬物，初無定質，無定情，擴其識量而會通之，則皆無可據，而不足以攖吾心之寧矣。蓋物論之興，始於小大之殊觀。小者不知大，大者不知小，不知小，則亦大其所大而不知大。由其有小大之見，而有貴賤之分；由其有貴賤之分，因而有然否是非之異。由其有小大之見，因而有終始之規；由其有終始之規，因而有悦生惡死之情。

由其有小大之見，因而有精粗之別；由其有精粗之別，因而有意言之繁。於是而有所必爲，有所必不爲，以其所長，憐其所短。量有涯則分有所執，時有礙則故有所滯，彼我不相知，而不能知其所不知。乃至窮達失其守，榮辱易其情，辨言煩興而不循其本，於內無主，倒推於外，殉物以喪己；而不知達者之通一，無不可寓之庸也。』王夫之借用一連串的因果和遞進關係，強調了忘小大之辨的基礎性地位，貴賤之分、是非之異、終始之規、生死之情、精粗之別、言意之繁等一系列對立觀念的攖擾，都源於人們的小大之殊觀，因此只有泯滅小大之辨，才能齊同物論、物我合一，才能忘形而養生之主，德充於內，才能涉亂世而自全，順物而治以應帝王，進而『休於天均』，達到『無己、無名、無功』的逍遥狀態，這一切皆出於『一真之大宗』。因此他認爲大宗師是七篇之大宗，即莊子一書立言的宗旨。他在大宗師篇題解中這樣論述道：

凡立言者，皆立宗以爲師；而所師者其成心，則一鄉一國之知而已，抑不然，而若鯤鵬之知大，蜩、鷽之知小而已。通死生爲一貫，而入於『寥天一』，則儵、忽之明昧，皆不出其宗，是通天人之大宗也。夫人之所知，形名象數，是非彼此，吉凶得失，至於死而極。悅生惡死之情忘，則無不可忘，無不可通，而其大莫圉。真人真知，一知其所知，休於天均，而且無全人。以闋虛生白者，所師者此也，故唯忘生死而無能出乎宗。此七篇之大指，歸於一宗者也。

這是說宗師有大小之別，以成心爲師，堅持主觀成見，是宗師之小者，能辨大小，是宗師之有局限者，而莊子所說的大宗師，則能貫通死生，泯滅差異，包容萬有，合於自然，這是宗師當中層次最高者。王夫之強調，大宗師即是自然之道，是對有限存在的超越，因此，要想入此宗，首先必須忘掉小大之辨，進而超越形名象數、是非彼此，最後進入形而上的境界。而在諸多超越中，超越大小是進入道境的首道門檻；而生死之情忘，世間一切皆可忘卻，所以超越樂生惡死之情是關鍵，是進入道境的最後一道門檻。概括起來說，莊子全書的宗旨就是以天人之大宗爲師，由忘小大之辨開始，逐步實現遠害全生，進而達到逍遥的最高境界。

從王夫之的闡述中可以發現，他所用詞句多見於其他篇章，如『成心』、『休於天均』出於齊物論篇，『鄉國之知』、鯤鵬蜩鷽故事見於逍遥遊篇，『儵忽』之事來自應帝王篇，『闋虚生白』引自人間世篇，而『真人真知』、『忘生死之情』則更在全書中屢屢出現。這樣，他以一章之解照應全書，以他篇之語詮釋一文，通過以莊解莊的方式，使全書縱横交錯的網狀思路呈現而出，把莊子思想脈絡清晰地展示出來。他對莊子思想體系的闡釋，爲我們理解莊子提供了重要的思路和參考。

基於對全書脈絡的把握，王夫之對莊子一書的整體結構和篇章真僞也提出了比前人更爲大膽的説法，往往有著獨到的見解。他認爲，内篇雖然各篇論述角度不盡相同，但其思維方式、所追求的最高境界異曲同工，是該書的原著；外篇和雜篇則並非出自莊子之手，而是學莊者的博引發揮。他在『外篇』總解中説：

内篇雖參差旁引，而意皆連屬；外篇則踳駁而不續。内篇雖洋溢無方，而指歸則約；外篇則言窮意盡，徒爲繁説而神理不摯。内篇雖極意形容，而自説自掃，無所粘滯；外篇則固執粗説，能死而不能活。内篇雖輕堯舜、抑孔子，而格外相求，不黨邪以醜正；外篇則忿戾詛誹，徒爲輕薄以快其喙鳴。内篇雖與老子相近，而别爲一宗，以脱卸其矯激權詐之失；外篇則但爲老子作訓詁，而不能探化理於元微。

通過比較，王夫之發現内篇七篇首尾相因，一脈相承，是一個完整的體系，形式上雖恣肆無涯，但神理前後圓通，應出自莊子一人之手。在『雜篇』總解中他又指出『内篇之首尾一致，雖重詞廣喻，而脈絡相因也』，重述了自己的看法。

在王夫之看來，外篇踳駁不續，言盡意窮，固執粗説，只爲一時口舌之快而不能探化理於玄微，因而多『淺薄虚囂之説，雜出而厭觀』(『外篇』總解)，與内篇相呼應的很少。尤其對其中的駢拇、胠篋、天道、繕性、至樂等篇，他以爲最爲悁劣，真正理解莊子精髓的人應能辨出。如駢拇篇雖『亦「爲善無近名，爲惡無近刑」之旨，其言

「至正」、言「常然」亦與「緣督爲經」相近，而徒非斥仁義，究竟無獨見之精。何爲「至正」，何爲「常然」，皆不能以微言達之；且詛訶曾、史、伯夷，以是其所是，非其所非，矜氣以固其封畛』（駢拇解），凡此皆與莊子不辨是非的觀點相抵牾。胠篋篇『引老子「聖人不死，大盜不止」之說，而鑿鑿言之，蓋懲戰國之紛紜，而爲憤激之言，亦學莊者已甚之成心也』（胠篋解），因而與莊子罷黜成心，師天人之大宗相違背。天道篇多處與莊子總體思想相悖，『特因老子守靜之言而演之，亦未盡合於老子，蓋秦漢間學黃老之術、以干人主者之所作也』（天道解），故『其辭卞急煩委，以喉息鳴而無天均之和』，與莊子『合上下、隱顯、貴賤、大小，而通於一』的觀點謬以千里。篇中『以無爲爲君道，有爲爲臣道，則剖道爲二，而不休於天均。且既以有爲爲臣道矣，又曰：「以此南鄉，堯之爲君也；以此北面，舜之爲臣也。」則自相刺謬，而非若內篇雖有隨掃之說，終不相背戾也。』（天道解）繕性篇『與刻意之旨略同，其言恬知交養，爲有合於莊子之指，而語多雜亂，前後不相侔。且其要歸不以軒冕爲志，而歎有道之人不興而隱處，則莊子雖非無其情，而固不屑言此以自隘，蓋不得志於時者之所假托也。文亦滑熟不足觀。』（繕性解）至於至樂篇，他認爲其以死爲大樂，與老子和莊子觀點不合。因爲莊子講『奚暇至於悅生而惡死』，說的是無暇悅生惡死，不是以生不可悅、死不可惡爲宗，更不是以悅死惡生爲宗，則此篇是『學於老莊，掠其膚說，生狂躁之心者』（見至樂解）的假托，觀點與文氣皆庸遝不足觀。可見，王夫之對上述諸篇的評價分析，所依據的標準顯然是莊子思想的整體性，認爲其中與莊子總體看法相矛盾的地方，便是學莊子者的博引泛說。

對外篇中的其他各篇，王夫之也從思路上加以聯結，梳理出各篇之間的關係。他說天地篇『暢言無爲之旨，有與應帝王篇相發明者』（天地解），是外篇中最爲深邃的一篇；在宥篇『言有條理，意亦與內篇相近，而間雜老子之說，滯而不圓，猶未得乎象外之旨』（在宥解），因此也非莊子之書；秋水篇可以補充逍遥遊和齊物論；達生篇可以助人深入瞭解養生主和大宗師；山木篇徵引了人間世篇；田子方篇可以作齊物論篇的參考；知北遊篇可以闡明大宗師篇。總之，王夫之認爲『大抵外篇多掇拾雜纂之言，前後不相貫通，而其文辭汗漫冗遝，氣弱而無神，所見者卑下，故所言者頹靡，定非莊子之書，且非善學莊子者之所擬作，讀者所宜辨也。』（天道解）但他並不否認外篇中也有一些較好的篇章，往往可以對内篇某些篇章的意旨起到印證、補充等作用。

王夫之也把雜篇與内篇進行了比較，認爲『雜篇言雖不純，而微至之語，較能發内篇未發之旨，蓋内篇皆解悟之餘，暢發其博大輕微之致，而所從入者未之及，則學莊子之學者，必於雜篇取其精藴，誠内篇之歸趣也。』（『雜篇』總解）尤其是對庚桑楚、寓言、列禦寇、天下四篇，應特别重視。他指出，列禦寇篇是莊子之緒言，寓言、天下兩篇是全書的序例，庚桑楚篇則將莊子之旨『盡揭以示人』。他認爲古人文字，文體錯綜不滯，序例列於篇中是常有之事，漢人沿用了這一作法，至唐代序例才作爲獨立的篇章列於卷首，因而讀者不能以唐以來的局法來判斷莊子全書的體例。

在學術史上，人們多認爲莊子的學説出於老子，而王夫之則提出了『自立一宗』説。他在解天下篇時説：

其（指莊子）不自標異，而雜處於一家之言者，雖其自命有籠罩群言之意，而以爲既落言詮，則不足以盡無窮之理，故亦曰『古之道術有在於是者』。己之論亦同於物之論，無是則無彼，而凡爲籟者皆齊也。若其首引先聖六經之教，以爲大備之統宗，則尤不昧本原，使人莫得而擿焉。乃自墨至老，褒貶各殊，而以己説綴於其後，則亦表其獨見獨聞之真，爲群言之歸墟。

在王夫之看來，莊子有以不言之言統領群言之意，然而，不得已而雜處一家，則又有違其『皆源於一』的道説，因此以『道術』的神秘性來强調自己所言之真，以合其『凡籟皆齊』的觀念，以成百家之説的『統宗』，天下群言皆在其思想的籠罩之下。他在解天下篇時又説：

莊子之學，初亦沿於老子，而『朝徹』、『見獨』以後，寂寞變化，皆通於一，而兩行無礙。其妙可懷也，而不可與衆論論是非也；畢羅萬物，而無不可逍遥，故又自立一宗，而與老子有異焉。……嘗探得其所自悟，蓋得之於渾天；蓋容成氏所言『除日無歲，無内無外』者，乃其所師之天；是以不離於宗之天人自命，而謂內聖外王之道皆自此出；而先聖之道、百家之說，［言其］①散見之用，而我言其全體，其實一也。

依據『自立一宗』一語，一些學者認爲王夫之主張莊子思想於百家之說中自爲一家。其實，王夫之在這裏強調的是莊子之說『與老子有異』，並非說明莊子之說並列於百家之中。因爲在王夫之看來，莊子之說與『古之道術』有相通之處，它『畢羅萬物』、『得之於渾天』、不離『天人自命』之大宗，是統攝於『一』的全體，『內聖外王之道皆出於此』。而『先聖之道』、『百家之說』，都是莊子之道的散見之用，是『一察之見』、『一己之說』。由此可以得出這樣的結論：莊子之說散見於百家，是統宗，是一般；百家之說蘊涵於莊子之說，是散現，是特殊。二者具有普遍性與特殊性的關係。

王夫之把寓言篇看作是莊子對自己語言表達方式所作的解釋，即所謂全書的序例。他說：

莊子既以忘言爲宗，而又繁有稱說，則抑疑於矜知，而有成心之師。且道惟無體，故寓庸而不適於是非；則一落語言文字，而早已與道不相肖。故於此發明其終日言而未嘗言之旨，使人不泥其跡，而一以天均遇之，以此讀內篇，而得魚兔以忘筌蹄，勿驚其爲河漢也。（寓言解）

依據王夫之的看法，莊子深知自己的觀點與自身的實踐自相矛盾，因此想用『終日言而未嘗言』的做法來『自說自掃』，使自己的語言與思想保持一致，達到渾然無跡，『和以天倪』，希望讀者通過他的語言去挖掘其背後的玄微大道，也就是『超以象外，得其環中』，具體做法就是三言的運用，即寓言、重言和卮言。他接著說：

凡寓言重言與九七之外，微言間出，辨言曲折，皆卮言也。和以天倪者，言而未嘗言，無所凝滯；無言而不妨於有言，無所隱藏，要以合於未始出之宗也。（同上）

---

① 『言其』二字，據湘西草堂本增補。

王夫之認爲，莊子一書除了寓言、重言之外，漫遊其間而有曲折玄微之意的話都是『卮言』，『卮言』則無端無涯，無滯無藏，汪洋恣肆，而微言大意又不出天人之大宗。他並説：『酌於尊而旋飲之，相禪者故可以日出而不窮，本無而可有者也。本無則忘言，可有則日言而未嘗言，可有而終日言者，天均之不息，無不可爲天倪也。』（同上）卮言就像飲酒時説的無邊際的語言，即興而來，隨意發揮，與天倪日出相似，層出不窮，於是有言無言的界限因其不窮而消失，這就爲莊子立言明道找到了自圓其説的理由。

在王夫之看來，『寓』是道存在的方式，道無形無跡又無處不在，它寓於宇宙萬物之中。因此，道的表達也要寓於語言，也説明要想透徹把握大道，必須從語言之外尋求解答。同時，借世間具體事物闡述道，增加了可信度。凡此，又爲莊子大量運用『寓言』找到了理由。王夫之認爲，『重言』也是爲了增强文章的説服力。他説，人囿於樊中都有矜氣，各以己之成心而怨異己者，並且『見獨之人古今無耦』，所以假托借古人之言重言之，來增加論述的力度，這實際上已是一種文學表達技巧，是中國古代含蓄藴藉藝術風格的萌芽。這一點，王夫之是通過全書脈絡的邏輯分析得出的。

對雜篇的另外四篇，讓王、盗跖、説劍、漁父，王夫之的批評尤其尖刻。他指出，『自蘇子瞻以來，人辨其爲贋作。觀其言詞，粗鄙狼戾，真所謂「息以喉而出言若哇」者』（『雜篇』篇題解説），稱之爲腐鼠也不爲過。針對具體篇章，他是這樣評價的：

讓王稱卞隨、務光惡湯而自殺。徇名輕生，乃莊子之所大哀者，蓋於陵仲子之流，忿戾之鄙夫所作，後人因莊子有卻聘之事，而附入之。説劍則戰國遊士逞舌辯以撩虎求榮之唾餘，漁父、盗跖則妬婦詈市，瘈犬狂吠之惡聲，列之篇中，如蜣蜋之與蘇合，不辨而自明。（『雜篇』總解）

王夫之從莊子全書分析出，莊子中的主人公，如瞿鵲、長梧、王駘、無趾之類，可以是虚構的人物，而寫到堯、舜、孔、顔這些歷史人物時，就必須依據具體的時間和事件，不可相去百年而謬爲牽合，因此他認爲不值得注解。由此可以看出，王氏作爲儒家學者對儒家聖人的崇敬，重視的是思想性、真實性，而對莊子文章虛構的文學色彩給予了否定。

第二節 『探化理於玄微』

——對莊子思想觀點的呈露

王夫之的莊子研究，在把握全書總體脈絡的前提下，十分重視對莊子思想内涵的深入發掘，用他自己的話説，就是『探化理於玄微』。這句話出自『外篇』總解：『内篇雖與老子相近，而别爲一宗，以脱卸其矯激權詐之失；外篇則但爲老子作訓詁，而不能探化理於玄微。』此處，王夫之是在批評外篇的缺憾，但以其中『探化理於玄微』一語來評價他的詮解，卻是十分恰當的。那麽，王夫之的這一詮解特徵到底表現在哪些方面呢？

一是引莊解莊。如莊子在逍遥遊篇中講了鯤鵬等寓言之後，提出真正的逍遥是『至人無己，神人無功，聖人無名』，但莊子對這句話未作直接説明，而是列舉了現實生活中的三類人。莊子説道：『故夫知效一官，行比一鄉，德合一君，而徵一國者，其自視也亦若此矣。』王夫之注解曰：『於鄉國見其功名，唯其有己。』莊子評價宋榮子説：『且舉世譽之而不加勸，舉世非之而不加沮，定乎内外之分，辨乎榮辱之境，斯已矣。』王夫之的解説是：『内外定，榮辱辨，乃以立功。』莊子評論列子：『御風而行，泠然善也。』王夫之解曰：『御風者，去己與功而領清虚之譽，遠垢濁之譏，自著其名而人能名之。』這是對『有己』、『有功』、『有名』的解釋。由此可以看出，他不是直接對原文作出説明，而是將上下文貫穿起來，用莊子中的一些思想資料對其中的概念進行闡釋。再比如，莊子寓言有：『重言十七，所以已言也。』這是莊子自己的解釋，王夫之在分析逍遥遊篇中鯤鵬意象反復出現時寫道：『鯤鵬之説既言之，重引齊諧，三引湯之問棘以徵之，外篇所謂重言也。所以必重言之，人之所知盡於聞見，而信所見者尤甚於聞。見之量有涯，則至大不能及，至小不能察者多矣。詘於所見，則弗獲已。而廣之以聞，有言此者，又有言此者，更有言此者。有是言則有是心，有是心則有是理，有是理則可有是物。人之生心而爲言者不一而止，則勿惘於見所不及而疑其非有矣。』王夫之認爲重言是爲了增加説服力，使那些囿於耳聞目見的人能夠相信，不再產生懷疑。他把自己在生活中的感受融入了注解中，以重言在莊子中的具體運用來反釋重言的含義，使讀莊者既明白了重言和鯤鵬故事的内涵，也注意到了莊子各篇之間的關聯。

二是以形象解莊。王夫之站在哲學思辯的角度排斥文學虚構，但他在解莊時，爲了分析得更透徹，不自覺地運用了形象描述的方式。如齊物論篇頗爲難懂費解，王夫之在闡釋過程中不時採用形象描述的方法，使得莊子的本義得以充分展現。其一是利用莊文中原有的形象語言，進一步加以闡發。如齊物論篇自『大塊噫氣』至『而獨不見之調調、之刁刁乎』一大段文字，是以物喻人，但採用的是暗喻，沒有把自然物直接和人相勾連。對此，王夫之寫道：『地本無聲，因風而有聲。風亦不能爲聲，假山林之曲、大木之竅而有聲。兩相待、兩相激而聲出，聲無固然之體也。似人似物，則人物之虚竅，受氣之鼓動，亦如此而已。』通過這番解説，把人聲的由來、衆聲之不齊的道理非常形象地揭示出來，使讀者很容易理解。但莊子原文描繪的是自然之聲的形成過程，而王夫之是把自然之聲與人聲聯繫起來，以自然之聲比喻人聲。王夫之利用莊文原有的形象進行發揮，還見於他對齊物論篇『天地一指也，萬物一馬也』所作的闡釋：『指之屈伸，因作用而成乎異象；馬之白黑，因名言而爲之異稱。局於中者執之，超於外者忘之。故以言解言之紛，不如以無言解之也。浸使白其黑而黑其白，屈其伸而伸其屈，則名與象又改矣。則天地萬物，豈有定哉！忘言忘象，而無不可通，於以應無窮也，皆無所礙。』這是要求人們忘記指之屈伸、馬之黑白，只承認它們是手指，是馬而已，這樣就可以避免是非之爭，是以形象説理。

其二是採用形象的比喻，顯示莊文的意旨。如他在詮解齊物論篇時說：『言生於心，有言有我，則舍於心者，如熅火之在炭中；有心而將有言，則見於形者，如春木之欲茁發。』這裏通過兩個形象的比喻，把好辯之士的心態、表情生動地展現出來。因爲他們未能拋舍自我，有彼此之分，所以，內心如炭火焚燒，處於灼熱狀態；他們的表現欲望特別強烈，如春天的草木茁壯萌發。二者是不可抑止的，而是非之爭也就由此而來。可見王夫之在解莊時，試圖從哲學角度揭示其思想，而又往往運用文學筆法，在聯想、構思上和莊子有相似之處。

三是以史解莊。莊子全書，以寓言爲主，大意隱微，如畏壘虛、庚桑楚之屬，皆空語無事實，指事類情，雖當世宿學亦難自解；其卮言若河漢無極，汪洋恣肆，更令學者驚怖不已。王夫之注解莊子，試圖以『今人之心上通古人之心』，以達到『心心相印』（王天泰序）。既然是今人之心，就不可避免染上時代的色彩和自己的人生體驗，也正是這個原因，他才觸探到莊子思想的玄妙之處，使其中的微言大意如出水之石，呈現出來。我們可以看到，王夫之的這種歷史時代感首先表現在他對虛構人物的否定和歷史真實性的追求上。如他在『雜篇』總解中這樣寫道：『抑考莊子所稱古人，若瞿鵲、長梧、王駘、無趾之類，固不必有其人，而所言堯、舜、孔、顏，抑必因時之所值，事之可有。外篇稱莊子見魯哀公，及盜跖篇謂孔子遇柳下惠，托辭不經，相去百年之外，謬爲牽合。或真以盜跖爲柳下之兄，雖不足辨論，而亦可爲道聽途說，竊莊子之殘瀋，以爲談柄者之炯鑒也。』王夫之把虛構的人物事件視爲道聽途說，非莊子思想之精華，一方面是對莊子一書文學性的否定，另一方面也是以史解莊，主張言必屬實。我們可以認爲，王夫之的歷史感來自於他對動蕩現實的深刻反思。因爲他處在一個方生方死的交替時代，新舊矛盾異常尖銳，這就使得他在解莊過程中往往試圖分析出醫治社會動亂的良方。如逍遥遊篇在描繪藐姑射神人時稱：『大浸稽天而不溺，大旱金石流、土山焦而不熱。』意謂藐姑射神人不受任何自然災害的侵擾，能夠超脫於災害之外。王夫之借題發揮，由自然災害引申出社會災害。他說：

張小而大之，以己所見之天德王道，強愚賤而使遵；過大而小之，以萬物不一之情，徇一意以爲法。於是激物之不平而違天之則，致天下之怒如烈火，而導天下以狂馳如洪流。既以傷人，還以自傷。在王夫之看來，社會災難是由人造成的，或是由於強迫普通人去追求天德王道，強人所難；或是對人整齊劃一，令其遵守一定之規，從而導致人心不平，如烈火洪水。王夫之的發揮，寄寓著自己的感觸，這是他解莊的重要特徵。再有，養生主篇中庖丁解牛的寓言故事是用來闡述養生之道的，王夫之則借此來發揮自己的思想觀點。他説：

大名之所在，大刑之所嬰，大善大惡之爭，大險大阻存焉，皆大軱也。而非彼有必觸之險阻也，其中必有間矣。所患者，厚其情，厚其才，厚其識，以強求入耳。避刑則必尸其名，求名則必蹈乎刑。名者衆之所聚爭，肯綮之會，即刑之所自召也。

這是由牛身上的大骨、骨肉附著和筋結之處，聯想到人世間的險阻，把人世間的刑和名比作牛體的難解之處。這種聯想是機智的，但也説出了莊子沒有説出的寓意，把莊子寓言的潛話語表達了出來。

四是以天文解莊。王夫之認爲莊子思想之所以淩轢於百家之上，關鍵在於『朝徹』、『見獨』，也就是與使萬物相禪而始卒若環的『天均』合體。如他説：『雖虚也，而非以致物。喪我而於物無攖者，與天下而休乎天均，非姑以示槁木死灰之心形，以待物之自服也。嘗探得其所自悟，蓋得之於渾天。』（天下解）這是對篇中莊子描述大道『寂寞無形，變化無常』一段文字所作的闡釋，認爲『萬歲無窮，道皆成純而與之無竟』（同上），如天均運轉無始無終，並非是虚而以喪吾之心待物。王夫之自稱領會到莊子的『朝徹』之見，是受了渾天之説的啟發。但『渾天』説是漢朝人對天地構造所提出有别於『蓋天』説的一種理論，戰國時代恐怕還沒有這種天文思想，莊子全書也未見『渾天』一詞。張衡在渾天儀一書中這樣闡釋『渾天』的內容：『渾天如雞子，天體圓如彈丸，地如雞中黄，孤居於內。天大而地小。天表裏有水，天之包地，猶殼之裹黄，天地各乘氣而立，載水浮舟。……天轉如車轂之運也，周旋無端，其形渾渾，故曰「渾天」也。』①這是漢代天文學家對天包地外而如車轂之運行無端的渾天之説所作的解釋。王夫之在他的思問録中，從與『蓋天』説相比較的角度作了評論：『渾天者，自其全者而言之也；蓋天者，自其半者而言之也。』他在解天下篇時又説：『蓋容成氏所言「除日無歲，無内無外」者，乃其所師之天。是以不離於宗之天人自命，而謂内聖外王之道皆自此出；而先聖之道、百家之説，[言其]散見之用，而我言其全體，其實一也。』説明在王夫之看來，莊子思想與其他諸家之説的關係，與『渾天』和『蓋天』的關係相似，都是一般與個別、普遍與特殊的關係，即莊子的思想是一般，是普遍，百家之説是散見之用，是特殊。在思問録中，王夫之對『渾天』説也作了闡釋：『渾天家言天地如雞卵，地處天中猶卵黄。黄雖重濁，白雖輕清，而白能含黄，使不墜於一隅爾，非謂地之果肖卵黄而圓如彈丸也。』類似的説法也見於秋水解：『地在天中，天包地外，渾然一球。』與張衡的『渾天』説可相互印證。在則陽解中，他還爲他所謂莊子之學得之於渾天的説法作了更爲深入的論述：

環中者，天也。六合，一環也；終古，一環也。一環圜合而兩環交運，容成氏之言渾天得之矣。除日無歲，日復一日而謂之歲，歲復一歲而謂之終古，終古一環，偕行而不替。無内無外，通體一氣，本無有垠，東西非東西而謂之東西，南北非南北而謂之南北，六合一環，行備而不洫。運行於環中，無不爲也而無爲，無不作也而無作，人與之名曰天，而天無定體，故師天者不得師天，天無一成之法則，而何師焉？有所擬議以求合，合者一而睽者萬矣。故無人也，人即天也；無物也，物即天也。得之乎環之中，則天皆可師，人皆可傳。盡人盡傳，皆門尹登恒也，皆仲尼也。以人知人，以物知物，以知人知物知天，以知天知人知物，無不可隨之以成，無不可求嬴於兩見，己不化物，物自與我以偕化。故仁義無

① 張衡渾天儀，洪頤煊輯經典集林卷二七，問經堂叢書本。

跡，政教無實，而奚其囿之！觀於此，而莊子之道所從出，盡見矣。蓋於渾天而得悟者也。渾天之體：天，半出地上，半入地下，地與萬物在於其中，隨天化之至而成。天無上無下，無晨中、昏中之定；東出非出，西沒非沒，人之測之有高下出沒之異耳。天之體，渾然一環而已。春非始，冬非終，相禪相承者至密而無畛域。其渾然一氣流動充滿，則自黍米之小，放乎七曜天以上、宗動天之無窮，上不測之高，下不測之深，皆一而已。上者非清，下者非濁，物化其中，自日月、星辰、風霆、雨露，與土石、山陵、原隰、江河、草木、人獸，隨運而成，有者非實，無者非虛。莊子以次見道之大圓，流通以化成，而不可以形氣名義滯之於小成。

這段話可以從三個層面來理解：一是對天體『渾然一環』的解釋。在王夫之看來，整個宇宙都在環中，時間上無始無終，空間上無四方上下，周旋無端，無定體定法，這正如渾天運轉，也就是容成氏所説的『除日無歲，無内無外』。天體既然無常，『師天』豈不荒謬？王夫之是這樣解釋的：人即天，物即天，『以人知人，以物知物，以知人知物知天，以知天知人知物，無不可隨之以成』，這就使『師天』有了實際依據，關鍵要站在渾天運轉的高度。這不僅是王夫之對所謂莊子『道之大圓』思想的透徹理解，也是對莊子相對主義的改造。二是對天體『渾然一氣』的解釋。王夫之認爲，宇宙時空的無限性並不是説宇宙空虛無物，而是『渾然一氣流動充滿』，萬物於宇宙中如黍米在氣中，自物看天，高深莫測，自天看物，渺不足言，因此『有者非實，虛者非虛』，一切於『渾然一氣』中，隨『渾然一環』成化，人只要順應這一規律，就是『師天』。三是對仁義政教與大道關係的分析。王夫之指出，既然一切都在渾天之中，那麽儒家的仁義政教也一樣處其環中，是大道的一環，或者説是道的特殊化，因此也是無跡可尋的。這就是王夫之所説的『内聖外王之道皆自此出』。但王氏又指出，仁義政教又非真正大道，是形氣名義這樣的末節，只是小成，因此不能滯於一端。至此，王夫之又回到了莊子觀點上來。由此可見，王夫之解莊是入乎其内而出乎其外，最終回到了其精微之處。

爲了觸探到莊子思想的玄微之處，王夫之還對莊子中一些獨特術語進行了深入開掘。兹舉例以明之：

釋逍遥

對於莊子的逍遥義，自西晉郭象以來，歷代學者各有各的説法。王夫之則在詮解逍遥遊篇時説：『無待者，不待物以立己，不待事以立功，不待實以立名。小大一致，休於天均，則無不逍遥矣。逍者，向於消也，過而忘也；遥者，引而遠也，不局於心知之靈也。』這裏是從兩個方面對逍遥加以界定。先把逍遥概括爲無待，並對莊子所説的『至人無己，神人無功，聖人無名』作了具體解釋，認爲無待就是無己、無功、無名，也就是逍遥。他對逍遥的另一種界定是對前面的補充，認爲逍即是趨向消，是泯滅自覺意識，『過而忘也』，連記憶都消除；遥則是超越心智，不局限於主觀成見。

王夫之這種解釋合乎原文本義，但在援引莊文的事例另以説明時，所持看法明顯與古人不同，對大鵬及斥鴳兩類鳥的評價就是如此。如向秀、郭象認爲：『夫大鵬之上九萬，斥鴳之起榆枋，小大雖殊，各任其性，苟當其分，逍遥一也。』（逍遥遊注）在向秀、郭象看來，大鵬、斥鴳各得其性，都是逍遥的。支道林的看法與向、郭截然相反，他説：『鵬以營生之路曠，故失適於體外；鴳以在近而笑遠，有矜伐於心内。』（劉孝標世説新語文學注引）認爲大鵬圖遠，體外失適；斥鴳有矜伐之心，失適於内。它們都未能自適，所以都不逍遥。王夫之在評論大鵬時則寫道：

意南溟而後徙，有扶摇而後搏，得天池而後息，非是莫容也。此遊於大者也，遥也，而未能逍也。

認爲它實現了空間的超越，遊於廣遠，可稱爲遥。但是，它有預期的目的，對外物有依賴，沒有消除自覺意識，因此，不能稱爲逍。對蜩與學鳩，王夫之説是『此遊於小者也，逍也，而未能遥也。』謂小鳥雖自適其性，心不外騖，但爲心智所局限，也不是逍遥的。説明王夫之的解釋與支道林相近，都著眼於自適自得，但他明確提出應消除自覺意識，應超越心智的局限，這又與支道林的説法有所不同。

王夫之在闡釋逍遙義過程中，反映出對人與人、人與自然和諧關係的追求。請看他對姑射山神人的理解：

夫豈知神人之遊四海，任自然以逍遙乎？神人之神，凝而已矣。凝則遊乎至小而大存焉，遊乎至大而小不遺焉。物之大小，各如其分，則已固無事，而人我兩無所傷。

『人我兩無所傷』是神人順應自然的結果，也是逍遙之所在。這是王夫之從人與人的關係方面給逍遙下的定義。逍遙還涉及物我關係，王夫之說道：『物各有所適，適得而幾矣。……不予物以逍遙者，未有能逍遙者也。』這裏提出了一個重要的命題：如果不予外物以逍遙，那麼，人本身也無法逍遙。物的逍遙就是處在適宜的狀態，物適人適，這才是真正的逍遙。王夫之還說：『五石之瓠，人見爲大者；不龜手之藥，人見爲小者。困於無所用，則皆不逍遙也。因其所可用，則皆逍遙也。』可見，他認爲逍遙是順應物性，遂其所用，而不是違背物性，大材小用。他又寫道：『知以己用物，而不以物用物，至於無用而必窮，窮斯困矣。一知之所知，則物各還物，無用其所無用，奚困苦哉！』王夫之反對強人所難，削足適履；對於物也反對方鑿圓枘，提倡應該順應物性，各得其用，不能把人的意志強加於物。

人與人的融洽，人與物的協調，是王夫之逍遙境界的重要特徵。而要達到這種境界，關鍵在於順應自然，遂其天性。順遂人之天性，順應物之天性，行爲主體本身也就順遂了天性。給他人和外物以逍遙，本身才能真正逍遙，這種認識是很深刻的，也符合莊子的原義。在這裏，王夫之重點挖掘了鯤鵬寓言的哲學藴涵，對鯤鵬形象的文學意義給予忽略，取而代之的是嚴密的哲學思辯，從而也形成了其莊學研究的重要特徵。

釋喪吾

王夫之解莊，特别強調忘，忘生死、忘仁義、忘禮樂，尤其是忘我，即忘掉自己。他在解語中說：

故形可駭，旦可宅，而心固不損，死固不足以蕩其情，惟自忘其吾而已矣。吾者非吾也，與人相耦謂之吾，則亦夢而已矣。故忘其所謂吾者，則哀樂無可施之地，一水之不能濡空宇，火之不能熱塊土

也。……坐忘，則非但忘物，而先自忘其吾。（大宗師解）

在王夫之看來，所謂的『吾』是與他人相耦而出現的概念，如果不分彼此，也就不存在所謂的『吾』這個概念，這個概念本身就是虛幻的，因此應該忘。另外，忘記自身是忘掉其他一切的前提。因此他在闡釋齊物論篇『今者吾喪我』時說：『故我喪而偶喪，偶喪而我喪，無則俱無，不齊者皆齊也。』把喪看作是雙向的，人必須首先抛舍自身，然後才能抛舍他的對象性的存在，而對象性存在的抛舍，又是抛舍自身的過程。一旦實現這種抛舍，人不再以對象性的存在確證自身，那麼，各種差異也就感覺不到，就會進入齊物的境界。在王夫之看來，喪吾喪我便是實現齊物的關鍵。

論氣機

『氣機』一詞，見於應帝王篇。壺子把自己應對巫師季咸的道術之一稱爲『衡氣機』，氣機指的是原始生命力的存在狀態，是生命之氣的發動。王夫之在解說齊物論篇時，反復運用『氣機』一詞，並對它與知、自然的關係作了闡釋。他寫道：

凡聲皆籟也。籟本無聲，氣激之而有聲。聲本無異，心使氣者縱之、斂之、抗之、墜之，而十二宫七調之别，相陵相奪，所謂化聲也。……心之巧，氣之激，豈其固然哉！然則脣、齒、喉、舌，一匏竹也。氣機之所鼓，因音立字，因字立義，彼此是非，辨析於毫芒，而芒然於所自出，亦惡足紀乎？

這裏的氣機指生命之氣，是人的原始生命力及其所蘊含的能量，人的生命活動的動力是由它提供的。王夫之還寫道：『而鼓動於大均之中，乘氣機而自作自已，於真無損益焉。』這裏的大均，就是莊子所説的『天均』、『天倪』、『環中』、『道樞』，指的是不辨是非的道境。在道的統轄下駕馭氣機，就會保持事物的本然，不會傷害它的真純。在這種情況下，氣機所起的作用是正面的，值得肯定的。王夫之復又說：

不但化聲爲天氣之所吹，舉凡官骸之用，心知之靈，皆氣機之變耳。知至於此，則生死忘而利害其小矣，利害忘而是非其泯矣，是非失而仁義其不足以存矣。

這裏所說的天氣，指的是自然之氣。當自然之氣貫注於人，那麽，他的感官和心靈活動就是氣機的變化形態，就能進入齊物的境界。也就是說，天氣是客觀自然之氣，氣機是人的生命之氣。自然之氣與人的生命之氣相合，就是進入了道境。

然而，人的氣機也有被誤導的時候，王夫之指出了這一點：『官骸以爲比竹，天之氣機以吹之，知横立其中，以爲封、爲畛，爲八德、爲是非、爲彼是。詹詹如泠風，炎炎如飄風，皆化聲耳。化聲者，本無而隨化以有者也。』氣機本來是自然之氣、生命之氣，是驅動人生命的能源。可是，一旦氣機在驅動人的生命時有『知』參與其間，就會出現彼我之分、是非之爭。知，指人的自覺意識，包括人的認識、智慧等。由此看來，氣機與知相伴，是氣機的不幸，它使人的自然生命活動走入誤區。

在詮釋齊物論篇的過程中，對氣機發揮作用的兩種不同狀態，不同後果，王夫之反復加以提示對比。如他說：

特我之謂，推而上之，以至於無無，則雖有謂而固無謂，非氣機之吹挾成心以立言者比。……葆其滑疑，以含天明，則謂之葆光。皆知也，皆不知也，是之謂『知止其所不知』。夫乃無我無偶，而非氣機之可簧鼓也。

這裏是要向人們表明，進入齊一萬物的狀態，氣機就不會受成心（主觀成見）的挾持，氣機就不會被濫用。有時，王夫之又把氣機稱作『氣之所激』，或『氣激』，含義是一致的，都是指動態的自然生命力。他說：『無可成而姑且逞其詞，以是其所是，非其所非。一氣之所激，笙簧聒耳，辨之不勝辨也，無容奈何者也。』這裏所說的『一氣之所激，笙簧聒耳』，就是上面所提到的『氣機之可簧鼓』，即任性使氣，巧爲之辯論。實際上，王夫之這裏是在描述當時諸子百家的爭辯，『其始也，要以言道，亦莫非道也。其既也，論興而氣激，激於氣以引其知，氾濫而不止，則勿論其當於道否。』認爲『知』是由氣所招引，是激於氣的結果，而當時的諸子百家，由於展開辯論後，任性使氣，以知爲援，無不失去自然生命常態，所以是非之爭也就氾濫成災了。

論養生

怎樣養生，是莊子時代的熱門話題。王夫之在解說養生主篇時，以劃分主人與賓客、主人與僕役的方式進行論述。他說：

形，寓也，賓也。心知寓神以馳，役也。皆吾生之有而非生之主也。

依王夫之看來，形體對於生命來說是賓客，是暫時寄寓者；心知對於生命則是僕役，不免於勞頓困苦。因此，養形和養知都不是養生之主，而是本末倒置，賓主易位，主僕顛倒。王夫之還指出，『養形之累顯而淺，養知之累隱而深』，對養知的弊端看得更重。莊子在達生篇中曾說：『世人以爲養形足以存生，而養形果不足以存生，則世奚足爲哉！』達生篇專注於對世人養形的批判，要求人們應該注重『守氣』，而對於養知，則沒有直接進行批駁。王夫之則把養形、養知作爲兩個批判對象，而對養知則更是予以全盤否定。他在解說養生主篇時接著說：

知之變遷，緣喜、怒、哀、樂、慮、歎、變、慹，而生左右、倫義、分辨、競爭之八德。益氣以馳，氣日外泆，和日內蕩，而生之理不足以存。

這是沿用莊子在齊物論篇中的論述，把人的自覺意識看作是產生紛爭的根源，也是人類的不幸。王夫之在解釋養生主篇時又說：

以有涯之生隨無涯之知，實則以其知隨其生也。……唯恐其形之傷，而役其知以爭大軱，自以爲養生而神王，身倖免於剿刖，而達天以全人，惡知人之殘也多矣乎！……故不得已而寧近右師之刑，勿近樊雉之名。名者，天之所刑也。這裏把尚知與求名聯繫起來，認爲尚知求名對人所造成的傷害，比人的形體遭受傷害更可怕。如果出於不得已，寧可形體受傷害，也不要因尚知求名而把自己束縛起來。這種解釋比較符合莊子本義，同時也體現出了王夫之的氣節。

論虛

王夫之對莊子所説的虛有嚴格的界定。首先，虛不是故意做出來的，他説：『蓋端而虛，則非虛。』（人間世解）也就是説虛與自覺意識無緣。其次，虛是生命之氣的本然狀態，沒有心與知參雜其間。所以他説：『心齋之要無他，虛而已矣。氣者，生氣也，即皞天之和氣也。參之以心知而氣爲心使，心入氣以礙其和，於是乎不虛。然心本無知也，故嬰兒無知，而不可謂無心。心含氣以善吾生，而不與天下相構，則長葆其天光，而至虛者至一也。』（同上）第三，虛是不受感官干擾的心靈狀態。他説：『耳可使聽，而不可使受；心可使符乎氣之和，而不符乎耳。將暴人狂蕩之言，百姓怨詛之口，皆止乎化聲而不以蕩吾之氣，則與皞天之虛以化者，同爲道之所集。』（同上）這裏只提到了耳，其實是代表所有外部感官，不以感官所受而干擾心靈，感官要消除接受功能，不把外界信息傳導到心靈。第四，虛是對現實的超越，王夫之寫道：『不悦生而惡死，而後其虛也果虛。……而氣之宅於虛者，無死無生，常自定焉，可無疑於行矣。』（同上）認爲能進入沖虛境界，對現實的超越就會是徹底的。既然連生死都能超越，行動起來還會有什麽障礙呢？

要之，王夫之對於人間世篇『虛』所作的界定是全面和準確的，合乎莊子原義，而且顯得相當有條理。

論乘物遊心

王夫之在解釋人間世篇『乘物以遊心』時寫道：『乘而遊，則凡天下不肖之心，茀然之氣，皆泠然之風，莽渺之鳥也。……夫遊亦豈有必遊之心哉？亦寓於不得已爾。生亦可遊也，死亦可遊也。』這裏所説的遊，是被動地遊，不得已地遊，是遊於人間而又疏離於人間，要把人間的險阻從容地進行駕御，不會構成對自己的傷害。他在同篇中接著說：

『無毒無門』，宅一以集虛者，不蘄乎慎而自慎。於其就和出入之間，發之至當而無所犯也，則見爲慎。所謂『怵然爲戒，視爲止，行爲遲』也，則又涉亂世之末流者不得已之機權也。許由之忘帝堯，『摶扶搖』也；伯玉之教顏闔，『搶榆枋』也。各因所乘而遊其心，宜皞天者無異觀也。

王夫之把人間世篇中的『乘物以遊心』比作斥鴳一類的小鳥『搶榆枋』，比作庖丁解牛那樣小心翼翼，而把逍遥遊篇中許由拒絕堯的禪讓比作大鵬摶扶搖而上，認爲二者存在著自由度大小的不同，空間範圍廣狹的區別，但他對二者似乎都給予了肯定。

釋德充符

道家強調德充符，儒家崇尚威儀之美，二者很容易混淆。因此，王夫之在解釋德充符篇時反復強調二者之間的區別。開篇寫道：

充者，足於內也；符者，內外合也。內本虛而無形之可執，外忘其形，則內之虛白者充可驗也。內外合而天人咸宜，故曰符。……整威儀，飾文辭，行以禮，趨以樂，盛其端冕，華其韍佩，峨然爲有德之容，則中之枵也必多，而物駭以畏忌。

這裏指出了道家的德充符與儒家的威儀之美有兩方面明顯區別。第一，道家的德充符強調內心的沖虛，而不注重外在形態，甚至可以達到忘形的地步，是內在之虛與外在之虛的統一。儒家的威儀之美則注重外在的修飾，更專注於物質因素，而內心卻並不充實，常出現內容與形式、本質與現象的分裂。第二，道家的德充符出於自然，具有親和力，能把世人凝聚起來。儒家的威儀之美則令人望而生畏，從而產生疏遠背離，沒有吸引力。王夫之接著寫道：

故獨而無偶之體，物化之所受命，不以物爲事，物自從之。飾其威儀，藻悅其文辭，表有德之容以立教坐議者，知侈於物而失正於己，德不充，奚有自然之符應邪？

這是說德充符之人能超然物外，沒有彼此之分，所以外物自然湊集，而威儀之美往往好爲人師，物欲充盈，這就必然難以得到外界的回應。所以他說：『修飾外貌以侈君子之容者，一豚子之死母，徒有其形而已。外固不與內符，而奚望人之符也！』批評威儀之美缺少真實性，沒有生命力，展示的是內外脫離的假象，因而也就無法令人與它相符合。

論浮明

王夫之在解說大宗師篇時，提出了『浮明』這個概念，並且反復運用。他說：『說生而非能益生，惡死而無能不死，乘於浮明而忘其天。……形貌有生死，而天道無始終。浮動之知，孰能亂之？』從這段論述來判斷，浮明指的是浮動之知，指人的自覺意識活動，而且這種活動違背自然。王夫之詳述說：

生死禍福皆無益損於吾之真，而早計以規未然之憂，其以無有爲有，亦猶夢也，皆浮明之外馳者也。浮明之生，依氣以動。氣之動也因乎息，而天機之出入乘焉。斂浮明而返其真知，則氣亦沉靜以內向，徹乎踵矣。天機乘息以升降，息深則天機深矣。耆欲者，浮明之依耳目以逐聲色者也。壅塞其靈府，而天機隨之以上浮，即有乍見之清光，亦淺矣。耆欲填胸，浮明外逐，喜怒妄發，如火熺油鑊，投以滴水，而烈焰狂興。……無浮明斯無燥氣，隨息以退藏而真知內充，徹體皆天矣。

這裏所說的浮明，指內心的燥動，它和人的欲望緊密聯繫在一起，追求耳目口腹之樂，以感官快適爲行動目標。在王夫之看來，浮明是隨生命之氣而動，它對人的自然生命力起著破壞作用，使人的心靈受到壅塞，身體血氣不通，而其所造成的幻象，對人來說是一種夢境，不具有真實性。而且，浮明的趨向是引導人心外騖，因而王夫之主張對它採取限制措施，變外馳爲內斂，抑制它的躁動，從而使心靈處於沉靜狀態。

釋攖寧

莊子在大宗師篇中論述道的屬性及功能時寫道：『其爲物，無不將也，無不迎也，無不毀也，無不成也，其名爲攖寧。攖寧也者，攖而後成者也。』成玄英疏云：『攖，擾動也；寧，寂靜也。夫聖人慈惠，道濟蒼生，妙本無名，隨物立稱，動而常寂，雖攖而寧者也。』成玄英的解釋是正確的。莊子所說的攖寧，是指雖然外界擾動不安，但能保持心靈的安寧平靜，是人與物、靜與動的關係。莊子強調動中求靜，以靜制動，心靈不受外界騷動的干擾。王夫之在解說大宗師篇時，反復對『攖寧』一詞加以發揮，表現出格外的重視。他說：

形之存亡，不足用爲憂喜，則天下之物雜然相攖，而能攖其遁者，不能攖其不遁者，不遁者固常寧也。……天下無非獨也：無我也，無耦也；無殺也，無生也。將、迎、成、毀，攖者自攖，而寧者自寧。

這是強調人要超脫生死的困擾，進而從外界的紛擾中解脫出來，保持自身的寧靜。能否寧靜下來，關鍵在於人本身的心態，而不是由外界條件決定的。王夫之進而說：『大道既無形而不可見，則所聞者，竹素、丹墨、誦讀、視聽、言詞、音響而已。……則即象言以寓真知，亦奚不可哉？亦攖而後成者也。』這裏又對『攖寧』的含義作了具體解釋，認爲凡是屬於形而下層面的器物、行爲等，都屬於『攖』的範圍，是體悟道性的人應該超越的對象。如果能夠透過這些形而下的表象領悟形而上之道，那就是『攖而後成』，也就是攖而後寧。這是對『攖寧』賦予新的含義，帶有認識論和實踐論的色彩。王夫之復又說：

人各有心而悅生惡死，非悅生也，悅物也。目遇之而成色，耳遇之而成聲，心遇之而成愛，爲物所結而自懸不欲解也。攖寧者，物自結而我自解，爲雞、爲彈、爲輪，無不可寓庸，而終無所遁。東西南北皆攖也，則皆寧也。

這是以結釋攖，以解釋寧，頗爲精到。攖是物欲對人的束縛，寧是超脫物累，不爲外物所動。物累甚多，但都是可以擺脫的。王夫之還把攖和寧分别與人和天、禮法和自然建立起對應關係：『畸人而侔於天，則猶寧而不可攖也。彼此皆相造於道，則可以相忘。世俗之禮，一攖也，何不寧也。』認爲順應自然就有寧而不可攖，按世俗之禮行事就有攖而不寧，因而人們應該順應自然，忘掉彼此，進入道的安寧境界，而不能像世俗人那樣，一味按俗禮強調是非善惡之分，弄得內心紛擾不已，難得一刻安寧。

論應

王夫之對莊子在應帝王篇中所說的『應』，曾從多方面進行了解說。他一開始就說：『應者，物適至而我應之也。不自任以帝王，而獨全其天。以命物之化而使自治，則天下莫能出吾宗，而天下無不治。』這是把應說成聽任，而不是出自主觀意識。在王夫之看來，應帶有偶然性，對於人來說是一種機會、際遇，而不是刻意追求的結果。他並說：

應帝王者，以帝王爲跡，寓於不得已而應之。不招物之來，物將不來。物不來則反而自能其事，澹漠之德，功化莫尚矣。

這是進一步強調，所謂的應，是被動地回應，是『寓於不得已而應之』。即不是主動地招引外物，而是聽任外物自然發展，不干預它們。王夫之又說：

鏡以光應物，而不炫明以燭物；一知其所知，而不以知示物。雖知妍媸而不是妍以非媸，物皆其影而自無影，現可駭之形而固無損，故於物無傷而物亦不能傷之。帝王之道，止於無傷而已。

這是強調應物過程中本身不受傷害，外物亦不受傷害。這種效果的獲得，緣於應物過程中不顯示自己，不對所應之物作評論判斷，沒有美醜之分。在王夫之看來，不把自己的主觀意志強加於外物，是物我兩不傷的關鍵所在。他說：『心不生氣，氣不益心，無成心以應天下，無功者，功無與匹矣。』認爲應乃是以平和心態面對外界，並且排除主觀成見，因此這是一種無私、公正的物我關係，也是物我之間的最佳關係。

第三節 『循斯須之當』

——對莊子思想的發揮

王夫之解莊，以還莊子的本來面目爲目的，但他自己的生活體驗和人生觀念，不自覺地融入他的注解中，又使他出乎其外，對莊子思想進行了較多發揮和大膽改造。

一是對現實生活的肯定。莊子於其文中，對現實人生總體上持否定態度。如在逍遙遊篇中，他追求的是『無何有之鄉』、『廣漠之野』，推崇『乘天地之正，而御六氣之辯』的至人、神人、聖人；在田子方篇中，他借孔子之口評價文王以夢請迎『不釣之釣』的臧丈人治國時說道：『彼直以循斯須也。』所謂『循斯須』，郭象注解說：『斯須者，百姓之情當悟未悟之頃，故文王循而發之，以合其大情也。』（莊子注）宣穎曰：『循百姓一時之情，以取信耳。』（南華經解）他們都承認『斯須』是百姓之情，但郭象強調順情以合於道，宣穎強調的是其目的性。王夫之則抓住萬物化成在大道運轉中的位置來解釋這一概念，他說：『斯須者，物方生之機，而吾以方生之念動之，足以成其事而已足矣。……斯須者，無可師者也。』（田子方解）他首先強調，『斯須』是因自然之道鼓動而生成的事物的具體存在，儘管這種『斯須』之物的生存時間與無始無終的大道相比，只是短暫的一瞬，也應抓住這一自然的時機，以成其事。這是對具體事物的肯定。他分析庚桑楚篇中『道分成毀』一段時又闡述說：『從天均而視之，參萬歲而合於一宙，周遍咸乎六寓而合於一宇，則今之有我於此者，斯須而已。』現實中的人在他看來也是『斯須』，即須臾。在同篇解中，他又說道：『有形者，斯須也；無形者，恒也。』從抽象概念的角度，把有形實體與『斯須』聯繫起來。這樣，『斯須』不僅指具體事物，也指人，即以『斯須』代表世間萬物，同時又突出了人間事物的瞬間性、有限性。王夫之把現實中一切有形的東西都說成是『斯須』，並且認爲『斯須』是可循的，然而又是不可執的。他在解説庚桑楚篇時説：

生於天均之運，埏埴爲甕爲缶之委形者，於太虛純白之中而成乎形象，亦白練之點緇而已。其黬也，漸久而渝，則離披而解散。天弢解，天袠墮，非滅也。滅者必有所歸，移此而之彼，彼又據爲此矣。……寢可居，廟可祭，偃亦可御，則彈也，雞也，鼠肝蟲臂也，皆吾所必周遍咸觀，以移焉而隨均以黬者也。所可循者，斯須耳。

王夫之把萬物看作是天均運作的斯須之形，是對莊子道物關係的深化。莊子主張順循大道，但道寓諸庸爲萬物，天均運轉不息則萬物『移是』，謂之『物化』。王夫之的解釋更形象，把太虛純白之氣中的萬物，比作白練上的黑點，突出的是道的統攝作用。而作爲『斯須』之形的萬物，只不過是太虛之氣的聚合，瞬間即會消散，所以『斯須』之形是不穩定的，不可靠的。但是，『斯須』之物雖然短暫而有限，但人還是可以循的，同時也是不得不循的，所以他説：『斯須之生，亦不得不循而衛之。』（庚桑楚解）這是對人生無奈的感慨，也是作爲儒家學者和強調實學的基本立場，就是説，他對現實人生給予了肯定。王夫之認爲，這種斯須之生是可以護衛的，只不過不是衛生之經的最高狀態，最高境界應當沒有主觀上的衛生意識，即『惟無衛之之心，而衛乃至哉！』（同上）這一認識與他對現實世界的肯定態度是統一的。他在庚桑楚篇之末作解説：

然而斯須之循，不能無所爲也。此顔成子游所以疑形之不可使如槁木，心之不可使如死灰也。夫斯須之循，不得已而應之。平氣順心，而喜怒未嘗不可用，則寓庸者，因是以循斯須之當，而特不執之以爲至當。夫然，則畏壘之人，苟欲俎豆，亦何必不俎豆乎？無他，唯其所好，而要不出於吾之籠也。此全人應物之權也。言此以明休天均者之所以閲人、閲世而應帝王，究亦未始出吾宗，是莊子應跡之緒論也。

他認爲『斯須之循』是『全人』的應物之術，從而爲現實生活找到了合理性，這與莊子視人生爲『倒懸』的觀點不盡相同。但王夫之所說的不得已而應之，反映出對現實生活無可奈何的態度，自己切身之感流於字裏行間。

王夫之對莊子思想的發揮還表現在他的儒家立場上。他在莊子通自敘中反復申述：『心苟爲求仁之心，又奚不可？』『雖然，爲莊生者，猶可不爾，以予通之，尤合轍焉。』『凡莊生之說，皆可因以通君子之道，類如此，故不問莊生之能及此與否，而可以成其一說。』他首先承認自己的儒家學者身份，同時也看到了完全脫離現實是虛妄之想，因此希望找出一條儒道匯通之路。基於這種想法，他對莊子中的儒家聖人形象作了千方百計的維護。對逍遙遊篇中的堯和姑射山神人的看法，就是一例。不可否認，王夫之對二人的觀點似有矛盾，但他又處理得十分巧妙。他評價堯說：『堯不以治天下爲功，堯無己也。』這似乎與莊子本義不符。因爲在莊子看來，堯舜之跡如塵垢粃糠，是不足取的。但王夫之卻抓住篇中『其神凝』三字，大加發揮，認爲這就是『一部南華大旨』。他說：

視堯舜之治跡，一堯舜之塵垢糠粃也，非堯舜之神所存也。所存者，神之凝而已矣。

王夫之這裏所看到的是堯舜禪讓的精髓，而不是他們的成就，因而認爲堯是逍遙的。說明王夫之作爲傳統的儒家學者，堯舜的神聖地位在他的心目中是不可動搖的，但他解莊又要還莊子的本來面目，因此他在『其神凝』三字上作了發揮。這樣，無論是鯤鵬、斥鴳，還是宋榮子、列子、唐堯、藐姑射山神人等等，只要『其神凝』，就都是逍遥的。於是也就使下文關於『有用無用』的討論與『無何有之鄉』貫通起來，實現了圓融，因爲『有用無用』之辨，只有在現世世界才有意義。

王夫之莊子學所具有的儒家思想傾向，也可從他對天下篇的解說中窺見一斑。如他說：

莊子於儒者之道，亦既屢誚之矣。而所誚者，執先聖之一言一行，以爲口中珠，而盜發之者也。夫群言之興，多有與聖人之道相牴牾者。而溯其所自出，使在後世，猶爲狉狉獉獉之天下，則又何道之可言，何言之可破？唯有堯舜而後糠粃堯舜之言興，有仲尼而後醯雞仲尼之言出。入其室，操其戈，其所自詫爲卓絕者，皆承先聖之緒餘以旁流耳。

在王夫之看來，後世儒家並未掌握儒家思想的關鍵，所得只是儒家之末流緒餘，而真正的君子之道與莊子之道是相通的，其契合點就在於處斯須之形而心隨天均之所運化，即追求精神上的超越境界。

二是對莊子『無』的觀念的改造。莊子天地說：『泰初有無，無有無名。』這種看法與老子基本相同，指無名無形，沒有任何規定性。王夫之不同意這種看法，而是認爲『無』不是不存在，也不是無形，只是其形體的特殊存在，肉眼看不見而已，『無形者，非無形也，特不見也。……知無形而有形，無狀而有狀矣。』（天地解）他認爲『無』是有其規定性的，這種規定性就是太虛之氣，『其渾然一氣流動充滿，則自黍米之小，放乎七曜天以上、宗動天之無窮，上不測之高，下不測之深，皆一而已。上者非清，下者非濁，物化其中，自日月、星辰、風霆、雨露，與土石、山陵、原隰、江河、草木、人獸，隨運而成，有者非實，無者非虛。』（則陽解）宇宙間的『渾然一氣』即是太虛之氣，而太虛之氣極其精微，『人之目力窮於微，遂見爲天也』（天地解）。太虛之氣又是有無的統一，可見爲有，不可見爲無。莊子在庚桑楚篇又提出：『萬物出乎無有。有不能以有爲有，必出乎無有。』即認爲宇宙產生之前是『無』。王夫之認爲宇宙形成具體萬物之前，所存在的不是絕對的『無』，他解釋道：『從天均而視之，參萬歲而合於一宙，周遍咸乎六寓而合於一宇，則今之有我於此者，斯須而已。斯須者，可循而不可持也。……有形者，斯須之形；無形者，恒也。』（庚桑楚解）這是說宇宙就是時間和空間，具體事物有時空局限，有特定形體，有特定的生存環境，而太虛之氣則無時空限制，是永恒存在的，並且先於宇宙產生之前就已經存在了。

三是對莊子『自然』觀念的發揮。『自然』在莊子中指一種自然而然的狀態，莊子在齊物論篇中論道：『道行之而成，物謂之而然。惡乎然？然乎然。惡乎不然？不然乎不然。物故有所然，物故有所可。無物不然，無物不可。故舉莛與楹，厲與西施，恢恑憰怪，道通爲一。』這是對『自然』的不可規定性的解釋，同時又認爲『自然』與大道相通。王夫之則在此基礎上把『自然』提升爲道，他說：『自然者之無所以然，久矣。自然者，有自而然之謂。而所自者，在精神未生之上，不可名言，而姑字之曰道。乃形物既成之後，此道亦未嘗暫舍，而非根本枝葉各爲一體。爲君子者，乃求所以然而自外於大方，豈有當乎？』(知北遊解)他首先對現世之事提出批判，認爲這並不是自然而然，而是『有自而然』，所自的就是人的精神思想，人名之曰道。表面看似乎王夫之受了王陽明心學的影響，以爲道來自於人的內心，實際上他是從批判現實的角度把人心籠罩於大道之下，對人心的舍本逐末、與道背離給予了否定，從反面強調了『自然』就是道。他又把『自然』理解爲規律性，在解天運篇時說道：『天之轂轉，地之蕃育，日月風雲之變易，無有常也，而終古類然，又至常也。極而常者，一自然而無不定。』這是說，天地萬物始終處於變易之中，具體事物沒有恒常性。但考察事物的變化，自始至終都存在著一種『至常』的規律，這就是『自然』。在對待『自然』的態度上，王夫之與莊子也不盡相同。莊子主張『安時處順』，順應『自然』，他極力宣揚三種境界：一是『喪吾』，即齊物論中所說的形如槁木，心如死灰；二是『忘生死』，對於生死的態度，他在養生主篇中這樣表述道：『適來，夫子時也；適去，夫子順也。安時而處順，哀樂不能入也，古者謂是帝之縣解。』三是『寂寞無爲』、『虛靜恬淡』，他在逍遥遊篇中提出了這樣的處世態度：『樹之於無何有之鄉，廣漠之野，彷徨乎無爲其側，逍遥乎寢臥其下，不夭斤斧，物無害者，無所可用，安所困苦哉！』實際上，莊子的三種境界是常人無法達到的。王夫之認識到這一點，因而提出『因其自然』的主張，他說：『順之以逮治者，亦唯因其極而極之，因其常而常之，無機無緘，無待於勸，無事於披拂，因其自然以並載天下。』(天運解)王夫之將『自然』理解爲規律，因此他的『因其自然』就是按規律辦事，把莊子的消極因素轉化成積極因素，強調了人的能動性。他說：『自然者，萬德之所并，而無一德之可役者也。』(知北遊解)人不能役使規律，否則就要受到懲罰：『以其必然，強其不然，則違其自然者多矣。』(天運解)不違自然，順應自然規律，同時強調人的能動性，就是王夫之的『因其自然』。

四是關於『真宰』的論述。莊子在齊物論篇中，極言知之釀成是學術機變無窮的根源，隨後發出感歎：

『已乎！已乎！旦暮得此，其所由以生乎！非彼無我，非我無所取。是亦近矣，而不知其所爲使。若有真宰，而特不得其眹。可行已信，而不見其形，有情而無形。』這是莊子對世間紛繁事物發生原由的哲學思考，對是否有主宰宇宙萬物的『真宰』提出疑問，若有則無形，若無卻在發揮作用。接下來用『親私』、『臣妾』、『君臣』關係作比喻，進一步發問：『其有真君存焉？』這表明，莊子在這一問題上是有疑慮的，於是後人在注解時也發生了分歧。對於『真宰』，郭象注、成玄英疏都認爲它無跡可尋，否認它的存在。對於『真君』，郭象未作説明，成玄英則列舉了兩種説法：一曰『直置忘懷，無勞措意，此即真君妙道，存乎其中矣』。二曰『真君即前之真宰也，言取舍之心，青黄等色，本無自性，緣合而成，不自不他，非無非有，故假設疑問，以明無有真君也』。照這一解釋，又否認真君的存在。王夫之對『真君』、『真宰』的解釋是一以貫之的，他認爲莊子用的是設問之詞，不承認所謂『真君』、『真宰』的存在。他解道：

蓋以爲有萌而終不得其萌。以爲無萌，而機之發也必自我，留而守者必有據，厭而緘也必有藏。意者其有真宰乎？乃可行己信，而未信之前無眹。唯情所發，而無一定之形，則宰亦無恒，而固非其真。是不得立真宰以爲萌矣。抑其因形之開而始發也，疑其依形以爲萌也。乃骸也、竅也、藏也，皆以效於知者。其散寄之乎？則一人之身而有異知，耳目不相喻，內外不相應矣。既非散寄，則必依其一以爲主，而私有所悦。將指此官骸竅藏，何者爲主，而何者爲臣妾？於是而疑之曰，官骸竅藏之外，有真君焉。而虚而無倚者，不足以相役，不足以相君。君且不得，而況其真！歷歷求之，了無可據。然則莫知其萌者，果非有萌也。（齊物論解）

這是王夫之對真宰有無的嚴密論述，先由有萌不得、無萌而發提出疑問，然後依據人對事物的感知認識，指出無眹不信、無恒不真，逐層否定真宰的獨立存在；又根據人感知能力差異和個人喜好不同，否定了真宰的散在存在，最後得出『所謂君者無君也，宰者無宰也』的結論。王夫之又指出，既然真宰不存在，那麼萬物的變化都是自生自化。他在解齊物論篇時說道：『天之化氣，鼓之、激之，以使有知而有言，豈人之所得自主乎？天自定也，化自行也，氣自動也，知與不知無益損焉。』說明人也不能主宰一切，這就從主觀客觀兩方面都否定了真宰的存在，萬物的產生變化都是自然而然。他在解大宗師篇時指出：『天地、日星、山川、神人，皆所寓之庸，自爲本根，無有更爲其根者。』以具體事物爲例，進一步提出了沒有真宰的主張。在解天運篇時又說：『天地之化，無非自然。上皇因而順之，不治而不亂。後世自勉以役其德，而自然者失矣。以爲天下可自我而勉爲之，而操之以爲魁柄。然則天地、日月、風雲，亦有主持而使然者乎？人無不可任，天無不可因，物無不可順。至於順物之自然，而後能使天下安於愚而各得。』這便是王夫之的天道自然的精神，其間也流露出他對當時社會動亂的嚴厲批判。

第二十二章　明代其他學者的莊子研究

第一節　邵弁的南華真經標解

邵弁，字元偉，蘇州太倉沙溪人，生卒年不詳。清黄虞稷謂其『嘉靖癸丑（1553）避寇幽居，以經自隨久之』（千頃堂書目卷二），四庫館臣謂其爲『隆慶（1567—1572）中貢生』。著作有春秋尊王發微十卷、詩序解頤一卷、老子彙注、南華真經標解六卷等。

南華真經標解六卷，今存於中國國家圖書館，書前、書尾皆有缺頁，卷端題『沙溪邵弁注』、『後學邵祖雍校』。今案王世貞弇州四部稿續稿卷五十，有邵弁莊子標解序云：『吾友邵弁氏，用經術，困諸生久，晚而讀是書，若有會焉，有所標解，而因以名之。其文不盡載，取其粹然者而已；其語不盡析，取吾之犂然者而已。夫簡珠者汰其瑟而珠良，攻玉者琢其瑕而玉完。於乎，此所以爲邵弁氏莊子也。』王世貞出生於明世宗嘉靖五年（1526），卒於神宗萬曆十八年（1590）。邵弁既然被王氏稱爲『吾友』，而於晚年讀莊子，『若有會焉，有所標解』，則年齡當與王氏相仿佛，南華真經標解當著於萬曆初。

在王世貞看來，邵弁南華真經標解的主要風格特徵，就是『其文不盡載，取其粹然者而已；其語不盡析，取吾之犂然者而已。』今通讀邵氏此書，其對各篇的標解，確實粹然犂然，簡潔明了，與時人朱得之莊子通義、陸西星南華真經副墨、孫應鰲莊義要删、陳懿典南華真經三注大全等相比較，皆有所不同。對於莊子散文藝術特徵的闡釋，邵弁所用筆墨也非常經濟。如逍遥遊篇總論部分，文復生文，喻中有喻，讀者自來難尋其脈絡所在。對此，邵氏於『去以六月息者也』下云：『復引齊諧之言以實其事。』意謂『齊諧』一節文字，乃是用來證實前面鯤鵬變化寓言的，即所謂『重言』。又於『則負大舟也無力』下云：『此處雙關，文先虚後實，中間更著議論。』意謂『野馬也』數句是虚寫，『且夫水之積也不厚』數句是實寫，都用來比喻大鵬憑風而飛，而『天之蒼蒼』數句插於中間，乃是爲了引出議論，即大鵬從天上俯瞰地面，亦猶人視天上，同樣不能得其真相。又於『小年不及大年』下云：『此處單關，文先實後虚，復從虚處展開説去，此文之跌宕也。』意謂『小知不及大知』總綰上面數句，乃是實寫，比喻蜩與鷽鳩何足以知大鵬之遠徙！而『小年不及大年』一句，乃是虚寫，復從虚處拓展開去，屬於莊子行文的汪洋跌宕，並不與上文發生直接關聯。邵弁的這些説法，大致能揭示莊子行文的特徵，對讀者理解逍遥遊篇有一定幫助。

對於内篇，邵弁提出了一些簡單而獨特的看法。他在『内篇第一』下説：『明内聖之道。』何謂『内聖之道』？他並没有作具體闡述。但他在逍遥遊篇題下説：『至人乘道德以浮游於世者，無譽無訾，一龍一蛇，與時俱化而無敢專爲，逍遥乎遥蕩恣睢轉徙之域，猶大鵬之□於九霄而徙於南溟也。』今鑒於『内篇第一』即爲逍遥遊篇，則邵弁爲此篇所作題解，亦即是對『内聖之道』的闡述。説明在邵氏看來，所謂『内聖之道』，不外就是像至人一般，隨時變化，毁譽都失，超然萬物之上，遊於至虚之境，豈肯弊弊焉以治天下爲事！故莊子在内篇中，復又撰出齊物論、養生主、人間世、德充符、大宗師五篇，從各個不同的角度來深入闡發這一主旨，而最後撰出應帝王篇，以落到『外王之道』上，即所謂『有内聖之德，斯可以應帝王之治』（應帝王題解）。

那麼，外篇與内篇有什麼關係呢？邵弁在『外篇第一』下説：『七篇皆明外王之道，與内篇應帝王相表裏。』這裏所謂的『七篇』，乃指駢拇、馬蹄、胠篋、在宥、天地、天道、天運七篇。按照邵氏的看法，這七篇的主旨與應帝王互爲表裏，其中前三篇可能還是弟子所寫的文章。他在胠篋篇『昔者齊國』一節文字後說：『已上三篇文字，峻快而條達，然不類莊子筆，首尾一意，正似有題目文字，此必弟子所作也。』邵氏指出，第一篇駢拇『發老子「絕聖棄知」之旨』（題解），第二篇馬蹄『發老子「絕仁棄義」之旨』（題解），第三篇胠篋『發老子「絕巧棄利」之旨』（題解），認爲棄絕仁義、聖知、巧利乃是達到聖王之治的前提，是爲『外王之道』。這種『外王之道』，也叫作『純王之道』。邵弁在『外篇第四』下說：『此下四篇，皆論純王之道也。』這裏所說的『四篇』，指在宥、天地、天道、天運四篇。在邵氏看來，此四篇闡述爲帝王者當純以天德用事，以無爲之心治天下，是爲『純王之道』，最與應帝王篇主旨互爲表裏。此外，邵弁在刻意篇題下說：『此篇與養生主相爲表裏，靜一而不變，此養神之道也。』在繕性篇題下說：『此篇與齊物論相表裏，天下之亂起於文博之辨，此齊物論之始條理也。』在秋水篇題下說：『此篇與大宗師相表裏。』在至樂篇題下說：『此篇與逍遥遊相表裏。』在達生篇題下說：『此篇專論守氣，與養生主相發。』在山木篇題下說：『此篇與人間世相表裏。』在田子方篇題下說：『此篇與德充符相表裏。』在知北遊篇題下說：『此篇與齊物論相表裏，言休乎智之所不知者爲至，此齊物論之終條理也。』這些說法，其中如繕性、秋水諸篇題解所言，顯然與實際情況不相符，但他能大膽倡言外篇對内篇的闡釋關係，卻具有一定的開創意義，後來潘基慶南華經會解、周金然南華經傳釋所謂内、外篇有經傳關係的看法，當受到了邵弁此說的一定影響。

對於雜篇與内、外篇的關係，邵弁在『雜篇第一』下說：『雜者，内、外雜也。細大美惡，雜舉成文，瑰詭譎怪，道通爲一，亦因是也。』認爲所謂雜篇，就是雜取内、外篇某些思想資料，經過一番演繹而成之文。邵氏在庚桑楚篇題下說：『此篇皆明内聖之德，由偏曲以致其全也。』在徐無鬼篇題下說：『此篇雜舉外王之道，以誠而立，以僞而廢也。』在則陽篇題下說：『此篇論名實，以内聖爲實，以外王爲名。』在邵弁看來，雜篇既雜發内篇中的内聖之德，又雜發外篇中的外王之道，並進而將『内聖』修養身心之實德與『外王』治理天下之虛名合爲一體，所謂『名實所聚，故能合併而爲公也』(則陽眉批)。這就是說，『內聖外王』才是天地間最理想的至公之道。邵氏這樣來論說雜篇與內、外篇的關係，雖然論據不足，在理論上也缺乏系統性，但確實言前人所未嘗言，給人以耳目一新之感。

通讀邵弁南華真經標解各篇，大率持莊子解釋莊子，但有少數篇章卻引入了佛教思想，其中以齊物論篇最爲明顯。他在此篇眉欄開宗明義說：『華嚴經一字有六相，謂總別同異成壞也。金剛經以人我相攝總別，以衆生相攝同異，以壽者相攝成壞。「吾喪我」，是無人我相也；「今之隱几，非昔之隱几」，是無成壞相也。無人我相，則是非之辨不立，而成毁還流之相亦泯矣。此一篇之宗旨也。』據大乘佛教經典華嚴經十地經的說法，一切字一切法皆有六相，謂總相、别相、同相、異相、成相、壞相。若就聖眼所見之諸法體性言之，則六相圓融，全體與部分，部分與全體，皆可化爲一體，圓融無礙。又據金剛經說，衆生執著於我相、人相、衆生相、壽者相而輪回不斷，而修行者能於佛法中逐步領悟並離此四相，直至證悟原始佛性。在邵弁看來，南郭子綦『吾喪我』便是泯滅了人相、我相，『今之隱几，非昔之隱几』便是破離了成相(生)、壞相(滅)，說明他對一切境界不思量、不分别、不執著，已完全達到『無我』的境界，那麽還有什麽『是非之辨』、『成毁還流之相』呢！邵弁認爲，這正是齊物論篇的宗旨。依據這一宗旨，邵弁進而批道：

『大智』以下，論人我相，蓋是非生於好惡之妄心而成於彼我之相取，但因彼之是則彼是莫得其偶，人我之相不立而辨止矣。

齊物論篇在敘述了南郭子綦、顏成子游寓言之後，接著就寫『大智閑閑』等文字。在邵弁看來，這些文字具體論述了人相、我相，意在說明衆生執著於一個實在的我，有我之所有，又因站在我的立場，一切是非皆由我之好惡而生，於是彼此是非叢生，爭辯永遠沒有休止。邵弁又批道：

『故爲是』以下，說成壞相，原無實體，是以聖人不拘於成，所過而化，是非還流，不守其故也。

在邵弁看來,『故爲是舉莛與楹』以下文字,具體論述了成相、壞相,意在闡明事物本來並非固定的實體,皆因原因和條件會合而成,成不礙壞,壞不礙成,成相壞相,相輔相成,所以聖人不執著,一任是非的遷流變化,不對它們作任何的分別與判斷。邵弁復又批道:

『今且』以下,言諸相皆無實體,若交蘆然,相待而若不相待,可分而不可分,可分者妄也,不可分者實也,是以聖人和之以是非,因之以曼衍,忘年忘義,振於無竟,則人我成壞之相俱泯,而物論齊矣。

邵弁指出,『今且有言於此』以下文字,具體論述了諸相皆無實體,數者同時具足、互融互涉、彼此無礙,所以聖人摒離一切分別,混同是非,因任自然,從而達到人相、我相、成相、壞相俱泯之境界,物論也就齊同了。由此可見,邵氏標解齊物論篇,雖然具有明顯的佛理化傾向,但基本符合莊子撰寫本文的宗旨——破除『成心』以齊同物論。

從南華真經標解全書來看,邵弁最喜歡引用的佛教觀念是所謂『四大』説。如至樂篇有『生者,假借也;假之而生生者,塵垢也』之語,邵氏注云:『我之生,四大假合而生。物又有假我而生者,則生者如塵垢之類,蟣虱是也。』田子方篇有『夫天下也者,萬物之所一也。得其所一而同焉,則四支百體將爲塵垢』之語,邵氏注云:『天下謂四大,地、水、火、風也。假於異物,托於同體,故曰萬物之所一也。皮肉、爪髮、筋骨同歸於地,涕唾、津血、便溺同歸於水,煖氣歸火,轉動歸風,則是身也咸非我有,同於塵垢矣。』根據佛教的説法,『四大』亦稱『四界』,指地、水、火、風四種構成物質的基本元素,其屬性分別爲堅、濕、煖、動,世界萬物均由四大構成。邵弁在當時自然科學水準相當低下的情況下,借此來解釋莊子所謂萬物皆出於天地運化的觀念,雖有些牽強附會,但大致能説得過去。有時,邵弁對佛教『四大』説的運用顯得更爲大膽。如大宗師篇有這樣一段話:『吾猶守而告之,三日而後能外天下;已外天下矣,吾又守之,七日而後能外物;已外物矣,吾又守之,九日而後能外生;已外生矣,而後能朝徹;朝徹,而後能見獨;見獨,而後能無古今;無古今,而後能入於不死不生。殺生者不死，生生者不生。』邵弁注云：

天下謂身分以內之天下，即地、火、水、風是也。內觀此身，是四大假合而生，即以是身還歸四大，身非我有，是外天下也。物謂身分以內之物，四大和合而成者。觀想此身，毛髮爪齒、皮肉筋骨、髓腦垢色皆歸於地，唾涕膿血、津液涎沫、痰淚精氣、大小便利皆歸於水，暖氣歸火，動轉歸風。四大各離，今者妄身，當在何處？即知此身，畢竟無體，和合爲相，實同幻化，四緣假合，妄有六根。六根四大，中外合成，妄有緣氣，於中積聚，似有緣相，假名爲心。此虛妄心，若無六塵，則不能有。四大分解，無塵可得，於中緣塵，各歸散滅，畢竟無有，是外物也。一切衆生，從無始來，種種顛倒，妄認四大爲自身相，六塵緣影爲自心相，譬彼病目，見空中華，及第二月。由此妄有，輪轉生死。如來因地，修圓覺者，知是空華，即無輪轉，亦無身心。受彼生死，是謂外生也。不入輪轉生死，則生死爲一途，易所謂『通乎晝夜之道而知』是也。生死爲一，則永斷輪回根本。由是無我愛，故無我相；無我相，故無人相；無人相，故無衆生相，是能見獨也。見獨而後能通古今爲一，無成毁還流之相也。諸相皆由性起，相滅性圓，則真性常住，不生不滅矣。殺伏生機，使識心不生，則真性不死。生其識心，則真心不生。

在大宗師篇中，莊子以『外天下』、『外物』、『外生』等來說明修道淺深的不同功效。而所謂『朝徹』，是說胸中朗然徹悟；『見獨』，是說已窺見卓然獨立的至道；『無古今』，是說已破除古今的觀念；『入於不死不生』，是說已破除死生的觀念；『殺生者不死，生生者不生』，是說能使萬物生息死滅的大道，它自己卻超然生死之外。對此，邵弁都引佛教『四大』說來進行闡釋，但因闡發過於坐實，所以牽強比附者時有所見。如莊子說『人之生，氣之聚也』（知北遊），而邵氏則引佛教說，認爲人的生命是由『地、火、水、風』假合而成，『外生』就是四大各離，歸於散滅；莊子說『萬物皆出於機，皆入於機』（至樂），謂萬物的生命都產生於自然，死後又復歸於自然，而邵氏則引佛教說，認爲人的生死就是輪回，若能外生死也就永遠斷絕了輪回根本。可見邵弁的闡釋，畢竟與莊子的本意有一定差别。不僅如此，邵氏還由此引出了佛教關於『六根』、『六塵』、『識心』、『真心』等説法。

佛教所謂『六根』，指眼、耳、鼻、舌、身、意六個識根，前五根爲四大所成之色法，意根則屬心法。眼能見色，耳能聽聲，鼻能嗅香，舌能嘗味，身有所觸，意能識法，因色、聲、香、味、觸、法六者爲六根所感知認識的六種境界，故名『六境』；因六境像塵埃一樣能染污人的情識，故亦名『六塵』。依於六根，接於六塵，所生之識有六，故謂之『六識』；六根有見、聽、嗅、嘗、觸、識六種功能，故又謂之『六用』。六識紛擾，立許多知見，是謂『識心』；六根清淨，不生分别之心，是謂『真心』。邵弁在闡釋莊子時，也使用了佛教的這些説法。如齊物論篇有『其寐也魂交』之語，邵氏注云：『寐則形閉而魂交，魂交而成夢，釋氏所謂六識巡遊也。』這裏以佛教所謂六識紛擾巡遊闡釋了莊子所謂寐時魂交而成夢的説法。德充符篇有『以其知得其心，以其心得其常心』之語，邵氏更是注云：

因其六用之知，而得其六根之中，皆有識心也。以其識心之妄，而得其常住真心，蓋識心如第二月，二人於水中觀月，二人東西行，各有一月隨人而去，舉頭看月，唯一而已。故六識非真，有生有滅；常住真心，不生不滅，亦唯一而已。

德充符篇所謂『以其知得其心，以其心得其常心』，是説常季疑嫌王駘猶不能忘智任獨，認爲他以智力去修治其心，然後再去求得其常心，最終只能得其常人所有之心而已。邵弁引佛教説法予以闡釋，認爲這是以『因其六用之知，而得其六根之中』的『識心』去求其『真心』，猶如眼翳之人，望真月時，幻見二月，即以爲天上有二個月，豈可找回朗然皎潔的第一月——真月！因此，緣六根、六塵而生之六識，總是虚妄不真，而唯有佛性真如，乃爲不生不滅之實體。邵弁的這些解釋，作爲對外來理論的借鑒來看，並無可厚非，但與莊子思想卻有一定出入。可見，對於魏晉以來以佛解莊的闡釋方法，既不能一概否定，又必須清楚看到其所存在的問題。

第二節　陳深的莊子品節

陳深，字子淵，號潛齋，浙江長興人，生卒年不詳。明世宗嘉靖二十八年（1549）舉人，官至雷州府推官。性嗜古，致仕後纂輯忘倦，年八十餘，猶篝燈至丙夜不輟。所著有周易然疑、春秋然疑、周禮訓雋、十三經解詁、諸史品節、諸子品節等。事跡及著作情況，主要見於同治長興縣志卷二十三、卷二十九。

諸子品節凡五十卷，黄虞稷千頃堂書目卷十二著録。據卷首自序『萬曆辛卯（1591）孟春日吴興陳深子淵甫撰』之語，則此書爲陳深晚年時雜抄諸子而成。全書共分爲『内品』、『外品』、『雜品』①三大部分，莊子品節八卷即列於『内品』之中。陳氏在諸子品節凡例中説：『不佞所采掇者，乃晚周以後，西京以前，爲其世代近古，文辭奥雅，故取其諸子衆家，及史、漢記載，無問真贋，雜陳於前，而摘其尤傑異者而輯録之，爲之品騭，爲之節文，以便作者臨池器使，故總命之曰諸子品節。……然亦有全書，出一人之手，成一家之言，一句一字皆其精神融結，而不容取舍者，摘之則非全璧矣。故不佞於老子、莊子、屈宋騷辭及孫子兵法，一句爲一義者，皆全録之，不遺一字，所以見畸人瑋士，構思落筆，學問之所自來，不如是，不足探其底也。……書分内品、外品、雜品，仿依莊子之内篇、外篇、雜篇而品名之，以便學者之按名求珍，無甚優劣，雖莊氏三篇，概其辭旨，亦未有優劣其間，學者觀於内品，而知藴藉之精深，外品知雄名之獨禪，雜品知珠聯玉屑之足矜也。……且如河上公發太上之辭，覺衰世之潰；漆園吏涕唾成珠，呼吁成霧，一字百金也。即謦欬餘音，且不敢廢，無所用節焉。』説明陳深把他的編著劃分爲内、外、雜三品的唯一依據就是莊子，而且他還十分欣賞莊子的思想和文采，所以對莊子一書不敢擅

① 諸子品節目録及各卷卷首凡應題作『雜品』者，則皆作『小品』。不知何故。

自刪節，甚至把其中的外篇、雜篇也都列爲『内品』，只是依照蘇軾之説而芟去讓王、盜跖、説劍、漁父四篇而已。

陳深著莊子品節，順文作解，間有標明采自郭象、林希逸、楊慎、陸西星諸家之注者。但今加以比照，則可發現其所作解釋文字，大多摘抄於陸西星南華真經副墨，而並不書其名氏，由此可見明代（尤其是晚明）學術界抄襲風氣之一斑。但在摘抄陸氏解釋之外，陳深也每每自作解説、品評，而且不乏精采之語。如他在馬蹄篇題下説：『此篇專言近世之多事，不若太古之無爲，皆聖人毁道德而爲仁義之過也。通篇剽剝聖人，然其文辭獨最，如騰駒野馬，邁放不羈。』在秋水篇題下説：『此篇説義理，闊大精詳，有前聖所未發，而後儒所不及聞者。即宋關洛諸公復起，須讓一頭。』像這樣的題解，可謂精粹生動，每爲他人所不及。陳深爲每篇所作的眉批，更具有自己的特色。如他説：『駢拇以下三篇，皆一片文字，首尾照應，而其妙處，全在虛字哉乎矣也，發其雄特之氣，每以一脈度過，斷雲接日，黍米空懸，小腰巨腹，形容不盡也。』像這樣來揭示駢拇、馬蹄、胠篋三篇的藝術特徵，確實想像奇特，是前人所未曾評説過的。此外，陳深在順文作解時也有不少獨特見解。如歷代學者都認爲莊子絶無一字言及孟子，而陳氏則在天下篇『鄒魯之士』一段文字下説：『此上所指，則周衰以後，鄒魯之士，搢紳先生，詩書禮樂之徒，孔孟是也。』這一解説雖然不一定完全符合天下篇的原意，但無疑屬於振聾發聵之音，是很有啟發作用的。總之，陳深的莊子品節儘管抄錄陸西星之注過多，但其中也不乏他自己的獨特見解，所以仍不失爲一部有一定學術價值的莊子學著作。

第三節　孫鑛的南華真經（評點）

孫鑛（1543—1613），字文融，號月峰、湖上散人，浙江餘姚人。祖父燧官至禮部尚書，父升歷官南京禮部尚書，兄鑨、鋌、錝分别爲吏部尚書、禮部尚書、太僕寺卿。鑛既出生官宦之家，自幼即接觸古代典籍，兼以累年好學不輟，遂至精通經史，博極百家。明神宗萬曆二年，奪得會試第一，歷吏部文選司郎中，澄清銓法，頗有聲譽。累進兵部侍郎，加右都御使經略朝鮮，官至南京兵部尚書，加太子少保，參贊機務。

今存孫月峰先生批評禮記卷首載孫月峰先生評書目錄，列孫鑛評點著作四十三種，遍及經、史、子、集，而中國古籍善本書目著錄更是多達六十餘種，其中涉及諸子者就有孫鑛批點明萬曆刻老莊合刻六卷、萬曆三十九年王澍刻孫月峰先生批點南華真經八卷、明崇雅堂刻列子八卷、天啟讀書坊刻關尹子二卷、天啟梁傑刻文子十二卷、明泰和堂刻鄧子一卷、天啟刻荀子二十卷、明沈景麟刻韓非子二十卷、隆慶三年活字印韓非子節鈔二卷、明刻無能子三卷、明末聚奎樓刻劉子二卷等。在歷史上，孫氏主要就是因其遍評經史子集而爲世人所重，如錢謙益曾評論説：『評騭之滋多也，論議之繁興也，自近代始，而尤莫甚於越之孫氏（鑛），楚之鍾氏（惺）。』（葛端調編次諸家文集序）

在明代文章評選家中，唐宋派重要代表人物茅坤已有宗經的主張，這對孫鑛的評點應當有一定的影響。但比較起來，孫鑛受前後七子『文必秦漢』復古思想的影響更爲明顯。其與李於田論文書云：『古人無紙，汗青刻簡，爲力不易，非千鍾百煉，度必可不朽，豈輕以災竹木？宋人云：「三代無文人，六經無文法。」弟則謂惟三代乃有文人，惟六經乃有文法。周尚文，周末文勝，萬古文章，總之無過周者。論語、左氏、公、穀、禮記最有法。公羊，子夏弟子；禮運出於子游，其餘似多係二賢高弟所撰，此皆是孔門文字。國策而後乃大變，莊、列、荀、屈、韓、呂諸家，變態極矣。子長承之，祖論語，沿戰國餘風，更以奇肆出之，遂爲後代文豪。其實法窮而縱，以嗣周秦之後，即唐宋之蘇氏也。浸淫至於六朝，及唐，惟務綺靡，法益亡。昌黎氏力振之，直探原於經，法乃更出。近人不知，乃顧以縱肆者爲古，規矩者爲今，此迷於初始矣。』説明孫鑛衡文不僅遵循七子之途徑，而且大有『愚今更欲進之古』（與呂甥玉繩論詩文書）之味，郭紹虞先生即認爲『孫月峰就可視爲七子文論之後勁』。

前七子領袖李夢陽論文主於法，極力主張以秦漢文章之文法爲準的。孫鑛論文不但主於法，而且要求直溯至六經之文法，自謂『丁亥(1587年)以後，玩味諸經，乃知文章要領惟在法，精腴簡奧，乃文之上品』(與李於田論文書)，又謂『文章之法，盡於經矣，皆千錘百煉而出者』(與余君房論文書)，認爲六經所具有的『精腴簡奧』風格乃是經『千錘百煉』而出，是後人寫作文章的最高典範。孫氏的這一文學思想，也明顯地反映在其南華真經(評點)①中。如云：

千錘百煉，篇章字句，無一不妙，力勁而色濃，調諧而味永。(逍遥遊篇首眉批)

有好勢，抛擲頓挫，鏗然音節，精潔而又縱逸，然卻自煉中來。此等爐錘，是歐陽手。(庚桑楚『嘗言移是』節眉批)

妙處全在文法變化，最蒼、最腴、最勁。(至樂『種有幾』節眉批)

描寫哀駘它處，章法絕工妙，錯而密，峭而腴，有鏗然之音。(德充符『哀駘它』節眉批)

峭而腴，煉法最可玩。(列禦寇『鄭人緩也』節眉批)

散而密，淡而腴，章法絕工妙。三句三『而』字，錯爲勢，是煉法。(田子方『東郭順子』節眉批)

精腴！(養生主『澤雉十步一啄』節眉批)

在孫鑛看來，莊子中凡是具有『精腴簡奧』之類特徵的篇章字句，自是高古有法，皆爲作者千錘百煉的結果。具體說來，這一特徵即表現爲『力勁而色濃，調諧而味永』、『抛擲頓挫，鏗然音節，精潔而又縱逸』等理想風格，無疑是值得後人效法之古法。

與上述文學審美趣味相關聯，孫鑛還使用了諸如『奥』、『嚴』、『險』、『冷』、『軟』、『饒致』、『有致』、『有態』、

① 上海辭書出版社圖書館所藏明代據世德堂本翻刻南華真經(評點)(封面題孫月峰評點南華真經)，所有孫鑛批語皆以朱色寫刻於眉欄中，本節凡引孫氏批語均出於此。

『形容』、『明切』、『醒』、『快』、『醒快』、『壯偉』等詞語，而其中用得最爲頻繁的則是與『奇』字相關的批評範疇。如：

突然起，真是奇絕！（天運『天其運乎』節眉批）

矯爲奇語，喚起正意。（天運『商太宰蕩』節眉批）

前後俱單點，此獨雙破，正是奇處。（秋水『是故大人之行』節眉批）

峭語突起，排五句，驚心駭目，真是奇絕！（秋水『夔憐蚿』節眉批）

連下六個『釣』字，語勢甚奇峭。（田子方『文王觀於臧』節眉批）

發揮物情，煞是透快，此三語尤奇俊。（徐無鬼『知士無思慮之變』節眉批）

筆勢甚豪勁，而奇意險句，時復錯出。（徐無鬼『嚙缺遇許由』節眉批）

三『審』字、三『殆』字連下，文鋒特奇肆。（徐無鬼『故水之守土也審』節眉批）

陡然撰出，真是奇絕！第太險肆，不入雅境。文字必須從雅中生出奇巧，方耐咀嚼。（應帝王『南海之帝爲儵』節眉批）

以『奇』作爲評點莊子的重要審美範疇之一，當始於宋末劉辰翁，至晚明便成爲一種風氣，孫鑛就是其中的重要代表，所以諸如『奇峭』、『奇險』、『奇絕』、『奇妙』、『奇巧』、『奇俊』、『奇肆』、『奇意』、『奇語』、『奇處』、『甚奇』、『意奇』、『語奇』、『事奇』等審美範疇便大量出現，在其評點中所占比重甚大。但孫鑛與唐宋派每執唐宋文章轉折波瀾之『奇』以窺莊子文章之『奇』不同，也比前後七子更加強調所謂古法，所以他所說的『奇』，還要求『必須從雅中生出奇巧』，能夠入於古雅的境界，而不能像漢以後之文，往往誤入『太險肆』、『太肆意』或『太明白』、『太清空』之歧途。

從上述審美觀點出發，孫鑛對莊子中某些章節提出了批評。如他批評逍遥遊篇『客聞之』節說：『此處似猶未盡煉法。』批評刻意『刻意尚行』節説：『五比章法亦可，然字句卻俱是信手捉來，殊未洗煉。』批評至樂篇『咸池九韶之樂』節説：『肆筆行文，頗乏鎔裁。』批評齊物論篇『非彼無我』節説：『章法絶流動，第嫌太雄肆，未入雅境。』批評天地篇『視乎冥冥』數節説：『第意旨不深，語又不甚琢煉，殊覺曼衍而乏趣味。』批評徐無鬼篇『黄帝將見大隗』節説：『亦頗有致，然太清空，不甚腴。』在孫鑛看來，像這些章節，或『未盡煉法』，或『未洗煉』，或『不甚琢煉』，或『乏鎔裁』，或『太雄肆』，或『太清空』，皆非經過『千錘百煉而出』的『雅』、『腴』之『上品』。他甚至説：

此下三篇（指駢拇、馬蹄、胠篋三篇）都是快文，第太發越，少藴籍，視逍遥遊、養生篇，便不及遠甚。（駢拇篇眉批）

宋人謂此篇辭理俱到，未然。氣格殊淺薄，只是調今而意肆，彼淺見者，遂心折耳。（胠篋篇眉批）

摛辭盡工盡細，第畦徑太分明，便似近代文字，覺氣脈淺薄，不若内篇之深厚。（庚桑楚『老聃之役有庚桑楚者』節眉批）

明代前後七子標舉『文必秦漢』，唐宋派則欲由韓歐以進窺司馬遷，由司馬遷以進窺先秦之文，而孫鑛卻只是直溯先秦『精腴簡奥』之『上品』，所以將莊子中似『畦徑太分明』、『太發越』、『少藴籍』、『氣脈淺薄』之類篇章，斥爲『調今而意肆』、『似近代文字』，不及逍遥遊、養生主等篇『遠甚』，只能使『淺見者』之『心折』而已。通讀孫鑛批語可知，他對莊子外、雜篇的批評明顯多於内篇，甚至懷疑其中某些篇章並非出於『歐冶手』莊周。孫鑛在讓王篇眉欄説：

中諸段多與吕氏春秋同。夫吕氏書，雖間有襲莊、列者，然不應於此篇獨襲之多。且氣格淺弱，亦與莊文不類。蘇子瞻謂此下四篇皆非莊作，或者近是。

蘇軾莊子祠堂記謂讓王、盜跖、說劍、漁父四篇爲後人僞作，孫鑛經過對這四篇文字作具體分析後，基本同意蘇氏的說法。他在讓王篇眉欄指出，此篇與呂氏春秋之貴生、審爲、離俗三篇相同者各有三段，與慎人、誠廉二篇相同者各有一段，且『氣格淺弱，亦與莊文不類』，應該不是莊周親手錘煉出來的作品。對於盜跖、說劍、漁父三篇，孫鑛又指出：

粗淺無骨力，的非莊作，然文脈語態，卻自莊子來。（盜跖『孔子與柳下季爲友』節眉批）

不甚煉淨，然氣卻豪暢，自是戰國文字。（盜跖『古者禽獸多而人民少』節眉批）

細玩此章文氣，乃絕似史記日者傳。（盜跖『世之所謂忠臣者』節眉批）

與辭俱非莊派，只是戰國時策士遊談，正與弋說及幸臣論相似，然氣格視彼二篇更爲淺薄。（說劍篇眉批）

此處須得工麗語形容，方是匠手，卻乃聊且結束，所以但覺淺弱。（說劍『此劍直之無前』節眉批）

蕪率淺弱。（漁父『孔子遊乎緇幃之林』節眉批）

孫鑛不但從『骨力』、『文氣』、『氣格』等文學特徵方面來判斷盜跖、說劍、漁父三篇非『匠手』莊周所爲，而且還從內容方面來斷定說劍篇『只是戰國時策士遊談』，具有一定的說服力，因而清代宣穎南華經解在說劍篇末照錄了孫氏的這條批語。

第四節　李光縉的南華膚解

李光縉，字衷一，號宗謙。一作字宗謙，號衷一，福建晉江人，生卒年不詳。工古文詞，萬曆十三年（1585）鄉薦第一。因屢困春闈，遂絕意仕進，以著書授徒自娛，持論一以朱熹爲宗，學者稱衷一先生。事跡主要見於乾隆福建通志卷五十一、閩中理學淵源考卷七十。著作有易經潛解、四書臆說、中庸說、景壁集、南華膚解等。

南華膚解二卷，黄虞稷千頃堂書目卷十六著録，已佚。但方以智藥地炮莊曾引李光縉詮解文字，而黄洪憲莊子南華經文髓、陳懿典南華真經三注大全所引尤多，幾乎保存了李氏詮解的全部文字，可見南華膚解一書在明清之際影響甚大。晚明翁正春在敘南華注大全中說：『「南華老人於學無所不窺，然其要本歸於老子。」善乎！龍門子颺言之也。曰：「著書十餘萬言，大抵率寓言耳。善屬書離辭，指事類情，用剽剝儒墨。其言洸洋自恣以適己，雖當世宿學不能解。」然亦深器之。今讀其書，果非有耆碩故老傳聞其概，幾不能句。則林鬳齋實惟南華鼓吹，裔是而呂有注，郭有注，入我朝而陸方壺、李衷一又斌斌輩出，爲南華功臣最著，南華於是稱全書，而如嵋年兄會眾說而集其成，得顔其額曰南華三注大全。』認爲莊子一書正如司馬遷在史記老子韓非列傳中所説，雖當世宿學不能解，後世唯有林希逸莊子口義、呂惠卿莊子義、郭象莊子注、陸西星南華真經副墨、李光縉南華膚解諸書頗得其旨，而其中林希逸莊子口義尤爲南華鼓吹，陸西星南華真經副墨、李光縉南華膚解更是南華功臣，因而陳懿典（如嵋）遂會眾說而成南華真經三注大全一書。翁正春這裏以陸西星南華真經副墨、李光縉南華膚解爲入明以來最重要的兩部莊子學著作，這實際上代表了明清之際一部分學人的看法。今觀黄洪憲莊子南華經文髓，完全以集解的方式解釋莊子，而其所集之解，基本上僅限於陸西星南華真經副墨、李光縉南華膚解二書之注解；郭良翰南華經薈解也以集注的方式解釋莊子，所集有呂惠卿莊子義、陸西星南華真經副墨、李光縉南華膚解等書之注解；陳懿典南華真經三注大全同樣以集注的方式解釋莊子，所謂『三注』即指林希逸莊子口義、陸西星南華真經副墨、李光縉南華膚解三書之注解，正反映了翁正春所謂『入我朝而陸方壺、李衷一又斌斌輩出，爲南華功臣最著』的學術觀點。下面論述李光縉的南華膚解，即以郭良翰南華經薈解、陳懿典南華真經三注大全所引李光縉南華膚解中的文字爲依據。

據郭良翰南華經薈解、陳懿典南華真經三注大全所引李光縉南華膚解之解來看，李氏詮解莊子的思維形式大致與陸西星南華真經副墨相似，既重視字義的解釋，又重視義理的闡釋。如他在詮解逍遥遊篇時說：『遊者，心有天遊也；逍者，灑也；遥者，遠也。逍遥遠去，優遊自在也。篇中「乘天地之正，御六氣之辯，以遊無窮」者，正逍遥遊也。……列子有鯤鵬之化，而不免乎待風，於絶行則未，均未得逍遥遊也。……逍遥遊名篇，卻不於章首道明，到「逍遥寢臥」句才說出何？大抵逍遥本旨，「無用」而已。無用則虚静，虚静則神凝，神凝則逍遥。曰「予無所用天下爲」，曰「安肯以天下爲事」，曰「窅然喪天下」，皆無用也。惠子以爲有用，而役役焉與之爭，外神勞精，去逍遥遊遠矣。』（陳懿典南華真經三注大全引）這裏對『逍』、『遥』、『遊』三字的解釋，以及以『無用』二字概括逍遥遊全篇『本旨』，則皆有别於前人的說法，但又能落實到篇中關於『無待』方爲逍遥的宗旨之上。李氏還對整個内篇的結構以及七篇之間的關係作了不同於以往任何人的解釋。他在七篇之末說：

南華一經，内篇盡之矣。七篇之中，標目有宗旨，先後有次第。人心本體，原灑落廣大，無有滯礙，無有方所，故以逍遥遊始焉。遊者，遊於方之外，而方内法障，最搆鬥人，莫如是非可否之論，紛然遝至，樊然殽亂，遊不可得而逍遥也。故次之以齊物論。欲齊物論，徒求之可不可、然不然、同與異、是與非之間，其孰從一之？惟是真君、真宰，所以一也。故次之以養生主。養生之經，遊虚立獨，超凡入仙，是謂不死，而當其未也，安能不與世接？故次之以人間世。涉世之道，無事爲事，不用爲用，可謂善世矣。養生之人，又復如是，豈非至德！故次之以德充符。德者，得也。德充則道化，善生善死，不生不死，與天爲徒，與化爲一，故次之以大宗師。大宗師則無爲矣，無爲然後無不爲，塵垢秕糠，陶鑄堯舜可也。故以應帝王終焉。逍遥遊之終寢臥也，以臥得遊，乃真遊也；齊物論之終蝶夢也，以夢得齊，乃真齊也；養生主之終盡薪也，以盡得養，乃真養也；人間世之終無用也，以無得世，乃真世也；德充符之終不有身也，以不有得充，乃真充也；大宗師之終坐忘也，以忘得師，乃真師也；應帝王之終混沌死也，以死得帝，乃真帝也。七篇之始於鯤鵬化，而終於混沌死也，以死得化，乃真化也。統之皆所謂虛也。（郭良翰南華經薈解引）

對於莊子內七篇的邏輯關係，此前已曾有不少人作過探究，而李光縉復又作了自己的新解釋，並倡言每篇結尾處皆寓有深意。他的這些說法雖不免有牽強附會之嫌，但在理論上畢竟有較大的創新，頗可使人有耳目一新之感。

李光縉在南華膚解中所表現出的新意，往往具有佛理化的思想傾向。如他在全書一開頭就說：『南者明也，大方無量之謂；華者法也，出泥不染之謂；内者心也，本性如如之謂。人心真體，不生不滅，不垢不淨，無是無非，無生無死，太虛不包其體，日月不喻其光，八萬四千十方三界都從内現，不自外假。故遊者心之遊，齊者心之齊，主者心之主，世者心之世，符者心之符，宗者心之宗，應者心之應，七篇之言，大抵皆心謂矣。以其直指本體，出人入天，出生入死而言，故名之曰内篇。』（陳懿典南華真經三注大全引，下皆同）我們知道，佛教把一切精神現象稱之爲『心』，有『三界唯心』之說。或謂『心』爲堅實心，即『自性清淨心』、『如來藏』、『真如』之異名，認爲此心堅固真實，不生不滅。可見李光縉這裏以『心』字詮解内篇七篇，並謂『七篇之言，大抵皆心謂矣』，『以其直指本體，出人入天，出生入死而言，故名之曰内篇』，無疑具有明顯的佛理化思想傾向。正是基於這一認識，李氏在具體詮解内篇的過程中就不免要徵引一些佛教思想資料了。如他在詮解齊物論篇時說：

因是明者，空中自現，本體明妙，釋氏言『慧覺』是也；因者，空中自然，真性如如，禪宗言『淨因』是也。明非寂照，因非緣假。明是因處明，因是明處因。明如鏡像，因是法身。明從虛生，故得其環中；因則無二，故知通爲一。

『因』是齊物論篇，也是莊子全書中的重要哲學概念，表達了莊子要求一切順應自然的哲學思想。在齊物論篇中，又有『莫若以明』之説，意謂應該抛開是非之爭，而以空明若鏡的心靈來觀照萬物。對於莊子的這些哲學觀念，李光縉則引佛理闡釋之，指出『明』就是『空中自現』、『本體明妙』的『慧覺』，『因』就是『空中自然』、『真性如如（永存）』的『淨因』，但『明』並不是死一般地反映物像，『因』也並不是依憑假有，而是表現爲『明是因處明，因是明處因』，即『明』如明鏡迎物取像，『因』似佛以一切諸功德法而成身，所以説『明從虛生，故得其環中；因則無二，故知通爲一。』李光縉復於詮解大宗師篇時説：

> 方内方外，即釋氏所謂世法出世法也。彼直與造物者爲徒，而遊於混芒一氣之中，以生爲贅疣，以死爲潰決，又烏知死生先後之所在，而以哀樂爲乎？假於異物，托於同體，即圓覺經所謂『地火水風四大假合而成幻身，及其死也，骨髮齒爪歸地，精津血液歸水，煖氣歸火，動轉歸風，今者幻身復在何處』是也。

莊子所謂遊於『方内』、『方外』，是指處於受禮節虛文約束的塵世社會和超然於禮節虛文約束的塵世社會之外，認爲遊於方外者，只不過是假借不同的外物而與之混同爲一體罷了，此即所謂『假於異物，托於同體』。李光縉在借鑒陸西星有關説法的基礎上，也以佛教所説的『世法出世法』和『四大和合』理論解釋之，認爲莊子所謂的『方内』就是佛教所説的『世法』（謂世間一切生滅無常的事物），『方外』就是佛教所説的『出世法』（謂達到超脱生死的境界），而所謂『假於異物，托於同體』，就是佛教經典圓覺經所説的人身皆由地、火、水、風四大假合而成，而四大又從空而生，因此一切人身都是虛幻的，『及其死也，骨髮齒爪歸地，精津血液歸水，煖氣歸火，動轉歸風，今者幻身復在何處？』總之，由於莊子哲學與佛教理論有著某些相通之處，所以李氏有時便引佛理以解莊子，從而爲讀者找到了兩者之間的重要連結點。但從中也可看到，莊子哲學與佛理畢竟不能等同，因而他的詮解仍不免存在著一些强爲牽合的地方。

同時，李光縉還以『五行』說來詮解莊子。如他在詮解逍遥遊篇時說：『藐姑射四子，真逍遥也。四子，疑水、火、金、木，寓言總歸坤宫。』又說：『大瓠五石，皆寓言也。五石之實，疑借人身五行意。』像這樣以『五行』說來解釋藐姑射之四子和五石之大瓠，是此前所不曾有過的。更需要指出的是，李氏甚至以『五行』說系統地詮釋了養生主篇。他說：

養生主者，養其生之主也。主，神也，所謂丹基也。養神之道，在乎去知，無知則無善惡矣。唯緣其真元，督其知累，以爲經營，保身全生，養親盡年，道不過此。緣督之經，不外人身中五行之妙。五行皆歸於土，而土生金，故解牛言刀者，會土之金也。世間萬物，入火皆壞，惟金不壞。金之爲寶，鎔之得水，擊之得火，其柔象木，其色象土。水、火、土、木，四時皆備，修煉家名曰金丹，又曰刀圭，皆此意也。刀之爲用，排擊則折，遊虚則善。養刀之道，遺虚而已。然刀之爲體，水淬則利，火鍛則毁。金在水中，兑寄坎位，金乃無傷，故又言澤雉。澤水也，水獨則盛矣。雉離物，雉步澤中，不就樊畜，不介煙火，坎填離之意也。水能生木，薪則木槁，以槁木燒火，火燃則水又乾，故火欲其盡。盡火者，所以灰薪而歸於土也。大抵養生主在去知，去知在取坎宫水填離宫火，水火既合，龍虎交噬，總歸坤宫，則坤土厚，而金液融結，是爲生主。得是主者，乘虚御氣，出有入無，發則其薪，藏則其善，破生死之途，超夢覺之關，時來順去，何往不樂，此之謂帝之懸解。

我國古代稱水、火、木、金、土五種物質爲『五行』。按照五行家的說法，『五行』是相生相剋的，即木生火、火生土、土生金、金生水、水生木，反之則水克火、火克金、金克木、木克土、土克水。李光縉以『五行』說詮釋了養生主篇，認爲此篇以『緣督以爲經』爲宗旨，即不外是要闡明『人身中五行之妙』，而由於五行皆歸於土，土能生金，故『解牛言刀者，會土之金也』。在李光縉看來，刀之爲用，排擊則折，遊虚則善，而養刀之道，惟在遺虚，故此篇以遊刀於虚喻養生之道。然刀之爲體，水淬則利，火鍛則毁，而金在水中，乃無傷害，故又有澤雉之寓言。澤水也，水能生木，薪則木槁，以槁木燒火，火燃則水又乾，故以『指窮於爲薪』終其全篇，而意欲以灰薪歸於土。至於李氏在詮釋養生主篇時所用的『丹基』、『金丹』、『刀圭』，以及『坎』、『離』、『坤』等等，則是道教和易學中的概念，説明他所闡釋出的養生思想已跟『五行』説及道教、易學思想混在一起。李光縉在詮解應帝王篇時，則把『五行』説與佛教、易學思想調和了起來。如他説：

道體本虚，其不能虚，心未死耳。前念未滅，後念復起，東念忽至，西念又生，緣六根而染六塵，因六塵而起六識，逐妄迷真，去道日遠，都由心生，故心非死，則不能虚也。南海之帝，火德也；北海之帝，水德也；中央之帝，土德也。水能流，火能焰，故曰儵曰忽。土沖氣，故曰渾沌。此個寓言，卻是人身中法象，坎離交媾，總歸坤宫，故曰遇於渾沌之地。……曰遇曰地，曰待善曰謀報德，皆形容其未能無心之意。

古代陰陽五行家把水、火、木、金、土五行看成五德，認爲其中的每種物質各代表一種德性，它們相生相剋，交互更替，周而復始。而在易學中，『坎』卦象徵水，『離』卦象徵火，『坤』卦象徵地，以地德深厚廣大，萬物畢載，故『坤』卦與『乾』卦同爲六十四卦中最重要的卦象之一。李光縉以上述理論詮釋了應帝王篇最後一則寓言故事，認爲南海之帝儵爲火德，北海之帝忽爲水德，中央之帝渾沌爲土德，依據五行相生相剋和易卦『坎離交媾，總歸坤宫』的原則，儵、忽相遇，必歸土德，故曰『遇於渾沌之地』。在李光縉看來，渾沌善待儵、忽，儵、忽謀報其德，試爲開鑿七竅，又即佛教所謂『緣六根而染六塵，因六塵而起六識，逐妄迷真，去道日遠』之意。我們應該説，這裏以『五行』説和易學理論來比附應帝王篇中的這則寓言故事，無疑顯得很牽强，但其以佛教心寂念滅思想來闡釋此則寓言故事，認爲『曰待善曰謀報德，皆形容其未能無心之意』，卻是有些吻合的。

第五節　陶崇道的莊子印

陶崇道，字路叔，號虎溪，陶望齡之侄，浙江會稽人，生卒年不詳。自幼穎異，萬曆三十七年（1609）中舉人，次年聯捷韓敬榜進士。初授即墨知縣，有能聲。萬曆四十年調掖縣。萬曆四十四年南京給事中，未上任即因丁憂歸鄉。崇禎元年（1628），奉召起復，任職兵部，遇事敢言，有『鳴鳳』之稱。崇禎八年遷按察使，備兵羅定，分守嶺西。升福建右布政使，未就任即去官歸里，將陶懌、陶望齡所編族譜遺稿彙集整理爲會稽陶氏族譜十七卷。又撰莊子印八卷，據此書陶氏自序末署『順治六年（1649）』，則著者入清時尚健在。

莊子印全稱拜環堂莊子印，書前除陶崇道自序外，尚有凡例，謂此書『分卷與卷中段落，一依焦弱侯（竑）所定莊子翼』。然今以兩書相較，陶氏分卷並不與莊子翼相同，而是依蘇軾之說，將寓言、列禦寇兩篇合而爲一，又將讓王、盜跖、說劍、漁父四篇摘出，獨自成卷，作爲附錄，置於書末。且通讀全書，其明引或暗引莊子翼者並不多，而稱『家太史云』，借鑒陶望齡解莊者卻不少。如在詮釋在宥篇『黄帝立爲天子』寓言時引『家太史』云：『初疑漆園齊生死，不應復立長生之說，意後人所傅會。讀至「物無窮而人皆以爲終，物無測而人皆以爲極」，已分明道破。乃知前段，蓋順情之談耳。』陶望齡原來認爲莊子言辭與『本懷』之間存在著一定差異，如『黄帝立爲天子』寓言大談長生之說，即似與齊生死之旨相背離，但他讀至『物無窮而人皆以爲終，物無測而人皆以爲極』，便忽然體會到這則寓言只不過是『藉外論之』罷了，莊子思想本身並不存在什麼矛盾。陶崇道引述了這一解說，並肯定其『大有見』。知北遊篇有『孔子問於老聃』寓言，老聃向孔子具體闡述了『大道』，陶望齡眉批云：『此老忍俊不禁，索性破口。』陶崇道在闡釋這則寓言時說：『此靈山會上拈花微笑時也。家太史云：「此老忍俊不禁，索性破口。」妙論也。』這裏對陶望齡的說法也深表贊同。『道』本不落言辭，孔子卻問道於老聃，因而陶望齡認爲老聃是心内暗笑孔子之問才開口爲其論道；陶崇道則在此基礎上，進一步將老聃的這種『忍俊不禁』比擬爲佛祖和迦葉的拈花微笑之妙。當然，對於前輩的解説，陶崇道也並非一味苟同，而是敢於表達自己的看法。如在宥篇有『雲將東遊』寓言，陶崇道説：『此節家太史疑其爲僞，然序述虚靈，恐非凡近能到。』表明其對陶望齡的説法亦不敢盲從。

受當時浮躁學風的影響，晚明莊子學著作整部剽竊或半抄襲者有之，文字粗俗且刊刻拙劣者有之，而陶崇道莊子印，雖自謂頗依焦氏分卷分段之例，卻是一部精心撰寫，具有一定獨特性的莊子學著作，可謂是明季同類著作中的佼佼者之一。全書除讓王、盜跖等四篇外，對其餘各篇都逐段作了詮解，以串講爲主，不僅重視字句的詮釋，還能顧及各章節意義的聯貫性。如庚桑楚篇『宇泰定者』以下各節文字，其間邏輯關係甚難理清楚，陶崇道卻對其進行了有序的梳理。他在『天鈞敗之』下説：『南榮趎只因照不見事理，無處尋頭路，天光不發故也。』在『備物以將形』一節下説：『上説發天光，分明指與通明之號矣。此節把他病痛細細點出來。』在『道通其分也』一節下説：『「道通其分也」，這句一節都包盡。分成分毀，分出分入，分死分生，分有分無，世間可謂無所不分矣。』在『古之人，其知有所至矣』一節下説：『此節「道通其分」之注腳。』在『蹍市人之足』一節下説：『此節是「移是」的注腳。』在『羿工乎中微』一節下説：『既將「移是」合到無爲，又要將無爲合到天上，以結篇旨。』儘管這些詮釋不無牽強附會，但陶崇道努力尋繹庚桑楚前、後半篇，以及後半篇各節之間的邏輯關係，將全文詮釋爲一個有機的邏輯結構，這種勇於探索的精神無疑值得肯定。同時，陶崇道對於各章節的具體詮釋多比較切合實際。如他在闡釋應帝王篇『南海之帝爲儵』寓言時説：

儵、忽、渾沌，皆寓言，不必深解。古來多少帝王，以應召之人，舞智弄巧，將久安長治之國脈，如鐫如剜，尋至於不可救，誰之過歟？此應帝王者不可不深惟也。

歷代治莊者對此則寓言往往有過度闡釋，有的甚至引入陰陽五行或佛教所謂的認賊作子説，而陶崇道則認爲，這本來就是寓言，『不必深解』，它只是表明帝王治理國家不可『如鐫如剜』，而應採取無爲態度，才能使『國脈』久安長治。這一解釋，既簡明扼要，也符合莊子本意，值得重視。

對於莊子篇目的真僞問題，陶崇道也並非一味承因蘇軾等人的説法，他在作爲附録的卷八開頭説：

東坡謂讓王以下四篇，必非莊子所作，雜之二十九篇中，不特神氣索然，而繁簡淺深，相去百倍，一覽可知。朱晦翁曰：蘇子由古史中多有好處，如論莊子三四篇議夫子處，以爲決非莊子之書，乃後人截斷莊子本文攙入。此其考據甚精密，但今觀之，莊子此數篇，亦甚鄙俚。此宋儒之言也。宋景濂曰：盗跖、漁父、讓王、説劍，不類先後文，疑後人所剿入。此明儒之言也。弱侯焦竑、石簣家太史，皆近日之邃於理者也，其於四篇，一指爲僞作，一指爲醜劣之甚，可見古今有同心也。第石簣先生又曰：太史公，聖於文者也，不應不能辨識。觀其於老子，則曰『著書上下篇，言道德之意五千餘言而去』，未嘗更置一字；於孔子，則曰『書傳、禮記自孔子』，亦未嘗更置一字；於莊子，則曰『著書十萬餘言』，獨舉『作漁父、盗跖、胠篋以詆訿孔子之徒』，又曰『其説洸洋自恣以適己』，蓋明示不足之意矣。夫不足由於詆訿孔子之徒，詆訿孔子之徒，古今抱絶識者，皆以爲決非莊子之言，而不行刪除，謂非莊子之罪人可乎？予不肖，不敢爲莊子之罪人，故於讓王等四篇，不作注解，而不行刪除者，竊附古人缺疑之意云耳。

陶崇道對蘇軾、朱熹、宋濂、焦竑等人的説法，既有所承因，又有所質疑，對同宗長輩陶望齡的説法，亦不敢完全苟同。在陶崇道看來，今傳讓王、盗跖、説劍、漁父四篇，並不像家太史陶望齡所説，乃是『史遷所見既亡，而後人妄托之，遂流傳於世』者。根據他的理解，司馬遷爲莊子作傳，重在傳其人，不在詮其文，所以只是獨舉『作漁父、盗跖、胠篋以詆訿孔子之徒』，又曰『其説洸洋自恣以適己』，以表明莊子在思想認識上有所缺陷（不足），而後世『抱絶識』者，則斷定莊子中這些『詆訿孔子之徒』的篇章『決非莊子之言』，但又不予刪去，未能使莊子思想趨於純正，豈非莊子之罪人！陶崇道不敢成爲莊子之罪人，因而對讓王、盜跖、說劍、漁父四篇皆不作注解，僅作爲附録附於全書之末；至於未將其刪除者，乃出於『竊附古人缺疑之意』。陶崇道的這些看法，與他人甚有不同，但其所表現出的儒家立場，卻與衆家並無二致。

陶崇道在詮釋莊子過程中，較重視探究其中的『心性』，以爲惟其如此，方可『見作者之心』（凡例）。他在闡釋逍遥遊篇時說：

> 莊子立内篇名目，而以逍遥遊爲首。内莫内於心性，盛心性者身，不究生身之源，安知吾身之所自來，不窮心性之體，安知吾身中有如許闊大、如許變化之世界，而要之直說不得，故寓意於鯤鵬。……莊叟談心性，而全寓之鯤鵬，爲古今第一奇絶之談，惟恐人信他不過，故齊諧不足，又引湯之問棘以爲證。

陶崇道認爲，莊子以逍遥遊篇爲全書開端，旨在闡明其『心性』之說，因爲『内莫内於心性』，如不探究『心性之體』，怎能知道身中有如此闊大、如此變化的世界？所以莊子才寓之於鯤鵬故事，又引齊諧、湯問反復證之。陶氏的這一說法，已經較自覺地意識到，莊子的逍遥遊主要在於強調心靈的逍遥。這一解說，與前人的闡釋指向有明顯不同，從一個獨特角度貼近了莊子的思想。

與探究『心性』相應，陶崇道還探討了莊子『心法』。如應帝王篇有肩吾與接輿的寓言，其中主要是談關於『以己出經式』方法治理天下是否可取的問題，陶崇道認爲這是在談『治法』，僅僅停留在『治人』、『正世』的層面上，而接著所講的『天根遊於殷陽』寓言，則在『說爲治者之心法』，已上升到了『遊心於淡』以化天下的境界。他說：

> 乘莽眇之鳥，出六極之外，遊無何有之鄉，處壙埌之野，言逍遥之至也。……爲天下者，將天下看

得十分濃釅，卑之；生心自利，則欲必求其極，高之。生心利人，則爭神克勝，範地圍天，而天下無寧宇矣。故要淡，合氣於漠。……吾氣與漠氣相合，是爲通乎化原也。通乎化原，曉得物物有個自然而然者在，吾惟順之而無容私焉，天下有不治者乎？

陶崇道的這一解説，正合於應帝王篇關於帝王應以無爲無心君臨天下的政治理想。他接著還在解説『陽子居見老聃』寓言時指出：『心法不可務外』，唯有『立乎不測而遊於無有』者，方可做到『了無形跡可擬』，無心化貸而天下自喜。陶氏此處的闡釋，亦頗得莊子之意。

在上述基礎上，陶崇道又提出了『心象』説，對『心』的一系列活動進行了具體描述。如天地篇有『夫道，淵乎其居也』一節文字，陶氏解釋説：

此節摹寫心象。心主應，不叩則不應，故曰：『淵乎其居也。』應順而不亂，故曰：『漻乎其清也。』……心之出，有物採之，此佛門所云心法『四緣生』也。物即緣，出即生，緣則牽惹，故心生；物採則搖動，故心出。此自然之道也。故曰：『形非道不生。』非有採之者，心形從何處出來？生非德不明者，此德乃『君子之德風，小人之德草』之『德』。惟風爲能動草，惟草能爲風動，惟物爲能採心，惟心能爲物採，德使然也。存形，不令心出也；窮生，究其生心之繇，勿令再生也。立德，勿使得採也；明道，明其失『淵乎』、『漻乎』之根源也。把這個工夫做得純熟了，自然萬扣萬應，萬應萬當，寂天寞地在裏邊，驚天動地也在裏邊。……吾心也，金石也，其爲善應一也。

陶崇道認爲，『心』與金石『不考不鳴』的狀態一樣，原本『淵乎其居』、『漻乎其清』，而一有物類牽惹，就會活躍起來，以至『萬扣萬應』，與天地相應接；但『心象原無象』，本來就無形無象，所以莊子接著撰寫了『象罔』寓言，以及『泰初有無』、『夫子問於老聃』兩節文字，或講『虚』，或講『無』，『總是描寫心象』，將『心象』虚寂淵静的特徵充分描繪出來。應當説，這些説法大致符合莊子的本意。不過，陶崇道以儒家所謂的德風來比附『心象』，便使本於自然、因物而動的『心象』蒙上了道德說教的色彩；而所謂『四緣生』云云，以佛教賅括一切有爲法之生起所憑藉的四種緣，即因緣、等無間緣、所緣緣、增上緣來解釋『心象』，又將不叩不應的心、物關係解釋成了諸法之生起與四緣的關係，皆與莊子的本真思想有一定距離。但在一般情況下，陶崇道偶爾援引某些佛教說法來解釋莊子思想，並沒有明顯的不合適。如田子方篇『孔子見老聃』寓言有語云：『生有所乎萌，死有所乎歸，始終相反乎無端，而莫知乎其所窮。非是也，且孰爲之宗！』陶崇道解釋說：

生非無故而生，非萌何生？死非無故而死，非歸何死？或始之，或終之，始終相反於無端，豈漫然莫爲之主張者？『非是也，孰爲之宗！』『是』是恁麼東西？說得出否？此如禪門參話頭一般，悟不到，則鐵壁銅牆；悟到時，則虛空粉碎，皆著不得言句者。

在莊子看來，萬物忽生忽死，莫知其所終窮，其實皆有『道』爲之宗本。莊子所說的『非是也』之『是』，指的即是『道』。陶崇道指出，體悟莊子所謂的『道』，正如禪門參話頭，如果悟不到，就像鐵壁銅牆，不可摧毀，而一旦悟到，則虛空粉碎，頓斷疑根，如夢初醒。其巧妙之處，即在不執言語，不帶妄念，當下、直接體悟，使覺照力直向心源推動，由此便可參破『道』妙。此外，如知北遊篇有『魂魄將往，乃身從之，乃大歸乎』之語，陶崇道云：『大歸，即佛門不來之意。』外物篇有『心無天遊，則六鑿相攘』等語，陶崇道云：『佛教謂之六根，道家謂之六鑿。』這些解釋，也大致符合莊子原意，說明莊義與佛理本有相通之處，往往可以互爲發明。

第六節　周拱辰的南華真經影史

周拱辰，字孟侯，浙江桐鄉人，生卒年不詳。沈季友檇李詩系卷十九謂其才情奇麗，擅詩古文，好纂秘冊稗乘及國家典故，寒暑搦管不輟。著作有聖雨齋集、離騷草木史、南華真經影史等。

南華真經影史九卷①，首題『西吳周拱辰孟侯氏箋注，孫男元釜銘五、雲杼緗雯編次』。包括内篇七篇，附外篇中秋水、至樂二篇，每篇各一卷。前有唐元弼所作南華真經影史序、周拱辰所撰南華真經影史自序，而讀南華内篇影史條例則不知撰者爲誰。眉批一部分當爲周拱辰所自作，其餘則採録了譚元春及周拱辰之子周宷等人的説法。據周拱辰在自序中所提供的一些信息來看，此著原稿當成於崇禎十年丁丑（1637）遊兩廣之際②，今所傳本疑有後人增益文字。

周拱辰在自序中説，他在童年時就已喜讀莊子，而對於逍遥遊、秋水二篇『尤深諷詠』，但『顧省其義，茫然無畔』，『歸而求之諸家，而諸家之注匆善是也，庶幾求之向、郭，而茫然者彌甚。』崇禎十年，他與『唐氏（元弼）粤遊，税駕潮之揭署，有大樹焉，曰榕，其枝參天，其須繚空十畝，其根騎牆，廣七丈有奇。坦而坐以爲亭，級而上以爲樓，枕而卧以爲北牖。焚香啜茗，百慮枯退，悄乎遊廣漠而與大檮伍也，杳乎遊於元古而與懷、葛、泰豆飯也。恍乎樹絫交横，鳥踏葉落，化爲萬蝶，而栩栩吾側也。不知我之爲莊與？莊之爲我與？出所爲逍遥、秋水而快讀之，俯而思，仰而嘘，嗒焉而若有忘，又若有得也。追其所爲，遺生死，化是非，一鼠肝蟲臂，曝然欲笑者，與目前之有有無無斜陽淡月者遇，而一以筆出之。顧吾筆入紙背者三寸，而回視南華之影與筆俱出，亦若曝然欲笑，

① 乾隆浙江通志卷二百四十五著録作莊子影史，注云：『桐鄉縣志，周拱辰著。』未曾説明卷數。

② 周拱辰讀南華内篇影史條例云：『孟侯先生賦遠遊，浪跡扶南，食江瑤柱，日飽荔枝乾，時時出南華一編快讀之。怡然有得，而載之筆以見志。』唐元弼南華真經影史序云：『吾友孟侯……，頃同予粤遊，暇日注莊七篇，並秋水、至樂竟，笑謂予曰：「生平喜讀莊，未有得也，兹於海外而得之。微子之遊不及此，亦成連先生移我情乎！」予盥沐危坐而讀之，作而歎曰：「是固周子自著之書，而特借漆園而發之者也，注云乎哉？」』扶南，舊縣名，在今廣西壯族自治區西南部。此當泛指兩廣一帶。説明周、唐二氏所云，亦皆可證南華真經影史九篇確爲周氏遊粤期間所著。

而愾乎如聞其太息之聲也。……夫予之詮南華則何如哉？或亦告無欺於南華之影則已矣。』這裏未免有故弄玄虛之嫌，但從中卻可看出，周拱辰這時已深刻認識到，要詮釋莊子，不能拘囿於文字本身，而必須追蹤莊周之影，把自己化爲莊周，『是真善畫影者也，是真善詮影者也』。因此，他把自己的這部莊子學專著稱作南華真經影史。

正由於有著上述認識，周拱辰在撰寫南華真經影史時才採取了『遺其糟粕，窺其天機』、『呼出其精神，而與之共語』的思想方法。讀南華內篇影史條例云：『伯樂相馬，所見無非馬；庖丁解牛，所見無非牛，其天機之遇也。讀莊亦然，遺其糟粕，窺其天。假化而爲鵬，與爲扶搖；假化而爲蝶，與爲栩栩；假化而爲髑髏，與爲鬼語。我盡莊現，鬼神出告，覺漆園叟一段精靈，繞吾牀頭屋角而不去，故善遇莊者，善注莊者也。夫注莊者，莊之副身也；讀莊者，又注莊之副身也。名理悉敵，而後可以言莊之副身；眼光四映，而後可以言注莊之副身，不則其不可傳者已逝矣。欲於千年故紙中，呼出其精神，而與之共語，此豈涼德餒識之可幾乎？刪其物穢，飲其清虛，百慮都消，嗒然喪我。挾一篇，焚香靜讀，自然潭澄月入，恍惚遇之。』此當代表了周拱辰的思想，認爲解莊者自當澄心息慮，唯與千載之上的莊周爲旦暮之遇，或一同化爲大鵬，搏扶搖而上者九萬里，或一同化爲蝴蝶，栩栩然而飛舞，或一同化爲髑髏，竊竊然以鬼語相應答，然後才能真正窺見莊子思想的精義所在。這實際上是說，周拱辰就是運用這一思想方法追蹤莊周之影，尋覓莊子文章之眼目的。讀南華內篇影史條例以解讀逍遥遊篇爲例說：

莊文有眼，須善讀莊文者以慧眼對之。如以鏡照鏡，顧影欣然，離騷所云『目成』是也。然欲摸著南華眼孔大難。眼，乃一篇精神注射所在，而精神注射，又非去皮覓骨，去骨覓髓之謂也。如逍遥一篇，『窅然喪其天下』、『無所可用，焉所困苦』二語爲一篇主腦。然畢竟究所謂『窅然』者何物？有可用而能爲無用者又何物？莊子不言也。不言而於無有句字處，若遠若近，若含若吐，魂魄盤礴其中，驀然踏著，正如阿那律它，索其雙眼，雙眼俱盲，而有一點，爍破大千，忽然相遇，不知其乃在半頭也。正須自具隻眼，乃可相視而笑。不則經不遮眼，眼乃遮經，即臨去秋波，枉向東風拋失去矣。

周拱辰顧影欣然，以慧眼尋覓逍遥遊篇之『眼』於字裏行間，驀然發現，原來『窅然喪其天下』、『無所可用，焉所困苦』二語爲全篇之主腦，乃是莊子寄寓在篇中的精神魂魄。那麽，爲何說『窅然喪其天下』、有可用而能爲無用者就達到了逍遥遊的境界呢？周氏在闡釋逍遥遊篇過程中，便具體地回答了這一問題。他說，大鵬『智不如鷦鷯，擊不如鷹隼，瑞不如鸞鳳，變化不如蛟龍，一瓠耳樗耳，等是大而無用者也』，但『南冥天池，亦大鵬之江湖廣漠也，獨鵬有之』，『不幾以形之大愁其身者哉』，故可謂逍遥遊矣。五石之瓠，擁腫之樗，皆善『自置』，不爲世用，無有『戮辱』，亦可謂逍遥遊矣。而堯讓天下，並不是喪天下，唯其往見神人，身心俱遺，『窅然喪其天下』，才是『善用大』而臻於逍遥之境。總之，周拱辰認爲逍遥遊篇『前言大鵬，後言大瓠、大樗，總一意結貫，見閱世者須才大識大力大，尤貴善用其大，而後不爲大所累』，而堯『窅然喪其天下』，藏其神於『神人旁礴之内』，以『姑射汾水』爲『江湖廣漠』，也就進入了逍遥遊的境界。我們應當承認，周拱辰繼郭象、支遁和宋代治莊者之後，又爲逍遥遊篇開掘出了一個新主題，實可使人耳目一新，但其置篇中關於『無待』才能逍遥這一宗旨於不顧，卻不能不說是一大遺憾。

周拱辰撰寫南華真經影史，既然採取了『遺其糟粕，窺其天機』、『呼出其精神，而與之共語』的方法，則其闡釋自然不會依文本而作一字一句的解釋，而必多引申發揮，藉以傾吐自己的種種感受，正所謂『是固周子自著之書，而特借漆園而發之者也，注云乎哉？』（唐元竑南華真經影史序）如人間世篇有『匠石見櫟社樹』寓言故事，他闡釋說：

人貴有用，則必貴才。然才實衆苦之湊，有道者所不樂居也。古來盡多聖賢之臣子事昏庸之君父，不肖之君父畜名世之臣子，以是言之，不才者才者之所奉也，才者不才者之所奴也。

顯然，這番話無一語是對文本文字的忠實解釋，而完全是『於無有句字處』所覓得的精神寓意，實際上也就是周拱辰自己對世道人生的真實感受。他復於闡釋同篇『支離疏』寓言故事時說：

支離其德，蓋有德而借不德以自覆，所謂雄雞斷尾，憚其爲犧也。披葛懷玉而不難食天下之垢，拾人世之唾餘以養生，孰有愁其生者乎？辭末世之禍，席鬼神之吉以此。

這是闡釋『支離疏』寓言故事的全部文字，亦多爲引申發揮之語，抒發了周拱辰自己處於末世中的種種感受。應當看到，周氏這樣來闡釋莊子，誠可『於千年故紙中，呼出其精神，而與之共語』，使人感到莊子似乎正在與自己進行面對面的對話。但也不可否認，他每每引申發揮過多而對文本本身的解釋卻有所忽視，這又在一定程度上反映了晚明學風不夠踏實的風氣。

周拱辰的引申發揮，有時會表現爲標新立異，以致造成穿鑿附會。如他在闡釋齊物論篇時說：『成心，即真君。能治臣妾者，全然成乎心，無完虧之謂也。』在闡釋逍遥遊篇時說：『今夫堯舜者，春天子也；許由者，秋天子也。神人吸春、秋之神，於一氣渾芒之始，不屑爲天子，而子天子者也。』凡此說法，新則新矣，而皆不免於穿鑿附會。周氏的標新立異，還更明顯地表現在以佛教某些概念比附莊子上。如讀南華内篇影史條例說：

莊子談道，與竺西談摩訶、般若，針鋒相對。今細細案之，逍遥遊即『圓通大自在』也，齊物論即『諸相非相』也，養生主即『不思善、不思惡』也，人間世即『調御丈夫』也，德充符即『妙莊嚴』也，大宗師即『首楞嚴王』也，應帝王即『毗盧遮那身攝化三千大千』也，而其大意在唤醒芒人，勘破生死，與爲一大事因緣，同一願船。曰『不生不死』，曰『殺生者不死，生生者不生』，隱然一『原無生死，無佛、無衆生』前』一句也。朱晦翁謂：『莊子近禪，庚桑楚則全是禪。』譚友夏云：『竺教未入中國，已先有此等聰明強力男子，眠食此道。』憨山大師，亦目莊子爲『初禪』。彼自有深見南華底裏處。

這裏所謂的『針鋒相對』，是比喻雙方對等、對應的關係。在周拱辰看來，莊子所談的道，與佛教所謂的『摩訶』

（大、多、勝）和『般若』（智慧）有著對等、對應關係，這一看法應有一定道理。但是，周氏非要把莊子內七篇與佛教一些觀念一一對應甚至等同起來，便未免有些牽強附會了。如人間世篇旨在論述『涉亂世以自全』（王夫之語）的問題，認爲生活在當時這樣的人世間，若要遠害全身，就非得泯滅矜才用己、求功求名之心，做到虛己順物，以不材爲大材，以無用爲大用不可。而周拱辰則説『人間世即「調御丈夫」也』，把人間世的主旨與佛教所謂的『調御丈夫』等同了起來。我們知道，『調御丈夫』爲佛十號之一，以佛能教化引導一世可度者，故稱。這説明，以『調御丈夫』來解釋人間世篇，實可謂風馬牛而不相及。同樣，周拱辰以毗盧遮那（即大日如來）感化拯救三千大千世界來解釋應帝王篇無爲而治的宗旨，也是不太合適的。而且，朱熹、譚元春、釋德清的比附本來就有些問題，而周拱辰又從而引述、申發之，這不就離實際情況更遠了嗎？

第二十三章　明代戲曲、小説領域的莊子學

第一節　明代戲曲、小説領域莊子學概説

明朝初期，統治階級對文學藝術採取了極爲嚴酷的高壓政策，這就使得戲曲、小説創作和批評頓時處於停滯狀態。但朱元璋第十七子朱權，幼時即自稱大明奇士，晚年更喜歡『修真養性』，信奉道家思想，故别號有臞仙、涵虚子、丹丘先生等。他於詩文史籍、諸子百家皆有涉獵，對戲曲音樂尤爲愛好，曾著雜劇十二種，今尚流傳於世的有沖漠子獨步大羅天、文君私奔相如二種。他所著曲論著作太和正音譜，將雜劇分爲十二科，一曰神仙道化，二曰隱居樂道，認爲『道家所唱者，飛馭天表，遊覽太虚，俯視八紘，志在沖漠之上，寄傲宇宙之間，慨古感今，有樂道徜徉之情』，顯然有强調『道化』，企慕老莊的思想傾向。

從正德開始，由於多方面的原因，朱明統治階級對意識形態領域的控制實際上已變得力不從心，於是各種文藝創作和學術活動便逐漸復蘇起來。其中較早的有徐渭，自稱讀書『有得於首楞嚴、莊周、列禦寇若黄帝素問諸篇』（自爲墓誌銘）。乾隆浙江通志卷一百八十謂徐渭曾『注莊子内篇』，同書卷二百四十五著録其莊子内篇注一書。此著已佚，但今讀徐氏詩文，每可見其『有得於』莊子，並對莊子中某些思想觀點有著獨特見解。如他説：『南華有言「虚室生白」矣，而必先之以「瞻彼闋」者，何謂耶？……老子、莊生一家也，莊貴生白，老貴

守黑，家人矛盾也。』（虚室生齋扁記）莊子關於『虚室生白』的重要哲學觀念出於人間世篇，徐渭以此與老子關於『守黑』觀念相比較，從而揭示了老莊哲學的同中之異，這爲以往莊學研究者所不曾作過。他更首倡云：

『疾』、『徐』、『甘』、『苦』四字，非運斧，乃椎鑿也，於鑿眼分毫恰好也。『疾』字替『緊』字，『徐』字替『寬』字。『甘』字替寬者之『爽快』字，其病則在不固；『苦』字替緊者之『澀卻』字，其病則在不入。蓋車輪之要在孔穴，觀扁之所云，其於孔穴又似不煩墨規鏟候，而坐得之於心手之間者。老斵輪者，子既不能代之，人又不忍舍之也。南華妙於用替字法。①

這裏通過對天道篇輪扁斵輪寓言故事中『斵輪，徐則甘而不固，疾則苦而不入』等語用字之妙的解釋，從而揭示了『南華妙於用替字』的特徵。從心理學方面來看，天道篇中的幾句話實際上包含著一種審美聯覺現象，即甘與苦本來只有用味覺才能感知得到，但在人們的感覺經驗中，甜的東西似乎能給感官以松滑的感覺，苦的東西似乎能給感官以澀滯的感覺，而松滑與澀滯又屬於觸覺感知的對象，因此莊子就借用『甘』、『苦』二字來表達孔眼與榫頭之間松滑不固或澀滯難入的特殊内容，這正清晰地反映出了他所經歷的審美感覺轉移的過程。而這種轉移不但沒有使原來的觸覺感受遭到掩蓋或歪曲，相反卻使它得到更積極的表現，因而就更有助於使所創造的藝術形象呈現出無窮的奇妙意境。我們正可以借助於徐渭的説法，來進一步認識莊子文章善用替字所創造出的審美意境。另外，從徐渭對輪扁的論述中還可以清楚看到，他對處於社會最低層的一批肆工群像是予以高度讚美的，這無疑就是他力倡戲曲作品『歌之使奴童婦女皆喻，乃爲得體』（南詞敘錄）之説的重要原因之一。

① 此段文字見於明末陳治安南華真經本義天道所引。清初劉鴻典莊子約解天道則云：『徐天池曰：南華妙於用替字。「疾」字替「緊」字，「徐」字替「寬」字。「甘」字替寬者之爽快，病在不固；「苦」字替緊者之澀卻，病在不入。』劉氏所引，似爲删節文字。

他所創作的著名雜劇四聲猿等，則更是他『真我』藝術的體現，顯示出了深受莊子『貴真』思想影響的痕跡。

在署爲歸有光、文震孟南華真經評注一書中，引録了不少冠有『汪南溟曰』字樣的評語，多數當是真實可信的，則戲曲家汪道昆曾用心於莊子一書。今案明萬曆十七年原刻、清康熙五年石渠閣補修本忠義水滸傳卷首有署爲『天都外臣』所撰的水滸傳序。據沈德符萬曆野獲編卷五載，『天都外臣』即爲汪道昆的托名。其序云：

經曰：『竊鉤者誅，竊國者侯。侯之門，仁義存。』若輩俱以匹夫亡命，千里横行，焚杵叫囂，揭竿回應，此不過竊鉤者耳。夷考當時，上有秕政，下有菜色，而蔡京、童貫、高俅之徒，壅蔽主聰，操弄神器，卒使宋室之元氣索然，厭厭不振，以就夷虜之手，此誠竊國之大盜也。有王者作，何者當誅？彼不得沾一命爲縣官出死力，而此則析圭擔爵，拖紫紆青。道君爲國，一至於此，北轅之辱，固自貽哉！……或曰：子敘此書，近於誨盜矣。余曰：息庵居士敘豔異編，豈爲誨淫乎？莊子盜跖，憤俗之情；仲尼刪詩，偏存鄭、衛。有世思者，固以正訓，亦以權教。如國醫然，但能起疾，即烏喙亦可，無須參苓也。

按照正統者的説法，水滸傳中所寫梁山起義者爲『盜』。相反，汪道昆則以莊子胠篋『彼竊鉤者誅，竊國者爲諸侯，諸侯之門而仁義存焉』之説爲理論依據，明確指出：梁山起義者只不過是面有菜色的『竊鉤者』，而蔡京、童貫、高俅等一批『壅蔽主聰，操弄神器，卒使宋室之元氣索然』的權臣奸賊，才是真正的竊國大盜；可是最高統治者卻不辨奸賢，濫施賞罰，則『北轅之辱，固自貽哉』，從而把批判的矛頭最後指向了宋徽宗。所以汪氏得出結論説，水滸傳正有如莊子盜跖一樣，所抒發的實際上是一種强烈的憤俗憤世之情，而並無『誨盜』之意。著名戲曲家張鳳翼大約受到了汪道昆這些説法的影響，在他所撰的水滸傳序中也説：

論宋道，至徽宗，無足觀矣。當時，南牙北司，非京即貫，非球（俅）即勔，蓋無刃而戮，不火而焚，盜莫大於斯矣。宋江輩逋逃於城旦，淵藪於山澤，指而鳴之曰：是鼎食而當鼎烹者也，是丹轂而當赤其族者也！建旗鼓而攻之。即其事未必悉如傳所言，而令讀者快心，要非徒虞初謬悠之論矣。乃知莊生寓言於盜跖，李涉寄詠於被盜，非偶然也。（處實堂續集卷六）

這裏實際上是説，水滸傳作者就是要像莊子在盜跖篇中『寓言於盜跖』一樣，通過敍述『宋江輩逋逃於城旦，淵藪於山澤』一系列故事，來揭示宋代至徽宗而走向黑暗的歷史事實，並指斥蔡京、童貫、高俅等禍國殃民者就是真正的大盜。不難看出，張鳳翼這裏所使用的論説方法頗有模仿盜跖篇『盜跖』口吻的痕跡，尤其是他所説的『盜莫大於斯』一語，簡直就是『盜跖』所謂『盜莫大於子』一語的再版。

李贄頗傾心於佛、道，著有老子解、莊子解各二卷。他遠承老莊『嬰兒』、『童子』、『兒子』之説，近師泰州學派重要代表人物羅汝芳『赤子良心』之言，提出了著名的『童心』説：

夫童心者，真心也。若以童心爲不可，是以真心爲不可也。夫童心者，絶假純真，最初一念之本心也。若失卻童心，便失卻真心。失卻真心，便失卻真人。人而非真，全不復有初矣。……天下之至文，未有不出於童心焉者也。苟童心常存，則道理不行，聞見不立，無時不文，無人不文，無一樣創制體格文字而非文者。詩何必古選，文何必先秦。降而爲六朝，變而爲近體；又變而爲傳奇，變而爲院本，爲雜劇，爲西廂曲，爲水滸傳，爲今之舉子業，皆古今至文，不可得而時勢先後論也。故吾因是而有感於童心者之自文也，更説甚麽六經，更説甚麽語、孟乎？（童心説）

李贄這裏敢於一反傳統説法，把西廂記、水滸傳也看成是『天下之至文』，而與儒家經典六經、論語、孟子相提並論，從而爲改變人們輕視戲曲、小説等俗文學的觀念起到了積極作用。他甚至還直斥『六經、語、孟』爲『假人之淵藪』，是『懵懂子弟，記憶師説，有頭無尾』（見童心説）的記錄，而對傳奇、話本、西廂記則讚美備至，認爲它們是出乎『童心』的真情文章。尤其在評批水滸傳時，他更是處處冠以一個『真』字。如他在容本水滸傳第十回回末總評中云：『寫得真情出，所以便可與天地相始終。』二十回眉批云：『無一處不描畫得逼真。』二十五回回末總評云：『這回文字，種種逼真。』二十八回回末總評云：『這是形容武松逼真、英雄。』凡此，皆可見出其與莊子『貴真』文藝觀有著一定承因關係。大戲曲家湯顯祖，遠追老莊，近師李贄，在美學上提出了以真與情爲核心的理論。他認爲，戲曲家應該以發自靈竇的真情、真意，去衝破那羈絡人性的儒學教條和既定的藝術格套，去爲自然人性的復歸奔走呼號。如在牡丹亭中，他通過塑造那被『姹紫嫣紅開遍』的大自然美打開真實情竅後，由衷地喊出『可知我常一生兒愛好是天然』的杜麗娘形象，表達了自己反對封建禮教束縛、追求個性解放的審美理想。

與上述有所不同，晚明一批通俗小說家的莊子學，主要表現在他們編撰小説的實踐上。如馮夢龍警世通言收有一篇題爲莊子休鼓盆成大道的作品，標誌著古代小說家利用莊子思想資料來創作小説作品已發展到一個新階段。前些年在韓國漢城中央圖書館發現了中國明代無名氏話本小説集啖蔗抄本，其中有叩盆記一篇，當爲馮夢龍莊子休鼓盆成大道一文之所本。馮氏依據前人作品重新編撰的莊子休鼓盆成大道一文，開篇後很快就引出主人公莊子休，並集中筆墨介紹其身世云：

話説周末時，有一高賢，姓莊名周，字子休，宋國蒙邑人也。曾仕周爲漆園吏。……莊生常晝寢，夢爲蝴蝶，栩栩然於園林花草之間，其意甚適。醒來時，尚覺臂膊如兩翅飛動，心甚異之。……莊生原是混沌初分時一個白蝴蝶。天一生水，二生木，木榮花茂，那白蝴蝶采百花之精，奪日月之秀，得了氣候，長生不死，翅如車輪。後遊於瑤池，偷采蟠桃花蕊，被王母娘娘位下守花的青鸞啄死。其神不散，托生於世，做了莊周。因他根器不凡，道心堅固，師事老子，學清淨無爲之教。……莊生嘿嘿誦習修煉，遂能分身隱形，出神變化。從此棄了漆園吏的前程，辭別老子，周遊訪道。他雖宗清淨之教，原不絶夫婦之倫，一連娶過三遍妻房。第一妻，得疾夭亡；第二妻，有過被出；如今説的是第三妻，姓田，乃田齊族中之女。莊生遊於齊國，田宗重其人品，以女妻之。那田氏比先前二妻，更有姿色：肌膚若冰雪，綽約似神仙。莊生不是好色之徒，卻也十分相敬，真個如魚似水。楚威王聞莊生之賢，遣使持黄金百鎰，文錦千端，安車駟馬，聘爲上相。莊生歎道：『犧牛身被文繡，口食芻菽，見耕牛力作辛苦，自誇其榮；及其迎入太廟，刀俎在前，欲爲耕牛而不可得也。』遂卻之不受。挈妻歸宋，隱於曹州之南華山。

這裏既有史書記載、莊子寓言、道教傳説等作依據，又有編撰者的大膽想像增飾，從而顯示出了其對莊子與莊子的獨特闡釋指向。如其中所説莊子姓名、國籍、仕宦，以及楚王遣使迎聘等，大致皆依據於史記老子韓非列傳；所説莊子晝寢夢蝶，以及莊子曾有妻室等，當分别依據於莊子之齊物論、至樂諸篇；所説莊子字子休，並曾隱居於曹州南華山等，則依據於魏晋以來道教徒所編造的故事。但小説編撰者並不以此爲滿足，而是在此基礎上進行了大膽設想和創作，於是就有了莊子原是白蝴蝶，後因偷采瑶池蟠桃花蕊，被王母娘娘位下守花的青鸞啄死，其神不散，托生於世，做了莊周，一連娶過三遍妻房等情節，把文化史上的莊子闡釋成了當時大多數人所喜聞樂見的有血有肉的藝術形象。接著，編撰者便對莊子至樂所寫莊子在妻死後鼓盆而歌的寓言故事進行了大膽改造發揮，敷演成了莊子第三妻田氏在丈夫假死後欲嫁楚王孫的故事，其基本情節已與至樂篇中的寓言故事相去甚遠，但其借此以揭露仁義、禮教的虚僞性，則是稟承了莊子的基本精神。

淩濛初像馮夢龍一樣，既是戲曲家和戲曲評論家，更是著名的通俗小説家。他的戲曲理論的重要内容之一，就是主張『自然』。他在南音三籟中，效仿莊子齊物論中『三籟』之説，將所選元明時期的南曲分爲『天籟』、『地籟』、『人籟』三等，認爲『其古質自然，行家本色爲「天」；其俊逸有思，時露質地者爲「地」；若但得粉飾藻繪，沿襲靡詞者，雖名重詞流，聲傳里耳，概謂之「人籟」而已。』即把『古質自然』的戲曲作品看成是最上等作品，反映出了其審美趣味與莊子思想有著承因關係。在小説創作方面，淩濛初也與莊子結下了不解之緣。如在他的小説集二刻拍案驚奇中，收有一篇題爲田舍翁時時經理……的作品，其中説：

話說春秋時魯國曹州有座南華山，是宋國商丘小蒙城莊子休流寓來此，隱居著書，得道成仙之處。後人稱莊子爲南華老仙，所著書就名爲南華經，皆因此起。

這段文字與馮夢龍莊子休鼓盆成大道一篇介紹主人公莊子休的文字相比，雖然比較簡單，但道教神仙氣味卻更爲濃厚。小說中此後情節的發展，即是建立在南華老仙點化基礎上的，從而把莊子中的莊子完全闡釋成了道教所謂的仙人。

隨著晚明戲曲的復蘇，繼元雜劇之後又產生了一批敷衍莊子寓言故事的作品。如有無名氏蝴蝶夢傳奇，包括歎骷、扇墳、毁扇、吊奠等折，即爲衍莊之作，今存。又有無名氏鼓盆歌雜劇，見祁彪佳遠山堂劇品著錄，亦爲衍莊之作，可惜已佚。冶城老人曾創作衍莊雜劇，見祁彪佳遠山堂劇品著錄，同樣爲衍莊之作，可惜已佚。嗣後有王應遴衍莊新調雜劇問世，以獨特方法闡釋了莊子。故祁彪佳遠山堂劇品評之曰：『於尺幅中解脱生死，超離名利，此先生覺世熱腸，竟可奪南華之席。』謝惠曾創作玉蝶記傳奇，已佚。祁彪佳遠山堂曲品評之曰：『如此鈍根，乃以作曲，正似酒肉傖父學王、謝衣冠耳。漆園吏歎髑髏數折，雖襲之雲萊道人（指王應遴）者，終不能掩其他曲之陋。』據此，則謝氏此傳奇在藝術上雖不及王應遴的衍莊新調，但其顯然也爲衍莊之作。無名氏曾創作南華記傳奇，已佚。祁彪佳遠山堂曲品評之曰：『記漆園吏尚不及玉蝶，則其鄙陋更可知矣。』說明此傳奇在藝術上雖比謝惠玉蝶記更爲鄙陋，但同樣是一部敷演莊子寓言故事的作品。謝國著有蝴蝶夢傳奇，是現存元明戲曲中最重視闡釋莊子本真思想的作品。故祁彪佳遠山堂曲品評之曰：『寤雲（謝國）功成而不居，在世出世，特爲漆園吏寫照。』總的說來，由於社會文化環境的變化和作者群體身份的不同，晚明戲曲在內容上已不像元曲那樣由作者按自己情感流動的需要而隨意生發，而是表現出了一定的學術氣味，比較強調所編排的故事情節盡可能不遠離於原典的基本內容。因此，晚明的衍莊戲曲也就比元雜劇更接近於莊子本真思想一些，不少段落甚至可看成是對莊子有關思想資料的較忠實闡釋，而王應遴的衍莊新調雜劇和謝國的蝴蝶夢傳奇在這方面則表現得尤爲突出。

第二節　王應遴的逍遥遊

王應遴，字堇父，號雲來，别署雲來居士，浙江山陰（治所在今浙江紹興）人。崇禎中官大理寺評事，詔敕房辦事中書舍人。精通曆象醫術，曾參與天啟時修曆事，明亡時殉節而死。著作甚豐，所作雜劇有逍遥遊。明人冶城老人有衍莊雜劇之作，以王應遴之作在其後，故天啟間原刻本標曰衍莊新調，而盛明雜劇二集本標爲逍遥遊者，當係改題之别名。那麼，此劇是如何敷衍莊子以成其新調的呢？其開場即借小道童之口說：

我造化低，做了莊周子的盛價。他既沒有威權富貴，又不做士農商工。且無論光景寂寞，只是這家道實欠從容。吃的是黄虀淡飯，那曾見臘醉糟烘？穿的是破衣衲襖，那曾見段（緞）匹裁縫？這到也罷了，身子全無著落，口中一味撮空，還是風，筆卻是蹤。幾曾見五十只牛做的釣餌？幾曾見三隻腳的雞公？幾曾見蔭芘千里的樹？幾曾見翼若泰山的鵬？幾曾見五十一歲不聞道的孔子？幾曾見五個月會說話的孩童？幾曾見長於蛇的烏龜，白於雪的黑狗？又幾曾見燒不熱的火，能與蛇兩個講話的風？那裏挨經傍注，真個有影無蹤！後來那，這些文人、才子、秀才、相公，偷得他幾句殘言剩語，一嵌嵌在那文字之中，便道筆力遒勁，稱他是詞匠文宗。咳，不知教盡了世間多少人荒唐爲志，又不知變盡了普天下多少人狂誕成風！

這裏雖以戲謔之言介紹莊周身份，其實多有莊子寓言故事作爲依據，甚能展示出這些寓言故事中莊周所具有的精神風貌，而一連串的『幾曾見』，則至少援引或闡釋了莊子中諸如『任公子爲大鉤巨緇，五十犗以爲餌』（外物）、『雞三足』（天下）、『南伯子綦遊乎商之丘，見大木焉有異，結駟千乘，隱將芘其所藾』（人間世）、『有鳥焉，其名爲鵬，背若太山，翼若垂天之雲』（逍遥遊）、『孔子行年五十有一而不聞道』（天運）、『子生五月而能言』（同上）、『龜長於蛇』（天下）、『白狗黑』（同上）、『火不熱』（同上）、『蛇謂風曰』（秋水）、『風曰』（同上）等思想資料。至於接著所謂文人士子皆宗莊周爲詞匠文宗，由是『不知教盡了世間多少人荒唐爲志，又不知變盡了普天下多少人狂誕成風』，也基本上都合於歷史事實。可見這裏雖出之以戲謔之言，卻並沒有脱離莊子文本，也沒有背離歷史事實。

小道童介紹既畢，作者緊接著又設置出了一個『生扮莊子道裝上』的場面，讓莊周自己說道：

威王幣聘枉臨門，蝶夢醒來自鼓盆，勘破利名如幻泡，南華著就百千言。自家姓莊名周，表字子休，道號南華真人，本貫睢陽蒙城人氏，裔出楚莊，以謚爲氏。身爲楚吏，職司漆園，慨歎世情，逍遥物外。目今春秋之後，世道陵夷，七雄啓疆，功利相尚，因崇有而大盜，飾禮訓奸，緣主法以爲邪，任智速亂，哀哉純素不體，惜矣玄珠頓亡，遂致堯舜之德無所行，甚且孔孟之說無所用，貧道心懷憤嫉，勸化無由，因而著就南華。寓言有意，奈人皆以異端黜我，然我不以同流望人。不知我言雖反經，陰實衛正，惡流之濁，故澄其源，譬之入山適河，均之期於抵越，亦如烏頭鍾乳，總之只要病痊。咳，世間人百病纏身，最難醫是『名』、『利』兩字。

這裏所謂『威王幣聘』、『蝶夢醒來』、『自鼓盆』、『逍遥物外』、『純素不體』、『玄珠頓亡』，典出莊子之秋水、齊物論、至樂、逍遥遊、刻意、天地諸篇；所謂『自家姓莊名周』、『本貫睢陽蒙城』、『職司漆園』等等，皆依據司馬遷史記老子韓非列傳所載；所謂莊子因有見於『世道陵夷』、『堯舜之德無所行』、『孔孟之說無所用』，便『心懷憤嫉』而著莊子，故『言雖反經，陰實衛正』云云，則顯然援用了王安石在莊周中所謂莊子因處在特殊時代環境中而『思其說以矯天下之弊』的說法，也受到了蘇軾在莊子祠堂記中所謂『莊子之言，皆實予，而文不予，陽擠而陰助之，其正言蓋無幾』、『至於詆訿孔子，未嘗不微見其意』等說法的深刻影響，說明逍遥遊雜劇在這裏對莊子的闡釋已表現出了較爲明顯的儒學化傾向。而隨著劇情的發展，莊子最終還被闡釋成了會通儒、道、釋三教的人。如：

［丑］師父，這爲善爲惡的，各有果報，如影附形，如浮水印月，是不消說的了。但此等輪回，如轆轤循轉，無有窮盡，即如師父是道教真仙，亦有遇劫的時節，長生終有不生，豈能超脱輪回，畢竟究竟何如？［生］咳，你這一問，卻像鐵身上蚊子，令他無著嘴處。古云『教學相長』，即此一問，我便當拜你爲師了。［作沉思頓足介］是了是了，我省得了，長生不若無生，此是佛教超於道教。欲免輪回，須了生死，修持有法，解脱有門；　若論捷徑，無如專持名號，一念皈依，求生淨土，是於生死海中，撈個津筏，並將名利，分外抛卻筌蹄矣。……［丑背對小生］古怪古怪，師父是個道人，怎麼适才的説話，又像似佛教中人了。［生］咳，我只爲勸化你們，所以做這個骷髏的伎倆；　只爲究竟你們，所以指這個淨土的路頭。釋、道雖分二途，與儒門總歸一理，但做心性工夫，三教豈分同異！

王應遴道遥遊以小道童介紹莊周開場，頗有莊子思想資料作依據。接著讓莊周自説身世及學術路數，已明顯表現出了儒學化思想傾向。而作爲全劇的最重要關目，則是通過運用道教思想，大膽化用莊子至樂『莊子見空髑髏』寓言故事，來編造出莊周如何使人徹底擺脱名利韁鎖而成仙道等一系列故事情節。最後復又歸到三教合一思想之上，即讓丑角提出有關問題，讓莊生現身説法，明確指出原來『釋、道雖分二途，與儒門總歸一理，但做心性工夫，三教豈分同異！』王應遴繼冶城老人衍莊雜劇之後，以這樣的獨特思路來敷衍、闡釋莊子，真可謂是衍莊新調。

第三節　謝國的蝴蝶夢

謝國，一名弘儀，字簡之，號寤雲，浙江會稽（今紹興）人，生卒年不詳。明神宗萬曆三十八年（1610）狀元，以中丞出鎮粵東，多所建樹。著有蝴蝶夢傳奇。

在歷史上，與莊子齊物論中莊周夢蝶寓言故事有關的賦詩文甚多，如唐代有賈餗莊周夢爲胡蝶賦、張隨莊周夢蝴蝶賦，宋代有李士表莊子九論夢蝶、鄭思肖莊子夢蝶圖，元代有劉因莊周夢蝶圖序、劉仁本題莊周蝶夢序，明代有徐有貞題莊周夢蝶圖，等等。元雜劇作家則每敷演莊周蝴蝶夢以成其劇作，如元末陶宗儀輟耕錄卷二十五『諸雜大小院本』名目中載有莊周夢、蝴蝶夢，前者必爲衍莊之作無疑，後者亦當屬於此類作品，可惜今已不知其具體指哪兩個作品。又明末常熟脈望館所藏元人雜劇以莊周蝴蝶夢爲題材者有二本：一本名莊周半世蝴蝶夢，已佚；另一本名莊周夢蝴蝶，爲史樟所撰，今存於世。此外，今還存有元明之際佚名作者的蝴蝶夢南戲片斷，也同樣爲衍莊之作。晚明無名氏所作的蝴蝶夢傳奇，謝國所作的蝴蝶夢傳奇，即是繼上述作品之後的衍莊之作。謝國所作蝴蝶夢傳奇，包括標目、蝶夢、觀魚、會真、貸粟、試劍、趙聘、誘度、如趙、說劍、楚聘、惠、辭家、相魏、試凡、遇師、秋懷、旁參、悟道、扇墓、彈鳥、宋聘、探內、丹紿、托疾、誓殉、幻身、澆奠、賺貪、掃墓、迷幻、寄慨、詢幻、思幻、破幻、懺悔、讒妒、雙修、遭邏、謁惠、降真、剖疑、歸圓、赴召等四十四出。整個傳奇以莊周夢蝶開場，而終之以其功行俱圓，拔宅飛升，可謂關目繁勝，令人觀後頗思莊周，大有『我忘形骸』之感覺。茅元儀所賦觀大將軍謝簡之家伎演所自述蝴蝶夢樂府有句云：『我公宴笑餘，奴隸狼與豺。開尊出家伎，惠我忘形骸。煉音變時俗，出態如初芽。命意何寥廓，托詞非優俳。哀我勞生久，將與大道偕。我思漆園叟，語曠因心悲。』(石民橫塘集卷二)說明茅元儀在觀看了謝氏家伎所演蝴蝶夢傳奇後，思慕莊周之情油然而生，甚至達到了一時忘懷形骸的境界。

那麼，謝國的蝴蝶夢何以能產生像莊子原典所產生的一些效果呢？毫無疑問，這主要是由於謝氏在創作過程中大量運用莊子中思想資料，每欲發揮莊子本真思想的緣故。他在蝴蝶夢凡例中說：『編中多用南華事實，則說白不得不引用南華語。然南華文辭玄奧，觀者尚未了然於目，聽者安能了然於耳？屢欲易以家常淺近語而不能，抑且不敢。稍爲芟繁就簡，使聽者即不盡解，或不甚猒而已。』明確表示意欲大量引述莊子中的思想資料，並盡可能保持其本色語言，以便能夠比較真實地傳達出莊子的本來思想。下面擬選取其中一些典型片斷，以具體說明謝國是如何用戲曲形式來闡釋莊子中莊子的。

謝國在蝴蝶夢第一出標目中以沁園春曲簡單介紹了莊周之後，便在第二出蝶夢中讓莊周說白云：

小生姓莊名周，字子休，本貫蒙縣人也。幼讀八索、九丘之書，長負內聖外王之學，直窺道奧，久傳柱下之薪，獨領玄宗，時借尼山之錯，只因世道交喪，堅白異鳴，子已亡而弗求，寐既魘而未覺，是以糠秕堯舜，戲劇聖賢，不辭立論之高奇，欲振普天之聾聵。自幼與惠子授同窻相好，監河侯總丱之知，臭味雖殊，頗稱莫逆。前蒙宋王署俺爲漆園令，爭奈俺於功名富貴，淡若浮雲，方將托跡而逃，豈肯褰裳而就！近同娘子韓氏，結茅抱犢山中，甘作隱淪，不求聞達。

元明時期戲曲、小說所介紹的主人公莊周是不盡一致的。如元代史樟所作莊周夢蝴蝶雜劇謂大羅神仙被玉帝貶到下方莊氏門中爲男，名周，字子休，祖籍山東曹州人氏，因天下大亂而跟先祖前去四川居住，楚威王將聘他爲官，他不肯出仕，乃遊遍天下，認得許多士大夫。晚明馮夢龍所編撰的莊子休鼓盆成大道小說，謂莊周原是混沌初分時一個白蝴蝶，因采百花之精，奪日月之秀而長生不死，後遊於瑤池，偷采蟠桃花蕊，被王母娘娘位下守花的青鸞啄死，其神不散，托生於世，才做了莊周。他根器不凡，楚威王欲聘其爲相，卻堅辭不從，乃挈妻隱於曹州之南華山。與這些說法相比較，謝國蝴蝶夢所介紹的莊周顯然更具有文獻依據。如其中所謂『負內聖外王之學，直窺道奧，久傳柱下之薪，獨領玄宗』，『只因世道交喪，堅白異鳴，子已亡而弗求，寐既魘而未覺，是以糠秕堯舜，戲劇聖賢，不辭立論之高奇，欲振普天之聾聵』，『前蒙宋王署俺爲漆園令，爭奈俺於功名富貴，淡若浮雲，方將托跡而逃，豈肯褰裳而就』云云，雖多爲比較形象化的說法，但大致可看成是從莊子思想資料中闡釋出來的，而所謂『幼讀八索、九丘之書』，『與惠子授同窻相好，監河侯總丱之知，臭味雖殊，頗稱莫逆』云云，亦並非作者憑空想像，而多是有莊子寓言故事作爲依據。唯所謂『結茅抱犢山中』，乃是採用道教之説，所謂『娘子韓氏』，復又純屬虚構罷了。

第三出觀魚，先寫惠施自謂『自幼與莊子休、監河侯爲莫逆之交，臭比芝蘭，投同針芥』，於暮春時節，忽欲『邀二兄（莊子、監河侯）往濠梁遊賞』。作者接著寫道：

［末］已到濠梁了……。［丑作捉魚介］你看，這魚跳起多高，險些吃我拿住……。［生］二兄看，群魚出游，何其樂也！［小生］你不是魚，安知魚之樂？［生］你不是我，安知我不知魚之樂？……我與兄濠上之遊樂乎？［小生］可謂樂矣。［生］這般説，魚游濠下，何獨不樂？［丑］是這魚果然樂。［淨］你如何曉得？［丑］怎麽曉不得？比如小人心裏快樂。［作踢打介］便手之舞之，足之蹈之起來，方才那魚跳起這樣高，這不是他快樂？［淨］這平頭所言，亦有理會……。［淨］二兄平日議論，各擅所長，今日惠兄屈於子休矣。

這裏的『生』、『小生』、『淨』，分别指莊周、惠施、監河侯。所謂三人觀魚於濠梁，典出莊子秋水：『莊子與惠子遊於濠梁之上。莊子曰：「鯈魚出游從容，是魚之樂也。」惠子曰：「子非魚，安知魚之樂？」莊子曰：「子非我，安知我不知魚之樂？」惠子曰：「我非子，固不知子矣；子固非魚也，子之不知魚之樂，全矣。」莊子曰：「請循其本。子曰汝安知魚樂云者，既已知吾知之而問我，我知之濠上也。」』莊子、惠子這裏辯論鯈魚出游是否快樂，最後因莊子以『子曰「汝安知魚樂」云者，既已知吾知之而問我，我知之濠上也』數語來反駁對方而取得勝利。其實，惠子所説的『安知魚之樂』這句話是一個反問句，本意謂『你是不會知道魚的快樂的！』但這句話，也可以被理解爲一般疑問句，謂『你是從哪兒知道魚的快樂的？』説明莊子正是利用對方話語的不嚴密，把一個反問句轉化爲後一種含義，從而取得了辯論的勝利，因而正如當今有的學者所説，濠梁之辯實質上沒有贏家。而在謝國所寫的蝴蝶夢觀魚中，則以人遊濠梁上快樂時便『手之舞之，足之蹈之起來』，來證明濠水中『那魚跳起這樣高』也必然是因爲它快樂，並憑空添出『監河侯』，讓他來作出『今日惠兄屈於子休矣』這一結論，實際上是要說莊子原典中莊子所謂『儵魚出游從容，是魚之樂也』的說法是對的。可見，謝氏以文藝形式來闡釋莊子中濠梁之辯的寓言故事，自有其較新的角度。

第四出會真，寫衆仙真皆赴瑤池王母蟠桃之會，有小仙啟奏說，凡間有奉道弟子莊周，道行清高，性地開朗，堪以接引。第五出貸粟，寫莊子習靜抱犢山中，甚是逍遥，唯因近來陰雨連旬，廚下薪米俱盡，遂往監河侯處借貸糧食，監河侯說：『莊兄，小弟待罪監河侯，不久將得俸錢，那時貸兄三百金可乎？』於是莊子笑謂：

兄不見車轍中有鮒魚乎？得升斗之水可活耳。必欲遠激西江之水，曾不如索於枯魚之肆。今兄所許三百金，亦欲索弟於枯魚之肆耳。

貸粟一出，乃是敷衍莊子外物『莊周往貸粟於監河侯』寓言故事而來，符合莊子原作的基本精神。尤其從莊子笑謂監河侯的一番話中，更可見出謝國在寫作過程中確實堅持了自己在蝴蝶夢凡例中所提出的關於『編中多用南華事實』、『說白不得不引用南華語』的原則。

第六出試劍，寫趙王好劍士，凡『蓬頭突鬢，短後垂冠』之劍士，『聞束帛以俱來，企堯車而畢赴，夾居禁籞』，於是太子悝患之，欲請莊周前來說服趙王。第七出趙聘，寫太子悝遣使到抱犢山聘莊周，經過再三懇求，莊周終於答應次日起程。第八出誘度，寫小仙長桑公子奉上帝之命，擬趁莊周從趙國說劍回來之時，在路上攔住他，『將睡魔推在他身上，夢中將生死一事，伏他一個疑根。』第九出如趙，寫莊周到趙國後，與太子悝商量如何說服趙王。第十出說劍，寫莊周在趙王前說劍的具體場面：

［淨］這就是莊先生？先生之劍何如？［生］臣之劍十步一人，千里不留行。［淨］果如所言，天下無敵了。能與寡人諸劍客比試麽？［生］臣以劍見王，願得少試。［淨］先生所用劍，長短何如？［生］長短皆可。然有三劍，惟大王所用，請先言而後試。［淨］何謂三劍？［生］有天子劍，有諸侯劍，

有庶人劍。［淨］天子之劍何如？［生］天子之劍，以齊岱爲鍔，晉魏爲脊，周宋爲鐔，韓燕爲鋏，包以四夷，裹以四時，制以五行，論以刑德，開以陰陽。此劍直之無前，舉之無上，案之無下，運之無旁，上決浮雲，下絕地紀。此劍一用，匡諸侯，天下服矣……。［淨驚介］諸侯之劍何如？［生］諸侯之劍，以知勇士爲鋒，清廉士爲鍔，賢良士爲脊，忠孝士爲鐔。此劍直之亦無前，舉之亦無上，案之亦無下，運之亦無旁，上法圓天，下法方地。此劍一用，如雷霆之震，四封之內，無不賓服聽從……。［淨］庶人之劍何如？［生］庶人之劍，蓬頭突鬢，曼胡之纓，短後之衣，瞋目而語難，相擊於前，上斬頸領，下決肝肺，無異鬥雞，一旦命已絕矣。……今大王有天子之位，而好庶人之劍，臣竊爲大王羞之。［淨牽生上介］先生何在，何相見之晚也！寡人願掃境內，以事先生。

總的看來，謝國所寫試劍、趙聘、誘度、如趙、說劍四出文字，大致是依據莊子說劍全文敷衍而成，而其中所寫莊周在趙王前說劍的具體場面，其說白則幾乎全援引於莊子說劍，從而更見出了謝氏堅持在『編中多用南華事實』的創作精神。

第十一出夢疑，寫莊周在山中行了半晌，身子困倦，且向前面樹陰之下歇息片時，於是就有與弟子的下面一番對話：

［丑］官人，這樹如何這等大？［生］此名樗樹，乃不材之木，無所用處，故得終其天年。［丑］官人又不是這等說。昨日店主人有兩隻雁，一隻雁能鳴，一隻不能鳴，小廝問宰那一隻，主人說宰那不能鳴者。今道傍之木以不材生，主人之雁以不材死，官人將何以處此？［生笑介］吾將處於材不材之間。

這一情節，乃是據莊子山木『莊子行於山中』寓言故事敷衍而成。接著，作者又據莊子至樂『莊子見空髑髏』寓言故事而敷衍出與髑髏對話的情節，從而使整出夢疑都顯示出有莊子文字作依據。

從第十二出聘惠開始，直至作爲收場的第四十四出赴召，大多不以莊子寓言故事作爲敷衍的根據，但仍每用莊子語言，離莊子宗旨不遠，而其中的第二十一出彈烏則更有如下情節：

［烏上撲生面介］［生］呀，這是甚麼烏，在俺身上撞這一下？［看介］原來樹枝上螳螂在葉陰之下，有一野雀在那邊要嗛他。這大烏又要去搏那野雀，反撞在人懷裏。咳，螳螂得蔭而忘其身，野雀見得而忘其形，異烏見利而忘其真，豈不可歎！俺不免將這粒金丹，化成一彈，驚去烏雀，保全二命，卻不是好。［打烏介］［丑上］哇，你是何等人，敢在這裏彈烏！扭人拿去見俺老爺。［生］山林烏雀，與足下何干？［丑］我是掌管雕林一帶的虞人，我不管教那個管？

這一情節乃是據莊子山木『莊周遊於雕陵之樊』寓言故事敷衍而成，與莊子原意基本一致。又第二十九出賺貪，寫監河侯身被劫，家被搶，甚是懷疑莊周因前些日借糧不成而指使手下人幹出了這等事，便趁莊周往梁國之際，給惠施寫了一信，說莊周要奪他的相位，勸惠施除了他。遙接賺貪一出的情節，第三十七出讒妒便寫惠施忽接一函，謂『子休邇日途窮，名心洶湧，要潛來梁國求容，疑情詭蹤，似垂涎相位』，於是『傳令國中，大索三日』。跳過一出，第三十九出遭邏即寫了搜捕莊周的具體場面。第四十出謁惠則寫莊周主動謁見惠施，並有如下對話：

［小生］呀，莊子休，你平日襟懷何等高曠，議論何等高奇，爲何潛大梁，謀奪相位？今日有何面孔見我？……［生］此話從何而來？子不知南海有鳳鳥乎？非梧桐不棲，非練實不食，非醴泉不飲，鴟得腐鼠，見鳳鳥過之，仰而視之曰：『嚇！』今子欲以梁國嚇我耶？

顯然，第二十九出賺貪、三十七出讒妒、三十九出遭邏、四十出謁惠的情節，大都乃是據莊子秋水『惠子相梁』寓言故事敷衍而成，而以上所引第四十出謁惠中莊周的答話，則簡直就是使用了秋水篇的原話，可見謝國所謂『編中多用南華事實』並非虛言。

即使是從其他戲曲、小說作品中改編而來，原本與莊子文字基本上不相干的關目，謝國也要設法引入一些莊子文字，以便與莊子本意有些關聯。他在蝴蝶夢凡例中說：『古今小說載莊子妻田氏，竟齎愧以歿，今易田爲韓，醜之也。然登伽尚證聲聞，田即淫，猶登伽等耳，何遽絕其愧悔自新之路，恐玄律亦不若是之板。是編易以因愧得修，因修得證，非特收場了局，不至索然，即質之柱下，亦應首肯。』古今小說爲馮夢龍纂輯宋元舊作或明人擬作，並經過一番加工而成，凡四十篇，後改名爲喻世明言，爲『三言』之一。謝國這裏所謂『古今小說載莊子妻田氏』云云，當指馮夢龍所編警世通言（亦爲『三言』之一）中莊子休鼓盆成大道小說而言，則其蝴蝶夢傳奇中有關莊子妻的關目乃是據莊子休鼓盆成大道小說改編而來。今以謝氏蝴蝶夢傳奇中有關莊子妻的關目與莊子休鼓盆成大道小說相比較，其最大異點就是易莊子妻姓田爲姓韓，並讓韓氏於莊周復活後不自殺，而是『因愧得修，因修得證』，功果將成，然後飛升，儼然大團圓結局。而且在文詞方面，謝氏還盡可能地引入一些莊子文字，從而使原作中遠離莊子的情節終於散發出了一些莊子中莊子思想的氣息。如第二十五出托疾，寫莊周在假托死去之前，與妻韓氏有如下對話：

［生］我此病越覺沉重，……生死當如夢幻，你們不須啼哭。［旦］［小旦哭介］［旦］悶殺我了！

［生］還有一言分付，須要依我：學道之人，視幻身甚輕，死後不可殯斂埋葬。［旦］呀，不殯斂埋葬，豈不爲烏鳶所食！［生］在地上爲烏鳶食，在地下爲螻蟻食，奪彼與此，何其偏也！［啄木鸝］我，天爲槨，地是棺。

這裏所表現出的基本上符合莊子本真思想，而作爲整個對話的主體，則顯然援引於莊子列禦寇：『莊子將死，弟子欲厚葬之。莊子曰：「吾以天地爲棺槨，以日月爲連璧，星辰爲珠璣，萬物爲齎送。吾葬具豈不備邪！何以加此！」弟子曰：「吾恐烏鳶之食夫子也。」莊子曰：「在上爲烏鳶食，在下爲螻蟻食，奪彼與此，何其偏也！」』又第四十一出降真，寫韓氏於莊周復活後，『因愧得修，因修得證』，於是仙人雲華夫人乃下凡接引，爲其指陳疑義，而韓氏與雲華夫人遂有如下問答：

［旦］請問仙道。［貼］夫仙由心造，心誠則仙成；道貴内求，内密則道來。能以虚爲身，以無爲心，無身之身，無心之心，無爲而自然，致静以合真，積虚以通神，則去仙不遠矣。

這裏雲華夫人（貼）所指陳的雖爲修習神仙之道，實際上卻多爲莊子中之語意。正由於謝國在有關韓氏的關目中引入了一些莊子思想資料，這就在一定程度上改變了長期以來戲曲、小説中有關莊周戲妻關目遠離莊子文本的狀況。

總之，在現存的元明戲曲、小説作品中，以謝國的蝴蝶夢傳奇援引莊子思想資料最爲豐富，因而其所塑造出的主人公莊子與莊子中的莊子頗有幾分相似之處，其所體現出的莊學思想也就比這一時期所有衍莊的戲曲、小説作品更接近莊子本真思想一些。當然，由於戲曲、小説主要是普通大衆所喜聞樂見的文藝形式，而謝氏將莊子中大量玄奥文詞和寓言故事引了進去，頗欲以傳奇的特殊藝術形式來闡發莊子中的抽象哲理，這就不能不增加一般觀者在理解上的難度，影響到了他們對作品的興趣。

第二十四章　明代佛道二教學者的莊子學

第一節　明代佛道學者莊子學概述

一、明代佛教學者的莊子學

中國佛教到了明代，已呈現出全面衰落的趨勢。這一現象的出現，顯然與此一時期的統治階級始終尊崇理學，堅持以儒家思想爲治國之本，而對佛教則採取充分利用和嚴格控制的政策有關。但究其深層原因，卻還是由於佛教經過長時期的繁榮之後，實在已不再有多大的發展空間，而佛教不斷走向世俗化，各宗派多樂於平和地吸收、融會各家宗旨，則更使各教門日益失去了其教理所固有的獨特理論特徵。總的看來，這一時期佛教學者徵引莊子或對莊子作全面深入的闡釋，一般並不像魏晉唐宋佛教學者那樣是爲積極創建宗門理論服務的，而往往是爲了純學術性的研究，或是爲了某種政治事業。

萬曆間的高僧釋德清是一位著名的莊學家。我們曾闢專章論述過，他著觀老莊影響論，旨在宣揚儒、釋、道三教一致的思想，而其所著莊子內篇注，則屬於嚴格意義上的莊子學著作。此著雖每以佛理闡釋莊子，如以無礙解脱闡釋逍遥遊篇，以破我執闡釋齊物論篇，以養性闡釋養生主篇，以破分别我障闡釋德充符篇，以止觀闡釋應帝王篇，但大致仍能把握住各篇的宗旨，並將其巧妙地揭示出來，可謂是一部以佛解莊的成功之作，對當時和後世的莊子學都産生了較大的影響。

後來的金陵清涼山孔雀庵高僧釋性涵，少年時即開始讀莊子，長而遊於空山大澤間，所見無非莊子者，曾積三十年功力著成了南華發覆一書。我們曾闢專章論述過，釋性涵作爲一位托宿於佛門的學者，他並沒有以佛教思想來闡釋莊子，而是本著以莊解莊的精神，以道家哲學中的重要概念『道』爲莊子内篇之指歸，以道家哲學中的另一重要概念『德』爲莊子外篇之指歸，並以此爲原則指出了莊子雜篇之所以謂之『雜』的原因，從而使他的南華發覆成了明末又一部以莊解莊的重要莊子學著作。

稍晚於德清的名僧元賢，同樣宣揚『三教一理』論。他曾明確指出，由於儒、釋、道三教是在不同的社會背景下産生的，故其立教形式必然各異，但『聖人因時勢，察人情，爲之説仁義，立紀綱，化之以禮樂，束之以刑罰，使不亂也。即使佛處震旦國，説經世法，又豈過於周公、孔子哉！ 然衆生既束於儒典，執著名相，則名相之區，翻爲桎梏之地，豈儒家聖人之意哉！ 由是老、莊出，而説虚無自然之道，使聞者閑曠超越，不爲物累，庶幾爲入道之方便』①，這不就説明『教分而理未嘗不一』，三教是不同時勢要求下的必然産物，其産生皆是理之所歸嗎？然而元賢畢竟是一位由儒入釋的著名禪師，他既不能忘懷儒學，更是專心於禪學，因而對老莊的許多哲學命題有著自己的獨特看法。如其寱言云：

老莊祖昔之無，是未能超無也；厭今之有，是未能超有也。見既局於有無，乃思去今之有，歸昔

① 本節凡引元賢文字及他人問語，皆據其所著寱言一書，續藏經第一輯第二編第三〇套第四冊，商務印書館1923年影印本。

之無，由是墮肢體，黜聰明，絕聖智，棄仁義，以修混沌之術，皆生滅法耳。故雖曰無思，非真無思也；雖曰無爲，非真無爲也。其用止可以離人而入天，未可以離天而入聖。或曰：『莊生之學非墮於無也。其言曰：「有有也者，有無也者，有未始有無也者，有未始有夫未始有無也者。」既曰「未始有夫未始有無」，則超於有無矣，非真性而何哉？』曰：『非也。莊生不能離有無之見，故窮有以入無，窮無以入無無，窮無無以入無無亦無，雖能深入重玄，而總之舍有取無，認無之極者爲至，是終不能出無也。故其言曰：「未始有物者，至矣，盡矣，不可加矣。」非局於無而何？』

元賢這裏斷然否定了有人所提出的關於『莊生之學非墮於無也』的說法，認爲莊子既局限於無，又局限於有，其祖無厭有之說只可使人們『離人而入天』，卻不可使之『離天而入聖』，因而終究不是超然有無之外的高妙之論，何談什麼真性、真無思、真無爲呢！《寱言》復云：

且論性而必索之於未形未氣之先，則必失之於已形已氣之後，是偏認寂寞者爲性也。……或曰：莊生非以寂寞爲性也，所以必推極於未始有物之先者，乃窮萬化之所自出，是即所謂性也。曰：萬化根源，不出一心，故曰三界唯心，萬法唯識。今求之未始有物之先，則愈求而愈遠矣。夫未始有物之先，乃前劫之末，空劫是也。此界雖絕無形相，而一氣渾淪，默運不息，從微至著，生地生天。老莊即此空界，名之曰虛無，亦名之曰無極；即此一氣，名之曰太極，亦名之曰太乙。謂天地生於一氣，謂一氣生於空界。遂執此空以爲萬化之根源，一真之實性也。殊不知，此空從前壞劫而成，是有生也；天地既生之後，遂失其空，是有滅也。有生有滅，一幻妄法耳，安得爲萬化之根源乎？又此一氣，非生於空也，乃從無始劫來，生生不息，闔闢不窮者也。學人若能於此達其生生之本，則三界萬法，實非他物，今古可以一貫，有無可以不二。今莊生乃謂氣生於空，則失之遠矣。故曰認寂寞爲性者也。

元賢在這裏指出，莊子由於局限於有無，意欲尋覓人性於未有形氣之先，這無疑是『偏認寂寞者爲性』。當有人提出莊子『非以寂寞爲性』，乃是以萬物產生之前的本然狀態爲性的說法時，元賢便進一步詮釋說，其實世界萬物變化的根源皆『不出一心』，所以說『三界唯心』、『萬法唯識』，而莊子卻要推究萬物的起始，最後推究到『未始有物之先』，以爲人的真性即渾涵於此，可見其未免愈求愈遠，偏認寂寞爲性了。元賢曾在寱言中說：『夫二氣、五行之紐樞，實即吾人之妙心，故曰「三界唯心」。今舍心外而謂別有主宰於冥漠之中，則是心外有因。心外有因，我佛闢爲外道，以其因在一心之外也。』意謂世界一切現象皆是內心所變現，心外根本沒有獨立的客觀存在，因而凡言心外有因者，皆應被佛教闢爲外道，這也說明元賢正是以佛教『三界唯心』說來批判莊子從『心』外（即從萬物的本原——『道』中）求人性思想的。但值得指出的是，我們並不能依據元賢的這些說法來判定莊子人性思想的是與非，因爲莊子的哲學思想有其自身的邏輯體系，是不能引佛教思想予以簡單比附的。然而元賢卻不可能意識到這一點，因而仍繼續以佛教『空』、『空界』、『空劫』、『壞劫』、『無始劫』來比附老莊的『虛無』、『無極』、『太極』、『太乙（大一）』等哲學概念，並批評莊子根本不懂『三界唯心』、『萬法唯識』之理，乃謂『天地生於一氣』、『一氣生於空界』，偏認寂寞爲性，可謂『失之遠矣』！其實，元賢這裏的比附才是離莊子的本真思想更遠，他對莊子人性思想的批評也顯得更不確切了。但元賢的意見也有不少值得我們重視，如他在寱言中說：

宋儒曰：『庚桑子一篇都是禪，其他篇亦有禪語，但此篇首尾都是。』嗚呼！此宋儒之所謂禪也，豈識禪哉！夫莊生之學，自謂窮玄極妙，而要其旨歸，不過安於虛無自然，以爲極致。夫道超有無，離於四句，則言虛無者，非道也，乃其境也。彼欲習虛無以合於道，而虛無翻爲窠臼矣。道無有自，云何有然，隨緣而然，然而非自，則言自然者，非道也，乃其機也。彼欲習自然以合於道，而自然翻爲桎梏矣。此莊生所以爲外學也。若吾釋之學則不然，不以有心取，不以無心合，其要在圓悟一心而已。

這裏所謂的宋儒語，引自朱熹朱子語類卷一百二十五。元賢指出，朱熹謂莊子中有禪語，更謂庚桑楚一篇首尾全是禪語，這顯然是錯誤的。因爲在他看來，莊子的學説以安於虛無自然爲極致，而禪宗則主張『不以有心取，不以無心合，其要在圓悟一心而已』，所以莊子爲佛教教外之學，怎能與禪宗同日而語呢？而且，『道』是超然於有無之外的，即使以四句爲一偈的佛經唱頌詞，也是無法表達『道』的，則莊子欲習虛無、自然以合於道，恰恰已落入了『窠臼』之中，又怎能得到真『道』呢？顯然，如果姑置不論元賢對莊子所持的偏見，而單就其闡明莊、禪之不同特徵方面來看，自可見出他的真知灼見。元賢還在寱言中説：

宋儒曰：『佛氏將老莊文飾其教。』此宋儒之妄也。彼老莊以太極之先爲無，以太極之後爲有，以無爲是，以有爲非，則有無之見未消，是非之情未泯，……以之擬禪，不猶河伯之望海若哉！宋儒乃謂『佛氏將老莊文飾其教』，則何其敢於誣佛也？且佛説諸經，俱在老莊之先，豈佛先取老莊文飾之歟！自漢以來，諸經迭至，文雖由譯，義實出梵，豈譯師自取老莊文飾之歟！譯經院内，群英畢集，有譯語者，有筆授者，有證義者，豈容一人私取老莊文飾之歟！一經梵本，或更數譯，有前師之略，後師得據梵本而詳之，前師之誤，後師得據梵本而正之，豈容一時妄取老莊文飾之歟！但譯梵成華，必用此方言句，而此方談道之書，老莊爲最，故多取其文，而意義甚殊，不可不察。如老莊言無爲，我佛亦言無爲，老莊言無己，我佛亦言無己，老莊言道德，我佛亦言，詎可比而同之哉！

宋理學家每謂佛教援老莊文飾其教義，朱熹甚至説佛教只是『盜襲莊子之説』、『竊取老莊之徒許多説話』、『將莊老之説來鋪張』、『取莊老之説從而附益之』（朱子語類卷一百二十五）。元賢則貶斥理學家之説爲『妄』，並進而指出，老莊『以無爲是』、『以有爲非』之見是根本不能與禪學相比擬的。且佛教諸經的産生多在老莊之前，傳入中國後又先後由許多文化精英謹據梵本翻譯、校訂而成爲漢語文本，則哪裏有『將老莊文飾其教』的可能呢？至於老莊言『無爲』、『無己』、『道德』，佛教亦言『無爲』、『無己』、『道德』，不過是文詞表面形式的相同而已，其實二者『意義甚殊』，又怎可把它們混爲一談呢？顯然，元賢這裏已完全抹殺了佛教在傳入中國過程中大量吸納莊老思想的歷史事實，但他能列出大量『證據』，極力辨明莊老自是莊老，佛教自是佛教，這對糾正宋理學家所謂『佛説盡出老莊』（羅大經鶴林玉露卷十引朱熹語），過分强調禪、莊相同一面的思想偏頗無疑是有積極意義的。

明清之際的著名禪師覺浪道盛，極力主張會同孟子、莊子、屈子三人之宗旨，並倡議爲他們立一座祠廟，曰鼎新堂。他在三子會宗論中説：『易、書、詩、禮、春秋五經，皆具天人一貫之宗，是孔子所删定述作，爲千聖百王之師法者也。後孔子而生者有孟子，繼顔、曾、思三子而承孔氏之宗，其所著述亦皆直揭聖學王道之微，以光大五經之統也。此外有莊子之南華，屈子之離騷，其貌雖異，究其所得，皆能不失死生之正，以自尊其性命之常，曾無二致，豈不足與五經、四子互相發明其天人之歸趣，可爲儒宗别傳之密旨哉！……建一祠廟，貌三子之像，以孟居中，而左右莊屈，同堂共席，相視莫逆，以配享千古，使景仰此天人不二之宗，豈不爲甚盛事哉！因題曰鼎新堂。』①認爲莊子、屈原與孟子一樣，亦『足與五經、四子互相發明其天人之歸趣』，可一同配享千古，永遠供人景仰。道盛爲了證成其關於莊子爲『儒宗别傳』的説法，便進而論證説：

若夫莊子，則生平自能高尚其志，奮其身如鯤鵬之化，潔其神如藐姑之遊，故所著作，獨揭向上一路，以天命性道爲宗，並三代上下之以聖智仁義爲號者，乃直斥之爲大盜之資，如繼天立極之伏羲、神農、黄帝、堯、舜，與禹、湯、文、武、周、孔、顔、曾，皆得借之以神其發揮。蓋其中有縱有奪，有權有實，有正有偏，有天人交相抑揚之密，在寓言重言、怪誕奇詭之外。……方且以有用爲害，以無用爲殺；方且自逃於材不材之間，能使世人不得殺其身而不焚其書，是亦幸而免已；方且大言不顧而優遊乎漆園、濠濮之上，與惠子之堅白自鳴者，尋樂魚水，而蘧蘧然與夢蝶俱化於不知之天。世所謂居易俟命，

① 本章凡引道盛文，如不另加説明，皆據中華大藏經天界覺浪盛禪師全録，臺灣中華大藏經會1968年修定本。

遵法善世，而不行險僥倖者，能如是乎？吾故以莊子者，道心惟微之孽子也，天之徒也，先天而天不違其人也……，豈不交相參合天人於微危之獨乎？（三子會宗論）

道盛指出，莊子像鯤鵬變化那樣奮其身，像藐姑射山神人那樣潔其神，故其著述，能『獨揭向上一路，以天命性道爲宗』，並通過運用寓言、重言等特殊文字形式，借表面上指斥『三代上下之以聖智仁義爲號者』來深入闡發這一宗旨。而其『自逃於材不材之間』、『優遊乎漆園、濠濮之上』等行爲本身，則更證明了他確是一位『以天命性道爲宗』主張的踐履者，即順應天道、不失性命之常的人。因此道盛接著說，莊子是唯天道精微之理是求的『孽子』，是獨崇天道的『天之徒』。但他又指出，這並不意味著莊子著述唯是『獨揭向上一路』即只是尊崇天道而忽視人倫的，其實他完全是一位『先天而天不違其人』即在尊崇天道的同時也不違背人事的人，可謂從根本上承繼了儒家經典所包涵的『天人一貫』之旨。何以證明這一點？道盛就此問題復又論證說：

不見自著內七篇之大題目乎？逍遥曰『聖人無己，至人無名，神人無功』，以堯之讓天下表之，以此外天下而治天下。堯御六氣，即藐姑山之神人，不與萬物疵厲（癘），何嘗棄天下萬物哉！繼以齊物論，既謂之齊，是則明其不棄物而齊之也。……養生主則是不舍其生而有能養之主在焉……，以此物我無傷之主而遊於人間世，使德充符，以作大宗師，而應帝王，修治畢矣。如此七大題目，何嘗不與學、庸、論、孟及五經之天命、人倫相爲發明哉！……吾故曰：莊子若托孤於老聃之無爲，而實是神乎堯孔經世之孽子也。不然，所稱大宗師與應帝王者，請試觀開闢以來，其孰有師如孔子之可宗，又孰有帝如唐堯之可應哉！此所謂精於道心之微而能先天而不違人者也。（三子會宗論）

道盛指出，逍遥遊、齊物論兩篇皆寄寓了不棄天下萬物之旨，養生主篇則是談如何護養性命之主的，並將這一宗旨向後延伸，由此推導出人間世、德充符、大宗師、應帝王諸篇，使內聖外王之道和天道人倫內涵都得到了充分闡發，足可與儒家所謂的天命、人倫互爲發明，所以說莊子『先天而不違人』，實爲堯孔之『孽子』和『真孤』。對於莊子爲『堯孔真孤』、南華爲儒宗『教外别傳』的看法，道盛在莊子提正中還有更詳盡的闡發，我們將闢專節予以論述。

由於道盛是一位愛國禪師，他倡導『托孤』説的真正用意主要是爲了寄托自己的故君故國之情，所以此説一出，便得到了許多具有遺民意識的逃禪者和教外居士的贊同、申發。如他們説：

莊生之書，究極性命之初，放乎大道之原，並吾儒之所學精微，所詣真實者，而痛加喝棒，非止爲卑卑功利者笑駡也。儒宗别傳，誠開天確論。（莊子提正眉欄所收大時批語）

莊子一生心力闡洙泗之微言，今得和尚闢隻眼而立正孤之論，吾儒當噴血淚認取耳。（莊子提正眉欄所收大瑸批語）

若無應帝王、大宗師，何處見他是堯孔之真骨血、真氣脈？此正孤之結穴也。（莊子提正眉欄所收大中批語）

耳食者議漆園左儒，非杖人托孤創論，千年暗室，誰則破之？此一炮大快矣。（方以智藥地炮莊卷首戒顯序）

天界浪杖人以莊子爲孔子之孤而托諸老子，作『托孤』説，甚奇。此巧於發明孔子，而借莊子爲孤以傳孔子之真者也。（錢澄之與佷亭禪師論莊子書）

這些文字的作者，或是道盛的禪門弟子，或是教外居士而曾親炙於道盛者，大都具有强烈的遺民意識。他們一致認爲道盛所倡導的『托孤』、『别傳』説，真正揭示出了莊子學説的本質所在，無疑具有劃時代的意義；而錢澄之則更是從中窺見了道盛的良苦用心，認爲他無非是在『借莊子爲孤以傳孔子之真』，即借闡釋莊子以表達其意欲傳承華夏文明的愛國情懷。當然，對道盛説法作較多評論申發並將他人評論申發文字輯爲專集者，當是石谿和方以智。藥地學人興月所作炮莊發凡云：『杖人莊子提正久布宇內，正以世出世法代明錯行，格外旁敲，妙葉中和，亦神樓引也。……在天界時，又取莊子全評之，以付竹關，公宮之托，厥在斯歟？薛更生、陳旻昭時集諸解，石谿約爲莊會，茲乃廣收古今而炮之。』（藥地炮莊卷首）薛更生即薛正平，晚年從道盛學參禪；陳旻昭即陳丹衷，亡國後得法於道盛，法名大中。可見道盛的莊子提正及莊子全評問世後，評論申發者頗多，薛正平、陳丹衷即予以彙輯，石谿又將其約爲莊會一書，而方以智（竹關）則更在此基礎上『廣收古今而炮之』，撰成藥地炮莊一書，以不負道盛生前之囑托。可惜石谿莊會一書早已不傳於世，唯賴方氏藥地炮莊的引錄才得以保存數條文字到現在，其中有一條文字說：

天道即性道，出世間法也；人道即君臣父子，世間法也。人道從天道生，故曰『嗜欲深而天機淺』。天道常無，人道常有。三皇五帝相傳，不立文字，謂之道統，後王則尚霸矣。春秋時得孔子續之，以人道合天道，定六經禮樂爲萬世則。下世人心益變，即六經禮樂亦虛爲塵腐矣。莊子於是呵佛罵祖，抑揚此道，良工苦心。……杖人拈出真孤，亦自道也。（方以智藥地炮莊總論眉評引石谿莊會）

意謂自三皇五帝相傳下來的天道、人道合一之道統，到春秋時由孔子繼續傳承之，但由於下世人心益變，莊子便不得已而非難聖智仁義，以『呵佛罵祖』的方式來巧妙地闡揚孔子所創立的儒家學說，用心真可謂良苦。因此道盛創爲『托孤』之說，揭明莊子爲堯孔之真孤，實爲隻眼獨具，也真正表達了他自己意欲傳承華夏文明的思想感情。方以智著藥地炮莊，更是大力闡揚了道盛的『托孤』之說，故時人余颺在炮莊序中說：『自天界老人發托孤之論，藥地又舉而炮之，而莊生乃爲堯舜周孔之嫡子矣。』（藥地炮莊卷首）的確，由於道盛的著作傳播不廣，他的『托孤』說主要是因方以智的大力闡揚和藥地炮莊的廣泛流傳而爲更多的人所瞭解，並一直影響到現在。

在佛教內外的一片贊和聲中，曾經拜見過道盛的錢塘雲溪精舍禪師佷亭淨挺卻寫了漆園指通一書，將道盛的『儒家別傳』說改造成了『釋家別傳』說，認爲如果就達摩初祖尚未把禪宗傳入中國以前的情況而論，道盛的這一說法無疑很有道理，但自從禪宗在中國流傳開來以後，則莊子顯然爲獨開宗門的禪宗之一枝，所以就應該視爲『釋家教外別傳』。應當說，淨挺的這些說法比道盛的說法有著更多的主觀臆想成分和宗教色彩，已在一定程度上偏離了以往大多數莊子學者所奉行的學術研究的宗旨。實際上，淨挺倡導『釋家別傳』說正反映了他在無可奈何情況下意欲淡化遺民意識而忘懷世事於禪境之中的思想，因而引起了錢澄之這位具有強烈遺民意識者的極端不滿，便寫出與佷亭禪師論莊子書予以批駁，認爲其說遠不如道盛的『儒家別傳』說能『傳孔子之真』，具有積極的現實意義。

此外，金壇人曹宗璠，舉明崇禎四年進士，七年任封丘縣令，清順治十八年因受通海案牽連，幾乎被處死。曹氏年輕時便喜歡莊子，後來又愛上了佛學，便以華嚴經的『三界唯心』說來闡釋莊子，著成了南華泚筆一書，從中反映出了其歷經世事變幻後的一種特殊心態。

二、明代道教學者的莊子學

明代諸帝多尊奉道教，但理學的極力排斥，民間宗教的爭奪地盤，以及教團内部的嚴重腐化，卻使道教走向了衰落。

從明初開始，正一道天師成了全國道教的統領，世襲官爵。張宇初是明代正一道最有作爲的一代天師，著作有道門十規、峴泉集、度人經通義等。他根據明王朝清整道教的需要，便針對道教的種種弊端而重新制定了教制教儀，並重申道教徒必須返本歸源，以先秦老莊等道家學說爲正統。如他在永樂時所著的道門十規中說：

雖有道、經、師三寶之分，而始自太上授道德五千言於關令尹。其所謂無爲不爭之旨，始殷三代之初，則廣成子蒙黄帝問道於崆峒，等而上之，道所由立出乎太上一也。修諸己而合夫内聖外王之道者，則有關、文、莊、列諸子之遺言。……道教源派始自太上三代之前，則黄帝問道廣成子，即太上也。及曰生於殷末，仕於周初，在文王時爲柱下史，迨武王時遷藏室史。其所著則道德上下經，其徒則有關、文、莊、列、亢倉、柏矩之流。①

張宇初把道教諸派的宗源追溯到了莊子在宥所虚構的寓言人物廣成子，認爲黄帝所問道的廣成子即是道教的始祖『太上』，殷末周初時則化爲柱下史，周武王時又遷爲藏室史，其著作有道德經，其徒弟有關尹、文子、莊子、列子、亢倉子等人。張宇初指出，老莊等先秦道家的思想精髓是虚無清静無爲，其用世之説則是内聖外王之道，但『自秦漢以來，方士競出，若文成武利之以金石草木徒殺身取禍，遂世稱方術矣。外而施之，則有禱禬祠祝之事，自寇、杜、葛、陸之徒，其説方盛。由後之師匠增損誇誕，奔競聲利，而世曰異端矣』（道門十規），諸如内外丹道、長生之術、巫祝禱祠，都遠離了以老莊爲代表的先秦道家思想和用世之道，因而『凡習吾道者，必根據經書探索源流，務歸於正』（同上），即返本歸源於老莊。而且，張宇初作爲欽定的道教總教主，還積極配合明王朝的治國策略，以治身、修己與治國、利人相統一的思路來闡發自己的道教理論，於是又提出了他的儒、道同源説。他説：

> 道不行則退而獨善，以全其進退於用舍之間而已矣。故高舉遠引之士，將欲超脱幻化，淩厲氛垢，必求夫出世之道焉，則吾老莊之謂是也。（峴泉集愼本）

張宇初在這裏指出，士人原來都是積極入世的儒者，只是因爲道不得行才退而成了高舉遠引之士，如老子由周朝史官退而爲道家創始人，莊子由漆園小吏退而論内聖外王之道，所以説儒、道同源，都有著治身治國、修己利人的理想。顯然，張宇初要求返本歸源於老莊，旨在爭得道教的正統地位，但從客觀上來看，這對革除道教在長

① 本節凡引張宇初文，皆據正統道藏本。

期發展過程中所形成的種種陋習卻無疑具有積極意義；而他所倡導的儒、道同源説，雖屬於他所盛倡的儒、道、釋三教歸一説的一個組成部分，不過是順應時代思想大潮的產物，但其所表現出的熱情關懷現世的思想情懷卻同樣值得肯定。

嘉靖、萬曆之際，林兆恩創立了三一教，其宗旨就是要把儒、道、釋三教合歸爲一，即所謂『教既分爲三矣，而余之意則欲會而歸之，以復合於孔、老、釋迦之道之本一也』（三教合一大旨）。但他的本體論思想，卻較多地吸收了莊子的哲學思想。如他説：

在太極之先而不爲高者，此本體也；在六極之下而不爲深者，此本體也；先天地生而不爲久，長於上古而不爲老者，此本體也。（本體教）

我們知道，莊子大宗師有這樣一段文字：『夫道，有情有信，無爲無形；可傳而不可受，可得而不可見；自本自根，未有天地，自古以固存；神鬼神帝，生天生地；在太極之先而不爲高，在六極之下而不爲深，先天地生而不爲久，長於上古而不爲老。』從這裏可以看出，林兆恩的本體論思想顯然借鑒了莊子的道本體論思想，也認爲『本體』之所以爲世界萬物的本原，正由於它是『塞乎天地之內，超乎天地之外，先乎天地之始，後乎天地之終』（説夏上），即具有超時空特徵的緣故。

大約與林兆恩同時的陸西星，在丹法上極力主張陰陽雙修、性命兼行，後世道門尊其爲内丹東派之祖。我們曾闢專章論説過，陸西星晚年頗喜研習佛經，欲合道、釋爲一家，參悟玄通，竟究義理，反映這一思想的主要有南華真經副墨等著作。他撰寫南華真經副墨一書，因從蘇軾之説，認爲讓王、盜跖、説劍、漁父四篇乃後人竄入，斷非莊子手筆，故未將其收入此書之中。並以爲『虛靜恬淡寂寞無爲』八字乃莊子全書内容之核心，故舉以分其卷帙，將南華真經副墨所收二十九篇分爲八卷，依次曰虛集、靜集、恬集、淡集、寂集、寞集、無集、爲集。其闡釋莊子，雖也引徵了較多的丹法理論，但更主要的還是表現爲以佛典印證莊子思想的闡釋指向。對於莊子文章的脈絡，則第一次提出了『藕斷絲連』、『草蛇纊綫』的説法，每爲後人所稱引。

明代道教學者編纂道藏也爲莊子學作出了一定貢獻。將道書正式編爲『藏』，始自唐玄宗李隆基時。宋、金時期，及蒙古興起之初，也皆曾大力搜集過道書，並將其編纂爲『藏』，但無一能完整流傳下來。明成祖即位之初，便敕命第四十三代天師張宇初組織道士編修道藏。永樂八年（1410），張宇初去世，詔第四十四代天師張宇清繼續主持工作，直到英宗正統十年（1445）才告完成，名曰正統道藏，所收莊子學著作依次有褚伯秀纂南華真經義海纂微一百六卷，林希逸撰南華真經口義三十二卷，陳景元撰南華真經章句音義十四卷、南華真經章句餘事一卷、南華真經餘事雜錄二卷，賈善翔撰南華真經直音一卷，無名氏撰南華邈一卷，吳澄撰莊子内篇訂正二卷，羅勉道撰南華真經循本三十卷，王雱撰南華真經新傳二十卷，成玄英撰南華真經注疏三十五卷，無名氏撰莊周氣訣解一卷。而褚伯秀所纂南華真經義海纂微一百六卷，除了收有褚氏自己所撰文字外，還更收有郭象撰莊子注、呂惠卿撰莊子義、林自撰莊子注、陳詳道撰莊子注、陳景元撰莊子注、王雱撰莊子注、劉概撰莊子注、吳儔撰莊子注、趙以夫撰莊子注、林希逸撰莊子口義、李士表撰莊子十論、王旦撰莊子發題等。可以説，魏晉至元代學者所撰的莊子學著作，其得以流傳至今者，大多是有賴於正統道藏的，而兩宋時期所問世的莊子學著作尤其如此。説明明代道教學者編纂道藏，實爲後人保存了歷史上最重要的一批莊子學文獻資料，爲整個莊子學作出了較大貢獻。

繼正統道藏之後，道士白雲霽於明熹宗天啟六年著成道藏目錄詳注四卷，其中對正統道藏所收全部莊子學著作皆作有注解。如於南華真經義海纂微條目下云：『武林道士褚伯秀述。此解内集郭象、呂惠卿、林疑獨（獨）、陳詳道、陳景元、王雱、劉概、吳儔、虛齋趙以夫、竹溪林希逸、李士表、王旦、范無隱等。會粹衆説，附以褚公妙解，元賞會心。』於南華真經注疏條目下云：『郭象注、成元英疏，二公皆言外之旨。』這些注解對我們也有一定的參考價值。

第二節　覺浪道盛的莊子提正

道盛（1592—1659），號覺浪，别號杖人、浪丈人，俗姓張，福建浦城人。幼習舉業，十九歲時有出世之想，遂密求瑞巖識源和尚剃落，掩關於福建夢華山中。萬曆四十四年（1616）到江西董巖爲無明慧經慶壽，受具足戒。是年冬天，又投到慧經弟子元鏡禪師門下，後來便繼承元鏡衣缽，荷擔大法。萬曆四十七年開始在江南各地布教弘禪，並以『真僧高道』、『忠臣烈士』身份爲國説法，試圖振作民心士氣，以挽回明王朝的衰頽局勢。入清後爲金陵天界寺主持，此時仍念念不忘明王朝，遺民意識甚爲强烈，故愛國志士方以智、屈大均等咸來投奔，錢澄之、淨挺等也皆受過他的教誨，再加上他原來的門徒多懷有遺民思想，因而這裏成了明遺民的重要萃集之地。

在學術上，道盛既論禪學，又論儒學及諸子百家，而以溝通儒、道、禪爲其宗旨。其著述甚富，與莊子學有關者有三子會宗論、莊子提正，皆收録於天界覺浪盛禪師全録。又曾全評莊子，其説多賴方以智藥地炮莊的收録而得以保存至今。莊子提正是一部完整的莊子學著作，全書由十大部分組成，即開頭爲序論，此後依次爲正莊爲堯孔真孤、提内七篇、提逍遥遊、提齊物論、提養生主、提人間世、提德充符、提大宗師、提應帝王。今案方以智杖人全集跋云：『嗟乎時哉！鳳山杖人忽發堯孔托孤之論，而鹿湖老父亦致竹關下宫之辭，時節因緣，無容回避。』説明道盛撰莊子提正，倡導『堯孔托孤』之説，大致當與『老父亦致竹關下宫之辭』同時。所謂『老父亦致竹關下宫之辭』，即指方孔炤於順治十一年甲午（1654）向方以智寄去周易時論稿子，命其編纂成書之事：『老父在鹿湖環中堂十年，周易時論凡三成矣。甲午之冬，寄示竹關，窮子展而讀之，公因反因，真發千古所未發。』（方以智藥地炮莊齊物論）則道盛撰寫莊子提正，亦當在入清之後。

方以智杖人全集跋謂道盛撰莊子提正，是『忽發堯孔托孤之論』。宋之鼎莊子提正跋也說，其『托千古之孤，真奇書也』。淩世韶莊子提正跋則更指出：『吾師正其爲堯孔真孤，以冥其上天之載，即謂如教外別傳者，特以抑揚縱奪似之也。』確實，『教外別傳』和『托孤』說，正是道盛莊子提正一書的中心思想之所在。他在此書開頭說：

莊周，戰國之隱者，能以古今之大道自任，又不甘於流俗，憫世道交喪之心獨切，不可以自禁，乃敢大言而無慚。之人也，予讀其所著南華，實儒者之宗門，猶教外之別傳也。（序論）

何謂『教外之別傳』？宋濂在釋氏護教編後記中說：『世尊大法，自迦葉二十八傳至菩提達摩。達摩悲學佛者纏蔽於竹帛間，乃弘教外別傳之旨，不立文字而見性成佛。』意謂達摩以『心印』、『見性』的特別方式繼承並弘揚了釋迦牟尼所開創的佛法，故稱教外別傳。可見道盛稱莊子爲『儒者之宗門』、『教外之別傳』，正所謂『此亦借之以比類』（序論），即是拿禪宗與佛教之關係來比附莊子學說與儒家學說之關係。那麼，莊子到底何以可稱爲『儒者之宗門』、『教外之別傳』呢？在道盛看來，其理由之一是：

蓋其旨也，妙於以神化而移人心之天也。神之於天，則自然矣。自然者，天之別名，化之無跡者也。究之不外於慎獨致中和而冥聲臭，是彼固能先任天真之自然，而同人物冥於自然之天真也。（同上）

此謂莊子倡導順應自然，妙於以神化不測的理論來感化人心，使之復歸於自然之天真，這與儒家經典中庸所謂以『慎獨』、『盡性』來『致中和』、『與天地參』等思想是一致的，所以說：『其所著南華，實儒者之宗門，猶教外之別傳也。』其理由之二是：

又觀其立言之意，大似憤世儒與諸治方術者，不能知天立宗，而相將陷於名相功利，以至於爭奪殺害，如江流之日下，有不可挽回也者。乃慨然撫心而有感曰：『是惡可使若而人終不知道德性天之宗乎？是又惡可使吾儒之真宗終不可以挽回乎？夫如是也，又何所藉之，以自明吾之所存？又何所藉之，以自行吾之所主乎？』於是俯而觀之，憒焉愈不可解；仰而思之，疑焉愈不能釋。憒疑之極，忽若成然寐，惺然覺，如有以自慰也。……於是儼然曰：『自開闢漸遠，更有伏羲、神農、黄帝、堯、舜、禹、湯、文、武、孔、顔，若而人能知天道之原、天地之化，與能因人物之自然，而爲民生日用制作法度，爲道治之宗，使之各安身世性命者乎！夫如是設教立宗，而天下後世尚有不能知其所以，而愈效其跡，乃愈敝其神，甚至有不可復以教宗救挽之者，其弊又安在哉？弊不生於簡易，而生於支離；不生於無爲，而生於生事；不生於無識，而生於多知，以至於世道交相喪也。盍亦追其本而救之乎？』(同上)

此處推測説，莊子大約因憒於世俗之儒及治方術者不能知天立宗，竟使儒學如江流日下而無可挽回，乃慨然撫心自問，是否可找到一種挽救的方法。正是在這俯觀仰視，憒疑之極的時候，他終於惺然覺悟而有以自慰，於是好像説：自開天闢地之後，儒家聖賢伏羲、神農、黄帝、唐堯、虞舜、夏禹、商湯、文王、武王、孔子、顔回等，能根據人類的自然本性，爲民生日用制作法度，使之各安於性命之情，這本來是無可非議的。但後世『不能知其所以』，乃『愈效其跡』、『愈敝其神』，致使這些日用制作法度漸趨『支離』、『生事』、『多知』，甚至導致了『世道交相喪』的壞局面。莊子至此似已完全明了儒學衰頽的癥結所在，便指出挽救儒學的根本方法即在於徹底去掉日用制作法度之末節，而以『簡易』、『無爲』、『無識』的古代聖賢之道來治理天下，使天下百姓各安其身世性命，此即所謂『追其本而救之』。可見莊子所思所想，實爲『儒者之宗門』、『教外之别傳』。其理由之三是：

乃不得已，仍借羲、黄、堯、舜、孔、顔，與老聃、許由、壺、列、楊、墨、惠施諸子，互相立論而神化之。其中蓋有主有賓，有權有實，至於縱横殺活、隱顯正奇、放肆詭誕、喜笑怒罵，有以直指其天真，有以曲示其密意。其爲移出人心之天，而成其自然之性者，不可以常情臆見領略。而且有如聾如瞽者，是何足怪哉！内七篇抑揚錯綜，要不過正打傍敲，以闡發其神化自然之旨，而歸應帝王於堯、舜，歸大宗師於孔、顔也。自謂天下沉濁，不可與莊語，故爲此無端崖之辭以移之，使天下疑怪以自得之，則庶幾藉此明吾心中之所存，行吾心中之所主耳。世人不知，以爲詆毁堯、舜、孔、顔，又孰知稱讚堯、舜、孔、顔更有尚於莊生者乎？（同上）

此謂由於天下皆沉濁，不可與莊語，莊子不得已乃採用了『縱横殺活、隱顯正奇、放肆詭誕、喜笑怒駡』等言説方式，來闡發其神化自然之旨，所以我們應該透過這些言説方式，看到莊子所示『密意』中是『有主有賓』、『有權有實』的，即其所借伏羲、黄帝、唐堯、虞舜、孔子、顔回等乃是『主』，老聃、許由、壺子、列子、楊朱、墨子、惠施等乃是『賓』，而『放肆詭誕』、『喜笑怒駡』等乃是『權』，『直指其天真』、『使天下疑怪以自得之』等乃是『實』。道盛從而斷定，實在没有人比莊子更能稱讚儒家聖賢了，也實在没有人的學説更可稱爲『儒者之宗門』、『教外之别傳』了！

在『證成』莊子爲『儒者之宗門』、『教外之别傳』後，道盛便進而提出了他所謂的『托孤』説。他説：

予讀莊子，乃深知爲儒宗别傳。夫既爲儒宗矣，何又欲别傳之乎？蓋莊子有若深痛此内聖外王之道，至戰國，儒者不知有堯孔之宗，惟名相功利是求，不至殺奪不饜。至於治方術者，竊仁義禮樂而殺奪，以喪亂其統宗，使堯舜危微精一、孔顔至誠天命之道，并歸於殺奪。即有一二真儒，亦未深究性命之極，冥才識智慮、仁義禮樂而復其初，遂使後世不復有窮神知化之事，而天下脊脊不能安性命之情，則所學皆滯跡耳。而此嫡血之正脈孤而不存，天下萬世下有爲内聖外王之道者，無所宗承，莊生於是有托孤之懼矣。故托寓言於内外雜篇之中，上自羲、黄，下及諸子，以荒唐自恣之説，錯綜其天人精微之密，而存宗脈於内七篇，以大宗師歸孔顔，以應帝王歸堯舜，應帝王之學即大宗師之道也。此莊生所立言之真孤，雖天地覆墜，不能昧滅也。（正莊爲堯孔真孤）

今案論語泰伯有『托孤寄命』之語，三國志蜀志先主傳載劉備托孤於孔明之事，但道盛正莊爲堯孔真孤有語云：『古人以死節易，立孤難。立孤者必先亡身避讎，使彼無隙以肆其害，則必轉徙藏之深遠莽渺，托其可倚之家，易其名，變其狀，以扶植之成人，然後乃可復其宗而昌大其後。』據此，則道盛之『托孤』說乃是化用史記趙世家所載程嬰、公孫杵臼合謀保全趙氏真孤以昌大趙氏家族之典故而來，謂莊子因有見於當時儒者『不知有堯孔之宗，惟名相功利是求，不至殺奪不饜』，治方術者則『竊仁義禮樂而殺奪，以喪亂其統宗，使堯舜危微精一、孔顏至誠天命之道，并歸於殺奪』，致使堯孔嫡血正脈孤而不存，內聖外王之道不能爲後世所宗承，於是乃有托孤之懼，便借荒唐自恣之言，將堯孔宗脈密藏於大宗師、應帝王等篇之中而使後世有所宗承，此即所謂『莊生所立言之真孤，雖天地覆墜，不能昧滅也』。那麼，莊子書中每有稱美老子之語，世人也多謂莊子爲老子學說的繼承者，對此究竟應作如何解釋？道盛說：

惟此，吾所以正其非老聃之嫡嗣，實堯孔之真孤。何則？孔子嘗問禮於老聃，亦嘗屢稱曰『吾聞諸老聃』。莊子目空萬古者，舍老聃之不托，更欲托誰以自全此寓言乎？……老聃亦未曾有一言及於堯、舜、文、武、周公，及推孔子之賢，何足以嗣堯舜，亦何必爲堯舜之嗣！老聃之語渾雄簡朴，真足爲天地無爲自然之宗，然而闡揚內聖外王之旨，曲盡天人一貫之微，其縱横抑揚，奇倔痛快，能以神化移人心之天而歸於自然處，即老子之文亦有所未逮也。（同上）

這裏承認莊子曾托於老子，正有如孔子曾問禮於老子一樣。但在道盛看來，莊子目空萬古，只是欲托老子以自全其寓言罷了，其真正用意即在闡揚儒家內聖外王之道，成爲堯孔之真孤。而老子未曾言及唐堯、虞舜、文王、武王、周公，不曾推崇孔子之賢，其文又不足以闡揚儒家內聖外王之道，曲盡堯孔天人一貫之微，莊子怎麼會真心托於他呢？

在道盛看來，內篇七篇是一個完整的結構體系，莊子的思想就是由這個結構體系完整地體現出來的，所以他復又結合內篇來申述並歸納他的上述觀點。他說：

莊子實以內聖外王之道爲主，而具經濟天人之全機大用。內七篇始逍遥，終應帝王，蓋妙於移神化自然之旨，而歸於堯、舜、孔、顔者也。其中雖多稱述伏羲、神農、黄帝、許由、老聃、壺子、列子，其意全是借客形主，托權明實，以一抑一揚而互相發揮也。何以知其所必主哉？如主羲、黄也，則屬上世，不太荒唐乎？如主聃、壺也，則涉方外，不太渺蕩乎？如必欲主『大宗師』、『應帝王』之道治，苟不推尊堯、舜、孔、顔爲天地中和之主，則道術將爲天下裂矣，又何所取法以爲宗乎？是吾即七篇之命名，與七篇中首尾出堯、舜、孔、顔之旨，予知其必主於堯、孔爲内聖外王之宗也。夫六經之宗旨，全主於實理、實事、實功、實用，而莊子則多主於虚理、虚事、虚功、虚用，而究其指歸，皆有濟於實義也。以故莊生之所以不經而冠於百氏之上，以能自創而不襲人。……夫如是，豈非莊子之度人難度，移人難移，爲儒宗之教外别傳哉！（提内七篇）

這是説，綜觀莊子所論，不外在於闡述天道神化自然之旨，而歸於内聖外王之道，經世濟民之用，故内七篇以言逍遥物外、遊於至道始，以言爲帝王、治天下終，表明天人合一乃是莊子所追求的最高思想境界。因此，莊子雖多稱述伏羲、神農、黄帝、許由、老聃、壺子、列子，但終究認爲伏羲、神農、黄帝等皆屬於上古之世，不免太荒唐不實，理應將其歸入『客』，僅僅作爲陪襯者，而許由、老聃、壺子、列子等皆涉於方外，不免太渺蕩無系，理應將其歸入『權』，僅僅作爲寄托者。這表明唯有唐堯、虞舜、孔子、顔回才是莊子所尊崇的『主』，體現於其政治思想中的内聖外王之道才是莊子要取法的『實』。在道盛看來，莊子在内七篇中正是通過運用這一『借客形主』、『托權明實』的方法來闡發堯孔宗旨的，而他所命名的内七篇題目，與特意讓七篇首尾處呈現出唐堯、虞舜、孔子、顔回的思想旨意，則更表明其不愧爲堯孔之真孤。再説，莊子妙於主虚理、虚事、虚功、虚用以濟實義，與儒家六經主於實理、實事、實功、實用完全異曲同工，真可謂度人之所難度，移人之所難移，不經而冠於百家之上，哪裏不可稱之爲儒宗之教外别傳呢！

依據提内七篇的提示，道盛進而對内七篇的主旨分别作了闡發。他首先在提逍遥遊中説：『莊子以人習於常所見聞，而滯於名相功利，不見天地之神化出於自然，故拈鯤鵬之大而化者，移人之見聞以入於神，則逍遙乎與天遊矣。夫人物之各得逍遥者，以各自無相待也。』即此篇不外是在闡發『無相待』的天道神化自然之旨。在道盛看來，正因爲『此篇主於各無所待』（提逍遥遊），以闡發『神化』、『自然』爲其主旨，故『一篇之旨又足以含攝七篇也』（同上）。他説：『如鵬鷃之大小，菌椿之短長，彭殤之壽夭，皆各自相忘，即齊物也；冰雪之處子，乘雲氣，御飛龍，其神凝，使物不疵癘，即養生主也；宋榮子定乎内外之分，辨乎榮辱之境，後其於世未數數然，即人間世也；許由之不治天下，有治天下之德，寧爲其實，不爲其名，即德充符也；之人也，物莫之傷，大浸稽天而不溺，大旱金石流而不熱，是其塵垢粃糠，猶將陶鑄堯舜，即大宗師也；堯治天下，天下既已治，而窅喪其天下，冥於自然，即應帝王也。』（同上）道盛接著對齊物論、養生主等篇的闡發，大致乃是按照這裏所呈示的思路來充分展開，而其對末篇應帝王的闡發則最值得我們注意。他説：

不知者必以老莊爲忘世，爲無事於經濟，則深負莊生内七篇立題命名之至意，是擲民生事業與内聖外王之道於空虛無用，方之外也。内篇之意，其事則主乎人，其旨則皆主乎天，又誰知即以人而主天，以天而主人乎？知此則知莊子全是以神化而移人心之天，而歸於無爲自然；以神化之無爲自然而應於人心之天，而同於大通，以不出於其宗也。……明王之治，功蓋天下而似不自己，化貸萬物而民弗恃，有莫舉名，使物自喜，立乎不測而遊於無有者也。即此便是應帝王之大宗旨也，與『不見而章，不動而變，無爲而成。其爲物不貳，則其生物不測』，及『不顯惟德，百辟其刑之。篤恭而天下平』，又何異乎？……化其無爲自然之宗，則其心如鏡，亦無不將不迎，應乎天地萬物而不藏也，又何内聖外王之道不可以虛而委蛇者應之哉！若然者，則非以堯、舜、孔、顔，更無有能當之也。……吾特提此莊子，以正堯孔之孤，將使此天地古今不可死者復靈也夫！（提應帝王）

按照傳統的説法，莊子所追求的不外是一種忘懷一切的思想境界，哪裏肯『弊弊焉以天下爲事』呢！道盛則堅決否定了這種觀點，認爲內篇的大意，就是要求人道必須順應天道（以人而主天），『以神化而移人心之天，而歸於無爲自然』，而天道則必須有濟於人道（以天而主人），『以神化之無爲自然而應於人心之天』，從而達到一種『天人合一』的理想境界。道盛指出，應帝王篇大力闡發『明王之治，功蓋天下而似不自己，化貸萬物而民弗恃，有莫舉名，使物自喜，立乎不測而遊於無有』之宗旨，正把內篇前面所闡述的神妙不測的天道落實到了民生事業之上，這與儒家經典中庸『不見而章，不動而變，無爲而成』、『篤恭而天下平』等所倡導的內聖外王之道又有何異？所以道盛最後說：『若然者，則非以堯、舜、孔、顏，更無有能當之也。』並宣稱：『吾特提此莊子，以正堯孔之孤，將使此天地古今不可死者復靈也夫！』意謂他此提正將可使千年不傳的儒學真髓得到復活了！

確實，不但道盛自己對所著莊子提正一書，尤其對其中所提出的『托孤』說甚爲看重，而且當時許多遺民僧和懷有強烈遺民意識的教外居士，諸如方以智、陳丹衷、大瑸、戒顯、石谿、余颺、宋之鼎、錢澄之等，也都甚表贊和，並紛紛予以闡揚。如大時淩世韶說：

吾師浪杖人，慣用吹毛利劍，殺活古今，而橫拈倒用，靡不神解，從上宗門大匠恢廓者，特於本宗發揮耳。……乃知吾師所謂正孤，非直以正莊生所托堯孔之孤，實吾師藉此以正自正之孤，用正天下萬世佛祖聖賢之真孤也。下視莊者，以其怪不入堯孔之道，擯斥而拒絕之；高視莊者，以其奇足入佛祖之宗，附會而攔入之，是二者皆亡羊也。不見師於薪盡火傳處，見獨無古今處，惟造物是從處，委蛇渾沌處，皆有傳者，特以抑揚縱奪似之也。孰能如吾師正其爲堯孔真孤，以冥其上天之載，即謂如教外別所指。吾師所正孤中更有真孤，藏之甚密，豈常情所能測耶？莊子自謂萬世遇大聖，何期得吾師以神化移出莊生之奇而不失其正，使萬世參悟不傳之密，豈復惟隨造物者遊夫恣睢轉徙之途哉！時於此又安敢避截舌之諱，不痛憤悲感，與吾同參共認真孤乎？（莊子提正跋）

淩世韶的這番話大致也代表了其他人的看法，認爲道盛簡直像宗門大匠，善用利劍，盡劈舊說藩籬，將千年來深隱於莊子中的『托孤』之意皆予挑出，使萬世之下都能參悟不傳之密。淩世韶指出，其實道盛倡導『托孤』說還寄寓了更深的用意，即『吾師所謂正孤，非直以正莊生所托堯孔之孤，實吾師藉此以正自正之孤，用正天下萬世佛祖聖賢之真孤也。』所以，吾輩即使觸犯『截舌之諱』，也必須一同認取道盛的『托孤』之說！

這裏應當肯定地說，淩世韶等人關於『吾師所正孤中更有真孤』、『實吾師藉此以正自正之孤』等說法是真實可信的，因爲道盛自己就曾坦誠地說：『提此「托孤」以正其別傳，即有謂予借莊子自爲托孤與自爲正孤，謂非莊子之本旨，予又何辭！』（正莊爲堯孔真孤）那麼，道盛倡導『托孤』說的更深用意到底是什麼呢？明遺民曾燦曾經說：『往余與無可大師（方以智）遊，得參天界浪杖人。杖人主持象教者四十餘年，而聽其緒論，無一不歸之忠孝。故其門下士，半皆文章節義、魁奇磊落之人，或至有托而逃焉者。』（離六堂詩序）①說明道盛的『托孤』說雖然不外是唐宋以來儒、道、釋三教不斷走向融合的必然反映，尤其可看成是對韓愈送王秀才序、王安石莊周、蘇軾莊子祠堂記中有關說法的承因與發揮，但其中顯然已多了一份『忠孝』之心，寄托了明遺民們渴望復興故國的共同願望，此即所謂道盛倡導『托孤』說的更深用意，體現了值得我們肯定的中華民族的傳統愛國精神。然而，道盛的這一說法畢竟不是得之於嚴密的推證，而是憑著一股『熱情』推測出來的，顯然有違儒道對立的基本事實，我們並不能按照他的思路和說法來解讀莊子。

第三節　俍亭淨挺的漆園指通

淨挺（1615—1684），號俍亭，俗名徐世恩，字世臣，別號逸亭，浙江仁和人。毛奇齡西河集洞宗二十九世

---

① 見四庫禁毀書叢刊釋大汕離六堂集卷首，北京出版社1997年版。

傳法五雲佷亭挺禪師塔志銘謂其十歲能文，稍長補諸生，擢茂才異等，中崇禎十五年（1642）副榜。福王時舉明經，以徐世恩爲首。時馬士英亂政，世恩爲文以刺之，士英怒，欲逮之，以大行陸培爭止之而倖免。徐氏由是聲名藉甚，四方之士過杭者爭謁之。先前曾聚臨安名士爲登樓社，主東南壇坫凡三十年，至是則焚書埋筆劄，絕意仕進，每每作方外遊。清順治十八年（1661）四十七歲時，受具足戒於三宜明盂禪師，爲曹洞宗二十九世。曾『見浪杖人（覺浪道盛）』，與酬酢，著答問一篇。既又注南華、淮南鴻烈、太玄、法言』。

所謂淨挺『注南華』，當指著漆園指通一書而言，而順治十八年是順治在位的最後一年，則漆園指通當爲其於康熙初年時所著。今所傳漆園指通凡三卷①，前有錢澄之、錢江、嚴沆所撰漆園指通序各一篇，及許承家所撰漆園指通後序一篇。又雲溪佷亭挺禪師語錄收有淨挺所撰漆園指通自序云：

『古今注南華者，無慮數十百家，略備矣，道人何心復取而稱述之不已贅耶？』曰：『吾取其說之近禪而爲之解也。』『禪不可說，不可解也。清凉判老、莊爲外道，即何取外道之言而呶呶曰是如來意，是祖師意耶？』曰：『百家皆禪也，豈獨猶龍？豈獨漆吏？大權經云：「老子是迦葉菩薩化遊震旦。」道家之言曰：「老聃之師爲釋迦。」是較著者矣。……善言禪者，即「倩女離魂」、「明皇斬閬州守」，百家小說無往不是，況漆園吏耶？漆園文章妙天下，屈原、莊周、司馬子長、劉安，固當與五千言共垂不朽。白馬翻經，少林面壁，可於有字句求之，即可於無字句求之，是作者意也。郭象注莊，不免莊生注郭，此書亦云。』

淨挺以自問自答的形式說，他著漆園指通是『取其說之近禪而爲之解』，意欲效仿郭象，借注莊子來發揮自己的思想觀點，這就是他撰寫此書之『意』。那麼，何以見得莊子『近禪』呢？淨挺據唐釋法琳破邪論所引老子大權

① 毛奇齡洞宗二十九世傳法五雲佷亭挺禪師塔志銘、乾隆浙江通志卷二百四十五著錄皆作漆園博通，疑誤。

菩薩經和晉符朗符子中的有關説法，認定老聃是釋迦牟尼的十大弟子之一摩訶迦葉菩薩的弟子，老聃在中國歷史上的出現就是摩訶迦葉菩薩化遊震旦的顯現。在淨挺看來，莊子既然是老聃學説的傳承人，則其亦爲禪者無疑。而且，淨挺還把百家小説，諸如唐陳玄祐離魂記、南宋大慧宗杲禪師所舉『明皇斬閬州守』事例等①，都看成是言禪者。

基於上述認識，淨挺在漆園指通中便以會通莊、禪爲主要目的。今觀其對莊子三十三篇的闡釋，每篇必先於題下作總解，然後空出兩格，以『通云』的形式説出最爲關鍵的幾句話，將總解歸於禪理。如他於逍遥遊題下云：

> 莊子遊方之外者也，屈子遠遊未離於域内也。故夫馳域外之觀者，則無往不適也，自適己適，而非適人之適者也。　通云：踏毗盧頂上行，駕鐵船入滄海。

覺浪道盛極力主張會同孟子、莊子、屈子三人之宗旨，得到了不少具有遺民意識的逃禪者和教外居士的贊同。淨挺這裏所提出的説法首先當就是對道盛及其贊同者的否定，認爲屈原的遠遊未能超然塵世之外，而莊子的逍遥遊則是遊於世俗之外，可謂『無往不適也，自適己適，而非適人之適者也』。其實，他這樣説的目的，無非就是要將莊子逍遥義會通於禪宗『踏毗盧頂上行，駕鐵船入滄海』之説。據道原景德傳燈録卷五載，當唐肅宗問南

---

① 釋祖詠等編大慧普覺禪師年譜載：『侍郎張公九成、狀元汪公應辰，登山問道於師。張與師談格物之旨，師曰：「公只知有格物，而不知有物格。」公擬議，徐曰：「師豈無方便邪？」師笑而已。張曰：「還有樣子否？」師曰：「不見小説所載：唐有與禄山謀叛者，其人先爲閬守，有畫像存焉。明皇幸蜀，見之怒，令侍臣以劍擊像首，其人在陝西，忽頭落。」公聞之，頓領厥旨，乃題偈於不動軒壁間。』謂大慧宗杲（謚普覺）禪師曾以小説家所言『明皇斬閬州守』事來説明『格物』之旨，使張九成頓然有悟。

陽慧忠國師『如何是無諍三昧』時，師曰：『檀越踏毘盧頂上行。』檀越即施主，毘盧爲法身佛的通稱，句意謂施主若能不以具一切諸功德法者自居，便可超越而上，乃至達到佛法止息雜慮、心注一境的三昧境界。又圜悟佛果禪師語録卷十一載圜悟克勤禪師訓示弟子之語云：『可以駕鐵船入海，可以飛磨盤輪空，半合半開，成團成塊，盡出個大圓覺不得。若有出得大圓覺底，便能逆順縱橫，殺活自在。』意謂禪者若能舍棄一切情欲，破除一切迷誤，修成圓滿正果的靈覺之道，便可以像『駕鐵船入海』、『飛磨盤輪空』那樣，無往而非『逆順縱橫，殺活自在』了。在淨挺看來，莊子的逍遥義，正可會通於禪宗所説的『踏毘盧頂上行』、『駕鐵船入滄海』之語，不外就是佛教所謂『無諍三昧』、『大圓覺』的境界。同時，淨挺也是以這樣的思維方式來闡釋莊子三十三篇的每一個章節的。如他在闡釋知北遊篇『東郭子問於莊子』至『彼爲積散非積散也』一段文字時説：

道惡可期也？期之，則螻蟻也，稊稗也，瓦甓也，屎溺也，任所期也。正獲，臧獲也；監市，市司也；狶，豕也。市司履豕而知其肥瘠也，賤事也，愈況而每下也，莫可必也，物無所逃也。周也，遍也，咸也，一而三，三而一也。閒，閑也；寥已，謂寂寥而已也。往者無所去來者，無所駐也。馮，閎大也。彼大智者，猶不知其所窮也。不際之際，際之不際者也。故無際也，吾無以測之也。通云：牆壁瓦礫。又云：乾矢橛。

知北遊篇『東郭子問於莊子』至『彼爲積散非積散也』一段文字，以螻蟻、稊稗、瓦甓、屎溺爲例來説明大道無所不在，並以監市履狶來表明越取喻於卑下的事物，就越能説明大道無所不在的道理。淨挺以較多的文字對莊子的這一寓意作了較客觀的闡釋，但最後卻來了個『通云』，將其會通於禪宗所謂的『牆壁瓦礫』、『乾矢橛』。所謂『牆壁瓦礫』、『乾矢橛』，在禪宗典籍中每每可見，如：『僧問：「如何是文殊？」師曰：「牆壁瓦礫是。」』（五燈會元卷十三）『僧又問：「阿那個是佛心？」師曰：「牆壁瓦礫是。」』（景德傳燈録卷二十八）『釋迦老子是乾屎橛，文殊普賢是擔屎漢。』（五燈會元卷四）『僧問：「如何是古佛心？」國師曰：「牆壁瓦礫是。」』（五會元卷七）『問：「如何是道？」師曰：「刺頭入荒草。」曰：「如何是道中人？」師曰：「乾屎橛。」』（五燈會元卷十）『問：「如何是佛？」師曰：「乾屎橛。」』（五燈會元卷十五）『問：「如何是釋迦身？」師云：「乾屎橛。」』（古尊宿語錄卷十五）這裏，禪宗皆以任意回答的方式和一些卑下的事物來揭示比喻道、佛無所不在的道理，表明他們在本體論上具有明顯的老莊化傾向，所以淨挺便將知北遊篇中的這段話會通於禪宗所謂的『牆壁瓦礫』、『乾矢橛』兩語。可見淨挺的漆園指通是一部非常獨特的以禪解莊的著作，正有如錢澄之在漆園指通序中所說：『俍亭大師，儒而禪者，於莊作禪解，於解作禪語，解之妙固非吾可思議，語之妙直可自作一書。昔人謂郭象之注莊，王輔嗣之注易，離莊與易，其注自可孤行，今俍師之書亦猶是也。』認爲淨挺之解自可脱離莊子而獨行，其漆園指通簡直就是一部借解莊以闡發禪理的著作。

淨挺著成漆園指通後，曾把書稿寄給錢澄之，請他作序。錢氏讀了他的書稿後，覺得與自己的莊學觀很不一致，當時並不願意爲其作序，而是先寫了與俍亭禪師論莊子書，表示不同意他的莊子學思想。其書云：

承示漆園指通，屬序於弟。伏讀之，竊有請焉：師以莊子開宗門之先，應踞祖位，尊其書，爲之拈提偈頌，等之宗門語錄，弟未敢以爲然。夫莊子，固老子之徒也。天界浪杖人以莊子爲孔子之孤而托諸老子，作『托孤』說，甚奇。此巧於發明孔子，而借莊子爲孤以傳孔子之真者也。而師以此説宜就祖道未入中國時言，自教外別傳以後，莊子明爲宗門之一枝旁出，其肯承嗣柱下哉？……弟以釋自釋，儒自儒，莊子指無不通，而師以爲獨通宗門，謂之爲『釋家教外別傳』，固不如杖人謂之爲『儒家教外別傳』爲較近耳。①

淨挺求序的信已佚，但借助於錢澄之與俍亭禪師論莊子書所提供的信息，我們仍能瞭解到其中的一些重要内

① 見錢澄之田間文集，四庫禁燬書叢刊本，北京出版社1997年版。

容，原來淨挺著漆園指通，將莊子思想會通於禪宗，不外就是要闡明他的『釋家教外別傳』說。因爲淨挺信從了一些僞書的說法，認爲佛教早在老子之前就已傳入中國，諸如老莊道家、孔孟儒學，乃至百家小說，皆可看作是佛學的衍化。於是他指出，假如就達摩初祖尚未把禪宗傳入中國以前的情況而論，道盛提出莊子爲『儒家教外別傳』說是可以的，因爲那時一般人還不瞭解老莊與禪宗的關係。但自從禪宗在中國廣泛流傳之後，就應該清楚看到莊子爲獨開宗門的禪宗之一枝，並認定其爲『釋家教外別傳』。由於這些說法實際上反映了淨挺在無可奈何情況下意欲淡化遺民意識而忘世事於禪境之中的思想，因而引起了錢澄之這位具有強烈遺民意識者的極端不滿，認爲其說遠不如道盛的『儒家教外別傳』說能『傳孔子之真』，具有積極的現實意義。

第四節　曹宗璠的南華泚筆

曹宗璠，字汝珍，號惕咸，金壇人，生卒年不詳。明崇禎四年進士，崇禎七年任封丘縣令。清順治十八年，受通海案牽連，幾被殺。著作有塵餘、故琴心、南華泚筆等。

南華泚筆二卷，僅詮解莊子内七篇，各篇皆分爲若干條目，如逍遥遊篇有『解題』、『北冥有魚至聖人無名』、『御風』、『堯讓許由至窅然』、『瓠種樗樹』、『北冥華藏影』等細目，應帝王篇有『季咸相壺子』、『混沌』等細目，但全書所立細目，風格不盡一致，且逍遥遊篇首有『逍遥遊本文支節』字樣，齊物論篇有『齊物論本文支節』字樣，而養生主、人間世、德充符、應帝王四篇皆無此類字樣，大宗師篇又作『大宗師・知論』，體例亦究屬未安，蓋爲抄成後未予精心董理所致。

南華泚筆前有康熙二十九年儲士南華泚筆序、曹宗璠康熙三年南華泚筆自序；又有曹宗璠續南華泚筆一卷，卷首題『金壇曹宗璠汝珍父著、孫男治校正』，其左添篇名虛白論，開首云：『虛室生白，即華嚴三昧說。肇師作涅盤論，九折十演。余仿其意，爲虛白論，亦十演云。』完全以佛理附會莊子。南華泚筆卷首亦題『金壇曹宗璠汝珍父著，孫男治校正』，書末附曹宗璠之子鍾浩南華泚筆述言。今據書中有關文字推測，南華泚筆當陸續寫於明末清初，但不得晚於曹氏康熙三年撰寫自序之時。又據續南華泚筆中『癸卯（康熙二年）八月』、『丁未（康熙六年）九月』等語推之，則此續筆必著成於南華泚筆二卷完稿之後，付梓者將其置於南華泚筆正文之前，於體例殊爲未協。

曹宗璠南華泚筆自序云：『余幼喜看南華，爲其思徑窅渺，開文章鳥道耳。既而策名仕籍，遽罹廠璫之難，覓食四方，於東萊道間遇秦中頭佗，口授坎離秘訣。復與方子元稺披衣夜坐，旬月得效甚速。……余謝方子曰：心力尚壯，欲殫精詩賦……，緬彼白雲鄉，桑榆收之未晚也。』至其壯年，『偶過孫定齋中，見舊所批南華丹鉛，璀璨如新，覆讀之，抑何與宗門語水乳交而空青轉也。因隨手所得，摘之於槧，得五十一紙，喟然歎曰：此書予幼既其華，壯既其實，於所謂「至陰肅肅、至陽赫赫」者，身親其事矣。迄今所得更有異，遂爲金剛、華嚴引路也。』（南華泚筆自序）可見此書並非作於一時，宗璠歷經世事變幻，見地更爲精純，不再停留於南華文辭的表面，而深入到其義理之內核，並且更進一步，看到了南華與金剛、華嚴的內在聯繫，將南華視作二經之導引。故書末南華泚筆述言又云：『南華泚筆者，以華嚴注南華也，以五經、二十一史注南華、華嚴也。諸經未到以前，晉道林、慧遠不過向南華索義，而內篇亦已推論人間世、應帝王，豈無意世道人心者，……以此操政治之原，則平陽之清靜也。……若作空門語錄，雖入釋藏、道藏，非闡揚意。予小子恐假道學輩，莫究涯涘，輒妄河漢，欲終秘之，乃請質王邁人、汪若文兩先生，皆留之久，而大此書。寄語亟梓，且曰：前輩柳子厚、李習之、蘇子瞻兄弟，未嘗不悟微言，暢宗旨耳。序中遂並及，於是諸諾，而公諸世。』依此意，此書則以華嚴經爲宗批注南華經，再以世典作華嚴、南華之旁證，欲打通入世出世之界限，故此書可以『操政治之原』，亦可作『空門語錄』入釋道二藏。作者又怕世間假道學輩不明其旨，妄爲河漢，不欲將其公之於世，友人以柳宗元、李翱、蘇軾兄弟述聖先例勸導之，方將此書付梓流通，言辭間頗有佛門大德不輕易開壇說法之姿態。

那麽，曹宗璠歷經世事變幻，究竟悟到了什麽高深的妙理，讓他對自己的著述珍重如是，不欲輕出呢？通觀全書，我們發現，曹宗璠抓住一個『心』字，對莊子進行了入木三分的詮釋。而他的理論思維，的確受到了華嚴經的深刻影響。

我們知道，華嚴經全稱大方廣佛華嚴經。大，包含之義；方，軌範之義；廣，周遍之義。一心法界之體用，廣大而無邊，故稱爲『大方廣』。佛，證入大方廣無盡法界者；華，成就萬德圓備之果；嚴，開演因位之萬行，以嚴飾佛果，此爲佛華嚴。如此『致廣大而盡精微』的氣魄，使它成爲大乘佛教最重要的經典之一，被大乘諸宗奉爲『經中之王』，盛唐時甚至有以此經爲依托，建立『華嚴宗』者。故曹宗璠以華嚴經爲底蘊來闡釋南華經，無疑是佔領了一個最大的理論高地。

華嚴經義理深微廣大，曹氏主要發揮的是其『三界唯心』的思想。華嚴經十地品云：『三界所有，唯是一心。如來於此分別演說十二有支，皆依一心，如是而立。』①在小乘佛學，『三界』被視爲實存的三種環境，而非一心所作；十二有支，亦即十二因緣說明衆生輪回的原因以及擺脫生死流轉的方法和途徑，並沒有依於一心的意思。而十地品將『三界』、『十二因緣』歸於一心，『心』不再只是個體內在的精神力量，而具備了具體共相的時空感，這恰恰與老莊的大道本體論相通。曹宗璠遂以此說釋逍遥遊篇：

真心無量，人好以知與物鬥，小知大知相蓋，得非有蓬之心乎？人而無有知也，則亦無有用也。

---

① 十地品本名十地經，主要講述菩薩修行的十個階位（『十地』）、八識、三身、三聚淨戒、因分果分、總別同異等六相。其卷八論『三界唯心』與華嚴經十地品文字上略有不同，云：『是菩薩作是念：三界虚妄，但是一心作。如來所說十二因緣分，皆依一心。』此經後來併入華嚴。

無知爲知，無用爲用，豈翱翔蓬蒿閒者耶？ 天池也，藐姑射之山也。江湖也，無何有之鄉，廣莫之野也。觀心者自遇之，出門迢遞懶言心，留得煙波補剩黔。誰動心源蓬蓋影，蜩鳩解上樹頭吟。（逍遙遊本文支節）

逍遙遊篇云：「小知不及大知，小年不及大年。」又云：「至人無己，神人無功，聖人無名。」人間世篇云：「聞以有知知者矣，未聞以無知知者也。」又云：「人皆知有用之用，而莫知無用之用也。」外物篇云：「知無用而始可與言用矣。」人心最根本的弊病，就在於在種種境緣中，太迷信「已知」、「有用」，而不知任何「已知」、「有用」，皆以無量的「不知」、「無用」爲基礎。孔子云：「知之爲知之，不知爲不知，是知也。」（論語爲政）任何一次具體的「知」、「用」，皆是「已知」、「有用」與「不知」、「無用」的對立統一；只知「知已知」、「用有用」，而不知「知不知」、「用無用」，不僅僅是一葉障目，不見森林，更會把「知」、「用」的源頭活水堵塞了。既知此理，那就應該在任何一次「知」、「用」中，「以其知之所知以養其知之所不知」（大宗師）、「假不用者以長得其用」（知北遊），即不把眼前的「知」、「用」絕對化，而是將「知」、「用」僅僅當作無量「不知」、「無用」的導引，智慧就必然源源不斷地到來，人也就能進入「逍遙遊」的「真心無量」之境了。故曹宗璠說：「無用爲用，是逍遙真宰。南華直揭出『心』字，點逍遙作結。」（瓠種樗樹）「逍者如春冰之就泮，遙者如飛鴻之若沒。逍則無我，遙則無物，無己無物，而功名冥矣。遊者，無所住也。逍遙遊者，心之本位然也。應無所住而生其心，不待西方聖人矣。」（解題）「逍遙遊」就是「無知爲知」、「無用爲用」的「應無所住而生其心」（金剛經），佛與莊在這裏連成了一體。

曹宗璠既以「三界唯心」說在本體層面連通了佛學與莊子，在解釋莊子時，他就顯得舉重若輕、高屋建瓴了。他釋齊物論篇：「楞嚴八還辨見，七結返聞。文殊指，而明月無留川影。迦葉舞，而大地皆作琴聲。海天蒼蒼，山林翏翏，心境一如，固無心外之法也。」（寫意）佛陀在楞嚴經裏通過各種方便譬喻，揭示出「山河大地，無非妙明真心中物」的奧義；齊物論篇開頭部分對「天籟」的生動描繪，亦是南郭子綦「喪我」之後對自己廣大無比的心境的臨摹，這正如曹宗璠所説『人能見真心，方得喪我，步步不留蹤，心心無處所。若只習靜，鮮不爲境風所飄者矣。』（同上）『真心』逍遥，無所不包，其中卻沒有一個『我』的歇腳處，既如此，那麼，『怒者其誰耶？』曹氏自答：『只拈未始有夫未始有始也者。未始有夫未始有無也者，便了真宰端的。楞伽偈曰：由自心執著，心似外境轉。彼所見非有，是故説惟心。』（大塊噫氣至可不謂大哀乎）從『知無』一路深探下去，知無、無無、無無亦無，便找到『真宰』了；就怕在此過程中，心有執著，爲境所轉，『天籟』也就聽不到了，故宗璠感歎道：

南華哀萬物之各有其天籟，而莫知適其天也。哀之則必救之，救之則必示之以真心。真心者，内喪我，外喪物，遍天下不見一人爲耦，一物足感。此日嗒然無始，不知始也；嗒然無無，不知無也。始不礙始，無不遺無，亦曰真宰存焉矣，豈待索之天籟而遇乎？言非吹也，竅吹之竅，好以堅白鳴，吾何擇言乎？吾何遺言乎？當其有言，九年面壁不爲寂；當其無言，無情説法不爲喧。喪似則得喪之樞，化冥則司化之極而已矣。故曰：得其環中以應無窮。中者無始，物莫測其眹；中者無無，物莫啓其門，我遇其天而萬物遇其天也。籟曰天籟，鈞曰天鈞，府曰天府，倪曰天倪，其大覺者耶？無所謂覺也。無夢爾，夢不占夢爾。夫然後狙怒且甘，各安其性，鷇音蝶詡，各恬其知。是謂我喪而物會宗，物化而我命鈞矣。故天地一指也，萬物一馬也。以單提直指之旨，豈向物論索齊哉！（齊物論本文支節）

在曹宗璠看來，莊子作南華，正爲哀歎人人皆喪失了自己生命本有的天籟之音的緣故；爲了找回生命本有的天籟，必須揭破生命的本來面目，示人以『真心』。何爲『真心』？對内掃除我相，對外破除物相，找到生命初始的『無』，走遍天下也是空空蕩蕩、無著無礙；再進一步把『始』、『無』也舍掉，渾渾沌沌，終身不離，也就找到『真宰』了。此時就不用執著於名言層面的『天籟』，亦不用『遺言』——萬物的孔竅皆能説法，觸境皆是妙義，還用得著刻意去『遣』嗎？到了這種狀態，就可以得其環中，以應無窮，真正回歸了自己的本然。我回歸了自己的本然，亦即萬物回歸了自己的本然；我本在萬物中，我放下了自我而回歸萬物，亦即萬物本身找到了自己的宗本；而萬物復歸了其應有的存在狀態，我自己的生命也就變得大通暢、大和諧；從此『天地一指，萬物一馬』，三界唯是一心，物論不用去齊，自己也齊了。這時便是：

參萬歲而一成純，且先參剎那。剎那無斷，則萬歲亦其本際。法華云：『我觀久遠，猶若今日。』『常在於其中，經行及坐卧。』蘇子瞻月夜過白鶴觀，訪裴舜民，空庭竹柏影，如荇藻交横，此非他，步步蹈著心光耳，固是古今一照。（齧缺問乎至寓諸無竟）

停曦無恒照，玩義可忘年，聲化相涵，猶色心不二，寸晷清思，尺錘長古。禪者曾問云：『畢竟如何？』答曰：『此中亦無畢竟。』閑垂一足，以謝桑陰。（寓諸無竟）

盡大地，明皎皎，無有一絲頭可商。蝶耶周耶，一泓清碧，才涉佇思，便起現行，蠕蠕蝡蝡，欠伸已就。玄猿夜哭巫山月，客路原來不可行。（問景夢蝶）

按照經典物理學的時空觀，宇宙是由一個硬邦邦的時空框架與一個個純粹物質的星球所組成，時空本身是絕對的，人心只是物質星球形成之後的歷史産物。可到了現代，這種觀點受到了挑戰，相對論揭示出，時空是相對的，量子力學的測不准原理更是對人心與外境的絕對分離提出了質疑。現代物理的最新發現無疑回應了古老的佛學的宇宙觀、生命觀。佛學認爲，宇宙——生命系統是一個不可分割的整體，時空依心而起，只有相對的意義，只爲人對宇宙——生命系統的認識出現了誤解，才使得主體與他的世界隔離了；只要覺悟，人依然能夠回到時空俱泯、心境一如的本來面目。莊子大宗師亦云：『吾猶告而守之，三日而後能外天下；已外天下矣，吾又守之，七日而後能外物；已外物矣，吾又守之，九日而後能外生；已外生矣，而後能朝徹；朝徹，而後能見獨；見獨，而後能無古今；無古今，而後能入於不死不生。』知北遊篇云：『冉求問於仲尼曰：「未有天地可知邪？」仲尼曰：「可。古猶今也。」』通過一層層的『外天下』、『外物』、『外生』、『朝徹』、『見獨』，不但可以進入『古猶今』的時空泯滅之境，而且能夠領悟本無生死的至高奧義；此時所見，只是一片純粹因緣的美麗，萬法從心流出，不再有遮隔，曹氏所謂『步步蹈著心光』、『聲化相涵，猶色心不二』、『才涉佇思，便起現行』，即是指此而言。

曹宗璠並沒有停留在『色心不二』的見性境界上。在他看來，見性後通過反觀人間的色法，可以使心體逐漸澄明。他說：『觀色可以知心，以陽爲充孔揚，中藏有盈虧，故采色不定，反求外感以容與其心，所積者銷亡矣。若東郭順子，正容以悟之，使人之意也消，是何德也？又若壺子示淵而走，溫雪目擊而存，何可不置之心目間，與人間作鏡。』（人間世）孔子云：『人之生也直，罔之生也幸而免。』（論語雍也）人之心不明，只爲中有積垢，遂遭扭曲，扭曲之心，須遇善緣以化解。在曹宗璠看來，如壺子、溫伯雪子這樣的大覺，雖說也是『物』、『色』、『人相』，但怎可不放置心頭，以作覺悟之鏡呢？曹氏這番言論明顯是針對晚明學人一味師心自用而發。在論『心齋』時他又說：『詩云：「奏格思成。」齋者，必思其祖父之形容、之笑語，見其人而後成享。在天地鬼神，思其情狀，思其功德，亦猶是也。若心無體無方，亦必澄思真見無體無方，而後謂之齋，此正是守三日而忘天下，守七日而忘物，守九日而忘己事。』（虛者心齋也）在論『心止於符』時亦云：『符猶云心所。崔注符券，便有四至方隅，不若氣之虛而待物也，此未必齋時事也。若心齋則心無其心，氣無其氣，何待哉？符亦何物？一條柱杖子。』（心止於符）按，在佛學，心分爲心和心所兩個部分，心是能知，心所是所知，兩者名雖有二，實則絕對同一；每一次心——心所的變現都是唯一的、不可復製的，但此變現過程卻是無窮無盡。晚明諸人受心學末流影響，一味強調能知之心的與物無對、虛靈不昧，而忽略了能所不二的永恒變現，往往釀成沉空守寂之病；曹氏在此處即是強調，雖說山河大地無非妙明真心中物，但真心亦必顯相爲山河大地之『符』，方才可知，不顯爲物相之『符』，『心』的一次運動就不完整。從曹氏的『物爲心之符』再向前一步，即是王船山『師心不如師物』

的唯物論，曹宗璠並未跨出這一步，而是同時強調『符亦何物？一條柱杖子』。所謂物之『符』，不過是明『心』的一個拐杖而已，必須隨立隨破，方能保持心體的無著無礙。由此可以看出，雖説曹氏聲稱自己以華嚴來解莊，實際思路卻頗得陽明心學的精髓。王陽明一生強調要在心體的『虛』與世事的『實』之間保持出入平衡①，可惜其後學往往不是墮於虛，便是迷於實，失了心學的本意。故曹宗璠又感歎道：

夫抱虛而遊，行天下不見有一人也。且離人獨立者，又慹然入於非人也。何以標之曰人？愛惡攻取，利害鬥爭，亦曰人耳人耳。何以大力者挈而舉之曰：世。或曰：有因果，斯成世，善惡酬報，本業如輪，三世畢具。或曰：有能所斯成世，根塵對觸，惟力所造，遂起現行。或曰：有克治斯成世，淨染差照，爰立剎土，克盡則銷。於是攬宿業，如種生芽，起現行，如志動氣，分淨染，如形隨影。三界惟心，覺王論之詳矣。顧一心之清淨，可以頓超，群心之積志，由乎曲牖，誠建出世之大覺，必提入世之精心。如懷嬰兒者，燥濕以身代，如送親喪者，踴躃不自知，此般若之門，即是慈悲之路。然豈智杜悲航，悲增智障，各相妨也哉！（人間世）

這段文字略有些費解，實是在説：真正能『乘物以遊心』的人，天下一個也找不到啊！而刻意逃世者，又往往弄得自己人不像人。世間所謂的『人』，到底是指什麼呢？愛恨情仇、打打殺殺罷了，這就叫做『人』嗎？既然如此，爲何大覺又如此強調一個『世』字呢？第一，『世』是因果造成的，善善惡惡的業力如同車輪一樣旋轉，三世就形成了；第二，『世』是能所造就的，六根與六塵相接，彼此激蕩，世界就穩固了；第三，『世』又是被不斷改造而變化的，覺心舍染趨淨，五濁惡世亦可究竟涅盤。這三種『世』之成因，其實是一個過程：業力顯發，變現世界，再以覺悟對治之，一切皆是一心之作用啊！只是一個人可以憑藉著自己的悟性而頓超塵累，而群體的

① 見大學問。

覺悟大業，就是一條無比曲折的道路了。所以，真正建立出世大願的覺悟者，必然懷有入世度生的精志切願。正如抱孩子的人，無論多麽骯髒，皆以自身代之； 爲親人送終的人，頓足捶胸大哭，亦必出於天然。真正的智慧，其中必含慈悲，悲智本來雙運，爲什麽讓兩者各自相妨呢？ 曹氏這段文字，精細道出了我們這個『世界』的成因，並指出，欲改造這個『世界』，必須把個人的覺悟與衆生的業力結合起來。那麽，這個『世界』，我們又如何具體轉化它呢？ 曹宗璠接著説：

自藏識顯爲真如，真則一無所有，如則遍與之然，則虛之一言，印萬法之宗。虛者，真如之性也。識受薰變，成根身器界，遇物現前，帶影成相，亦即帶如相而起，是在相而不離如也。由是暴人，亦吾心之暴人也； 虎馬，亦吾心之虎馬也； 山木膏火，亦吾心之山木膏火也； 人道陰陽，亦吾心之人道陰陽也； 名根爭器，亦吾心之名根爭器也。心與物如，物與物如。物與物如爲如如，心與物如爲如如智。以如如智入如如，如既渾融，智復何有？ 於是因果之世寂也，種子淨矣； 能所之世寂也，覺明淨矣； 對治之世寂也，變化淨矣。世軸既隳，人相亦冥，惟一性光，結成法界。何漆園非給孤之園？ 何濠上非恒河之水？ 因緣既合，燭穗交光，泚筆茲篇，莞爾而笑。(同上)

曹宗璠又以唯識理論解釋世界起源，認爲自從阿賴耶識變現爲真如法界，一無所有的『真』就顯相爲普遍存在的『如』，一言以蔽之曰『虛』，此乃真如之性。阿賴耶識受到熏習而變現出六根、身體、器物、空間，由隱至顯，而成物相； 雖成實在之物相，實在之『物』亦有虛無之『如』相隨。故暴人是我心中的暴人，虎馬是我心中的虎馬，山木膏火是我心中的山木膏火，人道陰陽是我心中的人道陰陽，名根爭器是我心中的名根爭器； 物與物看似有僵硬的間隔差別，其間卻有虛靈不昧的『如』一氣貫穿，心與物之間亦然。萬物一體即如如，心知此理即是如如智； 以無遮隔的『如如智』進入無遮隔的『如如』，『如如』便與『如如智』渾然一體。於是扭曲的因果沒有了，藏識中的種子也就清淨了； 虛妄的能所也沒有了，也就無所謂覺與不覺； 因果與能所消失了，也就無所謂改造世界。只有一片心光，構成純粹自然的『法界』，這樣，莊子的漆園與佛陀的給孤園，又能有什麼差別呢？曹宗璠的這一段話，明顯發揮了金剛經第三品的思想：『所有一切衆生之類，若卵生、若胎生、若濕生、若化生、若有色、若無色、若有想、若無想、若非有想非無想，我皆令入無餘涅盤而滅度之，如是滅度無量無邊衆生，實無衆生得滅度者。』這即是佛學的無爲法，與儒家強調以身入世的有爲法略有不同，但救世的根本目的則是一致的。莊子裏也有類似的說法，在宥篇寫黄帝見廣成子，尋求救世之道，廣成子否定了黄帝的苦身焦思，對他說：『我爲汝遂於大明之上矣，至彼至陽之原也；爲汝入於窈冥之門矣，至彼至陰之原也。天地有官，陰陽有藏，慎守汝身，物將自壯。我守其一以處其和，故我修身千二百歲矣，吾形未常衰。』廣成子意謂，既然我與你黄帝皆是天地陰陽所化，本爲一體，那麼我就可以通過自己的修身改變你與天地陰陽的狀態；我只要守住我心的一片純和，你與天地萬物都會走向光明的前途。此即是道家的無爲大用，是道家學說最深邃的地方。老子所謂『是以聖人處無爲之事，行不言之教；萬物作焉而不辭，生而不有，爲而不恃，功成而弗居。夫唯弗居，是以不去』（老子二章），也是這個意思，只是往往被後人看成有爲法的政治策略罷了。

綜上所述，我們可以看出，曹宗璠的確是一位對佛道學說有著深刻領悟的學者。其所著南華泚筆用華嚴經的『三界唯心』說巧妙地揭示出莊子最空靈闊大的一面，並且乘晚明儒釋道合流之末運，闡明了佛道兩家『無用之用』的化世大用。

第二十五章　明遺民的莊子學

第一節　明遺民對莊子多有新説

隨著明王朝的土崩瓦解，許多懷有深厚民族感情的文人士大夫紛紛做了遺民。民國初孫靜庵編有明遺民録四十八卷，『所載雖八百餘人，而其所遺漏者，尚汗漫而不可紀極也。』（卷首民史氏與諸同志書）逃禪是許多明遺民的一種無奈選擇，正如歸莊所説：『二十餘年來，天下奇偉磊落之才，節義感慨之士，往往托於空門，亦有居家而髡緇者，豈真樂從異教哉，不得已也！』（送筇在禪師之餘姚序）誠然，他們表面上雖已皈依宗教，但内心卻一刻也没有忘懷故君故國。即使是原來的一些佛教徒，在這『天崩地解』、『王綱解紐』的特殊時期，也往往萌發出了愛國之心。如覺浪道盛禪師，因目覩國勢日益衰頽，便於崇禎間到麻城、金陵等地，登壇爲國説法，以期鼓舞民心士氣。亡國後，他還先後接納了不少遺民作爲弟子，儼然成了一位重要的遺民領袖人物。在理論上，他更是通過撰寫莊子提正一書，别出心裁地提出了『莊爲堯孔真孤』之説，從而委婉地表達了他的愛國思想。他的這一説法受到其門弟子的普遍贊同，尤其是在得到方以智藥地炮莊的大力闡揚後，更產生了廣泛而深遠的影響。

其實，方以智在師從道盛之前就已寫過三篇關於莊子學的文章，其中許多内容在後來撰寫藥地炮莊時也得到了進一步發揮。其一，是他流寓於桂林南部昭平縣平西山時所寫的書莊子後①。此文云：

若夫爲不善，非才之罪也。或曰『皆才之罪也』，懲咽廢食乎！煉其才而善用之，才與不才之間，似之而非也。『才全而德不形』者，誰乎？……莊子以絕世之才，自知其忍俊不禁，而別路以爲善刀，不犯鋒芒，使人莫爭，不墮暗癡，留其高風，故爲貴耳。

『才全而德不形』是德充符篇裏的話，意謂得道者才質完備而内德不外露。但後來有些人卻認爲，才智往往只能助人作惡，『爲不善』皆是『才之罪』。方以智對此提出了嚴厲批評，指出這種看法簡直就是『懲咽廢食』。他舉例説，生於亂世的莊子有著『絕世之才』，但他能夠尋找『別路』以爲繕刀之計，因而得以保持高風亮節，真不愧爲可貴之士！可見方以智這裏實際上是『夫子自道』，即他爲莊子寫後跋，只是要表明自己決心像莊子那樣別路繕刀，以冀『留其高風』而已。其二，是方以智離開平西山北歸至廬山五老峰時所寫的向子期與郭子玄書②。此文云：

世皆以君竊僕書，補秋水、至樂，易馬蹄，行世。或譽君，或訴君。君將謂有功於莊子乎哉？爲此言者，將謂有功於僕乎哉？請爲君釋冤，以釋吾之冤。莊子者，可參而不可詁者也。以詁行，則漆園之天蔽矣。莊子歎世之溺於功利，而疚心其始，又不可與莊語，爲此無端崖之詞，卮之寓之，大小重之，無謂有謂，有謂無謂，使見之者疑憤不已，乃有旦暮遇之者。……當莊子之瓌瑋連犿（犿）其書，非以

① 此文見於方以智著浮山文集前編嶺外稿，説明爲其流寓嶺南時所撰。

② 本節所引方以智向子期與郭子玄書、惠子與莊子書中文字，皆據四庫禁毁書叢刊浮山文集後編本，北京出版社2000年版。按，此二文末有署爲『玉川學人傳笑（一作傳闕）』所作跋語云：『此愚者大師五老峰頭筆也。』藥地炮莊書前所收向子期與郭子玄書、惠子與莊子書末之跋語與此相同，説明此二文爲方以智於順治九年（1652）北歸故里路經廬山五老峰時所撰。

爲名也。即欲傳其書，欲傳其純者大者耳，非欲傳莊子也。即傳莊子，傳其所以爲莊子，非必蒙城之叟也。……天地之行，聖人取象焉。……吾故曰：莊子者，殆易之風而中庸之魂乎！……吾友阮嗣宗，合處分致意之真，率之於巢由喬松之醉草，識者稱爲至慎。叔夜讀莊子而增放，卒以不免。然則世之不善讀莊子者，皆詁莊子者之過也。僕固不受矣，君胡爲乎受之？冤哉子玄！

我們知道，世說新語文學、晉書郭象傳皆謂郭象爲人薄行，見向秀莊子注不傳於世，遂竊以爲己注，唯自注秋水、至樂二篇，又易馬蹄一篇而已。看來，方以智是不贊同這些説法的，故假托『向秀』口氣寫了此信，表示要爲郭象『釋冤』。並由此拓展開去，談了其他許多問題。在方以智看來，如果運用文字訓詁方式來探求莊子的思想，反而會掩蓋莊子的本真思想，因爲莊子一書只可用參悟方式來予以體悟。他指出，莊子自己就曾反復説明語言文字是糟粕，並歎息世人溺於功利，不可跟他們一本正經地説話，便以富於形象性的卮言、寓言來啟發他們，這不就跟善於『取象』的易經很相似嗎？方以智還指出，莊子並不想讓他的著作得以流傳，只是想『傳其所以爲莊子』罷了，而自稱讀莊子而重增其放的嵇康，其實只是執著於莊子語言文字，遠不如阮籍能深得其順物自然之真意。方以智這裏所謂莊子『可參而不可詁』，以及關於嵇康並不能契合莊子本真思想的説法，無疑很有見地。從這裏可以看出，方以智在當時的特殊社會環境中，很想學習阮籍的隱遁逍遙，但實際上仍流露出了其不可遏制的『疑憤』之情，説明他雖已遁入佛門卻仍不能忘懷世事。其三，是他同樣寫於廬山五老峰的惠子與莊子書。此文云：

施頓首子休足下：自僕著書五車時，足下從不以所著見示也。待僕死而乃布之，快口辯耳。以其友爲謦悦，又使後世影響之流，揣子休汲汲傳其死友如此，又不苟誇其死友如此。嗟乎，古今渺渺，若是沉誣，豈可量哉！……以君所敘僕語，大一小一，方生方死，皆非妄也。正反相伏，對而舉之，適得其常，人自不悟耳。……僕之歷物，物本自歷。舍心無物，舍物無心。後世必有希高眇，厭當務，專言汪洋之心，而與物二者矣。

這也是一封擬托的長信，内容同樣十分豐富。其中特別值得指出的是，方以智根本不同意莊子在天下篇中對惠施所作的否定性評價，認爲惠子所提出的關於『至大無外，謂之大一；至小無内，謂之小一』、『日方中方睨，物方生方死』等命題，無疑具有『正反相伏』的辯證思想，只是人們暫時還不能理解罷了。説明方以智這裏已能運用當時由西方傳入中國的一些自然科學知識來分析惠施的歷物之意，標誌着他將『質測』之學運用於莊子解讀已給莊學研究帶來了某些新意。總之，方以智所撰向子期與郭子玄書、惠子與莊子書兩篇長文，以寓言般的文字形式來闡釋莊子，顯然已將晚唐羅隱莊周氏弟子一文所開創的特殊闡釋形式推到了更高的發展階段，而其所提出的不少思想見解，則又爲後來所著藥地炮莊一書之張本。

錢澄之是方以智的好友，也曾親炙於覺浪道盛，在他的莊屈合詁中就引述了不少道盛解釋莊子的話。他還在與俍亭禪師論莊子書中説：

夫莊子，固老子之徒也。天界浪杖人以莊子爲孔子之孤而托諸老子，作『托孤』説，甚奇。此巧於發明孔子，而借莊子爲孤以傳孔子之真者也。……而師以爲獨通宗門，謂之爲釋家教外別傳，固不如杖人謂之爲儒家教外別傳爲較近耳。何則？釋氏所言，皆出世法也。若莊子，固有用世之志，有用世之學，惟世不可用，而始托爲無用之言以藏其身者也。觀其内七篇，語語精於涉世，亦妙能用世者。至於外篇，有曰：『物者莫足爲也，而不可不爲。』又曰：『上必無爲而用天下，下必有爲爲天下用。』諸如此説，莊子豈不能用世者乎？①

這裏的『師』指曾拜見過道盛的錢塘雲溪精舍禪師俍亭淨挺，與錢澄之頗有交往。淨挺曾著漆園指通一書，將

① 本節所引與俍亭禪師論莊子書，見錢澄之田間文集。

道盛所謂莊子爲『儒宗別傳』說改造發展成了『釋家別傳』說，認爲如果就達摩初祖尚未把禪宗傳入中國以前的情況而論，道盛的說法無疑很有道理，但自從禪宗在中國流傳開來以後，則莊子顯然爲獨開宗門的禪宗之一枝，所以就應該視爲『釋家教外別傳』，怎麼還能再叫作『儒宗別傳』呢？ 又淨挺曾把漆園指通一書寄給錢澄之，並請他爲此書作序，而錢氏讀後卻有不同的看法，於是寫了與俍亭禪師論莊子書，表示委婉拒絕。 雖然後來可能由於淨挺的一再請求，錢澄之終於爲他寫了漆園指通序，但並沒有因此而改變自己的學術觀點。 錢澄之在這兩篇文章中明確指出，莊子內、外篇處處顯示出了莊子是一位積極『用世』者，只是因處於特殊時世而『托爲無用之言以藏其身』罷了，而佛教所言則『皆出世法也』，怎可與莊子同日而語呢？ 所以他進而又說：『自我觀之，莊子有用世之學，有用世之志，知世不可用，遂詭托諸大而無用之言，而又自明其志曰：「無所可用，安所困苦哉！」衣繡之犧、曳尾之龜，蓋審之熟矣。……夫俍師之逃於禪與莊子之不用於世，皆以無用爲用，而吾之論莊則與俍師之解莊，其旨趣各不相謀。』（漆園指通序）①公開宣明自己的莊學觀與淨挺有著根本性的不同，認爲道盛『以莊子爲孔子之孤而托諸老子』的看法比較接近事實。 那麼，到底應該如何看待莊子中那些詆訿儒學的話呢？ 錢澄之解釋說：『夫莊子言道德而訾仁義、毀禮樂，其言必稱老子，莊子之爲老子嗣久矣。 然其意中所尊服者則惟一孔子，其言之涉於侮慢者，此訶佛罵祖之智也。』（與俍亭禪師論莊子書）這裏把莊子詆毀儒學說成是『訶佛罵祖』，與蘇軾的『陽擠』、『陰助』說實際上並無二致。 但所不同的是，錢氏不顧朋友情面，在與俍亭禪師論莊子書、漆園指通序兩篇文章中公然批評淨挺的莊學觀，認爲他的說法遠不如道盛的『儒宗別傳』說比較符合事實，並指出莊子『訾仁義、毀禮樂』只不過是『訶佛罵祖』罷了，這正曲折地表達了作爲一位明遺民的故君故國之情和志在傳承華夏民族文化傳統的良好願望，與他體現在莊子詁專著中的思想感情是一致的。

① 此序文附於俍亭淨挺漆園指通，（臺）中華大藏經會編中華大藏經本。

與方以智、錢澄之有所交往的明遺民陳子龍，對莊子及其學説也相當關注，並喜歡將莊子與屈原合而論之。如他在譚子莊騷二學序中説：

戰國時，楚有莊子、屈子，皆賢人也，而跡其所爲絶相反。莊子游天地之表，卻諸侯之聘，自托於不鳴之禽、不材之木，此無意當世者也。而屈子則自以宗臣受知遇，傷王之不明而國之削弱，悲傷郁陶，沉淵以没，斯甚不能忘情者也。以我觀之，則二子固有甚同者。夫莊子勤勤焉，欲返天下於驪連、赫胥之間，豈得爲忘情之士？而屈子思謁虞帝而從彭咸，蓋於當世之人不數數然也。予嘗謂：二子皆才高而善怨者，或至於死，或遁於無乎有之鄉，隨其所遇而成耳。故二子所著之書，用心恢奇，逞辭荒誕，其宕逸變幻，亦有相類。①

陳子龍指出，如果僅從表面上來看，莊子是『遊天地之表』的『無意當世』者，屈原則是『傷王之不明而國之削弱』的『不能忘情』者，似乎『其所爲絶相反』。但從本質上來看，則二人卻『固有甚同』者，因爲莊子想要返回上古至德之世，屈原也要『謁虞帝』、『從彭咸』，追求人格精神的獨立和美政理想的實現，他們同樣都是不能忘懷世事的人。而且在陳子龍看來，莊子、屈原的這種思想情感都是以『怨』的特殊形式來表達的。但由於屈原的怨情顯而易見，而莊子的『怨』卻未易爲人所覺察，所以陳子龍又撰寫了莊周論一文，對莊子之『怨』作了專門論述：

憤必怨，怨必深，深必遠，遠必反。今我見人之醉而呼號者，我何怒哉？我怨夫禮飲而已。見人好色而至於死者，我怨夫陰陽而已。陰陽者必曰：『我未嘗欲人至於此極也。』我將曰：『豈非爾始？』彼無辭也。夫人因所見而追所始，既跡所從來，怨有所歸矣。則將忘其所見，豈非情所必至歟？莊周者，其言恣怪迂侈，所非呵者，皆當世神聖賢人。以我觀之，無甚誕僻，其所怨亦猶夫人之情

① 本節凡引陳子龍文，皆據陳子龍文集，華東師範大學出版社1988年版。

而已。……當戰國之時，量大較小，比強論弱，賦益繁制，戰設奇法，鈞淫鬱侈，殘殺君父，顛倒壯老……。莊子，亂世之民也，而能文章，故其言傳耳。夫亂世之民，情懣怨毒，無所聊賴，其怨既深，則於當世反若無所見者。忠厚之士，未嘗不歌詠先王而思其盛，今之詩歌是也。而辨激悲抑之人，則反刺詬古先，以蕩達其不平之心，若莊子者是也。二者其文異觀，而其情一致也。

這裏首先說，內心憤怨必然要對眼前發生的情狀表示反感，並因所見情狀而追溯其產生的根源，以便使自己的憤怨有所歸依，正有如見人醉酒嚎叫便『怨大禮飲』，見人好色喪命便『怨夫陰陽』。陳子龍進而指出，生當戰國亂世的莊周，其以恣怪迂侈的言辭非呵當世聖賢，其實也正是要『追所始』、『跡所從來』，把導致戰國混亂局面的總根源追溯到制定禮樂制度的古代聖賢，表現出了與普通人一樣的人之常情。因此，莊子作爲『亂世之民』，其『情懣怨毒』乃是『無所聊賴』所致，其『刺詬古先』乃是爲了『蕩達其不平之心』，皆可看成是『忠厚之士』的真實表現，與屈原所抒發的哀怨之情並無二致。我們應當予以指出，明遺民將莊子與屈原合論者，並非只有陳子龍一人。如覺浪道盛說：『莊子之南華，屈子之離騷，其貌雖異，究其所得，皆能不失死生之正，以自尊其性命之常，曾無二致。』（三子會宗論）①方以智說：『曾知屈子之自化爲詹尹、漁父，即莊子之自化爲貌（藐）姑、唐許乎？』（鼎新閑語）②錢澄之說：『凡莊子、屈子之所爲，一處其潛，一處其亢，皆時爲之也。……使學者知莊、屈無二道，則易知吾之易學、詩學無二義也。』（莊屈合詁自序）由此掀起了文化史上莊、屈合論的高潮，使莊子、屈原思想中潛藏著的具有共性的東西得到了充分揭示。但是，能從『怨』的角度來充分發掘莊子、屈原的思想

---

① 此文見於覺浪道盛天界覺浪盛禪師全錄，（臺）中華大藏經會編中華大藏經本。

② 此文見於青原志略卷十三。

共性，卻無疑是陳子龍的獨創①，雖然其不免帶有一定的附會成分。他倡導這一理論，並進而把莊子的『怨』定性爲『亂世之民』的『怨』，目的就是爲了抒發自己作爲一個亂世之民的怨憤之情。

出生稍晚的明遺民屈大均，其論述莊、屈似受到了道盛、陳子龍等人的一定影響，但也有著自己的一些獨特看法。他在讀莊子中説：

> 夫鵬之飛，蝴蝶之飛，即周之飛也，其飛以怒。怒者，其神乎？喜者，其精乎？喜不能飛，以怒而飛，蓋精不能飛，以神而飛也。……三閭之天問，亦猶莊子之放言也。不必有其人，不必有其事，不必有其言，怨憤無聊不平，呵而問之，佯狂而道之，不可以情理而求之。南華、離騷二書，可合爲一，南華天放，離騷人放，皆言之不得已者也。……『嗟來桑戶』之歌，招魂之祖也。反其真，則人而天矣。生而爲人，死而爲天。爲人不如爲天，而又何悲焉？雖然，人之生而已爲天矣，天下人知其爲人，而不知其爲天，故有生死之説。惟生而知其爲天，而以天爲人，則死而知其未嘗爲人，而以人爲天。於是乎，而天與人爲一，生與死而不貳矣。嗟夫！天之所以爲天者，以人而人，不以其人之天爲大，而以天之天爲大，以故天自天，而人自人。故欲知天之天者，必先知人之天。（翁山文外卷十）

屈大均曾參加抗清隊伍，失敗後削髮爲僧，一度師事覺浪道盛，故受到了其以『怒』字論莊子的一定影響。他又非常欽佩陳子龍的節義，在經過陳氏投水殉節處時曾賦泖口跨塘橋吊黄門陳臥子先生詩，讚揚他可與『三閭日月光相映』，故其論屈原受到了陳氏『憤怨』説的一定影響。但屈大均的莊屈觀又有自己的明顯特徵，認爲莊子、屈原『可合爲一』的主要依據是他們的言論皆爲『怨憤無聊不平』的『放言』，『南華天放，離騷人放，皆言之不得已者也。』他還由此出發，進一步闡述了天與人的關係，指出莊子的『反其真』是『以天爲人』（屬於順應自然

① 按，陳子龍以『怨』字兼論莊、屈，與覺浪道盛論怨等以『怒』字論莊子、以『怨』字論屈原者有所不同。

之『生』)，屈原的殉身是『以人爲天』(屬於爲人的美政理想而『死』)，但就其順自然之生與爲美政理想而死的精神實質而論，則二者正好構成了『天與人爲一』，不可強爲分別。屈大均作如此闡釋，也正好反映出了他既想以逍遙自遣(天放)，又想堅守民族氣節(人放)的遺民心態。

王夫之著有莊子通、莊子解二書，雖然也承認『莊生之說皆可因以通君子之道』(莊子通敘)，但並不主張引儒入莊，更不以莊子、屈原合論，而是特別強調了他所謂莊子『自立一宗』的觀點。他在莊子解天下中說：

其首引先聖六經之教，以爲大備之統宗，則尤不昧本原，使人莫得而擿焉。……莊子之學，初亦沿於老子，而『朝徹』、『見獨』以後，寂寞變化，皆通於一，而兩行無礙。其妙可懷也，而不可與衆論論是非也；畢羅萬物，而無不可逍遙，故又自立一宗，而與老子有異焉。①

這裏明確指出，莊子起始時比較尊重儒家所倡導的先聖六經之教，也曾遵循老子之學，但在『朝徹』、『見獨』後卻『自立一宗』，與老子學說大不同了。所謂『朝徹』、『見獨』，王夫之說：『天下無非獨也。無我也，無耦也；無殺也，無生也。將迎成毁，攖者自攖，而寧者自寧，大浸不能濡空洞之宇，大火不能爇一實之塊，卓然成其一大知。至於此，則如日之方曙，洞然自達，獨光晃耀，成其太寧之宇，非聖人之才不能與於斯。』(莊子解大宗師)如果聯繫王氏入清後的言行來看，他的這些説法實際上已包含了作爲一位遺民的抱獨守節思想。如他曾在隱居石船山長達十七個寒暑後撰文說：『予之歷溪山者十百，其足以棲神怡慮者往往不乏，顧於此閱寒暑者十有七，而將畢命焉，因曰：「此吾山也。」古之所就，而不能概之於今；人之所欲，而不能信之於獨。居今之日，抱獨之情，奚爲而不可也？』(船山記)這段話正可幫助我們深入探究王夫之『朝徹』、『見獨』說的特殊內涵，使我們認識到他之所以強調莊子『自立一宗』，目的就是要從莊子中闡釋出超邁不群的思想，從而來表達自己抱

① 本節凡引王夫之文，皆據船山全書本，嶽麓書社1993—1995年版。

獨守貞的遺民情操。

顧炎武在詩文中每每涉及莊子，在日知錄中更以不少條目從學術角度來專門考辨莊子裏的有關問題。作爲明遺民，他有時也同樣要借莊子以抒發其愛國情懷。如他在廣宋遺民錄序中説：

莊生有言：『子不聞越之流人乎？去國數日，見其所知而喜；去國旬月，見所嘗見於國中者喜；及期年也，見似人者而喜矣。』余嘗遊覽於山之東西、河之南北二十餘年，而其人益以不似。及問之大江以南，昔時所稱魁梧丈夫者，亦且改形換骨，學爲不似之人。而朱君乃爲此書，以存人類於天下，若朱君者，將不得爲遺民矣乎？因書以答之。吾老矣，將以訓後之人，冀人道之猶未絶也。

明亡後，顧炎武曾背井棄家，遠走北方，勘察地形，企圖聯合志士，乘時而作。但令他失望的是，原來所謂的氣節魁梧之士卻已紛紛『改形換骨』，成了大清的順民，於是他在爲吴江遺民朱明德所編廣宋遺民錄作序時，便借莊子徐無鬼所寫流落異鄉之人忽逢親人知交時不勝歡愉之至的寓言故事，來表達其終於能在當時的社會裏發現像朱君這樣的氣節之士而感到高興的心情，從而賦予了莊子中的有關思想資料以遺民的愛國情懷。

傅山是北方的一位遺民，對老子、莊子、公孫龍子、管子、墨子、商君書、荀子、淮南子等皆有研究。而從思想感情方面來看，他尤其喜歡莊子，自謂『吾師莊先生』，『老夫學老莊者也』。他的莊學成就包括諸多方面，其中對郭象注的質疑，往往能顯示出他的獨特見解。他也反對宋儒援儒入道的做法，所以又每每引佛理來解釋莊子，以期能夠解脱儒學的長期束縛，其中不少思想則爲後來章炳麟齊物論釋之張本。

第二節　錢澄之的莊子詁

錢澄之（1612—1693），原名秉鐙，字幼光，明亡後改名澄之，字飲光，桐城（今屬安徽）人。萬曆間諸生，以抵閹党聞名。崇禎時，以明經貢京師，屢上書言時政得失。後遊吳中，復社、幾社名流雅相引重，遂與陳子龍、夏允彝等組織雲龍社，以接武東林黨人之遺風。阮大鋮執掌政事後，即立意捕黨人，澄之遂走浙、閩、粵等地。南明桂王稱帝時，授翰林院庶起士，官至編修、知制誥。桂林被清軍攻佔後，祝髮爲僧，法名『西頑』。後歸故里，結廬先人墓旁，環廬皆田，故自號『田間』。澄之通經能文，著作頗豐，有田間易學、田間詩學、田間詩集、田間文集、藏山閣詩存、藏山閣文存、所知錄、莊子詁等。

莊子詁，一名莊詁，與屈詁合爲一書，題莊屈合詁。今案錢澄之藏山閣集與徐方虎云：『弟子去冬窮愁之中，又了得莊屈合詁一書。此書屬稿數年，今始卒業，自謂無復疑義。……弟今年七十五矣，將更何竢耶？』據此，則莊屈合詁完稿於康熙二十四年冬天，爲錢氏晚年費心數載寫成的著作。關於錢氏合詁莊子、楚辭的用意，清史稿本傳云：『蓋澄之生值末季，離憂抑鬱，無所泄，一寓之於言，故以莊繼易，以屈繼詩也。』清四庫館臣則說得更爲明白：『蓋澄之丁明末造，發憤著書，以離騷寓其幽憂，以莊子寓其解脫，不欲明言，托於翼經焉耳。』①確實，錢氏身經鼎革動亂之後，『方知人世是非起滅、生死去來，不過如此』(逍遥遊詁引劉辰翁語)；方悟得『莊子深於易』，『當潛不宜有亢』。他說：

自莊子以詩、書、禮、樂及易、春秋列爲道術後，遂有六經之稱，而其稱易也曰『易以道陰陽』，則一語以抉其奥矣。吾觀其書，其言內聖外王之道，則一本於易。夫易之道，惟其時而已。莊子以自然爲宗，而詆仁義、斥禮樂、訾毁先王之法者，此矯枉過正之言也。彼蓋以遵其跡者，未能得其意，泥於古者，不能適於今，名爲治之，適以亂之，因其自然，惟變所適，而易之道在是矣。(莊屈合詁自序)

吾嘗謂莊子深於易，易有潛有亢，惟其時也。當潛不宜有亢之事，猶當亢不宜存潛之心。而世以

① 四庫全書總目提要存目錢澄之莊屈合詁。

潛時明哲保身之道，用之於亢時，爲全軀保妻子之計，皆莊子之罪人矣。若莊子適當其潛者也，觀其述仲尼、伯玉教臣子之至論，使爲世用，吾知其必有致命遂志之忠，爲其於君親義命之際所見極明耳。（人間世總詁）

在錢澄之看來，易之道在於『惟其時』、『因其自然』，『當潛不宜有亢之事』，『當亢不宜存潛之心』，一切應當『因』時而動，惟變所適，而莊子正是最懂易道的人，因而他著書論道，唯『以自然爲宗』。錢澄之説：『吾之解莊者屢矣，晚年少有所進，乃盡廢前解而爲之詁。』（莊子内七詁自引）説明他在備嘗鼎革動亂的苦楚之後，到晚年時對莊子有了全新的理解，於是盡棄往日見解而著成莊子詁，而以『因』的觀念貫穿於全書。如他説：

應而不藏，此其所以爲遊，此其所以逍遥歟？（逍遥遊詁）

聖人妙於因是，而因非即在因是中矣。因其所是而是之，其非者不置喙而非自見，斯即因非也。（齊物論詁）

『躊躇滿志，善刀而藏之』，藏器於身，待時而動，不輕試其鋒也。所以用世，即所以養生。（養生主詁）

氣也者，虚而待物者也。……謂之待物者，物來順應，自然而然也。（人間世詁）

聖人有所遊。遊者，虚而無著，過而不留，一切任天以動。（德充符詁）

真人之知，一因自然，故能登假於道。（大宗師詁）

應帝王者，本無心於帝王，時至則起而應之耳。（應帝王詁）

在錢澄之看來，『應而不藏』便是逍遥遊，『妙於因是』即可泯滅是非，『待時而動』乃是養生宗旨，『物來順應』方可處世，『任天以動』乃合於自然德性，『一因自然』就是師法大道，『時至則起』者乃可成爲帝王，故内篇七篇『本諸大易之因』（漆園指通序）。十分明顯，錢澄之如此闡釋莊子，正是他在遭受鼎革動亂之後所産生的那種百般無奈心境的真實反映。但是，錢氏作爲一位至死不忘故君故國的明遺民，並沒有因此而泯滅心中的憤懣不平之氣。如他在闡釋逍遥遊篇大鵬寓言時說：『鵬之一飛九萬里，全在一怒。凡草木之甲拆，蟲鳥之孚化，必怒而始出，怒其懸解時也。』（逍遥遊詁）說明他對於入主中原已長達四十來年的清政權，仍懷有難以消解的仇恨心理。

不難想見，錢澄之作爲一位明遺民，他所面臨的主要是如何出處進退的問題，也就是如何『遊世』的問題。因此，他的這種強烈的遺民意識必然會深刻地影響到他的莊學研究。如他在闡釋逍遥遊篇時引宋末遺民劉辰翁云：『莊子宗旨，專在一「遊」字。』並自作詮詁說：

易之道盡於時，莊之學盡於遊。時者入世之事也，遊者出世之事也。惟能出世，斯能入世，即使入世，仍是出世。（逍遥遊詁）

首篇以逍遥遊名篇，七篇皆統於遊也。……吾觀莊子諸篇，於用世之道甚精，惠子謂之大而無用，蓋其言雜出無緒，以無用之大言藏有用之至言也。當戰國之時，既好放言，又思免禍，使人知其言有可用，而禍不免矣。莊子以大言藏身者也。（逍遥遊總詁）

錢澄之曾親炙於覺浪道盛，又與方以智爲親密好友，而道盛認爲逍遥遊篇之旨是『足以含攝七篇』（莊子提正）的，方以智更運用易學象數學觀點提出了關於『内篇凡七，而統於遊』（藥地炮莊逍遥遊）的說法，可見錢澄之所謂『莊之學盡於遊』、『七篇皆統於遊』等說法不但遠承了劉辰翁的觀點，而且還直接受到道盛和方以智莊學思想的深刻影響。但由於錢氏生活在新朝裏的時間比他們二人更爲長久，所以也就更加長時期地受到了應該如何處世、遊世問題的嚴峻考驗。唐甄在爲錢澄之田間文集所作序中說：『惟時徵召之命遍於巖穴，而先生（錢澄之）晦跡遠引，能令當世薦賢者齒不之及，可謂善藏其用者矣。先生通六藝，尤長於易與詩；進退百家，尤好屈、莊之書。自甲申以來，遭大變，蒙大難，竄瘴鄉，能善其用，不瑕不害，以至於老。』①從這裏可以清楚看到，錢氏在長時期的遺民生涯中，正是從易經、莊子等書中獲得了其處世、遊世的方式方法，使他在『徵召之命遍於巖穴』的新朝中能夠『晦跡遠引』，做到『不瑕不害，以至於老』，真『可謂善藏其用者矣』。他從這一人生體驗出發來闡釋莊子，就是認爲書中所談的主要爲『惟能出世，斯能入世，即使入世，仍是出世』的問題，莊子所包含的學問盡在一個『遊』字，莊子真是一位以『大言藏身』的人。可見，錢氏這裏對劉辰翁、道盛、方以智的一些莊學觀點已有了較大發展。

莊子詁一書專詁莊子內篇七篇。其體例是，於每篇每段之後，必先列郭象之說，『以郭爲注莊之始，不忘其始也』（莊子內七詁自引），但並無意於推尊郭注。次雜采郭象以後各家之注解，諸如支遁、王旦、王安石、呂惠卿、王雱、陳景元、林自、劉概、林希逸、褚伯秀、劉辰翁、羅勉道、朱得之、楊慎、陸西星、張四維、歸有光、唐順之、焦竑、袁宏道、陶望齡、譚元春、覺浪道盛、李騰芳、方以智等家之說，皆在採摘之列，因爲錢氏讀『郭子玄注，苦不得其解』，故『益求所謂能爲莊子之解者而究心焉』（莊子詁自引）。接著才是錢氏自己的意見，冠『詁』字以標揭之；篇末又有『總詁』，用來揭示全篇的大意。他說：『謂之詁者，吾於莊，不欲高談玄遠以更增其謬悠，……惟是依文釋義，使學者章句分明，以進窺其大旨之所在，猶是吾易學、詩學之義也。』（莊屈合詁自序）的確，錢氏在詁莊時，是力避強事穿鑿、『增其謬悠』的；對於前人的穿鑿、附會，他也提出了尖銳的批評。如他說：『爲二氏之學者，皆談莊子，禪家以其得宗門之旨趣，道家指爲有丹經之秘言，其說皆近似之，而吾不敢信也。』（莊子內七詁自引）我們知道，郭象莊子注的特點在於借注莊以『高談玄遠』，林希逸莊子口義、陸西星南華真經副墨等的過失在於引佛教、道教之說以重增其『謬悠』，可見錢氏的這些批評無疑擊中了前人莊學的一些要害

① 見清康熙間刻本田間文集卷首。

之處，很值得我們重視。正是基於這樣的一種認識，所以他詁莊時一般都能力求做到持論平正，不作節外生枝的無謂發揮；文字也比較簡明扼要，而無故弄玄虛之嫌。

錢澄之在詁莊時，還比較重視從文章學的角度揭示出莊子之文的結構脈絡特徵。如他在詁逍遥遊篇時說：『堯往見於姑射之山，即在讓天下於許由不受時，已覿面相見，此時已窅然喪其天下矣。釋其文義，當於許由辭位後宜直接「宋人資章甫」一段，乃插入肩吾、連叔問答，幻出姑射神人，爲讓天下處士裝點身分，亦猶寫大鵬將徙南冥，接以齊諧之言，雜引湯問，將大鵬寫得驚天動地，此是其筆端鼓舞，莫可蹤跡處。』這與林希逸莊子口義每以『鼓舞處』、『戲劇處』一類字樣來籠統地加以評論相比較，顯然已演進了一大步。

第三節　文德翼的讀莊小言①

文德翼，字用昭，一字燈巖，號石室，又號補堂。據文氏求是堂文集先妣太孺人陳墓誌『甲辰始舉不孝孤德翼』之語推測，其出生當在明萬曆三十二年甲辰（1604），與錢澄之求是堂集序『先生（文德翼）以甲辰生』之説相一致。今案四庫本浙江通志卷一百五十，謂其爲『九江人，崇禎進士，爲嘉興推官，察吏精明，長於折獄，作興士類，著述甚多』。但因九江（又名柴桑、江州）在南唐時改稱德化，故清四庫館臣爲其宋史存所作提要及欽定續文獻通考卷一百六十七等皆稱其爲德化人。著作有雅似堂文集詩集、求是堂文集、傭吹錄首集次集、訟過錄、宋史存、讀莊小言等。

據有關史料，文德翼爲民族英雄文天祥的後裔，十世祖始從吉安遷至九江。父文士弘不屑科舉，有志於理

① 本節對文德翼生平的考證，參考了吳懌文德翼生平著述考一文，江西省圖書館學會年會論文集，2012年。

學，曾開『鸚鳴館』，聚徒講學，門人私謚『安節』。文德翼從小就受到家族精神和傳統文化的良好熏陶，自述『七歲就外傳，十三過庭受經，十五負笈請益。當是時也，毅然信古聖賢之可爲，而科名之不足取也。二十而室，二十一而補弟子員，二十七而舉於鄉，三十一而會舉於南宫。』（訟過錄自序）又錢澄之求是堂集序云：『先生以甲戌（1634）登第，丁丑（1637）授嘉司李，癸未（1643）擢司銓，未任，甲申（1644）國變，遂不仕，前後亦不過七載。』文德翼自崇禎十年丁丑至十七年甲申明朝滅亡，一共才擔任了七年的地方官吏。亡國時，文氏四十一歲①，便毅然歸隱，與一大批氣節之士，如黄端伯、錢澄之、方以智、艾南英、夏允彝、楊廷麟、徐繼恩、陳子龍等，皆有往來，互爲聲氣，遺民意識甚爲強烈。所著宋史存二卷，清四庫館臣所作提要云：『是編采掇宋史列傳，而刪潤其文，始於宗澤，終於文天祥，蓋福王時所作，故獨寓意於紹興以後云。』乃是以宋朝故事來激勵當時人的愛國熱情。在求是堂文集十八卷中，作者以飽蘸血淚的筆觸，真實地記錄了明清鼎革之際一大批忠烈之士的事跡，故與其所著燈巖詩集皆被清廷列爲禁書。

明末覺浪道盛，雖是『真僧高道』，卻富有愛國情懷。入清後，道盛爲金陵天界寺主持，仍念念不忘明王朝，故方以智、屈大均等皆來投奔，錢澄之、淨挺等也曾受其教誨，使此處成爲遺民的重要萃集之地。文德翼是否曾赴金陵親受道盛教益，今已不得而知。但從錢澄之爲其所著求是堂集、文燈巖詩集分别作序，尤其是從文德翼爲方以智藥地炮莊作序等情況來看，文氏與這個遺民群體至少在精神思想方面是有互動的。其補堂炮莊序云：

昔醫王遣二童子視地，一見遍地無是藥者，一見遍地無非藥者。余遇必呵，皆邊見也。農皇一日而遇七十二毒，豈百草皆有毒哉？唯此一莖草能殺人、能活人，毒氣之所鍾也。夫能勝是氣者，必生於是氣之中。此以毒治毒之法，而非炮則藥不爲功。三古以來，道德仁義、禮樂刑政之説，藴毒於人心

① 錢澄之求是堂集序：『先生（文德翼）以甲辰生，甲申歸隱，亦四十一歲。』

深矣，莊子以冷語冰之。千載而下，藥地大師又以熱心炮之。譬如服五石者，不從嚴冬之節，以寒泉百斛通體淋漓，則其熱性不發。熱性不發，則其毒根不死。石中有火，木中有火，大海之中有火。是其熱處爆著，即其冷處澆著也。莊之藥，師之炮，同一發毒作用耳。浪杖人燈熱一書，十方始知是火，師即傳以爲炮，岐黄不在父子間乎？雖然，古人之病病道少，今人之病病道多也，須炮卻始得。蓋醫能醫病，藥地能醫醫，是曰醫王。廬山補堂居士文德翼拜撰。

『浪杖人』爲道盛之號，『藥地』是方以智寄身佛門後所用之名的一種。道盛曾著莊子提正一書，忽發『托孤』之論，倡言莊子實『儒者之宗門』、『教外之别傳』，巧妙委婉地表達了其意欲承繼華夏傳統文明的遺民心志。此説一出，當時許多遺民僧和懷有强烈遺民意識的教外居士，如陳丹衷、大瑸、戒顯、石溪、余颺、宋之鼎、錢澄之等，紛紛予以贊和，方以智還寫了藥地炮莊一書，對道盛的説法予以全面闡揚，藉以抒發其亡國之痛和黍離之悲。許多懷有遺民意識的人都爲方以智此著寫了序言或後跋，以表達與方氏同樣的悲痛之情。文德翼所撰補堂炮莊序，也認爲方氏能繼承『浪杖人』之心志，並以莊子之説爲藥，而已解爲藥之炮，正像神農發明醫藥、岐黄發明醫術一樣，不但能治古今人之病，還能治今日醫者之病，故可謂之『醫王』。今考方以智此書約完稿於清康熙二年（1663），次年即由泰和蕭伯升捐資、廬陵曾玉祥刊刻。以此推之，可知文德翼爲方以智此著寫序當在六十歲左右。

清四庫館臣爲方以智藥地炮莊所作提要云：『是編……以莊子之説爲藥，而已解爲藥之炮，故曰炮莊。大旨詮以佛理，借滉洋恣肆之談，以自攄其意，蓋有托而言，非莊子當如是解，亦非以智所見真謂莊子當如是解也。』此處謂方以智旨在借解莊以自攄其意，並非『所見真謂莊子當如是解也』。今以書中實際内容觀之，館臣此説可謂知言。文德翼爲方氏此書所作序言，文字隱晦難懂，亦當作如是觀。但清四庫館臣爲文德翼讀莊小言所作提要則謂：『此書就莊子諸篇，隨筆記其所得，然未能拔奇於舊注之外。』此説值得商榷，因爲文氏撰寫此書，何嘗也不是在『借滉洋恣肆之談，以自攄其意』？又何必要與舊注舊說相比較呢？讀莊小言一卷，卷首題『柴桑文德翼著』，卷尾有文德翼自跋云：

上古兩書，狂莊狷屈，別有天地，不在人間。然讀屈也令人悲，令人怨；讀莊也令人笑，令人忘。余小而讀二書，白首而不知也。雖不知而中心自不忍釋。今行年六十有九矣，吾夫子緇帷之林遇漁父之歲也，八疵四患之身，猶形與影競走，不大可哀耶！泰山喬木既失，仰仿江潭之間，有聖人隱於漁者，獲聞咳唾之餘，奉以周旋，庶不虛生浪死，其如無其人何哉！雨濕故簏，得莊子殘本，讀之數過，石中星火，乍有光明，逐篇言之，絕無一識及古人毫毛萬分之一。後生英俊，欠伸欻乃之時，肯一瞬目，尚知此老結習深重，猶墮文字坑中。天如假我來日，東莊牀上，一尺不開，清風朗月，但高聲唱曰：『老冉冉其將至，今恐修名之不立。』補堂文德翼用昭父自跋。

此跋語說，文德翼雖自幼即讀莊子和屈原的作品，只以爲前者近『狂』，後者近『狷』，白首而不知其真意。但『泰山喬木既失』，身已淪爲亡國之奴，『今行年六十有九矣，吾夫子緇帷之林遇漁父之歲也，八疵四患之身，猶形與影競走，不大可哀耶！』案莊子漁父，謂『孔子遊乎緇帷之林，休坐乎杏壇之上。弟子讀書，孔子弦歌鼓琴。奏曲未半，有漁父者，下船而來，鬚眉交白，被髮揄袂，行原以上，距陸而止，左手據膝，右手持頤以聽』，孔子乃起而拜見，並十分恭敬地說：『丘不肖，未知所謂，竊待於下風，幸聞咳唾之音，以卒相丘也。』漁父便批評孔子不知『法天貴真』，身罹『八疵』、『四患』，猶如『人有畏影惡跡而去之走者，舉足愈數而跡愈多，走愈疾而影不離身，自以爲尚遲，疾走不休，絕力而死』，『愚亦甚矣』，乃『刺船而去，延緣葦間』。文德翼認爲，既然國已不國，身爲亡明之遺民，就應該效法『漁父』，放浪山水之間，以保全自己的德性。於是，他從竹箱中找出莊子殘本，『讀之數過，石中星火，乍有光明，逐篇言之』，寫成了讀莊小言一卷。但他又想起『庾子嵩讀莊子，開卷一尺許便放去，曰：「了不異人意。」』（世說新語政事）覺得莊子還是『結習深重，猶墮文字坑中』，不如『東莊牀上，一尺不開』，於清風朗月之際，但高唱『老冉冉其將至，今恐修名之不立』，優哉遊哉，逍遥終生。由此看來，文德翼在爲方以智藥地炮莊撰寫序言之後數年，復又自撰讀莊小言一書，正像方氏一樣，旨在借解莊以自攄胸臆，並非真以爲莊子當如是作解，讀者固當深諒文氏著述之用心，而未可盡從四庫之館臣，以『未能拔奇於舊注』而貶抑之。

通覽文德翼之讀莊小言，確實爲隨筆之體，就莊子各篇某些文句，或所涉若干事象，隨意發揮心得。如其讀德充符篇謂：『有才而無德，不可視爲全人，豈惟郤克哉？龐涓之呼豎子，桓溫之笑半人，尚未足配享三兀也。』讀大宗師篇謂：『是惡知禮意，禮豈爲我輩設之祖也。嗣宗党晉，已拚作名教罪人矣。』如此之類，多是借莊子以自抒胸臆，並非對其相關文字之訓釋、注疏。譬如後一條，乃是引西晉阮籍無視司馬氏集團的『名教』，並謂『禮豈爲我設邪』之典，以表達其一意放浪山水，無視滿清統治者種種說教的遺民情懷。又其讀則陽篇曰：『孫將軍，蠻氏之師也；龐將軍，觸氏之師也。豎子之名成於一蝸角，後世且配享於武成王廟，徒令戴晉人齒冷耶！』此處認爲，孫臏、龐涓的馬陵戰役不過是觸蠻之戰，而唐肅宗以孫臏（實爲孫武）配享武成王姜子牙，也不免會被魏國得道者戴晉人所恥笑。這些話的背後，深藏著作者對滿洲貴族以武力攻佔中華大地的無限鄙視和强烈不滿。其讀胠篋篇謂：『劉帝而項盜，項帝而劉盜，故曰漢賊不兩立。』此處顯然有義不帝清之寓意。其讀山木篇則云：『接輿諷仲尼爲德衰，德非衰也；太公任諷仲尼爲意怠，意非怠也。仲尼曰：「畏人也而襲諸人間。」吾其鷾鴯乎！』此處避世歸隱之意甚明。

當然，文德翼的讀莊小言雖非訓詁或注疏著作，而其中多數内容仍與莊子有關文字相一致，並頗能揭示莊子文本所隱藏之深意。如其讀逍遥遊篇云：『御風免乎行，所謂無行地難矣，猶以有待爲歎。神人乘雲氣，御飛龍，非乘天地之正，御六氣之辨耶？一御一乘也，何一有待，一無待歟？』此處對列子御風而行『猶以有待爲歎』、神人乘氣御龍爲『無待』表示有些疑問，但其指出逍遥遊篇將主旨寄寓在『無待』逍遥上，則甚有見地。其讀齊物論篇云：『「而獨不聞之翏翏」者，風也；「而獨不見之調調、之刁刁」者，山林大木，風之狀也。』此處以

『翏翏』爲長風之聲，尤其以『之調調、之刁刁』爲樹枝搖動之狀，自是獨到見解。故稍後宣穎説，長風過後，『惟樹尾調調然動而刁刁然微，尚餘披靡之勢有可見耳』。其讀天運篇云：『西施之矉其里，心病耳，非自以爲美也。不心病而效其心病，不但心病也，而心死矣。』此處以順其自然爲美，以效仿做作爲醜，深得莊子美醜觀之精神。

文德翼還重視對莊子中某些現象作綜互分析。如在莊子中，彭祖的形象比較複雜，往往難於正確把握，而文德翼在讀逍遥遊篇時説：『「彭祖乃今以久特聞」，抑辭也；「彭祖得之，上及有虞，下及五伯」，揚辭也。』認爲逍遥遊篇對彭祖采取了否定態度，因爲他並不能得到逍遥；大宗師篇對彭祖則表示讚揚，因爲他已得到了大道。此説相當有見地，足資讀者參考。對於莊子中『寓言』一詞，寓言篇、天下篇及司馬遷等的解釋都不盡一致，而文德翼在讀寓言篇時説：『「寓諸庸」、「寓諸無竟」、「寓於不得已」，同寓耳。言則無所不言，蜩言、鳩言、鵪言、夔言、蛇言、蚿言、魚言、風言、河言、海言、影言、魍魎言、髑髏言、櫟社言。』此説突破了前人的拘限，將『寓言』的涵義拓展到了莊子中的所有『寓』和『言』，可以備作一説。對於莊子的處世哲學，莊子本身有多種説法，讀者也難以把握，文德翼在讀人間世篇時説：『以可用爲材，以不可用爲不材，材則患，不材則全，不材所以爲大材，猶不祥所以爲大祥也。』又在讀山木篇時説：『材則爲世所役，不材則爲世所棄，均累也。雖然，漢武、魏武專殺有材，不材者得天年什九，材者得天年什一，不如不材。』這兩種闡釋，乍看似互爲矛盾，其實是依照人間世、山木兩篇分别作出的闡釋，與兩篇文本的意思比較吻合，可見文德翼雖『隨筆記其所得』，亦每每『能拔奇於舊注之外』。

第十八章　陳壽昌的南華真經正義……四〇五
第一節　一洗援莊入儒之弊……四〇五
第二節　以宗教修行觀念印證莊子……四一一
第三節　南華真經識餘三種概述……四一六
第十九章　郭慶藩的莊子研究……四二一
第一節　莊子集釋……四二一
第二節　讀莊子劄記……四二六
第二十章　馬其昶的莊子故……四三三
第一節　對莊子意旨的多元闡釋……四三四
第二節　對桐城派莊子學的繼承……四四〇
第二十一章　王樹枏的莊子大同說……四四五
第一節　以『大同』解莊的思想傾向……四四六
第二節　莊子大同說的價值與成因……四五二
第二十二章　嚴復的莊子學……四五九
第一節　嚴復莊子評點概說……四六〇

第十四章 清代小説家的莊子學……三二一
第一節 清代小説家莊子學概説……三二一
第二節 紅樓夢對莊子的吸納與化用……三二四
第十五章 朱敦毅、張士保、王闓運、陶浚宣的莊子研究……三三七
第一節 朱敦毅的莊子南華經心印……三三七
第二節 張士保的南華指月……三四九
第三節 王闓運的莊子王氏注……三五七
第四節 陶浚宣的南華經講義……三六二
第十六章 劉鳳苞的南華雪心編……三六七
第一節 對莊子散文章法結構的剖析……三六七
第二節 對莊子散文藝術特色的分析……三七一
第三節 對莊子散文文境意境的揭示……三八一
第十七章 劉鴻典的莊子約解……三八六
第一節 每以儒學闡釋莊子思想……三八七
第二節 亦以易學會通莊子義理……三九四
第三節 三教融合的闡釋特點……三九九

第七節　王先謙的莊子集解……二六五
第八節　吳汝綸的莊子點勘……二七〇
第九節　林紓的莊子淺説……二七四
第十三章　乾嘉學派的莊子學……二八〇
第一節　乾嘉學派莊子學概説……二八〇
第二節　王懋竑的莊子存校……二八二
第三節　盧文弨的莊子音義考證……二八六
第四節　王念孫的莊子雜志……二八八
第五節　洪頤煊的讀莊子叢録……二九三
第六節　江有誥的莊子韻讀……二九六
第七節　孫馮翼的司馬彪莊子注等……三〇一
第八節　茆泮林的司馬彪莊子注等……三〇四
第九節　俞樾的莊子平議、莊子人名考……三〇六
第十節　孫詒讓的莊子劄迻……三一一
第十一節　于鬯的莊子校書……三一四
第十二節　武延緒的莊子劄記……三一七

第二節　對行文『法脈』的精心尋繹……一八六
第三節　對藝術特徵的多方揭示……一九一
第四節　對莊子文本的多所辨僞……一九八
第十章　陸樹芝的莊子雪……二〇一
第一節　以莊子爲『先聖之外臣猶子』……二〇一
第二節　對司馬遷、蘇軾説法的多所批駁……二〇九
第十一章　梅沖的莊子本義……二二〇
第一節　以儒門心學闡發莊子『本義』……二二〇
第二節　對形而下世俗境界的極力回護……二二九
第十二章　桐城派的莊子學……二三五
第一節　桐城派莊子學概説……二三五
第二節　方正瑗的方齋補莊……二四三
第三節　劉大櫆的莊子評點……二四七
第四節　姚鼐的莊子章義……二五一
第五節　方潛的南華經解……二五五
第六節　郭嵩燾的莊子扎記……二六〇

第四節　對文章意境的用心揭示……………………………………一〇一
第五節　南華經解的成就和影響……………………………………一〇八
第六章　孫嘉淦的南華通……………………………………………一一六
第一節　以孔孟程朱之理通莊子之意………………………………一一七
第二節　以時文之法評莊子之文……………………………………一二三
第七章　林仲懿的南華本義…………………………………………一三二
第一節　旨在尋求南華『本義』……………………………………一三三
第二節　對莊子內篇的理學化闡釋…………………………………一四〇
第三節　對莊子內篇的藝術分析……………………………………一五二
第八章　藏雲山房主人的南華經大意解懸參注……………………一六三
第一節　南華經乃『言性與天道之書』……………………………一六四
第二節　深發莊子修道之『真寔作用』……………………………一六七
第三節　嚴析莊子『傳道之言』與擬作者『論理之言』…………一七四
第九章　胡文英的莊子獨見…………………………………………一八〇
第一節　對文法、筆法的細緻分析…………………………………一八一

第四節　高秋月、曹同春的莊子釋意……三三
第五節　顧仲的中村說莊……三七
第六節　徐廷槐的南華簡鈔……四三
第三章　林雲銘的莊子因……四六
第一節　『莊子與老子同而異，與孔子異而同』……四六
第二節　以『大』字爲逍遥遊一篇之綱……五〇
第三節　以時文之法詁評莊子之文……五三
第四節　對外雜篇真僞的探究……五七
第四章　吴世尚的莊子解……六一
第一節　引莊子附之儒家……六二
第二節　以『大』字作逍遥遊篇之綫索……六九
第三節　對莊子文字之妙的闡發……七五
第五章　宣穎的南華經解……八〇
第一節　以儒解莊的思想傾向……八〇
第二節　對行文脈理的細心疏解……八六
第三節　對藝術手法的精心分析……九二

目錄

第七編　清代莊子學

第一章　清代莊子學概説……三
第一節　清代莊子學發展的歷史背景……三
第二節　清代莊子學的發展過程……七
第二章　清代前期的莊子學……一三
第一節　胡文蔚的南華真經合注吹影……一三
第二節　金聖歎對莊子的論説……二〇
第三節　顧如華的讀莊一吷……二八

第四册（增補繁體版）

方勇◎著

人民出版社

那麽，什麽樣的人方可作爲君主修養的最理想楷模呢？在淮南子看來，那只有真人、至人、聖人等得道者。精神訓云：

所謂真人者，性合於道也。故有而若無，實而若虛，處其一不知其二，治其內不識其外，明白太素，無爲復朴，體本抱神，以遊於天地之樊，芒然仿佯於塵垢之外，而消搖於無事之業，浩浩蕩蕩乎，機械之巧弗載於心。是故死生亦大矣，而不爲變；雖天地覆育，亦不與之抮抱矣。審乎無瑕而不與物糅，見事之亂而能守其宗。若然者，正肝膽，遺耳目，心志專於內，通達耦於一；居不知所爲，行不知所之，渾然而往，逯然而來；形若槁木，心若死灰，忘其五藏，損其形骸；……大澤焚而不能熱，河漢涸而不能寒也，大雷毀山而不能驚也，大風晦日而不能傷也。是故視珍寶珠玉猶石礫也，視至尊窮寵猶行客也，視毛嬙西施猶䰠也。……淪於不測，入於無間，以不同形相嬗也。終始若環，莫得其倫，此精神之所以能登假於道也，是故真人之所遊。

聞一多云：『莊子書中每講到至人、神人、真人、大人如何遊於六合之外，無何有之鄉，淮南子也是如此，並且說得更有聲有色。』（神仙考）其實，我們還應該進一步指出，淮南子中的這些得道者形象，就是通過援引莊子思想資料並加以新的闡釋而創造出來的。如上面所引的這段描寫『真人』的話，其援用莊子的文字，至少涉及了齊物論、德充符、大宗師、馬蹄、天地、秋水、達生、知北遊、庚桑楚、寓言等篇，約占莊子全書的三分之一篇目。此外，如俶真訓云：『真人立於天地之本，中至優遊，抱德煬和，而萬物雜累焉，孰肯解構人間之事，以物煩其性命乎！』此本之在宥、徐無鬼。同篇又云：『有真人然後有真知，其所持者不明，庸詎知吾所謂知之非不知歟？』此本之齊物論、大宗師篇。總起來看，淮南子中的『真人』也像莊子中『真人』一樣具有種種超人絕倫的德性。然而，作爲淮南子中最集中描述『真人』的精神訓，卻在講述完『真人』的德性後說：『此精神之所以能登假於道也，是故真人之所遊。』這就告訴人們，所謂真人，實際上就是作者幻想中能夠達到最高精神修養境界的

一種理想人格，而這種人格卻是最有必要向君主昭示的。因此，淮南子就不顧莊子思想中的真人原型，而給自己筆下的『真人』添上了像『視珍寶珠玉猶石礫』、『視至尊窮寵猶行客』之類的德性。因爲在淮南子看來，君主貴爲天子，富有天下，如果不知節欲反性，就必然會走向敗亡，所以必須示以『真人』的這些德性，作爲君臨天下者的思想修養準則之一。

在淮南子中，像『真人』一樣具有完美德性而足可成爲君主精神修養楷模的還有『至人』。俶真訓云：『與至人居，使家忘貧，使王公簡其富貴而樂卑賤，勇者衰其氣，貪者消其欲。坐而不教，立而不議，虛而往者實而歸，故不言而能飲人以和。』這段話基本上是用德充符、則陽篇中的思想資料重新組合出來的，但裏面所呈現的至人形象，卻顯然已不同於莊子中所謂具有『潛行不窒，蹈火不熱，行乎萬物之上而不慄』（達生）等奇異性能的至人形象。一般說來，淮南子中的『至人』都不過是作者最理想而離現實又不太遠的精神修養者的形象。如精神訓云：『至人量腹而食，度形而衣，容身而遊，適情而行，餘天下而不貪，委萬物而不利。』又本經訓云：『至人之治也，心與神處，形與性調，靜而體德，動而理通，隨自然之性，而緣不得已之化，洞然無爲而天下自和，憺然無欲而民自朴，無機祥而民不夭，不忿爭而養足，兼包海內，澤及後世，不知爲之者誰何？』從這裏不難看出，淮南子之所以要把莊子中的『至人』詮釋成這樣一種形象，其目的不外就是要爲漢初最高統治者提供又一個十分理想的修養楷模和治世典範。

此外，與真人、至人異名同實的修養楷模和治世典範還有聖人。淮南子云：

聖人不以人滑天，不以欲亂情，……與造化者爲人。（原道訓）

聖人內修其本，而不外飾其末，保其精神，偃其智故，漠然無爲而無不爲也，澹然無治也而無不治也。（同上）

聖人用心杖性，依神相扶，而得終始。是故其寐不夢，其覺不憂。（俶真訓）

聖人托其神於靈府，而歸於萬物之初，視於冥冥，聽於無聲，冥冥之中獨見曉焉，寂漠之中獨有照焉。（同上）

聖人無思慮，無設儲，來者弗迎，去者弗將。（詮言訓）

在淮南子中，描述聖人的文字比描述真人、至人的文字還要多，而從上面的幾段話可以看出，這些描述文字又大多來源於莊子。但在莊子中，『聖人』指的是兩種完全不同的人格，即一爲道家理想中的得道者，另一爲儒家的最高道德典範。而淮南子在描述『聖人』時，則十分側重於對莊子中前一種人格涵義的闡發，説明它的用意就是要爲漢初最高統治者樹立起一個『內修其本而不外飾其末』的修養榜樣，以便使『無爲而無不爲』、『無治而無不治』的政治理想能夠得到真正的實現。

第五節　闡釋方式的多所更新

對莊子思想的闡釋，雖然可以追溯到先秦的惠施、荀況、韓非和呂氏春秋，但就這一時期所運用的闡釋方法來看，卻都是比較簡單的。天下篇對莊子的闡釋儘管很有特色，但它並不是針對莊子中具體文字所作的闡釋，而是屬於在理論上對莊子學説及其表述方式的總體把握。然而到了淮南子，這些舊有的闡釋方式卻發生了不少新變。如俶真訓引述了莊子齊物論中『有始者』一段文字後，便將其中的七個句子分解成七個意義單元，對它們一一進行了詳盡的闡發。像這樣對莊子中的具體文字加以詳盡闡發，這在莊子闡釋史上似乎還是破天荒的第一次。不過，淮南子有時則是以具體的事例來直接闡釋莊子文字的。如繆稱訓引述了應帝王篇『虎豹之文來射，猨狖之捷來措』這二句話後，便徑以『子路以勇死』和『萇宏以智困』的故事加以闡發，從而也就成了一種闡釋莊子的新形式。與這些方式又有所不同，淮南子還更注重於使闡釋活動寓於引述、改造和重新組合莊子

文字的過程之中。如俶真訓中有這樣兩段話：

夫大塊載我以形，勞我以生，逸我以老，休我以死。善我生者，乃所以善我死也。夫藏舟於壑，藏山於澤，人謂之固矣。雖然，夜半有力者負而趨，寐者不知，猶有所遁。若藏天下於天下，則無所遁其形矣。物豈可謂無大揚攉乎？一犯人之形而猶喜。若人者，千變萬化而未始有極也。弊而復新，其爲樂也，可勝計邪？譬若夢爲鳥而飛於天，夢爲魚而沒於淵，方其夢也，不知其夢也，覺而後知其夢也。今將有大覺，然後知今此之爲大夢也。

舉世而譽之不加勸，舉世而非之不加沮，定於死生之境，而通於榮辱之理，雖有炎火洪水彌靡於天下，神無虧缺於胸臆之中矣。若然者，視天下之間猶飛羽浮芥也，孰肯分分然以物爲事也。

第一段話，自開頭至『可勝計邪』引自莊子大宗師，但文字略有改動增損，如『物豈可謂無大揚攉（揚攉，粗略之意）乎』是通過改造莊子徐無鬼中的一句話而來的，『弊而復新』二句則爲淮南子的自撰之辭，凡此都起到了一定的闡釋作用，使大宗師篇這節文字的寓意得到了揭示：以大道爲宗師者，則一任自然的運化，當死亡來臨時不躲藏，當轉化爲人時也不感到驚喜。在此基礎上，淮南子又從大宗師篇的另一段話中拈出數語，與齊物論篇中的幾句話構成了一段有關夢的論述文字，用來進一步闡述關於萬物生滅猶如夢境一般『千變萬化而未始有極』的道理。第二段話，前四句引自莊子逍遥遊，文字略有改動，原是用來説明宋榮子的精神境界的。後五句是淮南子根據逍遥遊篇稱述『神人』德性的文字化出的，對前四句起著補充和闡釋的雙重作用。我們知道，僅僅達到像宋榮子那樣的精神境界，在莊子看來『猶有未樹也』（逍遥遊），而這裏卻以稱美得道者『神人』德性的語言去闡釋原用來描述宋榮子精神境界的話，説明淮南子已通過自己的闡釋而賦予了原來的文字以較新的意義。總的看來，淮南子中像這樣靈活多變的闡釋方式是用得較爲普遍的，這與同類著作呂氏春秋往往整段襲用莊子原文的做法比較起來，無疑已顯示出了闡釋方式上的新變。下面請再看一種在引文後接續解釋性語句的

闡釋方法：

軸不運（一作連），而三十輻各以其力旋，……車有勞逸動靜，而後能致遠。……能致千里者，乃不動者也。（泰族訓）

亡羊而得牛，則莫不利失也；斷指而免頭，則莫不利爲也。故人之情，於利之中則爭取大焉，於害之中則爭取小焉。（說山訓）

見彈而求鴞炙，見卵而求晨夜，見麖而求成布，雖其理哉，亦不病暮。（同上）

以瓦鉒者全，以金鉒者跋，以玉鉒者發。是故所重者在外，則內爲之掘。逐獸者目不見太山，嗜欲在外則明所蔽矣。（說林訓）

吞舟之魚，蕩而失水，則制於螻蟻，離其居也。（主術訓）

第一段話，是對莊子『軸不運而輪致千里』（見文選李康運命論李善注引莊子）一句的闡釋。第二段話，是對莊子『亡羊而得牛，斷指而得頭』（見太平御覽卷三六四引莊子）二句話的闡釋。第三段話，前二句引自莊子齊物論。其餘爲淮南子自撰之辭，高誘注云：『麖，麻之有實者，可以爲布，因求其成。故曰「雖其理哉，亦不病暮」，言其早也。』可見所續之語，第一句是以相類似的比喻來申發莊子原文的意蘊，而後二句則對莊子原文以及用來申發的文字都起到了闡釋的作用。第四段話，前五句引自達生篇，『逐獸者目不見太山』二句爲淮南子自撰之辭，其對前五句的申發與闡釋作用，也同樣是非常明顯的。第五段話，前三句本之庚桑楚篇，最後『離其居也』一句則爲淮南子自撰之辭，從說明原因的角度闡釋了前面三句話。可是，呂氏春秋的去尤、慎勢篇分別引述了達生、庚桑楚篇的這些文字後，卻並不曾予以直接的闡釋。相比之下，淮南子又一次顯示出了其在闡釋方式上的新變。此外，淮南子還每每用『是故』一詞把莊子的文字與用來闡釋的文字聯繫起來，以此來達到其闡釋的目的。如俶真訓云：『仁義不布而萬物蕃殖，賞罰不施而天下賓服，其道可以大美興，而難以算計舉

也。是故日計之不足，而歲計之有餘。』這裏的『日計之不足』二句引自莊子庚桑楚，通過『是故』一詞把它們與前面的闡釋文字聯繫到了一起，從而使之得到了新的闡釋。在淮南子中，像這樣通過『是故』（或『故』）一詞的聯繫作用而使莊子文字得到闡釋的例子是大量存在著的。如：

是故身處江海之上，而神游魏闕之下。（俶真訓。按，此二句引自讓王）

是故自其異者視之，肝膽胡越。（同上。按，此二句引自德充符）

是故凍者假兼衣於春，而暍者望冷風於秋。（同上。按，此二句引自則陽）

是故虛室生白，吉祥止也。（同上。按，此二句引自人間世）

故至陰飂飂，至陽赫赫，兩者交接成和而萬物生焉。（覽冥訓。按，此二句引自田子方）

故聖人若鏡，不將不迎，應而不藏，故萬化而無傷。（同上。按，此四句引自應帝王）

故傳曰魯酒薄而邯鄲圍。（繆稱訓。按，此句引自胠篋）

故強哭者雖病不哀，強親者雖笑不和。（齊俗訓。按，此二句引自漁父）

故莊子曰：『小年不及大年，小知不及大知，朝菌不知晦朔，蟪蛄不知春秋。』（道應訓。按，『小年不及大年』四句引自逍遙遊）

故以巧鬥力者，始於陽，常卒於陰。（詮言訓。按，此三句引自人間世）

故可乎可，而不可乎不可，不可乎不可，而可乎可。（泰族訓。按，陸德明經典釋文莊子音義於齊物論『無物不可』句下出注云：『崔（譔）本此下更有「可於可，而不可於不可，不可於不可，而可於可。」』據此，則泰族訓這四句話引自齊物論）

像這樣的闡釋方式，先秦諸子已偶有用之者。如韓非子難三以『故』字引出莊子庚桑楚之文，呂氏春秋精諭以『故』字引出知北遊篇之文，即皆爲顯例。但頻繁地運用這種方式來闡釋莊子，尤其是其中的一些警句，這卻是

始於淮南子的，在莊子闡釋史上無疑也是一大進步。而且，以『是故』或『故』引出的莊子文句，也可以看作是爲前面那段闡釋性的文字所下的結論或斷語，這就在一定程度上承認了莊子妙論的經典地位。但我們應該進一步指出，淮南子把老、莊放到一起闡釋，則更是莊子地位得到提高的一個重要標誌。如精神訓在論述了人們不能過分追逐外物以滿足嗜欲的道理後，便云：

故曰：『其出彌遠者，其知彌少。』以言夫精神之不可使外淫也。是故五色亂目，使目不明；五聲嘩耳，使耳不聰；五味亂口，使口爽傷；趣舍滑心，使行飛揚。此四者，天下之所養性也，然皆人累也。

『故曰』後二句引自老子四十七章，『是故』後八句引自莊子天地。這兩段引文原來的意義不見得有多少共通之處，但它們被一同納入這裏的特定語境中後，卻起到了互相闡發的作用。而且，把莊子之文與老子之語放到一起闡釋，這種做法的本身就是對人們每每將莊子的學術地位看得低於老子這一傳統觀念的大膽否定。作爲淮南子全書後序的要略篇曾云：

道應者，攬掇遂事之蹤，追觀往古之跡，察禍福利害之反，考驗乎老、莊之術，而以合得失之勢者也。

此處表明，以歷史事實和現實中禍福利害之間的正反關係來與老、莊學說相驗證，以便符合得失的趨勢，這正是淮南子一書，尤其是道應訓一篇把老子、莊子的文字放到一起互爲闡發的真正用意。上文所舉精神訓中的例子已經說明了這一點，下面將引道應訓中的一段文字加以進一步的證實：

夫知言之謂者，不以言言也。爭魚者濡，逐獸者趨，非樂之也。故至言去言，至爲無爲。夫淺知之所爭者，末矣。白公不得也，故死於浴室。故老子曰：『言有宗，事有君，夫唯無知，是以不吾知也。』白公之謂也。

『至言去言』四句出於莊子知北遊。老子的話引自老子七十章，宋呂惠卿注云：『何謂宗？無爲而自然者，言之宗也。自其宗而推之，則言雖不同，皆苗裔而已矣，其有不知者乎！何謂君？無爲而自然者，事之君也。得其君而治之，則事雖不同，皆臣妾而已矣，其有不行者乎！』（見焦竑老子翼引）說明上面所引的老、莊之語，其所表達的哲理是共通的。因此，淮南子把它們放在一起，這本身就構成了互爲闡發的關係。而且，淮南子還通過『追觀』楚白公作亂失敗之『跡』、『攬掇』世人爭魚逐獸之『蹤』來『考驗乎老、莊之術』，則更以一系列的事實闡釋了老、莊的玄虛學說。當然，道應訓中出現得最頻繁的還是那種以莊子的寓言與老子的語句直接相闡發而並不介入任何其他文字的形式。如：

光耀問於無有曰：『子果有乎，其果無有乎？』無有弗應也。光耀不得問，而就視其狀貌，冥然忽然，視之不見其形，聽之不聞其聲，搏之不可得，望之不可極也。光耀曰：『貴矣哉，孰能至於此乎！予能有無矣，未能無無也。及其爲無無，又何從至於此哉！』故老子曰：『無有入於無間，吾是以知無爲之有益也。』

『光耀問於無有』的寓言引自莊子知北遊，意謂道不可見、不可聞，因而只有無爲的人才能達到道的境界，這正好可與老子四十三章『吾是以知無爲之有益』云云互爲發明。在道應訓中，像這樣以老、莊互爲闡發的例子還有很多。如『齧缺問道於被衣』（引自知北遊）的寓言與『明白四達，能無以知乎』（引自老子十章）之語，『大司馬捶鉤者』（引自知北遊）的寓言與『從事於道者，同於道』（引自老子二十三章）之語，『大王亶父』（引自讓王）的寓言與『貴以身爲天下，焉可以托天下』（引自老子十三章）之語，『中山公子牟謂詹子』（引自讓王）的寓言與『用其光，復歸其明』（引自老子五十二章）之語，『輪扁斲輪』（引自天道）的寓言與『道可道，非常道』（引自老子一章）之語，『顔回坐忘』（引自大宗師）的寓言與『載營魄抱一，能無離乎』（引自老子十章）之語，等等，都無不構成了互爲闡發的關係。

第六章　司馬遷的莊子學

司馬遷（約前145或前135—？），字子長，司馬談之子，夏陽龍門（今陝西韓城南）人。十歲時，隨父親至京師長安，得向曾任秦博士的伏生和大儒孔安國學習。家學淵源既深，復從名師受業，啟發誘導，獲益不淺。大約二十歲時，開始外出遊歷，『南遊江、淮，上會稽，探禹穴，窺九疑，浮於沅、湘，北涉汶、泗，講業齊、魯之都，觀孔子之遺風，鄉射鄒、嶧；戹困鄱、薛、彭城，過梁、楚以歸』（史記太史公自序），足跡遍及南北，考各地之風俗，采四方之傳說，爲寫作史記做了前期積累。初任郎中，元豐三年（前108）繼父職，正式做了太史令，有機會閱覽漢朝宮廷所藏的一切圖書、檔案以及各種史料。太初元年（前104），與天文學家唐都、洛下閎等共訂太初曆，對曆法進行了改革。後因對李陵降匈奴事有所辯解，觸怒了武帝，得罪下獄，被判腐刑，含垢忍辱，幾不欲生。出獄後任中書令，更加發憤著書，以生命寫成了一部永遠閃耀著光輝的偉大著作——史記。

史記是中國歷史上第一部紀傳體通史，全書一百三十篇，五十二萬多字，包括十二本紀、三十世家、七十列傳、十表、八書，對後世影響極大，被魯迅譽爲『史家之絕唱，無韻之離騷』。據漢書藝文志記載，司馬遷還著有賦八篇，除悲士不遇賦外，均已散佚。另有報任安書，流傳至今，是研究其生平思想的重要資料。

第一節　對莊子多有接受

漢代初年，黃老之學盛行。據史記太史公自序，司馬談就曾『習道論於黃子』，裴駰集解引徐廣云：『黃生，好黃老之術。』因而他撰寫論六家要指，於陰陽、儒、墨、名、法、道六家之中，特別推崇道家，而對其他各家皆有所批評

司馬遷受其父影響，也頗留意於道家學說，對老莊思想有所接受與發揮。如他的悲士不遇賦，謂『無造福先，無觸禍始，委之自然，終歸一矣』，所發揮的即爲老莊安時處順的哲學思想。昭明文選收有他的報任少卿書，其中有『居則忽忽若有所亡，出則不知其所往』之語，李善注：『莊子曰：「哀公問仲尼曰：衛有惡人焉，曰哀駘佗，去寡人而行，寡人恤焉，若有亡也。」庚桑子曰：「吾聞至人，尸居環堵之室，不知所如往。」』李氏這裏已注意到，司馬遷此兩語當與莊子不無淵源關係。其實，莊子知北遊『故行不知所往，處不知所持』云云，則更爲司馬氏直接取資的對象。他又有素王妙論，宋末王應麟漢書藝文志考證、清姚振宗漢書藝文志拾補皆將其歸入道家類，可惜此文早已散亂，今僅能輯得其部分殘句而已。

若要全面、深入地瞭解司馬遷與莊子的關係，須進一步觀照史記。司馬遷自稱此書爲一部『究天人之際，通古今之變，成一家之言』（報任少卿書）的歷史學著作，這當然也包含了其對老莊天道自然觀及歷史變化觀的探究，從而能夠使其具有不以成敗論英雄的進步史學觀，以及對社會現實進行公正批判的無畏精神。班固站在正統的儒家立場上，批評司馬遷『是非頗繆於聖人，論大道則先黃老而後六經』（漢書司馬遷傳），正說明了史記與老莊有著千絲萬縷的聯繫。這裏，不妨先列舉司馬遷在史記中運用莊子思想資料的幾個例子。如遊俠列傳：『由此觀之，「竊鉤者誅，竊國者侯，侯之門仁義存」，非虛言也。』其中『竊鉤者誅』三句引自莊子胠篋。伯

夷列傳：『盜跖日殺不辜，肝人之肉，暴戾恣睢，聚黨數千人橫行天下，竟以壽終。是遵何德哉？』司馬貞索隱指出，這裏所敘『盜跖』事跡『見莊子』，詳盜跖篇。又同傳：『說者曰堯讓天下於許由，許由不受，恥之逃隱。及夏之時，有卞隨、務光者。此何以稱焉？』索隱云：『說者謂諸子雜記也。然堯讓於許由，及夏時有卞隨、務光等，殷湯讓之天下，並不受而逃，事具莊周讓王篇。』孔子世家：『（孔子）適周問禮，蓋見老子云。辭去，而老子送之曰：「吾聞富貴者送人以財，仁人者送人以言。」』據索隱『莊周「財」作「軒」』云云，則此爲莊子之佚文。儒林列傳：『仲尼干七十餘君無所遇。』又十二諸侯年表：『孔子明王道，干七十餘君，莫能用。』索隱謂孔子『干七十餘君』云云，乃『記者失辭』。其實，這正是承接莊子天運所謂『孔子』『以奸者七十二君』之說而來。太史公自序：『至於大道之要，去健羨，絀聰明，釋此而任術。夫神大用則竭，形大勞則敝，形神騷動，欲與天地長久，非所聞也。』這裏所說的話，除了與老子有關係外，還對莊子刻意『形勞而不休則弊，精用而不已則勞，勞則竭』，以及胠篋、外物等篇中的相關思想資料，皆應當有所取資。這些說明，司馬遷對老子、莊子二書相當熟悉，因而信手拈來，皆可與自己的文字融爲一體。

而且，羅根澤在老子及老子書的問題一文中說：『史記中無論紀傳書表，常有根據數種材料以成者。即此篇（指老子韓非列傳）而論，其所據材料，顯有數源。自「周守藏之史也」至「獨其言在耳」，本莊子天道篇。自「且君子得其時則駕」至「如是而已」，本莊子外物篇。自「孔子去」至「其猶龍乎」，本莊子天運篇。』老子的行事本來就不可詳考，而莊子中卻有一些關於孔子向老子、老聃、老萊子求教的寓言故事，司馬遷在不得已的情況下，正像其撰寫莊周傳記一樣，確實綜合利用了這些文字資料。日者列傳①寫到賈誼、宋忠同遊長安卜市，日者司馬季主與他們對話時說：『莊子曰：「君子內無饑寒之患，外無劫奪之憂，居上而敬，居下不爲害，君子之

① 關於此列傳的作者，或謂司馬遷，或謂褚少孫，至今未有定論。

道也。」』此數語不見於今本莊子，或爲古本莊子之佚文。傳中接著寫賈誼、宋忠聽完司馬季主的話後，『忽而自失，芒乎無色，悵然噤口不能言。於是攝衣而起，再拜而辭。行洋洋也，出門僅能自上車，伏軾低頭，卒不能出氣。』此處除了援引莊子秋水『於是埳井之鼃聞之，適適然驚，規規然自失也』語意外，還模仿了盜跖篇『孔子再拜趨走，出門上車，執轡三失，目芒然無見，色若死灰，據軾低頭，不能出氣』中的部分情景，而在司馬季主其他言辭中，更讓人嗅到了老莊的哲學氣味。這就說明，此列傳刺取莊子文意，非止一端而已。

從思想內容方面看，司馬遷在史記中每每刺取老子、莊子文意，主要是想師法道家的自然無爲哲學思想，這與漢初盛行的黄老學說是一致的。如酷吏列傳謂『老氏稱：「上德不德，是以有德；下德不失德，是以無德。法令滋章，盜賊多有。」』並讚揚說：『信哉是言也！法令者治之具，而非制治清濁之源也。』太史公自序謂：『不流世俗，不爭勢利，上下無所凝滯，人莫之害，以道之用，作滑稽列傳。』這裏，至少受到了莊子『削跡捐勢，不爲功名，是故無責於人，人亦無責焉』（山木）、『彷徨乎無爲其側，逍遙乎寢臥其下，不夭斤斧，物無害者，無所可用，安所困苦哉』（逍遙遊）、『人皆知有用之用，而莫知無用之用也』（人間世）、『知無用，而始可與言用矣』（外物）等文意的影響，對莊子的自然無爲思想也有深刻的理解。因而司馬遷爲古今上下幾千年的人物立傳，對於其中的清靜無爲者往往有所褒揚。在伯夷列傳中，司馬遷對於莊子逍遙遊所謂『堯讓天下於許由』故事的真實性表示懷疑，但他又說在登上箕山觀看許由墓後，還是同意世人的傳聞，認爲其義『至高』。又認爲伯夷、叔齊『義不食周粟，隱於首陽山，采薇而食之』，足可謂之『善人』。在循吏列傳中，他讚揚了孫叔敖『三得相而不喜』、『三去相而不悔』的處世思想，以及以無爲態度『施教導民』的執政理念。對於魯相公儀休恬淡清廉的品行，他也予以高度肯定。在老子韓非列傳中，他對老聃的『以自隱無名爲務』表示贊同，因而稱其爲『隱君子』。說明對於歷史上的一些人物，司馬遷往往會站在道家的立場上來審視他們，使他們所具有的某些道家式的情懷得以充分展示，同時也得到了應有的肯定。

特別值得注意的，還是司馬遷對待當代人物的態度，包括帝王將相，乃至官吏、學者、卜者等，皆有所涉及。如呂后本紀云：『太史公曰：孝惠皇帝、高后之時，黎民得離戰國之苦，君臣俱欲休息乎無爲。故惠帝垂拱，高后女主稱制，政不出房戶，天下晏然，刑罰罕用，罪人是希，民務稼穡，衣食滋殖。』對此時實行無爲而治、與民休息的政策大加讚揚。律書云：『太史公曰：文帝時，會天下新去湯火，人民樂業，因其欲然，能不擾亂，故百姓遂安。自年六七十翁，亦未嘗至市井，遊敖嬉戲如小兒狀。』對文帝時實行黃老政術表示高度肯定。汲鄭列傳云：『黯學黃老之言，治官理民，好清靜，擇丞史而任之。其治，責大指而已，不苛小。』對汲黯清靜無爲的施政方法甚是推崇。曹相國世家云：『曹參……聞膠西有蓋公，善治黃老言，使人厚幣請之。既見蓋公，蓋公爲言，治道貴清靜而民自定，推此類具言之。參於是避正堂，舍蓋公焉。其治要用黃老術，故相齊九年，齊國安集，大稱賢相。』對曹參以蓋公爲師而推行黃老之術深表贊許。在樂毅列傳中，司馬遷還追溯了曹參的師承淵源，謂『樂臣公學黃帝老子，其本師號曰河上丈人，不知其所出。河上丈人教安期生，安期生教毛翕公，毛翕公教樂瑕公，樂瑕公教樂臣公，樂臣公教蓋公，蓋公教於齊高密、膠西，爲曹相國師』，以表明其對黃老學派傳授系統的重視，並讚揚黃老學者在入世與出世問題上的進退自如精神。基於這一思想立場，司馬遷在撰寫史記過程中，對武帝的好大喜功、窮兵黷武、重用酷吏，每每流露出譏刺之意；而在汲鄭列傳中，他還借汲黯之口批評武帝說：『陛下內多欲，而外施仁義，奈何欲效唐虞之治乎？』在淮陰侯列傳中，又對韓信不能師法老莊謙讓、退藏的處世哲學而深表惋惜：『假令韓信學道謙讓，不伐己功，不矜其能，則庶幾哉！』

此外，司馬遷還把道家『無爲而治』的思想運用到他的經濟理論中。在貨殖列傳中，他就以老莊思想爲指導，以史學家的眼光提出了比較獨特的經濟理論，認爲自古以來的人們皆『耳目欲極聲色之好，口欲窮芻豢之味，身安逸樂而心誇矜勢能之榮』，追求美好的生活本來就是人們不可改變的天性，是『道之所符而自然之驗』，因此政府應該適當採取無爲放任的經濟政策，『善者因之，其次利道之』，讓工農商虞四業都得到發展，此則『治

國之道也』。但對於老子的『小國寡民』之道，以及莊子的所謂『至德之世』，一味要求返回到上古荒蠻社會，司馬遷則提出了異議：『老子曰：「至治之極，鄰國相望，雞狗之聲相聞，民各甘其食，美其服，安其俗，樂其業，至老死不相往來。」必用此爲務，挽近世塗民耳目，則幾無行矣。』由此説明，司馬遷願意接受老莊『因』的哲學思想以指導經濟政策，以便讓當時的經濟能按照自然規律得到順利發展，但他對老莊這種倒退的社會歷史觀也予以了堅決的否定與揚棄。

第二節　爲莊子作傳記

從上述可以看出，司馬遷對莊子一書頗爲精熟，因而他往往能夠嫺熟自如地運用莊子的思想資料，並在運用過程中充分見出他自己的思想觀點。然而，作爲司馬遷對莊子的集中研究，主要還是表現在他爲莊子作傳記（在老子韓非列傳中）上。

司馬遷撰寫莊子傳記，其材料當主要採取於莊子。但我們不難發現，他對於這些材料，確實經過認真研究，然後才加以合理申發利用的。如關於莊子的生平事跡，他敍述云：

莊子者，蒙人也，名周。周嘗爲蒙漆園吏，與梁惠王、齊宣王同時。……楚威王聞莊周賢，使使厚幣迎之，許以爲相。莊周笑謂楚使者曰：『千金，重利；卿相，尊位也。子獨不見郊祭之犧牛乎？養食之數歲，衣以文繡，以入大廟。當是之時，雖欲爲孤豚，豈可得乎？子亟去，無汙我。我寧遊戲汙瀆之中自快，無爲有國者所羈，終身不仕，以快吾志焉。』（老子韓非列傳）

很顯然，這段文字主要是根據莊子中有關材料申發排比出來的。如關於莊子的生卒年，先秦文獻無明確記載，但莊子一書卻屢屢寫到莊子與惠施的交往故事，而據戰國策等書記載可知，惠施爲梁惠王相，與齊宣王同時，故

司馬遷推定莊子『與梁惠王、齊宣王同時』。關於莊子拒聘之事，莊子秋水云：『莊子釣於濮水，楚王使大夫二人往先焉，曰：「願以境内累矣。」莊子……曰：「往矣！吾將曳尾於塗中。」』又列禦寇篇云：『或聘於莊子，莊子應其使曰：「子見夫犧牛乎？衣以文繡，食以芻叔。及其牽而入於大廟，雖欲爲孤犢，其可得乎！」』對於這二則材料，司馬遷以歷史學家應有的態度，度之以理，揆之以情，作了一定的申發和補充，從而使莊子拒聘的故事更具有了歷史文獻的價值。如他根據歷史上楚威王在位的時間大致與梁惠王、齊宣王相當的事實而徑改莊子中的『楚王』、『或』爲『楚威王』，又根據原文中『願以境内累矣』一語而推斷出楚威王所許乃爲『卿相』，凡此無不表明司馬遷所使用的是歷史學家構擬歷史原貌的手法，而這種手法的運用則是建立在對有關的歷史事實作充分研究的基礎上的。當然，司馬遷没有説明莊子所在的『蒙』屬何國，這就爲後來關於莊子國籍問題的爭論埋下了根源，以致出現了『宋國説』、『梁國説』、『楚國説』、『齊國説』，或者『民權説』、『商丘説』、『東明説』、『菏澤説』、『蒙城説』等説法，至今未有定論。今案史記老子韓非列傳，司馬遷謂『老子者，楚苦縣厲鄉曲仁里人也』、『韓非者，韓之諸公子也』，對老子、韓非的國籍皆有明確交代，而謂『莊子者，蒙人也』、『申不害者，京人也』，對莊子、申不害則不然，或許在司馬氏生活的年代，人們對『蒙』、『京』所處的具體地點是明確的，並不需要多作解釋，但作者没有料到，後來『蒙』這一地名會出現這麽多的複雜變化，給後人判斷莊子的國籍留下了那麽多的麻煩。儘管如此，司馬遷的簡單記載仍是今天考證莊子籍里的最早也是最重要的依據，文獻價值非常高。

尤其值得指出的是，司馬遷在敍述莊子生平事跡的同時，還對莊子的學説歸屬、著述宗旨、文章特色提出了富有創見的看法：

其一，認爲莊子學説之『要本歸於老子之言』。

我們知道，莊子天下實際上是把莊子學説與關尹、老聃學説看作同源共派的。到了漢初，由於黄老之學的

盛行，人們又往往把莊子學説與黄老之學混到了一起。如淮南子一書，以黄老之學來闡釋莊子，把莊子學説納入了黄老學的理論體系。司馬談作論六家要指，謂道家『采儒墨之善，撮名法之要，與時遷移，應物變化，立俗施事，無所不宜』，這無疑也是把先秦道家中的莊子學説當作黄老之學來解釋的。司馬遷雖然深受其父親的影響，『論大道則先黄老而後六經』，然而卻没有把莊子學説與黄老之學混同起來。他在莊子傳記中明確指出：『莊子……其學無所不窺，然其要本歸於老子之言。』此處的『老子』，是與黄老學有著嚴格區别的。如同篇中謂『申子（不害）之學本於黄老而主刑名』、『韓非……喜刑名法術之學而其歸本於黄老』，而不説他們的學説歸本於老子，這便是司馬遷將『老子』與『黄老』加以嚴格區分的有力證據。

所謂『其學無所不窺』，是説莊子曾遍究各家各派的學説。由於司馬遷是根據莊子一書來探究莊子的治學特徵的，而當時人似乎都認爲莊子各篇皆出於莊周手筆，因而他所提出的『其學無所不窺』的看法就顯得非常符合實際。因爲從今存的莊子來看，其中除了以道家之言爲主體外，也確實還夾雜著一些屬於其他學派的思想因素，這正是『其學無所不窺』的必然結果。但由於莊子一書總體而言十分推崇老子，引述老子之言甚多，而全書的主旨又在於『詆訿孔子之徒』，與老子『絀儒學』的思想傾向頗爲一致，因而司馬遷便認定莊子學説的『要本歸於老子之言』，可見這種認識無疑抓住了莊子學説的主要特徵，也是對前人認識的一種超越。當然，司馬遷也看到了老、莊學説的細微區别，因而他又説：『老子所貴道，虚無，因應變化於無爲，故著書辭稱微妙難識。莊子散道德，放論，要亦歸之自然，……而老子深遠矣。』這可能主要是指莊子放言抨擊儒家的仁義道德，其激烈程度有甚於老子而言。

其二，認爲莊子著述的宗旨在於『詆訿孔子之徒』。

在莊子中，我們已可以隱約看出莊子著述的思想意圖。如寓言篇云：『重言十七，所以已言也。』這是説，莊子一書借重先哲時賢的話占了十分之七，乃是用來止塞天下紛亂的言論的。但在歷史上，最早明確論述到莊

子著述宗旨的卻是司馬遷。他在莊子傳記中說：『莊子……作漁父、盜跖、胠篋，以詆訿孔子之徒，以明老子之術。』

漁父篇中的『孔氏』，是『性服忠信，身行仁義，飾禮樂，選人倫』的形象，因而得道者『漁父』斥他爲『蚤湛於人僞』的『難悟』、『愚甚』之人。盜跖篇中的『孔子』更是一副地地道道的儒者嘴臉，以致被道家化的『盜跖』罵得『執轡三失，目芒然無見，色若死灰，據軾低頭，不能出氣』。胠篋篇雖然沒有指名道姓地指斥孔子，但也顯然是對儒家所提倡的『聖智仁義』的極力批判和攻擊。以此類推，諸如德充符、天地、天道、外物、列禦寇等篇所塑造的孔子形象，無不成爲作者『詆訿』的對象。

在人間世、大宗師、天運、山木、田子方、讓王等篇中，作爲儒家泰斗的孔子，又被改造成背叛儒家宗旨、宣揚道家學說的形象，這無疑更是對儒家的絕妙戲弄和最高程度上的『詆訿』。

由上述可知，司馬遷所倡導的『詆訿』說，是很符合於莊子實際的。何況莊子全書是在發明『絀儒學』的『老子之術』的呢！因此，自從司馬遷此說一出，便產生了極其廣泛而深遠的影響，以至於『世皆謂莊子詆訿孔子，獨蘇子瞻以爲尊孔子』（劉鴻典莊子約解）。

其三，認爲莊子文章具有『指事類情』的藝術特徵。

在莊子寓言中，寓言、重言、卮言三者分別被賦予了不同的涵義。然而司馬遷卻注意到，莊子作者在實際運用寓言、重言、卮言的過程中，三者往往渾然一體，不加分別。因此，他在莊子傳記中指出：『其著書十餘萬言，大抵率寓言也。』如果結合下文『畏累虛、亢桑子之屬皆空語無事實』等話來理解，則司馬遷的意思不外就是說，莊子一書基本上是由虛設的故事組成的，而這些故事又都是用來寄情寓意的，故皆可以統稱爲『寓言』。

司馬遷進一步指出，由於莊子大量虛構『空語無事實』的寓言來『剽剝儒墨』，『詆訿孔子之徒』，這就使他的文章具有了『指事類情』的藝術特徵。所謂『指事類情』，就是通過個別具體的事物來表情達意，使人們從而聯

想並領會到與這一事物相關的某種帶有普遍性的道理。顯然，他的這一理論很能揭示莊子文章的藝術特徵。

從理論淵源上來看，司馬遷的『指事類情』說固然是對莊子寓言『藉外論之』理論的進一步發展，但也無可否認其對傳統詩學理論有所借鑒。我們知道，在詩歌研究領域中，人們早已總結出了『比興』理論。如孔子談詩，認爲『詩可以興』（論語陽貨），孔安國注云：『興，引譬連類。』詩歌的本質特徵，就是借助於個别事物以顯示帶有普遍性的道理。司馬遷論詩，也沿用了這一傳統理論，所以他評論屈原的離騷，就有『其稱文小而其旨極大，舉類邇而見義遠』（史記屈原賈生列傳）等語。而且，司馬遷還把這一套理論移用到散文研究領域，指出莊子散文也有『指事類情』的藝術特徵，從而開啟了歷史上借用詩學理論來説明莊子散文藝術特徵的先河。如章學誠在文史通義中謂『莊、列之寓言也，則觸蠻可以立國，蕉鹿可以聽訟』，皆『深於比興，即其深於取象者也』。王國維在屈子文學之精神中説莊子具有『詩歌的原質』，『巧於比類而善於滑稽』，『即謂之散文詩，無不可也』。凡此，皆可以看出其與司馬遷『指事類情』説有著一定的淵源關係。

其四，載有莊子全書字數及部分篇名。

司馬遷在莊子傳記中説：『故其著書十餘萬言，大抵率寓言也。作漁父、盜跖、胠篋，以詆訿孔子之徒，以明老子之術。畏累虚、亢桑子之屬，皆空語無事實。』今案漢書藝文志所著録的班固本莊子爲五十二篇。陸德明經典釋文序録云：『漢書藝文志「莊子五十二篇」，即司馬彪、孟氏所注是也。』但這個五十二篇本到底共有多少字數，卻没有任何説明。後世所傳莊子共三十三篇，包括内篇七篇、外篇十五篇、雜篇十一篇。據宋陳景元南華真經章句音義敘説，郭象本莊子三十三篇共計六萬五千九百二十三字，平均每篇近二千字。以郭象本推之，則司馬遷所記載『十餘萬言』的莊子當是由五十個左右的篇目組成，大致與班固本、司馬彪本、孟氏本相當。可見從司馬遷所見的『十餘萬言』的莊子，至班固、司馬彪、孟氏的五十二篇本莊子，雖然經過了數百年的流傳，但無論是總字數還是篇數，大概都不會有太大的改變。我們得以作出這一番推論，正是以司馬遷的簡單記載作

爲重要依據之一的。

而且，司馬遷所列舉的幾個篇名也很重要。今案陸德明經典釋文序錄云：『莊生宏才命世，辭趣華深，正言若反，故莫能暢其弘致。後人增足，漸失其真，故郭子玄云：「一曲之才，妄竄奇說，若閼弈、意修之首，危言、游鳧、子胥之篇，凡諸巧雜，十分有三。」漢書藝文志「莊子五十二篇」，即司馬彪、孟氏所注是也。言多詭誕，或似山海經，或類占夢書，故注者以意去取。其內篇衆家並同，自餘或有外而無雜，唯子玄所注特會莊子之旨，故爲世所貴。』這說明，古本莊子原來是有閼弈、意修、危言、游鳧、子胥等五個篇目的。又據北齊書杜弼傳所謂杜氏曾『注莊子惠施篇』之語，學者或認爲莊子逸篇十九篇中有惠施篇。而司馬遷又列舉了今本莊子所無的畏累虛、亢桑子兩個篇目，則我們就可據以推知，在被郭象刪去的十九個篇目中，其中便有閼弈、意修、危言、游鳧、子胥、惠施、畏累虛、亢桑子等八個篇目，從而使人們對古本莊子的篇目有了進一步瞭解。

總之，司馬遷爲莊子所作的傳記，雖然篇幅比較簡短，裏面卻包含著不少獨到見解，史料價值也相當高，因而大爲後世治莊者所重視。

第七章　班固的莊子學

班固（32—92），字孟堅，班彪之子，扶風安陵（今陝西咸陽東北）人。自幼聰慧，九歲能屬文，誦詩書。及長，遂博覽群籍，於九流百家，無所不究。所學無常師，不爲章句，舉大義而已。性寬和容衆，不以才能高人，諸儒以此慕之。光武帝建武三十年（54），其父班彪卒，自太學反故里。居憂時，在其父史記後傳基礎上撰寫漢書，被人告發私改國史，下獄。弟超上書力辯，得釋。後召爲蘭臺令史，典校秘書。明帝永平中，奉詔續寫漢書，潛精積思二十餘年，至章帝建初中乃成。

漢書爲中國第一部紀傳體斷代史。全書凡一百篇，包括紀十二篇、表八篇、志十篇、傳七十篇，敍事始於漢高祖六年，止於王莽地皇四年，共記載了此間二百三十年歷史。除此書外，班固還著有幽通賦、兩都賦、答賓戲等。

第一節　借助莊子以抒發個體的情感

自漢武帝採取董仲舒『罷黜百家，獨尊儒術』建議以後，道家學說很快就失去了原先的優勢，但並不意味著已走向終結。事實上，儘管武帝一意推行儒術，但他又『建臧（藏）書之策，置寫書之官，下及諸子傳說，皆充秘

府』(漢書藝文志)①，使道家在內的諸子百家仍有一定的生存空間。而進入東漢以來，經學逐步墮落成粗糙庸俗的神學，卻給儒學本身帶來了傷害，這就使作爲其對立面的道家思想有所抬頭，因而出現了像任隗、鄭均、蔡勳、樊融、樊瑞、楊厚、翟酺、淳于恭、樊曄、向長、矯慎等一批著名的黄老學者，對老莊清靜少欲的思想甚是推崇。在這樣的社會背景之下，班固想要做一個純粹的儒者也就不可能了。

據後漢書本傳載，班固『博貫載籍，九流百家之言，無不窮究』。他的這種治學格局，在很大程度上也是受家學深刻影響的結果。班氏家族，自入漢以後逐漸成了儒學世家，但也不無老莊思想的暗流，只要一有機會就有可能乘機湧出。如班固之父班彪，一生堅守儒家，復又專心史籍，『唯聖人之道然後盡心焉』(漢書敘傳)，但他在避難涼州途中所作的北征賦卻說：

> 夫子固窮，游藝文兮。樂以忘憂，惟聖賢兮。達人從事，有儀則兮。行止屈申，與時息兮。君子履信，無不居兮。雖之蠻貊，何憂懼兮？

作者面對悲慘亂離的現實，仍以儒家的道德操守自勉，但也不時逸出道家隨遇而安的處世思想。班彪在同樣背景下所作的王命論，也充斥著窮達由命的老莊思想。又藝文類聚卷五八載其悼離騷殘句：『夫華植之有零茂，故陰陽之度也。聖哲之有窮達，亦命之故也。惟達人進止得時，得以遂伸，否則詘而坼蠖，體龍蛇以幽潛。』從中不難看出其頗有老莊窮通有命、進止隨時的思想情調。藝文類聚卷八載其覽海賦，每用道家的語境和意象，爲世人描繪了一幅仙家妙境。藝文類聚卷二十八載其遊居賦，同樣是儒、道並容，頗有魏晉遊仙詩的意境。由此可見，班彪雖以儒學爲立身之本，但在個體精神和行爲方面，尤其當遭受困頓或不幸的時候，就會主動選擇老莊思想作爲紓解精神壓力的一劑良藥。即使班氏家族中的女流，大致也秉持著這種精神。如班彪的姑母班

① 本章凡引漢書文字，皆據中華書局1962 年版。

婕妤，少有才學，善詩賦，成帝時入宮，後立爲婕妤，始終恪守儒家禮義，有見識與德操，深得皇上寵愛，但因趙飛燕之入宮，便遭到了疏遠，於是作自悼賦，結尾云：

惟人生兮一世，忽一過兮若浮。己獨享兮高明，處生民兮極休。勉虞精兮極樂，與福祿兮無期。緑衣兮白華，自古兮有之。

朱熹謂其『情雖出於幽怨，而能引分以自安，援古以自慰，和平中正，終不過於慘傷。』（楚詞後語卷二）説明作者怨而不怒，在堅守儒家規範的同時，也試圖借道家的思想以自安自慰，從而來排遣一腔苦悶之情。又班彪之女班昭作東征賦云：

亂曰：君子之思，必成文兮。盍各言志，慕古人兮。先君行止，則有作兮。雖其不敏，敢不法兮。貴賤貧富，不可求兮。正身履道，以俟時兮。修短之運，愚智同兮。靖恭委命，唯吉凶兮。敬慎無怠，思嗛約兮。清靜少欲，師公綽兮。

東征賦是班昭於安帝永初七年（113）創作的。這一年，她隨兒子曹成去陳留，此賦抒寫的就是她沿途的所見所感，既寫了離開京城時的悲傷，又寫了長途跋涉的勞苦，並緬懷先賢，體察民難，最後要求人們潔身自好、堅持正道，所反映的主要是儒家的思想情操，但其亂辭所謂『修短之運，愚智同兮』、『靖恭委命，唯吉凶兮』、『清靜少欲，師公綽兮』等等，卻基本上是老莊的生命情調。由此可知，班氏家族數代人所積澱起來的家族人文精神，就是以儒家的道德操守爲主體，同時也不排斥其他各家學説，尤其在遭遇人生災患困境之時，更是主動選擇老莊道家思想作爲一劑良藥，以排遣、醫治内心的鬱悶或創傷。班固生長在這樣一種家族文化氛圍中，他在崇儒的同時，也適當選擇老莊思想作爲一種精神的補充，也就可想而知了。

漢書敘傳載，『叔皮（班彪）幼與從兄嗣共遊學，家有賜書，内足於財，好古之士自遠方至，父党揚子雲以下莫不造門。嗣雖修儒學，然貴老、嚴（莊）之術。桓生（譚）欲借其書』，但班嗣不肯借給桓譚，還向他寫信諷刺

說：『若夫嚴（莊）子者，絶聖棄智，修生保真，清虚澹泊，歸之自然，獨師友造化，而不爲世俗所役者也。漁釣於一壑，則萬物不奸其志；棲遲於一丘，則天下不易其樂。不絓聖人之罔，不嗅驕君之餌，蕩然肆志，談者不得而名焉，故可貴也。今吾子已貫仁誼之羈絆，繫名聲之韁鎖，伏周、孔之軌躅，馳顔、閔之極摯，既繫攣於世教矣，何用大道爲自眩曜？昔有學步於邯鄲者，曾未得其仿佛，又復失其故步，遂匍匐而歸耳！恐似此類，故不進。』桓譚是當時有名的學者，也是班氏家族的好友，而據桓譚新論遺文，桓氏對莊子是有些研究的，並曾説過『莊周寓言，乃云堯問孔子，……皆爲妄作，故世人多云短書不可用。然論天間莫明於聖人，莊周等雖虚誕，故當采其善，何云盡棄耶』①一番話，認爲莊子所撰寓言雖多『虚誕』，卻不可『盡棄』，必須『采其善』而用之，但班嗣還是不買桓譚的賬，以爲他拘於『世教』，不配接觸獨師造化的莊子學説。班氏家族既然藏有莊子一書，而班彪自幼與班嗣一起讀書，一同接待四方來訪的學者朋友，則班固青年時一定有機會閲讀此書，給他研習莊子學説提供了極爲有利的條件。而且從班固在敍述完班嗣這一行爲後説『嗣之行己持論如此』來看，他起碼在情感上是可以接受班嗣的做法，認爲莊子的思想本來就超塵脱俗，非一般人所能體悟。漢書敍傳謂『固弱冠而孤，作幽通之賦』，我們正可以清楚看到，班固在幽通賦中對莊子典實的大量化用顯得那麽嫻熟自如，這就完全證明了他在年輕時已把莊子研習得相當精熟，而且對莊子思想有一定的親近感。

光武帝建武三十年（54），班彪卒於望都任上。班固時年二十二歲，遂放棄太學之學業，扶父柩回故里安葬。幽通賦正是班固在這時有感於家庭突遭變故而作，裏面充滿了作者對其家族盛衰的感慨，以及對窮達、壽夭、禍福、生死、幽明等人生問題的諸般困惑，因而與老莊思想發生了諸多情感聯繫。作者非常看重此賦，後來把它全文收入漢書敍傳，昭明文選又據以收録之。此賦正文從班氏家族的起源、興盛、衰落寫起，進而描寫作者

① 太平御覽卷六〇二引桓譚新論。

在夢境中與神靈相遇，引出其對人生無常、世事難斷的困惑：『惟天地之無窮兮，鮮生民之晦在。紛屯亶與蹇連兮，何艱多而智寡。上聖迕而後拔兮，雖群黎之所御。昔衛叔之御昆兮，昆爲寇而喪予。管彎弧欲斃仇兮，仇作後而成己。變化故而相詭兮，孰云預其終始！雍造怨而先賞兮，丁繇惠而被戮。栗取吊於逌吉兮，王膺慶於所戚。叛回穴其若茲兮，北叟頗識其倚伏。單治裏而外凋兮，張修襮而內逼。』由於感慨天地無窮而人命有盡，世事多艱而人智寡淺，而對諸般困惑又深感無奈，於是作者便對儒學傳統價值觀產生了懷疑：『聿中龢爲庶幾兮，顏與冉又不得。溺招路以從己兮，謂孔氏猶未可。安慆慆而不萉兮，卒隕身乎世禍。遊聖門而靡救兮，雖覆醢其何補？』既然孔子之道『猶未可』，且受其教者，顏回早夭，冉耕惡疾，子路葅醢，皆所不免，不如傾向老莊，以求解脫：『道混成而自然兮，術同原而分流。神先心以定命兮，命隨行以消息。』還是順應自然，隨遇而安，與大道一同推移吧。

確實如此，這時班固在情感上對道家哲學頗有依賴，因而他在撰寫幽通賦的過程中，頻頻刺取莊子思想以佐其抒發情懷。如：『終保己而貽則兮，里上仁之所廬。』文選李善注：『莊子曰：「聖人其於人也，樂物之通而保己焉。」』漢書顏師古注：『言其父遭時濁亂，以道自安，終遺盛法，而處仁者所居也。』又：『懿前烈之純淑兮，窮與達其必濟。』李善注：『呂氏春秋曰：「古之得道者，窮亦樂，達亦樂，非窮達異也，道得於此，窮達一也。」』其實，李注所引呂氏春秋之語當因襲於莊子讓王：『古之得道者，窮亦樂，通亦樂，所樂非窮通也，道德於此，則窮通爲寒暑風雨之序矣。』又：『惟天地之無窮兮，鮮生民之晦在。』李善注：『莊子曰：「天與地無窮，人死有時晦。」』李注所引當因襲於莊子盜跖：『天與地無窮，人死者有時，操有時之具而托於無窮之間，忽然無異騏驥之馳過隙也。』又：『單治裏而外凋兮，張修襮而內逼。』李善注：『莊子曰：「田開謂周成公曰：魯有單豹者，巖居而水飲，行年七十而猶嬰兒之色，不幸遇餓虎殺而食之。有張毅者，高門懸薄，無不趣義也，行年七十而有內熱之病以死。豹養其內而虎食其外，毅養其外病攻其內。」』見今本莊子達生。又：『恐

魍魎之責景兮，羌未得其云已。』李善注：『言罔兩責景之無操，不知景之行止而有待，或非三子（指顔回、冉耕、子路）之行，殊不知吉凶之由命也。……莊子曰：「罔兩問景曰：曩子行，今子止，曩子坐，今子起，何其無持操與？景曰：吾有待而然者也。」』李氏所引莊子之文，見今本莊子齊物論及寓言篇。又：『宣曹興敗於卜夢兮，魯衛名謚於銘謠。』李善注：『莊子曰：「衛靈公卜葬沙丘而吉，掘之數仞，得石槨焉，有銘曰：不馮其子，靈公奪而埋之。靈之爲靈久矣夫！」』李氏所引，見於今本莊子則陽，謂一切出於天然預定，人之所爲只是枉費精力。這些例子可以説明，班固所援引的莊子思想資料儘管是一些不太連貫的片斷，但其依賴莊子的情感指向卻趨於一致，就是想借此以紓解其對宇宙、歷史、人生諸多問題的困惑。在此基礎上，班固對莊子的情感依賴作了一次較爲集中的表達。他説：

> 道混成而自然兮，術同原而分流。神先心以定命兮，命隨行以消息。……周賈蕩而貢憤兮，齊死生與禍福。抗爽言以矯情兮，信畏犧而忌鵬。所貴聖人至論兮，順天性而斷誼。……貞觀而夕化兮，猶喧己而遺形。若胤彭而偕老兮，訴來哲而通情。

總之，在班固看來，大道混成而自然，萬物異相而歸一源，因此悟道者安命，隨化而任運，所貴者爲道家聖人之至論，因順天然本性而斷義之可否，若朝悟正道而夕化，『形已尚可遺忘，況外物者哉！』（顔師古注）故曰：『有繼續彭祖之志，升躡老聃之跡者，則可與言至道而通情也。』（同上）但班固畢竟以恪守儒學爲職志，故其情感氾濫至此，仍不忘對老莊有所防閑。他説：『周賈蕩而貢憤兮，齊死生與禍福。抗爽言以矯情兮，信畏犧而忌鵬。』案莊子列禦寇云：『或聘於莊子，莊子應其使曰：「子見夫犧牛乎？衣以文繡，食以芻叔，及其牽而入於太廟，雖欲爲孤犢，其可得乎？」』又賈誼貶居長沙時曾撰鵬鳥賦，借老莊哲學思想以自傷悼：『萬物變化兮，固無休息。斡流而遷兮，或推而還。形氣轉續兮，化變而嬗。沕穆無窮兮，胡可勝言！禍兮福所倚，福兮禍所伏。憂喜聚門兮，吉凶同域。……且夫天地爲爐兮，造化爲工；陰陽爲炭兮，萬物爲銅。合散消息兮，安有

常則；千變萬化兮，未始有極。忽然爲人兮，何足控摶；化爲異物兮，又何足患！……至人遺物兮，獨與道俱。衆人或或兮，好惡積意；真人恬漠兮，獨與道息。釋知遺形兮，超然自喪；寥廓忽荒兮，與道翱翔。』在班固看來，莊子、賈誼以『畏犧』和『忌鵩』爲『抗爽言以矯情』，實屬『蕩而貢憤』，正所謂『莊周、賈誼有好智之才，而不以聖人爲法，潰亂於善惡，遂爲放蕩之辭』（李善注），即謂其『放蕩惑亂死生禍福之正』（漢書孟康注）。說明班固推崇的是道家的『順天性而斷誼』，而不是其矯情之論，即『齊死生與禍福』的思想。當然，這裏也應該表達了青年班固不畏挫折、不甘沉淪，希望在事業上將有所成就的思想感情。

繼幽通賦之後，班固到中年時寫過答賓戲。後漢書班固傳云：『固自以二世才術，位不過郎，感東方朔、揚雄自論，以不遭蘇、張、范、蔡之時，作賓戲以自通焉。』漢書敘傳則謂：『永平中爲郎，典校秘書，專篤志於博學，以著述爲業。或譏以無功，又感東方朔、揚雄自喻，以不遭蘇、張、范、蔡之時，曾不折之以正道，明君子之所守，故聊復應焉。』兩種說法雖互有出入，但都表明班固此時確實需要借助於老莊思想，以緩解其內心的抑鬱和苦悶。如答賓戲有語云：『且吾聞之：一陰一陽，天地之方。乃文乃質，王道之綱。有同有異，聖哲之常。故曰：慎修所志，守爾天符，委命供已，味道之腴，神之聽之，神其舍諸！賓又不聞和氏之璧韞於荊石，隨侯之珠藏於蚌蛤乎？歷世莫視，不知其將含景曜，吐英精，曠千載而流光也。』此處除了堅守儒學職志外，也不無老莊順乎自然、韜光養晦、與世無爭的處世態度，但與早年的幽通賦相比，這種道家情趣已有明顯淡化，說明此時作者置身蘭臺，主宰他情感的主要還是儒家思想。

第二節　以學術眼光看待莊子及其著作

班固在撰寫漢書過程中，對老莊思想也每有所接受。如他在酷吏傳中說：『老氏稱：「上德不德，是以

有德。下德不失德，是以無德。法令滋章，盜賊多有。」信哉是言也！法令者，治之具，而非制治清濁之源也。昔天下之罔嘗密矣，然奸軌愈起，其極也，上下相遁，至於不振。當是之時，吏治若救火揚沸，非武健嚴酷，惡能勝其任而偷快乎？故曰：「聽訟吾猶人也，必也使無訟乎？」「下士聞道大笑之。」非虛言也。』這段話雖然引自史記酷吏列傳，僅個別文字有出入，但至少也可以表明，班固對老莊清靜無爲思想是認可的。因此在昭帝紀、刑法志等文中，他對武帝的好大喜功、窮兵黷武往往有所批評，與司馬遷的態度基本上是一致的。

與此相反，班固對於漢初以清靜無爲理念治理國家者，卻給予了高度讚美。如他在高后紀中說：『孝惠、高后之時，海內得離戰國之苦，君臣俱欲無爲，故惠帝拱己，高后女主制政，不出房闥，而天下晏然，刑罰罕用，民務稼穡，衣食滋殖。』在景帝紀中亦說：『漢興，掃除煩苛，與民休息。至於孝文，加之以恭儉，孝景遵業，五六十載之間，至於移風易俗，黎民醇厚。周云成康，漢言文景，美矣！』在這些讚美的言辭中，無不透露了作者對於漢初實行黃老政治的嚮往之情。而通覽漢書全書，班固最著力描述的黃老學者是楊王孫。他說：

楊王孫者，孝武時人也。學黃老之術，家業千金，厚自奉養生，亡所不致。及病且終，先令其子，曰：『吾欲裸葬，以反吾真，必亡易吾意。死則爲布囊盛尸，入地七尺，既下，從足引脫其囊，以身親土。』其子欲默而不從，重廢父命，欲從之，心又不忍，乃往見王孫友人祁侯。祁侯與王孫書……。王孫報曰：『……且夫死者，終生之化，而物之歸者也。歸者得至，化者得變，是物各反其真也。反真冥冥，亡形亡聲，乃合道情。夫飾外以華眾，厚葬以鬲真，使歸者不得至，化者不得變，是使物各失其所也。且吾聞之，精神者天之有也，形骸者地之有也。精神離形，各歸其真，故謂之鬼，鬼之爲言歸也。其尸塊然獨處，豈有知哉？裹以幣帛，鬲以棺槨，支體絡束，口含玉石，欲化不得，鬱爲枯臘，千載之後，棺槨朽腐，乃得歸土，就其真宅。由是言之，焉用久客！……今費財厚葬，留歸鬲至，死者不知，生者不得，是謂重惑。於戲！吾不爲也。』祁侯曰：『善。』遂裸葬。（楊胡朱梅雲傳）

楊王孫這種驚世駭俗的主張和行爲，固然也是爲了力矯當時的靡財厚葬之風，但其思想淵源，主要是接受了老莊的返朴歸真思想，而對他最有啟發的則是莊子列禦寇中之寓言：『莊子將死，弟子欲厚葬之。莊子曰：「吾以天地爲棺槨，以日月爲連璧，星辰爲珠璣，萬物爲齎送。吾葬具豈不備邪？何以加此？」弟子曰：「吾恐烏鳶之食夫子也。」莊子曰：「在上爲烏鳶食，在下爲螻蟻食，奪彼與此，何其偏也！」』班固本爲儒者，應該深通儒家的喪葬之禮，卻將一個沒有官位的富人楊王孫寫入漢書，並在讚語中說：『觀楊王孫之志，賢於秦始皇遠矣！』可見作者對莊子的喪葬觀表示理解，在特定的社會風氣下還對其追隨者予以了讚賞。

當然，班固與司馬遷畢竟不一樣，他平生所接受的主要還是儒家正統思想，因而他用以衡量事物的標準也往往就是孔子之道。如他作漢書古今人表，把古今的人物分爲九等，『蓋班氏自述所表先聖後仁及智愚之次，皆依於孔子者也。』（顔師古注）在班固看來，『老子玄默，仲尼所師，雖不在聖，要爲大賢』（張晏注），故列於第一等。至於莊子，以其『蕩而貢憤』（幽通賦）、『不以聖人爲法』，而『潰亂於善惡』（見李善注），因而只得列入第六等。

不僅如此，班固還從理論上論述了老、莊的這些差別。他在藝文志中說：『道家者流，蓋出於史官，歷記成敗存亡禍福古今之道，然後知秉要執本，清虛以自守，卑弱以自持，此君人南面之術也。合於堯之克攘，易之嗛嗛，一謙而四益。此其所長也。及放者爲之，則欲絕去禮學，兼棄仁義，曰獨任清虛可以爲治。』很顯然，這裏所謂的『此其所長也』，就是對可稱爲『君人南面之術』的老子學說的高度讚揚，而所謂『放者』云云，則是對『欲絕去禮學』、『兼棄仁義』的道家後繼者莊子的嚴厲批評。而且，班固還寫了難莊論，用來進一步非難莊子。可惜這篇專論久已散佚，我們僅僅能夠看到北堂書鈔卷一百五十八、藝文類聚卷九十七所引的兩個片斷，而無法詳知其非難莊子的具體情形。

漢書藝文志雖係班固刪削劉歆七略而成，但既然經過他的整理而收入漢書，則無疑也代表了他自己的學術觀點。因此，從班固在藝文志中對莊子的批評來看，他主要認爲莊子否定儒家仁義禮樂的思想是絕對不可取

的，這與稍長於他的儒家學者揚雄在法言中所表達的思想觀點相當一致，對宋理學家的莊子觀有一定影響。此外還應該注意到，班固的藝文志與莊子天下有直接或間接的淵源關係。這首先反映在其對先秦諸子各派源頭的追溯，以及對各派進行分類和評述上。眾所周知，莊子在天下篇中對先秦各種『方術』（學術）的淵源和流變過程都從整體上進行了追溯和回顧，並對各派學說的自身價值進行了比較客觀公正的評論，如對墨翟、禽滑釐一派的評論，既肯定他們『不侈於後世，不靡於萬物，不暉於數度』的崇儉思想，和『以繩墨自矯，而備世之急』的積極救世精神，同時又批評他們非樂、節用，『以自苦爲極』，尤其在組織上派別林立，各以鉅子相尊的錯誤。所有這些，都對後世產生了積極影響。如司馬談論六家要指把諸子明確地分爲陰陽、儒、墨、名、法、道德等六家，班固藝文志在此基礎上又增添縱橫、農、雜、小說四家而湊成十家，並且把十家的歷史起源都分別歸到一『官』之下，這無疑是對天下篇試行學派分類，並追溯各派的歷史起源到古代的某一『道術』這一敘述方式的繼承與發展。而論六家要指、藝文志在評述各家時，都既談其優點，又談其缺點，這應當視爲對天下篇那種獨特批判精神的發揚光大。

應當進一步指出，班固在藝文志中所謂『道家者流，蓋出於史官，歷記成敗存亡禍福古今之道』云云，固然可能是直接由史記老子韓非列傳『老子者，……周守藏室之史也』說法推衍而出，但其遠源則當出自莊子天道：『孔子西藏書於周室，子路謀曰：「由聞周之徵藏史有老聃者，免而歸居，夫子欲藏書，則試往因焉。」』在班固看來，既然老聃爲『周之徵藏史』、『周守藏室之史』，那麼由他創立的道家學派，也就可說是『出於史官，歷記成敗存亡禍福古今之道，然後知秉要執本，清虛以自守，卑弱以自持，此君人南面之術也』。其次，班固藝文志對諸子的歸屬也與天下篇有一定淵源關係。如天下篇將田駢、慎到、關尹、老聃、莊周等歸爲相近的學派，幾近後人所說的道家。班固藝文志把田駢、關尹、老聃、莊周皆列入道家，承因了天下篇的觀點，但將慎到歸入法家，不以天下篇的觀點爲準繩。以發展的眼光看，慎到後來的學術確實轉向了法家，成了著名法家人物申不害、

韓非的先驅，說明班氏對天下篇的觀點有所取舍是很有見地的。

甚至，班固還可能寫過莊子章句之類的專著。陸德明經典釋文莊子音義載：

崔（譔）云：『齊物七章，此（指齊物論中的『夫道未始有封』一章）連上章，而班固說在外篇。』

晉書郭象傳稱『先是注莊子者數十家』。及至隋唐陸德明作莊子音義時，又增加了數十家。據陸氏經典釋文序錄說，他當時所能見到的本子，『注者以意去取，其內篇衆家並同，自餘或有外而無雜。』但班固對內、外篇的劃分卻與衆家不同，把齊物論篇中的『夫道未始有封』一章劃到了外篇之中，說明他在莊子篇章的研究方面有著自己的獨特見解，故陸德明在莊子音義中通過引述崔譔注語以展示之。另外，陸氏在莊子音義中還出示了有關班固考訂莊子字句的資料。如於齊物論篇『何謂和之以天倪』句的『天倪』一詞下云：

崔云：『或作「霓」，音同，際也。班固曰：「天研。」』

清錢大昕說：『史記貨殖傳：「乃用范蠡、計然。」徐廣曰：「計然名研。」索隱云：「吳越春秋謂之『計倪』。」倪之與研是一人，聲相近而相亂耳。」按莊子「和之以天倪」，班固作「天研」，是「倪」與「研」通。』（聲類卷三）說明班固對莊子文字的考訂是有根有據的，故近人朱桂曜謂『當從班說作「研」』（莊子內篇證補）。莊子音義又於齊物論『木處則惴慄恂懼』句的『恂』字下云：

崔云：『戰也，班固作「眴也」』。

莊子德充符有語云：『少焉眴若，皆棄之而走。』司馬彪注：『眴，驚貌。』（莊子音義引）說明班固作『眴』，也是可從莊子本身找到訓詁依據的。正因爲班固對莊子的研究，從篇章的劃分到字句的考訂，都有著自己的獨特見解，故後人也就相當看重他所整理的莊子本子。如莊子音義於齊物論篇『大塊噫氣』句的『大塊』一詞下云：『司馬云：大樸之貌。衆家或作「大槐」，班固同。』司馬彪是魏晉時研究莊子的大家，他注釋莊子時，於各家中特別強調班固，這就很能說明他對班固本子的重視程度。

第三編

魏晉南北朝莊子學

第一章　魏晉南北朝莊子學概説

第一節　魏晉南北朝莊子學興盛的歷史背景

東漢末年，由於統治階級的腐朽專横，外戚宦官的爭權奪利，以及土地兼併的日益激烈，水旱災害的頻繁發生，廣大勞動人民相繼陷入饑餓流亡的絶境，終於爆發了規模浩大的黄巾農民大起義。這種動蕩不安的社會現實，一方面給士人們帶來了精神上的巨大困惑和痛苦，另一方面也爲他們追求思想解放提供了較爲自由的環境。如據後漢書仲長統傳載，仲長統面對著這種社會現實，曾作明志詩云：『叛散五經，滅棄風、雅。百家雜碎，請用從火。抗志山西，游心海左。元氣爲舟，微風爲柂。敖翔太清，縱意容冶。』又作文自表志趣云：『躕躇畦苑，遊戲平林，濯清水，追涼風，釣游鯉，弋高鴻。諷於舞雩之下，詠歸高堂之上。安神閨房，思老氏之玄虛；呼吸精和，求至人之仿佛。與達者數子，論道講書，俯仰二儀，錯綜人物。彈南風之雅操，發清商之妙曲。消搖一世之上，睥睨天地之間。不受當時之責，永保性命之期。如是，則可以陵霄漢，出宇宙之外矣。』説明經受了社會動亂的漢末士人，對傳統的經學已經感到十分厭倦，對老莊思想卻表現出了濃厚的興趣。這種思想情趣，實際上已經超越漢世而成了魏晉風度的先聲。

依靠鎮壓黃巾起義而發跡的曹操，在政治上大力推行法治政策，這就進一步加速了儒學的崩潰。接著，『魏文慕通達，而天下賤守節』①，更使道家思想獲得了廣爲流播的機緣。魏文帝曹丕死後，其子曹叡繼承了帝位，是爲明帝。據三國志魏志明帝紀及裴注所引魏略載，明帝宮人極多，後宮所費幾與軍費相等。他還大修洛陽、許昌宮殿，征役急迫，百姓往往失其農時。在這個時期，滿朝官吏也都一改曹魏政權原來的儉朴作風，競相效仿侈靡。曹叡死後，八歲的曹芳繼承帝位，宗室曹爽把持了朝政大權，而『爽德薄位尊，沉溺盈溢，此固大易所著，道家所忌也。』（三國志魏志曹爽傳）隨著曹魏政權的日趨腐朽衰落，與它明爭暗鬥的司馬氏集團的勢力就不斷強大起來。面對這一嚴峻的現實，曹魏集團中的一批本來就深受漢末魏初清談之風熏染的思想家，便紛紛倡導以道家清靜無爲之治來革除當時政治中的一些弊病，從而有力地推動了正始玄風的形成。如曹魏集團中的重要人物夏侯玄，首先提出了『天地以自然運，聖人以自然用』（列子仲尼張湛注引）的論題，目的就是要倡導清儉朴素的政治。所以他說：『夫上之化下，猶風之靡草。朴素之教興於本朝，則彌侈之心自消於下矣。』（三國志魏志夏侯玄傳）何晏是正始時期曹魏集團中的又一位重要人物，他以道家思想來詮解孔子學說，實際上一方面是要求以道家哲學來論證儒家名教，另一方面是要求倡導道家的無爲政治，從而達到其維護曹魏政權的目的。何晏有擬古詩云：『雙鶴比翼遊，群飛戲太清。常恐失網羅，憂禍一旦并。豈若集五湖，順流唼浮萍。逍遙放志意，何爲怵惕驚。』說明他的逍遙放志，希冀到道家哲學中去獲得個體的精神解脫，這種思想的產生又是與他在日趨激烈的政治鬥爭中『憂禍一旦并』分不開的。

經過夏侯玄、何晏等一大批名士的積極倡導，一種以老莊思想糅合儒家經義的哲學新思潮即玄學終於形成了。在此基礎上，少年王弼又以其高超的才識，獨標玄解，把正始玄學推向了最高階段。也就是說，王弼通過對

---

① 傅玄舉清遠疏，見晉書傅玄傳。

有與無、動與靜、言與意、性與情等關係的抽象論證，建立起了一套完整的玄學理論。他的這套玄學理論，最後又被他自己精煉成了『名教出於自然』的重要命題，這就比夏侯玄、何晏的理論更加適合已經衰弱了的曹魏統治集團的政治需要。

正始十年，司馬懿乘曹芳、曹爽祭掃高平陵之機，發動政變，殺曹爽、何晏等，朝廷大權落入了司馬氏集團的手中。司馬氏集團還利用儒家的禮教，大肆宣揚虛僞的忠孝之道，並以維護禮法名教爲名，濫殺異己，圖謀篡代，從而造成了『魏晉之際天下多故，名士少有全者』（晉書阮籍傳）的恐怖局面。面對這一政治現實，在思想感情上傾向於曹魏政權的阮籍、嵇康等竹林名士，便提出了『越名教而任自然』的主張，用來堅決反對司馬氏集團所宣揚的虛僞『名教』。總的看來，阮籍、嵇康等竹林名士所倡導的玄學，主要是對莊子學說的發展。即，一是發展莊子因順自然的思想，用以徹底否定司馬氏集團所宣揚的虛僞『名教』；二是發展了莊子遁世逍遙的思想，以便使自己能夠在精神上得到一定的安慰。正由於阮籍、嵇康等竹林名士的這一番努力，原來以老子學說爲主體的玄學至此才得以向莊子學過渡。但具體說來，竹林名士們的思想也不是完全一致的。如向秀雖爲竹林七賢之一，且尤與嵇康友善，但他的思想卻不像嵇康那樣激進。因此，當司馬氏集團進一步加緊翦除異己時，向秀終於改變原來閒居自傲的態度而入京做了司馬氏的官，說明到了這時，他思想中『名教』與『自然』的矛盾已基本上得到調和。所以，後來的謝靈運在辨宗論中就有『向子期以儒道爲壹』之說。

司馬氏建立西晉王朝後，政治上出現了短暫的、相對穩定的局面，原有的那種反抗司馬氏集團的勢力也隨之受到了很大程度上的遏制。在這種情況下，整個玄學便全面地由對儒學的激烈批判轉向了與儒學的合一。其中一個最爲典型的例子，就是原來不願做官的郭象後來終於參與西晉王朝的政事，成爲司馬氏政權中的一位顯赫人物。在理論上，他還通過注釋莊子，把向秀的『以儒道爲壹』觀點進一步發展爲他的『名教即自然』論，從而向世人昭示了這樣一個真理：他的任職當權與心遊逍遙之境，這二者是完全可以並行而不悖的。至此，

『名教』和『自然』的矛盾在郭象的莊子注中得到完全統一，魏晉玄學理論也就被推到最高峰。

西晉王朝經過二十餘年的相對穩定之後，由於皇族内部激烈的奪權鬥爭，終於導致了八王之亂，整個社會長期處於混亂無序之中。於是，西、北各少數民族貴族乘機起兵，進駐中原，晉室只得南渡，以苟延殘喘於東南一隅。正是在經歷了這一系列的大動亂之後，統治階級以及社會上的一大批名士，對人生發出更多感慨，因而玄學清談之風便再一次盛行起來。而長期的戰亂動蕩，人民的流離失所，又使教人忍耐的佛教得以在北方迅速傳播開來。東晉的各代皇帝，因有見於佛教具有麻醉人心的作用，也都大加提倡。在這種背景下，玄學清談之風就很快與佛學合流了。因此，東晉時期的莊子學，實際上已成爲一種嚴重玄佛化了的莊子學。當然，東晉時期也是道教迅速發展的時期，而道教理論又往往是通過改造、發展老莊思想而成的，所以這一時期的莊子學除了受到玄學、佛學的明顯影響外，還跟道教思想發生了一定的關係。

東晉既亡，南方又先後經歷了宋、齊、梁、陳四個朝代，總稱南朝。這一時期，社會危機四伏，王朝更替頻繁，因而士族統治集團深深感到在玄學之外還更需要有佛教這一能夠『柔化人心』的精神武器。宋文帝劉義隆說：『佛法汪汪，尤爲名理，並足開獎人意。若使率土之賓（濱），皆純此化，則吾坐致太平，夫復何事？』（弘明集卷十一）梁武帝蕭衍更進一步宣稱：『道有九十六種，唯佛一道，是於正道；其餘九十五種，名爲邪道，朕舍邪外，以事正内諸佛如來！』（廣弘明集卷四）他還正式宣佈佛教爲國教，並親自登壇講演佛理和老、莊。在這種政治氣氛中，莊子學便與佛學結合得更爲緊密，而玄學對莊子學的影響卻不再像原來那麼明顯了。

第二節　魏晉南北朝莊子學的發展過程

魏齊王正始年間，玄談風氣漸開，而『何晏爲吏部尚書，有位望，時談客盈坐』（世說新語文學）。如『才理清

明，能釋玄虛」的冀州刺史裴徽，嘗『數與平叔（何晏）共說老、莊及易』；『清和有思理』的平原太守劉邠，曾『數與何平叔論易及老、莊之道』①。正由於『晏能清言，而當時權勢，天下談士，多宗尚之』②，『於是聃、周當路，與尼父爭塗矣。』（文心雕龍論說）但從現有的文獻資料來看，此時何晏等人所發揮的主要還是老子的哲學思想。

在正始玄談中，何晏雖然取得了領袖地位，然而後起之秀王弼的理論水準卻大大地超過了他。而且，在『祖述老莊』方面，王弼比何晏更加重視對莊子哲學思想的闡發，從而使玄學跟莊子學說發生了更爲密切的關係。

及至魏晉之際『竹林七賢』的出現，玄學對儒學虛僞性的批判和對個體人格自由的追求便大爲增強。甚至可以說，這時的玄學實質上就是在獨特歷史條件下發展起來的特殊莊子學。如阮籍，『本有濟世志，屬魏晉之際，天下多故，名士少有全者，籍由是不與世事，遂酣飲爲常。』（晉書阮籍傳）這就是說，阮籍因在黑暗的現實中無法實現『濟世志』，於是便由崇尚儒學轉向『好老莊』（同上），而尤『以莊周爲模則』③，希冀像莊子那樣，蔑視禮法，以達到絕對自由的精神境界。在大人先生傳中，他還通過假借『大人先生』，自稱『必超世而絕群，遺俗而獨往，登乎太始之前，覽乎沕漠之初，慮周流於無外，志浩蕩而自舒，飄颻於四運，翻翱翔乎八隅，欲從肆而仿佛，浣漾而靡拘，細行不足以爲毀，聖賢不足以爲譽』。很顯然，阮籍在這裏表現出的邈世超邁的精神，正是通過大

① 見三國志魏志管輅傳裴松之注引管輅別傳。
② 世說新語文學劉孝標注引文章敘錄。
③ 太平御覽卷六百十一引七賢傳。

力弘揚莊子的逍遥遊精神而來的。嵇康『家世儒學』①,本來也像阮籍一樣有著『濟世志』,但由於處在魏晉易代的黑暗時期,政治鬥爭十分尖鋭殘酷,使得他對個人的前途幾乎完全失去希望,於是『長而好老、莊之業』②,希望到他們的哲學中去尋求精神解脱的良方。嵇康還自稱『讀莊、老,重增其放』(與山巨源絶交書),並公然宣稱『每非湯武而薄周孔』(同上),對司馬氏集團所宣揚的虚僞『名教』進行了大膽、激烈的抨擊。他的這種勇猛無畏的批判精神,顯然是對莊子那特有的批判精神的發揚光大。至於像山濤的『介然不群,性好莊、老,每隱身自晦』(晉書山濤傳),劉伶的『放情肆志,常以細宇宙、齊萬物爲心』(晉書劉伶傳),雖然未必都屬於反對虚僞『名教』的思想行爲,卻無一不反映出竹林名士一同追步莊子的精神風貌。

竹林名士不但雅好老、莊,步武莊周,而且還在莊子研究方面取得了豐碩成果。如文選謝靈運永初三年七月十六日之郡初發都詩李善注引有莊子大宗師之文及七賢音義,而據三國志魏志嵇康傳裴松之注所引魏氏春秋,『竹林七賢』指嵇康、阮籍、山濤、劉伶、向秀、阮咸、王戎等七人,則七賢音義當即爲裒輯此七人所作的莊子音義而成。陸德明經典釋文莊子音義逍遥遊引有嵇康對『北冥』一詞的解釋文字,也説明『七賢』之一的嵇氏自當爲莊子作過一些音義。阮籍著有達莊論一文,大抵以自然之旨闡釋莊子,認爲只有莊子才是從天地自然出發來看待整個世界的,即所謂『莊周之云』乃『循自然、推天地者』,而儒學卻只是『分數之教』、『一曲之説』罷了。向秀著有莊子注二十卷,凡二十六篇(一作二十七篇,或二十八篇),以妙演莊子義理爲世人所稱道,甚至竟還有驚呼『莊周不死』③的。

① 三國志魏志王粲傳裴松之注引嵇喜所作嵇康傳。
② 同上。
③ 世説新語文學劉孝標注引向秀别傳。

世說新語文學云：『初，注莊子者數十家，莫能究其旨要。向秀於舊注外爲解義，妙析奇致，大暢玄風。』據此，則在向秀之前問世的注莊著作已有數十種之多，但大多數連書名都不能爲我們所知了。可確知者，似僅有崔譔的莊子注而已。據陸德明的經典釋文序錄及莊子音義可知，崔譔的莊子注十卷，凡二十七篇，大抵是以訓釋字句音義爲其基本特徵的。而向秀則『聊應崔譔所注』①，於『數十家』『舊注外爲解義，妙析奇致，大暢玄風』（世說新語文學），遂使『讀之者超然心悟，莫不自足一時也』（晉書向秀傳）。隨著注莊專著的大量出現，一種旨在薈萃眾家精華的著作也應運而生。如經典釋文序錄載有李頤莊子集解三十卷，凡三十篇，當即屬於此類性質的著作。

從所收錄的篇目來看，崔譔、向秀、李頤等人的本子皆屬於節選本，而司馬彪、孟氏的本子則最接近古本莊子原貌。陸德明經典釋文序錄云：『漢書藝文志「莊子五十二篇」，即司馬彪、孟氏所注是也。』據晉書司馬彪傳載，司馬彪首先是一位歷史學家，所以他的莊子注十分重視對字詞及名物進行扎扎實實的訓釋，而不去作義理上的玄遠之論。關於孟氏，清姚振宗在隋書經籍志考證中疑即爲魏明帝時曾注漢書的孟康，但至今我們還拿不出確鑿的證據來證明他的這一觀點。更爲遺憾的是，陸德明在莊子音義中沒有引述孟氏的注文，因而我們也就無法知道孟注的基本特徵了。

西晉惠帝元康時期的名士郭象，以爲古本莊子『若閼弈、意修之首，危言、游鳧、子胥之篇，凡諸巧雜，十分有三』（經典釋文序錄），乃刪削司馬彪本爲三十三篇本，並對向秀注進行『述而廣之』（晉書向秀傳），從而著成了他的名著莊子注。陸德明說：『唯子玄（郭象）所注，特會莊生之旨，故爲世所貴。徐仙民、李弘範作音，皆依郭本，以郭爲主。』（經典釋文序錄）其實，郭象的莊子注對『莊生之旨』是頗有修正的。但由於郭注所反映出

① 世說新語文學劉孝標注引向秀別傳。

的獨特哲學思想非常適合於當時社會的實際需要，而郭象所裁定的本子又顯得頗爲精純，因而他的莊子注遂爲當世所貴，並成爲一部流傳千年而仍具有很高學術價值的莊學名著。

東晉時期，僧人每以佛理與莊子學説互相發明，故其詮釋莊子，往往能於向秀、郭象之外標揭新理。如世説新語文學云：『莊子逍遥篇，舊是難處，諸名賢所可鑽味，而不能拔理於郭、向之外。支道林（遁）在白馬寺中，將馮太常共語，因及逍遥，支卓然標新理於二家之表，立異義於衆賢之外，皆是諸名賢尋味之所不得。後遂用支理。』據載，向秀、郭象是這樣解釋逍遥遊篇的：『夫大鵬之上九萬，尺鷃之起榆枋，小大雖差，各任其性。苟當其分，逍遥一也。』①而支遁則云：『鵬以營生之路曠，故失適於體外；鷃以在近而笑遠，有矜伐於心内。至人乘天正而高興，遊無窮於放浪，物物而不物於物，則遥然不我得，玄感不爲，不疾而速，則逍然靡不適，此所以爲逍遥也。』②很顯然，向秀、郭象的意思是説，無論是大鵬還是尺鷃，只要各任其性，各當其分，都是一樣逍遥的。而支遁則認爲，大鵬爲了謀生，從北冥飛到南冥，尺鷃因有矜伐之心而以近笑遠，它們都没有達到逍遥的境界。只有至人『物物而不物於物』，在精神上擺脱了一切外物的牽累，此所以爲逍遥遊也。由此不難看出，支遁的解釋顯然比較符合莊子本意。同樣，這一時期的道教理論家也對莊子進行了積極闡釋。如據劉宋陸修静道藏書目著録，葛洪曾著修訂莊子十七卷，應當就是一部以道教理論來修正莊子學説的專著。當然，作爲一般的士人，他們大多是從現實政治的需要，或爲自己尋找精神寄托而來闡釋莊子的。如李充深以爲『老莊是乃明無爲之益，塞爭欲之門』，而『禮律』則『彌繁而僞亦愈廣』，於是乃著『釋莊論上、下二篇』（見晉書李充傳）。而盧諶『才高行潔』，卻『值中原喪亂』，幾度『淪陷非所』，因而乃以『注莊子』來紓解其苦悶之情（見晉書盧諶傳）。

① 世説新語文學劉孝標注引向秀、郭象逍遥義。
② 世説新語文學劉孝標注引支遁逍遥論。

從上述論析可以看出，魏晉時期人們對莊子的闡釋儘管各具特色，但基本上都是持肯定態度的。可是據晉書王坦之傳載，東晉的王坦之卻因有見於『時俗放蕩不敦』，便遠承漢代揚雄批判『莊周放蕩而不法』的精神而作廢莊論，認爲『莊生作而風俗頹：禮與浮雲俱征，僞與利蕩並肆，人以克己爲恥，士以無措爲通，時無履德之譽，俗有蹈義之愆』，所以『莊生之利天下也少，害天下也多』。正與范寧說『王弼、何晏二人之罪深於桀紂』（晉書范寧傳）一樣，王坦之對莊子的這種指責，實際上也代表了當時一些崇儒敦禮之士對玄學的極端不滿態度。

東晉之後，爲莊子作義疏者更衆。即使是身居九五之尊的帝王，也每每躬自講論而爲天下倡。據我們所知，南北朝時期爲莊子作義疏的著作主要有：宋王穆夜莊子義疏三卷，見經典釋文序錄；宋李叔之莊子義疏三卷，見隋書經籍志；齊祖沖之莊子義釋，見南齊書祖沖之傳；齊沈驎士莊子內篇訓注，見南齊書沈驎士傳；齊伏曼容莊子義，見南史伏曼容傳；梁庾曼倩莊子義疏，見梁書庾曼倩傳；梁簡文帝莊子義二十卷、莊子講疏十卷，見梁書簡文帝紀、隋書經籍志；陳周弘正莊子內篇講疏八卷、莊子文句義一卷，見陳書周弘正傳、焦竑莊子翼采摭書目；陳徐陵莊子義，見陳書徐陵傳；陳張譏莊子內篇義十二卷、莊子外篇義二十卷、莊子雜篇義十卷、莊子講疏二卷，見陳書張譏傳、隋書經籍志；北周張羨莊子義，見隋書張煚傳；梁曠南華論二十五卷，見隋書經籍志；無名氏莊子內篇音義一卷，見隋書經籍志；無名氏莊子講疏八卷，見隋書經籍志。

除上述外，魏晉南北朝時期還出現了許多爲莊子注音的著作。據現有資料來看，爲莊子注音的工作在向秀前就已開始。如陸德明經典釋文莊子音義於馬蹄篇『連之以羈馽』下云：『馽，……向云：馬氏音竦。』又於庚桑楚篇『我其杓之人邪』下云：『杓，……向云：馬氏作鉤，音的。』說明在向秀之前，馬氏已曾爲莊子注過音。自此以後，爲莊子注音的著作便接連問世。如經典釋文序錄載有向秀、司馬彪、郭象莊子音各三卷，李頤、李軌莊子音各一卷；隋書經籍志載有徐邈莊子音三卷、莊子集音三卷，無名氏莊子外篇雜音一卷，無名氏南華論音三卷；舊唐書經籍志載有王穆莊子音一卷。這些著作的出現，也都不同程度地推動了魏晉南北朝莊子學

的向前發展。

總之，自正始玄談出現以後，世人遂以老、莊爲尚，進而形成『户詠恬曠之辭，家畫老莊之像』（晉書嵇含傳），『爲學窮於柱下，博物止乎七篇』（宋書謝靈運傳論）的社會風氣。這樣，一大批研究莊子的著作便應運而生。尤其到了東晉以後，連帝王及其臣下也大多嗜好老、莊，甚或達到了如癡似醉的程度。如據陳書張譏傳載，梁簡文帝在東宫時，每有講集必遣使召張譏講老、莊，『及侯景寇逆於圍城之中，（張譏）猶侍哀太子於武德後殿講老、莊』。陳後主在東宫時，也曾令張譏『於溫文殿講莊、老，高宗（陳宣帝）幸宫臨聽』。正由於莊子日益成爲上層社會的必修課，所以南北朝時期比魏晉時期出現了更多的莊子學著作，而從這些成果的形式來看，也比以往任何時期都顯得更爲豐富多采。但大約是因爲這一時期的莊子學著作普遍缺乏思想深度的緣故，所以沒有一部能夠流傳到今天。

第二章　魏晉玄學與莊子的關係

第一節　玄學的產生、發展及其與莊子學的聯結

說文解字云：『玄，幽遠也。』玄學即是玄遠幽深之學。魏晉玄學本之於周易、老子、莊子『三玄』，魏晉名士以此爲基礎大發玄論，務求幽遠。因之，玄學的建構與演變則表現爲：由漢末易學到老、易結合，再到老、莊並舉，再到莊學獨盛，直至玄、佛合流。在此過程中，莊子學與玄學的關係最爲緊密，魏晉玄學能夠精於抽象思辯，立論更加玄遠幽深，都離不開莊子思想的有力支持。莊子學亦在『玄學』這個學術舞臺上獲得了絕佳的傳播和發展良機，展現了它獨特的魅力。

一、玄學的孕育萌芽與莊子學

玄談風尚始於魏齊王曹芳正始年間，『迄至正始，務欲守文；何晏之徒，始盛玄論。』（劉勰文心雕龍論說）然而玄學的源頭並不在此，玄學的形成實際上經歷了一個較長的過程。

玄學的孕育最早可以追溯到東漢。東漢前期，讖緯迷信之說普遍流行，思想界陷入混亂，莫衷一是。王充

以道家的『自然無爲』之説起來反對讖緯迷信，其論衡自然云：『天動不欲以生物，而物自生，此則自然也。施氣不欲爲物，而物自爲，此則無爲也。』這與後來郭象莊子注中『則生生者誰哉？塊然而自生耳』（莊子注齊物論）以及『無則無所能推，有則各自有事。然則無事而推行是者誰乎哉？各自行耳』（莊子注天運）的看法相類似。論衡的出現猶如春風拂面，氣象一新。據太平御覽卷六九九引抱朴子説：『蔡伯喈到江東，得論衡。中國諸儒覺其談論更遠，嫌得異書。』儒家注重討論現世問題，對於宇宙論、本體論等形而上的問題很少涉足，孔子即罕言『性與天道』。可以這樣説，儒者歷來不喜歡談論玄遠虛無之言，但是到了漢末的蔡邕則已『談論更遠』，這説明當時士人的思辨理趣開始發生改變，也透露出他們欲涉及抽象義理的信息。這種轉變有諸多方面的原因。就社會根源看，此時的東漢王朝已經腐朽没落，外戚和宦官專權的政治格局基本上阻斷了漢末士人實現『澄清天下』之志的道路，他們只好通過『清議』的形式對朝政進行指摘評論。然而，兩次黨錮之禍使士人害怕再去談論具體的時政，爲了寄托自己的精神，他們便把目光投向老莊的玄理和名家的辯題。就思想變化看，漢代經學日益繁瑣，缺乏生氣，又陷入讖緯神學的泥潭而不能自拔，這種情況逐漸引起有識之士的質疑和不滿，儒學正褪去大一統時『苞括宇宙，總攬人物』的神聖光環。腐敗的政治也加速了儒學的淪落，儒家經典在不少士人心目中已經不再擁有絕對的話語權，因而老莊哲學世界被重新發現和認識。仲長統就是其中一個典型的代表，他疾呼要『叛散五經，滅棄風、雅』①，聲稱欲『安神閨房，思老氏之玄虛；……呼吸精和，求至人之彷彿。……逍遥一世之上，睥睨天地之間』②。此種精神追求已與魏晉名士的境界相去不遠矣。東漢前期的馮衍亦對老莊表示了肯定，他在顯志賦中説：『游精神於大宅兮，抗玄妙之常操。……嘉孔丘之知命兮，大老聃之貴玄。

① 仲長統見志詩，逯欽立輯校先秦兩漢魏晉南北朝詩漢詩卷七。
② 嚴可均輯校全上古三代秦漢三國六朝文全後漢文卷八十九。

……陂山谷而閑處兮，守寂寞而存神。夫莊周之釣魚兮，辭卿相之顯位；於陵子之灌園兮，似至人之仿佛。』①這些言論僅是他們對老莊哲理的感悟，當然不可與之後的魏晉玄論同語，但畢竟也爲玄學思潮的到來做了前期準備。在玄學孕育、萌動的這個時期，易學與老學受到較多的關注，而莊子學則似乎被冷落，但從上面引用的資料看，莊子的啟發作用也是不可或缺的。

接下來的建安時代是玄學的萌芽期。『建安』爲獻帝的一個年號，建安時代則要延續到曹丕、曹植兄弟離世，共約三十餘年的光景。這個時期政治更加混亂，軍閥割據，弱肉强食，充滿了血腥味。建安士人普遍感到現世社會的艱險與殘酷，感到人生的渺小與無奈，因而時常慷慨悲歌，又時常幻想超越現世社會，到另一個神仙世界中去。建安文人的内心深處痛苦、矛盾，甚至迷茫，於是東漢學者所發現的老莊哲學所闡發的聖人理想人格亦很快成爲一些文士企慕的對象。曹植於此表現得最爲明顯，他在七啟中寫道：

夫太極之初，渾沌未分，萬物紛錯，與道俱隆。蓋有形必朽，有跡必窮，茫茫元氣，誰知其終。名穢我身，位累我躬。竊慕古人之所志，仰老莊之遺風。假靈龜以托喻，寧掉尾於塗中。（嚴可均輯校全上古三代秦漢三國六朝文全三國文卷十六）

這裏，已經涉及了宇宙之初的形態、天地萬物的生成以及形與神等問題，顯露出玄論之端倪。曹植的另一篇文章髑髏説則完全仿效莊子至樂『髑髏見夢莊子』的寓言故事來構思，借曹子與髑髏的對話，糅合老子和莊子的道論，進一步表明作者『仰老莊之遺風』的情懷。他形容道體爲『洞於纖微之域，通於恍惚之庭，望之不見其象，聽之不聞其聲。挹之不充，滿之不盈，吹之不凋，嘘之不榮，激之不流，凝之不停』②，基本不出老莊論道之範疇。

① 嚴可均輯校全上古三代秦漢三國六朝文全後漢文卷二十。
② 嚴可均輯校全上古三代秦漢三國六朝文全三國文卷十八。

但曹植論道並非是一種玄想的樂趣，而是想解脱他在現世所遭遇的痛苦，希望『道』能爲其指明方向，説到底是對自己人生的終極關懷。故而，文章結尾歸結爲莊子的齊同死生、逍遥於塵垢之外的理想模式。需要注意的是，建安時代是一個社會轉型異常劇烈的時期，黄老學説中『無爲而治』、『柔弱勝剛強』的思想已經不能撫慰這一代情感飽滿、神經敏感的士人的心靈了，而莊子哲學中那種對現實社會露骨批判卻又超然於物外，對自然世界『美』的發現，對人生自由和個體尊嚴熱切追求的精神則更能契合他們的内心。莊子哲學也因此獲得了焕發活力的重要契機，建立起與魏晉士人思想世界融合的一個牢固聯結點。

政治的分立和爭鬥使得統治者無暇顧及對於思想領域的控制，建安士人因此獲得了更多自由發揮的空間。儒學的衰微刺激了老莊哲學的復興，學術思想换代已經是不可阻擋的趨勢。在這個母體的哺育下，玄學的胚胎逐漸成熟。『談尚玄遠』的荀粲則扮演了催生的角色，成爲正始玄談的一個先導者。荀粲成長在一個世爲儒業的家庭，父兄皆修儒術，但他獨好道家，常攻擊六經是『聖人之糠秕』，反對易經『立象盡意』、『繫辭盡言』的觀點：

> 粲兄俁難曰：『易亦云聖人立象以盡意，繫辭焉以盡言，則微言胡爲不可得而聞見哉？』粲答曰：『蓋理之微者，非物象之所舉也。今稱立象以盡意，此非通於意外者也，繫辭焉以盡言，此非言乎繫表者也；斯則象外之意，繫表之言，固蘊而不出矣。』（嚴可均輯校全上古三代秦漢三國六朝文全晉文卷十八何劭荀粲傳）

言、意之間的關係是玄學討論的重要命題，荀粲率先發起，他不像王弼那樣發揮莊子的『得意忘言』説來調和儒、道兩家在這個問題上的分歧，而是吸納莊子天道和秋水篇的思想來反對儒家的言意觀。天道篇云：『世之所貴道者書也，書不過語，語有貴也。語之所貴者意也，意有所隨。意之所隨者，不可以言傳也，而世因貴言傳書。』秋水篇亦云：『可以言論者，物之粗也；可以意致者，物之精也；言之所不能論，意之所不能察致

者，不期精粗焉。』很明顯地認爲，有『言』所不能到達的地方，有『意』所不能體悟的地方，即荀粲所說的『象外之意，繫表之言，固蘊而不出矣』。荀粲本人崇尚簡易，遺落功名，僅與當時名士夏侯玄、傅嘏等幾人辯難玄談，人稱其有『清識遠心』。不僅如此，他還在行爲上鄙薄儒家，輕視謹遵儒道的父親，推重『不治外形』的從兄。莊子書中常有一些外表畸形卻學道玄微的人，可見，無論是思想還是行爲，莊學都給了荀粲以深刻的影響。

從曹植到荀粲，我們不難發現，老莊哲學從起初作爲建安士人超脱現世痛苦的一座精神避難所，已逐漸轉爲他們暢發玄思、尋覓自我的一方樂土。至此，儒家學說，尤其是官方推行的名教，已經無法替魏晉士人所認識到的這方樂土找到合理的解釋，因而一個能給予他們自己存在根據和支撐點的新思潮不可避免地要出現了，這就是以老莊哲學爲基礎的玄學。

二、正始玄學與莊子學

玄學思潮正式形成於正始年間，這是學術界的共識。夏侯玄、何晏、王弼、鄧颺、李勝、衛瓘、鍾會、荀融等大批名士時常針對某些深奥玄微的問題展開討論，形成一個談玄的群體，幾乎席捲了當時整個士林，玄風亦因之振起，大行天下。正始名士們大都出身顯貴，家學深厚，有足夠的才資高談闊論，他們以王弼、何晏爲中心，從易、老、莊中尋找品題，相互詰難，大加發揮，從而獲取遠離俗世的精神享受。如世説新語文學云：

何晏爲吏部尚書，有位望，時談客盈坐，王弼未弱冠，往見之。晏聞弼名，因條向者勝理語弼曰：『此理僕以爲極，可得復難不？』弼便作難，一坐人便以爲屈，於是弼自爲客主數番，皆一坐所不及。

王弼天才卓出自不必説，但達官貴人家中高朋滿座，不爲其他，只爲談玄析理，而且樂此不疲，如此場景歷史上卻不多見。人們把魏晉人這種圍坐辯論的方式稱作『清談』，它是玄學思潮在生活層面的表現。當然，具有高

度抽象思辯能力的正始名士並沒有把他們的玄思停留在口頭上，而是以易、老、莊爲載體形成自己的著作。何晏寫過無名論、道論、論語集解，並曾想爲老子作注； 王弼撰寫了老子注、周易注、老子指略、周易略例以及論語釋疑。這些析理精湛的著作的問世表明玄學不只是道家及易學的重複，而是具備了一套能提出問題並解決問題的方法論及理論體系。

由何晏、王弼的著作可推知，正始士人的興趣主要集中在對老子和周易玄理的闡發上，對莊子一書似乎關注不多。不過，三國志曹爽傳謂何晏「好老莊言」，晉書王衍傳謂何晏、王弼等「祖述老莊」，世說新語文學亦言向秀之前「注莊子者數十家」，這些都說明儘管莊子尚未進入正始名士玄談的中心，卻一直在他們中間傳播並被習讀。按照湯用彤先生的觀點，王弼首倡得意忘言的新眼光新方法，因此能建樹有系統的玄學①。而王弼的得意忘言之說，顯然得益於莊子外物中「荃者所以在魚，得魚而忘荃； 蹄者所以在兔，得兔而忘蹄； 言者所以在意，得意而忘言。 吾安得夫忘言之人而與之言哉」的論述。 像這種援莊釋易、援莊釋老的例子，王弼的作品中還有不少。三國志鍾會傳裴松之注說何晏、鍾會等傳述「聖人無喜怒哀樂」之論，王弼則反之，主張聖人有情而不累於情。 辯論的題目以及方式與莊子德充符中惠施和莊子之間的論辯相仿佛。 從這個方面說，莊子不只是當作玄學的原始材料和討論對象，還要更深一層，即其思辯方式與玄理意蘊已經滲透進玄學的軀體。玄學正是站在莊子學這個巨人的肩上，並不斷超越自己，最終才獨立於老莊之外別樹一家。自建安進入正始，莊子與魏晉士人內心的契合點從仰慕其塑造的聖人之理想人格與「逍遙」之理想人生，擴展到對其玄理的深悟。莊子學也因此迎來了一個昌盛的時期。

---

① 湯用彤魏晉玄學論稿，上海古籍出版社2005年，第20頁。

三、竹林玄學與莊子學

正始十年，曹魏政權遭遇了『高平陵之變』，附勢曹爽的玄學領袖何晏被誅殺，王弼亦遭牽連於是年病死，玄學在形成以後的第一個高潮陡然退去。『魏晉之際，天下多故，名士少有全者。』(晉書阮籍傳)接替曹魏的司馬氏政權以維護名教的幌子對異己者大加排斥與殘殺，魏晉名士再次陷入空前惡劣的政治環境和思想環境。但是，玄學灑在魏晉士人心間的那片神聖之光已經沒有什麽能夠驅散，能夠遮蔽。阮籍、嵇康、山濤、向秀、劉伶、阮咸、王戎這七位被時人和後世譽爲『竹林七賢』的名士乘間繼起，不僅擴展了玄學的理論範疇，而且還在生活中實踐了玄學的理想，使玄學展現出更加誘人的魅力。玄學也因此進入了又一個重要階段——竹林時期，這個階段持續了十餘年，直至嵇康被殺，阮籍辭世。竹林玄學相對於正始玄學來説有了較大的變化，不再以有無、本末、言意之辨爲立論之基，而是轉向對名教的理論批判與實踐批判，側重於發現老莊哲學的人生價值與審美價值。這個轉向，一方面是由於司馬氏政權借名教而行不軌之事的刺激，另一方面得益於莊子學的悄然興起。竹林名士絕非泛泛之輩，他們深識玄理，傲然於世，一致把讚賞的目光投向莊子，他們既是莊子的『忘言之人』，又是莊子理想人格的實踐者。三國志魏書云：『瑀子籍，才藻豔逸，而倜儻放蕩，行己寡欲，以莊周爲模則。』又云：『時又有譙郡嵇康，文辭壯麗，好言老、莊，而尚奇任俠。』晉書亦説阮籍『博覽群籍，尤好莊、老。嗜酒能嘯，善彈琴。當其得意，忽忘形骸』；謂嵇康『恬靜寡欲，含垢匿瑕，寬簡有大量。學不師受，博覽無不該通，長好老、莊』；謂向秀『清悟有遠識，少爲山濤所知，雅好老莊之學』；謂劉伶『放情肆志，常以細宇宙、齊萬物爲心』。山濤、阮咸、王戎也都受老莊之學的熏陶和影響，常與阮籍、嵇康等人共遊，暢談玄理，性情異於流俗。莊學之風不止於竹林名士集團，而且還蔓延於士林，像嵇康的哥哥嵇喜、嵇康的好友呂安亦沾染老莊的習

氣。嵇康被殺時，三千太學生爲之請命，這不只是受嵇康個人壯偉人格的震撼，更是爲其完美演繹莊子哲學的風神所傾倒。嚮往莊子中逍遥於天地、超然於世外的『至人』形象是魏晋之際士人解脱現實痛苦和矛盾的一種心理療法，落實於自身卻不能。而得莊學精髓的嵇康無論思想、情感，還是行爲，都有莊周之風，自然爲他們所仰慕，實際上這也説明了莊學越來越爲士林所接受。

『竹林七賢』是當時學術界的核心，阮籍、嵇康和向秀則是竹林玄學的主要體現者。阮籍著有樂論、通易論、通老論、達莊論、大人先生傳等文；嵇康則有聲無哀樂論、養生論、答向子期難養生論、釋私論、與山巨源絶交書、難自然好學論等文；向秀撰有難養生論、莊子注等。嵇康幼年喪父，家境貧寒，主要由母親、兄長撫養和教育；向秀同樣出身寒族，曾與嵇康一起鍛鐵於柳樹下以維持生計。他們倆較少受儒學的熏染和名教的束縛，因而接納莊子的思想是非常自然的事情。阮籍則不同，他出身世守儒業之家，父親阮瑀是經學大師鄭玄的學生，爲建安七子之一。阮籍本人早年抱有濟世之志，對於儒學和名教基本持肯定態度，樂論、通易論即是發揮儒家的觀點。然而，依附於名教的當權派在現實生活中所表現出的惡劣行徑及僞善姿態終使阮籍反戈一擊，徹底與名教決裂，轉向批判和譏諷，其程度甚至超過了嵇康。他的大人先生傳描述了兩種人生狀態，一是大人先生，『與造物同體，天地並生，逍遥浮世，與道俱成，變化散聚，不常其形』，爲阮籍肯定稱頌的對象；二是禮法之士，『進退周旋，咸有規矩，心若懷冰，戰戰栗栗』，爲阮籍揭露批判的對象。他以大人先生之口嘲弄禮法之士就像褌中的蝨子愚昧可笑，比喻的形象性可謂千古一絶，難怪『禮法之士疾之若仇』。除了攻擊禮法之士，阮籍還對根深蒂固的君臣意識展開了猛烈抨擊：

君立而虐興，臣設而賊生。坐制禮法，束縛下民。欺愚誑拙，藏智自神。强者睽眂而淩暴，弱者憔悴而事人。假廉而成貪，内險而外仁。罪至不悔過，幸遇則自矜。馳此以奏除，故循（一作『滔』）滯而不振。（嚴可均輯校全上古三代秦漢三國六朝文全三國文卷四十六）

公然提出『無君而庶物定，無臣而萬事理』，爲絕大多數封建士大夫所不敢想、不敢言。細審阮籍這些玄學觀點，莊學中大都孕育了，比如逍遙遊篇中的至人、真人形象實與大人先生同類，至樂篇中『死，無君於上，無臣於下』對阮籍『無君無臣』的思想多少有啟發。阮籍由早年肯定儒學轉而走向接受『剽剝儒墨』的莊學，這一變化具有一定的典型意義，說明莊學與竹林玄學有著深刻的內在聯繫。

竹林玄學是特定政治環境及學術條件下的產物，而莊子學能很好地適應這一特定性。竹林玄學並未沿著正始玄學開闢的論題伸展，而是一種斷裂後的新變，這與突如其來的政治變故有著很大關係。正始中，統治者對剛剛興起的玄學思潮並不排斥，反而顯示出欲納爲己用的姿態。曹爽輔政，夏侯玄『盛有名勢』，官至征西將軍，何晏任吏部尚書，王弼爲尚書郎，皆可謂高貴顯達，正始玄學因而依附於政治，『自然』與『名教』也就不存在根本的衝突。莊子學中『逍遙於天地』、『遺世而獨立』的至人之理想人格以及它強烈的批判精神顯然不適合此時學術的需要，所以何晏、王弼並沒有重視莊子，襲取的只是莊學中的一些概念以及思辯的理路。司馬氏殺夏侯玄、何晏，王弼病死，正始名士所努力構建的納儒學於玄學體系的意識形態戛然而止，同時宣告了『名教出於自然』這一論證的失敗。司馬氏掌權後，人心不一，學術集團也出現了分化，一部分人附勢於當權者如鍾會、何曾，一部分人採取不合作甚至反抗的態度如阮籍、嵇康，還有一部分人處於兩者之間如向秀、山濤。正始玄學懸而未解的『名教』與『自然』這一學術問題又一次出現在竹林名士面前。竹林名士看到司馬氏所代表的名教已經虛僞、腐朽，與他們心目中的『自然』完全不合，兩者之間不存在共性，故而轉向從理論上批判、揭露。在易、老、莊三玄中，莊子最具學術批判精神，而且矛頭直指儒家，司馬遷說莊子『作漁父、盜跖、胠篋，以詆訿孔子之徒』。莊子學就在這樣一個特定的環境中散發出它的光彩，爲竹林名士提供思想的泉源、思考的材料以及精神的支持。阮籍的達莊論、大人先生傳全篇發揮莊子的觀點，對名教的批判具有一針見血的效果和相當的理論深度。嵇康作與山巨源絕交書，公然宣稱『老子、莊周，吾之師也』，『又讀莊、老，重增其放，故使榮進之心日頹，任

實之情轉篤』。其釋私論云：

夫稱君子者，心無措乎是非，而行不違乎道者也。何以言之？夫氣靜神虚者，心不存於矜尚；體亮心達者，情不繫於所欲。矜尚不存乎心，故能越名教而任自然；情不繫於所欲，故能審貴賤而通物情。（嚴可均輯校全上古三代秦漢三國六朝文全三國文卷五十）

心無是非、行不違道的君子形象實來源於莊學中的至人理想，嵇康立足於莊子思想，進而提出『越名教而任自然』的著名觀點，自己在現實生活中也實踐了這一觀點，對名教是一個莫大的衝擊。晉書向秀傳説：『莊周著内外數十篇，歷世才士雖有觀者，莫適論其旨統也。秀乃爲之隱解，發明奇趣，振起玄風，讀之者超然心悟，莫不自足一時也。』從以上可以得知，竹林名士在這樣一個特定的政治、學術環境下選擇莊子學作爲延續玄學的主要途徑是具有内在邏輯的，他們借助莊子學把魏晉玄學推向了一個新的階段。

四、元康玄學與莊子學

竹林名士力圖把玄學的空想轉化成現實的行爲，期冀與名教相抗衡，並爲此付出了血的代價。司馬氏誅殺玄學領袖何晏後十三年，又殺嵇康、吕安，阮籍亦憂鬱而死，向秀獨木難支，只有違背己意歸附名教。世説新語言語載：『嵇中散既被誅，向子期舉郡計入洛，文王引進，問曰：「聞君有箕山之志，何以在此？」對曰：「巢、許狷介之士，不足多慕。」王大咨嗟。』連司馬昭也慨歎曾名傾一時、任性風流的竹林賢士會有如此的轉變。事實又一次證明，士人想要抛開名教體制而自由存在是統治者絶不允許的，歸順是唯一的出路，自由也只能是體制構架下容許的有限自由。經歷過從魏到晉的王戎有一段話最能反映這種情況：

吾昔與嵇叔夜、阮嗣宗酣暢於此，竹林之遊亦預其末。自嵇、阮云亡，吾便爲時之所羈紲。今日視

之雖近，邈若山河！（晉書王戎傳）

司馬氏名教體制的高壓使玄學進入短暫的低沉期，約有二十餘年。直到裴頠、郭象的崛起，玄學思潮再一次高漲，這就是『元康玄學』。晉惠帝繼位後於公元291年改年號爲『元康』，持續了十多年時間。據世說新語文學劉孝標引袁宏名士傳，活動於這個時期的名士主要有裴楷、樂廣、王衍、庾敳、王承、阮瞻、衛玠、謝鯤，袁宏概稱爲『中朝名士』，卻無裴頠、郭象二人。然晉書裴頠傳言權臣賈充稱裴頠『才德英茂，足以興隆國嗣』，御史中丞周弼見而歎之爲『一時之傑』，足見裴頠名望之盛。世說新語賞譽稱『郭子玄有俊才，能言老、莊』，劉孝標又引文士傳曰『時人咸以爲王弼之亞』，亦可見郭象之非同一般。中朝名士的玄學活動以清談爲主，雅好風流，不注意理論的建樹，故無甚大的成就，唯有裴頠的崇有論、郭象的莊子注能冠絕當時。裴頠因看不慣『時俗放蕩』，深恐『風教陵遲』而作崇有論，表面上是爲尊崇儒術，實際上是以『崇有』論來糾正正始名士『貴無』論，依然屬於玄學領域的『有無之辨』，並不是玄學思潮的反動。郭象慕莊周才思，以向秀注爲基礎『述而廣之』，作莊子注，提出『獨化於玄冥』之論來回應『有無之辨』，具有極大的創造性。所以劉勰在文心雕龍論說中說：『次及宋岱、郭象，銳思於幾神之區；夷甫、裴頠，交辨於有無之域；並獨步當時，流聲後代。』

元康玄學比於正始玄學、竹林玄學，又有很大不同。元康玄學的主體處於王朝一統之際，大都位高勢重，其與西晉政權的根本利益完全一致，名教輕而易舉地取得了獨尊地位。元康玄學亦只是在名教體制框架內形成的，因而不可能繼承竹林玄學的思想與精神，也不能像正始玄學那樣追求以自然爲本，名教爲末。中朝名士不敢也不會把儒學作爲批判的對象，他們襲用正始名士調和儒道的意圖，以高度發達的抽象思辯論證『名教即自然』這一命題，爲其既享受玄談，又出入名教提供理論依據。晉書阮瞻傳記阮瞻見司徒王戎，『戎問曰：「聖人貴名教，老莊明自然，其旨同異？」瞻曰：「將無同。」戎咨嗟良久，即命辟之。』晉書樂廣傳載：『是時王澄、胡毋輔之等，皆亦任放爲達，或至裸體者。廣聞而笑曰：「名教內自有樂地，何必乃爾！」』『名教即自然』顯然已

玄學試圖將儒學納入玄學體系，竹林玄學力圖於儒學之外別造玄學一系，那麽元康玄學則是將玄學引向儒學體系，完成這一任務的恰恰是郭象的莊子注。儒學本爲莊子的批判對象，而郭象能援莊入儒，殊爲奇怪，這個問題值得討論。元康玄學的載體無疑是莊子學。由竹林名士刮起的莊學風並沒有因爲朝代的更替而停滯消散，相反，終西晉一朝，此風愈演愈烈，有過之而無不及。從流行的範圍看，莊學已經不止於名士集團内部，而是推廣至整個統治階層。晉書嵇含傳載：『時弘農王粹以貴公子尚主，館宇甚盛，圖莊周於室，廣集朝士，使含爲之贊。』莊周的畫像竟然掛到了王公貴族的宫殿裏。從時人對莊學的認同程度來看，讚頌遠多於批評。嵇含曰『邁矣莊周，天縱特放，大塊授其生，自然資其量，器虛神清，窮玄極曠』；晉書魏舒傳言魏舒中年喪子，『每哀慟，退而歎曰：「吾不及莊生遠矣，豈以無益自損乎！」於是終服不復哭』；晉書華譚傳載華譚『過濮水，作莊子贊以示功曹』。從放達行爲上看，西晉一些士人把竹林名士那種『以莊周爲模則』的行爲推向了極端。除了晉書樂廣傳提到的王澄、胡毋輔之，晉書五行志亦云：『惠帝元康中，貴遊子弟相與爲散髮裸身之飲，對弄婢妾，逆之者傷好，非之者負譏，希世之士恥不與焉。』世説新語簡傲又説，王澄在出爲荆州刺史，衆官相送的場合下，居然『脱衣巾，徑上樹取鵲子。涼衣拘閡樹枝，便復脱去。得鵲子還，下弄，神色自若，傍若無人』。此種任誕行爲雖異於阮籍、嵇康遠矣，但也可以説是莊學盛行下的負面產物。從玄談活動及玄學著作來看，大多也是圍繞莊子而展開的。晉書范宣傳載：『宣言談未嘗及老、莊。客有問人生與憂俱生，不知此語何出。宣云：「出莊子至樂篇。」客曰：「君言不讀老、莊，何由識此？」宣笑曰：「小時嘗一覽。」時人莫之測也。』注釋莊子的著作，除郭象的莊子注外，晉書司馬彪本傳載其『注莊子，作九州春秋』，盧諶本傳亦載其『注莊子，及文集，皆行於世』。以上都説明一個事實：元康玄學以莊子學作爲載體乃是順應當時學術的大勢，具有一定的客觀規定性。

在元康玄學屈服於政教體制之後，又重新面臨『自然』與『名教』的關係問題。莊學於百家之中對名教而言爲學者共識，郭象莊子注於本體論上進一步闡述了這個問題。如果説正始

是最爲異端的一派，而此時莊子思想已經上升爲多數士人甚至王公貴族的精神食糧，影響十分廣泛，於是如何消除莊子思想與名教之間的對立，將兩者調和如一，就成了元康統治者及名士們的首要任務。郭象注莊子明顯帶有這樣的目的，他在莊子序中指出：

然莊生雖未體之，言則至矣。通天地之統，序萬物之性，達死生之變，而明内聖外王之道，上知造物無物，下知有物之自造也。其言宏綽，其旨玄妙，至至之道，融微旨雅，泰然遣放，（放）而不敖；故曰不知義之所適，倡狂妄行，而蹈其大方，含哺而熙乎澹泊，鼓腹而遊乎混芒。至仁極乎無親，孝慈終於兼忘，禮樂復乎已能，忠信發乎天光，用其光則其朴自成。

其逍遥遊注又云：

夫聖人雖在廟堂之上，然其心無異於山林之中，世豈識之哉！徒見其戴黄屋、佩玉璽，便謂足以纓紱其心矣，見其歷山川、同民事，便謂足以憔悴其神矣，豈知至至者之不虧哉！

這明白地告訴我們，郭象注解莊子被賦予了時代的使命，要超越莊子，論證儒家所崇尚的孝慈、禮樂、忠信等聖人人格與道家追求的至人人格具有一致性，所謂『聖人雖在廟堂之上，然其心無異於山林之中』，從而在理論根源上解決了自然與名教的衝突。郭象倡導的『自然即名教』理論既爲當權者承認，又爲士人歡迎，可謂皆大歡喜，莊子學也因此更加興盛。然而衍生出來的玄學末流亦未可忽視，王公貴族比附莊周，放達者近似瘋癲，名士們渴望『身名俱泰』，個人人格遭到分裂。就連郭象本人，雖言若冠冕，其行卻遭人詬病，所謂『爲人薄』，『操弄天權，刑賞由己』。元康玄學是魏晉玄學理論發展的最後高峰，郭象死後玄學漸入尾聲，但是長期以來形成的談玄風尚移到江左，依然强勁。

五、東晉玄學與莊子學

晉書衛玠傳載：『王敦見衛玠，謂長史謝鯤曰：「不意永嘉之末，復聞正始之音！」』天下大亂，國家淪喪的局面居然也不能沖淡東晉名士們的談玄雅趣，可以說他們對玄學的喜愛已經到了癡迷的程度。然而，此所謂『正始之音』非彼『正始之音』，東晉玄學自有不同於以前玄學的特點。晉室依靠士族大家才在長江以南佔據半壁江山，這種狀況注定會使君權削弱而士權得到加強，直接導致了士族門閥制度的盛行。東晉玄談的代表人物王導、謝安、王羲之等人都是當時的名望大族，其言行舉止具備了較大的影響力，因此東晉玄學與政治的結合要遠勝於正始、竹林和元康，以至於在太元年間被正式列入官學，玄學『無爲而治』的政治觀也在東晉一朝得以真正推行。東晉名士在較爲寬鬆的政治環境下重建玄學人格，在實踐中將名教與自然融通爲一，把玄學帶入了審美的境界。東晉玄學還有一個明顯的特徵，就是與佛理的合流。不僅大批玄學名士崇信佛教，樂於與僧人來往，而且晉室皇帝如元帝司馬睿、明帝司馬紹、孝武帝司馬曜、恭帝司馬德文等也競相追逐這個新起的時代風尚。僅從晉書及世說新語的記載看，幾乎所有的東晉一流名士像王導、謝安、王羲之、孫綽、郗超、許詢、殷浩、王脩，甚至權臣桓溫、桓玄父子，都毫無例外地欣然與佛徒交遊。他們在一起妙發玄思，互相辯難，極大地促進了玄學與佛理的交融。

東晉名士自覺地將佛經要義引入玄學，玄、佛相參的意識十分明顯。雖說郭象的莊子注是魏晉玄學理論的最高峰，但不能否定張湛的列子注在某些方面又有新的發展和變化，這當然得益於玄、佛合流的大勢。東晉玄學走向與佛義融合的道路，有其多方面的因素，舉其要則一是玄學理論經何晏、王弼、向秀、郭象等人的發揮已經牢籠一時，殊難突破，亟需新鮮血液注入其中；二是適時地誕生了一大批思維卓越的本土高僧如康僧淵、法

汰、竺道潛、支道林、道安、慧遠、僧肇，他們既精通佛典，又博通儒道，能夠於固有的思維及理論之外標舉新思、新意，借儒道以廣佛教。世說新語文學所載支道林之事可相印證：『莊子逍遙篇舊是難處，諸名賢所可鑽味，而不能拔理於郭、向之外。支道林在白馬寺中，將馮太常共語，因及逍遙。支卓然標新理於二家之表，立異義於眾賢之外，皆是諸名賢尋味之所不得。後遂用支理。』劉孝標注引支道林逍遙論，其後有言：『此向、郭注所未盡。』王羲之自恃一往雋氣，素來輕視支道林，後來支道林與之討論莊子逍遙遊，『作數千言，才藻新奇，花爛映發。王遂披襟解帶，留連不能已。』高僧們通過『拔理於郭、向之外』，使得當時玄學名賢歎服，從而吸引他們研究佛經，闡發佛理，比如『尤善玄言』的殷浩北伐失敗被廢後，開始『大讀佛經，皆精解』。從這個方面說，玄學在與佛學合流的同時，也步入了無可挽回的衰落中。

儘管玄學在佛教的衝擊下走向衰退，但莊子學並未受到很大的影響，相反成了連結和融合東晉玄學與佛學不可或缺的媒介。承向秀、郭象莊子注之緒餘，莊學在東晉玄學士林中依然享有崇高地位。據世說新語言語載：『孫齊由、齊莊二人，小時詣庾公。公問齊由何字，答曰：「字齊由。」公曰：「欲何齊邪？」曰：「齊許由。」齊莊何字，答曰：「字齊莊。」公曰：「欲何齊？」曰：「齊莊周。」公曰：「何不慕仲尼而慕莊周？」對曰：「聖人生知，故難企慕。」庾公大喜小兒對。』許由超然遠世的形象來自於莊子的描述，區區少年便要企慕許由、莊周，足見莊學在那個時代的痕跡有多深。長大後的『齊莊』（孫放）寫了一首詠莊子詩，『巨細同一馬，物化無常歸。修鯤解長鱗，鵬起片雲飛。撫翼搏積風，仰淩垂天翬』①，依然繼續著他追慕莊周的情懷。名士們的玄談話題也離不開莊子，世說新語文學載：『支道林、許、謝盛德，共集王家，謝顧諸人曰：「今日可謂彥會，時既不可留，此集固亦難常，當共言詠，以寫其懷。」許便問主人：「有莊子不？」正得漁父一篇。』特別是逍遙

① 逯欽立輯校先秦兩漢魏晉南北朝詩晉詩卷十三。

遊篇，尤爲他們所偏愛，所謂『舊是難處，諸名賢所可鑽味』。高僧支遁常以談論此篇使群儒舊學傾服，他在白馬寺『與馮太常共語，因及逍遙』，『與劉樂之等談莊子逍遙篇』（高僧傳卷四），還直接到王羲之居所『論莊子逍遙遊』。除名士名僧共論莊子外，亦有注莊子者。晉書盧諶本傳載：『諶名家子，早有聲譽，才高行潔，爲一時所推。……撰祭法，注莊子，及文集，皆行於世。』支道林在玄談之餘，『退而注逍遙篇』，『支作數千言，花爛映發』。東晉士人讀莊、談莊、習莊之風勝過以往，所以引起一些人的不滿，比較典型的如干寶、王坦之。干寶上書晉孝湣帝時言：『學者以老莊爲宗而黜六經，談者以虛蕩爲辨而賤名檢，行身者以放濁爲通而狹節信，進仕者以苟得爲貴而鄙居正，當官者以望空爲高而笑勤恪。』（晉書帝紀）王坦之『尤非時俗放蕩，不敦儒教，頗尚刑名學，著廢莊論』，稱『若夫莊生者，望大庭而撫契，仰彌高於不足，寄積想於三篇，恨我懷之未盡，其言詭譎，其義恢誕。君子內應，從我遊方之外，衆人因藉之，以爲弊薄之資。然則天下之善人少，不善人多，莊子之利天下也少，害天下也多。故曰魯酒薄而邯鄲圍，莊生作而風俗穨。』（晉書王坦之傳）其批判的立場、角度跟以前的批評者沒有什麼不同，無非是以維護名教爲目的。然而，需引起我們注意的是，東晉名士效仿莊周並不像『竹林七賢』、元康名士那樣感性，他們更多的是理性接受，藉以認真地思考社會和人生。世說新語言語記載了王羲之與謝安的一段對話，很有代表性地說明了這個問題：

王謂謝曰：『夏禹勤王，手足胼胝；文王旰食，日不暇給。今四郊多壘，宜人人自效。而虛談廢務，浮文妨要，恐非當今所宜。』謝答曰：『秦任商鞅，二世而亡，豈清言致患邪？』

可知『清言誤國』論已流行於當時，卻遭到身爲國之砥柱謝安的反駁。王羲之雖對士人醉心於虛談、浮文的現狀有所不滿，但他本人不慕榮利，留心山水，於蘭亭集序中慨歎：『古人云：「死生亦大矣。」豈不痛哉！……固知一死生爲虛誕，齊彭殤爲妄作。後之視今，亦猶今之視昔。悲夫！』在學習莊周放情於自然的過程中領悟生和死，實現對莊子齊物論的超越。他的兒子王凝之有一首蘭亭詩云：『莊浪濠津，巢步潁湄。冥心真

寄，千載同歸。』①道出了東晉名士以莊周爲精神依歸的一種心態。正因爲以這種理性、平和的態度談莊、習莊，東晉名士才能在重建玄學人格中燦爛可觀。

莊子學還促進了東晉玄學與佛學的融合，於兩者之間架起了一座通往彼此的橋梁。湯用彤先生就曾說：『因此而般若各家，蓋即不受老莊之影響，至少亦援用老莊之名辭。』②東晉時代的高僧不能無視『玄學』這一主流思潮，他們中很多人可謂具備了兩重身份，既是僧徒，又是玄談家。高僧傳道安傳載習鑿齒致書道安云：『如來之教復崇於今日，玄波溢漾，重蕩於一代矣。』孫綽道賢論言：『支遁、向秀，雅尚莊老。二子異時，風好玄同矣。』③可知玄學名士已經引佛僧爲同道矣。支道林詠懷詩之二，說自己『涉老咍雙玄，披莊玩太初』④；名僧竺道潛『或暢方等，或釋老、莊，投身北面者，莫不內外兼洽』（高僧傳卷四）；高僧慧遠『少爲諸生，博綜六經，尤善莊、老，……雖宿儒英達，莫不服其深致』（高僧傳卷六）；高僧僧肇，『京兆人，家貧以書爲業，遂因繕寫，乃歷觀經史，備盡墳籍，志好玄微，每以莊、老爲心要』（高僧傳卷七）。這些高僧不僅使用莊子中的名辭，而且還援引莊子的觀點來比附佛經，甚或直接以莊子思想來宣講和注釋佛經。名士郗超素慕道安，欲『餉米千斛，修書累紙』，以盡殷勤，道安回答則說：『損米。』因爲他『愈覺有待之爲煩』（見世說新語雅量）。『有待』即是莊子特有的術語。支道林借用莊子最明顯，如他在阿彌陀佛像贊並序中說：『夫六合之外，非典籍所模。神道詭世，豈意者所測？故曰：「人之所知，不若其所不知。」每在常輒欲以所不能見而斷所未能了，故令井

① 逯欽立輯校先秦兩漢魏晉南北朝詩晉詩卷十三。
② 湯用彤漢魏兩晉南北朝佛教史，中華書局1983年版，第172頁。
③ 嚴可均輯校全上古三代秦漢三國六朝文全晉文卷六十二。
④ 逯欽立輯校先秦漢魏晉南北朝詩晉詩卷二十。

蛙有坎宅之矜，馮夷有秋水之伐，故其冥矣。』慧遠講說佛經亦引莊子，『嘗有客聽講，難實相義，往復移時，彌增疑昧，遠乃引莊子義爲連類，於(是)惑者曉然』(高僧傳卷六)，他的沙門不敬王者論、形盡神不滅亦皆存有莊子思想的影子。僧肇更是創造性地運用莊子闡發佛學理論，其物不遷論之題名便受莊子德充符中『審乎無假，而不與物遷，命物之化，而守其宗』的啟發，論述之中也常現莊子名辭；其不真空論之『物無彼此』論顯然吸取了莊子及郭象莊子注物無此無彼的思想，難怪隱士劉遺民看了他的般若無知論後說：『不意方袍，復有平叔。』(高僧傳卷七)

六、玄學思潮的消退與莊子學

玄學理論發展到郭象，達到頂點，過後便開始漸衰，東晉時期雖與佛學匯流，但由於理論水準無法拓展，已經不能將自身引向深入。同時，佛教迅速崛起，既作爲一種宗教存在，又以一種學術思潮的更高形式盛行於世，因而擁有更廣泛的民眾基礎。佛教傳播者爲了本教的存在和發展，改造佛教經義，以迎合官方的統治思想，適應中國宗法社會的土壤，從而獲得最高統治者的支持。佛教經歷長時期的發展，已經擁有比儒學和玄學更豐富、更嚴密、更高的理論體系。以上種種因素直接導致了佛教在南北朝時期雄居華夏的壯姿，而紅極近兩百年的玄學思潮開始了它冷卻消退直至遁跡於世的命運。不過，南北朝玄學思潮的消退並非突然性的，而是一個漸退的過程。在南朝劉宋，玄學一度被置爲官學，與儒學、史學、文學並立。這說明，南朝統治者並未禁止玄學的流行，反而通過設立官學的形式對玄學進行總結。而南朝士族也未棄玄學於不顧，這從王僧虔誡子書中可以得到很好的證明。

很顯然，南朝士人把玄學視爲一個較爲完備而且獨立的體系，從老、莊開始，魏晉的王弼、何晏、嵇康、郭象

一一被包涵進去了。這表明，玄學在南北朝還有微弱的延續，北齊顏之推顏氏家訓勉學也提到：『何晏、王弼祖述玄宗，……洎於梁世，茲風復闡。』這種延續一直到隋統一中國的前夕，陳書全緩傳言『緩治周易、老、莊，時人言玄者咸推之』，但終究抗拒不了佛教的浸潤，退潮於浩浩的歷史時空中。

與玄學血脈相連的莊子學在南北朝也沒有出現重大發展，可是士人對於莊子仍舊十分喜愛。宋書載何偃『素好談玄，注莊子消搖篇傳於世』（何偃傳），又載隱士戴顒出居吳下，『乃述莊周大旨，著逍遙論』（隱逸傳）。南齊書宗測傳說宗測『齎老子、莊子二書自隨。子孫拜辭悲泣，測長嘯不視，遂往廬山，止祖炳舊宅』。梁書載蕭綱著『老子義二十卷，莊子義二十卷』（簡文帝本紀），又載庾曼倩曾著莊老義疏（庾曼倩傳）。這些著作雖然未能流傳下來，但是通過分析這一現象，我們可以得知，南朝士人並沒有把莊子學等同於玄學，莊子學比之於玄學具有更廣泛的學術基礎，此即是儘管玄學衰微，注疏莊子者卻不減反增的原因之一。

第二節　玄學理論對莊子思想的吸納與改造

玄學作爲中國思想史上一種非常特別的思潮，具有深刻的理論內涵。它討論的問題十分廣泛，諸如『有』與『無』、『名教』與『自然』、『言』與『意』、聖人有情無情、養生、形與神等等。在這些問題當中，有很多是跟莊子發生聯繫的，或繼承，或發揮，或改造。總之，莊子學借助玄學的勢頭在這個時期得到了前所未有的拓展。

一、有無本末之辯

湯一介先生認爲魏晉玄學所討論的中心是『本末有無』問題，即有關天地萬物存在的根據的問題，也就是

關於遠離『世務』和『事物』的形而上學本體論的問題①。這一看法符合玄學發展的歷史事實。儘管玄學被視爲一種新的哲學思潮，但它依然是由以前的思想，特别是老莊思想化生出來的。老莊注重對宇宙、社會、人生的存在根據及其合理性的追問與建構，注重對有形事物的超越，『有』和『無』即是他們討論這些問題的專有名詞。這個由老莊奠定的哲學基調，雖經漢代『罷黜百家，獨尊儒術』，也未中斷。以老莊思想爲骨架的魏晉玄學，理所當然把這一基調承接過來，並且發揚光大，形成以有無本末之辯爲中心的本體論學説。魏晉名士對於『有無本末』問題的理論認識既是他們的宇宙觀，又是他們方法論的來源，貫穿了魏晉玄學發展的整個過程，玄學的其他議題如言意之辯、自然與名教、有情無情等也都是以此爲指導而展開的。在玄學發展的不同時期，魏晉名士看待『有無本末』問題是存在分歧的，大致有王弼、何晏的貴無論、裴頠的崇有論、郭象的獨化論以及張湛的貴虛論。

哲學上所指的『有』，一般屬性是具體有形的，『無』則是抽象無形的，即是易傳所説的『形而上謂之道，形而下謂之器』。有無之辯最早由老子倡導，第一章云：『無，名天地之始；有，名萬物之母。』第四十章又云：『天下萬物生於有，有生於無。』老子所討論的有無關係主要是用來説明宇宙的生成過程，而未能遠離世務和事物，莊子雖繼承了老子關於宇宙生成的觀點，但抽象思辯的意味要更濃，本體論意識也要更強。正是因爲這點，無論是貴無論、崇有論，還是獨化論、貴虛論都曾受到莊子的啟發或影響。

1．王弼、何晏的貴無論與莊子

晉書王衍傳言：『魏正始中，何晏、王弼等祖述老莊，立論以爲天地萬物以無爲本。無也者，開物成務，無往而不存者也。』『無』爲『群有』的本體，這是貴無論最基本的命題。何晏在道論中説：『有之爲有，恃無以

① 見湯一介郭象與魏晉玄學，湖北人民出版社1983年版，第7頁。

生；事之爲事，由無以成。夫道之而無語，名之而無名，視之而無形，聽之而無聲，道之全焉。』（列子天瑞張湛注引）王弼也說：『天下之物，皆以有爲生。有之所始，以無爲本。』（老子注四十章）何、王有意識將老莊的宇宙生成論改造成宇宙本體論，爲自己的理論立下根基。莊子雖然也講生成論，如大宗師篇曰：『夫道，有情有信，無爲無形；可傳而不可受，可得而不可見；自本自根，未有天地，自古以固存；神鬼神帝，生天生地。』但是這種認識並不堅定，對生成論開始起了懷疑。齊物論篇說：『有始也者，有未始有始也者，有未始有夫未始有始也者。有有也者，有無也者，有未始有無也者，有未始有夫未始有無也者。俄而有無矣，而未知有無之果孰有孰無也。』認爲假如宇宙有個開始，那麼開始之前當然還有未開始，未開始之前又有極端寂虛的狀態；假如存在一個『無』，那麼『無』之前有一個無『無』，『無無』之前又有一個無『無無』。照這樣推論下去，老子講『天下萬物生於有，有生於無』，那『無』又是由誰而生呢？何、王二人顯然對此有所觸動，認識到生成論的局限，故而將『無』理解爲天地萬物的本體，以避免此種尷尬的追問。其實，以無爲本的思想在莊子中已經有所體現。知北遊篇云：『有先天地生者物邪？物物者非物，物出不得先物也，猶其有物也。』認爲能夠賦予事物形體的，其本身一定沒有形體，否則它又會變成被賦予者，故天道篇言：『夫虛靜、恬淡、寂漠、無爲者，萬物之本也。』王弼對『無』的理解既繼承了老子的看法，又從莊子這裏獲益良多。他在老子指略中說：

夫物之所以生，功之所以成，必生乎無形，由乎無名。無形無名者，萬物之宗也。不溫不涼，不宮不商。……若溫也則不能涼矣，宮也則不能商矣。形必有所分，聲必有所屬。

意謂萬物的本體必定是無形無名的，因爲有形的必然會有所分別，有聲的必然會有所歸屬，不可能包舉一切。王弼的這種思路亦見於莊子齊物論：『故爲是舉莛與楹，厲與西施，恢恑憰怪，道通爲一。其分也，成也；其成也，毀也。凡物無成與毀，復通爲一。』又：『是非之彰也，道之所以虧也。道之所以虧，愛之所以成。果且有成與虧乎哉？果且無成與虧乎哉？有成與虧，故昭氏之鼓琴也；無成與虧，故昭氏之不鼓琴也。』

王、何『貴無』，必然『賤有』，那麼如何解決『無』與『有』之間的對立又成了一個新的問題。對此，王弼提出了『體用不二』、『本末不二』的思想。他認爲要把握整個宇宙萬物，必然要回歸到『無』這一本體上去，即『將欲全有，必反於無』。同時，『無』又必須通過『有』才能顯示其存在，離開了『有』，『無』也就失去了其存在的意義，所謂『象而形者非大象也，音而聲者非大音也，然則四象不形則大象無以暢，五音不聲則大音無以至』（老子指略）。這樣，既貴『無』，又不廢『有』，最終形成『守母存子』、『崇本舉末』的方法論。他在注老子第三十八章時説：『守母以存其子，崇本以舉其末，則形名俱有而邪不生，大美配天而華不作。故母不可遠，本不可失。』又説：『本在無爲，母在無名。棄本舍母，而適其子，功雖大焉，必有不濟；名雖美焉，僞亦必生。』王弼這種以無役有、守本存末的方法論雖是在注釋老子的過程中建立起來的，『老子之書其幾乎可一言而蔽之，噫，崇本息末而已矣』（老子指略），但老子一書並未明確提出『本』、『末』的概念。王弼還注過周易，而周易也沒有明顯的『本』、『末』思想。王弼的這一理論固然有其重大獨創性，但我們認爲他援莊釋老和援莊解易的做法比較突出，而莊子中有關『有』、『末』的看法流露較多，所以王弼受其啟發或者對其進行吸納與改造則是很自然的事了。莊子則陽説：

> 有名有實，是物之居；無名無實，在物之虚。……吾觀之本，其往無窮；吾求之末，其來無止。無窮無止，言之無也，與物同理；或使莫爲，言之本也，與物終始。道不可有，有不可無。道之爲名，所假而行。

這段話討論了『道』（無）與『物』（有）的關係：『無』是『有』的根本，所謂『無窮無止，言之無也』、『有不可無』是也；『無』又不能離開『有』而獨存，所謂『與物同理』、『與物終始』、『道之爲名，所假而行』是也；『無』和『有』其實是一體的，所謂『有名有實，是物之居；無名無實，在物之虚』是也。可見，王弼『本末不二』、『體用不二』的思想在莊子中已有萌芽，只是顯得不夠成熟，也沒有形成系統。另外，莊子貴『道』賤『物』，守『道』以

存『物』的觀念也散見在各個篇章中。例如德充符篇曰：『審乎無假而不與物遷，命物之化而守其宗也。』知北遊篇曰：『中國有人焉，非陰非陽，處於天地之間，直且爲人，將反於宗。自本觀之，生者，喑醷物也。』尤其是天下篇評論各家學説時運用『本』、『末』的方法論傾向非常强烈，把『不離於宗』的人稱爲『天人』，認爲聖人能夠『以天爲宗，以德爲本，以道爲門，兆於變化』，稱讚『古之人其備乎！……明於本數，係於末度，六通四闢，小大精粗，其運無乎不在』，歸納關尹、老子的學説爲『以本爲精，以物爲粗，以有積爲不足，澹然獨與神明居』，莊周自己的學説也是『其於本也，弘大而闢，深閎而肆；其於宗也，可謂稠適而上遂矣』。這些都可以説明，莊子一書已經藴含了本體論思想以及崇本舉末的方法論原則，『祖述老莊』的王弼絶不可能無視於此。

2．裴頠的崇有論及郭象的獨化論與莊子

正始之後，竹林名士没有在純粹理論層面繼續王、何的有無本末之辯，而是把它外化爲人生和社會問題即自然與名教的關係問題來討論，是王弼『聖人體無』説的延伸。自此之後，士人無論賢愚都紛紛仿效嵇、阮的傲世性格和不守禮法的行爲，對名教形成了嚴重衝擊。到了西晉元康時期，虚無任誕之風愈演愈烈，引起一些玄學家的不滿，他們不得不思考『有無本末』的問題，重新回到純粹理論層面對王、何的貴無論進行批判或修正。裴頠以『矯虚誕之弊』爲目的而作崇有論，將王、何的貴無論完全顛倒過來，認爲『有』才是萬物的本體，『無』不過是『有之所謂遺者也』，提出『夫至無者，無以能生，故始生者，自生也。自生而必體有，則有遺而生虧矣』的主張，較爲成功地將『有』從『無』的決定中解放出來，也爲郭象的『獨化論』做了理論鋪墊。

之後，郭象撰莊子注，接過裴頠的話題，把『有』、『無』之辯推向一個新的階段。他徹底否定了『無』的決定性，認爲『有』、『無』之間不存在相生相化的關係。齊物論注云：『無既無矣，則不能生有。』知北遊注又云：『非唯無不得化而爲有也，有亦不得化而爲無矣。』既然『無』不是萬有的根據，『有』也『不足以適衆形』，那萬物到底本何而來？『有』和『無』又有什麽意義？爲了回答這些問題，郭象在向秀、裴頠萬物自生自化論的基礎

上提出『獨化』的概念。既反對王、何以無爲本的貴無思想，又不贊成裴頠以有爲宗的崇有觀念，指出天地萬物『雖復罔兩，未有不獨化於玄冥者也』（齊物論注）。向秀、裴頠講萬物自生自化，承認首先要有一個不生不化的生化之本作爲前提。而郭象連這個前提也否定掉了，説：『故造物者無主而物各自造。物各自造而無所待焉，此天地之正也。』（齊物論注）又説：『若責其所待，而尋其所由，則尋責無極。卒至於無待，而獨化之理明矣。』（同上）至於萬物如何『獨化』，郭象不能明言，只説：『卓爾獨化，至於玄冥之境。』（大宗師注）他解釋道：『玄冥者，所以名無而非無也。』（同上）萬物『獨化』，這即是『有』，而且是『自古無未有之時而常存』（知北遊注）。萬物『獨化』又必然達至『名無而非無』的玄冥之境，此處的『無』已經由王、何的本體義轉變成境界義了。由於郭象能夠將他的『獨化』論一以貫之，將『無』和『有』統一在萬物之中，『無』中有『有』，『有』中有『無』，故其哲學真正做到了體用不二，是對魏晉玄學『有無之辯』的圓滿總結。

不論是裴頠的崇有論，還是郭象的獨化論，我們很容易發現，萬物自生自化的觀點一直通貫這兩種論調的始終，可以説是這兩種論調的理論基石。而在易、老、莊乃至整個先秦哲學中，提及萬物自生自化的問題則只有莊子，因此魏晉玄學關於萬物自生自化論是對莊子這一問題的改造和深化。向秀最早談萬物的自生自化，他在莊子注中説：『吾之生也，非吾（『吾』疑爲『物』）之所生，則生自生耳，生生者豈有物哉？（無物也），故不生也。吾之化也，非物之所化，則化自化耳，化化者豈有物哉？無物也，故不化焉。若使生物者亦生，化物者亦化，則與物俱化，亦奚異於物？明夫不生不化者，然後能爲生化之本也。』（張湛列子注引）『自生』、『自化』的概念見於莊子在宥，雲將以『願合六氣之精以育群生』的問題去問鴻蒙，鴻蒙開始不應，隨後回答説：『汝徒處無爲，而物自化。墮爾形體，吐爾聰明，倫與物忘；大同乎涬溟，解心釋神，莫然無魂。……無問其名，無窺其情，物固自生。』秋水篇也説：『物之生也，若驟若馳，無動而不變，無時而不移。何爲乎，何不爲乎？夫固將自化。』不過，莊子言萬物自生自化並不是從本體論和生成論方面來認識的，而是强調萬物自然而然的本性，正

因爲萬物能夠自生自化，所以不需要人爲的干預。向秀受王、何本體論思想的影響，在莊子『自生』、『自化』本義的基礎上再賦予以新的含義，借來說明萬物是如何產生和變化的。儘管從本原說萬物是自生自化的，但向秀依然認爲萬物自生自化的背後有一個『無物』的『生生者』、『化化者』作爲依據。前面已提到，莊子蘊含了『以無爲本』的思想，『無』必定有別於『群有』，即所謂『殺生者不死，生生者不生』（大宗師），『物物者非物』（知北遊），向秀『不生不化』的概念大概脫胎於此。裴頠接受了向秀萬物自生自化的觀點，不同的只是把『有』視爲萬物生化的本體。應該說，向秀和裴頠所主張的萬物自生自化觀並不徹底，因爲他們都贊同萬物生化必須有一個依據作爲本體，這樣，萬物自生自化說就與本體論之間存在矛盾。

到了郭象，萬物自生自化的理論才獲得實質性的突破。郭象在知北遊注中說：『誰得先物者乎哉？吾以陰陽爲先物。而陰陽者即所謂物耳。誰又先陰陽者乎？吾以自然爲先之，而自然即物之自爾耳。吾以至道爲先之矣，而至道者乃至無也。既以無矣，又奚爲先？然則先物者誰乎哉？而猶有物，無已。明物之自然，非有使然也。』追尋來追尋去，竟沒有一個先物者，所以萬物存在的根據只能從自身中去尋找，即『明物之自然，非有使然也』。又齊物論注說：『然生生者誰哉？塊然而自生耳。自生耳，非我生也。我既不能生物，物亦不能生我，則我自然矣。』又則陽注說：『皆物之所有，自然而然耳，非無能有之也。』從中可以看出，郭象論萬物自生自化與向秀、裴頠不同的地方在於，他認爲萬物本身具有自然而然的屬性，每一事物以這樣子或者那樣子存在都是由這一屬性所決定的，用不著到萬物之外去追尋一個自生自化的本體。關於宇宙本體以及萬物的生成，莊子一方面並不承認萬物能夠自己生化自己，而是明確承認宇宙以『道』爲本體，存在造物者或造化這樣的精神實體，如大宗師篇言：『偉哉夫造物者，將以予爲此拘拘也！』又言：『偉哉造化！又將奚以汝爲？將奚以汝適？以汝爲鼠肝乎？以汝爲蟲臂乎？』但另一方面，莊子又要突出萬物的主體性，強調其自然而然的本性，故而對於造物者或造化的存在問題產生了疑問，發生了動搖。例如天運篇一開頭便發出一連串的追問：

『天其運乎？地其處乎？日月其爭於所乎？孰主張是？孰維綱是？孰居無事而推行是？意者其有機緘而不得已邪？意者其運轉而不能自止邪？雲者爲雨乎？雨者爲雲乎？孰隆施是？孰居無事淫樂而勸是？風起北方，一西一東，有上彷徨，孰噓吸是？孰居無事而披拂是？』齊物論篇在描寫『天籟』時也說：『夫吹萬不同，而使其自已也，咸其自取，怒者其誰邪？』不過，這種懷疑和動搖一直處於隱性，處於次要。郭象注莊子時則將這一隱性的想法明確化，將其絕對化，徹底否定在萬物之外還有一個『主宰』。關於這一點，我們不能說郭象完全違背了莊子的本意，其間還是有所承接的。郭象根本不承認造物主的存在，實際上等於取消了『無』的本體義，肯定萬物都是『自有』。田子方注云：『初未有而有。故遊於物初，然後明有物之不爲而自有也。』每一事物都能夠無條件地『自有』，這正是『獨化』論的核心。郭象使用了『自生』、『自然』、『自得』、『自爾』、『自爲』、『自性』等詞語來描述萬物『自有』的狀態。換個角度看，其實『獨化』論也在某種程度上突出了萬物的主體性和自足性，此與莊子是相通的。駢拇篇說：『是故鳧脛雖短，續之則憂；鶴脛雖長，斷之則悲。』馬蹄篇也說：『馬，蹄可以踐霜雪，毛可以禦風寒，齕草飲水，翹足而陸，此馬之真性也。』這些都可以看成是萬物『自有』的表現，不需要誰來主宰。莊子強調萬物『自然』、『自足』的本性是以否定人的『有爲』爲目的的，而郭象顯然沒有接受莊子這一用意，將其改造，用來肯定現存世界的唯一性和合理性，這樣就使『獨化』論獲得了實際的意義。

『獨化』論要爲現世提供指導作用，就必須解決兩個問題：一是一個個絕對『自有』的事物如何能構成一個完整和諧的世界？二是人們該怎樣去把握這樣一個完整和諧的世界？爲此，郭象發明了『相因之功』和『玄冥之境』兩種理論。他說：『天下莫不相與爲彼我，而彼我皆欲自爲，斯東西之相反也。然彼我相與爲脣齒，脣齒者未嘗相爲，而脣亡則齒寒。故彼之自爲，濟我之功弘矣，斯相反而不可以相無者也。』（秋水注）又說：『夫相因之功，莫若獨化之至也。』（大宗師注）認爲任何個體都能自生自化，自足於己，但是如果沒有其他

個體的存在，就無法體現他之所以爲他的特徵，他的存在便變得虛無。所以郭象得出結論：『故天地萬物凡所有者，不可一日而相無也。一物不具，則生者無由得生；一理不至，則天年無緣得終。』（大宗師注）這樣，一個個絕對『自有』的事物自然而然構成了一個完整和諧的世界。郭象的『相因』論並非無源之水，是對莊子『齊物論』思想的換向思考。『齊物論』是基於『道未始有封，言未始有常』而提出的。在莊子看來，至道的世界不分你我彼此，沒有是非對錯。之所以會出現『儒墨之是非，以是其所非而非其所是』，是因爲『言未始有常』，『其所言者特未定也』。以語言來解釋『道』，『道』就有了封界，就下降爲『術』，這樣就形成了一個紛繁淆亂、違背『道』之精神的世界。故莊子『齊物論』的目的在於使人們相忘乎語言，冥去物我是非的對立，復歸『天地與我並生，而萬物與我爲一』的道的境界。郭象的『相因』說顯然融入了莊子『天人合一』的觀點，但在如何達至『天人合一』這個問題上則提出與莊子相反的看法。『獨化』論必然要肯定每個具體的事物，肯定『彼我』這一事實的存在，秋水注云：『天地陰陽，對生也。是非治亂，互有也。』此與莊子『物無非彼，物無非是』正好相反。既然事物之間彼此對立，那怎樣做到統一呢？郭象認爲萬物雖各自獨化，擁有表徵自己的『性分』，卻能自然地構成一個有機的整體，這說明萬物自爲中有相爲，自得中有相得，所以他說：『雖手足異任，五藏殊管，未嘗相與而百節同和，斯相與於無相與也；未嘗相爲而表裏俱濟，斯相爲於無相爲也。若乃役其心志以恤手足，運其股肱以營五藏，則相營愈篤而外內愈困矣。故以天下爲一體者，無愛爲於其間也。』（大宗師注）認爲只要萬物各自足其性，而聖人『因眾之自爲』，就能達至天人一體的和諧世界，即所謂『神器獨化於玄冥之境』。由以上可以看出，莊子論『天人合一』，其立足點是貴無，注重精神性；而郭象論天人一體，其立足點是貴有，注重物質性。郭象的這種改造明顯受到裴頠『崇有論』的影響，同時烙上了鮮明的時代特徵。

3．張湛的貴虛論與莊子

由於佛學的滲透和支配，東晉玄學的主題發生了轉移，有無本末之辯也進入尾聲階段。這時期的有無本末

之辯以張湛的貴虛論爲代表，是對王弼、何晏之貴無論，阮籍、嵇康之元氣論以及郭象之獨化論的總結與糅合。

因爲是融通王、何、阮、嵇、向、郭等各家之說，所以貴虛論並沒有令人鼓舞的創新，既講宇宙本體論，又談宇宙生成論，遠不如郭象獨化論所具有的獨創性。列子注序言：『其書大略明群有以至虛爲宗，萬品以終滅爲驗。』天瑞注言：『唯寂然至虛，凝一而不變者，非陰陽之所終始，四時之所遷革。』又言：『至無者，故能爲萬變之宗主也。』對於宇宙以何爲本體的問題，張湛接受了王弼、何晏的觀點，把『至虛』、『至無』看作是宇宙的本體，看作是超越於萬有之上的，但他沒有照搬照抄王、何的貴無論，而是在其中引入了向、郭所提出的萬物自生自化的思想。張湛在解釋何晏『有之爲有，恃無以生』觀點時說：『言生必由無，而無不生有。此運通之功必賴於無，故生動之稱，因事而立耳。』（天瑞注）認爲『無』並不實際參與萬物的化生，卻是萬物化生必不可少的依據。進而，他又說：『故有無之不相生，理既然矣，則有何由而生？忽爾而自生。忽爾而自生，而不知所以生。』（同上）這樣王、何派與向、郭派就在張湛的貴虛論中同時並存了。關於『至虛』概念的提出，張湛可能受到當時佛學的影響，僧肇的不真空論即有『夫至虛無生者，蓋是般若玄鑒之妙趣，有物之宗極』相類似的看法。至於『至虛』到底指什麽，張湛則吸收了莊子『環中』之說。他爲『谷神不死』作注時云：『夫谷虛而宅有，亦如莊子之稱「環中」。至虛無物，故謂谷神；本自無生，故曰不死。』（天瑞注）何謂『環中』？齊物論篇云：『彼是莫得其偶，謂之道樞。樞始得其環中，以應無窮。』林希逸注曰：『環之中必虛，我得道之樞要，則方始如環中然。如環之中，則無始無終而無窮矣。』則陽篇又言：『冉相氏得其環中以隨成，與物無終無始，無幾無時。』莊子所謂的『環中』只是一比喻義，張湛講『至虛無物』、『非陰陽之所終始，四時之所遷革』顯然從中得到了啟發。

張湛沒有郭象那樣高超的理論創造能力，在爲列子作注時也不可能像郭象那樣借助莊子一書來建立自己一套玄學體系，他改造不了列子原書的基本觀點。列子也承認有一個『不生』、『不化』的東西，但更多的是談論宇宙是怎麽生成的，如天瑞篇說：『夫有形者生於無形，則天地安從生？故曰：有太易，有太初，有太始，有

太素。太易者，未見氣也；太初者，氣之始也；太始者，形之始也；太素者，質之始也。……清輕者上爲天，濁重者下爲地，沖和氣者爲人。故天地含精，萬物化生。』張湛無法以自己的能力對此作出完全不同的解釋，故而他的貴虛論又滑向了宇宙生成論。關於宇宙如何生成這一問題，張湛則似乎受到了阮、嵇元氣論的影響。爲了能跟王、何、向、郭等人的學說銜接起來，他從莊子中引進了『太虛』一詞。天瑞注曰：『易者，不窮滯之稱。凝寂於太虛之域，將何所見耶？如易繫之太極，老氏之渾成也。』周穆王注曰：『太虛，恍惚之域。』然天瑞注又云：『雖天地之大，猶自安於太虛之域，況乃積氣相舉者也。』湯問注也說：『以此推之，則凡有形之域皆寄於太虛之中。』據此可知，張湛所說的『太虛』對自身而言是渾沌一團，對於有形之物來說則是無限遼闊的空間。渾沌一團即是元氣產生的前奏，因此『太虛』之中孕育了『氣』，莊子中亦有近似見解，達生篇說：『察其始而本無生，非徒無生也而本無形，非徒無形也而本無氣。雜乎芒芴之間，變而有氣，氣變而有形，形變而有生，今又變而之死。』至於『太虛』爲一無限空間之義，莊子則已有之。知北遊篇說：『若是者，外不觀乎宇宙，內不知乎大初，是以不過乎崑崙，不遊乎太虛。』『太虛』與『崑崙』對舉，則是指一空間無疑。天地篇又說：『性脩反德，德至同於初。同乃虛，虛乃大。』張湛言『太虛』近於莊子言『泰初』，是萬物未起之時。總之，張湛的貴虛論無甚創新，走老莊之學的理路確是明顯的。

二、名教與自然之辯

魏晉玄學是在整個社會出現全面危機的情況下而誕生的新思想，這種特徵決定它不可能只是『玄之又玄』，事實上遭遇了許多社會問題的嚴峻挑戰。其中，『名教』與『自然』的關係就是魏晉玄學需要探討和解決的最爲基本的時代課題，這一課題亦是有無本末之辯在現實社會中的回應。

名教成爲封建君主治理國家的指導思想和社會準則，是發生在漢武帝『獨尊儒術』之後。儒家所闡明的那套仁孝禮樂的價值體系和董仲舒所論定的那套『三綱五常』的倫理道德，則是名教的核心內容。到了東漢末年，名教已經變得有其名卻無其實，甚或被小人利用，淪爲其竊取權柄和名利的工具。而此時，士人主體意識覺醒，老莊哲學被重新審視，爲他們反對僞名教注入了新的思想動力。名教遭到了前所未有的困境，一度爲統治者所拋棄。但是從長遠看，在當時可供治國的思想中確實沒有比名教更適合的。因此，進入魏晉以後，名教被統治者重新納爲治國理論和準則。然而，當權者所宣稱的名教依然是徒具虛名，很難獲得廣大士人的認可。在這種儒學衰微、玄學漸盛的思想環境下，魏晉名士試圖以玄學理論來批判時下的僞名教，試圖將名教改造成能體現玄學精神的新名教。『名教』與『自然』之辯自然就貫穿了玄學發展的始末。由於莊子中包含著對儒家的深刻批判以及它以『自然』爲旨歸的思想，這就使其成了魏晉玄學家們論辨自然與名教這一課題的重要理論源泉。

1. 王弼『名教本於自然』的思想與莊子

儘管王弼只活了二十四歲，沒有多少社會閱歷，但他對於『名教』與『自然』這個重大的政治課題作出了極其深刻的思考。他熱衷於討論『有』、『無』、『本』、『末』，其實質是爲解決『名教』與『自然』的衝突尋找本體論依據，最終目的是爲挽救垂死的『名教』而非主張廢除『名教』。東晉的范寧似乎沒有看到這一點，他説：『王何蔑棄典文，不遵禮度，遊辭浮説，波蕩後生，飾華言以翳實，騁繁文以惑世。』（晉書范寧傳）稱他們的罪過深於桀紂。當然，亦有人不同意他的意見，認爲王弼、何晏是『振千載之頽綱，落周、孔之塵網』。後一種看法才真正覺察到了王弼的良苦用心。

『名教本於自然』是王弼對於名教與自然關係的基本看法，而『崇本以舉末』、『守母以存子』則是他解決名教與自然衝突的基本方法。老子注一章云：『凡有皆始於無，故未形無名之時，則爲萬物之始。』『名教』顧名

思義即以名定教，屬於有名有形之時，故『始於無』。王弼講『道同自然』，又講『道者，無之稱也，無不通也，無不由也』（以上論語釋疑），則『道』、『自然』、『無』，異名而同義，因此也可以說『名教』始於『自然』。既然『天地萬物以無爲本』，那麼『名教』亦是本於『自然』。脫離和違背『自然』的名教必然如無源之水，妄生邪端，所謂『棄本舍母，而適其子，功雖大焉，必有不濟；名雖美焉，僞亦必生』（老子注三十八章），名教衰敗的事實正證明了王弼這一論斷。要挽救名教，就應把本末倒置的做法糾正過來，因爲『仁義，母之所生，非可以爲母』（同上）。這樣，王弼就在理論和方法論上完成了對『名教』與『自然』問題的解決。

莊子所處的時代也是一個動亂不安、殘割人性的社會，百家皆在探索救世的思想，但並無所謂『名教』與『自然』的爭辯。當時，儒學爲顯學，影響最大，也是後來名教的理論支持者，其仁義禮樂的思想都無本體論的證明，積弊成多，形同教條。莊子敏銳地看到了儒學的這些缺陷，感歎：『自我觀之，仁義之端，是非之塗，樊然殽亂，吾惡能知其辯！』（齊物論）故而，對儒家所鼓吹的『仁義』、『禮樂』提出了尖銳的批評。綜觀莊子一書，並不像王弼那樣主張『仁義』、『禮樂』本於『自然』，而是認爲『仁義』、『禮樂』不過是大道被破壞而衍生出的產物，如馬蹄篇說：『道德不廢，安取仁義！性情不離，安用禮樂！』但莊子把『道德』、『自然』、『無爲』居於『仁義』、『禮樂』之前，看作是萬物之本，則爲王弼所吸納，啟發了他該以何種方法解決名教與自然的衝突。天道篇云：『夫道，於大不終，於小不遺，故萬物備。廣廣乎其無不容也，淵乎其不可測也。形德仁義，神之末也，非至人孰能定之！……審乎無假而不與利遷，極物之真，能守其本，故外天地，遺萬物，而神未嘗有所困也。通乎道，合乎德，退仁義，賓禮樂，至人之心有所定矣。』認爲只要守住『自然』這一本真，就無需推行所謂『仁義』、『禮樂』。如若不能，仁義禮樂也只能是個空盒子，甚至爲人所竊取，成爲作惡的幫兇，即胠篋篇所說的『竊仁義並斗斛權衡符璽之利者，雖有軒冕之賞弗能勸，斧鉞之威弗能禁』。王弼亦有感於此，遂謂『患俗薄而名興行，崇仁義，愈致斯僞』（老子指略）。

王弼主張有以無爲本，無亦由有而顯，故萬物的存在都應該是自然的體現，名教也應該符合自然的本性，所謂『萬物以自然爲性，故可因而不可爲也，可通而不可執也』（老子注二十九章）。關於萬物的自然本性，王弼更多接受了莊子的觀點，他説：『自然之質，各有定分，短者不爲不足，長者不爲有餘，損益將如何焉？』（老子注十六章）又説：『夫燕雀有匹，鳩鴿有仇；寒鄉之民，必知旃裘。自然已足，益之則憂。故續鳧之足，何異截鶴之脛？』（老子注二十章）這些看法顯然來自莊子駢拇：『彼正正者，不失其性命之情。故合者不爲駢，而枝者不爲跂；長者不爲有餘，短者不爲不足。是故鳧脛雖短，續之則憂；鶴脛雖長，斷之則悲。』王弼以此來批判當下陷入危機的名教，認爲其只注重『名』而不察其『實』，『夫敦朴之德不著，而名行之美顯尚，則修其所尚而望其譽，修其所道而冀其利，望譽冀利以勤其行，名彌美而誠愈外，得彌重而心愈競』（老子注三十八章），這些都是『棄其母而用其子』所出現的惡果，就像人們『續鳧之足』、『截鶴之脛』一樣違背事物自然的本性。因此，王弼相信『名教』只有本於『自然』才會有光明的前途。

2.嵇康、阮籍『越名教而任自然』的思想與莊子

魏晉之際的政局十分動蕩和黑暗，司馬氏集團爲奪取政權發動了高平陵之變，斬殺三千餘人，多數名士未能倖免。在取得政權後，司馬氏集團繼續其殘暴本性，借『不孝』、『不忠』之名大肆翦除異己，反而把自己標榜成『以孝治天下』的典範。名教之虛僞自古未至於斯，接受老莊思想洗禮的嵇康和阮籍向其發起了强有力的挑戰，不僅從理論上批駁名教，而且從行爲上宣佈與現行名教决裂。『越名教而任自然』是由嵇康提出來的，阮籍並無類似的言論，但基於他們對待現行名教的一致態度以及對『自然』的崇尚，説他們皆以『越名教而任自然』來處理名教與自然的關係則不爲大過。爲他們這一理論提供强大思想支持的則當數莊子一書。

所謂『越名教』，就是不遵守名教的規範，擺脱其束縛。嵇康發表這個大膽叛逆的言論不僅僅是緣自殘酷的現實，更重要的是基於玄學所賦予這一代士人的知識涵養和精神風貌，我們很難想像漢唐盛世會出現如此的

景象。他們從根源上論證名教並非理想的治國思想，名教控制下的國家只會陷入虛僞、爭鬥、腐敗，甚至亡國的危險。嵇康說：『及至人不存，大道陵遲，乃始作文墨，以傳其意；區別群物，使有類族；造立仁義，以嬰其心；制其名分，以檢其外；勸學講文，以神其教。故六經紛錯，百家繁熾，開榮利之途，故奔騖而不覺。』（難自然好學論）阮籍也說：『今汝尊賢以相高，競能以相尚，勢爭以相君，寵貴以相加，驅天下以趣之，此所以上下相殘也。竭天地萬物之至，以奉聲色無窮之欲，此非所以養百姓也。於是懼民之知其然，故重賞以喜之，嚴刑以威之。財匱而賞不供，刑盡而罰不行，乃始有亡國、戮君、潰敗之禍。此非汝君子之爲乎！汝君子之禮法，誠天下殘賊、亂危、死亡之術耳，而乃目以爲美行不易之道，不亦過乎！』（大人先生傳）在『至人不存，大道陵遲』的社會，名教妄圖以名分和禮法來維繫秩序，實際上卻造成人心離散、紛繁淆亂的局面，甚至淪爲統治者作惡的工具。這樣的名教確實毫無價值可言，所以嵇康發出『以六經爲蕪穢，以仁義爲臭腐』（釋私論）的痛罵，阮籍更是譏諷禮法之士爲『逃於深縫，匿乎壞絮，自以爲吉宅』（大人先生傳）的蝨子。儘管嵇、阮一致痛斥現行名教，主張拋棄之，但在其內心卻保留著對完美名教的願望，他們是夾在現實與理想中生存的痛苦靈魂。嵇康於聲無哀樂論中憧憬：『古之王者，承天理物，必崇簡易之教，御無爲之治。君靜於上，臣順於下，玄化潛通，天人交泰。』阮籍亦在達莊論中表達了自己的嚮往：『直能不害於物而形以生，物無所毀而神以清，形神在我而道德成，忠信不離而上下平。』

在先秦諸子學中，莊學批判儒家的仁義禮樂最爲猛烈，孔子多次被作爲嘲諷的對象。然而，細審莊子全書，其對待儒家的態度還是有差別的。一派措辭嚴厲，極力反對儒家所說的仁義禮樂，我們稱之爲激進派，如駢拇、馬蹄、胠篋、在宥篇；另一派批判的語氣比較緩和，主張把仁義禮樂置於大道之下，我們稱之爲溫和派，如天道、天運、繕性篇。激進派以胠篋篇中的言論最激烈，其云：『故絕聖棄知，大盜乃止；擿玉毀珠，小盜不起；焚符破璽，而民朴鄙；掊斗折衡，而民不爭；殫殘天下之聖法，而民始可與論議。……削曾、史之行，鉗

楊、墨之口，攘棄仁義，而天下之德始玄同矣。』溫和派以天道和繕性中的言論爲代表，天道篇云：『是故古之明大道者，先明天而道德次之，道德已明而仁義次之，仁義已明而分守次之。』繕性篇亦云：『夫德，和也；道，理也。德無不容，仁也；道無不理，義也；義明而物親，忠也；中純實而反乎情，樂也；信行容體而順乎文，禮也。』嵇、阮二人以莊學激進派的思想爲武器對現行名教展開了尖鋭的批評，並作出進一步發揮，顯得更爲具體和深刻，從上面引用嵇、阮批判名教的話語當中我們就可以看得很清楚。同時，嵇、阮又不同意莊學激進派完全倒退到原始社會的主張，故阮籍説：『莊周之書何足道哉！猶未聞夫太始之論、玄古之微言乎？』（達莊論）顯然，他們還是贊成莊學溫和派對儒家仁義禮樂有所保留的態度。

所謂『任自然』，就是順應萬物和自我的自然本性，而不矯揉造作。嵇、阮堅持『任自然』，正是與現行名教背道而馳的。他們否定這個現存社會的合理性，希望以純任自然的生存方式建構一個理想世界，這一動機體現在他們對『至人』理想人格的追求上。嵇康在贈秀才兄公穆入軍贈詩中，不僅爲我們描述了至人的人格，所謂『至人遠鑒，歸之自然。萬物爲一，四海同宅』，還表達了自己希望追隨至人的理想，所謂『與彼共之，予何所惜！生若浮寄，暫見忽終；世故紛紜，棄之八戎。澤雉雖饑，不願園林；安能服御，勞形苦心？身貴名賤，榮辱何在？貴得肆志，縱心無悔』。阮籍亦於大人先生傳中寫道：『至人無宅，天地爲客；至人無主，天地爲所；至人無事，大地爲故。無是非之别，無善惡之異，故天下被其澤，而萬物所以熾。』他們欲以一己之力把『至人』這一理想人格付諸殘酷的社會，結果付出了沉重代價。他們的悲劇不只是自己的悲劇，亦是一代有志士人的悲劇。

關於『至人』理想人格的塑造，莊子哲學是著力最多的。據統計，『至人』一詞在莊子中共出現三十來次，流露出作者濃厚的『至人』崇拜情結。嵇、阮共同雅好莊學，他們所嚮往的『至人』理想人格皆本之於莊子。不過，二人對於『至人』理想人格如何可能的問題還是各有所偏重的。嵇康偏重『至人』所擁有的心靈境界，阮籍則偏

重『至人』所達到的思想境界，此是他們研究莊子的不同結果，也與其個人氣質有關。嵇康說：『唯至人特鍾純美，兼周內外，無不畢備。』（明膽論）又說：『至人存諸己，隱璞樂玄虛，功名何足殉，乃欲列書簡。』（答二郭）他所推崇的『至人』是自足於己，無求於外的，是純朴和完美的。『至人』這種心靈境界，與莊子所述並無二致。田子方篇云：『得至美而遊乎至樂，謂之至人。』列禦寇篇云：『彼至人者，歸精神乎無始而甘冥乎無何有之鄉。』嵇康即是在『至人』之心的感召下讓自己得到升華的。阮籍較之嵇康更顯含蓄，他心目中之『至人』形象則是體現莊周『齊萬物』、『同死生』的智者。『至人』以『天地爲客』，以『天地爲所』，以『天地爲故』，他超越了事物之間是非善惡的對立，完全與天地萬物融爲一體。在阮籍看來，天地即自然，『自然者無外，故天地名焉；天地者有內，故萬物生焉』（達莊論）。因而，『至人』與天地萬物就是自然一體。不僅如此，『至人』還要清除悅生惡死之情對於自然一體的破壞，『至人者，恬於生而靜於死。生恬而情不惑，死靜則神不離，故能與陰陽化而不易，從天地變而不移。』（同上）阮籍所謂至人『以死生爲一貫，是非爲一條』的思想境界實際上是對莊子之『齊物論』理論的大加發揮，使『至人』的理想人格得到進一步提升。莊子之『至人』有時候還會停留在『勝物』的目的上，如應帝王篇云：『至人之用心若鏡，不將不迎，應而不藏，故能勝物而不傷。』阮籍對此顯然是有意見的。

3．郭象『名教即自然』的思想與莊子

阮籍、嵇康的放達行爲在其死後依然有人效仿，到裴頠、郭象之時愈演愈烈，所謂『放者因斯，或悖吉凶之禮，而忽容止之表，瀆棄長幼之序，混漫貴賤之級』（裴頠崇有論）。但這些人是故意爲之，並不像阮、嵇那樣率性而爲。他們不懂得『自然』的真義，卻要東施效顰，在當時起了很壞的影響。名教與自然的對立不僅在社會中仍未消除，在理論上也未得到圓滿解決。郭象在吸取王弼、向秀、裴頠有關思想的前提下，對莊子進行了改造性的詮釋，將儒、道進一步融通，從而成功地完成了『名教即自然』的論證。

郭象注莊子並不是想著如何去忠實文本，而是有其自己的意圖，用他的話說就是『通天地之統，序萬物之性，達死生之變，而明內聖外王之道，上知造物無物，下知有物之自造也』（莊子注序）。『內聖外王之道』之稱謂始見於天下篇，卻成爲郭象玄學的核心理論。『內聖』、『外王』的概念放置在玄學之中就擁有了不同於莊子所說的涵義。郭象講『內聖』即是指『自然』，講『外王』即是指『名教』。其逍遙遊注云：『夫聖人雖在廟堂之上，然其心無異於山林之中，世豈識之哉！徒見其戴黃屋，佩玉璽，便謂足以纓紱其心矣。見其歷山川，同民事，便謂足以憔悴其神矣。豈知至至者不虧哉！』聖人就是體悟名教即自然的典範。此與莊子中『孰肯以物爲事』的至人、神人、聖人形象存在巨大的差別，可見郭象注莊子確實遵循著『應而非會，則雖當無用；言非物事，則雖高不行』的原則，使自己的言論有補於世。

『名教即自然』這個命題的成立實有賴於郭象對『自然』一詞的重新解釋。老莊常言『自然』，莊子更是以『自然』作爲其哲學的精神。德充符篇說：『吾所謂無情者，言人之不以好惡內傷其身，常因自然而不益生也。』繕性篇也說：『當是時也，莫之爲而常自然。』萬物如此那般皆是受之於天的，任何改變這一現狀的行爲都是不自然的。由此可見，莊子談『自然』，強調的是順從天道，無爲無作。按照這一觀點，儒家的仁義禮樂實非天道所出，違背了人的自然天性。故莊子說：『禮者，世俗之所爲也；真者，所以受於天也，自然不可易也。』（漁父）郭象並不完全同意莊子這一『自然』之義。他承認萬物具有自然而然的本性，卻不認爲是受之於所謂造物者的（即莊子所說的『道』）。不僅如此，郭象還承認社會中的君臣、貴賤、賢愚、仁義、禮樂等等都是自然的，都是合理的，如他在莊子注中云：

萬物萬情，趣舍不同，若有真宰使之然也。起索真宰之眹跡，而亦終不得，則明物皆自然，無使物然也。（齊物論注）

故知君臣上下，手足內外，乃天理自然，豈真人之所爲哉！（同上）

夫時之所賢者爲君，才不應世者爲臣，若天之自高，地之自卑，首自在上，足自居下，豈有遞哉！（同上）

若夫任自然而居當，則賢愚襲情，而貴賤履位，君臣上下，莫匪爾極，而天下無患矣。（在宥注）

夫仁義自是人之情性，但當任之耳。（山木注）

郭象的『自然』觀是建立在『獨化』理論基礎上的，他相信自然界、社會無一不遵守『獨化』的規律，在這一規律的作用下自然而然構成一個和諧的整體。名教並不是由哪個聖人生出，而是處於『獨化』之中，因此其存在亦是居於本體意義上的，是不容質疑和否定的。郭象巧妙地將莊子『自然』受之天的觀念改造成『自然』受之於己，從而輕鬆取消了名教與『自然』的對立，使名教與『自然』的同一性獲得了理論依據。根據郭象『相因之功，莫若獨化之至』的理論，名教必然要同社會中的每一個人發生聯繫，任何逃避或者破壞名教的意圖及行爲都會對整個社會造成危險。其天道注云：『明夫尊卑先後之序，固有物之所不能無也。』人間世注又云：『千人聚，不以一人爲主，不散則亂。故多賢不可以多君，無賢不可以無君，此天人之道，必至之宜。』這樣，名教所規定的君臣、貴賤等級之分和刑法、禮樂之制不僅是自然而然，而且是必須遵守的了。任何人對此有非分之想、非分之舉都是不安於自然，不安於名教的。所以郭象說：『物各有分，故知者守知以待終，而愚者抱愚以至死，豈有能中易其性者也！』（齊物論注）莊子申『自然』之主張明顯是針對儒家宣揚的那一套仁義禮樂制度，而到郭象這裏卻變成這套制度的理論基石，成爲儒家的擁護者了，改造的幅度實在是驚人。

萬物能夠各因其性，君臣能夠各任其事，百工能夠各守其責，整個世界就能達到『無爲而無不爲』的井然有序，這是郭象『名教即自然』理論的實際目標。但郭象之『無爲』非莊子之『無爲』。莊子主張順應天道自然才是『無爲』，『無爲爲之謂之天』（天地）。天道流行，人們要做的只是順應罷了，故莊子常言：『彷徨乎無爲其側』（逍遙遊）、『芒然彷徨乎塵垢之外，逍遙乎無爲之業』（大宗師）。郭象則不贊成這種看法，他說：『無爲者，非

拱默之謂也，直各任其自爲，則性命安矣。』(在宥注)從順應到『自爲』，這是質的轉變。郭象稱『無爲』實際上是有爲，是萬物各司其職的自爲。他認爲在現實社會中，人們的自爲只有遵照名教，依靠名教調節，才能保持自然狀態。郭象宣揚名教即『自然』，但並不是對現行名教的弊端熟視無覩。在一定程度上，他繼承了莊子所具有的批判精神，只是態度相對溫和，批判相對理性，如人間世注云：『夫君人者，動必乘人，一怒則伏尸流血，一喜則軒冕塞路。故君人者之用國，不可輕之也。』在宥注亦云：『己與天下，相因而成者也。今以一己而專制天下，則天下塞矣，己豈通哉！』這實質上是對他那個時代『君人者』殘忍和專制行爲的不滿。

三、言意之辯

言與意的關係早在老、莊及周易中就討論過，至魏晉時期則蔚爲大觀，成爲玄學的主要辯題，出現了不少有關言、意問題的專論文章，如張韓的不用舌論、嵇康的言不盡意和歐陽建的言盡意論。之所以會如此熱烈，一方面在於玄學本身的需要，另一方面是對漢末經學的反動。玄學最大的理論特色就是建構本體論，『本體』具有超言絕象的性質，因之人們能不能瞭解和把握這樣一個本體就成了必須回答的問題，言意之辯正是爲此而展開。漢末經學越來越拘泥於文字、象數和器物，以至於極盡穿鑿附會之能事，盡失經籍之精髓，故當時『通人惡煩，羞學章句』(文心雕龍論說)。此種治學之法已經沒落，終爲魏晉士人所棄，他們通過言意之辯於漢儒之外尋到新的解釋經典的方法。莊子較之老、易，探討言意關係更多更深，還確立了言不盡意的論調。整個魏晉時期的言意之辯差不多就是沿著『言』到底能不能盡『意』這一思路延續下去的，是對莊子言意思想的拓展和深化。

言意關係在先秦時期就已是一個重要的命題，如周易繫辭上載孔子的話『書不盡言，言不盡意』、『聖人立

象以盡意，設卦以盡情僞，繫辭焉以盡其言』。論語陽貨亦有孔子『天何言哉？四時行焉，百物生焉，天何言哉』之類的言論。莊子則較爲集中地闡發了對言意關係的認識：

世之所貴道者書也，書不過語，語有貴也。語之所貴者意也，意有所隨。意之所隨者，不可以言傳也，而世因貴言傳書。世雖貴之，我猶不足貴也，爲其貴非其貴也。故視而可見者，形與色也；聽而可聞者，名與聲也。悲夫，世人以形色名聲爲足以得彼之情！夫形色名聲果不足以得彼之情，則知者不言，言者不知，而世豈識之哉！（天道）

荃者所以在魚，得魚而忘荃；蹄者所以在兔，得兔而忘蹄；言者所以在意，得意而忘言。吾安得夫忘言之人而與之言哉！（外物）

可以言論者，物之粗也；可以意致者，物之精也；言之所不能論，意之所不能察致者，不期精粗焉。（秋水）

天道篇還描述了一個輪扁斲輪的寓言故事，旨在説明『得之於手而應於心，口不能言，有數存焉於其間』。從這幾段論述和寓言故事來看，莊子關於言意關係的立場很明確，即『言』是不能夠完全傳達『意』的，即使傳達出來的部分『意』也需要忘記『言』才能得到。究其原因，『意』不是固定的，它超越了有形有聲的語言文字，表現出『無』的特徵，要想以有形有聲的東西來完全傳達『無』則是辦不到的。所以，比『意』更高一級的『道』更是語言所不能表達的，知北遊篇説：『道不可聞，聞而非也；道不可見，見而非也；道不可言，言而非也。』

莊子『言』不盡『意』的觀點在玄學言意之辯中佔據了主導地位，這可以從歐陽建的言盡意論得到印證，他説：『世之論者，以爲言不盡意，由來尚矣。至乎通才達識，咸以爲然。』①儘管『雷同君子』皆傾向『言』不盡

① 嚴可均輯校全上古三代秦漢三國六朝文全晉文卷一百九。

『意』之論，但他們並非簡單重複莊子的看法，而是在很多方面做了補充和發揮，將言意關係的論辯推上更深一層。言意之辯實始於荀粲，他對易中『立象以盡意，繫辭焉以盡言』作出不同的看法，認爲『象』與『繫辭』表達的只是象內與言內之意，『象外之意』與『繫表之言』則沒於其中而不出。荀粲顯然是發揮了莊子『言之所不能論，意之所不能察致者，不期精粗焉』（秋水）的言論，他的這種解釋爲王弼開了先導。王弼關於言、象、意關係的論述甚有思辯水準，也極有創新。他在周易略例明象中說：『夫象者，出意者也。言者，明象者也。盡意莫若象，盡象莫若言。』可見他十分重視『言』與『象』的作用，幾乎認爲是明『意』不可缺少的。從這一方面講，王弼糾正了莊子輕視語言文字的態度。他接著說：『言生於象，故可尋言以觀象。象生於意，故可尋象以觀意。意以象盡，象以言著。』這表明王弼還是同意『意』可以通過『象』與『言』來把握的，而非簡單地認爲『言』不盡『意』。他又說：『言者所以明象，得象而忘言；象者所以存意，得意而忘象。猶蹄者所以在兔，得兔而忘蹄；筌者所以在魚，得魚而忘筌也。是故存言者，非得象者也。存象者，非得意者也。』從有無本末的關係看，『言』、『象』都不屬於本體，是『有』；『意』才是本體意義上的，是『無』。如果滯留於『有』，就不能體『無』，故王弼接受了莊子『得意而忘言』的觀點，並將其系統闡述，化爲玄學最爲重要的方法論。王弼運用這一方法解決了不少難題，例如他造訪吏部郎裴徽，裴氏問王弼：『夫無者誠萬物之所資也，然聖人莫肯致言，而老子申之無已者何？』他回答說：『聖人體無，無又不可以訓，故不說也。老子是有者也，故恒言無所不足。』（見世說新語文學）老子主張『無』，卻中之不已，孔子則不肯致言於『無』，王弼認爲孔子能夠『得意忘言』，才是真正的『體無』者。

王弼之後，嵇康接過言意的話題，撰寫言不盡意一文來申述自己的主張，可惜文章已佚，無從知曉其具體內容。與王弼不同的是，嵇康在贊成『得意而忘言』觀點的同時，更多發揮莊子『言』不盡『意』的思想。他認爲『言』不盡『意』的原因來自主體與客體兩方面。從主體看，『言』的能力非常有限，『沉乎天下微事，言所不能

及，數所不能分，是以古人存而不論。』（難宅無吉凶攝生論）從客體看，『言』的對象不僅廣博，而且變動不居，『天地廣遠，器物多方，智之所知未若所不知者衆也』（同上），『夫言非一定自然之物，五方異俗，同事異號，舉一名而爲標幟耳。』（聲無哀樂論）嵇康的這些看法其實都發源於莊子。齊物論篇說：『故分也者，有不分也；辯也者，有不辯也。』因此聖人對於六合之外是『存而不論』，六合之內則是『論而不議』。齊物論篇中還有一個『朝三暮四』的寓言，講的是猴子進食，聽說『朝三而暮四』即生氣，聽說『朝四而暮三』就高興，所謂『名實未虧而喜怒爲用』。嵇康稱『五方異俗，同事異號』，與『朝三』、『暮四』反映的是同一個道理。『言』不盡『意』，並不等於『意』就不能被瞭解和把握。嵇康於其中引入了『知心』的概念，他說：『聖人卒入胡域，……或當與關接，識其言耶？或吹律鳴管，校其音耶？將觀氣采色，知其心耶？此爲知心，自由氣色，雖自不言，猶將知之。知之之道，可不待言也。』（聲無哀樂論）意謂聖人入胡，儘管語言不通，然通過『知心』卻能直達胡人之意。『知心』即哲學上講的『直覺』，這個認識對莊子『言』不盡『意』論應該是一種補充和發展。

在晉取代魏以後，關於言意關係的討論還在繼續，如庾琛、庾亮父子對『有意』、『無意』的爭論以及歐陽建標新立異的『言盡意』論，其中最有成就者當屬郭象『寄言以出意』的思想了。莊子一書比較獨特，用天下篇的話說就是『謬悠之說，荒唐之言，無端崖之辭』。而郭象認爲莊子正是依靠這些『謬悠之說』、『荒唐之言』、『無端崖之辭』寄托了自己的深意，他說：『夫莊子推平天下，故每寄言以出意，乃毀仲尼，賤老聃，上掊擊乎三皇，下痛病其一身也。』（山木注）莊子有『寓言十九，重言十七，卮言日出，和以天倪』（寓言）之語，郭象所說的『寄言』應該是指這三言，他認爲莊子運用『三言』的最終目的還是爲了『出意』，只是傳達出來的『意』可以是言內之『意』，也可以是言外之『意』。其逍遙遊注云：『鯤鵬之實，吾所未詳也。夫莊子之大意在乎逍遙遊放，無爲而自得。故極小大之致，以明性分之適。達觀之士，宜要其會歸，而遺其所寄，不可事事曲與生說，自不害其弘旨，皆可略之耳。』『鯤鵬』這則寓言是作者杜撰出來的，郭象以爲如若偏執於『鯤鵬之實』（言內之意），那就會

失掉『莊子之大意』(言外之意),所以他主張讀莊、注莊時要『遺其所寄,不可事事曲與生説』,所謂『求道於言意之表則足,不能忘言而存意則不足』(則陽注)。可見,郭象既非『言不盡意』論者,又非『言盡意』論者,他所重視的是該怎麼透過『言』之跡達至『言』之所以跡。天運篇云:『夫六經,先王之陳跡也,豈其所以跡哉!今子之所言,猶跡也。夫跡,履之所出,而跡豈履哉!』這是説『跡』非『履』,同樣『言』也不是『意』。『言』爲『跡』,『意』是『所以跡』,切不可把『跡』等同於『所以跡』。郭象『寄言以出意』的思想是對莊子言意關係的深化認識,他將其用於學術研究中,誕生了一部極具獨創性的莊子注。

四、聖人有情無情論

玄學雖重抽象思辯,但其宗旨依然是構想一個合乎聖人人格的理想社會。對於聖人爲何種人格,不同的玄學家有相異的看法。其中,關於聖人是否有情的問題爭論最多,因此這也是玄學中一個不可忽視的論題。這場爭論始於何晏、王弼,後來的嵇康、郭象都有涉及,到了東晉還未熄滅,甚至連佛教徒也參與進來了。考其源流,不能不追溯到莊子。老子基本上不討論人的情感這一話題,周易繫辭下有句話説:『象也者,像此者也。爻象動乎内,吉凶見乎外,功業見乎變,聖人之情見乎辭。』這裏,『情』的意思不明朗,大概指『性情』、『實際想法』之類。至莊子,『情』字大量使用,約有六十餘處,儘管『情』的含義大都指性情,但亦有指人的喜怒哀樂等情感的,同時首次提出人到底是有情還是無情的問題:

惠子謂莊子曰:『人故無情乎?』莊子曰:『然。』惠子曰:『人而無情,何以謂之人?』莊子曰:『道與之貌,天與之形,惡得不謂之人?』惠子曰:『既謂之人,惡得無情?』莊子曰:『是非吾所謂情也。吾所謂無情者,言人之不以好惡内傷其身,常因自然而不益生也。』(德充符)

莊子關於情感的看法是存在矛盾的，説到底是情與理之間的衝突。莊子主張順應自然，喜怒哀樂應當看作是人的自然性情，因而他説的『無情』並非真正没有情感。另外一方面，他又反對那種不達於道的『情』，這樣普通人没有節制的喜怒哀樂之情又在他的否定之列。要做到莊子的這種『無情』境界，看來普通老百姓就不要奢望了，只有聖人才能夠『有人之形，無人之情。有人之形，故群於人，無人之情，故是非不得於身』（德充符）。莊子自己乃是一個至性至情之人，這從他悼念惠施的話語中可以看出，『自夫子之死也，吾無以爲質矣，吾無與言之矣』（徐無鬼），並不只是死了一個論辯的夥伴，更遺憾的是失掉了一個知己。然而，莊子對於理想人生的追求又要求他必須超越這種感情。妻子死了，他不但不哀傷悼念，反而無禮地『鼓盆而歌』。惠施責備他，他回答説：『是其始死也，我獨何能無概然！察其始而本無生，非徒無生也而本無形，非徒無形也而本無氣。雜乎芒芴之間，變而有氣，氣變而有形，形變而有生，今又變而之死，是相與爲春秋冬夏四時行也。人且偃然寢於巨室，而我噭噭然隨而哭之，自以爲不通乎命，故止也。』（至樂）妻子去世，自然會流露出哀傷悼念的神情，但從生死的大道看，妻子的死順應了自然規律，哭哭啼啼顯然是不協調的。莊子這些看法以及他本人的行爲給聖人是有情還是無情這個問題留下了可以討論的廣闊空間，玄學的這場有情無情爭論實有賴於此。

正始時期，何晏、鍾會等主聖人無情論，而王弼主聖人有情論，『何晏以爲聖人無喜怒哀樂，其論甚精，鍾會等述之。弼與不同，以爲聖人茂於人者神明也，同於人者五情也。神明茂，故能體沖和以通無；五情同，故不能無哀樂以應物。然則，聖人之情，應物而無累於物者也。今以其無累，便謂不復應物，失之多矣。』①何晏怎麼論述『聖人無喜怒哀樂』已無從知曉。他在論語集釋中認爲『凡人任情喜怒，違理』，由此推知，聖人因爲能夠以理節情，所以喜怒哀樂不能入其心。何晏的這一見解與莊子是非常接近的，大宗師篇云：『且夫得者，時也；

① 王弼傳，嚴可均輯全上古三代秦漢三國六朝文全晉文卷十八。

失者，順也。安時而處順，哀樂不能入也。此古之所謂縣解也，而不能自解者，物有結之。』王弼則批評聖人無情論，認爲喜怒哀樂也是聖人所不能免的，只是聖人能夠『體沖和以通無』，『應物而無累於物』，故有情也不爲情所累。他舉了孔子的例子來證明這個觀點，他說：『夫明足以尋極幽微，而不能去自然之性。顏子之量，孔父之所預在。然遇之不能無樂，喪之不能無哀。又常狹斯人，以爲未能以情從理也。而今乃知自然之不可革。』（答荀融難大衍義）孔子雖不免於哀樂之情，但不損其聖人之名。王弼一方面不同意莊子以理化情的做法，認爲人之五情乃『自然不可革』；另一方面卻又吸收莊子的思想來論證聖人不爲情所累。山木篇云：『材與不材之間，似之而非也，故未免乎累。若夫乘道德而浮游則不然。無譽無訾，一龍一蛇，與時俱化，而無肯專爲；一上一下，以和爲量，浮游於萬物之祖；物物而不物於物，則胡可得而累邪！』聖人能夠與『道』通而爲一，能夠『物物而不物於物』，所以喜怒哀樂自然不能累其心。

據世說新語簡傲載：『嵇康與呂安善，每一相思，千里命駕。』不僅如此，嵇康爲了證明呂安的清白還搭上自己的一條性命。可知，嵇康亦是一至性至情之人。對於聖人有情無情的問題，他的看法傾向於王弼。嵇康在琴賦中說：『顧茲梧而興慮，思假物以托心。乃斲孫枝，准量所任。至人攄思，制爲雅琴。』這是主張聖人有情的。不過，他認爲聖人有情自有其聖人的境界：

> 夫稱君子者，心無措乎是非，而行不違乎道者也。何以言之？夫氣靜神虛者，心不存於矜尚；體亮心達者，情不繫於所欲，故能審貴賤而通物情。物情順通，故大道無違；越名任心，故是非無措也。（釋私論）

聖人之情完全不繫於他的欲望，所以他能夠『應物而無累於物』。嵇康所說的『大道無違』、『是非無措』，顯然是對莊子『天人合一』和『齊物論』思想的運用。郭象比之王弼、嵇康有更濃重的聖人崇拜情結，其莊子注提及『聖人』一詞達八十餘次，在他的筆下『聖人』乃是踐行『內聖外王』之道的最高典範。對於聖人是否有情，郭象則似

乎傾向於聖人無情論。他說：『故有情於爲離、曠而弗能也，然離、曠以無情而聰明矣。有情以爲賢聖而弗能也，然賢聖以無情而賢聖也。豈直賢聖絕遠而離、曠難慕哉！雖下愚聾瞽及雞鳴狗吠，豈有情於爲之，亦終不能也。』（德充符注）認爲俗人有情卻終爲俗人，聖人無情卻永爲聖人。又說：『夫聖人無樂也，直莫之塞而物自通。』（同上）在他看來，聖人因無喜怒哀樂之情，所以萬物不能擾其心。儘管郭象接受了莊子關於聖人能免於俗人之情的觀點，但並不認爲聖人是不問世事的方外高人。天運注云：『是以聖人未嘗獨異於世，必與時消息，故在皇爲皇，在王爲王，豈有背俗而用我哉！』認爲聖人與常人一樣待人接物，一樣爲帝王，只是他的『內聖』工夫做得好，才無喜無怒無哀無樂。此與莊子中的聖人形象存在質的差別，是郭象爲適應時代要求而做的改造。那聖人如何達到『內聖外王』之境？郭象又說：『聖人常遊外以冥內，無心以順有，故雖終日揮形而神氣無變，俯仰萬機而淡然自若。』（大宗師注）『彼是相對而聖人兩順之，故無心者與物冥，而未嘗有對於天下也。』（齊物論注）這些說法又可視爲是對莊子『物物而不物於物』（山木）思想的發揮。由此觀之，郭象的見解整合了有情、無情兩派的觀點，實際上是超越了有情無情之爭。在郭象看來，聖人是不可以按常人的標準來觀照的。西晉末年名士王衍對聖人有情無情的看法與郭象相合，晉書本傳載：『衍嘗喪幼子，山簡吊之。衍悲不自勝，簡曰：「孩抱中物，何至於此！」衍曰：「聖人忘情，最下不及於情。然則情之所鍾，正在我輩。」簡服其言，更爲之慟。』這裏的『忘情』並不等於無情，是說喜怒哀樂之情不能入於聖人之心，聖人已經超越了自身的情感。

東晉建立以後，聖人有情無情之辯仍在繼續，此時已無法在理論上超過王弼、郭象等人，轉而成爲名士們清談的品題之一。這個時期佛教大興，僧人兼修玄學，故在清談中常見僧人的身影。世說新語文學載：『僧意在瓦官寺中，王苟子來，與共語，便使其唱理。意謂王曰：「聖人有情不？」王曰：「無。」重問曰：「聖人如柱邪？」王曰：「如籌算，雖無情，運之者有情。」僧意云：「誰運聖人邪？」苟子不得答而去。』王苟子即東晉

名士王濛之子，名王修，死時僅二十四歲。王修認爲聖人無情，在僧意的追問下又言『運之者有情』，顯然不能自圓其說，最後『不得答而去』。可見，直至玄學尾聲，聖人有情、無情之爭依然沒有得到令雙方都滿意的結論，足證莊子所提出的哲學命題可讓人們長期討論下去。

第三章　王弼、阮籍、嵇康的莊子學

第一節　王弼『祖述老莊』及其對莊子的超越

王弼（226—249），字輔嗣，山陽（今河南焦作市）人。據世說新語文學劉孝標注所引王弼別傳說，王弼少而察惠，十餘歲便好莊、老，通辯能言。當時玄學首領何晏任吏部尚書，對他的才華推崇備至，題之曰：『後生可畏，若斯人者，可與言天人之際矣。』經何晏的薦舉，王弼做了尚書郎。正始十年（249），司馬懿發動政變，曹爽及何晏一同被誅，王弼也『以公事免』，於同年秋病亡。

王弼雖然僅僅活了二十四歲，但他天才卓出，以短暫的一生寫出了老子注、老子指略、周易注、周易略例、論語釋疑等著作①。由於王弼基本上沿著何晏的理路，以明顯傾向於道家的態度來解說先秦典籍，從而強有力地煽起了玄風，故世人遂謂，『何晏、王弼等祖述老莊』（晉書王衍傳），『於是聃周當路，與尼父爭塗矣。』（文心雕龍論說）但對於建立當時的玄學理論體系，王弼所作出的貢獻卻大大超過了何晏。在『祖述老莊』方面，兩人的思想認識也表現出了一定的差異。下面擬分三個方面，主要就王弼如何『祖述老莊』與超越莊子的問題作一些

① 王弼的著作，今由樓宇烈匯爲王弼集校釋一書，中華書局1980年版。以下凡引王弼文，皆根據此書。

論述。

一、『以無爲本』的本體論

關於宇宙萬物的形成過程，老子説：『天下萬物生於有，有生於無。』（老子四十章）又説：『道生一，一生二，二生三，三生萬物。』（老子四十二章）莊子也説：『夫道，有情有信，無爲無形。』（大宗師）又説：『道者，萬物之所由也。』（漁父）何晏、王弼的本體論，正是在『祖述老莊』這些思想的基礎上進一步推進的。晉書王衍傳云：『魏正始中，何晏、王弼等祖述老莊，立論以爲天地萬物皆以無爲爲本。無也者，開物成務，無往不存者也。陰陽恃以化生，萬物恃以成形，賢者恃以成德，不肖恃以免身。故無之爲用，無爵而貴矣。』所謂『以無爲爲本』，就是以『無』爲本，故接著説『無也者，開物成務，無往而不存者也。』在何晏、王弼看來，宇宙萬物都不能自己化生自己，也不能獨立存在，而必須依據著一個根本的東西才能成形，才能存在，這個根本的東西就是超越於萬有之上的『無』，即老莊所謂的『道』。

但是，從我們今天所能見到的一些資料來看，何晏在闡述自己的本體論時主要援用了老子思想，而王弼則比何晏更重視對莊子思想的闡釋。如老子説『道生一，一生二，二生三，三生萬物』，王弼注：『萬物萬形，其歸一也。何由致一？由於無也。由無乃一，一可謂無。』這説明，老子認爲『道』是『一』的創造者，是絕對高於『一』的；王弼則認爲，『一』既是『道』（『無』）與物的中介，又是『道』（『無』）的別稱，同樣具有統一世界萬物的作用，所以説『萬物萬形，其歸一也。』顯然，王弼這種把萬物統一於『一』的思想，主要是對莊子『通於一而萬事畢』（天地）、『萬物一也』（知北遊）思想的繼承和發展。而且在王弼看來，『道』、『無』、『一』既然是世界萬物的最高總體性和最終根據，那麽它就必然具有絕對的周遍性。他説：『道汜濫無所不適，可左右上下周旋而

用，則無所不至也。』（老子注三十四章）不難看出，這一說法也基本上是『祖述』莊子所謂『道』『無所不在』（知北遊）的思想而來的。

然而，上面所說的『祖述』，並不等於因襲。因爲王弼對於莊子思想的繼承，事實上很富有創造性。如他說：『無之爲物，水火不能害，金石不能殘。用之於心，則虎兕無所投其爪角，兵戈無所容其鋒刃，何危殆之有乎！』（老子注十六章）這明顯援用了莊子中描寫『神人』、『至人』的一些文字。但是，莊子的目的本在於論證得道者忘懷一切所產生的特殊效能，而王弼通過改造性地利用這些思想資料，卻要使人們懂得在精神上意識到『無』才是超越萬物萬事局限的本體，從而使之達到一種『何危殆之有』的美妙境界。他又說：『以文明之極，而觀至穢之物，睽之甚也。豕而負塗，穢莫過焉。至睽將合，至殊將通，恢詭譎怪，道將爲一。』（周易注睽卦象）這段話本之莊子齊物論：『物固有所然，物固有所可。無物不然，無物不可。故爲是舉莛與楹，厲與西施，恢恑憰怪，道通爲一。』從這裏可以看出，王弼通過把『道通爲一』改造爲『道將爲一』，從而由莊子關於泯滅事物差別的思想導向了對『道』的另一本體意義的認識，認爲『道』作爲世界萬物的本原，完全能夠把諸如恢、詭、譎、怪這些性質不同的事物包統起來而『合』爲一體。由此說明，他在『祖述』莊子的同時，也敢於大膽超越。

二、『以自然爲性』的本性自足論

關於萬物的本性，王弼說：『萬物以自然爲性，故可因而不可爲也，可通而不可執也。物有常性，而造爲之，故必敗也；物有往來，而執之，故必失矣。』（老子注二十九章）在王弼看來，萬物以保全本性爲足，一切人爲的損益都會招致失敗。這一觀念，不能說對老子自然無爲的思想沒有承因關係，但畢竟嚴重偏離了老子所謂『天之道損有餘而補不足』（老子七十七章）的理論宗旨，而恰恰接近了莊子的哲學主張。關於這一點，王弼還

有更爲明確的表述：

損之爲道，損下益上，損剛益柔也。損下益上，非補不足也；損剛益柔，非長君子之道也。……自然之質，各定其分，短者不爲不足，長者不爲有餘，損益將何加焉？非道之常，故必與時偕行也。（周易注損卦彖）

王弼指出，萬物皆以本性自足，『短者不爲不足，長者不爲有餘』，因此，一切損益之舉，皆『非長君子之道也』。毫無疑問，王弼的這一理論思考主要來源於莊子駢拇：『彼正正者，不失其性命之情。故合者不爲駢，而枝者不爲跂；長者不爲有餘，短者不爲不足。是故鳧脛雖短，續之則憂；鶴脛雖長，斷之則悲。故性長非所斷，性短非所續，無所去憂也。』由此可見，在對萬物以本性自足的認可上，王弼與莊子幾乎是息息相通的。因此，他對莊子駢拇篇中的這段名言給予了反復的『祖述』和發揮。他又說：

夫燕雀有匹，鳩鴿有仇；寒鄉之民，必知旃裘。自然已足，益之則憂。故續鳧之足，何異截鶴之脛？（老子注二十章）

這裏，王弼以『故』字引出『續鳧足』、『截鶴脛』之喻，更清楚地表明他的本性自足論直接來源於莊子，尤其是其中的駢拇篇。而且他還把莊子的觀點推而廣之，認爲即使像燕雀各有匹偶、鳩鴿各有友朋和寒鄉之民必知旃裘溫暖等等，也都屬於不可違逆的自然本性，豈能根據我們的好惡而加以絲毫改易？

從上述觀點出發，王弼進一步認爲，聖人作爲最善於體認自然本體的人，必定也就是以自然本性自足的典範。他說：『聖人達自然之（性），暢萬物之情，故因而不爲，順而不施，除其所以迷，去其所以惑，故心不亂而物性自得之也。』（老子注二十九章）這就是說，聖人既通達萬物之性，又曉暢萬物之情，因此『不爲』、『不施』，不妄自增損包括自己在內的萬物的自然本性；他們只是除迷去惑，做到『心不亂而物性自得』而已。這些說法，都與莊子的基本思想頗爲接近，但對莊子的『人故無情』（德充符）這一觀念來說，卻又表現出了一定的超

越性。

三、『得意忘象』、『得象忘言』的認識論

在認識論上，王弼著重探討了『無名』、『無形』的『道』能否用名言概念和具體形象來加以表達的問題，從而產生了他的『得意忘象』、『得象忘言』理論。其周易略例明象云：

> 夫象者，出意者也。言者，明象者也。盡意莫若象，盡象莫若言。言生於象，故可尋言以觀象；象生於意，故可尋象以觀意。意以象盡，象以言著。故言者所以明象，得象而忘言；象者，所以存意，得意而忘象。猶蹄者所以在兔，得兔而忘蹄；筌者所以在魚，得魚而忘筌也。然則，言者，象之蹄也；象者，意之筌也。是故，存言者，非得象者也；存象者，非得意者也。象生於意而存象焉，則所存者乃非其象也；言生於象而存言焉，則所存者乃非其言也。然則，忘象者，乃得意者也；忘言者，乃得象者也。得意在忘象，得象在忘言。故立象以盡意，而象可忘也；重畫以盡情，而畫可忘也。

這裏的『言』指語言和文字，『象』指卦象或物象，『意』指卦象或物象所包含的意義。關於三者的關係，王弼認爲，言是用來說明象的，像是用來表達意的，所以說：『象者，出意者也。言者，明象者也。盡意莫若象，盡象莫若言。言生於象，故可尋言以觀象；象生於意，故可尋象以觀意。』顯然，這是對周易繫辭上『聖人立象以盡意，設卦以盡情僞，繫辭焉以盡其言』等說法的進一步發揮。然而在上面所引的王弼的論說中，最能代表他的理論精神實質的卻是『得意忘象』、『得象忘言』之說，而這一說法則直接來源於莊子的『得意忘言』思想。莊子說：『世之所貴道者，書也。書不過語，語有貴也。語之所貴者意也，意有所隨。意之所隨者，不可以言傳也，而世因貴言傳書。世雖貴之，我猶不足貴也，爲其貴非其貴也。故視而可見者，形與色也；聽而可聞者，名與

聲也。悲夫，世人以形色名聲爲足以得彼之情！夫形色名聲果不足以得彼之情，則知者不言，言者不知，而世豈識之哉！』（天道）在莊子看來，言、意之間根本不存在對應關係，『意』是不可能憑藉語言文字而得到完全傳達的，這正如在天運篇中所說，『跡，履之所出，而跡豈履哉！』因此，世間的一切書籍都像虛妄的『形色名聲』一樣，根本不值得珍貴。於是，他在天道篇中又設出『輪扁斲輪』的故事，用來直斥凡世上所傳的先聖之書皆爲『古人之糟魄』。在外物篇中，他又進一步指出：『荃者所以在魚，得魚而忘荃；蹄者所以在兔，得兔而忘蹄；言者所以在意，得意而忘言。』荃通筌，是一種捕魚的竹器。蹄是一種捕兔的工具，用以繫住兔腳，故名『蹄』。這裏，荃、蹄皆以喻言，魚、兔皆以喻意，表明正像荃、蹄僅是捕魚繫兔的工具一樣，言也並不是意的本身，故既已得意，其言便可忘去。十分明顯，王弼得以提出『得意忘象』、『得象忘言』之說，正是沿著莊子上述思想理路前進的結果。而其所使用的『得兔忘蹄』、『得魚忘荃』的比喻，則更是對莊子外物中所設比喻的襲用。

然而，王弼的『得意忘象』、『得象忘言』之說，並不是對莊子『得意忘言』思想的簡單因襲。因爲莊子所講的僅僅限於言與意的關係，而王弼則在言、象、意之間架起了一座溝通的橋梁，從而開闢了一條以莊子治周易卦象的道路，並藉以進一步解釋了世界萬有與宇宙本體的關係。更爲重要的是，王弼並沒有像莊子那樣直斥語言爲『不足貴』的『糟魄』。他所謂的『忘言』、『忘象』，實際上就是要求人們打破『言』與『象』的有限性，以把握那不能用有限的『言』與『象』去加以指謂說明的東西，而不是主張遺言遺象，讓人們去憑空冥悟那虛無的宇宙本體。這再度說明，王弼對莊子思想是既有『祖述』而又有超越的。

第二節　阮籍『以莊周爲模則』及其對莊子的超越

阮籍（210—263），字嗣宗，陳留尉氏（今河南尉氏縣）人。父阮瑀，曾受學於蔡邕，是著名的『建安七子』之

一，能文工詩，深受曹操器重。阮籍也能文工詩，而且『志氣宏放，傲然獨得，任性不羈』（晉書阮籍傳），與嵆康、山濤、劉伶、阮咸、向秀、王戎等七人，『常集於竹林之下，肆意酣暢，故世謂「竹林七賢」。』（世說新語任誕）

晉書阮籍傳說：『籍本有濟世志，屬魏晉之際，天下多故，名士少有全者，籍由是不與世事，遂酣飲爲常。』誠然，阮籍自己也曾回想說：『昔年十四五，志尚好詩書。被褐懷珠玉，顏閔相與期。』（詠懷詩之十五）①這正是他『本有濟世志』的最好說明。但因『天下多故』，他『由是不與世事』，雖然也曾多次出仕，卻實屬不得已而爲之。如魏正始三年（242），阮籍三十三歲，魏太尉蔣濟因聞其有儁才而召爲幕僚，他卻堅決不應召，蔣大怒。後經鄉親勸解，阮籍才勉強首次踏上仕途，不久又托病辭去。正始八年，曹爽輔政，召阮籍爲參軍，他卻拒絕應召，歸田屏居。一年後，司馬懿誅滅曹爽集團，時人因而佩服他頗有遠識。及司馬懿執政之後，阮籍爲了避免禍及自身，遂應召而爲從事中郎。高貴鄉公曹髦即位後，又封他爲關內侯，徙散騎常侍，然『非其好也』②。後『籍聞步兵廚營人善釀，有貯酒三百斛，乃求爲步兵校尉，遺落世事』（晉書阮籍傳），故世人稱他爲『阮步兵』。

正因爲阮籍清醒地認識到在黑暗的現實中自己已完全無法實現『濟世志』，所以他就由崇儒而轉向『好莊老』（同上），而尤『以莊周爲模則』③，希冀追步莊子，逍遥於大道之鄉，以便獲得個體精神上的徹底解脫。這種思想體現在他那著名的詠懷詩中，主要表現爲對莊子逍遥遊文意的多所承因與大膽化用。如其二十三首云：

東南有射山，汾水出其陽。六龍服氣輿，雲蓋切天綱。仙者四五人，逍遥晏蘭房。寢息一純和，呼噏成露霜。沐浴丹淵中，照耀日月光。豈安通靈臺，游漾去高翔。

---

① 此節凡引阮籍詩文，皆據陳伯君阮籍集校注本，中華書局1987年版。
② 北堂書鈔卷五十八引七賢傳。
③ 太平御覽卷六百十一引七賢傳。

莊子逍遥遊云：『藐姑射之山有神人居焉，肌膚若冰雪，淖約若處子，不食五穀，吸風飲露，乘雲氣，御飛龍，而遊乎四海之外。……堯治天下之民，平海内之政，往見四子（據天地篇，四子指被衣、王倪、齧缺、許由）藐姑射之山、汾水之陽，窅然喪其天下焉。』詩人通過化用莊子的這些寓言故事，從而表明：『神仙之人既離塵俗，自當遨遊八紘之外，雖通靈之臺，彼且不以爲安，明避世之宜遠也。』①這實際上就是通過托言神人不遊人間，以比況自己希冀遠離黑暗的社會現實，而『逍遥』、『寢息』於没有世網與傾軋的理想境界。在詠懷詩中，這種思想幾乎隨處可見。其三十六首云：『誰言萬事艱，逍遥可終生。』黄節在阮步兵詠懷詩注中指出，此蓋取義於逍遥遊篇『今子有大樹，患其無用，何不樹之於無何有之鄉，廣莫之野，彷徨乎無爲其側，逍遥乎寢卧其下，不夭斤斧，物無害者，無所可用，安所困苦哉！』其四十六首云：『鷽鳩飛桑榆，海鳥運天地。豈不識宏大，羽翼不相宜。招摇安可翔，不若棲樹枝。下集蓬艾間，上遊園圃籬。但爾亦自足，用子爲追隨。』黄節指出，此乃化用逍遥遊篇文意而來，『言興復不能，托之隱遁』，而結句尤可見出阮籍意欲隱遁逍遥之『本懷』。其七十八首云：『昔有神仙士，乃處射山阿。乘雲御飛龍，嘘噏嘰瓊華。可聞不可見，慷慨歎咨嗟。』此亦化用了逍遥遊篇『藐姑射山神人』的寓言，説明詩人期待與神人一同高蹈遠舉，徹底離開黑暗的現實社會，但最終卻不能實現這一願望，因而只好『慷慨歎咨嗟』而已。

在大人先生傳中，阮籍通過假借『大人先生』這位自稱『今吾乃飄颻於天地之外，與造化爲友』的理想化人物，還對上述思想作了更爲充分的闡發。正所謂其『著大人先生論，所言皆胸懷間本趣，大意謂先生與己不異也』②。

① 陳伯君阮籍集校注詠懷詩（其二十三）集評引黄侃語。

② 世説新語棲逸劉孝標注引竹林七賢論。按，晉書阮籍傳在摘録大人先生傳文字後亦云：『此亦籍之胸懷本趣也。』

這篇傳記，一開始就概括介紹了『大人先生』的出處大略和思想學識特點，説他『養性延壽，與自然齊光，其視堯舜之所事，若手中耳。以萬里爲一步，以千歲爲一朝，行不赴而居不處，求乎大道而無所寓』。在正文中，則讓『大人先生』自己宣講説：『夫大人者，乃與造物同體，天地並生，逍遥浮世，與道俱成。』又説：『今吾乃飄飖於天地之外，與造化爲友，朝食湯谷，夕飲西海，將變化遷易，與道周始。』最後作者寫道，『先生從此去矣』，『陵天地而與浮明遨遊無始終，自然之至真也』。十分明顯，阮籍通過塑造『大人先生』，充分發揮了自己在詠懷詩中意欲與莊周一同逍遥於天地之外的思想。但阮籍也跟莊子一樣，内心畢竟無法忘卻現實。如他假借『大人先生』，公然抨擊儒家的禮法，認爲『君立而虐興，臣設而賊生，坐制禮法，束縛下民』，所以『汝君子之禮法，誠天下殘賊亂危死亡之術耳』。並嘲笑禮法之士像鑽進棉褲裏的蝨子，一旦『炎丘火流』來臨，則皆『死於褌中而不能出』。顯然，阮籍的這一批判精神無疑是承因和發揚莊子『剽剝儒墨』、『詆訿孔子之徒』（史記老子韓非列傳）的精神而來，但批判的矛頭卻直指當時大力提倡虚僞『名教』的司馬氏集團以及依附司馬氏集團的禮法之士，從而使莊子那種批判儒學的特有精神真正成了激勵玄學之士反抗『名教』而『法自然』的強大力量。

在達莊論中，阮籍也塑造了一位遨遊於理想境界的道家『先生』，實際上同樣可看成是作者自己的化身。文章開頭寫道：『先生徘徊翱翔，迎風而遊，往遵乎赤水之上，來登乎隱坌之丘，臨乎曲轅之道，顧乎泱漭之洲，恍然而止，忽然而休，不識曩之所以行，今之所以留，悵然而無樂，愀然而歸白素焉。』由於這裏用來描寫『先生』的文字大多來源於莊子①，『先生』的形象基本上是按照莊子的思想來塑造的，因而引起了一幫『縉紳好事之徒』（即禮法之士）對莊子學説的非難，以爲『莊周乃齊禍福而一死生，以天地爲一物，以萬類爲一指，無乃徼惑

① 如『遵乎赤水之上』本之莊子天地『黄帝遊乎赤水之北』，『登乎隱坌之丘』本之知北遊篇『知北』『登隱弅之丘』，『臨乎曲轅之道』本之人間世篇『匠石』『至於曲轅』，『歸白素焉』本之天地篇『明白入素』。

以失貞，而自以爲誠是也？』於是，作者假借『先生』之口，從無情反駁『縉紳好事之徒』的非難入手，進而從正面展開了對莊子思想的積極闡發。他首先說：

> 天地生於自然，萬物生於天地。自然者無外，故天地名焉；天地者有內，故萬物生焉。當其無外，誰謂異乎？當其有內，誰謂殊乎？……天地合其德，日月順其光，自然一體，則萬物經其常，入謂之幽，出謂之章，一氣盛衰，變化而不傷。是以重陰雷電，非異出也；天地日月，非殊物也。故曰：自其異者視之，則肝膽楚越也；自其同者視之，則萬物一體也。

在阮籍看來，『自然』是世界的本體，天地萬物都是由它產生出來的，所以萬物皆統一於『自然一體』，如重陰雷電，『非異出也』，天地日月，『非殊物也』，哪裏還有什麼區別可言呢？這些雖然是對莊子本體論和齊物思想的闡發，而『自其異者視之』四句作爲結論的話，則完全是從莊子德充符中借用來的。在此基礎上，阮籍又進而從萬物的生死壽夭角度展開了他的論述。他說：

> 以生言之，則物無不壽；推之以死，則物無不夭。自小視之，則萬物莫不小；由大觀之，則萬物莫不大。殤子爲壽，彭祖爲夭；秋毫爲大，泰山爲小。故以死生爲一貫，是非爲一條也。

阮籍指出，萬物的生死壽夭都是人們從不同的角度來觀察事物所造成的結果，其實萬物本身並沒有什麼生死壽夭的差別，所以說：『以死生爲一貫，是非爲一條也。』阮籍的上面這段論述文字，主要通過援引並重新組接齊物論、德充符、秋水等篇中的有關思想資料而成，基本上忠實地表達了莊子的本真思想。在阮籍看來，只有莊子的這些話才是從天地自然出發來看待整個世界的，即所謂『莊周之云，致意之辭也』，『循自然、推天地者，寥廓之談也』，所以他在闡發時並沒有對莊子的這方面思想作什麼修正。

阮籍進一步認爲，正因爲『至道之極，混一不分，同爲一體』，甚至連萬物的生死壽夭都是可以齊同的，所以『莊周見其若此，故述道德之妙，敘無爲之本，寓言以廣之，假物以延之，聊以娛無爲之心而逍遙於一世，豈將以

希咸陽之門而與稷下爭辯也哉！』這就要求我們必須追慕『至人』，做到『善惡莫之分，是非無所爭』，『清其質而濁其文，死生無變而未始有云』。他說：

> 至人者，恬於生而靜於死。生恬則情不惑，死靜則神不離，故能與陰陽化而不易，從天地變而不移。生究（爾雅釋言：『究，窮也。』）其壽，死循其宜，心氣平治，消息不虧。是以廣成子處崆峒之山以入無窮之門，軒轅登崑崙之阜而遺玄珠之根，此則潛身者易以爲活，而離本者難以永存也。

這裏是說，至人恬靜，不爲生死所累，所以活著可以窮極自然的壽命，死時可以遵循自然相宜的歸宿，廣成子就是進入了這一自然無窮之門的人。可是，黃帝是人間天子，不懂得自然之道的根本，因而就很難與天地永存。很明顯，這些說法來源於莊子中的刻意、繕性、在宥、天地等篇，同時也是對莊子『至人』思想的進一步闡發。阮籍的用意，就在於借闡發莊子思想以表達其遁世逍遙的人生理想。

然而，阮籍所追求的逍遙境界又與莊子有所不同。從某種意義上來說，莊子的逍遙往往是通過順應自然和避世無爲來實現的，而阮籍在主張順應自然的同時，更強調了對自然的超越，這就是要求通過高揚自我以達到無限的境界，因而他在達莊論中說：『莊周之書何足道哉！猶未聞夫太始之論，玄古之微言乎！』在阮籍看來，真正的『太始之論』、『玄古之微言』並不是一味宣揚退隱和安命，而是要強調與『道』合一，以高邁的氣度遨遊於無限。此即表現爲他在答伏義書中所描繪的玄學理想人格：『騰精抗志，邈世高超，蕩精舉於玄區之表，攄妙節於九垓之外，而翱翔之乘景，躍踸踔，陵忽慌，從容與道化同逌，逍遙與日月並流。』也就是在大人先生傳中所說的『大人先生』精神：『必超世而絕群，遺俗而獨往，登乎太始之前，覽乎沕漠之初，慮周流於無外，志浩蕩而自舒，飄颻於四運，翻翱翔乎八隅。』所有這些都表明，阮籍雖『以莊周爲模則』，但又超越了莊子思想，充分顯示出了竹林名士的恢宏氣度和邈世超邁的精神。

第三節　嵇康以『莊周』爲『師』及其對莊子的超越

嵇康（224—263），字叔夜，譙國銍（今安徽宿縣西南）人。娶魏宗室長樂公主爲妻，後拜中散大夫，世稱嵇中散。他與阮籍齊名，同爲『竹林七賢』的領袖人物。由於他對司馬氏政權採取了堅決不合作的態度，遂遭鍾會構陷，爲司馬昭所殺害，時年四十歲。有嵇中散集傳世。此外，陸德明經典釋文莊子音義存有嵇康對逍遥遊篇『北冥』一詞的解釋文字，説明他還可能爲莊子的某些字句作過音義①，可惜今已無法見到其全貌了。

晉書嵇康傳云：『（康）作太師箴，亦足以明帝王之道焉。』這裏所謂的『帝王之道』，就是要求『居帝王者，無曰我尊，慢爾德音，無曰我強，肆於驕淫』，並進而做到『棄彼佞幸』，『唯賢是授』②。由此可見，嵇康同阮籍一樣，原來也有著『濟世志』，而這種思想志向的形成，又與他早年受到儒學影響分不開。嵇喜爲嵇康作傳，有『家世儒學』（三國志魏志王粲傳注引）之語，正可説明嵇康所言『帝王之道』，當即是承繼『家世儒學』而來。但由於處在魏晉易代的黑暗時期，政治鬥爭十分尖鋭殘酷，嵇康與阮籍等名士一樣，内心感到無比痛苦，對個人的前途也完全失去了希望，於是只好傾向老、莊，到他們的哲學中去尋求精神解脱的良方，所以嵇喜接著説嵇康『長而好老、莊之業』（同上）。嵇康自己也公然宣稱：『老子、莊周，吾之師也。』（與山巨源絶交書）

---

① 文選謝靈運永初三年七月十六日之郡初發都詩李善注所引有莊子之文及七賢音義。嵇康爲『七賢』之一，則其自當爲莊子作過一些音義。但陸德明所引嵇康的解釋文字是否出於七賢音義，則未可知。

② 見太師箴。按，此節凡引嵇康文，皆據戴明揚嵇康集校注本，人民文學出版社1962年版。

由於嵇康以勇敢地沖出名教牢籠而轉向道家的人性自然爲終極目的，所以他所謂的以『莊周』爲『師』，首先就是表現爲對莊子那種獨任天真的精神風貌的推崇。世說新語容止注引嵇康別傳云：『康長七尺八寸，偉容色，土木形骸，不加飾厲，而龍章鳳姿，天質自然。』所謂『土木形骸』，謂亂頭粗服，不加修飾，視其形骸，如土木然①。嵇康之所以如此，顯然與莊子人格精神的影響分不開。如莊子山木謂『莊子衣大布而補之，正緳係履而過魏王』，秋水篇謂其『將曳尾於塗中』，凡此，都可以看成是嵇康『土木形骸，不加飾厲』之所本。而且，莊子還要求塑造出一批更爲高超的理想人格，達到一種更爲獨特的精神境界。如齊物論篇塑造出南郭子綦的形象，即代表了一種『形固可使如槁木』、『心固可使如死灰』的理想人格。對此，郭象注云：『夫任自然而忘是非者，其體中獨任天真而已，又何所有哉！故止若立枯木，動若運槁枝，坐若死灰，行若遊塵。』嵇康的『土木形骸』，從精神實質方面來看，則更多地受到了莊子這種『獨任天真』哲學思想的影響。故嵇康自謂：『讀莊、老，重增其放，故使榮進之心日頹，任實之情轉篤。』（與山巨源絕交書）

正因爲嵇康所大力追求的是自然人性的復歸，所以他對古代那個所謂『大樸未虧』的社會表現出了無限的嚮往之情。他說：

> 昔鴻荒之世，大樸未虧，君無文於上，民無競於下，物全理順，莫不自得，飽則安寢，饑則求食，怡然鼓腹，不知爲至德之世也。若此，則安知仁義之端，禮律之文？（難自然好學論）

所謂『至德之世』，本是莊子幻想中的一個沒有道德約束、沒有政治傾軋，人人過著安閒自適美好生活的遠古社會。嵇康出於對當時黑暗社會的極端不滿，便接過莊子的這一思想而對『至德之世』重新作了一番描述。他的這番描述文字與莊子之馬蹄、胠篋、天地、盜跖等篇中的有關文字相比較，則顯然更加突出了『至德之世』無須

---

① 請參看余嘉錫世說新語箋疏容止，上海古籍出版社1993年版。

假借『仁義』、『禮律』的思想，從而有力地否定了司馬氏集團所提倡的虛僞『名教』。在此基礎上，他又對司馬氏集團及其追隨者——禮法之士用來維護虛僞『名教』、束縛人的自然本性的『六經』進行了痛斥：『六經以抑引爲主，人性以從欲爲歡。抑引則違其願，從欲則得自然。然則自然之得，不由抑引之六經，全性之本，不須犯情之禮律。故仁義務於理僞，非養真之要術；廉讓生於爭奪，非自然之所出也。』（同上）嵇康在這裏明確指出了『人性以從欲爲歡』，即以不受外在約束而能夠讓自然本性得到充分發展爲歡樂，而『六經』以及它所宣揚的『仁義』卻違背了人的自然本性，完全是個體生存和發展的『桎梏』。因而他遂『以六經爲蕪穢』，『以仁義爲臭腐』，認爲必須『兼而棄之』，以便達到『與萬物爲更始』（同上）的境界。嵇康這裏所使用的理論武器顯然來自莊子，而其所表現出的勇猛無畏的批判精神，更是對莊子那種特有批判精神的發揚光大。

在痛斥『六經』及仁義危害自然人性的同時，嵇康還表述了關於『托好老莊，賤物貴身，志在守樸，養素全真』（幽憤詩）的志趣。他說：

> 清虛靜泰，少私寡欲。知名位之傷德，故忽而不營，非欲而強禁也；識厚味之害性，故棄而弗顧，非貪而後抑也。外物以累心不存，神氣以醇白獨著，曠然無憂患，寂然無思慮。又守之以一，養之以和，和理日濟，同乎大順。（養生論）

嵇康這裏主要是就精神修養而言，認爲養神的關鍵在於恬淡無爲，清靜寡欲，不以外物累其心，也就是同篇中所謂『愛憎不棲於情，憂喜不留於意，泊然無感，而體氣和平』的意思。可見，嵇康的這種思想分明導源於莊子。所以他說自己『托好老莊』，志在『守樸』、『全真』。而在卜疑集中，他甚至還通過塑造『宏達先生』的形象，藉以表明自己『將如莊周之齊物變化，洞達而放逸』；或像莊子理想中的顏回那樣，『遊心皓素，忽然坐忘』，完全成爲一個在精神上能夠達到無限與自由的人。但嵇康並不否認導引呼吸、服用妙藥對養生的重要作用，所以他說：『呼吸吐納，服食養身，使形神相親，表裏俱濟也。』（養生論）甚至還認爲，若『蒸以靈芝，潤以醴泉，晞以朝

陽，綏以五弦，無爲自得，體妙心玄』，則『庶可與羨門比壽，王喬爭年，何爲其無有哉！』（同上）凡此又可說明，嵇康在強調養神的同時，也是不廢棄養形的。他把養生理論提高到了玄學追求個體理想人格的高度來認識，從而超越了莊子把『吹呴呼吸』、『吐故納新』僅僅看成是『爲壽而已矣』（見莊子刻意）的思想。

第四章　司馬彪的莊子注

司馬彪（？—約306），字紹統，晉宗室，是高陽王司馬睦之長子，河内溫縣（今河南溫縣西）人。曾任晉秘書丞、散騎侍郎等職。少篤學不倦，然好色薄行，爲睦所責，故不得爲嗣。他也由此不交人事，而專精學習，故得博覽群籍，終其綴集之務。著有莊子注、九州春秋、續漢書、兵記等，但除莊子注有數種輯本，續漢書八志因附於范曄後漢書得以保存外，其餘均散佚不傳。司馬彪生卒年當晚於崔譔、向秀，但司馬本莊子最接近古本莊子原貌，而崔、向本則屬於節選本，故今安排章次，以論司馬氏莊子注爲先。

第一節　司馬彪本莊子及其文獻價值

司馬彪所著莊子注，晉書司馬彪傳未詳其卷數。隋書經籍志錄爲十六卷，並注云：『本二十一卷，今闕。』而舊唐書經籍志、新唐書藝文志所錄皆作二十一卷，則當爲後來復得之足本。陸德明經典釋文序錄於『司馬彪注二十一卷、五十二篇』下注云：『内篇七、外篇二十八、雜篇十四、解說三，爲音三卷。』這爲我們瞭解五十二篇本莊子的内部結構提供了更加具體的信息。陸氏莊子音義所引諸家音義注釋以司馬彪注最多，且均勻分佈在各篇之中，可見陸氏應當看到了司馬彪原本，其所說也是值得信賴的。陸氏進一步認爲：『漢書藝文志「莊子五十二篇」，即司馬彪、孟氏所注是也。』據此，司馬氏的本子即爲班固漢書藝文志所載的本子。但有不少資

料表明，這兩個本子並不完全相同。莊子音義於齊物論篇『夫道未始有封』句下引崔譔云：『齊物七章，此（指篇內『夫道未始有封』一章）連上章，而班固說在外篇。』由此說明，司馬彪本在篇章的劃分上，顯然與班固本不盡一致①。莊子音義又於同篇『大塊』一詞下云：『司馬云：大樸之貌。衆家或作大槐，班固同。』同篇『天倪』一詞下云：『崔云：或作霓，音同，際也。班固作「天研」。』這同樣說明，司馬氏本在字句方面，也不完全與班固本相一致。

我們知道，在崔譔、向秀、郭象的删減本流行以前，漢魏時期流傳著的都是五十二篇本莊子，據現有資料所知，有班固本、孟氏本和司馬彪本。但前二者早已不存。目前所知班固本的信息只有四條，全部保留在莊子音義中，其中三條皆是轉自崔譔注，餘下一條雖未明言出自崔譔，但出於陸氏親見的可能性似不高。由此可知，不僅陸德明撰書時已經不能親覩班固本全貌，魏晉南北朝注莊者多達二十餘家，也僅有略早於向秀的崔譔見到並加以利用，可知班固本佚失之早。而經典釋文序錄於『孟氏注十八卷五十二篇』下注云：『不詳何人。』莊子音義中並不見引用孟氏注，可知陸德明也許沒有見到孟氏注。所以，司馬彪所注莊子是魏晉以後流傳最廣、影響最大的五十二篇本莊子，現今所存莊子佚文有一部分就是有司馬彪注的，我們今天如要上窺五十二篇本莊子，很大程度上就要依靠司馬彪注本。經典釋文序錄雖謂司馬彪本凡五十二篇，但其中的所謂『解說三』，卻並非莊子或莊子學派的文章，而應當是後人解說莊子或莊子學派文章的文字。對於這三篇解說文字，司馬彪也曾爲之作了注。如文選任昉齊竟陵文宣王行狀李善注引云：『淮南王莊子略要曰：「江海之士，山谷之人也，輕

① 按，假如司馬彪本『夫道未始有封』一章也在外篇而與郭象本相異，那麼，按照莊子音義的慣例，陸德明是必定要予以指出的。

天下，細萬物，而獨往者也。」司馬彪注曰：「獨往自然，不復顧世。」」①這裏所引的莊子略要之語，當即爲經典釋文序錄所謂的『解說』文字，而『獨往自然』二句，則是司馬彪對『解說』文字所作的注語。此處司馬彪的注語異常關鍵，若沒有一併保存下來，就不能確定莊子略要也在五十二篇本莊子之內了。王叔岷以爲：『莊子略要，乃淮南王外書之逸篇（淮南子今僅存內書二十一篇，外書已亡），以概論莊子者，非莊子五十二篇本中有此篇也。司馬彪注云云，僅可證司馬彪有淮南王莊子略要注，不能確定五十二篇本中有淮南王莊子略要。』（莊學管窺）此說似過於拘謹。我們知道，現存淮南子末篇也是要略，即皆用簡短數語對各篇要旨進行概括。由此看來，莊子略要應當也是對莊子各篇的簡要概括，今細審其遺文，恰好與刻意篇開頭部分相應：『刻意尚行，離世異俗，高論怨誹，爲亢而已矣，此山谷之士，非世之人，枯槁赴淵者之所好也。語仁義忠信，恭儉推讓，爲修而已矣，此平世之士，教誨之人，遊居學者之所好也。語大功，立大名，禮君臣，正上下，爲治而已矣，此朝廷之士，尊主強國之人，致功并兼者之所好也。就藪澤，處閑曠，釣魚閑處，無爲而已矣，此江海之士，避世之人，閒暇者之所好也。』可見兩種人性質相近，皆爲隱士，故可概括爲『輕天下，細萬物，而獨往者也』。當然這只是有關刻意篇略要的一部分，還不完整，但莊子略要作爲『解說』是無可懷疑的了。況且還有司馬彪注，歷史上並無司馬彪爲淮南子作過注釋的記載，如果有，那爲何僅此一處，而且是丟失的外書？內書皇皇巨著爲何不見司馬彪注？可見，莊子略要在五十二篇之內這種看法更爲合理。孫馮翼所云『彪固注莊，未注淮南也』、『自屬莊子逸篇』（司馬彪莊子注），實是高見。清人俞正燮、日本武內義雄、今人江世榮等也都贊同此說。連帶地我們也可以斷定同樣出於淮南王的莊子後解也在這『解說三』篇之內。據李善注，其所引莊子後解『庚市子，聖人無欲者

① 又見謝靈運入華子崗是麻源第三谷注、江淹雜體詩許徵君詢（自序）注、陶淵明歸去來注，其中入華子崗是麻源第三谷注作『淮南王莊子要略』，『要略』、『略要』同。

也，人有爭財相鬥者，庚市子毁玉於其間，而鬥者止』，乃是爲莊子『庚市子肩之毁玉也』作注，是從微觀角度對具體典故的解説，正好與莊子略要從宏觀方面概括要旨相對。綜上可知，若無司馬彪注，我們只能證明莊子略要、莊子後解是對莊子的解説，司馬彪注則幫助我們進一步確定這二篇解説是在五十二篇之内的解説。郭象删削莊子十九篇，見於文獻記載的尚有閼弈、意修、危言、游凫、子胥、畏累虚、惠施等七篇①，通過司馬彪注則又可增加兩篇。

陸德明在莊子音義中，對各版本的異文做了詳盡的記録。其中就以司馬彪本的異文最多，據筆者粗略統計，有九十餘處，這之中就有不少可據以校訂今本之失。如田子方篇『緩佩玦者事至而斷』的『緩』字，莊子音義及其後各本皆作『緩』，唯司馬彪本作『綬』，馬敘倫云：『凡佩繫於革帶，其維佩者即綬，故曰綬佩玦者。』（莊子義證）一般釋『緩』爲寬綽，表示人的悠閒，王叔岷指出，如此解釋，『不知與下「事至而斷」何涉邪？』（莊子校詮）『緩』、『綬』二字字形相近，因而訛誤，而司馬彪本不誤。應當説，司馬彪本基本上保持了莊子古本的原來樣子，那麽其中的用字就保留了一些古老的用法。如逍遥遊篇『汾水』，莊子音義載司馬本作『盆水』，錢大昕指出古讀『汾』如『盆』，這是『凡輕唇之音，古讀皆爲重唇』的現象（十駕齋養新録卷五）。可見，司馬彪本文字是保留了古本莊子原貌的。這對語言文字學的研究也提供了絶佳的材料。

---

① 閼弈、意修、危言、游凫、子胥見經典釋文序録及日本高山寺藏古抄本郭象後跋，畏累虚見史記老子韓非列傳，惠施見北齊書杜弼傳。史記老子韓非列傳又有亢桑子篇，一般認爲即今庚桑楚篇；南史何子朗傳有馬捶篇，當即至樂篇『莊子之楚，見空髑髏，髐然有形，撽以馬捶』一段，並非單獨的一篇。

第二節 司馬彪注的特點

那麼，司馬彪注本身又有哪些特徵呢？據晉書本傳，司馬彪爲晉宗室高陽王睦之長子，按照傳統制度，應當由他繼承王位，但由於他『好色薄行，爲睦所責，故不得爲嗣』，自此之後，『不交人事，而專精學習』，後遂『注莊子，作九州春秋』。司馬彪既然是在這樣的情況下爲莊子作注的，那麼在他的注文中就必然會反映出超越名教禮法的思想傾向。如養生主篇有『爲善無近名，爲惡無近刑』之語，司馬彪注云：『勿修名也。被褐懷玉，穢惡其身，以無陋於形也。』（文選嵇康幽憤詩李善注引）這與其說是爲莊子作注，倒還不如說司馬氏是在爲自己『好色薄行』製造理論依據。又大宗師篇有『畸人』一詞，司馬彪注云：『畸，不耦也。不耦於人，謂闕於禮教也。』（經典釋文引）實際上，這也是在借解釋『畸人』以發揮其超越名教禮法的思想。

但司馬彪不是一個崇尚玄學的人。因此，從總體上來看，他的莊子注並不像當時一般玄學家的注莊之作那樣重在闡發義理，而是以訓釋字句見長。今不妨從經典釋文中舉出數例：

逍遙遊篇『羊角』，司馬彪云：『風曲上行若羊角。』

齊物論篇『何居』，司馬彪云：『居，猶故也。』

人間世篇『山木自寇也』，司馬彪云：『木生斧柄，還自伐。』

綜觀司馬彪的遺注，大都像這裏所舉的例子，偏重於訓釋字義句意。而他對篇名『逍遙遊』三字的訓釋，更能見出其與時人的明顯區別。因爲對此三字，他僅訓釋說：『言逍遙無爲者，能遊大道也。』（文選潘岳秋興賦李善

注引）而向秀、郭象的逍遥義和支遁的逍遥論①，卻極力從義理角度闡發了『逍遥遊』之意，以致使讀之者無不引發出了哲學玄思。

其實，司馬彪爲莊子作注之所以能不爲當時盛行的玄學風氣所左右，這應該說是與他首先作爲一位歷史學家分不開的。晉書本傳載，司馬彪除了著有九州春秋外，還曾『討論眾書，綴其所聞，起於世祖，終於孝獻，編年二百，錄世十二，通綜上下，旁貫庶事，爲紀、志、傳凡八十篇，號曰續漢書』。並認爲譙周所作古史考二十五篇爲『未盡善』，乃復『據汲冢紀年之義』，條其『百二十二事爲不當』。正因爲司馬彪是這樣一位具有求實精神的歷史學家，所以他爲莊子作注，也就必然要側重於對字句和名物進行扎扎實實的訓解，而不可能去作義理上的玄遠之論。甚而至於，他還往往『扎實』到了對莊子本文的某些說法予以駁正的地步。如秋水篇有『孔子遊於匡，宋人圍之數匝』的寓言故事，司馬彪駁正云：『宋，當作衛。匡，衛邑也。衛人誤圍孔子，以爲陽虎，虎嘗暴於匡人。』（經典釋文引）田子方篇有『莊子見魯哀公』的寓言故事，他又駁正云：『莊子與魏惠王、齊威王同時，在哀公後百二十年。』（同上）說劍篇所敍述的是莊子以劍見趙文王的寓言故事，他復又駁正云：『文王，惠文王也，名何，武靈王子，後莊子三百五十年。』（同上）凡此都無不說明，司馬彪正是本著歷史學家所應有的求實精神來注釋莊子一書的。由此出發，他對於莊子中的許多歷史典故，甚至某些寓言中的人物、地名等，也每每予以認真考釋，務求一一坐實。如：

讓王篇『共伯得乎共首』，司馬彪注云：『共伯，名和，修其行，好賢人，諸侯皆以爲賢。周厲王之難，天子曠絕，諸侯皆請以爲天子，共伯不聽，即於王位。十四年，大旱屋焚，卜於太陽，兆曰厲王爲祟，召公乃立宣王，共伯復歸於宗，逍遥得意共山之首。』（經典釋文引）

---

① 皆見世說新語文學劉孝標注引。

徐無鬼篇『黄帝將見大隗乎具茨之山』，司馬彪注云：『具茨，在滎陽密縣東，今名泰隗山。』（同上）

則陽篇『魏瑩與田侯牟約』，司馬彪注云：『魏瑩，魏惠王也；田侯，齊威王也，名牟，桓公子。約誓在惠王二十六年。』（同上）

對於讓王、徐無鬼、則陽篇中的這三句話，魏晉眾家皆無注，唯司馬彪或申述史實，或使人物、地點、時間得以一一坐實，充分反映出了作爲一位歷史學家體現在注莊過程中的求實精神。有時，司馬彪的這一求實精神又體現在他的引經據典上。如他於大宗師篇『箕子胥餘』下注云：『胥餘，箕子名也，見尸子。尸子曰：「箕子胥餘，漆身爲厲，被髮佯狂。」』（經典釋文引）又於同篇『傅說得之，以相武丁，奄有天下，乘東維，騎箕尾，而比於列星』下注云：『傅說，殷相也；武丁，殷王高宗也。東維，箕斗之間，天漢津之東維也。星經曰：「傅說一星在尾上。」言其乘東維，騎箕尾之間也。』（同上）這裏，司馬彪通過引述典籍，從而有效地提高了其注語的可信程度。此外，司馬彪還十分重視到方言俗語中去尋找其訓詁依據。如他於至樂篇『得水土之際則爲蛙蠙之衣』下注云：『言物根在水土際，布在水中，就水上視不見，按之可得，如張綿在水中，楚人謂之蛙蠙之衣。』（同上）又於庚桑楚篇『兒子終日嗥而嗌不嗄』下注云：『嗌，咽也。楚人謂啼極無聲爲嗄。』（同上）這就昭示人們，研治莊子切不可忽視其中所包含著的地方文化特徵。總之，在魏晉人的注莊之著作中，司馬彪的訓詁是最具有求實精神的。

但也無可否認，作爲歷史學家的司馬彪，對於莊子書中多『謬悠之説、荒唐之言、無端崖之辭』（天下）的特徵缺乏足夠認識，因而他有時就不免誤入了穿鑿比附的歧途。如他於在宥篇『廣成子在於空同之上』下注云：『空同，當北斗下山也。』（同上）其實，連這裏所説的『廣成子』尚且屬於子虛烏有一類的人物，更何況是所謂『空同』之山呢！故後人阮毓崧説：『空同者，寓言虛空大同也。必指爲某山某處以實之，泥矣。』（莊子集注）

當然，也有屬於訓釋本身錯誤的。如逍遥遊篇有『猶時女也』之句，『時』通『是』，『女』通『汝』，句意謂篇中上文所說的智力方面的瞎子、聾子就是指你（肩吾）。可是司馬彪卻訓釋此句爲『猶處女也』（經典釋文引），誤甚。又齊物論篇有『西施』一名，司馬彪謂爲『夏姬』（同上），而實際上卻是春秋末年越國的一位美女。但是，這些不足之處與司馬彪整部莊子注所顯示出的長處比較起來，畢竟瑕不掩瑜。因此，陸德明作經典釋文莊子音義，在衆家之中於司馬彪之注徵引最多。

然而，在現存司馬彪注中，也有涉及玄學義理的，這主要集中在文選李善注中。如謝靈運永初三年七月十六日之郡初發都『空班趙氏璧，徒乖魏王瓠』句李善注云：

莊子曰：『惠子謂莊子曰：「魏王貽我大瓠之種，我樹之成，而實五石。以盛水漿，其堅不自舉，剖之以爲瓢，則瓠落無所容。非不枵然大也，吾爲其無用，掊之。」莊子曰：「夫子固拙於用大矣，何不攄以爲大罇，而浮乎江湖？」』司馬彪曰：『瓠，布濩；落，零落也。枵然，大貌。掊，謂擊破之也。喻莊子之言大也，若巨瓠之無施也。瓠落，大貌。』

李善對莊子逍遥遊有關章節進行了節引，單就這一部分看，莊子音義所出示的一些條目，其中『魏王』、『而實五石』、『則瓠』、『落』、『掊之』、『不慮以爲大樽』等六條引用了司馬彪之注，可見李善文選注、陸德明莊子音義所引司馬彪注互相交叉，但都沒有全部引用。而『枵』、『攄』、『罇』三字，莊子音義作『呺』、『慮』、『樽』，但沒有出示此三字之異文。不過此處更爲關鍵的是，李善注所引司馬彪注多出『喻莊子之言大也，若巨瓠之無施也』二句。此章莊子、惠子二人就大瓠之有用無用展開辯論，但並非表面的就事論事，而是另有深意，司馬彪即指出大瓠是比喻莊子之言，惠子掊擊大瓠意在批評莊子之言大而無用，可以說司馬彪對本章主旨的揭示真是一針見血。相比之下，善於談玄的郭象只簡單地說：『此章言物各有宜，苟得其宜，安往而不逍遥也。』莊子反駁惠子，要點在於大瓠的空虛、無用，正可以作逍遥之用，郭象就在空虛、無用如何有逍遥之用的作用機制上作文章，

將空虛、無用作爲萬千途徑中的其中一種，從中抽象出『得其宜』則能致逍遥的原理，而在莊子中，空虛、無用其實是唯一的，郭象注顯然背離了莊子之意。且莊子確實是藉此事以辯其言的，下章惠子所云『今子之言，大而無用，衆所同去也』即揭明其指，而本章與下章又是接續上一章『大而無當，往而不返』的接輿之言的，前後一貫，宛如長蛇，郭象無視於此，刻意比附他發明的『適性逍遥』，實際上不如司馬彪注簡明扼要。可見，司馬彪不僅對文章義理有分析，而且極有見地。只是，在莊子音義中限於其體例，他的重義理的這一面很難被認識到。

在文選李善注所引的八十餘條司馬彪注中，像這樣涉及莊子義理的還有數條。如逍遥遊篇『神人無功，聖人無名』，司馬彪曰：『神人無功，言修自然不立功也。聖人無名，不立名也。』（任昉到大司馬記室箋李注引）齊物論篇『夫吹萬不同而使其自已也』，司馬彪曰：『言天氣吹煦，生養萬物，形氣不同。已，止也。使各得其性而止。』（謝靈運九日從宋公戲馬臺集送孔令李注引）齊物論篇『其發若機栝，其司是非之謂也』，司馬彪曰：『言生以是非臧否交接，則禍敗之來，若機栝之發。』（鮑照苦熱行李注引）大宗師篇『夫藏舟於壑，藏山於澤，謂之固矣。然而夜半有力者負之而走，昧者不知』，司馬彪曰：『舟水物山，陸居者也，藏之壑澤，非人意所求，謂之固，有力者或能取之。』（江淹雜體詩謝僕射混（遊覽）李注引）大宗師篇『若人之形者，萬化而未始有極』，司馬彪曰：『當復化而爲無。』（賈誼鵩鳥賦李注引）秋水篇『夏蟲不可以語於冰者，篤於時也』，司馬彪曰：『厚信其所見之時也。』（孫綽遊天台山賦李注引）從這幾條綜合看來，司馬彪對義理的分析，基本是緊貼原文，稍作補充，加以解說闡發，有時也引入新的概念，如上引前兩條，在解釋『神人無功』時援引了『自然』的概念，在解釋『使其自已』時援引了『性』的概念。甚至只是將原文變換一種表達方式，如爲秋水篇所作的那條注語。這從義理闡釋方面說，其總體理論水準畢竟不高，不能像郭象那樣形成一套自己的系統理論，也沒有理論化的表述方式，因而它未能滿足談玄論道者的口味，在那個玄學盛行的時代裏就逐漸被淘汰了。

一般認爲，內篇是莊周本人的作品，兼以內篇命題頗爲獨特，各以三字概括全篇大意，而非像外雜篇或其他

子書那樣，取篇首二三字爲題，這在整個先秦都是極爲罕見的。這個現象在後來得到非同尋常的關注，主要表現在諸多注家爲之所作的題解上。如以郭象注來說，內篇皆有題解，外雜篇則沒有，因爲內篇是莊子義理的淵藪，就是在對內篇的題解當中，郭象開宗明義提出了他的逍遥觀：『夫小大雖殊，而放於自得之場，則物任其性，事稱其能，各當其分，逍遥一也，豈容勝負於其間哉！』陸德明莊子音義也是如此，外雜篇只在題下注曰『以事名篇』、『以義名篇』、『以人名篇』字樣，內篇則有題解①，或出自己意，如逍遥遊篇的『義取閑放不拘，怡適自得』；或直接引用前人題解，如德充符篇引用崔譔的『此遺形棄知，以德實之驗也』。大宗師、應帝王篇也都是引用崔譔的題解，可見這似是當時的慣例，歸根到底是緣於對內篇義理的重視。那麼司馬彪呢？潘岳秋興賦『逍遥乎山川之阿，放曠乎人間之世』下李注云：『莊子有逍遥遊篇，司馬彪曰：言逍遥無爲者，能遊大道也。又有人間世篇，司馬彪曰：言處人間之宜，居亂世之理，與人群者不得離人，然人間之事，故世世異宜，唯無心而不自用者，爲能唯變所適而何足累？』現在僅能找到司馬彪對這兩則的題解，藉此可窺一斑。司馬彪以無爲解逍遥，還是很契合莊子之意的，從許由的不越俎代庖，到藐姑射神人的不以天下爲事，再到五石之瓠的大而無用，都可歸於無爲，以此遊於大道，而非人間俗世，充分展現了逍遥遊的超拔境界。人間世篇之要旨在於虛心處世，所謂『虛者心齋也』，司馬彪解作『無心而不自用』，正是此意。所以這則題解被郭象完全承襲，只將疑問語氣的『何足累』變爲陳述語氣的『不荷其累也』，流播千古。這既表現了司馬彪對人間世篇把握之精到，也體現了郭象對司馬彪的贊同。同時，也加深了我們對郭象注的認識，郭象固然是天縱英才，自成一家，但還是離不開對前人成果的繼承，除了衆所周知的對向秀注的『述而廣之』，還有此處對司馬彪注的因襲，不僅是義理，還有文字訓詁，陸德明莊子音義中就有不少郭、司馬相同的注。

① 內七篇獨齊物論篇沒有題解，不知爲何。

綜上所述，司馬彪不僅關注一般文句涉及的義理，還特别重視對全篇尤其是内七篇大旨的把握，其對義理的分析雖然不夠玄遠，但大體仍然是契合莊子之意的。當然，從總體來講，司馬彪莊子注中文字訓詁是主要的，也最有價值，但是其義理方面的努力和價值也是不可忽視的。

第三節 司馬彪遺注的搜輯

除了陸德明莊子音義保存了大量的司馬彪遺注而外，文選李善注及藝文類聚、太平御覽等也有較多徵引。清嘉慶間，孫馮翼始輯莊子音義所收之外的司馬彪遺注而爲司馬彪莊子注，又輯各書（包括莊子音義）所引司馬彪莊子注逸文而爲莊子注考逸①，在司馬彪遺注的搜輯史上邁出了堅實的第一步。孫氏從各書中共輯出司馬彪注一百一十四條，但其中也收録了與陸氏莊子音義相同的條目，多達四十餘條，所以他實際搜輯了六十多條。而且孫氏此書不夠精審，其中存在不少問題。如他從文選李注中輯得人間世篇『匠石之齊』的注：『匠石字伯夔。』但檢文選相關幾處皆作『匠石字伯』，衍一『夔』字。又如文選李注所引司馬彪注：『擯，棄也。』孫氏云：『未審其正文，無可附麗。』其實此字出自徐無鬼篇『以賓寡人』，莊子音義云：『賓，本或作擯。』

道光年間，高郵茆泮林於書坊購得孫氏此書，旋即發現諸多不足之處，遂在此基礎上更訂補苴而成司馬彪莊子注，其後時有補遺，附於書後，計有莊子司馬注補遺、莊子司馬音、莊子司馬注疑義、莊子司馬音補遺、莊子司馬注又補遺、莊子逸篇司馬注補遺、莊子司馬注又補遺②等，從而標誌著對司馬氏遺注的搜輯考訂已經達到

---

① 司馬彪莊子注、莊子注考逸，皆收入孫氏所編問經堂叢書，清嘉慶七年問經堂刊。

② 茆氏所輯者，合爲一册，有清道光十四年梅瑞軒刊梅瑞軒十種古逸書本。

了比較完善的地步。茆氏不僅搜求更爲完備，考訂也更爲精審，且將莊子音義所引司馬彪注全部予以收錄，爲我們瞭解、研治司馬彪注提供了極大方便。其後黄奭輯司馬彪莊子注①，基本上是對茆書的抄襲。據筆者仔細比對，黄奭不過將茆氏所作補遺按今本莊子順序移録至相應位置，其中條目竟一條也沒增加。更加明顯的證據是大宗師篇『趼躃而鑒於井』的『趼』字，茆泮林本誤作『趼』，黄奭本竟也作『趼』！茆書中有數條司馬彪注不知爲何未標注出處。如逍遥遊篇『大浸稽天』，司馬彪注：『稽，至也。』養生主篇『公文軒見右師而驚』，司馬彪注：『姓公文氏，名軒，宋人也。右師，宋人也。』同篇『天與其人與』，司馬彪注：『爲天命爲人事也。』黄奭本的相應地方也皆不注出處。可見黄奭輯本實是抄襲茆泮林本，無甚價值。

此後，湘陰郭慶藩在莊子集釋中對莊子音義以外的司馬彪注也進行了搜集，並置入全書相應位置，但也並未超出茆氏之基本範圍。直到今人王叔岷先生，乃於長期治莊過程中又輯得司馬彪遺注若干，廣涉諸字書、韻書、類書、佛道經典，著成茆泮林莊子司馬彪注考逸補正②一文，既可彌補茆氏之遺漏，又可匡正茆氏之紕謬，又爲我們研究司馬氏莊子注提供了一份珍貴資料。此文小序云：

晉人注莊子，義理最佳者，當推向秀、郭象；訓詁最佳者，當推司馬彪。陸德明釋文序録稱彪注二十一卷、五十二篇，内篇七、外篇二十八、雜篇十四、解説三，惜於釋文所引者外，已不可多見。孫鳳卿雖有收輯，而疏略矛盾，可議者不少。茆泮林乃爲之更訂補苴，其彪注考逸，視孫書完善多矣。厥後黄奭黄氏逸書考中，所載莊子司馬彪注，蓋即全本茆書。惟未録茆氏所輯彪莊子逸語十五條而已。至於郭慶藩莊子集釋中所舉彪注，亦凡全鈔襲茆書也。岷治莊子有年矣，素日參稽群籍，所見彪注不少，

① 有清光緒間坊刊漢學堂叢書本。

② 載(臺)『中央』研究院歷史語言研究所集刊第十六本。

又頗足以廣茆氏之證，補茆氏之漏，及漸有匡其紕繆者。蚪龍片甲，亦可珍貴。恐其散逸堙沒，因輯錄若干條，將以附於茆書之後云。

今檢王叔岷茆泮林莊子司馬彪注考逸補正，所列文字凡一百六十餘條，除刻意、繕性、知北遊、盜跖四篇而外，其餘二十九篇皆有涉及。這些條目，輯自集韻、裴駰史記集解、虞世南北堂書鈔、陸德明經典釋文、杜臺卿玉燭寶典、歐陽詢藝文類聚、釋慧琳一切經音義、文選李善注、史記司馬貞索隱、列子殷敬順釋文、荀子楊倞注、洪興祖楚辭補注、吳淑事類賦、李昉太平御覽、王欽若等冊府元龜、潘自牧記纂淵海、張淏雲谷雜記、羅願爾雅翼、蔡夢弼草堂詩箋、謝維新合璧事類、戴侗六書故、王應麟玉海、祝穆事文類聚、戰國策吳師道注、陳耀文天中記等，其中一部分爲茆泮林輯逸時所未得，另一部分爲茆氏雖已得而出處仍未能一一明了，或所列條目文字有訛誤者，王叔岷皆予以補足或訂正之，實屬來得不易。

總之，司馬彪爲莊子所作注釋，除較多保存於陸德明經典釋文而外，還散遺於各種字書、韻書、類書、注疏、佛道經典等之中，經清代諸學者的先後輯逸，尤其是今人王叔岷的長期努力，才得以搜輯殆盡，爲人們研究司馬彪莊子注提供了方便。

第五章　崔譔的莊子注

崔譔，晉書無傳，唯陸德明經典釋文序録稱其爲『清河人，晉議郎』，而隋書經籍志則云：『梁有莊子十卷，東晉議郎崔譔注，亡。』若證以世説新語文學劉孝標注所引向秀别傳謂秀『唯好莊子，聊應崔譔所注，以備遺忘』等語，則崔譔生世當不得晚於晉初的向秀，怎麽有可能曾做『東晉議郎』呢？且隋書經籍志作者並不曾親見崔譔注本，大概只是在轉述他書載録的基礎上，再加上自己的推測而成説的，哪裏能像陸德明那樣有崔氏注本作爲依據呢？因此，我們更應依照陸氏之説，判定崔譔爲西晉人①。

既然崔譔生世略早於向秀，而據晉書中的向秀傳和司馬彪傳等記載可知，向秀又略早於司馬彪，則崔譔著莊子注當在司馬彪之前。經典釋文序録排列晉人研治莊子的著作，也正是把崔譔的莊子注放在向秀、司馬彪著作的前面。然而，由於司馬彪所注之本即爲漢書藝文志所載莊子五十二篇本，基本上保持了班固本的原來面貌，而崔譔本又當是删修司馬彪所據的這個本子而成的，所以爲了敍述上的方便，我們就把崔譔放到了司馬彪的後面。

① 按，經典釋文序録凡言『晉』者皆指西晉，如稱司馬彪、郭象、李頤分别爲『晉秘書監』、『晉太傅主簿』、『晉丞相參軍』等，即爲顯例。而言東晉、南朝人，則一般都要分别冠以『東晉』或『宋』、『齊』、『梁』、『陳』字樣，如謂李軌、徐邈分别爲『東晉祠部郎中』、『東晉中書侍郎』，王叔之、虞遐分别爲『宋處士』、『齊員外郎』，等等，皆爲其例。

第一節　崔譔本的篇目和特徵

經典釋文莊子音義於齊物論篇『夫道未始有封』一語下云：『崔云：「齊物七章，此連上章，而班固說在外篇。」』又於同篇『恂』字下云：『崔云：「戰也。班固作眴也。」』復又於同篇『天倪』一詞下云：『崔云：「或作霓，音同，際也。班固曰：天研。」』由此說明，崔譔曾親見漢書藝文志所載的班固五十二篇本，而這個本子有內篇與外篇之分別。由於司馬彪本即爲班固本，而據經典釋文序錄的自注可知，司馬彪本的內篇共七篇，與崔譔本『內篇七』的數目相等，所以崔氏本之內篇殆即承襲了司馬氏所據本的舊貌。且經典釋文莊子音義所出示的內篇異文，往往有司馬彪本、崔譔本相同者，如逍遙遊篇『聾者無以與乎鐘鼓之聲』之句下所云『崔、向、司馬本此下更有「眇者無以與乎眉目之好，夫刖者不自爲假文屨」』，又同篇『汾水』一詞下所云『司馬、崔本作盆水』，皆可作爲崔譔本內篇承襲司馬彪所據本之佐證。

那麽，經典釋文序錄所載崔譔本『外篇二十』的情形又如何呢？從現在所知的有關錄載情況來看，在崔譔之前，似乎唯有班固的五十二篇本流傳。據此，則崔譔本的『外篇二十』，亦當選之於班固五十二篇本。莊子音義所出示的外篇、雜篇異文，司馬彪本、崔譔本相同者亦復不少，如天地篇『若抽』一詞下所云『司馬、崔本作流』，知北遊篇『之上』一詞下所云『司馬、崔本上作北』，徐無鬼篇『大隗』一詞下所云『司馬、崔本作泰隗』，等等，當皆可佐證崔譔本的『外篇二十』即選自司馬彪所據本的外、雜篇。至於此『外篇二十』到底指哪些篇目，這也可從莊子音義中找到答案。壽普暄分析説：『釋文內、外、雜各篇，陸氏以司馬、崔、向、郭諸家音義雜然並列，但可異者，外篇天道、刻意、田子方，雜篇讓王、説劍、漁父六篇，於崔、向二氏音義一無所引。……且以此六篇與二十七篇（指崔譔本內、外篇共二十七篇）相加，正爲三十三篇，與現存之郭本洽合。若然，則此六篇者，即

崔、向本所不著，而爲郭象增添者乎？』①這一分析是可信的。據此，則崔譔本『外篇二十』的篇目依次爲：駢拇、馬蹄、胠篋、在宥、天地、天運、繕性、秋水、至樂、達生、山木、知北遊、庚桑楚、徐無鬼、則陽、外物、寓言、盜跖、列禦寇、天下。

從陸德明莊子音義來看，崔譔二十七篇本莊子與郭象注本存在大量異文。據筆者粗略統計，多達一百八十餘處。其中可約略分爲四大類：

第一類是可以與原文通假的異文，在先秦典籍裏經常出現，如齊物論篇『畏隹』之『畏』，崔本作『嵔』（此據中國國家圖書館藏宋刻宋元遞修本經典釋文，下同）；同篇『振於無竟』之『竟』，崔本作『境』；駢拇篇『屈折禮樂』之『屈』，崔本作『詘』；天下篇『巨子』之『巨』，崔本作『鉅』。

第二類是對文意幾無影響又無法判斷正誤的異文，如人間世篇『匠伯』，崔本作『匠石』，『匠石』在莊子中數次出現，一般注釋認爲『石』是名，『伯』是字，既是同一人，則作『伯』作『石』似可兩存；又如大宗師篇『顏回坐忘』一章的『它日』，崔本皆作『異日』，二詞意思並無不同，無論作哪一個，對整章意義的表達都毫無影響。

第三類是經過研究被廣泛認可應當依從的異文，這類異文只有少數幾個，如應帝王篇『不震不正』，崔本作『不誫不止』，崔譔並進一步解釋道：『如動不動也。』俞樾云：『誫，即震之異文。不誫不止者，不動不止也。故以崒乎形容之，言與山同也。今罪誤作萌，止誤作正，失其義矣。據釋文則崔本作不誫不止，與列子同，可據以訂正。』（莊子平議）王叔岷並引陳景元莊子闕誤所載江南古藏本亦作『不止』爲證（見莊子校釋）。可見不論從文獻的旁證上，還是義理的分析上，都當從崔本作『止』字爲是。又如知北遊篇『泰清中而歎』的『中』字，崔本作『卬』，『卬』即『仰』之古文，莊子中數次出現『仰而歎』或『仰天而歎』，可見是當時習語。陳景元南華真經章

① 由經典釋文試探莊子古本，燕京學報第二十八期。

句音義載張君房本即作『仰』,淮南子道應訓亦作『仰』,並其明證。褚伯秀、奚侗、楊樹達、王叔岷等學者也都認爲當從崔本作『卬』。

第四類則是明顯的訛文、衍文。這類異文爲數甚多,幾乎占所有異文之一半。如逍遥遊篇『彭祖以久特聞』,『特聞』二字,崔本作『待聞』;齊物論篇『真偽』,崔本作『真然』;同篇『有左有右』,崔本作『有在宥也』;同篇『遊乎塵垢之外』,『遊』字崔本作『施』;養生主篇『刀刃若新發於硎』的『硎』字,崔本作『形』;在宥篇『有治天下者哉』,崔本作『有治天下者材失』;徐無鬼篇『見巧乎王』的『巧』字,崔本作『攻』,等等。這些基本是因爲字形、字音相近而導致的訛誤,可能是在文本的傳抄過程中產生的。而另有一類,是崔本比別本多出幾句話,這就有可能是版本來源不同所導致的問題了。如在宥篇,莊子音義在『嚆矢』一詞下云:『崔本此下更有「有無之相生也則甚曾史與桀跖生有無也又惡得無相轂也」,凡二十四字。』在宥篇此章論述『絕聖棄智』的必要性,因爲仁義聖智給人類帶來了枷鎖,而曾子、史鰌就是夏桀、盜跖的先聲!崔本這二十四字,似乎是注釋,試圖用有無相生的玄理來解釋桀、跖爲曾、史之嚆矢,而文不甚通,似有訛誤。又如大宗師篇『造適不及笑,獻笑不及排,安排而去化,乃入於寥天一』數句,莊子音義載崔本作:『造敵不及笑,獻芥不及齏,安排而造化不及眇,眇不及雄漂淪,雄漂淪不及蕈箛,蕈箛乃入於謬天一。』這幾句意義頗費解,但奇怪的是,崔本來自五十二篇本,司馬彪本也是來自五十二篇本,而莊子音義記載司馬彪本與郭象本無異文;且向秀本是『聊應崔譔所注』,底本就是崔譔本,按道理最應該跟崔譔本一致,但據莊子音義看來,向秀本跟崔本也不同。所以,崔本這幾句來歷十分可疑。同篇『比於列星』下崔本有『其生無父母死登假三年而形遁此言神之無能名者也』,凡二十二字,情況類於『嚆矢』例,可能是羼入正文的注釋。

總之,從這大量的異文來看,崔譔本,至少是陸德明所見的崔譔本,其品質與其他版本相比存在不小的差距。而王闓運注莊子竟以崔譔本作底本,其敘云:『釋文引文句,崔譔最善,余從崔本注其內篇七篇。』徒自標

新立異，欲以超越衆人，其實不可盲從。

第二節 崔譔注的特徵

依據上述確定的崔譔本的二十七個篇目來分析陸德明莊子音義所徵引的有關材料，我們就不難發現，崔譔的莊子注具有以下幾個方面的特徵。

一、看重内篇而忽視其餘

崔譔悉數保留班固本的内篇七篇，而把其餘的四十五篇删削爲二十篇，這本身就説明了他是十分看重内篇的。而且，陸德明莊子音義内篇還保存著崔譔爲德充符、大宗師、應帝王三篇所作的題解文字，而在外、雜篇的有關篇名下則一概不見，這也同樣反映出了崔氏注重内篇而忽視其餘的基本態度。尤其值得注意的是，崔譔雖説爲他選定的莊子二十七篇作注，但他所著意訓釋的卻主要是内篇七篇。據筆者粗略統計，莊子音義徵引崔譔莊子注内篇各篇的注文條數（不計題解文字）是：

1. 逍遥遊，25條；2. 齊物論，42條；3. 養生主，20條；4. 人間世，47條；5. 德充符，18條；6. 大宗師，44條；7. 應帝王，31條。

内篇七篇，被徵引的注文共227條，平均每篇有32條之多。請再看下面的一組具體數字：

1. 駢拇，13條；2. 馬蹄，23條；3. 胠箧，20條；4. 在宥，15條；5. 天地，21條；6. 天運，0條；7. 繕性，7條；8. 秋水，20條；9. 至樂，1條；10. 達生，1條；11. 山木，0條；

12.知北遊,0條;13.庚桑楚,31條;14.徐無鬼,5條;15.則陽,0條;16.外物,2條;17.寓言,0條;18.盜跖,1條;19.列禦寇,4條;20.天下,13條。

這是崔譔莊子注外篇二十篇注文被徵引的具體數字,共計177條,平均每篇僅有8條多。在此我們並不否認,陸德明是不可能根據崔譔莊子注各篇注文的多少按比例來徵引的。如崔譔既然選取了莊子五十二篇本中的天運、山木、知北遊、則陽、寓言作爲自己所編定的二十七篇本中的五個篇目,那麼就不會對這五篇不作任何注釋,而陸德明卻一無所引,這正說明他不是嚴格按照比例來取舍崔氏注文的。但陸德明徵引崔譔莊子注內、外篇注文的條數如此懸殊,這卻無疑反映出了崔氏重視內篇、輕視外篇的基本態度,而絕不能看成是一種偶然現象。

從現有的資料來看,崔譔編定莊子二十七篇本,在歷史上是第一次向莊子五十二篇傳統本的挑戰。其後郭象編定莊子三十三篇本,到了蘇軾又提出讓王、說劍、漁父、盜跖四篇爲『昧者勦之以入』(莊子祠堂記)者,由是關於莊子篇目真僞的說法蜂起,凡此都是導源於崔譔的。同樣,崔譔詳注內篇、簡注外篇的做法,也無疑給了郭象著莊子注以很大的影響。此後不久,崔譔的莊子注雖然亡佚,但宋明以來的注莊之作,大多詳注內篇而簡略其餘,這種做法的本身,仍然應該溯源到崔氏。

二、側重字詞的訓釋和音義的辨正

如果就崔譔注文的本身而論,其最顯著的特徵就是側重於對莊子字詞的訓釋,這與司馬彪的注文頗有共同之處。因此,陸德明在莊子音義中每以司馬彪注、崔譔注並列。如於逍遙遊篇『野馬』一詞下,陸德明引云:『司馬云:春月澤中游氣也。崔云:天地間氣如野馬馳也。』於齊物論篇『薦』字下,陸德明引云:『司馬云:美草也。崔云:甘草也。』於駢拇篇『駢拇』一詞下,陸德明引云:『司馬云:謂足拇指連第二指也。

崔云：諸指連大指也。』從這些例子，我們看到了崔譔、司馬彪在訓釋字詞方面的共同特徵。但是，司馬彪首先作爲一位歷史學家，他在注莊過程中還體現出了歷史學家的坐實精神，而崔譔則不同，他往往把注意力集中在辨正音義上。如陸德明在逍遥遊篇中所引崔氏音義云：

「鯤」，崔譔注云：『當爲鯨。』

『鵬』，崔譔注云：『音鳳。……即古鳳字，非來儀之鳳也。』

『學鳩』，崔譔注云：『學，讀爲滑。滑鳩，一名滑雕。』

『垂天之雲』，崔譔注云：『垂，猶邊也，其大如天一面雲也。』

關於『鵬』字，説文解字云：『亦古文鳳。』説明崔譔的訓釋是有根據的。『垂』字，本可與『陲』字相通，故崔譔説『猶邊也』，從而提出了不同於時人的獨特見解。至於崔氏訓『鯤』爲『鯨』，讀『學』爲『滑』，人們雖然至今拿不出證據來證明其正確與否，但也同樣可以看出他那種力求辨正音義的精神。

崔譔還相當注意把某些意義抽象的詞從實詞中辨别出來，以便正確把握整個句子乃至上下文的意思。如以大宗師篇爲例：

『噫（一本作意）！未可知也。』崔譔注云：『噫，辭也。』（經典釋文引）

『而奚來爲軹？』崔譔注云：『軹，辭也。』（同上）

關於『噫』或『意』，陸德明認爲即是上文『意而子』這個人名的簡稱，所以他説：『謂呼「意而」名也。』（見經典釋文）這顯然是望文生義，遠不如崔譔把『噫』字訓爲無具體意義的虚詞（即所謂『辭』）爲確。『軹』字，李頤訓『是』（見經典釋文），意當即指『此』。但王引之云：『説文：「只，語已詞也。」字亦作軹。』（經傳釋詞）這同樣説明，李頤的解釋也不如崔氏把『軹』字解釋爲句末語助詞爲確。可以看到，崔譔對語言要比同時代的人有更深刻的認識，但他有時候也會弄巧成拙，錯把有意義的實詞當作語詞。如齊物論篇『何其無特操也』的『特』

字，崔譔也是以『辭也』來解釋，這就明顯與原文意義不合，影子一會走一會停，一會站一會坐，沒有特定的獨立的志操，『特』是有實在意義的。

此外，崔譔還注意到了莊子文章富於比喻的特徵，因而他在訓釋過程中又往往能夠突破文字本身的拘限而尋找出其寓意之所在。如：

人間世：『彼且爲嬰兒，亦與之爲嬰兒；彼且爲無町畦，亦與之爲無町畦。』崔譔注云：『嬰兒，喻驕遊也；町畦，喻守節。』（經典釋文引）

在崔譔看來，像莊子中這樣的一些詞句，如果一味訓解其本義，是不能找到作者命意之所在的，因而他就著重揭示了它們的比喻意義。正是基於這樣的一種認識，崔譔即使在解釋某些歷史事實時，也常常要探求出它們的喻意。如庚桑楚篇有這樣幾句話：『昭景也，著戴也；甲氏也，著封也，非一也。』崔譔解釋說：『昭、景二姓，楚之所顯戴，皆甲姓顯封，雖非一姓，同出公族，喻死生同也。』（同上）可見，這樣來解釋莊子中的某些特殊文句，顯然比司馬彪力求以事事坐實的方法來解釋莊子更值得肯定。

當然，我們不能忽視崔譔注中也有對義理的闡釋。崔譔身處玄學開始興盛的時代，不能不對玄學感到興趣。從其注釋對象是莊子這一點來看，就可以略窺崔譔的志趣所在了。這志趣表現在注文中，首先就是他對某些詞的解釋已經不限於字面意思了，而是深入到全文之中，發掘其具有玄學意味的深層意蘊。如齊物論篇『葆光』，崔注爲『若有若無謂之葆光』（經典釋文引）；養生主篇『縣（懸）解』，崔注爲『以生爲縣（懸），以死爲解』（同上）；人間世篇『散焉』，崔注爲『德不及聖王爲散』（同上）；繕性篇『倒置之民』，崔注爲『逆其性命而不順也』（同上）。可以看到，崔譔在注釋時大量運用了玄學中的慣用語彙，並用玄學的思維方式解釋原文。以上是片段的注釋，陸德明莊子音義中也保留了長段的論述。駢拇篇『淫僻於仁義之行』下，崔注云：『駢枝贅疣，雖非性之正，亦出於形，不可去也。五藏之情，雖非道德之正，亦列於性，不可治也。今設仁義之教以治五藏之

情，猶削駢枝贅疣也，既傷自然之理，更益其疾也。』雖然不是在篇題下的題解，而對全篇大旨揭示無遺，且非常契合文章原意，抨擊仁義，尊崇本性。對應帝王篇的渾沌寓言，崔譔也用這樣的話來總結：『言不順自然，強開耳目也。』強調順應自然，與郭象的『爲者敗之』有異曲同工之妙。由於陸德明經典釋文旨在音字解義，而不在玄學的探究，其對莊子各家注釋的選擇無疑具有強烈的傾向性，這就決定了我們今天能看到的崔譔、司馬彪等注釋的面貌，以此爲準來判斷，則只能說崔注側重字詞的訓釋和音義的辨正。

三、重視句讀的校定和篇章的分析

莊子文章，每每難於句讀，以致使人們見仁見智，對相同的文句卻有了多種不同的訓釋。有鑒於這種情況，崔譔便十分重視就莊子中某些疑難文字如何句讀的問題進行精心分析，從而提出了自己的一些獨特見解。如齊物論篇所載堯問舜一節文字中有『我欲伐宗膾胥敖』一語，據下文『三子者』云云可知，『宗膾胥敖』爲三個小國之名，於是人們有點讀爲『宗膾、胥、敖』者，而崔譔則指出：『宗一也，膾二也，胥敖三也。』（經典釋文引）越來越多的學者都認爲，崔氏的這一說法是正確的。

但在大多數情況下，崔譔則通過對某些疑難文句進行直接點讀來表達自己的獨特見解。如人間世篇有『絕跡易無行地難』之語，人們有以『絕跡易無』四字連爲一句讀者，而崔譔卻『以「無」字屬下句』（見經典釋文）。同篇又有『而幾死之散人又惡知散木』之語，人們有以『而幾死之』四字絕句者，而崔譔則『連下「散人」爲句』（同上）。顯然，崔氏的這些讀法，無疑都很正確。而尤其值得我們一提的，卻還是下面一例：

山木篇『無須臾離居然不免於患』，陸德明莊子音義云：『崔讀以「居」字連上句。』

對於崔譔的這一獨特讀法，後世很多學者都給予了充分肯定。如俞樾說：『崔譔本無「離」字，而以「居」字連

上句讀，當從之。呂氏春秋愼人篇「胼胝不居」，高誘訓「居」爲「止」。「無須臾居」者，無須臾止也，正與上句「行」字相對成義。學者不達「居」字之旨，而習於中庸「不可須臾離」之文，遂妄加「離」字，而「居」字屬下讀，失之矣。』（莊子平議）當然，從莊子音義所徵引的有關材料來看，崔譔在句讀方面也不免有弄巧成拙之處，如在齊物論篇中以『謂之道勞』四字連爲一句，在人間世篇中以『回之未始得使實』七字連爲一句，便都是這方面的典型例子。

崔譔不僅在句讀上特別用心，爲讀者瞭解文意提供方便，在對話出現頻繁而又省略説話之人物的時候，他也常常會指明這段話是出自誰之口。如大宗師篇：

> 俄而子輿有病，子祀往問之。曰：『偉哉！夫造物者，將以予爲此拘拘也！』曲僂發背，上有五管，頤隱於齊，肩高於頂，句贅指天，陰陽之氣有沴，其心閑而無事，跰𨇤而鑑於井，曰：『嗟乎！夫造物者，又將以予爲此拘拘也！』

這一段有兩處以『曰』字領起的對話，而均未標明説話人，讓人一時摸不清頭腦，不明白各是誰所説。崔譔就在『偉哉』下注云：『自此至「鑒於井」，皆子祀自説病狀也。』（經典釋文引）又在『嗟乎』下注云：『此子輿辭。』（同上）讓人對整段對話一目了然。當然，他也有不足的地方，就是對説話截止的地方判斷有誤，『其』字，是對他者的指稱，不能用來指稱自己，所以『其心閑而無事，跰𨇤而鑒於井』一定是作者對子輿狀態的描述，換句話説，這兩句一定是在後引號之外的。但是崔譔這種用心和做法還是值得鼓勵的，也對我們今後做注釋有所啟發。

在現存最早的十數種莊子版本中，只有敦煌發現的唐鈔本莊子殘卷和南宋刻本分章標題南華真經兩種是分章的，其餘全部連爲一體，混沌不分。而在更早的魏晉時期，崔譔就已經注意分章的問題了。齊物論篇『夫道未始有封』一句下，陸德明莊子音義云：『崔云：齊物七章，此連上章，而班固説在外篇。』可見這個傳統要

追溯到漢朝。前面論班固的莊子研究時曾經說過，他的莊子研究應該跟漢代的章句之學有所關聯。崔譔離漢朝不遠，對此有所繼承。從莊子音義所引内容可以看出，崔譔將齊物論篇分爲七章，且他的分章與班固不同。雖然崔譔二十七篇本來自班固五十二篇本，但他沒有因襲班固，勇於創新，堅持自己的觀點，而自此以後，在此處的分章問題上，向秀、郭象依次附緣崔譔，從而使得今後流傳的版本無不如此，班固反而成了少數。又如天地篇，莊子音義在『夫子』條下云：『此兩「夫子曰」，元嘉本皆爲別章，崔本亦爾。』元嘉本是指郭象莊子注的一個元嘉年間的抄本，可見陸德明用作底本的郭象注本不是如此分章，而分章並不一定取決於原書的作者，此處就是取決於書的抄寫者。但郭象本，尤其是元嘉本，遠遠後於崔本，陸德明將元嘉本置於前，崔本置於後，說崔本同於元嘉本，不夠嚴謹。但從中我們可以看到崔譔對天地篇章節的劃分，他認爲『夫子曰』兩章跟上一章即第一章是不相連的，雖然内容中心都是『道』，但一個是作者直接論述，另外兩個是夫子的教導，是單獨的内容。

前面也曾提到，陸德明莊子音義還保留了崔譔爲德充符、大宗師、應帝王三篇所作的題解文字，從這裏可以看出，崔譔不僅對章節的劃分十分關注，對整篇的意義也非常重視。這無疑也是對漢代章句之學的繼承。根據莊子音義所引文字，崔譔對德充符篇的題解爲：『此遺形棄知，以德實之驗也。』對大宗師篇的題解爲：『遺形忘生，當大宗此法也。』對應帝王篇的題解爲：『行不言之教，使天下自以爲牛馬，應爲帝王者也。』崔譔對各篇的解釋基本是緊扣篇題，略作發揮，其實這可能也是陸德明選擇的標準。但不能不指出，崔譔對各篇大意的把握稍有偏差，如德充符篇大意可用篇中文字『德有所長而形有所忘』來概括，崔譔云『遺形』，正應篇中兀者王駘、申徒嘉、叔山無趾、哀駘它等人體殘貌醜，内德充盈而衆人來歸的現象；而『棄知』雖與莊子整體的傾向相合，但單就德充符篇來看卻並無此意，以此解題，不免失於偏頗。然而這些題解無疑是受陸德明推崇的，莊子音義中，内七篇除齊物論篇不知爲何沒有篇題，餘下六篇，陸德明自撰三篇，引用崔譔三篇。我們知道，郭象、司馬

彪對內篇也都有題解①，但均未被陸德明採用，可見陸氏對崔譔的偏愛。而在崔譔、司馬彪、郭象、陸德明等幾人中，崔譔又是最早進行莊子注釋的，可以認爲撰寫題解的風氣應當是自崔譔開始形成的，這對後世以篇爲單位從整體上闡釋莊子思想的方式具有開創性作用。

① 司馬彪的題解現僅存兩條，均保留在文選潘岳秋興賦『逍遥乎山川之阿，放曠乎人間之世』句下李善注中，注云：『莊子有逍遥遊篇，司馬彪曰：言逍遥無爲者，能遊大道也。又有人間世篇，司馬彪曰：言處人間之宜，居亂世之理，與人群者不得離人，然人間之事，故世世異宜，唯無心而不自用者，爲能唯變所適而何足累？』

第六章　向秀的莊子注

第一節　向秀其人及莊子注之成書

向秀（227—272或277），字子期，河内懷（今河南武陟西南）人。向秀一生頗富傳奇色彩，不僅體現在他於正始、魏末和西晉初三個文化時代的特殊經歷中，也體現在其身爲『竹林七賢』而與其他諸賢思想鋒芒的碰撞變化中。

文選卷十六收錄向秀思舊賦，李善注引臧榮緒晉書云：向秀『始有不羈之志，與嵇康、呂安友』。可知向秀早年時心懷不羈，無意仕途。齊王曹芳時期，山濤、嵇康、向秀爲代表的文人群體一度成爲受人追捧的玄學名士。之後嵇康進入京都洛陽爲官，向秀雖常往來於京師政治中心，但未曾涉足政治，而是與嵇康等暢談玄學，積極投入玄學變革，如文選卷二十一收錄顏延年五君詠，李善注引孫綽嵇中散傳說『嵇康作養生論，入洛，京師謂之神人。向子期難之，不得屈』。二人常就玄學問題進行辯難交流。

魏末，在曹魏政權與司馬氏政治集團的矛盾激化中，衆多文人名士選擇避開政治，轉向隱士般的清談暢飲生活。向秀與阮籍、嵇康、山濤、劉伶、王戎、阮咸七位便常聚集在一起，飲酒賦詩於竹林之中，自在逍遥，一時傳爲佳話。但七人性格有異，對於人生道路的取舍並不一致。司馬氏爲鞏固政權，高舉儒家名教爲名，大肆迫害

玄學名士，竹林七賢中的山濤、王戎等人紛紛加入司馬氏政權，此時的向秀與嵇康仍然排斥司馬氏政權，拒絕與其合作。直到摯友嵇康和呂安被司馬氏迫害，向秀才被迫入仕，這也成爲了向秀思想的重要轉捩點。世說新語言語劉孝標注引向秀別傳：『乃應歲舉，(秀)到京師，詣大將軍司馬文王，文王問曰：「聞君有箕山之志，何能自屈？」秀曰：「常謂彼人不達堯意，本非所慕也。」』①晉書向秀傳說：『康既被誅，秀應本郡計入洛。文帝問曰：「聞有箕山之志，何以在此？」秀曰：「以爲巢許狷介之士，未達堯心，豈足多慕。」帝甚悅。』二者所載一致，是呂安和嵇康被司馬氏集團誅殺以後，向秀進京都洛陽時面對司馬昭疑問的回答，可以看出向秀比嵇康更『清悟有遠識』，在知其不可爲的情況下依然能夠機警地改變自己原先的政治立場，從而得到司馬昭的寬容和欣賞。然而，經過長期的血腥換代，玄學名士們的人生追求和文化理想都發生了巨大的改變，西晉的玄學名士分成了兩大陣營：一類是重禮法的新禮法之士，一類是守道法自然的玄學名士。竹林七賢除了已逝的嵇康和阮籍，其餘五人都成了晉初玄學名士。向秀雖然官至黄門侍郎、散騎常侍，但並未深陷於高官厚祿之中，晉書向秀傳說其『在朝不任職，容跡而已』。如其作思舊賦借回憶昔日與摯友嵇康和呂安的深厚友誼，來表達自己內心深處對往昔的懷念以及對已故竹林好友的相思。另外在晉書任愷傳中有這樣一段記錄：『充既爲帝所遇，欲專名勢，而庾純、張華、溫顒、向秀、和嶠之徒皆與愷善，楊珧、王恂、華廙等充所親敬，於是朋黨紛然。』這裏記錄有向秀曾經作爲玄學派名士與新禮法派之間的分歧，不受新禮法派首領賈充的親敬。雖然最初向秀無法接受排斥玄學名士的新禮法一派，但是被迫入仕之後，他也看到了個人同社會的矛盾，於是逐漸向禮法勢力妥協，開始重審名教價值爲人生尋求更爲長遠的出路。可以說，從高揚儒道合一的正始到儒道尖鋭對立的魏末，再到重申儒家思想回歸儒道合一的晉初，向秀在艱難而痛苦的歷程中完成了他對莊子的理解，其莊子注在

① 本章凡引世說新語及劉孝標注，皆據余嘉錫世說新語箋疏，中華書局1983年版。

闡釋莊學奧妙的同時也最爲典型地展現出了他的思想變化。

向秀的莊子注在流傳過程中沒有得到完整的保存，但在晉書向秀傳、隋書經籍志、舊唐書經籍志、新唐書藝文志、張湛列子注、劉孝標世說新語注、陶弘景養生延命錄、陸德明經典釋文莊子音義、李善文選注等傳世文獻的相關記錄和引用裏可以尋找到片段信息。從這些文獻不完整的引用和記錄中可以發現向注本不僅風靡一時，而且曾在魏晉玄學的波動中重振玄風。晉書向秀傳說：『莊周著内外數十篇，歷世才士雖有觀者，莫適論其旨統也，秀乃爲之隱解，發明奇趣，振起玄風，讀之者超然心悟，莫不自足一時也。』但它作於何時？又成於何時？都成爲了古今學者眼中的疑案。大體上，衆學者認爲向秀注莊始於魏末，而對於其成書則分爲兩種觀點：一種觀點認爲向注本是未竟遺著。晉書郭象傳云：『向秀於舊注外爲解義，妙析奇致，大暢玄風，唯秋水、至樂二篇未竟而秀卒。』世說新語文學亦持此說。另一種觀點則認爲向秀卒前已完成注書，但是成書時間頗有爭議，根據晉書向秀傳所謂『始，秀欲注，嵇康曰：「此書詎復須注，正是妨人作樂耳。」及成，示康曰：「殊復勝不？」』以及世說新語文學劉孝標注引向秀別傳謂『秀與嵇康、呂安爲友，趣舍不同。嵇康傲世不羈，安放逸邁俗，而秀雅好讀書。二子頗以此嗤之。後秀將注莊子，先以告康、安，康、安咸曰：「此書詎復須注？徒棄人作樂事耳。」及成，以示二子。康曰：「爾故復勝不？」安乃驚曰：「莊周不死矣！」』認爲此時嵇康、呂安尚未遇害，則向注本應該在魏末竹林遊歷時期即已成書。但是，此時正處在司馬氏高舉名教打壓迫害玄學名士時期，嵇康、呂安等人也是激烈抨擊名教，向秀在二人被迫害之前也是極力反抗司馬氏政權的，這就與向秀的莊子注所體現出的對名教的妥協而欲合儒道爲一的思想態度不相符合。兩種意見在時間方面出入甚大，未知孰是。

第二節　向秀注莊所本

一、以崔譔本爲基礎

崔譔莊子注完成於向秀注莊之前，在司馬彪注莊子所據之本即班固漢書藝文志所載五十二篇本基礎上進行删修，共有十卷二十七篇。陸德明經典釋文序錄載崔譔注本内篇七、外篇二十，向秀注釋莊子即是在崔譔莊子注基礎上進行的。世説新語文學劉孝標注引向秀本傳云：「秀遊托數賢，蕭屑卒歲，都無注述。唯好莊子，聊應崔譔所注，以備遺忘云。」從篇卷上來看，隋書經籍志記錄：「莊子二十卷，梁漆園吏莊周撰，晉散騎常侍向秀注，本二十卷。今闕。」經典釋文序錄載：「向秀注，二十卷，二十六篇（一作二十七篇，一作二十八篇，亦無雜篇，爲音三卷）。」二十八篇即在崔譔注莊本二十七篇書目的基礎上再加一篇序目，二十六篇當是指在二十七篇基礎上減去向秀未注完的秋水、至樂二篇、加上序目一篇而成，向秀注本應是以崔本二十七篇爲基礎的。

從許多文獻中可以看到，後世學者引莊子原文，每每有崔譔、向秀兩家之本相同者。今以陸德明莊子音義所引爲例：如人間世篇，出示「煢」字時謂「向崔本作營」，出示「闔」字時謂「向崔本作盧」；大宗師篇，出示「天而生」三字時謂「向崔本作『失而生』」；馬蹄篇，出示「蹩」字時謂「向崔本作弊」，出示「蹵」字時謂「向崔本作殺」，出示「澶」字時謂「向崔本作但」，出示「漫」字時謂「向崔本作曼」；胠篋篇，出示「爍」字時謂「崔向本作櫟」；在宥篇，出示「見」字時謂「向崔本作睨」，出示「瞿」字時謂「向崔本作矐」；知北遊篇，出示「屈」字時謂「向崔本作詘」；天下篇，出示「巨」字時謂「向崔本作鉅」，等等。

不僅如此，向秀注與崔譔注相同、相近者也甚多，所以向秀注本在字詞訓釋方面和崔注本同樣有著一定的因襲關係。向秀注莊所作的訓釋文字，其中就有一部分是直接承因崔注而來，從陸德明莊子音義舉例來看：如人間世篇，解釋『其易』時謂『向崔云：輕易也。』庚桑楚篇，解釋『二子者』時謂『向崔……皆云：堯舜也。』解釋『勉聞道』時謂『崔向云：勉，強也。』解釋『達耳矣』時謂『崔向云：僅達於耳，未徹入於心也。』解釋『繆』時謂『向崔云：綢繆也。』也有一些訓釋文字是間接承因，如莊子音義之齊物論篇，解釋『猨猵狙以爲雌』句所示音義『崔云：猨猵，一名獦牂，其雄憙與猨雌爲牝牡。向云：猵狙以猨爲雌也。』解釋『沍』所示音義『向云：凍也。崔云：沍猶涸也。』這些例子均能證明，向秀的解釋雖然在字面表達上不同於崔注，但與崔注意義相近或在崔義基礎上有所發揮，由此亦可看出向本與崔本二者的承因關係。應當說，向秀本較好地承襲了崔譔本的精華。

當然，向秀在注莊時也發揮了自己獨特的見解，開闢了一條新的注莊思路，並於當時掀起一陣莊學新風氣。崔譔本偏重於字詞的訓釋、音義的辯正、句讀的校定、詞性的辨別，在闡釋莊子的字、詞及文句上面下足了功夫。向秀卻並不滿足於此，他注釋莊子並不止於訓釋校定其文或闡釋原文之寄寓，而是著意在思想理念上推陳出新，這是向秀注超越崔譔注乃至前人注的重要標誌。從正始時期至魏末再到晉初，向秀在探討玄學自然與儒家名教關係中逐漸走向二者的調和，並最終在其莊子注中申發出玄理新義，道家思想通過向秀在其莊子注中的改造，更爲和諧地與儒家思想融合，其最直接的表現即闡釋莊義時會輔以儒家義理。如陸德明莊子音義之天下篇，於『鉅子』一詞下謂『向云：墨家號其道理成者爲鉅子，若儒家之碩儒。』這也使向秀的玄理新義產生了強烈的震撼力，世說新語文學劉孝標注引竹林七賢論云：『秀爲此義，讀之者無不超然，若已出塵埃而窺絕冥，始了視聽之表，有神德玄哲，能遣天下，外萬物。雖復使動競之人顧觀所徇，皆悵然自有振拔之情矣。』向秀莊子注所闡發出的玄理新義，超越正始玄學、脫於竹林趣旨，形成了向秀自己的一套思想體系。這些基於演繹莊

義基礎上的思想理念創新不同於各類莊子舊注，故向秀的莊子注一度推動了西晉前期玄學的發展。

二、超越舊注的原因

首先，向秀熱愛老莊之學爲人所共知，他『清悟有遠識，少爲山濤所知，雅好老莊之學』，認爲『莊周著內外數十篇，歷世才士雖有觀者，莫適論其旨統也』，所以『爲之隱解，發明奇趣』，最終『振起玄風，讀之者超然心悟，莫不自足一時也』（見晉書向秀傳）。向秀一直潛心於老莊研究，魏晉時期玄學動蕩，晉初玄學末流更是縱恣虛誕，向秀對此極爲不滿，如據陸德明莊子音義之胠篋篇：『「聖人已死，則大盜不起」，向云：事業日新，新者爲生，故者爲死，故曰聖人已死也。乘天地之正，御日新之變，得實而損其名，歸真而忘其途，則大盜息矣。……「聖人不死，大盜不止」，向云：聖人不死，言守故而不日新，牽名而不造實也，大盜不止，不亦宜乎？』莊子胠篋中相關文字，意在發揮老子『絕聖棄知』思想，向秀的闡釋卻超越了寄寓於原文的本然意義而別爲隱解，『事業日新，新者爲生』、『乘天地之正，御日新之變』之用意均在於闡發日新之道，爲當時迷途中的士人撥開一條新的人生之路。向秀想要改變當時玄學萎靡不振的狀況，通過注釋莊子闡釋己意便是最有力的證明，他將自己注釋莊子的意圖告訴好友嵇康和呂安，『康、安咸曰：「此書詎復須注？徒棄人作樂事耳。」』但『及成，以示二子。康曰：「爾故復勝不？」安乃驚曰：「莊周不死矣！」』（見世說新語文學）可見，向秀的莊子注逐漸得到了圈內好友的認可，最終備受贊許。

其次，竹林七賢是魏晉名士中最爲獨特的文人群體，七人雖志趣相投，熱愛莊子哲學，但在治莊的思想上卻也各有己見。阮籍在人生價值觀上認同莊子齊萬物、齊生死、齊是非的觀念；山濤秉持莊子超然世外的人生態度由仕而隱，又被局勢所逼由隱而仕；劉伶摒棄名教、標舉莊子之無爲，他生性不拘禮法，放任復歸自然；

阮咸超脱物欲，追求玄遠，體認莊子，心向自然；王戎越名教而任自然。七賢之中，嵇康與向秀關係最爲密切，然而二者在莊子哲學的體認和追求上卻呈現相反的方向，嵇康高揚莊子的自然主義理想、批判儒家的仁義禮法規範和倫理道德，而向秀則在時代變遷和人生變化中最終落定於儒道合一的價值取向。雖然竹林七賢對莊學的認識和實踐各不相同，但他們上承正始玄風、下啟西晉玄談，使得魏晉玄學風氣由崇老轉向重莊。老子引領玄學名士積極救世，而莊子哲學則更偏向避世自救，名士們的治學傾向和與世心態同步發生改變，向秀從正始走向西晉、從竹林走向仕途，他的思想也從任自然走向合名教。可以説，向秀正是通過與竹林好友一起探索莊學，才逐漸完成理想人格的塑造以及各家思想的調和，並最終實現對自我思想理念的超越。

最後，再來看看向秀的人生轉折是如何激發他的思想和學術的。魏晉交替之際，司馬氏政權高舉儒家名教，任意打壓並殘害不願與其合流的玄學名士。向秀目覩於此，並見竹林好友山濤、王戎等都不得已加入司馬氏政權，而他和摯友嵇康仍然一直堅決反對與司馬氏合作，直到嵇康和呂安被殘酷殺害，向秀痛失知己，難免心灰意冷，掉轉人生方向，終迫不得已爲司馬氏所用，但據晉書向秀傳記載：『後爲散騎侍郎，轉黄門侍郎、散騎常侍，在朝不任職，容跡而已。』向秀並未因爲自己踏入仕途而轉向追求功名利禄，更大程度上，他是借此以反思自己治玄的思想道路。從出世轉向入世，迫使他反省以往追求的玄學自然觀，並開始重新審視名教的思想價值。於是隨著人生道路的改變，向秀的治莊思想也應合著他的人生觀一起發生了變化，由此開始，他轉向超越老莊之自然，走向儒道合一。正如陳寅恪所説：『向秀在嵇康被殺後，完全改革失途，棄老莊之自然，尊周孔之名教。』（萬繩楠整理陳寅恪魏晉南北朝史講演録）萬物應生於自然，其實在向秀的難養生論中已經能夠發現『名教出於自然』的思想軌跡，至此向秀的思想才達到二者合一的緯度。向秀融合自然與名教的思想理念逐漸形成了儒道兼治的重要理論，不僅成就其莊子注，而且還開啟了魏晉玄學的新局面，成爲中國古代儒道合流變化趨勢上的重要鏈結點。

第三節　向秀莊子注的重要特徵

上文有云，向秀注莊重振玄風、開闢注莊新思路，思想理念上的推陳出新是其超越前人的重要標誌，這也正是向秀莊子注得以大受歡迎的重要特徵。對於向秀注所體現出來的思想理念特徵，主要可從兩個方面來探析：

一、哲學思想上：對人生哲理的探究

1.『萬物自生自化』：對本體玄理的升華

對於宇宙萬物的產生和變化，向秀有著自己的思考。他一方面繼承正始玄學，對正始玄學的『以無爲本』的本體理論進行改造；另一方面又對竹林好友嵇康、阮籍等人以『元氣』立足的無本體理論進行彌補，最終推演出了一個重要的玄學命題：萬物自生自化。列子天瑞張湛注引向秀莊子注云：

吾之生也，非吾之所生，則生自生耳。生生者豈有物哉？（無物也）①，故不生也。吾之化也，非物之所化，則化自化耳。化化者豈有物哉？無物也，故不化焉。若使生物者亦生，化物者亦化，則與物俱化，亦奚異於物？明夫不生不化者，然後能爲生化之本也。

『吾』即宇宙萬物。這段文字可以給我們兩個信息：一、向秀認爲萬物有『生化之本』；二、萬物『生自生』、

---

① 王叔岷在列子補正中疑『故不生也』上脱『無物也』三字。今依其說補足。

『化自化』，不是己物有意預設，也不因他物而變化，完全是自然而然的。

從第一點看，同爲竹林名士，嵇康和阮籍關於宇宙萬物的產生和變化理論中就缺乏了一個萬物本體的依據，如嵇康太師箴有言：『浩浩太素，陽曜陰凝，二儀陶化，人倫肇興。』再如阮籍達莊論說：『天地生於自然，萬物生於天地』、『一氣盛衰，變化而不傷』、『身者，陰陽之精氣也。』二人認爲萬物起於『太素』、『自然』，他們言論中的『陰陽』、『精氣』、『氣』都屬於虛無的『元氣』論。向秀則找到了萬物生化之本，在他眼裏，現象界的一切事物既不是自己產生自己，也不是爲他物所生所化，而是自然而然的、無所憑藉地在那裏『生自生』、『化自化』，不存在『生生者』、『化化者』。假若有所謂『生生者』、『化化者』，那麼其本身也需要有生成和變化，這樣又怎麼區別於一般事物呢？所以只有『不生不化』者才是『生化之本』。向秀既然承認有一個作爲『不生不化』的『生化之本』，就一定認爲『萬物』之先有一個作爲萬物生化的根據存在。列子黃帝張湛注引向秀注云：『同是形色之物耳，未足以相先也。以相先者，唯自然也。』『自然』正是先於萬物的生化之本、宇宙本體所在，它沒有具體形色限制，並且超越了具體形色物體。

從第二點看，宇宙萬物的生化是不受『生化之本』控制的，這個『生化之本』的本質是『不生不化』的。向秀的這個理論，與正始玄學的『以無爲本』理論相通而又有異，因爲『以無爲本』的前提是『有』和『無』相互依存、不可分割，『無』是宇宙萬物存在的本質依據，『有』則是表現形式，在這一層面上，向秀提出的萬物的『生化之本』與『以無爲本』是相通的。但是二者不同之處就在於『生化之本』不控制萬物的生化、不進入萬物，『無』也應不進入『有』，也就是說『有』也不受『無』的控制，『有』和『無』是相對獨立的。由此可見，向秀的『自生』、『自化』理論仍然沒有完全擺脫正始玄學何晏、王弼等人提出的以『無』爲天地萬物之本的本體論思想，他認爲仍有一個『不生不化』的『生化之本』作爲生化的本體，是對正始玄學本體論的改造。

但是只按照第一點和第二點來理解，向秀對於宇宙本體的探索似乎並未結束且充滿矛盾。他雖然提出

『萬物自生自化』理論，找出了萬物之本體，但這個不控制萬物、不進入萬物的『生化之本』是怎樣成爲『生自生』、『化自化』的宇宙萬物之本原的，在其莊子注及其他論述中都未曾給予解答。是否向秀在提出『萬物自生自化』的理論時，並沒有找出最後解決矛盾的方法呢？其實不然，『萬物之本』的本質是『不生不化』，它自然不會同萬物一般『有生有化』，列子天瑞張湛注所引向秀注明確認爲萬物有從『自生自化』到『不生不化』、再到『生化之本』的清晰脈絡，但古今學者對向秀『自生自化』本體論的解釋衆說紛紜，或許因爲從字面意義上對向秀理論的闡釋有所分歧，抑或是對生化本體論持有不同意見，才使得向秀這條『生化』脈絡未能得到清晰呈現。

向秀的『自生自化』本體論發展到郭象莊子注的『獨化』理論，似乎也沒有將其中的關係道明，如郭象在注齊物論篇時說：『無既無矣，則不能生有；有之未生，又不能爲生。然則生生者誰哉？塊然而自生耳。自生耳，非我生也。我既不能生物，物亦不能生我，則我自然矣。』在注大宗師篇時說：『然則凡得之者，外不資於道，内不由於己，掘然自得而獨化也。』又在注知北遊篇時說：『非唯無不得化而爲有也，有亦不得化而爲無矣。』這裏郭象強調的是自生獨化，從何晏、王弼的『貴無』思想過渡到郭象的『獨化』理論，正以向秀『自生』、『自化』說爲主要橋梁。既然向秀認爲萬物是自生自化的，那麼相對於『吾』這個宇宙萬物的客觀存在而言，是否就意味著不受任何主宰的『生』與『化』其實就是一種『不生不化』的表現？抑或萬物的『生化之本』不是獨立存在的，而是存在於萬物之中的，它通過萬物的生化來體現自己的作用？所以，『有生有化』之物與『不生不化』之本體之間的共同屬性若能被探尋出端倪，問題也許就能迎刃而解了。

2.『無心而任自然』：對理想人格的追求。

從萬物探索到個人，向秀發展了莊子『自然無爲』的觀念，提出了『自然無心』說，認爲既然萬物皆是自然而生且自然而化，那麼個人更應達到無心而任自然。列子黄帝張湛注引向秀注云：『得全於天者，自然無心，委順至理也。』『無心』的態度應當是泯滅是非之心，於外無所求、於内無所思，即使在逆境中也應當平靜地對待困

難，接受自然對命運的安排。人們應當像不係之舟，『無心以隨變也，泛然無所係。』（列子黃帝張湛注引）他認爲人應當做到無心而任自然，達到『無心』的至高境界才能超越衆生，『唯無心者，獨遠耳。』（同上）在向秀看來，那些『得全於天』者，其成功的奧秘正是在於『自然無心』、『委順至理』。向秀提出的『無心』並不是指人心無所動，而是應當不加預設，順勢順時而動，要自然而動，不是人爲而動。列子黃帝張湛注引向秀注云：

> 萌然不動，亦不自止，與枯木同其不華，死灰均其寂魄。此至人無感之時也。夫至人，其動也天，其靜也地，其行也水流，其湛也淵默，淵默之與水流，天行之與地止，其於不爲而自然一也。……苟無心而應感，則與變升降，以世爲量，然後足爲物主，而順時無極耳。

同樣是追求『任自然』，向秀的理論與摯友嵇康的『越名教而任自然』卻不相同。列子黃帝張湛注又引向秀注云：『夫至人一也，然應世變而時動，故相者無所用其心，自失而走者也。』認爲能達到自然無心這種理想境界的人即是『至人』，但『至人』也是生活於人世間的人，也會應『世變而時動』，所以人們在社會關係裏，應該以『無心』的態度去遵從並順應社會的現實存在和發展變化。這與嵇康擯棄名教、追求人格自由的觀點並不一致，因爲『越名教而任自然』之『自然』更多的是指任隨自己內心的變化而變化。也就是說，嵇康是要求超越名教而達到『任自然』，而向秀達到任自然的『無心』則是可以順名教的。向秀的這番理論基本上爲後來的郭象所因襲，像上述所論『至人』以及『泛然無所係』、『唯無心者獨遠』等語句都能在郭象應帝王、達生等篇注中找到。

二、社會思想上：對社會現實的反思

魏晉交替，向秀被迫直接面對社會現實，他在探究人生哲理、進行自我人格重塑的同時，也在思考自己和時下衆人所陷入的困境。向秀在經歷三個特殊文化時代的過程中，將自己的獨特經歷闡發爲對當下現實社會的

反思，並將其融入莊子注中。

1.『逍遙有待』：改造無待逍遙觀

莊子的逍遙遊篇以『尺鴳』、『大鵬』、『列子』和『至人』、『神人』、『聖人』等爲例，並最終得出結論，認爲只有『至人』可以無所憑藉地達到『無待』，從而實現真正的逍遙遊。向秀的觀點則有所改變，他並不認爲只有至德的『聖人』才可以達到逍遙遊。世說新語文學劉孝標注云：

向子期、郭子玄逍遙義曰：夫大鵬之上九萬，尺鴳之起榆枋，小大雖差，各任其性，苟當其分，逍遙一也。然物之芸芸，同資有待，得其所待，然後逍遙耳。唯聖人與物冥而循大變，爲能無待而常通，豈獨自通而已！又從有待者，不失其所待，不失則同於大通矣。

向秀認爲『有待者』做到『不失其所待』即可達到逍遙遊，從這一層面而言，『有待』和『無待』是平等的，只是本性各異、大小有差。凡人和至人是可以『同於大通』的，至人的逍遙遊雖是『無待』卻能順從於『有待』，所以若要得到逍遙遊，並不需要擯棄世俗、凡人，只要在社會現實生活中『各任其性，苟當其分』，那麼達到逍遙自得的境界，完全是可以同社會現實事務活動並行的。向秀的逍遙觀與嵇康、阮籍等的遁世逍遙理念又有所不同，後者認爲只有完全擯棄世俗的一切才能有浮世逍遙。所以在魏晉時代動亂交替下，嵇康和阮籍堅決抵抗現實黑暗勢力，二人雖欲以遁世絕俗，卻始終難逃生死之劫，嵇康於景元三年（262）死於司馬氏屠刀之下，阮籍則於次年抑鬱而終，而向秀雖最終屈服於現實卻能在迫於無奈的出仕中一直保持精神上的逍遙自得，可以説向秀對莊子無待逍遙論的改造更具現實性。

2.『合儒道而爲壹』：超越自然，重審名教的價值

儒道的矛盾一直存在，尊尚老莊的玄學名士一直都是對儒家思想予以排斥的。向秀則認爲道家不能無視儒家，在他的莊子注中採取了玄儒兼治，試圖以此來調和個人與社會、自然與名教的尖銳矛盾。

在動蕩不安的社會中，個體命運變幻無常，每與社會現實產生對立。玄學名士們面對殘酷的社會現實，採取了不同的與世態度。激進者如嵇康、阮籍、劉伶等，抨擊現實、遁世隱世；妥協者如山濤、王戎、向秀等，歸於現實。同爲竹林玄士，在自然和名教二者關係上，向秀就與摯友嵇康等人產生過分歧。以嵇康與向秀就『養生』問題的互相辯難爲例，在二人先後所作的養生論、難養生論、答難養生論中，就能清晰分辨他們對於自然和名教的不同態度。嵇康養生論有言：『清虛靜泰，少私寡欲，知名位之傷德，故忽而不營，非欲而強禁也；識厚味之害性，故棄而費顧，非貪而後抑也。』他表達的是一種對名教的否定和排斥、對人性自由的崇尚的態度，認爲名教禮法是虛僞的，是對自然人性的扭曲。向秀則在難養生論中反駁：『且夫嗜欲，好榮惡辱，好逸惡勞，皆生於自然。』並且說：『富與貴，是人之所欲也。但當求之以道，不苟非義。』『夫人含五行而生，口思五味，目思五色，感而思室，饑而求食，自然之理也，但當節之以禮耳。』他要求人們應對欲望加以節制，並認爲儒家禮儀倫理規範具有一定合理性。可見，向秀在論辯中既講情欲自然，又表達出對名教的認同，已然以名教來補充自然，調和自然與名教關係。

向秀認爲當個人與社會產生激烈矛盾的時候，個人應當作出妥協退讓。他的莊子注主張自然與名教合一，就是爲了調合儒道，解決二者在理論和實踐中相互對立的問題。據世說新語言語載，向秀在進京面對司馬昭『聞君有箕山之志，何能自屈』之問時，他的回答是：『常謂彼人不達堯意，本非所慕也。』晉書向秀傳也記錄他的回答：『以爲巢許狷介之士，未達堯心，豈足多慕！』二者意思一致，表達出向秀充分肯定古代賢君堯有心治理天下，堯以不治而治天下，精神上雖然超脫世外卻能夠有治有爲。並認爲，倘若凡人不能理解聖人的真意，秉持『箕山之志』而以獨隱箕山爲傲，那就不值得羨慕了。向秀此處已然表達出自己的『入世』精神，這種觀念與莊子的無爲精神是大不相同的。向秀注釋莊子時直接提出了重審儒家名教價值，欲以調和道家重生命與儒家重治世思想，這正是站在調和儒道立場上對道家的『自然』和儒家的『名教』關係作出的妥善處理。後來郭象

則對向秀的玄儒兼治思想進行發揮，在逍遥遊篇注中提出『故堯、許之行雖異，其於逍遥一也』、『夫聖人雖在廟堂之上，然其心無異於山林之中，世豈識之哉』等言論。

當然，向秀在處理『自然』與『名教』關係的時候，是以儒家之『名教』來對道家之『自然』進行補充，使二者得到統一。向秀的『合儒道而爲壹』這個哲學命題，並不是要將二者等同，達到絕對統一，而是協調二者互爲補充，以解決現實矛盾。他的玄儒兼治思想，爲在現實政治生活中困頓的文人開闢出了一條新的治學乃至生存道路。他認爲人『口思五味，目思五色，感而思室，饑而求食』等，均是『自然之理』，但即使是自然之理，也應『節之以禮』（見難養生論）。這裏以『禮』節制『自然之理』，即以『名教』補充『自然』，從而達到了儒道合一。但從實質而言，向秀仍然是以『自然』爲根本，如列子黄帝張湛注引向秀莊子注云：『任自然而覆載，則名利之飾皆爲棄物。』『雕琢之文復其真樸，則外事去矣。』這兩處所謂『任自然』而棄『名利』、『復樸』而去『外事』，實際上與玄學激進派的『越名教而任自然』的理論相似，可見向秀的玄儒兼治理論雖然欲圖調和『名教』與『自然』之間的矛盾，卻沒有從根本上解決和化解這個難題。直到後來者郭象繼承其思想，才逐漸使得『合儒道而爲壹』的理論得以具體化，並最終形成『名教即自然』的玄學命題。可以説，從嵇康等人『越名教而任自然』的玄學激進主義，到向秀『儒道爲壹』的儒道新義，再到郭象的『名教即自然』，向秀『儒道爲壹』這個中間環節在補充協調儒道兩家思想上的意義重大。

至於向秀本逐漸失傳，稍後的郭象莊子注廣泛流行，先不論郭象本與向秀本是雷同剽竊，還是承襲並『述而廣之』，不可否認的是，郭象莊子注之所以影響後世如此深遠，正是因爲他緊承向秀、順應莊學新風氣，在向秀莊子注所申發的玄理新義基礎上進一步發揮，所以才『爲世所貴，徐仙民、李弘範作音，皆依郭本，以郭爲主』（經典釋文序録）。也正是郭象將向秀提出的名教與自然合一玄理運用到實際的人生出處和政治現實中，讓現實中的内聖與外王、遊外與冥内等士大夫精神世界分裂的矛盾得到最終解決，才使儒道精神得到完美結合。

據張湛列子注、劉孝標世說新語注、陶弘景養生延命錄、陸德明莊子音義、李善文選注等傳世文獻皆引向注，以及晉書向秀傳、隋書經籍志、舊唐書經籍志、新唐書藝文志皆載錄向秀莊子注的情況來看，自東晉至唐，向秀莊子注一直在流行，而此後各種書籍鮮有引述向注並且不見於志書著錄，可知向秀莊子注當亡佚於唐末。總之，向秀莊子注可以反映出經歷正始、魏晉異代的思想變化之後西晉前期玄學名士的文化心態，是西晉前期玄學思潮的代表作。向秀傳奇的人生經歷和高超的學術造詣，使其人生哲思和社會理念成功地轉化爲對莊子的注釋文字語言，其莊子注在曹魏正始之音到西晉元康玄學之間，上承崔譔莊子注，下啟郭象莊子注，在魏晉波瀾起伏的玄學變動中成功開啟了一條自然與名教合一的莊學新思路，從而振起了一派玄學新風氣。

第七章　郭象的莊子注

郭象(253—312),字子玄,河南(今河南洛陽)人。少有才理,好老、莊,能言善辯,時人咸以爲王弼之亞。常閒居,以文論自娛。後辟司徒掾,稍至黄門侍郎。東海王越引爲太傅主簿,甚見親信倚重,遂任職當權,熏灼内外,由是素論去之。事跡主要見於晉書郭象傳和世説新語文學。著作除莊子注流傳至今外,其他如老子音、莊子音、論語隱、論語體略、郭象集等,均已散佚。唯論語體略,梁皇侃論語義疏中有引文,清馬國翰玉函山房輯佚書中有輯本。

第一節　對司馬彪本的『以意去取』

關於郭象莊子注的卷數,敦煌殘卷伯二四九五號『莊子内篇第一逍遥遊』之前有小字云:『莊子三帙,合卅三卷,郭子玄注。』與阮孝緒七録所録『三十三卷』、陸德明經典釋文序録所載『三十三卷』者相合。説明在六朝時,郭象注本皆作三十三卷,每卷一篇。但隋書經籍志録爲『三十卷,目一卷』,而自舊唐書經籍志後則又合爲十卷,即:　内篇三卷共七篇,卷一爲逍遥遊、齊物論,卷二爲養生主、人間世、德充符,卷三爲大宗師、應帝王;　外篇四卷共十五篇,卷四爲駢拇、馬蹄、胠篋、在宥,卷五爲天地、天道、天運,卷六爲刻意、繕性、秋水、至樂,卷七爲達生、山木、田子方、知北遊;　雜篇三卷共十一篇,卷八爲庚桑楚、徐無鬼、則陽,卷九爲外物、寓言、

讓王、盜跖，卷十爲說劍、漁父、列禦寇、天下。

那麼，郭像是怎樣裁定他的這個三十三篇本的呢？ 日本鎌倉時代高山寺所藏莊子殘鈔本天下篇後有跋語云：『夫學者，尚以成性易知爲德，不以能政（攻）異端爲貴也。 然莊子閎才命世，誠多英文偉詞，正言若反，故一曲之士，不能暢其弘旨，而妄竄奇說，若閼亦（弈）、意循（修）之首，尾（危）言、游易（鳧）、子胥之篇，凡諸巧雜，若此之類，十分有三，或牽之令近，或迂之令誕，或似山海經，或似夢書，或出淮南，或辯形名，而參之高韻，龍蛇並御，且辭氣鄙背，竟無深澳，而徒難知，以因（困）後蒙，令沈滯失乎（平）流，豈所以求莊子之意哉？ 故略而不存。 令（今）唯哉（裁）取其長，達致存乎大體者焉爲三十三篇者。』此跋語不詳其作者，但陸德明經典釋文序錄有這樣一段相關的文字： 『莊生宏才命世，辭趣華深，正言若反，故莫能暢其弘致。 後人增足，漸失其真，故郭子玄云： 「一曲之才，妄竄奇說，若閼弈、意修之首，危言、游鳧、子胥之篇，凡諸巧雜，十分有三。」漢書藝文志「莊子五十二篇」，即司馬彪、孟氏所注是也。 言多詭誕，或似山海經，或類占夢書，故注者以意去取。 其內篇衆家並同，自餘或有外而無雜，唯子玄所注特會莊子之旨，故爲世所貴。』由陸德明所引郭象之語可證，高山寺所藏天下篇後的跋語爲郭氏所作無疑。 而以郭象跋語與陸德明序錄合而觀之，又可知今傳莊子三十三篇是郭象對司馬彪本五十二篇進行『以意去取』的結果。

據郭象的跋語和陸德明的序錄，郭象一共刪去了司馬彪本的十九個篇目，其中可確知的有閼弈、意修、危言、游鳧、子胥等五個篇目。 文選顏延之車駕幸京口侍遊蒜山作李善注引莊子云： 『閼弈之隸與殷翼之孫、遏氏之子，三士相與謀致人於造物，共之元天之上。 元天者，其高四見列星。』此當爲閼弈篇中的文字。 又太平御覽卷五三〇引莊子云： 『游島（鳧）問雄黃曰： 「今逐疫出魅，擊鼓呼噪，何也？」雄黃曰： 「黔首多疾，黃帝氏立巫咸，使黔首沐浴齋戒以通九竅，鳴鼓振鐸以動其心，勞形趨步以發陰陽之氣，飲酒茹蔥以通五藏。 夫擊鼓呼噪，逐疫出魅鬼，黔首不知，以爲魅祟也。」』此當爲游鳧篇中的文字。 如果從這二則佚文本身來看，似乎都可

說是『妄竄奇說』之辭，而閼弈、意修、危言、游鳧、子胥五篇，每篇的文字大概也多屬此類，故郭象皆刪而去之。據陸德明序錄說，司馬彪所注莊子五十二篇本還包括了『解說三』。我們在本書中曾論述過，劉安的莊子略要和莊子後解當即爲這『解說三』中的二篇，而這二篇原來很可能就是淮南子外篇中的雜說文字，故郭象以其『或出淮南』而刪去之。此外，郭象又曾刪去了一些『或似山海經』的文字。如山海經海外東經郭璞注引莊子云：『昔者十日並出，草木焦枯。』又慧琳一切經音義卷九三引莊子云：『誇父與日角走，渴死於北地。』這些文字都與山海經中的有關文字大同小異，故郭象亦以其『言多詭誕』而刪削之。同時，對於莊子中那些明顯出於莊周後學手筆的文字，郭象也是要予以刪削的。如太平御覽卷三六九引莊子云：『盧敖見若士，深目鳶肩。』據淮南子道應訓高誘注，盧敖爲秦始皇時人。又太平御覽卷四三七引莊子云：『田光答太子曰：「竊觀太子客，無可用者。夏扶血勇之人，怒而面赤；宋膾脈勇之人，怒而面青；武陽骨勇之人，怒而面白。光所知，荊軻神勇之人，怒而色不變。」』這則故事，也發生在秦始皇時。由於此類文字分明爲莊周後學所附益，故郭象也皆予以刊落。

而且，陸德明據郭象三十三篇本撰成的莊子音義，每每有『司馬本作某字』之語。這又說明，郭象在刪削司馬彪本的同時，對所保留下來的某些篇章也進行過校改。據筆者統計，莊子音義各篇出現諸如『司馬本作某字』一類話的次數是：

內篇：逍遙遊，4次；齊物論，0次；養生主，0次；人間世，0次；德充符，0次；大宗師，0次；應帝王，0次。

外篇：駢拇，0次；馬蹄，1次；胠篋，0次；在宥，0次；天地，15次；天道，2次；天運，8次；刻意，0次；繕性，1次；秋水，2次；至樂，9次；達生，6次；山木，3次；田子方，7次；知北遊，2次。

雜篇：庚桑楚，0次；徐無鬼，16次；則陽，2次；外物，0次；寓言，0次；讓王，6次；盜跖，1次；説劍，2次；漁父，0次；列禦寇，1次；天下，0次。

上面的統計數字表明，内篇除了逍遥遊篇外，其餘六篇都完全承襲了司馬彪的本子，因而在莊子音義的相應篇章中，也就沒有司馬彪本的異字可見。但在外篇、雜篇二十六篇中，陸德明卻於十七個篇目内出示了司馬彪本的異字，其中有些篇目内出現異字的頻率甚至很高。這説明，郭象對所保留下的司馬彪本外、雜篇文字曾有過較多的改動。據推測，其據以校改的本子主要就是向秀本。因爲在整部莊子音義中，陸德明出示向秀本的異字甚多，但在出示有司馬彪本異字的篇章中，卻幾乎完全看不到向秀本的異字。如天地篇出示司馬彪本的異字凡15次，天運篇出示8次，至樂篇出示9次，達生篇出示6次，徐無鬼篇出示16次，但各篇都不見有向秀本的異字，這足可證明郭象曾據向秀本來校改司馬彪本某些篇章的文字。不過，郭象也有以其他本子來校改司馬彪本的。如馬蹄篇『連之以羈馽』，陸德明莊子音義云：『司馬、向、崔本並作縶。』知北遊篇『狂屈』，莊子音義云：『司馬、向、崔本作詘。』這些都正是郭象用向秀、崔譔本以外的本子來校改司馬彪本的例子。

從莊子音義所反映出的情況來看，郭象的校改是從多方面著眼的。如達生篇『水有罔象』，莊子音義云：『司馬本作無陽。』案國語魯語：『水之怪，曰龍、罔象。』説明郭象這裏是依據歷史文獻的記載而引別的本子來校改司馬彪本。又同篇『紫衣而朱冠』，莊子音義云：『司馬本作「俞冠」。』郭象這裏是依據前面的『紫』字而引別的本子來校改司馬彪本。又同篇『被髮行歌而遊於塘下』，莊子音義云：『司馬本作「行道」，云常行之道也。』郭象這裏是因看到『行道』一詞於義不通而引別的本子來校改司馬彪本。諸如此類，都是郭象在校改方面取得成功的例子。當然，他的校改也不免有弄巧成拙的地方。如田子方篇『緩佩玦』，莊子音義云：『司馬本作「綬」。』郭象這裏改『綬』爲『緩』，反而於義不安，故王叔岷云：『郭氏謂系玦於帶間，寬綽有餘，不知與下「事至而斷」何涉邪？竊以爲司馬本作綬，文意較順。』（莊子校詮）

綜上述可知，司馬彪五十二篇本莊子經過郭象的『以意去取』而成爲三十三篇本莊子後，無論從篇章還是從字句方面來看，無疑都顯得更爲精純，因而後世便漸奉郭氏本爲定本。但可惜的是，由於郭象的這一『以意去取』，卻使古本莊子失去了約『十分有三』的篇章，而且這可能還將成爲永遠無可挽回的損失。

第二節　對向秀注的『述而廣之』

關於郭象的注，世說新語文學云：『初，注莊子者數十家，莫能究其旨要。向秀於舊注外爲解義，妙析奇致，大暢玄風。唯秋水、至樂二篇未竟而秀卒。秀子幼，義遂零落，然猶有別本。郭象者，爲人薄行，有儁才，見秀義不傳於世，遂竊以爲己注。乃自注秋水、至樂二篇，又易馬蹄一篇，其餘衆篇，或定點文句而已。後秀義別本出，故今有向、郭二莊，其義一也。』晉書郭象傳因襲了這段話，也認爲郭象的莊子注是剽竊向秀的莊子注而成。但晉書向秀傳則云：『向秀……清悟有遠識，少爲山濤所知，雅好老、莊之學。莊周著內外數十篇，歷世才士，雖有觀者，莫適論其旨統也。秀乃爲之隱解，發明奇趣，振起玄風，讀之者超然心悟，莫不自足一時也。惠帝之世，郭象又述而廣之，儒墨之跡見鄙，道家之言遂盛焉。』比較起來看，『述而廣之』的說法應該比較符合實際。因爲：

其一，南朝宋劉義慶所著的世說新語，本爲『小說家言』，其所采摭，『皆軼事瑣語』，旨在資人以『談助』。故梁劉孝標爲之作注，每欲『糾正義慶之紕繆』①。如於文學篇所云郭象剽竊向注一事後，劉孝標引東晉張隱所著文士傳云：『象……少有才理，慕道好學，托志老、莊，時人咸以爲王弼之亞，辟司空掾、太傅主簿。象作莊子

① 見四庫全書總目提要劉義慶世說新語。

注，最有清辭遒旨。』這裏引述文士傳，看來不外就是要對劉義慶的說法進行必要的駁正，認爲像郭象這樣一位有才華和影響的玄學家，是不可能也沒有必要去剽竊人家的注解文字。尤其是其中所謂『最有清辭遒旨』云云，則更說明郭象的莊子注自有其獨特的成就，並非是對向秀莊子注的簡單剽襲。但唐初房玄齡主持修撰晉書，由於執筆者『多是文詠之士，好采詭謬碎事，以廣異聞，又所評論，競爲綺豔，不求篤實』（舊唐書房玄齡傳）①，所以他們作郭象傳，寧采世說『詭謬』之說而不取文士傳較爲平實的說法，這就進一步擴大了劉義慶『剽竊』說的影響，致使後世有不少人便真以郭象爲剽竊者了。

其二，陸德明經典釋文序錄載，向秀注二十卷，二十六篇。並注云：『亦作二十七篇，亦作二十八篇，亦無雜篇。』而郭象的莊子注爲三十三卷，三十三篇，包括內篇七篇，外篇十五篇，雜篇十一篇。說明郭象注本至少比向秀注本多出五篇，而且內、外、雜的分篇也比向秀注本更爲細緻，那麼郭象就不是所謂的『定點文句』而已，而是『述而廣之』。

其三，列子黃帝篇與莊子原文多有雷同之處，張湛爲之作注時每引向秀的莊子注以替代他自己的注釋，因而爲我們保存下三十五條向秀注語。如果以莊子之人間世、應帝王、達生諸篇中郭象的有關注語與這些注語相比較，那麼我們就可以清楚看到，郭注雖然不乏有與向注相同，但更多的則是經過一番精心增損改鑄而成，其中有七條注語甚至還被改易得與向秀的意思全然沒有關係。而且，張湛爲黃帝篇作注，其中有十九處僅引郭注而不引向注，這大概不外是因爲向秀於此無注，或郭注必勝於向注的緣故。由此也不難看出，郭象的莊子注正是

① 清四庫館臣也批評晉書說：『其所采擇，忽正典而取小說，……是直稗官之體，安得目曰史傳乎？』（四庫全書總目提要房玄齡主修晉書）

對向秀莊子注的『述而廣之』①。

然而，所謂『述而廣之』，更重要的還是表現在郭象對向秀哲學思想的發揮和發展上。如張湛在列子天瑞注中引向秀注說：『吾之生也，非吾之所生，則生自生耳。生生者豈有物哉？（無物也），故不生也。吾之化也，非物之所化，則化自化耳。化化者豈有物哉？無物也，故不化焉。若使生物者亦生，化物者亦化，則與物俱化，亦奚異於物？明夫不生不化者，然後能爲生化之本也。』在向秀看來，世界萬物既不是自己產生自己，也不是爲別的物所生所化，而是自然而然地在那裏『生自生』、『化自化』。但他最後還是認爲，在萬物之上仍有一個所謂不生不化的『生化之本』存在著。據張湛在黃帝篇注中所引向秀的有關注語來看，這個『生化之本』就是『自然』，即『道』或『無』。由此可知，向秀的觀念還沒有完全擺脱何晏、王弼『貴無』思想的影響。郭象接過向秀的『自生』、『自化』說，並把它發展成了『獨化』論。他認爲：『無既無矣，則不能生有。有之未生，又不能爲生。然則生生者誰哉？塊然而自生耳。自生耳，非我生也。我既不能生物，物亦不能生我，則我自然矣。自己而然，則謂之天然。』（齊物論注）而且在他看來，『有』和『無』又是不能互相轉化的，『非唯無不得化而爲有也，有亦不得化而爲無矣。』（知北遊注）因此，『造物者無主，而物各自造，物各自造而無所待焉』（齊物論注），這就叫作『獨化』，即『凡得之者，外不資於道，內不由於己，掘然自得而獨化也』（大宗師注）。可見，郭象的『獨化』論既繼承了向秀『自生』、『自化』的思想，但又不願承認萬物之上有一個『生化之本』存在著，這無疑就是對向秀哲學思想的繼承和發展。

基於這樣的一種『獨化』理論，郭象便進一步認爲現象界中的一切事物都是各自孤立，彼此之間並不存在著所謂的大小、長短、美醜、好壞之類的區別，因此萬物『苟足於天然而安其性命』（齊物論注），則一切差別也就

---

① 上述情況，也同樣存在於陸德明的莊子音義中。

取消了：『夫以形相對，則大山大於秋豪也。若各據其性分，物冥其極，則形大未爲有餘，形小不爲不足。苟各足於其性，則秋豪不獨小其小，而大山不獨大其大矣。若以性足爲大，則天下之足未有過於秋豪也。若性足者非大，則雖大山亦可稱小矣。』（同上）郭象把這一理論運用到人類社會的關係方面，也就是要求人們不用去分別高下、貴賤，而只要做到『各安其分』而『安於命』（見秋水注）就可以了：『凡得真性，用其自爲者，雖復皁隸，猶不顧毁譽而自安其業。故知與不知，皆自若也。若乃開希幸之路，以下冒上，物喪其真，人忘其本，則毁譽之間，俯仰失錯也。』（齊物論注）郭象的這些説法，又正是對向秀『與變升降，以世爲量』和『無心以隨變也，泛然無所係』（見列子黄帝張湛注引）等思想的進一步發展。

此外，向秀主張『以儒道爲壹』（謝靈運辨宗論），把『名教』和『自然』的矛盾看成是可以協調的。郭象在調和『名教』與『自然』矛盾的問題上，又比向秀大大前進了一步，提出『名教即自然』的新命題。他説：『未有極遊外之致而不冥於内者也，未有能冥於内而不遊於外者也。故聖人常遊外以宏内，無心以順有，故雖終日揮形而神氣無變，俯仰萬機而淡然自若。……則遊外宏内之道，坦然自明，而莊子之書，故是涉俗蓋世之談矣。』（大宗師注）這裏所謂的『冥内』，是指與禮法名教深相默契，『遊外』則指完全超脱禮法名教的束縛而遊於塵世之外，前者爲儒，後者爲道，本來二者互相矛盾，郭象卻使它們得到了統一，從而既修正了何晏、王弼『貴無』論者『名教本於自然』的説法，否定了阮籍、嵇康『越名教而任自然』的異端思想，又把向秀關於『名教』和『自然』可以協調的思想發展成了『名教即自然』的理論。

第三節　對向注以外舊注的借鑒與批評

世説新語説『初注莊子者數十家』。據現在可以掌握的材料來看，郭象莊子注除了對向秀注的『述而廣之』

外，還對這『數十家』舊注作過不少借鑒與批評。先從經典釋文莊子音義中舉出數例：

養生主篇『大窾』，陸德明云：『崔、郭、司馬云：大窾，空也。』

徐無鬼篇『麗譙』，陸德明云：『司馬、郭、李皆云：麗譙，樓觀名也。』

大宗師篇『翛然』，陸德明云：『向云：翛然，自然無心而自爾之謂。郭、崔云：往來不難之貌。』

司馬彪、崔譔等爲莊子作注，皆在郭象之前。郭象的這些注既然與他們相同，說明他對舊注的借鑒不僅僅限於向秀一家。而且，郭象還每每有棄向注而從他說的做法，他對大宗師篇『翛然』一詞的注釋即屬於此類情況。又如齊物論篇有『吻合』一詞，陸德明在莊子音義中引李氏注云：『無波際之貌。』又引向秀注云：『若兩唇之相合也。』郭象在莊子注中並沒有採用向注，而是借鑒了李氏的說法，云：『吻然無波際之謂也。』當然，這種借鑒，在文字方面也有改動較大的。陸德明莊子音義達生於『與齊俱入，與汩偕出』二句下引云：

司馬云：『齊，回水如磨齊也；汩，湧波也。』郭云：『磨翁而旋入者，齊也；回伏而湧出者，汩也。』

據莊子音義等書所引的資料來看，在郭象以前，曾爲達生篇中這二句話作過注釋的，僅司馬彪一家而已。可見，郭象以『磨翁』比喻漩渦，當借鑒於司馬彪『回水如磨齊（臍）』的說法。而以『回伏而湧出者』釋『汩』字，當也是繼承司馬氏『湧波』之說而來。但從郭象的表述形式來看，顯然已對司馬氏的注語作了很大的變通。而當郭象認爲前人的注解不值得借鑒的時候，他是勇於另立新說的。如司馬彪的注雖多稱精當，郭象卻還是提出了一些很不相同的看法。經典釋文莊子音義載：

徐無鬼篇『彼之謂、此之謂』，司馬云：『彼謂甘寢，此謂弄丸。』郭云：『彼謂二子，此謂仲尼也。』

則陽篇『史鰍奉御而進所，搏幣而扶翼』，司馬云：『史鰍，史魚也；幣（一作弊），引衣裳自蔽。謂公及浴女相扶翼自隱也。』陸德明云：『此殊郭義。』

細讀徐無鬼篇原文，『彼』指市南宜僚弄丸和孫叔敖甘寢之事，『此』謂孔子不言之事，所以郭象不同意司馬彪的說法而自作新注。對於司馬氏爲則陽篇『史鰍』二句所作的注解，郭象也甚不以爲然，因而他作出自己的解釋說：『（衛靈公）以鰍爲賢而奉御之勞，故搏幣而扶翼之，使其不得終禮，此其所以爲肅賢也。幣者，奉御之物。』（則陽注）郭氏的這一解釋，比較符合莊文原意，故自唐成玄英以來，多遵從之。而且，郭象對於某些舊注舊說，還往往明確地提出了他的批評意見。如他在齊物論篇『夫吹萬不同，而使其自已也』二句下云：

此天籟也。夫天籟者，豈復別有一物哉？即衆竅比竹之屬，接乎有生之類，會而共成一天耳。……而或者謂天籟役物，使從己也。夫天且不能自有，況能有物哉！故天者，萬物之總名也。莫適爲天，誰主役物乎？故物各自生而無所出焉，此天道也。（齊物論注）

文選謝靈運九日從宋公戲馬臺集送孔令詩、江淹雜體詩李善注皆引云：『莊子……曰：「夫吹萬不同，而使自已也。」司馬彪曰：「言天氣吹煦，生養萬物，形氣不同。已，止也。使各得其性而止。」』說明司馬彪認爲『吹萬不同』有一『主役』者，也就是『或者』所謂『天籟役物，使從己』的意思。但郭象卻堅決否定了這種看法，認爲萬物都是各自獨立、互不相關地突然發生，哪裏『復別有一物』『主役』著它們呢？因此，所謂『天籟』者，也不過是『衆竅比竹之屬』而已，根本不是什麼『役物』者。正基於這樣的一種認識，郭象便進一步認爲萬物都是『無待』的。他說：『世或謂罔兩待景，景待形，形待造物者。請問：夫造物者有耶？無耶？無也，則胡能造物哉？有也，則不足以物衆形。故明衆形之自物，而後始可與言造物耳。是以涉有物之域，雖復罔兩，未有不獨化於玄冥者也。』（齊物論注）罔兩即影外之微陰，舊注者認爲它有賴於影子，影子有賴於事物的形狀，而事物的

形狀又有待於造物者。郭象卻完全否定了這種說法，認爲它們之間根本不存在任何內在的因果聯繫，而都是獨自産生，獨自變化的，即所謂『未有不獨化於玄冥者也』。在郭象看來，由於萬物『未有不獨化於玄冥』，彼此之間沒有任何內在的關聯，所以雖然形態各異，卻無法進行比較。他因而批駁某些舊注說：

若如惑者之說，轉以小大相傾，則相傾者無窮矣。若夫覩大而不安其小，視少而自以爲多，將奔馳於勝負之竟，而助天民之矜誇，豈達乎莊生之旨哉！（秋水注）

郭象在這裏指出，『惑者』只是從小大的比較上來闡述萬物差異的相對性，這實際上並不能真正取消萬物之間的差別，因爲這種比較可以無限延續下去，其結果就會不免於『覩大而不安其小，視少而自以爲多』。從這種認識出發，郭象便認爲萬物只須『大小俱足』就可以了，因而他在駢拇注中說：

夫長者不爲有餘，短者不爲不足，此則駢贅皆出於形性，非假物也。……而惑者或云非性，因欲割而棄之，是道有所不存，德有所不載，而人有棄才，物有棄用也，豈是至治之意哉！

夫方之少多，天下未之有限，然少多之差，各有定分，豪芒之際，即不可以相跂，故各守其方，則少多無不自得。而惑者聞多之不足以正少，因欲棄多而任少，是舉天下而棄之，不亦妄乎！

郭象指出，駢拇枝指皆稟受於自然形性，各有定分，是無所謂多，也無所謂少的，而『惑者』卻把它們看作是性外之物，主張割而棄之，這是極端錯誤的。很顯然，郭象這樣說的用意，無非就是要求人們務必做到各安其性命之情。爲此，他還通過批評舊注『樂死惡生』說，來進一步闡述自己的這一理論。他說：

舊說云：莊子樂死惡生，斯說謬矣。若然，何謂齊乎？所謂齊者，生時安生，死時安死，生死之情既齊，則無爲當生而憂死耳。（至樂注）

在郭象看來，一切順物之性，『生時安生，死時安死』，這就是人們應取的態度，而不應像『舊說』那樣違背『生死之情』，去要求人們『樂死惡生』。但是，郭象所謂的順物之性，並不是要人任物自爲，而是主張把因任自然與發

揮人類的能動作用結合起來。如他說：

任駑驥之力，適遲疾之分，雖則足跡接乎八荒之表，而衆馬之性全矣。而惑者聞任馬之性，乃謂放而不乘；聞無爲之風，遂云行不如臥，何其往而不返哉！（馬蹄注）

郭象認爲，所謂『任馬之性』，就是要按照馬的氣力、性分來合理駕御它，而絕非『惑者』所說的『放而不乘』。他把這一理論應用到『治天下』上，那即是所謂的『以不治治之』。他說：

夫能令天下治，不治天下者也。故堯以不治治之，非治之而治者也。……而或者遂云：治之而治者，堯也；不治而堯得以治者，許由也。斯失之遠矣。夫治之由乎不治，爲之出乎無爲也。取於堯而足，豈借之許由哉！（逍遙遊注）

這裏，郭象從順物之性的觀點出發，高度肯定了堯以無心而任乎自化的態度來治理天下，但他堅決反對『或者』把無爲解釋成什麼事也不幹，把拱默山林的許由看作是理想聖人。他還進一步說：『舊說曰：如卞隨、務光者，其視天下也，若六合之外，人所不能察也。斯則謬矣。夫輕天下者，不得有所重也。苟無所重，則無死地矣。以天下爲六合之外，故當付之堯、舜、湯、武耳。淡然無係，故泛然從衆，得失無概於懷，何自投之爲哉！若二子者，可以爲殉名慕高矣，未可謂外天下也。』（讓王注）郭象在這裏也指出，『舊說』所稱揚的卞隨、務光等，其實只是『殉名慕高』者，而堯、舜、湯、武則『淡然無係』、『泛然從衆』，才是真正外天下而天下治，即上文所說的『以不治治之』的人。這就再一次說明，郭象所謂的無爲，並不是真的消極不爲，而是要人們有所作爲。

由上述可知，郭象作莊子注，除了對向秀注加以『述而廣之』外，還對其他許多舊注舊說進行過借鑒與批評。他的有些重要哲學思想，甚至是在批評舊注舊說的過程中得到了闡發。

第四節　對莊子的改造性詮釋

司馬氏建立西晉王朝後，政治、經濟上一度出現了穩定和發展的局面，這就使原有的那種反抗司馬氏集團的勢力受到了很大程度上的遏制。於是，以司馬氏爲首的整個新的龐大貴族集團遂得以更加貪婪、奢侈、殘暴起來，並自認爲他們的這一切所作所爲都是合情合理的。在這種情況下，整個玄學便全面地由對司馬氏集團所提倡的『名教』的激烈批判而轉向了與『名教』的合一。郭象作爲一位已參與西晉王朝政事的名士，也很希冀通過改造性地詮釋莊子，從哲學高度來論證當時這一社會現實的合理性。

郭象對莊子的改造性詮釋，首先從他對莊子的獨特評價開始。他在莊子序中說：『夫莊子者，可謂知本矣，故未始藏其狂言，言雖無會而獨應者也。夫應而非會，則雖當無用；言非物事，則雖高不行；與夫寂然不動，不得已而後起者，固有間矣，斯可謂知無心者也。夫心無爲，則隨感而應，應隨其時，言唯謹爾。故與化爲體，流萬代而冥物，豈曾設對獨遘而游談乎方外哉！此其所以不經而爲百家之冠也。』我們知道，在玄學激進派那裏，原是把莊子作爲理想人格來推崇的，而儒家理想中的聖人則成了貶斥的對象。如嵇康就曾『每非湯武而薄周孔』（與山巨源絶交書），並公然宣稱：『老子莊周，吾之師也。』（同上）但郭象卻在這裏指出，莊子雖然『可謂知本』，然而他游談方外，空發了許多與實際不相符合的言論，這些言論即令與道相應，也完全行不通。所以，莊子並不是無心而順化的聖人，他的著作也就自然不能與儒家經典相並列，而只能說在諸子百家學說中算是最好。可見，郭象爲了適應時代的需要，就不得不把莊子的地位排列到了孔子之下。

接著，郭象在莊子序中對莊子的思想進行了概括：『然莊生雖未體之，言則至矣。通天地之統，序萬物之性，達生死之變，而明内聖外王之道，上知造物無物，下知有物之自造也。其言宏綽，其旨玄妙。』這就是說，莊

子雖然未能體現出真正的無心，但專就他所講的道理來説，卻是很好的了。如他『上知造物無物，下知有物之自造』，在尋求天地宇宙的成因，要求萬物如何自足其性，教人如何冥内遊外等方面，都有『宏綽』之言，『玄妙』之旨，爲其他諸子所不能達到。顯而易見，郭象這樣來概括莊子的思想，其實只能看作是他對莊子學説的一種修正。他的整部莊子注，基本上就是按照莊子序的這一思路來展開詮釋活動的。即：

一、以『獨化』説詮釋莊子關於『道』爲萬物本原的思想

莊子與老子一樣，把『道』看作是産生世界萬物的最後本體。他説：『夫道，有情有信，無爲無形；可傳而不可受，可得而不可見；自本自根，未有天地，自古以固存；神鬼神帝，生天生地；在太極之先而不爲高，在六極之下而不爲深，先天地生而不爲久，長於上古而不爲老。』（大宗師）正始時期的玄學貴無派代表何晏、王弼，基本上繼承了老莊的這一思想，認爲『有』是依賴於『無』（即『道』）而産生。竹林名士向秀的『自生自化』説，雖然是用來反對無中生有説，但仍不免時有『以相先者，唯自然也』（列子黄帝張湛注引）之類的説法，説明他的理論還是留有貴無派思想影響的痕跡。到了郭象『獨化』説的提出，這種影響就幾乎消失殆盡了。他説：

無既無矣，則不能生有；有之未有，又不能爲生。然則生生者誰哉？塊然而自生耳。自生耳，非我生也。我既不能生物，物亦不能生我，則我自然矣。自己而然，則謂之天然。（齊物論注）

郭象認爲，所謂『無』就是什麽也没有，是根本不能産生『有』的，因此也就不能説現存的萬物是從未生狀態或他物産生而來。那麽，世界萬物是怎樣産生出來的呢？這只能説是『塊然而自生耳』，也就是莊子序所謂的『造物無物』、『有物之自造』的意思。由此看來，郭象並不同意莊子把『道』看成是萬物的本原。如在大宗師篇中，莊子説『道』能『神鬼神帝，生天生地』，郭象則注云：『無也豈能生神哉！不神鬼帝，而鬼帝自神，斯乃不神之

神也。不生天地，而天地自生，斯乃不生之生也。』莊子進而舉例說，狶韋氏、伏戲氏、維斗、日月、堪壞、馮夷、肩吾、黄帝、顓頊、禺強、西王母、彭祖、傅説得到了『道』，因而都變得無比神靈，郭象則注云：『此言得之於道，乃所以明其自得耳。自得耳，道不能使之得也。我之未得，又不能爲得也。然則凡得之者，外不資於道，内不由於己，掘然自得而獨化也。』可見莊子旨在説明世界萬物都是由『道』派生出來，而郭象卻在強調世間一切事物的『獨化』、『自造』，認爲它們都是自己産生、自己變化、自己運動，並沒有任何外在的力量能夠使它們變得如此。在郭象的整部莊子注中，像這樣通過改造性地詮釋莊子思想來發揮他的『獨化』説的地方，幾乎比比皆是。茲從知北遊注中舉出數例：

『夫昭昭生於冥冥，有倫生於無形，精神生於道。』郭注：『皆所以明其獨生而無所資借。』

『天不得不高，地不得不廣，日月不得不行，萬物不得不昌，此其道與！』郭注：『言此皆不得不然而自然耳，非道能使然也。』

『有先天地生者，物邪？物物者非物，物出不得先物也，猶其有物也。猶其有物也，無已。』①郭注：『吾以自然爲先之，而自然即物之自爾耳；吾以至道爲先之矣，而至道者乃至無也。既以無矣，又奚爲先？然則先物者誰乎哉？而猶有物無已，明物之自然，非有使然也。』

很顯然，郭象在這裏根本無意於索解莊子的真意，而只是把莊子的本體論巧妙地改造成了自己的『獨化』説，認爲萬物『皆獨生而無所資借』，哪裏還有一個先於它們而生的所謂『道』呢！正由於這樣，所以在他的整部莊子注中，往往可以見出莊子自是莊子，郭象自是郭象。

在郭象看來，既然世間的每個具體事物都是按照自己的本性『獨化』，那麽它們也就無待於自己以外的任

① 莊子此七句的意思，正如郭嵩燾所説，謂『先天地者，道也。』（郭慶藩莊子集釋引）

何事物了。於是，他又進一步修正了莊子關於萬物皆『有所待』的思想。如齊物論篇有一則罔兩待影、影待形、形待道的寓言，郭象注云：

> 物各自造而無所待焉，此天地之正也。……今罔兩之因景，猶云俱生而非待也，則萬物雖聚而共成乎天，而皆歷然莫不獨見矣。故罔兩非景之所制，而景非形之所使，形非無之所化也。

這段注語否定了莊子關於罔兩有待於影、影有待於形、形有待於道的思想，認爲罔兩與影、影與形、形與道，從表面上看似乎有著必然的聯繫，其實都是同時產生出來，誰也無須依賴於誰。它們共同聚集在一起，構成了一個所謂的『天』，但各個又自己表現著自己，所以罔兩並不受制於影，影並不受制於形，形也並不是由『道』化育出來的。但郭象又認爲，整個世界並非呈現爲一種絕對多元化的雜然無章的紊亂狀態，各個具體的事物都是在『相與於無相與』、『相爲於無相爲』（大宗師注）的關係中發生著『彼我相因』的作用，從而使整個世界成了和諧的整體。他說：『彼我相因，形景俱生，雖復玄合，而非待也。』（齊物論注）又說：『天下莫不相與爲彼我，而彼我皆欲自爲，斯東西之相反也。然彼我相與爲脣齒，脣齒者未嘗相爲，而脣亡則齒寒，故彼之自爲，濟我之功宏矣。斯相反而不可以相無者也。』（秋水注）郭象在這裏指出，形、影皆各自造而無所待，但它們之間卻存在著『彼我相因』的關係。譬如脣齒，它們各自都是獨化自爲，脣不爲齒而存在，齒也不爲脣而存在，然而相互間卻又有著脣亡則齒寒的『相因』關係，故『天地萬物，凡所有者，不可一日而相無也』（大宗師注）。郭象這裏所說的萬物之間的『相因』關係，其實仍與莊子所謂萬物皆『有所待』的思想有很大的差別。因爲郭象所說的『相因』是指萬物之間一種無形的『玄合』，而這種『玄合』完全是由『獨化』引起的，即所謂『相因之功，莫若獨化之至也』（大宗師注）。而莊子所謂的『有所待』，卻是萬物皆有所憑藉的意思。

郭象之所以要借注釋莊子來提出並闡發他的『獨化相因』說，其目的不外是要從哲學的高度來論證人們既要任性而行，獨自發展，又必須冥合於禮教法制規範的必要性，從而爲整個社會保持永恒的和諧提供一套具有

指導意義的理論。

二、以『足性逍遙』說詮釋莊子關於『無待』才能『逍遙』的思想

郭象認爲，『物各有性』，而『各以得性爲至』（見逍遙遊注），人們只要『獨化』、『自造』，充分發展自己的性分，並完全安於自己的性分，就算達到了逍遙遊的境界。所以他說：『物安其分，逍遙者用其本步而遊乎自得之場矣，此莊子之所以發德音也。……若夫覩大而不安其小，視少而自以爲多，將奔馳於勝負之竟，而助天民之矜誇，豈達乎莊生之旨哉！』（秋水注）其實，郭象的這一『足性逍遙』說也並未『達乎莊生之旨』。

衆所周知，逍遙遊篇是莊子用來集中闡發自己關於逍遙遊思想的一篇重要文章。在這篇文章中，他通過層層設喻，步步取象，從而爲人們揭示了這樣一個宗旨：凡天地之間，大至鯤鵬，小至學鳩、斥鴳，甚或野馬、塵埃，皆『有所待』而後行，不可謂怡然自得；唯有『無所待』而遊於無窮的至人、神人、聖人，才算真正達到了逍遙遊的境界。然而，郭象爲逍遙遊篇所作的題解卻說：『夫小大雖殊，而放於自得之場，則物任其性，事稱其能，各當其分，逍遙一也，豈容勝負於其間哉！』在郭象看來，莊子不應該把『有待』、『無待』看作是逍遙與否的決定因素，因爲世間一切事物，無論在各個方面有著如何不同，只要各自適足其性，同樣都可以無往而非逍遙。按照題解的這一基本思路，郭象進而對逍遙遊全文展開了詮釋。如他說：

> 夫大鳥一去半歲，至天池而息；小鳥一飛半朝，搶榆枋而止。此比所能，則有間矣，其於適性一也。
>
> 苟足於其性，則雖大鵬無以自貴於小鳥，小鳥無羨於天池，而榮願有餘矣。故小大雖殊，逍遙一也。
>
> 庖人、尸祝，各安其所司；鳥獸、萬物，各足於所受；帝堯、許由，各靜其所遇，此乃天下之至實也。各得其實，又何所爲乎哉，自得而已矣！故堯、許之行雖異，其於逍遙一也。

郭象指出，大鵬能夠『一去半歲，至天池而息』，小鳥則『一飛半朝，搶榆枋而止』，這說明它們的能力是有差別的。但只要它們率性而動，不超過各自性分所規定的界限，便是一樣的逍遥。相反，『若乃失乎忘生之主，而營生於至當之外，事不任力，動不稱情，則雖垂天之翼不能無窮，決起之飛不能無困矣。』(逍遥遊注)因此就其足性逍遥這一意義上來說，大鵬沒有理由自貴於小鳥，小鳥也沒有必要羨慕大鵬的『至天池而息』。以此類推，則庖丁與尸祝、帝堯與許由，雖然職責不同，行爲各異，但只要他們各安所司，各靜所遇，『其於逍遥一也』。對於這一『足性逍遥』說，郭象在齊物論注中還進一步推論說：『若以性足爲大，則天下之足未有過於秋毫也；其性足者爲小，則雖大山亦可稱小矣。……是以蟪蛄不羨大椿而欣然自得，斥鴳不貴天池而榮願以足。苟足於天然而安其性命，故雖天地未足爲壽而與我並生，萬物未足爲異而與我同得，則天地之生又何不並，萬物之得又何不一哉！』這裏，郭象以莊子的相對主義理論來闡發自己的『足性逍遥』說，並由此引出了他的『安命』便是逍遥的思想。所以他說『苟足於天然而安其性命』，則『蟪蛄不羨大椿而欣然自得，斥鴳不貴天池而榮願以足』，即所謂『凡得真性，用其自爲者，雖復皂隸，猶不顧毁譽而自安其業』(齊物論注)，『安於命者，無往而非逍遥矣。』(秋水注)

由上述不難看出，郭象提出『足性、安命逍遥』說的目的，就是要求人們安於現狀，即使處於『皂隸』地位，也應該『自安其業』，以當好奴隸爲心安意足，以爲這樣就可以使人類社會相安於無事之中了。

三、以『寄之人事、當乎天命』說詮釋莊子關於『無以人滅天』的思想

在如何對待萬物自然本性的問題上，郭象也提出了一套與莊子頗爲不同的理論。用荀子的話來說，『莊子蔽於天而不知人』(荀子解蔽)。因爲在莊子看來，人們必須純任自然，完全讓包括

人在內的一切自然生命按照自己的天然本性去自由發展，而不能以任何人爲的力量加以干涉，否則便是不尊重事物自身發展的規律，也就是所謂的『以人滅天』。如他在馬蹄篇中，曾以馬作爲譬喻，具體闡述了他的這一思想。並在秋水篇中作概括說：『牛馬四足，是謂天；落（絡）馬首，穿牛鼻，是謂人。故曰：無以人滅天，無以故滅命，無以得殉名，謹守而勿失，是謂反其真。』對此，郭象卻詮釋云：

馬之真性，非辭鞍而惡乘，但無羨於榮華。……夫善御者，將以盡其能也。盡能在於自任，而乃走作馳步，求其過能之用，故有不堪而多死焉。若乃任駑驥之力，適遲疾之分，雖則足跡接乎八荒之表，而衆馬之性全矣。（馬蹄注）

人之生也，可不服牛乘馬乎？服牛乘馬，可不穿落之乎？牛馬不辭穿落者，天命之固當也。苟當乎天命，則雖寄之人事，而本在乎天也。穿落之可也，若乃走作過分，驅步失節，則天理滅矣。不因其自爲而故爲之者，命其安在乎？（秋水注）

郭象認爲，『馬之真性，非辭鞍而惡乘』，所以『寄之人事』的『落馬首』、『穿牛鼻』是牛馬本性的要求，有節制地使用馬匹也恰恰能夠使衆馬的真性得以保全。在他看來，只有那種『求其過能之用』，使牛馬『走作過分』、『驅步失節』的做法，才算是違背了天理。郭象的這些說法，固然調和了自然與人爲的矛盾，在一定程度上有著尊重客觀規律與發揮人的主觀能動性的意義，但作爲對莊子『無以人滅天』思想的詮釋，卻未免是『謬以千里』。

郭象由物及人，還進一步論說了仁義與人的自然本性的關係。他說：『夫仁義自是人之情性，但當任之耳。恐仁義非人情而憂之者，真可謂多憂也。』（駢拇注）這段話所詮釋的具體對象是駢拇篇中的這二句話：『意仁義其非人情乎！彼仁人何其多憂也！』我們知道，在駢拇篇中，莊子對『仁義』完全是持否定態度的。因爲在他看來，『仁義』並不是人的自然本性，而『多憂』的『仁人』卻揭舉『仁義』以誘惑天下，其結果只會使人們『失其性命之情』而成爲『仁義』的犧牲品。可郭象的詮釋卻說，『仁義』是人所固有的天性，應當把它保持下來

才對，而那些『恐仁義非人情』的人卻是『多憂』之人，意謂莊子即是杞人憂天式的人。郭象這樣來詮釋莊子，真可謂是『反而注之』。很顯然，他這樣做的目的，不外就是要從天、人關係上來論證自己『名教即自然』的命題。

四、以『遊外宏內』說詮釋莊子關於『逍遙無爲』、『外內不相及』的思想

『遊外宏內』是郭象對理想聖人人格而言的，但莊子理想中的聖人卻屬於『逍遙無爲』的形象。在逍遙遊篇中，莊子通過敍述堯讓天下而許由不受的故事，説明了唐堯『弊弊焉以天下爲事』，只不過是一介凡夫俗子，而許由無心追求名位，逍遙自得，才是理想中的聖人。郭象對此注云：『夫自任者對物，而順物者與物無對。故堯無對於天下，而許由與稷、契爲匹矣。何以言其然邪？夫與物冥者，故群物之所不能離也。是以無心玄應，唯感之從，泛乎若不係之舟，東西之非己也。故無行而不與百姓共者，亦無往而不爲天下之君矣。以此爲君，若天之自高，實君之德也。若獨亢然立乎高山之頂，非夫人有情於自守，守一家之偏尚，何得專此？此故俗中之一物，而爲堯之外臣耳。』所謂『對物』，是説與他物相對立；『與物無對』，是説不與他物相對立。郭象指出，許由自以爲是，把自己與現實社會對立起來，而唐堯卻順從他物，不把自己與百姓對立起來，而且他的這種『與物無對』，又是屬於『無心玄應，唯感之從』，連自己都覺察不到，所以唐堯是可以爲君的聖人，許由只不過是俗中之一物，即稷、契之輩而已。因而郭象説：『若謂拱默乎山林之中而後得稱無爲者，此莊老之談所以見棄於當塗者。』（逍遥遊注）

在郭象看來，莊子把『拱默山林』看成『無爲』，把什麼事也不幹的隱者許由稱作聖人，這是十分要不得的。於是，他在詮釋逍遥遊篇『藐姑射山神人』一則寓言時進一步指出：

夫神人，即今所謂聖人也。夫聖人雖在廟堂之上，然其心無異於山林之中，世豈識之哉？徒見其

戴黄屋，佩玉璽，便謂足以纓紱其心矣；見其歷山川，同民事，便謂足以憔悴其神矣，豈知至至者之不虧哉？

莊子所塑造的『藐姑射山神人』，本是逍遥無爲，不食人間煙火的。他『吸風飲露，乘雲氣，御飛龍，而遊乎四海之外』，豈肯『弊弊焉以天下爲事』！但郭象注卻説他『雖靜默閑堂之裏而玄同四海之表，故乘兩儀而御六氣，同人群而驅萬物』，實在具有君王聖人之德，因此莊子所説的這位『神人』即『今所謂聖人也』。郭象並借此發揮説，聖人雖然身處廟堂，忙於政務，但他在精神上卻淡然自若，逍遥自得，猶如處於山林之中。可是世人不懂得這一道理，一見到聖人戴黄屋，佩玉印，跋涉山川，與民同事，便以爲足以擾亂他的心情，使他遭到極大的精神困頓，他們哪裏知道這原來都是聖人天賦才能的自然表現，是不能使他的自然本性有絲毫虧損的呢！郭象指出，『聖人雖在廟堂之上，然其心無異於山林之中』，這就是一種十分理想的『遊外宏内之道』。他在大宗師注中説：

> 夫理有至極，外内相冥，未有極遊外之致而不冥於内者也，未有能冥於内而不遊於外者也。故聖人常游外以宏内，無心以順有。故雖終日揮形而神氣無變，俯仰萬機而淡然自若。……則夫遊外宏内之道，坦然自明，而莊子之書，故是涉俗蓋世之談矣。

莊子十分强調『外内不相及』（大宗師），認爲『芒然彷徨乎塵垢之外，逍遥乎無爲之業』（同上），哪裏可以跟『弊弊焉以天下爲事』同日而語呢！但郭象卻作了完全不同的詮釋，認爲精神上的遊於塵垢之外（『遊外』），與實際上的參與世務（『宏内』），這二者完全可以在聖人那裏得到統一。所以他説，聖人『常遊外以宏内，無心以順有』，雖『終日揮形而神氣無變，俯仰萬機而淡然自若』，即『所謂無爲之業，非拱默而已；所謂塵垢之外，非伏於山林也。……夫遊外者依内，離人者合俗，故有天下者無以天下爲也』（大宗師注）。由於『遊外』屬於自然，『宏内』屬於名教，所以『遊外宏内之道』又被郭象進一步凝煉成了『名教即自然』的命題。

從以上幾個方面的論述可以清楚看出，郭象作莊子注，其目的就是要對遠離現實的莊子思想進行一番改造，以此來論證自己『名教即自然』的命題，從而爲西晉統治者提供一套具有實際應用價值的理論。所以，他的莊子注雖爲千百年來的治莊子者所重視，但它卻並不是一部能夠比較如實地反映出莊子思想本來面目的著作。

第五節　莊子注的歷史地位和深遠影響

郭象的莊子注雖然對莊子思想多所修正，卻仍不失爲魏晉時期玄學思想主流的集大成著作。因爲它調和了玄學思潮發展過程中諸如『貴無』或『崇有』等各種爭議，綜合了前人研究莊子的思想成果，把玄學理論推向最高峰，從而充分滿足了當時社會的理論需要和門閥士族的精神需求。張隱文士傳所謂『象作莊子注，最有清辭遒旨』（世說新語文學劉孝標注引），陸德明經典釋文序錄所謂『唯子玄所注特會莊生之旨，故爲世所貴』等等，正是從上述意義上來評價郭象莊子注的。

郭象莊子注在當時玄學發展中所具有的地位，可以說僅僅次於玄學理論奠基人王弼，故『時人咸以爲王弼之亞』①。因此，當時和此後的『名賢』，凡清談、著述便往往承因或發揮郭象莊子注的哲學思想。世說新語文學篇云：『莊子逍遙篇，舊是難處，諸名賢所可鑽味，而不能拔理於郭、向之外。』說明『諸名賢』基本上都按照郭象、向秀的詮釋指向來鑽味逍遙遊。同篇又云：『殷中軍問：「自然無心於稟受，何以正善人少，惡人多？」諸人莫有言者。劉尹答曰：「譬如寫水著地，正自縱橫流漫，略無正方圓者。」一時絕歎，以爲名通。』劉孝標注：『莊子曰：「天籟者，吹萬不同，而使其自已也。」郭子玄注曰：「無既無矣，則不能生有。有之未生，又

① 世說新語文學劉孝標注引文士傳。

不能爲生。然則生生者誰哉？塊然而自生耳，非我生也。我不生物，物不生我，則自然而已然，謂之天然。天然非爲也，故以天言之，所以明其自然故也。」』殷浩的提問是說，人稟氣受性皆屬自然，那麼，爲何世上善人少而惡人多呢？劉惔便以水瀉地上，縱横流漫，全無正方圓者作答，意謂『水』自己而然，並非有一個什麼主使者使之然。劉孝標引郭象注語作注，乃在證明劉惔回答殷浩的這番話，所發揮的就是郭象關於萬物皆『塊然而自生』的『獨化』說。由此我們可以進一步看到，『諸人』的『一時絶歎』，實際上更反映出東晉士人普遍對郭象『獨化』說的心領神會和高度認可。

在東晉學者中，張湛是受到郭象莊子注較大影響的。如他著列子注，在形式上有意摹仿了郭象的莊子注，因此在全書前也有一篇列子序，在各個篇目下也都有一個解題。而在注釋正文的過程中，他還徵引了郭象莊子注中的文字多達二十餘處。有時雖然沒有直接引述郭象的注文，卻承因了郭象注的一些獨特哲學觀點，並予以極度稱美。如他於天瑞篇『形動不生形而生影，聲動不生聲而生響』下注云：『夫有形必有影，有聲必有響，此自然而並生，俱出而俱沒，豈有相資前後之差哉！郭象注莊子論之詳矣，而世之談者，以形動而影隨，聲出而回應。』我們在上一節中已經說過，郭象在齊物論注中曾以『獨化相因』的理論詮釋了莊子『罔兩待景』的寓言。張湛此處正是對郭象這一獨特詮釋的高度肯定，並接過郭象『獨化相因』的理論來闡釋天瑞篇中的相關文字，而對『世之談者』的『影隨形、回應聲』，即萬物皆『有所待』的觀點，則給予了堅決的否定。在天瑞注中，張湛還曾說『生各有性，……皆有素分，不可逆也』，『夫冥內遊外，同於人群者，豈有盡與不盡者乎』等等，凡此，也皆可見出其與郭象『足性逍遥』說、『遊外冥內』說的一些相承關係。南朝齊梁間的范縝，把郭象的某些思想觀點進一步發展成了唯物主義無神論思想。他說：『夫欻而生者必欻而滅，漸而生者必漸而滅。欻而生者，飄驟是也；漸而生者，動植是也。有欻有漸，物之理也。……若知陶甄稟於自然，森羅均於獨化，忽焉自有，怳爾而無，來也不御，去也不追，乘夫天理，各安其性。小人甘其壟畝，君子保其恬素。耕而食，食不可窮也；蠶以衣，

衣不可盡也。下有餘以奉其上，上無爲以待其下。可以全生，可以養親，可以爲己，可以爲人，可以匡國，可以霸君，用此道也。』①這是說，如果能認識到世界萬物的生滅皆『稟於自然』，『均於獨化』，都是自己產生，自己變化，自己消滅的，對它們的發生既不能阻止，對它們的消滅也不可追回，那麼人們就會『乘夫天理，各安其性』，即『小人甘其壟畝，君子保其恬素』，從而也就可以實現天下的和諧一致了。范縝的這些用來反對佛教因果報應說和神不滅論的思想，顯然受到了郭象『獨化』說、『自足其性』說的影響，但他的唯物論觀點卻要比郭象鮮明得多。

如果再從郭象莊子注在莊子學史上的地位來看，則更可謂獨步千古，幾乎爲千百年來治莊子者所共同推崇，因而郭象所刪定的莊子三十三篇本，也就成了後世的定本，人們對莊子的各種研究，基本上都在這個本子和郭象注的基礎上進行。如在東晉時期，『徐仙民、李弘範作音，皆依郭本，以郭爲主。』（經典釋文序錄）隋唐時，陸德明依郭象注本而作莊子音義，成玄英亦『依子玄所注三十篇，輒爲疏解，總三十卷』（成玄英莊子注疏序）。宋初，王元澤大約因有感於郭象所謂『達觀之士，宜要其會歸而遺其所寄，不足事事曲與生說，自不害其宏旨，皆可略之耳』（逍遙遊注）之言，遂略仿郭氏莊子注體例著南華真經新傳，對莊子的詮釋也只要求領會其精神實質，而不屑去作逐字逐句的訓釋。至於明清時期，諸如張登雲的莊子南華真經參補、孫應鼇的莊義要刪、李廷機的莊子玄言評苑、陳深的莊子品節、陳懿典的新鍥南華真經三注大全、沈汝紳的南華經集評、鄒之嶧的莊子郭注、歸有光的南華真經評注、孫鑛的莊子南華經、錢澄之的莊子詁、馬其昶的莊子故、郭慶藩的莊子集釋等等，或以郭象的莊子注本爲底本，或引郭象注作爲立論的依據，也都說明了郭象莊子注對後世的巨大影響。甚而至於，莊子學史上還出現了不少直接整理、研究郭象莊子注的著作。如明人高巽，摘錄郭注，重新整理，定爲八十

① 神滅論，見弘明集卷九。

一章，題曰郭子翼莊。近人王叔岷，據續古逸叢書景宋本郭象莊子注，采各本莊子郭象注及類書中有關郭注文字，校正訛誤，成郭象莊子注校記一書。

綜上述可知，郭象的莊子注具有很高的歷史地位，因此流傳千百年而不滅，爲大多數治莊子者所依賴。明馮夢禎甚至說：『注莊子者郭子玄而下凡數十家，而精奥淵深，其高處有發莊義所未及者，莫如子玄氏。蓋莊文，日也；子玄之注，月也；諸家，繁星也；甚則爝火螢火也。……昔人云：非郭象注莊子，乃莊子注郭象。知言哉！余故進之，進之與莊子等也。』（歸有光南華真經評注馮序）應該説，馮氏的這一説法有其一定的道理。

第八章　魏晋南北朝佛教學者的莊子學

第一節　從『格義』、『連類』到以佛解莊

佛教在西漢末年由西域傳入中國時，宮廷帝王、上層貴族是把它作爲一種黄老神仙之術來尊奉的。後來的佛學家又每以道家的一些觀念和詞語來轉譯佛經或闡説佛理，這就使佛學進一步與老莊結下了不解之緣。如據慧皎高僧傳安清（世高）傳載，安息僧人安世高於東漢桓帝初年來到中國，二十多年中譯出安般守意經等禪經共三十餘部，從而開創了我國佛教史上小乘禪學的先河。此派人物可考者，還有南陽韓林、潁川皮業、會稽陳慧等。他們的共同主旨就在於修煉精神，淨意明心，認爲『心』是極端微妙的。安世高的再傳弟子康僧會在安般守意經序中説：『心之溢蕩，無微不浹，恍惚仿佛，出入無間，視之無形，聽之無聲，逆之無前，尋之無後，深微細妙，形無絲髮。』（僧祐出三藏記集卷六）此處對『心』的極端微妙的修煉過程（即所謂『安般守意』）的描述，顯然與老莊對『道』的變化過程的描述相一致。東漢末年，『鋭志於佛道』的牟融曾作理惑論，也以同樣的方法來『理佛之説』。如他在文中説：『佛之言覺也，恍惚變化，分身散體，或存或亡，能小能大，能圓能方，能老能少，能隱能彰，蹈火不燒，履刃不傷，在汙不染，在禍無殃，欲行則飛，坐則揚光，故號爲佛也。』（弘明集卷一）從牟氏理惑論的全文來看，其用來申發佛旨的主要是老子之説，但這裏對『佛』的具體描述，卻基本上借用了莊子

中描述『道』、『至人』、『真人』、『神人』的文字，與安世高系統的小乘禪學對『心』的理解也是相通的。

據慧皎高僧傳支婁迦讖傳載，東漢靈帝時，支婁迦讖自月支來到洛陽，譯出般若道行等大乘般若經典多部，這就標誌著在安世高一派小乘禪學出現後不久，中國佛教歷史上又出現了大乘般若學。由於大乘般若學的基本觀念是『性空』，認爲心亦非有，佛亦如幻，因此支婁迦讖一派學者便借用老莊學說中『無』、『虛無』等重要概念來表述他們的般若思想，這就使般若空學從傳入我國之時起便具有了較明顯的老莊化色彩。

魏晉之際玄學興起，何晏、王弼等祖述老莊，立論皆『以無爲本』，認爲只有『無』才是天地萬物的本原，而現象世界只不過是本體世界『無』的外部表現形式而已。玄學的這種『以無爲本』的貴無思想，由於正好與佛教般若空學以論證現實世界虛幻不實爲目的的思想大致相同，因而就以主人翁的姿態迎接了這位與自己『性格』相似的外來『客人』。而般若空學則更以積極的態度攀附玄學這位佔據時代論壇的『主人』，從而使自己在『他鄉』——中國這塊土地上得到了廣泛傳播，成爲整個魏晉南北朝時期佛學的主流。

其實，佛教自最初傳入中國以來，一直是借助我國原有的傳統文化來尋求生存和發展的。但到了魏晉玄學盛行之時，大乘般若學者的這種攀附態度就更加明朗化了。甚而至於，他們還從理論上自覺總結出用來攀附玄學的方法，即所謂以當時玄學家所發揮的老莊學說來比附般若空學的『格義』之法。慧皎高僧傳竺法雅傳云：

> 法雅，河間人，凝正有器度。少善外學，長通佛義，衣冠士子，咸附諮稟。時依雅門徒，並世典有功，未善佛理，雅乃與康法朗等，以經中事數，擬配外書，爲生解之例，謂之格義。及毗浮、曇相等，亦辯格義，以訓門徒。雅風采灑落，善於樞機，外典、佛經，遞互講說。

竺法雅『少善』的『外學』，主要是指老莊的學說，而他『長通』的『佛義』，則應該是般若空學。當時，般若空學在中國雖已得到廣泛傳播，但人們對這一外來的教義還是感到比較生疏，尤其對經中的許多名相法數（『事數』）更覺難以理解。因此，竺法雅等便以人們所熟悉的老莊學說來疏解般若空學，以經中的『事數』來『擬配』老、莊

等書中的一些觀念或名詞，這就給門徒們提供了大量可資相互比較的實際例子，從而達到了使他們理解般若教義的目的。這種『格義』之法所產生的效果正有如另一位名僧道安所説：『以斯邦人莊、老教行，與方等經兼忘相似，故因風易行也。』①因而這種方法在東晉時還被佛教學者使用著。如慧遠在廬山講説佛經，『嘗有客聽講，難實相義，往復移時，彌增疑昧。遠乃引莊子義爲連類，於是惑者曉然。』（高僧傳慧遠傳）慧遠引莊子爲『連類』來疏解佛教的『實相』之義，從而使『惑者曉然』，這種方法實際上是與竺法雅等所用的『格義』之法相同的。

由於魏晉時期的般若空學積極攀附玄學，而玄學也需要般若空學的參與，這就大大加强了般若學者與玄學家的親密關係。尤其是到西晉末年以後，名僧們更是『常執麈尾行，每值名賓，輒清談盡日。』（高僧傳康法暢傳）如兩晉之際的僧人支孝龍，曾與『陳留阮瞻、潁川庾凱，並結知音之交，世人呼爲八達』（高僧傳支孝龍傳）。東晉名僧支遁，甚爲當時談玄者所重，諸如『王洽、劉恢、殷浩、許詢、郗超、孫綽、桓彦表、王敬仁、何次道、王文度、謝長遐、彭彦伯等，並一代名流，皆著塵外之狎』（高僧傳支遁傳）。這種廣泛而頻繁的交遊，無疑進一步促進了般若空學與玄學的合流，因而這時的僧人簡直就是披著袈裟的玄學之士。故世人遂以支孝龍與阮瞻等一起共呼爲『八達』，而王濛則讚歎支遁『實緇鉢之王（弼）、何（晏）也』（同上）。據慧皎高僧傳載，孫綽甚至還以兩晉之際的七位名僧擬配『竹林七賢』，即以竺法護擬配山濤（見曇摩羅刹傳），以帛遠擬配嵇康（見帛遠傳），以竺法乘擬配王戎（見竺法乘傳），以竺道潛擬配劉伶（見竺法潛傳），以于法蘭擬配阮籍（見于法蘭傳），以于道邃擬配阮咸（見于道邃傳），以支遁擬配向秀，並云：『支遁、向秀，雅尚莊、老，二子異時，風好玄同矣。』（見支遁傳）誠然，孫綽的擬配有其一定的道理，但王濛把支遁説成是身披僧衣、手托鉢盂的王弼、何晏，卻未免有點不合適了。因爲魏齊王正始年間以王、何爲代表的玄學，所發揮的主要是老子的思想。到了魏晉之際『竹林七

① 鼻奈耶序，嚴可均全上古三代秦漢三國六朝文全晉文卷一百六十七。

賢』出現以後，玄學所依賴的則主要是莊子的思想。再加上莊子的思想與般若空學有著更多的共同之處，所以西晉末年以後的僧人（尤其是般若學者）所愛好或借助的首先是莊子，而不是王、何所倚重的老子。如上文所說慧遠『引莊子義爲連類』，便是很典型的一例。其次又如高僧傳所載，東晉僧人道立『以莊、老三玄微應佛理』（道立傳）、僧肇『每以莊、老爲心要』（僧肇傳）、史宗『善談莊、老』（史宗傳），南朝宋僧人道淵『善諸經及莊、老』（道淵傳）、僧瑾『善莊、老及詩、禮』（僧瑾傳）、智斌『善三論及維摩、思益、毛詩、莊、老』（同上）、曇度『善三藏及春秋、莊、老』（同上）、曇瑤『善淨名、十住及莊、老』（法瑤傳），南朝齊僧人弘充『通莊、老』（弘充傳）、僧慧『善莊、老』（僧會傳）、曇遷『善談莊、老』（曇遷傳）、曇智『能談莊、老』（曇智傳），等等，幾乎都是把莊子放在老子前面，而較少有先老子而後莊子的。由此說明，西晉末年以後般若空學與玄學的合流，主要表現爲與莊子思想的合流。

在佛學與玄學合流的過程中，般若學者們由於對般若『空』的理解不同而出現了許多派別，劉宋曇濟稱之爲『六家七宗』。按其基本觀點，又可歸總爲三大派，即所謂本無派、即色派和心無派。那麼，這三大派又都是怎樣跟以莊學爲主體的玄學具體聯結起來的呢？

本無派的代表人物是道安。他研究佛教的著作很多，但大部分都已亡佚。僧祐出三藏記集卷十二載錄有他的實相義，慧達肇論疏、日人安澄中論疏記又說他作有本無論，可惜這些有關『本無』的專論也皆已不存於世，因而我們不太容易從他的著作中直接、全面地看到他如何解釋般若『空』義。然曇濟六家七宗論在介紹本無宗的基本觀點時說：

第一本無立宗曰：如來興世，以本無弘教，故方等深經，皆備明五陰本無。本無之論，由來尚矣。何者？夫冥造之前，廓然而已。至於元氣陶化，則群像稟形，形雖資化，權化之本，則出於自然，自然自爾，豈有造之者哉！由此而言，無在元化之先，空爲衆形之始，故稱本無，非謂虛豁之中，能生萬有

也。夫人之所滯，滯在未(末)有，宅心本無，則斯累豁矣。(名僧傳抄曇濟傳引，續藏經第一輯第二編乙第七套第一冊)

慧達肇論疏云：『彌天釋道安法師本無論云：明本無者，稱如來興世，以本無弘教，故方等深經，皆云五陰本無，本無之論，由來尚矣。須得彼義，爲是本無，明如來興世，亦以本無化物，若能苟解本無，即異想息矣。』安澄中論疏記所引道安本無論之語，吉藏中觀論疏所引道安『本無』之義，皆與慧達肇論疏所引大致相同。而所有這些，又都與曇濟六家七宗論所說的本無派思想基本一致，則曇濟所介紹的，實爲本無派代表道安關於『本無』的基本觀點。據六家七宗論中的這段文字，我們就可以清楚看到，作爲郭象去世時剛出生的道安，他在後來的弘法過程中雖然基本上以何晏、王弼的『貴無』思想來解釋般若空觀，認爲『無在元化之前，空爲眾形之始』，『如來興世，以本無弘教』，但同時又接受了郭象莊子學『獨化』、『自造』的思想，認爲所謂『本無』，實際上『非謂虛豁之中能生萬有也』，故『群像稟形』，皆『自然自爾，豈有造之者哉！』由於道安深深受到了郭象莊子學的影響，所以他對學生慧遠『引莊子義爲連類』的做法也就『特聽』許之了。

如果說道安是一位由倚重老子學說到不廢俗書莊子的著名般若學者，那麼他的弟子慧遠則顯然可謂是一位善於以莊子學說解釋佛義的名僧。高僧傳慧遠傳說慧遠『少爲諸生，博綜六經，尤善莊、老』。後從道安學習般若空學，『年二十四便就講說，嘗有客聽講，難實相義，往復移時，彌增疑昧，遠乃引莊子義爲連類，於是惑者曉然，是後安公(道安)特聽慧遠不廢俗書。』當時慧遠是如何援引莊子來講解佛義，現已無從詳知，但我們仍能從他的一些遺著中看到其大致情形。如他在大智度論抄序中說：『是故登其涯而無津，挹其流而弗竭，汪汪焉莫測其量，洋洋焉莫比其盛。雖百川灌河，未足語其辯矣；雖涉海求源，未足窮其邃矣。』(出三藏記集卷十)這是用莊子秋水河伯、海若對話的意境來比方並讚美大智度論(鳩摩羅什譯)所包含著的般若『性空』思想

的深廣無比。他又在襄陽丈六金像頌中說：『偉哉釋迦，與化推移，靜也淵默，動也天隨。』①這是用莊子在宥『淵默而雷聲，神動而天隨』之語來描述釋迦牟尼『與化推移』過程中精神變化的情形。他還在念佛三昧詩集序中說：『此假修以凝神，積習以移性，猶或若兹，況夫尸居坐忘，冥懷至極，智落宇宙，而暗蹈大方者哉！』（廣弘明集卷三十）這裏在描述佛徒凝神移性的修行狀態時，至少援用了莊子中『尸居』（在宥）、『坐忘』（大宗師）、『至極』（天下）、『知雖落天地』（天道）、『蹈乎大方』（山木）等詞意。但最值得我們注意的還是他在沙門不敬王者論形盡神不滅中的一段話：

神也者，圓應無生，妙盡無名，感物而動，假數而行。感物而非物，故物化而不滅；假數而非數，故數盡而不窮。……請引而明之：莊子發玄音於大宗，曰大塊勞我以生，息我以死，又以生爲人羈，死爲反真，此所謂知生爲大患，以無生爲反本者也。……莊子亦云：特犯人之形而猶喜，若人之形，萬化而未始有極，此所謂知生不盡於一化，方逐物而不反者也。……論者不尋無方（一作方生）、生死之說，而惑聚散於一化；不思神道有妙物之靈，而謂精粗同盡，不亦悲乎！……請爲論者驗之以實：火之傳於薪，猶神之傳於形；火之傳異薪，猶神之傳異形。前薪非後薪，則知指窮之術妙；前形非後形，則悟情數之感深。惑者見形朽於一生，便以謂神、情共喪，猶覩火窮於一木，謂終期都盡耳。（弘明集卷五）

兩漢之際的桓譚，在新論祛蔽中曾以『燭火』之喻來闡述形盡神滅的道理。東漢時的王充，在論衡論死中也認爲『天下無獨燃之火，世間安得有無體獨知之精？』三國時的楊泉，在物理論中以『薪火』爲喻，同樣認爲『人死之後，無遺魂矣。』魏晉時期盛行的道教，雖然企求長生，但並不是追求超脱生死的永生。所有這些思想，都與

① 嚴可均全上古三代秦漢三國六朝文全晉文卷一百六十二。

佛教關於生死輪回、靈魂不死的說法相抵牾。當時在廬山的慧遠，已是南方佛教的領袖人物，因此他毅然作書，批駁了『論者』們所持的『形毀神滅』的觀念。慧遠在這裏指出，所謂『神也者』，它『感物而非物』、『假數而非數』，是無名無相的，因而也是可以超脫生死而永生的。顯而易見，慧遠此處在闡述佛教所謂『神』的概念時，至少借用了莊子中『感而後應』（刻意）、『物物而不物於物』（山木）、『其死也物化』（天道）等語句的部分意思。接著，慧遠就引述了莊子大宗師中的一系列語意來闡述所謂『無生爲反本』，即『形盡神不滅』的觀點。並又以『莊子亦云』引出大宗師篇中的另一番話，用莊子所謂大道造物而使物『萬化而未始有極』的理論來進一步闡述佛教關於生死輪回、靈魂不死的觀念。在此基礎上，慧遠便批評『論者』們沒有去探究莊子在齊物論篇中關於『方生方死，方死方生』的道理，更沒有去深思『神』還有『妙盡無名』、『感物而非物』的靈奇，而僅僅由於看到事物的一時聚散，就誤認爲神靈之『精』與事物之『粗』是一時『同盡』的。最後，他通過發揮莊子在養生主篇中所說的『指窮於爲薪，火傳也，不知其盡也』的道理，來再次驗證佛義所說精神永生的正確性，並說明『惑者』所謂的『神、情共喪』論調是十分錯誤的。這裏，我們且不去討論慧遠的上述說法是真理還是謬論，也不去討論他的這些說法有多少偏離莊子原意的成分，如果單從文中熟練運用『格義』之法的方面來看，他實在是一位『引莊子義爲連類』的高手。

支遁倡即色論，在社會上產生了較大的影響。世說新語文學劉孝標注引支道林集妙觀章云：『夫色之性也，不自有色。色不自有，雖色而空。故曰色即爲空，色復異空。』色指一切事物的現象。在支遁看來，一切事物的現象都不是自己形成的，而是由因緣合和而成，所以說『雖色而空』。但就一切事物現象本身來說，卻又是實際存在的，所以說『色復異空』。支遁對佛教般若性空的這種解釋，已經受到了郭象莊子學『彼我相因』說的影響。但他又不同意郭象的『適性逍遥』說，因而就憑藉自己對佛教般若學的獨特理解來標揭莊子逍遥遊的宗旨。據高僧傳支遁傳載，當時的郗超十分推重支遁的即色論，認爲『林法師神理所通，玄拔獨悟，實數百年來，

紹明大法，令真理不絕，一人而已』。同書于法開傳又謂，于法開『每與支道林爭即色空義，廬江何默申明開難，高平郤超宣述林解，並傳於世』。那麽，郤超是怎樣『宣述林解』的呢？由於郤氏的著作大多亡佚，我們已無從全面瞭解他所宣述的即色空義。但弘明集載有他的奉法要一文，其中有云：『夫空者，忘懷之稱，非府宅之謂也。無誡無矣，存無則滯封；有誡有矣，兩忘則玄解。然則有無由乎方寸，而無繫乎外物。雖陳於事用，感絕則理冥。豈滅有而後無，偕損以至盡哉！』湯用彤先生指出，這段話由即色而談本無，而空者、無者乃無心忘懷逍遙自足，正好與支遁在逍遙論篇中所寫的『至人之心』互相發明①。而且我們在奉法要中還可看到，郤超在闡發佛義時，也十分善於『引莊子義爲連類』。如他說：『莊生亦云：「爲不善於幽昧之中，鬼神得而誅之。」』又引莊子大宗師云：『人之君子，猶天之小人。』凡此，都是用來闡發佛教因果報應思想的。

心無義爲支湣度所創，大行於豫章（今江西南昌）一帶。時有竺道恒、竺法溫等人，常執此義，遂傳之於『荊土』等地。關於心無派的思想，僧肇在不真空論中介紹說：『心無者，無心於萬物，萬物未嘗無。』元康肇論疏釋之云：『無心萬物，萬物未嘗無者，謂經中言空者，但於物上不起執心，故言其空，然物是有，不曾無也。』說明心無派這種肯定外在世界真實存在的主張與佛學『緣起性空』的根本宗旨不太一致，更與魏晉玄學貴無派的思想格格不入。但此派教人『無心於萬物』，『於物上不起執心』，這卻是莊子的基本思想，而向秀注莊子時又曾進一步說『唯無心者獨運』、『無心以隨變』（列子黃帝張湛注引），郭象則更借注莊子以大談其『無心以順有』（大宗師注）的主張，云：『世以亂故求我，我無心也。我苟無心，亦何爲不應世哉！』（逍遙遊注）由此可見，支湣度一派的觀點，實際上是般若空學與向、郭莊子學相結合的產物。

與般若空學分爲六家七宗的時代相銜接，西域龜茲國佛學大師鳩摩羅什來到長安，在後秦國君姚興的大力

① 詳見釋道安時代之般若學述略，載哲學論叢第一集，1933年5月。

支持下，譯出了印度龍樹的中論、十二門論和他的學生提婆的百論等中觀學著作。龍樹、提婆的中觀學説是印度大乘般若空學的最高發展階段，因而它的傳入遂使兩晉時期的般若空學獲得了進一步發展。而從某種意義上來説，兩晉時般若空學的這一發展更是有賴於僧肇的理論貢獻。據高僧傳僧肇傳載，僧肇少時即『愛好玄微，每以莊、老爲心要』，但他『讀老子德章，乃歎曰：「美則美矣，然期棲神冥累之方，猶未盡善也。」』後出家爲僧，兼通三藏，『及見什（鳩摩羅什）諮稟，所悟更多』。僧肇在協助鳩摩羅什『詳定經論』的同時，自己還先後寫出了般若無知論、物不遷論、不真空論及涅槃無名論①等著名佛學論文。在這些論文中，僧肇通過擷取、發揮龍樹的中觀學説，有力駁斥了六家七宗偏離印度般若空學宗旨的各種觀點，並對各派長期爭論不休的一些重要理論問題作出了總結性回答，從而促進了兩晉般若空學的進一步發展。但由於僧肇少時即『每以莊、老爲心要』，而在他生活的東晉後期，玄學實際上早已由何晏、王弼的『老學』轉入向秀、郭象的『莊學』，因此他的這些論文也明顯留有『莊學』影響的痕跡。

僧肇的物不遷論所論述的主要是事物的動與静的問題，認爲事物在本質上是不變（不遷）的，而人們所觀察到的事物的變化，只不過是一種不真實的表像而已，但以往的中國般若空學，卻往往僅根據事物的易逝而不能常住來論證其空無學説，因而偏離了印度般若空學的宗旨。不難看出，僧肇的這些理論顯然來源於龍樹的中觀學説。但又正如任繼愈先生所説，這篇文章的題目『物不遷』三字即取自莊子德充符『不與物遷』的説法，而全文所用的例子也多來自莊子，如『交臂非故』、『莊生之所以藏山』、『有力者負之而趨』、『吾猶昔人，非昔人

① 僧肇般若無知論、物不遷論、不真空論、涅槃無名論，見全上古三代秦漢三國六朝文全晉文卷一百六十四——一百六十五。

也』等，都脫胎於郭象的莊子注①。

不真空論是僧肇的另一篇重要論文。在這篇論文中，他批駁了本無、即色、心無三派的學說，認爲他們或偏於『有』，或偏於『無』，都未能按照印度正統般若學說，尤其是龍樹般若中觀學說來解釋『空』的問題。因爲在他看來，如果按照龍樹的般若中觀學說來解釋，則『萬象雖殊，而不能自異；不能自異，故知象非真象；象非真象，故則雖象而非象。然則物我同根，是非一氣，潛微幽隱，殆非群情之所盡。』這也就是說，『物無彼此，而人以此爲此，以彼爲彼；彼亦以彼爲此，以此爲彼。此彼莫定乎一名，而惑者懷必然之志，然則彼此初非有，惑者初非無，既悟彼此之非有，有何物而可有哉？故知萬物非真，假號久矣。』僧肇在這裏是要明白告訴人們，萬物雖然紛然雜陳而異，但就其本質而言，卻皆屬於虛妄不真，因而它們的實相、法性都是非有非無，連『我』也是在這種非有非無的般若之光籠罩下而與宇宙萬物化爲一體了。而我們可以清楚看到，他在這篇文章中，實際上是借用莊子的語言形式和莊子在齊物論篇中關於『是亦彼也，彼亦是也』、『物無非彼，物無非是』、『天地與我並生，而萬物與我爲一』的相對主義思想來發揮龍樹的般若中觀學說。

般若無知論是僧肇初從鳩摩羅什時所寫，但已包含了物不遷論、不真空論兩篇文章的基本思想。在這篇文章中，僧肇反復論述說，由於一切事物在本質上都屬於不真而空，人們不可能用『知』去認識，而只能採用般若的特殊認識方法，以無知爲無所不知，故曰：『以聖心無知，故無所不知。不知之知，乃曰一切知。』任繼愈先生在中國哲學發展史魏晉南北朝卷中同樣指出，從這篇文章的題目即可看出『莊學』的影子，而全文反復論述

① 見中國哲學發展史魏晉南北朝卷，人民出版社1988年版。

的所謂無知之知，則更顯示出了其深受莊子『聞以有知知者矣，未聞以無知知者也』（人間世）①、『人皆尊其知之所知，而莫知恃其知之所不知而後知』（則陽）、『不知深矣，知之淺矣』（知北遊）思想的影響。僧肇的另一篇文章涅槃無名論，所談的是般若學說中的涅槃問題，認爲涅槃既然屬於非有非無，是不能以言說表達的，因而也就只能採用般若以無知爲無所不知的特殊認識方法，使自己完全超越於有無、名相之外，與宇宙萬物冥合爲一。所以他說：『天地與我同根，萬物與我一體，同我則非復有無，異我則乖於會通。……然則法無有無之相，聖無有無之知，聖無有無之知則無心於內，法無有無之相則無數於外。於外無數，於內無心，此彼寂滅，物我冥一，泊爾無朕，乃曰涅槃。』可見，這裏也援引了莊子以不知爲知和齊同萬物的思想。

從上面的論述可以看到，『每以莊、老爲心要』的僧肇，經常借莊子的語言和思想來發揮龍樹般若中觀學說，從而結束了六家七宗所造成的理論界的紛亂局面，把兩晉的佛教般若空學推到了高峰。然而從另一個方面來看，僧肇實際上也用印度般若中觀學說闡釋了莊子思想，從而推動了魏晉莊子學的進一步發展。如他所謂的『物我同根，是非一氣』、『此彼寂滅，物我冥一』云云，固然廣采了莊子的名詞術語，但同時也可看成是以般若中觀學所謂萬物性虛、性虛即空、空即無相、無相即有無莫二、有無莫二即物我冥一的理論闡釋了莊子關於萬物一齊的思想。應該說，僧肇在交融中外思想方面已遠遠超出僅以莊子思想來解釋佛義的樊籬而達到了彼此不分的地步。如他在注維摩詰經卷五中說：『若能空虛其懷，冥心真境，妙存環中，有無一觀者，雖復智周萬物，未始爲有。幽鑒無照，未始爲無。故能齊天地爲一旨，而不乖其實，鏡群有以玄通，而物我俱一。』在這段論述文

---

① 此二句意謂只有聽見過憑藉心智而知的常人，還沒有聽到過不用心智而無所不知的得道者。林希逸云：『以有知爲知，人之常也；唯知其所不知，則爲無知之知，此則造道之妙矣。』（莊子口義）陸西星云：『以無知而知者，此等之人，聞見罕儷。』（南華真經副墨）

字中，我們簡直看不出僧肇是以佛解莊，還是以莊解佛，因而只得認爲是佛、莊互釋吧。

其實，這種以佛、莊互釋的做法早已體現在佛教學者『外典、佛經，遞互講説』的『格義』過程中。對此，陳寅恪先生曾指出：『據道安道行經序，既取道行經與逍遥遊並論，明是道安心目中有此「格義」也。依僧光「且當分析逍遥，何容是非先達」之語，則知先舊「格義」中，實有以佛説解逍遥遊者矣。慧遠少時在南遊荊州之前，其講實相義，亦已引莊子義爲「連類」，則般若之義容可與逍遥遊義附會也。取此諸條，依其時代先後及地域南北之關係，綜錯推論之，則借用道行、般若之意旨，以解釋莊子之逍遥遊，實是當日河外先舊之「格義」。』①支遁以般若性空學説來闡釋莊子逍遥遊篇，卓然『拔理於郭、向之外』，甚至成了當時的莊學權威。與支遁曾有交往的竺法潛，在剡東仰山『優遊講席三十餘載，或暢方等，或釋老、莊，投身北面者，莫不内外兼洽』（高僧傳竺法潛傳）。説明竺法潛等也是以佛理與老、莊遞互解説的。

到了南北朝時期，佛、道並重的風氣仍然很盛行。如宋釋慧觀『妙善佛理，探究老、莊』（高僧傳釋慧觀傳），梁武帝、簡文帝都以振興佛學著稱，又皆親爲臣下講論莊、老②，北魏孝文帝『善談莊、老，尤精釋義』（魏書高祖紀）等等，由此遂使兩晉以來的佛、莊互釋活動得到了延續。

第二節　支遁的逍遥論

支遁（314—366），字道林，本姓關氏，陳留人，或云河東林慮人。少而任心獨往，風期高亮，家世奉佛，遂

① 逍遥遊向郭義及支遁義探源，陳寅恪史學論文選集，上海古籍出版社1992年版。
② 見顔之推顔氏家訓勉學篇。

早悟非常之理。年二十五出家，先後優遊隱居於餘杭山、吳縣支山、剡之東山等處，常與王洽、劉恢、殷浩、孫綽、袁彦伯等名士交遊談玄，甚至跟謝安、王羲之、許詢等『出則漁弋山水，入則談説屬文』①，簡直就是一位身披袈裟的玄談之士。世説新語文學云：『支道林、許（詢）、謝（安）盛德，共集王（濛）家。謝顧謂諸人：「今日可謂彦會，時既不可留，此集固亦難常，當共言詠，以寫其懷。」許便問主人有莊子否？正得漁父一篇。謝看題，便各使四坐通。支道林先通，作七百許語，叙致精麗，才藻奇拔，衆鹹稱善。於是四坐各言懷畢。』所謂『通』，『謂解説其義理，使之通暢也。晉、宋人於講經談理了無滯義者，並謂之通。』（余嘉錫世説新語箋疏）支遁解釋漁父屬於即興發揮，竟能達到『叙致精麗，才藻奇拔，衆咸稱善』的地步，説明他對整部莊子大概已是『了無滯義』了。

據有關材料來看，支遁對逍遥遊一篇的解説最爲名士所折服。慧皎高僧傳支遁傳説，支遁曾在餘杭白馬寺與劉系之等談莊子逍遥遊，他不同意人們關於『適性以爲逍遥』的説法，『於是退而注逍遥篇，群儒舊學，莫不歎服。』陸德明經典釋文莊子音義逍遥遊尚録有其注文凡七條：

『坳堂』，支云：『謂有坳垤形也。』

『搶』，支云：『搶，突也。』

『莽蒼』，支云：『冢間也。』

『朝菌』，支云：『一名舜英，朝生暮落。』

『徵』，支云：『成也。』

『六氣』，支云：『天地四時之氣。』

---

① 世説新語雅量劉孝標注引中興書。

『候敎者』，支云：『伺彼怠敎，謂承夫閑殆也。』

此七條皆爲篇中之注，當即是高僧傳支遁傳所說『退而注逍遙篇』的部分注文。從這七條遺文來看，其訓釋名物詞義多不爲司馬彪、崔譔、李氏諸家成說所囿。由此推之，支遁『注逍遙篇』時所作的義理方面的發揮，也必能卓然超拔於衆家之外，故遂使群儒『莫不歎服』。可惜經典釋文或因限於體例，未能收錄支氏的這些闡說文字。但關於支遁在發揮逍遙義方面如何超拔的情況，我們仍可以從其他文獻資料中窺見一斑。如世說新語文學載，支遁曾往會稽見王羲之，『因論莊子逍遙遊，支作數千言，才藻新奇，花爛映發。王遂披襟解帶，留連不能已。』劉孝標注引支法師傳：『法師……尋莊周，則辯聖人之逍遙，當時名勝，咸味其音旨。』說明支遁之所以能使人『歎服』，正由於他在發揮逍遙遊篇意旨方面超越了諸名賢。據世說新語及劉孝標注，支遁的逍遙義主要反映出了與向秀、郭象逍遙義的不同。如文學篇云：『莊子逍遙篇，舊是難處，諸名賢所可鑽味，而不能拔理於郭、向之外。支道林在白馬寺中，將馮太常（馮懷）共語，因及逍遙。支卓然標新理於二家之表，立異義於衆賢之外，皆是諸名賢尋味之所不得。後遂用支理。』那麽，支遁到底是怎樣闡說莊子逍遙遊的呢？劉孝標注引支氏逍遙論云：

夫逍遙者，明至人之心也。莊生建言大道，而寄指鵬鷃。鵬以營生之路曠，故失適於體外；鷃以在近而笑遠，有矜伐於心內。至人乘天正而高興，遊無窮於放浪，物物而不物於物，則遙然不我得，玄感不爲，不疾而速，則逍遙靡不適。此所以爲逍遙也。若夫有欲，當其所足，足於所足，快然有似天真，猶饑者一飽，渴者一盈，豈忘烝嘗於糗糧，絕觴爵於醪醴哉？苟非至足，豈所以逍遙乎？

劉孝標在引述這段話的同時，也扼要介紹了向秀、郭象的逍遙義：『夫大鵬之上九萬，尺鷃之起榆枋，小大雖差，各任其性，苟當其分，逍遙一也。然物之芸芸，同資有待，得其所待，然後逍遙耳。唯聖人與物冥而循大變，爲能無待而常通，豈獨自通而已？又從有待者，不失其所待，不失，則同於大通矣。』今案郭象莊子注，其闡釋

逍遥遊篇，亦以『適性』、『稱能』、『當分』、『自得』同歸逍遥，與劉孝標所引向、郭逍遥義完全一致。然則支遁之逍遥論，誠『能拔理於郭、向之外』矣。

我們知道，莊子在逍遥遊篇中所追求的是精神上的絕對自由，因而認爲，凡天地之間，大至鯤鵬，小至學鳩、斥鴳，甚或野馬、塵埃，皆『有所待』而後行，不可謂逍遥遊。向秀、郭象卻不同意莊子的說法，認爲它們順其自然而行，於是都得到了逍遥。如郭象是這樣看待『鵬』的：『非冥海不足以運其身，非九萬里不足以負其翼，此豈好奇哉？直以大物必自生於大處，大處亦必自生此大物，理固自然，不患其失，又何厝心於其間哉！……夫所以乃今將圖南者，非其好高而慕遠也，風不積則夭閼不通故耳。此大鵬之逍遥也。』針對向秀、郭象的這些說法，支遁明確指出：『鵬以營生之路曠，故失適於體外。』在支氏看來，鵬因軀體龐大，非海運不能舉其翼，非扶搖不能托其身，非到九萬里高不能往南飛，非到南冥不能休息，所以它很不舒適，哪裏有什麼逍遥可言呢？支遁還進一步指出：『鴳以在近而笑遠，有矜伐於心內。』意思是說，與鵬爲外物所累不同，鴳自己不能遠飛，而嘲笑大鵬飛得那麼遠，這是有驕傲自滿的情緒，是爲內心所累，因此也同樣不能得到逍遥。可見，支遁這裏又否認了向秀、郭象所謂『尺鴳之起榆枋』，『逍遥一也』的思想。

向秀、郭象之所以說大鵬、斥鴳等都得到了逍遥，是因爲他們認爲大鵬、斥鴳等的一切活動都滿足了自己性分的要求，即所謂『大鵬之上九萬，尺鴳之起榆枋，小大雖差，各任其性，苟當其分，逍遥一也』。但在支遁看來，如果按照向秀、郭象以足性適性爲逍遥的理論，那麼一切壞人只要滿足他們的兇殘本性，也都可以得到逍遥了：『夫桀、跖以殘害爲性，若適性爲得者，彼亦逍遥矣。』（高僧傳支遁傳引）而且，支遁還指出：『若夫有欲，當其所足，足於所足，快然有似天真，猶饑者一飽，渴者一盈，豈忘烝嘗於糗糧，絕觴爵於醪醴哉？苟非至足，豈所以逍遥乎？』這就是說，所謂足性適性逍遥，只不過是追求一種低級的形軀上的欲望滿足，而這種欲望實際上又永遠得不到滿足，因爲『當其所足』之時，似乎已經得到天真快樂，但哪裏知道這好比饑者一飽、渴者一盈

之時，並不能忘掉糗糧和美酒呢！所以，向秀、郭象所謂的足性適性逍遥，遠不是一種逍遥至足的境界。

那麼，何謂逍遥至足的境界？支遁說：『至人乘天正而高興，遊無窮於放浪。』這就是莊子在逍遥遊篇中所謂『乘天地之正，而御六氣之辯，以遊無窮』的『無所待』的逍遥遊。在支遁看來，要達到這種『無所待』而『遥然不我得』、『逍遥靡不適』的逍遥境界，首先必須使自己獲得精神上的徹底解脫，做到『物物而不物於物』，不爲一切外物所負累，從而呈現爲『至人』一般的沖虛明淨的心理狀態。所以他說：『夫逍遥者，明至人之心也。』所謂『至人之心』，就是指『至人』在精神方面無有執滯，感通無方。支遁在大小品對比要抄序中說：『夫至人也，覽通群妙，凝神玄冥，靈虛回應，感通無方。……神何動哉，以之不動，故應變無窮。』（僧祐出三藏記集卷八）這就是說，『至人』之『心』既凝寂虛靜，同時又應變無窮，所以它可以感通於萬物，隨萬物而變化，『物物而不物於物』，色色而不滯於色。在支遁看來，正因爲『至人』能夠妙悟性空，不物於物，不滯於色，『此所以爲逍遥也』。由此可以清楚地看到，支遁是運用佛教即色空義的哲學來闡釋莊子逍遥遊思想的。

在向秀、郭象那裏，雖然也有『有待』與『無待』的區別，但二者都可以同歸於逍遥之途。因此他們說：『小大雖差，各任其性，苟當其分，逍遥一也。然物之芸芸，同資有待，得其所待，然後逍遥耳。唯聖人與物冥而循大變，爲能無待而常通，豈獨自通而已？』其流弊所趨，遂使芸芸眾生有以放肆情欲爲適性逍遥者。而支遁早悟佛教非常之理，於般若性空之學尤能『善標宗會』，認爲：『夫般若波羅蜜者，……其爲經也，至無空豁，廓然無物者也。無物於物，故能齊於物；無智於智，故能運於智。是故夷三脫於重玄，齊萬物於空同，明諸佛之始有，盡群靈之本無，登十住之妙階，趣無生之徑路。何者？賴其至無，故能爲用。』（大小品對比要抄序）用佛教的這種出世觀念來看待逍遥，那自然只有『至無空豁』、『無物於物』、『無智於智』、『齊萬物於空同』、『盡群靈之本無』、『賴其至無』的『至人』才能達到遊心於逍遥的境界，而向秀、郭象所說的『得其所待，然後逍遥』，只不過是芸芸眾生在欲望和形軀上的滿足，與『至人』的逍遥至足有著根本區別。所以支遁說：『苟非至足，豈所以逍

遥乎？』由此可見，支遁的逍遥論是對向秀、郭象逍遥思想中『得其所待，然後逍遥』一層意思的堅決否定和批判，而把他們思想中關於『無待』而逍遥的一層意思加以肯定和提升，使之成爲呈現『至人』之心的超拔境界，從而接近了莊子的逍遥本義。

劉勰文心雕龍論説云：『逮江左群談，惟玄是務，雖有日新，而多抽前緒矣。』説明經過向秀、郭象等玄學家的努力，玄學幾乎已經達到了飽和的程度。尤其在發揮莊子逍遥思想方面，『諸名賢』皆『不能拔理於郭、向之外』。就在這個時候，支遁引佛教般若性空之學來闡釋莊子逍遥遊，『卓然標新理於二家之表，立異義於衆賢之外』，從而爲莊子學的進一步發展開闢了新的途徑。

第九章　魏晉南北朝道教學者的莊子學

第一節　魏晉南北朝道教學者對莊子的認可與闡發

道教在東漢順帝時代形成以後，遂漸奉老子爲教主，而對於莊子，則尚未予以正式認可。到了魏晉南北朝時期，由於受到玄學思潮的影響，人們多以老、莊並稱，甚至還把莊子放到了老子前面，因而莊子也漸爲道教學者所重視。如南朝梁陶弘景在真靈位業圖中將莊周列於第三右位，又仿效莊子內篇體例撰真誥七篇，凡此都可以看出他已在一定程度上認可了莊子。當然，由於莊子學說是一種哲學，而道教是一種宗教，因此魏晉南北朝道教學者對莊子的認可，不外就是對莊子思想資料進行必要的利用和有目的的闡發，以便爲弘揚道教的教義服務。歸納起來，他們對莊子思想資料的利用和闡發，主要集中在以下幾個方面：

一、把屬於哲學範疇的『道』闡發成宗教信仰的『道』

在道家哲學中，『道』具有明顯的本體論意義，故老子說『道生一，一生二，二生三，三生萬物』（老子四十二章），莊子也說它『生天生地，在太極之先而不爲高，在六極之下而不爲深，先天地生而不爲久，長於上古而不爲老』（大宗師）。早期的一些道教經典往往繼承了老莊的這一思想。如頗爲東漢末太平道所重視的太平經云：

『夫道何等也？萬物之元首，不可得名者。六極之中，無道不能變化。元氣行道，以生萬物，天地大小，無不由道而生者也。』①東晉時的葛洪進一步發揮云：『子欲長生，守一當明；思一至饑，一與之糧；思一至渴，一與之漿。一有姓字服色，男長九分，女長六分，或在臍下二寸四分下丹田中，或在心下絳宮金闕中丹田也。……一能成陰生陽，推步寒暑。』（抱朴子內篇地真）這些都說明，道教在創教以後，便把『道』看成是宇宙萬物的本原和主宰者。但由於道教學者是從宗教角度出發來闡發『道』（即『一』）的，所以我們在葛洪的闡述中可以清楚看到，他顯然已賦予了道家的非人格的自然之道以人格神的意義。

而且，道教學者們還神化了老子，把老子說成是『道』的化身。如三國時的葛玄說：『老子體自然而然，生乎太無之先，起乎無因，經歷天地，終始不可稱載。終乎無終，窮乎無窮，極乎無極，故無極也。與大道而輪化，爲天地而立根，布氣於十方，抱道德之至淳，浩浩蕩蕩，不可名也。……三光持以朗照，天地稟以得生，乾坤運以吐精，高而無民，貴而無位，覆載無窮，是教八方諸天，普弘大道。開闢以前，復下爲國師，代代不休，人莫能知之。匠成萬物，不言我爲，玄之德也。』（老子道德經序訣）像這樣的說法，比之莊子書中把老子描繪成『澹然獨與神明居』的『博大真人』（見天下），無疑已有了很大的發展，從而使老子這個形象既具有了明顯的本體論意義，又具有了濃厚的宗教色彩。

二、把屬於哲學範疇的精神上的『守一』闡發成宗教的身體修煉方法和萬能的護身符

莊子十分強調精神的修養。他說：『純素之道，唯神是守，守而勿失，與神爲一。』（刻意）又說：『無視無

① 據王明太平經合校太平經鈔乙部，中華書局1997年版。

聽，抱神以靜，形將自正。……我守其一，以處其和，故我修身千二百歲矣，吾形未嘗衰。』（在宥）在莊子看來，人們只要『抱神以靜』，與道爲一，其形體就自然可以得到長生。

道教學者接過莊子的上述觀點，並加以闡發說：『人知守一，名爲無極之道。人有一身，與精神常合併也。……故聖人教其守一，言當守一身也。念而不休，精神自來，莫不相應，百病自除，此即長生久視之符也。』（太平經合校太平經鈔壬部）這裏將『守一』闡發爲『守一身』，並與消除『百病』聯繫起來，顯然已成爲道教的一種內煉方術。葛洪在此基礎上又進一步闡發說：『若知守一之道，則一切除棄此輩，故曰能知一則萬事畢者也。……守一不怠，衆惡遠迸。若忽偶忘守一，而爲百鬼所害。或臥而魘者，即出中庭視輔星，握固守一，鬼即去矣。若夫陰雨者，但止室中，向北思見輔星而已。若爲兵寇所圍，無復生地，急入六甲陰中，伏而守一，則五兵不能犯之也。能守一者，行萬里，入軍旅，涉大川，不須卜日擇時，起工移徙，入新屋舍，皆不復按堪輿星曆，而不避太歲太陰將軍、月建煞耗之神，年命之忌，終不復值殃咎也。』（抱朴子內篇地真）所謂『能知一則萬事畢』云云，當本之於莊子天地『通於一而萬事畢』的說法。莊子本來認爲，能與『一』（即『道』）合爲一體，也就達到了『死生圓運於大鈞，而函萬有於一環』（王夫之莊子解）的境界。因此他十分強調『守其一』，要求人們必須在精神方面始終與至真之道融爲一體。然而通過葛洪的大膽闡發，莊子的這些思想卻成了道教的萬能護身符，似乎只要『守一不怠』，一切災害就必定能夠遠離而去。

三、把屬於哲學範疇的悟道過程闡發成宗教的學仙方法和成仙途徑

莊子認爲，對作爲宇宙最後根源『道』的體悟，必須是一個『虛無恬惔，乃合天德』（刻意）的過程。因爲在他看來，『其耆欲深者，其天機淺』（大宗師），而『天機淺』的人，其心中『物有結之』（同上），根本不可能像『真

人」、「至人」那樣以寧靜的心境去「合天德」。所以莊子指出，體「道」者應該做到「虛靜恬淡」（天道）、「虛無無爲」（刻意）、「忘其肝膽」（大宗師）、「遺其耳目」（同上），這樣才能像「尸居」（在宥）、「無心」（知北遊）的「眞人」和「至人」那樣體悟到「純素之道」（刻意）。道教學者利用並闡發了莊子的這些思想資料，使之成爲道教所謂修煉成仙的重要方法。如葛洪云：「學仙之法，欲得恬愉澹泊，滌除嗜欲，内視反聽，尸居無心。……仙法欲靜寂無爲，忘其形骸。」（抱朴子内篇論仙）說明道教學者所謂的學仙之法，其中有很多成分是從莊子哲學思想轉化而來。

莊子天道有「輪扁斲輪」寓言，其中所謂「斲輪徐則甘而不固，疾則苦而不入，不徐不疾，得之於手而應於心，口不能言，有數存焉於其間」云云，也可以看成是對悟「道」過程的一種表述。達生篇中的「痀僂者承蜩」寓言則又說明，悟「道」者如果做到了「用志不分」，内忘有「我」，外忘有物，就可以臻於無爲之道。葛洪援引這兩則寓言，並從宗教的立場出發進行了大膽發揮，云：「夫鑿枘之粗伎，而輪扁有不傳之妙；掇蜩之薄術，而傴僂有入神之巧，在乎其人，由於至精也。況於神仙之道，旨意深遠，求其根莖，良未易也。……若心解意得，則可信而修之，其猜疑在胸，皆自其命，不當詰古人何以獨曉此，而我何以獨不知之意耶？吾今知仙之可得也。」（抱朴子内篇對俗）這裏，葛洪把莊子書中所表述的悟「道」過程闡發成了宗教的成仙途徑，認爲神仙之道正如「輪扁有不傳之妙」、「傴僂有入神之巧」，也是「旨意深遠」的，但只要專心一意，虔誠篤信，雖凡夫俗子，也都能夠得到。所以他說，「要道不煩，所爲鮮耳，但患志之不立，信之不篤」，何憂於「求仙至難」（見抱朴子内篇釋滯）呢？

四、把屬於哲學範疇的理想人格——真人、至人、神人、聖人闡發成宗教的真人、仙人、神人

莊子以寓言形式描述出「真人」、「至人」、「神人」、「聖人」等理想人格，讓他們或「其寢不夢，其覺無憂，其

食不甘，其息深深』（大宗師），或『大澤焚而不能熱，河漢沍而不能寒，疾雷破山、飄風振海而不能驚』（齊物論），或『不食五穀，吸風飲露，乘雲氣，御飛龍，而遊乎四海之外』（逍遥遊），或『千歲厭世，去而上仙，乘彼白雲，至於帝鄉，三患莫至，身常無殃』（天地），以此來表達他自己要求在精神上達到逍遥自在的絶對自由境界的願望。

道教學者把莊子中的這些屬於哲學範疇的理想人格，完全看成是世上實有的能夠傳授道法仙方、引度點悟的『真人』、『仙人』、『神人』。如葛洪在抱朴子内篇中不但多方面地闡述了『真人』、『仙人』、『神人』的存在和可信、可求，而且還反復説明他們具有水火不傷、寒暑不覺、騰雲遊空、分形隱形、千變萬化等方術，凡此都可見出其對莊子思想資料的借鑒與闡發。至於葛洪所撰神仙傳一書，『其中如黄帝之見廣成子，盧敖之遇若士，皆莊周之寓言，不過鴻濛、雲將之類，未嘗實有其人』①，但葛氏卻將這些虚擬化的寓言故事看成是歷史上真實人物的行事，並按宗教的需要予以增飾。如該書卷一云：『廣成子者，古之仙人也。』『仙人者，或竦身入雲，無翅而飛；或駕龍乘雲，上造天階；或化爲鳥獸，游浮青雲；或潛行江海，翱翔名山；或食元氣；或茹芝草；或出入人間，而人不識；或隱其身，而莫之見，面生異骨，體有奇毛，率好深僻，不交俗流。』像這樣的『仙人』，顯然是道教學者援引莊子思想資料，並予以大膽增飾的結果。

總之，綜合上面的論述可以清楚看到，魏晉南北朝道教學者從多方面利用和闡發了道家的哲學思想，尤其是莊子中的許多思想資料更成了他們闡述道教長生、成仙理論的重要依據。因此，蒙文通先生説：『自魏晉而後，老、莊諸書入道教，後之道教徒莫不宗之，而爲道教哲學精義所在，又安可舍老、莊而言道教？』②

① 四庫全書總目提要葛洪神仙傳。

② 道教史瑣談，載中國哲學第四輯，（北京）三聯書店1980年版。

第二節　葛洪的莊子學

葛洪(283—363),字稚川,自號抱朴子,丹陽句容(今屬江蘇)人。祖系,吳大鴻臚。父悌,仕吳,入晉後爲邵陵太守。洪少好學,年十三喪父,家道中落,以躬耕貿紙筆,夜輒寫書誦習。又少好方術,其從祖玄爲吳道士,號葛仙公,以所學煉丹秘術授弟子鄭隱,洪就隱學而悉得其法。後師事南海太守鮑玄,玄深器之,授以内丹之術,並以其女妻洪。晚年,洪聞交趾出丹砂,求爲句漏令,攜子侄止羅浮山煉丹,在山積年而卒。晉書葛洪傳謂:『洪博聞深洽,江左絕倫,著述篇章,富於班馬。』主要著作有抱朴子、神仙傳、隱逸傳、金匱藥方等。此外,據唐釋法琳辨正論卷八引南朝劉宋時陸修靜所撰道藏書目,葛洪還曾修撰莊子一部凡十七卷,可惜早已不傳於世。清丁國鈞補晉書藝文志卷三云:『莊子十七卷,葛洪修撰,……見釋法琳辨正論卷八引。是書疑采擇諸家注所成,故曰修撰。』不管此書是否係『采擇諸家注所成』,都能說明葛洪確曾治過莊子。因此,我們今天讀他的代表著作抱朴子内篇二十卷和抱朴子外篇五十卷,仍時時可以感受到他對莊子思想資料運用得如此嫻熟自如,並在運用過程中每每見出自己的思想觀點。下面,我們將從抱朴子一書來探究一下葛洪的莊子學思想。

在抱朴子外篇自敘中,葛洪自謂『每覽巢、許、子州、北人、石戶』,『慕其爲人』,因而雖『室不免漏,食不充虛,名不出戶,不能憂也』,雖『冠履垢弊,衣或襤縷,而或不恥焉』。我們知道,在莊子一書所塑造的人物中,像許由、子州支父、北人無擇、石戶之農等,都是不以『他物』『害其生』,唯求『逍遙於天地之間而心意自得』(見讓王)的人,而『原憲居魯,環堵之室,……上漏下濕,匡坐而弦歌』(同上),『莊子衣大布而補之,正緳係履(謂以麻繩捆綁破鞋)而過魏王』,卻自以爲『非憊也』(見山木),也都表達出了他們安貧樂道、鄙棄榮華的處世態度。由此不難看出,葛洪自號『抱朴之士』,其在爲人處世方面是自覺接受了莊子思想的。

因爲葛洪跟莊子一樣，也生活在一個『世道多難』（抱朴子外篇勖學）的特殊時代。他在經歷了人世間的無數艱難之後，深深地意識到遁世逍遥才是最明智的選擇。如在抱朴子外篇嘉遁中，他在援引莊子之逍遥遊、天地、秋水等篇思想資料的基礎上發揮說，『侶雲鵬以高逝，故不縈翮於腐鼠』，『故漆園垂綸而不顧卿相之貴，柏成操耜而不屑諸侯之高』。在同書博喻中，他又通過援引養生主、人間世、大宗師、達生、列禦寇等篇的思想資料而發揮說，『支離其德者，苦而必安，用以適世者，樂而多危』，故『子永歎天倫之偉，漆園悲被繡之犧』，『靈龜寧曳尾於塗中而不願巾笥之寶，澤雉樂十步之啄以違雞鶩之禍』，『掇蜩之叟忘萬物於芳林，垂綸之生忽執珪於南楚』。凡此無不說明，作爲『生值多難之運』（抱朴子內篇遐覽）的葛洪，他努力尋找著逃避殘酷現實的人生道路，因而在無可奈何之餘，反而感到『蕭然自足』，『知之者稀而不戚，時不能用而不悶』，『雖並日無藜藿之糁，不以易不義之太牢也』，『雖緼袍無卒歲之服，不肯樂無道之狐白也』，『獨可散髮高枕，守其所有已，絕不曲躬低眉，求其所未須也』（見抱朴子外篇名實），與莊子的處世思想發生了共鳴。所以王明先生說，葛洪謂『「否泰有命，通塞聽天」，「窮達，時也，有會而不可力焉」，這是刻意襲取莊周說的「知其不可奈何而安之若命」、「死生、存亡、窮達，命也」和「安時而處順，哀樂不能入也」的處世哲學和人生態度，有著濃郁的道家味道，可以視作他明顯地擷取道家老莊思想的例證』①。

從哲學層面上來看，葛洪把遁世逍遥看成一種體道合真的實踐活動。如他在抱朴子外篇名實中所謂『體道合真，嶷然特立』、『藏器全真，以待天年之盡』云云，正反映出了他這種希冀藏『器』於『道』，以求『全真』的哲學理想。那麼，葛洪所謂的『道』又是一個什麼樣的哲學概念呢？

在葛洪的哲學思想中，『道』就是世界萬物的本原。他說：『道者，萬殊之源也。』（抱朴子內篇塞難）又

① 論葛洪，收入道家和道教思想研究，中國社會科學出版社1984年版。

說：『道者涵乾括坤，其本無名。論其無，則影響猶爲有焉；論其有，則萬物尚爲無焉。……以言乎邇，則周流秋毫而有餘焉；以言乎遠，則彌綸太虛而不足焉。爲聲之聲，爲響之響，爲形之形，爲影之影，方者得之而靜，員者得之而動，降者得之而俯，升者得之以仰。』（抱朴子內篇道意）不難看出，葛洪謂『道』爲『萬殊之源』，進而形象描述了『道』的本質和作用，這顯然承襲了老子關於『道』的哲學思想，尤其借鑒了莊子在大宗師等篇中的有關說法。有時，葛洪也把從老莊那裏承襲、借鑒來的『道』叫作『玄』：『玄者，自然之始祖，而萬殊之大宗也。眇昧乎其深也，故稱微焉；綿邈乎其遠也，故稱妙焉。……乾以之高，坤以之卑，雲以之行，雨以之施。』（抱朴子內篇暢玄）或叫作『一』：『一能成陰生陽，推步寒暑。春得一以發，夏得一以長，秋得一以收，冬得一以藏。其大不可以六合階，其小不可以毫芒比也。』（抱朴子內篇地真）

從上述可以看到，葛洪所謂的『道』、『玄』、『一』的涵義，基本上都與先秦道家所謂『道』具有宇宙本原性質的說法相一致。但是，葛洪並沒有到此爲止，而是通過將『道』和『玄』兩個概念結合起來，並糅入他所提倡的『守一』之法，從而把老莊用來作爲表達世界本體哲學概念的『道』轉化成了道教的成仙之道。他說：『夫玄道者，得之乎內，守之者外，用之者神，忘之者器，此思玄道之要言也。得之者貴，不待黃鉞之威。體之者富，不須難得之貨。高不可登，深不可測。乘流光，策飛景，淩六虛，貫涵溶。出乎無上，入乎無下。經乎汗漫之門，遊乎窈眇之野。逍遙恍惚之中，倘佯仿佛之表。咽九華於雲端，咀六氣於丹霞。徘徊茫昧，翱翔希微，履略蜿虹，踐蹦旋璣，此得之者也。』（抱朴子內篇暢玄）這裏在借助道家關於『道』的概念，尤其是莊子中描寫真人、至人、神人的部分思想資料的基礎上，通過延伸發揮，便使『道』成了道教信徒據以修仙的原則。而且，葛洪還根據莊子關於『我守其一，以處其和，故我修身千二百歲矣，吾形未常衰』（在宥）和『通於一而萬事畢』（天地）等說法，進一步把道家的守『道』思想發展成自己的『守玄一』理論，認爲只要守住『玄一』，安貧樂道，無欲無慮，那就『能通神』而『得長生』（見抱朴子內篇地真）。

然而，由於葛洪所主張的是所謂『道家（教）之所至秘而重者，莫過乎長生之方也』（抱朴子内篇勤求）的思想，而他的這種追求長生不死的神仙思想是與先秦道家齊同生死的思想相違背的，因此，他雖然借用了道家關於『道』的哲學思想來大力闡述自己的神仙理論，但當他不能自圓其説的時候，卻不得不猛烈地抨擊起道家來。他説：

至於文子、莊子、關令尹喜之徒，其屬文筆，雖祖述黄老，憲章玄虚，但演其大旨，永無至言。或復齊死生，謂無異以存活爲徭役，以殂歿爲休息，其去神仙，已千億里矣，豈足耽玩哉！其寓言譬喻，猶有可采，以供給碎用，充御卒乏，至使末世利口之奸佞，無行之弊子，得以老莊爲窟藪，不亦惜乎！（抱朴子内篇釋滯）

莊子爲了從人生的困境中解脱出來而達到逍遥自在的精神境界，就倡導一種『齊死生』的理論，在葛洪看來，這與道教的神仙學説相去『千億里矣』，哪裏值得『耽玩』呢？葛洪進一步認爲，莊子的這種理論其實不過是虚談罷了，因爲『莊周貴於搖尾塗中，不爲被網之龜，被繡之牛，餓而求粟於河侯，以此知其不能齊死生也』（抱朴子内篇勤求）①。但『俗人見莊周有大夢之喻，因復競張齊死生之論』（同上），『至使末世利口之奸佞，無行之弊子，得以老莊爲窟藪，不亦惜乎！』説明葛洪不僅抨擊了莊子所倡導的『齊死生』之説，而且對魏晉玄學家『復競共張齊死生之論』更表示深惡痛絶。葛洪由此及彼，還進而從修習仁義、治理社會等方面出發批評了道家學説，以及魏晉士人對老莊學説的一概推崇。他説：

常恨莊生言行自伐，桎梏世業，身居漆園而多誕談，好畫鬼魅，憎圖狗馬，狹細忠貞，貶毁仁義，可謂雕虎畫龍難以徵風雲，空板億萬不能救無錢，孺子之竹馬不免於腳剝，土柈之盈案無益於腹虚也。（抱朴子外篇應嘲）

① 抱朴子外篇喻蔽也同樣表達了這一觀點：『莊周之書，以死生爲一，亦有畏犧、慕龜、請粟救饑。』

世人薄申、韓之實事，嘉老、莊之誕談，然而爲政莫能錯刑，殺人者原其死，傷人者赦其罪，所謂土柈瓦胾，無救朝饑者也。道家之言，高則高矣，用之則弊，遼落迂闊，譬猶干將不可以縫綫，巨象不可使捕鼠，金舟不能淩陽侯之波，玉馬不任騁千里之跡也。（抱朴子外篇用刑）

俗……誣引老、莊，貴於率任，大行不顧細禮，至人不拘檢括，嘯傲縱逸，謂之體道。嗚呼惜乎，豈不哀哉！（抱朴子外篇疾謬）

上文已經談到，葛洪首先是以一位道教神仙家著稱的。但他在政治思想方面，卻提出了以儒家思想爲主，同時兼采法家等派學説的治國理論，認爲『儒者，大淳之流也』，『所以貴儒者，以其移風易俗，不唯揖讓與盤旋也』，而『道意遠而難識，故達之者寡』（見抱朴子内篇塞難），所以明君治世，必『尚儒術』而『釋老莊之不急』（見抱朴子外篇崇教），然後再以『法度』使『機詐不肆其巧』，以『刑罰』來『助教興善，式遏軌忒也』（見抱朴子外篇用刑）。但是，莊子卻一味『誕談』，甚至『狹細忠貞，貶毁仁義』，這在葛洪看來，正可謂是『無益於腹虚』而有害於社會政治。而魏晉玄談之士，『誣引老、莊，貴於率任，大行不顧細禮，至人不拘檢括』，甚或『蓬髮亂鬢，横挾不帶，或褻衣以接人，或裸袒而箕踞，朋友之集，類味之遊，莫切切進德，誾誾修業』（抱朴子外篇疾謬），然其『爲政莫能錯刑』，所謂『土柈瓦胾，無救朝饑者』，這不是更值得悲哀的嗎？從表面上來看，葛洪這些重視儒家禮教、仁義的思想是與他的成仙理論不相協調的，但通過他的巧妙論證，卻被納入了自己的神仙理論體系：『欲求仙者，要當以忠孝和順仁信爲本。若德行不修，而但務方術，皆不得長生也。』（抱朴子内篇對俗）

綜上所述，我們大致可以推知，葛洪主要是按照自己道教神仙理論的需要來修撰莊子的。清秦榮光説：『葛洪修撰莊子十七卷，釋藏辨正論云劉宋時陸修静道藏書目「莊子十七卷，莊周所出，葛洪修撰」。余按，抱朴子應嘲篇云「常恨莊生言行自伐……」，洪之不滿莊生如此，然則修撰者，乃删取之類，故僅存十七卷也。』（補晉書藝文志卷四）

第十章　魏晉南北朝文學、文論所反映的莊子學

第一節　魏晉南北朝文學對莊子的多所化用

宋人葉適云：『自周之書出，世之悦而好之者有四焉：好文者資其辭，求道者意其妙，汩俗者遺其累，奸邪者濟其欲。』(水心先生別集莊子)此語特別適合魏晉南北朝時期莊子學的特點。這一時期，士人從不同的角度接受和解讀莊子，除了專門注解莊子的著作外，文學作品也以藝術化的形式多方接收和解析莊子。

建安文士雅好慷慨，志深筆長，梗概多氣，其文多無莊子之習，然曹植卻頗爲例外。曹植貴爲魏武公子，本渴望『戮力上國，流惠下民，建永世之業，流金石之功』(與楊德祖書)①，但他一生相繼受兄長、侄兒的猜忌與迫害，實際上過著名爲公子，實爲囚徒的痛苦生活。爲了消解痛苦，曹植常以莊子思想安慰自己。他在七啟中假玄微子語云：『夫太極之初，渾沌未分。萬物紛錯，與道俱隆。蓋有形必朽，有跡必窮。芒芒元氣，誰知其終？名穢我身，位累我躬。竊慕古人之所志，仰老莊之遺風。假靈龜以托喻，寧掉尾於塗中。』這實際上全是

① 嚴可均輯全上古三代秦漢三國六朝文，中華書局1958年版。本章所引之文若無特別説明，皆出此書。詩則引自逯欽立輯先秦漢魏晉南北朝詩，中華書局1983年版。

莊子之語。又釋愁文中玄虛先生教人以釋愁之法：『今大道既隱，子生末季。沉溺流俗，眩惑名位。濯纓彈冠，諂諏榮貴。坐不安席，食不終味。遑遑汲汲，或慘或悴。所鬻者名，所拘者利。良由華薄，凋損正氣。吾將贈子以無爲之藥，給子以澹泊之湯；刺子以玄虛之針，灸子以淳朴之方；安子以恢廓之宇，坐子以寂寞之牀。使王喬與子攜手而游，黃公與子詠歌而行；莊生爲子具養神之饌，老聃爲子致愛性之方。趣遐路以棲跡，乘輕雲以高翔。』顯然，以上所引，除了老莊淡泊名利、抱朴守真的思想外，又融入了道教神仙思想。曹植髑髏說的思想與行文格式更是直接取源於莊子至樂，僅把莊子與髑髏的對話改爲曹子與髑髏的對話而已。其文曰：

曹子遊乎陂塘之濱，步乎蓁穢之藪。蕭條潛虛，經幽踐阻。顧見髑髏，塊然獨居。於是伏軾而問之曰：『子將結纓首劍，殉國君乎？將被堅執銳，斃三軍乎？將嬰茲固疾，命殞傾乎？將壽終數極，歸幽冥乎？』叩遺骸而歎息，哀白骨之無靈。慕嚴周之適楚，倘托夢以通情。於是伻若有來，恍若有存。影見容隱，厲響而言曰：『子何國之君子乎？既枉輿駕，湣其枯朽。不惜咳唾之音，慰以若言。子則辯於辭矣，然未達幽冥之情，識死生之說也。夫死之爲言歸也。歸也者，歸於道也。道也者，身以無形爲主，故能與化推移，陰陽不能更，四節不能虧，是故洞於纖微之域，通於恍惚之庭。望之不見其象，聽之不聞其聲；挹之不沖，滿之不盈；吹之不凋，噓之不榮；激之不流，凝之不停。寥落溟漠，與道相拘。偃然長寢，樂莫是喻。』曹子曰：『予將請之上帝，求諸神靈。使司命輟籍，反子骸形。』於是髑髏長呻廓眥曰：『甚矣，何子之難語也！昔太素氏不仁，無故勞我以形，苦我以生，今也幸變而之死，是反吾真也。何子之好勞，我之好逸。子則行矣，余將歸於太虛。』於是言卒響絕，神光霧除。顧將旋軫，乃命僕夫拂以玄塵，覆以縞巾。爰將藏彼路濱，壅以丹土，翳以緣榛。夫存亡之異勢，乃宣尼之所陳。何神憑之虛對，云死生之必均。

顯然，曹植實際上是以莊子齊物思想抹滅榮與辱、貴與賤、生與死之間的區別，從而消解貧窮、失志、死亡等給人

帶來的痛苦。

及至正始，玄學大興，文學亦受到了莊子思想的影響。如在何晏言志詩中，我們即可隱約看到其受莊子逍遙思想影響的跡象。詩云：

鴻鵠比翼遊，群飛戲太清。常恐夭網羅，憂禍一旦并。豈若集五湖，順流唼浮萍。逍遙放志意，何爲怵惕驚？

轉蓬去其根，流飄從風移。芒芒四海涂，悠悠焉可彌。願爲浮萍草，托身寄清池。且以樂今日，其後非所知。

以上兩首詩，雖無特別明顯的莊子印記，但已表達了寧爲燕雀、莫爲鴻鵠的懼禍心情。

繼正始之後，深受莊子影響並在詩文中大量解莊、釋莊者莫過阮籍與嵇康。阮籍『本有濟世志，屬魏晉之際，天下多故，名士少有全者，籍由是不與世事，遂酣飲如常』（晉書阮籍傳）。他深知司馬氏集團的虛僞與殘酷，因此不願與之合作。但在當時的條件下，阮籍連仕隱選擇的自由都没有，因此，他的内心十分矛盾與痛苦。阮籍的莊學思想比較複雜。首先，他拿起莊子『剽剝儒墨』的利器，對虛僞之世予以無情批判，如大人先生傳便是這樣的作品。十分明顯，其所塑造的大人先生這一理想人格，即源於莊子中的神人、至人、真人形象。

超凡脱俗，與道爲一自然令人神往，然而，人總是生活於現實之中，阮籍的大人先生之理想人格並不能轉化爲現實的人格。因此，阮籍又塑造了另一種理想人格。且看詠懷詩八十二首中的三首：

於心懷寸陰，羲陽將欲冥。揮袂撫長劍，仰觀浮雲征。雲間有玄鶴，抗志揚哀聲。一飛沖青天，曠世不再鳴。豈與鶉鴳遊，連翩戲中庭。

灼灼西頹日，餘光照我衣。回風吹四壁，寒鳥相因依。周周尚銜羽，蛩蛩亦念饑。如何當路子，磬折忘所歸。豈爲誇譽名，憔悴使心悲。寧與燕雀翔，不隨黄鵠飛。黄鵠遊四海，中路將安歸？

鷽鳩飛桑榆，海鳥運天池。豈不識宏大，羽翼不相宜。招搖安可翔，不若棲樹枝。下集蓬艾間，上遊園圃籬。但爾亦自足，用子爲追隨。

在第一首中，詩人以一飛沖天的鳴鶴自況，濟世之志既不獲騁，作者決不願曲意降志，與目光短淺、卑下喪志的鶉鴳同遊，他寧願化作一羽高潔的玄鶴，飛向長空，遠離污濁的人世。然而，在司馬氏集團的高壓政策下，阮籍高蹈歸隱、保真全性的起碼要求都難以實現。在第二、三首詩中，詩人明明白白告訴我們，遨遊四海的黄鵠、運於天池的海鳥自然爲阮籍宏大志向的象徵，然這宏志畢竟只是一個可望不可及的夢想。因此，與其『中路』無歸，不如做一隻棲於桑榆，歇於樹枝、蓬艾的燕雀或鷽鳩。只要自足則可，何必與世奮爭！可以説，阮籍已經以文學的樣式重新詮釋了莊子的逍遥遊思想，爲郭象以自適爲逍遥的思想張了本。不過，阮籍『自足』的逍遥遊思想是有原則的，他絶不會以追名逐利、放縱情欲爲『自足』。且看另一首詩：

昔聞東陵瓜，近在青門外。連畛距阡陌，子母相鉤帶。五色曜朝日，嘉賓四面會。膏火自煎熬，多財爲患害。布衣可終身，寵禄豈足賴。（阮籍詠懷詩）

不僅詩歌内涵與莊子『不利貨財，不近貴富』（莊子天地）的主張一致，而且『膏火自煎』的典故直接取於莊子人間世『山木自寇，膏火自煎也』。

嵇康以老莊爲師，但在選擇怎樣的人生道路上也陷入困境，卜疑一文可以見出其内心的焦慮。此文通過弘達先生與太史貞父之間一系列對話，表明嵇康實際上爲自己設計了各種人生之路，其中就有追隨『莊周之齊物變化，洞達而放逸』之願望。不過，各種人生之路似乎都不完美，於是嵇康借太史貞父之言，設計一種『文明在中，見素表璞。内不愧心，外不負俗。交不爲利，仕不謀禄。鑒乎古今，滌情蕩欲』的人生理想。看來，嵇康内心深處還是渴望有原則地出仕爲官並與世同處。事實上，他只實現了他的部分人格理想。他確實是一名『文明在中，見素表璞，内不愧心』的真人，但他『剛腸疾惡，輕肆直言，遇事便發』（與山巨源絶交書）的偉岸人格卻

有背於『外不負俗』的理想。他毫不掩飾對束縛個性、弄虛作假的禮教的厭惡與蔑視。在與山巨源絕交書中，嵇康列舉了自己性格中『七不堪』與『二不可』，對名教束縛個性自由予以極大諷刺與批判。特別是『每非湯武而薄周孔』，簡直就是與名教勢不兩立。嵇康還在詩歌中大量化用莊子典故，並以莊子精神追求心靈解脫。如其述志詩云：

斥鷃擅蒿林，仰笑神鳳飛。坎井蝤蛙宅，神龜安所歸？恨自用身拙，任意多永思。遠實與世殊，義譽非所希。往事既已謬，來者猶可追。何爲人事間，自令心不夷。慷慨思古人，夢想見容輝。願與知己遇，舒憤啟幽微。巖穴多隱逸，輕舉求吾師。晨登箕山巔，日夕不知饑。玄居養營魄，千載長自綏。

前兩句化用莊子逍遙遊中斥鷃嘲笑大鵬之典。第三句出於莊子秋水『北海若曰：「井鼃不可以語於海者，拘於虛也；夏蟲不可以語於冰者，篤於時也；曲士不可以語於道者，束於教也。」』第四句亦出秋水篇：『莊子持竿不顧，曰：「吾聞楚有神龜，死已三千歲矣，王巾笥而藏之廟堂之上。此龜者，寧其死爲留骨而貴乎？寧其生而曳尾於塗中乎？」』嵇康連用莊子數典，以明追求自由、歸隱巖穴之志。在與阮德如詩中，嵇康再次表達了對自由的嚮往：『郢人忽已逝，匠石寢不言。澤雉窮野草，靈龜樂泥蟠。榮名穢人身，高位多災患。未若捐外累，肆志養浩然。顏氏希有虞，隰子慕黃軒。涓彭獨何人，唯志在所安。漸漬殉近欲，一往不可攀。生生在豫積，勿以怵自寬。』其中『澤雉窮野草』來源於莊子養生主：『澤雉十步一啄，百步一飲，不蘄畜乎樊中。』又代秋胡行：『絕智棄學，游心於玄默。遇過而悔，當不自得。垂釣一壑，所樂一國。被髮行歌，和者四塞。歌以言之，游心於玄默。』其中所謂『游心於玄默』，與莊子所謂『且夫乘物以游心，托不得已以養中』（人間世）、『游心乎德之和』（德充符）、『游心於淡，合氣於漠，順物自然而無容私焉』（應帝王）等語一脈相承。再看如下詩歌，無一不與莊子有關：

羽化華嶽，超遊清霄。雲蓋習習，六龍飄飄。左配椒桂，右綴蘭苕。淩陽贊路，王子奉軺。婉孌名山，真人是要。齊物養生，與道逍遙。（四言詩）

昔有神仙士，乃處射山阿。乘雲御飛龍，噓吸嘰瓊華。可聞不可見，慷慨歡咨嗟。自傷非儔類，愁苦來相加。下學而上達，忽忽將如何。（詠懷詩）

乘彼六氣渺芒，輜駕赤水崑陽。遙望至人玄堂，心與罔象俱忘。（遊仙詩）

琴詩自樂，遠遊可珍。含道獨往，棄智遺身。寂乎無累，何求於人。長寄靈嶽，怡志養神。（贈兄秀才入軍詩）

息徒蘭圃，秣馬華山。流磻平皋，垂綸長川。目送歸鴻，手揮五弦。俯仰自得，游心太玄。嘉彼釣叟，得魚忘筌。郢人逝矣，誰與盡言？（同上）

流俗難悟，逐物不還。至人遠鑒，歸之自然。萬物爲一，四海同宅。與彼共之，予何所惜？生若浮寄，暫見忽終。世故紛紜，棄之八戎。澤雉雖饑，不願園林。安能服御，勞形苦心。身貴名賤，榮辱何在？貴得肆志，縱心無悔。（同上）

嵇康上承莊子，熱切渴望『齊物養生，與道逍遙』的絕對自由。顯然，這種自由在現實生活中根本不可能實現，於是他與逸馬爲伴，游魚爲友，寄心於琴弦，托志於歸鴻，在與天地自然的交流中進入到『游心太玄』的審美自由之境。

嵇康的哥哥嵇喜選擇了與嵇康完全不同的人生道路，他步入仕途，與俗同處。富於戲劇性的是，嵇喜選擇這樣的人生之路，其理論基礎很大程度上亦爲老莊思想。他的答嵇康詩四首就有兩首勸戒嵇康應和光同塵。其一云：『華堂臨浚沼，靈芝茂清泉。仰瞻春禽翔，俯察綠水濱。逍遙步蘭渚，感物懷古人。李叟寄周朝，莊生遊漆園。時至忽蟬蛻，變化無常端。』老子仕於周朝，莊子托身漆園，學習老莊，又何必異於老莊？其三云：

『達人與物化，無俗不可安。都邑可優，何必棲山原。孔父策良駟，不云世路難。出處因時資，潛躍無常端。保心守道居，覩變安能遷？』『物化』在莊子中多爲與道爲一之無待境界，嵇喜在這裏卻吸取莊子後學思想，釋『物化』爲『無俗而不安』。在他看來，人生一世，應如蟬蛻，隨時而變，覩變能遷，出處因時。若如此，都邑亦可優遊。只有具有這種品質的人，才能稱爲真正的『達人』。

劉伶亦喜莊子，不過其境界不如阮籍和嵇康。劉伶酒德頌云：『有大人先生者，以天地爲一朝，萬期爲須臾，日月爲扃牖，八荒爲庭衢。行無轍跡，居無室廬，幕天席地，縱意所如。』他似乎真的如莊子所描繪的那樣，泯滅了時間與空間的概念，與道爲一，縱意所如。但實際上，劉伶只不過是因爲對現實徹底絕望，苟且以消極的享樂方式作達觀而已。正如他在酒德頌中所說，人生的樂趣只剩下了『挈榼提壺，唯酒是務，焉知其餘』。除了劉伶之外，魏晉南北朝還有很多士人打著老莊『自然』旗號，以越名教而任自然爲藉口，墮入縱情享樂、追名逐利的泥潭。所以，與嵇康、阮籍同時的王戎深有感觸地說：『吾昔與嵇叔夜、阮嗣宗酣暢於此，竹林之遊亦預其末。自嵇、阮云亡，吾便爲時之所羈紲。今日視之雖近，邈若山河！』（世說新語傷逝）①

西晉前期，社會比較安定，文人心理衝突相對較小。這一時期，文學中的莊學影響不太明顯，然亦有可述之處。如張華所著鷦鷯賦並序云：

> 鷦鷯，小鳥也。生於蒿萊之間，長於藩籬之下，翔集尋常之內，而生生之理足矣。色淺體陋，不爲人用；形微處卑，物莫之害；繁滋族類，乘居匹遊，翩翩然有以自樂也。……毛弗施於器用，肉弗登於俎味。……其居易容，其求易給。巢林不過一枝，每食不過數粒。棲無所滯，遊無所盤。匪陋荊棘，匪榮茝蘭。動翼而逸，投足而安。委命順理，與物無患。伊茲禽之無知，何處身之似智？不懷寶以貫

---

① 本章引世說新語皆出自朱鑄禹世說新語彙校集注本，上海古籍出版社2002年版。

害，不飾表以招累。靜守約而不矜，動因循以簡易。任自然以爲資，無誘慕於世僞。……海鳥鶢鶋，避風而至。條枝巨雀，逾嶺自致。提挈萬里，飄飖逼畏。夫唯體大妨物，而形瑰足瑋也。陰陽陶蒸，萬品一區。巨細舛錯，種繁類殊。鷦螟巢於蚊睫，大鵬彌乎天隅。將以上方不足，而下比有餘。

顯然，此文認爲鷦鷯和海鳥各有生性，只需追求自適即可。鷦鷯長於藩籬，翔於尋常，此爲鷦鷯生生之理。鷦鷯『巢林不過一枝，每食不過數粒』，顯然取材於莊子。莊子逍遥遊云：『鷦鷯巢於深林，不過一枝；偃鼠飲河，不過滿腹。』張華對鷦鷯自足之性表示讚賞，而對大鵬卻有微詞，認爲大鵬頗有『體大妨物』之患。不過，文章接著以莊子齊物觀點，泯滅鷦鷯與大鵬之別。『普天壤以遐觀，吾又安知大小之所如』，乃是直接化用莊子秋水北海若之語：『以差觀之，因其所大而大之，則萬物莫不大；因其所小而小之，則萬物莫不小。』張華此賦本意不僅在於自戒，而且在於自憐，因此，他在結尾又自我安慰道：『將以上方不足，而下比有餘。』由此看來，張華的莊子學思想十分駁雜。

潘岳性輕躁，趨勢利，然其內心亦有好莊之傾向。其西征賦云：『聞至人之休風兮，齊天地於一指。彼知安而忘危兮，故出生而入死。行投趾於容跡兮，殆不踐而獲底。闕側足以及泉兮，雖猴猿而不履。龜祀骨於宗祧兮，思反身於緑水。』其中『齊天地於一指』源於莊子齊物論『天地一指，萬物一馬』之齊物思想，『龜祀骨於宗祧兮，思反身於緑水』源於莊子秋水：『莊子曰：「吾聞楚有神龜，死已三千歲矣，王巾笥而藏之廟堂之上。此龜者，寧其死爲留骨而貴乎？寧其生而曳尾於塗中乎？」二大夫曰：「寧生而曳尾塗中。」莊子曰：「往矣！吾將曳尾於塗中。」』

潘尼較其兄潘岳而言，『性靜退不競』（晉書本傳）。其安身論云：『今之學者誠能釋自私之心，塞有欲之求，杜交爭之原，去矜伐之態，動則行乎至通之路，靜則入乎大順之門，泰則翔乎寥廓之宇，否則淪乎渾冥之泉，邪氣不能干其度，外物不能擾其神，哀樂不能蕩其守，死生不能易其真，而以造化爲工匠，天地爲陶鈞，名位爲糟

粕，勢利爲埃塵，治其內而不飾其外，求諸己而不假諸人，忠肅以奉上，愛敬以事親，可以御一體，可以牧萬民，可以處富貴，可以居賤貧，經盛衰而不改，則庶幾乎能安身矣。』懷退賦云：『窮獨善以全質，達兼利以濟時。時安志於柱史，由抗跡於嵩箕。理殊塗而同歸，雖百慮其何思？敢因虛以托談，遂逡巡而造辭。』潘尼認爲老莊與儒家思想並不矛盾。

兩晉之際的郭璞，由於經歷了晉室南遷之痛，逐漸對仕進失去興趣。其客傲假客語，對郭子『費思於鑽味，搴洞林乎連山』大爲不解。郭子化用莊子語云：『鶬鶊不可與論雲翼，井蛙難與量海鼇。雖然，將祛子之惑，訊以未悟，其可乎？』接著講了一大段齊物論思想：『是以不塵不冥，不驪不騂。支離其神，蕭悴其形。形廢則神王，跡粗而名生。體全者爲犧，至獨者不孤，傲俗者不得以自得，默覺者不足以涉無。故不恢心而形遺，不外累而智喪。無巖穴而冥寂，無江湖而放浪。玄悟不以應機，洞鑒不以昭曠。不物物我我，不是是非非。忘意非我意，意得非我懷。寄群籟乎無象，域萬殊於一歸。不壽殤子，不夭彭涓。不壯秋豪，不小太山。蚊淚與天地齊流，蜉蝣與大椿齒年。』郭子深受老莊影響，故鄙棄功名。但他又認爲自己娛心龜策，與老莊有別：『若乃莊周偃蹇於漆園，老萊婆娑於林窟；嚴平澄漠於塵肆，梅真隱淪乎市卒；梁生吟嘯而矯跡，焦光混沌而槁杌；阮公昏酣而賣傲，翟叟遁形以倏忽。吾不能幾韻於數賢，故寂然玩此員策與智骨。』其答王門子詩之六云：『遺物任性，兀然自縱。倚榮凋藹，寓音雅弄。匪涉魏闕，匪滯陋巷。永賴不才，逍遙無用。』贈溫嶠詩之四云：『子策騏駿，我案駘轡。進不要聲，退不傲位。遺心隱顯，得意榮悴。尚想李嚴，逍遙柱肆。』遊仙詩十九首之一云：『漆園有傲吏，萊氏有逸妻。進則保龍見，退爲觸藩羝。高蹈風塵外，長揖謝夷齊。』凡此都表達了對莊子等人的羨慕。

劉琨亦如郭璞經歷了國破家亡之痛，但他對莊子的接受與郭璞大異其趣。其答盧諶書云：『昔在少壯，未嘗檢括，遠慕老莊之齊物，近嘉阮生之放曠，怪厚薄何從而生，哀樂何由而至。自頃輈張，困於逆亂，國破家

亡，親友凋殘，塊然獨坐。……然後知聃周之爲虛誕，嗣宗之爲妄作也。』劉琨少壯喜好老莊，然在鼎革之後，便以老莊爲『虛誕』、阮籍爲『妄作』，再不願步武他們之後塵。

與劉琨頗有交情的盧諶則頗好莊子。其與司空劉琨書自稱『諶稟性短弱，當世罕任。因其自然，用安靜退。在木闕不材之資，處雁乏善鳴之分。』短短幾句話，通過化用莊子山木中的典故，便表達了自己與世浮沉的想法。他寫給劉琨的詩，同樣亦有明顯的莊子印跡。詩云：

纖質實微，沖飆斯值。誰謂言精，致在賞意。不見得魚，亦忘厥餌。遺其形骸，寄之深識。（贈劉琨詩之十六）

爰造異論，肝膽楚越。惟同大觀，萬塗一轍。死生既齊，榮辱奚別。處其玄根，廓焉靡結。（贈劉琨詩之十八）

前一首詩意分別來自莊子之秋水與外物。秋水篇云：『可以言論者，物之粗也；可以意致者，物之精也；言之所不能論，意之所不能察致者，不期精粗焉。』外物篇云：『荃者所以在魚，得魚而忘荃；蹄者所以在兔，得兔而忘蹄；言者所以在意，得意而忘言。』第二首前四句直接化用德充符篇『自其異者視之，肝膽楚越也；自其同者視之，萬物皆一也』之語。後幾句則與莊子齊同生死、榮辱的齊物思想完全一致。

晉室南遷，士人開始時頗有切膚之痛，後來隨著時間的推移，江南優美生活的吸引，以及玄學思想對士人功名思想的消解，士人們便開始淡化亡國之痛，轉而追求現實的快樂。他們常常通過『以玄對山水』以及借山水體會玄學的方式，進入與『道』爲一的審美境界。如孫綽遂初賦序云：『余少慕老莊之道，仰其風流久矣！』他的老莊境界乃是『經始東山，建五畝之宅，帶長阜，倚茂林』的優遊山水生活。孫綽的山居賦等亦處處有莊子思想的影響。孫楚征西官屬送於陟陽候作詩則更像是對莊子的濃縮：『三命皆有極，咄嗟安可保？莫大於殤子，彭聃猶爲夭。吉凶如糾纏，憂喜相紛繞。天地爲我爐，萬物一何小！達人垂大觀，誡此苦不早。乖離即長

衢，惆悵盈懷抱。孰能察其心，鑒之以蒼昊。齊契在今朝，守之與偕老。』孫放的詠莊子亦類孫楚之作：『巨細同一馬，物化無常歸。修鯤解長鱗，鵬起片雲飛。撫翼摶積風，仰凌垂天翬。』可見離開了莊子，簡直就不可能有這些作品的問世。

通過詩歌表達對莊子的理解莫過於蘭亭士人。如孫統蘭亭詩云：『茫茫大造，萬化齊軌。罔悟玄同，競異摽旨。平勃運謀，黃綺隱几。凡人仰希，期山期水。』王渙之蘭亭詩云：『去來悠悠子，披褐良足欽。超跡修獨往，真契齊古今。』曹華蘭亭詩云：『願與達人遊，解結遨濠梁。狂吟任所適，浪流無何鄉。』可見，蘭亭詩人以莊子等逸流爲指引，通過與山水的雙向交流，已進入到物我兩化的藝術境界。

東晉的僧人文學，也深受莊子影響。支遁佛、道互解，其逍遥遊義突破前人，其詩歌亦多莊義。其詠懷詩五首之一云：『苟簡爲我養，逍遥使我閑。寥亮心神瑩，含虛映自然。亹亹沉情去，彩彩沖懷鮮。踟躕觀象物，未始見牛全。毛鱗有所貴，所貴在忘筌。』詠懷詩二首之二云：『妙損階玄老，忘懷浪濠川。達觀無不可，吹累皆自然。窮理增靈薪，昭昭神火傳。』顯然，在支遁看來，老子、莊子、佛教都能引領人進入恬淡玄妙之境。又史宗詠懷詩云：『有欲苦不足，無欲亦無憂。未若清虛者，帶索被玄裘。浮游一世間，泛若不係舟。』此詩顯然承因了莊子列禦寇之思想：『巧者勞而知者憂，無能者無所求，飽食而敖遊，泛若不係之舟，虛而敖遊者也。』這說明，佛教徒史宗的人生理想與莊子的思想境界有以相通。

晉末宋初的陶淵明也十分喜歡莊子，他把莊子的精神實質融化於生動的作品之中，以至他的詩文看似處處無莊，實則處處融莊，莊子精神與詩文語言之間如羚羊掛角，無跡可求。如他所云『運生會歸盡，終古謂之然』（連雨獨飲）、『天運苟如此，且盡杯中物』（責子）、『聊乘化以歸盡，樂夫天命復奚疑』（歸去來兮辭）等等，雖很難在莊子中找到形似之語，但可以找到神似之精神。

『宋初文詠，體有因革。莊老告退，而山水方滋。』（劉勰文心雕龍明詩）但在山水文學中，莊老並未『告退』。

如謝靈運在山居賦中，即較多運用了莊子典故，並在『生何待於多資，理取足於滿腹』下自注云：『許由云：「偃鼠飲河，不過滿腹。」謂人生食足，則歡有餘，何待多須邪？』又在『哲人不存，懷抱誰質。糟粕猶在，啟滕剖裒。見柱下之經二，覩濠上之篇七』下自注云：『莊周云：輪扁語齊桓公，公之所讀書，聖人之糟粕。……柱下，老子；濠上，莊子。二、七是篇數也。云此二書最有理，過此以往，皆是聖人之教，獨往者所棄。』可見，謝靈運崇拜的理想人格便是老莊。傅亮受莊子山木所述『異鵲』之事的啟發而作感物賦云：『稟清曠以授氣，脩緣督而爲經。照安危於心術，鏡纖兆於未形。有徇末而舍本，或耽欲而忘生。碎隨侯於微爵，捐所重而要輕。矧昆蟲之所昧，在智士而猶嬰。悟雕陵於莊氏，幾鑒濁而迷清。』作者這裏通過大量化用莊子思想資料，深刻表達了懼禍與自戒之心。他的演慎論云：『或振褐高棲，揭竿獨往；或保約違豐，安於卑位。故漆園外楚，忌在龜犧；商洛遐遁，畏此駟馬。……故庖子涉族，怵然爲戒。差之一毫，弊猶如此。』此處通過大量化用莊子思想資料，闡發了其審慎處事的政治理論。

在南朝，梁代的莊子學最爲興盛。顏氏家訓勉學稱：『洎於梁世，茲風復闡，莊、老、周易，總謂「三玄」。武皇、簡文，躬自講論。周弘正奉贊大猷，化行都邑，學徒千餘，實爲盛美。元帝在江、荊間，復所愛習，召置學生，親爲教授，廢寢忘食，以夜繼朝，至乃倦劇愁憤，輒以講自釋。』如蕭綱有十空詩六首之如夢云：『秘駕良難辯，司夢並成虛。未驗周爲蝶，安知人作魚？空聞延壽賦，徒勞岐伯書。潛令六識擾，安能二惑除？當須耳應滿，然後會真如。』蕭綱此詩意在闡發佛理，因此他對莊周夢蝶和濠上魚樂的故事表示不解，但實際上他十分欣賞莊子的這種境界。蕭繹以『老莊爲歡宴』（金樓子卷四），並云：『昔莊子妻死，惠子吊之，方箕踞鼓盆而歌，豈非達乎！』（金樓子卷六）說明他對莊周的放達行爲是持肯定態度的。蕭繹之子蕭方等所著散逸論云：『人生處世，如白駒過隙耳。……吾嘗夢爲魚，因化爲鳥。當其夢也，何樂如之？及其覺也，何憂斯類？良由吾之不及魚鳥者遠矣。』蕭方等的這番言論，來源於莊子大宗師，對莊子的人生態度有所發揮。

北朝比較重視實際，對莊子學説解析相對較少，但在詩文中也不無反映。如北魏李謐作神士賦云：『周、孔重儒教，老、莊貴無爲。二途雖如異，一是買聲兒。生乎意不愜，死名用何施？可心聊自樂，終不爲人移。脱尋余志者，陶然正若斯。』對老莊有所認同，認爲『自樂』才是人生真諦。北齊祖鴻勳著與陽休之書云：『孤坐危石，撫琴對水，獨詠山阿，舉酒望月。聽風聲以興思，聞鶴唳以動懷；企莊生之逍遥，慕尚子之清曠。』這裏也明顯表現出了對莊子逍遥志趣的企慕之情。

綜上可見，魏晉南北朝時期文學中的莊子學十分發達。士人各隨所好，從各個角度理解、接受莊子，並爲自己的行動尋找理論根據。他們或清虚以自守，或放誕而不拘，或疾僞以刺俗，或平心而放蕩，或清談以取樂，各種取向不一而足。並且，這一時期許多士人接受莊子並非單一維度，而往往是將各種價值取向融合於一體。這一方面反映了生逢亂世的士子彷徨而激烈的内心衝突，另一方面也顯現出莊子文本本身意藴的複雜性與模糊性。

第二節　魏晉南北朝文藝理論對莊子思想的吸收與發揮

魏晉南北朝時期，儒學式微，老莊繁榮，文藝理論亦受莊子多方啟發。本節僅從文藝情感、虚静思想、言意之辨、形神優劣四個方面探討魏晉南北朝文藝理論中的莊學思想。

一、情感理論與莊子思想

一般認爲，莊子主張泯滅喜、怒、哀、樂等人生情感，而與大道齊同，這自然不錯。然而，泯滅情感只是一種

理想狀況，人本來就是情感的動物，在現實生活中又豈能不具情感？因此，莊子又提出順乎自然的情感觀。德充符篇云：『惠子謂莊子曰：「人故無情乎？」莊子曰：「然。」惠子曰：「人而無情，何以謂之人？」莊子曰：「道與之貌，天與之形，惡得不謂之人？」惠子曰：「既謂之人，惡得無情？」莊子曰：「是非吾所謂情也。吾所謂無情者，言人之不以好惡內傷其身，常因自然而不益生也。」』可見，莊子實際上並不反對情感，而是主張情感要順乎自然，『不以好惡內傷其身』。實際上，無論儒家還是道家，都不否認人的情感。但相比較而言，儒家要求個人的情性服從於社會的理想，『小我』之情性往往被社會之『大我』所吞沒。表現在文藝理論領域，儒家文藝理論則往往高揚『經夫婦，成孝敬，厚人倫，美教化，移風俗』（毛詩序）的精神大義，而貶斥純粹抒發個人情感的作品。在這種理論指導下創造的文學藝術往往缺乏生動活潑的個性。相反，道家特別是莊子十分強調『芒然彷徨乎塵垢之外，逍遙乎無爲之業』（大宗師），對社會俗事不繫於心，而追求『逍遙於天地之間而心意自得』（讓王）。莊子這種爲個人靈魂求安頓的情感觀恰好是生逢亂世、彷徨痛苦的魏晉南朝士人一帖撫慰傷痛、消解內心張力的靈丹妙藥。不過，如同對老莊『自然』解釋各異一樣，魏晉南朝士人根據自身需要，對莊子這種順乎自然、追求個性的情感觀念也作出了唯我所求的理解。

王弼在莊子基礎之上提出了新的情感說。其難何晏聖人無喜怒哀樂論云：『聖人茂於人者神明也，同於人者五情也。神明茂故能體沖和以通無，五情同故不能無哀樂以應物。然則聖人之情，應物而無累於物者也。今以其無累，便謂不復應物，失之多矣。』魏晉南朝，多數士人對情感的理解實際上都沿著王弼這一路數而來，但根本做不到『應物而無累於物』，而是看似『無累於物』，實則『一往有深情』，甚者『終當爲情死』，他們所重之『情』與莊子的『心意自得』之情多不相同。莊子對魏晉士人重情生活態度的啟迪，反映到文藝理論領域，則是對文藝抒發個人情感的空前重視，以及對文藝個性及創新的強調。莊子在文藝理論中的這種反映，往往不見莊語，卻深入骨髓。

曹丕提出：『文以氣爲主，氣之清濁有體，不可力強而致。譬諸音樂，曲度雖均，節奏同檢，至於引氣不齊，巧拙有素，雖在父兄，不能以移子弟。』（典論論文）這一認識，頗與莊子天道輪扁議書相似。輪扁以其斲輪的親身體會，認爲斲輪之技『得之於手而應於心，口不能言，有數存焉於其間。臣不能以喻臣之子，臣之子亦不能受之於臣』。曹丕承認作者個體之氣的獨特性，實際上就是承認文章抒發個體情感的合理性。

嵇康十分喜好莊子，提出了『越名教而任自然』的著名論題。在他看來，『情不繫於所欲，故能審貴賤而通物情；物情順通，故大無違；越名任心，故是非無措也。是故言君子則以無措爲主，以通物爲美；言小人則以匿情爲非，以違道爲闕。何者？匿情矜吝，小人之至惡；虛心無措，君子之篤行也。』（釋私論）他不僅要求重情，而且重視真情，即使這種真情與儒家的正統要求大相徑庭，只要發自內心，而非矯揉造作，都值得提倡。他甚至在難張遼叔自然好學論中提出：『六經以抑引爲主，人性以從欲爲歡。抑引則違其願，從欲則得自然。然則自然之得，不由抑引之六經；全性之本，不須犯情之禮律。故知仁義務於理偽，非養真之要術；廉讓生於爭奪，非自然之所出也。』嵇康的這種順應個人本性的真情觀顯然與莊子疾偽求真的思想是一致的。莊子漁父有云：『真者，精誠之至也。不精不誠，不能動人。故強哭者雖悲不哀，強怒者雖嚴不威，強親者雖笑不和。真悲無聲而哀，真怒未發而威，真親未笑而和。真在內者，神動於外，是所以貴真也。』

在莊子求真思想的啟迪下，嵇康對音樂的情感問題提出了不同於傳統的看法。傳統的音樂理論認爲，『治世之音安以樂，亡國之音哀以思。夫治亂在政，而音聲應之。故哀思之情，表於金石；安樂之象，形於管弦也。又仲尼聞韶，識虞舜之德；季札聽弦，知眾國之風。』（嵇康聲無哀樂論）聽音以知政的音樂接受理論認爲，聲音本有哀樂，而這種哀和樂非個體之哀樂，實國運世風哀樂之反映。因此，人們欣賞音樂時就必須通過音聲之哀樂而把握國運世俗之興衰。這種音樂接受理論無疑在很大程度上無視個體在音樂欣賞中的獨特感悟能力與創造能力。嵇康一反傳統，採用釜底抽薪的論證方法，認爲聲音本無哀樂，既如此，以音知政也就成爲不可實現

的空想。嵇康認爲，『哀樂自當以情感，則無繫於聲音』，『夫哀心藏於苦心內，遇和聲而後發。和聲無象，而哀心有主。夫以有主之哀心，因乎無象之和聲，其所覺悟，唯哀而已。豈復知「吹萬不同，而使其自已」哉！』（同上）『吹萬不同，而使其自已』源於莊子齊物論。莊子假托子游與子綦的對話云：『子游曰：「地籟則衆竅是已，人籟則比竹是已。敢問天籟。」子綦曰：「夫吹萬不同，而使其自已也，咸其自取，怒者其誰邪？」』在莊子看來，天籟之音乃如大道，自然而生，不需比竹之器，衆竅之穴。嵇康創造性地發展了莊子對於聲音的看法，認爲聽音者所生發的哀情非由『無象之和聲』決定，而是由聽音者自己產生。這種理論無疑肯定了個人情感在音樂接受過程中的自主作用。因此，他在琴賦中認爲，歷來關於琴音的理論，『麗則麗矣，然未盡其理也。推其所由，似元不解音聲；覽其旨趣，亦未達禮樂之情也。』嵇康此處所謂『禮樂之情』絕非儒家之『禮樂』，實爲抒發個人情感的代名詞。在他看來，『可以導養神氣，宣和情志，處窮獨而不悶者，莫近於音聲也。』『樂之應聲，以自得爲主』，而與音樂本身關係不大。面對『更唱迭奏，聲若自然』的廣陵、止息、東武、太山、飛龍等樂曲，他說：『非夫曠遠者，不能與之嬉遊；非夫淵靜者，不能與之閑止；非夫放達者，不能與之無吝；非夫至精者，不能與之析理也。』認爲即使有高妙之樂，若乏知音，音樂則變得毫無意義。因此，樂只爲知音者而設，知音的目的僅僅在於『感蕩心志，而發洩幽情』。顯然，嵇康的這種音樂理論與其『越名教而任自然』的玄學理論完全一致。

劉勰反對『爲文造情』。他說：『昔詩人什篇，爲情而造文；辭人賦頌，爲文而造情。何以明其然？蓋風雅之興，志思蓄憤，而吟詠情性，以諷其上，此爲情而造文也；諸子之徒，心非鬱陶，苟馳誇飾，鬻聲釣世，此爲文而造情也。故爲情者要約而寫真，爲文者淫麗而煩濫。而後之作者，采濫忽真，遠棄風雅，近師辭賦，故體情之制日疏，逐文之篇愈盛。故有志深軒冕，而泛詠皋壤；心纏機務，而虛述人外：真宰弗存，翩其反矣。』（文心雕龍情采）劉勰在此多處化用莊子典故。莊子繕性云：『古之所謂得志者，非軒冕之謂也，謂其無以益

其樂而已矣。今之所謂得志者，軒冕之謂也。軒冕在身，非性命也，物之儻來，寄者也。寄之，其來不可圉，其去不可止。故不爲軒冕肆志，不爲窮約趨俗，其樂彼與此同，故無憂而已矣。』莊子知北遊云：『山林與，皋壤與，使我欣欣然而樂與！』在莊子看來，志在軒冕與欣欣於山林、皋壤是兩種完全不同的生命狀態，前者喪失自我，後者葆真存性。前者，『機心存於胸中，則純白不備；純白不備，則神生不定；神生不定者，道之所不載也。』（莊子天地）在劉勰看來，那些本來『志深軒冕』、『心纏機務』之人，在文章中『泛詠皋壤』、『虛述人外』乃矯情作僞，非真實情感之反應。劉勰所謂『真宰』典出莊子齊物論，莊子所謂『若有真宰，而特不得其眹』，即『無益損乎其真』之意。可見，劉勰主張『爲情而造文』，而反對『爲文而造情』，與莊子反對矯情假意，主張『葆真』的哲學思想是一致的。

除了上述情感之論以外，魏晉南朝文藝理論重情說多矣，而重情說産生之原因非常複雜。其中儒學式微、莊老風行爲重要原因之一。莊老風行促使人們認識到個體情感之重要，這種觀念進而浸潤於文藝理論領域，可以說，魏晉南朝文藝理論領域不少重情之說雖表面上無老莊話語，然而這種理論受到老莊啟迪則是不爭的事實。

二、虛靜説與莊子思想

道家之虛靜在於體悟大道，與外在功利勢不兩立，而與超功利的藝術精神則息息相通。莊子天道云：『聖人之靜也，非曰靜也善，故靜也。萬物無足以鐃心者，故靜也。』『夫虛靜恬淡寂漠無爲者，天地之平而道德之至，故帝王聖人休焉。休則虛，虛則實，實者倫矣。虛則靜，靜則動，動則得矣。靜則無爲，無爲也則任事者責矣。』可見，虛靜之目的在於排除心中雜念，專心於體悟大道。這種哲學思維運用於藝術實踐，則要求藝術實踐

者排除功利追求，專心於非功利之藝術創造。莊子中的庖丁解牛、承蜩老人、呆若木雞、梓慶爲鐻、工倕旋等故事，其意本不在於藝術，實際上卻能形象地說明虛靜之心境在藝術創作和藝術欣賞中的積極作用。正是從這個意義上講，魏晉南朝文藝理論汲取了莊子的營養。只不過，這些理論並不是莊子的簡單翻版，而是有所發展。

嵇康琴賦認爲，美妙的音樂，『非夫曠遠者，不能與之嬉遊；非夫淵靜者，不能與之閑止；非夫放達者，不能與之無吝；非夫至精者，不能與之析理也。』也就是說，美妙音樂，必須以『曠遠』、『淵靜』、『放達』的超功利之虛心領會。

宗炳畫山水序亦重視作者虛靜之心，故有『澄懷味象』之說。『澄懷』即虛其胸懷，不拘於俗務功利；『味象』則至少包括體悟實際的山山水水和體會前人的作品等方面。

劉勰的虛靜之說最爲深入，文心雕龍神思即較多地化用了莊子語言。『身在江海之上，心居乎魏闕之下』（莊子讓王），在莊子語境中本用來表示『重生』、『輕利』之間的矛盾，而劉勰卻借莊子語而發揮云：『形在江海之上，心存魏闕之下，神思之謂也。』用於說明文學創作中思維的特點：『文之思也，其神遠矣。故寂然凝慮，思接千載；悄焉動容，視通萬里。……故思理爲妙，神與物遊。神居胸臆，而志氣統其關鍵；物沿耳目，而辭令管其樞機。樞機方通，則物無隱貌；關鍵將塞，則神有遁心。是以陶鈞文思，貴在虛靜，疏瀹五藏，澡雪精神。』『疏瀹五藏，澡雪精神』之語，源於莊子知北遊莊子假托老聃語曰：『汝齊戒，疏瀹而心，澡雪而精神，掊擊而知。夫道，窅然難言哉！』可見，莊子虛靜之目的在於體悟大道，而體悟大道需掊擊智慧，因爲大道『窅然難言』，很難用語言表達。然而在劉勰看來，作文之虛靜不可能排斥學習與智慧，相反，文學創作的虛靜只是一個基本前提，它必須『積學以儲寶，酌理以富才，研閱以窮照，馴致以懌辭，然後使元解之宰，尋聲律而定墨；獨照之匠，窺意象而運斤』（文心雕龍神思）。

魏晉南朝文藝理論中的虛靜說極多。它們雖與莊子的虛靜之說並不一致，然而又在一定程度上汲取了莊

子虛靜理論的合理成分。

三、言意之辯與莊子思想

關於『言』與『意』的關係，早在先秦已頗有論述。老子第一章云：『道可道，非常道；名可名，非常名。』對語言的有限能力認識十分深刻。周易繫辭上云：『子曰：「書不盡言，言不盡意。」然則聖人之意，其不可見乎？子曰：「聖人立象以盡意，設卦以盡情僞，繫辭焉以盡其言。」』繫辭雖然對聖人的盡意盡言的能力表示了肯定，但亦透露出一絲懷疑。莊子則對語言的能力表示了極大的懷疑，認爲：『可以言論者，物之粗也；可以意致者，物之精也；言之所不能論，意之所不能察致者，不期精粗焉。』（秋水）『世之所貴道者書也，書不過語，語有貴也。語之所貴者意也，意有所隨。意之所隨者，不可以言傳也，而世因貴言傳書。』（天道）『荃者所以在魚，得魚而忘荃；蹄者所以在兔，得兔而忘蹄；言者所以在意，得意而忘言。』（外物）至於天道，則更是『有情有信，無爲無形；可傳而不可受，可得而不可見』（大宗師）。不過，即使言難盡意，人類卻總有語言表達的需要與衝動，因此，即使是反對語言的莊子，爲了表達自己的哲學之意，在客觀上也不得不立言以示之。魏晉南朝文藝理論中的言意之辨正是沿著這樣的理論思路而展開。

古老的言意命題在以研習老子、莊子、易經爲標誌的玄學思潮啟迪下，於魏晉時期煥發出勃勃生機。管輅云：『夫物不精不爲神，數不妙不爲術，故精者神之所合，妙者智之所遇，合之幾微，可以性通，難以言論。是故魯班不能說其手，離朱不能說其目。非言之難，孔子曰「書不盡言」，言之細也，「言不盡意」，意之微也，斯皆神妙之謂也。』（三國志魏書方伎傳裴松之注引）管輅之論表面上取材於繫辭，其實質則爲莊子精神。對言、象、意三者之關係作出最深刻闡發的是王弼。他在周易略例中所謂的言意觀，實際上融合了周易繫辭與莊子的觀

點，顯示出儒、道合一的玄學特色。

嵇康贈兄秀才入軍云：『息徒蘭圃，秣馬華山。流磻平皋，垂綸長川。目送歸鴻，手揮五弦。俯仰自得，游心太玄。嘉彼釣叟，得魚忘筌。郢人逝矣，誰與盡言。』琴賦亦云：『於是器冷弦調，心閑手敏。觸批如志，唯意所擬。』可見，在嵇康看來，音樂藝術只是體悟『太玄』這一大道的手段，而『太玄』這一玄妙之意，只可意會而難以言傳。他的這些思想觀念，與莊子的言意觀有以相通。

阮籍對音樂聲與意之關係也有類似於嵇康的看法。『余以爲形之可見，非色之美；音之可聞，非聲之善。昔黃帝登仙於荊山之上，振咸池於南嶽之岡，鬼神其幽，而夔牙不聞其章。女媧耀榮於東海之濱，而翩翻於洪西之旁，林石之隕從，而瑤臺不照其光。是以微妙無形，寂寞無聽，然後乃可以覩窈窕而淑清。故白日麗光，則季後不步其容；鐘鼓閶鉿，則延子不揚其聲。』（清思賦）在阮籍看來，最佳的音樂，乃於『寂寞無聽』、『不揚其聲』處聽之，這顯然與莊子的思想一脈相承。

盧諶與司空劉琨書云：『易曰書不盡言，言不盡意，然則書非盡言之器，言非盡意之具矣。況言有不得至於盡意，書有不得至於盡言邪！不勝猥懑，謹貢詩一篇，抑不足以揄揚弘美，亦以抒其所抱而已。若公肆大惠，遂其厚恩，錫以咳唾之音，慰其違離之意，則所謂咸池酬於北里，夜光報於魚目。』其贈劉琨一首又云：『纖質寔微，沖飆斯值；……誰謂言精，致在賞意。不見得魚，亦忘厥餌。遺其形骸，寄之深識。先民頤意，潛山隱機。』『誰謂言精，致在賞意』源於莊子秋水『可以言論者，物之粗也；可以意致者，物之精也』。『不見得魚，亦忘厥餌』化用莊子外物『荃者所以在魚，得魚而忘荃；……言者所以在意，得意而忘言』。盧諶以藝術的形式闡釋了莊子的言意思想，認爲言是難以達意的。

太康之英陸機亦深感言不盡意的痛苦，『每自屬文，尤見其情，恒患意不稱物，文不逮意，蓋非知之難，能之難也。』（文賦）陸機認爲心中之意稱外界之物已經不易，以語言之文會心中之意更難。與莊子不同的是，陸機

並未如莊子極力反對以言盡意，而是主張以積極的方式努力做到以言盡意：『佇中區以玄覽，頤情志於典墳。遵四時以歎逝，瞻萬物而思紛。悲落葉於勁秋，喜柔條於芳春。』在陸機看來，作者通過虛心靜思，刻苦學習前人著作，深刻感悟生活，勤奮進行創作實踐，可以儘量做到以意會物、以言盡意。他認爲只有通過這種積極的實踐活動，最後才能達到藝術的頂峰：『若夫豐約之裁，俯仰之形，因宜適變，曲有微情。或言拙而喻巧，或理朴而辭輕。或襲故而彌新，或沿濁而更清。或覽之而必察，或研之而後精。譬猶舞者赴節以投袂，歌者應弦而遣聲。是蓋輪扁所不得言，故亦非華說之所能精。』這種『輪扁所不得言』的境界，其實就是莊子所謂『得之於手而應於心，口不能言，有數存焉於其間』的純熟藝境。

陶淵明對言意之關係，則以藝術的形式加以體認。五柳先生傳稱自己『好讀書，不求甚解，每有會意，欣然忘食』。可見，好讀書、會讀書的人，可以通過書中之言會書中之意。閒情賦云：『初張衡作定情賦，蔡邕作靜情賦，檢逸辭而宗澹泊，始則蕩以思慮，而終歸閑正。將以抑流宕之邪心，諒有助於諷諫。綴文之士，奕代繼作，並因觸類，廣其辭義。余園閭多暇，復染翰爲之。雖文妙不足，庶不謬作者之意乎？』在陶淵明看來，既可以通過定情賦、靜情賦之文會張衡、蔡邕之意，也可以通過自己的閒情賦達張衡定情賦、蔡邕靜情賦之意。感士不遇賦序云：『夫導達意氣，其惟文乎？撫卷躊躇，遂感而賦之。』九日閒居詩序云：『余閒居，愛重九之名。秋菊盈園，而待醪靡由。空服九華，寄懷於言。』可見，他對以言寄意、以言達意，以言會意又十分自信。不過，語言畢竟是珍貴的，有時又是無力的，故時有不辨言意之境。或因爲交流的雙方志趣不同，各有所求，故互不理解：『有客常同止，趣舍邈異境。一士長獨醉，一夫終年醒。醒醉還相笑，發言各不領。規規一何愚，兀傲差若穎。寄言酣中客，日沒燭當秉。』（飲酒二十首之十三）或非不能言，實不願言，故保持沉默：『子雲性嗜酒，家貧無由得。時賴好事人，載醪祛所惑。觴來爲之盡，是諮無不塞。有時不肯言，豈不在伐國。仁者用其心，何嘗失顯默。』（飲酒二十首之十八）或緣於表達的困難，實不能言，故暫且不言：『結廬在人境，而無車馬喧。問

君何能爾，心遠地自偏。采菊東籬下，悠然見南山。山氣日夕佳，飛鳥相與還。此中有真意，欲辨已忘言。』（飲酒二十首之五）『真意』只可意會，豈可言辨！即使具有『欲辨』的表達衝動，也不得不放下語言，用心去領悟。有時則根本不必『言』，亦可會意，故『蓄無弦琴一張，每酒適，輒撫弄以寄其意』（蕭統陶淵明傳）。可見陶淵明對莊子的思想體悟得十分深刻。

意實難會，知言不易，故須借喻以會意。鳩羅摩什譬喻以言空，其十喻詩云：『一喻以喻空，空必待此喻。借言以會意，意盡無會處。既得出長羅，住此無所住。若能映斯照，萬象無來去。』這裏『借言以會意』的思想觀念，實際上與莊子『寓言十九，藉外論之』（莊子寓言）的思維模式具有異曲同工之妙。

謝靈運乃文章之高手，然因世道之險惡，表意之艱難，故採取隱晦之言表達苦悶之意。山居賦序云：『今所賦既非京都宮觀遊獵聲色之盛，而敘山野草木水石穀稼之事，才乏昔人，心放俗外，詠於文則可勉而就之，求麗邈以遠矣。覽者廢張、左之豔辭，尋臺、皓之深意，去飾取素，儻值其心耳。意實言表，而書不盡，遺跡索意，托之有賞。』故其作品多爲托意之跡，其受到莊子思想的影響甚爲明顯。

劉勰深感以言盡意之難：『方其搦翰，氣倍辭前，暨乎篇成，半折心始。何則？意翻空而易奇，言徵實而難巧也。是以意授於思，言授於意，密則無際，疏則千里。或理在方寸而求之域表，或義在咫尺而思隔山河。』（文心雕龍神思）那麼如何盡力做到言盡意呢？『是以陶鈞文思，貴在虛靜，疏瀹五藏，澡雪精神。積學以儲寶，酌理以富才，研閱以窮照，馴致以懌辭，然後使元解之宰，尋聲律而定墨；獨照之匠，窺意象而運斤。此蓋馭文之首術，謀篇之大端。』（同上）這裏對言意的理解，無疑受到了莊子思想的啟發。

綜上可見，魏晉南朝文藝理論對於言意之關係的理解，明顯受到了莊子關於言不盡意思想的影響，但其希望通過努力提高立言技巧，以期最大限度地達意，則又與莊子否定言語的達意作用有所不同。

四、形神之論與莊子思想

衆所周知，莊子十分重視內在精神的超脱。在莊子筆下，『神』字出現頻率很高，如『神人無功』（逍遥遊）、『臣以神遇而不以目視，官知止而神欲行』（養生主）、『淵默而雷聲，神動而天隨』（在宥）、『無視無聽，抱神以静，形將自正』（同上）、『解心釋神，莫然無魂』（同上）、『純白不備，則神生不定；神生不定者，道之所不載也』（天地）、『體性抱神，以遊世俗之間』（同上）、『上神乘光，與形滅亡，此謂照曠』（同上）、『形德仁義，神之末也』（天道）、『外天地，遺萬物，而神未嘗有所困也』（同上）、『平易恬惔，則憂患不能入，邪氣不能襲，故其德全而神不虧』（刻意）等等，可謂所在多有。莊子所謂『神』的境界，是不拘形跡，與天地精神相往來的達『道』境界。魏晉時代，士人多受莊子這一思想境界的影響，也大力追求內在精神的超越。這種觀念反映到文藝理論領域中，則爲重『神』的文藝觀。『神』有時又稱爲『神韻』、『風神』，它突出表現在創作主體超凡脱俗、創作過程輕鬆自如及作品清新自然而能帶領讀者進入超脱之境等方面。

世説新語談『神』最多，其中不少涉及了文藝理論。孫綽認爲衛永『神情都不關山水，而能作文』（賞譽）。可見，作文者必須具備超脱之精神。『司空鄭沖馳遣信就阮籍求文，籍時在袁孝尼家，宿醉扶起，書劄爲之，無所點定，乃寫付使。時人以爲神筆。』（文學）阮籍醉而作文，無矯揉造作之形拘，有輕鬆自然之神成。顧愷之畫人，或數年不點目精。人問其故，顧曰：『四體妍蚩，本無關於妙處；傳神寫照，正在阿堵中。』（巧藝）僅有美好之形體，並非成功之作。成功之作必須『傳神』，充分展示人物的精神氣質，而人的精神氣質往往通過眼睛得以表現。顧愷之欲爲殷仲堪畫像，殷曰：『我形惡，不煩耳。』顧曰：『明府正爲眼爾。但明點童子，飛白拂其上，使如輕雲之蔽日。』（同上）形體惡並不可怕，只要有一雙傳神的眼睛即可。這不禁讓我們想起莊子筆下得

道之人，多形體醜惡。戴逵中年畫行像甚精妙，庾龢看之，語戴云：『神明太俗，由卿世情未盡。』（同上）中年的戴逵『世情未盡』，故作畫不能保持超功利之心，其畫不能得其神明。這種要求『盡其世情』的超功利創作心境，與莊子筆下梓慶削木爲鐻，『不敢懷慶賞爵祿』、『不敢懷非譽巧拙』（莊子達生）顯然是一致的。

南朝四代，莊老告退，士人漸重聲色，然重視老莊的歷史慣性仍在發揮作用，重神之風仍爲文藝界所重視。謝赫在古畫品錄中提出繪畫『六法』，列『氣韻生動』爲第一位。劉勰文心雕龍『神』字數出，其中關係到文藝的亦不少。徵聖云：『夫鑒周日月，妙極機神；文成規矩，思合符契。』認爲最高妙的文章，乃神出，而『言語者，文章神明樞機，吐納律呂，脣吻而已。』（聲律）所以他說『莊周述道以翱翔』（諸子），認爲莊周之文包含著靈動的神氣，達到了與大道『翱翔』的境界。

第十一章　世說新語及劉注所反映的莊子學

世說新語爲南朝劉宋臨川王劉義慶所撰，梁劉孝標注解。宋黄伯思東觀餘論謂『「世說」之名，肇於劉向，其書已亡。故義慶所集，名世說新書。……不知何人改爲新語，蓋近世所傳，然相沿已久，不能復正矣。所記分三十八門，上起後漢，下迄東晉，皆軼事瑣語，足爲談助。』對於梁劉孝標注解，清四庫館臣謂其『尤爲精核，所引諸書，今已佚其十之九，惟賴是注以傳，故與裴松之三國志注、酈道元水經注、李善文選注同爲考證家所引據焉』（世說新語提要）。

世說新語裏有不少涉及莊子的地方，除了跟魏晉時學術文藝有關的文學篇以外，言語、政事、雅量、識鑒、捷悟、豪爽、容止、傷逝、棲逸、任誕諸篇也都從不同的角度反映了當時受莊子影響的世風，在魏晉名士的所謂『清談』中，莊子更是經常出現的話題。以下將分世說新語莊子學的背景、名士清談中的莊子學、名士生活中的莊子風、世說新語裏莊子學的深層根源四個部分來分別展開敍述。

第一節　世說新語莊子學的背景

世說新語共三十六篇，一千一百多則，所記人物故事，上起秦末，下至劉宋，但絕大部分都是東漢末年到劉宋初近三百年的人和事。故世說新語裏莊子學之背景，得從東漢末年的學術氛圍談起。

東漢是儒家經學一統天下的時代，與經學共興衰的，是讖緯神學的氾濫。這種大講天人感應的學說，造出種種離奇古怪的論調，附會到儒學的名下，把思想界弄得混亂不堪。從東漢中期開始，就有一批清醒的有識之士，起來反對這股不正之風。最有名的，當屬以『疾虛妄』著稱的王充。他利用科學知識與直接經驗，對當時的學術傳統進行了一種表像化的重解，從而使得一股清新之風吹進了學壇。這股清新之風，爲後來老莊之學的盛行，奠定了深刻的思想基礎。

到了東漢末年，外戚宦官相繼掌權，正直士人屢受打壓，土地兼併日益激烈，水旱災害頻繁發生，最後釀成了規模浩大的黃巾起義。起義被迅速平定下去，東漢朝廷卻從此分崩離析，地方割據漸成勢力。混亂不堪的社會現實，讓士人們深感痛苦，也讓他們進行沉思。讖緯式的經學被迫退出了他們的頭腦，老莊學說漸漸由一種養生之術升華爲可以寄托心靈的哲學。

生活於漢末的仲長統，親眼見到東漢的滅亡，便經歷了這種思想上的改宗。他在昌言裏說自己欲『蹰躇畦苑，遊戲平林，濯清水，追涼風，釣游鯉，弋高鴻。……安神閨房，思老氏之玄虛；呼吸精和，求至人之仿佛。……消遙一世之上，睥睨天地之間。不受當時之責，永保性命之期』。這種思想傾向，顯然是來自莊子的影響，乃魏晉玄學的先聲。

全面將老莊學說引入學術界的，是曹魏時的何晏、王弼二人。劉孝標注引文章敘錄云：『晏能清言，而當時權勢，天下談士，多宗尚之。』三國志亦云何晏『少以才秀知名，好老莊』。他欣賞才華橫溢的王弼，『聞弼來，乃倒屣迎之。』（世說新語文學）①而王弼『爲人淺而不識物情』，卻於玄理獨標勝解。他僅活了二十四歲，卻寫出了老子注、周易注、周易略例等不朽著作。何、王二人一道發起了正始玄風，但在他們那裏，莊子還不太受

① 本章引世說新語及劉孝標注，皆據徐震堮世說新語校箋，中華書局1984 年版。

重視。

竹林名士的興起改變了這種狀況。曹魏後期，司馬氏漸漸把持朝政。他們以名教爲手段，推行專制統治，名士大受打壓，奮起抗爭。嵇康著與山巨源絶交書，自稱『非湯武而薄周孔』，『又讀莊、老，重增其放』。阮籍作大人先生傳，將『與造物同體，天地並生，逍遥浮世，與道俱成』的『大人先生』視爲理想人格，鄙視『進退周旋，咸有規矩，心若懷冰，戰戰栗栗』的禮法之士。劉伶嗜酒，作酒德頌，説自己甘於『捧甖承槽，銜杯漱醪，奮髯箕踞，枕麴藉糟』，過一種『無思無慮，其樂陶陶』的生活。這些名士的放曠與抗爭，正是對莊子逍遥的人生理想的生動演繹。

晉武帝太康元年（280），晉軍攻克建業，吴國滅亡，天下一統，政治上出現了短暫的穩定。於是，追求叛逆的名士漸漸尋求與旨在安邦定國的儒學達成合解。郭象著莊子注，鮮明地表達了欲納莊子於儒學的心聲，他所謂『聖人雖在廟堂之上，其心無異於山林之中』（逍遥遊注）的論調，成功地化解了儒道兩家的對立，莊子學從此便在整個統治階層裏流行開來，成爲顯學。此時，貴族們在生活中模仿莊周的放達，荒疏治國的本業，朝政於是日亂。

晉湣帝建業四年（316），西晉被前趙所滅。次年，司馬睿在建康即位，建立東晉。貴族們經歷了短暫的失魂落魄，在南方站穩腳跟，中朝的玄談之風遂迅速移至江左。引領東晉玄風的王導、謝安諸人手握重權，他們在一個比較輕鬆的環境裏進行學術探討，並在政治實踐中，融入了莊周式的審美標格。名教與自然，從此不再只是生硬的理論統一，而達到了一種源於生命本體的圓融。他們還將玄理與方興未艾的佛學整合在一起，玄佛相參，僧俗互涉，拓寬了中華傳統學術的眼界，打開了中土衆生的向上一路。而莊子學在這個過程中，起到了一種穿針引綫的溝通作用。

以上是世説新語裏莊子學之背景。從中可以看出，魏晉時莊子學的發展，幾乎與魏晉玄學的興衰同步。但

二者又不完全相同：一、玄學是一種具有特定歷史背景的學術思潮，而莊子學則貫穿整個中華學術史，玄學消退後，莊子學依然存在。二、玄學不但涉及莊子，而且涉及老子、周易，甚至佛教的般若學，其外延要比魏晉莊子學廣闊。三、玄學提出一套諸如有無本末、言意之辯、才性四本的理論命題，具有鮮明的時代特色，其内涵雖與莊子學有交叉，卻不完全重合。故本章所述之重點，不是一般意義上的魏晉玄學的發展歷程，而是要勾勒出莊子學在這個『世説新語時代』（宗白華語）中的風貌及其所起的獨特作用。

第二節　名士清談中的莊子學

世説新語裏的莊子學主要體現在名士清談中。清談是魏晉名士以周易、老子、莊子等『三玄』（東晉以後又加上佛理）爲内容的談論。學術界一般認爲，清談並不始於魏晉，而是由東漢時所謂『清議』轉化而來。清議與清談差别顯著：一是内容不同，清議是政論性的，清談則是爲了『品鑒人倫』；二是態度不同，清議是抗爭性的，清談則平和得多。東漢後期，名士厭棄了名教之鉗束，漸漸嚮往玄虚，故多有習學黄老、恬静寡欲、不交人間者；兩次黨錮之禍的打壓，更助長了消極的風氣，於是充滿入世精神的清議便向帶有出世意味的清談轉化了。

莊子在清談中的地位，早期不如周易和老子，郭象注莊之前，名士們並不視莊子爲一種獨立的談資。不過，三國志曹爽傳説何晏『好老莊言』，晉書王衍傳謂何晏、王弼『祖述老莊』，這都説明，早在正始時期，莊子就一直被名士們廣泛習讀。世説新語對此記載云：

諸葛厷年少不肯學問。始與王夷甫談，便已超詣。王歎曰：『卿天才卓出，若復小加研尋，一無所愧。』厷後看莊、老，更與王語，便足相抗衡。（文學）

庾子嵩讀莊子，開卷一尺許便放去，曰：『了不異人意。』（同上）

阮宣子有令聞，太尉王夷甫見而問曰：『老莊與聖教同異？』對曰：『將無同。』太尉善其言，辟之爲掾。世謂『三語掾』。衛玠嘲之曰：『一言可辟，何假於三？』宣子曰：『苟是天下人望，亦可無言而辟，復何假一？』遂相與爲友。（同上）

早在兩漢時期，儒者治經之餘，即無不兼明道家，但僅僅將之看成一種清虚守正的養生之助，經世治國之大端，則一本於夫子之六藝，體用之間，判然有别。自從東漢王綱解紐，人心失望，士人們這才轉向老莊之學，希望能在其中尋找到本體的寄托，然而究竟不夠自信，故於二者之間反復徘徊。這樣首鼠兩端的思想狀態，便使得他們無暇顧及老子與莊子的差别，籠統地將之視爲一體，混爲一談，作爲夫子之道的對立面了。

莊子真正作爲一種獨立的精神資源被看重，是在竹林名士活動的時期。由於司馬氏政權的高壓，竹林名士的談玄論道，一改正始名士的抽象思辨，更看重的是個體人格理想的達成。故其所依之玄學經典，從靜觀平和的周易、老子轉向具有强烈批判精神的莊子。莊子尤其是其外篇對現成禮法的批判與對精神高蹈的讚揚，成爲他們對抗司馬氏虚僞名教的思想武器。從大人先生傳、與山巨源絶交書等文獻體現的精神看，擺脱現世的束縛人心的名教，回到產生名教的本原，即自然，是他們面對政治高壓而產生的共同情緒。正始時期所討論的『本末』、『有無』、『言意』諸命題，遂被竹林名士以莊子爲依托，轉化爲一種活生生的生命實踐。

名教與自然的緊張關係，促使著一種能夠將之統一圓融的學説的誕生。既然莊子被當作精神武器來反對名教，那麽對莊子進行入室操戈的改造，使之不具有那麽重的火氣，便成了一種學術上的當務之急。向秀在這個問題上先走了一步。世説新語文學云：『初，注莊子者數十家，莫能究其旨要。向秀於舊注外爲解義，妙析奇致，大暢玄風。』劉孝標對此注云：

秀别傳曰：『秀與嵇康、吕安爲友，趣舍不同。嵇康傲世不羈，安放逸邁俗，而秀雅好讀書。二子頗以此嗤之。後秀將注莊子，先以告康、安。康、安咸曰：「此書詎復須注？徒棄人作樂事耳！」

及成，以示二子。康曰：「爾故復勝否？」安乃驚曰：「莊周不死矣！」後注周易，大義可觀，而與漢世諸儒互有彼此，未若隱莊之絕倫也。』

秀本傳或言：『秀遊托數賢，蕭屑卒歲，都無注述。唯好莊子，聊應崔譔所注，以備遺忘云。』

竹林七賢論云：『秀爲此義，讀之者無不超然，若已出塵埃而窺絕冥，始了視聽之表。有神德玄哲，能遺天下，外萬物。雖復使動競之人顧觀所徇，皆悵然自有振拔之情矣。』

可見，同樣是愛好莊子，向秀與嵇康、呂安不同。嵇、呂偏重師法莊周外在的超邁人格，而向秀更重視對莊子一書本身的思考。而他以竹林名士的身份去注莊子，注定不會如崔譔一樣側重字句的解釋，而是對莊子一書之義理作出了深入探討，故只有他的注解才能夠『究其旨要』，使讀之者『無不超然』。更重要的是，莊子本來就是一個駁雜的體系，並非全是一味的超脫，如天地諸篇，就已經爲道家與儒家的融合提供了一個最早的範例，後人欲在入世、出世之間求得平衡，完全可以在這些篇章找到理論依據。故向秀『以儒道爲壹』，並非他自己的獨創，而是發掘放大了莊子中本有的一層義理；更重要的是，他的這種論調，說到了宦海沉浮的魏晉名士的心坎上，所以『秀爲此義，讀之者無不超然』，大家從此都能『悵然自有振拔之情』了。

但向秀並沒有真正解決名教與自然之間的矛盾。據列子黃帝張湛注引向秀莊子注云：『雕琢之文，復其真朴，則外事去矣。……任自然而覆載，則名利之飾，皆爲棄物。』而他在難養生論中也說：『夫人含五行而生，口思五味，目思五色，感而思室，饑而求食，自然之理也，但當節之以禮耳。』可見在向秀那裏，名教與自然仍是兩個東西，自然爲本，名教爲末。向秀從嵇、阮『越名教而任自然』的激進觀念後退了一步，承認了名教的地位；他本人後來也投降了司馬氏，用行動詮釋了自己的哲學。只是這種哲學用於士人在亂世中自保則可，欲讓當權者承認，上升爲一種治國方略，仍需要進一步的删削。完成這個任務的是郭象的莊子注。世說新語文學提到向秀注莊子，謂『唯秋水、至樂二篇未竟而秀卒。秀子幼，義遂零落，然猶有別本。郭象者，爲人薄行，有俊

才。見秀義不傳於世，遂竊以爲己注。乃自注秋水、至樂二篇，又易馬蹄一篇，其餘衆篇，或點定文句而已。後秀義別本出，故今有向、郭二莊，其義一也。』實際上，向、郭二注之義並不完全相同。除了具體字句的闡釋不同以外，最重要的是郭象對向秀注莊哲學的改造。這種改造，一是將向秀的『生自生』、『化自化』説改成了『獨化』論，二是將向秀『自然爲本，名教爲末』的觀點改造成『名教即自然』。

列子天瑞『故生物者不生，化物者不化』之語下張湛注云：『莊子亦有此言。向秀注曰：「吾之生也，非吾之所生，則生自生耳。生生者豈有物哉？故不生也。吾之化也，非吾之所化，則化自化耳。化化者豈有物哉？無物也，故不化焉。若使生物者亦生，化物者亦化，則與物俱化，亦奚異於物？明夫不生不化者，然後能爲生化之本也。」』在這裏，向秀的意思有兩層：一是萬物及我的生化，並非『吾之所生』、『吾之所化』，而是『生自生』、『化自化』，自在之物本身並不是生化的主體，後面還有一個『大生』、『大化』的『生化之本』存在；二是他強調這背後的『生化之本』乃『不生不化』者，如果此『生化之本』也是可生可化，那就與物沒有區別了。這裏的關鍵在於，此『生化之本』跟被生化之物並非兩個東西，二者之間可謂不一不二。正如浮漚與大海的關係，浮漚雖時時波動，卻無固定的自性，生育浮漚的大海本身卻是如如不動的。可以説，向秀持有的，是一種普遍聯繫的、體用不二的生化觀。只是在向秀的時代，還提不出『體用不二』這樣的哲學術語罷了。郭象則不然，他説：『無既無矣，則不能生有。有之未生，又不能爲生。然則生生者誰哉？塊然而自生耳。自生耳，非我生也。我既不能生物，物亦不能生我，則我自然矣。自己而然，則謂之天然。』（齊物論注）在郭象看來，本體與現象之間是不能轉化的，自我與外物之間也是毫不相關的，這樣，他必然得出一種絶對孤立的、體用分離的『獨化』論。應該説，這種獨化論的確發展了向秀的生化觀，它把人對道體的類似泛神論的信仰拉回到人自身，使人對自身有了一種本體上的自信；但由於郭象在理論上否定了本原，很容易使初入道者陷入一種絶對孤立的境地，從而堵塞了生命的向上一路，後來宋明理學將對個人心性的改造絶對化，其偏差正是導源於此。

至於郭象的『名教即自然』論，情況則比較複雜了。向秀在難養生論中承認須對人的自然欲求『節之以禮』，但他在注解大宗師篇『名實不入』一句時卻說『任自然而覆載，則名利之飾，皆爲棄物』，明顯還是將『自然』當作了根本。在向秀看來，『自然』似乎有兩層含義：一是人的淺層次的自然生理欲求，二是天地宇宙與人協同共在的那種深層次的自然關係。這種深層次的自然，從理論上説，是可以將『名教』甚至『名利』都包括進來的。只是向秀並沒有明確認識到這一點，這就爲郭象的『名教即自然』論留下了闡釋空間。故郭象寫道：『夫聖人雖在廟堂之上，然其心無異於山林之中，世豈識之哉！徒見其戴黄屋，佩玉璽，便謂足以纓紱其心矣；見其歷山川，同民事，便謂足以憔悴其神矣；豈知至至者之不虧哉！』（逍遥遊注）在大宗師注裏，他又説：『夫理有至極，外内相冥，未有極遊外之致而不冥於内者也，未有能冥於内而不遊於外者也。故聖人常遊外以冥内，無心以順有，故雖終日見形而神氣無變，俯仰萬機而淡然自若。』這其實不像是在注解莊子，倒很像七百年後理學的宣言，所以宋人讀郭注，便立即讀出了郭象『知莊子之深』（王雱南華真經拾遺）的惺惺相惜之感。但是，無論是郭象，還是後世以理學闡釋莊子的學者都明顯或者説有意忽略了，莊子中的聖人，雖説確實具有遊外冥内的能力，卻不屑於到世間去大展拳腳；在莊子看來，『無用之用』才是聖人的理想境界。至於聖人能否入世去『應帝王』，那是聖人的肉身因緣，不必强求。我們不否認確實存在郭象所説的那種身坐廟堂之上的入世的聖人，但如果因此而認爲是聖人便皆須如此，那就是郭象的一廂情願了，並非莊子的本意。

正因爲郭象在基本的解莊思路上出現了偏差，所以他便不能正確闡釋莊子學中最重要的一個概念『逍遥』。世説新語文學云：『莊子逍遥篇，舊是難處，諸名賢所可鑽味，而不能拔理於郭、向之外。支道林在白馬寺中，將馮太常共語，因及逍遥。支卓然標新理於二家之表，立異義於衆賢之外，皆是諸名賢尋味之所不得。後遂用支理。』可見到了東晉，郭象這一套解釋莊子的體系，已經給人們理解莊子設置了障礙，時代呼唤新的莊學闡釋者，僧人支道林即是一位傑出的代表，上引世説新語原文後劉孝標注兼收了兩家『逍遥義』，照録如下：

向子期、郭子玄逍遥義曰：『夫大鵬之上九萬，尺鴳之起榆枋，小大雖差，各任其性，苟當其分，逍遥一也。然物之芸芸，同資有待，得其所待，然後逍遥耳。唯聖人與物冥而循大變，爲能無待而常通，豈獨自通而已？又從有待者不失其所待，不失則同於大通矣。』

支氏逍遥論曰：『夫逍遥者，明至人之心也。莊生建言大道，而寄指鵬鴳。鵬以營生之路曠，故失適於體外；鴳以在近而笑遠，有矜伐於心内。至人乘天正而高興，遊無窮於放浪。物物而不物於物，則遥然不我得；玄感不爲，不疾而速，則逍然靡不適。此所以爲逍遥也。若夫有欲，當其所足，足於所足，快然有似天真，猶饑者一飽，渴者一盈，豈忘烝嘗於糗糧，絕觴爵於醪醴哉！苟非至足，豈所以爲逍遥乎！

向、郭『逍遥義』的重點，在於無論是怎樣的生命，只要能走出一條自己的道路，實現生命的對象化，就算得上逍遥了。在向、郭那裏，『逍遥』是一種現成化的狀態，而不是人人要努力達到的目標，只有聖人的『無待』境界才能高出『逍遥』一層；而聖人『無待』的同時，又不放棄『逍遥』的凡人，二者構成了一種老子所謂『善人者，不善人之師；不善人者，善人之資』（二十七章）的關係。如果説，郭象的『名教即自然』論無意中成爲了理學的先導，那麽，他的『逍遥論』無意中又爲老子中的聖凡關係作出了絕妙的注釋，兩者皆可謂歪打正著。但若單就莊子而言，郭象將『逍遥』與『無待』分開説，明顯是誤讀了。所以支道林委婉地批評他那種『逍遥』『猶饑者一飽，渴者一盈，豈忘烝嘗於糗糧，絕觴爵於醪醴哉』。在支道林看來，所謂逍遥，是要讓心靈擺脱一切現實的對象性與目的性，直達内在的非對象性與無目的性，才能充分實現；『苟非至足，豈所以爲逍遥乎』，這是多麽飽滿的生命自信啊！它比向、郭的『逍遥義』更能鼓舞人心，所以立即被江東名士普遍接受了。支道林本人也靠這段新奇的『逍遥義』，在江東名士的清談中打開了格局。這樣的高論，他不會只表演一次就棄之不理，故世説新語文學云：

王逸少作會稽，初至，支道林在焉。孫興公謂王曰：『支道林拔新領異，胸懷所及，乃自佳，卿欲見不？』王本自有一往雋氣，殊自輕之。後孫與支共載往王許，王都領域，不與交言。須臾支退，後正值王當行，車已在門。支語王曰：『君未可去，貧道與君小語。』因論莊子逍遙遊。支作數千言，才藻新奇，花爛映發。王遂披襟解帶，留連不能已。

王羲之屬王導門下，在江東是地位顯赫的大族，且一直以來信仰的是道教，自己也是才華橫溢的名士，他當然不會輕易跟一位外來的僧人相交，即便支道林在當時已經小有名氣，且由王羲之的好友引薦，共同登門拜訪，他也不願理睬。支道林只好主動向王羲之展露才華，這才使王歎服。支道林打動王羲之的正是他對莊子的深刻理解。上則原文劉孝標注引支法師傳云：『法師研十地，則知頓悟於七住；尋莊周，則辯聖人之逍遙。當時名勝，咸味其音旨。』可見在當時，莊子已經成了中土名士與西域僧人進行學術交流的一座橋梁，他們在一起妙發玄思，互相辯難。世說新語文學記載支道林參加在王濛家的一次關於莊子漁父的名士清談，他在清談中遇到了對手：

謝（安）看題，便各使四坐通。支道林先通，作七百許語，敘致精麗，才藻奇拔，衆咸稱善。於是四坐各言懷畢。謝問曰：『卿等盡不？』皆曰：『今日之言，少不自竭。』謝後麤難，因自敘其意，作萬餘語，才峰秀逸。既自難干，加意氣擬托，蕭然自得，四坐莫不厭心。支謂謝曰：『君一往奔詣，故復自佳耳。』

漁父篇說執著禮樂與天下的孔子，聽了漁父的一番教誨後，悵然若失。褚伯秀曰：『蓋孔子爲人心切，則經世跡著，所以人得而擬議，故漁父告之以去疵遠患，修身守真，而遠以物與人。』（南華真經義海纂微）謝安早年隱居，後不得已而出仕，此處正好可以傾吐他多年爲政不易的感懷，抒發他追求生命本真的意氣，故一開口即是萬言。這已經不是學術性的清談，而是藝術性的詠懷了。歷經何、王的抽象思辨，到嵇、阮的激烈抗爭，再到向、郭

的學術闡釋，到了東晉，名士們的心靈終於與莊子完美地融爲一體。莊子學最本質的一面，即美學的生命態度，終於歷史而具體地展現了出來。

第三節　名士生活中的莊子風

希慕隱者的風範，躲避塵世之紛擾，這是一種很古老的人生理想。漢末王綱解紐，天下離散，這種遁世的念頭再次從士人的靈魂中蘇醒過來。高平人仲長統雖在曹操帳下任顯職，卻以爲『凡遊帝王者，欲以立身揚名耳，而名不常存，人生易滅，優遊偃仰，可以自娱』（後漢書仲長統傳）。他還作詩寫道：『至人能變，達士拔俗。乘雲無轡，騁風無足。垂露成幃，張霄成幄。沆瀣當餐，九陽代燭。恒星豔珠，朝霞潤玉。六合之内，恣心所欲。』（昌言）又云：『叛散五經，滅棄風雅。百家雜碎，請用從火。抗志山棲，游心海左。元氣爲舟，微風爲柂。敖翔太清，縱意容冶。』（同上）充分表達了他對傳統經學的厭惡，和對老莊超邁人生的嚮往。他死於獻帝遜位的同一年，仿佛一個坐標，開啟了歷史上的『世説新語時代』。

『世説新語時代』士人之生活鮮有不受莊子影響者。這種影響首先表現在他們使用的語言上。魏晉名士不但在清談時討論莊子，在生活中，莊子裏的詞句也經常脱口而出。世説新語言語記謝安云：『賢聖去人，其間亦邇。』子侄未之許。謝安歎曰：『若郗超聞此語，必不至河漢。』『河漢』即出自莊子逍遥遊『吾聞言於接輿，大而無當，往而不反。吾驚怖其言，猶河漢而無極也。』成玄英疏云：『猶如上天河漢，迢遞清高，尋其源流，略無窮極也。』後因以『河漢』比喻言論誇誕迂闊，不切實際，轉指不相信或忽視某人的話，謝安即用此轉義，表示與郗超的共鳴。又謝靈運好戴曲柄笠，孔淳之對他説：『卿欲希心高遠，何不能遺曲蓋之貌？』謝答曰：『將不畏影者，未能忘懷。』莊子漁父記『漁父謂孔子曰：「人有畏影惡跡而去之走者，舉足逾數而跡逾多，走逾疾

而影不離，自以尚遲，疾走不休，絶力而死。不知處陰以休影，處靜以息跡，愚亦甚矣！」』謝靈運用此典故來表示自己早已忘懷世俗，即使戴著象徵富貴的曲柄笠，又算得了什麼呢？只有那些拘泥於形跡的人，才會如畏影而死的愚人一樣計較這些。又排調記范榮期見郗超俗情不淡，戲之曰：『夷、齊、巢、許，一詣垂名。何必勞神苦形，支策據梧邪？』郗未答。韓康伯曰：『何不使遊刃皆虛？』史載郗超『善談論，理精微』，卻不能忘懷政治，范啟故引莊子齊物論『師曠之支策，惠子之據梧』，譏其不能遺落世情，故而勞心勞力。韓康伯則反一調，同樣引莊子養生主，認爲如果范啟能夠如庖丁一般於世事中『遊刃皆虛』，那不也是很好的嗎？這樣引莊子以對答的例子，世說新語裏還有不少，可見魏晉士人對莊子文句之精熟，已經到了下意識的程度。這些人與經典的高度默契，恐怕只有先秦時期的行人大夫對詩經的諳熟才能與之相媲美。

莊子不但進入了魏晉士人的語彙，而且還影響到了他們的志趣。晉簡文帝司馬昱進入華林園，顧謂左右曰：『會心處不必在遠。翳然林水，便自有濠、濮間想也。覺鳥獸禽魚，自來親人。』（世說新語言語）『濠、濮間想』，正是結合了莊子秋水裏莊子在濠梁上與惠子對談的閒適與在濮水邊拒絶楚王之聘的高潔。作爲帝王的簡文帝，雖承擔著家國之重，但稍有餘暇，竟也遂欲仿效莊生，悠遊林泉，作遁世之姿。而莊子尤其是其外雜篇裏本來就有一層自然主義的意思。知北遊篇云：『天地有大美而不言，四時有明法而不議，萬物有成理而不說。』又曰：『山林與！皋壤與！使我欣欣然而樂與！』徐無鬼篇亦云：『夫大備莫若天地，然奚求焉？』這種對自然山水的熱愛滲透到了魏晉名士的靈魂中，使得他們言語動作間，無不體現出一種超然絶俗的美：

王司州至吳興印渚中看，歎曰：『非唯使人情開滌，亦覺日月清朗。』（世說新語言語）

袁彦伯爲謝安南司馬，都下諸人送至瀨鄉，將別，既自淒惘，歎曰：『江山遼落，居然有萬里之勢。』（同上）

顧長康從會稽還，人問山川之美，顧云：『千巖競秀，萬壑爭流，草木蒙籠其上，若雲興霞蔚。』(同上)

宗白華先生說：『晉人的美的理想，很可以注意的，是顯著的追慕著光明鮮潔，晶瑩發亮的意象。』(美學散步)的確，魏晉人眼中的自然的美，與之前之後人的自然美觀都不相同。漢人眼中的自然，還是與陰陽五行的天地大化渾淪一體的物事，雖然氣象闊大，但不具有獨立審美的意義。而宋元人的山水畫，著重表現的是主體內在的意趣與迷思，雖然空靈，但總給人一種靜觀的、封閉的感受。只有晉人自由而光明的襟抱，才能夠使山水自然在胸中變得空靈而不失闊大，從而在某種意義上達到了一種審美的極致，這種極致的美，顯然正是莊子的遺澤。

不過，也許是受莊子浸潤太深，魏晉名士不但在美學上膜拜莊周，並且想將這種風範措之於日用倫常，去實現生活的藝術化、無意識化。郭象莊子序云：『夫莊子者，可謂知本矣，故未始藏其狂言，言雖無會而獨應者也。夫應而非會，則雖當無用；言非物事，則雖高不行；與夫寂然不動，不得已而後起者，固有間矣。斯可謂知無心者也。』如果人在世間的行爲，小到吃穿用度，大到輔國治民，皆可以如行雲流水一般無思無慮、不假安排而時中，那可真是一種理想的狀態。郭象拈出『無心』二字，的確抓住了莊子立論的核心。但是，個體人該如何進入這種狀態呢？所謂『無心』，是不是就完全等於萬事弗思、縱意所如呢？王陽明曾說：『繫(周易繫辭)言「何思何慮」，是言所思所慮只是一個天理，更無別思別慮耳，非謂無思無慮也。故曰：「同歸而殊途，一致而百慮，天下何思何慮」，云「殊途」，云「百慮」，則豈謂無思無慮邪？』(傳習錄(上))這雖是說周易，但也適用於莊子。魏晉名士學莊，便陷入了這種『無思無慮』的誤區中，所以一旦離開清談的講席，投入社會的紛擾，立馬就遭遇了尷尬：

謝萬北征，常以嘯詠自高，未嘗撫慰衆士。謝公甚器愛萬，而審其必敗，乃俱行，從容謂萬曰：『汝爲元帥，宜數喚諸將宴會，以說衆心。』萬從之。因召集諸將，都無所說，直以如意指四坐云：『諸

君皆是勁卒。』諸將甚忿恨之。謝公欲深著恩信，自隊主將帥以下，無不身造，厚相遜謝。及萬事敗，軍中因欲除之。復云：『當爲隱士。』故幸而得免。（世說新語簡傲）

孫子始計：『兵者，國之大事，死生之地，存亡之道，不可不察也。』老子三十一章：『夫兵者，不祥之器。……不得已而用之，恬淡爲上。』在最講實際利害的戰場，謝萬卻仍舊以莊子那套嘯詠自高的態度自處，連將士的基本情緒也不顧，怎麼會不出亂子呢？他一意學莊，殊不知，要在社會生活中也能活出莊子這種逍遥笑傲的風姿，是要有『終其天年而不中道夭』（莊子大宗師）的毅力才能達到的！像謝萬這樣僅僅學些莊周皮毛便去傲世輕物的例子，在魏晉時代是很普遍的。正因爲魏晉名士將莊子看得太輕鬆，每每以莊周自處，所以有時不但不瀟灑，反而顯得很可笑，比如世說新語云：

殷洪喬作豫章郡，臨去，都下人因附百許函書。既至石頭，悉擲水中。因祝曰：『沉者自沉，浮者自浮，殷洪喬不能作致書郵。』（任誕）

王平子出爲荊州，王太尉及時賢送者傾路。時庭中有大樹，上有鵲巢。平子脱衣巾，徑上樹取鵲子，涼衣拘閡樹枝，便復脱去。得鵲子還，下弄。神色自若，傍若無人。（簡傲）

王子猷作桓車騎騎兵參軍。桓問曰：『卿何署？』答曰：『不知何署。時見牽馬來，似是馬曹。』桓又問：『官有幾馬？』答曰：『「不問馬」，何由知其數？』又問：『馬比死多少？』答曰：『「未知生，焉知死？」』（同上）

殷洪喬是殷浩的父親，他事先答應了爲别人送信，臨期又將書信投入江水，可能在他看來，這是一種脱俗的放達表現。王澄當眾上樹取鵲，下樹自己玩賞，旁若無人，也可能是在模仿莊子達生裏的佝僂者『雖天地之大，萬物之多，而唯蜩翼之知』的意趣。王徽之以孔子的原話反駁上司的訓問，如果表現在名士清談中，倒也不失爲機智，可身爲下屬，在政事上對長官顧左右而言他，難道不過分嗎？這些高門大族過著養尊處優的生活，以此生

活爲未足，偏去模仿號稱『家貧』（莊子外物）的莊周的曠達，以期能在貴族生活的小圈子裏，活出『至人』式的『逍遙』滋味，這就是當時多數魏晉名士學莊學出來的效果。難怪王坦之會有廢莊論云：『莊子之利天下也少，害天下也多。故曰魯酒薄而邯鄲圍，莊生作而風俗頽。』如果學莊學到『虛談廢務，浮文妨要』（世說新語言語），最終弄到『神州陸沈，百年丘墟』（世說新語輕詆）的地步，那麼，這樣的莊子，的確是應該徹底廢掉的。

第四節 世說新語裏莊子學的深層根源

宗白華先生認爲：『漢末魏晉六朝是中國政治上最混亂、社會上最苦痛的時代，然而卻是精神史上極自由、極解放，最富於智慧、最濃於熱情的一個時代。因此也就是最富有藝術精神的一個時代。』（美學散步）我們以爲，出現這樣一種時代氛圍，與魏晉名士之喜愛莊子是互爲因果的。同樣是玄學著作，莊子與周易、老子在義理與文風上都截然不同。

我們知道，東漢是一個讖緯文化盛行的時期，而讖緯文化的核心『天人感應』，正是來源於周易的易傳。易傳將天地運動與人生禍福混起來講，體現了中國自上古以來的『天人合一』的思維。但這種『天人合一』，其表述似乎機械了一點，『天』怎麼樣，『聖人』、『君子』就怎樣怎樣，造成的客觀效果，便是『天』的地位過於突出，幾乎取消了『人』的獨立性。易傳使人的本質力量擴及天地萬物，但在擴散的過程中，卻逐漸丟掉了人的自律主宰的精神，所以它最終只能與陰陽方術結合，造就了鋪天蓋地的讖緯文化。這樣一種文化所依托的經典，當然不足以擔當中古時期哲學革命的重任，故終於引來了『王弼掃象』。其實王弼並非不知周易需要有『象』這一塊，他主張的是『觸類可以爲象，合意可爲其徵』（周易略例明象）。他真正掃掉的，是讖緯文化造成的人心與外相的機械聯繫。他從莊子外物裏拈出『得意忘言』一說來闡釋周易，使得周易立即由繁瑣的經學變成了空靈的

玄學。中國哲學的發展從此又回到了正常的軌道。

但周易無論如何玄妙，終是在『有』的境界上説話。六十四卦、三百八十六爻的無窮變幻，達到了人類有相思維的極致，卻始終没有將人引入到那虚靈不昧、空空如也的『無』中。哲學史上，首先進入一個『無』字的，當推老子：

無名天地之始，有名萬物之母。（一章）

三十輻共一轂，當其無，有車之用。埏埴以爲器，當其無，有器之用。鑿户牖以爲室，當其無，有室之用。故有之以爲利，無之以爲用。（十一章）

天下萬物生於有，有生於無。（四十章）

也許正是由於老子裏用了太多的『無』字，王弼才會執一個『無』字來釋老。他説：『凡有皆始於無。』（老子二十一章注）又曰：『萬物萬形，其歸一也。何由致一？由於無也。』（老子四十二章注）在王弼看來，『無』就是『道』的代名詞。其實，老子裏的『無』並非王弼所認爲的那樣是本體，它只是對當下天地萬物未顯相時人心的認知狀態的描述。老子一章云：『此兩者，同出而異名。』在老子看來，『無』與『有』是一回事，只爲人心的分別（『出』），才有了不同的假名安立（『異名』）。佛學的『十二緣起』（無明、行、識、名色、六處、觸、受、愛、取、有、生、老死）之説，正可以看作是對老子『此兩者，同出而異名』的展開論證。正是這當下從『無』到『有』的一念，緣出了整個人生、整個宇宙。而佛學同時認爲，如果人能將自己的認知由『十二緣起』的順序反向運行，那麽就可以從『有』返『無』，實現老子所説的『復命歸根』的大超越。

可生命怎樣走上『從有返無』的『復命歸根』之路，走上這條道路之後人所見的境界如何，老子裏並没有明言，我們在今天的老子本子裏，只能讀出一點隱隱約約的消息，比如：

唯之與阿，相去幾何？善之與惡，相去若何？人之所畏，不可不畏。荒兮其未央哉！衆人熙

熙，如享太牢，如春登臺。我獨泊兮其未兆，如嬰兒之未孩。儽儽兮若無所歸。衆人皆有餘，而我獨若遺。我愚人之心也哉！沌沌兮！俗人昭昭，我獨昏昏。俗人察察，我獨悶悶。澹兮其若海，飂兮若無止。衆人皆有以，而我獨頑似鄙。我獨異於人，而貴食母。（老子二十章）

孔德之容，惟道是從。道之爲物，惟恍惟惚。惚兮恍兮，其中有象；恍兮惚兮，其中有物；窈兮冥兮，其中有精；其精甚真，其中有信。自古及今，其名不去，以閱衆甫。吾何以知衆甫之狀哉？以此。（老子二十一章）

這的確是一幅『玄之又玄』的『道』中景象，但此中景象，只有老子在自己的『道』境中才能看到，外人沒法洞悉；要讓一切生命都能進入『衆妙之門』，還須出一位大師級的哲人——莊子。

莊子學史上有『莊子乃老子之注』的說法。晚明朱得之在莊子通義中曾提出，莊子每每『敷演道德經』。陸西星在南華真經副墨中也認爲，莊子爲老子之注疏。清藏雲山房主人更是在南華經大意解懸參注中將此觀點演繹到了極致。他說：

予初讀老子道德經，見不言之教，無爲之爲，以爲至人之言性與天道端在斯矣，而不知爲南華立其基也。繼讀莊子南華經，見放言高論、奇絕今古，以爲宇宙之文章端在斯矣，而不知爲道德集其成也。（藏雲山房南華經大義解懸參注序）

又說：

道德經渾淪元氣，涵育萬有，如玄酒太音，猶在聲希味淡之天；至南華經，則肅肅赫赫，直泄天機，每以有物明無物，以有象宣無象。又將造道之工夫節目、入手之門戶、超脫之證驗，一一詳明。……循其流則道德自道德，南華自南華，溯其源則道德即南華，南華即道德。南華也，道德也，一而二，二而一者也。（同上）

在藏雲山房主人看來，老子與莊子實際上是一種體與用、源與流的關係，後者闡發前者，並將之具體化、實用化； 老子給人指了『道』，莊子則將『道』細化爲『術』； 兩者唯一的不同處，只在『道德爲傳道之祖書，首章從先天說入後天，……南華本道德以立言，首篇從後天說入先天』（藏雲山房老莊偶談錄）而已。

應該說，中國人從後天返回先天、與道體合一的理想，在先秦時就已經發端，要不然也不會有那麼多論『道』的古籍。但它成爲士大夫階層的一種普遍而明確的精神追求，是在魏晉時開始的。在魏晉人那裏，擺脫對象世界的束縛，直達內在生命的圓滿，已經成了迫不及待的事，正如釋道安向郗嘉賓所抱怨的那樣，連身邊多了些米也是『有待之爲煩』（世說新語雅量），須要立即擺脫的。擺脫了『有待』，即進入『無待』的逍遙。魏晉名士那麼喜歡談論逍遙遊，進而以莊子爲階梯，進入佛學的領域，其深層原因正在這裏。

但魏晉名士注定不可能真正逍遙得起來。王羲之云：『死生亦大矣，豈不痛哉！』（蘭亭集序）生死問題的困擾，使他們對莊子的接受始終隔了那麼一層。莊子列禦寇云：『莊子將死，弟子欲厚葬之。莊子曰：「吾以天地爲棺槨，日月爲連璧，星辰爲珠璣，萬物爲齎送。吾葬具豈不備邪？何以加此！」弟子曰：「吾恐烏鳶之食夫子也。」莊子曰：「在上爲烏鳶食，在下爲螻蟻食，奪彼與此，何其偏也！」』這種死生一如的瀟灑態度，爲魏晉名士們所嚮往，實際上卻做不到，這反而使得生死問題更加讓他們耿耿於懷，不能自已。這種對此際人生不能忘懷的執著情感，世說新語傷逝裏記載了很多，比如：

王濬沖爲尚書令，著公服，乘軺車，經黃公酒壚下過。顧謂後車客：『吾昔與嵇叔夜、阮嗣宗共酣飲於此壚。竹林之遊，亦預其末。自嵇生夭、阮公亡以來，便爲時所羈紲。今日視此雖近，邈若山河。』

王戎喪兒萬子，山簡往省之，王悲不自勝。簡曰：『孩抱中物，何至於此！』王曰：『聖人忘情，最下不及情。情之所鍾，正在我輩。』簡服其言，更爲之慟。

支道林喪法虔之後，精神實喪，風味轉墜。常謂人曰：『昔匠石廢斤於郢人，牙生輟弦於鍾子。推己外求，良不虛也。冥契既逝，發言莫賞。中心蘊結，余其亡矣。』卻後一年，支遂殞。

『存吾順事，歿吾寧也。』（張載西銘）魏晉名士面對生死，顯然還做不到後來宋明理學家那樣的抽象與平靜。值得注意的是上引第三則。如果説前兩則是方內之人人之常情的生命感喟，那麽身爲方外之士的支道林也如此感傷，就很能説明問題了。凡夫有情，聖人有没有情呢？如果聖人也有情，那麽我輩凡夫對人生之無限流連，也就心安理得了。聖人究竟有情還是無情，這個問題在魏晉名士裏展開了廣泛的爭論。晉書王弼傳云：『何晏以爲聖人無喜怒哀樂，其論甚精。鍾會等述之。弼與不同，以爲聖人茂於人者神明也，同於人者五情也。神明茂，故能體沖和以通無。五情同，故不能無哀樂以應物。然則聖人之情，應物而無累於物者也。今以其無累，便謂不復應物，失之多矣。』王弼不像何晏、鍾會一樣籠統地説聖人有情無情，而是將聖人之心分成異於人的神明與同於人的五情兩個層次，出色地化解了理論矛盾。後世王陽明説聖人『不作好惡，非是全無好惡。……謂之不作者，只是好惡一循於理，不去又著一分意思，如此，即是不曾好惡一般』（傳習録上），也有這個意思。但即便如此調和，魏晉名士在實踐上也不能落實。莊子面對惠子的喪亡，只是感到悵然若失，『吾無與言之矣』（莊子徐無鬼），支道林卻『精神實喪，風味轉墜……，中心蘊結，余其亡矣』。可見同樣是思想解放、智慧日出的時代，魏晉確乎與先秦不同，雖説高嚷著逍遥，標榜著超逸，但内在心裏，始終放不下的，是一個『情』字。

高度重視『情』，的確能展現生命的美感，但就主體而言，實在是大爲不幸，所以魯迅在魏晉風度及文章與藥及酒之關係中説，魏晉名士雖然外表飄逸，可心裏都是很苦的。這種苦，固然有長期吃藥帶來的生理因素，但其根源，還是一種世間名教與終極解脱的内在衝突。魏晉人意識到了這種衝突，學術思想上也作出了調和的嘗試，但靈魂裏依然是兩截，於是在被魯迅列爲『志人小説』的世説新語裏，居然出現了叫作棲逸的一章：

阮步兵嘯聞數百步。蘇門山中忽有真人，樵伐者咸共傳説。阮籍往觀，見其人擁膝巖側。籍登嶺

> 就之，箕踞相對。籍商略終古，上陳黄、農玄寂之道，下考三代盛德之美，以問之，仡然不應。復敘有爲之教、棲神導氣之術以觀之，彼猶如前，凝矚不轉。籍因對之長嘯，良久，乃笑曰：『可更作。』籍復嘯。意盡，退還半嶺許，聞上㗫然有聲，如數部鼓吹，林谷傳響。顧看，乃向人嘯也。
>
> 嵇康遊於汲郡山中，遇道士孫登，遂與之遊。康臨去，登曰：『君才則高矣，保身之道不足。』

嵇、阮都是魏晉風度的代表人物，可在真正的方外之士面前，一下子都成了配角。在真正的方外之士看來，世間的名利供養，正如『觀雀蚊虻相過乎前』（莊子寓言）一樣，實在不值一提，唯有出於『天籟』的吟嘯之聲，才可供仁者一悦。對於方外之士，『孔子』也曾發出過『彼遊方之外者也，而丘遊方之内者也，外内不相及』（莊子大宗師）的感喟。在『孔子』看來，方内方外，其實並不重要。按郭象的説法，『孔子』早已『遊外而冥内』了。就是在莊子那裏，也需是『不刻意而高，無仁義而修，無功名而治，無江海而閑，不道引而壽，無不忘也，無不有也，澹然無極而衆美從之』（莊子刻意），才能算圓滿。但對於還處於人的自覺期的魏晉名士而言，這種形跡上的方外之士，還是令人羡慕萬分。畢竟，理論上説得再圓融，也不及實際生活中的些許受用。由此看來，内心矛盾的魏晉名士比後來認爲在日常生活中就能與道俱成、圓融無礙的宋明理學家要實誠得多。

苦，是由於沒有出路。本來，追求『離形去知，同於大通』（莊子大宗師）的莊子，在先秦兩漢的思想史上是一條潛流，發展到魏晉，終於浮出了海面，一下子佔據了士大夫的精神中心。但出身於門閥世家的貴族，很難理解莊子那『獨與天地精神往來』（莊子天下）的情懷，只能在小圈子裏模仿一點莊子的表像。他們學莊子，其實並沒有學到位。如果以内七篇的次第來評判，魏晉名士的瀟灑人生與哲學思辨，只能算領悟了逍遥遊和齊物論篇的妙義，他們還沒有練就養生主篇那『以無厚入有間』的靈動智慧，更不用説以此智慧來應對荊棘叢生的『人間世』了。一邊『養生主』，同時積極介入『人間世』，是留給宋明理學的任務，只是歷史還沒有發展到這種令全體士大夫都進入『明道』水準的階段，故世説新語裏的『莊子』，只能是今天這樣一副既優雅智慧、又深情痛苦、

又時見荒誕的複雜面貌，而並非漆園裏那個可以心齋坐忘、入於不死不生的得道人。毋寧說，魏晉名士心目中的莊子，還在回溯自己未『入道』之前的求索經歷，他仍須造化不斷地『息我黥，補我劓』（莊子大宗師），才能最終回到那日夜思念的『無何有之鄉』（莊子逍遙遊）。不過，恐怕也只有此時的『莊周』，才最有魅力吧。

第十二章　文選李注所反映的莊子學

蕭統（501—531），字德施，世稱昭明太子，南朝梁武帝長子，南蘭陵（今江蘇常州）人。天監元年立爲太子。少而聰穎好學，過目不忘。在做太子時主持編纂了幾部詩文集，但只有文選流傳下來。文選是我國現存第一部詩文總集，在歷史上的影響至爲深遠。在隋唐時即已形成專門研究它的『文選學』，吸引了衆多學者爲之作注，其中以李善的文選注最負盛名。李善（630—689），揚州江都人。學識淵博，但不善治文，故人稱『書簏』。顯慶中，累官太子錄事參軍、崇文館直學士，兼沛王侍讀，轉秘書郎。曾出任經城令，坐事流放姚州。後遇赦得還，居汴、鄭之間，以教授文選爲業。除爲文選作注外，另撰有漢書辯惑三十卷。文選李善注世稱賅博，其所徵引之書多達一千六百餘種，但流存至今的十不一二。大量的古書逸注，後人唯有通過此書方可上越千年，窺見其一鱗半爪，李注文獻價值之大，於此可知。而據筆者統計，李善注稱引莊子即有七百餘處，其中不少逸出今本三十三篇之外，除了提供一些較早的校勘材料，對輯佚也有很大的幫助；另外還大量保存了司馬彪、郭象、向秀、徐邈、李頤、李軌等諸家注釋，尤以司馬彪注最多最富價值。據有關文獻記載，唐前注莊之作多達數十種，除郭象注完整流傳而外，其餘多賴陸德明莊子音義之引錄而得以部分保存。文選李注雖然不像莊子音義是專門爲莊子而作，但它所保留的諸家注釋條目之多卻僅次於莊子音義。雖然就絕對數量來講，李善注中的莊子注釋與後者不可同日而語，但由於二書宗旨不同，取舍自然相異，最後呈現出的面貌也就不一樣。下面主要就李注所反映出的莊子學作一些闡述。

第一節　李注所引莊子原文之價值及問題

文選李善注稱引莊子之處如此衆多，但並不能完全忠實於莊子原文，若要用以校勘，需要予以小心考辨。除了一些明顯錯誤的條目撇開不論，注文對莊子原文常常截取縮略加以整合，以就所注之文。有時所引內容相同，而具體文字則有所不同，須倍加謹慎。

一、李注所引莊子原文之校勘價值

如張衡東京賦末云『得聞先生之餘論，則大庭氏何以尚兹』，李善注：『莊子曰：昔容成氏、大庭氏結繩而用之，若此時，則至治也。』①李善引此句是注釋『大庭氏』三字，典出莊子胠篋，而今本原文爲：『昔者容成氏、大庭氏、伯皇氏、中央氏、栗陸氏、驪畜氏、軒轅氏、赫胥氏、尊盧氏、祝融氏、伏犧氏、神農氏，當是時也，民結繩而用之，甘其食，美其服，樂其俗，安其居，鄰國相望，雞狗之音相聞，民至老死而不相往來。若此之時，則至治已。』②兩相比較，即可看出李善注的特點與用意，如此衆多的上古君王，無須全部羅列，於上古時代的具體描述亦不須徵引，只截取了結論『若此之時，則至治已』，因爲對於理解東京賦文句的意義只須知道大庭氏之時乃『至治』之世即可。李善此注甚是精當，可謂善注釋者。

① 文選，蕭統編，李善注，中華書局1977年影印胡克家刻本。以下所引文選及李注，如無特殊説明，皆據此本。
② 郭慶藩莊子集釋，中華書局1996年影印世界書局諸子集成本。以下所引莊子及郭象注，如無特殊説明，皆據此本。

又如班固東都賦『捐金於山，沉珠於淵』，李善注：『莊子曰：捐金於山，藏珠於淵。不利貨財，不尚富貴也。』而張衡東京賦『藏金於山，抵璧於谷』句下李注則作：『莊子曰：藏金於山，藏珠於淵。』兩處注釋所引用的是同一句話，但東都賦注作『捐』而東京賦注作『藏』，且都與所釋正文一致，這就不免産生了一些問題。今本莊子作『藏』，王叔岷莊子校詮引述東都賦李注後云：『古人引書，往往隨正文改字，未可盡信。』①所言甚是，而未必適用於此處，不然爲何只改第一字爲『捐』，不改第二字爲『沉』以隨正文呢？這豈非扞格不通？那麼可能是李善所用的古本就作『捐』，他並沒有作任何改動？據陳景元南華真經闕誤記載，當時他所見的九種古本中，張君房本作『沉珠』，但並沒有作『捐金』的。而且，陸德明莊子音義也未記載有作異文『捐金』，今存衆本也不見有作『捐金』的。那麼，有古本作『捐』這種可能性就大大降低了，因此，也就不可據以校勘今本。

再如張衡西京賦『感河馮，懷湘娥』，李善注：『莊子曰：馮夷得道，以潛大川。』至謝惠連雪賦『粲兮若馮夷剖蚌列明珠』句下李注則爲：『莊子曰：夫道，馮夷得之，以游大川。』這兩處要點在於注出馮夷與河川之關係，而莊子原文意在突出道之於馮夷的重要性，如果徑直照錄原文『馮夷得之，以游大川』，就會使人不得要旨，故而需要加以處理。而兩處的處理方式竟然不同，單獨看都很合理，但考慮到是出自一人之手，就不免有隨意之嫌。且後半句一作『潛』，一作『游』，這就不是隨意二字所能解釋得了的，可能涉及版本問題。如果是版本不同，那就需要解釋爲何要用不同版本。而況今存衆本包括宋元諸本此處皆作『游』，只有淮南子齊俗訓作『馮夷得道，以潛大川』，可以作爲某一古本作『潛』的旁證。如果真的存在這樣的古本，那麼李善西京賦注所用的版本應該就是出自這一系統。而李善注文竟與淮南子此句絲毫不差，其出自淮南子而誤記爲莊子也不無可能。考李善對大宗師篇此段類似語句的改造還有兩處，分别作：『夫道，顓頊得之，以處玄宫』（揚雄羽獵賦注），

① 王叔岷莊子校詮，（北京）中華書局2007年版。

『夫道，傅説得之，以相武丁』（賈誼鵩鳥賦注），與雪賦注手法如出一轍。如此看來，西京賦注應該是出自淮南子，李善誤以爲莊子，並非對原文改造是否一致的問題，也就没有版本不同、存在異文的問題了。

總之，李善注並非十分嚴謹，甚至有錯誤，用作校勘材料時須尤加小心，嚴格甄别。日本斯波六郎早就注意到李善注略字徵引、改動原文、顛倒順序的現象，而仍堅持認爲李善『絶不改動引文文字』，並舉數例以説明，其理由是李善有見到古本的可能，且今本李善注已然經過後人篡改，並非最初模樣①。本文的目的不在討論李善注的原本如何，而在其引文是否具有校勘價值，所以與斯波氏所論並無衝突，何況他的觀點本身就有些自我矛盾呢！

披沙揀金，偶或見寶，雖然李善注存在上述問題，但是不能説一點價值没有。江淹雜體詩謝光禄莊（郊遊）云：『静默鏡綿野，四睇亂曾岑。』李善注：『莊子曰：静默可以補病。』此語出於莊子外物，今本作『静然可以補病』，『静然』二字不通，古今多有學者指出『然』字當誤，如宋代林自云：『然，當是「默」字之誤。』（褚伯秀南華真經義海纂微引）陶崇道拜環堂莊子印也如此推測，宣穎南華經解及劉鳳苞南華雪心編則徑直改作『默』，但都止於推測，並没有確鑿的文獻證據。直到清末奚侗找到這條李善注作爲證據，據以改正，馬其昶莊子故、錢穆莊子纂箋及王叔岷莊子校詮也都以爲當作『默』。雖然江文通原詩作『静默』，此處李注乍看似有爲遷就原文而改字之嫌，然而實際並非如此。『静』字自身即表示一種狀態，『然』字在『静』字下也是表示狀態，顯然重複，且習慣上也不見這種搭配組合；而莊子原文下句作『眥𡟎可以休老』，『眥𡟎』通『訾摵』，二字同是『摩』的意思②，反觀『静默』，義亦相近，『静默可以補病』，意謂安静沉默有益於疾病之調理，與下句按摩有助於延緩衰老

① 斯波六郎撰李善文選注引文義例考，權赫子、曹虹譯，古典文獻研究（第十四輯），2011年6月。

② 見段玉裁説文解字注。

同爲一般的養生方法。『默』、『然』二字因爲字形相近，所以導致訛謬。

魏文帝曹丕與吳質書有云：『年一過往，何可攀援？』李善注：『莊子：北海若曰：年不可攀，時不可止，消息盈虛，終則又始。』而今本作『年不可舉』，郭象注云：『欲舉之令去而不能。』可知郭本作『舉』，但這個解釋實際是不通的，何謂『舉之令去』？王叔岷也以爲郭注未得『舉』字之真義，而以『與』釋之，云：『舉、與古通。論語陽貨篇之「歲不我與」，皇疏：「日月不停，速不待人。」蓋釋「與」爲「待」。後漢書馮衍傳「壽冉冉其不與」，注：「與，猶待也。」「年不可與」，猶言「年不可待」耳。』（莊子校詮）初看似乎信然，仔細分析，就會發現裏面存在嚴重的問題。其所舉二例中，『與』確爲『待』之義，全句意謂時不我待，時間不等人，但套到『年不可待』上則主客顛倒，意謂『我不可等時間』，謬誤一目了然。莊子原文不論作『舉』抑或作『攀』，都是時不我待、歲不我與之意，作『年不可待』則於文意有悖。若作『攀』，則魏文帝此句正可反過來爲莊書此句作注，攀援之，可使止，可使反，均與下句『止』字相契合。『攀』、『舉』二字字形也相近，極易致訛。馬融長笛賦李注有云：『熊經，若熊之攀樹而引氣也。』莊子音義則作『攀』，即同此例。因此，此處不無因與吳質書正文致訛甚至故意改字之可能，且作『攀』者只此一處，並無其他文獻可以互相驗證，所以一時未敢斷言原文必爲『攀』，但以『攀』來解釋顯然更勝一籌，故不敢不表而彰之，以俟來者。

二、李注所引莊子原文之問題

李善注的一大貢獻在於確立了徵引式的注釋方法，只指明典自何出，而不詳細解釋其意義，在李善注中，基本遵循了這一方式，只有少部分對句意文意進行了解釋，所以被人批評『釋事而忘義』。這不禁使人懷疑李善對所引原文是否理解？其理解達到什麼程度？

劉孝標辯命論云『蕩乎大乎，萬寶以之化，確乎純乎，一化而不易』，對此李注引用莊子多處，其中一處云：『道流而不明，純純常常，乃比於狂。』莊子原文在山木篇，原作：『道流而不明居，得行而不名處；純純常常，乃比於狂。』李善删節了『居得行而不名處』七字，看來是以『居』字屬下句，與郭象、陸德明斷句一致。褚伯秀云：『「道流而不明居，得行而不名處」二句，停勻分讀，義自顯然。郭氏乃於「明」字下著注，故後來解者不越此論，唯呂氏、疑獨二家從「居」、從「處」爲句。蓋「得」當是「德」，「名」應是「明」，庶與上文義協。』（南華真經義海纂微）郭嵩燾亦云：『得，猶德也。集韻：德，行之得也。言其道周流乎天下，而不顯然以居之，其地之行，亦不藉之爲名而以自處。郭象「居然自得此行，非由名而後處之」，以「居得行」斷句，恐誤。』①顯而易見，李善對莊子的理解没有超出郭象，當然，這對不是專門研究莊子的李善來説要求太高了。但仍有低級錯誤簡直是孰不可忍！傅季友爲宋公修張良廟教云：『顯默之際，窅然難究，淵流浩瀁，莫測其端矣。』李注云：『莊子：老聃曰：而知夫道窅然難言哉②。』原文出自知北遊篇：『老聃曰：汝齋戒，疏瀹而心，澡雪而精神，掊擊而知！夫道，窅然難言哉！將爲汝言其崖略。』相比上句，這句没有任何難處，李善竟然嚴重破句，委實令人百思不解。

類似的低級錯誤還有弄錯描述對象的。如謝希逸月賦李注云：『莊子：子貢曰：夫子見之變容失色。』天地篇云子貢見漢陰丈人，卑陬失色，其弟子問曰：『向之人何爲者邪？夫子何故見之變容失色？』李善删減以後錯將故事主角從子貢换成了孔子。又郭璞遊仙詩李注云：『莊子曰：孔子彷徨塵垢之外。』殷仲文南州桓公九井作李注云：『莊子曰：孔子彷徨塵垢之外，逍遥無爲之業。』大宗師和達生篇都有相近文句，

① 郭慶藩莊子集釋引。

② 唐鈔本文選集注『夫道窅然難言』之『夫』作『天』，或爲破句之原因。

但句中出現的『孔子』二字可以給我們提供一條綫索，從上下文可以判斷是出自大宗師篇。細繹全文，此句是孔子對子貢講解方內、方外之別，稱讚子桑戶、孟子反、子琴張他們的，而非莊子稱讚孔子。後二例或可標點爲：『莊子曰： 孔子： 彷徨塵垢之外。』單從標點上看沒什麼問題，但李善注一般只會將『莊子』後面的『曰』省略，書中人物說話不省略，更不會出現這種『莊子』後面不省略，書中人物說話反而省略的情況，除非是刊刻時候遺漏掉。但是兩次都遺漏，可能性不太大，還是應該按照第一種標點，李善認爲描寫的就是孔子的境界。

還有的是將不同篇目的不同段落混雜到一起。如陸機招隱云：『至樂非有假，安事澆醇朴？』李善注：『莊子曰：天下有至樂無有哉？老聃曰：夫得是，至美至樂也，得至美而遊乎至樂之謂至人。又曰：唐虞始爲天下，澆淳散朴。』其中『天下有至樂無有哉』出於至樂篇，『老聃曰』後三句出於田子方篇，『又曰』後二句出於繕性篇，都被李善混雜到了一起。

從以上各例看來，在排除了雕刻致訛的問題後，有些錯誤是由於整個時代的理解的限制，有些卻不可思議，大失水準，這應該不是簡單的疏忽造成的，而是李善注書的時候，並不是憑著對莊子的理解、熟悉，而可能僅僅是檢索式的滿足於詞語的對應、典故的出處，因而對整個句子的理解出現方向性的偏差，甚至不同段落的混雜。

第二節　李注所引莊子佚文之價值

一、李注所引莊子佚文對探究郭象『以意去取』之價值

據漢書藝文志及經典釋文序録記載，莊子原有五十二篇，司馬遷史記云有十餘萬言。郭象刊落十九篇以成

今本，由於其注『特會莊生之旨』，書成之日，即被奉爲經典，大行於世，那些完本如司馬彪注本、孟氏注本反而逐漸退出人們的視界，最終失傳。然而幸運的是，斷圭碎璧，時時可見，晉唐古注、韻書類書之中尚有零星保存，異常寶貴。南宋王應麟即開始輯佚，雖然只有三十九條，遠遠稱不上完備，但首開先河的貢獻不可泯滅。其後，有清一代，閻若璩、翁元圻等加功覆蕢，以注釋的形式對王氏所輯進行補充；孫馮翼、茆泮林等繼其踵武，開始全面系統地進行佚文搜集。至民國，馬敘倫、王叔岷也都屬意於此，所獲大大超過前人，而以王叔岷晚年重新董理的一百七十六條最爲大觀。這之中，就有很大一部分來自文選李善注。據筆者統計，李善注所保留的莊子佚文多達四十一條①，去其重複尚有二十八條，約占王叔岷所輯佚文的六分之一；其中獨見於此書的則有十三條，可見李善注對保存莊子原文的貢獻之巨。

莊子之文，謬悠荒唐，洸洋自恣，常藉古帝先哲之口傳達自己的『莊語』，通過神話寓言表現自己的深意。佚文雖然只是隻言片語，也仍然具有這一特色。如左思魏都賦『備法駕，理秋御』句下李善即引了莊子中的一個故事，注曰：『莊子曰：尹需學御，三年而無所得。夜夢受秋駕於其師，明日往朝其師，其師望而謂之曰：吾非獨愛道也，恐子之未可與也，今將教子以秋駕。』這段佚文又見於王融三月三日曲水詩序李注，文字稍有不同。若將之與呂氏春秋博志、淮南子道應訓中的相關內容對照一下，即可知道原文還未結束，李善是節引的。呂氏春秋下文作：『尹儒反走，北面再拜曰：「今昔臣夢受之。」先爲其師言所夢，所夢固秋駕已。』淮南子略同。單就這段文字來看，故事頗爲神奇，尹需學習法駕，過了三年老師都不教他，爲此他十分苦惱，這一點李善注省略了，淮南子云：『私自苦痛，常寢想之。』呂氏春秋亦云：『苦痛之。』最後精誠所至，金石爲開，他竟然在夢裏學會了法駕。正面說是瑰瑋神奇，反面說就是謬悠荒唐，這樣的故事出自莊子是再自然不過的，但爲何

---

① 其中有幾條王叔岷以爲不當歸入莊子，詳見下文辨析。

被删呢？日本高山寺藏古鈔本後有一段跋文云：『然莊子閎才命世，誠多英文偉詞，正言若反，故一曲之士，不能暢其弘旨，而妄竄奇說，若閼亦（弈）、意修之首，尾（危）言、游易（鳧）、子胥之篇，凡諸巧雜，若此之類，十分有三，或牽之令近，或迂之令誕，或似山海經，或似夢書，或出淮南，或辯形名，而參之高韻，龍蛇並御，且辭氣鄙背，竟無深澳（奧），而徒難知，以因（困）後蒙，令沈滯失乎（平）流，豈所（以）求莊子之意哉？故略而不存。』跋文沒交代作者，但經典釋文序録則明言『一曲之才，妄竄奇說，若閼弈、意修之首，危言，游鳧，子胥之篇，凡諸巧雜，十分有三』乃郭象所說，則跋文作者定爲郭象無疑。郭象認爲五十二篇本莊子摻雜了後人的作品，這些作品發展了莊子恢詭憰怪的特點，更加離奇不經，但無甚深意，與莊子之弘旨相去太遠，所以他以意去取，删去十分之三。對照郭象所言，『尹需學御』一段之所以遭到删棄，大概就是因爲『或似夢書』吧。

在現存佚文中，似山海經者也能找到。左思吴都賦『瓊枝抗莖而敷蕊，珊瑚幽茂而玲瓏』句下，李善注：『莊子曰：南方積石千里，名瓊枝，高百二十仞。』這一段關於瓊枝的佚文還見於李善注的另外三處，分别是謝惠連雪賦『庭列瑶階，林挺瓊樹』句下，嵇康琴賦『援瓊枝，陟峻崿，以遊乎其下』句下，江淹雜體詩嵇中散康（言志）『靈鳳振羽儀，戢景西海濱，朝食琅玕實，夕飲玉池津』句下，而以最後一處江淹詩注最爲詳盡：『莊子：老子歎曰：吾聞南方有鳥，其名爲鳳，居積石千里，河海出下，鳳皇居上，天爲生樹，名瓊枝，高百二十仞，大三十圍，以琳琅爲實。』前三處所釋爲瓊枝，此處所釋則爲靈鳳、琅玕，重點不一樣，詳略也就隨之不同，正可驗證本文第一部分所云李善注截取縮略以就原文的情况。然而即便這最後一條，也不完整。藝文類聚卷九十云：『老子見孔子從弟子五人，問曰：「爲誰？」對曰：「子路爲勇，其次子貢爲智，曾子爲孝，顏回爲仁，子張爲式（太平御覽作武）。」老子歎曰：「吾聞南方有鳥，其名爲鳳，所居積石千里，天爲生食，其樹名瓊枝，高百仞，以璆琳琅玕爲實；天又爲生離珠，一人三頭，遞臥遞起，以伺琅玕。鳳鳥之文，戴聖嬰仁，右智左賢。」』巧合的是，在山海經海内西經『服常樹，其上有三頭人，伺琅玕樹』下，郭璞注也節引了莊子這段文字爲注：『莊周

曰：「有人三頭，遞臥遞起，以伺琅玕與玗琪子。」謂此人也。』可見莊子部分内容與山海經的關係已經不僅僅是『似』了，而是根本相同，可以互相印證，所以古人早就將二者拿來互作注釋了。因此，郭象以意去取，將這些荒唐無稽的故事都排除在外。

乍看起來，以上兩例似乎證明郭象所言不虚。然而仔細分析一番，便知實則不然。尹需一心向學，感夢通神，其重點絶不在感夢，而是藉助這一神奇的事件表現愛好、專注學御達到的效果，主旨與痀僂承蜩、梓慶造鐻的故事相近，以『用志不分，乃凝於神』來形容最貼切。呂氏春秋博志在故事結束後云：『上二士者可謂能學矣，可謂無害之矣，此其所以觀後世已。』淮南子道應訓則與同篇其他段落一致，引用老子第十六章作結：『故老子曰：「致虚極，守靜篤，萬物並作，吾以觀其復也。」』呂氏春秋博志從外部揭示去除干擾，才能專注於學的道理，淮南子道應訓則就内在探討致虚守靜，方可用心一志的途徑。二書之發揮雖有不同，但對這個故事都是認同的，並以爲有深意在焉，與郭象所云『辭氣鄙背，竟無深澳（奥），而徒難知，以因（困）後蒙』迥然不同。第二例也是如此。佚文中與山海經海内西經相同的是『一人三頭』三句，通觀全文可知，這只是鳳鳥神話的一部分，而鳳鳥神話又是老子的一個比喻，只是全文的一部分，『一人三頭』占全文的比重可知。且故事重點在孔子帶領五個弟子，每個弟子代表一種德行，而老子把孔子比作鳳鳥，鳳鳥之文可與其弟子及各弟子所代表的德行相應。引文到此戛然而止，但按照現存莊子中的孔老對話我們可以合理地推斷，下面應該還有老子對孔子的批評指點。但與現存的幾段對話相比，明顯更加形象，更有文學意味，更富象徵性，其實是更符合莊子的特點的。而且，以鳳鳥比孔子，與德充符接輿『鳳兮鳳兮』之歌具有高度的一致性。再聯繫莊子寓言、重言、卮言的寫法，這一段是兼有寓言和重言兩種意味的。所以無論如何，郭象的理由都是不成立的，或者至少是自相矛盾的。山海經、占夢書雖稀奇古怪，但未必没有深意，或者未必不可藉以闡發深意。如此看來，陸德明説郭象『以意去取』，這個『意』究竟是什麽還要費一番探究，不能偏聽偏信郭象的一面之詞。

二、李注所引莊子佚文對探究古本莊子篇目之價值

郭象跋文雖然不可盡信，但仍具有極高的文獻價值，其中重要的一點就是它保留了五十二篇本莊子的部分篇名：閼弈、意修、危言、游凫、子胥。除去以上五篇，今天能夠知道的還有史記老子韓非列傳提到的畏累虚、亢桑子二篇，北齊書杜弼傳透露的惠施篇，南史何子朗傳言及的馬捶篇，文選李善注引用的莊子略要、莊子後解二篇。其中亢桑子一般認爲就是庚桑楚，馬捶則是指至樂篇『莊子之楚，見空髑髏，髐然有形，撽以馬捶』一段，並非單獨的一篇。如此算下來，能夠確定的只有九篇，較諸郭象删去的十九篇，將近一半。

在這九個篇名中，莊子略要、莊子後解較爲特殊，其他篇目都是文獻明確記載的，這兩篇則是引用時只標明了篇名，並未明言其屬於莊子，因而還有一些疑議。莊子略要在文選注中共出現四次，分别爲謝靈運入華子崗是麻源第三谷注、江淹雜體詩許徵君詢(自序)注、陶淵明歸去來注、任昉齊竟陵文宣王行狀注，注云：『淮南王莊子略要曰：江海之士，山谷之人也，輕天下，細萬物，而獨往者也。司馬彪注曰：獨往自然，不復顧世。』①茆泮林纂輯莊子逸語即未敢收録，而置於莊子司馬注疑義中，並云：『案，選注凡四引，俱作「淮南王莊子略要」，並有彪注。略要，未審何書，附録於此。』在『司馬彪的莊子注』一章中我曾對此問題進行了較詳盡的考證，通過司馬彪的注語及其他相關證據，我們基本可以斷定莊子略要、莊子後解兩篇在五十二篇之内。此處我只想重申文選注所保留的司馬彪注的關鍵作用，因爲若無司馬彪注，則論證只能止於此二篇是對莊子的解説，而未必在莊子五十二篇之内；有了司馬彪注，則可斷定此二篇在五十二篇内，因爲歷史上並無司馬彪爲淮

---

① 此處據謝靈運詩注，其他三處文字略有不同。歸去來注胡刻本作『淮南子要略』，『要略』、『略要』義同。

南子（包括內外篇）作過注釋的記載，如果有，那爲何僅此一處，而且是丟失的外書？內書皇皇巨著爲何不見司馬彪注？可見，莊子略要、莊子後解在五十二篇之內這種看法更爲合理。這也是清人孫馮翼、俞正燮、日本武内義雄以及今人江世榮等一致贊同的。

莊子略要、莊子後解的獨特之處還在於不僅保存了篇名，而且保存了相關的內容。上文已經徵引，並對其解說特點略有分析，從其內容來看，已經突破戰國諸子和漢代辭賦家、經學家、醫學家對莊子的闡釋活動，並非根據自己的需要來對莊子中的思想資料加以援引和改造，而是將莊子完全作爲一個直接的研究對象，從而開啟了我國歷史上獨立研究莊子的新篇章。另外七篇則只有篇名，具體內容不得而知。有人認爲，今本天下篇『惠施多方』以下，當屬惠施篇，其餘諸篇，在今本莊子中則無明顯綫索。然而在佚文中，卻有諸多發現。顏延年車駕幸京口侍遊蒜山作云：『元天高北列，日觀臨東溟。』李善注：『莊子曰：閼弈之隸與殷翼之孫、遏氏之子，三士相與謀致人於造物，共之元天之上，元天者，其高四見列星。司馬彪曰：元天，山名也。』顯然，這應當屬於閼弈篇，而且是開頭部分，閼弈之名即是取自起首二字。據王叔岷所輯，此段又見於白帖、天中記，而白帖晚於李善注一百餘年，天中記要遲至明朝才出現。李善此注的地位不待多言。劉孝標廣絕交論云：『瞑目東粵，歸骸洛浦。』李善注：『莊子曰：夫差瞑目東粵。』此條佚文王叔岷疏漏未收。筆者以爲，此條佚文當屬子胥篇。伍子胥事跡見於史記、吳越春秋，其後半段即與夫差休戚相關。夫差爲報父仇，大敗越國，勾踐請和，夫差應允，子胥苦諫不聽，最後身死國滅。『夫差瞑目東粵』，放在結尾部分若合符節。馬敘倫莊子義證亦『疑此爲音義所謂子胥篇文』。另外游鳧篇也有一條佚文存世，見於玉燭寶典、藝文類聚、白帖、太平御覽、記纂淵海等多處①，因非本章所論重點，故不徵引。可以看到，莊子逸篇十九，現在能夠知道的篇名有九條，其中兩條來

① 見王叔岷莊學管窺附錄二莊子佚文。

自文選李善注；這九篇之中有内容可尋的有六篇，其中四篇也是出於李善注，李善注對我們探究五十二篇本莊子真是功不可沒！

第三節　李注所引司馬彪等注之價值及問題

一、李注所引司馬彪莊子注之價值

司馬彪注莊子五十二篇，最擅文字訓詁，所以陸德明莊子音義引用最多，據黄華珍統計，達749項①。但由於郭象注『特會莊生之旨』，廣受推崇，相形之下，司馬彪本漸至失傳。有清一代，孫馮翼、茆泮林相繼進行輯佚，今人王叔岷又有補正，對文選李善注、藝文類聚、一切經音義、太平御覽等典籍鉤沉索隱，可稱完備。據筆者統計，文選李善注所引用司馬彪注，去除重複後仍達八十餘條，其中不少爲莊子音義所無，郭慶藩在莊子集釋中已基本補入相應位置，並以『釋文闕』三字標識。除了補闕的價值，將部分條目與莊子音義相應部分對比之後，還會發現兩個具有較高學術價值的問題。

第一個問題是關於文字訓詁的。秋水篇云『何貴何賤，是謂反衍』，莊子音義『反衍』條下云：『如字。又以戰反。崔云：無所貴賤，乃反爲美也。本亦作畔衍。李云：猶漫衍合爲一家。』左思蜀都賦『累轂叠跡，叛

① 黄華珍莊子音義研究，中華書局1999 年版。

衍相傾』句下李注云：『司馬彪注云：叛衍，猶漫衍也。』①司馬彪注被李注包含在內，陸德明將之忽略不提並無不妥，但他對司馬彪本出現的異文不置一詞，顯與體例相悖。經典釋文序錄敘述其校勘體例云：『余既撰音，須定紕繆，若兩本俱用，二理兼通，今並出之，以明同異。其涇渭相亂，朱紫可分，亦悉書之，隨加刊正。復有他經別本，詞反義乖，而又存之者，示博異聞耳。』言之鑿鑿，無論是哪種情況，只要司馬本作『叛』，與莊子音義不同，就應該收錄。況且在同一條目下，交代了一個異文，而將司馬彪本異文忽略，這種強烈對比不能不讓讀者產生質疑。又如逍遙遊篇『逕庭』，莊子音義云：『逕，徐古定反，司馬本作莖。庭，勑定反。李云：逕庭，謂激過也。』劉孝標辯命論李善注所引司馬彪注云：『徑廷，激過之辭也。』此處不僅『逕』的異文與莊子音義所示不同，『庭』也存在異文，而且，李注與司馬彪注相同，爲何沒有用『司馬、李云』的形式將二者放到一起呢？養生主篇『緣督以爲經』，莊子音義云：『李云：緣，順也。督，中也。經，常也。郭、崔同。』左思魏都賦李善注：『司馬彪曰：緣，順也。督，中也。順守道中以爲常也。』從中可以知道司馬彪對於『經』的解釋也是『常』，爲何沒把司馬跟郭、崔放到一起呢？徐無鬼篇『今余病少痊』，莊子音義於『少痊』下注云：『七全反。李云：除也。』然而李善注兩次引用皆作：『司馬彪曰：痊，除也。』（潘岳閒居賦李注、張景陽七命李注）與莊子音義所引李注一字不差，陸德明卻隻字不提。從以上數例來看，有兩個問題比較集中：第一，李善注所引司馬彪注所顯示的莊子原文與陸德明所出示條目所顯示的莊子原文有異文存在，但陸德明並未提及其所用司馬彪莊子注與其所用底本郭象注本有異文；第二，李善注所引用的司馬彪注與陸德明所引用的李注注釋內容基本相同，但陸德明卻只引李注，對司馬彪注置若罔聞。郭慶藩從李善注中輯出這四條，置於相應之處，但都僅綴『釋文闕』三字予以說明，並未注意到莊子音義尤其是其中的李注與司馬彪注的複雜關係，自然也沒能對出

① 唐鈔本文選集注亦作『叛』，可見並非是流傳過程產生的問題。

現這種情況的原因做進一步的思考。由於目前資料有限,筆者在此也只是提出問題,做一些合理推測,並不能給出確切的答案。首先,可以排除陸德明所用司馬彪注非完本的情況,因爲在上述諸例前後都引用了司馬彪注,如『逕庭』前『無當』條下即有司馬彪注云『言語宏大無隱當也』,『緣督以爲經』後『文惠君』條即作:『崔、司馬云:梁惠王也。』而且,也可以排除陸德明和李善有張冠李戴的情況。原因有二:一,問題不是只有一處兩處,說明不是偶然性的;二,二書所引用的司馬彪注有相當部分是相合的。如逍遥遊篇『海運』之『運』、『旁礴』,大宗師篇『以襲氣母』之『襲』,山木篇『假人』之『假』,徐無鬼篇『以賓寡人』之『賓』等,解釋完全相同,還有一些條目解釋詳略稍有不同,或文字略異而意思一致。這都表明陸德明和李善不存在把別家注釋錯當成司馬彪注或反過來把司馬彪注當成別家注的情況。那麼,就只有兩種可能了,一種是陸德明自相矛盾,體例不一,不能嚴格執行自定的標準,一種就是陸德明和李善所用的是不同的版本。若真是由於版本不同造成上述現象,那麼這兩個版本的差別可能非常之大,因爲司馬彪注本是五十二篇本,其字數在十萬以上,而李善注引用的不足一百條,問題就有這麼多,全書的差別之巨可以想見。

第二個問題是關於義理方面的。陸德明莊子音義目的在於注音釋義,而不在義理,這就決定了他對前人注釋的取舍删改的傾向性,也決定了後人所能看到的前人注釋尤其是散佚注釋的面貌。所以,莊子音義雖然以郭象本爲底本,但所引郭象注數量卻排在第五位,排在前面的正是音字釋義的司馬彪注、李氏注、崔譔注、徐氏音。而且,以義理著稱的郭象注,如果只看莊子音義,恐怕我們得出的結論會是它是一部訓詁著作,其義理方面完全被忽略掉了。司馬彪注也是如此,今存司馬彪注主要從莊子音義中輯出,可以說莊子音義大體決定了我們對司馬彪注的認識。但幸而不是全部,李善注所引司馬彪注就有明顯不同。李注所引司馬彪注中就保留了其對莊子義理的注釋,其中既包括對字句的闡釋,也包括對全篇大意的揭示。在『司馬彪的莊子注』一章中,我詳細討論了司馬彪注義理方面的特點,讀者可參看,其中所用材料全部出自文選李善注,可見其對我們認識司馬彪注

的全貌的重要性。其中特別要指出的是，司馬彪對人間世篇的題解，基本爲郭象承襲，這對研究郭象思想的來源甚至玄學的發展具有重要意義。當然，從總體上看，司馬彪對義理的分析雖然大體是契合莊子之意的，但也爲莊子原文所束縛，不夠玄遠，也並未形成一套有系統的理論，也沒有理論化的表述方式，這就與談玄論道者的口味相左，這可能也是在玄學大興的時代，司馬彪注逐漸被淘汰的原因。所以，從總體來講，司馬彪的莊子注，文字訓詁是主要的，也最有價值，但是其義理方面的努力和價值也是不可忽視的。

二、李注所引向秀、李頤、郭璞、張湛等注之價值及問題

李善注引用最多的是司馬彪注，其次爲郭象注。另外還有其他幾家零星注釋，其中問題頗多，值得注意。

劉孝標辯命論云：『自然者，物見其然不知所以然，同焉皆得不知所以得。』李善注：『莊子曰：孔子觀於呂梁，見一丈夫，謂孔子曰：吾長於水而安於水，性也；不知吾所以然，命也。張湛曰：固然之理，不可以智知，知其不可知，故謂之命也。』歷代志書均未記載張湛著有莊子注，文廷式補晉書藝文志引此條注釋以爲有，又深自懷疑：『按此張湛列子黄帝篇注，今本「固然」作「自然」，無「故」字，恐文選誤引，擬刪。』①列子黄帝也有『孔子觀於呂梁』一段，張湛所注正是此句。可見此處是李善移列子注以注莊子，並非張湛注莊子，也非文選誤引，正如張湛引向秀莊子注以注列子，不能認爲向秀曾注列子。

郭璞莊子注也不見於歷代志書。李善注中保留了三條，但都是張冠李戴。左思吴都賦云『否泰之相背也，亦猶帝之懸解，而與桎梏疏屬也』，李善注云：『莊子曰：老子死，秦失吊之，三號而出。弟子曰：非子之交

① 文廷式撰、朱新林整理補晉書藝文志，收入二十五史藝文志經籍志考補萃編第十卷，清華大學出版社2012年版。

耶？曰：然。然吊若是可乎？曰：始也吾以其人也，而今非也。適爲（來），夫子時也。適去，夫子順也。安時而處順，憂樂不能入也，古者謂是帝之懸解。莊子曰：有係謂之懸，無謂之解。郭璞曰：懸絕曰解。善曰：……郭象玄莊子注曰：生曰懸，死曰解。』吴都賦舊有劉淵林注，李善在其注後又作補充。然而劉淵林與左思是同時代人，比郭璞稍早，郭璞的注不太可能被他引用。而且此注上下問題多多，即使從時間上不能完全排除被引用的可能，也有理由懷疑郭璞注有誤。首先，注中重複出現『莊子曰』，第二處明顯是第一處的注釋，今本郭象注云『以有係者爲懸，則無係者懸解也』，與其注相近，當是郭象注之誤。其次，李善注中『郭象玄』很可能是刊刻出錯，但今本郭象注與李善所引差別太大。考莊子音義云：『崔云：以生爲縣，以死爲解。』倒是與此處所言大意相同。李善也不是沒有更改文字的可能。再其次，文選末所附胡氏考異云：『注「莊子曰有係」下至「懸絕曰解」，袁本、茶陵本無此十九字。』郭璞此注從版本上也是有疑問的。綜合來看，這三個問題使這條郭璞注的可信度大大降低。而另外兩處都是將郭象注誤作郭璞注，其一是牧馬小童講爲天下在於『去其害馬者』，注曰：『馬以過分爲害。』（孫綽遊天台山賦李注引）其一是大宗師篇『假於異物，托於同體』，注曰：『假，因也。今死生聚散，變化無方，皆異物也。』（賈誼鵩鳥賦李注引）在今本中極易檢得，不知爲何訛作郭璞。而幾種相關的藝文志、經籍志考補著作均未提及郭璞注莊子，不知是沒見到這幾條還是知道其訛誤？

經典釋文序錄云：『李頤集解三十卷，三十篇。』下小字云：『一作三十五篇，爲音一卷。』莊子音義中標注『李頤』的有五條，標注『李云』的有六百餘條①，無法分辨是否屬於李頤，因爲據序錄記載，另有一李姓人李軌爲莊子注音一卷。李善注也引用了李頤的注釋。陸機文賦注引用了輪扁斲輪的故事後，又引其注道：『李頤曰：齊桓公也。……李頤曰：酒滓曰糟。……李曰：數，術也。』兩處明言李頤，一處只作『李曰』。對照莊

① 據黄華珍莊子音義研究統計。

子音義：『桓公，李云：齊恒（桓）公也，名小白。……糟，音遭，李云：酒滓也。……有數，李云：色注反，數，時（術）也。』與李善注所顯示的基本一致。莊子音義前兩條僅云『李云』，與李善注對照，其歸屬一目了然。第三條雖然兩書都僅標明姓氏，但只有莊子音義稍有疑問，李善注上下還有郭象、司馬彪注，如果此『李』不是李頤，應該會注明，除非此注是從別的著作中轉引而來，且原本就作『李曰』，李善並不知道此人。而據經典釋文序錄來看，李軌只是爲莊子注音一卷，不涉及訓詁，李頤是集前人之解，音義俱全，此注於音後釋義，只能歸到李頤名下。劉孝標廣絕交論李善注云：『李顗莊子音義曰：搥，排口鐵，以灼火也。』而陸德明莊子音義云：『李云：錘，鴟頭頗口句鐵，以吹火也。』兩處文字有差異，但當是同一個注。顗、頤音形俱近，顗當是頤之訛。那麼關於『李顗莊子音義』就有兩種可能：一、李頤莊子集解又名莊子音義。莊子集解是依據陸德明經典釋文序錄的記載，在隋書經籍志中李頤的著作則爲集注莊子，可見它並無定名，那麼叫作莊子音義也有可能，不過各種志書均無記載，不能不使人覺得這種可能性很小。二、李善此注不僅將『頤』字錯成『顗』，還將陸德明莊子音義錯安在李頤名下，只是產生這些錯誤的原因不可知。綜合來看，第二種可能性稍微大一些。因爲李善注中確實存在關於陸德明莊子音義的錯誤，這可作爲旁證。如馬融長笛賦李善注有云：『莊子音義曰：熊經，若熊之舉樹而引氣也。』考陸德明莊子音義實有此注，但卻是放在司馬彪名下。

莊子音義可簡稱音義，李善注有兩處冠以音義。王簡棲頭陀寺碑文『淳源上派，澆風下黷』句下李注云：『莊子曰：德又下衰，及唐虞澆淳散朴。淮南子以澆爲澆，音義同。』陸德明莊子音義云：『澆，古堯反。本亦作澆。』謝靈運遊赤石進帆海『溟漲無端倪，虛舟有超越』句下李注云：『莊子：孔子曰：反復終始，不知端倪。音義曰：倪音崖。』陸德明莊子音義云：『端倪，本或作淣，同音崖，徐音詣。』李善所引均與陸德明莊子音義相同，則此音義應該是指陸德明莊子音義。

李善注還引用了另一種音義著作。謝靈運永初三年七月十六日之郡初發都『曰余亦支離，依方早有慕』句

下注云：『莊子曰：文離疏者，頤隱於齊，肩高於頂，會撮指天，五管在上，兩髀爲脅。七賢音義曰：形體離，不全正也。名疏。』此書未見著錄，諸種藝文志、經籍志考補著作也不見收錄，僅見於此，相關的信息一概不知，也不知道是不是錯誤？

李善注還有李軌注一則。謝靈運遊赤石進帆海『溟漲無端倪，虛舟有超越』句下，李善注云：『莊子曰：北溟有魚，其名曰鯤，海運則圖於南溟。李弘範曰：廣大窕冥，故以溟爲名。』李弘範即李軌，前文已經交代李軌只注音不釋義，不知道是李善弄錯了，還是李軌另有釋義之作。

謝靈運永初三年七月十六日之郡初發都李注還引用了徐邈的注：『瓠落，大貌。徐仙民，戶郭切。』陸德明莊子音義云：『瓠，戶郭反，司馬音護，下同。』二者音切相同，而莊子音義沒有特別標出徐仙民，應該是因爲他與其他諸家注音相同；但將司馬彪單獨標出，則應是因爲其所注與衆家不同。以上均是音義之作，而義理之作在李善注中也有保留。這裏指向秀的佚注，共有兩條。一爲齊物論篇『形固可使如槁木，心固可使如死灰乎』注：『死灰枯木，取其寂漠無情耳。』（陸機文賦李注引）一爲人間世篇『虛室生白』注：『虛其心則純白獨著。』（嵇康養生論李注引）向秀是郭象的先進，其注對研究魏晉玄學思想的演進、郭象思想的形成至關重要，但郭注行世後向注反而散佚無聞，吉光片羽也彌足珍貴。

莊子學史

第二册（增補繁體版）

方勇◎著

人民出版社

目　錄

第四編　隋唐莊子學

第一章　隋唐莊子學概説……三
第一節　隋唐莊子學發展的歷史背景……三
第二節　隋唐莊子學的發展過程……八
第二章　陸德明的莊子音義……一三
第一節　莊子音義撰寫因由及年代……一三
第二節　對莊學源流及莊子版本的考述……一五
第三節　對舊音義的兼收與審定……一九

第四節　在舊音義外自作音義……二四
第五節　對郭象本的校勘……二七
第六節　莊子音義的歷史地位和影響……三一
第三章　成玄英的莊子注疏……三四
第一節　依郭象注作疏解……三四
第二節　在郭象注外作疏解……四一
第三節　成疏的佛理化傾向……四八
第四節　莊子注疏的歷史地位和影響……五三
第四章　隋唐其他人的莊子學……五七
第一節　魏徵等的莊子治要……五七
第二節　文如海的莊子正義……六一
第三節　張九垓的莊子指要……六六
第四節　馬總的莊子鈔……七〇
第五節　李磎的廣廢莊論……七四
第五章　隋唐佛教學者的莊子學……八一
第一節　隋唐佛教學者對莊子思想的吸收與批評……八一

第二節　宗密對莊子思想的批評與會通……九二
第六章　隋唐道教學者的莊子學……九八
第一節　隋唐道教學者對莊子思想的利用與闡發……九八
第二節　司馬承禎的坐忘論……一一〇
第七章　隋唐文士的莊子學……一一八
第一節　隋唐學士文人對莊子的多所闡釋……一一八
第二節　唐代的莊子寓言賦……一二六
第三節　李白的大鵬賦……一三八
第八章　杜光庭道德真經廣聖義所體現的莊子觀……一四三
第一節　道論中的莊子觀……一四四
第二節　心性論中的莊子觀……一五四
第三節　修道論、經國理身論中的莊子觀……一六一

第五編　宋元莊子學

第一章　宋元莊子學概說……一七三
第一節　宋元莊子學發展的歷史背景……一七三
第二節　宋元莊子學的發展過程……一七九
第二章　王安石的莊子學……一九四
第一節　王安石學術中的諸子學思想……一九四
第二節　《莊周》及其他文章所體現的莊子學思想……一九六
第三節　王安石詩歌中體現的莊子學思想……二〇六
第四節　王安石莊子學思想的特徵與影響……二一〇
第三章　蘇軾的莊子學……二一六
第一節　《莊子祠堂記》……二一六
第二節　《廣成子解》……二二三
第三節　蘇軾文藝創作所反映的莊子學……二二八

第四章　呂惠卿的莊子全解……二三七
第一節　莊子全解版本、名稱及流轉之概況……二三七
第二節　對儒道思想的調和……二三九
第三節　對莊子『指之所在』的探尋……二五五
第五章　王雱的南華真經新傳……二六一
第一節　略仿郭注體例而異其旨趣……二六三
第二節　對王安石莊子學思想的宗承與超越……二六八
第三節　對各篇作意與邏輯結構的用心探究……二七三
第四節　對莊子製名寓意的多所發微……二七八
第六章　陳景元的莊子研究……二八二
第一節　陳景元五種莊子學著作概說……二八三
第二節　陳景元莊子學思想的道教傾向……二八九
第三節　陳景元在莊子音義、考異方面多有貢獻……二九八
第七章　蘇門學士的莊子學……三〇四
第一節　黄庭堅的莊子學……三〇四
第二節　蘇門其他學士的莊子學……三一三

第八章　北宋中後期其他人的莊子學……三二六
第一節　陳詳道的莊子注……三二六
第二節　林自的莊子注……三三二
第三節　賈善翔的南華真經直音……三三九
第四節　李士表的莊子九論……三四二
第九章　林希逸的莊子口義……三四七
第一節　對舊注舊說的承因與批評……三四八
第二節　對莊子學說與儒學、佛理的大力整合……三五七
第三節　對莊子文字、筆法、意境的多所評析……三七〇
第四節　莊子口義在中國、日本歷史上的影響……三七七
第十章　褚伯秀的南華真經義海纂微……三八〇
第一節　保存兩宋治莊遺說十餘家……三八〇
第二節　『管見』大抵以道家說解釋莊子……三八三
第三節　『管見』對經文、傳注的考校與審定……三八九

第十一章 羅勉道的南華真經循本……三九五
第一節 對莊子本旨的用心尋繹……三九五
第二節 執『化』字以尋繹逍遙遊的義旨……四〇四
第三節 創『二十六篇』說以修正蘇軾的真僞觀……四一〇
第十二章 劉辰翁的莊子南華真經點校……四一三
第一節 對林希逸莊子口義的多所批駁……四一三
第二節 開創莊子評點之先河……四二〇
第十三章 南宋至元代其他人的莊子學……四二五
第一節 程俱的莊子論……四二五
第二節 趙以夫的莊子內篇注……四二八
第三節 王應麟的莊子逸篇……四三二
第四節 黃震的讀莊子……四三七
第五節 吳澄的莊子敘錄……四四三
第六節 苗善時的南華經公案……四四八
第十四章 宋元佛道二教學者的莊子學……四五四
第一節 宋元佛教學者對莊子的援引與闡釋……四五四

第二節　宋元道教學者對莊子的闡釋與研究……四六八
第十五章　宋元理學家的莊子學……四七九
第一節　宋元理學家對莊子思想的吸納與批評……四七九
第二節　朱熹對莊子及歷代莊子學的論說……四九七
第十六章　宋元詩文詞曲作家的莊子學……五二三
第一節　宋代散文詩詞作家對莊子的援引與論說……五二三
第二節　元代散曲雜劇作家對莊子的多所闡釋……五四〇

第四編

隋唐莊子學

第一章　隋唐莊子學概説

第一節　隋唐莊子學發展的歷史背景

隋朝建立以後，統治階級需要消除由南北朝長期分裂所帶來的思想文化方面的混亂現象，以便營造出一個適應於大一統政治局面的思想文化氛圍。如據隋書儒林傳載，隋文帝楊堅一登皇位，乃令國子學保薦學生四五百人，考試經義，準備從中選取一些儒士充任官員，這便是他積極主張恢復儒學正統地位的一項重要舉措。但從隋文帝在位的整個時期來看，儒學在儒、道、釋三教中的實際地位卻可説是最低的。因爲隋文帝一開始雖然主張以儒學作爲立國的根本，但就他的内心而言，卻十分信奉佛、道二教。據隋書高祖紀等載，隋文帝生於馮翊般若寺，由一女尼躬自撫養長大。在寄養尼寺期間，女尼曾屢謂此兒奇異非常，將來必得天下，重興佛法。隋文帝也深信『我興由佛法』，所以他給了佛教以種種的關心和愛護，在晚年甚至還曾藉口學校生徒多而不精，下詔幾乎盡廢京師和郡縣的大小學校，而同時卻頒舍利於諸州，營造寺塔多達五千餘所。同樣，隋文帝在奪取北周政權之前，道士們也曾向他獻計獻策。如隋書律曆志云：『（北周靜帝）大象元年，……時高祖（楊堅）作輔，方行禪代之事，欲以符命曜於天下。道士張賓，揣知上意，自云玄相，洞曉星曆，因盛言有代謝之徵，又稱上儀表非人臣相。由是大被知遇，恒在幕府。及受禪之初，擢賓爲華州刺史。』像張賓這樣因曾密告符命、積極爲楊堅奪

取北周政權作輿論準備而後來大受重用的，至少還有焦子順、董子華等道士。總之，隋文帝在表面上雖以儒學作爲治國之本，但由於他佞佛崇道，遂使儒學的實際地位反而處在佛、道之下。然而，儘管隋文帝在處理儒、道、佛關係上或有畸重畸輕，但在主張以儒學爲立國之本的同時積極吸收佛、道思想，希望建立起一個『三教』並行的思想文化體系，卻是他的一貫主張。隋煬帝楊廣登位以後所推行的思想文化政策，也大致可看成是隋文帝這一『三教』並用政策的進一步施行。整個隋代的莊子學，就是在上面這樣的背景下發展著。

唐高祖李淵登上帝位後，也以儒學爲立國之本。他下詔置州、縣、鄉之學，廣攬士人，並於國子監立周公、孔子廟，親事釋奠之禮。但他又把儒學看作是與『老教』、『釋教』並列的『孔教』，並於武德八年下詔重新爲儒、道、釋三教排定了序位：『老教、孔教，此土元基；釋教後興，宜崇客禮。可令老先，次孔，末後釋宗。』（道宣集古今佛道論衡卷丙）當然，把『老教』排在首位是有很多原因的。隋書經籍志云：『（隋煬帝）大業中，道士以術進者甚衆。其所以講經，由以老子爲本，次講莊子及靈寶、升玄之屬。』說明隋代後期對老子的崇拜熱已經興起。而李淵出身於關隴集團的武人世家，門第不高，頗爲中原地區門閥士族所輕視，所以正需要與老子李耳攀宗，以便爲自己奪取天下提供有利條件。當時的一些道士因看到李淵父子將有希望奪取隋朝的天下，便紛紛迎合了李淵的這一需求。如混元聖紀卷八云：『隋大業七年，辛未，煬帝親駕征遼，樓觀道士岐暉謂門弟子曰：「天道將改，吾猶及見之，不過數歲矣。」或問曰：「不知來者若何？」曰：「當有老君子孫治世，此後吾教大興，但恐微軀不能久保耳。」後數年，隋果亂。』李淵正是利用這樣的『符命』來爲他奪取天下和鞏固統治地位服務的，因而他自然把『老教』排到了第一位。也正由於老子崇拜熱的不斷升溫，這又使人們對作爲老子後繼者的莊子予以了更多的關注，從而有力地推動了唐初莊子學的向前發展。

與唐高祖一樣，唐太宗李世民一登上皇位，便『立孔子廟堂於國學，以宣父爲先聖，顏子爲先師。大徵天下儒士，以爲學官。數幸國學，令祭酒、博士講論，畢，賜以束帛。』（舊唐書儒學傳）並云：『朕今所好者，惟在堯、

舜之道，周、孔之教，以爲如鳥有翼，如魚依水，失之必死，不可暫無耳。』（貞觀政要慎所好）但他並沒有忽視道教的作用，也沒有對佛教採取排斥的態度，所推行的是一種以儒學爲主體的『三教』共存的政策。不過，因出於神化王權的需要，他卻詔道士處於僧尼之上：『朕之本系出於柱史，……自今以後，齋供行立，至於稱謂，其道士、女冠可在僧尼之前，庶敦本之俗暢於九有，尊祖之風貽諸萬葉。』（令道士在僧前詔）他還令玄奘將老子譯成梵文，使之流布域外。由於這些原因，兼以當時的統治集團又需要把道家清靜、無爲的思想引入政治實踐，所以闡釋、研究莊子學說也就隨之漸成風氣。諸如魏徵的莊子治要、成玄英的莊子注疏等等，便是在此時或稍後問世的。

繼唐太宗之後的幾代李姓皇帝，他們在繼續奉行『三教』並存政策的同時，又把對老子的崇拜大大地向前推進了。唐高宗李治曾於乾封元年追號老子爲『太上玄元皇帝』（舊唐書高宗本紀）。又分別於上元元年令『王公百寮皆習老子，每歲明經，一準孝經、論語例試於有司』（同上），於儀鳳三年詔曰：『自今已後，道德經並爲上經，貢舉人皆須兼通。其餘經及論語，任依常式。』（舊唐書禮儀志四）唐玄宗李隆基對老子的一再加封和盡力神化，則更達到了狂熱的程度。如他於開元十年詔『兩京及諸州各置玄元皇帝廟一所』（冊府元龜卷五十三），開元十九年詔『五嶽各置老君廟』，開元二十一年『令士庶家藏老子一本』，天寶二年『追尊玄元皇帝爲大聖祖玄元皇帝』，天寶八年『冊聖祖玄元皇帝尊號爲聖祖大道玄元皇帝』，天寶十三年『上玄元皇帝尊號曰大聖祖高上大道金闕玄元天皇大帝』（以上見舊唐書玄宗本紀）。正由於老子崇拜狂熱的掀起，作爲老子後繼者莊子、列子等道家人物的地位也隨之不斷上升。如：

（開元）十年正月己丑，詔……置崇玄學。其僧徒令習道德經及莊、列、文子等，每年准明經例舉送。（冊府元龜卷五十三）

（開元）二十五年春正月，初置玄學博士，每歲依明經舉。（資治通鑑卷二百十四。按，胡三省注

云：『崇玄學，習老子、莊子、文子、列子，亦曰道舉。』）

（開元）二十九年春正月丁丑，制兩京、諸州各置玄元皇帝廟，並崇玄學，置生徒，令習老子、莊子、列子、文子，每年准明經例考試。（舊唐書玄宗本紀）①

天寶元年，詔號莊子爲南華真經，列子爲沖虛真經，文子爲通玄真經，亢桑子爲洞靈真經。（新唐書藝文志）②

（天寶四年，詔）其墳籍中有載玄元皇帝、南華等真人猶稱舊號者，並宜改正。其餘編錄經義等書，亦宜以道德經列諸經之首。其南華經等，不須編在子書。（册府元龜卷五十四）

除此而外，唐玄宗還曾於開元初詔中書令張説舉能治周易、老子、莊子者③，於開元末詔甘暉、魏包爲莊子作注④。總之，到了唐玄宗時期，莊子學已走向與國家政治的緊密結合，甚至由子學而上升爲經學，成了王公大臣和一般士人都必須研治的一門學問。

可見，唐玄宗爲了徹底消除武后、韋后大力揚佛抑道所造成的消極影響，重新恢復李唐王朝在人們心目中的神聖地位，不免對老子以及由老子所開創的整個道家進行了極力神化，使之蒙上了濃厚的神秘色彩。當然，

---

① 唐會要貢舉下亦載：『開元二十九年正月十五日，於元元皇帝廟置崇元學，令習道德經、莊子、文子、列子，待習成後，每年隨舉人例送名至省，准明經考試。』

② 唐玄宗加莊文列庚桑四子爲真人敕（全唐文卷三十六）：『莊子、文子、列子、庚桑子，列在真仙，體玆虛白，師元元之聖教，洪大道於人寰。觀其微言，究極精義；比夫諸子，諒絶等夷。其莊子依號曰南華真人，文子號曰通元真人，列子號曰沖虛真人，庚桑子號曰洞靈真人。其四子所著改爲真經。崇元學置博士、助教各一員，學生一百人。』

③ 見新唐書康子元傳。

④ 見新唐書藝文志。

唐玄宗並沒有因崇道而忽視儒、佛二教的作用。事實表明，他在實施『三教』並行政策方面，實在比唐初幾位李姓皇帝有過之而無不及。如他曾特爲老子、孝經作注疏，又『親注金剛般若經，詔頒天下，普令宣講』（宋高僧傳玄儼傳），從而有力地推動了儒、道、釋三教的和合融通。而且，唐玄宗爲三教經典所作的注疏，其本身就幾乎處處體現了這種和合融通的精神。如他在御制道德真經疏釋題中説：『大道者，虛極妙本之強名，名其通生也。莊子曰：「太初有無。」有無者，言有此妙無也。又曰：「無有無名。」無名者，未立強名也。故經曰：「無名，天地之始。」強名通生曰道。故經曰：「有名，萬物之母。」莊子又曰：「物得以生謂之德。」德，得也，言天地萬變，旁通品物，皆資妙本而以生成，得生爲德。故經曰：「道生之，德畜之。」則知道者，德之體；德者，道之用也。而經分上下者，先明道而德次之也。然體用之名可散也，體用之實不可散也。……是知體用互陳，遞明精要，不必定名於上下也。』這裏，唐玄宗以佛教『體用無二』的思想闡述了老莊哲學中『道』與『德』的關係，認爲像道德經雖然在表面上分爲上經、下經，『先明道而德次之』，但由於『道』爲『德』之本體，『德』爲『道』之作用，所以二者表現爲『體用互陳』的關係，實質上是不可分而爲二的。同時，唐玄宗在御制道德真經疏釋題中還通過運用莊子書中有關孔子問禮於老子的寓言故事，來闡述其關於儒、道二家完全可以互相融合而共佐王化的思想。唐玄宗在他的注疏中所體現出的這種『三教』合一思想，對當時和中晚唐的思想文化都產生了相當大的影響。如杜光庭在道德真經廣聖義中所闡述的『三教』合一理論，便是對唐玄宗注疏中『三教』合一思想的直接拓展和發揮。

『安史之亂』以後，儒、道、釋三教和合融通的態勢繼續發展著，科舉仍有以『道舉』取士的①，但由崇道佞佛

① 如全唐文卷四百八十四載有道舉策問五道，當爲唐憲宗元和間科舉策問時所用。其中第一、二、三、四道，所提的皆爲莊子中的問題。

所帶來的各種社會政治問題也隨之日益突出，於是像呂溫、元稹一些人便相繼提出了重振儒學的主張，而韓愈還具體闡述了自己關於排斥釋老、復興儒學的思想理論。到了唐末，甚至更有李磎廣廢莊論的問世，這就把歷史上評莊廢莊的理論推向了一個嶄新的層次。

第二節　隋唐莊子學的發展過程

隋朝建立以後，魏晉南北朝時期所形成的社會習尚和獨特的思想文化仍較多地延續了下來。這表現在莊子學上，一是有一些人仍以玄學思想來闡釋莊子，如隋書經籍志所載梁澡玄言新記明莊部二卷當即屬於隋代問世的此類著作；二是有不少人仍承因南北朝時盛行的莊子義疏之學，依據一定的思想原則對莊子的義理加以闡釋、發揮和會通，如隋書經籍志所載戴詵莊子義疏八卷和隋書何妥傳所載何妥莊子義疏四卷等等，當皆爲隋時問世的莊子義疏著作。而陸德明著莊子音義三卷，既廣集並審訂了漢魏六朝衆多學者爲莊子所作之音義，又復於這些舊音舊義之外自作音義，這不但繼承了前人治莊頗重音義的傳統，而且還爲漢魏以來所取得的治莊成果作了一次前所未有的大總結。至於陸德明敢於把莊子與儒家經典並列在一起，並在作音義時，於儒家經典『無煩覼縷』，於莊子則『微爲詳悉』（見經典釋文序録），這固然與他早年可能曾深受『玄言』影響有關，但在一定程度上也可看成是受隋時儒、道、釋三教並行這一思想文化思潮影響的結果。

由於西晉郭象的莊子注所反映出的獨特哲學思想非常適合於當時社會的實際需要，而他所裁定的三十三篇本子又顯得頗爲精純，因而他所作的注解遂爲世人所貴，他所裁定的本子也就幾乎成了後人共同推崇的定本，陸德明即依郭象注本而作莊子音義。鑒於這種情況，唐初著名道士成玄英便『研精覃思三十［年］』，『依子玄（郭象）所注三十［三］篇輒爲疏解，總三十［三］卷』（見莊子注疏序），成莊子注疏一書。大致說來，成氏在此

書中確實較多繼承了郭象莊子注的學術思想，但他又『稱意而談』，即按照自己對莊子學説的獨特理解，大膽揚棄魏晉玄學家的有、無之辯，而每以佛教中觀派的否定思維方式和『諸法皆空』的基本理論，對莊子全書作了痛快淋漓的闡釋，從而不僅創造性地發展了郭象的莊子學思想，而且也打破了東晉支遁僅以佛理詮釋莊子逍遥遊思想的局限，真正爲以佛解莊開拓了廣闊的空間。同時，他對莊子中出現的『老聃』、『莊子』更按道教的信仰作了解説，這又爲唐代的老子崇拜提供了不少理論根據。在疏解方法上，他十分注意從訓釋字詞入手，進而對語句章節進行梳理貫通，這就在很大程度上彌補了郭象『寄言出意』闡釋方法所存在的不足。所以清四庫館臣説：『（郭）象注掃除舊解，標新領異，大半空言，無所徵實，不免負王弼注易之累。元英此疏，則稱意而談，清言曲暢。至序文云「莊子字子休，生宋國睢陽蒙縣，師長桑公子，受號南華仙人」，殆出真誥之類，殊可以廣異聞。』①總之，生活於唐初儒、道、釋三教並行背景下的成玄英，他所著的莊子注疏在有所宗承郭象注的基礎上，既吸取了佛教的許多思想觀念和思維方式，又承因了道教的一些宗教信仰，實可謂是一部吸納、融合魏晉六朝多種思想學術之精華而又有所進益的莊子學著作。這部著作的問世，正標誌着隋唐莊子學的義疏之學已達到了登峰造極水準。

與成玄英的疏解方法和闡釋指向有所不同，唐初魏徵等修撰莊子治要，主要是通過節選或重新組合莊子中的有關文字來闡釋並發揮莊子『無爲而治』思想，其目的在於爲當時的國家政權建設起到理論上的指導作用。而孫思邈著莊子注（見新唐書藝文志著録），據現存的其他一些資料來分析，又在於想把莊子的有關思想引向與醫學養生學的結合，來進一步豐富我國醫學養生學的傳統理論。

隨著唐高宗、玄宗時期老子崇拜熱的步步升溫，研究莊子的隊伍也就不斷擴大了起來。這一時期的莊子學

① 四庫全書總目提要四庫未收書目成玄英南華真經注疏。

著作主要有：楊上善莊子注十卷，見舊唐書經籍志、新唐書藝文志、通志藝文志；賈參寥莊子通真論三卷，盧藏用莊子内外篇注十二卷，張游朝南華象罔說十卷，元載南華通微十卷，皆見新唐書藝文志、通志藝文志；尹知章莊子注，柳縱莊子注，陳庭玉莊子疏，甘暉、魏包莊子注，李含光莊子學記一卷、莊子義略一卷，皆見新唐書藝文志。這些莊子學著作，大多是在唐玄宗時期問世的。在這一時期，莊子學已由子學直接上升爲經學，所以雖紛然染指於莊子學經學者甚眾，但他們終究缺乏昔日大多數治莊者那種真心想從莊子哲學中尋找到安身立命價值依托的内在欲求，這就無怪乎這些莊子學著作的總體水準不高而無一能夠流傳於後世了。但從某些方面來看，這一時期的莊子學仍有所發展。如據宋晁公武郡齋讀書志後志於文如海莊子正義下所作注語和元吳澄爲文氏此著所作序言可知，唐玄宗時道士文如海著莊子正義，其目的一是爲了矯正以郭象莊子注爲代表的魏晉莊子學的『放乎自然而絕學習』之『失』，二是爲了發明莊子的『經世之用』的思想，把莊子學進一步引向對現實政治的關懷。這說明，文如海已不同於唐初成玄英的依郭象注『輒爲疏解』，而主要是宗承了魏徵一派的莊子學思想，把莊子學說努力闡釋成一門經世安邦的學問，從而使莊子學適應於新的歷史條件而獲得了進一步的發展。文如海的另一部莊子學著作莊子邈至今仍存於道藏中，我們可據以窺見到他確實想在治莊過程中會通儒道，從莊子中引申出儒家的綱常倫理思想和經世安邦理論。正由於文氏的莊子學適應了現實社會的需要，所以還很可能引起過唐玄宗的重視。

『安史之亂』以後，莊子學著作的數量有所減少，但其闡釋指向大致仍朝著與郭象莊子學疏離的方向延伸著。如據權德輿所作張隱居莊子指要序和送渾淪先生遊南嶽序可知，唐代宗、德宗時的隱者張九垓，因有見於郭象之注不能與莊子之旨相吻合，致使後學者懵然不知所從，乃自爲莊子内、外、雜篇作訓釋，並作莊子指要三十三篇，大抵『宏道以周物，闡幽以致用，内外相濟，始終相發』，從而使莊子學說體現出了『爲家爲邦、爲仁爲智』的精神而縮小了與現實社會的距離，所以張氏的治莊成果在當時就博得了諸如『能出乎古人之右』之類的

稱譽。德宗時馬總編撰莊子鈔，亦必以闡揚莊子中有關經世濟民思想爲先務，以便對當世的守備政教起到補偏救弊的作用，所以時人戴叔倫遂謂其可以『防守教之失』、『補比事之闕』，而『無僻放拘刻譤蔽邪蕩之患』。此後，一些堅信儒家學說的士人，因有見於由唐代長期崇道佞佛所帶來的各種社會政治問題日益突出的嚴重後果，便公然提出了排斥佛老的主張。到了唐末，甚至還產生了李磎的廣廢莊論，要求徹底駁倒並廢棄莊子的學說，從而有力地推動了歷史上評莊廢莊理論的向前發展。

在隋唐時期莊子學的發展過程中，佛教學者也大膽吸收了莊子思想，並積極參與了闡釋莊子思想的活動。這在禪宗那裏，表現得尤爲突出。到了中晚唐時期，宗密更著成了原人論，在論證其『儒、道、釋三教合一』說的過程中，從多個角度展開了對莊子思想的闡釋與評論。道教學者除了成玄英、文如海等撰有莊子學專著外，其他諸如王玄覽、吳筠等，亦皆對莊子思想多有援引與闡發。歸納起來，他們對莊子思想的闡發主要集中在道體論、修道論、養生論、仙道論等方面。而司馬承禎著坐忘論，則從信敬、斷緣、收心、簡事、真觀、泰定、得道等角度大力闡發了莊子坐忘思想，因而使莊子坐忘思想的內涵大大豐富了起來。在坐忘論中，司馬承禎還每以天台佛學所提倡的止觀並重、定慧雙修和反照心源，體證中道的修行理論來接通莊子的坐忘思想，這更使莊子的坐忘思想與佛教學說融合了起來。但司馬承禎在坐忘論中卻避而不談莊子坐忘思想中關於『忘仁義』、『忘禮樂』這兩項重要內容，對儒家所大力宣揚的『仁義』、『禮樂』採取了頗爲寬容的態度。杜光庭爲唐末五代時期『道門領袖』，上承唐代道教重玄之學，下啟宋元時期道教內丹心性學之思想，所著道德真經廣聖義一書，在全面闡發和擴充唐玄宗老學思想的同時，也從道論、心性論、修道論、經國理身論等方面接受和發揮了莊子思想。

隋唐文人學士，也每於詩文中表述其對莊子或莊子學說的見解。如王維於漆園詩中云：『古人非傲吏，自闕經世務。』王通在文中子周公篇中說：『虛玄長而晉室亂，非老莊之罪也。』這裏確實說出了他們自己的一些看法。而韓愈大概因急於想把莊周學說改造成儒術，甚至還在送王秀才序中破天荒地提出了莊周之學源於

儒家的看法：『蓋子夏之學，其後有田子方，子方之後流而爲莊周，故周之書喜稱子方之爲人。』柳宗元則既在天爵論中說『莊周言天曰「自然」，吾取之』，又在答韋中立論師道書中自謂『參之莊、老以肆其端』，從而表達了他作爲一位唯物論者和古文運動領袖人物對莊子思想內容與藝術特徵的獨特見解。但比較起來，唐代文士用賦的形式來闡釋莊子寓言故事則顯得更爲普遍。如除了李白的大鵬賦而外，僅全唐文及文苑英華中就收有高邁的鯤化爲鵬賦，李澥的罔兩賦，石鎮的罔兩賦，蔣至的洞庭張樂賦、罔兩賦，包佶的罔兩賦，孫鎣的罔兩賦，高郢的痀僂丈人承蜩賦，邵說的筌蹄賦，浩虛舟的木雞賦，席夔的運斤賦，獨孤授的運斤賦、北溟有魚賦，陳仲師的得魚忘筌賦，白居易的求元珠賦，蔣防的任公子釣魚賦，紇乾俞的至人用心若鏡賦、列子御風賦，賈餗的莊周夢爲蝴蝶賦，薛逢的鑿混沌賦，張隨的莊周夢蝴蝶賦，趙宇的求元珠賦，等等。這些莊子寓言賦或因作者爲抒發自己的人生懷抱而作，或爲準備參加科舉考試而作，或即爲科舉試賦①。但由於這些作品是由不同時期的文士寫成的，所以各自所體現出的思想感情也就自然不同了。大致說來，初、盛唐時期産生的莊子寓言賦多體現出了作者積極向上的人生理想，『安史之亂』前後産生的多有作者關於人生無常、是非無定的感慨，唐德宗、憲宗時期産生的往往展現了作者期待國家『中興』的熱切心情，唐敬宗以後産生的則多流露出了作者的悲觀失望之情。總之，隨著唐代各個時期社會形勢的不斷變化，文士們也就不斷調整著闡釋莊子寓言故事的指向，因而從各個方面補充和豐富了莊子寓言故事的思想內涵。

①　如據清徐松登科記考載，李澥等所作罔兩賦爲天寶六年科舉試賦，浩虛舟所作木雞賦爲長慶二年科舉試賦。

第二章　陸德明的莊子音義

陸德明，名元朗，以字行，蘇州吴（今江蘇吴縣）人。生卒年不詳。初學於周弘正，善言玄理。南朝陳時，曾任始興國左常侍。陳亡，歸鄉里。隋煬帝時，擢秘書學士，遷國子助教。入唐，拜國子博士，封吴縣男。事跡具舊唐書、新唐書本傳。著有老子疏十五卷、易疏二十卷，今皆不存。所傳者，唯經典釋文三十卷，包括序録一卷、周易音義一卷、古文尚書音義二卷、毛詩音義三卷、周禮音義二卷、儀禮音義一卷、禮記音義四卷、春秋左氏音義六卷、公羊音義一卷、穀梁音義一卷、孝經音義一卷、論語音義一卷、老子音義一卷、莊子音義三卷、爾雅音義二卷，是一部集漢魏古注、六朝音義之大成，並精於經籍版本校勘的重要著作。

第一節　莊子音義撰寫因由及年代

舊唐書本傳説陸德明『初受學於周弘正』，『善言玄理』。那麼，周弘正是什麼人呢？據陳書周弘正傳，弘正是汝南安城人，『年十歲通老子、周易』，所以後來『特善玄言』。著有周易講疏十六卷、老子疏五卷、莊子疏八卷。這就説明，陸德明『善言玄理』，爲老子、莊子作音義，當是受到了老師周氏的影響。而且，這一影響又通過另一位名士張譏得到了強化。陳書張譏傳載，張譏『受學於汝南周弘正』，『篤好玄言』。其『性恬靜，不求榮利，常慕閒逸，所居宅，營山池，植花果，講周易、老、莊而教授焉，吴郡陸元朗……傳其業。』著有老子義十一卷、莊

子內篇義十二卷、莊子外篇義二十卷、莊子雜篇義十卷等。這進一步說明，陸德明不但受到了老師周弘正的影響，而且還直接傳承了周氏弟子張譏之『業』，故其在經典釋文序錄中遂有『余承師說』之語。由此看來，陸德明撰寫莊子音義，至少也應當有傳述『師說』之考慮①。

當然，周弘正、張譏等對陸德明產生影響的，當主要還是他們那種『篤好玄言』的精神。如陳書張譏傳除了說張氏在『所居宅』講授『三玄』外，還載有他在東宮講授老、莊之事，謂『及侯景寇逆於圍城之中，猶侍哀太子於武德後殿講老、莊』。名士們這種『篤好玄言』的精神，無疑給了陸德明以很深的影響，從而使他敢於把老、莊與儒家經典並列在一起，並在作音義時，於儒家經典『無煩覼縷』，於老、莊則『微爲詳悉』（見經典釋文序錄）。陸德明的這些做法，曾使後世一些堅守儒家正統思想的學者感到不可理解，但清四庫館臣卻推測云：『其列老、莊於經典，而不取孟子，……蓋北宋以前，孟子不列於經，而老、莊則自西晉以來爲士大夫所推尚，德明生於陳季，猶沿六代之餘波也。』②

那麼，陸德明是在什麼年代撰寫莊子音義的呢？他在經典釋文序錄中說：『粤以癸卯之歲，承乏上庠，循省舊音，苦其太簡，……遂因暇景，救其不逮，研精六籍，采摭九流，搜訪異同，校之蒼、雅，輒撰集五典、孝經、論語及老、莊、爾雅等音，合爲三帙三十卷，號曰經典釋文。』自陳至唐初共有兩個『癸卯之歲』：一是在陳後主至德元年、隋文帝開皇三年（583），一是在唐太宗貞觀十七年（643）。宋代李燾、清代桂馥等，皆將陸氏所說『癸卯之歲』斷爲唐太宗貞觀十七年癸卯③。但冊府元龜卷九十七載：『（貞觀）十六年四月甲辰，太宗閱陸德

① 唯今傳莊子音義中不見有標明何爲『師說』者，未知何故。
② 四庫全書總目提要陸德明經典釋文。
③ 李燾說，見盧文弨經典釋文序錄考證引；桂馥說，見劄樸卷七。

明經典音義，美其弘益學者，歎曰：「德明雖亡，此書足可傳習。」因賜其家布帛百匹。』清錢大昕據此申述云：『太宗閲其書，嘉德明博辨，以布帛二百段賜其家，是元朗卒高祖朝，不及事太宗也。元朗嘗從學於周宏正。宏正卒於陳高宗太建六年甲午（574），至後主至德元年癸卯，相距十載，元朗年當在三十左右，若貞觀癸卯尚存，則耄耋頽齡，恐不能著書矣。』①由此説明，陸德明撰寫經典釋文，實起始於陳後主至德元年，而傳世本署其唐時官銜者，乃後人所追題也。由此推之，則莊子音義當撰寫於陳、隋之際。

第二節　對莊學源流及莊子版本的考述

經典釋文序錄有『注解傳述人』一節文字，對所注每部書的傳授次第、整理情況等幾乎都有詳細的考述。其中關於莊子，陸德明主要考述了莊學源流和莊子本子的變遷情況，實際上是爲莊子音義所作的序錄。

陸德明的考述是從敘述莊子的生平、思想、文章等方面的情況開始的。他説：『莊子者，姓莊名周，梁國蒙縣人也。六國時爲梁漆園吏，與魏惠王、齊宣王、楚威王同時。齊、楚嘗聘以爲相，不應。時人皆尚遊説，莊生獨高尚其事，優遊自得，依老氏之旨，著書十餘萬言，以逍遥、自然、無爲、齊物而已，大抵皆寓言，歸之於理，不可案文責也。然莊生宏才命世，辭趣華深，正言若反，故莫能暢其弘致。後人增足，漸失其真。』這裏敘述莊子的生平事跡和思想、文章特徵，大抵都以莊子和史記老子韓非列傳中的有關材料爲依據。根據這些材料所提供的情況，陸德明認爲莊子實屬『宏才命世』，如他以『辭趣華深』、『正言若反』的特殊形式來表達『逍遥、自然、無爲、齊物』的思想，這就足以使世人『莫能暢其弘致』了。所以陸氏進而説：『後人增足，漸失其真。』

---

① 十駕齋養新録卷二十『陸德明』條。

所謂『後人增足，漸失其真』，具體說來，陸德明主要是指『莊子五十二篇』中存在著『言多詭誕，或似山海經，或類占夢書』現象而言。古本莊子中確實多有此類文字。如太平御覽卷四三七引莊子佚文云：『田光答太子曰：「竊觀太子客，無可用者。夏扶血勇之人，怒而面赤；宋膾脈勇之人，怒而面青；武陽骨勇之人，怒而面白。光所知，荊軻神勇之人，怒而色不變。」』又卷五三〇引莊子佚文云：『雄黃曰：「黔首多疾，黃帝氏立巫咸，使黔首沐浴齋戒以通九竅，鳴鼓振鐸以動其心，勞形趨步以發陰陽之氣，飲酒茹葱以通五藏。」』眾所周知，田光之答燕太子丹，事在秦始皇時，而『黔首』亦爲秦代對國民的稱謂，豈可用之於黃帝之世？則此類文字，皆爲『詭誕』之『言』也甚明。且郭璞注山海經海外東經引莊子佚文云：『昔者十日並出，草木焦枯。』慧琳一切經音義卷九三引莊子佚文云：『誇夫與日角走，渴死於北地。』藝文類聚卷九〇引莊子佚文云：『南方有鳥，其名爲鳳，所居積石千里。天爲生食，其樹名瓊枝，高百仞，以璆琳琅玕爲實；天又爲生離珠，一人三頭，遞臥遞起，以伺琅玕。鳳鳥之文，戴聖嬰仁，右智左賢。』此類文字，與山海經中的有關文字大同小異，正所謂『或似山海經』者。即使從今本莊子三十三篇來看，其外、雜篇文字旨趣也每有與內篇不相一致者。依據這種種跡象，陸德明在借鑒郭象有關見解的基礎上①，進一步明確提出自己關於莊子書中有『後人增足』的文字的看法，這在我們今天看來也很有見地。實際上，陸氏這裏的論述已經涉及了『莊子』學說的源流問題。即在他看來，莊子中除了作爲『源』的莊周學說而外，還包括了不少諸如『言多詭誕，或似山海經，或類占夢書』的篇章文字，這些無疑應該屬於『後人增足』、漸失莊周學說之『真』的『流』了。從陸德明所謂『莊生振徽音於七篇』（莊子音義天下）云云來看，則作爲『源』的莊周學說主要就是指內七篇而言了。

那麼，在『後人增足，漸失其真』以後，作爲主要以注莊形式出現的莊子學又如何呢？陸德明在考察了自

① 郭象的有關見解，請詳見本書第三編第七章中對司馬彪本的『以意去取』一節文字。

班固以來各家注解莊子的成果後說：『唯子玄（郭象）所注，特會莊生之旨。』又說：『子玄之注，論其大體，真可謂得莊生之旨矣。』（莊子音義天下）誠然，『（郭）象作莊子注，最有清辭遒旨』（世說新語文學劉孝標注引），致使在很長時間內，治莊者都不能拔理於郭注之外。然而，郭注所反映出的莊子學思想，又不完全是莊子的思想，而只能看成是郭象這位作爲當時玄學代表人物對莊子所進行的『莊子注郭象』（歸有光南華真經評注馮序）式詮釋的結果。由此說明，陸德明『生於陳季，猶沿六代之餘波』（四庫館臣語），其莊子學思想同樣受到了郭象的影響，因而他對郭象的莊子學，也就自然只有完全肯定而無些許批評了。其實，從保存在莊子音義中各家的訓釋文字來看，像崔譔的莊子注、司馬彪的莊子注等等，多在盡力辨正音義，皆不失爲研治莊子的好著作，但陸德明卻沒有給予明確的積極的評價。

在考述莊學源流的同時，陸德明還考察了莊子本子的變遷情況。他說：『漢書藝文志「莊子五十二篇」，即司馬彪、孟氏所注是也。』那麼，陸德明是否曾親見班固的五十二篇本呢？莊子音義齊物論於『夫道未始有封』下引崔譔云：『齊物七章，此連上章，而班固說在外篇。』又於『天倪』下引崔譔云：『或作霓，音同，際也。班固曰：天研。』又於『恂』下引崔譔云：『戰也，班固作眴也。』又於『大塊』下引司馬彪云：『大樸之貌。衆家或作大槐，班固同。』由此可以推知，崔譔、司馬彪曾經看到了班固的五十二篇本子，而陸德明則當是根據崔譔、司馬彪等人所引述的有關資料來研究莊子本子的流傳、變遷情況的。陸德明認爲，在莊子本子流傳的過程中，郭象刪去莊子五十二篇中屬於『一曲之才』摻進去的『巧雜』文字而使之變得精純起來，這是一項很有意義的舉措，因而爲世人所重，如『徐仙民、李弘範作音，皆依郭本，以郭爲主』，自己也依郭氏三十三篇本而作了莊子音義。爲了較全面地反映出自魏晉以來的莊學研究成果和莊子本子的變遷情況，陸德明還進而敘述云：

崔譔注十卷，二十七篇。清河人，晉議郎。內篇七，外篇二十。

向秀注二十卷，二十六篇。一作二十七篇，一作二十八篇，亦無雜篇。爲音三卷。

司馬彪注二十一卷，五十二篇。字紹統，河内人，晋秘書監。内篇七，外篇二十八，雜篇十四，解説三，爲音三卷。

郭象注三十三卷，三十三篇。字子玄，河内人，晋太傅主簿。内篇七，外篇十五，雜篇十一，爲音三卷。

李頤集解三十卷，三十篇。字景真，潁川襄城人，晋丞相參軍，自號玄道子。一作三十五篇，爲音一卷。

孟氏注十八卷，五十二篇。不詳何人。

王叔之義疏三卷。字穆夜，琅邪人，宋處士。亦作注。

李軌音一卷。

徐邈音三卷。

陸德明並不是有見必録的。如他在莊子音義中摘引梁簡文帝莊子義、莊子講疏的文字多達六十條，在序録『注解傳述人』中敘述到易的傳述人時説他的老師周弘正著有莊子義疏，但在這裏卻都不曾予以著録。那麽，他是怎樣來決定著録與否的呢？分析起來，他大概是出於這樣的一種考慮：班固五十二篇本亡佚有間，賴司馬彪、孟氏五十二篇本得以見其仿佛；崔譔二十七篇本、向秀二十六篇本皆爲新出現的節選之本，且向秀『於舊注外爲解義，妙析奇致，大暢玄風』（世説新語文學），皆具有一定的開風氣意義；郭象作莊子注三十三篇，不僅『特會莊生之旨』，『爲世所貴』，而且還使古本莊子變得頗爲精純，連徐邈、李軌作音，也『皆依郭本』，從而進一步推動了莊子學的發展；李頤作莊子集解，彙集前人解莊之精華，標誌著一種新的解莊方法的起始，等等，故皆予以著録，並略加注釋，以便揭示出莊學演進之勢、莊子本子變遷之跡。果真如此，則陸德明的見地確實頗爲高明。當然，陸德明在撰述過程中也不免存在著一些疏漏。如序録雖列『孟氏注十八卷五十二篇』，但於莊

子音義中卻一無徵引，致使後人無法窺見到孟氏注的內容片段，以及孟氏所用版本與其他版本的細微差別。又序錄雖載『李頤集解三十卷三十篇』，『李軌音一卷』，但於莊子音義所徵引的有關音義之前，除有數處標明『李頤云』之外，其餘數百條卻均僅標有『李云』字樣，則所謂『李云』者，到底是指李頤還是李軌？ 委實使人百思不得其解！ 而且，也許是永遠得不到解答了！

第三節　對舊音義的兼收與審定

最早爲莊子作音義的，大概是在漢代。如西漢劉安曾著莊子略要、莊子後解，東漢班固也撰寫過莊子章句之類的著作，其中當都有爲莊子作音義的文字①。在莊子音義所引向秀莊子注中，曾多次提到『馬氏』音義。如於人間世篇『氣息』下云：『向本作諰器，云：諰，馬氏音息。』於駢拇篇『煌煌』下云：『向、崔本作⿰革黃。向云：馬氏音煌。』於馬蹄篇『⿱馬卑』下云：『司馬、向、崔本並作緆。向云：馬氏音竦。』於庚桑楚篇『杓』下云：『向云：馬氏作朐，音的。』江世榮先生認爲，此『馬氏』當是對莊子有研究的東漢馬融②。自馬氏之後，爲莊子作音義者雜然蜂起③，真正到了『音韻鋒出，各有土風，遞相非笑』（顏之推顏氏家訓音辭）的時代。對於前人的這些『或專出己意，或祖述舊音』（經典釋文序錄）的音義資料，陸德明給予了兼采並蓄，並做了一些審定工作。

---

① 詳見本書第二編秦漢莊子學中的相關章節。

② 詳見江氏有關莊子歷史資料續考一文，載中華文史論叢第一輯。關於馬融與莊子的關係，可參見本書第二編第三章中秦漢儒學學者莊子學概述一節文字。

③ 詳見本書第三編第一章中魏晉南北朝莊子學的發展過程一節文字。

據黄華珍莊子音義研究（中華書局1999年4月版）對中國國家圖書館所藏宋元遞修本經典釋文莊子音義的統計，陸氏莊子音義收錄前人所作音義如下：

作者	崔譔	向秀	司馬彪	郭象	李頤	王氏	李氏	徐氏	簡文帝	其他人
條數	507	164	749	271	5	53	608	429	60	45

那麽，陸德明是怎樣收錄並審定這些音義的呢？爲了行文的方便，我們將分成幾個方面來加以説明。

一、關於收錄舊音

陸德明訓釋莊子經文，多以音注爲主。而對於前人爲莊子所作的音注，基本上都採取了兼收並蓄的態度，即所謂『其音堪互用，義可並行，或字有多音，衆家别讀，苟有所取，靡不畢書，各題氏姓，以相甄識。』（經典釋文序録）如他於養生主篇『騞』下云：『徐許嬖反，向他亦反，又音麥。崔云：音近獲，聲大於砉也。』於胠篋篇『啍啍』下云：『李之閏反，又之純反。……徐許彭反，又許剛反。向本作哼，音亨。』於達生篇『篲』下云：『徐以醉反，郭子稅反，李尋恚反、信醉反，或蘇忽反。』這些例子説明，對於前人所作的各種各樣音注，無論讀法如何不同，也不管是用反切還是用直音表示的，陸德明幾乎都做到了『靡不畢書』，爲保存早期的莊子音注資料作出了重要貢獻。

當然，陸德明所謂的『靡不畢書』，並不是要不加斟酌地羅列前人的舊音，而是『苟有所取』，還必須『微加斟酌』，從而使『靡不畢書』成爲一個取長存異的過程。他説：『文字音訓，今古不同。前儒作音，多不依注，注者

自讀，亦未兼通。今之所撰，微加斟酌。若典籍常用，會理合時，便即遵承，標之於首。』(同上)在陸氏看來，文字音訓，今古有異，而前人作音，又多不依注，即使他們自己讀起來，也未必能夠『兼通』，因而在收錄舊音時，必須加以斟酌，把『會理合時』的音注『標之於首』，以便使人們知道應以哪一個讀音爲主。如他於養生主篇『倚』下云：『徐於綺反，向偃彼反，徐又於佇反，李音妖。』這是說，關於『倚』字的讀音，應以徐邈所注的『於綺反』爲主，而向秀所謂的『偃彼反』，李氏所謂的『音妖』，以及徐邈所謂的另一讀音『於佇反』，都僅可作爲參考。此外，陸德明還補充說：『其「或音」、「一音」者，蓋出於淺近，示傳聞見，覽者察其衷焉。』(同上)如他於天運篇『懼』下云：『如字，或音句。』於齊物論篇『孟』下云：『徐武黨反，或武葬反。』於則陽篇『擉』下云：『郭音觸，徐丁綠反，一音促。』於逍遙遊篇『膠』下云：『徐李古孝反，一音如字。』於知北遊篇『喑』下云：『郭音闇，李音飲，一音於感反。』由陸德明所定的條例可以推知，這裏所列舉的『或音句』、『或武葬反』、『一音促』、『一音如字』等都是『淺近』的讀音。他之所以要以特定的形式把這些『淺近』的讀音標揭出來，其目的只是爲了『示傳聞見』，保留異音，而並不是要『覽者』去遵從這些讀音。

二、關於收錄舊義

陸德明在廣收舊音的同時，也兼收舊義。如他於逍遙遊篇『朝菌』下云：『司馬云：大芝也。天陰生糞上，見日則死，一名日及，故不知月之終始也。崔云：糞上芝，朝生暮死，晦者不及朔，朔者不及晦。支遁云：一名舜英，朝生暮落。潘尼云：木槿也。簡文云：欻生之芝也。』於讓王篇末云：『唐云：或曰，讓王之篇，其章多重生，而務光二三子自投於水，何也？答曰，莊書之興，存乎反本，反本之由，先於去榮，是以明讓王之一篇，標傲世之逸志，旨在不降以厲俗，無厚身以全生，所以時有重生之辭者，亦歸棄榮之意耳，深於塵務之爲

弊也。其次者，雖復被褐啜粥，保身而已，其全道尚高而超俗自逸，寧投身於清泠，終不屈於世累也。此舊集音有，聊復錄之，於義無當也。』這裏，陸德明徵引司馬彪、崔譔等人所作的舊義，旨在訓釋經文，而引述唐氏『於義無當』之語，只不過是『聊復錄之』，『示傳聞見』而已。此外，陸德明還每引字書和非治莊者的學術成果來訓解莊子。據翻檢，所引字書有三蒼、爾雅、小爾雅、方言、說文、廣雅、釋名、聲類、字林等，所引其他學者有王逸、王肅、孔安國、如淳、李奇、宋均、服虔、高誘、鄭玄、韋昭、杜預、蘇林等。但陸德明引述各種文字，自有其條例。他說：『余今所撰，務從易識，援引眾訓，讀者但取其意義，亦不全寫舊文。』（經典釋文序錄）如郭象於駢拇篇『駢拇枝指出乎性哉，而侈於德』下注云：『駢與不駢，其性各足，而此獨駢枝，則於眾以爲多，故曰侈耳。』這裏郭氏並沒有對『侈』字作單獨訓釋，但陸德明卻通過『取其意義』而進一步說：『侈，郭云：多貌。』司馬彪於秋水篇『井幹』下注云：『井欄也，然積木有若欄也。』①司馬氏這裏對『井幹』的解釋比較具體，但陸德明卻僅摘取了其中的部分意思：『井幹，司馬云：井欄也。』劉熙釋名於『妹』下釋云：『昧也。猶日始入歷時少，尚昧也。』陸德明在引釋名以釋天道篇『鼠壤有餘蔬而棄妹，不仁也』時卻說：『釋名云：妹，末也。謂末學之徒須慈誘之，乃見棄薄不仁之甚也。』凡此都可看出，陸德明在援引眾訓時對原文每有所改動。他之所以要這樣做，除了『務從易識』的目的外，還可能是因爲出於諸如統一體例、節省篇幅等方面的考慮。在今天看來，這種嘗試顯然具有積極意義，但也無疑存在著不能按原樣保存古人訓釋文字的缺陷。

由於古代文字多是以音寄義，音義相關的，所以陸德明收錄前人釋義文字往往與收錄注音文字交互進行，而把釋義文字置於注音文字之後。如他於駢拇篇『屬』下云：『郭時欲反，謂繫屬也；徐音燭，謂屬著也。』於天地篇『俋俋』下云：『徐於執反，又直立反。李云：耕貌；一云：耕人行貌。又音秩，又於十反。字林

① 文選班固西都賦李善注引。

云：勇壯貌。』說明陸氏是重視兼收舊音舊義，而以收錄舊音爲先的。

三、關於審定舊音舊義

上文已經說過，陸德明收錄前人所作舊音，大多都要經過『微加斟酌』，然後再把『會理合時』者『標之於首』。這就是他對舊音所做的一般性的審定工作。但如果有特殊必要，陸德明卻是要特加說明的。如他於天地篇『絯』下云：『徐戶隔反。廣雅公才反，云束也，與郭義同。今用廣雅音。』這裏，陸氏通過比較徐邈、廣雅的兩種讀音後，蓋以爲徐氏的音注不能『會理合時』，所以特加說明應該『用廣雅音』。在收錄前人釋義文字方面，陸德明也運用了這種方法。如他於知北遊篇『大馬之捶鉤者，年八十矣，而不失豪芒』下云：『司馬、郭云：捶者，玷（拈）捶鐵（鉤）之輕重而不失豪芒也。或說云：江東、三魏之間，人皆謂鍛爲捶，音字亦同。郭失之，今不從此說也。』毫無疑問，陸氏這裏的審定意見值得肯定。因此，清孫詒讓說：『訓捶爲鍛者，自是漢儒古訓，揆之文義，實爲允協。郭、司馬易爲拈捶，不可從。』（莊子劄迻）當然，陸德明在審定舊音義時也出現了一些錯誤。如他於逍遙遊篇『宋榮子猶然笑之』下云：『崔、李云：猶，笑貌。案：謂猶以爲笑。』其實，崔譔、李氏的說法是正確的。猶然，古代常用以形容動作的舒遲不迫，逍遙遊篇中的『猶然』正是狀宋榮子之笑的從容舒展。陸氏把『猶然』混同於『猶』，作『尚且』講，不僅不合乎語法習慣，而且原文的神情也全淹沒了①。

由於句讀也表示著對文意的一種理解，因此陸德明在審定前人句讀方面是十分認真的。如對於人間世篇

① 見黃焯關於經典釋文，載訓詁研究第一輯，北京師範大學出版社1981年版。

『回之未始得使實自回也』之語，『崔讀至「實」字絕句』，陸氏指出應讀至『使』字絕句。對於同篇『吾食也執粗而不臧爨無欲清之人』之語，有人讀至『爨』字絕句，陸氏指出應該讀至『臧』字絕句。他的這些意見，顯然都是正確的。但是，陸德明也有把前人正確的句讀誤認爲是不正確的。如對於同篇『絕跡易無行地難』之語，『向、崔皆以「無」字屬下句』，即讀至『易』字絕句，這本來是一種正確的讀法，但陸氏認爲應該讀至『無』字絕句，卻反而無法把文意讀通了。

第四節　在舊音義外自作音義

陸德明在廣收舊音舊義的同時，還十分重視自作音義。下面將分別舉例以述之。

一、在舊音外自注音

對於前人所作音注，陸德明基本上予以兼收並蓄，但又每以爲不可遵從。他說：『夫書音之作，作者多矣。前儒撰著，光乎篇籍，其來既久，誠無間然。但降聖已還，不免偏尚，質文詳略，互有不同。漢魏迄今，遺文可見，或專出己意，或祖述舊音，各師成心，製作如面，加以楚夏聲異，南北語殊，是非信其所聞，輕重因其所習，後學鑽仰，罕逢指要。』（經典釋文序錄）鑒於這種情況，陸氏除了將『會理合時』的舊音『標之於首』之外，還往往自作音注，置於所有舊音之前。如他於達生篇『箠』下云：『似歲反。徐以醉反，郭子稅反，李尋恚反、信醉反，或蘇忽反。』於知北遊篇『喑』下云：『音蔭。郭音闇，李音飲，一音於感反。』陸德明在這裏表示，『箠』字的正確標音應該是『似歲反』，而『喑』字的正確讀音則應該與『蔭』字相同。

陸德明又認爲，前人爲經文作音，固然『作者多矣』，但『循省舊音』，仍『苦其太簡』（見經典釋文序錄）。這裏的意思主要是説，對於經文中許多該作音的地方，前人卻往往有所疏漏，仍有待於人們予以標音。因此，陸氏『遂因暇景，救其不逮』（經典釋文序錄），給大量尚未標音的莊子文字注上了音。如他於逍遥遊篇『狸』下注云：『力之反。』於齊物論篇『騾』下注云：『士求反，又在遘反。』於養生主篇『拭』下注云：『音式。』於德充符篇『刖』下注云：『音月，又五刮反。』由於陸德明給大量尚未標音的經文注上了音，這就爲後人誦讀和理解莊子原文提供了很大的方便。

從注音方法上來看，陸德明主要採用了反切，同時也兼用直音，一般不用假借字來標音①。據他在周易音義周易略例中所謂『隨世音焉』，在禮記音義曲禮中所謂『隨俗而音』云云，則其爲莊子作音注，當也是以時音爲準的。且據林燾先生的考證，這種時音主要還是指以當時的金陵音爲代表的南音②。

二、在舊義外自釋義

陸德明在廣列衆説的同時，又每每有所補充，或時加考辨和訂正，即所謂『古今並錄，括其樞要，經注畢詳，訓義兼辯』。於逍遥遊篇『惠蛄』下云：『司馬云：惠蛄，寒蟬也。一名蝭蟧，春生夏死，夏生秋死。崔云：蛁蟧也。或曰：山蟬，秋鳴者不及春，春鳴者不及秋。廣雅云：蟪蛄，蛁蟧也。案：即楚辭所云「寒螿」者也。』於齊物論篇『窖』下云：『司馬云：深也。李云：穴也。案：穴地藏穀曰窖。』於知北遊篇『天地之強

① 陸德明經典釋文序錄云：『書音之用，本示童蒙。前儒或用假借字爲音，便令學者疑昧。余今所撰，務從易識。』

② 詳見林燾陸德明的經典釋文，載中國語文1962年3月號。

陽氣也』下云：『郭云：強陽，猶運動耳。案：言天地尚運動，況氣聚之生，何可得執而留也。』這裏，陸氏的訓釋是對前人訓釋文字的補充或申述。他又於齊物論篇『西施』下云：『司馬云：夏姬也。案：勾踐所獻吳王美女也。』於人間世篇『衛君』下云：『司馬云：衛莊公蒯聵也。案左傳，衛莊公以魯哀十五年冬始入國，時顏回已死，不得爲莊公，蓋是出公輒也。』於胠篋篇『萇弘施』下云：『司馬云：施，剔也。萇弘，周靈王賢臣也。案左傳，是周景王、敬王之大夫。魯哀公三年六月，周人殺萇弘。』這裏，陸氏通過訓釋、考辨，從而訂正了司馬彪的說法。有時，陸德明是把自己的訓釋、考辨文字置於衆說之前。如他於秋水篇『之噲』下云：『之者，燕相子之也；噲，燕王名也。司馬云：燕王噲拙於謀，用蘇代之說，學堯舜，讓位與子之，三年而國亂。』於外物篇『制河』下云：『依字應作浙。漢書音義音逝。河亦江也，北人名水皆曰河。浙江，今在餘杭郡，後漢以爲吳會分界。司馬云：浙江，今在會稽錢塘。』這裏，前人所作的解釋則成了依附於陸氏訓釋、考辨之後的東西。

爲了讓人們更好地理解莊子，陸德明還對許多未經前人訓釋的經文作了詮解或考釋。如他於庚桑楚篇『因以死償節』下云：『謂殺身以成名節，成而身死，故曰以死償節也。』於徐無鬼篇『恃源而往者也』下云：『水由源往，雖遇風日，不能損也。道成其性，雖在於世，不能移也。』這裏從義理方面詮釋了經文。他又於胠篋篇『十二世有齊國』下云：『自敬仲至莊子九世知齊政，自太公和至威王三世爲齊侯，故云十二世也。』於秋水篇『白公』下云：『名勝，楚平王之孫，白縣尹，僭稱公，作亂而死。事見左傳哀公十六年。』這裏從歷史的角度考釋了經文。

從總體上來看，陸德明是本著求實的精神來訓釋、考辨莊子中的字句和名物的，因而他每引三蒼、爾雅、方言、說文等字書以訓釋莊子的字義，並十分注意運用左傳、史記等史書中的材料來考辨莊子的名物，這些都與司馬彪的注莊精神有著共通之處。然而陸德明比司馬氏更清楚地認識到，莊子書中多有『謬悠之說、荒唐之言、無端崖之辭』（莊子天下），因此當書中的一些名物不可强與事實相比附時，往往應該以『寓言』、『寄言』視之。

如他於逍遥遊篇『汾水』下云：『案：汾水出太原，今莊生寓言也。』於徐無鬼篇『仲尼之楚，……孫叔敖執爵而立，市南宜僚受酒而祭』下云：『案左傳，孫叔敖是楚莊王相，孔子未生。哀公十六年，仲尼卒，後白公爲亂。宜僚未嘗仕楚。又宣十二年傳，楚有熊相宜僚，則與叔敖同時，去孔子甚遠。蓋寄言也。』於盗跖篇『孔子與柳下季爲友』下云：『柳下惠，姓展名獲，字季禽。……案：左傳云，展禽是魯僖公時人，至孔子生八十餘年，若至子路之死，百五六十歲，不得爲友。是寄言也。』應當說，陸德明能夠明確指出莊子中一些名物、故事的寓言性質，而不像司馬彪等人那樣時有穿鑿比附，確實是他表現在莊子訓釋上的高明之處。

第五節　對郭象本的校勘

陸德明說：『余既撰音，須定紕繆，若兩本俱用，二理兼通，今並出之，以明同異。其涇渭相亂，朱紫可分，亦悉書之，隨加刊正。復有他經別本，詞反義乖，而又存之者，示博異聞耳。』（經典釋文序錄）說明陸氏除了重視音義之外，也相當重視校勘。據筆者的不完全統計，他在莊子音義中對所用底本（郭象本）所作的校勘竟多達八百餘處。其情況大致如下：

一、校字、詞之異同

莊子跟其他古書一樣，在傳抄流傳過程中也出現了不少異字異句。而郭象在删削司馬彪五十二篇本成三十三篇本的時候，又據崔譔、向秀等本進行了校改，這就使陸德明據以作音義的郭象本更具有了摻雜各本文字

的特徵①。爲了『示博異聞』，陸氏盡可能全面地展示了郭象本與其他本子的文字差異。如他於應帝王篇『日中始』下云：『崔本無「日」字。』於在宥篇『縣而天』下云：『向本無「而」字。』於馬蹄篇『漫』下云：『向、崔本作曼。』於天地篇『抽』下云：『司馬、崔本作流。』於天運篇『湮』下云：『司馬本作歅，疑也；簡文作甄，云：隔也。』於大宗師篇『旦宅』下云：『李本作怛咤。』於天運篇『徵』下云：『古本多作徽。』於齊物論篇『詎』下云：『徐本作巨。』於人間世篇『避』下云：『舊本作寘。』於繕性篇『圉』下云：『本又作御。』於駢拇篇『吹』下云：『字亦作炊。』於秋水篇『瞋』下云：『或作瞑。』像這樣校勘異字異詞的校語，在莊子音義中實在比比皆是。通過這些校語，後人也就大致可以考見唐前各種莊子本子的異字異詞了②。

由於郭象三十三篇本『爲世所貴』，如『徐仙民、李弘範作音，皆依郭本』（見經典釋文序錄），這就使郭象本在傳抄過程中同樣出現了不少異字異詞。對於郭象本子本身的這些異字異詞，陸德明在校勘時尤其給予了重視。如他於胠篋篇『不相往來』下云：『一本作「不相與往來」。檢元嘉中郭注本，……無「與」字。』於天地篇『豈兄』下云：『元嘉本作「豈足」。』於至樂篇『若果』下云：『元嘉本作「汝過」。』於達生篇『車卻』下云：『元嘉本無「車」字。』於田子方篇『直』下云：『元嘉本此作「真」，下句作「直」。』於庚桑楚篇『加病』下云：『元嘉本作「知病」。』於徐無鬼篇『徑』下云：『元嘉本作「迭」。』於則陽篇『犀首』下云：『元嘉本作「齒首」。』於寓言篇『如鸖蚊虻』下云：『元嘉本作「鸖蚊」，無「虻」字。』於讓王篇『不火食』下云：『元嘉本無「火」字。』於漁父篇『化齊民』下云：『元嘉本作「化於齊民」。』於列禦寇篇『厚其身』下云：『元嘉本「厚」作「後」。』於天下篇『芴』下云：『元嘉本作「寂」。』這裏，陸德明通過以南朝宋文帝元嘉中郭象本與自己據以作音義的郭象

① 詳見本書第三編第七章中對司馬彪本的『以意去取』一節文字。

② 按，限於與郭象本共有的篇目。

本相比較，爲人們展示了郭象本在傳抄流傳過程中所造成的差異。我們在本書第三編第七章第一節文字中已經論述過，郭象本的内篇來源於司馬彪本，而外、雜篇則是由裁取司馬彪本的某些篇章，並摻雜其他本子的一些文字而成。那麽，我們就可以進一步認爲，由於人們在傳抄郭象本時需要考慮到版本傳承的一貫性，所以對於其中的内篇也就不便於改動，而對於外、雜篇的文字則往往要隨手作些校改了。陸德明所出示的宋文帝元嘉中郭象本與自己據以作音義的郭象本的字詞差異之所以僅存在於外、雜篇中，當足以證明我們的這一推論大致是不會錯的。

二、校語句、章節之異同

陸德明校勘郭象本子，也較多地涉及了語句。如他於逍遥遊篇『聾者無以與乎鍾鼓之聲』下云：『崔、向、司馬本此下更有「眇者無以與乎眉目之好，夫刖者不自爲假文屨」。』於田子方篇『文王觀於臧』下云：『司馬本作「文王微服而觀於臧」。』於山木篇『伐樹於衛』下云：『一本作「伐樹於宋，削跡於衛」。』於天下篇『孤駒未嘗有母』下云：『本亦無此句。』這些校語告訴人們，郭本在語句上也每有與衆本不同者。但更值得我們注意的，還是陸氏那些以郭象本與崔譔本相比較的校語。如他於齊物論篇『無物不可』下云：『崔本此下更有「可於可而不可於不可，不可於不可而可於可」。』於大宗師篇『比於列星』下云：『崔本此下更有「其生無父母，死登假，三年而形遁，此言神之無能名者也」，凡二十二字。』於同篇『入於寥天一』下云：『崔本作「造敵不及笑，獻芥不及整，安排而造化不及眇，眇不及雄漂淪，雄漂淪不及簞篚，簞篚乃入於謬天一」。』於在宥篇『焉知曾史不爲桀跖嚆矢也』下云：『崔本此下更有「有無之相生也，則甚曾史與桀跖生有無也，又惡得無相轂也」，凡二十四字。』這些校語説明，郭象本在語句上與崔譔本的差異最大。由此看來，崔譔本很可能來源於不同系統的莊子

本子。

此外，陸德明還校勘了自己據以作音義的郭象本子與其他本在章節方面的差異。如他於齊物論篇『夫道未始有封』下云：『齊物七章，此連上章，而班固説在外篇。』於天地篇『夫子曰』下云：『此兩「夫子曰」，元嘉本皆爲別章。』這是兩條十分重要的校語，因爲人們由第一條校語可以考見，雖説『内篇衆家並同』（經典釋文序録），其實在章節方面也存在著一些差異；由第二條校語可以考見，即使同爲郭象注本，竟然也有章節上的如此不同。

三、校文字之是非

陸德明在校異同以『示博異聞』的同時，對郭象本所存在著的文字是非也作了判定。如他於齊物論篇『秋豪』下云：『依字應作「毫」。』於駢拇篇『槃夷』下云：『依字應作「瘢痍」。』於天地篇『缶鍾』下云：『「缶」應作「垂」，「鍾」應作「踵」，言垂腳空中必不得有之適也。』這裏都是在直接分析經文本身後來校訂是非。此外，陸氏還有根據郭象注文來校訂經文是非的。如他於繕性篇『心與心識』下云：『衆本悉同。向本作「職」，云：彼我之心競爲先職矣。郭注既與向同，則亦當作「職」也。』這裏是説，既然郭象注與向秀注相同，認爲此句所表達的是『彼我之心競爲先職』的意思，那麼自己據以作音義的郭象本經文本來也是應作『心與心職』的。

在校出自己所據版本文字之非的同時，陸德明也每每指明了這個本子優於其他本子的地方。如他於在宥篇『有宋』下云：『國名也。本作「宗」者，非。』於徐無鬼篇『身食肉而終』下云：『本或作「身肉食」者，誤。』於讓王篇『苴』下云：『本或作「粗」，非也。』於至樂篇『種有幾』一節文字下云：『俗本多誤，故具録之。』這裏通過指明其他本子之非，從而肯定了自己所據本子的是處。他又於田子方篇『凡君』下云：『俗本此後有「孔

子窮於陳蔡」及「孔子謂顔回」二章，與讓王篇同。衆家並於讓王篇音之。檢此二章，無郭注，似如重出。古本皆無，謂無者是也。』這裏通過多方面的考察分析，從而説明自己所據的郭象本是可取的。

總的看來，陸德明所校訂的是非是符合實際的，但也有一些不可遵從的地方。如上面所舉的繕性篇中『心與心識』一語，本謂人們彼此以機心窺破機心，則經文作『識』不誤。但因『識』、『職』二字的繁體相近，向秀遂誤作『心與心職』，釋爲『彼我之心競爲先職』，郭象因之①，而陸德明於此不能校出向本郭注之非，反而以自己所用之郭本爲是，這顯然是不足取的。

第六節　莊子音義的歷史地位和影響

清四庫館臣云：『經典釋文……所采漢魏六朝音切凡二百三十餘家，又兼載諸儒之訓詁，證各本之異同，後來得以考見古義者，注疏以外，唯賴此書之存，真所謂殘膏剩馥，沾溉無窮者也。』②作爲經典釋文重要組成部分的莊子音義，則以其集漢魏六朝諸家爲莊子所作音義之大成，兼載莊子衆本之異文，復又精於考釋、校勘，從而在莊子學史上獲得了很高的地位。

我們知道，自西漢劉安著成莊子略要、莊子後解以後，東漢班固又撰寫了莊子章句之類的著作。及至魏晉南北朝時期，治莊著作更是接連問世。據世説新語文學記載，僅到向秀之時，『注莊子者』就已多達『數十家』，更何況是此後至南北朝時期呢！但以上所有著作，除了郭象的莊子注流傳至今外，其餘全已亡佚，唯賴陸德明

① 今所傳郭注作『識』。

② 四庫全書總目提要陸德明經典釋文。

莊子音義乃得以考見其中一部分書的內容梗概。如班固、崔譔、李頤、王叔之、李氏、簡文帝等人的注莊著作皆早已不傳，就是依靠莊子音義的收錄才得以保存各書的一部分內容。司馬彪、向秀等人的注莊著作，雖然其中有的內容見於列子張湛注、文選李善注和藝文類聚、記纂淵海、一切經音義、太平御覽等書的引述，但數量極其有限，主要還是依靠莊子音義的收錄才得以考見其大概。而且，陸德明在莊子音義中還對前人所作的音義進行了認真審訂，把『會理合時』的音注『標之於首』，同時復又自作音義，從而在集前人音義大成的基礎上進一步豐富了注釋內容，爲莊子學的持續發展作出了很大的貢獻。

陸德明在莊子音義中還廣收各本異文，用來與自己據以作音義的郭象本相比勘。由於除了郭象本以外的所有這些本子全已亡佚，幸賴陸氏的校語乃得以保存一鱗半爪，因而莊子音義就顯得彌足珍貴了。如果再結合他在經典釋文序錄中所提供的材料，那麼人們便可以進一步考見古本莊子演變的一些情況。如他在序錄中說：『漢書藝文志「莊子五十二篇」，即司馬彪、孟氏所注是也。……其內篇眾家並同。』又於莊子音義齊物論『夫道未始有封』下引崔譔云：『齊物七章，此連上章，而班固說在外篇。』由此可以考見，古本莊子在長期的流傳過程中，其內篇的篇目雖然始終保持不變，但其具體章節卻出現了一些差異。而從莊子音義外、雜篇所出示的一些異文來看，則當時流傳的各種莊子本子外、雜篇的章節差異就更大了。而且，通過分析序錄中的有關資料和莊子音義所出示的一些異文，我們還可看出郭象的三十三篇本主要是由刪削司馬彪的五十二篇本而來，而崔譔的二十七篇本、向秀的二十六篇本則當是傳承另一系統的本子而來。

正由於上述種種原因，所以後來的治莊者大多十分重視莊子音義。如續古逸叢書影印有南華真經十卷，卷首有記云：『南華真經卷一至六南宋本，卷七至十北宋本，珠聯璧合，首尾完善。』其南宋本之部分，除了收有莊子原文和郭象注以外，還另附有陸德明的莊子音義，說明至遲在南宋時，人們已開始以陸氏的莊子音義與郭象的莊子注相配合。又日本天理大學圖書館藏有陸德明莊子音義三卷，末有魏峴跋語云：『余少時嘗得元英

師疏，其解釋明白，不穿鑿，不艱深，讀之易曉。長落宦海，書失之久，楚遊復得於士友，開卷了然，如見故人，亟鋟諸梓，以廣其傳云。彊圉大囦獻中和節，壽春魏峴。』可見，此莊子音義三卷當是唐成玄英莊子注疏的附刻，不知是何時傳到日本的。據清四庫館臣爲魏峴四明它山水利備覽所作的提要説，魏峴是鄞縣人，其活動時間在南宋寧宗嘉定間。由此又可説明，陸德明的莊子音義至遲在魏峴『少時』的南宋中期也已與成玄英的莊子注疏合刻了。其後，諸如張登雲著莊子南華真經參補、鄒之嶧校刊莊子郭注、馬其昶著莊子故、郭慶藩著莊子集釋、王儒鈴著莊子點句、徐德庵著莊子内篇連語音訓等等，都程度不同地利用了陸德明的莊子音義。而壽普暄著由經典釋文試探莊子古本①、日本武内義雄著莊子考②等等，則更利用陸德明莊子音義的有關材料來考證古本莊子的篇章結構及其變遷等情況。近來，黄華珍在綜合前人研究成果的基礎上，進一步撰出莊子音義研究一書，既多角度地、較爲深入地研究了莊子音義本身，又充分利用莊子音義所提供的豐富資料積極探索了莊子五十二篇本的原始面貌及其變遷，以及是否有可能復原這個古本面貌等問題。

總之，陸德明的莊子音義爲歷史上大多數治莊者所重視，它在莊子學史上所産生的影響是相當廣泛而深遠的。

---

① 載燕京學報第二十八期。

② 收入江俠庵編譯先秦經籍考，上海商務印書館1931年版。

第三章　成玄英的莊子注疏

成玄英，字子實，陝州（治所在今河南陝縣）人，生卒年不詳。曾隱居東海（今江蘇北部），唐太宗貞觀五年被召入京，加號西華法師。高宗永徽中流郁州（今江蘇連雲港東雲臺山），不知坐何事。新唐書藝文志載：『道士成玄英注老子道德經二卷，又開題序訣義疏七卷。注莊子三十卷，疏十二卷。』①並稱：『書成，道王元慶遣文學賈鼎就授大義，嵩高山人李利涉爲序。唯老子注、莊子注疏著錄。』莊子注疏，又名南華真經注疏，是一部『研精覃思三十［年］』、『依子玄（郭象）所注三十［三］篇輒爲疏解』（成玄英莊子注疏序）的莊子學名著。

第一節　依郭象注作疏解

成玄英在莊子注疏序中說：『夫莊子者，所以申道德之深根，述重玄之妙旨，暢無爲之恬淡，明獨化之窅

① 四庫全書總目提要四庫未收書目云：『南華真經注疏三十五卷……，唐成元英撰。……諸家著錄，卷帙多寡不同。唐志十二卷，書錄解題三十卷，郡齋讀書志、文獻通考皆三十三卷，宋史藝文志十卷，讀書敏求記二十卷。今依明道藏本抄錄，爲卷三十五。』

冥，鉗揵九流，括囊百氏，諒區中之至教，實象外之微言者也。……自古高士，晉漢逸人，皆莫不耽玩，爲之義訓。雖注述無可間然，並有美辭，咸能索隱。玄英不揆庸昧，少而習焉，研精覃思三十〔年〕矣。依子玄所注三十〔三〕篇，輒爲疏解，總三十〔三〕卷。雖復詞情疏拙，亦頗有心跡指歸。』說明成玄英在長期研治莊子的過程中，對郭象的莊子注最爲信服，所以他作疏解，便多承郭注加以引申發揮。概括起來，主要表現在以下幾個方面：

一、本郭象『獨化』說而爲之引申發揮

在莊子中，『道』指的是宇宙萬物的最後本原。對此，郭象則作了改造性的詮釋，認爲萬物『皆獨生而無所資借』（知北遊注），即『凡得之者，外不資於道，內不由於己，掘然自得而獨化也。』（大宗師注）成玄英承因了郭象的這一觀點，因而也認爲莊子是一部『明獨化之窅冥』的書。如他說：

夫物之形質，咸稟自然，事似有因，理在無待，而形影非遠，尚有天機，故曰萬類參差無非獨化者也。（齊物論疏）

夫形之生也，不用火日；影之生也，豈待形乎？故以火日況之，則知影不待形明矣。形影尚不相待，而況他物乎？是知一切萬法悉皆獨化也。（寓言疏）

夫聚散死生，皆獨化日新，未嘗假賴，豈相因待！……死，獨化也，豈更成一物哉！死既不待於生，故知生亦不待於死，死生聚散，各自成一體耳，故無所因待也。（知北遊疏）

在成玄英看來，世間一切事物都是彼此孤立地獨化著的，諸如形體與火光陽光、影子與形體等等，從表面上看似乎有些聯繫，其實誰也無須依賴於誰，所以說『萬類參差無非獨化』、『一切萬法悉皆獨化』，哪裏有什麼『相因

待』呢？很顯然，這些説法皆來源於郭象的『獨化』説。但是，成玄英又清楚地看到郭象的『獨化』説是與莊子的本體論有矛盾的，於是他便希望通過自己的疏解來解決這一矛盾。如郭象於大宗師篇『夫道……自本自根，未有天地，自古以固存，神鬼神帝，生天生地』下注云：『明無不待有而無也。無也，豈能生神哉！不神鬼帝，而鬼帝自神，斯乃不神之神也。不生天地，而天地自生，斯乃不生之生也。』成玄英則疏云：『虛通至道，無始無終。從本以來，未有天地，五氣未兆，大道存焉。……大道能神於鬼靈，神於天帝，開明三景，生立二儀，至無之力，有茲功用，斯乃不神而神，不生而生，非神之而神，生之而生者也。』從這裏可以看出，成玄英一方面承認『道』的本原性，認爲『道能通生萬物』，『萬象之前，先有此道』（見大宗師疏），另一方面又承認『道』的功用在於『不神而神，不生而生』，認爲『至無』之『道』，正以其不曾神鬼神帝、生天生地，所以才使鬼帝得以自神、天地得以自生。成玄英的這些説法，既可以看成是對莊子本體論、郭象『獨化』説的折中調和，也可以看成是對郭象『獨化』説的改造和發展，在一定程度上糾正了郭象莊學理論中的一些偏頗。

郭象又指出，所謂萬物皆『獨化』，並不是説宇宙間一切事物都呈現爲雜亂無章地自由發展，而是説在各個具體的事物之間都發生著『彼我相因』（齊物論注）的作用，從而使整個世界成爲和諧的整體。但這種『相因』作用完全是由『獨化』引起的一種無形的『玄合』（同上），即所謂『相因之功，莫若獨化之至也。』（大宗師注）成玄英繼承了郭象的這一『獨化相因』説，並使之發展成一種帶有佛學化傾向的理論。如他説：『水火金木，異物相假，衆諸寄托，共成一身，是知形體，由來虛僞。既知形質虛假，無可欣愛，故能內則忘於臟腑，外則忘其根竅故也。』（大宗師疏）在成玄英看來，諸如水、火、金、木，一方面皆無待獨化，另一方面又『異物相假』，『共成一身』，構成了一個和諧的整體，這一説法顯然來源於郭象的『獨化相因』説。但成玄英又從佛教『緣起性空』的理論出發，認爲事物的這種相假相因，實際上也就表現爲一切物象皆由各各因緣和合而成，而一切由各各因緣和合而成的物象都是虛妄不真實的，因而連自己的『形體』也皆屬『虛僞』，那麼人們也就自然可以『內則忘

於臟腑』、『外則忘其根竅』了。可見，郭象的『獨化相因』說顯然已被成玄英發展成了一種具有佛學色彩的理論。

二、本郭象『足性逍遙』說而爲之引申發揮

郭象從他的『獨化』說出發，認爲世間萬物無論如何不同，只要它們充分發展自己的性分，並完全滿足於自己的性分，就都可以無往而非逍遙。對於郭象的這種『足性逍遙』說，成玄英也每有所承因。如他在逍遙遊疏中說：

> 夫四生雜遝，萬物參差，形性不同，資待宜同。故鵬鼓垂天之翼，托風氣以逍遙；蜩張決起之翅，搶榆枋而自得，斯皆率性而動，稟之造化，非有情於遐邇，豈措意於驕矜！夫翻覆一杯之水於坳污堂地之間，將草葉爲舟，則浮泛靡滯；若還用杯爲舟，理必不可。……是以大舟必須深水，小芥不待洪流，苟其大小得宜，則物皆逍遙。

這裏成玄英也像郭象一樣認爲，只要萬物率性而動，即使皆有所待，也都可以得到逍遙，即所謂『物之稟分，各自不同，……各按其分，則逍遙一也。』（秋水疏）但由於郭象是西晉時的一位『任職當權』（晉書郭象傳）的政要，成玄英則是唐初一位著名道士，所以前者論證『足性逍遙』說就必然會有要求人們各安『命分』的政治目的，而後者則必將會由此而推導出某些具有宗教色彩的理論。如郭象在齊物論注中說：『凡得真性，用其自爲者，雖復皂隸，猶不顧毁譽而自安其業。故知與不知，皆自若也。若乃開希幸之路，以下冒上，物喪其真，人忘其本，則毁譽之間，俯仰失錯也。』成玄英則疏解云：『斯言凡情迷執，有得喪以攖心；道智觀之，無損益於其真性者也。』這裏，郭象就是要求人們各安其命分，即使處於『皂隸』的地位，也應該以當好奴隸爲逍遙自得，以爲

這樣就可以使整個社會相安無事。而成玄英則要求人們率性而動，不爲凡情所迷，不爲得失所攖，以爲這樣就可以『無損益於其真性』，並進而達到一種無羈絆縲絏、逍遥飄逸的人生境界。

其實，成玄英也深知郭象的『足性逍遥』説每每偏離了莊子的原意，但他既然是『依子玄注三十［三］篇輒爲疏解』，所以一般也就在『疏不破注』的原則下作了一些引申發揮。如逍遥遊篇有『堯讓天下於許由』一則寓言，作者把唐堯看成是『弊弊焉以天下爲事』的凡夫俗子，而把什麽也不願幹的許由看成是『無名』聖人。郭象則注云：『夫治之由乎不治，爲之出乎無爲也。取於堯而足，豈借之許由哉！』對此，成玄英是這樣疏解的：『覩莊文，則貶堯而推許，尋郭注乃劣許而優堯者，何耶？欲明放勳（唐堯）大聖，仲武（許由）大賢，賢聖二途，相去遠矣。故堯負扆汾陽而喪天下，許由不夷其俗而獨立高山，圓照偏溺，斷可知矣。是以莊子援禪讓之跡，故有爝火之談，郭生察無待之心，更致不治之説，可謂探微索隱，了文合義，宜尋其旨況，無所稍嫌也。』在成玄英看來，唐堯本是大聖，許由只是大賢，其『圓照』之與『偏溺』的區别，是斷然可知的。所以莊子之貶唐堯，只是表面的，不過爲了講一下禪讓的陳跡罷了，而郭象之説洞察唐堯的『無待之心』，可謂『探微索隱』，真正領會到了莊子的用意。成玄英並由此推論説，『帝堯禪讓，不治天下』，『許由亦不去彼山林，就兹帝位』，二者雖有『圓照』與『偏溺』的區别，實際上皆『各静於所遇』，都滿足了自己性分的要求，因而也就是一樣的逍遥。可見，成玄英的疏解不僅在一定程度上彌縫了郭注與莊子原意之間的裂縫，而且還引申發揮出了這樣一種意義，即無論是作帝堯還是作許由都無關緊要，最關鍵的只是要去滯去執，率性而動，那麽還有什麽不可以稱爲逍遥遊的呢？

三、本郭象『寄之人事、當乎天命』説而爲之引申發揮

在如何對待萬物自然本性的問題上，莊子在秋水篇中以牛馬爲喻，提出了『無以人滅天』的命題，要求人們

不要以任何人爲的力量去干預、破壞事物的天然本性。對此，郭象卻作了改造性的詮釋：『人之生也，可不服牛乘馬乎？服牛乘馬，可不穿落之乎？牛馬不辭穿落者，天命之固當也。苟當乎天命，則雖寄之人事而本在乎天也。……若乃走作過分，驅步失節，則天理滅矣。』（秋水注）成玄英承因郭氏的觀點說：『夫牛馬稟於天，自然有四腳，非關人事，故謂之天。羈勒馬頭，貫穿牛鼻，出自人意，故謂之人。然牛鼻可穿，馬首可絡，不知其爾，莫辨所由，事雖寄乎人情，理終歸乎造物。……夫因自然而加人事，則羈絡之可也。若乃穿馬絡牛，乖於造化，可謂逐人情之矯僞，滅天理之自然。』（秋水疏）這裏，郭象、成玄英都認爲，只要不使牛馬『走作過分』、『驅步失節』，一切『羈勒馬頭』、『貫穿牛鼻』的『寄之人事』的合理行爲，皆屬『天命之固當』，是牛馬本性的要求。但作爲『任職當權』的郭象，他這樣詮釋的目的就是要勞動人民自覺地接受當時門閥世族的統治，以便使『貴賤履位，君臣上下，莫匪爾極，而天下無患矣』（在宥注）。而作爲著名道士的成玄英，他卻由『羈絡之可也』的觀點返回到了宗教徒『蕭然嘉遁』的人生境界。如他於養生主篇『澤雉』寓言下疏解云：『夫澤中之雉，任於野性，飲啄自在，放曠逍遙，豈欲入樊籠而求服養！譬養生之人，蕭然嘉遁，唯適情於林籟，豈企羨於榮華！』又於馬蹄疏中云：『馬之爲性，欣於原野，雖有高臺大殿，無所用之。況清虛之士，淳朴之民，樂彼茅茨，安茲甕牖，假使丹楹刻桷，與我何爲？』這些都說明，成玄英雖然承因了郭象的『寄之人事、當乎天命』說，最終卻推導出了符合於自己人生理想的理論，認爲只有『樂彼茅茨，安茲甕牖』，『蕭然嘉遁，唯適情於林籟』，才真正是『天命之固然』。

在論說仁義與人類自然本性關係方面，郭象曾明確地指出：『夫仁義自是人之情性，但當任之耳。』（駢拇注）說明郭氏是把『仁義』作爲人所固有的天性來看待的。成玄英接過郭象的這一說法，作了巧妙的發揮。他說：『曾、史之德，性多仁義，羅列藏府而施用之，此直一家之知，未能大冥萬物。夫能與物冥者，故當非仁非義，而應夫仁義。』（駢拇疏）從這裏可以看出，成玄英雖然也像郭象一樣承認曾參、史魚之徒『性多仁義』，但他

認爲他們以此施用於人，卻『未能大冥萬物』了。因此，成玄英並未進而像郭象那樣主張『但當任之』，把『仁義』完整地保持下來，而是要求做到『非仁非義』，忘懷『仁義』，以便使人們從『仁義』的束縛中解脫出來，從而進入與萬物冥合爲一的境界。

四、本郭象『遊外冥內』說而爲之引申發揮

莊子十分強調『外內不相及』（大宗師），認爲『芒然彷徨乎塵垢之外，逍遙乎無爲之業』（同上），根本不能與『弊弊焉以天下爲事』（逍遙遊）混爲一談。郭象爲了滿足當權的門閥世族的需要，對此作了改造性的詮釋，認爲『理有至極，外內相冥，未有極遊外之致而不冥於內者也，未有能冥於內而不遊於外者也』（大宗師注），如『聖人雖在廟堂之上，然其心無異於山林之中，世豈識之哉？』（逍遙遊注）『遊外』謂超乎禮法名教之外，『冥內』謂篤於禮法名教制度，郭象認爲這二者是可以得到統一的，聖人並不需要到現實的禮法名教制度之外去尋求逍遙。對此，成玄英疏解云：『聖人動寂相應，則空有並照，雖居廊廟，無異山林，和光同塵，在染不染。』（逍遙遊疏）從這裏不難看出，成玄英的疏解對郭象的『遊外冥內』說顯然有所宗承，但也不免顯示出了援引佛教有關『空』的理論的痕跡。

成玄英確實想要從郭象『遊外冥內』說推導出物我皆空的理論。如逍遙遊篇有這樣一則寓言：『堯治天下之民，平海內之政，往見四子藐姑射之山，汾水之陽，窅然喪其天下焉。』郭象注云：『四子者，蓋寄言以明堯之不一於堯耳。夫堯實冥矣，其跡則堯也。自跡觀冥，內外異域，未足怪也。世徒見堯之爲堯，豈識其冥哉！』成玄英疏云：『四子者，四德也。一本，二跡，三非本非跡，四非非本跡也。言堯反照心源，洞見道境，超茲四句，故言往見四子也。……斯蓋即本即跡，即體即用，空有雙照，動寂一時，是以姑射不異汾陽，山林豈殊黃屋，

世人齊其所見，曷嘗信此耶？』郭象在這裏認爲，帝堯雖然在廟堂上忙於政務，但其心卻淡然自若，猶如處於山林之中，即所謂『遊外冥內』者。成玄英接過了郭象這個『遊外冥内』的玄學命題，也認爲『姑射不異汾陽，山林豈殊黄屋』，但他在疏解時卻又較多援引了佛教關於内外咸空的理論，從而把『堯』簡直闡釋成了一個『反照心源』、『空有雙照』的佛教信徒。

總而言之，僅從以上四個方面來論述成玄英莊子學思想與郭象莊子學思想的關係，雖然遠遠不夠全面，但我們卻可由此大致看出，成玄英對於郭象的理論觀點，既有明顯的宗承，又有大膽的引申發揮，從而進一步推動了莊子學的發展。

第二節　在郭象注外作疏解

郭象爲莊子作注，自謂『宜要其會歸而遺其所寄，不足事事曲與生説，自不害其宏旨，皆可略之耳』（逍遥遊注），故其注文，往往過於簡略，甚至有整篇僅出數條注語者。因此，成玄英除了依郭注作疏而外，還必須作大量的無注之疏，並探究一些未經郭象探究過的問題。

一、對内、外、雜篇的獨特詮釋

今所傳三十三篇本莊子雖然是由郭象裁定的，但我們並沒有發現他曾對内、外、雜篇的特徵作過任何説明。陸德明依郭象本作莊子音義，也僅説過諸如『内篇衆家並同，自餘或有外而無雜』（經典釋文序錄），和『内者對外立名』（莊子音義『内篇』解）、『舉事以名篇』（莊子音義駢拇題解）、『以義名篇』（莊子音義在宥題解）、『借物

名篇』（莊子音義秋水題解）、『以人名篇』（莊子音義田子方題解）之類的話。而成玄英在疏解莊子時，則十分重視對內、外、雜篇特徵及其相互關係的揭示。他說：

> 所言內篇者，內以待外立名，篇以編簡爲義。……內則談於理本，外則語其事跡。事雖彰著，非理不通；理既幽微，非事莫顯。欲先明妙理，故前標內篇。內篇理深，故每於文外別立篇目，……逍遙、齊物之類是也。自外篇以去，則取篇首二字爲其題目，駢拇、馬蹄之類是也。……內篇明於理本，外篇語其事跡，雜篇雜明於理事。內篇雖明理本，不無事跡；外篇雖明事跡，甚有妙理。但立教分篇，據多論耳。（莊子注疏序）

在成玄英看來，內篇是相對於外篇而『立名』的，而內篇『於文外別立篇目』，屬於命題作文，外篇、雜篇只是『取篇首二字爲其題目』，題目與文章內容則並沒有多大關係。諸如此類的看法，陸德明在莊子音義中多已提出。然而，成玄英並沒有停留在這一認識的水準上，而是順著這一思路，對內、外、雜篇的特徵及其相互關係作了進一步的探究。他明確地指出，標題的不同正反映著理趣的深淺，所以『內篇明於理本，外篇語其事跡，雜篇雜明於理事』。所謂『理本』即指抽象的義理，『事跡』則指具體的事象。成玄英認爲，內篇主要用來闡明抽象義理，外篇主要用來顯現具體事象，雜篇則兼明『理』、『事』，是抽象義理與具體事象的互相結合。但三者又是不可分割的，共同構成了一個整體。尤其是『明於理本』的內篇與『語其事跡』的外篇，則更有著相互補充和印證的關係，所以說：『事雖彰著，非理不通；理既幽微，非事莫顯。』在此基礎上，成玄英又著重探究了內篇表現在各篇排列次序上的奧妙。他說：

> 所以逍遙建初者，言達道之士，智德明敏，所造皆適，遇物逍遙，故以逍遙命物。夫無待聖人，照機若鏡，既明權實之二智，故能大齊於萬境，故以齊物次之。既指馬蹄天地，混同庶物，心靈凝淡，可以攝衛養生，故以養生主次之。既善惡兩忘，境智俱妙，隨變任化，可以處涉人間，故以人間世次之。內德

圓滿，故能支離其德，外以接物，既而隨物升降，內外冥契，故以德充符次之。止水流鑑，接物無心，忘德忘形，契外會內之極，可以匠成庶品，故以大宗師次之。古之真聖，知天知人，與造化同功，即寂即應，既而驅馭群品，故以應帝王次之。（同上）

盧國龍在中國重玄學成玄英的痛苦及其重玄解脫中指出，成玄英的這個見解雖不免附會穿鑿，但對研讀莊子內七篇來說，無疑有啟發意義。第一篇逍遙遊講述自足本性，無待逍遙的精神境界。第二篇齊物論則以相對主義的思想方法對這一精神境界作出理論解釋。自第三篇養生主以下爲其應用。養生主篇講掌握自由和必然之關係的哲理，體悟這個哲理則可涉世俗，處人間，而內德不喪，能與潛行萬物之中的『道』相冥相契，於是有人間世篇，有德充符篇。內德既可與外物相冥相契，也可與外物俱喪俱忘，這便是『內聖外王』的大宗師篇，而應帝王篇只不過是其餘緒而已。可見，與郭象僅就內七篇各各申述其大旨相比較，成玄英將內七篇看作一個整體，以環環相扣的方法依次探尋各篇的旨意，最終復又使之共成一理，這無疑更有助於人們融會貫通地理解莊子內七篇的思想意蘊。

二、對字義、句意的訓釋與探究

郭象注釋莊子，重在發揮義理，而對於字義、名物，則不屑爲之作解，或往往採取『存而不論』的態度。成玄英疏解莊子，卻多從訓釋字義入手，以便真正探求到莊子命意之所在。如齊物論篇有語云：『百骸、九竅、六藏，賅而存焉。』郭象注：『付之自然，而莫不皆存也。』成玄英疏：『百骸，百骨節也；九竅，謂眼、耳、鼻、舌、口及下二漏也；六藏，六腑也，謂大腸、小腸、膀胱、三焦也；藏謂五藏，肝、心、脾、肺、腎也；賅，備也。言體骨在外，藏腑在內，竅通內外，備此三事，以成一身，故言存。』又逍遙遊篇有語云：『北冥有魚，其名爲鯤。鯤

之大，不知其幾千里也。化而爲鳥，其名爲鵬。』郭象注：『鵬鯤之實，吾所未詳也。夫莊子之大意，在乎逍遙遊放，無爲而自得，故極小大之致，以明性分之適。』成玄英疏：『溟，猶海也，取其溟漠無崖，故爲之溟。東方朔十洲記云：「溟海無風，而洪波百丈。」巨海之內，有此大魚。欲明物性自然，故標爲章首。玄中記云：「東方有大魚焉，行者一日過魚頭，七日過魚尾。產三日，碧海爲之變紅。」故知大物生於大處，豈獨北溟而已。夫四序風馳，三光電卷，是以負山嶽而舍故，揚舟壑以趨新，故化魚爲鳥，欲明變化之大理也。』由此可見，通過成玄英的努力，莊子的許多字詞、名物得到了詳細訓釋，從而在很大程度上彌補了郭象注『大半空言，無所徵實』（四庫館臣語）的缺陷。

對於内篇、外篇、雜篇三個部分，郭象於内篇所下注語最多。但由於他所採取的是『要其會歸』的注釋方法，所以内篇中仍有不少文字根本沒有得到他的詮釋。在這種情況下，注重逐字逐句訓釋的成玄英，只得作了較多的無注之疏。至於在外篇、雜篇中，成玄英的這種無注之疏就更多了。正由於這些緣故，後人遂多謂郭注與成疏必須配合而讀，方可使過於簡略的郭注得到極大的補充。

此外，成玄英還每有不願曲循郭注者。如郭象於天地篇『天下有道，則與物皆昌』下注云：『倡狂妄行，而自蹈大方也。』成玄英疏云：『運屬清夷，則撫臨億兆，物來感我，則應時昌盛。郭注云倡狂妄行，恐乖文旨。』又郭象於盜跖篇『孔子說盜跖』寓言後注云：『此篇寄明因衆之所欲亡而亡之，雖王紂可去也；不因衆而獨用己，雖盜跖不可御也。』成玄英疏云：『此章大意，排擯聖跡，嗤鄙名利，是以排聖跡則呵責堯、舜，鄙名利則輕忽夷、齊，故寄孔、跖以摸之意也。即郭注意，失之遠矣。』實際上，成玄英這裏也是在郭注之外直接爲經文作了疏解。

三、對人名、地名的考釋與實證

莊子中頻頻出現的人名，非實非虛，或實或虛，往往使讀者難以把握。爲此，成玄英又作了大量的無注之疏，對這些人名幾乎都進行了詳細的考釋。如對於齊物論篇『南郭子綦』，郭象無注，陸德明在莊子音義中僅錄有司馬彪『居南郭，因爲號』之語。成玄英則考釋云：『楚昭王之庶弟，楚莊王之司馬，字子綦，古人淳質，多以居處爲號，居於南郭，故號南郭，亦猶市南宜僚、東郭順子之類。其人懷道抱德，虛心忘淡，故莊子羨其清高而托爲論首。』我們知道，徐無鬼篇有這樣一則故事：『仲尼之楚，楚王觴之。孫叔敖執爵而立，市南宜僚受酒而祭。』今以左傳宣公十二年及史記循吏列傳所載史實推證，孫叔敖代虞丘爲楚莊王相之時，孔子尚未出生，故徐無鬼篇所說，純屬寓言。但以左傳哀公十六年所載『市南有熊宜僚者，若得之，可以當五百人』等史實推之，則『市南宜僚』確有其人，且是因居處而爲號者。由此說明，齊物論篇所說的『南郭子綦』當不屬於虛構的人物，故成玄英考釋之時，言之鑿鑿，毫不含糊，只可惜我們已看不到他所據以成說的文獻資料。但是，莊子一書除了在齊物論篇中謂顏成子游師事南郭子綦而外，在徐無鬼、寓言篇中還分別述說了顏成子師事南伯子綦、顏成子游師事東郭子綦之事，則南郭子綦與南伯子綦、東郭子綦大約就是一人，很可能包含著一些寓言成分，故成玄英又云『亦猶市南宜僚、東郭順子之類』，認爲齊物論篇中所述的『南郭子綦』其人其事也有許多虛構成分，表現出了作爲一位疏解古代文獻者的審慎態度。

成玄英的這種審慎態度，還明顯地表現在其他許多例子上。如他在養生主疏中說：『秦失者，姓秦名失，懷道之士，不知何許人也。』關於秦失其人，確已不可詳考，唯廣弘明集釋法琳辨證論和亢倉子全道篇略言及之，但前者引自莊子養生主，後者亦僅有『秦佚(失)死，亢倉子哭之』云云而已，皆無補於考證秦失其人其事，故

成疏遂有『不知何許人也』之語，說明他在考釋人物時並不敢有所穿鑿。正由於成玄英在考釋時既用心又審慎，所以他的說法往往比前人的說法更值得信從。如達生篇有齊士『皇子告敖』者，郭象無注，莊子音義唯引司馬彪云：『皇姓，告敖字，齊之賢士也。』成玄英則考釋說：『姓皇子，字告敖，齊之賢人也。』清人俞樾曾對這兩種說法進行過比較和考證：『按廣韻六止「子」字注：「複姓十一氏，莊子有皇子告敖。」則以「皇子」爲複姓。列子湯問篇末載錕鋙劍、火浣布事，云皇子以爲無此物，殆即斯人也。』（莊子人名考）由此說明，成玄英的說法顯得更爲可信。

在莊子中，還有大量完全屬於虛擬的人物，如『伯昏無人』、『支離叔』、『滑介叔』、『少知』、『太公調』等等，成玄英則一一疏解了他們的名字所包含著的深刻寓意。他說：

伯昏無人，師者之嘉號也。伯，長也；昏，暗也。德居物長，韜光若暗，洞忘物我，故曰伯昏無人，……以彰德充之義也。（德充符疏）

支離，謂支體離析，以明忘形也。滑介，猶骨稽也，謂骨稽挺特，以遺忘智也。欲顯叔世澆訛，故號爲叔也。……至道幽玄，其則非遠，故托二叔以彰其義也。（至樂疏）

智照狹劣，謂之少知。太，大也；公，正也。道德廣大，公正無私，復能調順群物，故謂之太公調。假設二人，以論道理。（則陽疏）

對於這些人物，郭象皆不予解釋，莊子音義唯引李氏云：『支離忘形，滑介忘智，言二子乃識化也。』而成玄英則對每個人物都進行用心疏解，雖然不免有些附會穿鑿，但無疑很能揭示出莊子虛擬這些人名的用意。

與此同時，成玄英也用心疏解了莊子中的大量地名。如秋水篇有『濮』、『濠』兩個地名，他疏證說：『濮，水名也，屬東郡，今濮州濮陽縣是也。……濠是水名，在淮南鍾離郡，今見有莊子之墓，亦有莊、惠遨遊之所。』就這樣，成玄英對莊子中的大多數地名都作了實證，故清末葉德輝說：『（成）疏於人名，每詳其字，地名亦必

實證其處，是足補郭注之所略。』（愼思堂舊鈔本莊子成疏跋）即使對於不能『實證其處』者，成玄英也要設法以具體的地名、形狀比況之，以便人們可以想見其仿佛。如人間世篇有『曲轅』這個地名，司馬彪注云：『曲道也。』（經典釋文引）成玄英則疏解云：『曲轅，地名也。其道屈曲，猶如嵩山之西有轘轅之道，即斯類也。』相比之下，成玄英的疏解無疑更能引發人們的具體聯想。

四、對譬喻、章句的揭示與串講

莊子說理，好用譬喻。對於這一現象，郭象等魏晉學者均未予以足夠重視。但成玄英在疏解莊子過程中，對這種現象卻多予以揭示。因而我們在讀他的莊子注疏時，像『此擧譬也』、『此起譬也』、『此是起譬也』、『此且起譬也』、『此重起譬也』、『此下合譬也』、『此結譬也』、『此起喻也』、『此合喻也』、『此合前喻也』一類疏語，每每可見。正由於有了這些疏語的明確提示，人們才得以比較容易地尋找到莊子寄寓在一些比喻文字中的真正意思。如大宗師篇有這樣一段話：『泉涸，魚相與處於陸，相呴以濕，相濡以沫，不如相忘於江湖。與其譽堯而非桀也，不如兩忘而化其道。』成玄英指出，『泉涸』五句是『起譬』，『與其譽堯而非桀也』二句是『合喻』①，認爲莊子是要以『魚失水所以呴濡』作比喻，來說明『譽堯善而非桀惡，祖述堯舜以勗將來』，還不如『無善無惡，善惡兩忘，不是不非，是非雙遣，然後出生入死，隨變化而遨遊，莫往莫來，履玄道而自得』的道理。又秋水篇有這樣一段話：『夫水行不避蛟龍者，漁夫之勇也；陸行不避兕虎者，獵夫之勇也；白刃交於前，視死若生者，烈士之勇也；知窮之有命，知通之有時，臨大難而不懼者，聖人之勇也。』成玄英疏云：『情有所安而忘其

① 這裏所謂的『起譬』，相當於現代修辭學所說的比喻形式上之喻體；『合喻』，則相當於比喻形式上之本體。

怖懼，此起譬也；聖人知時命，達窮通，故勇敢於危險之中而未始不安也，此合喻也。』這就明確告訴我們，莊子旨在通過『漁夫之勇』、『獵夫之勇』、『烈士之勇』的比喻，來更有效地闡述他所謂的『聖人之勇』。有時，即使對於存在於上、下句中的這種比喻與被比喻的關係，成玄英也要予以揭明。如他於庚桑楚篇『羿工乎中微而拙乎使人無已譽，聖人工乎天而拙乎人』下疏云：『前起譬，此合喻也。聖人妙契自然，功侔造化，使群品日用不知，不顯其跡，此誠難也。』通過成玄英的揭示，我們才得以明白，原來莊子旨在論說『聖人』，而舉出古之善射者羿，只不過是用他作個『起譬』罷了。

甚而至於，成玄英還把對譬喻的揭示進一步與章句串講結合起來。如天運篇有『顏淵與師金問答』一章文字，成玄英於『尸祝齊戒以將之』句下疏云：『此下譬喻，凡有六條：第一芻狗，第二舟車，第三桔槔，第四楂梨，第五猿狙，第六妍醜。』達生篇有『列子與關尹問答』一章文字，成玄英於『是故物而不慴』句下疏云：『自此已下，凡有三譬，以況聖人任獨無心：一者醉人，二者利劍，三者飄瓦。此則是初(譬也)，……此第二喻，……此第三喻也。』通過成玄英的揭示、串講，莊子中這些章節的行文脈絡都得到了有效的梳理，因而讀者要找到莊子寄寓在其中的真正意思也就不難了。

第三節　成疏的佛理化傾向

成玄英是唐初的一位著名道士，因而他雖然依西晉玄學家郭象的注解來疏解莊子，但就其疏解的目的而言，顯然是爲了把莊子學說推崇爲『鉗揵九流』、『括囊百氏』的『至教』(見成氏莊子注疏序)。由此出發，他首先在莊子注疏序中，按照六朝以來一部分道士的說法，謂莊子『師長桑公子，受號南華仙人』。故清四庫館臣

云：『至序文云「莊子字子休，生宋國睢陽蒙縣，師長桑公子，受號南華仙人」，殆出真誥之類，殊可以廣異聞。』①對於出現在莊子中的『老聃』，成玄英更按道教徒的信仰作了解說。如他在養生主疏中說：『老君，即老子也。姓李名耳，字伯陽，外字老聃，大聖人也。……老君爲大道之祖，爲天地萬物之宗，豈有生死哉！』十分明顯，成玄英這裏把『老聃』說成是『大道之祖』、『天地萬物之宗』，實際上就是把他當作無世不存的至尊之神來尊奉，這正是所有道教信徒最根本的信條。

然而，由於道教理論不如佛教教義具有高度抽象的思維特徵，也不如佛理多可與老莊學說互爲發明，而據唐釋道宣所撰集古今佛道論衡卷丙記載，成玄英在貞觀二十一年參加由玄奘主持的將老子譯爲梵文的工作時，又極力主張用佛教中觀派的中論、百論等來理解老子，所以成氏必然會借用佛教的一些理論和方法來疏解老莊。成玄英曾爲老子作疏解，其佚文散見於正統道藏強思齊道德真經玄德纂疏和顧歡道德真經注疏中。通過這些佚文，我們正可以清楚地看到他以佛理來疏解老子的基本路數。在他的莊子注疏中，也比較明顯地反映了這種佛理化傾向。具體地說，這種傾向主要是由他在闡述『重玄』等理論時反映出來的。

所謂『重玄』，蓋源於老子用來形容『道』的幽妙難測狀態的『玄之又玄』（老子一章）的說法。莊子闡說『道』的特徵，基本上是沿著這一說法而加以發揮。到了東晉，孫登進一步提出了『托重玄以寄宗』②的說法。成玄英復『以孫氏爲正』③，對重玄理論作了更爲具體的闡發。如齊物論篇有語云：『今且有言於此，不知其與是類乎？其與是不類乎？類與不類，相與爲類，則與彼無以異矣。』成玄英疏解說：『類者，輩徒相似之類也。

---

① 四庫全書總目提要四庫未收書目成玄英南華真經注疏。

② 敦煌卷子伯二三五三號成玄英老子道德經開題序訣義疏引。

③ 成玄英老子道德經開題序訣義疏。

但群生愚迷，滯是滯非。今論乃欲反彼世情，破茲迷執，故假且說無是無非，則用爲真道。是故復言相與爲類，此則遣於無是無非也。既而遣之又遣，方至重玄也。』在成氏看來，世人『愚迷』，既滯於是，又滯於非。只要使他們破除『迷執』，既不滯於是，又不滯於非，並且『遣之又遣』，使之進而既不滯於滯，又不滯於不滯，這樣就能達到重玄的境界。十分明顯，這裏所運用的否定再否定的思維方法，與他在疏解老子時所用的否定思維方式一樣①，也主要是借鑒佛教中觀派雙遣雙非的否定思維方式而來。

那麼，爲什麼要用『雙遣』的否定思維方式去認識重玄之道呢？成玄英認爲，這是由重玄之道的本身特徵所決定的。他說：

> 重玄妙理，超絕形名，故不可以言象求也。（則陽疏）
>
> 重玄之域，聖心所不能知，神口所不能辯，若以言知索真，失之遠矣。（徐無鬼疏）
>
> 萬物云云，悉歸空寂，倒置之類，妄執是非，於重玄道中，橫起分別，何異乎肝膽生，本同一體也。（德充符疏）

在成玄英看來，重玄之道是『超絕形名』之外，『聖心所不能知，神口所不能辯』的絕對空虛，即佛教所謂的『空寂』。然『群生愚迷』，『妄執是非，於重玄道中，橫起分別』，所以就需要運用佛教中觀派的思維方法，『遣之又遣』，即通過否定再否定，直至使他們『悉歸空寂』，在思想上出現一片空白。成玄英還從佛教『空』的觀念出發，進一步認爲世界上一切對立的東西都是虛幻。如他在齊物論疏中說：

> 彼此是非，相因而有，推求分析，即體皆空也。

---

① 如成玄英疏解老子一章『玄之又玄』云：『有欲之人，唯滯於有；無欲之士，又滯於無。故說一玄，以遣雙執。又恐行者滯於此玄，今說又玄，更祛後病。既而非但不滯於滯，亦乃不滯於不滯。此則遣之又遣，故曰玄之又玄。』

諸法空幻，何獨名言？是知無即非無，有即非有，有無名數，當體皆寂。

萬境虛幻，無一可貪，物我俱空，何所遜讓？

三界悉空，四生非有，彼我言說，皆在夢中。

成玄英在這裏指出，世界上一切對立的事物都是因緣所生，刹那生滅，並沒有質的規定性。因此，諸如物與我、彼與此、有與無、是與非等等，皆屬虛幻不實；就連佛教所謂的『三界』（即欲界、色界、無色界）與『四生』（即卵生、胎生、濕生、化生）說法本身，也無不屬於空幻，哪裏可看成是實有的東西呢！由此可以清楚看到，成玄英顯然是以佛教『諸法皆空』的理論來疏解莊子的『齊物』思想，從而在魏晉玄學家以『有』、『無』等觀念理解莊子思想之外開闢了新的途徑。

那麼，怎樣才能達到『諸法皆空』的精神境界呢？成玄英認爲，這就要以『遺六根』（達生疏）爲根本前提。所以他告誡人們千萬不要『輕染根塵』（養生主疏）、『壅塞根竅』（外物疏）。他說，如果一旦做到『根塵既空，心亦安靜，照無知慮』（在宥疏），就可以『混同萬物，冥一死生，豈於根塵之間而懷美惡之見耶？』（德充符疏）而『流俗之人』，『或縱恣六根，馳逐前境（塵境，即外界事物），或竅穴哽塞，以害生崖』（外物疏），此『乃俗中一物，偏曲之人，何足以造重玄，語乎大道？』（則陽疏）這裏所謂的『六根』、『根塵』，都是佛教用語。佛教謂眼、耳、鼻、舌、身、意爲六根，色、聲、香、味、觸、法爲六塵。心之所依而能取境者謂之根，根之所取者謂之塵，故合稱之則爲根塵。按照佛教的說法，六根所具有的感覺認識功能都是虛妄的，而六塵卻只能像塵埃一樣污染人的情識，把人步步引入迷妄，因此，想要達到虛空無滯的精神境界，就必須清淨根塵。成玄英把佛教的這些觀念具體運用到疏解莊子上，其主要目的就在於借此來闡釋莊子的這樣一種思想，即對於『道』的體驗，必須以『墮肢體，黜聰明』（大宗師）和『解心釋神，莫然無魂』（在宥）爲前提。但由於成玄英較多借用了佛教的觀念和方法，所以有時幾乎把莊子所謂的悟道過程闡釋成了佛教的修行過程。如養生主篇有這樣一段話：『始臣之解牛之

時,所見無非牛者;三年之後,未嘗見全牛也。方今之時,臣以神遇而不以目視,官知止而神欲行。』成氏疏云:

始學屠宰,未見間理,所覩惟牛。亦猶初學養生,未照真境,是以觸途皆礙。操刀既久,頓見理間,所以才覩有牛,已知空卻。亦猶服道日久,智照漸明,所見塵境,無非虛幻。……經乎一十九年,合陰陽之妙數,率精神以會理,豈假目以看之?亦猶學道之人,妙契至極,推心靈以虛照,豈用眼以取塵也?

按照成玄英的疏解,所謂悟道,不外就是廢棄六根,入於空幻,即佛教所謂坐禪入定的修行過程。他在達生疏中說:『夫至人立行,虛遠清高,故能內忘五藏之肝膽,外遺六根之耳目,蕩然空靜,無纖介於胸臆。』也正是用這種方法來闡釋『至人』的悟道過程,從而使道家理想中的『至人』幾乎成了佛教的虔誠修行者。而像這樣的修行者,他們大多已修習成了普救眾生的菩薩心腸。如:

至人道邁三清而神遊六合,故蘊智以救殃孽,約束以檢散心,樹德以接蒼生,工巧以利群品。(德充符疏)

真人應世,……虛心慈愛,常善救人,量等太虛,故莫知其極。(大宗師疏)

大聖慈悲,兼懷庶品,平往而已,終無偏愛,誰復有心拯救而接承扶翼者也?(秋水疏)

玄悟之人,……內蘊慈悲,外宏接物,故能俯順塵俗,惠救蒼生,虛己逗機,終無迕逆。(齊物論疏)

『至人』、『真人』、『聖人』等都是莊子哲學裏的理想人格,他們或『茫然彷徨乎塵垢之外,逍遥乎無爲之業』(大宗師),或『相與交食乎地而交樂乎天,不以人物利害相攖,不相與爲怪,不相與爲謀,不相與爲事,翛然而往,侗然而來』(庚桑楚),『孰弊弊焉以天下爲事?』(逍遥遊)但經過成玄英的闡釋後,莊子哲學裏的這些理想人格,

卻成了『虛心慈愛』、『内藴慈悲』、『常善救人』、『惠救蒼生』的菩薩，好像他們正懷著悲憫之情，駕著大般若之慈航，在茫茫無際的苦海中拯救衆生。

由上述可見，成玄英在疏解莊子過程中，確曾較多地引進了佛教中觀派的理論和方法，從而開了道教學者以佛解莊的先河。

第四節　莊子注疏的歷史地位和影響

清四庫館臣云：『（成）疏之所本爲郭象注。象注掃除舊解，標新領異，大半空言，無所徵實，不免負王弼注易之累。元英此疏，則稱意而談，清言曲暢。至序文云「莊子字子休，生宋國睢陽蒙縣，師長桑公子，受號南華仙人」，殆出真誥之類，殊可以廣異聞。』①其實，我們在本節中需要談的，還遠不止這些方面。

我們知道，西晉郭象通過注莊調和了玄學思想發展過程中諸如『貴無』或『崇有』等各種爭議，綜合了前人研究莊子的思想成果，把玄學理論推向了最高峰。就在玄學幾乎達到這樣一種飽和程度的情況下，東晉佛教學者支遁則以佛教即色空義來闡釋莊子逍遥遊思想，卓然拔理於郭注之外，從而爲莊子學的進一步發展開闢了新的途徑。此後，成玄英復作莊子注疏，更是『稱意而談，清言曲暢』，達到了一種實爲前人所未曾達到的新境界。誠然，成玄英雖『依子玄所注三十篇輒爲疏解』，較多地繼承了郭象體現在莊子注中的學術思想，但他又『稱意而談』，即按照自己對莊子學説的獨特理解，大膽揚棄魏晉玄學家的有、無之辯，而每以佛教中觀派的否定思維方式和『諸法皆空』的基本理論，對莊子全書進行了痛快淋漓的闡釋，這就創造性地發展了郭象的莊子學思想，

① 四庫全書總目提要四庫未收書目成玄英南華真經注疏。

也打破了支遁僅以佛理詮釋莊子逍遙遊思想的局限，真正爲以佛解莊開拓了廣闊的空間。從另一方面來看，由於郭象所採用的是『每寄言以出意』（山木注）的闡釋方法，故其『標新領異，大半空言，無所徵實』。而成玄英則大抵先從字詞的訓釋入手，進而對語句章節進行梳理貫通，從而把莊子文章的意思明白、完整地呈現給讀者。故後人評曰：『元英師疏，其解釋明白，不穿鑿，不艱深，讀之易曉。』①所謂『清言曲暢』，大概就是指成疏的這一特點而言。

在評價莊子學說方面，郭象曾在莊子序中說，莊子雖然『可謂知本』，但他遊談方外，空發了許多與實際不相符合的言論，所以他的著作自然就不能與儒家經典相並列，而只能成爲『百家之冠』。至於魏晉以來的道教學者，他們對莊子的評價也是不夠高的。如東晉葛洪，其著述雖每襲莊周之説，但當莊子的某些思想與自己的思想發生矛盾時，他就猛烈地抨擊起了『莊子』，認爲『其屬文筆，雖祖述黄老，憲章玄虚，但演其大旨，永無至言。』（抱朴子内篇釋滯）成玄英則認爲，『莊子道冠重玄，獨超方外』（秋水疏），因而讓他『受號南華仙人』（莊子注疏序）；並説莊周所著的莊子『鉗揵九流，括囊百氏，諒區中之至教』（同上），在三教九流諸子百家中，實在雄居領袖和關鍵的地位。從此，莊子才真正在道教中獲得了僅次於老子的崇高地位，莊子一書才真正被道教學者奉爲必讀的經典著作。

推原義疏之學，實肇始於南北朝。諸儒以之闡釋儒家經典，研究道家的學者則藉以疏解老、莊，因而便有王穆夜的莊子義疏、李叔之的莊子義疏、庾曼倩的莊子義疏等著作問世。成玄英在莊子注疏序中曾引王穆夜解釋莊子逍遥遊題意之語，當出自王氏莊子義疏一書，説明成氏對這些學者倡導的義疏之學是有所瞭解的。但在疏

---

① 魏峴語，見日本天理大學圖書館藏陸德明莊子音義末所附跋語。據清四庫館臣爲魏峴四明它山水利備覽所作提要，魏峴爲南宋鄞縣人。

解的體例格式方面，當如盧國龍在中國重玄學成玄英的痛苦及其重玄解脱中所説，成玄英主要受到了南朝以來道教學者義疏之學的影響：南朝宋文明等道教學者受佛教論疏序經品目影響而創立了道教義疏之學，並成爲一種比較固定的體例格式，即把一組道經分成若干品次，然後再敍述品次之間由漸入深、自分而合或自合而分等等聯繫。成玄英爲老子作義疏，將經文的各章各句都解析成幾何階梯，由之層層遞進，這便是他因循南朝以來道教學者義疏學體例格式的明證。同時，他還把這種體例格式運用到了疏解莊子的過程中，既從整體上把握了其內、外、雜篇之間的相互關係，又以環環相扣的方法依次探尋了內篇各篇的旨意及其邏輯關係，並以由淺入深、逐層推進的方法對全書許多章節的行文脈絡進行了梳理，從而使莊子寄寓在複雜的文字結構形式中的真正用意得到了有效的揭示。

綜上述可知，成玄英的莊子注疏在有所宗承郭象注的基礎上，既吸取了佛教的思想觀念和思維方式，又繼承了道教學者的思維成果，從而成了一部吸納、融合六代多種學術之精華而又有所進益、與郭注並傳千年而不衰的莊子學著作。

成玄英的莊子注疏作爲隋唐時期最重要的一部疏解莊子的專著，在當時就已產生了一定的影響。如年歲可能略少於成玄英的道教學者李榮，或許就是成氏的學生。他的老子注所反映出的有關『重玄之道』的思想理論，與成玄英在疏解老、莊過程中所反映出的有關思想理論相當一致，這可能就是成氏學術思想影響的必然結果。唐玄宗爲老子作御注，每以『妙本』闡釋『道』字，這也是成玄英在疏解老、莊時就已出現的，唐玄宗只是予以直接承繼罷了。晚唐強思齊著道德真經玄德纂疏，十分自覺地承繼了成玄英等人借鑒於佛教的『雙遣』思維方式，認爲『重玄至道』不僅是非有非無，而且更是一無所有、一無所無，這也同樣可以看出成玄英的莊子注疏所產生的影響。

到了宋、明以後，成玄英莊子注疏的影響便進一步明顯起來。如北宋王雱著南華真經新傳，參以些許佛理，

當與成疏的影響不無關係。南宋林希逸著南華真經口義，雖對成疏的某些見解持有異議①，但他闡釋莊子經文，大量引用佛教理論，並每依佛教思維方式尋其『語脈機鋒』，『悟其縱横變化』（見南華真經口義發題），凡此顯然是與成玄英莊子注疏的影響分不開。明代後期陸西星著南華真經副墨，也明顯受到了成玄英莊子注疏的影響，認爲『震旦之有南華，竺西之貝典也。貝典專譚實相，而此則兼之命宗，蓋妙竅同玄，實大乘之秘旨。』（南華真經副墨自敘）因此，他幾乎處處都可用佛理來闡釋莊子經文。這一思維方式經明末釋德清莊子内篇注的傳承，一直延續到了近代楊文會的南華經發隱和章炳麟的齊物論釋。陸西星還像成玄英那樣也把莊子看成是一個完整的思維體系，並同樣以勾連貫通的方法闡釋了内篇各篇的意旨及其邏輯關係。此外，陸西星還發展了自成玄英以來重視揭示行文脈絡的思維模式。這一思維模式經清代前期林雲銘莊子因、宣穎南華經解等的大力推進，至清末劉鳳苞的南華雪心編而達到極致。

據日本天理大學圖書館藏陸德明莊子音義末附鄞縣人魏峴『余少時嘗得元英師疏』之語，説明成玄英莊子注疏至遲在宋代已流行較廣。今可見到的成玄英莊子注疏版本，主要有道藏本、道藏舉要本、古逸叢書本，及清人郭慶藩莊子集釋本、近人劉文典莊子補正本等，多以分附於郭象注後的形式行世。自成玄英的莊子注疏問世以後，治莊子者大凡多以郭注、成疏配合而讀，從而得到了多方面的益處。

---

① 如逍遥遊篇：『堯治天下之民，平海内之政，往見四子藐姑射之山、汾水之陽，窅然喪其天下焉。』成玄英疏云：『四子者，四德也。一本，二跡，三非本非跡，四非非本跡也。言堯反照心源，洞見道境，超茲四句，故言往見四子也。』林希逸則批駁説：『一本，二跡，三非本非跡，四非非本跡也。如此推尋，轉見迂誕。』又徐無鬼篇『黄帝將見大隗乎具茨之山』，成玄英疏云：『大隗，大道廣大而隗然空寂也。』林希逸則批駁説：『若以大隗爲大道之隗然者，亦鑿説也。』

第四章　隋唐其他人的莊子學

第一節　魏徵等的莊子治要

莊子治要，在群書治要內。宋王溥唐會要修撰云：『貞觀五年九月二十七日，祕書監魏徵撰群書治要上之。』又云：『太宗欲覽前王得失，爰自六經，訖於諸子，上始五帝，下盡晉年。徵與虞世南、褚亮、蕭德言等，始成凡五十卷上之，諸王各賜一本。』據此，則莊子治要爲魏徵等奉敕修撰。

魏徵（580—643），字玄成，巨鹿曲城人。『少孤貧，落拓有大志，不事生業，出家爲道士。』（舊唐書魏徵傳）隋末參加瓦崗起義軍，李密敗，降唐，後爲太子建成所用。太宗即位，擢爲諫議大夫。貞觀三年，任祕書監，參預朝政，校定秘府圖籍。由於魏徵在年青時曾『出家爲道士』，這就必然使他與道家學說有較多的接觸。而在隋末參加農民起義和唐初『參預朝政』的過程中，他更清楚認識到了一個政權之所以會致亂的緣由：『隋氏以富強而喪敗，動之也；我以貧窮而安寧，靜之也。靜之則安，動之則亂。』（貞觀政要刑法）這種認識，與其主唐太宗是一致的。如太宗嘗謂侍臣曰：『往昔初平京師，宮中美女珍玩，無院不滿。煬帝意猶不足，徵求無已，兼東西征討，窮兵黷武，百姓不堪，遂致亡滅。此皆朕所目見，故夙夜孜孜，惟欲清淨，使天下無事。遂得徭役不興，年穀豐稔，百姓安樂。夫治國猶如栽樹，本根不搖，則枝葉茂榮，君能清淨，百姓何得不安樂乎？』（貞觀政

要政體）正因爲魏徵和唐太宗有著這樣一種共識，所以魏徵等在奉敕撰書時就必然會以這一思想認識作爲指導原則，以便盡可能地符合『太宗欲覽前王得失』的要求。今觀其莊子治要，乃節錄莊子之胠篋、天地、天道、知北遊、徐無鬼五篇中有關文字，並附郭象注語，略加刪削修改而成，正體現了唐初最高統治階級有關治國的思想認識原則。

我們知道，在胠篋、天地、天道、知北遊、徐無鬼諸篇中，有不少文字是論述『無爲而治』思想的。魏徵等認爲這部分文字正可以説明太宗『覽前王得失』，因而就把它們節選出來，使之成爲莊子治要的主體。如：

> 昔者容成氏、大庭氏、伯皇氏、中央氏、栗陸氏、驪畜氏、軒轅氏、赫胥氏、尊盧氏、祝融氏、伏戲氏、神農氏，當是之時，民結繩而用之，甘其食，美其服，樂其俗，安其居，……若此之時，則至治已。（節選自胠篋）
>
> 夫天地者，古之所大也，而黄帝、堯、舜之所共美也。故古之王天下者，奚爲哉？天地而已矣！（節選自天道）
>
> 聖人行不言之教，……損之又損之，以至於無爲，無爲而無不爲也。（節選自知北遊）

李唐代隋之後，猶漢之既承暴秦之敝，人們迫切希望能夠得到休養生息。因此，魏徵在輔佐唐太宗治國過程中明顯表現出了這樣一種思想傾向：要鞏固剛建立起來的李唐新政權，就決不能像隋煬帝那樣苛擾百姓，而必須實行清淨無爲的政治，讓人民在這種政治下去實現其自化、自正、自朴、自富。唐太宗於貞觀二年亦謂侍臣曰：『國以人爲本，人以衣食爲本，凡營衣食，以不失時爲本。夫不失時者，在人君簡靜乃可致耳。若兵戈屢動，土木不息，而欲不奪農時，其可得乎？……夫安人寧國，惟在於君，君無爲則人樂，君多欲則人苦，朕所以抑情損欲，克己自勵耳。』（貞觀政要務農）正因爲當時的最高統治者是按這樣一種共同的政治思想來治理國家的，『由是官吏多自清謹。制馭王公、妃主之家，大姓豪猾之伍，皆畏威屏跡，無敢侵欺細人。商旅野次，無復盜

賊，囹圄常空，馬牛布野，外戶不閉。又頻致豐稔，米斗三四錢，行旅自京師至於嶺表，自山東至於滄海，皆不齎糧，取給於路。入山東村落，行客經過者，必厚加供待，或發時有贈遺。』（貞觀政要政體）在魏徵等看來，這似乎有點像莊子中所謂『民』皆『甘其食，美其服，樂其俗，安其居』的『至治』之世了。爲了有效保持這種政治局面，他們就節選了莊子中的這些文字，以便太宗和諸王能夠從古代帝王容成氏、大庭氏、伯皇氏、中央氏、栗陸氏、驪畜氏、軒轅氏、赫胥氏、尊盧氏、祝融氏、伏戲氏、神農氏、黃帝、唐堯、虞舜那裏汲取統治經驗，因『天地』之德，『行不言之教』，繼續施行『無爲而無不爲』的政治。

但我們應當明白，魏徵等在節選莊子有關文字的過程中，實際上已經有目的地重新闡釋了莊子的『無爲』思想。因爲就整部莊子來看，其所包含的『無爲』思想具有多層意義。大致說來，內篇所說的『無爲』，即是超然於現實之外的逍遙無爲。故逍遙遊篇就讓帝堯『往見四子藐姑射之山，汾水之陽，窅然喪其天下焉』，從而完全達到了逍遙無爲的精神境界。應帝王篇則是一篇專論應當如何作帝王的文章，其主旨也無非是說，『遊心於淡，合氣於漠』，即『與造物者爲人，厭則又乘夫莽眇之鳥，以出六極之外，而遊無何有之鄉，以處壙埌之野』者，就有資格成爲君臨天下的帝王。而外篇、雜篇所謂的『無爲』，卻已轉向現實政治關懷，即屬於漢書藝文志所說的『君人南面之術』。我們從莊子治要中可以清楚看到，魏徵等節選莊子的文字，完全是從現實關懷出發，所以他們徹底拋棄了最能代表莊周本人思想的內篇，而對外篇、雜篇中的有關文字卻給予了充分重視，但對於其中那些不合於『君人南面之術』的句子仍要予以刪削。如徐無鬼篇載，黃帝曾向牧馬童子『請問爲天下』，小童曰：『夫爲天下者，亦若此而已矣，又奚事焉！予少而自遊於六合之內，予適有瞀病，有長者教予曰：「若乘日之車而遊於襄城之野。」今予病少痊，予又且復遊於六合之外。夫爲天下亦若此而已。予又奚事焉！』黃帝復問，小童曰：『夫爲天下者，亦奚以異乎牧馬者哉！亦去其害馬者而已矣。』於是，『黃帝再拜稽首，稱天師而退。』這段文字到了莊子治要裏面，卻變成了這樣：

> 黄帝曰：『……請問爲天下。』小童曰：『夫爲天下者，亦何以異乎牧馬者哉！亦去其害馬者而已矣。』黄帝再拜稽首，稱天師而退。

由此可見，魏徵等將徐無鬼篇這段文字中有關逍遥無爲的語句皆予以刊落，從而突出了『爲天下者』『亦去其害馬者而已矣』的思想。所謂『去其害馬者』，就是不要以像馬蹄篇所指出的『燒之、剔之、刻之』一類傷害馬的自然本性的人爲方法去治馬。以此施之政事，正合於唐初統治者『無爲而治』的政治主張。

莊子外、雜篇所謂的『無爲而治』，還包含了『君無爲』、『臣有爲』的重要思想。尤其是天道篇，更是這方面的專論，認爲君道效法天道，無爲而貴，臣道拘於人道，有爲而卑。魏徵向唐太宗進獻『無爲而治』的方略，正是以有爲的臣道來補充無爲的君道爲前提。如他曾上疏云：『簡能而任之，擇善而從之，則智者盡其謀，勇者竭其力，仁者播其惠，信者效其忠。文武爭馳，君臣無事，可以盡豫遊之樂，可以養松、喬之壽，鳴琴垂拱，不言而化，何必勞神苦思，代下司職，役聰明之耳目，虧無爲之大道哉！』（貞觀政要君道）基於這一政治主張，魏徵等就把天道篇看成是莊子中最爲重要的一篇文章，而將其中近一半的文字選進了莊子治要，從而使君無爲、臣有爲的思想在此書中佔據了十分重要的位置。此外，天道篇也融會了儒家的一些思想，諸如『君先而臣從，父先而子從，兄先而弟從，長先而少從，男先而女從，夫先而婦從』，『宗廟尚親，朝廷尚尊，鄉党尚齒，行事尚賢』，及『不敖無告，不廢窮民，苦死者，嘉孺子而哀婦人』等等，皆屬此類。這些思想，與唐太宗表面上宣稱的所謂『朕今所好者，惟在堯舜之道、周孔之教』（貞觀政要慎所好）者相一致，所以魏徵等也把它們收進了莊子治要。

由上述可見，魏徵等所修撰的莊子治要實爲一部專言『君人南面之術』的書，它把莊子外、雜篇中『無爲而治』的思想提升到了一個嶄新的層次，從而爲唐初的政權建設起到了理論上的指導作用。

第二節 文如海的莊子正義

文如海，唐書無傳，唯宋晁公武郡齋讀書志後志、褚伯秀南華真經義海纂微卷首陳碧虛解義卷末載覽過莊子注及元吳澄莊子正義序謂其爲唐明皇時劍南道士，著有莊子正義（晁志作『莊子疏』）十卷。吳澄序云：

> 莊子內聖外王之學，洞徹天人，遭世沈濁而放言滑稽以玩世，其爲人固不易知，而其爲書亦未易知也。魏晉以來，注釋奚翅數十，雖淺深高下不同，大抵以己見說莊子，非以莊子說莊子也。玄學講師侯大中，蜀產也，澹然朴素，好南華經，聞清江道士杜充符有唐劍南道士文如海南華正義，命其徒徑往繕寫以歸，如獲珍器。近以示予，予嘉文氏方外之人，乃能獨矯郭氏玄虛之失而欲明莊子經世之用，噫，可不謂拔乎儔類者哉！昔在天寶間，玄宗蓋嘗賜見正義十卷，宋太平興國八年成都道士任奉古鋟諸木，而世不傳。講師將爲重刻，故敘其所以得書之由。若夫得意忘言，奭然四解，進進乎南華真人之逍遙遊，師其自知之矣。

據吳澄序，唐玄宗時劍南（治所在今成都市）道士文如海所撰的莊子正義十卷，最早由成都道士任奉古在北宋太宗太平興國八年（983）刊刻，褚伯秀南華真經義海纂微卷首陳碧虛解義卷末載覽過莊子注所云『文如海正義中太一宮本』可能即是根據此刻本校刊的本子，但南宋山東巨野人晁公武在郡齋讀書志後志中所說的『文如海莊子疏十卷』，書名既不同，則不知爲何刊本。到了元初，玄學講師侯大中又據江西清江道士杜充符所藏任氏刻本而加以重刊，這就說明文氏的莊子正義自唐至元一直流傳著，而且它的流布範圍也很廣。而文如海的莊子正義之所以能夠在較長的時間裏廣泛流傳，則是由它本身所具有的特徵決定的。

一、重在發揮『莊子經世之用』的思想

唐代的統治者因有鑒於魏晉人的清談誤國，便十分重視把道家學說直接引向對現實政治的關懷。如唐太宗曾謂侍臣曰：『梁武帝父子志尚浮華，惟好釋氏、老氏之教，……卒被侯景幽逼而死。孝元帝在於江陵，爲萬紐于謹所圍，帝猶講老子不輟，百寮皆戎服以聽，俄而城陷，君臣俱被囚縶。庾信亦歎其如此，及作哀江南賦，乃云：「宰衡以干戈爲兒戲，縉紳以清談爲廟略。」此事亦足爲鑒戒。』（貞觀政要慎所好）因此他與魏徵等大臣，遂堅決摒棄了魏晉人的玄虛之談，而十分重視從安邦治國的角度來理解老子、莊子。唐玄宗御注老子，也大量吸收了儒家思想，把道家的學說闡釋成了經世安邦的理論。正是在這樣一種『儒道合流』的社會背景下，文如海『乃能獨矯郭氏玄虛之失而欲明莊子經世之用』，寫出莊子正義這部很能代表時代思想潮流的學術著作。晁公武郡齋讀書志後志於『文如海莊子疏十卷』下云：

如海，明皇時道士也。以郭象注放乎自然而絕學習，失莊生之旨，因再爲之解，凡九萬餘言。

從吳澄的序言和晁公武的注語就可以清楚地看到，文如海撰寫莊子正義的目的，一是爲了矯正以郭象莊子注爲代表的魏晉莊子學的『放乎自然而絕學習』之『失』，二是爲了發明莊子的『經世之用』的思想，把莊子學進一步引向對現實政治的關懷。可惜由於莊子正義一書的亡佚，我們已無法更全面具體地瞭解文如海的莊子學思想。但北宋陳景元在南華真經章句音義中引有文氏莊子正義的許多文字，我們卻可據以窺見他是如何具體發明『莊子經世之用』思想的。如莊子盜跖有『五紀』一詞，司馬彪注云：『歲、日、月、星辰、曆數。』（陸德明莊子音義引）成玄英疏云：『祖、父、身、子、孫也。亦言金、木、水、火、土五行也，仁、義、禮、智、信五德也。』（莊子注疏）文如海則詮釋云：『天爲地紀，日爲星紀，君爲臣紀，父爲子紀，夫爲妻紀。』（陳景元南華真經章句音義引）

說明文氏的解釋比起前人的注疏，顯然更具有以儒弘道的思想傾向，從而爲統治階級實行以禮義治國、要求臣民以君爲紀提供了理論依據。

元脫脫宋史藝文志道家除了載錄文如海莊子正義十卷外，還著錄有文氏莊子邈一卷，今存於道藏中，全書由論述天地、天道、天運、刻意、說劍、漁父、列禦寇七篇題旨的文字組成①。這些文字正可證明，文如海的莊子學確實具有明顯會通儒、道的思想傾向。如他論天地篇云：『天尊地卑，乾坤所以列位；君上臣下，貴賤所以崇班。天地均化於無心，君臣股肱於一體，故得陶鈞萬類，康濟蒼生，九有宅心，萬方樂業，野老不知於帝利擊壤，豈識於堯年變澆俗之頹風，歸淳素於上古？此所以合天地之旨也。』又論說劍篇云：『一夫之勇，非君子之器，不得已而用之。今以賢相爲工，良牧爲冶，明宰爲炭，百姓爲銅，淬元氣之鋒，礪氛氳之鍔，用仁義爲匣，以禮樂爲鐔，自然巨盜亡魂，奸臣喪魄，萬方歸化，四夷來王，按之無敵於天下。此說劍之旨也。』從這裏可以清楚看到，文如海所作論述的最明顯的特徵就是從莊子中引申出了儒家綱常倫理思想和經世安邦理論。以此況彼，他的莊子正義也正應該是一部發明『莊子經世之用』思想的著作。因此，吳澄所謂『玄宗蓋嘗賜見正義十卷』云云當不爲虛言，而吳氏本人之所以要在莊子正義重刊時欣然爲之作序，也正是由於他看到了此著『能獨矯郭氏玄虛之失而欲明莊子經世之用』的緣故。

二、對字詞、名物的訓解多有新意

從現存的文獻資料來看，自魏晉至唐代，以『注』、『疏』、『講疏』、『義疏』等形式來闡釋莊子的著作已多達

① 按，論述列禦寇題旨的文字已缺。

數十種，而以『正義』來命名莊子學專著則是直到文如海才出現①。從表面上來看，這固然與受唐代儒者『正義』之學影響分不開，但文如海並不像唐儒那樣不敢稍破舊注，而是借『正義』這種形式，大膽地『正』了莊子學史上的舊注舊疏之『義』。因此他的莊子正義一書頗多新意，僅陳景元南華真經章句音義就引錄了其敢於突破舊注舊疏的訓解文字凡八十餘條。如文氏於莊子讓王『越人三世弒其君』下云：『僖王一也，惠王二也，哀王三也。』（陳景元南華真經章句音義引）於齊物論篇『弱喪』下云：『秦人孩孺移家於楚，戀楚忘秦，故云弱喪。』（同上）像這樣的訓解，顯然已對前人的注疏有了較大的突破。又山木篇有這樣一段話：『鷾鴯……其畏人也，而襲諸人間，社稷存焉爾。』前人皆依本義解釋『社稷』一詞，文氏則云：『社稷，猶窠也。』（同上）認爲山木篇中這三句話的意思是說，燕子雖然這般害怕人，卻仍要飛入人舍，這僅僅是因爲它的巢窩築在這兒。這說明文如海的訓解是完全正確的，故後世治莊者如宣穎、劉鳳苞、馬敘倫等皆因之。在名物訓解方面，文如海也每每能不爲前人成說所囿。如陳景元南華真經章句音義引云：

列禦寇篇『驪龍』，文氏云：『毒龍也。』

徐無鬼篇『麗譙』，文氏云：『戰樓也。』

則陽篇『柏矩』，文氏云：『魯人，有道之士，欲往齊行化。』

像這樣的訓解，雖然未必全部正確，但皆道舊注舊疏所未曾道，完全可以備作一說，故陳景元南華真經章句音義予以一一收錄之。

① 按，舊唐書經籍志、新唐書藝文志並載有馮廓莊子古今正義十卷。馮廓，號谷神子，年輩當略晚於文如海。

三、所用底本爲後人提供了珍貴的異文資料

莊子也如其他古書一樣，在長期的流傳過程中產生了許多文字上的差異。文如海所用的本子，也多有不同於其他本子的文字，借此往往可以考見莊子某些字句的本來面貌，故陳景元莊子闕誤、南華真經章句音義二書多予摘錄之。如陳氏莊子闕誤謂文如海本養生主篇『如土委地』一句前有『牛不知其死也』六字。細審上下文義，有此六字於意爲美，當爲莊子原文存於文氏本子中者。又謂逍遥遊篇『亦若是則已矣』之『則』，文如海本作『而』，王引之訓釋說：『則已矣，而已矣也。』（經傳釋詞）其實，文氏本作『而』字，或許就是莊子的本來面貌。

自清代考據之風盛行以後，學者們更重視以文如海本中的異字來考訂莊子。如陳景元南華真經章句音義謂文氏及江南古藏本逍遥遊篇有『搶榆枋而止』一語，但我們現在所能見到的本子皆缺『而止』二字。劉文典據此考訂說：『「而止」二字舊奪，今據碧虛子校引文如海本、江南古藏本補。文選江文通雜體詩注、御覽九百四十四引亦並作「搶榆枋而止」，與文本、江南古藏本合。上文「去以六月息者也」，郭注：「小鳥一飛半朝，搶榆枋而止。」是郭所見本亦有「而止」二字。』（莊子補正）

四、以『方外之人』治莊而能『拔乎儔類』

道教學者，自東晉葛洪修治莊子以來，唐初成玄英依郭象注『輒爲疏解』，取得了很大的成就。文如海復以『方外之人』，『獨矯郭氏玄虛之失而欲明莊子經世之用』，又爲研治莊子開闢了新的途徑，因而引起了道教人士的重視。宋初成都道士任奉古將其莊子正義『鋟諸木』，元初清江道士杜充符又珍藏之，正可說明他們對前輩

道教學者文如海治莊成果的重視。

而且，陳景元莊子闕誤末附覽過南華真經名氏有『張君房校文如海正義中太一宫本』之語。我們知道，張君房是奉宋真宗之召而主持修校道藏的，而對文如海的莊子正義竟如此重視，這更可説明文氏此著已得到了當時官方道教的認可。又褚伯秀南華真經義海纂微卷首有語云：『陳景元……，熙寧間主中太一宫，召對進道德、南華二經解，頒行入藏。』這同樣説明，陳氏南華真經章句音義、莊子闕誤對文如海莊子正義的重視，也正代表了官方道教對文氏此著的高度認可。後來，杭州天慶觀道士褚伯秀又據陳景元的莊子學著作而認可了文如海的莊子正義。由此可見，由道士文如海著成的莊子正義，尤其爲後世的道教學者所看重，所以它的部分文字至今仍能保存於道藏之中。

總之，從現在所能考察的整個隋唐時期各治莊者所取得的成果來看，文如海的莊子正義是一部僅次於陸德明莊子音義、成玄英莊子注疏的重要著作。

第三節　張九垓的莊子指要

張九垓，字隱居，號渾淪子，唐代宗、德宗時人。關於他的精神風貌和活動情況，權德輿在送渾淪先生遊南嶽序中説：『予丱歲時，遇渾淪於荊溪，徒見其山巾羽衣，有元古之貌。瞻敬不暇，未遑問道。倏然一别，俄六七年。今茲獻春，相訪於練湖之濱，藥囊藜杖，就館於我。參希夷之旨，析萬物之理，皆發於全朴，冥於大道。非夫人之爲道，道烏乎在？……覩其容，則鄙吝無自入；聞其言，則和易浹於内。兩忘所得，得之至也。既而振拂屨杖，超然遠遊，浮洞庭，涉廬阜，然後揮手人世，南登衡山，將長往而不返耶，或暫遊人間而不可得見之耶？』又在張隱居莊子指要序中説：『今之畸人有隱居張氏者，治莊子内、外、雜篇，……老於是學，遍遊名山，

無常居，不粒食，與土木鳥獸同其外，而中明也如是。向使與漆園同代，如邱明受經於仲尼矣。其顔成子、南榮趎之徒與？』①據此可知，張九垓當是一位遍遊名山、超然物外的道士，對莊子的研治一直持續到了晚年。

據權德輿送渾淪先生遊南嶽序說，張九垓『嘗以郭氏注莊生之書，失於吻合萬物，物無不適，然則桀驁饕戾，無非逐性，使後學者懵然不知所奉，因自爲注解，並作三十三篇指要，佳言精理，特出古人之右矣。』又其張隱居莊子指要序云：『張氏者治莊子内、外、雜篇，以向、郭舊注未盡采其旨，乃爲之訓釋。猶懼學者之蕩於一端，泥於一說，又作三十三篇指要以明之。蓋宏道以周物，闡幽以致用，内外相濟，始終相發，其文約，其旨明，累如珠貫，渙若冰釋。既而以予嘗所嚮向，俾敘而辨之，……以冠於篇。』從這裏可以知道，張九垓曾因有見於向秀、郭象之注不能與莊子之旨相吻合，使後學者懵然不知所從，乃自爲莊子内、外、雜篇作訓釋，可惜早已不傳於世。張氏猶懼學者蕩於一端，泥於一說，又作指要三十三篇以發明莊子之大旨，佳言精理，多能出乎古人之右。據權氏二序所言來看，張氏所作指要三十三篇當是獨立於『注解』之外而單行的。新唐書藝文志著錄有『張隱居莊子指要三十三篇』，與權氏二序所言相合。這裏值得注意的是，該志凡著錄前人和唐人的治莊著作皆以『卷』言，唯著錄張氏的莊子指要以『篇』言，說明既爲『指要』，則『其文約』，故不能像其他大部頭的莊子學著作那樣以『卷』言，而只能以『篇』言了。假如張氏莊子指要中也包括『注解』文字的話，何以不能成『卷』呢？自新唐書藝文志以後，凡志書載錄，皆不見有張氏莊子指要者，則其當亡佚於北宋中後期之後。但由於權德輿在張隱居莊子指要序中概括了張九垓莊子指要的大意，所以我們仍能由此而窺見張氏莊子學的宗旨所在。權序云：

> 道之用也，經天地，該萬物，内化者可以澤四海，外化者可以冥是非。訢然順物，内外偕化，得其環

---

① 此節凡引權德輿送渾淪先生遊南嶽序、張隱居莊子指要序之文，皆據全唐文卷四百九十三。

中，以應無窮，古之善爲道者如此。洎乎性命耳目之相軋也，不勝於物則相辨相劘，徇乎無涯，氣耗乎名聲之域，心鬥於彼是之境，陳蠹滑湣，封執逆旅，懼力不足而群奔舛馳。莊生哀其如是，乃退廣柱下之說，弛張變化，未始離乎道。用虛靜、恬淡、無爲爲本焉，故其言後王撫世也則曰靜而聖，動而王，無爲也而尊；其言君子行道也則曰時命大行乎則返一無跡，大窮乎則深根寧極，窒乎欲則曰休影息跡，達乎生則曰外形委蜕；其放言大觀也則齊彭殤，一堯桀，等周公於猨狙，比大舜於豕虱，或至大適以爲累，或至細乃牽乎用，斯豈窮鄉一曲者所能通？故有内、外、雜篇之異。然則道之於物無不繇也，行之者視其分，隨其方而揭厲之，則爲家爲邦、爲仁爲智，游之泳之，日漸漬之，化與心成，不知所自，則昧者皦，躁者靜，循之而愈照，冥之而愈妙。攖寧懸解，豈遠人哉！隱居之意，明此而已矣。

從權德輿所概括介紹的内容來看，張九垓莊子指要對莊子學說的闡述確實多『佳言精理』，往往能『出古人之右』。

張九垓首先指出，『道』作爲一種有别於『物』的東西，它的功用就表現在『經天地』、『該萬物』、『澤四海』、『冥是非』等方面。顯然，這一闡釋基本上符合於莊子的本體論思想。張氏進一步認爲，古人由於善於體認『道』的這些特徵，所以能夠『訢然順物，内外偕化，得其環中，以應無窮』。而自進入『性命耳目之相軋』的社會以後，人們便相辨相劘，群奔舛馳於名聲之域、是非之境，於是古人的體道精神得不到傳承，大道遂遭到了極大的破壞。這些說法，顯然又是對莊子天下關於古代『道術』到後世便分裂成各種『方術』等說法的闡釋。在張九垓看來，莊子正是因哀傷人們不能繼承古人體道精神而『退廣柱下之說』的。這裏所謂的『哀其如是』云云，實際上是對莊子天下『悲夫，百家往而不反』、『後世之學者，不幸不見天地之純、古人之大體』等說法的承因，而『退廣柱下之說』云云則無疑是對前人說法的一種超越。

我們在本書第一編中已經說過，莊子天下的作者是把莊子學說與關尹、老聃學說看作同源共派的，而司馬

遷在史記老子韓非列傳中則謂『莊子……其學無所不窺，然其要本歸於老子之言』。所謂莊子學說與關尹、老聃學說同源共派，所強調的主要是二者的同源關係，而不一定是二者的淵源關係。至於『其要本歸於老子之言』云云，所說的是莊子學說的要旨可歸於老子學說，而不見得就是對老子學說的自覺繼承和直接拓展。正是在這一關鍵問題上，張九垓大膽提出了自己的看法，認爲莊子的學說就是自覺承因和直接開拓老子學說，即『退廣柱下之說』而來的。誠然，莊子對老子學說的繼承和發展跡象甚爲明顯。且不必說莊子全書中對老子原文、老子學說的屢屢引用和稱述，就是在對老子學說中一些具體的哲學觀念上，我們也同樣能見出其明顯的闡揚痕跡。如莊子大宗師說：『夫道有情有信，無爲無形，可傳而不可受，可得而不可見。自本自根，未有天地，自古以固存。』這應該說就是對老子二十五章『有物混成，先天地生』這一本體論思想的具體解說。又天地篇說：『泰初有無，無有無名；一之所起，有一而未形。物得以生，謂之德；未形者有分，且然無間，謂之命；留動而生物，物成生理，謂之形。』不難看出，這簡直就像是爲老子四十二章『道生一，一生二，二生三，三生萬物，萬物負陰而抱陽，沖氣以爲和』這一宇宙生成論所作的義疏。從這些方面來看，張九垓大膽地提出『退廣柱下之說』的說法，確實在一定程度上超越了前人的見解，很值得珍視。明代釋德清於莊子內篇注卷一云：『莊子一書，乃老子之注疏。予嘗謂，老子之有莊，如孔之有孟。若徹老子之道，後觀此書（指莊子一書），全從彼中變化出來。』從理論淵源上來看，這一說法無疑可以溯源到張氏所謂『退廣柱下之說』的說法。

那麼，莊子是怎樣來闡發老子思想的呢？張九垓指出，其特點就是『弛張變化，未始離乎道。』也就是說，莊子對老子思想的縱橫發揮始終圍繞著『道』這個核心來進行。在張氏看來，正因爲莊子緊緊抓住了『道』這個核心，所以他在闡發老子思想時就能夠按照『道』的基本原則，堅持『用虛靜、恬淡、無爲爲本』。如莊子在闡述關於『後王撫世』觀點時就說『靜而聖，動而王，無爲也而尊』，在闡述關於『君子行道』觀點時就說『時命大行乎則返一無跡，大窮乎則深根寧極』等等，在闡述關於『放言大觀』觀點時就說『齊彭殤，一堯桀』等等，所有這些妙

說，哪裏是『窮鄉一曲者』所能通達的呢！可以說，張九垓這樣來闡釋莊子思想，顯然要比郭象的莊子注更加貼近莊子的原意。但張氏最後把『道』的作用與『爲家爲邦、爲仁爲智』等等聯繫起來，卻明顯是受到了當時三教合流思潮的影響。

此外，張九垓雖然看到了莊子內、外、雜篇之間的差別，但仍能用心爲每篇作指要，據現在所能見到的資料來分析，這在莊子學史上還是破天荒的，意義相當重大。更何況，這三十三篇指要還具有『內外相濟，始終相發，其文約，其旨明，累如珠貫，渙若冰釋』的特徵呢！這就無怪乎權德輿要歎其『特出古人之右』了。

第四節　馬總的莊子鈔

馬總（？—823），字會元，或作元會，陝西扶風人。少孤貧，好學，性剛直，不妄交遊。貞元中，辟署滑州姚南仲幕府。元和中，由虔州刺史遷安南都護，廉清不撓，以儒術教其俗。長慶二年，加檢校尚書左僕射，入爲戶部尚書。三年，卒。舊唐書本傳謂其所著有奏議集、年曆、通曆、子鈔等書，凡百餘卷。所謂子鈔，殆即傳世之意林，乃摘鈔周秦以來諸子要語而成。其中錄有莊子要語七十餘條，今姑依舊唐書本傳所載書目，名莊子鈔。關於意林，馬總的友人柳伯存說：

> 管、晏、文、荀，議論閎肆，淮南鴻烈，詞章華贍，皆纚纚數萬言，可謂富矣，而部帙繁廣，尋覽頗難。梁朝庾仲容，鈔成三帙，汰其沙石，簸其粃糠，而猶蘭蓀雜於蕭艾，璠璵隱於璞石。扶風馬總，精好前志，務於簡要，又因庾仲容之鈔，略存爲六卷，題曰意林，聖賢則糟粕靡遺，流略則精華盡在，可謂妙矣。……予扁舟塗水，留滯廬陵，扶風爲余語其本，尚且日編錄所取，先務於經濟，次存作者之意，罔失篇目，如面古人。予懿馬氏之作，文約趣深，可謂懷袖百家，掌握千卷，之子用心也遠乎哉！旌其可美，

述於篇首，俾傳好事。貞元丁卯歲，夏之晦，文廢瞍河東柳伯存重述。』

根據柳伯存爲馬總意林所作的這篇序文，並結合其他一些文獻資料，我們至少可以搞明白有關馬氏莊子鈔的這樣幾個問題：

一、摘鈔的時間

柳伯存謂此序作於唐德宗貞元丁卯歲（787）。馬總的另一位好友戴叔倫也曾於貞元二年（786）爲意林作過序，其中有『扶風馬總元會，家有子史，幼而集錄，……裁成三軸，目曰意林』等語。這就說明，其莊子鈔部分，亦必成於貞元三年（丁卯）之前馬總年青居家之時。因此，臺灣嚴靈峰先生周秦漢魏諸子知見書目卷一所謂『所纂意林，即供安南人讀也』云云，顯然不可信從。因爲據舊唐書馬總傳記載，馬氏充任安南都護，時在元和四年（809），上距柳伯存作序已有二十餘年之久。

二、體例的因革

柳伯存、戴叔倫所作序，皆謂馬總意林乃增損梁庾仲容子鈔而成。宋高似孫子略亦云：『子鈔百十有七家，仲容所取，或數句，或一二百言，是有其契意，入其用，而他人不可共用者也。馬總意林，一遵庾目，多者十餘句，少者一二言，比子鈔更爲取之嚴，錄之精且約也。』確實，由馬總增損庾鈔而成的莊子鈔，也多爲精約之語。如其中的『不就利，不違害』、『鵠不日浴而白，烏不日黔而黑』、『自細視大者不盡，自大視細者不明』、『道無終始，物有死生』、『直木先伐，甘泉先竭』、『春耕種足以勞動，秋收斂足以休息』、『搖唇鼓舌，擅生是非』、『好面譽

人者，亦好背而毀之也』，分別見於莊子之齊物論、天運、秋水、山木、讓王、盜跖等篇，哪一條不是精粹要語？對於所要鈔錄的較長段落，則都經過了一番精心的刪削。如：

古之真人，其寢不夢，其覺無憂，（其食不甘，其息深深。真人之息以踵，眾人之息以喉。屈服者，其嗌言若哇。其耆欲深者，其天機淺。古之真人，）不知悅生，不知惡死；（其出不訢，其入不距；翛然而往，翛然而來而已矣。不忘其所始，不求其所終；）受而喜之，忘而復之。是之謂不以心捐道，不以人助天。是之謂真人。若然者，）其心志，其容寂，（其顙頯；）淒然似秋，煖然似春。（鈔自大宗師篇）

喜怒者道之過，好惡者德之失。（故心不憂樂，德之至也；）一而不變，靜之至也；（無所於忤，虛之至也；）不與物交，淡之至也；（無所於逆，粹之至也。故曰，）形勞而不休則弊，精用而不已則勞。（鈔自刻意篇）

這裏加有括弧的部分，是被刪去的文字。由此可見，馬總刪削莊子文字，實在可說是『取之嚴』、『錄之精且約』了。甚至像駢拇一篇，竟被他刪削壓縮成了一段僅有二百五十餘字的文字，真是『務於簡要』，而『精華盡在』了。有時，馬總還採用改寫壓縮和刪削壓縮相結合的方法。如天地篇云：『子貢南遊於楚，反於晉，過漢陰，見一丈人方將爲圃畦，鑿隧而入井，抱甕而出灌，搰搰然用力甚多而見功寡。子貢曰：「有械於此，一日浸百畦，用力甚寡而見功多，夫子不欲乎？」爲圃者卬而視之曰：「奈何？」曰：「鑿木爲機，後重前輕，挈水若抽，數若泆湯，其名爲槔。」』這段文字到了莊子鈔中，便被改寫壓縮成了『子貢教漢陰爲圃者，作桔槔』二句話。接著記述漢陰丈人批評子貢的一番話，則是刪削壓縮天地篇中漢陰丈人的一番話而成。像讓王篇中『列子不受子陽之粟』的故事在錄入莊子鈔時，也同樣經過了改寫壓縮和刪削壓縮相結合方法的處理。此外，馬總甚至還從刻意篇、繕性篇中各鈔出幾句話而組合成一段新的文字。所有這些都說明，馬總的莊子鈔確實是一部十分精

粹的莊子選本，因而以乾隆御題意林三絕句中所謂『漫嫌撮要失備載，嘗鼎一臠知味全』（見四庫本意林卷首）之句來讚美莊子鈔，也同樣非常合適。

從源遠流長的莊子學史來看，馬總莊子鈔的體例並不完全限於與庾仲容的子鈔有著因革關係。我們知道，魏晉時期的崔譔本、向秀本、郭象本、李頤本等等，實際上都是篇數不同的莊子選本。梁時的沈約有子鈔三十卷，其中亦當錄有莊子的文字。所有這些，必定會給馬總編錄莊子鈔產生直接或間接的影響。據柳伯存的序文，隋代李文博曾攟摭諸子編成理道集十卷，馬總鈔錄諸子時也嘗師其『意』。馬總之後摘鈔莊子要語者日多，如宋代有蕭之美的莊子寓言類要、洪邁的莊子法語，明代有方鵬的莊子摘鈔、桂天祥的莊子要語、劉伯淵的莊子摘粹，清代有浦起龍的莊子鈔等等。由此可見，在中國莊子學史上，其摘鈔莊子一系，自有發展脈絡可尋。而作爲很有特色的馬總的莊子鈔，則在莊子選鈔史上佔有相當重要的位置。

三、鈔錄的用意

柳伯存在序文中說，馬總自謂其『先務於經濟，次存作者之意，罔失篇目，如面古人。』戴叔倫的序文亦云：『意林上以防守教之失，中以補比事之闕，下以佐屬文之緒，有疏通廣博潔淨符信之要，無僻放拘刻激蔽邪蕩之患。』說明馬總鈔錄諸子，必以摘鈔有關經世濟民的思想資料爲先務，以便對當世的守備政教能夠起到補偏救弊的作用。如莊子讓王本是一篇闡述隱遁尊生思想的專論，馬總卻從中摘鈔出了這樣幾條思想資料：

窮於道之謂窮。抱仁義之道而遭亂世之患，何窮之有？

智者謀之，武者遂之，仁者居之，古之道也。

廢上，非義也；殺民，非仁也；人比其難，我享其利，非廉也。

很顯然，通過馬總的『斷章取義』，這些思想資料都成了『有疏通廣博潔淨符信之要，無僻放拘刻譤蔽邪蕩之患』的要語，對於世教必然大有裨益。新唐書本傳說馬總在做安南都護期間，『廉清不撓，用儒術教其俗，政事嘉美，獠夷安之』，這應當是他後來進一步發展了這種『務於經濟』、『防守教之失』的思想，並用來指導他的政治實踐的必然結果。

當然，由於莊子畢竟是道家學派的重要著作，而馬總在摘鈔時又堅持自己所規定的『次存作者之意』的原則，這就決定了他的莊子鈔主要還是反映莊子的思想。但儘管如此，馬總的摘鈔卻是一項富有創造性的闡釋活動，所以『亦足以發其機，寫其志』（高似孫子略），爲後人創造性地理解莊子提供了一個新的模式。

第五節 李磎的廣廢莊論

李磎，字景望，江夏人。唐宣宗大中十三年進士，累遷吏部郎中，兼史館修撰。黄巢之亂，逃於河陽。昭宗時，召爲翰林學士，拜戶部侍郎，遷禮部尚書。舊唐書本傳謂其手不釋卷，博學多通，文章秀絕。嘗撰廣廢莊論，以拓展晉人王坦之非難莊子之意。其小序云：『王坦之作廢莊論一篇，非莊周之書欲廢之。其旨意固佳矣，而文理未甚工也。且只言其壞名教、頽風俗，而未能屈其辭、折其辨，是直詬之而已。莊周復生，肯伏之乎？其終篇又同其均彼我之說，斯魯、衛也。然則莊生之書，古今皆知其說詭於聖人，而未有能破之者，何哉？則聖人果非，而莊周果是矣。既莊生云非，聖人云是，是何爲不能勝非哉？余甚憎之。或有曲爲之說，使兩合於六經者；或有稱名實學與元奥不同，欲兩存者，皆妄也。故荀卿曰「天下無二道，聖人無兩心」，則異術必宜廢矣。余既悟荀卿言，嘉王生之用心而憐其未盡，故爲廣之云。』於是李磎拓展王氏之意而論曰：

一、莊子『體虛無而不知虛無之妙』

在李磎看來，『夫虛無用之心也，必憑於有者也。有之得行也，必存於虛也。是以有無相資而後功立，獨貴無賤有，固已疏矣。』此處是說，『無』與『有』是互相依存的，而莊子獨貴『無』而賤『有』，這本來就已經是粗疏而不恰當了，更何況他還根本沒有明了『無』的真正涵義呢！如在莊子外物中，惠施以爲莊子之言『無用』，而莊子應之曰：『知無用而始可與言用矣。天（夫）地非不廣且大也，人之所用容足耳。然則廁（側）足而塹之，致（至）黄泉，人尚有用乎？』李磎指出：『此言假四旁之無用也以自喻其虛，辭則敏矣。然無用之説有三，不可混而同一：有虛無之無用者，有有餘之無用者，有不可用之無用者。虛無之無用者，則老子埏埴、鑿戶之説，其用在所無也；有餘之無用者，則側足之喻，其用必假於餘也；不可用之無用者，苗之莠、粟之秕也。今莊之壞法亂倫，是秕莠之無用矣，而自同於有餘之無用，不亦謬乎？此所謂體虛無而未知虛無之妙也。』這裏是説，所謂『無用』可分爲三種情況，莊子的學説『壞法亂倫』，即屬於惡草、秕粟一類的無用，而他卻假借『側足』之喻以説明自己是屬於『有餘之無用』一類的無用，可見莊子雖『體虛無』而根本不懂得『虛無』的真正涵義。

我們知道，老子首先以『無』作爲最根本的哲學範疇，這是中國認識史上的一次飛躍。但老子在強調『無』的同時，並没有忽視『有』的作用。如他説『有無相生』（老子二章），就説明他是深刻認識到了『無』與『有』的互相依存關係。莊子大力闡發了老子關於『無』的思想，並明確提出了『無用即大用』的哲學命題，從而大大豐富了老子的哲學思想。但由於莊子過分誇大了『無』、『無用』的地位和作用，這就使他不免表現出了一味籠統地崇尚『虛無』的思想傾向。對此，李磎提出了有『虛無之無用』、『有餘之無用』、『不可用之無用』的説法，認爲『無用』的涵義應該由這三個方面的内容組成，但三者卻又是『不可混而同一』的。這説明隨著社會的不斷進

步，人們對『無』、『無用』等內涵的認識已更爲深入、更爲細緻化了。而且李磎還明確指出，莊子外物中的『側足』之喻，應該歸之於『有餘之無用』一類。顯然，這一說法也很有見地。因爲莊子的『側足』之喻是要說明，大地廣大無邊，人所用的只是兩腳踩著的那一小塊地罷了，但如果把立足以外的多餘之地（即無用之地）挖成坑塹，人則戰慄而不能站立，可見『有餘之無用』正可以成爲大用。但李磎由此而說莊子的整個學說不屬於『有餘之無用』的類型，而屬於『不可用之無用』的類型，並進而以惡草、秕粟比擬之，卻未免有點偏激了。

二、莊子『研幾於天命乃未及天命之源』

李磎指出『稱屠牛而善刀，牧羊而鞭其後，指窮於爲薪，皆在生得納養之和壽矣，故譏滅裂鹵莽者，責衽席之上、飲食之間而不知滅者。然而衛靈公石槨之銘修短必有天數矣，豈在鞭與不鞭、養與不養哉！其理自乖舛，此所謂研幾於天命乃未及天命之源也。』確實，莊子養生主的『屠牛』、『指窮於爲薪』之喻，達生篇的『牧羊』之喻，以及則陽篇對『滅裂鹵莽』者的譏刺，達生篇對不慎『衽席之上、飲食之間』者的責備，無一不在發明道家的養生之旨，而則陽篇卻又以『衛靈公石槨之銘修短必有天數』的寓言故事來昭示人們，萬物的生滅皆取決於大道的自然運化，假如你想憑藉私智加以議論，當然只是徒費精力而已，這就說明莊子中『其理自乖舛』處是多麼明顯！由此看來，李磎這裏對莊子學說的批評，無疑擊中了『其理自乖舛』的要害之處。

然而我們又必須看到，莊子繼承並發展了老子關於天道自然無爲的思想，從而否定了儒家、墨家等學派把『天』看成是一種有意志的超自然的神秘力量的觀念。正是在這一認識的基礎上，莊子才提出了『無以人滅天，無以故滅命』（秋水）的主張，要求人們應該按照天道自然的原則來辦事，保持與整個大自然的和諧統一。尤其在養生方面，更應該效法天道，提倡清靜無爲，重視精神護養，所以就有『屠牛』、『牧羊』之喻，『滅裂鹵莽』之譏，

『衽席』、『飲食』之責。由此説明，從總體上來看，莊子的養生論正是建立在對『天』、『命』有充分認識的基礎上，怎能像李磎那樣籠統地斥之爲『未及天命之源』呢？

三、莊子『樂言因任而未知因任之本』

『因任』一詞出於莊子天道，意謂根據材質的不同而分别授任之，引申爲順著萬物的自然本性而完全放任之。如莊子説，『天地固有常矣，日月固有明矣，星辰固有列矣，禽獸固有群矣，樹木固有立矣』（天道），所以若不得已而君臨天下，必須『在之』、『宥之』（在宥），讓世界萬物完全按照自己的自然本性去發展。『夫至德之世，同與禽獸居，族與萬物並，惡乎知君子小人哉？同乎無知，其德不離，同乎無欲，是謂素朴，素朴而民性得矣。』（馬蹄）這不正是古之善治天下者在之宥之的結果嗎？而後世『聖人，屈折禮樂以匡天下之形，縣跂仁義以慰天下之心，而民乃始踶跂好知，爭歸於利，不可止也』（同上）。對此，李磎批駁説：『斯甚不然。夫天地、日月、樹木、禽獸，不假理者也，人則假理者也。人生必有欲，有欲之心發於自然。欲不能無求，求不能無爭，爭不能無亂，故聖人立仁以和之，陳義以禁之。而反以爲害之者，則今戎狄之相劫殺，魚鱉之相啖食，孰行仁義禮樂於戎狄、魚鱉之間哉？』李磎在這裏指出，人作爲萬物之靈，他們的自然本性中本來就存在著欲望，既有欲望就不可能沒有追求，既有追求就不可能沒有爭奪，既有爭奪就不可能沒有混亂，所以聖人就倡導仁義禮樂以和之禁之，才使中國有别於『戎狄之相劫殺，魚鱉之相啖食』。李氏的這些説法，應當説比較符合歷史事實。而且李磎還進而説：『稱厲之人，夜半生子，遽然取火而視之，汲汲然恐其似己者，言人皆欲好善而惡惡，故可放之而自理也。夫厲之有是心也，豈非聖人之分别驅動使之然乎！安可放之耶？如曰天機非由於聖人，則人固自有知有欲矣，仁義禮樂何罪哉？此所謂樂言因任而未知因任之本也。』這裏，李氏根據莊子天地中厲人（滿身

長著惡瘡之人)唯恐兒子似己的寓言故事,指出人們皆欲好善惡惡,這顯然是聖人實行教化的結果。並以爲,即使這種好善惡惡之心本來就存在於人的自然本性之中,那麼聖人倡導仁義禮樂又有什麼過錯呢?這說明莊子一概否認仁義禮樂不就是『未知因任之本』嗎?確實,莊子一面說厲人生子唯恐似己,表明他有好善惡惡之心,另一面卻要否認仁義禮樂,渾同是非好惡,這正好使他自己深深地陷入了自相矛盾之中。由此看來,李磎這裏對莊子的批評,確實擊中了其不能自圓其說的要害之處。

當然,莊子之所以要一概否認仁義禮樂,主要是因爲他清楚看到仁義道德一方面成了『禽貪者器』(徐無鬼),另一方面又成了加在無辜者身上的『桎梏鑿枘』(在宥)這一嚴酷現實的緣故。在他看來,只有在遠古至德之世,人們『端正而不知以爲義,相愛而不知以爲仁,實而不知以爲信』(天地),這才是真正的仁義道德。他認爲,在這個社會裏,君臨天下者也正是讓萬物完全按自己的本性去自由發展的。從這些方面來看,李磎所謂莊子『未知因任之本』云云,也就不能說是十分中肯的批評了。

四、莊子『窮極性情而未盡性情之變』

『性情』一詞出於莊子繕性等篇,指的是人的自然本性。在莊子看來,人類的自然本性本來是純真無僞的,但由於後來的神農、黄帝、唐堯、虞舜等以聖智來教化他們,所以『民始惑亂,無以反其性情而復其初』(繕性)矣。對此,李磎批駁說:『自生人以來,莫不有爭上好勝之心。……莊生徒知好高慕上之離其本,而不知好慕之心發於天機,欲絕聖賢,使天下各止其知、安其分而無所慕,何異於毀溝壞灶以止水火者乎?其術一何迂!此所謂窮極性情而未盡性情之變也。』誠然,如李氏所說,爭上好勝是人類的天性,如果想通過棄絕聖智來阻止人類爭上好勝欲望的膨脹,該是多麼迂腐!但從另一方面來看,又正如莊子所說,仁義聖智往往只能被統治者

竊取，成爲他們幹壞事的工具：『爲之仁義以矯之，則並與仁義而竊之。何以知其然耶？彼竊鉤者誅，竊國者爲諸侯，諸侯之門而仁義存焉，則是非竊仁義聖知邪？』（胠篋）這樣，仁義聖智豈不是把人們的自然本性搞壞了嗎？由此說明，李磎所謂莊子『未盡性情之變』的說法，並不是一點沒有問題的。

通過從以上四個方面對莊子學說進行分析批判後，李磎總結說：『用是以觀彼於虛無焉、天命焉、因任焉、性情焉，譊譊然道之，而無一洞明者，不知元奧者固如是乎？故曰：粗見理而未盡者也，雖根源老氏而詭聖敗法尤深。王生欲廢之，宜哉！』應該說，李氏對莊子學說作如此激烈的批判，實際上主要就是唐代儒、道、釋三教在互相融合的同時又互相排斥的反映。我們知道，唐朝統治者所奉行的是儒、道、釋三教並用的政策。如唐武德八年，高祖親臨國學，下詔排定三教序位：『老教、孔教，此土元基；釋教後興，宜崇客禮。』（道宣集古今佛道論衡卷丙）太宗雖聲稱『朕今所好者，惟在堯、舜之道，周孔之教』（貞觀政要慎所好），但在施政時卻每依道家『清靜』之旨。玄宗更是『崇玄學，置生徒，令習老子、莊子、列子、文子，每年准明經例考試』（舊唐書玄宗本紀），從而進一步促進了儒、道思想的互相融合。到了『安史之亂』以後，三教互相融合的態勢繼續發展著，由崇道所帶來的社會政治問題也隨之日益突出起來，於是感歎『儒風不振久矣』（呂溫與族兄臯請學春秋書）者有之，奏論『有國之君議教化者，莫不以興廉、舉孝、設學、崇儒爲意』（元稹論教本書）者有之，而晚唐的羅隱更通過撰寫莊周氏弟子一文，表達了其要求抑制莊周、弘揚儒學的強烈願望。李磎作爲身處唐末亂世的一位儒士，怎麼會沒有深刻認識到唐代長期崇道所帶來的危害性呢？又怎麼會不由衷地期望儒學的復興呢？但由於他不敢把批判的矛頭直接指向當代皇室所謂的『元祖』老子，所以也就只好從『廣廢莊』的角度來發論了。

當然，從另一個方面來看，李磎的『廣廢莊』又是對歷史上許多評莊者那種批判精神的發揚光大。我們在本書第一、二、三編中就已說過，當莊子剛剛表述出自己的一個思想觀點時，他的諍友惠施就立即以實用主義的觀點批評說：『子之言大而無用，眾所同去也。』（莊子逍遙遊）接著，荀況根據自己對天人關係的獨特見解批

評說：『莊子蔽於天而不知人。』（荀子解蔽）漢代的揚雄又從儒家的立場出發，批評莊子的學說『罔君臣之義』（法言問道），『蕩而不法』（法言五百），認爲從總體上來看是不可取的。到了東晉時期，王坦之因有見於由莊子學說的盛行所帶來的『時俗放蕩不敦』的嚴重後果，便承繼揚雄批判莊周『蕩而不法』的精神而寫出了廢莊論：『夫莊生者，……其言詭譎，其義恢誕。君子內應，從我遊方之外，衆人因藉之，以爲弊薄之資。然則天下之善人少，不善人多，莊生之利天下也少，害天下也多。故曰魯酒薄而邯鄲圍，莊生作而風俗頹。禮與浮雲俱征，僞與利蕩並肆，人以克己爲恥，士以無措爲通，時無履德之譽，俗有蹈義之愆。驟語賞罰不可以造次，屢稱無爲不可與適變。』王坦之對莊子的種種指責，實際上正代表了當時一些崇儒敦禮之士對以莊學爲主體的玄學的極端不滿態度。李磎對歷史上評莊者那種批判精神的發揚光大，尤其對王坦之『廢莊』言論的大力拓展，則更代表了中唐以後一批熱衷於復興儒學的士人對唐代長期盛行崇道、佞道風氣的極端不滿態度。但是，正如李氏自己在廣廢莊論序中所說，他的『廣廢莊』並不是對王氏『廢莊』言論的一味拓展，而是『嘉王生之用心而憐其未盡』，且鄙夷其『文理未甚工』，『直訴之而已』，故『爲廣之』的。

確實，從思想內容方面來看，王坦之在廢莊論中對莊子的批判，基本上『只言其壞名教、頹風俗』而不及其餘，這就不免表現出了他作爲一位深受當時名教影響的敦禮之士的思想局限。而李磎對莊子的批判，則涉及了他的『天命』觀、『因任』觀和有關『虛無』、『性情』的理論等等，顯然已經包括了莊子學說中的許多重要內容，這說明李磎審視問題的眼光已比王坦之大爲開闊。在『文理』方面，王坦之廢莊論對莊子的批判，基本上表現爲一味的斥責，『是直訴之而已』。而李磎廣廢莊論對莊子學說的批判，則是建立在對莊子思想材料進行具體分析的基礎上，而並沒有施以詬罵之辭，這又說明李磎分析問題的能力已比王坦之大有提高。總之，李磎廣廢莊論的問世，確實把歷史上的評莊廢莊理論推向了一個嶄新的層次。

第五章　隋唐佛教學者的莊子學

第一節　隋唐佛教學者對莊子思想的吸收與批評

佛教在南北朝時期，由於政治阻隔等原因，形成了南北不同的風尚和特色。大致說來，北方重禪行而忽視義解，江東則具有重視思辯的傳統，『至於禪法，蓋蔑如也。』（續高僧傳慧思傳）但隨著政治上大一統局面的出現，佛教各派學者也都在各自的流派範圍內調和、融匯南北不同流派的思想，積極主張定慧雙修、禪義兼弘，從而出現了北方禪法與南方義學互相融匯的大趨勢。隋唐之際創立的三論宗和天台宗，便代表了這種融匯南北不同佛學思想的新趨向。

『三論』本指印度大乘空宗創始人龍樹的中論、十二門論和提婆的百論，後秦時由鳩摩羅什譯成漢文後，經他的弟子即『每以莊老爲心要』（高僧傳僧肇傳）的僧肇的大力闡揚而一度成爲顯學，至隋唐之際的吉藏又進一步發展成了三論宗派。吉藏出生於金陵，七歲出家從金陵郊外攝山棲霞寺僧法朗學習佛典。隋統一全國後，應隋煬帝之請，住揚州慧日寺，後又移住長安日嚴寺，完成了『三論』的注疏，並撰寫了三論玄義等論著。綜觀吉藏的佛學，主要是遠承關河僧肇等舊學，近繼攝山法朗等緒餘，並加綜合、發展而成，因而也就不免受到了僧肇等熔『三論』與莊老於一爐的影響。如馮友蘭先生在談到吉藏『三重二諦』說法時曾說：『此則與僧肇不真空

義相同。不過吉藏注重在三重二諦皆須廢，此爲大乘空宗之說。此宗之形上學雖與道家異，然其所說實相一切皆非之意，頗與老子言道常無名，莊子主張不知無言之意，在表面上有相同處。』①但由於僧肇所接受的莊子學主要是向秀、郭象的莊子學②，而自東晉以來，江東又是向、郭莊子學最爲盛行的地區之一，這就更使吉藏的三論之學與向、郭莊子學結下了不解之緣。如他在三論玄義中說：『以內外並冥，大小俱寂，始名正理。悟斯正理，則發生正觀，正觀若生，則戲論斯滅，戲論斯滅，則苦輪便壞。三論大宗，其意若此。』又在大乘玄論中說：『冥與無生爲一，則境智不分，無應照之異，而無生不乖俗，冥亦不妨會。』侯外廬先生指出，這裏所說的『內外並冥，大小俱寂，始名正理』的宗教世界，正與向、郭的『夫理有至極，外內相冥』（大宗師注）的玄學世界相通。在向、郭的玄學世界中，『未有能冥於內而不遊於外者』（同上）；在吉藏的宗教世界中『無生不乖俗，冥亦不妨會』，可見這位三論宗的大師這時已由宗教轉向俗世了③。

天台宗與龍樹的理論有一定的淵源關係，故推崇龍樹爲初祖。據説，其二祖慧文爲北齊禪師，在讀龍樹大智度論、中論時悟得『一心三觀』之理，並傳給慧思，奠定了天台宗的理論基礎。慧思先在北齊，後至南方，是一位既重禪法踐行，又重義理推究的佛教學者。他的弟子智顗，進一步發展了諸先師的教義，從而真正創立了天台宗派。據史書記載，天台宗僧曾一度與攝山三論諸師關係密切。湯用彤先生說：『在慧思之時，攝山僧人已與天台有關係。……在智顗之時，攝山一派與天台尤有關係。夫天台觀行，本尊大品。攝山一系，亦主定慧兼運，宜其理味相契，多有關涉，而且山門宗義，梁、陳大盛於江南，成一時風氣。其後，智者大師先在揚州，後至

① 中國哲學史第二篇第八章，中華書局1992年版。
② 詳見本書第三編第八章。
③ 見中國思想通史第四卷上冊第三章，人民出版社1995年版。

荆州，荆揚乃當時三論宗人勢力最盛之地，則天台一宗，盛於南方，實有三論諸師爲之先容。』①既然天台高僧推崇龍樹空學，與攝山三論宗多相關涉，而他們活動的地方又屬於玄學曾極盛一時而其餘波尚未消失的地域，那麼，他們的教義也就自然留有受老莊影響的痕跡。這種痕跡，直到中唐時期天台九祖荆溪湛然那裏仍依稀可見。如他曾謂門人曰：『道之難行也，我知之矣。古先至人，靜以觀其本，動以應乎物，二俱不住，乃蹈於大方。今之人，或蕩於空，或膠於有，自病病他，道用不振。』（贊寧宋高僧傳湛然傳）臨歿猶語學徒曰：『道無方，性無體，生歟死歟，其旨一貫。』（同上）這裏所使用的語詞、概念等，即多援引於老莊。他所著意闡述的無情有性理論，好以牆壁瓦石爲說，認爲即使像牆壁瓦石等無情之物，也無不具備佛性。這種說法，則明顯地吸收了莊子中諸如道『在螻蟻』、『在稊稗』、『在瓦甓』、『在屎溺』（知北遊）的思想。

與三論、天台這兩大宗派形成的同時，印度無著、世宗一派的唯識學也逐漸傳入中土。經過唐初玄奘及其弟子的努力，便正式建立了唯識宗派。據道宣集古今佛道論衡卷丙記載，唐太宗還要求玄奘等將老子譯成梵文。由此看來，他們對老莊也應該頗爲精熟。如由玄奘、窺基譯成的成唯識論，裏面所用的『外物』一詞當即援引於莊子。此外，法藏雖因與玄奘『見識不同而出譯場』（宋高僧傳法藏傳），而後才創立了華嚴宗，但他也同樣吸收了老莊的一些思想。如其華嚴金師子章成菩提云：『菩提，此云道也。』宋釋淨源指出，這是『翻梵從華』（金師子章雲間類解）又云：『離諸取舍，即於此路，流入薩婆若海，故名爲道。』宋釋承遷注釋說：『諸法無生，畢竟空寂，包含無外，不拒衆流，大道無邊，悟則斯在。』（大方廣佛華嚴經金師子章）說明法藏這裏所使用的『道』這個詞語，也當援引於老子、莊子。

由上述可見，隋唐之際佛教各宗派的思想都與莊子思想有一定的關涉。但與老莊關係最爲密切，吸納莊子

---

① 漢魏兩晉南北朝佛教史第十九章，商務印書館1938 年版。

思想最多的，卻還是此後創立的禪宗一派。

禪，原爲梵文Dhyana音譯『禪那』的略稱，意譯爲『靜慮』，也就是寧靜安詳、心注一境的意思。說明印度的禪學，本來就多可與老莊思想相通。據傳統說法，南北朝時菩提達摩自南天竺來華，長期行化於嵩、洛一帶，是爲禪學東土初祖。從淨覺楞伽師資記、道宣續高僧傳菩提達摩傳中可以看到，達摩的禪學可說是圍繞著『安心』、『順物』等展開的。下傳慧可、僧璨，至四祖道信、五祖弘忍，禪門信徒迅速增加，禪法思想有了相當的發展，與莊子思想的關涉也尤見明顯。

道信是河內（在今河南）人，少年出家，以僧璨爲師。隋末領徒衆抵吉州（在今江西），後至蘄州黄梅（今湖北黄梅西北）雙峰山，門徒發展到五百多人。弘忍傳其衣鉢，居黄梅之東山，徒黨益衆，遂使禪學出現了盛況空前的局面。在思想上，道信繼承了僧璨『任性合道，逍遥絶惱』、『得失是非，一時放卻』、『萬法齊觀，歸復自然』（信心銘）的禪學觀，並進一步强調自然任運、無礙縱横，明顯表現出了老莊風度。弘忍教人『蕭然靜坐』，『口説玄理』（楞伽師資記），『懷抱真純，緘口於是非之場』（楞伽人法志），則更走向了與莊子人生哲學的巧妙結合。説明無論從禪徒人數還是從禪學思想特徵方面來看，中國禪宗實際上已在弘忍死去（唐高宗上元二年）之前正式形成了。

由於弘忍廣開法門，其弟子堪爲人師者，後來各至一方弘化，這就使因人因地而傳的禪學出現了較大的差異，因而各方的禪學與老莊思想的關係也就各有不同了。

神秀是弘忍的大弟子。久視年間，應武則天詔請而北上，『遂推爲兩京法主，三帝國師』（張説唐玉泉寺大通禪師碑），成了禪學『北宗』的代表人物。他對『老、莊玄旨，書、易大義，三乘經論，四分律義，説通訓詁』（同上），無不精通。他的禪法，重在『專念以息想，極力以攝心』（同上）所謂『專念以息想』，就是要通過凝心入定，以達到息妄顯真；所謂『極力以攝心』，就是要通過努力漸修，以達到『身心不起，常守真心』（神秀大乘無

生方便門）不難看出，這裏對莊子『心齋』、『坐忘』的悟道方法及『反真』、『守真』的哲學思想無疑有所借鑒、吸收。此外，神秀還利用莊子中的一些思想資料來闡述他關於念佛不可執著音聲之相的觀點。如他說：『夫念佛者，……念在於心，不在於言。因筌求魚，得魚忘筌。因言求意，得意忘言。』（觀心論）很顯然，這段話即是化用莊子外物『荃者所以在魚，得魚而忘荃』、『言者所以在意，得意而忘言，吾安得夫忘言之人而與之言』的文意而來。神秀死後，唐中宗詔其高足普寂『統領徒眾，宣揚教跡』（李邕大照禪師塔銘）。普寂到京後，行禪十分強調『攝心一處，息慮萬緣』（同上），從而進一步弘揚了神秀『息想』、『攝心』的禪法精神。神秀的另一名高足義福，也好老、莊之說，『攝念慮，棲榛林』，『毀譽不關於視聽，榮辱豈係於人我』（嚴挺之大智禪師碑），頗有一種老莊的風度。但他後來在各處弘揚『北宗』禪法的過程中，卻是『苦己任真，曠心濟物，居道訓俗，不忘忠孝』（同上），這就使禪學在會通老莊思想的同時，又吸收了儒家的學說，對後來的曹洞宗等禪派產生了較大的影響。

慧能因呈心偈得到弘忍的印可，並因此而密受衣法，成了正傳的禪宗六祖。他所開創的禪學『南宗』，後來逐漸演變發展成爲許多派別，並取代弘忍門下包括神秀『北宗』在內的各支派，成了中國禪宗的主流。據由法海記錄慧能說法而成的壇經可知，慧能生於嶺南，家境貧寒，少年時以市柴度日，因『不識文字』（敦煌本壇經），『竟未披尋經論』（曹溪大師傳），這就使他因較少受到佛典制約而仍能在一定程度上按中國人的獨特思維方式來展開思維活動，從而把禪學的中國化推向了一個新的階段。如他的一個重要理論觀點，就是認爲『諸佛之理，非關文字』（同上）。因爲在他看來，『一切經書及文字，小大二乘，十二部經，皆因人置，……一切經書，因人說有，……故知一切萬法，盡在自身心中，何不從於自心頓見真如本性？』（敦煌本壇經）這種把經書文字看成是僵死的、外在的東西，而認爲一切佛法皆在人的自性之中的思想，其淵源固然可以追溯到印度佛學的某些說法，如大方廣寶篋經所謂『不著文字，不執文字』等等，但更多的當得之於中國傳統文化中如莊子以語言文字爲糟粕的思想，和以老莊思想爲基礎的魏晉玄學『每寄言以出意』（郭象莊子注山木）的思維方法。而且，他所謂

的『一切萬法，盡在自身心中』，實際上又在說明，只要衆生『自識本心，自見本性』（敦煌本壇經），那就可以在日常生活中『自在解脫』（同上），在現實世界中『來去自由』（同上）了。這一思想觀念在中國文化史上的源頭，便是莊子所追求的空明虛靜的心境和逍遥自在的精神境界。此外，他所説的『於自心頓見真如本性』，則又要求衆生對『自心』、『本性』的『頓悟』應該是一種超越語言文字的整體直觀，而不應該是那種執著於語言、文字、概念、思維的邏輯推理和分析。這種思想觀念，在印度佛學中是不容易發現的，而在中國傳統文化中，則可以追溯到莊子『目擊而道存』（田子方）式的悟道方法。

高舉慧能的大旗，向『北宗』禪系公然挑戰的是神會。據宋高僧傳神會傳載，神會『年方幼學，厥性惇明，從師傳授五經，克通幽賾。次尋莊、老，靈府廓然。』『由是於釋教留神』，『其諷誦群經，易同反掌，全大律儀，匪貪講貫』。後轉從慧能學習佛法，成了慧能晚年的得意弟子。慧能死後，他北上入洛，大力宣傳慧能的學説，並在滑臺（今河南滑縣東）大雲寺設無遮大會，公然攻擊以神秀爲代表的『北宗』不是達摩嫡傳正法。安史之亂爆發後，他應朝廷邀請，返洛陽主持開壇度僧事項，爲收復兩京作出了貢獻，唐肅宗遂敕將作大匠爲造禪宇於荷澤寺中，故又稱『荷澤大師』。並於死後數十年，被唐德宗追立爲禪宗七祖。由於神會的努力，『南宗』禪學便得以在北方迅速傳播開來，並且得到朝廷的許可，成了禪宗的正統法系。而神會先習儒、次尋莊老、後學佛法的特殊經歷，又決定了他在弘揚慧能佛學時必然要較多地融攝中國的傳統思想。如神會和尚禪話録（楊曾文校本）云：

馬別駕遂問：『天下應帝廷僧，唯説因緣，即不言自然。天下應帝廷道士，唯説自然，即不言因緣。』（神會）答曰：『僧唯獨立因緣，不言自然者，是僧之愚過。道士唯獨立自然，不言因緣者，道士愚過。』馬別駕言：『僧家因緣可知，何者即是僧家自然？若是道家自然可知，何者即是道家因緣？』和上答：『僧家自然者，衆生本性也。又經文所説：衆生有自然智、無師智，此是自然義。道士家因緣者，道得稱自然者，道生一，一生二，二生三，三生萬物。從道以下，並屬因緣。若其無道，一

從何生？今言一者，因道而立。若其無道，萬物不生。今言萬物者，爲有道故，始有萬物。若其無道，亦無萬物。今言萬物者，並屬因緣。

慧能所隨時提及的『自心』、『本心』、『自性』、『本性』，主要是指衆生之心不起妄念的一種自然狀態。神會則直接以老莊道家的『自然』來解釋僧家的『本性』等概念，認爲『僧家自然者，衆生本性也』。並明確指出，如果僧家『不言自然』，不敢大膽地吸收老莊道家的思想，那就是『僧之愚過』。反之亦然。但神會又認識到，作爲注重宗教精神修養的禪學與注重解答萬物起源問題的老莊道家學説畢竟有所不同。所以他在回答有人所提『若無明自然者，莫不同於外道自然耶』問題時説：『道家自然同，見解有別。』『如釋門中佛性與無明俱自然。何以故？一切萬物皆依佛性力故，所以一切法皆屬自然。如道家自然，道生一，一生二，二生三，三生萬物。從一以下，萬物皆是自然。因此見解不同。』（楊曾文校本神會和尚禪話録）這就清楚地告訴我們，禪家的『自然』主要指『自性迷，佛即是衆生，自性悟，衆生即是佛』（敦煌本壇經）的自然狀態而言，而老莊道家的『自然』則主要指大道化生萬物的自然狀態而言，所以兩家的理論雖然可以互相融攝，但『見解』卻有所『不同』。

在神會荷澤系禪學由煊赫轉向衰落之時，南方洪州（今南昌）系禪學卻憑藉其特殊的地理環境和簡捷易行的禪法而迅速崛起。此系奉慧能的弟子懷讓爲始祖，至其高足馬祖道一，宗門大開，經過唐德宗貞元以後數十年的發展，便成了當時禪宗中聲勢最大的一個宗系，也可以説是中國禪學史上老莊化傾向最爲明顯的一個宗系。我們在懷讓那裏就可以看到，他已在承接慧能無念、無相、無住思想的基礎上，進一步將『佛性』一詞直接改成了『道』，並認爲『道』爲絶對的永恒，不可用語言來表達。馬祖道一開悟衆生，更是『教伊體會大道』（五燈會元馬祖道一傳），並開示云：『若欲直會其道，平常心是道。謂平常心，無造作，無是非，無取舍，無斷常，無凡無聖。……只如今行住坐卧，應機接物，盡是道。道即是法界，乃至河沙妙用，不出法界。』（景德傳燈録卷二十八）他的弟子寶積禪師甚至開示禪衆説：『心若無事，萬法不生。意絶玄機，纖塵何立？道本無體，因體而

立名。道本無名，因名而得號。……夫大道無中，復誰先後？長空絕際，何用稱量？空既如斯，道復何說？』（五燈會元寶積禪師傳）由於洪州禪系好以老莊的自然無爲之道來解釋或替代佛教的『佛性』、『法界』等概念，所以他們幾乎把修禪看成了是一個體悟大道的過程。

馬祖道一所謂『平常心是道』的說法，實際上已成了洪州禪的理論綱領。他門下的衆多高徒，後來正是遵循這一說法各弘法於一方。如南泉普願曾以『平常心是道』開示他的弟子趙州從諗禪師，當從諗接著問『還可趣向也無』時，他回答說：『擬向即乖。』這就是說，『道』『猶如太虛，廓然蕩豁』，『不屬知，不屬不知』（見五燈會元從諗傳），是不可執著追求的，但卻體現在你的『平常心』之中。那麽，『如何是平常心？』普願的弟子長沙景岑禪師在回答門人的這一問題時說：『要眠即眠，要坐即坐。』又說：『熱即取凉，寒即向火。』（見五燈會元景岑傳）道一的弟子南陽丹霞山天然禪師，曾在慧林寺遇大寒，『乃焚木佛像以禦之』（宋高僧傳天然傳），竟把焚佛禦寒也看成是一種出於『平常心』的自然表現。所以道一的另一個弟子越州大珠慧海禪師總結說：『解道者，行住坐卧，無非是道。悟法者，縱横自在，無非是法。』（五燈會元慧海傳）可見，這些都與莊子任運自然的思想相通。

所謂『平常心』，也就是表現爲『無造作』。所以大珠慧海禪師堅決反對『吃飯時不肯吃飯，百種須索，睡時不肯睡，千般計較』（同上）一類的做作行爲。道一的再傳弟子溈山靈祐禪師說：『夫道人之心，質直無僞，無背無面，無詐妄心。』（五燈會元靈祐傳）這裏所反映出的思想，顯然都與莊子要求人們保全純真天性的思想頗爲一致。百丈懷海禪師則把老師所說的『平常心』理解爲無知無欲，認爲『若能一生心如木石相似，不被陰界五欲八風之所漂溺，即生死因斷，去住自由』（五燈會元懷海傳），從而與老莊崇尚無知無欲的思想會合到了一起。大珠慧海甚至還通過直接化用莊子『其耆欲深者，其天機淺』（大宗師）等語句來弘揚老師『平常心是道』的思想，認爲『嗜欲深者機淺，是非交爭者未通，觸境生心者少定，寂寞忘機者慧沉』，會道者只要保持『平常心』，則

『縱横自在』,『無非是道』(見五燈會元慧海傳)。

在洪州系禪師們看來,既然『平常心是道』,『道』體現在一切平常的生活和事物之中,那麽也就自然可以像莊子那樣以任意回答的方式來揭示『道』,或以一些卑下的事物來比喻『道』了。如他們在回答什麽是『道』或『佛』時説:

問:『如何是道?』師曰:『牆外底。』(五燈會元從諗傳)

問:『如何是佛?』師曰:『殿裏底。』(同上)

問:『如何是大道?』師曰:『没却汝。』(五燈會元景岑傳)

問:『如何是文殊(菩薩名)?』師曰:『牆壁瓦礫是。』(同上)

莊子知北遊載,東郭子曾問『所謂道,惡乎在?』莊子以『每下愈況』的方式揭示説,『在螻蟻』、『在稊稗』、『在瓦甓』、『在屎溺』。宋呂惠卿詮釋云:『螻蟻則有知之微者也,稊稗則無知而有生,瓦甓則無生而有形,屎溺則有形之臭腐者也。若是而爲道,則道之無不在可知也。』(莊子義)洪州系禪師以此方式來揭示道、佛無所不在的道理,可見他們在本體論上具有明顯的老莊化傾向。其實,這也可以説是後期禪宗的普遍思想。如青原系諸禪師所謂『古佛心』是『牆壁瓦礫』(見五燈會元良價傳)、『道』是『枯木裏龍吟』(見五燈會元本寂傳)、『佛』是『乾屎橛』(見五燈會元文偃傳)等等,同樣反映了這種明顯的老莊化傾向。

洪州禪系經百丈懷海而化出溈仰、臨濟二宗。晚唐以來,勢力最大、流傳時間最長的禪宗便是臨濟宗。此宗門風肇始於懷海的弟子黄檗希運,而實際開創者則爲義玄禪師。義玄是希運的門徒,後到鎮州(今河北正定),於城東隅滹沱河側建立禪院,因號臨濟。據宋賾藏編古尊宿語録鎮州臨濟慧照(義玄)禪師語録可知,義玄把道一首倡的『平常心是道』的説法進一步發展成了佛、道『觸目皆是』的思想,認爲只要『平常無事,屙屎送尿,著衣吃飯,困來即卧』,一切任其自然,那麽觸目皆是佛、道,又何必『向外作工夫』呢?他又按照懷海『不如

先達者入火不燒，入水不溺』，『去住自由』（見古尊宿語錄大鑑下三世語錄）的說法，進一步構想出了『入火不燒，入水不溺，入三塗地獄如遊園觀，入餓鬼畜生而不受報』的『無位真人』，這實際上也受到了莊子『真人』學說的很大影響。他還弘揚了希運『逍遙』、『解脱』（景德傳燈錄卷九）的精神，把洪州禪學拒絕傳統佛教、追求精神自由的思想推向了新的階段，這當然也是受到了莊子逍遥遊思想明顯影響的。他爲了使門徒徹底破除『我執』、『法執』，甚至比禪學先師們更反對文字語言，認爲『設解得百本經論，不如一個無事底阿師』。所以他極力倡導『絶相離言』的教學方式，徹底否定以文字語言作爲表達思想内容的工具，而代之以揚眉瞬目、喝罵推拿等種種方便手法，讓學人在完全擺脱文字語言束縛的前提下，到最實實在在的生活中去領悟我與佛、道的真正契合，這一思想更與莊子的『忘言』學説有著明顯的淵源關係。

與慧能一系禪學盛傳不衰的同時，南方地區還活躍著其他一些禪宗派系，大多也具有明顯的老莊化傾向。如『（道）信祖又以其道傳慧融，融得之居牛頭山，弟子以傳授，由是達摩心法有牛頭學。（遺）則既傳（慧）忠之道，精觀久之，以爲天地無物也，我無物也，雖無物未嘗無物也。此則聖人如影，百姓如夢，孰爲死生哉？至人以是能獨照，能爲萬物主。』（宋高僧傳遺則傳）牛頭山位於金陵西南，這一帶自東晉以來便是玄學盛行的地區，隋唐之際又屬於佛學三論宗的勢力範圍，而牛頭宗傳至智威的弟子慧忠、玄挺等，復又自覺吸納了慧能禪學的重要内容（詳見延壽宗鏡録卷九八），這就使整個牛頭宗禪學也不免具有了老莊化的傾向。遺則所謂『天地無物也』、『我無物也』、『至人以是能獨照』云云，便明顯反映出了這一老莊化的傾向。在四川成都地區有保唐禪系，其先驅爲弘忍的弟子智詵，而實際創立者則爲智詵的三傳弟子保唐寺禪師無住。從歷代法寶記（敦煌本）所記載的有關内容來看，無住的禪學思想更具有明顯的老莊化傾向。如他闡釋莊子説：『「生生者不生」，妄念不起，即是「不生」；「殺生者不死」，不死義者，即是無生。』實際上，這是在借重釋莊子以闡發自己的禪理。總觀無住的禪學思想，其中一個重要的方面就是吸收了老莊的『無爲』思想，認爲『以無爲爲方便』就能達到『無

不爲』即成就佛道的境界，因此『無爲即是僧寶』。但他在大量吸納老莊思想的同時，卻又不無貶低、批評老莊的言論。如他說：『莊子、老子盡說無爲無相，說一說淨說自然。佛即不如此說，因緣、自然俱爲戲論。一切聖賢，皆以無爲法而有差別。佛即不住無爲，不住無相，……是以超過孔丘、莊、老子。佛常在世間而不染世法，不分別世間。』這就是說，莊子、老子只是一味地說『無爲』、說『自然』，而不能像佛教禪宗那樣把『自然』與『因緣』、『無爲』與『無不爲』混然爲一，做到『在世間而不染世法』，『心無得失，一切時中』，所以禪學顯然要比莊子、老子的學說高出一等。

其實，佛教學者批評老莊的言論早已有之。如後秦時的僧肇，雖『每以莊、老爲心要』，但他卻批評老子德章說：『美則美矣，然期棲神冥累之方，猶未盡善也。』（見高僧傳僧肇傳）即謂老子仍有執著，還沒有達到『於外無數，於內無心，彼此寂滅，物我冥一』（涅槃無名論）的涅槃境界。禪宗二祖慧可，雖然頗有老莊風度，但也曾批評『莊、易之書未盡妙理』（景德傳燈錄卷三），不能像禪學那樣真正去高揚觸目遇緣的自然意趣。他的再傳弟子道信，既大膽地會通了佛教與道家的思想，又對老莊學說中的不足方面提出了更爲具體的批評：『莊子說：「天地一指，萬物一馬。」法句經云：「一亦不爲一，爲欲破諸數，淺智之所聞，謂一以爲一。」故莊子猶滯一也。老子云：「窈兮冥兮，其中有精。」外雖亡相，內尚存心。華嚴經云：「不著二法，以無一二故。」維摩經云：「心不在內不在外，不在中間即是證。」故知老子滯於精識也。』（敦煌寫本楞伽師資記）這就是說，老莊以『一』（即『道』）爲天地萬物的本原，認爲世界一切事物皆歸於『一』，可見『老子滯於精識也』、『莊子猶滯一也』，哪能比得上禪宗的無相無執、一無所滯呢？後來保唐禪師無住對老莊的批評，大致就是繼承上述精神而來的。而此後的宗密著成原人論，則把佛教對老莊思想的分析批評推向了最高峰。總的說來，此前佛教學者對老莊思想的批評，一般都是爲了有意抬高本教思想的地位，所以不見得一定有什麼可取的地方。

第二節　宗密對莊子思想的批評與會通

宗密（780—841），本姓何，果州西充（今四川西充縣）人。少通儒書，後以爲儒學解決不了精神生活的根本問題，便轉而傾心於佛教。他自稱是南宗荷澤神會的傳人，又師承華嚴四祖澄觀的教義，對華嚴宗的經典特別推崇，故其講學著書重在發揮華嚴學說，其次才是禪宗思想，是一位典型的『華嚴禪』學者。由於他長期在終南山圭峰諸寺從事誦經、講學和著書，世人遂稱其爲圭峰大師。

隋唐時期佛教各宗派都湧現出了自己的理論家，他們一方面互相批評，互相攻擊，另一方面注意吸收各派乃至儒家和道家的思想。中唐時期從四川盆地出來的宗密，深深感到了會通佛教各派理論的必要，於是以十年心血纂集成禪源諸詮集，極力提倡以華嚴教與荷澤禪融合爲核心的教禪一致之說。又著成原人論，從探討人生本原出發，進而論證了儒、道、釋三教思想的一致性。他說：『孔、老、釋迦皆是至聖，隨時應物，設教殊途，内外相資，共利群庶，……策萬行，懲惡勸善，同歸於治，則三教皆可遵行。』（原人論序）總之三教殊途同歸，皆有助於懲惡勸善，完全可以統一起來。但正如宗密認爲佛教各派理論有深、淺的區别一樣，他又把三教中的儒、道二教看作是層次很低的『迷執之教』。因爲他從佛教的觀念出發，認爲『儒、道者，只知近則乃祖乃父，傳體相續，受得此身；遠則混沌一氣，剖爲陰陽之二，二生天地人三，三生萬物，萬物與人，皆氣爲本』（同上），而不能像佛理那樣『推萬法，窮理盡性，至於本源』（同上），這就無疑應該把儒、道判爲『迷執之教』了。宗密原人論從多個方面對莊子思想的批評，就是在這一思想認識基礎上展開的。

一、對『大道生成』論的批評

在孔子的天道觀中，『天』實際上是『四時行焉』、『百物生焉』（論語陽貨）的根源和人類『死生』、『富貴』（論語顔淵）的主宰。老子則把『道』看作是產生世界萬物的最後本體，所以他說：『道生一，一生二，二生三，三生萬物。』（老子四十二章）莊子進一步發展了老子的本體論思想，認爲『夫道有情有信，無爲無形；可傳而不可受，可得而不可見；自本自根，未有天地，自古以固存；神鬼神帝，生天生地；在太極之先而不爲高，在六極之下而不爲深，先天地生而不爲久，長於上古而不爲老。』（大宗師）總之，虛無的『道』雖不能爲人的感覺所感知，卻是派生天地萬物的最後本原。對此，宗密批評說：

> 儒道二教，說人畜等類，皆是虛無大道生成養育，謂道法自然，生於元氣，元氣生天地，天地生萬物，故愚智貴賤，貧富苦樂，皆稟於天，由於時命，故死後卻歸天地，復其虛無。然外教宗旨，但在乎依身立行，不在究竟身之元由，所說萬物，不論象外，雖指大道爲本，而不備明順逆起滅染淨因緣，故習者不知是權執之爲了。今略舉而詰之所言萬物皆從虛無大道而生者，大道即是生死賢愚之本、吉凶禍福之基，基本既其常存，則禍亂凶愚不可除也，福慶賢善不可益也，何用老莊之教耶？

宗密根據華嚴宗的『性起』觀和禪宗的『自心』說，認爲『究實言之，心外的無別法，元氣亦從心之所變，屬前轉識所現之境，是阿賴耶相分所攝』，即作爲最高精神實體的自性清淨心，既是客觀精神，又是主觀精神，世間一切衆生乃至一切諸法皆只有依賴此心方能得到體現。而從心體現爲境（萬事萬物）的整個過程則是：『心既從細至粗，輾轉妄計，乃至造業。境亦從微至著，輾轉變起，乃至天地。業既成熟，即從父母稟受二氣，與業識和合，成就人身。據此，則心識所變之境，乃成二分，一分即與心識和合成人，一分不與心識和合，即成天地山河國

邑。』因此，老莊所謂『萬物皆從虛無大道而生』，並據此來描述大道『生天生地』乃至『生萬物』的整個過程，這實在是『不備明順逆起滅染淨因緣』的『迷執之教』。宗密根據佛教的這一唯心主義思想進一步推論說，由於眾生『迷睡不自覺知』，業相及我法二執便會隨之產生，而我執的產生則更會進而導致『貪愛順情諸境』的產生，故『殺盜等心神乘此惡業生於地獄、鬼、畜等中』；另一些『性善者，行施戒等心神乘此善業，運於中陰，入母胎中，稟氣受質，……十月滿足，生來名人，即我等今者身心是也。』由此看來，老莊所謂『大道即是生死賢愚之本、吉凶禍福之基』云云，豈非『迷執之教』？而且在宗密看來，老莊既然認爲作爲萬物本原的『道』是『先天地生而不爲久，長於上古而不爲老』，即在時間上是『常』即永恒的，那麽它所派生出來的『禍亂凶愚』、『福慶賢善』等，也就應該『常存』而『不可除』、『不可益』。由此說來，老莊設立教化還有什麽社會意義呢？實際上，『若法能生，必非常者，如地水火風四大種能生一切，而四大亦無常。』（宗密圓覺經大疏鈔卷七之上）說明『道』也根本不是永恒的。既然『道』在時間上不是永恒的，那麽它在空間上也就不能普遍存在：『大道決定非遍，以非常故，如瓶盆等物，現見草木人畜千般萬類無常之物，皆不同太虛遍一切處也。』（同上）這又說明，『莊子中說道遍於稊稗乃至屎尿等，邪因者正指也。』（同上）即謂莊子所說的無處不在的『道』正是『邪因』。

二、對『萬物自化』論的批評

先秦道家在強調『道』的根源性的同時，還十分重視闡發關於萬物自然生化的哲學思想。如莊子所謂『物固自生』、『物將自壯』、『（萬）物自化』（在宥）云云，即認爲萬物的生滅就是一個自然生化的過程，而『道』在本質上則是萬物自然發生的源頭和依據。對此，宗密批評說：

言萬物皆是自然生化，非因緣者，則一切無因緣處，悉應生化。謂石應生草，草或生人，人生畜等。

又應生無前後，起無早晚，……老莊周孔何用立教爲軌則乎？

宗密在這裏指出，世間一切事物的變化都是有因緣的。如果按照老莊『萬物皆是自然生化』的說法，那麼一切沒有因緣的地方都應該有自然生化的現象發生了，『石應生草，草或生人，人生畜』，而且它們的生化又都應該不受時間『前後』、『早晚』等條件的限制，即『一切時處應常生』（宗密圓覺經大疏卷中之一）。誠然，宗密的這些批評有一定的道理，如莊子在逍遥遊篇中說鯤化爲鵬，在齊物論篇中說莊周化爲蝴蝶，在至樂篇中說滑介叔左肘上『俄而柳生』等等，確實都没有强調引起事物生化的原因，以及事物生化所依賴的條件。但是，這並不意味著莊子的『自然生化』論完全忽視了事物生化的因果關係。事實上，莊子在談事物生化時還是反映出了一些因果觀念的。如他在至樂篇中說，在物類中藏有一種極微妙的因素，它得到水的滋潤就會長成細如斷絲的續斷草，『得水土之際則爲蛙蠙之衣，生於陵屯則爲陵舄，陵舄得鬱棲則爲烏足。』說明莊子已經注意到，同樣一種因素，因外部條件不同而會生化出不同的事物。他在齊物論篇中說，影子由行而止、由坐而起的形狀變化，是由它所依賴的形體的一系列動作變化引起的。這又説明，莊子確已承認事物的生化是有所因待的。但總的看來，莊子『自然生化』論所包含的因果觀念比較薄弱，因此宗密對他這一理論的批評仍顯示出了一定的積極意義。

三、對『元氣生成』論的批評

在先秦道家中，莊子尤其主張元氣生成論。他在至樂篇中說，人類生命的生成分作四個階段，即：『雜乎芒芴之間，變而有氣，氣變而有形，形變而有生。』這裏的『芒芴』即指玄之又玄的『道』，它是產生世界萬物的最後本原。而『氣』既是『道』的派生物，又是直接構成人類形體和生命的根本因素。所以莊子在知北遊篇中進一步說：『人之生，氣之聚也。聚則爲生，散則爲死。』根據莊子的這一理論，那麼人類的智慮也就隨著『氣』之聚

而產生，隨著『氣』之散而消失。對此，宗密批評說：

言皆從元氣而生成者，則欻生之神，未曾習慮，豈得嬰孩便能愛惡驕恣焉？若言欻有自然便能隨念愛惡等者，則五德六藝悉能隨念而解，何待因緣學習而成？又若生是稟氣而欻有，死是氣散而欻無，則誰爲鬼神乎？且世有鑒達前生、追憶往事，則知生前相續，非稟氣而欻有。又驗鬼神靈知不斷，則知死後非氣散而欻無。……且天地之氣本無知也，人稟無知之氣，安得欻起而有知乎？草木亦皆稟氣，何不知乎？

宗密指出，天地之氣本來是無知的。如果真的如老莊所說，『人之生，氣之聚也』，那麼稟受無知之氣而產生的人怎麼會有知呢？忽然出生的嬰兒，他們未經任何教習，怎麼會有種種情感呢？而同樣稟受氣而產生的草木，又爲何沒有知呢？如果說人的智慮是隨著『氣之聚』而自然產生的，那麼『五德六藝悉能隨念而解』，又爲何有賴於『因緣學習』而成呢？由此說明，人的形體、生命、智慮只能是由前世輪回而來，而並不是『氣之聚』的結果。宗密還指出，如果真的像老莊所說，人的形體、生命、智慮是隨著氣散而變爲無的，那麼怎麼會有鬼神呢？總之，驗之以世間確實存在著『鬼神靈知不斷』的事實，可證『死後非氣散而欻無』，而這種『靈知不斷』，則無疑就是現世的『知』向來世的輪轉。其實，莊子等道家人物能從殷周以來上帝神觀念的束縛中解脱出來，而以具有物質屬性的『氣』來解釋人類形體、生命、智慮的生滅問題，這在當時應該説是有進步意義的。而宗密對莊子等道家人物『元氣生成』論的批評，雖然表現出了很強的哲學思辯性，但由於借用了佛教的輪回説，卻反而是站不住腳的。

由上述可見，像宗密這樣站在一定的理論高度來逐層批評老莊的學説，在中國佛教史上可説是不曾有過的。然而『破執不破教，破解不破行』（圓覺經大疏鈔卷七之上），宗密把老莊斥爲『迷執之教』，並不是要完全否定他們的思想理論也有存在流傳的必要，而是要在批評的基礎上更好地會通他們思想理論中一些可取的成分，即所謂『會前所斥，同歸一源，皆爲正義』。

宗密在原人論中明確指出，在儒、道、釋三教中，佛教屬於高層次，而在佛教各派中，一乘顯性教（實際上就是宗密本人的華嚴禪理論）則是最爲圓美的『直顯真源』之教。在宗密看來，作爲最爲圓美的一乘顯性教，它應該會通其餘所有教派理論中的合理成分，從而達到以一乘顯性教爲核心的『三教合一』。因爲即使屬於最低層次、最爲淺顯的老莊學說，也並不全是迷執妄説，其中那些合理的成分是可以用來豐富一乘顯性教教義的。據他的分析，老莊以大道爲世界萬物的本原，這固然是『迷執之教』，但他們也推測到了萬物從至微到顯著的運動變化過程，因而又可以與一乘顯性教『一念能變見分』的思維方法會通爲一體。老莊把人的生死看作是『氣』的聚散的結果，其爲『迷執之教』無疑十分明顯。但是，人身之所以能夠產生，除了以一真靈心爲本原以外，往下畢竟與『稟氣受質』有直接關係，因此他們的『元氣生成』論當然可以會通於一乘顯性教的理論之中。此外，佛教認爲人們所受的報應都是其業積累到一定程度後所引起的自然而然變化的結果。因此，如果從自然而然的變化這一角度來看老莊的『自然生化』論，那麼它也當然可以會通於一乘顯性教的理論之中。正是用這樣的方法，宗密最後完成了儒、道、釋三教的會通過程。如他在圓覺經大疏序中説：『元亨利貞，乾之德也，始於一氣。常樂我淨，佛之德也，本乎一心。專一氣而致柔，修一心而成道。』很顯然，宗密在這裏已把儒之德、佛之德和老莊的『專氣致柔』思想會通得水乳交融。

由於宗密的努力和其他多方面因素的作用，隋唐以來儒、道、釋三教互相融合、互相鬥爭的文化局面，至此便出現了重整合流的新趨向。並且，這一新趨向還成了後世各種文化融合的大方向。如五代宋初的佛教學者延壽、契嵩等極力倡導以佛學爲中心的三教合一説，便是對宗密思想的繼承和發展。即使像宋明理學，在形式上雖是以復興儒學爲旗幟的，但考察其內容，卻還不如説是儒、道、釋三教思想的融合，也同樣與宗密『三教合一』的理論有著一定的淵源關係。所以馮友蘭先生説：『宗密不啻上爲前佛學作一結算，下爲以後道學立一先聲，蓋宋明道學出現前之準備已漸趨完成矣。』（中國哲學史第二編第九章）

第六章　隋唐道教學者的莊子學

第一節　隋唐道教學者對莊子思想的利用與闡發

隋書經籍志云：『後周承魏，崇奉道法，每帝受籙，如魏之舊，尋與佛法俱滅。……大業中，道士以術進者甚衆。其所以講經，由以老子爲本，次講莊子及靈寶、升玄之屬。』確實，自北魏太武帝始光以後，『道業大行，每帝即位，必受符籙以爲故事。』（隋書經籍志）隋文帝楊堅在北周任丞相時，爲了名正言順地奪取王權，便『欲以符命曜於天下』。隋煬帝楊廣在即位之前，也很希望道士徐則能幫助他順利地取得皇位繼承權。而他們在君臨天下之後，又都需要繼續崇奉宗教，藉以神化自己已經取得的政權。正由於上述原因，當時的許多上層道士便時刻窺測政治風雲變化的新動向，積極爲自己尋找政治靠山。他們或向有可能奪取新政權的政治人物密告符命，或向已經奪取王權的新統治者出謀劃策，以此來換取統治者的寵信，謀求自己的前途。如隋書律曆志云：『（北周靜帝）大象元年，……時高祖（楊堅）作輔，方行禪代之事，欲以符命曜於天下。道士張賓，揣知上意，自云玄相，洞曉星曆，因盛言有代謝之徵，又稱上儀表非人臣相。由是大被知遇，恒在幕府。及受禪之初，擢賓爲華州刺史。』又據舊唐書王遠知傳載，王遠知是一個有名的道士，與隋煬帝交往甚密，煬帝曾『親執弟子之禮』。但在煬帝晚年，他因看到隋朝大勢已去，便向李淵『密傳符命』，稱其當承天命。其後，李淵遂詔『王遠知

授朝散大夫，賜金縷冠、紫絲霞帔，以遠知嘗奉老君旨，預告受命之符也。』（混元聖紀卷八）①

正是在這種『道士以術進者甚眾』的情況下，道教學者講解老子、莊子，就必然會多注重於探究其中的『受命之符』。如據隋書王（世）充傳載，在王世充正要廢除越王楊侗而自稱皇帝的時候，『有道士桓法嗣者，自言解圖讖，充昵之。法嗣乃以孔子閉房記，畫作丈夫持一干以驅羊。法嗣云：「楊，隋姓也；干一者，王字也；居羊後，明相國代隋爲帝也。」又取莊子人間世、德充符二篇上之，法嗣釋曰：「上篇言世，下篇言充，此即相國名矣。明當德被人間，而應符命爲天子也。」充大悅曰：「此天命也。」再拜受之。即以法嗣爲諫議大夫。充又羅取雜鳥，書帛繫其頸，自言符命而散放之。或有彈射得鳥而來獻者，亦拜官爵。既而廢侗於別宮，僭即皇帝位。』說明像法嗣這樣的道士只是利用莊子思想資料來宣揚符命而已，而統治階級又對這種做法予以充分肯定和大力提倡，這就是隋代道流在治莊方面沒有什麼大的理論建樹的重要原因。

唐朝建立以後，李姓皇族自稱是老子的後裔。唐太宗曾使人校訂老子，並且鐫石，與五經同列。高宗於乾封元年追號老子爲『太上玄元皇帝』，此後還令百僚皆習老子，並規定以老子爲考試士人的重要內容。玄宗更是一次又一次地加封老子，使他戴上了頂頂光耀無比的桂冠。又詔號老子的後繼者莊子、文子、列子、庚桑子分別爲『南華真人』、『通玄真人』、『沖虛真人』、『洞虛真人』，使他們都登上了得道真人的寶座。同時還尊稱老子爲道德真經，莊子爲南華真經，文子爲通玄真經，列子爲沖虛真經，令天下士人皆習之。並設立道舉制度，規定貢舉人必須兼通道經，在『明經』科考試時需要策試『四子真經』。很顯然，唐統治者這樣做的目的，就是要利用道家來爲自己的統治服務。但在客觀上，卻因此而大大推動了人們對老莊的學術研究。風氣所趨，這一時期道

① 以上可參見卿希泰中國道教思想史綱第五章隋唐五代北宋時期道教的興盛和發展及其與封建政治的關係，四川人民出版社1985年版。

教學者對莊子思想的闡發也就不斷深化，從而達到了爲前代道流所未曾達到的理論水準。概括起來，他們對莊子思想的闡發主要集中在以下幾個方面：

一、道體論

魏晉南北朝道教學者對老莊的道體論雖有所闡發，但理論水準一般都還不高。唐初的著名道士成玄英、李榮等，主要是在吸納魏晉玄學思辯方法的基礎上來闡釋老莊的本體論思想，同時又揚棄了魏晉玄學中的『有』、『無』之辯，認爲作爲世界萬物本原的『道』，既不滯於『有』，亦不滯於『無』，而是超越言象之外、有無之表的『玄之又玄』。這一極具思辯性的重玄理論，在成玄英的莊子注疏中表現得尤爲突出。

稍後，四川著名道士王玄覽也說：『至道常玄寂，言說則非真，爲欲化衆生，所以强言之。』（玄珠錄卷上）顯然，這就是對莊子在知北遊篇中所謂『夫道，窅然難言哉』，『道不可言，言而非也』，所以只能『將爲汝言其崖略』等思想的直接闡發。他又說：『道無所不在，皆屬道應。若以應處爲是者，不應不來，其應即死；若以不應處爲是者，其應若來，不應處又死。何處是道？若能以至爲是者，可與不可俱是道；若以爲非者，可與不可俱非道。道在境智中間，是道在有知無知中間。』（同上）這裏，王玄覽從莊子在知北遊篇中所謂『道』『無所不在』的思想出發，對道體作了進一步推論，指出它是一種處於可與不可、知與無知、是寂不寂、非有非無之間的不可知見和言說的神秘存在，從而在一定程度上發展了莊子的道體論思想。但比較起來，通玄先生所述的道體論（道藏本）則更從各個角度深入闡發了莊子的道體論思想。如：

混據生化標名，寂就除妄爲稱。今將欲入玄，故說寂以遣混。寂混既除，亦無寂可寂。寂既已寂，竟有何名？故……論云：『非言非默，義有所極。』又云：『可以言論者，物之粗者也；可以意致

者，物之精者也；言之不能辯，意之不能察致者，不期精粗焉。』（道）有生死，無生死，皆得所以然者。就其體收，即物是道。物有生死，道亦生死。論云：『與物同理，消息盈虛，終則復始。』又云：『今彼神明，與彼百化，與物死生方圓，莫知其根。』

尊卑據性而言，體統則人物恒一。故南華論云：『以道而觀，無貴無賤；以物而觀，自貴而相賤。』又云：『天地與我並生，萬物與我爲一。』

這裏『論云』、『又云』所引的文字，皆來自莊子。道體論根據莊子道體論思想，認爲『道』作爲世界萬物之『根』，是不可『言論』和『意致』的，在時間上則是『無生死』的。但如果以『齊同』的觀點來看待一切，那麽萬物又可以統一到『道』中去，我與萬物也並沒有什麽差别，所以説：『天地與我並生，萬物與我爲一。』然而，道體論對莊子道體論思想的闡發並沒有停留在這一認識水準上，而是進一步認爲，就『道』混成萬物的特性來看即可標名爲『混』，就其本身虚寂而無妄的特性來看即可稱之爲『寂』，如果再能遣『混』、除『寂』，使之無混可混、無寂可寂，那自然就是莊子所説的不能用言語談論、不能通過意識活動領會到的道體了。可見，這裏在闡發莊子道體論思想的過程中，還借鑒並運用了成玄英等『遣之又遣』的思維方式。而且在道體論看來，就『道』作爲萬物的總根源這一方面而言，它當然是永恒的，即：『就差則（物）有生死，道則總收，無有生死别名。生死在物，道有何虧？故道無生死。論云：「道無終始，物有生死。」』但就『道』統收萬物、以萬物爲依托這一方面而言，那麽它自然就『與物同理』、『與物死生方圓』了，即：『就其體收，即物是道。物有生死，道亦生死。』從這一層意義上來説，既然統收萬物的『道』與『人物』是『恒一』的，那麽我與天地萬物也就自然『並生』、『爲一』了。由此説明，道體論在闡發莊子道體論思想的過程中，對『道』所具有的『與物同理』的物質屬性予以了提升，從而在一定程度上揚棄了先秦道家賦予『道』的神秘性。

中唐時期，華州（在今陝西）道士吴筠也從多個角度深入闡發了老莊的道論思想。如他説：『大道，無形

無爲，有情有性。故曰：『人能思道，道亦思人。道不負人，人無負道。淵哉，言乎！世情謂道體玄虛，則貴無而賤有。人資器質，則取有而遺無。庸詎知有自無而生，無因有而明，有無混同，然後爲至。故空寂玄寥，大道無象之象也；兩儀三辰，大道有象之象也。若但以虛極爲妙，不應以吐納元氣、流陰陽、生天地、運日月也。故有以無爲用，無以有爲資，是以覆載長存，仙聖不滅。』（神仙可學論）這段話實際上是對莊子大宗師『夫道，有情有信，無爲無形』等語句的大膽闡發。在吳筠看來，世人或『貴無而賤有』，或『取有而遺無』，把『無』與『有』完全割裂了開來，他們哪裏懂得『有以無爲用，無以有爲資』、『有無混同，然後爲至』的妙理呢！很顯然，吳筠對『道』作出這樣的解釋，認爲它應該是『無』與『有』的高度統一，這無疑又在通玄先生道體論思想基礎上闡發出了新意。而且，吳筠還把『道』與『德』統一起來，並進而闡述了他關於『道德』、『天地』、『帝王』三者合一的思想。他說，『道』是『造化之根、神明之本、天地之源』，『德』爲『天地所稟、陰陽所資』，二者互相配合，才能生成世間的一切，但它們本身又是依托於世間的具體事物，與天、地、人、物等等混而爲一，即：『道德者，天地之祖；天地者，萬物之父；帝王者，三才之主。然則，道德、天地、帝王一也。』（見玄綱論）通過這樣的闡發，吳筠更把老莊的道體論思想引向與現實政治關懷的相結合，代表了唐代中後期道教學者在闡釋老莊道體論思想方面所出現的新趨向。

到了唐代晚期，處州縉雲（在今浙江省）道士杜光庭則十分注重從『道氣』觀念出發來闡發老莊的道體論思想。如他說：『大道吐氣，布於虛無，爲天地之本始。「無有無名」者，莊子天地篇曰：「泰初有無，無有無名。」言泰初者，無之始也。無既無名，不可詰之以名，混漠寂寥，邈爲化主，元氣資之以爲始，玄化稟之而得生。故曰：「無名，天地之始。」無名無氏，然後降跡，漸令兆形，由此而天地生，氣象立矣。』（道德真經廣聖義卷六）這一闡發，基本上符合莊子關於道降而爲氣、氣兆形爲萬物的思想認識。但杜光庭並沒有到此爲止，而是把這一闡發進一步納入了他的三教合一理論體系。如他說，『道分元氣而生於人，靈府智性，元本清靜，既生之後，

有諸染欲，濆亂其真，故去道日遠矣』(道德真經廣聖義卷二十三)，『然道無棄物，常善救人，故當設教以誘之，重法以訓之，使啟迪昏蒙，參悟真正，琢玉成器。』(道德真經廣聖義卷三十二)這就把老莊的道體論思想與佛教求清靜、儒家重教化等思想糅合到一起，代表了唐代晚期道教學者在闡釋莊子思想方面所出現的一種新趨勢。

二、修道論

東晉葛洪所謂的修道，基本上是指他的修仙實踐活動而言。唐代的道教學者，則把修道主要看成是對作爲萬物本原的『道』作哲學層面上的體悟。如成玄英說：『爲道之要，要在忘心。』(莊子注疏逍遥遊)又說：『惟此真道，集在虛心，故如虛心者，心齊妙道也。』(莊子注疏人間世)因爲在他看來，道體玄虛奧妙，如果心有執著，未能達到極度虛靜的精神境界，那麼怎能與道體冥合呢？此即所謂『有心而索玄道，誠未易者也。』(同上)李榮也把『虛心』看成是契合道體的關鍵，認爲『唯道集虛，心懷至道，在物無害者，得成仙，骨自強』(強思齊道德真經玄德纂疏卷一引)，所以說：『修道者，成真無極。』(道德真經玄德纂疏卷七引)由此說明，成玄英所謂的修道，主要是指以虛寂之心去契悟玄虛之道，『心』與『道』的契合是屬於哲學意義上的冥合。李榮論修道，雖有『得成仙，骨自強』一類的話，但也不過是指一種超凡登真的精神境界而言，大致上仍可看作是對莊子『去而上仙』、『至於帝鄉』(天地)一類思想觀念的繼承和發展。

王玄覽把『道』區分爲『常道』與『可道』兩個層次，認爲『常道』生天地，『可道』生萬物，衆生以保存形體爲目的的修煉，只能得到無常的『可道』，成爲『形仙』；而他們要修得『常道』，與真道一樣不生不滅，就必須採取以存神爲目的的修煉方法，即所謂『坐忘養』。他說：『谷神不死。谷神上下二養：存存者坐忘養，存者隨形養。形養將形仙，坐忘養舍形入真。』(玄珠錄卷下)說明王玄覽把莊子的『坐忘』思想提升到了修道的最高層

次。莊子的這一思想再經過司馬承禎的進一步闡發，便對唐代道士們的修道理論和方法產生了十分深刻的影響。

杜光庭受到司馬承禎等人的明顯影響，論修道也每每從闡發莊子『坐忘』思想入手。他說：『坐忘者，墮肢體，黜聰明，遺形去智，以至乎大通，謂之坐忘。至道深微，不可以言宣，止可以心照。既因照得悟，其照亦忘，故曰坐忘遺照，此皆大乘之道也。』（道德真經廣聖義卷四）又説：『坐忘遺照者，安坐忘身之謂也。外忘萬境，內息一心，心若死灰，形如槁木，不知肢體之有，不知視聽之用，墮肢體，黜聰明，遺形去智，以至於大通。』（道德真經廣聖義卷十三）這裏與司馬承禎等稍有不同的是，杜光庭更爲重視修心與修道的關係，認爲『修道即修心也』，『修心即修道也』，二者是可以互相溝通的。因此，他尤其注重通過闡發莊子『心齋』思想來闡述自己的修道理論。他說：

惟道集虛，虛心則道集於懷也。……『虛室生白』者，莊子人間世篇之詞也。室者心也，視有若無即虛心也。心之虛矣，純白自生。純白者，大通明白之貌也。……所以教人修道即修心也，教人修心即修道也。（道德真經廣聖義卷八）

『無聽之以心』者，莊子人間世篇：『孔子謂顏回曰：「若一志，無聽之以耳而聽之以心，無聽之以心而聽之以氣。聽止於耳，心止於符。氣也者，虛而待物者也。唯道集虛，虛者心齋也。」』此言心虛則嗜欲無入，神清則玄覽無疵。遺其色聲，忘其境智，境智忘而玄道自至，色聲一而物相盡空。心止於符，氣合於漠，此謂之心齋也。（道德真經廣聖義卷三十九）

『心齋』這則寓言出自莊子人間世，莊子借此說明，人們要想體悟虛無之道，就必須完全廢棄自己的感官，停止一切思維活動，讓一種空明虛靜的心境去感悟『道』。杜光庭這裏所使用的語言文字資料基本上都援引於莊子人間世，而且他的論述又是緊緊圍繞著莊子『心齋』思想來展開。但由於杜光庭是一位持三教無別論的道士，所以他最終還是把對莊子『心齋』思想的闡發導向了與儒、釋思想的結合。如在上面所引的第一段文字後，緊

接著有這樣一段話：『善惡二趣，一切世法，因心而滅，因心而生。習道之士滅心則契道，世俗之士縱心而危身。心生則亂，心滅則理，所以天子制官僚、明法度、置刑賞、懸吉凶以勸人者，皆爲心之難理也。……明此七者，可與言道，可與言修其心矣。』（道德真經廣聖義卷八）這樣，杜光庭便把莊子的『心齋』思想與儒、釋思想巧妙地統一起來，從而納入了他所謂的『三教聖人，所說各異，其理一也』（太上老君說常清靜經注）的理論框架。

三、養生論

葛洪是魏晉時期道教神仙理論的集大成者。從他的著作中可以清楚看到，以他爲代表的一派道士們，所崇尚的是以服金丹爲主的養性修仙之術。到了唐代，道教理論家們所倡導的則往往是一種以精神道德修養置於餌藥服食之上的養生理論。孫思邈，京兆華原（今陝西耀縣）人，是唐代著名的道士和醫學家。他弱冠時即『善談莊、老及百家之說』，其弟子盧照鄰謂其『道合古今，學殫數術，高談正一，則古之蒙莊子』。曾『自注老子、莊子』（見舊唐書孫思邈傳），可惜久已不傳。但在他的其他著作中，我們仍可看到他的養生論與老莊思想的密切關係。如他說：『不讀莊、老，不能任真體運，則吉凶拘忌，觸途而生。』（千金要方論大醫習業）又說：『夫養性者，欲所習以成性，性自爲善，不習無不利也。性既自善，內外百病自然不生，禍亂災害亦無由作，此養性之大經也。善養性者，則治未病之病，是其義也。故養性者，不但餌藥餐霞，其在兼於百行。百行周備，雖絕藥餌，足以遐年；德行不充，縱服玉液金丹，未能延壽。故老子曰：「善攝生者，陸行不遇虎兕。」此則道德之指也，豈假服餌而祈遐年哉？』（千金要方養性）這裏，孫思邈從道家任真體運的思想原則出發，把修心養性看成是養生的關鍵，並特別強調了內在道德充實的重要性，這不僅繼承和發展了老莊重視精神修養的養生思想，而且還把莊子德充符中的『德充』觀念引入養生理論，使莊子的德行觀與養生論結合起來，從而爲發展我國傳統養生理

論作出了貢獻。

成玄英根據莊子的養生思想，認爲『夫壽夭去來，非己所制，而世俗之人，不悟斯理，貪多資貨，厚養其身，妄謂足以存生，深可悲歎。』（莊子注疏達生）那麽他的養生原則是什麽呢？他運用雙遣忘中的重玄理論說：『夫善惡兩忘，刑名雙遣，故能順一中之道，處真常之德，虚夷任物，與世推遷，養生之妙，在乎茲矣。』（莊子注疏養生主）總的看來，這一說法基本上是對莊子『惔而無爲，動而以天行，此養神之道也』（刻意）思想的闡發，而對葛洪等所提倡的以服金丹爲主的養性修仙之術則是積極的反撥。

王玄覽提倡『舍形入真』，即由『形養』進入『坐忘養』（見玄珠錄卷下），對莊子的『坐忘』思想和以養神爲主的養生論作出了富有創見的闡釋。司馬承禎將傳統的以導引、服氣、吐納爲主的外煉養生法極力推向以坐忘、修心爲主的内煉養生之途，更使莊子的養生思想得到了弘揚。吳筠也十分重視精神的修養，認爲『養神修身者壽老，棄神愛欲者中夭也。』（神仙可學論養形）那麽，怎樣才能達到這一境界呢？他說：『人之所生者神，所托者形，方寸之中，實曰靈府，靜則神生而形和，躁則神勞而形斃。……故元元挫鋭以觀妙，文宣廢心而用形，軒帝得之於罔象，廣成契之於杳冥，顔回坐忘以大通，莊生相天而能精，……忘天壤之爲大，忽秋毫之爲小，處寂寞而聞和，潛混溟而見曉，應物於循環，含光而閉關，飄風震海，迅雷破山，滔天焚澤，而我自閑，彼行止與語默，曾何庸思於其間哉！』（心目論）很顯然，吳筠在這裏主要是通過援引並闡釋莊子（至少涉及齊物論、德充符、大宗師、在宥、天地、秋水等篇）中的有關思想資料來闡述自己養生論的，認爲要使『神生形和』，必須像莊子所說的那樣，做到忘形守寂，超然於物我、是非、得失之外。

杜光庭的養生論是與他的道體論結合在一起的。他認爲，既然萬物的生滅都是大道運化的結果，那麽人們就應該忘身忘心，一任大道運化，這才是養生的關鍵。他說：

無身者，非頓無此身也。但修道之士，能忘其身爾。……莊子曰『適來者，夫子時也』，時自生

> 耳；『適去者，夫子順也』，理當死耳。『安時處順，憂樂不入』，此達人之忘身也。幻者，假妄變化之謂也；真實者，契道之謂也；坐忘遺照者，安坐忘身之謂也。外忘萬境，內息一心，心若死灰，形如槁木，不知肢體之有，不知視聽之用，墮肢體，黜聰明，遺形去智，以至於大通。通無不通，泛然無主，此達人之忘心也。顏回得之以告於夫子焉。如此，則天地之大，吾不知也；日月之明，吾不有也，何榮辱、愛惡之可滯哉！『帝之懸解』者，性命之情得矣，寧復係於大患乎？則無身無患，養生之要也。
>
> （道德真經廣聖義卷十三）

莊子養生主篇說老聃應時而來，順時而返，『安時而處順，哀樂不能入也。』大宗師篇說顏回『墮肢體，黜聰明，離形去知，同於大通，此謂坐忘。』在杜光庭看來，他們都是忘身忘心、一任大道運化的『達人』，故『性命之情得矣』！他由此出發，還援引並闡發了莊子達生中的有關思想資料，認爲魯國的單豹和張毅，皆不能達『生化之旨』、『養生之要』，前者偏養其內，後者偏養其外，結果一爲『餓虎食之』，一以『內熱之病死』，『是二子不終天理，爲夭枉而亡也。』所以他說：『生者，天地之委和；死者，天地之委順。安其和而處其順，是得其常也。反此者，庸非夭乎？』（見道德真經廣聖義卷二十七）並進而援引、闡發莊子庚桑楚中的有關思想資料說，既然養生需要『無所執著』，一任大道運化，那麼，『帝王奄有四海，爲天下君』，亦當『以道垂衣』，使『天下蒙其化』（見道德真經廣聖義卷二十八）。可見，杜光庭在這裏又把莊子的養生思想與佛教『無所執著』的觀念統一起來，並由此導向了對現實政治的深切關懷。

四、仙道論

魏晉南北朝時期，道士們多以服食金丹大藥爲成仙的根本途徑。這種修仙之術，被隋唐一些外丹道士推崇

到了登峰造極的地步，致使不少帝王也因惑於其說而大量服食丹藥。如據清趙翼廿二史劄記唐諸帝多餌丹藥載，唐太宗、憲宗、穆宗、敬宗、武宗、宣宗，即皆因過量服食丹藥而喪失了性命。正由於『金丹玉液長生之事，歷代糜費，不可勝紀，竟無效焉』（隋書經籍志），甚或使人中毒而夭，這就使唐代道教重玄派更加注重到老莊思想中去積極探索長生久視之道。如成玄英說：『夫聖人，達生死之不二，通變化之爲一，故能盡天年之修短，厭囂俗以消升，何必鼎湖之舉，獨爲上仙安期之壽，方稱千歲？精靈上升，與太一而冥合，乘雲御氣，屆於天地之鄉。』（莊子注疏天地）李榮也說：『道則自古以固存，聖則永享，無期壽也。』（強思齊道德真經玄德纂疏卷五引）說明在成玄英、李榮看來，所謂長生成仙，並不是指外丹派所說的服丹藥而飛升成仙，而應該是與大道冥合爲一，達到精神上不死不生的境界，即所謂『行願俱足，內外道員，理當不死不生，無夭無壽』（顧歡道德真經注疏卷三引成玄英疏）。

到了中唐時期，道教內丹理論家更對外丹修仙之術提出了尖銳的批評。如吳筠說：『聞大丹可以羽化，服食可以延年，遂汲汲於爐火，孜孜於草木，財屢空於八石，藥難效於三關，不知金液待訣於靈人，芝英必滋於道氣，莫究其本，務之於末，竟無所就。』（神仙可學論）這裏，吳筠無情地指責了外丹派的修仙之術，但這並不說明他自己不曾孜孜追求長生成仙。如當有人提出『道之大旨莫先乎老莊，老莊之言不尚仙道，而先生何獨貴乎仙者也』的問題時，吳筠回答說：

> 玄聖立言，……令其當生不悅，將死不懼，翛然自適，憂樂兩忘，則情滅而性在，形歿而神存，猶愈於形性都亡，故有齊死生之說。斯爲至矣，何爲乎不尚仙者也。夫人所以死者形也，其不亡者性也。聖人所以不尚形骸者，乃神之宅、性之具也。其所貴者，神、性爾。若以死爲懼、形骸爲真，是修身之道，非修真之妙矣。老子曰：『深根固蒂，長生久視之道。』又曰：『谷神不死。』莊子曰：『千載厭世，去而上仙；乘彼白雲，至於帝鄉。』又曰：『故我修身千二百歲，而形未嘗衰。』又曰：『乘雲氣，

馭飛龍，以遊四海之外。』又曰：『人皆盡死，而我獨存。』又曰：『神將守形，形乃長生。』斯則老莊之言長生不死神仙明矣，曷謂無乎？又道德經、南華論，多明道以訓俗，敦本以靜末，神仙之奧，存而不議。其幽章隱書，煉真妙道，祕於三洞，非賢不傳，故輕泄者獲戾於天官。（玄綱論）

從這裏可以看出，吳筠主要是通過闡發老莊的長生久視之道來宣揚道教內丹學的仙道理論。據有關文獻資料來分析，他們的這種建立在老莊思想基礎上的仙道理論曾在社會上產生了較爲廣泛的影響。如唐敬宗因惑於外丹家之說而深信神仙方藥，大臣李德裕遂上疏切諫云：『臣聞道之高者莫若廣成、玄元，人之聖者莫若軒黃、孔子。昔軒黃問廣成子：「理身之要，何以長久？」對曰：「無視無聽，抱神以靜，形將自正。神必自清，無勞子形，無搖子精，乃可長生。慎守其一，以處其和，故我修身千二百歲矣，吾形未嘗衰。」又云：「得吾道者，上爲皇而下爲王。」玄元語孔子曰：「去子之驕氣與多欲、態色與淫志，是皆無益於子之身。吾所告子者是已。」故軒黃發謂天之歎，孔子興猶龍之感。前聖於道，不其至乎？』（舊唐書李德裕傳）李德裕主要通過援引並闡發莊子中有關『長生』的思想資料來反對道教外丹派的神仙方藥，這種思維方法當是從吳筠等內丹家那裏借鑒來的。然而我們應當明白，莊子中雖然不乏像『千歲厭世，去而上仙，乘彼白雲，至於帝鄉』（天地）、『無視無聽，抱神以靜，形將自正。必靜必清，無勞女形，無搖女精，乃可以長生。目無所見，耳無所聞，心無所知，女神將守形，形乃長生。……我守其一，以處其和，故我修身千二百歲矣，吾形未常衰。……得吾道者，上爲皇而下爲王。……人其盡死，而我獨存乎』（在宥）、『乘雲氣，御飛龍，而遊乎四海之外』（逍遙遊）之類的說法，但基本上僅僅表達了莊子要求在精神上達到逍遙遊境界的願望，是一種屬於哲學思想性質的東西，正如有人所說『老莊之言不尚仙道』。而吳筠卻是站在道教內丹學立場上來闡發莊子的哲學思想，這就使莊子的『長生』思想發展成了一種宗教仙道理論。尤其是把莊子齊死生之說闡發成『尚仙』理論，更使莊子的哲學思想具有了濃厚的宗教色彩。可見，吳筠是把莊子作爲一部『煉真妙道、祕於三洞』的『幽章隱書』來看待和闡發的。

晚唐杜光庭更把莊周描述成了一位仙人。他說：『莊子姓莊名周，宋國蒙邑人也。當趙文王、齊宣王、梁惠王時，師長桑公子，受其微言，隱於抱犢山，服大丹升天，署位爲太極韋編郎，入侍帝晨。』（道德真經廣聖義卷四）這裏所謂的『服大丹升天』云云，雖可能是外丹派的説法，但綜觀杜光庭對莊子『長生』思想的闡釋，主要還是使用了内丹派的思維方法。如他說：『夫仙之上者，骨肉升飛，與天無極。又九天之上，無何之鄉，爲極陽之都，神仙之府也。……世之得道者，煉陰而全陽，陰滓都盡，陽華獨存，故能上賓於天，與道冥合。……修道之士，黜嗜欲，墮聰明，凝然無心，淡然無味，收視返聽，萬慮都冥，然後虛空生胎，吻合自然，觀化之初，窮物之始，浩然動息，與道爲一矣。與道爲一，則恣心所之，從心所欲，是非不能亂，勢利不能誘，寒暑不能變，生死不能干，指顧乎八極之外，逍遥乎六虛之表，無所不察，無所不知，目能洞視，耳能洞聽，亦能視聽不由乎耳目。何者？神虛於未然，智通於無地也。』（毛仙翁傳）很顯然，杜光庭把莊子所說的一系列體道方法都闡釋成了道教的成仙途徑，而莊子所嚮往的逍遥境界——『無何有之鄉』，則成了道教所謂的『神仙之府』。但杜光庭的這種具有『道化』傾向的仙道論，最後仍要歸結到他的三教合流思想中去。所以他說：『凡學仙之士，若悟真理，則不以西竺東土爲名分別，六合之內，天上地下，道化一也。若悟解之者，亦不以至道爲尊，亦不以象教爲異，亦不以儒宗爲別也。三教聖人，所説各異，其理一也。』（太上老君說常清靜經注）杜光庭把對老莊『長生』思想的闡釋納入他的三教合流理論體系，這正代表了當時道教内丹學者闡釋老莊思想的一種新趨勢。

第二節　司馬承禎的坐忘論

司馬承禎（647—735），字子微，法號道隱，河內溫（今河南溫縣）人。少好學，薄於爲吏，遂事嵩山道士潘師正，傳其符籙及辟穀、導引、服餌之術。後辭几席，遊名山，隱於天台玉霄峰，自稱白雲子。武則天聞其名，召

至都，降手敕以讚美之。唐睿宗屢加尊異，嘗問以『陰陽術數』之事，對曰：『損之又損，以至於無爲。』睿宗又問：『理身無爲則清高矣，理國無爲如之何？』對曰：『國猶身也。莊子云：「遊心於澹，合氣於漠，順於自然乃無私焉，而天下理。」』（見雲笈七籤卷一百十三）從司馬承禎回答唐睿宗的這番話來看，他此時顯然已由原來重視符籙、辟穀、導引、服餌的外丹術轉向了以心性修養爲主的內丹學。他所撰寫的坐忘論及天隱子序跋等，便是闡發他這一修行悟道理論的代表作。

『坐忘』的理論源於莊子大宗師：『顏回曰：「回益矣。」仲尼曰：「何謂也？」曰：「回忘仁義矣。」曰：「可矣，猶未也。」他日復見，曰：「回益矣。」曰：「何謂也？」曰：「回忘禮樂矣。」曰：「可矣，猶未也。」他日復見，曰：「回益矣。」曰：「何謂也？」曰：「回坐忘矣。」仲尼蹴然曰：「何謂坐忘？」顏回曰：「墮肢體，黜聰明，離形去知，同於大通，此謂坐忘。」』莊子在這裏所說的『坐忘』，指的是一種『損之又損之』的悟道方法，目的是要人們做到內心虛靜，甚至忘掉自己，最後與大道混同爲一。唐代道教學者把莊子的這一悟道方法進一步發展成了具有宗教色彩的『坐忘修道』理論，諸如趙堅的坐忘論七篇①、吳筠的坐忘論一卷②及無名氏的天隱子坐忘等，即屬於這方面的理論著作。那麼，司馬承禎在坐忘論中是怎樣來展示他的理論體系的呢？他自稱說，他闡述『安心坐忘之法』，『略成七條修道階次』，即依次爲：

---

① 曾慥編道樞坐忘篇下引司馬承禎語云：『吾近見道士趙堅造坐忘論七篇，其事廣，其文繁，其意簡，其詞辯。』

② 鄭樵通志藝文志五。

一、信敬

在司馬承禎看來，人所最貴的是生命，而生命只有『得道』才能長久。他說：『夫人之所貴者生也，生之所貴者道也。人之有道，如魚之有水，涸轍之魚，猶希升水。……故養生者慎勿失道，爲道者慎勿失生，使道與生相守，生與道相保，二者不相離，然後乃長久，言長久者得道之質也。』那麼，怎樣才能『得道』呢？他說：『夫信者道之根，敬者德之蒂，根深則道可長，蒂固則德可茂。……如人有聞坐忘之法，信是修道之要，敬仰尊重，決定無疑者，加之勤行，得道必矣。故莊周云：「墮肢體，黜聰明，離形去智，同於大通，是謂坐忘。」夫坐忘者，何所不忘哉！內不覺其一身，外不知乎宇宙，與道冥一，萬慮皆遺，故莊子云「同於大通」。』司馬承禎在這裏明確指出，修道者對『道』必須懷有『信』、『敬』的心情。而『坐忘』之法作爲『修道』的一種重要方法，更須以『信』、『敬』的態度去對待它，把『信』、『敬』作爲『坐忘』修道的第一個『階次』。那麼，莊周所倡導的『坐忘』之法應該是一種什麼樣的修道方法呢？司馬承禎闡述說，這無疑應該是『內不覺其一身，外不知乎宇宙，與道冥一，萬慮皆遺』。可見，司馬氏這裏從坐忘主體內外俱忘的角度來加以闡述，基本上是符合莊子所謂『坐忘』之法精神的。

二、斷緣

所謂『斷緣』，就是要求坐忘主體斷絕一切俗緣。司馬承禎說：『斷緣者，謂斷有爲俗事之緣也。棄事則形不勞，無爲則心自安，恬簡日就，塵累日薄，跡彌遠俗，心彌近道。至神至聖，孰不由此乎？……舊緣漸斷，新

緣莫結，醴交勢合，自致日疏，無事安閒，方可修道。故莊子云：「不將不迎。」無爲交俗之情故也。又云：「無爲名尸，無爲謀府，無爲事任，無爲知主。」若事有不可廢者，不得已而行之，勿遂生愛，係心爲業。』我們知道，棄事無爲、苟簡恬靜等都是莊子所提倡的重要修道方法。如他說：『棄事則形不勞，遺生則精不虧。夫形全精復，與天爲一。』（達生）又說：『食於苟簡之田，立於不貸之圃。逍遙，無爲也；苟簡，易養也；不貸，無出也。古者謂是采真之遊。』（天運）又說：『夫虛靜、恬淡、寂漠、無爲者，萬物之本也。』（天道）司馬承禎在闡述『坐忘』修道理論的時候，顯然借鑒了莊子的這些思想。並且，他還直接援引了莊子應帝王『無爲名尸，無爲謀府，無爲事任，無爲知主，……不將不迎』這一本在闡明無爲政治的思想資料，用來闡發其『坐忘』修道的理論。而他在這一系列的闡述過程中，又自覺地吸取了佛教的『因緣』思想，這就從多個方面豐富了莊子所倡導的『坐忘』之法的思想內涵，從而突破了莊子『坐忘』之法僅囿於由『忘仁義』到『忘禮樂』、由『忘禮樂』而至於『坐忘』和『同於大通』的局限。

三、收心

司馬承禎認爲，『心者，一身之主，百神之師』，故『學道之初，要須安坐收心』。所謂『收心』，就是要求坐忘主體做到『不著一物，自入虛無』。所以他說：『所有聞見，如不聞見，則是非美惡不入於心。心不受外名曰虛心，心不逐外名曰安心，心安而虛，則道自來止。』從這裏不難看出，司馬承禎在闡述『坐忘』修道理論時，實際上已引進了諸如莊子人間世『徇耳目內通而外於心知』、『虛而待物』、『唯道集虛』、『虛室生白』的『心齋』思想，從而打破了莊子『坐忘』與『心齋』思想之間的界限。並且，司馬承禎還進一步指出：『言行相違，理實無取，此只破相之言，而人反以爲深玄之妙，雖則惠子之宏辯，莊生以爲不堪。』這又告訴『坐忘』修道者，像惠施那樣的『其

道舛駁，其言也不中』（莊子天下）的『宏辯』，是完全與『安坐收心』之旨相違背的。因此，坐忘主體除了應該做到『不著一物，自入虛無』而外，還必須棄絕一切『理實無取』的言辯。此外，司馬承禎還要求坐忘主體堅持循序漸進的修道方法，因而援引莊子齊物論之語批評說：『見卵而求時夜（謂司夜之雞），見彈而求鴞炙，何其造次哉！』即謂像見卵便求雄雞、見彈即欲鴞炙的人那樣去求道，就未免太操之過急了，怎麼能無背於『安坐收心』之旨呢？由上述可見，司馬承禎的『安坐收心』理論，又從多個方面豐富了莊子『坐忘』之法的思想內容。

四、簡事

所謂『簡事』，就是要求坐忘主體應該對萬事萬物有所簡擇，千萬不要去追求性分之外的東西。司馬承禎說：『修道之人，要須斷簡事物，知其閑要，較量輕重，識其去取，非要非重，皆應絕之。猶人食有酒肉，衣有羅綺，身有名位，財有金玉，此並情欲之餘好，非益生之良藥。衆皆徇之，自致亡敗。靜而思之，何迷之甚！故莊子云：「達生之情者，不務生之所無以爲。」生之所無以爲者，分之外物也。蔬食弊衣，足延性命，豈待酒食、羅綺，然後爲生哉！是故於生無要用者，並須去之；於生雖用有餘者，亦須舍之。財有害氣，積則傷人，雖少猶累，而況多乎？今以隨侯之珠彈千仞之雀，人猶笑之，況棄道德，忽性命，而從非要以自促伐者乎？夫以名位比於道德，則名位假而賤，道德真而貴。能知貴賤，應須去取，不以名害身，不以位易道。故莊子云：「行名失己，非士也。」……若處事安閒，在物無累者，自屬證成之人。』衆所周知，莊子養生之道的關鍵在於養神，認爲形體轉瞬即滅，而精神卻可以超然世外，與大道共其悠久，所以凡『達生之情者，不務生之所無以爲』（達生），即謂凡是通達生命實情的人，根本不去追求性分所不應有的東西，諸如備物厚養等等，而只是護養好他的精神而已，否則便無異於『以隨侯之珠彈千仞之雀，世必笑之』（讓王）。由此可見，司馬承禎在闡述『簡事』階次的『坐忘』

修道理論時，主要援引了莊子養生論的一些思想資料，認爲屏棄『分之外物』也是『坐忘』修道的一項重要內容，這就在一定程度上溝通了莊子的『坐忘』之法與養生思想。在此基礎上，司馬承禎又把莊子有關名位有害於自然德性的思想運用到闡述『坐忘』修道理論上來，指出屏棄『名位』同樣是坐忘主體修道的一項重要內容，這實際上與莊子要求坐忘主體徹底忘掉一切外物的思想仍是一致的。

五、真觀

所謂『真觀』，就是要求坐忘主體在『收心簡事，日損有爲，體靜心閑』階次的基礎上，還應善於『觀見真理』。在司馬承禎看來，坐忘主體在『觀見真理』的過程中最易受到『色』、『惡』、『貧』、『苦』等東西的困擾，因此必須清楚認識到這些東西的空幻性和危害性，這樣才能徹底棄絕它們。如他以『色』爲例說，『色病重者，當觀染色，都由想耳。想若不生，終無色事。若知色想外空，色心內妄，妄心空想，誰爲色主？』『妖豔惑人，令人愛著，乃至身死，留戀彌深。爲邪念故，死墮地獄，永失人道，福路長乖。』他還進而援引了莊子齊物論『魚見之深入，鳥見之高飛』之語，認爲即使是人們心目中的古代美女毛嬙、麗姬，在游魚、飛鳥看來又何嘗不是可怕的怪物？因此，坐忘主體在『觀見真理』的過程中，必須視『色』爲『穢濁』、『刀斧』而徹底屏棄之。由此可見，司馬承禎在這裏已大膽引進了佛教的『色空』思想。

六、泰定

何謂『泰定』？司馬承禎說：『形如槁木，心若死灰，無感無求，寂泊之至，無心於定，而無所不定，故曰泰

定。莊子云：「宇泰定者，發乎天光。」宇則心也，天光則慧也。心爲道之器宇，虛靜至極，則道居而慧生。慧出本性，非適今有，故曰天光。』在司馬承禎看來，只要像莊子中衆多悟道者那樣，做到形如槁木，心若死灰，無感無求，虛寂靜泊，以至於無心於定，而無所不定，那麽就能在安泰靜定的心宇中生發出智慧的光輝。然而正如『貴不能驕，富不能奢』一樣，坐忘主體即使『天光』既生於『宇』，仍必須『慧而不用』。所以司馬承禎接著說：『定而不動，慧而不用，德而不恃，爲無道過，故得深證常道。莊子云：「知道易，勿言難。知而不言，所以之天；知而言之，所以之人。古之人，天而不人。」慧能知道，非得道也。人知得慧之利，未知得道之益。因慧以明至理，縱辯以感物情，與心徇事，觸類而長，自云處動而心常寂，焉知寂者寂以待物乎？……故莊子云：「古之修道者，以恬養智。智生而無以知爲也，謂之以智養恬。智與恬交相養，而和理出其性。」恬智則定慧也，和理則道德也。有智不用，以安其恬，養而久之，自成道理。』這裏，司馬承禎把莊子列禦寇中的『忘言』思想和莊子繕性中的『知恬相養』思想具體運用到了『坐忘』修道理論的闡述上，認爲坐忘主體進入一定的修道階次後，雖然已從心宇中生出了自然的智慧，但仍必須做到『知而不言』、『慧而不用』，這樣就可以『深證常道』。因爲只有『不言』才能不傷智慧，只有恬靜的心境才能涵養智慧。所以説，如果能做到『知而不言』、『以恬養智』，則美好的『道』也就自然到來了。其實，司馬承禎在這裏除了援引莊子中有關『忘言』、『繕性』的思想資料外，還吸取了佛教有關定觀的理論，從而又爲莊子『坐忘』思想增添了許多新内容。

七、得道

『得道』即『唯道來集』，這是『坐忘』修道的最後一個階次。司馬承禎説，坐忘主體一旦進到這一階次，其神妙者，便可以表現爲『隱則形同於神，顯則神同於形，所以蹈水火而無害，對日月而無影，存亡在己，出入無間』，

『散一身爲萬法，混萬法爲一身，智照無邊，形超有際，總色空以爲用，合造化以爲功，真應無方，信惟道德。』可見，這與莊子大宗師中那個『墮肢體，黜聰明，離形去知』的坐忘得道者形象相比，顯然已有了極大的發展，更具有濃厚的神秘主義色彩。

由上述可見，『坐忘』本來僅是莊周在大宗師篇中所提到的一種悟道方法，而司馬承禎在坐忘論中卻分成『七條修道階次』，並援引莊子內、外、雜篇中的大量思想資料來加以充實和闡述，從而打破了莊子『坐忘』悟道方法與他的政治論、養生論、繕性論、齊物論等思想理論之間的界限，使莊子『坐忘』之法的思想內涵大大地豐富了起來。同時，由於莊子所倡導的『坐忘』之法本與佛教由定發慧、由慧照定、定慧雙修的止觀學說有著內在的一致性，而司馬承禎又正是一位曾深受佛教天台宗止觀學說影響的道教學者，因此他在坐忘論中便每每以天台佛學所提倡的止觀並重、定慧雙修和反照心源、體證中道的修行理論去接通莊子的『坐忘』之法，從而更使莊子的『坐忘』之法與佛教學說融合了起來。此外，在司馬承禎從事修道活動的時期，儒、道、釋三大思想派別已出現了互相涵化的新趨向，因而司馬承禎在坐忘論中也就避而不談莊子『坐忘』修道方法所謂『忘仁義』、『忘禮樂』這兩個重要階次，對儒家所大力宣揚的『仁義』、『禮樂』採取了頗爲寬容的態度。凡此都說明，司馬承禎的坐忘論已在一定程度上反映出了儒、道、佛三教思想互相融合的傾向，對晚唐杜光庭等道教學者的三教合一思想產生了較大的影響。但是，司馬承禎作爲一位著名的道教學者，他在坐忘論中所闡述的修道理論，卻仍以追求長生成仙爲最終目的。

第七章　隋唐文士的莊子學

第一節　隋唐學士文人對莊子的多所闡釋

隋唐初期的統治集團爲了適應政治上大一統的需要，在思想文化方面採取了相容並蓄的政策，從而使儒、道、釋三教出現了調和融合的新趨勢。但由於隋唐政權剛建立不久，南北朝時期『三教』相互補充、相互排斥的文化態勢仍繼續影響著人們的思維模式，所以這一時期文人學士的莊子學基本上也就是在這種文化氛圍中得以發展的。如王通在文中子中說：『詩書盛而秦世滅，非仲尼之罪也；虛玄長而晉室亂，非老莊之罪也；齋戒修而梁國亡，非釋迦之罪也。易不云乎：「苟非其人，道不虛行。」』（周公篇）在王通看來，儒、道、釋三教本身並沒有什麼過錯，只要予以正確的解釋和合理的利用，它們是不會在社會現實中起壞作用的，因而他進一步得出了『三教於是乎可一』（問易篇）的結論。但他又認爲，佛教乃『西方之教也，中國則泥』，猶『軒車不可以適越，冠冕不可以之胡，古之道也』（見周公篇）。可見，王通這裏所持的仍是『夷夏之辨』的傳統觀念，認爲對於中國來說，孔孟、老莊之道比佛教更爲合適一些。但對於莊子的遺世思想，王通卻給予了堅決的否定。如他的弟弟王績仰慕莊子逍遙遊中『無功』的『神人』，乃以『無功』爲字，表明自己的『績』在於像藐姑射之山神人那樣逍遙自在，不肯弊弊焉以天下爲事。對此，王通提出批評說：『神人無功，非爾所宜也。』（見禮樂篇）說明在王

通看來，莊子的遺世思想並不值得任何人效法。與王通相比，傅奕持『夷夏之辨』觀念則更爲堅決。他說：

佛是胡中桀黠，欺誑夷狄，初止西域，漸流中國。遵尚其教，皆是邪僻小人，模寫莊老，玄言文飾，妖幻之教耳。（舊唐書傅奕傳）

這裏傅奕宣判『佛』爲『妖幻之教』，未免是一種偏見。但他指出佛教『漸流中國』時每借莊老的一些觀念和詞語來闡說其教義，卻是完全符合歷史事實的。按照傅奕的看法，『莊老』雖被佛教徒用來『文飾』其『妖幻之教』，但莊老學説的本身卻與『周孔六經』一樣，都是值得認真學習的『名教』。所以他在臨終時誡其子曰：『老莊玄一之篇，周孔六經之説，是爲名教，汝宜習之。妖胡亂華，舉時皆惑，唯獨竊歎，衆不我從，悲夫！汝等勿學也。』（同上）李師政在内德論①中卻批評了傅奕的説法，認爲『釋、老之爲教，體一而不二矣，同蠲有欲之累，俱顯無爲之宗』（辨惑篇），二者在本質上可説是一致的，所以並不能因自己愛好此教而排斥彼教。他説：『如柱下道德之旨，漆園内外之篇，雅奥而難加，清高而可尚，竊常讀之，無間然矣，豈以信奉釋典而苟訾之哉！』（同上）説明李師政雖『信奉釋典』，但仍常讀老莊之書，細心體味其中的奥旨妙義。那麽，李師政誦讀莊子的獨特心得是什麽呢？他説：

讀淨名、離相之典而廢進修，誦莊周齊物之言以縱情欲，無異策駟馬而泝流，棹方舟以登阪，望追造父之長驅，欲比越人之利涉，不亦難乎！夫淨名有清高之德，莊周無嗜欲之累，故知斷見之論空，與無爲之道反矣。夫妙道之元致，即群有以明空。……不觀空以遣累，但取空而廢善，此豈淨名不二之深致，莊周齊物之元旨乎？大矣哉，至人之體空也！（空有篇）

我們知道，自魏晉玄學末流借莊周以放蕩其行爲以來，社會上一些要求放縱情欲的人往往以莊子之言作爲自己

① 全唐文卷一百五十七，上海古籍出版社1990年版。

的理論根據。李師政在這裏明確指出，這樣理解莊子，實際上是完全錯誤的。因爲『莊周無嗜欲之累』，哪裏可以看成是『縱情欲』的倡導者呢？那麽，莊子是怎樣來遣『嗜欲之累』的呢？李師政進一步指出，其關鍵就在於能以『空』遣『累』。這也就是説，由於莊子把世界萬物都看成是虛幻不實的，所以他就能夠遣『嗜欲之累』。所謂『莊周齊物之元旨』，不外就是他的這一萬物皆空思想的真實反映。由此可見，李師政在這裏正是以佛教『諸法皆空』的思想來闡釋莊子齊物之旨，其目的就在於把莊子學説與佛教思想融合起來。但在實際上，李師政對於佛教與老莊並未同等看待。如他説，『昔者初聞釋典，信之不篤，拘其耳目之間，疑於視聽之外，謂前因後果之説，等莊周之寓言』。到後來才明白，其實佛教足以『邁李老』、『摧莊周』（見通命篇）而居於老莊之上。

到了唐高宗時代，雖然儒、道、釋三教的問難論對之風仍然十分盛行，但已往往表現爲不同教派之間的學術切磋。尤其是此後的學者型皇帝唐玄宗，他更特爲老子、孝經作注疏，又『親注金剛般若經，詔頒天下，普令宣講』（宋高僧傳玄儼傳），從而進一步促進了儒、道、釋三教的和合融通。當然，唐玄宗爲三教經典所作的注疏，其本身就已明顯體現出了這種和合融通的精神。如他於老子『及吾無身，吾有何患』下疏云：『無身者，謂能體了身相虛幻，本非真實，即當坐忘遺照，墮體黜聰，同大通之無主，均委和之非我，自然榮辱之途泯，愛惡之心息，所謂帝之懸解，復何計於大患乎？故云：及吾無身，吾有何患？注云「委和」者，莊子：「丞答舜云：身非汝有，是天地之委和。」』（唐玄宗御制道德真經疏卷二）又於老子『失道而後德，失德而後仁，失仁而後義，失義而後禮』下疏云：『莊子曰：「道德隱於小成。」道無不存，而此云失者，約人而言爾。故時淳則大道公行，俗澆則小成遂作，小成作而大道隱，仁義行而至德衰，此則代俗澆漓之殊，聖人適時之務。……（故）論禮於淳朴之代，非狂則悖；忘禮於澆漓之旦，非愚則誣。』（唐玄宗御制道德真經疏卷五）這裏，唐玄宗已把莊子的『坐忘』、『委和』之説與佛教的萬物皆空思想融合爲一。並且，他又巧妙地把老莊思想與儒家的仁義禮樂學説和合起來，從而昭示人們，老莊是不反對在澆漓之世實行禮治的。爲了更有效地證明儒、道本可合而爲一，唐玄

宗還在御制道德真經疏釋題中，特意把莊子裏一些用來貶低孔子的寓言故事作爲孔子曾問禮於老子的證據，謂老子之道，『其要在乎理身理國』，故『仲尼師之，……問禮，歎乎龍德，是孔丘無間然矣。』這就是說，儒家的禮義思想實源於老子，而道家學說中本來就藴含有儒家思想，因此兩家完全可以融合爲一而共佐王化。李約道德真經新注、王真道德經論兵要義述在論述儒、道關係時，都自覺繼承了唐玄宗這一思想。陸希聲在道德真經傳中雖然指責莊子爲『老氏之罪人』，認爲『莊周述老氏之用，失於太過，務欲絕聖棄智』，而使『老氏之指，其歸不合於仲尼』(見道德真經傳序)，但他作這一批評的真正目的，顯然也是爲了使儒、道思想能夠融合起來，以便爲治理社會提供一套有用的思想理論。

由於儒、道、釋三教不斷走向和合融通，而自安史之亂以後，國家實際上更需要強化綱常名教，以便加強君臣上下之間的等級秩序，所以韓愈等人就堅決要求排斥佛、道，企圖以此來提高儒學在國家政治和社會生活等方面中的地位。但韓氏在論及儒、道關係時，卻又認爲莊周之學是承繼儒術而來的。他說：

吾常以爲孔子之道大而能博，門弟子不能遍觀而盡識也，故學焉而皆得其性之所近。其後離散分處諸侯之國，又各以所能授弟子，原遠而末益分。蓋子夏之學，其後有田子方，子方之後流而爲莊周，故周之書喜稱子方之爲人。(送王秀才序)①

我們知道，莊周學說自問世之後，以儒家觀點來加以闡釋者往往有之。但明確指出莊周之學源於儒術，卻是韓愈破天荒的說法。據史記儒林傳、呂氏春秋重言高誘注等，田子方確爲子夏或子貢的學生。但莊子田子方僅謂『田子方』在魏文侯面前『數稱』自己的同鄉人『谿工』，並向魏文侯描述過自己的老師『東郭順子』的精神風貌。那麼唯據田子方篇，韓愈怎能推斷出莊周與儒家有師承關係呢？大概是他因急著想把莊周之學改造成儒術而

① 全唐文卷五百五十五。

作出的『率爾之辭』(章炳麟語)吧。李翺與韓愈一樣,也極力主張排斥佛教,而對孟子和禮記中的大學、中庸等儒家經典則推崇備至,認爲這些經典著作既可以教人如何處理好君臣上下之間的等級關係,也可以教人如何由個人的完善進而實現社會的完善,從而使整個社會的等級秩序得到有效的維護。但李翺在闡述如何完善人性問題時,卻較多地接受了佛教的心性理論,也吸收了莊子學說中的一些觀念。如他在復性書中說:『水之性清澈,其渾之者,沙泥也。方其渾也,性豈遂無有耶? 久而不動,沙泥自沉,清明之性,鑒於天地,非自外來也。故其渾也,性本勿失,及其復也,性亦不生,人之性亦猶水之性也。』這裏以『水性』來比喻『人性』,當即本之於莊子『水靜猶明,而況精神? 聖人之心靜乎! 天地之鑑也,萬物之鏡也』(天道)一類説法。在論及莊子之學與佛學的關係時,李翺則說:『佛法之所言者,列禦寇、莊周所言詳矣。其餘則皆戎狄之道也。使佛生於中國,則其爲作也必異於是,況驅中國之人舉行其術也。』(去佛齋論)說明在李翺看來,佛法雖與莊周等道家人物的學說有某些共通之處,但仍有很多内容爲戎狄之道,怎麽能讓中國人去接受它呢? 羅隱認爲『三教之中儒最尊』(代文宣王答),而與儒家相對立的道家代表人物則是莊周。他爲了反映社會文化方面的這一現實,並達到抑制莊周、弘揚儒學的目的,便別出心裁地撰寫了這樣一則故事:

莊周氏以其術大於楚、魯之間,聞者皆樂以從之,而未有以嘗之。一日,無將特舉其族以學焉。及其門,而周戒之曰:『視物如傷者謂之仁,極時而行者謂之義,尊上愛下者謂之禮,識機知變者謂之智,風雨不渝者謂之信。苟去是五者,則吾之堂可躋,室可窺矣。』無將跪而受其教,一年、二年而仁義喪,三年、四年而禮智薄,五年、六年而五常盡,七年其骨月雖土木之不如也。周曰:『吾術盡於是。』無將以化其族,其族聚而謀曰:『吾族,儒也。魯人以儒爲宗。今周之教,舍五常以成其名,棄骨月而崇其術,苟吾復從之,殆絶人倫之法矣。』於是,去無將而歸魯,魯人聞者亦得以寢其志。故周之著

書，擯斥儒學，而儒者亦不願爲其弟子焉。（莊周氏弟子）①在莊子中，凡寫到儒、道兩股勢力的『較量』，總是以儒家的徹底失敗而告終。如德充符篇寫魯國有得道者王駘，『從之遊者與仲尼相若』，到後來，連孔子也要『將以爲師』，說明在莊子看來儒家的學說根本無法與道家相抗衡。而羅隱在這裏卻反其意而用之，第一次以寓言故事的形式，把『儒者』寫成是最後的覺悟者，從而形象表達了他自己要求弘揚儒學的強烈願望。皮日休更是撰寫了請孟子爲學科書，堅決要求把莊子、列子從科舉中撤去，而以孟子爲主：

聖人之道，不過乎經。經之降者，不過乎史。史之降者，不過乎子。子不異乎道者，孟子也。舍是子者，必戾乎經、史。又率於子者，則聖人之盜也。夫孟子之文，粲若經傳。天惜其道，不燼於秦。自漢氏得之，常置博士，以專其學。故其文，繼乎六藝，光乎百氏，真聖人之微旨也。若然者，何其道曄曄於前，其書沒沒於後？得非道拘乎正，文極乎奥，有好邪者憚正而不舉，嗜淺者鄙奥而無稱耶？蓋仲尼愛文王，嗜昌歜以取味，後之人將愛仲尼者，其嗜在孟子矣。嗚呼！古之士，以湯、武爲逆取者，其不讀孟子乎？以楊、墨爲達智者，其不讀孟子乎？由是觀之，孟子之功利於人亦不輕矣。今有司除茂才明經外，其次有熟莊周、列子書者，亦登於科。其誘善也雖深，而懸科也未正。夫莊、列之文，荒唐之文也。讀之可以爲方外之士，習之可以爲鴻荒之民，有能汲汲以救時補教爲志哉？伏請命有司，去莊、列之書，以孟子爲主。

皮日休自幼就懷有儒家『兼濟天下』的大志，但他所面對的卻是衰亡的末世。在他看來，唐王朝之所以會出現這種局面，無疑與開國以來一浪高過一浪的崇道風氣有關，但他不便把批判的矛頭直接指向唐室所謂的玄元皇

---

① 全唐文卷八百九十六。

帝老子，只好退而求其次，堅決要求將莊子、列子從科舉內容中徹底撤去，而以孟子爲主，認爲孟子一書可羽翼儒家六藝，莊子、列子則是『聖人之盜』，根本無益於『救時補教』。他的這些說法也同樣反映了唐末一些士人要求弘揚儒學的強烈願望。

在貞元、元和之際，一些思想家曾積極主張革新政治。因此，他們雖也不免深受儒、道、釋三教合一這一時代思潮的影響，但在思想上卻傾向於唯物主義和無神論，對人的能動作用予以了高度的重視。如劉禹錫是『永貞革新』運動的中堅人物之一，他在天論中就根據道家『人道有爲』的思想而進一步提出了『人能勝乎天』的口號，從而從根本上肯定了人的能動作用，在發展道家『人道有爲』思想方面取得了重大突破。『永貞革新』運動的另一位中堅人物柳宗元說：『莊周言天曰「自然」，吾取之。』（天爵論）如他指出：『山川者，特天地之物也。陰與陽者，氣而遊乎其間者也。自動自休，自峙自流，是惡乎與我謀？自鬥自竭，自崩自缺，是惡乎爲我設？』（非國語三川震）這顯然已吸取了莊周關於天道自然的思想。柳宗元從自己的這一唯物主義思想和無神論觀點出發，還進而把莊子『有爲而累者，人道也』（在宥）一類思想加以改造性的發展，認爲『聖人之道，不窮異以爲神，不引天以爲高，利於人，備於事，如斯而已矣』（時令論）。這就明確告訴人們，只要遵循自然規律，而不迷信所謂的『神』與『天』，那麼『人道』是可以大有作爲的。由於柳宗元又是一位文章大家，所以他對於莊子這部不朽的散文名著更具有自己的獨特看法。他自謂『參之莊、老以肆其端』（答韋中立論師道書），又說『莊周、屈原之辭，稍採取之』（報袁君陳秀才避師名書），說明他十分重視吸取莊子散文的長處和優點。柳宗元還以文章家的特有眼光，對莊子與其他諸子書的關係作了認真審視。如他說：『太史公爲莊周列傳，稱其爲書：「畏累、亢桑子，皆空言無事實。」今世有亢桑子書，其首篇出莊子而益以庸言。蓋周所云者，尚不能有事實，又況取其語而益之者？其爲空言尤也。』（辯亢倉子）這一說法，無疑很有見地。他又說：『其書（指列子）亦多遭增竄非其實，要之莊周爲放依其辭。其稱夏棘、狙公、紀渻子、季咸等，皆出列子，不可盡紀。……其文辭類莊

子，而尤質厚，少僞作，好文者可廢耶？』（辯列子）這裏指出莊子寓言多出列子，而其文辭不及列子『質厚』，亦可聊備一說。

與柳宗元等散文作家相比較，唐代文士更喜歡運用的還是賦的文學樣式，通過拓展、改造、闡釋莊子的寓言故事來表達自己的獨特心態。其闡釋指向遞次變化的情況大致如下：一、從初唐到盛唐時期，整個社會步步走向繁榮昌盛，這就使文士們洋溢著蓬勃的朝氣和樂觀自豪的精神，如高邁鯤化爲鵬賦、李白大鵬賦等便多反映了這一精神面貌。二、到了天寶年間，玄宗沉湎酒色，朝政皆由奸相李林甫、楊國忠等操縱，各種社會矛盾迅速激化起來，終於在天寶十四年爆發了安史之亂，使整個唐帝國由強盛而轉向衰敗。安史之亂平定後，社會形成了藩鎮割據、宦官專權、政治混亂、經濟蕭條的局面。正是這一系列的殘酷現實，幾乎使文士們完全失去了昔日那種樂觀浪漫的思想情調，而每每與莊子的一些消極思想發生共鳴。具體說來，他們這時所寫的莊子寓言賦最喜歡闡釋莊子齊物論中罔兩與影問答的寓言故事。三、自德宗貞元至憲宗元和間，遭受戰亂破壞的經濟得到了逐漸恢復，對藩鎮割據勢力的打擊也取得了前所未有的成效，從而使整個社會呈現出了『中興』氣象。正是在這種形勢的鼓舞下，士人們的精神復又振作起來。如蔣防通過闡釋莊子外物中任公子釣魚的寓言故事，十分形象生動地展現了他期望在『中興』時代建成功業的熱切心情。四、自敬宗寶曆以後，國家的政治重又走向黑暗腐敗，使一般的士人都對唐王朝的『中興』失去了信心。他們甚爲悲觀，深覺人生如夢。於是，賈餗『乃陳古以況今，賦莊周之夢蝶』，作莊周夢爲蝴蝶賦，用來抒發作爲處在這個末世時代裏的一位士人對人生的獨特感受。張隨也作莊周夢蝴蝶賦，以表達其榮枯無常、人生若浮的思想。

此外，唐代詩人也往往喜歡通過闡發莊子思想來表達自己的思想感情。諸如王維的漆園，張祜的讀老莊，李白的北冥有巨魚，白居易的讀莊子（『去國辭家謫異方』）、讀莊子（『莊生齊物同歸一』），張籍的罔象得玄珠，李九齡的寫莊子，胡曾的濮水等等，便都是詩人借莊子來抒發自己獨特情感的作品。

第二節　唐代的莊子寓言賦

唐以前個別的賦中也出現過莊子寓言，如賈誼鵩鳥賦、張衡髑髏賦、趙壹刺世疾邪賦、賈彪鵬鳥賦①等，但是除張衡的髑髏賦、賈彪的鵬鳥賦以外，其他的都還算不上正式的莊子寓言賦。趙壹刺世疾邪賦用『舐痔結駟』來嘲笑小人得志，只是借用莊子中的寓言，並非對莊子寓言的專門闡釋；賈誼鵩鳥賦中提到了『齊同』、『至人』、『德人』等出現在莊子寓言中的詞語，但也不是對莊子寓言的專門闡釋。只有東漢張衡的髑髏賦和晉賈彪的鵬鳥賦才是真正從莊子寓言出發進行的闡釋，前者借『髑髏』的寓言反映了『與道逍遙』的思想，後者借『大鵬』的寓言表達了『遠禍全身』的心態。但這只是個別的現象，直到唐代，莊子寓言賦才大量出現。

從全唐文、文苑英華、登科記考所收錄的情況來看②，唐代的莊子寓言賦約略有如下這些篇目：高邁鯤化爲鵬賦，李白大鵬賦，張楚遊刃賦，李澥罔兩賦，錢起洞庭張樂賦，石鎮洞庭張樂賦、罔兩賦，蔣至洞庭張樂賦、罔兩賦，孫鎣罔兩賦，包佶罔兩賦，高郢痀僂丈人承蜩賦，邵說筌蹄賦，李迪鍛破驪龍珠賦，席夔運斤賦，獨孤授運斤賦、北溟有魚賦，李君房天子劍賦，王履貞目無全牛賦，夏方慶風過簫賦，于可封至人心鏡賦，王起堯見姑射神人賦，白居易求玄珠賦，陳仲師得魚忘筌賦，蔣防任公子釣魚賦，紇乾俞至人用心若鏡賦、列子御風賦，賈餗莊周夢爲蝴蝶賦，謝觀舜有膻行賦，薛逢鑿混沌賦，浩虛舟木雞賦，張隨莊周夢蝴蝶賦，牛應真魍魎問影賦，尹程觀秋

---

① 藝文類聚卷九十二引作鵬賦，全上古三代秦漢三國六朝文全晉文卷八十九引作大鵬賦。今依太平御覽卷九二七所引，作鵬鳥賦。

② 本節凡引唐代莊子寓言賦之文字，均據全唐文，上海古籍出版社1990年版。

水賦，趙宇求元珠賦，陳硎螳螂拒轍賦。其中罔兩賦（天寶六年）①和木雞賦（長慶二年）②兩篇屬於科舉試賦。在唐代科舉以律賦取士以及崇道風氣的影響下，唐代的莊子寓言賦與科舉考試有著極其緊密的關係，大部分屬於唐代科舉制度的產物。今試將這些莊子寓言賦歸納爲三個時期。

一、盛唐莊子寓言賦

盛唐時期的莊子寓言賦主要有高邁的鯤化爲鵬賦、李白的大鵬賦和張楚的遊刃賦等。這一時期的莊子寓言賦數量不多，多以大鵬爲主題，以抒發胸懷抱負爲主。這些賦雖然多借用了莊子逍遥遊篇中的大鵬形象，但均與莊子的本意相去甚遠。莊子逍遥遊篇表達了莊子對無往不至的『無待』境界的嚮往，而『背若太山，翼若垂天之雲，搏扶搖羊角而上者九萬里』的大鵬在他眼中卻是『猶有所待』的，是個受束縛、受局限、不值得羨慕的角色。由於莊子感受到的是一個處處受禁錮、受限制、受挫折的世界，故而他以『逍遥遊』的態度來擺脫這種現實以達無待至樂境界的理想就很好理解了。

莊子這種『遊世』的處世哲學的消極性是不言而喻的，但汪洋恣肆的行文與無拘無束的想像又給它抹上了濃厚的浪漫主義色彩。由於浪漫主義常常表現出天地爲一、萬物並生的昂揚生機，令人體驗到心靈的飛升、物我局限的突破，因此在充滿浪漫主義情調的高邁和李白眼裏，大鵬就成了『乘天地之正，而御六氣之辯，以遊無窮』的英雄，令他們不勝神往。所以可以說，他們只是借用『大鵬』的形象和莊子散文汪洋恣肆的浪漫主義特

① 徐松登科記考天寶六年進士科，『試罔兩賦』，並錄李澥、石鎮、蔣至、孫鋈、包佶五篇罔兩賦。
② 徐松登科記考引唐詩紀事：『周墀以木雞賦及第。』認爲『是木雞賦爲此年試題。』

點，來表達自己對於無窮開放的精神空間的嚮往，而非與莊子一樣，借大鵬來表達超脫現實、逍遙遊世的理想。

從鯤化爲鵬賦、大鵬賦這兩篇賦看來，兩位作者對大鵬形象的發揮並無太大突破，基本上承襲了莊子中『大』的特點，所不同的是在結尾都以點睛之筆寫出了欲以大鵬自比的急於用世的思想。如：

> 淩雲詞賦，滿腹經史，婆娑獨得，骯髒自是。不大遇，不大起，謂斯言之無徵，試假借乎風水，看一動一息，凡歷天機千萬里。（高邁鯤化爲鵬賦）

顯然，這裏表達了高邁不欲與俗爲伍，想要如大鵬一般淩雲而起，『乘陰陽之運，遇造化之主，脫我鬐鬣，生我翅羽』（同上）的理想。而李白較之高邁則有過之而無不及，他的大鵬賦一開篇即表現了他對自己才能的極度肯定：『予昔於江陵見天台司馬子微，謂予有仙風道骨，可與神遊八極之表，因著大鵬遇稀有鳥賦以自廣。』由此可以很清楚地看出，他做大鵬賦的目的在於『自廣』，其中的干世意味不言而喻。賦中李白嘲笑了『黃鵠』、『元鳳』、『精衛』、『鶢鶋』、『天雞』、『踆烏』『不曠蕩而縱適，何拘攣而守常』，繼而表達了自己欲與大鵬一般『激三千以崛起，搏九萬而迅征』的豪情壯志。這種治世縱橫的思想，不僅表現在李白的賦中，在他的文章詩歌中也都有充分的表現，尤其是在與韓荊州書中：『白隴西布衣，流落楚漢。十五好劍術，遍干諸侯；三十成文章，歷抵卿相。雖長不滿七尺，而心雄萬夫。王公大人，許與氣義。此疇曩心跡，安敢不盡於君侯哉！……今天下以君侯爲文章之司命，人物之權衡，一經品題，便作佳士，而君侯何惜階前盈尺之地，不使白揚眉吐氣，激昂青雲耶？』這裏所顯現出的『盡於君侯』的干世之意和『揚眉吐氣』、『激昂青雲』的騰達志向，與他在大鵬賦中所表現出來的思想何其相似！

與高邁的鯤化爲鵬賦、李白的大鵬賦稍有不同，張楚的遊刃賦則通過演繹養生主篇『庖丁解牛』寓言表達了其懷抱和志向。全唐文卷三百六錄此賦，而據徐松登科記考卷六載，張楚於開元七年登文辭雅麗科第五名，全唐文卷三百六錄有其應文辭雅麗科對策一文，則遊刃賦當爲其於開元七年前的私下習作或應試之作。今觀

此賦，幾乎始終都在演繹養生主篇『庖丁解牛』寓言，但基本上已看不到莊子寄寓在作品中的虛無消極思想。如其結尾處說：『倘遊必有方，刃何不利？冉冉兮雖不可知，恢恢兮常有餘地。方將解千牛，然後躊躇以滿志。』認爲自己的前途雖然還冉冉不可知，但只要『遊必有方』，努力進取，則何愁刀刃不利，何愁沒有施展抱負的恢恢餘地？想到這裏，作者不禁躊躇滿志，表現出了盛唐士人昂揚樂觀的精神。

可見，高邁、李白和張楚在各自賦中所表現出的主要是儒家的積極入世精神，與老莊消極思想大相徑庭。這一方面與他們各自的經歷與性格有關，但更重要的是受到當時盛唐社會氣象的陶冶和影響。高邁是中宗朝人，而李白、張楚則是玄宗朝人，皆歷經了唐朝最繁盛的時期。我們知道，由武后開始，整個社會對人才的重視就形成了一種風氣，這種情況到玄宗時期越發明顯。玄宗勵精圖治，政治開明，經濟穩定，文化繁榮，表現出一派盛世氣象。科舉制度的完善，使得大批出身貧寒的士人以及庶族地主步入文壇和官場成爲可能；政治清明，又激發了士人建功立業和積極進取的熱情。他們意氣風發，要求有所作爲，對時代充滿了責任感，對未來充滿了理想，『富貴吾自取』（李白鄴中贈王大）、『公侯皆我輩』（高適和崔二少府登楚丘城作）、『天生我材必有用』（李白將進酒）的自信狂放在盛唐文學中比比皆是。於是在這種風氣下生活的文人，像李白、高邁和張楚，便不可能感受到莊子那種『來世不可待，往世不可追』（人間世）的消極和困厄，在借用大鵬等形象時，也不可能產生與莊子一樣的消極避世思想，而是在他們的賦中表現出一種昂揚、奮發、樂觀、自信，衝擊一切樊籬、蔑視權威的自覺自勵和狂放氣勢，只是在行文上與老莊的汪洋恣肆是一致的。

二、開元末至大曆前莊子寓言賦

開元末年至大曆以前的莊子寓言賦主要有李澥罔兩賦，錢起洞庭張樂賦，石鎮洞庭張樂賦、罔兩賦，蔣至洞

庭張樂賦、罔兩賦，孫鎣罔兩賦，包佶罔兩賦，高郢痀僂丈人承蜩賦，邵説筌蹄賦、李迪鍛破驪龍珠賦等。

這一時期的賦大多是律賦。律賦在唐代究竟出現於何時已不可考，不過從上文所舉的張楚遊刃賦來看，開元初期已出現以律賦形式做的莊子寓言賦。而且到了天寶以後，由於進士試雜文專取詩賦，以及作律賦風氣的逐漸盛行，此時期更是大量出現了以律賦形式做的莊子寓言賦，保存到現在的十餘篇基本上都是律賦。所涉及的九位作者，大多都活躍於開元末至天寶年間，如李瀚、石鎮、蔣至、孫鎣、包佶同在天寶六年進士及第，錢起爲天寶十年進士，邵説亦爲天寶年間進士，只有高郢爲寶應二年進士①，李迪於廣德元年官京兆倉曹參軍②。

這一時期，玄宗的崇莊思想也達到了高潮，並且在科舉考試中明顯地表現出來。如開元二十九年正月丁酉，玄宗下詔『兼置崇玄學，於當州縣學士數內，均融量置，令習道德經及莊子、文子、列子。待習業成後，每年隨貢舉人例送至省，准明經考試，通者准及第人處分。』『開元二十九年九月壬申，御興慶門，親試明道德經及莊、文、列子舉人』③，策道德經及文、列、莊子問④。天寶四年七月乙卯玄宗下尊道德南華經詔⑤，將『道德經列諸經之首』，確立了道家思想的地位。其後又『加莊、文、列、庚桑四子爲真人』，封莊子爲『南華真人』，莊子爲南華真經⑥。在這種情況下，科舉考試中出現了大量闡發道家思想的內容，而且涵蓋了科舉考試的各個不同科

① 均據徐松登科記考。
② 見全唐文卷四百四十一。
③ 徐松登科記考開元二十九年。
④ 見全唐文卷四十策道德經及文列莊子問。
⑤ 事據徐松登科記考天寶四年。尊道德南華經詔見全唐文卷三十二。
⑥ 見全唐文卷三十六加莊文列庚桑四子爲真人敕。

目，但最重要的自然是進士科的賦。

這一時期的莊子寓言賦大部分集中於天寶六年，當年進士科試律賦罔兩賦。登科記考所保存的李瀞、石鎮、蔣至、孫鎣、包佶五篇罔兩賦，均出於這次進士科考。而此時莊子寓言賦除出於官試以外，更多的還來自試前的所謂『私試』，即爲了科舉考試而『播於行卷』的習作。錢起、石鎮、蔣至均有洞庭張樂賦，疑爲『私試』之作。但是洞庭張樂賦主要不是對莊子中『洞庭張樂』的發揮，而旨在借咸池、九韶之樂來歌功頌德，不能說是嚴格意義上的莊子寓言賦。

此時的莊子寓言賦大部分是對莊子寓言本身含義的闡發，與前期借莊子寓言來抒發抱負有明顯的不同。由於寓言基本上由兩方面構成，即形象和寓理，如果說前期莊子寓言賦借用的是形象，那麼此時的莊子寓言賦則重在對義理的發揮，並且基本上與莊子的本意一致，如天寶六年諸士人所寫的罔兩賦即爲典型的例子。『罔兩問景』典出莊子齊物論和寓言，本是用來說明無待境界的。罔兩待影而存，影待形而存，形則待大道而行，無一不有待而生，莊子想用這則寓言說明只有人形從世界的拘限中超脫出來，才能獲得大解放，而達到『無待』的境界。如此，則無論在任何情況下，都能隨遇而安，自由自在。這實際上是一種回避矛盾、遠害全身的態度，表達的其實還是逍遙遊篇和齊物論篇中『物我兩忘，以達逍遙』的思想。這種思想顯然在李瀞等人的罔兩賦中得到了進一步的闡釋。李瀞一開篇便指出『夫物有形而必累，影隨形以相保』，繼而又提出『匪勞逸之足眩，曷行藏之是親』的主張。石鎮認爲『若有待而持操，誠不協於天機』、『夫如是，則何患無位不作，守道安貧而已哉』。蔣至也說『出入隨日，行藏任時，……則知於物有憑，處身如寄，和光遠害是其道，先人後己是其義。』孫鎣則認爲『雖讒構不能以相間，安繩墨之竟爾相因。翳夫行高道潔，煦然慈仁。規行矩步，和光同塵。』由此可以看出，他們對於『罔兩問景』的寓言的闡釋都帶有一種『避世遠害』、『行藏任時』、『安貧樂道』的思想，這基本上繼承了莊子的本意。邵說的筌蹄賦也屬於這種情況。莊子外物中借『得魚忘荃，得兔忘蹄』的寓言來說明只有忘卻

外物、忘卻自身、順任自然，方可得道的思想。邵說在莊子的思想之上，進一步提出：『彼損之而又損，故不得而有得。是以聖人立教，所寶惟真，勤求若喪之旨，遠索忘言之津。還淳返朴，求於道要，絕聖棄智，無爲賓賓。』韜光養晦、遠害全身的思想顯而易見。由此可見，這一時期的莊子寓言賦在闡釋發揮莊子寓言本義的同時，對於其中的消極思想表現較多，這除了個人的經歷和性格的影響之外，整個社會狀況也對文人們產生了極大的影響。

開元二十四年張九齡罷相、李林甫任中書令是唐代歷史上極其重大的轉折。玄宗在經過了近三十年的勵精圖治之後，懈於政事，權力下移，致使李林甫、楊國忠相繼上臺主理朝政，由此在朝廷內外形成了一個權力矛盾和爭奪的局面。李林甫獨攬朝政之後，排除異己，結黨營私，玩弄權術。他不但召集諫官，『令勿多言』，又稱『野無遺賢』，天寶間甚至屢興大獄，這一切不僅堵塞了言路，也堵塞了才路，使得玄宗在言路上逐漸趨於盲昧，用人上逐漸失於明察。楊國忠上臺之後不久，即與李林甫爭權，朝政更加混亂，終於導致天寶十四年『安史之亂』的爆發。在這種情況之下，盛唐文人遠大的理想、開闊的胸襟和樂觀自信的精神消失了，文人們感受到的是一個壓抑人才、忽略人才的環境，盛唐時期高昂明朗的情調，逐漸讓位於冷落與寂寞的感歎，『天生我才必有用』的激昂自信，爲『獨善其身』、『避世遠禍』的思想所替代，脫盡盛唐時期理想主義光暈之後，他們看到的是現實的人生。如邵說由於曾『爲史思明判官，歷事思明、朝義，常掌兵事』，因此雖然受到郭子儀的賞識和重用，但是不免爲周遭同僚所排擠，爲上所猜忌，最後終於獲罪遭貶，『卒於貶所』①。又如高郢，他進士及第的實應二年，正值安史之亂結束，而高郢本人『性剛正』，『進幽獨，抑浮華』，曾使得『朋濫之風翕然一變』②，這種治世的

① 見舊唐書卷一百三十七。
② 見舊唐書卷一百四十七。

熱情與安史之亂之後蕭條混亂的社會狀況形成了强烈的反差。所以，這兩人會在賦中表現出消極避世的情緒也就很好理解了。至於對李迪的生平事跡，我們雖不可詳知，但仍不難推見，他作爲一位經歷了天寶間的混亂局面、尤其是安史之亂的士子，心境肯定十分悽愴，所以在鍛破驪龍珠賦中，便借莊子列禦寇中『鍛驪龍之珠』寓言，來表達心中『平窒苟偷之路，安和性命之情』的思想。可見，如果説前一時期的莊子寓言賦表現的是一種急於用世的熱情的話，那麼此時的莊子寓言賦則更多地折射出士人對於社會的冷漠旁觀、對於現實矛盾的回避，對於個體命運的擔憂等心態。

三、大曆以下莊子寓言賦

大曆以下的莊子寓言賦主要有席夔運斤賦，獨孤授運斤賦、北溟有魚賦，李君房天子劍賦，王履貞目無全牛賦，夏方慶風過簫賦，于可封至人心鏡賦，王起堯見姑射神人賦，白居易求玄珠賦，陳仲師得魚忘筌賦，蔣防任公子釣魚賦，紇乾俞至人用心若鏡賦、列子御風賦，賈餗莊周夢爲蝴蝶賦，謝觀舜有膻行賦，薛逢鑿混沌賦，浩虚舟木雞賦，張隨莊周夢蝴蝶賦，牛應真魍魎問影賦，尹程觀秋水賦，趙宇求元珠賦，陳硎螳螂拒轍賦等。

大曆之後，安史之亂的陰影逐漸散去，社會曾出現了短暫的中興，但是繼之而來的卻是更加動蕩的社會。這一時期莊子寓言賦的創作明顯增多。第二時期莊子寓言賦的創作主要集中於天寶六年的進士科考，而這一時期莊子寓言賦的創作則貫穿於首尾，並且人數較之前一時期更多。

這與當時的社會狀況有著極大的關係。一方面貞元、元和之後，社會動蕩不安，士人出仕的途徑越來越窄，於是幾乎都湧向進士科這一途，這對於原本每年只錄取三十人上下的進士科來説，競爭就更加激烈了。士人們爲了求得仕途，不得不大量地轉向律詩和律賦的創作，於是作律賦的人日漸增多，出現了許多律賦的名家，這樣

莊子寓言賦的增多也就不足爲奇了。另一方面，由於社會的更加動蕩不安，莊子寓言中的許多思想較之過去更能激起文人們的共鳴，所以此時對於莊子寓言的利用和發揮也較之過去更多。

由於大曆之後的這一段歷史比較複雜，中興之後的迅速崩潰，使得身處其中的士人們不得不表現出一種矛盾的心態。短暫的中興帶來了文人們對於理想抱負的重新追求，但又不可避免地隱藏著一種憂患、消極的成分。至晚唐，這種消極成分大大增加。貞元、元和年間的莊子寓言賦將這種矛盾心態表現得非常明顯。這些賦中明顯表現出急於用世的思想，如席夔運斤賦：

客有多才博雅，好奇尚異，糟粕既得，頗讀古人之書，鑿枘可規，願行夫子之志，將求扁輪之術，以廣運斤之事，乃歌曰：彼二子兮，以藝相崇。得一理兮，其心則同。運斤在手誠可懼，堅立不動神之雄。豈運斤者妙其術，堅立者知其工？幸見遇於郢匠，無輟響於成風。

賦中借徐無鬼篇中『匠石運斤成風』的寓言，表面上感慨知己難求，實際上表達的是自己對『知人之君』的嚮往。同時，安史之亂之後迴光返照般的短暫中興，給士人們以新的希望，因而此時的莊子寓言賦中有的甚至出現了仿佛盛唐之音般的雄渾氣魄，典型的代表就是蔣防的任公子釣魚賦，借外物篇『任公子釣魚』的寓言，以漢臣自勵，『以雲霄自致』，提出『餌大者魚大，道肥者祿肥，獲大則喜，雖晚何悲，魚之於人，殊途而同歸』，干世之心顯而易見。

然而此時莊子寓言賦中的用世之心與盛唐士人自比王侯、立取卿相的空言大志已不盡相同。如果説盛唐士人群體的用世帶有一種樂觀自信、張揚個性的理想主義色彩，此時則已進入功利攘奪的現實社會而爲世俗利害之網所拘，因此賦中所表現出來的用世之心更加趨向現實與世俗。

中興畢竟是短暫的，能在中興中感受到的盛世氣氛畢竟是極稀薄的，因此這時期大部分的莊子寓言賦仍然流露出濃重的悲觀消極情緒，尤其是後期的莊子寓言賦。由於對朝廷希望的喪失，對自身前途的茫然，士人們

紛紛轉向自我內心，希圖以此求得心境的寧靜。於是對於人與自然、人與社會、人與人的矛盾，此時的士人在莊子寓言賦中表現出了一種『虛心』、『處順』的態度。如：

> 求之者刳其心，俾損之又損；得之者反其性，乃元之又元。……是以聖人之求元珠也，損明聖，薄仁義，索之惟艱，失之孔易，將在乎以心忘心，以智去智。……蓋外明者不若內明之理，純白者不若虛白之旨，藏於身不藏於川，在乎心不在乎水。然則外其心，頤其神，韜其光，保其真，雖無脛求之必臻，勞其智，役其識，肆其志，徇其惑，雖沒齒求之不得，則知真宗奧秘，杪本冥默。（白居易求玄珠賦）

> 既涉無而恬鱗斯獲，將遺有而虛室是實。其忘也，寧舍不材，匪投有昊，同絕巧棄智，故然雖愛必捐，若遁圓離方，孰謂不由其道。……若然者，諒非赴澤，在虛心而自適，諒非卷懷，將適道以孔皆，然後蟬蛻萬象，鴻毛百骸。（陳仲師得魚忘筌賦）

> 士有特立自持，端然不倚，塊其形而與木無二，灰其心而顧雞若是。（浩虛舟木雞賦）

> 始求義於昭昭，卒窮微於至至。和平自保，非險乎山川，容貌既呈，必肖乎天地。（紇乾俞至人用心若鏡賦）

> 明上士以離代，啟至言以修心。斯氣也，激濁常全，接虛固然，初習習以遐邁，卒諄諄以思元。……既沖天而輕舉，亦觀徼而惟寞。鄙簫史蘭臺之鳳，軼王子緱山之鶴。道之云遠，將自保於逍遙；時不再來，因以翔於寥廓。（紇乾俞列子御風賦）

這其中區別最明顯的就是紇乾俞的列子御風賦和第一時期李白的大鵬賦，來自同一個題材，卻表現出截然不同的心態。可以說，紇乾俞的賦與莊子的本意更加接近。『逍遙遊』針對的就是亂世之人生命朝不保夕的社會現實；逍遙遊篇最後說『不夭斤斧，物無害者，無所可用，安所困苦哉！』可知『逍遙遊』的目的就在於說明人們擺脫夭於斤斧、被物殘害的悲劇命運，以及遭遇這種命運所造成的精神痛苦。紇乾俞所處時代的社會現實與莊

子所經歷的社會現實何其相似,因而列子御風賦中『列子』的形象便與大鵬賦中『大鵬』的形象有了極大的差別: 前者以超脱塵世而達自保,而後者則積極渴望著入世。

同時,從莊子寓言賦中對於寓言的這些闡釋來看,作者大多表現出一種指向内心的自省。短暫的中興没能挽救整個唐王朝,與士人强烈的用世之心相矛盾的是,士人的出路愈來愈狹窄。『永貞革新』的失敗,牛李黨爭的激化,置身於這樣的官僚政治中,士人們大都走向一條從執著、參與到彷徨、苦悶,最後力求超脱的路。尤其是後期的幾篇莊子寓言賦,更表現出人生如夢的失落彷徨。典型的是兩篇以『莊周夢蝴蝶』爲主題的賦:

> 是知溥天之下,萬物一也。雖飛走之或殊,何生成之爲假? 形隨夢改,豈必大人占之? 心與物遷,孰云夫子聖者?(賈餗莊周夢爲蝴蝶賦)
>
> 變化悠悠,人生若浮。希微兮其狀方異,恍惚兮其神遂收。(張隨莊周夢蝴蝶賦)

其中對人生的無把握感是不言而喻的。莊子齊物論篇中以『夢』與『覺』比喻人生種種相互對立情景的變化,希望人們能夠超越這種對立的情景,超越自身認識的蔽障,如『栩栩然蝴蝶也,自喻適志與』一樣實現人生的自由,進入『逍遥』境界。但是此時的莊子寓言賦卻更多借用這則寓言來抒發人生如夢、變化莫測的不定感和失落感,帶有更多的消極意味。

這時期莊子寓言賦的作者大多經歷過仕途或人生的不順和失意。典型的如白居易『被遇憲宗時,事無不言,湔剔抉摩,多見聽可,然爲當路所忌,遂擯斥,所藴不能施,乃放意文酒。既復用,又皆幼君,偃蹇益不合,居官輒病去,遂無立功名意。』①賈餗則『美文辭,開敏有斷,然褊急,氣陵輩行』,而後『劉蕡以賢良方正對策,指中

① 新唐書卷一百一十九。

人爲禍亂根本，而餗與馮宿、龐嚴爲考官，畏避不敢聞，竟罹其禍。餗本中立，不肯身犯顔排奸以及誅，與王涯實不知謀，人冤之』①。可見他們在仕途或人生遭遇坎坷的時候，往往採取了明哲保身、抽身世外的態度。這與他們在莊子寓言賦中所表現出來的思想是一致的。爲了擺脱困境，士人們既求索於『術』——應世的態度，又求索於『道』——避世的方法，並且力求溝通二者之間的轉換管道。從這時期的莊子寓言賦來看，在『術』方面，他們更重視具有政治哲學性質的儒學（中唐士人中大多在政治文學上有所建樹的人物，幾乎無一不具備儒學修養，如孟郊、韓愈、劉禹錫、柳宗元、元稹、白居易，無不以儒業爲素懷，羅隱更是在莊周氏弟子中大大諷刺了儒家的對立學派道家），但是嚴酷的社會現實又使得他們的用世熱情無處可發，而不得不選擇一種既超脱又不絶俗的生活方式，這樣，在思想上光依靠儒家學説是完全不夠的，儘管有以韓愈爲代表的抵排佛老的主張。於是在『道』的求索上，更多的士人依賴莊子的『順世』主張。這突出地反映在陳硎的蝗螂拒轍賦中：

> 不若履薄兢兢，臨深惴惴；任肖翹之可適，曷强禦之不避！微茫膚血，豈足殷其左輪！輾轉路塵，寧止斷其右臂！

莊子在天地篇和人間世篇中借『蝗螂拒轍』的寓言來提醒世人，在『逆』與『順』之前應當選擇『順』物以自保，而非『逆』物，『不知其不勝任也』；只有安於命，任於時，順乎人的處世態度，才能達到全生保身之目的。這種思想在這時被進一步闡發爲一種『虛與待物，與世浮沉』的『順世』態度，莊子寓言賦的作者們欲以這種態度消融人生的失落感和挫折感，形成一種至樂平衡的人生觀和通達的人生態度。

---

① 新唐書卷一百七十九。

第三節 李白的大鵬賦

李白（701—762），字太白，號青蓮居士，出生於碎葉（今哈薩克斯坦托克城附近），一説出生於蜀中。少年時即顯露才華，所作詩賦多雄奇瑰麗，往往爲天下所傳誦。他自稱『十歲觀百家』（上安州裴長史書），對各家思想皆有所吸收，而在文藝觀方面，則較多受到了老莊思想的影響。如他在古風之三十五中寫道：『醜女來效顰，還家驚四鄰。壽陵失本步，笑殺邯鄲人。一曲斐然子，雕蟲喪天真。棘刺造沐猴，三年費精神。……安得郢中質，一揮成風斤？』這裏借莊子中的一系列寓言故事，無情地批評了那些因襲模仿、矯揉造作的文藝作品，從而表達了他要求作家在創作時應以『清水出芙蓉，天然去雕飾』（經亂離後天恩流夜郎憶舊遊書懷贈江夏韋太守良宰）爲原則的審美理想。在文藝作品的創作過程中，他更頻繁化用了莊子中的典故。據統計，李太白全集中引莊子典故的詩有七十餘首，賦四篇，書序五篇，頌贊碑銘五篇，凡一百五十餘處①，而化用、鋪排得最有特色的則是大鵬賦。

大鵬賦全稱爲大鵬遇稀有鳥賦，是根據莊子逍遥遊中有關資料鋪寫而成的。這篇賦起首就説：『南華老仙，發天機於漆園，吐峥嶸之高論，開浩蕩之奇言。』李白就是要憑藉自己豐富的想像能力，對南華老仙的『高論』、『奇言』作進一步的發揮，即通過援引莊子逍遥遊中大鵬形象的原始資料，以極度誇張的筆墨，從出世、起飛、圖南、歇息等幾個層面，對大鵬的雄偉形象作進一步的描繪和展現。他根據莊子『化而爲鳥』等語發揮説：

① 詳見韓式朋論李白詩歌藝術上對莊子散文的繼承，求是學刊1983年1期；陶白李白與莊子及其他，南京師院學報1983年1期。

『北溟之有魚，吾不知其幾千里，其名曰鯤。化成大鵬，質凝胚渾。脱鬐鬣於海島，張羽毛於天門。刷渤澥之春流，晞扶桑之朝暾。燀赫乎宇宙，憑陵乎崑崙。一鼓一舞，煙朦沙昏。五嶽爲之震蕩，百川爲之崩奔。』根據莊子『鵬之徙於南冥也，水擊三千里，摶扶搖而上者九萬里』等語發揮説：『激三千以崛起，向九萬而迅征。背嶪太山之崔嵬，翼舉長雲之縱橫。左回右旋，倏陰忽明。歷汗漫以夭矯，羾閶闔之崢嶸。簸鴻蒙，扇雷霆，斗轉而天動，山搖而海傾。』根據莊子『而後乃今將圖南』等語發揮説：『足縈虹霓，目耀日月，連軒遝拖，揮霍翕忽。噴氣則六合生雲，灑毛則千里飛雪。邈彼北荒，將窮南圖。運逸翰以傍擊，鼓奔飆而長驅。』根據莊子『去以六月息者也』等語發揮説：『上摩蒼蒼，下覆漫漫。……忽騰覆以回轉，則霞廓而霧散。然後六月一息，至於海湄。欻翳景以橫翥，逆高天而下垂。憩乎泱漭之野，入乎汪湟之池。猛勢所射，餘風所吹，溟漲沸渭，巖巒紛披。』由此可見，通過李白的發揮、鋪排，大鵬的形象已顯得更爲碩大無朋，神奇無比，實在爲人們所無法想像。

爲了更有效地突出大鵬的正面形象，李白還在莊子所刻劃的『斥鴳』等小鳥形象之外，又增添了黄鵠、玄鳳、精衛、鶢鶋、天雞、踆烏這些與大鵬形象相對立的鳥類形象。這些小鳥，『不曠蕩而縱適，何拘攣而守常』，皆『未若茲鵬之逍遥』，所以它們就像『斥鴳之輩』一樣，只能『空見笑於藩籬』了。通過這樣的對比描寫，大鵬的正面形象就得到了更有效的烘托，從而再次昭示人們，像這樣雄偉、神奇的大鵬形象，怎可以常情常理推測之呢！

元人祝堯曾説：『太白蓋以鵬自比，而以稀有鳥比司馬子微，賦家宏衍巨麗之體，楚騷、遠遊等作已然，司馬、班、揚尤尚此。此顯出於莊子寓言，本身宏闊，而太白又以豪氣雄文發之，事與辭稱，俊邁飄逸，去騷頗近。』（古賦辯體卷七）清人龔自珍也説：『莊、屈實二，不可以並，並之以爲心，自白始。』（最録李白集）誠然，大鵬賦是在莊子寓言基礎上生發出來的，但李白又自覺地汲取了楚辭的藝術精神。如他在寫大鵬圖南、歇息的過程中，別出心裁地讓燭龍、列缺爲之『照物』、『啟途』，任公、有窮爲之『投竿』、『失鏃』，盤古、羲和爲之『直視』、『旁

歎』，天吳、海若、巨鼇、長鯨皆『莫之敢窺』，凡此都可看成是對屈原離騷盡情驅遣神話傳說的藝術精神的直接繼承。所以説，莊子、屈原的藝術精神至此始『並之以爲心』，第一次得到了比較完美的統一。而從莊子闡釋史上來看，李白大鵬賦的問世則更具有里程碑的意義。

我們知道，在莊子逍遥遊中，大鵬比之蜩與學鳩、斥鴳，雖然似乎顯得很雄偉，但它也須『有待』而動，卻與後者是一樣的，所以終究不是莊子所要肯定和讚美的對象。晉代的阮籍因處於『天下多故，名士少有全者』（晉書阮籍傳）的特殊時期，便開了借莊子逍遥遊中大鵬、學鳩形象來抒發自己思想感情的先河：『學鳩飛桑榆，海鳥運天地。豈不識宏大，羽翼不相宜。招搖安可翔，不若棲樹枝。下集蓬艾間，上遊園圃籬。但爾亦自足，用子爲追隨。』（詠懷詩之四十六）在阮籍看來，自己所處的是一個『天下多故』的時代，所以與其追慕大鵬，還不如效法學鳩之輩，以『下集蓬艾間』爲宜。正所謂：『學鳩雖小，既無大鵬之翼，不羨天地之遊，然生生之理，未嘗不足。用子追隨，阮公所以自安於退屈也。』（黄侃語）嗣後，阮修作大鵬贊、賈彪作鵬賦①等等，則多借大鵬形象來表達其遠禍全身的思想，即所謂『未若大鵬棲形遐遠，自育之全也』（賈彪鵬賦）。綜觀唐前文人筆下的大鵬，雖然基本上已擺脱了莊子所賦予的『有所待』的哲學意義，但還遠遠不是後人心目中所謂足以象徵中華民族性格的奮發圖强的雄偉形象。嚴格説來，只有到了盛唐時期李白的筆下，莊子所創造的大鵬形象才真正被提升到了足以代表中華民族性格的高度。

李白生活的前期，正是唐帝國最强盛的時期。用他自己的形象化語言來説，那就是：『一百四十年，國容何赫然！隱隱五鳳樓，峨峨横三川。王侯象星月，賓客如雲煙。鬥雞金宫裏，蹴踘瑶臺邊。舉動摇白日，指揮回青天。』（古風之四十六）正是這種强盛的國勢，有效地培養了士人們的自豪感和自信心，使他們充滿著蓬勃

① 阮修大鵬贊、賈彪鵬賦，見藝文類聚卷九十二、太平御覽卷九百二十七。

的朝氣和樂觀浪漫的精神，熱切地希望自己能在這個時代裏建樹起偉大的功業。尤其是李白，他本有非凡的才華和龔堯乾坤、秕糠萬物的豪邁氣概，因此在這種時代精神的鼓蕩下，更似乎從莊子逍遙遊大鵬形象中發現了自己的靈魂，找到了強盛時代的影子。其大鵬賦序云：

余昔於江陵見天台司馬子微，謂余有仙風道骨，可與神遊八極之表，因著大鵬遇稀有鳥賦以自廣。此賦已傳於世，往往人間見之。悔其少作，未窮宏達之旨，中年棄之。及讀晉書，覩阮宣子大鵬贊，鄙心陋之。遂更記憶，多將舊本不同。今復存手集，豈敢傳諸作者，庶可示之子弟而已。

唐玄宗開元十三年，李白二十五歲。此時他已學得一身才藝，在蜀中漸漸露出頭角，於是決心出夔門，沿江東去，爲自己尋找施展才華的廣闊天地。不久，就在江陵會見了備受武后、睿宗、玄宗敬仰的道士司馬承禎，得到了司馬氏的高度褒獎，『因著大鵬遇稀有鳥賦以自廣』，在莊子所創造的大鵬形象中傾注了卓犖不凡的獨特個性和昂揚奮進的時代精神。大約到了玄宗天寶初年，李白對自己早年所闡釋出的這一大鵬形象猶嫌『未窮宏達之旨』，於是就進行了第二次闡釋，從而便成了我們今天仍能看到的大鵬賦中雄偉、神奇的大鵬形象。實際上，李白在他早年『著大鵬遇稀有鳥賦以自廣』之後，幾乎時時『以鵬自比』，並不斷『以豪氣雄文發之』。如他在古風之三十三中『假莊生之言以自況』（徐禎卿語）云：『北溟有巨魚，身長數千里。仰噴三山雪，橫吞百川水。憑陵隨海運，燀赫因風起。吾觀摩天飛，九萬方未已。』又於上李邕詩中以鵬自比云：『大鵬一日同風起，摶搖直上九萬里。假令風歇時下來，猶能簸卻滄溟水。』即使到了臨終之際，他仍以鵬自比而發出了『大鵬飛兮振八裔，中天摧兮力不濟』（臨路歌）這樣的慷慨悲歌。可見，李白一生都以大鵬自命，因而在闡發莊子所創造的大鵬形象的過程中始終傾注了極大的熱情，希冀以此來徹底展示自己早年所確立的『申管晏之談，謀帝王之術，奮其智能，願爲弼輔，使寰區大定，海縣清一』（代壽山答孟少府移文書）的偉大抱負。

正由於經過李白一生的大力闡發，莊子所創造的大鵬形象才得以從『有所待』的困境中徹底解脫出來，幾

乎可與他所謂『乘天地之正，而御六氣之辯，以遊無窮』、『乘雲氣，御飛龍，而遊乎四海之外』（莊子逍遙遊）的至人、神人等形象並駕齊驅了。這個大鵬形象，也已完全不同於晉代文人筆下那作爲遠禍全身象徵的大鵬形象，而是以一個昂揚奮發的雄偉形象出現在世人面前。從此以後，人們凡要抒發自己積極奮進的情懷，或要鼓勵他人奮力拼搏，即每每喜歡借助大鵬形象以一一表達之。直到今天，人們還喜歡把祖國比作大鵬，熱切希望偉大的中華民族像大鵬一樣展翅騰飛，飛向更爲美好的明天。

第八章　杜光庭道德真經廣聖義所體現的莊子觀

杜光庭（850—933），字賓聖（一作賓至），處州縉雲（今屬浙江）人，一作長安（今陝西西安）人。唐懿宗咸通中舉進士不第，入天台山修道，仕唐爲內供奉。曾隨僖宗入蜀，後仕王建父子，官諫議大夫，賜號廣成先生、傳真天師。晚年隱居成都青城山，道號東瀛子。能詩喜文，著作有錄異記、神仙感遇傳、墉城集仙錄、道德真經廣聖義等。

據宋史卷二百五、文獻通考卷二百一、崇文總目卷五，杜光庭所著道德真經廣聖義凡三十卷，但今存明正統道藏本則爲五十卷，當據原來的本子調整而成。又據杜氏道德真經廣聖義序所云『天復元年龍集辛酉九月十六日序』、焦竑老子翼采摭書目所載『後蜀廣德先生天復辛酉著廣聖義五十卷』，則此著的撰成時間當不晚於唐昭宗天復元年（901），是年杜光庭五十一歲。

作爲唐末五代時期『道門領袖』的杜光庭，上承唐代道教重玄哲學，下啟宋元時期道教內丹心性學思想，一生勤勉治學，著述頗豐，被譽爲『詞林萬葉，學海千尋，扶宗立教，天下第一』。杜氏的道教哲學著作中，尤以道德真經廣聖義被視爲最具代表性的著述。自唐玄宗道德經注疏以後，盛唐以下直至五代注老者希，杜光庭的道德真經廣聖義可謂是真正意義上的晚唐道德經注疏學上的復興之作。道德真經廣聖義以玄宗道德真經注疏爲底本，參進己見，對玄宗的老學思想做了進一步闡發和擴充，對歷史上的老學作了一次比較全面系統的總結，基本構建了杜光庭個人的道教哲學思想體系。在這一體系中，杜光庭自然無法避免對道家另一部經典莊子的解

釋。道德真經廣聖義一書廣引道、儒兩家經典,尤以引用莊子次數最多。莊子學説與思想給予杜光庭廣泛而深刻的影響,杜氏的莊子觀與其老子觀是相互融合的,並牢牢契合於他的道教理論體系範疇之内。通過研究杜光庭道德真經廣聖義中所透露出的莊子觀,可以加深對杜氏『道論』、『心性論』、『修道論』及『經國理身論』等道教哲學思想的各個層面的理解。從宏觀方面來講,亦可以探究唐末五代時期道德經注疏學的理論水準,清楚地看出老學發展的軌跡。

第一節　道論中的莊子觀

一、『道』、『可道』的體用之辨與莊子

1. 莊子其人其事與『道』、『可道』的體用之辨

道德真經廣聖義卷四玄宗疏引莊子『太初有無』句後,杜光庭記有一段關於莊子生平事跡的述略,很能看出他對莊子其人的認識及態度,兹引録於下:

> 義曰:莊子姓莊名周,宋國蒙邑人也。當趙文王、齊宣王、梁惠王時。師長桑公子,受其微言,隱於抱犢山,服大丹升天,署位爲太極韋編郎,入侍帝晨。嵇康云又師涓子。居世時爲漆園吏,著書三十三篇,皆言大道放曠無爲之理。大唐天寶四載四月,封爲南華真人,所著書爲南華真經①。

---

① 道德真經廣聖義卷四。本章所引道德真經廣聖義文字,皆據明正統道藏本。

杜光庭對莊子姓名籍里及生活年代的記載，基本與史記老子韓非列傳所記相同。至於說莊子師長桑公子，隱於抱犢山，服大丹升天的故事，則另有所本。據梁陶弘景所撰真誥卷十四載：『莊子師長桑公子，授其微言，謂之莊子也。隱於抱犢山，服北育火丹，白日升天，上補太極闈編郎。』成玄英南華真經注疏序云：『其人姓莊名周，字子休，生宋國睢陽蒙縣。師長桑公子，受號南華仙人。』長桑公子其人，真誥卷十四注云：『長桑即是扁鵲師，事見魏傳及史記。世人苟知莊生如此者，其書彌足可重矣。』據史記扁鵲倉公列傳的記載，長桑乃是一位授扁鵲以禁方的異人，『忽然不見，殆非人也。』至宋人張君房所編雲笈七籤洞仙傳則云：『長桑公子者，常散髮行歌曰：「巾金巾，入天門，呼長精，吸玄泉，鳴天鼓，養丹田。」柱下史聞之曰：「彼長桑公子所歌之詞，得服五星，守洞房之道也。」』儼然已是得道的仙人形象。真誥卷十九云：『夫真人之旨，不同世目，謹仰範緯，候取其義，類以三言爲題。所以莊篇亦如此者，蓋長桑公子之微言故也。俗儒觀之，未解所以。』陶弘景認爲，長桑公子之微言對莊子影響至深。且正因爲長桑公子是一位得道真人，因此莊子作爲其弟子的著述，已非俗儒可解，『彌足可重矣』。可見在陶弘景生活的時代，對於莊子其人其著的認識，已經納入了道教信仰的範疇中。杜光庭接受了真誥的這種說法，在他筆下，莊子作爲唐代以來席位僅次於老君的道教崇拜偶像，其生平事跡被蒙上一層神仙色彩。這也許是杜光庭出於擴大宗教影響或政治需要的目的。杜光庭認爲，莊子三十三篇要旨，『皆言大道放曠無爲之理』，而莊子言及的『道』，其實與老子道德經『道』的概念是一脈相承，同旨同歸的。因此，通過援引莊子來佐證或闡發道德經，成爲道德真經廣聖義的一大特色。

王弼在解釋老子『道可道，非常道』一句時說：『可道之道，可名之名，指事造形，非其常也。』（老子注一章）意指『道』是無法用言辭形容的，可以形容表達的『道』，就不是常『道』。成玄英又進一步解釋說：『道以虛通爲義，常以湛寂得名，所謂無極大道，是衆生之正性也。而言可得道者，即是名言，謂可稱之法也。雖復稱可道，宜隨機愜當，而有聲有說，非真常凝寂之道也。常道者，不可以名言辯，不可以心慮知，妙絕希夷，理窮恍

惚，故知言象之表，方契凝常真寂之道。可道可說者，非常道也。』（道德經義疏）

杜光庭對『道』、『可道』的理解，和王弼、成玄英顯然有所不同，其道德真經廣聖義卷六云：

> 道者，至虛至極，非形非聲，後劫運而不爲終，先天地而不爲始。圓通澄寂，不始不終，聖人以通生之用可彰，尋跡而本可悟，故以通生之德，強名爲道也。經首『道』之一字，標舉爲宗也。標宗一字是無爲無形，道之體也；『可道』二字是有生有化，道之用也。三字之中，自立體用，體則妙不可極，用則廣不可量，故爲虛極之妙本也。

杜光庭把『道』與『可道』看作體用關係，他首先解釋了何爲道，『以通生之德，強名爲道。』『道可道』句的第一個『道』字無爲無形，故爲道之體；而『「可道」二字是有生有化，道之用也』。道德真經廣聖義卷四釋御疏序下亦云：

> 真寶凝然之謂體，應變隨機之謂用。杳冥之道，變化生成，不見其跡，故謂之體也，言妙體也。莊子曰：『其來無跡，其去無涯，無門無旁，四達之皇皇。』是也。因此妙體輾轉生死，生化之物，任乎自然，有生可見而不爲主，故謂之用，此妙用也。莊子曰：『昭昭生於冥冥，有倫生於無形。』是也。

這裏兩次援引莊子的話，皆出自知北遊篇。杜光庭借用莊子對道的描述，證明道是無跡無涯的，並進而提出自己的妙體妙用說。考察杜光庭『道』、『可道』的體用之辨，其來有自。道德真經廣聖義卷四釋御疏序下玄宗疏云：『經曰：「有物混成，先天地生。吾不知其名，字之曰道，強爲之名曰大。」故知大道者，虛極妙本之強名，語其通生也。莊子曰：「太初有無。」無有無名者，未立強名也，故經曰：「無名，天地之始。」強名通生曰道，故經曰：「有名，萬物之母。」莊子又曰：「物得以生謂之德。」德，得也。言天地萬變旁通，品物皆資妙本而以生成，得生爲德。』在玄宗看來，妙本是具有終極含義的抽象概念，萬物皆由妙本而生，道則是爲妙本強立的名字，取其通生之意。針對唐玄宗疏所引莊子『太初有無』及『物得以生謂之德』兩句，杜光庭又詳爲釋義曰：

『此則引第十二天地篇也。太初者，未見氣也。有無無有，無名者無有，故無名號也。此名未立，強名之道。以前大道無名，強而名之謂之道。強名之初，天地之始也。』『虛無不能生物，明物得虛無微妙之氣，而能自生，是自得也。任其自得，故謂之德也。』在杜光庭看來，虛無微妙之氣可以生化萬物，是道的應用，而『太初者，未見氣也』，這種無名無有的狀態，則是道的本體。唐玄宗和杜光庭從莊子思想出發，引導出他們關於『道』的體用問題的思考。

道德真經廣聖義卷六玄宗疏解『道可道』章說：『道者，虛極妙本之強名也，訓通訓徑。……可道者，言此妙本通生萬物，是萬物由徑。可稱爲道，故云可道。』妙本是道的本體，道是妙本的應用。杜光庭沿用了『妙本』概念，認爲『妙本者，道也』。不過，他並沒有套用玄宗的妙本說，而是在此基礎上，提出了『道』、『可道』的體用說。

2．虛無爲體與莊子『心齋』說之關係

杜光庭認爲，『道』無爲無形，乃道之體，『可道』則有生有化，乃道之用。所以他在釋道德經三十七章『道常無爲而無不爲』句時云：

> 寂然不動，無爲也；感而遂通，無不爲也。無爲者，妙本之體也；無不爲者，妙本之用也。體用相資而萬化生矣。若扣之不通，感之不應，寂然無象，不能生成。（道德真經廣聖義卷二九）

無爲指的是道體寂然不動，無不爲則指道用感而遂通。『體用相資』亦即是無爲和無不爲相資可以化生出萬物。若只是停留在無爲狀態，天地萬物則不能得以生成。故杜光庭曰：『道之爲用，無爲焉而無所不爲，統御陰陽，包羅覆載，乾之以動，坤之以寧。』（道德真經廣聖義卷二十七）

杜光庭進一步將道體道用的同一，稱作『真一』：『端寂無爲者，道之真也，故謂之朴。生成應變者，朴之用也，故謂之道。道朴一耳，非一而一，是謂真一。』（同上）在這裏，他又提出了『朴』的概念，『朴』是道之真，亦即道體。而『道』是『朴』的生成應變，是道之用。『朴』和『道』這一組概念『非一而一』，故稱爲『真一』。『真

一』兼具道體『無爲無形』和道用『有生有化』兩層內涵。因此杜光庭說：『真一者，杳冥之精，真中之真也』（同上），『道之真一，無色無聲，衆類群材，資之以立。』（道德真經廣聖義卷十一）『真一』的概念，並非杜光庭首創①，他述及這一概念，目的在於解釋道體和道用的同一性。他在具體闡釋道以虛無爲體的時候，明顯地受到了莊子『心齋』學說的影響。

道德經二十五章有云：『有物混成，先天地生。寂兮寥兮，獨立不改，周行而不殆，可以爲天下母。吾不知其名，強字之曰道，強爲之名曰大。』道之不可名，在於其無形無體，故而莫能名狀。在老子看來，道是永久存在的，『獨立不改，周行不殆。』杜光庭則進一步解釋『大』云：

夫物有體則能包含於物，故大能容小，外能藏內者，物之常也。今道無體而能包含萬物者，以其無體之體，體大無邊也。以其體大，因體立名，故名曰大。大者，無不包也，無不容也，有形無形，皆在道體之內矣。（道德真經廣聖義卷二十一）

道是無體的，卻可以包含萬物。這是因爲道是『無體之體，體大無邊』。因此無論天地萬物是有形抑或無形，皆在道體之內。杜光庭還指出，道也是無色、無聲、無形的，道德真經廣聖義卷十四解『視之不見名曰夷，聽之不聞名曰希，搏之不得名曰微』句下云：

目之所視者，但見平易，而不能見道，道無色也。耳之聽也，但惟希寂，而不能聞道，道無聲也。手之搏也，但惟微妙，不能得其形，道無形也。以神視之，見無色之色；以氣聽之，聞無聲之聲；以慧照之，識無形之形。而衆色之具，衆聲之和，衆形之立，非道不能生，非道不能成。道也者，獨能應衆

---

① 唐道士吳筠早於杜光庭提到『真一』概念，玄綱論元氣云：『至精感激而真一生焉，真一運神而元氣自化。』與杜光庭不同的是，吳筠將『真一』納入了元氣生化的環節。

色、和眾聲、狀眾形，故強名之曰：希夷微爾。道不可言，言之非矣。所以明道，皆強爲之容，而非道也。莊子曰：『無視之以目，而視之以神；無聽之以心，而聽之以氣。』能以微妙而合於道矣。

道雖無色、無聲、無形，卻獨能應眾色、和眾聲、狀眾形。大、希、夷、微即是指無體、無色、無聲、無形等道之不可名性。杜光庭於此引用的莊子，與原文有所出入。莊子人間世云：

回曰：『敢問心齋。』仲尼曰：『若一志！無聽之以耳而聽之以心，無聽之以心而聽之以氣。聽止於耳，心止於符。氣也者，虛而待物者也。唯道集虛，虛者心齋也。』

莊子假借儒家聖人孔子之口，宣揚其道家學說，並提出『心齋』。所謂心齋，就是用氣去感應萬事萬物，以達到虛空可容外物的心境。因爲人世間的種種紛爭，追根究底，在於求名用智。莊子認爲，唯有去除爭名鬥智的心念，使心境達於空明，方可息止一切糾紛。杜光庭引用莊子中的話，稍作修改，爲己所用。一方面表現出他對莊子『心齋』之說『能以微妙而合於道』的贊同與肯定。同時，借用莊子之言，證明道的無色、無聲與無形等不可名性與不限定性。值得注意的是，莊子『唯道集虛』的說法奠定了杜光庭的道體觀。道德真經廣聖義卷十九釋道德經二十一章『道之爲物，惟恍惟惚』句云：

道者，虛無之稱也，以虛無而能開通於物，故稱曰道。……道既虛無爲體，無則不爲滯礙，言萬物皆由之而通，亦況道路以爲稱也。寂然無體也，而天覆地載，日照月臨，冬寒夏暑，春生秋殺，萬象運動，皆由道而然，不可謂之有也。

因爲道以虛無爲體，故能不爲滯礙，故能通生萬物。道也是寂然無體的，因此天地運化、日月更迭、四時交替等一系列萬象的運動皆是由道而產生出的。

二、沖和之道與重玄之解

1．道氣與萬物

道德真經廣聖義卷四玄宗疏引莊子天地『物得以生謂之德』句下，杜光庭義曰：

虛無不能生物，明物得虛無微妙之氣，而能自生，是自得也。任其自得，故謂之德也。

杜光庭在這裏解釋天地篇的這句話，是爲了說明道雖然是真實存在的，但是在生化萬物的過程中，並非毫無依憑。形而上之『道』要創生出宇宙萬事萬物，得借助某種具體的物質形態，即『虛無微妙之氣』。『虛無微妙之氣』就是『道氣』。在杜光庭的宇宙觀中，道氣是至爲核心的概念。道家典籍中，常有解釋『道』、『氣』之概念及兩者關係之處。太平經卷四十認爲萬物始於『元氣』，『元氣乃包裹天地八方，莫不受其氣而生』。老子想爾注云『道即一』，『一散形爲氣，聚形爲太上老君』。唐玄宗道德經注疏亦云：『道動出和氣以生於物。』（道德真經廣聖義卷三十三）杜光庭並未直接援用前人『元氣生於道』、『道動出和氣』的說法，而是把『道』、『氣』合而稱爲『道氣』。道德真經廣聖義卷三十三云：『長育萬物，各成其形，非妙道沖和之氣，無以生也。』而道氣究竟是何所指，杜光庭云：『道，通也，通以一氣生化萬物，以生物故，故謂萬物之母。』所謂『通』，是說虛無之道，貫通萬物。道雖然無爲無形，是虛無的，但其生化運動也即是『氣』卻是實有的。道和莊子所說的『通天下，一氣耳』有著淵源關係。莊子知北遊中，舜問其丞曰：『道可得而有乎？』丞答曰：『天地之強陽氣也，又胡可得而有邪？』在莊子看來，氣與道是不可分的。不過兩者也並不是無差別的，莊子則陽云：『是故天地者，形之大者也；陰陽者，氣之大者也。道者爲之公。』天地與陰陽，形與氣，均是統屬於道的。道的作用，充斥於天地之間，因此說它『通天下』。它使得萬物運轉不息，所以稱其爲『強陽氣』。又莊子大宗師云：『彼方且與造物者

爲人，而遊乎天地之一氣。』莊子在形而上與形而下之間提出的『氣』之概念，是道向萬物的過渡形態。莊子中的『道』、『氣』之辨，對杜光庭的『道氣』觀之形成，產生很大的啟示與影響。道德真經廣聖義卷二十八云：『萬物之形，各稟道氣，物得成就，皆道之功，非夫道氣稟之則生成之功廢矣。』又卷三十二云：『秋毫之微，庶類之衆，皆資道氣，假借而後，能生能成。』天地萬物不論大小多少，皆是資道氣之後而生成的。並且『由得沖和道氣，而各臻其妙也。』

關於沖和之道，杜光庭在道德真經廣聖義卷八曰：『道常謙虛而不盈滿，沖和澄澹，處乎其中，深玄寂靜，爲物之主。故物失沖和之道，必致害亡；人失沖和之道，則至死滅；君失沖和之道，則政擾民離；臣失沖和之道，則名亡身辱。是以知沖和之道，萬物恃之以按，爲萬物之宗矣。』

由此可見，杜光庭視沖和之道爲萬物之宗主，故物失之則害亡，人失之則死滅，君失之則政擾民離，臣失之則名亡身辱。

道德真經廣聖義卷三十三釋『萬物負陰而抱陽，沖氣以爲和』句下，杜光庭撰有一大段文字，並引述了莊子黃帝問至道於廣成子的寓言故事，以證明『沖和之妙』：

莊子在宥篇黃帝於崆峒山問廣成子理身之道奈何以長久，廣成子蹶然而起，曰：『善哉問乎！來！吾語汝至道。至道之精，杳杳冥冥；至道之極，昏昏默默。無現（視）無聽，抱神以靜，形將自正。必靜必清，無勞汝形，無搖汝精，乃可長生。目無所見，耳無所聞，心無所知，神將守形，乃可長生。慎汝內，閉汝外，多知爲敗。我爲汝遂於大明之上矣，至彼至陽之原也；爲汝入於杳冥之門矣，至彼至陰之原也。天地有官，陰陽有藏，慎守汝身，物將自壯。我守其一以處其和，故我修身千二百歲矣，而形未常衰。』……又曰：『得吾道者上爲皇而下爲王，失吾道者上見光而下爲土。』又曰：『人其盡死，而我獨存。』此得沖和之妙也。

可見，杜光庭對於莊子陰陽沖和達於至道的思想，是十分贊成並完全接受的。在他看來，沖和之道氣，不僅可以生化出宇宙天下間萬事萬物，且對人自身的治理甚或存亡，都起到絕對的影響作用。

2．重玄之解與莊子

『重玄』一語，始出現於魏晉南北朝的佛道經籍，隋唐以來的道書，用以解道德經首章『玄之又玄』句。『玄』原是形容道之深奥難測，重玄學家卻在莊子『無無』、『忘心』等説的基礎上，兼取釋家教義，釋『玄』義爲遣除『滯著』，前一『玄』字是遣有、無之滯著，後一『玄』字則是遣『不滯之滯』。太玄真一本際經云：『於空於有，無所滯著，名之爲玄。又遣此玄，都無所得，故名重玄，衆妙之門。』不執著於有，亦不執著於無，最終連不執著於有無也要遣逐，這即是重玄。而通過『有無雙遣』達到玄道自至的境界，則是重玄學最重要的特點。重玄學以『重玄』爲宗闡發道教義理，在理論淵源上，一方面受到玄學影響，詮解莊老；一方面又受佛教影響，援佛入道。這兩者互相交融地體現在杜光庭的重玄學之中，而復歸莊老成爲其重玄學的理論基點之一。

在道德真經廣聖義序及卷五中，杜光庭對重玄學的形成與發展作了一番回顧，指出：漢唐注老者有六十餘家，而其中『孫登以重玄爲宗，宗旨之中，孫氏爲妙矣』（道德真經廣聖義卷五）。在孫登之後，『梁朝道士孟智周、臧玄靜，陳朝道士劉進喜，唐朝道士成玄英、蔡子晃、黄玄頤、李榮、車玄弼、張惠超、黎元興，皆明重玄之道。』（同上）杜光庭在廣聖義一書中，明顯地表現出對重玄學的欣賞。他運用重玄學的方法，著重詮釋了莊子『心齋』、『坐忘』、『忘言』等内修思想。

如前文所述，『心齋』是莊子中的一個重要概念，『若一志，無聽之以耳而聽之以心，無聽之以心而聽之以氣。聽止於耳，心止於符。氣也者，虚而待物者也。唯道集虚，虚者心齋也。』（人間世）莊子在這裏，要人排除雜念，心志純一，然後虚以待物。杜光庭發揮云：『此言心虚則嗜欲無入，神清則玄覽無疵。遺其色聲，忘其境智。境智忘而玄道則至，色聲一而物相盡空，心止於符，氣合於漠。此謂之「心齋」也。』（道德真經廣聖義卷

三十九）杜光庭不僅用『心齋』之道來破除隨境而生的欲念之心與哀樂之情，還要遺忘境智，認爲唯有境智雙忘，玄道方可自至。

其次，對於莊子中的『坐忘』思想，杜光庭有進一步的詮釋。『坐忘』本指凝神靜坐、渾然忘我的精神境界。莊子大宗師云：『墮肢體，黜聰明，離形去知，同於大通，此謂坐忘。』通過靜坐忘掉自身的形體，停止思維意識活動，即可與大道融通爲一。莊子所說的『坐忘』，在後世逐漸演變成一種道教重要的修煉方法。唐代上清派第十二代宗師司馬承禎著有坐忘論，結合了釋家止觀並重、定慧雙修的思想，發揮莊子的『坐忘』說。杜光庭作爲上清派的傳人，同時也是晚唐重玄學的代表人物，對莊子的『坐忘』作了進一步的闡揚：

坐忘遺照者，安坐忘身之謂也。外忘萬境，内息一心，心若死灰，形如槁木。不知肢體之有，不知視聽之用，隳肢體，黜聰明，遺形去智，以至於大通。通無不通，泛然無主，此達人之忘心也。（道德真經廣聖義卷十三）

所謂『外忘萬境，内息一心』，即是説人應當既不爲外境所動，亦不爲内心所牽。杜光庭認爲，『至道深微，不可以言宣，止可以心照。既因照得，悟其照亦忘，故曰坐忘遺照。此皆大乘之道也。』（道德真經廣聖義卷四）唯有通過坐忘，達到『既因照得，悟其照亦忘』的境界，才能了悟無是非、無分别的『玄道』。

此外，對於道與言之關係的看法，也受到莊子的啟示與影響。道德真經廣聖義卷十四云：『言者，所以觀意也。得意而忘言。若……滯於言，則意不可盡。故令……於言不滯，旋新悟入。』又卷二十云：『執滯於言教，則致不通，失至道之宗。』在杜光庭看來，言者可以觀意，但要悟道、得意，則必須忘言。若『執滯於言教』，就會導致『失至道之宗』。杜光庭援引了莊子外物中的筌蹄之喻，詳加解釋，認爲『不滯於言，是了筌蹄也』。通過重玄學的方法，進一步發揮莊子學説中的忘言思想，强調忘言以契真道：

愚人不知，筌蹄可取魚兔。執筌蹄以爲魚兔，失之遠矣。言者，所以宣理；教者，所以告人。道

不可無言而悟，因言以宣之；法不可不告而悟，故立教以告之。愚人不知，言教所以悟道，執言教以爲道，亦失之遠矣。夫至虛至靜，方能集道，滯言束教，何以契真？至虛以忘言，至靜以忘教，不可執矣。（道德真經廣聖義卷二十）

杜光庭一方面認爲『道不可無言而悟』，需要採用以筌取魚、以蹄取兔的方法，借助於言語來宣道；同時又強調『執言教以爲道，亦失之遠矣』，要像莊子所說的一樣『得魚忘筌』、『得兔忘蹄』、『得意忘言』，不要受束縛於言語文字本身，要做到忘言忘教，方能契合真道。

綜上所述，杜光庭重玄學思想中，明顯地受到莊子學說的影響和啟示。實際上，這是與他復歸莊老的理論基點是吻合的。不過，作爲晚唐重玄學復興的代表人物，杜光庭在總結、吸收莊子哲學思想的基礎上，予以化用和拓展，將其與道家、道教的理論貫通融會，並通過詮解唐玄宗道德經注疏的形式，建構起了他的重玄學理論體系。

第二節　心性論中的莊子觀

一、心性論與莊子『形神』觀

1. 形神俱得

在杜光庭看來，人的生命是由稟道受氣、得兼形神而來，故而只有通過形神俱修，才能合道而長生。道德真經廣聖義卷十一云：

世人修道，當外顧其形，以實其有，記憶體其神，以宗其無，漸契妙無，然後合於道，可以長生爾。

由此可見，形神關係的問題已成爲杜光庭論述人如何超越生死、達於至道的關鍵性問題。杜光庭提出的形神俱修與傳統道教所主張的神形雙修相比，增加了不少心性論的成分，主要體現在杜光庭將修心與修命結合在一起上。

形神的概念最早起源於道家。莊子在宥云：『神將守形，形乃長生。』也就是說精神守護著身體，身體就能夠長生。唯有形神相即不離，方可保形長生。道家注重養生，養生之道，在於安神保形，因此，形神關係成爲歷代道家學者探討生命現象的重要課題。在道德真經廣聖義中，杜光庭在吸收莊子及其他道家學說的基礎上，提出了自己對形神觀的看法。

在解釋道德經『無名天地之始』句時，杜光庭借莊子天地『泰初有無，無有無名』來闡發其天地成形之思想。他說：『泰初者，無之始也。無既無名，不可詰之以名。混漠寂寥，邈爲化主，元氣資之以爲始，玄化稟之而得生。故曰無名天地始。無名無氏，然後降跡，漸令兆形，由此而天地生、氣象立矣。』（道德真經廣聖義卷六）緊接著，他又在天地與人的聯結中探尋形神間的關係，以說明人生命的本質特徵：『太極者，形質已具也。形質既具，遂分兩儀，人生其中，乃爲三才也。』（同上）杜光庭從宇宙創始之初的本原出發，以『形質』爲基點，說明人的生命是由稟道受氣、形神俱得而來的。道德真經廣聖義卷四十六云：

身之生也，因道稟神而生其形。夫身者，陰陽之妙也。形者，陰之體也。氣者，陽之靈也。人身既生，假神以運，因氣以屈伸，神氣全則生，神氣亡則死。故形爲神之宅，神爲形之主，豈可厭而去之耶！（中略）氣散神往，身其死矣。

杜光庭在論述稟道受氣時，運用了神、氣這兩個概念，人的生命由神、氣相合而成，人欲長生，必須形神相守不離，神氣散亡則身必死。這在很大程度上受到了莊子的影響。莊子知北遊云：『人之生，氣之聚也，聚則爲

生，散則爲死。』正如前文所述，在莊子看來，氣與形均是統屬於道的，而二者的生化作用，使生命得以產生。至樂篇云莊子妻死，莊子曰：『察其始而本無生，非徒無生也而本無形，非徒無形也而本無氣。雜乎芒芴之間，變而有氣，氣變而有形，形變而有生。』莊子所說的氣，已經近乎我們現在所說的精神，他認爲道生化出氣，氣又生化出形，形最後則生化出生命。天地篇談宇宙起源時亦云：『留動而生物，物成生理，謂之形；形體保神，各有儀則，謂之性。』氣動而生出萬物，萬物各具樣態，是謂形。形體保有精神，並各有其規則。莊子所說的『神』，和前文分析的『氣』這兩個概念，直接引導出杜光庭的『神氣』之說。不過，同莊子相比，杜光庭所說的『神』的內涵更爲豐富，他對人的生命構成的闡釋亦更深刻①。

2. 從無形到有形

道德經五千餘言，雖然沒有直接談論人的生命起源問題，但在老子看來，『道』是生命的起點及最高境界。老子提倡返朴歸真，老子十六章云『歸根曰靜，靜曰覆命』，歸根是對人的本真之性『道』的復歸，因此他說『常德不離，復歸於嬰兒』，『常德乃足，復歸於朴』(老子二十八章)。這裏所謂的『復歸』，不僅是要復歸到『道』的原始自然形態，還要使人們的心靈回歸到本真之境。

莊子天地有一段解釋無形之道如何轉化爲有形生命的文字：

泰初有無，無有無名；一之所起，有一而未形。物得以生，謂之德；未形者有分，且然無間，謂之命；留動而生物，物成生理，謂之形；形體保神，各有儀則，謂之性。性修反德，德至同於初。同

① 道德真經廣聖義卷三十二云：『養神以存形，形可長久，勞形而役神，神將不守；神因形而生，神從道而稟，神形俱全，可以得道。』此段話表明杜光庭認爲形神之間的作用是相生相輔的，神由形生，然而養神可以使形長久。唯有神形俱全，方可以得道。杜光庭關於形神的辯證觀點，是對莊子思想的進一步深化。

乃虛，虛乃大。

由道生德再形成命，由命成形，由形至性，道經歷了從無到有、從形而上到形而下的過程，人也經歷了從未形到有形的過程，逐步獲得了命、形與性。獲得有形有性的生命之後，人應當經過修養，再返於『德』，方能與天地宇宙融合，泯然無跡。莊子德充符裏，莊子虛構了王駘、申屠嘉、叔山無趾等形體殘缺的人，他們『德有所長，而形有所忘』，均以德行爲貴，表明莊子德重於形的觀點。莊子云：『道與之貌，天與之形，無以好惡內傷其身。』（莊子德充符）所謂『無以好惡內傷其身』，即是不損害自己的本性。莊子在向往復歸於『德至同於初』境界的同時，也注重『保身』和『全生』。莊子養生主開篇云：『緣督以爲經，可以保身，可以全生，可以養親，可以盡年。』人應當順乎自然，通過修性養生，可以終其天年，但是，返歸自然之道，求得心靈的自由與解脫，達到『天地與我並生，而萬物與我爲一』（莊子齊物論）的境界，才是莊子重視和提倡的。

由此可見，杜光庭的形神觀是對莊子思想的進一步發揮，『理身養神以存形，形可長久；勞形而役神，神將不守。……神形俱全，可以得道，形滅神遊，道何求哉？』（道德真經廣聖義卷三十二）他主張形神俱修以得道，強調『修道者，縱心虛漠，抱一復元則能存，已有之形致無涯之壽。形與道合，反於無形，變化適其宜，死生不能累，則可謂自有而歸無也。』（同上）這種形與道合，反於無形，超越生死局限的形神觀，與莊子『德至同於初』的思想在本質上是十分契合的。

二、心性論與莊子『生死』觀

1. 了達生死與修真煉形

道德真經廣聖義卷三十一云：『有形之物，有情無情之衆，稟沖和道氣則生，失沖和道氣則死也。』人稟受

沖和道氣，得兼形神，具有了現實的生命。如何使生命得以延續，以至長生不死，這是古往今來人們一直思考、探索的難題。道教自創立之初，便十分注重人的生死問題，並積極地通過『道』來尋求超越生死並走向生命永恒的途徑，無論從理論上還是實踐上都在極力探索長生修仙的可能性。杜光庭也從得道則生、失道則死的道家思想出發，進一步探討人如何通過修道來達到與道合一的至高境界，對於人的生死問題給予了深切的關注。

莊子對於人類生命的有限性，有著十分深刻的認識。莊子盜跖云：『人上壽百歲，中壽八十，下壽六十，除病瘦死喪憂患，其中開口而笑者，一月之中不過四五日而已矣。』在莊子看來，人生苦短，凡『不能說其意志，養其壽命者，皆非通道者也』（莊子盜跖）。

杜光庭同樣認爲人的壽命是有限度的。『人之生也，天與之算，四萬三千二百算，主日也，與之紀，一百二十紀，主年也，此爲生人一期之數也。』（道德真經廣聖義卷二十七）也就是說，人的自然壽命是一百二十歲。不過，『得金丹不死之道者，則延而過之，無修養之益，有減奪之過者，則不足而夭亡之矣。』（同上）獲得金丹不死之道，則可以超出一百二十歲的壽限。如果無修養之益，則壽命縮短，夭亡而死。

杜光庭認爲，『生者死之根，死者生之根，是陰陽相勝之義，終始之機也。』（道德真經廣聖義卷三十四）生死在杜光庭看來是一體兩面，只有了悟生死的辯證關係，才能以一種超然的心態對待死亡。道德真經廣聖義卷三十六詮釋老子『出生入死』章云：

夫當其生也，不以利欲亂其心，不以厚養傷其性，安於澹默，順其沖和，則神守於形，氣保於神，志和於氣，心寂於志，靜定其心，如此則不求於延生，生自延矣。

也即是說，只有不執著於延生，才能讓『生自延矣』，是謂得道則生。接著又述及將死之道：『將死不以爲憂而順其死，此死之徒也。』進而解釋壽夭皆由性分的道理：『達人（中略）知道之運化委和，所稟有厚薄。厚於陽和之氣者壽，薄於淳粹者則夭，知壽夭皆由於分，則生死可齊矣。生死既齊，則憂樂不入，泰然而身心無擾也。』

(道德真經廣聖義卷三十六)杜光庭以道之運化和稟氣厚薄的說法,驅遣人對於生死的執迷之心。他指出,人若能懂得壽夭皆由於性分,就不會貪生怕死,而憂樂之情不入,心境亦泰然無擾。杜光庭引用莊子至樂『骷髏見夢於莊子』寓言進一步論述之:

> 骷髏見夢於莊子,曰:『死,無君於上,無臣於下;亦無四時之事,汎然以天地爲春秋,雖南面而王樂,不能過矣。』莊子不信,曰:『吾欲使司命復子之生,可乎?』骷髏深矉蹙頞曰:『吾安能棄南面王樂而復爲生人之勞乎!』

死在骷髏眼裏,『雖南面而王樂,不能過矣』。杜光庭借這一寓言說明,人應當通過了達生死的辯證關係,擺脫心理上對生命終結的恐懼。所以他又說:『此雖寓言立理,而莊子以世人之樂生者爲生所拘,樂死者爲死所係,滯於生死,所以有死有生。唯至人在生無生,不爲生之所係,在死無死,不爲死之所拘,既而不係不拘,故能無生無死。然而變而生也,不可以止,變而死也,不可以留,但冥契大道,則爲達生死爾。其出死之表,長生爲期者,在乎修真煉形,可以與語議其玄要爾。』(道德真經廣聖義卷三十六)

杜光庭運用重玄學的方法試圖說明,世人滯於生死,所以有死有生,唯有至人做到在生無生,在死無死,不爲生死所牽絆,達於無生無死之境,冥契大道。事實上,莊子至樂所說的死,指的是擺脫人世間種種辛勞和煩惱後的悠然自得之樂。杜光庭則是從得道修仙的道教信仰出發,一方面要求人能夠了達生死,無所憂懼,另一方面也不忘提醒人們通過修真煉形而『出死之表』。在這一點上,杜光庭的生死觀比之莊子,是存在著很大差別的。

2.超越生死與心性清靜

莊子知北遊借老聃之口論及人類的生死云:『人生天地之間,若白駒之過郤,忽然而已。注然勃然,莫不出焉;油然漻然,莫不入焉。已化而生,又化而死,生物哀之,人類悲之。』盜跖篇借盜跖之口云:『天與地無窮,人死者有時。操有時之具,而托於無窮之間,忽然無異騏驥之馳過隙也。』莊子對生命的短暫與人生大限的

必至，有著清醒認識，其中也寄托他悲天憫人的情懷。不過，從道家思想出發，死亡是『解其天弢，墮其天袠，紛乎宛乎，魂魄將往，乃身從之，乃大歸乎』（莊子知北遊），也就是返歸於大道。至樂篇載：『莊子妻死，惠子弔之，莊子則方箕踞鼓盆而歌。』惠子怪而詰問之，莊子答曰：『不然。是其始死也，我獨何能無概然！……人且偃然寢於巨室，而我噭噭然隨而哭之，自以爲不通乎命，故止也。』（莊子至樂）莊子試圖通過這則寓言告誡人們，生命的局限，在於對死亡的憂懼和哀樂之情的執著。傳統道教思想則認爲，生命的局限，在於身死，因此試圖通過採用各種方術，求得長生，以『出死之表』。

如何『出死之表』？傳統道教強調的是肉身不死，杜光庭則從心性論的角度出發，認爲生命不僅表現爲肉體的存在，也表現爲一種精神的存在。因而人生的超越問題，既包括對肉體本身的超越，也包括對精神束縛的超越。杜光庭批評那些執迷於生的愚人說：『愚迷之人，不知生生者不生，化化者不化，以生爲樂，以死爲哀，畏死貪生，故養生過分，希生乖其道，則反喪其生。』（道德真經廣聖義卷三十六）即認爲無法擺脫畏死貪生之心的束縛，就會乖違生命的自然之道，反喪其生。這和莊子所說的『解其天弢，墮其天袠』，在一定意義上有相通之處。在杜光庭看來，人若能夠『洗心返神，復守其道，無是非之惑，絕聲利之塵』（道德真經廣聖義卷三十七），人的生命就能因得道而獲得超越。

杜光庭太上老君說常清靜經注云：『學人之心，若能安靜，自然無染於塵垢，清靜而保固形神。』杜光庭將心性清靜作爲保固神形修得真道的基礎，其探討心性的目的，在於爲信仰者提供一種實現生命超越的理論闡述。他還說：『人能虛心念道，道必集其虛。』（道德真經廣聖義卷十五）即是說，人要抵禦外物的誘惑，去除內心的雜念，『虛心念道』以回歸清靜的心性，正是所謂『返性歸元』。返性歸元是依賴人的內心覺悟來實現的：『人能覺悟，悟則本性，謂之得道也。』（太上老君說常清靜經注）杜光庭對『返性歸元』問題的討論，借鑒了莊子哲學的一些概念，形成了獨到的見解。

等外在的桎梏束約人的自然本性，也不能人爲地損害萬物的自然本性，而應順應自然，任由其發展，讓它們達到各有所德。徐復觀說：『老莊之所謂德，亦即他們之所謂性，對自己具體的生命而言，是賦有一種超越的性質。』（中國人性論史）杜光庭對『性』的基本看法，是符合老莊所提倡的自然人性論的。

莊子外、雜篇屢談到『性』。莊子同老子一樣，認爲人與萬物同稟於道，均有其自然本性，不能用仁義禮智

在莊子看來，『自然』是歸隱逍遥的生活方式，是通過修煉身心，達於至道的一種狀態。在此意義上，『自然』是莊子對生命理想狀態的表述。另一方面，正如顔世安所説，自然在莊子哲學中，代表著在一種神秘的經驗方式展開的宇宙本體，主要旨趣是體察世界的深不可測。在這個神秘經驗方式中展現的自然世界，即是『道』①。杜光庭對於『性』的看法，其實就是依照著莊子對自然和生命的理想展開的。不過，與莊子相比，杜光庭更強調在神秘經驗方式中體察宇宙世界，這便使他的道德真經廣聖義浸染上濃厚的宗教色彩。

第三節　修道論、經國理身論中的莊子觀

一、修道論中的莊子觀

1．絕穀食氣

長生不死思想的萌芽與產生，約在春秋末期已初現端倪。莊子所生活的戰國中期，神仙信仰與求仙活動至

① 顔世安生命自然道，載陳鼓應主編道教文化研究第一輯，上海古籍出版社1992年版。

少在齊、燕沿海之地已盛行起來。莊子中『神人』、『至人』、『真人』等能夠超越時空限制、獲得生命永恒與自由的得道者形象，可能受到了神仙傳說的影響。

道教從天人一體的思想出發，長久以來試圖尋找生命無限延續的可能。因此，道教的信仰者希望借由種種奇異的方術以延長人的生命，甚而達到長生不死，羽化登仙。實現道教這一終極理想，必得回歸到現實的修道生活。杜光庭修道論所關注的重點，在如何把修道者從內外束縛中解脫出來，以返歸自然之道。他一反魏晉以來神仙道教依靠煉丹服藥追求長生成仙的做法，而在心性論的基礎上強調：『理身之道，先理其心，心之理也，必在乎道。得道則心理，失道則心亂。』（道德真經廣聖義卷十九）在道教眾多的修仙之術中，選擇了性命雙修作爲得道成仙的根本方法。道德真經廣聖義卷三十六云：

> 夫立功之義，蓋亦多途，或拯溺扶危，濟生度死，苟利於物，可以勸行，或內視養神，吐納煉藏，服餌道引，猿經鳥伸，遺利忘名，退身讓物，皆修道之初門也。既得其門，務在勤久，勤而能久，可以積其善功矣。

杜光庭主張人應當『拯溺扶危，濟生度死』，利於旁人及社會，通過『內視養神，吐納煉藏，服餌道引，猿經鳥伸，遺利忘名，退身讓物』等方法修煉身心。不過，這些道術都僅爲『修道之初門』，得道的關鍵則在於『勤久』。

道教向來推崇丹藥之術，但從總體來看，杜光庭並不提倡服食丹藥。他說：『若厚於奉養，力以求生，或餌金石，以毒其中，或因鼓怒而傷其氣，但營難得之貨，或求過分之能，本欲希生，反之於死。』（道德真經廣聖義卷四十八）鑒於對丹藥之毒的認識，杜光庭較爲注重『絕穀食氣』。

絕穀食氣作爲一種獨特的修道之術，始自莊子。其逍遙遊篇所謂藐姑射神人『不食五穀，吸風飲露』，逍遙於天地之外，正代表了莊子心目中理想的得道者形象。又如齊物論篇的至人『大澤焚而不能熱，河漢沍而不能寒』，大宗師篇的真人『息以踵』，『登高不慄，入水不濡，入火不熱』，在宥篇的廣成子『修身千二百歲』而『形未

常衰』等等，均像是長生不死的奇異之人。莊子筆下的這些至人、真人形象，給予後世道教很大的影響及啟示作用。

杜光庭繼承莊子的觀點，如認爲天地萬物唯氣以生，『天地任氣自然，故長存也。』（道德真經廣聖義卷九）因此在他那裏，氣的存在與否，成了主宰萬物生死的關鍵。『氣存則生，氣去則死。萬物草木亦皆如之。』（墉城集仙錄卷一）謂人在『絕穀』之後，須得依靠『食氣』，方可維持肉體生命。杜光庭發揮道教學說，爲莊子『不食五穀，吸風飲露』的神人之所以能夠得道長生，作了注腳。

2. 性命雙修與修心去欲

杜光庭注重以絕穀食氣之法來保持生命的長存，然而他所追求的不僅僅局限於肉體長生，他從『性者，命之原』（墉城集仙錄卷一）的思想出發，將修命與煉性結合在一起，強調『性命雙修』，推動了道教內丹心性學的進一步發展。

杜光庭雖然認爲『神仙之道百術』、『證道雖一，修習或殊』，不過在道德真經廣聖義中，卻較少言及丹藥、符籙等道術，而是從『理身之道，先理其心』的理論基點出發，花費大量筆墨，強調人要修煉自身的心性，通過『性命雙修』，以期達到長生成仙的目的。誠如孫亦平所說，形神兼修主要是通過煉形養神修煉命功，性命雙修則是在修命的同時，強調修煉性功，而得道成仙也就意味著衆生性與道性冥然相契合，通過對道的體悟，成就人的內在德性①。所以杜光庭在詮釋道德經三十四章『大道汜兮，其可左右』句時說：『修身之士，當體道虛心，無所執著以臻其妙。』（道德真經廣聖義卷二十八）唯有體道虛心，毫無執著之念，才能夠返歸人的清靜道性。通過體道，不單可以使人的生命與道一樣恒久，還能提升人的精神境界。杜光庭爲了說明這個道理，還特別援引

① 孫亦平杜光庭評傳，南京大學出版社2005 年版。

莊子齊物論的一段話，並予以解釋：

莊子齊物篇曰：『古之真人，其知有所至矣。惡乎至？有以爲未始有物者，至矣，盡矣，不可以加矣。未始有物，其次以爲有物矣，而未始有封。』此言天地初分，人生其內，品物咸遂，性識真淳，心跡無爲，故無封執。其次以爲未始有是非，是非既彰，道所以虧也。道既虧也，則有偏名矣。（同上）

在莊子看來，古人的智慧達到了極點，認爲宇宙初始，不存在萬物，這便是智慧的極致。認爲宇宙初始，存在萬物，萬物之間沒有區分，這種智慧就要次一等。杜光庭借此說明，人若性識真淳，心跡無爲，就不會有界域之念，不會有所偏執。他化用莊子齊物論『是非之彰也，道之所以虧也』之語，來說明執著於是非，會使道性受損，修煉之人需要去除執著，虛心體道。

杜光庭將修道的重心，定位在修煉心性，故他所提倡的性命雙修，具有重性輕命的特點，這一點反映出對莊子思想的吸收和融合。他在詮釋道德經十三章『及吾無身，吾有何患』句時說：『無身者，非頓無此身也，但修道之士，能忘其身爾。』（道德真經廣聖義卷十三）老子所說的『無身』，指形體不存，杜光庭將其解釋爲『修道之士能忘其身』，『忘身』的說法，明顯是受到莊子『坐忘』之說影響。其引述莊子養生主的文字，並予闡釋云：

莊子曰：『適來者，夫子時也。』時自生耳。『適去者，夫子順也。』理當死耳。『安時處順，憂樂不入。』此達人之忘身也。（道德真經廣聖義卷十三）

莊子借老聃之死的寓言，宣揚人生在世，當安時處順。老聃應時而生，順理而死，視生死爲一如，不爲哀樂之情所困擾，而精神生命若薪火相傳。杜光庭將莊子中的這幾句話解釋爲『達人之忘身』，凸顯出在杜氏思想中，修煉心性的重要性遠超過肉體生命的長存。

杜光庭進一步強調『忘身』的重要性，繼續援引莊子加以說明：『莊子知北遊篇承（丞）答爲（舜）曰：「身非汝有，天地之委形也；生非汝有，天地之委和也；性命非汝有，天地之委順也。」言天地結氣而生，氣上

氣下曰順爾。若身是汝有，美惡生死當制之由汝。今氣聚而生，汝不能禁也，氣散而死，汝不能止也，明其委結而自成，非汝有也。「故行不知所往，處不知所持，食不知所味」，皆在自然中也。達此則近於道矣，何大患之可憂乎？』（同上）莊子借丞答舜之言，說明身形性命皆非自己所能保有，都是天地委付於人的。杜光庭指出，正因爲身非自己所有，故以一己之力，不能禁止『氣聚而生』、『氣散而死』的天道規律，明白這一切皆由大道委結而成，那麽就能理解莊子所說的『行不知所往』、『處不知所持』、『食不知所味』，是合乎自然之道的體現。

另外，杜光庭修道論顯現出濃厚的重視修心的特色，他的修心理論關鍵是戒貪欲。在如何去除貪欲的問題上，杜光庭將莊子『無心』、『忘形』之說，視作修心去欲的根本方法。他在解釋常清靜經『心無其心』句時說：『聖人設法教人，修道即修心也，修心即修道也。心無所著，即無心可觀。既無心可觀，則無所用、無所修，即凝然合道。故心無其心，乃爲清靜之道矣。』（太上老君說常清靜經注）杜光庭『心無其心』說的理論，可以溯源到莊子人間世。在此篇中，莊子借孔子之口，主張虚忘其心，達到『虚室生白』之境。在杜光庭看來，『心處於內，形處於外』，兩者的關係是内外相承，不可相離的。心若太過執著於形體，必然會導致人内心欲望氾濫，因此他强調要通過『無心』才能『忘形』，由此達到『動無所染，静而無著』的境界，從而去除人的各種貪欲。只有形無其形，心就不會爲形所累，形亦不再有礙於心，便排除了内在欲望的干擾，真正做到心無其心。

總體而言，杜光庭在道論和心性論的基礎上，會通傳統道教中道、玄、形、神、精、氣等概念，通過對老莊，特别是莊子中所提出的道、氣、玄、自然、陰陽、清静、養生、心齋、坐忘等一系列概念的吸收、提煉與再闡釋，發展了道教内修精、氣、神三元以求長生成仙的傳統，將性命雙修和安神去欲納入了他以修心煉性爲基本方法的修道理論體系之中。

二、經國理身論中的莊子觀

1．無爲而國治

杜光庭在談論治國之道時，體現出以民爲本及無爲而治的思想，反對君主苛政暴斂。他説：『生民者，國之本也。無爲者，道之化也。以無爲之化，愛育於人，國本固矣。政虐而苛，則爲暴也；賦重役煩，則傷性也；使之不以時，則妨農也；不務儉約，則賤穀也。此教以理國也。爲君之體，以道爲基，以德爲本，失道喪德，何以君臨？』（道德真經廣聖義卷十一）無爲者，既是『道之化也』，理國『以道爲基』，實際就是以無爲爲基，生民既是『國之本也』，則『以德爲本』即是以生民爲本。杜光庭的這種以民爲本、以無爲爲基的治國思想，繼承了莊子的某些觀點。莊子曾借徐無鬼之口指出：『天地之養也一，登高不可以爲長，居下不可以爲短。』（莊子徐無鬼）認爲君主和生民同樣稟生於天地之間，並無高下貴賤之分，君主不當有淩駕於生民之上的特權。

莊子對於他所處的亂世，有著清醒深刻的認識，在山木篇中，莊子借騰猿避害之喻，感慨曰『士有道德不能行，憊也』，『今處昏上亂相之間，而欲無憊，奚可得耶』。因此，莊子在外王之道無法施展的時局中，選擇了出世退隱，並發出『知其不可奈何而安之若命』的喟歎。在讓王篇中，孔子問顏回『胡不仕乎』，顏回則答曰不願仕，孔子十分稱許，便把莊子退隱避世的一層思想表現無遺。不過，莊子並非沒有救世情懷，對於如何治世，也有其個人理想，天運及庚桑楚篇兩次提到『至仁無親』的説法，何謂至仁？『利澤施於萬世，天下莫知也』（天運）。『兼忘天下易，使天下兼忘我難』（同上），利益恩澤遍及萬世，而百姓衆生皆不知恩澤之所出，便是天下忘我的至仁之境。這就包含著無爲而治的思想了。應帝王篇借無名人之口曰：『遊心於淡，合氣於漠，順物自然而無容私焉，而天下治矣。』莊子這種治國之道在於自然無爲的思想，對於杜光庭的經國論產生了不小的啟示

作用。

道德真經廣聖義卷三十一釋道德經三十九章『侯王得一以爲天下正』句義曰：『夫侯王既居尊極，富有萬民，法用沖和之道、無爲之理，以守其位，乃能長爲人主，理化平正。』提醒位尊權重的侯王，治理邦國當用沖和之道、無爲之理，方能享位長久，理化平正。道德真經廣聖義多次強調『理國無爲之道』的道理，在老莊無爲思想的基礎上，詳盡地闡釋『無爲』一詞的涵義，云：

> 無爲之理，其大矣哉。無爲者，非謂引而不來，推而不去，迫而不應，感而不動，堅滯而不流，卷握而不散也。謂其私志不入公道，嗜欲不枉正術，循理而舉事，因資而立功，事成而身不伐，功立而名不有。若夫水用船，砂用赫，泥用橇，山用樏，夏瀆冬陂，因高而田，因下而池，故非吾所謂爲也，乃無爲矣。聖人之無爲也，因循任下，責成不勞，謀無失策，舉無遺事，言爲文章，行爲表則，進退應時，動靜循理，美醜不好憎，賞罰不喜怒，名各自命，類各自用，事由自然，莫出於己，順天之時，隨地之性，因人之心，是則群臣輻輳，賢與不肖各盡其用，君得所以制臣，臣得所以事君，此理國無爲之道也。（道德真經廣聖義卷八）

杜光庭所說的無爲，不是真正意義上的無爲於世事，而是指私不擾公，邪不枉正，循理舉事，因資立功，事舉身不伐，功成不居名。在他看來，經國無爲之道在於順應天時地性人心，讓萬事萬物都能夠順其自然，各盡其性，『賢與不肖各盡其用』，這樣就能保持上層統治的穩定和社會秩序的和諧。這些說法，顯然都與老莊思想有著一脈相承的關係。

2．身理則國理

道德真經廣聖義中，理身之道是等同於經國之道的。杜光庭將無爲的原則，貫穿於他的經國理身論中，無爲既是經國根本，亦是理身圭臬。道德真經廣聖義卷三釋御疏序上云：

義曰：文子問老君曰：理國之本如何？老君曰：本在理身也。未聞身理而國亂，身亂而國理者。夫理國者靜以修身，全以養生，則下不擾，下不擾則人不怨。爲理之本，在於足用；足用之本，在於勿奪；勿奪之本，在於省事；省事之本，在於節用；節用之本，在於去就；去就之本，在於無爲。夫天致其高，地致其厚，日月照，星辰期，陰陽和，非有爲也。正其道而物自然化也。此乃絕矜尚，棄華薄，無爲不言之旨也。

相較經國而言，理身更爲重要，被杜光庭視爲經國之本。身亂則國亂，身理則國可理。杜光庭多次強調『知理身則知理國』（道德真經廣聖義卷八），『聖人之理，以身觀身，身正則天下皆正，身理則天下皆理。』（道德真經廣聖義卷三十五）在他看來，聖人治國，身理則國自然理，身正則國自然正，反之，亦是如此，身亂則國自然亂，身邪則國自然邪。杜光庭這種理身乃經國之本的思想，亦是承繼莊子『正己』修身的思想而來。如莊子應帝王云：『夫聖人之治也，治外乎？正而後行，確乎能其事者而已矣。』所謂正而後行，就是說聖人治國要先正己身，爾後才能感化萬民。讓王篇中也強調了這種先正己後治國的觀點，云：『道之真以治身，其緒餘以爲國家，其土苴以治天下。由此觀之，帝王之功，聖人之餘事也。』莊子以治身爲理國治天下的前提條件，顯現出他正己修身的思想。同時，在他看來，治國是聖人之餘事，治身尤重於治國，國家之事不過是治身之餘緒而已。可見，杜光庭的理身理國之說，正受到了莊子思想的明顯影響。

另外，杜光庭無爲理身思想也透露出他的莊子觀。莊子的正己修身思想表現出濃厚的自然無爲的特色，他所提出的內聖外王之道，從道家因順自然的觀點出發，由『內聖』導向『外王』，最後又以道家的因順自然爲歸宿，回歸於『內聖』。莊子理想中的社會形態是『至德之世』，天地篇借赤張滿稽之口，描繪『至德之世』曰：

至德之世，不尚賢，不使能，上如標枝，民如野鹿，端正而不知以爲義，相愛而不知以爲仁，實而不知以爲忠，當而不知以爲信，蠢動而相使，不以爲賜。是故行而無跡，事而無傳。

馬蹄篇亦云：

故至德之世，其行填填，其視顛顛。……夫至德之世，同與禽獸居，族與萬物並，惡乎知君子小人哉？同乎無知，其德不離；同乎無欲，是謂素朴，素朴而民性得矣。

莊子筆下的『至德之世』，不標榜賢能與才技，君主恬淡虛靜，生民自由逍遙，仁義忠信皆有其實而無其名，這樣的社會不廢道德，相反的，它倡導的是一種崇尚素朴無欲的道德，合於自然無爲之旨。杜光庭對於莊子提出的『至德之世』，深以爲然，他在釋道德經十七章『功成事遂，百姓謂我自然』句時引莊子馬蹄云：『純樸不殘，孰爲犧樽？白玉不毁，孰爲珪璋？道德不廢，安取仁義？性情不離，安用禮樂？五色不亂，孰爲文采？五聲不亂，孰應六律？夫殘樸以爲器，工匠之罪也；毁道德以爲仁義，聖人之過也。』（道德真經廣聖義卷十六）杜光庭和莊子一樣，反對聖人汲汲於仁義禮樂，損毁淳朴自然之道。他認爲聖人治理邦國，應當不矜於下，使物得其所，生民百姓『不知上化所爲，以爲自然而然也』（同上）。這便需要聖人先正己修身，崇尚自然淳朴，以契合理國無爲之道。

綜上述可知，在道德真經廣聖義中，杜光庭述及莊子的文字並不系統，卻十分豐富。莊子思想對他的啟示與影響，是全面而多方位的，莊子『道』與『氣』之概念，『心齋』與『坐忘』之説，形神觀與生死觀，『真人』與『神人』之形象，無爲治國與正己修身之思想，皆或多或少爲杜光庭所吸收。可以説，杜光庭並不是簡單地『以莊解老』，而是借老莊思想之相互闡發，試圖建構出一個完整而全面，同時也是屬於他個人的道教哲學思想體系。

第五编

宋元莊子學

第一章　宋元莊子學概說

第一節　宋元莊子學發展的歷史背景

趙宋王朝的建立，結束了晚唐五代以來的紛亂歷史，使整個社會很快出現了政治相對穩定、經濟相對繁榮的嶄新局面。爲了適應這種局面，宋初統治者推行以儒學立國的基本政策，把儒學的振興與否看成是關係到國家興衰、政治成敗的大事。其實，他們在思想文化方面基本上沿襲了唐代儒、道、佛三教並行的政策，在崇儒的同時並不排斥道教（家）和佛教學說，從而使宋代的整個思想文化在繼唐代以後仍呈現爲儒、道、佛三教長期共存的格局。

宋太祖趙匡胤即位伊始，便下詔『增修國子監學舍，修飾先聖十哲像，畫七十二賢及先儒二十一人像於東西廊之板壁』（宋會要輯稿崇儒一），又親爲孔子、顏回寫贊辭，『命宰臣、兩制以下分撰餘贊，車駕一再臨幸焉』（續資治通鑒長編卷三），對儒學頗予褒崇。但他又懂得道教（家）、佛教等思想頗有助於政治和世教，因而採取了比較寬容的態度，也允許它們的存在和發展。開寶二年五月，他還向年逾八十的著名道士蘇登詢問養生之術，蘇登回答說：『臣養生，不過精思煉氣耳。帝王養生，則異於是。老子曰：「我無爲而民自化，我無欲而民自正。」無爲無欲，凝神太和，昔黃帝、唐堯享國永年，用此道也。』（續資治通鑒長編卷十）宋太祖聽了這番話後，感到非常高興，蘇登也因此受到了重賞。宰相趙普也深深意識到道家清靜無爲思想對當時政治的重要意

義，因此便『於廳事坐屏後置二大甕，凡有人投利害文字，皆置甕中，滿即焚於道衢。』（邵伯溫邵氏見聞錄卷六）宋初最高統治者的這種政治態度和文化理念，使道家思想在繼唐代之後仍然獲得了流布的機緣。

太宗對道家思想更爲欣賞，認爲『清靜致治，黄老之深旨也』（續資治通鑑長編卷三十四）。並表示：『夫萬務自有爲以至於無爲，無爲之道，朕當力行之。』（同上）他常讀老子，曾對近臣説：『伯陽五千言，讀之甚有所益，治身治國之道，並在其内。至云：「善者吾善之，不善者吾亦善之。」此言善惡無不包容，治身治國者，其術若是。若每事不能容納，則何以治天下哉！』（宋朝事實類苑卷二）雍熙中，他還令殿中丞崔頤正『説莊子一篇，賜錢五萬』（宋史崔頤正傳）。淳化三年，他復以莊子中『卮言日出』一語爲賦題試進士（見續資治通鑑長編卷三十三）。真宗的崇道思想比太宗更爲明顯，他曾下詔説：『老氏立言，實宗於衆妙，能仁垂教。蓋誘夫群迷，用廣化樞，式資善利。』（宋朝事實卷七）並表示，要遵照老子五千言來治理天下百姓。這就把對老子的尊崇推向了更高階段。據王應麟玉海卷五十五載，他還於景德二年二月詔孫奭、杜鎬等校定摹刻莊子釋文①，於大中祥符元年六月甲辰賜輔臣南華經版本人一部，於四年十一月丙子命李宗諤、楊億等校莊子序摹板②。當時位至宰相的王旦，也刻意追慕道家：『與人寡言笑，默坐終日。及奏事，群臣異同，旦徐一言以定。歸家，或不去冠帶，入静室獨坐，家人莫敢見之。』（宋史王旦傳）在學術方面，他還撰有專著莊子發題，頗爲人們所重視。正是在這樣的政治文化背景下，太宗、真宗時期的莊子學就得到了較快發展。

---

① 宋史孫奭傳則謂：『嘗奉詔與邢昺、杜鎬校定諸經正義、莊子、爾雅謬誤。』

② 張端義貴耳集卷下：『真廟宴近臣，語及莊子，忽命秋水。至則翠鬟緑衣一小女童，誦秋水一篇，聞者竦立。』宋人亦稱真宗爲『真廟』，可見他在宴近臣時也嘗命誦莊子。而小女童在這樣的場合能隨口誦秋水一篇，更説明莊子甚至已爲當時宫中的一般人所喜愛。

由於太祖、太宗、真宗三朝在政治方面較多地引進了道家清靜無爲思想，這就養成了當時士大夫皆趨因循墨守而不喜更張的風尚，使整個國家社會漸漸陷入了積貧積弱的困境。因此到了仁宗時期，一股聲勢浩大的思想、文化、學術領域方面的變革思潮就不可遏止地出現了。清全祖望在宋元學案序録中説：『慶曆之際，學統四起。齊魯則有士建中、劉顔、夾輔泰山（孫復）而興。浙東則有明州楊（適）、杜（醇）五子，永嘉之儒志（王開祖）、經行（丁昌期）二子；浙西則有杭之吴存仁，皆與安定（胡瑗）湖學相應。閩中又有章望之、黄晞，亦古靈（陳襄）一輩人也。關中之申（顔）、侯（可）二子，實開横渠（張載）之先。蜀有宇文止止（之邵），實開范正獻公（純仁）之先。』（宋元學案卷首）這裏的『學統』，指儒學的派别而言。大約到了仁宗慶曆間，儒學便蜂擁而起，表明北宋儒學已開始全面復興。士大夫們普遍要求回歸孔孟之道，到傳統儒家的政治思想中去尋找振衰救弊的思想方法。但是，『舊來儒者不越注疏』（朱熹朱子語類卷八十），宋儒所看到的只是一種被漢唐章句訓詁之學肢解了的儒術而已。於是，他們各立『學統』，以異前儒之説，而『至永叔（歐陽修）、原父（劉敞）、孫明復（孫復）諸公，始自出議論』（同上），從而開創了重在揭明儒典義理而以經世致用爲本的新風氣。這一風氣經由周敦頤、程顥、程頤、張載、王安石、蘇軾等思想大家的大力推進，愈趨興盛，終於成了有别於傳統儒學的新儒學（理學）。然而，由於先秦儒學本身就缺乏深刻的哲學意味，而宋代新儒學又是以好議論、重思辯爲其重要特徵，因此理學家們在建構其哲學體系時，除了直接繼承孔孟儒學外，還需要吸納道家、佛教的許多思想理論和思維方法，這實際上使儒、道、佛三教在更高的理論層次和思維方法上得到了融合。其影響所及，便使宋代莊子學朝著『儒學化』方向發展，並呈現出了重在闡發莊子義理的特徵。尤其需要指出的是，在這些思想大家中，對當時及後世莊子學影響最大的是王安石和蘇軾。我們知道，王安石所倡導的新學是作爲官方思想盛行於世的，而他對莊子的研究，又明顯表現出了『儒學化』傾向。蘇軾所倡導的蜀學屬於私學，他闡釋莊子的目的同樣也是爲了把儒、道兩家思想統一起來。由於王安石、蘇軾對莊子學的大力提倡，以及在他們的莊子學思想中都充溢著

儒、道合一的精神，這不但有力地推動了北宋中期莊子學的蓬勃發展，而且還大大促進了莊子學與儒學的相結合。

道藏陳景元南華真經餘事雜録卷上覽過南華真經名氏列有『景德四年國子監本』。褚伯秀南華真經義海纂微卷首陳碧虛（景元）解義卷末載覽過莊子注作『景德三年國子監刊行本』。景德爲真宗年號，説明真宗即位後第七個年頭國子監曾刊印過莊子。宋代以國子監總轄國子、太學、四門等學，可見其所刊印的莊子，當是用來作爲教材的。苟如是，則其以莊子中有關内容入於試題，也是有可能的。此後，王安石曾著莊子解四卷。這一著作是否與他的三經新義一樣也被一度作爲科舉考試的依據，現已不得而知。據陳振孫直齋書録解題卷九載録，王安石的得力助手吕惠卿著有莊子義十卷，『（神宗）元豐七年，先表進内篇』，亦不知朝廷以此書作何用。又據道藏褚伯秀南華真經義海纂微卷首今所纂諸家注義姓名所載，陳景元曾於神宗熙寧間主中太一宮，『召對進道德、南華二經解，頒行入藏。』道藏薛致玄述道德真經藏室纂微開題科文疏還説他嘗奏請朝廷，凡遴選道官，『乞試道德、南華、靈寶度人三經十道義』，神宗『喜其請，降編修所，而後道家之學翕然一變，自兹始也。』總之，自真宗以來，尤其到了神宗時期，雖然儒學業已全面復興，但道家學説並沒有因此而銷聲匿跡，反而呈現出了蓬勃發展的景象，甚至還成了政府所舉行的某些考試的重要内容。所以，在哲宗登位後的『元祐更化』期間，君臣便堅決不許主司從老子、莊子等道家書中出試題。如宰相吕公著曾於元祐元年『令禁主司不得出題老、莊書，舉子不得以申、韓、佛書爲學，經義參用古今諸儒説，毋得專取王氏（安石）』（宋史吕公著傳）。哲宗更於元祐二年正月下詔説：『舉人程試，主司毋得於老、莊、列子書命題。』（宋史哲宗紀一）但是，神宗時莊子學既已形成蓬勃發展的態勢，因而此時在文化、學術等領域内也就不可能馬上遏制這種發展態勢了。事實表明，這一時期的莊子學仍是比較興盛的。如陳詳道、林自等，其從事莊子研究當主要就是在哲宗時期。

徽宗登位後，即一改其兄哲宗的做法，對道教（家）表現出了十分濃厚的興趣。特別是在政和以後，其崇道甚至到了狂熱的程度。南宋道士趙實庵説：『逮宋徽宗淵衷湛淨，睿智光輝，受帝心祕密之言，續道祖將殘之

命，範傳金籙，宮敞神霄，制飛天法輪道藏之文，訓混元皇帝道德之旨。廣開元學，詔簪褐以三舍之科，寵示道宮，賜掌教以近臣之秩。至於天文寶籙，詩頌符圖，皆萬世之所未聞。』①這比起真宗來，真可謂有過之而無不及。正是配合著這樣的所作所爲，徽宗又於重和元年九月『詔太學、辟雍各置内經、道德經、莊子、列子博士二員』（宋史徽宗紀三），這是在繼唐玄宗置玄學博士之後出現的又一次爲道家經典置博士的舉措，也是整個宋代所出現的唯一一場爲道家經典置博士的鬧劇。及至欽宗即位，『復以詩賦取士，禁用莊、老』（宋史欽宗紀），這場鬧劇也就隨著莊子、老子的禁用而成了歷史。但不管是徽宗爲道家經典置博士，還是欽宗禁止主司從莊子、老子中出試題，都對當時莊子學的影響不大。因爲這時的莊子學，主要仍是體現於學者獨立的學術研究和文士的個人創作之中，前者如吳儔著莊子注②，後者如葉夢得③、程俱在詩文中對莊子的多所闡釋等等，便都說明了

① 劉惟永道德真經集義大旨卷中引，見道藏。

② 據宋元學案卷九十六、元祐黨人傳卷六等記載，吳儔是蘇轍的學生，哲宗元祐中爲廬州教授，紹聖元年試中制科五等，累官承議郎。徽宗崇寧元年入黨籍。高宗紹興五年贈直秘閣。而道藏褚伯秀南華真經義海纂微卷首今所纂諸家注義姓名『吳儔注』下之注則云：『崇、觀間人。』說明吳儔雖然經歷了哲宗、徽宗、高宗三朝，但他的莊子注則著於徽宗崇寧、大觀之間，故褚氏在介紹作爲莊子學者的吳儔時，便直謂其爲『崇、觀間人。』

③ 據陳振孫直齋書錄解題卷十八著錄，葉夢得原有總集一百卷，已佚。從今所傳建康集八卷中常用莊子典故來看，則其原來的總集中當有很多地方涉及了莊子。而且他在避暑錄話卷上中說：『莊、列之言，皆與釋氏暗合，第學者讀之不精，不能以意通爲一。……吾爲舉子時，不免隨衆讀此二書，心獨有見於此。爲丹徒尉，甘露仲宣師授法於圓照本久，從佛印了元遊，得其聰明妙解。吾常爲言之，每撫掌大笑，默以吾說爲然。俯仰四十年，今老矣，欲求如宣者，時與論方外之事，未之得也。』這又說明，葉氏自哲宗紹聖間爲舉子時直至南宋初年退居林下，其間始終思考著莊子的有關問題，因而在避暑錄話、巖下放言等書中就能對莊子及前人的莊子學提出自己的許多獨特看法。

這一點。

南宋時期，君主在制定國策、下詔令時不怎麽涉及莊子，但不少臣子卻曾研治過莊子，並撰有莊子學專著。如洪興祖（高宗時官至太常博士）曾著莊子本旨，趙汝談（理宗時官直學士、進權刑部尚書）曾著莊子注，馬廷鸞（度宗時進右相兼樞密使）曾著讀莊子筆記等等，這些對當時的莊子學都產生了一定的影響。衆所周知，南宋一朝，偏安於東南一隅，北方的大片土地淪陷於金貴族的統治之下，許多愛國志士爲收復失地而長期奔走呼號，卻屢遭投降派的打擊和迫害，使他們的美好理想完全成了泡影。因此像李光、辛棄疾等人便漸漸愛上了主張逍遥無爲的莊周，並以詩文闡釋了莊子思想。及至南宋的覆滅，則連苟延殘喘的偏安局面也不可得了，這使一般的士人都真正嘗到了亡國的恥辱，完全感到了無可奈何，所以即使像鄭思肖、方鳳這樣崇奉儒學的士子也與莊子親近了起來，參與了對莊子的闡釋活動，從而給莊子思想注入了一定的遺民意識。此外，這一時期的理學在繼北宋之後又得到了進一步發展，而理學家在吸收道家、佛教思想的同時，表面上又對它們採取了排拒的態度，這就使許多南宋理學家，尤其是理學集大成者朱熹對莊子及其思想發表了大量評論，從而有力地推動了莊子學的發展。而宋末福建的艾軒學派，也對莊子頗有研究。其中林希逸著莊子口義，功力甚爲深厚，而且在理論上力圖超越理學先輩的思想模式，把莊子思想與儒學、佛理極力融合起來，爲莊子學的發展作出了很大貢獻。

在金朝，上層人物對莊子也有所喜好。如顯宗孝懿皇后，『好詩、書，尤喜老、莊。』（金史顯宗孝懿皇后傳）楊雲翼（官至吏部尚書、御史中丞）、趙秉文（官至禮部尚書）、李純甫（曾入翰林）等官員，則皆著有莊子學著作，或闡釋莊子的文學作品，但他們對當時莊子學的影響似乎不太大。倒是此時興起的幾個新道派，尤其是全真道，多大力倡導儒、道、佛三教合一說，而自北宋傳承下來的相當老莊化的佛教禪宗此時仍繼續發展著，凡此都對擴大莊子思想的影響、推動莊子學的發展起到了很大的促進作用。

蒙古貴族建立起龐大的元帝國後，十分重視利用自宋、金發展來的佛教和道教爲其統治服務，而對全真教

的利用、扶持顯得尤爲用心和有力，這就對當時的莊子學起到了促進作用。而元統治者所推行的民族壓迫和重武輕文等政策，則使文人士子普遍形成了悲苦甚至絶望的心理，於是他們就與道家思想發生了共鳴，並每每以散曲、雜劇來表達内心的這種思想感情，從而對當時的莊子學也起到了有力的促進作用。

第二節　宋元莊子學的發展過程

北宋初年的思想文化，基本上是對晚唐五代思想文化的直接傳承。這表現在莊子學上，一是其研究者多數爲由五代入宋的人，二是在研究方面大多仍比較偏重於文字訓釋和文本校勘。如道藏陳景元莊子闕誤末所附覽過南華真經名氏載有『江南李氏書庫本』、『張潛夫補注』，宋史藝文志著録『張昭補注莊子十卷』，已佚。據宋史本傳，張昭字潛夫，生於唐末，入宋後官至吏部尚書，卒於宋太祖開寶五年，則其補注莊子當在入宋前後，所作補注當以文字訓釋爲主。陳景元覽過南華真經名氏又載有『江南古藏本』、『徐鉉、葛湍校』，已佚。據宋史本傳，徐鉉本爲南唐舊臣，降宋後官至左散騎常侍，宋太宗雍熙三年受詔與句中正、葛湍等同校說文解字，則其與葛氏同校莊子也當在宋初，所從事的也只是校訂莊子文本而已。在這種風氣中，一些後進之士也比較重視保存和闡揚前人的莊學成果。如孫奭於真宗景德二年上乞雕印莊子釋文及郭象注奏云：

> 諸子之書，老、莊稱首，……故先儒論撰，以次諸經。唐陸德明撰經典釋文三十卷，内老子釋文一卷，莊子釋文三卷。今諸經及老子釋文共二十七卷並已雕，即頒行。唯闕莊子釋文三卷，欲望雕印，冀備一家之學。又莊子注本前後甚多，率皆一曲之才，妄竄奇說，唯郭象所注，特會莊生之旨，亦請依道德經例，差官校定雕印。（宋會要輯稿崇儒四引）

隋唐時，陸德明在經典釋文中依西晉郭象三十三篇本作莊子音義三卷，因其實集漢魏六朝諸家爲莊子所作音義

之大成，兼載莊子衆本之異文，復又精於考釋、校勘，從而具有了很高的學術價値。有見於此，孫奭才上乞雕印莊子釋文及郭象注奏，要求校定雕印，很快得到了真宗的詔可。大中祥符四年，真宗又詔李宗諤等校莊子序摹板。由此說明，重視校勘整理是當時君臣在對待莊子學上所共有的態度。當然，宋初也有一些學者比較注重闡釋莊子義理。如宋史李穆傳載：『（穆）從酸棗王昭素受易及莊、老書，盡究其義。昭素謂曰：「子所能得精理，往往出吾意表。」』王、李皆是由五代入宋的學者，宋史本傳既以『盡究其義』、『能得精理』爲說，則師徒治莊子，當皆重在闡發其義理。宋史王曙傳謂曙仕於真宗朝，著有莊子旨歸三篇，祕書省續編到四庫闕書目卷二又謂其著有南華真經提綱一卷，均已佚。但審其書目名稱，則皆爲探究莊子要義之作。與王曙同時的王旦，著有莊子發題，見褚伯秀南華真經義海纂微卷首今所纂諸家注義姓名著錄，已佚。但審其名目，並據其殘存於褚氏南華真經義海纂微卷一、二十二中的數條遺文來看，則王旦此書也是一部重在闡發莊子義理的著作。此外，陳景元莊子闕誤末所附覽過南華真經名氏云：『散人劉得一注，大中祥符中人。』褚伯秀南華真經義海纂微卷首陳碧虛解義卷末載覽過莊子注所載略同。大中祥符爲真宗時年號，『散人』典出莊子人間世『幾死之散人，又惡知散木』，劉得一用以自署，顯然頗有玩世不恭的意思。由此看來，劉氏爲莊子作注，應是相當重視發揮其中的處世哲學的。

到了北宋中期，整個莊子學呈現出了新的面貌，而王安石和蘇軾無疑是這一新局面的實際開創者。據晁公武郡齋讀書志附志載錄，王安石著有莊子解四卷，早已亡佚。他對當時和後世莊子學產生很大影響的，主要是其所著的莊周。他在這篇論文中首先指出，學儒者以莊子『務詆孔子以信其邪說』而必欲焚毀莊子一書，而好莊子之道者則謂『彼以爲仁義禮樂者，道之末也，故薄之云耳』，必欲百般回護莊子，世人之所以會產生這兩種互相對立的思想觀點，乃是由於他們『未嘗求莊子之意』。那麼，怎樣才能真正求得『莊子之意』呢？王安石先從分析莊周所處時代的特殊狀況入手而推求『莊子之意』說：

昔先王之澤，至莊子之時竭矣，天下之俗，譎詐大作，質樸並散，雖世之學士大夫，未有知貴己賤物之道者也。於是棄絕乎禮義之緒，奪攘乎利害之際，趨利而不以爲辱，殞身而不以爲怨，漸漬陷溺，以至乎不可救已。莊子病之，思其說以矯天下之弊而歸之於正也。其心過慮，以爲仁義禮樂皆不足以正之，故同是非，齊彼我，一利害，而以足乎心爲得，此其所以矯天下之弊者也。

這裏，王安石從分析莊子所處的特殊時代環境入手，進而揭示出了處在這一特殊時代環境中的莊子『思其說以矯天下之弊』的用意。接著，他還以天下篇『詩以道志，書以道事，禮以道行，樂以道和，易以道陰陽，春秋以道名分』等說法爲依據，進一步地提出了所謂『莊子豈不知聖人者哉』的看法，並論定『莊子用其心亦二聖人（指儒家所極力推崇的伯夷、柳下惠）之徒矣』，從而大大緩和了莊子思想與儒家學說之間的尖銳矛盾。蘇軾不但十分愛好莊子的文辭，而且還寫有莊子祠堂記，對司馬遷在史記老子韓非列傳中所提出的關於莊子『詆訿孔子之徒』的說法予以堅決否定。他明確指出，『莊子蓋助孔子者』，尤其是『其論天下道術，自墨翟、禽滑釐、彭蒙、慎到、田駢、關尹、老聃之徒，以至於其身，皆爲一家，而孔子不與，其尊之也至矣。』在他看來，即使莊子有時確有『詆訿』孔子的言論，但這只是表面現象：『莊子之言，皆實予而文不予，陽擠而陰助之，其正言蓋無幾。至於詆訿孔子，未嘗不微見其意。』蘇軾的這些說法，更把莊子學推向了與儒學的結合。由於這時整個社會思想文化領域內儒、道、佛三教互相融合的發展態勢本來就相當強勁，而王安石、蘇軾又是當時政治界的重要人物與文壇鉅子、著名學者，所以他們一旦提出這些具有明顯『儒學化』傾向的莊子學思想，便產生了相當廣泛而深遠的影響。如王雱爲王安石之子，道藏存其南華真經新傳二十卷。在這部著作中，王雱每承王安石之說而發揮之，尤其在詮釋天下篇時，更承因其父『矯弊』之說，也認爲莊子『思以其說教（矯）天下之弊而歸之於正』，其用心無疑是好的。呂惠卿是荊公新政的參與者，受到王氏思想的影響很大。所著莊子義十卷，大致就是在他的儒道合一思想支配下進行的。如他在闡釋外物篇時說：『老子、孔子初無間然，世之學孔子者泥跡而不得其心，故莊

子有是論。』在闡釋天運篇時說：『蓋學孔子而不知所以爲孔子，則其弊常若此，莊子所以數言之。』在闡釋胠篋篇時說：『莊子所謂絶聖棄知者，非滅典籍、棄政教也，不以生於心而已。……或者謂莊子真欲掊擊聖人、縱舍盜賊、殫殘法度者，豈可與之微言乎？』這裏，呂惠卿也以化解莊子與儒學之間的矛盾爲主要目的，既較爲明顯地受到了王安石思想的影響，又顯示出了與蘇軾說法的一致性。據宋元學案卷九十八載，陳詳道是王安石的門人。清四庫館臣進一步說：『詳道與陸佃皆王安石客，安石說經，既創造新義，務異先儒，故詳道與陸佃亦皆排斥舊說。』①從褚伯秀南華真經義海纂微所保存的陳詳道莊子注的部分遺文來看，陳氏在解說莊子這部道家經典時，也較明顯地受到了王安石思想的影響。林自成長於荊公新學盛行之際，而推薦他出仕的又正好是大力推崇王安石的蔡卞，這就使他的學術思想不免要受到王安石的影響了。他曾著有莊子注，其遺文大多保存於褚伯秀南華真經義海纂微中。在這些遺文中，每有所謂莊子『蓋欲矯世俗殉物之弊』（讓王注）之類的話，可見其承因王安石莊子學思想的跡象甚明。南宋時期的學者，大多對王安石、蘇軾的莊子學思想表示認可，並予以了發揮。如他們說：

惟王荊公之論、蘇文忠之記，超乎先儒之表，得莊子之本心。……余雖服膺二公之言，竊以爲前此未有發此秘者，而又自知學力淺短，不敢輕議。（樓鑰跋張正字莊子講義，攻媿集卷七十五）

老莊之矯，絶仁棄義爲太甚者，豈以矯其天下者，必以過高之言而後可救歟？孔子以質之過者，救文之極弊，固其意也。（黃裳順興講莊子序，演山集卷十九）

莊子……既總序了，方隨家數言之，以其書自列於家數之中，而鄒魯之學乃鋪述於總序之内，則此老之心，亦以其所著之書皆矯激一偏之言，未嘗不知聖門爲正也。讀其總序，便見他學問本來甚正，東

① 四庫全書總目提要陳詳道禮書。

坡云莊子未嘗譏夫子，亦看得出。（林希逸莊子口義天下）

這裏，樓鑰對王安石、蘇軾的莊子學思想予以極力表彰，認爲他們所發表的見解『超乎先儒之表，得莊子之本心』，真正揭示出了莊子思想的奧秘。黄裳、林希逸的論説，也顯然是對王、蘇莊子學思想的繼承和發揮。這種情況，甚至一直持續到了明清時期。如清劉鳳苞説：『莊子要闢辯者之徒簧鼓天下，每竊先聖之糟粕以爲口實，因並將孔門講學，亦視爲桎梏，則若輩之爲天刑，更不問可知。讀者須得言外之意，乃知莊子不是詆訿孔子，正詘笑惠施輩耳。』（南華雪心編德充符）劉鴻典也説：『世皆謂莊子詆訿孔子，獨蘇子瞻以爲尊孔子。吾始見其説而疑之，及讀莊子日久，然後歎莊子之尊孔子，其功不在孟子之下也。』（莊子約解序）説明前者的説法實際上受到了王安石、蘇軾莊子學思想的雙重影響，後者則是專對蘇氏莊子學思想的大力肯定和進一步發揮。

北宋中期的莊子學著作，除了上述已提及的而外，還有：陳景元的南華真經章句音義十四卷、南華真經章句餘事一卷、莊子闕誤一卷、南華真經餘事雜録二卷和莊子注（不知卷數），前四種皆存於道藏，後一種賴褚伯秀南華真經義海纂微之徵引而得以存其梗概；劉槩①的莊子注（不知卷數），殘存於褚氏南華真經義海纂微；賈善翔②的南華真經直音一卷，存於道藏；張煊③的莊子通真論三卷、南華真經篇目義三卷，見宋史藝文志四

① 劉槩，褚氏南華真經義海纂微卷首今所纂諸家注義姓名列其名於『王雱』之後。又臧勵龢中國人名大辭典謂其爲壽光人，字孟節，少師種放。舉進士及第，爲幕僚，不得志，棄官隱青州南冶源山。富弼爲築室以居，范仲淹、文彦博皆優禮之。若臧氏所説與褚氏今所纂諸家注義姓名所載者爲一人，則『劉槩』爲北宋中期人無疑。

② 賈善翔，號蓬丘子，崇德悟真大師。其南華真經直音自序作於宋哲宗元祐元年，則賈氏必爲北宋中期人。

③ 張煊，生平事跡不詳，宋史藝文志四列其於『張昭』之後，似當爲北宋中期人。

著録，皆已佚；　馬遵①的莊子内篇解（不知卷數），見光緒江西通志藝文略著録，已佚；　黄介的莊子解（不知卷數），見焦竑焦氏筆乘②，已佚。由此可見，此時治莊子者已大量湧現，從而使宋代莊子學很快出現了興旺景象。無可否認，這一盛況的出現，固然與當時儒、道、佛三教並行發展的社會思想文化背景及莊子學的自身發展密切相關，但最直接的原因當是王安石、蘇軾的大力提倡。黄庭堅説：

吾友幾復，諱介，南昌黄氏。……幾復年甚少，則有意於六經，析理入微，能坐困老師宿學。方士大夫未知讀莊、老時，幾復數爲余言。……其後十年，王氏父子以經術師表一世，士非莊老不言。（黄幾復墓誌銘，豫章黄先生文集卷二十三）

這是説，在王安石父子以經術師表一世，並大力倡導老莊學之前，士大夫是罕讀莊子、老子的。但經王氏父子大力倡導之後，便出現了士大夫『非莊老不言』的新局面。這些説法或許含有一些誇張成分，但仍可以清楚表明，北宋中期的莊子學之所以能臻於極盛，在很大程度上無疑是有賴於王氏父子的大力提倡。蘇軾對莊子學的大力倡導，首先使蘇門學士對莊子産生了濃厚興趣。他們不但在作文賦詩時大量援引莊子思想資料，而且還寫了不少莊子學專論。如黄庭堅的莊子内篇論，晁補之的齊物論等等，對莊子中的一些重要問題或理論觀點分别作

---

①　馬遵，字仲途，樂平人。宋仁宗景祐二年進士，爲右司諫，以禮部員外郎知雜事。嘉祐二年改吏部直龍圖閣，以疾求去，不許，旋卒。見宋史馬遵傳、宋詩紀事卷十三等。

②　黄介，字幾復，南昌人。宋神宗熙寧九年，得同學究出身。歷程鄉、長樂尉、廣州教授，官至宣德郎、知永新縣。哲宗元祐三年卒。見黄庭堅豫章黄先生文集黄幾復墓誌銘、王梓材宋元學案補遺卷九十八。按，焦竑焦氏筆乘卷一謂黄幾復曾解莊子逍遥遊，卷二又謂『林疑獨、陳詳道、黄幾復、呂惠卿、王元澤、林希逸、褚秀海（當作褚伯秀）、朱得之諸本互有得失』，則幾復不但著有莊子解，而且他的這一著作似還可列於宋明莊子學名著之林。

了專門論述，爲推動莊子學研究走向專題化作出了貢獻。總的說來，北宋中期的整個莊子學，由於受慶曆以來人們尚『議論』，尤其是荊公新學要求屏棄漢唐經學死守章句之陋習而注重闡發經典精義這一學術思潮的影響，便呈現出了重在闡發莊子義理的『宋學』特徵，與北宋前期的莊子學偏重於文字訓釋和文本校勘者有了明顯不同。如王雱著南華真經新傳，不屑拘拘於傳統的章句傳注方法，而重在標舉大意，以便從整體上去把握和領會莊子的精神實質。見之於褚伯秀南華真經義海纂微中林自莊子注、陳詳道莊子注、陳景元莊子注、劉概莊子注等著作的遺文，也皆顯示出了重在闡發莊子義理的『宋學』精神。在北宋後期和南宋時期的莊子學中，這種精神還得到了繼承和發揚。如褚伯秀南華真經義海纂微復收有吳儔莊子注、趙以夫莊子注的遺文，從這些遺文來看，他們的莊子學與北宋中期莊子學重義理的精神完全一致。特別像李士表的莊子九論、程俱的莊子論、程大昌的莊子後論①等等，更是一批以議論、評述、分析見長的莊子學專論，充分顯示出其時代特色。

除了上面所說的『儒學化』傾向和重在闡發義理這二大特徵而外，北宋中期的莊子學還呈現出了『宋學』所具有的大膽懷疑的精神。如王安石在莊周中，就率先懷疑了『學儒者』和『好莊子之道者』兩種互相對立的莊子觀，認爲他們都沒有真正求得『莊子之意』。蘇軾在莊子祠堂記中，更是大膽懷疑並激烈批判了司馬遷的莊子觀。甚而至於，他還進而對莊子文本公開提出了挑戰。如他說：

> 余嘗疑盜跖、漁父，則若真詆孔子者。至於讓王、說劍，皆淺陋不入於道。反復觀之，得其寓言之終曰：『陽子居西遊於秦，遇老子。老子曰：「而睢睢，而盱盱，而誰與居？太白若辱，盛德若不足。」陽子居蹴然變容。其往也，舍者將迎，其家公執席，妻執巾櫛，舍者避席，煬者避灶。其反也，舍者與之爭席矣。』去其讓王、說劍、漁父、盜跖四篇，以合於列禦寇之篇曰：『列禦寇之齊，中道而反，

① 見明程敏政新安文獻志卷二十二。

曰：「吾驚焉，吾食於十漿，而五漿先饋。」然後悟而笑曰：『是固一章也。』莊子之言未終，而昧者勦之以入其言。余不可以不辨。

蘇軾依據自己所謂的『莊子蓋助孔子者』這一見解，便懷疑『若真詆孔子者』的盜跖、漁父二篇不可能是莊周本人所寫，而讓王、說劍二篇又皆『淺陋不入於道』，也根本不可能爲莊周本人所作。於是他『反復觀之』，終於發現原來寓言篇末尾與列禦寇篇開頭竟是完整的一章，唯因讓王、說劍、漁父、盜跖四篇的混入，才使這個完整的章節分成了兩個部分。因此他就斷定讓王等四篇乃是『昧者勦之以入』者，根本不是莊周本人的作品。蘇軾的這一說法不一定正確，但卻開啓了後世探究莊子作者問題的新風氣。如羅勉道南華真經循本謂『讓王以下四篇失之粗厲，決非莊子本文』（附錄黜僞），陳深莊子品節、王夫之莊子解、宣穎南華經解、方潛南華經解、陳壽昌南華真經正義等等，或把讓王、說劍、漁父、盜跖四篇全都删去，或將它們從雜篇中分離出來而附於全書之後，凡此皆可看成是受蘇軾說法影響而產生的結果。

北宋後期和南宋時期的莊子學，是借著北宋中期莊子學的餘勢而在新的歷史條件下得以生存和發展的。到了南宋末年，還呈現出了一度復興的景象，使兩宋時期長達三百餘年的莊子學有了一個很好的收結。北宋後期和南宋時期的莊子學著作，除了上文已提到的之外，還有：林豫①的莊子注釋（不知卷數），見道光福建通志經籍志著錄，已佚；黄址②的南華真經解（不知卷數），見乾隆晉江縣志人物志，已佚；洪興祖的莊子本旨（不

① 林豫，字順之，仙遊人。宋神宗熙寧九年進士，歷知保德、廣信、邵武軍。徽宗時，被列入元祐黨籍。見李俊甫莆陽比事、王梓材宋元學案補遺卷九十六。

② 黄址，生平事跡不詳，唯見乾隆晉江縣志人物志有簡略記載，且列其於『林外（宋高宗紹興三十年進士）』之後、『曾慥（卒於紹興二十五年）』之前，則其當爲南宋初年人。

知卷數），見宋史洪興祖傳，已佚； 蕭之美①的莊子寓言類要一卷，見宋史藝文志六著錄，已佚； 趙汝談的莊子通鑒（不知卷數），見宋史趙汝談傳，已佚； 洪邁的莊子法語四卷，存於擇是居叢書初集； 何坦②的南華要旨（不知卷數），見光緒江西通志藝文略著錄，已佚； 孫伯溫③的莊子辭令十卷，見光緒江西通志藝文略著錄，已佚； 徐端方④的莊子章句（不知卷數），見光緒江西通志藝文略著錄，已佚； 詹體仁⑤的莊子解（不知卷數），見道光福建通志經籍志著錄，已佚； 洪諮夔⑥的莊子注（不知卷數），見萬曆杭州府志藝文志、嘉慶於潛縣志人物志著錄，已佚； 高子鳳⑦的莊子注（不知卷數），見楊樞淞故述藝文籍著錄，已佚； 范元應的莊子講語

---

① 蕭之美，王梓材宋元學案補遺卷二十六謂其爲九江人，之敏弟，而之敏曾於宋孝宗隆興間知建陽縣事，則之美爲南宋初人。

② 何坦，字少平，廣昌人。宋孝宗淳熙五年進士，累遷寶謨閣學士，出爲廣東提刑。見李昴英文溪集西疇常言序、王梓材宋元學案補遺卷七十九。

③ 孫伯溫，同治南昌府志選舉志謂其爲豐城人，宋光宗紹熙四年進士。

④ 徐端方，同治南昌府志人物志謂其字矩叔，豐城人，弱冠以文學見知徐鹿卿，而鹿卿爲宋寧宗嘉定十六年進士，則端方爲南宋中期人。

⑤ 詹體仁，字元善，浦城人。宋孝宗隆興元年進士，累官司農卿。見宋史本傳、宋元學案卷六十九。

⑥ 洪諮夔，字舜俞，於潛人。宋寧宗嘉泰二年進士，累官至刑部尚書、翰林學士。見宋史本傳、嘉慶於潛縣志人物志等。

⑦ 高子鳳，字儀甫，華亭人。正德松江府志人物志列其於『林至（淳熙釋褐）』之後、『衛宗武（淳祐間歷官尚書郎）』之前，則其當爲南宋末年人。

(不知卷數),殘存於褚伯秀南華真經義海纂微;阮日益①的南華經注(不知卷數),見嘉慶於潛縣志藝文志著錄,已佚;馬廷鸞的讀莊筆記(不知卷數),見宋史馬廷鸞傳,已佚,等等。總之,北宋後期和南宋時期的莊子學仍然相當興盛,所問世的莊子學著作仍然很多,只是可能由於這些著作在學術上大多沒有什麽特色,連褚伯秀在纂輯南華真經義海纂微時也多未予引錄,所以也就幾乎亡佚殆盡了。但南宋末年林希逸的莊子口義、褚伯秀的南華真經義海纂微、羅勉道的南華真經循本等,卻以其在詮釋、纂輯、考辨等方面的突出成就而爲兩宋長達三百餘年的莊子學作了一個很好的收結,得到了當時和後世研讀莊子者的普遍關注。由於自北宋中期以來莊子學甚爲興盛,即使到了宋室偏安一隅時期,這種風氣仍然相當盛行,於是就引起了一部分士大夫的極力反對。如葉適說:

若莊周者,……其所詆訿笑侮,自黄帝以下,聖賢之所以更履世患而身親其憂,至於孔子老死而不遇,其憂爲最深者,而折旋俯仰,形容其窮困不自得之意;又設爲老聃、萊子所以教詔迷復之辭,其慢易譏謔,乃特甚於諸子。其知之最深,其玩之最甚,……然則莊周之罪大於諸子,孔子之徒所宜深疾而力排之矣。乃反以爲文,而好之甚者,以爲能助孔子之道,而又言其能自托於道術。……嗟夫!莊周者,不得志於當世而放意於狂言,湛濁一世而魚以寄之,是以至此。其怨憤之切,所以異於屈原者鮮矣。雖然,諸子之書害小而已息,莊周之書禍大而長存。自周之書出,世之悦而好之者有四焉:好文者資其辭,求道者意其妙,汩俗者遣其累,奸邪者濟其欲。此四者,君子、小人之雜也。雜而未定,而周以説乘之,是故人道之倫顛錯而不敘,事物之情遺落而不理。以養生、送死、饑食、渴飲之大節而付之

① 阮日益,號鶴巖,南宋末年人。鶴形古貌,苦志食淡,遍遊江湖,通性命之學,展卷超悟,兀坐天目山巖石,寒暑不動。注道德、南華二經,自成一家。見嘉慶於潛縣志隱逸志。

於儻蕩不羈之人，則小足以亡其身，大足以亡天下矣，可不懼哉！蓋周之書大用於世者再，其極皆爲夷狄亂華、父子相夷之禍，然則楊、墨、申、韓之害，曾不若是之遠已！（水心先生別集莊子）①

葉適是永嘉學派的代表人物，在政治上反對『和議』，在學術上提倡功利，反對空談性命，對理學家糅合儒、道、佛三教思想多有指摘。他基於這樣的思想認識，便對道家虛無主義思想提出了尖銳批評，認爲：莊子每每設爲老聃、萊子教詔孔子的寓言故事，對一生以孜孜救世爲己任的孔子竭盡慢易譏謔之能事，其罪特甚於其他諸子，所以凡儒者都應該起來排拒莊子學說。但自莊子一書問世以來，『好文者資其辭，求道者意其妙，汩俗者遺其累，奸邪者濟其欲』，而蘇軾等又謂莊子能助孔子之道，或謂其能自托於道術，這不是更把莊周那套對『人道之倫顛錯而不敘』、對『事物之情遺落而不理』的理論推崇到極點了嗎？假如長此下去，必然要招致『夷狄亂華、父子相夷之禍』，小則亡身，大則亡天下，其害要大大超過楊朱、墨翟、申不害、韓非學說的危害！黃震提倡經世之學，重視日用常行之道，所以也認爲莊子的思想是十分荒唐的，他的著作莊子無疑是一部『亂世之書』，世人『盍火其書』（見黃氏日抄卷五十五）！葉適、黃震對莊子思想的激烈批判，對兩宋時期的莊子熱起到了某種程度上的抑制作用，從而使東晉王坦之、唐代李磎的廢莊精神在南宋這個新的歷史時期得到了發揚光大。當然，黃震與葉適有所不同，他在激烈批判莊子思想的同時，卻又十分稱美莊子文辭。尤其值得指出的是，他還破天荒地提出了關於莊子爲『千萬世詼諧小說之祖』的看法。他說：

莊子以不羈之材，肆跌宕之說，創爲不必有之人，設爲不必有之物，造爲天下所必無之事，用以眇末宇宙，戲薄聖賢，走弄百出，茫無定蹤，固千萬世詼諧小說之祖也。（黃氏日抄卷五十五）

『小說』一詞最早見於莊子外物，指的是不合大道的淺陋瑣屑之言，並不具有文體意義。漢人所謂的『小說』與

① 據叢書集成續編本，上海書店1994年影印。

莊子有所不同，已涉及了文體特徵。而劉向又謂莊子『作人姓名，使相與語，是寄辭於其人』（史記老子韓非列傳司馬貞索引），說明莊子中的一些人物故事，本身往往具有後世所謂小說文體的特徵。黃震正是借助於前人所說的『小說』一詞、『小說』概念，以及漢代以來人們對莊子文體特徵的初步認識，來進一步提出其關於莊子爲『千萬世詼諧小說之祖』的理論，從而在歷史上首次把莊子中的一部分寓言故事看成了小說作品。清代林雲銘謂盜跖篇中孔子遊說盜跖的寓言故事『徑似小說家閒話』（莊子因），劉鳳苞謂其『只是小說派頭』（南華雪心編），胡文英謂其『便開唐人小說之派矣』（莊子獨見）等等，凡此都可看成是對黃震這一說法的繼承和發展。

在金元時代，上層人物對莊子也有所喜好，有的還寫過莊子學專著。如金顯宗孝懿皇后，好詩、書，尤喜老、莊，見金史顯宗孝懿皇后傳。趙秉文，字周臣，磁州滏陽人。金世宗大定二十五年進士。宣宗時，官至禮部尚書。著有南華略釋一卷，見金史趙秉文傳及錢大昕補元史藝文志卷三著錄，已佚。楊雲翼，字子美，平定樂平人。金章宗明昌五年進士。宣宗時，歷任吏部尚書、御史中丞。著有莊子賦一篇，見金史楊雲翼傳，已佚。李純甫，字之甫，弘州襄陽人。金章宗承安二年進士。宣宗時，升左司都事，後任京兆府判官。著有莊子解（不知卷數），見金史李純甫傳及錢大昕補元史藝文志卷三著錄，已佚。郝經，字伯常，澤州陵川人。金亡徙河北，館於張柔、賈輔家。元憲宗時，入忽必烈（世祖）王府，甚受信任。世祖中統元年，以翰林侍讀學士使宋，被宋相賈似道扣留真州十餘年。至元十二年始得放還，明年卒。著有刪注莊子（不知卷數），見雍正山西通志經籍志著錄，已佚。贍思，字得之，真定人。元文宗時，召爲翰林應奉文字。順帝至元初，爲陝西行臺御史，改浙東廉訪僉事。著有莊子精詣（不知卷數），見元史贍思傳及錢大昕補元史藝文志卷三、黃虞稷千頃堂書目卷十六著錄，已佚。胡以遜，字幼謙，崇仁人。宋度宗咸淳四年進士，入元家居讀書①。著有莊子補劓十三卷，見光緒江西通志藝文

① 見嘉靖撫州府志卷十三、光緒江西通志人物志。

略、黃虞稷千頃堂書目卷十六著錄，已佚。何南卿，元代人，具體事跡不詳。著有南華注十三卷，見錢大昕補元史藝文志卷三、雍正山西通志經籍志著錄，已佚。總的說來，金元時代的莊子研究遠已失去兩宋時期的盛勢，只不過是滔滔洪流遠離之後所剩下的緒餘而已，因而這一時期問世的莊子學著作總體水準不高，這應當就是上述這些著作全都不能流傳至今的主要原因。所幸，金代馬定國的讀莊子（在中州集內）①，和元初吴澄的莊子內篇訂正（在道藏內）、莊子敘錄（在吴文正集內）、劉因的莊周夢蝶圖序（在靜修文集內）等仍能流傳至今，這才爲我們研究這一時期的莊子學提供了一些相當珍貴的具體資料。可惜，自此後直至元末，隨著莊子研究的進一步走向低谷，連莊子學著作都不再有人撰寫，對莊子的闡釋幾乎只有靠佛、道學者和元曲作家來支撑了。

其實，在整個宋元莊子學的發展過程中，佛教學者正像魏晉南北朝和隋唐時期一樣，也始終是大膽吸收莊子思想，並積極參與闡釋莊子思想活動的。這在禪宗各派那裏，表現得尤爲突出。據乾隆溫州府志仙釋、光緒樂清縣志仙釋等記載，南宋初樂清能仁寺僧景宣，平生喜讀莊子，能究極性命道德之説，還著有莊子注解三十三卷，可惜今已不傳於世。這一時期的道教，無論是由張伯端開創的金丹派南宗，還是由王重陽開創的北方全真道，等等，也大都積極參與了闡釋莊子思想的活動。而像陳景元、范元應、褚伯秀、姬志真、宇文居鎡②、雷思齊③

---

①　馬定國，字子卿，茌平（在今山東）人。官至翰林學士。見金史本傳。其讀莊子詩云：『吾讀漆園書，秋水一篇足。安用十萬言，磊落載其腹。北風熟相梨，冷日照鴻鵠。人生固多事，端坐至秉燭。』（元好問編中州集卷一）。

②　道藏收有莊周氣訣解一卷，不著撰者姓名。視其內容，主要是通過闡釋莊子養生主『指窮於爲薪，火傳也』之語來發揮道教的養生續命之旨。宋史藝文志著錄，作『莊周氣訣一卷』，亦不著撰者姓名。郎擎霄莊子學案莊子書目題『宇文居鎡』撰，列於宋人李士表、褚伯秀之間，今姑從之。

③　雷思齊，字齊賢，臨川人，宋亡後棄儒爲道士，見王梓材宋元學案補遺卷八十四。有莊子旨義（不知卷數），見錢大昕補元史藝文志卷三、黃虞稷千頃堂書目卷十六著錄，已佚。

等道教學者，甚至都撰有莊子學專著，大多數還流傳到了現在，這不但爲宋元莊子研究作出了重要貢獻，而且也爲我們今天研究宋元莊子學提供了十分重要的文獻資料。

北宋時興起的理學，除了以儒家思想爲主體外，還吸納佛教、道教（道家）的許多思想理論和思維方法，而對於莊子，則主要是吸納其道體論思想和悟道方法。然而，由於宋元理學所確定的是以『理』爲本體的形上學體系，所發揮的主要是儒家的倫理哲學和政治學説，這就決定了它在吸納佛、道思想理論和思維方法的同時，又必須努力劃清儒學與佛、道的理論界限，以保持正統儒學的純潔性。因此，理學家在推崇、欣賞和吸納莊子思想理論和思維方法的同時，又不得不對莊子的一些思想理論予以批評。如周敦頤、邵雍、張載、程顥、程頤、朱熹、陸九淵、許衡、劉因、吴澄等宋元理學家的莊子觀，大致都具有上述特徵。在這些理學家中，朱熹對莊子的評論最爲具體，諸如對莊子與孟子沒有互相『道及』之原因、莊子與老子學説之差異、莊子與曾點氣象之異同、莊子是否爲佛教之所自出、莊子之思想與藝術特徵、歷代莊子學之得失等問題都有所論列，提出了自己的許多獨特見解。而且，隨著朱子理學後來長期成爲官方哲學，他的這些見解也就得到了後世的高度重視和進一步發揮。可見，朱熹的莊子學思想在莊子學史上有一定地位。此外，福建籍理學家楊時和林光朝、林亦之、陳藻等，還曾寫過莊子學著作①。後學林希逸，更在利用林光朝、林亦之、陳藻的莊學成果的基礎上寫出了集大成著作莊子口義，爲宋代莊子學乃至整個莊子學史增添了不少光輝。

兩宋時期的文士，每以詩文和詞作來表述其對莊子思想的獨特見解。這在北宋時期，以王安石、蘇軾兩個

① 楊時莊子解（不知卷數），見道光福建通志經籍志著錄，已佚；林光朝莊子解（不知卷數），見道光福建通志經籍志、光緒莆田縣志藝文志著錄，已佚；林亦之莊子奥解二卷、陳藻莊子解五卷，見乾隆福州府志藝文志、乾隆福清縣志藝文志、道光福建通志經籍志著錄，皆已佚。

文學集團表現得最爲突出，而在南宋時期，則以辛棄疾最稱高手。到了元代，作家們又每以散曲、雜劇來闡釋莊子思想，而其中的莊周蝴蝶夢，則是他們集中闡釋的對象。這就說明，他們之所以會與莊子思想發生共鳴，主要是由於他們處在那沒有理性的社會中，已深深感到人生有如惡夢一般，絲毫也看不到自己還會有什麼希望！總的說來，宋元時期詩文詞曲作家也爲莊子學的發展作出了不少貢獻。

第二章　王安石的莊子學

王安石（1021—1086），字介甫，撫州臨川（今江西臨川）人。父親王益，母親吳氏，王安石生於宋真宗天禧五年（1021），卒於宋哲宗元祐元年（1086），曾受封『荊國公』，死後謚曰『文』，故又稱『王文公』、『王荊公』。王安石一生閱歷豐富，學和仕方面皆有作爲，是宋代著名的政治家、思想家、文學家。

第一節　王安石學術中的諸子學思想

蘇軾在王安石贈太傅制中說：『具官王安石，少學孔孟，晚師瞿聃。網羅六藝之遺文，斷以己意；糠秕百家之陳跡，作新斯人。』蘇氏用『少』和『晚』來概括稍顯籠統，但他對於王安石學術思想的概括相當準確。說明以孔、孟儒家爲主，調和釋、老等諸子百家爲一體，這正構成了王安石學術思想的主要特徵。

王安石的理想是傳承上古堯舜三代的聖王之道，因此他推崇經學、儒學。他的儒學思想主要體現在以三經新義爲代表的新經學以及其他的詩文中。王應麟在困學紀聞卷八中說：『自漢儒至於慶曆間，談經者守故訓而不鑿。七經小傳出而稍尚新奇矣。至三經新義行，視漢儒之學若土梗。』三經新義打破了漢唐以來注疏的章句之學，從義理上闡釋聖人之道。王安石注解的經學，與傳統的經學不同，同先秦的儒學也不完全一致，它是以儒學爲核心，融合了佛教思想和諸子思想的新經學。

王安石早年以建功立業、濟世救民的儒家理想爲己任，對於佛教棄世的思想持批判態度，但又佩服佛教精深的理論思維水準和僧侶淡泊名利的生活態度，一生與許多佛教僧人交往，撰寫了大量關於佛學的著作，其中有系統的佛經注解（多已亡佚），也有討論佛學問題的論文、書信、詩詞等，在經學中也融合了許多佛教的思想。

除了儒學和佛學，王安石還廣泛閱讀諸子的書籍，作出了許多研究，著有老子注、莊子注這樣的系統專論（都已亡佚），其他的關於老子、莊子以及論楊朱、墨翟、商鞅等人思想的論述，則散見於詩文中。

王安石經常在治學的文章中談論對待諸子的總體態度。他在答曾子固書中曾寫道：『然世之不見全經久矣，讀經而已，則不足以知經。故某自百家諸子之書，至於難經、素問、本草、諸小說，無所不讀，農夫女工，無所不問，然後於經爲能知其大體而無疑。蓋後世學者，與先王之時異矣，不如是，不足以盡聖人故也。揚雄雖爲不好非聖人之書，然於墨、晏、鄒、莊、申、韓，亦何所不讀，彼致其知而後讀，以有所去取，故異學不能亂也。惟其不能亂，故能有所去取者，所以明吾道而已。』①由這段話我們可以看出，王安石對於諸子的書籍也幾乎無一不讀，他在學術上採取相容並包的態度。

王安石在漣水軍淳化院經藏記中提到另一個重要的問題：『道之不一久矣，人善其所見，以爲教於天下，而傳之後世。後世學者或徇乎身之所然，或誘乎世之所趨，或得乎心之所好，於是聖人之大體，分裂而爲八九。博聞該見有志之士，補苴調胹，冀以就完而力不足，又無可爲之地，故終不得。蓋有見於無思無爲，退藏於密，寂然不動者，中國之老、莊，西域之佛也。既以此爲教於天下而傳後世，故爲其徒者，多寬平而不忮，質靜而無求，不忮似仁，無求似義。當士之誇漫盜奪，有己而無物者多於世，則超然高蹈，其爲有似乎吾之仁義者，豈非所謂

---

① 本章凡引王安石文章，皆據臨川先生文集，中華書局1959年版； 引王氏詩歌，皆據李壁箋注、高克勤點校王荊文公詩箋注，上海古籍出版社2010年版。

賢於彼而可與言者邪？』由此可見，王安石追求的是聖王之道，即『全經』，但『全經』在很久以前就分裂爲八九，因此諸子學術也是『全經』的組成部分，儒家學說只是『全經』的重要一支。基於這樣的認識，他對於諸子思想提倡『有所去取』，採取的是廣納百家、博採衆長的綜合學術態度。

第二節　莊周及其他文章所體現的莊子學思想

晁公武郡齋讀書志卷五記載王安石著有莊子解四卷，可惜早已亡佚。現存的王文公文集、臨川先生文集中保存了他論述莊子學思想的一些文章，主要有莊周上、下篇、九變而賞罰可言、答陳梠書、答王深父書、季子，下面就從這幾篇文章著手梳理出王安石的莊子學思想。

一、莊周以儒解莊

莊周上、下篇是王安石闡述莊子思想的專論，其成文時期已不可考。文章通過『知人論世』和『以意逆志』的讀書方法，對莊子思想進行了創造性的解讀，明顯地帶有以儒解莊的色彩。

在莊周中，王安石首先指出了世人論莊周有著兩種互相對立的觀點。他說：『學儒者曰：「莊子之書，務詆孔子以信其邪說，要焚其書，廢其徒而後可，其曲直固不足論也。」』又說：『好莊子之道者曰：「莊子之德，不以萬物干其慮而能信其道者也。彼非不知仁義也，以爲仁義小而不足行已；彼非不知禮樂也，以爲禮樂薄而不足化天下。……是知莊子非不達於仁義禮樂之意也，彼以爲仁義禮樂者，道之末也，故薄之云耳。」』對於這兩種互相對立的觀點，王安石都提出了批評，認爲『夫儒者之言善也，然未嘗求莊子之意也』，而『好莊子之

言者固知讀莊子之書也，然亦未嘗求莊子之意也。』

那麼，怎樣才能真正求得『莊子之意』呢？ 正像孟子以『知人論世』的方法去推求詩人的心志一樣，王安石也先從分析莊周所處時代的特殊狀況入手推求了『莊子之意』。 他說：

> 昔先王之澤，至莊子之時竭矣，天下之俗，譎詐大作，質樸並散，雖世之學士大夫，未有知貴己賤物之道者也。 於是棄絕乎禮義之緒，奪攘乎利害之際，趨利而不以爲辱，殞身而不以爲怨，漸漬陷溺，以至乎不可救已。 莊子病之，思其說以矯天下之弊而歸之於正也。 其心過慮，以爲仁義禮樂皆不足以正之，故同是非，齊彼我，一利害，而以足乎心爲得，此其所以矯天下之弊者也。

確實，在春秋、戰國時期社會大變革的過程中，不少人確實變得越來越貪婪、陰險、狡猾了，所謂的仁義道德只不過成了『禽貪者器』（莊子徐無鬼）而已。 於是莊子就深情地回憶起了遠古時期那個所謂『端正而不知以爲義，相愛而不知以爲仁，實而不知以爲忠，當而不知以爲信』（莊子天下）的美好社會，並進而『思其說以矯天下之弊而歸之於正』。 可見王安石破天荒地把孟子『知人論世』的方法運用到了莊子研究上，從而使他比前人更爲有效地揭示出了莊子所處的特殊時代環境，以及處在這一特殊時代環境中的莊子『思其說以矯天下之弊』的用意。

王安石進一步指出，由於莊周深知自己是以過激的言論來『矯天下之弊』的，所以又很害怕後人信以爲實，把自己的這些言論作爲評判天地、究析萬物的標準，致使他們不能見到『天地之純』、『古人之大體』，於是他就採取了一些補救措施，以期達到『存聖人之道』的目的：

> （莊子）既以其說矯弊矣，又懼來世之遂實吾說而不見天地之純、古人之大體也，於是又傷其心於卒篇以自解。 故其篇曰：『詩以道志，書以道事，禮以道行，樂以道和，易以道陰陽，春秋以道名分。』由此而觀之，莊子豈不知聖人者哉？ 又曰：『譬如耳目鼻口，皆有所用，不能相通，猶百家衆技，皆

有所長，時有所用。』用是以明聖人之道其全在彼而不在此，而亦自列其書於宋鈃、慎到、墨翟、老聃之徒，俱爲不該不遍一曲之士，蓋欲明吾之言有爲而作，非大道之全云耳。然則莊子豈非有意於天下之弊而存聖人之道乎？

在王安石看來，莊周在『卒篇』（即莊子天下）中不但提出了『詩以道志，書以道事，禮以道行，樂以道和，易以道陰陽，春秋以道名分』的說法，極力稱道儒家經典所具有的種種功用和崇高地位，而且還『自列其書於宋鈃、慎到、墨翟、老聃之徒』，承認自己也不過是『不該不遍』、『非大道之全』的『一曲之士』而已，從而在一定程度上糾正了『吾說』之失，並有效地保存了『聖人之道』。王安石進而指出：『伯夷之清，柳下惠之和，皆有矯於天下者也，莊子用其心亦二聖人之徒矣。』這就是說，從『莊子之意』來看，莊周實不愧爲伯夷、柳下惠二聖人之徒。但在王安石看來，『莊子之言』卻是不可取的，甚至還應該以『邪說』比擬之。因爲，『莊子之言不得不爲邪說比者，蓋其矯之過矣。夫矯枉者，欲其直也，矯之過則歸於枉矣。莊子亦曰：「墨子之心則是也，墨子之行則非也。」推莊子之心以求其行，則獨何異於墨子哉？』所以王氏得出結論說：

讀莊子者，善其爲書之心，非其爲書之說，則可謂善讀矣。此亦莊子之所願於後世之讀其書者也。今之讀者，挾莊以謾吾儒曰：『莊子之道大哉，非儒之所能及知也。』不知求其意，而以異於儒者爲貴，悲夫！

正像莊子天下作者謂『墨翟、禽滑釐之意則是，其行則非也』一樣，王安石也認爲讀莊子者應該『善其爲書之心，非其爲書之說』，善於到莊周荒唐不經的言說中去推尋其欲『矯天下之弊』的心意。而要推尋出莊周寄寓於荒唐言說中的心意，王氏認爲除了必須瞭解其著述的時代背景而外，還需要運用孟子所倡導的『不以辭害志』這一解詩的方法。他說：

學者詆周非堯、舜、孔子，余觀其書，特有所寓而言耳。孟子曰：『說詩者，不以文害辭，不以辭

害意，以意逆志，是爲得之。』讀其文而不以意原之，此爲周者之所以詆也。

王安石在這裏不外就是說，他自己通過運用孟子『不以辭害志』的方法來研讀莊子，便發現莊周表面上雖似非難堯、舜、孔子，實際上『特有所寓而言耳』，其『心』其『意』並不是真的想要非難這些聖人，此亦『莊子之所願於後世之讀其書者也』。

不可否認，王安石自覺運用孟子的說詩方法來解讀莊子，並倡言『善其爲書之心，非其爲書之說』，要求讀莊子者必須把莊周的言論與本心嚴格區分開來，以便推尋出寄寓在其著作中的真正用意，凡此確實都給人們提供了解讀莊子的新方法，具有一定的方法論意義。所以南宋樓鑰在跋張正字莊子講義中說，王安石研治莊子能『超乎先儒之表，得莊子之本心』，『前此未有發此秘者』。

當然，由於王安石是一位大政治家，他首先需要考慮的是如何利用前人的學說來爲現實服務的問題，而莊子中又有那麼多詆毀聖人、攻擊儒家的言論，與趙宋王朝所推行的以儒家思想爲主體的文化政策格格不入，所以只得倡言讀莊子必須『善其爲書之心，非其爲書之說』，希冀以此來化解儒、道之間的矛盾，使莊子成爲一部有益於治道的著作。如他在說了『讀其文而不以意原之，此爲周者之所以詆也』的話後，即曰：『周曰：「上必無爲而用天下，下必有爲而爲天下用。」又自以爲處昏上亂相之間，故窮而無所見其材。孰謂周之言皆不可措乎君臣父子之間，而遭世遇主終不可使有爲也？』通過王安石的詮釋，莊子中的這些思想資料幾乎都無不成了莊周措意於『君臣父子之間』的證據，則莊周豈不也有儒者的用心了嗎？甚而至於，王安石在『以意原之』、『善其爲書之心』方面還有偏離得更遠的。如在莊子天下中，作者雖然稱道了儒家經典所具有的功用和地位，但對『鄒魯之士』、『搢紳先生』仍是以『不該不遍，一曲之士』目之的，而對於『莊周』卻給予了最高程度上的肯定，認爲他的學說超然關尹、老聃之上，雄踞諸子百家之巔，前無古人，後無來者，完全是先天之道的體現。可是，王安石卻說莊周自列於百家之後，承認自己『不該不遍』，是『一曲之士』，則『莊子用其心亦二聖人（伯夷、柳

下惠）之徒矣』。可見，王安石在這裏正嚴重地歪曲了『莊子』的真實用意。

二、其他文章中的莊子學思想

除了在專論莊周中論述莊子學思想，王安石還在其他文章中屢次提到對於莊子思想的看法，主要有季子、九變而賞罰可言、答陳柅書、答王深父書，這些文章中體現的莊子學思想涉及很多方面，主要包括對莊子自然『天道』、死亡觀念、無爲之道、性命之分以及他是否涉及神仙學説等方面的看法。下面擬對這些文章進行分析研讀，以便更全面地瞭解王安石的莊子學思想。

1．宇宙觀：將自然『天道』納入儒家倫理體系

王安石撰九變而賞罰可言，題目直接引自莊子天道：『五變而形名可舉，九變而賞罰可言。』天道篇建立了一個天—道德—仁義—分守—形名—因任—原省—是非—賞罰的序列，王安石非常贊同這個序列，在文章開頭便對這個序列中的各部分進行解説：

萬物待是而後存者，天也；莫不由是而之焉者，道也；道之在我者，德也；以德愛者，仁也；愛而宜者，義也。仁有先後，義有上下，謂之分；先不擅後，下不侵上，謂之守。形者，物此者也；名者，命此者也。所謂物此者，何也？貴賤親疏，所以表飾之，其物不同者是也。所謂命此者，何也？貴賤親疏，所以稱號之，其命不同者是也。物此者，貴賤各有容矣；命此者，親疏各有號矣。因親疏貴賤任之以其所宜爲，此之謂因任。因任之以其所宜爲矣，放而不察乎，則又將大弛，必原其情，必省其事，此之謂原省。原省明而後可以辨是非，是非明而後可以施賞罰。

天道篇是莊子外篇中爭議較多的一篇，王船山在莊子解中就曾指出天道篇『多掇拾雜纂之言』，『定非莊子之

書』，尤其這一段『其意以兵刑、法度、禮樂委之於下，而按分守、執名法以原省其功過，此形名家之言，而胡亥督責之術，因師此意，要非莊子之旨。』對於『天』和『道』，王安石的解説比較符合莊子原意，繼承了莊子自然天道的思想。對於仁義道德，王安石則完全用儒家的觀點進行解説：『道之在我者，德也；以德愛者，仁也；愛而宜者，義也。仁有先後，義有上下。』莊子一書充滿了對於仁義道德的批判，王安石這裏的解説表明了他此時還是一個堅定的儒者，對於儒家仁義道德的核心思想非常認同。對於分守、形名、因任、原省、是非、賞罰等，王安石用常識進行了解説，但其中飽含儒家『貴賤親疏』的思想。

對於天道篇中的這個體系，王安石質疑『古之人孰不然』？認爲此並非莊子所獨有，並且特别强調『古之言道德所自出而不屬之天者，未之有也』。正是這種認識，王安石引用儒家經典論語、尚書，對這個體系的每個部分作出了相應解説：

堯者，聖人之盛也，孔子稱之曰『惟天惟大，惟堯則之』，此之謂明天。『聰明文思，安安』，此之謂明道德。『允恭克讓』，此之謂明仁義。次九族，列百姓，序萬邦，此之謂明分守。修五禮，同律度量衡，以一天下，此之謂明形名。棄后稷，契司徒，臯陶士，垂共工，此之謂明因任。三載考績，五載一巡狩，此之謂明原省。命舜曰『乃言底可績』，謂禹曰『萬世永賴，時乃功』，『蠢兹有苗，昏迷不恭』，此之謂明是非。『臯陶方祗厥敘，方施象刑，惟明』，此之謂明賞罰。

『天』在孔子之前多有天神性和宗教性，孔子很少單獨談論天，他總是傾向於把天和德放在一起，『傳統投入孔子的道德生命，開始有了更進一步的轉化，原始的天神觀念轉變爲道德意義的天命或天道。』（韋政通中國思想史上）王安石用『惟天爲大，惟堯則之』來解説『明天』，繼承了先秦儒家對於天的理解，但是王安石卻在文章一開頭用道家的觀點解説了天和道：『萬物待是而後存者，天也；莫不由是而之焉者，道也。』這樣，王安石將道家的自然天道觀和儒家的倫理天道觀相融合，天、道既富有了道家客觀性的一面，又擁有了儒家道德性的

一面。

綜觀九變而賞罰可言，王安石主要有兩個寫作目的。首先，他借用天道篇中的思想，把『明天』作爲道德、分守、形名、因任、原省、是非、賞罰等的統籌和前提，爲道德、形名等找到需求的根源和客觀的依據。因此他說：『至後世則不然，仰而視之曰：「彼蒼蒼而大者何也？其去吾不知其幾千萬里，是豈能如我何哉？吾爲吾之所爲而已，安取彼？」於是遂棄道德，離仁義，略分守，慢形名，忽因任，而忘原省，直信吾之是非，而加人以其賞罰。於是天下始大亂，而寡弱者號無告。』其次，寫作本文的最重要目的在於重振儒家道德仁義秩序，『明天』之所以被強調，是因爲『明天』是實現『道德仁義』的方式，天道篇或許參雜了各家思想，但並沒有一個明確的目標，只是闡明了一個認識體系，王安石把這個體系抬升到『古之人孰不然』的地位，就是想借用這個體系的權威來論證和實現儒家道德濟世理想。

2．死亡觀：莊周鼓盆而歌乃棄人齊物之道

王安石在季子中，指責了季子在其長子死後，沒有依禮守喪三年，而是『號者三，遂行』，其中有一段涉及莊子的部分：

昔莊周喪其妻，鼓盆而歌；東門吴喪其子，比於未有。此棄人齊物之道，吾儒之罪人也。觀季子之説，蓋亦周、吴之徒矣。

莊周在其妻死的時候，鼓盆而歌，表面看起來非常不合情理，尤其在秉持仁義的儒者看來，更是大逆不道。但在莊子這一行爲背後，有他獨特的死亡觀做支撐。莊子知北遊：『生也死之徒，死也生之始，孰知其紀！人之生，氣之聚也；聚則爲生，散則爲死。若死生爲徒，吾又何患？』在莊子看來，生死同爲一體，這個本體就是『氣』，因此死亡不再是無奈和痛苦，而是與生一樣的生命必然。由此，莊子説他妻子的死亡是『且偃然寢於巨室』，『而我噭噭然隨而哭之，自以爲不通乎命，故止也。』死亡是自然之理，就如四時變換一般，人死後歸於天

地，因此沒有必要像世人那樣悲痛逝者的離去。

儒家的死亡觀跟莊子的死亡觀不同。儒家很少談論死亡，孔子説：『未知生，焉知死。』儒者比較關注的是現實世界，但這不代表儒者就畏懼死亡，孔子説：『志士仁人，無求生以害仁，有殺身以成仁。』在儒家看來，如果爲自己的道德理想而死，那麽是死得其所。在這一點上，儒家和莊子都是超越死亡的，儒家通過道德來超越死亡，莊子通過回歸自然來超越死亡。儒者注重群體，對於死亡真正關心的是死者，而非死亡本身，在儒家看來，人對於死者的悲痛是必然也是必需的，因爲死者是群體中的一員，是社會關係中的一部分，同時對於死者的悲痛重點落在了如何使這種情緒合情合理地抒發，如何使這種守喪的行爲起到美教化、移風俗的社會作用。

對於莊子鼓盆而歌的行爲，王安石認爲是棄人齊物之道，即不把人當人看，而把人當物看，這完全是一個儒者站在自己的人倫觀上對他人的指責，而沒有真正去理解其行爲背後的想法和觀念。從以上分析，可以看出王安石此時在死亡喪禮這一方面是一個儒者，對於莊子的死亡觀並沒有真正理解。

3．政治觀：批判莊子無爲之道

王安石答王深父書云：

深甫曰：『惟其正己而不期於正物，是以使萬物之正焉。』某以謂期於正己而不期於正物，而使萬物自正焉，是無治人之道也。無治人之道者，是老、莊之爲也。所謂大人者，豈老、莊之爲哉？正己不期於正物者，非也；正己而期於正物者，亦非也。正己而不期於正物，是無義也；正己而期於正物，是無命也。是謂大人者，豈顧無義命哉？揚子曰：『先自治而後治人之謂大器。』揚子所謂大器者，蓋孟子之謂大人也。物正焉者，使物取正乎我而後能正，非使之自正也。武王曰：『四方有罪無罪，惟我在，天下曷敢有越厥志！』一人横行於天下，武王恥之。孟子所謂『武王一怒而安天下之民。』不期於正物而使物自正，則一人横行於天下，武王無爲怒也。孟子沒，能言大人而不放於老、莊者，揚

子而已。

王深甫在信中提到的正己而物正，出自孟子盡心：『孟子曰：「有事君人者，事是君則爲容悦者也；有安社稷臣者，以安社稷爲悦者也；有天民者，達可行於天下而後行之者也；有大人者，正己而物正者也。」』。王深甫對此提出了自己的看法：『惟其正己而不期於正物，是以使萬物之正焉。』可以看到，孟子討論的問題核心在他這裏發生了變化，孟子探討的核心是正己，正物只是正己順帶的結果，而王深甫討論的核心卻落在是否期於正物上。

王安石對於正己而期於正物和正己而不期於正物都提出了批判，認爲它們都不是孟子所説的大人者，而引用揚雄的話來解説：『先自治而後治人之謂大器。』對於如何正物，王安石認爲應該『使物取正乎我而後能正，非使之自正』。

文章中，對於正己而不期於正物，王安石把它歸入到老莊之道，應該説，王安石這一判斷卓有見地，表明他對於老莊的無爲之治非常熟知。同時，他認爲正己而不期於正物是没有意義的，對莊子的無爲之道持批判態度。

4．人生觀：莊生之書，通性命之分

王安石所處的時代，是宋代學術轉型的時代，由章句之學轉向義理之學，由對社會倫理的闡釋轉向對宇宙本體的探求。在這個轉變中，王安石不是始發軔者，卻起著重要的作用。晁公武郡齋讀書志後志卷二『王氏雜説十卷』條引蔡京(卞)王安石傳曰：『自先王澤竭，國異家殊，由漢迄唐，源流浸深。宋興，文物盛矣，然不知道德性命之理。安石奮乎百世之下，迫堯舜三代，通乎晝夜陰陽所不能測而入於神。初著雜説數萬言，世謂其言與孟軻相上下。於是天下之士始原道德之意，窺性命之端。』性命之説是王安石學術思想的重要部分，對於莊子是否涉及性命之説，王安石在答陳梠書中説：

莊生之書，其通性命之分，而不以死生禍福累其心，此其近聖人也。自非明智，不能及此。明智矣，讀聖人之說，亦足以及此。不足以及此，而陷溺於周之說，則其爲亂大矣。墨翟非亢然詆聖人而立其說於世，蓋學聖人之道而失之耳。雖周亦然。韓氏作讀墨，而又謂子夏之後流而爲莊周，則莊、墨皆學聖人而失其源者也。

王安石肯定了莊子在人生觀上面的思考，欣賞莊子『不以死生禍福累其心』，稱讚這種思想境界接近聖人。但他同時認爲，讀聖人之說，也是可以達到這種境界的。王安石所謂的聖人之說，應當是指儒家經典，而且他還說，如果讀者本來不夠明智，而來讀莊子之書，必然陷溺於莊周之說，這會帶來非常不好的效果。這個說法和王安石在莊周中所說的一致，莊周中認爲大多數人只是讀了莊子的書，而沒有真正獲知莊子的真意。王安石雖然讚賞莊子通性命之分，但他認爲莊子和墨子一樣，是學聖人之道而失其源。至於莊子哪裏失其源，王安石沒有具體深入的探討，只是籠統地說其不合於經，這是很明顯地帶著儒家立場批判別家的思想，因此，在答陳梲書之末，王安石得出自己的讀書體會：『聖人之說，博大而閎深，要當不遺餘力以求之。是二書雖欲讀，抑有所不暇。』可見，在王安石看來，深讀聖人即儒家之經典，才是最重要的。

5．學術源流：老、莊之說未嘗及神仙

在答陳梲書中，王安石針對陳梲所認爲的老、莊潛心於神仙一說，明確提出老、莊之說未嘗及神仙的觀點：

老、莊之書具在，其說未嘗及神仙，唯葛洪爲二人作傳以爲仙。而足下謂老、莊潛心於神仙，疑非老、莊之實，故嘗爲足下道此。

四庫全書總目提要道家類序云：『後世神仙之跡多附於道家，道家亦自矜其異，如神仙傳、道教靈驗記是也。要其本始，則主於清淨自持，而濟以堅忍之力，以柔克剛，以退爲進，故申子、韓子流爲刑名之學；而陰符經可通於兵，其後長生之說與神仙家合爲一而服餌導引入之。房中一家近於神仙者亦入之。鴻寶有書燒煉入之。

張魯立教，符籙入之。北魏寇謙之等又以齋醮章咒入之。世所傳述，大抵多後附之文，非其本旨。彼教子不能別，今亦無事於區分。然觀其道書源流變遷之故，尚一一可稽也。』老、莊本來是先秦思想家，到了漢代，道教尊老、莊爲神仙，東晉葛洪在神仙傳中爲老、莊二人作傳，將兩人納入神仙體系，後世不明者多認爲老、莊涉及神仙學説。王安石在答陳梠書中明確指出老、莊之説未嘗及神仙，可見其對老、莊學説的這一方面頗有見地。

第三節　王安石詩歌中體現的莊子學思想

王安石創作的詩歌多達兩千首，其中許多作品引用了莊子，遍及内、外、雜篇，這些詩歌反映的莊子學思想明顯不統一。根據李德身王安石詩文繫年，對其進行編年，可以看出這些詩歌體現的莊子學思想呈現出明顯的發展變化過程。爲了闡述方便，筆者將這些詩歌分成三個階段：前期官宦期，即慶曆二年（1042）中進士至嘉祐八年（1063）因母喪離京；居喪講學期，即嘉祐八年（1063）秋至治平三年（1066）；罷相閒居期，即熙寧九年（1076）十月再次罷相至元祐元年（1086）逝世。同時以詩歌文本爲基礎，以編年爲指導，結合王安石學術思想的相關研究成果，加以對照互證，總結出動態發展過程中的王氏莊子學思想。

王安石前期官宦期由地方官時期和京官時期兩部分組成，關涉莊子學思想的詩作共有八首。這些詩歌體現的莊子學思想頗爲複雜，大多數詩歌反映出王氏尊儒譴莊的態度和以儒解莊的方法。酬王伯虎引用了莊子『帝鑿七竅』的寓言：『吾聞人之初，好惡尚無朕。帝與鑿耳目，賢愚遂殊品。爾來百千年，轉化薄愈甚。』渾沌是莊子虛化的人物，他是莊子所認爲的聖人的體現。儵和忽爲了報答渾沌善待之恩，仿效人的七竅鑿之，使得渾沌七日而死。帝鑿七竅是一種悖逆自然的行爲，它機械地照搬人的標準，造成了本性的喪失，這種行爲是莊

子懼怕和擔憂的。此詩中，寓意發生了變化：人在最初的時候，德性上沒有好惡之分，等到帝鑿耳目後，人的賢愚才有了各種品級。可見，在王安石看來，帝鑿七竅，開啟了人類善惡賢愚的區分，他沿襲了莊子關於造物主的思維框架，卻旨在說明倫理道德的演進，明顯帶有以儒解莊的色彩。寄王逢原寫道：『披衣起行愁不愜，歸坐把卷闔且開。永懷古人今已矣，感此近世何爲哉？莊韓百家藝天起，孔子大道寒於灰。儒衣紛紛欲滿地，無復氣焰空煤臺。』王安石認爲正是由於莊韓百家的思想，才造成孔子大道的衰落，他『永懷古人今已矣』，懷的是儒家的聖人，而非百家諸子。從這首詩我們可以看出，此時的王安石是一個堅定的儒者，他希望復興儒家。在他看來，莊子思想和儒家思想也是矛盾的，莊、儒呈現出不可調和的態勢。

基於尊儒譴莊的基本認識，王安石對於莊子的齊物思想也抱以否定的態度，他依舊堅信積極入世，期望通過改革實現個人抱負和社會進步。他在聖賢何常施中說：『聖賢何常施，所遇有伸屈。曲士守一隅，欲以齊萬物。』莊子齊物論最大的貢獻在於探討了世界的本質和人的認識之間的關係，破除了絕對真理的權威，王安石對於這個道理似乎還沒有完全認識，他只是在詩中譏諷這個言論，認爲這是『曲士』的行爲，在他心中，還是有一個叫作『聖賢』的精神偶像和絕對真理。

這個時期，雖然王安石對於莊子的主要態度是尊儒譴莊，但由於政治上的起伏，以及其他官員的不理解，王安石也會在詩中偶爾流露出世歸隱的想法，同時借用莊子的一些思想排遣苦悶，勸慰自己。他在次韻舍弟常州官舍應客中寫道：『桑麻只欲求三畝，勢利誰能算一毫。此地舊傳公子札，吾心真慕伯成高。』伯成子高是傳說中的隱士，也是後人心中著名的隱者，王安石在詩歌中表達對他的仰慕，也表現出『桑麻只欲求三畝』的歸隱情懷。嘉祐四年，王安石入京獻上上仁宗皇帝言事書，書中提出了一整套改革方案，但未被宋仁宗采納。他在和崔公度家風琴八首中寫道：『爲有機心須強聒，直教懸解始聲消。』全詩雖爲寫風琴，實在自喻，詩歌表達順應自然、虛靜無爲的思想，實際是王安石用莊子自然無爲的思想爲自己開導。

居喪講學期間，王安石政務減少，閒居江寧。這個階段的詩歌中，以儒解莊的方式和尊儒譴莊的態度基本消失了，王安石通過運用莊子的寓言和特有的詞彙，表達出樂於自然、嚮往歸隱的情懷。『觀魚得意還知樂，入鳥忘機肯亂行。』（和微之林亭）『關外尋君信馬蹄，謾成詩句任天倪。』（出城訪無黨因宿齋館）閒居江寧的隨意自在躍然紙上。當然，我們不能因此就斷定王安石此時決意出世，他這種樂於自然、嚮往歸隱的情懷可能更多是出於心理安慰，但即便是這種精神安慰，也可以在某種程度上反映出莊子對於王安石的影響。

熙寧九年十月再次罷相，次年隱退江寧至元祐元年（1086）逝世，爲王安石罷相閒居期。這一期間，他的詩歌創作量大，詩風也發生了重大變化，形成『半山體』的詩歌風格。李壁在王荊文公詩箋注中說，此階段『由於新法的推行遭受挫折，以及愛子王雱的早夭，脫離政壇的王安石對世事開始產生一種超然的態度，思想也發生了一些顯著變化』。

此段時期關涉莊子思想的詩歌也較之前階段爲最多，詩歌中體現的莊子學思想較爲豐富。總的來說，這個階段的王安石，接納了莊子的思想，並且沒有越出莊子思想的藩籬，他更多的是從生活上對莊子思想的踐行，在詩歌中表達對莊子或莊子中人物的喜愛和嚮往。

首先，王安石在詩歌中運用莊子的許多寓言，表達出對於人事、名利、得失等的看輕。他在偶成二首中寫道：『可憐蝸角能多少，獨與區區觸事爭。』莊子講述蠻觸相爭的寓言，意在打破世人固有思維，開闊人們眼界，從而將名利等事物看透。王安石作此詩時，新法派內部分裂，保守派挑撥離間，此詩表達了對現實中人事紛爭的感慨。他在萬事中也寫道：『雞蟲得失何須算，鵬鴳逍遥各自知。』運用莊子逍遥遊中『鵬鴳』的寓言，表達各自逍遥自知的情懷。

其次，此階段王安石已真正實現歸隱，他在詩歌中屢次用鯈魚之樂、莊周夢蝶的典故表達歸隱的閒適恬淡之情。『濠魚淨留連，海鳥暖追逐。』（招約之職方並示正甫書記）『豈魚有此樂，而我與子無？』（邀望之過我

廬）『江湖相忘真魚樂，怪汝長謠特地愁。』（寄吳氏女子）『自喻適志歟，翻然夢中蝶。』（自喻）這些詩句都表達了悠然自樂的心情。

這個階段，由於經歷了往日太多的世事，王安石領悟了無爲的境界。他在次韻酬徐仲元中寫道：『每苦交遊尋五柳，最嫌尸祝擾庚桑。』庚桑楚深得老子之道，絕聖去智，使畏壘獲得了豐收，然而畏壘的百姓卻用尸祝和社稷這些社會禮法來感謝他，可見他們並非真正瞭解庚桑楚。此時王安石在江寧閒居多時，已經深悟老莊之道，因此他感歎道『最嫌尸祝擾庚桑』。王安石還在詩歌中屢次用『無營』、『無心』等字詞，表達清淨無爲的思想精神狀態。如『無營固無尤，多與亦多悔。物隨擾擾集，道與翛然會。墨翟真自苦，莊周吾所愛。』（無營）『已知原憲貧非病，更許莊周知養恬。』（謝郟亶秘校見訪於鍾山之廬）『經時覽物悲歡異，自古忘名趣向深。安得湖山歸我手，靜看雲意學無心。』（同陳伯通錢材翁遊山二君有詩因次元韻）這些略帶禪意的詩句反映了王安石晚年自然無營、閒居樂道的生活和精神狀態，也體現出他對於莊子思想的認同和接受。

晚年閒居期間，在宇宙觀和認識論方面，王安石接受了『萬物一體』的宇宙觀和『齊物』的認識論。雜詠八首其一中寫道：『萬物余一體，九州余一家。秋毫不爲小，徼外不爲遐。不識壽與夭，不知貧與奢。忘心乃得道，道不去紛華。近跡以觀之，堯舜亦泥沙。莊周謂如此，而世以爲誇。』王安石運用莊子相對主義認識論，得出了『秋毫不爲小，徼外不爲遐。不識壽與夭，不知貧與奢』的結論。王安石還運用這一理論觀照了歷史，得出『近跡以觀之，堯舜亦泥沙』的感慨，這與初執政時勸神宗『陛下當法堯舜，何以太宗爲哉』完全相異，可見，王安石此時也深悟莊子『齊物』的大道。世人沒有真正理解莊子的思想，因此王安石感歎『世以爲誇』。

綜觀王安石詩歌中體現的莊子學思想，呈現出明顯的發展變化過程。前期官宦期間，主要是『以儒解莊』、

『尊儒譴莊』的態度；居喪講學期間，詩歌中呈現出莊子筆下自然之美、天籟之美，恬淡無爲的出世思想較前一階段得到深化；罷相閒居期的詩歌，總體表現出對莊子思想的接納和喜愛。

第四節　王安石莊子學思想的特徵與影響

一、王安石莊子學思想的總體特徵

王安石文章中體現的莊子學思想主要呈現『有所去取』的態度，對有益於經學、儒學的部分採取援莊入儒的方式進行儒學化解讀，對於完全背離經學、儒學的部分則採取尊儒譴莊的態度進行批判。在莊周上、下篇中，通過『知人論世』、『以意逆志』的讀書方法，得出『莊子其用心亦聖人之徒』、『莊子之言不得不爲邪説者，蓋其矯之過矣』的結論，儼然把莊子描述成儒家弟子，將莊子爲文的前提和目的同儒家等同起來，明顯帶有以儒解莊的傾向。在九變而賞罰可言中，借用莊子天道『九變』序列，將莊子自然『天道』的思想納入儒家倫理體系，爲儒家道德仁義提供了客觀性的『天道』根據。季子涉及了王安石對於莊子死亡觀的批判，對於莊子鼓盆而歌的行爲，他站在儒家人倫觀的立場予以指責，認爲是『棄人齊物之道，吾儒之罪人也』。政治觀方面，王安石在答王深父書中批判了莊子的無爲之道，提出『使物取正乎我而後能正，非使之自正』的觀點，呈現出儒者經世濟民的使命感。在答陳梠書中，王安石評價了莊子在人生觀方面的思考，欣賞莊子『不以死生禍福累其心』，讚賞『莊生之書，其通性命之分』；這篇文章還對莊子的學術思想源流進行了卓有見地的分析，指出『老莊之説未嘗及神仙』。

王安石在詩歌中體現的莊子學思想，呈現出明顯的發展變化過程。在前期官宦期間，主要表現爲『以儒解莊』、『尊儒譴莊』的態度，只是偶爾流露出世的意味，或者借莊子來排遣苦悶，但這兩者都是支流。在居喪講學期間，其詩歌中呈現出莊子筆下自然之美、天籟之美，恬淡無爲的出世思想較前一階段得到深化。在推行變法改革的時期內，王安石的詩歌創作不活躍。至熙寧九年，王氏第二次罷相，直到逝世，他在這個時期內的詩歌創作最爲活躍。這些詩歌中很多關涉莊子學思想，經常表達出恬淡無爲的心情，屢次運用儵魚之樂、莊周夢蝶的典故，並且接受了莊子『萬物一體』的宇宙觀和『齊物』的認識論，總體表現出對莊子思想的接納和喜愛。

王安石在文章和詩歌中所體現的莊子學思想，既有一致之處，也有不同的地方。大致說來，王安石作文與作詩的態度略有不同，在文章中更多是從集體出發、從理性出發，以政治家和學者的身份對莊子思想進行學術化的分析和思考；在詩歌中則更多從個體出發、從情感出發，對莊子思想進行個性化、詩意化的解讀和活用，同時不乏知性的思辨色彩。因此，在詩歌中王安石對於莊子思想的批判和改造態度要弱於文章，尤其是他的後期詩歌，更是表現出對莊子的認可和喜愛。

綜上，筆者認爲應當把王安石的莊子學思想看作一個矛盾兩方面並包的有機整體、一個發展變化過程。既要看到王安石作爲儒者，站在儒家立場對莊子的批判，以及他援莊入儒的儒學化傾向；同時也要看到他對於莊子思想的接納和認可，特別是後期他對於莊子的欣賞和熱愛。

二、王安石莊子學思想的影響

王安石對宋代莊子學的推動爲學術界公認，葉夢得說：『自熙寧以來，學者爭言老莊。』（避暑錄話卷上）

郎擎霄說：『莊學得王、蘇之提倡，故當時治莊子者已次第臻於極盛，而莊子之學遂如日之中天矣。』（莊子學案）王安石作爲顯赫的政治人物，大力提倡莊子學，使得更多的學者文士關注和研讀莊子，極大地推動了宋代及後世莊子學的發展。

1．對王雱及呂惠卿等門人的影響

王安石莊子學思想儒學化部分對其門人產生了很大的影響。王安石的公子王雱及門人呂惠卿、林自、陳詳道等，都在王安石莊子學思想儒學化基礎上繼續發展，注解莊子，表現出以下共同的特點：以善求莊子之意的方法，得出莊子矯俗之弊之說，然後對莊子之寓意大肆闡發，認爲莊子是尊聖人的，拉近莊子與儒家之間的距離，以此調和儒、道矛盾；自覺維護儒家聖人的形象，對莊子詆訿聖人的言論進行辯解，把王安石『善其爲書之心，非其爲書之說』（莊周上）的方法移用到對聖人的闡釋上，區分聖人之跡與聖人之心，否定其跡，肯定其心；或把上述方法移用到對儒家仁義禮樂的闡釋上，否定仁義之跡，肯定仁義之心，並在一定程度上肯定仁義的合理性。

王雱，字元澤，王安石之子，著南華真經新傳，闡釋莊子學思想。清四庫館臣謂元澤『顧率其傲然自恣之意，與莊周之滉漾肆論，破規矩而任自然者，反若相近，故往往得其微旨。』王雱繼承了王安石的治學特點，注重揭示大意，而不拘於章句傳注之學。除此之外，王雱莊子學思想中的某些重要觀點又明顯繼承了王安石援儒入莊的傾向。

王雱在闡釋天下篇時，大段地引用了王安石的莊周。王安石在莊周中，運用孟子『知人論世』和『以意逆志』的方法，得出『莊子其用心亦聖人之徒』的結論，但對於莊子之言，仍然認爲是『邪說』，『其矯過矣』。王雱除了高度肯定莊子用心，更是認爲莊子之言不失爲『高言盡道』，莊子是一位『明達而先知』的哲人，在王安石莊子學思想基礎上又有了新的發展。

王雱對於王安石莊子學思想的承因和發展，還表現在對於莊子性命之學的闡釋上。王安石對於莊子性命之學頗多關注，在答陳梠書中說：『莊生之書，其通性命之分，而不以生死禍福累其心，此其近聖人也，自非明智不能及此。』王雱在闡釋人間世、則陽、繕性諸篇時多次提到性命之學，從全性致情、樂天知命的角度表達自己的人生觀。

此外，王雱在政治思想方面也明顯繼承和發展了王安石的莊子學思想。王安石著有九變而賞罰可言一文，文章借用了莊子天道中天—道德—仁義—分守—形名—因任—原省—是非—賞罰的序列，並加以解說，將自然『天道』納入儒家倫理體系，整篇文章在政治上呈現出明顯的儒學化傾向。王雱闡釋天道篇，大量摘錄並重新組合王安石的九變而賞罰可言中的語句，可見其對於王安石莊子學思想的繼承。

呂惠卿，字吉甫，王安石的門人，著有莊子全解。在闡釋莊子時，呂氏繼承了王安石不拘章句名物的方法，務求闡明其義理，他的莊子學思想，走的是一條以儒解莊、調和儒道的闡釋道路。

呂惠卿不僅經常引用儒家經典闡釋莊子，對於莊子中詆毀孔子的言論，他並沒有避而不談，而是進行辯解。在呂氏看來，孔子、老子、莊子等人的思想完全相通，只是後世的儒者錯誤解讀儒家經典，才造成了儒、道兩家的南轅北轍。呂氏在闡釋漁父篇時說：

> 孔子體性抱神，以遊乎世俗之間者也，則安有漁父之譏哉！而所以言此者，蓋世俗之學孔子者，不過其跡而已，故寓之漁父，以明孔子之所貴者，非世儒之可知也，子貢之告漁父者，乃世儒之知孔子者也。天下雖大，亦物而已，孔子之所以爲孔子者，孰肯以物爲事也！道之真，以爲身；其緒餘土苴，以治國家天下。誠如子貢所言，非其任而爲其事，則其分於道也，豈不遠乎！

莊子漁父整篇借漁父之口，批判儒家仁義忠孝觀念和禮樂制度。漁父評價孔子：『仁則仁矣，恐不免其身；苦心勞形以危其真。嗚呼，遠哉其分於道也！』連蘇軾也不得不承認『漁父則若真詆孔子者』（莊子祠堂記）。

然而呂惠卿卻不這麼認爲，指出孔子是體性抱神之人，漁父所譏諷的其實是以子貢爲代表的世儒，這些世儒並沒有真正瞭解孔子之道，只是拘於孔子之跡。呂氏的這一觀點，不免有偷換概念之嫌，但他確實貫徹了王安石『以意逆志』的讀書方法，對莊子作出了儒學化解讀。

2．對明清治莊者的影響

王安石以儒解莊的治學方法也在後世產生了巨大影響。南宋王門後學趙以夫、程俱等人闡釋莊子，也都帶有明顯的儒學化傾向。這種情況一直持續到明清時期。如明楊慎莊子解、清劉鳳苞南華雪心編等，都認爲莊子並非詆訿聖人，同樣表現出明顯的儒學化傾向。

楊慎，字用修，著有莊子解、莊子闕誤、莊子難字。楊慎的莊子學，重視莊子版本校理，但他在升庵集中有這樣一段話，表達了對莊子的基本立場和觀點，明顯繼承了王安石莊子學儒學化的傾向：

莊子憤世嫉邪之論也，人皆謂其非堯舜、罪湯武、毀孔子，不知莊子也。莊子未嘗非堯舜也，非彼假堯舜之道而流爲之噲者也；未嘗罪湯武也，罪彼假湯武之道而流爲白公也；未嘗毀孔子也，毀彼假孔子之道而流爲子夏氏之賤儒、子張氏之賤儒者也，故有絕聖棄智之論。

楊慎分析莊子著書的出發點，在於把罪過歸到那些假借仁義之名而幹著齷齪勾當的人，並不在否定、批評堯、舜、湯、武和孔子。這與王安石運用『知人論世』的解讀方法得出的結論相同：莊子生於『天下之俗質樸並散』的時代，『雖世之學士大夫，未有知貴己賤物之道者也。於是棄絕乎禮義之緒，奪攘乎利害之際，趨利而不以爲辱，隕身而不以爲怨，漸漬陷溺以至乎不可救已。』（莊周上）認爲莊子目覩了這種時代之殤，因此『其心過慮，以爲仁義禮樂皆不足以正之，故同是非，齊彼我，一利害，則以足乎心爲得，此其所矯天下之弊者也。』（同上）顯然，楊慎對莊子的儒學化解讀受到了王安石莊子學思想的影響。

劉鳳苞，字毓秀，著有南華雪心編。劉鳳苞注釋莊子，也明顯帶有儒學化傾向。如他在注釋德充符篇

時說：

莊子要闢辯者之徒簧鼓天下，每竊先聖之糟粕以爲口實，因並將孔門講學，亦視爲桎梏，則若輩之爲天刑，更不問可知。讀者須得言外之意，乃知莊子不是詆訾孔子，正訕笑惠施輩耳。

劉鳳苞在此處將矛頭指向了惠施，認爲莊子意在批判的是惠施爲代表的『辯者之徒』，批判他們竊先聖的糟粕，從而化解了莊、儒之間的矛盾。

第三章　蘇軾的莊子學

蘇軾（1037—1101），字子瞻，一字和仲，號東坡居士，眉山（今屬四川）人。蘇轍在亡兄子瞻端明墓誌銘中謂其『初好賈誼、陸贄書，論古今治亂，不爲空言。既而讀莊子，喟然歎息曰：「吾昔有見於中，口未能言。今見莊子，得吾心矣。」』蘇軾一生仕途坎坷，逆境多於順境，作爲他人生主要精神支柱的顯然不是賈誼、陸贄的思想，而恰恰是莊子的思想。蘇軾的莊子學著作則主要有莊子祠堂記、廣成子解。

第一節　莊子祠堂記

莊子祠堂記爲宋神宗元豐元年（1078）蘇軾在徐州任上應蒙城縣令祕書丞王兢之求而作，全文不到五百個字，卻包含了蘇軾主要的莊子學思想。

一、對蒙城縣爲莊周故里之説的默許

司馬遷在史記老子韓非列傳中説：『莊子者，蒙人也，名周。周嘗爲蒙漆園吏，與梁惠王、齊宣王同時。』司馬貞索隱引劉向別錄云：『宋之蒙人也。』高誘呂氏春秋必己注、淮南子修務訓注均從之，班固漢書藝文志、

張衡髑髏賦亦皆謂莊周爲『宋人』。今案莊子列禦寇云：『宋人有曹商者，爲宋王使秦。……反於宋，見莊子。』又云：『人有見宋王者，錫車十乘，以其十乘驕稚莊子。』而韓非子難三引莊子庚桑楚語，復又稱爲『宋人語』，則漢代學者謂莊周爲宋國人是可信的。且史記宋微子世家司馬貞索隱引莊子佚文云：『(宋)桓侯行，未出城門，其前驅呼辟，蒙人止之，後爲狂也。』說明宋國確有一個叫作『蒙』的地方，則漢代學者謂莊周爲宋之蒙人當是可信的。據漢書地理志，宋之蒙(在今河南商丘東北)在漢代時屬於梁國，故隋唐學者陸德明在經典釋文序錄中又謂莊周爲『梁國蒙縣人』。但到了宋代，樂史太平寰宇記卷十二中既說『莊周，宋蒙人』，又說『六國時楚有蒙縣，俗謂小蒙城，即莊周之本邑。』其所謂『楚有蒙縣』即『莊周之本邑』者，不知何據。嗣後，蘇舜欽到亳州蒙城作縣令，於縣衙後堂立匾曰『清燕堂』，後王安石曾爲之題寫蒙城清燕堂詩云：『清燕新詩得自蒙，行吟如到此堂中。吏無田甲當時氣，民有莊周後世風。』這裏雖然把西漢梁國蒙縣獄吏田甲侮辱韓安國(詳見漢書韓安國傳及顔師古注)的故事錯誤地安到了本屬亳州的蒙城縣，但此詩卻似乎告訴人們，這兒就是當年莊周及後世田甲藐視權貴的地方，所以宋神宗元豐元年蒙城縣令祕書丞王兢便在蒙城縣建造了莊子祠，並求蘇軾作碑文以記之。蘇軾因作莊子祠堂記，開篇如是：

莊子蒙人也，嘗爲蒙漆園吏，沒千餘歲而蒙未有祀之者。縣令祕書丞王兢始作祠堂，求文以爲記。

蘇軾在這兒雖然沒有明確說蒙城縣就是莊周故里，但他既然願意爲這兒的莊子祠撰寫碑記，而對王兢於此建祠又無任何異議，則可說明他對蒙城縣爲莊周故里的說法是表示默許的。兼以蘇軾文才名揚天下，其所撰莊子祠堂記又赫然鐫於石碑之上，這就使人們對蒙城縣爲莊周故里的說法更加信以爲真。如明代李時芳在新修莊子祠記中說：『按傳記，莊子後數千年無祀之者，宋元豐間蒙令王兢始祀之，蘇軾爲記。王安石題蒙清燕堂詩，有「民有莊周後世風」之句。若此蒙非古蒙，二公何爲異口同聲稱爲先生之故里哉？……以東坡之才、介甫之學，爲宋人一代宗工，寧有考證不確而輕托於詩文者乎！』(見民國四年重修蒙城縣志書藝文志)由此可見，蘇

軾在推進蒙城縣爲莊周故里的説法方面起了十分關鍵的作用。

二、倡導『莊子助孔子』之説

在歷史上，最早明確論述莊子著述宗旨的是司馬遷。他以莊子中的漁父、盜跖、胠篋三篇爲例，指出莊子著述的用意在於『詆訿孔子之徒』（史記老子韓非列傳）。司馬遷此説一出，便產生了極其廣泛而深遠的影響，歷代學者幾乎沒有提出異議的。但蘇軾卻一反司馬遷之説，認爲莊子當爲『助孔』者。他在莊子祠堂記中説：

謹按史記，莊子與梁惠王、齊宣王同時，其學無所不窺，然要本歸於老子之言。故其著書十餘萬言，大抵率寓言也。作漁父、盜跖、胠篋，以詆訿孔子之徒，以明老子之術。此知莊子之粗者。余以爲莊子蓋助孔子者，要不可以爲法耳。

我們知道，莊子漁父借得道者漁父之口無情地批評了『孔氏』，認爲他是一個『蚤湛於人僞』的『難悟』、『愚甚』之人。盜跖篇更借道家化的盜跖之口，把儒家聖人『孔子』罵得『執轡三失，目芒然無見，色若死灰，據軾低頭，不能出氣』。胠篋篇雖然沒有指名道姓地指責孔子，但也極力攻擊和批判了儒家所提倡的『聖智仁義』。可見司馬遷列舉莊子中的這三篇文章來説明莊子的著述宗旨，雖然遠不如列舉内篇文章更爲合適，但其由此提出『詆訿孔子』之説卻是基本符合莊子著述的真正用意的。然而，蘇軾卻批評司馬遷是『知莊子之粗者』，認爲莊子本是『助孔』者。他以類比的方法論證説：『楚公子微服出亡，而門者難之。其僕操箠而駡曰：「隸也不力。」門者出之。事固有倒行而逆施者。以僕爲不愛公子，則不可；以爲事公子之法，亦不可。故莊子之言，皆實予而文不予，陽擠而陰助之，其正言蓋無幾。至於詆訿孔子，未嘗不微見其意。』通過蘇軾的論證，則莊子『詆訿孔子』，似乎完全都是出於善意。蘇軾的這些觀點，在他的韓非論一文中也同樣有所體現：『昔周之衰，

有老聃、莊周、列禦寇之徒，更爲虛無淡泊之言，而治其倡狂浮游之說，紛紜顛倒，而卒歸於無有。由其道者，蕩然莫得其當，是以忘乎富貴之樂，而齊乎死生之分，此不得志於天下，高世遠舉之人，所以放心而無憂。雖非聖人之道，而其用意，固亦無惡於天下。』由此可見，蘇軾把莊子的言說與用意嚴格區分開來，從而提出其『實予而文不予，陽擠而陰助之』的驚人之論，這實際上與王安石在莊周中所表現出的思想觀點不無淵源關係。故南宋樓鑰說：『王荊公之論，蘇文忠之記，超乎先儒之表，得莊子之本心。』（跋張正字莊子講義）但我們應當指出，蘇軾的上述論說雖可謂『超乎先儒之表』，卻並不能說『得莊子之本心』，甚至基本上是與莊子的本心相違背的。

在莊子祠堂記中，蘇軾還通過援引莊子天下中的一些思想資料來進一步論證他的『助孔』說：『其論天下道術，自墨翟、禽滑釐、彭蒙、慎到、田駢、關尹、老聃之徒，以至於其身，皆以爲一家，而孔子不與，其尊之也至矣。』其實，天下篇當出於莊周後學之手，是不能完全代表莊周本人思想的。即使就天下篇本身來看，其作者也是把『鄒魯之士』、『搢紳先生』看作『不該不遍』的『一曲之士』，蘇軾又怎麼能說『孔子不與，其尊之也至矣』呢？所以南宋晁公武批評說：『自熙寧元豐之後，學者用意之過，見其書末篇論天下之道術，雖老聃與其身皆列之爲一家而不及孔子，莫不以爲陽訿孔子而陰尊焉，遂引而內之。殊不察其言之指歸宗老氏邪，宗孔氏邪？既曰宗老氏矣，庸詎有陰助孔氏之理也邪？』（郡齋讀書志卷三）晁氏的批評無疑是正確的，正有力地擊中了蘇軾『助孔』說的要害。然而由於在整個社會上儒、道、佛三教互相融合的文化態勢繼續向前發展著，而蘇軾在歷代人的心目中又是一位文學巨匠、著名學者，因此他的這一『助孔』說仍產生了相當廣泛而深遠的影響。如南宋林希逸說：『自「天下之治方術者多矣」至於「道術將爲天下裂」，分明是一個冒頭。既總序了，方隨家數言之，以其書自列於家數之中，而鄒魯之學乃鋪述於總序之內，則此老之心，亦以其所著之書皆矯激一偏之言，未嘗不知聖門爲正也。讀其總序，便見他學問本來甚正，東坡云莊子未嘗譏夫子，亦看得出。』（南華真經口義）清代劉鴻典也說：『世皆謂莊子詆訿孔子，獨蘇子瞻以爲尊孔子。吾始見其說而疑之，及讀莊子日久，然

後歎莊子之尊孔子，其功不在孟子之下也。』（莊子約解）可見，他們的這些説法都與蘇軾的『助孔』説有著一脈相承的關係。

三、指出莊子中有僞作

蘇軾在莊子祠堂記中爲了批駁司馬遷的『詆訿』説，還指出司馬遷所列舉的莊子中的三篇文章，其中有二篇當是僞作，並進而對莊子中其他一些篇章也進行了一番考證。他説：

余嘗疑盜跖、漁父，則若真詆孔子者。至於讓王、説劍，皆淺陋不入於道。反復觀之，得其寓言之終曰：『陽子居西遊於秦，遇老子。老子曰：「而睢睢，而盱盱，而誰與居？太白若辱，盛德若不足。」陽子居蹴然變容。其往也，舍者將迎，其家公執席，妻執巾櫛，舍者避席，煬者避灶。其反也，舍者與之爭席矣。』去其讓王、説劍、漁父、盜跖四篇，以合於列禦寇之篇曰：『列禦寇之齊，中道而反，曰：「吾驚焉，吾食於十漿，而五漿先饋。」』然後悟而笑曰：『是固一章也。』莊子之言未終，而昧者勦之以入其言。余不可以不辨。

在唐代以前，人們還沒有對莊子內、外、雜篇的作者進行過辨析，這説明他們實際上是把莊子中的所有篇章都看成是莊周一人寫的。但蘇軾這裏從自己所謂『莊子助孔子』的見解出發，認爲『若真詆孔子者』的盜跖、漁父二篇不可能是莊周本人的手筆，而讓王、説劍二篇又皆『淺陋不入於道』，根本不可能爲莊周本人所作。於是他『反復觀之』，終於發現了這樣一個所謂的事實，即寓言篇末尾與列禦寇篇開頭本是一個連貫的整體，由於讓王、説劍、漁父、盜跖四篇的羼入，使這個整體被分割了開來。由此，蘇軾斷定讓王等四篇根本不是莊周本人的手筆，而是『昧者勦之以入』者。可見，蘇軾是以讓王等四篇的思想內容不類他篇，或文章意境不太高妙，便大

膽判定其爲僞作的。其實，從思想內容和語言風格等方面來看，莊子外、雜篇中多有與內篇不相一致者。即從外、雜篇本身來看，其中也多有與蘇軾認爲出於莊周手筆的天下篇不相一致的篇章，豈止讓王等四篇而已？而且正如清代有的學者所說，『此（指寓言篇末章）與列禦寇作一段，細玩之不甚聯合』（見劉鳳苞南華雪心編引），又怎能斷定『是固一章』，並據以證明讓王等四篇是『昧者勦之以入』的作品呢？當然，蘇軾的這些說法儘管不一定正確，卻真正開啟了後世爭論莊子作者問題的風氣，其影響相當深遠。如羅勉道南華真經循本謂『刻意、繕性失之淺拙，讓王以下四篇失之粗厲，決非莊子本文』（附錄黜僞），吳世尚莊子解謂『外、雜篇不純乎莊子之筆，或門人附入，或後人僞托』，而陳深莊子品節、王夫之莊子解、宣穎南華經解、方潛南華經解、陳壽昌南華真經正義等等，或將讓王、說劍、漁父、盜跖四篇全部刪去，或將它們從雜篇中剔出而附於卷末，凡此皆可見出其明顯受到了蘇軾說法的影響。

總之，由於蘇軾在仕途上的多災多難，逆境多於順境，這就使他總是處在入世與出世、兼濟與獨善的矛盾之中，因而也就十分希望通過融合儒、道、釋三教思想來化解內心的這一矛盾。如他在祭龍井辯才文中說：『嗚呼！孔、老異門，儒、釋分宮。又於其間，禪律相攻。我見大海，有北南東。江河雖殊，其至則同。』說明在蘇軾看來，儒、道、釋三教雖然『異門』、『分工』，而且各教內部又互相攻擊，但各教各派卻是有共通性的，可以互相和合融通。正是基於這樣的一種認識，他便借撰寫莊子祠堂記的機會，大膽地闡述了自己關於『莊子助孔子』的見解，並以這一見解爲前提，進而論證了莊子中的讓王、說劍、漁父、盜跖四篇爲僞作。由此說明，由於蘇軾把自己對人生的獨特感受和對儒、道、釋三教的審美化理解體現到了莊子學上，這就不免使他在莊子祠堂記中所提出的一些說法因主觀意識太濃而不一定符合實際了。但儘管如此，蘇軾關於『莊子助孔子』的說法畢竟順應了儒、道、釋三教日益走向融合的大趨勢，他關於莊子中有僞作的說法又真正開啟了歷代眾多學者重視探討、研究莊子作者問題的新風氣，其意義是相當重要的。

第二節 廣成子解

莊子祠堂記之外，蘇軾的莊子學思想還集中體現在其廣成子解中。此著並未收入東坡全集，清李調元在函海中予以收錄，並在序中云：『明范欽曾刻之，今不可復得，而蘇軾全集亦不載，應係當日單行，故重梓以公諸世。』①由此可見，廣成子解是獨立於蘇軾文集之外的。從内容上看，廣成子解是蘇軾對莊子在宥中黄帝向廣成子問道一事的注解，其注解以闡發義理爲主，而非單純的文意疏通。明王文禄撰廣成子疏略一卷，對蘇軾之解作了進一步闡釋，但基本順從蘇軾的原意。王文禄在序中讚賞蘇軾此著『表章甚高』，爲『超卓之見』，李調元在序中也認爲蘇氏此著『語極精粹，能發人所未發』。然而與莊子祠堂記相比，廣成子解在歷史上並不受重視，研究、注解者甚少，流傳至今的版本亦不多見，但它也較集中地反映了蘇軾道家、道教思想，值得學界重視。現錄其全文，分列莊子原文與蘇軾注解，並作一些梳理：

黄帝立爲天子十九年，令行天下，聞廣成子在於空同之上，故往見之。曰：『我聞吾子達於至道，敢問至道之精。吾欲取天地之精，以佐五穀，以養民人；吾又欲官陰陽，以遂群生，爲之奈何？』

蘇解：道固有是也。然自是爲之，則殆不成。②

我們可以發現，黄帝的詢問既包含以道治理天下的意願，又包含養生的欲求，而蘇軾認爲，儘管道可以實現黄帝的欲求，但帶著這樣的目的來問道，本身便有違道的原則，因爲道是自爲無心的，帶著目的的求道必然失敗。説明

① 據查，廣成子解存於今世者，有范氏奇書、説郛、函海、藝海珠塵、子書百家、道藏精華錄等本。
② 本節凡引廣成子解文字，皆據光緒七年重刻函海本。

蘇軾開篇即點明黃帝的意圖與求道南轅北轍。

廣成子曰：『而所欲問者，物之質也；而所欲官者，物之殘也。』

蘇解：得道者不問，問道者未得也。得道者無物無我，未得者固將先我而後物。夫苟得道，則我有餘而物自足，豈固先之耶？今乃舍己而問物，惡其不情也。故曰：『而所欲問者，物之質也；而所欲官者，物之殘也。』言其情在於欲己長生，而外托於養民人、遂群生也。夫長生不死，豈非物之實，而所謂養民人、遂群生者，豈非道之餘乎？

蘇軾認爲，得道者已泯滅了物我觀念，而未得道者則以自我爲中心，將其擺在了客觀世界的對立面。因此，若要得道，便先要舍棄自我。他進一步認爲，黃帝問道的主要目的在於養生，求得長生不死，卻假托於養民，即仍心存物我之分，故離道愈遠。

『自而治天下，雲氣不待族而雨，草木不待黃而落，日月之光，益以荒矣，而佞人之心翦翦者，又奚足以語至道！』

蘇解：天作時雨，山川出雲。雲行雨施，而山川不以爲勞者，以其不得已而後雨，非雨之也。春夏發生，秋冬黃落，而草木不以爲病者，以其不得已而後落，非落之也。今雲不待族而雨，草木不待黃而落，雖天地之精，不能供此有心之耗，故荒亡之符，先見於日月，以一身占之，則耳目先病矣。真人之與佞人，猶穀之與稗也。所種者穀，雖瘠土墮農，不生稗也。所種者稗，雖美田疾耕，不生穀也。今欲學道，而問已不情。佞僞之種，道何從生？

廣成子的這些話屬於隱喻，批評黃帝自從治理天下之後，自然界出現了諸如『草木不待黃而落』的非自然現象，認爲對於像黃帝這樣的『翦翦者』是沒有辦法向其講授大道的。蘇軾在此用了一個很形象的例子加以說明，穀種於瘠土仍得穀，而稗縱然種於沃土卻不會變爲穀。穀與稗便分別代表了得道者與小人。

黄帝退，捐天下，築特室，席白茅，閒居三月，復往邀之。廣成子南首而臥，黄帝順下風，膝行而進，再拜稽首而問曰：『聞吾子達於至道，敢問治身奈何而可以長久？』

蘇解：棄世獨居，則先物後己之心無所復施，故其問如此。

黄帝退回之後舍棄了天下，『築特室，席白茅，閒居三月』，然後再次拜訪廣成子，『順下風，膝行而進，再拜稽首』而問道，其態度可謂恭敬之極。蘇軾認爲黄帝棄世獨居後，消除了自我爲中心的意識，因此他的這次問道是合乎情理的。

廣成子蹶然而起曰：『善哉問乎！來！吾語汝至道。』

蘇解：廣成子至此，始以道語黄帝乎？曰：否。人如黄帝而不足以語道，則天下無足語者矣。吾觀廣成子之拒黄帝也，其語至道已悉矣。是以閒居三月而復往見，則蹶然爲之變，其受道豈始於此乎？

廣成子對黄帝的這次問道顯然很滿意，他『蹶然而起』，便要告訴黄帝至道的道理。蘇軾認爲其實在黄帝第一次向廣成子問道而遭拒絶時，廣成子便已經在傳道了。因爲如果像黄帝這樣的人都沒辦法講道的話，天下就沒有人可以與之談論大道了。廣成子之所以『蹶然爲之變』，正是因爲黄帝在這三個月中通過修行已經悟道。顯然，蘇軾體會到了原文的言外之意。

『至道之精，窈窈冥冥；至道之極，昏昏默默。』

蘇解：窈窈冥冥者，其狀如登高望遠，察千里之毫末，如臨深俯幽，玩萬仞之藏寶也。昏昏默默者，其狀如枯木死灰，無可生可然之道也。曰：道止此乎？曰：此窈冥昏默之狀，而致道之方也。如指以爲道，則夫窈冥昏默者，可得謂之道乎？人能棄世獨居，體窈冥昏默之狀，以入於精極之淵，未有不得道者也。學道者患其散且僞也，故窈窈冥冥者，所以致一也，昏昏默默者，所以全真也。

這裏，蘇軾爲自己在上文中提出的觀點作出補充性解釋，認爲黃帝棄世獨居，擺脫了世俗的煩惱，從而能體會到窈冥昏默之狀。值得注意的是，蘇軾所言『如臨深俯幽，玩萬仞之藏寶』，『如枯木死灰，無可生可然之道』，當與大宗師篇『在六極之下而不爲深』，齊物論篇『形固可使如槁木，而心固可使如死灰』相通，可見蘇軾此處是以莊解莊，說明他意欲充分尊重莊子的原意。

『無視無聽，抱神以靜，形將自正。必靜必清，無勞汝形，無搖汝精，乃可以長生。目無所見，耳無所聞，心無所知，汝神將守形，形乃長生。慎汝內，閉汝外，多知爲敗。』

蘇解：自此以上，皆真實語，廣成子提耳畫一以教人者。無視無聽，抱神以靜，則無爲也。心無所知，則無思也。必靜必清，無勞汝形，無搖汝精，則無欲也。三者具而形神一，形神一而長生矣。內不慎，外不閉，二者不去，而形神離矣。或曰：廣成子之於道，若是數數歟？曰：穀之不爲稗，在種時一粒耳，何數不數之有！然力耕敏耘，不可廢也。

廣成子的這番論述顯然化用了莊子其他篇目中『心齋』、『坐忘』的觀念。例如，人間世篇云：『若一志，無聽之以耳，而聽之以心；無聽之以心，而聽之以氣。耳止於聽，心止於符。氣也者，虛而待物者也。唯道集虛。虛者，心齋也。』大宗師篇云：『墮肢體，黜聰明，離形去知，同於大通，此謂坐忘。』然而，『心齋』也好，『坐忘』也罷，目的都是爲了達到一種精神上物我消融、絕對自由的狀態，從而能突破有限，領悟永恒的真諦。但在廣成子的敘述中，修養身心的目的卻是爲了『守形』，最終實現長生。莊子認爲，人應當順應自然，對於生死壽夭不應強求，而廣成子的長生之道儘管借用了莊子的養生觀念，但是其目的卻是延年益壽，而非順應天命，這顯然與莊子的原意背道而馳，已帶有後世道教長生之術的色彩，或者說，道教長生之術據此爲依托。因此可以說，作爲外篇的在宥，其思想似已脫離莊子本意，而蘇軾對於廣成子這些言論的解釋，則更加重了道教的思想成分。本節注解的最後幾句頗耐人尋味：蘇軾認爲廣成子的求道之術如同得到種子之後必須耕耘一般，其中多有主觀努

力的成分，這顯然有别於莊子以『坐忘』達到齊物境界的得道方式。

『我爲汝遂於大明之上矣，至彼至陽之原也；爲汝入於窈冥之門矣，至彼至陰之原也。』

蘇解：窈冥昏默，長生之本。長生之本既立，亦必有堅凝之者。二者如日月水火之用。所以修煉變化，堅氣而凝物者也，蓋必有方矣。然皆必至其極，不極不化也。

廣成子進一步向黄帝講授得道之術，他以『至陰至陽』作爲『至道』的境界。蘇軾在此的解釋已然直接援引了道教修行之説，這與其經歷是分不開的。蘇軾在徐州期間即已接觸道教修煉之術，而到了黄州，更是身體力行，文中所説『堅氣』、『凝物』當爲其結合自身實踐所言。

『天地有官，陰陽有藏，慎守汝身，物將自壯。』

蘇解：廣成子以窈冥昏默立長生之本，以無思無爲無欲去長生之害，人以至陰至陽堅凝之，吾事足於此矣。天地有官，自爲我治之；陰陽有藏，自爲我蓄之。爲之在我，成之在彼。言長生可必也，物豈有穉而不壯者哉！

蘇軾對於求道的理解在此顯露無遺。首先，他認爲人可以通過無思無爲的方式去求道。其次，認爲儘管『爲之者在我』，但是否得道卻不是自己決定的。顯然，蘇軾十分强調自身修煉之於得道的重要性，特别是當廣成子談到『慎守汝身，物將自壯』的時候，蘇軾認爲此句『言長生可必也』，可見其對於道教養生之術堅信不疑。

『我守其一，以處其和。故我修身千二百歲矣，吾形未嘗衰。』黄帝再拜稽首曰：『廣成子之謂天矣。』廣成子曰：『來，余語汝。彼其物無窮，而人皆以爲終，彼其物無測，而人皆以爲極。』

蘇解：物本無終極，其分也成也，其成也毁也。物未嘗有死，故長生者物之固然，非我獨能。我能守一而處和，故不見其分成與毁耳。

在此，蘇軾從長生又轉回了現實，認爲『守一而處和』可以讓人明白事物成毁不必刻意區分，只有『長生』才爲萬

物的固然屬性。此處蘇軾所言『其分也成也，其成也毁也』之句當出自齊物論篇①，可見儘管蘇軾在解讀廣成子解時明顯帶有道教化傾向，但並非一味脱離莊子本意。

『志吾道者，上爲皇而下爲王。失吾道者，上見光而下爲土。』

蘇解：皇者其精也，王者其粗也。生者明，死者幽，幽者不知明，明者不知幽。

此處廣成子言人們得道、失道之後的不同境遇。蘇軾以『精』、『粗』解釋得道之後的不同境界，而以生死解釋何謂『上見光而下見土』。蘇軾意指得道者可以在至道之境爲皇爲王，而未能得道者只能生見光明，死化塵土，生者死者互不相知。

『今夫百昌皆生於土，而反於土。故余將去女，入無窮之門，以遊無極之野。』

蘇解：蓋將有以示化去世、形解入土之意也歟？

蘇軾這裏推測廣成子即將物化，與天地渾同爲一。

『吾與日月參光，吾與天地爲常。當我，緡乎！遠我，昏乎！人其盡死，而我獨存乎！』

蘇解：南榮趎挾三人以見老子，老子訶之，則矍然自失，人我皆喪。夫挾人以往固非也，人我皆喪亦非也。故學道者能盡死其人，而獨存其我者寡矣。可見、可言、可取、可去者，皆人也，非我也。不可見、不可言、不可取、不可去者，是真我也。近是則智，遠是則愚，得是則得道矣。故人其盡死而我獨存者，此之謂也。古今語異，吾不知緡之所謂也。以文意求之，其猶曰明也歟？

文至此處收筆。蘇軾所引南榮趎見老子的故事出自莊子庚桑楚。在蘇軾看來，『挾人以往』和『人我皆喪』的觀念都不可取，由於多數人均拘泥於這兩種觀念，因此要達到廣成子『人其盡死而我獨存』的境界是很少見的。

---

① 莊子齊物論：『其分也，成也；其成也，毁也。凡物無成與毁，復通爲一。』

蘇軾認爲，舍棄可見、可言、可取、可去，留下不可見、不可言、不可取，不可去的便是真我，存真我便可得道了。

綜觀廣成子解全文，我們可以發現蘇軾由道家觀點入手，逐漸引向道教思想，由物我兩忘的得道觀轉向對長生不死的解釋，由此道家思想與道教思想混爲一體。這裏便有一個疑問，爲何蘇軾不選擇莊子其他篇目中更能代表莊子思想的案例，而偏偏選擇黄帝向廣成子問道這一故事呢？個中緣由耐人尋味。蘇軾在與劉器之一文中談到：『志仲本以烏絲欄求某録雜詩耳，某自出意，欲與寫廣成子解篇。舟中熱倦，遂忘之，然此意終在也，今豈可食言哉？』從文意推斷，蘇軾寫此信時當在貶謫時期，而他對所著廣成子解是很看重的。據此，則蘇軾在廣成子解中多言長生之道，便是因貶謫受迫後返諸内心，希望以求道來尋求内心解脱以及確定自身存在意義的外在表現。相對莊子其他篇目，在宥篇中廣成子向黄帝傳道的故事是稍有涉及長生之術的例子，這恐怕也是蘇軾選擇將其作爲注解對象的主要原因。文人尋求長生之道在宋代並不罕見。蘇門四學士之首的黄庭堅早年曾拒絶服用友人贈送的丹藥，但在晚年卻改變了立場。黄氏乞鍾乳於曾公衮一詩中有『寄語曾公子，金丹幾時熟』之句，山谷簡尺下卷中亦有求丹服食的信件，説明其追求長生之意與道教中人有相通之處。由此可見，宋代文人追求養生是一種風氣，並非蘇軾一人所好。

第三節 蘇軾文藝創作所反映的莊子學

一、蘇軾文藝觀及創作實踐所反映的莊子學

蘇軾對莊子思想的理解與化用還集中體現在他的文藝理論中。衆所周知，蘇軾不但文才出衆，而且擅長書

畫。我們讀東坡全集，從中可以發現不少論述作文、作詩、作畫與書法的内容。這些内容或散見於書信、碑記、敍、跋中，或見於畫上，或單獨成篇，其中不少文章的觀點深得莊子之意。

蘇軾在論文中自謂其文：『如萬斛泉湧，不擇地皆可出，在平地滔滔汩汩，雖一日千里無難。及其與山石曲折，隨物賦形，而不可知也。所可知者，常行於所當行，常止於不可不止。如是而已矣，其他雖吾亦不能知也。』①這段文字有三個重點：其一，蘇軾談到自己在寫作過程中文思如泉湧，即寫作過程非常順暢；其二，寫作過程中應當隨物賦形，而不是强爲其文，即順其自然；其三，寫作中有可知者與不可知者，作者知道自己應當如何收放文章，但是對於除此之外的因素卻並不知曉，即知其然而不知其所以然。類似觀點還在其他篇章中出現。例如，在與謝民師推官書中，蘇軾評價謝民師的詩文『大略如行雲流水，初無定質，但常行於所當行，常止於不可不止，文理自然，姿態横生』。再如他在南行前集敍中説：

夫昔之爲文者，非能爲之爲工，乃不能不爲之爲工也。山川之有雲，草木之有華，實充滿勃鬱而見於外。夫雖欲無有，其可得耶？自少聞家君之論文，以爲古之聖人有所不能自已而作者，故軾與弟轍爲文至多，而未嘗敢有作文之意。

由此可見，蘇軾在文學創作中非常强調寫作的自然狀態，反對歷代以來被種種規則慣例所束縛的作文法則。在他看來，文學貴真，重在直抒胸臆，只有在具備充分創作動機的前提下文章才能『滔滔汩汩』而出，而在寫作過程中，張弛收放皆要順從主客觀發展的規律，若是爲作文而作文，人爲規定寫作框架與内容，則會失去文章的天性，縱然用再多的技巧，再多的典故，也終究難成氣候。

蘇軾的這些文學理論與莊子有著密切關係。例如，齊物論篇尾有『罔兩問影』一則寓言：

---

① 本節凡引蘇軾詩文，如不另加説明，皆據東坡全集，文淵閣四庫全書本。

罔兩問景曰：『曩子行，今子止；曩子坐，今子起，何其無特操與？』景曰：『吾有待而然者邪？吾所待又有待而然者邪？吾待蛇蚹蜩翼邪？惡識所以然？惡識所以不然？』

影外之影問影子爲何它會呈現出如此多的變化，但是影子卻回答説自己只是順應自然而動，並不知道也沒有必要知道自己爲何會如此變化。成玄英對此的解釋是『待與不待，然與不然，天機自張，莫知其宰』，我們可以理解莊子的原意仍在於『喪我』、『自化』，使主體與外界環境相融，而不拘泥於物我之別，不追究有無的本原。蘇軾所謂『其他雖吾亦不能知也』當源自此處。再如莊子養生主中庖丁向文惠君解釋自己解牛的技藝時説：

方今之時，臣以神遇而不以目視，官知止而神欲行。依乎天理，批大郤，導大窾，因其固然，技經肯綮之未嘗，而況大軱乎！

庖丁解牛之道在於依順天理，從而能遊刃有餘。蘇軾所謂『隨物賦形』與此多有異曲同工之妙，即寫作也要順應事物的特徵，或者説脈絡紋理。

蘇軾的畫論同樣深受莊子影響，如書晁補之所藏與可畫竹一詩便是對善畫者作畫過程的絕佳描述。詩中談到文與可在作畫時『見竹不見人』，『嗒然遺其身』，達到了一種物我兩忘的境地，這便近似於莊子齊物論中『吾喪我』的南郭子綦，以及達生篇中『輒然忘吾有四枝形體』的梓慶，他們都體悟到了『忘我』的境界。蘇軾從這些故事中受到啟發，認爲文與可在創作過程中以自然的精神去融合、體悟竹子的本性，從而做到『成竹在胸』，並最終達到『其身與竹化』的境界。而在另外一篇同樣描寫文與可作畫的文章中，他借弟弟蘇轍的評語談文與可作畫之道：

子由爲墨竹賦以遺與可曰：『庖丁，解牛者也，而養生者取之；輪扁，斲輪者也，而讀書者與之。今夫夫子之托於斯竹也，而予以爲有道者，則非耶？』子由未嘗畫也，故得其意而已。若予者，豈獨得其意，並得其法。（文與可畫篔簹谷偃竹記）

蘇軾認爲，文與可畫竹與庖丁解牛、輪扁斲輪一樣，因爲領會、順應了自然規律，從而得以把握『道』，在各自的領域中取得了極佳的成績。

類似的例子還可見書吳道子畫後。蘇軾在文中對吳道子給予了很高的評價，認爲吳道子畫人物『如以燈取影，逆來順往，旁見側出，横斜平直，各相乘除，得自然之數，不差毫末，出新意於法度之中，寄妙理於豪放之外，所謂遊刃餘地，運斤成風，蓋古今一人而已。』在此蘇軾同樣引用了庖丁、匠石等得道的技工，以此說明吳道子達到了高深的藝術境地。

從蘇軾所引莊子若干得道之人（主要是技工）的例子中我們不難發現，蘇軾非常重視後天的主觀努力。庖丁解牛之始，『所見無非牛者；三年之後，未嘗見全牛也』，可見其也經歷了從一般認識到領悟解牛之道的過程。輪扁說斲輪時『徐則甘而不固，疾則苦而不入，不徐不疾，得之於手而應之於心』，顯而易見，只有經歷長時間的磨練他才能達到運用自如的境地。至於匠石，『運斤成風』的技巧更是少不了平時的訓練。然而，僅僅憑藉技藝還遠遠不夠，只有對主客體的本性有了充分的認識，以完全自由的精神狀態融入其中，才能最終得道。庖丁自謂『臣之所好者道也，進乎技矣』，他成功地實現了由『技』入『道』。但輪扁卻說自己的技藝『口不能言，有數存焉於其間。臣不能以喻臣之子，臣之子亦不能受之於臣，是以行年七十而老斲輪』，輪扁之子並不能從父親那裏得到斲輪的真諦，可見『道』並不一定能靠後天習得。蘇軾在綜合上述觀點後認爲，『技』並不一定能指向『道』，但它卻是得『道』的前提，因此『凡有見於中而操之不熟者，平居自視了然，而臨事忽焉喪之』（文與可畫篔簹谷偃竹記），沒有『技』的基礎，得『道』只是一種奢望。

總之，蘇軾以莊子思想爲借鑒，結合自己的具體創作經驗，提出了頗有見地的創作觀念。他認爲文藝創作的動機應當來自真實的情感流露，而不能爲作文而作文。在創作過程中，作者應當順應客觀規律，將主體融入客體對象之中，從而真正傳達自然的精神。與此同時，儘管蘇軾貫徹了莊子『道法自然』的觀念，但他又認爲創

作過程中的訓練是必不可少的，如果沒有扎實的基礎，便不能將自我的體悟通過詩文書畫等形式表達出來。由此可見，蘇軾對莊子思想進行了有目的的改造與拓展。

二、蘇軾詩文所反映的二元對立的莊子學思想

蘇軾的文藝創作與莊子密不可分，這並不僅僅體現在他的創作論上，更表現在其通過詩文對莊子思想進行的傳達與評價。蘇轍評價其兄曰：『公（蘇軾）之於文，得之於天。少與轍皆師先君，初好賈誼、陸贄書，論古今治亂，不爲空言。既而讀莊子，喟然歎息曰：「吾昔有見於中，口未能言。今見莊子，得吾心矣。」』（亡兄子瞻端明墓誌銘）由此可見，蘇軾與莊子之間存在一種天然的親和力。可以説，莊子思想貫徹了蘇軾的整個人生，這在其中年遭遇政治變故後尤爲明顯。蘇軾詩文中，對莊子思想的援引和評述非常頻繁。歸納起來，蘇軾將莊子納入自己作品中主要有兩種不同的傾向，其一是認同、欣賞莊子，其二是批判莊子思想對社會的負面影響。

首先來看第一種傾向。在許多詩文中，蘇軾表露出對莊子的認同與欣賞。例如，作者在謝蘇自之惠酒一詩結尾寫道：『不如同異兩俱冥，得鹿亡羊等嬉戲。決須飲此勿復辭，何用區區較醒醉。』再如，他在和飲酒之十二中説：『墜車終無傷，莊叟不吾欺。呼兒具紙筆，醉語輒錄之。』蘇軾通過對莊子中『亡羊』、『墜車』等典故的引用，表達了自己對醉酒狀態的體悟，從而得以理解莊子所謂的『忘我』境界。在此基礎上，他還將莊子視爲理想人格的化身，例如，他數次將自己的表兄弟文與可比作莊子筆下的得道之人，如以下二詩：

壁上墨君不解語，見之尚可消百憂。而況我友似君者，素節凜凜欺霜秋。清詩健筆何足數，逍遥齊物追莊周。奪官遣去不自覺，曉梳脱髮誰能收？江邊亂山赤如赭，陵陽正在千山頭。君知遠别懷

抱惡，時遣墨君消我愁。（送文與可出守陵州）

與可畫竹時，見竹不見人。豈獨不見人，嗒然遺其身。其身與竹化，無窮出清新。莊周世無有，誰知此凝神？（書晁補之所藏與可畫竹之一）

前一首詩中蘇軾認爲文與可深得莊子之意，後一首詩中東坡謂其作畫時達到了忘我的境界，其身與竹化，這便是莊子逍遥齊物的境界，其中『嗒然遺其身』之句很容易讓我們聯想到齊物論篇中『吾喪我』的得道者南郭子綦。作者用短短數字便將文與可作畫時的精神狀態描繪出來，可謂相當傳神。再如，蘇軾在醉白堂記中稱讚醉白堂的主人『齊得喪，忘禍福，混貴賤，等賢愚，同乎萬物，而與造物者遊』，這儼然是逍遥遊篇中得道之人的形象了。

需要注意的是，蘇軾對莊子的欣賞是建立在充分理解莊子的基礎之上的。例如，他在張安道樂全堂一詩中有『列子御風殊不惡，猶被莊生譏數數』之句。我們知道莊子逍遥遊中莊子例舉『列子御風而行』之事，謂其仍『有所待』，沒有達到逍遥遊的境界。蘇軾在此説莊生譏言列子，應該説點出了莊子的原意。再如觀魚臺一詩：

欲將同異較錙銖，肝膽猶能楚越如。若信萬殊歸一理，子今知我我知魚。

本詩可説是蘇軾對莊子齊物思想的解讀，其中談到了我們非常熟悉的莊子秋水『濠上觀魚』典故。在秋水篇原文中，惠子與莊子的爭論是沒有結果的，莊子最後説：『請循其本。子曰「汝安知魚樂」云者，既已知吾知之而問我，我知之濠上也。』莊子的回答可以説是一種詭辯，他並沒有正面回應惠子的詰問。但蘇軾顯然試圖解答這個謎題，他認爲如果萬物都歸於一理的話，那麽你便知道我，我便知道魚了。蘇軾的這個觀點應當説是對莊子思想的進一步發揮，他試圖以主觀化的情感體驗化解『濠上觀魚』的爭辯，這也是對莊子齊物思想的化用。

與上述例子相反的是，蘇軾在另外一些文章中則對莊子提出了批評，這種現象特别表現在他的政論文中。

蘇軾對莊子的批判集中體現在子思論、韓非論這兩篇文章中。在子思論中，蘇軾提出了這樣的觀點：

昔者夫子之文章，非有意於爲文，是以未嘗立論也。所可得而言者，唯其歸於至當，斯以爲聖人而已矣。夫子之道，可由而不可知，可言而不可議。此其不爭爲區區之論，以開是非之端，是以獨得不廢，以與天下後世爲仁義禮樂之主。夫子既沒，諸子之欲爲書以傳於後世者，其意皆存乎爲文，汲汲乎惟恐其汩沒而莫吾知也，是故皆喜立論。論立而爭起。自孟子之後，至於荀卿、揚雄，皆務爲相攻之說，其餘不足數者，紛紜於天下。

蘇軾在這裏提出孔子並未立論，因其不論故爭端不起，但孔子去世後，諸子各立學派，諸家立論，於是紛爭不斷，天下不得安寧。對於這個觀點，我們並不會感到陌生，莊子云：

天下大亂，賢聖不明，道德不一，天下多得一察焉以自好。譬如耳目鼻口，皆有所明，不能相通。猶百家眾技也，皆有所長，時有所用。雖然，不該不遍，一曲之士也。判天地之美，析萬物之理，察古人之全，寡能備於天地之美，稱神明之容。是故內聖外王之道，暗而不明，鬱而不發，天下之人各爲其所欲焉以自爲方。悲夫，百家往而不反，必不合矣！後世之學者，不幸不見天地之純，古人之大體，道術將爲天下裂。（天下）

六合之外，聖人存而不論。六合之內，聖人論而不議。春秋經世先王之志，聖人議而不辯。（齊物論）

如果我們將蘇軾的觀點與上文所引莊子中的觀點加以對照，就會發現一定的相似性。首先，兩者都認爲百家興起後爭端也隨之產生；其次，兩者都認爲聖人不立論，因爲立論便意味著紛爭。即便如此，兩者還是存在著差異——天下篇中的大道在子思論中則變成了孔子之道。從以上對比中我們可以發現，蘇軾對於百家爭端的看法受到天下篇的影響，但與此同時，他卻認爲儒家思想才是大道的正統，這便與天下篇的觀點相左了。蘇軾在

子思論中還提出：

> 夫子之道，不幸而有老聃、莊周、揚朱、墨翟、田駢、慎到、申不害、韓非之徒，各持其私說以攻乎其外，天下方將惑之，而未知其所適從。奈何其弟子門人，又內自相攻而不決。千載之後，學者愈衆，而夫子之道益晦而不明者，由此之故歟？

在此，蘇軾將老莊思想與楊朱、墨翟、韓非等學派歸爲一類，認爲這些學說互相攻擊，孔子之道『益晦而不明』。而在韓非論中，蘇軾更是認爲老莊思想導致了商鞅、韓非之術的盛行，終於釀成了大禍。他在此文中說：

> 聖人之所爲惡夫異端盡力而排之者，非異端之能亂天下，而天下之亂所由出也。昔周之衰，有老聃、莊周、列禦寇之徒，更爲虛無淡泊之言，而治其猖狂浮游之說，紛紜顛倒，而卒歸於無有。由其道者，蕩然莫得其當，是以忘乎富貴之樂，而齊乎死生之分，此不得志於天下，高世遠舉之人，所以放心而無憂。雖非聖人之道，而其用意，固亦無惡於天下。自老聃之死百餘年，有商鞅、韓非著書，信治天下無若刑名之賢，及秦用之，終於勝、廣之亂，教化不足，而法有餘，秦以不祀而天下被其毒。後世之學者，知申、韓之罪，而不知老聃、莊周之使然。

蘇軾認爲，儘管老莊思想無害於天下，但商鞅、韓非等人卻借老莊思想推行刑名之法，被毒天下。因此，推及本源，是老莊導致了申韓之害，這便是蘇軾所說的『聖人之所爲惡夫異端盡力而排之者，非異端之能亂天下，而天下之亂所由出也』。蘇軾進一步談到，仁義之道起於夫婦父子兄弟相愛之間，但法家的禮法刑政則出於君臣上下相忌之際。由於老莊認爲君臣、父子之間如同浮萍相逢於江湖一般隨意，因此仁義之道便沒辦法貫徹，於是『商鞅、韓非求爲其說而不得，得其所以輕天下而齊萬物之術，是以敢爲殘忍而無疑』（韓非論）。由此可見，蘇軾在韓非論中對老莊的批判較子思論更進一步，不但認爲老莊是立論爭端的一派，更認爲其是禍害仁義之道的法家思想的源頭。不容否認，蘇軾的這個觀點還是有一定道理的。韓非曾作有解老、喻老二篇，爲老子進行注

解和闡釋，而司馬遷在史記老子韓非列傳中也談到法家申不害『申子之學，本於黄老而主刑名』，説韓非『喜刑名法術之學，而其歸本於黄老』。由此可見，蘇軾對於老莊和申韓關係的闡述與司馬遷一脈相承，只不過他在司馬遷的基礎上進一步説明法家如何吸收道家思想，從而毁棄禮樂，滅人倫，進而被毒天下。

除了上面提到的這些内容，蘇軾還認爲莊子對當世人，特别是文人階層産生了消極影響。例如，他在議學校貢舉狀中便談到：『使天下之士，能如莊周齊死生，一毁譽，輕富貴，安貧賤，則人主之名器爵禄，所以礪世摩鈍者，廢矣！』在蘇軾看來，老莊學説『浩然無當』，士大夫爭相模仿，這種風氣不利於統治階級的有效治理以及對官員的控制，因此他建議君主應當『明敕有司，試之以法言，取之以實學』，只有這樣才能端正風氣，振興國家。

由此我們不禁要問，爲何蘇軾在其詩文中對莊子有兩種完全對立的態度？同樣是在政論文中，爲何他一方面申明老莊思想是異端學説，貽害後世，一方面又説世人應當像莊子那樣齊生死、等貴賤呢？冷成金蘇軾的哲學觀與文藝觀一書中談到：『蘇軾的人格不是簡單的政治人格、學者人格、官僚人格等較爲單純的現實人格，而是建立在現實人格的基礎上超越了種種現實人格的文化人格，因此具有文化上相互融通、相互影響的複雜性。』這段話道破了蘇軾的人格特點。事實上，蘇軾莊子觀的二元對立也是其儒家本位的政治人格與道家化的主體人格（或者説自我人格）之間的對立。我們不難發現，蘇軾對莊子的批判多集中在其政論文中，而且批判的内容多在於以莊子爲代表的道家思想對政治、社會和學術領域的負面影響，這是群體性的，代表了一種强烈的道德責任感。而蘇軾對莊子的欣賞與褒揚則散佈在其詩文中，内容多在於對莊子人格及其思想、文風的推崇，這是個體性的，代表著一種尊重個體的人本主義精神。因此，蘇軾對莊子的正面評價與負面評價並不在同一層面上，這也反映出蘇軾兼具儒家道德理性與道家自由精神的雙重特點。

第四章　呂惠卿的莊子全解

呂惠卿（1032—1111），字吉甫，泉州晉江（今屬福建）人。宋仁宗嘉祐二年進士，調真州推官。秩滿入都，見王安石，論經義，意多合，遂定交。神宗熙寧初，王安石當政，設制置三司條例司，以爲檢詳文字，事無大小必與謀，凡所建請章奏皆其筆。擢太子中允、崇政殿說書、集賢校理、判司農寺。後爲天章閣侍講，同修起居注，進知制誥，判國子監，與王安石、王雱同修三經新義（即詩義、書義、周官義），見解多相一致。熙寧七年，王安石罷相，薦爲參知政事，遂叛王氏。八年，王安石復相，出知陳州、延州。元豐五年知單州，六年知太原。哲宗即位，貶爲光祿卿，分司南京。再責建寧軍節度副使，建州安置。紹聖中復資政殿學士，知大名府，加觀文殿學士。著作有文集、奏議、縣法、論語義、道德真經傳、莊子全解（多稱莊子義）、新史吏部氏、建安茶用記、三略素書解、孝經傳等，但大多皆已散佚。

第一節　莊子全解版本、名稱及流轉之概況

今存呂惠卿所著道德真經傳四卷，據其在道德真經傳進表中所題年月來判斷，當作於背叛王氏後的熙寧之末。道藏闕經目錄卷下載呂惠卿南華真經義解三十三卷，宋史藝文志四作『呂惠卿莊子解十卷』，晁公武郡齋讀書志後志作『呂吉甫注莊子十卷』，楊紹和海源閣藏書目又題『呂太尉經進莊子全解十卷』，而陳振孫直齋書

録解題卷九則云：『莊子義十卷，參政清源呂惠卿吉父撰。元豐七年，先表進內篇，其餘蓋續成之。』由此說明，呂惠卿當是在著成道德真經傳之後才爲莊子陸續撰寫義解的，並先將爲內篇所作的義解進呈給了朝廷。由於他爲莊子作義解是陸續進行的，這就有可能形成了各種不同的本子，致使後世志書所載的書名、卷數也各不相同。

長期以來，人們一般只能從宋末褚伯秀南華真經義海纂微、明焦竑莊子翼中來讀經過壓縮的呂惠卿莊子全解文字，這就嚴重影響到對呂氏莊子學思想的全面理解。民國時，陳任中從褚伯秀南華真經義海纂微中輯出有關呂氏莊子全解的壓縮文字，並校以俄國博物院所贈黑水城呂觀文進莊子義殘本膠片（共五十一葉），輯成宋呂觀文進莊子義十卷，成爲數十年來最通行的呂氏莊子全解讀本。而俄探險家柯兹洛夫1908至1909年間在我國內蒙古黑水城遺址發掘所得北宋刊呂觀文進莊子義殘本，僅一百一十葉，起自齊物論篇『解者，是旦暮遇之也』，終於天運篇『今蘄周於魯，是猶推』，中間還偶有殘損，仍遠遠不能展現呂氏莊子全解的全貌，更何況陳任中用以校補的僅是黑水城呂觀文進莊子義殘本的一半葉數。

對於呂惠卿莊子全解完本，不少學者曾苦苦尋覓。如傅增湘在國立北平圖書館館刊第五卷第二號上撰文說：『呂氏所注，尚有老子四卷，爲元豐元年知定州時所進，列入道藏「必」字型大小，故世多傳之。莊子義獨不見收，元明以來，又無傳刻。遍檢各家書目，惟季氏延令書目有宋刻本，題呂太尉經進莊子全解十卷，明文彭、吳元恭識尾。此本今藏楊氏海源閣。考其目録所記行格，爲半葉十二行，每行大字二十四至二十七，小字二十八、九不等。其結銜及書名，與此本迥異。楊紹和跋謂是南宋初刻本，則視此已遜一籌矣。抄本可考者有明邢氏來禽館本，見楊紹和楹書隅目。又崑山徐健庵藏本，見王蓮涇孝慈堂書目（凡三百二十五番），亦不知流傳何所。』（跋宋本呂惠卿莊子義殘卷）陳任中在宋呂觀文進莊子義序中亦說：『傳聞里安孫氏、嘉興沈氏、滿洲盛昱氏、萍鄉文氏尚各有轉抄之本，並訪求累年，未獲一見。』時至今日，傅、陳二先生所提到的這些刻本、抄本，除

楊氏海源閣所藏題呂太尉經進莊子全解十卷而外，其餘未獲一見，可能皆已不存於世。

山東聊城楊氏海源閣所藏呂太尉經進莊子全解十卷，全稱爲壬辰重改證呂太尉經進莊子全解，楊紹和楹書隅目著録作宋本，有明代文彭、吴元恭二人題款。古籍版本專家趙萬里據其版式及紙墨刀法，斷爲金代刻書中心平水縣（在今山西省臨汾縣境一帶）書坊於金世宗完顔雍大定十二年壬辰（1172）重翻北宋刻本，半葉十二行，行二十三至二十七字不等。1934年春，此刻本歸古籍收藏家周叔弢收藏。1952年8月，周先生將其無償捐獻給北京圖書館。此書爲今世所傳最古最完好的呂惠卿莊子全解孤本，十分珍貴，爲治莊子學及研究呂惠卿學術思想者久所嚮往，但因深藏密閣，一般學者始終未能一覩其真容。

2010年，由於華東師範大學子藏編纂工程的啟動和中國國家圖書館（原北京圖書館）的大力支持，久藏密閣的金刻本呂惠卿壬辰重改證呂太尉經進莊子全解十卷，不但得以收入子藏道家部莊子卷，還於子藏外單獨彩印發行，以便廣大讀者一覩珍本原貌。這無疑爲治莊子學及研究呂惠卿學術思想者的一件幸事。

第二節　對儒道思想的調和

呂惠卿在元豐七年上表宋神宗時，曾直言其著莊子全解的用意：『竊惟陛下於典學則窮探經藝之精微，以旁通則貫穿子史之浩博，固以其所聞成天下之務矣，則其好周之書，非若世儒之玩其文而已。……竊以爲周與老子，實相始終發明，而其書之綱領，尤見於内篇，臣是以先爲解釋，以備乙夜之觀焉。夫以周之言内聖外王之道，深根固蒂之理，無不備矣。』（進莊子義表）可見呂惠卿表進莊子義是爲了應合現時政治形勢的需要，求得『内聖外王之道，深根固蒂之理』，以備帝王『乙夜之觀』，與司馬光撰資治通鑒所承擔的社會功能是相同的，即『以資於治道』。因而呂惠卿借闡釋莊子，對老莊思想進行改造，使之與儒家思想相結合，以期對君主的治國之

道有所補益。

一、以儒道融合的態度闡釋『孔子』形象

歷來注解莊子者，幾乎都十分關注其中的『孔子』形象。呂惠卿著莊子全解，也在闡釋『孔子』形象方面下了很大功夫。

通觀呂惠卿莊子全解，他在引儒家經典以闡釋莊子時，最喜歡援引的是最能代表孔子思想的論語中的文字。如呂氏在闡釋大宗師篇『真人』時說：『唯真人無心則無跡，無跡則無弊，故其狀有似之而非也。人未嘗不朋於義，真人之義，與物有宜，而非朋也。有餘則庸，不足則承。庸者上道也，承者下道也。真人之盛德，若不足而不承也。觚不觚？觚哉！觚哉！真人之觚觚矣！然與世推移，非堅而不能自舉者也。』這裏所說的『觚不觚？觚哉！觚哉』，出自論語雍也，謂孔子因看到諸如『君不君，臣不臣，父不父，子不子』（論語顏淵）一類名實不符現象的普遍出現，便發出『酒器（觚）不像酒器』的慨歎，以表示對此種現象的深深擔憂。這說明孔子正有如論語顏淵所說，確實是一個堅持『克己復禮』，要求維護傳統禮法的人。呂惠卿爲了融合儒、道，就援引論語中的這些思想資料來闡釋莊子中的『真人』，從而使『真人』轉化爲符合孔子所謂『非禮勿視，非禮勿聽，非禮勿言，非禮勿動』（同上）道德標準的人物形象。又莊子寓言有『孔子行年六十而六十化，始時所是，卒而非之，未知今之所謂是之非五十九非也』等語，呂惠卿闡釋云：『傳稱孔子曰：「吾十有五而志於學，三十而立，四十而不惑，五十而知天命，六十而耳順，七十而從心所欲不踰矩。」橫心之所念，更無是非，橫口之所言，更無利害，則所謂縱心也。道未至於縱心，則不免於化而已矣。此莊子所以稱其六十而六十化也。夫唯不化則已，苟有化也，而始時所是，卒而非之，則六十之所謂是，安知其非五十九非也？』這裏所說的『孔子六十而耳順，七

十而縱心所欲不踰矩』，即援引於論語爲政，原意謂：孔子到了六十歲時，一聽別人的言語，便可以判明其真假、是非；到了七十歲時，則更達到了隨心所欲，而任何念頭都不會越出規矩法度的境地。這就説明，孔子原來確是一個明辨是非、堅守規矩法度的人。而在莊子寓言中，作者卻按道家的思想標準改造了『孔子』，讓他成爲一個不敢執定是非的得道者。由於呂惠卿所堅持的是引儒入道的闡釋指向，所以他根本無視於這兩個孔子的本質區别，而仍以論語中的思想資料來闡釋寓言篇中的『孔子』，這就使他所闡釋出的『孔子』不免成了一個亦儒亦道、非儒非道的形象。

正由於呂惠卿的莊子闡釋活動是在他的儒道合一思想支配下進行的，所以當他遇到莊子中那些詆毁孔子的言論時，便往往要進行辯解和轉化。如外物篇假借『老萊子』之口，批評『孔丘』那套『躬矜』、『容知』的假斯文，認爲他並不是一個真正的『君子』。對此，呂惠卿則闡釋説：『聖人之跡雖有不同，而其所以爲聖人者未嘗不同，則老萊子之於孔子，豈有間然哉！蓋世之學孔子者，不能得其心而得其跡，故寓之老萊子，以明其跡之爲患至於無窮。』又天運篇假借『師金』之口，批評『孔子』帶著一群弟子死守先王之道，實在無異於醜婦效矉，所以只能落得『伐樹於宋，削跡於衛，窮於商周』的可悲下場。對此，呂惠卿則闡釋説：『夫有教立道而無心者，仲尼也，則雖取先王應世之跡，而弦誦講習，晝夜不息，固豈有所係哉！彼視宋之伐樹、衛之削跡、商周之窮、陳蔡之厄，猶鸖雀、蚊虻相過乎前也。道之不行，已知之矣，則奚舟陸之必行，周魯之必用，而不知無方之傳，以至俯仰得罪於人，而不知禮義法度，應世而變，與夫矉之所以美哉！蓋學孔子而不知孔子之所以爲孔子者，則其弊常若此。莊子所以數言之也。』呂惠卿意在告訴人們：孔子與老子本無『間然』，他們的思想是完全可以和合融通的。但由於儒家後學不知孔子之所以爲孔子，所以也就『不知禮義法度，應世而變，與夫矉之所以美』，結果只能死守先王的糟粕而不能有所變通。莊子因看到儒家後學嚴重偏離了孔子本人的真實思想，所以才『數言之』。由此可見，呂惠卿的這些説法實質上與蘇軾在莊子祠堂記中所謂『莊子，蓋助孔子者』的説法頗爲一

致。請再看呂氏闡釋莊子漁父的一番話：

孔子體性抱神，以遊乎世俗之間者也，則安有漁父之譏哉！而所以言此者，蓋世儒之學孔子者，不過其跡而已，故寓之漁父，以明孔子之所貴者，非世儒之所知也。子貢之告漁父者，乃世儒之知孔子者也。夫天下雖大，亦物而已。孔子之所以爲孔子者，孰肯以物爲事也！道之真，以爲身；其緒餘土苴，以治國家天下。誠如子貢所言，非其任而爲其事，則其分於道也，豈不遠乎！

漁父全文是一則完整的寓言故事，開篇即設爲得道者『漁父』向儒家後學詢問『孔子』所治的是什麼樣的學問，『子貢』回答說：『孔氏者，性服忠信，身行仁義，飾禮樂，選人倫，上以忠於世主，下以化於齊民，將以利天下，此孔氏之所治也。』於是引出『漁父』對『孔子』一番又一番的批評，甚至指斥『孔子』是『蚤湛於人僞』的『難悟』、『愚甚』之人。毫無疑問，這裏『子貢』所回答的『孔氏』，實際上是與歷史上的真實孔子相一致的，而『漁父』對『孔子』的批評，則明顯地反映出道家與儒家的嚴重對立，連蘇軾也承認『漁父則若真詆孔子者』。呂惠卿卻認爲，『孔子』體性抱神，以道之真治其身，緒餘土苴以治國家天下，是一個不肯『以物爲事』的得道者，『漁父』哪裏曾譏刺他呢？所以，『漁父』所譏刺的，實在只是包括『子貢』在内的那些拘於孔子之『跡』的『世儒』而已。

二、對莊子思想作儒學化改造

在北宋儒道融合的文化背景下，呂惠卿也要對莊子思想進行儒學化改造。如在宥篇云：『昔者，黄帝始以仁義攖人之心，堯舜於是乎股無胈，脛無毛，以養天下之形，愁其五藏以爲仁義，矜其血氣以規法度。……天下脊脊大亂，罪在攖人心。故賢者伏處乎大山嵁巖之下，而萬乘之君憂慄乎廟堂之上。』很明顯，莊子在這裏對儒家所推崇的堯舜之治提出了尖鋭批判，而呂惠卿卻注解說：

> 向言舜招仁義以撓天下，至三代遂以物易其性；又言堯治天下，使欣欣焉失其性。恐學者真以舜與堯爲有未至，故又言黄帝以仁義攖人心，以明其指在於絶聖棄智，而非於其人有間然者也。

認爲莊子舉堯舜的例子只是爲了説明絶聖棄智的宗旨罷了，並不是對堯舜有不好的看法，意謂莊子將他們與黄帝一樣是作爲得道聖人尊崇的。

呂惠卿在對莊子思想進行儒學化改造時，不可避免地涉及儒家『有爲』與道家『無爲』思想之間的尖鋭衝突。呂氏認爲道的特徵正在於自然無爲，『有爲』只要『出於不得已』，亦是『無爲』，同樣是合於大道的。這就將莊子中相對立的『有爲』與『無爲』兩個概念進行了融合。呂氏爲齊物論篇『瞿鵲子問乎長梧子』寓言作注解説：

> 夫子能廢心而用形，其於聖智則謝之矣。而未之嘗言，故學者所聞，特其文章而已。性與天道，非所得聞也。未之嘗言，則藏其妙理，以爲孟浪之言。而學者之所聞，特其文章而已。苟用其言以求之，則未免於爲夢也，故其寓如此。聖人者，感而後應，迫而後動，不得已而後起，故不從事於務。

可見，呂氏認爲孔子是能『廢心用形』、棄絶智慧的，只不過『夫子』未曾明説才引起了後人的誤解，其實像孔子這類人出於『不得已』的『有爲』亦屬於『不從事於務』的『無爲』，當然也應該是莊子所謂的理想『聖人』。因此，在呂氏莊子全解中，『聖人』的範圍拓廣了，然而什麽樣的『有爲』屬於『出於不得已』卻没有限定，這就爲呂惠卿對莊子思想進行一系列的儒學化改造提供了充分發揮的空間。

其一、對孔子所宣揚的儒家核心價值觀念『仁』和『禮』的認同。如繕性篇謂：『古之治道者，以恬養知。生而無以知爲也，謂之以知養恬。知與恬交相養，而和理出其性。夫德，和也；道，理也。德無不容，仁也；道無不理，義也；義明而物親，忠也；中純實而反乎情，樂也；信行容體而順乎文，禮也。禮樂遍行，則天下亂矣。』呂惠卿注解云：

莊子之論禮樂，出於仁義忠信，仁義忠信出於道德，而道德出於性；而孔子以爲聖人作易，順性命之理，和順於道德而理於義，窮理盡性以至於命；孟子亦謂仁義皆内而出於性，而性則盡其心者爲能知之，而知其性則知天，其指同矣。

莊子本意指出人『性』之中，本來就包含了『仁義忠信』，但如果有不明白這個道理的『俗學』要畫蛇添足地去推行仁義，那麽就會『禮樂徧行，則天下亂矣』。呂惠卿從孔、孟爲得道聖人的隱含前提出發，用孔子、孟子對『仁義』的觀點來解釋莊子所論『仁義忠信出於道德』的看法，而忽略了莊子對現實的批判意義，巧妙地對莊子思想進行了儒學化改造。

呂惠卿在撰寫莊子全解的過程中，對『禮』的重視和推崇也是顯而易見的。如大宗師篇云：『以刑爲體，以禮爲翼，以知爲時，以德爲循。……以禮爲翼者，所以行於世也。』呂氏注解説：

未能忘禮樂而克己復禮，則視聽言動莫非禮也，則禮豈特爲翼而已哉！耳目不知其所宜，而言爲不知其所以然也，則禮豈吾所待哉！以之爲翼，以行於世而已矣。

呂氏認爲，聖人能夠『克己復禮』，因而言行能超脱『禮』的表象，達於『無待』的境地。世人所認爲的『禮』，只是聖人用以『行於世』的工具而已。可見，呂氏在闡釋莊子過程中堅持儒道融合，並援引儒家經典的重要概念來闡釋莊子，將之進行儒學化改造。

其二、以孔門後學思孟學派的心性觀對莊子思想中的『性命』觀進行改造性闡釋。如天下篇論述各派學術源流，將莊子與老子分開論述。然而呂惠卿從社會論的角度來觀察，認爲莊子繼承了老子之學，未有不同。故曰：『聃發其緒，而周成之，非有不同也。』（進莊子義表）實際上，老子把社會論和政治論提升爲具有形而上性質的思辨哲學，而莊子在繼承老子的社會政治論的基礎上有所突變，不像老子那樣重在講勢與術。莊子更關心作爲個體的人在社會中的生存困境，以及如何增強個人修養，求得精神解脱，達於『聖人』的逍遥之境。呂惠卿

注意到莊子的這些特點，因而提出對莊子『性命』之情的探討，要求『反其性情而復其初』（進莊子義表），回復人之性情的本真狀態。然而莊子的『性命』之情本來與儒家立德立言的進取之道相背離，呂惠卿爲了達到其補救時事的目的，必然重視『性命之情』的外在作用，而這樣的觀點恰恰與思孟學派轉向內在『心性』的學說相近，所以他在注解駢拇篇時說：『牧馬則養心者也。有意不心，而欲正其心者，必先誠其意。則守意者，乃所以養心也。』呂惠卿引用思孟學派『欲正其心者，必先誠其意』的思想，將儒家以治國平天下爲目的的修身之道與莊子的『性命』之學互相闡釋，爲莊子的『性命』之學注入了現實社會性因素。呂惠卿因此認爲道家所要求的回復性情之初，與儒家禮義教化並不相違背。只是後來學者『不知其指之所在，見其掊擊聖人，則以爲真非之也；見其殫殘其法，則以爲真毀之也』（進莊子義表）。可見，呂惠卿最終以思孟學派『心性』學說對莊子思想中『性命』觀念進行了儒學化的闡釋。

大宗師篇有『以刑爲體者，綽乎其殺也』之語，呂惠卿解釋說：

> 君子者，以人道名之者也，故所體者仁而已。真人者，以天道名之而以萬物百姓爲芻狗者也，則仁不足以言之也，孰見其所體哉！唯其於刑也，綽乎其殺，則見其所體矣。蓋仁者之於殺也，則慘惻而矜之，以其愛之也。不仁者之於殺也，則憤怒而快之，以其惡之也。真人者，非有愛惡者也，則其於殺也，豈不綽乎哉！此則見其所體也。雖然，古之聖人之於殺，未嘗不矜者，與人同之也。

孔子每言『禮』、『仁』，子思、孟子發展了孔子『仁』的學說，並轉向對人內在『心』、『性』的探討。呂惠卿則以近似畫蛇添足的手法，舉了『仁者』、『不仁者』、『真人』、『聖人』殺人時的不同心理狀況，最後以孟子的『不忍人之心』來解釋莊子中『聖人』的『綽乎其殺』。通過這樣的闡述，給『聖人』注入了儒家血統。呂惠卿說：『雖然，古之聖人之於殺，未嘗不矜者，與人同之也。』他以孟子的『人皆可以爲堯舜』論，從『不忍人之心』中求得『人心之所同』作爲共通點，將莊子中『不食五穀，吸風飲露』（逍遥遊）的無待而行的聖人拉回地面，與普通民衆互爲

參照，提高了讀者進行道德實踐的可行性。

其三、從孔、孟之學與莊子之學的社會作用來説明儒道之言行或異，其歸未始不同。在宥篇云：『世俗之人，皆喜人之同乎己而惡人之異於己也。同於己而欲之，異於己而不欲者，以出乎衆爲心也。夫以出於衆爲心者，曷常出乎衆哉！因衆以寧所聞，不如衆技衆矣。而欲爲人之國者，此攬乎三王之利，而不見其患者也。此以人之國僥倖也，幾何僥倖而不喪人之國乎！其存人之國也，無萬分之一；而喪人之國也，一不成而萬有餘喪矣。』呂惠卿注解説：

道之無爲而自然，非特人君體之而已，而以道佐人主者亦當因衆以寧而已，而無事於爲人之國也。所以因衆以寧者，以一人之所聞，固不如衆技之衆。而欲自任以爲人之國，則其不喪人之國者，僥倖而已。三王之興，臣主之相與，故有以是爲利者，而其末世以是爲患者多矣。則欲爲人之國者，此攬其利而不見其患也。觀此言也，則異乎孟子，何也？孟子則以平治天下自任，而莊子則不弊弊然以天下爲事者也。微孟子，則天下之亂無與救者；微莊子，則輕欲爲人之國，而免（無）以知其患如此之甚也。

呂惠卿認爲，爲人臣者當以自然無爲之道輔佐人主，因爲一人之智有限，遠不如下層民衆合起來的智慧，如果强行有爲之政，難免遭到失敗。呂氏並利用莊子中所説三王之興，臣下多所用力，後世『以是爲患』的例子，來説明無爲之治的重要性。然而這卻與孟子積極『平治天下』的思想相抵觸。呂惠卿認爲沒有孟子，無人拯天下於水火之中；沒有莊子對『輕欲爲人之國』者進行告誡，那些人將會對社會產生嚴重的破壞性後果，因而其所爲雖異，其於補救時世則同。呂惠卿在這裏强調，莊子思想也像儒家思想一樣，有著積極的一面，兩者是可以互爲補充的。

此外，呂惠卿爲了闡釋其『内聖外王之道』，致力於儒道之間的調和，因而對前代衆多以儒道對立的思想闡釋莊子的學者進行了批評。呂惠卿在莊子全解中，明確對荀子、韓非、司馬遷、揚雄、郭象、韓愈等前代學者提出

了批評。如他說：

而死有重於大山，有輕於鴻毛，而舜禹之讓，其流爲之噲，湯武之爭，其末有瞶輒，則聞無擇、隨、光、夷、齊之風者，其於天下後世豈小補哉！則死非所愛也，而韓非乃云：『湯恐天下以己爲貪，乃讓務光。恐光受之，乃使說光謂：「湯欲傳惡聲於子。」光因投於河。』而司馬遷亦不信有所謂隨、光者。非乃以智殺其身者，則所以量湯光者，宜其如此。而數百年之虞夏之事，遷欲皆見於數篇之典謨而後爲信，此遷之俗學也。蓋許由、支父、支伯不以天下易生，使天下尊生而輕利者也。……方論讓王，以悟危身殉物之俗則在所貴。讀周之書而知此，則言忘而意得矣。（讓王解）

呂惠卿從儒家的仁義道德出發，並以『死有重於大山，有輕於鴻毛』之準則，對伯夷等人物進行了充分的肯定，並對韓非的說法嗤之以鼻，認爲他工於心計，心思不正，還嘲笑韓非爲『以智殺身者』，才會用偏頗眼光去看待湯和務光之流。至於司馬遷卻是因爲過於求實證，不相信有此事，而被呂惠卿貶斥爲俗學。可見莊子全解中有濃厚的儒學化色彩。呂惠卿又說：

夫水之可以爲法者，內保之而外不蕩也。法亦若是而已。外立其德而蕩其性，固法之所無用也。然則莊子之意可知已，而揚雄氏曰：『周乖寡聖人，而漸諸篇，雖鄰不覿也。』韓愈氏曰：『古之無聖人，人之類滅久矣。今其言曰：「聖人不死，大盜不止；掊斗折衡，而民不爭。」是亦不思而已矣。』皆以莊子爲真欲掊擊聖知，縱舍盜賊，殫殘法度者也，是豈可與微言乎！（胠篋解）

揚雄仿論語體例作法言，自比於孔子。他對莊子『乖寡聖人』格外痛恨，並表示即使與莊子爲鄰也不會去拜訪他。至於韓愈則從儒家聖人的社會效用出發，批評莊子對聖人不恭。對於這些觀點，呂惠卿進行了批駁，認爲他們都沒能明白莊子『指之所在』，因而不可與『微言』。呂惠卿復又說：

故荀卿氏則曰：『莊子蔽於天而不知人。』揚雄氏則曰：『乖寡聖人而漸諸篇。』韓愈氏則曰：

『是亦不思而已矣。』非特然也。司馬遷尤尊道家之學者也，至於論周則曰：『剽剝儒墨，詆訿孔氏。』而郭象親爲解釋，乃以周爲未能體之者。則其固陋謏聞與不知周者，固不足道也。（進莊子義表）

荀子謂『莊子蔽於天而不知人』（解蔽），認爲莊子空言大道，而缺少儒家對社會群體中『人』之所以爲『人』的關照。司馬遷謂莊子『剽剝儒墨，以詆訿孔氏之徒』，與儒墨思想是相對立的。至於郭象親爲莊子作注，卻在莊子注序中說：『夫莊子者，可謂知本矣，故未始藏其狂言，言雖無會而獨應者也。夫應而非會，則雖當無用；言非物事，則雖高不行；與夫寂然不動，不得已而後起者，固有間矣。……然莊生雖未體之，言則至矣。』認爲莊子與『寂然不動，不得已而後起』的儒家聖人有所隔閡，尚未能體道。呂惠卿對此逐一加以駁斥，認爲他們都不知莊子『指之所在，見其掊擊聖人，則以爲真非之也；見其殫殘聖法，則以爲真毁之也。』

綜合以上分析看來，呂惠卿對莊子思想進行了全面的儒學化改造，駁斥了前代學者以莊子與儒家思想尖鋭對立的觀點，其目的就是爲了融合儒家積極處世的社會論，以求得內聖外王之道。

三、以闡述內聖外王之道爲目的

呂惠卿於元豐六年（1083）冬覲見宋神宗，與神宗言及『性命之理』，神宗『首以莊子爲言』，對莊子十分重視。此後，呂惠卿開始爲莊子內篇作注解，並於元豐七年完成，隨即進獻。據呂氏進莊子義表所言，其著莊子全解的目的，是爲闡述莊子的『內聖外王之道，深根固蒂之理』，以備神宗『乙夜之觀』，而絕不像世俗之儒僅僅是『玩其文而已』。

在社會論方面，老莊要求棄絕一切人類文明，回到小國寡民的原始社會，無疑是消極的。然而其強調『無爲』的政治論，具有理論的高度和實際的可操作性，可以作爲儒家治世之道的補充。所以王安石、蘇軾等人以

儒解莊，注重莊子思想的社會效用，正基於此點原因。從呂惠卿的著述動機來看，他雖試圖探討莊子『深根固蒂之理』，然主要還是要從莊子中探求治世之道。宋史卷四百七十一所載一事，可以看作呂氏對老莊治世之道的親身實踐：

元豐五年，（呂惠卿）加大學士，知太原府。入見，（神宗）將使仍鎮鄜延，惠卿云：『陝西之師，非唯不可以攻，亦不可以守，要在大爲形勢而已。』帝曰：『如惠卿言，是爲陝西可棄也，豈宜委以邊事？』數其輕躁矯誣之罪，斥知單州。明年復知太原。

神宗與呂惠卿言及邊事，呂氏從道家『無爲』之治出發，從戰略的高度，提出陝西之師處於弱勢，在『攻』、『守』都不宜的情況下，關鍵在於『大爲形勢』，虛虛實實，使得西夏軍隊有所顧忌而不敢大舉進攻。因爲『攻』和『守』都是『有爲』，『有爲』則有限，容易讓對方看出己方的真實實力。假如『攻』，則陝西之師不能克，必有後患。『守』則示之以弱，會引起對方的覬覦。然而神宗當時沒有明白這個道理，貶惠卿知單州，而令徐禧鎮守鄜延，終至大敗。

在社會政治論方面，呂惠卿認爲『聃發其緒，而周成之，非有不同也』（進莊子義表），便以莊子爲老子具體而微者，極爲重視其社會政治論，常常引用老子對莊子進行闡釋，尤於應帝王篇所言治國之道多所致意。另外，呂氏之言『性』與『道』，以及對於如何經過修行並最終得道的描述，都有其明確的政治目的：即先從統治者的內在修養談起，重視自身的內在修爲，達到所謂『聖人之境』，然後作用於外界事物，最終達到『外王』的效果。而呂氏作爲改革派代表之一，其所上莊子全解言及君主『外王』之道時，念念不忘從理論上爲改革尋找依據。

其一、對統治者加強自身內在修養的重視，即『內聖』。李澤厚認爲，莊子『第一次突出了個體存在。他基本上是從人的個體的角度來執行這種批判的。關心的不是倫理、政治問題，而是個體存在的身（生命）心（精神）問題，才是莊子思想的實質。』（中國古代思想史論）然而，需要注意的是，呂惠卿莊子全解強調的『窮神』、

『體道』，最後達於『聖人』之境，並非是對個人絕對精神自由的追尋，而是君主自身（『內聖外王』者）的內在訴求。因爲君主只有通過『窮神』、『體道』，達到『無心』而『聖』以至於『無爲』而『王』的境地，最終才能『以無事取天下』，此即所謂『内聖外王之道』。呂惠卿在注解天道篇時對此有明確說明：

古之聖人，或南面而爲堯，或北面而爲舜，或以帝王天子之德處乎上，或以玄聖素王之道處乎下，或退居而閒遊，則江海山林之士服；或進爲而撫世，則功大名顯而天下一，其明乎萬物之本，則一而已矣。故静而聖，聖則自其内而言之也；動而王，王則自其外而言之也。無爲也而尊，則所以臣天下者，無事於才智矣。

呂氏認爲古代的『聖人』有兩種，一種是有『帝王天子之德』身居上位的，比如南面稱帝的堯，另一種是具有『玄聖素王之道』處在臣子地位的，比如當時爲堯之臣的舜。而『聖人』的行爲亦有兩種，或者『退居而閒遊』，或者『進爲而撫世』。但他們作爲『聖人』，具備深厚的内在素養，得『性命』之理，『明萬物之本』是同一的。所以說『静而聖，聖則自其内而言之也；動而王，王則自其外而言之也』。可見『内聖』是具有明顯的具體用途的。而統治者只有具備了『静而聖』的内在修養，才能夠達於『無爲』的境地，進而『臣天下』。呂惠卿進而在應帝王篇列子『爲其妻爨，食豕如食人』一段注解中對統治者加强内在修養的重要性及其作用加以說明：

夫無爲而未始出吾宗，則無心之謂也。無心矣，則與之虚而委蛇，不知其誰何也。……三年不出，爲其妻爨，食豕如食人。則忘我之至也。於事無於親，則致虚之至也，若此則雕琢復朴而反乎性也，塊然獨以其形立而不與物交也。紛而封哉，一以是終，則雖萬物擾擾，而吾之封自若，則終莫之變也。……蓋爲天下而不至乎無心，使人可得而相，則得於天下而非所以得天下也，取於天下而非所以取天下也，用於天下而非所以用天下也。

呂惠卿首先給『無心』下定義，即『無爲』而沒有超出自已的自然本性，將内在的『心』與處世的手段『無爲』結合

起來。又以列子『三年不出，爲其妻爨，食豕如食人』雕琢復朴、反乎自然本性的例子來說明『聖人』要加強自身內在修養，才能至於『無心』的境界。正如呂惠卿在人間世篇的注解中所說：『夫不知求之於心術之間，而唯政法之恃，則固矣。』他對『無心』在統治者『爲天下』中的重大作用作了說明，強調了統治者加強內在修養而達於『無心』、『無爲』之境的重要性。

其二，對統治者治理天下之道的建議，即所謂『外王』。在呂氏的思想中，『內聖』和『外王』是一體而不可分割的，若統治者的內在修爲達到『內聖』的境界，則自然而然會產生『外王』的結果。然而，如果僅僅談論一個『內聖則外王』的概念，畢竟有點虛無飄渺、大而無當的感覺。作爲一部向皇帝進獻以闡述『內聖外王之道』爲目的的著作，呂惠卿在莊子全解中對通過何種方式達到『外王』的結果，進行了詳細的探討。

首先，呂惠卿對『君人南面之術』進行了探討。呂氏對帝王之術懷有極大的熱情，因此對莊子內七篇中的應帝王篇尤所致意。他非常認同老子『無爲』處世的觀點，重視『無心』、『無爲』在君主駕馭天下過程中的重大作用。他在爲應帝王篇所作注解中對此作了詳細討論：

> 莊子方論應帝王而及此，何也？蓋爲天下而不至乎無心，使人可得而相，則得於天下而非所以得天下也，取於天下而非所以取天下也，用於天下而非所以用天下也。何則？人王至寡也，天下至衆也，不極乎無心而以有知爲之也，則我之視天下如立乎臺觀之上而臨闤闠之下，我高而彼隱也。天下之視我，如蔽乎帷幕之內而觀乎戶庭之外，彼幽而我明也。顯而觀隱難，幽而視明易。所謂雖有至智，萬人謀之，則其情常得於天下，……然則不可得而相者，故人主之所以致知以得天下，而取而用之之道也。

呂惠卿借分析莊子撰寫應帝王篇中關於列子的寓言之意在說明加強內心修爲的重要性，進而說明了自已的觀點：如果統治者要治理天下，而內在修養卻沒有達到『無心』的境界，就會被人看出端倪，從而在作爲統治者

的『我』與『天下』(臣下及民眾)之間的關係中處於被動的狀態。爲什麼會這樣呢? 呂惠卿進一步分析說,作爲君王的統治者,相對於無數的民眾來說,力量和智力的渺小都是很顯然的,如果不『無心』、『無爲』而以個人之『知』去治理天下,則我在明處,人得而可見,彼在暗處,我無從得見,這豈不是非常危險嗎? 無論個人的『知』如何了不起,也不是萬人合謀的對手。所以君主應該採取『無心』、『無爲』的策略來治理天下,才能佔得主動。

呂惠卿又將『無心』、『無爲』治理天下的理論推及人臣之道:

> 道之無爲而自然,非特人君體之而已,而以道佐人主者亦當因眾以寧而已,而無事於爲人之國也。所以因眾以寧者,以一人之所聞,固不如眾技之眾。而欲自任以爲人之國,則其不喪人之國者,僥倖而已。三王之興,臣主之相與,故有以是爲利者,而其末世以是爲患者多矣。則欲爲人之國者,此攬其利而不見其患也。(在宥解)

呂惠卿重復了前面所分析的思想,認爲『以一人之所聞,固不如眾技之眾』。所以以道佐人主的臣子,也要學會『無心』、『無爲』之道,『因眾以寧,無事於爲人之國』,才能『不喪人之國』。

其次,呂惠卿對統治者的『牧民之法』亦提出了自己看法。呂氏從莊子的『民有常性』出發,又因承老子『國之利器不可以示人』的理論,主張對下層民眾實行無爲而治,在客觀上進一步發展成爲愚民政策。呂惠卿在馬蹄篇注解中指出,『善治天下者不然,因其常性而已矣。』馬蹄篇所論牧馬,即以馬喻民。馬有『真性』,民亦有『常性』,『織而衣,耕而食,足以自給,而無所羨於高明之譬也』,所以應該實行無爲而治,使之反乎性情而『非賴於人之牧之也』,如果像伯樂一樣治馬,則是『澶漫爲樂,摘僻爲禮,而天下始分』,故曰:『善治天下者不然,因其常性而已矣。』呂氏在胠篋篇注解中進而說:

> 聖人之治,常使民無知無欲。無知也,故結繩而用之。無欲也,故甘其食,美其服,樂其俗,安其

居，鄰國相望，雞狗之音相聞，民至老死不相往來，而黃帝書所謂高下不相慕者也，則所謂至德之世也。而必以容成氏至神農氏爲言者，蓋墳典之書存其事，猶有傳焉。則若此者，固亦已試之驗也。

呂惠卿對老子中所描繪的安寧景象非常嚮往，認爲社會要達到這樣的狀態，就要使下層民衆「無知」、「無欲」。所謂「無知」，即實行愚民政策，不讓其掌握知識而有「人僞」。所謂「無欲」，即使民「因其常性」，所以能「因衆以寧」。呂惠卿還言之鑿鑿地說老子中所描繪的理想景象確有其事，可見其衷心信服。

最後，在區分聖人之「道」與聖人之「法」的基礎上，呂惠卿對社會政治制度的革新提出了自己的看法。他在在宥篇注解中說：

君爲尊民爲卑，卑則宜若可以不因也；而天之視聽猶且自之，則不可不因也。故聖人恃於民而不輕通變之，謂事而窮必有變，變而後通，非覩未然則不能知，是匿也則不可不爲也。故聖人接於事而不辭，制而用之謂之法，則法非妙道也，是粗也。

呂惠卿首先肯定了先王之法的重要性，以至「聖人恃於民」而不輕易通變之，然而一旦時勢發生改變，先王之法也應該隨之發生變革以適應形勢，即所謂「事而窮必有變，變而後通」。他將聖人之「道」與聖人之「法」區分開來，從理論上爲政治革新掃清了障礙：「故聖人接於事而不辭，制而用之謂之法，則法非妙道也，是粗也。」

呂惠卿在天運篇注解中也注重區分「聖人」之「跡」（即「法」）與「道」，以莊子中「禮義法度，應世而變」來爲其政治變革尋找依據：

（孔子）今也以其一時應世，過而去之之跡，而與弟子弦誦講習，則是取已陳之芻狗，盛以篋衍，巾以文繡，而遊居寢臥其下之譬也。夫取已陳之芻狗，盛以篋衍，巾以文繡，遊居寢臥其下，則非過而去之者也，則心不能無所係者也。晝想夜夢，神形所遇，誠不能過而去之，而心有所係，則彼不得夢，必且數眯，固其宜也，眯則嚊藝呷呤而迷之尤者也。取先王一時應世，過而去之之跡，而與弟子弦誦講習，

晝夜不息，則伐樹於宋，削跡於衛，窮於商周之夢，圍於陳蔡之間，七日不火食，死生相與鄰之眯，乃其報也。夫唯不能過而去之而心有所係，以經世則舟陸之非宜，而周魯之不行，而未知無方之傳，應物而不窮者也；以治人則非桔槔之俯仰而不得罪於人也；以應變則非柤梨橘柚，其味相反，而皆可於口。

呂氏在莊子全解中爲了闡述其『禮義法度，應世而變』的改革觀念，極力說明以先王『一時應世，過而去之之跡』，抱著教條主義思想，死守先王禮義制度的結果：『以經世則舟陸之非宜，以治人則非桔槔之俯仰而不得罪於人也。』呂氏在此對孔子亦頗有微詞，認爲他死守先王政治制度，是教條主義，因此失敗，以至『伐樹於宋，削跡於衛，窮於商周之夢，圍於陳蔡之間，七日不火食，死生相與鄰』，甚至認爲這些厄運『乃其報也』。當然，孔子作爲儒家學說的代表人物，是呂氏莊子全解中刻意維護的人物，因此呂惠卿又特爲解釋說：

夫有教立道而無心者，仲尼也，則雖取先王應世之跡，而弦誦講習，晝夜不息，固豈有所係哉！彼視宋之伐樹，衛之削跡，商周之窮，陳蔡之厄，猶鷇雀蚉虻相過乎前也。道之不行，已知之矣，則奚舟陸之必行，周魯之必用，而不知無方之傳，以至俯仰得罪於人，而不知禮義法度，應世而變，與夫顰之所以美哉！蓋學孔子而不知孔子之所以爲孔子者，則其弊常若此，莊子所以數言之也。

呂惠卿認爲，孔子主張的以『禮』爲代表的社會制度，雖是先王應世之跡，然而孔子作爲得道聖人，已經達到『心無所係』的地步了，因而就能無所拘執。孔子以『知其不可而爲之』的儒家應世精神，對先王『禮』、『義』之道進行了傳播。然而後世儒者學孔子而不知孔子『心無所係』之道，死守先王的『禮義法度』而不懂得：時世不同，『禮義法度』也應隨之變化，以至有『東施效顰』之弊。可見呂惠卿在闡釋莊子的過程中，也不失其政治改革人物的本色。

第三節　對莊子『指之所在』的探尋

呂惠卿認爲『學者不知莊子指之所在』（進莊子義表），因此他對莊子的『深根固蒂之理』進行了詳盡的闡述。他從儒道融合的角度出發，對莊子思想進行了儒學化改造，在此過程中對莊子一書中互相抵牾的觀點進行了調和，這與他認爲莊子全書爲不可分割的整體的觀點是相輔相成的。呂氏認爲，莊子與老子『實相始終發明，而其書之綱領，尤見於内篇』（同上）。而正因爲莊子是一個整體，其各部分都可互爲參照，因而呂惠卿創立了以莊子内篇爲綱，篇章互釋的解莊結構，對莊子進行了闡釋。呂惠卿强調以道爲本體、通過『窮神』、『體道』的方式加强自我修養，最終達於聖人之境，逍遥無待。呂惠卿的莊子全解，儘管在其闡釋過程中有儒學化的傾向，但其對莊子『指之所在』的探尋仍見解獨到，新意迭出，有些地方比其他解莊者更接近莊子原義，爲莊子學的向前發展起到了推動作用。

一、以内篇爲綱建構篇章互釋之體系

呂惠卿對郭象莊子注表示不滿，認爲郭象『固不見道，則已不知其宗矣；而又不得其立文之體，往往於其章句訓詁誤有解析，使其書之本末不相貫通』（進莊子義表），結果導致莊子的妙道至言晦而未明。呂氏站在儒道調和的立場上，認爲莊子一書具有一以貫之的思想，是統一不可分割的整體，因而各部分都能相互應照，互相闡釋，並進而對莊子全書進行了『本末貫通』。

呂惠卿認爲莊子全書皆爲莊子所自作，與蘇軾莊子祠堂記的説法截然不同。即使在蘇軾斷爲僞作的漁父、

盜跖、讓王、說劍四篇中，呂惠卿亦以儒道調和的思想對之加以闡釋，對莊子撰寫這些篇章的用意進行了分析，並不認爲它們是僞作。

呂惠卿在解莊時，爲了使前後照應，從調和儒道的思想出發，還以『得意忘言』的批評手法對莊子中有所抵牾的地方直接加以調和。比如，孔子在莊子中以三種不同面孔出現，其中有道家形象的孔子，也有非道家形象的孔子。呂氏則對莊子一書中的孔子形象進行了道家化改造，認爲其『有爲』『出於不得已』，因而亦是『無爲』，同樣能夠逍遥無待，使得儒家形象的孔子亦以得道者的形象出現，從而疏通了其中原本相互抵牾的章節。對於莊子中的其他被莊子批判的儒家理想人物，呂惠卿也同樣加以說明，使之前後一貫。如他在注解讓王篇時說：

> 蓋許由、支父、支伯不以天下易生，使天下尊生而輕利者也。無擇、隨、光、夷、齊之徒，則棄生以殉天下，使天下知忘生而重義者也，其爲仁則一而已矣。而莊子方論至道，以兩遺名利之累，則隨、光、夷、齊皆在所斥；方論讓王，以悟危身殉物之俗則在所貴。讀周之書而知此，則言忘而意得矣。

莊子在盜跖篇中說伯夷、叔齊與盜跖，其於傷生則一也。而在讓王篇中卻說『二子北至於首陽之山，遂餓而死焉。……高節戾行，獨樂其志，不事於世，此二士之節也』，對伯夷、叔齊加以讚揚。對此，呂惠卿以其一以貫之的儒道融和的思想加以解釋。他在這裏指出，無擇、隨、光、夷、齊的社會作用『使後世忘生而重義』，並通過對讓王篇前後文的對比，來說明莊子思想的一貫，即莊子雖然對他們有所指責，但並非真的是要批判他們，而只是借他們說明道理，使『觀者知此，則言忘而意得矣』。由此可見，呂氏在一定程度上繼承了王安石的莊子學思想，認爲要用『得意而忘言』的思想去看待莊子文章。王安石、呂惠卿所謂『得意忘言』，無外乎以孟子『以意逆志』的方法去解讀莊子。尤其需要指出的是，呂氏運用『得意忘言』的方法，除了旨在調和莊子中的儒道關係外，還要使全書的思想和結構得以前後一貫，互相照應。

在以莊子爲統一整體，使其思想一以貫之的基礎上，呂惠卿建立了篇章互釋的解莊體系，通過篇章間的互

相闡釋來理順莊子作文的邏輯關係，期望由此使莊子一書所包含的豐富思想得到完整闡釋。

呂惠卿首先以各篇文字互爲闡釋。如其爲山木篇『北宮奢爲衛靈公賦斂以爲鐘』寓言作注解説：

故朝夕賦斂而毫毛不挫，特以其無所設於一之間而已，而況天下之理有大塗者乎！此庖丁所以恢恢然遊刃於其間而有餘地也。蓋道之在政事，其小者猶如此。

山木篇『北宮奢爲衛靈公斂賦』一則寓言，本意是爲説明『雕琢復朴』而能使物渾然天成之意。但呂惠卿引養生主篇『庖丁解牛』寓言來解釋，並格外關注其政治上的效用，實不失政治人物本色。

其次，呂惠卿以同篇各章文字互爲闡釋。如呂氏在闡釋天地篇『百年之木破爲犧樽』一段文字時説：

破爲犧樽，青黄而文之，以譬則曾史之修也。其斷在溝中，以譬則盗跖之污也。形體保神，各有儀則，謂之性；性修反德，德至同於初，是乃所以得也，烏取曾史盗跖於其間哉！

天地篇這段話，是爲了以『破爲犧樽，青黄而文之』來比方『曾、史的共行仁義，而失性均也』，對曾、史、盜跖之行都提出了批評。呂惠卿則引用天地篇前文『形體保神，各有儀則，謂之性；性修反德，德至同於初』之語予以闡釋，使莊子關於如何保全自然德性的深意得到了一定揭示。

當然，呂惠卿以篇章互釋的解莊方法是建立在以内篇爲綱的基礎上的。他在進莊子義表中説：『竊以爲周與老子，實相始終發明，而其書之綱領，尤見於内篇，臣是以先爲解釋，以備乙夜之觀。』呂惠卿先對内篇加以詮解，隨即上呈宋神宗，可見其對莊子内篇的重視。

呂惠卿以内篇爲綱領，一個重要的標誌就是：其對内篇的闡釋主要表現爲以内篇各篇互爲闡釋，而較少引用外、雜篇來闡釋内篇；相反，引用莊子内篇來闡釋外、雜篇的例子，卻比比皆是。

二、以道爲本體對逍遥境界的追尋

老子有言：『道可道，非常道；名可名，非常名。』莊子繼承了老子『道』的學説，又在其基礎上有所發展，因而在莊子一書中，道的含義非常複雜，既具有哲學『本體論』含義，又有其原本『言説』的實義，以及『道術』之『術』等意義。一般而言，哲學中的『本體』，是相對於『現象』而言的不可認識的『自在之物』。所謂『本體』，它存在於『現象』中，從其中抽象而來。我們感覺不到它物理上的存在，無法以知識去限定它，但它卻實實在在地存在，能爲人所領會和通曉①。中國古代哲學的發展原本與西方不同，對於概念的精確辨析不甚用力，具體到『道』上面，更是不可言説。既不可言説，則處於混沌狀態，所以意義龐雜。但呂惠卿之解莊，與其作用於社會的現實目的息息相關，因而他關注的是莊子中『道』之衆多含義中的兩個方面：即作爲『本體』的『道』與作爲『道術』之『術』的『道』，而後者又以前者爲前提，是前者的具體表現。所以呂惠卿闡釋莊子，以『道』爲本體，展開了對聖人『逍遥』之境的探尋。

如上文所言，作爲『本體』的『道』，本不可以知識去概括，我們只能通過呂惠卿解莊過程中闡釋莊子之道時顯露的外在特徵進行瞭解。呂惠卿的『以道爲本體』主要體現在以下三個方面：

其一，以道爲客觀規律。即莊子所謂：『天下有常然。……故古今不二，不可虧也。』（駢拇）呂惠卿在『以道爲本體』闡釋莊子過程中，非常重視客觀規律的作用，將之等同於道。如他爲秋水篇所作注解謂：

> 無爲而無不爲，而任物之自化者，故所謂道也。

① 參見李澤厚中國古代思想史論，三聯書店2009年9月版，第192頁。

說明在呂惠卿看來，『道』作爲客觀規律是自足的，無所求於人爲，因而能化育萬物。顯然，他以道爲客觀規律，意在强調『無爲』，爲其下文引申到『無事取天下』作鋪墊。

其二、以道爲萬物本原，即道生養萬物又構成萬物。呂惠卿爲大宗師篇所作注解謂：『道爲天下母，則自天而下，未有不得道而能立者也。』又說：『夫道未始有物，則物莫非道也，物莫非道則皆空虛無有而莫之與匹。』（應帝王解）呂氏認爲道生養萬物，萬物沒有道就不能存在。但呂惠卿在探究萬物生成的根源時，並沒有區分『道』與『陰陽』的關係，而是將二者混同起來了。甚而至於，他還喜歡以易學陰陽術數理論來解釋莊子，以求得莊子所要闡述之『道』。如逍遥遊篇有『北冥有魚』寓言，王雱詮釋說：『鯤潛則處於北，鵬飛則徙於南冥。有體之物，雖至大而能變，亦不免乎陰陽之類，是以攝制於造化而不能逍遥。易曰：「方以類聚，物以群分。」所謂逍遥遊者，其唯無方無體者乎！』（褚伯秀南華真經義海纂微引）呂惠卿進一步闡釋云：

通天下一氣也。陽極而生陰，陰極而生陽，陰與陽其本未始有異也。一進一退，一北一南，如環之無端，内之一身，外之萬物，隨之以消息盈虛者，莫非是也。則北冥之鯤化而爲南冥之鵬。……蓋陰陽之極，皆冥於天而已矣。……陽數奇，陰數耦。『三』與『九』皆數之奇，『六月』則子與巳、午與亥之相距也。言鵬之數奇而去以六月息，則鯤之爲耦而來以六月消可知也。

這裏，呂惠卿運用易學象數派理論大力闡發了莊子中『北冥有魚』寓言所包含著的『義理』，從而在繼王弼以莊子研治儒家經典周易的卦象、王雱稍引周易以解説莊子『北冥有魚』寓言之後，進一步拓展了以周易闡釋莊子的道路。但就呂氏對莊子『北冥有魚』寓言的闡釋來看，他實際上卻未能真正揭示出莊子的本意。所以林希逸批評說：『鯤鵬亦寓言，不必拘陰陽之說。鳥之飛也必以氣，下一「怒」字便自奇特。「三千」、「九萬」，只形容其高遠；「去以六月息者」，一舉必歇半年也。』（褚伯秀南華真經義海纂微引）由此說明，呂惠卿闡釋莊子『北冥有魚』寓言時所反映出的不足之處，正在於其因拘於陰陽之說而未能揭示出『鳥之飛也必以氣』這一深層意義。

其三、道的人格化特徵。在莊子的思想中，具有形上性質的『道』、『天』與形下性質的『人爲』之間，本來就有難以逾越的障礙，因而只有忘卻世俗利害，以『心齋』、『坐忘』的方式去體道，才能求得心與道的合一。而呂惠卿以道爲本體，通過對莊子的一系列闡釋，認爲莊子中的『道』具有人格化特徵，並將『道』、『天』與人的『性命之情』混同起來。

呂惠卿認爲『道本出於性命之情』（天下解），通過對『性命之情』堅持不懈的探討和追求（即所謂『體道』），就可以達到得道聖人逍遙無爲的境界，所以他說：『各正性命，……唯盡心者爲能知其性，知其性則知天。』（齊物論解）呂氏謂『人心之神，與道合體』（同上），因爲道不可感知，但能夠以盡心、窮神的方式從內心去領會，所以要以盡心、窮神的方式來體道。而人心本具備『體道』功能，所以呂氏進一步指出，以此爲途徑可以達於神人之境，他說：『神者，人之心固可以窮而入之也。』（則陽解）又說：『誠能盡心而窮神，知其存亡在於操舍之間而未始有物，則見其出入無時而莫知其鄉矣。莫知其鄉，則方之所不能拘也；出入無時，則時之所不能累也，則安往而非逍遙遊哉？』（逍遙遊解）呂惠卿據此進而指出了堅持內在修爲的重要性，要求讀莊子而『欲聞道』者應通過『盡心』、『窮神』的方式勤奮修行，才能夠體悟大道。呂惠卿在大宗師篇注解中認爲：『道以體之爲正。……故莊子論此，欲聞道者勤而行之，以至於心契之而後已。則欲由其書以入道者，亦若此而已矣。』可見呂惠卿認爲，只有通過『盡心』、『窮神』的修爲方式，才能使心與道相契合，最終遊於逍遙之境。

總之，呂惠卿所走的是一條以儒解莊、調和儒道的闡釋道路，大致上可看成是對王安石、蘇軾闡釋路子的因循和拓展。由於他們注重的是如何將莊子思想進一步拉向現實社會，所以呂惠卿的闡釋也就往往有與莊子原意不相一致處。當然，呂惠卿的闡釋中不乏深得莊子妙意之處，這也是不可否認的事實。而在闡釋方法上，呂氏不拘拘於章句名物，務求闡明其義理，則又體現出宋代學者研治莊子的新精神，不可不予以重視。

第五章　王雱的南華真經新傳

王雱（1044—1076），字元澤，撫州（今屬江西）人，王安石之子。爲人慓悍陰刻，無所顧忌。性敏甚，未冠已著書數萬言。宋英宗治平四年舉進士，調旌德尉。神宗熙寧四年任太子中允、崇政殿説書，參與由王安石主持的三經新義的修撰工作，擢天章閣待制兼侍講。安石更張政事，雱實導之。九年遷龍圖閣學士，以病辭，未幾卒，年三十二，特贈左諫議大夫。事跡附見宋史王安石傳。有老子注二卷，其注文多保存於道藏張太守道德真經集注、彭耜道德真經集注中。所著南華真經新傳，宋史藝文志不著錄，宋晁公武郡齋讀書志後志作『十卷』，而明萬曆間刻本爲二十卷，故清四庫館臣『疑讀書志誤脱「二」字，或明人重刊，每卷分爲二歟？』①

---

① 四庫全書總目提要王雱南華真經新傳。四庫館臣在此提要中説：『王宏撰山志曰：「注道德、南華者，無慮百家，而呂惠卿、王雱所作頗稱善。雱之才尤異，使當時從學於程子之門，所就當不可量。」又曰：「竊又疑惠卿之奸諂，雱之恣戾，豈宜有此？小人攫名，或倩門客爲之，亦未可知。」案……雱之材學，原自出群，王安石所作新經義，惟周禮是其手稿，其餘皆雱所助成，……又何有於莊子注而必需假手乎？宏撰所言，不過好爲議論，均未詳考其實也。』按，四庫館臣所駁甚是，因爲人們至今還沒有從有關文獻資料中發現王雱的莊子學著作係『倩門客爲之』的任何跡象。

道藏王雱南華真經新傳卷首有無名氏之序文云：『王元澤待制莊子舊無完解，其見傳於世者，止數千言而已。元豐（宋神宗年號，1078—1085）中，始得完本於西蜀陳襄氏之家，其間意義淵深，言辭典約，向之無説者悉皆全備焉。予是時鋭意科舉，思欲獨善，遂藏篋笥。蓋有歲，……乃以其書親加校對，以授於崔氏之書肆，使命工刊行焉。丙子歲（宋哲宗紹聖三年，1096）季冬望日序。』今視道藏所收此刊本，凡二十卷，缺駢拇、馬蹄、胠篋、在宥、天地等五篇，與四庫全書所收明萬曆間刻本正相同。但明刻本二十卷是包括書末所附拾遺、雜説一卷在内的，而宋刊本則不然，這説明王雱南華真經新傳在流傳過程中已出現了卷數不同的本子，晁公武郡齋讀書志後志所著録的『十卷』本，當即爲這些本子中的一種，所以似不必『疑讀書志脱誤「二」字』。且今所見道藏所收宋代崔氏書肆所刊本和四庫全書所收明萬曆間刊本，除了於内篇七篇後皆接連缺駢拇、馬蹄等五篇而外，在所刊出的其他篇目中，刊刻者標明缺經闕傳之處又每有所見，這更説明歷史上所流傳的王雱南華真經新傳並非完本，所以後人就會重新予以編訂，致使出現了卷數不同的本子。

那麽，無名氏所謂『王元澤待制莊子舊無完解，其見傳於世者，止數千言而已』，又該是指王雱的哪些文字而言呢？今案道藏褚伯秀南華真經義海纂微，於卷端今所纂諸家注義姓名下有『王雱注，内篇』之語，而全書則僅於逍遥遊、齊物論、德充符、大宗師四篇中引有王雱説莊文字數條，共計七百多字，其内容與南華真經新傳中的相關内容很不一致，當即屬於無名氏所見『數千言』文字的一部分。由此看來，褚伯秀所説的『王雱注，内篇』，也可能就是屬於今所纂諸家注義姓名中所列的『李士表莊子十論』、『王旦莊子發題』一類雜説文字。因此，世人或謂褚伯秀今所纂諸家注義姓名所列的『王雱注，内篇』即爲晁公武郡齋讀書志後志所著録的『王元澤

莊子十卷』，這一說法顯然是不可信從的①。

第一節　略仿郭注體例而異其旨趣

清四庫館臣評論王雱南華真經新傳說：『是書體例略仿郭象之注而更約其詞，標舉大意，不屑屑詮釋文字。』②確實，北宋初期已有一些學者對漢唐以來儒家的章句傳注之學展開了質疑，而稍後的王安石更對這種傳統的章句傳注之學給予了激烈的攻擊。他在謝除左僕射表中說：『竊以經術造士，實始盛王之時，偽說誣民，是爲衰世之俗。蓋上無躬教立道之明辟，則下有私學亂治之奸氓。然孔氏以羈臣而與未喪之文，孟子以遊士承既沒之聖，異端雖作，精義尚存，逮更煨燼之災，遂失源流之正，章句之文勝質，傳注之博溺心，此淫辭詖行之所由昌，而妙道至言之所爲隱。』③又在書洪範傳後中說：『嗚呼！學者不知古之所以教，而蔽於傳注之學也久

① 按，褚伯秀南華真經義海纂微中收錄郭象、呂惠卿、陳詳道、林自、陳景元、林希逸等人的注是相當完整的，假如『王雱注，內篇』是『十卷』的話，則褚氏不可能僅摘引其中的數條注語。由此可見，褚伯秀在編撰南華真經義海纂微時很可能還沒有機會看到類似於我們現在所看到的王雱南華真經新傳這種本子，而他所能看到的當是北宋無名氏所說『止數千言而已』的這一雜說文字，即所謂『王雱注，內篇』。褚伯秀僅從王雱雜說莊子內篇的這些文字中摘引數條文字的情況，當是與他在編撰南華真經義海纂微時僅從王旦莊子發題的簡短雜論文字中摘引數條文字的情況相一致的。又褚伯秀於今所纂諸家注義姓名下有『劉概注外雜篇，繼雱之後』之語，但劉概之語爲褚氏南華真經義海纂微所徵引者則寥寥無幾，與書中所收錄的郭象、呂惠卿、陳詳道、林自、陳景元、林希逸等人注文的數量懸殊，這說明劉氏注解莊子外、雜篇也當是十分簡略的，正好與王雱雜說莊子內篇的簡短文字相一致。

② 四庫全書總目提要王雱南華真經新傳。

③ 按，本章中凡引王安石文，皆據王文公文集，上海人民出版社1974年版。

矣。當其時，欲其思之深、問之切而後復焉，則吾將孰待而言邪！ 孔子曰：「予欲無言。」然未嘗無言也，其言也，蓋有不得已焉。孟子則天下固以爲好辯，蓋邪說暴行作，而孔子之道幾於熄焉，孟子者不如是不足與有明也。故孟子曰：「予豈好辯哉？ 予不得已也。」夫予豈樂反古之所以教，而重爲此譊譊哉！』說明在王安石看來，只有孔子、孟子這兩位儒家大師才真正繼承了古代聖王的道統，而漢代以來儒家的章句傳注之學則遮蔽了古代聖王之道，致使在社會上出現了淫辭詖行昌盛、妙道至言隱沒的現象。因此，他就積極倡導新學，主持修撰三經新義，希冀直接從經書本身探求義理，並以此來修身養性，乃至平國治天下。王雱受到了時代學術思潮，尤其是父親王安石堅決否定傳統章句傳注之學這一思想的深刻影響，因而認爲莊子作爲一部『本於道』、『反性命之正』的書，其所蘊藏著的義理，也跟孔、孟之書一樣，是不可用傳統的章句傳注方法來探求的，而必須超越於它的語言文字之外。他說：

孔子曰：『予欲無言。』孟子曰：『予豈好辯哉？』此聖賢本於不言也。然而必言必辯者，出於非得已而已。故莊子之所言，亦出不得已，將以祛天下之惑而反性命之正也。（寓言新傳）

莊周之書，載道之妙也。蓋其言救性命未散之初而所以覺天下之世俗也，豈非不本於道乎！……孔孟、老莊之道，雖適時不同，而要其歸，則豈離乎此哉！ 讀莊子之書，求其意而忘其言，可謂善讀者矣。（雜說）

正由於王雱認識到『讀莊子之書，求其意而忘其言，可謂善讀者矣』，這就使他在很大程度上認可了西晉郭象在注莊子時所表現出的所謂『達觀之士，宜要其會歸而遺其所寄，不足事事曲與生說，自不害其宏旨，皆可略之耳』（逍遙遊注）①的思想認識，於是遂略仿其莊子注體例，對莊子的詮釋也只要求領會其精神實質，而不屑去作

① 按，本章凡引郭象注語，皆據郭慶藩莊子集釋，中華書局1954年版諸子集成本。

逐字逐句的訓釋，所以他的南華真經新傳便成了繼郭氏莊子注之後的又一部『意義淵深，言辭典約』的重要莊子學著作。

從另一個方面來看，王雱之所以不屑拘拘於傳統的章句傳注之方法，而樂意略仿郭象莊子注的體例，以便從整體上和精神實質方面去領會、把握莊子，這又是與他那不同於一般人的稟性分不開的。我們知道，郭象『爲人薄行，有俊才』（世說新語文學），聽其語，『如懸河瀉水，注而不竭』（晉書郭象傳），像這樣的一位『俊才』，怎麼會肯去做煩瑣的拘拘於章句傳注的傳統學問呢？因此他就運用了『要其會歸而遺其所寄』的獨特詮釋方法，著成了一部在世人看來可謂是『最有清辭遒旨』①的莊子學著作。同樣，『史稱雱睥睨一世，無所顧忌，其很愎本不足道，顧率其傲然自恣之意，與莊周之滉瀁肆論，破規矩而任自然者，反若相近』②，這就必然會使他不屑死守傳統的章句傳注之方法而樂意略仿郭象莊子注的體例來詮釋莊子，從而撰寫出了南華真經新傳這部爲見者『頗稱善』③的莊子學著作。

然而，王雱畢竟是生活在北宋中期的一位青年學者，這又決定了他雖然略仿郭象莊子注的體例來詮釋莊子，但他的闡釋指向卻是不可能與作爲魏晉玄學代表人物之一的郭象一致的。因此，當我們翻開他的南華真經新傳的時候，首先就會看到這樣一條作爲全書開宗明義的闡釋之語：

夫道，無方也，無物也，寂然冥運而無形器之累。惟至人體之而無我，無我則無心，無心則不物於物，而放於自得之場，而遊乎混茫之庭，其所以爲逍遙也。至於鯤、鵬，潛則在於北，飛則徙於南，上以

① 世說新語文學劉孝標注引東晉張隱文士傳。
② 四庫全書總目提要王雱南華真經新傳。
③ 同上。

九萬，息以六月，蜩、鷽則飛不過榆枋，而不至則控於地，皆有方有物也。有方有物則造化之所制，陰陽之所拘，不免形器之累，豈得謂之逍遥乎！郭象謂『物任其性，事稱其能，各當其任，逍遥一也』，是知物之外守，而未爲知莊子言逍遥之趣也。（逍遥游新傳）

莊子在逍遥遊篇中所追求的是精神方面的絕對自由境界，因此他認爲，凡天地之間，無論是碩大無比的鯤、鵬，還是小小的學鳩、斥鴳，甚或野馬、塵埃，皆『有所待』而後行，不可謂之逍遥遊。郭象雖然也承認有『有待』與『無待』的區别，但他卻認爲只要萬物各任其性，各稱其能，各當其任，都是可以得到逍遥遊的。對於郭象的這一説法，王雱給予了堅決的否定，認爲這只是『知物之外守，而未爲知莊子言逍遥之趣也』。因爲在他看來，『道』是無方無物的絕對虚無，只有至人能夠與之冥合，所以他無我、無心而不物於物，從而達到了逍遥遊的境界。而鯤、鵬潛則必有賴於北冥，飛則必遷徙於南冥，高升必憑九萬里之上，休息必待六個月之後；蜩、鷽之飛，遠則不過榆枋，時或不至，只得落於地而已，此皆爲造化所制，陰陽所拘，因而郭象所謂『物任其性，事稱其能，各當其任，逍遥一也』云云，只不過是『知物之外守，而未爲知莊子言逍遥之趣』罷了。我們知道，陰、陽是周易中最基本的一對哲學範疇，而根據易學象數派的理論，周易以六、九之數代表陰、陽二爻，陽數前進止於九，陰數後退止於六，由此引起了自然界的一切運動變化。顯然，王雱基本上是運用易學象數派的理論來闡釋莊子逍遥遊的思想，但他又不像稍後的林自那樣拘於易學象數派的理論，而是最終歸結到了逍遥遊篇關於萬物皆『有所待』的主旨之上，這不但有力地糾正了郭象對莊子逍遥遊思想的錯誤理解，而且還標誌著在繼東晉支遁以佛教即色空義哲學闡釋逍遥遊篇後，對莊子逍遥遊思想的闡釋又有了新的進展。

郭象之所以會偏離莊子的逍遥遊思想，大概主要是由於他在本體論上堅持了『獨化』説的緣故。如莊子在齊物論、寓言二篇中皆設有罔兩待影、影待形、形待大道的寓言，旨在説明罔兩、影子、形體都無不受到客觀條件的制約而未能達到『無所待』的逍遥遊境界。對此，郭象卻闡釋説：『物各自造而無所待焉，此天地之正也。

……今罔兩之因景，猶云俱生而非待也，則萬物雖聚而共成乎天，而皆歷然莫不獨見矣。故罔兩非景之所制，而景非形之所使，形非無之所化也。』（齊物論注）這就是説，從表面上看，萬物的生成、變化似乎皆有所待，其實它們都是各自『獨化』、『自造』而逍遥的。王雱雖然在一定程度上受到了郭象這一思想觀點的影響，但更爲主要的，卻還是表現爲對郭象這一思想觀點的大膽超越。如他説：

> 夫影者，形之所生也；形者，己之所具也。影雖形之所生而無待於形，形雖己之所具而無藉於己，故影之所待者待於火日，而形之所藉者藉於朴素。火日明則影所以聚，朴素全則形所以忘，此莊子所以有罔兩問影……之言也。（寓言新傳）

這裏，王雱也認爲影子無待於形體，形體無藉於自己，不免顯露出了受郭象思想觀點影響的痕跡。但他又明確指出，影子的顯現必有待於火光或陽光，忘形境界的達到必憑藉於完美的自然本性，這一説法無疑是對郭象思想觀點的否定和超越，從而基本上回歸到了莊子關於萬物皆『有所待』的本真思想之上。①

此外，郭象還以『遊外宏内』（大宗師注）説改造了莊子關於『逍遥無爲』、『外内不相及』（大宗師）的思想。他説：『夫神人，即今所謂聖人也。夫聖人雖在廟堂之上，然其心無異於山林之中，世豈識之哉？徒見其戴黄屋，佩玉璽，便謂足以纓紱其心矣；見其歷山川，同民事，便謂足以憔悴其神矣，豈知至至者之不虧哉？』（逍遥遊注）説明在郭象看來，精神上的遊於塵垢之外（『遊外』），與實際上的忙於政務（『宏内』），這二者是可

---

① 王雱南華真經新傳所附拾遺『罔兩問影』條云：『莊子之書，兩言罔兩之問影，以影之爲影似待乎形，而實不相待也。而不知者以起坐、俯仰爲在形，豈知影實不待於形歟？夫以影必待形，形必待造物者，是不能冥於獨化耳。能冥於獨化，則知影之不待形，形之不待造物，極於無有而已。』按，王雱拾遺所收錄的多爲他人的思想資料。此處所引的『罔兩問影』條文字，當也不代表王氏本人的思想觀點。

以在聖人那裏得到完全統一的。對此，王雱則提出異議説：

聖則吉凶與民同患，而神則不與聖人同憂。堯之初治天下也，則天之大而化於民，其憂樂與天下共，所謂有爲之時也。及其化極而至於變，則鼓舞萬物而不知其所然，所謂無爲之時也。無爲出於有爲，而無爲之至則入神矣。夫聖人之功待神以立，而功既極神，則固宜全神，此堯之所以讓天下也。（逍遥遊新傳）

這裏，王雱依據周易繫辭中的一些思想觀點和其父王安石大人論一文的基本思維模式，明確指出『聖人』屬於濟世利民而與天下同憂的理想人格，而『神人』則屬於澤被萬物而不肯弊弊焉以天下爲事的理想人格，逍遥遊篇中的唐堯想把天下讓給許由，正寄托了莊子想讓有爲的『聖人』進入『神人』逍遥無爲境界的理想。由此可見，王雱的這一説法已超越了郭象的説法，比較接近於莊子本真思想。

第二節　對王安石莊子學思想的宗承與超越

明孫應鼇謂『元澤持莊子解莊子』①，清四庫館臣亦謂『顧率其傲然自恣之意，與莊周之滉漾肆論，破規矩而任自然者，反若相近，故往往得其微旨。』②如果就王雱南華真經新傳的主要思想傾向而論，這些説法無疑都是正確的。但王雱作爲王安石的公子兼門人，他的莊子學思想中的某些重要觀點又是明顯繼承王安石的思想觀點而來。如他在詮釋天下篇時説，由於到了莊子生活的時代，天下皆『棄絶乎禮義之緒，奪攘乎利害之際，趨利

① 見四庫全書本王雱南華真經新傳卷首孫氏序。
② 四庫全書總目提要王雱南華真經新傳。

而不以爲辱，殞身而不以爲怨，漸漬陷溺，以至乎不可投（救）已』，所以『莊子病之，思以其說教（矯）天下之弊而歸之於正』，即『其心過慮，以爲仁義禮樂皆不足以正之，故同是非，齊彼我，一利害，而以足乎心爲得，此其所以矯天下之弊者也。』王雱這裏不外就是要告訴人們，莊子攻擊儒家仁義禮樂是爲了『矯天下之弊而歸之於正』，其用意無疑是好的。王雱的這一說法，在一定程度上緩和了莊子思想與儒學之間的尖鋭矛盾。他接著又說：

（莊子）既以其說矯弊矣，又懼來世之遂實吾說而不見天地之純、古人之大體也，於是寄其心於此篇以自解，故其篇曰：『詩以道志，書以道事，禮以道行，樂以道和，易以道陰陽，春秋以道名分。』由此觀之，莊子豈不知聖人之道哉！……亦自列其書於宋駢（鈃）、慎到、墨翟、老聃之徒，俱爲不該不遍、一曲之士，蓋欲以明吾之言有爲而作，非大道之全爾。然則莊子豈有意於天下之弊而存聖人之道乎？伯夷之清、柳下惠之和，皆有矯於天下者也，莊子之用心亦二聖人之徒矣。（天下新傳）

王雱在這裏更是明確指出，如果從莊子的『用心』來看，那麼他與儒家所推崇的伯夷、柳下惠這二位聖人實在沒有多大區別。因此，他要求大家在讀莊子時必須善求『莊子之意』。很顯然，王雱的上述說法幾乎都來源於王安石的莊周。所不同的是，王雱在高度肯定『莊子之意』的同時，並沒有像王安石那樣把『莊子之說』宣判爲『其爲亂大矣』（見答陳柅書）的『邪說』（莊周），而是認爲莊子在『矯世俗之弊』的時候雖然說得有點過分，但仍不失爲『高言盡道』，何況他還自言其書存在著『謬悠、荒唐、無崖』的缺點，這不就更說明他是一位『明達而先知』（見天下新傳）的哲人嗎？王雱的這些說法，無疑就是對王安石思想觀點的超越和發展。

王雱對王安石莊子學思想的承因與發展，還比較突出地反映在對莊子性命之學的詮釋與認識上。據載，王安石之治學，頗重『闡性命之幽，合道德之散，訓釋奧義，開明士心』①。王安石對莊子性命之學也頗爲關注。因

① 宋徽宗故荊國公王安石配享孔廟廷詔，宋大詔令集卷一百五十六。

爲在他看來，『莊生之書，其通性命之分，而不以死生禍福累其心，此其近聖人也，自非明智不能及此。』（答陳梠書）王雱繼承了王安石的這一思想，所以他在詮釋莊子時也很重視闡發莊子性命之學的奥義。北宋無名氏在爲他的南華真經新傳所作的序中說：『方今朝廷復以經術造士，欲使天下皆知性命道德之所歸，而莊子之書實載斯道，而王氏（雱）又嘗發明奥義，深解妙旨，計其爲書，豈無意於天下後世哉！』這也就是說，王雱不但深入闡發了莊子書中有關性命之學的奥義，而且還希望以此『傳示天下後世』，這正與王安石欲以莊子性命之學來『開明士心』的用意一致。那麼，王雱到底是如何闡發莊子性命之學的呢？今移錄其注語數條於下：

莊子之所謂禍福，非世之所謂禍福也，以能全性命者謂之福，忘性命者謂之禍。（人間世新傳）

夫至人者，安於性命之情而遠乎利害之途，見寵而驚，聞譽而懼，豈有心於富貴利祿乎！（則陽新傳）

樂全者，所謂樂天知命而性不虧也。夫樂天者，所以知天；知命者，所以至命。知天則任其自然，至命則物不能役，如此則正性所以全也，正性全則自得，自得則志無不得矣。（繕性新傳）

這裏第一、第二條注語所闡發的經文本來並不見得是談『性命之情』，但王雱通過專心發明其奥義，深解其妙旨，卻從中闡發出了可以『傳示天下後世』的性命之學。這就說明王雱確實像王安石一樣，也非常重視從性命之學的角度來把握莊子中的有關思想資料。第三條注語主要從樂天知命和充分發展個性的角度闡發了莊子中的有關思想資料，王雱這種借注莊來充分展示自己那『任自然』、『傲然自恣』的獨特個性的用意，又與王安石所謂『萬事黄粱欲熟時，世間談笑謾追隨。雞蟲得失何須算，鵬鴳逍遥各自知』（絶句之五）、『無營固無尤，多與亦多悔。物隨擾擾集，道與翛然會。墨翟真自苦，莊周吾所愛。萬物莫足歸，此言猶有在』（無營），意欲通過把握莊子來暫時擺脱世事干擾、求得心靈平静的精神是基本一致的。然而，王雱不像王安石那樣在肯定莊子性命之學的同時，又提出所謂『明智矣，讀聖人之説，亦足以此，而陷溺於周之説，則其爲亂大矣』（答陳梠書）一類否定

莊子性命之學的說法，從而在一定程度上揚棄了王安石莊子學思想中否定莊子思想的成分，使莊子『不以死生禍福累其心』的性命之學得到了進一步闡發。

此外，王雱在闡釋莊子政治思想方面也明顯地繼承與超越了王安石的有關思想。如他說：

> 萬物待是而後存者，天也；　莫不由是而之焉者，道也。……因親疏貴賤而任之以其所宜爲，此之謂因任。因任之以其所宜爲矣，放而不察乎，則又既天地，必原其情，必省其事，此之謂原省。原省明而後可以辨是非，是非明而後可以施賞罰。故曰：『先明天而道德次之，道德已明而仁義次之，仁義已明而分守次之，分守已明而刑名次之，刑名已明而因任次之，因任已明而原省次之，原省已明而是非次之，是非已明而賞罰次之。』此九變者，古之人孰不從之矣。至後世則不然，仰而曰：『彼蒼蒼而大者何也？　其去吾不知其幾千萬里，是豈能如我何哉？　吾爲吾之所爲而已，安取彼？』於是遂棄道德，離仁義，略分守，慢刑名，忽因任，而忘原省，直信吾之是非，而加人以其賞罰。於是乎天下始大亂，而寡弱者號無告。聖人不作，諸子者俟其間而出於偏見，言道德者至於杳冥而不可考，而原一世之有爲者爲不足以爲，言刑名者守物誦數，罷苦以至於老而疑道德。彼皆忘其智力之不贍也，而魁然自以爲聖人者此矣，悲夫！　故曰：『五變而刑名可舉，九變而賞罰可言，語道而非序，安取其言也？』（天道新傳）①

這段注語是摘錄並重新組合王安石九變而賞罰可言一文中的有關語句而成。我們知道，在莊子一書中，天道篇可謂是一篇最典型的以道家思想爲主，同時兼采儒、法、名諸家思想而成的政治論，因此往往爲後世的許多政治

---

① 按，道藏本王雱南華真經新傳此段注文多有錯字，今據王安石九變而賞罰可言（王文公文集，上海人民出版社1974年版）一文略加校改。

家所重視。尤其是其中關於『九變而賞罰可言』的一大段文字，更可爲王安石實行政治改革提供不少理論依據，因而他特地撰寫了九變而賞罰可言一文以闡發之。王雱在闡釋天道篇時既然大量摘引了王安石九變而賞罰可言一文中的語句，這就説明他是自覺繼承了王安石在這篇文章中所包含著的有關莊子學的思想。但是，王安石在這篇文章中除了著力闡發、大膽肯定莊子『九變而賞罰可言』的思想而外，還對莊子體現在天道篇中的某些思想觀點進行了無情批評，認爲『莊周，古之荒唐人也，其於道也蕩而不盡善，聖人者與之遇，必有以約之，約之而不能聽，殆將擯四海之外而不使之疑中國。』此處批評莊子『其於道也蕩而不盡善』，大概是就他表現在政治論中的某些無爲思想而言，這與王安石在答王深甫書中所謂『某以謂期於正己而不期於正物，而使萬物自正焉，是無治人之道也。無治人之道者，是老、莊之爲也。所謂大人者，豈老、莊之爲哉』的批評意見當是一致的。對於王安石的這些批評意見，王雱卻不願採納。他説：

> 莊子之作此篇，首言天帝、聖人之道，而次言虛静、恬淡之妙，次又言天樂、帝王之德，所以極明無爲之妙理也。（天道新傳）
>
> 夫莊子之此篇，深明自然之道，所謂知於天而已。至此而言君臣、父子、兄弟、少長、男女、夫婦、尊卑、先後之序，亦所謂知於人而已。荀子言『莊子蔽於天而不知人』，周豈爲不知於人歟？（同上）

王雱在這裏明確指出，莊子作天道篇，在著力闡明天道自然無爲的同時，也明確闡述了人道應積極有爲，尤其是他關於君臣、父子、兄弟、少長、男女、夫婦、尊卑、先後之序的思想，説明他既重視天道，又懂得人道，哪裏可以像荀子那樣説什麼『莊子蔽於天而不知人』呢？實際上，這也是對王安石所謂莊子『其於道也蕩而不盡善』、『無治人之道者，是老、莊之爲也』等説法的堅決否定和大膽超越。

第三節　對各篇作意與邏輯結構的用心探究

據現存的文獻資料可知，諸如司馬彪、向秀、郭象、陸德明等人都曾對莊子內篇的某些篇目作過題解，但還沒有一個人曾對莊子中的任何一篇的作意作過探究。王雱則發凡起例，對自己所闡釋的莊子內、外、雜篇各篇的作意幾乎都作了認真探究，並撰成簡明扼要的說明文字，置於各篇題目之下。如他於知北遊篇題目下云：『夫窈冥、寂寞、希夷、微妙者，至道之真體，體固不可以情求，不可以智窺，惟以無知而爲得矣。此莊子因而作知北遊之篇。』於徐無鬼篇題目下云：『夫能平心順氣，以道爲務，而忘於貧賤窮達，則入於至人之域，此徐無鬼之能若是矣。莊子因而作徐無鬼之篇。』於則陽篇題目下云：『夫不能守正性，冥至極，惑於儻來之物而求進之不止，此則陽之所以若是矣。此莊子因而作則陽篇。』我們應當明白，像王雱寫出的這些說明文字，雖然未必完全符合各篇的實際情況，但對人們理解莊子各篇的主旨無疑很有啟發性，而他的這一做法本身所具有的開創性意義，則更是不言而喻。

王雱在用心探究莊子各篇作意的同時，還對各篇的內在邏輯結構多有揭示。如他於天下篇題目下寫出『夫聖人之道不欲散，散則外，外則雜，雜則道德不一於天下矣。此莊子因而作天下篇』這一說明全篇作意的文字後，便在闡釋經文的過程中說『此莊子極明大道於終篇以言及神、明、聖、王四者矣』，繼而說『此莊子所以卒明孔子之道也』，接著又說『故復言道術將爲天下裂，而繼言諸子之異術，此莊子爲言始終之序也』，最後說『夫莊子敍墨子、宋鈃、尹文、彭蒙、田駢、慎到、關尹、老聃、惠施、桓團、公孫龍之徒，而皆言古之道術在此者，蓋明諸子酌取聖之緒餘，而各爲一家之言也。……周自以其說爲謬悠，其言爲荒唐，其辭爲無端崖者，蓋高言盡道，而矯世俗之弊，天下必以其書爲謬悠、荒唐、無崖也，故自言之。』正由於王氏在闡釋過程中能隨時揭示天下篇作

者體現在不同章節中的不同用意，以及文章脈絡發展之所在，這就不但很好地印證、補充了題目下說明全篇作意的那一番話的内容，而且還相當明顯地展示了全文的邏輯結構，從而十分有利於人們對天下篇整個思想體系的有效把握。

更爲重要的是，王雱甚至還把整個内篇作爲一個十分完整的邏輯結構體系而予以盡力展示。如他運用環相扣的思維方法，於内篇各篇題目下依次説①：

萬物受陰陽而生，我亦受陰陽而生，賦象雖殊，而所生同根。惟能知其同根則無我，無我則無物，無物則無累。此莊子所以有齊物之篇也。（齊物論新傳）

夫齊物者必無我，無我者必無生，無生所以爲養生之主，而生之所以存。此莊子作養生主之篇而次之於齊物也。（養生主新傳）

善養生者，必自得於性命之際，而無思無爲也。無思無爲，則足以處人間，應世變，而憂患不足以累之。此莊子作人間世之篇而次之於養生也。（人間世新傳）

夫處人間，經世變，免於憂患之累者，是能全其性命也。性命全則自得，自得則德之所以充也。德充於内而無待於外，則不求合於物，而物自來合。此莊子所以作德充符之篇而次於人間世也。（德充符新傳）

夫德之充者入於道，道者天下莫不由之也。雖天地之至大，萬物之至多，皆同歸而一致矣。此莊子作大宗師之篇而所以次之於德充符也。（大宗師新傳）

① 按，王雱南華真經新傳每篇題目下都有一段説明全篇作意的文字，惟内篇第一篇逍遥遊例外，因疑原本當亦有這樣一段文字，今已佚。但齊物論題目下並無『次於逍遥遊』之類的話，則又説明王雱似不曾爲逍遥遊篇寫過説明作意的文字。未知孰是。

天出德而入道，入道而盡妙，此物之所以同歸而宗師也。物之所同歸，則應可以爲帝王。此莊子作應帝王之篇而次於大宗師也。（應帝王新傳）

關於莊子內篇，隋唐之際的陸德明在經典釋文序錄中曾說過『內篇衆家並同』的話，這説明他所看到的前人各本內篇七篇的組合情況都是相同的，當基本上保持了古本莊子內篇的本來面貌。但對於這七篇之間的邏輯關係，前人和陸德明都沒有表明過自己的看法。只是到了唐初的成玄英，乃於莊子注疏序中作了一番闡述，認爲內篇七篇是一個不可分割的完整體系，這個體系主要是用來『明理本』，即闡明抽象義理的。王雱更把莊子內篇看成是一個完整的邏輯結構體系，而且他的理解角度也更爲新穎。他說：因體悟到萬物皆受陰陽而生，賦象雖殊而所生同根這一根本道理，莊子便寫了齊物論；由於齊物必先無我，無我必先無生，無生所以爲存生之道，故莊子作養生主而次於齊物論之後；既悟養生之道，必自得於性命之際而無思無爲，無思無爲則足以處人間，應世變，故莊子作人間世而次於養生主之後；能處人間、應世變者，必能全其性命之情，能全性命之情者則德充於內而無待於外，不求合於物而物自來合，故莊子作德充符而次於人間世之後。既懂得上述所說的天道與性命之情，入世則可以爲帝王矣，故莊子作應帝王而次於大宗師之後，以爲內篇之終結。總之，王雱認爲內篇是一個十分完整的不可分割的邏輯結構體系。關於這一看法，他在闡釋內篇最後一則寓言——儵忽鑿死渾沌時還曾再次強調說：

夫無乎不在，無有不至，體之而不見其體，用之而不見其用，天下萬物由之而不能知之者，道也。道無方也，無體也，無爲也，無名也。……此寓言道散而不全也。道既散，而渾合者亦不復完，故曰七日而渾沌死。渾沌者，言其道合而一致，得其妙者，足以逍遙，足以齊物，足以養生，足以經世，足以充德，足以爲宗師，而冥然無方無體也。至於足以爲帝王，則是道之所以散，而有爲有名也。有爲有名，則道豈復合而渾歟？此所以終言渾沌之死也。七日者，七篇之數也。此莊子盡道於內篇之七也。夫

內篇者，皆性與天道、聖人之事，而非淺見得以知之矣。然終之於帝王篇者，以帝者聖之餘，而王則外而已矣，是以終之焉。（應帝王新傳）

綜觀上述，王雱的說法至少有以下幾點值得注意：一是較多地引進了周易的思想觀念，二是突出了性命之說，三是區分了內篇前六篇與應帝王篇的不同性質，認爲前六篇言『性與天道』，而應帝王篇則是言『聖人之事』即人道的。儘管王雱的這些説法不一定完全符合內篇各篇的主旨，但與成玄英以所謂『夫莊子者，所以申道德之深根，述重玄之妙旨，暢無爲之恬淡，明獨化之窅冥』等説法來詮解內篇相比較，則顯然更接近莊子本意。而王雱把應帝王篇末儵忽七日鑿死渾沌的寓言看成是莊子有意用來合內篇『七篇之數』的，則更是破天荒的説法，充分顯示出了他在詮釋內篇邏輯結構體系時的匠心獨運。

對於莊子的整個外篇，王雱雖然沒有把它看成是一個完整的邏輯結構體系，但他在闡釋過程中也充分注意到了某些篇目之間的邏輯關係。如他於至樂等四篇題目下依次説：

夫能去異學，守正性，忘己而與物齊諧者，則生死、富貴、窮達、壽夭不能介蔕於胸中，怡然逍遙於天地之間矣。此莊子因而作至樂篇。（至樂新傳）

夫外形骸，忘彼我，全於無樂之至樂，則其於性命之情盡之矣。此莊子因而作達生篇。（達生新傳）

夫能達生之情而無爲，無爲則歸於虛静、寂寞而材全，材全則不蘄乎用矣。此莊子因而作山木篇。（山木新傳）

夫真人者，全至樂，達生理，以不材爲材，無用爲用，而不失真，此魏無擇之師如此矣。莊子因而作田子之篇。（田子方新傳）

據陸德明經典釋文序録載，魏晉時期各家莊子本子的外篇數目都是很不相同的，這説明外篇本來就不是一個完

整、嚴密的邏輯結構體系，何況後來流傳的三十三篇本莊子，其外篇十五篇又很可能是由郭象重新裁定的呢！因此，唐前研究莊子的人並不曾留意於莊子外篇的結構體系等問題。到了唐初，成玄英在莊子注疏序中則說：『內則談於理本，外則語其事跡。事雖彰著，非理不通；理既幽微，非事莫顯。』這也就是說，內篇主要是用來闡明抽象義理的，外篇主要是用來顯現具體事象的，二者有著相互補充和印證的關係。那麼，外篇各篇之間到底是否存在著一定的邏輯關係呢？對於這個問題，成玄英卻也並未作過任何回答。恰恰相反，王雱在南華真經新傳中雖然無意於探究內、外篇之間是否存在著相互補充和印證的關係，但對外篇各篇之間存在著的某些邏輯關係卻給予了充分關注。他通過用心探究後認爲，莊子外篇雖然不是一個完整、嚴密的邏輯結構體系，但在某些篇目之間存在著一定的邏輯關係卻是不可否認的事實。如由於去異學、守正性、忘己而與物齊諧者，則可以忘懷生死、富貴、窮達、壽夭，可以怡然逍遙於天地之間，故莊子作至樂篇；既已忘懷形骸、彼我，全於無樂之至樂，則自然可以得其性命之情，故莊子作達生篇；既已通達性命之情而無爲，則自然可以歸於虛靜、寂寞而材全，材全則不蘄於有用，故莊子作山木篇；既已全至樂，達生理，以不材爲材，以無用爲用，則自然達到了真人境界，而魏無擇（即田子方）之師已近之，故莊子作田子方篇。像這樣的一組篇目，不正是一個環環相扣的邏輯結構體系嗎？我們不得不承認，莊子外篇中至樂、達生、山木、田子方四篇確實可看成是一個意義相對獨立的單元，相互之間存在著一定的邏輯關係。由此說明，王雱對莊子外篇的邏輯結構所作的探究具有開創性意義，對人們深刻理解莊子外篇的思想內容和形式結構應該是很有幫助的。

至於莊子雜篇，人們對它的重視程度則又在外篇之下。郭象爲莊子作注，對雜篇往往只是應付而已。尤其對讓王、盜跖、說劍、漁父四篇，其注解更爲簡略。蘇軾作莊子祠堂記，甚至還認爲此四篇爲『昧者勦之以入』者，而寓言篇末尾與列禦寇篇開頭又本應是一個連貫的整體。由於諸如此類的原因，莊子雜篇的思想價值就被人爲地降低了，而其篇章的邏輯結構也就不免受到了人們的普遍懷疑。然而，王雱在南華真經新傳中卻以認真

的態度爲雜篇各篇作詮釋，爲雜篇各篇探究作意，這不僅大膽地肯定了整個雜篇的思想價值，而且還給了人們這樣一個啟示，即既然雜篇各篇都有一個完整的主旨，那麼怎能可以隨便懷疑其中某些篇章結構的完整性呢？由此可見，王雱的這些看法雖然不免有點偏執，但對當時和後世隨便懷疑、甚至輕易改動莊子篇章結構者來説卻無疑是有力的警告，因而具有一定的積極意義。

第四節　對莊子製名寓意的多所發微

莊子著書，自稱『寓言十九，重言十七，巵言日出，和以天倪。』（寓言）故魯迅先生謂其所著『十餘萬言，大抵寓言，人物土地，皆空言無事實。』（漢文學史綱要）誠然，莊子書中頻頻出現的人名、地名等等，非實非虛，或實或虛，往往使解讀者難以把握。因此，魏晉南北朝時期的解讀者對這些人名、地名等一般只作簡單的解釋，或者乾脆不作任何解釋。到了唐初的成玄英，他在莊子注疏中主要以實證的方法，對莊子的人名、地名等幾乎都作了認真考證，從而在很大程度上彌補了前人注解之不足。王雱與成玄英不同，他在南華真經新傳中則主要從義理的角度，對莊子制定各個人名、地名等的用意幾乎都作了認真探究，從而又從一個方面彌補了成玄英疏解之不足。如莊子逍遥遊『藐姑射之山有神人』一則寓言中有『肩吾』、『連叔』、『接輿』這樣三個人名，李氏注：『肩吾，賢人也；連叔，懷道人也。』（陸德明經典釋文引）成玄英疏：『肩吾、連叔，並古之懷道人也。接輿者，姓陸，名通，字接輿，楚之賢人，隱者也。與孔子同時而佯狂不仕，常以躬耕爲務。楚王知其賢，聘以黄金百鎰，車駟二乘，並不受。於是夫負妻戴，以遊山海，莫知所終。』（莊子注疏）而王雱則闡釋云：『肩吾者，任我也；連叔者，不通不行而非物之長者也；接輿者，綿綿若存而又有所容者也。此莊子寄言於三人而以明道之極致也。』從這裏可以清楚看出，李氏的解釋比較簡略，成玄英的疏解重在實證，而王雱的詮解則務在闡明莊子製名

的寓意。現在，我們不妨以王雱爲德充符篇中的人名所作的詮釋爲例來進一步説明他的這一特徵。如他説：

常者，習其庸常；季者，物之少稚。以其庸常、少稚而不足以知聖人，故曰常季。此莊子製名而寓意也。

伯昏無人：夫伯者，長也；昏者，晦也；無人者，無我也。爲物之長、能晦而無我，所以得賢人師之也。

闉跂者，言其忘行；支離者，言其忘形；無脤者，言其忘智。故忘行則所以無跡，忘形則所以忘我，忘智則所以無知。無跡則泯然絶世，無我則渾然同物，無知則泊然無爲，故德之所以充也。此莊子製名而寓意夫斯人也。

哀駘它者，醜惡之名也。以其德充而形惡，故製其醜惡之名矣。

據陸德明經典釋文所引録的有關注語可知，魏晉南北朝的人對德充符篇中『常季』、『闉跂支離無脤』、『哀駘它』的解釋都相當簡略，而對『伯昏無人』卻根本不作解釋。成玄英在莊子注疏中雖然從義理角度疏釋了『伯昏無人』、『闉跂支離無脤』，卻以『常季』、『哀駘它』爲真實之人，認爲前者『姓常名季，魯之賢人』，後者是『形容醜陋』的『衛國』人。王雱則不拘拘於前人的説法，而完全從義理角度出發來探究莊子製名的寓意，認爲『常季』、『伯昏無人』、『闉跂支離無脤』、『哀駘它』都是莊子根據自己闡述哲理的需要而虛構出來的人名，怎麼可以考其姓名里籍呢？而且在王氏看來，莊子所制定的一系列人名，還往往是一個完整的邏輯結構體系。如他在詮釋德充符篇開頭數則寓言故事中依次出現的幾個人名時是這樣説的：

申徒者，教民之官也；嘉者，善之至也。此莊子製名而寓意。然申徒嘉者，賢人也，故次於王駘而言之。……叔者，歟(與)於伯仲也；山者，有形之最大也。此亦莊子製名而寓意也。以其次於申徒爲第三，故曰叔而已；以其亦有德之大，故曰山而已。

按照王雱這裏的說法，莊子制定『王駘』、『申徒嘉』、『叔山無趾』這些人名，其寓意是環環相扣，逐步深入的。這也就是說，這些人名的有機組合，無疑就是一個相對完整的邏輯體系。正是隨著這個邏輯體系的逐步展開，德充符篇的主旨也就得到了步步深入的闡發。在王雱看來，像這樣的情況在莊子中相當普遍地存在著。如他在闡釋盜跖篇『子張問於滿苟得』、『無足問於知和』二則寓言故事時說：『滿苟得者，以苟得外物而充滿其欲也；無足者，以役於外物而未嘗自足也。此莊子製二子之名而寓意。夫子張，賢人也，以仁義之道足以治身，足以立名，豈必苟求外物而傷生！此子張所以挫苟得之鋭也。然苟得者，惑於所得而易性，非顧仁義之道不立歟？此所以終不從子張之言也。知和者，製名也，以中和之道足以治心，足以行己，豈必役於貨財權勢而傷生！此知和所以窒無足之欲也。然無足者，惑於不足而動心，非顧中和之道不存歟？此所以終不信知和之言也。此莊子托二子之惑而以譏世俗之失性也。』這就是說，莊子正是通過製名寓意，讓『滿苟得』、『無足』、『知和』等虛構人物依次登場表演，來逐步展開文章的邏輯結構，深入闡述自己的哲學思想的。

在王雱看來，莊子的製名寓意還表現在巧妙地制定地名上。如他在闡釋徐無鬼篇時說：『大隗者，況於大道也；具茨之山者，況於道體無爲而寂然，豈有爲之聖可求歟？此所以具言七聖俱迷也。』按照王氏的說法，這裏除了『大隗』這個人名屬於虛構而外，『具茨』這個山名也是屬於虛構的，都無非是『道』的象徵，這就導致了黄帝等七聖欲見大隗於具茨之山而皆迷途這一情節結構的展開。以此類推，則莊子中其他任何名物都有可能是虛構的。如逍遥遊篇中有『齊諧』一詞，前人或以爲書名，或以爲人名，而在王雱看來，這一切爭論都毫無意義。因爲他認爲，『莊子之言，同彼我，一小大也。故同彼我者，不得不齊；一小大者，不得不和。此所以製「齊諧」之名也。夫齊者，齊其所不齊；諧者，諧其所不諧。鯤鵬爲大而斥鴳爲小，鯤鵬矜大之在我而小之在彼，斥鴳悲小之在我而大之在彼，則不齊不諧也。惟能達觀，則均爲物爾。均爲物，則安有彼我、小大之殊乎？此所以極於齊諧也。故曰「齊諧」。』這也就是說，莊子制定『齊諧』這個詞，目的是爲了齊鯤鵬、斥鴳形體

大小之不齊，諧鯤鵬、斥鴳思想認識之不諧。所謂至人無己，神人無功，聖人無名，就是一種『極於齊諧』的境界。因此，莊子虛構『齊諧』一詞，正關係到了逍遥遊一文邏輯結構的展開和思想内容的表達。

由上述可見，王雱在南華真經新傳中對莊子製名寓意的發微確實十分用心，充分表現出了他那不屑於傳統的章句傳注之學而務在闡發莊子義理的治學精神。正由於王雱的這一用心闡發，便使莊子製名的寓意得到了一定程度上的顯現，從而有效地彌補了前人闡釋莊子之不足。當然，王雱對莊子製名寓意的發微是屬於義理方面的探究，在很大程度上是依靠他發揮自己的主觀想像來進行的，這就決定了他所探究出的義理又不一定完全可靠，有時也許僅僅是一種主觀臆測。

第六章　陳景元的莊子研究

陳景元（1025—1094），字太初，一字太虚，玄號碧虚子，建昌南城（今屬江西）人。曾大父知遜，大父令忱，皆養高不仕。父正，擢進士第，解朐山令，寓居高郵，以疾終。有子四人，景元爲季。不久，伯仲繼夭，景元乃介然獨有方外志。宋仁宗慶曆二年（1042），師事高郵天慶觀道士韓知止，三年試經，度爲道士。後負笈遊名山，抵天台，閱三洞經，遇高士張無夢，遂得老、莊微旨。爾後隱於江淮間，以琴書自娱。久之，欲觀光京輦，維揚使君禮部侍郎王琪薦之翰林承旨王岐，岐令其講老子、莊子，亹亹不絶，公卿大夫無不欲爭識者。於是醴泉觀提總奏充本觀修撰，遇邳王謁真君祠下，召問道家事，以該通，奏賜紫衣。神宗聞其名，召對天章閣，累遷右街副道籙，賜號真靖。久之，以事累稠遝，乞去，歸隱於廬山。時在京道官一十二員，以京城内外宫觀主焚修勤績者充，景元輒奏請：凡闕員，乞試道德、南華、靈寶度人三經十道義。神宗准其請，自此則道家之學翕然一變。哲宗元祐三年（1088），因過京師，爲中太一宫道士所挽留，朝廷復其右街副道籙之職。早年嘗服丹砂，晚年好餌雲母粉。歿後，世人或以唐代著名道士司馬承禎、吴筠、杜光庭比擬之。事跡主要見於道藏薛致玄述道德真經藏室纂微開題科文疏及無名氏宣和畫譜卷六、朱熹跋道士陳景元詩、厲鶚宋詩紀事卷九十等。其著作存於道藏者，有道德真經藏室纂微篇十卷、莊子注（在褚伯秀南華真經義海纂微内）、南華真經章句音義十四卷、南華真經章句餘事一卷、莊子闕誤一卷、南華真經餘事雜錄二卷、西升經集注六卷等。

第一節　陳景元五種莊子學著作概說

一、莊子注

關於陳景元的莊子注，各志書均無載錄。唯道藏褚伯秀南華真經義海纂微卷首今所纂諸家注義姓名『陳景元』下有注語云：『字太初，號碧虛子，建昌人。熙寧間，主中太一宮，召對進道德、南華二經解，頒行入藏。』據此，則此莊子注當爲陳景元於宋神宗熙寧（1068—1077）間主中太一宮時所著、所進，不久即頒行入道教寶藏，但人們至今仍無法知道陳氏此著共有多少卷數。不過，從褚氏南華真經義海纂微所引錄的注語數量來看，陳景元此著當與呂惠卿莊子義、陳詳道莊子注、林自莊子注等莊子學著作的卷帙大致相當。

陳景元的莊子注，與他的南華真經章句音義、南華真經章句餘事、莊子闕誤、南華真經餘事雜錄這幾種偏重於章句之學的莊子學著作不同，是一部著力闡發莊子義理的重要著作。就這一點來說，它與王雱的南華真經新傳、呂惠卿的莊子義、陳詳道的莊子注、林自的莊子注等莊子學著作一樣，也反映出了一種宋學精神。但是，陳景元表現在莊子注中的思想觀點又與王雱、呂惠卿、陳詳道、林自等人的思想觀點有較大的不同。如他說：『生者自生，死者自死，非因生而死，非因死而生，言其本無待也。皆有所一體，有無異道也。天地，獨化之大者。儻有先者，物自先耳。不得謂先天地生者，物也。然物與天地皆有所一體，雖同是物，而物物自生。』（知北遊注）從這裏不難看出，陳景元受到了魏晉玄學代表人物向秀『萬物自生自化』說和郭象『萬物各自獨化』說的明顯影響。甚至可以說，他的莊子注是整個宋代莊子學著作中受郭象『獨化』說影響最爲明顯的一部著作。

但是，陳景元作爲北宋時的一位著名道士，他在莊子注中必然要更多地表現出道教人物的一些思想觀點。如他說：『首稱「夫子曰」者，莊子受長桑公微言也。』（天地注）這裏把南朝以來道教所謂莊周師從長桑公子的說法具體應用到了闡釋莊子的過程中。他又說：『鬼爲陰主，帝爲陽君，陰陽之所以不測者，爲其有神也。……老君自天地、谷神、萬物、侯王而言得一，漆園自狶韋至傅說皆言得之，斯又忘其一矣。是以道之通變千聖莫窮也。』（大宗師注）這裏在闡釋『道』的過程中引進『鬼爲陰主』、『老君』等說法，同樣具有較濃厚的道教思想色彩。總之，陳景元的莊子注與王雱的南華真經新傳、呂惠卿的莊子義、陳詳道的莊子注、林自的莊子注等著作不同，是一部具有一定道教思想傾向的莊子學著作。然而，陳景元在他的莊子注中並不像東晉葛洪、唐代杜光庭等道教學者那樣，把莊子中的一些思想資料極力闡釋成宗教神仙理論，這又決定了陳氏的莊子注仍不失爲一部較好的莊子學著作。

二、南華真經章句音義

陳景元南華真經章句音義十四卷①，見於道藏。明白雲霽道藏目錄詳注卷三亦予載錄，並云：『南華真經

① 陳景元南華真經章句音義敘云：『今述章句，復成七卷，謂離章辯句，委曲枝派也。……其次讓王、盜跖、在宥、天地、天道、天運、秋水、至樂……，曰雜篇。』按，今道藏所收陳景元南華真經章句音義凡十四卷，若依敘言所列篇目，則其中於在宥篇下已缺天地、天道、天運、秋水四篇，而此處的卷次卻又與前後相銜接，這說明道藏收錄陳氏此著時當已無完本，故只得暫依殘本重新編定其卷次。或此本子爲前人所重編，道藏乃不得已而收錄之。而陳景元所撰原書，當依其敘言所謂『今述章句，復成七卷』之說，作七卷。高似孫子略卷二、鄭樵通志卷六十七、薛致玄述道德真經藏室纂微開題科文疏並載有陳景元南華章句七卷，亦足可證明陳氏南華真經章句音義原著當作七卷。

章句音義卷一之十四,碧虛子陳景元分章精解。』據陳景元南華真經章句音義卷首所敘『元豐甲子歲(1084)上元日敘』之語,則陳氏此著當作於神宗元豐間。由此可知,陳景元自神宗熙寧間著成莊子注後,已由偏重義理闡釋轉向了章句、音義並重的治莊道路。

在南華真經章句音義中,陳景元對莊子內、外、雜篇提出了自己的獨特看法。他明確指出,內篇七篇皆以三字爲題,無疑是莊子的命題作文。而從整體上來看,此七篇又是一個非常完整的邏輯結構體系。至於外篇、雜篇二十六篇,各篇僅摘取篇首二字或三字爲題,而其文章又皆『別無指義』,則不過是『衍暢七篇之妙』而已。陳景元還按照他自己的獨特理解,把二十六篇內具有『兩字標目而一段成篇』特徵的駢拇、馬蹄、胠篋、刻意、繕性、說劍、漁父七篇取出,組合成外篇,作爲相對於內篇七篇的一個篇目單元;又把其餘的十九篇組合成雜篇,作爲內篇、外篇之外的一個篇目單元。陳氏作如此編次,確實是一次前所未有的大膽嘗試,其所具有的創新意義是不可否認的。

在重新編定篇目的基礎上,陳景元又把莊子三十三篇分爲二百五十五章,隨指命題,號曰章句。如逍遙遊篇分爲七章,依次曰『順化逍遙』,曰『極變逍遙』,曰『無己逍遙』,曰『無功逍遙』,曰『無名逍遙』,曰『適物逍遙』,曰『無爲逍遙』,從不同的角度揭示了逍遙遊篇的主旨。並於全書各章之下,音字解義,釋說事類,標爲章義。如於逍遙遊篇『順化逍遙』章『鯤』字下云:『鯤,公渾切。爾雅:「魚子也。」名鯤者,謂魚卵初化,未辯鯨、鰍,取其混同之義。』這裏不但爲『鯤』字標了音、解了義,而且還探討了莊子寄寓在此字中的深刻用意。

由上述可見,陳景元的南華真經章句音義實際上是一部以篇目、章句、音義並重的莊子學著作。

三、南華真經章句餘事

陳景元南華真經章句餘事一卷，在道藏中次於南華真經章句音義之後。白雲霽道藏目錄詳注卷三予以著錄，並云：『內分章篇目，並覽過南華真經姓氏九家，闕誤異同，各有異旨。』這裏所謂『分章篇目』，是指南華真經章句餘事的內容結構而言；而所謂『覽過南華真經姓氏九家，闕誤異同，各有異旨』，則是指附於南華真經章句餘事後的莊子闕誤的成書過程和勘誤考異情況而言。鄭樵通志卷六十七載有陳景元南華總章一卷，高似孫子略卷二載有陳景元南華總章二卷，薛致玄述道德真經藏室纂微開題科文疏載有陳景元南華經總章三卷，疑皆即爲陳氏南華真經章句餘事內之篇目及章目。

南華真經章句餘事將莊子三十三篇重新作了編排，依次爲：逍遙遊、齊物論、養生主、人間世、德充符、大宗師、應帝王（以上七篇爲內篇）；駢拇、馬蹄、胠篋、刻意、繕性、說劍、漁父（以上七篇爲外篇）；讓王、盜跖、在宥、天地、天道、天運、秋水、至樂、達生、山木、田子方、知北遊、庚桑楚、徐無鬼、則陽、外物、寓言、列禦寇、天下（以上十九篇爲雜篇）。並依這一篇目次序，將三十三篇共分爲二百五十五個章目。如讓王篇共分爲十八章，依次爲『治內』、『處身』、『自得』、『高蹈』、『尊生』、『惡患』、『知輕重』、『完身』、『遠非義』、『遵法度』、『守節』、『養志』、『行修』、『趣高』、『樂道』、『羞辱』、『廉清』、『避世』。以上的篇目次序、章目名稱與陳景元南華真經章句音義中的篇目次序、章目名稱相比較，除了在在宥篇後多出天地、天道、天運、秋水四個篇目及相關的章目而外，其餘都是一樣的。這正可證明，陳景元的南華真經章句音義在在宥篇後已散佚天地、天道、天運、秋水四篇章句音義的全部內容。

那麽，陳景元爲什麽要從南華真經章句音義中取出莊子三十三篇的新目次及二百五十五個章目而編成南

華真經章句餘事呢？如果據陳氏在南華真經章句音義敘中所感歎的『烏乎，後之學者不幸不見漆園簡策之完，篇章之大體妙指，浸爲諸家裂』的話，以及他在此敘言中所反映出的十分看重自己編定的莊子篇章目次等情況來分析，則我們可以清楚地看到，他編撰南華真經章句餘事這部內容簡明扼要的著作，其目的就是要努力改變『浸爲諸家裂』，尤其爲『郭象所删修』的莊子體例，並揭示出莊子全書的意旨，以便使人們通過閱讀他這部小小的莊子學著作就能簡明地見到『漆園簡策之完，篇章之大體妙指』。當然，事實上是否真能收到陳景元所預期的效果，那就需要另當別論了。

四、莊子闕誤

陳景元莊子闕誤，在道藏中屬於南華真經章句餘事的一部分，到説郛續、四庫全書、金陵叢書中則皆單獨作一卷。關於莊子闕誤的成書過程及其他一些情況，陳景元曾在南華真經章句音義敘中説：『書（指南華真經章句音義）成，嘗數其正經，得六萬五千九百二十三言，合馬遷之所記，十亡其四矣。復將中太一宫寶文統錄內有莊子數本，及笈中手鈔諸家同異，校得國子監景德四年印本，不同共三百四十九字，仍按所出，别疏闕誤一卷，以辯疑謬。』據此可知，陳氏是在撰成南華真經章句音義後開始撰修包括闕誤在內的南華真經章句餘事的。而他撰修闕誤時用來作底本的是國子監宋真宗景德四年印本，這個印本的莊子原文共有六萬五千九百二十三字，大致就是我們現在所看到的三十三篇本莊子原文的字數。他用來校勘、考異的本子是中太一宫所藏寶文統錄內的數種莊子及笈中諸家手鈔本。今案道藏陳景元南華真經章句餘事末附有覽過南華真經名氏云：『景德四年國子監本；江南古藏本，徐鉉、葛湍校；天台山方瀛宫藏本，徐靈府校；成元英解疏中太一宫本，張君房校；文如海正義中太一宫本，張君房校；郭象注中太一宫本，張君房校；散人劉得一注，大中祥符時人；

江南李氏書庫本，張潛夫補注。』這些本子，當即是陳景元撰修闕誤時所用的本子，也就是他在敘言中所謂寶文統錄內的數種莊子及笈中諸家手鈔本。

道藏本莊子闕誤所出示的莊子三十三篇目次，與陳景元南華真經章句音義、南華真經章句餘事所出示的莊子三十三篇目次相一致。其所校得的各本莊子原文異字共三百四十九字，這些異字分屬各篇的情況爲：逍遙遊13字，齊物論12字，養生主7字，人間世20字，德充符14字，大宗師7字，應帝王5字，駢拇2字，馬蹄1字，胠篋11字，刻意1字，繕性9字，説劍1字，漁父3字，禪（讓）王55字，盜跖11字，在宥2字，天地13字，天道9字，天運17字，秋水14字，至樂38字，達生14字，山木7字，田子方1字，知北遊11字，庚桑楚12字，徐無鬼12字，則陽2字，外物5字，寓言4字，列禦寇12字，天下3字。陳氏所出示的這些異字，當基本上反映了流傳於北宋時的各本莊子原文的異同情況，爲後人校勘莊子文本提供了一份十分珍貴的資料。如逍遙遊篇出有『槍榆枋而止』五字，並於其下注云：『見文本及江南本。舊闕。』近人劉文典説：『「而止」二字舊敓，今據碧虛子校引文如海本、江南古藏本補。文選江文通雜體詩注、御覽九百四十四引亦並作「搶（槍）榆枋而止」，與文本、江南古藏本合。上文「去以六月息者也」，郭注：「小鳥一飛半朝，搶榆枋而止。」是郭所見本亦有「而止」二字。』（莊子補正）由此即可窺見陳氏莊子闕誤資料價值之一斑。

函海、子書百家皆收有莊子闕誤一卷，題明楊慎撰。其中的篇目編次雖與陳景元的莊子闕誤不同，其他內容也略有出入，但大致是依據陳氏莊子闕誤文字略加改編而成。

五、南華真經餘事雜錄

陳景元南華真經餘事雜錄二卷，在道藏中次於南華真經章句餘事之後。白雲霽道藏目錄詳注卷三予以著

錄。全書收有公孫龍白馬論、指物論，唐天寶手詔，郭象南華真經序，成玄英南華真經疏序，楊嗣復九證心戒並序。但陳景元在南華真經章句音義敘中說：『公孫龍三篇，以備討尋。』又在南華真經章句音義卷二中說：『夫指、馬之義，自司馬彪、向秀、郭象至有唐名士，皆謂漆園寓言構意而成斯喻，遂使解疏者旨歸不同。今按公孫龍六論内有白馬、指物二論，乃知漆園稽考述作有自來矣。故備錄二論附章句餘事之後，以示將來云。……夫離堅白、合同異，前輩亦講說不一。今備錄公孫龍堅白論續指物、白馬論之後，以補闕疑。』據此，則今所傳陳景元南華真經餘事雜錄至少已闕公孫龍堅白論一篇。

按照陳景元的上述說法，那麼莊子在齊物論篇中所謂『以指喻指之非指，不若以非指喻指之非指也；以馬喻馬之非馬，不若以非馬喻馬之非馬也。天地一指也，萬物一馬也』云云，並不一定是『漆園寓言構意而成』，而應該與公孫龍的說法有淵源關係。但在實際上，公孫龍的白馬、指物等論旨在分離萬物之同，以爲雖是同一匹馬，也有是非之分，正如同一手指，也有彼我之分一樣。而莊子意在混同彼此，泯滅是非，認爲即使是天地與手指，萬物與馬匹，也是沒有區别的，何況是手指與手指，馬匹與馬匹呢！可見，莊子雖也取喻於手指、馬匹，而其用意卻與公孫龍相反，所以正如章炳麟在齊物論釋中所說，『指、馬之義，乃破公孫龍說』。由此說明，陳景元的說法不一定符合莊子的原意。但他爲了給後人解讀莊子齊物論篇提供一些可資比較的文獻資料而把公孫龍的白馬、指物、堅白三論輯入南華真經餘事雜錄，這一用意卻很值得肯定。

第二節　陳景元莊子學思想的道教傾向

如果僅從陳景元的莊子注來看，那麼其所反映出的道教思想傾向是不太明顯的。但就陳氏的整個莊子學思想而論，則其所反映出的道教思想傾向卻相當明顯。概括起來，陳景元莊子學思想的道教傾向主要表現在以

下幾個方面：

一、對莊子及其學說來源的解説

關於莊子及其學説來源的問題，司馬遷曾説：『莊子者，蒙人也，名周。周嘗爲蒙漆園吏，與梁惠王、齊宣王同時。其學無所不窺，然其要本歸於老子之言。故其著書十餘萬言，大抵率寓言也。』（史記老子韓非列傳）陳景元在採取了司馬遷所提供的部分史料後，即大量引徵了六朝以來道士的説法，從而使莊子最終成爲一位道教所謂的神仙，莊子一書也就成了道教所謂的南華論。如他説：

莊子，姓莊，名周，或字子休，宋之蒙城人也。與梁惠王、齊威王同時，嘗爲漆園吏，師長桑公子，受其微旨，著書十萬餘言，目之曰南華論。其學本於黄老，又師楚人蜎淵。後隱於抱犢山，服北育火丹，白日升天，補太極闈編郎。唐開元十九年五月四日，侍中裴光庭請冊四子。天寶元年二月二十日，詔冊莊子宜依舊號曰南華真經，文子號曰通玄真經，列子號曰沖虚真經，庚桑子改爲洞靈真經。南華者，義取離明英華，發揮道妙也。（南華真經章句音義卷一）

案南朝道士陶宏景所撰真誥卷十四云：『莊子師長桑公子，授其微言，謂之莊子也。隱於抱犢山，服北育火丹，白日升天，上補太極闈編郎。』這本來就屬於道士的無稽之談，從事學術研究者應該慎重對待。但陳景元卻把這些説法與司馬遷所提供的有關史料糅合起來，使之成爲南華真經章句音義這部莊子學專著首卷開頭的一段話，這確實顯得太不合適了。至於陳景元所謂莊子『又師楚人蜎淵』云云，當出於唐代道士杜光庭道德真經廣聖義卷四所謂『莊子，……嵇康云：「又師涓子。」』之説。今細檢嵇康遺文，並未發現有所謂莊子曾師事『涓子』或『蜎淵』的説法，連『蜎淵』這個人名都未曾提到過。但嵇康在與阮德如、琴賦、答難養生論等詩文中卻反

復說到了『涓子』，而太平御覽卷五〇九更引其高士傳云：『涓子，齊人，餌朮，接食甚精。至三百歲後，釣於河澤，得鯉魚中符。後隱於宕石山，能致風雨。告伯陽九仙法，淮南王少得其文，不能解其旨。』這無疑屬於神仙家之言，而陳景元所謂莊子『又師楚人蜎淵』之『蜎淵』，當就是指神仙家所說的『涓子』而言。由此說明，陳景元謂莊子曾師事『蜎淵』，正反映出了他要求把莊子加以神仙化的思想傾向①。此外，陳景元還認爲列子之道也是莊子學說的一個重要來源。他說：

> 夫莊子之未生，而列子之道已汪洋汗漫，充滿於太虛，……若木葉乾殼，乘風東西，飄飄乎天地之間，無所不至。而後莊子多稱其言，載於論說。故世稱老莊而不稱老列者，是由莊子合異爲同，議指一貫，離堅分白，有無並包也。（列子沖虛至德真經釋文序，見道藏）

莊子一書，或說『列子御風而行，泠然善也，旬有五日而後反』（逍遥遊），或說『列子自以爲未始學而歸，三年不出，爲其妻爨，食豕如食人，於事無與親，雕琢復朴，塊然獨以其形立』（應帝王），或說『列子窮，容貌有饑色』（讓王），賦予了『列子』以各種不同的形象。後世道士往往僅取莊子中『列子御風而行』這一寓言故事，把『列子』進一步演化成神仙一類的人物。唐玄宗爲了借助道教來維護皇權，又把老子的後繼者莊子、文子、列子、庚桑子分別冊封爲『南華真人』、『通玄真人』、『沖虛真人』、『洞虛真人』，使他們都登上了神仙的寶座。正是在這種道教文化的延續過程中，陳景元作爲北宋的一位著名道士，更看到了所謂莊子與列子的特殊關係，認爲列子之道正是莊子學說的一個重要來源。而據陳景元在列子沖虛至德真經釋文序中所說的話來看，莊子與列子的關係，主要就是表現爲追慕他『若木葉乾殼，乘風東西，飄飄乎天地之間』，即『墮敓解衺』，羽化而登仙。由此說明，陳

---

① 按，漢書藝文志諸子略道家載錄『蜎子十三篇』，班固自注：『亡。名淵，楚人，老子弟子。』陳景元所說的『蜎淵』，其名字雖與漢志所載相同，但實際上當是指魏晉以來神仙家所說的『涓子』而言。

景元對莊子與列子關係的解說，實際上已反映出了他在一定程度上的道教思想傾向。

二、對莊子的由來及內、外、雜篇特徵的解說

根據莊子天下作者的說法，『古之道術』有表現爲『芴漠無形，變化無常，死與生與，天地並與，神明往與！芒乎何之，忽乎何適，萬物畢羅，莫足以歸』者，『莊周聞其風而悅之』，乃以『謬悠之說、荒唐之言、無端崖之辭』著爲莊子，以闡發『古之道術』。陳景元則承因南朝道士陶宏景的有關說法而發揮說：

陶隱居真誥序錄曰：『莊子受長桑公微言，撰內篇七卷，以三言爲題者，當是法璿璣之環轉，三景之煥明。故造真誥，編爲七目，亦用三字爲標。』隱居著述，蓋有所宗焉。唐天寶中，詔冊莊子，宜依舊號曰南華真經。是知南華之義，所來尚矣。僕自總角，好誦是經，非事趣時破卷而已。斯乃道家之業，務在長生久視，毀譽兩忘，而自信於道矣，豈與有待者同日而論哉！今述章句，復成七卷，謂離章辯句，委曲枝派也。以逍遙遊、齊物論、養生主、人間世、德充符、大宗師、應帝王七篇爲內，實漆園命名之篇也。（南華真經章句音義敘）

按陳景元這裏所說，莊子撰寫莊子內篇七卷是由長桑公授意的，而內篇各篇皆以三字爲題，旨在效法北斗之環轉，日、月、星之煥明，則所謂『南華者，義取離明英華，發揮道妙也』（南華真經章句音義卷一）。陳景元指出，如果再結合唐天寶中詔冊莊子依舊號曰南華真經的情況來看，那麼『南華』之義則由來已久了。顯然，陳景元所謂莊子受長桑公微言而撰內篇、各取三字爲題以法天象云云，只不過是道教的無稽之談罷了。而他提出『南華之義所來尚矣』的看法則基本上是符合事實的，因爲隋書經籍志已載有南朝梁曠的南華論二十五卷、無名氏的南華論音三卷，舊唐書經籍志、新唐書藝文志亦並予載錄，皆作梁曠南華仙人莊子論三十卷、無名氏南華真人道

德論三卷。正由於陳景元認爲『南華者，義取離明英華，發揮道妙也』，而內篇七卷又是莊子根據長桑公的微言撰成的，其內容務在闡明『長生久視』之道，因此他自總角時便好誦莊子，並最終體悟到內篇七篇是這樣一個奧妙的思想體系：『夫人能無己，然後功名泯絕，始可以語其逍遥遊矣。逍遥遊者，以其獨步方外，矜誇未忘，故次之以齊物論。夫齊也者，忘物而自齊也。而未齊者，即有彼我之論焉。彼我循環，入環中之空，則齊矣。能以空自齊者，未識死生之主，故次之以養生主。主者，精神骨骸之真君也。形猶薪也，主猶火也，夫能存火者薪也，薪盡則火滅矣。唯善養者，莫知其盡。復有獨耀者，不能與人群，故次之以人間世。夫處污而不染者，善能和光同塵，同塵故有德，故次之以德充符。德形則物忘，唯隱晦者才全，才全則可以爲師，故次之以大宗師。爲師者，莫如真人，真人豈得有心哉！無心則可以貳造化，故次之以應帝王。夫帝王者，大道之原，教化之主，居四大之一，爲萬物之尊，廣矣深矣，相者莫能測矣。』（南華真經章句音義卷一）如果從對整個內篇邏輯結構體系的闡釋來看，陳景元的這一番話無疑可謂與成玄英莊子注疏、王雱南華真經新傳中的有關話語同樣精妙。但從他們三人的話中所反映出的思想傾向來看，則陳氏所表現出的諸如主張獨步方外、隱晦全身的道教思想比較明顯，何況他的這番話也還可能是爲解釋南朝道士陶宏景有關莊子內篇的說法而說的呢！那麼，陳景元又是如何解說莊子外、雜篇的呢？他說：

又按：陶隱居曰『莊子作內、外篇』，而不言其雜篇。復覽前輩注解，例多越略，殊難稽考。今輒於二十六篇之內取兩字標目而一段成篇者，得駢拇、馬蹄、胠篋、刻意、繕性、說劍、漁父七篇，以配內立名，而曰外篇。其次讓王、盜跖、在宥、天地、天道、天運、秋水、至樂、達生、山木、田子方、知北遊、庚桑楚、徐無鬼、則陽、外物、寓言、列禦寇、天下十有九篇，比乎內、外之目則奇偶交貫，取其人物之名則條列自異，考其理則符陰陽之數，究其義則契言默之微，故曰雜篇。（南華真經章句音義敍）

莊子外、雜篇的編排本來就很不統一。如據陸德明經典釋文序錄載，司馬彪本外篇二十八、雜篇十四，郭象本外

篇十五、雜篇十一，崔譔、向秀本則僅有外篇二十而皆無雜篇。對於前人的這種種編排，陳景元都給予了否定。他按照自己的獨特理解，把『取兩字標目而一段成篇』的駢拇等七篇編爲外篇，把『比乎內、外之目則奇偶交貫，取其人物之名則條列自異，考其理則符陰陽之數，究其義則契言默之微』的讓王等十九篇編爲雜篇，這無疑是一種大膽的舉措，可以使人們爲之耳目一新。但陳景元這一重新編排的合理性也是頗值得懷疑的，尤其是所謂的外篇七篇，主要是他根據這七篇的某些共同特徵，並通過比附南朝道士陶宏景的一些説法來選取、編定的，也不免反映出了他比較明顯的道教思想傾向。

三、對莊子中有關人物的解説

陳景元對莊子中一些人物的解説，也明顯地反映出了他的道教思想傾向。如他在解説莊子齊物論『黃帝』時説：『黃帝，即本朝聖祖天尊也。按大中祥符五年十月二十四日真宗皇帝御制聖祖九天司命保生天尊降臨記云：「吾人皇九人中，一人之數是趙之始祖。吾於世有功，故再降，乃軒轅皇帝母氏感電夢天人生於壽丘。」』(南華真經章句音義卷二)其實，即使所謂真宗皇帝御制云云，也不過僅僅反映了真宗於景德末年以後崇奉道教的真實思想罷了，而陳景元以此來解説莊子中的『黃帝』，即明顯地反映出了他的道教思想傾向。陳景元在解説養生主篇『老聃』時也説：

字伯陽，或字聃，生楚國苦縣瀨鄉。身長九尺，蹈五把十，美眉方口，雙柱三漏，日角月淵，具大聖之相。居岐山之陽，西伯詔爲守藏史，康王時爲柱下史，昭王時西度函關，在周二百餘年。(同上)

關於老子的生平事跡，史記老子韓非列傳的有關記述是較早的，也是較可信的，但陳景元卻放棄了史記所提供的有關史料，而寧可承因東晉道士葛洪神仙傳、唐道士杜光庭道德真經廣聖義中的説法，因而把莊子中的『老

聃』闡釋成了道教所謂的『老聃』。同樣，陳景元也是以這種思想方法來闡釋莊子中『莊子』的。如天地篇有『夫子曰』一大段話，關於這位『夫子』，晉司馬彪謂爲『莊子』（見陸德明經典釋文引），唐成玄英在莊子注疏中謂爲『老子』，而陳景元卻說：

首稱『夫子曰』者，莊子受長桑公微言也。（天地注）

案天地篇尚有『夫子問於老聃』一大段話，據其中老聃答語『丘，予告若』可知，問『老聃』者分明指孔子。以此類推，則『夫子曰』之『夫子』亦當指孔子。由此說明，司馬彪、成玄英的說法是不正確的，但他們並不屬於有意識地作牽強附會的解說。而陳景元除了解釋『夫子』未必正確而外，他還根據南朝道士陶宏景在真誥中所謂『莊子師長桑公子，授其微言，謂之莊子也』之說而把『夫子』所說的一番話說成是莊子所接受的長桑公的一番『微言』，這就顯得更爲荒謬了。在山木篇中有『莊周』所說『吾聞諸夫子曰』之語，陳景元解釋說：『「夫子」指長桑公，莊子之師。』（同上）毫無疑問，他的這一說法也同樣是荒謬的。

四、對莊子本體論的闡釋

莊子認爲，『道』雖然無爲無形，不能爲人們的感官所感知，但它卻是產生天地萬物的最後本原。郭象在莊子注中修正了莊子的本體論，認爲『無既無矣，則不能生有；有之未有，又不能爲生。然則生生者誰哉？塊然而自生耳。』（齊物論注）陳景元比較明顯地繼承了郭象的『獨化』說。如他說：『大道通徹，有無咸備，然而物各有分，不可一概論也。……觀其卓然獨化，是無竅而有實也。』（庚桑楚注）又說：『天之所爲，降清妙之氣。……清妙之氣不知其所從來，謂之獨化。獨化者，天然而生也。』（大宗師注）又說：『萬類皆自爾，唯因待都忘，卓然獨化，方可論超生死而反混冥。』（齊物論注）這些說法，顯然都是與郭象的『獨化』說一脈相承的。然

而，陳景元並沒有因此而否認『道』作爲世界萬物本原的特徵。如他説：『有始，謂道生一；未始有始，混同太無；未始有夫未始有始，視聽不及，虚之虚者也。此三者，敘道未始有氣。有有，謂物形獨化，塊然自有；有無，謂物形未兆，怕然虚寂；未始有無，謂形兆之先，沉默空同，至無者也；未始有夫未始有無，謂冥寂虚廓，搏之不得，無之無也。此四者，敘道未始有形，俄而有無矣。謂道無不在，生化無時，萬物卓然而疑獨，翩然而往復，天地密移，疇覺其有無哉！』（同上）陳景元在這裏就是説，『道』是一種沒有任何物質屬性和時空形式的超驗存在，世界萬物正是由它化生出來的。但由於『物各有分，不可一概論也』，所以萬物各自從『無』到『有』，也皆可謂之『獨化』。這就説明，陳景元對郭象的『獨化』説既有所繼承，又有所修正。而且，陳景元作爲一位著名道士，他還賦予了『道』以一些道教思想觀念。他説：

有情而無爲，有信而無形，所以可傳不可受，可得不可見也。鬼爲陰主，帝爲陽君。陰陽之所以不測者，爲其有神也；天地之所以生生者，爲其有道也。道之高深、久老，固不可以心思言議，而無所不在焉。老君自天地、谷神、萬物、侯王而言得一，漆園自狶韋至傅説皆言得之，斯又忘其一矣。是以道之通變千聖莫窮也。（大宗師注）

象者氣象，物者神物，即莊子之所謂真君，今之所謂性者也。夫道怳惚不定，謂其無邪，惚然自無形之中怳爾變其氣象，將爲萬物之朕兆也；謂其有邪，怳然自有象之初惚爾而化歸於無有也，然而至無之中有神物焉。神物者，陰陽不測，妙萬物以爲言者也。千變萬化，無所窮極，經營天地，造化陰陽，因氣立質而爲萬類，治身治國，煉粗入妙，未有不由神物者也。（道德真經藏室纂微篇卷四）

從這裏可以清楚地看出，陳景元在闡釋『道』的過程中已引進了像『鬼爲陰主』、『老君』這樣一些具有道教思想色彩的觀念。更有甚者，他還進一步發揮了唐代道士司馬承禎在坐忘論中所謂『道』爲『神異之物』的説法，從而把老莊所説的自然無爲之道闡釋成了道教所謂的能夠造化天地萬物、佑助人類修身治國的『神物』。

五、對莊子修身治國論的闡釋

陳景元作爲一名道士，他研治莊子的一個重要目的，就是希冀能夠從中獲得修身煉道的理論依據。關於這一點，他自己曾說：『僕自總角，好誦是經，非事趣時破卷而已。斯乃道家之業，務在長生久視，毁譽兩忘，而自信於道矣，豈與有待者同日而論哉！』（南華真經章句音義敘）這就是說，陳景元好誦莊子，並不像『有待者』那樣是爲了把它作爲謀求富貴的階梯，而完全是爲了『道家之業』，即道教所謂的長生久視，羽化而登仙。那麼，陳景元是如何通過闡釋莊子來爲自己的修身煉道服務的呢？從他所遺留下的注莊文字來看，有關這方面的思想資料是相當豐富的。但歸納起來，主要有兩個方面的內容，即一是發揮了莊子的虛靜說，二是發揮了莊子的簡易說。如他說：『窈窈冥冥，强名道之精；昏昏默默，强名道之極。不以色爲色，不以聲爲聲，故神靜而形正。靜則神不勞，清則精不搖。不妄視，故無見；不妄聽，故無聞；不妄想，故無思。三者皆真，故神住形留也。慎內則虛心，閉外則塞兑，蓋懼夫多知之爲敗，故能超乎陰陽，會乎道域也。……純一則沖和之所聚，故修身千二百歲而形未嘗衰。』（在宥注）這裏根據『道』的虛靜、寂寞、無爲的原則，認爲修身者如果能做到心虛神靜，絲毫不爲外物所干擾，那麽就能『超乎陰陽』，『會乎道域』，甚至可使自己『神住形留』，『修身千二百歲而形未嘗衰』，成爲道教所説的長生不死的神仙。他又說：『乾坤以簡易爲德。簡易者，萬物之宗本。宗本不失則人事和，人事和則天理順而陰陽宣暢矣。』（天道注）這裏根據天地之道以簡易爲德的原則，認爲人們只有簡易從事，忘掉一切聰明才智，靜而與陰同德，動而與陽同波，那麽就會『人事和』、『天地順』、『陰陽宣暢』，甚至可使自己『與太虛不二』（同上），成爲道教所說的長生不老的神仙。而且在陳景元看來，這裏所説的修身之道又與治國之道相一致，因爲『君當垂拱無爲』，『簡要，君道也』（見天道注），如果君主能做到『無爲』、『簡要』，那麽

人民也就自朴而富壽了。他説：

我無事騷擾，節用儉嗇，民厚其業，其家自富也；我安静不言，憺怕自守，民挹天和，其俗純正也；我無欲沖虚，去華榮，崇本，民無誇企，其性自朴也。苟有爲有欲，而望致民於富壽之域，吾未見其可也。莊子曰：『天地有大美而不言，四時有明法而不議，萬物有成理而不説。聖人者，原天地之美，達萬物之理。是故至人無爲，大聖不作，觀於天地之謂也。』（道德真經藏室纂微篇卷八）

聖人措意不在乎小成，而常以虚静、恬淡、寂寞、無爲爲心。……莊子曰：『……儵與忽謀報渾沌之德，曰：「人皆有七竅以視聽食息，此獨無有，嘗試鑿之。」日鑿一竅，七日而渾沌死。』此爲者敗之之證也。（道德真經藏室纂微篇卷九）

這裏完全是在説明，聖人治世，只是效法天道自然無爲而已，否則就會像儵、忽鑿死渾沌一樣，使民失其『天和』，使俗失其『純正』，那麽還能『致民於富壽之域』嗎？其實，陳景元對老莊的治世思想作如此闡釋，當是與他一生逍遥方外的道士生涯有一定關係的。也就是説，正是這樣一種逍遥於方外的道士生涯，使陳景元深刻地認識到君主應該實行無爲而治，以爲這樣就可以讓天下所有人都能夠像自己一樣自由自在地生活了。因此，他在闡釋老莊治世思想的時候，便自覺或不自覺地發揮了自己的這些思想觀點。

第三節　陳景元在莊子音義、考異方面多有貢獻

陳景元在南華真經章句音義敘中説，他早年就好誦莊子，主要是爲了追求『長生久視』這一『道家（教）之業』。薛致玄在述道德真經藏室纂微開題科文疏中也説，陳景元『所藏内、外書數千卷，皆素所校正。又親劄三百卷，善小楷，深得歐、褚法。所著書藏室纂微二卷、南華經章句七卷、總章三卷……，談老莊，前世有所闕疑，皆

別白其要妙。』他之所以要這樣做，當是因爲他『恐陶（宏景）、葛（洪）之學不傳於來世』。凡此都説明，陳景元研究莊子，其主觀願望大致是爲了道教之事業。但在客觀上，他的研究卻給莊子學的發展作出了多方面的貢獻。

一、在莊子音義方面的貢獻

陳景元的南華真經章句音義，可説是繼陸德明莊子音義之後最重要的一部莊子章句音義著作。此著不但審定、收錄了陸氏莊子音義中的大部分音義資料，而且還審定、選錄了唐宋人爲莊子所作的許多音義，從而使唐宋時期各家研究莊子的不少音義資料得到了保存。

在音注方面，陳景元根據他自己的審音標準和當時音韻發展的實際情況，對陸德明莊子音義中所收錄的音注資料都進行了篩選，並一律改反切之『反』爲『切』字。如陸德明莊子音義齊物論『大塊』下有云：『苦怪反。李苦對反。説文同，云：俗「凷」字也。徐口回反。徐、李又胡罪反。郭又苦猥反。』陳景元則云：『苦怪、苦對二切。』（南華真經章句音義卷二）根據陸德明莊子音義的條例，陸氏是把自己所作的音注放在最前面的，認爲這樣才最符合他所處時代的音韻發展的實際情況。對於魏晉南北朝學者所作的音注，陸氏在嚴加審定後，把最重要的放在前面，次要的放在後面，至於前標『又』字者，則僅可供人參考而已。根據這一情況，陳景元只是挑選了陸氏的『苦怪反』和李氏的『苦對反』，並將『反』字都换成了『切』字，這既在一定程度上滿足了當時音韻發展的實際需要，又完全適應了晚唐以後人們日益諱言『反』字的思想觀念。

在釋義方面，陳景元首先對陸德明莊子音義所收錄的有關資料作了篩選。如陸氏莊子音義逍遥遊『北冥』下有云『北海也。嵇康云：取其溟溟無涯也。梁簡文帝云：窅冥無極，故謂之冥。東方朔十洲記云：水黑

色，謂之冥海，無風洪波百丈。』陳景元則云：『嵇康云：取其溟溟無涯也。梁簡文帝云：窅冥無極也。』（南華真經章句音義卷一）這裏，陳氏不但刪去了東方朔的小說家之言，而且還使簡文帝的訓釋文字變得更爲簡練。其次，陳景元在陸德明所收錄的有關資料後還大量補收了唐宋人的有關釋義資料。如陸氏莊子音義盜跖『五紀』下有云：『司馬云：歲、日、月、星辰、曆數。』陳景元則云：『司馬云：歲、日、月、星辰、曆數。文云：天爲地紀，日爲星紀，君爲臣紀，父爲子紀，夫爲妻紀。成云：金、木、水、火、土；又仁、義、禮、智、信；又祖、父、己身、子、孫。』（南華真經章句音義卷八）這裏，陳景元除了收錄陸氏所提供的有關資料而外，還補收了文如海、成玄英的訓釋文字，從而既保存了唐代治莊者的有關訓釋資料，又適應了唐宋莊子學日益走向儒學化的新趨勢。再次，陳景元還對前人的某些訓釋予以駁正，或對莊子中某些未經前人訓釋的字、詞作了訓釋，凡此又都最直接地表達出了陳氏自己的一些獨特見解。

陳景元所收錄的唐宋莊子學者的音義資料，主要爲成玄英、文如海、黄法師等人所作。其中所收錄的文如海所作的那些音義，當是最有價值的。我們在本書第四編第四章中已經說過，文如海爲唐明皇時劍南道士，所著莊子正義十卷，是一部『能獨矯郭氏玄虛之失而欲明莊子經世之用』（吴澄莊子正義序）的莊子學著作，真正標誌著莊子學由玄學化向儒學化的根本轉變，可説是繼成玄英莊子注疏後直至宋初這一時期内最重要的一部莊子學著作。可惜由於某些原因，這部重要的莊子學著作大約流傳到元代中後期就亡佚了。所幸的是，因賴陳景元南華真經章句音義的引錄，文如海爲莊子所作的音義得以保存至今者就有九十來條之多，所以我們大致可借此而窺見文氏莊子正義一書所包含的思想内容以及其所運用的訓解形式。至於陳景元所説的『黄法師』，雖然我們還不知他爲何許人，但陳氏南華真經章句音義畢竟保存下了他爲莊子所作的一些音義，而這些音義資料又恰恰是其他任何書籍所不曾予以引錄的。由此説明，陳景元在審定、保存他人爲莊子所作的音義等方面確實作出了較大的貢獻。

二、在莊子考異方面的貢獻

陸德明作莊子音義，以郭象三十三篇本莊子爲底本，對他所能見到的前代各種莊子本子的原文進行了對比，把衆多的異文異字摘録了下來，並作了簡明扼要的説明，使我們至今猶能大致看到隋唐以前各種莊子本子與郭象本相應篇目的文字異同情況。陳景元的南華真經章句音義、莊子闕誤，則又使我們大致看到了北宋中期所能見到的各種莊子本子的文字異同情況。

據陳景元南華真經章句餘事末所附覽過南華真經名氏、褚伯秀南華真經義海纂微卷首陳碧虚解義卷末載覽過莊子注可知，陳氏著南華真經章句音義、莊子闕誤時據以考訂莊子文字異同的本子有：宋真宗景德四年（一作三年）國子監刊行本，徐鉉、葛湍所校江南古藏本，徐靈府所校天台山方瀛宮藏本，張君房所校郭象注中太一宫本，張君房所校成玄英解疏中太一宫本，張君房所校文如海正義中太一宫本，散人劉得一所注本，張潛夫所注江南李氏書庫本。這些來源各異、刊印時間不一，又經過不同時期的學者校訂過的莊子本子，當基本上反映出了唐宋時期流傳著的各種莊子本子的文字異同情況。據陳景元在南華真經章句音義敘、莊子闕誤末附説明文字，他以江南古藏本、天台山方瀛宮藏本等本子校景德四年國子監刊行本莊子，得異文共三百四十九字。如陳景元在南華真經章句音義卷二中出示了莊子齊物論『六藏』一詞，並云『江南古藏本作「五藏六府」。』假如江南古藏本的『五藏六府』確係淵源有自，則陳景元所提供的這一異文足可彌補陸德明莊子音義收録之未備。又陳氏在南華真經章句音義卷五中出示了莊子胠篋『曷嘗不法聖智哉』一語，並云：『舊作「曷嘗不法聖人哉」。「善人不得聖人之道不立，跖不得聖人之道不行，則聖人之利天下也少」、「聖人生而大盗起」、「掊擊聖人」、「聖人已死」、「聖人不死」、「雖重聖人」、「是乃聖人之過也」、「彼聖人者，天下之利器也」。自此已上十一

「聖人」，張君房本並作「聖智」。』據此，則當時各本莊子胠篋多作『聖人』，與我們現在能看到的所有本子都不同。那麼舊本莊子胠篋多是以抨擊『聖人』爲全篇主旨，而不是像今本莊子胠篋那樣以抨擊『聖智』爲全篇主旨。由此可見，陳景元所提供的這些異文異字資料，對人們瞭解莊子舊文本，並進而從各個角度深入研究莊子，都是相當重要的。

陳景元不但在南華真經章句音義、莊子闕誤中收錄了這些異文異字資料，而且還往往對其中的一些異文異字資料作出了自己的是非判斷。如莊子應帝王有『吾與汝既其文』一語，陳景元在莊子闕誤中則謂『「吾與汝無其文」，見江南古藏本』，並在南華真經章句音義卷四中指出：『（舊）或作玩，又作既。玩、既並非。』又莊子徐無鬼有『聽而斲之，盡堊而鼻不傷』等語，郭象注：『瞑目恣手。』陳景元在莊子闕誤中則謂『「聽而斲之，瞑目恣手，盡堊而鼻不傷」，見江南李氏本』，並在南華真經章句音義卷一一中指出：『「瞑目恣手」四字，江南本是經。舊本作郭象注，非是。』這裏，陳景元既保存了一些爲陸德明莊子音義所未載的十分珍貴的異文異字資料，又對這些異文異字資料提出了一些可供人們參考的獨特看法，從而爲莊子學研究作出了不少貢獻。

後世學者對莊子文本的研究，往往是在利用陳景元所提供的異文異字資料的基礎上做出成績的。如世所傳本莊子德充符有『受命於地，唯松柏獨也，在冬夏青青；受命於天，唯舜獨也正』之語，宋末褚伯秀說：『「受命於地」至「唯舜獨也正」，文句不齊，似有脫略。陳碧虛照張君房校本作「受命於地，唯松柏獨也正，在冬夏青青；受命於天，唯堯舜獨也正，在萬物之首」，補亡七字，文順義全。考之郭注「下首唯有松柏，上首唯有聖人」，則元本經文應有「在萬物之首」字，傳寫遺逸。』（南華真經義海纂微）今案褚氏南華真經義海纂微引林自注有『松柏獨正』之語，說明林本『松柏獨也』下亦當有『正』字，則又可依陳景元所提供的異文異字資料於『松柏獨也』下補上『正』字，方可使其文義顯得完美如初。又世所傳本莊子逍遥遊『八千歲爲秋』下缺『此大年也』

四字，近人劉文典說：『碧虛子校云「此大年也」見成玄英本，舊闕。案，此四字所以結「楚之南有冥靈者」之義，正與上文「此小年也」相對。疏：「故謂之大年也。」是成所見本塙有「此大年也」四字，今據補。』（莊子補正）從這些例子可以清楚看到，在後世學者所取得的莊子文本研究方面的成果中，實際上也包含了陳景元所作出的貢獻。

第七章　蘇門學士的莊子學

蘇軾與其門人構成了一個亦師亦友的群體。由於共同的性格與價值取向，後者凝聚到了蘇軾門下，並在患難時同進退，成爲中國古代士人群體中值得稱道的典範。與蘇軾類似，蘇門學士同樣對莊子表現出不小的興趣，並或多或少地參與了對莊子的闡釋活動，反映了一定的莊子學思想。

第一節　黄庭堅的莊子學

黄庭堅（1045—1105），字魯直，號山谷道人、涪翁，洪州分寧（今江西修水）人。治平進士，官著作佐郎，後以修實録不實，遭到貶謫。出蘇軾門下，而與蘇軾齊名，世稱『蘇黄』。他的許多詩文都涉及了莊子，同時他也是蘇門中最出色的治莊者。黄庭堅將自己的文集分爲内集、外集、别集，單從這一劃分中就可看出著者對莊子的熟悉程度以及其受到莊子思想的影響了①。

① 黄庭堅在題王子飛所編文後（山谷集卷二十六）中談到：『鄙文不足傳世，既多傳者，因欲取所作詩文爲内篇，其不合周孔者爲外篇。』而山谷外集詩注序（上海古籍出版社2003年版）中亦云：『山谷自言欲仿莊周分其詩文爲内、外篇，意固有在，非去此取彼。』由此可見黄庭堅對莊子内、外篇劃分方式的借鑒。但諸如四庫全書等書編收的山谷集，包括山谷集、山谷外集、山谷别集三大部分，並未標出内篇，不知何故。

一、黄庭堅莊子學的主要内容

黄庭堅對莊子思想的見解主要見於莊子内篇論和書老子注解及莊子内篇論後等文章中。在莊子内篇論中，黄庭堅對莊子内七篇作了簡明扼要的評述，儘管用語不多，卻較爲準確地把握了内篇的特點。如他認爲，逍遥遊篇的主旨在於説明鯤鵬、鳩鴳等物均有累於物而不能逍遥，只有體道者才能逍遥，這與郭象所謂大鵬、學鳩均自得逍遥的觀點完全相反，相對來説，前者更得莊子本意①。黄氏能夠擺脱郭象觀點的影響，提出自己的獨到見解，這是郭象後不少學者所不能及的。接下來談到的齊物論、養生主等篇目，黄庭堅也對其主旨一一加以説明。從中不難發現，黄庭堅對莊子寫作意圖的把握比較到位，往往能順從莊子原意加以發揮闡釋。然而，在對齊物論篇的解釋中，黄庭堅借用孟子『物之不齊，物之情也』的觀點來解讀莊子『齊物論』，類似的説法還見於幾復讀莊子戲贈一詩中的『物情本不齊，顯者桀與堯』②。若細讀齊物論篇就會發現，莊子所謂『齊物』並非是説萬物沒有差别，莊子批判的重點在於人們認識事物的觀念，他所要『齊』的是人們的是非之爭，而非説萬物果真沒有差别。因此，黄庭堅以『物之不齊』針對莊子的『齊物』，實質上卻並不在同一觀念層面上。由『俗學者心窺券外之有，企尚而思齊，道之不著，論不明也，故作齊物論』這句話看，黄庭堅很清楚地認識到莊子之『齊物』是要齊同『物論』，而非物本身。因此，黄氏所謂『物不齊』論可以説是對莊子思想的進一步發揮，或者説是補充説

① 黄庭堅在幾復讀莊子戲贈中反對向秀、郭象對逍遥遊的解釋，其詩有『惜哉向郭誤，斯文晚未昭』之句。

② 本節凡引黄庭堅山谷集詩文，如不另加説明，皆據文淵閣四庫全書本。

明，自有其立論價值。值得注意的是，黄庭堅在文章結尾處談到『二十六篇者，解剝斯文爾』，認爲莊子外雜篇是對莊子内篇的解讀和發揮，這種觀點不無道理，由此可見黄庭堅不光對莊子的文意加以理解，而且還試圖把握莊子文本的整體結構，這對後世治莊者有不少啟發。

莊子内篇論可以説是黄庭堅閲讀莊子的心得體會，而書老子注解及莊子内篇論後一文則是他對於莊子學研究的看法。在文中，作者對前代儒者解釋老莊的做法表達不滿。他説：

老、莊書，前儒者未能涣然頓解者，僧中時有人得其要旨，儒者謂其術異，不求之耳。僧肇云：『内有獨鑒之明，外有萬法之實。萬法雖實，然非照不得。内外相與以成其照功，此聖人所不能同用也。内雖照而無知，外雖實而無相，内外寂然，相與俱無，然則聖人所不能異慕也。經云：諸法不異者，豈曰續鳧截鶴，夷嶽盈壑，然後無異哉？誠以不異於異，故雖異而不異耳。故經云：甚奇世尊，於無異法中，説諸法異。』儒者罕觀此書，故聊出古人，謂一臠可知鼎味者也。（書老子注解及莊子内篇論後）

黄庭堅認爲儒者將老莊斥爲異學是不瞭解其思想的真諦。他引用僧肇和佛經的觀點，認爲各種思想儘管外在表現有所不同，其核心卻是融通的。黄庭堅有著很深的佛學背景，對佛理有一定造詣，他提出佛教中人比儒者更得莊子之意的觀點也爲不少學者認同。儘管黄庭堅是一個典型的儒家知識分子，但他反對歷代儒者排斥異己思想的做法。因此，他在詩文中廣泛援引道家、釋家思想，來闡發自己異術同道的觀點。在黄庭堅看來，儒、道、釋三家思想有其共通之處。儘管三家合流的觀點在宋代非常普遍，但由於黄庭堅對於佛、道思想均有深入的研習，因此他在論述三家融通之處時更具説服力。例如，他認爲儒、釋互通，曾云：『佛法與論語、周易意旨不遠。論語大旨不過遷善改過，不自覆藏，故「君子坦蕩蕩」，「入太廟每事問」，……天地同根，萬物同一氣，故

曰：「吾無行而不與二三子者，是丘也。」』①他又認爲儒、道也是一體的，在爲友人黃幾復所作墓誌銘中說：『方士大夫未知讀莊、老時，幾復數爲余言：「莊周雖名老氏訓傳，要爲非得莊周，後世亦難趨入，其斬伐俗學，以尊黃帝、堯舜、孔子，自揚雄不足以知之。」』（黃幾復墓誌銘）儘管這種認爲莊子『尊黃帝、堯舜、孔子』的觀點先是由黃幾復提出的，但黃庭堅顯然對此十分贊同。在熟讀佛教經典和老莊之書後，黃庭堅進而認爲道、釋也本是一家。他說：『列子書中時有合於釋氏，至於深禪妙句，使人讀之三歎。蓋普通中事不自蔥嶺傳來，信矣。』（跋亡弟嗣功列子冊）在他看來，老莊思想和佛教思想中的玄妙之理以及對於主客觀世界的認識多有相似之處。因此我們可以發現，在黃庭堅的很多詩歌中，他都將老莊和佛教典故融通並用。例如，題神移仁壽塔詩云：

十二觀音無正面，誰令塔戶向東開？定知四梵神通力，曾借六丁風雨推。蠅說冰霜如夢寐，鶢聞鐘鼓亦驚猜。從今一信維摩詰，斷取三千世界來。

全詩堆砌了諸多佛教典故，但『鶢聞鐘鼓亦驚猜』之句卻化用了莊子達生中語，其原文爲：『譬之若載鼷以車馬，樂鶢以鐘鼓也。彼又烏能無驚乎哉？』再如，喜太守畢朝散致政詩云：

膏火煎熬無妄災，就陰息跡信明哉！功名富貴兩蝸角，險阻艱難一酒杯。百體觀來身是幻，萬夫爭處首先回。胸中元有不病者，記得陶潛歸去來。

『膏火煎熬』、『蝸角功名』之典均出自莊子②，而『百體觀來身是幻』、『胸中元有不病者』二句則分別化用維摩詰

---

① 與王雍提舉，山谷老人刀筆卷十九，北京圖書館出版社2005年版。

② 莊子人間世云：『山木自寇也，膏火自煎也。』則陽篇云：『有國於蝸之左角者曰觸氏，有國於蝸之右角者曰蠻氏，時相與爭地而戰，伏尸數萬，逐北旬有五日而後反。』

經『又復觀身，身不離開病』之意及傳燈錄德山宣鑒禪師傳中語。後者云：『師因疾，僧問：「還有不病者無？」師曰：「有。」「如是何不病者？」師曰：「阿邪，阿邪！」』①黃庭堅在此詩中流露出趨利避害、淡化功名的意願，老莊與佛教看輕現世利益的世界觀在此得到了完美的融合。可見，黃庭堅在闡發佛、道義理時，往往混用兩者觀點。

由於黃庭堅力主三教合流的思想，因而他心目中的理想人格也兼具儒家和其他流派的特點。例如，他在趙安時字序一文中云：

合肥趙安時學士，大夫也，其質甚美，黃庭堅謂之少莊，以尊其名，且告之曰：莊周，昔之體醇白而家萬物者也。時命繆逆，故熙然與造物者遊。此其於禮義君臣之際，皂白甚明。顧俗學世師，窘束於名物，以域進退，故築其垣而封之於聖智之外，彼曹何足與談大方之家！嘗試相與言其土梗：五石之瓠浮江湖以相適我，殖擁腫之樗，謝斧斤之不若，感栗林之戮而不庭者三月，寧貸粟於縣令而畏楚國相，可謂知己矣；知跡之不可以得履，知斲輪之妙於手，其學也觀古人之不可傳，可謂知言矣；觀本於濠上之魚，絕意於郢人之斤，知死生不入虞氏之心，魯國之儒者一人，可謂知人矣；知新生之犢之無求，凡亡之不喪其存，柙干越之劍而不試，遊發硎之刃而不見全牛，棄智於垂涎之蟻，得計於伏洿之魚，可謂知天矣。雖然，吾又未嘗言其莊語也。少莊自澡雪於塵滓之中，蟬蛻於俗學之市，而權輿於君子之方，必不能規市人之履跡，而責三倍之贏，故吾直告以大道之一忽，少壯四顧徘徊，則萬壑吐緒矣。逮其旁皇四達，必能因莊生之所言，知其所未嘗言者。

黃庭堅在此稱趙安時爲『少莊』，意指其超脫出俗的道家風範。然而，黃庭堅筆下的莊子形象卻發生了很大變

① 此處佛教典故轉引自山谷詩集注（下），上海古籍出版社2004年版。

化，他『於禮義君臣之際，皂白甚明』，十分看重仁義綱常，但因憤世嫉俗，才提出與儒家相悖的觀點。因此，少莊趙安時『澡雪於塵澤之中，蟬蛻於俗學之市，而權輿於君子之方』的形象也便與莊子相契合了。在這篇文章中，黄庭堅對莊子進行了有目的的改造。與蘇軾『以儒解莊』的意圖類似，黄庭堅也希望化解儒家與道家之間的矛盾。一方面，他反對傳統儒者排斥、反對道家學説；另一方面，他又在老莊思想中尋找與儒家共通的精神，即使兩者間真的存在矛盾，也要通過有意的誤讀加以消解，上文中的這個莊子形象便是調和了儒家、道家聖人形象的產物。再如，黄庭堅在石通道諸子字訓序中談到：『夫存心養性以與天地參也，則能御六氣以遊無窮，此人而有夫翼者也。……夫仁者人也，能盡仁則位乎天地之中者畢矣。』『御六氣以遊無窮』當化用莊子逍遥遊『乘天地之正，而御六氣之辯，以遊無窮者』句，莊子原文中以此來形容『無所待』的得道者，而『知效一官，行比一鄉，德合一君，而徵一國者』（莊子逍遥遊）自然是要排除在外的。但黄庭堅卻説仁者盡仁卻能位於天地之中，他將仁者與莊子筆下的得道者並稱，説明兩者是相通的，這顯然曲解了莊子的原意。因爲在莊子看來，仁者也好、德者也好，其仁德均非人之本性，均爲人之所累，只有擯棄這一切的得道者才能實現真正的任性逍遥，可見黄氏試圖將莊子思想納入儒家倫理體系中。

總之，由於自身儒家化的政治、倫理立場以及對儒、道、釋三家思想的深厚認識，黄庭堅的莊子學思想表現出兩大特徵：第一，他能很好地把握莊子原意，並在此基礎上作進一步合理的發揮。例如，莊子内篇論中對『逍遥』、『齊物』兩大主旨的闡發及對向秀、郭象解釋的批評，顯示出作者在莊子學領域有不俗的表現。第二，黄氏反對傳統儒者對異己思想的排斥，因此他往往有意曲解、誤讀莊子思想，試圖化解其與儒家思想的矛盾。例如，他對莊子形象的重新塑造便顯示出其融合儒道兩家精神的意圖。從這個層面上説，黄庭堅的莊學觀與蘇軾是一脈相承的，但又有其自身的特點。

二、黄庭堅詩歌創作與莊子之關係

作爲江西詩派的鼻祖，黄庭堅在詩歌領域有很高的地位。他的詩歌作品大量引用莊子的内容，其中不乏優秀之作。據筆者粗略統計，在黄庭堅的所有詩作中，引用或化用莊子思想資料的詩歌達三百二十多首，其中内集二十卷中有一百餘首，外集十七卷中有一百七十餘首，另外，别集、外集補卷和别集補卷中亦有近六十首①。由此可見，詩歌是黄庭堅傳達其莊子學思想的主要途徑，因此筆者在此擬用一定的篇幅來論述其詩歌創作與莊子的關係。

通讀黄庭堅的詩歌，我們可以得出這樣一個結論，即作者通曉莊子全書，這不僅表現在其引用了大量的典故上，還體現於作者在詩歌中表現出對莊子精神的領會。這需要我們從兩方面加以把握。

首先，黄庭堅援引莊子的内容非常廣泛，其典故涉及莊子内篇、外篇、雜篇諸文。例如，莊子中有『庖丁解牛』（養生主）和『運斤成風』（徐無鬼）兩則故事，黄庭堅在其詩歌中多次予以援引。如寄上叔父夷仲三首（其一）云：『庖丁解牛妙世故，監市履狶知民心。』寄餘干徐隱甫云：『願聞庖丁方，江湖天到水。遥知解千牛，

① 筆者的統計主要據山谷詩集注（宋任淵、史容、史季温注，黄寶華點校，上海古籍出版社2003年版），統計結果如下：内集二十卷涉及莊子思想資料凡107處，外集十七卷175處，外集補卷四卷48處，别集二卷及别集補卷一卷9處。在統計過程中，筆者遵循寧缺毋濫的原則，對於沒有把握的典故一律排除。例如溪上吟中有『杖藜山中歸』一句，注者認爲此處的『杖藜』出自莊子讓王『原憲杖藜而出』之句，但筆者以爲沒有充分證據證明此處『杖藜』是援用莊子之意。因此，筆者的統計只是一個粗略的數目，黄庭堅詩歌中實際引用莊子數應當大於筆者的統計。

袖手笑血指。』送徐隱父宰餘干二首（其二）云：『割雞不合庖丁手，家傳風流更著鞭。』發贛上寄余洪範云：『胸中淳于呑一石，塵下庖丁解十牛。』次韻寄上七兄云：『誰言遊刃有餘地，自信無功可補天。』奉答謝公靜與榮子邕論狄元規孫少述詩長韻云：『試斲郢人鼻，未免傷手創。』題王黃州墨跡後云：『世有斲泥手，或不待郢工。』無咎人字韻詠竹云：『應懷斲泥手，去作竹林神。』和答王世弼云：『弦上深知流水意，鼻端不怯運斤風。』誠然，莊子中『庖丁解牛』、『運斤成風』兩個典故是黃庭堅引用最頻繁的，但這只是作者引用莊子的一小部分，在黃氏的詩歌中，我們能找到莊子絕大多數有名的寓言。例如，莊子逍遥遊中有『鯤鵬變化』、『不龜手藥』等寓言，黃庭堅在不少詩歌中都提到了它們，如『匯澤爲彭蠡，其容化鯤鵬』（泊大孤山作）、『杜門謝客恐生謗，且作人間鵬鷃遊』（次韻黃斌老晚遊池亭之二）、『收得千金不龜藥，短裙漂絖草江寒』（戲答史應之之二）、『聞君欲課最，豈有不龜藥』（次韻荅宗汝爲初夏見寄）等。莊子齊物論中有『南郭子綦隱几而坐』、『狙公分栗』、『莊周夢蝶』等寓言，黃庭堅則有『是聲皆自根極來，更莫辛勤問南郭』（秋聲軒）、『猛吹萬籟作，微涼大音稀』（次前韻謝與迪惠所作竹五幅）、『狙公倒七芧，勿用嗔喜對』（用前韻謝子舟爲予作風雨竹）、『夢蝶真人貌黃槁，籬落逢花須醉倒』（遊韻記卷末）等詩句。此外，諸如莊子秋水中有『河伯問北海若』、『井底之蛙』、『曳尾之龜』、『濠上觀魚』等寓言，黃庭堅則有『君不見向來河伯負兩河，觀海乃知身一蠡』（贈陳師道）、『井蛙延海鼇，樂事擅一丘』（戲贈陳季張）、『故作龜曳尾，頗深漆園方』（次韻文潛同遊王舍人園）、『優遊濠上如惠莊，論交莫逆與子相』（答閻求仁）等詩句。類似的例子還有很多，這裏不再一一例舉。

其次，黃庭堅在詩歌中援引莊子典故乃是建立在深刻理解莊子思想的基礎上，如上文提到的題神移仁壽塔等詩即與作者熟讀、領悟莊子有莫大關係。黃庭堅非常喜歡以詩歌形式闡發莊子義理，並提出自己的看法。例如其詩作致政王殿丞逍遥亭云：

漆園著書五十二，致意最在逍遥遊。後來作者逐音響，百一未必知莊周。幽人往往泥出處，俗士

不可與莊語。逍遥如何，一蛇一龍。以無爲當有，以守雌爲雄。與物無對，無内無外。與民成功，有物有對。左肘生楊觀物化，右臂爲雞即時夜。果若乘氣有待遊，如何六氣無窮謝？天之蒼蒼非正色，道真微妙安可得？利害叢中火甚多，此心寂寞誰能識？文人春秋誠未高，視聽聰明齒牙牢。所爲淳拙有深越，持置酷似巨山陶。平生剛直折不得，目送飛鴻向賓客。早束衣冠林底眠，非關暮年俗眼白。種田百畝初爲酒，買地一區今有宅。家人歲計不嬰心，兩兒長不能措畫。邇來信已不問天，萬事逍遥隻眼前。何必讀書始曉事，此翁暗合莊生意。

黄庭堅在詩的開篇即指出，莊子著書中心便在逍遥遊，但後世學者並未真正理解莊子，他們多拘泥於文義出處，因此『不可與莊語』。我們知道，莊子思想的兩大核心便是『逍遥』與『齊物』，從莊子一書的佈局看，首兩篇爲逍遥遊與齊物論，可見這兩個命題在莊子思想中的地位非同一般。在齊物論篇中，莊子通過運用相對主義的觀念，將萬物的差别消解於無形，而這種消解一切界限，天地與我齊一的境界，正是『逍遥遊』的前提，或者説，『齊物』的最終目的便在於『逍遥遊』。因此，黄庭堅點出莊子著書『致意最在逍遥遊』是十分貼切的。而在幾復讀莊子戲贈中，黄庭堅更是提出了自己的獨到見解。其詩云：

蜩化搶榆枋，鵬化摶扶搖。大椿萬歲壽，蓂英不重朝。有待於無待，定非各逍遥。譬如宿舂糧，所詣豈得遼？漆園槁項翁，聞風獨參寥。物情本不齊，顯者桀與堯。烈風號萬竅，雜然吹籟簫。聲隨器形異，安可一律調？何當用吾私，總領使同條。惜哉向郭誤，斯文晚未昭。胡不棄影事，直以神理超。木資不才生，雁得不才死。投身死生中，未可優劣比。深藏無所用，一寓不得已。逍遥同我誰，歲暮於吾子。

在此詩中，黄庭堅質疑向秀、郭象對逍遥遊的解釋，他並不贊同二人所謂鵬、鴳各得逍遥的觀點。對此，他無不惋惜地説『惜哉向郭誤，斯文晚未昭』。除此之外，本詩中黄庭堅還質疑莊子的齊物觀，認爲物之不齊是物的本

性，這就像風吹孔穴，由於孔穴各有差異，因此『聲隨器形異』，無法用一個音律調和。同時，詩中所謂『木資不才生，雁得不才死』、『深藏無所用，一寓不得已』，還透露出作者趨利避害的思想傾向。我們知道，莊子中反復論述了以不才無用保全自我的思想觀點。黄庭堅在詩歌中不止一次地予以援引，這是有其原因的。北宋党爭激烈，黄氏的政治立場基本上與蘇軾一致，但他較蘇軾更爲溫和，希望新舊兩黨能夠拋棄紛爭，相容並包。然而，現實卻不止一次地打破了黄庭堅的幻想，並且將他捲入險惡的政治漩渦中，在經歷了幾次驚險的波折後，他在爲人處世方面日漸收斂，希望能在政治鬥爭的夾縫中得以保全。也正因爲如此，他才會在詩歌中極力推崇莊子的『無用之用』。

在其他一些小詩中，黄庭堅更是活用莊子思想，使作品充滿理趣。例如戲題小雀捕飛蟲畫扇詩云：

小蟲心在一啄間，得失與世同輕重。丹表妙處不可傳，輪扁斲輪如此用。

作者從小雀捕蟲入手，點出不必把得失看得太重。又以輪扁斲輪的典故，來説明畫扇繪製者的技藝高超。兩個觀點同時出自莊子，但放在一起卻絲毫不顯突兀，雖全詩篇幅短小，可著實耐人回味。又如庭誨惠巨硯詩云：

郭君大硯如南溟，化我霜毫作鵬翼。安得剡藤三千尺，書九萬字無渴墨。

作者在這裏大膽想像，形容朋友的硯臺大如南溟，使用者可在此硯臺上磨墨蘸筆，揮毫作書，直逼大鵬的氣勢。這首詩比喻奇特，想像誇張，可謂深得莊子浪漫氣質的真傳。

第二節　蘇門其他學士的莊子學

除了黄庭堅以外，蘇軾的其他門人也對莊子有所涉及，儘管他們的關注點各有側重，卻表現出共同或相似的價值取向。筆者試以晁補之、張耒、秦觀、陳師道四人爲例，作一些探究。

一、晁補之的莊子學

1．對齊物論和逍遥遊的解讀

在蘇門學士中，深受蘇軾影響的晁補之對莊子也有濃厚的興趣。我們通讀他的雞肋集等著作，可以看到他對莊子思想的理解與闡釋主要圍繞『齊物』和『逍遥』這兩個核心命題展開。首先，他專門作了一篇名爲齊物論的文章，集中闡釋莊子的齊物思想。可以説，這是晁補之莊學觀的集中體現，也是歷史上第一篇對莊子齊物論進行完整解讀的專論。

在這篇專論中，晁補之認爲莊子所謂『齊物』之實質在於齊『物理』，即『物之理齊而情故』①。持這種觀點的學者在宋代並不少見，例如宋初的晁迥便認爲『莊子教人齊物理，和天倪』②。宋人善思辨，宋代思想在形而上學領域有極大的發展。宋人經常提到的『理』其實是一個高度抽象化的概念，這遠遠超出了日常事物的範疇，而應屬於哲學當中的本體論概念。按照晁補之的觀點，得道者將萬物貫通爲一，因此萬物的差别也便消融於無形。他反復强調，若要齊物，必須先『通理』，必須『通於一』，若理不通，則出現『滑者』、『疑者』，也就是出現是非和名實之辨。因此，『無滑無疑，則其際冥冥，昧而不耀。有滑有疑，則長短之相形，前後之相隨。』在此，晁補之分别論述了『通物理』與『不通物理』的結果。隨後，作者提出一個重要的命題：『物之情不齊而其理

① 本節凡引用晁補之、張耒、秦觀、陳師道詩文，如不另加説明，皆據文淵閣四庫全書本。
② 閒思三法資修記，成都文類卷三十七，文淵閣四庫全書本。

齊』。這個觀點與黄庭堅所引孟子『物之不齊，物之情也』的觀點有相似之處①。在晁補之看來，所謂『齊物』，並不是説萬物之間没有差别，『物之情不齊』，説的便是在實體層面上事物之間存在著差别，然而從最本質的層面看，萬物是齊一的，這便是『物之理齊』。晁補之認爲，不同的人對待情、理的認識是不同的，『聖人窮理，衆人役情，聖人欲反情之異，合理之同，所以圖滑疑之耀，使無疑無滑而泯乎冥冥者，莫要於此矣。』聖人認識到萬物的本原在於『理』，因此能齊同萬物；平常人只看到萬物表面的差異，因此便有了各種各樣的紛爭。之後，晁補之又引用莊子齊物論中從『今且有言於此』到『因是已』之間的許多内容，並對其加以解説。例如，莊子齊物論中有『有始也者』的一大段論述，主要講從無到有可以一直回溯，層層反推，直至無窮，晁補之則對此加以進一步闡釋，認爲『未始有夫未始有無者』講的是無物的狀態，無物則不存在齊與不齊的問題，而下文『自無適有，以至於三』這二句則講的是有物的狀態，有物則開始出現差異了。因此，晁補之主張萬物存在差異，但人們可以通過『理』來認識萬物的共性，從而消除爭端。除此之外，晁補之又提出莊子齊物論的要點到『因是已』這一句便已經基本結束。我們讀莊子齊物論也的確會發現，『因是已』之後，莊子便開始講述寓言故事，直至『莊周夢蝶』的故事方才收筆，而這些寓言以更直觀形象的方式來闡明『齊物』思想，可以説是對前文議理的形象補充。在文章的結尾處，晁補之還對莊子齊物論的結構進行了總結，認爲齊物論篇『以南郭子綦之喪我而齊物之論開，非觀物同我不能知化而窮有，故終之以不知周之爲蝴蝶、蝴蝶之爲周而齊物之論閉』。

總體來説，晁補之這篇長文具有較强的理論深度，閲讀時會讓人略感艱澀，然而這篇文章很好地把握了莊子的『齊物』觀，並作出了比較恰當的詮釋。與此同時，晁補之還針對莊子齊物論中讀者感到困惑的地方進行

① 當然兩者仍然有不同，黄庭堅强調萬物本不齊，能够齊的只是人們的觀念；而晁補之則更側重於在本體論的高度强調萬物的本質是一致的。

解讀，上文所提到『物之情不齊而其理齊』便是一例。文章結尾處，晁補之更是點出莊子齊物論的結構特點，讓讀者認識到該文開篇與結尾之間存在著首尾呼應的關係，從而有助於讀者更好地理解莊子的思想脈絡，這在莊學史上具有開創性意義。因此，晁補之的齊物論既忠實於莊子的本意，又有作者自己的心得體會，不失爲歷史上一篇研究莊子思想的重要專論，值得我們借鑒與學習。

晁補之對於莊子另一核心思想——『逍遥遊』的看法主要見於鎮陽李樗字非我序一文中。文中談到：『小知之與大知也，小年之與大年也，白鵠黑烏，長鶴短鳧，各以其異遊於世，相與無慕，是莊周之所謂逍遥也。』作者認爲，事物不管大小壽夭，也不管有多大差别，都可以達到逍遥遊的境界。持這種觀點的學者在歷史上也不少見，其源頭可以上溯至向秀、郭象，他們認爲萬物只要都處於自得的場所，任其自性的發揮，便是逍遥的境界，晁補之顯然沿襲了這一觀點。

我們知道，在逍遥遊篇末，惠子把莊子的言論比作臭椿，謂其大而無當，而莊子則反駁説儘管這種樹無用，卻逍遥自得，沒有禍患。晁補之較莊子更進一步，認爲非但樗（即臭椿）是逍遥的，而且桂樹和漆樹也是逍遥的。這種觀點其實是晁補之對莊子思想的主觀性發揮，從某種意義上説它已背離了莊子的本意。我們知道，在人間世篇中，莊子重複講述了大樹無用的故事，裏面談到不材之木因爲無用得以保全，而漆、桂、柏、桑等樹卻因爲有用而遭砍剝折損等戕害。莊子以此説明，人們應當順養『無用之用』，從而做到趨利避害，保全自我。莊子將樗與漆、桂作對比，其實是爲了説明爲人應當低調而不顯露，從而使自己免遭外來的禍患，因此他講的是一種略帶『圓滑』意味的處世原則，與老子言『舌存齒亡』的用意類似。但晁補之顯然是從另外的角度來解讀這些思想資料，認爲樗與漆、桂的差别正像大鵬與學鳩的差别，兩者『俱托於不得已』，因此漆、桂沒有必要羡慕樗樹，兩者都能達到逍遥遊的境界。事實上，莊子在逍遥遊篇中已明確指出，就算大鵬從北冥飛往南冥，也必須依靠大風，哪怕是列子御風而行，依然有所憑藉，更不用説只能『槍榆枋而止』的蜩與學鳩了。因此，大鵬與學鳩也

好，樗與漆、桂也好，它們其實都談不上逍遥遊，只有『乘天地之正，而御六氣之辨』的得道者才能做到真正的逍遥遊。所以，逍遥遊是無目的性的絶對自由，而晁補之所説萬物『異遊於世，相與無慕』便是逍遥遊的觀點，顯然是將概念泛化了，在一定程度上曲解了莊子的本來用意。

2．學術史觀：大道裂與儒家本位意識

除了對莊子『齊物』和『逍遥』這兩大核心思想進行闡發外，晁補之還借鑒莊子提出自己的學術史觀，這主要受到莊子天下的影響。例如，他在上蘇公書中便談到：

古先哲王之世，士無貴賤而道同，國無遠近而俗均，王公大人服冠劍而坐廟堂，握圖印而臨海縣，所以宰制萬物，役使群動者有道；而窮巖深林，長嘯遠引之人，所以爲藏跡而不耀，閉口而不傳者，亦是道也。

與許多文人士大夫一樣，晁補之深信上古中國是一個理想的烏托邦，上古之人不論是『役使群動』者還是『藏跡而不耀』者都是有道之人。然而，隨著『世衰道微，諸侯錯立，而國自爲治，家自爲法矣』（上蘇公書），於是『民思慮不純而趣舍異向，不幸而小道異術群起而乘之』（同上），這便是莊子所説『道術將爲天下裂』（天下）的情形了。可是，晁補之也認爲莊子是這種衆多異術之一，他在例舉所謂的『小道異術』時，首先便談到『駕徜徉之文，張詭怪之事，而使人動目駭耳，而爲列禦寇、莊周』（同上）。這裏有一個明顯的矛盾，一方面，晁補之的學術史觀深受莊子的影響，但另一方面，他卻將莊子也歸入『大道裂』後的衆多流派之一，與名家、墨家、法家等流派沒有區别。另外，晁補之曾作有南華真人畫贊一文，裏面談到『惟周能蟲，惟蟲能天』，儘管他認爲莊子是得道的高人，已經達到『能蟲』、『能天』的境界，但在結尾處他又筆鋒一轉，説『謂之聖人者，非也』，也就是説莊子還談不上是聖人，而這裏的『聖人』，恰恰是儒家理想的人格化身。由此可見，儘管晁補之深受莊子思想的影響，但他的根本立場仍然是以儒家爲本位的，在他看來，包括道家在内的其他學派終究不是正統，因此他的莊子學思

想帶有明顯的批判色彩。這在蘇軾的門人中並非個案，下文所舉門人中亦將有所提及。

二、秦觀的莊子學

1. 政論文中對莊子思想的引用

秦觀是蘇門學士中較有才氣的一位，著作有淮海集等。他的詩文亦不乏對莊子思想的引用，這首先表現在他的一些政論文中。例如，秦觀在一篇進策中便談到：『蓋爵祿者，天下之砥石，聖人所以礪世磨鈍者也。夫不爲爵勸，不爲祿勉，古之人有行之者，莊周是也。今朝廷之臣皆得莊周、蒙穀而爲之，則爵祿之器雖不復設，可矣。』（官制下）秦觀認爲，爵位與俸祿本應是聖人用來砥礪自己的，但在後世卻成爲官吏爭相追逐的對象。如果朝廷中的大臣能夠像莊周、蒙穀那樣齊生死、等貴賤，那麼爵祿也就不那麼重要了，甚至可以取消。秦觀的此處議題與蘇軾相同，均受到了莊子思想的一定影響，但觀點卻截然相反。蘇軾曾在議學校貢舉狀中談到：『使天下之士，能如莊周齊死生，一毀譽，輕富貴，安貧賤，則人主之名器爵祿，所以礪世摩鈍者，廢矣。』可見此處蘇軾是否定莊子『輕富貴，安貧賤』思想的。秦觀的看法則恰恰相反，認爲朝廷需要像莊周之類的『有行之者』。儘管這種觀點帶有理想主義色彩，卻是作者針對當時官場現狀所提出的。我們知道，宋代的官僚體系龐大冗繁，官場積弊十分嚴重。在這樣的背景下，腐敗已經成爲一種整體性的制度現象，官員們非但不勤政爲民，反而利用職務之便聚斂財富，並爲自己的升遷作好準備。更可怕的是，這樣的腐敗並非個案，它更多以朋黨等勢力集團的形式出現，因此極難整治。秦觀將莊周視爲理想官員的化身，將其作爲官吏修身的目標，明顯反映出他對現狀的不滿。類似的觀點還可見於浩氣傳一文，中云：

莊子曰：『善養生者，若牧羊然，視其後者而鞭之。』又曰：『爲天下者，亦奚以異於牧馬者哉？

亦去害馬者而已。』然則君子之修身治天下，鞭其後，去其害，可也。必欲敝精神而求益，勞智慮而遠成，則命之分有所不安，而害且至矣。故曰：以爲無益而舍之者，不耘苗者也。助之長者，揠苗者也。非徒無益而又害之。

秦觀從莊子養生思想入手，推及政治領域，認爲執政者應當去除官場中的害群之馬，同時『視其後者而鞭之』，其中的意圖不言自明，即剔除官僚系統內的腐敗分子，鞭策落後者，從而提升、改善整個官僚階層的效率與風氣。可以說，這是秦觀對莊子思想的主觀發揮，帶有強烈的儒家使命感，從中我們可以感受到作者愛恨分明而又略帶理想主義的文人氣質。

除了提出要嚴格要求官員品質的議題外，秦觀還對當時朝廷的選拔制度提出了質疑，他在另外一篇政論文中說：

梁麗可以衝城，而不可以窒穴，言殊器也；驊騮騏驥，一日而馳千里，捕鼠則不如狸狌，言殊技也；鴟鵂夜撮蚤，察毫末，晝出瞋目而不見邱山，言殊性也。今欲去經術而復詩賦，近乎棄本而趨末；並爲一科，則幾於取人而求備。爲今計者，莫若以文詞、經術、德行各自爲科，以籠天下之士，則性各盡其方，技各盡其能，器各致其用，而英俊豪傑庶乎其無遺矣。（議論下）

文中對於各種器物、生物擅長之技的描寫顯然引自莊子秋水，表明萬物各有其天性，若逆其本性則不能成事。秦觀將莊子的觀點推及官場的選拔考試，認爲朝廷只考詩賦而去除經術的做法是舍本逐末，因爲詩賦只能考察人某一方面的能力，不能反映其全貌與真實狀況。因此，他提出在選拔考試中應該分科，按照不同的要求選拔不同的人才，只有這樣才能讓具有不同才能的人發揮他們各自的優勢。秦觀的這一觀點與蘇軾議學校貢舉狀不謀而合，兩人均是針對當時取士不重實學的現狀提出自己看法的，因此具有很強的現實意義。後世的科舉考試正是因爲將考試固化、同一，這才導致其內容與形式的僵化，被錄取的官吏只懂得機械地讀書作文，嚴重缺乏

實踐能力，而真正具有工作能力的人才則被拒之門外。事實表明，僵化而單一的選拔體制會極大地影響到被選拔者的品質。由此可見，秦觀對於人才選拔的看法是很有見地的。

2．詩詞創作：以莊子精神爲寄托

秦觀詩詞中亦不乏莊子思想，他往往通過各種典故抒發自己的情感，在莊子中尋求慰藉。例如，他在寄陳季常詩中有『一鉤五十犗，始具任公釣』之句，說的便是莊子外物中任公子釣魚的寓言。再如夜坐懷莘老司諫云『日鑿一竅渾沌死，雖有餘風終破碎』，便是援引莊子應帝王中『渾沌鑿七竅』的寓言。秦觀才華橫溢，灑脫不拘，其詩詞工巧精細，音律諧美，然而他的作品多描寫男女情愛和抒發仕途失意的哀怨，到了後期因爲黨爭牽連而遭遇貶謫後，更是流露出無限淒怨。正是這種敏感抑鬱的性格特點使得秦觀在其詩作中大量引用莊子典故，其目的正是在於借莊子排解心情，從而獲得精神上的解脫。如送喬希聖詩寫道：

> 鴳翔蓬蒿非所悲，鵬擊風雲非所喜。貴賤窮通盡偶然，回頭總是東流水。我思田文昔相齊，朱袍照日如雲霓。三千冠佩醉明月，清歌一曲傾玻璃。如今陳跡知何在，但見荒冢煙蕪迷。又思原憲昔居魯，門戶東西閉環堵。杖藜對客騁高談，自覺胸襟輩堯禹。如今寂寞已成塵，空有聲名掛千古。送君歸去何時回，世間如此令人哀。我徒駐足不可久，笑指白雲歸去來。

全詩從莊子逍遙遊中的大鵬與斥鴳入筆，接著談到貴賤窮達都只是出自偶然，不必強求，這顯然是化用了莊子『逍遙』與『齊物』的思想。之後，作者又羅列多個典故，進一步闡釋功名榮辱如流水的道理。在詩歌結尾，作者流露出與友人離別時的傷感情緒，但他又以『笑指白雲歸去來』一句收筆，也算有幾分灑脫的意味。這首詩很好反映了秦觀的心境，全詩傷感而略帶壓抑，引入莊子思想後，這種沉重便消減了不少。即便如此，我們還是能夠體會到，秦觀用莊子來消解自己的失意之情並沒有取得預期效果，在更多情況下，他只是『強顏歡笑』，故作瀟灑之態，上面這首詩歌並沒有因爲結尾的轉折而改變整體憂鬱的基調，我們依舊能從字裏行間讀出一種無奈

的悲情。這種狀況到了秦觀的晚年，即貶謫南下時顯得尤爲明顯。由於北歸無望，仕途已一片渺茫，他的心境更是充滿了悲苦淒怨。儘管如此，秦觀在其生命最後一段歲月中，還是表現出少有的曠達，抱甕詩便可以很好地表達他當時的心境。其詩云：

> 搰搰抱甕人，汜呼治其內。仲尼爲所輕，子貢無以對。舍器欲還朴，爲量固已隘。苟得渾沌真，寧羞事機械。

據徐培均考證，此詩『疑元符二年己卯（1099）作於雷州，……蓋借歷史故事反映灌園生活及內心思想』①，當時詩人的心境已趨於平和，詩中已看不到那種淒怨的壓抑。『抱甕』的典故出自莊子天地，其原意是告誡世人不要心存『機心』，故事中的抱甕老人認爲利用桔槔等機械取水便是有機心，有機心在胸，便不可能具備純潔的品質，精神便不會安定，道便無法與之融合了。秦觀在這裏援引漢陰丈人抱甕出灌的典故，則表達了其在連續遭受政敵沉重打擊之後希望通過灌園生活來求得精神解脫的思想感情。

秦觀最終獲赦北還，在經過滕州時，於光華亭中索水而飲，『笑視而卒』（宋史卷四百四十四）。在面對死亡時，秦觀表現出一種與他性格不太相稱的超曠之氣，也許此時他已然領會到莊子精神的真諦。

三、張耒的莊子學

1．詩文作品中對莊子思想資料的援引

張耒有柯山集，其對於莊子思想的援引與闡釋多以詩歌的方式表現，例如：

① 淮海集箋注，上海古籍出版社1994年版。

莊周誕而妄推兮，夏革愚而臆。對世號予曰造物兮，予亦曷有所主尸？苟待予而後造兮，彼造予者復誰？姑置之而勿校兮，任萬物之自成。遊小智於太初兮，何異夏蟲之語冰？（登高）

千古濠梁莊惠詞，不須反復辨真知。直應人意逍遥處，便是游魚自樂時。（觀魚亭呈陳公度之一）

亦知存沒等浮雲，鮮笑多悲失道真。卻恐荒唐齊物叟，鼓盆真是已傷神。（悼亡之六）

可以說，這些詩歌多是對莊子思想的引用與闡發，在內容上並無多少新意。不過在另外一首詩中，張耒有『強披莊子說逍遥』（臥病月餘呈子由之二）之句。莊子的逍遥遊本是順應自然的自由狀態，但這裏卻用到了『強』字，因此給人一種矛盾而新奇的感覺，展現出詩人大病初愈時的精神狀態，可謂妙筆。

張耒對莊子的看法主要集中在劉壯輿是是堂歌的序文中。在此，作者對莊子的齊物思想提出了批判：

夫物生之所必有，而其爲物彼是相次而不能定夫一者，天下之是非也。雖聖人出，無如之何。昔楚人有莊周者，多言而善辯。患夫彼是之無窮，而物論之不齊也，而托之於天籟，其言曰『吹萬不同而使其自己也』。周之爲此言，自以爲至矣。而周固自未離夫萬之一也，而曷足以爲是非之定哉！

文中談到，莊子因爲憂慮是非之論無窮無盡，人們陷於紛爭無法自拔，而提出『天籟』的概念，從而消解差異，齊同物論。張耒卻認爲，莊子的齊物觀同樣是物論之一，『未離夫萬之一也』，這可以說是以莊子自己的觀點去反駁莊子。的確，如果我們按照莊子的思路推演，『齊』物論本身也是一種觀念，它也是一種看待世界的方式，它同樣是某種意義上的是非之辨。從這種意義上說，莊子思想的確有自相矛盾的一面，因此張耒的見解可謂十分獨到。但莊子也談到，只有在大道的面前，萬物才是沒有差異的。這也意味著，在一定範圍內，小大之分、壽夭之別等差異還是存在的，因此我們並不能因爲莊子的齊物觀也是物論之一而抹殺其不同於其他物論的價值，張耒的觀點顯然是將相對主義絕對化了。

2．政治觀：對莊子無爲而治思想的具體闡發

張耒受莊子的影響還表現在他的政治觀上。例如，他在一些政論文中談到：

> 昔者聖人之立法，告天下以其意而已。故常立其大防，而其節目委曲，所以施於事者，聽夫人之自爲，而不必其一切先立於我，是故法立而意行，意行而利至。蓋天下之事，繁細瑣屑，其情狀變故不可以一致。以吾一人區區之聰明，而先爲之經畫於此，而使之一從於我，則事將有格而不得成者。夫其勢不可以有成而必求行焉，則物有受其弊者矣。天下之法常壞於此，而世之惑者未之或知也。（法制論）

> 能用大而後能治天下，而用大之術爲最難。夫惟有所不治，而後能用大矣。何則？治大者莫若立法，有所不治而後法立矣。（用大論）

在這些論述中，張耒提出了聖人立法的概念，而這裏的『法』顯然不是一般意義上的法律或規範。在張耒看來，恰恰是『有所不治』才是立法的前提，這種『有所不治』便是『用大』。何謂『用大』？張耒認爲，統治者只需將自己的意願告知天下，然後具體的操作便交由手下去完成，這樣便能垂拱而治了。這種君主無爲、臣下有爲的思想顯然是對莊子天道等篇有關思想資料的援引和闡發。

四、陳師道的莊子學

陳師道著有後山集。通讀他的著作，可知他對莊子也有一定研究，這集中體現在他對道家思想淵源的梳理與考證上。我國歷代學者多將老、莊並稱，甚至以其代表整個道家流派，可見老子和莊子在道家中的地位十分重要。除此之外，歷史上一般認爲莊子思想是對老子思想的進一步發揮，兩者之間具有傳承關係。然而，陳師

道卻認爲『老莊各自爲家』（白鶴觀記），兩者之間並不存在綫性的師承關係。按照他的觀點，莊子的老師是田子方，而田子方的老師是端木子貢，至於列禦寇、庚桑楚等人則只存在於寓言中，無實證可考。到了漢代，劉向父子作七略，『其序方伎於神仙，諸子有道家，而老莊並焉』（同上）。也就是說，陳師道認爲老、莊並稱的概念是後人有意造成的。在此基礎上，陳師道還進一步認爲，非但老、莊各自爲家，而且老子與孔子也非處於同一時代。如莊子之天道、天運篇中有孔子向老子問道的故事，陳師道卻指出，『孟子闢楊、墨而不及老，荀子非墨、老而不及楊，莊子先六經，而墨、宋、慎次之，關、老又次之，莊、惠終焉』（理究），因此他推測老子的生活年代在於『關陽之後，孟荀之間』（同上），大大晚於孔子，所以孔子向老子問道的故事也是不存在的。

陳師道關於道家淵源的考證顯示出他對傳統學術史觀的質疑與新解。事實上，他的學術史觀大致秉承了莊子天下的觀點，即認爲上古時期道通爲一，後世每況愈下，大道終於分崩離析，爲各家各派所得一二，而這些流派已均非大道的原貌了。在此基礎上，陳師道進一步對道術的分裂與演化加以評述：

君子之道同而其所以異者，人異師學異術也。孟子之學出於子思，子思出於曾子。莊子之學出於田子方，子方出於子貢。荀子之學出於子弓，子弓者仲弓也。楊子之學出於莊君平，君平出於老莊。韓子之學出於子輿。五家同出於孔氏而其說相反。（策問十五首）

夫道一而今之教者三，三家之後相與詆訾。蓋世異則教異，教異則說異。盡己之道則人之道可盡，究其說則說亦究其相自也。固宜三聖之道非異，其傳與不傳也耶？子孔氏之門顏、閔、冉皆無傳，仲弓之後則有荀卿，曾輿之後則有孟軻，端木賜之後則有莊休，而荀、孟、莊之後無聞焉。（面壁庵記）

由此看來，陳師道認爲道術之所以會出現差異，是在於時代與教授者的不同。值得注意的是，陳師道將孟子、莊子、荀子、楊子、韓非子五家學說的源頭都歸於孔子。結合上文所提他對老子生活時代的考證，我們可以大致瞭解陳師道的學術傾向，他堅定地維護儒家在學術史上不可動搖的地位，而要證明這一點的最好方法則莫過於將

孔子樹立爲各家學派的創始人，將天下道術均劃歸其門下。也正因爲如此，他才會認爲老子生活在孔子之後，而各家學說都是對孔子思想的不同發展。事實上，陳師道的考證已經有一個隱含的前提，那就是孔子是百家思想的源頭。從這樣一個前提出發，進而考察各家的師承淵源，這顯然有失偏頗，因爲考證的結果早在過程之前就已經預定了，這與蘇軾在莊子祠堂記中的論證邏輯如出一轍。

應當指出，蘇軾及其門人都對韓愈推崇備至，如蘇軾、秦觀、張耒等人均作有韓愈論，對韓愈在歷史上的地位及對後世的影響作了充分肯定，而韓愈曾作送王秀才序云：『吾常以爲孔子之道大而能博，門弟子不能遍觀而盡識也，故學焉而皆得其性之所近。其後離散分處諸侯之國，又各以所能授弟子，原遠而末益分。蓋子夏之學，其後有田子方，子方之後流而爲莊周，故周之書喜稱子方之爲人。……孟軻師子思，子思之學蓋出曾子。自孔子沒，群弟子莫不有書，獨孟軻氏之傳得其宗。』很顯然，韓愈將莊子的學術淵源歸結到孔子門下，而在此之前沒有人提出過類似的觀點。事實上，韓愈的論斷是缺乏説服力的，儘管莊子在其書中屢次提到田子方，但以此將其歸到田子方門下顯然有些牽强，兩者之間並不存在著必然聯繫。韓愈之所以提出這種觀點，就是因爲他試圖把莊子之學納入儒家的學術體系。可見，陳師道因襲韓愈的觀點，顯然也是出於類似的考慮。

總之，儘管陳師道對莊子思想提出了自己的見解，但從根本上説他仍持有堅定的儒家立場，終究是以旁觀者的姿態來認識、看待莊子的。因此，不管是從詩文還是從其平時言行來看，他都是蘇門群體中受莊子影響最小的一人。

第八章　北宋中後期其他人的莊子學

第一節　陳詳道的莊子注

陳詳道①，字用之，一字祐之，福州人。宋英宗治平四年進士，哲宗元祐中爲太常博士，終秘書省正字。著作有禮書一百五十卷、論語全解十卷，皆存於世。其所著莊子注，歷代志書均無著録，但全書的大部分内容則賴褚伯秀南華真經義海纂微及焦竑莊子翼的收録而流傳到了現在。

據黄宗羲宋元學案卷九十八載，陳詳道是王安石的門人，則其學術自當深受王氏的影響。清四庫館臣説：

① 按，李廌師友談記、梁克家淳熙三山志卷八、王偁東都事略卷一百十四、范祖禹范太史集卷五十五、晁公武郡齋讀書志後志、脱脱宋史卷四百三十二、黄宗羲宋元學案卷九十八、李清馥閩中理學淵源考卷十等皆作『陳祥道』，唯道藏褚伯秀南華真經義海纂微『祥』字作『詳』。以多證寡，當以『祥』字爲確。然以陳氏注莊之語多存於褚伯秀南華真經義海纂微之中，而褚氏收録其注語，於每條前必冠以『陳詳道注』或『詳道注』字樣，故今仍依褚氏所稱作『陳詳道』。關於陳詳道的生卒年月，唯李廌師友談記載其卒於哲宗元祐八年（1093），而姜亮夫先生歷代人物年里碑傳綜表謂其生於仁宗皇祐五年（1053），享年四十一歲，不知何據。

『蓋祥道與陸佃皆王安石客，安石說經，既創造新義，務異先儒，故祥道與陸佃亦皆排斥舊說。』①又說：『其（祥道）學術本宗信王氏，故往往雜據莊子之文以作證佐。』②如他於禮書卷八引莊子『冠圜冠者知天時』之文以證古之『冠制』，於卷十五引莊子『屨方屨者知地形』之文以證古之『屨制』，等等，即爲其『創造新義，務異先儒』的典型例子。而這種『雜據莊子之文以作證佐』的例子，在他的論語全解中更多到了幾乎隨處可見。如他於『子曰：「朝聞道，夕死可矣。」』下解云：『莊子曰：「道不可聞，聞而非也。」此言聞道者以其非彼聞也，自聞而已矣。莊子嘗曰：「道不可致，德不可致（至）。」又曰：「致道忘有，心足者至。」各有所當也。』（卷二）於『子絕四：毋意，毋必，毋固，毋我』下解云：『莊子曰：「於羊棄意，聖人不必，至人無己。」此之謂也。』（卷五）於『子夏曰：「雖小道，必有可觀者焉，致遠恐泥，是以君子不爲也。」』下解云：『莊子曰：「百家衆技，皆有所長，時有所用。雖然，不該不遍，一曲之士也。」蓋有所長，有所用，則可觀；不該不遍，則致遠恐泥，此所以謂之小道也。』（卷十）等等，幾乎觸目皆是。同時，陳詳道還大量暗引莊子之文來詮解論語中的話。如他於『子貢問君子，子曰：「先行其言，而後從之。」』下解云：『至言去言，至爲去爲，則凡言者風波也，爲者實喪也，又況言浮於行者哉！此孔子所以告子貢以先行而後言也。』（卷一）此處通過暗引莊子知北遊、人間世之文解釋了孔子的話。又於『衛靈公問陳於孔子，孔子對曰：「俎豆之事則嘗聞之矣，軍旅之事未之學也。」』下解云：『天根問爲天下於無名人，無名人曰：「汝鄙人也，何問之不豫也！」靈公問陳於孔子，亦若是而已。』（卷八）此處通過暗引莊子應帝王之文解釋了孔子的話。對於陳詳道在論語全解中如此大量地『雜據莊子之文以作證

① 四庫全書總目提要陳祥道禮書。
② 四庫全書總目提要陳祥道論語全解。

佐』，四庫館臣認爲『殊非解經之體』，但又不得不承認其『徵引詳核，可取者多』①。誠然，如果站在傳統的立場上來看，陳詳道大量徵引莊子之文以解儒家經典，無疑可說是『殊非解經之體』。但是，這作爲詮解儒家經典的方法之一，實際上早在漢魏時期韓嬰、馬融、鄭玄、王弼等人那裏就已偶爾使用過，陳詳道則把它發展成了解經的重要方法，因而從儒家經典中闡釋出了不少可以新人耳目的意思。

正像詮解儒家經典一樣，陳詳道在闡釋莊子時也很喜歡『旁引曲證』、『連類引伸』②，每每從周易、尚書、論語、孟子、管子、文子、列子等典籍中徵引思想資料，以爲『曲證』、『連類』之用。如他在闡釋莊子天道時說：『蓋聖人之於天下，達則爲帝王之德，窮則爲玄聖之道。書稱堯以帝德廣運而終於爲天下君，此帝道運而天下歸也；孟子稱孔子東西南北，無思不服，此聖道運而海内服也。』③在闡釋在宥篇時說：『孟子論人心曰「操則存，舍則亡」，莊子論人心曰「僨驕而不可係」，蓋操之而不舍者人也，放之而不係者天也。』可見，陳詳道運用這種方法來闡釋莊子，雖然也可謂其『殊非解經之體』，卻顯得頗爲新穎，往往可以由此而從莊子中闡釋出一些嶄新的意思。當然，陳詳道的這種『曲證』、『連類』的解莊方法，主要還是表現爲用具體的事理或事象來闡釋莊子中的抽象概念和玄虛理論。我們知道，在莊子中最難把握的哲學範疇就是所謂的『道』，但經過陳詳道運用『曲證』、『連類』的方法闡釋後，卻使它顯得比原來實在多了。如他在闡釋逍遥遊篇時說：『道散而爲陰陽，陰陽散而爲萬物。出陰陽而復於道，則無適而不逍遥。』在闡釋天道篇時說：『先針而後縷，可以成帷；先縷而後針，不可以成衣。針縷微物，猶不可無序，而況道乎？』在闡釋大宗師篇時說：『道，海也；仁義禮樂，百川

① 見四庫全書總目提要陳祥道論語全解。
② 同上。
③ 按，本節中所見陳詳道注莊之語，皆引自道藏褚伯秀南華真經義海纂微。

也。』這就是說，『道』本來是可以散而爲陰陽，出陰陽又是可以復歸於『道』的，但這種變化猶如先針後縷可以成帷，先縷後針不可以成衣一樣，是有它的次序的。從另一方面看，『道』又是包羅萬象的，即使像仁義禮樂一類有害於人類自然本性的東西，也可以像百川歸海一樣匯總於『道』。説明通過陳詳道的闡釋，莊子中所謂的『道』已顯得不那麽玄虚了。

在陳詳道看來，既然『道』可以散而爲陰陽，陰陽可以散而爲萬物，那麽天下萬事萬物的發展變化也符合於『道』的變化規律，因而他也像王安石一樣，往往以尚『變』的思想觀點積極闡釋了莊子中的一些思想資料。如莊子天地通過虚構『假修渾沌氏之術』的漢陰丈人批評『子貢』的寓言故事，表達了作者堅決反對天下一切『機事』、『機心』而要求返回到上古淳朴之世的思想。對此，陳詳道則闡釋説：

渾沌之時，民居不知所爲，行不知所之，視不以目而以神，聽不以耳而以氣，則機械何自而生？聖人之於天下，抱一以周萬，遊内以應外，人之所爲不可不爲，器存所用不可不用，則機械在物而不在心，機事在時而不在械，曠然與世偃仰，莫知所以然而然，則雖子貢之時，使渾沌復作，其能逆天違人而不爲機械乎？機械之作，特通其變，使民不倦而已。……至人之於德，不修而物不能離。修渾沌之術，其德固已淺矣，又況假修者乎！

陳詳道明確指出，人類社會總是由低級走向高級，上古渾沌之世不可能産生的『機械』，到了後世就被人們發明出來了，因此『聖人』便順應時勢，努力使『機械』服務於人類，而漢陰丈人卻『逆天違人』，一意假修渾沌之術，『其德固已淺矣』。可見，這與其説是對天地篇有關文字的闡釋，倒不如説是對這些文字所包含的思想觀點的批判和否定。接著，陳詳道又進一步批判並否定了天地篇對歷史上虞舜、周武王這兩位帝王所作出的評論意見。他説：

瘍之爲患，非疾之爲患，患之淺深雖殊，其資於藥一也；五帝之世，非三王之世，世之淳漓雖殊，

其資於治均也。由此觀之，其可以舜之藥瘍爲是、武王之藥疾爲非乎？

天地篇通過對有虞氏、周武王與上古至德之世的對比，説明有虞氏所治的天下遠不如無亂無治的至德之世，而周武王以武力奪取天下則更是等而次之了。對此，陳詳道卻闡述了自己的看法，認爲隨著世事的變遷，三王五帝的治世方法也必然要有所改變。如在虞舜之時，整個社會雖然已呈現出衰亂的局面，但僅僅像人們長出頭瘡（瘍）一樣，仍不會危及其性命，所以有虞氏就想通過揖讓之舉來感化天下，使世風復歸於淳朴。而到了殷、周之際，整個社會已猶如一個身患重病（疾）的人，所以周武王就需要大動干戈，來一場徹底的革命，方能拯救天下蒼生。由此觀之，有虞氏的『藥（醫治）瘍』與周武王的『藥疾』都是符合於大道變化規律的，哪裏『可以舜之藥瘍爲是、武王之藥疾爲非』呢？十分明顯，陳詳道這裏對天地篇的闡釋也同樣屬於『反其意而用之』。正是從上述思想出發，陳詳道還在一定程度上肯定了莊子所極力痛斥的聰明聖智和仁義禮樂。他在闡釋在宥篇時説：

聰明聖知、仁義禮樂之於天下，聖人豈強爲之哉！凡以應時適變，不得已耳。昧者守芻狗爲神明，指蘧廬爲聖宅，豈直過而去之！乃齋戒以言，鼓歌以儛，如此而欲天下不惑也難矣。

在宥篇説，聰明聖智、仁義禮樂八者實爲『亂天下』的禍根。而陳詳道則明確指出，『聖人』倡導此八者雖屬不得已，卻是『應時適變』，符合於『道』的變化規律的。唯儒家不知變通，死守先聖教條，這就十分有害於天下了。言下之意是説，如果儒家能夠『應時適變』，在對先聖所倡導的聰明聖智、仁義禮樂加以必要的損益後而努力推行之，那是很有益於天下的。而且在陳詳道看來，聖人之治天下，除了『應時適變』而外，還必須根據各地民情風俗的不同來制訂出相應的禮法制度。如他在闡釋天運篇時説：『齊、楚、燕、魏之歌異轉而皆樂，九夷、八蠻之哭殊聲而皆悲，是以聖人之治天下，乘時以制宜，因民以立法。』這些都可以説明，陳氏在闡釋莊子時如此尚『變』，當與王安石的莊子學思想有一定淵源關係。

當然，陳詳道在闡釋莊子過程中也吸納了理學家的一些思想方法。我們知道，北宋理學家在吸收周易、道家、佛教一些觀念的基礎上建立了其理學宇宙論。如周敦頤太極圖說云：『太極動而生陽，動極而靜，靜而生陰，靜極復動，一動一靜，互爲其根，分陰分陽，兩儀立焉。……乾道成男，坤道成女，二氣交感，化生萬物，萬物生生而變化無窮焉。』這就是說，『太極』是宇宙的最高本體，而『陰』、『陽』則是由『太極』派生出來的兩種物質實體，這兩種實體的交感又產生了天地間的一切事物。陳詳道在闡釋天地篇時也說：

雜乎芒芴之間，太易也；變而有氣，太初也；氣變而有形，太始也；形變而有生，太素也。……留者陰，動者陽，物以陰陽留動而後生。

據列子天瑞張湛注，『太易』作爲一個代表宇宙本體的哲學概念，其涵義是與周易繫辭中的『太極』相同的。由此可知，陳詳道把『太易』作爲宇宙的最高本體，而把萬物的產生看成是『陰』、『陽』二者留動交感的結果，這在一定程度上是受到了當時理學宇宙論的影響。當然，由於理學本體論主要是通過『體用』範疇建立起來的，這又決定了陳詳道也會受到理學『體用』觀的一定影響。如他在闡釋逍遙遊篇時說：

藐姑射山以喻道也。神人無體，即道爲體；神人無用，即道爲用。則神人之所居者，道而已矣。

這就是說，『神人』本來『無體』、『無用』，由於居於藐姑射之山，遊於『道』的境界，便使自己成了本質與現象的統一體。陳詳道的這一說法，與他在闡釋齊物論篇時所謂『若夫道，則無體，而體以之成；無用，而用以之備』的說法是基本一致的，都說明『道』是宇宙的最高本體，萬物之體『以之成』，萬物之用『以之備』，否則根本不可能有萬物的物質形體，也就更加無從體現出它們的功用了。但正如當時的理學家在不同的場合有不同的說法一樣，陳詳道在使用『體用』範疇時也是有較大靈活性的。如他在闡釋天地篇時說：

德者神之體，神者德之用，盡其體者未必妙於用，妙於用則必本於體，此德人、神人之所以分也。

從這裏不難看出，陳詳道把『德』與『神』說成體用關係，從而來規定『德人』與『神人』的不同性質，這與程顥把

『理』與『義』說成體用關係、程頤把『忠』與『恕』說成體用關係的思維方式是頗爲一致的。但用這種思維方式來闡釋莊子中『德』與『神』的關係，卻顯然是不可取的。因爲如天地篇設爲『苑風』、『諄芒』問答的寓言，意在說明『德人』能無知無欲，但仍不離人間煙火；只有『神人』，才能達到胸次空明，躡道淩虛，超然物外，與渾沌渾然一體的最高境界。由此可見，這裏的『德』和『神』顯然不可解釋爲『體』與『用』的關係。

第二節　林自的莊子注

林自，字疑獨，福建興化縣人，生卒年月不詳。據宋史翼卷四十載，宋神宗元豐五年，林自由上舍生兩優釋褐賜第。哲宗紹聖元年，蔡卞薦爲太學博士。時卞方推崇王安石，林自用卞意，倡言於太學曰：『神考知王荊公不盡，尚不及滕文公之知孟子也。』又與卞議毁司馬光資治通鑒板，以陳瓘阻罷。三年除秘書省正字，次年遷著作佐郎。方天若上書欲誅戮元祐大臣，林自陰與其謀，已而林自亦論奏，哲宗惡之，遂不復用，轉宣德郎以終。所著莊子注，其注文大多保存於褚伯秀南華真經義海纂微及焦竑莊子翼中。本節論述林自的莊子學思想，即以褚氏所引的注文爲依據。

據宋史翼所提供的史料可以推知，林自正是在荊公新學盛行的年代裏成長起來的，而當他出仕後，又正值推薦他的人蔡卞大力推崇王安石，這就使他除了一時懷著政治目的跟著宣傳王安石而外，還在學術上自覺或不自覺地宗承了王安石的一些思想觀點。從現在所能見到的他的莊子注遺文中，我們猶可以發現這一宗承痕跡。如他在闡釋讓王篇時說：『孔、孟稱夷、齊爲聖人以信於後世。莊子所載者史臣之言，其意蓋欲矯世俗殉物之弊，所言不能無過。』在闡釋盜跖篇時說：『莊子寓言於孔、跖以非聖人之跡。禹、湯、文、武已因堯、舜之跡矣，至於夷、齊、鮑焦、申徒、子推、比干、子胥之徒，皆學聖人而得其偏，跡愈彰而害愈甚，此莊子所深病也。獨以孔

子、盜跖起論者，善惡之極所以爲對，莊子之寓言猶易之立象以明意，善學者求其矯弊之意，毋認言而泥跡也。』說明在林自看來，莊子對儒家所提倡的仁義禮樂的激烈批判，目的完全是爲了矯天下之弊，其用心無疑是好的，因此人們讀莊子一書，必須善求作者『矯弊之意』，而切不可拘泥於其激烈批判儒家所提倡的仁義禮樂的言辭之『跡』。很顯然，這些說法都是宗承王安石莊周中的有關說法而來。而且，林自還承因了王氏莊周中所謂莊子『既以其說矯弊矣，又懼來世之遂實吾說而不見天地之純、古人之大體也，於是又傷其心於卒篇（指天下篇）以自解』的說法，而在闡釋天下篇時說：『夫老莊之捶提仁義，欲矯枉以歸直也。矯之太過，又歸於枉。至此獨以聖人六經爲言，所以矯向之過枉者耳。……莊子立言，矯時之弊，自知其不免謬悠荒唐，是以列於諸子聞風之後，恣縱所言，無有偏黨，以泛觀而不以觭見之。』按照林自這裏的說法，莊子顯然已覺察到自己抨擊儒家仁義禮樂的言論不免謬悠荒唐，因而便在所著莊子一書的最後一篇——天下篇中極力推崇儒家經典詩、書、禮、樂、易、春秋；並甘心情願地自列於諸子百家之後，以示不敢像往日那樣以天下全部真理的體現者自居。十分明顯，林自的這些說法正是王安石所謂莊子『於卒篇以自解』的意思。但是，林自並非簡單因襲，而是在繼承王氏上述莊子學思想的基礎上有了較大發展。如他在闡釋列禦寇篇時說：

先王制爲葬禮，棺槨衣衾以掩其形，以盡人子之心而已，非不知其神魂歸天，精魄反土，形如蟬蛻，遄化異物也。爲人子者有所不忍，先王因人心所有而節文之。莊子非不知古人制禮之意而自處如此者，蓋當時禮文過侈，務厚葬以相勝，不獨盡其心而已，故高言以矯之，欲其反本復朴也。

在林自看來，先王制定禮義的用心是好的，只是其禮文成了後人因循的『跡』而已。莊子有見於此，所以便高言以非其『跡』，但對於其用心還是持肯定態度的。關於這一點，他在闡釋駢拇篇時說得更爲明白：

古人所以行仁義者，自其本性而充之。……有虞氏之仁義，充其性者也，而莊子非之，何耶？蓋責其所始，不得不然。且先王之於仁義，將以成民性而復於道也。後世因其所陳之緒餘而尊嚴其跡，

以爲天命之至盡在此矣，操所以成性之跡，遂以爲性，豈能使棄其名而樂其實哉！所非者虞氏之跡，所存者虞氏之心，經曰『受命於天，唯舜獨也正』，此取其存心也。

林自在這裏指出，虞舜倡導仁義的用意就在於『將以成民性而復於道』，莊子對此是充分予以肯定的，如德充符篇謂『受命於天，唯舜獨也正』，正是莊子充分肯定虞舜這一用心的又一有力證據。而莊子不得不非難的，只是有虞氏作爲仁義的作俑者和後世之人『因其所陳之緒餘而尊嚴其跡』這一點而已。這一說法，正可用他在闡釋胠篋篇時所說的一番話來做注腳：『善惡皆本於人心，而天下爲善者常少，爲惡者常多，莊子所以深矯之。……聖人制法，豈有意於起人之僞，人自襲其跡以爲僞。所謂掊擊聖人者，深惡聖人之跡也。』由此可見，林自把王安石在莊周中所倡導的所謂『善其爲書之心，非其爲書之說』的理論移用到了對提倡仁義禮樂者的評論上，並指出莊子正是持這樣的態度來對待有虞氏等聖人的，這無疑就是對王氏理論的靈活運用和進一步發展。但這作爲對莊子書中有關思想資料的闡釋，卻在一定程度上偏離了莊子的真正用意。

由於林自認爲莊子深知聖人倡導仁義禮樂的用心是好的，這就使他在闡釋莊子的過程中往往削弱了莊子對聖人提倡仁義禮樂的批判力度，有時甚至還認爲莊子在一定程度上認可了聖人提倡仁義禮樂的合理性。如他在闡釋人間世篇時說：『聖人當有道之時，則制禮作樂，成功於當世；當無道之時，則全身遠害，以保其生。聖人非有係乎生也，欲其身存，垂法後世，謂之成可也。周公之於周，聖人之成也；孔子之於魯，聖人之生也。』林自這裏把周公旦的『制禮作樂』、『垂法後世』說成是成就了功業，這無疑就是承認了『聖人』倡導仁義禮樂的合理性，從而在很大程度上消解了莊子與儒學之間的矛盾。至於對待另一位『聖人』孔子，這裏雖然說他僅能苟全性命於亂世，但林自在闡釋其他篇章時卻也每每予以極高的評價。如田子方篇設有『莊子見魯哀公』的寓言故事，謂莊子批評魯國雖多有服儒服者，但『儒者一人耳』。其實，這裏所謂『一人』，只是說魯國真儒極少而已，未必就是指孔子而言。可是林自卻闡釋說：

通天、地、人曰儒，斯真儒也。內有其道，質也；外有其服，文也；有一不具，皆非儒也。唯聖人踐形然後能稱其服，學不至於聖人而服儒衣冠，此俗儒也。舉魯國儒服而真儒一人，則尊孔子之至也。

從現存的文獻資料來看，關於田子方篇中的『儒者一人』爲孔子的說法，最早是由唐初成玄英在莊子注疏中提出的，但他還沒有以此作爲莊子尊孔的證據。林自在繼承成玄英這一說法的基礎上，又接受了蘇軾在莊子祠堂記中所謂莊子『尊孔』、『助孔』的思想觀點，因而更進一步提出了所謂『舉魯國儒服而真儒一人，則尊孔子之至也』的說法，對後世產生了相當深遠的影響。如宋末褚伯秀在南華真經義海纂微中所謂『舉魯國儒服而儒者一人，余謂尊孔子者，莫南華若也』，清宣穎在南華經解中所謂『莊子蓋寓言，特尊吾夫子一人爲真儒也』等等，都與林自的說法有著一脈相承的關係。

孟子作爲光大孔子學說的儒家亞聖，雖然沒有像孔子那樣被莊子直接抨擊過，但他的學說無疑是與莊子的學說相對立的。可是在林自的莊子學思想中，這一互相對立的關係卻也往往被轉化爲可以互相融合的關係了。如他在闡釋在宥篇時說：『此論聖人之業。……樂其意然後能頌，得其理然後能論。孟子曰「惟聖人可以踐形」，言可者僅可也。莊子論「神人（大人）則頌論形軀，合乎大同」，與孟子相表裏。』在闡釋天地篇時說：『首論聖治，即「充實而有光輝之謂大」；次論德人，即「大而化之之謂聖」；末論神人，即「聖而不可知之謂神」。聖治言其業，德人言其德，神人言其道，其實皆聖人之事也。』我們知道，孟子所謂的『聖人』，指的是能夠把他所固有的仁義道德擴而充之，使之貫注盈滿於其形體之中，從而成爲萬世楷模，對天下永遠具有極大的感化力量的理想人格。而莊子所謂的『神人』、『德人』、『大人』等等，則皆爲超然物外的得道者，只是他們所達到的道的境界略有不同而已，所以顯然與孟子所謂的理想人格不可同日而語。然而林自爲了把儒、道融合起來，卻人爲地取消了這二者之間的差別，因而莊子中的『神人』、『德人』、『大人』便不免等同於孟子中的『聖人』，莊子的言論也就每與孟子『相表裏』了。

其實，林自在闡釋莊子過程中能頗多認可先王、先聖的所作所爲，這是與他能像王安石那樣以『變』的眼光來審視歷史分不開的。如他在闡釋應帝王篇時說：『泰氏上古淳朴之世，至堯則朴散而法成，舜又因堯之法而增大之，所以不及泰氏，非聖人之道不同，蓋時事之變，聖人應跡亦不得不異耳。』在闡釋天道篇時也說：『玄聖若虞舜側微而玄德升聞，素王若孔子無位而尊是也。退居閒遊，巢、許之類；進爲撫世，伊、周之類。聖人之跡，雖趣時應變未嘗同，其爲道一也。』說明在林自看來，由於時勢的日變月異，先王、先聖就不得不與時推移，積極提出並採取了不同的治世理論和治世措施，雖然他們的趨時應變有所不同，『其爲道一也』。這些看法無疑是符合歷史實際的，但作爲對應帝王篇、天道篇中有關思想資料的闡釋，卻不免偏離了作者的本意。

由於林自在闡釋莊子過程中能以『變』的眼光來審視歷史，這就使他往往不敢苟同於莊子一味反對在社會變革中所出現的先進生產工具和先進生活方式的思想觀點。如天地篇設有『假修渾沌氏之術』的漢陰丈人批評『子貢』的寓言故事，即表達了莊子堅決反對天下一切『機械』、『機事』、『機心』的思想觀點。對此，林自則闡釋說：

> 漢陰丈人非其志不之，非其爲不爲，則未能忘非譽，故有所不顧不受也。若聖人之性，雖天行不加，窮居不損，及其應物，則亦隨時而已。今夫人（漢陰丈人）之徒，不以天下之非譽爲增損，未知其心果何如耶？子貢未聞夫子（孔子）性與天道之說，故以彼爲全德之人，而自爲風波之民。若以夫子觀之，則彼猶蹈一偏之弊也。……體性則與性合一，抱神則不離於神，以是而遊世俗，與人爲徒，而不失其天，……則真修之與假修可見矣。

這就是說，莊子所大加肯定的『假修渾沌氏之術』的漢陰丈人，他不願『隨時』、『應物』，不願『與人爲徒』，其實只是一個『猶蹈一偏之弊』而不懂得天道變化規律的頑固不化之人，還遠不如懂得『性與天道』的孔子可稱爲得道聖人。不難看出，這些說法在很大程度上受到了王安石尚『變』思想的影響。

當然，如果追溯遠源，則林自的莊子學思想又與周易把自然本身運動變化所表現出的規律看成是一切人事活動應當遵循的規律的思想有一些關係。如他在闡釋天道篇時說：

> 帝王能天能地而德充大於其間，易所謂『聖人成能』者是已。此乘天地，馳萬物，而用人群之道也。形而上者道之本，形而下者道之末，其本則要，其末則詳。主道無爲，所以執其要；臣道有爲，所以貴乎詳。……爲帝王者，守其至要，主其大本，則所謂末者自舉矣；爲臣者，必分之以職，各任其事，運其精神，動其心術，勤勞盡瘁，然後事從之而成也。……九者陽數之極，賞罰者量時而通變，又爲道之終，故九變而賞罰可言。

這裏，林自首先引周易繫辭『聖人成能』之語詮釋了莊子的政治思想。所謂『聖人成能』，意謂『聖人循天地之道，法天地之道，以成其能』（高亨周易大傳今注）。說明在林自看來，所謂帝王之德，最主要的就應該表現爲遵循天道自然變化的規律來治理社會。接著，林自根據繫辭所謂『形而上者謂之道，形而下者謂之器』和『天尊地卑』等說法，進一步指出君主應該效法天道，實行無爲而治，而臣下則應該效法地道，勤勞盡瘁，千方百計把自己分管的事情辦好。最後，他又根據易學象數派所謂『九』爲陽數變化之極的說法，堅決主張統治者必須按照天道變化無窮的原則來制訂出符合於當時社會變化實際情況的賞罰政策。由此可見，林自這裏雖然大致上沒有偏離天道篇作者關於『爲治之體必隨世污隆』（成玄英莊子注疏）之類的治世思想，卻大量地引進了周易的思想理論。當然，引易治莊作爲林自闡釋莊子的一個重要特徵，主要還是體現在他對逍遙遊篇的闡釋上。我們知道，作爲逍遙遊總論的鯤鵬變化寓言，深刻寄寓了作者關於萬物皆有所待的思想。對此，林自則闡釋說：

> 北者水之方，冥者明之藏，北冥則陰陽之所出入也。莊子以鯤鵬明陰陽變化，故以北冥爲始。鯤陰物也，鵬陽物也，……鯤之初化爲鵬，雖曰陽類而未離幽眇，故不知幾千里。次言三千里，數之未遂也；終言九萬里，動必有極也。蓋有體之物，雖至遠至大，亦不逃乎陰陽之數，故動則九，止則六也。

去以六月息，乃反歸於陰，陰陽迭運，相爲無窮，而不可致詰者也。

十分明顯，這裏是運用周易思想，尤其是易學象數派理論來闡釋鯤鵬變化的寓言。如據象數派的說法，周易以六、九之數代表陰、陽二爻，陽數前進止於九，陰數後退止於六，整個自然界的運動變化就是由陽極則陰、陰極則陽這一進退變化引起的。林自即以這些理論，相當巧妙地解釋了鯤鵬變化以及鵬何以要『摶扶搖而上者九萬里，去以六月息者也』的問題。緊接著，他於逍遥遊篇分論部分『堯讓天下於許由』寓言故事下闡釋說：

易『鼓萬物而不與聖人同憂』者，神也。聖人之功以神爲體，神何嘗有功哉！唯堯也吉凶與民同患，故不免於有爲，有爲之極復歸無爲，所以讓天下於由也。

周易繫辭有『鼓萬物而不與聖人同憂』、『吉凶與民同患』之語，意謂：聖人爲濟世利民而憂慮者。陰陽能鼓動萬物而無所用心，不與聖人同其憂慮。言聖人吉凶與民同事，以民之吉爲吉，以民之凶爲凶。林自根據這一理論闡釋說，堯之治天下屬於聖人『吉凶與民同患』，是有爲，而其讓天下於許由，與天地陰陽合其德，則是『有爲之極復歸無爲』，說明他已達到逍遥遊的境界。林自復於逍遥遊篇分論部分惠子與莊子辯難樗樹等物的寓言故事下闡釋說：

聖人全其命之根本，而體道以爲用。樗者深其根而枝葉榮，命者固其本而萬事理，易曰『貞者事之幹』，此又乾之所以爲本也。何有言其虛無，廣莫言其寬大，今子有大樹，亦猶人之有正命也，何不置之於虛無、廣莫之地，任其逍遥無爲，不夭不害！此神人所以爲大祥也。

所謂『貞者事之幹』，是說『正（貞）』乃是百事之主幹。林自據此而闡發說，如果聖人能像樗樹那樣保全其自然性命之正，使自己處於寂絕無爲的境地，那就等於抓住了百事之根本，則何往而非逍遥？由上述可見，林自基本上是運用周易的理論來闡釋逍遥遊全篇文字的。如果要論其得失，那麼我們不妨可以說他對該篇總論部分的闡釋顯然已偏離了莊子的寓意所在，而對分論部分的闡釋則大致是符合莊子本意的。這就說明，以易解莊雖

然往往可以別開生面，但如果生搬硬套，就會明顯偏離甚或嚴重歪曲莊子作者的本意。

第三節　賈善翔的南華真經直音

賈善翔，字鴻舉，號蓬丘子，宋哲宗時蓬州（今屬四川）人。曾主亳州太清宮，稱『崇德悟真大師』。事跡主要見於歷世真仙體道通鑒卷五一。道藏收錄其南華真經直音一卷，題『崇德悟真大師臣賈善翔上進』。明白雲霽道藏目錄詳注卷三則作『南華真經直指，崇德悟真大師賈善淵進』，書名與著者姓名皆與道藏略有不同，疑白氏著錄有誤。賈善翔於南華真經直音序後列有莊子三十三篇篇名，這說明他曾爲莊子三十三篇都作了音注，但道藏所收其南華真經直音僅至天運篇而止，以下的刻意、繕性、秋水、至樂、達生、山木、田子方、知北遊、庚桑楚、徐無鬼、則陽、外物、寓言、讓王、盜跖、說劍、漁父、列禦寇、天下等十九篇皆缺而不見，則今所傳賈氏南華真經直音並非完本。

在南華真經直音序中，賈善翔主要說明了他撰寫南華真經直音一書的緣起和目的：『天下搢紳之士，始束髮讀書，則擇師友而受之，故能高談奧論，別白真僞，而後享貴富，流聲無垠，未始不始於斯，所謂一卷之書，必立之師者是已。然世之好事者，不暇擇師友，每乘閑披覽，以適性情，而其間有深字，及點發、假借稱呼者，往往不識，遂考之於釋音。然釋音有類格、翻切之難，不能洞曉，於是檢閱至於再，至於三，其心已倦怠，而不覺掩卷就枕。不識字則不知義，不知義則無味，無味則不樂，不樂則欲無倦怠，其可得耶？愚非聞之於交遊，實目擊斯人之若此，因吐納之暇，輒以老、莊深字，洎點發、假借者，皆以淺字志之，其有難得淺字可釋者，即以音和切之，庶披覽者易得其字，命之曰直音，亦小補於學者之一端云。』確實，莊子一書，義理抽象深奧，文字艱深難讀，雖有不少學者曾爲之作音義，仍往往使披覽者無所適從。如天地篇『俋』，陸德明莊子音義云：『徐於執反，又徐直

立反。李云耕貌，一云耕人行貌。又音秩，又於十反。』天道篇『繙』，陸氏莊子音義云：『敷袁反，徐又音盤，又音煩。』大宗師篇『頯』，陸氏莊子音義云：『徐去軌反，郭苦對反，李音沈，一音逵。』對於這些生僻字，歷代注家雖曾作了多種多樣的注音，但披覽者卻仍然很難確定到底應該選擇哪幾個讀音。而且這些注音大多以反切來表示，而反切並不是人人都能懂得的，正所謂『釋音有類格、翻切之難，不能洞曉』，因而更增加了披覽者讀懂這些生僻字的難度。有鑑於此，賈善翔便直接以淺字志深字，希望能夠爲披覽者解決莊子中某些字的讀音難問題。如：

逍遙遊篇『閼』，賈氏標之曰：『遏。』
養生主篇『踦』，賈氏標之曰：『幾。』
人間世篇『菑』，賈氏標之曰：『災。』
馬蹄篇『躠』，賈氏標之曰：『泄。』
胠篋篇『耎』，賈氏標之曰：『軟。』
天地篇『謬』，賈氏標之曰：『流。』
天運篇『僨』，賈氏標之曰：『忿。』

從音韻學史角度來看，自直音演進爲反切，表明標音之術已漸精詳。就此說來，賈善翔的復用直音之舉顯然是不值得肯定的。但他爲了讓披覽者都能掌握莊子中的許多難讀字的讀音，便直接以淺字志深字，這對於幫助人們解決莊子字音難讀問題來說卻無疑很有積極意義。有時，賈善翔的直音形式又往往以在所用的淺字之上標一『音』字來表示。如他爲德充符篇作音注，於『假』字下云『音格』，於『說』字下云『音稅』，於『惡』字下云『音烏』，便都屬於這一形式。這種形式在陸德明莊子音義等前人的音韻著作中只是作爲置於反切之下的一種輔助形式來使用，但賈善翔在爲莊子中某些深字注音時卻是作爲唯一的標音形式，從而也爲人們閱讀莊子提供了

不少方便。而對於莊子中的有一些深字，賈善翔則以在所用的淺字之下標上聲調的形式來表示。如：

逍遥遊篇「膠」，賈氏云：「教平。」

養生主篇「批」，賈氏云：「篇入聲。」

人間世篇「徇」，賈氏云：「旬去聲。」

駢拇篇「跬」，賈氏云：「奎字上聲。」

顯然，用這種方式來標音，也是相當便利於披覽者的。與此稍有不同，賈善翔有時僅僅通過在莊子中的某些深字下直接標上聲調，便把這些字的讀音明白地告訴了披覽者。如他通過於齊物論篇「隱」字下標「去聲」，於人間世篇「散」字下標「上聲」，於應帝王篇「便」字下標「平聲」，便爲披覽者指明了這些深字的聲調。另外，對於莊子中那些無法用上述幾種方法來注音標調的深字，賈善翔「即以音和切之」。所謂音和，傳統音韻學上是指反切上字與所切之字聲母相同，反切下字與所切之字聲調及韻母相同的反切，屬於反切之一種，所以也稱音和切。而賈氏所謂的「以音和切之」，則是指一般的反切而言。從他的南華真經直音所保存下的反切來看，一部分是直接徵引陸德明莊子音義等前人音韻著作中的有關反切資料而來，另一部分則可能是由他自作，但無論哪一部分，他所用的反切都是以「切」字來表示的。如以前一部分來説，他於逍遥遊篇「坳」字下標「於交切」，於天道篇「絰」字下標「田結切」，於天運篇「憯」字下標「七感切」，凡此都顯然援引於陸德明的莊子音義，但已把原來的反切之「反」一律改成「切」字，這就在很大程度上滿足了當時人諱言「反」字的心理需求。

總之，從音韻發展史的角度來看，賈善翔在南華真經直音中以淺字志深字的方法並不是很先進的方法，但他這樣做卻給人們披覽莊子提供了很大的方便，這應該是很值得肯定的。而且，歷史上雖然有衆多學者曾爲莊子作音注，但南宋前問世的此類著作，除了陸德明的莊子音義、陳景元的南華真經章句音義等幾部得以流傳至今而外，就只有賈善翔的南華真經直音能夠保存到現在，這也是這部著作在莊子學史上之所以能夠佔有一定地

位的又一重要原因。此外，賈善翔在此著中以淺字志深字，同時又爲研究中國音韻學史者提供了大量北宋時的同音字資料，這更使這部南華真經直音顯示出了較高的學術價值。

第四節　李士表的莊子九論

李士表，字元卓。褚伯秀南華真經義海纂微卷首今所纂諸家注義姓名載錄『李士表莊子十論』，焦竑莊子翼卷首采摭書目載錄『元卓著莊列十論』，但焦竑莊子翼附錄所收卻作莊子九論，所以清四庫館臣在爲焦氏莊子翼作提要時說：『李士表，自陳振孫書錄解題已不知爲何許人，宋史藝文志載其莊子十論一卷，惟此存其九，亦未喻何故。』誠然，關於李士表，宋末陳振孫在直齋書錄解題中已說『未詳何人』。但據方達莊子十論著考①考證，李士表實爲宋徽宗宣和間太學教授。

現存的李士表莊子九論共分九個部分，即依次爲夢蝶、解牛、藏舟、坐忘、壺子、玄珠、濠梁、墜車、道術等九個篇目。這九個篇目，實際上就是闡釋莊子的九篇專論。如道術篇，就是專論莊子天下中有關『道術』思想觀念的。李士表在此篇開頭說：

昔之語道者，以爲道烏乎在？曰無乎不在。期之以在有邪？古之人嘗言之矣，在古無古，在今無今，在陰非陰，在陽非陽，在遠不離眉睫，在近獨高象先，在聚而流出萬有，在散而收斂一毫，道果在有哉？期之以在無邪？古之人嘗言之矣，在天而天，在地而地，在谷滿谷，在坑滿坑，有在於螻蟻，有在於瓦礫，道果在無哉？無不在無，名謂之無而真無不無也，有不在有，名謂之有而真有不有也，而在

①　載諸子學刊第一輯，上海古籍出版社2007年。

在者，有無不可得而名焉。

李士表爲了更好地闡釋莊子關於『道術』的思想觀念，便首先對老莊所謂的『道』作了具體的闡釋。他依據莊子中的一些思想資料進一步發揮說，『道』作爲產生世界萬物的最後本體，它是超越空間的，又是超越時間的，既不表現爲『有』，又不表現爲『無』，因而不能借助於任何名稱或概念加以指稱、表述。所以李士表接著說：

昔之明在在之妙於天下者，不敢以形數擬，不敢以畛域皖，即其亙古今而自成、入散殊而皆一者，强名之曰古人之大體。……古之人即之以爲道術者，非累於心也，故不可謂之心術；非鑿於智也，故不可謂之智術；非機也，故不可謂之機術；非技也，故不可謂之技術。此術者而謂之道，其該遍者也。

在李士表看來，天下篇的作者正因爲看到『道』具有超越時空的性質，所以就『不敢以形數擬，不敢以畛域皖，即其亙古今而自成、入散殊而皆一者，强名之曰古人之大體』，把古之人的『道術』看成是對大道進行全面體認的學問。實際上，李士表這裏的意思也就是說，古之人的『道術』包涵了宇宙間的一切真理，是絕對不能以出於『心』、『智』、『機』、『技』的『心術』、『智術』、『機術』、『技術』相比擬的。所以他進而指出，諸如後世的墨翟、禽滑釐、宋鈃、尹文、彭蒙、田駢、慎到、關尹、老聃等等，『或以獨任不堪而滯道，或以强聒不舍而滯道，或以死生之說而滯道，或以博大之域而滯道，計其術之在道中，猶礨空之在大澤也，猶稊米之在太倉也，猶小石之在泰山、毫末之在馬體也』，豈可與包涵宇宙間全部真理的『道術』相比擬？毫無疑問，像李士表這樣對莊子『道術』思想觀念作如此深入細緻論述的，在莊子闡釋史上確實前無古人。而且，他還把『道術』與『心術』、『智術』、『機術』、『技術』嚴格區別開來，這就更加顯示出了他的匠心獨運，可說至今仍還沒有爲人們所超越。

但在莊子九論中，李士表所闡釋的主要對象還是莊子中的一些重要寓言故事。因爲這些寓言故事往往寄

寓了莊子的更爲深刻的思想觀點，還有待於人們對它們作進一步的闡發。如李士表作解牛篇，就是專用來闡發莊子養生主中『庖丁爲文惠君解牛』一則寓言故事寓意的。他在此篇開頭說：

即無物之自虛者，履萬化而常通；執有物之爲實者，應一塗而亦泥。然物本無物，其體自離；道無不通，安所用解？而謂之解牛者，離心冥物而未嘗見牛，乘虛順理而未嘗遊刃，解牛於無解乎？且以刀則十九年，歷陰陽之數不爲不久；以解則數千牛，應世變之故不爲不多。疑若敝矣，而刀刃若新發於硎者。蓋執跡則瞬息已遷，操本則亙古不去，妙湛之體在動而非搖，虛明之用入塵而非垢。意者一身已幻，孰爲能奏之刀？萬物皆妄，孰爲可解之牛？有刀則能以存，有牛則所以立，物我既融，能所斯泯，浮游乎萬物之祖，其虛莫之礙也。故能未嘗批而大郤自離，未嘗導而大窾自釋，未嘗爭而同然者自固，未嘗有而技經肯綮之自宜，況大軱乎？

我們知道，莊子撰寫『庖丁爲文惠君解牛』的寓言故事，旨在説明技藝只能滿足以手役刀的需要，屬於始學解牛時運用心智所得到的粗跡，而體悟大道，遺形去智，運刀以神，遊於至虛，方臻絕妙境界，所以文惠君便從中悟到了養生之道。李士表進一步發揮説，只要虛己隨化，遊心於萬物的本原即『道』的境界，則『物本無物，其體自離』，『安所用解』？即『謂之解牛者，離心冥物而未嘗見牛，乘虛順理而未嘗遊刃，解牛於無解乎？』由此可見，李士表實際上已把莊子所謂『以神遇而不以目視，官知止而神欲行』，即運刀以神的解牛之道闡釋成了『離心冥物』的『解牛於無解』之道。因爲在他看來，正像佛教所説的萬物皆幻一樣，牛體也屬虛幻，則『孰爲可解之牛』？因此，只要以『無解』解之，便『能未嘗批而大郤自離，未嘗導而大窾自釋，未嘗爭而同然者自固，未嘗有而技經肯綮之自宜』，從而達到『浮游乎萬物之祖，其虛莫之礙也』的絕妙境界。李士表接著説：

至道無在而在，妙用非應而應。在手應觸而觸，不知手在；肩應倚而倚，不知肩在；足應履而

履，不知足在；膝應跨而跨，不知膝在。天機自張而各不自知，大用無擇而咸其自爾。……以道冥之，在解無解，非礙則解亦不知；在礙無礙，非解則礙亦不立。以庖丁而視族庖者，解其礙也，以族庖而視庖丁者，礙其解也，解礙俱遣，虛而已矣。

李士表在這裏進一步闡發說，所謂『無解』之解，實際上也就是『大用無擇而咸其自爾』，『虛而已矣』。即解牛者雖然有『手之所觸，肩之所倚，足之所履，膝之所踦』（莊子養生主）等動作，其實他自己也是無法察知的，已完全表現爲高度自動化的無意識動作系列模式。在李士表看來，這種爲意識指導下的動作所無法達到的極其高妙的『無解』之解的境界，正是『至道無在而在，妙用非應而應』原則的具體體現。李士表進而說：

切原莊周之意，托庖丁以寓養生之主，次養生於齊物、逍遙之後。夫何故？物物皆適，囿於形體之累者，不能逍遙；物物皆一，列於大小之見者，不能齊物。以是賓賓然與物靡刃於膠擾之地，其生鮮不傷矣。惟內無我者，故能逍遙於自得之場；惟外無物者，故能齊物於至一之域。夫然，體是道而遊於萬物之間，彼且烏乎礙哉！故莊周以是起解牛之喻，而文惠以是達養生焉。

這是解牛篇中的最後一段話。李士表指出，莊子在養生主篇中撰寫『庖丁爲文惠君解牛』的寓言故事，其目的是借此來闡述自己的養生論，而他之所以要把養生主篇次於逍遙遊、齊物論二篇之後，乃是因爲他看到了養生必以逍遙、齊物爲前提的緣故。這也就是說，只有『逍遙於自得之場』、『齊物於至一之域』者，才能超然於『賓賓然與物靡刃於膠擾之地』之外，從而使他的精神『恢恢乎其於遊刃必有餘地』，完全不爲外物所傷。所以，莊子在逍遙遊、齊物論二篇之後的養生主篇中『起解牛之喻，而文惠以是達養生焉』。由此可見，李士表對『庖丁爲文惠君解牛』寓言故事的論述是相當深入而具體的，而且還根據其所在篇目的特定位置，把這一寓言故事的寓意與逍遙遊、齊物論二篇聯繫起來考察，這就更加體現出了他的這一闡釋活動的獨創性。

從上面所舉的例子中可以清楚看到，李士表既打破了前人闡釋莊子所慣用的注疏形式，也揚棄了漢唐文士

以辭賦來闡發莊子中某些寓言故事的做法，而對莊子中一些寓言故事或重要思想觀念採取了專題論述的嶄新形式。正是這種新的闡釋形式，才給解説莊子者提供了自由聯想、縱横發揮的廣闊空間，從而推動了莊子闡釋向專題化、理論化、縱深化方向的發展。由此説明，李士表採取專論的形式來撰寫莊子九論，其所具有的創新、開拓意義很值得重視。

第九章　林希逸的莊子口義①

林希逸(1193—1271),字肅翁,一字淵翁,號竹溪,又號鬳齋、獻機,福建福清縣人。宋理宗端平二年(1235)進士,爲平海軍節度推官,以清白稱。淳祐中遷秘書省正字,入對乞信任給諫,又乞早決大計,以慰人望,理宗皆開納。歷翰林權直學士兼崇政殿說書,以直秘閣知興化軍。景定間官司農少卿,後除太常少卿。度宗咸淳間入京掌詞翰,終中書舍人。清四庫館臣云:『希逸之學本於陳藻,藻之學得於林光朝。所謂樂軒者,藻之別號;艾軒者,光朝之別號。凡書中所稱先師,皆指藻也。』②但據黄宗羲宋元學案卷四十七、王梓材宋元學案補遺卷四十七、李清馥閩中理學淵源考卷八所列艾軒學派的學術譜系,陳藻是林亦之(網山)的學生,而亦之之學出於林光朝,光朝之學出於陸景端(子正),景端之學出於尹焞(和靖),焞之學出於程頤(伊川),則林希逸的學術淵源還可以遠溯到北宋二程的洛學。林希逸著作頗多,存於世者有鬳齋續集三十卷、竹溪十一稿詩選一卷、考工記解二卷、老子口義二卷、列子口義八卷、莊子口義十卷等。

---

① 按,林希逸莊子口義又稱莊子鬳齋口義、南華真經口義,除道藏本作『南華真經口義三十二卷』外,其餘宋、元、明、清與日本各本皆作十卷。本章凡引林氏解釋莊子的文字,皆據道藏本南華真經口義。

② 四庫全書總目提要林希逸莊子口義。

第一節 對舊注舊説的承因與批評

所謂『口義』，原指唐代明經科試士時要求應試者口頭答述經義的口試。那麼，林希逸爲何以此來命名他的莊子學著作呢？他的同窗林經德説：『此書以口義名者，謂其不爲文，雜俚俗而直述之也。』（莊子口義林序）林希逸之所以要以『口義』來命名他的莊子學著作，其目的就是要像應試者口頭答述經義那樣，以十分通俗明白的語言來詮釋莊子經義。爲此，他在詮釋過程中便十分注意運用通俗化的語言，甚至還引述了不少俚歌俗諺。

從學術淵源上來看，林希逸這樣做當是與他長期受到艾軒學派學術精神的熏陶分不開的。據史載，『先生（林光朝）之學一傳爲林亦之，再傳爲陳藻，三傳爲林希逸。其爲教以身爲律，以道德爲權輿，不專習詞章爲進取計。平生未嘗著書，其於聖賢微旨有得於師傳者，惟口授學者，使之心通理解。嘗曰：「道之全體存乎太虚，六經既發明之，後世注解固已支離，若復增加，道愈遠矣。」又曰：「日用是根株，言語文字是注脚，學者須求之日用。」』（李清馥閩中理學淵源考卷八）作爲艾軒學派開創者的林光朝，就是這樣一位唯重口授與日常生活實踐的經學先生，因而他爲弟子解釋莊子，當唯重口授與日常生活實踐而已①。如林希逸在闡釋人間世篇『彼且爲嬰兒，亦與之爲嬰兒；彼且爲無町畦，亦與之爲無町畦；彼且爲無崖，亦與之爲無崖。達之，入於無疵』等語時説：『昔艾軒於此嘗言：莆中舊有人，父死不葬，蕩其田業以恣所欲。田且盡，親戚憫之，斂錢以給其葬，彼陽相許，又以其錢行前所爲，衆親皆忿之。有族人焉，出而與之遊，任其所爲，一夕酣飲至於極歡，撫其背曰：「人不堪其憂，回也不改其樂。」其人翻然而悟，慟哭而歸，遂葬其父，卒爲善人。正此處

① 道光福建通志經籍志、光緒莆田縣志藝文志著録有林光朝莊子解（不知卷數），當是他後來整理成文的。

道理。』林光朝的這番訓解很可能就是他給門人口授莊子時所説的一番話，正體現出了艾軒學派重視口述莊子經義，並注意徵引日常生活實踐的故事來印證、闡發莊子經義的特徵。林光朝的再傳弟子陳藻，對莊子的研治也很有心得，他的樂軒集中所收的讀莊子、福州城北吳氏新樓之作、過黄州訪東坡雪堂遺跡擬作、建劍板橋之什、謝丘伯已送酒芋、避喧記、無積序等詩文都談到了莊子，然而他爲弟子解釋莊子，也當只是重視口授而已①。如林希逸在莊子口義發題中説：『希逸少嘗有聞於樂軒，因樂軒而聞艾軒之説，文字血脈，稍知梗概。』又在訓解大宗師篇時説：『樂軒嘗云：「莊子三十三篇，只是自然兩字。」』這説明，陳藻不但以口耳相傳的方式使林光朝所口授的莊子經義得以發揚光大，而且還相當注意對弟子們口述他自己對莊子的獨特看法。林希逸正是按照艾軒學派的上述傳統，並根據他後來在『涉獵佛書』（莊子口義發題）時之所悟，來確定他著述的名稱、條例，以及對舊注舊説的承因與批評原則的。

林希逸撰寫莊子口義，也不可能不借鑒艾軒學派以外的歷代學者的研究成果。如他在詮釋德充符篇時説：『賓賓，司馬（彪）云「恭貌」，是也。』在詮釋應帝王篇時説：『昂字，崔（譔）氏作「爲」，亦是何故之意。』在詮釋馬蹄篇時説：『僻，合作「擗」，向（秀）音蘗，是也。』在詮釋達生篇時説：『累丸於竿首，自二至五而不墜，則其凝定入神矣。郭象下兩個「停審」字，亦自好。』凡此足以説明，林希逸確實注意吸收魏晉學者的治莊成果。但儘管如此，他卻仍表示『欲爲南華老仙洗去郭、向之陋』（林經德序引）。那麽，林希逸爲什麽要這樣做呢？推測起來，可能主要有兩個方面的原因，即一是向秀、郭象所作的注語太抽象化，二是他們的莊子學實際上只代表了魏晉玄學思想，而這些恰恰都是與艾軒學派的學術傳統，尤其是與林希逸本人的學術思想格格不入

---

① 明何喬遠閩書卷一百二十六謂陳藻著有莊子解，乾隆福清縣志藝文志、道光福建通志經籍志著録有陳藻莊子解五卷，當是他後來整理成文的。

的，所以林希逸就表示要『洗去郭、向之陋』。

對於唐宋學者所取得的莊學研究成果，林希逸也採取了既有繼承，又有批判的態度。如他在詮釋逍遥遊篇時說：『汾陽，堯都也。在堯之都而見姑射之神，即堯心也。「一本，二跡，三非本非跡，四非非本跡也」，如此推尋，轉見迂誕。』據現存的文獻資料來看，歷史上最早把逍遥遊篇中『汾水之陽』說成『堯都』的是唐代成玄英，林希逸所謂『汾陽，堯都也』云云，正是繼承成氏的說法而來。但是成玄英在莊子注疏中又把堯所往見的『四子』說成是『四德』，即『一本，二跡，三非本非跡，四非非本跡也』，這卻遭到了林希逸的徹底否定，認爲『如此推尋』，則只能『轉見迂誕』。因爲在林氏看來，莊子所謂的『四子』，『其實皆寓言也』，哪裏用得著作如此故弄玄虚的解釋呢？林希逸還指出，宋代莊子研究的弊病也主要反映在這一點上。如他說：『呂吉甫、王元澤諸家解說，雖比郭象稍爲分章析句，而大旨不明，因王、呂之言愈使人有疑於莊子。』（莊子口義發題）誠然，呂惠卿、王雱對莊子的解釋重在闡發其抽象的義理，與整個宋學精神相一致，但這並不符合林希逸那『循文衍義，不務爲艱深之語，剖析尚爲明暢』①的解莊旨趣，所以林氏也同樣給予了批評。下面，我們將從不同的角度來進一步觀照並分析林希逸對舊注舊說的承因與批評情況。

一、在解說逍遥義方面

莊子在逍遥遊篇中所追求的是精神上的絕對自由，因而認爲凡『有所待』而後行者，皆不可謂之逍遥遊。向秀、郭象卻不同意莊子的說法，認爲世間萬物只要順其自然而行，都可以得到逍遥遊。東晉支遁站在佛教即

① 四庫全書總目提要林希逸莊子口義。

色空義立場上闡釋了莊子逍遙義，認爲所謂逍遙遊，就是使自己在精神上獲得徹底解脫，做到物物而不物於物，不爲一切外物所負累，從而呈現爲『至人』一般的沖虛明淨的心理狀態，這又否定了向秀、郭象的說法。到了宋代，對莊子逍遙義的解說復又有了全新的角度。據道藏褚伯秀南華真經義海纂微所收錄的宋代學者闡釋逍遙遊篇的文字資料可知，其中除林希逸一人而外，其餘的呂惠卿、陳詳道、林自、王雱、陳景元、趙以夫、褚伯秀等七人都是以易學象數派理論來闡釋莊子逍遙義的。他們雖然開闢了治莊的新思路，但除了像王雱的闡釋最終能歸結到莊子關於萬物皆『有所待』的主旨之上而外，其他人則都程度不同地偏離了莊子的本真思想。對此，林希逸提出批評說：

或以陰陽論之，皆是強生節目。鳥之飛也必以氣，下一『怒』字便自奇特。海運者，海動也。今海瀕之俚歌猶有『六月海動』之語。海動必有大風，其水湧沸自海底而起，聲聞數里。言必有此大風，而後可以南徙也。……摶，飛翔也；扶搖，風勢也。『三千』、『九萬』，即形容其高遠也；『去以六月息者』，此鳥之往來必歇住半年方可動也。……鵬在天上，去地下九萬里，風自溪谷而起，而後蓬蓬然周遍四海。鵬既在上，則此風在下。培，厚也。九萬里之風乃可謂之厚風，如此厚風，方能負載鵬翼。

按照呂惠卿、陳詳道、林自、陳景元、趙以夫等人的共同說法，北冥之鯤化爲南冥之鵬，即是由陰而入陽，而鵬之『水擊三千里』、『摶扶搖而上者九萬里』皆爲數之奇，『去以六月息者也』則爲數之耦。因此，莊子在逍遙遊篇中所說的鯤鵬變化的寓言，不也正體現出了易學所謂『九』爲陽數之極、『六』爲陰數之極，陽數前進止於九、陰數後退止於六這一陰陽變化思想嗎？林希逸則完全否定了上述說法，認爲這只不過是因拘於易學象數派的陰陽之說而強作穿鑿附會罷了。因爲在他看來，『九萬里』是極言風之厚，『去以六月息者也』是說大鵬往來必休息半年方可動，凡此都在說明鵬鳥『有所待』的道理，哪裏可以陰陽之說來解說呢？林希逸還由物及人，進一步闡釋說：『列子之行也御風，此雖免乎行矣，而非風則不可，故曰「猶有所待」。若夫乘天地之正理，御陰、陽、

風、雨、晦、明之六氣，以遊於無物之始，而無所窮止，若此則無所待矣。』由此說明，林希逸大致能圍繞著『有所待』、『無所待』這一對重要哲學概念來闡釋莊子的逍遥遊思想，從而有力地糾正了宋代絕大多數治莊者在闡釋逍遥遊篇主題思想上所存在著的偏頗。

當然，林希逸在闡釋莊子逍遥義過程中也援引了前人的一些說法。如逍遥遊篇在說到『神人』如何逍遥物外時有語云：『之人也，物莫之傷，大浸稽天而不溺，大旱金石流、土山焦而不熱。是其塵垢粃穅，將猶陶鑄堯舜者也，孰肯以物爲事！』林希逸闡釋說：『據此一語，便是郭子玄所謂不經者，但其著書初意正要鄙夷世俗之儒，故言語有過當處，不可以此議之。』這裏，林氏援引了郭象在莊子序中的觀點，認爲莊子說出像『其塵垢粃穅，將猶陶鑄堯舜者也』之類的話，確實顯得有點荒唐不經。但他轉而又說，其實莊子的本意是好的，只不過是他爲了『鄙夷世俗之儒』、顯示『神人』逍遥物外的德性而不免使自己的言論有些過當罷了。毫無疑問，林希逸這裏又借用了王安石在莊周中的有關說法，說明他在闡釋逍遥遊篇中『神人』與『堯舜』關係時也表現出了一定程度上的儒學化傾向。

二、在解說人名、地名、故事方面

莊子自言，其著書的特點是『寓言十九，重言十七，卮言日出，和以天倪』（寓言）。司馬遷也說：『其著書十餘萬言，大抵率寓言也。』（史記老子韓非列傳）那麼，到底該怎樣看待莊子中大量出現的人名、地名和故事呢？在歷史上，一部分研究者主要通過運用實證方法對它們進行考證性的闡釋，另一部分研究者則重在運用較高的思辯能力對它們的寓意進行深入的闡發，而林希逸則採取了比較審慎穩妥的態度。如逍遥遊篇有『肩吾』、『連叔』、『接輿』三個人名，成玄英說：『肩吾、連叔，並古之懷道人也。接輿者，姓陸、名通、字接輿，楚之

賢人，隱者也。……莊生寄三賢以明堯之一聖。』（莊子注疏）王雱說：『肩吾者，任我也；連叔者，不通不行而非物之長者也；接輿者，綿綿若存而又有所容者也。此莊子寄言於三人而以明道之極致也。』（南華真經新傳）對此，林希逸則說：

肩吾、連叔，皆未必實有此人。此皆寓言，亦不必就名字上求義理，中間雖有一二亦可解說，而實不皆然也。

這裏就是說，莊子中像『肩吾』、『連叔』這一類人名，未必是真人真名，所以不能像成玄英那樣解說爲『古之懷道人』；但也不能因爲他們是寓言，就像王雱那樣過多地發揮其寓意，以致流於穿鑿與附會。由此看來，林希逸在這裏雖然沒有提到『接輿』，但對王雱所謂『綿綿若存而又有所容者也』的說法也當是持否定態度的。林希逸又在闡釋徐無鬼篇『黃帝將見大隗乎具茨之山』寓言故事時說：

七聖，黃帝與方明、昌寓、張若、謵朋、昆閽、滑稽也。此等人名，皆是寓言。若以大隗爲大道之隗然者，亦鑿說也。

根據成玄英在莊子注疏中的解說，方明、昌寓、張若等七聖當是歷史上實有的七位聖人，而『大隗，大道廣大而隗然空寂也』。對於成玄英的這些說法，林希逸給予了徹底否定，認爲像成氏這樣把莊子所說的七個寓言式人物都解說爲歷史上的真實人物顯然是錯誤的，而把『大隗』解說爲『大道廣大而隗然空寂』者則更是穿鑿附會了。正由於林希逸在闡釋莊子中人名時本著審慎穩妥的學術精神，所以他在詮解人間世篇『几蘧』時又說：『或謂古帝王之名，然無所考，必竟寓言也。』在詮解胠篋篇『容成氏、大庭氏、伯皇氏、中央氏、栗陸氏、驪畜氏、軒轅氏、赫胥氏、尊盧氏、祝融氏、伏羲氏、神農氏』時也同樣說：『十二個氏，只軒轅、伏羲、神農見於經。自此以上，吾書中無之，或得於上古之傳，或出於莊子自撰，亦未可知。』這裏所提到的『大庭氏』，實際上在左傳昭公十八年已有記載，杜預注：『大庭氏，古國名，在魯城內。』但林希逸的這一番話比之於向秀、李氏、成玄英把

『几蘧』和『容成氏』等十二氏都解釋爲『上古帝王』的說法，顯然已體現出了一種更爲審慎穩妥的學術精神。

林希逸的這種審慎穩妥的學術精神，也往往體現在對某些地域名稱和寓言故事的解說上。如人間世篇有『堯攻叢、枝、胥敖，禹攻有扈』的故事，林希逸認爲『堯禹無此事，皆寓言』，而『叢、枝、胥敖、有扈』也同樣『皆是寓言』。讓王篇有『卞隨自投稠水而死』、『瞀(務)光自沉於廬水』的故事，林希逸說：『卞隨、務光皆古之隱者，但其自沉一節亦不可考，或亦寓言而已。』不難看出，林希逸的這些解說無疑要比成玄英等人必欲證以實事實地的做法審慎穩妥得多。

當然，林希逸對莊子中有不少人名、地名、故事的解說則是在前人說法的基礎上完善起來的。如他在詮釋知北遊篇時說：『如此三名，卻有分別：知，有思惟心者也；無爲謂，自然者也；狂，猖狂也，屈者掘然如槁木之枝也。』在林希逸看來，莊子在『知』、『無爲謂』、『狂屈』這三個虛構的人名裏寄寓了十分深刻的用意，整個故事所謂『知者不言，言者不知』的哲理就是由這三個人的名字以及他們的一系列問答揭示出來的。林氏的這些說法和認識，正是在借鑒以往許多學者研究成果的基礎上形成的。

三、在解說內、外、雜篇方面

對於莊子內、外、雜篇的各自特徵及其相互之間的關係，歷代研究者曾有過種種解釋。林希逸大致承因了他們的說法，認爲：『莊子……所著之書名以莊子，自分爲三，內篇七，外篇十五，雜篇十一。雖其分別次第如此，而所謂寓言、重言、卮言三者，通一書皆然也。外篇、雜篇則即其篇首而名之，內篇則立爲名字，各有意義，其文比之外篇、雜篇爲尤精，而立言之意則無彼此之異。』(莊子口義發題)但儘管如此，林希逸還是對前人的各種說法提出了許多批評意見。如他在闡釋應帝王篇時說：

或以爲內篇文精，……以七篇之名次第而說。如曰先能逍遙遊，而後可以齊物論；既能齊物，又當自養其身，故以養生主繼之；既盡養生之事，而後遊於世間，故以人間世繼之；遊於世間，使人皆歸向於我，故以德充符繼之；內德既充，而符應於外也，人師於我，而我自以道爲師，故以大宗師繼之；既有此道，則可以爲帝王之師，故以應帝王繼之。雖其說亦通，但如此拘牽，無甚義理。

這裏，林希逸對成玄英、王雱、陳景元等人把莊子內篇七篇闡釋爲一種環環相扣的邏輯關係不以爲然，認爲內篇之文雖比外篇、雜篇爲尤精，七篇之間的關係也比較緊密，但不能太拘牽，不能說得太過分。按照林希逸的理解，內篇前面的逍遙遊、齊物論、養生主三篇當具有一定邏輯關係，所以他於養生主題目下說：『先言逍遙之樂，次言無是無非，到此乃是做自己工夫也。此三篇似有次第，以下卻不盡然。』儘管如此，林希逸卻又認爲七篇之間還是有一些邏輯關係可尋，因而他於內篇之末說：『逍遙遊之有用無用，齊物論之夢蝶物化，養生主之火傳也，德充符之以堅白鳴，人間世之命也夫，自是個個有意。到七篇都盡，卻妝撰儵忽、渾沌一段，乃結之曰「七日而渾沌死」。看他如此機軸，豈不奇特！』無可否認，林希逸的上述說法，其中多爲他自己的獨特見解，無論是在啟發人們從新的角度理解莊子內篇七篇之間關係方面，還是在糾正有一些研究者把七篇之間關係看得過於奧秘傾向方面，都具有一定的積極意義。

在對莊子外篇的理解上，林希逸也有自己的一些獨特看法。這除了他在莊子口義發題中有所表示外，他在應帝王篇末總論內篇特徵時也已有所涉及：

自駢拇而下，則只掇篇頭兩字或三字爲名，如學而、爲政之例。其書本無精粗，內篇、外篇皆是一樣說話，特地如此，亦是鼓舞萬世之意。但外篇文字，間有長枝大葉處。或以爲內篇文精，外篇文粗，不然也。

按照林希逸的看法，外篇各篇雖僅摘取篇首兩字或三字作爲題目，其文字也間有長枝大葉處，但並不像一般人

所說，篇篇都是粗文字。因此他進而在鬳釋馬蹄篇時說：『文字華密，如美錦然。古今多少筆法，自此萌芽而出！或曰外篇文粗，誤矣。』在鬳釋天地篇時說：『段段是撰出，愈出而愈奇。若此一段，謂外篇粗於內篇可乎？』在鬳釋山木篇時說：『看此數篇，或以外篇爲非莊子所作，果然乎哉？』總之，林希逸認爲外篇中也有不少精美的文字。正像他在鬳釋馬蹄篇時所說，外篇比之內篇，猶如國語比之左傳一樣，它的不少文字也是相當精美而自具特色的。林希逸的這些說法無疑很有見地，對後世的莊子散文研究產生了較積極的影響。

對於莊子雜篇，林希逸也同樣有自己的一些獨特看法。如他在鬳釋庚桑楚篇時說：『此篇文字，何異於內篇！』在鬳釋則陽篇時說：『此篇亦與內篇何異！』這些說法都表明，林希逸是不肯像有一些人那樣意欲貶低莊子雜篇文章價值的。然而，林希逸同時又承認雜篇中有少數篇章確實與內篇的文章有很大的差別。如他在鬳釋讓王篇時說：『此篇不全似莊子之筆，但隨珠彈雀、兩臂重天下、說反屠羊數段猶佳，然終不及他篇矣。若盜跖、說劍、漁父，則又甚焉。』在鬳釋盜跖篇時說：『此篇文字，枝葉太粗，比之讓王、漁父又不及。』並於漁父篇末進一步探究說：

自讓王以下四篇，其文不類莊子所作。讓王篇中猶有一、二段，漁父篇亦有好處，盜跖篇比之說劍又疏直矣。據盜跖篇『今謂宰相曰』，戰國之時未有稱『宰相』者，此爲後人私撰明甚。

蘇軾在莊子祠堂記中提出了讓王、盜跖、說劍、漁父四篇爲『昧者勦之以入』者的說法。林希逸在蘇氏這一說法的基礎上進一步指出，在這四篇之中以盜跖篇最爲『疏直』，尤其『不類莊子所作』。並根據篇中『今謂宰相曰』一語，斷定其爲後人私撰甚明。於是，林希逸便對司馬遷在史記老子韓非列傳中所說的話提出了疑問。他在盜跖篇末說：『讓王以下四篇非莊子所作，……盜跖尤甚，而太史公莊子傳但謂作漁父、盜跖、胠篋以詆譏孔子之徒，略不疑其文字精粗異同何也？豈子長之意，且以其非譏夫子爲言，不暇及其文字乎！』誠然，據說在黃帝、堯、商湯、周成王時雖已有相、六相、左右相等官名，但『宰相』之名卻是到秦漢時才有的。林希逸在歷史上

第一次以此來證明莊子中有非『莊子』①本人所撰的作品，其學術意義甚大，對後世的莊子篇目等研究所起的影響也是相當積極的。而他對司馬遷有關説法的懷疑與批評，雖然在一定程度上承因了蘇軾在莊子祠堂記中的一些觀點，但也確實指出了司馬氏『略不疑其文字精粗異同』的疏忽和不足，所以同樣可以爲人們考察莊子中的有關問題提供一個新的視角。

第二節　對莊子學説與儒學、佛理的大力整合

一、對莊子學説與儒學的整合

宋代學者的莊子學多已表現出儒學化傾向，而作爲宋末的治莊者，林希逸更把宋代的莊學儒學化推到了可謂是最『圓滿』的地步。如王安石在莊周中曾説莊子在天下篇中情願自列於諸子百家之林而對儒家學説卻有所稱引，蘇軾在莊子祠堂記中也曾説莊子實際上是陰助孔子而未嘗詆訿孔子。林希逸在闡釋天下篇時便綜合了他們的説法，並進一步發揮説：『莊子於篇末序言今古之學問，亦猶孟子之篇末「聞知」、「見知」也。自「天下之治方術者多矣」至於「道術將爲天下裂」，分明是一個冒頭。既總序了，方隨家數言之，以其書自列於家數之中，而鄒魯之學乃鋪述於總序之内，則此老之心，亦以其所著之書皆矯激一偏之言，未嘗不知聖門爲正也。讀

---

① 按，傳統觀念認爲莊子内、外、雜篇都是莊周本人的作品，蘇軾在莊子祠堂記中就是以是否出於莊周本人手筆爲標準來判别莊子中篇目真僞的。因此，林希逸這裏所謂的『莊子』實際上就是指莊周本人而言。

其總序，便見他學問本來甚正，東坡云莊子未嘗譏夫子，亦看得出。』說明在林希逸看來，莊子在天下篇這篇敘述古今學問的十分重要的文章中，特意把儒家學說放到最重要的總論中來鋪述，而又心甘情願地自列其書於百家之林，這便說明莊周這位老先生本來就懂得孔門學說是醇正的。就此看來，莊子的學問本來也頗爲醇正，所以正像蘇軾所說莊子未嘗譏刺孔子。基於這一思想認識，林希逸便進而認爲，莊子學說與儒學之間儘管存在著許多矛盾，但二者在本質上是可以整合爲一的。

林希逸對莊子學說與儒學的整合，所涉及的內容包括各個方面。如他在詮釋逍遙遊篇時說：『遊者，心有天遊也；逍遙，言優遊自在也。論語之門人形容夫子只一「樂」字；三百篇之形容人物，如南有樛木、如南山有臺曰「樂只君子」，亦止一「樂」字。此之所謂逍遙遊，即詩與論語所謂「樂」也。一部之書，以一「樂」字爲首，看這老子胸中如何？』在詮釋養生主篇時說：『可以全其生生之理，可以孝養其父母，可以盡其天年，即孟子所謂「壽夭不貳，修身以俟之」也。孟子自心性上說來，便如此端莊；此書卻就自然上說，便如此快活。其言雖異，其所以教人之意則同也。』在詮釋應帝王篇時說：『孟子曰「大人不失赤子之心」，便是渾沌不鑿也。』在詮釋繕性篇時說：『足於内者，無求於外，故曰無以益其樂，便是「萬物皆備於我，反身而誠，樂莫大焉」。』這些例子表明，對於莊子中的很多思想内容，林希逸幾乎都可以從儒學中找到有關思想資料來加以詮釋，從而使莊子學說和儒學中一對又一對相異的思想概念都分別納入了各個整體之中，成了一個又一個的整合體。但從比較深的思想層次上來看，林希逸對莊子學說與儒學的整合主要還是集中表現爲莊子學說與孔顏思想行爲、思孟思想學說的整合。

在莊子中，作爲寓言式的孔子、顏回形象是頻頻出現的。對此，林希逸一般並不作過分的儒學化闡釋。而對於莊子中的有一些重要思想觀念，林希逸倒是對它們與孔顏思想行爲作了巧妙的整合。如『逍遙遊』爲莊子的重要思想觀念之一，林希逸把它與儒者所謂的『孔顏樂處』思想的整合便是相當巧妙的。正像有的學者所指

出，莊子中的逍遙遊是非現實的純精神的自由，帶有出世的傾向，遊的主體是心靈，是心靈擺脫了種種現實是非利害關係之後，在想像虛構的精神境界中獲得物我爲一的神秘體驗，與儒者所謂的『孔顏樂處』並不是一回事。因爲儒者所謂『孔顏樂處』的『樂』雖然也有安命守窮的意思，但其主旨卻在於道德人格的自我完善，是由追求理想的道德人格而獲得的心靈滿足，是入世的現實的樂。然而在林希逸看來，莊子中的逍遙遊是『自樂』，他在闡釋外物篇時說：『遊，自樂之意也。』而『孔顏樂處』的『樂』也是『自樂』，同屬於精神的內在滿足，所以二者可以等同起來。他在闡釋讓王篇時說：『所學夫子之道，足以自樂。樂者何物也？故二程每教人求顏子樂處，此不可草草看過也。』他認爲莊子中的逍遙遊就是儒家所講的這種樂，對莊子裏的逍遙遊之樂與儒者所謂的『孔顏樂處』之樂作了十分巧妙的整合①。

對莊子學說與子思、孟軻思想學說的整合，更是林希逸莊子口義中的一項重要內容。我們知道，莊子的學說從某種意義上來看可說是一種性命之學，而子思、孟軻學派也十分注重內心省察，提出了『性善』、『盡心養性』、『誠者物之終始』、『不誠無物』等重要論題。但是，莊子的性命之學就是要使個體通過『損之又損之』的內心省察過程而使自己恢復天真無僞的自然本性，而思孟學派則要求人們通過自覺的內心省察過程，進一步弘揚其本性中所固有的『善』、『誠』之類的美好東西，並使之在道德實踐過程中體現出來，可見莊子的學說與思孟所提出的有關說法在本質上是不同的。然而在林希逸看來，莊子與思孟學派的這些說法在本質上可以整合爲一。如天地篇有語云：『形體保神，各有儀則，謂之性。性修反德，德至同於初。』這反映了莊子要求人們加強精神修養，以便返歸於自然德性的思想觀念。林希逸卻認爲，『此「性」字卻是性之用』，『便是性中自有仁義禮智之意』，而『反德，猶言復禮也』。駢拇篇有語云：『余愧乎道德，是以上不敢爲仁義之操，而下不敢爲淫僻之行

① 詳見張毅以儒釋解莊——讀林希逸莊子口義，南開學報1990年5期。

也。』這是莊子的自謙之辭，意謂他對自己本性中所固有的自然德性（『道德』）保全得還不夠完美，所以感到有愧。林希逸卻認爲，『觀莊子此語，何嘗不正心修身！』繕性篇有語云：『所謂得志者，非軒冕之謂也，謂其無以益其樂而已矣。』意謂應以享受自然性分之樂爲滿足，無須再以軒冕之樂相加。林希逸卻認爲，這便是孟子所謂『萬物皆備於我，反身而誠，樂莫大焉』的意思。庚桑楚篇有語云：『宇泰定者，發乎天光。』意謂心性安泰靜定的人，就會發出自然的光輝。林希逸卻認爲，這便是中庸所謂『誠而明』的意思。這些例子都無不說明，在林希逸的思維框架裏，莊子的道德性命之學與思孟學派的心性道德之說幾乎都得到了巧妙整合，成了一個整合型的思想體系。

由於儒學發展到宋代已成爲理學，而林希逸又是當時理學派別之一艾軒學派中的重要人物，所以我們上述所說的他對莊子學說與儒學的整合，實際上主要已表現爲莊子學與理學的整合。關於這一點，我們還可以通過下面的論述而得到進一步說明。

我們知道，莊子把『道』看作產生世界萬物的最後本體，因爲它『自本自根，未有天地，自古以固存。』（大宗師）對此，林希逸解釋說：『自本自根，推原其始也。推原此道之始，則自古未有天地之時，此道已存矣，是曰「無極而太極」也。』又齊物論篇有『古之人……有以爲未始有物者』、『其次以爲有物矣，而未始有封也』之語，意謂古之悟道者有懂得宇宙開始時不曾有任何東西存在道理的，次一等的人雖然認識到已有物的存在而仍不曾去分別彼此人我的界域。對此，林希逸解釋說：『未始有物者，太極之先也。……其次爲有物，是「無極而太極」也。自有物而有封，是太極分而爲兩儀也。』案『無極而太極』之說出於宋理學先驅周敦頤的太極圖說：『自無極而太極，太極動而生陽，動極而靜，靜而生陰，靜極復動，一動一靜，互爲其根。……陰陽，一太極也，太極本無極也。』這裏，周敦頤因不滿足於周易以『太極』爲世界萬物的最後本原而從老子中取來『無極』置於『太極』之上，從而使『無極』替代了『太極』的原來地位而具有了萬物之最後本體的意

義。但在莊子中，諸如『猶河漢而無極』（逍遙遊）、『以遊無極之野』（在宥）、『撓挑無極』（大宗師）、『澹然無極而衆美從之』（刻意）之『無極』，或謂無有邊際，或指廣闊的太空，等等，都不具有本原的意義。而林希逸卻引周敦頤的『無極而太極』說來闡釋莊子的道論，使二者整合成了一體，這就說明他的莊子口義具有明顯的理學化傾向。

比較起來看，林希逸還更善於以程朱理學所樹立起來的『天理』這一合自然與倫理的本體來替代莊子中『道』、『天』等作爲宇宙萬物之根源的本體。如外物篇有『僨然而道盡』之語，林希逸解釋說：『道盡者，言其天理滅盡也。蓋謂衆人汩於利欲，終身不悟，至於滅盡天理而後已也。』莊子這裏所說的『道』，是指自然之道所賦予的生理，而林希逸卻以程朱理學所謂的『天理』加以解釋，使之具有了合自然與倫理的本體意義。又人間世篇有『爲人使易以僞，爲天使難以僞』之語，林希逸解釋說：『爲人使易以僞，言爲人欲所役，則易至於欺僞。唯冥心而聽造物之所使，則無所容僞矣。人使即人欲也，天使即天理之日用者也。』這裏以『造物』解釋自然而然而能生化萬物的『天』，是符合莊子本體論思想的，而以體現於『日用』中的『天理』來解釋莊子所說的『天』，這就明顯地具有了程朱理學強調日常道德踐履的思想傾向。這些例子都說明，莊子中的『道』、『天』等哲學概念與程朱理學所謂的『天理』本來並不是一回事，但在林希逸的莊子口義中幾乎都可以得到融合。林氏並由此出發，還進而以『天理』闡釋了莊子中大量與『道』、『天』相關或不相關的概念。如他在闡釋齊物論篇時說：『天府者，天理之所會也。』在闡釋大宗師篇時說：『天機者，天理也。』在闡釋刻意篇時說：『天倫，即天理也。』在闡釋寓言篇時說：『天倪，天理也。』在闡釋齊物論篇時說：『明者，天理也。』在闡釋秋水篇時說：『命，天理也。』說明在林希逸看來，程朱理學所說的『天理』簡直就是一個萬能概念，幾乎可以與莊子中的各種不同概念相重合。

由於程朱理學強調『理不是在前面別爲一物，即在吾心』（朱熹朱子語類卷九），所以亦稱『道』、『天理』爲

『不以心捐道，即心是道，心外無道也，……實吾性天之所自有者也。』説明在林希逸看來，人們的心性之中自有『道』，『道心』。林希逸承因了這一説法，也認爲求『道』只要向内心體察便可。如他在闡釋大宗師篇時説：『天理』本來就具於人們的心性之中，又何必向外一物一物地格知呢？所以，他又往往以『道心』替代『道』、『天』、『天理』等概念，以期能更透徹地闡釋出他所謂莊子中包含著的『道』在心内的奥義。如他在闡釋秋水篇時説：

察安危，定禍福，謹去就，便是道心中有人心，何嘗皆説聽之自然！……這數句發得人心、道心愈分曉。牛馬四足，得於天，自然者；不絡不穿，將無所用，此便是人心一段事。以人滅天，以故滅命，貪得而殉名，則人心到此流於危矣。三言『無以』，乃禁止之辭，猶『四勿』也。既知天，又知人，於此謹守而勿失，則天理全矣，故曰『是謂反其真』。

按莊子的説法，一切順應自然便是『道』。如牛馬天生有四足，可以自由自在地活動奔馳，這就是它們的自然本性，這就是『道』的基本原則的真正體現。而人類卻要羈絡馬首，貫穿牛鼻，不讓牛馬自由自在地活動奔馳，這就破壞了它們的自然本性，因而也就違背了『道』的基本原則。對此，林希逸卻闡釋説，『道心中有人心』，又爲什麽一定要『聽之自然』呢？這裏所謂的『道心』就是『天理』，『人心』就是人的欲望。在林希逸看來，所謂悟道，存天理，實際上只是去除私欲而讓『道心』顯明出來的工夫，哪裏還用得著向外求之自然呢！這樣，林希逸就把『道』、『道心』、『天』、『天理』與『人心』、『人欲』對立了起來，甚至在闡釋外物篇時乾脆把莊子所説的悟道過程解釋成『除去物欲而全其天理』的過程，從而使莊子的悟道思想與程朱理學所謂『存天理，去人欲』的説法幾乎成了一個整體。

二、對莊子學說與佛理的整合

理學表面上雖然排斥佛、道，實際上卻是出入佛、道而以儒學爲最終依歸的新儒學。如艾軒學派中的重要人物林亦之、陳藻，『其衛吾道，闢異端甚嚴』（劉克莊城山三先生祠堂記），但林希逸在注解駢拇篇時曾說：『先師嘗曰：「佛書最好證吾書，證則易曉也。」』而且，陳藻所作讀莊子詩又有句云：『堯無是處桀無非，此語堪驚與道違。造物恩私多嵬瑣，始知莊子得真機。』這就說明，艾軒學派對佛理與莊子學說都有所肯定。

林希逸在繼承先師學術觀點的基礎上又有了很大的發展。他在莊子口義發題中說：『希逸少嘗有聞於樂軒，因樂軒而聞艾軒之說，文字血脈，稍知梗概。又頗嘗涉獵佛書，而後悟其縱橫變化之機，自謂於此書稍有所得，實前人所未盡究者。』正由於林希逸每因『佛書』而後悟莊子的『縱橫變化之機』，所以他在莊子口義中便大量引用佛理來闡釋莊子思想。同時，林希逸又不時指出佛理往往源出於莊子，以期更好地達到其整合莊子學說與佛理爲一體的目的。如他在莊子口義發題中說，莊子一書『不可不讀』，『大藏經五百四十函皆自此中紬繹出。』在闡釋德充符篇『死生亦大矣』之語時說：『釋氏一大藏經，只從此五字中出。』在闡釋大宗師篇『其耆欲深者，其天機淺』之語時說：『佛書皆原於此。』在闡釋知北遊篇『九竅者胎生，八竅者卵生』之語時說：『佛經所謂胎生、卵生、濕生，皆原於此。』在闡釋山木篇『南越有邑焉』一段文字時說：『看此一段，今人禮淨土，其源流在此。』這裏把佛教中的許多重要觀點說成源於莊子，似乎完全是無稽之談。但據林希逸在闡釋大宗師篇時所說的有關話來看，他是瞭解『佛至（東漢）明帝時始入中國』這一基本歷史常識的。由此看來，林希逸所謂佛理每出於莊子云云，當也包含了古印度佛教在傳入中國後已嚴重老莊化的意思，則他的說法仍是有一定道理的。

在莊子口義中，林希逸所徵引的佛教思想資料比他所徵引的儒家思想資料還要多得多，似乎已到了俯拾皆是的地步。如他在闡釋齊物論篇時説：『有好有惡，在我則愛，而在物則惡，佛氏所謂愛河是也。』在闡釋德充符篇時説：『命物之化者，言萬物之變化皆受命於我，此猶禪家所謂「心迷法華轉，心悟轉法華也。」』在闡釋大宗師篇時説：『假於異物，便是圓覺地、水、火、風之論，四大合而爲身。』在闡釋應帝王篇時説：『地文者，此猶禪家修觀之名。』在闡釋天地篇時説：『三患，少、壯、老也，楞嚴經恒河水之喻，便是三患。』在闡釋達生篇時説：『正平者，心無高下決擇也，猶佛氏曰「是法平等」也。』在闡釋知北遊篇時説：『四枝強，即圓覺所謂身體輕安也。』在闡釋庚桑楚篇時説：『能已，即釋氏所謂大休歇也。』在闡釋寓言篇時説：『寂滅之中又有不寂滅者也，禪家所謂大死人卻活是也。』總之，在林希逸看來，幾乎莊子中的所有思想觀念都可以從佛書中找到相同觀念而使之得到合理闡釋，因此他便有諸如上述之類的種種説法。但我們在細讀莊子口義後卻會發現，林希逸對莊子學説與佛理的整合，主要還是通過解説莊子悟道方法來進行的。

林希逸在闡釋知北遊篇時説：『道之有數，謂可歷歷而言也。貴、賤、合、散，皆道之可以歷數者。……有道之名，則名與道對立，即離其本然之真矣，故曰道不當名。道本無問，問之而答，我已離道，彼之問者，所聞亦非道矣。問窮者，言其所見至於問而窮，蓋謂泥言語求知見之非也。無内者，中心未得此道也。得此道，則不應答之矣。……「熟視其狀」數語，只形容道之不可見也。予能有無，未能無無，此言妙之又妙也。未能無無，則我猶在「無」字之内，爲「無」字所有矣，何從至於窅然空然者乎！圓覺曰：「説無覺者，亦復如是。」覺而至於無覺，可謂妙矣，而猶以無覺爲未盡，即此未能無無，爲無所有之意。』這裏，林希逸關於『道』具有無無、無名、不可見、不可知、不可問、不可聞等性質的説法，是基本上符合莊子道論精神的。但他又徵引佛教經典中的話來加以闡釋，認爲體道者若僅能認識到『有無』，則猶如佛典所謂依幻説覺，仍未離幻，還遠不如諸幻盡滅，至於無覺，而後可以臻於『無無』境界，這卻是對莊子道論與佛教有關思想觀念的調和。這樣，林希逸便最終把莊子所

說的『道』說成了佛教所謂的『空』。在他看來，既然莊子所說的『道』就是佛教所謂的『空』，那麽悟道也就等同於領悟空義了。

那麽，到底應該如何來領悟虛空的『道』呢？林希逸在闡釋秋水篇時說：『此篇河伯、海若問答，正好與傳燈錄忠國師……「無心成佛」問答同。』說明在林希逸看來，秋水篇設爲河伯、北海若問答的寓言，目的就是要揭示出得道在於無心的道理，所以正好與佛書所載南陽慧忠國師答語『無心成佛』之意相同。所謂『無心』，也就是林希逸在闡釋德充符篇時所說的『佛經所謂「無所住而生其心」』，在闡釋大宗師篇時所說的『釋氏所謂「有無俱遣」』，在闡釋庚桑楚篇時所說的『釋氏云「但可空諸所有，不可實諸所無」』，即虛空寂靜，一無執著之心。林希逸認爲，如果能做到心地虛空，一無執著，那就自然體悟到了『道』，否則就『無緣可以成道』。他在闡釋列禦寇篇『賊莫大乎德有心而心有睫，及其有睫也而内視，内視而敗矣』之語時說：『此數語於學道人分上最爲親切，禪家所謂滲漏心，又曰第二念，便是此意。德，爲德也。爲德而知其爲德，則是有心矣，此最爲學道者之害，故曰賊莫大乎德有心。於其有心之中而又有思前算後之意，喻如心又開一眼也，此謂之滲漏，謂之第二念。以此有眼之心而視其内，則千差萬别，紛紛擾擾，不復知有渾然者，則無緣可以成道矣，故曰敗。』列禦寇篇『賊莫大乎德有心而心有睫』等語，意謂對於體悟大道者來説，最壞的事莫過於有心爲德而心開如眼目，因爲到了心開如眼目而内心多思慮就意味著學道已經失敗。在林希逸看來，佛教禪宗主張於參悟時須保持正念，心無所住，心空境空，而不得離此起滲漏心（即第二念），否則便會障卻自己正知見，永劫不能體悟到佛道，這與莊子所謂有心爲德則敗道的説法正是一回事，二者是可以融合爲一體的。

在林希逸看來，人間世篇所説的顔回心齋的悟道方法，也是與禪宗爲了達到心淨而採用的戒、定、慧的修持方法相一致的。他在闡釋篇中『瞻彼闋者，虛室生白，吉祥止止』等語時說：『此以虛室喻心也，謂視彼密室之中，才有空缺處，必有光入來，是光自空中出也。以彼之闋喻我之虛，則見虛中自然生明。生白，即生明也。

……即此虛明之地，便是萬物之所由萃。吉祥，福也。止於其所止，下「止」字是虛處也。唯止則虛，唯虛則明，便是戒生定，定生慧之意。』在闡釋大宗師篇中顏回坐忘悟道的寓言故事時，林希逸也同樣說：『坐忘，則盡忘之矣，此「有無俱遣」之時，所謂「今者吾喪我」，亦是此意。……觀此「坐忘」二字，便是禪家面壁一段公案。同者，與道爲一也，與道爲一則無好惡矣，無好惡則化矣，化則「無所住而生其心」矣。』我們知道，莊子在人間世篇中所謂的『心齋』，不外就是『虛而待物』，即通過虛心靜觀去體認大道的意思。在大宗師篇中所謂的『坐忘』，也就是要人們完全忘卻自己的存在，完全去掉對是非得失的考慮，認爲這樣就可與大道融通爲一了。林希逸以此與佛教某些思想和修持方式作了比較，認爲莊子所說的『心齋』就是佛教所稱的戒、定、慧三學，即所謂通過戒度與定、慧雙修，使心專注一境，不動妄想，從而達到悟道的目的。而莊子所說的『坐忘』，則又是佛教所謂的『有無俱遣』、『無所住而生其心』，或簡直就是禪宗初祖達摩於嵩山少林寺終日面壁坐禪的一段公案。由此可見，林希逸已忽略了在莊子『心齋』、『坐忘』與佛教一些思想及修持方式之間所存在著的差別，而把二者幾乎完全等同了起來。

由上述可知，其實莊子所謂的悟道，不外就是要人們突破感官的種種局限，而以整個虛靜身心對大道作直觀體悟。林希逸認爲，這與佛教所謂『六根互相爲用』的說法是一致的。如德充符篇有『不知耳目之所宜，而遊心乎德之和』之語，意謂人們如果懂得了『萬物皆一』的道理，那就不會去關心哪些聲色是適合視聽的，而只求整個身心能遊放於德的和諧境地就夠了。對此，林希逸闡釋說：『耳於聽宜也，目於視宜也。彼能如此，則不獨以耳聽，不獨以目視，此禪家所謂「六用一原」也。音豈可觀，而曰觀世音，此雖異端之言，而皆有深意。德之和者，與天地四時同也。』按照佛教的說法，『「六根（指眼、耳、鼻、舌、身、意）運用，一切施爲，盡是法性，不解返源，隨名逐相，迷情妄起，造種種業。」（古尊宿語錄卷一）但若能返源，則六根清淨，且能互相爲用。林希逸以佛教的這一說法解釋了莊子的話，認爲莊子所說的『不知耳目之所宜，而遊心乎德之和』，實際上就是禪宗所謂

『六用一原』，即六根清淨而互相爲用的境界。又天運篇有『咸池之樂』的寓言故事，謂黃帝的臣子北門成在欣賞『咸池』第三奏過程中，隨著那無聲無形的天樂從洞庭之野波及天地萬物，他遂突破身心感知的局限而通感於宇宙精神，所以說：『天機不張而五官皆備，此之謂天樂，無言而心說。』對此，林希逸解釋說：『身之五官皆備而天機不動，謂耳、目、手、足雖具，而見聞動作皆不自知，此則得其自然之樂，故曰天樂。楞嚴經云「反流全一，六用不行」，即天機不張，五官皆備之意也。……是意識俱亡，「六用不行」之時。看此三節，便似禪家作用。』這裏，林希逸也把莊子所說的情識俱滅、同於愚癡的悟道體驗說成『便似禪家作用』，認爲正像楞嚴經卷八所謂的『塵既不緣，根無所偶，反流全一，六用不行』、『一切如來密圓淨妙，皆現其中』一般，是六根廢棄、意識俱亡後所達到的最高妙的道的境界。就這樣，林希逸又使莊子中一些關於悟道的思想與佛教所謂『六用不行』等說法等同了起來。

對於莊子所謂語言文字無法傳載至虛之道的說法，林希逸又以禪宗不立文字的直覺頓悟來加以解說。如應帝王篇有『齧缺問於王倪，四問而四不知』的寓言故事，林希逸闡釋說：『四問而四以不知答之，即維摩經以不言爲不二法門之意。』天地篇有『黃帝遺其玄珠』的寓言故事，林希逸闡釋說：『此段言求道不在於聰明，不在於言語，即佛經（指圓覺經）所謂「以有思惟心求大圓覺，如以螢火燒須彌山」。』知北遊篇有『知者不言，言者不知，故聖人行不言之教』及『道不可致』等語，林希逸闡釋說：『知者不言，此是達磨西來，不立文字，直指人心，見性成佛。不言之教，即維摩不二法門也。道不可致，不可以言致也。』這裏，林希逸引禪宗常用經典維摩經、圓覺經中的有關思想資料來詮釋莊子的悟道方式，並進一步指出莊子這種強調整體直觀的悟道方式即是禪宗初祖菩提達摩所倡導的『不立文字，直指人心，見性成佛』的修道方式，從而把莊子、禪宗的悟道修道方式說成了是性質相同的不依賴於任何語言、文字、概念、思維的直觀體悟。而且，林希逸還以一些禪家『公案』來印證莊子的這種悟道方式，以便從更高的層次上來證明莊子這種悟道方式與禪宗修道方式的一致性。如他在闡

釋在宥篇時說：

> 趙州見投子買油而歸，州云：『久聞投子，今見買油翁。』投子曰：『油！油！』看禪宗此事，便見雲將曰『遊』，乃是莊子形容鼓舞處。『油』字與『遊』字不同，非以『油』爲『遊』也。

在宥篇謂『雲將』東遊而遇『鴻蒙』，便問道：『叟何人邪？叟何爲此？』『鴻蒙』拍著腿跳躍不停，只是回答說：『遊。』對此，林希逸就引景德傳燈錄卷十五所載禪家『公案』來加以印證，認爲『鴻蒙』所答並非『雲將』所問，這正與投子所答並非趙州所問是一樣的，真正反映出了莊子所謂『道』不可以語言文字來傳達的思想觀點。林希逸還特地指出，他之所以引禪家這一『公案』來印證莊子的思想觀點，倒並不是說投子所說的『油』字與『鴻蒙』所說的『遊』字可以同音通假，而完全是因爲莊子的悟道方式與禪家的修道方式在本質上是一致的緣故。他在闡釋大宗師篇時，又引五燈會元卷十三所載『或問趙州曰：「和尚百歲後向那裏去？」州云：「火燒過後，成一株茅草。」』以這一禪家『公案』來詮釋莊子所說的『古之真人』的悟道方式，當也是因出於同樣的認識而作出如此闡釋的。

由上述可知，林希逸的莊子口義實際上是一部以儒、釋解莊的莊子學著作。那麽，林希逸爲什麽要這樣做呢？他在莊子口義發題中說：『若莊子者，其書雖爲不經，實天下所不可無者。郭子玄謂其不經而爲百家之冠，此語甚公。然此書不可不讀，亦最難讀。……是必精於語、孟、中庸、大學等書，見理素定，識文字血脈，知禪宗解數，具此眼目而後知其言意一一有所歸著，未嘗不跌蕩，未嘗不戲劇，而大綱領、大宗旨未嘗於聖人異也。』說明在林希逸看來，如果不用儒學、佛理來詮釋莊子，那是不可能得到莊子思想真髓的，因此他在闡釋過程中便大量地徵引了儒家、佛教的思想資料。而且，林希逸還十分注重交替徵引儒家、佛教的思想資料，以便使莊子思想得到更好的詮釋。如他在闡釋駢拇篇『且夫屬其性乎仁義者』一段文字時說：

> 此數語……，一大藏經不過此意，安得此語！若此等語，皆其獨到不可及處。這一『彼』字，不是

輕可下得，禪家所謂狂犬逐塊，所謂幻花又生幻果，便是這個『彼』字。……自聞自見，若在吾書，即論語所謂『默而識之』，易所謂『默而成之，不言而信』，孟子所謂『施於四體』、『不言而喻』。伊川春秋傳序曰『優遊涵泳，默識心通』，皆是此意，但說得平易爾。晦翁懲象山之學，謂江西學者，皆揚眉瞬目，自說悟道，深詆而力闢之。故論語集解以識音志，曰默而記之爾；孟子『不言而喻』，亦曰不待人言而自喻，不肯說到頓悟處，蓋有所懲而然，非語、孟二書之本旨也。……頓、漸自有二機，不可謂有漸而無頓，亦不必人人皆自頓悟得之。仲弓之持敬，漸也；顏子之克己復禮，頓也。……子細吟玩，方見其味：顏子既於言下領略，乃曰『請問其目』，此即禪家所謂如何保任之時；四非四勿，便是盡心、知性、知天之下，繼以存心、養性、事天，修身俟命之事也。其曰『爲仁由己』，即禪家所謂此事別人著力不得也。先師嘗曰：『佛書最好證吾書，證則易曉也。』……觀莊子此語，何嘗不正心修身！其戲侮堯、舜、夫子、曾、史、伯夷，初非實論，特鼓舞其筆端而已。

我們知道，駢拇篇旨在痛斥儒家仁義之弊而歸重於道家率真任性的自然之道，而其中『且夫屬其性乎仁義者』一段文字，也不外就是用來闡明這一主旨的。但林希逸卻大量徵引儒家、佛教的思想資料來闡釋這一段文字，並公開批評了朱熹表面上排斥佛教和老莊的做法，認爲他對佛教和老莊的認識是很片面的，從而把莊子思想與儒學、佛理調和了起來，致使我們幾乎無法搞清楚他在這兒到底是要用儒學、佛理來闡釋莊子思想，還是要用莊子思想來闡釋儒學、佛理。宋末鄱陽人湯漢在爲褚伯秀南華真經義海纂微所作的序中謂『近時釋莊者益衆，其說亦有超於昔人，然未免翼以吾聖人言，挾以禪門關鍵，似則似矣，是則未是』，當主要就是對林希逸這一以儒、釋解莊做法的批評。然而，儘管林希逸的莊子口義具有嚴重的儒、釋化傾向，但其對於推進自東晉支遁以來的以佛解莊活動來說卻很有積極意義，對於我們深入瞭解整個宋代莊子學的儒學化傾向也很有幫助。更何況，林希逸還把歷史上以佛解莊、以儒解莊這兩種不同的方法糅合起來而發展成以儒、釋解莊，從而既闡釋出了莊子

中許多未經前人闡發出的新意，又爲後世治莊者提供了一種新的闡釋方法呢！

第三節 對莊子文字、筆法、意境的多所評析

關於莊子文章的言説特徵，天下篇的作者就曾以這樣幾句話來加以概括：『以謬悠之説，荒唐之言，無端崖之辭，時恣縱而不儻，不以觭見之也。』在天下篇的作者看來，如果把這一言説方式概括爲一套表達程式，那就是『以卮言爲曼衍，以重言爲真，以寓言爲廣』。司馬遷在史記老子韓非列傳中説：『（莊子）著書十餘萬言，大抵率寓言也。』並認爲莊子文章的藝術特徵主要表現爲『指事類情』，即善於通過個別具體的事物來表情達意，使人們從中聯想並領會到與這一事物相關的某種帶有普遍性的道理。成玄英在疏解莊子過程中注意到了莊子文章的『譬喻』特徵，而且還往往把對文章中某些『譬喻』的揭示與章句的串講結合起來，從而使莊子中一部分章節的脈絡得到了較爲有效的梳理。林希逸則自謂『少嘗有聞於樂軒，因樂軒而聞艾軒之説，文字血脈，稍知梗概。又頗嘗涉獵佛書，而後悟其縱横變化之機，自謂於此書稍有所得，實前人所未盡究者』（莊子口義發題）。那麽，林希逸所看到的『文字血脈』，所悟到的『縱横變化之機』，又到底指莊子文章中哪些未曾被前人所發現的特徵呢？關於這一點，他是通過『五難』説來加以回答的：『此書所言仁義性命之類，字義皆與吾書不同，一難也；其意欲與吾夫子爭衡，故其言多過當，二難也；鄙略中下之人，如佛書所謂爲最上乘者説，故其言每每過高，三難也；又其筆端鼓舞變化，皆不可以尋常文字蹊徑求之，四難也；況語脈機鋒，多如禪家頓宗所謂劍刃上事，吾儒書中未嘗有此，五難也。』（同上）下面，我們即按林希逸的『五難』説來展示一下他是如何評析莊子文字血脈的。

一、謂其字義『皆與吾書不同』

林希逸在大量徵引儒家思想資料來闡釋莊子思想的同時，也指出了莊子字義每與儒家經典不同的特徵。如他在闡釋大宗師篇時說：『此書字義，不可以語、孟之法求之。』而根據他在莊子口義發題中所說的話來看，則這種不同主要表現爲莊子中諸如『仁義』、『性命』一類詞義與儒家經典中相關詞義的不同。如他在闡釋駢拇篇時說：『與生俱生曰「性」，人所同得曰「德」。……似此「德」、「性」字義，皆與聖賢稍異。……莊子與孟子同時，孟子專言仁義，莊子專言道德，故其書專抑仁義而談自然，亦有高妙處，但言語多過當。大抵莊子之所言仁義，其字義本與孟子不同，讀者當知，自分別可也。』確實，莊子所謂的仁義是指人類自然性命中所固有的一種自然而然、純真無僞的東西，而不是儒家所提倡的那種強求人們實行，即外加於人的自然性命之上的東西。因此，林希逸提出關於莊子書中『仁義』、『性命』一類詞義『皆與吾書不同』的說法，無疑很符合實際。

與此同時，林希逸還常常指出莊子中其他許多字義也每與儒家經典不同。如他在闡釋在宥篇時說：『此「聖」字止近似「能」字，猶今言「草聖」之「聖」也。故於盜，亦曰：「妄意室中之藏，聖也。」此皆字義不同處，讀者當自分別，不可與語、孟中字義相紊亂。……主者，天道，是以道心爲主也；臣者，人道，是使人心聽命也。此「臣」、「主」字，不是朝廷君臣，從來讀者只作君臣說，誤矣。此是一身中之君臣，齊物論曰：「其遞相爲君臣乎，其有真君存焉？」當如此看，可也。……須莫作語、孟讀方可。』這裏林希逸以『能』字解釋『聖』字，以『一身中之君臣』關係解釋『主』、『臣』二字的關係，雖然不一定完全正確，但至少能夠使讀者從儒家有關名詞概念的束縛中解脫出來，從而比較深刻地體會到莊子此類詞語的真正涵義。

當然，從數量上來看，林希逸揭示得最多的還是莊子中那些不能按本義加以解釋的字義。如齊物論篇『振

於無竟（境）』，他解釋說：『此「振」字，便是逍遙之意。』應帝王篇『合氣於漠』，他解釋說：『看此「氣」字，便合作「性」字說。』天地篇『一之所起，有一而未形』，他解釋說：『此「一」字，便是「無」字。』德充符篇『命物之化而守其宗也』，他解釋說：『莊子之書，如「宗」字只訓「始」字。求其意，則不止曰始而已。如此讀得，方見其妙處。』又同篇『無聚祿以望人之腹』，他解釋說：『望人之腹者，飽也。望，滿也，月盈曰望。看此等下字，莊子之筆端，豈可及哉！』甚而至於，林希逸還十分注意揭示莊子中相當普遍存在著的字同義異的現象。如天地篇有語云：『合喙鳴，喙鳴合，與天地爲合。』他解釋說：『合喙者，不言也；鳴者，言也。以不言之言如此下三字，便是他奇筆處。下面卻翻一轉，又曰「喙鳴合」，此「合」字又與上「合」字不同矣。言此喙之鳴，既以不言而言，則與自然者合矣。以此自然之合，則與天地合矣，故曰「喙鳴合，與天地爲合」。』這也就是說，『合喙鳴』意謂其言出於合嘴不言，『喙鳴合』意謂不言之言就是與天地自然爲合，則前後二『合』字的意義顯然不同。在宥篇有『廣成子』之言曰：『抱神以靜，形將自正。』又有『鴻蒙』之言曰：『噫，心養！……解心釋神，莫然無魂。』他解釋說：『神存於心曰抱，靜而無爲，形則自正。……心養者，言止汝此心自養得便是。不曰「養心」而曰「心養」，當子細分別。……解心，解去其有心之心；釋神，釋去其有知之神。……「解心」之「心」與「心養」之「心」自異，「解神」之「神」與「抱神以靜」之「神」自異，此等字又當子細體認。』這也就是說，『心養』之『心』、『抱神』之『神』是指人的自然本性中所固有的本真之心神，『解心』之『心』、『釋神』之『神』是指馳騖於外而已失去本真的心神，則二者字雖同而義有別，當用心體認才是。無可否認，林希逸的剖析確實爲讀者正確理解莊子文章的字義、詞義提供了很大幫助，而且還昭示人們莊子一書中的字義、詞義往往不可以尋常的方法求得。

二、謂其言多『過當』、『過高』，筆端每『鼓舞變化』

林希逸指出，莊子爲了批評儒家的某些思想觀點，以及像『佛書所謂爲最上乘者說』那樣來說教世上『中下之人』，便講了許多『過當』、『過高』的話，因此讀者在理解這些話時切不可過於當真。如他於大宗師篇『若狐不偕、務光、伯夷、叔齊、箕子、胥餘、紀他、申徒狄，是役人之役，適人之適，而不自適其適者也』下指出：『此皆過當之論，故狐不偕而下，如伯夷、叔齊、箕子皆遭譏訕，以爲役於人而失其己者，故曰不自適其適。』於駢拇篇『伯夷死名於首陽之下，盜跖死利於東陵之上，二人者，所死不同，其於殘生傷性均也』下指出：『伯夷、盜跖，莊子豈不知其賢否！特借此以立言，此皆是其過當處。』於天地篇『世俗之所謂然而然之』等語下指出：『此意蓋言今人之所謂道，皆世俗之所同是者，非獨得於己而與造物爲徒者也。……而莊子以爲道必出於一世之上，故以古之帝王與聖賢皆作下一等看，乃如此發明一段，筆勢瀾翻，信不可及，然其言亦太過矣。』說明在林希逸看來，莊子爲了批判儒家崇尚聖賢的思想，糾正世人對『道』的錯誤看法，便無情地譏訕了儒家所大力宣揚的伯夷、叔齊等人，把『古之帝王與聖賢皆作下一等看』，所以就有了這些『過當』、『過高』的話。林希逸進一步指出，由於莊子每以『過當』、『過高』之言來批評儒家，說教世上中下之人，這就使『過當』、『過高』漸漸成了他的慣用『筆法』，因而人們在研讀莊子過程中需要隨時注意到這一現象。如林氏於德充符篇『雖天地覆墜，亦將不與之遺』下云：『讀莊子之書，與語、孟異，其語常有過當處，是其筆法如此，非真曰天地能覆墜也。……如此等句皆莊子下字造語之妙處，若言明乎實，則拙矣。』於同篇『所愛其母者，非愛其形也，愛使其形者也』下云：『此皆莊子弄筆處。「愛使其形」之說，……皆其形容之文，有過當處。』又於同篇『吾（魯哀公）與孔丘，非君臣也，德友而已矣』下云：『此皆莊子下筆過當不照管處，……不可以實求之。』林希逸明確、反復地提出莊子中的言論

每有『過當』、『過高』的特徵，他的這一提法在理論上無疑屬於一大創新，對我們正確把握莊子文章的『筆法』特徵，並從而探尋到爲這種獨特的『筆法』所掩飾著的作者真意是很有指導意義的。

在林希逸看來，既然莊子中多『過當』、『過高』之言，則其行文必富有『鼓舞變化』的特徵，所以『不可以尋常文字蹊徑求之』。如他在闡釋德充符篇時說：『此鼓舞其筆，不照前後，所以爲異端之書。』在闡釋大宗師篇時說：『莊子大抵如此鼓舞其文，若非別具一隻眼者，亦難讀也。』在闡釋天地篇時說：『此皆其鼓舞處，不可執著，執著則難讀莊子矣。』那麽，到底應如何來讀莊子，才算不執著於其『鼓舞處』呢？齊物論篇有這樣一段話：『夫道未始有封，言未始有常，爲是而有畛也。請言其畛：有左有右，有倫有義，有分有辯，有競有爭，此之謂八德。』林希逸解釋說：

至道、至言本無彼此，因人心之私有個『是』字，故生出許多疆界。畛，疆界也。八德之名，只是物我對立之意，卻鼓舞其文，做出四句。……看此等文字，即就字義上略擺撥得伶俐便自好。若道『倫』又如何，『義』又如何，『分』又如何，『辯』又如何，『爭』又如何，『競』又如何，便非莊子之意矣。且『倫』字、『義』字、『分』字、『辯』字、『競』字、『爭』字，本無甚分別，如何名以『八德』？看得他文字破，不被他鼓舞處籠罩了，方是讀得莊子好，雖使莊子復生，亦必道還汝具一隻眼。

這裏也就是說，大道、至言本來沒有彼此的界域，而世人爲了爭得一個『是』字，便劃出了諸如莊子所舉『八德』之類的界域。實際上，莊子只是爲了說明世人物我對立的情況而『鼓舞其文』而已，並不是說大道真的有這八種界域。讀者如果能看破莊子行文的這一特點而不爲其『鼓舞處』所迷惑，則可謂是讀好莊子了。這種所謂的『鼓舞處』，林希逸有時又稱之爲『戲劇處』。如他在闡釋齊物論篇時說：『齊諧，書名也。其所志述皆怪異非常之事，如今山海經之類。然此事亦未必有，莊子既撰此說，又引此書以自證，此又是其戲劇處。』由此可見，林希逸根據莊子行文的特徵而提出『鼓舞』說、『戲劇』說，正是對天下篇作者所謂『（莊子）以謬悠之說，荒唐之

言，無端崖之辭，時恣縱而不儻，不以觭見之也』，司馬遷所謂『其言洸洋自恣以適己』（史記老子韓非列傳）等說法的進一步發展，從而爲人們比較正確地理解莊子文章提供了理論指導。

林希逸進一步認爲，由於莊子中的言論多『過當』、『過高』，其行文每有『鼓舞處』、『戲劇處』，這又決定了莊子文章必然具有詩情畫意的特徵。因此他便把齊物論篇『莊周夢爲蝴蝶』的寓言故事說成是『畫筆』，把馬蹄篇『馬陸居則食草飲水』一段文字說成是『畫馬圖』，把養生主篇以極度誇張的手法敘述『庖丁爲文惠君解牛』說成是『畫出一個宰牛底人』。尤其對齊物論篇『地籟』一段文字所包含著的詩情畫意，林希逸更是闡述說：

莊子之文好處極多，如此一段，又妙中之妙者。一部書中，此爲第一文字。非特莊子一部書中，合古今作者求之，亦無此一段文字。詩是有聲畫，謂其寫難狀之景也，何曾見畫得個聲出！自『激』者至『咬』者八字，八聲也；『于』與『喁』，又是相和之聲也。天地間無形無影之風，可聞而不可見之聲，卻就筆頭上畫得出，非南華老仙，安得這般手段！每讀之，真使人手舞足蹈而不知自己也。

這裏，林希逸把莊子描寫『地籟』的一段文字說成不僅是一首富於畫意、可供人吟誦的詩歌，而且又是一幅畫出了可聞而不可見之風聲的圖畫，從而似乎把讀者一下子帶進了莊子所創造的那個風聲旋律與『樹尾調調然動而刁刁然微』（宣穎南華經解）等視覺意象和諧統一的美妙意境。但在林希逸看來，作爲莊子文章的獨特意境主要還是由它的『奇特』性體現出來的，而這種『奇特』性又表現在其文章的各個方面。如他在闡釋德充符篇時說：『最者，尊之也。不曰「尊」，而曰「最」，此莊子之文所以奇也。』此謂其用字之奇。在闡釋天地篇時說：『一個「彼且」，七個「方且」，古今以來，那得這般文筆！……一族之聚，必尊其祖，故曰「有族有祖」，只此等閒四字，下得亦奇。』此謂其用詞之奇。在闡釋知北遊篇時說：『不形之形，形之不形，不際之際，際之不際，此等句法，皆是莊子之文奇處。』此謂其句法之奇。在闡釋秋水篇時說：『自一足說到無足，皆言天機自然之動，可謂世間至奇之文。中間又以人之唾喻蚿之足，此處又妙，其末卻歸在風上，而目與心兩項卻不說，此皆文字變換

而又奇者也。』此謂其文字變换之奇。在闡釋齊物論篇時説：『此篇立名，主於齊物論，末後卻撰出兩個譬喻，如此其文絶奇，其意又奥妙，人能悟此，則又何是非之可爭！即所謂死生無變於己，而況利害之端之意。首尾照應，若斷而復連，若相因而不相續，全是一片文字。筆勢如此起伏，讀得透徹，自有無窮之味。』此謂其立意、設喻及章法、筆勢之奇。在闡釋徐無鬼篇時説：『只「不疑」二字，莊子鼓舞出來，卻撰出此數句，以結一篇之文，可謂奇特。』此謂其篇末收結之奇。在闡釋天下篇時説：『此篇，莊子之終也，卻以惠子結末，雖以其不預聞道之列，亦以辯者之言固皆以無爲有，而其語亦自奇特，故以置之篇末。蓋著書雖與作文異，亦自有體制，起頭結尾，皆是其用意處，如春秋之絶筆獲麟，如中庸之「上天之載，無聲無臭」。』此謂莊子全書收結之奇。總之，林希逸認爲莊子一書可謂無處不奇，由此而構成了全書獨特奇絶的意境，因而他在闡釋德充符篇時説：『蓋莊子之書，非特言理微妙，而其文獨精絶，所以度越諸子。』由於林希逸以『奇』字評析莊子文章很能揭示出其重要藝術特徵，所以後世探究莊子散文藝術者往往繼承並發展了他的這一思維模式。

三、謂其『語脈機鋒多如禪家頓宗所謂劍刃上事』

由於莊子的文章往往是以幽默含蓄的問答來揭示其思想内容的，因此林希逸認爲這與禪家頓宗的語脈機鋒並無二致。如在宥篇有雲將、鴻蒙問答的寓言，他認爲這『便似傳燈録上説話。』天道篇有桓公、輪扁問答的故事，他便謂其『翻來覆去，只説一個自然之理，而撰出許多説話，……愈見莊子不可及處，讀佛書者亦然。』而對於秋水篇中河伯與北海若的七番問答，他更作了如下解釋：

河伯、海若問答，正好與傳燈録忠國師『無情説法』、『無心成佛』問答同。看大慧云：『這老子軟頑，撞著這僧又軟頑，粘住了問。』謂其『家活大，門户大，波瀾闊，命根斷』，這數語，莊子卻當得。

在林希逸看來，諸如在宥篇中雲將與鴻蒙，天道篇中桓公與輪扁，他們的問答實在都有如禪宗以不落跡象、含意深刻的言辭門機鋒。而秋水篇中河伯與北海若的七番問答，除了具有景德傳燈錄第二十八所載常州僧靈覺等與南陽慧忠國師門機鋒一般禪趣而外，其所顯示出的闊大意象，又正有如大慧普覺禪師語錄第十五普說所説的忠國師語『家活大，門戶大，法性寬，波瀾闊』一般境界，所以說莊子文章不但具有『字義皆與吾書不同』與『其言多過當』、『其言每每過高』、『其筆端鼓舞變化』等特徵，而且還富於禪宗門機鋒般的那種不落言筌、意象闊大深遠的藝術境界。這樣，林希逸又爲後人開創了以禪機來評析莊子散文藝術的新路子。

總之，林希逸把天下篇作者、司馬遷、成玄英等人對莊子文章藝術特徵的簡單評論進一步發展成了多角度、全方位的評析，從而爲明清兩代學者的莊子散文研究打下了良好的基礎。

第四節　莊子口義在中國、日本歷史上的影響

林希逸莊子口義，既遠承東晉支遁、唐初成玄英等人以佛解莊的思想成果，又近繼北宋王安石、蘇軾等人以儒道爲一的思維模式，爲適應宋代『三教合一』的文化發展態勢而把唐宋時期偶有出現的以儒、釋解釋莊子的思維模式發展到了前所未有的『完美』程度。兼以此著每以佛教思維方式尋繹莊子文章的『語脈機鋒』，『悟其縱橫變化之機』，對莊子散文的文字、脈絡、筆法、意境皆有深刻的揭示，所以博得了時人所謂『竹溪既盡其師之傳，又蒐獵釋老諸書於六經子史之外，故能究此老之隱微，盡此老之機解，使南華而可作，必以竹溪爲知我者也』（林經德爲莊子口義所作後序），『鬳翁著此書，解若江海之浸，膏澤之潤，情其情而思其思，夢其夢而覺其覺，故能言其言而指其指，聲音笑貌，身親出之而人親覿之，……卓然起莊子於朽骨，發千古之寶藏，鬳翁亦博大弘偉，豪傑巨儒哉』（徐霖爲莊子口義所作後序）等稱譽。據陳夢炎爲莊子口義所作後序可知，林希逸此著初版

後不久，有人就予以改版重刻，其目的就是爲了讓人們可以『一覽義見』及『巾笥』保存。之後，褚伯秀編著南華真經義海纂微，又把它收錄了進去。

莊子學經過元代及明代前期的相對沉寂之後，到明代後期便迅速崛起，林希逸莊子口義的影響正是伴隨著這一崛起而得以進一步擴大的。如陸西星南華真經副墨這部作爲明代後期莊子學崛起的標誌性著作，雖然認爲『鬳齋口義，頗稱疏暢，而通方未徹，掛漏仍多』（南華真經副墨自敘），對林希逸的莊子口義持有一些異議，但仍顯示出了其對林氏此著的諸多承因痕跡。如他在闡釋齊物論篇時所謂『是他爲「真宰」立個暗號，如禪家所謂「這個」』，『「因是」之意，其在釋氏則所謂隨順不二，實無諍之要旨』，『以還於造化爲大解脱，大了當，故佛氏以涅槃爲至樂』云云，便都顯示出了其對林希逸莊子口義以佛解莊思維方式的承因痕跡。而所謂『之調調，之刁刁，看他文字奇處，寫出風木形聲，筆端如畫，千古摛文，罕有如其妙者』，『莊子之書，字面新，文法奇，讀者直謂其難解，便廢閣不讀，大是可惜』云云，則又都可看成是對林氏評析莊子散文藝術之思維方式的借鑒和運用。稍後，釋德清的莊子内篇注在以佛解莊的道路上又有所前進，而其評析莊子文章，諸如在注解逍遥遊篇時所謂『此是他文章變化鼓舞處』、『此……大似詼諧戲劇之意』，在注解齊物論篇時所謂『其爲文真似長風鼓竅，……筆端鼓舞』云云，則又何嘗不是對林希逸評析莊子文字血脈時所用概念、術語的進一步運用！此外，焦竑莊子翼還收錄了林希逸的莊子口義，而孫應鼇莊義要删、李廷機莊子玄言評苑、陳深莊子品節、陳懿典南華經精解、沈汝紳南華經集評、孫大綬南華真經副墨校釋等等，則每引林氏莊子口義之説以解莊子。總之，林希逸莊子口義對明代後期莊子學的影響之大，幾乎可以跟郭象莊子注的影響相仿佛，這從陸西星南華真經副墨自敘、李齊芳南華真經副墨敘皆以郭象莊子注、林希逸莊子口義並舉這一事實中似乎也可得到證明。

清代的莊子學具有比較明顯的儒學化傾向。如林雲銘莊子因、吴世尚莊子解、宣穎南華經解、陸樹芝莊子雪、劉鳳苞南華雪心編等等，所論證的宗旨大致不外就是蘇軾所説的『莊子，蓋助孔子者』（莊子祠堂記），和林

希逸所說的『若莊子者，……大綱領、大宗旨未嘗與聖人異也』（莊子口義發題）。而這些著作對莊子文字血脈的用心揭示，對莊子散文藝術的精心評析，則更顯示出其深受林希逸莊子口義及陸西星南華真經副墨、釋德清莊子內篇注等影響的痕跡。

大約在明朝初年，林希逸的莊子口義不知通過何種途徑傳到了日本。據正保四年（1647）刊本老子鬳齋口義卷末所附林道春跋語『近代南禪沙門岩維肖嘗聞莊子於耕雲老人明魏，而後維肖始讀莊子希逸口義』，及林恕於寬文元年（1661）爲小野壹莊子鬳齋口義棧航所作序言『龍阜僧得岩就明魏問郭注，既而得希逸口義占畢之，自是以降，郭注廢而口義行矣』等說法，則岩維肖似爲日本歷史上最早讀林希逸莊子口義的人。維肖（1360—1437），號得岩，是室町時代（1393—1573）五山南禪寺沙門和『五山文學』的重要代表人物。林希逸的莊子口義由於得到了岩維肖的愛好和講授，同時又正好適應了當時社會上所出現的儒、道、釋三教漸漸走向融合的文化思潮，所以得以較快地流傳開來。而進入江戶時代（1603—1867）後，由於德川幕府儒官林羅山的大力推薦，林希逸的莊子口義更成了人們所共同承認的最權威的莊子學著作，從而代替了郭象莊子注在日本莊子學中的統治地位。據今所知，從室町時代到江戶時代前期，日本人研究或點勘林希逸莊子口義的著作就有岩維肖的莊子口義抄、松永遐年的莊子抄、熊谷立設的頭書莊子口義、山本洞雲的莊子口義諺解、小野壹的莊子鬳齋口義棧航、毛利瑚珀的莊子口義大成俚諺鈔等等，這也同樣說明林氏的莊子口義在當時具有多麼高的地位，產生了多麼大的影響！

到了江戶時代（1603—1867）中期，隨著荻生徂徠（1666—1728）學派的興起，人們開始看重純正的儒學，對莊子的闡釋也要求按以莊解莊的思維方式來進行，於是林希逸的莊子口義這部具有以儒、釋解莊鮮明特徵的著作也就不爲人們所重視，而郭象的莊子注則幾乎恢復了跟原來相當的崇高地位。

第十章　褚伯秀的南華真經義海纂微

褚伯秀，一名師秀，號雪巘，又號環中子，杭州人，卒年八十餘。據周密癸辛雜識後集載，元世祖至元丁亥（1287）九月，褚氏嘗與周密、王磐隱遊閲古泉，則其入元尚健在。褚氏博學通經術，性清介絕俗，寄跡黃冠，隱於天慶觀，閉戶著書不輟。事跡主要見於周密浩然齋雅談卷中、鄭元祐遂昌雜錄、萬斯同宋季忠義錄卷十四、王梓材宋元學案補遺別附二、仲蘅武林元妙觀志卷二等。著作主要有南華真經義海纂微一百六卷，纂成於宋度宗咸淳庚午（1270），下距宋亡僅六年，今保存於道藏、四庫全書之中。據武林元妙觀志卷二、杭州府志藝文志等載，此外還曾注老子、列子，並有雜著、詩文甚多，可惜多已散佚。

第一節　保存兩宋治莊遺說十餘家

清四庫館臣爲褚伯秀南華真經義海纂微所作提要云：『其書纂郭象、呂惠卿、林疑獨、陳祥道、陳景元、王雱、劉概、吳儔、趙以夫、林希逸、李士表、王旦、范元應十三家之説，而斷以己意，謂之「管見」。中多引陸德明經典釋文而不列於十三家中，以是書主義理，不主音訓也。成元英疏、文如海正義、張潛夫補注皆間引之，亦不列於十三家，以從陳景元書採用也。范元應（或作范應元）乃蜀中道士，本未注莊子，以其爲伯秀之師，故多述其緒論焉。蓋宋以前解莊子者，梗概略具於是。其間如吳儔、趙以夫、王旦諸家，今皆罕見，實賴是書以傳，則伯秀

編纂之功，亦不可沒矣。』①確實，褚伯秀南華真經義海纂微一書的價值，主要在於其保存了兩宋時期各家研治莊子的重要資料。

今案褚伯秀南華真經義海纂微卷首有陳碧虛解義卷末載覽過莊子注云：『景德三年國子監刊行本；江南古藏本，徐鉉、葛湍校；天台山方瀛宮本，徐靈府校；郭象注中太一宮本，張君房校；成玄英疏中太一宮本，張君房校；文如海正義中太一宮本，成、文並唐道士；江南李氏書庫本，張潛夫補注；散人劉得一本，大中祥符時人。』這些校刊本或注疏文字，即多爲褚氏南華真經義海纂微據以校勘、解說莊子的主要版本和重要資料。又有今所纂諸家注義姓名云：『郭象注，吳門官本；呂惠卿注，川本；林疑獨注，舊麻沙本；陳詳道注，藏本；陳景元注，字太初，號碧虛子，建昌人，熙寧間主中太一宮，召對進道德、南華二經解，頒行入藏；王雱注，內篇；劉概注，外、雜篇，繼雱之後；吳儔注，已上五家並見道藏，崇、觀間人；虛齋趙以夫注，內篇，福本；竹溪林希逸口義，福本；李士表莊子十論；王旦莊子發題；無隱范先生講語，名元應，字善甫，蜀之順慶人。』這裏所列的『十三家之說』，則更成了褚氏南華真經義海纂微纂輯的對象。而其中多數大家的解莊之說，正是依賴此書的收錄而得以保存至今。如：

1. 林自（字疑獨）的莊子注，未見曾有刊本行世，其注文唯賴褚氏南華真經義海纂微之收錄而得以保存至今。

2. 陳詳道的莊子注，歷代志書均無著錄，亦未見曾有刊本行世，唯賴褚氏南華真經義海纂微之纂輯而使其注文得以流傳至今。

3. 陳景元的南華真經章句音義、南華真經章句餘事、莊子闕誤、南華真經餘事雜錄等，多有完本存世。但

① 四庫全書總目提要褚伯秀南華真經義海纂微。

7．趙以夫的莊子注，未見曾有刊本行世，唯賴褚氏南華真經義海纂微之大量引録而得以保存其大部分注文。

6．吴儔的莊子注，未見曾有刊本行世，唯賴褚氏南華真經義海纂微略有徵引而得以窺見其注文之特徵。

5．劉概的莊子注，未見曾有刊本行世，唯賴褚氏南華真經義海纂微之纂録而得以長期保存其部分注文。

4．王雱有南華真經新傳一書傳世。而所謂『王雱注，内篇』，迄今不知爲何著，唯賴褚氏南華真經義海纂微在解説逍遥遊、齊物論、德充符、大宗師四篇時有所徵引，而使後人仍能窺見其中之一斑。

其所著莊子注一書，各志書均無載録，更無完本傳世，唯賴褚氏南華真經義海纂微之輯録而得以存其梗概。

8．王旦的莊子發題，亡佚已久，唯賴褚氏南華真經義海纂微之引述而得以保存其部分内容。

9．范元應在杭州天慶觀講解莊子近二載，其緒論唯賴褚氏南華真經義海纂微之稱引而得以久久不泯滅。

兩宋時期各家的莊子學著作，凡存世者，基本上都收於道藏中。褚伯秀的南華真經義海纂微一書，凡一百六卷，其字數大大超過了道藏所收兩宋時期其餘所有莊子學著作字數的總和①。而在褚氏南華真經義海纂微所收宋代十二家治莊之説中，上文所列的九家之説又完全依賴褚氏此書而得以長期保存。明代孫應鼇莊義要删、焦竑莊子翼等，其中所采摭的宋代莊子學資料，即多爲删取褚氏南華真經義海纂微所收録的有關資料而來。由此可見，褚伯秀的『編纂之功』實在是『不可没』的。

褚伯秀南華真經義海纂微由於『主義理，不主音訓』，所以像陸德明莊子音義、成玄英莊子注疏、文如海莊子正義、張潛夫莊子補注、陳景元南華真經章句音義等著作中的有關文字都不得列於十三家，而兩宋時期那些重在闡釋莊子義理的著作及講語幾乎都成了輯録的對象，這實際上反映出了褚伯秀學術思想的宋學精神。正

①　羅勉道的南華真經循本因問世時代不能完全確定，故暫不統計在内。

是本著這一學術精神，褚伯秀在收錄有關注文及講語時一般也就只要求保存其主要意思，而並不主張依原文原話照抄照錄。因此，我們只要以南華真經義海纂微中所收錄的說解文字與有關存世原著相對照，就會發現褚氏在纂輯過程中曾每將原著內大段大段注文加以刊落。即使對於所要收錄的解說文字，一般也都加以節錄改寫。如林希逸莊子口義逍遥遊於經文『北冥有魚，……奚以之九萬里而南爲』下所作注文長達七百五十餘字，褚伯秀則把它簡縮成了如下一段文字：

> 鯤鵬變化之論，只是形容胸中廣大之樂。蓋謂世人見小，故有紛紛之爭。若知天地外有如許世界，則自視其身，不啻太倉粒粟也。鯤鵬亦寓言，不必拘陰陽之說。鳥之飛也必以氣，下一『怒』字便是奇特。『三千』、『九萬』，只形容其高遠；『去以六月息者』，一舉必歇半年也。『野馬』、『塵埃』、『生息相吹』三句，正發明下文視天無極，以形容鵬飛之高，卻如此下語，可見筆力。

褚伯秀的節錄改寫，使林希逸所作的原來那段注文只剩下了一百三十餘字，這固然大大改變了原注的本來面貌，卻使原來的文字變得更爲簡練，所表達的主要觀點也變得更爲突出。由此看來，褚伯秀編纂南華真經義海纂微一書，實可謂是一項需要花費很大精力的具有創造性的學術活動，這就無怪乎他在此書後序中要特意向人們說明其『纂集諸解凡七載而畢業』的艱辛過程了。

第二節　『管見』大抵以道家說解釋莊子

褚伯秀編纂南華真經義海纂微，凡在纂集郭象、呂惠卿等人說法之後，一般都要『斷以己意』，發表自己的見解，謂之『管見』。從『管見』中的有關說法來看，褚伯秀的莊子學思想也在一定程度上受到了諸如魏晉玄學、唐宋儒道佛三教並存等文化思潮的影響。如齊物論篇有『罔兩問景』的寓言，『管見』云：『蛇蚹、蜩翼，……蓋

蛇藉以行，蜩藉以飛，喻人身中所以運動者，有若相待而終於無待，則獨化之理明矣。』寓言篇也有『罔兩問景』的寓言，『管見』云：『夫影生於形，非日火則莫見，有若相因也。日火雖光，非形則無影，本於獨化也。……齊物論云「若有真宰而不得其眹」，正明此義。所謂「真宰」者，即獨化之主，萬物萬形賴之以生育運動，而因待有無之所從出也。信能反而求之恍惚之間而見曉聞和，則獨化之理明，罔兩之疑釋矣。』這些例子都説明，褚伯秀確實在一定程度上受到了西晉玄學家郭象『獨化』論的影響。又如漁父篇通過設爲『孔子』與『漁父』問答的寓言故事，對儒家所提倡的仁義忠孝觀念和禮樂制度進行了激烈批判。對此，『管見』則云：『余謂南華之於孔子，獨得其所以尊之妙，正言若反，蓋謂是也。』列禦寇篇有語云：『賊莫大乎德有心而心有睫，及其有睫也而内視，内視而敗矣。凶德有五，中德爲首。』意謂五官與心欲皆爲凶德，而心主其中心之欲，故爲凶德之首。對此，『管見』則云：『釋氏説五種眼，唯天眼肉眼在面，慧法佛眼皆在心。彼心眼，顯成德之效；此心眼，戒敗德之原。不戒乎敗，曷臻乎成？二家之論，相爲表裏。凶德有五，視聽言貌，思之不由乎正者，心主中而爲首，因有以自好，謂人莫我及而訾毁之，此敗德之始。』這些例子説明，褚伯秀又在一定程度上受到了唐宋學者以儒解莊、以佛解莊等思想方法的影響。然而，像以上所舉的例子，在褚伯秀『管見』中畢竟僅僅屬於個別現象而已。如果從總體上來看，那麼褚伯秀的『管見』則大抵是以道家説來解釋莊子的。

正如釋文珦在贈道士褚雪巘（潛山集卷一）詩中所説，褚伯秀實爲一位『心同水月皎，身與山雲俱』的『真隱徒』。周密浩然齋雅談卷中亦云：『道士褚伯秀，清苦自守，嘗集注莊、老、列三子。天師以學修撰命之，不就，作貧女吟二首謝之曰：「夜績晨炊貧自由，強教塗抹只堪羞。閉門静看花開落，過卻春秋不識愁。寂寞篷窗鎖冷雲，地爐紉補自陽春。千金莫識朱門聘，不是穿珠插翠人。」』像這樣一位『身近尼五之天而神遊乎漆園濮水之上』（文及翁爲南華真經義海纂微所作序）的『真隱徒』，他也就自然要注重於以道家説來解釋莊子了。正所謂『褚君伯秀道家者流，非儒非墨，故其讀此書也用志不分，無多歧亡羊之失，特欲索祖意於千載之上』（湯漢

爲南華真經義海纂微所作序)。而且,『范元應乃蜀中道士,本末注莊子,以其爲伯秀之師,故多述其緒論焉。』(四庫館臣語)這就是説,褚伯秀的『管見』往往是承因道士范元應講解莊子的『緒論』而來。褚伯秀在爲齊物論篇『夫隨其成心而師之』一段文字所作的『管見』中説:『愚嘗侍西蜀無隱范先生講席,竊聆師誨云。』他在南華真經義海纂微後序中更是説:

淳祐丙午歲,幸遇西蜀無隱范先生遊京,獲侍講席幾二載。將徹章,竊謂同學曰:『是經疑難頗多,此爲最後一關,未審師意若爲發明,度有出尋常見聞之表者。』……師曰:『本經有云:「恢恑憰怪,道通爲一。」存而勿論可也。』……竊惟聖賢垂訓,啟迪後人,義海宏深,酌隨人量,箋注之學,見有等差,須遇師匠心傳,庶免多歧之惑。……古語云:『務學不如務求師。』至哉師恩,昊天罔極!茲因纂集諸解,凡七載而畢業,恭炷瓣香,西望九禮,儼乎無隱講師之在前,洋洋乎南華老仙之鑒臨於上也。所恨當時同學南北流亡,舊聆師誨,或有缺遺,無從質正,徒深慨歎耳。……聊志師徒慶會之因於卷末,俾後來者知道源所自云。咸淳庚午(1270)春,學徒武林褚伯秀謹志。

褚伯秀於宋理宗淳祐丙午(1246)始獲侍西蜀道士范元應,聆聽其講解莊子近二載,深感受益匪淺,因此在後來長達七年的編纂南華真經義海纂微的過程中始終不敢忘記『有出尋常見聞之表』的『師意』。即使在宋度宗咸淳庚午(1270)纂成此書之後,他仍還要『恭炷瓣香,西望九禮』,『儼乎無隱講師之在前,洋洋乎南華老仙之鑒臨於上也』,十分希望自己所纂的這部莊子學著作能夠得到無隱講師、南華老仙的檢驗和認可。而據褚氏在南華真經義海纂微後序中所説,范元應講解莊子之所以『有出尋常見聞之表者』,主要乃是由於他採取了以莊解莊的思想方法。如當弟子們遇到莊子中諸多疑難問題時,他就開導説:『本經有云:「恢恑憰怪,道通爲一。」存而勿論可也。』這裏即是説,如果能運用莊子齊物論中齊同萬物的思想方法來對待一切事物,那麼莊子中的諸多疑難問題也就不復存在了。由此不難推知,褚伯秀既然深以范元應的莊子學思想爲自己的『道源所

自』，那麼他在『管見』中也就大抵要以道家說來解釋莊子了。如天下篇開頭有這樣一段話：『古之人其備乎！……其明而在數度者，舊法、世傳之史尚多有之；其在於詩、書、禮、樂者，鄒魯之士、搢紳先生多能明之。詩以道志，書以道事，禮以道行，樂以道和，易以道陰陽，春秋以道名分。』王安石、王雱、林希逸等一大批宋代治莊者皆謂此爲莊子推尊儒家的有力證據，認爲莊子『未嘗不知聖門爲正也』（林希逸莊子口義）。而褚伯秀在『管見』中卻說：

古者聖王之爲治也密，其憂民也深，非唯求理於一時，直欲爲法於萬世。自『道志』至『名分』，皆聖人致治之跡也，施之天下而效有淺深，見之事爲而政有治亂者，爲聖賢之指不明，道德之歸不一，學者徒貴已陳之芻狗，治莫致而妖異興焉，各得一端而自以爲大全，無異指蹄涔爲東海也。

此處褚伯秀旨在說明，古今情況不同，世事紛繁複雜，一切禮義法度都必須因時應物，以變爲常，而像儒家那樣死守古代聖王『已陳之芻狗』，以詩、書、禮、樂、易、春秋爲教條，意欲達到天下大治的目的，實在無異於『指蹄涔爲東海』，是十分荒唐的。實際上，這裏大抵是運用天運篇中『師金』批評『孔子』時所持的理論觀點來解釋天下篇中有關文字。在褚伯秀的『管見』中，像這樣以莊解莊的情況相當普遍。如大宗師篇有『子祀、子輿、子犁、子來四人相與語』的寓言故事，『管見』說：『此四人「以無爲首，以生爲脊，以死爲尻，（孰）知死生存亡之一體者，與之爲友」，與庚桑楚篇「始無有，而有生，生俄而死；以無有爲首，以生爲體，以死爲尻；孰知無有死生之一守者，吾與之爲友」義同。』在宥篇有『覩有者，昔之君子；覩無者，天地之友』之語，『管見』說：『君子則務學，期造乎道，是以未能忘物，而所覩無非有，猶庖丁始解牛，所見無非牛。昔之君子尚然，今之君子又可知矣，故思覩無之人而尊之。覩無則絕學而至於道，猶庖丁三年之後，目無全牛矣。』凡此也都說明，褚伯秀確實每以莊子中的各種思想資料互相發明。

褚伯秀以道家說解釋莊子這一精神，還體現在以老解莊上。如德充符篇重在闡述『德有所長而形有所忘』

之旨，『管見』說：『太上云「上德至德，孔德玄德」，皆德之充者。善結無繩約，天下將自賓，不召自來，有德司契，皆符之謂也。而南華發揮爲尤詳，至取殘兀厲惡之人，以摽論本，蓋所以爲尚形骸、外德性者之戒云。』知北遊篇提倡『至言去言，至爲去爲』，『管見』說：『太上云：「不言之教，無爲之益，天下稀及之。」故南華以「至言去言，至爲去爲」終外篇之旨云。』庚桑楚篇對堯舜所倡導的仁義予以徹底否定，『管見』說：『南華主於老氏絕仁棄義之說，凡欲揚道德而抑仁義，必指堯舜爲首，意在拔本塞源，不得不爾，觀者當求其主意，無惑於緒言可也。』凡此都無不說明，褚伯秀通過把莊子學說解釋成是對老子學說的直接繼承和發揮，從而徹底否定了自韓愈以來不少學者所謂的莊子之學源於儒術的說法。同時，褚伯秀也每每徵引老子之語以直接解釋莊子中的有關文字。如養生主篇有『爲善無近名，爲惡無近刑』之語，『管見』說：『按此二句，即道德經「建德若偷」之義。』應帝王篇有『中央之帝爲渾沌』之語，『管見』說：『南華經所謂「渾沌」，猶道德經所謂「混成」。』從這些例子中，我們更可以看出褚伯秀以老子學說解釋莊子的學術精神。此外，褚伯秀還往往引列子中的思想資料與莊子中的有關文字互爲發明。如他在列禦寇篇末所作的『管見』中說：

> 南華、沖虛二真人，應期弘教，躋世清寧，遺訓流芳，千古蒙惠。二經旨趣，互相發揮，蓋不可以優劣論。……南華樂道前賢之善，舉其全章以寓己意者十有六，其『冥海』章，列文甚略，莊子特詳焉。故每章歸結，則時見出藍之青，精彩倍越，莊子得列文而愈富，列文賴莊子而愈彰。前謂御風有待，猶以跡觀，後取立言微妙，則以心契，編末又以『禦寇』名篇，明所舉之不隱，歸趣之合轍也。

列禦寇，亦稱列圄寇或列圉寇，應帝王、至樂、達生、田子方、讓王及呂覽審己等篇皆載其事。據達生篇『子列子問關尹』、審己篇『子列子請於關尹子』、史記老子韓非列傳所載關令尹喜強使老聃著書，與田子方篇『列禦寇爲伯昏無人射』、德充符篇『子產師伯昏無人』等事推證，則列禦寇爲春秋時人。而尸子廣澤、呂覽不二並謂『列子貴虛』，戰國策韓策復稱其『貴正』，則其學說當屬道家者流。漢書藝文志道家類載列子八篇，相傳爲列禦寇所

撰，可惜早已散佚。今本列子八篇，當爲晉人作品。唐天寶間，詔號列禦寇爲沖虛真人，列子爲沖虛真經。由於列禦寇生活的年代早於莊子，而其學說又屬於道家者流，所以褚伯秀便每以列子中的思想資料與莊子中的有關文字互爲發明，明確指出莊子之『歸趣』既與列禦寇之學說頗相『合轍』，同時又對列禦寇的學說有了較大的發展①。顯然，這裏也同樣反映出了褚伯秀大抵以道家說解釋莊子的學術精神。

由於褚伯秀是一位道士，這又決定了他對莊子的闡釋必然會帶有一些道教徒的思想觀念。如他在『管見』中尊老子爲『太上』、『老君』，稱莊子爲『南華老仙』，列子爲『沖虛真人』，等等，無不明顯反映出了他的宗教思想觀念。然而，綜觀褚伯秀的『管見』，其闡釋指向主要還是表現爲以道家說解釋莊子，從而使他的解說比較接近莊子的本然思想。宋末鄱陽人湯漢在爲褚氏南華真經義海纂微所作的序中説：『古諸子之書，若孟氏之正，蒙莊之奇，皆立言之極。至後世，雖有作者，無以加之矣，而莊子尤難讀。大聰明如東坡翁，自謂於莊子有得，今觀其文，間有説莊者，往往猶未契本旨，況（王）雱、（呂）惠卿流，毒螫滿懷，而可與於帝之縣解乎？近時釋莊者益衆，其說亦有超於昔人，然未免翼以吾聖人言，挾以禪門關鍵，似則似矣，是則未是。余謂不若直以莊子解莊子，上絕攀援，下無拖帶，庶幾調適上遂之宗，可以見其端涯也。武林褚君伯秀，道家者流，非儒非墨，故其讀此書也，用志不分，無多歧亡羊之失，特欲索祖意於千載之上，會粹衆説，附以己見，採獲所安，不以人廢，白首成書，志亦勤矣。』莊子一書確實非常難讀，宋代學者如王安石、王雱、蘇軾、呂惠卿、陳詳道、林自、林希逸等等，他們通過較長時間的努力，雖然在莊子闡釋方面取得了很大成就，但由於或以莊子爲『助孔子』者，或以周易陰陽之説比附莊子逍遙義，或『翼以吾聖人（指儒家聖人孔子、孟子等）言，挾以禪門關鍵』，所以仍往往未能契合莊子本旨，即『似則似矣，是則未是』。而褚伯秀身爲道士，上無攀援，下無拖帶，用志不分，大抵以道家説

① 從褚伯秀『管見』中的有關説法來看，褚氏可能深信他所看到的列子八篇就是漢書藝文志所著録的列子八篇。

來闡釋莊子，所以『無多歧亡羊之失』，多能契合於莊子書中所包含著的本然意義，從而在一定程度上糾正了前人（尤其是宋人）莊子學中存在著的某些偏頗，使有宋一代的莊子學有了一個比較好的收場。

第三節　『管見』對經文、傳注的考校與審定

褚伯秀纂集南華真經義海纂微『凡七載而畢業』，其中有不少時間和精力是花費在考校莊子文本上的，其所寫校勘記大都見於『管見』中。如山木篇有『莊周反入，三月不庭』之語，『管見』說：『「三月不庭」，音義注：「一本作三日。」詳下文「頃間」之語，則「三日」爲當，傳寫小差耳。』這裏，褚伯秀根據陸德明經典釋文莊子音義所提供的有關異文資料和山木篇中『夫子何爲頃間甚不庭乎』等語意，破天荒地提出關於『三月』之『月』爲『傳寫小差』的看法，確實很有見地。因而清王念孫進一步申述說：『作「三日」是也。下文言「夫子頃間甚不庭」，若三月之久，不得言「頃間」矣。』（莊子雜志）知北遊篇有語云：『予能有無矣，而未能無無也；及爲無有矣，何以至此哉！』『管見』說：『「及爲無有矣」，諸本皆然。審詳經意，當是「無無」，上文可照。』這裏，褚伯秀所說的話雖然很簡單，但對後世治莊者同樣很有啟發。如近人劉文典沿著褚氏的思路進一步考證說：『作「無有」者，涉上文「有無」而誤也。淮南子俶真篇：「予能有無，而未能無無也；及其爲無無，至妙何從及此哉！」即襲用此文。道應篇作「及其爲無無，又何從至於此哉！」文雖小異，亦正作「無無」。』（莊子補正）與這些例子不同，褚伯秀對莊子文本的校勘有很多地方還是相當詳盡的。如徐無鬼篇有『其（指隰朋）爲人也，上忘而下畔』之語，『管見』說：

『上忘而下畔』，按列子作『下不叛』，張湛注：『居上而自忘，不憂下之離散也。』足以證莊文誤逸。古文『畔』通作『叛』，據此方論隰朋之德似不可以背叛言。若從邊畔說，又不通。宜從列文『下不

叛』爲正。

清宣穎説：『列子作「下不畔」，此處漏一「不」字也。「上忘」者，不自矜其能，故在己上者，與之相忘；「下不畔」者，泛愛衆，故在己下者，不見德，亦不忍畔之。』（南華經解）近人陶鴻慶説：『釋文：「於下無背者也。」是正文「下畔」本作「下不畔」。列子力命篇正作「上忘而下不叛」，是其證也。』（讀莊子劄記）由此不難看出，褚伯秀的校勘意見不但得到了後世治莊者的認同，而且其所反映出的思維方法大致已有如清代、民國時期學者考校莊子字詞時所使用的思維方法，這在宋末以前的治莊史上是很難得的。甚而至於，褚伯秀在考校過程中還考慮到了莊子中有一些異文的出現可能與某些政治因素有著一定的關係，因而就使他的思維活動顯得更爲活躍了。如他於胠篋篇『曷嘗不法聖人哉』等文字後有『管見』云：

自『曷嘗不法聖人』至『聖人者，天下之利器』，凡十一處『聖人』字，今本皆然，唯陳碧虛照張君房校本並作『聖知』。考之前文『世俗所謂知』、『世俗所謂聖』之語，則説亦可通。據當篇本意，正論立法之多弊，則從元本可也。竊意張氏當時被旨校定，及碧虛述解進呈之時，恐其間論『聖人』處，語或有嫌，權易以『聖知』，因而傳襲耳。然有當用『聖人』處，若『曷嘗不法聖人』、『不得聖人之道不立』、『不得聖人之道不行』、『聖人已死』、『聖人不死』，此不可易者，餘易爲『聖知』亦自有理。至若『聖人者，天下之利器』，則是『聖知』無疑。

據陳景元南華真經章句音義卷五所載，張君房校勘本胠篋篇『曷嘗不法聖人哉』等十一處『聖人』皆作『聖知』。陳氏也明確表示，『今從張本』。褚伯秀推測説，張君房校勘本之所以皆作『聖知』，大概是因張氏當時屬於『被旨校定』，不便妄議胠篋篇中接連出現的『聖人』，而權且予以改易。到了陳景元『述解進呈』之時，同樣因『恐其間論「聖人」處，語或有嫌』，也就只好暫予『傳襲』而已。當然，如果從上下文的意思來看，張君房易『聖人』爲『聖知』，有幾處也改易得自有其理，不可一概予以否定。很顯然，褚伯秀的這些校勘意見既是很有見地，又是

頗爲審慎的，因而得到了後人的重視。此外，褚伯秀還用心考察分析了莊子中某些句子或章節之間所存在著的問題。如他在庚桑楚篇『有生』一節文字後有『管見』云：『經文「請嘗言移是」五字，詳文義，合在上五句前「不可知者也」之下，觀郭注可證。』在徐無鬼篇『知士無思慮之變』一節文字後有『管見』云：『此章起論突兀，疑前有缺文。』對於這些校語，我們現在雖然還不能判定其正確與否，卻同樣可以看出褚伯秀在校讀莊子時的用志之勤。

與精心考校莊子經文一樣，褚伯秀對歷代治莊者爲經文所作的傳注也每每予以認真審定。如天道篇謂『（孔子）往見老聃，而老聃不許，於是繙十二經以說』，『管見』說：『「十二經」，說者不一。陸氏音義：「舊注：詩、書、禮、樂、易、春秋六經，加六緯爲十二經。一說：易上下經與十翼。」又云：「春秋十二公經，孔子所作者也。」此說近似。』褚伯秀對陸德明莊子音義中所列的六朝人的三種說法都進行了認真分析，認爲第三種說法比較『近似』。我們知道，六緯是漢代今文學家以神學迷信附會詩、書、禮、樂、易、春秋六部儒家經典經義的緯書的總稱，如禮緯含文嘉、春秋緯元命苞等等，先秦人如何得而知之？至於易傳中的『十翼』，據近人研究，大抵爲戰國末期作品，孔子如何能夠『繙說』？由此看來，褚伯秀的審定意見是比較正確的。又達生篇謂『工倕旋而蓋規矩，指與物化而不以心稽，故其靈臺一而不桎』，『管見』說：『「工倕旋而蓋規矩」，諸解中呂說明當，所論「蓋」字尤有理。鬳齋於「蓋」字頗費辭，而後論精到。合二家之長，斯爲盡善也。經意不過謂，達生之人，心通物理，而物與之合，非區區求合於物，故其巧妙，其功深，徜徉於世而未嘗不適。』原來呂惠卿是這樣解說的：『工倕旋而蓋規矩，則以言其任指之旋而蓋乎規矩也，蓋則其畫適與規矩合而不露也；指與物化而不以心稽，言其指物之相得若化之自然，不待心之稽考而後合乎圓方也。』（莊子全解）從呂惠卿莊子全解和林希逸莊子口義中的有關解說文字，便可清楚看出褚伯秀所作的這一審定意見確實相當中肯，而且可說是頗爲高明的。與上述做法有所不同，褚伯秀有時甚至還對前人的解說都作出了否定性的審定意見。如齊物論篇有

『大塊噫氣』之語,『管見』說:

考『大塊』之義,郭氏謂『無物』。成法師云:『造物是也,亦自然之稱。』又云:『天也。』按本經『大塊載我以形』,列子云『地積塊耳』,釋之以『地』義,或近之。

據陸德明經典釋文莊子音義載,六朝學者解釋『大塊』,或以爲『大樸之貌』,或以爲『無』,或以爲『元氣』,或以爲『混成』,或以爲『天』。而郭象莊子注、成玄英莊子注疏、林希逸莊子口義,又分別以『無物』、『造物』、『天地』等義解釋之。褚伯秀卻一反前人的種種說法,認爲唯釋之以『地』義,方爲近之。毫無疑問,褚氏的這一解說很正確,因爲『此本說地籟,然則「大塊」非地而何?』(俞樾莊子平議)此外,由於句讀涉及了文意,所以褚伯秀還對各家句讀幾乎都予以認真審定。如他在爲山木篇纂集前人解說時有『管見』云:『「道流而不明居,得行而不名處」二句,停勻分讀,義自顯然。郭氏乃於「明」字下著注,故後來解者不越此論,唯呂氏、疑獨二家從「居」、從「處」爲句。蓋「得」當是「德」,「名」應是「明」,庶與上文義協。』這裏,褚伯秀以郭象等人的句讀爲非,唯獨肯定呂惠卿、林自二家從『居』、從『處』爲句的讀法,並進一步推定『「得」當是「德」,「名」應是「明」,庶與上文義協』,凡此都很有見地,也相當正確,所以後世治莊者多從其說。而且,褚伯秀有時還把審定句讀與考校經文結合起來,收到了相輔相成的效果。如他於德充符首章後有『管見』云:

郭氏從『以其知』、『以其心』爲句,『得其常心』遺而不論。成、林、王氏並同郭說,獨呂氏從『得其心』、『得其常心』爲句,上下文義自明。虛齋、無隱皆宗呂義,今從之。又『受命於地』至『唯舜獨也正』,文句不齊,似有脫略。陳碧虛照張君房校本作『受命於地,唯松柏獨也正,在冬夏青青;受命於天,唯堯舜獨也正,在萬物之首』,補亡七字,文順義全。考之郭注『下首唯有松柏,上首唯有聖人』,則元本經文應有『在萬物之首』字,傳寫遺逸。又『彼且擇日而登假,人則從是也』,郭氏從『登』絕句,『假』如字,屬下文,碧虛因之。呂氏以『假』音遐,絕句。疑獨、詳道、王雱、虛齋並宗呂說。竊詳『假

人』無義，革從『登遐』，文義顯明。謂得此道者，去留無礙，而升於玄遠之域也。續考列子周穆王篇，『登假』字並讀同『遐』可證。

這裏，褚伯秀不但認真審定了前人所作的句讀，而且還把它與對經文的考校結合起來，從而收到了更好的效果。如對『受命於地』等句末予『補亡七字』之前，人們多以其中的『唯松柏獨也在』六字連爲一句，而在『補亡』之後，乃知當以『在』字與『冬夏青青』四字連爲一句讀。同樣，通過對『假』字的考釋，也使人們清楚地看到原來郭象以『假人』二字連讀是完全錯誤的。總之，褚伯秀這裏對郭象、成玄英、呂惠卿、王雱、陳景元、陳詳道、林自、趙以夫、林希逸、范元應等人所作的句讀都作出了『是』或『非』的回答，對陳景元所提供的張君房校本的異文資料表示了完全肯定，充分顯示出其見解的獨到之處，因而得到了後世許多治莊者的贊同。此外，褚伯秀對前人關於莊子篇目真偽問題的說法也予以了認真分析，並提出了自己的一些獨特看法。如他於寓言篇末有『管見』云：

> 東坡蘇文公莊子祠堂記謂寓言篇末當連列禦寇篇首，而不取讓王、盜跖、說劍、漁父四篇，且二篇合一義，或可通，而四篇遭黜，無乃太甚！意其所病者，讓王條列繁而義重複，盜跖呰孔子若太過，說劍類從橫之談，漁父幾詆聖之語，此所以不爲坡翁所取也。……竊考讓王等四篇，較之內、外部若有間，然其指歸不失大本，蓋立言者不無粗精之分、抑揚之異，或門人補續，不得其淳，所以置諸雜部之末，自可意會，無煩多議，以啟後疑。

褚伯秀於駢拇篇末有『管見』云：『本經內篇命題本於漆園，各有深意；外、雜篇則爲郭象所刪修，但摘篇首字名之，而大義亦存焉。』這也說明，褚氏認爲外、雜篇雖然不如內篇『各有深意』，或爲莊周門人所補續，但其『大義亦存』，『指歸不失大本』，所以蘇軾在莊子祠堂記中把讓王、盜跖、說劍、漁父四篇看成偽作而予以刪去，實在是太過分了。他在讓王篇末所附『管見』中說：

本篇載讓王高節，自堯、舜、許由、善卷至於王子搜，皆重道尊生，不以富貴累其心，視天下如弊屣者也。子華、顏闔、曾、顏、公子牟之徒，葆真守約，不以利祿易其操，視富貴如浮雲者也。其間魏牟校諸聖賢若不足，然以國之公子能舍王位之尊，就巖穴之隱，亦良難矣。故其長風餘波之所被，實啟有國有位者重道尊生之心，清靜無爲之教。

這說明在褚伯秀看來，讓王篇雖然『條列繁而義重複』，但『其指歸不失大本』。同樣，他在盜跖篇末所附『管見』中也說：

按盜跖所言，強辯飾非，抑人揚己至矣，卒使聖賢通論亦爲之屈，此天下暴惡之尤者也。或者議其呰聖不典，出於後人附會，理蓋不然。夫孔子之仁，盜跖之暴，固不待辯而明，設爲是論者，蓋欲彰夫子聖道之至，容德之大也。……據辭演義，諸解班班，無以相出。

這又說明，褚伯秀認爲盜跖篇並不是『呰聖不典，出於後人附會』的作品。至於說劍篇，『管見』謂『漆園借此以發胸中之奇，或者泥於形似，遂認爲說客縱横之論，經意一失，指夜光爲魚目者有之』。漁父篇，『管見』謂『世人多病是經呰孔子，余謂南華之於孔子，獨得其所以尊之妙，正言若反，蓋謂是也』。說明在褚伯秀看來，蘇軾主張從莊子中删去說劍、漁父二篇，也是根本没有理由的。總之，褚伯秀能一反蘇軾的説法而大膽陳述自己的見解，認爲讓王、盜跖、說劍、漁父四篇『其指歸不失大本』，當爲莊子門人所補續，這既表現出了其敢於與已爲當世多數人所接受的權威觀點挑戰的勇氣，同時又反映了其善於獨立思考的學術精神，雖然他的這些見解現在還不能被證明是否完全正確。當然，褚伯秀這裏儘管否定了蘇軾關於讓王等四篇爲僞作的說法，我們卻不難看出他仍没有完全擺脱蘇軾『助孔』說的影響。

第十一章　羅勉道的南華真經循本

羅勉道，號竹峰，廬陵人。所著南華真經循本三十卷，完整保存於道藏中。白雲霽道藏目録詳注卷三、焦竑國史經籍志卷四、張廷玉明史藝文志三皆著録。據南華真經循本書中間引邵雍、張載、沈括、蘇軾、鄭樵、朱熹、洪邁諸人之説而未及後人等情況來推測，則臺灣嚴靈峰先生周秦漢魏諸子知見書目依日本靜嘉文庫藏朝鮮西溪樵叟（樸世堂）著南華經注刪補采輯諸家姓氏所稱『宋廬陵人』而斷羅氏爲宋末人，大致可信。

第一節　對莊子本旨的用心尋繹

羅勉道以『循本』命名其莊子學著作，目的就是要説明他的研究即在於用心尋繹莊子本旨。那麼，他到底是怎樣尋繹莊子本旨的呢？

一、屏除清談、禪理、儒學之附會以尋繹莊子本旨

鄱陽人湯漢在宋度宗咸淳元年（1265）爲褚伯秀南華真經義海纂微作序言時，已表示出對兩宋莊子學的極

大不滿，認爲『近時釋莊者益衆，其說亦有超於昔人，然未免翼以吾聖人言，挾以禪門關鍵，似則似矣，是則未是。』羅勉道更批評了自魏晉以來直至宋末的注家們以清談、禪理、儒學牽聯附會莊子的不良傾向，堅決要求按莊子思想的本來面貌來解釋莊子。他在作爲全書開宗明義的南華真經循本釋題中說：『諸家解者，或敷演清談，或牽聯禪語，或強附儒家正理，多非本文指義。漫曰：此文字奇處妙絕，又惡識所謂奇妙！寥寥千八百載間，作者之意郁而未伸，剽竊之用轉而多誤，豈非群書中一欠事！勉道幸以蚤遂退閑，托志清虛，因得時以鄙見梳剔一二。爰筆其說，不覺成帙，自謂庶幾循其本指，題曰莊子循本云。』羅勉道的這些說法，正是我們解讀他的整部南華真經循本的一把重要鑰匙。

當通讀南華真經循本的時候，我們便會發現羅勉道每每引魏晉時司馬彪之注來注解經文。如他僅在注解大宗師篇時，即於『堪坏』下引司馬氏云：『堪坏，神名，人面獸形。』於『馮夷』下引司馬氏云：『清泠傳曰：「馮夷，華陰潼鄉隄首人，服八石得水仙，是爲河伯。」』於『肩吾』下引司馬氏云：『山神，不死，至孔子時。』於『禺強』下引司馬氏云：『山海經曰：「北海之渚有神，人面鳥身，珥兩青蛇，踐兩赤蛇，名禺強。」』於『少廣』下引司馬氏云：『穴名。』於『傅說……乘東維，騎箕尾而比於列星』下引司馬氏云：『傅說，一星在尾上，言其乘東維，騎箕尾之間也。』而對於同時期最有影響的向秀、郭象的注語或看法，則僅於齊物論篇『罔兩』下引云：『向（秀）云：「景之景也。」』於逍遥遊篇題下加按語云：『按漢（書）藝文志「莊子五十二篇」，郭象固已辨其巧雜，十分有三。』這些例子說明，羅勉道對於魏晉時期的莊子學成果，其最喜歡引用的是不尚玄談、以訓釋字義句意見長的司馬彪之注，而對於當時的玄學大師向秀、郭象，則在整部南華真經循本中僅僅引用了其訓釋名詞、辨別文字優劣的資料各一條，由此充分反映出了羅氏要求通過屏除『清談』以尋繹莊子本旨的闡釋指向。

所謂『敷演清談』，當也是就宋代不少學者有時運用郭象的莊子學思想來闡釋莊子而言，而羅勉道自己則

自覺地抵制住了郭象莊子學思想的影響。如郭象以『獨化』說闡釋了寓言篇『罔兩問景』的寓言，林自『敷演』說：『形來則我與之來，形往則我與之往，形強陽則我與之強陽，此皆由於獨化，又何足以有問乎？』（褚伯秀南華真經義海纂微引）褚伯秀也『敷演』說：『夫影生於形，非日火則莫見，有若相因也。日火雖光，非形則無影，本於獨化也。』（南華真經義海纂微）這裏，林自、褚伯秀所說的『獨化』雖與郭象所謂『推而極之，則今之所謂有待者，卒至於無待，而獨化之理彰矣』等說法的性質有所不同，但無疑仍應看成是對郭氏『獨化』說的『敷演』。對於兩宋學者這種『敷演清談』的思想方法，羅勉道則堅決予以摒棄，因而對寓言篇『罔兩問景』寓言作出了這樣的闡釋：『若影，則遇火與日照之則屯聚，遇天陰方夜則代去，無火日則雖有形不能爲我影。如此看來，則彼之形雖能爲吾影而必有所待，況罔兩又用影之有待者乎！』很顯然，羅氏的這一解釋已徹底消除了郭象莊子學思想的影響，很能揭示出莊子寄寓在此則寓言中關於萬物皆有所待這一哲學思想。又如郭象以『遊外宏內』說闡釋了逍遥遊篇『堯讓天下於許由』的寓言故事，王旦、呂惠卿、林自等人在解說這則寓言故事時都受到了郭象說的一定影響，而羅勉道則直截了當地指出『此說聖人無名』，認爲此則寓言故事是用來闡發本文總論中所提出的『聖人無名』這一意思的，從而才真正點到了莊子用意之所在。

在莊子學史上，東晉支遁以佛教即色理論闡釋了逍遥遊篇的旨義。唐初成玄英著莊子注疏，也每每體現出了以佛解莊的思想傾向。到了宋代，由於整個思想文化領域內儒、道、釋三教不斷走向融合，遂使當時研究莊子的學者不免或多或少地受到了這種思想文化思潮的影響，而林希逸著莊子口義，更可謂是一項以儒、釋解說莊子的闡釋活動。對於前人這種種『牽聯禪語』的做法，羅勉道卻予以堅決反對。如他在至樂篇『萬物皆出於機，皆入於機』下說：

以此觀天地間變化何限，未可以耳目所不及疑之。馬生人，人又反入於機，何異釋氏輪回之說？但釋氏說得拘，謂生前作惡則死後或變爲狗馬，業盡又變爲人。有何證據？莊子卻說得活，萬物皆出

於機，皆入於機。夫機者氣之動處，出於機者生也，入於機者死也，盈天地間只是陰陽二氣化生萬物，死則陽氣歸天，陰氣歸地。此氣不出天地間，明日復生，人物仍前，只是陰陽二氣爲之，但不可把已死之馬爲方生之人，已死之人爲方生之馬耳。……若如釋氏說，則天地間須分幾萬萬團氣，各自輪回生滅，纏來纏去，何有了期成其造化？

在羅勉道看來，莊子所說的『萬物皆出於機，皆入於機』，表面上似乎與佛教的『輪回』之說沒有什麽不同，其實佛教只是纏來纏去，僅僅拘限於『生前作惡則死後或變爲狗馬，業盡又變爲人』之說，根本無法合乎天地造化之理，而莊子卻說得很活，把天地間『陰陽二氣化生萬物』的道理都說得十分透徹，所以完全不能以佛理來闡釋莊子。確實，綜觀莊子一書，尤其是至樂篇中『萬物皆出於機，皆入於機』一大段文字，都可說明莊子對陰陽二氣及其所衍化的萬物變化規律有著相當深刻的瞭解，而佛教主張在業報面前衆生一律平等，認爲『生前作惡則死後或變爲狗馬，業盡又變爲人』，雖然反映出了要求消除人間不平等現象的良好願望，但就『輪回』說本身來看，畢竟只是一種宗教幻想，完全不可與作爲一種哲學理論的莊子的『萬物皆出於機，皆入於機』說同日而語。由此看來，羅勉道反對以佛理來闡釋莊子確實有一定道理，而且他在反對『牽聯禪語』的重要前提下來尋繹莊子本旨也確實收到了很好的效果。

對於儒家學說，羅勉道與宋代大多數學者一樣，也認爲它要高於莊子學說。如他在總論天下篇時說：『末篇敘道術，先天人、神人、至人，次及聖人、君子，後世道術裂而後有諸家之異，最末及惠施方術，下矣。莊子自列於老聃後，固未嘗敢以上掩六經也。』說明在羅勉道看來，莊子自己都不敢與作爲『聖人』、『君子』的儒家並列，所以便自列於僅作爲『諸家』之一的老聃之後，以表示其本來就不敢上掩儒家六經的思想。其實，這正是羅氏本人以儒學爲『正理』這一思想的真實反映。然而，儘管羅勉道把儒家學說看成是高於莊子學說的『正理』，但他卻堅決反對人們以『儒家正理』來闡釋莊子。如他在解說天地篇所謂『王德之人』時說：

第二節　對道家哲學基本概念作唯物化闡釋……四六四
第三節　以西方自由思想與莊子自由觀互爲闡釋……四七二
第四節　以西方科學思想與莊子思想互爲闡釋……四八一
第二十三章　梁啟超的莊子學……四九〇
第一節　對莊子人生哲學的詮釋……四九一
第二節　對莊子『種有幾』、『真我』等觀念的闡釋……四九九
第三節　莊子天下篇釋義……五〇八
第二十四章　章炳麟的莊子研究……五一八
第一節　章炳麟莊子研究概說……五一九
第二節　莊子解故……五二七
第二十五章　清代佛教學者的莊子學……五三七
第一節　清代佛教學者莊子學概說……五三七
第二節　楊文會的南華經發隱……五三九
第三節　章炳麟的齊物論釋……五四九

第七編

清代莊子學

第一章　清代莊子學概説

第一節　清代莊子學發展的歷史背景

自明代中葉以後，由於社會經濟的持續發展和商品貿易的日趨活躍，士大夫的心靈和傳統價值觀受到了極大衝擊。兼以從正德以來，國家政治日趨腐敗，社會矛盾日益尖鋭，統治階級因力不從心而對意識形態領域的控制已有所放鬆，因此在思想文化範圍内出現了近代化的人文主義思潮。同時，王守仁所倡導的心學，愈發展到後來便愈追求一種符合生命本真的情趣，對明代最高統治階級欽定的官方哲學即禁錮人性的程朱理學産生了最直接的破壞作用，凡此皆使以任心適性爲主要特徵的老莊思想獲得了迅速流播的機緣。而隨著明朝的傾覆，一批堅決不願屈節事清的遺民或遺民禪，諸如覺浪道盛、方以智、錢澄之、歸莊、屈大均、王夫之、傅山等等，更是紛紛走近莊子，有的還以莊子、屈原相提並論，借此來表達他們的民族氣節，這就使晚明的莊子學以甚爲强勁的勢頭延伸進了清代。

滿族作爲一個在文明程度上遠遠落後於漢族的民族，其貴族在入主中原以後，幾乎無不對中國古典文明表現出了濃厚的興趣。如順治帝曾克服種種困難，以極大毅力攻讀漢文。康熙帝更是大力贊助中國傳統文化，不但開設博學鴻詞科以招攬有高度文化修養的漢族學者，而且還先後下詔編撰多種大型圖書，其中古今圖書集成經籍典就匯輯了大量莊子文獻資料，具有很高的文獻價值。乾隆帝對中國傳統文化的興趣又在康熙之上，在他的御製詩集（四庫全書本）中，僅吟及莊子意象的詩作就達數百首之多，而他下詔編纂的四庫全書，則更收録了郭象莊子注、王雱南華真經新傳、林希逸莊子口義、褚伯秀南華真經義海纂微、焦竑莊子翼，並在道家類存目和四庫未收書目中爲成玄英南華真經注疏、朱得之莊子通義、釋德清觀老莊影響論、陶望齡解莊、陸西星南華真經副墨、文德翼讀莊小言、方以智藥地炮莊、錢澄之莊屈合詁、林屋洞古今南華内篇講録、張坦南華評注、吴世尚莊子解、孫嘉淦南華通、林仲懿南華本義、徐廷槐南華簡鈔、張世犖南華模象記分别撰寫了提要。所有這些，都對當時莊子學的發展起到了引導和推動作用。

從另一個方面來説，清統治者以異族治理中國，自然會遭到一般漢族知識分子的思想抵制，因而從順治帝至康熙帝，就每每採取高壓政策，通過屢興文字獄等手段來殘酷摧殘漢族知識分子，使之噤若寒蟬。尤其是乾隆一朝，所採取的文化政策更爲嚴酷，即使是文人學士在詩文奏章中有一言一名的疏失，也有可能遭致殺身滅族的慘禍，因此他們惟有埋頭考據，才能有立錐之地。正是在這樣的政治文化背景之下，清代莊子學便隨著乾嘉考據學的興起而開出了考據一途，諸如王懋竑的莊子存校、盧文弨的莊子音義考證、江有誥的莊子韻讀、孫馮翼的司馬彪莊子注等等，都可以看成是清代這一政治文化的產物。

當然，乾嘉學派的興起也是清初學者對宋明理學、尤其是對晚明學術進行批判和總結的必然結果。我們知道，無論是程朱理學，還是王守仁所倡導的心學，就其爲學的特點而言，無不具有好發空論、言之無物的特徵，而由於受到正德、嘉靖以來人文啟蒙思潮不良一面的影響，晚明的學術更是出現了嚴重的空疏、淺陋、抄襲之弊，如署爲『太史霍林湯賓尹校閲、會狀求仲韓敬注釋、書林泰垣余文傑梓行』的新刻會狀注釋莊子南華真經狐白四卷，竟是剽竊、竄改林希逸南華真經口義、陸西星南華真經副墨等書而成。面對著這一極其嚴重的學術腐敗現象，由明入清的大學者如黄宗羲、顧炎武等人，便大力倡導一種平實、嚴謹、求實的學風，中經閻若璩、胡渭等人的推闡，至惠棟、戴震、錢大昕而張大其說，到了段玉裁、王念孫、王引之遂臻於極盛。其影響所及，便使莊子考據之學亦隨之成爲當時整個莊子學的重要組成部分。即使是一批以闡釋義理、評析文章爲主的莊子學著作，如林雲銘莊子因、吴世尚莊子解、宣穎南華經解、陸樹芝莊子雪等等，在這種學術風氣的熏陶下，亦皆做得扎實認真，至今爲學者所看重。

其實，由明入清諸學術大師的本意，主要還是想引導學者擺脱宋明理學、心學的空泛玄理和晚明學術的空疏、淺陋，而以務實的態度直接到傳統的儒家經典中去尋求治世之道。如被公認爲開清代乾嘉考據學先河的學術大師顧炎武，便首倡『舍經學無理學』之說，要求以儒家經典爲研治的主要對象，認爲通曉儒家經典便可以『明道』、『經世』，真正達到讀書治學的目的。顧炎武等學術大師所倡導的這種以徵實致用爲特徵的清初儒家經學，經過此後大批學人的不懈努力，終於被建立起來，而清代統治階級所大力推尊的儒學卻主要還是程朱理學。正是在這樣的思想文化背景下，莊子學便普遍出現了以儒解莊、同時亦每每牽引理學的現象。如吴世尚莊子解、宣穎南華經解、孫嘉淦南華通、陸樹芝莊子雪、劉鴻典莊子約解等等，即無不具有這一明顯特徵。當然，這些著作在以儒解莊、牽引理學的同時，亦偶爾會攙雜一些佛學理論。

與乾嘉考據學派一樣，桐城派的形成對清代莊子學的發展也起到了很大的推動作用。由於鼎革動亂，桐城學者方以智非常需要借助於莊子的洸洋恣肆之談以攄發其遺民胸臆，所以他便與莊子結下了不解之緣。錢澄之進入新朝後所面臨的主要是如何出處進退即如何『遊世』的問題，這就使他非常敏感於宋末遺民劉辰翁所謂『莊子宗旨，專在一「遊」字』的説法，因而便致力於莊子闡釋，希望從中找到如何『遊世』的答案。其後，由於儒學的進一步回歸，方以智之孫正瑗就要求以正統的儒家思想來補救所謂的莊子思想之偏，於是有了方齋補莊的問世。更由於『桐城三祖』中的劉大櫆、姚鼐曾用心評點莊子，再加上其他諸多原因，所以桐城莊子之學因之大盛，莊子學著作接踵問世，至清末民初尤成爲整個莊子學的大宗之一。

科舉制度也對清代莊子學的發展産生了很大影響。王安石於宋神宗熙寧四年改革科舉法，以其所創『經義』取士，元明清三朝皆多沿用此法，八股之制於是大備。在這種情況下，諸如評點八股文之類的書籍便充斥書肆，因而晚明時期的莊子評點之風亦隨之興起，入清後更是盛行不衰，如林雲銘『以八比法詁莊子』①，孫嘉淦亦以時文之法評莊子之文等等，在晚明人評點的基礎上又前進了一大步。金聖歎則既以時文之法評點莊子中的某些篇章，又在評點小說時較多地吸納了莊子思想，於是把莊子引進了清代小説研究領域，而曹雪芹更是大量地把莊子思想引入了他的小説創作。

及至晚清，傳統的儒家經學開始式微，而由明遺民學術大師傅山所倡導的關於『經子不分』即經子平等的思想卻愈益深入人心，兼以此時一批受西學影響的學者已清楚看到從諸子中可以闡釋出更多的對社會民生有用的新思想，於是包括莊子學在内的子學研究愈趨興盛。從總體上來看，乾嘉學派因專心於故紙堆，根本無助於解決日益嚴重的社會現實問題，更不能對挽回清王朝搖搖欲墜的頽勢起到什麽作用，所以至此時實已處於窮途末路之中。但幸得俞樾、孫詒讓諸人堅守壁壘，乾嘉學派在晚清時還是取得了許多值得稱道的成就，尤其是包括莊子考據學在内的諸子考據方面的成就。接著，由於嚴復、梁啟超、章炳麟等一批學術大師既能繼承乾嘉遺緒，又能援引西方的思想和學理，所以清末的莊子學仍顯示出了堅實的國學功底，但更爲重要的還是在義理闡釋方面已有了往日所無的新氣象，從而爲民國時期盛行的新莊子學開了先河。

① 見四庫全書總目提要林希逸莊子口義。

第二節　清代莊子學的發展過程

清代的莊子學，主要以明遺民（包括遺民僧）的莊子學肇其端，如覺浪道盛入清後著莊子提正一卷、佷亭淨挺著漆園指通三卷、方以智著藥地炮莊九卷、錢澄之著莊子詁不分卷、傅山著莊子解、王夫之著莊子解三十三卷，陳子龍、屈大均等則紛紛撰寫有關莊子的文章，大多借此來表達其遺民情懷，從而在清初掀起了一個明遺民的莊子學熱潮。

大約與明遺民同時或稍後，清初其他學者在莊子研究方面也取得了一定的成就。如金聖歎撰南華字制、南華釋名等文，對莊子作了獨特的闡釋，並且還把莊子思想資料引入了他的小說評點。林雲銘著莊子因六卷，以時文之法解讀莊子，比以往任何一家都重視揭示莊子散文的藝術性。胡文豹著南華經合注吹影三十三卷，間引前人注語，而以自己的注解爲『補注』。張坦著南華評注不分卷，廣求古注數十家，采其簡當，刪其繁蕪，又參以己意，爲之評釋，至謂莊子爲風流才子。程從大著詠莊集一卷，詠莊子三十三篇，有似陸西星南華真經副墨各篇後之頌語。方人傑著莊子讀本一卷，以分析篇章結構、筆法等藝術特點爲主，每篇後有關於義理的評論。馬驌著莊子之學，主要是側重一個『學』字，即重點節錄莊子書中所謂的『莊語』，而對所謂屬於『滑稽』的文字則多予刪除。王敔著莊子增注，乃是對其父王夫之莊子解的補注，故分別附於王夫之的各條注解之後。顧如華著讀莊一吷不分卷，『其說首尾鉤貫，直抒胸臆，然不以異學參之』（錢謙益序）。總的說來，這些莊子學著作在藝術評析方面往往比明遺民的莊子學著作大有推進，但在義理闡釋方面一般都缺乏應有的深度，更談不上能像明遺民學者那樣不時閃耀著思想火花，所以除了林雲銘的莊子因因在散文評析方面大具開拓性而足以成爲清代莊子散文研究的實際開創者以外，其餘則大都未能在莊子學史上爭得一席之地。

到了康熙中後期，直至雍正、乾隆時期，清代的莊子學得到了進一步發展。其中特別值得重視的有：高秋月、曹同春於康熙中期著成莊子釋意三卷，對各篇皆作有簡明扼要的夾注，於各段之後和篇末又皆作有評語，不過這些評語有很多引自歸有光、釋德清等人，正所謂『或仍往說，或取己見，文約而旨明』。吴世尚約於康熙五十三年著成莊子解十二卷，對林雲銘的評點精神有所傳承和發揚，對莊子的藝術性每有所闡釋，提出了一些頗爲新穎的見解，一直爲後人所重視。唯其每引莊子思想而附之儒家，則顯然是不可取的。宣穎約於康熙末年著成南華經解三十五卷，書中雖也不免存在著較明顯的儒學化思想傾向，但因其在探究莊子藝術性、尤其在梳理莊子散文脈理方面取得了爲以往任何著作都難以比擬的學術成就，所以此著成了清代莊子學著作中最受學者重視的一部書。孫嘉淦約於雍正前後著成南華通七卷，清四庫館臣謂其『取莊子内篇，以時文之法評之，使起承轉合，提掇呼應，一一易曉，中亦頗以儒理文其説』①，可見其於義理闡釋、文章評析方面皆有牽強附會之嫌，但其『以時文之法評之，使起承轉合，提掇呼應，一一易曉』，亦不失爲一大特色。林仲懿於乾隆十四年著成南華本義二卷，主要依朱熹之説以解内七篇，是歷史上受宋代理學家、尤其是受朱熹思想影響最爲明顯的一部莊子學著作。這説明他對莊子義理的闡釋不免多有附會，但他謂整個内七篇是一個『匠心結撰』、『一綫穿去』的整體，既不乏一以貫之的思想内容，又具有很高的藝術價值，這些見解是值得重視的。胡文英於乾隆初著成莊子獨見三十三篇，其注解莊子主張文理並重，而在揭示莊子散文奇致方面尤其下功夫，提出了許多獨特的見解，亦頗爲後人所喜愛。應當説，正是由於這些莊子學著作的問世，源遠流長的莊子學至此已真正改變了原來偏重於義理闡釋的局面，而完全進入了文理並重的嶄新階段。

康熙中後期至乾隆時期的莊子學著作，其值得重視的還有：周金然著南華經傳釋一卷，不僅繼承了明末

---

① 四庫全書總目提要存目孫嘉淦南華通。

潘基慶南華經會解以外，雜篇分疏内七篇的基本思路，而且還徑稱内篇與外、雜篇爲經與傳的關係，其説甚爲大膽而有新意。胡方著莊子辯正六卷，目的是要對莊文不合於周孔之道處予以駁正，而不是要闡發莊子的玄理，其用心可謂良苦。方正瑗著方齋補莊一卷，僅解内七篇，目的並不是要闡述莊子本人的思想，而是要補救所謂的莊子思想之偏，以返回於孔子學説之醇之全。徐廷槐著南華簡鈔四卷，於内七篇全録，外篇、雜篇則頗有刊削，大致採取以莊解莊的闡釋指向，並對莊子散文的妙處多有揭示。何如漋著莊子未定稿四卷，其闡釋大抵能做到文理並重，但儒學化的思想傾向卻比較明顯。浦起龍著莊子鈔、高嵣著莊子集評，皆是節録莊子中某些章節，予以簡注、評點而成，而以文評爲主，往往不乏真知灼見，但又皆有一定的儒學化思想傾向。藏雲山房主人著南華經大意解懸參注五卷，頗以老子、周易闡釋莊子，又對内七篇的邏輯結構予以了特别關注。吴峻著莊子解，現僅存逍遥遊、齊物論解兩篇，頗以周易解前者，以詩經解後者，顯得比較獨特。王懋竑著莊子存校、盧文弨著莊子音義考證三卷，皆以考釋、校訂莊子爲主，實爲乾嘉學派莊子考據之學的先聲。由此可見，康熙中後期至乾隆時期莊子學的主要特徵是，在義理闡釋方面大都帶有儒學化的弊病，但在藝術研究方面卻普遍取得了很大的成績，少數著作還爲此後莊子考據之學的大盛開了先河。

流傳到現在的康熙中後期至乾隆時期的莊子學著作，還有吴承漸莊子旁注五卷、王源莊子評六卷、仇兆鼇南華經要義、沈堡唱莊一卷、顧仲中村説莊二十八卷、權瑎漆園采奇、何夢瑶莊子故三卷、吴震生擬摘入藏南華經一卷、王太岳莊子口義考證、任兆麟莊子述記一卷、韓泰清説莊三卷、馬魯南華瀝一卷等。據有關書籍記載，這一時期還曾有如下莊子學著作問世：薛起蛟南華經合注，見廣東文徵作者考著録；唐廷熊南華經詳釋，見光緒安徽通志藝文志著録；袁佑莊子注論，見臧勵龢中國人名大辭典著録；張宿耀批點南華經，見宣統山東通志卷一百四十著録；魏荔彤南華經注，見民國河北通志稿著録；劉爾輯南華因是，見關鋒莊子注解書目著録；吴大先莊子别解，見光緒安徽通志藝文志著録；潘士瀛南華經注疏，見光緒安徽通志藝文志著録；劉文龍莊子注，見同治福建通志經籍志著錄；朱任宏南華正説，見宣統湖北通志藝文志著錄；蔣金式莊子偶説四卷，見徐廷槐南華簡鈔引；宋膺簡南華經注解，見同治福建通志經籍志著錄；詹明章莊子同壇，見同治福建通志經籍志著錄；袁之升南華平語，見宣統山東通志卷一百四十著錄；屈軼生南華經解，見宣統山東通志卷一百四十著錄；徐繼穉南華妙諦，見民國杭州府志卷八十九著錄；張世犖南華摸象記八卷、莊子續編，分別見四庫全書總目提要卷一百四十七、民國杭州府志卷八十九著錄；陳乃梓莊子内七篇會意，見宣統山東通志卷一百四十著錄；羅以靖莊子鈔，見光緒江西通志藝文略著錄；陳烺莊子注，見同治福建通志經籍志著錄；方竹莊子閑評，見光緒安徽通志藝文志著錄；艾元衡南華經解，見宣統山東通志卷一百四十著錄；江深南華輯評，見光緒安徽通志藝文志著錄；鄭武莊子論文三十六卷，見道光廣東通志藝文略著錄；胡匡衷莊子集評，見光緒安徽通志藝文志著錄；江中時莊子心解，見同治福建通志經籍志著錄；宋昱莊子類編，見民國河北通志稿著錄等。由上述可以看到，自康熙中後期至乾隆之末，莊子學著作大量湧現，可謂是一派繁榮景象。

自嘉慶至道光、咸豐、同治時期，以文理並重或偏重於義理闡釋的莊子學著作，其學術水準已明顯呈下降趨勢，唯有下列數部值得一提：陸樹芝於嘉慶元年著成莊子雪三卷，尚能振起林雲銘、宣穎等大家之遺響，無論在義理或藝術闡釋方面都具有一定的深度，而且還往往能提出一些獨特的見解，但其以儒解莊的弊病甚爲明顯，不可不看成是一大缺陷。姚鼐約於嘉慶初著成莊子章義五卷，頗能體現出其『義理』、『考據』、『文章』三者並重的精神，然惜其闡釋文字過於簡略，並有儒學化的思想傾向。梅沖於道光元年著成莊子本義二卷，認爲莊子『精藴畢萃於』内七篇，故僅僅注解内篇，其中不乏自己的見解，唯牽拘孔孟之道乃其缺陷。方潛於咸豐、同治間著成南華經解，對郭象的莊子注有所批判，但其弊則主要在援引程朱理學以解釋莊子。劉鴻典約於同治初著成莊子約解四卷，用力可謂甚勤，但亦嫌其每以儒學牽合莊子思想。可見，這些著作像康熙中後期至乾隆時期的多數莊子學著作一樣，仍然固守著以儒解莊的闡釋指向，但其闡釋水準卻已遠遠有所不如。然而，這時乾嘉學派的莊子考據之學卻取得了非常大的成就，如王念孫著莊子雜志、洪頤煊著讀莊子叢錄、俞樾著莊子平議、江有誥著莊子韻讀、萬希槐著莊子逸篇集證、翁元圻著莊子逸篇注、孫馮翼輯司馬彪莊子注、茆泮林輯司馬彪莊子注等等，從而使莊子學顯示出了另一種強勁的發展勢頭。此外，這一時期流傳到現在的莊子學著作還有張道緒莊子選、戴煦莊子內篇順文、朱敦毅莊子南華經心印、張士保南華指月六卷、南華外雜篇辨偽四卷等；見於記載的又有倪元坦莊子詮（鄭鶚中國古籍校讀新論著錄）、楊鍾泰莊子摘要（宣統山東通志卷一百四十著錄）、李遐齡南華碎錄（蘇文擢記黎二樵李菊水批校明世德堂本老子南華沖虛三子所稱）、龍啟瑞莊子字詁（蕭一山清代學者生卒及其著述年表著錄）、王家璧南華經注（宣統湖北通志藝文志著錄）、包濤讀莊解（民國杭州府志卷八十九著錄）、李慈銘校莊子（越縵堂讀書記著錄）等。這些著作，多少也爲此期的莊子學增加了一些聲勢。

及至光緒時期，傳統的莊子闡釋在經歷了一定時間的不景氣之後，忽然出現了一部在莊子散文闡釋方面足可稱爲集大成的巨著，即劉鳳苞所著的南華雪心編八卷。此著初稿約成於光緒三年，反復修改後刊刻於光緒二十三年，全書依宣穎南華經解之『義例』，兼采晉以來各家說，尤其是明清學者所作評語，對莊子散文藝術作了極爲詳盡的剖析，所取得的評析成就可謂前無古人，亦未見有來者，唯書中有儒學化傾向乃其小疵。其次，陳壽昌約於光緒十三年著成南華真經正義不分卷，意在『一洗援莊入儒之弊』，大致已從長期以來的儒學化風氣中解脫出來，而書末附（莊子）釋文補、莊列異同、（莊子）古韻考三大部分，又表明此著已顯示出了近代著作所具有的嚴謹性和完備性。馬其昶於光緒二十年著成莊子故八卷，采郭象以來注解達數十家之多，折衷眾說，附以己意，持論慎重，亦不失爲一部較好的莊子學著作。郭慶藩於光緒二十年著成莊子集釋十卷，於正文下依次收錄了郭象注、成玄英疏、陸德明音義的全部文字，又摘引了盧文弨莊子音義考證、王念孫莊子雜志、俞樾莊子平議之文及李楨、郭嵩燾等人的研究成果，然後斷以己意，治莊者多重之。王先謙約於宣統元年著成莊子集解八卷，以其芟取衆家之長，並能以簡明扼要的文字來把握莊子的本意而贏得了廣大讀者，所以與郭慶藩的莊子集釋同爲近百年來最爲通行的莊子學著作之一。在考據方面，如孫詒讓莊子劄迻、章炳麟莊子解故、劉師培莊子斠補等，既繼承了乾嘉先輩優良的考據傳統，又吸收了近代考據學的新方法，因而使清代莊子考據有了一個光輝的結局。而嚴復、林紓、梁啟超、章炳麟等人對莊子的評點或闡釋，更是開啟了民國莊子學的新風氣。至於王闓運莊子王氏注二卷、曾國藩莊子雜鈔、席樹馨莊子審音三十三卷、葉昌熾批校南華真經新傳二十卷、黎庶昌莊子類纂、郭階莊子識小、天均巵言一卷、郭嵩燾莊子扎記、李寶淦莊子文粹二卷、楊文會南華經發隱一卷、文廷式手批莊子十卷、曾和瑞莊子辨學集四卷、吳汝綸莊子點勘十卷、廖平莊子敘意一卷、于鬯莊子校書三卷、陶鴻慶讀莊子劄記一卷、王仁俊莊子佚文一卷、莊子司馬注一卷、王儒紟Q』莊子點句、寧調元莊子補釋一卷等等，亦皆爲清末莊子學的復興作出了貢獻。

要而言之，清代的莊子學肇始於明遺民，多爲借闡釋莊子以抒發其遺民胸臆。自康熙中後期直至乾隆時期，莊子學得到了進一步發展，尤其在莊子藝術闡釋方面取得了前所未有的巨大成就，但在義理闡釋方面卻普遍存在著比較嚴重的儒學化或理學化傾向，不過並不像宋明莊子學那樣較多地攙雜著佛教思想。而隨著乾嘉學派的興起，莊子考據之學便異軍突起，著作接連問世，但自嘉慶直至同治時期，對莊子義理、藝術的闡釋卻逐漸走向低谷。到了清末，莊子學又出現了復興的景象，在義理、藝術闡釋和考據方面都有高水準的著作問世，其中不少著作還自覺引進了近代的思想和學理，從而成爲民國時期新莊子學的先聲。

第二章 清代前期的莊子學

晚明莊子學以強勁的勢頭延伸進了清代。如方以智入清後著藥地炮莊，王夫之著莊子解，錢澄之著莊子詁，傅山批點莊子，使清代莊子學一開始就呈現出了興旺的景象。但這些學者具有強烈的遺民意識，實屬明朝遺老，所以我們就把他們的著作放到明末去論述。而胡文蔚、金聖歎、顧如華雖與方以智、王夫之等屬於同時之人，但他們的遺民意識並不那麼明顯，因而我們論述有清一代莊子學，就從他們這裏開始。此後研究莊子者接踵而起，如林雲銘、高秋月、顧仲、吳世尚、宣穎、徐廷槐、藏雲山房主人、林仲懿、孫嘉淦、胡文英等，都取得了較爲豐碩的成果，而其中尤以林雲銘的莊子因、吳世尚的莊子解、宣穎的南華經解、孫嘉淦的南華通、林仲懿的南華本義、藏雲山房主人的南華經大意解懸參注、胡文英的莊子獨見等更有學術價值，所以我們擬另闢數章來分別論述這些著作。

第一節 胡文蔚的南華真經合注吹影

胡文蔚，字豹生，號約庵，浙江仁和人，生卒年不詳。性嗜學，雖嚴寒溽暑不輟。明崇禎六年（1633）舉於鄉，善詩古文詞，足跡遍天下。清順治間，授廣東高州府推官，尋去職歸，至南雄卒。所著有浮漚集、約庵詩選、南華真經合注吹影等。事跡見四庫本浙江通志卷一百七十八。

南華真經合注吹影三十三卷，前有李覺斯南華經合注吹影序、錢朝鼎順治十三年（南華經合注吹影）敘、陳衍虞南華經合注吹影序、詹換綠莊子合注吹影序、胡文蔚順治十三年莊子合注吹影自序及鑒定諸先生姓氏、同學諸友人姓氏。全書每篇各成一卷，卷首題『西湖胡文蔚豹生甫刪補』。正文各篇前皆有總論，眉欄偶有批語，莊子原文頂格書寫，順文雙行夾注；其後低一格，間引郭象、呂惠卿、王雱、陳詳道、林自、林希逸、褚伯秀、劉辰翁、羅勉道、唐順之、陸西星、焦竑、釋德清、李光縉等家注語；復自作注，斷以己意，謂之『補注』。

胡文蔚自序云：『風吹萬不同而無心也。今有心而言之，則非吹。因天籟之自鳴，而言若不言，則與吹無以異。故凡言道者，皆吹影也。』又云：『別以「補注」二字，合諸注匯錄成集，名曰合注吹影，其義蓋肇於漆園「罔兩問影」之語。夫行止坐起，影固待形而然，而形又有所待。因是知南華者，道之影也；注南華者，捕影者也。』胡氏認爲，大道不可言說，一著言詮，從空落影，未免粘惹，而『南華於道，其影然乎？注南華，其影外索影乎？』故必如天籟之自鳴，言若不曾言，方可吹南華之影，求大道於言語之外。胡文蔚說：

要之南華一經，非謂探道窮淵源，指示天人性命之秘，朗於星日，即下而治人涉世之津梁，莫不具備。余童子時，即珍愛之，至今垂三十餘年矣。歲癸巳，流寓東粵之海濱，時值大饑，斗米千錢，枯坐一室中，再食不飽，百憂相續，計無所以陶情撥悶者，因取南華誦之，頓覺心爽神開，視一切死生榮辱，宛如遊塵聚散。於是撫心三歎，博采諸注，芟其冗繆，存其幽微，舉凡穿鑿竄易，牽引支離者，悉釐正之；杜撰無稽，浮游矛盾者，悉闡明之。若此者，每篇多則十之七八，少則十之五六。至齊物論『因』字要旨，應帝王無爲出治要旨，少智太公調問答要旨，前人從未參透者，悉爲詳辯之。……由影而證形，由形而證道，庶乎其若喻之，而若得之矣。倘世有大悟至人出，會道於未始有夫未始有始之先，將道之名且不立，何有於影？……得魚忘筌，尤所望於忘言之人。（莊子合注吹影自序）

『癸巳』即清順治十年（1653），此時胡文蔚正處於『再食不飽，百憂相續』之際，『因取南華誦之，頓覺心爽神開，視一切死生榮辱，宛如遊塵聚散』，於是『忘筌』、『忘言』，悉爲參透『前人從未參透者』，著成南華真經合注吹影，並於『歲次丙申（順治十三年）驚蟄後三日』，爲此書撰寫了自序。

基於所謂『南華一經，非謂探道窮淵，指示天人性命之秘，朗於星日，即下而治人涉世之津梁，莫不具備』之認識，胡文蔚進而對莊子內、外、雜篇作出了自己的解釋。他說：

按內篇以三字命題，旨趣深永，應是漆園原本，次第終始，井井有條，七篇可作一篇讀。篇中起伏開闔，寓情設喻，極其精雅；琢句下字，絕無孟浪，一篇可作一句讀。是天地間極大文章，堪與六經並傳，而敘事摹畫之妙，淺人千百言未罄者，輒數言數十言了之，意態活現，逼似左丘明，史、漢以下所不及也。（莊子合注吹影自序）

歷來研治莊子者，無不重視內七篇。胡文蔚更是認爲，此七篇旨趣深永，次第井然，所謂『言乎天遊，則無物不在範圍，一與不一，何所不齊？齊則綱維運旋，心君常定，出世入世，物不能傷，至紛至賾而悉合於符，千變萬化而不離於宗，何難陶鑄堯舜以應帝王哉！』（內篇七篇總論）則自逍遙遊篇，直至應帝王篇，豈非可作一篇讀？而各篇寓情設喻之精雅，琢句下字之精審，實爲史記、漢書以下所不及，則每篇豈非皆可作一句讀？後來孫嘉淦南華通所謂『一部如一篇』、『一篇如一句』云云，當受胡氏說法的一定影響。對於外篇，胡文蔚說：

余謂外篇者，所以發明內篇未盡之意，七篇可作一篇讀，而十五篇亦可作一篇讀。其間援引曲喻，寓言道妙，靈奇藻雅，尤爲出色。其大宗大本，在『虛靜恬淡寂寞無爲』八字，大用在『無爲而無不爲』一句。駢拇以仁義爲旁枝也；馬蹄以制度爲傷性也；胠篋以聖知爲大盜資也；在宥以治天下莫若無爲也；天地以君道貴法天地也；天道以帝道無爲，在運而無所積也；天運以三皇五帝務如天之應物而無窮也；刻意以有意尊尚，則德不全而神虧也；繕性以治性常自然，而無以知爲也；秋水以水喻性，不得以一曲自足也；至樂以吾心有真樂，不藉外物以養形活身也；達生以達生者達命，養神守氣，神生性復，與天合德而物累消也；山木以處才未善，難免於累，惟虛遊者，偕逝而無傷也；田子方以抱道者，正容悟物，斯葆真而不失其常也；知北遊以無知無謂，始能行不言之教，默契大道也。惟外化而內不化，始能化化，而不爲化所化，此莊子合外內而闡示道妙，注疏老子『無爲而無不爲』之旨也。（外篇十五篇總論）

唐初成玄英在莊子注疏序中提出了『內篇明於理本，外篇語其事跡』之說，認爲內篇主要用來闡明抽象義理，外篇主要用來顯現具體事象，兩者在理趣方面有著深淺的差別。宋末羅勉道在南華真經循本中進一步指出，外篇文字一般都比較粗淺，如在宥、天地、山木等篇還有他人摻入的文字，而刻意、繕性二篇更是『膚淺非真』，故徑予删去。到了晚明時期，諸如此類的懷疑幾已成爲一種風氣。對此，胡文蔚卻明確指出，外篇文章亦有『援引曲喻，寓言道妙，靈奇藻雅』之妙，而其大宗大本在『虛靜恬淡寂寞無爲』八字，大用在『無爲而無不爲』一句，十五篇豈非『亦可作一篇讀』？他並依次揭示了十五篇的宗旨，認爲外篇與內篇相配合，正可『闡示道妙』，成爲老子『無爲而無不爲』的絕好『注疏』。胡氏的這些説法，不免有無視內、外篇間差别之嫌，但對前人往往輕啟疑竇的作風具有一定反撥作用。對於雜篇，胡文蔚説：

雜篇大意，所謂萬物並育而不相害，道並行而不相悖也。天下事物，縱龐雜多端而不離乎道也。寓言、重言、卮言，皆所以明道也。庚桑楚云：聖人貴忘人忘己，不示仁義之跡。徐無鬼云：治天下者，修胸中之誠，以應天地之情而勿攖。則陽云：抱道者，見性覆命，以天爲師，不言而飲人以和，必不屑枉己干謁。外物云：聖人抱神，心有天遊，知外物不可必。寓言云：假他端以寓意，隨言而隨化。讓王云：化爭之道，莫過於讓，王而可讓，何有於事物？盜跖云：道不同，不相爲謀，即孔子不能化及強暴。説劍云：道之所用，無往不利，能止世主之僻而安其國。漁父云：精誠之至，與道合真，可以永銷疵患。列禦寇云：列子外諜成光，精神浮露，故不能使人無保汝，惟真人其神全，其功

內，絕去人爲，而純乎其天也。……愚以爲雜篇十一篇，除天下篇是總述著經之大旨，其十篇亦可作一篇讀。（雜篇十一篇總論）

自蘇軾莊子祠堂記以來，學者對莊子雜篇的懷疑日甚一日，而胡文蔚卻依據『萬物並育而不相害』、『道並行而不相悖』的原則，對雜篇各篇『龐雜多端而不離乎道』的現象作了梳理，認爲除了天下篇爲『總述著經之大旨』外，其餘十篇『亦可作一篇讀』。即使對最爲學人所質疑的讓王、盜跖、說劍、漁父四篇，胡氏也認爲決非僞作。他說：

說者又謂讓王、盜跖、說劍、漁父爲僞作，考太史公本傳，獨稱其作漁父、盜跖、胠篋，以明老子之術，設果非莊生之所著，太史公寧復稱之，觀此而疑可釋矣。（莊子合注吹影自序）

林氏（希逸）以說劍類戰國策士之雄談，非莊叟所作。噫，過矣！……考莊叟本傳，太史公特舉盜跖、漁父諸篇言之，而此篇意趨本旨，殊不少減，安得訾爲後人假托哉？愚以爲非惟秦漢晉唐人不能摹擬，即戰國名手亦未能發（彷）佛也。識者應辯之。（說劍補注）

在胡文蔚看來，連司馬遷都特舉盜跖、漁父諸篇作爲莊子『明老子之術』的例子，則此數篇絕對不可能是僞作。至於最遭學人懷疑的說劍篇，其『意趨本旨』，殊不少減，如『今觀莊叟，卻千金而就太子悝謀，策士輩能之乎？』至其所陳說，合於道家『爲而不恃』、『動而愈出』、『知雄守雌』、『存神葆光』（見說劍補注）之道，亦皆非策士之輩所能爲，更非秦漢晉唐人所能摹擬，怎可訾爲後人假托呢？胡氏此見，可備一說。

胡文蔚在自序中說，古今注莊子者甚多，晉之吹影者有郭象，或以爲竊自向秀，但其經始之功，卻不可不承認。他若簡文帝、支遁、崔譔、李頤、司馬彪，亦互有發明，可惜世遠書亡，僅散見於別籍殘編。入宋以來，有呂惠卿、陳景元、王雱、趙以夫、劉概、范無隱、褚伯秀、羅勉道、劉辰翁等，相繼大闡宗風，唯林希逸集其成，故自謂於南華有獨契，而深詆郭象之注。至於晚明陸西星、李光縉、唐順之、朱得之等，或廣前人之意，或於內篇特有妙悟，或所略頗多，或所通無幾。但不管前人的解說如何，其穿鑿竄易、牽引支離，或杜撰無稽、浮游矛盾者，在在有之。尤其於『齊物論「因」字要旨，應帝王無爲出治要旨，少智、太公調問答要旨』，前人從未參透，故所作注解皆當『詳辯之』。他在齊物論總論中説：

環中以應無窮，虛而生明，其妙總在於因。因則通然否成毀爲一，因其自然，已而不知其然，道也，天也，即真宰、真君也。……好異者非因，而無適者善因。有常有謂，悦生惡死者非因，知止其所不知，不知其所由來，死生無變，相待而若其不相待者善因，衆人不能，而惟至人大聖乃能之。大宗師云：『與其譽堯而非桀，不若兩忘而化其道。』此篇『惟達者知通爲一』節云：『因是已，已而不知其然謂之道。』合二句參看，便知因是因個甚的。因者，因道而忘我。……故曰：『和之以天倪。』凡此皆是因處，直到臨了，方點破曰因者『因之以曼衍』，即所謂爲其吻合也。……此篇，前人誤看『因是已』爲因人之是而是之，又添出個因非，是以格格言下，不能貫通。

胡文蔚抓住篇中『因』字，反復告訴人們，唯有像『善因』者，即至人大聖一樣，不執是非然否，不悦生惡死，不好異逐智，一切因其自然，和之以天倪，因之以曼衍，方能齊同萬物，進入大道境界。因此在胡氏看來，前人以『「因是已」爲因人之是而是之，又添出個因非』，顯然與莊子所説『聖人之順，順其所自然之因也，所謂因之以漫衍也』（齊物論補注）之旨相背離。胡文蔚的這些解釋，無疑揭示了齊物論篇主旨所在。但他把篇中『彼是』二字解釋爲『彼自以爲是，一團我見也』，而堅決否定唐順之『欲作「彼此」二字看』，卻反而弄巧成拙，不能苟同。

胡文蔚又在應帝王篇補注中説：

泰氏，安泰坦夷之義，不必泥定是古帝王。……泰者，其卧徐徐，安和也；其覺于于，適志也。呼馬呼牛，忘較量分別也，宛然大同氣象。然亦不比洪荒之世，無君臣上下，猖狂無知而已也。……此處，前輩從未看破，誤認泰氏爲寂寞無爲之世，既而思『其知情信，其德甚真』二句，不能貫徹，便輕易丟手，並『未始出於非人』、『未始入於非人』二句，亦含糊放過。竊思應帝王篇，既說治天下，只要他爲之以無爲，原不是一無所爲也。觀下文『功蓋天下』等語，及『無爲名尸』節，便知。

與外篇中天道等篇所謂君主無爲、臣下有爲者不同，應帝王篇所主張的『無爲』，是要求採取一切無爲，正有如古帝泰氏，『其臥徐徐，其覺于于，一以己爲馬，一以己爲牛；其知情信，其德甚真，而未始入於非人』。但胡文蔚一反傳統説法，認爲『泰氏』有『安泰坦夷』之義，未必真爲古帝王，並進而指出，莊子所謂無爲，不是『一無所爲』，即『不比洪荒之世，無君臣上下，猖狂無知而已』。他在接著的補注中又說，『功蓋天下而不自己，即功高而不自居之意；化貸萬物而民弗恃，即朝野不知帝利何加之意；民莫舉名，即蕩蕩乎民無能名焉之意』，而『無爲名尸』節即在闡說『無爲而爲』之道。凡此說法，誠與『前輩』多有不同，但未免雜有黃老和儒家思想，與外雜篇所表現出的政治理念相接近，而與內篇的政治論卻有較大差別。胡文蔚復又在則陽篇『少知問於太公調』寓言末補注中說：

知道之人，言而足以明道，終日言物而盡爲道也；不知道者，言不足以明道，則終日言道而盡是物也。……試究其極，絕不關語默也。不但言與不言，不足以載道，並不足以載物。有至人焉，不言之言，是謂非言，言而不言，是謂非默，庶其有極乎！此段根極理奧，可與內篇齊物論、大宗師同看。歷觀諸解，都模糊放過，即鬳齋（林希逸）、方壺（陸西星），亦不得肯綮，余爲特疏之。

包括林希逸、陸西星在內的治莊者，一般都認爲莊子則陽有關文字是說：言論如果能周遍圓通，則終日言談都合於道；言論如果不能周遍圓通，則終日言談都不離於物。道之精微，物之至理，這是無法用言論和沉默來表達的，所以只有超乎言默之表，才不失爲議論的極致。胡文蔚不同意作這般解說，在他看來，莊子的意思是說，明道者終日言物而盡合於道，否則終日言道也盡是物，所以言與默都無關乎道、物的至極之處，只有『不言之言』、『言而不言』，才有希望達到道與物的極致。這裏需要指出的是，胡氏關於『言而足以明道，終日言物而盡爲道』的説法，尤其與前人的解説不同，如果這是對莊子關於道在萬物觀念的一種理解，自然富有創見，值得重視。但細審林希逸、陸西星等人的解説，也頗合於莊子本意，如一概斥爲『不得肯綮』，則不免失之武斷。

第二節　金聖歎對莊子的論説

金聖歎（1608—1661），原名采，字若采，明亡後改名人瑞，字聖歎，吴縣（今屬蘇州）人。少爲縣諸生，『每遇歲試，或以俚辭入詩文，或於卷尾作小説譏刺試官，輒被黜。』（采衡子蟲鳴漫録）後遂絶意仕進，除與友朋言笑外，唯以授徒、批書爲務。清順治十八年，以『哭廟案』被殺頭。

廖燕曾在二十七松堂文集金聖歎先生傳中説：『（先生）於所居貫華堂設高座，召徒講經，……每升座開講，聲音宏亮，顧盼偉然。凡一切經史子集，箋疏訓詁，與夫釋道内外諸典，以及稗官野史，九彝八蠻之所記載，無不供其齒頰，縱横顛倒，一以貫之，毫無剩義。座下緇白四衆，頂禮膜拜，歎未曾有。先生則撫掌自豪。』誠然，金聖歎的思想相當複雜，對孔孟、老莊、佛教等學説都有所吸納，而由於他爲人『倜儻高奇，俯視一切』（廖燕金聖歎先生傳），就尤其使他與老莊結下了不解之緣。他自己説：『聖人於一切世間不起分别，一片都成就去。盡世間人，但憑他喜，但憑他怒，自有乾元爲之節。若唱了頂調，自然去不得了。末世之民，外迫於王者，不敢自盡其調；內迫於乾元，不得不盡其調。』（語録纂卷一）①可見他要像老莊那樣，遂情任性，『盡世間人，但憑他喜，但憑他怒』。

表現在學術上，金聖歎早在完成於明亡前的貫華堂第五才子書水滸傳評批中已較多地吸納了老莊思想。

---

① 本節凡引金聖歎文字，如不另加説明，皆據金聖歎全集，江蘇古籍出版社1985年版。

如他在評批書中宋江、李逵這兩個十分重要的藝術形象時説：『李逵何如人也？曰：真人也。宋江何如人也？曰：假人也。』（第二十五回總評）像這樣的評批，顯然是對老莊『嬰兒』、『貴真』思想的忠實繼承和具體運用。在評批水滸傳藝術特徵時，金聖歎明確指出其中有一種『草蛇灰綫法』，『驟看之，有如無物，及至細尋，其中便有一條綫索，拽之通體俱動。』（見讀第五才子書法）他的這一説法，當是通過借鑒陸西星南華真經副墨所謂『意中生意，言外立言。續中綫引，草裏蛇眠。雲破月映，藕斷絲連』（逍遥遊文評）、『常山之蛇，首尾相望。驅車長阪，倏爾羊腸。過脈微眇，結局廣洋』（齊物論文評）等説法而提出的。金聖歎比陸氏晚生八十八年，説明宋明以來在莊子文脈研究方面所取得的成果，經過較長時間以後，到金氏那裏終於被引入了小説藝術評批，從而爲進一步揭示水滸傳情節、結構特徵起到了很好的作用。而且，金聖歎又反過來以讀水滸傳之法直接解讀莊子散文的藝術特徵。如他説：

吾舊聞有人言：『莊生之文放浪，史記之文雄奇。』始亦以之爲然，至是忽啞然其笑。古今之人，以瞽語瞽，真可謂一無所知，徒令小兒腸痛耳！夫莊生之文，何嘗放浪？史記之文，何嘗雄奇？彼殆不知莊生之所云，而徒見其忽言化魚，忽言解牛，尋之不得其端，則以爲放浪；徒見史記所記皆劉、項爭鬥之事，其他又不出於殺人報仇、捐金重義爲多，則以爲雄奇也。若誠以吾讀水滸之法讀之，正可謂莊生之文精嚴，史記之文亦精嚴。……何謂之精嚴？字有字法，句有句法，章有章法，部有部法是也。夫以莊生之文雜之史記，不似史記，以史記之文雜之莊生，不似莊生者，莊生意思欲言聖人之道，史記攄其怨憤而已。其志不同，不相爲謀，有固然者，毋足怪也。若復置其中之所論，而直取其文心，則惟莊生能作史記，惟子長能作莊子。吾惡乎知之？吾讀水滸而知之矣。（貫華堂第五才子書水滸傳序三）

所謂『放浪』，是説莊子的文章顯得不夠『精嚴』。在金聖歎看來，這種説法簡直是『以瞽語瞽』，對莊子文章的特徵可謂是一無所知。他以逍遥遊篇忽言化魚、養生主篇忽言解牛爲例，來説明莊子文章在表面上似乎無端倪可尋，其實『字有字法，句有句法，章有章法，部有部法』，可謂精嚴之至。金聖歎的這些説法，雖然有點像在談八股文法，但還是很能揭示出莊子散文的藝術特徵。康乾時孫嘉淦南華通所謂『天下之文，其離奇變化而不可驟通，至南華而止矣。然熟讀而細玩之，則見其部如一篇，篇如一章，且如一句，如是其通也。又見其部如一章，且如一句，如是其通之甚也』，晚清劉熙載藝概文概所謂『莊子文法斷續之妙，如逍遥遊忽説鵬，忽説蜩與學鳩、斥鴳，是爲斷；下乃接之曰「此大小之辨也」，則上文之斷處皆續矣，而下文宋榮子、許由、接輿、惠子諸斷處，亦無不續矣』等等，皆似與金聖歎的説法有一脈相承的關係。而且，金氏還以莊子文法與史記文法相比較，認爲兩書雖皆可謂『精嚴』之作，但莊子之文自是莊子之文，史記之文自是司馬遷之文，前者不可雜之史記，後者不可雜之莊子，而形成兩書文法這一差異的深層原因，主要是由於莊子和司馬遷有著甚爲不同的創作志向。這裏從作者創作志向方面來探討形成莊子、史記不同文法的原因，自然值得我們重視。但金聖歎所謂『莊生意思欲言聖人之道』的『道』，指的當爲儒家泰斗孔子的道，所以他緊接著就説：『彼莊子、史記，各以其書獨步萬年，萬年之人，莫不歎其何處得來。若自吾觀之，彼亦豈能有其多才者乎？皆不過以此數章引而伸之，觸類而長之者也。水滸所敍，敍一百八人，其人不出緑林，其事不出劫殺，失教喪心，誠不可訓。然而吾獨欲略其形跡，伸其神理者，蓋此書七十回，數十萬言，可謂多矣，而舉其神理，正如論語之一節兩節，瀏然以清，湛然以明，軒然以輕，濯然以新，彼豈非莊子、史記之流哉！不然，何以有此？』（同上）認爲莊子與後來的史記、水滸一樣，其文之『精嚴』，雖無不爲世人所讚歎，但都是從孔子言論集論語中學來，是對論語中數章文字的『引而伸之，觸類而長之』，因而通過細心研讀水滸傳，『略其形跡，伸其神理』，也就可以往上窺見莊子那足可『獨步萬年』的文章之妙了。顯然，金聖歎的這一説法是相當牽强的。

繼評批水滸傳之後，金聖歎又於清順治十三年評批完了西廂記，其中也較多地論述到了莊子。如他説：

世說新語云：『莊子逍遥遊一篇，舊是難處。』開春無事，不自揣度，私與陳子瑞躬，風雨聯牀，香爐酒杯，縱心縱意，處得一上。自今以後，普天下錦繡才子同聲相應，領異拔新，我二人便做支公許史去也。……讀西廂記，實是用讀莊子、史記手眼讀得。便讀莊子、史記，亦只用讀西廂記手眼讀得。如信僕此語時，便可將西廂記與子弟作莊子、史記讀。……僕昔因兒子及甥侄輩要他做得好文字，曾將左傳、國策、莊、騷、公、穀、史、漢、韓、柳、三蘇等書雜撰一百餘篇，依張侗初先生必讀古文舊名，只加『才子』二字，名曰才子必讀書。（讀第六才子書西廂記法）

正像金聖歎在貫華堂第五才子書水滸傳序三中所謂因讀水滸傳而悟莊子之『精嚴』一樣，他在這裏也强調以讀西廂記的手眼來讀莊子，又以讀莊子的手眼來讀西廂記，即以莊子與西廂記互爲發明。他的這一讀法雖同樣不免牽强，但也並不是一無可取，因爲古往今來的作文之法，畢竟是有某些相通之處的。而且，他仿效世說新語文學所載東晉支遁等在白馬寺暢談莊子逍遥義故事，與陳氏於春暖花開之時，風雨聯牀，香爐酒杯，以支遁、許詢等名士的胸懷，縱意談論西廂記等才子書，這就更不失爲一種具有創意的好方法。因爲西廂記是作者發自靈竇的真情、真意的表露，目的是要衝破那羈絡人性的儒學教條和既定的藝術格套，去爲自然人性的復歸奔走呼號，所以讀者正需要有像金聖歎所説的這樣一種閱讀環境和心態。

據金聖歎在讀第六才子書西廂記法中説，他『因兒子及甥侄輩要他做得好文字，曾將左傳、國策、莊、騷、公、穀、史、漢、韓、柳、三蘇等書雜撰一百餘篇，依張侗初先生必讀古文舊名，只加「才子」二字，名曰才子必讀書』。但今傳其所批才子必讀書，不見録有莊子文章。又金聖歎之族兄金昌所編唱經堂外書總目著録有南華經鈔，劉獻廷廣陽雜記卷三又稱金聖歎曾依潘基慶之莊子會解本，删去讓王、漁父、盜跖、説劍四篇，而爲南華經會解定本。凡此，今亦皆已不傳。但今所傳金聖歎語録纂，其中卻較多地保存了他論述莊子的文字。如他説：

約法而論，化者爲天地，不化者爲萬物；約人而論，當情者爲晝，不當情者爲夜。『昔者莊周』至

『蘧蘧然周也』，是天地之化；『不知莊周』至『必有分矣』，是『不過』字。『昔者莊周』，把莊周推了出去，莊周不認帳了。『自』，蝴蝶自稱；『志』，蝴蝶懷抱；『喻』，蝴蝶自喻。『栩栩然』，還帶莊周作過文；『不知周也』，蝴蝶竟不提起莊周。不想覺了，『蘧』者，以草蓋屋，全然不像個所在。新覺來底莊周，還不像個莊周，是莊周底草稿。才是蝴蝶，遽然爲莊周，故從『遽』。若是莊周夢蝴蝶，半口折一個莊周與蝴蝶；若是蝴蝶夢莊周，可惜個蝴蝶，怎麽做了莊周？『必有分矣』，妙在説『分』字。如今莊周已是莊周，不是蝴蝶；蝴蝶已是蝴蝶，不是莊周。善男子，汝但知物，未知物化，後身鼠肝蟲臂，前身即是莊周。化不待一期報盡，今日之我，與明日之我，就是沒相干底。莊周心裏有個安家帖，故睡不怕我被別個做了去，殊不知早被蝴蝶做去了。莊周生出來時，也是『大哉乾元』，偶然入夢，焉知莊周不錯做莊周？蝴蝶亦然。莊周入夢，不圖蝴蝶；蝴蝶出夢，又一莊周。前身化後身，豎裏邊化；彼身化此身，横裏邊化。『上失其道，民散久矣。』『道』者，範圍之道也。（卷一）

莊子齊物論云：『昔者莊周夢爲蝴蝶，栩栩然蝴蝶也。自喻適志與，不知周也。俄然覺，則蘧蘧然周也。不知周之夢爲蝴蝶與，蝴蝶之夢爲周與？周與蝴蝶，則必有分矣。此之謂物化。』昔，通『夕』，夜間。金聖歎在論佛道時，進而論述了莊子的這則寓言故事。他以『約法而論，化者爲天地，不化者爲萬物；約人而論，當情者爲畫，不當情者爲夜』爲前提，認爲莊周夜間夢爲蝴蝶，情志糊塗不清，完全聽憑天地之道的自然運化，而一旦到了白天，情志漸漸清醒，便把自己與蝴蝶分而爲二，則只能是屬於『不化』的『物』了。所以天地之道就是『範圍之道』，即包羅一切的自然運化之道。它超越時間空間，豎化横化，把前身化爲後身，彼身化爲此身，莊周也就因此忽然化爲蝴蝶，忽然化爲鼠肝蟲臂，但他『當情者』時，卻不能與天地自然之道渾同爲一了。金聖歎的這些説法，實在前無古人，甚能新人耳目，而且又能大致不失莊子當日著筆的本意。但其中也説了不少牽強附會的話，如所謂『「蘧」者，以草蓋屋，全然不像個所在』，就是明顯的一例。他進而又對莊子中的整個内篇展開了論述：

齊物論以下六篇是正文，逍遥遊一篇是總敘，故首提名字亦不同。內篇三七二十一字題，一字自爲一義。外篇無題。逍遥遊從不好處説到極好處。『遥』字比『逍』字爲勝。情執既破，境界廓然，故『遥』。至於『遊』，則老安少懷，與物無礙……。齊物論至應帝王，與首篇異，皆從極好處説到不好處。『齊』者，物我一齊，是非兩忘，承上『遊』字説來。有物我，則有是非，而『論』出矣。『論』者，不齊之極也。以下篇名皆然。然下五篇，亦一篇好似一篇，至應帝王而極。（卷二）

從來研讀莊子者，皆重視內七篇，而方以智在藥地炮莊中，又創『內篇凡七，而統於遊』之説，認爲逍遥遊篇即爲整個內篇乃至整部莊子之綱領。金聖歎與方氏爲同時人，也提出了關於逍遥遊篇爲內篇總敘的説法，即認爲首篇題目『逍遥遊』三字，一字比一字好，整篇文章也『從不好處説到極好處』，而此下六篇，則接著逍遥遊結尾處的逍遥無礙境界（『極好處』），皆『從極好處説到不好處』，並且逐步推進，而終止於應帝王的至極之境。他的這一説法，雖不一定能被多數人所接受，但同樣很富有創新意義。金聖歎緊接著説：

南華雖始於北溟，下六篇正文，則以南郭子綦立義，承上『徙於南』來。北溟是真常性海，魚在海中，沒有頭數。然是同體共氣，故從昆。化而爲鳥，小過卦也。法法異住，故從鵬。鵬言背者，背即北溟也。大千世界，從無有未化之魚，從無有已化之鳥，而今正是刻刻化鳥之時，故下文云『猶時女』也。時女才出母家，未到夫家，正及時之女。我們修行，要修到應帝王境界。即此三字，要修到『應』字境界方妙。到得下手不得處，方名爲『應』。憑你伶俐，只到『帝』字、『王』字罷了，認得應帝王『應』字，便是『遊』，逍遥遊完全快活。齊物論，下手功夫；十長養心，一切保任，曰養生主；從地湧出，不須閉門，曰人間世；無世有界是『德』，有世有界是『充』，世界交涉是『符』，這就是大宗師了。『齊』裏邊沒有『物』，『物』裏邊沒有『論』。『論』走了『物』底樣，『物』走了『齊』底樣。南華七篇之義，盡於一

『遊』字，其下手工夫，全在打破『論』字。論而歸物，由物而歸齊，然後可以逍遥遊矣。篇中言『天籟』者，齊也；言『地籟』者，物也；因吹成萬故不齊。『人籟』者，論也。喻於比竹，言彼我是非，相比而生也。齊物論是論物之性，人間世是論人之性，應帝王是論其性。（卷二）

金聖歎這裏所謂『「天籟」者，齊也』、『「地籟」者，物也』、『「人籟」者，論也。喻於比竹，言彼我是非，相比而生也』，確實説得新穎而甚能揭示齊物論篇的主旨。但他對於其餘篇章的闡述，卻因過於求新而不免顯得有些離奇。如他在闡述逍遥遊篇時説『大千世界，從無有未化之魚，從無有已化之鳥，而今正是刻刻化鳥之時』，這並没有錯，但進而以『時女』爲『才出母家，未到夫家，正及時之女』，這就顯得極其牽强了。因爲『時』通『是』（此），『女』通『汝』（你），而所謂『猶時女』，意即篇中所説的智力方面的瞎子、聾子，指的正是你（肩吾）。至於所謂『十長養心，一切保任，曰養生主；從地湧出，不須閉門，曰人間世；無世有界是「德」，有世有界是「充」，世界交涉是「符」，這就是大宗師了』，以及謂齊物論篇『以南郭子綦立義』乃是承逍遥遊篇『徙於南』而來，應帝王篇之『應』字乃是逍遥遊篇之『遊』字等等，也多爲附會之説，往往不可據信。而且，金聖歎還牽引儒學解釋應帝王篇説：

逍遥遊一篇……，至於『遊』，則老安少懷，與物無礙，即魯論『遊於藝』之『遊』，豈但志據不足言，抑豈依之可言？……應帝王『應』字，即逍遥遊『遊』字。在魯論『顔淵季路侍』章，爲王帝應。子路，王也。天下往，謂之王。敝之無憾，人見破矣。顔淵，帝也，無伐無施，我見盡矣。至若孔子，則何人何我，應以種種身得度得，即現種種身而爲説法，是之謂三十二應，是之謂中央渾沌之帝。（卷二）

宋末林希逸在南華真經口義中率先提出了關於『逍遥遊即詩與論語所謂樂也』的説法，把莊子逍遥義解釋成了儒家所謂的『孔顔樂處』思想。金聖歎承因其説，更以論語『遊於藝』之『遊』字徑釋逍遥遊之『遊』字，並進而以論語先進『子路曾皙冉有公西華侍坐』章來解釋應帝王篇，以孔子弟子子路、顔淵的品行來分别解釋『王』字和

『帝』字，以儒家泰斗孔子的德行來解釋『應』字，認爲此三人的思想境界一人高過一人，正可用來移釋應帝王篇由『王』而『帝』而『應』這三種不同的義藴和境界。但我們知道，無論是儒家所謂的『孔顔樂處』，還是『遊於藝』等等，皆在追求其道德人格的自我完善，基本上都表現爲一種積極入世的精神，而莊子所謂的逍遥遊，則旨在擺脱塵世牽累，無疑表現爲一種消極出世的精神，二者不可混爲一談。至於莊子撰寫應帝王篇，目的是要大力闡發其無爲而治的政治思想，就更不可用子路、顔淵、孔子的思想境界來加以比附，更何況金聖歎還把『應帝王』三字十分牽强地顛倒爲『王帝應』呢！

在金聖歎所著隨手通中，有南華字制一文云：『今年二三學者，請以夏九十日，解衣露頂，快説漆園遺書。於誼莫辭，竟受斯托，話言既多，詮釋略具。存之未全，棄之可惜，則命兒子釋弓掌而記之，別題爲南華字制一卷。此則莊氏一家之經用，並非倉帝字海之備觀。同學傳寫，藏而讀之，不可以之示人。何則？錦心繡口，世豈真有其人哉！』説明金聖歎曾著南華字制一卷，可惜今已不見。但由今所傳南華字制一文可知，他與二三同志嘗仿效魏晉名士故事，解衣露頂，用整個身心去體悟莊子，認爲按倉頡所造之字不足以探尋莊子思想，自己正有責任超越倉頡字海而撰寫一部獨特的南華字制，因爲莊子錦心繡口，必須尋其真意於語言文字之外。金聖歎在所著隨手通中還撰有南華釋名一文，更爲具體地闡述了他的這一觀點：

南華何以名『華』？實不可説也。云何實不可説？本無實可説也。云何本無實可説？得説即非實也。……是故經置實而言『華』者，非他，即是實之所開敷也；華者，無他，至於廢落則仍實也。問：有未開敷爲華之實耶？有未廢落爲實之華耶？曰：無之。何故無之？如有未開敷爲華之實，則是實在華前；如有未廢落爲實之華，則是實在華後，則是華時遂無實也。若華時無實，則必華自華，實自實；離實乃有華，離華乃有實，則必華本非實。夫華本非實，則實與華且無與。

在金聖歎看來，莊子著作名爲南華經，有花朵虛敷而非實有之意。即南華經雖然是用文字寫成的，但裏面所包含的真意，卻是不可言説的玄虚之道。這正如花之開敷與實之廢落相爲嬗代，而花朵並非果實、果實並非花朵一樣，莊子文章的存在形式與莊子寄寓在裏面的真意並不是一回事。應當承認，金聖歎這番不同於前人的説法，與莊子本人對言與意關係的理解基本上是一致的。但金聖歎可能未必知道，『南華』之名大約出於南朝道教徒的説法，唐玄宗又依舊號而詔莊子爲南華真人、其書爲南華真經，而後人對於此名號的原始意義已不得而知，可是他在這裏卻把『華』字解釋爲花朵的意思，就未免有點太隨意了。

要而言之，金聖歎對莊子的論説，往往能言前人所未曾言，發前人所未曾發，給人們以耳目一新的感覺。但由於金氏爲人倜儻高奇，思想怪誕不經，發論多憑己意，所以他對莊子的論説除了具有『新』的特徵而外，有時又不免會使人們有一種離奇之感。

第三節　顧如華的讀莊一吷

顧如華（1605—1667），字質夫，號西巘，湖廣漢川人。清順治六年進士，授直隸廣平知縣。歷山東道監察御史、四川巡按。康熙二年巡鹽江浙，三年任江蘇巡按。學問淹博，著有顧如華集、艮占集、蜀行稿、道德經參補注釋、讀莊一吷等。

讀莊一吷書前有歐陽鼎、申涵光所撰序各一篇，及顧如華順治十一年讀莊一吷自序。卷首題『晴川顧如華西巘父著，曲梁申涵光凫盟父訂』；正文概不收莊子原文，亦不用注解形式，而是直抒胸臆，將各篇作整體論述。顧如華在自序中説，『南華一書，超然物外，而可以索解言下乎？古今注莊者，自向、郭而外不一家。陸生之副墨詁矣，而猶足以演義。他如廣莊，博物志也；説莊、導莊，貝葉文也』，凡此種種，『或盡注莊，或不盡注莊，大都皆以我聰明馳驟古人，殺其書之半者』，即謂視其注解内容，歪曲莊子本意者實居泰半。所以，顧氏『未敢以繁文碎説爲善解莊者羞』，才採用了首尾鉤貫，論其大要的解説方式。

從闡釋指向方面看，顧如華撰寫讀莊一吷，大致堅持了以莊解莊的立場。他在解説駢拇篇時説：

以莊解莊，可以讀莊；以儒解莊，不如廢莊，束書不觀可也。晉人庾子嵩、王坦之輩，淺陋無識，固不足道。即唐李谿廣廢莊論，差足快羽翼名教之心，亦祇是以儒解莊，豈誠有見於莊理得失，而較然言之者哉！其病莊者有四：一曰樂言因任而未知因任之本也，即指駢拇、馬蹄諸篇是也。然而莊子於此，抑揚太過，辭雖近激，實有大不得已者。駢拇大旨，尊道德而薄仁義，乃伯陽氏家法。見其內證學問，遜志所宗處，曰『予愧於道德，是以上不敢爲仁義之操，而下不敢爲淫僻之行』，胸中亦何嘗不和平謙退乎！天下有常然，除卻常然之外，皆是駢拇枝指，皆是附贅縣疣。常然者何物？孟子之言性故，禪家之言本來面目也。即如伯夷死名、盜跖死利，以名教斷之，穢東陵而馨首陽，不待智者而辨也。

此處明確指出，東晉王坦之廢莊論、唐李谿廣廢莊論，皆秉持儒家觀點批判莊子，或淺陋無識，或無見於莊理得失，根本不值得稱道。在顧如華看來，唯有以莊解莊，方可讀莊，得其真意所在。所以他在解説莊子過程中，對於『儒者』的批評，決不忸怩作態，或有意回護。如繕性篇有語云：『繕性於俗學，以求復其初；滑欲於俗思，以求致其明，謂之蔽蒙之民。』顧如華解釋説：『繕性致明，儒者所講求，都不越此四字。莊子卻以俗學、俗思鄙之。李青蓮詩云：「魯國一老儒，白髮死章句。」章句之學，終日爲道理束縛。』又天地篇有語云：『且夫趣舍、聲色以柴其內，皮弁、鷸冠、搢笏、紳修以約其外，內支盈於柴柵，外重纆繳，睆睆然在纆繳之中而自以爲得，則是罪人交臂歷指而虎豹在於囊檻，亦可以爲得矣。』顧如華解釋説：『末復結以困不可以爲得，柴內約外，形容拘儒之累，痛切悲憫。太史公謂莊子「剽剝儒墨」，即當時宿學，不能解免，於此可見。』這些解説，既中肯，又深刻，絲毫沒有爲『儒者』回護的意思。

但顧如華既生於儒學盛行之時，就不可能完全擺脱以儒解莊風氣的影響，如他以孟子所謂『性故』來解釋莊子之『常然』，而其所謂『莊子於此，抑揚太過，辭雖近激，實有大不得已者』云云，又受到王安石觀點的影響，都不免表現出了一定的以儒解莊傾向。顧如華還在解釋天下篇時說：

南華一書，自比於百家衆技，不該不偏、一曲之士，而不敢與六經孔子之學相提較論。莊子平生憤世嫉俗，不得已而托於非聖叛道，至此泣淚欲下，本心迸露矣。王荊公謂莊子『既以其説矯天下之弊，又懼來世之遂實吾説』云云，『於是傷心於卒章以自解，蓋欲明吾之言有爲而作，非大道之全云耳』，可謂善窺蒙叟本心。

莊子一書，旨在『剽剝儒墨』，而天下篇作者，卻試圖用比較客觀公正的態度來評述各個學派，但對儒家並無偏愛的意思。顧如華受王安石莊周一文的影響，以爲莊子自比於百家衆技，不敢與六經孔子之學相提並論，並引述王氏莊周之文，高度認可其所謂『矯天下之弊』、『傷心於卒章以自解』的説法爲『善窺蒙叟本心』。此外，顧如華在解釋秋水篇時説：『繼之以孔子圍匡，似於秋水篇意不涉，而以了死生、一窮通爲聖人之勇，何嘗不推尊孔子爲聞道一海若乎！』亦似有一定儒學化傾向。但綜觀顧氏讀莊一吷全書，其所表現出的儒學化傾向亦僅此而已，並不影響其堅持以莊解莊的基本立場。

顧如華解説莊子，比較重視篇章及其意義之間的聯繫。如他在解説馬蹄篇時説：『馬蹄、駢拇，其意一也。文只五條，雖爲淺淡，而更能發明駢拇未盡之旨。』又在解説胠篋篇時説：『前二篇（指馬蹄、駢拇）皆是剽剝仁義聖人之語，尚有幾分含蓄，至胠篋、在宥，則盡情攻擊，幾乎怒罵矣。』這裏將馬蹄、駢拇兩篇作爲姊妹篇來看，並指出胠篋、在宥又是對馬蹄、駢拇兩篇的推進，確實甚有見地，值得重視。顧如華在解説秋水篇時則説：『南華爲諸子中第一開眼之書，而秋水篇又爲南華中第一開眼之文，內篇逍遥遊、齊物論一大注腳也。』認爲從大的方面看，此篇『劈空將河伯與海若問答數段指點上根人，破除夙見，極曠極精』，豈非爲逍遥遊篇劈頭用鯤鵬變化寓言以拓寬世人心胸之注腳！此篇通過河伯與北海若反復問答，極力論證萬物大小、是非的無限相對性，以及人生貴賤、榮辱的極端無常性，豈非爲齊物論篇齊同萬物主旨之注腳！而從細部方面看，如『風以衆小不勝爲大勝，又若與逍遥遊培風負翼暗相發明』，『人所不知與未生之時』即齊物論篇『六合内外，存而弗論意』。這些説法，皆爲前人所未有，值得注意。對於雜篇中的某些篇章，顧如華則提出了另外一種看法。他在解説徐無鬼篇時説：

是篇固多雜著，如遊山水，峰巒參差中，政見起伏呼應。讀雜篇者，原不必覓主意、求串插，而細味其中主意、串插，自然了了。……莊之密友，莫如惠子，雖以强辯見折，而亦以善辯見思；忽於此篇攙入數段，爲其友追敘本末，如傳如志。然以匠石自命，而以郢人擬惠子，抑揚深巧，使人莫覺古人之厚於全交，不以存歿掩其所長如此。百家爭鳴，猶如挽弓角射，能破公是之的者幾人？惠子謬矜其辯，固是他立不失容本色。莊亦已魯遽之誑其弟子調瑟者謬詰之，而又三舉蹢子求唐門舟之喻，輕挑雅謔，其運斤成風手段，莊先已自負於抵掌坐論中矣。大抵惠莊之是非，不甚相懸，薄若蠅翼，寓意可想，以友爲質，生死共之，高山流水之思，亦猶是耳。

唐初成玄英在莊子注疏序中説：『内篇明於理本，外篇語其事跡，雜篇雜明於理事。』所謂『理本』即指抽象的義理，『事跡』則指具體的事象。在成玄英看來，内篇主要在於闡明抽象義理，外篇主要在於顯現具體事象，雜篇則兼明『理』、『事』，乃是抽象義理與具體事象的互相結合。顧如華也看到了雜篇與内、外篇之間的差别，但與成玄英的理解又有些不同，認爲『讀雜篇者，原不必覓主意、求串插，而細味其中主意、串插，自然了了』。意謂雜篇各篇中的寓言或論述文字，自有其相對獨立性，不必强覓主意，强求串插，只要細加體味，『其中主意、串插，自然了了』。如徐無鬼篇寫莊子追思亡友惠施之情，在敘述了『莊子過惠子之墓』寓言後，又寫了似乎毫無關係的『魯遽之誑其弟子調瑟者謬詰之』，並『三舉蹢子、求唐、門舟之喻』，輕挑雅謔，以況莊、惠二人先前『抵掌坐論』情狀，説明其『以友爲質，生死共之，高山流水之思，亦猶是耳』。應當承認，顧如華對雜篇特徵的整體理解是基本正確的，而對徐無鬼篇中具體文字的理解雖也較爲獨特，但似有牽強附會之嫌。

對於莊子各篇的真僞問題，顧如華的看法也比較獨特。如宋末羅勉道南華真經循本謂刻意、繕性爲僞作，後來又有學者懷疑馬蹄、駢拇不是莊子手筆，顧如華則在解説刻意篇時指出，『書之真贋，不係於文字長短』，『何獨以刻意、繕性與駢拇、馬蹄概疑之爲贋作』，並從多個方面著重論證了刻意決非僞作，自能言之成理。尤其對雜篇中的某些篇目，顧如華更是明確地表達了自己的看法。如他在解説讓王篇時説：

蘇子瞻謂讓王以下四篇，非出莊生之手，先輩信之，以爲莊文未有不迂回而含蓄者，今四篇一倒都盡，故疑是後人攙入。然余讀讓王，大段雖近於直敍，而其文未嘗不藻健，其意未嘗不錯綜，又似非他手所能作也。……余讀郭注有云：『此篇大意，以起高讓遠退之風。故被其風者，雖貪冒之人，乘天衢，入紫庭，猶時慨然，中路而歎，況其凡乎！』又曰：『其事雖難爲，然其風少弊，故可遺也。許由之弊，使人飾讓以求進，遂至子之、噲也。伯夷之弊，使暴虐之君得肆其毒，而莫之敢亢也。尹呂之弊，使天下貪冒之雄，敢行篡逆。唯聖人無跡，故無弊也。』此可謂精於辨讓王者矣。

顧如華不同意蘇軾以來的説法，而是認爲讓王一篇，『其文未嘗不藻健，其意未嘗不錯綜』，並引郭象注語作爲佐證，來證明此篇似非他人所能爲。他又在解説説劍篇時説：

文章各有風氣，不可溷也。晉魏以下勿論，兩漢已不相及。累而上之，先秦西漢不相及。又累而上之，周秦不相及。莊子生於七季之時，其文奧衍雄奇，卓然自命於縱横諸家之外，别樹一坫幟。如説劍中語，直是策士抵掌聳摇世主之譚耳。然莊雖逍遥於物外，不爲風氣所轉，而對世主商略，非此固不足以激其聽聞，奪其所好。此即偶同於犀首、儀、軫之輩，出入於風氣而不惜者也。故吾以説劍一篇，不過於戰國策中雷同套喻，在莊文誠爲嚼蠟。以意度之，或與趙文王問答，而自敍述之於此，亦未可知。其文不似秦漢以後筆也。

顧如華承認說劍篇似『戰國策中雷同套喻』，有如『策士抵掌聳搖世主之譚』，但這只是莊子藉以激世主聽聞，奪其所好，以達到與世主『商略』的目的罷了，由此看來，此文是莊子出於特殊需要而有意如此『敘述』，屬於莊子文章的一種變體，不應當看成是『秦漢以後筆』。顧氏的這些分析，可備作一說。

第四節　高秋月、曹同春的莊子釋意

莊子釋意三卷，內、外、雜篇各一卷，凡三十三篇，在莊騷合刻內，首題『歸震川先生原批，金壇高秋月素蟾集說，曹同春孟序論正』。高秋月，字素蟾，金壇（今江蘇金壇縣）人，生卒年不詳。據光緒金壇縣志卷九、民國重修金壇縣志卷九載，高氏資性敏悟，讀書過目無遺忘，清順治四年補弟子員，同張願結槐江社，文譽籍甚。康熙十五年恩貢，凡經史及四子書、先儒語錄尤勤手輯，宿遷令嘗延請其主書院，諸生多成就。年七十一卒。曹同春，字孟序，生卒年及生平事跡均不詳。唯據莊子釋意序末所署『康熙己巳秋八月上浣金壇曹同春序並書』之語，知其亦爲金壇人，活動於康熙間，當略晚於高秋月。

據書前所收曹鍾浩莊騷合刻序、曹同春莊子釋意序，可推知莊子釋意三卷乃刻成於康熙二十八年，但高秋月集各家之說的時間則較早。曹序說：『吾鄉高素蟾先生，少喜讀書，老而不倦，其生平尤好讀莊子，沉思研玩，不無苦心，竊憬然歎曰：「此覺迷入道之言，人不可一日不觀，非獨文辭之瓌瑋也。」嘗客宿遷，與陸瞻、岐逃夫、徐壇長諸子遊，壇長請先生講莊子，閱數年，先生集爲完書。書成，名曰莊子釋意，攜其本以歸，余得見之。或仍往說，或取己見，文約而旨明。余懼夫先生搜輯核注之勤，而久之或且失其傳也，乃繼先生之志，著七篇大義於首節，分編次力加考訂，爰命梓人公之當世。然先生之於莊子也，務求其意，不屑屑於文辭，終身好之，但離其句讀而已。……其善者，惟太僕震川耳。震川自謂讀書萬卷，而得力於莊周。余遂求獲而附刻之，以見世之工於文者。』據此可知，高秋月平生甚好莊子，其莊子釋意乃是在宿遷縣主教時，經過數年的搜輯核注而成，而以其最善歸有光所著莊子釋意一書，便將自己的書也命名爲莊子釋意。但今所見莊子釋意三卷，乃是曹同春於康熙二十八年對高氏原書予以『分編次力加考訂』，並於內篇各篇之首自撰題解刊刻而成。

高秋月依據蘇軾在莊子祠堂記中的說法，也認爲『讓王以下四篇，非莊子所作，蓋其枝葉太粗，恐爲人所竄易』(讓王篇末評語)，因而對讓王、盜跖、說劍、漁父四篇，一概不作評語和注釋，唯於各篇之末引歸有光評語一條以評之而已。但對於其他各篇皆作有簡明扼要的夾注，於各段之後和篇末又皆作有評語，不過這些評語有很多引自歸有光和釋德清，其次乃是引自李士表、朱得之、陸西星、沈一貫、陶望齡、郭正域、譚元春、林雲銘等人，正所謂『或仍往說，或取己見，文約而旨明』。如果高秋月所引的歸有光評語確係歸氏『原批』，則可證明現存明天啟四年竺塢刊署爲歸有光、文震孟南華真經評注本所收歸氏評語多爲真實可信，意義相當重要。

具體說來，高秋月在內篇各段和篇末所置評語，基本上都引自釋德清的莊子內篇注及歸有光的批語，而在外、雜篇中，除了較多引用歸氏批語及少量引用其他人評語而外，他還親自撰寫了爲數更多的評語。由於高秋月最善歸有光，所以他的這些評語大多也寫得『文約而旨明』，具有像歸氏批語一般的風格。如對於在宥篇，他於開頭一段後評曰：『此言當無爲以治天下。』於『崔瞿問於老聃』一段後評曰：『此言爲治者不當攖人心。』於『黃帝立爲天子』一段後評曰：『此言治身長生之道。』於『雲將東遊』一段後評曰：『此言養天下在於養心。』對於篇末總評，他也寫得要言不煩。如他於駢拇篇末評曰：『此篇言仁義之失性，蓋皆竊仁義以釣名者。』於馬蹄篇末評曰：『此言其性之不可失，與前篇同意。』於胠篋篇末評曰：『此篇言好智之亂天下，而推其過於聖人，蓋拔本塞源之意。』凡此皆可見出其簡約明了的風格，對於矯正表現在莊子評釋方面愈來愈繁的風氣，自然有著積極意義。

從思想內容方面來看，高秋月偶有引佛理來評莊。如知北遊篇有『生非汝有，是天地之委和也；性命非汝有，是天地之委順也；孫子非汝有，是天地之委蜕也』等語，用來比喻大道生於無，處於虛，人們只能體悟，而不能據有。高秋月的評語則説：『此明四大假合，形等虛空，我既不存，法亦不立。』這裏即以佛教『四大』之説解釋了莊子思想，認爲世界萬物和人的身體無非由地、水、火、風四種基本元素所構成，其屬性分别爲堅、濕、煖、動，而『四大』隨彼因緣，既可和合，又可離散，則色法何存，妄身當在何處？列禦寇篇有『賊莫大乎德有心而心有睫，及其有睫也而内視，内視而敗矣。凶德有五，中德爲首。何謂中德？中德也者，有以自好也而吡其所不爲者也』之語，謂五官與心欲皆爲凶德，而心主其中心之欲，故爲凶德之首，故達天知命者只是隨順自然而已。高秋月的評語則説：『黄蘗師云：「此心明淨，如虛空，無一點相貌。舉心動念，即乖法體。」學道人不悟心體，便於心上生心，著相修行，皆是惡法。……此言意識害道。』這裏引唐代黄蘗山斷際禪師希運之語來闡釋莊子思想，指出悟道只是使心境明淨虛空而已，而一切舉心動念都是有害的。但從高秋月的大部分評語來看，他卻基本上堅持了以莊解莊的闡釋指向。更需要指出的是，在莊學界愈來愈彌漫著引儒解莊的風氣中，他幾乎絲毫不爲所染，從而表現出了其較爲獨特的莊學觀。如他在天下篇『芴漠無形』一段文字後評曰：

此莊子自敘其道術，人或疑其涉於自矜，以爲後人所論次，然其自得之學，非其自言，孰能知之者？且自附於諸子之後，獨爲一家，固未嘗以古人之大備自處也。

王安石在莊周中説，莊周在天下篇中不但提出了『詩以道志，書以道事，禮以道行，樂以道和，易以道陰陽，春秋以道名分』的説法，極力稱道儒家經典所具有的種種功用和崇高地位，而且還『自列其書於宋鈃、慎到、墨翟、老聃之徒』，承認自己也不過是『不該不遍』、『非大道之全』的『一曲之士』而已，從而有效地保存了儒家所倡導的『聖人之道』。後世研究莊子者，其中有不少人信從了王氏的這一説法。而在明清之際，又有一些人則認爲天下篇乃後人所撰寫，並非莊子所自著。高秋月雖然也説此篇乃是『莊子自敘其道術』，認爲若『非其自言』，則『孰能知之者』？但他並沒有沿襲自王安石以來的説法，將莊子拉向儒家。同時，他又堅決反對有人把天下篇視爲『後人所論次』，而是認爲莊子『自附於諸子之後，獨爲一家』，分明有『未嘗以古人之大備自處』的意思。凡此都説明，高秋月的評語自有一定的獨特見解，儘管這些見解現在還無法證明其正確與否。

與高秋月所作的評語一樣，曹同春爲内篇各篇所作的題解也有自己的一些獨特見解。如他爲養生主篇所作的題解有語云：『真性者，生之主也。養生者，養此而已。世人但知養其形骸，而不知養其真性，以有涯之生，逐無涯之妄念，貪求不已，殉名入刑，何益之有哉！』此處把『主』解釋成『真性』，認爲『養生主』就是要養其真性，而不是像世人那樣『但知養其形骸』，『以有涯之生，逐無涯之妄念，貪求不已，殉名入刑』，這一見解確實是前人所不曾有過的。他爲齊物論篇所作的題解又有語云：『物論所以難齊者，因有我見，我苟不立，彼尚可存世間，是非然否，如飄風之怒號，自作自止，何足置辨乎？』這裏認爲齊同物論的關鍵在於徹底泯滅自我，也同樣表現出其對莊子齊物思想有著深刻理解。曹同春爲逍遥遊篇所作的題解更是説：

逍遥，廣大自得之意；遊者，與道遊也。蓋聖人無我，心與道遊，則自然廣大。衆人爲形骸累，役役於行名榮辱之間，甘爲世用，以入困苦之場，豈知聖人之心，超然物外，廣大自得者哉！故首以鯤鵬、斥鴳爲喻，而曰此小大之辨，明小之不及知大也。至人無己，神人無功，聖人無名。許由讓天下，神人不以天下爲事，堯見四子，窅然喪其天下，此皆忘己、忘功、忘名者，所以明其大也。或者疑其大而無用，故又以大瓠大樹喻之，言大則不當，小用無所可用，則無所困苦，而與道遊，是其所爲逍遥者也。此篇之義，實該内篇，見其大則無我無物，而物論齊矣；無所困苦，則神全精一，而養生得矣；遺名去智，則物莫之傷，而人間可處矣；至人無己，則外其形骸，而德充於内矣；逍遥自足，則生死俱忘，而天下一矣；凝神自化，則無爲而治，而渾沌全矣。

署爲歸有光、文震孟南華真經評注本逍遥遊篇眉欄引有歸有光『樂其大也』之批語，高秋月莊子釋意逍遥遊又引有歸氏『蜩鷽至悲乎，言小不知大』之評語，而郭良翰南華經薈解逍遥遊更引有吴默關於『此篇以大爲綱』的說法，林雲銘解逍遥遊篇也認爲『「大」字是一篇之綱』，説明自晚明以來有不少學者皆以『大』爲莊子所謂的逍遥遊境界。曹同春承因並發展了這些説法，明確指出逍遥遊就是廣大自得、心與道遊。在他看來，篇中以鯤鵬、斥鴳、大瓠、大樹等爲喻，又舉至人、神人、聖人等爲例，即都是爲了發明這一宗旨，而齊物論、養生主、人間世、德充符、大宗師、應帝王六篇的論述實際上就是對逍遥遊篇主旨的進一步展開。顯然，曹氏的這些觀點雖不一定正確，但無疑包含了豐富的創意。

第五節 顧仲的中村説莊

顧仲，一作顧仲清，字咸三，一字閑山，號松壑，又號中村，自號浙西饕士，浙江嘉興人，生卒年不詳。朱彝尊入室弟子①。少穎悟，工繪事，尤長於畫蝶，時稱『顧蝴蝶』。又特好莊子，人稱『顧莊子』。對飲食養身也有一定研究。著有孔林漢碑考、扶青閣稿、唱月齋詞、歷代畫家姓氏韻編、中村説莊、養小録等。

中村説莊二十八卷，各志書均無著録，唯日本静嘉堂文庫藏有清抄本，凡十二册。卷首題『小長蘆顧仲偶説、受業杜庭珠參訂』。據南宋周必大吳郡諸山録，小長蘆爲檇李（今浙江嘉興）舊號，則卷首題『小長蘆顧仲』者，與清四庫館臣謂『顧仲清』爲『嘉興人』相一致②。書前有朱彝尊敘。又有顧仲敘一，曰論莊子爲文章之譜；敘二，曰論莊子爲史記所自出；敘三，曰論讀書不求解之謬；敘四，曰論莊子説之猶恐不盡。並列有莊子歷代注釋家及凡例。今考朱彝尊，卒於清聖祖康熙四十八年（1709），可知顧氏中村説莊必著成於此年之前。

① 顧仲解説逍遥遊篇時説：『吾師竹垞（朱彝尊之號）先生甚賞愚。』亦可證顧氏爲朱彝尊之弟子。
② 見四庫全書總目提要顧仲清歷代畫家姓氏韻編。

顧仲論莊子説之猶恐不盡云：『莊子注，舊有四十九部，五百一十六卷，自郭注以下迄南宋止，而明代數十家不與焉。』但今檢莊子歷代注釋家，所列歷代治莊者凡一百九家，其中自魏晉至南宋約六十家，明代近五十家，明清之際僅林雲銘、周拱辰二家而已。所可注意者，在所列明代著作中，有錢繼登錢龍門内篇注、譚貞默譚埽庵莊騷二學及譚埽庵南華列眉等，皆爲世人所不知，可補其他志書所未載。至於在袁中道導莊、陶望齡解莊下分别注曰『禪學』，在潘基慶（莊子）集注下注曰『以外篇、雜篇分附内七篇，亦未盡當』，則自有顧氏之獨特見解。

在凡例中，顧仲對『分章』、『分段』、『字釋』、『句解』、『破句』、『訛字』、『眼目』、『總應』、『分注卮言』、『葉韻』、『列眉』、『集説』、『自説』皆有説明。其『分章』云：『舊刻都不分章，氾濫無界限，間有因注語隔斷者，而每章首尾斷接處，仍有訛混。惟碧虚子分章用意獨到，而外篇、雜篇有未悉當者，今悉正之。』北宋陳景元（碧虚子）所著南華真經章句音義，將莊子三十三篇分爲二百五十五章，隨指命題，號曰章句，具有創新意義。明朱得之著莊子通義，承因陳氏隨指命題的做法，亦顯得章旨分明，甚便讀者閲覽。顧仲同樣肯定陳景元『用意獨到』，只是認爲他在外篇、雜篇中的做法『有未悉當者』，因而予以『正之』。如陳景元分天道篇爲九章，依次爲『静鑒』、『有無利用』、『本末須道』、『堯則天地』、『仁義迂闊』、『智巧爲竊』、『至德不遷』、『塵垢書語』、『糟魄聖言』，而顧仲此篇則分爲六章，依次爲『天道運而無所積』、『孔子西藏書』、『士成綺見老子』、『老子曰夫道』、『世之所貴道』、『桓公讀書』。比較而言，陳氏所體現的是『隨指命題』，注重提煉主題，而顧氏則摘詞句以標題，以便與章節文字之關係更爲直觀，可視爲其創新特徵之一。

又凡例『分注卮言』云：『内篇七題，其大旨也。外篇、雜篇，俱發明内篇之藴耳，故曰卮言日出。卮言，猶支言也，猶云支派也。』如顧氏分天地篇爲十四章，除第八章、第十四章後分别曰『大宗師之卮言』、『逍遥遊之卮言』外，其餘十二章後皆曰『應帝王之卮言』；分天運篇爲八章，除第三章、第五章後分别曰『齊物論三籟之卮言』、『大宗師之卮言』外，其餘六章後皆曰『應帝王之卮言』。今案寓言篇『卮言日出，和以天倪』，顧氏注云：『卮言者，隨所觸而有言，如酒卮然，欲飲則舉，不飲則置之耳。日出者，隨觸隨有，日新而不已也。和，調和也，節舉之言，各就一端，而和之以自然之分，則因一端可以悟全旨也。愚按：卮言，如今人飲酒，隨意舉口令之謂。』又同篇『卮言日出，和以天倪，因以曼衍，所以窮年』，顧氏注云：『因，猶借也。曼，汗漫之意。衍，推廣其說。劉概注：「如草之蔓，如水之衍，皆自然之緒言也。」言出此卮言，肆意遊衍，用以消遣歲月也。』可見，顧仲謂『卮言』有任意推廣發揮的意思。如與凡例『卮言，猶支言也，猶云支派也』等語結合起來看，則其所謂『逍遥遊之卮言』、『齊物論之卮言』、『大宗師之卮言』、『應帝王之卮言』云云，即認爲外、雜篇中的有關章節就是分別對内篇相關篇章内容的隨意闡發，因此外、雜篇也就屬於内篇的『支言』、『支派』。顧仲此等說法，與之前部分學者以外、雜篇爲内篇之傳注的看法頗爲一致，但對『卮言』本身功用的解說卻爲前人所未曾言，確實甚爲新穎。在顧仲看來，由於外、雜篇爲闡發内篇之文，其作者身份可能比較複雜，故依蘇軾莊子祠堂記之說，合寓言與列禦寇爲一篇，而將中間的讓王、盜跖、說劍、漁父四篇移至書末，作爲全書之附録，冠以『僞篇』字樣。

從凡例所列諸項來看，顧仲解說莊子，比較偏重文章學。其師朱彝尊所撰敘云：『邵康節讀莊子曰：「天地間不可無此書。」紫陽朱氏曰：「莊子畢竟是大秀才。」兩家之論，皆極推莊子之文章云爾。史記論贊謂：「其於學無所不窺，其言汪洋自恣以適己。」盡之矣。……顧子說莊，專主文義，遂得詳悉貫徹，莊子之面目始見，是真能讀書者也。』顧仲在敘一中說得更爲明白：

余之說莊，說其文也。……文字之富變化不窮之妙，固未有如莊子者也。……莊子憑空獨運，即其筆力變化，真無用之用也。其心靈，其眼大，其膽放，其識曠，其品潔，其志樂，其情深，其想幽，其鋒銳，其思致最曲，其脈絡最細，其議論最沉著而雋爽，其於人情世故最透闢，其刻畫物情最肖，其設喻最簡捷而曲當，其琢句最峭健，其神韻最超忽而宕往，其句法無窮，其音節最備，其起結無一同者、無不妙者，其徵物最富，其撰立人名及述山川蟲魚鳥獸草木器物實繁有類而運之一若無有，使人但樂其空靈而不覺困載之重，非具鯤鵬變化之大力，何以有此！……今觀其事同而重出者，其篇法句法無有不變，則知其專欲以文章垂世，故竭其聰明心智，極盡其變而勢不能止，後之人遂無以過之而取資不匱。故曰：莊子者，千古文章之譜也。

在顧仲看來，莊子文章極其高妙，變化無窮，富有靈性，實爲『千古文章之譜』，『莊以後諸稱子者，或襲其貌，約略形似者，皆不能及；其他自成家者，生色寡矣』，『自西漢以逮唐宋諸大家，規摹其筆意，獵取其格調字句，援引其比喻以爲典要者，十之六七。』（敘一）而『史公所爲寢食其筆意者，變化無方，不能悉數，然細讀之，亦時復遇之。洵乎，莊子者，史記所自出也。』（敘二）上述說法，大致符合實際，但謂莊子刻意爲文以求垂世，卻並不可謂之知莊子者。因爲莊子文章有似行雲流水，太半乃其氣質使然，以及其對人生與自然的非凡領悟。

基於上述認識，顧仲撰寫此書，除注意分章、分段、分注卮言而外，還照顧到字釋、句解、眼目、總應、葉韻等，並集各家之說，而斷以己意，意在幫助讀者疏通莊子義理之外，進而領悟其文章之高妙，故每以文評結束全篇。如：

聖人作傳，以明易理，非爲文字也。然其句法，萬世文章之祖也。凡偶對字面，包載無遺，而措語變化，摩蕩章法，無一雷同。其偶句連接，絕不嫌其排騈，正如日星河岳之常新。若莊子者，奇得之易，簡得之老，語治術則近書，寓言托物則近詩。（逍遥遊篇末文評）

一篇大文，凡三千字，根蒂只『吾喪我』三字，亦只發明得首篇『至人無己』一句之義，正說反說，如大海揚帆，回瀾衝浪，起伏滅沒，寓目無際，而不離乎宗，少陵詩所謂『捩柁開頭捷有神』也。（齊物論篇末文評）

顧仲在解說逍遥遊篇時說：『易取象，詩比興，莊寓言，其致一也。』又在解說寓言篇時說：『寓言，比也；重言，賦也；卮言，興也。』說明他將莊子文章運用『三言』，看作與詩歌所使用的賦、比、興表現手法具有相同的功用，因而在解說莊子文章過程中，每不遵從傳統路徑，凡易傳、詩經、尚書、老子，甚至詩歌等等，皆可信手拈來，爲其所用。如他在解說寓言篇『寓言十九』一章時說：『陶詩：「談話終日夕，觴至輒傾卮。」又云：「過門更相呼，有酒斟酌之。」又云：「忽與一觴酒，日夕歡相持。」可想見卮言日出神韻。』這簡直是在鑒賞文藝作品。

在義理闡釋方面，顧仲大致以道家思想闡釋莊子，其中包含了以老子闡釋莊子。但通觀中村說莊全書，也有一定的儒學化思想傾向。如顧氏在逍遥遊篇『北冥有魚』寓言後說：

中庸論道之費，極於大莫載，小莫破，至矣，而引詩云『鳶飛戾天，魚躍於淵』，言其上下察也。逍遥篇，鯤從海化，魚躍於淵也；鵬怒而徙，鳶飛戾天也。且道既察於鳶魚，而究其造端，則歸之夫婦。夫婦者，聖愚不肖之總名也。造端乎夫婦，而及其至，則尋常夫婦，即是聖人，故曰察乎天地。逍遥篇托始鯤鵬，而究極於至人、神人、聖人，然則鯤鵬即夫婦，即聖人，而徙南冥，上天池，即察乎天地之謂矣。蓋歎是書爲善學聖門，非好奇也。

引詩經大雅旱麓『鳶飛戾天，魚躍於淵』來闡釋逍遥遊篇『北冥有魚』寓言，本是宋理學家通用的做法，而顧仲在此基礎上又導向儒家『夫婦』理論，認爲莊子善於體會儒門學說，故特撰逍遥遊篇，托始於鯤鵬寓言，以闡明造端於個體的倫理規範要求，也就是依據日常生活中的夫婦倫理規範，便可以進而究極於治國平天下的全套學問，甚至能夠窺究天地運行變化的奥秘。顧仲的這一闡釋指向顯然比較獨特，但與莊子『無待』逍遥的思想並不一致。又顧氏爲養生主篇所作題解說：

生主，有生之主，真君是也。老子之學，流爲養生家言，非老氏之旨也。……遂有尋山入海，求長生不死之方，以蠱惑於世，終無所成，或反速之死者。莊子憂其弊，故著之論，以救之曰：所貴乎養生者，養此有生之主也，非專養此軀命也。孔子曰：『未知生，焉知死？』又曰：『朝聞道，夕死可矣。』又曰：『自古皆有死，民無信不立。』皆欲人識此有生之主，而未嘗有長生不死之說。孟子論不動心，由於善養氣。又曰：『養心莫善於寡欲。』又曰：『存其心，養其性。』其致一也。

據史記封禪書載，神仙家倡言：海中有蓬萊、方丈、瀛洲三仙山，上有仙人及不死之藥，食之可以長生不老。於是齊威王、宣王、燕昭王先後派方士求之，終不可得。莊子撰寫養生主篇，或許確有一些反對時人追求長生不死的意思。但顧仲所引論語中的三組話，依次表達了孔子對鬼神及死亡問題避而不談、對政治理想（仁政）的刻意追求、對誠信的極其重視等態度，而孟子所謂『不動心』屬於一種理想人格狀態，所謂『養心莫善於寡欲』屬於一種修養內心的方法，所謂『養氣』是要培養一種浩大剛正的精神等等，都與莊子養生主篇所表達的關於循乎天理、依乎自然、處於至虛、遊於無有的養生精神大相徑庭。顧氏還在天下篇題解中說：

孟子自堯舜迄孔子，敍見知聞知以自任，不過約舉正統。莊子則詳論盛衰升降，首敍詩、書、禮、樂、易象、春秋，而曰鄒魯之士能言之，其尊六經、崇孔子至矣。及道術裂而後有各家之異，自列於關尹、老聃之後，固未敢以上擬六經也。蓋隱然六經之功臣耳。

在這裏，顧仲更是認爲莊子隱然爲『六經之功臣』，似乎其『尊六經、崇孔子』之心甚於孟子。他還在解說寓言篇『莊子謂惠子』寓言時說：此章『全體論語「吾十有五」及「不知而作」等章以立名，勿謂莊子非孔子之徒也。』凡此說法，都顯然不能成立。

總之，顧仲所著中村說莊，部頭既大，內容繁富，創意亦多，值得珍視。但以著者平日治學，凡經學、詩詞、篆刻、製箋、醫學等皆有涉及，故此書之論述文字，略嫌多端而寡要，條理亦欠清晰，而其喜引儒以入莊，亦有待進一步商榷。

第六節　徐廷槐的南華簡鈔

徐廷槐，字立三，一字笠山，號墨汀，會稽人，生卒年不詳。李富孫鶴徵後録卷六謂其性情高曠，爲文峭刻清厲，詩亦擺落凡近，年四十舉於鄉，逾十年（即雍正八年）舉進士。著有墨汀詩草、南華簡鈔。

南華簡鈔四卷，皇朝文獻通考卷二百三十、四庫全書總目提要卷一百四十七皆著録。此書於莊子内篇七篇全録，外篇、雜篇頗有刊削，讓王、盜跖、說劍、漁父四篇則全删去。前有自序、引言，末附逸語，間引宋、元、明、清各家之說，而尤以引清初蔣金式莊子偶說之說爲多，也最有價值。徐氏在自序中說：『是編向所手鈔，於外、雜篇間有節省，蓋拙性懶散，聊便一時口誦，非敢漫爲芟薙也。時或四三年，束之高閣，間一省視，凡諸所評注，輒雜遝題其上，大者鴉塗，細者蠅涷，日計歲計，狼籍紛披，歷年不能淨寫一本，而傳者誤聽，謂鄙人癖於是役，且欲廣其論說。……昔歲辛亥，自淮陰南還，舟泊吴閶門，篋中貯是編，並友人所貽金百十兩，臧獲胠篋金，擲是編，遂逃去。……日月易逝，轉眼十年，第因陋就簡，爲次序而存之，題曰南華簡鈔。乾隆六年，歲次辛酉，秋九月上浣，墨汀徐廷槐笠山書於鑒湖之雙清閣。』雍正九年（1731）爲辛亥，下距乾隆六年（1741）恰好爲十年。徐廷槐既謂辛亥年『臧獲胠篋金，擲是編』，又謂此前曾束之高閣四三年，則其南華簡鈔初稿當完成於雍正五六年，而正式定名並刊印於十三或十四年後的乾隆六年。

在當時盛行的以儒解莊的風氣中，徐廷槐也偶爾受到了一些影響。如他在評注齊物論篇時說：『「六合之外」數十餘言，人間世「君親」、「大戒」之云，愨實深醇，直參堂奥。昌黎固曰：「子夏之學，其後有田子方，子方之後流而爲莊周。」知其學有原本，不但北宫黝虎賁之似也。』認爲篇中所說的『六合之外，聖人存而不論；六合之内，聖人論而不議；春秋經世先王之志，聖人議而不辯』之語，與人間世篇關於『子之愛親，命也，不可解於心；臣之事君，義也，無適而非君也，無所逃於天地之間，是之謂大戒』一番話，實與慤實深醇的儒者之言無異，真可謂直參孔門堂奥，所以韓愈在送王秀才序中說『子夏之學，其後有田子方，子方之後流而爲莊周』，可見莊子的學問本來就來源於儒學。但在徐氏的南華簡鈔中，像這樣具有明顯儒學化思想傾向的評注文字甚爲少見，全書基本上還是堅持了以莊解莊的闡釋指向，往往能以要言不煩的文字揭示出莊子的本意。如對於逍遥遊篇的主旨，歷代學者解説紛紜，多爲牽強附會之説，而徐廷槐在解釋此篇時説『大鵬待大風，總是個御風而行之有待』，又説『窅然喪其天下，以見無待』，又説『無所可用，以無用爲用，所以無待，所以逍遥，此莊子自題行樂』，凡此評語注語，皆可謂十分簡略，卻都能揭示出莊子關於無待才能逍遥的本真思想。

徐廷槐對莊子的闡釋，還往往能窺見莊子的内心深處。如一般學者總是認爲，莊子内心非常超脱，任何世事都不能干擾他的精神世界，而徐廷槐卻在則陽篇『今則不然，匿爲物而愚不識，大爲難而罪不敢，重爲任而罰不勝，遠其途而誅不至。民知力竭，則以僞繼之。日出多僞，士民安取不僞！夫力不足則僞，知不足則欺，財不足則盜。盜竊之行，於誰責而可乎』後指出：『漆園中，日夜以眼淚洗面。』認爲莊子因有見於統治者立榮辱、好貨財、帶頭作僞是導致百姓走向犯罪道路的根源，便在漆園中『日夜以眼淚洗面』，内心比任何人都要痛苦，何來真正的逍遥？他又在德充符篇『惠子謂莊子曰人故無情乎』寓言故事後説：『莊子談笑而道之，亦涕泣而道之。』認爲莊子雖談笑風生，與惠施討論著『有情』、『無情』的問題，並告誡惠施不要『以好惡内傷其身』，而應該『常因自然而不益生』，但他自己的内心深處並不能做到『無情』，而恰恰是在『涕泣』著。顯然，徐廷槐如此來解讀莊子，應該比一般學者的解讀更能觸及莊子内心的真實世界。

比較起來，徐廷槐對莊子文章的妙解顯得更多一些。如表現在對字詞的解釋方面，他曾於逍遥遊篇『去以六月息者也』下説：『息，蓋言呼吸，即大宗師之「其息深深」，非休息之謂。』其實，『息』也就是篇中所説的『風』，下文『野馬也，塵埃也，生物之以息相吹也』之『息』即可爲證，説明此處所謂『息，蓋言呼吸』的説法確係妙解，符合莊子的本意。表現在對語句的解釋方面，他曾於同篇『小知不及大知，小年不及大年』下說：『「小知不及大知」，趁上「二蟲何知」掛下，靠藤垂果，拖出「大小年」，下竟説大小年。』這一説法也深得莊子行文妙處。表現在對句子與層次關係的解釋方面，他曾於同篇『此小大之辯也』下說：『「小知不及大知」下可接此句，「不亦悲乎」之下應該接此句，卻再入湯問，與前文山重而水複之。此六字，一髮輕，千金重。』確實，『小知不及大知』句下可接『此小大之辯也』之語，但作者卻帶出『小年不及大年』一層意思，以爲陪襯；及至『不亦悲乎』，『小年不及大年』一層意思已表述完畢，便該接『此小大之辯也』之語，但作者卻又撰出『湯之問棘也是已』一段文字，以與前文構成山重水複之勢，説明『此小大之辯也』六字真可謂是一髮輕、千金重！表現在對篇與篇之間關係的解釋方面，他曾於齊物論篇『吾喪我』下說：『蜩與鷽鳩，飛搶榆枋，亦可謂自適其適，而不適人之適者也。只緣我見太重，偏是小知，易見有我。惟有我，故其知小，有我而是非起矣。齊物論所以始於「喪我」，終於「物化」。』的確，逍遥遊篇中的蜩與鷽鳩，只因有我，所以心生是非，便不免對大鵬發出嘲笑。由此看來，齊物論篇始於『喪我』，終於『物化』，這應該說在一定程度上確是針對逍遥遊篇中蜩鳩『我見太重』而發的。表現在對整個内篇結構的解釋方面，他在應帝王篇末說：『北冥、南冥，南海、北海，以此始，以此終。』正如這裏所說，整個内篇確以逍遥遊篇開頭的『北冥』、『南冥』起始，以應帝王篇結尾的『南海』、『北海』收結，結構顯得十分完整。凡此都可說明，徐廷槐對莊子文章確有不少妙解，對讀者具有一定的啟發作用。

清四庫館臣爲徐氏南華簡鈔所作提要說：『其論文論理，以妙悟不測爲宗，大抵原本禪機，自矜神解也。』①但從現存文獻資料來看，徐廷槐似與禪宗無甚瓜葛，而細審南華簡鈔，亦不可謂其『大抵原本禪機』。要之，此書論文論理，其妙悟當源自對莊子本身的較深刻理解，以及對前人詮釋成果的合理借鑒。

① 四庫全書總目提要存目徐廷槐南華簡鈔。

第三章　林雲銘的莊子因

林雲銘，字西仲，福建侯官人，生卒年不詳。清順治十五年（1658）進士，官徽州府通判。王晫今世說謂其少嗜學，每探索精思，竟日不食，里人皆呼爲書癡。著作有挹奎樓文集、吳山鷇音、莊子因、楚辭燈等。

今所傳莊子因凡六卷，書前有增注莊子因序、凡例、莊子總論、莊子雜説（計二十六則）等，皆爲林雲銘所自撰。林氏在爲楚辭燈所作自序中，自謂遊宦徽州期間，因『不達時宜』，『所見所聞，皆非素習，以故動罹譴訶』，遂常讀莊子、楚辭，以排遣憂憤，並爲二書作評釋，莊子因先撰成，楚辭燈未完稿。今案增注莊子因序撰於康熙二十七年（1688）秋季望日，其中有『余注莊二十有七年矣』之語，則莊子因當起筆於順治十八年（1661）。

第一節　『莊子與老子同而異，與孔子異而同』

林雲銘曾概括莊子全書大意説：『三十三篇之中，反覆十餘萬言，大旨不外明道德，輕仁義，一死生，齊是非，虛靜恬澹，寂寞無爲而已矣。』（莊子總論）他又轉而説：『莊子另是一種學問，與老子同而異，與孔子異而同。今人把莊子與老子看做一樣，與孔子看做二樣，此大過也。』（莊子雜説）

我們知道，早在西漢時，淮南子要略就已將老子、莊子並提，司馬遷在史記老子韓非列傳中又將莊子學説『要本歸於老子之言』，而到了唐代，張九垓更在莊子指要中提出了『莊生……乃退廣柱下之説』的説法。林雲銘卻不爲傳統說法所拘囿，明確指出『莊子另是一種學問，與老子同而異』。關於這一點，他主要在莊子雜說中申述了自己的一些具體理由。其一曰：

> 莊子末篇，歷敘道術，不與關、老並稱，而自爲一家，其曰：『上與造物者遊，而下與外死生、無終始者爲友。』此種學問，誠所謂不可無一、不可有二者，世人乃以老、莊作一樣看過，何也？

在司馬遷、張九垓等人或謂莊子學說『要本歸於老子之言』，或謂『莊生……乃退廣柱下之說』的同時，也有不少人提出了一些與此頗爲不同的看法。如嵇康就曾說：『寧如老聃之清靜微妙，守玄抱一乎？將如莊周之齊物變化，洞達而放逸乎？』（卜疑）認爲老子的學說以『清靜微妙』、『守玄抱一』爲其特徵，而莊子的學說則以『齊物變化』、『洞達放逸』爲其特徵，二者在本質上有明顯區別。林雲銘更以天下篇爲例，指出莊子歷敘天下道術之淵源始末，未曾把自己與關尹、老聃並稱，而是自爲一家，並概括其宗旨爲『上與造物者遊，而下與外死生、無終始者爲友』，可見世人以老、莊作一樣看，是非常錯誤的。確實，天下篇謂老聃『知其雄，守其雌，爲天下谿』、『知其白，守其辱，爲天下谷』，認爲他所採取的是一種『人皆取先，己獨取後』、『人皆取實，己獨取虛』的處世態度，裏面包含了豐富的人生經驗、生活智慧，充盈著以權術謀求生存、發展的思想，而莊子則『獨與天地精神往來』，『上與造物者遊，而下與外死生、無終始者爲友』，所追求的是一種超然塵世之外的極其高遠的自由精神境界，實在已把人間的『機心』蕩滌得纖毫無存！可見林雲銘這裏以莊子『上與造物者遊，而下與外死生、無終始者爲友』爲『不可有二』的學說，以此來區別與老子學說的不同，這對於我們深刻瞭解老、莊思想之間的本質差異無疑很有幫助。其二曰：

> 莊子另是一種學問，當在了生死之原處見之，其曰『遊於物之所不得遁』一句，即『薪盡火傳』之說，爲全部關鑰。老子所謂『長生久視』，則同而異也。

莊子在大宗師篇中有『聖人將遊於物之所不得遁而皆存』之語，宋末褚伯秀注云：『物不得遁而皆存之處，無何有之鄉，廣莫之野是也。」（南華真經義海纂微）這正如林雲銘所說，莊子的學問『當在了生死之原處見之』，即以逍遥於無何有的大道之鄉爲其宗旨，是一種極富審美意味的精神層次上的人生追求，而老子則强調『深根固柢，長生久視之道』（老子五十九章），所追求的主要是人的自然生命的長久存在，基本上不具有較高文化層次上的審美意味，所以雖然歷來老、莊並稱，實則『同而異也』。應當承認，林雲銘這裏對老莊相異點的剖析確實深中肯綮。其三曰：

莊子言逍遥，言重闐，心期乎大，老子言儉，言慈，言嗇，心期乎小，是其工夫不同處。老子言無名天地之始，莊子卻言泰初有無，無有無名，則無名之上尚有所自始矣。是其立論不同處。

莊子在外物篇中有語云：『胞有重閬，心有天遊。』林雲銘解釋説：『胞，人身脬膜也；重閬，空曠之地，所以行氣者。人心亦然，故清淨之中，一物不著，當與太虛相爲遊衍。』意謂莊子必欲處心於空曠虛靜之境，與天道一同逍遥，故曰『心期乎大』。而老子卻説：『我有三寶，持而保之：一曰慈，二曰儉，三曰不敢爲天下先。』（老子六十七章）又説：『治人事天莫若嗇。』（老子五十九章）其所强調的是以慈愛儉嗇治身治國的基本原則，而不是追求一種高遠超拔的精神境界，故曰『心期乎小』。至於本體論方面，在林雲銘看來，老子倡言『無名天地之始，有名萬物之母』（老子一章），以『無』爲天地的開始，『有』爲萬物的起源，而莊子卻説『泰初有無，無有無名』（天地），認爲太初之時只有『無』而無『有』，甚至連『無』這個名稱也没有，則『無名之上尚有所自始』，可見莊子立論自與老子不同。顯然，林雲銘的這些看法確實很有見地。其四曰：

莊子宗老而黜孔，人莫不以爲然，但……『老聃死』一段，何又有遁天倍情之譏乎？要知著書之意，是非固别有在，難與尋章摘句者道也。

『老聃死』寓言出於養生主篇：『老聃死，秦失吊之，三號而出。弟子曰：「非夫子之友邪？」曰：「然。」「然則吊焉若此可乎？」曰：「然。始也吾以爲其人也，而今非也。向吾入而吊焉，有老者哭之如哭其子，少者哭之如哭其母。彼其所以會之，必有不蘄言而言，不蘄哭而哭者。是遁天倍情，忘其所受，古者謂之遁天之刑……。」』對於這則寓言故事中的老聃形象，曾有過肯定與否定兩種完全不同的理解。如晚明陸西星持否定意見說『哭死盡哀，聃必倍（背）情』，認爲『秦失以正意答，故兩然之，卻說老子死，而老幼哭之皆盡哀，翻覺老子有不是處，必其所以會合人心者，必有深於用情之處，故不求譽而譽者自至，不求哭而哭者自至，遁天理，倍人情，忘其未始有物之先，所受之正，而隨俗化情，非至人也。故曰「始以爲其人也，而今非也。」非至人則違天矣，古者謂之遁天之刑。』（南華真經副墨）意謂衆人哭死盡哀，必是老聃生前有『深於用情』之處，故莊子遂借秦失批評他『遁天倍情，忘其所受』。不難看出，林雲銘提出養生主中的『老聃』不免遭受莊子『遁天倍情之譏』的說法，藉以支持其『莊子另是一種學問，與老子同而異』觀點，實際上是對陸西星一派意見的大力推進。

林雲銘在論證了莊子學問『與老子同而異』的觀點後，緊接著便轉向證明其『與孔子異而同』的提法。他說：『若云子夏之後流爲田子方，子方之後流爲莊周，即謂莊子與孔子同而與老子異，亦無不可也。』這裏，林雲銘首先順著韓愈關於『蓋子夏之學，其後有田子方，子方之後流而爲莊周』（送王秀才序）的說法，進一步提出了他自己關於『即謂莊子與孔子同……，亦無不可』的看法。那麼，支持他這一看法的具體理由又是什麼呢？他說：

莊子宗老而黜孔，人莫不以爲然，但其言曰：『春秋經世先王之志，聖人議而不辨。』何等推尊孔子！……莊子詆訾孔子，世以爲離經畔道，不知拘儒剽竊，乃離經畔道之尤者也。考書中所載孔子，不過言其問業於老氏，子貢稱夫子無常師，是不足爲詆訾者也。若盜跖、漁父，乃其徒爲之，所謂其父殺人報仇，其子必且行劫，亦已甚矣。

『春秋經世先王之志，聖人議而不辨（辯）』二句，出於齊物論篇，意謂一切古史都是先王治理世事的記載，道家聖人對古史所記載的內容只是略加議論而不進行辯難。可是林雲銘卻把這裏作爲一切古史代名詞的春秋理解成了孔子所作的春秋，又把作爲道家理想人格的聖人理解成了儒家聖人孔子，於是便斷言莊子『何等推尊孔子』！他並在注解齊物論篇中這兩句話時說：『春秋立大經以爲世道之計，此即先王之志也。其中有是有非，聖人有微詞焉，未嘗反覆稱引以示人也。莊叟可謂尊孔之至，書中貶聖處，皆非本意。』由此又由所謂莊子稱引孔子作春秋，爲世道立大經大法，而進一步推導出『莊叟可謂尊孔之至』，凡莊子書中莊子譏貶孔子處『皆非本意』的結論。即在他看來，『書中所載孔子，不過言其問業於老氏，子貢稱夫子無常師，是不足爲詆訾者也』，而像盜跖、漁父等足爲詆訾的篇章，『乃其徒爲之』，並非出於莊子本人手筆。但我們不禁要問林氏，莊子書中每寫老子訓斥孔子，並把他改造成一個徹底背叛儒家而完全服膺道家學說的人，這又該作如何解釋呢？

總之，林雲銘謂莊子『與老子同而異』，無疑很有見地，而謂『與孔子異而同』，卻不免爲一種偏見，說明他的莊子因具有一定的儒學化思想傾向。

第二節　以『大』字爲逍遥遊一篇之綱

何謂逍遥遊？西晉郭象以『適性』爲逍遥遊，東晉支遁以『明至人之心』爲逍遥遊，兩宋治莊者多以合於陰陽變化爲逍遥遊，其後羅勉道又執『化』字解讀莊子逍遥義。而在唐宋以來的詩文中，則碩大無比的大鵬往往成了逍遥的象徵。其影響所及，遂使晚明吳默在注解逍遥遊篇時提出了『此篇以大爲綱』①的說法，而林雲銘解說逍遥遊篇則更完全以『大』字爲綱。他在此篇末總評中說：

逍遥，徜徉自適之貌；遊，即所謂心有天遊是也。此三字，是莊叟一生大本領，故以爲內篇之冠。然欲此中遊行自在，必先有一段海闊天空之見，始不爲心所拘，不爲世所累，居心應世，無乎不宜矣。

① 郭良翰南華經薈解引。

是惟大者方能遊也，通篇以『大』字作眼，借鵬爲喻。意以鵬之圖南，其爲程遠矣，必資以九萬里之風，而遲以六月之息，蓋以鵬本大，非培風不能舉，況南冥又非一蹴可至者。人之他適，計程贏（贏）糧，亦猶是已。蜩與鷽鳩輩，何足知此？知有大小，緣其年有大小，其不相及也固宜。獨不聞冥靈、大椿，自爲春秋，則鵬之自爲春秋可知。是其六月息也，在鵬不爲久，又可知矣。彼彭祖者，誠何足數？此鵬之所以爲大如此也。……至如鵬之適而斥鴳之笑也，誠不異於二蟲所云。此無他，小大故也。彼世之一得自喜者，何以殊此？乃宋榮子進矣，以未樹而未大；列子又進矣，以有待而未大。惟夫乘陰陽二氣之正，御六時消息之變，以遊於不死之門，方可爲大，即所謂至人、神人、聖人是也。

林雲銘對逍遥遊總論部分的逐層披剥確實始終『以「大」字作眼』，與他在篇末總評中所表現出的基本思路相一致。如他在此篇開篇『北冥有魚，其名爲鯤，鯤之大不知其幾千里也』下說：『總點出「大」，「大」字是一篇之綱。』在『化而爲鳥，其名爲鵬，鵬之背不知其幾千里也』下說：『分點出背之大。』在『怒而飛，其翼若垂天之雲』下說：『所覆者廣，分點出翼之大。』很明顯，林雲銘認爲逍遥遊篇是圍繞『大』字來展開的，正如他在篇末總評中所說，『通篇以「大」字作眼』，而又是『借鵬爲喻』的。所以他極力稱讚大鵬說：『蓋其任意逍遥，一去一息，動經半年，則其爲大年可知。三千里言其遠，九萬里言其高，六月息言其久，見其一大則無不大之意。……故鵬之徒，水擊三千里，風摶九萬里，一去動經六月，自然無礙。』認爲，鵬因其一大而無不大，故必擊水三千，風摶九萬，動經六月，自然無礙，便任意逍遥，真正是一個海闊天空，不爲心所拘，不爲世所累的逍遥遊形象。與此相反，林氏極力貶斥蜩、鳩，認爲：『蜩，小蟬；鷽鳩，學飛之小鳩也。笑人倒是此輩，若鵬必不輕易笑人。』這裏連用兩個『小』字與鵬之『一大而無不大』作對比，說明蜩、鳩之輩心存固陋，氣量狹窄，哪能與大鵬相比呢？在論及『小知不及大知，小年不及大年』等語時，林氏又說，『以小年僅成其爲小知』，『世人之小知，亦因其居短景，與二蟲之見無異，所以可悲。』說明在林雲銘看來，與『小』連在一起的都是醜陋的，可悲的，所以他在篇末總評中説：『知有大小，緣其年有大小，其不相及也固宜。……至如鵬之適而斥鴳之笑也，誠不異於二蟲所云。此無他，小大故也。彼世之一得自喜者，何以殊此？』由物及人，林雲銘説『知效一官，行比一鄉，德合一君者』是『莫不自以爲至』，此乃『人中之最小者』；宋榮子『重内而輕外，自知有真榮真辱』，但『不能自樹立於世外，猶未大也』；列子御風而行，雖『超出於内外之分，榮辱之境，能自樹立於世外矣』，但『必待風而御之，非大之至也』。認爲前者無異於蜩、鳩之輩，是人中之最小者；宋榮子勝過前者，但以未樹且未大，故不逍遥；列子又勝過宋榮子，但必待風而行，非大之至，未能達到大鵬逍遥遊之境。林雲銘在闡釋『若夫乘天地之正，而御六氣之辯，以遊無窮』等句時表達了自己理想的逍遥遊：『此是極大身份，極高境界，極遠程途，極久閱歷，用不得一毫幫襯，原無所待而成，此逍遥遊本旨也。』對『至人無己，神人無功，聖人無名』，他則分别解釋爲『無待於己之所有』、『無待於功之所及』、『無待於名之所歸』，認爲只有『無所待』的至人、神人、聖人方可爲大，才能達到大鵬逍遥遊之境，方爲逍遥遊全篇之本旨。所以他又在篇末總評中説：『乃宋榮子進矣，以未樹而未大；列子又進矣，以有待而未大。惟夫乘陰陽二氣之正，御六時消息之變，以遊於不死之門，方可爲大，即所謂至人、神人、聖人是也。』

沿著上面基本思路，林雲銘又執『大』字闡釋了逍遥遊篇分論部分。如他在闡釋『堯讓天下於許由』寓言故事『日月出矣，而爝火不息，其於光也，不亦難乎』數語時説：『喻臨下之德有大小。』在闡釋此則寓言故事『時雨降矣，而猶浸灌，其於澤也，不亦勞乎』數語時説：『喻逮下之德有大小。』認爲『二喻謂大者當前，小者雖不退聽何益？』即謂讓『大者當前』、『小者退聽』，便是逍遥遊。在闡釋『肩吾問於連叔』寓言故事時，認爲藐姑射山神人，『豈肯以物爲事，將大本領小用卻也？』意謂神人不肯以『大本領』來治天下俗事，便是逍遥遊。在闡釋『惠子謂莊子』寓言故事時更是明確指出：『此段言小而有用，不若大而無用……，見無用正足以避害，得遂其逍遥之樂也。』總之，在林雲銘看來，逍遥遊篇分論部分也無不以『大』字爲綱，所以他復於篇末總評中重宣此意云：『許由之不爲名也，此無名之一證也；藐姑射之不爲事也，此無功之一證也；堯之窅然喪天下也，此無己之一證也。皆能用之，以成其大也。然非致疑於大而無用也，故不龜手之藥，得其用則大，不得其用則小。居心者視此矣！抑非必求其有用而始爲大也，故狸狌、斄牛，或以有用而致困，或以無用而免害。應世者視此矣！大瓠也，大樹也，又一鵬也，何不可遂其逍遥遊哉？人惟求其大而已。』

具體説來，林雲銘執『大』以爲逍遥遊，這種逍遥遊似乎又可分爲兩種，即列子『有所待』的低級逍遥遊，和至人、神人、聖人的『無所待』的高級逍遥遊，後者與大鵬是同一層次的逍遥遊，是逍遥遊的至高境界。但實際上大鵬因『有所待』的性質，與至人的逍遥遊還是不同的。所以，林雲銘雖能把逍遥遊歸結到『有待』、『無待』上，但他這一建立在『大』的基礎上的逍遥遊思想，卻仍與莊子『無所待』的逍遥遊思想有所差距。

在莊子學史上，以『大』爲逍遥遊全篇之綱的觀點，是有賴於林雲銘的努力才真正開拓出來的，對此後的莊子研究產生了很大的影響。如清末劉鳳苞在闡釋此篇時説：『起手特揭出一「大」字，乃是通篇眼目。大則能化，鯤化爲鵬，引起至人、神人、聖人，皆具大知本領，變化無窮，至大瓠、大樹，幾於大而無用，而能以無用爲有用，遊行自適，又安往而不見逍遥哉！』（南華雪心編）即明顯地承因了林氏的説法。

第三節　以時文之法詁評莊子之文

清四庫館臣謂林雲銘『以時文之法解古書』①，『以八比法詁莊子』②。林雲銘自己更是説：『每篇後總論，

① 四庫全書總目提要存目林雲銘楚辭燈。
② 四庫全書總目提要林希逸莊子口義。

必先揭出本旨，逐段銜接脱卸，如撰一篇全章八股文字，俱要還他渾渾成成一篇妙文，不敢如前此注莊諸家，輒指東話西，自逞機鋒，將本旨盡行埋沒卻也。』（凡例）説明他爲了更好地以時文之法解讀莊子，甚至把自己總論各篇的篇末總評也寫成了『八股文字』。

那麽，林雲銘到底是如何解讀、詁評莊子的呢？他説：『莊子只有三樣説話：寓言者，本無此人此事，從空驀（摹）撰出來；重言者，本非古人之事與言，而以其事與言屬之；巵言者，隨口而出，不論是非也。作者本如鏡花水月，種種幻相，若認爲典實，加以褒譏，何啻説夢！』『莊子篇中，有一語而包數義者，有反覆千餘言而止發一意者，有正意少而旁意多者，有因一言而連類他及者，此俱可置勿論。惟先求其本旨，次觀其段落，又次尋其眼目、照應之所在，亦不難曉。』（莊子雜説）面對著具有『種種幻相』的莊子之文，林雲銘認爲首先應當『求其本旨』，爲讀者揭明全篇的中心思想。如他在解讀逍遥遊篇時説『「大」字是一篇之綱』，在解讀齊物論篇時説『天地與我並生，而萬物與我爲一』等句是全篇『本義』，在解讀大宗師篇時説『不以心捐道，不以人助天』二句是『通篇扼要處』，在解讀繕性篇時説『以恬養知，生而無以知爲』等句是『通篇之綱』，在解讀庚桑楚篇時説『「藏身深眇」句是一篇之綱』，凡此多可見出林氏確實獨具慧眼，往往能爲讀者從『鏡花水月』般的莊子文章中揭出簡括明了的中心思想。

稍具文學史常識的人都知道，明中葉以來十分盛行的八股文評點之風，導致人們往往對文章的外在結構極端關注。林雲銘既然以時文之法詁評莊子之文，則其於『先求其本旨』之外，又十分注重『觀其段落』、『尋其眼目、照應之所在』，也就屬於必然之事了。因爲在他看來，莊子文章的『本旨』雖然可以被首先揭出，但其富贍而深邃的涵意卻是寄寓於文章的『段落』、『眼目』、『照應』、『來路去路』中的。他在莊子雜説中説：

莊子有易解處，有艱澀難解處，有可作此解彼解處，俱無足疑，止玩上下文來路去路，再味其立言之意，便迎刃自解矣。

基於上述認識，林雲銘對莊子文章『來路去路』的探究就十分用心了。如在他看來，徐無鬼篇『前半詮理精密』，而『後半變幻斷續，不可捉摸，文境之奇，盡於此矣』。於是他對此篇後半部分作了精心探究，並指出：『古之真人，以天待之，不以人入天』等語，是『根上「其平也繩，其變也循」二句來，以言真人能順天下，非猶以一人之斷制利天下者，故下以藥喻之』，而『藥也，其實堇也，桔梗也，雞壅也，豕零也，是時爲帝者也，何可勝言』，乃是『承上言』，謂『若不合於病症，反以速其死，其實看來，與堇之爲毒一也。故梗浮雞補零利，當其用者，各有時而爲君。夫用之者得，則不用者失矣，然亦豈有常帝乎？即舉數品，其他不可勝言，所以如繩而如循者如此。』至於『句踐也以甲楯三千棲於會稽』寓言故事，乃是『反言以形之』，以明其『舉此遺彼，去真人遠矣』。『風之過河也有損焉』云云，乃謂『河有源，故不見風日之相攖，以喻真人之應物而不窮者，蓋有其本也』。可見依據林雲銘的看法，徐無鬼篇後半部分許多顯得頗爲零亂的文字片斷，無疑是一個嚴整的整體，原來其立言之意都是爲了闡明真人『能順天下』的德性。當然，在閱讀林雲銘莊子因的過程中，最頻繁地出現在我們眼前的還是他對許許多多單個句子（或數句）『來路去路』的揭示。如他在闡釋齊物論篇時說，『聖人不從事於務』句『起下六句』，『有謂無謂而遊乎塵垢之外』句『承上六句，與「不從事於務」句相應』，『參萬歲而一成純』句『頂上「不就利」四句，生下「生死夢覺」一段』，『萬物盡然而以是相蘊』句『頂上「有謂無謂」二句，生下「我與若辯」一段』。這些說法，皆甚能幫助讀者揭出伏藏在篇章中的隱密綫索，從而較好地體悟到莊子的真正寓意。

林雲銘所謂『觀其段落』、『尋其眼目』、『玩上下文來路去路』等等，還包括像時文評點家那樣，十分重視揭示文章的開合、承轉、抑揚、起伏等特徵。如他在闡釋胠篋篇時說，『凡作文起手最難』，此篇開頭則『如此突如來如，奇峰陡起，若神龍變化，無處覓其首尾』，而接著『從盜上閑閑寫過，忽落正意，下又忽入引證，文之變化莫測』，『引田成事作證，留下面餘地，層層說去，此文字波瀾也』，篇末『甚矣夫好知之亂天下也，自三代以下者是已』，乃是『倒鎖』，『遙應上面至德之世，作法甚奇』。他又在應帝王篇『鯢桓之審爲淵，止水之審爲淵，流水之審爲淵，淵有九名，此處三焉』下說：『至此總收，另講一段起下，波瀾緊束，此文字當家也。』並認爲『無爲名尸』一段文字，乃是『全篇實義，以爲後面鎖結，文陣中一奇局也』。像這樣的闡釋雖然不一定符合實際情況，卻能在某種程度上揭示出莊子文章的開合、承轉、抑揚、起伏之妙，對讀者應該有較大的幫助。同時，林雲銘還吸收並發展了晚明陸西星在南華真經副墨逍遥遊中關於莊子文章具有『纔中綫引，草裏蛇眠；雲破月映，藕斷絲連』之妙的說法。如他指出，庚桑楚篇某些文字可謂『纔中引綫，備極針工』，而山木篇某些文字則有『似斷似續，古穆奇奧，變幻莫測』之妙。這裏所提出的『似斷似續』說法，無疑極有創意，後經劉熙載在藝概文概中作進一步發揮而臻於極致。正由於林雲銘既借鑒了時文評點家的經驗，又注意吸收以往莊學研究者的獨特見解而有所進益，所以他對莊子文章的藝術特徵往往能發表一些相當深刻，而且較爲完整的評論意見。如他在逍遥遊篇末總評中說：

篇中忽而敘事，忽而引證，忽而譬喻，忽而議論，以爲斷而非斷，以爲續而非續，以爲複而非複，只見雲氣空濛，往返紙上，頃刻之間，頓成異觀。陸方壺云：『纔中綫引，草裏蛇眠。』嘻！得之矣！

以這樣一段話來評論逍遥遊篇，不但較爲完整系統，而且確實甚能揭示此篇的藝術特徵，爲此前所不曾見，爲此後許多人所稱引。

在闡釋莊子過程中，林雲銘還有許多所謂『法』的提法，這實際上也多是受時文評點家說法影響的結果。如他認爲齊物論篇中有『散中取整法』、『深一層法』，胠篋篇中有『化板爲活法』，秋水篇中有『埋伏法』，達生篇中有『倒收文法』，知北遊篇中有『縱送抑揚之法』，並在莊子雜說中說：

莊子學問，是和盤打算法，其議論亦用和盤打算法，讀者須知有和盤打算法。莊子學問有進一步法，其議論亦每用進一步法，讀者須知有進一步法。

看來，林雲銘對其中所謂的『和盤打算法』和『進一步法』最爲重視。所謂『和盤打算法』，當指莊子文章具有虛實相生、奇正相隨、彼此照應、斷續互用、蛛絲馬跡相連，多數篇章皆爲精心構思的嚴謹整體等藝術特徵而言，故而他向讀者提出要求說：『莊子當隨字隨句讀之，不隨字隨句讀之，則無以見全書之變化。又當將全書一氣讀之，不將全書一氣讀之，則不知隨字隨句之融洽。莊子當以看地理之法讀之，欲得正龍正穴，於草蛇灰綫、蛛絲馬跡處尋求，徒較量其山勢之大小，無有是處。莊子當以觀貝之法讀之，正視之似白，側視之似紫，睨視之似綠，究竟俱非本色。才有所見，便以爲得其真，無有是處。』（莊子雜說）所謂『進一步法』，當指莊子文章層層遞進的藝術特徵，也就是林雲銘在闡釋齊物論篇時所說的『深一層法』。在林氏看來，『莊文中此法甚多』，像此篇中『百骸九竅』一段文字，就是由『第一層』到『第二層』，再到『第三層』乃至『第四層』，而將『真君』二字『層層擊出』，以『應上「其誰耶」三字』的。同樣，下面『有以爲未始有物者至矣』一段文字，也是由『第一層』而『第二層』而『第三層』而『第四層』而『第五層』，而終於追究出『道之所以虧』的原因。林雲銘的這些說法，往往具有真知灼見，對其後的莊子散文研究有著較大影響。

第四節　對外雜篇真僞的探究

林雲銘在莊子總論中說：『內七篇是有題目之文，爲莊子所手定者。外篇、雜篇各取篇首兩字名篇，是無題目之文，乃後人取莊子雜著而編次之者。……外篇、雜篇，義各分屬，而理亦互寄，如駢拇、馬蹄、胠篋、在宥、天地、天道皆因應帝王而及之，天運則因德充符而及之，秋水則因齊物論而及之，至樂、田子方、知北遊則因大宗師而及之，惟逍遙遊之旨則散見於諸篇之中，外篇之義如此。庚桑楚則德充符之旨而大宗師、應帝王之理寄焉，徐無鬼則逍遥遊之旨而人間世、應帝王、大宗師之理寄焉，則陽亦德充符之旨而齊物論、大宗師之理寄焉，外物則養生主之旨而逍遥遊之理寄焉，寓言、列禦寇總屬一篇，爲全書收束，而内七篇之理均寄焉，雜篇之義如此。』認爲内篇七篇皆爲莊子本人所手定，而外篇、雜篇中的上述篇目則爲『後人取莊子雜著而編次之者』，其思想内容分别與内篇中的某些篇章相關聯。他並在列禦寇篇末總評中説：

蘇子瞻作莊子祠堂記，言讀寓言之終『陽子居爭席』一段，因去讓王、盜跖、説劍、漁父四篇，以合於列禦寇之篇，然後悟而笑曰：『是固一章也。』此老讀書，自是千古隻眼，後人惟以篇目已定，不敢擅自改訂，亦古人闕疑之意，然亦不可以不辯也。篇末載『莊子將死』一段，以明漆園之絶筆於此，猶春秋之獲麟，此外不容添設一字，則天下一篇，不辯而知爲訂莊者之所作矣，後世紛紛，猶以莊自爲之。甚矣，讀書之難言也！

説明在林雲銘看來，外雜篇雖是『後人取莊子雜著而編次之者』，但確實也攙有僞作，因而甚是贊同蘇軾在莊子祠堂記中所提出的看法，以讓王、盜跖、説劍、漁父四篇爲贋品。他並指出，列禦寇篇末載『莊子將死』一段，猶如孔子絶筆於獲麟，則天下篇乃全書之後序，爲『訂莊者之所作』甚明。林雲銘還在天下篇末總評中指出，此篇之所以爲『訂莊者之所作』，無疑還有如下證據：『「莊周」一段，不與關老同一道術，則莊子另是一種學問可知。段中備極讚揚，真所謂上無古人，下無來者，莊叟斷無毁人自譽至此，是訂莊者所作無疑。』顯然，這些説法甚爲獨特，爲前人所未曾言，足可備作一説。

不僅如此，林雲銘還對外雜篇中另外許多章節表示了懷疑。如他説：天地篇『堯觀乎華』一段，『義無著落，其詞頗近時趨，疑非莊叟真筆也』；『堯治天下』一段，『如此淺率直遂，其何以爲莊子』；『子貢南遊於楚』一段，『大類漁父篇意，其文絶無停蓄藴藉，中間又有紕繆之語，此爲後人竄入無疑也』。秋水篇『孔子遊於匡』一段，『「諱窮」、「求通」等語，以擬聖人之言，恐覺不似，且筆頗平庸，非莊所作也』；『公孫龍問於魏牟』一段，『無甚深旨，莊叟亦無貶人自譽至此，恐爲後人贋筆』。至樂篇首段，『針綫甚密，無一毫滲漏，恐非莊叟所作也』；『顔淵東之齊』一段，『其文之平庸淺膚，不問而知其爲僞物也』。田子方篇『莊子見魯哀公』一段，『洵屬無謂，細味文氣，洵非莊叟之筆』；『宋元君將畫圖』一段，『亦屬後人擬筆』；『文王觀於臧』一段，『語氣不屬，立義亦淺，非南華手筆無疑』。外物篇『莊周家貧』一段，『非莊叟手筆』；『任公子爲大鉤巨緇』一段，『非莊叟手筆』；『儒以詩禮發冢』一段，『非莊叟手筆』。列禦寇『宋人有曹商者』一段，『非莊叟手筆』；『有見宋王者』一段，『非莊叟手筆』。凡此說法，大致是憑著對有關章節的粗淺感受而作出的，並沒有找到足以作爲證明的真憑實據，但它卻超越了蘇軾的說法，真正引導人們把懷疑的目光投向了外雜篇中的大多數篇章。

對於這些章節賴以產生的文字和思想依據，林雲銘曾作過一些探究。如他指出：至樂篇『魚處水而生，人處水而死』等語，乃是『竊齊物論篇内數語，改易字面填入』。天運篇『又奚傑然若負建鼓而求亡子者邪』等語，乃是『竊「西藏書」段（此段在天道篇内）内數語填入』；『泉涸，魚相與處於陸』等語，乃是『竊大宗師篇内數語填入』，等等。誠然，這裏所列舉的至樂、天運篇中的文字，確實與齊物論、天道、大宗師諸篇中的有關文字分別有淵源關係，因而林氏予以明確指出，甚可幫助人們瞭解它們之間的來龍去脈，但一概視其爲『竊』，或許有點過分了。另外，林雲銘對部分所謂的贋品也曾作過具體探究。如天運篇有『孔子見老聃』寓言故事，林氏指出，其中『乘乎雲氣而養乎陰陽』等語顯得『鄙俚』，『予年運而往矣』等語『真屬無謂』，『小子少進』等語『真屬可以無有』，『人始有天矣』等語『是作者筆枯思竭之後，無可奈何，只得以此竄入耳，寃苦之態如見』，『是以天下大駭』等語『皆屬贋筆竄入』，『上悖日月之明』等語乃是『竊胠篋篇數語填入』，可見『此段細閱無甚意味，且旨多背馳，詞多膚淺』，其爲『魚目混珠，何待指摘而後見邪？』應當承認，像這樣的探究確已頗爲詳審，對讀者應有較大幫助和啟發，但觀其所使用的方法，卻仍不免是評點式的。

總之，林雲銘的莊子因在繼承前人成果的基礎上，對莊子與老子、孔子思想的異同作了較新穎的闡釋，對逍遥遊篇的主旨有了很大的開拓，對莊子藝術評點有了極大推進，對外雜篇的真僞問題也提出了不少新看法，成了清初一部具有開拓性的重要莊子學著作，對整個清代乃至民國時期的莊子研究（尤其在莊子散文研究方面）産生了很大影響。

第四章　吳世尚的莊子解

吳世尚，字六書，號群玉，貴池（今安徽貴池縣）人，生卒年不詳。據光緒貴池縣志卷二十六、四十一載，世尚少肆力於六經、子、史，手自鈔覽，至腕脫，以左手作字，名其居曰『易老莊山房』。爲人剛介不阿，老於諸生，未貢而卒。著有易經注解、楚辭疏、老子宗指、莊子解。

清四庫館臣謂吳世尚莊子解凡三卷①，文獻通考卷二百三十所載同。然今所傳本皆爲十二卷，即：内篇七篇，凡三卷；外篇十五篇，凡六卷；雜篇則依蘇軾之説，删去讓王、盜跖、説劍、漁父四篇，而合列禦寇於寓言篇，爲六篇，凡三卷。民國九年劉氏唐石簃刊貴池先哲遺書本所收序跋等最爲完備，前有同邑章永祚所作莊子解序，吳世尚所撰莊子解序一、莊子解序二、莊子解序三、目録後附記、内篇大意；書末收有宛陵湯奠邦所作莊子解跋，及貴池後學劉世珩所撰跋語。今案吳氏莊子解序二自署爲『康熙甲午（1714）夏六月癸巳貴池吳世尚序』，而莊子解序三則説：『余生平鮮他好，所沉酣者，五經、四書而外，左、老、莊、騷其最也。而易與老與莊之内篇已栽梨問世，今乃遂以莊之外、雜兩篇並付雕鐫。……雍正丙午（1726）秋九月乙巳貴池吳世尚序。』可知四庫館臣、文獻通考所云三卷者，乃是康熙甲午所刻之内七篇本，而今所傳十二卷本，則爲十二年後即雍正丙午合刊之傳本。

① 四庫全書總目提要存目吳世尚莊子解。

第一節　引莊子附之儒家

清四庫館臣指出，吳世尚所著莊子解，其大旨是『引莊子而附之儒家』①。確實，吳氏自己在作爲全書開宗明義的莊子解序一中就説：『開闢以來，誕生我孔子，故斯道之主、斯文之宗矣。然自孔子至於孟子，二百年間，立言者何多也。要之，思、孟而外，莊周一人而已。何也？文以載道，道之顯者謂之文。孔子曰：「一陰一陽之謂道。」又曰：「形而上者謂之道。」又曰：「吾道一以貫之。」子思曰：「道也者，不可須臾離也。」又曰：「造端乎夫婦，察乎天地。」言道者盡乎此矣。余觀莊子十餘萬言，莫不有見乎此，而特不肯作莊語而質言之，蓋深合乎大易尚象之旨，而時出没乎風人比興之辭，所以人不獲其端崖，而只驚怖其猶河漢也。又其時時稱述孔子諸言論，儒者以其不復概見他書，遂疑其皆周所托者。不知孔、顔終日言，無所不説，則當日師弟間，必不僅於今問仁爲邦、用行舍藏諸云云，可知矣。則安知周所稱述之非我孔子之實言實事乎？……余有慨焉，故不惜大聲疾呼，揭出莊生立言本領，使萬世而下知漆園蒙叟誠知道者也。』認爲莊子著書，就是以荒唐不經的言説方式，來真心稱述孔子，更好地闡揚儒學，而他對道的闡釋，更是直接繼承和發揮了孔子的道論，可謂是繼子思、孟軻之後對孔子道論闡揚得最好的人，因而我們應該『不惜大聲疾呼』，以便『使萬世而下知漆園蒙叟誠知道者也』。顯然，吳世尚這裏已將具有自然屬性的莊子之『道』與具有心性屬性的孔孟之『道』混爲一談了。

在吳世尚自己看來，他評注莊子的最大收穫，就是揭出了莊子之『道』與孔子之『道』不異，尤其是『莊子之學所見極高，其尊信孔子亦在千古諸儒未開口之前』的奥秘。他在目錄後附記中説：『今定爲……二十八篇，

① 四庫全書總目提要存目吳世尚莊子解。

一十二卷，以爲南華定本，質之海内，傳之百世，庶幾有深知莊子以知余者。蓋余之注莊評莊，實見其言有不謬於聖人者。……推之二十八篇中，發揮道妙，形容心體，摹寫物情，指述事變，莫不句異字異，而義同理同。夫乃益信，天下止此一道，更無他道，而莊之立言，誠非後世立言之士之所能及也。莊子之學，所見極高，其尊信孔子，亦在千古諸儒未開口之前。觀篇中，稱孔子爲聖人、至人。夫「至人無己、神人無功、聖人無名」，「不離於宗，謂之天人；不離於精，謂之神人；不離於真，謂之至人。以天爲宗，以德爲本，以道爲門，兆於變化，謂之聖人。」聖人、天人、神人、至人，總一人也。此老從不肯以此名許人，獨以之稱孔子，此是何等見地！』我們知道，『至人無己』三句出於逍遥遊篇，是莊子用來説明道家理想人格所達到的逍遥遊境界，而吴世尚卻以爲『獨以之稱孔子』。『不離於宗』十一句出自天下篇，原意是説天下最完美的學説就是對宇宙、人生本原進行全面體認的學説，即古代的『道術』，而天人、神人、至人、聖人正是施行這種『道術』的人，因爲他們尊天保真，遊於道德，兆於變化，是具備『内聖外王』之道的理想人格。可是，吴世尚卻認爲這也是用來稱頌孔子的。其實，吴氏對天下篇的解釋都反映出了他『引莊子而附之儒家』的用意。如他説：

道無不在，古之人與道爲體，故其運無乎不在。書以載道，以有孔子爲之師，故鄒魯之縉紳先生能明乎道也。妙在不説出孔子來，蓋一説出便嫌與下五者相並也。百家時或稱道，便不如鄒魯之明之者矣。『天下大亂，賢聖不明，道德不一』，所謂孔子没而微言絶，七十子散而大義乖也。可勝浩歎！

這是對『古之人其備乎！配神明，醇天地，育萬物，和天下，澤及百姓，明於本數，係於末度，六通四闢，小大精粗，其運無乎不在。其明而在數度者，舊法、世傳之史尚多有之；其在於詩、書、禮、樂者，鄒魯之士，搢紳先生多能明之。詩以道志，書以道事，禮以道行，樂以道和，易以道陰陽，春秋以道名分。其數散於天下而設於中國者，百家之學時或稱而道之』一節文字的詮釋。天下篇中這節與下一節文字合起來的原意是説，古代的天人、神人、至人、聖人皆能全面體認宇宙、人生的本原，而後世的君子、鄒魯之士、搢紳先生，雖然『皆有所明』，『皆有所長』，但是『不該不遍』，只是一曲之士。正由於這些百家曲士往而不返，皆執一察之見以評判天地，究析萬物，才使得天地的純真之美與古人的體道精神皆隱而不顯，而『道術』也就因之分裂爲『方術』。可是吴世尚卻說這裏是在讚揚孔子，認爲由於鄒魯之縉紳先生能以他爲師，便使古代的『道術』能夠得到明確闡揚，而自孔子沒、七十子散後，則『道術』就被分裂成『方術』了。吴世尚據此而復於闡釋下文『莊周……以天下爲沉濁，不可與莊語』之語時說：

讀莊子者，須知此意。因歎莊子，可惜不得身從孔、顔遊。若使相與作莊語，豈僅天雨粟，鬼夜哭而已乎！此真千古大恨事！

吴世尚在天下篇末總論中推測說：『漆園之南華既成，其高足爲之疏通義類而就正於蒙叟，蒙叟亦首肯之而以附諸其後者歟？』在吴氏看來，既然此篇很可能是弟子所作而又得到了莊子的首肯，則篇中所謂『莊周……以天下爲沉濁，不可與莊語』云云，也就表明其弟子必像我們一樣大有『因歎莊子，可惜不得身從孔、顔遊』的意思，而莊子自己更有羞愧不及孔子的思想了。

比較起來，吴世尚『引莊子而附之儒家』的用心主要還是表現在對内七篇的闡釋上。他在莊子解序二中說：

『吾觀莊子之文，最爲入情入理，高處著眼，大處起議，空處落筆，澹處措想，道來真令人解頤忘臥。豐裁氣味，甚與制舉義相近。而内七篇，則又蒙叟所手定，更醇正而無疵者也。蓋莊生之學，始原自老子來，迨其後所見益精，則亦不全祖其說。試觀外、雜篇中，時時稱述老子，而激爲過甚之辭。如所云「絶聖棄智」、「仁義非人性」、「禮者道之華而亂之首」等語，至内篇則絶無此樣說話矣，不過曰「忘仁義」、「忘禮樂」、「強以仁義繩墨之言衒暴人之前，人必反菑之」而已，此若何平實！若何細謹！而概以爲「輕仁義」、「賤禮法」置之，嗟乎冤哉莊也！』吴世尚這裏像司馬遷謂『（莊子）作漁父、盜跖、胠篋，以詆訿孔子之徒，以明老子之術』（史記老子韓非列傳）一樣，也承認外、雜篇『時時稱述老子』，其中不少篇章甚至還有詆訿儒學的過激言辭，而又認爲内篇七篇最爲入情入理，並没有所謂『輕仁義』、『賤禮法』的意思。在吴氏看來，這是由於内篇乃是『蒙叟所手定』的緣故。他説：

莊子書反覆十餘萬言，内七篇獨有命題。余細玩其文，外篇雜篇時多豪氣偏鋒，内篇獨否，是必其道理融洽、學問透徹之後，乃有此等文字。故善讀莊者，熟讀内篇亦已盡莊也。（目録後附記）

莊子自名其書曰南華子①，而分爲内、外、雜三篇。内篇凡七，各有命題，則尤其精力之所注也。（南華子内篇附記）

外、雜二篇不純乎莊子之筆，或門人附入，或後人僞托，學者當分别觀之。（南華子外篇附記）

篇分内、外，而又曰雜者，猶今人之有正集、續集，更有别集也。（南華子雜篇附記）

依照吴世尚的看法，外、雜篇乃是莊子早年的作品，甚至還有門人附入、後人僞托的，裏面多有『豪氣偏鋒』，每與儒學相抵牾，只能以續集、别集視之，而内篇則是莊子道理融洽、學問透徹之後的『精力之所注』，最是莊子學問之精華，顯然已與儒學相吻合。所以他在闡釋内七篇時，尤其時時『引莊子而附之儒家』，並大量徵引了宋代理學家的新儒學思想。如他在闡釋逍遥遊篇時，一開頭就説『逍遥遊』即是理學家所説的『活潑潑』三字，與中庸所謂『鳶飛魚躍』同屬一派生機盎然景象。並進而於『若夫乘天地之正，而御六氣之辯，以遊無窮者，彼且惡乎待哉』數句下指出：『此正我孔子之從容中道，無可無不可，而爲聖之時者也。蓋此三句，只是一個「時」字

① 清四庫館臣謂吴世尚『開卷即云「莊子自名其書曰南華經」，是並唐書藝文志亦未考也。』（四庫全書總目提要存目吴世尚莊子解）按，隋書經籍志載有南朝梁曠南華論二十五卷、無名氏南華論音三卷。據現有文獻，此爲稱『南華』之最早者，而新唐書藝文志謂『天寶元年詔號莊子爲南華真經』，則表明至唐玄宗時『南華』之稱乃得以通行，故吴世尚開卷即云『莊子自名其書曰南華子』，實爲憑空臆説，不足爲據。

而已。』認爲孔子從容中道，適時成聖，便是逍遥遊的境界。在闡釋養生主篇時，認爲莊子所謂『生主』即是二程所謂『心如穀種，仁則其生之性也』的意思，而『「老聃」章，是言此主超乎生死之外，無人無我，無古無今，乃孔子「朝聞夕可」之意也』。在爲大宗師篇作題解時説：『不曰「道」而曰「大宗師」者，舉其聖德神功全體大用而言之也，猶之中庸本以明道，不曰「道」而曰「中庸」，即此意也。』並認爲觀看孔子弟子顔回、子貢的德才，便可使篇中『夫卜梁倚有聖人之才而無聖人之道，我有聖人之道而無聖人之才』等語得到解釋。在闡釋應帝王篇時説：『究之此一篇，許大説話，只我孔子「爲政以德」一言足以蔽之。』這就把莊子無爲而治的政治思想與孔子所倡導的德政思想混爲一談了。他在齊物論篇末總論中更是具體地説：

許多物論，莊子齊之以『以明』之一言，可謂要而不煩已，而猶嫌於多此一言也，故特去請出孔子之『存而不論，論而不議，議而不辯』來，而斷之曰：『聖人懷之，衆人辯之。辯也者，有不見也。』此不但以孔子折服衆論，且明明見己之必於物論而齊之，尚屬分辯之見，必如孔子乃爲知止其所不知也。此等文字，真與孟子同一家法。人皆謂莊生非毁孔子，此盲人以耳語耳，一無所見者也。看他末篇敍列方術及此篇所指物論，此老胸中何等涇渭！至『長梧子』一章，莫不曰譏侮孔氏自此始，而不知其初非譏侮孔氏也。蓋謂瞿鵲所稱我向者原是妄言，妙道之大，尚未和盤托出，所謂什一千百，聞者自不能無惑，觀其意，全是責瞿鵲，非譏孔子也。如讀者從來瞶瞶何？

吴世尚在齊物論篇題解中就指出，戰國之時，由於儒家聖學的不明，才導致了『道術』的分裂。接著在闡釋『以指喻指之非指』至『不然於不然』時説：『莊子此段文章，便是論語「正名」一章書的道理。』在闡釋『今且有言於此』至『其果無謂乎』時又説：『「有始也者」二段，即周子太極圖所云「五行一陰陽也，陰陽一太極也，太極本無極也」。「俄而有無」者，有此無也，即周子所云「無極而太極，太極動而生陽，静而生陰，陽變陰合而生水火木金土，五行之生，各一其性也」。「而未知有無之果孰有孰無」，此「孰」字指太極，即朱子圖解所云「上天之載，無聲無臭，而實造化之樞紐，品匯之根柢也」。』最後便是篇末總論中的這番論説，更是通過引出孔子來結束對全篇的闡釋。這裏，我們並不否認吳世尚的闡釋也有值得重視的地方。如宋元理學的開山祖周敦頤，曾把陳摶等所傳下的有關圖式改造成了旨在説明萬物化生之序的太極圖，而且還特意寫出太極圖説，把老莊的本體論思想與周易繫辭『易有太極，是生兩儀』等思想結合起來，從而描繪出了一幅以『太極』爲最後本原的宇宙生成圖式，可見吳世尚將這一圖式用來闡釋齊物論篇中『有始也者』這番話所表示的大道所具有的本原性及其化生萬物的過程，應該説並不是不可以的。但他説由於儒家聖學的不明才導致了『道術』的分裂，又認爲『以指喻指之非指』至『不然於不然』一段文字『便是論語「正名」一章書的道理』，就顯得根本違背事實或頗爲牽强附會了。尤其需要指出的是，吳世尚還在篇末總論中提出了所謂莊子特意請出聖人孔子以折服衆論的説法，以此來證明所謂莊子並無譏侮孔氏之意，這就更加不足爲憑了。其實，莊子在『瞿鵲子問乎長梧子』一章中已把『孔子』改造成地地道道的道家化聖人，這本身就是對儒家泰斗孔子的極大譏侮，哪裏像吳世尚所説的尊崇孔子呢！他在爲人間世篇作題解時又説：

論語曰：『邦有道則知，無道則愚。知可及，愚不可及。』千古人間世之道，盡於此矣。莊子此篇便寫此一種道理，前三章所謂『無道則愚』也，後三章所謂『愚不可及』也，而有道一邊卻藏下不寫。非不寫也，莊子生亂世涉末流，故於人所難處者下危語冷語，至於有道之知古人備矣，何復叨叨乎？末章『天下有道』六句，大指和盤托出矣。

人間世篇旨在説明，處在危亂的人間世中，若要遠害全身，就非得泯滅矜才用己、求功求名之心，做到虛己順物，以不材爲大材，以無用爲大用不可，因而作者便撰出『顏回見仲尼請行』等六則寓言故事，從不同角度具體闡明了這一處世哲學，最後並借接輿一歌，復又自續一曲，以深寄胸中無限辛酸之慨。而吳世尚卻認爲，此篇所表達的就是孔子『邦有道則知，無道則愚。知可及，愚不可及』的道理，並指出『顏回見仲尼請行』、『葉公子高將使於齊』、『顏闔將傅衛靈公太子』三章即所謂『無道則愚』的意思，『匠石之齊』、『南伯之綦遊乎商之丘』、『宋有荊氏者』三章即所謂『愚不可及』的意思，而莊子對『邦有道則知』一層意思卻藏而不寫，以爲生亂世涉末流，不如多寫『危語冷語』更能警示世人，但他於篇末忽然說出『天下有道，聖人成焉；天下無道，聖人生焉；方今之時，僅免刑焉』六句，則顯然已將孔子『有道則知』和『無道則愚』的大旨全盤托出了。我們應當予以指出，莊子在此篇中所表現出的是鄙世、離世、超世的態度，孔子主張『無道則愚』則是爲了等待『有道則知』，最終實現其積極參與世務的人生理想，而吳世尚『引莊子而附之儒家』，將莊子完全出世的態度等同於孔子偶爾出世而始終不忘積極入世的思想，這顯然是頗爲牽強附會的。他在闡釋德充符篇時復又說：

德者，人之所得乎天，而虛靈不昧，以具衆理，而應萬事者也。充滿於中而符驗於外，無一毫之虧欠，無一毫之擬議，即大學所云『盛德至善』是也。而其從入約有二途，有自誠而明之聖人，有自明而誠之聖人。篇中首言王駘則自誠而明者也，次言申徒嘉、叔山無趾則自明而誠者也。所入雖異，所至則同，是皆才全而德不形、有人之形無人之情者也。……讀此篇，莊之尊孔可謂至矣。末言『道與之貌，天與之形，無以好惡內傷其生』，踐形盡性之指，亦與吾儒不異矣。蓋此老胸中，原以爲千古之德充符者，唯我孔子耳，而嫌於以己說孔子第屬造道之言，不若以孔子說孔子乃爲有德之言，故特地撰出個王駘、哀駘它來，從孔子口中寫出許大深微弘至之語，此豈說王駘、哀駘它哉，實莊子說我孔子也！而豆眼者流且謂其訕侮孔氏也，彼又惡知文章家有代字訣賓中主法門乎？

這裏的意思是說，德充符篇的主旨就是儒家經典大學所說的『盛德至善』，若要達到道德充滿於中而符驗於外，不外就是大學所說的自誠而明與自明而誠兩種途徑，所以篇中首言王駘以明『自誠而明』之義，次言申徒嘉、叔山無趾以明『自明而誠』之義，而篇末所言『道與之貌，天與之形，無以好惡內傷其生』，亦與儒家踐形盡性之旨不異，可見莊子原以爲千古能達到德充符境界者唯有孔子一人，只是因感到『以己說孔子第屬造道之言，不若以孔子說孔子乃爲有德之言』，故特地虛設王駘、哀駘它來引出孔子，以便『從孔子口中寫出許大深微弘至之語』，則『莊之尊孔可謂至矣』！但我們知道，大學倡言『誠意』、『明心』，其目的就是爲了達到理性自覺，使自身臻於『至善』境界，而莊子所謂的『德充符』，則是要求人們『全真』、『葆真』、『貴真』，讓美好的自然德性不受任何外在因素的戕害，並指出一切形體上的殘缺不全都是不足以爲累的，故借王駘、申徒嘉、叔山無趾、哀駘它四位刑餘醜厲之人來反復闡明德充自有外物前來應驗的道理，以形有所增的甕㼜大癭來導出下文的『益生』之辯，然後作者自發議論，總契首尾，點出全篇關於『德有所長而形有所忘』的宗旨。可見，吴世尚以『引莊子而附之儒家』的方法來闡釋德充符篇，顯然是大有問題的。

從上面的論析可以清楚看到，吴世尚在闡釋内七篇時所表現出的欲將莊子附之儒家的意圖尤其明顯，他甚至還在内七篇之末總結性地說：『莊子内七篇窮奇極變，千古文人有一無二，而其實我孔子只數語了之。逍遥遊不過「鳶飛戾天」一節也，齊物論則「巧言亂德」四字而已，養生主所謂「存心養性以事天」，人間世豈有出於「無道則愚」之一語哉，德充符則「知德者」之鮮，大宗師正「知生知死朝聞夕可」之理也，至於應帝王之「爲政以德」，我於前評評之矣。』對於吴氏如此詮解莊子，宛陵湯奠邦就認爲是『欲合莊與孔而爲一』（莊子解跋），清末宣統時劉世珩則譏『此書牽合宋儒之性理，微失本旨』（莊子解跋），皆可謂一語中的。

第二節　以『大』字作逍遥遊篇之綫索

吴默、林雲銘皆以『大』字爲逍遥遊篇之綱，吴世尚進一步提出了關於逍遥遊篇『以「大」字作綫索』的說法。他爲逍遥遊篇所作的題解說：『「逍遥遊」，即今方言「活潑潑」三字也。「活潑潑」者，内外、本末、巨細、精粗，全體大用，兼該畢貫之謂也。是故鳶飛魚躍，道之活潑潑也，必有事焉而勿正，心之活潑潑也。四時行，百物生，天地之間無一而不活潑潑也，「活潑潑」所以爲大也，故一篇以「大」字作綫索。』説明吴世尚對吴默、林雲銘以『大』字爲綱的觀點必有所承因，但他卻賦予了『大』字以『鳶飛魚躍』、『活潑潑』等新内容。

所謂『鳶飛魚躍』、『活潑潑』云云，實際上是先秦儒學，尤其是宋代新儒學的重要思想内容。如朱熹説：『程子所謂「鳶飛魚躍，子思吃緊爲人處」與「必有事焉而勿正，心之意同活潑潑地」者，何也？曰：道之流行，發見於天地之間，無所不在，在上則鳶之飛而戾於天者此也，在下則魚之躍而出於淵者此也。』（四書或問卷四）又説：『程子所謂活潑潑地者，何也？曰：此所以形容天理流行自然之妙也。蓋無所事而忘，則人欲之私作，正焉而助之長，則其用心之過，亦不免於人欲之私也。故必絶是二者之累，而後天理自然之妙，得以流行發見於日用之間，若鳶之飛而戾於天也，魚之躍而出於淵也，若曾點之浴沂風雩而詠以歸也。活潑潑地者，蓋以俗語明之，取其易知而已。』（四書或問卷二十八）可見吴世尚分明是以先秦儒學尤其是宋代新儒學來闡釋逍遥遊篇，認爲莊子所謂的『逍遥遊』，就是儒學所説的『鳶飛魚躍』的『活潑潑』境界，於道則表現爲全體大用，兼該畢貫，無處不流行飛潛，於人則表現爲像『曾點之浴沂風雩而詠以歸』，灑落曠達，充滿人生樂趣。

正是依照題解所設定的基本思路，吴世尚對逍遥遊全篇作了逐章逐節的闡釋，並在篇末撰寫了總論，以充分發揮其所謂『以「大」字作綫索』的思想。他於『北冥有魚，其名爲鯤』二句下説：『開口便妙，所謂静中有物也。此二句便是太極在静中，道之體也。』於『鯤之大，不知其幾千里也』二句下説：『「大」字妙，所謂道大、心大、世界大也。「不知」字尤妙，大而可知則猶非大也。看他見地何等分明！此二句便是「其静也專」光景。以上四句，便是「天命之謂性」的影子。』於『化而爲鳥，其名爲鵬』二句下説：『此是太極在動中，道之用也。體用一源，在此二「化」字。』認爲鯤幽潛北冥就是太極在静中，即『道』之『體』所具有的最根本、最内在的特徵，而鯤化爲鵬則是太極在動中，即『道』之『用』，也就是『道』之『體』的外在表現形式。在吴世尚看來，正像周敦頤所說的『靜而生陰，靜極復動，一動一靜，互爲其根』（太極圖說）一樣，莊子所謂的鯤鵬寓言正反映了大道動靜變化、流行飛潛的特徵，而其中所說的『鯤之大，不知其幾千里也』，則更揭示了『道大、心大、世界大』的道理，可見逍遥遊篇即『以「大」字作綫索』。因此，吴世尚復於『其視下也，亦若是則已矣』二句下説：

收歸鵬上作一束，文法嶄然。以上是説魚鳥，是説心體，是説道妙，會者自知之。天地間無方無盡者，至虛至靈者心，看他輕輕借魚鳥和盤托出，便令人瞥然可見，悠然可思。莊子有見於吾道，是何等直截疏爽透快，但不實寫而虚寫，不正説而影説，便使人無處捉摸耳。要其實處，此一大段文字，只是『鳶飛戾天』一節道理也。

『鳶飛戾天』原出詩經旱麓，子思在中庸中曾予以引用，宋儒則更對子思引用詩經詩句的用意作了種種揣摩，多認爲他是用來闡發其關於道之體用，上下昭著而無所不在等思想的。吴世尚指出，莊子借鯤鵬來虚寫、影説『天地間無方無盡者道，至虚至靈者心』之理，其實與子思在中庸『鳶飛戾天』一節文字中所闡發的道理是相合的。關於這一點，吴氏還在篇末總論中進一步發揮説：

天地間凡物有盡而道無窮，無窮之道不可以言語形容之也。莊子有見於此而難以名言，而又不肯如聖賢之質言之也，故托言於鯤鵬以自達其胸中之所見，原不計乎人之信與不信也。知之大者信之知之，聾盲者不信之，信之則謂其有用，不信之則謂其無用而已。今夫鯤鵬起於北海，飛於南海，極天下之大不足以爲其大，極天下之高不足以爲其高，自然遊行，毫不費力，曠然沖舉，靡有終窮，此豈榆枋之鳩、蓬蒿之鴳之所能測哉！然非鯤鵬之故爲大也，其知大也；其知大者，其年大也。坳堂覆水，浮芥而不能浮杯；千里命駕，宿舂且不給也；三餐而反，腹猶果然，天下必無之事也。朝菌、蟪蛄之年，如何能知晦朔、春秋之故？果其冥靈、大椿，則彭祖之八百且失其久矣。所以物各有其所受於天之分，不可强也。鯤鵬自鯤鵬也，斥鴳自斥鴳也，斥鴳之笑鯤鵬亦何傷於鯤鵬乎？多見其不知量也。

吴世尚指出，莊子『以「大」字作綫索』，借『極天下之大不足以爲其大』的大知者鯤鵬來虚寫、影説大道，乃是由於大道流行飛潛，無所不在，難以言語形容的緣故，而篇中復以小知或小年者學鳩、斥鴳、朝菌、蟪蛄等與鯤鵬、冥靈、大椿相比照，更是爲了反襯大道的這一特徵，暗示無方無盡的大道不能爲小知聾盲之輩所體悟。

在吴世尚看來，文章接著由物及人，則更把意思推進了一層。他於『故夫知效一官』等句下説：『此皆斥鴳類耳，宜其爲宋榮子之所笑也。宋榮子亦非大者，特以甚夫知效一官者之眇乎小耳。』於『夫列子御風而行』等句下説：『遊行空中，超脱物外，此則更進矣，亦止自率其真，未必有所爲而爲之也。有所待，則我之於世猶有跡存焉。』於『若夫乘天地之正，而御六氣之辯』三句下説：『此正我孔子之從容中道，無可無不可，而爲聖之時者也。』意謂知效一官者、行比一鄉者、德合一君而徵一國者，充其量皆不過是蜩、學鳩、斥鴳之輩而已。即使像宋榮子、列禦寇這樣的人，也還不能體悟到流行飛潛、無所不在的大道。而孔子則不同，他卻是一位『乘天地之正，而御六氣之辯，以遊無窮』的『聖之時者』。吴氏還在篇末總論中進一步發揮説：

故夫一官、一鄉、一君、一國之才，小而未大也，不足道也。即舉世譽之而不加勸，舉世非之而不加沮，亦猶小而未大也，不足道也。即更進而至於御風而行，旬五日而反，亦尚有所待而非無所待者也。大乎大乎，其唯至人、神人、聖人已乎！至人、神人、聖人伊何人乎？古今來堯而已矣。德已極而不自知其極，治已至而不自以爲至，而欲推天下而讓之許由，此真無己、無功而無名者也，故雖許由亦自贊其實之不可掩，而自量其己之不能以有加也。

這裏先是重申一官、一鄉、一君、一國之才及宋榮子皆未爲『大』，而『未大』者皆不能悟大道，即使是御風而行的列子亦尚未臻於逍遥遊。接著指出，唯有至人、神人、聖人才是大乎其大者，才算體悟到了大道，才算達到了逍遥遊的境界。那麽，誰才是這樣的人呢？吴世尚説，從古至今，唯有『聖之時者』孔子所極力推崇的唐堯一人而已。因爲他『德已極而不自知其極，治已至而不自以爲至，而欲推天下而讓之許由，此真無己、無功而無名者也』，連許由都感到自己還遠遠未能達到這樣的境界。但吳世尚又認爲，要說『古今之一最大者』，則還是藐姑射之神人。他在篇末總論中說：

> 此古今之一最大者也，又何人乎？藐姑射之神人而已矣！不食五穀，遊乎四海，而其神功所被，自然物不疵癘，年穀順成，蓋其德無已，故其化無名，陶鑄堯舜，實理也，實事也。知之聾盲者，惡能識之哉！此天地間之又一最大者也。然則鯤鵬所適，世無庸於笑之焉，可知已矣。

依照吳世尚的理解，藐姑射之神人既然旁礴萬物，功被天下，其糟粕猶可成就堯舜，則其『大』必又超過唐堯，而篇中寫鯤鵬動靜變化，皆合大道，也必爲其影子無疑。吳世尚指出，對於天地間這樣的『最大者』，凡『知之聾盲者』，哪裏能懂得呢？所以，吳氏進而對世之『聾盲』者提出了批評。他在篇末總論中說：

> 且夫物各有用，大不可縮而使小，猶之小不可伸而使大也。五石之瓠而以盛水漿，枉其材矣，況於剖之爲瓢，不惟枉之而竟害之，而猶謂彼之無用，則亦知之聾且盲焉故爾。不然，即不能如客之得不龜手之藥而裂地而封，亦豈不能如宋人之洴澼絖而世世且得數金哉？而何至於掊而棄之耶！況夫天下事，亦何必如世之寸成尺就，然後爲用乎？繩墨規矩中而遭戕伐矣，東西高下利而死罔罟矣，則執鼠之能，能之不若其不能之也。天下在在有無何有之鄉、廣莫之野，惟去我之機智，撤我之聾盲，乃能彷徨乎其側，逍遙乎其下耳。否則斤斧立至，困苦不免矣。由斯以談天下之最大，天下之最有用也；天下之最大，天下之最樂也。肩吾、惠子見未離乎鳩鴳之間，事焉測夫鯤鵬之外，而道之大體，心之全量，於是乎無人可語之矣。

這裏是批評天下人不知大小各有所適，尤其不知大之爲用，而竟將五石之瓠剖之爲瓢，實在可謂『知之聾且盲焉』者！並指出，他們連這些世事都不知道，何況是對『大乎大乎』的無何有之鄉、廣莫之野呢！更何況是對『天下之最大，天下之最有用也；天下之最大，天下之最樂也』的道理呢！所以也就不可與他們談『道之大體，心之全量』了。在吳世尚看來，莊子在逍遥遊篇中以惠子與莊子辯難於大瓠、不龜手之藥、樗樹、狸狌諸物作結，以寄寓其關於大而無用之物，正以其無所可用，才得以顯示其大用，才得以遠害全身而逍遥於大道之境的深意，這就在最後再一次暗示此篇『以「大」字作綫索』是貫穿始終的。

綜上所述，吳世尚以『大』字作爲逍遥遊篇的綫索，不外是『引莊子而附之儒家』，以儒家聖人爲『大』，以儒家所謂的『鳶飛魚躍』、『活潑潑』爲逍遥遊，與莊子的逍遥遊思想相去甚遠。我們知道，逍遥遊篇所説的逍遥是指無所待而遊於無窮，即是説無視物我之别，忘己、忘功、忘名，與自然化而爲一，不受任何約束而自由自在地優遊。全文分總論和分論兩大部分。文章一開始就給我們塑造了大鵬的宏偉形象，它憑風怒飛，扶摇而上九萬里，看雖逍遥，實則『有所待』，沒有達到莊子理想的境界。緊接著又通過野馬、塵埃、蜩、學鳩、朝菌、蟪蛄、冥靈、大椿、彭祖等形象説明他們皆有所待。文章到此以『此小大之辯也』稍作收結，承上啟下，又引出一官、一鄉、一君、一國之才，和譽不加勸、非不加沮的宋榮子，以及『御風而行』的列子，他們也皆不逍遥。至此『乘天地之正，而御六氣之辯，以遊無窮』的至人、神人、聖人形象就呈現在我們面前，成爲莊子肯定的正面形象。文章在分論部分進行具體論述，用許多寓言故事逐層闡釋了聖人無名、神人無功、至人無己，繼續重申了順乎自然、無爲而適的逍遥遊思想。但是，吳世尚卻以大鵬爲大道的象徵，認爲它已達到了逍遥遊的境界，並又無端地説孔子正是『乘天地之正，而御六氣之辯，以遊無窮』者，這些觀點顯然有違莊子的本真思想。而他謂唐堯更是『大乎大乎』的至人、神人、聖人，連許由都自感不如，這一説法也同樣是錯誤的，因爲在莊子看來，堯治天下不過是效法庖人宰割之勞，所以終爲『無名』聖人許由所不取。當然，吳世尚在闡釋『列子』形象時，能指出其『有所待，則我之於世猶有跡存焉』，這卻已觸及了逍遥遊篇關於無待才能逍遥的宗旨，值得我們重視。

第三節　對莊子文字之妙的闡發

清四庫館臣謂吳世尚解莊子，『大旨引莊子而附之儒家，且發揮其文字之妙』，而『觀其目錄後附記，稱向來解莊子者，惟林西仲可觀』①。今通讀莊子解，確實可發現吳氏對林雲銘的評點精神有所傳承和發揚，對莊子的藝術性每有所闡釋，提出了一些頗爲新穎的見解。如他在南華子目錄後附記說：『莊文無問長短，皆必有至情至理，奇氣奇句，驟讀之無間可入，久讀之應接不暇，所以獨步千古也。』這裏所說的『必有至情至理』，意謂莊子的思想必與儒家聖賢之道無異，可見吳世尚仍不外是『引莊子而附之儒家』。但他接著指出莊子文章充滿『奇氣奇句』，初讀之幾乎『無間可入』，讀熟了就會有『應接不暇』的感覺，感受到其藝術性確非一般，這些說法卻無疑很有見地。具體到篇章，如他在秋水篇總論後說：『此篇七問七答，文法則層層剝入，義理則曲曲傳出，一轉一境，愈細愈靈，且處處皆以韻語出之，真是奇絕！』這一評論甚是符合實際，因爲河伯、北海若的七番問答確實如剝蕉心，不盡不止，而正是隨著披剝的層層深入，才使得其義理曲曲傳出，愈傳而愈細，愈細而愈靈。他又在天下篇末總論中說：『余仔細反覆其通首，最有波瀾，最有變化，埋伏炤應，穿插縈繞，備極匠心，幾於不可方物。』此處指出天下篇表現在伏筆照應、穿插縈繞等方面的匠心極爲明顯，與他篇頗有不同，這一說法也應當比較符合實際。

吳世尚對莊子藝術性的闡釋，主要還是集中表現在對內七篇的解說上。他在內篇大意中說：『大道不明，群言殽雜，自家一個身心，不知安頓何處，以無主之衷，涉亂世之末流，其遇害何可勝道哉！果其德全於己，

① 見四庫全書總目提要存目吳世尚莊子解。

道契乎天，則以之經緯宇宙，六五帝而四三王，何不可之有乎？此七篇相承之大意也。但其文有空寫，有實寫，有順寫，有反寫，有淡寫，有濃寫，有近寫，有遠寫，有半寫，有全寫，有加倍寫，有分幫寫，使筆如使利斧，當之者摧，遇之者碎，湧墨如湧海潮，直者山立，橫者岡連，尋行逐字，既無從測其言外之指，高視闊步，又未免失其句中之義耳。』意謂逍遥遊、齊物論二篇不外是就『大道不明，群言殽雜』者而發，養生主篇不外是就『自家一個身心，不知安頓何處』者而發，人間世篇不外是就『以無主之衷，涉亂世之末流』者而發，而『其德全於己』乃是德充符篇所追求的境界，『道契乎天』乃是大宗師篇所追求的境界，『以之（指道）經緯宇宙，六五帝而四三王』乃是應帝王篇所追求的境界。在吴世尚看來，内七篇自逍遥遊而齊物論而養生主而人間世而德充符而大宗師而應帝王，其大意實爲相承相接，而寫法卻各具特色，真可謂『分之曰七篇可，融之曰一篇亦可』（内篇大意）。接著，吴氏還對内七篇各篇的寫法作了更爲具體的論述。

何謂『空寫』、『遠寫』？吴世尚説：『空寫而遠寫者，逍遥遊是也。不言道，不言心，借一鯤鵬指點出活潑潑地，使人瞥地便見得個道之全體，此莊子第一吃緊爲人處也。』（内篇大意）吴氏在逍遥遊開篇『北冥有魚，其名爲鯤』下指出：『此二句便是太極在靜中，道之體也。文法突然而起，是喻非喻，與中庸「天命之謂性」一樣筆法，但彼是實寫，此是空寫耳。』認爲中庸以『天命之謂性』言天道和心性，是實寫，而逍遥遊篇以遠在北冥的鯤言處在靜中的天道、心性，則是虚寫、遠寫，更使人能瞥見活潑潑的道體。所以吴氏隨後又作注語申述説：『無方無盡者道，至虚至靈者心，看他輕輕借魚鳥和盤托出，便令人瞥然可見，悠然可思。……不實寫而虚寫，不正説而影説，便使人無處捉摸耳。』這裏所説的『虚寫』、『影説』，以及其他注語中所説的『虚冒』、『影子』等，也大致就是『空寫』的同義語。如果撇開思想内容不論，吴氏這裏的説法頗能有效地揭示出莊子文章所具有的寓言性質，對於我們認識其藝術特徵確有一定的幫助。

『何謂順寫，齊物論是也。層層分疏，段段銷化，止是承其意而解之，毫不作對面搶白語，而聞者早已不覺心折而誠服，蓋最是其平易近情文字焉。』（內篇大意）吳世尚在注解齊物論篇時說：『按莊子辨折群言，其言甚辨，其理甚順，故特揭出「以明」二字，見是非之在天下，元有明白顯實不可強誣者，此是非之所由以定也。此句先提唱之，下節故用「曰莫若以明」印證之，後文更用「此之謂以明」實疏之，層層呼應，大義了然矣。……以上曲曲發明，層層剝解，總見得物論之是非，不如我「以明」之爲愈。以下乃言我「以明」之言亦言也，然言與彼類，理不與彼類，欲以明道而定是非，固未有易乎此言者也。』認爲此篇在寫法上，即有如此處之所揭示，確實具有明顯的『層層分疏，段段銷化，止是承其意而解之』等特徵。在吳世尚看來，如篇中言『喪其耦』、『吾喪我』，『「耦」即後文「未始有封」「封」字，而亦通篇許多「彼」字之根也』，『「我」即後文「未始有物」「物」字，而通篇許多「是」字之根也』；又如『由「籟」字生出「知」字、「言」字，由「言」字生出「是非」、「彼是」字，以爲物論之根；由「天」字生出「照之於天」、「天鈞」、「天府」字，以爲齊物論之根』，則更是加強了上下文的承接、呼應關係。吳氏的這些說法，無疑較有效地揭示了齊物論篇在行文綫索方面所具有的隱秘特徵。

何謂『淡寫』？吳世尚說：『養生主一篇，則淡寫者矣。通篇只「緣督以爲經」一句是養之之法，其餘如「遊刃有餘地」、「不蘄畜乎樊中」、「火傳不知其盡」，皆略略數語，絕不矜張，而不可不養之意，自悠然於言外，所謂妙道無多，要指不煩者也。』（內篇大意）按照吳氏的理解，此篇以『緣督以爲經』一語爲養生宗旨，而以並非直接談養生之道的數段文字來使這一宗旨『悠然於言外』，所以他在具體注解此篇時便舉『庖丁解牛』寓言故事爲例說，此則寓言故事『以刀喻生，以刀之刃喻生之主，蓋通篇全是比喻』，而僅以『吾聞庖丁之言，得養生焉』之語來『點題』。但他在篇末總論中指出，此數段文字並非平鋪直敘，而是『亦自有淺深之相承』，即『「庖丁」章是言善養者之必能全此生也，正言之也；「右師」章是言不傷此主則形之成虧不足計也，反言之也；「老聃」章是言此主超乎生死之外，無人無我，無古無今，乃孔子朝聞夕可之意也，盡言之也。』顯然，這裏除了『引莊子而附之儒家』的做法不可取而外，其對文章寫法的分析卻是頗有道理的，值得我們重視。

何謂『近寫』、『半寫』？吳世尚說：『人間世許多説話，只是近寫，只是半寫。古今同此人間世，世有治亂，道有污隆，莊子惟説得處亂世一邊道理，其處治世者都未道出，第於末章「天下有道，聖人成焉」二句微及之。蓋渠特據目前以示法，其云「方今之時，僅免刑焉」者，正此篇之所由作也。不然，莊子豈全求無用者哉！』（內篇大意）此處説莊子闡述其處世哲學，只是就其眼前的亂世現實來發論，即所謂『近寫』、『半寫』，吳氏的這一説法本身無疑是正確的。但可惜的是，他在人間世篇題解中認爲此篇乃是寫孔子所謂『邦有道則知，無道則愚』道理的，只是在表面上將『有道一邊』藏而不寫罷了，這就使他所謂的『近寫』、『半寫』不免成了闡發孔子『無道則愚』説的一種方法。

何謂『反寫』、『加倍寫』？吳世尚説：『反寫、加倍寫，德充符便純用此一種筆墨矣。千古德充符者，孰有逾於羲、黄、堯、舜、孔子者乎？嫌正説之不暢不醒，故略而不道，特去尋出幾個兀者惡人來，此加倍法也。説兀者惡人而謂其從遊者與仲尼相若，哀公靈公俱信之悦之，此又加倍法也。説兀者惡人而又借孔子之推尊贊仰以極力形容之，甚且謂孔子爲桎梏所苦而不可解，此又加倍法也。要知其意以爲人貴有德，德全而形不全尚且如此不可及，而況全形全德之人，其爲卓絶更何如邪？』（內篇大意）這裏所謂的『反寫』、『加倍寫』，是指襯托和加重描寫的意思。吳世尚這裏認爲德充符篇『説兀者惡人而謂其從遊者與仲尼相若，哀公靈公俱信之悦之，此又加倍法也。説兀者惡人而又借孔子之推尊贊仰以極力形容之，甚且謂孔子爲桎梏所苦而不可解，此又加倍法也。』在闡釋篇中『衛有惡人焉曰哀駘它，丈夫與之處者思而不能去也，婦人見之請於父母曰「與爲人妻，寧爲夫子妾」者，十數而未止也』一段文字時又指出：『丈夫忘其醜難，婦人忘其醜尤難，此皆加倍寫法。』這些説法都很正確，確實指出了莊子借孔子以『反寫』、『加倍寫』兀者王駘，借丈夫、婦人以『反寫』、『加倍寫』惡人哀駘它的藝術特徵。但吳氏又謂莊子『反寫』、『加倍寫』兀者、惡人，最終乃是爲了『反寫』、『加倍寫』儒家所極力推崇的千古德充模範伏羲、黄帝、唐堯、虞舜、孔子等，這就使他同樣走進了自己所設定的『引莊子而附之儒家』的怪圈。

何謂『分幫寫』？吴世尚説：『若夫分幫寫來，而又寫得周全濃至，寧有如大宗師之一篇者哉！天人有無之介，存亡生死之幾，推而行之之先後，冥而合之之深淺，反而至之之次第，無不盡情剖露。論語之朝聞夕可，孟子之不貳順受，蓋皆於此篇畢宣其藴矣。此老胸中了然，筆下了然，戰國諸儒洵未有能及之者。』（内篇大意）這裏認爲大宗師篇在寫法上的特點，就是分『天人有無之介』、『存亡生死之幾』、『推而行之之先後』、『冥而合之之深淺』、『反而至之之次第』幾個方面來予以盡情剖析。應當説，吴氏以此作爲此篇的顯著藝術特徵，也並不是不可以的。但他所謂『論語之朝聞夕可，孟子之不貳順受，蓋皆於此篇畢宣其藴矣』云云，卻使自己再一次走進了『引莊子而附之儒家』的怪圈。

至於『正説』、『反説』，吴世尚説：『應帝王之正而後行、順物無私、立乎不測、遊於無有、用心若鏡、不將不逆，以及鑿竅而渾沌死者，或正説，或反説，總皆帝王之實理實事，失之便不可以君人者也。故此一篇，爲實寫，亦爲近寫。』（内篇大意）這裏是説此篇以正而後行、順物無私、立乎不測、遊於無有、用心若鏡、不將不逆諸意爲『正説』，以鑿竅而渾沌死之意爲『反説』，而『正説』、『反説』皆是針對治世現實而説，故即爲『實寫』、『近寫』。顯然，吴世尚的這一説法是符合實際的，但他在篇末總論中又説『此一篇許大説話，只我孔子「爲政以德」一言足以蔽之』，這卻從根本上混淆了儒、道二家治世思想的不同性質。

總之，在吴世尚看來，内七篇寫法皆不同，但大意相承，而且首篇與末篇更是遥遥呼應，實爲一個完整的結構體系。所以他在内篇大意末總結似地説：『此一篇（指應帝王）爲實寫，亦爲近寫，而與首篇之空寫、遠寫，作大開合、大呼應，乃文章家最大章法也。此七篇之文，各有指，實實相承，而文各足。善讀者，分之曰七篇可，融之曰一篇亦可。』如果單就七篇的寫法而論，吴世尚的説法確實頗有獨特見解，多能發他人之所不能發。

第五章　宣穎的南華經解

宣穎，字茂公，一字懋功，句曲（今江蘇句容縣）人，生卒年不詳。據乾隆句容縣志卷九、光緒續纂句容縣志卷二十載，穎性至孝，有逸才，少嘗砥礪問學，有聲庠序。既長，偕朱亮工，從溧陽馬章民，講藝於三茅峰下，馬公欽其德器。及亮工獲解去，章民又大魁天下，穎謹以拔萃科貢入成均①，已而終不遇，乃鍵戶著述，網羅群籍，淹貫宏通，時人稱爲學海。晚年假館邑之青元觀，爲東晉葛洪煉丹處，著南華經解。沒世之日，遺書數十種，亂後盡佚，唯南華經解風行海內。

南華經解前有康熙六十年（1721）張芳所作序，宣穎所作南華經解序、莊解小言、南華經解内篇。宣穎還依據蘇軾在莊子祠堂記中的說法，以雜篇中讓王、盜跖、説劍、漁父四篇爲僞作，將其置於全書之末。

第一節　以儒解莊的思想傾向

宣穎雖因仕途蹇厄，晚年假館道觀，爲莊子作箋解，但他並不主張以道教思想來詮釋莊子思想。如在宥篇

① 乾隆句容縣志卷九人物志文學謂宣穎『康熙甲午1714選貢』，而同書卷八選舉志正科表又謂『（順治）十二年乙未（1655），宣穎拔』，前後相差59年。今以邑志所載其同窻張芳、朱亮工應試時間推之，則以選舉志所載『（順治）十二年乙未』爲是。

有黄帝往空同之山拜見廣成子的寓言故事，謂廣成子自言『我修身千二百歲矣，吾形未常衰』，『吾與日月參光，吾與天地爲常』，『人其盡死，而我獨存乎』，注家輒每引道教神仙之術來加以解釋，而宣穎在箋注這則寓言故事時卻說『須知莊引此全不是說長生的事』，乃是『極言治身自有超乎生死之事』，即『道不可窮，不可測，今入其門，遊其野，則亦無窮無測矣』。他並在達生篇題解中說：『從來無不朽之官骸，而有不朽之神理。官骸之必朽者，既有形矣，則必有毁，此數之所制者然也；神理之不朽者，本無質焉，斯無得而毁，此數之所不得而制者也。自有人以至於今，從未有不腐之人，仙家亦言尸解，則形之不足存明矣。』從而在根本上否定了道教長生不死的神仙觀念，以及治莊者每以神仙之術詮釋莊子某些思想資料的做法。

對於佛教思想，宣穎在詮釋莊子過程中卻有所徵引。如他在闡釋齊物論篇『是以聖人和之以是非而休乎天均，是之謂兩行』等語時說：『緣上文「適得而幾矣」一句，拖此一段發明，爲達者更加一鞭，直須連「知通爲一」的心都歸渾化，如佛家才以一言掃有，隨以一言掃空，方是一絲不掛。不然，與紛紜者一間耳。然要去此心，不須別法也，只消因是已，妙妙！不特因物，而因物之道亦出於因，此聖人所謂兩任自然，至矣至矣！』在闡釋同篇子綦之語時說：『今子綦解「喪我」，不寫形骸之假，但寫一派虛聲，真上智人說法之事也。』在闡釋人間世篇『蘧伯玉曰』一段文字時說：『妙用止是一「順」字。法華曰：「應以比丘身得度者，即現比丘身而爲說法；應以女人身得度者，即現女人身而爲說法。」是此處義也。』宣穎這裏認爲，莊子與佛教顯然有相通的地方，但他主要還是强調了莊子與佛教的相異之處。如他在闡釋德充符篇『莊子曰道與之貌』一段文字時說：『此節特特借惠子辯明無情之說，不是寂滅之謂也。只是任吾天然，不增一毫而已。可見莊子與佛氏之學不同。』這裏實際上已指出了莊子之學與佛氏之學在本質上的最大不同點，因爲佛氏確實以寂滅爲超脱生死的理想境界，而莊子則以『任吾天然』爲悟道之根本。基於這一認識，宣穎大聲感歎說：『嗚呼，莊子豈佛氏之先驅哉！』甚不滿於『具區馮氏謂爲佛氏之先驅』（見南華經解序），把莊子與佛氏混爲一談。

宣穎雖寄身道觀，卻不願引道教思想闡釋莊子，也反對人們把莊子與佛氏混爲一談，這與他一生崇尚儒學，晚年欲通過調和儒、道兩家思想來尋求精神寄托是分不開的。據光緒續纂句容縣志卷一、二十載，宣穎出生地「崇德鄉」，以「其地崇尚禮義，敦行孝悌故名」，因此他「性至孝」，「授讀養親，親歿廬墓三年」，表現出了堅守傳統孝道的儒者「德器」。又據乾隆句容縣志卷九、光緒續纂句容縣志卷二十載，宣穎之師馬章民「以手錄四書講義」教授學生，學生「潛心玩味有真得」，每「欲尋孔顏樂處」，而宣穎之同窗好友張芳，自宜江令罷歸後，鑿竹鑿池，與同好觴詠其間，對於儒、道兩家思想也有自己的獨特感受：「蓋自孔子沒而微言絕，七十子喪而大義乖，堯桀之誹譽與儒墨之是非，至今而未有以明也。……有蒙莊者，獨著一書，其言曰：「知止其所不知，言止其所不言，至矣。」苟爲明於不知之知，不言之言，而當世誹譽是非之情，斯有所止。吾獨惜夫莊與孟同時，而不相知也。當是時，儒之嫡傳有子思、子夏，周之傳出於子夏之門人，軻之傳出於子思之門人，孟猶之嫡傳而莊其別傳也。……幽厲以降，是儒者非不眾也，有所持而爲孔、孟，即有所竊而爲楊、墨，爲荀、韓，最下爲殷浩、王安石，而處士之勢横矣。至於處士勢横，人心流極，由是後世一變，而競趨於空無之學，空無曷可爲久道也？惟蒙莊者，獨與天地精神往來，而不敖睨於萬物，有以見儒者一宗，蕭邈希微，常行於人倫物則之際，而孔孟之嫡傳，宛然其未亡，然則莊子之傳非別子，固大宗也。」（序）認爲唯有「獨與天地精神往來而不敖睨於萬物」的莊周，才是真正傳承了孔孟之道。宣穎由於自幼深受家鄉儒文化的熏陶，後來又受到了師友（尤其是同窗好友張芳）學術觀點的影響，更加上他仕途失意後頗想在儒、道二者之間找到精神寄托，所以晚年撰寫南華經解便明顯地表現出了儒學化思想傾向，認爲「莊子學於子夏，所稱夫子多係孔子」（齊物論解），「後人每有采莊子語附會神仙之術者，豈知莊子學問之正，聖門津筏之書也。」（大宗師解）

在宣穎看來，莊子最是傾服孔子。如寓言篇有「莊子謂惠子」寓言故事，寫惠施甚愛強辯，即便到了精勞神傷的地步，仍然沒有回頭之意，所以莊子就以孔子不敢自以爲是爲例，勸他切勿執定是非，終生爭辯不休，宣穎以爲『此莊子深服不如孔子也』，『讀此段，可知莊子推仰吾夫子之至』。田子方篇有『莊子見魯哀公』寓言故事，以真儒不必儒服，儒服者未必真儒爲喻，說明體悟大道，不能被跡象所迷惑，但其中謂『獨有一丈夫，儒服而立乎公（指魯哀公）門，公即召而問以國事，千轉萬變而不窮』，未必是指孔子而言，而宣穎則承因了成玄英莊子注疏、褚伯秀南華真經義海纂微中的觀點，並進一步發揮說：『獨有一丈夫，蓋真儒也。其人爲誰？非吾夫子不足以當之。夫子爲哀公時人，莊子蓋寓言，特尊吾夫子一人爲真儒也。何以知其寓言？莊子與梁惠王、齊宣王同時，何由得與魯哀公相見耶？一部莊子，大半皆此類也。』這裏認爲，莊子撰寫此則寓言故事，只是爲了推尊『吾夫子一人爲真儒』而已，而一部莊子，大半就是這樣巧妙地寄寓了莊子對孔子的推尊之意。宣穎指出，莊子推仰孔子，自爲孔門後學，而境界卻仍有所不及：『莊子既不避聖人罕言之戒，而於聖人之不欲剪者剪之，聖人之不輕示者示之，此莊子所以維末流之窮，而一出於忍俊不禁，一出於苦心致覺者也。……特其言用處少，而又多過於取快之文，固所謂養之未至，鋒芒透露，惜不及親炙乎聖人者。』（南華經解序）要而言之，就是孔子以罕言爲戒，不輕易表露自己的思想觀點，所以爲聖人；而莊子則不能克制自己，每欲發表意見，評論世人，爲文又過於『取快』，鋒芒透露，乃『才情溢發，在聖門中爲涵養未到者耳』（胠篋解）。

依照宣穎的理解，莊子對孔子的推尊，在一定程度上也表現爲對孔門後學子思學派的推尊。他說：『余嘗謂莊子悟道直據峰巔，與孔子、子思相上下，止是行文必要奇快，乃才情溢發，在聖門中爲涵養未到者耳。』（同上）我們知道，儒家經典中庸相傳爲子思所作，宣穎之所以要推尊子思，實際上是因爲他看到了所謂『莊子之書與中庸相表裏』（南華經解序）的緣故。首先，宣穎認爲兩者在道論方面具有『相表裏』的特徵。他說：

寫道之用至費，體至隱，無非自然。……寫道只是一『無』，若莊語之，便是中庸末後一節文字，細細讀之，自解人頤。（知北遊解）

形容得滿眼都有一個主宰在內，分明是中庸『費而隱』三字，又酷似其『鳶飛魚躍』之三句，便見得

人生無一處可以自用也。（天運解）

中庸言天命之謂性，此自泰初說到命，有許多層數，自命說到性，又有許多層數，便是一句書之，分肌擘理，極細注疏也。『性修』二句，從工夫上又復轉到泰初，則造化之根在我，所謂一也，無名也，無無也，何處著得一毫夾雜耶？（天地解）

中庸有『君子之道，費而隱』之說，謂『君子之人，遭值亂世，道德違費，則隱而不仕』（孔穎達疏）。在中庸作者看來，君子正因爲如此，故其『語大，天下莫能載焉；語小，天下莫能破焉』，對既廣大又精微的天道體悟得十分透徹，並讓自己的一切行爲順從於得之於天道的本性，這就是開篇所說的『天命之謂性，率性之謂道』。按照宣穎的理解，莊子謂道體本『無』，但又無處不在，滿眼皆是，包括人類在内的一切自然性命皆從『無名』、『無無』的『泰初』中來，這與中庸末尾所謂『上天之載，無聲無臭』，開頭所謂『天命之謂性，率性之謂道』等說法，豈不互爲表裏！此外，宣穎還以中庸中的『誠』字來解釋莊子中的『真』字。他在闡釋田子方篇時說：

第一段引出一『真』字，以後逐段都發此意。……夫道之妙，不可以名言，不可以指測，惟悟真者得之。要寫『真』字，既不可名言指測，故通篇止借遺言遺事，忽影忽襯，使紙上恍惚可覩，但不知何處得這許多妙事妙言，萃爲玄眉之藪也。『真』字便是孔門『誠』字，誠者一也，如神也，物之終始也，無息也，無倚也，無聲無臭也。了此數句，便盡此篇之義，可惜學者先不識『誠』字，無怪其以南華爲彼家言矣。

中庸認爲『誠者物之終始，不誠無物』，『至誠如神』，『至誠無息』，『唯天下至誠爲能化』，把『誠』看成是天之道，是人道、人性之本。在宣穎看來，莊子寫『真』，『止借遺言遺事，忽影忽襯，使紙上恍惚可覩』，旨在讓人懂得『夫道之妙，不可以名言，不可以指測，惟悟真者得之』，因此其所謂的『真』字，無非就是孔門子思在中庸中所謂『如神也，物之終始也，無息也，無倚也，無聲無臭也』的『誠』字，而學者不知道莊子『真』字與中庸『誠』字互爲表裏的關係，以致把莊子看成了儒家之外的『彼家』之言。

宣穎以儒解莊的又一項重要內容，就是以孔顔心學來闡釋莊子逍遥義。在他看來，『莊子明道之書，若開卷不以第一義示人，則爲於道有所隱。第一義者，是有道人之第一境界，即學道人之第一工夫也。内篇以逍遥遊標首，乃莊子心手注措，急欲與天下撥霧覿青，斷不肯又落第二見者也。』（逍遥遊解）認爲闡述逍遥義是莊子心手注措的第一要務，而細審逍遥遊全文，則莊子顯然是在闡發孔顔之心學。所以他進而説：

> 逍遥遊一篇文字，只是『至人無己』一句文字。『至人無己』一句，是有道人第一境界也。語惠子曰：『何不樹之無何有之鄉、廣莫之野，彷徨乎無爲其側，逍遥乎寢臥其下。』是學道人第一工夫也。『克己』二字，孔子嘗言之，被先儒解吃力了，讀莊子『無己』，便以爲放蕩無稽，殊不思孔子對學者説個『克己』，莊子就至人説個『無己』，未爲少謬也。倘不欲『無己』，又何爲而『克己』也哉？莊子作文，爲千古學人解粘釋縛，豈宋儒能測其涯涘耶？故竊謂孔子之絕四也，顏子之樂也，孟子之浩然也，莊子之逍遙遊也，皆心學也。……簞瓢陋巷之子，不改其樂，以爲樂簞瓢陋巷，是樂貧也。樂貧，是見有我之處貧也，非樂也。以爲非樂簞瓢陋巷而樂道也，樂道，是見有我之處道也，亦非樂也。然則其樂不容言也，不容言而已始化矣。故曰顔氏之子坐忘也，此可以言逍遥遊也。……莊子點化惠子收尾處數句，純是説心學上事，卻特意點破『逍遥』二字，其教後來學人深矣。（同上）

這裏把逍遥遊篇的主旨概括爲『至人無己』，並特别指出此『無己』並不是宋儒所謂的放蕩無稽，而是孔子所倡導的『克己』，顔回所説的『坐忘』，因此莊子所追求的逍遥遊，就是孔子所提倡的『毋意、毋必、毋固、毋我』（論語子罕）、顔回所堅守的『一簞食，一瓢飲，在陋巷』而『不改其樂』（見論語雍也）的境界。在宣穎看來，尤其是讀大宗師篇『顔回坐忘』寓言故事，更『可見孔顔心學，可見莊子傾服聖門』（大宗師解），而逍遥遊篇末寫莊子點化惠子數句，也『純是説心學上事，卻特意點破「逍遥」二字，其教後來學人深矣』。顯然，宣穎以孔顔心學詮釋莊子的逍遥義無疑有些牽强附會，因爲孔顔的心學在本質上是爲了追求道德人格的自我完善，是一種具有入世精神的心性之學，而莊子的逍遥遊則要在想像虚構的精神境界中獲得絶對自由，帶有明顯的出世傾向。但是，宣穎在宋末羅勉道南華真經循本初步亮出『至人無己』爲逍遥遊最高境界觀點的基礎上，從理論上極力加以闡發，認爲『逍遥遊一篇文字只是「至人無己」一句文字，「至人無己」一句是有道人第一境界』，而『「神人無功」、「聖人無名」都是陪客』（逍遥遊解），這卻是很有見地的，得到了後來不少治莊者的高度重視。

第二節　對行文脈理的細心疏解

宋末林希逸在莊子口義發題中，自謂『頗嘗涉獵佛書，而後悟其（指莊子）縱横變化之機』，而對前人的詮釋多表不滿，認爲『吕吉甫、王元澤諸家解説，雖比郭象稍爲分章析句而大旨不明，因王、吕之言愈使人有疑於莊子』。宣穎則『好學深思，探賾是書有年，折衷諸家，爲之箋解，剗其蕭礫，發其清微』（張芳序），認爲『注莊者無慮數十家，全未得其結構之意』，郭象也未涉其『行文妙處』（見莊解小言）。他説：

嗚呼！莊子之文，真千古一人也！少時讀史記，謂其言『汪洋自恣以適己』；及覽李太白集，稱之曰『南華老仙發天機於漆園』。予私心嚮往，取而讀之，茫然不測其端倪也。乃旁搜名公宿儒之評注不下數十家，而未嘗不茫然也。即郭子玄以此擅勝名家，又未嘗不茫然也。則意子長、太白所稱，即此茫然無端、任意滑稽者是乎？竊疑其必不然也。吟諷之下，漸有所解；屏去諸本，獨與相對，則涣然釋然，衆妙畢出，尋之有故，而寫之無垠。真自恣也！真仙才也！真一派天機也！乃知古今能讀莊子者，惟子長、太白耳！諸家但摘其數句之工，一字之巧，遂謂能讀莊子；甚竊字句之間，大半强作解事，譬之主人，靦面而旁猜張、李，其支離可笑，有不勝言者。噫！莊子之難讀如是乎！予此

本不敢於莊子有加，但循其窾會，細爲標解，而不以我與焉，庶幾莊子本來面目復見於天下，不致覿面旁猜而已。（南華經解序）

宣穎十分推崇莊子文章，歎其爲『真千古一人』、『真自恣』、『真仙才』、『真一派天機』，而歷史上『注莊者，無慮數十家，全未得其結構之意。郭子玄竊據向注，今古同推，要之亦止可間摘其一句標玄耳。至於行文妙處，則猶未涉藩籬，便爲空負盛名也』（莊解小言）。致使他讀數十家名公宿儒治莊著作而『未嘗不茫然也』，讀郭象注而『又未嘗不茫然也』。無奈之下，他只得『屏去諸本，獨與相對，則渙然釋然，衆妙畢出，尋之有故，而瀉之無垠』，於是深感『分節分段，非莊原本，但骨節筋脈所在，正須批𨻶導窾，故不惜犁然分之，先細讀其一節，又細讀其大段，又總讀其全篇，則窾會分明，首尾貫穿，蓋必目無全牛者，然後能盡有全牛也』（莊解小言）。可見，批𨻶導窾，探究骨節筋脈所在，然後『細爲標解』，爲讀者逐一揭明，這就是宣穎箋解莊子時最爲重視的一項工作。

宣穎疏解莊子文章，其中一項重要內容就是要揭示各段落內的層次結構。如大宗師篇有一段描寫『真人』的文字，宣穎別出心裁地提出了『真人四解』的看法，即『一解』寫『真人則未嘗有知可名』，『二解』寫『此人純是天機，人事之知毫不用』，『三解』寫『真人無心之妙』，『四解』寫『真人之真知，謂天人一者也』。齊物論篇有『道惡乎隱』一節文字，宣穎指出『此節有四層』，即『道與言本無隱，何處不是，是第一層。偏見之人言道，又文以浮誇之說，而道始隱，言始隱，是第二層。儒墨二家，自負言道宗匠，憤其隱也，而以此之是非正彼之是非，是第三層。然以是非而正是非，未得也，莫若以本明者聽之，是第四層。』同篇接著是『物無非彼』一節文字，宣穎指出『此節亦有四層』，即『無彼此是第一層，生彼此是第二層，是中有非、非中有是是第三層，是非總不足由，惟因爲妙是第四層。』通過這樣的標解，確已在很大程度上爲讀者揭明了有關文字內部的層次結構，但宣穎往往並不以此爲滿足，而是還要進一步揭示出各層次之間的互相關係。如他在德充符篇『此謂誠忘』一語後說：

上文共是六位殘疾奇醜之人，莊子也不是隨手填寫的。寫一王駘，可見弟子於師以德不以形也。

寫一申屠嘉，一叔山無趾，可見師於弟子以德不以形。朋友與友亦當以德不以形也。寫一哀駘它，及闉跂、大癭，可見君臣之間亦以德不以形也。倫類中，惟父子、兄弟原以性合，不消以形骸之見爲人過慮，故莊子不説。此外則師弟、朋友、君臣，皆以義合者，皆易從形骸起見。莊子特敘這六段事，爲世人撤去胸前一片塊壘也。夫婦亦以義合者，莊子何以不説？看他敘哀駘它處，特夾敘婦人寧爲其妾數語，則夫婦之間，以德不以形，又可見矣。如此散散數段文字，讀之似乎泛雜，卻不知已寫盡人倫之道。莊子精藴如此！

宣穎指出，『劈頭出一個兀者，又一個兀者，又一個兀者，又一個惡人，又一個闉跂支離無脤，又一個甕㼜大癭，令讀者如登舞場，怪狀錯落，不知何故……，真是以文爲戲也』，但此『六位殘疾奇醜之人，莊子也不是隨手填寫的』，即寫王駘、申屠嘉、叔山無趾、哀駘它、闉跂、大癭，雖皆『以德不以形』，可依次寫的是『弟子於師』、『師於弟子』、『朋友與友』、『夫婦之間』、『君臣之間』等關係，應當看成是層層遞進的關係，而在表現手法方面，寫王駘是虛寫、旁襯相結合，寫申屠嘉是『借子產襯剔發明』，寫叔山無趾是『借孔子襯剔發明』，寫哀駘它是借魯哀公等襯剔發明，四人皆爲『錯敘』，至於寫闉跂支離無脤、甕㼜大癭，則是從正面直接描寫，二人皆爲『整敘』，可見『如此散散數段文字，讀之似乎泛雜，卻不知已寫盡人倫之道』。應當承認，宣穎在德充符篇中所作的這些疏解，對讀者無疑是有一定幫助的。

在宣穎的箋解過程中，所謂『循其竅會，細爲標解』，主要還是表現爲對莊子文章隱密綫索的梳理。如他指出，大宗師篇開頭『劈空將「知」字虛起二句，用兩字贊一句，虛將天、人分開，實是以客意作引，卻故爲斗立之筆』，而『「雖然有患」一句忽捩轉』，『將「知」字打落』，『又加「庸詎知」三字，將上面數「知」字，便一齊掃卻』，『又一轉筆，遞出真人真知』（見大宗師解）。而人間世篇，其中『引孔顏問答一事，先將不好處，一層一層，委曲披剝，然後一點「齋」字，然後一點「心齋」字，然後一點「虛」字，然後申寫「虛」字，然後詠歎「虛」字，説一救正人主，直説到杳冥不著之處」（人間世解）。像這樣的疏解，確實可謂精細，見解也比前人高出一籌。他更在詮釋逍遥遊篇時説：

從魚遞鳥，本極整齊，特拖「怒而飛」兩句，言其翼之如許，以申上背之甚大，斷不肯作板排之筆。引齊諧尚未畢，就圖南處且住。上文將齊諧之言歇住，此處且把大鵬九萬里上面光景，代他淩空下視形容一番。然身在九萬里之下，何由知他九萬里上？作何意況邪？於是插入「天之蒼蒼」三句，言下之視上乃如此。然後倒煞云，其視下豈異邪？筆勢跳脱無比。……前文海運、扶搖、六息都是説風，卻不曾露出「風」字。至此承上一喻，接出「風」字來，見其與大翼相須之至。……以上若干文字，只爲要點「小知不及大知」一句，卻即忙又襯一喻，作排句蟬聯而下，洸洋自恣之甚也。此節只是陪襯「小知不及大知」，見得於年亦有然者，並非又敘一事也。此處已颯遝收束前半篇矣。湯問、齊諧，大率相類耳。若惟恐人有不信，故又徵之，止是隨手澹宕之文，卻波瀾詭譎，令人欲迷。前引齊諧處，擬議雜出。此更不多半語，只輕鎖云「此小大之辨也」，便將前幅隱隱總收，有一葦防瀾之妙，且筆鋒已渡起下文。

晚明陸西星在詮釋逍遥遊篇時就説：「意中生意，言外立言。纊中綫引，草裏蛇眠。雲破月映，藕斷絲連。」（南華真經副墨）意謂此篇綫索極爲隱密，很難將其梳理出來。宣穎則知難而進，在借鑒前人研究成果的基礎上，進一步「循其竅會，細爲標解」，將其梳理了出來。他指出，逍遥遊篇總論部分，「無端敘起一魚一鳥」，「虛中結撰，閑閑布筆」，而「從魚遞鳥，本極整齊，特拖「怒而飛」兩句，言其翼之如許，以申上背之甚大，斷不肯作板排之筆」，齊諧復又「把大鵬九萬里上面光景，代他淩空下視形容一番」，於是「插入「天之蒼蒼」三句，言下之視上乃如此」。至於言海運，言扶搖，言六月息，皆無不暗示「風」字，與大鵬之翼相匹配，而「小年不及大年」一層意思僅是陪襯，「此小大之辨也」一句「便將前幅隱隱總收」。在他看來，如果大而言之，則開頭所講的鯤鵬故事是

『托寓』即『寓言』，隨後所講的所謂湯所問、齊諧所載的鯤鵬故事乃是引徵即『重言』，而引徵『重言』的目的乃是爲了讓世人對開頭所講的『寓言』信以爲真。可見宣穎雖然還不能很好地揭示出莊子寄寓在逍遥遊篇中關於『無待』才能逍遥這一宗旨，但其對行文脈理的梳理卻甚見功夫，爲後來的不少治莊者所重視。

其實，宣穎在爲各篇作題解時，就多已將全篇的脈絡梳理出來。如他在逍遥遊篇題解中説：『前半篇只是寄喻大鵬所到，蜩與鷽鳩不知而已。看他先説鯤化，次説鵬飛，次説南徙，次形容九萬里，次借水喻風，次敘蜩鳩，然後落出二蟲何知。……中間一段，是通篇正結構處，亦只得「至人無己，神人無功，聖人無名」三句耳。……「至人無己」三句後面，整用三大截發明之，其次第與前倒轉，自無名而無功而無己，歸於所重，以爲一篇之結尾也。』在胠篋篇題解中説：『劈頭一喻，引起盗資，以下發仁義、聖知之弊，一段爲盗賊之利，一段爲天下之害，又一段申盗賊之利，又一段申天下之害，然後叠叠致歎，將亂本兩番歸咎好知，將好知三番痛其致亂，反復披露，盡興而止。』讀了這樣的題解，人們自可對全篇的脈絡結構有個通盤瞭解。更何況，他在分解各章節的過程中，還緊密配合這些題解而作了更細心的梳理呢！如他在闡釋駢拇篇時，首先作題解説：

此篇非薄仁義，便特提『道德』二字爲一篇之主。行文段落極整，而其每段中忽添忽減，隨手錯落。一綫穿去，一段生一段，波瀾滚滚然，至束筆處，皆故作悠揚藴藉。

沿著題解的思路，宣穎對全文各章節依次作了更爲詳盡的疏解。他指出：駢拇篇開篇『用兩喻引起正意』，而以『「道德」二字一點』。接著以『是故駢於足者』一節申『仁義、聰明之無用』，以『是故駢於明者』一節再申此意而『應轉非道德之正』。此下一節，『接「至正」二字發明，以形仁義之非』，復以『且夫駢於拇者』一節一轉，『與上段爲反照之勢』。於是撰出『且夫待鉤繩規矩而正者』一節，再點『道德』二字，並以『「惑」字帶起下文』，又以『夫小惑易方』一節『接「惑」字，發出易性之傷』，以『故嘗試論之』一節寫『小人、聖人一例』而使人『深痛易性』，以『伯夷死名於首陽之下』一節『拈出伯夷、盗跖之死，爲「殉」字點一榜樣』，以『天下盡殉也』一節説明『伯夷亦盜跖』、『盜跖亦伯夷』，而『自此以下，將前幅話說一氣攏來，一反一正，以爲迤邐颯遝之勢』，即『且夫屬其性乎仁義者』一節爲『一反』，『吾所謂臧』一節爲『一正』，『夫不自見而見彼』一節爲『又一反』，『夫適人之適而不自適其適』一節爲『又一正』，至結尾處則『現出自己，歸束到「道德」上去』，是爲『一篇大章法』。宣穎又爲繕性篇作題解說：

俗學、俗思，雙起一篇之意。前半篇完俗學之慨，接手用『由是觀之』一節遞入俗思之慨，行文有蛛絲馬跡之巧。兩章俱借古傷今。前幅兩用古人落到俗學，後幅三用古人落到俗思，最有蕩漾之趣。後半篇遞出『隱』字，以下一節一節，發出許多學問。

宣穎在分解全文時進一步梳理說：開篇一節，『冒起一篇，一、二句起前半篇也，三、四句起後半篇也』，而接著二節『皆特舉古學也』，『逮德下衰』一節『遞出俗學也』，『由是觀之』一節『承上文積衰之後，深致其慨，落出「隱」字』，『古之所謂隱士者』一節『又承「隱」字發明，落遞出「存身」二字』，『古之存身者』一節『又承「存身」二字發明，落出「得志」二字』，最後一節『又承「得志」二字發明，三舉古人』，可見繕性篇『起冒極整，入後篇法流利變化』，行文最有蛛絲馬跡之巧、層波蕩漾之趣。總之，宣穎以分解與題解相配合，將各篇的脈絡極力梳理出來，其用力之勤，效果之佳，實在達到了前所未有的程度。

對於莊子內、外、雜篇文脈結構的總體特徵，宣穎也有所論述，認爲『內篇各立一題，各成結構；外篇雖不立題，亦各成結構；惟雜篇不立題，不結構，乃可各段零碎讀之，然天下一篇，爲全部總跋，洋洋大觀』（莊解小言）。他進而更具體地論述說：

內七篇都是特立題目，後做文字。先要曉得他命題之意，然後看他文字玲瓏貫穿，都照此發去。蓋他每一個題目，徹首徹尾，是一篇文字，止寫這一個意思，並無一句、兩句斷續雜湊說話。……篇中用事，或割取其一節，或引據其一言，又或非借重這一個人襯貼，則抑揚不得痛快。大要不得認作事跡

之實，須知都是行文之資助而已。（南華經解内篇）

外篇者何？　隨事敷折，披枝溯流，雖皆衛道之言，然較之專透宗旨者，則外矣。（南華經解外篇）

謂之雜篇者，不是於道有龐雜之言，止是隨手錯敘，雖各段自有文法，不曾給撰成篇耳。……至天下篇，則特意給撰，爲一部總跋，是古今有數文字。（南華經解雜篇）

説明在宣穎看來，内篇各篇結構完整，文字玲瓏，自有文脈貫穿首尾。外篇各篇亦成結構，『隨事敷折，披枝溯流』，自有文脈可理。唯雜篇諸篇，止是隨手錯敘，乃可零碎讀之，但天下篇於『一部大書之後，作此洋洋大篇以爲收尾，如史記之有自敘一般』，『溯古道之淵源，推末流之散失，前作大冒，中分五段，隱隱以老子及自己收服諸家，接古學真派』（天下解），可謂體大思精，文理甚爲明晰。宣穎的這些説法，大致符合實際，值得後人重視。

第三節　對藝術手法的精心分析

自宋末以來，諸如林希逸南華真經口義、劉辰翁莊子南華真經點校、陸西星南華真經副墨、林雲銘莊子因等，已對莊子文章的藝術手法有較多關注。宣穎在前人的基礎上，更是對莊子文章的藝術手法作了精心分析，並一一指明了其特徵。如他於齊物論篇『故自無適有，以至於三，而況自有適有乎！無適焉，因是已』下云：『上文暢寫有謂之弊，似真與彼無異矣。至此止用抑揚之筆，跌轉彼論，以見其必有甚焉。詞不費而意愈警，是加一倍醒法。』於庚桑楚篇『是三者雖異，公族也。昭景也，著戴也；甲氏也，著封也；非一也』下云：『設喻處，先説「公族也」，後找出三族，煞以「非一也」，是倒裝文法。』於則陽篇『則陽遊於楚』寓言故事下云：『正德一邊，將「聖人」一段申寫，便忽用「彼其」數句接入公閲休，分明是先將彭陽提佞人，後將閲休承正德，中間佞人正德便如連環之鎖，絕妙章法變化也。』於人間世篇『顔闔將傅衛靈公』寓言故事下云：『無方不可，有方又不可，道亦窮矣。下文解環之法甚微。』這裏指出莊子在齊物論、庚桑楚、則陽、人間世四篇中分别使用了『加一倍醒法』、『倒裝文法』、『連環章法』、『解環之法』等藝術手法，可謂發前人所未發，對人們解讀莊子無疑很有幫助。

在宣穎看來，莊子所使用的各種藝術手法，其中以『長於譬喻』最值得重視：『莊子之文，長於譬喻。其玄映空明，解脱變化，有水月鏡花之妙。且喻後出喻，喻中設喻，不啻峽雲層起，海市幻生，從來無人及得。』（莊解小言）如他於齊物論篇『是非之彰也，道之所以虧也。道之所以虧，愛之所以成。果且有成與虧乎哉，果且無成與虧乎哉？有成與虧，故昭氏之鼓琴也；無成與虧，故昭氏之不鼓琴也』下云：『在爲是非者，欲以此明道，卻不知私愛成而道反虧，何如一端不起者之爲渾然乎？鼓琴一喻最爲親切，撥弦扣音，偶成一調，卻不知衆調置在何處。……故是非者，一成則虧，不用則全。』於同篇『罔兩問景』寓言下云：『此一喻分明是喪我，分明是相代乎前而不知，隱隱便接轉前幅文字。設喻之妙，沁入至微，除是天仙，斷不能寄想到此。』於庚桑楚篇『庚桑子曰：「辭盡矣。奔蜂不能化藿蠋，越雞不能伏鵠卵，魯雞固能矣。雞之與雞，其德非不同也，有能與不能者，其才固有巨小也。今吾才小，不足以化子。子胡不南見老子」』下云：『「奔蜂」、「越雞」兩句，本是一排自喻，卻於雞一邊添「魯雞」數句，影著老子，跌宕可愛。』宣穎在這裏指出，齊物論篇以鼓琴爲喻來説明是非之成便是道的虧損，以『罔兩問景』寓言爲喻來説明『喪我』之妙義，真可謂沁入至微，親切無比，『除是天仙，斷不能寄想到此』，而庚桑楚篇寫庚桑子以『奔蜂不能化藿蠋』、『越雞不能伏鵠卵』一併自喻，卻於『越雞』一邊添出『魯雞固能矣』，以影喻老子之能，亦實爲貼切生動，跌宕可愛！但按照宣穎在莊解小言中的説法，莊子『長於譬喻』，最突出的還是表現爲『喻後出喻』。如他説：

入手一喻，言過時之陳跡不足用也，爲第一層；又一喻，言陳跡之不足用者，以古今時宜之異也，爲第二層；　又一喻，言違時宜者有殃，惟因時俯仰，則無咎也，爲第三層；　又一喻，言所貴於因時俯仰者，看過往聖人皆各各因時者也，爲第四層；　又一喻，反掉，言設使不順時宜，其弊必致毁裂也，與舟車一喻變换回環，爲第五層；　又一喻，言不適時宜者，陷於不知其故也，爲第六層。此節爲第四段，骨子止是一『時』字，卻連用六樣譬喻，作六層剝换，如赤城霞起，鮫珠落盤，爲異樣圓滑璀燦之文。（天運解）

魯遽一喻，如許佶屈，及至看破，取意止是淡然。齊人一喻，如許佶屈，及至看破，取意止是淡然。楚人一喻，如許佶屈，及至看破，取意止是淡然。真是鬼神於文，略略搖筆，便令人目眩也。（徐無鬼解）

宣穎指出，天運篇『顔淵問師金』寓言故事，凡爲六層，只是圍繞一『時』字，逐層設喻，逐層剝换，從而揭明古今情況不同，一切禮義法度，皆當隨時推移，以變爲常，可見其『連用六樣譬喻，作六層剝换，如赤城霞起，鮫珠落盤，爲異樣圓滑璀燦之文』。而徐無鬼篇莊子、惠子問答寓言故事，依次設出『魯遽』、『齊人』、『楚人』三喻，似乎頗爲艱澀難懂，但一旦看破，原來取意淡然明白，只不過是在批評曲士各執一偏，自以爲是，實無異於魯遽以己爲是而以弟子爲非，齊人以愛物爲是而以愛人爲非，楚人以打鬥爲是而以報答舟人載渡之恩爲非，可見其『真是鬼神於文，略略搖筆，便令人目眩也』。在宣穎看來，莊子文章『喻後出喻』，還進一步表現爲各段落乃是由『譬喻層層剝换』而成。如他在詮釋大宗師篇時說：

從『死生命也』以下，詠歎大宗師之妙，叠叠用譬喻夾發振跌，只是不曾明明指出。至數層詠歎之下，接出『夫道』二字，大宗師才一現身。……夜旦一譬了然，推出『天』字，並非人之一毫所得與參，大宗師意才一逼動振醒。此下叠叠詠歎大宗師，不可不順。以親一喻，大宗師不啻乎親也。以君一喻，大宗師不啻乎君也。……又一喻，呴濕濡沫，不如相忘於江湖，貪生怕死，不如相忘於宗師也。又一喻，譽堯非桀，不如兩忘其道，好生惡死，不如兩忘其係累也。……造化默運，而藏者猶謂在其故處，謂之昧，誠昧也。豈但夜半，當而便已負去也。夜半，喻言不見耳。駭喻切喻。……以上凡九小段，譬喻層層剝換，有樹花爭發，春水亂流之勢，文家勝境。

按照宣穎的理解，大宗師篇自『死生命也』至『一化之所待乎』，共有九小段文字，乃是承上文『天人合一』之意而來，又通過疊疊設喻，夾發振跌，而論到死生問題中去，目的是要人們忘掉生死，把一切都托付給萬物所係、一化所待的自然天道，可見其『譬喻層層剝換，有樹花爭發，春水亂流之勢，文家勝境』。在宣穎看來，莊子在長於『喻後出喻』的同時，復又擅長『喻中設喻』。如他在詮釋逍遙遊篇時說：

前半篇只是寄喻大鵬所到，蜩與鷽鳩不知而已。看他先說鯤化，次說鵬飛，次說南徙，次形容九萬里，次借水喻風，次敘蜩鳩，然後落出二蟲何知，文復生文，喻中夾喻，如春雲生起，層委疊屬，遂爲垂天大觀。……『則已矣』者，大鵬至此，乃始不費扶搖，即起後風斯在下，乃培風也。下面積水一喻，是全發揮此句文字。……欲明九萬里而後已之故，先置此一喻。以水喻風固是妙於言風，以杯水喻水先爲妙於言水，以舟喻翼固是妙於言翼，以芥喻舟先爲妙於言舟，皆觸手成雋之文。

所謂『喻中夾喻』，也就是『喻中設喻』的意思。宣穎在這裏指出，逍遙遊篇前半篇『先說鯤化，次說鵬飛，次說南徙，次形容九萬里，次借水喻風，次敘蜩鳩，然後落出二蟲何知』，即具有『喻中夾喻』的特徵，而其中『且夫水之積也不厚，則其負大舟也無力；覆杯水於坳堂之上，則芥爲之舟；置杯焉則膠，水淺而舟大也。風之積也不厚，則其負大翼也無力』一節文字，以水喻風，以杯水喻水，以舟喻翼，以芥喻舟，皆觸手成雋文，則更是典型的『喻中夾喻』。確實，我們沿著宣穎的指點便可發現，這短短的一節文字即包含了三層比喻。『覆杯水於坳堂之上，則芥爲之舟；置杯焉則膠，水淺而舟大也』是第一層，意謂把一杯水傾倒在室內低窪處，一棵小草可以漂浮起來，但若放上一個杯子，那就會粘著於地，這是水太少而船（杯）太大的緣故。這裏所說的『置杯焉則膠』是正意，『芥爲之舟』則爲喻意。第二層，『置杯焉則膠』變爲喻意，『水之積也不厚，則其負大舟也無力』成正意。

即用杯水無法托起杯子來作比喻，説明水如果不夠深，是無法托起大舟的。第三層，『水之積也不厚，則其負大舟也無力』變成喻意，點出整節文字正意所在：『風之積也不厚，則其負大翼也無力』。風和水的原理本一樣，不厚實就無法托起大物。因此没有厚實的風做憑藉，大鵬就無法施展雙翼、鼓動氣息托起自己。莊子之意本不在水，説水只爲了説風，説風只爲了説大鵬。譬喻中有譬喻，一層套一層，這就是宣穎所説的『喻中夾喻』。

宣穎進而指出，所謂莊子『長於譬喻』，實際上就是莊子撰文善於使用陪襯的藝術手法。如徐無鬼篇有語云：『於蟻棄知，於魚得計，於羊棄意。以目視目，以耳聽耳，以心復心。』宣穎詮釋説：『首三句影意甚奇，下面接得明切，總是要無心耳。』意謂莊子這裏運用奇特的譬喻，以蟻、魚、羊棄智泯意，來陪襯真人的耳目、心靈僅止於分内而足，而不求於分内之外。則陽篇有語云：『生而美者，人與之鑒，不告則不知其美於人也。若知之，若不知之，若聞之，若不聞之，其可喜也終無已，人之好之亦無已，性也。聖人之愛人也，人與之名，不告則不知其愛人也。若知之，若不知之，若聞之，若不聞之，其愛人也終無已，人之安之亦無已，性也。』宣穎詮釋説：『凡出於性者，自然渾忘，自然可久。將美人襯聖德，取譬甚妙。』認爲莊子這裏以美人『惟其渾忘，故其美常在』，來陪襯聖人『惟其渾忘，故德常在』，可謂取譬奇妙。人間世篇有語云：『仲尼曰：「天下有大戒二：其一，命也；其一，義也。子之愛親，命也，不可解於心；臣之事君，義也，無適而非君也，無所逃於天地之間；是之謂大戒。是以夫事其親者，不擇地而安之，孝之至也；夫事其君者，不擇事而安之，忠之盛也；自事其心者，哀樂不易施乎前，知其不可奈何而安之若命，德之至也。爲人臣子者，固有所不得已，行事之情而忘其身，何暇至於悦生而惡死？夫子其行可矣！」』宣穎則更是詮釋説：

人身惟心爲主，隨境哀樂，總不以稍動吾心，則雖經歷萬變，而天君晏如，疾何自得攖乎？乍讀兩大戒，謂是以忠孝竦動諸梁，及讀至下，乃知是兩個影子，以君親影心，以子臣影身耳。『爲人臣子』句，正接説身事心一邊事，不過借用臣子字面，切勿誤認之。莊生取喻，真乃無奇不到。其映插之妙，有百千伶俐。舊注何足以知之！

這裏，宣穎堅決否定了舊注或引儒家忠孝思想來作解釋的做法，認爲莊子借『仲尼』說忠說孝，只是聊作影襯罷了，即『以君親影心，以子臣影身』，而『爲人臣子』句，正是接著『身事心』一邊意思說來，不過僅是借用『臣』、『子』二字字面，來說明『身乃心之臣子』，『事心如事君父之無所擇，雖哀樂之境不同，而不爲所移於前』而已，因而他盛讚莊子取喻『真乃無奇不到』，其『映插之妙，有百千伶俐』。依照宣穎看來，莊子善用陪襯藝術手法，這是使他文章具有洸洋自恣特徵的重要原因。他在詮釋逍遥遊篇時說：

以上若干文字，只爲要點『小知不及大知』一句，卻即忙又襯一喻，作排句蟬聯而下，洸洋自恣之甚也。此節只是陪襯『小知不及大知』，見得於年亦有然者，並非又敘一事也。

點『小知不及大知』便可收束，卻又生出『小年不及大年』作一陪襯，似乎又別說一件事者，令讀者不能捉摸，真古今橫絕之文也。以小年大年襯明小知大知，大勢可收束矣，卻又生出湯問一段來，似乎有人謂齊諧殊不足據，而特以此證之者。試思鯤鵬蜩鳩都是影子，則齊諧真假有何緊要耶？偏欲作此誕謾不羈，洸洋自恣，然後用『小大之辨也』一句鎖住，真古今橫絕之文也。中間一段是通篇正結構處，亦只得『至人無己』、『神人無功』、『聖人無名』三句耳，卻先於前面隱隱列三項人次第，然後順手點出三句，究竟又只爲『至人無己』一句耳。『神人無功』、『聖人無名』，都是陪客。

確實，鯤鵬蜩鳩都可以看成是影子，『神人無功』、『聖人無名』二句也只是爲『至人無己』一句作陪客而已。而『小知不及大知，小年不及大年』二句，前一句用以結住蜩、學鳩與大鵬，後一句則用來引出下文關於小年、大年一層意思。原來冥靈相對於朝菌、蟪蛄是大年，對大椿來說就是小年；彭祖比起一般人來說是大年，但比較冥靈和大椿就只是一季的長短；冥靈、大椿、彭祖與同類相比都是『大年』，一旦與天地放在一起則又統統成了一瞬。『小年』、『大年』不是絕對的，但朝菌、蟪蛄因小年而小知，看不見白晝和黑夜，好似蜩與學鳩；冥靈和大椿因大年而有大知，享有長達千百年的春秋，猶似大鵬，則整段議論旨在『小知不及大知』一句上，而小年、大年卻只是爲了陪襯小知、大知而已，説明其行文誕謾不羈，真可謂『洸洋自恣之甚』！

在宣穎看來，莊子文章『長於譬喻』所形成的洸洋自恣特徵，有時即表現爲波浪式的層層遞進。如他在詮釋秋水篇時説：『假河伯海若問答，一層進似一層。』在詮釋天地篇『堯觀乎華』寓言故事時説：『一層進一層，文情甚妙。』在詮釋齊物論篇『予嘗爲汝妄言之』一段文字時則更具體地説：

要明聖人一切渾忘，必説到生死一致處。與齧缺言神人一樣，獨其寫生死一致，必進一層説生不如死。先捎弱喪一小喻，又夾麗姬一小喻，然後生出夢覺一大喻，其行文節次推起。大家都在夢中，惟有聖人先看得夢破，所以爲其吻合，置其滑涽，無謂有謂，有謂無謂，世人是非真乃不足掛齒。以上三引證也，自成一篇絶妙文字。止要證聖人不用分辯，以明今亦不必有謂，卻俱從全體大悟處寫來，灑落混融，三幅俱是横空大落墨之勢。

宣穎指出，莊子認爲要懂得聖人渾忘一切的道理，就必須説到生死一致處，所以他先捎『予惡乎知惡死之非弱喪而不知歸者邪』一小喻，又夾『麗之姬，艾封人之子也。晉國之始得之也，涕泣沾襟；及其至於王所，與王同筐牀，食芻豢，而後悔其泣也』一小喻，然後生出『夢飲酒者，旦而哭泣；夢哭泣者，旦而田獵。方其夢也，不知其夢也。夢之中又占其夢焉，覺而後知其夢也。且有大覺而後知此其大夢也。而愚者自以爲覺，竊竊然知之』一大喻，作爲『三引證』，用來説明世人所謂的是非根本不足掛齒，可見『其行文節次推起』，具有『横空大落墨之勢』。宣穎進而指出，莊子文章在『節次推起』的過程中，還往往顯示出了起伏翻落的藝術特徵。如他説：

非常透脱之見，非常解脱之文，父母一喻讀之氣降，鑄金一喻讀之意悚，寐覺一喻讀之神超。前兩喻中夾一段正論，如層峰起伏；末一喻，兩句陡住，如峭壁斬然。小小（結構），亦具奇致。（大宗師解）

忽然借臣子諂諛，以形容人情導諛，一翻一落，又一翻又一落，文情浮空而起，然後落出人君媚世，

把一『愚』字煞服他。初讀之奇，再讀之爽，瀾翻波湧，層層滾落，使人目不及瞬。（天地解）

這裏指出，大宗師篇『子祀子輿子犁子來四人相與語』一則寓言故事，其中以『父母於子（倒裝句，謂子於父母），東西南北，唯命之從』一喻來說明『陰陽於人，不翅於父母，彼近吾死而我不聽，我則悍矣』，以『今之大冶鑄金，金踴躍曰：「我且必爲鏌鋣！」大冶必以爲不祥之金』一喻來說明『今一犯人之形，而曰「人耳人耳」，夫造化者必以爲不祥之人。今一以天地爲大爐，以造化爲大冶，惡乎往而不可哉』，而在兩喻中夾『夫大塊載我以形，勞我以生，佚我以老，息我以死，故善吾生者，乃所以善吾死也』一段正論，最後並以『成然寐，蘧然覺』一喻陡然結住，使人頓悟到必須『安時而處順』，一切純任造物者的安排，可見其行文如層峰起伏，如峭壁斬然，雖小小結構，亦頗具奇致。天地篇『孝子不諛其親』一段文字，忽然以『孝子不諛其親』、『忠臣不諂其君』來形容人情導諛，寫出世俗阿諛之風，感歎世人不可救藥，然後『落到人君媚世，忙中又帶一喻』，只見其『一翻一落，又一翻又一落，文情浮空而起』，真有如『瀾翻波湧，層層滾落』，使人目不暇接！有時，宣穎也以『跌宕』、『頓挫』等概念來概括表述莊子文章中與此相類似的藝術特徵。如他在詮釋天地篇中有關章節時說：

亂而治之，不如本不致亂之爲貴。此先用數喻跌宕，文特逸甚。……深痛末俗迷於至德，愈趨愈失，不可復挽。看他用譬喻數番頓挫，不勝留連致傷，至末一轉，卻就無可奈何中，忽用自寬，此是老莊勝場，不然幾無處收煞也。忽找一喻陡住，章法峭絶。

宣穎在詮釋庚桑楚篇時指出，其『「奔蜂」、「越雞」兩句，本是一排自喻，卻於雞一邊添「魯雞」數句，影著老子，跌宕可愛』。又在詮釋馬蹄篇時說，此篇主要以馬設喻，開篇即寫『馬，蹄可以踐霜雪，毛可以禦風寒，齕草飲水，翹足而陸，此馬之真性也』，接著以伯樂『燒之，剔之，刻之，雒之，連之以羈馽，編之以皁棧』，致使『馬之死者十二三矣』爲一折，以『饑之，渴之，馳之，驟之，整之，齊之，前有橛飾之患，而後有鞭筴之威，而馬之死者已過半矣』爲又一折，凡『作兩層頓挫』。宣穎在詮釋天地篇時，則一同用上了『跌宕』、『頓挫』兩個評點術語，認爲天地篇爲了説明『亂而治之，不如本不致亂之爲貴』的道理，便先以『有虞氏之藥瘍也，禿而施髢，病而求醫』等數喻『跌宕』，再以『孝子操藥以修慈父，其色燋然，聖人羞之』數句『又伸一腳』，而莊子由於深痛世人愚迷不返，復以『三人行而一人惑，所適者猶可致也，惑者少也；二人惑，則勞而不至，惑者勝也』爲『插一喻』，以『大聲不入於里耳，折楊、皇荂，則嗑然而笑』爲『又插一喻』，以『二缶鍾惑，而所適不得矣』爲『又插一喻』，以『厲之人，夜半生其子，遽取火而視之，汲汲然唯恐其似己也』爲『又帶一喻』，可見其『用譬喻數番頓挫，不勝留連致傷』，末又『忽找一喻陡住，章法峭絶』。與此相類似，宣穎還以『反復折叠』等術語來分析莊子文章的藝術特徵。如齊物論篇有這樣一節文字：『非彼無我，非我無所取。是亦近矣，而不知其所爲使。若有真宰，而特不得其眹。可行己信，而不見其形，有情而無形。』宣穎指出，『此節作四折，淡蕩真宰無形』，『止一意反復折叠』。並接著在詮釋『百骸九竅六藏』一節文字時説：

緣上節推宕而下，上節無形，此節將有形處翻跌也。似辯似詰，一反一復，至末句一逗，卻還在無形處主張，譬如分雲漏月。『吾誰與』，光（先）問一句，下面兩句就親一邊折叠，兩句就不親一邊折叠，一句就遞親遞不親雙承折叠，然後點醒。兩節一句一轉，累累然如綫貫珠垂，筆尖輕弄，不復著紙。

意謂『百骸九竅六藏』一節文字，乃是緣『非彼無我』一節文字推宕而來，將皆爲假我組成部分的百骸、九竅、六藏等作層層翻跌。即先以『吾誰與爲親』一句作提問，『下面若干折叠都承此句去』，似辯似詰，一反一復，最後逗出『真君』二字：以『汝皆説之乎，其有私焉』二句『就親一邊折叠』，以『如是皆有爲臣妾乎，其臣妾不足以相治乎』二句『就不親一邊折叠』，以『其遞相爲君臣乎』一句『就遞親遞不親雙承折叠』，以『其有真君存焉』一句點明只有形骸之外的『真君』才是真正的主宰。這裏的意思也就是説，你對百骸、九竅、六藏等各個部分，無論是同樣予以親愛還是僅親愛其中的某一個，無論是皆以臣妾對待之還是嫌其不能互相統攝而一律不予親愛，無論是讓其輪流爲君還是輪流爲臣而不拘拘於既親既不親，其實都是從形骸層面上作主張，從有形之處作翻跌，所以最後還是從形骸之外逗出『真君』，點明只有無爲而居中虛之地的『真君』，才是皆爲假我組成部分的百骸、九竅、六藏的真正主宰，可見其大有推宕折叠之奇致！與這裏所提到的『一反一復』相類似，宣穎還指出莊子文章具有『一反一正』的藝術特徵。如他說，駢拇篇自『且夫屬其性乎仁義』以下，『將前幅話說一氣攏來，一反一正，以爲迤邐颯遝之勢』，即以『且夫屬其性乎仁義』一節文字爲『一反』，以『吾所謂臧』一節文字爲『一正』，以『夫不自見而見彼』一節文字爲『又一反』，以『夫適人之適而不自適其適』一節文字爲『又一正』，最後歸到人性固有的道德之上。並在詮釋在宥篇時指出，該篇還具有先『一反一覆』，後『一反一正』的藝術特徵：

『在宥』二字是一篇之主，『治』字是反對之病。『在宥』則性命之情安，並不必治天下矣。治則天下多事，更不能安性命之情矣。前數段止此意一反一覆。……後二大段，又用己意發明，是一反一正。

（在宥解）

在宣穎看來，在宥篇在以『聞在宥天下，不聞治天下也』二句破題之後，即以『在之也者』至『有治天下者哉』一段言『在宥之妙如是』，以『昔堯之治天下』至『何暇安其性命之情哉』一段言『治天下之弊如是』，以『而且說明邪』至『吾若是何哉』言『治天下之弊更如是』，以『故君子不得已』至『何暇治天下哉』言『在宥之妙更如是』，等等，可見其『章法回環相應』，具有『一反一覆』之妙！而自『世俗之人』至『是之謂至貴』，『大人之教』至『天地之友』，『二大段又用己意發明，是一反一正』，亦可見出莊子藝術手法之高妙！

第四節　對文章意境的用心揭示

對於莊子文章的意境，宋明以來的治莊者已有程度不同的詮釋，而宣穎在吸收前人成果的基礎上，更對莊子散文的意境作了極其用心的揭示，從而取得了前所未有的成就。如道家以『道』爲自己哲學思想的最高範疇，而莊子對它的表述，也顯得甚爲玄虛，宣穎便別出心裁地指出，天地篇『描寫「道」字，如涼月空霄，清光滿映，從字句之外直透現出來』，其文境簡直達到了與道境渾同爲一的玄妙境界。不過在宣穎看來，這一境界最突出地還是體現在大宗師、天運、知北遊等篇中。他在詮釋大宗師篇『夫道有情有信』一段文字時說：

接出『道』字，是大宗師主名。有情，静之動也； 有信，動之符也。無爲無形，雖有情有信，而無爲無形； 可傳而不可受，雖有師可傳，而不能必弟子之可受； 可得而不可見，雖可以心得，而無跡之可見。自本自根，道爲事物根本，更無有爲道之根本者，自本自根耳。未有天地，自古以固存，未有天地先有道，所以自本自根。神鬼神帝，帝即鬼之尊者，其神，皆道神之也。生天生地，一陰一陽生於道。上文雖説『天』字，天不過與道爲體耳。大宗師畢竟是道，此處方點出，詳寫一番，如水中味，月中色，妙不可尋。

這裏指出，大宗師篇之主名即是『道』的意思，作者對它的描述實已超然於時間和空間之外，達到了『如水中味，月中色，妙不可尋』的渾妙境界。宣穎又在詮釋天運篇時說：

此篇凡八大段。前三段言天下無一件不是道爲之主，帝王惟當順之。後五段又恐逐其粗而遺其精，言道不在形跡，變化無方，純以神明用事。細讀之，其晶融透脱，真有天花燦墜之樂。

這是對天運篇所作的題解，以下的分解便是依據這一總看法逐層逐段展開的。如在闡釋開頭至『敢問何故』一段時説：『突然而起，參差錯落，如疏雨點蕉之聲。重重徵究，連用五個「孰」字，劈面致詰，愚者亦當醒眼。五個「孰」字定有承當之者，尋出這個主人，可爲宇宙依歸也。』認爲其對宇宙依歸『道』的重重徵究，大有『參差錯落，如疏雨點蕉之聲』的意境。在闡釋『巫咸』至『此謂上皇』一段時説：『蓋分明要逼出「道」字，姑隱躍其詞，使人自遇之，……形容得滿眼都有一個主宰在内，分明是中庸「費而隱」三字，又酷似其「鳶飛魚躍」之三句，便見得人生無一處可以自用也。』認爲其對『道』的表述，姑且隱躍其詞，使之顯得滿眼皆有，正表現爲中庸所謂

『鳶飛魚躍』的活潑潑境界。在闡釋『商太宰蕩問仁於莊子』寓言故事時說：『至此，則纖痕不留矣。「孝」字著不得，「仁」字亦著不得，看他一卸一卸，直卸至此，將仁孝都歸冰釋，分明是與道俱化也。』認爲其將『仁』、『孝』二字層層脫去，使之歸於冰釋，從而達到了與道爲一的化境。在闡釋『北門成問於黃帝』寓言故事時說：『莊子之文如此，切不可因中五節之精微絢爛，謂其忽而論樂也。雖然，樂不在道之外，謂論樂即論道，則猶之首肯也。』認爲其借樂論道，顯得如此『精微絢爛』，而『尋之茫然，如孤舟入海，往無處所』，可謂達到了『渾沌渺茫』的境界。在闡釋『孔子謂老聃』寓言故事時說：『此二節爲第八段，掃去形跡，獨現神理，其措語精微，一字不犯正意，何啻鏡花水月！』認爲此二節作爲全篇的最後一段，已將一切形跡掃去，而讓道體得以獨現，則可謂『措語精微』，境界更高，『何啻鏡花水月』！總之，宣穎認爲，『此篇凡八大段，……細讀之，其晶融透脫，真有天花燦墜之樂。』他復又在詮釋知北遊篇時說：

此篇摹寫道妙，只是一無，在全部爲直指奥窔之文，然其虛明解脫，已曲盡文家襯射之妙矣。……如此一篇大文字，止是把『知者不言』三句，演作一幅畫圖耳。看他末後收煞，明言是者以其不知，終不近者以其知之，便曉得劈頭用『知』字托名之故。心雖能涵道，然終是與知一類，故打並在知一邊，同說個不近也。……光曜近於無矣，然猶有可得而覩，故向無有問之，人何日不在無有中，習焉不察，其有其無，曾未嘗一經意者也。『夫子有乎無有乎』，著此一問，使人陡地醒眼矣。不得問妙，無答者也。不得問而惝怳之頃忽下數句，揣摹描出『無』字，真所謂向虛佉而染墨者也。昔人稱畫風畫火便爲絕技，豈若此文之畫空乎！

宣穎在這裏指出，道體虛無玄妙，不可言說，而莊子則以狂屈因不能忘聞而僅『似之』，無爲謂因能忘知而悟到了真道，光曜不能無光與忘問而僅可近於大道，無有既無且能忘因而進入了真道等等，來曲折地映襯譬喻大道的特殊性質，將虛空的大道十分巧妙地揭示出來，真可謂善於畫虛畫空，曲盡文家襯射之妙，哪裏是善於畫風畫火者所能比擬的呢！

從上面可以看到，宣穎雖然認爲大道空虛玄妙，連最擅長畫風畫火者也無法把它描摹出來，但他又指出莊子作文簡直有如作畫，如知北遊篇竟可將『「知者不言」三句演作一幅畫圖』，逍遥遊篇寫大瓠虛大之形也是『摹寫鈍物如畫』（逍遥遊解），人間世篇述『葉公子高將使於齊』又是『寫疑懼之情如畫』，寓言篇寫『衆罔兩問於景』寓言，其中『火日』、『陰夜』二語更是『畫盡了影字』（寓言解）。而且在宣穎看來，莊子文章除了富於畫意之外，還達到了『以文爲戲』的境界。如大宗師篇撰有『南伯子葵曰：「子獨惡乎聞之？」曰：「聞諸副墨之子，副墨之子聞諸洛誦之孫，洛誦之孫聞之瞻明，瞻明聞之聶許，聶許聞之需役，需役聞之於謳，於謳聞之玄冥，玄冥聞之參寥，參寥聞之疑始」』一段文字，用來譬喻修道必先取諸目見、耳聞、口誦，而後再動用玄思，參悟寥廓的次第，宣穎認爲此處『撰出如許名字，以經傳之體例之，似乎不雅，然莊子從來止是以文爲戲，所云「寓言十九」者也』（大宗師解）。他更在詮釋德充符篇時說：

德充符者，德充於內，則自有外見之符也。劈頭出一個兀者，又一個兀者，又一個兀者，又一個惡人，又一個闉跂支離無脤，又一個甕盎大癭，令讀者如登舞場，怪狀錯落，不知何故。蓋深明德符全不是外邊的事，先要抹去形骸一邊，則德之所以爲德，不言自見，卻撰出如許傀儡，劈面翻來，真是以文爲戲也。

宋林希逸在南華真經口義中謂莊子文章有『戲劇處』，宣穎則更謂『莊子從來止是以文爲戲，所云「寓言十九」者也』，尤其認爲德充符篇憑空撰出王駘、申徒嘉、叔山無趾、哀駘它、闉跂支離無脤、甕盎大癭等體殘形畸之人，實無異於『傀儡』粉墨登場，真是『以文爲戲』，這就賦予了莊子以新的意蘊，讓莊子寓言呈現出了新的意境。

在宣穎看來，莊子文章的意境極其繁富，遠非上面的舉例論析所能說明。如他還指出，養生主篇結尾處『指窮於爲薪』三句，『如天外三峰，隱躍映現』，實爲『悠然又奕然』；人間世篇『顔回心齋』寓言故事，『將「虛」

字點破心齋，五蘊俱空」，可謂「將恒河沙眾，不啻納之琉璃界中矣」；應帝王篇「渾沌」寓言故事，「以鑿空之文，寫難明之義」，可謂「峭絕冷絕」；駢拇篇「不說伯夷亦盜跖，偏說盜跖亦伯夷，俱是筆鋒之橫處快處」；秋水篇「夔憐蚿」寓言，「突起一喻，飄飄鼓舞，文有仙氣」；山木篇「市南宜僚見魯侯」寓言故事，「行文清機飄渺，恍如伯牙入海，成連徑去一段神境，使人塵心頓盡」；田子方篇「田子方侍坐於魏文侯」寓言故事，「從數稱說到無稱，純用輕筆引起，有態有境」；外物篇開頭一段，「寫不可必，作四層頓挫，讀之鏗然瓔然」；寫憂心生火，「至今讀之猶有煙氣」；寓言篇寫「寓言」、「重言」、「卮言」，就有「三樣用筆」，使古今注莊者，「無一人不如入八陣而眩於其變化，迷樓而惘然其路徑也」。並在詮釋齊物論篇「三籟」一段文字時說：

寫地籟，忽而雜奏，忽而寂收，乃只是風作風濟之故。以聞起，以見收，不是置聞說見，止是寫聞忽化爲烏有。借眼色爲耳根襯尾，妙筆妙筆！初讀之，拉雜崩騰，如萬馬奔趨，洪濤洶湧。既讀之，希微杳冥，如秋空夜靜，四顧悄然。寫天籟，更不須另說，止就地籟上提醒一筆，便陡然豁然。待風而鳴者，地籟也。而風之使竅自鳴者，即天籟也。此兩處分別。夫風之吹一也，所吹則萬有不同，可謂極參差之致也。而風但使之自鳴，且每竅各取一聲以鳴，蓋風雖吹之而有不與也。於不與而極參差之變焉，於極變而仍一不與之妙焉。彼眾竅者，真以爲自已耶，自取耶？果其自已自取，則噫氣未作之先，何以寂然？既濟之後，何以又寂然？則怒呺者，非無端而怒也，必有怒之者而怒也。而怒者其誰耶？悟其爲誰，則眾竅于喁，皆不能無待也已。看他四句中，寓無限意思轉折，又極淨、極圓、極透、極脫，文之聖也。寫地籟如彼鋪排，寫天籟如此冷峭。原爲申解「喪我」，今將地籟、天籟敷說一番，截然而止，更無一字挽及，末句劈面相詰，子游亦寂無所疑，真冰壺濯魄之文！

在齊物論篇「三籟」一段文字中，莊子通過以風喻樂，把僅僅可以訴諸聽覺的管音樂意象，巧妙地轉化成了可以訴諸其他感官的各種藝術形象。如他別出心裁地把各種音響比喻成激水聲、響箭聲、叱牛聲、吸氣聲、高叫聲、嚎哭聲、狗吠聲、悲哀聲，使人們感覺到，它不僅可以訴之於聽覺，也可以訴之於視覺，甚至還可以感化人的心靈。也就是説，它可以交互作用於人的各種感官，使主體享受到一種全身心的運動感。宣穎對此作了十分用心的詮釋，就更使人們從中感悟到了一種極美的意境，即似乎忽而感知到如『萬馬奔趨，洪濤洶湧』，忽而感知到如『希微杳冥，如秋空夜静，四顧悄然』，『於不與而極參差之變焉，於極變而仍一不與之妙焉』，於是自己便不知不覺地進入了『極淨、極圓、極透、極脱』的審美境界。宣穎接著在詮釋『大知閑閑』至『其所由以生乎』一段文字時説：

> 上文子綦止寫得一層影子，正意毫未之及。莊子緊接過來鋪敘一番，此節是與『地籟』節相配文字。『大知』、『小知』以下，點次物態三十餘種，與『衆竅怒呺』一段配讀之，又一樣拉雜崩騰，如萬馬奔趨，洪濤洶湧。『樂出虚』二句，與『風濟』、『竅虚』一段配讀之，又一樣希微杳冥，如秋空夜静，四顧悄然，皆天機浩蕩之文。此節是與『天籟』節相配文字。日而夜，夜而日，亘古亘今，止此一遞一遞，將種種物態，明抽暗换，曾無頃刻之停。……日夜相代乎前，即『吹萬不同』三句意也。莫之其所萌，即『怒者其誰』意也。提醒天下，其辭愈冷。『莫知』二字，寫盡一世人懵懂。承上文『日夜』句，從而詠歎之。下二節，又爲『莫知』句轉側蕩漾，要人醒眼。

意謂此段點次人情物態三十餘種，與上段寫『三籟』文字一樣，也寫得如『萬馬奔趨，洪濤洶湧』，又如『秋空夜静，四顧悄然』，真可謂同爲天機浩蕩之文。但上段只是影子，此段才算明抽暗换出了正意，表明人情物態既然如此，則發自『成心』的種種物論也就紛紜難齊了，所以意境就更高了一層。我們知道，自宋代以來，治莊者對齊物論篇中上面二段文字皆極爲欣賞，尤其是前一段描寫『三籟』的文字，甚至有人認爲是莊子全書中最好的一段文字，但像宣穎這樣把它們闡釋得如此有聲有色，卻是從來没有過的。

對於莊子文章所具有的繁富意境，宣穎最關注的還是其中『汪洋自恣』的意境，這與莊子學史上的傳統觀念是一致的。如他在南華經解序中說：『少時讀史記，謂其言「汪洋自恣以適己」；及覽李太白集，稱之曰「南華老仙發天機於漆園」。予私心嚮往，取而讀之，茫然不測其端倪也。……吟諷之下，漸有所解；屏去諸本，獨與相對，則渙然釋然，眾妙畢出，尋之有故，而瀉之無根。真自恣也！真仙才也！真一派天機也！乃知古今能讀莊子者，惟子長、太白耳！』看來，宣穎在對莊子有了精深體悟後，便高度認可司馬遷關於『汪洋自恣』的說法，也驚歎莊子文章『真自恣也』！今細讀南華經解全書，他的這一觀點最明顯地體現在其對逍遙遊篇的詮釋過程中。如他一開始就說：『無端敘起一魚一鳥，以爲寓意尚非寓意所在，以爲托喻尚非托喻之意所在，方是虛中結撰，閑閑布筆。』認爲文章開篇就顯得開放自恣，而自『是鳥也』句則僅是『單落鳥』而撇開『鯤』字不提，而後以解『南冥』作一束。按照他的理解，引齊諧只是爲了蕩出一波，印證前面寓意之言，而在引述齊諧之時，中間又插進許多文字以爲『洸發形容』，並因『小知不及大知』牽出『小年不及大年』一層意思以爲陪襯，真『洸洋自恣之甚也』！他並且說：

以小年大年襯明小知大知，大勢可收束矣，卻又生出湯問一段來，似乎有人謂齊諧殊不足據，而特以此證之者。試思鯤鵬蜩鳩都是影子，則齊諧真假有何緊要耶？偏欲作此誕謾不羈，洸洋自恣，然後用『小大之辨也』一句鎖住，真古今橫絕之文也。中間一段是通篇正結構處，亦只得『至人無己』、『神人無功』、『聖人無名』三句耳，卻先於前面隱隱列三項人次第，然後順手點出三句，究竟又只爲『至人無己』一句耳。『神人無功』、『聖人無名』，都是陪客。……起處至『小大之辨也』，是前一大段。『知效一官』至『聖人無名』，是中一大段。『堯讓天下』至末，是後一大段。前極參差變化，後獨三截分應，澹宕住筆，而餘音嫋然，真浸淫不制之文！

司馬遷在史記老子韓非列傳中所提出的關於莊子文章具有『汪洋自恣』特徵的說法，得到了後世許多治莊者的重視。宣穎在繼承前人這一說法的基礎上，更是對莊子文章所具有的『汪洋自恣』特徵作了大膽闡釋。如在他看來，逍遥遊篇先寫大鵬憑風南飛，旨在導出『至人無己』之意。但唯恐他人不信，所以隨即引齊諧作爲證明，又通過借野馬、塵埃、大舟喻大鵬，借水與生物之息喻大風，然後再通過蜩、學鳩、朝菌、蟪蛄、冥靈、大椿、彭祖、眾人與湯之問棘來反復申述此意。接著以『此小大之辯也』一句稍作收束，暗示凡此種種，雖有大小之别，壽夭之殊，然其未臻『至人無己』之境，則皆無例外。但文復生文，喻復生喻，波興雲委，莫測涯涘，行文至此並未點明正意。繼而，隨著筆鋒由小智小才者轉向譽不加勸、非不加沮的宋榮子，與『御風而行』的列子，表明前者不過是自適其志的學鳩、斥鴳之輩，而後者與『乘天地之正，而御六氣之辯，以遊無窮』，無所待而獲得真正逍遥遊的神人、聖人，尤其是與『無己』的至人相比，則仍不值得稱道。全篇宗旨，至此才軒豁呈露。爲了進一步闡發此旨，文章最後又寫下三段文字，然後才戛然住筆，真可謂『前極參差變化，後獨三截分應，澹宕住筆，而餘音嫋然，真浸淫不制之文！』可見通過宣穎的努力，莊子文章所具有的『汪洋自恣』特徵已得到前所未有的揭示。

第五節　南華經解的成就和影響

張芳在爲宣穎南華經解所作序中説：『惟蒙莊者，獨與天地精神往來而不敖睨於萬物，有以見儒者一宗，蕭邈希微，常行於人倫物則之際，而孔孟之嫡傳，宛然其未忘。……而晉宋以來，注家粘縛空有，徒遠求之老釋，而近失之漆園，不亦悲乎！茂公宣子，好學深思，探賾是書有年，折衷諸家，爲之箋解，剗其蕭礫，發其清微。是書那復須注！既妙悟於象先，而得其解者，旦暮遇之，又豁如於言下。譬則畫史盤礴，庖丁奏刀；又譬則帝青寶網，光界重重，一爲無量，無量爲一。快矣哉！不可以文句窮，不能以智意盡也。世之學者，讀六經、語、孟，深思而有得焉，然後從而讀莊子之書；苟讀莊深思而有得焉，然後從而讀宣子之解，我知涣然冰釋，怡然理順，彼堯、桀之誹譽，儒、墨之是非，斯默然其自止矣。是書之行，其有功於孔孟甚大，曷可少哉！』張氏基於儒道合一的思想認識，認爲宣穎每引儒學解釋莊子乃是『得其解者』，這顯然是不正確的。但他高度肯定宣穎在探究莊子文章藝術方面所取得的成就，這卻頗具眼光。因爲南華經解的主要價值，確實在於其比此前任何研究著作都更全面深入地揭示了莊子散文的奇致。

首先，宣穎在梳理莊子文章脈理方面取得了爲前人所無法比擬的成就。我們知道，自唐宋以來，人們在闡釋莊子時已對其行文脈理有所梳理。如對於莊子散文重要代表作秋水篇，褚伯秀於此篇總論後指出：『自篇首至此，凡六問答，如風驅遠浪，漸近漸激，至是而雪濤噴薄，使人應接不暇。須臾澄靜，則波光萬頃，一碧涵天，人之息僞還真，中扃虚湛者，有類於此。』（南華真經義海纂微）陸西星在爲此篇作題解時說：『論大不大，論小不小，說在人又不在人，文字闔闢變化，如生龍活虎。中間「明理達權」四字，是此老實在學問；究竟「反真」，亦只是個自然：「無以人滅天，無以故滅命，無以得殉名」，語甚醇正。下段畏匡、卻楚、譏惠，皆發此意。』（南華真經副墨）可見，他們對秋水篇的文脈皆已有所揭示，但與後來的宣穎相比，卻還顯得很不夠。宣穎爲秋水篇所作題解說：

假河伯海若問答，一層進似一層，如剝蕉心，不盡不止。學道最忌識卑，第一番要見大，見大似可忽小。第二番不可忽小，然則小大俱當究心矣。第三番小大一齊掃卻，掃卻小大，則物何故又有個貴賤、有個小大？第四番本無貴賤小大，既無貴賤小大，學者何所適從，將何者當爲，何者當不爲？第五番爲不爲一齊放下，止是無方自化，如此似乎無取學道。第六番知道者超然物外，純乎任天，則是無方自化，道之妙處，正天之妙處，豈不足貴？天人何所分別？第七番自然者是天，作爲者是人，故不可以人滅天。不可以人滅天，豈可以故滅命？不可以故滅命，豈可以名喪德？凡七番披剝，用此三句一束，結出反真。蓋漸引漸深，造乎極微而後止也。『夔憐』一段，發『無以人滅天』意，……末段與物同樂，則所謂反真者在我矣。寓意俱在隱躍之間，是最活潑文字。

在這個題解中，已明顯包含了作者對全文尤其是對全文總論部分文脈的梳理。而且，宣穎還據此進一步於總論部分河伯北海若七番問答後依次作了分解。即於第一番問答後分解說：『自此以下七段，俱借北海若登壇說法也。「語大」二字是此段主意。學者一念滿足，此外再無入處矣。故必先與撤去，使胸中一片空洞，乃進道之機也。要折河伯，並自己捺倒，正是現身說法。下文極意推豁，以人較海，又在三累之下，更有何事足多耶？更將古今帝王聖賢同付之一笑，學者須具如此眼光。第一番問答，開拓心胸。』於第二番問答後分解說：『上段極意推豁，似乎一味向大邊去。此段急收入來，爲局方者言，要他見大，然才有意窮大，大何可窮？況眼前便已空卻矣。夫道各至足，毫末非虧，天地非益，惡在小之可忽哉？第二番問答，探理入細。』於第三番問答後分解說：『上段既收轉「小」字，似乎小大俱到，此又一併掃去，饒他將「小」字說到至微也是期於有形，將「大」字說到至殷也是期於有形。夫道豈在形哉？故「小」、「大」兩字都用不著，所謂言意俱盡不期精粗焉是也。祥(詳)寫大人許多話，也只是兩邊俱掃虚中無相而已。約分之至妙，分乃所性分定的分字，約即朱子所云自戒懼而約之的約字，約分之至，則斂吾性分於太虚之表，與無聲無臭同體，更無倫類可以舉似，尚何小大之端之有！第三番問答，纖翳不留。』於第四番問答後分解說：『真見道體，看破物情，原無貴賤小大足據，則上所云不期精粗，非強泯之也。熟讀此段，當得無礙光明。第四番問答，胸如智珠。』於第五番問答後分解說：『大道渾同，始於無方，歸於自化。「自化」二字妙，到此則一切滯見不消破除，自爾雪釋冰融矣。第五番問答，大通自在。』於第六番問答後分解說：『知道則達理明權，超然自全於物表，純是天機妙用，何言道不足貴耶？此正明上所云無方自化之妙，惟知道者能之。落到「天」字上，是絕頂議論。第六番問答，造極之言。』於第七番問答後分解說：『注明「天」字，隨用三語束住。命即天理，得即天德，故即是人心，名即是人事，特遞遞致戒耳。以語大起，以反真收，看他一路次第。第七番問答，歸根復極。』通過宣穎的精心分解，河伯北海若七番問答的遞進脈絡，確實已被全面梳理出來，使讀者清楚地看到了總論部分所具有的『河伯海若問答，一層進似一層，如剝蕉心，不盡不止』的行文特徵。可見宣穎詮解莊子，實在有如庖丁奏刀，但於『骨節筋脈所在』之處，『批釁導窾』，『不惜犁然分之』（見宣氏莊解小言），從而把全書各篇章的脈絡結構清楚地呈現給了讀者。所以清末吳坤修評論說：『宣氏茂公所著南華經解……，句梳字櫛，篇解節釋，能使莊子著書之心躍躍紙上，蓋不獨爲漆園功臣！』①

其次，宣穎在揭示莊子文章藝術手法方面，也比林希逸南華真經口義、劉辰翁莊子南華真經點校、陸西星南華真經副墨、林雲銘莊子因等更爲全面而深刻。因爲他『好學深思，探賾是書有年』（張芳序），通過『讀正文，再讀批辭，讀批辭，再讀正文，反覆數過』（莊解小言），在借鑒前人見解的基礎上，已對莊子所使用的各種藝術手法有了更爲透徹的了悟。如他在總論内篇七篇特徵時說：

蓋莊子參透道體，欲以一兩言曉暢之而不得也。豈惟一兩言曉暢之而不得，雖於萬言，亦只是説不出，所以多方蕩漾，婉轉披剝，有時罕譬之，有時旁襯之，有時反跌之，有時白描之，有時緊刺之，有時寬泛之，無非欲人於言外忽地相遇。（南華經解内篇）

正因爲宣穎對莊子文章所使用的各種藝術手法已有如此了悟，故而便能對其予以全面而深刻的揭示。尤其是由於他已深刻認識到，莊子文章『長於譬喻』，『其玄映空明，解脱變化，有水月鏡花之妙』，『且喻後出喻，喻中設喻，不啻峽雲層起，海市幻生，從來無人及得』（見莊解小言），所以更對莊子全書中的各種譬喻作了極精心的詮解，從而取得了遠非前人所能比擬的闡釋成果。

再次，宣穎還在揭示莊子文章意境方面取得了比前人更大的成就。在歷史上，司馬遷最早指出莊子文章具有『汪洋自恣』（史記老子韓非列傳）的特徵，羅勉道又謂其『恢恑譎怪』，猶如『風雲開闔，神鬼變幻』（南華真經

① 南華經解序，同治六年半畝園刊本。

循本釋題）。此後，陸西星、林雲銘等在揭示莊子文章意境方面又取得了新的成果，而宣穎的詮釋則更取得了令人矚目的成就，因爲他已比前人進一步體悟到了莊子文章的美妙意境。他說：

> 莊子於是不能自禁，而發爲高論綺言，……後人讀之，乃得徜徉其駘蕩之姿，浩瀚之勢，空靈幻化，殊詭清越之趣。（南華經解序）

> 古今格物君子，無過莊子，其侔色揣稱，寫景摛情，真有化工之巧。（莊解小言）

從這一基本認識出發，宣穎對全書各章節的意境一一作了揭示，指出其或寫得『文氣滾滾然』（駢拇解），或寫得『波瀾滾滾』（同上），或寫得『悠揚蘊藉』（同上），或寫得『華藻爛然』（同上），或寫得『如寒潭秋月』（齊物論解），或寫得『純乎化境』（同上），或寫得『五蘊俱空』（人間世解），或寫得『極淨，極圓，極透，極脱』（齊物論解），或寫得『瀾翻波湧，層層滾落』（天地解），或寫得『誕謾不羈，洸洋自恣』（逍遥遊解），或寫得『如赤城霞起，鮫珠落盤』（天運解），或寫得如『有樹花爭發，春水亂流之勢』（大宗師解），或寫得『如水中味，月中色』（同上），或寫得『如涼月空霄，清光滿映』（天地解），或寫得『精微融徹，如玻璃中映絲映發』（同上），或寫得『晶融透脱，真有天花燦墜之樂』（天運解），或寫得『參差錯落，如疏雨點蕉之聲』（同上），或寫得『清機飄渺，恍如伯牙入海，成連徑去一段神境』（山木解），或寫得『拉雜崩騰，如萬馬奔趨，洪濤洶湧』（齊物論解），或寫得『希微杳冥，如秋空夜靜，四顧悄然』（同上）等等，可謂『其侔色揣稱，寫景摛情，真有化工之巧』，『後人讀之，乃得徜徉其駘蕩之姿，浩瀚之勢，空靈幻化，殊詭清越之趣。』宣穎對莊子文章的意境作出如此種種新穎的詮釋，而且從南華經解全書來看，他在這方面的詮釋又相當全面而深入，這同樣是前人的闡釋成果所無法比擬的。

由於宣穎南華經解引進了一些儒學思想，尤其是因其『循其竅會，細爲標解』、『句梳字櫛，篇解節釋』等特徵，便博得了當時和後來許多人的青睞。清人吳坤修在同治六年爲南華經解所作的序中說：『此書（指莊子）自郭注後，歷代注解不一家，或以爲佛，或以爲道，雖其義未嘗不可通，皆各就其性之所近，心之所得，附會以申其說，未必即著書之本意。近得句曲茂公所著南華經解鈔本，句梳字櫛，篇解節釋，能使莊子著書之心躍躍紙上，蓋不獨爲漆園功臣。』①胡志章在同治六年爲南華經解所作的跋中也說：『憶道光丙戌，……彼時所見，郭注外惟林西仲、徐笠山兩家評本。郭注名論俊語甚多，而不詮文義；林、徐兩家意主論文，於義理少所發明，皆私心所未安。……丙寅春，偶於吳門舊書肆見有南華經解鈔本，以青蚨數百枚易歸。讀之，爲句曲茂公氏所著，既逐句逐字疏解其文義，復於每篇之前、每節之後，暢發所以著書名篇之意，標新領異，索隱鉤深，以神遇，以意會，不啻起莊叟於九京，同堂晤對，互相酬答。』②正因爲宣穎的南華經解如此被後人看重，所以自它在清康熙六十年刊印後，便不斷有人進行翻刻印刷。據目前所知，清代翻刻本就有經國堂刊本、經綸堂刊本、海清樓刊本、半畝園刊本、懷義堂刊本等，民國時期又有會文堂石印本、尚古山房石印本等。而徐廷槐南華簡鈔、胡文英莊子獨見、高嵣莊子集評、陸樹芝莊子雪、姚鼐莊子章義、何如瀠莊子未定稿、方潛南華經解、劉鴻典莊子約解、劉鳳苞南華雪心編、陳壽昌南華真經正義、馬其昶莊子故、王先謙莊子集解、胡遠濬莊子詮詁、阮毓崧莊子集注等，則皆程度不同地受到了宣穎南華經解的影響。

在上述這些莊子學著作中，受宣穎南華經解影響最爲明顯者，則莫過於劉鳳苞的南華雪心編。劉氏在此書凡例中說：『郭注定爲內篇、外篇、雜篇，而各篇未經劃分段落，讀者無從尋其脈絡，幾於蒼波一片，不辨真源，黃葉紛飛，莫尋靈境。茲依桐城宣茂公義例，於各段另起處，用大圈以清界限，庶令讀者逐段領會，朗若列眉。……南華空靈縹緲，絕妙文心，郭注雖精，而文法則爲屐齒所不及。後來注解，惟宣茂公分肌析理，論文最詳，故篇中證引頗多。』確實，綜觀劉鳳苞南華雪心編，洋洋八大冊，著者不但依據宣穎『義例』來劃分莊子原文段落，

① 南華經解序，同治六年半畝園刊本。
② 南華經解跋，同治六年半畝園刊本。

而且在眉欄及注解中還大量引錄了南華經解的注語及評析文字。尤其需要指出的是,作爲劉氏南華雪心編靈魂的各篇總論和各段之後的分解,也深深受到了宣穎南華經解的影響。如我們在上面已經引述了宣穎爲秋水篇所作的題解,從兩相對照中即可清楚看出,劉鳳苞爲此篇作題解就是依據宣穎題解的基本思路而予以展開的。他說:

開端即借河伯、海若一問一答,層層披剝,節節玲瓏。忽而從大處推開,見道之無外;忽而從小處收攏,見道之無內;忽而從小大中生出精粗二意,饒他至精至粗,總是期於有形,不如一併掃卻;忽而從小大外添出貴賤二層,任他分貴分賤,究竟未可爲常,不如一概渾融;然後歸到無方自化,爲不爲一齊放下,胸中自覺雪釋冰消;隨又拈出達理明權,天與人妙合無間,更爲水淨沙明;收處將天人分際,分別出來,罕譬而喻,用三層束住上文,爲學道人特進藥石。『無以人滅天』句是主,下三句乃申足上意。命即天命,得即天德,故即人心,名即人事,答還他天人之問,透徹無遺。末二句親切指點,極精極微。看他從大處落墨,接連七段文字,洋洋灑灑,如海波接天,浪花無際,卻只用『反其真』三字歸結通篇,筆力超絶横絶。以下各段,分應『無以人滅天』五句,逐段讀之,各盡其妙。

劉鳳苞爲秋水篇所作的這一題解,從命意到行文路數,都明顯受到了宣穎的影響,而且還嵌入了宣穎題解中的一些語句。如果我們再進一步審視其爲全篇各段(或節)所作的分解文字,也可發現同樣受到了宣穎的明顯影響。如劉氏在分解河伯北海若第六番問答時說:

第六番問答揭出達理明權,從『化』字又轉出一解,正恐掃卻他爲不爲之見,要他空所依傍,又不免墮入虚無也。『理』字緊從『道』字勘出,達理則胸中方有把握;『權』字又是道之化境,明權則入世全無滯機。物莫能害,非恃有犯物之才,而恃有遠害之道。無方自化,惟其任天而不任人,是以超然於萬物之外,而莫之能害也。末幅劃出天人界限,使之重內輕外,盡人以合天。德在乎天,道之可貴者自在，無爲無不爲，即天道之自然而已，尚何疑哉？ 躑躅屈伸，歸結明權而物莫能害意； 反要語極，歸結達理而與天合德意。 著墨無多，元氣渾然，文法亦極周帀。

宣穎在詮解河伯北海若第六番問答時，特別重視揭明莊子關於『達理明權』、『超然自全』、『無方自化』、『知天人之行』等思想，對照之下可以清楚看出，劉鳳苞的分解正可謂是沿著宣穎的基本思路來充分展開。

總之，宣穎的南華經解在繼林雲銘的莊子因之後，又把對莊子散文的研究推到了一個更新的階段，並最直接地導致了清末劉鳳苞南華雪心編這部集莊子散文研究之大成的著作的問世。

第六章　孫嘉淦的南華通

孫嘉淦（1683—1753），字錫公，號懿齋，別號靜軒，謚文定，山西興縣人。康熙五十二年（1713）進士，改庶起士，雍正元年（1723）晉國子監司業，乾隆時官至吏部尚書、協辦大學士。著作有春秋義、成均講義等。

中國國家圖書館藏有清乾隆間刻本南華通七卷，前有自序一篇，題『臨泉孫嘉淦著』。今案清錢儀吉編碑傳集卷二十六所收盧文弨撰孫文定公家傳，孫嘉淦係『太原興縣臨河里人』。據考，後魏於蔚汾谷置蔚汾縣，隋改爲臨泉縣，故城在今山西興縣西北五十里，則南華通自序所題『臨泉孫嘉淦』者，即爲盧文弨撰孫文定公家傳所說『太原興縣臨河里』之孫嘉淦。且盧氏所撰孫文定公家傳謂孫嘉淦『在翰林日，讀春秋，患四傳互異，於是專精思經文，著春秋義一書，已版行。及蒙世宗憲皇帝訓飭，翻然悔曰：「吾學無真得，奈何妄測聖經？」遂並所著詩，刪南華通，一切毀之，後遂不復著書』，說明孫氏確實曾著南華通一書，故四庫全書總目提要卷一百四十七、皇朝文獻通考卷二百三十、皇朝通志卷一百一亦並載『南華通七卷，孫嘉淦撰』。

然而，清道光十五年陝西朝邑人李元春輯青照堂叢書，所收南華通七卷卻題生年略早於孫嘉淦的陝西蒲城人『屈復』著，並易書前『孫嘉淦』所撰自序爲屈注莊子引，云：『屈徵君莊子注，以孔孟程朱之理通之，向郭外特識也，可以傳矣。原本得之莊浪門人崔生家修，家修得之三原王君衮，聞王君好古籍，見遺編輒購之，此則其手鈔云。時齋。』『時齋』爲李元春之字，說明他在編輯青照堂叢書時，所得署爲『屈復』著的南華通七卷，其來路甚爲不明，是不足據信的①。但由於經孫嘉淦『一切毁之』之後，南華通七卷幾乎失傳，人們多已無法窺見其真面目，於是便以訛傳訛，皆以極爲通行的青照堂叢書所收的南華通七卷爲屈復所著，而不復有疑之者。如章鈺等清史稿藝文志道家類，既載『南華通七卷，孫家（嘉）淦撰』，又載『南華通七卷，屈復撰』。臺灣嚴靈峰著周秦漢魏諸子知見書目，既云『南華通七卷，孫嘉淦』，並自注曰『未見』，又云『南華通七卷，屈復』，並自注曰『存』，而其所編無求備齋莊子集成初編，則更是據青照堂叢書本影印了所謂『屈復』著的南華通七卷。熊鐵基等著中國莊學史，特闢『屈復南華通』一節，竟也以此書爲屈復的專著來展開論述。可見，誤以南華通爲屈復的著作，其由來已久，現在無疑應該是歸還著作權於孫嘉淦的時候了。

第一節　以孔孟程朱之理通莊子之意

南華通一書，僅解内七篇。孫嘉淦在書前所撰自序，主要論説了莊子文章之妙。在他看來，前人對莊子文章的分析，多不可信，而在義理的解説方面，則往往爲『尊莊子與闢莊子者，皆不知莊子者也』，甚或可謂『莊生之罪人也』（見大宗師通），即使是『好談老莊』的晉人，其實也有『不解』之處，而『向（秀）、郭（象）、支（遁）、許（詢），同聲附和，我不知其是何故也』（見逍遥遊通）。那麽，孫嘉淦是主張如何詮釋莊子的呢？清四庫館臣説：『南華通七卷，國朝孫嘉淦撰。……是編取莊子内篇，以時文之法評之，使起承轉合，提掇呼應，一一易曉，中亦頗以儒理文其説。』②署爲屈復所著的南華通，書前有屈注莊子引一則，亦謂其『以孔孟程朱之理通之』。

① 民國十一年（1922），京華印書局也據一個來路不明的鈔本印行南華通一書，同樣誤題『蒲城屈悔翁（復）先生遺著』。

② 四庫全書總目提要存目孫嘉淦南華通。

孫嘉淦著南華通，確實每以孔孟程朱之理接通莊子之意。如他在詮釋齊物論篇『春秋經世先王之志，聖人議而不辨』之語時說：

世傳莊子爲子夏之徒，觀此等語，似亦有所授受。孟子曰『禹抑洪水而天下平，周公兼夷狄、驅猛獸而百姓寧，孔子成春秋而亂臣賊子懼』，所謂『春秋經世先王之志』也。朱子曰『春秋不過直書其事而義自見』，又曰『當時大亂，聖人據實書之，其是非得失，付諸後世公論』，有言外之意，所謂『聖人議而不辨』也。尊經仰聖，其言粹然，凡其肆無忌憚，詆訾孔子者，皆外、雜篇所載，乃後人之贋作，内篇初無是也。

孫嘉淦這裏承因了韓愈送王秀才序所謂『蓋子夏之學，其後有田子方，子方之後流而爲莊周』的觀點，並認爲齊物論篇『春秋經世先王之志，聖人議而不辨』之語，也應當與儒家有所授受關係。他進而明確指出，莊子所謂『春秋經世先王之志』，實際上就是當時孟子所說的『孔子成春秋而亂臣賊子懼』等語的意思；所謂『聖人議而不辨』，也不過是後來朱熹所說的『聖人據實書之，其是非得失，付諸後世公論』的意思，可見莊子之言『粹然』，其『尊經仰聖』之意甚明，因而凡『肆無忌憚，詆訾孔子者，皆外、雜篇所載，乃後人之贋作，内篇初無是也。』孫嘉淦又在詮釋人間世篇時說：

聽以心者，聲入心通，内外符合，初無間隔，孔子曰『回於吾言無所不悦』是也。……惟虚能受，惟虚能靈，惟虚能感，惟虚能應，故曰道集虚也。周子通書曰：『「聖可學乎？」曰：「可。」「有要乎？」曰：「有。一爲要，一者無欲也，無欲則静虚動直。」』與此可相發明。凡内篇中所引孔顔之言，類皆精粹，似有所本。……爲天使，則是以無爲爲，以無知知，如鳥無翼而自飛也。孔子曰：『吾有知乎哉？無知也。有鄙夫問於我，空空如也。我叩其兩端而竭焉。』則所謂以無知知也。……此數句，於性命、仁義、忠孝之理，體認真切，此孔孟之心傳，不惟不同於楊墨佛老無父無君之教，而並非沮溺荷蕢之流所得望其項背也。誰謂莊生可概以異端目之哉！……斯卜氏之所傳與？世言受業西河，不虛也。

按照孫嘉淦這裏的説法，人間世篇所謂『聽之以心』即是秉承了論語先進『回也……於吾言無所不説』之意，『爲天使難以僞』即是秉承了論語子罕『有鄙夫問於我，空空如也。我叩其兩端而竭焉』之意，而所謂『惟道集虛』云云，亦可與周敦頤通書中的有關論述互爲發明，因而孫氏再一次推斷説，莊子的學説實爲『孔孟之心傳』，根本不同於楊墨佛老之教，也並非沮溺荷蕢之流所能望其項背，可見世謂卜氏子夏之學流而爲莊周並不可謂爲虛言。

但孫嘉淦又認爲，莊子内七篇中卻也有極個别的『不滿於孔子』的文字。他在詮釋德充符篇『叔山無趾踵見仲尼』寓言故事時説：

内篇七篇中，初未嘗貶孔子，其不滿於孔子者止有此條。蓋彼天資高曠，見孔子之務學守禮，以爲拘謹，而不知内外一原，顯微無間，動容周旋，即是天命流行，聖人之所以立極千古而無流弊者，正在此也。古人質直，心有未安，即發於言，故載此條，如子見南子，子路不悦也。此條而外，若心齋之説，義命之論，命化守宗之言，才全德不形之對，稱引孔子，不一而足，大宗師乃其極詣，而以孔顔之坐忘終之，則其所歸可知矣。世人見此文，遂謂黜孔子而尊老聃，不知養生主篇固嘗言老聃之非人也。莊子之意，以爲孔子事事好，只太拘謹，老聃雖非至人，而『死生一條，可否一貫』二語，則實獲我心，乃其平心權衡之論，而初非右此而左彼也。若外篇、雜篇中，猖狂詆訾之言，皆後人之贋作，所謂小人而無忌憚者，莊生寧有此哉？

從所謂内篇未嘗詆訾孔子之徒的基本觀念出發，孫嘉淦極力論證所謂莊子時時有稱引孔子之處，並指出莊子實際上是歸依孔子而對老聃卻有所批評的。但他又指出，由於莊子天資高曠，見孔子務學守禮，便以爲拘謹，乃在德充符篇撰出『叔山無趾踵見仲尼』寓言故事，以表示對孔子的不滿，當然這與孔子見南子而子路不悦一樣，其實正表現了莊子的質直品性，與世人所謂其意在於貶黜孔子是完全不同的。顯然，孫嘉淦的這些説法正在一定程度上受到了王安石莊周和宋代理學思想的影響。

在孫嘉淦看來，正因爲莊子雖歸依於孔子而對孔子仍有所不滿，所以只能説明他的學問畢竟與孔子有所差别。他在詮釋大宗師篇時説：『其中齊物我之化，一生死之體，究性命之原，合天人之道，言多粹精，類非二氏所能及。特其既知大道之元同，而又言方有内外，既知天人之一致，又欲舉仁義禮樂而去之，則是形上形下終判爲二域，下學上達終分爲二候，所以舍近騖遠，遺下窺高，而道術爲天下裂。』意謂莊子雖在究性命之原、合天人之道等方面多有粹精之言，但他又認爲方有内、外之分，並主張除去方内之人所倡導的仁義禮樂，這就違背了儒家所重視的日常事理間的下學工夫，真可謂是『舍近騖遠，遺下窺高』。孫嘉淦有鑑於此，便進而判定莊子並非『聖門之嫡派』。他説：

知者，吾心之思慮也。思慮之起，千頭萬緒，無有休息，故曰無涯。……以有涯之生而役役於無涯之知，則生殆矣。已殆而尚不覺悟，益從事於知焉，則殆而不可救矣。知者意也，人識意而不識心，故謂心有死生，此即佛氏所謂認賊作子者也。夫意誠而後心正，是心與意有别也。但意之所發，誠之而心自正，絶而去之，則偏枯矣。此莊生所以爲二氏之鼻祖，而非吾儒之嫡派也。（養生主通）

孟子云：『其爲氣也，塞乎天地之間。』西銘云：『天地之塞，吾其體。』蓋身與太空，原是一體，去此一膜之隔，則天地萬物，乃無非我。既無非我，則無我矣。乘天地之正，有似天地合德之體；御六氣之辨，有似時乘六龍之用；無己無待，有似大公無我之心。特其知性不真，止見其氣之合，而不能細察乎理一分殊之大全，是以爲二氏之鼻祖，而非聖門之嫡派也。（逍遥遊通）

禮記大學云：『欲正其心者，先誠其意，欲誠其意者，先致其知，致知在格物。』孫嘉淦據此詮釋了養生主篇開頭一段文字，認爲按照儒家的說法，正心必先誠意，誠意必先致知，致知必先格物，而莊子卻以致知爲『殆矣』、『殆而已矣』，因而欲絕格物、致知、誠意而去之，則豈非佛教所謂的『認賊作子』，以妄想爲真實？所以，莊子並非『吾儒之嫡派』。而且在孫嘉淦看來，莊子所謂『乘天地之正，而御六氣之辯，以遊無窮』，雖懂得了人、氣合一之理，似頗合於孟子所謂『其爲氣也，塞乎天地之間』之意，也與後來張載所謂『天地之塞，吾其體』的意思相仿佛，但終究尚未領悟到像宋理學家們所說的『理一分殊』，即『始言一理，中散爲萬物，末復合爲一理』（河南程氏遺書卷十四）、『自上推而下來，只是此一個理，萬物分之以爲體，萬物之中又各具一理』（朱子語類卷九十四）的道理，所以這也說明他並非『聖門之嫡派』。

所謂『莊生所以爲二氏之鼻祖』，孫嘉淦的意思是說，莊子雖僅『得聖道之一端而偏至焉』，卻能在仙佛之前說出其精微之意，即所謂『莊子親炙孔子之門人，得聖道之一端而偏至焉，遂能冠百家而祖二氏，內典丹經皆南華之牙後慧也』（德充符通）。孫嘉淦並就儒、仙、佛三者關係，尤其是莊子與儒、仙、佛之間的關係作具體闡述說：

吾儒之與仙釋，其死生不變同，其覆墜不遺同，其不與物遷同，其命物之化同，若是則皆同乎？曰相似而實絕不同也。蓋吾儒能知性之理，仙佛止識心之靈，心之靈則虛，性之理則實，虛則有待而後存，實則無爲而常在。此身雖死，此理不變；天地有壞，此理不移；未生之前，此理已具；品物流行，此理不遷；千變萬化，皆由此出；守化之宗，乃與天通。子思云『至誠無息』，朱子云『這個何嘗動』，是也。二氏不知天命之性，而止據心之虛靈知覺以爲宗，欲於死生之際，常留此不昧之精魂，則是私意而非理之自然也。莊子之學，亦偏於氣，其言死生不變，命化守宗，亦指氣之靈，故曰『無形而心成』，曰『游心乎德之和』，曰『心未嘗死』，曰『生時於心』，似亦未免乎知心而不知性之病，特其識高意遠，欲將此氣還之天地而通於萬物，不屑屑焉私爲己有而封而藏之，此則非二氏之所及也。故曰莊

生高於仙佛也。（德充符通）

這裏以宋理學家的觀念爲依據，認爲儒家能了悟實而常存的『性之理』，仙佛僅僅識得虛而有待的『心之靈』，而此『性之理』可與天地相通，此『心之靈』則以知覺爲宗，只可謂是『私意而非理之自然』。孫嘉淦進而指出，莊子由於『得聖道之一端』，兼以他『識高意遠』，所以雖像仙佛一樣，似亦未免有『知心而不知性』之病，卻能『還之天地而通於萬物，不屑屑焉私爲己有而封而藏之』，終爲仙佛所不能及。因此，孫嘉淦判定『莊生高於仙佛』，並就此觀點反復强調説：

吾讀此，而知莊生之高於仙佛也，可謂知死生之説矣。……題言養生，而文兼言死，所謂知始終之義，達性命之理，而非如二氏之説，必謂可以不死也。……前薪不同於後薪，形百變而不齊；後火無殊於前火，理亘古而不易。然必謂前薪盡時，將此火光截然封藏於太虛之中，以待後薪而附而燃之，雖三尺童子知其不然也。然則薪盡火傳，乃死生之正理，即此可以證輪回羽化之謬也。故曰莊生高於仙佛也。（養生主通）

受於天者，守而不失，此存心養性工夫，能如此，則翛然往來，皆有主宰，非徒委懷任運也。夭壽不貳，俟之而已。釋氏必欲求其所終，遂言地獄輪回，則妄矣。故曰莊生高於佛也。……不忘所始而又忘之，何也？不忘者，守之也，以人合天也；忘之者，化之也，與天爲一也；復之者，所謂全受而全歸之也；求長生者，私所受而不歸，則吝矣。故曰莊生高於仙也。（大宗師通）

在孫嘉淦看來，『佛欲無生，以生爲妄也，是不知真卓情信也；仙欲不死，以死爲滅也，是不知晝夜始終也。通晝夜之道，知死生之説，究性命之原，一天人之理，其惟大易乎！中庸者，易之疏也。莊生齦齦，多與之合。』認爲無論是佛氏『以生爲妄』，或『必欲求其所終，遂言地獄輪回』，還是仙道追求長生不死，以死爲薪盡火滅，皆爲不知性命正理的表現，而莊子則通晝夜之道，達性命之理，多與儒家經典周易、中庸所包含的道理相吻合，所以顯然要高出仙佛一等。

第二節　以時文之法評莊子之文

孫嘉淦在自序中說：『人之言曰：「南華之文，天下之至奇也，來不知所自來，去不知所自去，忽而如此，倏而如彼，使人迷而不得其指歸。」我則竊謂不然。』認爲人們對莊子之文的評論都是不正確的。

那麽，孫嘉淦是如何看待莊子之文的呢？他在自序中繼而說：『夫文，猶言也。言，心聲也。言以明志，文以達言。今試有人於此，忽焉而語東，忽焉而語西，起不知其所謂，止不得其所歸，若非夢囈，不且喪心乎哉？且夫古之人，原無意於作文也。無意作文，而不免作文，此蓋其胸中若干日月以來，有不能自秘之一二語焉，而借筆墨以傳之也。顧以爲舉此一二語，而直然書之，如鳥之戛然一聲而遂已，則懼其約而不詳也，徑而少味也，不文而行之不遠也，於是用其靜細之心，發其幽渺之想，驅其淵博之學，佐其馳騁之才，或推之於一二語之先，或繞之於一二語之後，如輪斯轉，如鈞斯旋，而其文來矣。人第見其來也，而不知其注念於去者，蓋已久也。逆注其去而有來，斯回應其來而有去。不注其去而來，則爲直、爲突、爲謾、爲誕；不應其來而去，則爲弱、爲脱、爲贅、爲散。故文而不妙則已，文而果妙也者，其來無定而皆可定也，其去無定而皆可定也。其來也於其去處來，其去也於其來處去，此自然之定理，不易之定法也。來去既定，大勢已得，把柄在手，縱横自如，由是於其中間，起之、伏之、頓之、挫之、分之、合之、斷之、續之，離奇出没，而其脈不亂，旁搜遠引，而其意不雜。來去既定，於其中間復不亂雜，夫而後其所作之書，一部如一篇也，一篇如一章也。不寧惟是，夫且一篇如一句也。』意謂莊子也一樣，雖無意於作文，但既然已作，則肯定不但是他内心情感的自然流露，而且又是他的精心結撰之文，所以『其所作之書，一部如一篇也，一篇如一章也。不寧惟是，夫且一篇如一句也』。孫嘉淦評析莊子之文，就是基於這一認識來全面展開。

一、所謂『一部如一篇』

何謂『一部如一篇』？孫嘉淦在自序中説：『一部如一篇者，凡其所作，皆確有原委，又確有次第，增之損之而不能，顛之倒之而不可，指馬之百體非馬，而馬立乎前者，骨雖各具而筋實相連，一氣貫注，無歉無餘也。』那麼，莊子著書的『原委』、『次第』何在？孫嘉淦在爲逍遥遊篇所作題解中説：『逍遥遊者，莊子之志也。其求道也高，其閲世也熟，閲世熟則思遠害，求道高則入虚無，以爲天地並生，萬物爲一，而徒以有我之故，遂有功名，是生利害，故必無己，然後心大而能自得矣。齊物論之喪我，養生主之緣督，人間世之無用，德充符之忘形，大宗師之入於天一，應帝王之遊於無有，皆本諸此，實全書之綱領，故首發之，所謂部如一篇，顛之倒之而不可者也。』認爲莊子著書的目的就是爲了表達自己的志向，這志向主要就是『思遠害』、『入虚無』，即像至人那樣以『無己』爲最大的逍遥自得。在孫嘉淦看來，逍遥遊篇首先揭示出這一志向後，内篇其餘六篇就是由此一環緊扣一環地展開論述的。

『齊物論，此暢發前篇「至人無己」之義，故次逍遥遊也。通篇以「喪我」爲主，以「天」字爲骨，喪我則物論齊，天則所以喪我之故也。』(齊物論題解)依據這一題解，孫嘉淦進而詮釋説，開篇寫南郭子綦『仰天而噓，荅焉似喪其耦』，乃是『開口即擒「天」字，即出「喪耦」，與「鯤之大」句，是一副機杼也』，『因其仰天而得喪耦，則是喪耦之故，定由仰天，凡通篇之聞天籟而喪我、休天鈞而不知、和天倪而忘言，無數雲蒸霞蔚之觀，皆在此二語中間』，而篇末寫莊周夢爲蝴蝶，『此喪耦喪我之證也』，可見齊物論篇全在暢發逍遥遊篇『無己』之意。

『養生主，此發前篇「真宰」、「真君」之義。生者假借，其中有天君、主宰，善養者，不養生而養其生之主，則薪雖盡而火傳，所謂死生無變於己也。』（養生主題解）在孫嘉淦看來，此篇是在闡發齊物論篇『真宰』、『真君』之義，認爲養生者不在於養其形骸，而在於善養其『真宰』、『真君』。那麼，該怎樣護養『真宰』、『真君』呢？孫嘉淦進而指出：『死生、存亡、窮達、貧富、毁譽、饑渴、寒暑，不以滑和，不以入於靈府，而惟緣督以爲經，則外累不攖，内守不蕩，乃所以爲衛生之經也。……内則緣吾身之督，使神遊於虛而不滯於形氣之粗，外則緣事物之督，使神亦遊於虛而不攖於盤錯之累，以此爲經，蓋庶幾乎聖人艮背時行之要。』認爲唯緣督虛己才能使『真宰』、『真君』不爲外物所傷，才能使精神逍遥自在而永無拘累，此即逍遥遊篇所謂『虛己』方能逍遥之意。

『人間世，此承前篇「無近名」、「無近刑」之意，而欲以無名免刑也。故以「殆往而刑」作起，「僅免刑焉」作結，前半極言刑之難免，後半則其免刑之方也。養生主者自修之實，人間世者處世之道，養生主所以祛其内憂，人間世所以遠其外患也。』（人間世題解）按照孫嘉淦看來，此篇乃是承接養生主篇『無近名』、『無近刑』之意而闡發之，但與養生主篇重在『祛其内憂』相比，此篇則顯然重在『遠其外患』，即處於危亂之世，『觸處危機，窮思極慮，總無萬全之道，則惟有歸於無用而後可也。』所以『通篇皆言其當無用』，亦即齊物論篇『「喪我」、「物化」』和逍遥遊篇『「至人無己」之真詮』。

『德充符，此總承前二篇也。養生主去其内憂，人間世遠其外患，皆爲吾德未成，故須内外交養。及工夫既到，心有所得，則德充於内，不養生而死生不變，且德符於外，不遠害而利害不攖，人之盡而合於天矣，即前二篇之義而更進之，以啟下大宗師之旨，乃一部書之過脈也。』（德充符題解）認爲此篇承養生主篇『去其内憂』、人間世篇『遠其外患』之意而更進之，達到了德充於内而符於外，甚至『不養生而死生不變』、『不遠害而利害不攖』的『合於天』的境界，直接開啟了下篇大宗師的主旨。孫嘉淦進而於篇末指出：『聖人惟游心乎德之和，而一切世情淡然無有，斯形忘心全而獨成其天。』意謂此篇亦暗合於逍遥遊篇『聖人無己』而逍遥之意。

『大宗師，此承前篇「獨成其天」之義而暢發天人性命之旨，超生死而貫物我，乃其盡性至命之學也。』（大宗師題解)所謂『獨成其天』,乃是與天道同體的意思。在孫嘉淦看來,大宗師篇正是承此意而暢發其天人合一之旨,而這一『超生死而貫物我』的學問,又正是盡性至命之學,與逍遥遊篇所表達的『求道高則入虚無,以爲天地並生,萬物爲一,……故必無己』之意也正好是一致的。

『應帝王,此承前篇「攖寧」、「坐忘」之義,言本此以應世,則無爲而治矣。大宗師者,其内聖之極功;應帝王者,其外王之能事也。』(應帝王題解)孫嘉淦在詮釋大宗師篇時説:『「攖寧」二字精妙,所謂静亦静,動亦静也。……忘仁義禮樂,前所謂外物者,坐忘則外生者也。』認爲應帝王篇乃是承大宗師篇主静、外生之説而來,但所暢發的『無爲而治』之治,卻爲『外王之能事』。在孫嘉淦看來,所謂『外王之能事』,乃是『言治天下者,泯其知識,無鑿渾沌,去人之有爲,而同天之無爲』,故『必淡漠無爲,立乎不測而遊於無有』,説明應帝王篇也同樣合於逍遥遊篇所謂『無己』而遊於無何有之鄉的意思。

由上述可知,孫嘉淦深信内七篇具有環環緊扣、層層遞進的邏輯結構關係。所以他在詮釋完七篇後就此種關係作總結説:『此七篇者,所謂内篇者也,是莊子所手訂也。逍遥遊者,言其志也;齊物論者,知之明;養生主者,行之力;人間世則處世之方;德充符則自修之實;大宗師者,内聖之極功;應帝王者,外王之能事也。所謂部如一篇,增之損之而不能,顛之倒之而不可者也。』

二、所謂『一篇如一章』

何謂『一篇如一章』?孫嘉淦在自序中説:『一篇如一章者,來確有其自來,去確有其自去,前瞻後顧,起呼末應,有如循環,首尾無端也。』這就是説,不但内篇七篇之間具有環環緊扣、層層遞進的邏輯結構關係,而且各篇本身又皆爲主旨一貫、綫索隱密、首尾呼應的絶妙之文。

依據上述認識，孫嘉淦對內篇各篇都作了精心梳理和探究。如他在詮釋逍遥遊篇時一開頭就説：『題既命爲逍遥，文即從此入想，以爲凡人之心，小則困苦，大乃逍遥，必心胸開廓，海闊天空，如鯤鵬之九萬高飛，無所夭閼，然後雖無可用，亦無困苦，則「鯤之大」句，即從「安所困苦哉」一句而來，所謂來即注其去處者也。』認爲開頭安排『鯤之大』一句，即已爲篇末『安所困苦哉』一句伏下了根，而『大』字則更已爲全篇點出了『大乃逍遥』的主旨。他進而指出，莊子既已點出『大』字，之後的行文『真如奇峰亂峙，怒濤飛舞，而合來只得一句，再合來只得一字。一句者，「鵬徙南溟」也；一字者，「大」也』。並在篇末重宣此意説：『當自知「鯤之大」句即從「安所困苦」而來，「安所困苦」句實應「鯤之大」而去，前既行乎不得不行，今亦止乎不得不止，首尾融洽，只如一句。一句者何，只言「大者不困苦」爾。』

在孫嘉淦看來，齊物論篇『開口即擒「天」字，即出「喪耦」，與「鯤之大」句是一副機杼也』。而所謂『「人籟」、「地籟」、「天籟」云云，「直與後「物化」句相呼應」；「夫吹萬不同」數句，「承前啟後，理融法密」；「齧缺」一段，「不知」之證；「長梧」一段，「不言」之證；「罔兩」一段，「形如槁木」之原由；「蝴蝶」一段，「心如死灰」之極致也。』總之，『通篇以「知」字、「言」字、「形」字、「心」字、「天」字、「因」字，縱横繡錯，變化之中，條理井然。』即『通篇大勢，前半順提，中間總鎖，後半倒應，千變萬化，一綫穿來，如常山之蛇，擊首尾應，擊尾首應，擊中則首尾皆應也』，結構極爲縝密嚴整，真可謂之天籟之文！

對於養生主篇，孫嘉淦一開始就指出，『生雖有涯，火傳無盡，首尾呼應甚緊』，認爲此篇以『吾生也有涯』開頭，以『火傳也，不知其盡也』收結，便是首與尾的緊密呼應；而中間『以「善無近名」、「惡無近刑」、「緣督爲經」三句平提，而下分應之，「庖丁」一段講「緣督爲經」也，「右師」一段講「惡無近刑」也，「澤雉」一段講「善無近名」也』，可見『通篇文勢，前總提，中分講，後總結，脈絡分明，首尾融洽，如紀律之師，不敢亂走一步』，實爲天下『奇絶』之文！

依據孫嘉淦的理解，人間世篇開頭『一喝山谷皆震，直至篇末「僅免刑焉」一句，其勢方住，首尾呼應甚緊』，而中間或『層層翻撥，幾於無可轉身，乃只輕輕一語，遂生下無數妙文，如深山幽谷，人徑胥絶，忽然峰頭一轉，又別開洞天福地』，或『如河流禹門，江下三峽，迅流直赴，初無停波，直至後言「無用」處，乃是平原廣澤，始作縈回停蓄之致』，豈非天下少有之妙文！

孫嘉淦於德充符篇首段『無形而心成』句下說：『通篇以「心」字、「形」字作關鍵，故於此處總提一句，使通身皆振也。』並進而於『常季』一段後指出：『此段乃德充符之實理精義也。前後六篇，其正意多在中間，或在末段發揮，此獨開頭先發正意，而下遊衍而證足之，其機杼又別也。』認爲此篇開頭以『無形而心成』句振起全文，實爲莊子的慣用手法，但隨即以『常季』一段『先發正意，而下遊衍而證足之』，則顯然與內篇其他六篇機杼有別。所以孫嘉淦進而總結說：『通篇振宕流轉，而無鬆散拖遝之病，七篇花樣愈出愈新，真文中之雄也。』

在大宗師篇開頭『知天之所爲，知人之所爲』一節文字後，孫嘉淦指出，此『乃一篇之總冒，下文皆分疏「知天所爲」、「知人所爲」，末乃歸於「天」、「人」之合一也』。按照他的理解，自『古之真人』至『比於列星』乃是『言真人之真知，所謂「知天之所爲」者也』，『南伯子葵』一段乃是『言所以得道之方，所謂「知人之所爲」者也』，而『自此以下，皆引證之辭也』，如『子祀』至『入於寥天一』乃是『言真人之得道者，與前「死生命也」一段互相印證』，『意而子』至『請從而後』乃是『言所以得道之方，與「南伯子葵」一段互相印證』，結尾一段則是『言「天」、「人」之合一也』，可見『如此閎博奥衍之文，卻以淡語冷結，使讀者悠然有會於言外，筆墨真化爲煙雲矣』。

至於應帝王篇，孫嘉淦認爲其開頭一段已『虚籠一篇之大義』，而『陽子居』一段『承前啟後』，爲『一篇關鍵』，特別是其中『立乎不測而遊於無有』之句，更是『有如出題，「季咸」以下，皆發此意也』，說明此篇『前幅迤邐寫來，中點出而後發揮之，其謀篇與逍遥遊同』。

從上面可以看到，孫嘉淦堅信内篇各篇皆具有首尾呼應、上下勾連等結構特徵。所以他在七篇之後説：『「鯤鵬之大」，即是「無所困苦」之根；「喪耦」、「喪我」，乃其「因是」、「物化」之故；「吾生有涯」，而「火傳」則無盡也；「往而刑」，不如其「僅免刑」也；「無形而心成」，則「獨成其天」矣；「天之所爲」者，其「命也夫」；四問「不知」，真未鑿之「渾沌」也。此則所謂篇如一章，首尾呼應，一氣貫注者也。』

三、所謂『一篇如一句』

何謂『一篇如一句』？孫嘉淦在自序中説：『一篇如一句者，彼雖洋洋纚纚，有此數百千言以至萬言，實止爲其胸中鬱結不能自秘之一語，如龍戲珠，一時江翻海湧，霧集雲興，而阿堵中物，乃止徑寸也。』認爲莊子文章雖然洋洋纚纚，但各篇其實只有『徑寸』之『阿堵中物』，即僅有一句乃是統攝全篇之語。

孫嘉淦進而把這一説法貫徹到了他對内七篇的整個詮釋過程中。他在詮釋逍遥遊篇時指出，『小則困苦，大乃逍遥』，故開篇寫鯤鵬便『極言其大』，並以鵬『將徙於南冥』一句總挈，『下文乃層層承解』，以闡發其『大者無所夭閼』的主旨，可見『通篇反覆，只以明大而後能逍遥之意，所謂一篇如一句也』。在詮釋齊物論篇時指出，『物者彼我，論者是非，喪我、物化，道通爲一』，故『通篇以「喪我」爲主』，而篇末寫『莊周、蝴蝶，物我雖分，實可混一，斯與物化而我自喪，我且喪矣，又安有物，又安有論焉，知其齊，焉知不齊，抑又何必言其齊哉，分明一篇只如一句』，可見『此篇乃是一句文字，只言照於天而喪我也』。在詮釋養生主篇時指出，此篇謂『養其生之主則薪雖盡而火傳，所謂死生無變於己也』，故以『吾生也有涯』開頭，以『火傳也』爲收尾，而通篇只就『緣督以爲經』句作層層闡發，要求養生者『内則緣吾身之督，使神遊於虚而不滯於形氣之粗，外則緣事物之督，使神亦遊於虚而不攖於盤錯之累』，可見其全篇也就只如一句了。在詮釋人間世篇時指出，此篇自開頭喝出『殆往而刑耳』，『直至篇末「僅免刑焉」一句，其勢方住，首尾呼應甚緊』，而中間逐層闡發『無用』方能免刑之旨，可見『通篇皆言其當無用，……以「往而刑」起，以「僅免刑」終，所謂來去分明，只如一句也』。孫嘉淦還詮釋說，德充符篇『通篇以「心」字、「形」字作關鍵』，以『無形而心成』一句總提全篇，使之『通身皆振』（見德充符通），大宗師篇『通篇以「命」字作主』，重在『分疏「知天所爲」、「知人所爲」，末乃歸於天人之合一』（見大宗師通），應帝王篇極言『無爲而治』，以『無爲乃爲至治虛籠一篇之大義』（見應帝王通），也皆可謂之『一篇如一句』。所以他在七篇之末總結說：『逍遥遊只是「大不困苦」，齊物論只是「我與物化」，養生主只是「薪盡火傳」，人間世只是「無用免刑」，德充符只是「無形心成」，大宗師只是「達天知命」，應帝王只是「無爲而治」，此即所謂篇如一句，如龍戲珠，江翻海湧，而阿堵中物，乃止徑寸者也。』

綜上述可知，孫嘉淦評析莊子文章，其獨特之處主要在於提出了所謂『一部如一篇』、『一篇如一章』、『一篇如一句』的說法。而且他還在全書最後說：『不寧惟是已焉。「至人無己」，逍遥遊之精義，而「喪我」、「物化」，乃無己之至也；「天君」、「真宰」，齊物論之實理，而「生主」無盡，即「真宰」之體也；人間世袪養生之外患，而「心齋」、「無用」猶「緣督」也；德充符統處世於内修，而「游心」、「成和」猶「心齋」也。大宗師之「知命」、「達天」，則「獨成其天」之盡境；應帝王之「無爲而治」，則「坐忘」、「攖寧」之緒餘也。由此觀之，一部且如一章矣。「至人無己」，性體之虛也，「喪我」、「物化」則虛公之至矣；「緣督」遊於虛也，「心齋」虛其内，「無用」虛其外也，「德充」近於實矣。然内保而外不蕩，不以滑和，不以入於靈府，猶之虛也；「坐忘」、「攖寧」則虛之所以立體，「不測」、「無有」則虛之所以致用也。七篇之意，一言蔽之曰：「游心於虛而已。」由此觀之，則一部且如一句矣。若是者何也？曰凡以云通也，天下之文，其離奇變化而不可驟通，至南華而止矣。然熟讀而細玩之，則見其部如一篇，篇如一章，且如一句，如是其通也。又見其部如一章，且如一句，如是其通之甚也。然則天下之妙文而必無不通，其信然矣。學者得是術也以往，將能盡通天下之文，而其所自作亦無不通，是則吾所以注南華之意也。』可見孫嘉淦評析莊子，正有如清四庫館臣所説，乃是『以時文之法評之，使起承轉合，提掇呼應，一一易曉』，而且必欲指出某句某字爲眼目，以爲各篇之關鍵，這在揭示莊子文章脈絡結構方面確實取得了很大成就。但莊子文章汪洋自恣，儀態萬方，不能完全以時文之法來衡量，因而孫嘉淦的有些評析不免顯得牽强附會，解讀者不可奉之爲圭臬。

第七章　林仲懿的南華本義

林仲懿，清四庫館臣謂不知其爲何許人①。然今案光緒棲霞縣續志卷六，於『康熙辛卯（1711）舉人』下載有『林仲懿』，與南華本義卷端所題『棲霞謙齋林仲懿山甫注評』、書前凡例之末所署『棲霞林仲懿山甫氏識』之里籍並同。又乾隆銅陵縣志卷二於『知縣』下云：『林仲懿，山東人，舉人，雍正七年（1729）任，以疾去。』則林氏爲山東棲霞人，康熙五十年舉人，雍正七年曾爲安徽銅陵知縣。且乾隆棲霞縣志卷九收有林仲懿所撰葬元配牟孺人祭文，謂『孺人同庚於我』，『與我相守四十餘載，歸時年十七』，而『以辛酉三月歿』，歿時『未六旬』。據此，則林仲懿之妻年壽超過五十七歲，而未至『六旬』，必在五十八歲至五十九歲之間。既然『孺人同庚於我』，而其又以『辛酉』即乾隆六年（1741）歿，由此上推五十八年或五十九年，則林仲懿必生於康熙二十二年（1683）或二十三年（1684）。又林仲懿南華本義凡例云：『丙寅（1746）夏六月，注莊未脫稿，而淋雨十日，敝廬漏若露處，自覆以蓑笠。賴有南華在手，雖苦沾濡，故不遑恤。婢子不解事，數白灶無煙，亂人意。予只以不應卻之，亦一消遣法也。』並於書末題曰：『乾隆己巳（1749）孟夏脫稿，辛未（1751）中春梓。』據此可知，林氏至老仍酷愛莊子，而南華本義的撰寫則經歷了數年時間，最終於乾隆十四年孟夏脫稿，並於十六年仲春付梓。

① 見四庫全書總目提要存目林仲懿南華本義。

第一節　旨在尋求南華『本義』

林仲懿所著南華本義，僅注莊子內七篇。他在南華本義目錄後附有解釋說：『外篇、雜篇，多內篇之注腳，時或失則粗豪，亦復不少佳構。顧災梨匪易，即此五萬言，無力付剞劂。讀者解內篇，自可因此識彼，亦何必予言之覼縷也。故注內篇止。』說明他僅注內七篇，一是因爲有見於內七篇已能代表莊子的基本思想，二是由於家境貧寒而無力剞劂更大部頭的著作。

那麼，林仲懿又爲何名其此著爲南華本義呢？顯然，林氏的目的就是要糾正人們對莊子的誤解，還此書以本來面目。

我們知道，歷來解讀莊子之學者，大凡都認爲自己獨得莊子深蘊，如林希逸『自謂於此書稍有所得，實前人所未盡究者』（莊子口義發題），吳世尚『不惜大聲疾呼，揭出莊生立言本領，使萬世而下知漆園蒙叟誠知道者也，非徒能文已也』（莊子解序一），宣穎不贊同『諸家但摘其數句之工，一字之巧，遂謂能讀莊子』，而『循其窾會，細爲標解，而不以我與焉，庶幾莊子本來面目復見於天下，不致覿面旁猜』（南華經解序），而在各大注莊著作中，亦有命其書爲『本義』者，如陳治安的南華真經本義。若將陳氏南華真經本義與林仲懿南華本義命名之緣由相比較，即可看出南華本義闡述立場的一大特點。陳治安認爲時人讀莊子，『但喜辭華，不求歸趣，耽音響於行間』，沉浸於莊子字面的文采，而未能精研其意旨，因而『得效既淺，仍曲解於前世，紕謬尤深』，要改變這些弊端就必須『解之而吾心謂當如此』，『則莊子立言本意亦必如此解之』，同樣，『吾於理見爲不然，則莊子當日本意亦必不然』，陳治安解莊子三十三篇就是『皆用所謂當如此者，不用其所不當然者，故稱曰「莊子本義」云爾』①。這樣以『吾心謂當如此』者來解釋莊子之理趣，方可得莊子本意。『所謂當如此者』，究竟指的是什麼？陳治安補充說明道：

自昔解莊者，俱用一時苦心，章疏句釋，欲爲後世讀莊者津梁。初讀莊者，方藉解以求通曉，今何得指之曰『悖謬』？莊子曰：『言之所貴者，意也。』解莊而不得本意，雖欲藉爲通曉，只增結塞耳。故吾謂其爲悖謬者，非敢以己意解莊子而謂人悖謬，即取莊子所自爲解者以解莊子，而知人之以己意解者多悖謬也。甚矣！莊子自欲其說之明也，既以其意一言之，又必於一書之內舉是意而再三言之。（南華真經本義序四）

陳治安所用的注莊之道即『取莊子所自爲解者以解莊子』，也就是莊子學史上諸多學者探尋莊子本義，力求達到的境界——『以莊解莊』。陳治安對『莊子本義』的定義，代表了大多數注莊者的理解。然而在林仲懿南華本義中，『莊子本義』還多了一層內容。林氏於此著凡例中說：

朱子云：『莊、老二書，解注者甚多，竟無一人說得他本義出，只據他臆說。某若拈出便別，只是不欲得。』朱子不欲何也？爲其非吾儒之學也。然朱子卻亦未嘗不亟稱莊子文章，曰：『其才高如老子，老子齊腳斂手，莊子跌蕩，卻將無數道理掀翻說，不拘繩墨。』竊嘗觀朱子論莊子數則，而恍然有以得莊子之本義者。得其本義，而莊子與吾儒冰炭益明已。愛其文而注其書，駁其理而論其文，與朱子不欲注莊之意，其亦不相刺謬矣乎？書成，題曰南華本義，非曰已盡南華文章之趣，庶幾思過半矣。

這說明，林仲懿注莊子頗有依朱熹之所謂『本義』而求莊子之本義者，故書成之後，便命名爲南華本義。林仲懿依朱熹之所謂『本義』，進一步認爲莊子是個大秀才。所謂『大秀才』，是極有才情、極有悟性之人，

① 見陳治安南華真經本義序二。

是『有大學問大聰明大力量』(逍遥遊本義)的人,同時又是超脱於各項踐履之外,脱盡俗情的人。然而莊子並非是完全不食人間煙火的仙士,他太理會得世事,所以憤世嫉俗。莊子借人間世篇中『迷陽迷陽,無傷吾行;吾行卻曲,無傷無足』四語將其對世俗之厭惡表達得淋漓盡致,由此可以想見史記莊子列傳中所謂『自王公大人不能器之,終身不仕,以快吾志』的情形了。林仲懿認爲『其曰「無所逃於天地之間」,曰「知其不可奈何」,曰「爲人臣子者固有所不得已」,分明借他爲人臣者反照出自己寧曳尾於塗中,不爲留骨廟堂之志』(人間世本義),由此可見莊子洞達世事,不爲世俗所累。儘管窮困潦倒,然而莊子卻不以爲然,反而嘲笑天下人。他『自要遊方之外,不肯學孔子,卻又要借孔子以自重,反説孔子深有意乎蔑禮者之爲人,而遜謝以爲不能及,豈不知天下後世笑他扯謊』(大宗師本義),『極尊孔子,極宗老子,又卻有時興發而揶揄孔子與老子』(凡例),以萬世禮教之宗——孔子作襯,又以道家之祖——老子爲題,毫無忌憚,『即此想見玩世風流』(大宗師本義),真乃天生一狂人!

在歷史上,對於莊子著書的用意大致有三種解釋:詆訾説、助孔説和尊孔説。林仲懿自然反對『詆訾』説,認爲『莊子不願學孔子,而特以聖人尊孔子,重言十七,孔子居多,不應便坐以詆訾孔子之罪』(凡例)。然而他在此問題上還表示出比衆多儒學家更爲客觀理性的看法,認爲莊子明顯不是孔門之學,謂『每見諸家注莊,輒欲引而置之洙泗之間,豈唯不知聖人之道,亦初不知莊子之言耳』(同上)。林仲懿認爲,注莊者將本不屬於儒家學問的莊子之學歸入孔門之中,不僅未明孔子之道,且亦未能明白莊子之道。林仲懿欣賞莊子的才情,認爲莊子明聖道,只是不願學、不肯學:『莊子與孟子生同戰國,孟子知其不可而爲之,願學孔子者也;莊子知其不可而不爲,不願學孔子者也。賢、不肖,何如也?』(人間世本義)林仲懿在此將莊子與孟子相提並論,實際上是受朱熹相關論點的影響。朱子語類卷一百二十五載:『李夢先問:「莊子、孟子同時,何不一相遇?又不聞相道及,如何?」曰:「莊子當時也無人宗之,他只在僻處自説,然亦止是楊朱之學。但楊氏説得大了,故孟子力排之。」』朱熹認爲,孟子與莊子未曾互相道及,是因爲莊子『只在僻處自説』,不能弘揚其學説,影響不夠廣泛，所以孟子不屑予以排斥。況且莊子學說屬楊朱一派，孟子闢楊朱也就闢莊子了。林仲懿贊同莊子屬楊朱一派之說，其於人間世篇『葉公子高將使於齊』一段評論道：『說人臣事君之義，凜於冰霜，嚴於鈇鉞，豈不居然儒者之言！然莊子本義，卻不如此。其曰「無所逃於天地之間」，曰「知其不可奈何」，曰「爲人臣子者固有所不得已」，分明借他爲人臣者反照出自己寧曳尾於塗中，不爲留骨廟堂之志，此其用意用筆之妙，而朱子所以謂其本楊朱之學也。』林仲懿認爲莊子舍榮華富貴而甘願曳尾塗中，與楊朱『貴生』、『重己』的學說確實有相通之處。對於莊子與孟子，林仲懿還注意到了，兩人都知道聖道之高妙以及實踐聖道之難，孟子知其不可而爲之，迎難而上，是願學孔子者，而莊子知其不可而不爲，抽身而退，是不願學孔子者。

莊子爲何不願學孔子？人間世篇載：『孔子適楚，楚狂接輿遊其門曰：『鳳兮鳳兮，何如德之衰也！來世不可待，往世不可追也。天下有道，聖人成焉；天下無道，聖人生焉。』林仲懿認爲莊子在這一段中將其思想表達得很清楚，他評論道：『惜孔子生非其時以自寓，志不在小，卻正以明其不願學孔子之意。』林仲懿認爲此處莊子借孔子自寓，莊子就像當初孔子一樣，生不逢時，遵照天下有道則成功立業、天下無道則保全性命的聖人處世原則，自己只能退離塵俗，全身養性。所以，莊子不願學孔子。雖然莊子不願學，但是林仲懿認爲從莊子的字裏行間還是可以看出莊子對孔子極爲尊重。如莊子『言必取重於孔子』（德充符本義），『重言十七，孔子居多』（凡例），莊子下筆離不開孔子，是因爲他以孔子爲聖人，亦足見其尊孔子之心。

那麼，莊子學問該如何歸屬呢？林仲懿在書中對莊子學問條分縷析之後，總結道：

固是宗老子，亦不盡與老子合。老子之學，尚要應世，莊子卻不然，故朱子說他走了老子意思。彼先得釋氏之意，而自成一家言者也。（凡例）

惜乎，莊子之才，不爲聖人之徒，而開竺教之先，不亦悲乎！（同上）

林仲懿認爲莊子以老子爲宗，屬於道家之學，但是莊子與老子又有不同之處。老子的學問，尚有應世之權術，然而莊子卻没有這意思，因此朱熹説他『走了老子意思』。倒是於佛家之學，莊子爲其開了風氣之先，因而林仲懿在莊子文本闡釋中也摻和了一些佛教用語。如他解釋養生主篇『薪盡火傳』時説：『一個「傳」字便是死生轉流底説話，當時佛法未入中國，莊子先已創出西來大意。』將莊子所謂的形滅神傳之意解釋爲佛教的輪回觀。又曰：『方外方内即釋氏所謂出世法入世法也。』（大宗師本義）將莊子所謂的『方内方外』與佛教所謂的『出世法入世法』等同起來。儘管林仲懿將莊子歸入佛教之流，但他並没有深入地從佛教角度闡釋莊子。而且，即便是解以佛教用語，也是朱熹理學視野下的佛教。如他解釋德充符篇『使日夜無隙而與物爲春，是接而生時於心』句曰：『佛家有流注想，水本流將去，有些滲漏處便留滯，即日夜無隙，接而生時於心之意。』其中『佛家有流注想，水本流將去，有些滲漏處便留滯』這些話便是原原本本來自朱熹①。可見，儘管莊子與儒學門户歸宿不同，這也没有影響林仲懿以程朱理學注釋莊子。

同時，林仲懿認爲莊子的學説雖不屬於儒學，但在語言文字上與孔子之學有一定聯繫。林氏主要將莊子與儒家經典相互比較。如與論語的比較：『「仰天而嘘」四字，包孕全篇大旨，分明自論語「予欲無言」章脱胎，只因他筆力崎嶇，字法生新，讀者遂驚詫以爲非復人間語，而不知其私竊我孔子之書也。』林仲懿認爲齊物論篇此處莊子的立意實際上是從論語陽貨『予欲無言』章脱胎而來。學人多以言語觀聖人，知其言而不知其所以言，故而孔子有『予欲無言』之歎，南郭子綦的『仰天而嘘』，也是對世人各執其是非而喋喋不休的這種失道現象的歎惜。所以，莊子之學實際上對孔子學説有借鑒之處，只是因爲莊子换以洸洋恣肆、離奇不羈的表達方式，『筆力崎嶇』，『字法生新』，讀者便未能看出其與孔子的某些相通之處。與孟子的比較：『曰「因其固然」，曰「恢恢乎遊刃有餘地」，與孟子「與利爲本」，「行所無事」，頗相似。』（養生主本義）林仲懿這裏指的是孟子離婁下所

① 見朱子語類卷九十六。

載此段文字：『天下之言性也，則故而已矣，故者以利爲本。所惡於智者，爲其鑿也。如智者若禹之行水也，則無惡於智矣。禹之行水也，行其所無事也。如智者亦行其所無事，則智亦大矣。』這段話的意思頗有爭議，林仲懿所依據的是朱熹的注解。朱熹注：『利，猶順也，語其自然之勢也。……禹之行水，則因其自然之勢而導之，未嘗以私智穿鑿而有所事，……事物之理，莫非自然。順而循之，則爲大智。』（四書章句集注）如此理解，則庖丁解牛之因其固然，與孟子所言的因順事物自然之理確有相通之處。除了先秦儒家經典，林仲懿還將莊子與理學經典相互比較，如與張載正蒙的比較：『死生無變於己，與正蒙「聚亦吾體，散亦吾體」絕相似。』（齊物論本義）張載所言『聚亦吾體，散亦吾體』主要講他的神、氣觀，認爲人是由氣組成的，氣聚成形，氣散歸於太虛，不會消失，因而『死之不亡』。所以，林仲懿認爲莊子『死生無變於己』所表達的無死無生、無利無害的思想與之相似。

林仲懿還對莊子與儒家經典之間的相似進行了具體分析。如他說：『「道行之而成，物謂之而然」，與論語「言不順則事不成」相似。論語是反面順說，莊子是正面逆說。』（齊物論本義）兩者所要發明的道理是一樣的，只是一反一正、一順一逆，不易察覺。又評大宗師篇『南伯子葵問乎女偊』段說：『此章言得道不易學，尤不易傳。「不然」一住，言不輕教不遽告也。守，視也，察其可教與否也。吾猶守而告之、吾又守之、吾又守之、參日、七日、九日、七個「而後能」字，皆爲不然之意，傳神！外天下、外物，總是扞禦外物而後能知至道之意。外生，知此身本屬幻妄，不以死生介意也，謂學道人最是外生一關難透。透此一關，朝徹、見獨、無古今，只是遞將去。文法與大學「定靜安慮」相似。』林仲懿認爲，莊子此段寫『得道』所採用的筆法與大學『知止而後有定，定而後能靜，靜而後能安，安而後能慮，慮而後能得』類似。莊子借女偊之口指出必須經過外天下、外物、外生、朝徹、見獨，最終到達無古今境界，方可得道。大學也是講述由止而定、定而靜、靜而安、安而慮，最終實現慮而得的爲學目的。兩者都強調達到『至道』的過程，強調層層遞進，強調積累，在文法上確實有相似之處。

不過，林仲懿同時指出，莊子在化用儒家經典時會時常偏離聖人之意。如大宗師篇『聞諸副墨之子』段，林仲懿闡釋道：『一段巧立名色，謂始於語言文字之間，而終極於無見聞思慮之地也，竊取「上天之載，無聲無臭」，卻不知中庸原不是恁地說。』他認爲，莊子之『玄冥』、『參寥』、『疑始』，確將幽眇深遠之道推至見聞思慮之外，但此處也是在學中庸對詩經大雅『上天之載，無聲無臭』句的引用，有將中庸之『引』化爲己用的嫌疑。中庸引『上天之載，無聲無臭』，本以明聖人化民當在『聲色』之外；莊子雖學其『引』，卻不是中庸原本的意思。當然，即使莊子『有時復竊孔氏書而爲說者』，總的來說，林仲懿仍然認爲『莊子之言未嘗不可取』。

基於這種認識，林仲懿並不完全排斥莊子，並提出了他自己的見解：『不以門戶歸宿之不同而掩其語言文字之相似，亦不以語言文字之相似而掩其門戶歸宿之不同。』（凡例）認爲應理性客觀地看待莊子與孔子之間的異同。這一觀點確實是非常有道理的。

在語言文字問題上，林仲懿還反駁了坊本對莊子的誤解：『注莊家錯認南華作恢恑憰怪、信口胡談、不可究詰之文，以故居之不疑，而作不可究詰之注，不必問其解南華與不，恐亦不自解其注耳，不知莊子非惠施比也。』（凡例）認爲由於莊子行文汪洋恣肆，跌宕不羈，歷來注莊家不僅未能究詰莊子本文，反謂莊子信口胡談，作恢恑憰怪之語，故其所作注解也故弄玄虛。因而林仲懿諷刺他們不但沒有理解莊子本義，甚至連自己所云何事也不知。林氏指出，實際上，莊子本人堅決反對艱澀深奧難懂的語言，所以特意著齊物論一文，以批判舛駁離奇之言，誰知『後之人反以恢恑憰怪賞南華，而南華乃至不可讀』（齊物論本義）。甚至憤憤地說：『姑無論莊子冤枉，注莊人不管自己心口間齟齬背謬，艱難羞澀，一總說不去，何苦而自苦如此，何苦自苦而苦古人，而苦天下後世讀書人哉！』（同上）在林仲懿看來，惠子的學說才是真正的『恢恑憰怪者流也』，莊子恐後世人將其和惠子混爲一派，故特意說明自己所言乃平常之理，悲乎後世注莊者卻未能體會莊子之良苦用心。莊子本義不得昭顯，是其大不幸也。

第二節 對莊子內篇的理學化闡釋

一、理學視野下的義理闡釋

林仲懿治學以程朱理學爲宗，故每以理學思路讀莊子。南華本義中屢見其將莊子思想牽引至儒家經典，如評大宗師篇『知天之所爲，知人之所爲者，至矣。……終其天年而不中道夭者，是知之盛也』段曰：『莊子以天下爲沉濁，思真人而不可得，故將真人底道理作尋常底說話，顯易簡切以示人。言不過如此，便是知之極至極盛也。語意與「忠恕而已矣，孝弟而已矣」相似。』這裏，林仲懿依據朱熹四書章句集注所云『夫子之一理渾然而泛應曲當，譬則天地之至誠無息，而萬物各得其所也。自此之外，固無餘法，而亦無待於推矣。曾子有見於此而難言之，故借學者盡己、推己之目以著明之，欲人之易曉也』，認爲莊子將真人的道理以尋常話說出，即如曾子所言『忠恕而已矣，孝弟而已矣』。

林仲懿又曰：『由朱子之言，而漆園文字可解，即漆園本領，亦可想見。』（養生主本義）明言其以朱子之論解莊子，可知其治莊理學色彩之濃郁。

1．莊子『道』之理學化

林仲懿常常以程朱理學來闡釋莊子，因而莊子之道常常被覆以理學色彩。在南華本義中，林仲懿將道與程朱理學所謂的『天理』等同起來，並將其與莊子文本中的以『天』開頭的詞語等同起來，認爲『天均』、『天籟』、『天府』、『天倪』，『其義一也』，都是道之根本盛大而無窮無盡的體現，如『天倪，即天籟也。』（齊物論本義）『不言之辯，不道之道，此天籟也已。』（同上）其中已可透出林仲懿本人的理學思想，其曰：

天何言哉？天籟固無聲也，所謂上天之載，無聲無臭，而實造化之樞紐、品匯之根柢也。下文『照之於天』、『天均』、『天府』、『天倪』、『化聲』等句，都是發源於此。（同上）

林仲懿在此引用朱熹太極圖說解中的『上天之載，無聲無臭，而實造化之樞紐、品匯之根柢』來解釋『天籟』以及莊子之道。他認爲莊子的道就是朱熹所說的無極而太極，無聲無臭，是宇宙萬物存在和運動的根本，即天理流行，無處不在。林仲懿往往以『天理』或『理』來代替莊子的道，他認爲兩者具有相通性，這首先是因爲朱子之『理』與莊子之道本來就有密切聯繫。

理，道理也，又脈理也。脈理之理即在道理之中。莊子所謂『依乎天理』，以脈理之理寫出道理之理也。朱子有取乎莊子之爲說，故曰『理之得名以此』。（養生主本義）

確實，朱熹在師生問答時曾多次引用『庖丁解牛』的寓言故事，一是藉以説明理之觀念，『理之得名以此。目中所見無全牛，熟。』（朱子語類卷一百二十五）二是教導弟子們無論是爲學之方還是修養之道都需要會通衆理，循序漸進，需要如庖丁那樣，『於其筋骨叢聚之所，得其可通之理，……且如事理間若不於會處理會，卻只見得一偏，便如何行得通？』（朱子語類卷七十五）在此基礎上，林仲懿多次以理學之『理』解釋莊子之道。莊子之道是指自然，但又不同於我們日常經驗中所呈現的自然，它必須在一種『忘知』、『忘言』的經驗方式中才能出現，是一種無意志無目的的存在。而程朱理學中的『理』不僅是宇宙萬物的本原，同時也是人類社會最高的道德倫理原則。林仲懿在注解莊子時，不僅將宇宙萬物本原之『理』置換莊子之道，而且還以儒家倫理範疇之『理』解釋莊子之道。如他解釋德充符篇『無人之情，故是非不得於身』曰：『依乎天理，不以一毫私欲自累其身。』莊子這裏的情，本指偏好智、約、德、工四者的情感，指得道之人順應自然，不以此四者累其身，而林仲懿卻將其解釋爲理學推尊的聖人依乎天理，去私欲，完全將莊子的道等同於儒家倫理層面上的天理，實在牽強。

林仲懿還根據張載的學說，指出逍遥遊篇以風寓道，大鵬則是體道之人。其依據爲『張子正蒙「太和所謂道，不如野馬絪緼，不足謂之太和。……此莊子所爲以風寓道也』。張載所言『野馬絪緼』指的是氣，是其哲學思想的一個重要概念。『氣坱然太虚，升降飛揚，未嘗止息。』（正蒙）在張載哲學體系中，氣藴涵於太虚，交感運動而化成萬物，生生不息，氣具有宇宙本體性質。莊子逍遥遊『野馬也，塵埃也，生物之以息相吹也』，確實提到了氣的作用，但此氣非彼氣。莊子所指的是自然界的氣，是無色無味、無一定形狀和體積、能自由散佈的物質實體，與張載哲學體系中具有抽象意義的本體性質的氣是完全不同的。且莊子的這句話是指水氣、塵埃都憑藉生物氣息的吹拂而在空中飄蕩，言下之意即它們都『有所待』，未能逍遥遊。而林仲懿卻根據張載的『氣本論』，認爲莊子所言之『風』、『野馬』都是道之體現，其解莊之理學思想可見一斑。

林仲懿又根據朱熹的『道體流行』説，認爲逍遥遊篇首段從大鵬摶飛九萬里寫到野馬、塵埃，是描寫『道體流行』的絶妙手筆：

> 此其爲説，蓋亦仿佛大莫能載、小莫能破、造端夫婦、察乎天地之意，子思子言，近自夫婦居室之間，遠而至於聖人天地之所不能盡，他卻從扶摇九萬里，倒跌到野馬塵埃，行文有隱顯順逆之不同，人故不解其藍本所出，故程子稱他形容道體之言亦有善者。（逍遥遊本義）

林仲懿認爲，莊子寫大鵬摶飛九萬里，是至大，寫野馬塵埃，是至小，然而俱爲道之體現。就如子思所言『君子之道費而隱』，朱熹四書章句集注云：『君子之道，近自夫婦居室之間，遠而至於聖人天地之所不能盡，其大無外，其小無内，可謂費矣。然其理之所以然，則隱而莫之見也。』朱熹強調道之流行，無處不在，從人倫道德上來説，就是近自夫婦，遠至聖人；從宇宙空間上來看，即上爲鳶飛，下爲魚躍，無一不是道體之妙的體現。因此，在林仲懿看來，莊子寫大鵬摶飛，寫野馬、塵埃，就是表述聖人之道無所不在之意。此外，借用朱熹『天理流行』

説，林仲懿指出『聖人與道爲體，道之所在，無非聖人之所遊也。……道，一大宗師也；聖人，一大宗師也』（大宗師本義）。道雖無形體可見，但萬事萬物都是天理流行發見之實，如日往月來、寒往暑來等顯顯者，因此，致廣大的聖人，其一動一靜也都體現著天理之流行，從這個意義上説，聖人與道爲一體。所以，林仲懿常常將『天理』與『聖人』並舉：『天地之化，往者過，來者續，無一息之停，聖人之心，天理流行，無少間斷，如四時之生生不窮也。』（德充符本義）

總之，由於林仲懿認爲莊子之道與程朱理學所闡釋的儒學在思想體系上有千絲萬縷的聯繫，所以他博引程朱理學之學説以闡發莊子。在這種情況下，莊子之道及其言道方式都被賦予了濃重的理學色彩。

2. 以太極解莊

林仲懿解莊的理學色彩最集中最突出地表現在其以太極解莊。據錢穆先生的考證，『太極』一詞最先出自莊子。大宗師篇曰：『夫道，有情有信，無爲無形；可傳而不可受，可得而不可見；自本自根，未有天地，自古以固存；神鬼神帝，生天生地；在太極之先而不爲高，在六極之下而不爲深，先天地生而不爲久，長於萬古而不爲老。』莊子中類似的表述還有『八極』、『西極』等詞，如田子方篇中的『上窺青天，下潛黄泉，揮斥八極，神氣不變』、『日出東方而入於西極』，錢穆先生指出：『凡所謂六極、八極、西極者，皆遠而無所至極義。知大宗師篇「太極」與「六極」連文，亦當指空間。』（莊老通辨）因而，在莊子文中，『太極』指的是無窮無盡、無邊無際的空間，相對於『先天地生』、『長於上古』的時間範疇而言。『無極』一詞亦多次出現於莊子書中，如逍遥遊篇『其言猶河漢而無極』，大宗師篇『孰能登天遊霧，撓挑無極』，在宥篇『入無窮之門，以遊無極之野』，刻意篇『澹然無極，而衆美從之』，莊子所言『無極』，如同其書中屢屢出現的『無窮』、『無竟』、『無端』、『無涯』，意爲無窮無盡，『特見遙邃之趣』，『非有他深解』。及易繫辭言『易有太極，是生兩儀』，洪範言『皇極』，『太極』、『無極』始具有玄義，至兩宋，周敦頤、朱熹又以自己的哲學觀豐富了它們的内涵，使之成爲宇宙萬物本體論的核心組成部分，可見，『雖其語源固出於莊老，然其涵義實創自儒家也。』（見莊老通辨）深受理學影響的林仲懿亦將此一重要概念引入其莊學闡釋中，如逍遥遊本義開篇即讚賞莊子所描繪的圖景：『鳥徙南冥，動極復静也；北冥南冥，無極而太極，太極本無極也。發端藍本中庸，魚躍鳶飛，只中間添個「化」字，輕輕寫出一幅太極圖，陰陽動静，互根之象，筆力得未曾有。』又齊物論篇有語云：『有始也者，有未始有始也者，有未始有夫未始有始也者；有有也者，有無也者，有未始有無也者，有未始有夫未始有無也者。』林仲懿闡釋説：

『有始也者』三句，立乎今日以溯前此之未始有物也；『有有也者』四句，立乎今日以計後此之未始有物也，所謂太極本無極也。

『無極而太極，太極本無極』之語出自周敦頤的太極圖説，其曰：『無極而太極。太極動而生陽，動極而静，静而生陰，静極復動，一動一静，互爲其根，分陰分陽，兩儀立焉。陽變陰合，而生水火木金土，五氣順布，四時行焉。五行一陰陽也，陰陽一太極也，太極本無極也。』周敦頤在此描述的是一幅宇宙萬物生成圖，即『無極而太極，太極而陰陽，陰陽而五行，五行而萬物，是宇宙生成的諸序列』（梁紹輝周敦頤評傳）。『太極』在周敦頤的宇宙論中具有物質實體性。然而，林仲懿以中庸的『魚躍鳶飛』來解釋莊子，實質上卻是借用朱熹的哲學思想。朱熹根據自己理論建設的需要，將濂溪指稱物質實體的『太極』改造成其理學的核心範疇——理。他説：『「易有太極，是生兩儀。」四象八卦，皆有形狀。至於太極，有何形狀？故周子曰：「無極而太極。」蓋云無此形狀，而有此道理耳。』（朱子語類卷九十四）又言：『太極卻不是一物，無方所頓放，是無形之極。故周子曰「無極而太極」。』（朱子語類卷七十五）『曉然見得太極之妙不屬有無，不落方體。……周子所以謂之「無極」，正以其無方所、無形狀，以爲在無物之前，而未嘗不立於有物之後；以爲在陰陽之外，而未嘗不行乎陰陽之中；以爲通貫全體，無乎不在，則又初無聲臭影響之可言也。』（晦庵先生朱文公集答陸子静）朱熹將『太極』闡釋爲無方無所、無聲無臭、既在無物之前又融於萬物之中的無乎不在的形而上的『理』。朱熹將中庸裏『魚躍鳶飛』闡釋爲：『子思引此詩以明化育流行，上下昭著，莫非此理之用，所謂費也。然其所以然者，則非見聞所及，所謂隱也。』（四書章句集注）林仲懿據此也認爲北冥之魚，化而爲鵬，摶飛九萬里至南冥，實際上也反映了天理化育流行，天下萬事萬物的存在變化無不包含於其中。林仲懿據此將『鳥徙南冥』段理解爲宇宙萬物生成變化之理，可見其聯想空間之大，然於莊子文本理解實有牽强附會之嫌。

有意思的是，林仲懿還將『太極本無極』作一整體組合來看待和使用。如他在齊物論篇本義中說：

前幅發明未始有物，舉天地全體而言，萬物共此一太極本無極也。此則各就當人之身而明其未始有物，一物各具一太極本無極也。

朱子的『太極』和『無極』是爲同級之概念，他在答陸子美中說：『不言無極，則太極同於一物，而不足爲萬化之根。不言太極，則無極淪於空寂，而不能爲萬化之根。』故合稱『無極而太極，太極本無極』，雖然如此，『太極』和『無極』還是各有側重點，『太極』表示本體存在的真實性，『無極』側重於本體之大，超絕於人的認識。且在朱熹那裏，兩者之合用多爲『無極而太極』格式，林仲懿所稱的『太極本無極』究竟指向何物呢？觀朱熹言論，多有『萬物』、『一物』對舉格式，如：『蓋合而言之，萬物統體一太極也；分而言之，一物各具一太極也。』（太極圖說解）綜觀引文，可知林仲懿所言『萬物共此一太極本無極』、『一物各具一太極本無極』，實際上就是朱熹所言『萬物統體一太極』、『一物各具一太極』，也就是朱熹理學中的最高範疇——理，這又涉及理學中的又一命題——理一分殊。

理一分殊，本是程頤回答弟子楊時關於西銘中所講的聖人之仁與墨子『兼愛』疑問時提出的，用以闡述道德原則的普遍性與特殊性。朱熹除了繼承這一内涵之外，還用理一分殊來『論證宇宙本體與萬物之性的關係，論證本原與派生的關係，論證普遍規律與特殊規律的關係，論述理則與事物的關係』（陳來朱子哲學研究）。且看朱熹是如何說明宇宙本體與萬物之性的關係的：

花瓶便有花瓶底道理，書燈便有書燈底道理，水之潤下，火之炎上，金之從革，木之曲直，土之稼穡，一一都有性，都有理。（朱子語類卷九十七）

天下之理萬殊，然其歸則一而已矣，不容有二三也。（晦庵先生朱文公集答余正甫）

朱熹首先提出事物的具體性質和規律各有差別，故言分理萬殊。但朱熹又强調萬物各有差別之理皆歸於一普遍原理，換言之，萬事萬物的具體性質和規律『在歸根結底的層次上它們都是同一普遍規律的表現』（陳來朱子哲學研究）。據此，林仲懿駁斥了『小知』者們『爲二』之謬，批判俗儒和墨者們的各執是非之辯，認爲他們未能明白道通爲一者『明乎一本萬殊之義』，不能體悟到聖人之心，『渾然一理，包含萬象』，『順乎自然而無容私之謂也』（齊物論本義）。林仲懿的闡述確實有其合理之處，齊物論篇曰：『物固有所然，物固有所可。無物不然，無物不可。故爲是舉莛與楹，厲與西施，恢恑憰怪，道通爲一。』其中就有一同萬異之旨。蔣錫昌云：『此言小木與大木之差，癘女與西施之異，萬物吊恑憰怪之變，自俗眼視之，各不相同，然以道眼觀之，可通爲一。所以然者，以大小起於比較，苟無比較，何來大小？美醜别於人眼，魚鳥見之則同；萬物之情多端，然其適性則一。此皆自然之故，非辯者所能爲别也。明此自然，即知道通爲一矣。』（莊子哲學）從不同現象的外在形態來看，萬事萬物自有美醜大小之分，然而從『道』的觀點進行考察，萬事萬物之間則具有内在的相同性，故莊子曰：『天地與我並生，而萬物與我爲一。』（齊物論）林仲懿以『一本萬殊』解釋莊子的一同萬異，這在事物規律的普遍性與特殊性上是說得通的。

然而林仲懿在解釋德充符篇『自其異者視之，肝膽楚越也；自其同者視之，萬物皆一也』之語時，卻與朱子的『理一分殊』理論相背，他說：『一本而萬殊，一物各具一太極，小德川流也；萬殊而一本，萬物統體一太極，大德敦化也。』按林仲懿的說法，事物得以區分開來的具體規律是萬殊各自的太極，是『小德』，而具有普遍性的規律則是本體論上的太極，是『大德』。但朱熹卻如是說：

鄭問：『「理性命」章何以下「分」字？』曰：『不是割成片去，只如月映萬川相似。』（朱子語類卷九十四）

問：『「理性命」章注云：「自其本而之末，則一理之實，而萬物分之以爲體，故萬物各有一太極。」如此，則是太極有分裂乎？』曰：『本只是一太極，而萬物各有稟受，又自各全具一太極爾。如月在天，只一而已；及散在江湖，則隨處可見，不可謂月已分也。』（同上）

朱熹以禪宗的『月印萬川』來形容『理一分殊』。在朱熹的理學中，萬物之理是稟受太極而來，但並不是將太極分割開來各具一分，而是如『月印萬川』般，萬物各自稟受一太極，且萬物各自的太極都與宇宙本體的太極相同，各個江湖中的『月』與懸掛於蒼穹上的『月』是無差別的。換言之，『理一分殊』實際上是『理一殊分』，『殊』字是名詞而不是形容詞。同時還需要注意朱熹對萬物所具有的具體規律的理和萬物從太極稟受而來之理的表述，朱熹本人並未詳加區分。陳來將朱熹所謂的『花瓶有花瓶的道理，書燈有書燈的道理』之類的萬物的具體規律稱之爲『分理』，將萬物之間無差別的理以『性理』指稱。德充符篇『自其異者視之，肝膽楚越也』所言的一體萬殊應是對應於萬物的『分理』，而不是『性理』、『太極』，由此也反映了林仲懿對宋明理學的理解所產生的偏差，以及理學在清初雖盛實衰的發展趨勢。

二、理學入莊的得與失

對於林仲懿以理學入莊，衆人褒貶不一，有盛讚其能『抉古人之微於千載之上』（乾隆棲霞縣志藝文志）者，如沈廷芳、彭瑞澂等；也有譏諷其強生意見、附會太極者，如清四庫館臣。其實，林仲懿以理學入莊，有得亦有失，應客觀地看待其學術價值。

1．以理釋莊的合理性

儘管四庫全書總目提要謂南華本義『強生意見』，『語多附會』，對其義理闡釋甚是不屑，但是林仲懿的『以理闡莊』也有其合理之處。首先，從源頭上看，理學本來就是融合了釋道思想的新儒學。朱熹弟子曾因爲莊老爲異端之學而不敢讀其書，朱熹卻道：『「君子不以人廢言」，言有可取，安得而不取之？如所謂「嗜欲深者，天機淺」，此語甚的當，不可盡以爲虛無之論而妄訾之也。』（朱子語類卷九十七）朱熹並沒有完全擯斥莊子思想，而是吸收了其中可取之處。如莊子的宇宙論認爲窅冥之道借助於氣而化生萬物，『雜乎芒芴之間變而有氣，氣變而有形』（至樂），朱熹的本體論中，太極正是通過氣而化生宇宙萬物，很明顯吸收了莊子的思想。鄧廣銘先生也曾說過：『或明或暗的吸收和汲引釋道兩家的心性義理之學於儒家學說之中，使儒家學說中原有一些抽象的道理更得到充實和提高，不但擺脫了從漢到唐正統儒生的章句訓詁之學的束縛，也大不同於魏晉時期內的玄學的放蕩，這就是我們稱之爲宋學的結構。』①因而，在某種程度上，以理學闡釋莊子具有一定的可行性。

其次，林仲懿雖然有著堅定的正統儒學立場，但在闡釋莊子與儒學之間的相通性時，他能理性地辨別莊子與儒學之間的差別，並時刻清醒地意識到這種差異性的存在。有時候他的這一區分是出於他的儒學立場，如他在大宗師篇中許由、意而子問答一段文字後評論道：

> 上二章既詆『禮』字，此則又詆仁義也。莊子以道爲大宗師，而惡仁義禮樂，故是道其所道，非吾所謂道也。

認爲大宗師篇前面『子桑戶、孟子反、子琴張相與友』段已經通過對孟子反與孔子、子貢的對比，批判儒者『哭死以哀，徒以禮文耀眾』，此處又借許由之口屏絕爲仁爲義之心，既然莊子所尊崇的道是這樣排斥仁義禮樂，顯

① 鄧廣銘王安石在儒家學派中的地位，北京大學學報1991年第2期。

然，莊子之道並非吾儒之道。更爲可貴的是，他指出了莊子之道與儒家之道之間的本質區別，並多次在與儒學對比中加以強調。如他對大宗師篇『且汝夢爲鳥而厲乎天，夢爲魚而沒於淵，不識今之言者，其覺者乎，其夢者乎』的解讀：

何獨以魚鳥爲言，信手拈來，若人之形者，萬化而未始有極，舉魚鳥以例其餘也。未嘗不是自『鳶飛魚躍』脱化出底文字，但自中庸言之，觸處皆實理；自南華言之，則觸處皆幻相耳。

姑且不論莊子舉魚鳥言理是否與中庸的『鳶飛魚躍』的語言相似，此處林仲懿認爲吾儒『觸處皆實理』、莊子『觸處皆幻相』，則是比較明確地點出了儒、道兩家的本質性不同。

在莊子内篇的闡釋過程中，林仲懿明確提出莊子學問以無爲宗。莊子哲學確實以『無』爲一個中心概念。如評逍遥遊篇末段『今子有大樹，患其無用，何不樹之於無何有之鄉、廣莫之野，彷徨乎無爲其側，逍遥乎寢卧其下，不夭斤斧，物無害者，無所可用，安所困苦哉』文字説：『「無何有」三字是作者畫龍點睛手段，莊子以無爲宗，作逍遥遊，下手便是死生夢覺未始有物底意思，卻説得渾淪，引而不發，篇末一筆點破，全幅都欲化龍飛去，可怪粗心人，卒亦未能尋討。』林仲懿認爲，逍遥遊篇忽而敘事，忽而譬喻，忽而議論，讓人目不暇接，眼花繚亂，及讀至『無何有』，方知前幅所言不過是爲闡發其『無何有』之主張，只是莊子引而不發，因此讀者讀得渾淪。又如齊物論篇本義云：

俄而有無矣，猶言天地不能以一瞬，即邵子推元會運世之數，一元即一歲之大者之説也，而未知有無之果孰有孰無，言人消物盡之後，昏昏墨墨，以爲有無，而果孰知其有無，以爲無無，而果孰知其無無。俄而有無，則亦且無無也，亦且無無無也，故曰有未始有無也者，又曰有未始有夫未始有無也者，莊子學問只是一個無。

在齊物論篇這段極富思辨性的文字中，林仲懿指出，莊子在推演宇宙生成變化時的説法，轉來轉去還是歸結到一個『無』字上。這也是不少學者的共同看法，王叔岷先生曾説釋文中各家對『冥』一字的注解，『嵇康所謂「溟漠無涯」，簡文所謂「窅冥無極」，可概括莊子全書之義。……於莊子未嘗不可謂「莊子貴冥」。惟莊子貴冥，而不囿於冥耳。』(莊子校詮)王叔岷先生所言的『冥』，也就是林仲懿所稱的『無』。林仲懿還借朱熹之言以闡釋莊子之無與老子之無的區别：

或問朱子：『釋氏之無，與老氏之無，何以異?』曰：『老氏依舊有，如所謂無欲觀其妙，有欲觀其徼是也。若釋氏則以天地爲幻妄，以四大爲假合，則是全無也。』案，莊子之無，正復爾爾。故曰莊子不盡與老子合。(齊物論本義)

林仲懿引用朱熹的論點，指出莊子之無是『全無』，老子之無卻依舊『有』，故莊子與老子不盡同，與釋氏則有相通之處。林仲懿對莊子之『無』追根溯源：『莊子厭苦人間世，跳不出許大樊籠，只有無用爲用之一策。逍遥遊「無所可用，安所困苦」，是此篇主意。』(人間世本義)他認爲莊子如此鍾情於無，是因爲莊子厭苦人世，無奈何，只有無用之用一策。所以，莊子在人間世篇中寫櫟樹以不材得以保全、支離疏以形殘得以終其天年，大木因才美而遭砍伐，借此譬喻人世攖患，唯有無用爲用才是明智之舉。在評論大宗師篇『泉涸，魚相與處於陸，相呴以濕，相濡以沫，不如相忘於江湖』寓言時，林仲懿指出：

莊子欲人曉然於有生不如無生，則有生而不受有生之累，然由泉涸云云觀之，而父子夫婦昆弟朋友之倫絶矣。由譽堯非桀云云觀之，而君臣之義廢矣。他只認定一個『無』字，因把五倫都看得冷冰冰地了。嗟乎，莊子高明過已!

智慧過人的莊子，把人世間的紛紜都看透了，因此極力提倡『無爲』哲學，相濡以沫，不如相忘於江湖。但是莊子之無，連三綱五常的禮制都廢棄了，這是身爲儒者的林仲懿所無法忍受的。

2．以理釋莊的局限

由於林仲懿拘泥於理學的知識框架，所以南華本義中也難免有牽強附會之處。如林仲懿於逍遥遊篇以

『無極而太極，太極本無極』解釋『南冥』、『北冥』，並在篇末通過語錄形式强調自己爲何以『無極而太極，太極本無極』解『南冥』、『北冥』：

或問：『吾子注南冥、北冥，曰無極而太極，太極本無極。又曰莊子以南冥爲無無之鄉，而不及所以取義於南北何也？』答曰：『此亦非他說。冥者，無也。南北猶言兩頭，只以明其兩頭都是無耳。原從無裏來，還向無裏去。觀齊物論「有始也者」七句便自了然。舊解固有傅會以取坎填離之說，不知莊子方且朝菌、彭祖，曰「恶知悅生之非惑，恶知恶死之非弱喪而不知歸」，曰「夜半有力者負之而走，昧者不知也」，彼又何肯屑屑作養生家言哉！』

林仲懿根據文字訓詁將『冥』理解爲『無』，多少還有點根據，但他將此『無』和理學中的『無極』、『太極』聯繫在一起，實在太勉强了。

又大宗師篇有語云：『故善吾生者，乃所以善吾死也。』林仲懿評曰：『且人亦知夫造物生人，其生之路，即其死之途乎？人自始生爲嬰兒，由嬰兒而孩提，由孩提而少壯，由少壯而衰老，許多閱歷，無數佳境，貪生者以爲人世之可樂在此，不知卻正是步步走向死期底路程。故曰：「善吾生者，乃所以善吾死也。」逍遥遊鵬始出而曰將徙於南冥，此之謂也。』林氏以出於無、入於無明死生之道，契合莊子本意。但是他說鵬始出北冥，出於無，如生命之誕生；飛往南冥，又入歸於無，如生命之死亡，將逍遥遊篇大鵬由北冥飛往南冥比附死生變化，過於牽强附會。

林仲懿還站在理學的倫理道德立場上，指責莊子學說之荒謬。大宗師篇寫孟孫才母死，但孟孫才『哭泣無涕，中心不戚，居喪不哀』，『人哭亦哭』，實際上，這正是孟孫才得道的表現。孟孫才以大道處喪，爲求和大道而『有所簡』，不違人意故『人哭亦哭』，可見他已與空虛寂寥之道混爲一體，是得道者的象徵。但是，林仲懿卻歎道：『孟孫才，人哭亦哭，與人爲徒也，天與人不相勝也，是之謂真人。嗟乎，孟孫才正所謂於父母面上用偽也，莊子以爲真人，不亦悖乎！』林仲懿認爲孟孫才對母喪之事沒有哀戚，且人哭亦哭，在父母面前還如此虚僞，於人情、倫理都說不過去，而莊子竟將其視爲真人，悖謬至極！理學家們極爲强調社會倫理秩序的建設，對個人道德修養提出了很多要求，忠孝是個人道德修養的重點要求。所以，林仲懿無法認可孟孫才的行爲，更無法接受莊子稱讚其爲真人。

總之，林仲懿的理學視野，導致南華本義的文本闡釋出現了這些牽强附會之處，並限制了其深入地把握莊子本義。這不能不影響到南華本義的學術價值。

第三節　對莊子内篇的藝術分析

多數『以儒解莊』者都喜好莊子的思想，並及莊子文章之絶妙。如清吴世尚在莊子解序二中就說，莊子『豐裁氣味，甚與制舉義相近』，『内篇則又蒙叟所手定，更醇正而無疵者也』，莊子之文『最爲入情入理，高處著眼，大處起議，空處落筆，澹處措想，道來真令人解頤忘卧』。又宣穎謂莊子爲『非常透脱之見，非常解脱之文』（南華經解天運），將莊子的思想及文學藝術都提到相當高的地位。與他們相反的是，林仲懿對莊子思想的評價並不高，認爲莊子『味淺』、『荒唐』，然而對於莊子的文學藝術，林仲懿卻是極爲欣賞和佩服的。他說：『離騷與南華，少時佔畢記誦，食不知味，一也。後來漸覺南華易讀，離騷難讀，離騷味厚，南華味淺。雖然，此以理言也。若夫莊子匠心結撰，下筆有神，意度波瀾，横絶今古，實亦文章至寶，案頭何可一日無此君？』（凡例）又言：『莊子立言，不到十分過火不休，學術差處在此，文章佳處亦在此。』（逍遥遊本義）認爲洸洋恣肆的言詞影響了莊子義理的深度，卻造就了莊子一書極高的藝術成就。其匠心結撰、意度波瀾、横絶古今，是古今文章中的至寶。因而，即使林仲懿眼中的莊子學術價值不高，但是他卻直言不諱：『我直愛他文字跌蕩，最足開人性靈，爲讀者粗説章法。理之荒唐，文之工妙，不以相掩可也。』（同上）林仲懿極爲欣賞莊子跌宕的文字，認爲其最足開人性靈，儘管義理荒唐膚淺，但其文章藝術確有高超的一面：『我只愛莊子文章，彼以妄言之，吾以妄聽之可耳。』（德充符本義）足見其對莊子文章的欣賞。林仲懿在闡釋莊子過程中，從不吝惜對莊子文章藝術的讚歎，『先生之技，其猶龍乎？』（逍遥遊本義）甚至認爲莊子超越於儒家的『亞聖』孟子，『莊子筆力若肯發明周公仲尼之道，當不在孟子七篇下』（凡例）。就是注釋莊子，他也强調『予意所重，在乎章法段落，創通大意』（同上）。由此可見，對於林仲懿來説，莊子文章藝術分析的重要性要大於義理分析。

一、『一氣貫穿』的文字

林仲懿認爲莊子被衆人濫注，結果被注成了『無道理、無意趣、無眉眼』（同上）的文字，其『脈絡、章法、結構，顛倒支離，如眠中囈囈底鶻突文字』（同上），這讓林仲懿很不能接受，尖鋭地批評坊本『不解其爲一意往復一氣貫注底文字，强扭分證』（逍遥遊本義），譏諷『宜其注莊之如散錢一堆也』（同上）。又説：『讀書人未有不喜莊子者，但苦其文字不聯貫，非他本不聯貫，無奈注莊者偏教他不聯貫，何耳？請試再讀，何嘗不是一綫穿去底文字。』（齊物論本義）在林仲懿看來，讀者抑或注者未能發現莊子文章結構是一綫貫穿的緊凑的整體，從而發生了理解上的錯誤。如他在應帝王篇『無爲名尸，無爲謀府，無爲事任，無爲知主』下説：

此章總結前文而斷以己意，振筆疾書，叠下四個『無爲』字，重以爲戒，故是一氣流轉文字。坊本以『無爲而治』解『無爲』，言無爲則天下之美盡在己矣，卻不思此四項底説話與無爲而治正相反，依他説，本句固已紕繆難通，前後亦復自相抵牾。應帝王議論與道德經相表裏，彼方將鎮之以無名之朴，則豈有忽以名尸、謀府、事任、知主爲美談者哉！請通篇合看，便知此四句斷不是恁地説也。

認爲莊子此處的四個『無爲』是告誡世人不要成爲名譽智巧的受累者，與『無爲而治』之『無爲』含義不同，坊本不從上文連接而下，卻片面下結論，莊子就這樣被注壞了。因此，林仲懿著南華本義就是要糾正坊本和一般讀書人的誤解，疏通篇章結構，還莊子一個明朗清晰的面目。

林仲懿認爲莊子爲一綫貫穿的結構，首先表現在單篇内部之間章法的緊湊上。如他在逍遥遊篇『故曰：至人無己，神人無功，聖人無名』後注云：

此其所以無待而大也，此大鵬之所爲寓言，而非藐姑射之神人不足以當之也。常山率然，擊首尾應，擊尾首應，擊中首尾俱應，其斯文之謂哉！

林氏認爲，『至人無己，神人無功，聖人無名』呼應了全文的主旨，恰如常山之蛇，擊首尾應，擊尾首應，擊中首尾俱應，環環相扣，節節呼應，其結構安排，令人歎服。而到篇末，惠子與莊子關於有用無用之辨在文章結構上又有妙筆。『惠子暗照蜩與鷽鳩，大瓠大樗暗照大鵬，二章文意，大略相同，佈置卻無一筆犯複，莊子意匠經營，金針度人，細玩之，絕有益。』（逍遥遊本義）林仲懿指出篇末惠子的出場，其實是對開頭鵬飛九萬而蜩與鷽鳩卻嗤笑的呼應，然而莊子佈置得非常巧妙，不易發覺。其他篇目結構的連貫呼應亦比比皆是，如人間世篇『孔子適楚』段有『方今之時，僅免刑焉』句，林仲懿即注意到了『免刑』一詞，說：『往而刑，僅免刑，首尾相應，此人間世之爲作也。』人間世篇開頭寫顔回見仲尼，請行衛，孔子阻攔顔回前往，曰：『嘻，若殆往而刑耳。』林仲懿敏鋭地抓住了這個詞，指出『往而刑』開出『下文層層快論』，直至結尾『僅免刑』，首尾呼應，結構完整渾然。

除了各篇本身結構的一氣貫穿，林仲懿還指出整個内七篇也是前後呼應，渾然一整體，篇與篇之間聯繫緊密。如逍遥遊篇首段文字，林仲懿認爲『逍遥遊說得渾淪，是藏鋒文字；齊物論乃暢言之。』並指出，逍遥遊篇於莊子意旨並未細說，及讀至齊物論篇，逍遥遊篇即可謋然而解：

吾謂逍遥遊當與齊物論參看，何也？未始有始，在北冥未始有魚之先；俄而有無，在鵬鳥既歸南冥之後；中間有物，只在水擊三千、風摶九萬須臾之頃耳。過此以往，便是藐姑四子，其人與骨亦何存，而他無論已，所以逍遙遊只說到『而後乃今將圖南』便住，非歇後語，至此無可說也。莊子以南冥爲無無之鄉，鵬始出而曰『將徙於南冥』，方其自無之有而知其自有之無也；曰『鵬之徙於南冥也』，登程在半路之詞也；曰『而後乃今將圖南』，朝聞夕可之意也；曰『去以六月息』，寓言人生百年，曾日月之幾何也；大瓠所以浮江湖，大樗所以樹廣莫，知不可奈何而縱心物外以終其天年也。讀齊物論，而逍遙遊誅然已解。（齊物論本義）

林仲懿站在自己的認知結構體系上提出逍遙遊篇與齊物論篇是相互聯繫的，將其生硬比附在一起。這種解説既極有特色，也是有待商榷的。但並不是每一篇章的分析都如此牽強。如他説人間世篇是『莊子厭苦人間世，跳不出許大樊籠，只有無用爲用之一策。逍遙遊「無所可用，安所困苦」是此篇主意』。這卻是極爲中肯的看法，切合莊子的本來意思。林仲懿所提出的『一氣穿去的文字』，主要是指内七篇是緊緊圍繞著莊子的核心思想展開的，所以他説，人間世篇『匠石之齊，至於曲轅』章，『即逍遙遊篇末二章意』；養生主篇『庖丁解牛』段，即以寓言發應帝王篇『至人用心若鏡，故能勝物而不傷』之意；德充符篇『惠子謂莊子曰「人故無情乎」』章，與齊物論篇互發；應帝王篇『南海之帝爲儵』章，『不獨應帝王之結語，實南華七篇之亂詞也』。雖然林仲懿注意到了各篇之間相互的密切聯繫，但由於他對莊子的思想未加深入分析，因而未能從思想層面上系統地説明各篇之間的關係，這是一大缺憾。

二、虛實相生，正反相成

莊子文章千變萬化，言外立言，意中生意，要想讓讀者理清頭緒，讀懂其文字，除了在結構上加以梳理，林仲懿還甚爲關注莊子的行文手法，最重要的就是對文中虛實關係、正反關係以及主賓關係的揭示。

論虛實關係，如謂『鯤之大，渾寫全體；　鵬之大，寫背寫翼，手法一變。兩「不知其幾千里」虛寫，「若垂天之雲」實寫，手法又一變。』『不知其幾千里』是虛寫鵬之大，『若垂天之雲』則是實寫鵬之大，與前文渾寫鯤之大到單寫鵬之背、翼，手法變换，交相呼應，短短幾句，便透出無限文情。又如德充符篇『魯有兀者踵見仲尼』段，孔子向無趾請教説：『丘則陋矣，夫子胡不入乎，請講以所聞。』接下來莊子並未寫無趾入門如何如何，只寫『無趾出』三字，林仲懿點出：『三個字藏過「講以所聞」許多説話。』及至『無趾語老聃曰：「孔丘之於至人，其未邪！彼何賓賓以學子爲？彼且蘄以諔詭幻怪之名聞，不知至人之以是爲己桎梏邪！」』林仲懿指出：『「無趾出」三字中藏過許多説話，留在語老聃處揮括大意而發之，此實者虛之、虛者實之之法。』認爲孔子請無趾入而講究竟如何，莊子先虛寫，藏過許多説話，等到無趾見老聃，方將情形揮括出來，這就是『實者虛之、虛者實之之法』，這是莊子行文手法之一，也是莊子文本的敘事技巧之一，田子方篇『溫伯雪子見孔子』的寓言故事也採用了這一敘事手法。林仲懿還注意到了虛寫對文章藝術的重要性，應帝王本義云：『九淵示之以三，餘則引而不發，令人如觀畫圖神龍，但露頭角指爪，恨不見雲氣中全身，文章固有實寫而意不足，虛寫而意有餘者，此類是也。』認爲淵本有九名，壺子只示以鯢桓之審、止水之審與流水之審三名，其餘則引而不發，如此虛寫不僅未影響文意，反而如人觀畫圖神龍，見其雲端頭角指爪，而想見其雲氣中全身，令人聯想翩翩，遐思無限。

林仲懿還總結了莊子行文中的反筆、正筆的特點。何謂正筆？何謂反筆？林仲懿於人間世篇言『曰無門是反筆，曰遊其樊、曰一宅是正筆耳』，又於德充符篇曰『「知爲孽，約爲膠，德爲接，工爲商」四句是反面』，聖人『不謀』、『不斵』、『無喪』、『不貨』是正面，可知林仲懿所謂『正筆』即是正面的肯定敘述，『反筆』則是反面的否定敘述。弄清莊子這個行文特點，也就能更好地把握莊子著書的意旨。如果未能體會這點，不但文本意旨被誤解，莊子的文章藝術也被抹煞了，林仲懿就此對坊本提出了批評：

『大道不稱』五句是正面好底說話，『道昭而不道』五句是反面不好底說話，正起反接，坊本俱做正面說去，復而無味，莊子絕無此文法。（齊物論本義）

齊物論篇中『大道不稱，大言不辨，大仁不仁，大廉不嗛，大勇不忮』描述了五種至高境界：大道虛廓，妙絕形名，不可用形名稱謂；至言妙悟真宗，無須稱說；大仁遍佈天地，無愛而自存；大廉之人，知萬荊虛幻無可貪，故無所遜讓；而大勇之人，『惠救蒼生，虛己逗機，終無忤逆』（成玄英南華真經注疏）。在林仲懿看來，這五種境界是從正面說出，而緊接下來的『道昭而不道，言辯而不及，仁常而不成，廉清而不信，勇忮而不成』五者都是未能達道者，是莊子所否定的。莊子對正筆、反筆的運用很多，時而單用，時而對舉，以反筆足正意，以正筆明反筆，寫來宛轉有神，無板對之跡，文章有開闔流水之妙。

同時，林仲懿也注意到了莊子文本中衆多的比喻，他對莊子此一手法也是讚賞有加的。如逍遙遊篇有『宋人資章甫而適諸越』一段文字，林氏評論說：

堯以天下爲事，而往見藐姑四子，讓許由，與宋人資章甫而適諸越何異？許由無所用天下，如越人無所用章甫耳。既見四子，歸汾陽，窅然喪其天下，正所謂之人之陶鑄堯舜者也。妙在未說堯往見四子，陡然設喻，俗眼不測其所自來，文字卻分外拗折有味，故知用筆高下，只爭順逆先後之間。

此處說，莊子在『堯往見四子』之前先設一喻，還未寫天下於許由無所用，就以宋人資章甫的故事將意思先擺出，正意在喻意之後更顯明白，故林仲懿稱讚莊子文字『分外拗折有味』，『知用筆高下，只爭順逆先後之間』。林氏又指出，莊子文本中常常正意、喻意對舉，正、喻相映，兩面俱透。如大宗師篇『泉涸，魚相與處於陸，相呴以濕，相濡以沫，不如相忘於江湖。與其譽堯而非桀也，不如兩忘而化其道』，前五句是喻言，透出正意，後二句則直寫正意，可稱之『雙管齊下，筆快如刀』。此外，林仲懿還注意到了莊子文本中正意與喻意使用手法的變換，如德充符篇：『何謂德不形？曰：平者，水停之盛也，其可以爲法也，内保之而外不蕩也。德者，成和之修也，德不形者，物不能離也。』林氏指出『平者』四句是喻意，『德者』四句是正意，『喻意後二句，是從上句倒找出下句，正意後二句，是從上句順推出下句，對偶中，最喜有此變換之法』。認爲正意、喻意同時對舉，然而喻意爲先果後因，正意則先因後果，雙峰對峙，手法變換多端，文章亦拗折有味。

三、以『法』解莊

隨著文學批評理論的發展，學者越來越重視對詩文之『法』的研究。宋釋惠洪就提出兩大詩文創作方法，『不易其意而造其語，謂之換骨法；窺入其意而形容之，謂之奪胎法。』（冷齋夜話卷一）及至明代，由於受復古學風的影響，文人們更是常談文法，如唐宋派唐順之言古人之法：『漢以前之文，未嘗無法而未嘗有法，法寓於無法之中，故其爲法也，密而不可窺。唐與近代之文，不能無法，而能毫釐不失乎法，以有法爲法，故其爲法也，嚴而不可犯。』（董中峰侍郎文集序）受前朝文學的影響，又加上科舉以八股取士，清代小説的評點中也大量運用『法』字，典型的如金聖歎在水滸傳評點中提出了『草蛇灰綫法』、『欲合故縱法』、『横雲斷山法』等等。清初林雲銘也在其著作莊子因中提出了莊子文章有『散中取整法』、『化板爲活法』、『抑揚開闔法』、『雙發雙敲法』等行文手段。受此氛圍影響，林仲懿也强調對文法的研究，他説：『文章誠以義爲先，而法次之。法乃文之所以成章而得乎其義者也。』（讀離騷管見）所以，他在其莊子文章研究中極力强調對莊子行文方法的把握，曰：『最要看他文法變化。古人法在文成之後，或未必有意安排，我輩得之，都是絶妙花樣。』（逍遥遊本義）概括而言，林仲懿主要發揮了莊子文章的結構安排手法和敘事描寫手法。

在結構安排上，林仲懿指出了莊子以下幾個行文方法：

蜂腰鶴膝法，指將文章關鍵置入篇中，以精短言詞概括，既結束上文，又恰好接入下文，文字雖簡，卻是文章結構之關鍵，如同細小的蜂腰和鶴膝對於主體來說都是不可或缺的。林仲懿舉例說，如逍遥遊篇，從『北冥有魚』到『齊諧者志怪者也』、到『蜩與學鳩笑之曰』、到『湯之問革』，一路行文恣縱，波瀾壯闊，忽然緊接『此小大之辨也』一句，收束上文，疾入正意，開啟下文一幅妙論，因而贊道：『前幅千巖競秀，萬壑爭流，只此一句，收攝而總結之，下文恰好接入正意，此蜂腰鶴膝之法。全篇要害在此，一氣呼吸，通體俱靈，真神筆也，那得不焚香一拜！』『想見他下筆有兔起鶻落、少縱即逝之勢。』並認爲，文章安排須有此關鍵處，才能顯得緊湊，就如逍遥遊篇前半幅喻意從大說至小，後半幅正意從小說至大，『中間恰好斗榫，首尾恰好相應』，這種既能點明全文意旨之關鍵，又是上下文結構之連接，便可稱之爲『蜂腰鶴膝法』。

牽上搭下法，與『蜂腰鶴膝法』相應，亦是指能在結構上承上啟下，只是範疇更小，專指句法上的呼應。如齊物論篇『大木百圍之竅穴，似鼻，似口，似耳，似枅，似圈，似臼，似窪者，似汙者；激者，謞者，叱者，吸者，叫者，譹者，宎者，咬者』數句，林仲懿指出：『連用八個「似」字寫衆竅之不同，先帶兩個「者」字，句法牽上搭下。』即連用八個『似』字，但最後『似窪者，似汙者』二句手法一變，帶上兩個『者』字，正好搭下文八個『者』字，句法牽上搭下，手法轉换巧妙。又如『齊諧者，志怪者也。諧之言曰：鵬之徙於南冥也，水擊三千里』數句，林仲懿曰：『南冥注在後，齊諧注在前，牽搭之法，最宜臨摹。』認爲寫齊諧本是要注南冥，結果先將齊諧注好，再引齊諧作注，此處句法不如上段引文明顯，然而仍有牽搭之勢，所以說牽搭法最宜臨摹。

舉綱提綱法，指某一句或者幾句能夠契合文章主旨，對全文有提綱挈領的作用。如齊物論篇『大知閑閑，小知閒閒，大言炎炎，小言詹詹』四句，林仲懿曰：『人心有竅而言以生，猶衆物有竅而聲以出，此人籟之所爲取義也。但知有大小而言即隨之。大知大言，人籟亦天籟也；小知小言，人籟也，非天籟也。用四韻語，矗如山立，全篇主腦在此，此舉綱提綱之法也。』林仲懿極力強調個人認知的重要性，在逍遥遊篇用了大量篇幅說明知之大小與年之大小的關係，提出『莊子意思正是年有大小由於知有大小』，批評坊本推本『知有大小由於年有大小』與莊子本意『失之遠矣』。此處，林仲懿又指出，知的大小不僅能決定年之大小，而且還能決定言之高下。可見，『知』對於體道來説是非常重要的。所以，這四句正是全幅主腦，有舉網提綱之作用。

回龍顧祖法，指行文過程中對文章開頭的呼應。如齊物論篇『既使我與若辯矣，……然則我與若與人俱不能相知也，而待彼也邪』段，林仲懿曰：『莫道此段清纏無味，此回龍顧祖法。我也，若也，人也，是也，非也，同也，異也，所以應彼是也，應因是因非、因非因是也，應彼亦一是非，此亦一是非也，皆所以應人籟也。應人籟，所以爲化聲取勢而應天籟也。』指出這段話呼應前文『因是因非，因非因是』，應『彼亦一是非，此亦一是非』，並呼應『人籟』及『天籟』。

同時，林仲懿還注意到了莊子在敘事描寫上的手法特點，主要總結了莊子行文的以下幾種手法：

先聲奪人法，指未見其人，先聞其聲。如逍遥遊篇『肩吾問於連叔曰：「吾聞言於接輿，大而無當，往而不反。吾驚怖其言，猶河漢而無極也；大有徑庭，不近人情焉。」』林仲懿曰：『聞則聞耳，爲甚如此驚駭，藐姑神人將出，此先聲奪人法。』認爲肩吾如此驚駭，實際上是爲下文藐姑射神人的出場作鋪墊。

十二分加倍法，指通過誇張來强化其藝術效果，這是莊子運用最爲廣泛的手法。如德充符篇寫魯國有一兀者王駘，孔子稱讚曰：『夫子，聖人也。丘也，直後而未往耳。丘將以爲師，而況不若丘者乎？奚假魯國，丘將引天下而與從之。』林仲懿評曰：『寫仲尼傾倒王倪，一句緊似一句，莊子慣用加倍法，此又十二分加倍法也。』指出通過誇張手法，將『在德不在形』之旨發揮得淋漓盡致。

鏡花水月法，指措語精微，無一字寫正意，卻言外傳神，處處透露文章意旨。如人間世篇葉公子高將使於齊，他對孔子説：『吾未至乎事之情，而既有陰陽之患矣。事若不成，必有人道之患。是兩也，爲人臣者，不足以任之，子其有語我來。』林仲懿評道：『即葉公口中破綻，露出莊子言外正旨，此謂鏡花水月之法。』認爲後文即借仲尼之口，對針葉公子高『爲人臣者，不足以任之』，發『天下有大戒二，其一命也，其一義也』一段高論，指明處世之難，須『乘物以游心，托不得已以養中』，方可免陰陽、人道之患，『字字言外傳神，真有鏡花水月之妙』。這也是莊子之所以『終身不仕，以快吾志』的原因。

反照法，指通過反面事例的反襯來突顯作者文章的立意。林仲懿指出，如德充符篇前面寫三兀者，一惡人，一闉跂，一大癭，不全形者共六人，莊子寫王駘、哀駘它，是借孔子說出他本領，寫申屠嘉，則借子產逼出他本領，寫叔山無趾，又是借孔子顯出他本領。最後，闉跂大癭，仍是承前四章餘意，總是強調『在德不在形』之意，節節用筆各自出色，篇末卻寫一全形無德之惠子，實際上是以惠子作反照，如此，文章大旨便更爲突出。

林仲懿對莊子的文法研究極爲用心，除了對莊子文章大的筆法進行分析外，還將詩學理論中的『起結』、『字眼』等關注點投射到莊子散文研究中，從細處著眼，體會莊子手筆之巧妙。他指出，如德充符篇子產不願與兀者申屠嘉同行段，開頭即寫：『申屠嘉，兀者也，而與鄭子產同師於伯昏無人』，短短的文字，已將人物、事因埋伏，所以他說：『發端書法最妙，一篇妙文，都從「兀者也，而與鄭子產同師」十個字撰出。』又如應帝王篇神巫季咸對列子說：『子之先生死矣，弗活矣，不以旬數矣，吾見怪焉，見濕灰焉。』林仲懿評曰：『連下五決詞，自誇眼力如神，而不知已入壺子彀中也。』次日，季咸相壺子後，對列子說：『子之先生遇我也，有瘳矣，全然有生矣，吾見其杜權矣。』林仲懿評曰：『吊詞連下五句，賀詞亦連下五句，又誇眼力如神，而不知其又入壺子彀中也。』對於季咸的這幾句話，林仲懿很敏鋭地捕捉到莊子的諷刺手法，認爲季咸首次相面，連用五個表示肯定語氣的虛詞表示壺子不可救，次日相面，又連用五個表示肯定語氣的虛詞恭賀壺子轉危爲安，一副自信滿懷的樣子，誰知卻正中了壺子的圈套，與後文『立未定，自失而走』交相呼應，讀之不免發笑，諷刺味十足。林仲懿不僅注重細處，連虛詞的表達效果都能詳加分析，其對莊子文章分析之用力可見一斑。

總的來說，在文章藝術方面，林仲懿對莊子給予了高度肯定，認爲莊子散文藝術成就甚爲突出，稱讚其『文字雄古堅剛，沉鬱頓挫，後來班馬手筆，便純是學此』（德充符本義），於章法佈置上稱其『層層筆墨，色色嶄新，教人如何不愛』（人間世本義），於句法、用字上贊曰『句句活跳，字字活跳，故是文章絕詣』（大宗師本義），而於莊子手法變換則曰『筆筆變化，各自合拍，尤爲文章出落金針』（逍遥遊本義），不由得佩服『南華文字，付之祖龍可矣』（齊物論本義），尊崇和敬佩之情溢於言表。

第八章　藏雲山房主人的南華經大意解懸參注

藏雲山房主人，生平事跡不詳。但南華經大意解懸參注歷引郭象、陸德明、褚伯秀、劉辰翁、何孟春、陸西星、陳治安、查伊璜、林雲銘、蔣金式等家之說，至清雍正八年進士徐廷槐之說而止，則藏雲山房主人當係乾隆間人。此著至今仍僅有稿本，至寓言篇而止，此後的讓王、盜跖、說劍、漁父、列禦寇、天下六篇皆缺失，藏於美國普林斯頓大學圖書館。全書引林雲銘之說最多，書前有藏雲山房南華經大意解懸參注序、引言、藏雲山房老莊偶談錄等。

我們在本書前面已經說過，晚明朱得之在莊子通義中曾提出了莊子每每『敷演道德經』之類的說法，陸西星在南華真經副墨中也認爲莊子爲老子之注疏。藏雲山房主人在繼承他們觀點的基礎上，進一步提出了自己的新看法，並作了相當具體的闡述。他說：

南華發道德未發之意，詳者略之，略者詳之，本末兼該，功效畢著，兩經如出一人之手。（藏雲山房老莊偶談錄）

南華尚矣，有道德不可無南華。南華者，祖述道德而條理始終，以集大成，以廣至教者也。……循其流，則道德自道德，南華自南華；溯其源，則道德即南華，南華即道德。南華也，道德也，一而二，二而一者也。然則，南華與道德謂之出於一人之手，可乎？曰：可！（藏雲山房南華經大意解懸參注序）

在藏雲山房主人看來，道德經乃『傳道之祖書』，而南華經則祖述道德經而對之『條理始終，以集大成，以廣至教』。道德經猶如淡酒，猶如希聲，意藴引而不發，而南華經則毫無遮掩，泄盡道妙。不但如此，南華經還將如何入道、如何修道、果證如何揭示得清清楚楚；如果僅從表面來看，則道德、南華各成一家，但究其根本，二者其實是没有什麽差別的，即使説兩經同出一人之手也不過分。由此我們可以看出，相對於前代以老解莊的學者，藏雲山房主人對老莊的一致性已經開掘到了異常細緻深入的層次。他的整個釋莊活動，就是在這一思想指導下充分展開的。

第一節　南華經乃『言性與天道之書』

我們知道，孔子在授徒時，一般只説人事，而『性與天道，不可得而聞也』（論語公冶長）。而在藏雲山房主人看來，老莊與儒家恰恰相反，乃專門傳授『性與天道』之奥秘。而莊子作爲老子的忠實繼承者，對『性與天道』的開掘更爲詳密。正如他在藏雲山房南華經大意解懸參注序開篇所説的那樣：『予初讀老子道德經，見不言之教，無爲之爲，以爲至人之言性與天道端在斯矣，而不知爲南華立其基也。繼讀莊子南華經，見放言高論、奇絶今古，以爲宇宙之文章端在斯矣。而不知爲道德集其成也。』認爲道德經以其道爲南華經立基，而南華經以其文爲道德經集成。所以在天地篇參注中，他指出：『南華經，言性與天道之書也。』點明了南華經的『道書』性質。

那麽，在藏雲山房主人看來，什麽才叫作『道』呢？通讀全書，我們發現，他極重『内外之分』（莊子逍遥遊），常用一個詞『外見之跡』來表達對一切『非道』行徑的鄙夷。如在田子方篇『田子方侍坐魏文侯』章的參注中，他説：『聖知之言，仁義之行，猶是外見之跡，較正容以悟，使人之意消者，正天人之剩也。』連聖知仁義都不算是道，那什麽才算是道？在此篇的『溫伯雪子適齊』章中，他給出了自己的看法，曰：『外見之跡非道，内蘊之真始爲道也。人心者，真心也，天地之真宰也，故曰道也。竊勿以肉團之心爲真心也。』（田子方参注）在這裏，他顯然是受了陽明心學的影響，把『心』與『道』合在一起講。以這個思路，他在闡釋莊子的某些篇章時，往往顯得獨具隻眼，能够打中要害。

比如在宥篇中『黄帝見廣成子』章。這一章是説黄帝做了天子，向廣成子問治天下的事，而廣成子認爲黄帝要問的是『物之質』，而要管的則是『物之殘』，將黄帝教訓了一番。於是黄帝齋戒閒居三月，復來問道，不再提治天下，只提治身，廣成子這才爲之傳道。向來讀此段者，往往爲廣成子奇怪的邏輯所困惑。爲什麽黄帝關心民瘼的想法反而是『物之殘』，慎内閉外萬事都不管才算是抓住了『物之質』呢？對此，藏雲山房主人在『天地有官，陰陽有藏』下注曰：『天地非天地之天地，乃人之天地也。陰陽非陰陽之陰陽，乃人之陰陽也。官者，主也。有官者，各有所主也，缺一不可也。藏者，根也。有藏者，互爲其根也，不貳之物也，所謂至陰至陽之原也。』在『慎守汝身，物將自壯』之語下，亦注曰：『物非凡物，即先天地生之物，指道言也。能將至陰至陽之原，守於汝身之内，無稍差失，則道自盛滿而集於身矣。』這是説，天地本無天地，有人斯有天地，陰陽亦非陰陽，有人斯有陰陽，外在的天地變化與人心的内存運動乃『不貳之物』，『互爲其根』。既然這樣，我只要守住了我心之平和，『將至陰至陽之原，守於汝身之内，無稍差失』，本身就是治了天下，還用得著以一種對象化的方式，刻意地去維持天下的安寧嗎？顯然，在這裏，藏雲山房主人爲我們展現出了古老的『天人一體』、『心物一元』的思維方式。這在宋朝以後的莊學著作中，實在是不多見的。

在注解『黄帝見廣成子』的姊妹章『雲將見鴻蒙』章時，藏雲山房主人更是將這種『天人一體』、『心物一元』的解莊路數發揮得淋漓盡致。如在『天氣不和，地氣鬱結，六氣不調，四時不節』下，他注曰：『此天地六氣四時俱在人身中見之，非泛言天地之六氣四時也。』在『今者民之放也』下，他注曰：『民非天下之民也，乃我身中之民也。陰符經所謂富國安民之法，即此民也。國者，身也。身中所有，皆民也。欲富國，必先安民。民不安，國不富矣。民隨往，民不安矣。……此其喻意也，非臨莅天下之謂也。』在『亂天之經，逆物之情，玄天弗成』下，亦注曰：『天下之經即天之經，物之情即人之情。玄天即至道之精，有心以制之，即亂即逆。玄妙之天，至道之精，即不能成也。』在『天降朕以德，示朕以默；躬身求之，乃今也得』下，注曰：『天字亦暗指鴻蒙而言之。降我以德，示我以默，非求之於我躬我身，而烏能得之？甚矣！身外無道也。』由此可見，藏雲山房主人幾乎是處處自覺地、嚴格地秉持著這種『天人一體』、『心物一元』的解莊思路。這種思路在別的解莊者那裏，也許只是一種内在的不甚清晰、不可言傳的思維火花，而在他這裏，已經被上升到了方法論的高度了。

正由於在藏雲山房主人這裏，天人不分，心物不分，所以他在許多莊學問題上，得出了與前人頗爲不同的見解。比如，按照他的邏輯，既然天下之事即身内之事，反過來，身内之事也便應是天下之事，至少也應是天下之事的反映，這便自然而然地得出了他的『人事無非天道』論。他在人間世篇『顔回之衛』章參注中寫道：

此段從『間』字上著力透講，運化『人』字、『世』字，正是人間世合符處也。通身説爲使之道，皆人事也。末復説養中致命，則天道也。蓋天道難以直泄，藉人事以顯之。又恐人不知藉人事以明天道，故結尾指明養中致命，以爲此其難者，人深思而自得之也。且人事亦無非天道，試看前面説孝説忠，俱説到極致之處，修道者未有不以忠孝爲本者也，本立而道生也。故曰：人事亦無非天道也。更進而告之以傳兩君喜怒之言之道：傳其常情，無傳其溢言，是處其間者，雖傳言而無不信之言。言歸於信，兩君自成其交，而己之事畢矣。所謂無爲而成者，同此意也。是人事亦無非天道也。更進而告之以有心成事之弊。其始雖簡，而其畢必巨。其始不過以爲言辭之巧，而不知心之厲惡並由此而生，而不自覺也。遷令勸成，必生於憤事，何如因任自然之爲事乎？是處其間者，因其自然之勢，以成其交，總不可以己心助之。人事若此，天道可知矣。是人事亦無非天道也。雖然，以人事喻天道可，以人事爲天道則不可。天道者，養中致命之事也，故曰：此其難者。一句收盡通身大意。善讀者切勿以天道看成人事，則幾矣。

按照一般的理解，人間世篇本是專講涉世之難的文章。郭象說：『與人群者，不得離人，然人間之變故，世世異宜，唯無心而不自用者，爲能隨變所適而不荷其累也。』林希逸說：『看這般意思，莊子何嘗迂闊，何嘗不理會事，便是外篇「物莫足爲也，而不可以不爲」一段意思。』均以爲內七篇寫到這裏，莊子總算實際了一回，暫時從高妙的道體裏抽身出來，來直面現實的人生。可在藏雲山房主人看來，雖然本篇所說『皆人事也』，但『末復說養中致命，則天道也』。他認爲莊子之所以這樣寫，只是因爲『天道難以直泄』，故『藉人事以顯之』，又怕這樣寫了，讀者真的以爲莊子在大談人事而忽略了天道，所以『結尾指明養中致命，以爲此其難者，人深思而自得之也』。即便是隸屬於人事的『忠孝』，他也認爲這是修道者的本分，『本立』才能『道生』。而在論及怎樣傳兩君喜怒之言時，他也認爲傳兩君之言雖是人事，而能夠『無爲而成』，則是天道了。他又指出有心成事之弊，說這樣一味賣弄言辭之巧，終將激起『心之厲惡』，所以『處其間者』須『因其自然之勢，以成其交，總不可以己心助之』，這樣，就『人事亦無非天道』了。不過，雖然如此重視天人的一致性，他卻不忘在注文之末著重指出：『以人事喻天道可，以人事爲天道則不可。』因爲『天道』說到底是『養中致命之事』，是至難的心上功夫，並非所有的人事都可以一概看成天道的。從以上注文可以看出，藏雲山房主人確實是在注莊過程中忠實地執行著他的『南華經，言性與天道之書』的論斷。應該說，他這種解法，的確深刻地傳達出了莊子『人與天一也』（山木）的本意。

第二節　深發莊子修道之『真宰作用』

那麼，在藏雲山房主人看來，莊子所描述的玄妙的『性與天道』，又是怎樣運行的呢？他既然認爲莊子是祖述老子的，所以對於這個問題，一定能從老子那裏找到本源性的揭示。在藏雲山房老莊偶談錄中，作者設爲自問自答，曰：『即云南華祖述道德，是必先明於道德之旨趣，而後可以惝悟南華也。敢問道德之旨趣，可得聞乎？曰：道德經爲傳道之祖書。八十一章中最要者，則是第一章。蓋已將大道之源流，修持之要妙，聖神之極詣，渾括靡遺。以後皆申明此章之意。』認爲道德經第一章已經開宗明義地將什麼是道、怎麼修道、果證如何講得清清楚楚了。他接著解釋道：

道者，無物不有，無時不然，於萬變之中而有其不變者在，故曰常道也。豈可分而言之，指而名之乎？故曰：道可道，非常道；名可名，非常名。夫道不可名，可名者有無而已。以無名之，則道在未生天地也。天地尚未生，是道爲天地之始，以有名之，則道在已生萬物也。萬物由以生，是道爲萬物之母，故曰：無名天地之始，有名萬物之母。天地亦一大物也，萬物亦各具一天地也，皆道之無而有也。言天地不言萬物，言萬物不言天地者，省文也。然是天地之始，萬物之母，雖以有無言之名之，而究之道不可以分而言之、指而名之也。分而言之、指而名之，則有是有，無是無，非道之全量也。道不終於有，道不終於無，無不離有，有不離無，無即有，有即無，所謂一者此也，所謂二者此也。人能一而不二，則盡乎道之量矣，是之謂得道。體道者知乎此，則常無觀妙、常有觀竅之不可以已也。①

這大意是說，道是一切生命力之源，它無時無刻不轉化爲萬相。道未轉化爲萬象之前，可以名爲『無』，所以用『無』來定名天地之始；而一旦轉化爲萬相，就可名爲『有』，故用『有』來定名萬物之母。不過，雖有有無名相之區分，但這都是道體顯化的過程，『皆道之無而有也』。倘若割裂有無，分而言之，那就不是『道之全量』了。道體運行不會止於有，也不會止於無，兩個過程根本不可分開；究而言之，兩個過程本是一個過程。體道者如

① 按，南華經大意解懸參注凡引老子『常有欲以觀其徼』（一章）之『徼』皆作『竅』。

果不割裂有無，能將之看成一個過程，就算『盡乎道之量』了，這就叫得道。如此，『則常無觀妙、常有觀竅之不可以已也』。

那麼，怎樣才是『常無觀妙，常有觀竅』呢？兩者有什麼區別與聯繫？在修道中究竟起什麼作用？藏雲山房主人接著寫道：

何謂常無？離中虛是也。何謂常有？坎中滿是也。蓋劫運未交之前，謂之乾坤，乾坤統體一太極也，先天也；形質既判之後，謂之離坎，離坎各具一太極也，後天也。自乾坤變爲離坎，是先天之乾坤，變而爲後天之離坎也。人猶以乾坤名之者，乃虛名耳，其實離坎也。離坎既各具一太極，是以有陽中陰，有陰中陽之分也。陽中陰，乃陽中孕陰，陰即無也，故曰常無也。陰中陽，乃陰中育陽，陽即有也，故曰常有也。有無分立，非有以合之，則後天之體不全，何以盡道之量乎？是貴有交合還返之功焉。交合者何？無與有會，有與無會之謂。還返者何？無歸於有，有歸於無之謂。蓋乾本有而坤本無也。乾變爲離，坤變爲坎，是乾無而坤有，乾不成其爲乾，坤不成其爲坤也。交合還返，則無者有而有者無，可以由後天之離坎返先天之乾坤，由各具之太極歸統體之太極也。妙者，妙有也，即有也。竅者，中虛也，即無也。觀乃返觀定觀，虛静之旨也。欲觀者必欲觀乎此也。無觀有則無可以有，有觀無則有可以無，正交合還返之謂也。故曰：常無欲以觀其妙，常有欲以觀其竅。夫無必欲觀有，有必欲觀無者，以有無雖分，著其名，而同出於統體之一太極也。統體一太極者，玄妙不可測也。以爲有也，則又空空寂寂焉；以爲無也，則又色色形形焉，是有無合而爲一者也。一即同也，同即玄也。故曰：兩者同出而異名，同謂之玄。人能有無合一，是觀妙觀竅之實有所得也，是謂玄之也。然而未盡道之量也。必進而至於又玄，始爲衆妙之門。玄之者，太極之謂也。又玄者，無極之謂也。衆妙之門者，天地萬物之根，千變萬化之本，所謂與道爲一也。修道之能事畢矣。故曰：玄之又玄，衆妙之門。

這段文字可分五個層次來理解。朱熹周易本義八卦取象卦歌曰：『離中虛，坎中滿。』這裏藏雲山房主人借用來描述『常無』、『常有』兩個哲學範疇。易曰：『易有太極，是生兩儀。』在『劫運未交』之前，只有『乾坤統體一太極』，無所謂有，無所謂無，是謂先天。但在『形質既判』之後，太極生成兩儀，乾坤表現爲離坎，離坎又各具一太極，是謂後天。離之中爻得自坤，爲陽中陰，是謂常無。坎之中爻得自乾，爲陰中陽，是謂常有。天地萬象雖然複雜，說到底無非有無二象，故離坎可爲現實世界的代稱。而『有無分立』，不互相作用，終究是割裂了道體，『後天之體不全』，故須有『交合還反之功』。在這裏，藏雲山房主人把煉丹術語『交合還反』借用爲哲學範疇，來描述人從後天現實世界復歸先天本體世界的過程。既然離是常無，坎是常有，那麼兩者交會，離補其虛，坎去其實，離還原爲乾，坎還原爲坤，自然就『由後天之離坎返先天之乾坤，由各具之太極歸統體之太極』了。這是第二層意思。那麼，究竟怎樣『交合還反』呢？關鍵在一個『觀』字上。無者觀其有，有者觀其無，虛者實之，實者虛之，這樣，無可以爲有，有可以爲無，觀妙觀竅，悠遊自得。這是第三層。無爲什麼要觀有？有爲什麼要觀無？因爲有無雖有名相差別，但都『同出於統體之一太極』，而在太極的境界上，說無時已有，說有時已無，兩者已經是一回事了。人觀妙觀竅到這個境界，才算實有所得。這是第四層。但這還不是究竟，因爲這時候雖入了『不二法門』，但還有個太極在，還有個『一』在，還只是『玄之』，必須進而『又玄』，連『一』也忘掉，『太極而無極』，才算真正找到了『衆妙之門』，才算是『歸根覆命』，才算是得道。這是第五層。道德經以下各章皆是發明這『常無觀妙，常有觀竅』之旨，所以，藏雲山房主人認爲：『若能勘透此章，則通部俱可悟入。南華祖述道德，豈不一以貫之哉！』

怎麼樣『一以貫之』？藏雲山房主人發現，南華經祖述道德經，『有所謂觀妙觀竅中之真寔景象者，有所謂觀妙觀竅中之真寔交會者，有所謂觀妙觀竅中之大法大戒者，有所謂觀妙觀竅中之媒合關鍵者，有所謂觀妙觀竅中之立基者，有所謂觀妙觀竅中之寔得者。』而他對其中『真寔作用』一項闡釋最爲著力。他說：

所謂觀妙觀竅中之真宰作用者，乃無爲中無不爲之事也。南華人間世之『狥耳目內通而外於心知』；應帝王之『順物自然而無容私』；在宥之『無視無聽，抱神以静』、『解心釋神，莫然無魂』；達生之『用志不分，乃凝於神』、『與齊俱入，與汩偕出』、『以天合天』；山木之『來者勿禁，往者勿止』；知北遊之『無爲謂不知答，齧缺睡寐』；庚桑楚之『與物委蛇而同其波』；徐無鬼之『牧馬者去其害馬者』、『以目視目，以耳聽耳，以心復心』；外物之『胞有重閬，心有天遊』，皆有合於觀妙觀竅之真宰作用也。

藏雲山房主人認爲，所謂『真宰作用』，乃是指『無爲中無不爲之事』。爲此，他便列舉了人間世、應帝王、在宥、達生、山木、知北遊、庚桑楚、徐無鬼、外物等九篇中的有關文字來反復加以説明，認爲：『狥耳目內通而外於心知』，乃言『率其耳目之聰明而通於內，屏其心之所知而外之，虚之至也』（人間世參注）。『順物自然而無容私』，乃言『淡漠之至，則無容私焉，此即所以治天下，別無治天下之法也』（應帝王參注）。『無視無聽，抱神以静』、『解心釋神，莫然無魂』，是因爲『昏默故無視，……窈冥故無聽，……以静即爲抱神，非真有神可抱也。故曰不神之神，謂之真神。……心思神識俱解釋而不用，一無所有，我喪我矣』（在宥參注）。達生篇之『與齊俱入，與汩偕出』，乃是由於『水自有常行之道，若從之以出沒而不以己私與之，可以得志也』（達生參注）。『來者勿禁，往者勿止』，是説『雖曰送往迎來，不過是來者勿禁，往者勿止而已，非真有意迎送也』（山木參注）。知北遊之『無爲謂不知答，齧缺睡寐』乃是『當下即忘知識』（知北遊參注）。而『與物委蛇而同其波』，是『順物無心，是真二而一之也，是真抱一也』（庚桑楚參注）。『牧馬者去其害馬者』，是因爲『修大道者，以無爲爲妙用也。若有意爲之，則所謂害馬者也，而道不成矣』；『以目視目，以耳聽耳，以心復心』，乃言『目耳心各還其本體，不自知其爲耳目心也，抱德養和之妙法也』（徐無鬼參注）。而『胞有重閬，心有天遊』，則是要『遊於無心之天，……此主静立人極之説也』。凡此種種，無非是要説，不是刻意的『人爲』，而要實實在在地感受到『天在幹，人在看』

用』、『真寔景象』，但他所用的名相體系明顯具有易學化的傾向。而通讀全書，我們發現，在他的參注中，一再從以上分析也可以看出，藏雲山房主人雖説要揭示出老莊的『性與天道』，要具體描繪出修道中之『真寔作象』。這樣，莊子的寓言終被歸結爲『坎離還返』這個主題了，而這個主題正是藏雲山房主人一直堅持的。表示離卦的庖丁互爲表裏，而『解牛是觀妙觀竅中之真作用，張樂是觀妙觀竅中之真景象，有真作用，必有真景之功的入道次序，亦類似人間世篇裏顔回的忘仁義、忘禮樂、坐忘的『三忘』。並且認爲洞庭乃『坎卦之象』，與欲聞『至樂』者，會依次出現『懼、怠、惑』三種心理狀態，這頗類似大宗師篇裏女偊所説的守之三日、七日、九日之三候，即女偊所謂守之三日、七日、九日之功也。顔子亦曰，忘仁義矣，忘禮樂矣，坐忘矣。俱同此理。篇首托於北門城問黄帝，張咸池之樂於洞庭之野，俱有至理，非泛設也。堯夫曰「快風飛過洞庭湖」，即本於此。』認爲程。藏雲山房主人認爲：『陶石簣謂莊子自寫其入道次序，誠知音之言也。至樂無聲，聞至樂者，有懼、怠、惑到的最高境界，而在天運篇『黄帝張樂洞庭』章裏，莊子則細細交待了要達到這樣的境界，會經歷怎樣的心理過明者，胥在於此。』認爲這正體現了『觀妙觀竅中之真作用』。但這只是體道者『無視無聽，抱神以靜』以後所達義。桑林之舞，祈雨之事，陰陽合則甘霖降矣。經首之會，合樂之章，琴瑟調則正，性全矣。蓋所以感天地、通神會』。藏雲山房主人注曰：『起首寫其手足肩膝之容，合於桑林之舞，砉然騞然之妙，中於經首之會，俱藏妙象。故曰互爲表裏也。』我們知道，養生主篇庖丁解牛章裏曾説庖丁解牛時的動作『合於桑林之舞，乃中經首之離卦之象，洞庭樂坎卦之象，解牛是觀妙觀竅中之真作用，張樂是觀妙觀竅中之真景象。有真作用，必有真景房老莊偶談錄中，他設爲自問道：『黄帝洞庭張樂，謂與庖丁解牛互爲表裏，可得聞其義乎？』答曰：『庖丁除了『觀妙觀竅中之真寔作用』，藏雲山房主人還對『觀妙觀竅中之真寔景象』給予了特別關注。在藏雲山的『人事即爲天道』論。的『道爲』，才算體現了『觀妙觀竅中之真寔作用』。從這種解釋可以看出，藏雲山房主人時時刻刻都在貫徹他出現宋代哲學家邵雍的詩句，如上文『快風飛過洞庭湖』，再如養生主篇參注中的『天根月窟閑來往』、在宥篇參注中的『中間些子好光景，安將工夫入語言』，天道篇參注中的『道非真得盡悠悠』，等等。這表明他解莊的指導思想受了邵雍很大影響。其實，即使是他的天道人事一體觀，雖說是『天人合一』的古老思想的在清代的遺存，但我們還是能看出邵雍皇極經世與觀物內（外）篇的影子。如邵雍在觀物外篇中說：『乾坤，天地之本；離坎，天地之用。』又說：『乾坤起自奇偶，奇偶生自太極。』藏雲山房主人的『先天後天』論，『坎離還返』說，以『奇偶爻』釋『常無常有』，都有明顯承繼邵雍的痕跡。此外，他還常常用『易』來代替『道』字，尤其在知北遊篇參注中，如『聖人故貴一之一，即易中之所得，即歸根之根，所謂真寔不虛之道也』，『知天地者，其知之乎，總是發揮前段易中未盡之義』，『無將無迎者，任其自然也，此易中之心法也』。我們知道，易本是卜筮之書，『但後則雖不於筮時，人亦常引申卦爻辭中之意義。』（馮友蘭中國哲學史）至宋，道學興起，學者們更是發掘出了易合於『道』的內涵。朱熹周易本義序曰：『易之爲書，卦爻象象之義備，而天地萬物之情見，……六十四卦，三百六十四爻，皆所以順性命之理，盡變化之道也。』又曰：『易者，陰陽之道也；卦者，陰陽之物也；爻者，陰陽之動也。……是以六十四卦爲其體，三百八十四爻互爲其用，遠在六合之外，近在一身之中，暫於瞬息，微於動靜，莫不有卦之象焉，莫不有爻之義焉。至哉易乎！其道至大而無不包，其用至神而無不存。……得之於精神之運，心術之動，與天地合其德，與日月合其明，與四時合其序，與鬼神合其吉凶，然後可以謂之知易也。』這實在是將易的具體內容，即六十四卦、三百八十四爻，當作具體的『修道指南』了，認爲只要處處動心起念合於此，就能『與天地合其德，與日月合其明，與四時合其序，與鬼神合其吉凶』（周易乾文言）。藏雲山房主人繼承了這種觀點，並且將這用在瞭解莊的過程中。但值得慶倖的是，他沒有如邵雍一樣，以易來建構理論體系，硬要將種種歷史事件生硬地納入一個本體論的框架裏。在藏雲山房主人那裏，雖然時不時地出現幾個易學名詞，但還是爲其『修道』的主旨服務的，這就大大地超越了前代的生搬硬套以易釋莊的學者。

不過，由於在釋莊時高度集中於『修道』這個主旨，藏雲山房主人有時也會出現一些過猶不及的失誤。比如在則陽篇『魏瑩與田侯牟約』一章中，其參注曰：『此段即所謂蝸角頭上爭名利也。喚醒學人及早修道以逃生死，言外之意無窮矣。』今案此段，本是借『反戰』這個主題來提醒人應該擴大心量，不要因爲爭蠅頭小利而昧失大道，並沒有『早修道以逃生死』的意思，藏雲山房主人明顯是刻意求深了。再如徐無鬼篇『莊子送葬』一章，參注曰：『此段大意總是悼惠子之亡，以見好辯之無益也。陳汝道云，存沒之感，大是淒涼難聽。夫方相辨難，遽爾悼亡，足見人生危脆，又安得以無益之辨，耗蠹精神？莊子平時痛砭惠子，正爲其有此段事，深得言中之旨。』莊子雖是了道之人，也確實對惠子之好辯有所不滿，但他一生知己僅惠子一人，惠子死後，生命驟然失去了一個重要的對象存在，也難免發出一些『人之常情』的慨歎，而恰恰是這『人之常情』，才更能顯出莊子的豐富與博大。由此可見，藏雲山房主人之釋莊，受『易』的理性思維影響太深，沒有注意到『詩』的審美性的一面才是莊子最重要的特質，於是整部南華經大意解懸參注不得不呈現出一種過度神秘化的氛圍，雖處處談『道』，卻未必完全契合莊子的本意。

第三節　嚴析莊子『傳道之言』與擬作者『論理之言』

我們知道，莊子一書，並非全由莊子自著，而究竟哪些是原作，哪些是擬作，歷代學者各有不同的意見。如王夫之就認爲：『內篇雖參差旁引，而意皆連屬；外篇則踳駁而不緒。內篇雖洋溢無方，而指歸則約；外篇是言窮意盡，徒爲繁說而神理不摯。內篇雖極意形容，而自說自掃，無所粘滯；外篇則固執粗說，能死而不能活。內篇雖輕堯舜、抑孔子，而格外相求，不黨邪以醜正；外篇則忿戾詛誹，徒爲輕薄以快其喙鳴。內篇雖與老子相近，而別爲一宗，以脫卸其矯激權詐之失；外篇則但爲老子作訓詁，而不能探化理於玄微。』（莊子解外篇總解)這是從辭氣的角度來判别真僞的。而由於藏雲山房主人高度重視『修道』這個主旨，所以在論及莊子文章時，也極看重一個『道』字。所以在他的釋文中，曾多次出現了『傳道之言』與『論理之言』的對立。如在秋水篇參注中，他就大發了一通議論，說：

此篇擬莊之文，頗有似於莊，而究非真莊也。真莊傳道之言，非論理之言也。無道中之真寔作用，徒論天地萬物之理，儒家者流，皆能言之。如大易之言乾、坤、坎、離，人皆知其爲天、地、水、火，言震、巽、艮、兑，人皆知其爲雷、風、山、澤，而其所以然之故，則不在於天地萬物而在於人身也。邵堯夫曰：『早知萬物備於我，肯把三才别立根。』其明證也。此篇河伯、海若反覆問答，總是齊大小貴賤爲一致，順死生内外爲一途，萬事萬物循其自然之理，即是大道，人能守之，即是反真，亦猶觀大易者，只知乾、坤、坎、離爲天、地、水、火，震、巽、艮、兑爲雷、風、山、澤。問其所以合於人身，何以用之，則但曰循其自然，爲無爲而已。道果如是，則大易之畫卦分爻，文王、周、孔之象繫翼言，又胡爲乎條分縷晰，必若是之詳且盡也。蓋論理之言與傳道之言，則必有分矣。知其分而能合之，論理之言，未嘗非傳道之言。不知其分而强爲合之，論理之言不惟非傳道之言，即論理亦不爲真。何也？即如此篇所云：『至德者，火弗能熱，水弗能溺，寒暑弗能害，禽獸弗能賊，非謂其薄之也，言察乎安危，寧於禍福，謹於去就，莫之能害也。』此數語者，即不知其分，而强爲合之者也。不惟非傳道之言，即論理亦不爲真矣。逍遥遊贊神人曰：『之人也，物莫之傷，大浸稽天而不溺，大旱金石流、土山焦而不熱。』之人者，寔有其人也，非虛語也。若以爲虛語，則是莊子非傳道之書，直吊詭之論也。何爲老、莊並稱哉？故在『察乎安危』數語，人以爲說出實理，吾以爲說殺道妙，非知道之言也。以後數條，總是發揮此條之意。文雖有俚雅之别，而大意則一串而下。即有暗合道妙之語，亦不過偶然相同耳。擬莊之文無疑。

我們知道，秋水篇是莊子裏的名篇，文氣浩淼，開人胸襟，與逍遥遊篇甚爲相似，以至於前人甚至有『吾讀漆園書，秋水一篇足』（馬定國讀莊子）之論。而藏雲山房主人在這裏卻認爲秋水篇『頗有似於莊，而究非真莊』，因爲它只是『空論天地萬物之理』，『總是齊大小貴賤爲一致，順死生内外爲一途』，以爲只要『萬事萬物循其自然之理，即是大道，人能守之，即是反真』。對此，藏雲山房主人反詰説，如果僅僅在觀念上齊小大、等貴賤，在行事上順其自然，就能夠成道，那周文王幹嗎還要畫卦分爻，孔子幹嗎還要寫彖傳繫辭，那樣地條分縷析呢？藏雲山房主人認爲，秋水篇之所以會出現這種失誤，關鍵在於，其作者不知『傳道之言』與『論理之言』的差別而『強爲合之』。在他看來，『傳道之言』與『論理之言』也不是不能合，但你得知道它們之間的差别，知道差别，即使是空論義理，也能夠傳大道；如果不知其别而『強爲合之』，那不但傳不了道，論理也不真了。接著他將秋水篇中論至德一段與逍遥遊篇論神人一段展開比較，認爲逍遥遊篇的神人『物莫之傷，大浸稽天而不溺，大旱金石流、土山焦而不熱』的境界是『寔有其人也，非虚語也』，而秋水篇所謂的至德是將『火弗能熱，水弗能溺，寒暑弗能害，禽獸弗能賊』的神人真實境界與『察乎安危，寧於禍福，謹於去就』的世間智慧混爲一談，這簡直是『説殺道妙，非知道之言也』。其實，藏雲山房主人之所以這樣説，歸根到底還是由於他認爲秋水篇的作者不明『道中之真寔作用』，不知至道『不在於天地萬物而在於人身』，這樣一來，理上説得再圓通，也只是空論，與大道無關了。

正是根據『傳道之言』與『論理之言』的差别，藏雲山房主人將莊子的不同篇章分成了『通篇正文』、『此篇擬莊』、『有正有擬』三種類型。在『有正有擬』這種類型裏，又細緻標出『此段正文』或『此段擬莊』。被他目爲擬作的具體原因往往是不同的。除了秋水篇式的不知『傳道之言』與『論理之言』的差别而『強爲合之』之外，還有一種他極力駁斥的傾向就是所謂『以虚靜恬淡爲大道』。我們知道，晚明陸西星著南華真經副墨，曾以『虚、靜、恬、淡、寂、寞、無、爲』八個字爲其解莊宗旨，甚至以此八字來作爲卷目。對此，藏雲山房主人頗不以爲然。如他在繕性篇末寫道：『是一篇擬莊之文，闡發性道，無真寔作用，仍是以養恬爲道者。是所謂知其體而不知其用者也。林西仲謂有訓詁氣，非南華筆，誠然。』又在天運篇『孔子行年五十有一而不聞道』章後注曰：『此段言道非仁義可以假托，惟采真之遊，始可爲道。然其所謂采真者，亦止於逍遥無爲，苟簡易養，不貸無出，猶是虚静恬淡寂寞無爲而已，無大道之真寔作用，亦是擬莊之文。』爲什麽他那麽反感人們將『虚静恬淡』視爲道呢？在天道篇參注中，他解釋道：『彼之所謂内聖外王之道者，虚静恬淡寂寞無爲而已，不知此大錯也。虚静恬淡寂寞無爲之於道，猶煮飯之有水火也。無水火何能成飯？止於有水火，亦何能成飯？以此爲道，即無米之炊，何有寔濟？道家所謂水火煮空鐺者是也，安足爲道哉！至於治天下，則内聖而外自王。虚静恬淡寂寞無爲，既不能盡内聖之道，則自無外王之道可知矣。乃彼以爲治天下之道，亦在於此。果可以治天下乎？天下之亂，必由此而起矣，非治天下之道也，亂天下之道也。不知大道，而妄以爲知，其害乃至於此，可不慎乎？』在藏雲山房主人看來，這種認爲『虚静無爲』就是道的看法非但跟内聖外王之道全不相關，其禍甚至於『天下之亂，必由此而起矣』。因爲『虚静無爲』只是修道的一種準備，用他的話説，只是『觀妙觀竅中之立基』，還遠遠見不到無爲而無不爲的『道中之真寔作用』。一味强調它，就是『道家所謂水火煮空鐺』，『無米之炊，何有寔濟』。所以他在此段末又引了他的偶像邵雍的詩句『道非真得盡悠悠』，再一次强調了他重修道中之『寔得』的觀點。

除了『强爲合之』、『虚静恬淡』這些在藏雲山房主人看來似是而非的論調之外，被他歸爲『擬作』的原因還有『將兩聖性與天道之喻言，寔寔認爲治世之具』（馬蹄參注）、『説理極其精當，然筆氣近俗』（天地『天地雖大，其化均也』章參注）、『非知道之言，且辭意未見深厚』（天道『世之所貴道者書也』章參注）、『文長而意短』（天運『孔子西遊於衛』章參注）、『肆無忌憚之言』（天運『子貢以孔子聲見老子』章參注）、『以棄世逃名爲道』（山木『孔子圍於陳蔡之間』章參注）、『粹然儒者之言』（山木『孔子窮於陳蔡之間』章參注），等等。總之，一切未能體現出『觀妙觀竅中之真寔作用』的文字，都入不了藏雲山房主人的法眼。王夫之對莊子内、外、雜篇文風的印象式點評，在他這裏，實在是以『修道』的名義被高度具體化了。

不過，南華經大意解懸參注倒也不全是一部單純『論道』的莊學著作，在書前的藏雲山房老莊偶談錄中，作者說：『至人以至文傳至道，文與道合者也。豈吾人所能識乎？然亦間有領會之處，試條說之以備觀覽可也。』抒發了他對於莊子文章的心得。這類文字雖然不多，但往往頗中莊文藝術之肯綮。如論齊物論篇：『「而不獨聞之翏翏乎」，是耳之所聞也，虛聲也；「而獨不見之調調之刁刁乎」，是目之所見也，景象也。先將風木之聲盡力摸寫，然後倒指出調調、刁刁之形，則虛聲皆歸寔象。陸長庚所以有筆端如畫之贊，而不知寔由於倒點調調、刁刁之妙也。此用筆意之異也。』這真是悟出了莊子筆法的最微妙之處，發前人所未發。又如論人間世篇：『葉公使齊，通段是人事，只末後一語叫轉，使人事盡成天道，點石成金妙法也。誰解爲之？顔闔傅太子，蘧伯玉一段說話，句句是傳太子之作用，句句是修道中之作用，直以一文作兩題也，妙不可言。』以及論山木篇：『市南宜僚對魯君一段說話，句句是往越，卻句句是進道；一言兩意，奇趣橫生，愈說愈妙，雙關到底。當面爲盜耶？我用我法耶？吾無以名其妙矣！』中國傳統上講『文以載道』，但通過分析文法，將『文』何以載『道』揭示得如此親切具體，實不多見。不但如此，他還具體地揭示出了内七篇篇章之間的内在聯繫，說：

内七篇次第井然。逍遥遊繼道德經首章而作，從坎離還返說到至人、神人、聖人爲極則。此七篇之總冒，故以爲首。應帝王從有虞氏之治外說到治内，從治内說到盡道之量，是應首篇之『至人無己、神人無功、聖人無名』，爲寔得。此七篇之總結，故以爲尾。齊物論、養生主、德充符、大宗師以知行道德，分佈爲四體，人間世恰在七篇之中心，以爲樞機。首尾一氣貫注，四體血脈通連，中心運化周身。分之則七篇各爲一篇，合之則七篇共爲一篇，於千回萬轉之中，得圓規方矩之妙，非以至道爲至文，其何能之！（藏雲山房老莊偶談録）

據陸德明經典釋文序録，莊子内篇七篇，從來『衆家並同』。成玄英莊子注疏、王雱南華真經新傳等，進一步把内篇七篇闡釋成了一個十分完整的邏輯結構。藏雲山房主人在承因前人觀點的基礎上，以他一貫的『以道觀之』的視角，將內七篇『井然』的『次第』揭示了出來，認爲內七篇就好比一個人的身體一般，逍遥遊（內聖）總括超凡入聖之境界，此爲首，應帝王（外王）描述超凡入聖後之寔得，此爲尾，而齊物論（知）、養生主（行）、德充符（德）、大宗師（道）就好比人的雙手雙腳一般，具體執行著『超凡入聖』的路綫，而中間的人間世（世）恰恰是這條路綫能夠現實運作的舞臺，此爲樞機。這樣『首尾一氣貫注，四體血脈通連，中心運化周身』，自然會有『分之則七篇各爲一篇，合之則七篇共爲一篇』的藝術效果。應該説，藏雲山房主人這種看法，雖然驟看未免有些先入爲主、牽強附會，但倘若真能深味莊子內七篇的內在韻律，自會承認他説得有些道理。莊子是『以至道爲至文』，方能有此效果。但讀者倘若不『具眼』，這『至文』也終究是讀不懂的。

總之，這部約成書於清朝中葉的南華經大意解懸參注，秉承老莊一體的解讀思路，處處緊扣『修道』這個中國文化的主旨，以近乎苛刻的『天人一體』觀將莊子最深刻的一面揭示了出來。但有時因過於求深，對莊子的美學本質重視不夠，於是不得不使其著作籠罩在一片逼仄的氛圍裏。然而這恐怕是清人瑣屑餖飣的學風所及，即使『談玄』，亦不得不如此吧。

第九章　胡文英的莊子獨見

胡文英，生卒年不詳①，字繩崖，號質餘，晉陵（今江蘇武進縣）人。乾隆十七年拔貢，曾官於廣東端州②，晚歸鄉里。關於胡文英的生平材料不多，錢人麟在吴下方言考序中説他『汲古好學』，王鳴盛在屈騷指掌序中云：『晉陵胡文英質餘氏，博雅善著書，食貧居賤，東西遊走，好學深思，多聞博物。……爲人甚修飾，不類莊周放曠。……行高而心定，優處自適，彈琴詠歌，其閒居則嘿嘿然，行於道途則循循然。』胡氏一生著述有莊子獨見、屈騷指掌、吴下方言考、詩經逢原、詩考補等。

莊子獨見成書於胡文英端州任上時，是其較早的著作。書前有乾隆十六年武啟圖序、乾隆十七年胡文英自敘，末附胡氏所撰莊子論略共十條、讀莊針度凡八則。卷首題『晉陵胡文英繩崖評釋，雲中武啟圖義民同訂』，雙行夾注，有旁批、眉批、篇末總評（低注文一格）及少量圈點。

據莊子獨見自序可知，胡文英自幼喜歡莊子，特别欣賞莊子文章，他説：『莊子著書，一雷電風雲之通於天地日月而無可端倪者也。……余幼即嗜莊，爾時第知雷電之驚耳駭目，風雲之娱心暢意，奭然相忘，無所於

① 胡文英所著屈騷指掌和詩經逢原皆自序於乾隆五十一年，其卒年當晚於此。

② 此説據光緒武進陽湖縣合志，但據胡文英莊子獨見自序，是時他於端州完成莊子獨見，故縣志中所記拔貢時間有待進一步考證。

解。』後來因爲『年來跨山涉海，辛苦流離』，使他真正與莊子有所會通，故他以文解莊，『簡細別白，聯絡其辭，貫串其意，約以該之，微以顯之，解其所可解，而置其所不必解，縱未能揭日月而行，而幽邃之中，亦時有絕徑路而通風雲之樂。』（莊子獨見自序）其書起名『獨見』，即取莊子『冥冥之中獨見曉焉』之意。綜觀此書，胡文英主要繼承了林雲銘以『法』析莊的傳統，『聯絡其辭，貫串其意』，重視對莊子的文法、筆法以及藝術特徵的分析。其評點語言個性化色彩十分強烈，文學趣味強，不僅生動形象，文采飛揚，而且靈活嫺熟，簡要精練，使莊子散文的形式美以及語言藝術的表現力得以充分體現。在清代莊子散文評點中，胡文英的莊子獨見表現出了較高的水準和多樣化的風格。

第一節　對文法、筆法的細緻分析

自宋末以來的莊子散文研究者大都非常重視字法、句法、文法、文脈等形式方面的分析，他們試圖通過這種帶有技術特色的仔細剖析，發現莊子行文的變化規律及其藝術特色。但令人欣慰的是，這其中的大部分著作讀了並不使人厭倦，是因爲大多數學者是抱著喜愛莊子散文的態度進行研究的，他們的分析雖是在理性思維下進行，但個人感悟和賞析的成分逐漸增多，文學趣味性越來越濃，加之學者們的文學觀念和文學意識不斷增強，能自覺地以文學批評理論爲指導，故這種純粹以形式爲批評對象的文學評點具有很強的生命力，到清代時不但沒有衰退，反而更加繁榮和成熟起來。在幾代人的共同努力下，莊子散文的形式美以及語言藝術的表現力充分凸顯出來。這種治學方法的發展綫索較爲明晰，從宋代的林希逸到明代的陸西星，再到清人林雲銘、吳世尚，後到胡文英。胡文英與林雲銘的治莊風格頗爲相似，但林雲銘的分析略顯生硬、機械，有些地方較爲繁瑣，而胡氏的評點則生動活潑，文采飛揚，靈活嫺熟，簡要精練，往往一語中的，能讓人一目了然。在以形式爲批評對象的著作中，胡文英的莊子獨見表現出了較高的水準和多樣化的風格。

前面我們講過，重視『法』是晚明以來文藝界流行的一種理論思潮，這種思潮影響了一代文風與學風。受此風影響，清代莊子散文評點家以『法』解莊者不乏其人，繼林雲銘之後，胡文英是非常突出的一個，他在評點中自始至終貫徹著『法』的觀念，這特別突出地表現在對莊子各種文法和筆法的總結上。

一、莊子的文法

中國傳統古典文論中，『文法』是一個比較寬泛的概念，其内涵也是不斷擴大的，到了清初，大體包括字法、句法、章法、讀法以及起承轉合等，評點家們在評點過程中也大都是從這些方面展開的，只不過各自的審美趣味不同，側重點也有所不同。胡文英在這方面受林雲銘的影響比較大。在具體的評點中，鮮明地體現了以『法』解莊的治學觀念。他十分欣賞莊子的『字法』。如評齊物論篇『地籟』一段時說：『先聞後見，是字法次第。』評人間世篇『而況散焉者乎』時說：『字法沉奥。』評馬蹄篇『一而不黨，命曰天放』之語時說：『字法奇趣横溢。』評知北遊篇『乃大歸乎』句時說：『字法似諧似正。』對字法或重析，或重賞，析賞之間可以看出莊子字法多樣的藝術風格。胡文英更爲用心於揭示莊子文法的變化，尤其是一些細微之處，往往也多有發現。如評逍遥遊篇『湯之問棘』一段中『窮髪之北，有冥海者，天池也。有魚焉，其廣數千里，未有知其修者』之語時說：『兩句亦不並列，文法變化如此。』評人間世篇開首『顏回見仲尼請行』一段時說：『前邊名爭，是明指顏子身上說；此處名爭，是暗指衛君身上説。前是合說，此是分說，乃文法變化處。』又如評大宗師篇『古之真人』一段中『而人真以爲勤行者也』一句時說：『飄然而來，借旁人反著真人，是文法變換處。』在胡文英看來，莊子文法變化多端。因此，他吸收了林雲銘的做法，歸納出了莊子各種各樣的具體『文法』，往往能發人之未發。今擇其要而述之：

簡裁伸縮之法：逍遥遊開篇寫北冥之鯤化爲鵬，飛往南冥，接著只解南冥。胡氏評云：『放下北冥，先解南冥，是簡裁伸縮之處。』這種方法類似於前人所說的雙起單承之法，即同時説兩件事，但往往放下一件，只説另一件，他稱之爲『簡裁伸縮之法』。

相間相讓之法：是説莊子用筆靈活多變，行文時一種筆法間雜有另一種筆法。如莊子於逍遥遊篇中間曰：『故夫知效一官，行比一鄉，德合一君而徵一國者，其自視也，亦若此矣。而宋榮子猶然笑之。且舉世而譽之而不加勸，舉世而非之而不加沮。』胡氏評點説：『前後俱用勁筆，而此句獨如風飄霜葉，毫不用力，可悟行文相間相讓之法。』又如胠篋篇莊子批判世人竊仁義之行曰：『竊仁義並斗斛權衡符璽之利者，雖有軒冕之賞弗能勸，斧鉞之威弗能禁，此重利盜跖而使不可禁者，是乃聖人之過也。』胡文英評云：『輕收一筆，是相間法。』

賓主輕重之法：齊物論首段南郭子綦回答學生顔成子游之問時説：『偃，不亦善乎，而問之也。今者吾喪我，汝知之乎？汝聞人籟而未聞地籟，汝聞地籟而未聞天籟。』胡氏評云：『用串筆遞下，已立定賓主輕重之法。』即行文有主有次，如主人和客人一般，不能喧賓爲主，故將賓一筆帶過，不作詳摹。

層層相間之法：即申説主題時，中間卻解説一番，然後再續前文，層層相間。如天運篇有『北門成聽黄帝張樂』一段，胡氏評點説：『夾入至樂者一段，將所以如此作樂之故，覆解一遍，堆雲叠翠，層層相間之法。』

加一倍渲染法：是指對一問題的説法本來已經大肆渲染了，卻又故意再渲染一番，讓讀者感到玄之又玄。如至樂篇記載，莊子妻死鼓盆而歌，惠子責問，莊子曰：『不然。是其始死也，我獨何能無概然？察其始而本無生，非徒無生也而本無形，非徒無形也而本無氣。……今又變而之死，是相與爲春秋冬夏四時行也。人且偃然寢於巨室。』胡氏評云：『前言無生，此言不死，俱加一倍渲染法。』

半個香爐法：指一個話題未説完，卻接入另一主題。如徐無鬼篇開首王果答則陽：『夫夷節已不能，而況我乎！』胡氏説：『未説完，忽然又接，此文家半個香爐法也。』其他還有『步步山影法』、『烘雲托月法』、『百尺竿頭進步之法』、『進一層渲染法』、『跌進一層法』、『倒裝法』、『串合法』等等。他總結的這些『文法』，雖不可避免地帶有『時文』色彩，但亦是一個時代文學觀念的縮影，凸顯了評點者的理論興趣與審美觀念。從另一角度，我們也能看出，作爲哲學家的莊子，雖然無意爲文，確實也已經邁入了文學的殿堂，其用筆之嫻熟，表現方法之多樣，本是無心插柳，卻是綠樹成蔭，無法之中又有法，值得後人不斷從中汲取營養。

二、莊子的筆法

胡文英對莊子筆法的分析同樣引人注意。莊子用筆出神入化，難以捉摸，這是世人的共識，也正因爲此，學者們大都只作直觀感悟的妙賞，無人敢深入其中，揭示莊子筆法的奧秘。胡文英受到宣穎的啟發，知難而進，通過揣摩莊文之『神氣』，創造性地總結了莊子行文中的各種筆法，讓讀者充分領略了莊子筆妙如神的特點。如分析駢拇篇，於『而非道德之正也』句旁批云：『輕放一句，極悠揚頓挫之妙。』於『故此皆多駢旁枝之道，非天下之至正也』之語旁批云：『輕束一筆，隨手帶起。』於『意仁義其非人情乎』句旁批云：『就勢再盤一筆，步而後伐也。』於『吾所謂臧』句旁批云：『回筆如風。』於『夫不自見而見彼』句旁批云：『復用擺筆，屈曲之極，而氣自一貫。』於『夫適人之適』句旁批云：『伸筆不可測。』於『雖盜跖與伯夷』句旁批云：『接筆有斷崖仙橋之異。』在這一篇中，胡氏就認爲莊子運用了『輕筆』、『回筆』、『擺筆』、『伸筆』、『接筆』等不同的筆法，筆法『變現不測』，讓人耳目一新。又如評胠篋篇開首旁批分別云：『起、接、落、轉出、兜、放平、踏進。』雖是八股手法，但莊子筆法的靈活多變也給人留下了深刻的印象，『起落轉接，洪波跳天，奇石轉澗，讀者但於空際領取其落筆之妙，自然體密氣疏。』（胠篋眉批）胡文英對莊子筆法的分析最出色之處主要表現在以下幾個方面：

第一，認爲莊子運用了『曲筆』、『簡筆』、『活筆』、『散筆』、『虛筆』等一組筆法，歸納得相當精妙。如胡文英評庚桑楚篇『必出乎無有，而無有一無有』之語云：『略曲一筆，便不板。』評至樂篇『吾觀夫俗之所樂，舉群趣者』之語云：『將上面四等人虛摹一筆。』評則陽篇『是因是也』句云：『簡筆。』評天下篇『其數散於天下而設於中國者，百家之學時或稱而道之』之語云：『用活筆收散筆。』又如評秋水篇『方存乎見少，又奚以自多』之語云：『不著一正筆。』評應帝王篇『四問而四不知』句云：『不說明何事，下面著解，亦從對面落筆，嵌空玲瓏之至。』評語雖然簡略，但畫龍點睛，要言不煩。莊子文章飛行絕跡，變化莫測，胡氏以『虛筆』、『活筆』等來總結莊子的筆法，把握精當，給後人很大啟發。

第二，揭示出莊子善於運用相反筆法的特點，亦是一大發現。如胡文英評人間世篇『若殆爲人菑』等語云：『前以急語喝醒，此以緩筆沉吟。』認爲筆法一『急』一『緩』。評齊物論篇『夫言非吹也』一段云：『其所言當未定之時，如鷇音之淳朴，是曲轉一筆；言惡乎隱，是喝起一筆；言隱於榮華，才是勘實。』認爲前是虛筆，後是實筆。確實，莊子用筆十分注意處理輕重、緩急、虛實等的關係，相間相雜，使得文章抑揚頓挫，波瀾起伏。胡氏的這些分析可謂獨具隻眼，如果不是沉吟其中，哪會理解得如此透闢！

第三，用心地分析出一些筆法在文中一筆二用的作用。莊子用筆靈活，筆筆有文章，看似無意的一筆，卻有著常人所難以發現的作用，胡文英仔細體會，往往能發前人所未發。如評人間世篇『自事其心者，哀樂不易施乎前，知其不可奈何而安之若命』之語云：『自事其心，是帶筆作陪；安之若命，又是賓中主。』評天地篇『是故高言不止於衆人之心，至言不出，俗言勝也，以二缶鍾惑而所適不得矣』之語云：『以二缶鍾惑，逆陪順帶。』評庚桑楚篇『有乎生，有乎死』之語云：『此二句，順筆帶陪。』指出莊子用筆時陪時帶、陪帶結合的特點，讓讀者體會到莊子筆法的高超，開闊了眼界。

第四，筆法平中見奇，一些看似毫無技巧的用筆亦往往能夠達到高超的藝術境界。如胡文英分析大宗師篇「古之真人」一段時説：「一意分作六層，而不復迭，不枝葉，無聲調，無襯貼，天荒地老，只容此一枝筆也。」拙中見巧，更具妙意，胡文英對此給予了極高的評價。

莊子筆法神出鬼沒，變幻無常，胡文英的諸多發明，雖然大都是個性化的理解，不一定符合實際，但從一個新的角度打開了人們的視野，開拓了人們的思路，對人們深入地理解莊子文章的藝術特點無疑是非常有意義的。

第二節 對行文「法脈」的精心尋繹

古人很早就意識到，疏通脈絡是解讀文章最重要的一個工作，因此散文研究家都重視文章「血脈」的分析。莊子文章難懂，這一工作就顯得更爲迫切，但進展並不順利。好在莊子散文的研究屬於世代累積型，後人都是在前人基礎上不斷開拓創新的。到了晚明，陸西星在這一問題上終於有了重大突破。有清時期，全面剖析莊子文章的條件已經成熟。因而林雲銘在前人的基礎上對莊子行文脈絡進行了詳細的爬梳，爲後人進一步理解打開了空間。胡文英繼林氏之後亦十分重視對莊子文脈的梳理，他的分析簡練明了，表現出了自己的特點。

首先，胡文英非常欣賞莊子文章之「體勢」，往往在認爲關鍵的地方大做「文章」。如逍遥遊篇「湯之問棘也是已」句，胡氏旁批云：「不接之接，山斷雲連之致。」齊物論篇首段後評云：「遥望「言非吹也」句，如長虹彩橋，若移「言非吹」句在此，其承接脱卸，豈不甚明？而一峰飛去，另成山寺，尋常眼界，如何看得出？」評應帝王篇「無爲名尸，無爲謀府，無爲事任，無爲知主」之語云：「横立四句，如遥峰別嶂，使觀者會意怡情，得其體勢。必欲牽連前後，鑿斷地脈，正漆園所慮，七日而渾沌死也。』明人陸西星曾以『綫裏纊引，草裏蛇眠』來形象地形容莊子文脈，影響一時。胡文英加以發揮，其『山斷雲連』、『長虹彩橋』、『遙峰別嶂』之說，亦給人以生動親切之感，便於讀者接受。像以上這些地方，的確可以看作是文章立局的關鍵之處，前人多所忽視，胡氏對此發明甚多。其次，胡文英對於文章中的前後照應、相承相生的地方往往也十分用心尋繹。如在逍遙遊篇『若夫乘天地之正，而御六氣之辨以遊無窮』之語後評云：『南溟、北溟，亦無住處，此是暗相照應。』評齊物論篇『自此以往，巧歷不能得』之語云：『與「雖有神禹且不能知」，互相照應。』評天地篇『上神乘光，與形滅亡，此謂照曠』之語云：『「照」字跟「乘光」來，「曠」字跟「滅亡」來。』評列禦寇篇『難治也，施於人而不忘，非天布也』之語云：『「難治」句，根上「休之」句，起「施而不忘」二句。』分析得相當細緻。再次，他對有些段落的邏輯關係剖析得頗爲清晰，且富有新意。如評外物篇『神龜』一段云：『「雖有至知」二句，緊頂上「知困神不及」，虛含下「去小知而大知明」。「魚不畏網」句，是橫擔一喻。「去善而自善」，是帶陪一句。「嬰兒」二句，爲上「自」字作證。法脈繚繞委曲，盡諸奇變。』像這樣如此詳細的段落邏輯分析，在莊子散文研究中不多見。

胡文英用力最多的則是對文中句與句之間、段落與段落之間主陪關係的梳理。莊子文章千頭萬緒，言外立言，意中生意，幾個話題齊頭並進，讓人難以理清思路。宣穎在南華經解中曾嘗試著運用『陪襯』這一說法來解釋，取得了很好的效果。但他並沒有充分展開，只對個別地方作了闡釋。胡文英沿著宣氏的思路，在這方面做了大量的工作。第一，他在評點中對句與句之間的主陪關係一一進行了梳理。如評天地篇『是故行而無跡』等句云：『上句是主，下句是陪。』評秋水篇『道人不聞，至德不得，大人無己』等句云：『二句陪下一句。』評外物篇云：『「胞有重閬」一句，陪下「心有天遊」一句；「室無虛空」二句，陪下「心無天遊」二句。』我們知道，莊子受詩學傳統的影響，使用了大量的類似比興的手法，形成了很多喻意，模糊了讀者的思路，造成了閱讀的困難。胡氏的這些分析能夠讓讀者領會哪句是主，哪句是賓，對幫助理解文意是有一定幫助的。第二，指出了一些段落與段落之間的主陪關係。如他評逍遥遊篇『宋人資章甫而適諸越』一段云：『此層陪下一層。』認爲此層陪『堯治天下之民』一層。評齊物論篇『罔兩問景』一段云：『此層陪下一層。』即陪『莊周夢蝶』一層。評徐無鬼篇『足之於地也踐』一段云：『此層陪下一層。』莊子中大量的寓言故事排列在一起，使人難以理解，經胡文英的評點，莊子真正的意思就較清晰地呈現了出來。第三，發現莊子的行文脈絡不僅僅表現爲一種單純的主陪關係，而是經常將多種關係交織在一起，形成了較爲錯綜複雜的特點，『法脈繚繞委曲』。如人間世篇『顔回見仲尼請行』一段，胡氏評云：『「絶跡易」二句，陪下「天使難僞」；「有翼飛」二句，陪下「有知知」；「難以僞」，根上「寓於不得已」；「有知知」，趨下「虚室生白」。文章奇變至此，何怪乎三千年不見白日！』人間世篇中此段文字，確實不僅層層陪説，而且句與句之間根上生下，盤根錯節，變化莫測。經胡氏分析，莊子『法脈繚繞委曲，盡諸奇變』的特點讓人一覽無餘。

在探究了莊子行文脈絡的基礎上，胡文英學習了林雲銘在篇末設段後總評的做法，對内七篇與天下篇從整體上進行了賞析，使這些文章首尾連貫，脈絡分明，邏輯嚴密，讓人充分領略了莊文的藝術魅力。如評逍遥遊篇云：

『逍遥遊』三字是莊叟造端托始之意，一經説破，不過棗兒甜，一著議論，已落架子裏。因借鯤鵬翻空而入，用『去以六月息』句，在雲煙有無中略影一筆，層層翻跌，筆筆盤旋，直追至『以遊無窮』句，微逗『遊』字。一枝滿腹，暗折到逍遥；乘雲御飛，因逍遥而明帶出『遊』字；窅然喪其天下，所以得逍遥之故；大樽浮乎江湖，所以齊逍遥之具；無用之言，惠施已説明喻意，而此卻只就喻意還答，趁勢點醒『逍遥』二字。前段如煙雨迷離，龍變虎躍；後段如風清月朗，梧竹瀟疏。善讀者要須撥開枝葉，方見本根，千古奇文，原只是家常茶飯也。

逍遥遊篇被人稱爲莊子文章中綫索最爲隱密者之一。而在胡氏看來，『逍遥』二字是逍遥遊篇之綱，全文緊緊圍繞此二字展開。前半篇『層層翻跌，筆筆盤旋』，引出『遊』字，暗折到『逍遙』，後半篇則處處點明『逍遙』，通篇一氣。胡氏緊緊圍繞著『逍遙』二字，亦賞亦析，比林雲銘分析得更爲精彩，更有美感。像這樣的文字，顯示出評點者較高的理論素養與審美眼光，在莊學史上亦不多見。齊物論篇哲學性最強，也最爲難讀，研究者對此篇下功夫也最多。胡氏的看法頗與衆不同：『齊物論是言物之不能齊，不可齊，不當齊，不必齊。先將「人籟」、「地籟」陪出「天籟」，已影個天然生就不能齊的樣子，落到「天籟」，用「不知其所爲使」三句，將齊、不齊都提在空中蕩漾，折到「無損益乎其真」，見得不當齊之故。又一路騰挪齊之之害，順勢拋出「聖人不由而照之於天」句，使不當齊、不必齊之故，如旋波乍起，愈轉愈深，連用兩個「不用而寓諸庸」，使不能齊、不可齊、不必齊、不當齊之處激得浪花墨瀋，點滴淋漓。然後拖出「論而不議」句，明點「論」字，餘綺繞出，不齊之益，樊然淆亂，見至人未嘗置喙，大覺難遇，見我生何用自勞？然則不齊則人皆放不下，齊之則人皆分不開，不如付之一夢，齊與不齊，請君自認。』齊物論篇頭緒最多，綫索最爲複雜，胡文英獨闢蹊徑，圍繞『不齊』層層展開而使前後渾然一體，分析得令人賞心悦目。對於大宗師篇，宣穎認爲可分作兩部分看，前半篇點出『道』字，後半篇作引證。胡氏則分析說：『大宗師是以大道爲師。舊說渾指大宗師爲道，故不明而多生異說。入手以「知天」、「知人」立局，而帶「真人」、「真知」句作紐，是修至德而凝至道者，登假於道，至不以心捐道，乃一綫工夫。以下襯貼點綴，層層跌出，正是層層翻進，正贊、反贊、分贊、合贊、借贊、陪贊、明贊、暗贊，湊發不窮，面面各異，贊真人所以贊道，贊道即勵人爲真人，此其環結之微意。南伯子葵一段，是知人之所爲者；子祀、子輿一段，是知天之所爲者；子桑戶一段，是知人而達於天者；孟孫才一段，是知天而渾於人者；意而一段，是虧於天而補以人者；顔回一段，是階於人而入於天者；子輿與子桑友一段，是知人知天之盡而爲真知者。脈絡本來井井，第以離合控縱，出沒奇幻，故使讀者迷於常徑。』這段分析更爲精彩，不僅對莊子的『正贊、反贊、分贊』等藝術表現手法進行了總結，而且使看來較爲鬆散的幾則寓言一綫貫之，脈絡分明。胡氏對天下篇的分析更獨具特色：

此篇先用『皆原於一』、『古之人其備乎』、『道德不一』、『道術將爲天下裂』數句，立定機局，俯仰哀吟。接手用『其去王也遠矣』、『其行適至是而止』、『概乎皆嘗有聞者也』、『古之博大真人哉』，洗發『裂』字，抑揚含吐。後用『彼其充實不可以已』，直接『古之人其備乎』句，糠秕一切。末帶出『惠施』一段，正與『充實不可已』相反。通篇一氣貫注，而千巖競秀，萬壑争奇，泙湃瀠洄，如入武夷九曲，使人愛玩不盡。至天神、至聖，不離真人之號，鄒魯、六經，不置進退之辭，隱然見根柢出於聖門，變化裕於全德，無可奈何而托空言以救世，較之百家時有所用而不該不遍，惠施遍爲之説而存雄無術，相隔楹莛。林西仲力辯爲訂莊者所作，但細玩此篇，筆力雄奮奇幻，環曲萬端，有外雜篇之所不能及者。莊叟而外，安得復有此驚天破石之才！然則先載『莊子將死』一段，而後接入此篇，蓋以見莊子既死，而道術之壞，將有不可問者矣。爲後世慮，至深且遠，其胸懷底裏，夫誰得而窺之？

在胡文英看來，天下篇是莊子自作，文章一氣貫注，前後照應，『筆力雄奮奇幻，環曲萬端』，充分説明了莊子的『驚天破石之才』。這種説法可謂自成一家，對於深入認識天下篇很有益處。

在莊子散文研究史上，由於研究者們受傳統評點形式的影響，基本上以賞析字句爲主，其中雖不乏精彩之論，但多是零金碎玉，不免有憾。『文評』這種形式從明人陸西星開始嘗試使用以來，到了清代得到了學者們的普遍認同。林雲銘首先在段後評中對篇章的整體藝術風格進行了總結，在理論上已經表現出了一定的系統性，形成了良好的示範效應，但他的分析並没有將行文脈絡完整地梳理出來，不夠完美。宣穎以段前總論與段評相結合的形式，將莊文脈絡完整地揭示了出來，但忽略了對綫索的梳理，理性有餘，美感不足。胡文英彌補了這一缺憾，他以富有美感的詩化的語言，緊扣全文綫索對全文進行的賞析，使思想與藝術得到了完美的結合，簡潔明了，文采飛揚，表現出了很高的藝術水準。後來劉鳳苞的南華雪心編明顯受到這種風格的影響，使這一批評範式得到了進一步的完善。

第三節　對藝術特徵的多方揭示

胡文英的莊子散文評點，在一定程度上沿襲了明末清初學者的治學理路和思維特徵，一方面進行理性解剖，另一方面引進傳統文論中的大量審美範疇與概念進行賞析，表現出較爲濃厚的理論批評色彩。從其評點文字中，我們發現，他主要抓住莊子散文的以下幾個藝術特徵作了揭示，有不少新的突破和見解。

一、賦形惟肖

明末清初的評點者受敘事文學的影響，都喜歡從敘事視角來審視莊子，他們發現莊子在人物形象的塑造上達到了很高的水準，因此賞析人物就形成了一個傳統。隨著時代的發展和文學觀念的增強，評點者對此問題的理解越來越深刻，理論色彩也越來越強。胡文英繼往開來，對莊子人物形象的分析又向前邁進了一步。他先是承前人之說，認爲莊子人物形象刻畫得『情形酷肖』。如在評德充符篇『子產蹵然改容』時說：『形容急遽羞慚之狀，肖極。』評列禦寇『夫漿人特爲食羹之貨』段時說：『摹寫忙迫，情形酷肖。』認爲人物的神態、動作、行爲等都描摹得惟妙惟肖。然而胡文英更富有濃厚的理論探討興趣，他沒有囿於傳統的看法，而是謀求理論創新，表現出了與衆不同的特點。

首先，引入了『趣』這一傳統審美範疇來評價人物。胡文英發現，莊子創作的人物具有很強的喜劇效果，讓人忍俊不禁，很有『趣』。其一表現爲人物語言『趣絕』。如評人間世篇孔子的話『嘻，若殆往而刑耳』時云：『連醫生先病倒了，趣絕。』評櫟社樹的話『幾死之散人，又惡知散木』時云：『譏得趣絕。』『趣絕』二字使讀者充分領會了莊子嬉笑怒駡、風趣幽默，富有喜劇色彩的風格。其二表現爲人物形象塑造得很有『趣』。如評天道篇『桓公讀書於堂上』一段中桓公與輪扁的對話時云：『一問一答，呆得有趣。』謂莊子通過人物問答的對話形式，描繪出了輪扁『呆』這一性格特點，十分有趣。又如評德充符篇『闉跂支離無脤』、『甕盎大癭』二人云：『一個是下缺，一個是上滿，湊來俱極天趣。』兩個畸人，一個下缺，一個上滿，形成了鮮明的對比，放在一起，滑稽可笑而又妙不可言，這兩個『清醜入圖畫，視之如古銅古玉』(聞一多語)的活寶形象，如天外來客，極具『天趣』。胡文英引入『趣』這一美學範疇來評點莊子中的人物，深得其中三昧，具有非常好的效果，是對莊子人物形象塑造理論的一大貢獻。

其次，引入『雜劇』、『賦』等文體批評理論，將對莊子人物形象塑造的認識提高到了一個新的高度。衆所周知，莊子是說理散文，無意爲文，但其創造的大量寓言卻具有很強的故事性，情節雖然簡單，卻引人入勝，人物性格也較爲鮮明，具有敘事文學的特點。早在南宋時黄震就將莊子與『小說』結合了起來，認爲莊子是『千萬世詼諧小說之祖』，頗爲大膽。南宋劉辰翁更將『小說』引入莊子評點，用小說化的筆法來評點莊子，開後人以小說評點莊子之先河。林雲銘不僅認爲莊子『可作一部西遊記讀』(在宥評點)，而且用『傳奇』之法來解讀莊子人物，耐人尋味。胡文英在吸取前人成果的基礎上，提出了自己獨特的看法。首先，他創造性地將莊子與『雜劇』聯繫起來，認爲莊子塑造的人物具有雜劇演員的特點。在讀莊針度中，他說：『讀莊子，要如演雜劇一般，生、旦、淨、丑，各各還他神氣。』意爲莊子在塑造人物形象時，能將不同性格特點、身份地位的人塑造得活靈活現，生氣勃勃，與雜劇中的生、旦、淨、丑角色無異。故而他以分析雜劇的手法來分析莊子。如知北遊篇知問道於狂屈時，狂屈『中欲言而亡其所欲言』，胡氏評云：『著此句，變化不測，如演雜劇，令人飽觀不厭。』意識到莊子筆下的人物身體語言富有表現力，很有雜劇演員的舞臺效果，令讀者飽看不厭。胡文英將莊子與雜劇聯繫起來加以認識的做法，極富有想像力和藝術眼光，對人們更爲直觀地理解莊子在人物塑造上的特點大有裨益。其次，胡氏又引『賦』入莊，以『賦』評莊。賦的產生及其文體特點與莊子頗有淵源，二者的相通之處很多，可比性強，胡文英明顯地意識到了這一點，故而引『賦』入莊，顯示出獨到的眼光。如人間世篇中莊子塑造了支離疏形象，胡氏評云：『形容殆絕，直可作一篇橐駝賦讀。』柳宗元的種樹郭橐駝傳刻畫了一個『病瘻』郭橐駝的形象，與支離疏有異曲同工之妙，二人完全可以相媲美，胡氏的眼光頗爲毒辣。又如評在宥篇『人心排下而進上』一段云：『荀卿有意爲賦而刻畫工致，莊叟無意爲文而賦形惟肖。』評山木篇『其爲鳥也翂翂翐翐』段時說：『摹賦微妙。』荀子最早以賦名篇，其五篇小賦『刻畫工致』，是有意爲文；莊子無意爲文卻『賦形惟肖』、『摹賦微妙』，兩者相比，胡氏認爲莊子摹賦的工夫比荀子更高一籌。胡文英進一步認爲，賦形惟肖固然是莊子的特色，而傳神寫照才是莊子賦筆的奇妙之處。他評齊物論篇『大知閑閑，小知間間』一段說：『前寫地籟不過隨物賦形，此處便覺夾夾雜雜，筋節骨肉，毛孔精神，顛筆落紙，無不色色精絕，造化已鬬，安得無此種奇筆！』歷代評點者都極爲欣賞『地籟』一段，認爲描寫得極富詩情畫意，然而胡文英卻不這麼看，他覺得這只能算作『隨物賦形』，而『大知閑閑』一段中，莊子『顛筆落紙』間無不將人物的『筋節骨肉，毛孔精神』寫得『色色精絕』，這才是爲文的最高境界。凡此等等，胡文英總能從自己的審美理念出發，發表出與眾不同的見解，顯示了其較爲豐富的理論素養和獨特的審美趣味。

再次，總結了莊子塑造人物的藝術手法。明末清初評點者都讚譽莊子中的人物形象性格鮮明，生動逼真，但很少有人深入探索人物形象刻畫的手法。胡文英在這方面下了一番工夫，有諸多發明。他通過認真分析，歸納出莊子人物塑造的很多手法，頗具有藝術價值。（1）步步入山影法。如外物篇『老萊子之弟子出薪，遇仲尼，反以告曰：「有人於彼，修上而趨下，末僂而後耳，視若營四海」』，胡文英評云：『因上長下短，而見其末僂耳後，因末僂耳後，而見其視若營四海，此步步入山影法也。』以爲莊子在描寫一個人物時，由一特徵引出下一特徵，環環相扣，最後完整地勾勒出了人物形象，胡氏稱之爲『步步山影法』。（2）空中寫影法。如評上面外物篇『視若營四海』一句説：『驀然相遇，既味生平，又不可以皮相，只用「視若營四海」五字，空中寫影，自然函蓋一切，後人所謂函蓋之法，不知費多少彭亨。』即寫一人物，不作具體描摹，只抓住其神情虛寫一筆，人物境界全出，胡氏稱之爲『空中寫影』。又如評養生主篇『庖丁解牛』一段中『莫不中音，合於桑林之舞，乃中經首之會』等語云：『虛處摹神。』認爲此亦即『空中寫影』之法，可以看出莊子善用此法刻畫人物。（3）烘雲托月之法。如列禦寇篇首『列禦寇之齊，中道而反，遇伯昏瞀人』一段，載『伯昏瞀人曰：「善哉觀乎！汝處已，人將保汝矣。」無幾何而往，則戶外之屨滿矣。』胡氏評點説：『只在旁面襯寫，烘雲托月之法。』認爲此處不作正面描寫，而是從旁面『襯寫』，胡氏將這種手法稱爲『烘雲托月之法』，頗爲形象。雖然這些説法還帶有些八股氣，但也極爲生動地總結出了莊子人物形象塑造的藝術表現手法，難能可貴。

二、『奇』、『趣』、『神』的審美風格

奇文共賞，莊子之『奇』，是天下共識，『奇』是人們評點莊子用得最多的一個審美範疇。胡文英更以『千古奇文』（逍遥遊評點）譽之。與前人不同的是，他更爲欣賞莊子文章的形式美，因此也主要從形式角度賞析了莊子文章『奇』之所在。他認爲莊子在用詞造句、佈局謀篇等方面都很奇特。如評齊物論篇『地籟』一段云：『於風一邊下「唱」字，竅一邊下「和」字，用字各各奇特。』評養生主篇『始臣之解牛之時，所見無非牛者』時云：『句法奇。』評庚桑楚篇『今者吾忘吾答』等句云：『所答即所問，本是一層，而忽然分作兩層，用筆奇變。』評逍遥遊篇『其視下也，亦若此則已矣』之語云：『環鎖天之蒼蒼，用意奇絶。』此外還有如『法脈繚繞委曲，盡諸奇變』等説法。在胡文英看來，莊子文章的字法、句法以及章法等形式方面可謂無處不『奇』。他更賦予了『奇』豐富的審美質素，使之具有了豐富多樣的審美内涵。他多用『趣』、『峭』、『幻』等質素來説明『奇』所表現出的美

學效果。如評馬蹄篇『一而不黨，命曰天放』之語云：『字法奇趣横溢。』評德充符篇『視喪其足猶遺土也』之語云：『奇峭之語。』評知北遊篇『唯無所傷者爲能與人相將迎』云：『本問無將迎，此卻偏説將迎，筆奇思幻。』此外，胡氏還認爲莊子文章具有『奇健』、『奇横』、『奇險』、『奇警』、『奇雋』等不同的審美風格。如評大宗師篇『是自其所以乃』句云：『一虚句而奇健如此。』評知北遊篇『使道而可獻』等句云：『一意作四層迭發，筆力奇横。』評天地篇『君子不可以不刳心焉』句云：『易稱洗心，較此雅致，而「刳」字奇險。』評胠篋篇『塞瞽曠之耳而天下始人含其聰矣』等句説：『「塞」字、「膠」字、「攦」字，本屬粗喭，而一經漆園點綴，便奇警奪目。』評天地篇『天地樂而萬事銷亡』句云：『雋句奇雋。』凡此等等，胡文英賦予了『奇』豐富的審美内涵，展示了自己深厚的理論素養，爲一般人所不及，在莊子散文研究史上也不多見。

與『奇』相聯繫，胡文英還每以『趣』這一審美範疇來評價莊子。前人除了宣顯偶爾有幾處以『趣』來説明莊子的藝術特色外，很少有人意識到莊子這一特點。胡文英則對莊文這一藝術風格進行了大量闡釋。除了前面我們提到過的他以『趣』評點人物形象外，胡氏更多的是認爲莊子文章形式方面很有『趣』。如評養生主篇云：『「人命係於天，「縣解」二字奇而趣。』評徐無鬼篇『然身食肉而終』句云：『「然」字極趣。』評人間世篇云：『抱「醫門」句，機趣洋溢。』認爲莊子的用詞造句有『趣』。他有時又分析出『趣』的妙處，讓讀者一同分享。如評秋水篇『鴟鵂夜撮蚤，察毫末』之語云：『字句瑣屑之趣，如珠璣瑟瑟，件件耀目也。』評人間世篇『就不欲入，和不欲出』之語云：『圓轉跳擲，宛乎金丸逐狡之趣。』在胡氏眼中，莊子文章玲瓏可愛，既似『珠璣瑟瑟』，又似『金丸逐狡』，機趣盎然，喜愛之情溢於言表。胡氏還認爲莊子比喻很有『趣』。如評天地篇云：『「執留之狗成思」，設喻趣絕。』又云：『鳩鴞，善鳴不靖之鳥，藉以喻楊墨，大有天趣。』凡此，都很好地説明了莊子散文獨具一格的藝術特色。

『神』也是胡文英評點中用得較多的一個美學範疇。胡氏論文非常強調『神氣』，因此他要求人們在讀莊子的過程中，一方面要體會人物的『神氣』，如評寓言篇說：『善讀書者，要知對何等人說何等話，寫何等人品，要得何等神氣。若泛泛悠悠，則不如不讀之爲愈也。』另一方面善於領悟莊子行文之『神氣』。胡氏說：『讀莊子，須把眼界放活，則抑揚進退，虛實反正，俱無定極。惟跟著神氣之輕重伸縮，尋覓將去，才能大叩大鳴，小叩小鳴。』（讀莊針度）故而胡文英大量運用了『神』這一審美範疇來評點莊子。如評人間世篇『名之曰益多，順始無窮』之語云：『綴句有神。』評『何作爲報也』句云：『故作不了語，筆妙入神。』評天地篇『有虞氏之藥瘍也』句云：『聯接上下，神變無痕。』評田子方篇『當是時猶象人』句云：『頓句有神。』評刻意篇首段云：『此段波湧雲聚，捩柁有神。』在胡氏看來，莊子小到一字一句，一頓一折，都筆妙入神，『神變無痕』，達到了很高的境界。他還積極地引導讀者來領會莊文之『神味』。如評逍遥遊篇『彭祖以久特聞』一段時說：『此處若仍用大年接下，便味如嚼蠟，下捩轉「彭祖」一句，使人於言外領其神味。』評齊物論篇『咸其自取怒者』云：『「者」字頓斷讀，自有神味。』評達生篇云：『自爲謀不著「曰」字，妙有神味。』評山木篇『伐木者止其旁』句云：『句讀斷，另有神味。』胡文英這種重『神』、『神味』的觀念，明顯受到了宋明以來文藝界論文重『神』理論的影響。早在嚴羽滄浪詩話中就說：『詩之極致有一曰入神。』明唐宋派代表作家歸有光五色圈點史記的義例之一即是主『精神氣魄』。清人論文重『神』更成爲一種潮流。桐城派散文大家劉大櫆在論文偶記中說：『行文之道，神爲主。』『神氣者，文之最精處也。』姚鼐在古文辭類纂序中說：『神、理、氣、味者，文之精也。』王士禛論詩又主『神韻』說等等。此說氾濫一時。胡文英的文學觀念顯然受到了這股文學思潮的影響，與傳統的詩文批評理論是一脈相承的。

三、文境繁富

『文境』一詞，最早由林雲銘用來評點莊子，後由宣穎在南華經解中發揚光大，胡文英又加以繼承。胡氏主要以莊子文章形式爲審美對象，故他對莊子文境的闡釋，主要繼承了林雲銘以形式爲主的特點，但水準超過了林雲銘，亦不在宣穎之下，展現了很高的理論水準和藝術鑒賞力。胡文英讀書主張『跟著神氣之輕重伸縮』，故他全身心地投入莊子，揣摩莊子行文之『神氣』，由此他體會到，莊子一句話，一個小小的結構，都能自成一境，產生出美妙的意境，讓人陶醉其中。如他在大宗師篇『泉涸，魚相與處於陸』之語旁批云：『泰山之雲，觸石而起。』評胠篋篇『故曰大巧若拙』句云：『著此句，妙若萬派奔流之內，小立一峰。』評繕性篇『由是觀之，世喪道矣，道喪世矣，世與道交相喪也』之語云：『弦急音繁，悲風四起，如聽抵節而歌行路難也。』評達生篇『梓慶削木爲鐻』段云：『連下兩「然後」字，忽用「不然」截住，急流遇石，爽籟披枝，文境可想。』在胡氏看來，莊子筆法多樣，隨筆所觸，即成奇觀，故文境繁富，既有『泰山之雲，觸石而起』之境，又有『弦急音繁，悲風四起』之境等等，給人以非凡的藝術享受。胡文英認爲莊子不僅小結構各具文境，整篇文章更是境界非凡。如他評逍遥遊篇說：『前段如煙雨迷離，龍變虎躍；後段如風清月朗，梧竹瀟疏。』評應帝王篇說：『分而讀之，則如十里蟪蛄，泠泠入耳；總而讀之，則如幽澗泉鳴，隨風斷續，非聽之以氣，無從領賞其毫末。』評天下篇說：『通篇一氣貫注，而千巖競秀，萬壑爭奇，泙湃瀠洄，如入武夷九曲，使人愛玩不盡。』胡文英涵詠『文氣』，將傳統的詩文鑒賞方式用之於莊子，並通過『通感』的藝術方式將莊子行文變化演繹成無數奇妙的意境，使文章產生出詩情畫意般的美感，莊子文章的藝術境界得到了空前的揭示。

不僅如此，胡文英敏鋭地覺察到莊子文境最神妙之處是意境的多變，文境一會兒如風清月朗般優美，一會兒又變成萬馬奔騰般的壯美，多種意境交融在一起，文章之美妙讓人望洋而歎。如他評秋水篇河伯、海若第一番問答云：『前「過江河之流」二句，勢如駿馬絕塵，猛加一勒。「方存乎見少」二句，則如組如舞。落至「盡此矣」三字，則追風逐電，而兼併驅安行之致。行文解此，其緩急控縱，自然入化。』指出這段文字從『駿馬絕塵』之境，變化成『如組如舞』之境，最後進入了『追風逐電』之境，給人以動蕩變化之美，讓人飽讀不厭。又如評大宗師篇『夫道有情有信』段云：『前幅雖有紆流縈回之趣，然不過支分派別，至此則拍天駕海，萬象奔騰，有令人望洋而歎者矣。』這裏，文境則由『紆流縈回』的優美變成了『拍天駕海，萬象奔騰』的壯美。又如評逍遥遊篇云：『前段如煙雨迷離，龍變虎躍；後段如風清月朗，梧竹瀟疏。』認爲前段文境迷離而動蕩，後段則變得澄靜而安寧，文境變化離奇，給人以險象環生之感。又評天運篇『黄帝張咸池之樂於洞庭之野』一段云：『白樂天詩「大珠小珠落玉盤」，至「此時無聲勝有聲」一段，殊得此種奇勝光景。』認爲文境從急管繁弦變到悄然無聲，與白居易的琵琶行之境異曲同工。可見莊子文境的變化，在胡文英心中已變成了大自然的氣象萬千，聲情並茂，色彩斑斕，胡氏用詩意的眼光，詩化的語言，描繪出了詩一般的意境，美學意味十足。在他眼中，莊子已變成了一幅畫、一首詩。胡文英這種對莊子文境如癡如醉般的賞析，使人們從另一角度看到了一個別樣的莊子，世人稱莊子爲『大秀才』、『全副才情』、『仙乎奕者』等，蓋非虚名。

第四節　對莊子文本的多所辨僞

辨析莊子文本的真僞是歷代學者較爲關注的問題。從南宋以來，學者們每從文學角度對這一問題發表了自己的看法，其中尤以林雲銘用力最多，也最爲詳細。胡文英在前人的基礎上，又作出了自己的判斷。

首先，胡文英繼承了傳統的說法，認爲讓王、盜跖、說劍、漁父四篇爲僞作。但其理由已突破了蘇軾的看法，

完全是從文學角度進行的：『筆力庸弱，詞句淺率，其爲贋手所托無疑，故不復甚加褒貶，聽之若存若亡可也。』（讓王評點）

其次，胡文英更從筆法、風格等文學角度入手，對外雜篇中的一些章節進行了辨析。他認爲其中有些章節無甚精義，沒有意味。如評在宥篇：『自「賤而不可不任」以下，無甚精義微言，與天地篇首節，俱有訓詁氣，想爲贋手所竄，然非寢食於斯者，不能遽辨淄澠也。』評天地篇『堯治天下，伯成子高立爲諸侯』一段：『敘述一毫無味，而德衰亂始之故，究竟爲何而來，贋筆無疑。』評外物篇『莊周家貧』一段：『此段意味平淺，非漆園手筆。』評秋水篇『惠子相梁』一段：『莊子於惠子最厚，既不宜有此種相疑怪事，而腐鼠之喻，亦太覺刻薄露相，疑爲贋手所竄。』他並每加指出，有的章節與莊子筆法、風格不合。如評天道篇『天道運而無所積』一段：『此段亦有議論精鑿處而太覺平安，絕無騰挪撇脫之勢，又無離奇夭矯之句，贋作也。』評天運篇『孔子見老聃而語仁義』段：『此段雜亂無章，必贋手所竄。』評『孔子見老聃歸，三日不談』段：『強欲以艱深文其淺陋，似巧而拙，似是而非。』評刻意篇：『漆園文字，固不拘一體，然而如此排比而絕無變化者無有，識者疑之爲僞，理不誣也。』評繕性篇『古之人在混茫之中』段：『德衰之故，層次歷歷在目，將伯成子高及老子猶龍一段相比，則浮詞實學，真贋自分矣。』評『孔子遊於匡』一段：『筆力柔弱，似家語、孔叢光景。』評至樂篇『海鳥止於魯郊』一段：『引喻之事，只宜輕輕帶過，著意鋪排，便成呆板，識者當於此等地方，驗其真僞。』評山木篇『莊子見魯哀公』一段：『解者以此篇爲尊孔之至，固已。然論文須看筆力，如此篇之平近無奇，洵屬贋手竄入。』胡氏較爲具體地對這些所謂贋作一一進行了分析，對於人們理解莊子藝術風格的不同是很有幫助的。

有時，胡文英還試圖探究莊子某些文字之形成時間，以此來判斷其真僞。如評天地篇『堯觀乎華，華封人曰』一段：『細看此篇光景，力量所至，不過如說苑、新論之間，不必以義無著落爲疑也。』評徐無鬼篇『武侯勞之曰』一段：『機鋒甚捷，似戰國策。』評『屠羊說曰大王失國』一段：『此數語，大有左氏遺意。』評『王謂司馬子綦曰：「屠羊說居處卑賤而陳義甚高」』之語云：『是西漢初佳語。』評盜跖篇孔子說盜跖一段云：『孔子豈說客耶？其爲戰國時人所托撰無疑。』評漁父篇『孔子遊乎緇帷之林』一段云：『是晉唐以後佳語，若在莊子中便覺做作。』這種對比分析的方法，類似後世的旁證，不能說毫無意義。因爲莊子一書，不是一人一時一地所作，風格不同，應該允許見仁見智。

胡文英的辨僞，又往往是通過比較文章前後風格的差異來進行的。如達生篇與至樂篇各有『有鳥止於魯郊』的寓言故事，胡氏在達生篇中分析說：『此比至樂篇顏淵東之齊所述，便簡練瀟灑。』徐無鬼篇有『知士無思慮之變則不樂』一段，胡氏云：『此段亦善用排偶，但法律句調，變化玲瓏。不至如刻意篇之板而寡趣，便覺令人不厭。』胡氏的這種做法很有啟發性，因爲莊子中的確有很多相似的寓言故事，風格並不相同，值得深入研究。

要而言之，胡文英的莊子獨見雖然整體水準稍遜於宣穎的南華經解，但在諸多方面見解獨到，彰顯出其獨特的藝術鑒賞力。正如武啟圖所評價：『其指點形勢，隱見之際，洞幽燭微，仙乎奕者。』（莊子獨見序）特別是其提出的『莊子最是深情』的『哀怨』說，時至今日仍爲人們廣泛傳誦。

第十章　陸樹芝的莊子雪

陸樹芝，字次山，號見廷，別署『三在齋』，廣東信宜人，生卒年不詳。乾隆四十五年（1780）舉人，嘉慶元年（1796）舉孝廉方正，曾官湖南會同縣教諭。著作有四書會要錄、春秋左傳意解、朱伯廬家訓輯注、莊子雪等。莊子雪凡三卷，前有嘉慶四年陳大文及尹廷鐸序，嘉慶元年陸樹芝自序、史記莊子列傳、蘇東坡莊子祠堂記、陸樹芝讀莊子雜說。其中的史記莊子列傳、蘇東坡莊子祠堂記，裏面夾有陸樹芝所作的大量注解文字。

第一節　以莊子爲『先聖之外臣猶子』

尹廷鐸在序中說：『吾友陸次山，自少即殫心理學，於儒先微言能融會而貫通之，於以抉經之心而提其要，如脫桶底也。嘗欲爲三禮注，以成紫陽之志，顧自以爲學力未逮，更俟之異日，因取左氏春秋傳而評注之。……既而曰：「南華而果爲非聖之書，如史記所云耶，則當火之久矣。昔朱子注四子書時引爲證，則其書固吾儒之所必采而觀也，又可聽其爲不解之書耶！」因遂爲之注，而命之曰莊子雪。書成，攜以示余，且曰：「以迂儒而注放誕之編，其有當否耶？若有當焉，亦一奇也。」余受而先觀……，乃拊案而呼曰：「快哉！快哉！非邃於理學者，亦烏能爲此解哉！」』陳大文在序中則說：『陸樹芝，余庚子歲奉使所取士也，好爲古文詞，矻矻於周秦百家之言，而於莊子尤有昌歜嗜，爲文能師其奇詭。近以一卷質余，居然南華也，居然秋水也。』以尹、陳二序合而觀之，可知陸樹芝一生，既竭心力於新舊儒學，又矻矻於周秦百家之言，尤其是莊子一書，而其著述，先是精心闡釋儒家經典，而後以所謂莊子之言『固吾儒之所必采而觀』的態度爲莊子作注解，故其所著莊子雪，具有明顯的尊孔傾向。

陸樹芝確實是帶著崇儒思想來詮釋莊子的。他在自序中說：『莊子，諸子之冠也。其言異於六經，而亦不同於諸子。六經如日月之麗天矣，諸子其猶爝火乎，幽陰中可以自見也。若夫稱瑞於冬春之交，而晶瑩皎潔，不染點塵，別具寒香者，雪也，唯莊子似之。……其維持六經之功，雖不敢自謂必當，而開卷了然，無復沉悶，似撥雲霧而對皎雪也，遂名之曰莊子雪。』認爲莊子雖爲諸子，卻爲諸子之冠，雖異於儒家經典，卻與其他諸子跟儒家經典的關係不同，即莊子有如晶瑩皎潔、別具寒香的『雪』，以其獨特的質性護持著儒家經典。所以，陸樹芝將自己探究莊子真意看成是『撥雲霧而對皎雪』，遂名其莊子學專著爲莊子雪。他並於天下篇『莊周聞其風而悅之，以謬悠之說，荒唐之言，無端崖之辭，時恣縱而不儻，不以觭見之也』下，就其所謂莊子護持儒學正道的微妙用意作進一步詮釋說：

端，端緒也；崖，崖岸也。猶言無起止也。儻，苟也。語雖恣縱，而中有微旨，原非苟然。蓋以畸零寓其意，而非以畸零見其意也。自五帝三王文武周孔之道爲正道，猶井田之正區也。其餘諸家，猶之乎邪曲不可井，而爲畸零之田矣。莊子汪洋恣縱，似亦畸零之說，然其言爲田之畸，而其意則在田之正，故曰『不以觭見之也』。

在陸樹芝看來，莊子論說事理，雖每以謬悠之說、荒唐之言、無端崖之辭出之，似顯得恣縱畸零，但與其餘諸家邪曲之說不同，其意則在巧妙地護持儒學正道。所以他在詮釋田子方篇時說，莊子『意中止有一孔子耳』。在詮釋齊物論篇時說：『莊子善讀春秋，深得經意如此，可知其似詆孔子處，皆非真詆孔子。』而在詮釋大宗師篇時更是指出，莊子『每借孔子口中論贊一番，隱隱見千古儒宗猶謙遜不自是，未嘗強人以從己。……借孔子口中點出，蓋一部南華皆以此爲主腦，故重言之也。』認爲每借虛構的孔子之口來點出儒家的優點，這正是一部莊子所要反復表述的主題，可見莊子絕不是真要詆訾孔子的。

那麼，莊子爲何要護持孔子之道呢？陸樹芝在讀莊子雜說中說：『蓋自伏羲、神農、黄帝、堯、舜、禹、湯、文、武、周公以至孔子，删述六經用集大成載道之書，既明且備矣，誰能更贊一辭者！乃當孔子時，則有老氏書，已開異說之始。逮戰國，而楊、墨盛行，一曲之士輒思著書以自見者，比比也。史記孟荀傳附見者已不名一家，莊子所見，又必不止此，而惠施、公孫龍輩，復創爲堅白同異之說，挾小知而鬥巧辯，欲鼓天下之衆而從之，其流極將安所底耶？異說熾而群聖孔子之道或熄矣。莊生者，方外之人也，而其學實無所不窺，既恐先聖之道寢以微滅，又重悲夫惑於異說者之迷而不知所返也，於是乎抗懷高寄而作南華。南華者，以異說掃異說，而功在六經者也。』認爲孔子删述六經而集先聖正道之大成，而一曲之士卻思著書以自見，尤其是楊朱、墨翟、惠施、公孫龍之輩，更是以邪端異說蠱惑人心，對群聖孔子之道構成了極大的危害，所以莊子深感悲痛，便抗懷高寄而著莊子，用自己的謬悠之說、荒唐之言、無端崖之辭，來掃除一曲之士們的異說，爲護持六經作出了貢獻。陸樹芝正是基於這一認識，對莊子全書展開了具體的詮釋。如他在詮釋天道篇末『輪扁斵輪』寓言故事時說：

末以輪扁一喻結之，見墨、惠輩所托之仁義禮樂，不過古人之糟魄，雖本之十二經，而非有得於意言之表，不可以修身，不可以治世，徒亂人性耳。況假糟魄而逞曲說，更欲著書以教後世，汗漫將安所底哉？

我們知道，『輪扁斵輪』寓言故事意在說明，道體至虛，語言文字根本無法傳載，書中所記載的只是古人留下的糟粕，所以齊桓公想從書中得到真正的天道，是完全不可能的。陸樹芝卻認爲，墨子、惠施所謂的仁義禮樂，雖然竊之於儒家經典，卻歪曲了先聖的精神實質，只不過是古人的糟粕，徒能亂人真性而已，所以根本不可以用來修身治世。經陸樹芝作如此詮釋後，天道篇作者似乎真是在闢墨家、名家而護持群聖孔子正道了。甚而至於，陸樹芝還從胠篋篇這樣激烈批判儒家所倡導的聖智之法的篇章中，詮釋出了所謂『漆園非真欲掊擊聖人、殫毀聖法』的主題。他爲此篇所作的題解説：

漆園非真欲掊擊聖人，殫毀聖法，但以後世方術，一察自是，而不知究其弊，則雖出自前聖，猶爲亂盜所由起，而小知自用者，乃欲竊取前聖之糟粕以爲勝算，則其術益卑，爲禍益烈矣。須知意在矯枉，自不嫌於過正耳。

依陸樹芝看來，莊子並不是真要掊擊孔子所倡導的聖智之法，只因有見於後來的方術之士，憑著其一察之見，便以爲已得到聖智之法，卻不知道亂盜正由此而產生，而那些小知自用的野心家，則更是紛紛竊取聖智之糟粕，用來作爲幹壞事的工具，於是便寫了胠篋篇，對聖知之法進行了激烈抨擊，以期起到矯枉過正的作用。根據這一題解，陸樹芝進而對全篇展開了詮釋。如莊子在拉開此篇序幕後，便引田成子竊國並竊其聖知之法，以證聖知實爲盜賊之利；並以四賢與盜跖爲例，來進一步證明縱爲至聖、至知之法，亦只是對大盜有利，而對賢者有害。陸樹芝對此詮釋説：

田氏篡齊，以公量貸，以私量收，觀左傳所言，便見借仁義之法以濟其盜賊之謀。戰國時大抵如是，故莊子以此喻之。就聖知推上一層，加一『至』字，方拍到正意，卻仍用前文筆法漸漸引入，極波洄層折之妙！……引四子之死，見聖人之道，賢者得之不足以保其身而反以害其身，以跌起大盜假之反足以濟其惡也。奇想創論，幾欲另闢天地，卻自切理饜心。後世方術，亦自托於仁義，特竊其似以鳴其術耳。直比之於盜跖之道，嬉笑唾罵，足令若輩無地自容。

此處指出聖知仁義只能成爲盜賊之資，而賢者得之卻不但無益，反而適足以害其身。但細審陸樹芝這裏的意思，似是認爲莊子舉田成子、盜跖等人，不過是作個譬喻罷了，而其正意則在説明，『後世方術，亦自托於仁義，特竊其似以鳴其術耳。』因此他接著詮釋説：

要識得是憤激之辭，如因儒以詩、禮發冢，遂極言詩、禮必當盡焚，豈真欲焚書哉！誠以藉口發冢，固不如棄去文字，而游心於『思無邪』、『毋不敬』之初也。楊、墨竊仁義以惑亂天下，何如攘棄仁義而復全其元同之德，如太極未判而健順五常悉備其中乎？……莊子非惡仁義，只惡堅白同異之辯，於此露出本旨。堅白同異之辯，正聖知自是之尤者也。……故莊子於此用加一倍法，將聖帝明王之法近於聖知者，一併掃去，使竊仁義之糟粕以禍仁義者，更無可托以鳴其術。此爲拔本塞源之論，非真詆訾前聖以自示異也。

這裏是說，莊子非常厭惡各種曲士托仁義以鳴其術，尤其厭惡楊朱、墨翟竊仁義之糟粕以惑亂天下，以及名家執堅白同異之說以鳴其高，因而爲了拔本塞源，便將儒家所倡導的古代聖知明王之法一併掃去。但在陸樹芝看來，文中所謂的詆訾前聖，並極言詩、禮必當盡焚，其實只是憤激之辭，並非真要把孔子所開創的儒學與各家的一曲之說相提並論。所以他在詮釋知北遊篇時說：『以孔子重言而並斥儒、墨，可知南華所抑儒、墨，非以孔子與墨翟並言也。』

在陸樹芝看來，莊子護持群聖孔子正道還採取了特殊的方式方法。他在讀莊子雜説中說：『今夫異說之至精者，莫如聃、尹，而乖僻自是，最足以動人之悅慕者，莫如楊、墨、秉、施。莊子將述孔子之旨以闢之，則六經具在，毋庸贅也。且常不勝奇若性生焉，安能以雅樂奪鄭聲之嗜乎？則何如因異說之至精者而更精之，由無爲而進於無知，無知而極於不自知其無知，使拘於墟者，更無可以炫其奇而大觀於天下，則詹詹者皆廢矣。……且夫人之處荒要爲外臣者，當群盜充斥之日，能入賊而爲之魁，舉萑苻竊據之徒一掃而清之，使群盜息而王靈自振，則其功甚偉，而其用心亦良苦矣，惡得徒據其跡以論之，竟與悖逆同科哉！』認爲老聃、關尹所持異說甚爲精巧，而楊朱、墨翟、公孫龍、惠施之輩則乖僻自是，所持異說最足以誘惑人，所以莊子深知如果用孔子所倡導的雅正思想去屏除他們的異說顯然是不成的，便提出了比他們更爲荒謬極端的理論，用來掃除他們的異說。依陸樹芝看來，莊子的這一做法，猶如『人之處荒要爲外臣者，當群盜充斥之日，能入賊而爲之魁，舉萑苻竊據之徒一掃而清之，使群盜息而王靈自振』一樣，其對於群聖孔子正道的護持之功甚偉，其用心亦真可謂良苦矣。他就這一觀點，在讀莊子雜說中進一步作譬說：

有無賴比丘，善辯有口，每自演説佛法，妙極變幻，以蠱惑大眾，信之者，至目爲正法眼藏。他日持佛像羅漢圖，塵瀆道旁，乞索過客者，即其徒也。有道人心傷而痛斥之，因並罵佛而詆其法，於是比丘大失所恃，而蠱惑之技皆窮。或者謂：是道人也，不學佛，因不敬佛，開罪教典多矣。殊不知道士本深明佛理，以爲彼所演説以惑眾者，佛之糟粕而已，非佛之真如也。所置之道旁以摧食者，土木之形骸而已，非佛之金身也。故舉其法而詆之，並指其土木之形骸而罵之，庶真如不滅，而金身益尊，不至爲無賴者褻越耳。故讀南華，須知其稱孔子之名而詆之者，非指孔子正身也，乃道旁之圖像而已。其並仁義禮樂而訾之者，非謂天命率性之本也，乃竊取之糟粕而已。道士只是惡賴佛偷生之徒，不是謗佛。莊子只是惡堅白同異之流，不是非聖。

這裏明確指出，正如深明佛理的道士責罵無賴比丘而使佛之金身益尊一樣，莊子稱孔子之名而詆之者，並非指孔子正身，乃是被方術之士抽去靈魂的徒具偶像的孔子，而所指斥的仁義禮樂，也並非指天命率性之本，乃是被方術之士所竊取的仁義禮樂之糟粕，可見莊子只是在用極端的方式方法護持群聖孔子正道而已。所以陸樹芝在讀莊子雜說中作總結説：『必識罵佛確是愛佛之理，則莊子正先聖之外臣猶子，心在君父者，雖真儒讀之，可以無惡矣。』

所謂『外臣』，猶言藩臣；猶子，指兄弟之子。陸樹芝稱莊子爲『先聖之外臣猶子』，意思就是説莊子雖不是孔子學派的嫡嗣，卻有護持群聖孔子正道的真實之心和實際行動。而且在陸氏看來，我們之所以可稱莊子爲『先聖之外臣猶子』，還在於他以荒唐不經的理論護持並發展了先聖的『太極』之説。他在讀莊子雜説中説：

『天地間惟六經是老實語者，不妄語者，不誑語者。諸子則荒誕不經者也，荒誕人所樂聽。不經多，則譚正經者寡矣。莊子思有以箝其口，料非正經之所能勝也，故索性與之説荒誕，就形下推到形上去，别標出一種高渺議論，將天地、帝王、聖賢、仁義一齊按倒。如高大無過「天地」，他偏説出包天包地的道理；久遠無過「古今」，他偏説出長於上古的道理。……奇特變幻，色色絶頂，問諸子百家，誰復能與之爭奇角勝者？莊子只要作一荒誕魁首，使好説荒誕者，更無可置喙(喙)，樂聽荒誕者，只此已足大饜其心，庶幾饜聽荒誕後，再去聽六經中老實語，轉覺平澹中有至味也。……先儒謂「太極」以上不容説，其實難説也。莊子偏向「芴寞無形」上滚滚説來，鏤造化而繪虚空，極精微，極廣大，又極透亮。具此心眼，用以體認性學，自無復有理障矣。故得力蒙莊者，必能達難顯之理，而不病於膚庸。』我們知道，儒家經典周易繫辭上有『易有太極，是生兩儀，兩儀生四象，四象生八卦』之説，認爲『太極』爲天地未分之前最原始的渾沌之氣，由於它的運動便生化出了陰陽，陰陽的交感又產生了四時的變化，繼而復又出現了各種自然現象。陸樹芝指出，莊子甘心情願地做一個『荒誕魁首』，將先聖的『太極』之説加以大膽發揮，『就形下推到形上去，别標出一種高渺議論』，從而使好説荒誕的一曲之士無可置喙，而欲體認先聖性學的人也就不再有理障了。他並在詮釋天地篇時説：

按南華全經，俱以無極而太極爲綱宗，故其言雖似不經，而實有把柲，所以異於諸家之荒誕，遁而必窮也。又儒者謂太極以上不容説，説至盡人合天而止。莊子則直以人而上與無極同體，復還先天，此其異耳。

這裏明確指出，莊子有異於所有曲士之荒唐，偏要將儒家所謂的『太極』往上説，一直説到『無極』，以『復還先天』爲目的，而一部莊子，則全是以此爲綱宗。陸樹芝正是依據這一認識，對莊子全書展開了具體詮釋。如他在詮釋大宗師篇時説：『先天太極，何所不包，何所不有？天地萬物，皆分太極之體以成也。此特隨舉日月、星斗、山川、河嶽、神聖、仙真，莫不同得以見其爲大宗耳。』在詮釋在宥篇時説：『窈窈冥冥，先天之太極也；

昏昏默默，以人合天之太極也。……以人合天，而體同太極，非僅延年長生也。唯體同太極，則天地自位，陰陽自調，百產自昌，並無所用其裁成輔相，而欲官乎物之殘矣。此修身之至道，此在宥之極則也。』在詮釋知北遊篇時說：『人之異視生死者，猶萬物各具一太極，其實統體一太極，本無不一，非有彼此貴賤之分也。……南華之理一本於無極，全在無極以上描寫。』顯然，陸樹芝這裏所謂的『太極』，實際上就是莊子所謂的『道』，認爲它是產生宇宙的絕對本原，是天地之間的最高主宰，萬物萬眾都必須絕對地以它爲大宗，以它爲依據。在陸氏看來，即使是逍遥遊，其實也就是遊於『太極』而已。如他爲逍遥遊篇所作的題解說：

遊者，身之所寄；逍遥者，徜徉自得，高遠而無拘束也。莊子以爲，人當全體太極，直與天地同運，乃與造物者遊，而爲逍遥之極則。故以物而言，如鵲鵬之飛搏，自凡鳥觀之，大且遠矣，而要必待天地之以息相吹，與野馬塵埃等耳，非逍遥之至也。如列子之御風，自眾人視之，大且遠矣，然猶有待於天地之以風相吹，亦猶鵬之培風南徙耳，非逍遥之至也。唯配陰陽而順六氣以遊無窮，斯真逍遥之極矣。

對於莊子逍遥義的解釋，歷來眾說紛紜。陸樹芝則引『太極』說加以揭示，在題解中即指出逍遥遊便是『全體太極，直與天地同運，乃與造物者遊』，也就是『配陰陽而順六氣以遊無窮』。並據此而進一步詮釋說：『立乎萬物未形之初，得太虛沖和之氣，至正而無偏，即全體一太極是也。居陰、陽、風、雨、晦、明未分之先，故能御六氣於既分之後。其高遠無極，其悠久無疆，故曰無窮。此則與造化者遊，而爲逍遥之極致者。』認爲立乎萬物未形之初，達到『全體一太極』的境界，則更是逍遥遊之極致。在陸樹芝看來，依據這一標準，則『逍遥固非斥鴳所知，亦非大鵬所能學步也。』即使是列子，『雖免於步行之艱，猶必待風而御之，則亦如大鵬之乘風而圖南耳，尚非逍遥之極致也。』那麽，什麽樣的人或物才能達到這種逍遥境界呢？陸氏在詮釋篇中『藐姑射山神人』時說：『太極本無極也，而周天地，育萬物，莫不由之。人能養得此身中之神靈，清虛靜寂，恬澹無爲，則此身亦一太極矣。其配陰陽而彌六合，若萬物而豐年穀，皆自然而然，有莫知其所以然者，夫孰非太極之所含乎？』意謂像藐姑射山神人，清虛靜寂，恬澹無爲，本身就是一太極，因此也就達到了逍遥遊的境界。可見陸樹芝引『太極』說來詮釋莊子逍遥義，雖然不免有些牽强附會，但仍能較好地揭示出篇中關於無待才能逍遥的主旨。

陸樹芝以『無極』、『太極』詮釋莊子的有關說法，實際上也較明顯地借鑒了宋代理學思想，因爲『無極而太極』說最先是由周敦頤在太極圖說中提出的。當然，陸氏也指出了莊子的『無極』、『太極』是與理學思想有所不同的。他在讀莊子雜說中說：

莊子固是要作荒誕之冠，其實只以『先天』、『太極』作把柲，所以雖極荒誕，卻有至理，與當時之以辨求勝而遁有必窮者，又自不同。前人謂周子太極圖出於方外人，今觀南華，其於『無極』之理講之精矣。但宋儒由『太極』順說到人，莊子則由人收歸『太極』。又不肯如周濂溪直下注語曰『太極本無極』，只說『遊於天地之一氣』，故爲眇芒之辭。

這裏的意思是說，莊子說『無極』、『太極』，是要人們屏棄人事而返回自然本性，而宋儒說『無極而太極』，則是要人們通過瞭解天理而重視人情事理，包括日用之間的下學工夫，因此陸樹芝在詮釋天地篇時說：『儒者謂太極以上不容說，說至盡人合天而止。莊子則直以人而上與無極同體，復還先天，此其異耳。』應當認爲，陸氏這樣來區别莊子與宋儒的思想，大致上是符合實際的。

第二節　對司馬遷、蘇軾說法的多所批駁

陸樹芝著莊子雪，采摭前人注語頗多，計有司馬彪、郭象、吕惠卿、王雱、陳詳道、林自、林希逸、范無隱、褚伯秀、羅勉道、陸西星、焦竑等十餘家。但他卻在自序中說：『若夫稱瑞於冬春之交，而晶瑩皎潔，不染點塵，别

具寒香者，雪也，唯莊子似之。顧其書奥衍磅礴，自晉唐來，解者無慮數十家，率皆支離隔膜，雖一二卓識之士時有特見，而所得者，尚未什一，固未能通體了澈也。博采者，是非雜陳；妄庸者，任臆猜混，於句解、段落，往往失之，竟使千古奇文盡如夢囈，又安望其揭全書之大旨，識厥功之甚偉哉？夫説經者多而經亡，禍有甚於秦火者，況以汪洋自恣之文，而復爲瞽説所蒙，安得不如墜雲霧也！』因此，他『於所難解處，歷來注説未能明白熨帖者，悉力爲闡釋之，蓋什八九焉。一切隔壁影響之談，閲之益亂人意者，概置勿録，庶幾通體瑩然，一洗障翳也。』（讀莊子雜説）而其尤著力處，則在批駁司馬遷、蘇軾的有關説法，『乃取龍門之傳、東坡之記述論於前，以明其無罪，而大白其維持六經之功。』

一、對司馬遷説法的多所批駁

所謂『龍門之傳』，乃指司馬遷所撰史記老子韓非列傳中的莊周傳，陸樹芝特將其摘出，置於莊子雪之首，並爲之逐句逐層作批語，名史記莊子列傳，用來表明自己對司馬遷之莊子觀的看法，尤其想借此來辯明所謂莊子『維持六經』的功勞。今細審陸樹芝所作批語，其對司馬遷的批駁，主要集中在對其所謂莊子宗老子和詆訾孔子的説法上。他還在讀莊子雜説中進一步表明這一態度説：『自太史公以來，皆以爲宗老氏而詆訾孔子之徒，無法甚矣，方當火之，而又何解焉？然以數千載文士之所共資，儒生之所弗惡，而我獨以爲當火之，又未能決然火之而無疑也，則亦我意之有未安者也。』看來，陸樹芝對司馬遷的這兩個基本觀點是持堅決否定態度的，簡直要將史記莊周本傳中的有關文字付之一炬而後快。

那麽，陸樹芝何以堅決否定司馬遷的這兩個基本觀點？他在史記莊子列傳『莊周……其要歸於老子之言』下批云：『此句卻未細觀莊旨，南華不過以老氏之言爲端耳，其要歸則有不獨在老子者。』陸樹芝這裏的意思是說，莊子表面上似『宗老而訾孔』，實際上是要『駕老子以助孔』，司馬遷根本就不懂得這一點。他並就此觀點在讀莊子雜說中作具體闡發說：

楊、墨竊仁義之糟魄，自是而惑衆，彼固自謂至奇，人亦奉爲至奇。然宋鈃、尹文舍己爲人，亦兼愛之意也，而心行則有過於墨氏者矣。至彭蒙、田駢、慎到『以齊萬物爲首』，則又高於宋鈃、尹文矣。老聃、關尹以空虛寂靜爲道，則又高於彭蒙、田駢、慎到矣。是楊、墨立異爲奇，毋論說有必窮，即其奇已不逮田、彭，更遠不逮關、老也。而世俗之好奇者，顧效楊、墨之自是，日出其偏見小知，爭辯求勝。莊子知其不可以莊語喻，故戲就老子之術而更精之，其奇乃高出關、老之上，則異說之奇者，於是爲至極，而無以復加，下視惠施輩，多方支離，自取桎梏，真覺大愚不靈，可悲可笑矣。夫奇至老、莊而極，極則必反，固其理也。此莊子所以自列於方術，而從老聃之後，史記遂以爲宗老而訾孔，而不知其意正欲駕老子之上爲奇之極至，而陰以助孔也。觀天下一篇自序甚明，特其詞義頗奧，向來注說並自序亦尚欠分曉，故於南華宗旨迄未大白耳。

這裏明確指出，自楊朱、墨翟，而宋鈃、尹文，而彭蒙、田駢、慎到，而關尹、老聃，其說愈立愈奇，而世俗之好奇者，尤惑於楊朱、墨翟之說，所以莊子便『戲就老子之術而更精之』，用來使世之好奇者鄙棄楊朱、墨翟的偏見小知，即使下視惠施輩所持之說，也爲多方支離之術，甚是可悲可笑，可見莊子正欲『駕老子』而『陰以助孔』。在陸樹芝看來，司馬遷並不明白莊子的這一用意，但我們是可以從天下篇中看出的。那麽，天下篇到底反映出了什麽呢？陸樹芝在詮釋此篇時說：

合而觀之，諸家皆慕古之道術，各欲立異以鳴高。若高出諸家，而可謂至極者，則關尹、老聃乎！夫古有天人、神人、至人，皆博大之極則也。若關、老者，倘亦古之博大真人哉，此方術之至奇也。莊子之意以爲，伏羲、神農、黄帝，以至周公、孔子，固大道之正傳，至異説爭鳴，各立異以爲奇，已屬老聃唾餘，而愈出愈多，愈多愈雜，嘵嘵未已，誰反而尋其源乎？故因關、老之說而更進之，使知愈高愈奇，不過方外之談，庶幾飽餐霞石者，復歸而求菽粟，一切山菌野蔬，俱在所廢耳。觀此自序，具見維持正道苦心。……莊子自敘所慕，句句皆比關、老更高，關、老止在自己一身上打掃乾淨，莊子則並天地萬物都一掃乾淨，實高出關、老之上，觀此段可見。自史記以莊子爲專明老子之術，後人遂不復深考，豈不大失其旨乎！

依照這裏的說法，老聃之說高出諸家之上，實爲方術之至奇，故而莊子因其說而更進之，以盡闢各種異說，可見其維持群聖孔子正道之用心甚爲良苦。但老聃只是爲了一己之身，而莊子則是爲了把天地萬物都打掃乾淨，哪裏像司馬遷所說是爲了專門發明老子之術呢？所以陸樹芝在讀莊子雜說中復又說：『莊子特由老氏之說而更進之，非真宗老而著書以明其術也。觀彭蒙、田駢、慎到之學，固宗黄、老者，而莊子曰「其所謂道非道，而所言之韙不免於非」，則莊子之宗仰，原不在是可知。至其論關、老，雖云「可謂至極，古之博大真人哉」，然語氣正自虛活，不過推爲諸子百家之極，則且自敘所悅，另有祈向，如「芴寞無形」諸語，皆較老聃又高一層。天下篇可覆按也，奈何謂南華止明老子之術乎？』

在陸樹芝看來，既然莊子意在駕老子以助孔，那麼司馬遷所謂的『詆訾』說也就不能成立了，所以他在史記莊子列傳『（莊子）作漁父、盜跖、胠篋，以詆訾孔子之徒』等語下批云：『此說殊誤！』並在讀莊子雜說中作具體闡述說：『（莊子）似詆孔而宗老，實欲駕老以衛孔也。……莊子之言，於聖帝明王，皆似有所不足，而貶抑孔子尤多，何也？曰：異說之興，必竊先聖之糟魄，因而一察自是，以近似而大亂其真，以爲我之所是者，即先聖之所是也；我之所非者，即先聖之所非也，乃牢而不可破矣。莊子不得已而設爲先聖不敢自是之言，與不以聖人爲是之言，用以見夫天下古今之共是者，而猶或非之，一若真有其可非者，則一察自是者之有非而無是，不言而可決也，自是者可以知所愧矣；以辯應之而助其自是者，亦可以知所返矣。且莊子何嘗確指前聖而訾之哉！』意謂莊子不得已設爲孔子不敢自是之言，使一察自是者知所愧、知所返，這看起來似乎是在詆訾孔子，其實是在捍衛孔子正道。陸樹芝在詮釋寓言篇時說：

孔子與天地合德，從心中矩，而猶曰加年學易，可無大過。蓋雖與天同運，而歷一年則有一年之時行物生，故雖行健有常，未嘗不隨年變化也。莊子引之，謂孔子之行，有是無非，而猶自見得是非無定，可知人所見之是非，皆非有定，無容爭辯矣，亦即齊物論之意。惠子不喻莊子之意，以爲此孔子常憂勤其志，以服行所知，故每覺其非而不敢自是也，則豈真是非弗定乎？

寓言篇設爲孔子不敢自以爲是的寓言故事，讓他成爲道家的俘虜，來自覺宣揚道家關於是非無定、萬物一齊的思想，這本身就是對儒家聖人孔子的極大『詆訾』。但在陸樹芝看來，這卻是在讚揚孔子的德行，而對一察自是的惠施之輩來說，則正是一種批評。更何況，莊子設爲寓言，這本來就是爲了闢異說、衛六經的呢！他在史記莊子列傳『其著書十餘萬言，大抵率寓言也』下批云：

史記所云寓言，謂言在是而意別有在也，則得之矣。蓋詆先聖而意在闢異說，破堅白而意在衛六經也。

司馬遷在史記老子韓非列傳中，謂莊子的言説方式是好用寓言，而陸樹芝卻謂莊子虛設寓言是爲了更好地闢異說、衛六經，並指出莊子之所以不在儒家經典中摘舉孔子真實言行，其用意也即在於此。他在讀莊子雜說中說：

莊子若欲真詆孔子，則孔子之言行，論語、學、庸具載，孔子所贊修易象、春秋具在，何不摘舉一二條，與相牴牾，而南華所載孔子之言，並未有一語見於他經者，惟外見之遭逢，如畏匡、過宋、厄陳諸事，始偶一及之，然亦大概影響，時地不必盡合。可知其詆訾孔子之徒，雖指名稱字，皆如無賴僧所奉之佛像羅漢圖，非正指金身也。論語、五經，莊子豈未讀得一二句，以爲此則孔子之『正法眼藏』，一字不可輕議，丈八金身一毫不可怠慢者也。由此思之，莊子正極小心寅畏於我夫子矣。

陸樹芝在史記莊子列傳『其學無所不窺』下批云：『此句甚確！莊子固於聖賢心學，及諸子百家，無所不窺者也。』在陸氏看來，莊子既然於儒家聖學無所不窺，那麼他於儒家經典一定相當熟悉，但其『詆訾孔子之徒』，並未從這些經典中摘舉事實，而只是虛構爲寓言故事，可見其所詆訾的僅僅是竊取群聖孔子正道之糟粕者，並不是儒家泰斗孔子的『金身』。所以他在詮釋天下篇時告誡人們說：『莊子自以其書爲謬悠之說，荒唐之言，無端崖之辭，可知其詆訾先聖處都非認真，須得其言外之意。』那麼，這『言外之意』到底指什麼呢？陸樹芝在史記莊子列傳『用剽剝儒墨，雖當世宿學，不能自解免也』下批云：

須知莊子所云儒、墨，乃指楊朱、墨翟，以及百家方技之屬竊附於儒者，非以孔子與墨氏並譏也。觀知北遊篇末，入孔子口中，亦並斥儒、墨以是非相齏，及天下篇序列可見。當世宿學，即惠施、公孫輩是也。

知北遊篇設爲『仲尼』的口吻說：『君子之人，若儒、墨者師，故以是非相齏也，而況今之人乎？』意謂身爲君子，像儒家、墨家中的師輩，尚且以是非相詆毁，更何況現在的人呢！從這裏可以看出，莊子設爲『仲尼』的口吻來說話，顯然也有批評儒家、墨家的領袖安生是非、互相詆毁的意思。但陸樹芝卻詮釋說：『君子之人，即古之帝王聖賢，其德仁禮義，固非若儒、墨之拘於墟也。而儒、墨竊其形似，據一察以自聖，則若爲儒、墨者師矣，而其弊至以是非相齏，況今之樂楊、墨而與之相應者乎？此段以孔子重言，而並斥儒、墨，可知南華所抑儒、墨，非以孔子與墨翟並言也。』他又在詮釋天下篇時說：『自來説莊者，只因看此篇不明，故於南華大旨茫然。起段因方術多而推原道術，由道術之備，説至天下亂而道術裂；中四段乃歷敘方術，而以南華附於老子之後；末又以方術之尤支離僻小者，指其失而悲之；見方術以老子爲至，而己更進焉。則其餘之爲方術者，甚淺而小矣。語道術則己亦非其倫，語方術則己實居其至，此莊子之所以自處也。而其護持正法者，則寓之於不言。

……稱述帝王道教，精微博大，分明將夫子所贊修之詩、書、易象、春秋，指數在此，真見得美備之極，無庸更分支派。……外間疑其非聖，及委曲而引附常經者，皆莊子之所不受也。』正是基於這樣的理解，陸樹芝便認定莊子書中所指斥的儒、墨，實際上是指『百家方技之屬竊附於儒者』，尤其是指楊朱、墨翟、惠施、公孫龍之輩，而司馬遷在史記老子韓非列傳中籠統地說莊子『剽剝儒墨』，顯然是不正確的。因此，陸氏在詮釋莊子全書過程中，就往往將一些本與楊朱、墨翟、惠施、公孫龍等毫無關係的思想資料，生硬地解釋成是用來指斥他們的。如他在詮釋天地篇『漢陰丈人』寓言故事時說：

事求可，功求成，昧者以爲語近功利，必非孔子之言，因疑此篇並非莊文。不知聖賢之學，固不計功謀利，若用於世，則夫子固云『期月已可』、『三月有成』矣，豈必不可，豈必不成乎？又曰『篤恭而天下平』、『無爲而天下歸』，獨非用力少而成功多乎？且南華所載孔門議論，不過重言之例，原非其有此言。即如此段，乃因墨、惠之徒，駭守師說，奉爲至極，迷惑不返，而不可以莊語喻，故戲撰此說，以爲雖孔門高弟，獨屈服老圃，自謂小知，不及大理，至孔子聞之，又以老圃爲假修渾沌，尚非天然渾沌，則大理之上，更有大理矣。

天地篇『漢陰丈人』寓言故事，先借丈人批評子貢以斥去天下一切『機心』，再借孔子讚歎渾沌之術以闡發『無爲復朴』之論，而從丈人指責孔子爲『博學以擬聖，於于以蓋衆，獨弦哀歌以賣名聲於天下』者的話來看，其『詆訾』孔子的用意甚爲明顯，而陸樹芝卻認爲此則寓言故事是在指斥墨子、惠施之輩，並沒有絲毫批評孔子的意思。就這樣，陸氏便謂德充符篇『叔山無趾踵見仲尼』寓言故事『正訕笑惠施輩耳』，大宗師篇『伯夷、叔齊、箕子……，是役人之役』等語『正深斥墨氏耳』，天道篇乃『針對墨氏假托神禹，爲形勞天下說』，繕性篇開頭一段『正指惠、龍輩之多方而言』，達生篇『知巧果敢』等語『正對施、龍而言』，徐無鬼篇『知士無思慮之變』等語『正對惠施輩而言』，天運篇『自「黑白之朴」以下，尤針對墨、惠輩，蓋其辯易窮，而互爲倡應，正如涸魚之呴沫也』。可見，這些解釋皆甚爲牽強附會。

二、對蘇軾説法的多所批駁

所謂『東坡之記』，乃是指蘇軾所撰的莊子祠堂記。陸樹芝繼史記莊子列傳之後，又對蘇氏此文作了評批，名蘇東坡莊子祠堂記。他在評批時，首先肯定了蘇軾對司馬遷『詆訾』説所提出的批評，但隨後又對蘇氏的有些説法提出了異議甚至批駁。如蘇軾在莊子祠堂記中説：『余以爲，莊子蓋助孔子者，要不可以爲法耳。楚公子微服出亡，而門者難之。其僕操箠而罵曰：「隸也不力。」門者出之。事固有倒行而逆施者。以僕爲不愛公子，則不可；以爲事公子之法，亦不可。故莊子之言，皆實予而文不予，陽擠而陰助之。』陸樹芝批云：『卓識得未曾有，但尚未甚暢，愚申論附後。』所謂『愚申論附後』，即指隨後在讀莊子雜説中所説的這段話：

自蘇東坡始非史記而有亡公子之喻，見亦卓矣。然公子之僕罵公子，誠愛公子矣。莊子之詆孔子，實助孔子，猶未見其所以然也。愚竊以爲莊子之非孔子，非如僕之指公子而罵公子也，不過詆楊、墨所見之孔子而已。今有人於此，坐井而觀天，自號於人曰：『吾獨有見於天也。』使必正告以天體之全，欲其信耳而不信目，難已！孰若即其所見之天，而斥爲甚小，使不得復挾所見以自多乎？驟而聆之似詆天也，而天之所以爲天，固不至爲井中人所蒙矣。莊子之於孔子何以異是？

陸樹芝這裏的意思是説，蘇軾破天荒地非難司馬遷所倡導的『詆訾』説，並以楚公子微服出亡而門者難之爲喻，應該説是卓見。但他以楚公子之僕人罵公子實爲愛公子，來比喻莊子之詆毁孔子實爲陰助孔子，這實際上是很不恰當的。因爲楚公子之僕人所罵的是真實的公子，而莊子所詆毁的孔子根本不是本來的孔子，只不過是楊朱、墨翟之輩一察之見中的孔子，正有如井中人所見到的天並不是全體之天。所以陸氏於蘇東坡莊子祠堂記

『余嘗疑盜跖、漁父則若真詆孔子者』下批云：『此似未然，若謂真詆孔子，則彼豈真右盜跖耶？』並在漁父篇題下作具體闡述說：

東坡謂盜跖、漁父二篇，似真謗抑孔子，然即謂其尊孔子之至亦可。蓋借孔子之不自是，以明是非之無定，見惠子之徒，以辯求勝者，真所謂大愚不靈，自取桎梏也。若不以孔子爲千古第一至聖，則不借孔子作話柄矣。且以孔子生知安行，仁至義盡，乃從漁父而求所以修身守真，則可知所謂大宗師者，實超出於往聖之外，爲道理上之道理，即孔子亦樂得而聞之，不惡其狂也。如此方是高奇之極，則世之挾其私見以爲高談奇論，得未曾有者，亦殊無新奇之可喜矣，所以壓倒諸家，使之廢然而返也。

漁父篇通過激烈批判儒家仁義忠孝觀念和禮樂制度，表達了道家『法天貴真』的思想，所以司馬遷在史記老子韓非列傳中所謂莊子『作漁父……以詆訿孔子之徒』，蘇軾在莊子祠堂記中所謂嘗疑『漁父則若真詆孔子者』等說法，應該說是符合實際的。但陸樹芝卻認爲，此篇通過虛設孔子不敢自以爲是，樂於聽取漁父所談的修身守真之言的寓言故事，旨在說明是非無定的道理，並批判惠施之輩以辯求勝的愚蠢行爲，可見謂此篇爲『尊孔子之至』亦無不可。正因基於這樣的認識，所以他又在詮釋盜跖篇『盜跖怒罵孔子』寓言故事時說：

展禽，魯僖公時人，至孔子生，八十餘年，若至子路之死，百五六十年，不得爲友，是寄言也。按此非真非孔子，正見世之創異說以自是者，何足爲奇！直須以盜跖怒罵孔子，方是奇耳。又見惠子以同異自是，未必能如孔子，而孔子則竟爲盜跖所非矣，施獨不可非乎？

盜跖篇對孔子可謂竭盡辱罵之能事，故司馬遷、蘇軾皆把它與漁父篇歸爲一類，認爲其宗旨在於詆訾孔子之徒。而陸樹芝卻批駁說，盜跖篇設爲盜跖怒罵孔子的寓言故事，並無真要非難儒家泰斗孔子的意思，而只是表明孔子竟可爲盜跖所非難，難道以同異之辯自是的惠施是不可以非難的嗎？由此說明，陸氏在詮釋莊子過程中所表現出的尊孔傾向甚爲明顯。

與上述觀點相一致，陸樹芝又對蘇軾關於『昧者勦之以入』的説法提出了自己的看法。如他於蘇東坡莊子祠堂記『至於讓王、説劍，皆淺陋不入於道』下批云：『讓王盡有精理，説劍較粗耳，然都非實事也。』又於『去其讓王、説劍、漁父、盜跖四篇，以合於列禦寇之篇曰：「列禦寇之齊……」然後悟而笑曰：「是固一章也。」莊子之言未終，而昧者勦之以入其言』等語下批云：『此論亦絶卓，此四篇語實較粗，且以仲尼與墨翟並稱，尤乖南華之旨，蓋已錯會「儒墨」二字矣。但盜跖、漁父已見於史記，則由來久矣，並存而分别觀之可也。』説明陸樹芝對蘇軾的篇目真僞觀既有所肯定，又有所否定。他並就這一看法在讓王篇題下作具體闡述説：

東坡謂讓王以下四篇，非莊子所作，蓋其枝葉太粗，恐爲人所竄易。按南華諸篇，皆針對小知小言而發，獨此篇歷敘高蹈廉介之行，似乏遠神，然亦略有照射。蓋儒、墨、楊、秉、惠，以腓無胈、脛無毛爲其道，爲人多而自爲少，與衆不適，逐物不返，則害生矣。故以高蹈自樂風之，未及逃名潛死者，謂雖窮餓至死，猶逸於役役多事者也。

這裏對蘇軾之説顯然有所承因，也認爲讓王篇似乏遠神，缺乏其他篇章所具有的風格。但陸樹芝又認爲，此篇文字也略有映照，而且旨在引衆多高蹈自樂之士，以譏刺俗儒、墨翟、楊朱、公孫龍、惠施等皆爲役役多事之輩，則其又似爲莊子本人所作，故而他在詮釋全篇過程中，或謂『「夫天下至重」以下是莊子讚語』，或謂『莊子以世俗多騖榮利而忘其身，故歷舉不屑天下、不肯有國者而贊其能』，或謂『此數語，莊子自道之辭，常人説不出』，而並没有説哪些文字是他人所竄入。陸樹芝又在盜跖篇題下説：

此篇舉一極惡之巨盜，與一大成之至聖，設爲辯難，至聖反爲巨盜所呵，透過一層，以見不易之是非，猶可以強詞奪之，然則各執所見以爭是非者，更不足據矣，孰若齊物論之爲愈乎？末一段亦以明是非不定之意。

細審這一題解，似謂盜跖篇之大意，亦有合於齊物論篇之宗旨者，則蘇軾目此篇全爲僞作，未免過於武斷了。所以陸樹芝在篇末說：『按「盜跖」一段，誠覺粗豪，不類南華本色。「苟得」、「無足」二段，正甚精邃，又似非漆園不能爲也。』從而進一步批駁了蘇軾以盜跖篇全爲僞作的說法。總之，陸氏對蘇軾的批駁雖不一定能令人信服，卻爲人們研究莊子篇章的真僞問題又提供了一種新的思維方法。

第十一章　梅沖的莊子本義

梅沖（1762—1826），字鍾源，號抱蓀，江蘇江寧縣人，祖籍安徽祁門。據金陵梅氏支譜、金陵通傳、金陵文徵小傳彙刊等載，沖才學富博，爲文恣肆灝瀚，聲大而宏，不屑作纖纖細響，尤擅駢文及詩古文詞，亦一時之俊。嘉慶五年中舉，北上不售，即歸而著書。著作有然後知齋答問、莊子本義、離騷經解、陰符經解、勾股淺述、增訂事類賦等。沖以其子曾亮貴，誥贈朝議大夫。

第一節　以儒門心學闡發莊子『本義』

以儒解莊這種手法由來已久。自從晉人郭象對莊子進行寓名教於自然的改造性詮釋後，經過唐代三教融合思潮的洗禮，這種治莊方法在宋人王安石、蘇軾、林希逸諸公手裏，漸漸穩定了下來。到了明朝，更加解放的思想狀況，爲這種手法提供了更廣闊的成長空間，使得這種方法到了清朝也沒有消亡，而且比起前代的以儒釋莊，還出現了新的特色。清人梅沖的莊子本義，便典型地體現了這一點。

莊子本義分上、下二卷，卷首有自序、總論各一篇。此書只解內七篇。上卷解逍遥遊、齊物論、養生主，下卷解人間世、德充符、大宗師、應帝王。其自序云：

千古能知孔子、能言孔子、欲人人知我孔子、使知釋老異端不能外孔子而必折衷孔子、唯孔子立萬世人道之極也，蓋惟莊子一人。嗚呼，宜知之者鮮矣。蓋孔子之道，莊子所得與思孟無異，而天才高曠，其學復深於易、於詩，故廣譬博喻，善於取象，比物連類，雜以詼諧滑稽，汪洋宏恣，不可方物。鯫生讀之，目眩神駭，莫從窺測，不知其中固與思孟無一不吻合也。

在梅沖看來，莊子實是孔子千古以來唯一的知己，他之所以著書，是要讓各種『異端』知道不能超出孔子之道的範圍而必折衷之。但由於莊子『天才高曠』，所學又博，其本人又不拘繩墨，於是『廣譬博喻，善於取象，比物連類』，『雜以詼諧滑稽』，其文章便顯得『汪洋宏恣，不可方物』，讓淺薄的人讀之，便『目眩神駭，莫從窺測』了。但究其大旨，莊子還是『與思孟無一不吻合』的。

那麼，莊子是怎麼與思孟『吻合』的呢？我們知道，儒家亞聖孟子受業於子思之門人。子思著中庸，孟子著孟子七篇。中庸言『誠』，孟子講『養吾浩然之氣』。跟易傳、荀子這些更具『外王』氣質的作品相比，思孟學派更注重的是向內的心性功夫。尤其是中庸，『完全以人的意識修養爲中心，主要是對內在人性心靈的形而上的發掘。』（李澤厚中國古代思想史論）梅沖認爲，正是在這一點上，莊子與中庸是『吻合』的。應該說，在莊子學史上，注意到中庸與莊子之聯繫的學者，梅沖並不是第一個。南宋林希逸便以中庸『誠則明』釋莊子庚桑楚的『宇泰定者，發乎天光』。明楊慎也發現『莊子語暗合中庸』（升菴集卷四十六）。清人宣穎更是明確宣佈『莊子之書與中庸相表裏』（南華經解序）。但這些學者對此往往只是點到即止，沒有在理論上充分展開。梅沖則不然，他不但在這一方面進行了理論闡述，而且還在中庸、孟子、莊子之間進行了比較研究。比如，他說：『道有内有外，中庸兼內外，孟子外詳於內，莊子則略外而詳內。思孟所引而未發，莫不爲窮其底蘊，究其義類，而放其言詞。其自爲創論，莫非探本孔子，曲暢旁通，爲天人性命之要，不可不言者。蓋善言性道，又出思孟之上，而受誣者即在此矣。』（自序）這是說中庸、孟子、莊子在論道的層次上能構成一個互補結構：中庸兼言內在心性與外部世界，孟子則偏向於外部世界，至莊子則『略外而詳內』，將思孟『引而未發』的東西極力闡發了出來，於是便在向內的一條路上『出思孟之上』了，而正因爲這個『出其上』，讓人覺得過猶不及，於是『受誣者即在此矣』。

那麼，莊子的向內一路，與思孟是怎樣相通，又是怎樣因爲『出其上』而『受誣』的呢？梅沖說：『道之必無可易者，誠是也。誠之至則虛。中庸言至誠，亦必曰「無言」，曰「不顯」，以歸於「無聲無臭」。莊子之言虛，亦若是而已。』（同上）在梅沖看來，莊子所說的『虛』與中庸所言之『誠』是同一範疇，不但如此，『虛』而且還是『誠』的最高境界。所以莊子『每篇皆有聖學切實致力之處』（同上），那些『先克復以誠其身者，德既大，則有若無，實若虛，愈大而化，則無思無爲，全無跡象。所謂虛者，正至誠無妄，自然神化之境也。』（同上）可見，通過引入中庸，梅沖成功地將儒門的『誠』與莊子的『虛』銜接了起來。他和以儒釋莊的前輩們一樣，是有調和儒道之傾向的。

但是，梅沖又認爲，要在心性修爲上達到這『至誠無妄』的『自然神化之境』，亦即莊子所言的『虛』的境界，恰恰不能像魏晉以下的釋莊者一樣，一味地『求之以虛』。爲此，他闡釋莊子，便傾向於將莊子文章那虛無縹緲的道境往修道用心的實處說。如他在總論裏寫道：『逍遥遊要在「水之積也不厚」一段，……言「苟不至德，至道不凝」，故皆視所積之厚薄，以成其大小。……齊物論要在「寓諸庸」三字，聖人以性道之妙，寓諸倫物之庸，止於此而實，則德本諸身，自有不言之辯也，過乎此而虛，則子所罕言。……中庸首章言存養省察之要，中和位育之功，與二十二章經綸大經、立大本、知化育者相呼應，而養生主以「緣督以爲經」一句括之。人間世則獲上治民，必本誠身之說也，德充符言至德之誠於身，曰「游心於德之和」，曰「德者成和之修」，乃戒慎恐懼，以致中和之事，語皆精絕。大宗師以「天人不相勝」爲道，非率性於天命而道不遠人之旨哉？應帝王言天下之治，曰「順物自然而無容私」，中庸之「篤躬而天下平」，何以外此？』這樣，梅沖將莊子內七篇的大旨與中庸的文句一一作了對應，從而確定了以中庸爲理論基礎的梅氏莊子學的闡釋方向。應該說，這種理論建構比起那些以儒釋莊的前輩們，無疑顯得更嚴密了。但是我們知道，中庸與莊子畢竟隸屬於兩個不同宗旨的學派，在兩者之間搞一一對應，難免會有牽强附會之嫌。比如，逍遥遊篇的主旨乃是徹底意義上的『無待才能逍遥』，而梅沖在這裏强調的卻是第二義的『水之積也不厚』。齊物論篇表達的是莊子相對主義的齊萬物的思想，而梅沖同樣選擇了功夫論的『寓諸庸』作爲主旨。養生主篇的『緣督以爲經』本是一種遊神於虛的養生常道，而梅沖卻將這『虛經』講成了『經綸天下之大經』的『實經』。人間世篇講涉世之難，歸於消極的『無用之用』，梅沖將之改造爲積極的『獲上治民，必本誠身』。大宗師篇的重點是講『道』的一元主宰和人對『道』的絕對順應，梅沖看重的卻是二元的『天人不相勝』。應帝王篇以否定的姿態批判世間的有爲政治，梅沖同樣將之看作實實在在的治國方略。看來，雖然梅沖深知莊子『略外而詳内』，但這種『略外而詳内』，只有不至於與世間的人倫秩序相抵觸，才是他可以理解、可以接受的。這樣，他這『以實測虛』的闡釋活動，就不能不出現兩面性：在『實』可以包容『虛』，即莊子純粹在『談心説性』的時候，他是可以很好地把握住莊子之『本義』的；一旦『虛』溢出了『實』，即莊子有意『棄世』甚至『詆聖』的時候，他就不能不出現刻意的曲解了。

這一節先談第一種情況，即梅沖對莊子『本義』的正確把握。我們知道，宋明理學與先秦儒學不同的一點，正在於它對後者引而未發的形上層面的深入開掘，它是以『釋道的宇宙論、認識論的理論成果爲領域和材料，再建孔孟傳統』（李澤厚中國古代思想史論）。既然是『孔孟傳統』，那麼它關注的就必然仍是如何治國平天下的有爲問題，只是在這個有爲過程中增添了許多來自釋道的生命智慧。如梅沖在注解逍遥遊篇『且舉世譽之而不加勸』一段時説：『此知專務於内，不爲外物所動，人世情態，不足以局之，已脱乎小而可與言大矣。而方在勉强用功，知所致力，尚未能卓然成立，有所樹也。此其境詣，不過善信之中，人本無大小，爲世事所局，則小耳。故言道者，必自定内外之分始。』身爲儒者而『專務於内』，在塵網之中而看淡世事，不願爲之所局，儼然有出塵之想了。再如在人間世題解中，他説：『此篇言處世之道只是一「誠」字。孟子曰：「至誠而不動者，未之有也。不誠而未有能動者也。」聖賢誠身之學，本非僅爲入世之用，而道不可離，即偶然小試，亦必實以道體之全。否則任舉一事而不可成，無論出處之大矣。』言語間就是不肯將『聖賢之學』僅僅限制爲『入世之用』，即使行住坐臥，或者小有所爲，也一定要跟本原性的『道』聯繫在一起，這就是宋朝以後佛道化了的儒學的總體思想傾向。而在總論中解釋莊子『乘物以游心，托不得已以養中』之語時，他更將這種思想傾向和盤托出，道：

世人心溺於事，而虛靈之天，多汩於酬應之擾，則病在滯於實也。佛氏離事言心，而靈明之用，無以入乎倫物之常，則病在墮於虛也。乘物以游心者，物內皆道，而身外皆物，隨身所遇，莫非物，即莫非道。惟心之不離道，亦不膠物。以心寄物，心得所安，益深所造。借物運心，心範其馳，益快所適。不限其途，而隱微畢達，相引以入，而神智益開，虛實交融，內外活潑潑。斯聖學之所以異於俗學、禪學也。

宋儒重建道統，固然是爲了應對幾百年『二氏』（尤其是佛教）對儒學的威脅，但同時也是由於看到了『二千年之天地日月若有若無，世界皆是利欲』（陳亮與朱元晦秘書），弄得人心不古，這才使得『二氏』乘虛而入。明朝王陽明認爲出現這種狀況，都是由於人心不能『止於至善』的緣故。他說：『蓋昔之人固有欲明其明德者矣，然唯不知止於至善，而鶩其私心於過高，是以失之虛罔空寂，而無有乎家國天下之施，則二氏之流是矣。固有欲親其民者矣，然惟不知止於至善，而溺其私心於卑瑣，是以失之權謀智術，而無有乎仁愛惻怛之誠，則五伯功利之徒是矣。是皆不知止於至善之過也。』（王陽明大學古本問）梅沖也是這麽認爲的。在他看來，真正的儒者應該既反對一味的『權謀智術』，『心溺於事』，又反對一味的『虛罔空寂』，『離事言心』，一定要『心之不離道，亦不膠物』，『虛實交融，內外活潑潑』，方是『至善』狀態。

但問題是，這種『至善』狀態該怎樣達到，又該怎樣保持呢？梅沖發現，莊子的『乘物以游心，托不得已以養中』，正好爲此提供了絕佳的答案。梅沖說：『養中而托於不得已，何也？儒者皆知中之難而莫得養之之術。此乃教以致力之方也。不及者，知其不可已而斷不自已，自可跂而及。過者若有不願爲，而但求其已，自可止而不過。蓋一以勵其畏難之心，一以抑其好事之氣。惟念念曰不得已，則弱者能勉強以不失當然之則，躁者亦不至壯往而失寧靜之天。此中之所以常得所養也。』（總論）在梅沖看來，莊子的這種『不得已主義』恰恰是道出了儒者應世最感到爲難的地方，即做事用心時怎樣才能既不是『過』，也不是『不及』？這個『度』在何處？有沒有可參考的標準？梅沖認爲這『不得已』三個字就是『度』，就是『標準』。只有『念念曰不得已』，膽小的人臨事時才不會怯懦，把事情辦到位，而暴躁的人臨事時才不會過於魯莽，從而失去胸中的平和。應該承認，梅沖的這種解釋雖是以儒家的入世思想爲前提，但其對人處世應事時的無奈心理的分析，無疑是很精到的。

梅沖又分析了儒道二家對『氣』的不同看法。衆所周知，在中國哲學裏，『氣』是一個極重要的範疇。孟子公孫丑上曰：『夫志，氣之帥也；氣，體之充也。夫志至焉，氣次焉。故曰：「持其志，無暴其氣。」』又曰：『其爲氣也，配義與道；無是，餒也。』莊子逍遥遊曰：『若夫乘天地之正，而御六氣之辯，以遊無窮者，彼且惡乎待哉！』莊子知北遊曰：『人之生，氣之聚也；聚則爲生，散則爲死。……故曰：「通天下一氣耳。」』淮南子本經訓曰：『天地之合和，陰陽之陶化萬物，皆乘人氣者也。』列子天瑞曰：『凡一氣不頓進，一形不頓虧，亦不覺其成，亦不覺其虧。』王陽明傳習錄曰：『陰陽一氣也，一氣屈伸而爲陰陽，動靜一理也。』可見，『氣』這個範疇是儒道通用的。在莊子本義裏，梅沖也發表了他對『氣』的看法，如在應帝王題解裏，他說：『「順物自然而無容私」，固吾儒恒語。要惟「游心於淡」，能無私而後能順物。至「合氣於漠」，則用力於無形之中，爲儒語所不到。蓋太虛空漠，蟠際其間者氣而已。惟我有以合之，乃乎於上下，一一通其性，而無間一體。凡所以感格，及致中和而位焉育焉者，此耳。無爲而治之道，信無外於此乎！』認爲『無私』乃儒家與道家都有的思想，但『氣』卻是莊子思想裏所獨有，所謂『無爲而治』，關鍵正在此處。而在總論中，他概括道：

儒者言心、言性、言神，止矣。莊子則增言氣，曰『御六氣之辨』，曰『未達人氣』，曰『無聽之以心而聽之以氣，氣也者，虛而待物者也』，曰『合氣於漠』。孟子之言氣又別。孟子之氣在身內而實，仍是道義之事，即勇耳。莊子之氣在天下而虛，乃外與內之所共，爲性命所載以行者，亦即陰陽五行之氣耳，卻脱其粗濁而居朕兆之先矣。是氣也，彌綸於天人心性之間，唯我之形氣既化，乃與此氣相合，而因之四通，以隨處皆滿。既與爲一，即可唯我運用。陰陽之何以燮理，致中和之何以位育，要妙正在此處。

在這裏，梅沖進一步指出，儒家的孟子雖然也説『氣』，但與莊子有别。孟子之『氣』在身内，『配義與道』（孟子公孫丑上），是一種内在的精神力，發出去即是實實在在的『勇』，而莊子之『氣』卻具有本體論的意義，是『外與内之所共』，既是生命的根本，又是自然的流行。與孟子之『粗氣』相比，莊子這種『氣』『居朕兆之先』，顯得更加精微。這種『氣』彌漫於一切事物中，我必須先化去身内的『形氣』，才能與此精微之氣相合。既相合，則『氣』爲我用，我成了生命和宇宙的主宰，『陰陽之何以燮理，致中和之何以位育，要妙正在此處』。這樣，通過『氣』這個範疇，梅沖梳理了孟子與莊子的精神境界的聯繫與區别，最後將二者成功地統一在了中庸的旗幟下，具體地展示了自己的解莊路數。應該説，他的這種比較大致是符合實際的。但是我們知道，莊子的『游心於淡，合氣於漠』（應帝王）是爲了追求内在生命的圓滿，是一種無目的合目的性的純審美的境界，而中庸的『中和位育』則是一種目的性很强的道德兼審美境界，兩者還是有區别的。梅沖的這種比較，無疑是把中庸的形上境界有意識地拔高了。

但是，客觀地説，這種拔高也並非儒者無緣無故地自高門庭。鍾泰先生曾指出：『宋儒何以能邁於古人，此則大有得於二氏之教，……彼始有見於佛、老之理，既反索之於六經，而亦得之。且又應有盡有，一無欠缺也。於是乃信自有家寶，而不必於他求。故其闢佛、老非以仇之，以爲實無需乎爾。且釋、道與儒，言道則一，言用則殊矣。』（中國哲學史）這的確道出了宋以後的儒者對待二氏思想的獨特心理。既然『釋、道與儒，言道則一』，那麽，各家學説在一定程度上當然是可以互釋的了，尤其是莊子這部既具形上超越性，又不離現實人生的作品，更是首當其衝地成爲了三教合一思潮下的闡釋範例。而正因爲這種闡釋已是『混血』，所以其理論視野就顯得更加開闔。例如梅沖在養生主題解裏寫道：

生之主，知是也。……此章非以性之自然爲主，而以性之靈明有爲者爲主，則知是也。人爲萬物之靈，全恃此知。此知不可汩沒，正須擴而充之，以盡其無涯之量。所謂『心之官則思，思則得之』。孟子以爲體之大，莊子以爲生之主，皆是物也。養者，養此而已。此得所養，則天君泰然，百體從令，血肉之軀，亦得所養，而存順歿寧，而此一點真知，則常留天壤。生雖有涯，而薪盡火傳，無涯者自若也。

歷來解者認爲，養生主篇的主旨在『緣督以爲經』一句，它傳達的是『順事而不滯於物，冥情而不攖其天』（王先謙莊子集解）的順應自然的思想。由於這一主題思想的設定，全篇的闡釋指向，就必然會是『以性之自然爲主』了。對此，梅沖大不以爲然。他認爲，之所以會出現這種闡釋指向的偏差，是由於解者沒有弄清楚『養生主』的『主』究竟是指什麼的緣故。在他看來，養生主篇開頭的一個『知』字才是真正的闡釋關鍵。所謂『知』，並非指現成化、對象化的『知識』，而是『性之靈明有爲者』。佛教有『能所雙泯』的説法，『能』是『能知』，『所』是『被知』，人之所以爲人，不在『被知』之『所』，而在『能知』之『能』。正因爲這主動的『能知』才是人之根本，所以當然要對它『擴而充之，以盡其無涯之量』，所謂『養者，養此而已』。梅沖的這種解釋，顯然又是受了陽明心學的影響。王陽明曰：『知是理之靈處，……只是這個靈能不爲私欲遮隔，充拓得盡，便完；完是他本體，便與天地合德。自聖人以下不能無蔽，故須格物以致其知。』（傳習錄）正因爲衆人之『知』，『不能無蔽，須格物以致其知』，故梅沖在解釋下一段時進一步説：『聖學最重「知」字，曰「生知」，曰「學知」，曰「聞知」。聖門之得道傳道，皆以知爲言。佛家曰「大覺」，曰「慧悟」，皆知也。明德之明，所以具萬理、應萬事、參天地、貫古今者，皆此物。故曰「無涯」。』的確，對這個『知』字的探討，是儒釋道三家的共同課題。孔子云：『知之爲知之，不知爲不知，是知也。』（論語爲政）老子曰：『知不知，上。不知知，病。』（老子七十一章）唐宗密大師則指出：『「知」之一字，衆妙之門。』（圓覺經略疏之鈔卷二）莊子更是明確地説：『知天之所爲者，知人之所爲者，至矣。知天之所爲者，天而生也；知人之所爲者，以其知之所知，以養其知之所不知，終其天年而不中道夭者，是知之盛也。』（大宗師）第一次提出了『養知』的課題。所以，梅沖執一個『知』字來解養生主篇，確實是見解獨到，改變了這篇文章以往留給我們的一味順應自然的印象。

不僅僅在這樣的章旨闡釋上，梅沖能夠發前人所未發，在具體的字句訓釋上，梅沖也提出了一些前人不曾有過的見解。比如梅沖在解釋齊物論篇『夫隨其成心而師之，誰獨且無師乎』之語時說：

真宰寓於心，而心寓於形。既有成形，即有成心。成心者，即四端之分端各具，發皆中節，是本有成於心者，所謂有物有則也。真君則隨其成心而師之。隨其成心者，心渾然於中，事物之至，必隨而應，以見其一定之成矩焉，則真君爲之也。

關於什麽是『成心』，歷來有兩種看法。成玄英云：『夫域情滯著，執一家之偏見者，謂之成心。』（南華真經注疏）陳景元云：『夫不師道法古，而自執己見，謂之成心。』（褚伯秀南華真經義海纂微引）這是從否定的一面説『成心』。肯定的説法則有趙以夫解爲『本然之性』（同上），釋德清解爲『現成本有之真心』（莊子内篇注），周拱辰解爲『真君』（南華真經影史），孫嘉淦解爲『天君』（南華通），馬其昶解作『實有之真心』（莊子故），蔣錫昌解作『天然自成之心』（莊子哲學），等等。梅沖此處解釋，顯然更偏向於肯定的陣營。但與歷來持肯定態度的學者不同的是，他不是現成地肯定執『成心』必可以獲得真理，而是將之與前文的『真君』聯繫起來理解：『隨其成心者，心渾然於中，事物之至，必隨而應，以見其一定之成矩焉，則真君爲之也。』這就是説，『隨其成心而師之』的，不是『我』，而是『真君』；『我』能『見其一定之成矩』，亦是『真君』的功勞。在下文闡釋『未成乎心而有是非』段時，梅沖進一步説：『蓋真宰與成心，是一是二？其始也，有成心而後有真宰。其既也，即以真宰立其心而實其成焉。』這是説，在認識的開始階段，人總是有『成心』的，這『成心』可能是一家之偏見，也可能確實是對事物的正確反映；但是，無論這『成心』是對是錯，我都『必隨而應』，不下判斷，一旦『其既也』，過了這個階段，『真宰』就會顯像，這時，我就『以真宰立其心而實其成』，我的心就與『真宰』合二爲一了。而如果一開始就妄下判斷，不是只將『成心』當成認識事物的一個引子去等『真宰』顯像，那就是『未成乎心而有是非』，如此，『不知取真宰，則載理之心既失，而理之成於心者焉在哉？』顯然，梅沖這種將『成心』與『真宰』當成一個完整的認識過程來理解的説法，要比上述孤立地對『成心』或是或非的看法要精到，也更深刻一些了。

第二節　對形而下世俗境界的極力回護

前文説過，儒者解莊，一定要小心翼翼地保證莊子那務『虚』的言説不與人世間的形下境界相抵觸；一旦他的『虚』言突破了『實』境的藩籬，這以『實』測『虚』的學術切磋，往往就要演變成以『實』化『虚』的和平改造，甚至以『實』破『虚』的立場批判了。梅沖的莊子本義，儘管新見迭出，終究也没能逃出這條闡釋舊徑。在這一節裏，我們就來談談梅沖與莊子不相一致的地方。

比如前文曾指出，梅沖認爲齊物論篇的宗旨，不是我們平常理解的相對主義的『齊小大』，而是功夫論的『寓諸庸』。對此，梅沖解釋道：『聖人以性道之妙，寓諸倫物之庸，止於此而實，則德本諸身，自有不言之辯也，過乎此而虚，則子所罕言，雖辯之而終不明也。』（總論）在梅沖看來，性與天道的微妙，聖人已經把它寓於世間的平常事務中了，體道者只要在平凡的世間生活中認真體悟，本身就可以成德，不需要再進一步尋求虚無縹緲的天道了。這種看法對不對呢？細讀齊物論篇原文，我們發現『寓諸庸』出現了兩次：一次是『凡物無成與毁，復通爲一。唯達者知通爲一，爲是不用而寓諸庸。』另一次是『是故滑疑之耀，聖人之所圖也，爲是不用而寓諸庸，此之謂以明。』究竟什麽是『寓諸庸』？明陸西星解釋道：『不用者，不用己是也。寓諸庸者，因人之是也。蓋無物不可，無物不然，故庸衆之中皆至理之所寓。』（南華真經副墨）釋德清則云：『唯達道之人，知萬物本通爲一，故不執己是，故曰「不用」。既不用己是，但寓諸衆人之情。庸，衆也，謂隨衆人之見也。』（莊子內篇注）對這三個字，梅沖又是怎麼解釋的呢？他在解釋第一次出現的『寓諸庸』時說：

且物有分合成毁，至不一矣。而分而散也，即所以合而成。其氣至而成也，即所以氣散而毁，則成毁復通爲一。以上諸說，皆取至不一者而謂之一。然達者知其爲一耳，不能竟將大小美惡成毁，皆漫無分别，而竟通爲一也。故達者知之而不用之，不用而有所寓之。故曰：不用而寓諸庸。庸者，常也，子臣弟友之事也。性道之至精至高，本合萬殊爲一貫，而聖言不可得聞，唯即天下相通、日用不可離者以爲教，而道在其中，所謂寓也。

細讀此段注文，我們發現它與上述陸西星、釋德清的注解有一個微妙的區别。『寓諸庸』，明朝兩位注解者只説是『因人之是』，或『寓諸衆人之情』，並没有規定這『是』、這『情』，即這『庸』的對象存在。而梅沖卻將這『庸』的具體對象揭示出來了：『庸者，常也，子臣弟友之事也。』『子臣弟友』出自中庸，即世間倫常的代稱。在梅沖看來，『性道之至精至高，本合萬殊爲一貫』，而其所『寓』之處，正在這『天下相通、日用不可離』的世間倫常裏。但我們知道，莊子所謂的『寓諸庸』，本來是説既然衆生各執是非，與之相對應的聖人就對衆生心一味隨順，了無分别，也就是説，『無分别』才是莊子『寓諸庸』的落腳處，可是這樣一來，立即會跟事事講分别的儒家世界觀產生衝突。於是，梅沖利用了這『寓諸庸』與『中庸』字面上的互文關係，巧妙地轉換了莊子的論述重心，將這個『庸』字做實了。他在『寓諸庸』第二次出現時接著説：『至精至微，非通用之常，而人人可明者耳，……是知明於己者，不必皆明於人，……不可明者不用，而唯明其庸常之事，而所明自寓焉，此之謂以明。』只有『通用之常』，才是人人該『明』的對象，而『性道之微，一貫之妙，則民可使由，不可使知』，換句話説，『齊物』只是聖人、達人、君子的事，與普通民衆無關。梅沖的這種看法，顯然是與莊子萬物一體的平等思想相衝突的。

同樣與莊子思想相衝突的還有梅沖對大宗師篇的看法。他説：『大宗師，爲習老氏而誤爲長生不死之説者發。爲老氏剖其真，即爲吾道明其大也。論道以「天與人不相勝」句爲主。古今論道者，莫如此語最明白的當。』按鍾泰先生的説法，大宗師是莊子内七篇的主旨所在（見中國哲學史），莊子在此篇是明確要發露出『道』這個終極主宰的真實存在的。故一般確立此篇的主旨，都是以這幾句話爲點睛：『吾師乎！吾師乎！齏萬物而不爲義，澤及萬世而不爲仁，長於上古而不爲老，覆載天地、刻雕衆形而不爲巧：此所遊已。』這番話是有幾分莊子本體論的意味在的。但梅沖卻避開了這個甚爲明顯的主題，他認爲『天與人不相勝』一句才是大宗師篇的宗旨所在。他解釋道：

蓋嘗論之：義理者天，氣質者人，合義理氣質而爲性，自必合天人以爲道。故道者，立於天人之交者也。知有人而不知有天，則泛而無主，曲學是也。知有天而不知有人，則高而無實，異端是也。曰『天人不相勝』，實盡儒道之要，爲吾孔子之道矣。篇首揭以『知天之所爲，知人之所爲』，天人並舉，斯道之真在焉。

宋儒有『義理之性』、『氣質之性』之辨，『義理之性』屬天，『氣質之性』屬人，二者合爲一體，才是完整的人性。梅沖認爲，所謂『道』，恰恰就存在於這兩種『性』的結合之處；只知道有人，不知道有天，就會茫然不知所宗，是一曲之學；只知道有天，不知道有人，那就是大而無當，乃異端邪説。一定要在天人之間找到一個平衡點，才算充分理解了儒家與道家的精髓，才是真正的聖人之道，所以莊子説『知天之所爲，知人之所爲』，這樣天人並舉，就算找到『道之真』了。梅沖這種説法，明顯是想在『天』與『人』之間搞一個大折中。這樣的折中，的確可以抹平自上古以來一直存在的『天人關係』之辯。但任何一個有生活體驗的人都知道，在具體事情中，是『盡人事』，還是『聽天命』，不是那麽好判斷的。想要不偏不倚，談何容易。孟子言：『子莫執中，執中而無權，猶執一也。』（孟子盡心上）在具體的實踐中，往往不是『盡人事』的成分多一些，就是『聽天命』的成分多一些，『天人』何嘗平衡過？荀子批評莊子『蔽於天而不知人』（荀子解蔽），正是從反面指出了莊子思想『聽天命』的成分要大於『盡人事』的成分，這反而符合莊子思想的特徵。而對於這『盡人事』與『聽天命』之間孰輕孰重，梅沖又是怎麼看的呢？他接著寫道：『（莊子）言道而歸於終天年，以生死爲言者，本孔子「未知生，焉知死」之言，而發其蘊也。人以生而道載焉，道不外於人，即不外於生，盡乎人道以無負其生，是爲知生，而道有外此者乎？言生而兼及死者，所以一其知於知生也。而果盡乎生之道，則無不死者，獨能死而不死，此古聖神之神，所以長在天地也。』莊子在大宗師篇末尾寫了子桑對於生命的看法。梅沖認爲，子桑對生命的看法本源於孔子的『未知生，焉知死』（論語先進），是一種積極的生命態度；人只有活著，『道』才有存在的載體，所以人必須重視有限的肉身生命；而所以談及死亡，只是要將死亡統一在對活著的認知中；只要盡力活出了名堂，即便死了，也會精神長存。應該說，梅沖的這種看法代表了大多數中國古代知識分子的人生觀，即重視現世的有限生命，令其發揮出最大的價值，而不去計較超出這個範圍的虛妄的事。這種精神是中國式樂觀主義的來源。但是，這種精神並不符合莊子的思想基調，莊子對現世的人生並沒有那麼大的執著，正相反，他是要『一死生』、『齊彭殤』、『擇日而登假』的；即便論及現世生命，他也並沒有給與這生命以獨立的地位，而總是將之看作『道』的運行的一個過程。梅沖並沒有看到這一點，或者說雖然看到了，但故意把它往現世人生的方面來闡釋，因爲倘若不這樣做，他的儒家的根本立場就失掉了，所以他用改換闡釋指向的方法，避開了儒道兩家的根本立場的衝突。

不過，這種程度的立場衝突不是很明顯，梅沖還可以用改換闡釋指向的方法來暗度陳倉。但在闡釋德充符篇的時候，這種方法就顯得不夠用了。我們知道，德充符篇以六個『畸人』爲主角，表達的是一種『德有所長而形有所忘』的『重德輕形』的思想。對此，梅沖亦不以爲然，他在德充符篇解題裏說：『符者，踐形惟肖之義。形，外也；德，內也。皆人之所以爲人者也。德能符其形，斯德全矣。然內者爲主。德果能充於內，而符乎人形之全，則形雖或未全，而人不見其不全。此兀者之所以不見其兀，醜者之所以不見其醜也。德與形皆受於天，而形之中有與德相成而以自全者，亦有與德相反而以自傷者。……惟踐形者，養其與相成者，絕其與相反者，使德與形皆全其所受，而內外合符，以成其天焉，斯爲德充符也。』『踐形』二字出自孟子盡心上，原文是：『形色，天性也。惟聖人，然後可以踐形。』朱熹注：『人之有形有色，無不各有自然之理，所謂天性也。踐，如踐言之踐。蓋衆人有是形，而不能盡其理，故無以踐其形；惟聖人有是形，而又能盡其理，然後可以踐其形而無歉也。』這是説，人人雖都有各自的形體，但並非人人都明白這形體的本性，而唯有聖人解乎此，所以才淋漓盡致地展現了這形體的本質力量。而莊子所謂『德充符』，本意乃是説只要內德充盈，外物自會來親附，至於『形』全不全，那是『有命』的，但人不應因爲『形』之命而影響了『德』之全。顯然，孟子所謂『踐形』與莊子的『德充符』並不是一回事。而梅沖卻説：『德果能充於內，而符乎人形之全，則形雖或未全，而人不見其不全。』將『符於物』換成了『符於形』。這樣一來，莊子的『德充符』就與孟子的『踐形』畫上了等號。於是，梅沖在具體闡釋德充符篇中的那些兀者時，就表現出了一種『形德並重』的二元價值觀。如在解釋『叔山無趾』一段中，梅沖道：『尊足者，德也。德果全，則形之不全，原可不論，而究有形不全之憾。況「全德之人」句，文義當作「全形」，而曰「全德」者，夫子意中固以形因德而全，曰「全德」，則全形在其中。夫子有深意，亦莊子之意也。』莊子要『德有所長而形有所忘』，夫子則要『全德則全形在其中』。很明顯，夫子的『深意』，並非『莊子之意』。看來，梅沖因爲無法容忍莊子那『重德棄形』的徹底態度，於是想用『形德並重』的儒家『踐形』觀來調和莊、孔。只是這種調和，到此已顯得十分乏力，他已經不只是改換了闡釋指向，簡直是在『反注』了。而在同一段中，莊子明確説出了對孔子的詆訾之辭『天刑之，安可解』，使得梅沖終於不得不在理論上與莊子及其所屬的道家思想徹底決裂。在德充符篇後記中，梅沖用批判異端的口吻寫道：

無趾始欲見孔子而求全，亦知聖道之有以全之也。及孔子語以『不謹，既犯患若是』，乃怒而去，反向老聃爲不能解其桎梏等語。此見附托老氏以聖教爲桎梏而放乎形骸者，正所以爲不謹而犯患者也。……此其人自非庸流，而其犯患也，未必不由過講高空，學道有誤之故。醒以孔子不謹之言，見犯患者皆有以自取也。既犯患而欲自飾以自高，類不過如申徒嘉、無趾云云耳。故特著之，以見體道不精，藉托老氏以外於形骸者，非所以全其形，即非所以全其德也。

在這段批判中，梅沖首先承認叔山無趾本來是有向孔子求道之心的。只是由於孔子輕視他是犯過罪受過刑的殘疾人，他便怒而向老子訴説起孔子的不是來。所以可見附托於老氏而輕視『聖教』者，犯罪受罰乃是咎由自取。而他們之所以犯罪受罰，很可能就是由於過於追求高深空幻的天道從而誤入歧途的緣故。既誤入歧途，還要『自飾以自高』，那就是『非所以全其形，即非所以全其德』了。這樣，莊子在德充符篇中熱情歌頌的『德』之典範，到此就被梅沖徹底地否定掉了。他宣稱的要『以莊子説莊子』（自序）的意圖，終於沒能徹底地貫徹下來。

總之，梅沖的這部莊子本義，試圖以他理解的儒門心性之學來闡釋專論天道的莊子。他以中庸爲理論陣地，對莊子內七篇進行了深入細緻的梳理，確實在一定程度上闡發出了莊子的『本義』。但是，由於梅沖畢竟是一個生活在清朝且被理學浸潤甚深的儒者，這使他很難還原先秦時代那自由的論道語境，其對莊子之『道』的開掘，無法突破封建社會後期的世間相的局限，從而頗失莊子之本旨。

第十二章　桐城派的莊子學

第一節　桐城派莊子學概説

所謂『桐城派』，指的是以『古文』寫作爲主的一個藝術流派，但也應包括『桐城學派』、『桐城詩派』在内。實際上，三派既有區别，又互相影響，共同構成了一個完整意義上的『桐城派』①。尤其值得注意的是，三派中無論哪一派，都在莊子研究方面作出了貢獻。

追溯淵源，桐城派與莊子的關係當始於晚明。一般認爲，方學漸是桐城派的啟蒙者。他以布衣爲諸生祭酒二十餘年，曾創立桐川會館，講學不輟，爲振興當地風教作出了很大貢獻。其治學以孔孟儒學爲主，亦信從陽明心學，而力排佛教和道家思想。他説：『孔子同人，以辨物者同之；莊子齊物，不知所辨浮托，混同以爲大。孔子思大道，天下爲公，惟堯舜禹湯文武人選；莊子等堯桀舜跖而齊之。孔子定禮樂，行仁義；莊子槌仁義禮樂而去之，其善其惡亦辨之。老子言道德，意歸於無，且以禮爲亂首；孔子問禮欲以救之，老子不納，病在不知性也。邇心學不明，異端復熾，或翼老莊而廣之，至謂孔不闢老，孟不闢莊。夫孔子溫恭，獨杖原壤，闢老之

① 詳見吴孟復桐城文派述論，安徽教育出版社2001年版。

流，其嚴如此，况老子乎！孟子在北，莊子在南，雖未相道，然距詖放淫，不遺餘力，豈有見莊而不闢者乎！性善之説，明莊老不攻自破矣。』（性善繹）説明在桐城派興起之初，老莊道家是作爲異端思想進入其啟蒙者眼中的。

到了方學漸的下一輩，桐城學風有所變化，老莊學説不再被學人刻意排斥。如學漸長子方大鎮，明神宗萬曆十七年進士，累官至大理卿，在學術上也堅持儒家立場，但並不一概否定道家思想。他説：『莊之終篇，先敘鄒魯之六經，因亂而有百家，皆「不該不遍，一曲之士」，「不幸不見天地之純，古人之大體，道術將爲天下裂」，此後乃敘諸家，則尊孔子也至矣。其曰「以天爲宗，以德爲本，以道爲門，兆於變化，謂之聖人」，此非指孔子而誰乎？此與子思之稱「天地」，孟子之稱「時」，何以異乎？則後世有知孔子如莊周乎？』①方大鎮此處運用了以儒解莊的方法，主張調和儒、道之間的矛盾。王宣曾師事方學漸，常與方大鎮、吴應賓以學問相辯論，學術上主張兼收並蓄，會通三教。如他説：『莊子痛戰國之時，名、法捭闔以爭功利，因於五伯之仁義，故支離連犿以抒其憤，而暗指孔、顔爲大宗師，堯爲應帝王，以定無爲、無不爲之體用，此其正毒也。』②此處以儒解莊的傾向也十分明顯。王宣少負才不羈，科舉失敗後，『遂棄舉子業，儻然高蹈，自號虚舟子』（方以智虚舟先生傳）。方以智藥地炮莊中凡冠以『虚舟』、『虚舟子』者，皆爲王宣解莊之遺説。如他於逍遥遊篇『至人無己，神人無功，聖人無名』後云：『夫焉有倚，而萬物皆備於我，此不落有無之真無己也。巍巍蕩蕩，此不落有無之真無功也。摩詰曰：「欲使如來名聲普聞，以名空不避名也。」此不落有無之真無名也。至誠神明，尊於一切而不離一切，故曰乘正而遊。』（方以智藥地炮莊引）又於知北遊篇『汝唯莫必，無乎逃物』後云：『鄧潛谷標孔子「不過乎物」

① 方以智於東西均附錄象環寤記所引此段文字前冠以『赤老人曰』，即指其祖父方大鎮。
② 方以智於東西均附錄象環寤記所引此段文字前冠以『黄老人曰』，即指其業師王宣。

一句。此篇曰「無乎逃物」。合觀之，妙於物際矣。肇論以物各還物，謂物不遷。空印駁之，謂何不言性空爲不遷。蓮池復駁空印之論，謂物各還物即是本空。肇曰：「本無也，實相也，法相也，法空也，緣會也，五者一義也。何用駁乎？外物，藥也；格物，茶飯也。」』（同上）王宣既秉承了方學漸所固守的儒學，又受到了吳應賓佛學思想的影響，而科舉失敗後復與老莊有親近感，所以其解説莊子大有會通三教之特點。

吳應賓，號觀我，又號三一齋老人，桐城人。萬曆十四年中進士，選翰林院庶起士，授編修。後以目疾告歸，居鄉四十載，唯閉門著述，深究性命之旨，對佛學和道家皆有一定造詣，與方大鎮、王宣爲當時桐城三大著名學者，對桐城學術的興起和發展起到了很大作用。方以智藥地炮莊卷首署曰『三一齋老人正』，説明方氏此書正得到過吳氏的指正。書中亦每引吳應賓治莊遺説，而分別冠以『觀我氏曰』、『三一曰』、『正曰』等字樣。如其解説養生主篇『緣督以爲經』云：『中之名，因過不及而立；中之用，不以過不及而限也。故有圓中、正中、時中之説焉。以緣督爲用中，則時中即正中、即圓中也。中節之和即未發之中，豈有兩截三中之贅耶？宗鏡提自證淨分中道、有爲中道、實性中道，又説不斷不常中道、不假不實中道、不空不有中道，又載中論玄樞五種中道，將緣何者以爲經乎？』此處以儒家中庸過猶不及與佛教的『中道』説來解釋莊子所謂的『緣督以爲經』，正是吳應賓宗一圓三、三教合一説的具體體現。又方大鎮之子、吳應賓之女婿方孔炤，字潛夫，别署潛老夫，著作有潛艸等。方以智藥地炮莊中凡冠『潛艸曰』、『潛老夫曰』者，亦皆爲其論莊之遺説。至此，莊子已與桐城學者結下了不解之緣。

方以智爲方孔炤之子、吳應賓之外孫、王宣之門生。桐城學者『藏一』説：『吾桐方廷尉野同先生（方大鎮），與吳宮諭觀我先生（吳應賓），激揚二十年，而王虛舟先生（王宣）合之。廷尉本諸本庵先生（方學漸），傳之中丞潛夫先生（方孔炤），三世研極，遍徵百家，而愚者大師（方以智）承之。』（方以智藥地炮莊總論中）方以智既得到了深厚的家族文化土壤的滋養，又傳承了王宣的師學，同時還受到外祖父吳應賓的悉心指教，遂能匯聚衆流，『坐集千古之智，折中其間』（方以智通雅考古通說），成爲當時桐城最稱學養贍富的大師。明清鼎革之後，方以智親炙於金陵天覺寺愛國僧人覺浪道盛。道盛著有莊子提正一書，又曾以獨特的思維方法全評莊子，並把此書稿交給了方以智。方氏繼承了道盛的遺志，也希冀通過特殊的解莊形式來寄托反清復明思想，後遂著藥地炮莊九卷，並將道盛的許多重要評語收入其中。在這本莊子學著作中，方以智不僅薈集了漢、魏、唐、宋、元、明衆家論說，還每以『藥地曰』、『藥地愚者曰』、『炮藥者曰』、『愚曰』、『愚者曰』、『極丸老人曰』、『藥案曰』、『智按』等來闡明己說，作出論斷，攄寫自己的遺民心志。故清四庫館臣評曰：『方以智……借洸洋恣肆之談，以自攄其意，蓋有托而言，非莊子當如是解，亦非以智所見真謂莊子當如是解也。』①桐城的另一位遺民學者錢澄之，在康熙年間也費心數載著成莊子詁一書。從此書中可以看出，錢澄之作爲一位至死不忘故君故國的明遺民，晚年並沒有泯滅心中的憤懣不平之氣。如他在闡釋逍遥遊篇大鵬寓言時說：『鵬之一飛九萬里，全在一怒。凡草木之甲坼，蟲鳥之孚化，必怒而始出，怒其懸解時也。』（逍遥遊詁）可見錢澄之對於入主中原已久的清政權，仍懷有難以消解的仇恨心理。另外，錢澄之作爲一介遺民，所面臨的主要是如何出處進退的問題，也就是如何『遊世』的問題。因此他在闡釋逍遥遊篇時引南宋遺民劉辰翁語云：『莊子宗旨，專在一「遊」字。』並自作詮詁說：『易之道盡於時，莊之學盡於遊。時者入世之事也，遊者出世之事也。惟能出世，斯能入世，即使入世，仍是出世。』（逍遥遊詁）可見，錢氏這裏似乎已從莊子中找到了如何堅持民族氣節的理論依據。

爲了闡發祖父方以智藥地炮莊的餘意，方正瑗於乾隆初著成方齋補莊一卷。當然，由於方正瑗成長於清代，已不復有方以智那樣強烈的遺民意識，因而他實際上是要以正統的儒家思想來補救所謂的莊子思想之偏，可謂基本上背離了莊子思想的本意。咸豐、同治間，桐城另一位儒者方潛則持儒道合一的觀點來評批莊子，後

---

① 四庫全書總目提要存目方以智藥地炮莊。

人輯其批語爲南華經解一書。在方濳看來，莊子放言詆訾孔子之徒，只是表面現象，實際上他很尊崇儒家聖人，這就從根本上否定了儒道對立的基本事實。但我們應該看到，方濳莊子學的最大特點還是表現在對郭象莊子注的批評上，如他正確指出郭氏之以適性爲逍遥，是根本未明何爲『莊子之本』等等。

如果說方以智、錢澄之等主要爲學者兼詩人，那麼戴名世與被稱爲桐城古文派之『三祖』的方苞、劉大櫆、姚鼐等則主要是作爲古文作家兼詩人參與治莊的。戴名世，字田有，一字褐夫，號南山，别號憂庵。未及弱冠即善爲古文辭，二十歲始授徒以養親，二十八歲以秀才入縣學，不久以拔貢生入京師，補爲正藍旗教習。六十歲時，以南山集録有南明史事，遂罹其難。戴氏除重視經、史之外，對諸子也頗有研究。他曾撰寫老子論上、下篇，認爲老子雖非孔子之匹，而『觀其出處行藏，非有謬於聖人』，故司馬遷謂『世之學老子者則絀儒，學儒者亦絀老子』云云，並不符合事實。他在此文中還說：『莊周、列禦寇之流，其言依仿老子，吾觀其書，大抵憫世之昏濁，爲洸洋自恣以適己志，此文人學士之雄者耳，不得與老子並。』戴名世雖然不太滿意莊周之『洸洋自恣以適己志』，但他自己的行爲卻留有模仿莊周的痕跡，每每『酒酣論時事，吁嗟咄嘻，旁若無人』（北行日記序），並自謂『天地間一窮人』、『已托枯槁無用之人』（答朱生書）。他尤其承認莊周爲『文人學士之雄』，對莊子散文每每心追手摹，嘗謂：『竊以爲文之爲道，雖變化不同，而其旨非有他也，第在率其自然而行其所無事，即至篇終語止，而混茫相接，不得其端，此自左、莊、馬、班以來，諸家之旨未之有異也。……夫是一心注其思，萬慮屏其雜，直以置其身於埃壒之表，用其想於空曠之間，遊其神於文字之外，如是而後能不爲世人之言，不爲世人之文，斯無以取世人之好。故文章者，莫貴於獨知。』（與劉言潔書）可以看出，這番話主要還是針對莊子文章獨特的藝術特徵與美學趣味而言的。因此，戴名世在文學創作過程中曾多次化用莊子寓言，以提高其作品的藝術境界。其睡鄉記云：『睡鄉者，莫知其處。或曰：「太始之初，六合之外。」……昔者，莊周至其鄉，化爲蝴蝶，蝴蝶至其鄉，復化爲莊周，莊周也，蝴蝶也，相化而未有已也。於是睡鄉擾矣。』所云皆從莊子化出，意境混茫而高妙。

方苞，字靈皋，晚號望溪，康熙四十五年進士。康熙五十年，戴名世南山集案發，因方氏曾爲此書作序，被株連下獄，定爲死刑，後康熙念其學問之高，免其一死，以平民身份入南書房作文學侍從。雍正、乾隆時，曾任內閣學士、禮部侍郎、三禮書副總裁等。著作有方望溪先生全集。方苞在思想上固守程朱理學，但對老子、莊子、管子、荀子等諸子書皆有一定研究，尤其在倦於官場、遭受人生不幸之際，更與莊子思想有親近感。其遊潭柘記云：『昔莊周自述所學，謂與天地精神往來。余困於塵勞，忽覩茲山之與吾神者善也，殆恍然於周所云者。』這裏表達了作者厭倦官場的心情，希望能像莊子那樣從大自然中得到精神自由。又封氏園觀古松記云：『莊周云：「物之生也，若驟若馳，無動而不變，無時而不移。」以一日之遊而天時人事不可期必如此，況人之生遭遇萬變，能各得其意之所祈向邪？』這裏借莊子『萬物皆化』的思想，表達了作者對世事變化無常的無奈之情。劉大櫆仕途坎坷，一生潦倒，由此與莊子成了莫逆。他所撰的觀化一文『奇詭似莊子』，顧備九時文序『得莊神髓』，可惜其所評點的莊子本子早已不傳於世，但今案清末吳闓生在爲其父吳汝綸莊子點勘所作的題記中說：『先公所校閱莊子數本，皆臨寫劉、姚各家圈識，未有自點定者。』這裏的『劉』指劉大櫆，說明其有很多評語因被吳汝綸莊子點勘以及馬其昶莊子故、胡遠濬莊子詮詁等書所徵引而得以保存。從中可以看到，劉大櫆每以委化隨波的安命思想來詮釋莊子，這應當包含了他在經歷了一生的窮困潦倒之後所產生的所謂『惟當委大化，隨波任所如』（春初）的思想感情。姚範，字南青，號薑塢，晚號幾蓬老人，與劉大櫆交往甚爲密切。所著援鶉堂筆記五十卷，其中專設莊子部分，對郭象莊子注及晉書、世說新語之相關背景資料有較多抄錄，並每將莊子與佛理相聯繫，凡肇論之文、禪宗之語，皆有所援引。姚範爲姚鼐之叔父，對姚鼐的莊子學有一定影響。如姚鼐所著莊子章義五卷，其書前莊子翼題語云：『莊子真是禪學，其詆孔子之徒，如以訶佛罵祖爲報佛恩，其意正儼然以教外別傳自居也。』這種以佛解莊的方法可能是受到了叔父姚範影響的。當然，姚鼐的莊子章義主要還是表現出了明顯的儒學化傾向，認爲莊周即使不一定是田子方的門下弟子，也必定從儒家中出來，從而將韓愈在送王秀才序中所謂『蓋子夏之學，其後有田子方，子方之後流而爲莊周』的説法又推進了一步。

因受姚鼐影響，其弟子對諸子多有濃厚興趣。梅曾亮爲『姚門四傑』之一，對韓非子、淮南子等皆有研習。加上梅曾亮的父親梅沖曾著莊子本義一書，所以梅曾亮尤其愛好莊子。如其所撰讀莊子書後、論語説、答吴子叙書戊申、李叔齡先生文集敘、鈕非石非石子書後等，皆對莊子有所涉及與發揮，甚至還提出了莊子爲『怨悱之書』（讀莊子書後）的説法。姚瑩亦爲『姚門四傑』之一，對莊子也有所涉獵。如他在罪言、康輶紀行中，對莊子虛無無爲的思想和放蕩不檢的行爲皆有分析批評。方東樹同樣爲『姚門四傑』之一，所撰贈馬雲序、贈譚麗亭序、與馬君論周書年月考書等流露了對莊子行爲、情趣的追慕之情，所撰原理、原真、原天等對莊子的思想有所闡發或批判，所著昭昧詹言則對莊子散文有不少評論。

隨著姚鼐和『姚門四傑』的先後離世，桐城派便進入群龍無首的狀態，而後衍生出了幾個支派。其中以湖南湘鄉人曾國藩爲創始人的一派，稱爲湘鄉派。曾國藩自謂『於四書、五經外，最好史記、漢書、莊子、韓文四種』（家訓），而『國藩之粗解文章，由姚（鼐）先生啟之也』（聖哲畫像記）。今案曾氏經史百家雜鈔『論著之屬一』，鈔有莊子之逍遥遊、養生主、駢拇、秋水四篇全文，及馬蹄、胠篋、達生、山木、外物五篇部分章節，並皆加以圈點。在古文四象中，曾氏又鈔録莊子部分文字歸於『少陽趣味』一類，並標明其有『詼詭之趣』、『閒適之趣』①。與曾氏相友善的郭嵩燾，也是湘鄉派的重要作家。他爲莊子所作的劄記，大量保存於郭慶藩莊子集釋中，往往表現了很獨特的見解。郭慶藩是郭嵩燾的侄子，所著莊子集釋十卷，將西晉以來的治莊精華彙爲一集，又有自己的治莊心得，已成爲近百年來流行最廣的莊子學著作之一。王先謙曾受教於曾國藩、郭嵩燾，又與郭

---

① 古文四象排印於民國十三年（1924），而撰者曾國藩已於清同治十一年（1872）去世。今案書中爲莊子選文所作的注釋，大都節録於王先謙莊子集解，但王氏此著始刊於宣統元年（1909），可見此等注釋絶非曾氏本人所作，而係後人所增。

慶藩有學術往來，所著莊子集解八卷，以簡明扼要的文字把握莊子本意，深得讀者喜愛，與郭慶藩的莊子集釋同樣聞名於世。

『曾（國藩）門四弟子』吴汝綸、張裕釗、黎庶昌、薛福成對莊子也皆有愛好。吴汝綸在劉大櫆、姚鼐圈識基礎上著成莊子點勘十卷，主要在莊子校釋方面取得了較大成就，頗爲後人所重視。張裕釗的莊子觀受到曾國藩的影響，在與黎蒓齋書、湘鄉相國曾公五十有八壽序、范月槎觀察六十壽序等文中對莊子的養生思想有所闡發與揚棄，在答劉生書、答吴至甫書等文中則借莊子思想以申發其古文審美理論。黎庶昌在接受曾國藩主張的基礎上，進一步要求將莊子立於學官，尊爲『亞經』，列入科舉考試。他還在出使日本期間，據日本新見旂山所藏宋刊南華真經注疏殘卷（缺第二至六卷）予以影刻，並以道藏本、坊刻本補足其所缺五卷文字，謂之覆宋本，輯入古逸叢書，甚爲學者所珍視。薛福成同樣非常喜愛莊子，認爲莊子爲『諸子之英華』，並指出莊子學説『與泰西之學有相出入者』，因而其出使英法義比四國日記卷五從會通中西學術的角度出發，謂外物篇爲『電學、化學之權輿』，秋水篇爲『天算之學、輿地之學之濫觴』等等，説法甚是新穎，具有鮮明的時代氣息。桐城人馬其昶，又是吴汝綸、張裕釗等桐城派巨儒的弟子，所著莊子故八卷，采摭郭象、陸德明、成玄英、王雱、林希逸、褚伯秀、羅勉道、朱得之、陸西星、焦竑、釋德清、陳治安、方以智、錢澄之、王夫之、宣穎、王念孫、劉大櫆、姚鼐、方潛、郭嵩燾、曾國藩、吴汝綸、俞樾、郭慶藩等家之説，予以折衷，並附己意，持論謹慎。尤其值得指出的是，馬氏在引述署爲歸有光、文震孟南華真經評注本文字資料時，能基本舍棄其中所謂歐陽修、王安石、蘇軾、蘇轍、黄庭堅、秦觀等宋代名公的批語，從而避免了類似許多莊子學著作中存在的以訛傳訛情況的出現。又有桐城人姚永樸、姚永概，也曾師事吴汝綸、張裕釗等巨儒，都對莊子有一定研究，他們的遺説較多地保存在馬氏莊子故中。

在桐城派末代作家中，有福建人嚴復和林紓。嚴復服膺桐城古文，既深諳西學之精要，又有深厚的舊學功底，尤其偏好充滿自由思想的老莊哲學。他曾先後在老子、莊子的多種版本上進行批點，將西方理論全面引入老莊思想的解釋，從而賦予了傳統道家思想以現代意義，成爲用西學解釋老莊的重要倡導者之一。林紓與馬其昶、姚永概等相友善，論文以桐城爲依歸。他撰寫莊子淺說，很重視承因、申述郭象的莊子學思想，並較多地攙雜了自己的人生感想，兼以文筆流暢雅致，又能深入淺出，因而頗得讀者喜歡。

總之，桐城派莊子學起始於晚明，收結於清末民初，持續時間很長，參與人數衆多，所取得的成就甚爲可觀，在莊子學史上佔有相當重要的地位。

第二節　方正瑗的方齋補莊

方正瑗，字引除，號方齋，方以智之孫，生卒年不詳，安徽桐城人。康熙五十九年舉人，官至陝西潼商道。史稱自正瑗高祖方學漸以下，世傳理學，正瑗出政當軍需絡繹時，玉關萬里，轉餉十年，猶能創建關西書院，與人講學，而作詩乃其餘事。然皆古茂純正，蔚然成一家之言。著作有方齋小言、關西講堂客問、連理山人詩鈔、江淮集、京華集、關河集、瀟灑集、方齋補莊等。

方齋補莊一卷，凡七篇。卷首有方正瑗自序云：『先太史文忠公，側身讒嫉之朝，遊神形骸之外，藥地炮莊所以寄意也。夫道體有定，而用無定，因時適義，神明在人。炮莊者，歸莊於有用，海内諸儒，皆受其書。今小子瑗，倦遊西土，洗心退藏，芻蕘一得之，見莊所未及論者，口授弟子，遂成七篇，號曰補莊，亦猶是先人之餘唾也。求其紕繆而整飭之，則延佇讀易之君子。乾隆丁巳夏五月，方齋氏識於關西講堂。』據此，則方正瑗方齋補莊七篇著於乾隆二年，既是出於爲關西書院弟子講授學業的需要，也是爲闡發祖父方以智藥地炮莊的餘意而作。

清四庫館臣爲方以智藥地炮莊所作提要云：『以莊子之說爲藥，而已解爲藥之炮，故曰炮莊。大旨詮以佛理，借洸洋恣肆之談以自攄其意，蓋有托而言，非莊子當如是解，亦非以智所見真謂莊子當如是解也。』①意謂方以智以特殊的方式來解釋莊子，就是爲了闡揚孔子學説，傳承儒家宗旨。方正瑗著方齋補莊七篇，也就是爲了進一步闡發祖父的這一用意。其受業門人上官德輿在方齋補莊卷首撰有西華經緣起一序云：『有周立國，自太王肇基，歷文武成康，代有善政，布在方册，未嘗墜地。孔子述其道，如日中天，照臨下土，包括無遺畧也。當時諸子並出，各成一家言。惟蒙莊有激於時，怒而大放厥詞，語稍不檢。承訛踵謬者，遂至有棄絶聖智之流弊焉，殆與吾孔子所述周道反矣。近者關中多愛讀南華一書，先生憂之。講堂諸弟子朝夕請益，是乃有七篇之補，補其未及論者，蓋欲明孔之全以正莊之偏，反莊之肆以歸學莊者於醇也。……若蒙莊者，無用以自全，遺世而獨立。果哉，莫之難矣！先生因莊補莊，所以正莊，所以述孔，以翼吾西土之人，不欲其惑於莊而反乎孔也。』從這裏更可以清楚看到，方正瑗著方齋補莊，並不是要闡述莊子本人的思想，而是要補救所謂的莊子思想之偏，以返回於孔子學説之醇之全。

在方正瑗看來，逍遥遊的最高境界，就是要像『至人』那樣，『心與天遊，適然於物遇耳。用富貴以立功名，用貧賤以明澹泊，用患難以正性命，用生死以順寂感，用日星以別晝夜，用天地以資始生。不滯於機，不膠於器，應變因時，其心泰然，何弗樂彼？』這裏所謂的『心與天遊，適然於物遇』、『不滯於機，不膠於器』、『應變因時，其心泰然』等等，與莊子逍遥遊『乘天地之正，而御六氣之辯，以遊無窮』的主旨基本相同，也大致吻合於莊子所説『至人無己』的精神境界。但其中所謂『用富貴以立功名』云云，卻與莊子所説『神人無功』的逍遥遊境界是根本對立的。而且，方正瑗還以『有父子之仁』、『有君臣之義』、『有夫婦之别』、『有兄弟之序』、『有朋友之情』等等爲逍遥遊的重要内容之一，這就更以儒家的道德規範來補充莊子的逍遥義了。

---

① 四庫全書總目提要存目方以智藥地炮莊。

方正瑗在論述齊物論篇時，實際上是不同意莊子關於齊同萬物（要求取消事物間的一切差別）主張的，而是認爲『物之不齊，物之形也，不必齊之以形，齊之以吾之心』，『心之不齊，人之情也，不必齊之以情，齊之以理而已』，『非心非理，其道無由』。我們知道，早在宋元時期，理學家就已批評了莊子的齊物思想。如北宋程顥、程頤在河南程氏遺書中指出，如果站在『分殊』的立場上來看，則天地陰陽所變化出的事物皆各自有一個理，你莊周寫出齊物論，『强要齊物，然而物終不齊也。』元代劉因在莊周夢蝶圖序中進一步指出，萬物『賦形』各異，不能隨意加損，更無法齊而同之，不可像莊子那樣不承認客觀事物的差别。明代心學家王守仁則認爲，『吾心即物理』，『物理即吾心』，萬物雖然形相不同，但皆在我的心中。由此可見，方正瑗對齊物論篇的論述，既承因了宋元理學家的説法，又受到了明代心學理論的影響。

在論述養生主篇時，方正瑗所提出的主要觀點是：『聖人之道，與天地合其德，日月合其明，四時合其序，鬼神合其吉凶，順其自然，還其本然，窮居無所損，大行無所加，其神全也，可大而可久也。故下壽養形，中壽養氣，上壽養神。善養生者，去其戕吾生者也，庶幾遠於死也夫。』認爲養生的最高境界是『養神』，即『順其自然，還其本然』，使自然本性不受外物的戕害，而『養形之人也，技之小者也。』這一認識，基本上與莊子本人的養生思想相一致。但與此同時，方氏又引進了莊子外篇的『守氣』之説，和漢代大儒董仲舒在春秋繁露循天之道中的『天人感應』思想，這就使莊子内篇的養生思想變得駁雜不純了。

對於人間世篇的論述，方正瑗首先强調『善於入世者，不敢爲天下先』、『君子藏器於身，待時而動，弗輕試也』，接著以大量筆墨寫了一位名叫來生的良醫故事，並在最後得出結論説：『觀於來生之爲醫也，知天知人，知常知變，審己達時，可行可藏，進退裕如也，可謂善處人間世也矣。』像這些説法，似乎並没有偏離莊子的處世思想。但其中諸如『聖君出而賢臣生』、『名立而功成』云云，卻明顯摻雜了儒家思想觀念，使莊子遠害全身的處世思想在一定程度上具有了儒家知變達時而立名成功的干世哲學特徵。

依照方正瑗的說法，所謂『德充符』，即『聖人修德，使物各得，亦若是而已』。如他說：『堯舜治天下，剛健效天，柔順法地，庶績熙，四時序，風不鳴條，雨不破塊，端拱於上，百寶告登，此無煩頂踵而自能澤被於群生，無他，其德大，中腴而外膏也。魚游於水，不知水也。人遊於塵，不知塵也。天地萬物遊於聖人之德，而不見夫德。德無形，因物以貞而已。』我們知道，莊子在德充符篇中是要全力闡發保全自然德性的重要性，認爲只要自然德性充實於內，萬物就會應驗於外，內外玄合無間，猶如符契一般，這就叫做德充符。但方正瑗在這裏卻無視於莊子所表達的思想，而是按照儒家的德業觀進行引申，認爲只要像上古帝王堯舜那樣，以天地之道來治理天下，使天下萬物莫不被其澤，這就叫做『德無形，因物以貞』，即所謂的『德充符』。可見，方氏要以儒學來糾正和補充莊子學說的用意甚爲明顯。

方正瑗對大宗師篇的論述，先以『大匠構巨室』爲喻，然後引出正意說：『人之修身亦然。以心爲匠，而運用於四體，不以情傷吾性，不以人累吾天，耳目口鼻各有其能，能其所能而心若無所能。治國者亦然，以心爲匠而運用於四海，揆時勢之緩急，審利害之重輕，別其賢愚，辨其善惡，工虞水火分其官，禮樂兵農效其職，愛養教化循其序，虛以應事，順以喜民，陰陽寒燠，既均且和，君子行其道，小人渙其群。垂衣端拱，庶績咸熙，天子不言能，然其所能者蕩蕩無名也。……君子於此可以知大道貴法自然，而至人之心爲而不爭也。萬物之數藏於一，一統乎萬也。古之聖人，參天兩地，用一以貞。一者，何也？曰：「誠也，仁也。」草木果實，誠爲之也，其心皆抱仁。仁者，生生不已之幾。無仁，則生之幾息矣。』這裏所闡發的，基本上是儒家所謂修身、治國、平天下的道理，並認爲儒學所強調的『誠』、『仁』乃是實現這一理想的重要保證。因此，方氏所謂的『大宗師』乃是儒家所說的能夠修身、治國、平天下的理想人物，而不是莊子所謂可宗可師、作爲天地萬物本原的『大道』。

對於應帝王篇，方正瑗並沒有就莊子無爲而治的政治主張展開闡述，而是依次論述了士的遇與不遇、君子的進與退等問題，然後說：『凰鳥至，黄河清；聖人出，天下平；五星聚，文運啟；賢人出，天下理。用之則行，舍之則藏，樂天而知命也。老者安之，朋友信之，少者懷之，苟如是，各得其得，天下治焉。功不必自己，成名不必自己，立草野而觀太平，此尼山之志也。』不難看出，方氏這裏所闡發的基本上都是儒家尤其是孔子本人的思想觀點。

總之，方正瑗著方齋補莊，並無意於探求、闡發莊子的本意，而是要以所謂儒家的醇正思想去補救莊子學說的偏失。所以清四庫館臣說：『是書以莊子背馳聖道，故即其內篇之目，而補其所未及論者。蓋欲明孔之全，正莊之偏，反莊之肆，以歸學莊者於醇也。然莊子之書，汪洋恣肆，本不附托聖人以立言，此乃一一與之辨難，殊爲贅設。』①我們應當予以指出，在整個莊子闡釋史上，像方正瑗這樣公開主張以儒學來補救所謂莊子學說偏失，並根本不想索解莊子本意的，實在是找不出第二個例子了。

第三節　劉大櫆的莊子評點

劉大櫆（1698—1779），字才甫，一字耕南，號海峰，桐城人。自幼好讀書，工文辭。雍正四年，應舉至京師，巨公貴人皆驚駭其文，而尤見賞於同鄉方苞，以爲昌黎復出。曾『兩登副榜，竟不獲舉』，六十四歲時乃得黟縣教諭之職，一生大致過著以授徒糊口的生活，是繼方苞之後桐城派的主要作家，向被視爲桐城派三祖之一。著作有海峰文集等。

史載：『大櫆並古人神氣音節得之，兼集莊、騷、左、史、韓、柳、歐、蘇之長，其氣肆，其才雄，其波瀾壯闊。嘗著觀化篇，奇詭似莊子。』（國史文苑傳）其觀化篇云：『吾與萬物群生於天地之中，其萬有不齊耶？其有至

---

① 四庫全書總目提要存目方正瑗方齋補莊。

齊者存耶？張目以視之，不可得而見也；傾耳以聽之，不可得而聞也。……雖然，有土焉，有水焉，有石焉，有火焉。石英也，鍾乳也，甘遂也，大苦也，牛溲也，敗鼓也，參芪也，赤白之砒也，溫涼益損之異施也。爲根爲莖，爲枝爲葉，爲華爲實，爲皮爲核，爲首爲尾，爲顛爲末，爲中身，爲要節，爲近水，爲附石，爲精粗，爲厚薄，其性之一出焉而異宜也。食之使人壽善而光榮，或郁滯而蕭索。道之所居，氣與居之，氣浸假而有象，象浸假而有數。道也者，不貳者也；數也者，不一者也。奇零也，參差也，自一而長之以至於無窮也，其可以道里計邪？夫彼司化者，亦乘於氣數之中而不能以自主耳，非其能爲不齊而不能使之齊也。鷹爲鳩，虺爲鱉，田鼠爲青魚，蜻蛉爲撻末。蛾子之爲蠶也，蠶之復爲蛾而遺其子以死也，非蛾之與蠶所能自止也。結璘與郁儀遇於青冥之野，郁儀謂結璘曰：「吾與若御此輪也，自始有之而御之者數萬年於今矣，而未之或改也。」結璘曰：「若欺予哉！若今所御之輪，非若昨所御之輪也。吾今與若言若之輪，非向若與吾言若之輪也。」郁儀曰：「若何以知之？」曰：「以吾之輪知之。」於是兩人相視而嬉，曰：「吾知之，若亦知之，彼外人不知也。」』『觀化』典出莊子至樂：『支離叔與滑介叔觀於冥伯之丘，崑崙之虛，黄帝之所休。俄而柳生其左肘，其意蹶蹶然惡之。支離叔曰：「子惡之乎？」滑介叔曰：「亡，予何惡！生者假借也；假之而生生者，塵垢也。死生爲晝夜。且吾與子觀化而化及我，我又何惡焉！」』劉大櫆此文從摹仿莊子齊物論開筆，然後至少化用了天地、庚桑楚、徐無鬼、大宗師等篇中的思想資料，不但全文的風格確實『奇詭似莊子』，而且還巧妙地闡發了莊子關於『萬物皆化』（至樂）的哲學思想。

劉大櫆曾評點過左傳、國語、孟子、莊子、揚子法言等書。吴闓生在爲其父吴汝綸莊子點勘所作的題記中説：『先公所校閲莊子數本，皆臨寫劉、姚各家圈識，未有自點定者。』這裏的『先公』指吴汝綸，『劉』指劉大櫆。説明在吴汝綸看來，劉大櫆爲莊子所作的評點與姚鼐的莊子章義具有同等重要的學術價值，所以自己點勘莊子時曾『臨寫』其圈識。可惜劉大櫆所評點的莊子本子今已不見，但其評語卻大量地被吴汝綸莊子點勘、馬其昶莊子學思想之梗概。爲論述方便，本節凡引劉大櫆評語皆以清宣統二年衍星社所排印的吳氏莊子點勘爲底本，而將劉氏的莊子評點擬名爲莊子評點。

據吳汝綸莊子點勘所引，劉大櫆的評語主要集中在內七篇，説明劉氏評點莊子當以內篇爲主，與後來桐城諸公研治莊子的著眼點有所不同。而他對莊子全書宗旨的理解，也同樣顯得有點獨特。如應帝王篇有『無爲名尸，無爲謀府，無爲事任，無爲知主。體盡無窮，而遊無朕。盡其所受乎天，而無見得，亦虚而已』之語，他評點説：

『「虚」字是一篇宗旨，亦一部莊子之宗旨。所謂無心無爲無用都是此旨，是本老子之學。』我們在本書中説過，明陸西星南華真經副墨曾以『虚』、『静』、『恬』、『淡』、『寂』、『寞』、『無』、『爲』八字爲莊子全書之宗旨，而劉大櫆卻僅拈出其中的『虚』字，即以應帝王篇中所謂『盡其所受乎天，而無見得，亦虚而已』之語作爲莊子全書的宗旨，這一理解應當包含了他在經歷了一生的窮困潦倒之後所産生的所謂『惟當委大化，隨波任所如』（春初）的思想感情。

基於上述認識，劉大櫆便每以委化隨波的安命思想詮釋莊子的篇章。如在他看來，養生主篇是在闡發『養之於虚』的道理，而其中撰寫出『右師』一則寓言故事，則是要求養生者必以『安命』爲本。至於德充符篇，『通篇總是德充於內，不形於外而自符於外，故形雖不全而物自不能離而德之所全者，總是安天命，所謂「不以好惡內傷其身，常因自然而不益生」也。』意謂唯有『安天命』者，才能保全自然德性，並在外表顯示出它的美好來。所以莊子接著撰寫大宗師篇，乃『承前篇（指德充符）「天」字來』，『只是安天命而以死生爲一條，與德充符同意』。其中設出『顔回坐忘』寓言故事，是要闡明『先闢去是非，進至坐忘，然後能安命』，而設出『子輿與子桑友』寓言故事，則在闡明『欲外死生，必先安貧，安貧必先安命』的道理。總之，以『安命』思想來闡釋莊子可以説是劉大櫆評點的一大指向，反映出了他在經受過一生坎坷後意欲從莊子中尋找精神慰藉的心理，但他未必真的認爲莊子中有那麽濃重的『安命』思想，更何況像大宗師篇本來就是在闡述天地萬物的本原——大道的呢！

其次，劉大櫆又以扭曲的心理闡釋了莊子的齊物思想。如他在評點齊物論篇時，或謂『此下復以衆萬之不齊者推廣言之，於生物之先而歸之於一』，或謂『以下反復推明是非以明而齊』，或謂『此以巨細好醜明是非之齊』，或謂『此以分成成毀明是非之齊』，或謂『此以多寡明是非之齊』，或謂『此以成虧明是非之齊』，或謂『此以象數明是非之齊』等等，看來他在這裏是同意莊子關於齊同萬物思想的，認爲莊子通過論述巨與細、好與醜、分與成、成與毀、成與虧、多與寡等等的相對性，最後確實把世間種種是、非統一到了大道之中，即統統化爲烏有了。但這也可能只是劉大櫆的無奈闡釋，因爲他的大量詩文表明，他對世間的是非顛倒現象懷有無比憤慨之情。如他在天道上、中、下三篇中，通過對天道果報不明的責難，有力地抨擊了是非不分的混濁現實。尤其在觀化篇中，他雖然從摹仿莊子齊物論開筆，但他認爲『吾與萬物群生於天地之中』，要達到齊同萬物是不可能的，因爲『一物一聲也，一物一色也，一物之聲聲各聲也，一物之色色各色也』，每一事物從聲音到顔色都各不相同，而且就每一類事物的本身來說，其内部的聲音、顔色也各不相同。由此看來，劉大櫆本來並不主張混同是、非，而在評點莊子齊物論時僅僅是暫且苟同了莊子的思想而已。

劉大櫆作爲一位很注重文章章法佈局的桐城派重要作家，他在評點莊子時還注意到了莊子文章的藝術特徵。如他在評點逍遥遊篇『鵬之徙於南冥也』一節文字時説：『此只以積氣之厚，摹寫鵬之摶扶摇而上。』在評點『且夫水之積也不厚』一節文字時説：『又於喻中設一喻，以解積氣之厚。』這裏雖然只有寥寥數筆，卻不但闡明了其中喻意與正意的關係，而且還揭示出了作者所寄寓的關於大鵬必須憑風而飛的深層意義。尤其值得注意的是，劉大櫆又在評點篇中『堯讓天下於許由』寓言故事時説：『此所謂聖人無名者大矣。』在評點『藐姑射之山神人』寓言故事時説：『此所謂神人無功者又加大矣。』在評點『惠子謂莊子』寓言故事時説：『此所謂至人無己者大而不可知也。』這裏不但把逍遥遊篇分論部分三大段文字的意思概括得非常清楚，而且還指出了三大段文字的意思有著層層遞進的關係，即『至人無己』才是不可爲世人所企及的最高逍遥遊境界，而『聖人無名』、『神人無功』則僅爲這一境界的陪襯。劉大櫆的這一看法當深契莊子本意，與宣穎在南華經解中的有關説法是一致的。

第四節　姚鼐的莊子章義

姚鼐（1732—1815），字姬傳，一字夢穀，軒名惜抱，人稱惜抱先生，安徽桐城人。乾隆二十八年進士，官至刑部郎中，曾入四庫館充纂修官。歷主江寧、揚州等地書院凡四十年。治學以經爲主，兼及子史、詩文，爲桐城文派的集大成者。著作有惜抱軒全集、春秋四傳補注、老子章義、莊子章義等。另選有古文辭類纂、五七言今體詩鈔、唐人絶句詩鈔等。

今傳徐宗亮於光緒五年所刊姚鼐莊子章義，書前有姚氏所撰莊子章義序、莊子翼題語五則，並有徐氏所作按語云：『右姚先生莊子章義，凡五卷，嘉慶辛未新城陳氏刊於漢上，體例糅雜，又妄以意爲去取，甚失先生本旨。先生嘗以書譬曉之，而迫成，不可改。……遭寇既定，一二巨公悉舉所著書翻雕，獨是書初爲陳氏所亂，概未盛行，學者往往以不獲傳真爲憾。宗亮故從張氏校録，出自先生彌甥，較有依據，乃以付刊。顧先生著録，未審何本，而陳氏載先生題莊子翼語，益不可復尋矣。今用通行世德堂本，凡先生增删改易，並注所從，則一仍之。』則此刊本較嘉慶間陳氏所刻本爲優，基本上能反映出姚鼐莊子學思想的原貌。

衆所周知，姚鼐治學，主張『義理』、『考據』、『文章』三者不可偏廢。他所謂的『義理』，主要是指文章的思想觀點要符合儒家的經義。因此，他研治莊子，便不可避免地表現出了儒學化思想傾向。如他説：

昔孔子以詩書六藝教弟子，而性與天道不可得聞。其得聞者必弟子之尤賢也，然而道術之分蓋自是始。夫子游之徒述夫子語，子游謂人爲天地之心、五行之端，聖人制禮以達天道、順人情。其意善矣，然而遂以三代之治爲大道既隱之事也。子夏之徒述夫子語，子夏者以君子必達於禮樂之原，禮樂原於中之不容，已而志氣塞乎天地。其言禮樂之本亦至矣，然林放問禮之本，夫子告以寧儉寧戚而已，聖人非不欲以禮之出於自然者示人，而懼其知和而不以禮節也。由是言之，子游、子夏之徒所述者未嘗無聖人之道存焉，而附益之不勝其弊也。夫言之弊其始固存乎七十子，而其末遂極乎莊周之倫也。莊子之書言明於本數及知禮意者，固即所謂達禮樂之原而配神明、醇天地與造化爲人，亦志氣塞乎天地之旨。韓退之謂莊周之學出於子夏，殆其然與？（莊子章義序）

此篇與山木篇皆稱孔子爲『夫子』，然則莊子之學殆真出於子夏也。（天地題解）

姚鼐在這裏指出，孔子的弟子們僅僅窺見老師學説的一斑，便各自加以發揮，因而出現了種種弊端。如子夏之徒闡述孔子關於『禮』的學説，以爲『君子必達於禮樂之原，禮樂原於中之不容，已而志氣塞乎天地』，而不知孔子還包含著以『寧儉寧戚』爲『禮之本』的思想。並認爲莊子在天下篇中所謂『明於本數』，和在大宗師篇中所謂孟子反、子琴張臨尸而歌爲『知禮意』云云，只是極力發揮了子夏所謂『君子必達於禮樂之原，禮樂原於中之不容，已而志氣塞乎天地』之旨而已，因而韓愈在送王秀才序中所謂『蓋子夏之學，其後有田子方，子方之後流而爲莊周』的説法，應當是可信的。不然，像天地、山木等篇，怎麽會稱孔子爲『夫子』呢？在姚鼐看來，即使莊周不一定是田子方的門下弟子，也必定從儒家中出來。他説：『子夏之後有田子方，昌黎之説本史記儒林列傳。但未知田子方的是莊子之師不耳？然莊生的是從儒家來，故於儒者之教無不通曉。』『莊子真是禪學，其詆孔子之徒，如以訶佛駡祖爲報佛恩，其意正儼然以教外别傳自居也。』（莊子翼題語五則）所謂『教外别傳』，本指達摩以『心印』、『見性』的特别方式繼承並弘揚了釋迦牟尼所開創的佛法。明末具有强烈遺民意識的著名禪師覺浪道盛著莊子提正一書，在歷史上第一次拿禪宗與佛教的關係來比附莊子學説與儒家學説的關係。姚鼐承因了覺浪道盛的說法，認爲莊子在書中詆毁孔子之徒，正如禪宗以訶佛罵祖爲報佛恩一樣，其用意正在於『儼然以教外别傳自居』，以獨特的方式傳承儒學①。然而姚鼐又指出，雖然『儒家變而爲道者，莊周』（莊子翼題語五則），但『周承孔氏之末流，乃有所窺見於道，而不聞中庸之義，不知所以裁之，遂恣其倡狂而無所極，豈非知者過之之爲害乎！』（莊子章義序）所以，他對宋代學者所謂莊子在天下篇中有推尊儒家之意的說法提出了批評。他說：

其末天下一篇，爲其後序，所云『其在詩書禮樂者，鄒魯之士、縉紳先生多能明之』，意謂是道之末焉爾。若道之本，則有不離於宗，謂之天人者。周蓋以天人自處，故曰上與造物者遊，而序之居至人、聖人之上，其辭若是之不遜也。而蘇子瞻、王介甫乃謂其推尊聖人，自居於不該不徧，一曲之士，其於莊生抑何遠哉？（同上）

姚鼐在天下篇之末也有類似這樣的論說，認爲莊子在此篇中以鄒魯之士、縉紳先生所能明曉的詩書禮樂爲道之末，而自己卻以天人自處，以得道者自詡，遠遠淩駕於至人、聖人之上，這怎麼能像王安石、蘇軾那樣謂其推尊儒家聖人呢？

姚鼐研治莊子，也踐行了他自己所謂治學必須重視『考據』的理論。如他在齊物論篇『何謂和之以天倪』一段文字後說：『疑此章是雜篇「寓言」章末錯入於此處。』在寓言篇題目下說：『「寓言」一章，正與「荃者」節相續，分篇者殊爲不審也。』認爲即使被歷代學人看作是全出於莊子本人手筆的内七篇，如齊物論篇『何謂和之

① 姚鼐還每以佛學來詮釋莊子的具體文字。如所謂『六用同原，焉有臣妾、君臣哉』（齊物論章義）、『知代者，佛所謂六識也；心自取者，合藏識也』（同上）、『不見光、不見土，即空四大之意』（在宥章義）、『此段（指『徹志之勃』一段）盡戒、定、慧之義』（庚桑楚章義）等等，即爲其例。

以天倪』一段文字，也可能是由雜篇寓言篇『寓言十九』章末文字『錯入於此處』者，而寓言篇此章文字，又當與雜篇外物篇末『荃者所以在魚』一節文字相銜接，乃是因爲分篇者『殊爲不審』而分成了兩截。關於外、雜篇的作者，姚鼐在胠篋篇『田成子殺齊君而盜其國』故事後說：『自田常至王建十世，上合桓子無宇、釐子乞爲十二世。田氏自桓子始大，故合言十二世。此篇是先秦時文字，大約外篇、雜篇多非莊生所爲。此人蓋有慨於始皇，故言最憤激。』據史記老子韓非列傳載，莊子爲戰國中期人，大約與田齊宣王同時，所以在姚鼐看來，胠篋篇既言『十二世有齊國』，則其必作於戰國末齊王建之後，決不可能是莊子本人的手筆，而當爲『有慨於始皇』者的憤激之辭。他在詮釋秋水篇時，或謂『之噲、莊子同時，必不曰「昔者」』，或謂『公孫龍與莊生時不相及，此其弟子所記耳』，或謂『記此語者，莊生弟子之徒之陋也』，也皆本著『考據』精神來探究莊子一些篇章的作者及年代問題。甚而至於，姚鼐還更大膽地把莊子中的某些篇章斷爲秦代以後的作品。如他說：

上仙，是秦以後人語。（天地章義）

素王、十二經，是漢人語。（天道章義）

孔子西藏書於周室，此亦漢人語。藏書者，謂聖人知有秦火而預藏之，所謂藏之名山也。（同上）

此篇乃司馬談論六家要指之類，漢人之文耳。（刻意章義）

像姚鼐所提出的這些推斷，大多不外是推測之辭，還缺乏『考據』所應有的確鑿證據，但還是值得學人去作進一步探究，所以後人承因此說而大加發揮的大有人在，如張恒壽先生在二十世紀三十年代著莊子新探一書，更把莊子中的大量篇章斷定爲秦漢人的作品。

此外，姚鼐還注意到了莊子文章的字句特點和藝術特徵。如他曾爲天地篇『泰初有無無有無名』一段文字作了明確的句讀，並指出其起首當以『泰初有無無』五字爲句，而『諸家解皆失句讀』。他又在詮釋胠篋篇時說：『此人蓋有慨於始皇，故言最憤激。駢拇、馬蹄及此篇，皆雄文，而此篇尤奇肆。』如果我們不去評論他對作品時代的斷定是否正確，而單就其論駢拇、馬蹄、胠篋的文章特徵來看，確實很有見地，充分表現出了一位散文大家的獨特眼光。

第五節　方潛的南華經解

方潛（1805—1868），初名士超，字魯生，一字碩存，學者私謚文通先生，安徽桐城人。『性有玄悟，博學無所不窺。於周秦以來子家儒者之言，皆究極其旨趣；佛經道藏，亦皆博覽遐搜，窮高而極深，探玄而索隱，而不純宗孔孟程朱以立言。』（方敦吉桐城方文通先生年譜略）著作有毋不敬齋全書、南華經解等。

南華經解分内、外、雜三篇，不分卷。前有方潛所撰文通先生書郭象注莊子後一文和總評五則，末附其三子敦吉所作跋語一篇。方潛在總評中說：『予出入二氏二十年矣，始知聖人之道。曾批莊子内七篇，又記外、雜篇大意。今購得郭象注本，不欲更妄言之。三兒敦吉請批出，以便誦讀，因聊分大略。』方敦吉在跋語中說：『兹就不肖少時趨庭授讀本，益以同邑馬君通伯暨伯兄心齋手錄批本互勘而裒述之，顏曰南華經解，而以書郭注本後及總評五則列卷首。』則此書乃由方敦吉在其父批本上校勘、裒述而成，故首題『桐城方文通先生評』、『子敦吉厚之述』。但全書的思想内容，基本上當是方潛一人的莊子學思想的體現。

方潛首先是一位儒者，『咸、同間，以布衣歷主膠西培文書院，與同時倭艮峰相國、吳竹如侍郎締交，講求性理之學。』（方敦吉跋語）因而他詮釋莊子，必然會摻雜一些儒家的思想。如他在詮釋齊物論篇『六合之外，聖人存而不論』一段文字時說：『莊子何嘗不尊聖人？此段層層歸結聖人，可知其意矣。未可因其放論而議之，以意逆志可也。』認爲莊子放言詆訾孔子之徒，只是表面現象，讀者應當以意逆志，去尋求隱藏在這種表面現象之下的真意。在方潛看來，莊子其實很尊崇儒家聖人，他撰寫齊物論篇，甚至還有『並己齊物論之言掃之而折衷於聖言』的意思，這就從根本上否定了儒道對立的基本事實。他並在詮釋逍遥遊篇時説：

逍遥遊即是孟子立大體意，培風、御氣即是孟子養氣意，但莊子作用自别。齊物論亦即是知言意，第彼直欲一概掃去耳。……逍遥遊，狀大體大用也。無己故無體，無功、無名故無用。無體之體，無用之用，是爲大體、大用也。後六篇俱闡此旨。體立而用行，故先寫大體，而後寫大用。

按照方潛這裏的説法，齊物論篇想要齊同百家曲士之言，不外是儒家亞聖孟子所謂『知言』即『詖辭知其所蔽，淫辭知其所陷，邪辭知其所離，遁辭知其所窮』意思，而逍遥遊篇極言大魚、大鳥和培風、御氣，則更全面地體現了孟子關於立大體、善養氣等思想。並進而指出，整個内七篇都在闡述體與用這一對哲學範疇，即所謂『無體之體，無用之用，是爲大體、大用也』。這些詮釋，也多與莊子内篇思想内容不相符。

正如上文所説，方潛於『佛經道藏』，亦皆『博覽遐搜』，而『不純宗孔孟程朱以立言』，他在詮釋莊子過程中也摻雜了一些佛教思想。如他在詮釋齊物論篇時所謂『假借四大以爲身』、『實相非相』、『離相即佛』、『歇即菩提』，詮釋人間世篇時所謂『觀自在菩薩行』、『照見五藴皆空』、『度一切苦厄』、『坐微塵裏轉大法輪』、『一切世間天人阿修羅，皆當恭敬作禮圍繞』、『一切聖賢，皆以無爲法而有差别。自「絶跡易」至此，所謂致虚極也。文義深玄，以内典證之自明，故曰莊子佛之先聲也』等等，皆是以佛教思想來解釋莊子的典型例子。應當説，他的這種做法有可取的地方，也不無牽强之處，而所謂莊子爲『佛之先聲』云云，只是承因了自南宋朱熹以來一些人的説法而已。

然而我們必須看到，方潛莊子學的特徵主要還是表現在對郭象莊子注的批判上。他説：『世稱郭象善解莊，郭象惡知莊？邵子曰：「其言大都有所本，本者生人之命脈。」郭象謂「莊子可謂知本」，似矣。然郭象惡知莊子之本哉？莊子外、雜篇皆宗老子之旨，發揮内七篇，而内七篇之要括於逍遥遊一篇。逍遥遊篇形容大體大用而括於「至人無己」一句，是非莊子之本與？象曾不解此言，第以「小大自適，各一逍遥」耳。至齊物論之

「真君」、「宰」，養生主之「主」，德充符之「德」，大宗師之所謂「大宗師」，明指所謂本者，以示人也，而象皆含糊言之，象豈知莊子之本哉？蓋彼所謂「知本」者，所云「上知造物無物，下知有物之自造」而已。不知已將虛空、品物打作兩截，故其注雖抱定「自然」二字以爲宗旨，正所謂「豁達空」，釋氏斥爲自然外道者也。豈老子之「道法自然」者哉？老子之「自然」，即莊子之「自本自根」，以道本自然耳，非別有所謂「自然」，而道又法之也。然則，彼所謂「知本」，豈莊子所知之本哉？不知莊子之本，惡知莊子？』（文通先生書郭象注莊子後）對郭象的『知本』說作如此激烈的批判，這在歷史上應當說還是第一次。

所謂『知本』說，是郭象在爲自己的莊子注所作的序言中提出的，意謂莊子『上知造物無物，下知有物之自造』，可謂了悟了大道的根本。但方潛指出，莊子在齊物論篇中所說的『真君』、『真宰』，養生主篇中所說的『主』，德充符篇中所說的『德』，大宗師篇中所說的『大宗師』等等，這些才真正體現了大道的根本，可是郭象僅僅『含糊言之』，並沒有予以重點揭示。而且，郭象所謂『上知造物無物，下知有物之自造』云云，『將虛空、品物打作兩截』，把虛空的道與有形的物分作互不相干的兩截，這就更不知道莊子之本了。確實，莊子以『道』爲宇宙的最後本體，認爲天地萬物的生滅都是大道運化的結果，而郭象所謂的『上知造物無物，下知有物之自造』，則在強調萬物的『自造』即『獨化』，認爲它們都是自己產生、自己變化，而不是由任何外在的力量使它們變得如此。說明郭象的闡釋明顯地違背了莊子的本體論思想，哪裏懂得『莊子之本』呢？當然，莊子所謂的『真君』、『真宰』、『主』、『德』，指的是人的自然本性中所固有的東西，『大宗師』則指可宗可師的大道而言，而方潛把它們概稱之爲『本』，這就使『莊子之本』具有了多重涵義，而非專指莊子所謂大道爲世界萬物本原的『本』了。

在方潛看來，『莊子之本』比較集中地體現在逍遥遊篇中，尤其是裏面『至人無己』一句，更概括了『莊子之本』。方潛由此出發，完全否定了郭象對此篇的闡釋，認爲他以『小大自適，各一逍遥』爲逍遥，根本就不懂得什麽是『莊子之本』。我們知道，莊子在逍遥遊篇中所闡述的是關於『無待』才能逍遥的思想，認爲世間的一切事物皆『有所待』，所以除了『乘天地之正，而御六氣之辯，以遊無窮』的『至人』、『神人』、『聖人』而外，都是不逍遥的。而郭象基於他的『獨化』論，卻認爲萬物只要適性自在，都同樣可以達到逍遥遊的境界，這正如方潛所説郭氏並不知道『莊子之本』。但方氏在指出郭象錯誤的同時，卻不知自己持所謂『體』與『用』的觀念來闡釋莊子逍遥義，也同樣不能揭示出莊子關於『無待』才能逍遥的思想。

方潛所説的郭象不知『莊子之本』，還包括了所謂郭象不知『内七篇之要括於逍遥遊一篇』的意思。因爲在方氏看來，『齊物論，即體即用，而妙無用之用也』（齊物論題解），『養生主，即用即體，而全無體之體也』（養生主題解），『人間世，以無用爲用，乃可逍遥於人間世也』（人間世題解），『德充符，以無體爲體，則遺形全德，充於内而符於外也』（德充符題解），『大宗師，全無體之體，則得大宗師矣』（大宗師題解），『應帝王，神無用之用，則能應帝王矣』（應帝王題解），各篇分别從不同角度闡發了逍遥遊篇『大體大用』的主旨，而郭象對此卻不曾論及，豈可謂之知『莊子之本』？我們在本書前面已經提到，如成玄英的莊子注疏、王雱的南華真經新傳等等，都曾對莊子内七篇的邏輯關係作過不同的詮釋，爲讀者提供了一些值得參考的説法。方潛則另闢蹊徑，對内篇七篇整個邏輯結構提出了完全不同於前人的看法，自可使讀者耳目一新。但他把整個内篇説成主要是在闡述『體』與『用』的關係，這不能不説是一種誤解。

從所謂『内七篇之要括於逍遥遊一篇』的觀點出發，方潛進而又指出：『外篇皆宗老子之旨，而發揮内七篇之藴也。』（外篇解）那麽，外篇各篇到底是怎樣發揮的呢？他説：『駢拇，老子「後仁義」，而養生主「無近名刑」之説也。』（駢拇題解）『馬蹄，老子所謂「取天下而爲之，吾見其不得已」，而應帝王「順物自然」、「立乎不測」之説也。』（馬蹄題解）『胠篋，老子「絶聖棄知，民利百倍」，而應帝王之緒也。』（胠篋題解）『在宥，老子無爲之旨，而應帝王之義也。』（在宥題解）『天地，老子「玄之又玄」，而大宗師、應帝王之祕也。』（天地題解）『天道，老子「無爲而無不爲」，亦大宗師、應帝王之義也。』（天道題解）『天運，釋玄玄與玄德，亦大宗師、應帝王之旨也。』(天運題解)『刻意,抱一之經,養生主之訣也。』(刻意題解)『繕性,老子「常使民無知無欲」,而應帝王、人間世之緒也。』(繕性題解)『秋水,闡發道德大旨,而大宗師之綱紀也。』(秋水題解)『至樂,老子「無爲」之旨,而逍遥遊之緒也。』(至樂題解)『達生,老子「致虚」、「守靜」之旨,而養生主之祕也。』(達生題解)『山木,老子「和光同塵」,而人間世之旨也。』(山木題解)『田子方,老子「歸根返朴」,而德充符、養生主、大宗師之旨也。』(田子方題解)『知北遊,老子「知者不言」,而齊物論之緒也。』(知北遊題解)至於雜篇中的庚桑楚、徐無鬼、則陽、外物四篇,方潛也認爲都是闡發内篇之旨的。我們應當指出,方潛把外篇的全部篇目和雜篇中的部分篇目都分别説成是對内篇某某篇的闡發,確實顯得有些牽强和武斷。但是,以外、雜篇各篇分别附於内篇某篇之後,這種做法並不是由方潛發明的。早在晚明時,潘基慶南華經會解就以内篇七篇爲綱,將莊子全書『分而類之』,即以繕性、至樂、外物、讓王四篇附於逍遥遊篇之後,以秋水、寓言、盜跖二篇附於齊物論篇之後,以刻意、達生二篇附於養生主篇之後,以天地、山木、庚桑楚、漁父四篇附於人間世篇之後,以田子方、知北遊、列禦寇三篇附於德充符篇之後,以駢拇、徐無鬼、則陽三篇附於大宗師篇之後,以馬蹄、胠篋、在宥、天道、天運、説劍六篇附於應帝王篇之後,而移天下篇於全書之前,作爲自序。清初周金然著南華經傳釋,又謂『今諦閲南華,則自經自傳,不自祕也,而千載無人覷破。蓋其意盡於内七篇,至外篇、雜篇,無非引伸内七篇,惟末篇自序耳。錯而觀之,其意較然,詎復須注哉!因定内七篇爲經,餘篇析爲傳。』(自序)即以秋水、馬蹄、山木三篇爲逍遥遊篇之傳,徐無鬼、則陽、外物三篇爲齊物論篇之傳,刻意、繕性、至樂、達生、讓王五篇爲養生主篇之傳,庚桑楚、漁父二篇爲人間世篇之傳,駢拇、列禦寇二篇爲德充符篇之傳,田子方、天道、天運、知北遊、盜跖五篇爲大宗師篇之傳,胠篋、説劍、在宥、天地四篇爲應帝王篇之傳,而以天下篇爲全書之序。方潛承因並發展了潘基慶、周金然的學術觀點,把外篇和雜篇中的部分篇目都看成是對内篇的進一步闡發。這對學術所作出的貢獻,便是使人們更加看到了内篇與外、雜篇之間所存在著的差别,即所謂前者與後者之間存在著『經』與『傳』的關係。

還需看到的是，方潛還突破了潘基慶、周金然把外、雜篇各篇僅僅分別隸屬於內篇中某一篇的局限，而往往將其分別說成是對內篇中某篇或某幾篇主旨的發揮，並認爲這些篇目對老子宗旨也都有所宗承，這就指出了這些篇目的思想内容具有多個來源，而並不是分別對內篇中某篇作注疏式的詮釋。但方氏基於所謂雜篇往往『雜發內篇』的認識，便認定其中的某些段落分別爲內篇中某某篇之緒餘，如所謂徐無鬼篇『首段，齊物論、人間世之緒也』、『次段，養生主之緒也』、『三段，大宗師、應帝王之緒也』、『五段，齊物論、應帝王之緒也』、『六段，養生主、人間世之緒也』、『七段，德充符、人間世之緒也』、『八段，齊物論、大宗師之緒也』、『九段，養生主、人間世之緒也』、『十段，應帝王之緒也』，則陽篇『首段，人間世、大宗師、應帝王之緒也』、『次段，逍遥遊之緒也』、『三段，人間世之緒也』、『四段，應帝王、養生主之緒也』、『五段，人間世、應帝王之緒也』、『六段，齊物論、大宗師之緒也』、『七段，齊物論之緒也』等等，這就像清初林雲銘莊子因一樣，不免説得太坐實了。而他又據蘇軾莊子祠堂記的說法，把寓言篇、列禦寇篇合爲一篇，這就更顯得過於武斷了。

第六節　郭嵩燾的莊子扎記

郭嵩燾（1818—1891），字伯琛，號筠仙，湖南湘陰人。十八歲入嶽麓書院學習，先後結交了魏源、劉蓉、曾國藩、左宗棠等朋友，尤與劉蓉、曾國藩相友善。道光進士，咸豐初隨曾國藩辦團練，同治初署廣東巡撫，光緒初任福建按察使，擢兵部侍郎，旋任首任出使英國大臣，又兼駐法國大臣，主張學習西方科學技術。劉聲木桐城文學淵源考名氏目錄載其名，是桐城文派之支派湘鄉派的重要作家。著作有養知書屋遺集、史記扎記、禮記質疑等。

據臺灣郭廷以郭嵩燾先生年譜載，郭嵩燾於同治六年五十歲開始，八載家居，從事著述、講學活動。在這期間，曾注莊子，並與莊學專家王闓運縱談過莊子。光緒元年湖北崇文書局刊百家子書收有莊子三卷，末附郭嵩燾所撰莊子扎記一卷，凡四條文字。第一條校釋天地篇『執留之狗成思，猨狙之便自山林來』之語，第二條校釋庚桑楚篇『券內者，行乎無名；券外者，志乎期費』之語，第四條校釋天下篇『以蛃合驩』之語，此三條校釋文字亦皆見於郭慶藩莊子集釋相應位置所徵引，只是比郭慶藩所徵引的要簡略一些。而第三條用來校釋外物篇『自制河以東』之語的文字，卻爲郭慶藩莊子集釋相應位置所無有。但郭慶藩莊子集釋引郭嵩燾所撰扎記共有一百數十條之多，皆冠以『家世父曰』字樣，比較均勻地分佈於全書各篇之中，唯讓王、漁父二篇不見有所徵引。這說明郭嵩燾原來應當有較完備的莊子扎記手稿，而百家子書刊刻他的莊子扎記，所收的條目僅爲原手稿中的一部分文字而已。今細讀郭慶藩莊子集釋所引郭嵩燾扎記，大多爲精心校釋之作，往往能見出其獨特見解。如應帝王篇有『鯢桓之審爲淵，止水之審爲淵，流水之審爲淵』等語，郭嵩燾校釋說：『釋文引崔本「審」作「潘」，云：「回流所鍾之域也。」列子黃帝篇「鯢旋之潘爲淵」，字當作「潘」。說文：「淵，回水也。」管子度地篇：「水出地而不流，命曰淵。」謂水迴旋而瀦爲淵，有物伏孕其中，而成淵者，有止而不流者，有流而中渟爲淵者。水之渟瀠，其因自然之勢，而或流或止，皆積之以成淵焉。』據陸德明莊子音義載，司馬彪認爲『「審」當爲「蟠」』，並訓『蟠』爲『聚』。成玄英莊子注疏從之。郭嵩燾則引列子黃帝、管子度地、說文解字爲證，認爲當從崔譔本作『潘』，訓『回流所鍾之域』，應當說他的校釋頗爲精審而且有見地。

遍讀郭慶藩莊子集釋所引郭嵩燾扎記，其中有相當一部分條目是對前人訓釋的直接否定。如他在校釋馬蹄篇『燒之、剔之、刻之、雒之』之語時說：『司馬云：「刻，謂削其甲；雒，謂羈雒其頭也。」是通「雒」爲「絡」。疑上四者專就馬身言之，下文「羈馽」、「皁棧」，始及銜勒之事。「雒」當爲「烙」，所謂火針曰烙也。杜甫詩「細看六印帶官字」，六印，亦作火印。刻，謂鑿蹄；雒，謂印烙。燒之剔之以理其毛色，刻之雒之以存其表識。作「絡」者非也。』在校釋徐無鬼篇『仁義之士貴際』之語時說：『貴際，謂相與交際，仁義之用行乎交際之間者也。鄭康成禮記中庸注：「人也，讀如相人偶之人，以人意相存問之言。」故人與人比而仁見焉，仁義之士所以貴際也。釋文『貴際，謂盟會事』，誤。』顯然，這裏以『雒』通『烙』，訓『貴際』爲『相與交際』，皆遠勝於司馬彪、陸德明等人的訓釋，確實具有較高的學術價值。

郭嵩燾對於前人訓釋，以對郭象注的質疑爲最多。如他在齊物論篇『予嘗爲女妄言之，女以妄聽之。奚旁日月，挾宇宙』等語時說：『郭象以「女以妄聽之奚」斷句，熟玩文義，「奚旁日月，挾宇宙」自爲句，言操何術以超出天地之表。』毫無疑問，郭嵩燾這裏的質疑是正確的。又德充符篇有『彼爲己，以其知得其心，以其心得其常心，物何爲最之哉』之語，郭象以『彼爲己，以其知』、『得其心，以其心』、『得其常心，物何爲最之哉』爲句。郭嵩燾指出：『知者外發，心者記憶體。以其知得其心，循外以葆中也。心者，不息之真機；常心者，無妄之本體。以其心得其常心，即體以證道也。……郭象斷句誤。』這裏指出郭象斷句的錯誤，也是完全正確的。當然，郭嵩燾對郭象注的質疑主要還是表現在義理方面。如他在訓解逍遥遊篇時說：『天下篇莊子自言其道術充實不可以已，上與造物者遊。首篇曰逍遥遊者，莊子用其無端崖之詞以自喻也。注謂「小大雖殊，逍遥一也」，似失莊子之恉。』這裏以逍遥遊篇爲莊子『上與造物者遊』的自喻，正點出了此篇關於『乘天地之正，而御六氣之辯，以遊無窮』之主旨。在郭嵩燾看來，所謂『上與造物者遊』，唯有像莊子這樣的得道者才能達到，而郭象卻説『小大雖殊，逍遥一也』，即認爲萬物雖有大小之分，但只要符合本性去做，都同樣可以得到逍遥遊，這顯然是錯誤的。應當承認，郭嵩燾的這一批評正好擊中了郭象逍遥義的要害所在。秋水篇有『遥而不悶，掇而不跂』之語，郭嵩燾說：『郭象注：「遥，長也；掇，猶短也。」說文：「掇，拾取也。」易疏：「患至，掇也。」若手拾掇物然，言近而可掇取也。……郭象注未愜。』今案『掇而不跂』句原意謂悟道者對拾掇可得的來日無所企望，而郭象訓『掇』爲『短』，確實於義未愜。在宥篇有『上下囚殺』之語，郭象注：『無所排進，乃安全耳。』郭嵩燾則說：『「上下囚殺，言詭上詭下，使其心拘囚噍殺，不自適也。……郭象注恐誤。』今審莊子原意，乃謂人心爲外界力量所左右而一上一下，結果被弄得憔悴不堪。可見郭象之注實在令人費解，故而郭嵩燾疑其有誤。

由於郭嵩燾在光緒二年出使英法之前所持的思想基本上以傳統的儒學爲主，而他的莊子扎記當就是這一時期的著作，所以便不可避免地反映出了一定的儒學化傾向。如天地篇有語云：『泰初有無，無有無名；一之所起，有一而未形。物得以生，謂之德；未形者有分，且然無間，謂之命。』郭嵩燾解釋說：『一陰一陽之謂道，繼之者善也，成之者性也。物得其生，所謂繼之者善也，未有德之名也。至凝而爲命，而性含焉，所謂成之者性也。命立而各肖乎形，踐形而乃反乎性，各有儀則，盡性之功也。莊生於此蓋亦得其恍惚。』我們知道，天地篇中的這段話是用來表達大道生化萬物過程的，而郭嵩燾在這裏卻運用儒家經典易繫辭『一陰一陽之謂道，繼之者善也，成之者性也』之說來予以闡釋，並認爲莊子的本體論思想似乎是從繫辭這番話裏闡發出來的，可見他的闡釋已使莊子的自然天道觀變成了儒家的性命之學。但在這一期間，郭嵩燾的儒學思想是具有明顯的宋代理學特徵的。這反映在他的莊子扎記中，主要就是表現爲以宋代理學家的觀點來闡釋莊子的『齊物』思想。如他說：

物之有知恃息，息者氣也，而氣有厚薄純雜，天不能強而同之。爾雅釋言：『殷，齊，中也。』齊一則中矣，其不能齊，天之無如何者也。而天既授之以百骸九竅而使之自運焉，授之以心思而使之自化焉，務開通而已。（外物扎記）

各有所知，各有所能，無相強也；各有所不知，各有所不能，無相勝也。強其所知以通其所不知，強其所能以通其所不能，而據之以爲知，據之以爲能，強天下而齊之，是非相乘，哀樂滋繁。是故忘其所知，而知乃自適也；忘其所能，而能乃自適也。至言去言，至爲去爲，己且忘之，奚暇齊天下焉！齊知之所知者，據所知以強通之天下者也。（知北遊扎記）

北宋二程在河南程氏遺書中指出，如以『萬物皆是一理』觀之，則千差萬殊的事物都是『理一』的體現，根本就不用你莊周去齊同了；如以『分殊』觀之，則天地陰陽所變化出的事物皆各自有一個理，『譬如磨既行，齒都不齊，既不齊，便生出萬變，故物之不齊，物之情也』，你莊周『強要齊物，然而物終不齊也』。郭嵩燾在闡釋齊物論篇時，大致沒有偏離莊子的本真思想，但在闡釋其他篇章時，卻在一定程度上承因了宋代理學家的基本觀點，對莊子齊物思想往往採取了不願苟同的態度。他指出，世間萬物稟氣不同，有厚、薄、純、雜之分，即使上天也無可如何，而不能強而同之，我們怎麼能『強其所知以通其所不知，強其所能以通其所不能』，而『強天下而齊之』呢？因此，我們應該『去言』、『去爲』，不要去強行齊同稟氣各異的萬物，而只要讓它們『自運』、『自化』就可以了。可見，郭嵩燾對作爲莊子哲學體系核心的齊物思想是有所批評的。

但是，郭嵩燾對莊子齊物思想的批評又與宋代理學家的態度有所不同。據郭嵩燾日記等載，郭氏在光緒二年出使英法之前已經跟洋人有過較多接觸，而且也已先後閱讀過不少譯自西方人所撰或由中國人吸收西方人思想撰成的著作，因此在他對莊子齊物思想的批評中，實際上已包含了近代人的某些自由思想。如他主張的所謂『無相強』、『無相勝』，而讓萬物『自運』、『自化』，即『務開通而已』，就是近代士大夫關於民生平等、開通民智等思想的一種反映。他在闡釋繕性篇時所謂『強天下而冒之，則正者我也，非物之自正也，而物之失其性多矣』，在闡釋則陽篇時所謂『強之以異趣，名爲正之而實已兩差矣』等等，也都是這種思想的真實反映。同時，郭嵩燾在闡釋莊子時也反映出了近代士大夫所謂的『寬以養民』思想。如山木篇有『北宮奢爲衛靈公賦斂以爲鐘』寓言故事，郭嵩燾闡釋說：

> 賦斂以爲鐘，猶左傳昭公二十九年遂賦晉國一鼓鐵以鑄刑鼎，名爲賦斂而聽民之自致，故曰因其自窮。說文：『窮，極也。』言殫竭所有以輸納之也。惟不敢設術以求，而純任自然，民亦以自然應之。今之賦斂，任術多矣，而固無如民巧遁於術何也！

有關資料表明，郭嵩燾在出使英法之前，一方面認爲官貪吏虐是『致亂之源』，極力主張『嚴以馭吏』；另一方面則極力主張『寬以養民』，堅決反對嚴刑峻法。因此，他這裏就借闡釋山木篇『北宮奢爲衛靈公賦斂以爲鐘』

寓言故事，大膽指出『今之賦斂，任術多矣，而固無如民巧遁於術何也』，對當時官貪吏虐的黑暗政治進行了無情的鞭撻。

第七節　王先謙的莊子集解

王先謙（1842—1917），字益吾，號葵園，湖南長沙人。六歲學習詩文，二十八歲入曾國藩長江水師。同治三年中舉人，四年中進士，歷翰林院編修、國子監祭酒、江蘇學政等職。曾主講於思賢講舍和城南、嶽麓兩書院。『於學無所不究，門庭廣大，合漢宋途轍而一之。其於崇經術、治國聞，致力彌篤。』（吳慶坻王葵園墓誌銘）文章頗得益於老師曾國藩、郭嵩燾等名儒的指教，學術上與郭慶藩、劉鳳苞等學者皆有來往，故劉聲木桐城文學淵源考名氏目録載其名。編著有皇清經解續編、十朝東華録、續古文辭類纂、尚書孔傳參正、三家詩義集疏、漢書補注、後漢書集解、新舊唐書合注、荀子集解、莊子集解等。

莊子集解八卷，前有王先謙於宣統元年六十八歲時所作自序云：『夫古之作者，豈必依林草，群鳥魚哉！余觀莊生甘曳尾之辱，卻爲犧之聘，可謂塵埃富貴者也。然而貸粟有請，内交於監河；係履而行，通謁於梁魏；說劍趙王之殿，意猶存乎捄世。遭惠施三日大索，其心跡不能見諒於同聲之友，況餘子乎！吾以是知莊生非果能回避以全其道者也。……是故君德天殺，輕用民死，刺暴主也；俗好道諛，嚴於親而尊於君，憤濁世也。登無道之廷，口堯而心桀；出無道之野，貌夷而行蹠。則又奚取夫空名之仁義，與無定之是非？其志已傷，其詞過激。設易天下爲有道，生殆將不出於此。後世浮慕之以成俗，此讀生書者之咎，咎豈在書哉！余治此有年，領其要，得二語焉，曰：「喜怒哀樂，不入於胸次。」竊嘗持此以爲衛生之經，而果有益也。噫！是則吾師也夫！』王先謙曾參與鎮壓太平天國起義，又極力反對康梁的維新運動和資產階級革命在湖南的開展，因而迭招物議。但他具有傳統士大夫的愛國思想，在朝爲官時曾堅持揭露沙俄的擴張主義，在列强侵逼之際也堅決不願做亡國奴，正有他自己所謂莊子『意猶存乎捄世』的精神。可是他對國事日非、外侮日亟的殘酷現實又感到十分無奈，因而對莊子中『喜怒哀樂，不入於胸次』二語體會最深，遂『持此以爲衛生之經』，以便苟全性命於亂世。他爲郭慶藩莊子集釋所作序言也說：

郭君子瀞爲莊子集釋成，以授先謙讀之，而其年適有東夷之亂，作而歎曰：莊子其有不得已於中乎？夫其遭世否塞，拯之末由，神彷徨乎馮閎，驗小大之無垠，究天地之終始，懼然而爲是言也。騶衍曰：『儒者所謂中國，於天下乃八十一分居其一分耳。赤縣神州外自有九州，裨海環之，大瀛海環其外。』惠施曰：『我知天下之中央，燕之北、越之南是也。』而莊子稱之，亦言儵與忽鑿渾沌死，其説若豫覩將來而推厥終極，亦異人矣哉！子貢爲挈水之槔，而漢陰丈人笑之。今之機械機事，倍於槔者相萬也。使莊子見之，奈何？蠻觸氏爭地於蝸角，伏尸數萬，逐北旬日。今之蠻觸氏不知其幾也，而莊子奈何？是故以黄帝爲君而有蚩尤，以堯爲君而有叢枝、宗、膾、胥敖。黄帝、堯非好事也，然而欲虛其國，刑其人，其不能以虛静治，決矣。彼莊子者，求其術而不得，將遂獨立於寥闊之野，以幸全其身而樂其生，烏足及天下！且其書嘗暴著於後矣。晉演爲玄學，無解於胡羯之氛；唐尊爲真經，無救於安史之禍。徒以藥世主淫侈，澹末俗利欲，庶有一二之助焉。而其文又絶奇，郭君愛翫之不已，因有集釋之作，附之以文，益之以博。使莊子見之，得毋曰『此猶吾之糟粕』乎？雖然，無跡奚以測履，無糟粕奚以觀於古美矣！郭君於是書爲副墨之子，將群天下爲洛誦之孫已夫！光緒二十年歲次甲午冬十二月，長沙愚弟王先謙謹撰。

這更可佐證，王先謙著莊子集解，在一定程度上是爲了抒發其『遭世否塞，拯之末由』的『不得已』之情。但更主要的，王先謙還是想借解釋莊子來表達其所謂『甘曳尾之辱』、『塵埃富貴』和『喜怒哀樂，不入於胸次』等思想。

在莊子集解付印不久，即辛亥革命爆發之後，他終於改署曰遁，先後僻居於平江和長沙郊區東鄉涼塘舊莊，以遺老終其生。

正如上面所說，王先謙顯然是在借莊子以抒發自己的末世情懷。但作爲清末一位著名的漢學大師，他在具體解釋莊子文本過程中，並不主張將自己的這種情懷攙雜進去，以盡可能保持學術本身的純潔性。因此，我們讀完王先謙的莊子集解，除了他所作的自序而外，似乎沒有發現他曾遊離於莊子文本之外來抒發個人情感。在徵引他人的注解時，他似乎也力求除去這些參以私意的文字。如山木篇有『北宮奢爲衛靈公賦斂以爲鐘』寓言，郭慶藩莊子集釋所引郭嵩燾的解釋説：『賦斂以爲鐘，猶左傳昭公二十九年遂賦晉國一鼓鐵以鑄刑鼎，名爲賦斂而聽民之自致，故曰因其自窮。説文：「窮，極也。」言殫竭所有以輸納之也。惟不敢設術以求，而純任自然，民亦以自然應之。今之賦斂，任術多矣，而固無如民巧遁於術何也！』這裏所說的『今之賦斂，任術多矣，而固無如民巧遁於術何也』，顯然是郭嵩燾對當時官貪吏虐黑暗現實的無情揭露，但並不是對莊子文本的忠實解釋，而是遊離於文本之外的個人感慨。因此，王先謙在壓縮郭嵩燾這則文字時，就把這幾句遊離於文本之外的話全部予以刪除。

王先謙在莊子集解序中說：『舊注備矣，輒芟取衆長，間下己意，輯爲八卷，命之曰集解。』其所集前人之解，包括司馬彪、崔譔、向秀、郭象、李頤、支遁、簡文帝、陸德明、成玄英、方以智、王夫之、宣穎、盧文弨、王念孫、姚鼐、俞樾、郭嵩燾、郭慶藩、李楨、蘇輿等家，但往往不是照錄原文，而是作了壓刪的。其『間下己意』，文字也要言不煩。故錢穆評之曰：『此書則主簡要，蓋王氏亦習桐城義法，已悟治莊不能墨守乾嘉矩矱矣。』（莊子纂箋序目）今檢王先謙莊子集解全書，其徵引較多的有成玄英、宣穎、郭象、司馬彪、俞樾、王念孫等家，而最值得注意的是宣穎、蘇輿二家。宣穎爲清康熙時人，所著南華經解三十三卷，注釋簡明扼要，尤長於剖析文章肌理，自其問世以來，一直爲讀者所重。湖南武陵人劉鳳苞，於清末著成南華雪心編八卷，其凡例謂：『茲依桐城宣茂公(穎)「義例」,於各段另起處,用大圈以清界限,庶令讀者逐段領會,朗若列眉。』劉氏此著在莊子文章研究方面又有很大推進。王先謙與劉鳳苞爲同鄉,皆爲同治四年進士,二人論文極相契,故所著莊子集解,亦極重宣穎南華經解,所徵引之文多達七百多條。蘇輿曾從王先謙受學,爲王氏得意門生,四十歲時死於肺疾。他對莊子有一定研究,時有獨到見解,可惜尚未形成專著,唯賴王氏此書徵引得以保存六十餘條,值得格外珍視。如王先謙爲齊物論篇所作題解云:『天下之物之言,皆可齊一視之,不必致辯,守道而已。蘇輿云:「天下之至紛,莫如物論。是非太明,足以累心。故視天下之言,如天籟之旋怒旋已,如鷇音之自然,而一無與於我。然後忘彼是,渾成毀,平尊隸,均物我,外形骸,遺生死,求其真宰,照以本明,游心於無窮,皆莊子最微之思理。然其爲書,辯多而情激,豈真忘是非者哉?不過空存其理而已。」』王氏之所以徵引蘇輿之語作爲此篇題解,確實是因其不僅合於傳統的解説,而且還能發前人之所未發,指出篇中『辯多而情激』,表明莊子並未真已泯滅『是非』觀念。王先謙爲駢拇篇作題解,更是全部借用了蘇輿的話:『駢拇下四篇,多釋老子之義。周雖悦老風,自命固絶高,觀天下篇可見。四篇於申老外,别無精義,蓋學莊者緣老爲之。且文氣直衍,無所發明,亦不類内篇汪洋俶詭。王氏夫之、姚氏鼐皆疑外篇不出莊子,最爲有見。即如此篇,首云「淫僻於仁義之行」,末復以「淫僻」、「仁義」平列,踳駁顯然。且云「余愧乎道德」,莊子焉肯爲此謙語乎?』此處指出外篇首四篇多發老子之義,大概是學莊子者『緣老爲之』,並從文章風格等方面進行分析,以證成其關於此四篇非出於莊子本人手筆的看法,在王夫之莊子解、姚鼐莊子章義有關説法基礎上又推進了一步,也有較高的學術價值。

據初步統計,王先謙莊子集解引用前人或時人的文字達四千多條,但由於著者堅持『芟取衆長』的纂輯原則,因而全書字數卻不到郭慶藩莊子集釋的一半,顯得甚爲緊湊而精悍。尤其值得指出的是,此書雖然部頭不大,但對莊子思想的整體把握卻比較準確。如全書在大量徵引宣穎南華經解注解文字之時,對其中具有儒學化的成分予以徹底删除,從而避免了長期以來人們每以儒學來闡釋莊子的慣性思維。在解釋逍遥遊篇時,王先謙於『而後乃今將圖南』下說：『謀向南行，借水喻風，唯力厚故能負而行，明物非以息相吹不能遊也。』於『猶有所待者也』下說：『雖免步行，猶必待風，列子亦不足慕。』於『若夫乘天地之正』數句下說：『無所待而遊於無窮，方是逍遥遊一篇綱要。』這裏所下的注語雖然十分簡單，卻明確地告訴讀者：萬物都是不能逍遥的，即使像大鵬和列子，也皆有所依賴，並無逍遥可言，而唯有『無所待而遊於無窮』的至人、神人、聖人，才真正達到了逍遥遊的境界。可見，像這樣的解釋應當是符合莊子逍遥本義的，而對郭象所謂的『適性逍遥』說卻無疑是大膽的否定。

像大多數研治莊子者一樣，王先謙也比較重視内篇，所以他爲内七篇依次作了題解。如他在逍遥遊篇題下說：『言逍遥乎物外，任天而遊無窮也。』在養生主篇題下說：『順事而不滯於物，冥情而不攖其天，此莊子養生之宗主也。』在德充符篇題下說：『德充於内，自有形外之符驗也。』在大宗師篇題下說：『本篇云：「人猶效之。」效之言師也。又云：「吾師乎，吾師乎！」以道爲師也。宗者，主也。』這些題解皆言簡意賅，甚能揭示篇旨，説明作者對莊子義理的把握相當準確。但對於外、雜篇，王先謙僅爲駢拇、馬蹄、山木、讓王四篇作了題解，重視程度相對不夠。此外，王先謙也認爲内篇七篇文意連貫，風格比較一致，所以他又秉承桐城『義法』，比較重視揭示其藝術特徵。如齊物論篇先以『喪我』發端，接著忽以『三籟』致問，再通過迂回推進，逐步導出全文的中心論點：『天地與我並生，而萬物與我爲一。』於是王先謙在『故昔者堯問於舜』寓言後說：『堯、舜一證。』在『齧缺問乎王倪』寓言後說：『齧缺、王倪二證。』在『瞿鵲子問於長梧子』寓言後說：『瞿鵲子、長梧子三證。』在『罔兩問景』寓言後說：『罔兩、景四證。』在『昔者莊周夢爲蝴蝶』寓言後說：『周、蝶必有分，而其入夢方覺，不知周、蝶之分也，謂周爲蝶可，謂蝶爲周亦可。此則一而化矣。現身説法，五證。齊物極境。』這些注語雖極簡略，對讀者理清文章脈絡卻極有幫助。養生主篇在導出全文中心論點『緣督以爲經』後，王先謙說：『從正意説入，一篇綱要，下設五喻以明之。』並依次指出，『庖丁爲文惠君解牛』寓言爲『一喻』，『公文軒見右師』寓言爲『二喻』，『澤雉十步一啄』寓言爲『三喻』，『老聃死』寓言爲『四喻』，『指窮於爲薪』寓言爲『五喻』。這同樣十分有助於讀者對養生主篇全文脈絡的把握。

總之，王先謙的莊子集解就徵引資料的繁富和保持原貌方面而言，雖然遠遠比不上郭慶藩的莊子集釋，卻能以其芟取衆家之長，並以簡明扼要的文字來把握、揭示莊子的本意和藝術特徵而贏得了廣大讀者，所以自問世以來已先後被翻刻或影印了二十多次，是近百年來最爲通行的莊子學著作之一，與郭氏的莊子集釋同爲愛好莊子者所必備。

第八節　吴汝綸的莊子點勘

吴汝綸（1840—1903），字摯甫，桐城人。同治四年進士，官冀州知州。又受李鴻章聘主講保定蓮池書院。光緒二十四年創立京師大學堂，被聘爲總教習，未就任即赴日本考察學制。曾師事曾國藩，爲『曾門四弟子』之一，是桐城派後期的重要作家。著作有桐城吴先生全書、桐城吴先生點勘七子等。

受老師曾國藩的影響，吴汝綸對老子、莊子、墨子、荀子、韓非子等都有較濃厚的興趣。如他曾撰寫讀荀子、讀韓非子等文，對荀子、韓非的思想都有直接論述。他所撰寫的朱嘯山六十壽序，則對道家養生思想有所發揮：『夫心不膠則形全，氣不挫則神完，形神既充，乃彌久而不可窮，古之所稱至人皆是也。故其壽輒百數十，近者且百歲。及後世人俗衰薄，而後老聃、莊周、列禦寇之徒，興誦其所聞，乃至爲世駭怪其言，指歸各不同，要其大美不居，善不近名，超然於嗜欲攻取之表，以全其所謂天之君子，其所持不膠於心，不挫於氣，則一也。故史傳老子二百餘歲，周、禦寇不著其年，由其道其人必皆壽考無疑也。』認爲老聃、莊周、列禦寇之輩，雖然不及古之至人，而且指歸不同，但其養生大旨則趨一致，都是值得肯定的。又其所撰題馬通白所藏張廉卿尺牘冊子云：『今廉卿死，通白亦裒輯所與尺牘爲一册，屬余題其後。昔莊子過惠子之墓，曰：「自夫子之死，吾無以爲質矣。」夫人亡，匠石輟斤者，其質死也。今匠石亡矣，求所謂成風之斤一運於人之鼻端者，當吾世殆無復有矣。雖其質之空存，曷益乎！嗚乎，悲夫！』張裕釗字廉卿，爲『曾門四弟子』之一，生平淡於仕宦，自謂『於人世都無所嗜好，獨自幼酷喜文事』，曾主講江寧、湖北、直隸、陝西各書院，弟子甚衆，馬其昶（通白）即出其門下。吴汝綸此處借莊子徐無鬼『運斤成風』寓言，表達了其與同門張氏契合無間的志趣以及對他的深深悼念之情。

吴汝綸在研究經學的過程中，還運用了以莊子證經的方法，這體現在他的代表著作尚書故中最爲明顯。如舜典篇『使宅百揆亮采惠疇』，吴氏云：『莊子外物篇「惠以歡爲驁」，惟以歡爲驁也。經傳多此訓説者，失其詁也。』立政篇『丕式見德』，吴氏云：『案莊子繕性云：「德，和也。」是「德」與「協」同義。』益稷篇『無若丹朱傲』，吴氏云：『莊子齊物論、人間世皆言「胥敖」，「胥敖」即「朱敖」也。吕覽召類篇「堯戰於丹水之浦以服南蠻」，即莊子「堯欲伐宗膾、胥敖，南面而不釋然」之事，蓋胥敖與宗膾俱在丹水之浦，故曰「丹朱」。』洪範篇『用敷錫厥庶民，惟時厥庶民於汝，極錫汝保極』，吴氏云：『「時」讀莊子「猶時女也」之「時」，「時」與「持」通，持之言養也。』大誥篇『予曷其極卜』，吴氏云：『案「極卜」，亟卜也。王引之云：「莊子盜跖篇釋文：亟，本作極。」』召誥篇『徂厥亡出執』，吴氏云：『案「徂」、「阻」通借。莊子「已死不可徂」，釋文作「阻」，是其證。』盤庚中篇『保後胥慼』，吴氏云：『案「保」讀莊子「人將保女」之「保」，司馬彪注：「保，附也。」胥慼者，相親也者。』此類例子還有不少，説明吴汝綸好引莊子以證尚書，值得重視。但其中也頗有商榷之處，如他以益稷篇『朱傲』二字連讀，謂『朱傲』即莊子『胥敖』，似不可從。又讀洪範篇『惟時厥庶民於汝』之『時』爲莊子逍遥遊『猶時女也』之『時』，並謂『「時」與「持」通，持之言養也』，亦誤甚。今案逍遥遊篇『是其言也，猶時女也』，謂此篇上文所説的智力方面的瞎子、聾子就是你肩吾啊！『時』通『是』，此；『女』通『汝』，指肩吾。可見吴汝綸這裏對逍遥遊篇『猶時女也』之『時』的理解本身就是錯誤的。

吴汝綸對莊子的研究，最主要的還是體現於由衍星社於宣統二年排印的桐城吴先生點勘七子所收莊子點勘一書。莊子點勘十卷，卷首有吴汝綸之子闓生所撰題記云：『先公所校閲莊子數本，皆臨寫劉、姚各家圈識，未有自點定者。獨曾文正公雜鈔中所載逍遥遊、養生主、駢拇、馬蹄、胠篋、達生、山木七篇爲己所點定，其外物、秋水二篇則未加墨。今迻録此七篇圈識於印本中，其餘闕略各篇，概以姚氏圈識補之，以便學者云。宣統紀元秋八月謹記。』説明吴汝綸點勘莊子，皆臨寫劉大櫆、姚鼐等家圈識，而衍星社所排印的莊子點勘十卷，乃是在吴氏去世數年後，由其子闓生整理而成。其中逍遥遊、養生主、駢拇、馬蹄、胠篋、達生、山木七篇的圈點，是由闓生從曾國藩經史百家雜鈔莊子中迻録而來，其餘則依姚鼐莊子章義本補足。

在衍星社所排印的莊子點勘十卷中，眉欄引有歐陽修、王安石、蘇軾、蘇轍、黄庭堅、秦觀、歸有光、釋德清、劉大櫆等人的批語，而以歸有光的批語爲最多；原文之下，或自己親作音訓、考證、注釋等文字，或引司馬彪、崔譔、郭象、李頤、簡文帝、陸德明、宣穎、盧文弨、王念孫、俞樾等家之説，並每加按語，或申或駁，當皆爲吴汝綸本人之所爲。從中可以看到，吴氏在校勘訓釋時往往有一些獨到見解。如他在齊物論篇『是以聖人不由』下云：『某案：由，用也。下「不用而寓諸庸」，即申釋此文之指。「寓諸庸」，即「照之於天」之説也。』這一見解確實非常獨特，所以王叔岷接過他的觀點並進一步加以論證説：『案廣雅釋詁四：「由，用也。」説文：「照，明也。」此謂聖人不用是、非，即不執著是、非，而明是、非於自然耳。』（莊子校詮）他又在寓言篇『惠子曰「孔子勤志服知也」』下説：『某按：服，用也。郭注當釋此「服」字。蓋舊注訓此文，而郭用以解下「服人」之「服」，遂爾迂晦。』寓言篇的本意是説惠子誤以爲孔子行年六十而六十化乃是由於其勵志用智而使然，而郭象則解釋爲『謂孔子勤志服膺而後知非』（莊子注），可見其錯誤正如吴氏所説，是把此句中的『服』字解釋成了下文『直服人之口』之『服』，遂使意思迂晦不明。他復又在天地篇『時騁而要其宿，大小長短修遠』下云：『某按：「大小長短修遠」六字，當爲郭氏注文。郭注：「大小長短修遠，皆恣而任之，會其所極而已。」蓋釋「時騁而要其宿」之義。今注文無上六字，奪入正文也。』吳氏這裏所提出的關於『大小長短修遠』六字爲郭象注文錯入的說法，雖然還不能證明其正確與否，卻爲我們提供了一個思考問題的新角度。

吳汝綸在考證莊子原文方面的一個顯著特徵，就是比以往任何校勘者都重視對淮南子文字資料的利用。如他在德充符篇『人莫鑒於流水』下云：『「流」一作「沫」。某案：「沫水」當作「流沫」。淮南俶真篇正作「流沫」。』在應帝王篇『虎豹之文來田，猨狙之便、執斄之狗來藉』下云：『某案：淮南繆稱作「虎豹之文來射，猨狖之捷來措」，無「執斄之狗」句。高注：「措，刺也。」疑此「藉」與「措」同。』在秋水篇『鴟鵂夜撮蚤，察毫末』下云：『某案：淮南子「鴟夜撮蚤，察分秋毫」，亦無「鵂」字，是其證。』在知北遊篇『齧缺睡寐』下云：『某案：「睡寐」，當依淮南道應作「讋夷」。高注：「讋夷，熟視不言貌。」』其次，吳汝綸也相當重視呂氏春秋和列子的文字資料。如他在達生篇『莊公以爲文弗過也』下云：『某案：呂覽作「以爲造父不過也」。此「文」字當是「父」之誤，又脫「造」字。』在應帝王篇『全然有生矣』下云：『某案：「全然」，列子作「灰然」是也。言向之濕灰復然也。』吳氏的這些按語，未必全部符合事實，但他十分重視徵引淮南子、呂氏春秋、列子等原文來校勘莊子，卻對後來的治莊子者有著甚爲積極的昭示意義。因爲在這三部經典著作中，確實保存了大量的莊子原文片斷，學人在校勘莊子時本來就應該予以很好利用。

反過來，吳汝綸又認爲莊子中的有些文字乃是割取淮南子、呂氏春秋之文而來。如他爲刻意篇所作眉批云：『某案：「吹呴」、「呼吸」三語，割取淮南精神篇文。』認爲刻意篇中至少有部分章節不是莊子本人的手筆。考察吳氏所謂莊子中有僞作的說法，其實是承因並發展前人的有關說法而來。如他在讓王篇眉欄中說：『蘇子瞻云：讓王以下四篇，非莊子所作。蓋其枝葉太粗，恐爲人所竄易。劉才父云：此篇尤爲淺鄙庸劣，東坡刪此四篇而以列禦寇續寓言爲一。』根據蘇軾、劉大櫆的這些說法，吳汝綸隨讓王篇原文作了很多的按語，用來說明此篇確爲僞作無疑。如他說『此淮南道應篇文』，或說『此呂覽貴生篇文』，或說『此呂覽審爲篇文』，或說『此呂覽觀世篇文』，或說『此呂覽慎人篇文』，或說『此呂覽離俗篇文』，認爲此篇主要是割取呂氏春秋、淮南子等書中的有關文字而成，所以正像蘇軾、劉大櫆所說，顯得淺鄙庸劣、枝葉甚粗。儘管吳汝綸的這些說法未必正確，但像他這樣把讓王篇與呂氏春秋、淮南子等典籍作如此認真的比勘卻是前無古人的。此外，吳汝綸還依照前人的說法，認爲天地、天道二篇也並非全出莊子手筆。如他在天地篇眉欄中，說『姚（鼐）云：「上仙」，秦以後人語。某案：「白雲」、「帝鄉」字，亦非雅詞，周秦人無此』，或說『某案：「獨弦歌」、「賣名聲」等字，非周秦人語』；在天道篇眉欄中，說『歐陽公云：此篇是學莊子者』，或說『歐陽公云：此以下俱不似莊子』，或說『姚（鼐）云：「素王」、「十二經」，是漢人語』。吳汝綸這裏大致只是承因了前人的說法，並沒有見出他自己的獨特見解，卻可以表明他並不像有些學者那樣，只是恪守蘇軾所謂讓王、盜跖、說劍、漁父四篇爲僞作之說。

綜上述可知，吳汝綸的莊子點勘是一部比較有特色的莊子學著作，而且桐城派三祖之一劉大櫆的大量批注賴此書而得以保存，就更使這部著作的價值得到了提升。但是，吳汝綸在眉欄中所徵引的所謂歐陽修、王安石、蘇軾、蘇轍、黃庭堅、秦觀等宋代名公的批語，當皆轉錄於明天啓四年竺塢所刻署爲歸有光、文震孟南華真經評注本，而據筆者考證，署爲歸有光、文震孟南華真經評注本眉欄所徵引的上述名公批語，多數乃出於劉辰翁莊子南華真經點校，當爲書商之所爲，而吳氏未作細考，以訛傳訛，就在一定程度上降低了自己這部莊子學著作的學術價值。

第九節　林紓的莊子淺說

林紓（1852—1924），原名群玉，字琴南，號畏廬、冷紅生，晚稱春覺齋主人，福建閩縣人。光緒八年舉人，後六試禮部不遇，遂絕意仕進，專心從事文學創作。光緒二十五年開始翻譯外國小説，名聲漸起。二十七年入京，暢論史記文法，甚得吳汝綸之稱許。後任教於京師大學堂，與吳汝綸、馬其昶、姚永概等相友善，服膺並學習桐城古文，論文以桐城爲依歸，爲桐城派末代著名學者和作家。著作有畏廬文集、畏廬詩存、春覺齋論文、左孟莊騷菁華錄、莊子淺説等。

桐城派學者有選編、評點優秀詩文的傳統，如姚鼐有古文辭類纂、曾國藩有經史百家雜鈔、王先謙有續古文辭類纂、吳汝綸有桐城吳先生點勘七子等等。林紓作爲桐城派末代學者和作家，也曾從文學角度選編過左孟莊騷菁華錄，其中莊子部分選取了十二段文字，大多爲寓言故事，如『莊子惠子論大瓠』（逍遥遊）、『齧缺問王倪』（齊物論）、『庖丁解牛』（養生主）、『兀者申徒嘉』（德充符）、『子祀子輿子犁子來四人爲友』（大宗師）、『壺子走神巫季咸』（應帝王）、『漢陰丈人』（天地）、『子列子問關尹子』（達生）、『市南宜僚』（山木）、『知北遊』（知北遊）等，大約多從文學角度著眼。各段文字後皆附有林紓注語，一般都比較簡明扼要，但也有必期發揮盡致而後已者。如他於逍遥遊篇『莊子惠子論大瓠』寓言故事後云：『此即割截内篇之逍遥遊另作一小篇，然亦自成文法，所謂大陣之中小團陣也。……莊子之意，本不以鯤鵬之遊爲至，大樽之喻，則因惠子之詰難而設，其放曠無所壅竭之意則同。通篇用一「大」字作起結，以篇首有「鯤之大不知其幾千里也」，故惠子一發問即曰「魏王貽我大瓠之種，呺然大也」，此當面抹殺莊子言之無當。莊子矢口，立破他拙於用大，以下洴澼絖事，皆能用大之實證；大敗越人，慮爲大樽，均寫「大」字之真實力量。伶牙俐齒，便捷輕利，末句尤綽約有仙氣。』這裏將『莊子惠子論大瓠』寓言故事與逍遥遊全文聯繫起來分析，自然應當予以肯定，但似太執著於明末以來每以『大』字爲全篇之綱的説法，不免會淹沒全文『無待』才能逍遥的主旨。

林紓曾説：『因聚其同志，立社於京師，講左、史、南華、漢魏、唐宋之文。』（送魏君注東奉使比利時序）又説：『余開講演會於京師，授左、史、南華及漢魏、唐宋之文。』（林紓送林生仲易之日本序）林氏在京師大學堂或社友間親自講演左傳、史記、莊子及漢魏、唐宋之文，爲使傳統學問不致爲『新學』淹沒而作出了不懈努力。而在這諸多典籍或文學作品中，最能觸動林紓心靈的則是莊子。他自述『僕四十五以内匪書不觀，已而八年讀漢書，八年讀史記，近年則專讀左氏傳及莊子』（答徐敏書），其弟子曾鴻昌更説：『先生爲人，好文章，重節操，不汲汲於富貴，不戚戚於貧賤。先生深於莊叟之學，其教余也，亦時以南華經講説，謂莊叟至人也，文奇道幻，無出其右者。故先生之不慕榮利，薄視富貴，不爲外物所誘，而自處於逍遥之域，深得莊叟游心於淡、合氣於漠之指。』（朱義胄述編貞文先生學行記卷二）因而林紓吟詩作文，也每涉及莊子。如云：

據案讀蒙莊，清風張胃脘。見獨或未至，朝徹已在眼。陶潛頗畏死，悟道一何晚！生生乃不生，所坐在煩懣。不攖胡得寧，萬擾奚我綰。（歲暮閒居，頗有所悟，拉雜書之，不成詩也之一）

世亂得早死，此亦關福德。極力自排遣，轉眼復悲瑟。恍然思莊生，特覺豈無術。但能念旦宅，或抵寥天一。（歲暮閒居，頗有所悟，拉雜書之，不成詩也之六）

嗚呼！君才之大，實北溟之鵬。其振翼也，若垂天之雲，水擊三千里，顧乃無厚風之積，雖未即於天閼，然亦不復逍遥矣。圖南之不終，其責在風，寧復在鵬之翼耶？（告嚴幾道文）

彼莊周之書，最擯孔子者也，然人間世一篇，又盛推孔子。所謂人間世者，不能離人而立之謂，其托顔回、托葉公子高之問難孔子，指陳以接人處衆之道，則莊周亦未嘗不近人情而忤孔子。乃世士不能博辯爲千載以上之莊周，竟咆勃爲千載以下之桓魋，一何其可笑也！（答大學堂校長蔡鶴卿太史書）

組詩歲暮閒居……謂詩人『據案讀蒙莊』，凡悲喜之情、生死之慨，皆與莊子息息相關，而所謂『見獨』、『朝徹』、『生生乃不生』、『不攖胡得寧』、『旦宅』、『寥天一』等詞語，更是直接引自莊子，或化用莊子之語意。告嚴幾道文借莊子逍遥遊大鵬寓言，爲好友嚴復的懷才不遇深感惋惜，並對造成其『圖南之不終』的社會現實表示憤慨。

答大學堂校長蔡鶴卿太史書則指出,即便『最擯孔子』的莊子也『未嘗不近人情而忤孔子』,告誡新文化運動的激進派不要錯誤地把千年之上的莊子扮演成千年之下圍攻孔子的『桓魋』,把中國社會的積弱不振歸罪於孔子所創立的儒教。這裏也反映了林紓意欲融合儒、道二家思想的願望。

林紓對莊子的愛好,還直接促成了其莊子淺説一書的問世。此書凡四卷,僅解内篇七篇。前有林氏於民國十一年所撰自序云:『憶余二十一歲時,病咯血,失眠六夕,且殆。忽憶及南華「惡知乎死者不悔其始之蘄生乎」,因自笑曰:「今日之病,予爲麗姬入晉時矣。」竟廢書而酣寢。醫至診脈,大異曰:「愈矣!」余曰:「南華之力也。」今年六月後病癃,不得前後溲,在醫院中讀自注之南華,翛然卧以待死,一無所戀。已得善藥而愈,距咯血時,蓋五十年矣。然則南華一書,固與余相終始乎?不寧惟是,光緒庚子春,余訪高媿室於嘉興,院廣人稀,余獨宿深堂之後,夜靜微雨,院中有履屐聲十數,橐橐往來。余啟戶言曰:「是橐橐者,其居停主人乎?顧吾生日短,爲鬼日長,猶之學校諸生,君先畢其業,而吾業亦終畢,終同類,胡不入戶相見?」鬼聲寂然。嗚呼!莊生且枕髑髏而卧,是區區者,故不足以動余也。余既得讀莊之效,乃不闡揚其書,使輕死生如余者讀之,負南華矣。因積三年之力,自己未(民國八年)迄辛酉(民國十年),成内篇淺説四卷,就余所見而言。至於外篇、雜篇,果如元澤之言,均内篇之緒餘也,因置弗録。』説明莊子淺説雖著成於民國時期,但林紓至遲在同治十一年二十一歲時已對莊子有所研治,而後來長達五十來年的生涯,則更與此書『相終始』了。

既然林紓深信自己的起死回生得益於莊子超脱生死的觀念,所以他在撰寫莊子淺説時就特別注意闡釋與此相關的思想資料,並參以己意。如他在闡釋養生主篇時指出:『窮通否泰,一無關涉,得全生之道矣。且人心貴自得,一用心於得失榮枯之事,便類雉之入樊矣。』認爲凡養生者,都應當『隨變任化,與物俱遷,故吾新吾,曾無繫戀』,並在最後強調説:『總而言之,能忘生死,即得養生之主。』此處把莊子的養生之道説成是『窮通否泰,一無關涉』、『故吾新吾,曾無繫戀』,並在最後得出結論説『能忘生死』即爲養生主一篇之宗旨,其中顯然較多地攙雜了林紓自己對人生的體悟，未免有過分闡釋之嫌。因爲養生主篇主旨雖然也包含了林紓所說的這一層意思，但主要還是在揭示莊子的養生之道，即循乎天理，依乎自然，處於至虛，遊於無有，完全取消主客對立，使精神不爲外物所傷，最後達到享盡天年的目的。在闡釋大宗師篇時，林紓也每每抒發自己的這種感想，認爲『形生老死』乃『人之應有』，『既曰應有，則我坦然受之，不止無所驚怪，而亦無所靳惜』，因而『爲生果不足以全生，以其生之不由於己爲也，而爲之，則傷其真生也』。可見這裏對『形生老死』問題的闡釋，同樣也攙雜了林紓自己對人生的真切感受。

林紓著莊子淺說，採取了分段解說的方式，而解說之語多爲自撰，基本没有徵引舊注舊說。但對於郭象卻是例外，不但每篇以他的題解爲題解，而且還每引郭注爲注，並不時稱其『微妙』、『妙絶』、『極通』，表示對郭象莊子注的高度重視和肯定。林氏在作解說時，或先作己說而以郭注斷之，或先引郭注而以己意申述之，兩者相輔相成，多能揭示出莊子本意，兼以文筆流暢雅致，又能深入淺出，因而頗得讀者喜歡。但應當予以指出，林紓對郭象某些理論觀點的承因和發揮尚有待商榷。歸納起來，主要表現在兩個方面：一是其每每承因與發揮郭象的『獨化』說，如林氏在解說齊物論篇『罔兩問景』寓言時說：『罔兩初無主張，一一追躡景後，所以無獨立之志操，乃不知物有獨化之義，莊子故設此喻以發明之也。』我們知道，莊子設出『罔兩問景』寓言，旨在闡述罔兩有待於影、影有待於形、形有待於道的道理，認爲道才是萬物的最後本原，而林紓卻承因並發揮了郭象的『獨化』說，認爲此則寓言是在發明『獨化之義』，即所謂『罔兩之動静，似制於景，實則非景之所制；景之動静，似制於形，實則非形之所制，蓋俱生而非待也。』可見，這一說法完全與莊子的原意相違背。二是其在解說逍遥遊篇時，明顯地承因並發揮了郭象的『適性逍遥』說。在林氏看來，大鵬『一飛半歲，始至天池，至天池而息，則遠行勞苦，至是蘇息，其逍遥極矣』，而『小鳥之決起，即同大鵬之海運；其槍榆枋，即同大鵬之趣於南冥；控於地，亦類六月而息；其不能九萬，則不慕大鵬之逍遥，而自爲逍遥。郭注所謂「小大雖殊，逍遥一也」』，故而

『須知能遊放而自適，雖極其大小之致，咸無往而不遂其逍遥之心』。毫無疑問，這一解説也與莊子以大鵬、小鳥爲有待者的本義相違背。但林紓接著説：『彼列子之御風，非風不行，大鵬之培風，亦非風不行，雖屬自然，究不自然。』即認爲列子『不能到於無所待而悠然自行地步，猶未極逍遥之趣』。林氏通過這一闡釋，終於歸到了莊子關於『無待』才能逍遥的主旨之上，值得肯定。

此外，林紓在七篇之後都附有『附見』或『附識』，多用以揭示藝術特徵。如他在齊物論篇末説：『子綦之論天籟，用叠筆如洪濤巨浪，一瀉而下，末以「樂出虛，蒸成菌」六字煞住。惟其理足，所以作止能自如若是。』又説：『南華之辯，異於國策。國策辯功利，故即於凡；南華辯道，故無一語落於跡象。』諸如此類的分析與類比，雖然不一定完全符合莊子本義，但基本上都是林氏個人的心得，未有明顯因襲前人的痕跡，因而自有其值得回味細審之處。

第十三章　乾嘉學派的莊子學

第一節　乾嘉學派莊子學概說

早在魏晉時期的莊子學著作中，就已出現了考據的萌芽。如秋水篇有『孔子遊於匡，宋人圍之數匝』寓言故事，司馬彪說：『宋，當作「衛」。匡，衛邑也。衛人誤圍孔子，以爲陽虎，虎嘗暴於匡人。』（經典釋文引）此處顯然已使用了考據的方法。此後，諸如隋唐陸德明的莊子音義，唐初成玄英的莊子注疏，宋末褚伯秀的南華真經義海纂微等等，便進一步加強了對經文、傳注的考校和審定，而明後期楊慎莊子解的著成，更標誌著莊子學史上考訂著作的問世。但莊子考據之學真正形成一種風氣，卻是有賴於清代乾嘉學派的興起才實現的。

乾嘉學派是乾隆、嘉慶時期出現的一個學術派別。因爲它主要採用了漢代儒生訓詁考訂的治學方法，與偏重於理氣心性抽象議論的宋明理學大爲不同，所以有『漢學』之稱。由於這一學派學風平實、嚴謹，把學術全部納入考據的軌道，所以又有『樸學』、『考據學』之稱。大致說來，乾嘉學派以治經學爲主，但對史籍、諸子等亦無所不治，從而使莊子考據之學由原來的附庸而成了此後整個莊子學的重要組成部分。

追溯乾嘉學派考據之學，實由明遺民學術大師顧炎武開其先河，而乾嘉學派莊子考據之學，當始於此學派揚州分派的先驅人物王懋竑。王氏著莊子存校，主要是通過運用陸德明莊子音義的豐富資料，並以郭象注、林希逸莊子鬳齋口義本等爲參照，對莊子重要字句、音義及後人的解釋等作了精心校訂，真正開創了乾嘉學派莊子考據之學的先河。嗣後，盧文弨著莊子音義考證，對陸德明的莊子音義作了許多補正，主要涉及了對莊子文本的校訂，以及對前人爲莊子所作之音義的考訂。其對莊子文本的校訂，甚至已注意到了諸如對通用字、異體字、正體字與俗字等問題的處理，而且處理得比較恰當，表現出了作爲一位乾嘉大師細緻、專一的治學精神和較高的解決校勘問題的實際能力。

如果說王懋竑、盧文弨的莊子學主要還是在陸德明莊子音義基礎上進行的話，那麼王念孫莊子雜志的問世則標誌著最能代表乾嘉學派莊子考據形式和風格的著作已經出現，其所具有的獨創性對後世有著十分重要的典範意義，而其所達到的學術水準更爲後人所難以企及。具體地說，王念孫作爲一位能集淹博、識斷、精審於一身的乾嘉學派大師，他撰寫莊子雜志既善於運用以音求義、參考成訓等方法來訓釋校勘莊子有關文字，又善於通過文獻互證、通假引申、隨文訓釋等方法來考定莊子某些字句的確切意義，所以創獲甚多，至今爲研治莊子者所稱道。王引之像他的父親一樣，對莊子也作過精心的訓釋考校。如在王念孫莊子雜志『朝菌』、『與造物者爲人』、『不與化爲人』、『仁義存焉、義士存焉』、『吐爾聰明』、『井鼃』、『鵙鵂』、『簡髮而抆』等條文字中，就保存了王引之的許多研究成果，而在王引之所著的經傳釋詞中，更隨處可見其對莊子虛詞的訓釋，具有很高的學術價值。洪頤煊所著讀莊子叢錄，亦皆爲考訂莊子字句的劄記，其中不乏真知灼見，但與王氏父子的研究成果相比，卻不免有些遜色。

大致說來，乾嘉學派首重音韻、文字、訓詁之學，而其中有些學者則尤致力於古音韻研究。如姚文田著有古音諧一書，曾節錄莊子中若干有韻之文句，並爲其中協韻之字加了圓圈。江有誥更撰有名著莊子韻讀，節錄莊子一書和王應麟所輯莊子逸篇中的用韻文句，於入韻之字圍以圓圈，並於其下注明韻部。其後，陳壽昌在南華真經正義書末附有（莊子）古韻考，所列莊子書中有韻之文約爲江有誥莊子韻讀的三倍，足資研讀莊子者之參考。但陳氏考察莊子用韻現象，每引段玉裁六書音韻表爲標準，並非全爲自己研治莊子音韻的心得。

輯佚也是乾嘉學派治學的重要組成部分，不少學者甚至爲之付出了畢生的精力，同樣爲莊子學的發展作出了貢獻。如閻若璩、全祖望、何焯、屠繼序、萬希槐、翁元圻等人，皆曾爲王應麟困學紀聞作箋注，在王氏所輯莊子逸篇基礎上又輯得若干條莊子佚文，爲莊子輯佚作出了一定的貢獻。孫馮翼輯司馬彪莊子注、莊子注考逸，則開了歷史上輯錄司馬彪注之先河。後來諸如茆泮林輯司馬彪莊子注、莊子司馬注補遺、莊子司馬注又補遺，黄奭輯莊子司馬彪注等等，便是對孫馮翼輯佚的繼承和推進，亦皆可謂是司馬氏之功臣。

及至道光以後，隨著清王朝的搖搖欲墜和西方殖民主義勢力的大舉入侵，不問社會現實問題的乾嘉考據之學從總體上轉向了衰落。但莊子考據之學，於窮途末路之中，卻因得俞樾、孫詒讓、章炳麟諸大師堅守壁壘，仍有一定的發展。具體地說，俞樾著莊子平議三卷，在王念孫莊子雜志基礎上又有較大拓展，成績甚爲可觀。其所撰莊子人名考一卷，更是歷史上唯一的莊子人名研究的專著，至今仍享有很高的學術地位。孫詒讓著莊子劄迻，以明世德堂刊莊子郭象注本校景宋成玄英疏本及王念孫莊子雜志、俞樾莊子平議，既能繼承前輩樸學大師的優良傳統，又能在考釋方法上有所創新，因而也取得了較大的學術成就。章炳麟著莊子解故一卷，對俞樾的莊子平議既有繼承又有發展，發正莊子疑義凡二百四十八條，可謂爲有清一代莊子考據之學作了一個光輝結束，同時也成了民國時期莊子考據之學的很好起點。

第二節　王懋竑的莊子存校

王懋竑（1668—1741），字予中，一字與中，別署白田草堂，江蘇寶應人。康熙五十七年進士，補安慶府學教授。雍正元年，以薦授翰林院編修，後以老病乞歸，杜門著書。竑少從叔父王式丹學，一生刻厲篤志，尤其專心於朱子之書，一字一句，皆沉潛以求始末，力圖還朱熹以本來面目，表現出了其崇尚實事求是的治學精神，終於成了揚州學派的先驅。著作有白田草堂存稿、讀書論疑、朱子年譜等。

莊子存校是王懋竑精心校訂莊子的著作，收於讀書論疑卷十一之中。此著主要運用陸德明經典釋文的豐富資料，並以郭象注、林希逸莊子鬳齋口義本、龔士禼纂圖互注南華真經本等爲參照，對莊子重要字句、音義及後人的解釋等作了精心校訂。其內容主要可歸納爲四個方面。

一、校字句。莊子流傳到後世，各版本的文字每有出入，王懋竑即予以精心校對。如齊物論篇有『是皇帝之所聽熒也』之語，陸德明經典釋文云：『本又作「黄帝」。』王懋竑説：『（郭）注亦作「黄帝」。』這是校文字之異同，認爲寫作『皇帝』或『黄帝』，當可兩存。今案道藏所收南華真經白文本、王雱南華真經新傳本、林希逸南華真經口義本、褚伯秀南華真經義海纂微本、羅勉道南華真經循本本、吴澄莊子内篇訂正本，亦皆作『黄帝』，説明歷史上兩種寫法確實是並存的。逍遥遊篇有『學鳩』一詞，王懋竑説：『釋文作「學」，一作「鷽」。或作「鸒」，音預。司馬云：「學鳩，小鳩也。」字本作「學」，或作「鷽」，音與「學」同。以下二蟲言之，當作「學」。若從「鸒」，則亦謂鸒鳩，非別爲小鳥也。「鸒」乃刻本之誤。據釋文作「鷽」，「鸒」乃誤文。鸒，與鳩別。』這是校文字之是非，認爲『學鳩』即『鷽鳩』，『鸒』爲『鷽』字之誤。今案文選江文通雜體詩李善注引莊子有『蜩與鷽鳩笑之』之語，並引司馬彪云『鷽鳩，小鳥也』，説明王懋竑的見解是經得起推敲的。駢拇篇有『彼正正者』之語，王懋竑説：『「正正」當作「至正」，承上「至正」言。』這也是校文字之是非，認爲此『正正』當是承上文『非天下之至正也』之『至正』而來。今細審上下文，作『至正』爲是。

二、審讀音。從漢魏六朝以來，爲莊子作音注者甚衆，陸德明在兼收並蓄或有所選擇的基礎上，又親爲莊子作音注，而後人復又陸續有所增損。王懋竑著莊子存校，對莊子中某些字的讀音也給予了關注。如他於齊物論篇『翏』下説：『音劉，又音柳。一作「飂」。廣韻音聊。』於養生主篇『綮』下説：『音啟，崔（譔）、向（秀）、徐

（邈）同。一音頃，又音磬。』認爲『翏』、『綮』的讀音比較複雜，廣韻與崔譔、向秀、徐邈等的音注可以並存。但是，王懋竑對前人所作音注還是盡可能作出了自己的是非判斷。如他於齊物論篇『喁』下說：『三音：雍、愚、偶。當從愚。』又於『圈』下說：『音權，又音去聲。當從權音。』又於『宎』下說：『徐（邈）與堯反，音麼，又音杳，又音窔。按，當從窔音，方與下「咬」者別。』認爲齊物論篇中此三字，雖然皆爲破音字，但比較而言，當依次以音愚、音權、音窔爲上。我們應當承認，在明末清初的衆多莊子音義著作中，王懋竑對莊子某些重要字音的讀法有著更多的獨特見解。

三、辨詞義。王懋竑著莊子存校，重點在於辨析莊子詞義。如他於逍遥遊篇『二蟲』下說：『郭注指鵬、蜩，非是。』認爲從上下文來看，『二蟲』當指蜩與學鳩，而絕不是郭象所謂的鵬與蜩。於『敖』下說：『一作「傲」，支（遁）云：「謂伺彼怠傲。」司馬（彪）音遨，謂伺遨翔之物。從司馬。』認爲『敖』通『遨』，謂雞鼠等遨遊之物，故當從司馬彪之說。於『猶時女也』下說：『司馬云：「猶處女也。」此即所云「時花美女」之謂，然與文意不協。』今案『時』通『是』，『女』通『汝』，『猶時女也』謂你（肩吾）就是上文所說的智力方面的瞎子、聾子。毫無疑問，王懋竑的這些說法都很正確，表現出了作爲一位乾嘉學派先驅人物的獨特學術眼光。

四、通句意。對句意進行疏通，這也是王懋竑莊子存校的重要内容之一。如王氏在齊物論篇『夫大塊噫氣，其名爲風』下說：『塊然有形者，地也。風起溪谷間，此段正言地籟。郭（象）以爲無物，司馬（彪）以爲大樸之貌，林（希逸）以爲天地，似皆未然。』此說甚是，故俞樾莊子平議從之。他又在大宗師篇『殺生者不死』下說：『李（氏）云：「殺猶亡也，亡生者不死。」崔（譔）云：「除其營生爲殺。」李又云：「殺生者不生也。」崔云：「常營其生爲生生。」愚謂：殺生即死也，而未嘗死；生生者生也，而未嘗生。此上文不死、不生之說也。』王懋竑這裏結合上下文來疏通句意，雖然其所得出的結論未必正確，因爲他没有點明此即謂大道乃超然生死之外這一寓意，卻爲後來的乾嘉學者梳理莊子文句提供了新方法。

此外值得注意的是，王懋竑莊子存校對林希逸的莊子鬳齋口義予以了特別關注，其中涉及林氏的竟有百數十處之多。我們在本書中已反復說過，林希逸爲宋理學艾軒學派重要代表之一，他所撰寫的莊子鬳齋口義具有十分明顯的儒佛化思想傾向，是宋明時期最有影響的一部莊子學著作。作爲潛心宋代理學的王懋竑，在他的莊子存校中便對這部莊子學著作予以了重點反映。但是，王懋竑又是一位乾嘉學派的先驅人物，治學務在實事求是，所以綜觀他在涉及林希逸莊子鬳齋口義的地方，實以持否定態度者居多，而首先否定的乃是林氏以儒解莊的牽強附會做法。如他在莊子存校全書開頭第一個條目『逍遥遊』題下就說：

陸（德明）云：『逍遥遊者，義取閑放不拘，怡然自得。』此說是。林氏『心有天遊』句非。

今案林希逸爲逍遥遊篇所作題解云：『遊者，心有天遊也；逍遥，言優遊自在也。論語之門人形容夫子只一「樂」字；三百篇之形容人物，如南有樛木、如南山有臺曰「樂只君子」，亦止一「樂」字。此之所謂「逍遥遊」，即詩與論語所謂「樂」也。一部之書，以一「樂」字爲首，看這老子胸中如何？』林希逸這裏所謂的『樂』，也就是他所謂『自樂』的意思。如他在闡釋外物篇時說：『遊，自樂之意也。』又在闡釋讓王篇時說：『所學夫子之道足以自樂，樂者何物也？故二程每教人求顔子樂處，此不可草草看過也。』說明林希逸所謂的『心有天遊』，就是『自樂』之意，亦即儒者所謂的『孔顔樂處』。但我們知道，莊子中的逍遥遊是非現實的純精神的自由，帶有出世的傾向，而儒者所謂的『孔顔樂處』雖然也有安命守窮的意思，但其主旨卻在於道德人格的自我完善，是入世的現實的樂，所以王懋竑對林希逸爲逍遥遊篇所作的題解採取了完全否定的態度。至於對林希逸爲莊子字詞所作的訓解，王懋竑也每每予以否定。如他在逍遥遊篇『慮』下說：『陸（德明）云：「猶結綴也。」此另是用字法。林作「思慮」之「慮」，非是。』在養生主篇『緣督以爲經』下說：『李（氏）云：「緣，順也；督，中也；經，常也。」林以「督」爲「迫」，未然。』在大宗師篇『其好之也一』下說：『林云：「一，自然也，造化也。」細玩文義，未然。「其好之也一」二句，言好則好之，無所異也；不好則不好之，無所異也。』在駢拇篇『誘』下說：『林云：「與『莠』同。」似未確。』今細審莊子原文，可以認爲這些説法都是正確的。由此説明，王懋竑雖然於儒學（尤其於宋代理學）用力甚勤，卻並不偏袒林希逸莊子鬳齋口義以儒解莊的做法，而且也不願苟同其對莊子許多字詞所作的具體訓解，表現出了乾嘉學派先驅人物實事求是的治學精神。

第三節　盧文弨的莊子音義考證

盧文弨（1717—1796），字紹弓，號磯漁，又號檠齋，堂號抱經，浙江杭州人。乾隆十七年進士，授編修，歷任日講起居注、翰林院侍讀學士等官。告歸後，歷主江浙各書院。一生主要從事校勘工作，所校之書有經典釋文、逸周書、荀子、新書、春秋繁露、顔氏家訓等，皆彙刻於抱經堂叢書内。另著有抱經堂文集、鍾山劄記、龍城劄記等。

莊子音義考證乃是對陸德明經典釋文中莊子音義的補正，在抱經堂叢書的經典釋文補編内。首先，盧文弨很重視對文本的對校。如陸德明於莊子音義庚桑楚出示『本剽』二字，並云：『本亦作「標」。』盧文弨對校説：『剽，當作「標」。』本謂樹榦，標謂樹梢，若作『剽』則不可解，説明盧説可從。陸氏於齊物論篇出示『畏佳』二字，並引李頤云：『畏佳，山阜貌。』盧氏對校説：『佳，舊本作「佳」，今莊子衆家本皆作「佳」。韻會支韻内引此，似亦可讀追。此所音脽，皆仄聲，然實與「佳」本音皆相近，故從衆家本改正。』畏佳，通『嵔崔』，謂山勢高峻參差，可見盧説甚是。尤其值得注意的是，盧文弨還每以『宋本』來對校。如陸德明於莊子音義逍遥遊出示『世蘄』二字，盧氏説：『舊「蘄」作「鄿」，訛。今從宋本。』陸氏於知北遊篇出示『大馬之捶鉤者』等字，並引司馬彪、郭象云：『捶者，玷捶鉤之輕重。』盧氏説：『玷捶鉤，舊本作「玷捶鐵」，今依宋本改正。』陸氏於讓王篇出示『攫』字，盧氏説：『舊作俱碧反、俱縛反，或又史號反，訛。今皆從宋本改正。』這裏根據『宋本』，依次對某舊本莊子原文、某舊本經典釋文所引司馬彪、郭象注及陸德明所作音注作了校訂。據黃焯先生考證，蓋清儒皆未曾親覩真正的宋本經典釋文，盧文弨所稱的『宋本』，乃是指葉林宗依錢謙益絳雲樓所藏宋本迻寫的經典釋文而言，與二百年後從清內府發現的宋元遞修本經典釋文不同。即使如此，盧文弨以『宋本』來校訂莊子和莊子音義，仍很具有學術價值。

對字體的處理，盧文弨也很重視。一、通用字。如盧文弨於莊子音義至樂『皇帝』下說：『今本作「黃帝」。案皇、黃古通用。』於庚桑楚篇『胞』下說：『本亦作「庖」。案胞與庖通用。』認爲既爲通用字，則可以兩存，不必校改。二、異體字。盧文弨於大宗師篇『不強』下說：『今本書作「彊」。』於達生篇『鷃』下說：『今本作「鴳」。』依照盧氏在抱經堂文集答錢辛楣詹事書中的說法，像此類異體字，『經典及諸史類多通用，似不必以爲異文』，所以不必校改。三、正體字與俗字。盧文弨於馬蹄篇『犧尊』下說：『今本作「樽」，俗。』於逍遥遊篇『樽』下說：『本亦作「尊」。案「尊」乃正體。』於寓言篇『景』下說：『本或作「影」。「影」字係陶宏景所撰，非古字。』盧氏這裏雖然沒有明確表示對正體與俗字的處理意見，但按他一慣的學術觀點，則認爲一般都應以說文解字爲準，保留正體字，而除去俗字。所以他又說，各本齊物論篇『刁刁』俱爲俗字，當改爲正體『刀刀』，而列禦寇篇『訙之』，本又作『訊之』，『說文有「訊」、無「訙」，「訙」俗字』，當據正。由此可見，盧文弨對莊子字體的處理還是比較恰當的。

盧文弨還很重視考訂音注。如陸德明於莊子音義逍遥遊出示『彭祖』二字，並云：『世本云：「姓籛，名鏗……」籛音翦。』盧文弨說：『案玉篇：「子踐切，姓也。」與此正合。是古讀皆然。或據廣韻改作音箋，非是。』認爲陸氏的音注可從，而據廣韻改作音箋者，卻是錯誤的。陸氏於齊物論篇出示『謞者』二字，並云：『音孝。』盧氏說：『舊音考，訛。今注本音孝，從之。』認爲舊音考是不對的，當以陸氏所標的讀音爲準。陸氏於達生篇出示『跛』字，並云：『彼我反。』盧氏說：『舊作彼我反，訛。今改正。』認爲正確的讀音當爲『波我反』。

陸氏於天運篇出示『孝弟』二字，並云：『音弟。』盧氏說：『舊本作「孝悌」，音弟。此因今本作「悌」而妄改也。若作「悌」字，則更無兩讀，又何用音？此如他卷「道」音導，亦有倒作「導」音道者，皆出後人所變亂。今正之。』認爲正如他卷『道』、『導』皆另有一讀一樣，既然後人要爲『弟』字標音，則莊子原文必爲『弟』，作另一讀，訓孝悌。這說明，盧文弨不僅重視考訂音注本身，還注意根據音注資料來校訂莊子原文。

第四節　王念孫的莊子雜志

王念孫（1744—1832），字懷祖，號石臞，江蘇高郵人。乾隆四十年進士，選庶起士，乞假歸，專心學術。後又任工部主事，督辦河工。因永定河氾濫，引咎辭歸。個性正直，一生篤守經訓，好古精審，剖析入微，時與錢大昕、盧文弨、邵晉涵、劉臺拱有『五君子』之稱譽，是乾嘉學派的傑出代表。著作有廣雅疏證、讀書雜志（附餘編）、古韻譜、王石臞先生遺文等。

讀書雜志是王念孫晚年時的讀書劄記彙編。後附餘編二卷，係王念孫之子王引之檢集其父遺稿編成，其中上卷有莊子雜志，共三十五個條目，是對莊子有關文字的訓釋校勘，深爲後人所重視。綜觀這些條目，王念孫十分善於運用以音求義、參考成訓的方法。如『培風』條云：

逍遙遊篇：『風之積也不厚，則其負大翼也無力。故九萬里則風斯在下矣，而後乃今培風。』釋文曰：『培，重也。本或作「陪」。』念孫案：培之言馮也；馮，乘也。風在鵬下，故言負；鵬在風上，故言馮。必九萬里而後在風之上，在風之上而後能馮風，故曰『而後乃今培風』。若訓培爲重，則與上文了不相涉矣。馮與培聲相近，故義亦相通。漢書周緤傳『更封緤爲鄘城侯』，顏師古曰：『鄘，呂忱音陪，而楚漢春秋作「馮城侯」。』陪、馮聲相近，是其證也。『馮』字古音在蒸部，『陪』字古音在之部，之部之音與蒸部相近，故陪、馮聲亦相近。說文曰：『陪，滿也。』王注離騷曰：『馮，滿也。』陪、馮聲相近，故皆訓爲滿。文穎注漢書文帝紀曰：『陪，輔也。』張晏注百官公卿表曰：『馮，輔也。』說文曰：『倗，輔也。』陪、馮、倗聲並相近，故皆訓爲輔。說文曰：『倗從人朋聲，讀若陪位；鄘，從邑崩聲，讀若陪。』漢書王尊傳『南山群盜傰宗等』，蘇林曰：『傰，音朋。』晉灼曰：『音倍。』墨子尚賢篇『守城則倍畔』，非命篇『倍』作『崩』，皆其例也。

歷史上爲逍遥遊篇『培』或『陪』字作注者甚衆，但皆不能與全文所謂萬物皆有所憑藉的基本觀點相一致。王念孫通過運用以音求義、參考成訓的方法，證成其『培之言馮（憑）也』之說，從而使上下文義豁然貫通，原來大鵬必憑藉大風而後能南飛，根本就沒有什麼逍遥可言！又『蚊虻僕緣』條云：

人間世篇：『夫愛馬者，以筐盛矢，以蜄盛溺。適有蚊虻僕緣，而拊之不時，則缺銜毁首碎胸。』向秀解『蚊虻僕緣』曰：『僕僕然蚊虻緣馬，稠概之貌。』崔譔曰：『僕，御。』念孫案：向、崔二說皆非也。僕之言附也。言蚊虻附緣於馬體也。僕與附聲近而義同。大雅既醉篇『景命有僕』，毛傳曰：『僕，附也。』鄭箋曰：『天之大命，又附著於女。』文選子虚賦注引廣雅曰：『僕，謂附著於人。』

王念孫認爲『僕』與『附』聲近而義同，『蚊虻僕緣』謂蚊虻附緣於馬體。今細審人間世篇文義，王氏此說甚是，足可糾正向秀、崔譔等人的錯誤注解，使文中字句的原意得到發明。又『臣有守也』條云：

知北遊篇：『大馬之捶鉤者，年八十矣，而不失豪芒。大馬曰：「子巧與？有道與？」曰：「臣有守也。」』念孫案：『守』即『道』字也。達生篇：『仲尼曰：「子巧乎？有道邪？」曰：「我有道也。」』是其明證矣。『道』字，古讀若『守』，故與『守』通。凡九經中用韻之文，『道』字皆讀若『守』。楚辭及老、莊諸子並同。秦會稽刻石文『追道高明』，史記秦始皇紀『道』作『首』，『首』與『守』同音。說文：『道，從辵首聲。』今本無『聲』字者，二徐不曉古音而削之也。

養生主篇：『庖丁釋刀對曰：「臣之所好者道也，進乎技矣。」』庖丁與捶鉤者同爲悟道者，故以庖丁之語證之，捶鉤者此時所好者亦必爲『道』，已遠遠超越了往昔僅僅追求『巧』的階段。可見王念孫據古音讀知北遊篇『臣有守也』之『守』爲『道』字，於義爲長，正可發明莊子此處所用之字的真意。

在重視以音求義的同時，王念孫又善於通過文獻互證、通假引申、隨文訓釋等方法，來考定莊子某些字句的確切意義。如『目大運寸』條云：

『莊子遊乎雕陵之樊，覩一異鵲自南方來者，翼廣七尺，目大運寸。』司馬彪曰：『運寸，可回一寸也。』念孫案：司馬以『運』爲『轉運』之『運』，非也。運寸，與『廣七尺』相對爲文，廣爲横，則運爲從也。目大運寸，猶言目大徑寸耳。越語『句踐之地廣運百里』，韋注曰：『東西爲廣，南北爲運。』是『運』爲從也。西山經曰『是山也廣員百里』，『員』與『運』同。周官大司徒『周知九州之地域廣輪之數』，士喪禮記『廣尺，輪二尺』，鄭注並曰：『輪，從也。』輪與運，聲近而義同。『廣輪』即『廣運』也。

對於山木篇『目大運寸』，唐前唯有司馬彪作過解釋，謂『運寸，可回一寸也。』唐初成玄英則不同意司馬氏的這一解釋，但只是説『運，員也』、『眼圓一寸』，並沒有作具體的考釋。王念孫運用各種方法，考定『員』與『運』同，『目大運寸』即是『目大徑寸』的意思，從而使莊子原文的意義得到了疏通。又『馮氣』條云：

『今富人侅溺於馮氣，若負重行而上也，可謂苦矣。』釋文曰：『馮氣，馮音憤；憤，滿也。言憤畜不通之氣也。』念孫案：馮氣，盛氣也。昭五年左傳『今君奮焉震電馮怒』，杜注曰：『馮，盛也。』楚辭離騷『馮不厭乎求索』，王注曰：『馮，滿也。楚人名滿曰馮。』是『馮』爲盛滿之義，無煩改讀爲『憤』也。

陸德明訓盜跖篇『馮氣』之『馮』爲『憤』，呂惠卿訓爲『恃』，林希逸訓爲『怒』，似皆不如王念孫訓爲『盛』，既有大量文獻可作爲訓詁依據，又能使篇中上下文意思得以貫通。又如『拘於虚』條云：

崔譔注『拘於虛』曰：『拘於井中之空也。』念孫案：崔訓虛爲空，非也。虛與墟同，故釋文云：『虛，本亦作「墟」。』廣雅曰：『墟，居也。』文選西征賦注引聲類曰：『墟，故所居也。』凡經傳言丘墟者，皆謂故所居之地。言井魚拘於所居，故不知海之大也。魚居於井，猶河伯居於涯涘之間。故下文曰：『今爾出於涯涘，觀於大海，乃知爾醜也。』

今案南宋刊南華真經注本、覆宋本莊子注疏及道藏所收南華真經白文本、成玄英南華真經注疏本等，『虛』並作『墟』。『虛』、『墟』爲古、今字，後世刊本以『墟』替『虛』不爲誤，故王念孫謂『虛』與『墟』同。此外，王念孫所撰『朝菌』條謂逍遥遊篇『朝菌』爲朝生暮死之蟲；『診其夢』條訓人間世篇『診其夢』之『診』爲『畛』，謂告訴；『殺雁而亨之』條訓山木篇『亨之』之『亨』爲『享』，與『饗』相通；『必取其緒』條訓山木篇『必取其緒』之『緒』爲『餘』，謂此連上句言『食不敢先嘗，而但取其餘也』；『三月不庭』條訓山木篇『不庭』之『庭』爲『逞』，謂『不逞』即『不快也』；『無轉而行』條訓盜跖篇『無轉而行』之『轉』爲『專』，謂此句即言『無專而行也』，等等，亦皆旁徵博引，言之鑿鑿，多能發明前人所不能，爲後世許多治莊子者所信從。

王念孫除了在字義訓釋上有很多創獲而外，還在莊子文本校勘和句讀等方面取得了不少成果。如『病瘦』條云：

盜跖篇：『除病瘦死喪憂患，其中開口而笑者，一月之中，不過四五日而已矣。』釋文：『瘦，色又反。』念孫案：瘦，當爲『瘐』字之誤也。瘐亦病也，病瘐爲一類，死喪爲一類，憂患爲一類。『瘐』字本作『瘉』。爾雅曰：『瘉，病也。』小雅正月篇『胡俾我瘉』，毛傳與爾雅同。漢書宣帝紀：『今繫者，或以掠辜，若饑寒瘐死獄中。』蘇林曰：『瘐，病也。囚徒病，律名爲瘐。』師古曰：『瘐音庾，字或作「瘉」。』王子侯表曰：『富侯龍下獄瘐死。』

王念孫通過精心考釋，反復辨析，認爲『瘦』爲『瘐』字之誤。今細審世所傳莊子『病瘦死喪憂患』之『瘦』字，確與其前後詞語不相諧，似當依王説改爲『痶』字，於義爲長。又如『上謀而下行貨』條云：

讓王篇：『今周見殷之亂而遽爲政，上謀而下行貨，阻兵而保威。』念孫案：『上謀而下行貨』，『下』字後人所加也。『上』與『尚』同，『上謀而行貨』，『阻兵而保威』，句法正相對，後人誤讀『上』爲『上下』之『上』，故加『下』字耳。呂氏春秋誠廉篇正作『上謀而行貨，阻兵而保威』。

此處的『上謀而下行貨』之『下』字，確如王念孫所説，屬於後人所加的衍文。今案日本高山寺古鈔卷子本，此句正無『下』字。又如『無東無西』條云：

『無南無北，奭然四解，淪於不測；無東無西，始於元冥，反於大通。』念孫案：『無東無西』，當作『無西無東』。『北』、『測』爲韻，『東』、『通』爲韻。

姚鼐曾在秋水篇『無東無西』下注云：『以韻求之，「東」、「西」字易。』（莊子章義）王念孫對此作了進一步論證，認爲『無東無西』當作『無西無東』，方與上下相諧韻。郭慶藩在莊子集釋中完全肯定了王氏的這一説法，並斷定此必爲後世不達古音者妄改之。此外，王念孫還在莊子句讀方面提出了一些新見解。如『以己出經式義度……』條云：

應帝王篇：『君人者，以己出經式義度，人孰敢不聽而化諸！』釋文曰：『「出經」絶句。司馬云：「出，行也；經，常也。」崔云：「出，典法也。」「式義度人」絶句。式，法也。崔云：「式，用也。用仁義以法度人也。」』念孫案：此當以『以己出經式義度』爲句，『人孰敢不聽而化諸』爲句。『義』讀爲『儀』，儀，法也。經、式、儀、度，皆謂法度也。解者失之。

在歷史上，除陸德明對應帝王篇中這十餘字作如此斷句外，還有一些别的斷法，也皆於義未諧。王念孫以其非同一般的識斷、精審，明確指出當以『以己出經式義度』爲句、『人孰敢不聽而化諸』爲句，從而使前人的種種錯誤讀法得到了糾正。又『天下多得一察焉以自好』條云：

天下篇：『天下大亂，賢聖不明，道德不一，天下多得一察焉以自好。』郭象斷『天下多得一』爲句。釋文曰：『得一，偏得一術。』念孫案：『天下多得一察焉以自好』當作一句讀，下文云『天下之人，各爲其所欲焉以自爲方』，句法正與此同。『一察』謂察其一端而不知其全體，下文云『譬如耳目鼻口皆有所明，不能相通』，即所謂『一察』也。若以『一』字上屬爲句，『察』字下屬爲句，則文不成義矣。王念孫以『天下多得一察焉以自好』作一句讀，無疑天下篇此處文字若依郭象、陸德明的斷法，確實不可成義。王念孫以『天下多得一察焉以自好』作一句讀，無疑甚有見地，故後來俞樾、郭嵩燾、奚侗等皆從之。

總之，儘管王念孫的莊子雜志僅有短短的三十五條文字，而且其中『朝菌』、『與造物者爲人』、『不與化爲人』、『仁義存焉、義士存焉』、『吐爾聰明』、『井鼃』、『鴟鵂』、『簡髮而扻』等條的主要觀點還是屬於其子王引之的，但此著卻有非同一般的學術價值。這主要是由於此書爲第一部莊子校釋的劄記體專著，具有開創風氣的意義，而王氏父子能集淹博、識斷、精審於一身，在訓詁校勘上又代表著乾嘉學派的最高成就，故此著在莊子考釋校勘方面所達到的學術境界，即使是俞樾的莊子平議也難以企及，則更無論晚清及民國時期其他學者所著的同類著作了。

第五節　洪頤煊的讀莊子叢錄

洪頤煊（1765—1837），字旌賢，號筠軒，晚號倦舫老人，浙江臨海人。苦志力學，與兄坤煊、弟震煊同讀僧寮，每夜借佛燈圍坐，談經不輟，時有『三洪』之稱。學使阮元招之，偕震煊就學行省書院。頤煊尤精研經訓，貫串子史，並熟習曆算之學，舉嘉慶六年拔貢生。孫星衍署山東督糧道，頤煊客其幕，爲撰孫氏書目及平津館讀碑記。入貲爲直隸州州判，署廣東新興縣事。阮元督兩廣，知頤煊吏才短而文學優，延之入幕。好藏書，嶺南市多舊本，重貲購之，家藏書三萬餘卷，碑版二千餘通，多世所罕見。著作有筠軒詩文鈔、台州劄記、倦舫書目、經典集林、管子義證、諸史考異、漢志水道疏證、孔子三廟記注、讀書叢録等。

讀莊子叢録在讀書叢録卷十四之中，包括二十九個條目，多爲考釋莊子字義之劄記，不乏真知灼見。如天地篇有『歷指』二字，經典釋文引司馬彪云：『歷指，猶歷樓貌。』洪頤煊則指出：『案説文：「櫪櫯，柙指也。」歷指，即「柙指」，刑具。』此説極是，與段玉裁説文解字注所説暗合，故奚侗莊子補注從之。德充符篇有『彼且擇日而登假人則從是也』之語，郭象注：『以不失會爲擇耳，斯人無擇也，任其天行而時動者也。故假借之人，由此而最之耳。』陸德明出示『假人』二字，云：『古雅反，借也。徐音遐，讀連上句，「人」字向下。』（經典釋文）褚伯秀云：『竊詳「假人」無義，今從「登遐」，文義顯明，謂得此道者，去留無礙，而升於玄遠之域也。續考列子周穆王篇「登假」字，並讀同「遐」可證。』（南華真經義海纂微）説明古人或訓『假』爲『真假』之『假』，以『假人』二字連讀，屬下句；或以『人』字屬下句，讀『登假』爲『登遐』，謂登升於玄遠之域。洪頤煊指出：『案禮記曲禮下：「告喪，曰天王登假。」鄭注：「登，上也；假，已也。上已者，若仙去云耳。」淮南齊俗訓「其不能乘雲升假」，徐讀與郭異。』今細審莊子本文，當以徐氏、褚氏之斷句與訓釋爲準，而洪頤煊引禮記爲佐證，其説雖與二氏微異，其義實爲暗合，所謂異曲而同工。逍遥遊篇有『何不慮以爲大樽而浮乎江湖』之語，經典釋文引司馬彪云：『慮，猶結綴也。』洪頤煊指出：『案文選謝靈運之郡初發都詩李善注引此，「慮」作「攄」。攄，抒也。謂抒空以爲大樽，得以容身而浮乎江湖，故無瓠落之憂。』此處不但否定司馬氏之解，亦與其他任何訓釋不同，可以備作一説。

對於莊子句讀、異文、訛誤及版本等問題，洪頤煊也有自己的一些看法。如則陽篇有『不馮其子靈公奪而里之』之語，經典釋文云：『「不馮其子靈公」，郭讀絶句。司馬以「其子」字絶句，云：言子孫不足可憑，故使公得此處爲家也。』洪頤煊指出：『「子」、「里」協韻，當以司馬讀爲正。』此説可從，今人皆作如是讀。逍遥遊篇有『越人斷髮文身』之語，陸德明云：『斷，司馬本作「敦」，云：敦，斷也。』洪頤煊說：『案文選張景陽雜詩李善注引莊子「越人敦髮文身」，司馬彪曰：「敦，斷也。」』此可佐證陸德明之說不誤，晉司馬彪所注莊子本實作『越人敦髮文身』。在宥篇有『止蟲』二字，陸德明云：『如字。本亦作「昆蟲」，崔本作「正蟲」。』（經典釋文）覆宋本及道藏所收南華真經白文本、林希逸本、褚伯秀本、羅勉道本亦並作『昆蟲』。洪頤煊則指出：『止蟲，當是「豸蟲」，聲之訛也。』此說於義爲長，故俞樾莊子平議從之。應帝王篇有『吾鄉示之以大沖莫勝』之語，洪頤煊說：『郭注：「居大沖之極，浩然泊心，而玄同萬方，故勝負莫得措其間也。」頤煊案：列子黄帝篇作「向吾示之以太沖莫朕」，張湛注：「向秀曰：居太沖之極，皓然泊心，玄同萬方，莫見其跡。」是亦向、郭二本不同之證。』從來就有郭象竊取向注之說，洪氏此處以向、郭二注差别之微作爲『向、郭二本不同之證』，確實極爲細心，亦極有眼光。由此說明，洪頤煊讀莊子叢録作爲一部較早辨釋莊子字義、句讀、異文、訛誤及版本等問題劄記體著作，確實每有新見，具有一定學術價值。

在長期的莊子研究過程中，人們對某些問題早已有了較爲統一的看法，而洪頤煊有時同樣敢於提出不同意見。如史記老子韓非列傳：『莊子……作漁父、盜跖、胠篋，以詆訿孔子之徒，以明老子之術。畏累虚、亢桑子之屬，皆空語無事實。』司馬貞索隱：『按：莊子「畏累虚」，篇名也。』歷代學者多承司馬貞之說，亦以『畏累虚』、『亢桑子』爲篇名。洪頤煊則說：『庚桑楚篇：「老聃之役有庚桑楚者，偏得老聃之道，以北居畏壘之山。」頤煊案：史記莊周列傳：「畏累虚、亢桑子之屬，皆空語無事實。」亢桑子即庚桑楚，畏累虚即畏壘山。索隱以「畏累虚」爲莊子篇名，非是。』洪頤煊的說法非常大膽，可備作一說。徐無鬼篇：『然則儒、墨、楊、秉四，與夫子爲五，果孰是耶？』成玄英疏：『秉者，公孫龍字也。』王應麟云：『列子仲尼篇釋文：「公孫龍，字子秉。」』（困學紀聞卷十）洪頤煊則說：『案天下篇：「古之道術有在於是者，宋鈃、尹文聞其風而悅之。」荀子非十二子篇：「然而其持之有故，其言之成理，足以欺惑愚衆，是墨翟、宋鈃也。」天論篇：「墨子有見於齊，無見於畸；宋子有見於少，無見於多。」漢書藝文志：「宋子十八篇。」秉，疑「宋」字之訛。困學紀聞謂「公孫龍字子秉」，非也。』洪頤煊據諸書以『墨翟』、『宋鈃』並列而認爲『儒、墨、楊、秉』之『秉』爲『宋』字之訛，雖然證據不足，結論不能成立，但這種大膽的懷疑精神卻值得欽佩。

當然，以洪頤煊讀莊子叢錄與此前王念孫莊子雜志相比，畢竟大有遜色。即使比之後來俞樾莊子平議，亦有所不及。究其因，主要是由於洪氏於其所提出觀點，未能以足夠文獻資料予以深入論證。而且有些立論往往經不起推敲，甚至有穿鑿附會之嫌。如逍遥遊篇有『猶時女也』之語，經典釋文引司馬彪云：『猶處女也。』洪頤煊說：『時女，猶言是女，即上文所謂藐姑射之神人。爾雅釋詁：「時，是也。」』應當指出，逍遥遊篇此句連上句意思是說，前面所說智力方面之瞎子、聾子，即爲你（肩吾）。『女』通『汝』，指肩吾。說明司馬彪之訓釋顯然錯誤，洪頤煊所謂『時女』謂藐姑射之神人，亦失之甚遠。天下篇有『丁子有尾』之語，洪頤煊說：『「丁子」當是「孑孓」二字之訛。說文：「孓，無左臂也。孑，無右臂也。」無左、右臂而有尾，此事之必無也，故以爲辨。』學者多以成玄英莊子注疏『楚人呼蝦蟆（即蝌蚪）爲丁子』之說爲是，而洪氏則另立新說，似有穿鑿附會之嫌，故後人無有從之者，甚或謂『洪頤煊以爲「孑孓」之誤，皆無義』（章炳麟莊子解故）。

第六節　江有誥的莊子韻讀

江有誥（1773—1851），字晉三，號古愚，安徽歙縣人。二十二歲補博士弟子，不治舉業，壹志古學，尤致力於古音韻研究，晚年對六書益精。著述有詩經韻讀、群經韻讀、楚辭韻讀、先秦韻讀、漢魏韻讀、唐韻四聲正、諧聲表、入聲表、二十一部韻譜、唐韻再正、唐韻更定部分，總名江氏音學十書。此外還著有說文六書錄、說文分韻譜、說文質疑、說文更定部分、說文繫傳訂訛、經典正字、隸書糾繆等。

對於古韻，顧炎武分爲十部，江永分爲十三部，戴震分爲二十五部，段玉裁分爲十七部，孔廣森分爲十八部，王念孫分爲二十一部，各家的看法均不相同。江有誥得顧炎武音學五書和江永古韻標準，嗜之忘寢食，認爲江永之書能補顧炎武所未及，而分部仍多罅漏，並斷定『古實有四聲，特古人所讀之聲與後人不同』。因於江永十三部析幽侯爲二，支脂爲三；又於脂部中析出祭部，復析真文爲二，故定古韻爲之、幽、宵、侯、魚、歌、支、脂、祭、元、文、真、耕、陽、東、中、蒸、侵、談、葉、緝等二十一部。這一觀點與戴震、孔廣森的論說多暗合，尤與王念孫的分部相接近。江有誥以他的這一分韻標準，節錄世所傳莊子及宋王應麟所輯莊子逸篇中凡認爲用韻的章節，並給入韻字做了標示，著成先秦韻讀莊子韻讀，在莊子用韻研究方面有著里程碑的意義。

爲莊子作音注者，自魏晉以來，可謂不計其數。但注意到莊子用韻情況的學者，卻出現得很晚。明末有沈汝紳所輯南華經集評（五色套印本），其中指出馬蹄篇『山無蹊隧』、在宥篇『至道之精』、庚桑楚篇『不知乎人謂我朱愚』、列禦寇篇『與汝遊者』諸小節文字皆『用韻』，山木篇『南越有邑焉』、則陽篇『四方之內』諸小節文字皆『微用韻』，逍遥遊篇『吾有大樹』一小節文字『稍用韻』，天運篇『卒聞之而惑』一小節文字『大約用韻』。據所用顏色來判斷，這些批語當出於王世貞之手，標誌著人們已開始注意到莊子的用韻情況。清乾嘉時，姚文田著成古音諧一書，曾節錄莊子中若干有韻之文句，給協韻之字加了圓圈，在王世貞的基礎上又前進了一大步。稍後，江有誥更撰成名著莊子韻讀，節錄莊子一書和王應麟所輯莊子逸篇中的用韻文句，於入韻之字圍以圓圈，並注明所屬韻部，從而把莊子用韻研究推到了一個嶄新的發展階段。

據江有誥莊子韻讀，世所傳莊子三十三篇，除了駢拇、天道、繕性、讓王、説劍、漁父六篇而外，其餘二十七篇皆有用韻現象，共有六十五個章節：逍遥遊篇『子獨不見狸狌乎』至『安所困苦哉』；齊物論篇『大知閑閑』至『大恐縵縵』、『彼是莫得其偶』至『以應無窮』、『爲其吻合』至『以是相蘊』；養生主篇『爲善無近名』至『可以盡年』；人間世篇『而目將熒之』至『心將成之』、『形就而入』至『入於無疵』、『鳳兮鳳兮』至『無傷吾足』；德

『我猶爲人』；大宗師篇『嗟來桑戶』至『仁義存焉』；胠篋篇『彼竊鉤者誅』至『草木遂長』；馬蹄篇『故至德之世』至『子以堅白鳴』；『道與之貌』至『獨成其天』、充符篇『既受命於天』至『人皆以爲極』、應帝王篇『明王之治』至『遊乎無有也』；『下有桀跖』至『多知爲敗』、『女神將守形』至『乃可以長生』、在宥篇『至道之精』至『以觀無妄』、『浮游不知所求』至『汝徒處』、『今夫百昌皆生於土』至『以育群生』、『亂天下之經』至『鳥皆夜鳴』、『無爲』至『乃今也得』；天地篇『古之畜天下者』至『而鬼神服』、『夫聖人鶉居』至『身常無殃』、『泰初有無』至『同乎大順』、『上神乘光』至『此之謂混冥』、『五色亂目』至『使性飛揚』；天運篇『四時迭起』至『流之於無止』、『女委蛇』至『不主常聲』、『有焱氏頌曰』至『故惑也』；刻意篇『不爲福先』至『循天之理』、『其生若浮』至『信矣而不期』；秋水篇『野語有之曰』至『以爲莫己若』、『差其時』至『小大之家』、『以道觀之』至『固將自化』、『無以人滅天』至『是謂反其真』；至樂篇『今奚爲奚據』至『奚樂奚惡』、『若以爲善矣』至『名亦不成』、『芒乎芴乎』至『皆從無爲殖』；達生篇『不開人之天』至『民幾乎以其真』、『吾處身也』至『何爲而不得』、『無入而藏』至『其名必極』；山木篇『無譽無訾』至『浮游乎萬物之祖』、『合則離』至『不肖則欺』、『建德之國』至『相輔而行』、『君無形倨』至『以爲君車』、『既雕既琢』至『往者勿止』、『道流而不明居』至『乃比於狂』；田子方篇『昔之見我者』至『其道我也似父』；知北遊篇『若正汝形』至『無求其故』、『形若槁骸』至『彼何人哉』、『夫昭昭生於冥冥』至『萬物不得不昌』；庚桑楚篇『全汝形』至『無使汝思慮營營』、『兒子動不知所爲』至『惡有人災』；徐無鬼篇『黃帝將見大隗乎具茨之山』至『無所問途』；則陽篇『故或不言而飲人以和』至『一閑其所施』、『無名故無爲』至『此之謂丘里之言』、『少知曰』至『夫胡爲於大方』、『道物之極』至『議其有極』、『儒以詩禮發冢』至『死何含珠爲』；寓言篇『而睢睢』至『盛德若不足』；盜跖篇『無爲小人』至『將棄而天』；列禦寇篇『與汝遊者』至『虛而遨遊者也』、『忍性以視民』至『夫何足以上民』、『正考父一命而傴』至『孰協唐許』；天下篇『知其雄』至『無藏也故有餘』。莊子逸篇有二個用韻的章節：『流脈並作』至『惡成不及改』、『衆人重利』至『聖人貴精』。我們應該知道，像江有誥這樣發現莊子、莊子逸篇中竟有如此多的用韻章節，這在莊子研究史上實在是空前的！

江有誥莊子韻讀（本節引該書『圈出』入韻字改用加『▲』表示）在所收六十七個用韻章節中，共圈出入韻字四百九十九個，將其歸屬於之、幽、侯、魚、歌、支、脂、祭、元、文、真、耕、陽、東、中、談等十六韻部。其中出現真耕通韻六次，之幽通韻、歌支通韻、祭元通韻、文真通韻、陽東通韻各一次，幽侯合韻、歌支脂合韻各一次。據江有誥莊子韻讀，莊子章節有句句押韻者。如：

全汝形，抱汝生，無使汝思慮營營（耕部）。——庚桑楚

大知閑閑，小知間間（元部）；大言炎炎，小言詹詹（談部）。——齊物論

至道之精，窈窈冥冥（耕部）；至道之極，昏昏默默（之部）。無視無聽，抱神以靜，形將自正。必靜必清，無勞女形，無搖女精，乃可以長生（耕部）。——在宥

不開人之天，而開天之天。開天者德生，開人者賊生。不厭其天，不忽於人，民幾乎以其真（真耕通韻）。——達生

而目將熒之，而色將平之，口將營之，容將形之，心將成之（耕部）。——人間世

嗟來桑戶乎！嗟來桑戶乎（魚部）！而已反其真，而我猶爲人猗（真部）。——大宗師

這些章節，每句都押韻，但或一韻到底，或中間換韻，或前後通韻，或押韻字後帶有虛詞，或韻句字數相等，或韻距長短不一，或嚴謹之中富於變化，或整齊之中不乏參差。其次，有隔句押韻者。如：

夫聖人鶉居而鷇食，鳥行而無彰。天下有道，則與物皆昌（陽部）；天下無道，則修德就閑。千歲厭世，去而上仙（元部）；乘彼白雲，至於帝鄉；三患莫至，身常無殃（陽部）。——天地

五色亂目，使目不明；五聲亂耳，使耳不聽；五臭熏鼻，困惾中顙；五味濁口，使口厲爽；趣舍滑心，使性飛揚（陽東通韻）。——天地

鳳兮鳳兮，何如德之衰也！來世不可待，往世不可追也（脂部）。天下有道，聖人成焉；天下無道，聖人生焉；方今之時，僅免刑焉（耕部）。——人間世

這些章節的特點是，奇數句不押韻，韻腳都在偶數句，與大多數古典詩歌隔句押韻的形式相似，而所引人間世篇『鳳兮』之歌，押韻之字後帶有虛字，則與詩經中許多作品的押韻形式相一致。由此説明，以汪洋恣肆爲基本特徵的莊子散文，又往往具有我國古代詩歌的形式之美。再次，有分散押韻，乃至押韻無規則者，等等。如：

子獨不見狸狌乎？卑身而伏，以候敖者；東西跳梁，不避高下；中於機辟，死於網罟。今夫犛牛，其大若垂天之雲。此能爲大矣，而不能執鼠。今子有大樹，患其無用，何不樹之於無何有之鄉，廣莫之野，彷徨乎無爲其側，逍遥乎寢臥其下，不夭斤斧，物無害者，無所可用，安所困苦哉（魚部）！——逍遥遊

黄帝將見大隗乎具茨之山，方明爲御，昌寓驂乘，張若、謵朋前馬，昆閽、滑稽後車。至於襄城之野，七聖皆迷，無所問途（魚部）。——徐無鬼

浮游，不知所求（幽部）；倡狂，不知所往（陽部）。遊者鞅掌，以觀無妄（陽部）。——在宥

這些章節的特點是，押韻或疏或密，甚至不講究規則，與詩歌用韻要求嚴整或比較嚴整的情況大有不同，充分顯示了莊子作爲一部散文著作在用韻方面的特徵之一，即隨意性。

回顧歷史，漢初司馬遷已指出莊子文章具有『指事類情』（史記老子韓非列傳）的特徵，宋末羅勉道更認爲『莊子爲書，雖恢恑譎怪，佚宕於六經外，譬猶天地日月，固有常經常道，而風雲開闔，神鬼變幻，要自不可闕』（南華真經循本釋題），但他們都還沒有看到莊子散文間有用韻的藝術特徵。江有誥在王世貞、姚文田等人的基礎上，全面深入地研究了莊子的用韻現象，並將其歸屬於十六韻部，從而不但揭示了莊子一些節章所具有的詩歌般的節奏感和韻律美，而且也爲先秦語音史研究增添了很有價值的資料。當然，在先秦語音研究方面至今仍存在著較大的分歧，江有誥的音韻理論也只能算是一家之言，他對莊子用韻現象的研究同樣有不少值得商榷的地方，我們只能把他的說法作爲重要的參考資料。

第七節　孫馮翼的司馬彪莊子注等

孫馮翼，字鳳卿，一作鳳埔，瀋陽人，生卒年不詳。今案全上古三代秦漢三國六朝文，嚴可均於全三國文卷八魏文帝典論下所作按語已稱『亡友瀋陽孫馮翼』，且末署年月爲『嘉慶二十年太歲在乙亥三月晦』，則嘉慶末孫氏已不在世。馮翼爲清代重要的考據學家之一，曾與孫星衍同校商子，同輯神農本草經，而獨自輯校之書，更有數十種之多，皆收入問經堂叢書之中。

司馬彪莊子注爲孫馮翼所輯問經堂叢書逸子書之一種，前有孫氏所撰司馬彪莊子注序，正文部分共輯得司馬彪佚注一百十四條，卷末所附逸篇又輯得司馬彪佚注若干條。孫馮翼在自序中首先探究了司馬彪莊子注的

流傳情況，指出晉書司馬彪傳未載其卷數，隋書經籍志謂本二十一卷，至隋而闕，僅存十六卷，然新唐書藝文志所載作二十一卷，説明『至李唐而其書尚全，自陸氏釋文外，司馬貞、殷敬順、徐堅、歐陽詢、李善諸所著述，皆有資於彪，而文選注所引尤多，馬總意林亦載其書』。並進而推測，『彪注本大抵佚於宋代，太平御覽以修文殿書爲粉本，故雖引及彪注，未可執以證其未佚也。』在孫馮翼看來，既然唐代司馬貞史記索隱、殷敬順列子釋文、徐堅初學記、歐陽詢藝文類聚、李善文選注等皆曾取資於司馬彪足本莊子注，宋初李昉太平御覽亦曾在司馬氏莊子注亡佚之初轉錄其注於修文殿所藏其他書籍，而『顧陸德明搜稽雖極賅富，然如「爲善無近名，爲惡無近刑」，「無」本作「莫」，「翹足而陸」本作「翹尾而踛」，此類陸氏亦有遺漏，其餘注文爲唐宋徵引，可補釋文之闕者，正不鮮也』，則於陸氏經典釋文之外，『摭拾逸闕，以存彪之舊』，自是重要之舉。因此，他便廣爲搜尋，精心比勘，撰成司馬彪莊子注一書。

孫馮翼司馬彪莊子注正文部分所收司馬彪佚注一百十四條，輯自李善文選注、司馬貞史記索隱、殷敬順列子釋文、徐堅初學記、李昉太平御覽及釋玄應一切經音義、孔穎達春秋左傳注疏、邢昺論語注疏、孟子注疏等。孫馮翼自序謂『不采釋文』，但與經典釋文相同者四十餘條皆予收入，因而實際上是在經典釋文之外多出了六十餘條。附錄逸篇，内容主要包括從王應麟莊子逸篇所載三十九條逸文中所錄出的七條逸文，以及從各書中檢得與之相關的司馬彪之注。同時，又輯得爲王應麟莊子逸篇所未收的若干條莊子逸文及其司馬彪之注，編入附錄逸篇中，從而打破了長期以來爲人們所恪守的王應麟莊子逸篇的基本框架。

所謂與經典釋文相同者四十餘條，其實約有一半是同中有異的，孫馮翼爲此作了許多説明或比勘。如逍遥遊篇有『搏扶摇而上者九萬里』之語，孫馮翼輯得司馬彪注云：『搏，圜也；扶摇，上行風也。圜飛而上者扶摇也。』並指出：『文選范彦龍贈王中書詩注、江文通雜體詩注、又初學記卷一天部、太平御覽卷九天部並引。「扶摇，上行風也」一句，陸氏釋文云：「搏飛而上也。一音博。」上行風謂之扶摇。』意謂從諸書所得司馬彪之注，比陸德明經典釋文所引爲詳。逍遥遊篇有『猨猵狙以爲雌』之語，孫馮翼輯得司馬彪注云：『猵狙似猨而狗頭，食獼猴，好與雄狙接。』並指出：『太平御覽卷九百十獸部。陸氏釋文無「食獼猴」句，又末作「喜與雌猨交也」。』意謂太平御覽所引司馬彪注與經典釋文所引者有較大出入。孫馮翼還於人間世篇題下引文選潘岳秋興賦李善注所引司馬彪注云：『言處人間之宜，居亂世之理，與人群者不得離人。然人間之事故，世世異宜，唯無心而不自用者，爲能唯變所適而何足累！』並指出郭璞（象）注『惟末句作「而不荷其累也」』。孫馮翼這裏更以所得司馬彪注與郭象注作了比較，認爲郭注有抄襲司馬彪注的嫌疑。他甚至在自序中說：『（司馬彪）在惠帝末，蓋與向秀同爲郭象先進。劉義慶世説新語言象所注莊竊於向秀，故向、郭二莊，其義一也。今考文選注引彪人間世篇題注文「與人群者不得離人」數語，郭象注本正復大同，豈象之竊不僅向氏耶，抑彪與秀義不謀而合耶？』孫馮翼據此而懷疑郭象可能有抄襲司馬彪注的行爲，這實在是前人所没有提到過的。我們曾在本書中說過，郭象莊子注本内篇除了逍遥遊外，其餘六篇都完全承襲了司馬彪的本子，因而這些篇章對司馬彪注的利用可能會相對多一些。由此看來，孫馮翼的懷疑是有一些道理的，但在當時著作權不嚴格的情况下，並不能將郭氏的行爲上升到『抄襲』的高度。

孫馮翼的司馬彪莊子注還爲我們校勘莊子文本提供了許多重要依據。如讓王篇有『延之以三旌之位』之語，陸德明經典釋文於『三旌』下云：『司馬本作「三珪」。』孫馮翼從太平御覽輯得司馬彪注云：『諸侯三卿皆執珪之位。』可證陸德明所云司馬彪本作『三珪』者當不誤。逍遥遊篇有『越人斷髮文身』之語，經典釋文於『斷』下云：『司馬本作「敦」，云：「敦，斷也。」』孫馮翼從文選張協雜詩注、嵇康與山巨源絶交書注輯得司馬彪注並云：『敦，斷也。』今以陸德明之說、孫馮翼所輯司馬彪之注，正可一同證明司馬彪本莊子確實作『敦髮文身』。秋水篇有『是謂反衍』之語，經典釋文云：『本亦作「畔衍」。』孫馮翼從文選左思蜀都賦注輯得司馬彪注云：『叛衍，猶漫衍也。』畔、叛可通，說明古本莊子除『反衍』、『畔衍』而外，還有作『叛衍』的。可見，孫馮翼所輯得的司馬彪注對我們校勘莊子文本確有很多幫助。

此外，孫馮翼又有莊子注考逸一卷。此書依莊子三十三篇次序收録陸德明經典釋文莊子音義和司馬彪莊子注（不包括輯自經典釋文的條目）所有司馬彪注，並一一注明其具體的出處，有的還撰有簡單的校勘記，但不知何故，僅編到天運篇的中間便突然而止，以致不能成爲完整之書。然而，儘管孫馮翼的輯録僅僅進行到這兒，但他仍不愧爲歷史上第一個大規模輯録司馬彪注的學者，可謂是司馬氏的功臣。後來如茆泮林輯司馬彪莊子注、莊子司馬注補遺、莊子司馬注又補遺，黄奭輯莊子司馬彪注等等，便都是在孫馮翼基礎上進行的。

第八節　茆泮林的司馬彪莊子注等

茆泮林（？—1845），字魯山，雩水，江蘇高郵人。道光諸生，好藏書，室名梅瑞軒。著有毛詩注疏校勘記校字補、周禮注疏校勘記校字補、三禮經義附録。並輯有梅瑞軒十種古逸書。

梅瑞軒十種古逸書爲茆泮林花費數十年精力輯録而成。其中與莊子有關者，除輯有司馬彪莊子注而外，還輯有莊子司馬注補遺、莊子司馬注又補遺、莊子司馬注疑義、莊子司馬音、莊子司馬音補遺、莊子逸語、莊子逸篇、莊子逸篇司馬注補遺。司馬彪莊子注前有莊子司馬彪注考逸自序云：『泮林幼讀南華郭象注本，繼復思得司馬注讀之。繙閲之餘，遇一字一句，往往見寶。輯之寢久，遂於案頭録之成帙。後見匯刻書目，知已爲孫君鳳卿問經堂叢書所載。旋於坊友購之，一年始得。及見其書，其一卷則不取釋文，自序則云：「無庸爲陸氏作鈔胥，重爲編録也。惟陸氏所遺者，及他書所引與陸氏同者，將釋文附注，統計凡一百十四事。」其一卷則更爲考逸，專采釋文既顯，與序語自相矛盾。又至天員（運）篇「老子」注，遂詘然中止。細按之，似皆爲未完未定之書，其中未及細審者，正復不少。』説明茆泮林始則自爲輯佚，後來則是在孫馮翼司馬彪莊子注、莊子注考逸基礎上進行補充、訂正而成其司馬彪莊子注、莊子司馬音等書的。

今案茆泮林司馬彪莊子注，自逍遥遊篇至天運篇所輯司馬彪注，約占全書篇幅的十分之四，基本上都與孫馮翼莊子注考逸所收司馬彪注相對應。但孫馮翼莊子注考逸收至天運篇『老子』司馬彪注則突然中止，茆泮林司馬彪莊子注卻繼續往下搜輯，直至輯完天下篇司馬彪佚注爲止。如果與孫馮翼司馬彪莊子注有關部分相比較，則茆泮林司馬彪莊子注所輯得的天運篇『老子』之後的司馬彪注，不但包括了陸德明經典釋文所録的司馬彪注，而且還廣泛搜輯了經典釋文之外爲孫馮翼所未曾搜輯的司馬彪佚注。如秋水篇有『梁麗可以沖城』之語，茆泮林從經典釋文輯得司馬彪佚注云：『梁麗，小船也。』又從初學記卷二十五輯得司馬彪佚注云：『麗，小船也。』外物篇有『心無天遊則六鑿相攘』之語，茆氏從經典釋文輯得司馬彪佚注云：『謂六情攘奪。』又從荀子哀公楊倞注輯得司馬彪佚注云：『六情相攘奪。』田子方篇有『夫子奔逸絶塵而回瞠若乎後矣』之語，茆氏據經典釋文云：『逸，司馬本又作「徹」。』又從後漢書逸民傳李賢注、文選范曄逸民傳論李善注輯得司馬彪佚注並云：『言不可及也。』兼以茆泮林在輯成司馬彪莊子注之後，復又輯成莊子司馬注補遺、莊子司馬注又補遺等，更使他在搜輯司馬彪佚注方面超過了孫馮翼的成就。

隋書經籍志載：『莊子注音一卷，司馬彪等撰。』茆泮林據此認爲，『今輯存其舊』，亦當『另爲一卷』。於是特輯成莊子司馬音、莊子司馬音補遺，共收録司馬彪音注四十四條，其中有三十六條輯自經典釋文，其餘則輯自文選李善注及集韻。茆泮林這裏所收録的資料雖然不算太多，卻開了搜輯司馬彪音注並使之『另爲一卷』的先河。此外，茆泮林還從王應麟莊子逸篇及衆家箋注中録出司馬彪注和與之相關的莊子佚文，又從他書輯得若干新條目，而成爲莊子逸語及莊子逸篇司馬注補遺。如從文選鮑照行藥至城東橋李善注輯得莊子佚文云：『商賈旦於市井以求其羸。』司馬彪注：『九夫爲井，井有市。』從文選賈誼鵩鳥賦李善注輯得莊子佚文云：『胥士之殉名，貪夫之殉財，天下皆然，不獨一人。』司馬彪注：『殉，營也。』從太平御覽卷九百二十八輯得莊子佚文云：『周周銜羽以渡河。』司馬彪注：『周周，河上鳥也。頭重尾輕，是以銜他鳥羽飛過河，如人之不可不求益於物以補其所短也。』從漢書揚雄傳蕭該音義輯得莊子佚文云：『多言而不訾。』司馬彪注：『訾，視也。』茆氏這裏輯得前人所未曾輯得的一些莊子佚文及司馬彪注，將其一併收入莊子逸語，使之廣爲世人所知，自有其一定的學術貢獻。

茆泮林不僅在輯佚方面用力甚勤，而且還在莊子司馬彪注考逸自序中一一指陳了孫馮翼司馬彪莊子注、莊子注考逸所存在的問題。如莊子人間世有『匠石之齊』之語，孫氏莊子注考逸引司馬彪云：『匠石，字伯夔。』並自加小注，以注明輯自文選何晏景福殿賦、王褒洞簫賦、嵇康琴賦、司馬彪贈山濤、張協七命李善注。茆泮林則指出：『引選注以「匠石」爲「字伯夔」，不知「夔」字爲琴賦注誤衍之字。』今案文選李善諸注引司馬彪注均作『石，字伯』，唯嵇康琴賦注引司馬彪注作『字伯夔』，乃因其後正文『夔襄薦法』之『夔』而致衍，説明茆氏之説不誣。茆泮林又指出：『「人之形者，萬化而未始有極」，本屬内篇大宗師語，孫氏引選注載入田子方篇，云：「今本莊子無『人之形者』四字。」』今案莊子大宗師篇實有『人之形者』二句，田子方篇則僅有『且萬化而未始有極也』一語，説明正如茆泮林所指出，文選賈誼鵩鳥賦李善注所引司馬彪爲之作注的『人之形者』二句，實爲大宗師篇之文，而孫氏卻不知曉，因而輯入田子方篇。

總之，茆泮林在孫馮翼輯佚的基礎上又有了不少推進，故茆氏自謂『茲輯更增得十之二三，其略加更訂處，視孫本差爲完善。』（莊子司馬彪注考逸自序）

第九節　俞樾的莊子平議、莊子人名考

俞樾（1821—1907），字蔭甫，號曲園，浙江德清人。道光三十年進士，官翰林院編修、河南學政。曾先後

主講蘇州紫陽、上海求志、德清清溪、歸安龍湖等書院，而以主講杭州詁經精舍爲最久，長達三十一年。一生潛心讀書、講學、著述，是繼高郵王氏父子之後最傑出的樸學大師之一。著作有群經平議、諸子平議、古書疑義舉例、俞樓雜纂等，總稱春在堂全書。

一、莊子平議

俞樾平生以治經、子、小學爲主，受到了乾嘉學派考據學的深刻影響，尤其服膺高郵王氏父子而宗法之。他所著諸子平議中的莊子平議三卷，即可看成是受王念孫莊子雜志的啟發而撰成的，並且還有明顯承因與拓展的痕跡。如他在考訂山木篇『一上一下，以和爲量』時說：『此本作「一下一上，以和爲量」，「上」與「量」爲韻。今作「一上一下」，失其韻矣。古書往往倒文以協韻，後人不知，而誤改者甚多。秋水篇「無東無西，始於元冥，反於大通」，亦後人所改。莊子原文，本作「無西無東」，與「通」爲韻也。王氏念孫已訂正矣。』這裏從王念孫對秋水篇『無東無西』的訂正而拓展到了對山木篇『一上一下』的訂正。他又在考訂天下篇『天下多得一察焉以自好』時說：『郭注斷「天下多得一」爲句，釋文曰：「得一，偏得一術。」王氏念孫謂「天下多得一察焉以自好」當作一句讀，「一察」謂「察其一端而不知其全體」。今按郭讀，文不成義，當從王讀。惟以「一察」爲「察其一端」，義亦未安。「察」當讀爲「際」，一際猶一邊也。』這裏從王念孫之句讀以糾郭象之失，唯對王氏以『一察』爲『察其一端』的說法持有異議。

從更高的層次上來看，俞樾主要還是借鑒、總結並改進了王氏父子研究諸子的方法，重視正句讀、審字義、通古文假借，並分析其特殊語文現象，因而在莊子文字訂正方面創獲殊多。如他在考釋齊物論篇『夫大塊噫氣』時說：

大塊者，地也。塊，乃『凷』之或體。説文土部：『凷，墣也。』蓋即中庸所謂一撮土之多者，積而至於廣大，則成地矣。故以地爲大塊也。司馬云：『大樸之貌。』郭注曰：『大塊者，無物也。』並失其義。此本説地籟，然則大塊非地而何？

據上下文來看，俞樾的解釋顯然比司馬彪、郭象的説法都要合理得多，故後人多從之。他又在考釋德充符篇『彼何賓賓以學子爲』時説：

『賓賓』之義，釋文引司馬云：『恭貌。』張云：『猶賢賢也。』崔云：『有所親疏也。』簡文云：『好名貌。』皆望文生義，未達古訓。賓賓，猶頻頻也。漢書司馬相如傳『仁頻并閭』，顔注曰：『「頻」字，或作「賓」。』是其例也。詩桑柔篇『國步斯頻』，説文目部作『國步斯矉』。書禹貢篇『海濱廣斥』，漢書地理志作『海瀕廣潟』。是皆賓聲、頻聲相通之證。

陸德明經典釋文所引司馬彪、張氏、崔譔、簡文帝諸説，似皆望文生義，遠不如俞樾訓『賓賓』爲『頻頻』，方與篇中文義相協。他又在考釋大宗師篇『其狀義而不朋』時説：

郭注曰：『與物同宜，而非朋黨。』是訓『義』爲『宜』，『朋』爲『党』，望文生訓，殊爲失之。此言其狀，豈言其德乎？『義』當讀爲『峨』，『峨』與『義』並從我聲，故得通用。天道篇『而狀義然』，『義然』即『峨然』也。『朋』讀爲『崩』。易復象辭『朋來無咎』，漢書五行志引作『崩來無咎』，是也。『其狀峨而不崩』者，言其狀峨然高大而不崩壞也。廣雅釋詁：『峨，高也。』釋訓：『峨峨，高也。』『高』與『大』義相近，故文選西京賦『神山峨峨』，薛綜注曰：『峨峨，高大也。』天道篇『義然』，即可以此説之。郭不知『義』爲『峨』之假字。於此文則訓爲『宜』，於彼文則曰『踶跂自持之貌』，皆就本字爲説，失之。

俞樾在這裏指出，郭象訓『義』爲『宜』，訓『朋』爲『黨』，皆甚失之，不若讀『義』爲『峨』，讀『朋』爲『崩』，將『其狀義而不朋』解釋爲『其狀峨然高大而不崩壞』，方合莊子本意。俞氏此說一出，學者多從之。他又在考釋庚桑楚篇『相與交食乎地而交樂乎天』時說：

郭注曰：『自其無心，皆與物共。』釋文引崔云：『交，俱也。』李云：『共也。』是皆未解『交』字之義。徐無鬼篇曰：『吾與之邀樂於天，吾與之邀食於地。』與此文異義同。『交』即『邀』也，古字止作『徼』。文二年左傳：『寡君願徼福於周公魯公。』此云『邀食乎地，邀樂乎天』，語意正相似。作『邀』者後出字，作『交』者假借字。詩桑扈篇：『彼交匪傲』，漢書五行志作『匪徼匪傲』，即其例矣。

今細審郭象、崔譔、李氏等家釋義，似皆不若俞樾之說爲勝。

要之，俞樾的莊子平議是繼王念孫莊子雜志之後又一部十分重要的莊子校訂著作，對莊子中大量文句、文義作了精心考訂，取得了很大的學術成就。此後孫詒讓莊子劄迻、郭慶藩莊子集釋、章炳麟莊子解故、于鬯莊子校書、陶鴻慶讀莊子劄記、劉師培莊子斠補、高亨莊子新箋、王叔岷莊子校釋等等，幾乎莫不受其沾溉。

二、莊子人名考

莊子書中頻頻出現的人名，非實非虛，或實或虛，魏晉南北朝時期的解讀者對此一般只作簡單的解釋，或者乾脆不作任何解釋。唐成玄英在莊子注疏中主要以坐實的方法對莊子人名幾乎都作了解釋，從而在很大程度上彌補了前人注解之不足。宋王雱在南華真經新傳中則主要從義理的角度對莊子制定各個人名的用意幾乎都作了認真探究，從而又從一個方面彌補了成玄英疏解之不足。俞樾在利用前人成果的基礎上，更本著樸學精神對莊子中衆多人名幾乎都作了精心考釋，著成莊子人名考一卷，取得了爲前人所無法比擬的新成就。如齊物論篇有『顔成子游』之名，俞樾說：

李云：『子綦弟子也。姓顏，名偃，謚成，字子游。』按廣韻十四清『成』字注云：『複姓十五氏，莊子有「顏成子游」。』則『成』非謚。

陸德明經典釋文引李氏說，謂顏成子游姓顏、名偃、謚成、字子游，成玄英莊子注疏又謂其姓顏、名偃、字子游，俞樾則據廣韻注而謂『顏成』爲複姓，理由較爲充分，故馬其昶莊子故、王叔岷莊子校詮等皆從其說。山木篇有『大公任』之名，俞樾說：

李云：『大公，大夫稱；任，其名。』按：廣韻一東『公』字注云：『世本有「大公叔穎」。』然則『大公』乃覆（複）姓，非大夫之稱也。

除經典釋文所引李氏之說外，還有成玄英莊子注疏說：『大公，老者稱也；任，名也。』但比較起來，似皆不如俞樾之說顯得合理一些。達生篇有『梓慶』之名，俞樾說：

李云：『魯大匠也。梓，官名；慶，其名也。』按：襄四年左傳：『定姒薨，匠慶謂季文子曰：「子爲正卿，而小君之喪不成，不終君也。」』杜注：『匠慶，魯大匠。』即此『梓慶』矣。

經典釋文所引李氏之說，未知有何依據，而俞樾引左傳及杜預注爲說，則頗可令人信服。

俞樾在重視實證的同時，還注意探究莊子人名的寓意，盡可能揭示出莊子製名亦實亦虛的特徵。如人間世篇有『支離疏』之名，俞樾說：

司馬云：『支離，形體不全貌；疏，其名也。』按：下有『支離其形』句，故舊解如此。然漢有複姓『支離』，見廣韻五支注。莊子書至樂篇有『支離叔』，列禦寇篇有『支離益』，則『支離疏』自是人姓名，藉以寓形體不全之意，正猶湯廣大、棘狹小矣。

除經典釋文所引司馬彪的解說外，還有成玄英莊子注疏謂『支離疏』爲『四肢離折，百體寬疏』，王雱南華真經新傳謂爲『形不正之人』。俞樾則據廣韻五支注和莊子有關資料認爲，『支離』爲複姓，『疏』自是名，其姓名寓有

『形體不全』之意。應當説，俞樾的解釋比較全面，而且有較爲充足的文獻依據。盜跖篇有『盜跖』之名，俞樾説：

> 釋文引李寄注漢書云：『跖，秦之大盜也。』按：史記伯夷傳正義又云：『跖者，黄帝時大盜之名。』是跖之爲何時人，竟無定説。孔子與柳下惠不同時，柳下惠與盜跖亦不同時，讀者勿以寓言爲實也。

『盜跖』事跡，見於孟子滕文公下，荀子勸學及不苟，韓非子説林下及守道、用人、五蠹、忠孝，説苑説叢，韓詩外傳卷三，經典釋文引李寄注漢書，史記伯夷傳正義等等，説法各不相同。俞樾有見於此，並根據盜跖篇所出現的『孔子與柳下惠不同時，柳下惠與盜跖亦不同時』的情況，便認爲此爲虚構的故事，要求人們『勿以寓言爲實』。誠然，歷史上雖有『盜跖』其人，但盜跖篇出人意表地把一位被時人稱爲『聖之和也』的柳下季（柳下惠）和統治階級最仇視的所謂『殺人放火』的盜跖這兩位時代不同、性格完全相反、階級地位十分懸殊的人物寫成親兄弟的關係，又『謬爲牽合』相去百年之外的孔丘與柳下季爲好友，並且讓最大的學術權威、道德模範孔丘出場遊説，讓『最無道』的盜跖在理論上徹底戰勝他，這正如俞樾所説，完全是一個虚構的故事，『讀者勿以寓言爲實也』。

總之，俞樾把莊子人名研究推到了一個嶄新的階段。而且，他所撰寫的這部莊子人名考，還是歷史上唯一的莊子人名研究的專著，至今未有同類著作問世，因此他在這方面一直享有崇高的學術地位。

第十節　孫詒讓的莊子劄迻

孫詒讓（1848—1908），字仲容，號籀廎，浙江瑞安人。自幼勤奮好學，曾隨其父衣言宦遊京師、江淮等地。

同治六年舉人，官刑部主事。晚年致力於地方教育，曾主溫州師範學校，充浙江教育總會會長。在校訓古籍、詮釋古文字和考訂名物制度等方面，都有卓越成就。平生著作甚富，主要有古籀拾遺、古籀餘論、籀廎述林、尚書駢枝、周禮正義、周禮三家佚注、墨子間詁、契文舉例、名原、劄迻、溫州經籍志等。

劄迻爲孫詒讓校釋群書的劄記，涉及經、史、子、集四部之書達七十七種之多。莊子劄迻即爲劄迻卷五之主要部分，是以明世德堂刊莊子郭象注本校景宋成玄英疏本及王念孫莊子雜志、俞樾莊子平議的劄記，凡五十餘條。孫詒讓生當清末，既能繼承前輩樸學大師的優良傳統，又能在考釋方法上有所創新。如他在考釋天運篇『唯循大變無所湮者爲能用之』之『大變』時，不但重視與漢隸的比較，而且還利用了漢代碑刻資料。在考釋應帝王篇『汝又何帛以治天下感予之心爲』之『帛』字時，更是證以漢隸和金文，認爲『帛』疑當爲『假』，『何假』猶言『何藉』，而陸德明經典釋文於『帛』下謂徐邈音藝、又魚例反、司馬彪訓爲『法』、崔譔本作『爲』，皆非。並云：『王筠說文句讀據崔本，謂「帛」是「爲」古文作「𦥑」之訛，俞氏平議又謂「帛」當爲「臬」，而讀爲「寱」，並未得其義。』儘管孫詒讓此處的說法未必正確，但他以古文字資料與古文獻互相證發，這無疑是他超越以往校釋莊子者的地方。

孫詒讓使用校勘方法較爲全面，尤其以理校見長。如盜跖篇有『堯舜爲帝而雍』之語，成玄英疏：『雍，和也。』孫詒讓則說：『案：「而雍」義難通，「雍」疑當爲「推」，形近而誤。謂推位於善卷、許由也。成疏望文生訓，不足據。』孫詒讓這裏根據上下文的意思斷定『雍』爲『推』字之誤，甚有道理，故章炳麟莊子解故從之。但比較而言，孫詒讓在理校中更多地還是注意到了莊子文字的通假現象。如人間世篇有『強以仁義繩墨之言術暴人之前』之語，孫詒讓說：

案：『術』與『述』古通。禮記祭義『結諸心，形諸色，而術省之』，鄭注云：『術，當爲「述」，聲之誤也。』

林希逸南華真經口義已謂「『術』與『述』同」，羅勉道南華真經循本亦謂「『術』讀作『述』」，孫詒讓更是以文獻爲佐證，認爲『術』與『述』古通用，從而使莊子句意得到了疏通。又天地篇有『孝子操藥以修慈父』之語，孫詒讓說：

案：『修』與『羞』古通。儀禮鄉飲酒禮『乃羞無算爵』，禮記鄉飲酒義作『修爵無數』，是其例也。爾雅釋詁云：『羞，進也。』

成玄英莊子注疏云：『修，理也。』似遠不如孫詒讓以『修』爲『羞』之通假字，訓進，於義爲長。又天運篇有『仁義，先王之蘧廬也』之語，孫詒讓說：

（郭象）注云：『猶傳舍也。』釋文引司馬彪說亦同。釋文云：『蘧，音渠。』案：依注說，則『蘧』當爲『遽』之借字。說文辵部云：『遽，傳也。』周禮『行夫掌邦國傳遽之小事』，鄭注『傳遽』云：『若今時乘傳騎驛而使者也。』傳遽所止廬舍謂之遽廬，故云『可以一宿而不可久處』。周禮釋文『傳遽』字，音其據反（大僕），又音其庶反（行夫）。此音蘧，如字，殆未知其爲『遽』之假借字與？

林希逸云：『蘧廬，草屋也。』王敔云：『廬有脊無柱；蘧謂蘧麥，以野草雜覆之。』（見王夫之莊子解）凡此，皆不如孫詒讓的訓釋足可令人信服。又外物篇有『且之網得白龜焉，其圓五尺』之語，孫詒讓說：

圓，『運』之聲轉。山海經西山經云：『是山也，廣員百里。』國語越語云：『勾踐之國，廣運百里。』韋注云：『東西爲廣，南北爲從。』此以『圓』爲『運』，猶山海經以『員』爲『運』也。其運五尺，言龜大徑五尺，猶山木篇說異鵲云『翼廣七尺，目大運寸』矣。

舊注多謂『圓』爲周長，亦皆不如孫詒讓訓『圓』爲『運』，謂『其圓五尺』爲『龜大徑五尺』，方合外物篇作者之本意。

此外，孫詒讓對莊子衍文和句讀也有所關注。如陸德明經典釋文於駢拇篇『雖通如楊墨』下云：『一本無此句。』孫詒讓說：『案：今本無此文。然依陸說，似亦不當止多此一句。竊疑當云：「屬其性乎辯者，雖通如楊墨，非我所謂臧也。」蓋舊本「屬其性乎仁義」章後，「屬其性於五味」章前，多此一章。上文亦以曾史枝於仁、楊墨駢於辯分舉，即其例也。釋文止出此一句，陸偶疏耳。』可備一說。天運篇有『殺盜非殺人，自爲種而天下耳』之語，孫詒讓說：

案：郭讀『非殺』句斷。荀子正名篇云：『殺盜非殺人。』楊注云：『「殺盜非殺人」，亦見莊子。』則楊倞讀『人』字句斷，亦通。

自郭象以來，多以『人』字屬下句讀，而孫詒讓引荀子及楊倞注爲證，傾向於將『人』字屬上句讀，於義爲長，故王叔岷說：『注從「非殺」絕句，成疏本之，說殊牽強。孫詒讓引荀子正名篇楊注從「人」字絕句，是也。墨子小取篇「殺盜非殺人也」，亦其證。』（莊子校釋）

第十一節　于鬯的莊子校書

于鬯（1854—1910），字醴尊，一字東廂，自號香草，江蘇南匯人。自幼聰慧，文靜多思，王先謙是他補廩膳生時座師。登光緒二十三年拔萃科，未仕。一生致力於學問，與俞樾有往還。曾主持南匯『芸香草堂』講席，提倡漢學，並於光緒二十三年創『治經會』於周浦。著作有周易讀異、尚書讀異、儀禮讀異、新定魯論語疏正、戰國策注、史記散筆、香草校書、香草續校書等。

香草續校書主要爲校勘子部的著作，其中有莊子校書三卷，所作新解或校釋條目多達一百七十餘條，往往能提出一些新人耳目的見解。如他在馬蹄篇『織而衣，耕而食』下說：『鬯案：莊子猶不能廢織而衣耕而食，則豈能廢陶匠哉？其織也，無機乎，果有機乎？則匠人需矣。其食也，無盛乎，果有盛乎？則陶者需矣。其衣也，無紉乎，果有紉乎？其耕也，無鐵乎，果有鐵乎？則所需且不止於陶匠矣。且其織也，取理絲而去棼絲乎？其耕也，留嘉禾而鋤草萊乎？則與陶者之中規矩，匠人之中鉤繩，何以異哉？凡莊子書中可議處類如是，讀莊蓋不在指摘之例，聊拈於此。」于鬯此處提出了一連串的質疑，以引起人們對莊子是否真的不食人間煙火等問題的追問，顯得頗爲別致。又在逍遥遊篇題目下云：

> 天道篇云：『逍遥，無爲也。』此莊子自注。又達生篇云：『逍遥乎無事之業。』讓王篇云：『逍遥乎天地之間。』又案：『逍遥』可作『須臾』解。楚辭離騷『聊逍遥以相羊』，蕭統文選『逍遥』作『須臾』。須臾、逍遥並疊韻字，須逍、臾遥並一聲之轉，例得通用。故漢書禮樂志『須臾』作『須搖』，顔師古集注云：『須搖，須臾也。』然則逍遥者，須臾遊也。知北遊篇云：『雖有壽夭，相去幾何。須臾之説也。』即逍遥遊之義也。故曰：『若夫乘天地之正，而御六氣之辯，以遊無窮者，彼且惡乎待哉！』『無窮』二字爲一篇主腦，蓋不須臾，惟有無窮耳。苟有窮，雖如鵬去以六月息，在鵬亦須臾耳。冥靈以五百歲爲春，五百歲爲秋，大椿以八千歲爲春，八千歲爲秋，在冥靈、大椿亦須臾耳。

像這樣以『須臾遊』釋莊子逍遥義，又以『無窮』爲篇旨，實爲歷代所無，甚可使人耳目一新。當然，儘管于鬯引經據典，但此説仍有待商榷，且未能真正觸及逍遥遊篇『無待逍遥』的主旨。

對於字、詞、句乃至句群間的意義，于鬯也每出己意。如他在解釋逍遥遊篇『之二蟲又何知』等十八字時説：『「二蟲」承「蜩」與「學鳩」而言。此十八字當一氣讀，言此二蟲之不知小不及大也。故下文云：「奚以知其然也？朝菌不知晦朔，惠蛄不知春秋。」明蜩、鳩之不知小知不及大知、小年不及大年矣。郭象注以「二蟲」爲「鵬」、「蜩」，既失之，又於「何知」截斷，則「小知」二句意便粘滯，而下文亦隔閡不通。』這裏對小、大二層意思的理解，似乎有待進一步深挖，但其能準確指出『二蟲』爲『蜩』與『學鳩』，並糾正郭注將『二蟲』釋爲『鵬』、『蜩』的錯誤，則無疑值得肯定。又齊物論篇有『奚必知代而心自取者有之愚者與有焉』十六字，于鬯訓釋説：

鬯案：『奚必知代而心自取者有之』十一字爲句。『代』者，更易也。許叔重說文人部云：『代，更也。』漢書食貨志顏集注云：『代，易也。』『知代而心自取者』，謂知更易其成心者也。上文云：『夫隨其成心而師之，誰獨且無師乎？』蓋惟知更易其成心者，其心方有師。若隨其成心而師之，雖愚者亦有師矣，奚必知代而心自取者始有哉？故曰：『奚必知代而心自取者有之？愚者與有焉。』郭注云『夫以成代不成，非知也，心自得耳』云云，是讀『奚必知代』四字絕句，則誤讀而誤解矣。

對於齊物論篇這十六字，人們持有不同的斷句方法，即如今人王叔岷先生所著莊子校詮仍認爲，此十六字『分陳三義』，應斷爲『三句』，即：『奚必知代；而心自取者有之；愚者與有焉。』而于鬯卻指出，『奚必知代而心自取者有之』十一字當作一句讀，如運用現代標點符號，此十一字加上下五字當斷爲：『奚必知代而心自取者有之？愚者與有焉。』應當說，于鬯的句讀是正確的，只是其解釋句意雖勝過郭象，卻仍存在著一些問題。莊子原意應當是說：何必懂得事物更替變化之理的聰明人才有這種是非標準呢？即使是愚笨的人，也是有這種標準的。

比較起來，于鬯的莊子校書主要還是以訓釋字、詞爲主，因而他的獨特見解大多表現在訓詁方面。如他在訓釋大宗師篇『或編曲』時說：『此「曲」爲「歌曲」之「曲」，下文云「或鼓琴相和而歌」，則其義甚明，而陸釋引李乃云「曲，蠶薄」，據「曲」字本義說之，當因一「編」字不可屬歌曲耳。然今人作村歌正曰編，或稱村歌曰里編，殆即本此編曲，知俗語亦有自來矣。』

今細審文義，前人如李頤謂『曲』爲『蠶薄』，成玄英謂『編曲』爲『編薄織簾』，皆與下『鼓琴』、『相和而歌』等文句不相協，實不如依于鬯訓爲『歌曲』之『曲』爲長。又大宗師篇有『特犯人之形』語，于鬯訓釋說：

鬯案：『犯』當讀爲『範』。易繫傳陸釋引馬、王、張本『範圍』作『犯違』，是『範』、『犯』一字通用。依說文，字作『笵』。書傳則多用『範』字。……荀子彊國篇楊倞注云『刑範鑄劍，規模之器也。』

『犯人之形』者，蓋正以鑄劍爲喻，故下文云：『今大冶鑄金，金踴躍曰：「我且必爲鏌鋣！」大冶必以爲不祥之金。今一犯人之形，而曰「人耳人耳」，夫造化者必以爲不祥之人。今一以天地爲大鑪，以造化爲大冶，惡乎往而不可哉！』此言『特犯人之形』，即彼言『今一犯人之形』，彼正以鑄劍喻『犯人』，則『犯』字之義可得矣。

這裏旁徵博引，以證成大宗師篇『特犯人之形』之『犯』字通『範』，猶今所謂鑄造，極是。此外，如他謂胠篋篇『十二世有齊國』之『十二世』乃是指『田成子以後有齊國者十二世』而言，謂外物篇『鮒魚來』之『來』爲語助辭，謂達生篇『密而不應』猶言『默而不應』，謂天道篇『知雖落天地』之『落』通『絡』，讀秋水篇『人卒九州』之『卒』爲『萃』等等，皆甚有見地，往往能發前人之所未發。

然縱觀于鬯的莊子校書，亦每有瑕疵可見。如其謂逍遥遊篇『何不慮以爲大樽而浮之江湖』之『慮』爲語辭，謂達生篇『吾聞祝腎學生，吾子與祝腎遊』當斷爲『吾聞祝腎學生吾，子與祝腎遊』，讀徐無鬼篇『其命闔也不以完』之『完』爲『院』，讀馬蹄篇『翹足而陸』之『陸』爲『水陸』之『陸』，訓齊物論篇『夫子以爲孟浪之言』之『孟浪』爲『夢』，以爲「『孟浪』合音爲『夢』，短言曰『夢』，長言曰『孟浪』」，『孟浪之言』猶云『夢之言』也」等等，皆甚牽強附會，實不可從。這説明，于鬯的學術功力已不可與前輩乾嘉大師同日而語，因而其所著莊子校書的學術價值也就不及王念孫莊子雜志、俞樾莊子平議、孫詒讓莊子劄迻等書了。

第十二節　武延緒的莊子劄記

武延緒（1857—1917），字次彭，號彝年，直隸永年人。出身於官宦世家，家學傳統有自。清光緒十八年舉進士，授翰林院庶起士，選湖北京山知縣，署歸州知州，頗有政聲。辛亥鼎革，歸里侍母，精書法，擅考據，著有所好齋劄記、所好齋集。

莊子劄記在所好齋劄記内，乃是據明世德堂本莊子所作之考釋文字，前有淳安邵瑞彭於民國二十一年所撰（武延緒）傳云：「（公）天資穎茂，劬學好修，嘗謂：『讀書爲聞道耳，非爲干禄也。立身當以七十子爲法，而治學宜宗漢儒。』故於經史百家之書，偶一過目，疑義立解，凡舊説望文生訓者，一一辨正，洞中竅要，不爲高名所眴，大氏從字義、辭例上求古人真意所在，每發一解，動與乾嘉老師冥會。」誠然，武延緒於前人訓解，每有所辨正。如則陽篇有「禍福淳淳至，有所拂者而有所宜」之語，武延緒不同意前人以「至」字屬下句讀，認爲「此當以『禍福諄（淳）至』爲句」，方可「與下句『有所正者有所差』成對文」。逍遥遊篇有「是其言也，猶時女也」之語，司馬彪訓「時女」爲「處女」，成玄英謂「時女」爲「少年處室之女」，武延緒則辨正説：「按『其』字即指上瞽聾云云而言，下句『時女』，『時』猶『是』也。各解均未洽。」此説極是。大宗師篇有「是知之能登假於道也若此」之語，武延緒辨釋説：「按音義：『假，更百反，至也。』此因注言『夫知之登至於道者』一語而誤也。德充符篇『彼且擇日而登假，人則從是也』，與此『登假』同義，而彼注云：『假借之人，由此而最之耳。』音義因之，遂音假，古雅反，訓之曰『借也』。是分『登』、『假』二字爲二句矣。一書而兩義，殊爲不類。彼音義又引徐云：『假音遐，讀連上句。』則合『登假』爲句，而又未明其義。總之，不識『假』爲『登假』之説也。列子黄帝篇『而帝登假』，周穆王篇『世以爲登假焉』，湯問篇曰『謂之登假』，墨子節葬篇『謂之登遐』，『遐』通『假』。太平廣記作『登煙霞』，『遐』、『霞』、『假』同。」此處先批評了郭象謂德充符篇「彼且擇日而登假，人則從是也」之「假」爲「真假」之「假」，並將此「假」字屬下句讀，與「人」字合爲「假人」一詞之錯誤，而後引列子之黄帝、周穆王、湯問等篇及墨子節葬、太平廣記中相關資料作爲佐證，斷言大宗師篇「登假」之「假」與德充符篇「登假」之「假」一樣，亦當與「遐」、「霞」相通假，訓「登假」爲登升、上升。此説甚是有理，值得信從。逍遥遊篇有「其名爲鯤」之語，武延緒考釋説：

按：崔譔曰：『鯤，當爲鯨。』簡文同。爾雅釋魚：『鯤，魚子。』魯語：『魚禁鯤鮞。』類篇或作『鰥鱳』。釋名：『鰥，昆也。』爾雅釋魚疏：『鰥，魚子。「鰥」、「鯤」字異，蓋古字通用也。』集韻：『鱳，魚子也。』王紉秋曰：『說文鰥魚在鰥鯉之間，非大魚也。此以大魚假魚子之名，以齊小大。』此皆據爾雅以爲訓者也。然『鯀』亦訓大魚。玉篇：『鯀，大魚也。』鰥之訓大魚者，詩『其魚魴鰥』，傳：『大魚也。』孔叢子抗志篇：『衛人釣於河，得鰥魚焉，其大盈車。子思問曰：「如之何得之？」對曰：「吾垂一魴之餌，鰥過而不視，更以豚之半，則吞矣。」』『鯤鱮』見淮南子地形訓，按既爲蛟龍所生，則亦爲大魚無疑。又疑『鯤』從『昆弟』之『昆』，『鮷』從『昆弟』之『弟』。說文：『鮷，大鯰也。』一作『鯷』。戰國策『鯷冠秫縫』，注：『鯷，大鯰，以其皮爲冠。』類篇：『鯷魚重千斤。』疑古人制字，各有精義，從『弟』之『鮷』訓大魚，豈以從『昆』之『鯤』必訓小魚乎？爾雅釋爲『魚子』，蓋從其多者常者而言，若必拘拘以小魚爲解，亦不必也。又況鯉可化龍，豈可盡釋爲小魚乎？宋玉對楚王問，持論即本於此，宋文正作『鯤魚』。若疑爲後人所改，則何不改『鳳凰』爲『鵬』邪？若疑爲誤，恐莊、列、宋三本不應皆誤也。

陸德明經典釋文謂『鯤』爲『大魚名』，羅勉道南華真經循本、方以智藥地炮莊、郭慶藩莊子集釋等訓爲『魚子』或『小魚』，王闓運莊子王氏注也說：『此以大魚假魚子之名，以齊小大。』總的說來，前人多以『鯤』爲小魚之名，認爲莊子此處有齊同大小的寓意。武延緒則根據說文解字、玉篇及詩經盧令毛傳、孔叢子抗志、淮南子地形訓、戰國策趙策鮑彪注、宋玉對楚王問等相關資料，一反多數人的傳統看法，認爲『鯤』爲大魚之名，學者率多據爾雅爲訓，皆失之。現在雖然還不能判定武氏此說是否真的符合莊子本意，但這種大膽懷疑的精神卻值得肯定。

同時，武延緒對莊子文本亦每有所考訂。如盜跖篇有『今富人耳營鐘鼓管籥之聲，口嗛於芻豢醪醴之味』之語，武延緒說：『按「營」下疑脫「於」字。』駢拇篇有語云『彼正正者』，武延緒說：『按「正正」二字承上言，當作「至正」。』外物篇有『若是勞者之務也，非佚者之所未嘗過而問焉』之語，武延緒説：『疑當作「勞者之務也，佚者之未嘗過而問焉。「非」字衍文。』凡此説法，似皆可以信從，但其中有些意見，前人或時賢亦已有所言及，並非爲武氏一人之獨見。此外，武延緒所撰寫的衆多條目，往往只有結論，而缺乏論證。如大宗師篇『故樂通物』，武氏云：『按「通」，疑爲「道」。』在宥篇『而下爲王』，武氏云：『按「王」，疑「主」字之缺。』天地篇『聖人羞之』，武氏云：『按「羞」，猶「養」也。』天道篇『中心物愷』，武氏云：『按「物」，疑「慷」之訛。』天運篇『不足以爲廣』，武氏云：『按「廣」，疑當爲「度」。』刻意篇『天德之象也』，武氏云：『按「天」，疑「失」字之訛。』外物篇『飾小説以干縣令』，武氏云：『按「干」，讀若「竿」。』天下篇『察古人之全』，武氏云：『按「古人」，疑當作「古今」。』諸如此類，皆不作任何論證，不足以令人信服。

第十四章　清代小説家的莊子學

第一節　清代小説家莊子學概説

清代戲曲家承元明之緒餘，猶有以莊子寓言故事爲敷演對象的。如清初王鑨著有傳奇雙蝶夢，凡三十三出，演沈端、董璚珠夢蝶許配事，其題目作老莊周賣蝶放蝶，張參軍冰人作人；董小姐入夢出夢，沈秀才尋親做親。道光四年慶升平班戲目著録有漢劇度柏簡，敘演莊周閒遊，見道旁有被盜殺死之人，乃用犬心置其腹中，死者張聰由是得活，而渾忘其死，反誣莊周爲盜，扭至縣衙，縣令白（柏）簡勘審，莊周告以實情，並用法扇張，張遂仍化爲骷髏，白（柏）簡頓悟，棄官隨莊周學道。

但比較而言，清代小説家吸納、化用莊子思想資料的現象則更爲常見。衆所周知，曹雪芹特别鍾愛莊子，其所創作的不朽巨著紅樓夢，顯然具有濃郁的莊學色彩，故脂硯齋於甲戌本第一回即有眉批云：『閲其筆則是莊子、離騷之亞。』其影響所及，遂使一批紅樓夢的續作也與莊子結下了不解之緣。如俞達著青樓夢，書名是借著紅樓夢而定的，題材和寫作方式也均有模仿紅樓夢的痕跡，而對莊子思想資料的援引與化用，同樣有追慕紅樓夢的跡象。其第四十九回云：『挹香道：「這蝶兒豈不貴重？昔莊子成地仙，化爲蝶兒。人可化爲蝶兒，則蝶兒足貴。借蝶兒以化仙，則蝶兒更足貴。姐姐何輕此蝶兒耶？」愛卿道：「你又不作地仙，又何必羨那蝶兒？」挹香道：「蝶兒有如此好處，怎麼不要羡慕那蝶兒？」愛卿笑道：「你與蝶兒，蝶兒與你，倒可謂之知己。不然，你無蝶兒，亦不論此一番；蝶兒無你，焉能説得他淋漓盡致？」挹香聽了，忽有所悟。見小蘭、吟梅至，便將籠内的蝶兒一指，慨然而歎道：「蝶兒，蝶兒，我將看破紅塵，洗空心地，要學莊周之化蝶兒矣。」」這裏通過大膽化用莊子齊物論『莊周夢爲胡蝶』的寓言故事，真實地反映了作者所謂『洗空心地』、『看破紅塵』的思想。嫏嬛山樵著補紅樓夢，其敘云：『太上忘情，賢者過情，愚者不及情，故至人無夢，愚人無夢。是莊生之栩栩夢爲蝴蝶，彼猶是過情之賢者，不能如太上之忘情，亦不能如至人之無夢者也；是鍾情者，正賢者之過情者也，亦正夢境纏綿之甚焉者也。不知莊周之爲蝴蝶，蝴蝶之爲莊周？然則夢生於情，抑情生於夢耶？』並在第三十回讓寶玉作出評論説：『可見莊周之栩栩夢爲蝴蝶，尚不能如太上之忘情，故亦不能如至人之無夢也。這「情」一字，原是不可少的，也是不能免的。』這裏卻不太同意莊子的『無情』説，認爲『我輩』不可没有喜怒哀樂之『情』，莊子本人其實也並没有完全忘記『情』字。

呂熊著女仙外史，將魔、仙、佛並稱三教，間亦援引莊子思想資料，如其第八十八回云：『道衍信步之際，見個松顏鶴骨的人，在石澗旁邊，將鋤來墾闢沙土，曲曲折折引澗水通流，灌入菜畦。道衍自言道：「抱甕而灌者其拙，桔槔而引者太巧，此可謂得其自然之利。」那人便停了手，支著鋤兒問道：「師父，你通文達理的話，山村蠢夫，全不省得。」道衍笑道：「豈是你省得的？」那人道：「求師父講解講解，方不虛了話中的妙意。」道衍笑道：「講來你也不省！然我既贊你，安可不使爾知道？」就把其中原委講解出來：漢陰丈人抱個大甕取水來灌菜圃，子貢見了説：「老父何不用桔槔爲便？」丈人答道：「人有機心，乃有機事，我深惡桔槔之用機也。」那桔槔是戽水的車兒，全用著機關運水的，你今墾殺爲溝以引水，在乎巧拙之間，我所以説這兩句。』這裏據莊子天地『漢陰丈人』寓言故事予以改鑄，情節和人物皆有所更動，而仍未失莊子當日著筆之意。李汝珍著鏡花緣，以其神幻詼諧的創作手法數經據典，每以學問作爲炫耀，其第八十七回云：『若要雄壯，這有何難！我仿莊子：其名爲鵬，鵬之大不知其幾千里也。怒而飛，其翼若垂天之雲。是鵬也，海運則將徙於南冥。南冥者，天池也。諧之言曰：「鵬之徙於南冥也，水擊三千里，摶扶搖而上者九萬里，去以六月隨者也。」』第九十三回云：『今日諸位姐姐所飛這些雙聲叠韻，經史子集無般不有，妹子在旁看著，何敢贊一詞。只有莊子一句恰對我的光景：……莊子「吾驚怖其言，猶河漢而無極也」。「河漢」古音雙聲，「而無」今音雙聲。』這裏雖仍有莊子文章般的詼諧，但在小說中如此偏重知識，畢竟有賣弄學問之嫌。劉鶚著老殘遊記，其第三回借高紹殷之口說：『這是部宋版張君房刻本的莊子，從那裏得來的？此書世上久不見了，季滄葦、黃丕烈諸人俱未見過，要算希世之寶呢！』這簡直就是莊子版本專家說的話，反映出學識博雜、精於考古的劉鶚對莊子版本都有一定的研究。

此外，如褚人獲隋唐演義所謂『莊子的寓言，離騷的托諷，固是詞人幻化之筆』（第三十六回），艾衲居士豆棚閒話所謂『總評人知小說昉於唐人，不知其於漆園莊子、龍門史遷也。莊子一書，寓言十九，大至鯤鵬，小及鷽鳩、鷦鷯之屬，散木鳴雁，可喻養生；解牛斵輪，無非妙義。甚至詼諧賢聖，談笑帝王，此漆園小說也』（第二則），李百川綠野仙蹤所謂『孟嘗勢敗誰雞狗？莊子才高亦馬牛！追想令威鶴化語，每逢荒冢倍神遊』（第一回），夏敬渠野叟曝言所謂『聖人之性是仁義禮智之性，擴而充之，以保四海，此聖人盡性之事也；老莊則以仁義禮智爲賊性之物，而以清淨爲盡性矣。聖人之命是理宰乎氣之命，殀壽不貳，終身以從此聖人至命之事也；老莊則以格致誠正爲害命之事，而以昏默爲至命矣。故聖人之主靜，以敬戒懼恐懼，其靜也常惺；老莊之主靜，以忘去知離形，其靜也常槁。聖人之無欲，一私不擾，而萬善咸歸；老莊之無欲，一念不起，而四端俱滅。聖人之主靜，惟常惺，故喜怒哀樂，發爲禮樂兵刑，位天地，育萬物，故能立人極；老莊則槁矣，方且遺世獨立，而何與於人？聖人之無欲，惟萬善咸歸，故仁義禮智即通於元亨利貞，先弗違後奉若，故能見天心；老莊則四端懼滅矣，方且坐井觀天，天安可得』（第五十九回），梁溪司香舊尉海上塵天影所謂『莊周夢蝶，不知莊之是蝶，蝶之是莊，他的曠達聰明，也算到了極地了。人生世上，本是蜉蝣』（第三十五回），等等，也皆從不同的角度闡釋了莊子思想資料，説明清代小説家們繼元明戲曲和小説作家之後，又爲莊子學的發展作出了一定的貢獻。

第二節　紅樓夢對莊子的吸納與化用

紅樓夢的偉大不僅在於它締造了一個藝術的殿堂，還在於它是一部對社會、對人生的沉思録。作爲中國傳統文化孕育的産物，紅樓夢以多樣的形式表現了儒、道、釋等各種思想的碰撞，反映出了作者的豐富思想。由於曹雪芹特别鍾愛莊子，無論是創作本旨，還是主要人物的塑造方面，紅樓夢都著上了濃厚的莊學色彩。脂硯齋於甲戌本第一回有眉批云：『閲其筆則是莊子、離騷之亞。』①説的就是這一特徵。

一、紅樓夢的思想基調與莊子

首先需要明白一點，曹雪芹創作紅樓夢並非僅是爲了娱悦耳目，更多的是爲了安放他内心深處的某種寄托與願望。很多研究者認爲紅樓夢的最終目的在於揭示封建社會不可克服的内在矛盾和必然走向毁滅的命運。這種認識固然不錯，然而未必是作者的本意。儘管曹雪芹厭煩君主專制社會所宣揚的那一套價值體系和生活方式，但他依然無法站在意識形態的立場來批判這個社會。

要追尋紅樓夢的思想基調，讀懂第一回、第五回以及脂硯齋的評語是個關鍵。小説開卷即説：『作者自

① 脂硯齋全評石頭記，東方出版社2006年版。

云：因曾歷過一番夢幻之後，故將真事隱去，而借「通靈」之説，撰此石頭記一書也，故曰「甄士隱」云云。』①這裏緊要處乃是將『夢幻』與『真事』對舉，意謂紅樓夢所記之事、所述之人實爲亦真亦幻。『太虛幻境』裏的一副對聯『假作真時真亦假，無爲有處有還無』可以進一步説明這點。亦真亦幻其實是對不確定性的一種體驗，不確定性自然會生發出虛無之感。曹雪芹歷經家族盛衰的瞬間轉换，品味由『錦衣紈袴』變爲『茅椽蓬牖』的塵世辛酸，所以才有『無材可去補蒼天，枉入紅塵若許年』的切膚之痛。他撰寫紅樓夢即是要站在這『紅塵』之外對社會、人生作一反觀。作者的這種特殊經歷、超越意識以及反思能力讓他心裏有了不可排遣的虛無感。因此，這就決定了紅樓夢的思想基調傾向於『夢幻』、『虛無』。小説第五回賈寶玉夢入幻境，聽到一曲飛鳥各投林，其歌曰：『爲官的，家業凋零；富貴的，金銀散盡；有恩的，死裏逃生；無情的，分明報應；……好一似食盡鳥投林，落了片白茫茫大地真乾淨！』此回末尾並有詩句：『一枕幽夢同誰訴，千古情人獨我癡。』作者之『夢幻』、『虛無』的思想在這些句子中體現得非常明顯，難怪脂硯齋於庚辰本第四十八回批云：『一部大書起是夢，寶玉情是夢，賈瑞淫是夢，秦氏家計長策又是夢，今作詩也是夢，一併風月鑒亦從夢中所有，故曰紅樓夢也。余今批評亦在夢中，特爲夢中之人特作此一大夢也。』②曹雪芹通過紅樓夢，把對社會、人生的沉思上升到哲學層面，他在夢幻、虛無之中把握到了事物的本質。黑格爾曾説：『這種「無」並不是人們通常所説的無或無物，乃是被認作遠離一切觀念、一切對象，也就是單純的、自身同一的、無規定的、抽象的統一。因此，這「無」同時也是肯定的：這就是我們叫做的本質。』③這用來解釋曹雪芹所體悟到的『無』倒是比較恰當的。

---

① 本節所引紅樓夢原文，如不另加説明，皆出自戚蓼生序本石頭記，人民文學出版社1975年版。
② 脂硯齋全評石頭記，東方出版社2006年版。
③ 黑格爾哲學史講演錄第一卷，商務印書館1981年，第131頁。

紅樓夢這種『夢幻』、『虛無』的思想基調多取自於莊子，或者説多從莊子中得到啟發。莊子對人間萬象也作過考察，認爲總是存在不可捉摸性，齊物論篇説：『方生方死，方死方生；方可方不可，方不可方可；因是因非，因非因是。』德充符篇也説：『死生、存亡、窮達、貧富、賢與不肖、毀譽、饑渴、寒暑，是事之變，命之行也，日夜相代乎前，而知不能規乎其始者也。』這種不可捉摸性就猶如人類睡覺時所做的『夢』，瞬息間人非物換，故齊物論篇云：『夢飲酒者，旦而哭泣；夢哭泣者，旦而田獵。方其夢也，不知其夢也。夢之中又占其夢焉，覺而後知其夢也。且有大覺而後知此其大夢也，而愚者自以爲覺，竊竊然知之。君乎，牧乎，固哉！丘也與汝皆夢也；予謂汝夢，亦夢也。』透過『夢幻』，莊子看到了人間萬象『虛無』的本質，所以總要去『乘雲氣，御飛龍，而遊乎四海之外』（逍遥遊），要『遊乎無何有之鄉，以處壙埌之野』（應帝王），徹底脱離形下的糾纏，進入形上的精神境界。曹雪芹自小熟讀莊子，而且他有過滄桑變幻的人生經歷，故而莊子的這些思想成爲他反思人生，反思社會的强大助力。曹氏便以此定下了紅樓夢的思想基調。甲戌本『凡例』部分有一詩云：『浮生著甚苦奔忙，盛席華筵終散場。悲喜千般同幻渺，古今一夢盡荒唐。謾言紅袖啼痕重，更有情癡抱恨長。字字看來皆是血，十年辛苦不尋常！』①可謂深得作者創作此書之心。

二、紅樓夢的創作方法與莊子

曹雪芹是個極富思想涵養的作家，他生活在文字獄漸趨嚴酷的雍正、乾隆朝。對於這部反主流價值觀和生活方式的紅樓夢，作者確實需要進行巧妙的構思和創作。小説第一回很明確地交待了這個問題，説：『雖我

① 脂硯齋全評石頭記，東方出版社2006版。

未學，下筆無文，又何妨用假語村言，敷演出一段故事來，亦可使閨閣昭傳，復可悅世之目，破人愁悶，不亦宜乎？故曰『賈雨村』云云。』又説：『後因曹雪芹於悼紅軒中披閲十載，……則題曰金陵十二釵。並題一絕云：「滿紙荒唐言，一把辛酸淚。都云作者癡，誰解其中味？」』由此可見，作者在小説的語言表達和故事情節方面下足了功夫，在這『假語村言』的外殼下卻深藏著創作者的本意。紅學領域興起索隱派，近來愈演愈烈，就不足爲奇了。曹雪芹對語言和情節的精心安排顯然是化用了莊子中的一些想法。天下篇言：『以謬悠之説，荒唐之言，無端崖之辭，時恣縱而不儻，不以觭見之也。以天下爲沉濁，不可與莊語。以卮言爲曼衍，以重言爲真，以寓言爲廣。』只是莊子中的荒唐之言、無端崖之辭等等並非是爲了逃避文字獄的迫害，卻是作者主觀故意爲之，以示他對世俗社會的不滿。曹雪芹以無以倫比的天才將莊子這些想法化用到紅樓夢這部宏偉巨著中，大大拓展了小説的廣度與深度。莊子一書絕大部分是由寓言故事連綴而成，『三言』的創作手法使書中所記之人、所述之事看起來真假難辨，然而其中卻有至理存焉。紅樓夢以夢與現實、神仙與人等虛實兩綫交錯來展開情節，與『三言』有著同樣的效果。紅樓夢中也有許多貶語、瘋話、夢囈，以至醉漢的混唚，糊塗人的嘮叨，或姐妹間的玩笑之談，看上去似乎皆非『正言』，卻往往寓有深意①。深知曹雪芹的脂硯齋在小説第一回有評語道：『八個字②屈死多少英雄！……看他所寫開卷之第一個女子，便用此二語以訂終身，則知托言寓意之旨。誰謂寄興於一「情」字耶？』③依此看，托言寓意，多所寄興確是紅樓夢的一大手法。

紅樓夢之所以能在讀者心間引起巨大震撼，作者深得老莊哲學中的正反二元背反論，採取以盛寫衰、以樂

---

① 請參見呂啟祥老莊哲學與紅樓夢的思辨魅力，紅樓夢學刊1993年第1輯。

② 指『有命無運，累及爹娘』八個字。

③ 脂硯齋全評石頭記，東方出版社2006年版。

寫哀的創作方法是重要原因之一。老子一書，相對待的概念範疇近五十對之多，如有無、難易、長短、禍福、貴賤等等。但老子著重強調每對範疇正反二元之間的相互轉化，並未提出解決的辦法，而莊子不僅看到了人間所存在的生死、禍福、哀樂、是非等正反二元的現象，而且還進一步提出了超越這背反律的『齊一』思想，德充符篇云：『自其異者視之，肝膽楚越也；自其同者視之，萬物皆一也。』莊子的『齊一』實質上是一種落空心理，否定世俗社會的價值標準，卻又看不到人生存在的真正意義，這顯然會給人帶來悲劇意識。曹雪芹慘痛的人生經歷正是二元背反律的折射，使他能夠站在盛衰、哀樂之外來觀照盛衰、哀樂本身。他深切體會到了莊子所謂盛即衰、樂即哀的『齊一』思想，將其化用到紅樓夢的創作中，加深了它的悲劇色彩。小說在很多地方體現和暗示了正反二元背反律，如第十二回道士叮囑賈瑞使用風月寶鑑時『千萬不可照正面，只照他的背面，要緊，要緊！』後來眾人要燒寶鏡，寶鏡哭道：『誰叫你們瞧正面了！你們自己以假爲真，何苦來燒我？』又如第十三回秦可卿對王熙鳳說：『常言「月滿則虧，水滿則溢」，又道是「登高必跌重」。如今我們家赫赫揚揚，已將百載，一日倘或樂極悲生，若應了那句「樹倒猢猻散」的俗語，豈不虛稱了一世的詩書舊族了！』風月寶鑒有正面與背面，月亮有滿與虧，家族有盛與衰，個人有樂與悲，正反二元對立統一於同一事物之中。曹雪芹的特別之處，就在於他能夠以事物正的一面來烘托反的一面，以反的一面來觀照正的一面。這也應該是我們理解紅樓夢的一把鑰匙。

三、賈寶玉與莊子

紅樓夢虛構了數百個形色各異的人物，曹雪芹既是塑造者又是鑒賞者，對於這些人物同樣顯示出了好惡之情。其中，賈寶玉、林黛玉、妙玉則是作者比較喜好的人物，尤其是寶、黛二人，可視爲曹雪芹理想人格的寄托者和實踐者。本部分擬以賈寶玉爲代表，詳細分析曹雪芹在理想人格的建構中對莊子的吸納與化用。

1. 莊子成了賈寶玉的生活嚮導

賈寶玉成長在富豪大族的環境中，他的家庭相當於魏晉時期地位顯赫的士族，在功名利祿方面，幾乎是想得到的都能得到。賈寶玉的大半輩子生活一直是衣文繡、食珍饈，並且一切由襲人、晴雯、茗煙等男女婢僕來服侍。他是賈母最疼愛的孫子，受到最高家長的庇護，其他人都奈何不了他。擁有如此優越的生活條件，賈寶玉沒有理由厭世，沒有理由苦悶，也沒有理由手頭上常捏著一本莊子，至少依照常人的思維是這樣的。莊子一書從根本上來說是崇尚『虛無』的，在『虛無』的背後隱藏著對現存世界的極度不滿和對世人的深深憂患。齊物論篇云：『一受其成形，不亡以待盡，與物相刃相靡，其行盡如馳，而莫之能止，不亦悲乎！終身役役而不見其成功，苶然疲役而不知其所歸，可不哀邪！人謂之不死，奚益！其形化，其心與之然，可不謂大哀乎？』天下篇又云：『獨與天地精神往來而不敖倪於萬物，不譴是非，以與世俗處。』這些言論可以視爲莊子全書的處世基調，沒有莊子那些切膚之痛的生活經歷就不可能會有如此深刻的體悟。這種基調當然與賈寶玉享受富貴、受人尊敬的生活環境並不相稱，少不更事的賈寶玉也無法真正弄懂。然而，我們應該明白，賈寶玉作爲作者理想的化身，其身體流淌的是『歷盡一番離合悲歡、炎涼世態』的曹雪芹的血。從這個方面說，賈寶玉在養尊處優的生活中常常口稱莊子，時時品讀莊子，表現出厭惡人情世故的情緒，有著合乎邏輯的地方。

莊子一直是賈寶玉解脱苦悶、撫慰自己的一劑良藥。清代學者胡文英説：『莊子最是深情，人第知三閭之哀怨，而不知漆園之哀怨有甚於三閭也。蓋三閭之哀怨在一國，而漆園之哀怨在天下；三閭之哀怨在一時，而漆園之哀怨在萬世。』（莊子獨見）既然莊子最是深情，哀怨天下萬世，何以能成爲解脱哀怨的良藥？原因大概是莊子並不止步於『哀怨』，而是以深邃的眼光看到了『哀怨』的根源。儘管莊子在當時是孤獨的，後世卻有許多文人在這些方面能夠與之共鳴，引以爲知己，像曹植、陶淵明、李白、蘇軾、李贄等等。賈寶玉雖終日鐘鳴鼎食，卻天生一種憂鬱本性，即使偌大一個家庭，也沒有幾個人能夠真正懂得他的心思。所以，他每當有莫名的苦悶情緒湧堵在心裏時，就會拿起一本莊子來排遣。小説第二十一回寫道：『這一日，寶玉也不大出房，也不和姊妹丫頭等廝鬧，自己悶悶的，只不過拿著書解悶，或弄筆墨，也不使喚衆人，只叫四兒答應。……説不得横心只當他們死了，横豎自然也要過的。便權當他們死了，毫無牽掛，反能怡然自悦。因命四兒剪燈烹茶，自己看了一回南華經。』寶玉以『權當他們死了，毫無牽掛，反能怡然自悦』的撫慰之語將自己從苦悶中解放出來，其實這只是在他熟讀、領會莊子之後才能有的見解。逍遥遊篇説：『若夫乘天地之正，而御六氣之辯，以遊無窮者，彼且惡乎待哉！』心裏若想真正清除痛苦，就要做到『無待』，『有所待』終究是達不到逍遥境界的。小説第二十二回，因爲一個小誤會，黛玉總不理睬寶玉，害得他『悶悶的垂頭自審』，急著要向黛玉解釋。後來知道緣由了，心裏直犯咕噥，即刻想到莊子中的話：『巧者勞而智者憂，無能者無所求，飽食而遨遊，泛若不係之舟』、『山木自寇，源泉自盗』，頓時覺得人情世故的無趣和分辯是非的無用，然後輕鬆地離開了黛玉的房間。這説明賈寶玉在有意識地效仿莊周超越俗世的生活。小説第一百一十三回，寶玉假想妙玉被賊劫去，不屈而死的悲慘結局，每日長嘘短歎，『由是一而二，二而三，追思起來，想到莊子上的話，虚無縹緲，人生在世，難免風流雲散，不禁的大哭起來』①。遭受滄桑巨變後的賈寶玉更深一層體會到了莊子所説的話，内心更視莊子爲知己。德充符篇云：『死生、存亡、窮達、貧富、賢與不肖、毁譽、饑渴、寒暑，是事之變，命之行也，日夜相代乎前，而知不能規乎其始者也。』世事變化無常可謂在賈家得到了充分的印證，寶玉也只有以大哭來開脱自己了。

吟詠詩詞，擺弄文字是賈寶玉生活中的重要内容。莊子在文學藝術方面有别於其他諸子，是一部富有詩詞意境的哲學著作。賈寶玉吟詠詩詞時經常受到莊子的感發。小説第二十一回，寶玉讀到胠篋篇一段文字之後，

① 紅樓夢，北京師範大學出版社1987年版。

趁著酒興續寫了幾句話：『焚花散麝，而閨閣始人含其勸矣；戕寶釵之仙姿，灰黛玉之靈竅，喪滅情意，而閨閣之美惡始相類矣。彼含其勸，則無參商之虞矣；戕其仙姿，無戀愛之心矣；灰其靈竅，無才思之情矣。彼釵、玉、花、麝者，皆張其羅而穴其隧，所以迷眩纏陷天下者也。』小說第二十二回，寶玉想到列禦寇、人間世、山木諸篇的話後，勾起心中的思緒，悟到禪機，填了一首寄生草解偈：『無我原非你，從他不解伊。肆行無礙憑來去。茫茫著甚悲愁喜，紛紛說甚親疏密。從前碌碌卻因何，到如今回頭試想真無趣！』此詞取意莊子比較明顯，得莊周逍遙論之啟發。小說第六十三回，賈寶玉收到妙玉的帖子，不知該用什麼字眼回帖才好。爲此，岫煙進行了一番點撥，她說：『所以他自稱「檻外之人」。又常贊文是莊子的好，故又或稱爲「畸人」。他若帖子上是自稱「畸人」的，你就還他個「世人」。畸人者，他自稱是畸零之人，你謙自己乃世中擾擾之人，他便喜了。如今他自稱「檻外之人」，是自謂蹈於鐵檻之外了，故你如今只下「檻內人」，便合了他的心了。』寶玉聽了如醍醐灌頂，便以『檻內人寶玉熏沐謹拜』幾字復了帖。大宗師篇說：『畸人者，畸於人而侔於天。故曰天之小人，人之君子；人之君子，天之小人也。』又說：『彼，遊方之外者也；而丘，遊方之內者也』。岫煙的這番長論即是本之於此，寶玉因熟讀莊子自然是一點即明。小說第三十八回，賈寶玉寫了一首訪菊詩，其中有云：『閑趁霜晴試一遊，酒杯藥盞莫淹留。霜前月下誰家種，檻外籬邊何處愁。』所謂『檻外』即是像妙玉所處的那個世界，也是莊子所說的『遊方之外者』，賈寶玉真正希望就是這樣『檻外籬邊何處愁』的生活。

2. 莊子在賈寶玉性格形成中發揮了重要作用

賈寶玉愛讀莊子，鍾情於莊子所描述的世界，因此莊子的存在則成爲影響其性格形成的一個不能忽視的重要因素。小說第三十五回，傅家婆子對賈寶玉發表了一番議論：『這一個笑道：「怪道有人說他家寶玉是外像好裏頭糊塗，中看不中吃的，果然有些呆氣。他自己燙了手，倒問人疼不疼，這可不是個呆子？」那一個又笑道：「我前一回來，聽見他家裏許多人抱怨，千真萬真的有些呆氣。大雨淋的水雞似的，他反告訴別人下雨了，快避雨去罷。你説可笑不可笑？時常沒人在跟前，就自哭自笑的，看見燕子，就和燕子説話，河裏看見了魚，就和魚説話，見了星星月亮，不是長吁短歎，就是咕咕噥噥的。且是連一點剛性也沒有，連那些毛丫頭的氣都受的。愛惜東西，連個綫頭兒都是好的；糟踏起來，那怕值千值萬的都不管了。」』從這段文字中，我們可以發現賈寶玉的性格大致有高度理想化、富於叛逆精神及崇拜女性、行爲偏僻乖張等特徵。

賈寶玉有句名言：『女兒是水作的骨肉，男人是泥作的骨肉。我見了女兒，我便清爽；見了男子，便覺濁臭逼人。』（第二回）他心裏常常想著：『原來天生人爲萬物之靈，凡山川日月之精秀，只鍾於女兒，鬚眉男子不過是些渣滓濁沫而已。』（第二十回）這是他性格中明顯的女性崇拜，此種性格使得他一輩子只喜歡跟女性交往，徜徉在女性世界裏，造成『連一點剛性也沒有，連那些毛丫頭的氣都受的』。賈寶玉自幼熟讀莊子，應該能瞭解老莊懷柔守雌的哲學。所謂懷柔守雌實際上是達至靜默淵深心境的一種修爲，説得明白一點就是消除自我的欲望，帶給自己自由的精神狀態。逍遙遊篇云：『藐姑射之山，有神人居焉，肌膚若冰雪，淖約若處子。不食五穀，吸風飲露，乘雲氣，御飛龍，而遊乎四海之外。』在莊子的哲學裏，神人宛如冰清玉潔的處女，賈寶玉最企慕的也就是像妙玉那樣的方外之人（神人）。崇拜女性決不是人性中變態的行爲，而是渴望超出塵外的一種潛意識，而莊子的影響則加劇了這種潛意識，使得賈寶玉具有了鍾情於女性的傾向。

賈寶玉愛幻想，總想使他的世界理想化，然而世俗總是有消磨理想的本能，所以他似乎總是站在世俗的對立面，從而養成了一種逆反的心理。他把所有女兒想像成『山川日月之精秀』，把每個人的人性想像成善良美好，把生活想像成沒有約束，一塵不染的自由境地。當他聽到妙玉還俗嫁人的傳聞後是決不會相信的，縱然傳聞屬實。莊子本人其實也是一個大理想主義者，他以逍遥遊世來號召人們返朴歸真，希望建立一個涵蓋『道』之精神的純自然世界。莊子時時懷念那個並不爲人知的遠古社會，馬蹄篇云：『故至德之世，其行填填，其視顛顛。當是時也，山無蹊隧，澤無舟梁；萬物群生，連屬其鄉；禽獸成群，草木遂長。是故禽獸可係羈而遊，鳥鵲之巢可攀援而窺。』賈寶玉『看見燕子，就和燕子說話，河裏看見了魚，就和魚說話，見了星星月亮，不是長吁短歎，就是咕咕噥噥的』，可見其性格中的理想化也是有莊子印痕的。在『太虛幻境』中警幻囑咐賈寶玉要『留意於孔孟之間，委身於經濟之道』，寶玉的逆反心理就是體現在他對這套以孔孟思想爲架構而成的封建倫理和價值體系的不認同。小說第三十二回，史湘雲勸寶玉改改性情，『也該常常的會會這些爲官做宰的人們，談談講講些仕途經濟的學問，也好將來應酬世務，日後也有個朋友』。寶玉聽了大覺逆耳，便道：『姑娘請別的屋裏坐坐吧，我這裏仔細腌臢了姑娘這樣知經濟學問的人。』後聽見史湘雲還在說經濟一事，寶玉便說：『林妹妹不說這樣混帳話，若說這話，我也和他生分了。』賈寶玉反世俗的心理與莊子是相通的。荀子批評莊子是『蔽於天而不知人』（荀子解蔽），恨他『猾稽亂俗』（史記孟子荀卿列傳）。從反面說明，莊子確實有反世俗的傾向，讓王篇說：『今世俗之君子，多危身棄生以殉物，豈不悲哉！』賈寶玉不願涉及功名利祿場，對其有自覺的反感，這種逆反心理在莊子的誘導下顯得更加強烈。

小說第二回有西江月一詞：『無故尋愁覓恨，有時似傻如狂。縱然生得好皮囊，腹内原來草莽。潦倒不通世務，愚頑怕讀文章。行爲偏僻性乖張，那管世人誹謗！富貴不知樂業，貧窮難耐淒涼。可憐辜負好韶光，於國於家無望。天下無能第一，古今不肖無雙。寄言紈絝與膏粱：莫效此兒形狀！』這當然是曹雪芹正言若反的寫法，用否定的語氣來肯定賈寶玉。在常人眼裏他是一個行爲偏僻乖張的人，之所以會出現這樣的性格特徵，從心理學的角度看，賈寶玉缺乏被人理解，至少在心靈上是孤獨的。一本莊子卻以知己的角色走進了寶玉的心裏，使其大有蘇軾『吾昔有見，口未能言，今見是書，得吾心矣』（蘇轍亡兄子瞻端明墓誌銘）的感覺。莊周自己的行爲也是有背於人之常情的，比如妻子死後，他卻鼓盆而歌。莊子書中也常塑造一些畸形的怪人，但不管如何行爲偏僻乖張，總是自然率真的。賈寶玉喜歡舔吮漂亮女孩唇上的胭脂，還時不時地犯癡呆，這些雖不近人情，但沒有惡意。世俗的人忙著沽名釣譽，喪己於物，尚不自知，還嘲笑寶玉，猶如麻雀譏笑大鵬一樣愚笨。寶玉以偏僻乖張的行爲宣告了他對這個現存世界的不滿，繼承了莊子的批判精神，如小説第三十六回，寶玉極力批評了『只知道文死諫，武死戰』的愚忠。

3．莊子基本上主導了賈寶玉的思想

賈寶玉的思想不能簡單視之，實際上包涵了儒、道、佛的種種元素。在種種元素之中，莊子和禪宗無疑佔據了主導地位。

世事如夢幻、萬化歸虚無是整部紅樓夢所定的基調，『好一似食盡鳥投林，落了片白茫茫大地真乾淨！』這也是賈寶玉思想的主流。寶玉非常喜歡寄生草這首詞，以致聽到之後『喜的拍膝畫圈，稱賞不已』，其詞曰：『慢搵英雄淚，相離處士家。謝慈悲剃度在蓮臺下。沒緣法轉眼分離乍。赤條條來去無牽掛。那裏討煙蓑雨笠卷單行，一任俺芒鞋破鉢隨緣化！』(第二十二回)其中『赤條條來去無牽掛』句足使他潸然淚下。莊子之虚無論在書中俯拾即是，不必再作引述。世間的生死、禍福、哀樂、是非等都不值得掛礙，因爲這些本來終歸虚幻，故莊子總想要遊於『四海之外』、『塵垢之外』、『無何有之鄉』。賈寶玉深受其影響，以鄙夷的態度對待世俗所熱切追求的『仕途經濟』，以達觀的態度看待生死、禍福、哀樂、是非，心裏永遠守著那個『白茫茫大地真乾淨』的理想王國。這可以從第七十八回賈寶玉爲紀念晴雯而撰寫的芙蓉女兒誄集中地體現出來，該誄文寫道：『憶女兒曩生之昔，其爲質則金玉不足喻其貴，其爲性則冰雪不足喻其潔，其爲神則星日不足喻其精，其爲貌則花月不足喻其色。……孰料鳩鴆惡其高，鷹鷙翻遭罦罬；薋葹妒其臭，茝蘭竟被芟荑！……因希其不昧之靈，或陟降於兹；特不揣鄙俗之詞，有汙慧聽。乃歌而招之曰：「天何如是之蒼蒼兮，乘玉虬以遊乎穹窿耶？地何如是之茫茫兮，駕瑤象以降乎泉壤耶？……期汗漫而無夭閼兮，忍捐棄余於塵埃耶？倩風廉之爲余驅車兮，冀聯轡而攜歸耶？余中心爲之慨然兮，徒嗷嗷而何爲耶？君偃然而長寢兮，豈天運之變於斯耶？既窀穸且安穩兮，反其真而復奚化耶？余猶桎梏而懸附兮，靈格余以嗟來耶？來兮止兮，君其來耶！」若夫鴻蒙而居，寂靜以處，雖臨於茲，余亦莫覩。……何心意之忡忡，若寤寐之栩栩。余乃欷歔悵望，泣涕徬徨。人語兮寂歷，天籟兮篔簹。』由以上摘抄的文句可知，賈寶玉的這篇誄文具有明顯的莊、騷特徵。在他心中，晴雯是『形』與『神』的完美結合。從『神』的這面看，其實與莊子中的『神人』並無二致。逍遥遊篇說：『藐姑射之山，有神人居焉，肌膚若冰雪，淖約若處子。……其神凝，使物不疵癘而年穀熟。』又天下篇說：『不離於精，謂之神人。』理想王國裏，容不得有半點沾染俗氣的人格。這是賈寶玉的守望，同樣也是曹雪芹的守望。反過來，現實社會決不允許存在像晴雯一樣的人，所謂『孰料鳩鴆惡其高』云云便是證明。誄文還化用了莊子的寓言故事，藉以表達對生死的超越。至樂篇有莊子妻死卻『鼓盆而歌』的寓言故事，惠施責備他不近人情，莊子回答說：『是其始死也，我獨何能無概然！……人且偃然寢於巨室，而我噭噭然隨而哭之，自以爲不通乎命，故止也。』大宗師篇亦有孟子反、子琴張『臨尸而歌』的寓言故事，他們唱道：『嗟來桑戶乎！嗟來桑戶乎！而已反其真，而我猶爲人猗！』『孔子』稱讚說：『彼方且與造物者爲人，而遊乎天地之一氣。彼以生爲附贅縣疣，以死爲決𤴯潰癰，夫若然者，又惡知死生之先後之所在！』這些都爲賈寶玉『余中心爲之慨然兮，徒噭噭而何爲耶？君偃然而長寢兮，豈天運之變於斯耶？既窀穸且安穩兮，反其真而復奚化耶？余猶桎梏而懸附兮，靈格余以嗟來耶』所本。誄文結尾又化用『莊周夢蝶』以及『天籟』之意境，以示自己對莊子所構建的『塵垢之外』、『無何有之鄉』的神往。可以這樣說，賈寶玉的人生哲學實質上是莊子人生哲學的折射。

賈寶玉堅信天然的東西最美，人與人之間也應該自然率真。小說第十七回，通過『大觀園試才題對額』一事，表明賈寶玉與賈政對於『人力』與『自然』有著截然不同的認識。寶玉認爲：『此處置一田莊，分明是人力造成的。遠無鄰村，近無負郭，背山山無脈，臨水水無源；高無隱寺之塔，下無通市之橋；峭然孤出，似非大觀。爭似先處有自然之理，得自然之氣？雖種竹引泉，亦不傷於穿鑿。古人云「天然圖畫」四字，正畏非其地而強爲地，非其山而強爲山，雖百般精而終不相宜。』在他看來，人爲總是懷有某種目的和具備某種破壞力，無法與完全天然的東西相媲美。顯然，這種認識與莊子有很大的關聯。秋水篇曰：『牛馬四足，是謂天；落馬首，穿牛鼻，是謂人。』知北遊篇又曰：『天地有大美而不言，四時有明法而不議，萬物有成理而不説。』賈寶玉的天然論正與此一脈相承。他在生活中也實踐著這種哲學，如第六十六回興兒眼中的賈寶玉是這樣的：『每日也不習文，也不學武，又怕見人，只愛在丫頭群裏鬧。再者也沒剛柔，有時見了我們，喜歡時沒上沒下，大家亂頑一陣，不喜歡各自走了，他也不理人。我們坐著臥著，見了他也不理，他也不責備。因此沒人怕他，只管隨便，都過的去。』

儘管賈寶玉是賈府的『二爺』，賈母的寶貝孫子，但從來沒有認爲自己就高人一等，在他心裏，有著平等愛物的情懷。小説第七十七回，寶玉對襲人散佈了他的草木有情論：『不但草木，凡天下之物，皆是有情有理的，也和人一樣，得了知己，便極有靈驗的。若用大題目比，就有孔子廟前之檜，墳前之蓍，諸葛祠前之柏，岳武穆墳前之松。這都是堂堂正大隨人之正氣，千古不磨之物。世亂則萎，世治則榮，幾千百年了，枯而復生者幾次。這豈不是兆應？小題目比，就有楊太真沉香亭之木芍藥，端正樓之相思樹，王昭君冢上之草，豈不也有靈驗？所以這海棠亦應其人欲亡，故先就死了半邊。』草木有情論實是賈寶玉對莊子『齊物論』的延展和發揮。齊物論篇言：『民濕寢則腰疾偏死，鰌然乎哉？木處則惴慄恂懼，猨猴然乎哉？三者孰知正處？民食芻豢，麋鹿食薦，蝍蛆甘帶，鴟鴉耆鼠，四者孰知正味？猨猵狙以爲雌，麋與鹿交，鰌與魚游。毛嬙、麗姬，人之所美也，魚見之深入，鳥見之高飛，麋鹿見之決驟。四者孰知天下之正色哉？』只有人們破除以我爲中心的成見，忘掉『我』與『物』的差別，才能進入『天地與我並生，而萬物與我爲一』的妙境。這是一種偉大的情懷，儘管莊子主張聖人無情論，但並不妨礙他成爲至情至性之人，比如他引對手惠施爲知己，在濠梁之上與魚樂合一等等。賈寶玉的行爲有似於莊子，他視黛玉爲知己，甘心爲丫頭充役，對著『綠葉成蔭子滿枝』流淚歎息，見著燕子就和燕子説話，看見魚兒就與魚兒説話，見了星星月亮長吁短歎。很難想像，一個不通曉莊子的賈寶玉該會是什麼樣子？

第十五章　朱敦毅、張士保、王闓運、陶浚宣的莊子研究

第一節　朱敦毅的莊子南華經心印

朱敦毅，字達齋，浙江會稽人，生卒年不詳。考其學術活動，當主要在清咸豐、同治間。咸豐八年，曾爲清代小説西遊記記撰寫序言；同治間，著有老子道德經參互、莊子南華經心印。

莊子南華經心印不分卷，朱敦毅在内篇標題前説：『南華經三十三篇，分内篇七、外篇十五、雜篇十一。其内篇命題最有精藴，道統之一綫於是已具端的，不必多尋其分緒矣。讀者繹此七篇以爲之符印，到得恍然心悟，自有得歟？』故僅繹其内七篇。書前有朱氏同治三年四月所撰敘言，末有同年十月所作後跋，卷首題『會稽青州從事朱敦毅達齋存稿』、『青州從事懷明手稿』。據後跋『惜乎精神衰憊，老矣』、『予目茫茫矣』等，則此書爲朱氏老年時所著。

自韓愈送王秀才序倡言莊周之學源於儒術之後，王安石莊周、蘇軾莊子祠堂記進一步推動了以儒解莊的風氣，至明末遺民禪師覺浪道盛著莊子提正，更是提出了莊子爲『儒者之宗門』、『教外之别傳』的説法。朱敦毅撰寫莊子南華經心印，又在韓愈、蘇軾、覺浪道盛等人説法的基礎上有所推進，認爲莊子的學説原來就是對儒學的心印相傳。他在敘言中説：

危微心印，自古聖人一脈之薪傳也。迨杏壇設教，道集大成，而性不得聞，命也罕言，然則性命之旨，非聖人秘而不宣也。蓋極深研幾，有難以顯示者，所以有周文而後演成義易，有武王而後得傳洪範，大道豈易聞哉，聖門豈易窺哉！道統之傳，至尼山極盛，與列門牆者，必有聞所未聞，孰肯以性命奥妙難知，而不賞晰辯難也，而不探賾索隱也？特以斯道不輕易漏泄，故聞之而不輕傳授，授之而不輕著述，述之而不輕透露。莊子出子夏門，是亦聖門徒也。當其時，楊、墨紛歧，而性命的真心法，幾乎熄矣。夫性非命無以核實，命非性無以含華，南華一經，得端緒於危微心印，而體諸義易、洪範，由周文、老聖、孔門之一派原委，靡不符印者也。戰國時，邪說橫途，異端爭幟，孔門書既不多得，易則視爲卜筮用，疇則藏諸柱下史，因著作南華，以留兹一綫道脈，得與鄒孟同傳後世，後世學道者，藉此可探疇、易，溯此可紹周、孔，何幸如之！

尚書大禹謨云：『人心惟危，道心惟微，惟精惟一，允執厥中。』據説這十六字源於堯、舜、禹禪讓的故事，當堯向舜、舜向禹傳位的時候，所托付的是天下與百姓的重任，是華夏文明的火種，而宋明以來便成了所謂代代相傳的儒家道統的『心脈』。朱敦毅在繼承韓愈等人説法的基礎上，又將這一儒家道統『心法』引入了莊子學，認爲『危微心印，自古聖人一脈之薪傳也』，莊子撰寫莊子，即是爲了『留兹一綫道脈』。在朱氏看來，孔子爲大道之集大成者，但性命之旨奥妙，亦不可輕易漏泄，孔門弟子終於無由傳承，而莊子既爲聖門之徒，又懼怕楊、墨横途，對儒家性命心法構成極大威脅，乃憑藉其非凡的悟性，以心心相印的方法，『留兹一綫道脈』於莊子，豈非後人的幸運！但朱敦毅指出，後世研治莊子者，卻未能揭明莊子的『心印』。他在敘言中又説：

奈何談是經者，或但以文詞爲尚，則是皮毛之皮毛。譬如賞花，一望豔采，未悉根蒂，猶之可也，而多以枯禪寂滅之説解之者，明明是花，以爲斷不是花，自欺欺人，牽扯支吾，毫無指歸，是皆誤於郭象注，縛於郭象注，意以爲佛法平等，則是墨氏之愛無差等也。吾恐佛氏之教，不若是之決裂，雲裏來，霧裏去，縣空影也無，沒骨形都幻，甚不解其渺渺茫茫，既不得其所謂命，亦不得其所謂性也。而又有模棱其説者，則掠得外面浮光，未曾探其實際也。何以故？因是經傳道統，而道又不可以輕傳，而道又不可以輕泄，故以寓言示之，不必有其人，不必不有其人，不必有其事，不必不有其事，讀者是以無從捉摸也。以意逆志，是爲得之，有志學道者，盍不悉心詳察焉？

基於所謂莊子爲傳承儒家『道脈』的認識，朱敦毅批評自郭象以來的莊子學都未能揭明莊子的『性命』之旨，而是但尚文詞，猶如霧中看花，僅是掠得表面豔采，不曾探得實際根蒂，何況莊子一書還每以不可捉摸的寓言示之呢！這些批評，不無一定道理，但以郭象莊子注爲崇尚文詞之先聲，卻並不符合實際，更遑論莊子是否真可稱爲闡發『性命』之書了。可是朱氏卻堅信自己的説法，不但要求讀者『悉心詳察』莊子『性命』之旨，還身體力行，率先垂範，自謂：『予藉四書、五經以詮疏老、莊，蓋即以老、莊輔翼四書、五經也。縱不能得其萬一，亦稍有匙鑰以啟其門，亦稍有指針以問其路，後有入門遵路者，因之而登堂奥，因之而遊天衢，且因之而通疇、易，未可知也。』（敘言）正是根據這一原則，朱氏對莊子内七篇逐一展開了闡釋活動。

一、逍遥遊

對於莊子逍遥義的解釋，歷代治莊者皆甚用心，各人的説法也大相徑庭。朱敦毅的闡釋大致不外是以儒解莊，但又有他自己的特點。他爲逍遥遊篇所作題解説：

逍遥者，不勉而中，不思而得，從容中道，乃不迫不猝遽之謂。遊者，必有事焉而勿正、勿忘、勿助之謂。其謂悠也、遊也、徘徊也，是以悠久無疆。如此者，無爲而成也。譬如種樹，必因其材而篤焉，揠之則枯，撥之則瘁。譬如種火，貴在火候之純青，猛之則燼，冷之則灰。要知南華在慎獨，養以恭默之無爲，斯有活潑潑之天機。夫是之謂逍遥遊。

這裏固然不無莊子以順其自然爲逍遥的意思，但也明顯摻入了儒家思孟派，尤其是宋明理學家修身養性的思想。所以，朱敦毅接著在闡釋『北冥有魚』寓言時，劈頭就説：『此大學開章「在明明德」也，此中庸開章「天命之謂性」也。』認爲逍遥遊篇開頭即與大學、中庸性命之旨相吻合，與儒學『一綫道脈』心印相傳。朱氏在闡釋『堯讓天下於許由』寓言故事時又説：

天下者，天下之天下，堯不能以天下與人也。讓於許由者，寓言乎許由也，天下係諸堯而不係諸許由也。堯者，天性也。許由者，天性之性天也。其中自有境界，有交代，是以讓也。讓則心心相印，符節分明，而無庸代矣。

在朱敦毅看來，天下不能輕易給人，逍遥者也不必與於天下，所以莊子設爲寓言，賦予許由以『天性之性天』。所謂『性天』，就是通過『養性』而達到『性命合一』，即『性』與『天』的統一，這便是儒家所推崇的理想人格。因此，許由雖不肯與於天下，而其心卻與堯『相印』，正所謂『君心不動不出，無爲而逍遥；道心不煩不勞，自在逍遥而無與於天下。是以深宫基命有密，有天下而不與焉，兩不相與而兩相符印，心心印處，賓中主乎，主中賓也』，即只要達到『心心相印』，便是得到了逍遥。朱氏的這些解説，雖與前人的解釋皆不同，具有一定的創見性，但莊子寄寓在此則寓言中的，卻是關於『無名』的聖人才能逍遥的思想。朱敦毅又在闡釋『列子御風而行』寓言故事時説：

夫列子御風而行，泠然善也，雲行雨施，品物流行，所謂鼓之以雷霆，潤之以風雨，日月運行，一寒一暑，旬有五日，三候一周天，而後月望息圓，而後陽純陰姤，於斯按候進火，循運退符，建其有極，斂時五福，悠焉休焉，息焉遊焉，於致福者未數數然也。此循運以行，雖行也而免乎行，猶有所待者，影待形而移也，神待氣而運也，候不可失也，候不可早，所以事天也，所以立命也，而非先天而天勿違，後天而奉天時者也。若夫乘天地之正，大明終始，六位時成，時成六龍以御天，所謂與天地合其德，與日月合其明，與四時合其序，與鬼神合其吉凶，烏乎待哉！

這裏也儼然是一派儒家口吻，幾乎純用儒家語言來闡釋『列子御風而行』，但最後還是在儒學語境中點到了逍遥遊篇關於『無待』逍遥的主旨上，並指出若能『乘天地之正』，則『烏乎待哉』！

二、齊物論

對於『齊物論』的解釋，僅據崔大華在莊子歧解中的歸納，就有如下六種：或謂無我則物自齊，或謂物不能齊，或謂物本自齊，或謂猶言齊一衆論，或謂衆論本齊，或讀爲齊『物與論』。朱敦毅爲齊物論篇所作題解則說：

夫物之不齊，物之情也。所以齊不齊以致其齊者，在因物付物，是以有絜矩之道焉。絜矩之道即忠恕之道，推己及物，其施不窮，以己之心度人之心，未嘗不同。求諸君子之道四，見得在在未能。庸德之行，庸言之謹，有所不足，不敢不勉，有餘不敢盡。言顧行，行顧言，言行相顧，如影隨形，如回應聲。論是以齊齊之，爲言一貫之旨也，慎獨之誠也。可以見人心之所同，同有是心而興起焉，同有是論而無歧焉。悟茲説法，曰齊物者，本非莊子之創論，所操者約，而所及者廣。如是始可與講齊物論，如是因可與讀南華經。

朱氏首先引述了孟子所謂『物之不齊，物之情也』（孟子滕文公上）之語，也承認物性的千差萬别是客觀情形，但他進而發揮説，如果能實行儒家的『絜矩之道』，推己及物，審己度人，心心相應，則『可以見人心之所同，同有是心而興起焉，同有是論而無歧焉』，何患物論之不齊？在他看來，只有懂得儒家的『絜矩之道』，方可與講齊物論，方可與讀南華經。

依據這一認識，朱敦毅認爲，齊物論開頭寫『南郭子綦隱几而坐』就是在昭示『勉慎其獨』的功夫，而篇末寫影『無特操』是在批評其『不能慎其獨也』，寫莊周夢蝶則在說明『絜矩之道，風化流行，立竿見影，因物付物，齊物論者，因是物化，其知變化之道歟？變變化化而主乎慎獨，此乃是南華一場夢境也，此乃是南華一團幻影也。』對於中間所寫『神禹』云云，朱氏闡釋說：

人心惟危，道心惟微，堯以傳舜，舜亦以命禹，單傳獨調，心印在茲。南華一經，述堯、舜南面恭己無爲之緒也。神乎神乎，其誰知之？知之真者，其惟大智。禹之行水也，行其所無事也，則智亦大矣。獨奈何人之生也，氣以成形，而莫知所謂良知，而不知所謂齊物！

儒學所謂的『慎獨』，是要求人們誠於中、形於外，做到表裏如一，處事即求合理，與『絜矩之道』重視共識平情一樣，皆爲儒家的重要修養方法。在朱敦毅看來，這些修養方法所體現出的精神，乃是對堯、舜、禹心心相傳的『人心惟危，道心惟微，惟精惟一，允執厥中』（尚書大禹謨）這十六字『心法』的發揚光大，莊子亦深悟此法，並以之體現於齊物論篇。朱氏此說，新則新矣，但與莊子本意並不一致。

三、養生主

莊子所謂的『養生主』，就是要求人們循乎天理，依乎自然，處於至虛，遊於無有，完全取消主客對立，使精神不爲外物所傷，最後達到享盡天年的目的，認爲這就是養生的宗旨。朱敦毅在闡釋養生主篇時則說：

人之生也直，具此生理，宜知所以養之。養之之道，必循其主。其主云何？字之曰『東道』，狀之曰『砥柱』。其直如矢，以直養而無害，此之謂格心云乎！……仁也，生之篤也，心之主也。心有主而性以生，養生者，養性也。……惟天下至誠，爲能經綸天下之大經，爲能盡其心，知其性，可以立命，可以養生，可以踐形。是惟知得心性之主者，壹是皆以修身爲本也，故可以保身。是以大生也，是以廣生也，故可以全生。

這裏主要是說，養生的關鍵在於修身養性，使之歸於誠正。這顯然是儒家所謂的心性修爲方法，與莊子關於重在護養自然本性的主張大異其趣。朱敦毅在闡釋『庖丁解牛』寓言故事時還進一步說：

奏刀所好者，格物至道也。知斯仁術，進乎技矣。是以釋刀而對，若無所用刀者然。始見牛者，因物付物也。未嘗見全牛者，物物而不物於物也。今以神遇，不以目視，官止神行，依乎天理，因其固然，故至誠無息，博厚所以載物也，高明所以覆物也，悠久所以成物也。天地之道，可一言而盡也。其爲物不貳，則其生物不測，此格物工夫，所以有生生，純亦不已之機也。

在這裏，庖丁一場富於神奇色彩的解牛活動，純然成了對儒家格物致知、至誠無息說教的解釋，與儒家性命之學似乎『心心相印』，但莊子的本意是說，體悟大道，遺形去智，運刀以神，遊於至虛，方臻絕妙境界，由此體悟養生之道，固在無爲順物以全其天，並不是儒家所謂的格物、養性功夫。

四、人間世

在人間世篇中，莊子認爲，生於亂世，若要遠害全身，就必須泯滅矜才用己、求功求名之心，做到虛己順物，以不材爲大材，以無用爲大用，因而撰出『顏回請行』等寓言故事，從不同的角度，具體闡明了這一處世哲學。但朱敦毅對此篇的闡釋，卻顯示了儒學化思想傾向。如他說：

且夫德者，獨得於心誠。何以蕩？蕩乎浮名外慕，則是本心之良知，默識諸心藏也。奚以出？

出乎紛爭機變，名外慕，而心心爭機爭變，物交物，則引之而已矣。危矣，心不能主，知不能慎獨，以之問世，大器大用乎哉？兇器也。盍姑藏之，非所以盡用前行也。……自天子以至於庶人，壹是皆以修身爲本。人同得浩然氣以生，氣以成形，而理亦賦焉。凡有血氣者，何莫非天之所子，而獨以己言，以慎獨，以克己，以直養而無害，稟諸天然，以爲健順五常之德，中庸之爲德也，蘄乎而人善之，蘄乎而人不善之耶？……用聖心以感人心，以格人心，而人心應，而人心化。聖心者，道心惟微，以是印證人間世之人心惟危，曰：因心作則，故能彌綸天地之道，範圍天地之化。此乃危微心印，南華所傳自聖門之心法也。

依照朱敦毅的這些說法，儒家所謂的修身、誠心、慎獨、克己等修爲方法，正是涉亂世以自全的法寶，而篇末寫『楚狂接輿』以『鳳兮』之歌譏『孔子』，更體現了莊子欲用『聖心以感人心，以格人心，而人心應，而人心化』，用『聖心者，道心惟微』印證『人間世之人心惟危』，以傳承孔門『心法』的良苦用心。顯然，這些解說並不符合莊子的原意，具有相當濃厚的儒學化色彩。

五、德充符

在莊子這裏，道德充實於內，萬物應驗於外，內外玄合無間，猶如符契一般，此即所謂『德充符』。此處的『德』，是指蘊藏於生命中的純真無僞的自然德性。朱敦毅爲德充符篇所作題解則說：

德者，得也，在明明德。德之充也，充實之謂美，充實而有光輝之謂大。……夫志，氣之帥也；氣，體之充也。是以君子黃中通理，正位居體，則氣充乎心。志氣合符，軍帥同心，故無往不克。克己工夫，潛性光於心素，養命蒂於性天，天機活潑潑處，融融液液，液隨處充滿，命與性合，性與心符。性命圭旨，若合符節，要在惟精惟一，允執厥中。……養浩然以塞乎天地之間，固天玄以充乎性心之分。得此，心印性符，致中天地位焉，致和萬物育焉，建其有極，斂時五福，極之建也，疇之錫也，待其人而後行。

莊子所謂的『德充』，就是要求人們始終保持内在的純真德性，讓心靈永遠擺脱種種現實是非利害之影響，超然乎塵世之外，而朱敦毅則主要借用了孟子所倡導的『心性』學説，希望通過養氣使德性充實於内而光輝自見乎外，以實現個體道德人格的自我完善，顯然屬於積極入世的理想主義者，與莊子的『德充』思想有著本質的區别。

依據上述認識，朱敦毅還進一步闡釋了篇中的有關寓言。如在闡釋『申徒嘉』寓言故事時説：『君子所性，仁義禮知根於心。何以其生色也，睟面盎背，施於四體？此踐形之功用也。……故君子名之必可言也，言之必可行也，以是德充而符印南華。』認爲申徒嘉的『德充』是其道德人格自我完善的結果，莊子撰寫德充符篇，正與此『心心相印』。又在闡釋『叔山無趾』寓言故事時説：

得是孔門爲政以德，則務充實之美者，復補前行之惡可矣。得是孔門踵息來安，欠者還之，缺者補之，是以德全，是以德充，是以符印，南華一以貫之，人心道心，允執厥中。

莊子所撰寫的『叔山無趾』寓言故事是説，無趾志在『德充』，故雖亡其趾，而光輝外發；孔子務於虚名，不求實德，縱有全軀，卻是天刑之人。朱敦毅的闡釋，則以孔子爲『德充』之美者，而無趾卻爲刑餘之人，必須借孔子之德以補其欠缺，並認爲莊子正是將孔子的『德充』一以貫之的人。不難看出，這一説法也與德充符篇原意根本不符。

六、大宗師

莊子撰寫此篇，旨在說明，大道有情有信，無爲無形，是產生宇宙的絕對本原，是天地之間的最高主宰，萬物萬衆必須絕對地以它爲宗，以它爲師，所以謂之『大宗師』。朱敦毅在闡釋本篇首節文字時則説：

在格物以知天之所爲焉。道心惟微，致其知以知人之所爲焉。人心惟危，心心相印，印證南華至矣。知天也，天之所以爲天也，於乎不顯，其所爲造化，其爲物不貳，則其生物不測。知人也，文王之所以爲文也，純亦不已，以其知之所知，以涵養其知之所不知，則是至誠無息。回其心以向道，洗其心以藏密，握此天樞，終其天年，君子遵道而行，是以中立而不倚。

莊子這裏的『天』，即是文中所説的『道』，是虛無的、沒有意志的，人們只能以自然德性去冥悟它，而絕不能憑藉智慧去理解它，莊子撰寫出一個博大真人，就是要以他爲體認大道的榜樣。朱敦毅卻以格物致知爲知『天』、知『道』的根本途徑，以修爲不已、至誠無息的文王爲認識『天』、『道』的榜樣，認爲他才是真正掌握了『天樞』，才是『遵道而行』，才是『中立而不倚』。朱氏甚至説：『吾善養吾浩然之氣，以之狀古之真人，取裁於義也。』認爲『真人』所以能體認『天』、『道』，也是善養浩然之氣，『取裁於義』的結果，與儒家的理想人格『心心相印』。

在大宗師篇中，莊子通過對孟子反、子琴張與子貢、孔子的對比描寫，目的是要説明領悟大道的侔天『畸人』，必不以生死累其心，而像儒者那樣哭死以哀，徒以禮文耀衆，卻是有悖大道的。朱敦毅則闡釋説：

夫子何方之依？而曰『天之戮民』，不幾駭極，不幾險極，詎不知人心惟危，都在秋刑肅殺中，坎險在前，吾非斯人之徒與而誰與？夫子之所以爲萬世師也，莊子之所以謂大宗師也。所謂南華，心而紛華，則逐逐於物華；心而德華，則菁菁於青華。夫莊子者，蓋曰『我亦欲正人心』云耳，豈不曰『予未得爲孔子徒也』？果然是孔門的派，而後人不察厥辭，不審厥旨，輒率意妄談之，獨何意哉？吾甚爲後儒議者，惜不見及也。噫！予豈好謬談臆說哉？亦有所私淑云乎！……畸於人而侔於天，是以人心之零奇齊等乎天心，以人心參天心者，惟危心也。故曰：『天之小人，人之君子也。』以人之君子，乃天之小人也。南華大宗師，即此危微之心，參互之符印也。

這裏站在儒家的立場上，尊孔子爲『萬世師』，並謂莊子『亦欲正人心』，一心嚮往儒門，與儒學『心心相印』，足可謂之『大宗師』。因而朱敦毅批評以往治莊者只知『率意妄談』，而不識莊子爲『孔門的派』，幸虧自己獨具慧眼，以心印心，故特爲表而出之，使莊子傳承孔子之『心法』得以大白於天下。朱氏接著在闡釋『意而子見許由』寓言故事時說：

> 意而子者，意誠而後心正者也。……吾師乎，吾師乎！正心乎，誠意乎！夫君子所過者化，所存者神，上下與天地同流，豈曰小補之哉！知此意誠而後心正，可與參悟大宗師，可與逍遥遊。南華、孟子，所謂持其志，無暴其氣也。夫子之不可及也，猶天之不可階而升也。誠意功夫，傳自大學，必慎其獨，詳於中庸論誠各章，試體會之，無不與莊子符印者也。

『意而子見許由』寓言故事本來是說，欲以大道爲宗爲師，必須屏絶有意爲仁爲義之心。朱敦毅卻把這則寓言故事的旨意闡釋爲儒家所倡導的正心誠意，認爲只有正心、誠意、慎獨者方可參悟大宗師，孔子、孟子即爲其人，莊子亦自覺追蹤，故與之『心心相印』。

七、應帝王

此篇主要闡述了莊子無爲而治的政治思想，認爲如果像儵與忽那樣，想有所作爲，去替渾沌開鑿孔竅，就會把渾沌鑿死，就會貽害天下。而朱敦毅對此篇的闡釋，則同樣具有明顯的儒學化傾向。如他說：『南華之所以以性修命而修身，乃全受全歸也。大學曰：「自天子以至於庶人，壹是皆以修身爲本。」』又說：『人欲盡去，天理流行，一日克己復禮，天下歸仁焉，而天下治矣。』這顯然是儒家的一套修身、治世理念，與莊子的政治論有著本質上的不同。朱敦毅反映在此篇中的儒學化傾向，還體現在以儒家所重視的易學來闡釋莊子的政治論。如他爲應帝王篇所作題解說：

帝出乎震，震，東方也，先天離也。萬物出乎震，王者拱南臨馭，先天乾，後天離也。離也者，明也，萬物皆相見，南方之卦也。聖人南面而聽天下，向明而治，蓋取諸此。此則應運會以膺圖籙，應人心以受天命，而運會之應符合人心之應，其必有因而感應之者，王道蕩蕩，王道平平，孰爲之主？孰爲之宰？是以有主宰之謂帝也。帝也，王也，地之相去也千有餘里，世之相後也千有餘歲，得志行乎中國，若合符節者。因此，南華，是以重華之協也。如花苞含蒂者然，德華之煥也；如燈明緣炷者然，知其體之一也。故曰：以德行仁者王，應帝王者，其有一貫神運之旨歟？其有感應神通之妙歟？而非藏器待時，以應帝王之謂。謂天下所歸往之王，足以應帝，出乎震也。曰：帝出乎震，齊乎巽，相見乎離。

易說卦云：『帝出乎震，齊乎巽，相見乎離，致役乎坤，說言乎兑，戰乎乾，勞乎坎，成言乎艮。萬物出乎震，震，東方也。齊乎巽，巽，東南也。齊也者，言萬物之絜齊也。離也者，明也，萬物皆相見，南方之卦也。聖人南面而聽天下，向明而治，蓋取諸此也。』後人據此來解說天地萬物變化的次序法則，認爲：震爲雷、爲東、爲春，此時萬物蘇醒萌發，故曰『帝出乎震』。巽爲風、爲東南、爲春夏，此時萬物滋長整齊，故曰『齊乎巽』。離爲火、爲南、爲夏，此時萬物並茂，有似相見，故曰『相見乎離』。聖人於是『南面而聽天下，向明而治』。在朱敦毅看來，聖人能感應世界萬物的這般神通變化，並由此觸類旁通而推而廣之，故『足以應帝』，而爲『天下所歸往之王』。這一解說，雖也包含了順應自然的意思，但與莊子所謂的『無爲而治』思想還是有明顯的區別。

在其他篇章中，朱敦毅亦每以易說解釋莊子思想。如他在闡釋逍遥遊篇時說：『象曰：「雲雷屯，君子以經綸。」南冥者，恭點含華，個中動心忍性，其時玄冥清淨，蒙以養正，聖功也。』在闡釋養生主篇時說：『井宿隸未，是其西南得朋於丁，歷巽五、坎六、艮七、坤八，而牛宿隸丑，是其東北喪朋於癸，而雷雨作解矣。此庖丁爲文惠君解牛事，於此分界，奏刀判兩，其和氣也。』在闡釋大宗師篇時說：『大哉乾元，至哉坤元，元是以大。……宗統乎祖，祖炁根諸坎一，曰命根。其坤震合，縫（逢）處即天根。坤爲母，震爲長子，是大宗也。……大宗締結良師，聖人可爲百世師者，可爲百世範也。』以此來解說『南冥有魚』、『庖丁解牛』及『大宗師』，雖不乏相通之處，但牽強附會者亦在在而有。

第二節　張士保的南華指月

張士保（1805—1878），字鞠如，號菊如，山東掖縣（今萊州市）掖城人。清道光十二年選爲副貢生。同治初年，山東巡撫丁寶禎在濟南歷下李清照故居設尚志堂，遍請『齊魯窮經之士』來講學，張士保『巍然居首』。光緒四年被選任臨淄教諭，卒於任上。張氏爲人厚道，才俊學博，是清末著名的書畫家兼學者，書法行、楷、篆、隸無所不精，尤以鐘鼎文見長，而其畫最享盛名，取意旁枝別出，匠心獨具，人物畫更是筆意古雅，形態靜穆，深得陳洪綬、崔子忠一派承宗古法的真傳。著作有楞嚴義貫、南華指月、南華外雜篇辨僞等。

南華指月六卷，卷一爲逍遥遊、齊物論，卷二爲養生主、大宗師，卷三爲人間世、德充符、應帝王，卷四爲至樂、秋水、達生、知北遊，卷五爲山木、田子方、天地、天運、天道，卷六爲庚桑楚、天下。書前依次有張士保傳、張爾宇咸豐七年南華指月序、張士保同治十年自序、凡例、條說，書末附遺珠類附。正文中，莊子原文分節分章，注釋隨原文用雙行小字，各篇多有題解、眉批及圈點。

張士保在自序中謂，『年五十時，授蒙於九青山下，暇取南華細讀之，讀其文因欲識其道』，『於是即釋典之道，以解南華之文，三易稿而成冊。今老矣，其無用也已定矣。且殘矣，其與用也愈甚矣。復取舊冊修整之，以待達人能觀兩行者正焉。』張士保五十歲時爲咸豐五年（1855），此年後他開始細讀莊子。又其兄張爾宇南華指月序謂：『年逾五十，乃得見吾弟菊如所爲南華解，讀之而大喜。』今案張爾宇生於嘉慶元年（1796），此處既謂『年逾五十』，則其必在六十歲（咸豐六年，1856）之前已見到張士保解釋南華著作，與其於咸豐七年爲士保此著寫序言之時間相銜接。由此說明，張氏著南華指月，當在咸豐五年、六年之間，即其五十至五十一歲時。時過十五年左右，張氏自謂『老矣』、『殘矣』，乃『復取舊冊修整之』，並撰自序一篇，成爲今存南華指月六卷手稿本。

今案張爾宇南華指月序有語云：『其（張士保）學博通經史，兼精內典，尤長於畫。』『內典』指佛教經典，説明張士保對佛學比較精通，在解釋莊子時會有所反映。張士保自序亦謂：『依儒書之理讀南華者，得其半而不得其全。依老子之言讀南華者，得其略而不得其詳。惟依釋典以讀之，則五十五位菩提路，縱横符合，而妙莊嚴海，一門面超入矣。蓋南華者，震旦本有之佛法，以儒爲基，而兼乎老者也。……名之曰指月者，豈敢謂所指果爲真月哉！或捏目所見之第二月，或水中之月影、隙中之月光，皆不自知也。願垂覽者，無陋其能指之指，爲印其所指之是月非月也，則幸甚。』認爲他解釋莊子，雖未必真能得其精髓，然猶如佛教所謂指非是月，不謂所指非月也。故名此著爲南華指月。

張士保在凡例中說：『莊子五十三（二）篇，載在漢書藝文志。今合内、外、雜共三十三篇，「五」字猶或是「三」之訛。至嚴君平作老子指歸，所引用者，今書多不備，則今書之多殘闕可知矣。凡古書以韋編簡，易致倒亂，竹帛傳寫，易有錯訛，故諸篇中，文義不順，諸本之字句不同者，紛紛叠出。今取外篇以補内篇者兩段，更訂其次序者，不下百餘處，非敢妄爲更張，以審其文理脈絡，有不得不然者耳。』對於由古本莊子五十二篇到今本莊子三十三篇的演變過程，學術界歷來有各種推測，一般認爲其中的十九篇是被西晉郭象删去的，而張士保則認爲漢書藝文志所載『莊子五十三(二)篇』當爲『莊子三十三(二)篇』之訛，大膽地提出了與前人完全不同的看法，但這種看法顯然不能成立，因爲司馬遷史記老子韓非列傳就説莊子曾『著書十餘萬言』，其中有畏累虚、亢桑子之屬，陸德明經典釋文序録也載『司馬彪注二十一卷，五十二篇』、『孟氏注十八卷，五十二篇』，由此可以推知，漢書藝文志載録『莊子五十二篇』當無誤。不過，張士保認爲早期的莊子傳本有錯簡或書寫訛誤，這一看法應該有一些道理，可以備作參考。

所謂『今取外篇以補内篇者兩段』，是指分别摘取外篇繕性、刻意中各一段(節)文字以補入内篇養生主。一是摘取繕性篇開頭至『和理出其性』一段(節)文字移補於養生主篇『庖丁解牛』寓言故事之後，認爲只有『和理出性』，『方是得見真君本來面目』。二是摘取刻意篇『純粹而不雜』至『合於天倫』一段(節)文字移補於養生主篇『公文軒見右師』寓言故事之後，並加按語云：

此節自刻意篇移補。舊讀此篇至『公文軒』節，連下『澤雉』四句，反覆不明。上章所言是養生，於篇目養主之義無著。『公文』云云，似與『主』字關會，而於『養』字不詳。若謂養生以善解爲主，乃篇目之義，則『公文』云云，又是何謂？因疑其中必有脱簡，後忽於繕性、刻意得此兩條，細審若移其間，適覺鬥簨合縫，既與上章來脈承接，亦與下篇知養不知，去路相應，蓋原係此處之文，爲彼勦襲引述，與天道篇引『吾師乎』數句、天運篇録『水涸』數句等，久之此亡而彼存耳。

歷代對於莊子内篇，幾乎無人認爲其中有錯簡，尤其對養生主篇，更是不曾有人去懷疑過有脱文，而張士保卻『疑其中必有脱簡』，後忽又從繕性、刻意兩篇中發現各一條文字，以爲正可以移補養生主篇之缺，使之『鬥簨合縫，既與上章來脈承接，亦與下篇知養不知，去路相應』，原來此篇文字，『久之此亡而彼存』之後，方今乃歸完整。張氏的這些説法，固然甚爲大膽、新穎，但證據似並不充分，也只能備作參考。

對於内篇、雜篇，張士保皆視之爲内篇之『傳』，並謂『更訂其次序者，不下百餘處』。其更訂情況依次説明如下：

1．至樂

張士保於題下注云：『傳之第一，舊次外篇第十一。』並以爲其中『列子行食於道』與『顔淵東之齊』兩段『倒亂無疑』，故互易位置以『正之』。對於開頭至『孰能得無爲哉』一段文字，林雲銘莊子因以爲『非莊叟不能作』，張氏則疑其爲『莊子之弟子學莊子之文章』。

2．秋水

張士保於題下注云：『傳之第二，舊次外篇第十。』此篇爲摘録，删去其中『孔子遊於匡』、『公孫龍問於魏牟』、『惠子相梁』三則寓言故事。張氏在南華外雜篇辨僞中説，『孔子遊於匡』寓言故事，『文既平庸，理亦粗淺，「諱窮」、「求通」等，豈類聖人之言？蓋老儒因「寧於禍福」等句所附贅者。』又指出，『公孫龍問於魏牟』寓言故事，『學行露跡，流於淺俗處，正自顯然，其爲後人附贅無疑。』並認爲：『惠子是莊子道中契友，下段即其明徵。統觀全書所言，强辨則有之，世情則非也。且搜國中，意欲何爲？逐之乎，抑將殺之乎？即曰寓言，所托亦不倫矣。況莊子來梁，非逃匿者，搜之何須三日夜？讀者勿以一喻解人頤，爲贋鼎所欺也。』將『惠子相梁』寓言故事同樣視爲僞作。

3．達生

張士保於題下注云：『傳之第三，舊次外篇第十二。』此篇各段次序每有調整，且删去其中『有孫休者』一段文字，張氏認爲對於此等文字的真僞，『明眼者當自能辨之』（見南華外雜篇辨僞）。

4．知北遊

張士保於題下注云：『傳之第四，舊次外篇第十五。』並認爲『諸節段，多有倒亂』，故『皆審其脈絡更正之』。即使對此篇開頭知與黄帝對話本身，張氏也作了部分調整。

5．山木

張士保於題下注云：『傳之第五，舊次外篇第十二（三）。』對於各段次序每有調整，並删去其中『孔子問子桑雽』寓言故事，張氏的理由是：『此爲一節，本人間世蘧伯玉之言演出，意仍不外乎能入群行耳。除下「莊子衣大布」段是錯簡外，以孔子事屬類觀之，上「圍陳蔡」段是反振，下「窮陳蔡」段是正收，文勢開合，天然湊泊，中著此段，便覺隔氣，且孔子之徒友，豈利合而禍患相棄者哉！……固後人附入之顯然者也。』（南華外雜篇辨僞）

6．田子方

張士保於題下注云：『傳之第六，舊次外篇第十四。』此篇各章節次序多有調整，並删去其中『莊子見魯哀公』、『文王觀於臧』二則寓言故事，張氏認爲前者『以儒爲戲之言，粗淺無味，與上下文意亦不相連屬。莊子去魯哀百餘年，安得相見，尤僞作之明徵』（南華外雜篇辨僞），而後者『取太公事繆悠之，極力填補，味如嚼蠟，可謂不自量矣。末加顔子一問，仿效櫟社診夢，尤自現醜』（同上），故皆删而去之。

7．天地

張士保於題下注云：『傳之第七，舊次外篇第五。』此篇各段次序每有調整，並删去其中『堯之師曰許由』、『堯治天下』、『夫子問於老聃』、『蔣閭葂見季徹』、『子貢南遊』、『諄芒將東之大壑』、『門無鬼與赤張滿稽』、『百年之木』八段文字，張氏還於篇末加按語云：『此篇中僞作最多，加以次序倒亂，乍讀直似漫無所緒，妄加删定後，乃覺井井，於應帝王之理，各面俱到。』

8．天運

張士保於題下注云：『傳之第八，舊次外篇第七。』此篇各段次序有所調整，並删去其中『孔子西遊於衛』、

『孔子行年五十有一』、『孔子見老聃而語仁義』、『孔子謂老聃』四則寓言故事，張氏認爲凡此『皆僞作濫入者』，乃是『外道攻儒之言』（南華外雜篇辨僞）。

9．天道

張士保於題下注云：『傳之第九，舊次外篇第六。』此篇僅錄開頭至『非上之所以畜下也』及『夫子曰』、『世之所貴道者』、『桓公讀書於堂上』數段文字，對各段次序也有所變動，張氏並於『夫子曰』段末加按語云：『此與上章相承接，本自斗筍合縫，僞文間之，乃覺隔氣。』認爲此段本與開頭至『非上之所以畜下也』一段文字相銜接，因爲有『昔者舜問於堯』、『孔子西藏書於周室』、『士成綺見老子』三段『僞文』的摻入，『乃覺隔氣』，故予以删除。

10．庚桑楚

張士保於題下注云：『傳之第十，舊次雜篇第一。』此篇僅錄開頭至『聖人藏乎是』數段，中間還删去了部分語句。張氏並於『聖人藏乎是』下加按語云：『至此理已略備，文亦收足，無須再贅。以下綴拾各篇唾餘，錯雜不貫，且多故作艱澀，令人不能解，恐是後人僞作，姑删之。』

11．天下

張士保於題下注云：『傳之第十一，舊次雜篇末。』此篇全錄，唯文句次序微有調整。張氏認爲：『王荊公莊子論、蘇長公莊子祠堂記皆謂此篇爲漆園自作，林雲銘以莊子不當毀人自譽斷爲訂莊者所加，然其文恐非後世訂莊者所能及，蓋親炙於應化解物中者之筆也。』

在更訂完外、雜篇之後，張士保總結説：『外篇十五，雜篇十一，蓋莊子門人羽翼真經之文，而後世學莊之士，又各以其言附焉者也。夫源遠末分，賢愚不等，或自建一論以舒其所見，或摭取他書以互爲證明，或隨文暢意，如後世之箋注焉，是以如彼其多，而不能同歸於一致。然當其時未必無分也，久而簡秩散亂，遂致篇混節廁，雲屯山隱，而本來之面目，不可識矣。今摘錄其奇玉特珠者十一篇，於中又謹爲刪訂，乃覺於經文，顯其幽微，補其疏漏，往來錯綜，滴滴歸源，反覆貫穿，頭頭是道，亦可謂奪只履於既歸，傳智燈於將來者與？』並對此十一篇之外，諸如則陽、外物、寓言、徐無鬼、列禦寇等篇中，猶有精粹之言者，亦摘而類屬之，名爲遺珠類附，附於書末，令觀者無披榛之勞。

爲了使辨僞工作做得更徹底些，張士保復撰南華外雜篇辨僞四卷，在南華指月辨僞基礎上又有所推進和加深。從現存的文獻資料來看，在張士保之前，對於莊子、尤其對其外、雜篇的『更訂』，似從未有如此用心者，委實令人欽佩。但以實際效果而言，張氏的『更訂』畢竟只是一家之說，未必真能令人信服。如細審他的考辨文字及按語，大致只是憑藉自己的感悟而得出的結論，並沒有多少文獻依據，甚至連陸德明莊子音義所提供的一些基本信息及存世的許多重要莊子版本都沒有涉及，更遑論散見於古代類書及古人注疏中的很多相關資料了。

張士保在辨僞的過程中，還提出了關於內篇爲『經』、外篇和雜篇爲『傳』的說法。他在凡例中說：『內七篇准題行文，七名目爲莊子自標無疑。外、雜篇以首字爲名，蓋後訂莊者所加。內、外、雜不知由誰而分，曰內、外，是經、傳之義宗其中，曰雜則真僞參半之謂也。今名內七篇爲經，細審外篇中亦有贋鼎，雜篇中不無遺珠，刪之摘之而名之曰傳。經、傳者，仍內、外之義也。』在張氏看來，內七篇既然爲莊子所撰之經，則必定是一個嚴密完整的邏輯結構，『首篇總示大道，渾冒諸篇，第二詳辨道誼之淺深，第三功指道修之功效，第四明證道之究竟，第五明分道之時義，第六言成道後度生之德，第七言得道後濟世之功。至其中之連絡鉤帶，七篇如一，分而不分之妙，又有不可以言盡者。』而外、雜篇則是對內篇的闡釋。如認爲：至樂，『發明逍遙遊篇』；秋水，『發明齊物論篇』；達生，『發明養生主篇』；知北遊，『發明大宗師篇』；山木，『發明人間世篇』；田子方，『發明德充符篇』；天地，『發明應帝王篇』。像這樣將莊子內篇視爲經，外、雜篇視爲傳，雖然明末潘基慶南華經會解、清初周金然南華經傳釋等已倡之於先，但張士保在前人的基礎上，又作了十分用心的更訂和考辨，這種勇於探索的精神是值得肯定的，儘管其所得出的結論未必正確。如他在闡釋天道篇開頭至『非上之所以畜下也』一段時說：

右第一章，發明應帝王篇，正意備此。文勢一往直前，不留餘藴，其理正平，其辭曉暢，令讀者至此，如於蠶叢崎嶇中，忽遇曠原，頓覺心目開朗。或有以不類疑其僞者，竊以爲外篇乃莊子門人所共爲，非出一手，故筆墨多有不同者，其闡發之功正自不小，何必以皮相拘哉！

天道篇與應帝王篇一樣，都是論述道家治世思想的，但作爲内篇之一的應帝王篇，所闡發的是絶對無爲的治世思想，而作爲外篇之一的天道篇，卻主張君主無爲、臣下有爲，顯然已摻進了其他學派的政治思想，所以張士保把天道篇看成是對應帝王篇的『發明』，雖然不能否認其具有探索精神，卻並不符合實際情況。

依據上述觀點，張士保進一步認爲，作爲『經』部分的内七篇並無『詆訾孔子』的跡象，而作爲『傳』部分的外、雜篇因非出莊子之手，卻有『離經畔道』的傾向。因此，世人所謂莊子『詆訾孔子』的説法是完全錯誤的。他在條説中説：

司馬子長謂莊子作漁父、盜跖、胠篋，以詆訾孔子，今人信之，直以莊子爲離經畔道矣。不知子長所舉三篇，皆後世之僞作也，内七篇之言有如是者乎？内七篇中，有自辯其所以不學孔子之言，無詆訾孔子之言，有謂孔子不應求行道於當時之言，無詆訾孔子之道之言，觀人間世前半篇，莊子是深知孔子之道而重之者也。凡以莊子爲離經畔道者，皆信子長之言而未細讀莊子之書者也。

在史記老子韓非列傳中，司馬遷提出了關於莊子『剽剝儒墨』、『詆訾孔子之徒』的説法。對此，蘇軾在莊子祠堂記中批評司馬遷爲『知莊子之粗者』，並認爲『莊子，蓋助孔子者』。張士保繼承並發展了蘇軾的觀點，進一步提出作爲『經』的内篇並没有詆訾孔子的言論，而作爲『傳』的外、雜篇確有『詆訾孔子之言』，所以司馬遷及其信從者的錯誤，就在於没有看清莊子内篇與外、雜篇的『經』、『傳』關係，以及兩者在思想内容方面的不同性質。他在闡釋天運篇『孔子西遊於衛』寓言時說：

孔子時中大聖，莊子知之深。試觀人間世告顔子之言，以『虚』、『一』提綱，而歸之於『爲天使』、『無知知』說，孔子應世之道，何等圓妙！諄諄於『達人心』、『達人氣』，以強述仁義繩墨之言爲慮，是何等通達！兹乃說孔子爲第一迂闊拘泥人，豈非自相矛盾！即莊子門人，亦不當與莊子相悖至此，而且意究安取？此蓋外道攻儒之言，後人摭拾以附入者也。或賞其文之善喻而曲爲之說，或以此謂莊子訾詆孔子，冤哉！冤哉！（南華外雜篇辨僞）

天運篇『孔子西遊於衛』寓言故事，接連設了六個比喻，旨在反復說明，古今情勢不同，一切禮義法度都應當隨時推移，以變爲常，而像孔子那樣，死守仁義教條，意欲恢復周禮，實在無異推舟於陸，沐猴而冠，是根本行不通的。在張士保看來，此則寓言故事確實在『詆訾』儒家聖人孔子，說『孔子泥古』，『求行古周之事於今之衛』（南華外雜篇辨僞），但『此蓋外道攻儒之言，後人摭拾以附入者也』。與内篇人間世所寫的孔子形象判若兩人，可見莊子本人並不曾『訾詆孔子』。但應當予以指出，内篇中如德充符篇批評孔子『蘄以諔詭幻怪之名聞』，大宗師篇讓孔子自認爲是『憒憒然爲世俗之禮以觀（炫耀）眾人』的『天之戮民』，等等，何嘗不是在『詆訾』孔子？而人間世篇寫孔子告訴顔回的話，簡直是一派地地道道的道家之言，不折不扣地傳達了莊子的處世哲學，這無疑也是對儒家泰斗孔子的極大『詆訾』。由此說明，張士保這裏的說法也是有問題的。

第三節　王闓運的莊子王氏注

王闓運（1833—1916），字壬秋、壬父，自號湘綺老人，學者稱湘綺先生，湖南湘潭人。咸豐間舉人，屢試進士不中。太平軍起義時，曾入曾國藩幕。後講學四川、湖南、江西等地。清末，授翰林院檢討，加侍講銜。辛亥革命後，曾任國史館館長，兼任參議院參政。好治經學，尤其擅長公羊學，並以致用爲目的。所著除經子箋注外，有湘軍志、湘綺樓日記、湘綺樓詩集、湘綺樓文集等。門人輯其著作爲湘綺樓全書。

莊子王氏注二卷，爲王闓運研究諸子的重要著作之一。全書選取内七篇和雜篇中寓言、天下二篇而爲之箋注，卷末有同治八年王闓運所作敍。王闓運在寓言篇題解中説：『寓言在雜篇弟五，其後皆非莊子書意矣。故相傳爲莊子之自敍，其書終於此也。』又在天下篇題解中説：『天下篇者，蓋莊子自敍，後人移之書後也。』大約認爲今本莊子自讓王至列禦寇篇，皆非莊子本人手筆，而天下篇本當爲莊子所撰之前序，寓言篇爲其所撰之後序①。但在王闓運看來，最能反映莊子本真思想的卻是内篇七篇。他説：『消摇遊者，言識道也。』（消摇遊題解）『齊物論者，學道之階梯也。』（齊物論題解）『養生主者，自修身也。』（養生主題解）『人間世者，治世之跡也。』（人間世題解）『德充符者，廣全生也。』（德充符題解）『應帝王者，明道用也。』（應帝王題解）而『大宗師，何以獨大乎？述至道之精，列先聖之緒，道無大於此者矣。』（大宗師題解）按照王闓運的理解，『識道』、『學道』、『修身』、『治世』、『廣全生』、『明道用』正是莊子學説的重要組成部分，而『述至道之精，列先聖之緒』則是莊子學説的精髓所在。由此可以看出，王闓運對莊子的闡釋具有明顯的儒學化思想傾向。

王闓運好治儒家經典，並主張宗崇今文經學，曾公開表明自己治學的目的只在『尋其宏旨』，用以『佐治道，存先典』，而對乾嘉學者只重考證而忽略論辯的做法則深表不滿，因此他箋注莊子時亦好獨標新見，以期發蒙悦心，使人們皆對聖人之道有所解悟。如他在消揺遊篇題解中説：『絕聖棄智，非有本之談；下學上達，乃

① 但王闓運在自敘中説：『莊子之書，古今以爲道家之言。雜篇有敘，論其意，列於老子之後，蓋其徒傳之云。寓言者，周之自敘也。』所謂『雜篇有敘，論其意，列於老子之後，蓋其徒傳之云』，指天下篇而言。據此，則王氏似又認爲唯寓言篇爲莊子所作之自序，而天下篇當出自其門人之手。

天知之詣。傳曰「仁者安仁，知者利仁」，消搖遊之義也。』認爲對智有所抑制，使之有利於仁，由此便可無『爭』而『見道』，從而達到『大化無朕』的逍遙遊境界。在德充符篇題解中說：『以德充爲符，則無往不完。孔子曰：「天生德於予，桓魋其如何？匡人其如何？」』這裏以孔子所說的道德規範來比附莊子所謂的自然德性，因而認爲德充符篇所寫『上之入於聖域，下亦重於朝廷』的『六人』，正是莊子用來『曉學者』的道德模範。在大宗師篇題解中說：『莊生蓋私淑尼山，別承天解，患詩禮之發冢，照冥悟之必荒，已斷狂華，宜標實諦，故以爲非大不足以統世，不可宗師者，不足以訓人。先裕本原，明祛妄惑，是大宗師之義也。』這裏以莊子爲孔子的私淑弟子，認爲他因有見於『皇王遞運，治跡代殊，儒墨爭言』，乃至儒者末流有借詩禮發冢者，便『別承天解』，著爲大宗師篇，以『繼天立極』的聖人爲最高典範，於是王闓運在自敘中就有『莊子真孔氏之徒哉』之讚歎。凡此，正是王闓運宗崇公羊學，希望從莊子中尋找出可『佐治道』者的結果，與莊子的本意相去較遠。

與題解相一致，王闓運亦每持今文經學之法去闡釋篇中具體文字。如逍遙遊篇有『乘天地之正，而御六氣之辯』之語，謂欲逍遙者必須純任自然，擺脫一切憑藉，而王闓運則闡釋說：『時乘六龍，首出庶物，君子自強也。』人間世篇有『虛室生白，吉祥止止』之語，謂如讓心境虛明純白，吉祥就會集於其上，而王氏則闡釋說：『言聖人設教如鬼神也。祭者設陽厭饌於室中而闔牖戶，則當室之白若有神止，未有見其享者，然受吉祥必於此矣。』大宗師篇有『朝徹而後能見獨』之語，謂胸中清明瑩徹就能窺見至道，而王氏則闡釋說：『知至而後意誠，誠意在慎獨也。』同篇又有『知天之所爲者，天而生也』之語，謂知道天道自然運化之理，就能順應自然，而王氏則闡釋說：『天視民視，天聽民聽，天何爲哉？因人而生。』這裏分別引用儒家經典周易、左傳、大學思想資料來闡釋莊子有關文字，雖然從中引申出了如何積極修身、治世的『宏旨』，但終究已非莊子的本真思想。甚而至於，王闓運的有些闡釋簡直就是一種臆測。如德充符篇寫叔山無趾語老聃曰：『孔丘之於至人，其未邪？彼何賓賓以學子爲？』批評儒家聖人孔子棲棲遑遑，根本未能達到至人的境界。但王闓運卻闡釋說：『孔子之周，學禮老子，在三十歲前，故無趾見之，而以爲未至。』此處竟據論語爲政『吾十有五而志於學，三十而立』等語，把無趾所批評的孔子解釋成是『而立』之前的孔子，並不是作爲儒家泰斗的孔子，這無疑就是一種主觀臆測。

王闓運雖然主張以儒學解釋莊子，卻極力否定晉唐以來所形成的三教合一的思想格局。關於這一點，他曾在自敍中作過充分的闡述，並且斷言説：『以莊合佛，晉唐之過也。』王闓運的這一思想，也貫穿於對篇中具體文字的闡釋過程之中。如他在闡釋大宗師篇時指出，莊子『既明言教世以善生，又歷引得道之亡死，蓋不悟出世之法，必有入世之憂，已立入世之教，何取出世之法？故列次王伯、帝皇、天地、真人之道，明宗師之有在，大道之非虚，而下遂列言齊死生者忘己』，而『晉後釋經，詭作截臂施眼之事，謬稱衆生胥度之法，虚設淨土，妄出輪回』，前者是要世人正確看待自己的生與死，並懂得出世與入世的關係，了悟先聖之緒猶存、大道並非虚妄的道理，而晉以來的佛教徒，卻走火入魔，以詭詐之事，謬妄之法，引誘世人嚮往所謂的西方淨土，相信所謂的輪回轉生，可見莊、佛二途，豈能合而爲一！他並在養生主篇『指窮於爲薪，火傳也，不知其盡也』三句下説：

薪不傳火，火必附薪，故薪窮於指，而火自傳。夫形亦薪也，道亦火也。無薪則火何傳？無形則道何寄？故外形骸者，識也；養生者，理也。自晉以來，竊茲入佛，遂以此火傳於彼薪爲輪回之説。無薪乃復有火，見常定之光，求之已而知其虚，施之人而竟無用，徒襲元言，莫聞聖術，悲夫！養生以治世，則哀樂不入，而利害不生，猶萬薪資一火，火有無盡之理。若物物而用知，則乞火而並與以薪，薪窮而火盡矣。夫聖人以是相緼，萬物盡然，參萬歲而一純，烏能盡哉！

桓譚在新論祛蔽中曾以『燭火』之喻來闡述形盡神滅的道理，王充在論衡論死中也認爲『天下無獨燃之火，世間安得有無體獨知之精？』楊泉在物理論中以『薪火』爲喻，同樣認爲『人死之後，無遺魂矣。』而佛教徒卻引莊子養生主『指窮於爲薪』等語以證其輪回之説，如慧遠在沙門不敬王者論中説：『火之傳於薪，猶神之傳於形；

火之傳異薪，猶神之傳異形。前薪非後薪，則知指窮之術妙；前形非後形，則悟情數之感深。惑者見形朽於一生，便以謂神、情共喪，猶覩火窮於一木，謂終期都盡耳。』王闓運對此指出，正如火附於薪一樣，道亦必寄於形，如果通過正確的養生途徑而使自己的形骸體現出見識、義理、天道，並以此施之萬物，『萬物所以資始』（養生主題解），乃至生生不息，此即所謂『火傳』而『不知其盡』，而佛教徒卻竊此以證輪回之說，侈談衆生在三界六道的生死世界裏可以循環不已，真是荒唐之極！王闓運這裏把養生主篇說成與『佐治道』有關，無疑甚失莊子本意，但他能遠承漢魏諸思想大家形盡神滅的基本觀點，用來大膽揭露佛教徒歪曲莊子形神觀的行徑，卻很值得肯定。

尤其值得注意的是，王闓運還在闡釋莊子過程中引入了一些來自西方的天文學知識。如他在逍遥遊篇『夫列子御風而行』等語下說：『與月同軌道也。……隨地球行，與世同運，故不求助。』認爲列子的御風而行，便是與月球同軌道，隨地球同運行，與世界同運化，所以無需求助而遊行輕妙。在應帝王篇『北海之帝爲忽』、『儵與忽時相與遇於渾沌之地』之語下說：『不言東西者，地自轉，無東西。……最高最卑，其軌道皆有自起。』認爲地球自轉不息，無固定的東、西可言，所以『海』前冠以『北』字，而無論最高處還是最低處，其實地球軌道上的每一處都可以成爲地球自己運行的起始點，所以『地』前冠以『渾沌』二字。在『傳說……乘東維、騎箕尾而比於列星』之語下說：『此出地球，更入星球者，星亦地也。人形來往，絕於其地球之外矣，而得道者，七曜行星及恒星，皆可遊也。』認爲地球、星球皆爲天體之一球，莊子所謂傳說『乘東維、騎箕尾而比於列星』，便是在各行星、恒星之間自由遊行。總之，王闓運這裏硬把哲學拉向科學，雖不無牽強附會之嫌，但畢竟賦予了莊子思想以嶄新的時代精神，標誌著清末莊子研究已出現了新氣象。

第四節 陶浚宣的南華經講義

陶浚宣（1846—1912），原名祖望，字文沖，號心雲，别署東湖居士、稷山居士，室名稷山館、通藝堂，紹興陶堰人。清光緒二年舉人，三年考取覺羅漢教習，以知縣用。光緒十二年會試，挑取謄錄方略館，議敘同知，升用知府，遞升道員，加三品銜，賞戴花翎。後應聘赴廣東廣雅書院、湖北志書局任職。回到家鄉後，致力興辦學校，建造東湖。一生同情革命，聞秋瑾被害，義憤填膺，寫下萬言奏摺，力辯其無罪。爲晚清著名書法家，深得翁同龢、梁啟超等所推重。著作有百首論書詩、稷山讀書樓日記、稷廬文集、南華經講義等。事跡見會稽陶氏族譜等。

南華經講義二十八卷，卷首題『東湖居士述』。今案駢拇題解有『壬申年冬小春月東湖漫記』之語，壬申爲同治十一年（1872），則此著當爲陶氏二十六歲前後所撰寫。此書正文，内篇皆有題解，外、雜篇則較爲少見；莊子原文頂格書寫，各節後低二格作解。書前有莊子讀法，謂書中有『脱簡傳訛之處』，故其分卷、分章、分節，自有不同於傳統本子者。如其於在宥篇『絶聖棄知而天下大治』下云：『按：莊子原文爲駢拇第八、馬蹄第九、胠篋第十，皆外篇也。又在宥第十一，則至此爲止，而文氣中斷，儼然成爲一篇，述者故取此四篇，以成講義第八卷之一卷。因莊子一書，文體凡經三變，不得不各從其類，以便觀省，非好爲立異也。』故摘取在宥篇此下『黄帝立爲天子十九年』、『雲將東遊』、『世俗之人』三章，與天地篇開頭至『南面之賊也』合爲一卷；又以天地篇此下『堯觀乎華』、『堯治天下』、『泰初有無』、『夫子問於老聃』、『將閭葂見季徹』、『子貢南遊於楚』、『諄芒將東之大壑』、『門無鬼與赤張滿稽』、『孝子不諛其親』、『百年之木』諸章，與天道篇開頭至『聖人之心以畜天下也』合爲一卷，皆所謂『各從其類，以便觀者』。這種割裂原文後重新組合的做法，乃是陶氏憑藉想當然之所爲，治莊者未必能夠信從。

對於內、外、雜篇的特徵，陶浚宣在莊子讀法中表達過自己的看法，認爲『內篇章法嚴整，每篇命題皆舉全篇之要旨而言，其文汪洋浩瀚，然其宗趣決不出於命題範圍以外。外篇、雜篇則撮文句之首二三字以名篇，無特殊之用意也。』他先以內七篇爲例說：『內篇七篇，以入道離塵爲逍遙遊，次齊物者，學道人未得真詮，先破妄見，與佛家未得菩提，先空五蘊，同一爐錘。不物於物，則物無不齊矣。妄見既除，守真爲要，故繼之以養生主。道人生在世間，明哲保身，必由其道，故繼之以人間世。長處於世，其德日新，德充而有符應，是爲德充符。德至道凝，天人宗仰，是爲大宗師。君師一體，言教言治，皆所以納斯民於軌物，故終之以應帝王。五百年必有王者興，其應之於斯人乎！』認爲所謂內篇章法嚴整，不但表現在各篇的章節中，還明顯地體現在整個內篇邏輯結構的嚴整上。而相比之下，『內(外)篇、雜篇之文，既無章法，又無體制。忽似長篇之文，如駢拇、馬蹄、胠篋三篇，痛斥仁義、是非之毀性，儼然鴻篇巨制也。其他忽似語錄，忽似劄記，忽爲莊子所自述，忽爲弟子所結集，都無次序』，其『玄旨微言，大概雜陳於不經意之處爲最多，是在讀者巨眼獨運，貴能披沙揀金而已』。這些說法，雖多非由陶氏首創，但亦不無真知灼見，如教人讀外、雜篇時，『貴能披沙揀金』，即可謂至理名言。不過，在陶浚宣看來，這一特徵主要還是表現在雜篇中。他說：

莊子雜篇與外篇不同者，雜篇往往於最要意義語次，忽夾入一段無關宏旨之文。如外物篇之有莊子貸金一事，又有任公子釣魚一事，寓言篇之有曾子再仕而心再化一事，驟視之若別有寓意，細按之乃毫無關會，特散金於沙中，使好學者知所慎擇而已，讀者幸勿被其瞞過。(莊子讀法)

外物篇有『莊周貸粟』、『任公子釣魚』兩則寓言故事，陶浚宣於前一則寓言故事下解釋說：『莊子謀篇，多雜以不經意之文，如此篇之鮒，下篇之魚，皆是也。然亦必有數語足以明理載道者，蓋所謂「巵言」，亦有以異乎無意義語也。』又寓言篇有『曾子再仕而心再化』寓言，陶氏解釋說：『此章雖爲外利祿而爲言，然無甚深意，無關宏旨。本編櫛比連類而及，於例無所取舍，讀者宜知所擇焉。姑綴於此，以見雜篇之所以爲雜云。』認爲雜篇中的這些章節，皆無甚深意，也無關宏旨，充分表現出雜篇之『雜』的特徵，但『特散金於沙中』，讀者應當『知所慎擇』。陶浚宣在『莊周貸粟』寓言『吾失我常與，我無所處』下云：『志在不失其常，餘皆身外物也。衆人乃於所常之外而多有所求，此其所以不知足而常辱也。』按照陶氏的看法，此則寓言中的這兩句話當有一定深意，應該視爲埋於沙中的散金，對讀者大有啟迪作用。這種讀莊之法，可以備作參考。

尤其值得重視的是，陶浚宣對莊子之『三言』有著比較獨特的看法。他說：『莊子曰：「寓言十九，重言十七，巵言日出。」此南華自言其書例也。夫寓言者，以著書人之意而寓諸他人之口也。蓋教爲譎之寔，刻畫物情，動遭物忌，故寓諸他人，以見非自我而作古。其寓之之法，大概聖人法語則寓之於黃帝、孔、老，庸衆之言則寓之於尋常之士，惡人則爲盜跖，賢人必是顏回，小人則爲鴟、鳩、斥鴳，鬼物則爲髑髏、罔兩。由是天地人物之口，皆爲我所寓言之地，言者無罪，聞者足戒，此寓言大體也。』（莊子讀法）歷代解釋莊子『三言』者甚衆，陶浚宣在吸收前人説法的基礎上，又提出了自己的一些獨特看法，如所謂『庸衆之言則寓之於尋常之士，惡人則爲盜跖，賢人必是顏回，小人則爲鴟、鳩、斥鴳，鬼物則爲髑髏、罔兩』，以爲『由是天地人物之口，皆爲我所寓言之地，言者無罪，聞者足戒』，凡此皆多爲前人所未曾明確提及，對我們解讀莊子不無啟發。陶氏還進而指出：

莊子體例章法，其自言最爲精當。寓言篇分析而爲寓言、重言、巵言三種。天道篇云『世之所貴道者，書也』一段，徐無鬼末尾『則其解之也，似不解之者』一段，外物篇末尾『筌者所以在魚』一段，則陽篇末尾『言而足，終日言而皆道』一段，至最後天下篇稱『以謬悠之說、荒唐之言』云云，則又無異乎自爲全書之後序。以上所舉，皆散見各篇之中，實無異莊子之自序也。（同上）

自晚明以來，學者每言寓言、天下二篇爲莊子全書之序例，而陶浚宣更進了一步，認爲天道篇『世之所貴道者，書也』、徐無鬼篇『則其解之也，似不解之者』、則陽篇『言而足，終日言而皆道』等段，也皆有這種性質和功用。如他在外物篇『筌者所以在魚』一段後說：『此莊子自序其所爲書也。言在於此而意非言可盡，故讀其所言，期在得其意之所在而已。』陶氏的這些說法，突破了長期以來人們僅以寓言、天下二篇爲莊子全書序例的傳統觀念，明確指出所謂莊子全書的序例並非指某篇具體的文章，而是眾多篇章中所體現出的相關理念。這些富有創意的說法，在今天看來也很有價值。

但應當指出，陶浚宣的有些做法和說法卻值得商榷。如上文已予指出，他往往喜歡割裂傳世本莊子原文，重新進行組合聯綴，頗讓讀者無所適從。在字、詞、句解釋方面，有時也會表現出一定的主觀隨意性。如他說：

莊子有一特別筆法，凡爲文所不能隱晦而嫌其所指之太直，則用拆字法行之。如『柴』爲『此木』，『𡟰』爲『女滅』，『槐』爲『木鬼』，『謚』爲『言急』，『大』爲『一人』，『林』爲『二木』，等等，皆是於文法絕不可通而於諧聲會意之外，別出蹊徑，其寓意便自了然，此莊子之絕異處也。（莊子讀法）

僅看這番表述，似乎不無道理。但如果細審其在篇中所舉例子，卻不能讓人信服。如外物篇『眥𡟰可以休老』，陶氏說：『目匡謂之眥，及匡而止，不令入目也。𡟰，滅也，從女從滅。女自此而滅，即不見可欲，使心不亂之意。』案陸德明經典釋文所載，此處之『𡟰』一本作『搣』，據廣韻的解釋，即今所謂按摩，故句意當謂按摩眼眶可以消退老容，與陶氏所謂『女滅』之說無關。又同篇『於是乎有雷有霆，水中有火，乃焚大槐』，陶氏說：『陰含陽德，其象爲電，始則然，而繼則焚，於是大木立燼矣。槐，從鬼，會意，微旨也。陰符經曰：「沈水取火，自取滅亡。」意亦指此。』案說文云：『槐，木也，從木，鬼聲。』說明陶氏對篇中此三句大意的解說基本可取，但對『槐』字的解釋並無文字學依據。又同篇『大林丘山之善於人也』，陶氏說：『「大林」指二木也，謂木與木相摩也。』這一解說，簡直屬於荒謬。但陶浚宣所舉的『拆字法』例子，也有少量可取的。如：

外物篇『謀稽乎謚』，陶氏說：『始能謀者，終必歸於躁率。「謚」字，從言從弦，謂如弦之急也，與下文「寧可以止遽」「遽」字意通。』

案正韻：『詃，胡田切，音賢，言急也。』集韻：『詃，胡涓切，音懸，亦急也。』郭象莊子注：『詃，急也。』説明前人皆以『急』解釋『詃』字，而陶湰宣訓釋爲『如弦之急』，雖與古訓不盡一致，卻在没有偏離其基本原意的前提下，爲此字增添了濃厚的感情色彩，更能揭示出莊子語言的藝術特徵。

第十六章　劉鳳苞的南華雪心編

劉鳳苞（1826—1905），字鯍秀，號采九，湖南武陵縣（今常德鼎城區）人。少師從常德名士楊彝珍學習詩文，素有文采。咸豐七年中舉，同治四年考中進士，選翰林院庶起士。先後任職於雲南元江、大理、順寧府等，復官雲南補用道，領二品銜，不久因事革職。致仕回鄉後，主講郎江、城南書院。晚年思想保守，曾與王先謙、葉德輝等鄉紳聯名向湖南巡撫陳寶箴遞呈湘紳公呈，攻擊梁啟超等人的維新運動，反對戊戌變法。劉鳳苞一生以文章自負，著述頗豐，有晚香堂詩鈔、晚香堂賦鈔、晚香堂文鈔、晚香堂駢文、南華雪心編等。

劉鳳苞評注莊子，由於受林雲銘、宣穎、陸樹芝等人以儒解莊的影響，明顯帶有儒學化傾向。如他在評注德充符篇時說：『莊子要闢辯者之徒簧鼓天下，每竊先聖之糟粕以爲口實，因並將孔門講學，亦視爲桎梏，則若輩之爲天刑，更不問可知。讀者須得言外之意，乃知莊子不是詆訾孔子，正訕笑惠施輩耳。』像此類帶有儒學化傾向的話，在南華雪心編中並不少見。但鑒於此書爲研究莊子散文的集大成著作，本章擬集中論述其在這方面的學術成就。

第一節　對莊子散文章法結構的剖析

像很多學者一樣，劉鳳苞早年就喜歡莊子。但他注莊子較晚，大約在四十五歲左右開始動手，光緒三年完成初稿，定名爲南華贅解①。其注莊經歷與常人頗不同，他在贅解自序中説：『予自勝衣就傅以後，即喜讀莊子一書，顧茫然不得所解。嗣覩莊子獨見一書，晉陵胡繩崖已先我解之，其間鉤元扼要，詞旨無多，竊疑解之猶有未盡也。及觀宣茂公先生南華經解，分段詳注，逐層細批，參合前解，讀之恍然有得於其心。南帆北馬，輒攜是書以自隨，然未敢妄增一解，恐貽駢拇枝指之譏。年來捧檄邊庭，從事於波濤兵燹之間，更歷憂患，取是書而研究之，一切榮落升沉之感，不知何以俱消，而天人理欲之微，亦若稍窺其分際焉，則先生之貺我良多也。簿書之暇，把卷沉吟，機有所觸，筆之於書，亦如元化之鼓蕩而不能自已，天籟之起伏而莫知所爲焉。名之曰南華贅解者，解其所無庸解也。』可見，劉鳳苞是在『波濤兵燹之間，更歷憂患』之中借注莊來消解『一切榮落升沉之感』，這種特殊的經歷使得其治莊帶有鮮明的時代特點和個人色彩。後來他將初稿修訂，更名爲南華雪心編②，刊刻於光緒二十三年。從改寫而成的南華雪心編自序中我們可以看到其注莊思路的一些細微變化：『予自幼頗愛讀莊子之文，驟焉不得其所解。及觀晉人郭象所注南華篇，探元抉奧，識解獨據萬山之巔，恍然有得於其心，復參合諸家注解，而後章法之貫串玲瓏，筆力之汪洋恣肆，窺豹而時見一斑。……名之曰雪心編，雪心者，謂南華爲一卷冰雪之文，必索解於人世炎熱之外，而心境始爲之雪亮也。後之讀是篇者，其亦可渙然冰釋矣。』可見，經歷了大半生風風雨雨的劉鳳苞此時對莊子已有了更深刻的理解，與莊子有了更强烈的共鳴。他從莊子爲冰雪之文這一感情基點出發，一方面注重對莊子意旨的闡述，探元抉奧，另一方面在參合諸家注解的基礎上，抓住了莊子『章法之貫串玲瓏，筆力之汪洋恣肆』的特點對莊子散文特色進行解析，使莊子的文與意完美地結合在了一起，注文感情澎湃，激情蕩漾，極富美感和意味，像一首優美的散文詩。南華雪心編在體例上較之前人有

① 現山西省圖書館藏有其手抄本，共六册。

② 清光緒二十三年晚香堂刻本。

了大的突破。首先，此書極爲重視引用古人的研究成果，所引資料不下數十人，幾乎囊括了魏晉到清代的所有重要莊子注本，既有郭象、呂惠卿、陳景元、李士表等以經義闡釋爲主的文獻資料，又大量地引用了南宋以來如劉須溪、陸西星、林雲銘、宣穎、胡文英、陸樹芝等散文研究家以及明代時文評點家從文學角度對莊子進行的精彩述評，可幫助讀者從義理、藝術兩個方面來理解莊子。其次，以總評、段評、夾注、眉批、段後評的形式，從字、詞、句、段、篇等方面對莊子內、外、雜篇從整體到局部都進行了較爲詳細的解析，盡可能地將莊子的藝術特色揭示出來，是有評點以來篇幅最長，內容最豐富、最完整的莊子評注本。作爲莊子散文研究的集大成者，劉鳳苞充分吸收了前人的成果，對莊子散文的藝術特色從多個角度進行了闡釋。在篇章結構的安排上，他繼承了宣穎的看法，認爲莊子散文具有章法渾成，結構謹嚴的特點，但他的分析比宣穎更加系統完整，對莊子文章結構的理解更加深入透徹。

劉鳳苞首先對莊子內、外、雜篇的整體藝術特點進行了簡單的概括。『南華內篇爲悟道之書，精密渾成，大含元氣。外篇盡行文之致，洸洋恣肆，推倒百家。雜篇則隨手存記之文，亦復零金碎玉，美不勝收。』（凡例）從這一認識出發，劉鳳苞對莊子內、外、雜篇的章法結構進行了層層剖析。他先是在段前總評中將全文結構作一梳理，接著在段評、節評中再配合總評詳細分析，有時又用段後評反復申述。雖然形式上與宣穎南華經解沒有什麼大的不同，但他對文章的整體結構關係以及段與段之間、句與句之間的關係分析得要比宣穎詳細具體得多。

莊子內七篇的結構一直是學者們重點研究的對象，宣穎和胡文英都曾有過較爲精彩的評述。劉鳳苞在二人的基礎上，對內篇結構的分析更加完善，更加精密。如他在分析逍遥遊篇時指出，此篇主旨爲『逍遥遊』，通篇以『大』字爲眼目，全篇筆勢蜿蜒，恣肆汪洋，具有渾然一體的特點，這顯然比宣穎的分析更渾成、更富有意境和美感，比胡文英的分析更獨到、更具體。又如德充符篇，莊子無非塑造了幾個『惡人』的形象，在外人看來幾乎沒有什麼嚴密的邏輯可言，宣穎和胡文英也都沒有將各段很好地串在一起，而劉鳳苞則指出，此篇以『德』字貫穿全篇，綫索忽隱忽顯，具有『草蛇灰綫』之妙，末段用反筆通結上文，文章渾然天成。可見，他對莊子文章結構有著獨特的認識。

對於外篇整體結構的分析，只有宣穎用過力，但除了對特點比較鮮明的幾篇作過較爲詳細的分析外，對其餘的分析則較爲簡單。劉鳳苞則對每篇幾乎都作了詳細而又具體的分析，有的甚至達到了纖毫不漏的程度。如他在分析馬蹄篇時認爲，此篇雖然錯綜變化，千巖萬壑，氣象萬千，但前後關鎖，結構渾然。並在篇末總評中指出：『一路夾敘夾議，恣肆汪洋，如萬頃驚濤，忽起忽落，真有排天浴日之奇。至此已歸結正文，後二段乃其餘波耳。再將伯樂、聖人，對寫一番，與前幅配合均勻，格局極爲完密。』這種亦賞亦析的分析，既讓人瞭解了全篇的結構特點，又使人欣賞到莊子散文的藝術特色，妙趣橫生，較之前人的分析明顯更勝一籌。

對於雜篇，很少有人涉及其行文結構特點，連宣穎也沒有用過多少力，僅對其認爲較爲精彩的地方略作點睛之筆。而劉鳳苞雖然認爲雜篇只是莊子隨手所記，無完整結構，卻絲毫沒有忽視雜篇的文學價值，並第一次從藝術角度對雜篇各篇進行了篇前總評（讓王、盜跖、說劍、漁父四篇除外），並對每篇各段章法結構特點都作了揭示，對文章藝術特色都進行了分析，這是莊子散文研究史上的一大進步。劉鳳苞之所以一改前輩學者不重視莊子雜篇的做法，一個重要原因是他分析莊子散文始終是把文與意密切聯繫在一起的，認爲雜篇思想與內、外篇非常一致，具有精義。如他在評徐無鬼篇時說：『逐段逐層，各有精義，自成一則妙文，如海上群山，參差錯立，一邱一壑，皆具奇觀，殊形異態，結構天然，正不必強爲聯屬也。』在評則陽篇時說：『則陽一篇，乃雜篇內鞭辟入裏、剝膚存液之文。逐節深心體會，可以窺見性命之精，而結搆之靈通、詞意之雋快，映發無窮，如遊武夷勝境，千巖萬壑，使人心曠神怡。縋幽鑿險者，安得有此遙情勝概，超然塵外之姿！』認爲雜篇每段各有精義，可窺見性命之情，故結構上也有天然靈通的特點，同樣具有很高的美學價值。

即使是對各篇中的句子結構關係，劉鳳苞也頗爲重視。他認爲莊子行文中存在著大量的陪說關係，這一點他較多地繼承了宣穎、胡文英等人的說法。如他在解逍遙遊篇『小知不及大知，小年不及大年』時說：『「小知不及大知」，此句是正文；「小年不及大年」，此句是陪襯上句。』在解齊物論篇『大道不稱，大辯不言，大仁不仁，大廉不嗛，大勇不忮』時說：『「大辯」、「大道」二句是主，餘三件俱是陪說。』但劉鳳苞並不總是沿襲前人的觀點，他也有著自己的獨特理解。如他在解養生主篇『爲善無近名，爲惡無近刑』時說：『下句陪上句，正言惡不可爲，爲惡者無不近於刑。』對養生主篇的這幾句話，前人的看法並不相同。如林雲銘認爲此二句與下句『緣督以爲經』是全篇之綱，後面逐段引證。宣穎認爲『緣督以爲經』是一篇妙旨，通篇圍繞此句展開。劉鳳苞則認爲，雖然這三句是全篇之綱，後面逐段引證，但前二句並不是平等關係，上句是主，下句是陪，理解頗爲新穎。

總之，經過劉鳳苞這樣從整體到局部的逐層分析，莊子章法渾成、結構謹嚴的特點就完全凸現了出來。

第二節　對莊子散文藝術特色的分析

經過學者們的不懈努力，莊子越來越顯出其文學特質，其散文藝術成就也越來越爲人們所認可。劉鳳苞更是對莊子散文進行了高度的評價：『南華泄天地之祕者也。其光之燦爛，如日月星辰之懸象而著明；其氣之鼓蕩，如風雲雷雨之順時而布令；其根柢之深厚，如岱華嵩衡之並峙；其波瀾之奇詭，如江海河漢之奔騰。合天地之有象、有聲者以爲文，是以爲文之至。』(南華雪心編自序)正是基於這樣的認識，劉鳳苞多角度多方位細緻入微地對莊子散文進行了全面的分析，將莊子散文藝術揭示得淋漓盡致。在劉鳳苞看來，莊子散文藝術特色主要表現爲以下幾個方面。

一、創語甚奇，奇文妙文

歷代學者都喜歡以『奇』來評價莊子，但各有自己的角度，各有不同的理解。劉鳳苞在繼承前人成果的基礎上，又有新的創新和發展。首先他認爲莊子想像奇特。如他在評秋水篇時說：『「一足不如衆足之疾，衆足不如無足之更疾，落想俱奇絶。』在評至樂篇時說：『從髑髏發端，落想甚奇。』在評徐無鬼篇時說：『「卷婁者舜也」，落想甚奇。』這都是說莊子想像非常奇特。在劉鳳苞看來，莊子不但想像奇，創語亦甚奇。如他在評德充符篇時說：『「天之生是使獨也」，奇創之句。』在評人間世篇時說：『「其德天殺」，創語甚奇。』這裏認爲莊子善於創造性地運用一些常人無法想像的語句使文章表現出奇特的藝術特色。

劉鳳苞認爲莊子的奇特還表現在字法、文法以及格局上。如他在評大宗師篇時說：『第六段從許由生出黥劓妙論，又從意而生出爐錘妙解，文法字法，俱極奇創。』在評至樂篇時說：『「與人居……」，或三字成句，或兩字成句，或一字成句，以細碎見奇。』在評德充符篇時說：『第三段以無趾前後議論爲一篇關鍵，文法本一脈貫穿，卻變作兩峰對峙，格局最奇。』在評達生篇時說：『前後本一氣相生，要須逐節玩味，方可得其命意佈局之奇。』此外，劉鳳苞認爲莊子的比喻也非常奇特。如他在評大宗師篇時說：『「大冶鑄金」一層，借喻尤爲奇妙。』在評天地篇『以二缶鍾』句時說：『又插一喻，逆陪順帶，文法奇變。』在評秋水篇時說：『喻中夾喻，文心絶奇。』在評庚桑楚篇時說：『「能蟲能天」，陡插一喻，奇妙不可思議。』在他看來，莊子比喻變化多端，表現出非常奇特的特點。

劉鳳苞還借鑒了前人的經驗，認爲莊子的『奇』包涵了不同的審美因素。如他在評人間世篇時說：『代君憂民，憂必及之，語意沉痛奇險。』在評天地篇時說：『「刳心」二字極奇極險。』這裏的『奇』具有『奇險』的審美因素。在評駢拇篇時說：『上下千古，悲感無端，筆亦奇横恣肆。』此處的『奇』具有『奇横』與『恣肆』的因素。在評胠篋篇時說：『「盜其國」三字奇闢。』在評徐無鬼篇時說：『「鋤」字奇闢。』此處的『奇』又具有奇闢的特色。此外，劉鳳苞認爲『奇』還有奇變、奇奥、奇妙等因素。如他在評胠篋篇時說：『信手拈來，爽若哀梨，快若并剪，奇文妙文。』在評天地篇『大小長短修遠』時說：『倒插此句在後，文法奇變。』在評應帝王篇『七日而渾沌死』寓言時說：『險語足以破鬼膽。奇文妙文！』等等。劉鳳苞認爲，莊子經常使用一些看起來平常無奇卻往往能達到奇特藝術效果的句子。如他在評天道篇時說：『「聖人在乎」，樸筆最奇，語意更呆，卻是驚人之句。』認爲此句筆樸意呆，卻能驚人。在評田子方篇『吾以其來不可卻也』句時說：『說來平平無奇，卻是天真爛熳。』認爲無奇之中卻有天真爛熳的效果，甚是奇特。

總之，劉鳳苞在吸收、借鑒前人成果的基礎上，對莊子散文所具有的『奇』的特徵有了很多的新發明。

二、揣摩語氣，善用虛詞

揣摩聖人語氣，代聖人立言，這是明清時寫作八股文的基本要求。風氣所趨，揣摩語氣也被學者們運用於莊子散文評點中。較早利用這種方法的是林雲銘，到劉鳳苞時則已運用得十分嫻熟。

劉鳳苞主要是對莊子中人物對話的語氣進行體悟後再傳達給讀者的。但與其他學者不同的是，他一般不直接給出肯定的答案，而是把一句話可能包含的複雜感情一一列出，讓讀者自己體會，同時也讓讀者瞭解到莊子語言高超、内容豐富的特點。如人間世篇有『匠石之齊』一段文字，劉鳳苞評曰：『「且予求無所可用」二句，再透入一層，不求其可用，而求其無所可用，翻盡常解，極超脱，又極悲涼。「久矣」、「幾死」四字，極力摹神，可見世道之危，不如是幾不能自全，而夭於中道也。「乃今得之」一轉，分外出力，若自譽，若自嘲，若自爲慰藉，寫得淋漓恣肆。一片機鋒，全在夢中托出。』對櫟樹的話進行了仔細的揣摩，認爲『且予求無所可用久矣，幾死』句極超脱，又極悲涼，而『乃今得之』句則像自譽，像自嘲，又像自慰，將社樹那種複雜的感情體悟得極爲透徹。但劉鳳苞並不像其他學者那樣僅僅單純揣摩語氣，而是在分析語氣的基礎上與結構分析密切聯繫在一起。如齊物論篇開首有關於子綦與弟子子游問答一段文字，劉鳳苞評曰：『此段從聲籟之微，逗出妙義，開手摹寫南郭子綦，沉心渺慮，神致蕭然，已繪出頂上圓光，故因子游之問，而迎機導之，陡下「吾喪我」三字，極鶻突，卻極圓通，與「聖人不由而照之於天」句，遥遥關會。』認爲『吾喪我』三字答得十分鶻突，但又十分圓通，與下文遥遥呼應。這樣看似平常的一答，經劉鳳苞評析後卻變得十分不平常了。

劉鳳苞對莊子的賞析是在揣摩語氣的基礎上進行的感悟與體會，故注文多帶有個性化特徵，如風行水上，給人以虛無縹緲之感。其中對莊子中虛詞的體會就是一個明顯的例子。如駢拇篇開頭云：『駢拇枝指出乎性哉，而侈於德；附贅縣疣出乎形哉，而侈於性。』劉鳳苞評曰：『二「哉」字，俱坐實語，莫認作宕漾之詞。』天運篇開頭有『天其運乎』一段文字，劉鳳苞評曰：『五個「孰」字，聽之有聲，捫之有棱，卻只在空際盤旋，不言道而隨處皆徵道妙矣。』其分析可謂細如髮絲，絲絲入扣，其敏鋭的藝術覺察力與感悟力由此可見一斑。對於文中出現的同一虛詞，有時其作用並沒有明顯的不同，但劉鳳苞也總能將它們的細微差别分析出來，以引起讀者注意。如齊物論篇有一段談人情之不齊的文字，裏面用了大量的『其』字。劉鳳苞評曰：『「與接爲構」，緊承上句；「日以心鬥」，緊逼下文。接連用七個「其」字，親切指點，俱從上文「其寐也」、「其覺也」兩「其」字印證而出，如水鳴峽，如驥奔泉，如土委地，字字須搜尋實義，直湊單微。』認爲這七個『其』字從上文而來，具有水鳴峽，驥奔泉，土委地的藝術效果。列禦寇篇云：『知道易，勿言難。知而不言，所以之天也；知而言之，所以之人也。古之人，天而不人。』劉鳳苞評曰：『「上」之」字，行而無跡，故能超出塵表而透入清虛，内篇所謂爲天使也；下「之」字，著跡以求，故雖洞悉物情而皆落邊際，内篇所謂爲人使也。』認爲同是『之』字，其意義卻截然相反。可見劉鳳苞對莊文中虛詞的認識，往往能發前人所未發，反映了一位散文研究大家獨特的藝術眼光。

三、頰上添毫，繪聲繪影

莊子雖是一部哲理散文，但想像奇特，故事生動，形象豐富，描寫生動逼真，感情洋溢，語言奇警，又善體物情，能曲盡人情世態，具有濃郁的文學色彩，爲歷代散文研究者所稱道。林希逸、劉辰翁、陸西星等人對此已有所認識。到了清代，學者們通過細緻的研究，理論上取得了長足的進步，認識上也有了很大的突破。劉鳳苞在充分吸收融合前人成果的基礎上，多角度、多方位地對莊子這些筆法作了全面細緻的剖析，提出了新的看法。

劉鳳苞用力最多的是對莊子中人物形象的分析。像前人一樣，他認爲莊子是一位寫生妙手，塑造人物不僅體物肖似，鑄鼎象物，栩栩如生，而且達到了出神入化的藝術境界。但他不像前人那樣僅作隻言片語式的評點，他的分析細緻而系統，在全面分析的基礎上還將人物最傳神、最富有生命力的地方展現給讀者，同時又將莊子筆法的藝術魅力及其藝術特徵充分地揭示出來，並做到了二者完美的結合。如外物篇有『儒以詩禮發冢』一段文字，有的學者疑此段爲僞作，而劉鳳苞卻對這段文字極爲欣賞，認爲它寫的是盜賊以詩、禮發冢，是一篇奇文，而妙在賊人在商量盜竊時卻是儒者的口氣，一連用四個『儒』字，描寫逼真，有鑄鼎象物之奇，而發冢者引詩以譏諷死者，更令人噴飯，於是一個僞儒的形象活靈活現地被勾勒了出來，莊子用筆達到了化工的境界。像這樣完整而又細緻的人物形象分析，在莊子散文研究史上是獨一無二的。

劉鳳苞最大的貢獻是總結出了莊子在塑造人物形象方面所運用的一些藝術表現手法，這是一大進步。前人只是用力於莊子描寫形象所表現出的藝術效果，而對莊子在塑造人物形象方面所用的藝術表現手法很少注意過。劉鳳苞一改前人的做法，對這一問題做了較爲細緻的研究。他認爲莊子非常善於用『頰上添毫』這一手法來塑造人物。『頰上添毫』的故事源自東晉著名畫家顧愷之，劉鳳苞將其引用到文學評論中，以此來說明莊子在塑造人物時所達到的高超的藝術技巧。但劉氏認爲莊子在使用這一筆法時又不墨守成規，不是一成不變的，往往能根據不同的情況和人物的需要，在使用上表現出不同的特點。尤其在塑造多個人物時，不拘一格，形式富有變化，往往能達到出奇制勝的效果。如德充符篇刻畫了幾個醜人，劉鳳苞評曰：『自首段至此，接連摹寫幾個殘醜之人，王駘、申徒嘉、無趾、哀駘它，各成一段奇文。此特將闉跂支離，同甕瓷大癭兩兩對寫，尤爲頰上添毫。』認爲莊子先是各用一段文字分別描寫了王駘、申徒嘉、無趾、哀駘它幾個殘醜人物，而後在一段文字中將闉跂支離與甕瓷大癭兩個人對寫，達到奇中更奇的藝術效果，這種筆法即表現爲『頰上添毫』。在具體描寫一個人物形象時，他認爲莊子『頰上添毫』的筆法往往表現在通過對細節的層層刻畫，能夠達到傳神的效果。如天道篇通過老子之口描寫出了士成綺這一形象，劉鳳苞認爲莊子將此人刻畫得鑄鼎象物，維妙維肖，而尤妙在寫出了他的神與貌，便是『頰上添毫』之筆。在劉鳳苞看來，這裏『頰上添毫』的筆法即『件件搜剔出來』，如畫筆一般，將人物細細畫出來，這樣人物形象就能達到像水滸傳中的人物性格那樣鮮明了：『件件搜剔出來，活畫一個竊賊樣子，勝讀一部水滸傳。』總之，劉鳳苞認爲，莊子在塑造形象時往往能出奇入新，手法多變，使形象達到傳神寫照的效果，這都得益於他善於運用『頰上添毫』的筆法。

如果說『頰上添毫』的筆法還有跡可尋，那麼『繪聲繪影』則更爲出神入化，飛行絶跡。劉鳳苞認爲莊子在有些人物的塑造上，其人物之傳神寫照，栩栩如生，便達到了『繪聲繪影』程度。如外物篇有『儒以詩禮發冢』一段文字，劉鳳苞評曰：『「儒以詩書發冢」一段，極言儒術之壞，無不可爲。或當世實有此事，或莊子隨手生波，讀者毋庸拘泥，但覺得腐儒行徑，摩寫入神。忽而臚傳踴躍，忽而欣喜著忙，忽用韻語彼此商量，忽引詩詞譏誚死者，層層搜剔，件件斯文。雖爲盜竊之時，亦滿口嚼字咬文，真繪影繪聲之極筆。』認爲短短的一段話，通過盜賊一連串滑稽的動作與對話，將其人物形象刻畫得入木三分。尤爲傳神的是，盜賊的語言和動作與其身份極爲不符，件件斯文，滿口嚼字咬文，令人捧腹。他認爲莊子這種筆法簡直達到了出神入化的境地，故稱之爲『繪影繪聲』之極筆。

劉鳳苞認爲莊子有時能將上述兩種筆法融合在一起用於塑造同一人物。如養生主篇通過庖丁解牛這一寓言故事説明養生的道理，而庖丁這一人物形象也被塑造得活靈活現，生動逼真。劉鳳苞分析説：『此段借庖丁解牛，托出養生主奥義，與上文「緣督爲經」句義藴吻合，須從此處著想，方能透入清虚。起處摹寫神情意態，栩栩欲生。「合於桑林」二句，虚空落筆，繪影繪聲，尤爲入化。』認爲莊子起處便將庖丁解牛時氣閑神定的神情意態，摹寫得栩栩如生，而更妙的是莊子用『合於桑林之舞，而中經首之會』兩句將庖丁那合於音樂與舞蹈的如藝術家一樣的動作描寫了出來，這是『繪影繪聲』之筆法。接著莊子又運用了『頰上添毫』的筆法，一句『提刀而立』形神兼備，與上文『釋刀而對』相照，意味深長。經過這一系列的刻畫，一個躊躇滿志、旁若無人的庖丁就被傳神寫照地刻畫了出來。總之，在劉鳳苞看來，莊子在塑造人物形象方面已擁有非常高的藝術技巧，故他又每每用『化工之筆』、『傳神之極筆』來稱之。如他在評人間世篇時説：『「一頤隱」五句，形容入妙，筆有化工。』在評德充符篇時説：『末寫子產改容更貌，逼肖神情。「子無乃稱」四字，作蹇澀不全語，佶屈聱牙，尤傳神之極筆也。』在評秋水篇時説：『此段亦只寫喻意，發明「無以得殉名」，均在言外而用意更爲刻摯。一「嚇」字，且護且拒，如見其狀，如聞其聲，真傳神之極筆。』經劉鳳苞的分析，讀者不難發現，莊子總能用最經濟、最簡煉的筆墨和最準確的字眼表現出最傳神的藝術效果，其手法的確值得後人借鑒。

劉鳳苞還認爲莊子又善於將難寫之景、難顯之情畫得如在眼前。如列禦寇篇有一段描寫人心的文字，劉鳳苞評曰：『厚貌深情，抉出所以險而難知之故。以下皆承此意，勘入深微。內外兩面，交互寫來，相生相背，足以繪難顯之情。』認爲莊子能將那些在常人看來無法言傳的極爲抽象的東西寫出來。天地篇有『夫子曰「夫道，淵乎其居也」』一段文字，劉鳳苞評曰：『此段開手二句，從寂處見道；「金石」一解，從感處見道。爲「玄」字繪影繪聲，曲盡其妙，以下皆承此二意而反復窮究之。後幅更勘入深微，正如性月空明，心源活潑，一片靈機，非復尋常意境也。』認爲『玄』字難繪，莊子卻能爲其繪影繪聲，如性月空明般，充滿靈機。劉鳳苞進一步認爲，莊子不但能將人們只能意會不可言傳的感知繪出來，更能將不可感知的『無』、『空』繪出來。如他在評知北遊篇『光耀問乎無有』一段文字時說：『寫「無」字妙矣，寫無無更妙。光曜無質而尚有其光，是能爲有無，而僅及於無有之無。有至無有，則舉其有者而無之，並其無者而亦無之。無無之妙，乃真無也。不得於言而熟視其狀，窅然空然，亦窮於摹擬而不可名言，何等神化！繪山者繪影，繪水者繪聲，繪咸陽一炬者繪火並繪風，已極繪事之奇，究不若此之繪空者，運筆於形聲之外。至文妙文，後人更從何處臨摹！』認爲這段文字比繪影繪聲更高一籌，能運筆於形聲之外，是天下獨一無二的至文妙文。要而言之，劉鳳苞對莊子在刻畫人物、描寫情景等方面的藝術特點進行了一次很好的總結，理論上也有了很大的突破，水準顯然超過了前人。

四、筆法靈活，敘法多變

莊子筆法多樣，用筆靈活多變，故文章抑揚頓挫，變化莫測。清人宣穎與胡文英對莊子筆法的分析用力頗多，已取得了不少成就。劉鳳苞繼承了他們的成果，亦認爲莊子善於運用各種各樣的筆法，使文章達到了出神入化的藝術效果。但他不像胡文英那樣，將莊子筆法作手術刀式的具體剖析，而是更多地像宣穎那樣從其藝術表現力上來進行分析。他認爲莊子用筆主要表現出以下幾個特點：第一、妙用活筆。即莊子用筆不著實，常常喜用一些模棱兩可的句子，故作蕩漾，讓人捉摸不定，使文章宕逸生姿。如齊物論篇有『齧缺問乎王倪』一段文字，莊子連用『庸詎知吾所謂知之非不知邪』、『庸詎知吾所謂不知之非知邪』來說明『吾知』之不確定性，劉鳳苞分析說：『從「不知」對面一照，妙在參用活筆。』『不知反是大徹，妙又參用活筆。』又如駢拇篇有『彼正正者不失其性命之情』一段文字，劉鳳苞評『意仁義其非人情乎，彼仁人何其多憂也』二句說：『陡落仁義，石破天驚之句，妙在參用活筆，宕漾生姿。』認爲以上句法妙在參用活筆，具有宕漾生姿的藝術效果。第二、善用層波迭浪之筆。在劉鳳苞看來，莊子用筆不喜平鋪直敘，而是縱横馳騁，有如波濤翻滾，文意叠出，他把這樣的筆法稱之爲『層波迭浪之筆』，認爲莊文中大量運用這種筆法，使得文章表現出了極大的藝術魅力。如逍遥遊篇有『小知不及大知，小年不及大年』一段文字，劉鳳苞評曰：『「奚以」句，空中一喝，緊接上二句來，卻只申明小年大年，引證朝菌、蟪蛄、冥靈、大椿作層波迭浪之筆，年既有大小，則知之不相及可知矣。』認爲莊子本寫『小知不及大知』，卻用『小年不及大年』作喻，並用朝菌、蟪蛄、冥靈、大椿來引證，這是層波迭浪的筆法。劉鳳苞以『層波迭浪』來形容莊子筆法的特點，非常恰當地説明了莊子文章的重要特色，很有説服力。第三、筆法靈活多變，善用相反的筆法。劉鳳苞認爲，莊子用筆變化多端，因而每每予以揭示。如他在評養生主篇時説：『「天與」、「人與」，故作詰問詞，見人之自即於刑章，轉似天之故予以缺憾。以下全作飛鴻戲海之筆，使人於言外悟其神理，非真委之於天也。』在評秋水篇時説：『「跳梁井榦」四句，極寫拘墟形狀，卻先用「吾樂與」三字，作淩空宕漾之筆，最有神姿。』在評德充符篇時説：『開手撰出「兀者王駘」一段，奇軍突起，從間道直入中堅，所向皆靡。常季之問，起數語已括盡通篇意旨。不教不議即不言之教，虚往實歸即無形心成。用筆靈活，有似步虚之聲。』這樣的評價在文中比比皆是，可見出莊子筆法的靈活多變及其藝術魅力。

劉鳳苞吸取了宣穎等人的説法，認爲莊子敘法具有多變的特點，但在對莊子敘事特點的具體分析上，他卻往往有自己的獨特見解。如他在分析逍遥遊篇鯤、鵬形象時指出：莊子寫鯤曰『鯤之大，不知其幾千里也』，是總寫其大；而寫鵬卻曰『鵬之背，不知其幾千里也』，認爲鵬之大，獨以背言，是加倍寫法。接著寫鵬『怒而飛，其翼若垂天之雲』，從背與翼兩層分寫大鵬，化盡排偶之跡。而在『湯問棘』一段文字中，鯤、鵬的寫法與前文又迥然不同，即寫鯤先敘後點，寫鵬則先點後敘，極參差錯落之姿。經過劉鳳苞的這一番分析，莊子敘事大含元氣、變化多端的特點已畢露無遺。其次，劉鳳苞也非常注重對莊子敘事詳略變化藝術技巧的分析，認爲這是莊子敘法的一個重要特點。如他在評馬蹄篇時說：『馬一喻，用兩折，敘得最詳。陶、匠二喻，只用一折，敘得最簡，以陶、匠原不過帶說也。』在評寓言篇『陽子居南之沛』一段文字時說：『往用五層補敘，反只用「舍者」一句作收科，此行文詳略變化之妙也。』在劉鳳苞看來，莊子敘事的每一種變化，都能使文章達到出人意料的藝術效果。

五、跌宕生姿，參差錯落

與先秦其他諸子相比，莊子文章極富變化，這是世人公認的。劉鳳苞在借鑒前人研究成果的基礎上，對莊文這一特點作了更爲完整細緻的分析。

首先，劉鳳苞認爲莊子具有鼓舞動宕、跌宕生姿的特徵。如他在評逍遙遊篇時說：『「能不龜手一也」以下，爽若哀梨，快若并翦，文勢亦極鼓舞動宕之致。』意即認爲『能不龜手一也，或以封，或不免於洴澼絖，則所用之異也』幾句，文勢極爲鼓舞動宕。在評人間世篇『支離疏者』一段文字時說：『末四語跌宕生姿，必支離其形者，而後可以養其身而終其天年，則不支離其德者，難乎免於今之世矣。』意思是說，『夫支離其形者，猶足以養其身，終其天年，又況支離其德者乎』四句，具有跌宕生姿的特點。在劉鳳苞看來，鼓舞動宕、跌宕生姿就是說莊子文章具有一唱三歎、一波三折的妙處。如大宗師篇有『子祀、子輿、子犁、子來四人相與語』一段文字，劉鳳苞評曰：『蟲背鼠肝，一片化機，歸之造物，似摹擬未定，似宛轉商量，回映前幅，引起下文，乃使通身筋節靈動，而用筆亦跌宕生姿。』這裏的跌宕生姿，意即文章一唱三歎。劉氏認爲莊子跌宕生姿的特點更多的還是表現在文章的波折上。如他在評山木篇『市南宜僚見魯侯』一段文字時說：『中間作兩層波折，動宕生姿。無行地之勞則險遠艱難不足慮，有深造之詣則孤寂清苦何所憂？去其人之累而我與天下相忘，更何有於一國？除其見有於人之憂而天下與我相忘，又何重乎一國？語語透入清虛，真不食人間煙火者。』認爲此段中間作兩層波折，便使文章產生了動宕生姿的藝術效果。

其次，劉鳳苞又認爲莊子文章具有參差錯落的特點。這首先表現在莊子文章的字法上。如天地篇有『堯觀乎華』一段文字，劉鳳苞評曰：『一起連用五「聖人」字，參差歷落，逸趣盎然，須玩其攢簇之奇。』又在評天運篇首段時說：『「運」字、「處」字、「爭」字、「起」字寫得錯落參差，此道之樞紐也。』認爲莊子用字十分講究，有時連用同一詞，有時變換使用不同的詞，但都能表現出參差錯落的特點。劉鳳苞認爲，莊文的這種特點更多的是反映在文法中，特別是外、雜篇中。如他在評駢拇篇『吾所謂臧者』一段文字時說：『省去「不自聞」一層，添入「不自得」一層，文法極變化參差。又只承「不自得」一層，再添入「不自適其適」一層，文法極變化參差。又省去「不自得」一層，文法變化參差極矣。』認爲此段莊子自添自掃，層層脫卸，極其參差變化。顯然，這種說法是對宣穎觀點的進一步發揮。

需要注意的是，劉鳳苞認爲以上各個特點並不全是截然分開的，有時你中有我，我中有你，表現出了多種多樣的特徵。

第三節　對莊子散文文境意境的揭示

劉鳳苞在宣穎的基礎上，進一步拓展並深化了對莊子散文文境意境的認識。他以『雪心』名篇，就有著深刻的涵義。『雪心者，謂南華爲一卷冰雪之文，必索解於人世炎熱之外，而心境始爲之雪亮也。』（南華雪心編自序）他從這種認識出發，對莊子進行了整體性的感悟。在他看來，『一部南華，如秋水澄鮮，雲影天光，無非化境』（寓言評），主要表現在以下幾個方面。

一、空靈縹緲

莊子一書所表達的是『獨與天地精神往來』、『齊萬物、一死生』的人生追求，文意超脫，具有飛行絕跡、飄忽不定的特點，而且文與意相輔相成，二者可謂相得益彰。劉鳳苞在借鑒林雲銘、宣穎等人研究成果的基礎上，對莊子這一特點作了進一步揭示。他在凡例中說，『南華空靈縹緲，絕妙文心』，大有『飛鴻戲海、天馬行空之概』，而『此卷以「雪心」名篇，蓋深有味乎寓言之旨，正欲使索解者透入清虛也』。認爲莊子寓言具有超脫、清虛的特點，故行文如飛鴻戲海、天馬行空般，給人以空靈縹緲之感。

在劉鳳苞看來，莊子空靈縹緲的特點雖然貫穿在全書中，但並不是所有的篇章都表現出這一特點。按照劉鳳苞的看法，內七篇寫得空靈幻化，不但整體表現出虛空縹緲的特點，而且各段亦是變化莫測，即所謂『南華本是寓言，將天地間萬有不齊之理，鑄以洪爐，鼓以元氣，精液糟粕一概融化在內，無跡可尋。故其文淩虛獨步，超以象外，得其環中。欲從其渾合處窺之，則虛空粉碎，諸天之花雨繽紛；欲從其瑣屑處求之，則表裏晶瑩，大地之山河倒影，千變萬化，莫測端倪。』（應帝王評）而外、雜篇只有某些篇章或段落具有此特點，如在宥、天地、秋水、山木、達生、庚桑楚等篇，而以山木、達生二篇尤爲突出。從劉鳳苞的分析我們可以看到，莊子空靈縹緲的特點又表現出不同的特徵。有的篇章因其行文綫索忽隱忽潛，變化莫測而飄忽異常。如他在評逍遥遊篇時，認爲此文全篇以『大』字爲眼目，忽隱忽顯，筆勢蜿蜒，如神龍夭矯空中，縹緲異常。有的文章因爲結構嚴密，首尾呼應，文章伸縮變化若隱若顯而表現出虛無縹緲的特點。如他在評大宗師篇時，認爲此篇像雲中神龍一樣，東雲見鱗，西雲見爪，極有伸縮，變化莫測。有的篇章或段落筆法淩空，如飛鴻戲海，飛行絕跡，虛無縹緲。如他在評逍遥遊篇時，認爲『起首鯤鵬對寫，破空而來，兩「不知」句，在虛無縹緲之間，漾出絕妙文情，便有手揮五弦，目送飛鴻之致。以後撇開北冥，只寫南冥，撇開鯤之大，只寫鵬之大，層層脱卸，雲委波興。尤妙在正解南冥，突接入齊諧二語，與南冥作對偶句法，飛絮遊絲，結成一片，奇文妙文，指與物化。隨引諧言，狀鵬力之大，而以「六月息」句頓在中間，閑閑收住，極有匠心。』總之，在劉鳳苞看來，莊子由於在字句、筆法、修辭、結構等方面的高超技巧，行文如天馬行空，虛無縹緲。

值得注意的是，劉鳳苞對莊子的闡釋並不是以孤立的形式賞析爲主，而是始終與文意緊密結合在一起。如他在評天地篇『堯觀乎華』一段文字時説：『此段文情宕逸，精神全在後一段。閑閑寫出無心無爲之妙，天半朱霞，雲中白鶴，姿態縹緲欲仙，敘事亦極磊落嶔崎之致。』在評養生主篇時説：『前幅正襟危坐，語必透宗；後幅空靈縹緲，寄托遙深。分之則煙巒起伏，萬象在旁；合之則雲錦迷離，天衣無縫也。』認爲此篇文與意交織在一起，煙雨迷離。聞一多説：『讀莊子，本分不出那是思想的美，那是文字的美。那思想與文字，外型與本質的極端的調和，那種不可捉摸的渾圓的機體，便是文章家的極致；只那一點，便足注定莊子在文學中的地位。』（古典新義莊子）劉鳳苞正是抓住了莊子這一特點，以空靈縹緲來概括莊子散文藝術特色，更凸現出了作爲文學家莊子的一面，使人們對莊子散文藝術的特點有了更深刻的理解。

二、汪洋恣肆

明清散文研究家都喜歡稱頌莊子文章有『汪洋恣肆』的特點，但對這一特點作具體分析的卻不多。宣穎僅對逍遥遊篇略作了闡釋，劉鳳苞則在宣穎的基礎上作了大量的發揮，分析得較爲透徹。

劉鳳苞認爲莊子從整體上表現出『筆力之汪洋恣肆』（南華雪心編自序）的特點，而尤以外篇較爲突出。

『外篇盡行文之致，洸洋恣肆，推倒百家。』（凡例）而外篇中又以駢拇、馬蹄、秋水諸篇最爲突出。此外，他認爲内篇中的逍遥遊與雜篇中的天下篇也具有這一特點。劉鳳苞對莊子『汪洋恣肆』特點涵義的理解較之宣穎更爲寬泛，表現出了以下幾方面的特徵：

首先，他認爲莊子行文節節相生，層層變换，如萬頃怒濤，忽起忽落，極汪洋恣肆。如他在評駢拇篇時説：『篇中掃除仁義名色，而約之於道德之途，此莊子外篇托始之微意也。至其行文節節相生，層層變换，如萬頃怒濤，忽起忽落，極汪洋恣肆之奇。尤妙在喻意層出迭見，映發無窮，使人目光霍霍，莫測其用意用筆之神。後來唯眉山蘇氏得此靈境，故嘻笑怒駡，信手揮灑，可以横絶峨嵋。』此外，他認爲秋水篇中也具有此特點。如在評河伯、海若第四番問答時，認爲此番問答從小大生出精粗，又從精粗生出貴賤，移步换形，層層相生，而貴賤、小大又添入功分、趣操、爭讓三項，具有節節相生、層層變换的特點，更爲洸洋恣肆。

其次，認爲有的文章行文夾敘夾議，操縱離合，起伏頓挫，如萬頃驚濤，忽起忽落，也表現出恣肆汪洋的特點。如他説：『馬蹄、秋水，乃南華絶妙文心，須玩其操縱離合，起伏頓挫之奇。……一路夾敘夾議，恣肆汪洋，如萬頃驚濤，忽起忽落，真有排天浴日之奇。』（馬蹄評）又在評逍遥遊篇時指出，此篇借鯤鵬來影寫『逍遥遊』，讓人莫測端倪，而其筆勢蜿蜒，飄忽異常，最後『許由』、『肩吾』幾節，東雲見鱗，西雲見爪，虚無縹緲，又餘波噴湧，也極有汪洋恣肆的特點。與宣穎相比，劉鳳苞的分析顯然更透徹，更全面一些。

三、以文爲戲

莊子一書由於運用了『謬悠之説，荒唐之言，無端崖之辭』（天下）的言説方式，故荒唐不經，充滿了詼諧、戲謔，具有『以文爲戲』的文境。劉鳳苞在借鑒宣穎説法的基礎上，對莊子『以文爲戲』的特點作了進一步的分析。

首先，劉鳳苞認爲莊子『以文爲戲』的基本特點爲虛構與想像。如他在評德充符篇時説：『憑空撰出幾個形體不全之人，如傀儡登場，怪狀錯落，幾於以文爲戲，卻都説得高不可攀，見解全超乎形骸之外。』謂其虛構出了幾個不登大雅之堂的殘疾之人，卻將他們視爲理想人物多加稱頌。劉鳳苞認爲莊子在表現形式上也達到了以文爲戲的境界。如他在評逍遥遊篇時説：『撰出「湯問」一段，與前文齊諧語特特重複，隨手生波，直是以文爲戲。』認爲這種虛構則是形式上的重複，隨手生波。但劉氏認爲，以文爲戲雖然具有虛構的特徵，卻應有實際的内容，不能憑空杜撰出一些毫無意義的東西。如他在評大宗師篇『南伯子葵問乎女偊』一段文字時説：『「攖寧」二字，括盡通篇妙旨，匪夷所思。入後撰出許多名目，語語皆從體會而來。副墨、洛誦，影照講學誦讀之功；瞻明、聶許，影照收視返聽之詣；需役、於謳，影照言行相顧之實；玄冥、參寥，影照反虛入渾之旨。末以疑始作結，正以大道之運行，似有始而實未嘗有始，其功由疑而生悟，參寥乃其化境，疑始則並化境而忘之，渺不知其所自始也。天地皆有始，而生天生地者無始，又何古今死生之妄爲分别哉？後段似乎以文爲戲，而由淺入深，皆從體會而出。與相如子虛賦，杜撰人名，徒工詩麗者，固自不同也。』認爲莊子虛構的這些名目都是體會而來，有其實際意義，這是以文爲戲的重要特徵，而不像司馬相如子虛賦那樣杜撰人名，只是徒工詩麗而已。

此外，劉鳳苞認爲莊子『以文爲戲』的創作方法還表現出『嬉笑怒駡』的風格。如他在評大宗師篇時説：『吾師之師，撰出許多名目，莊子姑不與之深辨，而但即所托之古人塗抹一番。嬉笑怒駡，痛快淋漓，另是一種筆意。』天地篇有『大聲不入於里耳』等語，劉鳳苞説：『再插一喻，嬉笑怒駡，寫得恣肆淋漓。』認爲莊子自騁其才，運筆靈活自如，嬉笑怒駡，不拘一格，不管是杜撰人名，還是比喻的運用，都使文章具有以文爲戲的特徵。

總之，劉鳳苞在全面吸收前人成果的基礎上，又以自己特有的文采與詩人氣質，將莊子闡釋得波瀾壯闊，而又富有詩情畫意，代表了莊子散文研究的最高成就。

第十七章　劉鴻典的莊子約解

劉鴻典，字寶臣，眉州（今四川眉山縣）人，生卒年不詳。幼年喪父，幾至廢學，後奮志讀書，補入州學，又遊學至省，師事劉止唐、李西漚兩先生。咸豐元年中舉人，主講眉山書院三年，從遊者衆，學舍至不能容，繼而在富順、自流井（今自貢）、威遠呂仙巖等地設帳從教。同治元年，因教績顯著升爲順慶府西充縣教諭。在任六年，又因文行俱佳、教化有方，而升遷爲廣東雷州府徐聞縣知縣，廉明果斷，卓有政聲。後辦土豪强姦案，執法嚴明，不徇私情，因得罪當權而被解職。居羊城一年，後歸四川家鄉，頤養林泉，足不履塵世，日與門人講學不輟。年七十五，終於威遠呂仙巖。一生著述頗豐，計有思誠堂古文二卷、古詩二卷、楞嚴經贅解四卷、村學究語一卷、醒迷録一卷、訓蒙草一卷、指月録評十卷、稗鈔二卷、莊子約解四卷。

莊子約解一書，前有蘇軾莊子祠堂記、劉鴻典莊子約解序及凡例，卷三末附有逸語、雜録、采摭書目、讀莊子。今案劉氏莊子約解序云：『典譾陋，幸沐聖朝之文教，服膺莊子有年，既而訓蒙糊口，門人問難，因采各家評注，爲之講論，積久不覺成帙，顏曰莊子約解。管窺之見，非敢質諸高明，亦私以之授門人而已。大清同治三年（1864），歲次甲子，十月初九日，眉山後學劉鴻典謹識。』據此，則劉氏曾設帳授徒，因門人問難，遂采各家評注而成莊子約解，時間當在清穆宗同治初年。但其凡例又云：『是編小注，俱采焦弱侯莊子翼，間有增損，亦十分之一耳。若大注所引各家，皆爲標出，而斷以己意，亦有出自鄙見，全未拾人牙慧者。』從莊子約解中可看到，劉氏所引前人所作評注，計有郭象、呂惠卿、陳景元、林自、范元應、褚伯秀、羅勉道、朱得之、陸西星、焦竑、方以智、宣穎等十餘家，但劉氏在大注中『出自鄙見』、『斷以己意』的文字，顯然要比引用他人者多得多，則其凡例所云大致符合事實。

第一節　每以儒學闡釋莊子思想

劉鴻典的莊子學觀點，受他宋代同鄉蘇軾的影響比較多，主要是以儒家思想來解釋莊子。莊子約解卷首引蘇軾莊子祠堂記云：『莊子蓋助孔子者，要不可以爲法耳。……莊子之言，皆實與而文不與，陽擠而陰助之。……然余嘗疑盜跖、漁父，則若真詆孔子者，至於讓王、說劍，皆淺陋不入於道。』莊子約解目錄與正文即不錄盜跖、漁父、讓王、說劍四篇，劉鴻典在凡例最後說：『郭注莊子三十三篇，諸家因之。獨蘇子瞻辨讓王、說劍、漁父、盜跖四篇爲後人僞作。細玩之，辭義淺率，真與莊子不類。是編取蘇子之意，勦存二十九篇，非敢妄爲芟薙也。』就是對此的說明。此外，他又在莊子約解序中說：『世皆謂莊子詆訾孔子，獨蘇子瞻以爲尊孔子。吾始見其說而疑之，及讀莊子日久，然後歎莊子之尊孔子，其功不在孟子下也。慨自孔子沒而微言絕，七十子喪而大義乖，非特儒與墨分門，即儒與儒亦分門，百家簧鼓，皆自命爲得孔子之傳，而極其流弊，至於詩禮發冢，可見僞儒之附於孔子者，實爲孔子之蠹。攻木之蠹，勢不能不累及夫木，則莊子之用心爲甚苦，而後人反謂其爲詆訾也，不亦謬乎！』據此可見，這位『眉山後學』，在『莊子尊孔子』這一問題上的認識與他的前輩蘇軾基本相同，而在莊子維護儒學的方式、原因，以及對莊子功勞的評價問題上，劉鴻典又有自己的見解。他認爲莊子用心良苦，在儒學遭受內蠹外患的情況下以自己特殊的方式加以維護，這種維護方式不同於蘇軾所說的『陽擠陰助』，而是『攻木之蠹，勢不能不累及夫木』。譬若現代癌症化療，在殺死癌細胞時必然會傷及健康細胞，這種治療行爲就如同莊子維護儒學的行爲，在劉鴻典看來，『其功不在孟子下也』，但世人卻認爲莊子詆訾孔子，良醫反被誣爲殺手，真傳竟被視作異端，因此他認爲自己應該將此問題予以辯明，重新認定莊子的道統與地位。

劉鴻典認爲莊子書中對儒家和孔子的批判多爲寓言設譬，用以譏評儒學之末流、孔門之流弊，如他在闡釋德充符篇『兀者叔山無趾踵見仲尼』一段時説：

天下無棄才，雖極不肖之人，而能悔過修身，皆可入於聖賢。道不明則人一物，凡少年不謹而身有惡行者，皆叔山無趾類也。然良心尚存，即可開其自新之路。天無不覆之人，地無不載之人，聖人所以量同天地而不念舊惡也。仲尼於王駘、哀駘它，皆知其爲人，豈獨昧於叔山無趾？明係莊子之寓言。兀者猶思補前行之惡，而不兀者更當何如？欲學者之勉爲德充符也。但名心未忘，即不免受其桎梏，『諔詭幻怪』四字，畫出求名醜態，孔子本無是事，而學孔子之道者多有是人。假無趾與老聃之言，發出儒門之流弊，此莊子立言之巧也。夫孔子嘗言『朝聞道，夕死可矣』，非以死生爲一條之義乎？又言『無可無不可』，非以可不可爲一貫之義乎？無如孔子自脱然於桎梏之外，而學者偏貿然於桎梏之中。人皆曰予知驅而納諸罟擭陷阱之中，而莫知辟也，則天刑之，真不可解也。

蓋莊周之時，世俗紛紛擾擾，庸人競務外飾以干名禄，行偽同俗而不修道德，金玉其外敗絮其中，於是莊子特拈出王駘、申屠嘉等形拙於外而德充於内的人物形象，與世俗所謂的道德之士如孔子、子產等人進行對比，用以證明『德充於内，應物於外，外内玄合，信若符命而遺其形骸』（郭象莊子注）的道理。篇中子產、孔子的形象皆略帶貶意，成了索人於形骸之外，以『諔詭幻怪』的名聲束縛自己的『天刑』之人。但劉鴻典在德充符篇題解中卻説，『天下惟聖人爲完人，其餘皆兀者哀駘它類也』，『蓋謂人人有貴於己者，若能保而存之，擴而充之，雖惡人亦可齒於聖人』。又於『叔山無趾』段大注中説：『凡少年不謹而身有惡行者，皆叔山無趾類也。然良心尚存，即可開其自新之路。』劉氏認爲莊子寫了哀駘它這類因爲年少不肖、德行不全而導致身體殘畸的人，是爲了説明只有孔子作爲聖人方能全德全體，進而勸人改惡向善，重回正道。被他這樣一分析，莊子原本所推崇的全德體殘的人物形象反被貶低，其所貶低『天刑之人』地位反被抬高。而對莊子寓言故事中寫到孔子『諔詭幻怪』的求名醜態，劉鴻典則解釋説『孔子本無是事，而學孔子之道者多有是人。假無趾與老聃之言，發出儒門之流弊，此莊子立言之巧也』，將受譏評的當事人由孔子換成了『學孔子之道者』，莊子這段『詆訾孔子』的話也就成了立言巧妙的攻擊儒門流弊的衛孔之論。劉鴻典這種『莊子衛孔而攻擊儒學末流』的詮釋傾向在莊子約解一書中多有體現，如他在天運篇『師金論孔子』一段的大注中説：

假師金之言，以明治世之道在於變通，不可徒襲前人之遺跡也。儒者師法孔子，動以稱先則古爲辭，而不揣時度世，中庸所謂『生今之世，反古之道，烖及其身』者也。芻狗一喻妙甚，凡先王之法，宜於古而不宜於今者，皆已陳之芻狗也，將復取而則其效，不惟無益而且有損，此不得夢而數眯之説也。伐樹削跡等事，不過文波所及，慎勿呆看。而水陸舟車之喻，尤爲醒透，正意重在『無方之傳，應物不窮』，此二句便含得有時字，傳者傳之於古，傳於古而不泥於古，所以無方，惟其無方，所以能應物而不窮。喻之以桔槔，是無方應物之明驗也。三皇五帝之禮義法度，不必皆同，而同歸於治，在於人之善用耳。善用之則柤梨橘柚，皆可於口，此應時而變之所以爲要也。不善用之則如猨狙服周公之服，有不齕齧挽裂而盡去者乎？西施病心而矉，醜人效矉而爲人所棄，仍是猨狙周公之意。總言必有聖人之德，而後能行聖人之法，爲泥古而不知變通者言也。漢王莽、宋荊公諸人，早在洞鑒之中，想孔子在天之靈，亦必以莊子爲解人也。

莊子借師金之口表達了他對孔子及其所代表的儒家學派的不滿，認爲孔子所推崇的文王、周公之道是祭祀後的『芻狗』，於其所處之世已經毫無實用意義。在莊子眼中，孔子想在魯國恢復先代禮法制度的行爲，好比是陸上行舟，勞而無功，身必有殃，孔子最後遭遇到了『伐樹於宋』、『削跡於衛』的困窘之境，這實在是令人爲之歎息。但劉鴻典對此段的詮釋卻又是把莊子的譏評對象由孔子替換爲了孔子之後的『儒學末流』，他引出中庸内孔子所說的『生今之世，反古之道，栽及其身者也』之語來證明孔子並非泥古不知變通的人，並提出莊子所批判的應該是『師法孔子，動以稱先則古爲辭，而不揣時度世』的儒學末流。至於師金提到的『伐樹於宋』、『削跡於衛』這些直接指向孔子本人的事件，劉鴻典則以『文波所及，慎勿呆看』之語輕輕帶過，又回到對莊子『水陸舟車』、『柤梨橘柚』、『猨狙周公』等譬喻的闡釋上來，說明禮法制度應當『應時而變』，並且『必有聖人之德，而後能行聖人之法』，這樣一來，被歷代奉爲『聖人』的孔子自然不會受到莊子的譏評，反而是受到了他的維護和尊崇。劉氏如此詮解，意在將世人關於『莊子詆訾孔子』的觀念轉變到『莊子詆訾孔門流弊』的認識上來。他在解釋列禦寇篇『魯哀公問顏闔』寓言故事時說：

此段借顏闔以揭俗儒之流弊，爲後世慮者，至深且遠也。意謂後世之學仲尼者，皆自謂可以爲國之楨幹，而不得仲尼之真，則危人家國，而害及生民。其弊也，方且修飾文貌，炫耀辭華，而根本之學不講，故忍性以示民，而不知民不相信，積習相沿，受乎心，宰乎神，謂儒道不過如是，夫何足以上民？如有國者以爲相宜，而與之養民，必出於誤，則可矣。夫民本有真實之心，而俗儒倡以離實學僞，豈所以示民？爲後世慮，不如勿用此輩，爲其難與圖治也。且施於人而不忘，俗儒之通弊，不知天之澤被萬物，絕無成心，其量何等廣大！……即如外刑之有金有木，人所共知；內刑之有動有過，己所獨知。小人之犯外刑，必遭金木之苦；儒者之犯內刑，則受陰陽之患。食之云者，言其受刑如日月之食，漸次消損而不覺也。世之學仲尼者皆流於僞，即倖免於外刑，而不能免內刑，故言免內外之刑者，惟真人能之。真人即真儒也。前路痛陳儒術之僞，誤己誤人；末節勉其學爲真人，而以修身寡過爲要，此莊子維持儒教之苦心，而循本謂闔言真人之道，與仲尼敻別，不亦謬乎！

莊子的這則寓言故事也是直指孔子及儒家學派，顏闔評價孔子爲『方且飾羽而畫，從事華辭』，『使民離實學僞』，這一論斷與墨子非儒中晏子對齊景公云『孔某盛容修飾以蠱世，弦歌鼓舞以聚徒，繁登降之禮以示儀，務趨翔之節以觀衆，……其道不可以期世，其學不可以導衆』一段話極爲相似，都有詆訾孔子、毁惡儒家的傾向，意在指責儒者徒飾虛名，致力於華辭偽學而不內修道德，奉勸國君實不可授之權柄，使其養民治國。劉鴻典對此卻說：『借顔闔以揭俗儒之流弊。爲後世慮者，至深且遠也。』『且施於人而不忘，俗儒之通弊，不知天之澤被萬物，絕無成心，其量何等廣大！』大凡莊子書中涉及排擊孔子與儒家之處，無論其爲特指或泛指，劉氏皆把它們視作攻擊儒家末流、俗儒流弊的捍儒衛孔之語，認爲莊子對此的用心實深且遠。至於此則寓言未關於『內外之刑』的一段論述，則是通過批判小人動靜失當，遭受『金木』之訊、『陰陽』之食，來襯托能夠『免乎內外之刑』的得道之士——『真人』的完美形象。在這裏莊子所批判的未必是德充符篇內『天刑之，安可解』的孔子，也未必直接將儒者等同於『宵人』，但想來莊子所褒揚的得道之士『真人』的形象，應是與孔子、儒家無關，羅勉道南華真經循本注此節謂：『此顔闔說真人之道，與仲尼夐別也。』即是此意。但劉鴻典卻說，『真人即真儒也』，『末節勉其學爲真人，而以修身寡過爲要，此莊子維持儒教之苦心，而循本謂闔言真人之道，與仲尼夐別，不亦謬乎！』又將『真人』與『真儒』牽合起來，在劉鴻典看來，也只有孔子、莊子才能稱得上是『真儒』了，因此這段寓言並非是詆訾孔子，反而恰能體現莊子對儒學的忠誠之心。

在劉氏看來，莊子維護孔子、捍衛儒教，攻擊儒學流弊的一系列行爲，是因莊子作爲儒門傳人，由其正統弟子的身份所決定的。莊子約解序云：『且夫莊子受業於子夏之門人，則其所學者，猶是孔子之道。』這種道統之論應當是受到韓愈送王秀才序中所謂『蓋子夏之學，其後有田子方，子方之後流爲莊周』等說法的影響，劉鴻典在此基礎上進而提出『語云通天地人爲儒，若莊子者，可謂真儒矣』，『孟子距楊墨以明孔子之大，所以樹道外之防；莊子詆偽儒以存孔子之真，所以剔道中之蠹。故曰：莊子之尊孔子，其功不在孟子下也。』又如他在養生主篇『庖丁解牛』大注中說：『孟子之學出於子思，而莊子之學出於子夏，派雖别而源則同，亦可見尼山之大與天侔。』此處無限抬高莊子儒家身份地位，將他與孟子視爲同源異流，認爲莊、孟二人都是儒學的傳承者，這一觀點被劉鴻典貫穿於莊子約解全書之中。他在田子方篇『莊子見魯哀公』段的大注中説：

通天地人爲儒，儒之名豈易副！莊子往往詆毁儒者，詆天下之僞儒，非詆天下之真儒也。戰國之時，儒術雖未大行，而圜冠句屨，緩步佩玦以欺世盜名者，皆自命爲儒也。然儒其名，不儒其實，其得志而遭時遇主，則天下蒼生受其害，而禍及於國家；不得志而居鄉授徒，則後生小子受其愚，而害及於風俗。秦坑之禍，皆此曹作孽召之。莊子之言，所見者遠矣。魯國儒者一人，蓋指孔子而言。儒者皆以孔子爲宗，乃不求其本原，而徒竊其緒餘，遂欲附於洙泗杏壇之列，律以無此道而後爲此服之罪，誅之不可勝誅矣。大抵聖人立教，原以正天下後世之人心，而不能必其流傳之無弊。僧羽爲佛老之罪人，而詆僧羽者，或誤及於佛老；俗儒爲孔子之罪人，而尊孔子者，或並恕夫俗儒。莊子身列儒門，而自排自擊，黜其僞而存其真，洵不愧孔子之功臣也。

這段文字以僞儒重於外飾設譬，批判了過於注重外在反而忽視自身真性、道德的人。莊子借這則寓言故事説明，體道者應該反本求真，不可被表象、轍跡所迷惑，更不可著意修飾外表，欺世盜名，愚害蒼生。洙泗爲孔子設教之處，弦歌之地，儒者自然衆多，莊子即對此進行排擊，認爲即使在魯國，真儒也僅一人而已。寓言故事内的『真儒』當是虚指，而其中攻擊儒家的傾向倒是極爲明顯，劉鴻典卻對此解釋説，『俗儒爲孔子之罪人，而尊孔子者，或並恕夫俗儒。莊子身列儒門，而自排自擊，黜其僞而存其真，洵不愧孔子之功臣也。』認爲莊子是以其孔門傳人的身份對儒學『内蠹』進行攻擊，這種攻擊行爲既是對儒門作出了『黜僞存真』的貢獻，又維護了仲尼『魯國真儒』的形象，不愧是孔子之功臣。在劉氏眼中，莊子作爲儒門傳人的身份即是他攻擊詆毁僞儒的基本原因，這一行爲是爲了達到保存儒學真髓的目的，而『孔門功臣』這一稱號則是其維護儒教後應有地位及所得功績的體現。他在詮釋外物篇『儒以詩禮發冢』寓言故事時也評價莊子説：

詩禮者，先王之陳跡，而儒者假之，以濟其貪污。寓言發冢，不惟生人受其害，而死人亦受其害矣。

寫大儒之臚傳，老成持重，口角宛然，可見師授之不正，貽害無窮。……夫儒以孔子爲宗，而其弊至於發冢，是尚得爲孔子之徒乎？孔子告子夏曰：『女爲君子儒，無爲小人儒。』固知後世必有竊儒之似，以亂儒之真者。莊子斥其僞以存其真，非特西河之高弟，實孔子之功臣也。

佛書法滅盡經設譬説在末法時代，邪魔會身披僧服而行破戒之事，以此敗壞佛道。劉鴻典的觀點與此相近，認爲孔子當時也預見了『後世必有竊儒之似以亂儒之真者』，更以此訓誡子夏『女爲君子儒，無爲小人儒』，而莊子在孔子逝世後痛斥儒家流弊這一行爲，不僅履行了他身爲子夏高徒的責任與義務，更使他成爲了祖師孔子的一大功臣。

在劉鴻典的認識中，莊子作爲孔門的傑出傳人，除了以其特有的方式——借著『謬悠之説、荒唐之言、無端崖之辭』(天下)來維護孔子、捍衛儒教之外，他對儒學的另一大功績是以『心齋』、『坐忘』之説傳承了儒門衣鉢。劉氏於莊子約解序中説：『且夫莊子受業於子夏之門人，則其所學者，猶是孔子之道，而「心齋」、「坐忘」，直揭孔顔相契之旨。』凡例云：『「心齋」、「坐忘」之學，他書未之見，獨於莊子見之。後世記誦詞章，相沿成習，幾不知孔顔有「心齋」之學，得此篇以存儒門之衣鉢，則莊子真孔子之功臣也。』在人間世篇『孔顔心齋』一段後，劉氏也説：

夫師心自用，則有心於爲，有心於爲，豈易化人？以此爲易，於自然之天不宜，而自然之天，非心齋者不知也。子故進回以心齋，心之所之爲志，志者，氣之帥也，故心齋以一志爲始。……心齋之功，塞兑垂簾，屏聽黜慮，以後天虛無之心，養先天虛無之氣，久久欲淨理純，則動静協於時中，而陟降通於溟漠。其中妙境，有非言思擬議之所能窮者，此乃孔門傳薪之學，即儒者希望之功。三代以下，聖學失傳，而學士文人，徒斤斤於記誦詞章之末，亦孰知洙泗門牆，有所謂『心齋』之學乎？

劉氏把『心齋』看做是觀察、瞭解天道的必由之路，他在莊子約解序中説，『孔子之言性與天道，不可得聞』，此處又說『自然之天，非心齋者不知也』。將論語中子貢之語與莊子寓言故事結合而論，把原意爲引導人一志虛靜、凝氣内視的『心齋』之學看成了儒門的會心之傳、儒者的希望之功。劉氏在大宗師篇末『顔回坐忘』一段後還說：

假顔回之言以明得道之次序，仁義禮樂，皆從道中發出，而道有其本，非『坐忘』不能領其妙。……此乃孔門傳心之法，而莊子和盤托出，以之收束全篇。真人以『坐忘』而真，聖人以『坐忘』而聖。……所謂大宗師者，無爲而無不爲也。而其致功之要，則在『坐忘』，知『坐忘』之義者，不愧爲仲尼之徒矣。

大宗師篇末顔回與孔子關於『坐忘』的對答之辭，亦如上文人間世篇『心齋』之說，目的或是爲了說明一志篤靜的虛心之法，或是爲了闡發離形去智、同於大通的『坐忘』思想。但劉鴻典卻將它們坐實來看，把『坐忘』歸入儒學，稱它爲『孔門傳心之法』，而莊子書中神人、真人這些得道的人物形象，在劉氏的觀點中也都成了知儒門『心齋』、『坐忘』之功的儒者，與莊子一起都不愧是孔子的高徒了。依劉鴻典的理解，莊子對於『心齋』、『坐忘』之功的傳承，是他除了攻擊儒學末流以回護儒學之外所作的另一貢獻了。

第二節　亦以易學會通莊子義理

在莊子約解一書中，劉鴻典除了以儒家思想牽合莊子外，也多用周易理論對莊子寓言進行闡釋。他在莊子約解序中說：『他如鯤鵬變化、庖丁解牛、象罔得珠、童子牧馬之類，跡似涉於奇幻，實皆身心性命之功。而愛之者徒賞其文之新穎，惡之者並訾其說之荒唐。世無揚子雲，則使太元經作覆瓿物也，亦何足怪！』劉鴻典認爲，不識莊子寓言奧秘者，或以爲新穎奇特，或視爲無稽荒唐，但實際上這些寓言卻都是寄托深厚，深藴著養生性命之功，這一觀念在他注逍遥遊篇首段『鯤鵬變化』寓言時表現得最爲明顯：

北冥，坎位也；南冥，離位也。鯤魚喻坎中真陽，孟子所謂浩然之氣是也。先天八卦，乾南坤北；後天八卦，離南坎北。人自有生以來，乾坤破爲坎離，則先天之陽，陷入坎中，學道下手之功，必須先識真陽之所在，息心靜養，久之一陽來復，是爲鯤魚生於北冥，其由小而大，莫可端倪，故不知其幾千里也。……不言鵬之大，而言鵬之背，背者，陽氣上行之路。……海運徙於南冥，即取坎填離之義。……去以六月息者，陰陽之數，各極於六，陰極陽生，乃天地自然之理。息，止也，又生也。取坎填離之後，尚有許多存養之功，方能窮神達化。於此止，即於此生，息之爲功大也。或以爲與下『息』字同義，真影響之談。……人身呼吸之氣，與天地通，而口鼻呼吸之內，尚有真呼吸存，坎離於此交媾，乾坤於此闔闢。

劉鴻典將鯤鵬比作坎中真陽之氣，將大鵬自北冥徙於南冥看作是人體內水火坎離相交、後天真陽復歸先天所在之義，這應當是受到了宋代王雱、呂惠卿等人以易學象數理論解釋逍遥遊篇的影響。另外他還批駁了一些注莊者對於『去以六月息者也』與『生物之以息相吹也』二『息』字同義的理解，提出了人應當息心存養、通過改善呼吸以使陰陽坎離交媾、乾坤闔闢，進而使人體内所藴含之天與自然之天融匯貫通的觀點，這則明顯帶有兩宋以來内丹修行思想的痕跡。但劉氏在闡釋時將坎中真陽之氣等同於孟子提出的『浩然之氣』，這就使得道教的内丹理論轉而合於儒家的養氣之功，這讓他的莊子學觀點仍回到以儒學思想爲主體的觀念上來。究其原因，當是受其師承影響較多，他在凡例中説：『鯤鵬喻坎離之説，發於吾師止唐先生。』今按，劉沅，字止唐，一字訥如，號清陽居士，四川雙流人。乾隆己酉（1789）拔貢，壬子（1792）舉人。槐軒學派創始人，其學派義理主要爲『以儒學爲主，會通道、佛」，「其二曰會通易、老，以易解老」①。其醫理大概約説藥王説謂：

今且釋藥王之義，以明其概。兩儀定位，天純陽而上浮，地純陰而下鎮，乾坤若不交濟，則天地亦爲死物。陰陽者，闔闢之機也。一闔而乾下交於坤，一闢而坤上交於乾。……先天純乎陰陽，天賦氣而地成形。性純乎陽，固無不善。後天陰陽異位，氣質因生七情，乾金入於坤府，是故人心爲善難而爲惡易，皆氣質之累爲之。而先天真陽，陷於北海，坎中一陽，是爲先天乾性之主。②

不難發現，劉鴻典以周易後天坎離相交、先天陰陽闔闢融合内丹存養修行之功等思想來解釋逍遥遊篇「鯤鵬」寓言，與劉沅融周易於醫理的思想可説是有著極爲密切的聯繫，這與劉鴻典凡例中所説的也基本相符。此後劉鴻典即以「鯤鵬喻坎離」這一義理觀念爲發端，進而以易學理論來闡釋莊子中其他一些寓言，即所謂「讀莊子者能窺見此義，則驪龍之珠已得，其餘皆鱗爪矣」。如他在養生主篇「庖丁解牛」大注中説：

此段借庖丁解牛，以明緣督養生之妙。自來講家捕風捉影，以其無緣督之功，而徒以私見窺測也。解牛之喻，妙不可言。月令季冬出土牛以送寒風，蓋仲冬則陽氣尚微，季冬則陽氣漸壯，陽氣長則陰氣消，所以土牛出而寒氣去也。人身真土所在，陽氣潛行，則所謂土牛者固在吾身，而督脈之路，爲後天陰氣所壅滯，土牛安得而出？養生者，先養先天之真陽，以俟金光吐耀，如良庖之淬勵其刀也。由是而行緣督之功，如解牛然。……孟子言養浩然之氣，而莊子言養生主，其旨相同。孟子言集義生氣，欲人於人倫日用間，實致其功。……莊子此篇直泄修真之秘，而非陰功德行，層修累積，亦安能有得於身？孟子之學出於子思，而莊子之學出於子夏，派雖别而源則同，亦可見尼山之大與天侔。

---

① 參見鍾肇鵬雙江劉氏學術述贊，中華文化論壇2003年第4期。

② 劉沅槐軒全書，巴蜀書社2006年版。

劉鴻典謂莊子作『庖丁解牛』寓言故事『以明緣督養生之妙』，他在養生主開篇釋『督』爲中醫背脊之脈，即『督脈』之義，謂『醫家奇經八脈，督脈爲陽脈之都綱。……其言鵬徙南冥，即取坎填離之義。此篇特地指出「緣督」二字，即鵬徙南冥所經之路也。』與上文逍遥遊篇大注相互關照，然而卻更注重與易理、醫理結合後的實際應用，劉氏在這裹提到了坎離真陽的相交之路及其相交之法，並再次點出『陽氣』、『真陽』等『養生之主』的概念，以闡明他於莊子寓言中所參悟到的養生之理。但細究注解文字大意，主要還是借莊子寓言來發揮其師劉沅融匯周易、内丹的儒學養生思想。劉沅爲清代著名醫學家，行醫理論以『火乃人身生化之源』爲主，謂『人身以元氣爲主』、『陽氣即元氣』，其醫理大概約説藥王説云：

人身無不敝之時，而先天真性，則秉於乾元。……持其志，無暴其氣，以虚無渾穆之神，養先天渾然之氣，求放心而止於至善。天地之中，成性存存，道義之門，神凝而氣聚，有諸己也。内外交修，動静交養，馴至乎大而化神，則先天之氣，復乎乾元，是曰復性。形骸有盡，而乾元之真炁無盡，故羽流以坎中一陽爲長生藥，又曰藥王，謂藥可以延生，而此先天真氣則與天同壽，凡藥不能及耳。

正是以中醫養生、養神之説合於儒學養氣之論。劉沅認爲，乾元純陽真氣有著『與天同壽』的巨大效用，在人的生命活動中扮演著重要角色，而溫養這乾元純陽真氣的方法，則與孟子養『浩然之氣』的方法相同，即所謂『持其志，無暴其氣』（孟子公孫丑），這一結合將周易象數思想與醫學理論融匯一處，並復歸到儒學存心養性的學説上來。我們從上述劉鴻典對逍遥遊、養生主中兩則寓言的解釋來看，他的確深受此學説的影響，即將儒學作爲根基，參以周易與丹道存養之功，化爲中醫行氣的實踐理論，用來闡釋莊子寓言。注文内提出的『督脈爲陽脈都綱』、『背者陽氣上行之路』，以及批判歷代注家不明緣督呼吸、持陽養氣之功，徒以私見釋莊的等等論述，都體現了劉氏在闡釋莊子寓言時尤爲注重實踐應用的特點。

需要指出的是，莊子中的寓言各有其不同的寓意及作用，以逍遥遊篇『鯤鵬』一則爲例，莊子意在用大鵬本體之大及其海運所待甚大、不得逍遥作爲鋪墊，襯出下文至人、神人、聖人無所待而逍遥的得道境界； 又如養生主篇庖丁養刃，解牛十九年而刃若新發於硎，莊子借這則寓言故事强調養神正如護養寶刃一般尤爲重要，正與篇末薪盡火傳之譬相合，謂人形體有盡時，而精神延續無窮。刻意篇云：『故曰：純粹而不雜，静一而不變，淡而無爲，動而以天行，此養神之道也。夫有干越之劍者，柙而藏之，不敢用也，寶之至也。』也正與養生主篇旨意相同。由此看來，莊子『鯤鵬運化』、『庖丁解牛』兩則寓言，一則旨在提出精神無待而逍遥的得道境界，一則是强調保神、養神的重要性，各有其不同出發點與著眼點，但劉鴻典卻由實踐應用出發，以易理中坎離交泰、陰陽相合等思想爲其修行養生理論的基礎，並一以貫之，將莊子寓言中藴涵的道理視作養形全軀的功法。雖然該理論的出發點爲凝神静養，存固儒家浩然之氣，對學道者的精神修養也可稱重視，但最終的歸結之處仍是『保身立命』(養生主注)、注重形骸的養生之道。如他在注解徐無鬼篇『童子牧馬』寓言故事時説：

黄帝乃中央之神，學道者莫要於此。所以莊子言道，往往借黄帝立喻，猶丹經之言黄婆也。大隗，喻道體也； 具茨之山，萬物皆備，乃道中之妙境，故黄帝必往。……郊外曰野，滿目蓬蒿，久被後天陰氣充塞，而欲至具茨之山，路必經此。無所問途，則六臣無所用其力，而黄帝終迷而不迷也。故遇牧馬童子。不言牧牛而言牧馬者，離乃先天之乾，乾爲馬故也。知具茨之山，又知大隗之所存，則道在乎是，故知爲天下。少遊六合之内，未經涵養之心也，物欲蔽之，昏然不明，故有瞀病。乘日車，喻養心之功。日者離之象，車所以載物，童子而乘日車，則憑依有在，可以載馳載驅，非復如前日之放蕩也。……今病少痊者，涵養之久而心體虚明也。

莊子『以寓言爲廣』(天下)，這裏的黄帝、牧馬童子、具茨之山顯然都是莊子假托的人名和地名，意在説明學道者無爲無事而天下自化的道理。而劉鴻典則認爲黄帝是人身中央之神，大隗、具茨之山則是指道體與道中妙境，至於牧馬童子這一得道者的形象，劉氏據易説卦『乾爲馬，坤爲牛，震爲龍，巽爲雞，坎爲豕，離爲雉，艮爲狗，兌爲羊』，及孔穎達疏『乾象天，天行健，故爲馬也』，將其視作先天乾陽的象徵，旨在用牧馬童子乘日車喻離火載馳乾陽，能夠破除後天陰氣所蔽之野，從而識途、明道的效用，後文言病痊、心體虛明即與此相呼應，正可表明劉氏對於莊子寓言的認識集中在易理與養生相結合的實踐之功上，他對於形軀、養生、保生立命的態度，應當說更符合傳統儒家觀念，而不同於外形骸、黜肢體的莊子思想。

同時我們也不難發現，劉鴻典在對上述幾則寓言的闡釋中除運用易學坎離、陰陽相交的理論之外，他更突出陽氣、純陽這些元素對人身心的作用，應該也是受到其師劉沅的易理觀及『火神派』醫理的啟發。這種以周易融匯内丹、醫學等養生修行之法分析莊子寓言的義理觀念，相對於宋儒以易學象數之理來闡釋莊子可説是在實踐層面上更進了一步。但必須指出，他在對莊子寓言的理解上，與外形骸、黜肢體，崇尚精神自由、逍遙之境的莊子本意是大相乖違的。大宗師篇不云乎：『彼以生爲附贅懸疣，以死爲決疣潰癰。夫若然者，又惡知死生先後之所在？假於異物，托於同體，忘其肝膽，遺其耳目，反復終始，不知端倪，芒然彷徨乎塵垢之外，逍遙乎無爲之業。』劉氏以周易理論爲基礎所提出的種種呼吸之法、行氣之理、存養之功，正是莊子在刻意篇中所不以爲然的『吹呴呼吸，吐故納新，熊經鳥申』之行呢！

第三節　三教融合的闡釋特點

劉鴻典在闡釋莊子的過程中，慣於用儒釋道三教術語與莊子思想相互參證。如他在闡釋天地篇『象罔得玄珠』寓言時説：

此篇意旨，仍與上文相接，若論功夫，則較前段又深一層。蓋獨見獨聞之內，有物有精，而所謂物與精者非他，玄珠是也。道家謂之金丹，禪家謂之舍利子，而吾儒謂之仁，其實一物而已。

在養生主注解中，亦云：『刀者，金也。凡物皆易壞，而金不壞，故浩然之氣養成，道家比爲金丹，亦曰刀圭，爲其堅固如金，可以延年卻病矣。』根據劉鴻典的理解，道家追求的『大道』，修煉的『金丹』，釋家所謂『圓覺』、『舍利』，都應當與儒家所持之『仁』，所存『浩然之氣』等，指稱略異而涵義相同，認爲三教的持身修行之法其實相同，一物而已。他在凡例中說：

三代上無神仙之名，而天地篇云：『千歲厭世，去而上仙，乘彼白雲，至於帝鄉。』此即後世言神仙之祖。儒、道之無所不包，於莊子見之矣。

佛至漢明帝時始入中國，而『泰初無無』等語，宛似金經，非莊子之故爲元妙也。無意、無必、無固、無我，道之本體如是。後世三教分門，而其初則只有一道也。

又天地篇注解云：

千歲厭世，去而上仙，考終命也。乘彼白雲，至於帝鄉，與天地參也。三患，副墨云：『即釋典所謂水火風之三災是也，三災至則爲殃。』聖人有修身立命之功，所以三患莫至，身常無殃。後世慕神仙者，多爲異端所惑，而不知力行中庸之道，即可乘白雲而至帝鄉。

劉鴻典將莊子的神仙飛升、佛教三患之說與儒家中庸修身之道結合起來，認爲只要力行中庸之道就能飛升至飄渺的帝鄉，而不用像秦皇、漢武一般爲了長生不死求道煉丹，勞民傷財。論語子罕云：『子絕四：毋意，毋必，毋固，毋我。』這表明了孔子思維觀之一端，而劉鴻典卻將之與『泰初無無』等莊子對於宇宙本原的認識相牽合，謂『泰初無無』此語宛似佛教『金經』，從而使儒釋道三教思想牽合一處。劉鴻典如此闡釋莊子的目的正是爲了使三教思想重歸一源，即歸於『泰初之道』上。這一闡釋特點在他全書中多次出現，如他在天道篇大注中說：

水靜則澄清如鏡，人照其面，鬚眉無不畢現。而且鏡則平，平則有準，大匠因而取法。……靜中之妙境，造其極，斯爲聖人。天地之鑒，萬物之鏡，言其所照無不洞明也。『虛靜恬淡寂寞無爲』八字，括盡存養之功。……蓋虛靜恬淡寂寞無爲，實係道之根源，萬物之本也。……棱嚴經云：『如澄濁水，貯於靜器，靜深不動，沙土自沉，清水現前，名爲初伏客塵煩惱。去泥純水，名爲永斷根本無明。明相精純，一切變相，不爲煩惱，皆合涅槃清淨妙德。』比喻工巧，可證心靜之妙。

劉鴻典認爲，佛教典籍楞嚴經中的這些話正可與莊子『虛靜恬淡寂寞無爲』的純一虛靜之理相印證，他在刻意篇大注中也說『水之性本清，而有泥沙雜之則不清，人心之有私欲，亦猶是也；水之性本平，而有坎科乘之則不平，人心之有煩惱，亦猶是也。不雜則清，莫動則平。釋氏所謂「一切善惡，都莫思量，自然得入清淨心體」是也』，認爲佛教的清淨法門正與莊子心靜之理相對，可以互證。而對莊子刻意中的『靜水明鏡』之譬，劉氏在注解齊物論篇『夫道未始有封，言未始有常』一段時亦有涉及：『愚按知止其所不知，是得養靜之學，而能屏聰黜慮者也。然養靜之功未造其深，終不能闢神化之境。……人人皆有天府而無存養之功者，藤葛牽纏，私欲茅塞，則天府之門戶已扃。知止其所不知，而以不知之知牖其知，久久天府闓開，如無邊明鏡，洞察毫芒。』用禪宗『心如明鏡』之理、儒家養靜之功來闡釋莊子思想，他在該段注文中還說：『注焉不滿，酌焉不竭，而不知其所由來，極言天府之妙，天府原自有光，有以葆之，則愈闇而愈章，愈出而愈奇。周子云：「問渠哪得清如許，爲有源頭活水來。」即此意也。』①又在其中參入了宋代的理學思想。通過這樣的幾番詮釋，劉氏將莊子所提出的『虛靜恬淡寂寞無爲』的心靜之理、宋代理學的養心之功、佛教的清淨妙德法門三者合於一處，體現了他關於『後世三教分門，而其初則只有一道』（凡例）的觀念。又如大宗師篇有『古之真人，其寢不夢，其覺無憂，其食不甘，其

① 周子，當爲『朱子』之誤。朱熹觀書有感之一：『半畝方塘一鑒開，天光雲影共徘徊。問渠哪得清如許，爲有源頭活水來。』

息深深』之語，劉鴻典注謂：『寢不夢，覺無憂，私欲淨盡也。佛家謂之想陰盡。首楞嚴經云：「想陰盡者，是人平常夢想消滅，寤寐恒一。」此境極不易到，凡從事於清心寡欲者，必於夜夢旦晝之操持，至於寢而無夢，則純乎其純矣。』佛教以脫離虛妄幻覺爲較高境界，般若波羅蜜多心經云：『心無掛礙，無掛礙故，無有恐怖，遠離顛倒夢想，究竟涅槃。』劉鴻典即將此佛理與莊子所形容的古之真人形象相比附，又認爲道家從事清心寡欲的修行者，也有『寢而無夢，純乎其純』的高超境界。通過劉氏如此闡述，莊子中的真人境界在不同宗教思想中都有了相同的體現，儒釋道三教思想因而有了交集。又如他在徐無鬼篇『童子牧馬』寓言故事的大注中說：

故能治其身者，必知治天下。牧馬去其害馬，牧民去其害民，養心去其害心，一而已矣。黃帝稱天師而退，斯時六識盡滅，只有真心存也。真心即是天師，而無乘日車之功，則瞀病終身如故，孰謂養心之學可廢乎？邱長春西遊記，以心爲辟馬瘟，疑本於此。

『六識滅盡』之語，無疑取自佛教人身六識分爲眼、耳、鼻、舌、身、意的理論；而另一方面，劉鴻典在這裏認爲元代著名道教人士邱處機所提出的『心爲辟馬瘟』的觀點可能也是受到了『童子牧馬』這則寓言故事的影響。通過這段注解，我們能清晰地看出劉鴻典欲將道教、佛教理論相互融合，進而解釋莊子寓言，使它們相互印證、闡發，同歸一源的傾向。他在天地篇『象罔得玄珠』寓言的注釋中則更能體現這一點：『人身太極之所，是爲黃庭。黃者，中央之土色也，其神爲黃帝。玄珠之產，中土產之。學道之人，抱雌守一，即抱此玄珠。而靜極生動，則黃帝必有出遊之時。』『象罔得玄珠』一則寓言，說明離朱、知等憑藉自身天賦尋真，用心愈多，去真愈遠，只有象罔渾沌無知，方能求得其真（即玄珠之義）。其中黃帝，玄珠，赤水，崑崙，皆爲莊子假托的人、物、地名，劉鴻典卻釋黃帝爲黃庭，又爲人身中央土色之神，這明顯是摻雜了道教學術系統中的神道與陰陽學說，使原本就飄忽渾蒙的莊子寓言更添了一層神秘恍惚的仙道色彩。至於齊物論篇末，莊子以『莊周夢蝶』的寓言故事來說明『與物俱化』的道理時，劉氏則又說：『凡天壤間形形色色，皆可作周與蝶觀也。惟天下至誠爲能化，學至於化方完得「喪我」二字分量。此即釋氏所謂「生滅滅盡，寂滅爲樂」也。』引中庸『至誠之道』與佛教『生滅』、『寂滅』之義來印證莊子的『物化』思想，仍是貫徹他在凡例中所説的『天下之初只有一道』的注釋理念。

但必須指出，劉氏提出『三教分門，其初一道』的説法，並非是指三教平等，同歸大道，而是指佛、道二教思想同歸於儒學這一源頭之下。其凡例云：

> 莊子之書，佛門收入藏經，道門奉爲道籍，然而莊子非僧也，非羽也。昔朱子有言：『道流在前，後來好處被佛家竊去。』今觀二氏之重莊子如是，則儒門好處又被二氏竊去矣。道者理之總名，三教聖人皆同此理，所以注中雜引佛經、道書等語，只求合於莊子之旨，非有心於附會也。

認爲莊子不是僧人，也不是道士，而是儒門傳人。凡例第一則即説：『韓昌黎云：「子夏之學，其後有田子方，田子方之後，流而爲莊周。」則莊子固儒門之苗裔也。』劉鴻典認爲莊子作爲孔子的優秀再傳弟子，其著作思想卻被佛、道二教竊走，用於闡發二教各自的思想，而他自己在莊子約解中引佛經、道書理論，只求與莊子之旨相合，並非是有意附會。這一論斷不僅是他在注釋中引用二教言論的緣由，實際更是他全書的根本思想所在，尋究其中根源，仍是在於他將莊子附於儒門之下，視莊子爲孔子傳人。或許他也未曾意識到，自己所作的莊子約解一書，其『竊莊子好處』的行爲較之佛、道二教更甚呢！在另一方面，儘管劉鴻典在凡例中提到逍遥遊篇『鯤鵬坎離』之喻是受其師雙流止唐先生劉沅的影響，但在此需要説明的是，劉沅個人的莊子學觀點卻是不同於劉鴻典的。考民國雙流縣志藝文，劉沅所作筒車記有語云：『漢陰丈人抱甕而汲，子貢導之以槹。丈人曰：「吾聞有機事者必有機心，機心存於中，則純白不全，神生不定，道之所不載也。」劉子止唐曰：「異哉，莊生之言道也！夫道以利於人者爲大，便於己者爲私，公私之辨，視乎理欲。德慧術智，經國家，利人民，垂不朽。」』不難看出，儘管『川西夫子』劉沅的思想體系也是融匯佛、道，合於儒學，但他對於『道』的認識與莊子絕不相類，也不會因此認爲莊子是孔子的傳人。劉鴻典則是首先將莊子視作儒學功臣，孔門弟子，並以這一認識作爲其理論的根基，衍伸出諸如『攻木之蠹，勢不能不累及夫木』、『鯤鵬變化、庖丁解牛、象罔得珠、童子牧馬之類，跡似涉於奇幻，實皆身心性命之功』、『三教分門，其初一道』等思想。如他在釋『漢陰丈人』一則寓言故事時就説『極言機端之不可開，亦杜漸防微之意。至斥孔丘之徒，徒賣虛名，身之不治，何暇治天下，深中俗儒之流弊，非專爲子貢發也。』這一論斷恰與劉沅相反。因此我們應當説劉鴻典所著莊子約解一書會通三教，合於儒學的思想體系的確是承自劉沅無疑，但他對於莊子本體思想的認識卻是來源於自身思考，與劉止唐並無太大關聯。

第十八章　陳壽昌的南華真經正義

陳壽昌，字星南，號嵩佺，又號少雲，直隸宛平（今北京城西南）人，原籍江蘇松江，生卒年不詳。清同治七年（1868）進士，散館改刑部主事，光緒間爲無錫縣知縣。著作有南華真經正義等。南華真經正義不分卷，清史稿藝文志有著録。該書前有光緒十三年陳壽昌自序、凡例，末有侯官許貞幹所作序後。雜篇讓王、盜跖、説劍、漁父四篇依蘇軾莊子祠堂記説，移於天下篇後，僅録白文。書末附有南華真經識餘三種，包括（莊子）釋文補、莊列異同、（莊子）古韻考。

南華真經正義一書，正文大字單行，注解小字雙行，並有圈點、句讀，每段後以小字作段落分析，篇後則以大字作全篇總結。其凡例云：『是編於字句中尋常疏解，大半采自前人，然詮釋雖同，宗旨自別，識者辨之。』據此，陳壽昌在字句疏解中所引注家雖未注明，但也能在一定程度上代表自己對莊子文意的理解。除此之外，處於莊子原文每段後的段落大意，以及各篇篇末的總結，則都爲陳壽昌所原創，應能較爲明晰地體現陳氏自己的莊子學觀點。

第一節　一洗援莊入儒之弊

陳壽昌在凡例首條中便揭示出他著南華真經正義的主旨：『太史公謂莊子之言本於老子，漢書藝文志列莊子於道家，自是定論。是編發明本義，語不離宗，一洗援莊入儒之弊。』認爲史記和漢書藝文志對於莊子思想派別的論述已是定論，不值得再去辯駁。自宋蘇軾莊子祠堂記說『莊子蓋助孔子』之後，歷代注家逐漸有將莊子與儒學牽合闡釋的傾向，乃至愈釋愈過，更有如清代劉鴻典等注者將莊子直接列於儒家學派之下。陳壽昌因而才要『發明本義，語不離宗，一洗援莊入儒之弊』，這是他的著書理念，也是全書闡釋中最爲突出的思想傾向。如莊子寓言中有一段文字：『莊子謂惠子：「孔子行年六十而六十化，始時所是，卒而非之。未知今之所謂是之，非五十九非也。」』莊子假借孔子的聖人身份設譬，規勸惠施不要執意強辯，迷不知返。篇末莊子稱道『吾且不得及彼乎』，有些論者即據此判定莊子深服孔子，如唐成玄英說：『莊惠相逢，好談玄道，故遠稱尼父以顯變化之方。』（南華真經注疏）宋林希逸稱：『只此可見莊子非不知敬吾聖人者。』（莊子口義）清宣穎、劉鳳苞等亦皆執著類似觀點。而陳壽昌則於段末大意分析時說：

惠子以堅白自鳴，小有才而未聞大道。漆園特借聖言殷殷接引，惜乎其中不悟也。凡漆園引聖言處，只是借重耆艾以伸己說。若以儒書之義釋之，轉失本旨。

南華真經識餘莊子釋文補序亦謂：

莊子爲道家言，篇中人名地名以及鳥獸草木，半屬寓言，必欲切求故實，轉嫌穿鑿。

這裏，陳壽昌堅決反對援莊入儒，以莊子來維護儒學的闡釋傾向。寓言篇對莊子文章的『三言』作出過描述：『寓言十九，重言十七，卮言日出，和以天倪。』又：『重言十七，所以已言也，是爲耆艾。』天下篇論莊子時說：『以天下爲沉濁，不可與莊語，以卮言爲曼衍，以重言爲真，以寓言爲廣。』顯然，從上面所引陳壽昌的兩段話來看，他對於莊子中借重先賢名士的話以加強作者言辭可信度、說服力的『重言』有著較爲正確的理解，他在凡例中也說：『莊子之言有三，曰寓言，曰重言，曰卮言。其實重言、卮言即在寓言之中，而寓言中又有寓言，自來注莊者都未道及，是編層層解剝，不主故常，或即愚者之一得也。』在陳氏看來，寓言篇中莊子引述孔子的話，即是『借重耆艾以伸己説』的重言，而這重言也能算做是寓言的一種，如果依托儒家思想對其進行解釋與闡述，無疑會失去作者本旨。陳壽昌這種不拘泥於文字表面，以莊子三言的聯繫來解剝莊子寓言的闡釋理念，在他分析涉及孔子與儒家的寓言時表現得尤爲明顯。如他爲外物篇『儒以詩禮發冢』段末所作大意説：

冢中殘唾，無當元珠。托詩禮以名家，而願爲此剽竊之行，儒之爲儒，其去道也遠矣。

認識到了儒道之間的對立分歧，認爲儒者推行詩禮，以此樹立功名，與大道相去甚遠。而與陳壽昌的詮解相反，宣穎、劉鴻典等以儒解莊者在此則提出了『僞儒貪鄙』、『末學害儒』等説法，爲儒學遮遮掩掩，竭力在闡釋中削弱莊子攻擊孔子、儒學的用意。『儒』與『僞儒』兩種解釋，雖然只是一字之異，卻表現了陳壽昌不盲從於儒學，對莊子寓言本意的明晰理解及客觀的闡釋態度。又如田子方篇『莊子見魯哀公』寓言故事，其中莊子有『以魯國而儒者一人耳，可謂多乎』之語。莊子以儒服未必真儒，説明欲見大道，不可執泥於表象。所謂『儒者一人，可謂多乎』，並非定指孔子，但反問語氣極爲明顯，有責難儒家學派人人盡務外飾的意思在。而唐成玄英、宋褚伯秀和清宣穎、陸樹芝、劉鴻典等，都以『儒者一人』即是孔子，並謂莊子之尊孔子由此可知。陳壽昌則於該段大意中説：『舉魯國而儒者一人，真道之難可知。』他在詮釋中對於儒者的身份是否爲孔子不作辯論，而是著意強調了此則寓言故事意在説明體悟大道之難，並不含有莊子推崇孔子之意。

陳壽昌這種不強行牽合莊儒，從寓言本意出發進行分析的闡釋態度無疑是非常可貴的。此外，陳氏還多援引老子道家之語對莊子進行闡釋。他在逍遥遊篇末的總結中説：

柱下傳道，致虚而已。南華則揭精氣神爲始基，而心有天遊，其源清而不滓。故雖有之爲利，終以無之爲用者，示人以象帝之先，此逍遥之大旨也。太史公曰：其要本歸於老子言，信哉！

陳氏肯定司馬遷史記的觀點，認爲莊子是老子學説的繼承者，而因爲老子之語致虚至玄，所以莊子在自己的書中對『大道』進行了更爲深入和詳細的詮釋，逍遥遊篇中所倡的無己、無功、無名的至人之道，在陳氏看來實際正與老子所倡的無爲無用的大道之旨相承相應，莊子一書就好像是老子的注解一樣。這一點讀他自序一文可有更爲直觀的理解：

天籟何聞？火傳何指？飛鵬何自？夢蝩何因？道德之旨微矣，逍遥之説繼焉。揆厥大端，其説有二：乾坤其運處乎？日月其推行乎？……聽以氣乎？息以踵乎？泛泛乎其無所止乎？邴邴乎其若有喜乎？能兒子乎？能抱一乎？是皆載營魄、解天弢、示綱維、明竅妙，辨祭祀之非齋，擬爐錘而有造。忘適之適，無適非天。不言之言，有言皆道。上士勤而行之，下士聞而大笑。此其説之一端也。

陳壽昌認爲，自老子著道德經後，直至莊周之世，大道之旨已經隱微不顯，而莊子則以逍遥之説繼承老子思想，續談大道。庚桑楚篇中提到的『衛生之經，能抱一乎』、『能兒子乎』，顯然與老子十章『載營魄抱一，能無離乎？專氣致柔，能嬰兒乎』之語有密切關聯，陳氏在南華真經正義序中即據此説明莊、老二者在學説思想上的因承關係。他於下文又復引老子四十一章『上士聞道，勤而行之。中士聞道，若存若亡。下士聞道，大笑之，不笑不足以爲道』之語作爲總結，説明莊子『忘適之適』、『不言之言』等悟道之法與老子『大道』之説有著非常密切的聯繫，進而得以證明老、莊同宗，思想源於同一大道的觀點。他在應帝王篇末給整個内篇作總結時也説：『作者以道爲文，讀者因文悟道。蓋東來之薪幾盡，得南華而大火傳矣。』『東來』喻老子西行，陳氏在這裏將老子西行傳道與養生主篇末『薪盡火傳』兩個典故混用，與其自序之説正可相互照應，表現出他時時刻刻都在強調『莊子繼承發揚老子學説』這一觀點。又如他在庚桑楚篇『蹍市人之足』段末大意中説：

此言雖動猶静，不漓其真也。道者無而有，有而無者也。故凡有心作爲，便非極詣。惟即此有爲之心，損之又損，以至於無爲，無爲而無不爲，乃能無動非性，無性非真，積真成德，積德成治，不爲而爲，爲而不爲，斯有無兩遣，而聖人之能事盡矣。

庚桑楚篇有語云：『此四六者不蕩胸中則正，正則靜，靜則明，明則虛，虛則無爲而無不爲也。』似是援引發揮了老子學說，用來說明心能虛靜則可恬淡無爲的道理。而陳壽昌則在大意分析中再次引用老子四十八章『爲學日益，爲道日損。損之又損，以至於無爲，無爲而無不爲』之語，以詮解莊子所用的『無爲而無不爲』一句話，並在這一互相闡釋之中摻入了自己的理解，將『性』、『真』、『聖人』、『道德』、『無爲』等概念重新整合起來，對老莊思想做了一次二度詮釋。陳氏通過如此分析，使莊老思想交錯相融，二者互爲表裏，相互參證，學術思想之間的因承關係自然就顯得更爲密切了。他在德充符篇末總結時說：

上德不德，充於內自符於外。此中有人，殆未可以貌取也。觀於師弟之契、朋友之交、君臣之合、妾婦之從，道且如是，則夫父子兄弟之本以天屬者，無待言矣。夫官骸之蔽，撤之所以忘形；智能之矜，蹈之適以敗德。惟內視外觀，無心無物，情來歸性，斯庶幾耳。老子云『外其身而身存』，又曰『生而不有』，又曰『或益之而損』，然則天鬻天食，所謂元德之充符者，固不在尋常世法中矣。

莊子撰德充符篇，通過刻畫王駘、申屠嘉等形畸體殘卻德行內充，使外界人倫關係順應其自身道德的一系列得道之人的形象，說明人應忘其形骸，使道德充於體內，自然就能有外物前來相應的道理。陳壽昌據此，又引老子『上德不德，是以有德』（三十八章）、『聖人後其身而身先，外其身而身存』（七章）等論述與莊子之文互證，其中老子之語的原意未必就如陳氏所用，與德充符篇大意有關，像『後其身而身先，外其身而身存』之語本意是在說明聖人不爭、無爲而無不爲之道，但經過陳壽昌如此徵引，使得它與莊子德充符中所涉及的師徒、君臣、夫婦等人倫之道、立身處世之法有了關聯，進而使莊、老二者在各自的原義之外被賦予了新的內涵與聯繫。總之，陳壽昌這種『發明本義，語不離宗』的闡釋方法給莊老思想注入了新的理論血液，使莊子與老子之間的血緣紐帶因而更爲緊密，陳氏的這些富有創見的做法，應當是值得肯定的。

但必須指出的是，儘管陳壽昌在其南華真經正義中堅持『發明本義，語不離宗，一洗援莊入儒之弊』的闡釋態度，但通觀全書，仍偶有試圖緩和莊子與儒學的矛盾之處。如他在大宗師篇『子桑戶、孟子反、子琴張三人相與友』段末大意中說：

有尼山之道，乃可遊於方內而非拘； 有漆園之道，乃可遊於方外而非蕩。譬猶春秋冬夏，四時不同，其爲天時則一也。

在大宗師篇中，『孔子』自言：『外內不相及，而丘使汝往吊之，丘則陋矣。……丘，天之戮民也。雖然，吾與汝共之。……人之君子，天之小人也。』莊子在大宗師篇末雖然沒有直接批判孔子與儒家，但他所設立的子桑戶、孟子反等死生一條、與物俱化的人物形象無疑要高於這裏自稱『天之戮民』的孔子與子貢，但陳壽昌卻將莊子與孔子詮釋爲雖有方內、方外之異，卻是同歸大道之源的二人，兩者地位如四時代序一般等同，應當說這樣闡釋是與莊子原意相違背的。而他在胠篋篇末的總結，這種矛盾便表現得更爲明顯：

漆園得柱下之心傳，自是道教正宗，與聖門同體異用，原有區別。然其意亦極推重孔子，如齊物論有云：『春秋經世先王之志，聖人議而不辨。』德充符云：『吾與孔某，非君臣也，德友而已矣。』皆其明證。乃世人不察，於其極意推重處，輒目爲寓言，於其一二寓言，反謂其有心侮聖。即如此篇，痛詆聖知，暢所欲言，然一則曰世俗所謂，再則曰世俗所謂，可見所謂聖且知者，絕非真聖真知，其意已明明道破。

陳壽昌在這裏先承認了莊子是老子道家學說的正統繼承人，卻又認爲莊子極推重孔子。他說世人不察，在莊子推重孔子處，認爲是寓言，於寓言詆毀孔子處，反倒說莊子詆毀孔子，殊不知自己在這裏也犯了對莊子寓言認識不明的錯誤。齊物論篇『春秋經世先王之志』之語，本意在說明聖人無成心，『不執其所是以非衆人也』（郭象說）。德充符篇前有孔子『天刑之，安可解』之說，後魯哀公、孔子問答一段，孔子亦滿口道家之言，明是寓言無誤，陳壽昌卻由此認爲莊子頗爲推重孔子，這一理解與其『發明本義，語不離宗』的說法是有矛盾的。陳壽昌一方面堅持『發明本義，語不離宗，一洗援莊入儒之弊』的闡釋態度，一方面又通過在不同寓言的闡釋中對莊孔、儒道關係進行維護與調和，應當是受到了清代衆多注家如吴世尚、宣穎、劉鴻典等人以儒解莊的影響所致，所以儘管他在其著作中已有『一洗援莊入儒之弊』的想法與行爲，但注釋中仍或多或少地存有對莊儒關係的折中闡釋，希望在儒道二家思想間起到調和與平衡的作用。

第二節　以宗教修行觀念印證莊子

陳壽昌在闡釋莊子的過程中，有時會運用佛教思想及術語對莊子進行旁證與詮解。他在凡例中說：『雖明心見性之旨，間亦證以釋家言。然派異源同，故非淄澠之强合也。』上文已經提到，陳壽昌除堅持莊子是老子道家學説繼承者這一觀點之外，又認爲儒道相通同源，所謂『春秋冬夏四時不同，其爲天時則一也』。而在莊子與佛教的關係上，他也認爲存在著『派異源同』這一關聯。如外物篇假借『莊子』云：『人有能遊，且得不遊乎？人而不能遊，且得遊乎？』陳壽昌詮釋説：『至人心與天遊，無人相，無我相，活潑潑地，直將大千世界，作戲劇觀。具此靈襟，正所謂假饒不作仙，亦證菩提道也。』認爲佛、道思想在心境層面上有相通之處，若能做到無心無我，順天而遊，則都能達到成仙或得證菩提的至境，可以與莊子『至人乃能遊於世而不僻，順人而不失己』（外物）的高妙境界相互印證。又如他在天道篇『輪扁説齊桓公』寓言故事大意中説：

書以傳道，而道實不盡於書。執書以求，糟粕而已。達摩西來，不立語言文字，證以輪扁之説，自是不二法門。

陳壽昌在此將禪宗『教外别傳，不立文字』的理念與莊子所謂道體至虚、語言文字無法傳載的觀點相互參證，認爲佛、道二教對不可言説、不可形容的『大道』的理解有一定相通之處。與之類似的還有他在知北遊篇『舜問乎丞』段的大意分析：

大道非有非無，執著此道，以爲己有，便不是道。佛書云：『人法雙忘，乃成空到。』此西土微言也，不意早被南華道破。

在陳壽昌看來，莊子提出的大道不可被人強行據有的觀點，與佛教對超脱『法門』不執著不強求的思想有相通之處。他在知北遊篇末也説：『陸方壺云：「讀此則三藏大乘可迎刃而解。」信哉！』認可了陸西星以莊子解釋佛教思想的觀念。又如大宗師篇有『假於異物，托於同體』之語，陳壽昌小注云：『即圓覺經地、風、水、火四大合而成體之説，蓋視生偶然耳。』佛教以地、風、水、火四大爲構成世界與人體的本原元素，世間萬物都由它們所組成。而道家哲學則以『大道』爲宇宙本原，但『道』又不可言説形容，不能爲肉眼所見，只有通過『大道』所化生的萬物，才能窺見道之一隅，知北遊篇莊子説大道『在螻蟻』、『在稊稗』、『在屎溺』，以至於『無所不在』，就是這個道理。陳壽昌認爲佛、道哲學關於宇宙本原的認識能夠相互闡發、相互參證，並藉此來説明大宗師篇中生命只是被大道偶然創造，得道的至人借死亡而舍棄形骸，與萬物混同一體，歸於大道的思想。陳壽昌之所以説『故非淄澠之強合也』，正是因爲他認爲莊子與佛教思想在對大道的描述與認識上存在著相通之處。

另外，陳壽昌還會借重佛教術語、典故對莊子進行詮解。如他在人間世篇『心齋』段末大意中説：

惟道集虛，虛者心齋之要義，亦化物之極則也。存諸己者如是，則因應之際，純任自然，直納恒河沙衆於蓮華妙界中矣。

宣穎南華經解在人間世篇這段下説：『説一救正人主，直説到杳冥不著之處。人間世具如此本領，將恒河沙衆，不啻納入琉璃界中矣。』陳壽昌此處對於『虛』字的解釋顯然受到了宣穎的影響，運用佛教術語對人間世篇『心齋』寓言所提出的『虛心自然』境界進行形容描述。這種運用佛教術語作爲旁證，進一步闡發莊子思想的手法在南華真經正義多有體現，如陳壽昌在徐無鬼篇『童子牧馬』寓言故事後説：『大道集虛，六識未除，終迷於往。』這裏以佛教所謂人身六識未除、無法勘破迷妄的説法，來解釋莊子所謂只有能夠忘形去智、才可得悟大道的思想。陳壽昌在天運篇首段大意中説：『妙道之行，不外造化自然之用，爲神爲聖，皆不外此。似無而非著空，似有而不著相，真如冥合，方可謂順其自然。稍有勉強，去道遠矣。』此處是引入佛教『著空』、『著相』、『真如』等術語，來進一步説明莊子所提出的天道、帝道都應效法自然之道的觀點。他在知北遊篇『冉求仲尼問答』段大意中説：『於此認得真，看得破，則滌除元覽，直悟本根。一刹那間，已超出聲聞界矣。』此處是以佛教『超脱聲聞』的境界，來比擬莊子識破天地古今奥妙的境界。他在則陽篇首段大意中則説：『道以知希爲貴。無聖人之德，而欲出而問世，徒自辱耳。……昔佛圖澄與諸石遊，而視若海鷗鳥，其即得此道者邪？』此處是以佛教人物故事，與莊子中抱德處閑的高妙境界相參證。

除了徵引佛教思想術語與莊子相互印證外，陳壽昌還更多地運用道教思想及義理與莊子相參證。如他在則陽篇末段大意中説：

大道渾同，彌綸六合。一物一太極，萬物均此太極也。然道可因物而見，不可即物而名，惟能離物觀空，乃得不落言詮，不可思議之妙。清淨經云：『吾不知其名，强名曰道。』又云：『遠觀其物，物無其物。』蓋至心滅性見，惟見於空，斯大道之精得矣。

此處引道教典籍太上老君説常清靜經中對於大道以及澄心清靜境界的描述，來闡發則陽篇末莊子對於宇宙和萬物起源的探討，從宗教哲學的角度給莊子思想做了補充。又如他在秋水篇總結時説：

至人訪道求精，時命不計，名譽不争，昏昏默默，惟希自適其樂而已。昔鐵腳道人和雪咽梅而讀此不輟，其殆别有會心者乎？

與詮釋則陽篇時借用佛圖澄故事闡釋莊子思想一樣，這裏陳壽昌又引徵道教人物鐵腳道人赤腳踏雪、嚼咽梅花、詠歌秋水篇的逍遥灑脱事跡，將莊子所描繪的自知其樂、自適其樂的悠然之境進一步形象化。而更爲顯著的表現則是他將周易義理與道教思想相結合，並以之解釋莊子。陳氏在逍遥遊篇首段的小注中說：

> 坎位乎北，離位乎南，言魚言鳥，以類從也。易云『離爲雉』，飛鵬之象，可類推焉。魚化鳥者，陰盡陽純，所謂坐生羽翼也。海運者，精足而氣自動，化者自化，徙者自徙也。釋南冥以天池者，天爲純陽，以喻元精非凡水也。漆園開宗明義，寄喻精深，煉精化氣，取坎填離，大道盡在是矣。

陳壽昌認爲，鯤化爲鵬，憑藉海運而飛，自北冥徙往南冥，即是修行者煉精化氣、以坎填離、水火相濟之意，而在他心中，這些修煉之法實際上正是逍遥遊篇中所隱含的大道精義。但陳壽昌在這裏仍没有揭示出莊子以無待爲逍遥的通篇主旨，反而過於强調魚鳥陰陽的相互轉化及道教的修行煉養功夫，與莊子原意關聯不大。又如陳壽昌在外物篇首段大意中所說的：『外物難必，内火徒炎。惟先於見聞之地勘破幻塵，斯取坎填離，天和至矣。』仍是認爲只有坎離相交、陰陽相合，才能使人避免外物的煩擾以及由貪求外物所產生的内火煎熬。另外如陳壽昌在德充符篇末段大意中說：『火生焚木，情熾傷身。身也者，貌與形之所托，神與精之所居也。惟能性命雙修，不生不滅，斯在天在人，兩不負也。』用道教性命雙修的修行理念來闡釋莊子『不以好惡内傷其身』，避免『外神勞精』的全德思想。又於達生篇末總結說：『精、氣、神三寶闡發無疑，是參同、悟真之嚆矢也。長生久視之道，盡於此矣。』將達生篇視作道教典籍周易參同契、悟真篇的先聲。在刻意篇總結中也說：『虚無無爲，性功也；養神貴精，命功也。性命交修，道不遠矣。』同樣以道教修行觀來解釋刻意篇中的養生觀念。但莊子撰寫刻意篇，意在强調恬淡寂寞、虚無無爲的養神之旨，陳壽昌在這裏卻加入了道教『養神葆精』的命功修行理論，與莊子原意略有不符。

陳壽昌還在養生主篇『庖丁解牛』寓言後說：

> 此借庖丁解牛，曲示『緣督爲經』之義，言人當善惡兩忘，由定生慧，則元關發現，自有門徑可尋。於此看得分明，從容下手，即偶有扞格之處，亦勿忘勿助，純任自然，盤錯迭經，虚靈自耀。及至積漸成

頓，六通不礙，四大皆空，仍須存養真元，葆光塗郤，以妙煉神還虛之用。蓋神爲人心之主，庖人之用刃，與道家之存神，其義一也。悟得此旨，即謂放下屠刀，立地成佛，亦無不可。

陳氏在這裏將佛、道二教術語結合起來對『庖丁解牛』寓言進行闡釋。他在分析這則寓言時將『用刃』和『存神』等同，又說修行應『純任自然』，這一闡釋較爲準確。但陳氏在闡釋過程中復又引入所謂『六通不礙』、『四大皆空』、『真元』、『煉神還虛』等佛教及道教術語，無疑給養生主篇附上了濃厚的宗教修煉意味。他在最後甚至說：『悟得此旨，即所謂放下屠刀，立地成佛，亦無不可。』幾將佛理等同於莊子思想，與上文提到的『假饒不作仙，亦證菩提道』的評價非常相似。探究其中緣由，一方面是因爲陳壽昌認爲莊子與佛教『異派同源』，於大道上有相通之處，故而可以互相闡釋；另一方面在於陳壽昌認爲莊子是道教的正統傳人，他在胠篋篇末說『漆園得柱下之心傳，自是道教正宗』，所以他才會運用大量的道教修行觀念、思想理論及術語、典故對莊子進行闡釋。如他在逍遥遊篇『藐姑射之山』寓言故事的注解中說：

此證神人無功意也。抱朴子云：求生之道，當知二山。一曰太元，一曰長谷，皆取象於身者。藐姑射當亦如之。藐，幽眇也；山，艮象，人身中之土也。神人者，元神也。……不食五穀，吸風飲露，呼吸元氣以求仙也。

此處將藐姑射之山類比於抱朴子中的長生之山『太元』、『長谷』，將神人比作元神，將『吸風飲露』釋作『呼吸元氣以求仙』，又將下文堯所見的四子謂爲『水、火、金、木』，說明陳壽昌在闡釋中摻入的這些道教修煉與五行思想，無疑與莊子原意不相符合。又如應帝王篇末有『渾沌』寓言，陳氏將『南海儵帝』釋作『火德』、『心』，將『北海忽帝』釋作『水德』、『腎』，中央之帝渾沌則是『土德』、『意』，將儵、忽會於中央視作心、腎交接，水、火相濟，篇末尤謂：『渾沌帝也，鑿之乃死。其於五行之妙藴，三寶之真元，發揮殆盡。』這樣詮解亦是以道教的人體五行修煉之說削弱了莊子『爲者敗之』（郭象注）的寓言主旨。陳壽昌之所以會出現這樣的錯誤，正是因爲他將莊子的道家哲人的身份誤視作道教傳人，這樣就不可避免地在莊子純粹的先秦道家哲學思想中摻入了後世的宗教哲學理論，使得莊子的原意偶爾也會在他的闡釋之下『轉失本旨』了。

第三節　南華真經識餘三種概述

陳壽昌的南華真經識餘三種，包括（莊子）釋文補、莊列異同、（莊子）古韻考。

（莊子）釋文補是對隋唐陸德明莊子音義所作的文獻補充，先以大字列莊子原文，低一格小字略引陸德明莊子音義，繼以陳氏自己所作的補訂。其徵引書目計有高誘淮南子注、王逸楚辭章句、張華禽經注、皇甫謐高士傳、郭璞山海經注、酈道元水經注、列子張湛、盧重玄注、成玄英莊子注疏、楊倞荀子注、裴駰史記集解、張守節史記正義、李昉太平御覽、陳彭年廣韻、羅勉道南華真經循本、王念孫讀書雜志餘編、俞樾莊子平議等書，可謂宏富，足資參考。陳氏雖於莊子釋文補序中自謙云『亦因文見道之一助』，但讀者仍能通過該篇看到他在文獻補訂考據和名物音義訓釋上所花費的心血與精力。

莊列異同，以大字列莊子原文，低一格小字列列子原文與莊子互見者，根據莊列異同序所云，陳壽昌撰此篇的原旨在於列子與莊子同屬道家，『莊列之旨一矣，精言微義往往互見』，故而撰莊列異同一篇，『不使副墨之子孤立而無援』。又因爲莊子『全書之要皆本於老子』，故而撰引老子語附錄於該篇之後，爲了『庶幾洛誦之孫不致數典而忘祖』。這表明了陳壽昌對老、莊、列三者在哲學派別上同屬道家的認識，與其南華真經正義『發明本義，語不離宗』的著述理念正相一致。莊列異同與（莊子）釋文補雖不是有創建意義的學術研究，但對讀者來説卻不失爲兩種較好的莊子資料補證，有一定參考價值。

（莊子）古韻考，先以小字列莊子原文，後低一格以小字指出韻腳，有時亦引他書作爲旁證。如其序所云：

『是編於莊子全書中字句合音處一一標識，且以群書證之。』對莊子文章用韻的研究，明以前注家多未涉及，明代則有王世貞的南華經評點，他指出莊子中如逍遙遊、馬蹄、在宥等篇中數小節有用韻的情況。清代姚文田撰古音諧一書，指出了莊子文中若干用韻之處的韻腳。之後，清代聲韻學大家江有誥撰先秦韻讀一書，其中莊子韻讀部分輯錄了莊子世傳本及王應麟所輯莊子逸篇中的用韻文字，並注明了韻腳及其所屬韻部，可說是系統研究莊子用韻現象的里程碑。

陳壽昌的（莊子）古韻考，所列莊子用韻之文，囊括了大部分江氏莊子韻讀所采韻文，數量上約爲江氏莊子韻讀的二到三倍，於細節處則稍有不同。下文略舉幾例，加以說明（以下引文，兩者共有之韻以著重號標出，兩者獨有之韻分別在字側加劃綫，字後加括弧進行說明）。如：

惠子謂莊子曰：『吾有大樹，人謂之樗（陳氏韻），其大本擁腫而不中繩墨，其小枝卷曲而不中規矩（陳氏韻），立之塗，匠者不顧（陳氏韻）。今子之言大而無用，衆所同去（陳氏韻）也。』莊子曰：『子獨不見狸狌乎？卑身而伏，以候敖者；東西跳梁，不避高下；中於機辟，死於罔罟。今夫斄牛，其大若垂天之雲。此能爲大矣，而不能執鼠。今子有大樹，患其無用，何不樹之於無何有之鄉，廣莫之野，彷徨乎無爲其側，逍遙乎寢卧其下；不夭斤斧，物無害者，無所可用，安所困苦哉。』（逍遙遊）

彼是莫得其偶，謂之道樞，樞始得其環中，以應無窮。是亦一無窮（陳氏韻），非亦一無窮（陳氏韻）也。故曰莫若以明（陳氏韻）。

既受食於天（江氏韻），又惡用人（江氏韻）！有人之形，無人之情。有人之形，故群於人；無人之情，故是非不得於身。眇乎小哉，所以屬於人也！謷乎大哉，獨成於天（江氏韻）！（齊物論）

無名故無爲（江氏韻），無爲而無不爲（江氏韻）。時有終始，世有變化（江氏韻）。禍福淳淳，至有所拂者而有所宜；自殉殊面，有所正者有所差。比於大澤，百材皆度；觀乎大山，木石同壇。此之謂丘里之言（江氏韻）。（則陽）

以逍遥遊篇爲例，陳壽昌除了與江有誥在『者』、『下』、『罟』、『鼠』、『野』、『下』、『斧』、『者』、『苦』等韻腳相同外，又將前文『樗』、『矩』、『顧』、『去』數字視作韻腳，認爲其中有著用韻的現象，齊物論篇中也同樣存在著這一情況。又如德充符篇與則陽篇，除兩人重複列出的韻腳之外，江氏所列的『天』、『人』、『天』、『爲』、『爲』、『化』、『言』等韻腳，陳壽昌並沒有將其列出。之所以會出現這種江氏取而陳氏不取，或陳氏取而江氏不取的情況，主要可能有如下兩種原因：

首先，江有誥本人便是古音學專家，其所撰莊子韻讀全爲自己研治古音的心得，其中對莊子用韻之處，僅注明韻腳與所屬韻部，並未注明出處與例證。而陳壽昌則非專門研究古音的乾嘉學者，他主要通過自己的讀書實踐經驗及韻書的幫助來對莊子中的用韻現象進行考察。他在序中説『且以群書證之』，正能説明這個情況。如在宥篇『天地有官，陰陽有藏，慎守女身，物將自壯。我守其一，以處其和，故我修身千二百歲矣，吾形未常衰』一段，陳壽昌（莊子）古韻考謂：

藏、壯韻。晉伏滔望濤賦：『宏濤於是鬱起，重流於是電驤。起沙亭而迅邁，觸横門而克壯。』和、衰韻。衰，讀若詩大雅『何衰何笠』之『衰』。

在宥篇裏這段文字的用韻現象，江氏莊子韻讀全未涉及。而陳壽昌則通過伏滔望濤賦中的詞例，認爲『壯』字可讀平聲，與『藏』字間存在著押韻的關係，又根據詩大雅斯干中『何衰何笠』的用法，認爲『衰』、『和』之間能夠押韻。又如上文所引的逍遥遊篇與齊物論篇有關文字，陳氏（莊子）古韻考説：

> 樗、矩、顧、去、者、下、罟、鼠、野、斧、苦韻。樗，讀若樗。史記『樗里子』，索隱作『樗里疾』。顧，果五反。詩魏風『三歲貫女，莫我肯顧。』老子『其名不去，以閲衆甫。』
>
> 偶、樞韻。按説文：『偶，禺聲。樞，區聲。』中、窮、明韻。易林：『日出阜東，山蔽其明。』

陳壽昌本著實踐爲準的態度，以古書中出現過的用例，推斷『樗』、『矩』、『顧』、『去』等字可以押韻，又以『中』、『窮』二字同屬『東』部，據易林詞例，可與『明』字轉押。陳壽昌這種以古書實例作爲證據，輔以韻書來考察莊子用韻情況的方法，是（莊子）古韻考的一大特色，對研究莊子文章的用韻現象頗有幫助。

另一方面，江有誥著先秦韻讀莊子韻讀，其所採用的古韻分部全爲自己學術研究所得，莊子韻讀分韻計有之、幽、侯、魚、歌、支、脂、祭、元、文、真、耕、陽、東、中、談十六部，而陳壽昌（莊子）古韻考則多採納段玉裁六書音均表的古音理論，將古韻分爲之、宵、幽、侯、魚、蒸、侵、談、東、陽、耕、真、文、元、脂、支、歌十七部。對古音分部的不同也導致了（莊子）古韻考與莊子韻讀的些許差異，如齊物論篇『無益損乎其真，一受其成形，不亡以待盡』之語，（莊子）古韻考謂：『真、盡韻。據段氏同部。』而根據江有誥先秦韻讀，『真』、『盡』或應屬文、真通韻，故莊子韻讀於此並未注出用韻現象。又如大宗師篇『顓頊得之，以處玄宫。禺強得之，立乎北極。西王母得之，坐乎少廣。莫知其始，莫知其終。彭祖得之，上及有虞，下及五伯。傅説得之，以相武丁，奄有天下』一段，（莊子）古韻考説：『宫、終韻。虞、伯韻。據段氏同部。』據江氏先秦韻讀古音總釋，『虞』屬『魚』部，『伯』則應屬『歌』部，兩者或可通轉，但並非屬於同部，江氏在莊子韻讀中也並未注出此處的用韻現象。至樂篇『支離叔與滑介叔觀於冥伯之丘，崑崙之虚，黄帝之所休，俄而柳生其左肘』一段，（莊子）古韻考謂：『丘、休、肘韻。據段氏同部。』據江氏先秦韻讀古音總釋，『休』、『肘』二字屬『幽』部，『丘』則應屬『之』部，也是雖可通轉，但非同部之例。江有誥作爲段玉裁的晚輩，其分韻方式是在顧炎武、段玉裁、戴震、孔廣森等人的學術基礎上修訂而來的，段氏江氏音學十書序謂其學術『精神邃密』、『集音學之成，於前此五家皆有匡補之功』。陳壽昌以段玉裁六書音均表作爲莊子文章的審音標準，在學術獨創性及與時俱進的程度上顯得略差了一些，但他通過段氏理論及韻書的幫助，配合古書中的大量例證，在江有誥莊子韻讀原有的基礎上又收入了大量莊子的押韻之文，應當說對於莊子的用韻研究有著一定的推進作用。

第十九章　郭慶藩的莊子研究

郭慶藩（1844—1896），字孟純，號子瀞，湖南湘陰人。早年屢試不第，援例得任通判。後因鎮壓太平軍，在浙江任知府。光緒七年清廷遞以道員調江蘇，主持揚州運河修浚工程。好學善思，工詩文，精於小學。劉聲木桐城文學淵源考名氏目錄載其名，是桐城文派之支派湘鄉派作家之一。著作有泊然庵文集、梅花書屋詩集、靜園剩稿、尺牘、說文經字考辨證、說文經字正誼、許書轉注說例、說文答問疏證補誼、合校方言、莊子集釋等。

第一節　莊子集釋

莊子集釋十卷，前有王先謙於光緒二十年十二月所撰序文云：『郭君子瀞爲莊子集釋成，以授先謙讀之，而其年適有東夷之亂。』所謂東夷之亂，即指甲午（1894）中日戰爭，則郭慶藩的莊子集釋著成於王先謙爲其作序的光緒二十年之前。此書的問世，標誌著莊子集釋方面又有了新的進展。我們知道，西晉李頤就曾撰過莊子集解，但早已不傳。宋末褚伯秀所撰南華真經義海纂微和晚明焦竑所撰莊子翼，雖然搜輯宏博，而且流傳至今，但因部頭過大等緣故，終究未能成爲廣泛流行的通行本。郭慶藩莊子集釋則於正文之下，依次收錄了郭象莊子注、成玄英莊子疏、陸德明莊子音義之全文，又摘引了盧文弨莊子音義考證、王念孫莊子雜志、俞樾莊子平議之文及李楨、郭嵩燾等人的研究成果，選精集粹，將西晉以來的治莊精華匯爲一集，甚得莊學愛好者的喜愛。尤其是其伯父郭嵩燾的治莊心得，賴此書而得以面世並保存下來，更使此書的價值得到了提升。因而此書自問世以來，已先後被翻刻或影印了二十多次，可謂是近百年來流行最廣的莊子學著作之一，幾爲治莊者所必備。

莊子文本屢經抄刻，便出現了不少文字方面的訛誤，歷代莊子學者對此都有所關注，其中陸德明莊子音義、陳景元莊子闕誤、褚伯秀南華真經義海纂微等已努力做了考證訓釋工作，特別是乾嘉學派中諸如王懋竑莊子存校、盧文弨莊子音義考證、王念孫莊子雜志、俞樾莊子平議等，更是這方面的代表性專著。郭慶藩在繼承前人學術成果的基礎上，在莊子文字考釋方面又作了很大的努力，提出了不少新見解。如德充符篇有『審乎無假而不與物遷』語，王念孫考釋說：『瑕、假聲相近，故字亦相通。淮南精神篇「審乎無瑕」，莊子德充符篇「瑕」作「假」；檀弓「公肩假」，漢書古今人表作「公肩瑕」，是其證。』（讀書雜志讀史記雜志）郭慶藩進一步考釋說：『無假，當是「無瑕」之誤。謂審乎己之無可瑕疵，斯任物自遷而無役於物也。淮南精神篇正作「審乎無瑕」。瑕、假皆從叚聲，致易互誤。漢書鄭世家「使人誘劫鄭大甫假」，左傳作「傅瑕」；禮檀弓「肩假」，漢書古今人表作「公肩瑕」，是其證。』郭氏此處爲王念孫的考釋增添了不少例證。則陽篇有『匿爲物而愚不識』語，俞樾考釋說：『下文「大爲難而罪不敢，重爲任而罰不勝，遠其途而誅不至」，曰罪、曰罰、曰誅，皆謂加之以刑也。此曰愚，則與下文不一律矣。釋文曰：「愚，一本作遇。」遇，疑「過」字之誤。廣雅釋詁曰：「過，責也。」因其不識而責之，是謂過不識。呂覽適威篇曰「煩爲教而過不識，數爲令而非不從，巨爲危而罪不敢，重爲任而罰不勝」，與此文義相似，而正作「過不識」。高誘注訓「過」爲「責」，可據以訂此文之誤。「過」誤爲「遇」，又臆改爲「愚」耳。』（莊子平議）郭慶藩進一步考釋說：『案「愚」與「遇」古通。晏子春秋外篇「盛爲聲樂以淫愚民」，墨子非儒篇「愚」作「遇」；韓非子南面篇「愚戇窳惰之民」，宋乾道本「愚」作「遇」；秦策「愚惑與罪人同心」，姚本「愚」作「遇」。曩謂當從釋文作「遇」之義爲長，今案俞氏以爲「過」字之誤，其說更精。「過」、「遇」二字，古多互訛。本書漁父篇「今者丘得過也」，釋文：「過，或作遇。」讓王篇「君過而遺先生食」，釋文：「過，本亦作遇。」是二字形似互誤之證。』郭氏此處也爲俞氏的考釋增添了不少例證。大宗師篇有『以德爲循』語，陸德明說：『循，本亦作「脩」，兩得。』（經典釋文）俞樾考釋說：『陸氏以爲兩得，非。下文「與有足者至於丘也」，自作「循」爲是。說文：「循，順行也。」若作「脩」則無義矣。』郭慶藩進一步考釋說：『案作「脩」（循）是也。廣雅：「循，述也。」詩邶風傳：「述，循也。」隸書「循」、「脩」字易混。易繫辭「損德之脩也」，釋文：「馬作循。」晉語「矇瞍脩聲」，王制正義作「循聲」。史記商君傳「湯武不循古而王」，索隱：「商君書作脩古。」管子九守篇「循名而督實」，今本訛作「脩」。皆其例。』郭慶藩此處同樣爲俞樾的考釋增添了不少例證。總之，郭氏的考釋雖非原創，但其用力甚勤，識見亦較高，補證之功自是不小。

莊子集釋作爲一部『集釋』著作，其主要成就還是體現在輯錄前人的注疏及考釋文字上，這除了上文有所提及的其收錄郭象莊子注、成玄英莊子疏、陸德明莊子音義、盧文弨莊子音義考證、王念孫莊子雜志、俞樾莊子平議及李楨、郭嵩燾等人的研究成果之外，還需要指出的是郭慶藩鑒於西晉司馬彪的莊子注較爲近古，而陸德明莊子音義載其注尚不夠完備，所以就廣爲蒐輯以補其闕。如他在訓釋駢拇篇『東陵』一詞時說：『文選任彥升王文憲集序注引司馬云：「東陵，陵名，今屬濟南也。」釋文闕。』在訓釋大宗師篇『坐忘』一詞時說：『文選賈長沙鵩鳥賦注引司馬云：「坐而自忘其身。」釋文闕。』在訓釋田子方篇『奔逸』一詞時說：『後漢書逸民傳注、文選范蔚宗逸民傳論注並引司馬云：「言不可及也。」釋文闕。』這裏所蒐輯到的司馬彪注，皆可用來彌補莊子音義之所未載。他又在訓釋應帝王篇『泰氏』一詞時說：『路史前紀七引司馬云：「上古之帝王，無名之稱。」與釋文所引小異。』在訓釋在宥篇『槢』一字時說：『文選何平叔景福殿賦注引司馬：「槢，械楔也。」與釋文異。』在訓釋田子方篇『土梗』一詞時說：『文選劉孝標廣絕交論注引司馬云：「梗，土之榛梗也。」一切經音義二十引司馬云：「土梗，土之木梗，亦木人也。土木相偶，謂以物像人形，皆曰偶耳。」與釋文異。』這裏所蒐輯到的司馬彪注，皆可用來與莊子音義相參校。總之，郭慶藩在蒐輯司馬彪佚注方面收穫甚豐，這也在一定程度上提高了其莊子集釋的學術價值。

郭慶藩除了收録他人的注疏、訓釋文字而外，還往往要斷以己意，明顯表現了他作爲一位工於小學者偏重於音韻訓詁的特徵。如他在訓釋秋水篇『夏蟲不可以語於冰者，篤於時也』時説：『慶藩案文選孫興公天台山賦注引司馬云：「厚信其所見之時也。」釋文闕。又案司馬訓「篤」爲「厚」，成疏「心厚於夏時」，即用司馬義。其説迂曲難通。爾雅釋詁：「篤，固也。」論語泰伯篇「篤信好學」，謂信之固也。禮儒行「篤行而不倦」，謂行之固也。後漢延篤字叔堅，堅亦固也。凡鄙陋不達謂之固，夏蟲爲時所蔽而不可語冰，故曰「篤於時」。「篤」字正與上下文拘束同義。』這裏運用訓詁手段，反復徵引古代典籍中相關資料，以正司馬彪、成玄英之失，認爲秋水篇『篤於時』之『篤』當訓『固』，於義爲長。在訓釋人間世篇『而目將熒之』之語時説：『案「營」、「熒」字，古通用，皆「營」之借字也。説文：「營，惑也，從目，熒省聲。」玉篇：「營，唯并胡亭二切。字或作『熒』，通作『營』，又通作『縈』。」史記孔子世家「匹夫而熒惑諸侯」，「營」司馬貞本作「營」。漢書吴王濞傳、淮南王安傳「營惑」，史記並作「熒惑」。否象傳「不可縈以禄」，虞翻本「縈」作「營」，謂不可惑以禄也。漢書禮樂志「熒亂富貴之耳目」，漢紀「瑩」作「縈」。皆其證。』這裏以『熒』通『營』，訓惑亂，也同樣很具有眼光。在訓釋至樂篇『蹲循勿爭』時説：『釋文：「蹲，七旬反。郭音存，又趣允反。循，音旬，又音脣。勿爭，爭鬥之爭。下同。家世父曰：外物篇「踆於窾水」，釋文引字林云：「踆，古蹲字。」史記貨殖傳「下有踆鴟」，徐廣云：「蹲，古作踆。」玉篇足部：「踆，退也。」辵部：「逡，退也。」踆、逡字同。漢書「巡行郡國」作「循行」。蹲循，猶逡巡也。慶藩案蹲循即逡巡。廣雅：「逡巡，卻退也。」管子戒篇作「逡遁」（漢鄭固碑同），小問篇作「遵循」（荀子同）；晏子問篇作「逡遁」，又作「逡循」；漢書平常（當）傳贊作「逡遁」，萬章傳作「逡循」；三禮注作「逡遁」。字異而義實同。今案王念孫廣雅疏證釋訓云：『宣六年公羊傳云「趙盾逡巡北面再拜稽首」，管子戒篇作「逡遁」，小問篇作「遵循」；晏子問篇作「巡遁」，又作「逡循」；莊子至樂篇作「蹲循」；漢書項籍傳作「循巡」。

並字異而義同。』說明郭氏之說雖係暗襲王氏之說而來，但也補充了不少例證，增強了說服力。可見，郭慶藩在字義訓釋方面不但下了很大功夫，而且還顯示了甚爲扎實的小學功底，所以其所取得的成就也較大。

對於某些字義的訓釋，郭慶藩並不依傍前人的說法，而是直接提出了自己的獨特見解。如秋水篇有『梁麗可以衝城』語，司馬彪訓『梁麗』爲『小船』（見陸德明經典釋文引），俞樾訓爲『車之有樓者』（莊子平議）。郭慶藩訓釋說：『司馬訓「梁麗」爲「小船」，非也；俞氏以爲樓車，亦近附會。考列子湯問篇「雍門鬻歌，餘音繞梁欐，三日不絕」，「梁欐」即此所云「梁麗」也。……爲梁麗必材之大者，故可用以衝城，不當泥視。』郭氏此說甚是，可據以糾正司馬彪、俞樾之失。列禦寇篇有『以其十乘驕穉莊子』語，成玄英訓『穉』爲『後』（見莊子注疏）。郭慶藩訓釋說：『穉，亦驕也。集韻：「穉，陳尼切，自驕矜貌。」管子軍令篇「工以雕文刻鏤相穉」，尹知章注：「穉，驕也。」』郭氏此說亦足可糾正成玄英之失。田子方篇有『昔者寡人夢見良人』語，郭慶藩訓釋說：『昔者，夜者也。古謂夜爲昔，或爲昔者，或爲夜者，或曰夕者，皆其證。』此與齊物論篇『昔者莊周夢爲胡蝶』、天運篇『通昔不寐』之『昔』一樣，皆訓爲『夜』，郭氏之說甚是。說明郭慶藩的識力時或超出前人。

但郭慶藩有時因太拘泥於音韻訓詁，卻反而使原本比較明白的字義句意變得迂曲了。如他在訓釋逍遥遊篇『德合一君而徵一國者』之語時說：『案「而徵一國」，釋文及郭注無訓，成疏讀「而」爲轉語，非也。「而」字當讀爲「能」，「能」、「而」古聲近通用也。官、鄉、君、國相對，知、仁、德、能亦相對，則「而」字非轉語詞明矣。淮南原道篇「而以少正多」，高注：「而，能也。」呂覽去私、不屈諸篇注皆曰：「而，能也。」墨子尚同篇：「故古者聖王唯而審以尚同以爲正長。」又曰：「天下所以治者何也？唯而以尚同一義爲政故也。」非命篇：「不而矯其耳目之欲。」楚辭九章：「世孰云而知之？」齊策：「子孰而與我赴諸侯乎？」「而」並與「能」同。堯典「柔遠能邇」，漢督郵班碑作「而邇」。皋陶謨「能哲而惠」，衛尉衡方碑作「能悊能惠」，史記夏本紀作「能智能惠」。禮運正義曰：「劉向說苑能字皆作而。」』其實成玄英把『而』字解釋爲連詞是對的，而郭慶藩把

『而』字讀爲『能』字卻顯然不可取了，因爲『「德」字統君與國言，中以「而」字連屬成句。就狹義言，德合於一君；就廣義言，德見信於一國也。且本篇所重，在道與德，而不在能。又「知效一官」，即含能義，無庸讀「而」爲「能」，添此蛇足也。』（劉武莊子集解內篇補正）尤其需要指出的是，郭慶藩因過分偏重名物、字義的訓釋而往往影響了對義理的整體把握。如他在闡釋逍遥遊篇時説：『案「吹」、「炊」二字古通用。集韻：「炊，累動升也。」荀子仲尼篇「可炊而僓也」，本書在宥篇「從容無爲而萬物炊累焉」，注並云：「炊與吹同。」又案莊生既言鵬之飛與息各適其性，又申言野馬塵埃皆生物之以息相吹，蓋喻鵬之純任自然，亦猶野馬塵埃之累動而升，無成心也。郭氏謂鵬之所馮以飛者，疑誤。』事實上，在宥篇所謂的『從容無爲而萬物炊累』，是在比喻『我若無爲於上，而天下之人日出而作，日入而息，自得其樂，如萬物之炊累焉』（林希逸莊子口義），而逍遥遊篇所謂的『野馬也，塵埃也，生物之以息相吹也』，則是在强調説明萬物的運行皆有所依賴。郭象所謂的『物任其性，事稱其能，各當其分，逍遥一也』，雖然嚴重偏離了逍遥遊篇的主旨，但他在『野馬也』三句下謂『此皆鵬之所馮以飛者』，這大致是能揭示出莊子關於大鵬『有所待』之意的。可見郭慶藩因拘於名物、字義，而謂莊子設出『野馬也』三句，意在比喻『鵬之純任自然』，這卻反而有違莊子本意了。

第二節　讀莊子劄記

近年因編纂子藏，發現上海圖書館藏有郭慶藩讀莊子劄記手稿本，如獲至寶。全書四册，八卷，稿紙有方格，每頁十行，行二十五字，小字雙行。卷首題『讀莊子劄記』，次行題『湘陰郭慶藩孟純學』，莊子各條原文頂格書寫，其餘皆低一格。時有校改塗抹之處，天頭亦偶有調整指令，如逍遥遊篇『野馬也，塵埃也，生物之以息相吹也』下有兩段案語，第一段上方天頭處即有『此寫在後』四字，第二段上有『此段寫在前』五字。第一册扉頁有

『丁亥五月岵瞻氏親校過』，末頁有『戊子十一月岵瞻弟（第）二次校於長沙舟中』，第四册末頁有『慶藩印宜公侯』方印。岵瞻，郭氏堂號，或以爲其一字岵瞻，丁亥、戊子分别爲清光緒十三年（1887）、十四年（1888），則此書之完稿，至少要比郭氏莊子集釋早六七年。而『第二次校』字樣標於第一册末頁，説明郭氏可能只完成了第一册前兩卷的重校。四册首頁均有近代湖南著名藏書家陳浴新的藏書印『陳浴新藏秘笈歷劫不磨樂無極』，説明此書曾爲陳氏所收藏。陳氏自述藏書曾歷三難：壬子家遭大水，庚申兵火，甲申寇犯湘鄉①。而印中有『歷劫不磨』字樣，説明此書在抗戰結束後仍在陳氏手中。陳氏自稱戎馬書生，抗日時期，曾任福建二十五集團軍總司令部總參謀長、第三戰區副司令長官部辦公廳主任兼延建區警備司令，建國後回湖南老家任職，並將其歷五十年苦心積聚的圖書全部捐給湖南大學圖書館，後轉至湖南師範學院圖書館②。然而此書獨被上海圖書館收藏，其中有何因緣，不得而知。詳勘劄記内容，大體可分爲以下幾項：校勘莊子原文；訓釋疑難文字；輯佚司馬彪莊子注。這當然是爲了敘述的要求分開的，其實這三項工作是合在一起不可分離的，尤其是校勘，因爲它就是建立在輯佚和訓釋之上的。在具體工作過程中，多以陸德明莊子音義爲基礎，又大量引用了前人成果，如王念孫莊子雜志、俞樾莊子平議及郭嵩燾考校文字等。然後郭氏加工覆覈，更進一步，自己再詳加考辨，其結論比較可靠。如郭氏在訓釋逍遥遊篇『鯤』字時云：

方以智曰：『鯤本小魚之名，莊子用爲大魚之名。』其説是也。爾雅釋魚：『鯤，魚子。凡魚之子名鯤。』魯語『魚禁鯤鮞』，韋昭注：『鯤，魚子也。』張衡東京賦『摷鯤鮞』，薛綜注：『鯤，魚子也。』

① 詳參陳浴新笈書二三部目略，收入湖南文獻彙編（第一輯、第二輯），湖南人民出版社2008年版。

② 詳參張書志亦文亦武亦愛國——記愛國民主人士陳浴新，載湘潮2006年1期；羅益群閩人藏書存湘記，載圖書館2000年2期。

說文無『鯤』篆，段玉裁曰：『魚子未生者曰鯤。鯤即卵字，許慎作𠧪，古音讀如關，亦讀如昆。禮內則「濡魚卵醬」，卵，鄭讀若鯤。凡未出者曰卵，已出者曰子。鯤即魚卵，故叔重以𠧪字包之。莊子謂絕大之魚爲鯤，此則齊物之寓言，所謂汪洋自恣以適己者也。』釋文引李頤云：『鯤，大魚名也。』崔譔、簡文並云：『鯤當爲鯨。』皆失之。

郭慶藩此處遍引秦漢經典及其權威注釋中對『鯤』字的訓釋，以證明方以智說法之正確，又證以說文大家段玉裁說法，這樣既有古書實證，又有近人的專門研究，論證範圍比較全面。而且段玉裁不僅僅從音韻、訓詁上講『鯤』字爲魚子之意，他還指出莊子故意將極小之魚子寫成絕大的樣子，正是莊子謬悠荒唐、汪洋自恣風格的體現，不禁讓人眼前一亮，拍案叫絕：莊子竟於兩千年後遇到瞭解人！全書中像這樣精彩的地方不知凡幾，可一飽讀者之眼福。

郭慶藩能達到這種水準顯然不是偶然的，在兩次校對中，他又有多處改動增益，小至關乎語氣的一個字，大至整條考釋全文，可見其精益求精的精神。如齊物論篇『旁日月』條下云：『旁日月，謂依日月也。應從司馬訓依之義爲正。』其中的『應』字就是後來補入寫在一旁的，補入後略顯謙虛謹慎。又如逍遥遊篇『湯之問棘也是已』條下云：『革、棘古同聲通用，論語「棘子成」，漢書古今人表作「革子成」。』但此句原作：『革、棘古同聲通用，故「棘子成」或作「革子成」。』可以看到，改動之後，例證的出處更加清晰，更加方便讀者核對原文，因而也就更加符合學術規範。再如大宗師篇『厲乎其似世乎』條，先引俞樾莊子平議之說，又加案語詳斷，而天頭上又加一段案語云：『藩又案：俞氏云「世」爲「泰」之假字是也。古無「泰」字，其字作「大」，「大」、「世」二字古音義同，得通用也。禮曲禮「不教與世子同名」，注：「世或爲大。」春秋文十三年「大室屋壞」，公羊作「世室徹」。「太叔儀」，公羊作「世叔儀」。「宋樂太心」，公羊作「樂世心」。「鄭子太叔」，論語作「世叔」。皆其證。』俞氏平議首揭『厲乎其似世乎』句中『世』爲『泰』之義，郭氏首條案語則證『厲』當從崔譔本作『廣』，未及『世』

字，後加的案語則有所補充，表示贊同俞氏的觀點，並且接連舉出五個例證，令人不得不信服。從初稿到一校，其中不知經過幾年，郭氏就這一個小問題，鍥而不舍，令人感佩！

今以郭慶藩讀莊子劄記與其莊子集釋相對勘，發現讀莊子劄記全書凡五百八十條，幾乎所有內容皆已爲莊子集釋吸收，只有七條被删去，有數十條略有改動。

被删去的七條分別爲：『我決起而飛，槍榆枋』（逍遥遊）、『未數數然也』（同上）、『天下始喬詰卓鷙』（在宥）、『巾以文繡』（天運）、『不與物交』（刻意）、『今吾無所開吾喙』（秋水）、『列子行食於道從，見百歲髑髏』（至樂）。其實，這七條應該與略有改動的那數十條一樣，都是由於郭慶藩學術觀點有所改變，或因莊子集釋的成書需要，而進行的進一步的修正。如第一條，讀莊子劄記云：『慶藩謹案：說文：「槍，歫也。一曰：槍，攘也。」槍榆枋，言止於榆枋也。釋文引支遁云：「槍，突也。」失之。』莊子集釋中先引了經典釋文的內容：『槍，七良反。司馬、李云：「猶集也。」崔云：「著也。」支遁云：「槍，突也。」』司馬彪、李頤所訓的『集』就是『止』的意思，與郭慶藩劄記中所訓相同。而經典釋文的體例是，音字釋義最正確的放在最前面，後面的列出來，僅供參考。照此原則，經典釋文的解釋也就是司馬彪、李頤的解釋，正好與郭慶藩的解釋相同，那麼，此處郭氏就無煩贅詞了。

因而可以這麼說，讀莊子劄記一書已被整個地包含在莊子集釋之中了。值得注意的是，讀莊子劄記中一校、二校的修改校訂意見基本被莊子集釋採納，而且莊子集釋也根據讀莊子劄記天頭的關於調整排版的指示進行了相應的調整。如『而徵一國者』條，郭慶藩首先從古音韻的角度說明『而』可以讀爲『能』，又指出『知仁德能』相對，所以『而』不是『轉語詞』，接著羅列淮南、呂覽、墨子、楚辭、戰國策中的例句來證明『而』在句中必須訓『能』的情況是比較常見的。在讀莊子劄記中，這些例子下面又有雙行小字，云：『堯典「柔遠能邇」，漢督郵班碑作「而邇」；臯陶謨「能哲而惠」，衛尉衡方碑作「能悊能惠」，史記夏本紀作「能智能忠」。禮運正義曰：

「劉向說苑能字皆作而。」是其例。』郭慶藩在重校時就在這幾句話的天頭部分標注道：『雙行均作單行大字寫。』今案，這些例子更是從同一文本的不同版本上直接地表明『而』、『能』二字的通用，與前面的例子是並列的，用雙行小字顯然不太合適，所以郭氏要求更改。而在莊子集釋中，這段話就是單行大字。今將讀莊子劄記七處類似意見，對照莊子集釋中的相應內容，發現後者全部遵行。

既然莊子集釋把讀莊子劄記的內容都牢籠在內，那麽讀莊子劄記是否是莊子集釋的初稿呢？筆者以爲不是。理由可分以下幾點：

第一，二書體例不同，是兩種不同類型的著作。讀莊子劄記是劄記體學術著作，與其大量引用的王念孫莊子雜志、俞樾莊子平議是同一類型的著作，是乾嘉學派典型的著述體裁。而莊子集釋也可顧名思義，是集前人之注疏於一書，屬於集注類型的著作。前者首重著者的獨得之秘，後者則更注重對前人著作的吸收。即以郭氏二書來說，讀莊子劄記固然大量吸收了王念孫、俞樾、郭嵩燾等人的研究成果，但相對來說，郭氏自己的揀選、辨析、論證、輯佚還是很有分量的，比例也相對較大；而莊子集釋除了劄記條目有所增加，還出現了郭象注、成玄英疏、盧文弨莊子音義校正、李楨注，而陸德明莊子音義也被全文附於郭注、成疏之後，這樣一來，郭慶藩自己的成果就顯得相對少得多了，與那麽多的前人的注疏考釋相比，他的注釋只能是輔助和補充。讀莊子劄記重點在音韻、訓詁、校勘，而莊子集釋也照顧到了義理。從這點來看，二書相差實在太大，斷然不能屬於同一種類型。

第二，二書底本不同。莊子集釋的底本在當今學界幾乎無人不知，就是著名的古逸叢書本南華真經注疏。由於古逸叢書本南華真經注疏是從域外獲得，又是南宋古本，故爲人所重，而莊子集釋後來能大行於世，歷百年而不衰，也是與其以此爲底本密不可分的。本來，黎庶昌出使日本是邀請郭慶藩作爲參贊同去的，但由於郭氏母親有疾，他自己也久病纏身，未能果行，不然，與黎庶昌一同主持古逸叢書的就是郭氏了①。讀莊子劄記雖然沒有莊子全文，不能定其底本，但我們仍然可以從中窺探消息，並確定與莊子集釋底本的關係。如德充符篇『彼且以諔詭幻怪之名聞』之『諔』，讀莊子劄記作『淑』，今翻檢近六十種版本，只有孫嘉淦南華通和俞樾莊子平議作『淑』，其餘皆作『諔』，莊子集釋自然也作『諔』，讀莊子劄記中『慶藩案』下云：『淑詭，一作俶詭（見呂覽傷樂篇），淑猶俶也。』其中兩個『淑』的偏旁『氵』是後來重筆修改的，原作什麼已經無法辨認；而在莊子集釋中，這兩個字則隨著正文都變成了『諔』。又如秋水篇『鰌我亦勝我』之『鰌』，讀莊子劄記作『鰌』，其正文引郭嵩燾云云三個『鰌』，原本作『鰌』，後又改爲『鰌』，條目上本作『鰌』，未改，而莊子集釋則作『鰌』。可見，讀莊子劄記所用底本跟郭嵩燾相關考釋文字和莊子集釋底本並不相同。

第三，上文已經説過，讀莊子劄記曾經郭慶藩本人親自校對過，而且不止一遍，雖然第二校可能還沒有完成。這説明，郭氏似擬將讀莊子劄記單獨刊刻，並非要爲撰寫莊子集釋作準備工作。

由以上三點判斷，讀莊子劄記是一部獨立的著作，並非莊子集釋的初稿。但前者的内容幾乎全被後者囊括吸收，由此我們可以瞭解莊子集釋這部名著的成書過程。一般以爲，莊子集釋成書於清光緒二十年（1894），但是郭嵩燾日記光緒十六年（1890）八月初一日有『子瀞見過久談，並示所著莊子集釋、説文經字正誼二種』②的記載，這表明光緒十六年秋莊子集釋已經完成了，只是遲至四年之後才付諸剞劂，而它完成的時候距讀莊子劄記二校的光緒十四年戊子十一月（1888）不過短短兩年。古逸叢書於光緒十年（1884）在日本刊刻完成後，板片運回中國，先在上海縣署印行五十套，後運交蘇州書局，作爲官物，聽人刊印。這時古逸叢書才真正開始流行

① 參見王先謙二品頂帶江蘇候補道郭君墓誌銘，收入王氏葵園四種，嶽麓書社1986年版。
② 郭嵩燾日記第四卷，湖南人民出版社1983年版。

起來①。是否因爲郭慶藩看到了古逸叢書本南華真經注疏，於是萌生了撰輯莊子集釋的想法，因而放棄完成讀莊子劄記的二校和最後的刊刻，今已不得而知。

毫無疑問，郭慶藩在莊學史上的主要貢獻在於其對名物的考辨、字義的訓釋，以及對司馬彪注的輯佚，對郭嵩燾考釋文字、李楨注語的保存之上。但這些貢獻可以說在讀莊子劄記中都已經實現了，所以讀莊子劄記是其個人獨創性的集中體現。莊子集釋雖然增加了一些考辨、輯佚的條目，但相對篇幅巨大的郭象注、成玄英疏、陸德明莊子音義，郭慶藩的成果就顯得較爲遜色，所以有人批評其獨創性不高。但是，如果他只有讀莊子劄記，沒有撰輯莊子集釋，那麼他在莊學史上也只是乾嘉學派以樸學治莊的一個附庸，絕不會達到像今天這樣提到莊子幾乎必須要説到他和他的莊子集釋的地位。原因就在於，莊子恢恑憰怪之行文用字確實需要音韻、訓詁等手段來揭明，但最重要最根本的還是其思想，在漫長的莊學史長河中，對莊子思想的解釋影響最大的非郭象莫屬，郭慶藩將自己成果附入其後，使得全書義理、考據兼備，又選擇當時新刊善本古逸叢書本南華真經注疏作爲底本，這樣衆美齊集，遂成近百年來最流行的莊子學著作之一。

① 馬月華古逸叢書研究，北京大學出版社2015年版。

第二十章　馬其昶的莊子故

馬其昶（1855—1930），字通伯，晚號抱潤翁，桐城人。自幼好學，曾受業於桐城方東樹、戴鈞衡，後又師事方宗誠、吳汝綸，經吳汝綸介紹又求教於武昌張裕釗，受桐城學風影響頗深。光緒二十一年講授經學於安慶藩司署中，二十三年主講廬江潛川書院，二十七年講授經學於合肥李忠仙家，三十四年經安徽巡撫馮煦推薦，赴京任學部主事、京師大學堂教習。民國五年，應聘爲清史館總纂。又與林紓、姚永概等倡桐城古文，晚年有桐城派『殿軍』之稱。著作有抱潤軒文集、存養詩鈔、桐城耆舊傳、周易費氏學、詩毛氏學、老子故、莊子故等十餘種。

莊子故八卷，前有馬其昶光緒二十年（甲午）自序；光緒三十一年李氏集虛草堂刊本，書末附（莊子）逸篇，及馬氏門人李國松所作後跋。李國松跋語云：

吾師馬先生莊子故八卷，成書於光緒甲午冬，其稿本存金匱廉户部泉處，户部友蕭山陳君光淞見而愛之，辛丑秋爲鋟版浙中。其後三年，户部始以陳君所刊本寄先生。時國松方治莊子，先生就刊本爲之講授，時有增損改正，又掇錄諸書所載莊子佚文坿焉。

據此，莊子故成書於光緒二十年（1894），光緒二十七（辛丑）年蕭山陳光淞首刻於浙中，至光緒三十年後又經馬氏之手有所改定，書末（莊子）逸篇，即是此時所增。今存莊子故版本，有光緒二十七年蕭山陳光淞陳氏遺經樓刊本，又有光緒三十一年李國松集虛草堂刊本，與李氏跋語之言正相應。此外，上海圖書館又藏有莊子故内外篇四卷稿本，該書卷首夏少由於民國十七年所作跋語有『光緒中先生掌教唐州書院，適閩侯高伯昂太史來權府事，文字切磋……。今眉端藍筆，署名駿烈者，高氏按語』云云。今檢視稿本内容，只存莊子内外篇四卷，至外篇至樂結束，其中注文内容，與定本莊子故至少有一半不同之處，而稿本眉端由高駿烈藍筆所作批注，有數條被定本莊子故所採納。故能推測莊子故一書，在光緒二十年定稿至二十七年付梓前，仍有一次較大改動。

莊子故一書，徵引繁富，所采摭者有司馬彪、崔譔、向秀、郭象、李頤、支遁、簡文帝、陸德明、成玄英、呂惠卿、王雱、黄庭堅、朱熹、林希逸、褚伯秀、王應麟、劉辰翁、羅勉道、楊慎、朱得之、陸西星、歸有光、焦竑、釋德清、陶望齡、陳治安、方以智、錢澄之、王夫之、宣穎、王念孫、洪頤煊、劉大櫆、姚鼐、方濳、郭嵩燾、曾國藩、孫詒讓、王闓運、吴汝綸、俞樾、郭慶藩、姚永樸、姚永概等家之説①。馬氏凡引衆家文字，悉爲注明來歷，他自己的注解則以『其昶案』予以區别。考察全書，前者的數量要遠遠超過後者，多爲音義注釋，以疏通字句爲主要目的，而馬氏自作按語，則多以概括莊子段落大意、揭示寓言要旨爲主，少有涉及學派思想方面之論述，更無故作標新立異之説，解莊態度較爲持中謹慎。

第一節　對莊子意旨的多元闡釋

莊子故全書徵引數十家之説，而各注家對莊子的闡釋理念和側重亦多有不同，這一情況不可避免地使該書具有了多元化的闡釋方向。

---

① 按，馬其昶在引述署爲歸有光、文震孟南華真經評注本文字資料時，能基本舍棄其中所謂歐陽修、王安石、蘇軾、蘇轍、黄庭堅、秦觀等宋代名公的批語，説明他可能已發現這些批語並非出於此等名公之手，從而避免了包括他的老師吴汝綸所著莊子點勘在内的許多莊子學著作所犯的以訛傳訛的錯誤。

歷代注家對莊子的闡釋有著兩種極端傾向。一是繼承蘇軾莊子祠堂記中『莊子蓋助孔子者』、『莊子之言，皆實與而文不與，陽擠而陰助之』的説法，將之發揚光大，如明覺浪道盛莊子提正、清劉鴻典莊子約解等即視莊子爲孔子的真傳弟子，明焦竑莊子翼、方以智藥地炮莊和清宣穎南華經解、吳世尚莊子解、劉鳳苞南華雪心編等，也多有這種以儒解莊的傾向；而在另一方面，亦有注家受道教神仙學説的影響，將莊子歸入道教玄門，認爲莊子文章中如鯤鵬變化、庖丁解牛、象罔得珠等寓言都藴含著養生修行秘訣，如明陸西星南華真經副墨、程以寧南華真經注疏和清陳壽昌南華真經正義等，也都以此爲其重要闡釋指向之一。不得不説，這兩種傾向雖然在學術思想上有所創見發揮，拓寬了闡釋莊子的思路，但與莊子本意卻有一定距離，而馬其昶的詮釋態度則與這兩種傾向有所不同。通觀莊子故全書，其注莊文字多從文本本身意旨出發進行詮釋，其序言即謂莊子『取老氏之説，務推本言之』，應當説是較爲客觀公允的。如駢拇篇有語云：『天下莫不奔命於仁義，是非以仁義易其性與？』馬其昶加案語説：

其昶案：司馬溫公云：『大抵莊子之所言仁義，其字義本與孟子不同。』

孟子所追求的『仁義』，是他整個學説的理論根基，是儒家君子立身處世的第一要義，而莊子此處所談到的『仁義』，則是傷殘生民純真本性的禍亂之首，馬其昶在這裏認同並引用了司馬光的見解，明確認識到了儒、道學説中『仁義』概念的不同。又如外物篇有『儒以詩禮發冢』寓言故事，馬氏注解説：

其昶案：太史公曰：『掘冢，奸事也。而田叔以起。』蓋自戰國以來，多有發冢致富者矣。莊子言此，以譏世儒之誦詩、書而躬穢行者。

這裏明確指出莊子是以『詩禮發冢』的寓言故事來抨擊當時儒者借助先王經典追逐名利，品格卑下，馬其昶並無對儒學有任何維護之處。除此之外，馬其昶還充分肯定了莊子繼承發揚老子哲學思想這一道家學派的傳承關係，他在注解在宥篇『故貴以身於爲天下，則可以托天下；愛以身於爲天下，則可以寄天下』文字時説：

其昶案：老子：『吾所以有大患者，爲吾有身。及吾無身，吾有何患乎？故貴以身爲天下者，則可以寄於天下；愛以身爲天下者，乃可以托於天下。』以、已同字，爾雅：『以，此也。』河上公注老子釋爲其身，義與此同。老子言貴愛此身皆所以爲天下，是無身也。然後可以身寄托於天下。莊子引用老子之語，而意更有進，謂必能貴其身甚於貴天下，愛其身甚於愛天下，然後可以天下寄托於吾身也。

司馬遷史記老子韓非列傳謂莊子『其要本歸於老子之言』。確實，莊子文中多有徵引化用老子思想之處，後世學者大多注意到了這點。馬其昶在這裏也敏鋭覺察到了莊子文中對於老子的引用以及兩者的不同之處，認爲莊子進一步發揮了老子視己身如天下的觀點，在老子原文基礎上增添二『於』字，説明愛惜自身勝過愛惜天下方能包容治理天下的道理，使文意更進一層。而在另一方面，馬其昶則避免了一些學者認爲莊子文中隱含有道教煉養、長生修築功夫的錯誤。他在達生篇題解中説：『此與養生主同旨。』在養生主篇末則説：『以上養生者不必不死，是謂全生。』莊子著養生主篇，意在説明全神可使精神超脱物外，與天地並生的道理。而傾向於以道教修行功夫闡釋莊子的注家如陸西星，則在他的南華真經副墨中論養生主爲：『養生主，養其所以主吾身者也，其意則自前齊物論「真君」透下。』而在陸氏的思想體系中，齊物論篇中的『真君』實則就是道教丹功所謂的『元神』。將馬其昶對養生主篇的理解與陸西星葆養元神的理解相較，顯然是前者更爲貼近莊子本義。馬氏這種以文本分析爲基礎進行闡釋的行爲，無疑值得肯定。

但我們也應該看到，清代以儒解莊的傾向由來已久，桐城名儒姚鼐、方潛等人也不能免此，馬其昶身爲桐城派『殿軍』，自然也會受到這種以儒解莊傾向的影響，在對莊子的闡釋中不可避免地出現以儒學、理學與莊子思想互爲印證之處。如他在天地篇『不以王天下爲己處顯』之語後説：『其昶案：此即孟子「所性不存」之義。』將莊子承自老子『生而不有，爲而不恃，功成而弗居』（老子二章）的昏默無爲思想與孟子『中天下而立，定四海之民，君子樂之』（孟子盡心上）的思想視爲一致，顯然有些牽強。他在山木篇給『君子不爲盜，賢人不爲竊，吾若取之，何哉』之語作注時也說：

其昶案：此即孟子『求在外』之旨。凡取外物之利以爲己益者，皆盜竊之行也。是以聖人有天下而不與焉。

這裏將莊子無心爵祿、儻來則虛而受之的思想與孟子追求自身之道、不求身外之物的理念等同起來。既然馬其昶多次引用孟子思想與莊子相印證，那麼他在闡釋莊子過程中摻入尊奉思孟學派的宋明理學也就不足爲怪了。莊子天地在論述萬物本原『道』的時候，有『其合緡緡，若愚若昏，是謂玄德，同乎大順』之語，馬其昶注解說：

其昶案：莊子論性命之原，證之繫辭及周子圖說皆合。故程子曰：『莊子形容道體之言，亦有善者。』朱子亦謂：『莊子見道體，蓋自孟子後，荀卿諸人不能及也。』

認爲北宋理學家周敦頤的太極圖說和周易的繫辭傳，兩者對宇宙本原『太極』的描述與莊子都能契合，而程頤、朱熹二人也同樣肯定了莊子對於『道』的認識。又如他在秋水篇末的總結說：

以上，宣穎曰：『與物同樂，證反其真。』邵子曰：『此盡己之性，能盡物之性也。非魚則然，天下之物皆然。若莊子者，可謂善通物矣。』胡居仁曰：『莊子、邵子甚大。若莊子就規矩準繩，便到邵子。』

先引邵雍之語肯定了莊子對天下物性和大道的認識，而下文馬氏引胡居仁之語說明自己對莊子的看法，這與孔子所云『齊一變，至於魯；魯一變，至於道』（論語雍也），何其相似！即馬其昶認同了胡居仁的觀點，認爲莊子若用規範準則來約束自己，便可成爲如邵雍一般的大儒了。而在宥篇『黃帝問道廣成子』寓言故事中廣成子論『治身』一段，馬其昶則謂：

其昶案：此即大學『壹是皆以修身爲本』之意，非謂不治天下也。凡莊生之言治道類如此，蓋痛戰國之徒尚詐力耳。

這裏將大學以修身爲本，進而至齊家治國平天下的理念與莊子以治身爲本、以治天下爲末的思想等同而視。馬其昶這種引用儒學、理學理論與莊子之文相印證的現象雖然不多見，但他像這樣將莊子推崇的太初虛無之道與儒學、理學所重的孔、顏「聖人之道」視爲一致，不禁令讀者有了一種馬氏欲讓莊子入儒門的感覺，不得不說這是莊子故闡釋上的小偏頗。

在另一方面，如上文馬氏所云「凡莊生之言治道類如此，蓋痛戰國之徒尚詐力耳」，此類認識在莊子故中屢有表述，可說是全書闡釋的又一側重之處，説明馬其昶每將自己對歷史和現實的思考融入莊子闡釋之中。其莊子故序謂：

嗟乎！莊生之言曰：「有機械者必有機事，有機事者必有機心。」又曰：「大亂之本，必生於堯舜之間，其末存乎千世之後，千世之後，其必有人與人相食者。」悲夫！余讀其言，未嘗不慨焉流涕也。

「大亂之本，必生於堯舜之間」等語見於庚桑楚篇，馬其昶引其弟子陳光淞評論云：

莊子生於周末，親見亂賊接踵竊聖人之跡以濟其凶，是聖人開物成務者適爲殃民之具，因痛皇古之不可復也。

認爲莊子在戰國時期有見於天下大亂，聖人所創的禮樂被亂臣賊子作爲篡位弒逆的工具，哀憐世事不能回到上古淳朴之治，因而有所感歎，而馬其昶就在這種讀莊過程中與莊子產生了相隔千載的共鳴，慨然有懷，涕淚弗禁。而產生這種共鳴的紐帶，則應當是他們對於歷史以及生民社會所共有的悲憫哀憐的情懷。如則陽篇有語云：「大爲難而罪不敢，重爲任而罰不勝，遠其途而誅不至。民知力竭，則以僞既之。日出多僞，士民安取不僞？夫力不足則僞，知不足則欺，財不足則盜。盜竊之行，於誰責而可乎？」馬其昶注解説：

柳宗元曰：『博如莊周，哀如屈原。』又曰：『參之老、莊，以肆其端。』其昶案：其博也正其哀之所激而肆者。劉勰謂（疑當作『並』字）韓柳皆以屈原介莊周、司馬遷之間。嗚乎！此深知莊子也。以上憫世。

在馬氏看來，莊子借柏矩之口說的這段話，是因哀憫當世之人而發的議論，認爲莊子同司馬遷、屈原一樣，實乃心有所鬱結，爲哀怨所激，故而發憤著書，以致文辭跌宕、磅礴宏肆。在他的理解中，莊子並非是論天體道、談玄悟虛、不問世事，純粹形而上的道家哲學著作，而是有著致用想法及豐富現實內涵的傳道之作。天道篇有語云：『盛衰之殺，變化之流也。夫天地至神，而有尊卑先後之序，而況人道乎！宗廟尚親，朝廷尚尊，鄉党尚齒，行事尚賢，大道之序也。』馬其昶注解說：

其昶案：莊子論治道乃精實如此。文中子云：『虛元長而晉室亂，非老莊之罪也。』

仍是認爲莊子哲學有著致用的現實意義，而並不是導致晉王朝憲章遲廢、五胡競逐的禍亂之首。又如徐無鬼篇有語云：『闔不亦問是已，奚惑然爲！以不惑解惑，復於不惑，是尚大不惑。』馬氏注解說：

其昶案：以上極言天人之理，先知先覺，深冀問者解其大惑，庶無亡國戮民之禍。此莊子悲憫之言也。

馬其昶認爲，莊子懷著悲憫之心勸人們體悟大道、解除大惑，最終目的是爲了避免『亡國戮民之禍』，這同樣是源自他認爲莊子哲學能夠致用於現實的理解。但馬氏在千載之後卻無奈發現，莊子所謂『千世之後，其必有人與人相食者』的預言，果真成了當今的現實，這就是他『慨焉流涕』的原因。馬其昶在注莊過程中所流露出的此種情懷，確實令其所著莊子故增色不少。

馬其昶身處於清末時期，此時西方列強在與中國交往的過程中，也將其文化與科學傳入中國，形成了東西方文化的交融碰撞，馬氏通過這種交流而接受的新學說與新理念，也對撰寫莊子故產生了一定影響，具體表現爲他運用一定的科學理論來對莊子進行闡釋。如外物篇有語云：『木與木相摩則然，金與火相守則流。』馬其昶注解說：

薛福成曰：『此泰西電學化學之權輿。』

認爲莊子所提到的木與木摩擦燃燒，金與火相觸則熔化，正是西方自然科學中化學電學的肇始。這些論述雖與莊子本義相去較遠，甚或有牽强附會之嫌，但不得不承認這在當時也能或多或少地起到一定的科學傳播作用，有著新穎之處和思想進步意義。

第二節　對桐城派莊子學的繼承

馬其昶作爲桐城派末期代表人物，早年受業於方宗誠、吳汝綸等多位桐城著名學者，光緒末出任學部主事、京師大學堂教習，與林紓、姚永概等倡桐城古文。故所著莊子故，對於桐城家學多有繼承，這首先表現爲他在書中大量徵引桐城派學者的治莊文字。

以題解爲例，馬其昶在莊子故中爲内七篇都作了題解，又選擇外篇中五篇、雜篇中三篇作了題解，數量不到莊子總篇目的一半，基本上都是引用前代學者的解說文字來完成。但這十五篇的題解，借用桐城派學者的解說文字竟占總數的三分之一以上，這在任何一部莊子學著作中都是不曾有過的。如他在給逍遥遊篇做題解時便引用方潛南華經解的解說文字：『方潛曰：狀大體大用也。無己故無體，無功無名故無用，是爲大體大用也。後六篇皆闡此旨。』其餘内篇題解也都採用了方潛的話。又如對外篇刻意、山木、田子方、知北遊四篇，都只是分別引用姚鼐的一句話來作爲題解。而在篇内注解文字中，桐城派學者的治莊心得同樣佔據著非常重要的地位。如齊物論篇有『吾喪我』之語，馬其昶引姚鼐云：『一除我見，則物無不齊。』養生主篇有『庖丁解牛』

寓言故事，馬氏引姚鼐云：『依乎天理，離去善惡，此間正有餘地。』在人間世、大宗師篇中，馬氏則引用郭嵩燾『齋之言齊也，非使其心虛而不受物，不能使之潔齊』與曾國藩『無故而忘曰坐忘』之語來分別對『心齋』、『坐忘』進行解釋。同時，他還大量徵引了姚鼐、吴汝綸兩人對莊子字句音義所作考據、解釋文字。如此一來，馬其昶在闡釋莊子篇名、寓言、命題、音義時都或多或少地引用到了桐城派學者的論述，這種行爲一是表現出了他對於桐城先賢學術的推崇，二則無疑令讀者感覺到桐城派在莊子研究中具有舉足輕重的地位。此外，馬其昶在莊子故中還較多引用了如姚永樸、姚永概、陳用光、方宗誠、梅曾亮等人的治莊心得，不過他在引用時主要是通過概括轉述來完成的。如據吴汝綸莊子點勘所引，劉大櫆在評點逍遥遊篇『堯讓天下於許由』寓言故事時曾説：『此所謂聖人無名者大矣。』在評點『藐姑射神人』寓言故事時曾説：『此所謂神人無功者又加大矣。』在評點『惠子謂莊子』寓言故事時曾説：『此所謂至人無已者大而不可知也。』而至馬氏莊子故中，則僅成爲『證聖人無名』、『證神人無功』、『證至人無已』數字，並没有表現出其中的層次遞進關係，但通過他的轉引畢竟使得一部分桐城學者的莊子學研究成果能夠得以保存並廣爲世人知曉，如姚永概、姚永樸二人的注莊文字藉莊子故保存的就有十餘條之多，所以説馬其昶莊子故對桐城學派莊子學文獻的傳承具有很大貢獻。

馬其昶還繼承並發揚了桐城派的『考據』學風，對莊子文本方面的問題作過一些探究。如他在序目中就將蘇軾莊子祠堂記所認定的僞作讓王、盗跖、説劍、漁父四篇置於最後，並明確指出：

余謂外、雜二篇，皆以闡内七篇之義，其分篇次弟果出自莊生以否，殆不可考。其間皆不無羼益，以其傳久，故一仍之。其讓王以下四篇，舊次列禦寇前，然蘇子瞻輩皆斷其僞，今觀之猶信。太史公稱其『作漁父、盗跖、胠篋，以詆訿孔子之徒，以明老子之術』。世所號儒者，皆托爲孔子之徒。今胠篋所言不及孔子，第絀儒信老，是其義矣。若盗跖，真詆訿孔子，是殆擬爲之者。讀史公語未審耳，且又烏覩所謂老子之術者哉！非史公所見之舊，其爲贋決也。因從宣穎南華經解例，退其篇目，附於後。

馬其昶先是提出莊子外、雜各篇主旨都是闡述内七篇大義的觀點，同時他又認定外、雜篇中必有一些屬於後人僞作而羼入的篇目，如蘇軾所指出的讓王、盗跖、説劍、漁父四篇，即明爲贋品無疑，而其判定依據則應當是這些『僞作』與内七篇聯繫並不緊密的緣故。他在爲該四篇做題解時説：

原第二十八。蘇軾曰：『盗跖、漁父、讓王、説劍皆淺陋不入於道。』其昶案：此篇雜見列子、吕覽、淮南及韓詩外傳、新序各書。（讓王題解）

原第二十九。王安石曰：『莊子重言十九，以爲耆艾。人而無人道者，不以先人。若盗跖，可謂無人道者，而以其爲重言，其不然明矣。故此篇之贋，不攻自破。』（盗跖題解）

原第三十。馬驌曰：『語近國策，非莊生本書。』（説劍題解）

原第三十一。朱子曰：『蘇子由古史中論此數篇絶非莊子書。乃後人截斷本文攙入此，其考據甚精密。』（漁父題解）

又外物篇末總結説：

王夫之曰：『此段文義，乃以起寓言篇之旨，而寓言篇末又與列禦寇篇首意旨吻合。蓋雜篇次序相因，類如此。昔人以此益證讓王四篇爲攙入，信不誣也。』

馬其昶或依文獻考據，或依文風比對，或借莊子文意進行邏輯推理，雖多是轉引他人文字心得，但亦表明了他定此四篇爲贋品的思考過程及依據，而並非只是盲從蘇軾等古人之説，表現了他較爲審慎的治學態度。至於在胠篋篇真僞問題的判斷上，他則否定了一些人認爲胠篋爲贋品的觀點，認爲該篇内容只是『絀儒信老』，並未像盗跖、漁父篇有涉及詆訿孔子之處，應當是莊子自作。但他在給駢拇篇作題解時卻引吴澄之語説：『莊生書瓌瑋參差，不以觭見之，唯駢拇、胠篋、馬蹄、刻意、繕性五篇，自爲一體，其果莊氏之書乎，抑周秦間文士所爲乎？未可知也。』表現出馬氏對於這五篇的真僞問題仍存有些許疑惑。此外，馬其昶還對莊子中某些文字的真僞進行過探究，如其光緒間稿本在天運篇『孔子問道老子』一段注中引方以智藥地炮莊說：『孔子說「求於陰陽十二年不得」，此答語意全與前不相類，的乎非莊子手筆。』而到了光緒三十一年李氏集虛草堂刊本，這條注文則被馬其昶自己刪去，據此可以推斷他原本對天運篇此段文字的作者產生過疑惑，至定本時方認定它仍屬於莊子手筆。

另一方面，馬其昶對於所引材料和莊子音義的考證也下了一番功夫。首先一點就在於他在引述署爲歸有光、文震孟南華真經評注評批文字時，對其中所謂歐陽修、王安石、蘇軾、蘇轍、黄庭堅、秦觀等宋代名公的批語做過一定程度的考證。我們曾在明代莊子學編之『唐宋派的莊子學』章中説過，署爲歸有光、文震孟南華真經評注本眉欄上所徵引的上述名公批語，多數出於劉辰翁莊子南華真經點校，當爲書商之所爲。今考馬其昶光緒間莊子故稿本，其駢拇篇末總結有：『歐陽永叔曰：「此篇語至刻急而每結若緩，若深厚不可知者。」』正能説明馬氏當時對於該宋人批語採取了信任態度，而在光緒三十一年莊子故刻本中，該條注文則由署名『歐陽修』改爲了『劉辰翁』，這一變化也恰好可以反映出馬其昶對歸有光南華真經評注本中的宋人批語進行過考證、從而改變認識的過程。但還必須説明的是，如駢拇篇有『天下莫不奔命於仁義，是非以仁義易其性與』之語，馬氏注云：『其昶案：司馬溫公云：「大抵莊子之所言仁義，其字義本與孟子不同。」』按此條注文實爲林希逸南華真經口義所有，馬其昶在這裏仍不可避免地犯了一些引述錯誤。特別需要指出的是，上文所列舉的他爲盜跖篇作題解而引述的『王安石』之語，竟然也是張冠李戴，原來是陸西星南華真經副墨中的話。凡此，皆令人感到有些遺憾。其次，在對莊子文本具體字句音義的注釋上，也多能體現馬氏考據嚴謹、認真的態度。如逍遥遊篇『肩吾問於連叔』段中有語云：『豈唯形骸有聾盲哉，夫知亦有之。是其言也，猶時女也。』馬氏光緒間稿本注爲：『廣雅：「時，善也。」善汝，謂不鄙爲聾盲而絕之也。肩吾聞言驚怖，不知其言猶爲善汝也。』至光緒三十一年集虛草堂刊本則改爲：『其昶案：時猶夫也。見經傳釋詞。猶夫汝者，言知有聾盲即汝之謂也。』又如天地篇『漢陰丈人』段中有『子非夫博學以擬聖，於于以蓋衆』之語，馬其昶光緒間稿本注爲：『其昶案：「於于」猶荀子之「杅杅」，王伯申引檀弓「于則于」，正義云于謂廣大，重言之則曰于于。』至光緒三十一年集虛草堂刊本則改爲：『司馬彪曰：於于，誇誕貌。其昶案：於于猶華誣也。淮南云：「博學以疑聖，華誣以脅衆。」』在一『時』字、一『於』字的釋義之上，馬其昶精益求精、一絲不苟的考據精神即可見一斑。另檢視光緒間莊子故稿本全書，幾乎每頁都有夏少由所謂的『今眉端藍筆，署名駿烈者，高氏按語』一類批注，其主要內容爲對莊子文字的音讀與考據，而在光緒三十一年刊本中，則被馬其昶删減至十餘條。其中的取舍深意，亦能表現出馬氏審慎的治學態度。

馬其昶還受到桐城文派的影響，對莊子文章的藝術特點以及字句特點有所認識。他在序目中就説過：『莊子書詞尤高，好文者尚之。』對莊子文章的藝術性、藝術精神都表示了感歎。他還接受了姚鼐對天地篇『泰初有無無有無名』一段文字的句讀觀點，認爲當以『泰初有無無』斷句，並引姚鼐注『言其始非特有不可言，並無亦不可言』，對斷句後的文意進行解釋。與此例類似，馬氏對齊物論篇『有成與虧故昭氏之鼓琴也』一段文字，認爲其中『「故」字連上爲句』，讀成『有成與虧故，昭氏之鼓琴也』，能夠與下文『昭氏之鼓琴也，師曠之枝策也』形成對文，順應文勢。對天地篇『治亂之率也』之語，他强調『「治」字斷句』，以便使文意表達更爲清晰。對知北遊篇『汝唯莫必無乎逃物』一段文字，他引用姚永概説『「汝唯」八字爲句』，用來强調其中文意的連貫性。這可以説明，馬其昶對莊子文章的藝術特點以及字句特點的認識，既受到桐城派的一定影響，又有自己的一些獨特見解。

第二十一章　王樹枏的莊子大同說

王樹枏（1851—1936），字晉卿，晚號陶廬老人，又號綿山老牧，別署野史氏，保定新城人，近代史學家、方志名家。十六歲舉秀才，二十一歲就讀保定蓮池書院，三十五歲中進士。歷官戶部主事、四川青神縣知縣、眉州知州、蘭州道臺、新疆布政使等，多有善政。民國時，曾任清史館總纂、國會衆議院議員。著作有陶廬文集、陶廬箋牘、陶廬駢文、陶廬外篇、費氏古易訂文、尚書商誼、孔氏大戴禮記補注、中庸鄭朱異同說、墨子三家校注補正、莊子大同說等。

今中國國家圖書館藏陶廬精抄本莊子大同說十卷（臺灣『中央圖書館』藏有朱絲欄手稿本王樹枏莊子大同說二十二卷、北京大學圖書館藏有古學院抄本王樹枏莊子大同說二卷等），至天運篇末而止，凡解莊子十四篇。書前有弁言。各篇前有題解，末有總論，冠以『王樹枏曰』字樣。每篇將莊子原文分成若干單元，隨後低二格作解，或陳說己意，或徵引舊說，除博采經典釋文所收資料外，還涉及郭象、成玄英、歸有光、宣穎、姚鼐、王念孫、俞樾、吳汝綸、王先謙等人注釋，以及老子、列子、淮南子、爾雅等相關文字。通觀王氏此著，方法仍較傳統，內容亦多平實，但其每援『大同』之說，以解莊子之文，卻爲此前所未曾見。

莊子是一部奇書，戰國時荀子對莊子已有所批判，此後對莊子的研究代不乏人。東晉南北朝佛教的盛行，唐代儒釋道三教合一的文化趨勢，使得『以佛解莊』、『引莊入儒』成爲後世莊子學的顯著特徵。如韓愈認爲莊周之學是承繼儒術而來①，王安石在莊周中說莊子對儒家學說有所稱引，蘇軾在莊子祠堂記中也曾說莊子實際上是陰助孔子而未嘗詆訾孔子，林希逸在莊子口義中更是認爲莊子學說與儒學之間在本質上是可以整合爲一的。及至清末，王樹枏著莊子大同說，借用禮記禮運『大同』的概念闡釋莊子『至德之世』的思想，不僅繼承了韓愈、蘇軾等人援莊入儒的傳統，更爲莊子研究注入新鮮血液，迎合了時代發展的要求。

第一節　以『大同』解莊的思想傾向

一、『大同』思想源流略説

大同思想，源遠流長。老子提出『小國寡民』的理想化生活圖景：『甘其食，美其服，安其居，樂其俗。鄰國相望，雞犬之聲相聞，民至老死不相往來。』（老子八十章）『小國寡民』是老子在古代農村社會基礎上所理想化的生活圖景，希望統治者不干涉人民的生活，蘊含了『大同』的思想因素。莊子亦嚮往理想的至德之世，莊子馬蹄云：『故至德之世，其行填填，其視顛顛。當是時也，山無蹊隧，澤無舟梁；萬物群生，連屬其鄉；禽獸成群，草木遂長。』這種基於對現實的不滿而勾勒出的烏托邦生活，是理想大同社會的場景。尚書洪範最早提到『大同』一詞，但真正用大同來指稱某種社會理想則始見於禮記禮運：

大道之行也，天下爲公，選賢與能，講信修睦。故人不獨親其親，不獨子其子，使老有所終，壯有所

① 韓愈送王秀才序云：『蓋子夏之學，其後有田子方，子方之後流而爲莊周，故周之書喜稱子方之爲人。』

用，幼有所長，矜寡孤獨廢疾者，皆有所養，男有分，女有歸。貨惡其棄於地也，不必藏於己；力惡其不出於身也，不必爲己。是故謀閉而不興，盜竊亂賊而不作，故外户而不閉，是謂大同。

『大道之行，天下爲公』，指的是治理天下之道；『選賢與能』，體現出政權傳遞的合理；『講信修睦』，體現出理想的人際關係；『貨惡其棄於地也，不必藏於己；力惡其不出於身也，不必爲己』，體現各盡其能，各取所需的生產分配原則；『不獨親其親，不獨子其子』以及『男有分，女有歸』的社會道德和社會制度，都顯示了極高的全民『德化』境界。這樣的社會，即是『大同』社會。我們認爲，遠古之世的人們『不獨親其親，不獨子其子』，並非是在日常生活中遵循仁義禮智信的結果，而是因爲遠古之時，『五常』還未産生，人們只有相互團結、相互幫助、共同生活，才能抵禦惡劣的環境，人類處於一種集體無意識的狀態，呈現出大同般的美好圖景。莊子生於戰國之世，社會動蕩不安，仁義道德成爲一些人『竊國』的工具，他認爲導致社會動亂的根源正是這用來統治百姓的仁義道德。因此，莊子所嚮往的『至德之世』和儒家所言的『大同之世』頗有相似之處。可見王樹枏以『大同』解莊，借用『大同』的概念闡釋莊子『至德之世』的思想，當合於情理。

其次，王樹枏認爲莊子是孔子的再傳弟子，莊子一書正是對孔子所言『大同之道』的闡釋。其弁言謂：『莊子爲孔子再傳弟子，專明孔子大同之道』，『其實禮運大同之治，春秋三世太平之義，皆孔子所有志而未逮者，莊子亦惟懸諸理想，恐千百世無一遇之時也。』①孔子志於大同之治，而未及發揮，莊子認爲大同之治千百世而難遇，因而加以闡發，勾畫出理想的大同社會。王樹枏認爲：『莊子學孔子大同之學，深痛列國戰爭之禍，民不堪命，故高言道德，欲返皇古無爲之世，其願雖萬世不能，償托之空談夢想而已。孟子以仁義救當時功利之習，切爾易行，且行之萬世而無弊，蓋以孔子悲天憫人之心爲心，善學孔子之時者也，儒教一派，自孟子傳之莊

① 王樹枏莊子大同說，中國國家圖書館藏陶廬精抄本，下文所引莊子大同說原文均出自此抄本。

子，則皋牢道、釋兩家之學者也。』（駢拇總論）孟子是儒家思孟學派的創立者，他發展了孔子的仁學主張，對理想社會進行了具體設計，提出『五畝之宅，百畝之田』方案，並試圖恢復『井田制』的土地制度，是善學孔子之人；而莊子返無爲之世的理想，雖難以實現，卻源於孟子，是對『大同之學』的進一步發揮，這又是莊子所存大同之道的旁證。此外，在闡釋天運篇所言『莊子曰至仁無親』時，王樹枬認爲『至仁無親』即『無所不親』，而『無所不親也，此即孔子所言大同之世，不獨親其親，子其子也』。是謂莊子爲孔子的再傳弟子，其大同思想源於孟子，莊子一書是對禮記禮運所言『大同之世』的具體闡釋。所有這些，都構成了王樹枬以『大同』解莊的基礎和依據。

二、以『大同』解莊之內涵

通觀王樹枬所作莊子大同說，其闡釋形式多陳舊說，間有己意，方法較爲傳統，內容亦多平實，但每援引『大同』之說以解莊子，實前所未有，其解莊的模式多以『大同之道』、『大同之化』、『大同之本』、『大同之盛軌』等相關術語，來解釋莊子理想的無爲至德之世。王樹枬首先對『大同』的內涵作了界定，他說：『復通爲一，通爲一，則大同矣。』（逍遥遊大同說）『非萬物爲一，不能大同。』（齊物論大同說）將莊子所言『萬物爲一』闡釋爲『大同』，即指消除事物之間的差異，萬物渾然一體，則爲『大同』。在闡釋在宥篇『世俗之人，皆喜人之同乎己而惡人之異乎己也。……曷常出乎衆哉』一段話時說：『所謂大同者，非若世俗之人，喜人之同乎己，而惡人之異乎己也。如此是己之私也，非人之公也，公則爲大同，私則非大同。』這裏對『大同』的解釋更爲具體，『大同』指以天下爲公，而無私利之心，若『人人無己，天下未有不大同者』。天下爲公，才能進入理想的至德之世，以『大同』解莊即順此思路而展開：

1. 以『大同之道』解莊

王樹枏循著大同爲公的思路，以『大同之道』對莊子無爲、無用的觀點作解釋和發揮。比如他將逍遙遊篇『弊弊焉以天下爲事』闡釋爲：『弊弊苦形，勞神之貌，以天下爲事，便不能無爲，無爲則行所無事，而大同之道在是矣。』不以天下爲事，才能無爲而治，行大同之治。將『越人斷髮文身，無所用之』闡釋爲：『此喻堯之治天下，不能適於他國之用，非大同之道也。』這裏將莊子所言的『無爲』闡釋爲大同之道，即指存在一個普世法則而適用於天下，這從下文所言『用大』即『大同之道』便能得到進一步證明。比如對莊子所言『夫子固拙於用大矣』的闡釋：『大有大用，言惠子不能用大也，用大謂大同之道。』『用大』指的是用於天下的維度和視野，體現出大同之道的廣泛性。此外，王樹枏認爲養生主篇是對大同之道的進一步闡釋，他說：『能養生即得無爲之本，由內聖而外王無爲之化，即大同之道也。』養生的方法就是一種自然而然的狀態，不必刻意追求養生之道，這也符合大同之道的生活方式：『日出而作，日入而息，耕田而食，鑿井而飲，不用帝利，而大同之道即在是矣，豈第養生應爾哉！』正如王先謙所云：『順事而不滯於物，冥情而不攖其天，此莊子養生之宗主也。』（莊子集解）王樹枏還在養生主篇結尾云：『順其自然之天，……蓋內聖之功莫先於養生，己之養生如是，則所以養民生者亦如是，此內聖之本圖，大同之要道也。』大同之道不僅依靠順其自然的養生之法，更與治國相聯繫。『大同之道，在明君臣之分，通萬物之情，君無爲者也，臣有爲者也，而行於萬物者，道也。』（天地總論）『大同之道』所言無爲，指君無爲而臣有爲。這一思想合於莊子，莊子天道云：『夫帝王之德，以天地爲宗，以道德爲主，以無爲爲常。……上必無爲而用天下，下必有爲爲天下用，此不易之道也。』莊子認爲，帝王效法天地之道，君『無爲』用天下，臣『有爲』而爲天下用。王樹枏借『大同之道』以闡明莊子『君無爲而臣有爲』的思想，指出『大同之道』正可通萬物之情而明君臣之責。

2．以『大同之本』解莊

『大同之本』是實現大同爲公的基礎，王樹枏認爲莊子處處體現了這一觀點。莊子齊物論云：『偃，不亦善乎，而問之也！今者吾喪我，汝知之乎？』對此，王樹枏闡釋爲：『無人我之見，而後可以言大同，吾喪我，是齊物之原，大同之本。』『無人我之見』即了卻私心，『吾喪我』正是沒有私心的體現，王樹枏認爲這是實現大同爲公的基礎。他在闡釋駢拇篇時指出了『大同之本』的內涵：『此篇言大同之本在乎黜仁義，崇道德，任人自適自得，不失性命之情，而深痛天下之殉者，殘生損性不能自臧其德也。』駢拇篇的宗旨確實是痛斥仁義之弊，意欲返歸道德之途，合乎『大同之本』的要求。王樹枏認爲『至德之世，爲大同之本旨』，『大同之世，民結繩而用之』，這與胠篋篇對『至德之世』的描述十分相似：『昔者容成氏、大庭氏、……神農氏，當是時也，民結繩而用之，甘其食，美其服，樂其俗，安其居，鄰國相望，雞狗之音相聞，民至老死而不相往來。』此外，對『上誠好知而無道，則天下大亂矣』（胠篋），他則闡釋爲：『至此始說出道字，不然不知不法，以何者治天下，有道則不用知，不用法矣，此大同之本。』聖、智之法，會導致天下大亂，然以道治天下，則能進入至德之世。王樹枏還是強調『治天下』，這和莊子所言不治天下而民自化的思想是有區別的。總之，雖然王樹枏與莊子的出發點不同，主張實現至德之世的途徑也不盡相同，但王氏所希冀出現的大同社會與莊子所謂的『至德之世』頗爲相似，這就使莊子的『至德之世』成了王氏論證『大同之本』的依據。

3．以『大同之盛軌』解莊

以『大同之道』和『大同之本』的相關理論爲基礎，王樹枏進而設想出『大同之盛軌』的理想社會，他說：『無彼此，無是非，萬物皆化合爲一，此大同之盛軌也。』（齊物論總論）禮記禮運所言的大同社會各階層還是有所差別的，『選賢與能』是因爲各人的能力有差別；『老有所終，壯有所用，幼有所長』指年齡不同；實現『不獨親其親，不獨子其子』的前提是消除萬物的差別，通過『致中和』的方式實現大同。莊子齊物論所言正是齊同萬物，超然是非之外的思想，萬物化合爲一，才能出現典範的大同社會，因而王樹枏認爲齊物論篇所言即是『大同之盛軌』。他接著從民無尊卑、君民一體兩方面闡述『大同之盛軌』的特徵。在闡釋在宥篇『賤而不可不任者，物也；卑而不可不因者，民也』時，他説：『物無貴無賤，民無尊無卑，貴賤一體，尊卑一家，則大同之盛軌也。』在闡釋天地篇『四海之内共利之之謂悦，共給之之謂安』時説：『此天下一家，君民一體，大同之盛軌。』典範的大同社會無貴賤之分，無尊卑之别；雖有國君，亦是君民同心，天下大同，這是王樹枏結合莊子而言『大同之盛軌』的特點。

4．以『大同之治』解莊

王樹枏給齊物論篇作題解時説：『故必齊物乃可言大同之治。』意即實現大同之治，在於順應民性。他在評述馬蹄篇時説：『大同之治，在順民之性，不事束縛，其大旨黜仁義而尚道德。』只有恢復人的自然本性，才能實現往古大同之治。王樹枏認爲馬蹄篇所言『彼民有常性，織而衣，耕而食，是謂同德；一而不黨，是謂天放』，此即是往古大同之治。大同之治的社會，固然美好，卻不容易實現。王樹枏在解釋齊物論篇『萬世之後，而一遇大聖』時説：『然則大同之治，雖萬世未必遇之。』莊子所言大同社會的各種實現途徑及其至德之世的美好願望，雖然渺茫，卻反應了莊子的救世之心。王樹枏給胠篋篇作總論時説：『莊子以憤世之心，激而爲不平之語，雖明知大同之世爲夢想所不能見，而推原禍始，則知之與盜實有相感召之機。……故反復痛陳弭盜之要，非絶聖棄知，反朴還淳，使聖人之法無可用，大盜之法無可施，削曾史、楊墨、師曠、工倕、離朱獨立之名，而納之共同之德，屏役役之佞，絶淳淳之意，而還之種種之民，則盜可止，而亂可已也，此莊子救世之深心也。』戰國之時，莊子認爲社會因仁義而失去自然之道，大同社會難以實現，但他始終懷有一顆救世之心，反復陳説仁義之弊，希冀復歸到原始的至德之世。這裏王樹枏將莊子所言的至德之世和大同社會等同起來，是對莊子所言『至德之世』的大膽闡釋。

從上面的論析可以清楚看到，王樹枏在闡釋莊子時所表現出的欲將莊子附之『大同』的意圖尤爲明顯。他甚至還在內七篇之末總結説：『今莊子以鯤鵬之運爲大地一周之喻，蓋其説由來久矣。莊子以大同之化，無華夷之可判，無種族之可分，同居覆載之中，即同歸胞與之量，不以一君自大，不以一國自矜，故首之以逍遥遊。……內聖之功即外王之道，其道不要名，不預謀，不好事，不尚知，不任法以化人，不藏仁以要人，順物自然而無容私，盡其所受乎天而無見得，去其儵忽而還其渾沌，如此則大同可致也。故終之以應帝王。』王氏如此詮釋莊子，欲合莊子和『大同』爲一體，體現出以『大同』解莊的思想傾向。

第二節　莊子大同説的價值與成因

一、『大同』解莊的價值

王樹枏以『大同』解莊，雖屬過度發揮，但其所採用的獨特視角，賦予莊子以新意。應該看到的是，從『大同』角度對莊子的闡釋並非都是對莊子之意的曲解，有些闡述不僅合乎莊子的本意，且利於對莊子原意的理解。比如對逍遥遊篇『此雖免乎行，而猶有所待者也』的闡釋，他説：『尚有行之跡待，謂待風而行，若大同之道，則本乎自然，無所待而行，所謂無己、無功、無名是也。』原來『御風而行』的列子仍然需待風而行，王樹枏不僅認識到列子所待的有行之跡，而且意識到莊子所追求的是無待逍遥的至人、神人、聖人。無待逍遥本乎自然，同於『大同之道』順其自然的特點，這裏從『大同』角度理解莊子，大致符合莊周原意。又如對『御六氣之辯，以遊無窮者，彼且惡乎待哉』的闡釋：『案自此以下，言大同之道與天地同體，與六氣同用，故能無所待而遊於無窮之域。』這裏不僅評述莊子所言的無所待而得逍遙的至人、神人、聖人，而且暗示了這類人行遠而持久的原因是與大同之道相契合。他對德充符篇所描述的四位畸形之人評價道：『以上四引一惡人，以形容其德之盛，未言而信，無功而親，神化之妙，即爲外篇大同張本。』提出人之德不在形，德充而有神化之妙，進而認爲『故德之充者，任天而不任人』。他爲德充符篇所作結論云：『歷舉不全之人，以形容全德之盛，……忘人之形，而又無人之情，驗内聖之極功，處處爲大同作張本，此莊子之大旨也。』此處雖反復言尚德而爲大同張本，卻客觀道出『忘形』、『忘情』才能達到全德之盛，甚合莊子原意。

其次，王樹枏從大同角度對莊子内聖外王之道所作的闡述很有創見。天下篇云：『聖有所生，王有所成』，『内聖外王之道，暗而不明』。内聖外王之道是否屬於莊子思想，歷來頗有爭議。王樹枏對莊子所言的内聖外王之道也多有自己的闡述：

内篇發明内聖之道，外篇發明外王之道。（應帝王題解）

外篇十五篇皆發明外王之道，天下篇云『聖有所生，王有所成』，又曰『内聖外王之道暗而不明』，其内外分篇之意，即本乎此，諸家皆臆説不得其解。（莊子大同説外篇）

莊子所爲歷引諸人，並終以孔子之言，以證死生之説，蓋欲使天下之人，順天安命，不爲非分，以漸及於大同之化也。此篇探造化之秘，發性命之源，合天人，混物我，爲内聖之極功，外王之道，根於此矣。（大宗師總論）

以離形去知同於大通，結束一篇之旨，此内聖之功之第一義，即外王之道，亦不外此矣。（同上）

在王樹枏看來，内聖外王之道成爲内、外篇劃分的依據，内篇闡述内聖之道，外篇闡述外王之道。他在内篇之末指出，内七篇以大同之化，以平等之心待物，以不同爲同，以不知爲知，以無用之用爲用，成内聖之道。具體而言，内七篇闡述内聖之道的具體過程爲：無華夷之判，無種族之分，故有逍遥遊；聖人行不言之教，泯除是非，而成齊物論；治國之道在於民生，然必先自善其生而後能待民，成養生主；上古之世，至人以不知爲知，以無用爲用，故有人間世；御外必有德，德之充在心不在貌，故有德充符；惟真人能知天之所爲，知人之所爲，故有大宗師；無所容私，去其儵忽，而還其渾沌，結之以應帝王。概而言之，内聖之道即『應帝王之道，虛己以應物，無爲而成化，順其自然而無容私』。王樹枏認爲内七篇所言内聖之道暗含大同之道，若能順此七篇之意，則大同可致矣。

第三，王樹枏認爲莊子書中包含有平等理論，而這是實現大同之治的基礎。他在弁言中對各篇所作評述説：

齊物篇云：『天地與我並生，萬物與我爲一。』秋水篇云：『以道觀之，物無貴賤。』此莊子平等之説也。

這裏所言的平等之説，並不是絶對意義上的平等，而是有條件的平等。王樹枏對當時西方所鼓吹的自由平等説並不認同，他説：『今之言平等者，動欲毁彝倫夷，上下蕩然，禮教之大防，極其自尊、自大、自私、自利之心。』(弁言)他所倡導的平等是有尊卑、有秩序的平等，所謂『夫天地至神，而有尊卑先後之序，而況人道乎？宗廟尚親，朝廷尚尊，鄉党尚齒，行事尚賢，大道之序也』(莊子天道)。若能行此平等之序，則爲『太平治之至也』(弁言)。王樹枏還對莊子所言抛棄禮樂、仁義等一切先王之法的平等之論作出辯護，認爲這是莊子『憤世嫉俗過激之詞』，『其所謂荒唐之言，謬悠之説，皆藉以針世砭俗，不可據爲典要也』(同上)。實行有尊卑秩序的平等，才能實現大同之治。

二、『大同』解莊的緣由

莊子大同説的成書有多方面的原因，不僅和作者的人生經歷密切相關，而且受時代風氣的影響。

首先，受吳汝綸的影響。王樹枏與桐城派人物吳汝綸關係甚好①，受他的學術影響較大。吳汝綸重視新學，主張變法自強。此外，吳汝綸和嚴復關係密切，嚴復的譯著天演論曾交由他審閱。通過吳汝綸，王樹枏對嚴復所提倡的西方近代科學知識必然有所瞭解。嚴復深知大倡西學的創舉前無古人，困難重重，必須找尋一個撬動國人千年傳統學術積累的思維定式的支點。這反映在他的莊子批點上，就是每以莊子中的物事去索引近代科學新發現。王樹枏受此影響，亦從莊子中闡釋出西方近代科學知識，並且認爲『西人之學皆東來之學』（逍遥遊總論）。他爲了形象地闡釋莊子中所包含的『大同之治』學說，有時直接以莊子中的事物去索引近代科學知識。比如對逍遥遊篇的闡釋：

此篇專言地之廣大，以引起大同之治，地球之說。

莊子托寓言以明小知大知之意，鵬之南徙，就一周地球而言。

九萬里謂地球里數。

以上以大鵬之徙，喻地球之大。

若齊物論之所言『十日並出，萬物皆照』，此又出今星球之外矣。

莊子所處的時代對地球還毫無概念，具有這種知識是不可思議的事情，與其說是莊子超人的預測，不如說是莊子的想像和近代地理知識的偶然吻合，但是這種大膽的預測和想像還是令王樹枏驚歎不已。除此之外，他更是認爲莊子所言地球爲積氣所包舉，在評點逍遥遊篇『且夫水之積也不厚，則其負大舟也無力』一段話時，他說：『此又夾設一喻，以明地球之爲積氣所運』。在評點同篇『背負青天而莫之夭閼者』時，他說：『天爲氣之所積，

① 1882年，吳汝綸聘請王樹枏主講冀州書院，二人在書院朝夕相處，探討學問。此後，王樹枏在文法上拋棄駢儷文，專攻古文，爲桐城派後期代表人物之一。見劉芹王樹枏史學研究，天津人民出版社2012年版。

地亦積氣所包舉。』古人雖有『氣』的概念，但尚無地球被氣所包舉的意識，且逍遥遊篇所言大鵬只是待風而行，並不知道天地都爲氣之所積。王樹枏從逍遥遊篇中闡釋出近代科學知識，主要有兩個方面的原因：首先，他所處的時代爲清朝末年，時人對西學有著狂熱的追求，爲了糾正國人盲目崇外的思想，他認爲『西人之學皆東來之學』，在評述大鵬需待風而行時説：『風者，氣也，地球爲氣所包舉，固曰莫之夭閼，西人説地諸書，莊子早已數語括之，此可證西人之學，皆東來之學也。』其次，王樹枏研究視野較爲開闊，能站在全體人類的角度來闡釋『大同之治』：『小大之辨』是相對全人類而言，『蜩鳩之言』代表了西方人狹隘的觀念。基於此，王樹枏認爲應去除國界，實現全人類的『大同』，這樣開闊的視野可能受到康有爲大同書的影響。

其次，受大同書的影響。康有爲是王樹枏交遊的遺老之一，如『康門弟子張柏楨求碑銘文，王撰南海康府君家傳、南海康君墓表、詩題康南海戊戌遺墨』（劉芹王樹楠史學研究），即體現了王樹枏對康有爲的崇敬之情。從王樹枏爲康有爲寫作碑銘文情況來看，他對大同書必然有著很深的瞭解。自古以來，『大同』社會一直是中國人的理想社會，王樹枏以『大同』解莊，康有爲著大同書，二人或從經典中闡發新意，或糅合各家學説以立新意，都爲大同社會理論注入了新鮮血液。

清朝末年，愛國人士紛紛尋找救國之道，莊子大同説和大同書誕生於此背景之下，故有很多相似之處。首先，二書都是托古改制之作，大同書雖然吸收了西方資產階級理論和佛教等思想，但其核心思想根植於儒家的『仁』，梁啟超曾指出：『先生之哲學，博愛派哲學也。先生之論理，以「仁」字爲唯一之宗旨。』①其次，二書都是對禮記禮運的繼承和發展。王樹枏認爲莊子是對禮記所言『大同之世』的具體闡釋，而大同書也有強烈的儒家文化色彩，梁啟超認爲大同書即是演繹禮運的大同之説，『以組織所謂大同之説者』（戊戌變法第4冊），二者

① 中國史學會主編戊戌變法第4冊，中國近代史料叢刊，上海人民出版社1957年版。

都繼承和發展了禮運的大同思想。當然，莊子大同說與康有爲的大同書所描述的大同時代也有很大差別：首先，二書所描述的大同社會的時間節點不同，莊子大同說所理想的大同社會指的是背向現在，面向遠古；大同書所理想的大同社會則是背向現在，面向將來。其次，莊子大同書中所描繪的大同之世，物質文明十分落後，而精神文明處於質樸的境界；大同書中描繪的大同社會的物質文明高度發達，精神文明處於高度自覺的境界，康有爲把發展工商業、改良政治定爲『小康』，將世界『大同』視爲最高理想。再次，莊子大同說描述的大同社會是希冀實現禮記所描述的情景，實現古代儒家的大同理想；康有爲所言則是將儒家的大同思想和各種理論糅合在一起，是一種改良主義的政治理論。

第三，受胡適的影響。莊子一書是莊子『出世主義』的哲學，他雖生於世俗之中，卻『獨與天地精神往來，……上與造物者遊，而下與外死生、無終始者爲友』(天下)。王樹枏爲何言莊子有儒家的入世情懷，並借莊子勾勒出一個理想的大同社會呢？這可能是受到了胡適所言莊子進化論思想的影響。莊子秋水云：『物之生也，若驟若馳，無動而不變，無時而不移。何爲乎，何不爲乎？夫固將自化。』胡適據此而言：『「自化」二字，是莊子生物進化論的大旨。』(中國哲學史大綱)此外，胡適還認爲：『「萬物皆種也，以不同形相禪」，這十一個字竟是一篇「物種由來」。』(同上)王樹枏可能受其影響，認爲大同社會是社會進化的結果。其弁言謂：

大同之治，不知上古之世，所謂容成氏、大庭氏、伯皇氏、中央氏者，實有此事否也？然觀孔子之贊堯舜，與莊子所稱『至人無爲，大聖不作』者，亡慮相同，雖然由古至於今，其退化之故，非一時之事也，反此則由今以返於古，其進化之故，亦非一時之事也。故莊子之言大同也，特虛構一天下一家、中國一人之世界，以待將來之進化，其道在乎變，而其變視乎時，未至其時而遽言變，所謂『勞而無功，身必有殃』者也。

王樹枏認爲，莊子虛構出『天下一家，中國一人之世界』，目的是等待將來社會的進化，進入理想的大同社會。

王樹枏所言莊子中含有大同思想，可能有以下兩個方面的原因：一方面，如果胡適所言符合事實，莊子有進化論這樣的超前思想，王樹枏極有可能重新審視莊子，發現莊子所言『至德之世』和儒家所理想的大同社會十分相似，因而借用大同之概念，而重新發掘出新的意藴；另一方面，從進化論角度而言，萬物都處在不斷的進化中，人類社會也不例外。王樹枏認爲，莊子所言大同社會是社會進化的結果，而社會的進化是一種緩慢漸變的過程，『其進化之故，亦非一時之事也。』（弁言）大同社會的實現需待時而變，『其道在乎變，而其變視乎時，未至其時而遽言變，所謂「勞而無功，身必有殃」者也。』（同上）大同社會雖是理想的社會，但須循序漸進，若『未至其時』即賦予民權，必然導致混亂。這裏所言待時而變的社會進化思想，契合了王樹枏所處時代的改良主義社會思潮。然而，胡適晚年承認其進化論思想『是一個年輕人的謬妄議論』（中國哲學史大綱臺北版自記），對其早年所提出的進化論觀點多有否定。由此審視莊子大同説一書，王樹枏努力從莊子中所闡發出的大同學説，也不免有一定的附會成分。

第二十二章　嚴復的莊子學[①]

嚴復（1853—1921），初名傳初，後改名宗光，字又陵，福建侯官（今閩侯）人。從英國留學回國後，改名嚴復，字幾道。生平主要活動時期在甲午戰爭以後，是中國近代資產階級啓蒙思想家，向西方尋求真理的代表人物。他在留洋期間，廣泛接受科學、哲學、政治、經濟、文化、法制、民主等方面的新知識，研讀西方資產階級思想家著作。回國後，曾翻譯赫胥黎天演論，將社會進化論思想引入中國，激起了當時救亡自強的熱潮。其後愈加認爲譯書乃救國之大業，便陸續翻譯了原富、群學肄言、群己權界論、社會通詮、法意、穆勒名學、名學淺説等西方思想著作，産生了極大的影響。

作爲學貫中西的大學者，嚴復深諳西學之精要，同時也有深厚的舊學功底，尤其喜愛充滿自由思想的老莊哲學。他自覺運用了『格義』的手法，將西方資本主義新思潮中的觀點與老莊思想相聯繫，進行互相闡發。他還撰寫了老子評語，並在多種莊子本子上作批點，將西方資本主義理論全面引入老莊思想的解釋，甚至將一些西學觀點看作與老莊觀念同出一轍，將自由、民主、個人主義的近代西方資產階級政治思想和『物競天擇』、『適者生存』的進化論思想融入老莊，爲傳統的道家思想賦予了現代意義，成了用西學解釋老莊的倡導者，爲後世老莊研究別開了生面。

① 本章凡引嚴復莊子評點語，皆據王栻主編嚴復集莊子評語本，中華書局1986年版。

第一節 嚴復莊子評點概説

嚴復一生喜讀莊子，每每將其玄旨揭示於譯注按語、報章雜文、友人書信之間。其長子嚴璩在侯官嚴先生年譜中説：『丙辰(1916)府君六十四歲。手批莊子，入冬，氣喘仍烈。』嚴復一生不過六十九個春秋，在六十四歲時仍爲莊子作評點，可見其一生始終鍾愛莊子。

據記載，嚴復莊子評點除未刊莊子原文的岷雲堂本外，另有附莊子原文的嚴璩自藏影印本等，幾種本子條目、評語各有出入。王栻在嚴復集中所編的莊子評語，以嚴本爲主，以岷本補校①，是一個綜合各版本之長的好本子。

嚴復對莊子的批評是一個連續性的動作，因而同時存在多種版本也是很正常的。關於這點，可以從王栻編嚴復集莊子評點題注下的記載得到證明，也可從由杭州大學嚴群教授自藏、係嚴復在親友家讀莊子時隨手評注的一種未刊本中看出端倪：嚴復對莊子的批注習慣是偶有感悟，即便手邊沒有自家的莊子書本，在別人的書上也要『隨下丹黄』的。

推敲史料文獻可發現，嚴復評點莊子並非集中於某一特定的創作時間段，而是歷經了一定的過程，莊子評點正是對這一過程裏所作諸多批語的彙集。此書雖字數不過一萬三千，卻極度包容，不但有嚴復對傳統學術的看法、哲學基本概念的闡述，對西學觀念的鼓吹，還有對當初時事的比附譏諷，對人生意境的獨特感悟，等等。

---

① 見王栻編嚴復集莊子評語按語。

關於嚴復的莊子評點，還有一段公案值得在此一提。嚴復在1912年底，曾給他的得意門生熊元鄂的從弟熊育錫（純如）一封書信，其中寫道：

予生平喜讀莊子，於其道理唯唯否否，每一開卷，有所見，則隨下丹黄。馬通伯借之去不肯還，乃以新帙見與，己意亦頗鞅鞅，今即欲更擬，進退不可知，又須費一番思索，老來精力日短，恐不能更鑽故紙矣。①

嚴復早年曾投師桐城派吳汝綸（摯甫）門下，馬其昶（通伯）亦是桐城嫡系，著有莊子故一書，嚴復與他的關係應當不錯。今從嚴復抱怨馬其昶借莊子批點不還的語調可推測：一，嚴復批點莊子必定經歷相當長的歷程，而且内容相當豐富。因爲據其信中所説『平生喜讀』，『有所見，則隨下丹黄』的隨手批注的方法，應該妙語横生，感慨萬千才是。由此亦可見出現在所能看到的本子上的批語，可能是在此後用新書再次批點完成，舊本中許多奇思妙想也就隨之無處找尋了。其二，嚴復對自己的莊子學研究非常自負，爲莊子作評點對他來説不僅是興趣，亦是鼓吹其哲學思想、印證其西學主張的有力例證，故被馬其昶拿走令他一直耿耿於懷，以至於説『馬通伯借之去不肯還』，認定其有意不還。再看最後『老來精力日短，恐不能更鑽故紙』一句，可能也有兩重意思：一是精力有限，不能再鑽研古奥學問，另一層也是在説即使費盡思索，也不能達到原批語的精義了。不管上述哪個推斷，都印證了嚴復在不同時間段曾多次批評莊子，而且也説明確存在過不同版本的嚴復莊子評點。

王栻在嚴復集的『編後記』裏，專門提到了關於莊子評點的版本問題：『我們現在看到的莊子批點並不是最好的本子，嚴復原有一部極好的莊子批點，爲馬其昶（通伯）所借去，以後未歸還（見學衡第二十期書劄

① 據王栻編嚴復集，第609頁注。此信寫於1912年。

節鈔）。馬其昶藏書解放後大概已經歸公，我們也許可以循此綫索，得到原批本。我們又看到章士釗的一篇文章説：「（民國）七年，愚任北大教授，蔡校長曾將先生名詞館遺稿之一部，交愚董理，其草率敷衍，亦彌可驚。計先生藉館覓食，未拋心力爲之也。」也有人説，這工作並不草率，是認真的。無論草率還是認真，總還有這麼一堆稿子，可我們現在連他的下落也不知道。』從這段材料可見，王栻非常認同嚴復莊子批點被馬其昶借走並一直留在馬其昶手裏的説法，並期望能按圖索驥，找到馬其昶留下來的大量資料，以便找到並整理出那部『極好的莊子批點』。這樣説來，我們現在看到的莊子評點的底本也應該是嚴復晚年重新批寫的那一個本子。

然而無論如何，從這部莊子評點中我們還是可以管窺嚴復莊子觀的義脈，洞察其晚年的熹微思想轉變，從而從體例、内容、哲學思想、政治觀點等多個角度仔細考察這部莊子評點，並從中勾勒出嚴復基本的莊子觀。關於嚴復莊子評點的體例，嚴靈峰周秦漢魏諸子知見書目謂其『計分「總評」、「評證」、「注釋」、「圈點」四項。首有嚴氏遺像，及章士釗己巳秋題詩，曾氏序言、例言。』嚴復將莊子内、外、雜共三十三篇逐篇批評圈點，且每有感悟，則在段後、句間隨處評批，偶有篇目設有全篇總評，尤以内、外篇居多，僅内七篇設有『内篇總評』，應爲統領全書之綱要，構建系統之經絡，其文曰：

嘗謂内七篇秩序井然，不可棼亂。何以言之？蓋學道者，以拘虚、篤時、束教、囿物爲厲禁，有一於此，未有能通者也。是故開宗明義，首告學者必游心於至大之域，而命其篇曰逍遥遊。逍遥遊云者，猶佛言無所住也，必得此而後聞道之基以立。

其次，則當知物論之本齊，美惡是非之至無定，曰寓庸、曰以明、曰因是、曰寓諸無竟，曰物化，其喻人也，可謂至矣。

再進則語學者以事道之要，曰養生主。養生主者，非養生也，其主旨曰依乎天理，是故有變境而無生滅，安時處順，薪盡火傳，不知其極。

然而人間不可棄也，有無所逃於天地之間者焉，是又不可以不講，故命曰人間世。一命一義，而寓諸不得已，是故莊子者，非出世之學也。

由是群己之道交亨，則有德充之符焉。處則爲大宗師，周易見龍之在田也。出則應帝王，九五飛龍之在天也，而道之能事盡矣。

蓋覽此段文字可以發現，精神自由、絕對無恃的逍遥是莊子哲學的起點，顯然，嚴復注意到『莊子文中，多用「遊」字』①，故而這個『遊』字又成了嚴復解莊的一個突破點：只有遊於至大無垠之域，才可能達到物論之齊的境界，然後才悟得安時處順，不逆於天的大道，其後才返回人間，曰運命之哲學，從而得出了莊子非出世哲學的結論。此結論與荀子的『莊子蔽於天而不知人』（荀子解蔽）的觀點正好相反。

運用這種邏輯演繹之法，嚴復將莊子推向了一種積極落實的爲人的哲學，與其自身主張將道家哲學唯物主義判斷的傾向完全一致。顯然，對嚴復來說，這種不可易變的哲學演進秩序也是稔熟於心的，認爲這是悟道的第一要義。在1905年出版的另一部道家批評要著老子評點中，他就提出這個觀點：

南華以逍遥遊爲第一，齊物論爲第二，養生主爲第三；老子首三章亦以此爲次第。蓋哲學天成之序也。人惟自知拘虛，大其心，擴其目，以觀化，而後見對待之物論無不可齊，而悟用力最要之所在也。

嚴復在其著名邏輯學譯著穆勒名學的按語中，又強調了這個觀點：『心習之成，其端在此；拘虛束教，囿習

① 莊子評語大宗師云：『此批在「故聖人將遊於物之所不得遁而皆存」一句上。』

篤時，皆此例所成之果。而莊子七篇，大抵所以破此例之害者也。』①

此外，嚴復在其對法國大學者孟德斯鳩的論法的精神（Deg Esprit des Lois）的中文譯本法意所加的按語中也寫道：『學者必擴其心於至大之域，而後有以讀一世之書，此莊生所以先爲逍遙之遊，而後能齊其物論也。』②可見嚴復這一哲學『天成之序』的思維範式的構成是一貫的，而且在其治學和研究西學方面，也是通過莊子哲學演進的脈絡爲通衢，一一打通中西學問的隔壁。他在莊子評點中，更明確地提出確立了入道門徑之後，便可以談人的哲學。並認爲，國人不必亟亟求存於西學，莊子學問便是包羅奥義的富礦：

吾嘗謂中國學者，不必遠求哲學於西人，但求齊物、養生諸論，熟讀深思，其人已斷無頑固之理，而於時措之宜，思過半矣。（嚴復集政治講義。）

這一評價已經給嚴復的莊子觀定下了一種基調：至少放眼浩如煙海的中國傳統思想學術庫藏，嚴復獨獨認爲莊子卓爾不群，出類拔萃，能夠爲析理明事提供門徑。下文將具體歸納研究嚴復的莊子評點以及嚴復文存中對莊子思想、莊子哲學等諸多問題的理解與評價，從而描繪出莊子學在嚴復整個學術思想體系中的建構。

第二節　對道家哲學基本概念作唯物化闡釋

莊子天地是整部莊子中比較系統闡釋道家政治理想的篇章，宣揚『玄古之君天下，無爲也，天德而已矣』的『無爲而治』治理思想，要求統治者必須順從人的自然本性，摒棄『仁義、忠信』這類『賊害』人心的虚妄之名。嚴

①　嚴復集穆勒名學第三十三章按語。
②　嚴復集法意第三十五篇按語。

復對此作總評説『此篇真莊文而明決，獨異他篇』，並畫出了一張圖譜：

天
道
德
義
事
技

這雖是嚴復在莊子評點中唯一一處對莊子思想所作的簡單圖解，卻不愧爲將老莊哲學思想精髓作全景式圖示化詮解的一種創新。在嚴復看來，道家一切的哲學起點在於『天』，而這個哲學意義上的『天』包羅萬象，無所不容，可以囊括『道』，但『道』並不等同於『天』，只是涵括在『天』這樣一個無限大的集合裏的一個子集合，以下的『德』、『義』、『事』、『技』也繼承了這種延展關係，等而下之。不難看出，這種由形而上轉向形而下的模式基本與老莊的思想脈絡相符，也表現爲推崇天道本原而輕視方術伎倆。但最有趣的是，嚴復對老莊道家哲學本原『天』、『道』等基本哲學意象的理解卻有了很大的突破，將具有一定唯心色彩的哲學觀念作出了一種與時代特徵和西學潮流結合而成的特有的唯物化闡釋，這種圖解的方式現在看來有點機械，但在當時可以用這樣的闡釋方法突出唯物主義的意思就已經非常難得了。

還有一條很重要的材料顯示了嚴復對道家哲學的唯物闡釋傾向，這就是對老子第一章『此二者，同出而異名，同謂之玄。玄之又玄，衆妙之門』所作的按語：

其所稱衆妙之門，即西人所謂Summum Genus，周易道通爲一，太極、無極諸語，蓋與此同。（嚴復集老子評語）

此後又在『同謂之玄。玄之又玄,衆妙之門』下加批語云:『西國哲學所從事者,不出此十二字。』(同上)我們知道,在道家哲學裏最爲重要的母題莫過於『有』、『無』、『一』、『道』、『太極』、『無極』等,嚴復也曾多次指出所謂『道』就是自然,甚至就是西學裏的『第一因』,並沒有什麽神秘莫測的色彩。這在他的老子評語第二十五章中是明確指出的:『老謂之道,周易謂之太極,佛謂之自在,西哲謂之第一因,佛又謂之不二法門。』也許佛教所謂『自在』、『不二法門』有些抽象,充盈著某種唯心色彩,而嚴復爲了表明立場,將被不可知論强調了的『玄之又玄』的『衆妙之門』,用一個近代西方啟蒙思想家鼓吹的『Summum Genus』(可翻譯作『最高的、統括的類屬』,指在某一邏輯系統裏最高層次的或涵蓋最廣泛的類屬,筆者認爲譯爲『最高類屬』較恰當)輕鬆地破題了。這種闡釋方式避開了『天』、『道』等看似神秘莫測的哲學命題,將整個道家哲學的根本問題進行徹底的去魅,並納入了近代西學的軌道。其實,嚴復也發現莊子一書本身就有一個極好的典故可用來闡發『道』的本質。他解釋道:『且格致之事,以道眼觀一切物,物物平等,本無大小、久暫、貴賤、善惡之殊。莊生知之,故曰道在屎溺,每下愈況。』(嚴復集救亡決論)由此看來,嚴復對莊子學深有心得,在他這兒,『道在屎溺』就是將『道』完全地脱魅,根本不是什麽神秘莫測的東西,甚至認爲道就在最卑微污穢的物事當中,亦即客觀現實生活中處處存在的基本道理而已,關鍵就看我們是否用道的眼光去觀察、去理解。這樣一來,老莊所謂的『道』的神秘主義光環也被打破了,而唯物化的味道則被嚴復的『今注今譯』的手法渲染得顯著起來了。

『天』,在嚴復看來,是莊子道家哲學統攝一切的基本觀念,不可不察。關於『天』的闡釋,嚴復在群學肄言按語中說:

中國所謂『天』字,乃名學所謂歧義之名,最病思理,而起爭端。以神理言之上帝,以形下言之蒼昊,至於無所爲作而有因果之形氣,雖有因果而不可得言之適偶,西文各有異字,而中國常語,皆謂之『天』。如此書『天意』『天』字,則第一義也,『天演』『天』字,則第三義也,皆絶不相謀,必不可混者也。

嚴復這段話主要闡釋中國古代所謂『天』字有多個義項，認爲這些彼此不同的意思均用同一『天』字來指稱，容易滋生理解的歧異。他舉出的『天』之義項有四：（一）上帝；（二）蒼昊，即物質（形下）意義上的天空；（三）形氣；（四）適偶。嚴復解釋『天意』之『天』，當爲第一個義項，即『上帝』之義，很明顯有唯心傾向，或者指一種絕對精神。而『天演』之『天』，當爲第三個義項，即『形氣』之義。『形氣』是『無所爲作而有因果』的，其義略近於現代漢語所謂『自然界』。自然萬物的演進、優勝劣汰，均非有意識的佈置安排（無所爲作），但其中又自有規律（因果）可尋。『天演』指自然的演化，而嚴復對老莊的『天』、『道』的理解顯然與這個義項是相近的，所謂大道的本原應該就是自然和客觀規律，也就是承認一種客觀實際的存在。這樣，嚴復的整個道家哲學建構的基礎就比較顯豁了。

然後便是『自然』的定義，也是理解老莊哲學的重要概念，同樣也是近代西方學術非常推崇的概念。對於老莊之『自然』的定義，嚴復也曾作過精到的辨析：

名義一經俗用，久輒失真。如老氏之自然，蓋謂世間一切事物，皆有待而然，惟最初衆父，無待而然，以其無待，故稱自然。此在西文爲Self-existence 。惟造化真宰，無極太極，爲能當之。乃今俗義，凡順成者皆自然矣。（嚴復集群己權界論譯凡例）

這一段，嚴復道出了『自然』的根本即是無所待、無所恃，與莊子開篇逍遥遊的『逍遥義』點出的『乘天地之正，而御六氣之辯，以遊無窮』的境界相合。但值得注意的是，雖然嚴復用的是『真宰』這一道家舊詞，但他明確用西文譯作『Self-existence 』，直譯就是自己自爲地存在，雖然有某些先驗色彩，但强調的是某種『存在』，與莊子的『至人、神人、聖人』相比，顯然唯物意味很强，仿佛飄然無可名狀的『道』是一種客觀存在。至於對自然『順成』的詮解，倒是等而下之的了。

嚴復將『天』的意義作了一種唯物化的折衷，既摒棄了原先道家唯心色彩的意味，也徹底抛棄了『只可意會、不可名狀』的虛化的解釋方式，而是借用了西方的許多近代啟蒙觀念，將『天』與『常識』、『規律』、『法則』等相聯繫，同時又吸取了道家尊崇自然、順乎天意、知雄守雌的本來面目，所以並非一種顛覆性的闡釋，更多的是有所揚棄的傳承，可以說是一種融合了西方思想，帶有天演進化觀點的闡釋方法。在養生主篇的評語裏，嚴復提綱挈領地寫道：

依乎天理，即歐西科哲學家所謂we must live according to nature 。安時處順，是依乎天理注腳。

可見，在嚴復看來，所謂『天理』，就是西方所謂的『Nature 』，也就是自然、規律，而『依乎天理』就是按自然規律辦事，具體的做法就是莊子說的『安時處順』，完全是一種唯物主義的邏輯，只是與他先前的說法有些境界上的矛盾。

在莊子評點中，嚴復也曾直接表示出對歷來治莊者所用闡釋方法和所持觀點的質疑。如德充符篇寫魯國兀者王駘形體殘缺，但德全神備，季常認爲其『以其知得其心』，嚴復批道：

屈大均曰，心從知而得，知之外無所謂心也。常心從心而得，心之外無所謂常心也。知即心，心即常心，大抵聖愚之分在知不知，知即有物皆心，不知即有心皆物。莊生之齊物，亦齊之於吾心爾。知心之外無物，物斯齊矣。屈氏所言，乃歐西惟心派哲學，與科學家之惟物派大殊。惟物派謂此心之動，皆物之變，故物盡則心盡，所言實鑿鑿可指，持惟心學說者，不可不深究也。

嚴復指出，屈大均對莊子的這種理解等同於歐西的唯心主義。但我們知道，從德充符篇本意來說，莊子杜撰的四個怪人雖形體殘缺，而在精神上卻超越常人，成爲體悟大道的典範，正是郭沫若所說的『絕對的精神超越乎相對的形體』，強調的是一種超越形體外在的內在絕對精神的境界，是有唯心主義傾向的。但在這個問題上，嚴復卻指出屈氏這種唯心主義提法與近代科學學派的唯物主義大相徑庭，而認爲唯有『心之動，皆物之變』的唯物學說才是『言實鑿鑿可指』的，說明嚴復本人更傾向於對莊子作唯物主義的闡釋。

對於『心成之說』導致的唯心主義，嚴復一向是非常反對的，他曾經明確指出中國傳統舊學最根本錯誤在於：

> 大抵心成之說，持之似有故，言之似成理，媛姝者以古訓而嚴之，初何嘗取其公例而一考其所推概者之誠妄乎？此學術之所以多誣，而國計民生之所以病也。中國九流之學，如堪輿，如醫藥，如星卜，若從其緒而觀之，莫不順序；第若窮其最初之所據，若五行支干之所分配，若九星吉凶之各有主，則雖極思，有不能言其所以然者矣。無他，其例之立根於臆造，而非實測之所會通故也。（嚴復集穆勒名學按語）

嚴復指出中國學術的弊病根源在於主觀臆測，而不是像西方一樣的科學主義和實證精神，更談不上唯物主義哲學觀，而這種流弊千百年來一直影響著政治、民生等社會生活的方方面面。因此在他看來，主觀之唯心學術對中國政治、思想、社會各領域的危害，已到了非常嚴重的地步。

於是，嚴復求援於西學，希望借助於『黜僞而崇真』這股西方思想潮流，來使國人被心成之學甚至讖緯之學誤導了的舊學頭腦清醒過來。爲此，他巧妙地在中國傳統思想材料中尋找與西方思維方式相暗合的元素，最終發現了這個敢於創新、拋棄成心並且不爲禮教名利所累的代表正是莊子。他歎道：

> 心習之成，其端在此；拘虛束教，囿習篤時，皆此例所成之果。而莊子七篇，大抵所以破此例之害者也。（嚴復集穆勒名學按語）

> 嗚呼！拘於虛，囿於習，束於教，人類之足以閔歎，豈獨法制禮俗之間然哉？吾國聖賢，其最達此理者，殆無有過於莊生。（嚴復集法意按語）

如此看來，嚴復寄予莊子哲學很高的期望，並有意識地將這種傳統的老莊道家哲學進行唯物化闡釋，爲引介西學做好鋪墊和聲援。同時，嚴復的道家哲學觀念受西方近代思想的浸染很深，正像他認爲的『眾甫者，一切父也，西哲謂之第一因。』（嚴復集老子評語）而這種『眾甫』正是所謂『道之子』，是由『道』爲因而不爲果衍生出來的，故而把其看作『西哲第一因』，亦是一種觀念創新。對於道家哲學的核心問題『自然』，嚴復在老子評語五十五章中說：『道即自然，特字［未字］異耳。』這種等同本身就強調了一種基於自然本真的客觀規律性，嚴復也是認同的。他曾說道『中國老莊明自然，而盧梭亦明自然』（嚴復集民約平議），將兩千多年前的老莊自然觀與盧梭以『天賦人權』爲核心的哲學社會觀聯繫起來，可以說是一種大膽的創新，也是一種振臂一呼的氣魄。

當對『天』、『道』、『自然』等道家哲學的根本問題用唯物主義的觀點一一闡釋之後，衍生而出的『性』、『氣』、『德』、『形』、『義』、『事』等概念便順理成章地有了更確鑿指實的唯物化詮解，整個老莊飄逸的道家心性哲學系統也被嚴復改造成了一個更接近西方近代科學的客觀唯物化架構。

對於『性』的理解，嚴復在莊子山木『人之不能有天，性也』一句下的評點借用了告子對『性』的理解，而否定了孟子的理解：

告子曰，生之謂性。當時諸子用『性』字，大都與『生』通，謂與生俱來者，與孟子異。若用孟義，則成性正所以有天矣。

山木篇中的一段話，原先是寫孔子教導顏回天與人的關係，其實也就是道家哲學基本的自然觀、天人觀。孔子認爲唯有性全的聖人可以同道觀化。實際上，嚴復在這裏運用告子『性』即是『生』的觀點，突出了『性』的與生俱來、自然客觀的特性，可以說是將『性分』這一哲學概念去魅，回復了其最基本的自然本性。

嚴復在莊子駢拇中批道：『與生俱生，曰性；群生同然，曰德；因人而異，曰形。駢拇枝指與生俱來，附贅懸疣，專形而然。』顯然，這裏不僅強調了『性』並無神秘性，還說明了其中共性的部分便是『德』，個性的方面就成了千變萬化、不一而足的『行』，那麼這種集合就能很好地用來描繪一個客觀的物質世界。

嚴復的創新在他的文字中隨處可見，他甚至還乾脆用西方文字來解釋莊子古文，並形成了一一對應，可謂一大創舉。譬如：

性 = Nature　德 = Essence（駢拇評語）

形 = Accident　侈於德 = Abnormal（同上）

所謂『Nature』就是自然；『Essence』就是本質、要素、精髓；而『Accident』便是意外、機遇，可以引申爲隨機性、偶然性。另外，在對莊子天地所作的批語中，他也將『德』解釋爲『Properium（Property）』，而這個詞的首要意思是財産、擁有之物，也可解釋爲特性、屬性、質性。很明顯，這種詮釋比『Essence』更突出物質特性，將『德』這種傳統哲學系統裏非常重要的概念用西語很巧妙地唯物化了。

在用這一系列獨特方式詮釋了『天』、『道』、『自然』、『德』、『性』、『氣』這些晦澀深奥的哲學名詞之後，嚴復甚至更進一步將『天』這樣一個涵蓋寬泛的觀念引向一個新方向，那就是與近代西學所推崇的科學論調和對自然界的新認識相一致的方向。此外，嚴復還巧妙地運用了莊子的原有語彙重新闡發出了關於『宇宙』的時空認識。如莊子庚桑楚有『有實而無乎處者，宇也；有長而無本剽者，宙也』一段話，嚴復批道：

> 宇宙，皆無形者也。宇之所以可言，以有形者列於其中，而後可以指似，使無一物，則所謂方向遠近皆亡；宙之所以可言，以有形者變於其際，而後可以歷數，使無一事，則所謂先後久暫亦亡。故莊生云爾。
>
> 宇宙，即今西學所謂空間時間。空無盡處，但見其内容，故曰有實而無乎處；時不可以起訖言，故曰有長而本無剽。宇者，三前之物，故曰有實；宙者，一亙之物，故曰有長。

嚴復借來了西學時空概念，避虛就實，轉而著力於剖析這種隱秘的哲學規則運行的客觀時間向度、空間維度。他先指出『宇』、『宙』都是無形之物，但是之所以可以指稱『宇』、『宙』，正是因爲這兩個無形的概念是『以有形者列於其中』、『有形者變於其際』，而後可以歷數，可以以有形之物、有形之事來作爲方向座標、因果先後，來描述無形的大時空。接著，嚴復在論述上更進一步指出，這種莊生所描繪的無窮無際的上下四方和綿綿不絕的古往今來，正是應和了近代西學科學觀念中的時間、空間的確定概念，自然也是『有實』、『有長』的客觀存在，而不是什麽神秘莫測的渾沌。這條批語以退爲進，先承認莊生所謂的宇宙無形，再用有形組成無形，而闡釋了無形本自有形，而後進一步將無形的心理感受引向客觀指實的近代西方科學概念，涉及了莊子道家哲學內在運行規律的唯物化認識。

第三節　以西方自由思想與莊子自由觀互爲闡釋

一、以西方自由主義思想與莊子自由哲學觀互爲闡釋

嚴復是怎樣看待莊子與『自由』關係的呢？又是怎樣一步步將莊子哲學與西方自由思想融合而輸入新的在中國具有創適性的自由學説的呢？

這點只要觀照嚴復對莊子學的基本態度就可以窺見一斑。他在與熊純如書（第三十九封）中説：

平生於莊子累讀不厭，因其説理，語語打破後壁，往往至今不能出其範圍。其言曰：『名，公器也，不可以多取；仁義，先王之蘧廬也，止可以一宿，而不可以久處。』莊生在古，則言仁義，使生今日，則當言平等、自由、博愛、民權諸學説矣。

嚴復引用的是莊子天運中關於名、利、仁義等不可以多取、不可以久處的一段話。在嚴復看來，莊子淡薄名利，去除物欲，不追求公共道德標準，不認可社會普遍認同的價值衡量體系，簡直與殊途同歸的西方自由主義學説

相仿佛，只不過限於當時語言語彙，莊子沒能說出西方思想家的這些話罷了。

在嚴復的莊子評點中，對西方『自由』概念最集中的批評論述還是表現在對應帝王篇的批點中。他說：

此篇言治國宜聽民之自由、自化，故狂接輿以日中始之言爲欺德。無名人之告殷陽曰，順物自然，而無容私焉，而天下治矣。老聃告陽子居曰，明王之治，功蓋天下，而似不自己，化貸萬物，而民弗恃。郭注云：『夫無心而任乎自化者，應爲帝王也。』此解與挽近歐西言治者所主張合。凡國無論其爲君主，爲民主，其主治行政者，即帝王也。爲帝王者，其主治行政，凡可以聽民自爲自由者，應一切聽其自爲自由，而後國民得各盡其天職，各自奮於義務，而民生始有進化之可期。

在嚴復看來，莊子在應帝王篇中提出治國方法的核心就是『無爲』，並認爲郭象注釋中『無心而任乎自化』即與『挽近歐西言治者所主張』相符合，說明嚴氏是將莊子的『無爲』治國思想等同於西方『自由』思想的。

在應帝王篇的評點中，嚴復還對莊子抨擊統治者以自己意志制定法度、束縛戕害民眾自由的言論大加贊同，認爲莊子一針見血切中了妨礙自由、自化的要害。他說：

自夫物競之烈，各求自存以厚生。以鳥鼠之微，尚知高飛深穴，以避矰弋熏鑿之患。人類之智，過鳥鼠也遠矣！豈可束縛馳驟於經式儀度之中，令其不得自由、自化？故狂接輿謂其言爲『欺德』，謂『其於治天下也，猶涉河鑿海［涉海鑿河］而使蚊負山也。』

這段評語妙處有二：其一，借莊子之口道出了極強的批判話語，將國家民眾不得自由、自化的根源挖掘出來，鋒芒直指『經式儀度』的束縛。溝通兩千年前的莊子和近代西方之自由，並且能夠合力抨擊同一個目標，這真是嚴復的一大創舉。其二，將西學融進莊子，再用莊子來倡導近代西方之自由，如莊子所謂的避害全身的處世哲學，嚴復卻歸納爲因『物競之烈』而不得不保全自己，明顯用的就是進化論的邏輯，而保生求全的途徑便是自由、自化，說的又是近代的自由主義思想了。

天道篇也是莊子闡述『無爲而治』政治思想的重要篇目，認爲君道效法天道，無爲而貴，而臣道拘於人道，有爲而卑。嚴復在天道篇題目上批云：『此篇所言，乃反復申明内篇應帝王所述之旨。』並在評點篇中内容時大談其自由之旨說：

> 無爲，只是順理。然知何者爲理而順之，大有事在。

嚴復將莊子的無爲治國方法解釋成了『順理』，並且指出必須辨别正確的『理』，費盡心力來順應正理，方可達到無爲而治的效果。這種解釋給天道篇所表達的道家治國政治思想平添了積極用事的主觀意味，顯然背離了莊子的原意，倒是更像近代西方所倡導的開明政治，也許嚴復要表達的正是這種近代先進政治體制下的自由，只不過是斷章取義借用莊子之口來表達自己的思想罷了。在天道篇『上必無爲而用天下，下必有爲爲天下用，此不易之道也』一段文字下，嚴復更是一味去述説近代西方所謂的自由：

> 上必無爲而用天下者，凡一切可以聽民自爲者，皆宜任其自由也。下必有爲爲天下用者，凡屬國民宜各盡其天職，各自奮於其應盡之義務也。

嚴復這裏所認爲的『上必無爲而用天下』，就是要求握有統治權的執政者盡可能地還權於民，而所謂『下必有爲爲天下用』，則表達了他希望民衆在自由、民主的政治體制中可以自由地發展其個性，從而可爲建造更好的社會而『自奮於其應盡之義務』等願望。

在宥篇被認爲是整部莊子中最集中闡述關於自由思想的篇章。嚴復對此篇的批點，無論從語言還是到意味，則更具有西化的特徵。如他說：

> 法蘭西革命之先，其中有數家學說正復如是。如 Laisser Faire et Laisser Passer，乃其時自然黨人 Quesnay 契尼及 Gournay 顧爾耐輩之唯一方針可以見矣。不獨盧梭之摧殘法制，還復本初，以遂其自由平等之性者，與莊生之論爲有合也。

『Laisser Faire et Laisser Passer』的譯文其實就是放任、放縱，嚴復甚至直接將莊子與法國近代啓蒙思想家盧梭掛鉤。並在其介紹議論盧梭天賦人權説的主要代表作民約平議中大膽提出，『盧梭奮筆爲對，其説大似吾國之老莊』，認爲『中國老莊明自然，而盧梭亦明自然。明自然，故皆尚道德而惡禮刑。彼以爲民生而有困窮苦痛者，禮刑實爲之禍首罪魁焉。』從而論證了所謂『不獨盧梭之摧殘法制，還復本初，以遂其自由平等之性者，與莊生之論爲有合也』。

將東方古代的莊子思想聯繫到西方近代的盧梭思想，這種大膽闡述方法在整部莊子評點中多次出現。如他又在評馬蹄篇時説：

此篇持論，極似法之盧梭，所著民約等書，即持此義，以初民爲最樂，但以事實言之，乃最苦者，故其説盡破，醉心盧氏學説者，不可不知也。

馬蹄篇是著意宣講恢復人的自然本性的篇目，這與盧梭的『天賦人權』思想有相似性，但嚴復並不贊同這種倡導回復愚昧無知的原始社會的自由論，他曾在群己權界論譯凡例中説：『盧梭民約，其開宗明義，謂斯民生而自由，此語大爲後賢所呵，亦謂初生小兒，法同禽獸，生死饑飽，權非己操，斷斷乎不得以自豩論也。』同樣，嚴復也不能認同莊子帶有嚴重的消極虚幻性的憤激自由思想。在胠篋篇評點中，嚴復批判得更激烈：『此説與盧梭正同，然而大謬。所謂至德之世，世間固無此物。而今日非、澳諸洲，内地未開化之民，其所當乃至苦，如是而曰至治，何足慕乎？』顯然，嚴復對莊子逍遥和西方自由思想的吸納都是有所取舍的，並且，崇尚進化論觀點的嚴復是絶不敢苟同回到所謂『至德之世』的原始社會裏的。

嚴復闡發的自由思想是對莊子思想有所揚棄的，所以他在莊子評點中也經常表現出較強的批判色彩。如在天運篇中，莊子認爲仁義只會戕害人的本性，三皇五帝之治與自然之道相悖。嚴復則評之曰：『此皆道家想當然語，其説已破久矣，讀者不可爲其荒唐所籠罩也。』他在評同篇『今取猿狙而衣以周公之服』一段文字時又説：

斯賓塞群學肄言政惑篇言，憲法甚高，民品甚卑，則將視其政俗相睽之程度，終於回循故轍而後已。立法雖良，無益也。夫以卑劣之民品，而治以最高之憲法，即莊所謂『取猿狙而衣以周公之服，彼必齕齧挽裂，盡去而後慊』者也。

嚴復贊同自由也是有限的，認爲其必須維持在一種基礎之上，比如説法制就是西方近代自由社會普遍採用的社會準則。但他更明確地指出，法也必須適應當時的社會現狀，否則便是莊子所謂的『取猿狙而衣以周公之服』。這些見解應該説是嚴復經過深思熟慮、長期思考而成的，爲解決中國政治前途問題提供了有益的參考意見。

嚴復也將其『自由爲體，民主爲用』的自由思想的本質和構想完全融入到莊子的闡釋當中。他在評寓言篇『陽子居南之沛』一段文字時説：

挽近歐西平等自由之旨，莊生往往發之。詳玩其説，皆可見也。如此段言平等，前段言自由之反是已。

寓言篇所寫老聃針砭陽子居太驕矜的寓言故事，表達的是道家謙弱卑下、『知雄守雌』的思想，卻被嚴復巧妙地借來，根據字面意思，闡發出了平等的西方思想；而篇中上一段講的是罔兩待影、影待形、形待道的寓言，體現的是大道無所待的絶妙境界，但嚴復卻拿來引介西方自由的進步思想。可以説，嚴復將近代自由平等思想，借用莊子文章進行闡釋發揮，這樣見縫插針、融會貫通的中西文化互相闡釋方式不但新穎，而且也確實對當時社會起到了啟蒙作用。

二、『莊周即楊朱』説與西方自由思想的引入

許多學者認爲，嚴復沒有很好地譯介西方的個人主義，他的翻譯從根本上違背了西方自由主義的原意。其

實，在莊子評點裏，嚴復很巧妙地通過對莊子和楊朱的比較，既用傳統的訓詁方法提出了『莊周即楊朱』的推測，又借用這種假設很貼切地在莊子等中國傳統思想文獻裏挖出了中國古代『個人主義』、『功利主義』的濫觴，並藉此闡發出了西方資產階級的個人主義。

『莊周即楊朱』，這種假設在南宋理學家朱熹那裏就已經產生。朱熹最初是從『莊子、孟子未曾互相「道及」』原因的角度進行研究分析的：『列、莊本楊朱之學，故其書多引其語。莊子說：「子之於親也，命也，不可解於心。」至臣之於君，則曰：「義也，無所逃於天地之間。」是他看得那君臣之義，卻似是逃不得，不奈何，須著臣服他。更無一個自然相胥爲一體處，可怪！故孟子以爲無君，此類是也。』『楊朱之學出於老子，蓋是楊朱曾就老子學來，故莊、列之書皆說楊朱，孟子闢楊朱，便是闢莊、老了。』（朱子語類卷一百二十五）朱熹主要是通過莊子、列子、楊朱、老聃之間的師承關係以及主要記載楊朱思想的列子和莊子之間的內容比較，來論證老莊、楊朱之學本出於一氣，而得出『孟子不闢老莊而闢楊墨，楊墨即老莊也。……楊朱即老子弟子，人言孟子不闢老氏，不知但闢楊墨，則老莊在其中矣。』（同上）這種說法非常籠統，好像把老子、莊列之學都一股腦兒地歸到了楊墨中去。嚴復對朱熹的見解有所繼承，並提出了新的論調。他在評在宥篇黃帝問廣成子長久之道一段文字時說：

此乃楊朱爲我，三摩地正法眼藏。嘗謂莊子與孟子世當相及，乃二氏從無一言，互爲評騭，何耶？頗疑莊與楊爲疊韻，周與朱爲雙聲，莊周即孟子七篇之楊朱。

郭注云：『人皆自修而不治天下，則天下治矣！故善之也。』此解深得莊旨，蓋楊朱學說之精義也。何則？夫自修爲己者也，爲己學說既行，則人人皆自修自治，無勞他人之庖代。世之有爲人學說也，以人類不知自修自治也。使人人皆知自治自修，則人人各得其所，各安其性命之情。孟子詆楊，其義淺矣。

嚴復爲了證明『莊子即楊朱』，便用了類似訓詁方法提出了假設，而且還從語音的雙聲叠韻和史料記載的『道及』與否情況來分析，爲解決朱熹留下的孟子、莊子互不提及的問題做出了一種新的解釋。而且，他認爲莊子在注重個性解放、追求個人修養方面與楊朱近似，也正是楊朱學說的精義所在。此外，針對孟子滕文公下中『天下之言不歸楊，則歸墨。楊氏爲我，是無君也；墨氏兼愛，是無父也。無父無君，是禽獸也』這種批判古代最早的個人功利主義爲無父無君的『禽獸』的說法，嚴復認爲不但忽視了它張揚個人自由的可貴價值，而且目光也是非常淺陋的。

楊朱哲學的觀點載於列子楊朱篇：『古之人，損一毫利天下，不與也。……楊子曰：「世固非一毛之所濟。」』呂氏春秋不二謂『老耽貴柔，孔子貴仁，墨翟貴廉，關尹貴清，子列子貴虛，陳駢貴齊，陽生貴己，孫臏貴勢，王廖貴先，倪良貴後』。這種『貴己』的觀念在強化等級綱紀的儒學世界裏無疑是大逆不道的異端。然而事實上，這種表面極端的個人功利主義的背後卻是一個偉大的哲學上的個人主義——以人爲本，重生養性，這種張揚個性解放的個人主義比莊子追求本真的精神自由主義更激進，更有反抗意識。其實楊朱的核心價值就在於其『爲我』，鼓吹的就是『無君』的自由政治思想。嚴復雖然沒有意識到『無君』的反抗意義，但他發展了楊朱的個人主義，用楊朱的『貴己』、『爲我』闡釋發揮了莊子的『葆真全性』的理想，再聯繫近代西方的個人主義來重新解讀莊子中的自由主義。他在評在宥篇『我守其一，……而人皆以爲有終』一段文字時說：

> 莊周吾意即孟子所謂楊朱，其論道終極，皆爲我而任物，此在今世政治哲學，謂之個人主義Individualism。至於墨道，則所謂社會主義Socialism。

楊朱的看法是，人人只顧自己，發揮自己的本性，完善自我的修煉，那麽整個社會就會良性發展，根本不需要治理，每個人也就有平等發展自身的權利和機會。這種觀念與嚴復所倡導的自由主義也基本是一致的，而且符合嚴氏強調的自由個體必須積極主動發展的觀念。可見嚴復對楊朱『爲我任物』的主張，主要是從其維護個人利益，注重自身修煉，從而影響整個社會秩序的角度來考察的。

莊子哲學的自由主義畢竟是虛靜脱世的，用莊子來闡釋西方近代資産階級自由主義，確實在概念和本質上有很大的距離。所以嚴復試圖將莊子等同於楊朱，借用中國古代功利化色彩比較强烈的個人主義，來比附西方資産階級革命和文藝復興所帶來的張揚自由個性的個人主義。如他説：

爲我之學，固原於老。孟子謂其撥一毛利天下而不爲，固標其粗，與世俗不相知之語，以爲詬厲，未必楊朱之真也。（天下評語）

莊周即不爲楊朱，而其學説，則真楊氏爲我者也。故庚桑楚之所欲得者，全其形生而已，而南榮趎所願聞於老聃者，衛生之經而已。……至於儒墨所謂仁義，則指爲不安性命之情，而爲桀跖嚆矢者矣。孔曰『殺身成仁』，孟曰『舍生取義』，則爲其道之所薄，而以爲殉名，非不仁義也。以仁義之不及於道德，而使天下大絯也。是故楊之爲道，雖極於爲我，而不可訾以爲私。彼蓋親見人心之僨驕，而民於利之勤，雖以千年之禮法，只以長僞而益亂，則莫若清靜無爲，儵往倜來，使萬物自炊累也。（庚桑楚總評）

從這些評語可以看出嚴復對『莊子即楊朱』論點的基本看法：首先，他認爲莊子很可能就是楊朱，即便莊子不是楊朱，也無大礙，因爲莊子的學説就是發揮楊朱的『爲我』觀點的，所以莊子提出的全形保生就是楊朱的『貴己』、『爲我』之道；其次，他再次重申楊朱的『爲我』是具有深邃的哲理的表述，目的是改變被仁義禮法等虛僞觀念擢亂的天下，把民衆喚回到本真不貪利的世界。而孟子對楊朱『爲我』學説的批判也是淺鄙的。

嚴復曾在民約平議中，結合盧梭的自由主義論點，指出中國先秦楊、墨的價值：『往嘗謂楊、墨所存，不過二家之學説，且至今觀之，其説於治道人心，亦未嘗無一曙之用。然而孟軻氏奮畢生氣力以與相持，言其禍害比諸洪水猛獸。至於情見乎辭，則曰：予豈好辯，予不得已。蓋至今如聞其聲焉。嗚呼，豈無故哉！』表現出對楊、墨被歷史所誤解的同情，並試圖努力揭示出其理論中一定的積極因素。

但嚴復借用莊子、楊朱的有自由思想、個人主義傾向的文獻材料，目的還是引介西學的自由思想，所以他並沒有從現實政治層面上來盲目地贊同莊子、楊朱的主張和治理方法，認爲這只是烏托邦式的精神理想，真正實施運用到國家政治上必定會失敗，這也是嚴復評點莊子中非常有價值的觀點。他在人間世篇總評語中說：

吾讀此篇，未嘗不廢書而歎也。夫莊生人間世之論，固美矣。雖然，盡其究竟，則所言者，期於乘物而遊，托不得已以養中，終其天年而已。……此亦莊生所謂不可解於心，無所逃於天地之間者，豈但知無用之用，遠禍全生，遂爲至人已乎？且生之爲事，亦有待而後貴耳。使其禽視獸息，徒曰支離其德，亦何取焉？此吾所以終以老莊爲楊朱之學，而溺於其說者，未必無其蔽也。觀於晉之夷甫、平叔之流，可以鑒矣。

在嚴復看來，楊朱、莊子所表現出的古代朴素的自由思想和『爲我』主張畢竟有局限性，在當代更不具備適用性，不可一味沉溺其中，否則必然被蒙蔽，就像『任散誕、坐談空』的王夷甫與何平叔，最終難免空談誤國。這些觀點也是嚴復莊子評點中最具創新意義、最有研究價值的閃光點，曾克耑莊子評點序中說道：『嚴子獨疑其爲楊子之學者，以爲其所謂治身之道，若與吾儒成仁取義之義殊，世苟棄仁義而用其說，則夷甫、平叔之禍將立見。……嚴子所懼由莊之道，必流爲夷甫、平叔之禍者，抑知夷甫、平叔輩之說莊，亦假仁義以說孔，貌悲智以談釋者類也，寧有契於莊之真耶！以是詬莊，吾恐莊不任也。』這裏，曾克耑既說出了嚴復是獨疑莊子爲楊朱的學者，也指出了嚴復對莊子的詬病恐怕是不懂得莊子的真性情所致，好像曾氏也是在爲莊子鳴不平。

嚴復在莊子評點中所闡發的自由主義思想還是比較複雜的。他雖然讚賞莊子自由思想的價值和楊朱個人主義的可貴，卻沒有過度張揚鼓吹，因爲嚴復内心的『自由』其實是一種基於個體和群體之間的關係性範疇，他更願意利用好這個新近的自由觀念，來喚醒國民自強不息。

第四節　以西方科學思想與莊子思想互爲闡釋

一、對莊子思想與西方近代科學關係的闡釋

在莊子的思辯中，常常有一種『彼出於是，是亦因彼』（齊物論）和『以道觀之，無貴無賤』（秋水）的齊同萬物的思想，這種觀點對於古人的觀察水準來説已經相當先進，反映了對客觀世界的科學認識水準。

嚴復始終推崇莊子的科學精神，並確信莊子文章中體現出的科學化思維與近代西方科學精神具有某種同構性。他説：

> 且格致之事，以道眼觀一切物，物物平等，本無大小、久暫、貴賤、善惡之殊。莊生知之，故曰道在屎溺，每下愈況。（嚴復集救亡決論）

這篇文章的寫作初衷在於倡導西學強國，『格致救亡，非迂途也』（同上）的主張，抨擊長期統治思想界的陸、王心學。『夫陸王之學，質而言之，則直師心自用而已。自以爲不出戶可以知天下，而天下事與其所謂知者，果相合否？』（同上）這種閉門造車的唯心學問，以及一切的儒學救國論，在嚴復看來皆有害而無益，所以他的眼光還是新警獨到的，一眼看出醫治中國痼疾之根本，在於學術，在於引入科學與民主的先進觀。於是，嚴復將西學科學精神的唯物特質高揚起來，指出『一理之明，一法之立，必驗之物物事事而皆然，而後定之爲不易。』用唯物精神、科學方法對抗盛行的唯心治國論。

嚴復選擇道家哲學，特别是莊子學問作爲將科學精神植入國人傳統思維觀念裏的契合點，也是有深刻思想

原因的。首先，道家哲學中尊重自然，遵循客觀規律，提倡『以輔萬物之自然而不敢爲』（老子六十四章）的精神。正如愛因斯坦所說：『相信有一個離開知覺主體而獨立的外在世界，是一切自然科學的基礎。』①其次，道家哲學是求真的哲學，而嚴復一生是非常講究『真』的，特别在學術方面，對社會政治的看法方面，處處體現著一種忌僞存真的追求。他在救亡決論中簡論西學，一言以蔽之：『苟扼要而談，不外於學術黜僞而崇真，於刑政則屈私以爲公而已。』這種消除私心，泯滅成心的『葆真』觀念，實際上與莊子思想是不謀而合的，也成爲其對西學認識的一大根基。

第三，嚴復自知所作大倡西學的創舉前無古人，困境重重，必得找尋一個撬動國人千年傳統學術積累的思維定式的支點。這反映在莊子評點裏，就是有時直接以莊子中的物事去索引近代科學新發現。嚴復在評點逍遥遊篇『湯之問棘也是已：窮髮之北，有冥海者，天池也』一段話時，寫道：

人體髮在上，故北極謂之窮髮，而南方則稱不毛。前以南冥爲天池，此以北之冥海爲天池，猶今之言南北兩冰洋也。

在對地球還毫無概念的莊子時代，具有這種地理認識是不可思議的事情，與其説是莊子超人的預測，還不如説是莊子超人的想像力與近代科學發現的巧合，但這種偉大的空間地理觀念和大膽的想像推測，還是令嚴復敬佩不已的。

關於地理空間觀念，還有一條有趣的材料，莊子則陽載：『君曰：「噫！其虚言與？」曰：「臣請爲君實之。君以意在四方上下有窮乎？」君曰：「無窮。」』。對此，嚴復評曰：

今科學中有天文地質兩科，少年治之，乃有以實知宇宙之博大而悠久，回觀大地與夫歷史所著之

---

① 愛因斯坦文集第1卷，第292頁，商務印書館1977年版。

數千年，真若一吷。莊未嘗治此兩學也，而所言如此，則其心慮之超越常人，真萬萬也。所謂大人者非歟？

嚴復讚譽兩千年前的莊子在沒有學過近代的天文學、地質學的情況下，卻有如此的眼界和認識空間的能力。嚴復還指出莊子某些形象的哲學例證具有科學道理。如他在評齊物論篇『厲風過，則衆竅爲虛』等語時說：

厲風濟，則衆竅爲虛，非深察物理者不能道。凡有竅穴，其中含氣，有風過之，則穴中之氣隨之俱出，而成真空，醫家吸入器，即用此理爲制。故曰：厲風過，則衆竅爲虛。

這一評論倒是中肯的，說明莊子以『寓言』說理並非信口開河，莊周未必知道真空原理，更不會聽說過『馬德堡半球』實驗，但這卻沒有違背基本的科學常理。

有時候我們也不得不承認嚴復的觀察能力和聯想能力是非常強的，能夠靈活運用近代科學原理來解釋莊子文章。如他在評齊物論篇『罔兩問景』寓言時說：

凡物之非彼非此者，曰罔兩。魑魅罔兩，介於人鬼物彪之間者也。問景之罔兩，介乎光影明暗之間者也，此天文學者所謂暗虛者也。室中有二燈，則所成之影皆成暗虛，必兩光所不及者，乃成真影。前之罔兩，既非人鬼，又非物彪；後之罔兩，既非明光，又非暗影，此命名之義所由起也。

這段評論也很有意思，首先就把這種極虛的概念完全物質化了，然後再談科學道理，仿佛莊周這段經典哲學論述卻在述說近現代光學、天文學的某種原理。

莊子知北遊裏還有一段關於『夫體道者，天下之君子所係焉』的話，嚴復批點說：

秋毫小矣，乃至其端，乃至其端之萬分未得處一焉，此算學家所謂第三等微分也。

『秋毫』已是中國語言文學中比較常用的固定詞彙，但嚴復卻以此聯繫到了算學家的微積分理論。他在老子評點中，也有相似評論：

道固無善不善可論。位分術言，數起於無窮小，直作無觀，亦無不可，乃積之可以成諸有法之形數。

秋毫之末應該是古人對微觀世界認識的極限，而莊子卻隨筆一揮，將其再微縮至萬分之一，膽識和氣魄的確令人歎服。但嚴復卻很主觀地將這種表述和近代數學的微積分聯繫起來，並斷定同出一轍，顯然是有些牽強的。從實際情況來看，在嚴復的莊子評點中，過分熱烈、偏離於事實的褒贊莊子科學觀念的文字不少，就難免讓後人詬病。因爲從科學歷史觀來說，任何人的認識、觀念、思想都是爲他生活的現實環境所局限的，也不可能超越他的時代背景，即便是偉大的哲學家莊子也不例外。

二、以西學解釋莊子之『氣』，以莊子看待西方科學昌明

上文已提到，嚴復大膽創新，直接用西文詞語解釋老莊道家哲學的許多基本概念，比如用『Summum Genus』解釋玄之又玄的『衆妙之門』，用『Nature』解釋『自然』，這樣的例子很多，雖然有些並不確切，偏離或者無法涵蓋道家哲學的本意，但同時也要看到，嚴復敢於這樣開風氣之先，無疑是突破了封建觀念籠罩下的舊學風。

嚴復也並不是只會用西文詞語簡單地翻譯解釋莊子哲學中的關鍵字，對於一些非常深奥晦澀的哲學語彙，他有時也能用一種異常明白的方式予以解釋。比如在嚴復之前，歷代哲學家、思想家有許多圍繞『氣』的探討，而且往往將『氣』抬升爲整個哲學網絡的經絡中樞。正因如此，被大化、神化了的『氣』難以有一個確切的概念表述和範圍界定。嚴復對這種見怪不怪的現象不能苟同，偏要把這個『氣』說清道明。他曾有一段振聾發聵的

名言：

問人之何以病，曰邪氣入侵；問國家之何以衰，曰元氣不復；於賢人之生，則曰間氣；見吾足忽腫，則曰濕氣；他若厲氣、淫氣、正氣、餘氣；鬼神者二氣之良能；幾於隨物可加。今試問先生所云氣者，究竟是何名物，可舉似乎？吾知彼必茫然不知所對也。然則凡先生一無所知者，皆謂之氣而已。指物說理如是，與夢囈又何以異乎？①

嚴復這段話可謂前無古人，不但將千百年來學者、思想家蒙在『氣』上的迷霧扯得煙消雲散，而且將對『氣』的理解的哲學水準又提升了高度。他從兩個重要方面去質詢『氣』的概念：首先是非常創新地站到了邏輯學的高度去審視傳統對『氣』的籠統概念的解說、運用，並用一種嚴密的論證方法指出『氣』這一哲學概念傳統解釋中的邏輯缺陷。其次，嚴復通過討論『氣』，彰明了他對哲學認識的唯物主義傾向。在他看來，哲學也應該有科學的體系，即便是中國傳統的儒家、道家哲學，其重要的哲學概念也應該是科學的、可以明確界定的。

正基於此，嚴復對『氣』的解釋非常通透，也非常大膽。他在評莊子知北遊『聚則爲生』、『通天下一氣耳』二段話時說：

此達生篇所謂『合則成體，散則成始』。精而言之，則人之生也，其質常聚，其力常散，死則反是。

今世科學家所謂一氣常住，古所謂氣，今所謂力也。

嚴復僅用一個『力』字顛覆了長期以來中國哲學流派對『氣』的寬泛概念的抽象化、神秘化理解。

嚴復在批語中強調的『今世科學家所謂一氣常住』，不但將莊子哲學與近代西方科學扯上了關係，而且也有莊生『藉外論之』的意味，仿佛借其推崇備至的近代西方科學家的觀念，解開了纏繞中國傳統學術的千古謎

---

① 耶方斯著，嚴復編譯：名學淺說，第18頁，商務印書館1981年版。

團，這種舉重若輕的手法是大膽的創新。『氣』即爲『力』是一種意義上的遷移，其實在此嚴復還提出了『質』、『力』一對辯證概念，進一步將『力』物質化，這種提法在天演論自序中出現過，他認爲：『大宇之內，質、力相推，非質無以見力，非力無以呈質。凡力皆乾也，凡質皆坤也。』指出了這種辯證關係，只是從兩個相反相成的方面去展現科學的面目，把『氣』轉化爲被認爲是科學的『質』、『力』，再用這種系統去解釋『氣聚則生，氣散則死』，就把生死這個哲學中玄之又玄的課題破解了。

嚴復在批語中將『力』與『今世科學家』相聯繫，不免讓人想到近代西方科學理論的奠定其實與力學現象的發現和經典力學的創立密不可分——正是被蘋果砸中腦袋的牛頓，創出三大力學理論，之後又滲透到西方許多領域的科學範式。嚴復這樣批評可謂用心良苦，似乎一直刻意尋找一種綫索來證明莊子包含的某種科學性，或許也試圖借用傳統經典文本來推廣先進的西方科學理念。

嚴復在群學肄言譯餘贅語中提到：『第二倡學，明此學之必可以成科，凡學必有其因果公例，可以數往知來者，乃稱科學。』可見，嚴復對西方科學的認識在當時來説是非常超前的，也是非常冷靜的，因爲他意識到『是故以科學爲藝，則西藝實西政之本』。就像許多哲學概念空泛而無法界定，最終淪爲萬試萬靈的膏藥一樣，中國哲學所缺乏的正是這個能夠『數往知來』的充滿實證精神和由精密邏輯構築的科學化的學術體系。所以嚴復選中莊子作爲破解這個遺留千年的問題的鑰匙，也是因爲莊子雖然看似汪洋恣肆、飄飛無蹤，骨子裏卻充滿了內在的邏輯性和綫索隱秘的來龍去脈。

我們所讀到的莊子評點畢竟是嚴復晚年著作，從中也可以看出他對西學反思後的某些觀點。越來越清晰的是，他提倡的是西方的治學精神和社會民主精神，也就是『德先生』和『賽先生』，絕非洋務派所崇拜的器物文化，而且表現出一種對機巧、器物不斷精進的擔憂，這種觀點往往與老莊排斥工具技術，要求返朴歸真的思想很相似。如他在評胠篋篇『善人不得聖人之道不立』一段話時説：

莊生所言聖人，大都言才而不言德，故聖人之利天下少，而害天下也多。即如今之歐美，以數百年科學之所得，生民固多所利賴，而以之製作兇器，日精一日，而殺人無窮。彼之發明科學者，亦聖人也。嗟夫！科學昌明，汽電大興，而濟惡之具亦進，固亦人事之無可如何者耳。

可見從他的本心來看，還是非常贊同老莊的道家思想，認爲科學昌明帶來的並非都是利處。

三、以西方進化論與莊子『進化觀』互爲闡釋、印證

嚴復批點莊子的時候，經常用天演論的思想進行闡釋。雖然所用筆墨並非濃重，往往點到爲止，但意蘊豐富。如他在評齊物論篇『夫吹萬不同，而使其自已也，咸其自取，怒者其誰邪』一段文字時說：

一氣之轉，物自爲變，此近世學者所謂天演也。

齊物論篇中這段話表明了莊子哲學所推崇的是沒有任何人爲痕跡的自然『天籟』，而西方進化論所強調的是一種自然界的生物競爭淘汰機制，是不帶有主觀選擇的，其倡導的科學實證精神與莊子天道自然學説也是有所暗合的，這種科學實證精神也就成了嚴復以進化論闡釋莊子道家哲學最根本的契合點。他在這裏所謂的『一氣之轉，物自爲變，此近世學者所謂天演也』，即是認爲莊子在齊物論篇中所提出的有關説法正可以等同於西方近代學者所提出的天演思想。

在前文，我們已經比較深入地討論了嚴復對於莊子中的『氣』觀念的認識，清楚地看到他曾每每對莊子哲學的『氣』進行了西方科學主義的正名。如他在評知北遊篇時説：『此達生篇所謂「合則成體，散則成始」，精而言之，則人之生也，其質常聚，其力常散，死則反是。今世科學家所謂一氣常住，古所謂氣，今所謂力也。』旨在論證決定生命狀態的『氣』是實實在在的『力』，不是什麽神秘主義的産物。説明在嚴復看來，莊子所謂『合則

成體，散則成始』（達生）、『人之生，氣之聚也；聚則爲生，散則爲死』（知北遊）的說法，正是與今世西方科學家關於『氣』、『力』等說法有共通之處的。嚴復更在評達生篇『合則成體，散則成始。形精不虧，是謂能移；精而又精，反以相天』一段話時說：

斯賓塞謂天演翕以合質，闢以出力，即同此例。翕以合質者，合則成體也，精氣爲物也；闢以出力者，散則成始也，遊魂爲變也。

嚴復這裏借用莊子『氣』的理論來與西方天演論理論相聯繫。在他看來，莊子中的描述，說的就是物質元素的凝聚和消散主導了進化的過程。他在原強裏所說的『始於一氣，演成萬物』、『物類繁殊，始惟一本』，也正是這個意思。更有後學章太炎在菌說裏將『氣』的定義界定成『以太』，而『以太』的實質就是『阿屯』（atom，即原子），可見嚴復以『一氣之轉，物自爲變』作爲天演論的理論基點是有科學實測精神的，也可說是對莊子『氣』理論的較好發揮。

嚴復還將進化論中某種辯證思想與莊子中的辯證思想有機結合起來。他在評德充符篇『眇乎小哉，所以屬於人也！謷乎大哉，獨成其天』一段文字時說：

此天演論所謂『吾爲弱草，貴能通靈』。

天演論論十七進化說：『法士巴斯葛爾不云乎：「吾誠弱草，妙能通靈，通靈非他，能思而已。」以蕞爾之一莖，蘊無窮之神力。其爲物也，與無聲無臭、明通公溥之精爲類，故能取天所行而彌綸變理之。』在嚴復看來，德充符篇的這段話謂聖人渺小是因爲寄形貌於常人之中，聖人偉大是因爲能與天道同體，兩者相通並不在於形體的偉岸和外表的強大，而在於内心符合天道自然的規律，此即天演論所謂『吾爲弱草，貴能通靈』。在天地篇『執留之狗成思，猿狙之便自山林來』這段老子告誡孔子的話下面，嚴復乾脆批注了一個英文單詞『Evolution』（進化），大約他覺得這就是所謂生物界的進化論很早就被莊子發現並用寓言發揮出來的例證。

嚴復用天演哲學和進化論闡釋莊子思想，這在對至樂篇所作的評語中表現得尤爲突出。如莊子在該篇之末寫有『種有幾』一段文字，嚴復仿佛從中看到了一張由古代哲學家莊子描繪的生物進化論圖譜，因而給予了非常高的評價。他説：

此章所言，可以之與挽近歐西生物學家所發明者互證，特其名詞不易解釋，文所解析者，亦未必是。然有一言可以斷定者，莊子於生物功能變化，實已窺其大略，至其細瑣情形，雖不盡然，但生當二千餘歲之前，其腦力已臻此境，亦可謂至難能而可貴矣。

嚴復所謂莊子這段論述可以與挽近歐西生物學家所發明者互證的觀點，影響很大，後世學者大力贊成、繼續發揚者有之，認爲這是謬爲牽合者亦有之。其實，嚴復的評語還是比較客觀的，他並沒有魯莽地强調莊子的這種『化』的觀點就等同於近代西方的進化論思想，並沒有盲目下此結論，而只是指出兩千年前的莊子已經能夠自覺地觀察發現生物功能變化，實在是大智慧。

實際上，嚴復用天演主義和進化論闡釋莊子，甚是切中時弊，因而勾起了深諳舊學文人的極大興趣，産生了綿延不絶的影響。如梁啟超、章太炎等大家皆對這個問題予以了關注。胡適則更把莊子的『種有幾』解釋爲從元子進化到人，又復回到元子的過程，從而將嚴復以天演主義和進化論闡釋莊子的思想方法發展到了無以復加的地步。

第二十三章　梁啟超的莊子學

梁啟超（1873—1929），字卓如，一字任甫，號任公，別署飲冰子、飲冰室主人、哀時客、中國之新民等，廣東新會人。1895年追隨老師康有爲發動著名的『公車上書』，此後任中外紀聞、時務報等刊物主筆，發表變法通議，聲譽鵲起。1898年參與戊戌變法，受光緒帝召見，負責辦理京師大學堂、譯書局事務。政變後出亡日本，廣泛接觸西學，先後創辦清議報和新民叢報，發表新民說與新史學。1912年回國，1915年發表著名的異哉所謂國體問題者，猛烈抨擊袁世凱稱帝野心，並與蔡鍔策劃發動了護國戰爭。1918年至1920年旅歐，目覩戰後歐洲的萎頓蕭條，開始對資本主義的前景產生懷疑和動搖，回國後向傳統國學復歸，寫下清代學術概論、老子哲學、老孔墨以後學派概觀、墨子學案、中國歷史研究法、先秦政治思想史、中國近三百年學術史、莊子天下篇釋義、儒家哲學、中國文化史等大量著作。其中莊子研究主要見於莊子天下篇釋義、老孔墨以後學派概觀之莊子①和先秦政治思想史之道家思想②。1929年1月19日因病救治無效，在北京協和醫院溘然長逝。

① 以下稱莊子學派概觀。
② 以下徑稱道家思想。

第一節 對莊子人生哲學的詮釋

梁啟超一生著作等身，但涉及莊子的很少。就在爲數不多的文章裏，梁啟超卻對莊子進行了讓人耳目一新的詮釋。

一般的治莊者皆認爲，莊子是一個冷峻通脫、不爲任何凡塵俗事累心羈絆的遁世者，梁啟超則認爲，『莊子之對於社會，非徒消極的順應而已，彼實具一副救世熱腸。』（莊子學派概觀）①關於這一觀點，梁啟超還與胡適有過一些爭論。胡適認爲中國公元前五世紀到四世紀的各派思潮中，『出世思想』原本極少佔有重要地位，即便是後來被尊爲道家奠基人的老子也和孔子一樣熱切地關注著現世的問題，所謂『出世』，僅僅是他們在『直率地讚揚自然和指斥現實的邪惡和污濁時』，無意播下的種子，在他們整個學說體系中占不了多大的位置（先秦名學史第四編）②。可這種子到了莊子手裏，卻被細心地栽培起來，長成了一株開滿厭世之花的毒樹，給整個中國社會帶來了巨大的流弊，『重的可以養成一種阿諛依違，苟且媚世的無恥小人；輕的也會造成一種不關社會痛癢，不問民生痛苦，樂天安命，聽其自然的廢物』（中國哲學史大綱第九篇），甚爲消極無益。梁啟超認爲胡適的這一說法有欠公道，他分別從莊子與老子之異、莊子與孔子之同兩個角度談起了他對這個問題的看法。關於莊子與老子之異，他在莊子天下篇釋義中說：

> 老莊並稱，然其學風蓋不無異同。老子以濡弱謙下爲表，常欲爲天下谿、爲天下谷（爲天下所

① 本章所引梁啟超文字，皆據梁啟超全集，北京出版社1999年版。

② 本章所引胡適文字，皆據胡適全集，安徽教育出版社2003年版。

歸)。欲曲全苟免於咎,常以堅則毀、銳則挫爲慮,其自私自利之意蓋甚多,結果流爲楊朱爲我一派。莊子則純粹樂天主義,任天而動,眼光提到極高,心境放到極寬,人世間榮辱得喪,無一足以嬰其慮。谿於何有? 谷於何有? 毀於何有? 挫於何有? 故一面與天地精神往來,一面又不敖倪於萬物。莊子之深閎稠適蓋在此。

梁啟超對道家哲學特別是老子哲學的認識前後反差很大。在前期,他基本對老子哲學採取否定的態度,認爲中國人之所以奴性根深蒂固,萬難驅除,主要是由於老子『播其毒』所致。他甚至不無偏激地斷言:『三國、六朝,爲道家言猖披時代,實中國數千年學術思想最衰落之時代也。申而論之,則三國、六朝者,懷疑主義之時代也,厭世主義之時代也,破壞主義之時代也,隱詭主義之時代也,而亦儒、佛兩宗過渡之時代也。』(論中國學術思想變遷之大勢)對莊子也主要是批評,認爲其時南方多『棄世高蹈』之人,都是受了老、莊的影響。後期對老子雖然仍有所批評,但主要還是從正面肯定他的思想價值,爲此不惜推翻先前說過的話:『常人多說老子是厭世哲學。我讀了一部老子,就沒有看見一句厭世的語。他若是厭世,也不必著這五千言了。老子是一位最熱心熱腸的人。』(老子哲學)

但在梁啟超看來,老子雖如此『熱心熱腸』,卻還有『欲屈全苟免於咎,常以堅則毀,銳則挫爲慮』(莊子天下篇釋義)的一面,與『人世間榮辱得喪,無一足以嬰其慮』(同上)的莊子比起來,則顯得不夠瀟灑、磊落。梁氏說:『老子書中最通行的話,像那「不敢爲天下先」,「知其雄,守其雌,爲天下谿。知其白,守其黑,爲天下谷。」「將欲歙之,必固張之。將欲弱之,必固強之。」都很像是教人取巧。就老子本身論,像他那種「爲而不有,長而不宰」的人,還有什麼巧可取? 不過這種話不能說他沒有流弊,將人類的機心揭得太破,未免教猱升木了。』(老子哲學)意思是說不論有意無意,老子哲學的骨子裏總是透著那麼些謀算的感覺,而洗卻了老子這種權術意識、了無機心的莊子則多了一些率性天真,少了幾分患得患失。他『一面與天地精神相往來,一面又不敖倪於萬物』(莊子天下篇釋義),既尊重自己內心的要求,也不曾遺棄他所處身的世界,這就是莊子的『深宏稠適』。

誠然,莊子哲學與老子有較大差別,已爲衆多學者所認同。不過對於莊子與孔子,不僅多數研究者認爲二人處於壁壘分明的對立境地,就是在莊子中,莊子本人將孔子其言其行引來多加嘲諷揶揄的情況也是隨處可見。梁啟超也説:『道家哲學,有與儒家根本不同之處。儒家以人爲中心,道家以自然界爲中心。』特別對於『道』這一重要概念,『儒家以人類心力爲萬能,以道爲人類不斷努力所創造』,而『道家以自然界理法爲萬能,以道爲先天的存在且一成不變』。具體到社會政治理想上,儒家言『上好禮則民莫敢不敬』,『君子篤於親則民興於仁』,道家言『我無爲而民自化,我好靜而民自正,我無事而民自富,我無欲而民自朴』。『其承認心理感應之效雖同,然彼爲有目的的選擇,此爲無成心的放任,兩者精神乃大殊致。』(見道家思想)然而梁啟超認爲這些只是道不同的分別,至於他們要達到的終極目的,那是一致的。他在評胡適之中國哲學史大綱中説:

莊子的學説,我今日也不能多説,但可以用齊物論裏頭兩句話總括他全書,是『天與我並生,而萬物與我爲一』。他所理想的境界和孔子也差不多,但實現這境界的方法不同。孔子是從日常活動上去體驗,莊子嫌他嚕蘇了,要『外形骸』去求他,所以他説孔子是『遊方之内』,他自己算是『遊方之外』。這兩種方法那樣對,暫且不論,但我確信這種境界是要很費一番工夫才能實現的。我又確信能夠實現這境界,於我們自己極有益;我還確信世界人類的進化,都要向實現這境界那條路上行。

梁啟超認爲,莊子與孔子雖然選擇的途徑不同,但要通往的終點站是一樣的。他甚至覺得莊子的追求比之孔子更爲難得,因爲『道家最大特色,在撇卻卑下的物質文化,去追尋高尚的精神文化;在教人離開外生活以完成其内生活』。『此爲人生最高目的,吾人決當向此路進行,此吾所絕對承認毫不遲疑者也。』(道家思想)爲了這個高美理想的實現,我們不要過分執著於一時的長短、是非,心境放得寬一點,離理想就會近一點。胡適在批評莊子的『天下莫大於秋毫之末,而太山爲小。莫壽於殤子,而彭祖爲夭。天地與我並生,而萬物與我爲一』(齊物論)的思想時說:『我曾用一個比喻來説莊子的哲學道:譬如我説我比你高半寸,你説你比我高半寸,你我爭論不休。莊子走過來排解道:「你們兩位不用爭了罷,我剛才在那愛拂兒塔上(Eiffel Tower 在巴黎,高984 英尺有奇,爲世界第一高塔)看下來,覺得你們二位的高低實在沒有什麽分别。何必多爭,不如算作一樣高低罷。」他説的「辯也者,有不見也」,只是這個道理。莊子這種學説,初聽了似乎極有道理。卻不知世界上學識的進步,只是爭這半寸的同異;世界上社會的維新,政治的革命,也只是爭這半寸的同異。若依莊子的話,把一切是非同異的區别都看破了,説太山不算大,秋毫之末不算小;堯未必是,桀未必非:這種思想,見地固是「高超」,其實可使社會國家世界的制度習慣思想永遠沒有進步,永遠沒有革新改良的希望。』(中國哲學史大綱第九篇)他因此得出莊子的學説『實在是社會進步和學術進步的大阻力』(同上)的結論。梁啟超對此提出了針鋒相對的意見,他説:

這段譬喻,我也承認他含有一半真理,但我還要告訴胡先生,張作霖、曹錕也只是爭這半寸,兩兄弟因遺產拔刀相殺,也只是爭這半寸,一個好好的青年,或因落第,或因失戀,弄成發狂或自殺,也只是爭些無聊的半寸。(評胡適之中國哲學史大綱)

梁啟超意在説明:拿不起,放不下,對於細枝末節『無聊』的爭執不休非要較出個黑白對錯,並非就是積極的生活。莊子看似舍棄了現實世界所有的紛擾喧囂,其實内心裏他是渴望在更高的層次推動社會的前進。相比其他人,莊子對這世界愛得更徹底、更濃烈、更純粹,但也因此更難得到理解。要讓莊子爲人所瞭解,需要尋找一個參照物,借助這個參照物,以類同的觀照,使莊子的内心得到展現。梁啟超找的是屈原和陶淵明,因爲他認爲屈原、陶淵明與道家有著頗深的思想淵源。

先看屈原。在論中國學術思想變遷之大勢中,梁啟超將屈原歸爲南派支流,評價『屈原以悲閔之極,不徒厭今而欲反之古也,乃直厭俗而欲遊於天』,與他早期對道家的基本態度一致。在後來的屈原研究中,梁啟超則進一步論述屈原出生於與中原民族完成同化之後約二百五十年的楚國貴族，對當時的中原文化頗爲熟悉，特別是他出使齊國之時，正當『稷下先生』數萬人聚首高談宇宙原理之日，屈原必定受其影響，在哲學上有很高超的見解。屈原的遠遊當中有『道可受兮不可傳；其小無内兮，其大無垠；無滑而魂兮，彼將自然；壹氣孔神兮，於中夜存；虚以待之兮，無爲之先；庶類以成兮，此德之門』一節，梁啓超説：『這種見解是道家很精微的所在，他所領略的，不讓前輩的老聃和並時的莊周。』評價甚高。

再看陶淵明。梁啓超認爲陶淵明雖是儒家出身，但受到當時玄學和慧遠一班佛徒的影響，形成了自己獨特的人生見解，即『可以拿兩個字包括他：「自然」。』爲了證明自己所言不虚，梁啓超舉出陶淵明『久在樊籠裏，復得返自然』（歸田園居詩）、『質性自然，非矯厲所得，饑凍雖切，違己交病』（歸去來兮辭序）、『歲惟丁卯，律中無射，天寒夜長，風氣蕭索，鴻雁於征。草木黄落，陶子將辭逆旅之館，永歸於本宅』（自祭文）等詩文，並點評説：『「自然」是他的理想天國，凡有絲毫矯揉造作，都認作自然之敵，絶對排除。他做人很下堅苦功夫，目的不外保全他的「自然」。』認爲純任自然是道家哲學的精髓所在，陶淵明的思想裏流有道家的血液也就可見一斑。

在闡明屈原、陶淵明與道家的淵源之後，梁啓超對二人的情感特徵作出了闡釋。在他看來，屈原與陶淵明因爲對他們所處身的世界都心懷至爲深沉的愛，故極度憎恨官場的骯髒不堪，因而不容於專制王朝，最後或以生命相抗爭，或在田園中尋得暫時的寄托。梁啓超作這些闡釋的時候，並未明確説過屈原、陶淵明的情感特徵與老莊有聯繫，但我們不妨猜想梁啓超有這個想法，那麽就應該可以這樣理解：在屈原與陶淵明身上，呈現的是梁啓超眼中的老莊人生哲學的内涵。爲了清除人們對老莊哲學的『成見』，展現老莊真實的感情世界，梁啓超將屈原、陶淵明這兩位既超凡脱俗又不忘情天下的大文學家拿來，以向人們直觀地揭示老莊之人生哲學應是何狀。聯繫梁啓超對屈原、陶淵明與道家思想淵源的闡發，以及對莊子人生哲學的論述，這應該不是妄加揣測。

相比較而言，胡適關於『莊子的哲學，總而言之，只是一個出世主義。因爲他雖然與世人往來，卻不問世上的是非、善惡、得失、禍福、生死、喜怒、貧富，……一切只要「達觀」，一切只要「正而待之」，只要「依乎天理，因其固然」』（中國哲學史大綱第九篇）的説法，顯然比梁啟超以莊子爲一位救世者的説法更爲確切些。那爲什麽梁啟超眼中的莊子會以這樣一位救世者的面貌出現呢？要回答這個問題，我們必須聯繫梁啟超的『中國新民』理想。

清朝末年民國初期，中國外受強敵，内起動亂，社會風雨飄搖。爲挽危局於將傾，梁啟超迫切地希望能唤起國民的自覺意識，提高國民的自主程度。因爲在他看來，『凡一國之存亡，必由其國民之自存自亡，而非他國能存之能亡之也。苟其國民無自存之性質，雖無一毫之他力以亡之，猶將亡也。苟其國民有自存之性質，雖有萬鈞之他力以亡之，猶將存也。』（論中國人種之將來）而要形成此種自存之性質，首先就是要思想自由。中國經歷了長達兩千多年的集權專制統治，『普天之下，莫非王土，率土之濱，莫非王臣』（詩經北山），兩千多年的歷史就是中國人匍匐在王權腳下的歷史，習慣了下跪的中國人始終站不起來，幾乎忘記了自己還擁有爲人的自由與權力。即使到了近代，中國人形式上不再生活在磕頭、下跪之中，但世世代代被奴役的命運使國人在思想上依然是跪著的。梁啟超對此痛心疾首，他要從中國文化的源頭上找出一種叫做自由的精神，以此來告訴國民，爲奴隸並非自古如此，並非應該如此。莊子就是最好的選擇。因爲『日本大儒福澤諭吉曰：「支那舊教，莫重於禮樂。禮也者，使人柔順屈從者也；樂也者，所以調和民間勃鬱不平之氣，使之恭順於民賊之下者也。」夫以此科罪於禮樂，吾雖不敢謂然，而要之中國數千年來，所以教民者，其宗旨不外乎此，則斷斷然矣。』（中國積弱溯源論）只有莊子對諸多所謂的『正統』思想置若罔聞，特立獨行地扯起一面異端大旗，成爲中國古代第一位張揚人的自由的思想家。梁啟超激賞莊子『極力詛咒作爲擁護強者利益之工具』，『流於形式的以相率於僞』的文明，『將人類缺點，無容赦的盡情揭破』，『揭破其假面目，高叫赤裸裸的「自然」一語以逼之，使如湯趴雪，實刷新人心之一良劑也。』(見道家思想)他就是要借這良劑刷新被奴化教育蒙蔽而變得蒙昧的國人心靈。

但是只有單純的自由精神還無法完成梁啟超對中國新民的想像,還需使這種精神不僅僅停留在解放個人心靈的層面,而且能於現實社會中發揮力量。天下篇中有『內聖外王之道,暗而不明,鬱而不發』之句,梁啟超說『莊子著書之意,將以明其暗而發其鬱。契合真我者,內聖也。不離現境者,外王也。明此綱領,可以讀莊子。』(莊子學派概觀)認爲所謂的『內聖外王之道』就是要內足以資修養而外足以經世。

中國傳統哲學中的儒、道兩家都講『內聖外王之道』,但是兩家的含義並不相同。天下篇和應帝王篇中都出現過『內聖外王之道』。應帝王篇中儵、忽爲渾沌開竅的故事頗能說明莊子的思想。儵與忽本以爲自己耳聰目明,較之渾沌要更好一些,並好心地希望使渾沌也能成爲像自己一樣好的人,結果卻『日鑿一竅,七日而渾沌死』。莊子借這個故事告訴我們爲政者如何才是『自然無爲』,就是要游心淡漠,順物無私,這樣便能純然一片生機。擴大到普通個人,也是要渾沌蒙昧,淳朴自然。這就是莊子的『內聖外王之道』。而儒家經典大學則說:『古之欲明明德於天下者,先治其國。欲治其國者,先齊其家。欲齊其家者,先修其身。欲修其身者,先正其心。欲正其心者,先誠其意。欲誠其意者,先致其知。致知在格物。物格而後知至,知至而後意誠,意誠而後心正,心正而後身修,身修而後家齊,家齊而後國治,國治而後天下平。』說明專注於身心的修養,以求成爲『聖人』,再把『聖人』造就成『聖王』,由『聖王』來實現社會政治理想,即做一個道德高尚的人,並積極地去完成自己的歷史使命和社會責任,就是儒家的『內聖外王之道』。對比之後,我們發現梁啟超所論莊子的『內聖外王之道』似乎已經偏離了莊子的本意,而更多地接近了儒家的內涵。發生這種偏離,外因自然與彼時中國的時局以及在那種時局下梁啟超對國民的期望有關。國難當頭,莊子的追求固然美好,但飄渺不易捉摸,常人難以企及,因而無法被國民迅速效仿。舉國上下需要喚起的是眾志成城的激情,是明知不可爲而爲之的堅毅,是『位卑未敢忘憂國』(陸游病起書懷)的赤誠。至於內因,則與梁啟超所受學說的影響有關。

梁啟超說過：『我是感情最富的人，我對於我的感情都不肯壓抑，聽其儘量發展。』(『知不可而爲』主義與『爲而不有』主義)因爲任情而動，所以常常自己推翻自己，招致『流質易變』的批評，甚至是『研究系陰謀家』的謾罵。但梁啟超卻並不多加介懷，他對此有很平靜的解釋：『我的舉動，表面上看來好像常常矛盾，這種性質，我雖然自認爲我的短處，卻並不自認爲我的壞處，這是情感生活的人應有的結果。我若把我的矛盾去掉，同時怕並把我做事的活力也去掉了。』(外交歟內政歟)這顯然暗合了道家率性自然的精義。但梁啟超又說：『諸君讀我的近二十年來的文章，便知道我自己的人生觀是拿兩樣事情做基礎：(一)「責任心」，(二)「興味」。』一般人會以爲責任心和興味是矛盾的，然而梁啟超能把它們調和起來，因爲『我的見解便是(一)孔子說的「知其不可而爲之」和(二)老子的「爲而不有」。』(『知不可而爲』主義與『爲而不有』主義)很顯然，梁啟超的人生觀中不僅有道家隨興所至的瀟灑，還有儒家以天下爲己任的心腸。莊子對於世事雖洞若觀火，但他是不會使心爲之所累的，他寧願以心靈的靜穆清和去獲得最終的超越。梁啟超做不到這樣，他也不願像莊子這樣。明了地說，受道家、儒家共同影響的梁啟超既追求莊子堅守的自在逍遥的心性，又懷抱莊子力圖丟棄的儒家那種積極入世的情懷，梁啟超就把莊子堅守的與莊子想丟棄但自己不願丟棄的性情都化合在一起，由此生出一個内涵更爲豐富、厚重的『莊子』來。

現在我們可以回顧一下梁啟超在莊子學派概觀結篇之時所引述的四條所謂莊子教青年修證之途徑，以及梁氏自己的有關論述：莊子曰『有人者累，見有於人者憂』(山木)，故『甫成年之學生如諸君者，真可以不有人不見有於人，宜乘此時切實修養以自固其基。且力求保持此種地位使較久，且懸此以爲改造社會之鵠』；莊子又曰『其耆欲深者其天機淺』(大宗師)，『故學者宜游心於高尚，勿貪肉體的享樂以降其人格』；莊子又曰『自事其心者，哀樂不易施乎前』(人間世)，『在青年情感發育正盛之時，好惡内傷其身之患，最所易蹈；遇環境有劇變，每輒喪其所守』，莊子教人視『得者時也，失者順也，安時而處順』(大宗師)；莊子又曰『用志不分，乃凝於神』（達生），『此言人精神集中，則無事不可爲，而行集中之事，不問其大小。要之足爲吾修養之助。』觀至此，我們真感歎於任性逍遙的莊子竟是如此用心良苦地教人身心修養之道，但梁啟超緊接著卻說：『以上四條，吾生平所常服膺者，今述以贈諸君。其於莊子之意果有當焉否，則非吾所敢知也。』我們這才恍然大悟，原來真正用心良苦的人是梁啟超，他解莊子是在借莊子的文句，闡發自己的思想觀點。再聯繫梁啟超晚年對於政治活動的厭倦而心甘情願地『自我放逐』，又在『自我放逐』的生命中念念不忘他奔忙呼號終生的社會事業，我們更能清楚地看出，他對莊子、屈原、陶淵明之『情熱』的評述中處處有他自己的影子。他希望借莊子之文傳自己之意，使所有的國民都養成愛國家、爲國家的品質，那麼何愁中華民族不振興？這是梁啟超終生不渝的理想。他病逝後，胡適前往送殯，作挽聯曰：『文字收功，神州革命。生平自許，中國新民』（日記1929年），可謂對梁啟超的公道之論。佛家講普渡衆生，爲了這個『渡』字，梁啟超改造了莊子。他不僅從人生哲學的內涵上賦予莊子一副菩薩心腸，也從闡釋的方法論上作出了以佛家義理解讀莊子的嘗試。

第二節 對莊子『種有幾』、『真我』等觀念的闡釋

十九、二十世紀之交的中國，處在一個政治局勢動蕩、思想文化也大碰撞的時期。對西方文明的巨大認同使以西學闡釋中國傳統經典成爲當時的風尚。在這個大背景下，莊子也因爲研究者對完全不同於傳統的研究角度的選擇，而獲得多種另類的全新闡釋。胡適的『生物進化論』研究就是其中一種，他把嚴復以生物進化論研究莊子的初次嘗試往前大大推進了一步。尤其對至樂篇『種有幾』至『萬物皆出於機，皆入於機』一段文字，胡適更是把它與幾千年後西方的生物進化論進行比附，使莊子儼然成了一個生物學家，只是他的成就比不上達爾文而已。梁啟超則認爲胡適的這種解讀很不合適，他在爲北京大學哲學社所作的題爲評胡適之中國哲學史

大綱的演講中説：

這篇裏頭最重要的話，是説莊子發明生物進化論，內中講『種有幾』那一段，確是一種妙解，但我以爲無論這話對不對，總不是莊子精神所在。寓言篇『萬物皆種也，以不同形相禪』這兩句，章太炎先生拿佛家『業力流注』的意義來解釋，胡先生拿生物進化的意義來解釋，我想還是章先生説得對。章先生的名著齊物論釋用唯識解莊子，雖然有些比附得太過，卻是這個門庭裏出來的東西；胡先生拿唯物觀的眼光看莊子，只怕全不是那回事了。

其實胡適的莊子生物進化論研究並非始於中國哲學史大綱，他早在其留學美國哥倫比亞大學的博士論文先秦名學史第四編中，即曾以秋水篇『物之生也，若驟若馳，無動而無不變，無時而無不移。何爲乎？何不爲乎？夫固將自化』，來證實莊子中有明顯的進化論觀點，並認爲『自化』是其主旨。這一發現當時還得到過梁啟超的贊同，而梁啟超本人的學術研究也曾極大地受到過進化論的影響，這與梁啟超那時疏離傳統文化、靠攏西方文明的學術立場有關。但後來這種立場卻發生了轉换，這一方面因爲他所嚮往的西方近代文明是伴隨侵略戰爭的炮火強勢進入中國，這使得梁啟超欣喜於中國向近代邁進的同時，還必須時時記住要面對救亡的時代主題，要致力於從傳統文化中尋求足以整合民衆信仰、增強民族凝聚力的精神支柱。而另一更重要、也更直接的原因還是1918年末開始的歐洲之遊，這次遊歷讓梁啟超一行感觸最深的，莫過於由於戰爭這一催化劑的出現，歐洲追求『科學』與『自由』的負面影響迅速顯露，數十年來被中國近代知識分子奉爲『先生』的歐洲人普遍有了末日感，紛紛到中國文化中尋找其安心立命的所在。梁啟超對胡適的這一批評就體現了他本人目覩歐洲的頹廢沉悶之後對自身文化立場的冷靜反思，因而他意識到需要呼吁國人重新確立起對中國古代人生哲學的信仰，並倡導『以此門庭解此門庭』的傳統研究方法的復歸。

梁啟超在批評胡適的時候，提過這樣的一個問題：『胡先生觀察中國古代哲學，全從「知識論」方面下手』，但『論中國古代哲學，是否應以此爲唯一之觀察點？』（見評胡適之中國哲學史大綱）言下之意，就是認爲從純知識的角度研究中國古代哲學並不十分恰當。那麼，更爲理想的角度應該是什麼樣的呢？梁啟超認爲，中國先哲『無論何時代何宗派之著述，夙皆歸納於人生這一途，而於西方哲人精神萃集處之宇宙原理，物質公例等等，到都不視爲首要。』『西方人講他的形而上學，我們承認有他獨到之處。換一方面，講客觀的科學，也非我們所能及。不過最奇怪的，是他們講人生也用這種方法，結果真弄到個莫名其妙。』梁啟超主張『應該用內省的和躬行的方法』（見治國學的兩條大路）來研究國學。當然，我們認爲這只是一個大方向的主張，事實上，所謂『內省』與『躬行』的方式有很多，所以對於不同學派的具體研究方法也不盡相同。那麼研究莊子應該用什麼方法？這可以從梁啟超對胡適與章炳麟二人解莊路子的不同評價找出這個問題的答案。在此節開篇所引評胡適之中國哲學史大綱那段文章中，梁啟超將章炳麟以佛解莊與胡適以生物進化論解莊作過比較，並肯定了章氏用唯識解莊是莊子門庭出來的東西。在清代學術概論中，他又說：『炳麟用佛學解老莊，極有理致，所著齊物論釋，雖間有牽合處，然確能爲研究莊子哲學者開一新國土。』言辭之間，對章炳麟引佛解莊頗爲讚賞。其實，這也正是梁啟超自己所鍾愛的解莊之法，而他之所以如此傾心於用佛理來闡釋莊子，乃是因爲他認爲二者具有相互契合之處。

梁啟超認爲佛教『的確是表現中國人的特質，叫出世法與入世法並行不悖。他所講的宇宙精微，的確還在儒家之上。……儒佛所略不同的，就是一偏於現世的居多，一偏於出世的居多。至於他的共同目的，都是願世人精神方面完全自由。現在「自由」二字，誤解者不知多少。其實人類外界的束縛，他力的壓迫，終有方法解除；最怕的是「心爲形役」，自己做自己的奴隸。儒佛都用許多的話來教人，想叫把精神方面的自縛，解放淨盡，頂天立地，成一個真正自由的人。……我們先人既辛苦的爲我們創下這分產業，我們自當好好的承受。因爲這是人生唯一安身立命之具。』（治國學的兩條大路）這裏梁啟超雖然談的是佛教與儒家義理的異同，但我們要聯繫前面他對莊子與孔子的比較一起來分析。梁啟超説，佛教與儒家的共同目的『都是願世人精神方面完全自由』，莊子『所理想的境界和孔子也差不多』（見評胡適之中國哲學史大綱），這樣我們就能推導出梁啟超實際上認爲佛教與莊子所追求的理想是共通的。梁啟超又説佛教與儒家的不同是『一偏於出世的居多』，『一偏於現世的居多』，佛教『所講的宇宙精微』『還在儒家之上』，莊子與孔子一是『遊方之外』，一是『遊方之内』，世界人類的進化，都要向實現莊子的境界那條路上前行（見評胡適之中國哲學史大綱），這樣我們就能推導出梁啟超實際上又認爲佛教與莊子實現各自理想的途徑是相通的。並且，像『願世人精神方面完全自由』，『想叫把精神方面的自縛，解放淨盡，頂天立地，成一個真正自由的人』這樣的論述，與其説是在談佛家與儒家的異同，不如説更偏向於講佛家與道家的契合。於是我們發現，在梁啟超看來，佛教與莊子在骨子裏有著非常多的相同之處，雖然分屬不同宗派，但那只是淺表之别。故以佛釋莊，就像是自家人介紹自家人一樣，不用説有多麼合適、恰當。

應該説，梁啟超的這種見解絕非妄言，而是有一定見地的。佛教最初傳入中國時，因爲佛教經文本身的玄奧難懂以及外來文化與本土文化所産生的地域隔膜，傳播的速度很慢。後來竺法雅、慧遠等高僧嘗試以老莊典故、學理解釋佛經深義，竟意外地大獲成功，『格義』、『連類』之法遂大爲流行。這也從反方向證明佛教與莊子之間確實有許多可以融會貫通的地方，這些共通處使佛教與莊子的互釋成爲可能。但梁啟超以佛解莊，卻並不只是在這些純粹的學理層面進行，而更多著力於闡發二者在救世濟民意願上的一致性，希望藉此引導受傳統文化浸染的國民形成健康積極的人格。莊子學派概觀在某種程度上可以説是這種努力的結果。在這篇文章中，梁啟超圍繞與佛教學理極相似的『真我』二字展開對莊子的解讀，既要人學莊子救世的菩薩心腸，又要人在逆境中順處，在不懈怠的奮鬥中完善自我，從而進入類似於佛家『涅槃』的境界，獲得精神的解脱和快樂。這是梁啟超闡釋莊子的基本思想。要説明的是，梁啟超認爲莊子内篇肯定是莊子本人的撰著，而外篇與雜篇情況複雜；而且『內七篇爲全書綱領，其外篇雜篇，則皆委細證成斯理而已。治莊學者，先縣解此七篇，則讀他篇庶乎無閡也。』所以，他在莊子學派概觀中對莊子的闡釋就集中表現爲對內七篇的闡釋。

梁啟超在莊子學派概觀中說，當初托爾斯泰因爲有感於『人生無意義』而差點自殺；楊朱一派對於人生無意義這句話也有至爲痛切的感覺，這種感覺的結果是走向肉欲和斷滅，實質與自殺無異。而『莊子則從無意義中求出意義，謀人生心物兩方面之調和，故其結論與楊朱派截然殊途，而爲後此大乘佛教之先河焉』。那麼是什麼讓莊子與外物取得調和並開後來大乘佛教的先河呢？梁啟超認爲就是『真我』。從下面的論析可以看到，他在莊子學派概觀中對莊子內七篇的解讀，即是由此申發開去的。

逍遥遊篇首先說明身處俗世，應該樹立『真我』觀念。面對艱難困頓的人生旅程，莊子不算是一個出世者，但也絕不是儒墨那樣的入世者，他爲人們卸下一切有形、無形的負累，追尋真正的自由而設計出一條新的途徑：擺脫一切外物的限制，遺形去智，無待無爲。如果有待，即使雄奇壯闊如以垂天大翼『水擊三千里，摶扶搖而上者九萬里』的大鵬也得不到逍遥。所以梁啟超說，『吾儕人類在無窮之宇宙間，佔一極麼麼之位置，經一極短促之年壽，而弊弊然沾於其間可謂大愚。全篇關鍵，在「小知不及大知，小年不及大年」二語』，『微示真我之端倪，使人向上尋求』。認爲一個人活在世間，所佔空間不過七尺，所佔時間不過百年，若常常計較於大小、是非、貴賤，無異於作繭自縛，逍遥遊篇就是要人擺脫小知、小年的束縛，向著『乘天地之正，而御六氣之辯，以遊無窮』的『至人』、『神人』、『聖人』靠近。可見，梁啟超說的『真我』不是平常之我，而是『無己』、『無功』、『無名』的化身，他特別點出『非於常識大小者生比較』，用意也在這裏。

但要邁進真我世界的門檻，首先要物我平等，超然是非，這是齊物論篇告訴我們的。梁啟超說，依莊子之意，『真我非感覺所能見，非名相所能形容，全立於知識系統之外』，所以開篇就讓南郭子綦說『吾喪我』，即喪其幻我，也就是逍遥遊篇之『無己』，『幻我可喪則必有真我明矣』。他特別強調，真我不能『以知識之方式求之』，

『全篇主眼在「天地與我並生，而萬物與我爲一」二語。此篇所論，頗似佛法之法相宗，檢閲名相以頗名相也。』梁啟超所謂莊子求真我的方法『全立於知識系統以外』，説得不甚準確，因爲『齊物』本身亦是一種『知識』。這種不是知識的知識看起來有些玄，其實莊子只是藉此引導人們改變一下看問題的角度，就是説不要光知道以我來論物，這是俗套，求不到真我；要以道來論物我，這才是超出一般見識的方法：『以指喻指之非指，不若以非指喻指之非指；以馬喻馬之非馬，不若以非馬喻馬之非馬。』（齊物論）認爲以此『個別』説彼『個別』，不若以『一般』論『個別』。只有做到以萬物的一般特性來看『我』，才能認識到『我』只不過是萬物的一種而已，也即『天地一指也，萬物一馬也』（同上），如此方可進入『物化』的境界——平等，自然。

齊物論篇講的是比較抽象的求真我的方法，德充符篇談的就比較具體了。春秋戰國之世，許多所謂修德之人僅僅在緣飾外表上下功夫，而在德行方面，則毫無可稱之處。所以莊子於德充符篇創造了諸多形極殘德極全之人，有意以形體的醜來極襯德行的美，同形全德虧之人形成鮮明的對照，從而引導人們跳出形體美醜的束縛，而重視對德行之美的保持。這層意思也即梁啟超點明的『言須有所捐棄乃有所自得』。他説此篇所述王駘諸人，『皆形骸殘缺而得道者，凡以證明真我之在形骸外也。故曰：「德有所長而形有所忘。」又曰：「有人之形，無人之情。」其全篇主眼，在「以死生爲一條，以可不可爲一貫，解其桎梏」三語。質言之，即教人對於自己之肉體而力求解放也。』

儘管面對混亂無序的世界，很多人都想逃開，躲到一個如陶淵明所描畫的世外桃源中去，但那只是虛構，事實上人不可能脱離這個世界而生活。既然入世不可避免，那麼只有探索在入世的同時如何保有自己的真我心境。人間世篇教人的方法是：當我們無法改變社會混亂的現狀時，則『形莫若就，心莫若和』，以此追求生命的自我完善與精神的絕對自由。梁啟超説『此篇極言真理與世諦不相妨礙』，『本篇所言，窮極人類心理狀態之微，乃言入世順應之法與夫利物善導之方，其所以能得此智慧者，則在「虛而待物」。全篇主眼，在「人皆知有用之用而莫知無用之用也」二語。』

那麽說到底，怎樣才算進入了契合『真我』的境界呢？梁啟超認爲養生主篇稍微談到了這個問題，他說：『此篇略言契合真我之境界。如庖丁解牛之喻，所謂「以神遇不以目視」，能契合此真我，則雖在世間，而得大自在。全篇主眼在「安時而處順，則哀樂不能入也」二語。』認爲庖丁解牛，訣竅在『以神遇而不以目視』，我們處世亦然：只有守住自己的本心，對外面牽扯不清的是是非非視而不見，才能適性自在，到達契合『真我』的境界。

養生主篇是『略言契合真我之境界』，大宗師篇則闡述得更爲深入。梁啟超説大宗師篇『言參透一切平等之理者，必不厭世。』『篇中主眼在「其一也一，其不一也一。其一與天爲徒，其不一與人爲徒」數語。』意謂只要不刻意爲仁義，不刻意分物我，保持優遊自在之心，將自己『藏於天下』，則雖處五濁之世亦有常樂。梁啟超認爲莊子闡述這些，就是期望衆人能獲得真人的大智慧，按道行事，不致在亂世中迷失了自己。梁啟超稱其乃『行菩薩行』。

『真我』就是與大化流行的世界融爲一體的心靈境界，參透了這種境界，就可以爲帝王之師，談帝王之道了。應帝王篇講的就是道家的『內聖外王』之道。內聖者，化己也；外王者，無爲而治也。梁啟超說：『此篇排斥政治上之干涉主義，言萬事宜聽人民之自由處置，故以渾沌鑿竅爲喻。全篇主眼，在「順物自然而無容私焉而天下治矣」一語。』認爲帝王雖稱爲天子，但終究也是人，人力終不及天力，所以治天下必以天力，見出了一點成效並不歸功於己，即像『泰氏』一般渾沌蒙昧，純任自然。如果抱著老百姓實愚昧不開竅，必須由帝王來開導的想法，那必然像南海、北海之帝鑿渾沌七竅那樣，竅開而渾沌死。

至此，梁啟超莊子學派概觀對莊子內七篇的梳理已告完畢。我們知道，讀莊子雖是歷代人的感慨，然而梁啟超卻用寥寥數筆就將莊子的真義梳理一清，其對莊子思想的宏觀把握確實具有非同一般的能力。

在莊子學派概觀中，梁啟超既已揭示出莊子的『真我』觀，緊接著便將外篇與雜篇納入討論範圍，借助科學原理與佛教學理對『真我』作再次闡釋，賦予『真我』以現代本體論的意義。他説：『逍遥遊篇云「至人無己」，在宥篇云「大同無己」，無己即孔佛所言無我也，此一語可謂莊子全書關鍵。』他以齊物論篇『非彼無我，非我無所取。是亦近矣，而不知其所爲使。若有真宰，而特不得其眹』之語，解釋『假主宰者』與『真主宰者』之區别，使人意識到『常識之所謂我相，決非真我，非真我故等於無我；「其必别有真君（真我）存焉」』的道理。『然則所謂「真我」者究何物耶』？梁啟超説真我是一種與天地並生、與萬物爲一的境界，這境界既是精神的，又是物質的。梁啟超的論述主要圍繞莊子寓言篇中『萬物皆種也，以不同形相禪，始卒若環，莫得其倫，是謂天均』之語展開。

梁啟超的闡釋有兩個要點：其一，就物質言，首先人吃肉或蔬果，這些肉和蔬果『皆由細胞合成，細胞皆各有其生命，此諸生命遞死遞生，更相爲種』，皆『以不同形相禪』；其次『應化遺傳，代代相嬗』，我們的身體中皆含有父母遺血，父母也皆含有他們父母的遺血，直至伏羲軒轅；若是再往前追溯，『自單細胞至高等乳哺類，其種色皆有一部分爲我所受，人與珊瑚，相去級數不可計矣，實則原種不殊，僅「以不同形相禪」耳。』其二，更重要的，就精神言，我們的身體中『不惟含有父母遺血，乃至其情性之一部分，我實受而繼之』，父母亦有所繼，如此可上推至遠古，伏羲軒轅之性情『至今固猶有一部分宿於我躬，寧得謂羲軒已死已滅耶？不過「以不同形相禪」耳』。那麽我『受』的一部分歸宿又當如何呢？他在余之死生觀中説過，『我祖我父之業力我既受之，而我自受胎而出胎，而童弱，而壯強，而耄老，數十年間其所受現世社會之種種熏習者，我祖父未嘗受也，我兼秉二者』，從而産生屬我的新的業力；這業力又傳給子孫，他們又受現世社會的熏習，從而又有新出，這樣一代代傳下去，就形成了一個『雖不滅而有變』的活靈魂。

在作過如上的闡述之後，梁啟超卻又説，『吾釋此文，引印度教義及近世科學爲證，雖自信非附會，然莊子所教人體驗「真我」之實相，實不在此。蓋真我之爲物，惟用直覺親證，乃可得見。一用理智的剖析、言説的詮議，即已落對待而非其本相』，所以不管是莊子，還是自己，都是在『爲教化衆生起見於無言中強爲言耳』罷了。那麽，爲什麽衆生不能自己參悟人生本無我，只有與大化一體的靈魂爲真這個道理呢？在梁啟超看來，如果用莊子的話來説，原因之一是不解『物物者與物無際，而物有際者，所謂物際者也；不際之際，際之不際者也』（知北遊）之義。我們知道，莊子這段話的意思是説，道混同於萬物之中，人們以爲它與萬物一樣都有涯際，其實它並沒有。這也就是説，人們之所以感悟不到道，是因爲偏執於『個別』事物的特性，而蒙住了看世界整體的眼睛。梁啟超在解釋莊子此番話的意思時引用了攝大乘論無性釋中的這段文字：『於一識中，有相有見二分俱轉，相見二分，不即不離，所取分名相，能取分名見。於一識中，一分變異似所取相，一分變異似能取相。』章炳麟在齊物論釋中也引了這段文字來解讀莊子，並説：『物即相分，物物者謂形成此相分者，即是見分。相見二分，不即不離，是名物物者與物無際，而彼相分自現方圓邊角，是名物有際。見分上之相分，本無方隅，而現有是方隅，是名不際之際。即此相分方隅之界，如實是無，是名際之不際。』意謂『相分』、『見分』本不可分，『相分』靠『見分』來認識，但是當人們獲得了一己之見後就忘乎所以，執其一而顧其餘，把本來不可分的相分與見分硬生生分離了，便形成了偏見。梁啟超認爲『章氏此釋，深契莊旨』。可見梁氏引攝大乘論無性釋這段文字，目的也在於説明，萬物的差别，物我的差别，主要由於『我執』所形成。因爲從『唯識宗』來説，宇宙萬法，均爲心識所變現，心識之外無獨立自在之境。這就是在藏識中『見分』、『相分』不即不離、合而爲一的狀態。凡物界皆假，凡物欲皆假，只有清淨的心體與法界合一才是真實的東西。人若『於「萬物一體」中強生分别，畫其部分，指之爲我，則我身我家我國種種名相起焉；名相起而愛憎取舍行於其間，既有「我見」則有「我慢」，於是「是非」之論蜂作矣』。

這樣，在梁啟超的莊子學派概觀中，莊子的『真我』最終被闡釋成了一種恒久流動的實體，這種實體存在於進入涅槃境界的人們的心中。凡能掙脱一己私欲、旦夕榮辱禍福的束縛而獲得人類的終極解脱從而達到『無我』境界者，就進入了『真我』世界。這種人有無上的精神自由，這種精神自由使人在與世諦的結合中獲得人生的巨大快樂。如此，莊子哲學中超越人的感知範圍的道便起了變化，它不再絕對虛無，人們只要努力就能將它把握住。發生這樣的轉變，是因爲梁啟超雖然隱跡書齋，卻依然放不下書齋外那些在喧鬧不堪的世界中或懵懵懂懂、或驚惶失措的國人，他要生成一種積極的、能被人把握的道，使普天下終日面臨動亂與危難的人們通過對此道的體悟得到精神上的渡化，有可能的話，還期望這些得到渡化的人們能自覺地去拯救那個混亂的世界。

這種轉變肯定已經偏離了莊子的學說，並且轉變的過程也略帶些牽強。我們可以對這種轉變心存保留，但不應該作過多的苛責。說到底，梁啟超就是冷不下他那副憂心黎民百姓的熾熱心腸，並因此沉不下心來做更深入細緻的研究，而常常借助其文人的直覺與熱情來彌補。在莊子天下篇釋義中，他以非莊子不能寫就如此『朴茂』的天下篇爲由，斷定天下篇爲莊子自撰，恐怕多少也倚靠了這種直覺與熱情吧。

第三節　莊子天下篇釋義

清末以來，出現了大量關於天下篇的研究著作，梁啟超的莊子天下篇釋義就是其中較早的一種。此著主要談了下面幾個問題。

一、以天下篇爲『研究先秦諸子學之嚮導』

梁啟超推天下篇爲『研究先秦諸子學之嚮導』，提出了以下三個頗有獨特見解的新觀點。

其一，認爲『批評先秦諸家學派之書，以此篇爲最古。後此有荀子非十二子篇及解蔽篇、天論篇各數語，有淮南子要略末段，有史記孟子荀卿列傳中附論各家，有太史公自序述司馬談論六家要指，有漢書藝文志中之諸子略。』確實，作爲中國學術史論著的開山之作，天下篇試行學派分類，爲後世開了先河。荀子非十二子依據學術性質和思想特徵，把先秦諸家學說劃分爲它囂、魏牟派，陳仲、史鰌派，墨翟、宋鈃派，慎到、田駢派，惠施、鄧析派，子思、孟軻派，仲尼、子弓派；司馬談論六家要指更加明確地把諸子分爲陰陽、儒、墨、名、法、道德等六家，劉歆七略在此基礎上增添縱橫、農、雜、小說四家而湊成十家，等等，似都可看成是對天下篇試行學派分類的繼續和發展。可見，梁啟超關於『批評先秦諸家學派之書，以此篇爲最古』的說法確實甚有見地，值得重視。

其二，認爲此篇『保存佚說最多，如宋鈃、慎到、惠施、公孫龍等，或著作已佚，或所傳者非真書，皆藉此篇以得窺其學說之梗概』。我們知道，先秦諸子中極具科學素質的惠施，他學識淵博，著作有五車之多，可惜沒有流傳下來，只在天下篇中保存了其關於『歷物』的若干論題，使我們得以依稀想見惠施當年的天才思辯。另外還有宋鈃、慎到、公孫龍等，著作要麼失傳，要麼所傳的爲僞作，『皆藉此篇以得窺其學說之梗概』。由此說明，梁啟超關於天下篇『保存佚說最多』的說法，確實說出了此篇在保存先秦諸子佚說方面的重要性，爲後人挖掘並闡發先秦諸子尤其是名家遺說作了有益的提醒。

其三，認爲此篇『批評最精當且最公平，對於各家皆能擷其要點，而於其長短不相掩處，論斷俱極平允』。我們在研讀天下篇時，確實感覺到作者在與並世各派相爭鳴的過程當中，能夠站在一整個時代的高處，不偏不倚，不溫不火，表現出了其所獨有的風格與氣度。如他對於各個學派，既有大膽的肯定，又有尖銳的批評，既有以批判爲主的態度，又有『惜乎』其才的同情；對於關尹、老聃與自己這一派，雖然只是稱述，但也是將其作爲百家之中的一個學派，『皆置諸「不該不遍」、「往而不反」之列，可謂最平恕的批評態度。』相比之下，孟子反對楊墨，就說『楊氏爲我，是無君也；墨氏兼愛，是無父也。無父無君，是禽獸也』（孟子滕文公下），則顯得十分獨斷專橫，而荀子在解蔽、非十二子等篇中對諸子的批評，也夾雜著不少詬詈毀辱的言辭，絲毫不能見其異量之美。這説明,梁啟超關於天下篇『批評最精當且最公平』的説法實不失爲一種獨特見解,對後人正確解讀天下篇不無有益的啟發。

二、以天下篇爲『莊子書中最可信之篇』

天下篇雖然如此重要,能讓梁啟超推爲『研究先秦諸子學之嚮導』,列爲『國學常識必讀之書』,但它本身也問題糾結。爭論最多的就是它到底是否莊子本人所撰寫? 嘗試對這一疑問作出解答成爲治天下篇者繞不過去的門檻。有人説是,有人説否,迄今尚無定論。梁啟超主張天下篇是莊子所作。他説,『古人著書,敘錄皆在全書之末,如淮南子要略、太史公自序、漢書敘傳,其顯例也。天下篇即莊子全書之自序。近人胡適疑此篇爲非莊周作。莊子書有後人羼附之作,外篇雜篇可疑者更多,無容爲諱。惟天下篇似無甚懷疑之餘地。』因爲在梁啟超看來,『此篇文體極朴茂,與外篇中淺薄圓滑之各篇不同,故應認爲莊子書中最可信之篇。』

我們且看梁啟超對『因篇中有「桓團公孫龍辯者之徒」一語,謂莊周與公孫龍年代不應相及』這一『懷疑論最大之理由』的辯駁。原來懷疑論者認爲,公孫龍的生活年代要晚於莊子不少,而在天下篇中卻出現了對公孫龍的評述,所以天下篇的作者不應是莊子,而應是晚於莊子的後學。梁啟超以爲這個理由不能成立,他依莊子與各史書記載作了如下考據: 公孫龍乃西紀前298年受封的平原君的門客,在信陵君救趙破齊的前257年尚在世。莊周之友惠施爲梁惠王相,惠王於西紀前319年死,惠施參與喪禮,之後還存活了若干年。徐無鬼篇中有『莊子送葬遇惠子之墓』之語,證明莊子之卒還在惠施之後。假設西紀前257年公孫龍八十歲,那麼梁惠王死時公孫龍乃三十歲。這樣的話,莊子『上與惠施爲友,而下及見公孫龍之辯』,實在不足爲怪,因而天下篇出現『桓團公孫龍辯者之徒』的表述也不足以否定天下篇乃莊子所作。但梁啟超在這裏不知何故犯了一個極其明顯的數學錯誤：他假設西紀前257年公孫龍八十歲，那西紀前319年公孫龍應該只有不足二十歲才對。忽略這個錯誤不計，公孫龍前257年爲八十歲的假設也缺乏縝密性。既是假設，是不是也可以假設他當時七十歲，甚至六十歲呢？那前319年公孫龍就只有十歲，甚至才剛剛出生而已，這樣莊子見到他，並批判其成名之『辯』就不太可能了。

三、以『内聖外王之道』歸於『内足以資修養而外足以經世』

天下篇有『其明而在數度者，舊法世傳之史尚多有之。其在於詩、書、禮、樂者，鄒魯之士縉紳先生多能明之』一節文字，梁啟超認爲這是在論儒家，並指出這一節給予了儒家極高的評價。他説：『此論儒家也。道之本體，非言辭書冊所能傳，其所衍之條理即「明而在數度者」，則史官記焉而鄒魯之儒傳之。詩、書、禮、樂、易、春秋之六藝實爲其寶典。』即是説在儒者——鄒魯之士、縉紳先生身上，在儒家經典詩、書、禮、樂、易、春秋文中體現了古代『道術』的某些精神。

這樣的解讀在我們看來，與莊子全書『剽剝儒墨』的基本傾向似乎構成了一個矛盾。但對於這個矛盾，梁啟超在此未著墨解釋。事實上在梁啟超的整個諸子研究中，只在前期因爲對道家學説基本持否定的態度，所以有過老學厭世，與孔學彼此見排的觀點(見論中國學術思想變遷之大勢)，而到了態度明顯改觀的後期，除在評胡適之中國哲學史大綱中説『孔子是從日常活動上去體驗，莊子嫌他嚕蘇了，要「外形骸」去求他，所以他説孔子是「遊方之内」，他自己算是「遊方之外」』，談到莊子與孔子的理想境界一樣，實現方式不同，稍微涉及莊子對孔子的批評之外，幾乎再沒有對莊子『剽剝儒墨』問題作過論述。相反，他倒認爲莊子對儒家思想有不少的吸取和借鑒。他説，先秦『諸派之大師，往往兼學他派之言，以光大本宗』，『道家者流之有莊周也，兼治儒家言者也』（論中國學術思想變遷之大勢）。所以，大概在他看來，他的這種解讀談不上有多大的矛盾之處。因爲梁啟超沒有作具體、詳細的闡釋，所以我們判斷其是否中允並不容易。在認同梁啟超的解讀的前提下，如果説他的解讀與莊子全書構成了矛盾，我們從中見出的是天下篇作爲一篇學術史論文特有的客觀公正；如果説他的解讀與莊子全書並不存在矛盾，我們則需要再一次地深入體悟莊子：莊子是否只有虛無放誕的一面，而與孔子無法割舍人世的情懷徹底絕緣，因而對孔子只會一味地冷嘲熱諷呢？

答案應該是否定的，即莊子並非只有虛無放誕的一面，而與入世的情懷徹底絕緣。不説別的，就説莊子在天下篇中對墨子一派『以繩墨自矯而備世之急』的積極救世精神的熱情讚揚也足以説明這一點：一個完全無意於人世的人當不會對別人的救世精神讚譽有加。再有，他斥責『君乎牧乎』的統治制度不過是愚者的固陋之見（見齊物論），仁義不過是諸侯竊國的工具（見胠篋），『經式義度』不過是統治者『欺德』的手段（見應帝王）等等，同樣足以見出這一點：一個對國家不關心、對人民不悲憫的人，當不能對統治當局作出這樣聲色俱厲的抨擊。此外，他極力讚賞宋鈃、尹文一派『救民之鬥，禁攻寢兵，救世之戰』的行爲，講『蠻觸相爭』（則陽）的寓言，説明戰爭的毫無意義，以否定戰爭來消弭戰爭，則更是足以證明這一點：一個不深深熱愛著被戰火摧毀的家園、殷殷同情著被戰亂蹂躪的人民的人，當無法留下這些文字。由此可見，莊子也並非完全不食人間煙火。

梁啟超在闡釋『是故內聖外王之道，暗而不明，鬱而不發』一節時説，『「內聖外王之道」一語，包舉中國學術之全部』，『其旨歸在於內足以資修養而外足以經世』。看起來這更像是點評儒家哲學的追求，但筆者以爲也不能絕對地説絲毫沒有莊子的訴求在其中。君主政治當然不是莊子所喜，所以他提出過廢棄君臣之分、復歸原始的無君返朴思想。但他也意識到這種想法的不切實際，意識到君主政治是生活在這個世界無法逃避的必然現實，因而希望站在文化理想的立場去干預政治，探索出一種具有可操作性的內聖外王之道來。這種內聖外王之道與儒家倡導的以德服人的聖主政治模式不同，這種政治不以『經式義度』強加於人民，也不標榜仁義來要結人心，而是無心以任化，使人民根本感不到政治權力的存在，安居樂業，各得其所。但莊子在尋求這個理想的實現過程中卻經歷了一個從追求、動搖到幻滅的心路歷程，發現了一系列無從解決的矛盾，因此才完全寄情於自然。但他的靈魂在自然的虛空中並沒有得到真正的安息。他講了一個空谷足音的故事，『去國數日，見其所知而喜；去國旬月，見所嘗見於國中者喜；及期年也，見似人者而喜矣。不亦去人滋久，思人滋深乎！』（徐無鬼）這份思念如同強大的磁力場，把他從自然的虛空拉回到紛擾的人間世來。『舊國舊都，望之暢然；雖使丘陵草木之緡，入之者十九，猶之暢然。』（則陽）

『舊國舊都』作自然本性之喻解釋應該更恰當，但也不妨就照他的直觀意思來讀讀看。那麼，這樣的莊子宛如另一個屈原。我們在第一節就談到過梁啟超認爲莊子與屈原一樣至爲深沉地愛著他所處身的世界，則陽篇中的這些文字無疑是最好的證據。梁氏並認爲莊子與屈原一樣，都是南派楚地之人。不過他雖稱他的這一主張乃『據群籍，審趨勢，自地理上、民族上放眼觀察，而證以學說之性質』（論中國學術思想變遷之大勢）得出，但並未見系統的考證，只是說：

試觀孔子在魯、衛、齊之間，所至皆見尊崇；乃至宋而畏矣，而陳、蔡而厄矣，宋、陳、蔡皆鄰於南也；及至楚則接輿歌之，丈人揶揄之，長沮、桀溺目笑之，無所往而不阻焉，皆由學派之性質不同故也。北方多憂世勤勞之士，孔席不暖，墨突不黔，棲棲者終其身焉，南方則多棄世高蹈之徒，接輿、丈夫、沮、溺，皆汲老、莊之流者也。蓋民族之異性使然也。

由此我們能總結出的梁啟超的理由有二：一是先秦學派南北分潮，孔學見排於老學，孔學屬北，則老學屬南；二是南方氣候溫和，土地富饒，人民謀生容易，故其民族常達觀於世界之外，莊子性達觀，所以是南人。其考證拋開梁啟超後期對道家、儒家之間關係的看法明顯轉變不說，以學派間接受與否判定學派是否同一地域，不能令人信服；而以文化類型推斷老莊爲楚地之人，證據也不充分。

不過即便沒有確鑿證據證明莊子與屈原同爲楚人，也並不妨礙梁啟超說莊子『實具一副熱世熱腸』，將莊子視爲與屈原一樣內熱之人。然而我們認爲，與屈原相比，莊子的心態應該說更爲矛盾。因爲屈原是出於濃郁的人文關懷和強烈的愛國情感，自覺地認同於人世，而在認同於人世之後又爲不被人世所認同而深深困擾；莊子則表現得有些無可奈何，由認同於自然而被迫地認同於人世，而在被迫認同人世之後，他又因爲這種認同必須付出犧牲自由的代價而痛苦不已。這種痛苦是更形而上層次的，於是莊子又重新認同於自然，用滲透著宇宙意識的自由理想來審視現實，評價現實，也即胡文英說的『莊子眼極冷，心腸極熱。眼冷故是非不管，心腸熱故感慨無端。雖知無用而未能忘情，到底是熱腸掛住；雖不能忘情，而終不下手，到底是冷眼看穿。』（莊子獨見論略）但雖然冷眼看穿，還是未能徹底遺棄。所以遇上只有天下沒有自己的墨家一派時，他會禁不住爲他們無私的犧牲精神叫好；在對倡導聖智仁義禮樂的儒家進行一番嬉笑怒罵之後，會突然莊重地評價他們也多少感悟了道的某些內涵。

這樣說來，儘管其內熱有主動、被迫之別，還是能見出二者有某些相似之處。梁啟超的確很會抓住莊子一些非常態的表現，從某種程度而言，是給我們開啟了一扇全面感知莊子之窗。借著這扇窗，我們看到了莊子身上某種以往被掩蓋了的品質。

四、謂惠施『實能見極名理』

天下篇的批評『最精到且最公平』，這是梁啟超在莊子天下篇釋義開篇就極力推許的。但在文章最後他卻發現有一個人受到了不公平的批評，這個人就是惠施。因爲對於『墨翟、禽滑釐』、『宋鈃、尹文』、『彭蒙、田駢、慎到』三派，莊子在批判他們未臻於大道的同時，都給予了『古之道術有在於是者』的肯定，認爲他們的追求都暗合了道術某一方面的内涵，只是不能兼備，不能周遍，只能成爲偏執於一方的曲士。但對於惠施，莊子獨『不言「古之道術有在於是者」』，這是『並道術之一曲而不以許惠施也』。梁啟超覺得這實在不夠公道，因爲他以爲『惠施實能見極名理，與公孫龍之詭辯殊科』，而莊子因公孫龍等之『飾人之心，易人之意』而詆及『能見極名理』的惠施，實是『莊子之過』。

這裏梁啟超的表述有兩個要點：一、惠施沒有詭辯；二、莊子對惠施的評價過低。關於第一個要點，梁啟超前後的意見並不相同。在1902年寫就的論中國學術思想變遷之大勢中，他談及先秦學派缺點之一『論理Logic思想之缺乏』時曾說，『希臘自芝諾芬尼、梭格拉底，屢用辯證法，至亞理士多德，而論理是學蔚爲一科矣。以此之故，其持論常圓滿周到，首尾相赴，而真理愈析而愈明。中國雖有鄧析、惠施、公孫龍等名家之言，然不過播弄詭辯，非能持之有故，言之成理』，將惠施和公孫龍、鄧析之言皆視爲詭辯。而在1926年完成的這篇莊子天下篇釋義中，他則認爲惠施的學說『實能見極名理』，與公孫龍式的詭辯『殊科』，清楚地將惠施和公孫龍區分開來。關於第二個要點，雖然先前如郭象等都在一定程度上肯定過惠施的存在價值，但都未質疑過莊子對他的批評，而梁啟超則直言沒看到惠施的價值是『莊子之過』。梁啟超的這一批評使莊子與惠施的關係凸顯了出來。

的確，我們要問：爲什麼莊子唯獨對惠施如此刻薄，一句肯定的話都不肯説呢？是因爲惠施是莊子永遠的論敵嗎？誠然，在莊子衆多的寓言故事中，每每提到惠施，不是一場辯論，就是互相譏評，而惠施總是輸理挨批的一方。但這純粹是因爲他們現實生活上的差距和學術觀點上的對立，與個人感情上的好惡並無關係。事實上，莊子與惠施有著很好的私交，莊子把惠施當成難得的朋友。徐無鬼篇中講『莊子送葬，過惠施之墓』，不禁感傷，以『匠石運斤』的故事表達自惠施死後，自己『無以爲質』、『無與言之』的寂寞心情。妻子去世也要鼓盆而歌的莊子，卻對惠施的死感到如此遺憾，足見二人情誼之深。

既是如此，爲何莊子對惠施的批評竟這樣厲害呢？陸德明、褚伯秀、劉鳳苞等認爲莊子是怕世人將自己的謬悠荒唐無端崖與惠施的新奇詭譎一概視爲空言無實，故在篇末大舉惠施之雄辯，並言『其道舛駁』，以此明確區分自己與惠施的學説，使世人知所趣舍。這也就是説，莊子對惠施進行如此厲害的批評，乃是爲了向世人表明自己不願落入惠施窠臼。而在較評莊子與惠施時，前人即使也感覺到惠施尚有可取之處，但他們不會跟莊子的基本態度對立起來，何以梁啓超將惠施的學説看得這樣高，以至責難莊子不將其置入『古之道術有在於是者』之列呢？這和梁啓超生活的時代有關。當歷史前進至近代，邏輯學、語言學和自然哲學理論都得到了長足的發展，特别是聯通西方文化之後，人們意識到，在我們向西方人學習的時候，我們卻把與西方哲人有著同樣哲學追求的惠施冷落了千年。於是，不少人重新回過頭去，以近代學術的眼光重新認識惠施，對惠施作出了具有近代學術意識的評價。

確實，從今天看來，惠施在分析名實的問題上，接觸到了個性與共性、名言與對象、静止與運動、有限與無限等一系列矛盾，對這種矛盾的探討，可以使邏輯更嚴謹，語言更精確，概念系統更完備，惠施因此完全具有他存在的獨特價值。但也正如梁啓超本人所説：『中國學術，非如歐洲哲學專以愛智爲動機，探索宇宙體相以爲娱樂。』而惠施的學説體現的正是歐洲哲學的特點，所以在當時受到儒、道、墨等學派的共同批評，在其後很長一段時間，也不被人肯定，這是中國傳統學術一個大的環境使然。對莊子來説，不管惠施是像公孫龍那樣只懂詭辯，或是像梁啓超説的那樣『能見極名理』，莊子一概不欣賞，也就不存在梁啓超批評的『因末流而詆及本師』的過錯。在梁啓超的時代，梁啓超以惠施『能見極名理』而對他多加讚賞，完全可以理解，但在莊子的時代，莊子不滿意惠施只專注於『見極名理』而對他多加批判也没什麼原則上的不對，只是大的學術環境影響了個人學術立場的選擇罷了。

綜合起來看，梁啓超對莊子的闡釋主要是圍繞著『救世』二字展開，不論是對莊子外冷内熱的人生哲學的詮釋，或是對莊子『真我』觀念的發揮，還是對莊子以儒家爲大道某些方面内容的體現者的見解，都力圖張揚莊子強烈的救世精神。這一方面應該承認梁啟超確實觸摸到了莊子哲學中一個不明顯的側面，澄清了長期以來對莊子厭世的誤解；另一方面則要看到梁啟超在闡釋莊子的過程中把他自己濃厚的救世情結投射在了莊子身上，因而加倍放大了莊子的救世思想。這反映了梁啟超將學術與政治雜糅、以學者與戰士並重的個人風格。作爲學者，他試圖剔除與學術研究無關的因素，理性地理解莊子；作爲戰士，他期望他闡釋的莊子能從無何有之鄉走出來，站到挽救社稷民生的人群中去。他認定莊子外冷內熱，並不因爲他對整部莊子作了多少的訓詁考據，也不因爲他對莊子研究中具爭議性的問題有多少具體的分析論證，更多的還是因爲他以自己對國家人民『今吾朝受命而夕飲冰，我其內熱與』（莊子人間世）的赤子之心來與莊子將心比心，同時倚仗其扎實的國學功底與敏鋭的感受能力去對莊子作瞬間的直覺把握，以此抓住了莊子性格中並不那麼明顯，因而被研究者有意無意忽略掉的一個小點，並將這一點集中闡釋出來，使我們看到莊子哲學中有這一個點的存在，且有可能在他之後，繼續沿著這個點開墾下去，挖掘出莊子哲學更豐富更深邃的内容來。

第二十四章　章炳麟的莊子研究

章炳麟（1869—1936），字枚叔，一作梅叔，曾名學乘，號太炎，浙江餘杭人。因仰慕顧絳（炎武）其人，遂改名絳。所用筆名很多，主要有絳叔、西狩、陸沉居士、末底、戴角、獨角、臺灣旅客、支獵胡、支那夫、菿漢閣主、劉子駿之紹述者等等。又因祖籍在杭州而常被稱爲『餘杭先生』，因著有菿漢三言而被稱爲『菿漢大師』①。他二十三歲起進入杭州詁經精舍學習，從此走上治學之路。由於家學淵源，他的國學基礎深厚，其學術不僅秉承了我國訓詁考據的樸學傳統，還吸收了西方的新學説，融貫中西，在小學、經學、史學、文學上均取得了豐碩成果，産生了深遠的影響。概括地説，章炳麟『對於周秦諸子、兩漢經師、五朝學、隋唐佛學、宋明理學、清代學術，都有詳論』，不難『從他的著作中整理一部「太炎的中國學術史論」』②。上海人民出版社已將其大部分著作匯爲章太炎全集③，包括膏蘭室劄記、訄書初刻本和重訂本，太炎文錄初編和續編等。其中所收齊物論釋、莊子解故爲莊子學專著，其他如四惑論、五無論、平等難、明群、明獨、答鐵錚、俱分進化論、人無我論、無神論、建立宗教

① 本章所涉章炳麟生平，除另加注明外，均據姚奠中、董國炎章太炎學術年譜，山西古籍出版社1996年版。
② 見侯外廬近代中國思想學説史第十五章，上海生活書店1947年版。
③ 本章所引章炳麟文字，除另加注明外，均引自章太炎全集，上海人民出版社1982年版。

論、國家論、排滿平議等文章，均涉及莊子。未收入章太炎全集的國故論衡、葑漢三言等①，也同樣涉及了莊子。因出於本編章節設立的需要，齊物論釋將放到清代佛教學者的莊子學一章中去論述。按理，應該把章炳麟看成民國人物，但由於莊子解故、齊物論釋這兩部莊子學著作寫於清朝覆亡前夕，因而只得將其放到本編中來論述。

第一節 章炳麟莊子研究概説

章炳麟的思想是一個極複雜的體系，其中莊子對他的影響很大。他不僅從小就表示出對莊子的偏愛，而且在作品中常常提及莊子、引用莊子，處處可見莊子思想的閃現。1908年，當他在東京『民報社』爲許壽裳、朱希祖、錢玄同及周氏兄弟等講説文、爾雅、莊子、楚辭之時，就於諸子中獨推莊子，認爲能夠兼有『内聖』、『外王』二者的，唯有莊子（見葑漢微言）。莊子對於他而言，可以説是一種人生的態度。本節擬以章炳麟對莊子的研究爲主綫，將他的學術生涯分爲三個階段②，分别進行論述。

一、入精舍，治學生涯發軔（1891—1896）

章家是書香世家，章炳麟稱其『曾祖以下三世，尤以才行學誼稱』（先曾祖訓導君先祖國子君先考知縣君事略）。在這樣的氛圍中，章炳麟九歲時就由他的外祖父朱左卿（有虔）先生進行啓蒙，所謂『授音必審，粗爲講

---

① 國故論衡，上海古籍出版社2003年版；葑漢三言，遼寧教育出版社2000年版。
② 此三階段的劃分受吳光興論章太炎的莊子學啟發，道家文化研究第二十輯。

解。課讀四年，稍知經訓。暇亦時以明清遺事及王而農、顧寧人著述大旨相曉，雖未讀其書，聞之啟發。』①外祖父對章炳麟的啟蒙，不僅爲他打下文字音韻上的基礎，還在年幼的章炳麟心裏埋下了夷夏之辨的民族主義思想。

十六歲時，章炳麟應父親之命去縣裏參加童子試，但因爲眩厥症而未能如願，從此也就不再赴試，得以在家中隨自己的喜好而讀書，『頗涉獵史傳，流覽老、莊』（自定年譜）。這可謂是章氏對莊子的最初接觸。十七歲時，因『知不明訓詁，不能治史、漢，乃取說文解字段氏注讀之。適爾雅郝氏義疏初刊成，求得之』②。也就是說從這時起，爲了更好地研讀史籍諸子，章氏開始接觸小學著作，這成爲他後來一系列著作（包括莊子解故）的基礎所在。

在章炳麟二十三歲時，他的父親去世，不久進入杭州的詁經精舍學習。此時主持精舍的是晚清的樸學大師德清俞樾先生。他在重建詁經精舍記（春在堂雜文卷一）中言曰：『肄業於是者，講求古言古制，由訓詁而名物，而義理，以通聖人之遺經。』可見精舍旨在通經。從這一年開始到光緒二十二年應梁啟超之邀離開精舍到上海參辦時務報爲止，可謂是章炳麟學術的起步期，治學重點在春秋左氏傳，有春秋左傳讀，沒有關於莊子的專門的著作，但在膏蘭室劄記中已有涉及莊子的內容，可以看作是章氏莊子研究的起點。

章炳麟開始撰寫膏蘭室劄記是在他二十四歲的時候。其書共四卷，是他在光緒十七年到十九年期間，在杭州詁經精舍的讀書劄記，主要是對儒家經籍、周秦諸子以至漢代著作和一些史書，如荀子、管子、韓非、呂覽、淮南等書的字義考釋，是一部與王念孫讀書雜志、俞樾諸子平議同類型的著作。抗戰初期散失一卷，所存三卷後

① 章炳麟太炎先生自定年譜，上海書店1986年版。以下簡稱自定年譜。

② 諸祖耿記本師章公自述治學之功夫及志向，收入陳平原、杜玲玲編追憶章太炎，中國廣播電視出版社1997年版。

被收入上海人民出版社出版的章太炎全集卷一，由沈延國校點，其校點後記中説：『劄記卷一，著有二百三十一條；卷二，有一百五十五條；卷三，有八十八條，都四百七十四條，皆考釋駁論之作。』逐條考釋爾雅、莊子、文心雕龍等書的文句，『以考釋文字爲主，凡證一義，必昭晰音義，稽其事實，下以己意，發正冰釋。』其中考莊子的條目凡十一條，涉及則陽、讓王、大宗師、養生主、徐無鬼、天下、至樂等篇，其中天下篇之『歷物疏證』條下有十一小點，又有『辯者與惠施相應光學三條』。這些考釋中有五條後來被收入莊子解故，且有所改動。這些條目歸納來説主要有以下幾種形式：

第一類是疏通字詞，此爲訓詁中最基本之功夫，膏蘭室劄記主要是對莊子中的字詞進行考釋，解釋詞義。如：

莊子則陽：『號天而哭之曰：「子乎子乎！天下有大菑，子獨先離之。」』按：『子乎子乎』，與下『子』異，下『子』斥辜人也。『子乎子乎』，猶『子兮子兮』。綢繆傳云：『子兮者，嗟茲也。』説乎本從兮，其誼得通。『子乎』與尚書大傳之『嗟子乎』，管子小稱之『嗟茲乎』，秦策之『嗟嗞乎』，文法同。

莊子大宗師：『其爲物無不將也，無不迎也。』應帝王：『不將不迎。』知北遊：『無有所將，無有所迎。』寓言：『其往也，舍者迎將。』將，送也。見釋言。

這兩例的不同之處就在於前者是以外證的方法來釋義，而後者則運用了内證的方法。章炳麟還通過對字形的分析來解釋詞義，如對莊子讓王『顔色腫噲』句，章氏就通過一系列論證得出了『會貴鬼聲三通』的結論，從而認爲『噲亦可通潰』。

第二類是在訓釋詞義的基礎上，對前人的解釋進行辨析，或於兩種觀點中做出自己的選擇，或就某種觀點提出自己的見解。如膏蘭室劄記云：

莊子養生主『合於桑林之舞，乃中經首之會』，向、司馬云：『經首，咸池樂章也。』此無所據，不如崔氏直訓樂章名爲善。案釋樂：『角謂之經。』經首，謂以角爲調也。『經』字古義，惟見於此。

莊子徐無鬼篇『君亦必無盛鶴列於麗譙之間，無徒驥於錙壇之宫』，釋文：『無徒，司馬云：「徒，步也。」錙壇，徐側其反。錙壇，壇名。』麟按：釋文説未確。『錙』借爲『菑』，公羊昭二十五年傳『以人爲菑』，解詁：『菑，周埒垣也，所以分别内外衛威儀。今太學辟雍作側字。』然則菑壇者，謂壇外有埒垣也。壇止巢土，有埒乃得稱宫。天官掌舍『爲壇壝宫棘門』，注：『謂王行止宿平地，築壇，又委壝土起堳埒以爲宫。』以上掌舍注。此所謂菑壇之宫也。非有以壇專名錙壇也。

前一例即認爲『經首』之訓，崔氏直解爲『樂章名』優於司馬氏詳解爲『咸池樂章』；後一例則是認爲前人之説過於局限，『錙壇』非是壇之專名。

章炳麟不僅從字詞本身進行詮釋，還結合上下文來做出判斷。如莊子讓王有『匡坐而弦』之語，司馬氏以『匡』爲『正』。章氏則以爲非是，他通過荀子正論『譬之是猶傴巫跛匡，大自以爲有知也』語，輔以楊倞和説文、虞氏易大有九四的解釋，釋『匡』爲『曲脛也』，即指體行不正。並進而將其還原到文章中，曰『蓋惟其上漏下濕，不得正坐，故曲脛而坐』，疏通文義以證明自己的觀點，批評司馬氏『以爲正坐，殊與上句不相應』。

第三類是以西方學術思想考釋、比附莊子。晚清時候，西方學術傳入中國，許多知識分子受其影響，章炳麟亦然。梁啟超就曾經在清代學術概論中指出，『以新知附益舊學』是章炳麟中年以後治學的特色，而梁氏本人與其師康有爲以及譚嗣同等人亦『欲以構成一種「不中不西即中即西」之新學派』，雖因『固有之舊思想，既根深固蒂，而外來之新思想，又來源淺觳，汲而易竭』而最終未能成功，但於當時以西學比附中國傳統學説的現象之非爲偶然卻可見一斑。『中學爲體，西學爲用』成爲一時之風行，『以新知附益舊學』也成爲學術界的一大傾向，對莊子的研究也不能免於此。章炳麟在膏蘭室劄記卷三之歷物疏證中就談到很多光學、化學、天文和地理等學科的知識。

其『小引』曰：『算術積世愈精，然歐几里生周末，幾何原本遂爲百世學者所宗，是算理固備於二千年前矣。中國惠施與歐几里時代相先後，其說見於莊子者，人第以名家繳繞親之，不知其言算術，早與幾何之理相符。問及致用，亦自算出，今錄天下篇歷物之意一節，爲之疏證，以見保氏古學，固佚存於他書矣。』可見章氏認爲西方之學實則根源於中國古代，並舉齊物論篇爲證，其言曰：『本書齊物論曰：「一與言爲二，二與一爲三。自此以往，巧歷不能得，而況其凡乎！」巧歷亦謂巧算也。然則歷物之意，即算物之意也。僅言其意，則與幾何僅言其理者同，其致用者尚少也。』他運用了現代的幾何學、地理學等知識對天下篇中惠施詭辯的若干命題加以解釋。如：

『至大無外，謂之大一；至大無內，謂之小一。』點、綫、面、體，各以形殊。然點即小體，體即大點，其爲一均也。幾何以點爲小極，體爲大極，即此理矣。體大者至空氣愈高愈薄，至不及一刹那，修不可盡，如不絕根，是爲無外。點小者至原質，以化學法分之，不可破，是爲無內。

惠施的意思是說：極大而沒有周邊稱爲『大一』，如太虛；極小而無內核稱爲『小一』，如秋毫。而章氏以幾何的點、綫、面來解釋體大無極，以化學對構成物質的單位可做無限的劃分來解釋至小。他或以地理概念釋之，如在闡釋『日方中方晲，物方生方死』時認爲，太陽照在東半球的時候，西半球是在夜裏，所以說『日方中方晲』。進而又曰『然則朝菌日及，同時在此則生，在彼則死，不其然乎？』或釋之以時差，如他在闡釋『今日適越而昔來』時指出，動身之時在今天，而所到之地的時間要慢些許小時，故還是在昨天，即『東西距一百八十度，則此方日加矣，彼方子，一以爲朔日，一以爲晦日矣。設能速行如電氣，自此至彼才數小時，則至者以爲朔，而主人方以爲晦也。是爲今日適越而昔來。』此外章炳麟在膏蘭室劄記中還說：

『鏃矢之疾，而有不行不止之時。』行止相反，無中立之理，此非光學無以解之。蓋目能暫留光點，故以光點旋轉成規，視之則成一大光圈，而不見質點之離移。試以速率極大之炮彈，於暗空中打過，忽發電光，即見炮彈在空中，若有不動之狀，此即鏃矢之説也。夫炮彈鏃矢實動而人視之若不動，謂之行不可，謂之止不可，故曰不行不止也。

辯者這裏的命題是表示了相對的觀念，而章炳麟卻以光學釋之，並舉例説速度極快之炮彈，人視之好像不動，實則在動，故不可謂之行，也不可謂之不行，是爲『不行不止』。他認爲由此可知名家的説法，都非虛言，都可以落到實處，這一點和魏晉間人崇尚玄談是完全不同的，郭象不瞭解這一點，才認爲是戲言。總之，章炳麟把名家這些論辯命題中的抽象概念完全物質化了，然後再以科學道理證之，仿佛這些經典的哲學命題原本就是在闡述近代的科學原理。其實，莊子天下所列舉的這些名家，他們的認識和思想必然受其生活時代環境所局限，不可能有近代的天文學、地理學和幾何學的知識和概念，因此不會具備如此的視野和對空間的認識能力。章炳麟强將這些命題和近代科學聯繫起來就不免有牽强附會之嫌了。當然我們可以從這兩者中看到某些相似點，但這只能説是人類在認識事物的過程中，因爲思維的相通而產生了契合點，而章炳麟卻從這些命題中闡釋出現代意義，賦予它們以現代科學觀念，其實並不符合其本意。從這一意義上説，章氏歷物疏證的價值或反不如其他單純考釋莊子字詞的條目。

另外，章炳麟還運用西方的醫學知識，結合考據的方法來解釋莊子至樂『青寧生程、程生馬、馬生人』一段文字，其結論和嚴復莊子評語中對此段的評論大略相近。嚴氏曰：『此章所言，可以之與挽近歐西生物學家所發明者互證，特其名詞不易解釋，文所解析者，亦未必是。然有一言可以斷定者，莊子於生物功用變化，實已窺其大略，至其細瑣情形，雖不盡然，但生當二千餘歲之前，其腦力已臻此境，亦可謂至難能而可貴矣。』①章氏則曰：『余謂此即微生物，以海深水一滴，用顯微鏡窺之，有活物二萬六千五百是也。』運用了『微生物』、『顯微

① 嚴復集第四册，中華書局1986年版。

鏡』等名詞，與他在𣇄書原教下中『人死而爲枯骼，其血之轉鄰，或爲茅搜；其炭其鹽，或流於卉木；其鐵在卝；其肌肉或爲蟲蛾蟄豸』的觀點相近，即認爲人和地球上其他的生物一樣，處於不斷的演變進化之中，不會因爲『變至於人』（原變），而『遂止不變』（同上）。這也正可視爲當時流行的『進化論』在章炳麟莊子學中的體現。

二、出學堂，救亡治學並舉（1897—1913）

章炳麟二十九歲時，受梁啟超、汪康年之邀，到時務報擔任記者。從此時到1913年，是章氏莊子研究的重要時期，他的莊子學專著莊子解故和齊物論釋均作於此間。對於這兩部專著我們將分立兩節加以專門論述，於此僅將這期間章炳麟對幾個重要問題的思考加以梳理。

在對宇宙萬物本原『有』和『無』的思考上，章炳麟借用了佛教的概念『真如』和『阿賴耶識』，認爲產生一切事物的根本是『無』，這就如莊子所說『有始也者，有未始有始也者，有未始有夫未始有始也者』（齊物論）。章炳麟由於對『無』有著這樣的認識，便在建立宗教論中提出要破除『人我』，認爲『非說無生，則不能去畏死心；非破我所，則不能去拜金心；非談平等，則不能去奴隸心；非示眾生皆佛，則不能去退屈心；非舉三輪清淨，則不能去德色心。』

在章氏看來，這種由『執我』而造成的『有』，不僅在於個人，國家亦然。所以，他在五無論中又有『五無』的說法，即所謂的無政府、無聚落、無人類、無眾生、無世界。然而這種徹底的『無』終究是無可達到的，因此章炳麟復將其轉而爲可求之『平等』，即反對創建孔教，反對樹立『南海聖人』的偶像，主張給各家諸子以平等的地位。

章炳麟始終將自己的學術研究和社會現實及革命事業緊密地聯繫在一起，因此他不遺餘力地提倡儒家與諸子的平等，實則是倡導人與人、國與國、民族與民族的平等。關於這一點，我們將於下文詳加論述。

三、遭亂世，緘默深居講學（1914—1936）

從1913年大鬧總統府以後，章炳麟一直被囚禁在袁府中，直到1916年袁世凱死後，他才重獲自由回到上海。此後直到1936年在蘇州逝世，他生活的重點似乎轉移到學術研究上，先後出版了章炳麟論學集、章太炎外紀、太炎教育談、太炎學說等多部著作，其內容涉及佛學、孔孟、老莊、宋明理學等。實則此時他心中的苦悶無可排解，只能以講學自遣，將精力用於講學和培養學術傳人上。這期間，章炳麟雖也於『九·一八』事變後痛斥當局不抵抗，動員張學良、吳佩孚等將領抗日，但基本保持緘默的狀態，以深居講學爲主，以『中華民國遺民』自居。這一階段他沒有新的莊子學專著，但他對包括莊子在內的哲學問題的思考卻不曾停止，而此時他的思想也更能在精神上真正與莊子契合。

這種精神的契合首先在於章炳麟能超然於世俗之外。據章家第三女之夫朱鏡宙在章太炎先生軼事中說，『先生居東京，每星期僅能肉食一次，麥酒二斤』。總之，『先生困甚』，但他全不以爲意，這正是莊子最重要的精神之一。

章炳麟重獲自由後，將生活的重點轉到了講學上來。他一生的講學主要有十一次，其中九次是在這一時期，而莊子更是他這一時期講學的重要內容。而且據說，他的講學簡直有如隨便談天，亦復詼諧間作，妙語解頤，與莊子的適性、自由作風有以相通。

第二節　莊子解故

莊子解故是章炳麟以傳統考證方法解釋莊子的重要著作，其寫作是與他在東京講學同時進行的。1908年，章氏爲發揚國故而繼續他的講學活動，聽講者主要有黄侃、錢玄同、朱希祖、龔寶銓、許壽裳、周樹人、周作人等。主要講説文解字，其他還有莊子、楚辭、廣雅疏證等。其中講莊子次數較多。據胡道靜回憶，他得到先生手批校的日本明善堂鉛排本評注莊子上册，始於逍遥遊，止於天運，其内容與國粹學報連載的莊子解故是一樣的①。由此可知，章氏所著莊子解故正是這次講學的結果，其講學與著述是相輔相成的。莊子解故於1909年初始連載於國粹學報，自第五十一期至六十一期。

一、莊子解故的師承淵源

清末學風雖開始受到西學影響而有所變化，但仍有一批考據派的學者從字詞的訓詁考證入手，對莊子的原文做扎實艱深的釋義考證。章炳麟在詁經精舍時受業於俞樾。俞氏繼承了王念孫父子的治學方法，仿王氏讀書雜志而作的諸子平議共三十五卷，是他於子學方面之集成，完全承王念孫讀書雜志内外證結合，旁徵博引，校勘文字的考據方法。章炳麟就曾評價道，『諦諸子乃與雜志抗衡』（章炳麟俞先生傳）。俞樾諸子平議中有莊子平議三卷，章炳麟的莊子解故與之有密切關係，引俞氏所作莊子釋文甚多，歸納來説主要有以下幾種情況：

① 参見莊子解故點後記，章太炎全集（六）。

第一種是直接引其結論。如人間世篇有『其可以爲舟者旁十數』之句，俞樾在莊子平議中說：『「旁」讀爲「方」，古字通用。尚書皋陶謨篇「方施象刑惟明」，新序節士篇「方」作「旁」；甫刑篇「方告無辜於上」，論衡變動篇「方」作「旁」，並其證也。在宥篇「出入無旁」，即「出入無方」，此本書假「旁」爲「方」之證。詩正月篇「民今方殆」，鄭箋云：「方，且也。」「其可以爲舟者方十數」，言可以爲舟者且十數也。釋文引崔曰「旁，旁枝也」，蓋不知「旁」爲「方」假字故。語詞而誤以爲實義矣。』章炳麟在莊子解故中引其結論說：『俞先生曰：「旁即方。」』。或引其結論又加自己的解釋以申述之。如大宗師篇有『厲乎其似世乎』之句，章炳麟先說『俞先生曰：「世」借爲「驕泰」之「泰」』，後又補充『「世叔」作「大叔」，「世子」作「大子」，「世室」作「大室」』之例，則意義更爲明朗。

第二種是擇俞氏之重要論證過程而引申之。如大宗師篇有『藏山於澤』之句，章炳麟說：『「山不可藏諸澤，故俞先生讀「山」爲「汕」，引小雅「烝然汕汕」，箋云：「今之撩罟也。」』或引其部分論證，又輔以其他論據以充實之。如德充符篇有『彼何賓賓以學子爲』之句，既引『俞先生曰：「賓賓」即「頻頻」。漢書司馬相如傳「仁頻并閭」，顏注曰：「『頻』字或作『賓』。」是其例也』，又繼之以廣雅釋訓『頻頻，比也』，使論據更有力。或引其論證，繼以自己的評判。如齊物論篇有『有倫有義』之句，章炳麟曰『釋文「崔本作『有倫有議』」，俞先生曰：當從崔本做「論議」』，繼而肯定俞氏的說法曰『義當從崔本』，卻也提出自己的觀點說『文則以郭本爲故書』。這是章炳麟引莊子平議的主要方式，約二十條左右。

第三種是，章炳麟也並不因爲俞氏是自己的業師而一味遵循他的觀點。如大宗師篇有『其狀義而不朋』之句，章氏說：

> 俞先生以『義』爲『峨』，以『朋』爲『崩』。案：『義』當爲本字，公羊桓二年傳：『義形於色。』朋，即『馮』之借。方言：『馮，怒也。』楚辭曰：『康回馮怒。』亦訓盛。楚辭曰：『馮翼惟象。』盜跖

篇云:『侅溺於馮氣。』其作『朋』者,吳語:『奮其朋勢。』以『朋』爲『馮』,猶『淜河』作『馮河』也。

義而不朋,謂義形於色,而無奮矜之容也。

這裏是説俞氏之説可商榷,認爲『義』不必爲『峨』即可解釋得通,『朋』不當爲『崩』而爲『馮』,並對整句的意思進行了串講。

章炳麟向以劉歆『私淑弟子』自居,並自稱『學問之事』以『東原(戴震)先生爲圭臬』①,可見他承於顧炎武、戴震、王念孫等古文經學大師的學術淵源。他在莊子解故序言裏寫道:『莊子三十三篇,舊有經典釋文,故世人討治者寡。王氏雜志附之卷末,洪頤煊財舉二十九事,挽自俞、孫二家而外,殆無有從事者。余念莊子疑義甚衆,會與諸生講習舊文,即以己意發正百數十事,亦或雜采諸家,音義大氐備矣。』這裏所説的孫,指的是晚清另一位樸學大師孫詒讓,他的莊子劄迻也是晚清一部較重要的研究莊子的著作。章炳麟認爲除了這幾家以外,鮮有治莊者,但他同時認爲這些著作中有他不能認同之處,故他在講學時根據自己的理解,綜合各家之説而爲百數十條,集而爲莊子解故。

二、莊子解故的内容、特徵

章炳麟認爲自他著莊子解故,莊子之『音義大氐備矣』,可見他對自己這部著作還是相當自信的。歸納起來,此書主要包括了以下幾個方面的内容和特徵:

首先,作爲一部考釋性的著作,最重要的當然還是訓釋字詞義,疏通句義。章炳麟的莊子解故也不例外,而

① 章炳麟1911 年致檢齋(吳承仕),收入章炳麟論學集,北京師範大學出版社1982 年版。

他的特點則在於：

其一，訓釋字義詞義時，不拘一格，或引字書，或引史書，或引各家注，或兼而用之，顯示出其較好的小學功底。如大宗師篇有「以刑爲體者，綽乎其殺也」之句，章炳麟說：

「綽乎其殺」，文不可通。注言「雖殺而寬」，甚迂。殺，當借爲「察」。鄉飲酒義「愁之以時察」，注：「察，或爲殺。」是其例。綽，從卓聲，得借爲「焯」。說文：「焯，明也。」周書曰：「焯見三有俊心。」焯乎其察，猶言明乎其察也。循「焯」之聲類求之，又變作「逴」。……逴，音敕角反。按晉令：「成帝元年四月十七日甲寅詔書云：火節度七條云：火發之日，詣火所赴救。御史、蘭臺令史覆逴，有不以法，隨事錄坐。」又云：「交互逴覆，有犯禁者，依制罰之。」據此，「逴」即檢察之謂。逴乎其察，義益明白。任刑法者，其政察察，故曰：「以刑爲體者，逴乎其察也。」

不論結論正確與否，但他引用了鄉飲酒義、說文、周書、晉令、火節度七條等書的資料，其論據是很充分的，論證的各環節也聯繫得比較緊密，如果沒有比較深厚的文字功底，是難以做到這一點的。

其二，直接引述前人的考證結果。前人已有詳細考證之處，章炳麟往往只是直接引述其考證結果。如他在考釋齊物論篇「已而不知其然謂之道」一句時，便是直接引用了戴震的論斷：「戴震曰：『釋詁：「已，此也。」齊物論「已而不知其然」，養生主「已而爲知者」，已，皆訓此』。」

當然，章炳麟的訓釋也有可商榷處。如逍遙遊篇「摶扶搖而上者九萬里」句中的「摶」字，兼有「拍」、「旋」二義，章炳麟卻據釋文「摶，徒端反；一音搏。崔云『拊翼徘徊而上也』」，以爲「字當從搏，崔說得之」。這裏以「摶」爲「搏」字之誤，顯然是不正確的。

其次即爲版本的考釋。古代書籍在傳抄、刻印的過程中有時會出現漏字、錯字的現象，在一定程度上影響了文義的理解，因此，在考證注釋的同時，章炳麟常以不同的莊子版本互相參照比校，取其最爲合適者。

第一種情況是辨析形近而誤。如大宗師篇有『是之謂不以心捐道』之句，章炳麟引經典釋文『捐，郭作「揖」，一入反』，又引說文解字『揖，手箸匈也』，而論曰：『箸匈爲揖，引伸爲匈有所箸。不以心揖道者，不以心箸道也，所謂不訢不距，不忘不求也。』所以他認爲『捐，當從郭作「揖」』。又如大宗師篇有『造適不及笑，獻笑不及排』之句，章炳麟曰：『釋文「崔本作『造敵不及笑，獻芥不及竉』。」』認爲應當依據崔譔本，這樣可以使文義更爲通暢。

第二種情況是辨析音近而誤。如應帝王篇有『紛而封哉』之句，經典釋文曰『封哉，崔本作「戎」』，云：『「封哉，散亂也。」』章炳麟認爲古『封』字亦讀重脣音，故『封哉』當依崔本作『封戎』，即『蒙戎』、『尨茸』也。

再次是訂正前人的訓釋。章炳麟的莊子解故大量引用了前人的訓釋成果，尤以清代考據家俞樾的見解爲多，其次就是王念孫、戴震、孫詒讓等人的訓釋成果，但他並非簡單地引用，一味地贊同，而是每每帶有自己的眼光和評判。如寓言篇有『夫受才乎大本，復靈以生』之句，章氏說：

孫詒讓曰：『「復」借爲「腹」，「腹靈」猶言「含靈」也。』案：孫說未諦，『復』從畐聲，說文：『畐讀若伏。』是『復』可借爲『伏』。褚先生補龜策列傳曰：『下有伏靈，上有兔絲。』所謂伏靈者，在兔絲之下，掘取之，入四尺至七尺，得矣。伏靈者，千歲松根也。是此草所以名伏靈者，以其受才乎大本，凡受才大本者，皆伏藏靈氣於內，草所受才之大本，則松根也。人所受才之大本，則天地根也。今人但知伏靈爲藥草專名，不解其所從得義，由是莊子所言『復靈』，不可解矣。

這裏先指出孫詒讓的說法『未諦』，接著按照自己的觀點展開了具體訓釋，反映了章炳麟嚴肅的治學態度和獨特的學術眼光。更爲可貴的是，章氏不僅有許多創見，也對自己的見解不斷地思考調整，精益求精。他早年在杭州詁經精舍所作膏蘭室劄記中與莊子有關的劄記，有幾條被收入莊子解故，比較兩者，易見其不同。如大宗師篇有『其爲物無不將也，無不迎也』之句，在膏蘭室劄記和莊子解故中分別有訓釋文字云：

應帝王『不將不迎』、知北遊『無有所將，無有所迎』、寓言『其往也，舍者迎將』，將，送也。見釋言。

詩『百兩將之』，傳：『將，送也。』莊子每以『將』、『迎』對文，即送、迎也。（莊子解故）

（膏蘭室劄記）

比較這兩條訓釋文字，正如朱季海在莊子解故的點後記中說，『是於舊說已泰半不留，其存者亦多删潤矣。即此足見先生治學之精進』。

三、莊子解故訓釋方法探略

莊子解故發正莊子三十三篇疑義凡二百四十八條，其運用的方法多種多樣，主要有以下幾種：

第一類是通過字音、字形判斷字意。中國的漢字有其獨特性，正如章炳麟在對徐無鬼篇『是以一人之斷制利天下，譬之猶一覕也』之句的解釋中說『凡字多從聲得訓』，而他又在一次演講中提到，『「小學」本合文字、聲音、訓詁三部分而成，三者不能分離，……清代小學所以能成爲有系統之學者，即因其能貫通文字、聲音、訓詁爲一之故』①，因此在莊子解故中，他經常以字之音、形爲釋義之切入點。這一點主要是承俞氏莊子平議的方法而來。

首先是通過讀音來考證版本，考釋字詞義。如逍遥遊篇有『越人斷髮文身』之句，章炳麟引經典釋文曰：『斷，司馬本作「敦」，云：「敦，斷也。」』並判斷『作「敦」者是故書』，因爲從讀音上說，『敦』、『斷』是一聲之轉，作『斷』字是後人據句義而改。故當從司馬彪本作『敦』。

① 清代學術之系統，收入馬勇編章太炎講演集。

其次是通過分析字形來辨析詞義。漢字中有很大部分是形聲字，形部表義，聲部表音，故同一形部之字，其義大略相近，以此可來幫助辨析字詞之義。如養生主篇有『技經肯綮之未嘗』之句，章炳麟認爲經典釋文『技，本或作「猗」』，以『猗』爲發聲詞，雖也可解，但更合適的是當釋爲『小』，他的依據就是從分析字形而來，曰『從支聲之字皆有小義』，並引說文解字『妓，婦人小物也』爲例，斷言『「技經肯綮之未嘗」，言「未嘗小經肯綮也」』。

但更多的是將音、形相結合進行考釋。如漁父篇有『變更易常，以掛功名，謂之叨』之句，章炳麟指出『掛』從『圭』聲，而『卦』、『畫』本同字，說文解字『掛，畫也』，故『畫』可以引申爲『謀畫』，與『圖』都解釋爲『謀』，而引申爲『畫圖』。這正如『規』和『營』都指『畫圓』，可引申爲『規畫』和『營求』，所以『掛功名』就是圖功名、規畫功名的意思。

第二類是將字句訓釋與義理探究相結合。訓釋字詞，最終還是爲了疏通句子。爲求莊子本義，章炳麟有時將字句訓釋與義理探究相結合。今舉數例以明之：

逍遙遊篇『彼於致福者，未數數然也』，章炳麟曰：『說文：「福，備也。」祭統：「福者，備也。備者，百順之名也，無所不順之謂備。」此「福」即謂無所不順，御風者當得順風乃可行。』

齊物論篇『道惡乎隱而有真僞，言惡乎隱而有是非。道隱於小成，言隱於榮華』，章炳麟曰：『「隱，……所依據也。「隱几」亦即據几。此言道何所依據而有真僞，言何所依據而有是非。答言真僞依據小成而起，是非依據榮華而起。明真僞、是非，惟從勢利爲準，本無正則也。』

以上的例子便是先訓釋重要的字詞，再探究文意，這樣更有助於對莊子文章的整體把握。這是不同於俞樾莊子平議之處，因爲俞氏基本只做訓詁考據，不太重視求義理。但章炳麟也並不是對所有的注都做疏通，只有相對難解的句子，才加以解釋。

第三類是將內證與外證的方法相結合。章炳麟在考釋的過程中將內證與外證緊密結合，使論據更充分可信。所謂『外證』，是指在古籍中搜尋證據，包括經、史、子、集各方面之字句，以及前人對於莊子原文的不同解釋，對其參照比校，以證明自己的判斷。如：

齊物論篇『庸也者，用也。用也者，通也。通也者，得也。』章炳麟曰：『庸、用、通、得，皆以疊韻爲訓。得，借爲「中」，地官師氏「中失」。故書「中」爲「得」。淮南齊俗訓「天之員也不得規，地之方也不得矩」，文子「得」作「中」，是其例。「得」與「中」相通者，古無舌上音，「中」讀如「冬」，與「得」雙聲。』

這就是用了周禮、淮南子、文子等典籍中的材料作爲證據來進行訓釋的。章炳麟還經常運用『以莊解莊』的方法，即以莊子本身的文字作爲證據，以校勘文字訛誤，考釋字詞意義，是爲校勘之『內證』。此法又可分爲兩小類：

其一，以同篇中上下文的語言環境、句與句之間的前後搭配爲證。如人間世篇有『臨人以德』之句，章炳麟認爲此句所在的一段『自「禍重乎地」以下十句，皆言行路之事』，所以『「德」當依說文訓「升」也，平聲即「登」字』，則『「臨人以德」，謂以登高臨人也』。

其二，引莊子其他篇目中的類似文字、音義特點、語法特徵等爲證。或引單篇中文字來解釋詞語。如天地篇有『不拘一世之利以爲己私分』之句，章炳麟認爲『拘』與『鉤』同，並證之以天運篇『一君無所鉤用』。又如齊物論篇有『其名爲吊詭』之句，章氏說：

吊詭，即天下篇之『諔詭』，與『俶儻』之『俶』同字。吊、俶古音相近，彝器伯叔字多作『吊』，『不吊』亦即『不淑』，皆其例。郭訓『吊當』，釋文訓『至』，皆失之。若郭言『卓詭』者，亦即『吊詭』之異文。『卓』字古音在舌頭，與『吊』同呼，凡言『卓犖』、『恢卓』，並與『吊詭』之『吊』同字。

這是引莊子天下的語句來訓釋齊物論篇中『吊詭』一詞。或引多篇中文字來解釋某一個詞語。如天地篇有『今然君子也』之句，章炳麟說：『然，以雙聲借爲「乃」。徐無鬼篇：「今也然有世俗之償焉。」外物篇：「吾得斗升之水然活耳。」然，並「乃」字。』這是先後引用徐無鬼、外物等篇之詞句來訓釋天地篇之『然』字。

在更多的情況下，章炳麟將其他典籍與莊子本身的篇目相結合，來證明自己的考釋。如大宗師篇有『彼方且與造物者爲人』之句，章炳麟引中庸之『仁者人也』及其注『人也，讀如「相人偶」之「人」』，又引詩匪風箋『人偶能割亨者，人偶能輔周道治民者』，復又引莊子應帝王『予方將與造物者爲人』和天運篇『丘不與化爲人』，以證明『彼方且與造物者爲人』之『爲人』即爲『爲偶』之意。

正是由於考據的內外證結合，章炳麟的分析才顯得更爲細密，立論更爲嚴謹。俞樾在莊子平議中雖也每每使用這種方法，但遠不若章氏此書使用得頻繁。

第四類是對語法、句法等的分析。這不是章炳麟使用的主要方法，但也應當加以注意。如人間世篇有『密若無言』之句，章炳麟說：『密，借爲「謐」。說文：「謐，靜語也；一曰無聲也。」此以一字斷句。若，女也。田子方篇：「默，女無言。」詞例正同。又達生云：「公密而不應。」密，亦「謐」字。』所以他主張將『密』字斷開，讀其句爲『密，若無言』。這是對句讀的判斷。又如逍遙遊篇有『吾是以狂而不信也』之句，章炳麟說：『狂，借爲「誑」。吾以是誑者，吾以是爲誑也。古言「以爲」，多省「爲」字。』這是對通假字和省字法的分析。再如德充符篇有『使日夜無郤，而與物爲春』之句，章炳麟說：『說文：「春，推也。」與物爲春者，與物相推移也。推者向前，郤者向後。「日夜無郤」，「與物爲推」，二語轉相明。』這是對耦語的認定。顯然，這些方法的使用可令原文的意義更加明白曉暢。

當然，以上對章炳麟考釋方法的分類只是爲了便於論述，其實在莊子解故中，這些方法常常是綜合使用的。如：

齊物論篇『何謂和之以天倪』，章炳麟曰：『釋文：「天倪，李音崖，云：分也；崔云：或作

『霓』，際也；班固曰：天研。」段玉裁曰：「天倪、端倪，皆借爲『題』。」說文：「耑，物初生之題也。」案：天下篇言「端崖」，則「倪」當借爲「崖」，李音崖訓是也。作「天研」者，倪、崖、研皆雙聲，知北遊篇言「崖略」，「崖」者「圻堮」，「略」者「經界」，皆「際」義也。』

這就是分别引了經典釋文、說文解字和莊子之天下、知北遊篇的說法，加以比對，又輔以對字之聲部、形部的分析，最後得出自己的判斷。

要之，章炳麟的莊子解故是以傳統的訓詁方法來解釋莊子的著作，雖然似不能與王念孫的讀書雜志、俞樾的諸子平議擁有同等的地位，而且由於此書是章氏講學的結果，受時間和可引資料所限，對各家說法的引述多憑記憶而來，故不免微瑕，但它的價值仍是不能忽略的。首先它是章氏莊子學研究的兩部重要著作之一，是他莊子學研究的重要組成部分；其次，就注莊子本身而言，由於章氏所選條目儘量不與俞樾莊子平議重複，故恰可補俞氏之未言，兩書參看，則更爲完備。而且作爲講義，選擇的條目多是看似簡單卻容易産生歧義的詞句，常常闡釋一、二關鍵字而可使全句可解，重點突出，簡潔明了，使之成了一部通俗實用之書，對以後注莊之人也起到了或多或少的影響。因此，章炳麟的莊子解故無疑是清末民初莊子研究史上不可或缺的一環。

第二十五章　清代佛教學者的莊子學

中國的道教，至明代已開始走向衰落。在滿清入關以後，由於清貴族素無道教信仰，道教更出現了衰頹景象，大致只在民間秘密流傳，成爲一種世俗化的宗教，故而嚴重影響到了其對莊子的闡釋，甚至使本書已沒有必要開闢章節予以論述。佛教在這一時期雖然也同樣走向了衰敗，但一些學者卻每每引佛理以解釋莊子，而隨著晚清佛教在某種程度上的復興，更使楊文會南華經發隱、章炳麟齊物論釋這兩部以佛解莊的著作應運而生，故特開闢專章以論述之。

第一節　清代佛教學者莊子學概說

清代前期諸帝，如順治、雍正之參禪，康熙之崇佛，乾隆之刻佛經，皆對佛教的發展起到了一定作用。但從思想史角度來看，這一時期的佛教只不過是前代佛教的一種微弱的歷史回聲，已不可挽回中國佛教不斷走向衰頹的總趨勢。清代前期佛教與莊子的關係，就是在這樣的背景下發生的。

正如整個清代莊子學肇端於明遺民一樣，清代佛教學者的莊子學主要也由明遺民僧開其端。如入清後金陵天界寺覺浪道盛禪師著莊子提正，極力倡導關於莊子爲『儒宗別傳』的說法，以曲折地表達他想要傳承華夏傳統文明的愛國情懷。道盛此說一出，便得到了其禪門弟子及其他僧人如方以智、薛正平、陳丹衷、石谿、大時、大中、大琸等的大力贊同和申發。浙江雲門山顯聖寺佷亭淨挺禪師則著漆園指通，提出了關於莊子爲『釋家教外别傳』的説法，實際上正反映了他在無可奈何情況下意欲淡化遺民意識而忘世事於禪境之中的思想，因而引起了錢澄之這位具有强烈遺民意識者的極端不滿。金壇人曹宗璠，雖遺民意識不太明顯，但其所著南華泚筆一書，以華嚴經的『三界唯心』説來闡釋莊子，事實上也正反映出了其歷經世事變幻後的一種特殊心態。

在此後的一段時間内，雖然没有佛教學者所撰的莊子學專著問世，但佛教與莊子的關係仍在一般莊子學著作中得到了反映。如高秋月的莊子釋意、孫嘉淦的南華通等，每每引佛理來解釋莊子文字。林仲懿在南華本義中則承因並發揮了朱熹的説法，明確指出莊子在佛教傳入中國前，實際上已先説出了其教義的大意，所以莊子是源，佛教是流。宣穎雖然在南華經解中大聲感歎『莊子豈佛氏之先驅哉』（南華經解序），甚不滿於『具區馮氏謂（莊子）爲佛氏之先驅』（同上），但他在詮釋莊子過程中卻仍對佛教思想有所徵引。凡此皆可説明，即使在這些具有明顯儒學化傾向的莊子學著作中，也並不難發現佛教的影子。

嘉慶以後，國勢淩替，佛教亦隨之更加走向衰頽，但此期間的莊子學著作仍對佛理有所徵引，如姚鼐莊子章義、劉鴻典莊子約解等皆屬此類。陸樹芝甚至還在莊子雪讀莊子雜説中指出，正像深明佛理的道士責駡無賴比丘而使佛之金身益尊一樣，莊子稱孔子之名而詆之者，並非真指孔子正身，而是指被方術之士抽去靈魂的徒具偶像的孔子，可見莊子只是在用極端的方式護持聖人孔子的正道而已。所以他説：『必識駡佛確是愛佛之理，則莊子正先聖之外臣猶子，心在君父者，雖真儒讀之，可以無惡矣。』如此來闡釋莊子，可謂新穎别致，但並不符合實際。方潛對於『佛經道藏』，『亦皆博覽遐搜，窮高而極深，探玄而索隱』（見方敦吉桐城方文通先生年譜略）。如他闡釋齊物論篇時謂『實相非相』、『離相即佛』、『歇即菩提』，闡釋人間世篇時謂『觀自在菩薩行』、『照見五藴皆空』、『坐微塵裏轉大法輪』、『一切世間天人阿修羅，皆當恭敬作禮圍繞』等等，皆爲引佛解莊之例，既有可取的地方，也不無牽强之處。

及至清末，在中學嬗變、西學東漸的歷史契機中，一批有識之士希望通過復興佛學，自覺闡揚佛學所具有的現代意義，來批判儒學的弊病，創造一種新的文化，於是便出現了研究佛學的風氣。如楊文會站在佛教的立場上，採取以佛釋儒和以佛釋道的方式，把儒家和道家的思想融會到佛教中去，認爲，『若能進而求之，將如來一代時教究徹根源，則知黄老、孔顔心法原無二致，不被後儒淺見所囿也。』（與沈雪峰書）因而他撰寫了南華經發隱一書，把莊子思想幾乎完全融會到了佛教中去，成了歷史上最具有佛理化特徵的莊子學著作。章炳麟在佛學和莊子學方面均有很深的造詣，他所著的齊物論釋即是一部以佛理解釋莊子齊物思想的名著，從中可以看到作者藉以闡發出了近代的自由、平等思想，不能不説是對莊子研究的一種較好的嘗試。所以梁啟超評價道：『炳麟用佛學解老莊，極有理致，所著齊物論釋，雖間有牽合處，然確能爲研究莊子哲學者開一新國土。』（清代學術概論）梁啟超本人雖然没有以佛解莊的專著，但他不但對佛教和莊子都同樣很有研究，而且還在莊子學派概觀中撰有大量關於佛、莊互解的文字，裏面寄寓了作者迫切希望普天下終日面臨動亂與危難的人們通過對『道』的體悟而得到精神上之渡化的思想。

第二節　楊文會的南華經發隱

楊文會（1837—1911），字仁山，安徽石埭縣人。少時博學能文，但不喜科舉業。咸豐三年，太平天國軍進攻安徽，他隨家人輾轉遷徙於各地，前後達十年之久。在此期間，他學習音韻、曆數、天文、地理及黄、老、莊、列等學問。二十七歲時，得大乘起信論，遂屬意佛學。後移居南京，創金陵刻經處，募款重刻方冊藏經。並於刻經處設祇洹精舍、佛學研究會，成爲中國佛學院的先河。他與日本名僧南條文雄爲友，因南條氏之助，從日本得到我國許多佛教逸書，加以翻刻。著作有大宗地玄本論略注、等不等觀雜錄、佛教初學課本、十宗略説、闡教編、論語發隱、孟子發隱、陰符經發隱、道德經發隱、沖虛經發隱、南華經發隱等。

在學術思想上，楊文會認爲儒、道、釋三教完全可以互相通融。他説：『近年閉戶窮經，於釋迦如來一代時教，稍知原委，始信孔顏心法不隔絲毫，柱下、漆園同是大權示現。』（與釋惟靜書一）並謂：『若能進而求之，將如來一代時教究徹根源，則知黄老、孔顏心法原無二致，不被後儒淺見所囿也。』（與沈雪峰書）因而楊氏認爲，像陰符經、道德經、沖虛經、南華經等道家著作『實與佛經相表裏』（沖虛經發隱敘），『文似各别，而義實相貫也』（陰符經發隱敘）。他的南華經發隱，便是基於上述思想撰成的一部莊子學著作。

南華經發隱一卷，前有楊文會於光緒三十年所撰南華經發隱敘。正文節取莊子内、外、雜篇中十二章文字，依次標題爲『鯤鵬變化』（逍遥遊）、『子綦喪我』（齊物論）、『回問心齋』（人間世）、『兀者王駘』（德充符）、『女偊論道』（大宗師）、『謀報渾沌』（應帝王）、『象罔得珠』（天地）、『世之所貴』（天道）、『天門』（庚桑楚）、『七大』（徐無鬼）、『得其環中』（則陽）、『得意忘言』（外物），多有雙行夾注，並加圈點，各章末附評語，欲以佛説會通莊意。其南華經發隱敘云：

嘗見宗鏡判老莊爲通明禪，憨山判老莊爲天乘止觀。及讀其書，或論處世，或論出世。出世之言，或淺或深，淺者不出天乘，深者直達佛界。以是知老、列、莊三子，皆從薩婆若海逆流而出，和光混俗，説五乘法，人乘、天乘、聲聞乘、菩薩乘、佛乘，能令衆生隨根獲益。後之解者，局於一途，終不能盡三大士之藴奥也。

明釋德清在莊子内篇注應帝王篇末説：『以佛法中人天止觀而參證之，所謂天乘止觀，即宗鏡亦云老、莊所宗，自然清淨無爲之道，即初禪天通明禪也。』用佛學的理論系統判老莊爲『通明禪』。楊文會則進一步認爲，莊子的學説不能這樣簡單地以『判教』的方法來認識，雖説在某些方面，莊學只相當於佛家的『天乘』境界，但其深刻處，顯然已經到達最高的佛境了；老莊列三子，都是在不拘一格地爲衆生説法，愚者淺之，智者深之，釋莊者是不能『局於一途』來理解莊子的。

於是，楊文會便努力從不同角度來尋找莊子與佛學相通的地方。首先是修道的入手處。陸西星在南華真經副墨逍遥遊解題時說：『夫人必大其心而後可以入道，故內篇首之以逍遥遊。遊，謂心與天遊也。逍遥者，汗漫自適之義。夫人之心體，本自廣大，但以意見自小，横生障礙。此篇極意形容出個致廣大的道理，令人展拓胸次，空諸所有，不爲一切世故所累，然後可進於道。』陸西星認爲，一個『大』字即是入道的門徑。釋德清則從佛理的角度解說道：『逍遥遊者，廣大自在之意，即如佛經無礙解脱，莊子以超脱形骸、泯絶知巧、不以生人一身功名爲累爲解脱。蓋指虚無自然爲大道之鄉，爲逍遥之境，如下云「無何有之鄉」、「廣漠之野」等語是也。意謂唯有真人，能遊於此廣大自在之場者，即下所謂「大宗師」，即其人也。』（莊子內篇注）認爲莊子的廣大逍遥相當於佛經裏的無礙解脱。同樣是引佛入莊，針對這個『大』字，楊文會作了更爲細緻的發揮，他說：

此一章書，有十大。一者具大因，二者證大果，三者居大處，四者翔大路，五者御大風，六者享大年，七者遊大道，八者忘大我，九者泯大功，十者隱大名。初釋大因：北冥，幽闇之處也，鯤魚潛藏其內，喻根本無明也。此無明體，即是諸佛不動智，是之謂具大因。二釋大果：鯤化爲鵬，奮迅而飛，脱離陰濕，而遊清虚，無障無礙，是之謂證大果。三釋大處：南冥天池，離明之方也。善財南詢，龍女南往，皆以處表法。天池者，浮幢王刹諸香水海之象也，是之謂居大處。四釋大路：水擊三千，高翔九萬，蒼蒼一色，遠而無極。雖六月乃息，仍不離一真法界也，是之謂翔大路。五釋大風：風積不厚，則不能負大翼，乘九萬里之風，方可圖南。此風何所表耶？乃表大願也。現身九界，普行六度，乘此大願，方證妙果，是之謂御大風。六釋大年：以小年、大年相形，皆有限量之年也，意在無限量之年。如齊物論『莫壽於殤子，而彭祖爲夭』。壽夭齊，而大年顯矣，是之謂享大年。七釋大道：『若夫乘天地之正，而御六氣之辨』者，即大道也。無待於外，而遊無窮者，即逍遥遊也，是之謂遊大道。八釋大我：夫至人者，宇宙在乎手，萬化生乎身者也。法身大我，豎窮三際，橫亙十方，而無我相可得，是之謂忘大我。九釋大功：藐姑神人，利澤遐敷，年豐物阜，而不見其功，是之謂泯大功。十釋大名：聖如唐堯，蕩蕩乎民無能名焉，是之謂隱大名。

佛學以無明爲不覺，不覺分爲根本無明與枝末無明二種。根本無明即諸煩惱之根本，但恰恰是這根本無明，爲佛的未開啟的不動智，以北冥鯤魚喻之，是爲修行的『大因』。鯤化爲鵬，脱離陰濕而遊清虚，即爲破除無明而成佛之『大果』。南方乃離明之方，鵬飛南徙，以處表法，是爲『大處』。水擊三千，六月乃息，喻修行是康莊大路。大風表佛的大願，乘此大願，方證妙果。小年大年，喻諸佛法身是『無量壽』。乘天御氣，以遊無窮，是之謂遊大道。至人與宇宙爲一，是之謂忘大我。得道之人，利澤施於萬世而不覺其功，是之謂泯大功。既泯其功，無稱其名，所謂隱大名。故莊子曰：『至人無己，神人無功，聖人無名。』這裏不是從個體的角度來説有三種深淺不同的覺悟果位，而是從『道體』的角度來分説三種不同的覺悟相。故楊文會指出：『舊解謂此三人無有淺深，竊窺莊生之意，當以法報化三身配之。』佛學把法身、報身、化身叫做『三身』。法身又名自性身，是整體，它不生不滅，不垢不淨，不增不減，相當於儒、道兩家所言的『至善』、『道』。報身是法身運動、變化中因緣成熟顯示出來的『德』，它可以有相，也可以無相。具體到人、我、衆生、壽者的具象，在佛學中統稱化身。法報化三身一體，都是天人大系統的具體存在。無論是『至人無己，神人無功，聖人無名』，還是法、報、化三身一體，都是在突出一個以整體爲依止的『無我』觀念，佛家將這個觀念叫作『南無』。故逍遥遊篇能以一個『大』字發端，而終歸結到『無待』的主題。無待者，實是待一切。所以楊文會在這裏引『三身』説來釋莊子的『三無』説，的確是很深刻的。只是從文字上，我們看不出他是真正理解了二説之間的內在聯繫，還是因爲看到了二者之間一個『三』的共同點，故從邏輯上簡單地比附。

除了自創的『十大』説，楊文會還對莊子徐無鬼中本有的『七大』説加以佛理的發揮。莊子曰：『知大一，知大陰，知大目，知大均，知大方，知大信，知大定，至矣！大一通之，大陰解之，大目視之，大均緣之，大方體之，大信稽之，大定持之。』楊文會釋『大一通之』爲『體則無二，用乃萬殊』，釋『大陰解之』爲『寂滅大海，究竟解脫』，釋『大目視之』爲『正法眼藏，徹見本源』，釋『大均緣之』爲『平等一如，普緣十界』，釋『大方體之』爲『無邊刹土，不出自心』，釋『大信稽之』爲『因果歷然，纖毫不爽』，釋『大定持之』爲『本來無動，不持而持』，將莊學詩性的描繪一一轉化成了佛經概念性的語言。他於章末接著寫道：『此章歷舉七大，陸氏謂其名目，皆莊子所自命，而不知其與佛經暗合也。衆生流轉，由起惑而造業，由造業而受苦，故以起惑爲病源。佛經說有三惑，一曰「見思」，粗惑也；二曰「塵沙」，細惑也；三曰「無明」，根本惑也。起時由細而粗，滅時由粗而細，無明貫於本末。此文斷惑次第有三層，至大不惑，則無明破盡，永脫輪回矣。』按，佛經在翻譯時代，借用了不少中國本土經典的名相，並在新的文化背景下深化細化了它們的內涵，此處『惑』字即是一例，『解惑』的確是莊學與佛學的一個契合點。不過楊文會最後說『此文斷惑次第有三層，至大不惑，則無明破盡，永脫輪回矣』，明顯是如佛教所說的『高推聖境』了。莊學如果真到了破盡無明，永脫輪回的境界，佛學也沒必要東傳了。以佛解莊，優點是高屋建瓴，但往往也會因深刻而說了過頭話，這是不得不注意的。

但由此也可以看出，楊文會堅定地認爲莊學與佛學是可以相通的，不但入手處一致，在具體的設教方法與見地層次上，二者也有異曲同工之妙。如在『兀者王駘』章下，他評曰：『王駘與仲尼分道揚鑣，一顯一密。行顯教者，耳提面命，進德修業，人所共知。行密教者，潛移默化，理得心安，人所難見。常季怪而問之，仲尼直以聖人稱王駘，而願引天下而從之遊，益動常季之疑矣。』佛法分顯密二門，他受用應化身隨機之說，謂之顯，自受用法性佛說內證智境，謂之秘。簡言之，一切可以對象化的言說，謂之顯教，非對象性的潛移默化，是謂密教。仲尼王駘，行止不同，然其度生之心則一，故楊文會皆以大菩薩贊之。在闡釋庚桑楚篇『天門』章時，他又說：『此章語語超越常情，顯示如來藏也。』本來，老子首章曰：『無名天地之始，有名萬物之母。』已經將天地的起源概括盡了。但這種説法簡略得很，於是庚桑楚篇『天門』章具體地描繪出這個過程，曰：『出無本，入無竅，有實而無乎處，有長而無乎本剽；有所出而無竅者有實，有所入而無本者有長。有實而無乎處者，宇也；有長而無本剽者，宙也。有乎生，有乎死；有乎出，有乎入。出入而無見其形，是謂天門。天門者，無有也；萬物出乎無有。有不能以有爲有，必出乎無有，而無有一無有，聖人藏乎是。』這天地時空一出一入的過程，陸西星謂之『造化之顯藏默運於無聲無臭之表』（南華真經副墨）。藏雲山房主人則贊道：『不惟貫徹道德首章之意，並將道德首章未發之意而暢發之。』（南華經大意解懸參注藏雲山房老莊偶談録）但這畢竟還是一種模糊化的表述，佛學則是在理論上將之講清楚了。故楊文會在解釋『有實而無乎處者，宇也』時説：『宇者，上下四方也。既無處矣，何得名字？乃知宇者，唯心之方，非妄計之方也。』在解釋『有長而無本剽者，宙也』時説：『宙者，往古來今也。既無本剽，何得名宙？乃知宙者，唯心之時，非妄計之時也。』釋『天門者，無有也』曰：『克實而言，唯是真空。』釋『萬物出乎無有』曰：『從真空，現妙有。』最後在『無有一無有，聖人藏乎是』下注曰：『此即真空，亦名空空，亦名大空，亦名究竟空，亦名第一義空。……即是聖人放舍身命處。』認爲天地時空均起源於當下一念，一念空，萬法皆空；萬法皆空，則爲聖人。在『得其環中』章注釋中，他更詳細地解釋了這種時空觀，如釋『除日無歲』爲：『破時量也，積日而成。歲，除日則無歲矣。積刹那而成日，除刹那則無日矣。刹那者，時之極促，無時量之可得也。證刹那際三昧者，延一念爲無量劫，促無量劫爲一念，過未入現在，現在入過未。即冉相氏無終、無始、無幾、無時，莫不由此道也。』釋『無内無外』爲：『破方量也，自外觀之，以内爲小，小之内更有小焉，小而不可極，則歸於無内而已。自内觀之，以外爲大，大之外更有大焉，大而不可盡，則歸於無外而已。内外消融，遂能小中見大，大中見小。一塵遍法界，法界入一塵。何方量之有？即聖人之非天、非人、非始、非物，莫不由此道也。』佛教修行有『虚空粉碎，大地平沉』的説法，亦有『芥子納須彌，長劫入短劫』的時空觀，於是楊文會認爲此處可以與莊子相通。從純理論上講，這些會通的説法不能説不對，但正如上文所言，楊文會忽略了覺悟本身的實際層級的差別，故其解莊仍時有高推聖境的遺憾。

在修行次第上，楊文會也認爲自己找到了莊佛的一致處。如在『子綦喪我』章注中，他說：『此篇摘錄開章七十餘言，辨明喪耦、喪我二種差別。蓋旁人見其容貌異常，有似喪耦。耦者對待之法也。心不外緣，幾如槁木死灰矣。而豈知南郭子內證無心，我執已亡乎？倘我執未亡，定有對待之法時時現前，不能深入寶明空海，平等普觀也。下文種種不齊之物論，皆從喪我一法而齊之，了無餘蘊。所謂得其一萬事畢者，此之謂也。』陸西星曰：『「喪我」二字，又是自前篇「至人無己」上生下，蓋喪我，則可與忘物，可以忘我，而優入聖域矣。』（南華真經副墨）如果說，逍遥遊篇是說一個傾心於認識自我的人，首先要視野開闊，不拘一格，把自我從肉體感官的牢籠中解放出來，那麼，齊物論篇則是說了一個『無分別』，這個『無分別』，說到底是希望人們透過自己有分別的『識』，來品驗生命本體的那個無分別的『知』。而要做到這一點，首先要破的，便是佛教稱之爲『我執』的那個東西。正如楊文會所言，『倘我執未亡，定有對待之法時時現前，不能深入寶明空海，平等普觀也』。不能『平等普觀』，『物』也就『齊』不了。『物』『齊』不了，『真君』則無法安立。『真君』無法安立，接下來『養生』就沒有『主』了。這幾步都做到後，必然會建立起人間世篇所說的每個生命獨有的『心齋』。楊文會在『回問心齋』章寫道：

仲尼欲示心齋之法，先以返流全一誡之。然後令其從耳門入，先破浮塵根，次破分別識，後顯遍界不藏之聞性，即是七大中之根大。何以名之爲氣耶？蓋所謂氣者，身內身外，有情無情，平等無二者也。隨有聲動，聞根即顯，所謂循業發現者是也。聽止於耳，釋浮塵根之分齊，根塵交接，滯而不脫，所以須破。心止於符，此識蓋覆真性，所以須破。氣也者虛而待物者也，名之爲氣，其實真空也。自性真空，物來即應，故爲道之本體。見此本體，安有不心齋者乎？顏子實時領解，而應之曰：『未聞師訓，妄執爲我，既聞師訓，本來無我。可得謂之虛乎？』夫子印之曰：『心齋之法，盡於是矣。』

其實莊子此處所説的『一若志』與楞嚴經裏所説的『返流全一』並不是一回事，楞嚴經所描述的『返流全一』是『迴脱根塵』之後所達到的境界，而莊子的『一若志』只是個入手姿態，正如今日修瑜伽者必先要集中意念一樣。但莊子『一若志』之後所説的話確實可以説是在描述『返流全一』的狀態了。楞嚴經卷八曰：『塵既不行，根無所偶。返流全一，六用不行。』轉換成莊子的話，就是：『無聽之以耳而聽之以心，無聽之以心而聽之以氣。耳止於聽，心止於符。氣也者，虚而待物者也。唯道集虚，虚者，心齋也。』楊文會認爲，這是孔子要顔回『從耳門入』，『先破浮塵根，次破分別識，後顯遍界不藏之聞性』。這『遍界不藏之聞性』，莊子用一個『氣』字來表達。不過，爲何遍物質的『氣』反而層次還在虚靈不昧的『心』之上呢？楊文會解釋道：『所謂氣者，身内身外，有情無情，平等無二者也。』這還是在强調一個『齊物』的整體意識。只是這裏的『齊物』，明顯比齊物論篇裏的『齊物』更高了一個層次，已經將大千世界拉入心齋來『起用』了。這正是楊文會所説的『自性真空，物來即應，故爲道之本體』。到了這個地步，自己的一切行爲看似出於自己，實際上只是『天之所爲』，也就是説，人終於可以見到真正的生命主宰『大宗師』了。見『大宗師』必有個次第，莊子謂之『外天下』、『外物』、『外生』、『朝徹』、『見獨』、『無古今』、『不死不生』。故楊文會在闡釋『女偊問道』章時説：

此章分爲兩段，前段言卜梁倚依教進修，凡有七層。前三層漸修漸證，自『朝徹』以下，勢如破竹，一時頓證，以顯真體。『其爲物』以下，『將迎毁成』四句，一切普應，以彰妙用，體用具足，乃以『攖寧』二字收之。後段女偊自敘聞道，凡有九層，前二層聞慧，次二層思慧，次二層修慧，後三層證道，是之謂『九轉功成』也。此九層，皆以『聞』字貫纂到底，但取文便，其實後之三層，言説不到，思慮不及，豈耳根所能領耶？

在楊文會看來，這七個次第，前三步還屬於『漸法』，到『朝徹』以下，則『一時頓證』，到了『將迎毁成』，更是全面開花，這明顯是楊文會從莊子的行文節奏上悟出來的。至於女偊自敘其聞道次第，楊文會將之分爲聞慧二層、思慧二層、修慧二層、證道三層，『是之謂九轉功成』，更是顯示出一個佛教學者獨特的見地。的確，去聖日遠，聞道者必從文字誦讀入手（聞慧），進而已心與文字爲一（思慧），然後『依教起行』，付諸實踐（修慧），最後才能與天地同參（證道）。楊文會進一步指出：『後之三層，言說不到，思慮不及，豈耳根所能領耶？』也只有到了這一步，人才有『談玄』的資格啊！後人一下手就將莊子目爲玄學，擺弄幾句玄談，就自以爲奇士高人了，真是不知修道甘苦的妄作。

也許正因爲如此，楊文會在南華經發隱中除了著力尋找莊學與佛學的契合點之外，有時還反其道而論之，希望學道者能夠將修道功夫落到實處。比如在『世之所貴』章與『得意忘言』章，他大發感慨：

此章爲執著文字者下針砭，今進一解，爲掃除文字者下針砭。古聖遺言，如標月指，執指固不能見月，去指又何能見月？莊子恐人認指爲月，不求見月，故作此論，令全書文字，如神龍變化，若有若無，猶釋典中之有金剛經，能令一代時教飛空絶跡也。達摩西來，不立文字，直指人心，見性成佛。當時利根上智，得其旨趣者，固不乏人。而數百年後，依草附木之流，正眼未開，輒以宗師自命。邪正不分，淺深莫辨，反不若研求教典之爲得也。蓋書之可貴者，能傳先聖之道，至於千百世，令後人一展卷間，如覯明師，如得益友。若廢棄書籍，師心自用，不至逃坑落塹不止也。下文輪扁答桓公之言曰：『君所讀者，古人之糟粕。』試反之曰：『予所讀者，古人之英華。』有何不可？（『世之所貴』章注）

筌者，魚笱也。蹄者，兔罝也。因筌而得魚，因蹄而得兔。魚兔既得，筌蹄可舍。後人不達此意，竟欲舍筌蹄而求魚兔。魚兔何由可得耶？章末二語，神韻悠然，天道篇内『世之所貴』一章，專主離言，此章先即後離以救其弊。維摩經云：言説文字，皆解脱相。即非即非離，更進一層矣。（『得意忘言』章注）

按莊子天運『世之所貴』章與外物『得意忘言』章，都是希望人能夠透過言説文字的表面去參悟那不可言説的大道，要如女偊那樣，由『副墨』、『洛誦』進而『玄冥』、『參寥』、『疑始』。後來禪宗興起，標榜不立文字，顯然也受了莊子這種説法的影響。但正如楊文會所説，那是在人根尚利的像法時代，方能如此設教，到了晚清，已經是佛教所説的『末法時代』了。楊文會本人正是看到晚清佛門凋敝，僧尼無學，方才興起他一生的宏法事業的，所以他雖然釋莊，卻極爲看重『文字般若』。這兩章莊子的本意明顯是偏於『離言』的，但他還是要把其主旨往『即言』上拉，甚至引維摩詰經『言説文字，皆解脱相』（鳩摩羅什譯維摩詰所説經觀衆生品第七）的説法來消解『離言』的負面作用，真是用心良苦！

不但在『言』這個問題上，他持一種積極的看法，就是對莊學極重視的『自然』觀上，他也從佛教的角度給出了一種更精進的態度。比如在釋『謀報渾沌』章時，他一反歷代莊學對『渾沌』的正面評價，寫道：

儵忽，六七識生滅心也。渾沌，八識含藏心也。渾沌無知，爲儵忽所鑿而死。渾沌雖死，其性不死，隨儵忽轉，而冥熏儵忽，生其悔過之心，遂謀所以生渾沌者。時相謂曰：『渾沌德我，今亡渾沌矣，爲之奈何？』旦夕推求渾沌之性而培植之。久之而渾沌復甦，曩之無知者，轉而爲精明之體矣。於是儵忽奉爲宗主，聽其使令，非但分化於南北，抑且并八方上下而統治之。渾沌改名爲大圓鏡，儵名妙觀察，忽名平等性，與儵忽爲侣者，皆名成所作。四智菩提，圓彰法界，南華之能事畢矣。

佛教有『八識轉四智』的説法，意謂人的原始感知經過修煉，便可以接通生命本體而獲得無上的智慧。楊文會認爲，儵忽正如人的前六識加第七識我執，而渾沌正如第八識阿賴耶識。阿賴耶識爲前七識所熏染，無法透發其光明，但其心雖隱，其性常在。阿賴耶識暗中感發鍛煉前七識，使『曩之無知者，轉而爲精明之體』。渾沌變成了大圓鏡智，儵變成了妙觀察智，忽變成了平等性智，與儵忽在一起的心識，全成了成所作智。於是『四智菩提，圓彰法界』，這就是南華經的最大功用。與此同時，楊文會也未像歷代的解莊者那樣，把『渾沌』看成是天真未破的完美狀態，他認爲：

無始無明，稱爲渾沌。即是渾沌，必有儵忽。既有儵忽，必至鑿竅。後之解者，但惡其竅，意謂不鑿，則天性完全。豈知縱不被鑿，亦是闇鈍無明，不能顯出全體大用也。莊生決不以渾沌爲道妙，有他文可證。此章説到迷妄極處而止，未説返流歸真之道，留待後人自悟。奈何二千年來，幽關未闢，故爲揭而出之，以餉知言君子。篇末之渾沌即首章之鯤魚也，鯤喻大心凡夫，在冥海中長養聖胎，一變而證大果，渾沌喻毛道衆生，莫不被鑿而死。莊生哀世人之沉淪，而以此章結之，其無盡大悲，可想見矣。

不但渾沌本身並不是一個自足的完全狀態，更重要的是，莊子在這裏只是『説到迷妄極處而止，未説返流歸真之道』。那麼什麼是『返流歸真之道』？原來應帝王篇裏的渾沌就是逍遥遊篇裏的鯤魚，渾沌即衆生，其天性被鑿而死，所以才有了鯤化爲鵬的生命解放的必要。也就是説，應帝王篇末章正好接上逍遥遊篇首章，内七篇正如寓言篇所説的那樣是『始卒若環，莫得其倫』。楊文會認爲，這裏是莊子一書二千年來『未闢』的『幽關』，而『莊生哀世人之沉淪，而以此章結之，其無盡大悲，可想見矣』。

總之，自支遁以佛教即色派理論解釋莊子逍遥義之後，中經林希逸南華真經口義、陸西星南華真經副墨、釋德清莊子内篇注等的大力推闡，至楊文會南華經發隱而達到了以佛解莊的極致，從而把莊子思想幾乎完全融會到了佛教中去。

第三節　章炳麟的齊物論釋

章炳麟的生平事跡，已見於章炳麟的莊子研究一章。章氏在莊子解故序言裏寫道：『若夫九流繁會，各於其黨，命世哲人，莫若莊氏，消搖任萬物之各適，齊物得彼是之環樞，以視孔墨，猶塵垢也。又況九淵、守仁之流，牽一理以宰萬類者哉！微言幼眇，别爲述義，非解故所具也。』這裏所説的欲『别爲述義』之作，即爲齊物論釋。

齊物論釋是被章炳麟稱爲『一字千金』的著作①，此言雖未免誇張，但從中能體會出他著齊物論釋是頗費苦心的。胡適稱章炳麟『於校勘訓詁的諸子學之外，别出一種有條理系統的諸子學』，認爲他所做的原道、原名、明見、原墨、訂孔、原法、齊物論釋都是『屬於貫通的一類』，而『原名、明見、齊物論釋三篇，更爲空前的著作』②。梁啟超在清代學術概論中也評價道：『炳麟用佛學解老莊，極有理致，所著齊物論釋，雖間有牽合處，然確能爲研究莊子哲學者開一新國土。』可見齊物論釋用佛理與莊子互證，以佛義闡釋莊子，其價值還是爲時人所肯定的。

一、齊物論釋内容探略

章炳麟曾認爲，『齊物一篇，内以疏觀萬物，持閱衆甫，破名相之封執，等酸咸於一味；外以治國保民，不立中德，論有正負，無異門之釁，人無愚智，盡一曲之用，所謂衣養萬物，而不爲主者也。遠西工宰亦粗，明其一指彼是之論，異同之黨，正乏爲用，攖寧而相成，雲行雨施而天下平。故齊物論者，内外之鴻寶也。』（菿漢微言）可見他以齊物論爲莊子中的重要篇目，認爲『齊物』是莊子的重要思想。他的弟子龐俊在章先生學術述略中是這樣評價先生『齊物』思想的：

其齊物論釋一篇，以佛解莊，名理淵淵，高蹈太虚，足爲二千年來儒墨九流解其封執。若其説狙公

① 章炳麟自述學術次第，收入傅傑主編章太炎自述與印象，上海三聯書店1997年版。
② 見胡適中國哲學史大綱導言，上海古籍出版社1997年重版。

明堯伐三子之問，然後知天演進化之論，實多隱慝賦芧之文，然後知天鈞兩行之言，不同於圓滑也。勝義稠疊，員輿之上，諸老先生，未有先言之者。①

可見齊物論釋是章炳麟思想的重要體現，只因齊物論本身是莊子文章中精深之作，而章氏用語甚至比莊子更爲難解，致使這部著作鮮有研究者。章氏的齊物論釋有兩個本子，其一爲原本，其二爲定本②，可視爲章氏對自己學術觀點不斷思考的結果。齊物論釋前有章氏自序和釋篇題，後有黄宗仰（烏目山僧）之後序，並將齊物論分爲七章，依次進行闡釋，其中第一章又分爲六節，闡釋最爲詳盡。今不憚見笑於大方之家，對其主要内容加以概述③。

1．齊物論釋（初本）序

章炳麟在此序中首先交代了莊子作齊物論的背景，即『世道交喪，奸雄結軌於千里，烝民塗炭於九隅』，莊子憂而作之。其次，章氏指出莊子之綱目唯在『消摇、齊物二篇』，前者旨在『自由』，後者意在『平等』，但此『非世俗所云自在平等』，而是有其深意在，所謂『體非形器，故自在而無對；理絶名言，故平等而咸適』。在這裏，章氏就已顯露他作齊物論釋之主導思想，即否定外在的『形』和『名』，從而倡導真正的『自在平等』。然而他又

---

① 龐俊章先生學術述略，收入章念馳章太炎生平與學術，北京三聯書店1988年版。

② 説明：章炳麟的齊物論釋作於1910年，但完成後没有立即付梓。1911年底，又由其友黄宗仰（烏目山僧）爲『後序』一篇，章炳麟亦於此時修訂此書，爲齊物論釋定本，後於1912年單行出版。本節所引齊物論釋文字，如無特殊説明，皆據章太炎全集（六）所收之齊物論釋定本，上海人民出版社1982年版。

③ 以下釋義參考黄華珍試論章太炎先生與莊子研究，古籍整理研究學刊2002年第1期；吴光興論章太炎的莊子學，道家文化研究第二十輯。

認爲『齊物文旨，華妙難知』，以致魏晉以後解莊者雖衆，卻不得漆園之心。他認爲自己正處在莊子預言的『必有人與人相食』之『萬世之後』，所以他要承擔起發明『齊物』本意之使命。接下去，他就點明他釋齊物論之理論基礎，曰『儒墨諸流，既有商榷，大小二乘，猶多取攜』，也就是説他認爲佛家思想與莊子精神『義有相徵』，故以佛解之。他又指出，自『宋世諸儒』即稱『佛典多竊老莊』，而到『法藏、澄觀，竊取莊義，以説華嚴』，可見佛、莊之可解可通是不容否認的。最後他説『一致百慮，則胡越同情，得意忘言，而符契自合』，這也可以算是他對齊物論主旨的一個概括。

2．齊物論釋之釋篇題

章炳麟在這一部分論述了三層意思。第一層爲總述。首先給『齊物』下了個定義，即『一往平等之談』，具體來説就是『非獨等視有情，無所優劣，蓋離言説相，離名字相，離心緣相，畢竟平等』。而『離名字相』，即佛教中『般若所云，字平等性，語平等性』，兩者的共同點在於『其文既破名家之執，而即泯絶人法，兼空見相，如是乃得蕩然無閡』。然後他辨析了他所説的『兼』不同於墨家『泛愛兼利』之『兼』。在他看來，兼愛者是主張『人』和『我』應該共同獲利的，但既言『人』、『我』，既言『兼愛』，就已對自己之行爲有贊許之意，有分别、有褒貶，就已不可言『齊』了。所以，章氏詮釋『齊』爲『齊其不齊，下士之鄙執；不齊而齊，上哲之玄談』。

第二層中，章炳麟進一步論述了要達到『齊』，唯有『滌除名相』。他認爲萬物之所以有差異，是因爲人心將之分爲『相、名、分别三事』，所以他認爲作爲釜底抽薪之法的『以名遣名』是最爲巧妙的。在此，他舉了佛教瑜伽師地論三十六對『名』的四種劃分，即『名尋思』、『事尋思』、『自性假立尋思』、『差别假立尋思』，來論證『言非吹也，言者有言，即於名唯見名也』。也就是説有『言』就有判斷，有『言』就『有執』，如莊子所説『以指喻指之非指，不若以非指喻指之非指也，以馬喻馬之非馬，不若以非馬喻馬之非馬也』，『無執則無言説』，這樣才能達到『齊』。這還不算，章氏更進而指出，即使是『齊』本身，一旦有此説、有此念，也就破而爲『不齊』，正是寓言篇所所謂『不言則齊，齊與言不齊，言與齊不齊也』，也就是大般若經中說的『當知法平等性既不可說，亦不可知』。所以章炳麟特别辨析了齊物論篇當以前兩字連讀，否認了前人每以『物論』連讀，即認爲『以論攝論，即論非齊』，不可存齊一物論之心，而要明論『齊物』於世人，於是概括齊物論篇曰：『是篇先說喪我，終明物化，泯絶彼此，排遣是非，非專爲統一異論而作。』

第三層，章炳麟提出『能上悟唯識，廣利有情，域中故籍，莫善於齊物論』，認爲唯識與齊物論的相同之處就在於不立文字，即大乘入楞伽經所說『我經中說，我與諸佛菩薩不說一字，不答一字』。這就明確了他以佛解莊，以佛莊互證之旨。最後，他認爲道家『出於史官，其規摹閎遠』，莊子之書更是舊學之大成者，只是不爲世人所知，所以他要著齊物論釋，擔介紹此書之重責。

3. 釋第一章

（1）第一節

章炳麟以『南郭子綦隱几而坐』到『無適焉，因是矣』爲第一章，又分爲六小節，此爲第一小節，是對齊物論篇『南郭子綦隱几而坐』至『旦暮得此，其所由以生乎』一節文字的闡釋。

章炳麟認爲『齊物本以觀察名相，會之一心』，故此第一節開篇即言『喪我，而後名相可空』，分爲兩個層次論述。第一層由南郭子綦『喪我』而來，引佛教毗婆沙論八十四作比，解釋『我』如何可喪，又何以以地籟、天籟爲喻。『地籟中風喻不覺念動』，萬竅不同，故其聲各異，借之喻『相名分别各異』，也就是說人之心意不同，故覺所見之物各異。而天籟中所以吹而使發聲者，喻『藏識』，『萬喻藏識中一切種子』。章炳麟在這裏引入了幾個新的名詞，如所提到的『藏識』、『種子』，還有接下去提到的『原型』，認爲它們表達的都是同樣的意思，即『相之本質』，用佛教的概念來解釋就是第八識，即『心體，名阿羅邪識，譯義爲藏，亦名阿陀那識，譯義爲持』，而『阿羅邪』即莊子德充符之『靈府』，『阿托那』即莊子庚桑楚之『靈臺』，這就是『真我』。所以如果『以意根執藏識爲我』，就會生『物物』之心，『物即相分，物物者謂形成此相分者，即是見分』。章炳麟總結曰：『此上總義，略破人法大相，次復別明心量。』

第二層，章炳麟自物由心生而論種種死生之心、哀樂之心皆『自取己心，非有外界』。繼而，他從齊物論篇之『日夜相代乎前，而莫知其所萌』句引申開去，詳細闡述了『時』由心生。他認爲『心起即有時分，心寂即無時分』，並以睡眠爲證，認爲睡夢中經過了很多的時間，而於睡者而言，卻似只過了一瞬。所以他認爲『時非實有』，而是由心而生，因而『爲人人之私器，非衆人之公器』。並舉例説，覺得時間過得慢的人便覺得日月變化亦慢，覺得時間過得快的人便覺得日月變化亦快，實則日月變化是固定不變的，即所謂『時由心造，其舒促亦由心變也』。這樣，章炳麟就在縱向上達到了『齊』，是爲破『時分』。但應當指出的是由於章氏過於強調相對而不講絶對，就完全否定了客觀時間的長短。他這樣做的目的就在於以『時』爲例，論證所有心生之物皆不可成爲標準，不當有高下，即所謂『時分銷亡，而流注相續之我自喪矣』。

（2）第二節

這是對齊物論篇『非彼無我，非我無所取』至『其我獨芒，而人亦有不芒者乎』一節文字的闡釋，乃是承上節『喪我』而『論真我、幻我』，以及何爲可喪之『我』。章炳麟於此提出值得注意的一點，即是指出莊子文中多言『無我』，如逍遥遊篇『至人無己』等，而此文獨言『喪我』，彼、我對舉，有彼方有我，『非彼無我』，因此唯有知彼、我皆空才是真正的『智』。後又與佛典作比，認爲佛典多言『無我』，唯涅槃經言『有我』，即指『佛性』。繼而引入『真宰』的概念，認爲此即『佛法中阿羅邪識，惟有意根恒審思量執阿羅邪識以爲自我』，因爲恒審思量，所以以幻爲真，故曰『百骸、九竅、六藏之屬』，不知何者爲『真我』。章氏於此運用了現代的醫學知識，如細胞、腦髓、神經等概念加以闡釋，進而得出『以是五義，輾轉推度，則謂有真我在』的結論，即『幻我本無而可喪，真我常遍而自存』，可喪者爲『幻我』，不可喪者爲『真我』。

（3）第三節

這是對齊物論篇『夫隨其成心而師之』至『天地一指也，萬物一馬也』一節文字的闡釋。首論『藏識中種子，即原型觀念』，認爲一切有無是非都由『世識、處識、相識、數識、作用識、因果識』、『我識』這七個『種子』生成，而『成心即是種子』。並進而以『名言』爲例説，人之初生，知饑而索乳，而不知其名；知患而避之，然亦不知其名，可見所行之事是出於天性，而後知之名不過是世人額外賦予的而已，故此一切均以人之『成心』而起。

繼論『夫言非吹也，言者有言，其所言者特未定也。果有言邪？其未嘗有言邪』數句。章炳麟認爲所謂『言』，是爲了『自表所想』，所以不同的地方有不同的表達方式，古今也有差異，是爲『其義則一，其言乃以十數』。並指出，同樣的東西可以用不同的語言來表述，所以語言本身是沒有『定性』的，它只是一定範圍内人們約定俗成的稱呼，如果一定要以自己的約定爲是，以他人之定爲非，則是非之心由是而生，紛爭由此而起，這也就是不『齊』的根源。所以，章炳麟認爲要達到『齊』，就必須釜底抽薪，破除語言。

此節最後論『以指喻指之非指，不若以非指喻指之非指也。以馬喻馬之非馬，不若以非馬喻馬之非馬也』。章炳麟認爲『上指，謂所指者，即境；下指，謂能指者，即識』，因而『指』、『馬』皆是『假名』，實在不足爲證。

總之，這一節如章炳麟自稱，『皆説成心之義，應分三科：第一明種子未成，不應倒責爲有；第二既明有種子，言議是非或無定量；第三明現量所得計爲有實法實生者，即是意根妄執也』。

（4）第四節

這是對『可乎可，不可乎不可』至『是之謂兩行』一節文字的闡釋，乃是承前而『破名守之拘』。章炳麟認爲，世人『執一切皆有自性』，所以『名必求實』，對詞進行訓釋，『一謂説其義界』，『二謂責其因緣』，『三謂尋其實質』。章氏認爲求實質者是不明白『無成有』的道理，所以必定要以自己的成心將其落到實處，正因爲這樣的『以義解義，以字解字』，才導致了『惡乎然？然於然。惡乎不然？不然於不然』，歸結來説就是『其成也，毁也』。

在這一節中有一個重要的概念，即『兩行』。莊子云：『是以聖人和之以是非，而休乎天鈞，是之謂兩行。』章炳麟説：『詳齊物大旨，多契佛經，獨此一解，字未二百，大小乘中皆所未有。』指的就是『兩行』。他在齊物論釋初本中引老子爲其定義，曰『常無（謂無名）欲以觀其妙，常有（謂有名）欲以觀其徼，此之謂兩行也』。

（5）第五節

這是對『古之人，其知有所至矣』至『此之謂以明』一節文字的闡釋，乃是對前一節的舉例論證。章炳麟簡論之曰『此解前破遍計所執，後破隨逐遍計之言』，認爲人執有我之見而産生種種愚蠢的念頭，『無物之見，即無我執、法執也』。

（6）第六節

這是對『今且有言於此』至『無適焉，因是已』一節文字的闡釋，仍然是論言與義的關係，即認爲『言與義不相類』，詳言之就是『言之與義，一方相類，一方不相類，二方和合輻湊，寄於意識，所謂類與不類，相與爲類』，也就是説言和義是没有本質聯繫的。章炳麟提出『名』分爲本名、引申名和究竟名，如同爲紅色，中國稱之爲『赤』，西方人則名之曰『累特、蘿帖』。

在這一層中，章炳麟還以寓言篇『不言則齊，齊與言不齊，言與齊不齊也，故曰（言）無言。言無言，終身言，未嘗（不）言；終身不言，未嘗不言』來解齊物論篇，這也是他一貫使用的内證釋莊方法。

此節最末，章炳麟引般若經作結，認爲『諸法一性，即是無性，諸法無性，即是一性』，所以一與言爲二，二與一爲三，唯寂然不動，然後爲齊，是爲『齊物之至，本自無齊』。

4．釋第二章

這是對『夫道未始有封』至『此之謂葆光』一章文字的闡釋。在第一章的六節中，章炳麟已將『齊物』的主要觀點基本都進行了闡釋，因而對此後幾章的論述相對比較簡單。如此章，即是『衍第一章意説齊物用』，只是又頗舉了些近代天文學的例子來證實自己的觀點。

5．釋第三章

這是對『故昔者堯問於舜曰』至『而況德之進乎日者乎』一章文字的闡釋。此章頗能體現章炳麟的『齊物』思想，故雖寥寥數語，卻獨立成章。章氏於此先對『故』作了解釋，釋其爲發語詞，因而認爲此當不連於前章，亦見他於闡釋義理時也不忘考據之法的運用。他從堯欲伐三小國而不安，引出國有大小，然文、野不當有優劣之分，不應以自詡的文明去浸染别國，當以『齊』爲原則，使之各安其所安。其實他欲斥責的是他所處的時代，因爲中國面臨西方所謂文明之國的侵擾，故有此論。章末，他又重申曰：『此章才有六十三字，辭旨淵博，含藏衆宜，馬蹄、胠篋、盜跖諸篇，皆依是出也。』可見他對這段文字的重視，亦由此引出『平等』二字。

6．釋第四章

這是對『齧缺問乎王倪曰』至『而況利害之端乎』一章文字的闡釋。齊物論此章論『正味』與『美』，人和魚、鳥、鹿的標準是完全不一樣的，但都是『由我自迷』而產生的，因此章炳麟認爲『觸受想思，唯是織妄，故知即不知也』，自己所謂『知』恰是『不知』之大者。

7．釋第五章

這是對『瞿鵲子問乎長梧子曰』至『故寓諸無竟』一章文字的闡釋。章炳麟稱『此章初説生空，次説生空亦非辭辯可知，終説離言自證』。從『無謂有謂』、『有謂無謂』引出這亦是前文所論『終身言，未嘗言』，『終身不言，未嘗不言』之理，意謂人們應當忘言。並進而舉例説，生死之間好比日夜的替換，故生如夢而不必求長生，死亦如夢而不必有所畏懼。

章炳麟於此章的結構論述較爲詳細，這裏不作贅述。應當注意的是此處較之齊物論釋初本有大段的增補。

章氏於此論及『天倪』即『天均』，認爲正與前文『兩行』相呼應，乃『莊生自悟悟他之本』。

8．釋第六章

這是對『罔兩問景曰』至『惡識所以不然』一章文字的闡釋。章炳麟亦以『成心』和『有、無』釋之，認爲所待者亦有所待，『有』前更有『有』，必要推至無有，即莊子所言『有始也者，有未始有始也者，有未始有夫未始有始也者』，亦即萬物本生於無，『唯是依他起性』而生『幻有』。復又論陰陽亦無有。最後論曰『世無達者，乃令隨珠夜光，永埋塵翳』，可見他認爲莊子這番深意在惠施死後並無人解得。

9．釋第七章

這是對『昔者莊周夢爲胡蝶』至『此之謂物化』一章文字的闡釋。章炳麟認爲生者以生爲真，以夢爲幻，夢者以夢爲真，以生爲幻，實則皆非，皆爲惑者，即『惑者以覺爲真，忍夢亦真；明者辨夢爲妄，知覺亦妄』。他認爲此章雖然以夢爲喻，實際上卻不是在説夢，而是在説輪回；説輪回實欲使人『離於大年小年，無有大知小知，一切無待』，這便是『常樂我淨之謂』。

二、以佛解莊及其緣由

以佛解莊是莊子闡釋史上一個慣用的方法，最早『以佛解莊』的是支遁，他所作的逍遥遊論以佛理解釋『逍遥義』，另闢蹊徑，揭示出新的義理，其闡釋迥異於向秀、郭象的認識，開啓了莊學史中『以佛解莊』傳統的先河。其後唐成玄英莊子注疏雖也是『以佛解莊』，但他對這一原則的應用已不再限於支遁用佛理解釋莊子單篇的規模，更多關注於借鑒佛理對道家理論及其整體哲學的提升；而宋代林希逸之莊子口義的出現則與當時佛道風氣的昌盛密切關聯，林氏所處時代深受禪宗風習熏染，其闡釋中就大量運用禪宗概念、思想與莊子之精義互證、比較，成爲其研究的一大亮點。明代運用『以佛解莊』手段的研究者頗多，其中以陸西星的南華真經副墨與釋德清莊子内篇注爲代表。陸氏認爲莊子好似中國的佛經，欲融合老莊與釋家；而憨山德清本身就是明代高僧，其高深的佛學修養成爲其莊子内篇注『以佛解莊』思路的重要思想來源。章炳麟正是承此傳統而來，並成爲『以佛解莊』在清末民初的代表。

章炳麟接觸佛學受多重因素的影響。第一是師友的影響，對他影響較大的主要有宋平子、夏曾佑（穗卿）、黄宗仰等。章氏二十七歲時，開始與夏曾佑交往。夏氏是晚清著名佛學居士楊文會的弟子，喜歡今文經，聰慧善辯，『多矯怪之論』（自定年譜），又喜好佛學，推崇法相宗，治成唯識論，並勸章氏閲讀佛典，章氏後來以佛釋莊，在某種程度上確是受到他的影響。1897 年，章炳麟在杭州組織興浙會時認識了宋平子，其人『疏通知遠，學兼内外，治釋典，喜寶積經。炳麟少治經，交平子，始知佛藏』（瑞安孫先生傷辭），對章氏學佛産生了很重要的影響。章氏自言，『余少年獨治經、史、通典諸書，旁及當代政書而已。不好宋學，尤無意於釋氏。三十歲頃，與宋平子交，平子勸讀佛書，始觀涅槃、維摩詰、起信論、華嚴、法華諸書，漸近玄門。』（自述學術次第）第二是因『蘇報案』意外入獄而獲得的閲讀機緣。1904 年 4 月到 1906 年 5 月，章氏在獄中監禁三年，這期間無以自遣，又無他書可讀。唯有佛典，遂研讀之，可謂是章氏哲學思想的轉變期，從佛學典籍中吸取可完善自己思想體系之内容，『乃悟大乘法義』（自定年譜）。

其實章炳麟並不崇尚佛教，如他在無神論中所言，『惟物之説，猶近平等；惟神之説，崇奉一尊，則與平等絶遠也。欲使衆生平等，不得不先破神教』。可見他認爲如果佛教成爲一種偶像崇拜，則當去之，所以他説，『今日通行的佛教，也有許多的雜質，與他本教不同，必須設法改良，才可用得』，因爲『信佛教的，只有那卑鄙恶劣的神情，並沒有勇猛無畏的氣概』（見東京留學生歡迎會演説辭）。他選擇法相、華嚴以釋莊，不是出於偶然的隨意，而是經過了慎重的考慮。據他的弟子劉文典説，『他雖是喜歡講佛學，但決不迷信佛教，可以説是吸取了佛學裏唯物的内核，吐棄了唯心的外殼。例如他作的講莊子的齊物論釋，是用佛教的法相宗思想來解釋莊子，而法相宗是佛教最科學，最合邏輯的一派。』①

法相宗也就是唯識宗，或稱法相唯識宗，由唐代玄奘大師赴印度求法歸國後所創，之後有其弟子窺基、慧沼、智周等人一脈相承，其代表著作爲成唯識論，主張外境非有，内識非無的『唯識無境』理論，認爲一切事物和現象都是因緣合成、相對和短暫的。此宗在宋元以後漸衰微，代乏傳人。明時著述雖豐，卻不免訛舛。章炳麟以法相釋莊，首要前提是唯識宗的復興。晚清佛學居士楊仁山創設了金陵刻經處，並從日本訪回大批散佚的佛典，其中有不少是唯識法相宗文獻，刊行流通，章炳麟在獄中讀的佛典成唯識論正是金陵刻經處的出版物。而在楊氏去世之後，他的弟子歐陽竟無繼承了他的事業，續辦金陵刻經處，主持刊校佛典的工作。歐陽竟無兼通於内外學，尤其是内學，並於1918 年和章炳麟、陳三立等在南京金陵刻經處籌建支那内學院，1922 年正式建成，同年十月，歐陽竟無在南京支那内學院主講唯識抉擇談，談唯識宗要義，作十抉擇，『基本全面地闡述無著系學說的大綱。此書的問世，是慈恩千年絶學在近代復興的代表作』②。

章炳麟很推崇歐陽竟無，認爲他的佛學造詣高於常人。歐陽竟無於1921 年10 月在南京高師哲學會作題爲佛法非宗教非哲學而爲今時所必需的講演③，認爲佛法非宗教原因有四：其一，宗教有一神或多神，即有無上的權威；佛法則是『依法不依人，依義不依語』，即『心、佛、衆生三無差別』。其二，宗教有教義，佛法則可容人思想之自由。其三，宗教有信條、戒律，佛法則無。其四，宗教要求感情的服從，佛法則非盲從迷信。非哲學原

---

① 回憶章太炎先生，收入陳平原、杜玲玲編追憶章太炎。
② 參見徐清祥、王國炎：歐陽竟無評傳歐陽漸學術行年表，百花洲文藝出版社1995 年版。
③ 此段以下引文均引自歐陽竟無佛法非宗教非哲學、佛法爲今時所必需，見歐陽竟無集，中國社會科學出版社1995 年版。

因有三，概括之即哲學家都要求所謂之真理，故有所『執』，因而得不到真理，反而會有妄見；佛法則是破『執』，一無所執而爲佛。總之，歐陽竟無認爲『即心即佛，即心即法；心佛衆生平等無二，從此則依賴之心去而勇猛之志堅矣！』這『平等』二字便是所謂『爲今時所必需』，也正是章炳麟所主張的，他認爲只有華嚴、法相二宗才能用來改良宗法，是因爲『這華嚴所說，要在普度衆生，頭目腦髓，都可施舍與人，在道德上最爲有益。這法相宗所說，就是萬法惟心，一切有形的色相，無形的法塵，總是幻見幻想，並非實在真有』，必須『要有這種信仰，才能勇猛無畏，衆志成城，方可幹得事來』（見東京留學生歡迎會演說辭）。

其次就章炳麟本身而言，他自述：『自餘閎眇之旨，未暇深察。繼閱佛藏，涉獵華嚴、法華、涅槃諸經，義解漸深，卒未窺其究竟。及囚繫上海，三歲不覿，專修慈氏世親之書。此一術也，以分析名相始，以排遣名相終，從入之途，與平生樸學相似，易於契機，解此以還，乃達大乘深趣。』（菿漢微言）可見章氏對法相宗的名實之辨是認同的，認爲兩者在某種程度上和古文經學的訓詁考據有共通之處，所以他最終可以接受。他又說：『夫能上悟唯實，廣利有情，域中故籍，莫善於齊物論。』（齊物論釋）可見他認爲莊子的齊物論篇對解讀成唯識論尤爲重要，莊、佛正可以互相佐證。

章炳麟認爲齊物論篇中的某些概念和佛學相通。如齊物論篇中有『非彼無我，非我無所取。是亦近矣，而不知其所爲使。若有真宰，而特不得其眹』之語。章炳麟釋曰：『詳此所說，真宰即佛法中阿羅邪識。』（齊物論釋定本）即他認爲，齊物論篇中所說的『真宰』、『眹』與法相宗『阿賴耶識』意義相同。

章炳麟還認爲莊子尚虛無，講相對和佛教相似。唯識論中有一『唯識中道觀』的概念，其特點就是『既不全面否定也不全面肯定。這一特點使唯識學既能保持佛教理論對世俗現象的超越性，又能使其在解釋世俗現象時保持某種程度上與人們經驗的契合性』（林國良成唯識論直解前言），這與莊子的思維方式是相似的，即只知何者非道，而不知究竟何者爲道。

在章炳麟看來，最重要的是齊物論篇還與佛教有著共同的宗旨。他在齊物論釋定本中說：『齊物者，一往平等之談，詳其實義，非獨等視有情，無所優劣，蓋離言説相，離名字相，離心緣相，不畢竟平等，乃合齊物之義。次即般若所云，字平等性，語平等性也。其文既破名家之執，而亦泯絶人法，兼空見相，如是乃得蕩然無閡。』認爲莊子、佛教在『平等』這一點上是相通的。

至此便可見章炳麟以佛解莊的真正緣由。章氏曾説，『唯有把佛與老莊和合，這才是善權大士救時應務的第一良法。』（論佛法與宗教、哲學以及現實之關係）可見，章氏欲以莊子的相對主義來反對文化專制主義，而佛教恰可作爲一個輔助來適應革命的需要。1906年5月，章氏出獄，被孫中山派人迎至東京，加入同盟會，他在東京留學生歡迎會演説辭中説：『要成就這感情，有兩件事是最（要）的：第一，是用宗教發起信心，增進國民的道德；第二，是用國粹激動種性，增進愛國的熱腸。』文章論述了道德改造的必要性，及利用宗教進行道德改造的重要性，然後逐個分析各種宗教的優劣。他認爲孔教和基督教都不適合革命事業的道德改造，而只有佛教才最可用，因爲『佛教的理論，使上智人不能不信；佛教的戒律，使下愚人不能不信』，故能『通徹上下』。更因爲『佛教最重平等，所以妨礙平等的東西，必要除去』。他以婆羅門教分出四性階級爲佛教所痛恨爲例，説明清人待漢人種種不平等，比刹帝利種虐待首陀要厲害十倍，所以排滿正是迫切要做的事。而且『佛教最恨君權，大乘戒律都説：「國王暴虐，菩薩有權，應當廢黜。」又説：「殺了一人，能救衆人，這就是菩薩行。」其餘經論，王賊兩項，都是並舉。所以佛是王子，出家爲僧，他看做王就與做賊一樣，這更與恢復民權的話相合。』1907年，章氏有答鐵錚一文，解釋了倡導佛學法相宗的理由，其核心就在於法相宗『依自不依他』的哲學態度。他指出『佛教行於中國，宗派十數，獨禪宗爲盛者，即以自貴其心，不援鬼神，與中國心理相合。故僕於佛教，獨淨土、秘密二宗有所不取。以其近於祈禱，猥自卑屈，與勇猛無畏之心相左耳。雖然，禪宗誠斬截矣，而末流沿襲，徒事機鋒，其高者止於堅定無所依傍，顧於惟心勝義，或不瞭解，得其事而遺其理，是不能無缺憾者。是故推見本原，則以法相爲其根核。』又言『法相雖多迂緩，禪宗則自簡易。至於自貴其心，不依他力，其術可用於艱難危急之時，則一也。』與他同時代的譚嗣同在仁學（一）中也説：『善學佛者，未有不震動奮厲而雄強剛猛者也。』同樣認爲佛學可使人無私無畏而適用於現世社會。

可見，章炳麟研究齊物論篇並不是爲了追求莊子本意，研究佛學也是更注意從中挖掘可爲自己所用的資料，因而以齊物的觀念融合唯識宗思想去觀察世界，目的是要建立爲自己的革命理想服務的哲學思想。章氏的這一闡釋指向，雖遭到了一些人的異議，認爲他用唯識釋莊子，儘管多有獨到之處，卻不免有主觀牽強處，如熊十力在體用論第三章中就譏其『於成唯識論之根柢與條貫，全不通曉，只摭拾若干妙語而玩味之』，但仍不失爲莊子闡釋史上獨特的一家。

三、闡釋出獨特的『平等』、『自由』思想

在齊物論釋的序言裏，章炳麟這樣寫道：『消搖、齊物二篇，則非世俗所云自在平等也。體非形器，故自在而無對；理絶名言，故平等而咸適。』可見，自由和平等正是他融合齊物和唯識提煉出來的兩大哲學思想，這不僅是他對齊物論的理解，也是貫穿於他一生的重要思想。在接下去的部分中，將以齊物論釋爲中心，兼及其他作品，略論章炳麟的『平等』和『自由』思想。

首先是關於平等，章炳麟在釋齊物論篇『堯問於舜』一段時，從堯欲伐三小國而不安，引出國不當有大小、文野之分，從而得出『平等』二字，而在國學概論中又有這樣一番廣泛爲人所引用的論述：『近人所謂平等，是指人和人的平等，那人和禽獸草木之間，還是不平等的。佛法中所謂平等，已把人和禽獸平等。莊子卻更進一步，與物都平等了。』這裏所稱道的正是莊子齊物論篇所謂『天地與我並生，而萬物與我爲一』的平等觀。

進而章炳麟又在論佛法與宗教、哲學以及現實之關係①中提出：『大概世間法中，不過「平等」二字，莊子就喚作「齊物」。並不是説人類平等、衆生平等，要把善惡是非的見解一切打破，才是平等。』也就是説，在他看來，莊子認爲是非善惡是人爲制定的標準，要真正平等就要去善惡是非之心，所謂『聖人已死，則大盜不起，天下平而無故矣！聖人不死，大盜不止』（莊子胠篋），聖人爲斗斛以量、爲權衡以稱、爲符璽以信、爲仁義以矯，則斗斛、權衡、符璽、仁義一併爲人所竊。正因爲有了衡量的標準，才有了偷竊的行爲，才有了不平等。

那麼章炳麟要除去的是什麼呢？他在齊物論釋（初本）序言中提到：『作論者其有憂患乎！遠覩萬世之後，必有人與人相食者，而今適其會也。』章炳麟認爲他所處的正是『人與人相食』的時代，內爲異族統治，外爲他國入侵，他所欲排的是滿，所欲抗的是帝。沈延國在章太炎先生在蘇州②中解釋先生別號『葑漢』、世稱『葑漢大師』的緣由，乃是起於章炳麟在東亞時報第八號上發表古今文辨時署名『葑漢閣主』，及後來所著葑漢微言、葑漢昌言、葑漢閒話，但世人多以『葑』音『到』，而不知先生實取其『倬』之音，『葑』、『倬』訓爲明，爲大，則『葑漢』有『振大漢之天聲』之意。沈延國認爲此號表現了『先師從事民主主義革命，反對清朝貴族統治階級』之初衷。可見，排滿是章炳麟一貫之主張，這看似與莊子的平等思想相悖，實則不然，排滿正是爲了達到『平等』。

1908年，章炳麟著排滿平議説：『吾儕所執守者，非排一切政府，非排一切滿人；所欲排者，爲滿人在漢之政府。而今之政府爲滿洲所竊據，人所共知不煩別爲標目，故簡略言之，則曰排滿云爾。』這和他幼時所論明亡於清反不如亡於李闖的觀點相似，因爲李闖畢竟還是漢人，清人卻是異族了。章炳麟所欲排的只是越出民族界域來統治漢族地區之滿，即『所爲排滿洲者』，『覆我國家，攘我主權之故。』（中華民國解）

① 收入中國哲學第六輯，北京三聯書店1981年版。
② 收入陳平原、杜玲玲編追憶章太炎。

原人曰，『人之始，皆一尺之鱗也』，即章炳麟認爲人類在種族的起源上沒有優劣之分，但因爲所處環境的不同，造成了後天的演化速度不同，因而導致了文明的先進與落後，所以各種族就其存在而言，是沒有高下優劣之別的，都應該是平等的。正如他在齊物論釋中所說，人、鳥、魚和鹿的審美評判標準都是不相同的，不能強加自己的喜惡於別人，因此不能以自詡的『文明』去否認別人的『落後』，這『文』、『野』之分都是由有所執而形成的，都是人爲給予之名，正是莊子所謂不齊之『言』，所以章氏欲『滌除名相』，除去這人爲的分別。可見他所謂的排滿，並不是對滿族的偏見和仇視，而是認爲滿族不該越俎代庖到漢族的地域來統治漢族的人民。對於相對落後的『蠻夷』來統治文明的華夏中國，章炳麟是堅決反對的；同樣，對於更文明的西方國家來統治中國，他也持否定的態度。在他看來，滿族與歐美是同樣性質的，他的排滿與反帝在一定程度上是相同的，所謂『欲保存國性，則不能處處同化於外人』①。簡言之，章炳麟認爲各民族有自己固有的生活區域，不應前往別族地區，強加自己之意志於他族。這恐怕就是莊子所主張的『相呴以濕，相濡以沫』、『相忘於江湖』的狀態（見莊子大宗師），所以章炳麟在中華民國解中設想將來建立一個獨立的新的『皇漢民族國家』，任國中其他各民族，如滿、蒙、回、藏等自立，建立各自獨立的民族國家，而中國可與之建立『神聖同盟』，若不欲脫離中國，則必須接受漢族文化的同化，才能與漢獲得同等的地位。

其次便是自由。從齊物論釋序中可知章炳麟在莊子逍遥遊中找到了他理想中的自由，而他又在國學概論中說：『近人所謂「自由」，是在人和人的當中發生的，我不應侵犯人底自由，人亦不應侵犯我的自由。逍遥遊所謂「自由」，是歸根結底到「無待」兩字。他認爲人與人之間的自由，不能算數；在饑來想吃，寒來想衣的時候，就不自由了。就是列子御風而行，大鵬自北冥徙南冥，皆有待於風，也不能算「自由」。真自由惟有「無待」

① 勸治史學並論史學利弊，收入馬勇編章太炎講演集，河北人民出版社2004年版。

才可以做到。』可見在章氏看來，有所待就是有執，有執就不自由了。正如他在齊物論釋中所指出，『景』有所待，而其所待者亦有所待，因此都未得到真正的自由。

1905 年國粹學報第三號載章太炎讀佛典雜記三則，其第二則曰：

天下無純粹之自由，亦無純粹之不自由。何以言之？饑則必食，疲則必臥，迫於物理，無可奈何。雖昌言自由者，於此亦不得已，故天下無純粹之自由也。投灰於道，絛狼所遮焉；便利於衢，員警將引焉。有法制在，而不得不率行之，則喜其自由矣。雖然，苟欲自由，任其苛罰，亦何不可，今自願其自由，而率從於法律，即此自願，亦不得不謂之自由，故曰天下無純粹之不自由也。然則雖至住囚奴隸，其自由亦無所失。所以者何？住囚奴隸，人所強迫也，而天下實無強迫之事。苟遇強迫，拒之以死，彼強迫亦無所用。今不願死，而願從其強迫，此於死及強迫二事，固任其取舍矣。任取其一而任舍其一，得不謂之自由乎？①

章炳麟認爲禮教、天理強行統一人的意志，抹殺個性自由和個體意識；西方科學主義將其觀點推廣到一切社會人文領域，均不可言爲自由。他又在四惑論中以公理、進化、惟物、自然爲『四惑』，欲追求一種絕對的個人自由。他認爲公理就是『眾所同認之界域』，好比棋坪方卦，是下棋的人所共同認可而不能逾界的，但這不是宇宙中原本存在的，而是人的約定。所以，『天理之束縛人，甚於法律；而公理之束縛人，又幾甚於天理矣』。並指出：『莊周所謂「齊物者，非有正處、正味、正色之定程，而使萬物各從所好。」其度越公理之說，誠非巧歷所能計矣。若夫莊生之言曰：「無物不然，無物不可。」與海格爾所謂「事事皆合理，物物皆善美」者，詞義相同。』認爲應當任憑萬物自由發展，不能施以任何約束，也不能拿任何是非標準去衡量它們。因此，1908 年中國巴黎留

① 轉引自姚奠中、董國炎章太炎學術年譜。

學生撰新世紀一文，主張中國廢漢語而代之以萬國新語，即以印歐語系的語言爲基礎，在語音、詞彙、語法上加以改革，創造出來的一種『世界語』。章炳麟就此發表駁中國用萬國新語說，加以反對。並作規新世紀①一文說：『文字者，語言之符；語言者，心思之幟。雖天然語言，亦非宇宙間素有此物，其發端尚在人爲。故大體以人事爲準。人事有不齊，故言語文字亦不可齊。』他以鳧脛雖短不必續、鶴脛雖長不可斷的莊子寓言爲例，説明長短出於天性，不必強改，同樣的道理，『以中國字母施之歐洲則病其續短矣』，『以歐洲字母施之中國則病其斷長矣』（見駁中國用萬國新語說）②。因此，章氏認爲各國都應該有自己的語言，若語言消亡，則此國此民族亦將不久於世，正所謂『欲保存國性，則不能處處同化於外人』③，是爲各語言都有存在和使用之『自由』，各國各民族之『平等』。

平等與自由在章炳麟看來是同等重要的，應當自然共存，而不是可強加的。強加自己的觀點於別人，便是執己之心，不僅使別人不自由，也使自己喪失了自由。他在五無論中論曰：『夫無政府者，以爲自由平等之至耳。然始創自由平等於己國之人，即實施最不自由平等於他國之人。』並舉了法國侵佔越南的例子，認爲其『稅』與『殺』之『酷虐爲曠古所未有』，是被稱爲『食人之國』的蒙古、回部『未逮其毫毛』的。因此章炳麟質疑，難道這個法蘭西，就是所謂『始創自由平等』的法蘭西嗎？ 智即不知，所謂文明人卻做出了最不文明的事情。所以，『太炎居士……以爲，齊物者，一往平等之談，然非博愛大同所能比傅，名相雙遣，則分別自除，淨染都忘，故一真不立。任其不齊，齊之至也。』（黃宗仰齊物論釋（初本）後序）的確，這『任其不齊』正是章炳麟作齊物論

① 載民報第二十四號，科學出版社1957年影印。
② 載民報第二十一號，科學出版社1957年影印。
③ 章炳麟勸治史學並論史學利弊，收入馬勇編章太炎講演集。

釋的宗旨，即希望從莊子與佛義中找到各國平等自由發展的思想基礎。

章炳麟曾自負地說，『爲諸生説莊子，間以郭義敷釋，多不愜心，旦夕比度，遂有所得。端居深觀，而釋齊物，乃與瑜伽、華嚴相會，所謂摩尼見光，隨見異色，因陀帝網，攝入無礙，獨有莊生明之，而今始探其妙，千載之秘，覩於一曙。』（菿漢微言）可見他認爲自己全然領悟了莊子的旨意。我們對他的這種自信雖然不敢完全苟同，但他以佛理闡釋齊物論，又將莊子哲學中的齊物平等與近代的自由、平等思想相聯繫，這不能不説既是對莊子研究的一種新嘗試，同時也是以莊子爲仲介，予全新的西方思想以中國化的解釋的一種新嘗試，無疑具有一定的啟發意義。

總之，作爲中國近代史上著名的民主革命家、思想家和國學大師，章炳麟受莊子的影響很大。清末民初是一個特殊的時期，受西方文化輸入的影響，在莊子闡釋上於以佛解莊、以儒解莊、以道解莊之外，又新創以西學解莊之路，同時，以校勘、注疏爲主的傳統小學訓詁模式仍然存在，這兩者就構成了章炳麟莊子研究的兩個方面。前者以他的齊物論釋爲代表，後者以他的膏蘭室劄記和莊子解故爲代表，但在膏蘭室劄記中也滲透了西方現代科學的觀念。齊物論釋以佛解莊，並在齊物論篇中找到他理想中的對於『平等』的解釋，從而反對人與人的相互爭鬥，倡導建立一種衆生平等、萬物爲一的新秩序，希冀給各國家、各民族和個人以存在和自由發展的權利，並以此作爲自己革命的思想基礎。從這個意義上説，雖然章炳麟以西學解莊不免有牽強之處，以佛解莊也未必完全契合莊子的本意，但總體來看，這種新的治莊方法不僅是對傳統治莊之道的承傳，也是對外來文化的借鑒，是傳統學術與近代西方闡釋方法的結合，因此是這一時期莊子學研究不可或缺的一部分。